U0497717

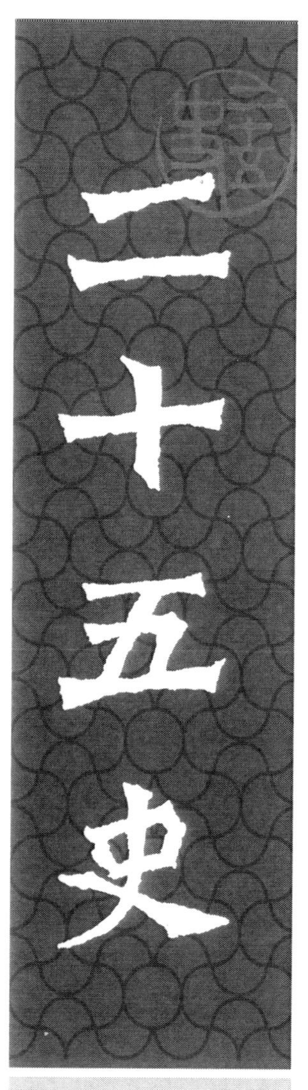

二十五史

清史稿（下）

上海古籍出版社
上海書店

清史稿
下

清史稿

疆臣年表序

一國治亂君相尸之一方治亂岳伯尸之清制疆帥之重幾埒宰輔選材特慎部院莫儗蓋以此也開國而後戡藩拓邊率賚其用同治中興光緒還都皆非疆帥無與成功宣統改元始削其權則不國矣唐之方鎮元之行省史不表人識者病之今表疆臣先列督撫坿以河漕東三省外北盡蒙疆西極回藏將軍都統參贊辦事大臣有專地者皆如疆帥今並著焉

清史稿

疆臣年表一

各省總督　河督漕督坿

順治元年甲申	
天津	駱養性六月己未總督天津軍務　十月甲子罷
宣大山西	吳孳昌七月壬辰總督宣大山西
總河	楊方興七月甲辰總督河道

順治二年乙酉	
天津	
淮揚	王文奎五月庚寅總督淮揚
宣大山西	吳孳昌革二月己未李鑑
陝西三邊	王文奎四月辛酉總督陝
浙閩	張存仁十一月壬子總督
湖廣四川	羅繡錦十一月壬子總督
總漕	王文奎五月庚寅兼督漕
總河	楊方興

揚

總督宣大九月壬申降十月癸未馬國柱代

西甲戌孟喬芳代

浙江福建由浙江總督遷

湖廣四川

運

順治三年丙戌	
宣大山西	馬國柱
陝西三邊	孟喬芳
浙閩	張存仁
湖廣四川	羅繡錦
總河	王文奎
淮揚	楊方興

順治四年丁亥十一月戊午增		四川總督
江南江西河南	馬國柱七月戊午總督	江南江西河南
宣大山西	馬國柱七月戊午調申	朝紀總督宣大山西
陝西三邊	孟喬芳	
浙閩	張存仁十二月壬申病	免陳錦總督浙閩
湖廣	羅繡錦	
四川		
兩廣	佟養甲五月癸丑補兩	廣總督兼巡撫廣東
淮揚	王文奎正月庚戌罷乙	卯楊聲遠總督淮揚十月庚辰罷癸未吳惟華代
總河	楊方興	

順治五年戊子		
江南江西河南	馬國柱	
宣大山西	申朝紀三月丙午卒辛酉耿焞總督宣大	山西十二月乙未罷丁酉佟養量代
陝西三邊	孟喬芳	
浙閩	陳錦	
湖廣	羅繡錦	
四川		
兩廣	佟養甲	
淮揚	吳惟華	
總河	楊方興	

順治六年己丑		
直隸山東河南	張	存仁八月辛亥總督直隸山東河南巡撫保定
江南江西	馬	國柱
宣大山西	佟	養量
陝西三邊	孟	喬芳
浙閩	陳	錦
湖廣	羅	繡錦
四川		
兩廣	佟	養甲
淮揚	吳	惟華
總河	楊	方興

順治七年庚寅	
直隸山東河南	張存仁
江南江西	馬國柱
宣大山西	佟養量
陝西三邊	孟喬芳
浙閩	陳錦
湖廣	羅繡錦
四川	
兩廣	佟養甲
淮揚	吳惟華
總河	楊方興

順治八年辛卯	
直隸山東河南	張存仁十月庚申馬光輝總督直隸山東河南
江南江西	馬國柱
宣大山西	佟養量九月己丑免。十月壬戌留任
陝西三邊	孟喬芳
浙閩	陳錦
湖廣	羅繡錦
四川	
兩廣	佟養甲殉難
總漕	吳惟華三月庚子罷。四月辛酉王文奎總督漕運
總河	楊方興

順治九年壬辰	
直隸山東河南	馬光輝
江南江西	馬國柱
宣大山西	佟養量
陝西三邊	孟喬芳
浙閩	陳錦七月丙子被刺。九月甲申劉清泰總督浙閩
湖廣	羅繡錦七月己丑卒。戊戌祖澤遠總督湖廣四川
四川	
兩廣	
總漕	王文奎
總河	楊方興

順治十年癸巳	
直隸山東河南	馬光輝
江南江西	馬國柱
宣大山西	佟養量
川陝三邊	孟喬芳六月乙巳兼督四川
浙閩	劉清泰
湖廣	祖澤遠六月乙巳專督湖廣
兩廣	李率泰六月壬子總督兩廣
總漕	王文奎
總河	楊方興
湖廣兩廣雲貴	洪承疇五月總督軍務

順治十一年甲午	
直隸山東河南	馬光輝二月壬午病免。庚寅李蔭祖總督直隸山東河南
江南江西	馬國柱九月丁未休。十月馬鳴佩總督江南江西
宣大山西	佟養量二月庚午免。壬午馬鳴佩總督宣大山西。十月調。馬之先代
川陝三邊	孟喬芳正月壬辰卒。甲寅金礪總督川陝三邊
浙閩	劉清泰七月甲辰病免。丙辰屯泰總督浙閩
湖廣	祖澤遠
兩廣	李率泰
總漕	王文奎九月辛亥降
總河	楊方興
湖廣兩廣雲貴	洪承疇

順治十二年乙未	
直隸山東河南	李蔭祖
江南江西	馬鳴佩
宣大山西	馬之先
川陝三邊	金礪
浙閩	屯泰
湖廣	祖澤遠
兩廣	李率泰
總漕	蔡士英總督漕運
總河	楊方興
湖廣兩廣雲貴	洪承疇

順治十三年丙申	
直隸山東河南	李蔭祖十二月乙未調
江南江西	馬鳴佩閏五月己酉病免。己未郎廷佐總督江南江西
宣大山西	馬之先三月癸巳調。五月己亥張懸錫總督宣大
陝川	金礪二月己巳休。三月癸巳馬之先總督陝川
浙閩	屯泰二月庚午召。李率泰總督閩浙
湖廣	祖澤遠九月己巳降。十月甲午胡全才總督湖廣。十一月丙辰卒。十二月乙未李蔭祖代
兩廣	李率泰二月庚午調。王國光總督兩廣
總漕	蔡士英
總河	楊方興
湖廣兩廣雲貴	洪承疇

順治十四年丁酉	
直隸山東河南	張懸錫正月乙卯總督直隸山東河南
江南江西	郎廷佐
宣大	張懸錫正月乙卯調。庚申盧崇峻總督宣大
川陝	馬之光八月丁丑卒。九月辛丑李國英總督陝川
浙閩	李率泰
湖廣	李蔭祖
兩廣	王國光
總漕	蔡士英八月戊戌召。九月辛丑亢得時總督漕運巡撫
總河	楊方興五月癸亥卸。七月庚申朱之錫總督河道
湖廣兩廣雲貴	洪承疇六月辛丑召

	順治十五年戊戌五月裁直隸總督七月裁宣大總督己未分設福建浙江總督
直隸山東河南	張懸錫五月丁酉降
江南江西	郎廷佐
宣大	盧崇峻
川陝	李國英
浙閩	李率泰七月甲子改福建總督趙國祚浙江總督
湖廣	李蔭祖
兩廣	王國光六月丙子病免辛巳李棲鳳兩廣總督
漕總	亢得時　鳳陽
河總	朱之錫

	順治十六年己亥
江南江西	郎廷佐
川陝	李國英
福建	李率泰
浙江	趙國祚
湖廣	李蔭祖
兩廣	李棲鳳
雲貴	趙廷臣正月癸丑總督雲貴
漕總	亢得時七月庚辰溺死八月癸巳蔡士英總督漕運巡撫鳳陽
河總	朱之錫假十二月丙午楊茂勳署河道總督

	順治十七年庚子
江南江西	郎廷佐
川陝	李國英
福建	李國泰
浙江	趙國祚
湖廣	李蔭祖二月壬辰病免四月甲午張長庚總督湖廣
兩廣	李棲鳳
雲貴	趙廷臣
漕總	蔡士英
河總	楊茂勳六月戊子調癸巳白色純署河道總督七月己未苗澄代署十二月朱之錫回任

	順治十八年辛丑
直隸	苗澄十月戊申直隸總督
江南	郎廷佐
山東	趙國祚九月丁亥山東總督十月乙卯調祖澤溥代
山西	祖澤溥九月丁亥山西總督十月乙卯調趙國祚代
河南	劉清泰九月丁亥河南總督
陝川	李國英改四川
陝西	白如梅九月丁亥陝西總督
福建	李率泰
浙江	趙國祚調九月丁亥趙廷臣浙江總督
江西	張朝璘九月丁亥江西總督
湖廣	張長庚
四川	李國英九月丁亥四川總督
兩廣	李棲鳳改廣東
廣東	李棲鳳九月丁亥廣東總督十二月丙午免丁巳盧崇峻代
廣西	于時躍九月丁亥廣西總督
雲貴	趙廷臣改江浙
雲貴	卞三元九月丁亥雲貴總督
貴州	佟延年十月戊申貴州總督尋免十二東癸酉楊茂勳代
漕總	蔡士英病免十月己酉林起龍漕運總督
河總	朱之錫

	康熙元年壬寅
直隸	苗澄
江南	郎廷佐
山東	祖澤溥
山西	趙國祚二月辛亥免庚申白秉貞山西總督
河南	劉清泰
陝西	白如梅
福建	李率泰
浙江	趙廷臣
江西	張朝璘
湖廣	張長庚
四川	李國英
廣東	盧崇峻
廣西	于時躍
雲南	卞三元
貴州	楊茂勳
漕總	林起龍
河總	朱之錫

	康熙二年癸卯
直隸	苗澄
江南	郎廷佐
山東	祖澤溥
山西	白秉貞
河南	劉清泰
陝西	白如梅
福建	李率泰
浙江	趙廷臣
江西	張朝璘
湖廣	張長庚
四川	李國英
廣東	盧崇峻
廣西	于時躍十二月辛酉辛卒屈盡美廣西
雲南	卞三元
貴州	楊茂勳
漕總	林起龍
河總	朱之錫

總督

康熙三年甲辰	
直隸	苗澄
江南	郎廷佐
山東	祖澤溥
山西	白秉貞
河南	劉清泰
陝西	白如梅
福建	李率泰六月丁酉病免。己酉朱昌祚福建總督
浙江	趙廷臣
江西	張朝璘
湖廣	張長庚
四川	李國英
廣東	盧崇峻
廣西	屈盡美
雲南	卞三元
貴州	楊茂勳
總漕	林起龍
總河	朱之錫

康熙四年乙巳五月丁未裁山西江西廣西貴州總督設直隸山東河南總督	
直隸	苗澄六月丙辰朱昌祚直隸山東河南總督
江南	郎廷佐
山東	祖澤溥五月己亥疾免
山西	白秉貞
河南	劉清泰五月癸卯疾免
陝西	白如梅
福建	朱昌祚遷
浙江	趙廷臣
江西	張朝璘
湖廣	張長庚
四川	李國英
廣東	盧崇峻二月憂免。癸未盧興祖廣東總督
廣西	屈盡美
雲南	卞三元
貴州	楊茂勳
總漕	林起龍
總河	朱之錫

康熙五年丙午	
直隸三省	朱昌祚十二月庚申罷
兩江	郎廷佐
山陝	白如梅十月庚戌罷。十一月辛卯盧崇峻山陝總督
福建	張朝璘正月己酉福建總督
浙江	趙廷臣
湖廣	張長庚
四川	李國英十一月己卯苗澄四川總督
兩廣	盧興祖
雲貴	卞三元
總漕	林起龍
總河	朱之錫三月丙申卒。盧崇峻河道總督。十一月己亥楊茂勳代

康熙六年丁未	
直隸三省	白秉貞正月己卯直隸山東河南總督
兩江	郎廷佐
山陝	盧崇峻十二月乙亥憂免
福建	張朝璘三月休。丙申祖澤溥福建總督
浙江	趙廷臣
湖廣	張長庚
四川	苗澄十一月甲子免
兩廣	盧興祖十一月丙辰罷。十二月丁亥周有德兩廣總督
雲貴	卞三元
總漕	林起龍五月降。庚戌屈盡美漕運總督
總河	楊茂勳

康熙七年戊申十月庚寅裁湖廣總督	
直隸三省	白秉貞
兩江	郎廷佐十一月己酉休。十二月癸酉麻勒吉兩江總督
山陝	莫洛正月戊申山陝總督
福建	祖澤溥
浙江	趙廷臣
湖廣	張長庚
四川	劉兆麒正月戊申四川總督
兩廣	周有德
雲貴	卞三元十二月丙寅告養。己卯甘文焜雲貴總督
總漕	屈盡美
總河	楊茂勳

康熙八年己酉七月壬辰裁直隸山東河南總督	
直隸三省	白秉貞
兩江	麻勒吉
山陝	莫洛九月丙申罷。十一月己亥留任
福建	祖澤溥三月丙辰劉兆麒浙江福建總督
浙江	趙廷臣二月辛
四川	劉兆麒調
兩廣	周有德
雲貴	甘文焜
總漕	屈盡美七月丙申降。帥顏保漕運總督
總河	楊茂勳九月丙申休。十月乙丑羅多河道總督

康熙九年庚戌三月壬午復設四川湖廣總督福	
兩江	麻勒吉
山陝	莫洛十二月癸巳遷
福建	劉斗四月乙巳福建總督
浙江	劉兆麒
川湖	蔡毓榮四月己丑川湖總督
兩廣	周有德正月乙巳憂免。二月癸酉金光祖
雲貴	甘文焜
總漕	帥顏保
總河	羅多

建總督

兩廣總督

康熙十年辛亥
兩江 麻勒吉
山陝 羅多 正月乙亥山陝總督
福建 劉斗
浙江 劉兆麒
川湖 蔡毓榮
兩廣 金光祖
雲貴 甘文焜
總漕 帥顏保
總河 羅多 調二月己丑王光裕河道總督

康熙十一年壬子
兩江 麻勒吉
山陝 羅多 三月壬申降四月壬辰鄂善山陝總督尋改陝西總督
福建 劉斗 九月乙未降十月壬子范承謨福建總督
浙江 劉兆麒
川湖 蔡毓榮
兩廣 金光祖
雲貴 甘文焜
總漕 帥顏保
總河 王光裕

康熙十二年癸丑 八月乙卯設雲南總督
兩江 麻勒吉五月庚寅降六月甲寅阿席熙兩江總督
陝西 鄂善九月辛亥調乙酉哈占陝西總督
福建 范承謨
浙江 劉兆麒五月庚寅降六月癸卯李之芳浙江總督
川湖 蔡毓榮
兩廣 金光祖
雲貴 甘文焜十二月丁巳自劾
雲南 鄂善九月辛亥雲南總督
總漕 帥顏保
總河 王光裕

康熙十三年甲寅 二月癸卯設四川總督七月庚辰設江西總督
兩江 阿席熙
陝西 哈占
福建 范承謨 三月庚辰耿精忠反被幽七月辛未耶廷佐福建總督
浙江 李之芳
江西 董衛國 七月庚辰江西總督
湖廣 蔡毓榮
四川 周有德 二月丁未四川總督
兩廣 金光祖
雲貴 鄂善 正月丁丑改雲貴總督
總漕 帥顏保
總河 王光裕

康熙十四年乙卯
兩江 阿席熙
陝西 哈占
福建 耶廷佐
浙江 李之芳
江西 董衛國
湖廣 蔡毓榮
四川 周有德
兩廣 金光祖
雲貴 鄂善
總漕 帥顏保
總河 王光裕

康熙十五年丙辰
兩江 阿席熙
陝西 哈占
福建 耶廷佐 七月戊申耶廷相福建總督
浙江 李之芳
江西 董衛國
湖廣 蔡毓榮
四川 周有德
兩廣 金光祖 四月辛酉降尚之信
雲貴 鄂善
總漕 帥顏保
總河 王光裕

康熙十六年丁巳
兩江 阿席熙
陝西 哈占
福建 耶廷相
浙江 李之芳
江西 董衛國
湖廣 蔡毓榮
四川 周有德
兩廣 金光祖 六月丁未歸正
雲貴 鄂善七月丙申降調
總漕 帥顏保
總河 王光裕 二月丙辰罷辛未靳輔河道總督

康熙十七年戊午
兩江 阿席熙
陝西 哈占
福建 耶廷相 五月己酉免癸丑姚啟聖福建總督
浙江 李之芳
江西 董衛國
湖廣 蔡毓榮
四川 周有德
兩廣 金光祖
雲貴
總漕 帥顏保
總河 靳輔

康熙十八
兩江 阿
陝西 哈
福建 姚
浙江 李
江西 董
湖廣 蔡
四川 周
兩廣 金
雲貴 周
總漕 帥
總河 靳

年己未	
	席熙
	占
	啓聖
	之芳
	衛國
	毓榮
	有德調四月丙寅楊茂勳四川總督
	光祖
	有德二月辛巳雲貴總督
	顏保
	輔

康熙十九年庚申	
兩江	阿席熙
陝西	哈占十一月辛酉改川陝總督
福建	姚啓聖
浙江	李之芳
江西	董衛國
湖廣	蔡毓榮
四川	楊茂勳十一月解任隨軍
兩廣	金光祖
雲貴	周有德卒正月戊午趙良棟雲貴總督
總漕	帥顏保
總河	靳輔

康熙二十年辛酉	
兩江	阿席熙降十二月癸卯于成龍兩江總督
川陝	哈占
福建	姚啓聖
浙江	李之芳
江西	董衛國
湖廣	蔡毓榮
兩廣	金光祖罷十二月癸卯吳興祚兩廣總督
雲貴	趙良棟
總漕	帥顏保五月庚申遷辛未邵甘漕運總督
總河	靳輔

康熙二十一年壬戌正月己巳裁江西總督	
兩江	于成龍
川陝	哈占
福建	姚啓聖
浙江	李之芳十一月甲寅遷戊辰施維翰浙江總督
江西	董衛國調
湖廣	蔡毓榮調正月己巳董衛國湖廣總督
兩廣	吳興祚
雲貴	趙良棟召正月丙寅蔡毓榮雲貴總督
總漕	邵甘
總河	靳輔

康熙二十二年癸亥	
兩江	于成龍
川陝	哈占八月戊申遷戊午佛禧川陝總督
福建	姚啓聖卒十二月丙辰施維翰福建總督
浙江	施維翰調
湖廣	董衛國
兩廣	吳興祚
雲貴	蔡毓榮
總漕	邵甘
總河	靳輔

康熙二十三年甲子五月丙寅裁浙江總督	
兩江	于成龍卒五月甲申王新命兩江總督
川陝	佛禧
福建	施維翰卒五月丙寅王國安福建總督
浙江	王國安正月丙寅浙江總督五月丙寅調
湖廣	董衛國卒正月丙寅徐國相湖廣總督
兩廣	吳興祚
雲貴	蔡毓榮
總漕	邵甘十二月戊戌罷丙午徐旭齡漕運總督
總河	靳輔

康熙二十四年乙丑	
兩江	王新命
川陝	佛禧
福建	王國安
湖廣	徐國相
兩廣	吳興祚
雲貴	蔡毓榮
總漕	徐旭齡
總河	靳輔

康熙二十五年丙寅	
兩江	王新命
川陝	佛禧九月乙未遷乙巳圖納川陝總督
福建	王國安
湖廣	徐國相
兩廣	吳興祚
雲貴	蔡毓榮四月辛未遷范承勳雲貴總督
總漕	徐旭齡
總河	靳輔

康熙二十六年丁卯三月乙酉改福建總督爲閩浙總督	
兩江	王新命三月乙酉調己丑董訥兩江總督
川陝	圖納
福建	王國安三月辛巳遷
閩浙	王新命三月閩浙總督
湖廣	徐國相
兩廣	吳興祚
雲貴	范承勳
總漕	徐旭齡卒三月乙未慕天顏漕運總督
總河	靳輔

康熙
兩江
川陝
閩浙
湖廣
兩廣
雲貴
總漕
總河

二十七年戊辰 三月辛卯裁湖廣總督九月癸巳	復設	康熙二十八年己巳		康熙二十九年庚午		康熙三十	
董訥三月丁酉降四月戊申傅拉塔兩江總督		兩江	傅拉塔	兩江	傅拉塔	兩江	傅
圖納二月丁巳遷甲子葛思泰川陝總督		川陝	葛思泰	川陝	葛思泰	川陝	葛
王新命三月乙未調王騭閩浙總督		閩浙	王騭五月丁未遷壬子興永朝閩浙總督	閩浙	興永朝	閩浙	興
徐國相三月乙酉罷九月戊戌丁思孔湖廣總督		湖廣	丁思孔	湖廣	丁思孔	湖廣	丁
吳興祚		兩廣	吳興祚六月戊子降七月己亥石琳兩廣總督	兩廣	石琳	兩廣	石
范承勳		雲貴	范承勳	雲貴	范承勳	雲貴	范
慕天顏三月乙酉免庚寅馬世濟漕運總督		漕總	馬世濟三月丁亥休董訥漕運總督	漕總	董訥	漕總	董
靳輔三月乙酉免己丑王新命河道總督		河總	王新命	河總	王新命	河總	王

年辛未	康熙三十一年壬申		康熙三十二年癸酉		康熙三十三	
拉塔	兩江	傅拉塔	兩江	傅拉塔	兩江	傅拉
思泰	川陝	葛思泰十月庚辰病免甲申佛倫川陝總督	川陝	佛倫	川陝	佛倫
永朝	閩浙	興永朝調十二月乙未朱宏祚倫浙總督	閩浙	朱宏祚	閩浙	朱宏
思孔	湖廣	丁思孔	湖廣	丁思孔	湖廣	丁思
琳	兩廣	石琳	兩廣	石琳	兩廣	石琳
承勳	雲貴	范承勳	雲貴	范承勳	雲貴	范承
訥	漕總	董訥十二月辛卯遷乙未興永朝漕運總督	漕總	興永朝	漕總	興永
新命	河總	王新命二月辛巳罷靳輔河道總督董訥署十一月甲子靳輔病免十二月壬子于成龍代	河總	于成龍	河總	于成

年甲戌		康熙三十四年乙亥	
塔六月戊戌卒丙辰范承勳兩江總督		兩江	范承勳
三月乙卯遷十月丙申吳赫川陝總督		川陝	吳赫
祚十二月庚戌降		閩浙	郭世隆二月己亥閩浙總督
孔四月辛卯調吳琠湖廣總督		湖廣	吳琠
		兩廣	石琳
勳三月乙丑遷四月戊寅丁思孔雲貴總督尋卒	九月癸未王繼文代	雲貴	王繼文
朝二月甲戌遷王樑漕運總督		漕總	王樑六月庚申免七月乙丑董安國漕運總督八月己酉調桑額代
龍		河總	于成龍八月癸卯憂免己酉董安國河道總督

康熙三十五年丙子	
兩江	范承勳
川陝	吳赫
閩浙	郭世隆
湖廣	吳典六月壬子遷七月戊午李輝祖湖廣總督
兩廣	石琳
雲貴	王繼文
漕總	桑額
河總	董安國

康熙三十六年丁丑	
兩江	范承勳
川陝	吳赫
閩浙	郭世隆
湖廣	李輝祖
兩廣	石琳
雲貴	王繼文
漕總	桑額
河總	董安國

康熙三十七年戊寅	
兩江	范承勳十月甲寅憂免十一月壬辰張鵬翮兩江總督
川陝	吳赫
閩浙	郭世隆
湖廣	李輝祖
兩廣	石琳
雲貴	王繼文十二月甲寅病免己未巴錫雲貴總督
漕總	桑額
河總	董安國十一月丁酉于成龍河道總督

康熙三十八年己卯	
兩江	張鵬翮五月庚午隨扈陶岱署兩江總督尋卸張鵬翮回任
川陝	吳赫六月辛酉罷七月庚辰席爾達署川陝總督
閩浙	郭世隆
湖廣	李輝祖六月戊戌召郭琇湖廣總督
兩廣	石琳
雲貴	巴錫
漕總	桑額
河總	于成龍

康熙三十九年庚辰	
兩江	張鵬翮三月癸卯調陶岱署兩江總督五月丁未還阿山代
川陝	席爾達
閩浙	郭世隆
湖廣	郭琇
兩廣	石琳
雲貴	巴錫
漕總	桑額
河總	于成龍三月癸卯卒張鵬翮河道總督

康熙四十年辛巳	
兩江	阿山
川陝	席爾達十月壬申遷覺羅華顯川陝總督
閩浙	郭世隆
湖廣	郭琇
兩廣	石琳
雲貴	巴錫
漕總	桑額
河總	張鵬翮

康熙四十一年壬午	
兩江	阿山
川陝	覺羅華顯
閩浙	郭世隆十月丙午調金世榮閩浙總督
湖廣	郭琇
兩廣	石琳十月丙午休郭世隆兩廣總督
雲貴	巴錫
漕總	桑額
河總	張鵬翮

康熙四十二年癸未	
兩江	阿山
川陝	覺羅華顯
閩浙	金世榮
湖廣	郭琇四月丁亥罷戊戌喻成龍湖廣總督
兩廣	郭世隆
雲貴	巴錫
漕總	桑額
河總	張鵬翮

	康熙四十三年甲申	康熙四十四年乙酉	康熙四十五年丙戌	康熙四十六年丁亥	康熙四十七年戊子	康熙四十八年己丑	康熙四十九年庚寅	康熙五十年辛卯	康熙五十一年壬辰
兩江	阿山	阿山	阿山十一月甲戌遷。辛巳，邵穆布兩江總督。	邵穆布	邵穆布	邵穆布七月辛卯，噶禮兩江總督。	噶禮	噶禮	噶禮二月丁巳免。郎
川陝	覺羅華顯卒。正月辛酉，博霽兼川陝總督。	博霽	博霽	博霽	博霽卒。四月己酉，齊世武川陝總督。	齊世武七月庚寅遷。殷泰川陝總督。	殷泰	殷泰	殷泰
閩浙	金世榮	金世榮	金世榮四月己未遷。五月丁丑，梁鼐閩浙總督。	梁鼐	梁鼐	梁鼐	梁鼐八月甲申憂免。庚寅，范時崇閩浙總督。	范時崇	范時崇
湖廣	喻成龍	喻成龍八月己酉罷。戊午，石文晟湖廣總督。	石文晟	石文晟五月丙子免。六月丁亥，郭世隆湖廣總督。	郭世隆	郭世隆	郭世隆十月丙子遷。鄂海湖廣總督。	鄂海	鄂海
兩廣	郭世隆	郭世隆	郭世隆十二月甲辰罷。辛亥，趙宏燦兩廣總督。	趙宏燦	趙宏燦	趙宏燦	趙宏燦	趙宏燦	趙宏燦
雲貴	巴錫	巴錫五月癸酉遷。庚辰，貝和諾雲貴總督。	貝和諾	貝和諾	貝和諾	貝和諾	貝和諾九月辛酉遷。十月丙子，郭瑮雲貴總督。	郭瑮	郭瑮
總漕	桑額	桑額	桑額	桑額	桑額	桑額	桑額十一月乙卯遷。十二月癸酉，赫壽漕運總督。	赫壽	赫壽十月丙寅調。郎
總河	張鵬翮	張鵬翮	張鵬翮	張鵬翮	張鵬翮十月乙卯遷。十一月癸未，趙世顯河道總督。	趙世顯	趙世顯	趙世顯	趙世顯

（上年續）

兩江	廷極署兩江總督。十月丙寅，赫壽代。
總漕	廷極漕運總督。

康熙五十二年癸巳

兩江	赫壽	
川陝	殷泰	四月甲寅病免。鄂海川陝總督。
閩浙	范時崇	
湖廣	鄂海	四月甲寅調。癸亥，鄂倫特湖廣總督。
兩廣	趙宏燦	
雲貴	郭瑮	
總漕	郎廷極	
總河	趙世顯	

康熙五十三年甲午

兩江	赫壽	
川陝	鄂海	
閩浙	范時崇	
湖廣	鄂倫特	
兩廣	趙宏燦	
雲貴	郭瑮	
總漕	郎廷極	
總河	趙世顯	

康熙五十四年乙未

兩江	赫壽	
川陝	鄂海	
閩浙	范時崇	十一月甲午遷。覺羅滿保閩浙總督。癸卯，
湖廣	鄂倫特	
兩廣	趙宏燦	
雲貴	郭瑮	
總漕	郎廷極	二月己巳卒。施世綸漕運總督。
總河	趙世顯	

康熙五十五年丙申

兩江	赫壽	
川陝	鄂海	
閩浙	覺羅滿保	
湖廣	鄂倫特	閏三月癸亥遷。滿丕署湖廣總督。
兩廣	趙宏燦	十月壬辰遷。戊戌，楊琳兩廣總督。
雲貴	郭瑮	九月庚午，蔣陳錫雲貴總督。
總漕	施世綸	
總河	趙世顯	

康熙五十六年丁酉

兩江	赫壽	四月丙申遷。甲辰，長鼐兩江總督。
川陝	鄂海	
閩浙	覺羅滿保	
湖廣	滿丕	
兩廣	楊琳	
雲貴	蔣陳錫	
總漕	施世綸	
總河	趙世顯	

康熙五十七年戊戌

兩江	長鼐	
川陝	鄂海	十月丁卯調。
四川	年羹堯	十月甲子四川總督。
陝西	鄂海	十月丁卯陝西總督。
閩浙	覺羅滿保	
湖廣	滿丕	
兩廣	楊琳	
雲貴	蔣陳錫	
總漕	施世綸	
總河	趙世顯	

康熙五十八年己亥

兩江	長鼐	
四川	年羹堯	
陝西	鄂海	
閩浙	覺羅滿保	
湖廣	滿丕	
兩廣	楊琳	
雲貴	蔣陳錫	
總漕	施世綸	
總河	趙世顯	

康熙五十九年庚子

兩江	長鼐	
四川	年羹堯	
陝西	鄂海	
閩浙	覺羅滿保	
湖廣	滿丕	
兩廣	楊琳	
雲貴	蔣陳錫	九月戊寅罷。張文煥署雲貴總督。
總漕	施世綸	
總河	趙世顯	

康熙六十年辛丑

兩江	長鼐	
川陝	年羹堯	五月乙酉兼川陝總督。
四川	年羹堯	
陝西	鄂海	五月乙酉差。
閩浙	覺羅滿保	
湖廣	滿丕	
兩廣	楊琳	
雲貴	張文煥	
總漕	施世綸	
總河	趙世顯	十一月辛卯召。陳鵬年署河道總督。

康熙六十一年壬寅	
兩江	長鼐卒十月辛未查弼納兩江總督
川陝	年羹堯
閩浙	覺羅滿保
湖廣	滿丕十一月戊戌召楊宗仁湖廣總督
兩廣	楊琳
雲貴	張文煥二月庚午召高其倬署雲貴總督
總漕	施世綸五月戊戌卒張大有署漕運總督
總河	陳鵬年十二月壬戌補河道總督

雍正元年癸卯	
兩江	查弼納
川陝	年羹堯
閩浙	覺羅滿保
湖廣	楊宗仁
兩廣	楊琳
雲貴	高其倬
總漕	張大有
總河	陳鵬年正月壬辰病免齊蘇勒署河道總督

雍正二年甲辰	
直隸	李維鈞十月己亥直隸總督
兩江	查弼納
川陝	年羹堯
閩浙	覺羅滿保
湖廣	楊宗仁
兩廣	楊琳卒四月丁未孔毓珣兩廣總督
雲貴	高其倬
總漕	張大有
總河	齊蘇勒
副總	嵇曾筠閏四月丙戌河南副總河

雍正三年乙巳	
直隸	李維鈞八月乙酉罷蔡珽署直隸總督庚寅李紱代
兩江	查弼納
川陝	年羹堯四月己卯調岳鍾琪署川陝總督七月壬子補九月丙申覲圖理琛署
閩浙	覺羅滿保卒十月戊申高其倬閩浙總督
湖廣	楊宗仁卒八月甲戌李成龍湖廣總督
兩廣	孔毓珣
雲貴	高其倬調十月戊申伊都立雲貴總督庚寅調楊名時代
總漕	張大有
總河	齊蘇勒
副總	嵇曾筠

雍正四年丙午	
直隸	李紱十二月壬午遷宜兆熊署直隸總督
兩江	查弼納四月己卯召范時繹署兩江總督
川陝	岳鍾琪
閩浙	高其倬
湖廣	李成龍九月壬辰遷宜兆熊湖廣總督丙午福敏署
兩廣	孔毓珣
雲貴	楊名時調十月甲申鄂爾泰雲貴總督
總漕	張大有
總河	齊蘇勒
副總	嵇曾筠

雍正五年丁未	
直隸	宜兆熊閏三月戊辰遷仍署直隸總督
兩江	范時繹
川陝	岳鍾琪
閩浙	高其倬
浙江	李衛十一月丁巳浙江總督
湖廣	福敏閏三月戊辰召邁柱湖廣總督
兩廣	孔毓珣
雲貴	鄂爾泰
總漕	張大有
總河	齊蘇勒
副總	嵇曾筠

雍正六年戊申	
直隸	宜兆熊五月丙寅召何世璂署直隸總督
兩江	范時繹
川陝	岳鍾琪
閩浙	高其倬
浙江	李衛
湖廣	邁柱
兩廣	孔毓珣
雲貴	鄂爾泰十月丁亥雲貴廣西總督
總漕	張大有
總河	齊蘇勒
副總	嵇曾筠

雍正七年己酉	
直隸	何世璂卒正月壬申楊鯤協辦直隸總督
兩江	范時繹
川陝	岳鍾琪西征四月甲午查郎阿署川陝總
閩浙	高其倬四月己亥召史貽直署福建總督
浙江	李衛三月丙寅入覲性桂署浙江總督
湖廣	邁柱
廣東	孔毓珣調三月乙巳郝玉麟廣東總督
雲廣	鄂爾泰
總漕	張大有二月戊戌遷性桂漕運總督三月
總河	齊蘇勒
南河	尹繼善二月丁丑署河南總督三月乙巳
副總	嵇曾筠三月辛亥河東總督

	（續上）
直隸	六月己卯免唐執玉署
兩江	
川陝	督
福建	
浙江	
湖廣	
廣東	
雲廣	
總漕	調張大有仍任
總河	
南河	孔毓珣代

雍正八年庚戌		
直隸	唐執玉	
兩江	范時繹三月甲	午免史貽直署兩江總督五月癸酉高其倬代
川陝	查郎阿	
福建	史貽直調高其	倬回任福建總督五月癸酉劉世明代
浙江	性桂	
湖廣	邁柱	
廣東	郝玉麟	
雲廣	鄂爾泰	
總漕	張大有	
總河	齊蘇勒	
南河	孔毓珣卒四月	癸亥嵇曾筠南河總督
東河	嵇曾筠四月癸	亥田文鏡東河總督八月壬戌沈廷正代
北河	劉於義十二月	癸丑北河總督

雍正九年辛亥	
直隸	唐執玉九月丁亥病免戊子劉於義署直
兩江	高其倬七月丁卯調尹繼善署兩江總督
川陝	查郎阿
四川	黃廷桂二月壬戌四川總督
福建	劉世明
浙江	李衛九月乙亥覲李燦署浙江總督
湖廣	邁柱
廣東	郝玉麟九月甲戌免張溥署廣東總督
雲廣	鄂爾泰七月丁卯覲高其倬署雲廣總督
總漕	性桂
總河	齊蘇勒
南河	嵇曾筠
東河	沈廷正九月戊子調朱藻東河總督
北河	劉於義九月戊子調沈廷正北河總督
副總	高斌九月戊子東河副總督

	（續上）
直隸	隸總督

雍正十年壬子		
直隸	劉於義七月戊戌調李衛署直	隸總督八月癸未補
兩江	尹繼善九月庚寅召魏廷珍署	兩江總督
川陝	查郎阿七月戊戌遷劉於義署	陝西總督
四川	黃廷桂	
福建	劉世明二月癸丑差郝玉麟署	福建總督八月癸未補
浙江	李衛閏五月癸丑遷七月戊戌	程元章署浙江總督八月癸未補
湖廣	邁柱	
廣東	郝玉麟正月戊子病痊回任廣	東總督二月癸丑調鄂彌達署八月癸未補
雲廣	高其倬	
總漕	性桂二月乙未召魏廷珍漕運	總督九月庚寅調性桂補
總河	齊蘇勒	
南河	嵇曾筠	
東河	朱藻	
北河	沈廷正二月辛卯召王朝恩北	河總督
副總	高斌	

雍正十一年癸丑	
直隸	李衛正月丁亥差唐執玉署直隸總督四
兩江	魏廷珍回任正月壬辰高其倬兩江總督
川陝	劉於義
四川	黃廷桂
福建	郝玉麟
浙江	程元章
湖廣	邁柱
廣東	鄂彌達
雲廣	高其倬正月壬辰調尹繼善雲廣總督
總漕	魏廷珍正月回任漕運總督
總河	齊蘇勒
南河	嵇曾筠憂十二月壬戌高斌署南河總督
東河	朱藻
北河	王朝恩八月丁卯罷顧琮北河總督
副總	高斌

	（續上）
直隸	月李衛回任
兩江	九月己卯趙宏恩署

雍正十二年甲寅		
直隸	李衛	
兩江	趙宏恩五月壬辰	補兩江總督
川陝	劉於義	
四川	黃廷桂	
福建	郝玉麟七月丁亥	覲阿爾賽署福建總督十月戊午郝玉麟閩浙總
浙江	程元章十月戊午	裁
湖廣	邁柱	
廣東	鄂彌達	
雲廣	尹繼善	
總漕	魏廷珍十二月丁	巳遷顧琮漕運總督
總河	齊蘇勒	
南河	高斌	
東河	朱藻十二月丁巳	調白鍾山東河總督
北河	顧琮十二月丁巳	調朱藻北河總督
副總	高斌	
副總	白鍾山七月甲戌	南河副總督十二月丁巳遷

	（續上）
閩浙	督

雍正十三年乙卯	
直隸	李衛
兩江	趙宏恩
川陝	劉於義
四川	黃廷桂
閩浙	郝玉麟
湖廣	邁柱七月辛酉遷張廣泗湖廣總督
廣東	鄂彌達
雲廣	尹繼善
總漕	顧琮
總河	齊蘇勒
南河	高斌十二月丙戌補南河總督
東河	白鍾山
北河	朱藻十月丙子劉勷北河總督

清史稿 疆臣年表二 各省總督 河督漕督附

（前頁續）湖廣：八月庚寅遷桂署十一月丁未史貽直署

乾隆元年丙辰	裁四川總督
直隸	李衛
兩江	趙宏恩
川陝	查郎阿
閩浙	郝玉麟二月甲申以閩浙總督銜專管福建事 嵇曾筠浙江總督
湖廣	史貽直
兩廣	鄂彌達
雲貴	尹繼善六月癸酉雲南總督 張廣泗貴州總督
總漕	顧琮正月丙辰遷二月壬申補熙署漕運總督辛卯程元章補六月丙申程元章遷補熙補
直隸河道總督	劉勷
江南河道總督	高斌
河東河道總督	白鍾山

乾隆二年丁巳	
直隸	李衛
兩江	趙宏恩正月庚子召慶復兩江總督閏九月丁卯慶復遷那蘇圖兩江總督
川陝	查郎阿
閩浙	郝玉麟 嵇曾筠
湖廣	史貽直九月甲辰召德沛湖廣總督
兩廣	鄂彌達
雲貴	尹繼善四月乙卯陛見張允隨署九月丁卯慶復雲南總督 張廣泗仍貴州
總漕	補熙
直隸河道總督	劉勷七月癸丑革八月丙子顧琮署直隸河道總督
江南河道總督	高斌
河東河道總督	白鍾山

乾隆三年戊午	裁浙江總督
直隸	李衛十月丁酉免孫嘉淦署直隸總督
兩江	那蘇圖
川陝	查郎阿七月丙寅遷鄂彌達川陝總督
閩浙	郝玉麟
湖廣	德沛
兩廣	鄂彌達七月丙寅遷馬爾泰兩廣總督
雲貴	慶復 張廣泗
總漕	補熙七月丙寅托時漕運總督
直隸河道總督	顧琮改協理正月癸酉朱藻直隸河道總督九月甲子被勅顧琮管理總河印務十月丙午補
江南河道總督	高斌
河東河道總督	白鍾山

乾隆四年己未	
直隸	孫嘉淦
兩江	那蘇圖十一月戊申憂郝玉麟署兩江總督
川陝	鄂彌達
閩浙	郝玉麟七月丙寅遷德沛閩浙總督
湖廣	德沛七月丙寅遷班第湖廣總督
兩廣	馬爾泰
雲貴	慶復 張廣泗
總漕	托時
直隸河道總督	顧琮
江南河道總督	高斌
河東河道總督	白鍾山

乾隆五年庚申	
直隸	孫嘉淦
兩江	郝玉麟五月甲子免楊超曾署兩江總督
川陝	鄂彌達三月庚戌召尹繼善川陝總督
閩浙	德沛
湖廣	班第十一月己巳憂那蘇圖署湖廣總督
兩廣	馬爾泰
雲貴	張廣泗六月癸酉召張允隨署貴州總督 慶復仍雲南
總漕	托時十月戊戌遷常安漕運總督
直隸河道總督	顧琮
江南河道總督	高斌
河東河道總督	白鍾山

乾
孫
楊
尹
德
那
馬
慶
常
顧
高
白

隆六年辛酉
家淦八月己酉遷高斌直隸總督
超竹八月己酉召那蘇圖兩江總督
善繼
沛五月己丑召策楞暫署閩浙總督
蘇圖八月己丑遷孫家淦湖廣總督
爾泰四月戊申憂慶復署兩廣總督
復四月遷張允隨署雲南　張廣泗仍貴州
安十二月辛亥遷顧琮漕運總督
琮八月己酉召高斌兼理直隸河道總督
斌八月己酉遷完顏偉江南河道總督
鍾山

乾隆七年壬戌
高斌六月癸未差史貽直署直隸總督
那蘇圖四月癸巳遷德沛兩江總督
尹繼善九月丁丑憂馬爾泰署川陝總督
德沛四月癸巳遷那蘇圖閩浙總督
孫家淦
慶復
張允隨　張廣泗
顧琮
高斌
完顏偉十二月辛亥遷白鍾山江南河道總督
白鍾山十二月辛亥遷完顏偉河東河道總督

乾隆八年癸亥
史貽直
德沛二月庚子召尹繼善兩江總督
馬爾泰五月戊申遷慶復川陝總督
那蘇圖
孫家淦正月丁巳召阿賽湖廣總督
慶復正月戊午陞策楞署兩廣總督五月戊申慶復遷馬爾泰兩廣總督
張允隨　張廣泗
顧琮
高斌
白鍾山
完顏偉

乾隆九年甲子
史貽直
尹繼善
慶復
那蘇圖七月戊寅遷馬爾泰閩浙總督
阿爾賽二月丁丑遷鄂彌達湖廣總督
馬爾泰七月戊寅遷那蘇圖兩廣總督
張允隨　張廣泗
顧琮
高斌
白鍾山
完顏偉

乾隆十年乙丑
史貽直五月辛卯那蘇圖直隸總督
尹繼善
慶復
馬爾泰
鄂彌達
那蘇圖四月乙卯召策楞兩廣總督
張允隨　張廣泗
顧琮
高斌
白鍾山
完顏偉

乾隆十一年丙寅
那蘇圖
尹繼善
慶復
馬爾泰九月丁巳召喀爾吉善閩浙總督
鄂彌達九月壬戌召塞楞額湖廣總督
策楞
張允隨　張廣泗
顧琮閏三月己亥遷劉統勳署漕運總督九月庚子顧琮回任
高斌
白鍾山閏三月己亥革顧琮署江南河道總督九月庚子回原任周學健江南河道總督
完顏偉

乾隆十二年丁卯裁貴州總督
那蘇圖
尹繼善
慶復三月辛丑召張廣泗川陝總督十二月乙亥進勦大金川黃廷桂署川陝總督
喀爾吉善
塞楞額
策楞
張允隨三月辛丑改雲貴總督
顧琮九月壬子遷蘊著漕運總督
高斌四月戊辰差那蘇圖署直隸河道總督
周學健
完顏偉

乾隆十三年
那蘇圖
尹繼善九月
張廣泗九月
喀爾吉善
塞楞額閏七
策楞九月戊
張允隨
蘊著
那蘇圖
周學健閏七
完顏偉三月

戊辰分設陝西總督四川總督
戊午遷策楞兩江總督十一月癸酉遷雅爾哈善
兼署兩江總督十二月丁亥黃廷桂兩江總督
辛酉召傅爾丹署四川陝西總督九月戊寅張廣泗
革傅恒暫管川陝總督十一月癸酉策楞川陝總
督庚辰分設兩督尹繼善陝甘總督策楞四川總
月己巳召新柱署湖廣總督
午遷尹繼善兩廣總督十月乙酉召碩色兩廣總
督
月戊辰高斌暫管江南河道總督
乙未遷顧琮河東河道總督

督

乾隆十四年己巳
那蘇圖七月辛亥卒方觀承直隸總督
黃廷桂
尹繼善正月丁巳差瑚寶陝甘總督 策楞 仍四川
喀爾吉善
新柱二月庚子差瑚寶湖廣總督十二月辛
卯新柱遷永興湖廣總督
碩色
張允隨
蘊著四月戊戌革瑚寶漕運總督
那蘇圖
高斌
顧琮

乾隆十五年庚午
方觀承
黃廷桂
尹繼善 策楞
喀爾吉善
永興十一月乙丑憂
阿里袞湖廣總督
碩色正月丁未遷陳
大受兩廣總督
張允隨正月丁未遷
碩色雲貴總督
瑚寶
方觀承
高斌
顧琮

乾隆十六年辛未
方觀承
黃廷桂閏五月戊寅遷尹繼
尹繼善閏五月戊寅遷黃廷
喀爾吉善
阿里袞九月庚寅遷永常湖
陳大受九月庚寅卒阿里袞
碩色
瑚寶
方觀承
高斌
顧琮

善兩江總督未任前高斌兼管
桂陝甘總督 策楞仍四川
廣總督
兩廣總督

乾隆十七年壬申
方觀承
尹繼善九月丁
亥召莊有恭暫署兩江總督
桂廷黃 策楞
喀爾吉善
永常
阿里袞
碩色
瑚寶
方觀承
高斌
顧琮

乾隆十八年癸酉
方觀承
尹繼善正月戊
寅遷鄂容安署兩江總督
策楞正月戊寅
憂黃廷桂遷四川總督尹繼善陝甘總督九月壬申
喀爾吉善
永常三月己卯召
開泰署湖廣總督未任前恆文署八月辛丑永常
阿里袞正月戊寅
憂班第署兩廣總督九月壬申召策楞兩廣總督
碩色
瑚寶
方觀承
高斌八月己亥議
處策楞江南河道總督九月壬申遷尹繼善江南
顧琮

	乾隆十九年甲戌		乾隆二十年乙亥
	方觀承		方觀承九月丙申差鄂彌達署直隸總
	鄂容安八月丁巳召尹繼善兼署兩江總督		尹繼善
遷永常陝甘總督	永常五月戊戌差劉統勳署陝甘總督　黃廷桂	仍四川	劉統勳六月召黃廷桂調陝甘開泰調
	喀爾吉善		喀爾吉善
仍回湖廣總督任九月壬申遷開泰湖廣總督	開泰		開泰六月癸丑遷碩色署湖廣總督
	策楞四月辛卯召楊應琚署兩廣總督		楊應琚
	碩色		碩色六月癸丑遷愛必達雲貴總督
	瑚寶		瑚寶
	方觀承		方觀承
河道總督	尹繼善十二月丙辰富勒赫署江南河道總督		富勒赫
	顧琮三月辛亥召白鍾山河東河道總督		白鍾山

	乾隆二十一年丙子		乾隆二十二年丁丑	
督	方觀承		方觀承	
	尹繼善		尹繼善	
四川	黃廷桂　開泰		黃廷桂　開泰	
	喀爾吉善		喀爾吉善七月丁未卒楊應琚閩浙總督	
	碩色		碩色	
	楊應琚		楊應琚七月丁未遷鶴年兩廣總督未任前	李侍堯署十二月癸亥鶴年卒陳宏謀兩廣總督
	愛必達二月戊辰遷恒文雲貴總督		恒文六月辛酉逮甲子愛必達雲貴總督	
	瑚寶七月庚辰卒張師載漕運總督		張師載正月甲辰遷楊錫紱漕運總督	
	方觀承		方觀承	
	富勒赫十月壬申召莊有恭江南河道總	督	莊有恭正月甲辰居家待罪白鍾山江南河	道總督
	白鍾山		白鍾山正月甲辰遷張師載河東河道總督	

乾隆二十三年戊寅	乾隆	二十四年裁四川總督改陝甘為川陝總督設甘	肅總督	乾隆二十五年
方觀承	方觀	承		方觀承
尹繼善	尹繼	善		尹繼善
黃廷桂　開泰	黃廷	桂正月乙亥卒吳達善陝甘總督七月乙亥改開	泰川陝總督楊應琚甘肅總督	楊應琚十二月
楊應琚	楊應	琚三月壬辰遷楊廷璋署閩浙總督		楊廷璋
碩色	碩色	九月庚午免蘇昌湖廣總督		蘇昌
陳宏謀四月丙子調李侍堯署兩廣總督	李侍	堯		李侍堯
愛必達	愛必	達		愛必達
楊錫紱	楊錫	紱		楊錫紱
方觀承	方觀	承		方觀承
白鍾山	白鍾	山		白鍾山
張師載	張師	載		張師載

庚辰裁甘督復陝甘四川兩總督
丙戌改陝甘總督開泰改四川總督

乾隆二十六年辛巳
方觀承
尹繼善
開泰　楊應琚
楊廷璋
蘇昌四月壬辰遷愛必達湖廣總督
李侍堯四月壬辰遷蘇昌兩廣總督
愛必達四月壬辰遷吳達善雲貴總督
楊錫紱
方觀承
白鍾山三月戊申卒高晉南河河道總督
張師載

乾隆二十七年壬午
方觀承
尹繼善
開泰　楊應琚
楊廷璋
愛必達
蘇昌
吳達善
楊錫紱
方觀承
高晉
張師載

乾隆二十八年癸未
方觀承
尹繼善
開泰六月戊戌革壬寅阿爾泰四川總督
楊廷璋
愛必達五月癸酉免李侍堯湖廣總督陳
蘇昌
吳達善
楊錫紱
方觀承
高晉
張師載十一月辛酉卒葉存仁河東河道

楊應琚仍陝甘
宏謀署
總督

乾隆二十九年甲申
方觀承
尹繼善
阿爾泰三月壬戌召阿桂署六月丙午阿爾泰回四川總督　楊應琚仍陝甘
楊廷璋六月甲辰免蘇昌閩浙總督
李侍堯六月甲辰遷吳達善湖廣總督
蘇昌六月甲辰遷李侍堯兩廣總督
吳達善六月甲辰遷劉藻雲貴總督
楊錫紱
方觀承
高晉
葉存仁六月丁亥卒李宏河東河道總督

乾隆三十年乙酉
方觀承
尹繼善三月乙未遷高晉兩江總督
阿爾泰　楊應琚
蘇昌
吳達善
李侍堯六月己酉憂楊廷璋署兩廣總督
劉藻
楊錫紱
方觀承
高晉三月乙未遷李宏江南河道總督
李宏三月乙未遷李清時河東河道總督

乾隆三十一年丙戌
方觀承
高晉
阿爾泰仍四川　楊應琚正月丙戌遷吳達善陝甘總督
蘇昌
吳達善正月丙戌遷劉藻湖廣總督二月壬寅降定長湖廣總督
楊廷璋
劉藻正月丙戌遷楊應琚雲貴總督
楊錫紱
方觀承
李宏
李時清

乾隆三十二年丁亥
方觀承
高晉
阿爾泰　吳達善
蘇昌
定長
楊廷璋三月庚寅召李侍堯仍任兩廣總督
楊應琚三月乙丑召明瑞雲貴總督鄂寧署
楊錫紱
方觀承
李宏
李時清七月辛巳遷嵇璜河東河道總督

乾隆三十三年戊子
方觀承八月壬申卒楊廷璋直隸總督
高晉
阿爾泰仍四川　吳達善十二月甲子
蘇昌正月丁未卒崔應階閩浙總督
定長十二月甲子卒吳達善湖廣總督
李侍堯
明瑞二月丙戌陣亡鄂甯雲貴總督阿
楊錫紱十二月己未卒梁翥鴻署漕運
方觀承卒楊廷璋兼直隸河道總督
李宏
嵇璜

遷明山陝甘總督
里袞暫管六月壬午鄂寧降阿桂雲貴總督
總督

乾隆三十四年己丑
楊廷璋
高晉
阿爾泰 明山
崔應階
吳達善
李侍堯
阿桂正月辛卯免明德兼雲貴總督三月丙午降阿思哈雲貴總督十月乙卯革彰寶署雲貴總督
梁翥鴻六月乙丑免傅顯漕運總督黃登賢署尋傅顯卒黃登賢補
楊廷璋
李宏
嵇璜二月甲寅降吳嗣爵東河河道總督

乾隆三十五年庚寅
楊廷璋
高晉
阿爾泰十月壬午召福德署四川總督 明山仍陝甘
崔應階十月辛巳召鍾音署閩浙總督
吳達善
李侍堯
彰寶
黃登賢十二月丙子降崔應階漕運總督
楊廷璋
李宏
吳嗣爵

乾隆三十六年辛卯
楊廷璋十月丁亥遷周元理直隸總督
高晉八月庚寅差薩載兼署兩江總督
德福八月丁酉召阿爾泰仍留九月丁卯文綬四川總督十月遷十一月丙辰桂林四川總
鍾音三月戊午富明安閩浙總督五月辛丑遷鍾音閩浙總督
吳達善五月辛丑遷富明安湖廣總督
李侍堯
彰寶正月辛亥召德福暫署雲貴總督
崔應階
楊廷璋十月丁亥遷周元理兼直隸河道總督
李宏八月庚午卒吳嗣爵江南河道總督
吳嗣爵八月庚午遷姚立德署東河河道總督

督 明山五月辛丑免吳達善陝甘總督十月卒文綬陝甘總督

乾隆三十七年壬辰
周元理
高晉
桂林五月丙午革阿爾泰署四川總督六月甲申文綬四川總督十二月丁亥革
鍾音
富明安五月甲子卒海明湖廣總督六月甲申遷阿爾泰署丙戌海明仍任辛卯
李侍堯
彰寶
崔應階正月癸卯遷嘉謨署漕運總督
周元理
吳嗣爵
姚立德

	乾隆三十八年癸巳	乾隆三十九年甲午
	周元理	周元理
	高晉	高晉
劉秉恬四川總督 六月甲申海明陝甘總督勒爾謹署	劉秉恬六月甲寅降富勒渾四川總督 勒爾謹仍陝甘	富勒渾 勒爾謹
	鍾音	鍾音
富勒渾湖廣總督十二月丁亥陳輝祖兼署	富勒渾六月甲寅遷文綬湖廣總督陳 輝祖署	文綬
	李侍堯	李侍堯
	彰寶	彰寶五月丙寅免圖恩德署
	嘉謨	嘉謨
	周元理	周元理
	吳嗣爵	吳嗣爵
	姚立德	姚立德

	乾隆四十年乙未	乾隆四十一年丙申	乾隆四十二年丁酉
	周元理	周元理	周元理
	高晉	高晉	高晉
	富勒渾 勒爾謹	富勒渾二月己酉遷文綬四川總督 勒爾謹三月甲申召畢沅 署甘陝總督	文綬 勒爾謹
	鍾音	鍾音	鍾音
	文綬	文綬二月己酉遷富勒渾湖廣總督	富勒渾五月丁亥遷三寶湖廣總
	李侍堯	李侍堯	李侍堯正月乙酉遷楊景素兩廣
雲貴總督	圖恩德	圖恩德	圖恩德正月乙酉回原任李侍堯
	嘉謨	嘉謨正月庚寅遷阿思哈署漕運總督十月免鄂寶漕運總督	鄂寶
	周元理	周元理	周元理
	吳嗣爵	吳嗣爵三月癸未卒薩載江南河道總督	薩載
	姚立德	姚立德	姚立德

	乾隆四十三年戊戌	乾隆四十四年己亥	乾隆四十
	周元理	周元理三月丙申免英廉署戊戌楊景素直隸總督十二月辛未袁守侗直隸總督	袁守侗
	高晉	高晉正月乙未卒薩載兩江總督	薩載八月
	文綬 勒爾謹	文綬 勒爾謹	文綬 勒
	鍾音二月壬子遷楊景素閩浙總督	楊景素三月戊戌遷三寶閩浙總督	三寶六月
督	三寶	三寶三月戊戌遷圖恩德湖廣總督十二月戊午卒富勒渾湖廣總督	富勒渾六
督總	楊景素二月壬子遷桂林兩廣總督	桂林十二月乙卯卒巴延三兩廣總督	巴延三
雲貴總督	李侍堯	李侍堯	李侍堯三
	鄂寶	鄂寶	鄂寶
	周元理	周元理三月丙申免戊戌楊景素兼十二月辛未袁守侗直隸河道總督	袁守侗
	薩載	薩載正月乙未遷李奉翰署江南河道總督	李奉翰二
	姚立德	姚立德四月戊寅革袁守侗河東河道總督十二月辛未遷陳輝祖河東河道總督	陳輝祖二

五年庚子	乾隆四十六年辛丑	
	袁守侗十一月戊辰憂鄭大進直隸總督	
己巳憂陳輝祖暫署兩江總督薩載尋回任	薩載	
爾謹	文綬八月壬午革福康安四川總督	勒爾謹四月庚午革李侍堯陝甘總
乙卯遷富勒渾閩浙總督	富勒渾正月癸卯召陳輝祖閩浙總督	
月乙卯遷舒常湖廣總督	舒常	
	巴延三	
月丁酉革逮福康安雲貴總督	福康安八月壬午遷富綱雲貴總督劉秉恬署	
	鄂寶	
	袁守侗十一月戊辰憂鄭大進兼直隸河道總督	
月丙午遷陳輝祖江南河道總督八月己巳李奉翰署江南河道總督	陳輝祖正月癸卯遷李奉翰江南河道總督	
月丙午遷李奉翰河東河道總督八月己巳國泰兼署河東河道總督	李奉翰正月癸卯遷韓鑅河東河道總督	

	乾隆四十七年壬寅	乾隆四十八年癸卯	乾隆四
	鄭大進十月甲申卒袁守侗署直隸總督	袁守侗五月丁未卒劉峨直隸總督	劉峨
	薩載	薩載	薩載
督	福康安　李侍堯	福康安四月辛巳遷李世傑四川總督　李侍堯二月己巳召畢沅署陝甘總督	李世傑
	陳輝祖九月辛亥革逮富勒渾閩浙總督	富勒渾	富勒渾
	舒常	舒常	舒常正
	巴延三	巴延三	巴延三
	富綱	富綱	富綱
	鄂寶	鄂寶二月乙丑遷毓奇漕運總督	毓奇
	鄭大進十月甲申卒袁守侗兼署直隸河道總督	袁守侗五月丁未卒劉峨直隸河道總督	劉峨
	李奉翰	李奉翰	李奉翰
	韓鑅七月己未憂何裕城署河東河道總督	何裕城四月辛巳遷蘭第錫署河東河道總督	蘭第錫

十九年甲辰	乾隆五十年乙巳	乾隆五十一年丙午
	劉峨	劉峨
	薩載	薩載三月丙辰卒李世傑兩
四川　李侍堯五月己卯革福康安陝甘總督	李世傑四川　福康安九月己酉赴阿克蘇慶桂署陝甘總督	李世傑三月丙辰遷保寧四
	富勒渾七月己酉遷雅德閩浙總督	雅德六月辛丑革富綱閩浙
月丙辰遷特成額湖廣總督伊星阿署	特成額	特成額五月丁巳召圖薩布
正月丙辰召舒常兩廣總督永德署	舒常三月戊辰遷孫士毅署兩廣總督七月己酉　富勒渾兩廣總督	富勒渾四月己亥免孫士毅
	富綱	富綱六月辛丑遷特成額雲
	毓奇	毓奇
	劉峨	劉峨
	李奉翰	李奉翰
	蘭第錫	蘭第錫

江總督
川總督 福康安召九月戊子永保署陝甘總督
總督常青兼署十月辛亥富綱遷常青閩浙總督
署己未李侍堯兼六月辛丑畢沅任十月丁未降 李侍堯湖廣總督
兼署兩廣總督
貴總督十月辛亥革逮富綱雲貴總督

乾隆五十二年丁未
劉峨
李世傑十一月乙酉遷書麟 兩江總督
保寧十一月乙酉遷李世傑 四川總督 福康安六月庚辰差勒保署陝甘總
常青正月己卯李侍堯閩浙 總督
李侍堯正月己卯遷常青湖 廣總督舒常署十一月己酉舒常補
孫士毅
富綱
毓奇
劉峨
李奉翰
蘭第錫

督

乾隆五十三年戊申
劉峨
書麟
李世傑 勒保
李侍堯十一月癸亥卒福康安閩浙總督
舒常七月丁丑免畢沅湖廣總督舒常署畢
孫士毅
富綱
毓奇
劉峨
李奉翰
蘭第錫

乾隆五十四年己酉
劉峨
書麟
李世傑十一月癸巳病免孫士毅署四川總督 勒保仍陝甘
福康安正月壬午遷伍拉納閩浙總督
沅
孫士毅正月壬午召福康安兩廣總督
富綱
毓奇六月甲子革管幹貞漕運總督
劉峨
李奉翰二月甲寅遷蘭第錫江南河道總督
蘭第錫二月甲寅遷李奉翰河東河道總督

乾隆五十五年庚戌
劉峨二月丁丑降梁肯堂直隸總
書麟五月己酉革福崧兼署兩江
孫士毅六月辛亥遷保寧署十月
伍拉納
畢沅
福康安
富綱
管幹貞
劉峨二月丁丑降梁肯堂直隸河
蘭第錫
李奉翰

督
總督六月辛亥孫士毅兩江總督
甲子鄂輝四川總督 勒保仍陝甘
道總督

乾隆五十六年辛亥
梁肯堂
孫士毅四月辛未遷書麟兩江總督
鄂輝八月甲子差孫士毅署十一月辛巳鄂輝革惠齡四川總督 勒保仍陝甘
伍拉納
畢沅
福康安
富綱
管幹貞
梁肯堂
蘭第錫
李奉翰

乾隆五十七年壬子
梁肯堂
書麟
惠齡 勒保
伍拉納
畢沅
福康安
富綱
管幹貞
梁肯堂
蘭錫第
李奉翰

乾
梁
書
惠
伍
畢
福
富
管
梁
蘭
李

	乾隆五十九年甲寅	乾隆六十年乙卯
隆五十八年癸丑		
肯堂	梁肯堂	梁肯堂
麟	書麟七月甲辰革富綱兩江總督蘇凌阿署	蘇凌阿正月丙戌免署福寧兩江總督
齡八月庚午遷福康安四川總督　勒保仍陝甘	福康安七月甲辰遷和琳四川總督　勒保仍陝甘	和琳三月乙卯孫士毅署四川總督　勒保
拉納	伍拉納	伍拉納五月丁巳革福康安閩浙總督長麟
沅	畢沅八月甲申降福寧湖廣總督	福寧正月丙戌遷畢沅湖廣總督
康安八月庚午遷長齡兩廣總督	長齡	長齡
綱	富綱七月甲辰遷福康安雲貴總督	福康安五月丁巳遷勒保雲貴總督
幹貞	管幹貞	管幹貞
肯堂	梁肯堂	梁肯堂
錫第	蘭錫第	蘭錫第
奉翰	李奉翰	李奉翰

		嘉慶元年丙辰		嘉慶二年丁巳
	直隸	梁肯堂		梁肯堂
	兩江	福甯六月遷蘇凌阿署		蘇凌阿
五月丁巳遷宜綿陝甘總督	陝甘	宜綿十一月丙辰赴剿匪陸有	仁暫署	陸有仁五月乙丑革
署十月甲申革魁倫兼署閩浙總督	四川	孫士毅六月癸卯卒福甯代		福甯五月乙丑降宜
	閩浙	魁倫		魁倫
	湖廣	畢沅		畢沅七月辛巳卒姜
	兩廣	長齡六月乙亥朱珪兩廣總督八	月辛丑降吉慶兩廣總督	吉慶
	雲貴	勒保		勒保九月己丑遷鄂
	漕運	管幹貞五月丙寅降富綱漕運總	督	富綱
	江南河道	蘭錫第		蘭錫第十二月戊申
	河東河道	李奉翰		李奉翰九月甲申遷

	嘉慶三年戊午	嘉慶四年己未
	梁肯堂正月庚午遷胡季堂直隸總督	胡季堂
九月甲申遷李奉翰兩江總督	李奉翰	李奉翰二月辛丑費淳兩江總督
英善代十月宜綿陝甘總督	宜綿	宜綿正月丙戌免恆瑞署二月己丑松筠陝甘總督
綿兼辦四川總督事務十月遷	勒保正月甲申四川總督	勒保七月癸酉革魁倫署四川總督
	魁倫十一月甲子憂免福昌暫署閩浙總督	福昌三月甲子調汪志伊兼署十月戊子長麟閩浙
晟署九月己丑勒保湖廣總督	勒保正月甲申遷三月癸酉景安湖廣總督	景安三月庚午來京倭什布湖廣總督
	吉慶	吉慶
輝雲貴總督	鄂輝六月甲寅卒富綱雲貴總督	富綱八月癸巳憂免長齡雲貴總督十月戊子遷書
	富綱六月甲寅遷梁肯堂漕運總督	梁肯堂二月戊申免蔣兆奎漕運總督十二月壬辰
卒康基田江南河道總督	康基田	康基田
康基田任十二月戊申遷司馬騊河東河道總督	司馬騊假吳璥署	吳璥十一月壬戌實授

總督。玉德署
麟雲貴總督
免。鐵保漕運總督

嘉慶五年庚申
胡季堂九月丁亥假。顏檢護。戊戌姜晟直隸總督
費淳
松筠正月辛酉遷。長麟陝甘總督
魁倫三月辛巳革。勒保四川總督
長麟正月辛酉遷。玉德閩浙總督
倭什布正月丁丑免。姜晟湖廣總督。松筠署。九月戊戌書麟湖廣總督
吉慶
書麟九月戊戌遷。琅玕雲貴總督
鐵保
康基田二月戊子革。吳璥江南河道總督
吳璥二月戊子遷。王秉韜河東河道總督

嘉慶六年辛酉
姜晟六月甲寅革。熊枚署。九月陳大文直隸總督
費淳
長麟十一月丁丑來京。惠齡陝甘總督
勒保
玉德
書麟四月壬戌卒。吳熊光湖廣總督
吉慶
琅玕
鐵保
吳璥
王秉韜

嘉慶七年壬戌
陳大文四月辛丑病免。熊枚暫署。甲辰顏檢署直隸總督。九月己巳實授
費淳
惠齡
勒保
玉德
吳熊光
吉慶十一月庚寅解。長麟兩廣總督。瑚圖禮署
琅玕
鐵保十一月辛卯遷。吉綸漕運總督
吳璥
王秉韜卒。嵇承志八月癸卯署河東河道總督

嘉慶八年癸亥
顏檢
費淳六月戊子調。陳大文兩江總督
惠齡
勒保
玉德
吳熊光
瑚圖禮正月庚午。倭什布兩廣總督
琅玕
吉綸
吳璥
嵇承志

嘉慶九年甲子
顏檢
陳大文
惠齡六月乙亥卒。那彥成署陝甘總督。十一月己酉倭什布陝甘總督
勒保
玉德
吳熊光
倭什布十二月己酉遷。那彥成兩廣總督
琅玕七月己亥卒。伯麟雲貴總督。永保署
吉綸
吳璥十二月丙寅來京。徐端江南河道總督
嵇承志四月丙子來京。徐端署。十二月丙寅遷。李亨特河東河道總督

嘉慶十年乙丑
顏檢六月庚申降。吳熊光直隸總督。十月辛丑遷。裘行簡署直隸總督
陳大文正月辛亥遷。鐵保兩江總督
倭什布
勒保
玉德
吳熊光六月庚申遷。百齡湖廣總督。十一月丙辰革。全保湖廣總督
那彥成十月辛丑來京。吳熊光兩廣總督
伯麟
吉綸
徐端
李亨特

嘉慶十一年丙寅
裘行簡九月壬申卒。秦承恩署。十
鐵保
倭什布十月甲申來京。全保陝甘
勒保十一月癸丑統兵勦匪。特清
玉德五月丙寅革。阿林保閩浙總
全保十月甲申遷。汪志伊湖廣總
吳熊光
伯麟
吉綸
徐端改副總河。六月庚寅戴均元
李亨特四月癸巳革。吳璥河東河

（續）	嘉慶十二年丁卯	嘉慶十三年戊辰
十月丁亥溫承惠署直隸總督	溫承惠九月甲寅授直隸總督	溫承惠
	鐵保	鐵保
總督方維甸署	全保五月己未病免長齡陝甘總督蔡廷衡護	長齡
額署四川總督	勒保	勒保
督溫承惠署	阿林保	阿林保
督瑚圖禮署	汪志伊	汪志伊
	吳熊光	吳熊光十一月壬午革永保兩廣總督
	伯麟	伯麟
	吉綸五月己未遷薩彬圖漕運總督	薩彬圖
江南河道總督	戴均元	戴均元三月丙辰病免徐端江南河道總督十二月庚申降吳璥
道總督	吳璥	吳璥六月乙巳遷馬慧裕河東河道總督

（續）	嘉慶十四年己巳	嘉慶十五年庚午
	溫承惠	溫承惠
	鐵保七月庚午革阿林保兩江總督十二月壬辰卒松筠兩江總督章煦兼署	松筠
	長齡正月丙子革和甯署六月丙午松筠陝甘總督十二月壬辰遷那彥成陝甘總督	那彥成
	勒保	勒保二月丙申來京常明四川總督
	阿林保七月庚午遷方維甸閩浙總督	方維甸九月壬戌回籍汪志伊閩浙總
	汪志伊	汪志伊九月壬戌遷馬慧裕湖廣總督
	永保正月丁卯卒百齡兩廣總督	百齡
	伯麟	伯麟
	薩彬圖六月丙午革胡克家任七月庚午革馬慧裕任十二月庚寅降許兆椿漕運總督	許兆椿
江南河道總督	吳璥	吳璥七月辛巳徐端代十二月陳鳳翔
	馬慧裕七月庚午遷陳鳳翔河東河道總督	陳鳳翔十二月己亥遷李亨特河東

（續）	嘉慶十六年辛未	嘉慶十七年壬申	嘉慶十八年癸酉
	溫承惠	溫承惠	溫承惠九月乙
	松筠正月癸酉遷勒保兩江總督六月甲寅召百齡兩江總督	百齡	百齡
	那彥成	那彥成	那彥成九月己
	常明	常明	常明
督	汪志伊	汪志伊	汪志伊
	馬慧裕	馬慧裕	馬慧裕
	百齡正月癸酉遷松筠兩廣總督九月乙未遷蔣攸銛兩廣總督	蔣攸銛	蔣攸銛
	伯麟	伯麟	伯麟
	許兆椿	許兆椿八月丙寅遷阮元漕運總督	阮元
江南河道總督	陳鳳翔	陳鳳翔八月壬子革黎世序江南河道總督	黎世序
道總督吉綸署	李亨特	李亨特	李亨特九月乙

	酉	嘉慶十九年甲戌	嘉慶二十年乙亥	嘉慶二十一年丙子	嘉慶二十二年丁丑	嘉慶二十三年戊寅	嘉慶二十四年己卯	嘉慶二十五年庚辰
[直隸]	亥差章煦署十月丙午那彥成直隸總督章煦署	那彥成	那彥成	那彥成六月壬戌革方受疇直隸總督	方受疇	方受疇	方受疇	方受疇
[兩江]		百齡	百齡	百齡十月病假松筠署十一月壬子百齡卒孫玉庭兩江總督	孫玉庭	孫玉庭	孫玉庭	孫玉庭
[陝甘]	卯來京長齡陝甘總督	長齡三月癸卯遷先福陝甘總督高杞署	先福	先福	先福二月壬午革和甯署癸未長齡陝甘總督	長齡	長齡	長齡
[四川]		常明	常明	常明	常明九月癸丑卒蔣攸銛四川總督	蔣攸銛	蔣攸銛	蔣攸銛
[閩浙]		汪志伊	汪志伊	汪志伊	汪志伊三月甲辰病免董教增閩浙總督	董教增	董教增	董教增十二月丁亥疾免慶保閩浙總督
[湖廣]		馬慧裕	馬慧裕	馬慧裕五月辛卯遷孫玉庭任十一月壬子遷阮元湖廣總督	阮元九月癸丑遷慶保湖廣總督	慶保	慶保	慶保四月乙亥遷張映漢湖廣總督十二月丙午來京
[兩廣]		蔣攸銛	蔣攸銛	蔣攸銛	蔣攸銛九月癸丑遷阮元兩廣總督	阮元	阮元	阮元
[雲貴]		伯麟	伯麟	伯麟	伯麟	伯麟	伯麟	伯麟四月乙亥遷慶保雲貴總督十二月丁亥遷史致
[漕運]		阮元三月癸卯遷桂芳任四月壬午卒李奕疇漕運總督	李奕疇	李奕疇	李奕疇	李奕疇	李奕疇閏四月壬辰降李鴻賓漕運總督八月癸巳遷成甯漕運總督	成甯
[南河]		黎世序	黎世序	黎世序	黎世序	黎世序	黎世序	黎世序
[東河]	亥革戴均元河東河道總督	戴均元正月壬午遷吳璥河東河道總督	吳璥正月癸卯遷李鴻賓授五月癸巳憂李逢亨兼河東河道總督	李逢亨回本任十一月壬子葉觀潮河東河道總督	葉觀潮	葉觀潮	葉觀潮八月辛卯革李鴻賓河東河道總督十月丁未降葉觀潮仍任	葉觀潮三月甲申革四月張文浩署河東河道總督

	（前）	道光元年辛巳	道光二年壬午	道光三年癸未	道光四年甲申	道光五年乙酉	道光六年丙戌
直隸		方受疇	方受疇正月壬子病免，顏檢直隸總督	顏檢四月甲辰來京，蔣攸銛直隸總督	蔣攸銛	蔣攸銛十月辛巳來京，那彥成直隸總督	那彥成
兩江		孫玉庭	孫玉庭	孫玉庭	孫玉庭十一月甲寅免，魏元煜兩江總督	魏元煜五月戊申調，琦善兩江總督	琦善
陝甘		長齡九月己巳陛見，朱勳署陝甘總督	長齡正月回任，八月辛未召，那彥成陝甘總督	那彥成	那彥成	那彥成九月乙酉來京，長齡署陝甘總督，鄂山署，十月庚辰長齡遷，楊遇春署陝甘總督	楊遇春七月癸巳差，鄂山署陝甘總督
四川		蔣攸銛	蔣攸銛九月庚寅遷，陳若霖四川總督	陳若霖十二月辛酉來京，戴三錫署四川總督	戴三錫	戴三錫	戴三錫
閩浙		慶保	慶保八月戊申來京，趙慎畛閩浙總督	趙慎畛	趙慎畛	趙慎畛九月乙酉遷，孫爾準閩浙總督	孫爾準
湖廣	陳若霖湖廣總督	陳若霖	陳若霖九月庚寅遷，李鴻賓湖廣總督	李鴻賓	李鴻賓	李鴻賓	李鴻賓五月戊戌調，嵩孚湖廣總督
兩廣		阮元	阮元	阮元	阮元	阮元	阮元五月戊戌調，李鴻賓兩廣總督
雲貴	光雲貴總督	史致光	史致光八月丁未來京，明山雲貴總督	明山	明山十二月己卯來京，長齡雲貴總督	長齡九月乙酉調，趙慎畛雲貴總督，韓克均署	趙慎畛五月丁酉卒，戊戌，阮元雲貴總督
漕運		成甯六月戊戌來京，李鴻賓漕運總督	李鴻賓九月庚寅遷，魏元煜漕運總督	魏元煜	魏元煜十一月甲寅遷，十二月戊辰，顏檢漕運總督	顏檢五月戊申來京，魏元煜漕運總督，六月辛穆彰阿署，八月己未陳中孚漕運總督	陳中孚七月壬午遷，穆彰阿起署，九月辛卯來京，楊懋恬署，十二月
江南河道		黎世序	黎世序	黎世序	黎世序二月丁酉卒，張文浩任，十一月辛亥免，嚴烜江南河道總督	嚴烜	嚴烜三月癸巳調，張井江南河道總督
河東河道		張文浩七月己未丁憂，姚祖同署，癸巳，嚴烜河東河道總督	嚴烜	嚴烜	嚴烜十一月辛亥調，張井署河東河道總督	張井	張井三月癸巳調，嚴烜河東河道總督

丑己年九光道	子戊年八光道	亥	丁年七光道	
回成彥那丑己月六署筠松降卯己月四申之居	申之居	督總隸直署申之居差戌庚月	一十成彥那	
銛攸蔣	銛攸蔣	督總江兩銛攸蔣京來戌戊	丙月五善琦	
春遇楊	春遇楊		春遇楊	
督總川四善琦京來酉癸月四錫三戴	錫三戴		錫三戴	
準爾孫	準爾孫		準爾孫	
孚嵩	孚嵩		孚嵩	
賓鴻李	賓鴻李		賓鴻李	
元阮	元阮		元阮	
督總運漕楨桂朱調午戊月三額經爾訥	額經爾訥		額經爾訥	署善琦督總運漕額經爾訥丑癸
井張	井張		井張	
烜嚴	烜嚴		烜嚴	

辰壬年二十光道		卯辛年一十光道		寅庚年十光道	
善琦	督總隸直善	琦革未乙月二成彥那		成彥那	任督總隸直
謝陶		謝陶	督	總江兩謝陶假卯辛月六銛攸蔣	
春遇楊		回丑丁月正春遇楊	督總甘陝署山鄂需軍	路後辦州肅赴午戊月九春遇楊	
山鄂	署賓彥那督總川四	山鄂調未乙月二善琦		善琦	
未乙月二準爾孫		準爾孫		準爾孫	
調午甲月八坤盧		坤盧	督	總廣湖坤盧降午壬月一十孚嵩	
午甲月八賓鴻李		賓鴻李		賓鴻李	
元阮		元阮		元阮	
額成蘇	署兼井張督總運漕額成蘇	調巳乙月二十慶邦吳	督總運	漕署慶邦吳調午壬月八楨桂朱	
革未丁月九井張		井張		井張	
未乙月二徐則林	督總道河東河徐則	林免病酉乙月十烜嚴		烜嚴	

年四十光道			巳癸年三十光道	
善琦			善琦	
謝陶			謝陶	
春遇楊			春遇楊	
山鄂			山鄂	
洛祖程			洛祖程	督總浙閩洛祖程卒
額經爾訥			額經爾訥	督總廣湖額經爾訥
坤盧			坤盧	署恩禧督總廣兩坤盧革
元阮		任回元阮月八督總貴雲署	兼布里伊覲入元阮	
已月五溥嵩	署	銘恩督總運漕溥嵩遷辰壬月九督總運漕慶貴	遷申戊月四額成蘇	
慶麟	督總道河南江署仍慶麟辰甲月	八署暫井張憂丁申庚月四督總道河南江慶麟	免病戌戊月三井張	留
慶邦吳			慶邦吳	督總道河東河慶邦吳調

甲午	道光十五年乙未	道光十六年丙申
	琦善	琦善
	陶澍	陶澍
	楊遇春正月丙戌病免瑚松額陝甘總督	瑚松額
	鄂山	鄂山
	程祖洛	程祖洛七月癸未憂
	訥爾經額	訥爾經額
	盧坤七月庚辰卒鄧廷楨兩廣總督祁𡎴署	鄧廷楨
	阮元二月己亥入閣伊里布雲貴總督	伊里布
巳遷恩銘漕運總督十一月壬申遷朱爲弼漕運總督	朱爲弼八月丁丑假恩特亨額漕運總督	恩特亨額
	麟慶	麟慶
	吳邦慶五月戊寅來京栗毓美河東河道總督十月辛酉覲鍾祥署	栗毓美

	道光十七年丁酉	道光十八年戊戌
	琦善三月丁亥憂穆彰阿署六月乙未琦善仍署直隸總督	琦善
	陶澍	陶澍
	瑚松額	瑚松額
	鄂山	鄂山閏四月甲申遷寶興四川總督七月戊申遷蘇廷玉
鍾祥閩浙總督魏元烺署	鍾祥	鍾祥
	訥爾經額正月庚子降林則徐湖廣總督	林則徐九月庚申召伍長華兼署十一月癸丑林則徐差
	鄧廷楨	鄧廷楨
	伊里布	伊里布
	恩特亨額五月己卯遷周天爵漕運總督	周天爵十一月癸丑調鐵麟署漕運總督
	麟慶	麟慶
	栗毓美	栗毓美

	道光十九年己亥	道光
	琦善	琦善
	陶澍三月乙巳病免林則徐兩江總督陳鑾署十二月癸亥卒林則徐調麟慶署己卯伊里布兩江總督	伊里
	瑚松額	瑚松
署十一月壬子降寶興四川總督	寶興	寶興
	鍾祥六月丙寅革周天爵閩浙總督辛卯調桂良閩浙總督十二月甲申調鄧廷楨閩浙總督	鄧廷
周天爵署湖廣總督	林則徐三月乙巳調桂良湖廣總督辛卯調周天爵湖廣總督	周天
	鄧廷楨十二月己卯調林則徐兩廣總督	林則
	伊里布十二月己卯調鄧廷楨雲貴總督甲申遷桂良雲貴總督吳文鎔兼署	桂良
	周天爵四月丁丑調朱澍漕運總督	朱澍
	麟慶	麟慶
	栗毓美	栗毓

二十年庚子	道光二十一年辛丑	道光二十二年壬寅	道光二十三年癸卯	道光二十四年甲辰	道光二十五年乙巳
八月己卯差訥爾經額調署直隸總督	訥爾經額	訥爾經額	訥爾經額	訥爾經額	訥爾經額
布七月丁酉差裕謙署兩江總督	裕謙正月癸丑差程矞采護九月丙辰牛鑑署己未裕謙殉難牛鑑兩江總督	牛鑑九月己未革逮耆英兩江總督	耆英三月庚戌差璧昌署孫寶善護九月己酉耆英仍回任	耆英二月戊戌遷璧昌兩江總督孫寶善護	璧昌
額六月戊子遷訥爾經額陝甘總督八月己卯調瑚松額署十二月癸未恩特亨額署	恩特亨額二月辛酉授陝甘總督	恩特亨額三月丙子卒富呢揚阿陝甘總督	富呢揚阿	富呢揚阿	富呢揚阿四月壬子卒惠吉任鄧廷楨署十一月辛酉惠吉卒布
	寶興	寶興	寶興	寶興	寶興
楨九月辛卯來京顏伯燾閩浙總督吳文鎔護乙未鄧廷楨革	顏伯燾十二月戊子革楊國楨閩浙總督	楊國楨正月丙辰病免怡良閩浙總督	怡良五月戊辰病免劉韻珂閩浙總督	劉韻珂	劉韻珂
爵十一月戊申革裕泰湖廣總督	裕泰	裕泰	裕泰	裕泰	裕泰
徐九月庚寅來京琦善署兩廣總督怡良暫護	琦善二月辛酉革祁𡎴兩廣總督	祁𡎴	祁𡎴	祁𡎴二月戊戌病免耆英兩廣總督	耆英
	桂良	桂良	桂良	桂良十一月己巳吳其濬兼署雲貴總督	桂良四月癸卯免賀長齡雲貴總督壬子鄭祖琛兼署
	朱澍	朱澍九月戊午回籍周天爵署十一月丙辰憂廖鴻荃署十二月辛巳來京李湘棻署漕運總督	李湘棻	李湘棻三月丙申丁憂惠吉漕運總督	惠吉正月庚午遷程矞采漕運總督
	麟慶	麟慶八月戊子革潘錫恩江南河道總督	潘錫恩	潘錫恩	潘錫恩
美二月甲申卒文沖河東河道總督	文沖革八月庚寅朱襄河東河道總督王鼎署	慧成九月辛酉署河東河道總督	慧成七月戊申革鍾祥河東河道總督	鍾祥	鍾祥

彥泰陝甘總督林則徐署

道光二十六年丙午	
訥爾經額	
璧昌	
布彥泰	
寶興十二月庚午來	京琦善四川總督
劉韻珂	
裕泰	
耆英	
賀長齡八月乙亥降	李星沅雲貴總督陸建瀛署
程矞采十二月戊申	調楊殿邦署漕運總督
潘錫恩	
鍾祥	

道光二十七年丁未	
訥爾經額	
璧昌正月乙酉覲	陸建瀛署三月丁未璧昌遷李星沅兩江總督
布彥泰八月甲子	赴肅州督勦楊以增署九月辛巳布彥泰回陝甘
琦善	
劉韻珂	
裕泰	
耆英十二月甲戌	來京徐廣縉署兩廣總督
李星沅三月乙未	調林則徐雲貴總督程矞采署
楊殿邦	
潘錫恩	
鍾祥	

總督

道光二十八年戊申	
訥爾經額	
李星沅	
布彥泰	
琦善	
劉韻珂	
裕泰	
耆英六月丙午留京徐廣縉授兩廣總督	
林則徐	
楊殿邦	
潘錫恩九月甲戌病免楊以增江南河道	總督李星沅署
鍾祥	

道光二十九年己酉	
訥爾經額	
李星沅四月壬寅病免陸建瀛	兩江總督
布彥泰九月甲辰病免琦善署	陝甘總督九月己酉實授
琦善九月甲辰調裕誠署己酉	徐澤醇四川總督
劉韻珂	
裕泰	
徐廣縉	
林則徐七月己未病免程矞采	雲貴總督
楊殿邦	
楊以增	
鍾祥閏四月辛未顏以煥河	東河道總督徐澤醇署

道光三十年庚戌	
訥爾經額	
陸建瀛	
琦善	
徐澤醇	
劉韻珂十一月丙午	病卸裕泰閩浙總督徐繼畬署
裕泰十一月丙午調	程矞采湖廣總督裕興署
徐廣縉	
程矞采十一月丙午	調吳文鎔雲貴總督十二月壬申張亮基署
楊殿邦	
楊以增	
顏以煥	

清史稿

疆臣年表四

各省總督　河督漕督

	咸豐元年辛亥	
直隸	訥爾經額	
兩江	陸建瀛	
陝甘	琦善五月甲辰薩迎阿暫署乙巳	裕泰陝甘總督閏八月辛亥薩迎阿召舒興阿署
四川	徐澤醇	
閩浙	裕泰五月乙巳遷季芝昌閩浙總	督九月乙丑病假裕瑞署閩浙總督
湖廣	程矞采	
兩廣	徐廣縉	
雲貴	吳文鎔	
漕總	楊殿邦	
江南河道	楊以增	
河東河道	顏以煥	

	咸豐二年壬子			咸豐三年癸丑
	訥爾經額			訥爾經額九月丙午革桂良直隸
	陸建瀛			陸建瀛正月壬申被劾祥厚署二
十月癸卯裕泰卒舒興阿補	舒興阿			舒興阿五月庚申差易棠署陝甘
	徐澤醇七月壬申	召裕瑞兼署十二月辛巳徐澤醇遷慧成署四川	總督	慧成八月己卯遷裕瑞四川總督
	季芝昌七月己酉	假王懿德兼署十月壬辰季芝昌免吳文鎔閩浙	總督	吳文鎔二月己亥王懿德兼署六
	程矞采九月己酉	革徐廣縉署十二月辛丑革逮張亮基署湖廣總	督	張亮基降調八月己卯吳文鎔湖
	徐廣縉七月壬申	赴湘會勦葉名琛兩廣總督		葉名琛
	吳文鎔十月壬辰	遷羅繞典雲貴總督		羅繞典五月壬子吳振棫兼署雲
	楊殿邦			楊殿邦三月辛未革福濟任查文
	楊以增			楊以增
	顏以燠六月戊戌	降慧成任陸應穀署十二月辛巳慧成遷福濟河	東河道總督	福濟三月辛未遷長臻河東河道

		咸豐四年甲寅		咸豐五年乙卯
總督		桂良		桂良
月壬辰江甯失守之死怡良兩江總督楊文定署		怡良		怡良
總督		易棠		易棠
		裕瑞九月丁亥撤黃宗漢四川	總督樂斌兼署	黃宗漢
月辛巳有鳳兼署八月己卯吳文鎔調慧成閩浙	總督有鳳仍署	慧成正月戊午差王懿德閩浙	總督	王懿德
廣總督		吳文鎔二月辛巳陣亡台湧任	六月癸未革楊霈湖廣總督	楊霈四月己未革
		葉名琛		葉名琛
貴總督		羅繞典十一月戊子卒恆春雲	貴總督	恆春
經護十二月甲午福濟遷邵燦漕運總督楊以增	兼署	邵燦		邵燦
		楊以增		楊以增
總督		長臻		長臻五月庚寅卒

	咸豐六年丙辰		咸豐七年	丁巳	咸豐八
	桂良十二月己	酉遷譚廷襄署直隸總督	譚廷襄		譚廷襄
	怡良		怡良四月	癸巳病免何桂清兩江總督趙德轍署	何桂清
	易棠九月壬午	病免樂斌陝甘總督常績護	樂斌		樂斌
	黃宗漢八月戊	子召吳振棫四川總督樂斌署	吳振棫六	月乙亥遷王慶雲四川總督有鳳署	王慶雲
	王懿德		王懿德		王懿德
官文湖廣總督	官文		官文		官文
	葉名琛		葉名琛十	二月己未革黃宗漢兩廣總督柏貴署	黃宗漢
	恆春		恆春六月	乙亥自盡吳振棫雲貴總督桑春榮署	吳振棫
	邵燦		邵燦		邵燦
	楊以增正月庚	申卒庚長江南河道總督邵燦兼署	庚長		庚長
李鈞河東河道總督蔣啟敭署	李鈞		李鈞		李鈞

年戊午	咸豐九年 己未	咸豐十年庚申六月庚辰裁
六月己未革慶祺直隸總督瑞麟署	慶祺 二月壬戌卒恆福直隸總督文煜署	恆福
	何桂清	何桂清四月癸未革曾國藩
	樂斌 十一月丁亥陞見林揚祖署陝甘總督	樂斌八月己卯入援林揚祖
	王慶雲 四月壬寅遷黃宗漢四川總督有鳳署十月庚子曾 望顏四川總督	曾望顏六月丁亥革崇純兼
六月戊辰假慶端署閩浙總督	王懿德 四月壬戌病免慶端閩浙總督	慶端
	官文	官文
	黃宗漢 四月壬寅遷王慶雲任柏貴署九月戊寅慶雲病免 勞崇光兩廣總督	勞崇光
十一月己亥病免張亮基雲貴總督	張亮基	張亮基十月庚辰病免劉源
	邵燦 四月己未病免袁甲三漕運總督庚長兼署十月乙 卯聯英署	聯英三月癸亥病免王夢
	庚長	庚長五月己亥革王夢齡兼
	李鈞 三月己酉卒黃贊湯河東河道總督瑛棨署	黃贊湯

江南河道總督	咸豐十一年辛酉
	恆福正月丙午病免文煜直隸總督
兩江總督徐有壬署癸巳殉薛煥暫署	曾國藩
署陝甘總督九月辛亥福濟署十月樂斌回任	樂斌
署七月丁未卒崇實署四川總督	崇實
	慶端
	官文
	勞崇光
灝雲貴總督徐之銘兼署庚辰亮基暫留	劉源灝七月戊申召福濟雲貴總督十一月壬寅 革潘鐸署
齡署漕運總督	王夢齡十一月庚戌來京吳棠署漕運總督
署六月裁	
	黃贊湯

	同治元年壬戌	同治二年 癸亥	同治三年甲子
直隸	文煜十二月甲辰罷劉長佑直隸總督崇 厚署	劉長佑	劉長佑
兩江	曾國藩	曾國藩	曾國藩
陝甘	樂斌正月丙申革麟魁陝甘總督戊戌卒 沈兆霖署七月庚子卒熙麟任恩麟護	熙麟	熙麟五月乙巳
四川	駱秉章	駱秉章	駱秉章
閩浙	慶端七月甲辰遷耆齡閩浙總督	耆齡 三月甲子遷左宗棠閩浙總督	左宗棠
湖廣	官文	官文	官文
兩廣	勞崇光閏八月甲辰罷劉長佑兩廣總督 十二月甲辰遷晏端書署	晏端書 五月丙寅罷毛鴻賓兩廣總督	毛鴻賓
雲貴	潘鐸	潘鐸 殉四月丁酉勞崇光雲貴總督	勞崇光
漕運	吳棠	吳棠	吳棠
河道	黃贊湯七月乙巳遷譚廷襄河東河道總 督	譚廷襄	譚廷襄七月庚

病免楊岳斌陝甘總督都興阿署恩麟護

戊遷鄭敦謹河東河道總督

同治四年乙丑
劉長佑
曾國藩赴山東督師李鴻章署兩江總督
楊岳斌
駱秉章假八月甲辰崇實署四川總督駱秉章回任
左宗棠
官文
毛鴻賓二月丙子罷吳棠署兩廣總督瑞麟署
勞崇光
吳棠二月丙子遷彭玉麟漕運總督四月丁卯吳棠留
鄭敦謹四月己巳遷張之萬河東河道總督

同治五年丙寅
劉長佑
李鴻章十一月丙辰勦匪曾國藩回兩江總督
楊岳斌八月癸卯左宗棠陝甘總督穆圖善署
駱秉章
左宗棠八月癸卯遷吳棠閩浙總督英桂兼署
官文十一月丁巳免譚廷襄署湖廣總督
瑞麟
勞崇光
吳棠八月癸卯遷張之萬漕運總督
張之萬八月癸卯遷蘇廷魁河東河道總督

同治六年丁卯
劉長佑十一月癸丑罷官文署直隸總督
曾國藩
穆圖善
駱秉章十二月丁酉卒吳棠四川總督崇實署
吳棠七月庚申差英桂兼署十二月丁酉吳棠遷馬新貽閩浙總督
官文正月丙寅罷李鴻章湖廣總督李瀚章署十二月庚子瀚章遷郭柏蔭署
瑞麟
勞崇光二月癸丑卒張凱嵩雲貴總督宋延春護
張之萬
蘇廷魁

同治七年戊辰
官文七月乙未罷曾國藩直隸總督
曾國藩七月乙未遷馬新貽兩江總督
穆圖善
吳棠
馬新貽七月乙未遷英桂閩浙總督
郭柏蔭
瑞麟
張凱嵩二月癸丑罷劉嶽昭雲貴總督
張之萬
蘇廷魁

同治八年己巳
曾國藩
馬新貽
穆圖善十月卸左宗棠陝甘總督
吳棠
英桂
郭柏蔭卸李鴻章正月壬午任十二月甲辰師督貴州李瀚章署
瑞麟
劉嶽昭
張之萬
蘇廷魁

同治九年庚午
曾國藩八月丁酉遷李鴻章直隸總督
馬新貽八月丁酉被刺曾國藩兩江總督魁玉署
左宗棠
吳棠
英桂
李鴻章八月丁酉遷李瀚章湖廣總督
瑞麟
劉嶽昭
張之萬閏十月丙子遷張兆棟漕運總督
蘇廷魁

同治十年辛未
李鴻章
曾國藩
左宗棠
吳棠
英桂正月乙卯入覲文煜兼署閩浙總督十一月己丑
李瀚章
瑞麟
劉嶽昭
張兆棟六月戊寅遷蘇鳳文漕運總督十二月甲申張
蘇廷魁八月庚辰罷喬松年河東河道總督

省	（前頁續）	同治十一年壬申	同治十二年癸酉	同治十三年甲戌	光緒元年乙亥	光緒二年丙子	光緒三年丁丑	光緒四年戊寅
直隸		李鴻章	李鴻章	李鴻章	李鴻章	李鴻章	李鴻章	李鴻章
兩江		曾國藩二月丙寅卒。何璟署兩江總督。十月丙子憂免。張樹聲署	張樹聲正月丙戌遷。李宗羲兩江總督	李宗羲十二月癸酉病免。劉坤一署兩江總督	劉坤一四月壬辰沈葆楨兩江總督	沈葆楨	沈葆楨	沈葆楨二月乙巳假。吳元炳署兩江總督。五月葆
陝甘		左宗棠	左宗棠	左宗棠	左宗棠	左宗棠	左宗棠	左宗棠
四川		吳棠	吳棠	吳棠	吳棠十二月甲申病免。李瀚章四川總督。文格護	文格	文格三月壬午卸。丁寶楨四川總督	丁寶楨
閩浙	李鶴年代	李鶴年	李鶴年	李鶴年	李鶴年	李鶴年三月丙寅陛見。文煜署。鶴年八月丁酉遷。何璟閩浙總督	何璟　文煜仍署	何璟
湖廣		李瀚章	李瀚章	李瀚章	李瀚章五月壬子差。翁同爵兼署湖廣總督	翁同爵八月丁酉李瀚章復授湖廣總督	李瀚章	李瀚章
兩廣		瑞麟	瑞麟	瑞麟九月丁未卒。英翰兩廣總督。張兆棟兼署	張兆棟二月壬辰卸。英翰兩廣總督。八月丁卯免。劉坤一代。張兆棟仍署	劉坤一	劉坤一	劉坤一十一月庚午假。裕寬署兩廣總督
雲貴		劉嶽昭	劉嶽昭八月癸未入覲。岑毓英兼署雲貴總督	岑毓英	岑毓英十一月己亥劉長佑雲貴總督。英仍署	岑毓英四月乙酉卸。劉長佑雲貴總督	劉長佑	劉長佑
漕運	樹聲代	張樹聲未任。二月丙辰恩錫署漕運總督。丙寅遷。文彬代署	文彬十月壬午調。恩錫署漕運總督。文彬尋回任	文彬	文彬	文彬	文彬	文彬
河道		喬松年	喬松年	喬松年	喬松年二月戊子。曾國荃河東河道總督	曾國荃八月丁酉遷。李鶴年河東河道總督	李鶴年	李鶴年
東三省								

	光緒五年己卯		光緒六年庚辰
	李鴻章		李鴻章
楨回	沈葆楨三月庚申入覲吳元炳署五月辛	巳葆楨回十一月乙亥卒甲申劉坤一兩江總督	劉坤一六月癸卯任
	左宗棠		左宗棠十一月戊申入覲楊昌濬陝甘總督
	丁寶楨		丁寶楨
	何璟		何璟
	李瀚章		李瀚章
	劉坤一十一月甲申遷張樹聲兩廣總督	裕寬署	裕寬四月己酉卯張樹聲任
	劉長佑		劉長佑
	文彬八月癸亥入覲薛允升署漕運總督		薛允升卯文彬回六月辛黎培敬漕運總督譚鈞
	李鶴年		李鶴年

	光緒七年辛巳		光緒八年壬午		光
	李鴻章		李鴻章三月戊子	丁憂張樹聲署直隸總督	張
	劉坤一七月戊子來京彭玉麟署九月乙	未左宗棠兩江總督	左宗棠		左
	楊昌濬二月癸巳曾國荃陝甘總督八月	壬午病免譚鍾麟陝甘總督	譚鍾麟		譚
	丁寶楨		丁寶楨		丁
	何璟		何璟		何
	李瀚章		李瀚章三月乙未	憂免涂宗瀛湖廣總督彭祖賢兼署	涂
	張樹聲		張樹聲三月戊子	遷裕寬暫兼署四月己巳曾國荃兩廣總督	曾
	劉長佑		劉長佑五月壬辰	入覲岑毓英雲貴總督	岑
培護	黎培敬五月丙子遷周恒祺漕運總督		周恒祺正月辛亥	免慶裕署漕運總督	慶
	李鶴年八月壬申遷勒方錡河東河道總	督丁亥病免梅啓照代	梅啓照		梅

緒九年癸未		光緒十年甲申		光緒
樹聲六月戊午回本任李鴻章直隸總督		李鴻章		李鴻
宗棠		左宗棠正月乙未假裕祿兩江總	督癸卯曾國荃署	曾國
鍾麟		譚鍾麟		譚鍾
寶楨		丁寶楨		丁寶
璟		何璟七月己巳召楊昌濬閩浙總	督張兆棟兼署	楊昌
宗瀛五月壬寅免卞寶第署湖廣總督		卞寶第		卞寶
國荃六月戊午來京張樹聲回任兩廣總督		張樹聲四月壬申病免張之洞兩	廣總督	張之
毓英		岑毓英		岑毓
裕二月庚辰遷楊昌濬漕運總督譚鈞培護		楊昌濬七月丁巳差孫鳳翔署王	加敏護己巳吳元炳漕運總督孫鳳翔署	吳元
啓照二月庚辰革慶裕河東河道總督十二月戊	辰遷成孚代	成孚		成孚

十一年乙酉九月庚子閩浙總督兼管福建巡撫	光緒十二年丙戌	光緒十三年丁亥
章	李鴻章	李鴻章
荃	曾國荃	曾國荃七月甲戌入覲裕祿署九月庚申國荃回
麟	譚鍾麟	譚鍾麟
楨	丁寶楨五月己亥卒劉秉璋四川總督游智開護	劉秉璋
濬	楊昌濬	楊昌濬
第二月乙未回本任裕祿署湖廣總督	裕祿	裕祿四月庚午入覲奎斌兼署湖廣總督九月壬
洞	張之洞	張之洞
英	岑毓英	岑毓英
炳二月乙未遷丙申崧駿漕運總督	崧駿五月庚子遷盧士杰署漕運總督	盧士杰
	成孚	成孚九月癸未革李鶴年署河東河道總督

	光緒十四年戊子	光緒十五年己丑	光緒十六年庚寅
	李鴻章	李鴻章	李鴻章
	曾國荃	曾國荃	曾國荃十月丁未卒
	譚鍾麟二月丁未病免楊昌濬陝甘總督	楊昌濬	楊昌濬
	劉秉璋	劉秉璋	劉秉璋
	楊昌濬二月丁未遷卞寶第署閩浙總督	卞寶第	卞寶第
申裕祿回	裕祿	裕祿七月甲寅遷丙辰張之洞湖廣總督	張之洞
	張之洞	張之洞七月丙辰遷李瀚章兩廣總督	李瀚章
	岑毓英	岑毓英六月丙子卒王文韶雲貴總督譚鈞培署	王文韶
	盧士杰九月甲戌卒李瀚章漕運總督徐文達護	李瀚章七月丙辰遷松椿漕運總督徐文達護	松椿
	李鶴年七月庚申革吳大澂署河東河道總督李鴻藻暫署	吳大澂	吳大澂正月癸亥假

	光緒十七年辛卯	光緒十八年壬辰	光
	李鴻章	李鴻章	李
劉坤一兩江總督沈秉成署	劉坤一三月乙酉任沈秉成卸	劉坤一	劉
	楊昌濬	楊昌濬	楊
	劉秉璋	劉秉璋	劉
	卞寶第	卞寶第五月己卯病免譚鍾麟閩浙總督希元署	譚
	張之洞	張之洞	張
	李瀚章	李瀚章	李
	王文韶	王文韶	王
	松椿	松椿	松
倪文蔚署二月己卯大澂憂許振褘河東河道總督	許振褘	許振褘	許

緒十九年癸巳	光緒二十年甲午	光緒二十一年乙未
鴻章	李鴻章	李鴻章正月辛未召王文韶直
坤一	劉坤一十月戊申召張之洞署兩江總督	張之洞
昌濬	楊昌濬	楊昌濬十月辛未免陶模署陝
秉璋	劉秉璋十月丁卯開缺譚鍾麟四川總督未任	劉秉璋二月癸巳革鹿傳霖四
鍾麟	譚鍾麟十月丁卯遷邊寶泉閩浙總督	邊寶泉
之洞	張之洞九月丙辰召譚繼洵兼署湖廣總督	譚繼洵十一月甲寅張之洞回
瀚章	李瀚章	李瀚章免三月癸巳譚鍾麟署
文韶	王文韶九月辛亥召譚鈞培兼署雲貴總督十一月卒岑毓寶護	岑毓寶正月庚辰卸崧蕃雲貴
椿	松椿七月甲戌祝嘏鄧華熙署漕運總督	松椿
振禕十一月壬寅入覲裕寬兼署河東河道總督	許振禕	許振禕十二月戊辰遷劉樹堂

	光緒二十二年丙申	光緒二十三年丁酉	光緒二
隸總督	王文韶	王文韶	王文韶
	劉坤一正月壬子回兩江總督	劉坤一	劉坤一
甘總督	陶模	陶模	陶模
川總督	鹿傳霖	鹿傳霖九月戊辰來京李秉衡四川總督恭壽署十一月癸卯裕祿四川總督	恭壽署
	邊寶泉	邊寶泉	邊寶泉
任	張之洞	張之洞	張之洞
兩廣總督	譚鍾麟	譚鍾麟	譚鍾麟
總督	崧蕃	崧蕃	崧蕃
	松椿	松椿	松椿
兼署河東河道總督	任道鎔正月壬寅河東河道總督	任道鎔	任道鎔

十四年戊戌七月乙丑裁河東河道總督九月戊辰復設	光緒二十五年己亥	光緒二十六年庚子
四月己酉召榮祿直隸總督八月甲午遷裕祿直隸總督袁世凱護	裕祿	裕祿六月癸未李鴻
	劉坤一十一月丙寅入覲鹿傳霖署兩江總督	劉坤一四月丙子回
	陶模十月甲辰入覲魏光燾署陝甘總督	魏光燾十月壬午遷
五月丙子奎俊四川總督七月恭壽卒文光護十一月甲辰奎俊任	奎俊	奎俊
九月辛酉免許應騤閩浙總督增祺署	許應騤	許應騤
召閏三月庚午譚繼洵兼署湖廣總督四月甲午之洞回任	張之洞	張之洞
	譚鍾麟十一月辛酉召李鴻章署兩廣總督德壽暫署	李鴻章六月癸未遷
	崧蕃	崧蕃十月壬午遷魏
	松椿	松椿十月壬寅免張
七月乙丑裁九月戊辰任道鎔仍任河東河道總督	任道鎔四月癸巳假裕長兼署河東河道總督	任道鎔二月丙辰入

		光緒二十七年辛丑
	章直隸總督七月庚戌裕祿殉癸亥廷雍署閏八月丁未鴻章任	李鴻章九月己丑卒辛丑袁世凱署直隸總督周馥護
	兩江總督	劉坤一
	崧蕃陝甘總督何福堃護十一月癸未李廷簫代護	李廷簫正月丙子卒何福堃護二月甲子崧蕃陝甘總督
		奎俊
		許應騤
		張之洞
	德壽兼署閏八月壬寅陶模兩廣總督	陶模
	光燾雲貴總督丁振鐸兼護	魏光燾五月丙寅任
	人駿漕運總督	張人駿九月己丑遷庚寅恩壽漕運總督沈瑜慶護癸丑恩壽遷陳夔龍漕運總
	覲裕長兼署河東河道總督四月壬午道鎔回任	任道鎔四月辛丑遷錫良河東河道總督

	光緒二十八年壬寅正月甲申裁河東河道總督	光緒二十九年癸卯
	袁世凱九月甲戌假吳重禧暫護十一月丁丑袁世凱回任	袁世凱
	劉坤一九月癸巳卒張之洞署李有棻護十一月壬戌魏光燾兩江總督	張之洞二月丁未入覲魏光燾任
	崧蕃	崧蕃
	奎俊七月庚申開缺岑春煊署四川總督	岑春煊三月丙子調錫良四川總督陳璚護
	許應騤	許應騤三月壬辰免癸巳錫良閩浙總督崇喜署三月丙子李興銳
	張之洞九月癸巳遷端方暫署湖廣總督	端方
	陶模五月丙戌開缺丁亥德壽署兩廣總督	德壽三月丙子調岑春煊署兩廣總督
	魏光燾十一月壬戌遷丁振鐸署雲貴總督林紹年暫署	林紹年三月丁巳卸丁振鐸任雲貴總督
督	陳夔龍	陳夔龍三月丙子調德壽漕運總督四月癸卯陸元鼎署十一月戊
	錫良正月甲申裁缺	

	光緒三十年甲辰十二月丙寅裁漕運總督	光緒三十一年乙巳
	袁世凱	袁世凱
	魏光燾七月戊戌調李興銳署九月丁酉卒庚子周馥署兩江總督端方暫署	周馥
	崧蕃	崧蕃三月丁丑調升允陝甘總督
	錫良	錫良
代署	李興銳七月戊戌調魏光燾閩浙總督崇善暫署	魏光燾正月甲午免升允代崇善兼署三月丁丑
	端方三月癸亥卸張之洞回湖廣總督	張之洞
	岑春煊	岑春煊
	丁振鐸	丁振鐸
申德壽卒元鼎補	陸元鼎四月己未調恩壽漕運總督楊鴻度護	

	光緒三十二年丙午	光緒三十三年丁未三月丁丑設東三省總督兼管將軍事務	光緒三十四年戊申
	袁世凱	袁世凱七月丙辰遷楊士驤署直隸總督	楊士驤
	周馥七月己酉調端方兩江總督	端方	端方
	升允	升允	升允
	錫良	錫良正月辛亥遷趙爾豐護三月壬子趙爾巽四川總督未任七月丁巳遷陳夔龍四川總督爾豐仍護	陳夔龍二月庚申遷趙爾巽四川總督
升允遷崧蕃閩浙總督未任卒十二月己酉端方補	崇善署七月己酉端方遷周馥代戊午遷丁振鐸代尋免	松壽正月壬子閩浙總督	松壽
	張之洞	張之洞七月丁巳遷趙爾巽湖廣總督李岷琛護	趙爾巽二月庚申遷陳夔龍湖廣總督
	岑春煊七月戊午調周馥兩廣總督	周馥四月丁丑免岑春煊兩廣總督胡湘林護七月癸巳岑春煊免張人駿兩廣總督	張人駿
	丁振鐸七月戊午調岑春煊雲貴總督	岑春煊正月辛亥遷錫良雲貴總督	錫良
		徐世昌三月己亥東三省總督五月壬辰任	徐世昌

	宣統元年己酉	宣統二年庚戌三月東三省總督兼管奉天巡撫	宣
直隸	楊士驤五月辛卒端方直隸總督那桐署十月端方革陳夔龍調直隸總督崔永安護	陳夔龍	陳
兩江	端方五月調張人駿兩江總督樊增祥護	張人駿	張
陝甘	升允五月免長庚陝甘總督毛慶蕃護	長庚	長
閩浙	松壽	松壽	松
湖廣	陳夔龍十月調瑞澂署湖廣總督	瑞澂七月丙辰陛見王乃徵護	瑞
四川	趙爾巽	趙爾巽	趙
兩廣	張人駿五月調袁樹勛署兩廣總督胡湘林護	袁樹勛九月病免張鳴岐署兩廣總督增祺兼署	張
雲貴	錫良正月調李經義雲貴總督沈秉堃護	李經義	李
東三省	徐世昌正月召來京錫良東三省總督	錫良	錫

統三年辛亥		
夔龍十二月病免張鎮芳署		
人駿十月民軍入江甯人駿去職十二月張勳署	兩江總督	
庚		
壽十月民軍據福州死之		
澂八月民軍據武昌瑞澂棄城走甲寅革甲子袁	世凱湖廣總督九月遷魏光燾湖廣總督王士珍	署皆未任段祺瑞署湖廣總督
爾巽三月調趙爾豐署四川總督王人文護十月	辛丑民軍據成都爾豐死之	
鳴岐九月民軍據廣州鳴岐去職		
經義九月甲戌民軍據雲南經義去職		
良三月病免趙爾巽東三省總督		

清史稿

疆臣年表五

各省巡撫

順治元年甲申	
順天	宋權五月命巡撫順天如故
天津	雷興十月乙丑巡撫天津
保定	王文奎七月壬子巡撫保定
宣府	李鑑五月甲辰巡撫宣府
山東	方大猷七月壬辰巡撫山東
登萊	陳錦七月甲辰巡撫登萊
山西	馬國柱七月甲辰巡撫山西
河南	羅繡錦七月壬子巡撫河南

順治二年乙酉		
順天	宋權	
天津	雷興四月辛酉調張忻巡撫天津	
保定	王文奎四月辛酉遷郝晉巡撫保定甲戌	王文奎留任五月庚寅遷丁酉郝晉代
宣府	李鑑二月己未遷馮聖兆巡撫宣府	
江甯	土國寶七月乙卯巡撫江甯	
安廬池太	劉應賓七月乙卯巡撫安廬池太	
鳳陽	趙福星五月庚寅巡撫鳳陽十月乙未罷	十一月戊寅陳之龍代
山東	方大猷六月甲寅降乙卯丁文盛巡撫山	東
登萊	陳錦七月丁丑調乙卯楊聲遠巡撫登萊	
山西	馬國柱十月癸未遷丙午申朝紀巡撫山	西
河南	羅繡錦十一月壬子遷甲寅吳景道巡撫	河南
陝西	雷興四月辛酉巡撫陝西	
延綏	王正志五月丁亥巡撫延綏	
甘肅	黃圖安四月辛酉巡撫甘肅	
甯夏	焦安民四月辛酉巡撫甯夏	
浙江	蕭起元十月丙午巡撫浙江	
江西	李翔鳳十月丙午巡撫江西	
鄖陽	潘士良七月己未撫治鄖陽	
南贛汀韶	苗胙土十月丙申巡撫南贛汀韶	
湖廣	何鳴鑾七月己未巡撫湖廣	
偏沅	高斗光七月己未巡撫偏沅	
操江	陳錦七月丁丑提督操江兼巡撫	

順治 順天 天津 保定 宣府 江甯 安徽 鳳陽 山東 登萊 山西 河南 陝西 延綏 甘肅 甯夏 浙江 江西 鄖陽 南贛汀韶 湖廣 偏沅 操江

三年丙戌	
宋權正月乙酉擢柳寅東二月戊子巡撫順天	
張忻	
郝晉十二月丙戌于清廉巡撫保定	
馮聖兆	
土國寶	
劉應賓十月甲申罷癸巳李棲鳳巡撫安徽	
陳之龍	
丁文盛	
楊聲遠	
申朝紀	
吳景道	
雷興	
王正志	
黃圖安七月戊辰罷周伯達署甘肅巡撫	
焦安民四月己卯遇害己亥張尚甯夏巡撫十	月甲申胡全才代
蕭啟元	
李翔鳳十月甲申卒章于天巡撫江西	
潘士良二月乙未免	
苗胙土十二月丙戌劉武元巡撫南贛	
高士俊六月壬辰湖廣巡撫	
高斗光	
陳錦	

順治四年丁亥		
順天	柳寅東三月己未	罷耿焞巡撫順天
天津	張忻九月戊申降	丁巳李猶龍巡撫天津
保定	于清廉	
江甯	土國寶二月丁酉	降三月己未周伯達巡撫江甯劉今尹署
安徽	李棲鳳九月甲子	降十月庚午王懩巡撫安徽
鳳陽	陳之龍	
山東	丁文盛正月庚午	罷二月辛酉張儒秀巡撫山東
登萊	楊聲遠正月乙卯	遷辛酉朱國柱巡撫登萊
山西	申朝紀七月癸丑	遷丙寅祝世昌巡撫山西
河南	吳景道	
陝西	雷興正月乙卯黃	爾性巡撫陝西
延綏	王正志	
甘肅	周伯達三月己未	調八月辛卯張文衡巡撫甘肅
甯夏	胡全才	
福建	佟國鼐二月戊戌	巡撫福建
浙江	蕭啟元	
江西	章于天	
鄖陽	潘士良二月丁酉	免三月己未趙兆麟撫治鄖陽
南贛	劉武元	
湖廣	高士俊	
偏沅	高斗光十月戊寅	降癸未線縉巡撫偏沅
操江	陳錦十二月壬申	遷甲戌李日芃巡撫操江

順治 順天 天津 保定 江甯 安徽 鳳陽 山東 登萊 山西 河南 陝西 延綏 甘肅 甯夏 福建 浙江 江西 鄖陽 南贛 湖廣 偏沅 四川 操江

五年戊子

巡撫
耿焞三月辛酉遷。四月丁卯楊國興巡撫順天。
李猶龍八月乙卯罷。夏玉巡撫天津。
于清廉
周伯達閏四月甲寅卒。五月壬午土國寶巡撫江甯。
王懩五月壬午調。己丑劉宏遇巡撫安徽。
陳之龍五月辛未降。壬午趙福星巡撫鳳陽。八月己酉王一品代。
張儒秀二月己巳罷。壬辰呂逢春巡撫山東。
朱國柱
祝世昌
吳景道
黃爾性
王正志
張文衡六月癸卯周文葉巡撫甘肅。
胡全才二月壬辰罷。李鑑巡撫甯夏。
佟國鼐八月乙卯張學聖巡撫福建。
蕭起元
章于天五月癸未朱延慶巡撫江西。
趙兆麟
劉武元
高士俊閏四月己未遲日益巡撫湖廣。
線縉
李國英閏四月癸卯巡撫四川。
李日芃

順治六年己丑五月癸未裁天津、鳳陽、安徽巡撫。八月直隸山東河南總督兼保定巡撫。

順天	楊國興
保定	于清廉
江甯	土國寶
山東	呂逢春九月丁巳降。丙寅夏玉巡撫山東。
登萊	朱國柱
山西	祝世昌
河南	吳景道
陝西	黃爾性
延綏	王正志三月丁卯因延安榆林陷，死之。四月癸丑董宗聖巡撫延綏。
甘肅	周文葉
甯夏	胡全才二月戊午罷。李鑑巡撫甯夏。
福建	張學聖
浙江	蕭起元
江西	朱延慶
鄖陽	趙兆麟
南贛	劉武元
湖廣	遲日益
偏沅	線縉正月丁丑罷。辛巳金廷獻巡撫偏沅。
四川	李國英
廣東	李棲鳳五月丙子巡撫廣東。
廣西	郭肇基五月丙子巡撫廣西。
操江	李日芃

順治七年庚寅

順天	楊國興
江甯	土國寶
山東	夏玉
登萊	朱國柱
山西	祝世昌二月甲午劉宏遇巡撫山西。
河南	吳景道
陝西	黃爾性五月甲寅降。七月壬戌馬之先巡撫陝西。
延綏	董宗聖
甘肅	石維崐五月甲寅降。周文葉巡撫甘肅。
甯夏	李鑑
福建	張學聖
浙江	蕭起元
江西	朱延慶九月庚午卒。
鄖陽	趙兆麟
南贛	劉武元
湖廣	遲日益
偏沅	金廷獻
四川	李國英
廣東	李棲鳳
廣西	郭肇基二月甲午王一品巡撫廣西。
操江	李日芃

順治八年辛卯

順天	楊國興
江甯	土國寶十月丙辰罷。十二月丁巳自縊。丁卯周國佐巡撫江甯。
山東	夏玉
登萊	朱國柱
山西	劉宏遇
河南	吳景道
陝西	馬之先
延綏	董宗聖
甘肅	周文葉
甯夏	李鑑十二月辛亥卒。
福建	張學聖
浙江	蕭起元
江西	夏一鶚正月丙寅巡撫江西。
鄖陽	趙兆麟
南贛	劉武元
湖廣	遲日益
偏沅	金廷獻
四川	李國英
廣東	李棲鳳
廣西	王一品十二月丁卯病免。
操江	李日芃

順治九年壬辰四月丁未裁登萊巡撫。

順天	楊國興九月壬申病免。甲申王來用巡撫順天。
江甯	周國佐
山東	夏玉
登萊	朱國柱
山西	劉宏遇
河南	吳景道
陝西	馬之先
延綏	董宗聖
甘肅	周文葉
甯夏	孫茂蘭二月辛酉巡撫甯夏。
福建	張學聖
浙江	蕭起元
江西	夏一鶚二月戊午卒。四月丙午蔡士英巡撫江西。
鄖陽	趙兆麟
南贛	劉武元
湖廣	遲日益
偏沅	金廷獻
四川	李國英
廣東	李棲鳳
廣西	陳維新正月乙酉巡撫廣西。
操江	李日芃

順治十年癸巳

順天	王來用
江甯	周國佐
山東	夏玉
山西	劉宏遇
河南	吳景道八月丙戌雷興巡撫河南。十一月戊申亢得時代。
陝西	馬之先
延綏	董宗聖
甘肅	周文葉
甯夏	孫茂蘭
福建	張學聖二月甲子罷。四月丙午佟國器巡撫福建。
浙江	蕭起元
江西	蔡士英
鄖陽	趙兆麟正月癸未病免。庚寅朱國柱撫治鄖陽。
南贛	劉武元閏六月戊子病免。七月辛丑宜永貴巡撫南贛。
湖廣	遲日益
偏沅	金廷獻十一月戊申病免。十二月癸亥馮聖兆巡撫偏沅。
四川	李國英
廣東	李棲鳳
廣西	陳維新
操江	李日芃

順治十一年甲午

順天	王來用八月戊寅降。九
江甯	周國佐八月庚午免。甲
山東	夏玉二月庚午降。壬午
山西	劉宏遇二月庚午降。壬
河南	亢得時
陝西	馬之先四月遷。陳極新
延綏	董宗聖九月壬子馮聖
甘肅	周文葉
甯夏	孫茂蘭二月庚午免。壬
福建	佟國器
浙江	蕭起元降。四月丁亥秦
江西	蔡士英
鄖陽	朱國柱二月庚午病免
南贛	宜永貴
湖廣	遲日益二月庚午罷。壬
偏沅	袁廓宇正月己酉巡撫
四川	李國英
廣東	李棲鳳
廣西	陳維新十月癸酉免
操江	李日芃

省	巡撫	紀事
順天		月丙申董天機巡撫直隸
江甯		戊張中元巡撫江甯
山東		耿焞巡撫山東
山西		午陳應泰巡撫山西
陝西		巡撫陝西
延綏		兆巡撫延綏
甘肅		
甯夏		午黃圖安巡撫甯夏
福建		
浙江		世禎巡撫浙江
江西		
鄖陽		己酉胡全才撫治鄖陽
南贛		
湖廣		午林天擎巡撫湖廣
偏沅		偏沅

順治十二年乙未

省	巡撫	紀事
順天	董天機	
江甯	張中元	
山東	耿焞	
山西	陳應泰	十二月甲戌調，白如梅巡撫山西
河南	亢得時	
陝西	陳極新	
延綏	馮聖兆	
甘肅	周文葉	
甯夏	黃圖安	
福建	佟國器	三月庚子調，宜永貴巡撫福建
浙江	秦世禎	十二月甲戌調，陳應泰巡撫浙江
江西	蔡士英	二月降，郎廷佐巡撫江西
鄖陽	胡全才	
南贛	宜永貴	三月庚子調，佟國器巡撫南贛
湖廣	林天擎	
偏沅	袁廓宇	
四川	李國英	
廣東	李棲鳳	
廣西	于時躍	正月癸卯巡撫廣西
操江	李日芃	十一月卒。十二月甲戌秦世禎巡撫操江

順治十三年丙申

省	巡撫	紀事
順天	董天機	
江甯	張中元	
山東	耿焞	
山西	白如梅	
河南	亢得時	
陝西	陳極新	
延綏	馮聖兆	
甘肅	周文葉	七月乙卯病免。戊午佟延年巡撫甘肅
甯夏	黃圖安	
福建	宜永貴	閏五月癸丑病免。己未劉漢祚巡撫福建
浙江	陳應泰	
江西	郎廷佐	閏五月己未遷。丙寅張朝璘巡撫江西
鄖陽	胡全才	十月甲午遷。丙申張尚撫治鄖陽
南贛	佟國器	
湖廣	林天擎	九月己巳降。十一月丙寅張長庚巡撫湖廣
偏沅	袁廓宇	
四川	李國英	
廣東	李棲鳳	
廣西	于時躍	
操江	秦世禎	九月己巳降。十月丁丑蔣國柱提督操江巡撫安徽

順治十四年丁酉

省	巡撫	紀事
順天	董天機	
江甯	張中元	
山東	耿焞	
山西	白如梅	
河南	亢得時	九月辛丑遷。丙午賈漢復巡撫河南
陝西	陳極新	
延綏	馮聖兆	
甘肅	佟延年	
甯夏	黃圖安	
福建	劉漢祚	
浙江	陳應泰	
江西	張朝璘	
鄖陽	張尚	
南贛	佟國器	
湖廣	張長庚	
偏沅	袁廓宇	
四川	李國英	九月辛丑遷。癸丑高民瞻巡撫四川
廣東	李棲鳳	
廣西	于時躍	
操江	蔣國柱	

順治十五年戊戌 五月乙丑裁直隸總督，分設順天、保定二巡撫

省	巡撫	紀事
順天	董天機	十月壬午祖重光巡撫順天
保定	潘朝選	七月己酉巡撫保定
江甯	張中元	
山東	耿焞	十二月乙酉降
山西	白如梅	
河南	賈漢復	
陝西	陳極新	
延綏	馮聖兆	正月甲寅養。丙寅周召南巡撫延綏
甘肅	佟延年	
甯夏	黃圖安	
福建	劉漢祚	
浙江	陳應泰	五月甲辰病免。六月壬寅佟國器巡撫浙江
江西	張朝璘	
鄖陽	張尚	
南贛	佟國器	六月壬寅調。蘇宏祖巡撫南贛
湖廣	張長庚	
偏沅	袁廓宇	
四川	高民瞻	
廣東	李棲鳳	六月辛巳遷。七月己酉董應魁巡撫廣東
廣西	于時躍	
貴州	趙廷臣	六月辛未巡撫貴州
操江	蔣國柱	

順治十六年己亥

省	巡撫	紀事
順天	祖重光	
保定	潘朝選	
江甯	張中元	正月丁巳病免。三月丙申蔣國柱巡撫江甯。八月乙卯罷
山東	許文秀	二月壬午巡撫山東
山西	白如梅	
河南	賈漢復	
陝西	陳極新	閏三月乙丑降。丁亥張自德巡撫陝西
延綏	周召南	二月庚寅罷。三月己亥張仲第巡撫延綏
甘肅	佟延年	
甯夏	黃圖安	四月丁巳降。五月己巳劉秉政巡撫甯夏
福建	劉漢祚	休。正月丁酉徐永禎巡撫福建
浙江	佟國器	
江西	張朝璘	
鄖陽	張尚	
南贛	蘇宏祖	
湖廣	張長庚	
偏沅	袁廓宇	
四川	高民瞻	
廣東	董應魁	
廣西	于時躍	
雲南	林天擎	正月癸卯巡撫雲南
貴州	趙廷臣	正月癸丑遷。卞三元巡撫貴州
操江	蔣國柱	三月丙申調。戊申朱衣助提督操江巡撫安徽。八月癸巳宜永貴代

順治十七年庚子

省	巡撫	紀事
順天	祖重光	
保定	潘朝選	三月甲戌免。四月丙申劉祚遠巡撫保定。六月庚子免。九月
江甯	朱國治	正月丙寅巡撫江甯
安徽	宜永貴	
鳳陽	林起龍	二月壬寅巡撫鳳陽
山東	許文秀	
山西	白如梅	
河南	賈漢復	六月庚子免。八月丁亥彭有義巡撫河南
陝西	張自德	三月癸酉免。四月丙申張瑃巡撫陝西
延綏	張仲第	
甘肅	佟延年	
甯夏	劉秉政	
福建	徐永禎	
浙江	佟國器	二月辛丑罷。三月甲子史紀功巡撫浙江
江西	張朝璘	
鄖陽	張尚	三月甲戌免。四月癸卯白秉貞撫治鄖陽
南贛	蘇宏祖	
湖廣	張長庚	六月戊子楊茂勳巡撫湖廣
偏沅	袁廓宇	
四川	高民瞻	七月己巳罷。九月甲子佟鳳彩巡撫四川
廣東	董應魁	
廣西	于時躍	
雲南	林天擎	正月甲申罷。三月甲戌袁懋功巡撫雲南
貴州	卞三元	

	順治十八年辛丑十月辛酉裁		順天巡撫
	順天	祖重光六月己卯韓世	琦順天巡撫十月辛酉調
壬申王登聯代	保定	王登聯	
	江寧	朱國治十月辛酉韓	世琦江寧巡撫
	安徽	宜永貴四月丙午病免	張朝珍安徽操江巡撫
	鳳陽	林起龍遷十月乙丑張	尚賢鳳陽巡撫
	山東	許文秀十月甲子罷蔣	國柱山東巡撫
	山西	白如梅遷九月乙未楊	熙山西巡撫
	河南	彭有義	
	陝西	張瑃	
	延綏	張仲第五月免六月己	卯林天擎延綏巡撫
	甘肅	佟延年遷十月乙丑劉	斗甘肅巡撫
	寧夏	劉秉政	
	福建	徐永禎三月休致四月	丙午許世昌福建巡撫
	浙江	史紀功正月休致四月	丙午朱昌祚浙江巡撫
	江西	張朝璘遷九月癸巳董	衛國江西巡撫
	鄖陽	白秉貞	
	南贛	蘇宏祖	
	湖廣	楊茂勳遷十二月癸酉	劉兆麒湖廣巡撫
	偏沅	袁廓宇閏七月己丑休	丁酉周召南偏沅巡撫
	四川	佟鳳彩	
	廣東	董應魁三月休致五月	戊辰盧興祖廣東巡撫
	廣西	于時躍遷十月乙丑屈	盡美廣西巡撫
	雲南	袁懋功	
	貴州	卞三元遷九月乙未羅	繪錦貴州巡撫

康熙元年壬寅九月壬午裁延綏巡撫	
保定	王登聯
江寧	韓世琦
安徽	張朝珍
鳳陽	張尚賢
山東	蔣國柱
山西	楊熙
河南	彭有義二月辛亥休庚申張自德河南巡
陝西	張瑃二月辛亥降庚申賈漢復陝西巡撫
延綏	林天擎九月壬午裁
甘肅	劉斗
寧夏	劉秉政
福建	許世昌
浙江	朱昌祚
江西	董衛國
鄖陽	白秉貞二月庚申遷己巳王來任鄖陽撫
南贛	蘇宏祖二月辛亥休庚申胡文華南贛巡
湖廣	劉兆麒
偏沅	周召南
四川	佟鳳彩
廣東	盧興祖
廣西	屈盡美十二月辛酉遷
雲南	袁懋功
貴州	羅繪錦

	康熙二年癸卯		
	保定	王登聯	
	江寧	韓世琦	
	安徽	張朝珍	
	鳳陽	張尚賢	
	山東	蔣國柱三月憂	免五月丁丑周有德山東巡撫
	山西	楊熙	
撫	河南	張自德	
	陝西	賈漢復	
	甘肅	劉斗	
	寧夏	劉秉政	
	福建	許世昌	
	浙江	朱昌祚	
	江西	董衛國	
	鄖陽	王來任	
治	南贛	林天擎	
撫九月丁未林天擎代	湖廣	劉兆麒	
	偏沅	周召南	
	四川	佟鳳彩十二月	甲辰憂免劉格四川巡撫
	廣東	盧興祖	
	廣西	屈盡美	
	雲南	袁懋功	
	貴州	羅繪錦	

康熙三年甲辰		四月戊申裁鄖陽撫治
保定	王登聯	
江寧	韓世琦	
安徽	張朝珍	
鳳陽	張尚賢	
山東	周有德	
山西	楊熙	
河南	張自德	
陝西	賈漢復	
甘肅	劉斗	
寧夏	劉秉政	
福建	許世昌	
浙江	朱昌祚	六月己酉遷丙辰蔣國柱浙江巡撫
江西	董衛國	
鄖陽	王來任	
南贛	林天擎	
湖廣	劉兆麒	
偏沅	周召南	
四川	劉格	
廣東	盧興祖	
廣西	屈盡美	遷正月甲戌金光祖廣西巡撫
雲南	袁懋功	
貴州	羅繪錦	

康熙四年		乙巳五月丁未裁鳳陽寧夏南贛巡撫
保定	王	登聯
江寧	韓	世琦
安徽	張	朝珍
鳳陽	張	尚賢
山東	周	有德
山西	楊	熙
河南	張	自德
陝西	賈	漢復
甘肅	劉	斗
寧夏	劉	秉政
福建	許	世昌
浙江	蔣	國柱
江西	董	衛國
南贛	林	天擎
湖廣	劉	兆麒
偏沅	周	召南
四川	劉	格
廣東	盧	興祖二月癸未遷三月甲午王來任廣東巡撫
廣西	金	光祖
雲南	袁	懋功
貴州	羅	繪錦

康熙五年丙午		
保定	王登聯十二月庚申罷	
江寧	韓世琦	
安徽	張朝珍	
山東	周有德	
山西	楊熙	
河南	張自德	
陝西	賈漢復	
甘肅	劉斗	
福建	許世昌十一月丁丑免癸未劉秉政福建	巡撫
浙江	蔣國柱	
江西	董衛國	
湖廣	劉兆麒	
偏沅	周召南	
四川	劉格	
廣東	王來任	
廣西	金光祖	
雲南	袁懋功	
貴州	羅繪錦	

康熙六年丁未	
直隸	甘文焜正月丙戌直隸巡撫
江寧	韓世琦
安徽	張朝珍
山東	周有德十二月丁亥遷
山西	楊熙
河南	張自德
陝西	賈漢復
甘肅	劉斗
福建	劉秉政
浙江	蔣國柱
江西	董衛國
湖廣	劉兆麒
偏沅	周召南
四川	劉格
廣東	王來任十一月丙辰罷十二月丁
廣西	金光祖
雲南	袁懋功十一月癸亥憂免
貴州	羅繪錦十一月丙辰休十二月辛

康熙七年戊申		（續前）
直隸	甘文焜十二月己卯遷。庚寅金世德直隸巡撫	
江甯	韓世琦	
安徽	張朝珍	
山東	周有德正月乙卯遷。劉芳躅山東巡撫	
山西	楊熙正月甲寅免。癸亥覺羅阿塔山西巡撫	
河南	張自德十一月休致	
陝西	賈漢復正月癸亥召。白淸額陝西巡撫	
甘肅	劉斗	
福建	劉秉政	
浙江	蔣國柱卒。十二月庚辰范承謨浙江巡撫	
江西	董衞國	
湖廣	劉兆麒正月戊申遷。壬戌林天擎湖廣巡撫	
偏沅	周召南	
四川	劉格二月辛卯更名張德地	
廣東	劉秉權	亥劉秉權廣東巡撫
廣西	金光祖	
雲南	李天浴正月戊申雲南巡撫	
貴州	佟鳳彩	卯佟鳳彩貴州巡撫

康熙八年己酉		
直隸	金世德	
江甯	韓世琦免	八月壬寅馬祐江甯巡撫
安徽	張朝珍	
山東	劉芳躅	
山西	覺羅阿塔	九月癸丑降。十月乙丑馬雄鎮山西巡撫。十一月
河南	郎廷相三	月丁酉河南巡撫
陝西	白淸額九	月丙申降。十月乙五達爾布陝西巡撫。十一月己
甘肅	劉斗	
福建	劉秉政	
浙江	范承謨	
江西	董衞國	
湖廣	林天擎	
偏沅	周召南八	月甲子盧震偏沅巡撫
四川	張德地	
廣東	劉秉權	
廣西	金光祖	
雲南	李天浴	
貴州	佟鳳彩	

康熙九年庚戌		（續前）
直隸	金世德	
江甯	馬祐	
安徽	張朝珍	
山東	劉芳躅四月辛卯憂免。乙卯袁懋功山東巡撫	
山西	達爾布	己亥達爾布代
河南	郎廷相	
陝西	鄂善四月乙巳陝西巡撫	亥調
甘肅	劉斗四月乙巳遷。五月癸亥花善甘肅巡撫	
福建	劉秉政	
浙江	范承謨	
江西	董衞國	
湖廣	林天擎七月壬午病免。八月乙未董國興湖廣巡撫	
偏沅	盧震	
四川	張德地	
廣東	劉秉權	
廣西	金光祖二月癸酉遷。馬雄鎮廣西巡撫	
雲南	李天浴	
貴州	佟鳳彩	

康熙十年辛亥		
直隸	金世德	
江甯	馬祐	
安徽	張朝珍五	月壬戌憂免。六月丁亥靳輔安徽巡撫
山東	袁懋功調	七月己丑張鳳儀山東巡撫。丁未袁懋功留任。十
山西	達爾布	
河南	郎廷相	
阿西	鄂善	遷。四月癸卯
甘肅	花善	
福建	劉秉政	
浙江	范承謨七	月癸亥病免。丙子袁懋功浙江巡撫。丁未范承謨
江西	董衞國	
湖廣	董國興	
偏沅	盧震	
四川	張德地罷	六月己酉羅森四川巡撫
廣東	劉秉權	
廣西	馬雄鎮	
雲南	李天浴四	月己酉養。五月辛未朱國治雲南巡撫
貴州	佟鳳彩正	月丙寅養。庚辰曹申吉貴州巡撫

康熙十一年壬子		（續前）
直隸	金世德	
江甯	馬祐	
安徽	靳輔	
山東	張鳳儀	一月壬子張鳳儀代
山西	達爾布	
河南	郎廷相七月辛未憂免。閏七月丙戌佟鳳彩河南巡撫	
陝西	鄂善遷四月癸卯阿席熙陝西巡撫	
甘肅	花善	
福建	劉秉政	
浙江	范承謨十月壬子遷。丁卯田逢吉浙江巡撫	留任
江西	董衞國	
湖廣	董國興正月休致。三月庚申徐化成湖廣巡撫	
偏沅	盧震	
四川	羅森	
廣東	劉秉權	
廣西	馬雄鎮	
雲南	朱國治	
貴州	曹申吉	

康熙十二年癸丑		
直隸	金	世德
江甯	馬	祐
安徽	靳	輔
山東	張	鳳儀十一月戊辰趙祥星山東巡撫
山西	達	爾布
河南	佟	鳳彩
陝西	阿	席熙六月甲寅遷。七月辛未杭愛陝西巡撫
甘肅	花	善
福建	劉	秉政
浙江	田	逢吉
江西	董	衞國
湖廣	徐	化成五月庚寅降。六月壬寅張朝珍湖廣巡撫
偏沅	盧	震
四川	羅	森
廣東	劉	秉權
廣西	馬	雄鎮
雲南	朱	國治十二月丙辰吳三桂叛被殺
貴州	曹	申吉十二月丁巳從賊

康熙十三年甲寅	
直隸	金世德
江甯	馬祜
安徽	靳輔
山東	趙祥星
山西	達爾布
河南	佟鳳彩 十二月庚戌乞休，復留
陝西	杭愛
甘肅	花善
福建	劉秉政 三月庚辰降賊。七月癸未楊熙福建巡撫
浙江	田逢吉 十一月庚午病免。達都浙江巡撫。十二月乙巳陳秉直代
江西	董衛國 七月遷。癸未白色純江西巡撫
湖廣	張朝珍
偏沅	盧鎮 罷。二月乙未韓世琦偏沅巡撫
四川	羅森 正月己丑降賊。二月丁未張德地四川巡撫
廣東	劉秉權
廣西	馬雄鎮 二月辛酉孫延齡反，被執。六月乙卯陳洪明廣西巡撫
雲南	
貴州	

康熙十四年乙卯	
直隸	金世德
江甯	馬祜
安徽	靳輔
山東	趙祥星
山西	達爾布
河南	佟鳳彩
陝西	杭愛
甘肅	花善
福建	楊熙
浙江	陳秉直
江西	白色純 卒。十一月壬午郎廷相江西巡撫。丁酉佟國楨代
湖廣	張朝珍
偏沅	韓世琦
四川	張德地
廣東	劉秉權 卒。正月癸酉佟養鉦廣東巡撫
廣西	陳洪明
雲南	
貴州	

康熙十五年丙辰 復設鄖陽撫治	
直隸	金世德
江甯	馬祜 卒。七月癸卯慕天顏江甯巡撫
安徽	靳輔
山東	趙祥星
山西	達爾布 罷。十月乙丑圖克善山西巡撫
河南	佟鳳彩
陝西	杭愛
甘肅	花善
福建	楊熙
浙江	陳秉直
江西	佟國楨
鄖陽	楊茂勳 五月乙酉鄖陽撫治
湖廣	張朝珍
偏沅	韓世琦
四川	張德地
廣東	佟養鉦 四月辛酉降賊
廣西	陳洪明 四月辛酉降賊
雲南	
貴州	

康熙十六年丁巳	
直隸	金世德
江甯	慕天顏
安徽	靳輔 三月遷。戊子徐國相安徽巡撫
山東	趙祥星
山西	圖克善
河南	佟鳳彩 卒。七月甲辰董國興河南巡撫
陝西	杭愛
甘肅	花善 卒。七月丙申鄂善甘肅巡撫
福建	楊熙
浙江	陳秉直
江西	佟國楨
鄖陽	楊茂勳
湖廣	張朝珍
偏沅	韓世琦
四川	張德地
廣東	金儁 十二月己巳廣東巡撫
廣西	傅宏烈 五月乙酉廣西巡撫
雲南	
貴州	

康熙十七年戊午	
直隸	金世德
江甯	慕天顏
安徽	徐國相
山東	趙祥星
山西	圖克善
河南	董國興
陝西	杭愛
甘肅	鄂善
福建	楊熙 五月戊申休。癸丑吳興祚福建巡撫
浙江	陳秉直
江西	佟國楨
鄖陽	楊茂勳
湖廣	張朝珍
偏沅	韓世琦
四川	張德地
廣東	金儁
廣西	傅宏烈
雲南	
貴州	

康熙十八年己未	
直隸	金世德
江甯	慕天顏
安徽	徐國相
山東	趙祥星 免。八月辛未施維翰山東巡撫
山西	圖克善
河南	董國興
陝西	杭愛
甘肅	鄂善 五月甲寅罷。六月庚午巴錫甘肅巡撫
福建	吳興祚
浙江	陳秉直 八月甲戌免。九月戊戌李本晟浙江巡撫
江西	佟國楨 五月甲寅罷。六月庚午安世鼎江西巡撫
鄖陽	楊茂勳 四月丙寅遷
湖廣	張朝珍
偏沅	韓世琦
四川	張德地
廣東	張儁
廣西	傅宏烈 十二月甲戌差。麻勒吉署廣西巡撫
雲南	李天浴 二月辛巳雲南巡撫
貴州	楊雍建 二月辛巳貴州巡撫

康熙十九年庚申 十二月辛巳裁鄖陽撫治	
直隸	金世德 二月辛酉病休。乙亥于成龍直隸巡撫
江甯	慕天顏
安徽	徐國相
山東	施維翰
山西	圖克善 八月壬午病免。閏八月壬辰穆爾賽山西巡撫
河南	董國興
陝西	杭愛 調。二月甲子鄂愷陝西巡撫
甘肅	巴錫
福建	吳興祚
浙江	李本晟
江西	安世鼎
湖廣	張朝珍 卒。四月己巳王新命湖廣巡撫
偏沅	韓世琦
四川	張德地 罷。正月癸丑杭愛四川巡撫
廣東	金儁
廣西	麻勒吉 十二月庚戌郝浴廣西巡撫
雲南	李天浴 六月乙未伊闢雲南巡撫
貴州	楊雍建

康熙二十年辛酉	
直隸	于成龍 十二月癸卯遷
江甯	慕天顏 降。十二月癸卯余
安徽	徐國相
山東	施維翰
山西	穆爾賽
河南	董國興
陝西	鄂愷
甘肅	巴錫
福建	吳興祚
浙江	李本晟
江西	安世鼎 四月辛丑劉如漢
湖廣	王新命
偏沅	韓世琦
四川	杭愛
廣東	金儁 十二月辛丑李士楨
廣西	郝浴
雲南	伊闢 卒。六月壬辰王繼文
貴州	楊雍建

			康熙二十一年壬戌			康熙二十二年癸亥
		直隸	格爾古德。正月乙亥，直隸	巡撫	直隸	格爾古德
國柱江甯巡撫		江甯	余國柱		江甯	余國柱
		安徽	徐國相		安徽	徐國相
		山東	施維翰。十一月戊辰遷。十	二月乙亥，李天洛山東巡撫	山東	李天洛。正
		山西	穆爾賽		山西	穆爾賽
		河南	董國興。二月丙戌調。王日	藻河南巡撫	河南	王日藻
		陝西	鄂愷		陝西	鄂愷
		甘肅	巴錫		甘肅	巴錫。十一
		福建	吳興祚。二月丙戌，董國興	福建巡撫	福建	董國興。二
		浙江	李本晟。六月甲辰，王國	安浙江巡撫	浙江	王國安
江西巡撫。五月憂免。丙寅，李士楨代。十二月辛丑	調佟康年代	江西	佟康年		江西	佟康年。卒
		湖廣	王新命		湖廣	王新命
		偏沅	韓世琦		偏沅	韓世琦。調
		四川	杭愛		四川	杭愛。卒。八
廣東巡撫		廣東	李士楨		廣東	李士楨
		廣西	郝浴		廣西	郝浴。卒。十
雲南巡撫		雲南	王繼文		雲南	王繼文
		貴州	楊雍建		貴州	楊雍建

亥	康熙	二十三年甲子			康熙二十四年乙丑
	直隸	格爾古德。八月卒。庚子，阿哈達直隸巡撫		直隸	阿哈達。二月
	江甯	余國柱。正月丙戌遷。丙寅，王新命江甯巡撫。五月	甲申遷。六月乙卯，湯斌代	江甯	湯斌
	安徽	徐國相。二月己酉遷。薛柱斗安徽巡撫		安徽	薛柱斗
月丁卯，徐旭齡山東巡撫	山東	徐旭齡。九月丙寅遷。辛巳，張鵬山東巡撫		山東	張鵬
	山西	穆爾賽		山西	穆爾賽。九月
	河南	王日藻		河南	王日藻
	陝西	鄂愷		陝西	鄂愷
月丁亥遷。十二月丁未，葉穆濟甘肅巡撫	甘肅	葉穆濟		甘肅	葉穆濟
月壬辰病免。三月丙辰，金鋐福建巡撫	福建	金鋐		福建	金鋐
	浙江	王國安。二月遷。己酉，趙士麟浙江巡撫		浙江	趙士麟
閏六月甲寅，安世鼎江西巡撫	江西	安世鼎		江西	安世鼎
	湖廣	王新命。二月調。己未，慕天顏湖廣巡撫。九月戊寅	遷。辛卯，石琳代	湖廣	石琳
九月癸酉，丁思孔偏沅巡撫	偏沅	丁思孔		偏沅	丁思孔
月壬戌，韓世琦四川巡撫	四川	韓世琦		四川	韓世琦。七月
	廣東	李士楨		廣東	李士楨
月己酉，施天裔廣西巡撫	廣西	施天裔		廣西	施天裔。二月
	雲南	王繼文		雲南	王繼文
	貴州	楊雍建。八月癸亥遷。九月戊寅，慕天顏貴州巡撫		貴州	慕天顏

	康熙	二十五年丙寅		康熙二十六年丁卯
崔澄直隸巡撫	直隸	崔澄。二月辛卯降。丁酉，于成龍直隸巡撫	直隸	于成龍
	江甯	湯斌。二月甲戌遷。四月丁亥，趙士麟江甯巡撫	江甯	趙士麟。四月乙卯遷。甲子，田雯江蘇
	安徽	薛柱斗	安徽	薛柱斗。五月癸卯遷。六月辛亥，楊素
	山東	張鵬。十月乙丑遷。十一月癸未，耶永清山東巡撫	山東	耶永清。二月乙卯，錢珏山東巡撫
壬申罷。丁亥，圖納山西巡撫	山西	圖納。九月乙巳遷。丁未，馬齊山西巡撫	山西	馬齊
	河南	王日藻。七月癸未遷。丁酉，章欽文河南巡撫	河南	章欽文
	陝西	鄂愷。四月丙申降。癸卯，圖爾震陝西巡撫	陝西	圖爾震。正月癸卯遷。二月己酉，布雅
	甘肅	葉穆濟	甘肅	葉穆濟
	福建	金鋐。四月調。癸巳，張仲舉福建巡撫	福建	張仲舉
	浙江	趙士麟。四月丁亥調。金鋐浙江巡撫	浙江	金鋐
	江西	安世鼎	江西	安世鼎。十一月癸卯罷。十二月戊午
	湖廣	石琳。十二月丙辰調。張汧湖廣巡撫	湖廣	張汧。十二月乙丑罷。柯永昇代
	偏沅	丁思孔	偏沅	丁思孔
乙亥憂免。八月庚寅，姚締虞四川巡撫	四川	姚締虞	四川	姚締虞
	廣東	李士楨	廣東	李士楨。十一月壬午休。丁酉，朱宏祚
甲辰罷。己未，范承勳廣西巡撫	廣西	范承勳。閏四月辛未遷。丙子，王起元廣西巡撫	廣西	王起元
	雲南	王繼文。十月庚辰憂免。十一月丁酉，石琳雲南巡撫	雲南	石琳
	貴州	慕天顏	貴州	慕天顏。三月乙未遷。癸卯，馬世濟貴

		康熙二十七年戊辰				康熙二十八年己巳
巡撫	江甯	田雯四月調癸丑洪之	傑江蘇巡撫		江蘇	洪之傑
	直隸	于成龍			直隸	于成龍
蘊安徽巡撫	安徽	楊素蘊調十月戊申江	有良安徽巡撫		安徽	江有良
	山東	錢珏			山東	錢珏十月癸
	山西	馬齊三月乙亥遷庚辰	葉穆濟山西巡撫		山西	葉穆濟
	河南	章欽文正月癸卯罷二	月甲寅丁思孔河南巡撫六月丁未調閻興邦河	南巡撫	河南	閻興邦
努陝西巡撫	陝西	布雅努九月休致十月	癸卯薩弼圖陝西巡撫		陝西	薩弼圖
	甘肅	葉穆濟調三月甲申伊	圖甘肅巡撫		甘肅	伊圖
	福建	張仲舉			福建	張仲舉
	浙江	金鋐			浙江	金鋐三月戊
王騭江西巡撫	江西	王騭三月乙未遷四月	丁未宋犖江西巡撫		江西	宋犖
	湖廣	柯永昇二月己酉湖廣	巡撫六月甲辰夏包子作亂投井死丁未丁思孔	代九月戊戌遷楊素蘊代	湖廣	楊素蘊十月
	偏沅	丁思孔調二月甲子興	永朝偏沅巡撫		偏沅	興永朝五月
	四川	姚締虞六月壬寅噶爾	圖四川巡撫		四川	噶爾圖
廣東巡撫	廣東	朱宏祚			廣東	朱宏祚
	廣西	王起元			廣西	王起元
	雲南	石琳			雲南	石琳七月己
州巡撫	貴州	馬世濟三月庚寅遷壬	寅田雯貴州巡撫		貴州	田雯

		康熙二十九年庚	午	康熙三十		年辛未
	直隸	于成龍七	月己亥遷癸卯郭世隆直隸巡撫	直隸	郭	世隆
	江蘇	洪之傑五	月辛丑罷六月癸酉鄭端江蘇建撫	江蘇	鄭	端
	安徽	江有良		安徽	江	有良
西免戊寅佛倫山東巡撫	山東	佛倫		山東	佛	倫
	山西	葉穆濟		山西	葉	穆濟
	河南	閻興邦		河南	閻	興邦
	陝西	薩弼圖		陝西	薩	弼圖
	甘肅	伊圖		甘肅	伊	圖十一月甲子遷布喀甘肅巡撫
	福建	張仲舉六	月庚辰罷癸未卞永譽福建巡撫	福建	卞	永譽
午罷己未張鵬翮浙江巡撫	浙江	張鵬翮		浙江	張	鵬翮
	江西	宋犖		江西	宋	犖
壬午罷己亥吳琠湖廣巡撫	湖廣	吳琠		湖廣	吳	琠
壬子遷丙辰鄭端偏沅巡撫	偏沅	鄭端調六	月癸未于養志偏沅巡撫	偏沅	于	養志正月丙午王樑偏沅巡撫
	四川	噶爾圖		四川	噶	爾圖
	廣東	朱宏祚		廣東	朱	宏祚
	廣西	王起元		廣西	王	起元
亥遷戊午王繼文雲南巡撫	雲南	王繼文		雲南	王	繼文
	貴州	田雯		貴州	田	雯八月戊申憂免九月癸丑衛既齊貴州巡撫

	康熙三十一年壬申			康熙三十二年癸	酉	康熙三十	
直隸	郭世隆		直隸	郭世隆		直隸	郭
江蘇	鄭端六月庚辰宋犖江蘇巡撫		江蘇	宋犖		江蘇	宋
安徽	江有良十二月丙申調		安徽	高承爵正	月丙寅安徽巡撫	安徽	高
山東	佛倫遷十月壬辰額桑山東巡撫		山東	額桑		山東	桑
山西	葉穆濟		山西	葉穆濟二	月庚寅病免丙申噶爾圖山西巡撫	山西	噶
河南	閻興邦調十二月丙申顧汧河南巡撫		河南	顧汧		河南	顧
陝西	薩弼圖二月辛卯罷癸卯布喀陝西巡撫	十月己卯罷甲辰吳赫代	陝西	吳赫		陝西	吳
甘肅	布喀調二月癸卯吳赫甘肅巡撫十月甲	辰調嚴泰代	甘肅	嚴泰		甘肅	嚴
福建	卞永譽		福建	卞永譽		福建	卞
浙江	張鵬翮		浙江	張鵬翮		浙江	張
江西	宋犖調六月庚辰馬如龍江西巡撫		江西	馬如龍		江西	馬
湖廣	吳琠九月庚戌憂免己巳額桑湖廣巡撫	十月壬辰調癸巳年遐齡代	湖廣	年遐齡		湖廣	年
偏沅	王樑		偏沅	王樑		偏沅	王
四川	噶爾圖		四川	噶爾圖二	月丙申調于養志四川巡撫	四川	于
廣東	朱宏祚遷十二月丙申江有良廣東巡撫		廣東	江有良十	二月己丑罷	廣東	高
廣西	王起元		廣西	王起元		廣西	王
雲南	王繼文		雲南	王繼文		雲南	王
貴州	衛既齊十二月己丑罷甲午閻興邦貴州	巡撫	貴州	閻興邦		貴州	閻

	三年甲戌
直隸	世隆
江蘇	犖
安徽	承爵調二月壬申佟國佐安徽巡撫
山東	額
山西	爾圖
河南	汧
陝西	赫十月丙申遷黨愛陝西巡撫
甘肅	泰
福建	永譽
浙江	鵬翮
江西	如龍
湖廣	遐齡
偏沅	樑二月甲戌遷丁亥董國升偏沅巡撫
四川	養志
廣東	承爵正月甲子廣東巡撫
廣西	起元
雲南	繼文九月癸未遷石文晟雲南巡撫
貴州	興邦

康熙	三十四年乙亥
直隸	郭世隆二月己亥遷丁未沈朝聘直隸巡撫
江蘇	宋犖
安徽	佟國佐卒九月乙酉線一信安徽巡撫
山東	桑額八月己酉遷己未楊廷耀山東巡撫
山西	噶爾圖五月乙丑罷六月乙未溫保山西巡撫
河南	顧汧四月乙卯降己未李輝祖河南巡撫
陝西	黨愛
甘肅	嚴泰卒二月庚申舒樹甘肅巡撫
福建	卞永譽
浙江	張鵬翮
江西	馬如龍
湖廣	年遐齡
偏沅	董國升七月乙丑遷楊鳳起偏沅巡撫
四川	于養志
廣東	高承爵
廣西	王起元
雲南	石文晟
貴州	閻興邦

康熙三十五年丙子	
直隸	沈朝聘
江蘇	宋犖
安徽	線一信正月癸未調陳汝器安徽巡撫
山東	楊廷耀八月丁未罷李煒山東巡撫
山西	溫保十二月辛卯憂免倭倫山西巡撫
河南	李輝祖七月癸亥遷李國亮河南巡撫
陝西	黨愛
甘肅	舒樹十月丁未郭洪甘肅巡撫
福建	卞永譽
浙江	張鵬翮正月癸未線一信浙江巡撫
江西	馬如龍
湖廣	年遐齡
偏沅	楊鳳起
四川	于養志
廣東	高承爵憂免十二月戊戌蕭永藻廣東巡撫
廣西	王起元
雲南	石文晟
貴州	閻興邦

康熙三十六年丁丑	
直隸	沈朝聘
江蘇	宋犖
安徽	陳汝器
山東	李煒
山西	倭倫
河南	李國亮
陝西	黨愛三月丙申免巴錫陝西巡撫
甘肅	郭洪七月辛丑罷丁未喀拜甘肅巡撫
福建	卞永譽三月庚子憂免四月己巳宮夢仁福建巡撫
浙江	線一信十一月戊戌罷辛丑張勄浙江巡撫
江西	馬如龍
湖廣	年遐齡
偏沅	楊鳳起
四川	于養志
廣東	蕭永藻
廣西	王起元
雲南	石文晟
貴州	閻興邦

康熙三十七年戊寅	
直隸	沈朝聘二月壬申病免于成龍直隸巡撫十一月丁酉遷十二月辛丑李光地代
江蘇	宋犖
安徽	陳汝器十一月乙未免庚子李鈵安徽巡撫
山東	李煒二月戊辰罷壬申李鈵山東巡撫三月乙酉病免己丑王國昌代
山西	倭倫
河南	李國亮
陝西	巴錫十二月己未遷貝和諾陝西巡撫
甘肅	喀拜
福建	宮夢仁十一月乙未免庚子張志棟福建巡撫
浙江	張勄
江西	馬如龍
湖廣	年遐齡
偏沅	楊鳳起八月己未罷辛未金璽偏沅巡撫
四川	于養志
廣東	蕭永藻
廣西	王起元
雲南	石文晟
貴州	閻興邦卒三月戊寅王燕貴州巡撫

康熙三十八年己卯	
直隸	李光地
江蘇	宋犖
安徽	李鈵
山東	王國昌
山西	倭倫七月乙酉降己丑噶禮山西巡撫
河南	李國亮
陝西	貝和諾
甘肅	喀拜
福建	張志棟
浙江	張勄
江西	馬如龍
湖廣	年遐齡
偏沅	金璽
四川	于養志
廣東	蕭永藻
廣西	王起元四月丙午降辛酉彭鵬廣西巡撫
雲南	石文晟
貴州	王燕

康熙三十九年庚辰	
直隸	李光地
江蘇	宋犖
安徽	李鈵五月甲辰病免庚戌高承爵安徽巡撫
山東	王國昌
山西	噶禮
河南	李國亮九月癸卯休己酉徐潮河南巡撫
陝西	貝和諾五月調己酉華顯陝西巡撫
甘肅	喀拜四月丁酉憂免五月庚子華顯甘肅巡撫五月己酉調喀拜在任守制
福建	張志棟十月調丁亥梅鋗福建巡撫
浙江	張勄十月辛巳休張志棟浙江巡撫
江西	馬如龍
湖廣	年遐齡
偏沅	金璽
四川	于養志正月壬子免齊世武署四川巡撫五月庚子貝和諾代
廣東	蕭永藻十二月癸酉調彭鵬廣東巡撫
廣西	彭鵬十二月癸酉調蕭永藻廣西巡撫
雲南	石文晟
貴州	王燕

康熙四十年辛巳

直隸	李光地
江蘇	宋犖
安徽	高承爵十月戊寅免十二月戊午喻成龍安徽巡撫
山東	王國昌
山西	噶禮
河南	徐潮
陝西	華顯遷十月壬申齊世武陝西巡撫戊戌調鄂海代
甘肅	喀拜十月戊辰罷戊戌齊世武甘肅巡撫
福建	梅鋗
浙江	張志棟
江西	馬如龍
湖廣	年遐齡
偏沅	金璽
四川	貝和諾
廣東	彭鵬
廣西	蕭永藻
雲南	石文晟
貴州	王燕

康熙四十一年壬午

直隸	李光地
江蘇	宋犖
安徽	喻成龍
山東	王國昌
山西	噶禮
河南	徐潮
陝西	鄂海
甘肅	齊世武
福建	梅鋗
浙江	張志棟調正月己酉趙申喬浙江巡撫十二月乙未調張泰交代
江西	馬如龍卒正月己酉張志棟江西巡撫
湖廣	年遐齡
偏沅	金璽十二月乙未遷趙申喬偏沅巡撫
四川	貝和諾
廣東	彭鵬
廣西	蕭永藻
雲南	石文晟
貴州	王燕

康熙四十二年癸未

直隸	李光地
江蘇	宋犖
安徽	喻成龍四月戊戌遷五月癸亥劉光美安徽巡撫
山東	王國昌
山西	噶禮
河南	徐潮
陝西	鄂海
甘肅	齊世武
福建	梅鋗
浙江	張泰交
江西	張志棟
湖廣	年遐齡
偏沅	趙申喬
四川	貝和諾
廣東	彭鵬
廣西	蕭永藻
雲南	石文晟
貴州	王燕九月辛酉病免壬申高起龍貴州巡撫

康熙四十三年甲申

直隸	李光地
江蘇	宋犖
安徽	劉光美
山東	王國昌正月辛酉免趙世顯山東巡撫
山西	噶禮
河南	徐潮十月庚辰遷戊子趙宏燮河南巡撫
陝西	鄂海
甘肅	齊世武
福建	梅鋗十月乙酉遷壬辰李斯義福建巡撫
浙江	張泰交
江西	張志棟二月壬午罷癸巳李基和江西巡撫
湖廣	年遐齡二月戊子病免三月壬寅劉殿衡湖廣巡撫
偏沅	趙申喬
四川	貝和諾二月癸酉遷辛巳能泰四川巡撫
廣東	彭鵬卒三月庚戌石文晟廣東巡撫
廣西	蕭永藻
雲南	石文晟調三月戊辰佟毓秀雲南巡撫
貴州	高起龍四月戊子病免辛酉于準貴州巡撫

康熙四十四年乙酉

直隸	李光地十一月己巳遷趙宏燮直隸巡撫
江蘇	宋犖十一月己巳遷庚辰于準江蘇巡撫
安徽	劉光美
山東	趙世顯
山西	噶禮
河南	趙宏燮調十一月庚辰汪灝河南巡撫
陝西	鄂海
甘肅	齊世武
福建	李斯義
浙江	張泰交
江西	李基和留京四月己丑郎廷極江西巡撫
湖廣	劉殿衡
偏沅	趙申喬
四川	能泰
廣東	石文晟八月戊午遷九月甲申范時崇廣東巡撫
廣西	蕭永藻
雲南	佟毓秀
貴州	于準調十一月庚辰陳詵貴州巡撫

康熙四十五年丙戌

直隸	趙宏燮
江蘇	于準
安徽	劉光美
山東	趙世顯
山西	噶禮
河南	汪灝
陝西	鄂海
甘肅	齊世武
福建	李斯義
浙江	張泰交卒二月甲寅王然浙江巡撫
江西	郎廷極
湖廣	劉殿衡
偏沅	趙申喬
四川	能泰
廣東	范時崇
廣西	蕭永藻四月辛亥遷五月丙寅梁世勳廣西巡撫
雲南	佟毓秀三月戊辰召四月癸巳郭瑮雲南巡撫
貴州	陳詵

康熙四十六年丁亥

直隸	趙宏燮
江蘇	于準
安徽	劉光美
山東	趙世顯
山西	噶禮
河南	汪灝
陝西	鄂海
甘肅	齊世武
福建	李斯義卒三月戊寅張伯行福建巡撫
浙江	王然
江西	郎廷極
湖廣	劉殿衡
偏沅	趙申喬
四川	能泰
廣東	范時崇
廣西	梁世勳
雲南	郭瑮
貴州	陳詵

康熙四十七年

直隸	趙宏燮
江蘇	于準
安徽	劉光美
山東	趙世顯
山西	噶禮
河南	汪灝
陝西	鄂海
甘肅	齊世武
福建	張伯行
浙江	王然十
江西	郎廷極
湖廣	劉殿衡
偏沅	趙申喬
四川	能泰
廣東	范時崇
廣西	梁世勳
雲南	郭瑮
貴州	陳詵十

省	子戊	康熙四十八年己丑	康熙四十九年庚
直隸		趙宏燮	趙宏燮
江蘇		于準十一月壬午罷。張伯行江蘇巡撫	張伯行
安徽		劉光美九月丁丑降。葉九思安徽巡撫	葉九思
山東	十一月癸未遷。十二月丁巳蔣承錫山東巡撫	蔣承錫	蔣承錫
山西		噶禮四月丙辰遷。蘇克濟山西巡撫	蘇克濟
河南		汪灝九月辛未病免。戊寅鹿祐河南巡撫	鹿祐
陝西		鄂海	鄂海十月
甘肅	四月己酉遷。五月甲申舒圖甘肅巡撫	舒圖	舒圖三月
福建		張伯行十一月丁亥調。許嗣興福建巡撫	許嗣興九
浙江	二月丁巳病休。黃秉中浙江巡撫	黃秉中	黃秉中調
江西		郎廷極	郎廷極
湖廣	憂免。十二月丁巳陳詵湖廣巡撫	陳詵	陳詵
偏沅		趙申喬	趙申喬十
四川		能泰八月己亥遷。乙巳葉九思四川巡撫九月丁丑調。甲申年羹堯代	年羹堯
廣東		范時崇	范時崇八
廣西		梁世勳	梁世勳
雲南		郭瑮	郭瑮十月
貴州	二月丁巳調。劉蔭樞貴州巡撫	劉蔭樞	劉蔭樞

省	寅	康熙五十年辛卯	康熙五十
直隸		趙宏燮	趙
江蘇		張伯行	張
安徽		葉九思七月辛亥遷。八月辛酉梁世勳安徽巡撫	梁
山東		蔣承錫	蔣
山西		蘇克濟	蘇
河南		鹿祐	鹿
陝西	丙子遷。癸未雍泰陝西巡撫	雍泰	雍
甘肅	丁亥免。鄂奇甘肅巡撫。十月辛巳遷。癸未樂拜代	樂拜	樂
福建	月壬寅免。黃秉中福建巡撫	黃秉中十月丙子罷。庚辰綽奇福建巡撫甲申憂免。十一月戊子覺羅滿保代	覺
浙江	九月丙午王度昭浙江巡撫	王度昭	王
江西		郎廷極	郎
湖廣		陳詵四月庚申遷。甲戌劉殿衡湖廣巡撫	劉
偏沅	二月辛巳遷	潘宗洛正月辛亥偏沅巡撫	潘
四川		年羹堯	年
廣東	月庚寅遷。滿丕廣東巡撫	滿丕	滿
廣西		梁世勳八月辛酉調。陳元龍廣西巡撫	陳
雲南	丙子遷。吳存禮雲南巡撫	吳存禮	吳
貴州		劉蔭樞	劉

省	一年壬辰	康熙五十二年癸巳	康熙五十三年甲午
直隸	宏燮	趙宏燮	趙宏燮
江蘇	伯行	張伯行	張伯行
安徽	世勳	梁世勳	梁世勳
山東	承錫	蔣承錫	蔣承錫
山西	克濟	蘇克濟	蘇克濟
河南	祐	鹿祐	鹿祐十二月乙酉病休。李錫河
陝西	泰	雍泰	雍泰
甘肅	拜	樂拜	樂拜卒。六月己卯綽奇甘肅巡
福建	羅滿保	覺羅滿保	覺羅滿保
浙江	度昭	王度昭	王度昭十二月乙亥遷。癸未徐
江西	廷極十月丙寅遷。己巳佟國勷江西巡撫	佟國勷	佟國勷
湖廣	殿衡	劉殿衡	劉殿衡
偏沅	宗洛	潘宗洛九月丁卯罷。李發甲湖南巡撫。十二月甲午憂免	李錫正月甲子湖南巡撫。十二
四川	羹堯	年羹堯	年羹堯
廣東	丕	滿丕	滿丕十二月甲戌遷。壬辰楊琳
廣西	元龍	陳元龍	陳元龍
雲南	存禮	吳存禮	吳存禮十二月己巳憂免。乙亥
貴州	蔭樞	劉蔭樞	劉蔭樞

	（上年續）
直隸	
江蘇	
安徽	
山東	
山西	
河南	南巡撫
陝西	
甘肅	撫
福建	
浙江	元夢浙江巡撫
江西	
湖廣	
偏沅	月乙酉調壬辰陳瑸代
四川	
廣東	廣東巡撫
廣西	
雲南	施世綸雲南巡撫
貴州	

康熙五十四年乙未	
直隸	趙宏燮
江蘇	張伯行 十一月乙卯免。十二月己巳吳存禮江蘇巡撫
安徽	梁世勳
山東	蔣承錫
山西	蘇克濟
河南	李錫
陝西	雍泰 卒。六月丁亥噶什圖陝西巡撫
甘肅	綽奇
福建	覺羅滿保 十一月癸卯遷。十二月丁卯陳瑸福建巡撫
浙江	徐元夢
江西	佟國勷
湖廣	劉殿衡
偏沅	陳瑸 十二月丁卯調。李發甲偏沅巡撫
四川	年羹堯
廣東	楊琳
廣西	陳元龍
雲南	施世綸 二月己巳遷。甘國璧雲南巡撫
貴州	劉蔭樞

康熙五十五年丙申	
直隸	趙宏燮
江蘇	吳存禮
安徽	梁世勳 十月壬辰遷。戊戌李成龍安徽巡撫
山東	蔣承錫 九月庚午遷。李樹德山東巡撫
山西	蘇克濟
河南	李錫 十一月丁巳遷。十二月戊子張聖佐河南巡撫
陝西	噶什圖
甘肅	綽奇
福建	陳瑸
浙江	徐元夢
江西	佟國勷
湖廣	劉殿衡
偏沅	李發甲
四川	年羹堯
廣東	楊琳 十月戊戌遷。壬子法海廣東巡撫
廣西	陳元龍
雲南	甘國璧
貴州	劉蔭樞 三月戊午差。閏三月戊辰白潢貴州巡撫。十月甲辰劉蔭樞回任

康熙五十六年丁酉	
直隸	趙宏燮
江蘇	吳存禮
安徽	李成龍
山東	李樹德
山西	蘇克濟
河南	張聖佐
陝西	噶什圖
甘肅	綽奇
福建	陳瑸
浙江	徐元夢 正月壬午遷。二月辛卯朱軾浙江巡撫
江西	佟國勷 七月辛酉罷。丙子白潢江西巡撫
湖廣	劉殿衡 十二月卒
偏沅	李發甲 卒。十一月癸丑王之樞偏沅巡撫
四川	年羹堯
廣東	法海
廣西	陳元龍
雲南	甘國璧
貴州	劉蔭樞 九月壬戌免。己卯黃國材貴州巡撫

康熙五十七年戊戌	
直隸	趙宏燮
江蘇	吳存禮
安徽	李成龍
山東	李樹德
山西	蘇克濟
河南	張聖佐 四月丁亥罷。五月庚戌楊宗義河南巡撫
陝西	噶什圖
甘肅	綽奇
福建	陳瑸 十一月乙酉卒。十二月壬寅呂猶龍福建巡撫
浙江	朱軾
江西	白潢
湖廣	張連登 二月丙午湖廣巡撫
偏沅	王之樞
四川	年羹堯
廣東	法海 十一月丁丑病免。乙酉楊宗仁廣東巡撫
廣西	陳元龍 九月丙戌遷。十一月乙酉宜思恭廣西巡撫
雲南	甘國璧
貴州	黃國材

康熙五十八年己亥	
直隸	趙宏燮
江蘇	吳存禮
安徽	李成龍
山東	李樹德
山西	蘇克濟
河南	楊宗義
陝西	噶什圖
甘肅	綽奇 十月丙辰差。花鄯署甘肅巡撫
福建	呂猶龍
浙江	朱軾
江西	白潢
湖廣	張連登
偏沅	王之樞
四川	年羹堯
廣東	楊宗仁
廣西	宜思恭
雲南	甘國璧
貴州	黃國材 十月甲寅免。戊辰金世揚貴州巡撫

康熙五十九年庚子	
直隸	趙宏燮
江蘇	吳存禮
安徽	李成龍
山東	李樹德
山西	蘇克濟
河南	楊宗義
陝西	噶什圖
甘肅	花鄯
福建	呂猶龍
浙江	朱軾 十一月戊寅遷。屠沂浙江巡撫
江西	白潢 七月戊子遷。王企靖江西巡撫
湖廣	張連登
偏沅	王之樞
四川	年羹堯
廣東	楊宗仁
廣西	宜思恭 卒。八月癸丑高其倬廣西巡撫
雲南	甘國璧 罷。九月戊寅楊名時署雲南巡撫。十一月壬午補
貴州	金世揚

康熙六十年辛丑	
直隸	趙宏燮
江蘇	吳存禮
安徽	李成龍
山東	李樹德
山西	蘇克濟 十二月丙
河南	楊宗義
陝西	噶什圖
甘肅	花鄯 九月丁巳降
福建	呂猶龍
浙江	屠沂
江西	王企靖
湖廣	張連登
偏沅	王之樞
四川	年羹堯 五月乙酉
廣東	楊宗仁
廣西	高其倬
雲南	楊名時
貴州	金世揚

康熙六十一年壬寅		
直隸	趙宏燮六月丙子趙之垣署直隸巡撫	
江蘇	吳存禮	
安徽	李成龍	
山東	李樹德十月癸酉遷謝賜履山東巡撫十二月辛酉召另候簡　黃炳代	
山西	德音十二月壬戌補山西巡撫	子憂免德音署山西巡撫
河南	楊宗義	
陝西	噶什圖	
甘肅	盧詢	十月辛未盧詢署甘肅巡撫
福建	呂猶龍調六月辛巳石文倬署福建巡撫十月癸酉黃國材　代	
浙江	屠沂六月辛未病免辛巳呂猶龍浙江巡撫十月癸酉李馥　代	
江西	王企埥	
湖廣	張連登	
偏沅	王之樞	
四川	色爾圖七月戊申蔡珽四川巡撫	遷色爾圖署四川巡撫
廣東	楊宗仁十一月戊戌遷年希堯署廣東巡撫	
廣西	高其倬二月庚午遷乙酉孔毓珣廣西巡撫	
雲南	楊名時	
貴州	金世揚	

雍正元年癸卯	
直隸	趙之垣二月辛未罷李維鈞直隸巡撫
江蘇	吳存禮三月辛丑罷何天培署江蘇巡撫
安徽	李成龍
山東	黃炳
山西	德音四月癸酉召諾岷山西巡撫
河南	楊宗義正月癸丑憂免牟欽元署河南巡撫二月戊午嵇曾筠署三月辛卯石文倬代
陝西	噶什圖赴西甯四月壬戌范時捷署陝西巡撫
甘肅	盧詢三月庚寅遷傅德署甘肅巡撫綽奇代
福建	黃國材
浙江	李馥
江西	王企埥正月癸巳召裴率度江西巡撫
湖廣	張連登正月癸巳召納齊哈湖北巡撫
偏沅	王之樞正月辛丑遷魏廷珍湖南巡撫
四川	蔡珽
廣東	年希堯七月壬午補
廣西	孔毓珣八月戊午以廣西總督兼管巡撫
雲南	楊名時
貴州	金世揚十一月丁酉遷毛文銓貴州巡撫

雍正二年甲辰十月改直隸巡撫爲直隸總督	
直隸	李維鈞十月己亥改總督
江蘇	何天培
安徽	李成龍
山東	黃炳閏四月丁亥遷陳世倌山東巡撫
山西	諾岷
河南	石文倬八月庚寅調田文鏡河南巡撫
陝西	范時捷十一月甲寅召石文倬陝西巡撫
甘肅	綽奇十月己丑遷辛卯胡期恒甘肅巡撫
福建	黃國材
浙江	李馥二月戊午免黃叔琳浙江巡撫八月
江西	裴率度
湖北	納齊哈
湖南	魏廷珍六月庚寅罷王朝恩湖南巡撫
四川	蔡珽五月丙午免塞爾圖署四川巡撫六
廣東	年希堯
廣西	孔毓珣四月丁未遷李紱廣西巡撫
雲南	楊名時
貴州	毛文銓

雍正三年乙巳		
江蘇	何天培三月丙寅遷張楷江蘇巡撫	
安徽	李成龍八月甲戌遷魏廷珍安徽巡撫	
山東	陳世倌	
山西	諾岷正月甲子免伊都立署山西巡撫十月戊申遷布蘭泰代庚寅伊都立兼	
河南	田文鏡	
陝西	石文倬四月己卯調圖理琛署陝西巡撫	
甘肅	胡期恒三月癸亥罷岳鍾琪兼理甘肅巡撫四月己卯石文倬代正月癸亥胡	
福建	黃國材七月癸亥免乙丑毛文銓福建巡撫	
浙江	法海六月己亥召甘國奎署浙江巡撫八月丙寅法敏署十月戊申李衛代	
江西	裴率度	調法海代　壬午免佟吉圖署庚寅石文倬調署十一月甲寅
湖北	納齊哈五月丙辰法敏湖北巡撫十二月乙丑調李成龍兼三月庚戌納齊	
湖南	王朝恩十月庚寅遷布蘭泰湖南巡撫	
四川	王景灝十二月乙丑免法敏四川巡撫	
廣東	年希堯四月丁丑遷己卯楊文乾廣東巡撫	月庚子王景灝代
廣西	李馥八月庚寅遷鄂爾泰廣西巡撫十月庚寅調汪漋代	
雲南	楊名時十月庚寅遷鄂爾泰雲南巡撫楊名時仍兼管	
貴州	毛文銓四月丁亥召石禮哈署貴州巡撫八月戊寅張謙代十一月癸亥何世	

（續前）	省	雍正四年丙午	省	雍正五年丁未
	江蘇	張楷八月癸未召。陳時夏署江蘇巡撫	江蘇	陳時夏
	安徽	魏廷珍	安徽	魏廷珍
	山東	陳世倌九月庚子憂免。塞楞額署山東巡撫	山東	塞楞額
管巡撫	山西	伊都立三月丙午召。高成齡署山西巡撫。尋同任。十一月辛卯調德明代	山西	德明六月乙巳遷。覺羅石麟
	河南	田文鏡	河南	田文鏡
	陝西	圖理琛八月癸未召。岳鍾琪兼署陝西巡撫。十月丁丑法敏代	陝西	法敏六月戊戌免。張保陝西
期恒召。彭振翼署	甘肅	石文焯	甘肅	石文焯。鍾保護甘肅巡撫。九
	福建	毛文銓十二月壬午遷。常賚福建巡撫	福建	常賚
	浙江	李衞	浙江	李衞
	江西	裴率度五月丁酉遷。汪漋江西巡撫。十月乙酉免。邁柱署。十一月辛卯伊都立代	江西	伊都立五月癸酉召。布蘭泰
哈假。楊宗仁兼署	湖北	鄭任鑰二月乙亥湖北巡撫。十月乙酉遷。憲德代	湖北	憲德五月癸酉調。馬會伯湖
	湖南	布蘭泰	湖南	布蘭泰五月癸酉調。王國棟
	四川	法敏十月丁丑調。馬會伯四川巡撫	四川	馬會伯五月癸酉調。憲德四
	廣東	楊文乾	廣東	楊文乾二月癸亥假。常賚署
	廣西	汪漋五月丁酉調。甘汝來廣西巡撫。八月癸未入覲。韓良輔署	廣西	韓良輔二月戊寅補廣西巡
	雲南	楊名時	雲南	楊名時二月乙亥免。朱綱雲
璂代	貴州	何世璂	貴州	何世璂十月己丑入覲。祖秉

（續前）	省	雍正六年戊申	省	雍正七年
	江蘇	陳時夏五月壬申免。張坦麟署江蘇巡撫。八月甲申調。尹繼善署	江蘇	尹
	安徽	魏廷珍	徽安	魏
	山東	塞楞額六月己丑遷。岳濬署山東巡撫	山東	岳
山西巡撫	山西	覺羅石麟	山西	覺
	河南	田文鏡	河南	田
巡撫。十一月丁巳遷。西琳代	陝西	西琳十二月庚子免。張廷棟署陝西巡撫	陝西	張
月乙丑罷。十月己酉莽鵠立署	甘肅	莽鵠立八月乙未免。劉世明甘肅巡撫。十月壬辰調。許容代	甘肅	許
	福建	常賚正月壬戌調。朱綱福建巡撫。尋卒。十月壬辰劉世明代	福建	劉
	浙江	李衞	浙江	李
江西巡撫	江西	布蘭泰八月甲申召。張坦麟署江西巡撫	江西	張
北巡撫	湖北	馬會伯	湖北	馬
湖南巡撫	湖南	王國棟	湖南	王
川巡撫	四川	憲德	四川	憲
廣東巡撫。七月癸酉阿克敦署。九月丙寅調。壬申石禮哈署	廣東	石禮哈八月乙酉傅泰署廣東巡撫	廣東	傅
撫。九月丙寅免。阿克敦署。十一月庚辰祖秉圭代	廣西	祖秉圭五月癸丑金珙廣西巡撫	廣西	金
南巡撫	雲南	朱綱正月壬戌調。常賚雲南巡撫。六月癸巳罷。沈廷正代	雲南	沈
圭署貴州巡撫。十一月庚辰調。沈廷正代	貴州	沈廷正六月癸巳調。張廣泗貴州巡撫。辛丑差。沈廷正留署	貴州	張

（續前）己酉	省	雍正八年庚戌	省	雍正九年辛亥
繼善二月丁丑補江蘇巡撫。王璣署。七月罷。彭維新署	江蘇	尹繼善	江蘇	尹繼善七
廷珍	安徽	魏廷珍五月戊辰調。程元章安徽巡撫	安徽	程元章
濬四月癸巳假。費金吾署山東巡撫。十二月甲寅岳濬補	山東	岳濬十月甲子召。王國棟署山東巡撫。劉於義協辦	山東	岳濬
羅石麟	山西	覺羅石麟	山西	覺羅石麟
文鏡	河南	田文鏡	河南	田文鏡四
廷棟二月戊寅武格陝西巡撫	陝西	武格	陝西	武格七月
容	甘肅	許容	甘肅	許容
世明	福建	劉世明五月癸酉遷。陳世倕福建巡撫	福建	陳世倕
衞三月丙寅入覲。蔡仕舢署浙江巡撫	浙江	蔡仕舢	浙江	蔡仕舢九
坦麟閏七月甲戌來京。謝旻署江西巡撫	江西	謝旻	江西	謝旻
會伯四月壬寅差。趙宏恩署湖北巡撫。十一月丙子遷。費金吾代	湖北	費金吾五月戊辰魏廷珍湖北巡撫	湖北	魏廷珍四
國棟九月癸酉召。趙宏恩湖南巡撫	湖南	趙宏恩	湖南	趙宏恩
德十月癸卯邁柱兼理四川巡撫	四川	憲德	四川	憲德
泰	廣東	傅泰五月癸巳召。鄂彌達廣東巡撫	廣東	鄂彌達
珙	廣西	金珙	廣西	金珙
廷正	雲南	沈廷正八月壬戌遷。張允隨雲南巡撫	雲南	張允隨
廣泗	貴州	張廣泗	貴州	張廣泗

		雍正十年壬子			雍正十一年癸丑	
月丁卯遷王國棟署江蘇巡撫九月辛未調喬世	臣代署	江蘇	喬世臣		江蘇	喬世臣入覲
		安徽	程元章七月戊戌遷徐本署安	徽巡撫	安徽	徐本十二月
		山東	岳濬		山東	岳濬
		山西	覺羅石麟		山西	覺羅石麟
月癸巳召張元懷署河南巡撫		河南	田文鏡十一月戊戌病免孫國	璽署河南巡撫	河南	孫國璽四月
戊辰召馬爾泰署陝西巡撫史貽直協辦		陝西	馬爾泰十一月丁酉差史貽直	署陝西巡撫	陝西	史貽直遷十
		甘肅	許容		甘肅	許容
		福建	陳世倕		福建	陳世倕
月辛未王國棟署浙江巡撫		浙江	王國棟七月庚子召程元章兼	浙江巡撫	浙江	程元章
		江西	謝旻		江西	謝旻十二月
月甲午召王士俊湖北巡撫		湖北	王士俊十一月庚子遷德齡湖	北巡撫	湖北	德齡
		湖南	趙宏恩		湖南	趙宏恩九月
		四川	憲德		四川	憲德十二月
		廣東	鄂彌達二月癸丑遷楊允斌署	廣東巡撫	廣東	楊永斌
		廣西	金鉷		廣西	金鉷
		雲南	張允隨		雲南	張允隨
		貴州	張廣泗二月癸丑遷元展成署	貴州巡撫十二月丙寅補	貴州	元展成

		雍正十二年甲寅			雍正十三年乙卯	
六月甲戌孫國璽署江蘇巡撫九月己卯高其倬	署	江蘇	高其倬		江蘇	高其倬
己未遷王紘安徽巡撫		安徽	王紘十一月己未遷趙國麟安徽巡	撫	安徽	趙國麟
		山東	岳濬		山東	岳濬
		山西	覺羅石麟		山西	覺羅石麟
壬申遷王士俊兼管河南巡撫		河南	王士俊		河南	王士俊十一月丙辰召富德河南巡
二月庚申碩色陝西巡撫		陝西	碩色		陝西	碩色
		甘肅	許容		甘肅	許容
		福建	趙國麟十月己未調盧焯福建巡撫		福建	盧焯
		浙江	程元章		浙江	程元章十二月丙戌免嵇曾筠兼管
庚申遷常安江西巡撫		江西	常安		江西	常安十一月丁巳召俞兆岳江西巡
		湖北	德齡五月壬辰差楊馥署湖北巡撫		湖北	楊馥正月壬辰調吳應棨署湖北巡
己卯遷鍾保署湖南巡撫		湖南	鍾保		湖南	鍾保十一月丁巳補湖南巡撫
庚申鄂昌四川巡撫		四川	鄂昌		四川	鄂昌免正月壬辰楊馥四川巡撫
		廣東	楊永斌		廣東	楊永斌
		廣西	金鉷		廣西	金鉷
		雲南	張允隨		雲南	張允隨
		貴州	元展成		貴州	元展成十一月己未罷張廣泗貴州

清史稿

疆臣年表六 各省巡撫

	乾隆元年丙辰			乾隆二
	江蘇	高其倬正月丙辰免顧琮署十月	壬戌憂邵基江蘇巡撫	邵基八
	安徽	孫國璽		孫國璽
	山東	岳濬十月庚午遷法敏山東巡撫		法敏
	山西	石麟		石麟
撫	河南	富德		富德三
	陝西	碩色		碩色三
	甘肅	許容二月戊戌免劉於義甘肅巡	撫	劉於義
	四川	楊馝四月戊寅召王士俊署六月	辛巳革逮七月辛酉楊馝仍四川巡撫	楊馝
	福建			
浙江巡撫	浙江			
撫	江西	俞兆岳十月庚午遷岳濬江西巡	撫	岳濬
撫	湖北	吳應棨四月壬申召高其倬湖北	巡撫六月戊午遷鍾保湖北巡撫	鍾保三
	湖南	鍾保四月壬午湖南巡撫高其倬	署六月戊午鍾保遷高其倬補	高其倬
	廣東	楊永斌		楊永斌
	廣西	金鉷八月甲子召楊超曾廣西巡	撫	楊超曾
	雲南	張允隨		張允隨
巡撫	貴州			

年丁巳	乾隆三年戊午	乾隆四	年己未
月乙未卒楊永斌江蘇巡撫	楊永斌五月辛未召許容江蘇巡撫	許容正	月壬子假徐士林護二月己卯許容憂張渠江蘇
	孫國璽	孫國璽	十一月壬子卒陳大受安徽巡撫
	法敏	法敏六	月庚辰召碩色山東巡撫
	石麟	石麟	
月壬子召尹會一河南巡撫	尹會一	尹會一	十一月庚戌免雅爾度河南巡撫
月辛亥遷崔紀陝西巡撫	崔紀三月乙卯遷張楷陝西巡撫	張楷	
	劉於義九月甲辰召元展成甘肅巡撫	元展成	
	楊馝	楊馝六	月庚辰方顯四川巡撫
	王士任九月癸亥福建巡撫	王士任	
	盧焯九月癸亥浙江巡撫	盧焯	
	岳濬	岳濬	
月壬子召楊永斌湖北巡撫八月乙未遷張楷代	張楷三月乙卯遷崔紀湖北巡撫	崔紀	
	高其倬二月壬子遷張渠湖南巡撫	張渠二	月己卯遷馮光裕湖南巡撫
三月壬子遷王謩廣東巡撫	王謩	王謩	
	楊超曾十月乙巳遷安圖廣西巡撫	安圖	
	張允隨	張允隨	

	乾隆五年庚申		乾隆六年	辛酉
巡撫	張渠七月癸酉遷徐士林江蘇巡撫		徐士林六	月丙申免陳大受江蘇巡撫
	陳大受		陳大受六	月丙申遷張楷安徽巡撫
	碩色七月癸酉遷朱定元山東巡撫		朱定元	
	石麟閏六月辛亥憂喀爾吉善山西巡撫		喀爾吉善	
	雅爾度		雅爾度	
	張楷		張楷六月	丙申遷岱奇陝西巡撫
	元展成		元展成九	月癸亥革陳宏謀甘肅巡撫九月乙亥遷黃廷桂
	方顯七月癸酉遷碩色四川巡撫		碩色	
	王士任五月庚申革王恕福建巡撫		王恕	
	盧焯		盧焯六月	己酉免德沛署十二月辛亥常安浙江巡撫
	岳濬十一月丁丑免包括江西巡撫		包括九月	乙亥回原任陳宏謀江西巡撫
	崔紀五月丁未召班第兼署七月癸酉張	渠十二月戊戌卒范燦湖北巡撫	范燦	
	馮光裕閏六月壬戌卒許容湖南巡撫		許容	
	王謩十一月己酉召王安國廣東巡撫		王安國	
	安圖七月癸酉召方顯廣西巡撫		方顯正月	乙亥免楊錫紱廣西巡撫
	張允隨六月癸酉遷慶復兼雲南巡撫		慶復	

	乾隆七年壬戌	乾隆八年癸亥		乾隆九年甲子
	陳大受	陳大受		陳大受
	張楷十二月己亥召喀爾吉善安徽巡撫	喀爾吉善三月庚午遷范燦安徽巡撫		范燦六月癸丑召準泰安徽巡撫
	朱定元三月戊寅憂晏斯盛山東巡撫	晏斯盛三月庚午遷喀爾吉善山東巡撫		喀爾吉善
	喀爾吉善	喀爾吉善二月甲午遷劉於義山西巡撫十月己	巳遷傅恒代	傅恒
	雅爾度	雅爾度閏四月丙午召碩色河南巡撫		碩色
	岱奇十月甲辰卒塞楞額陝西巡撫	塞楞額十月己巳遷陳宏謀陝西巡撫		陳宏謀
代	黃廷桂	黃廷桂		黃廷桂
	碩色	碩色閏四月丙午遷紀山四川巡撫		紀山
	王恕三月庚午免劉於義福建巡撫	劉於義二月庚午遷孫嘉淦署四月丁未召周學	健福建巡撫	周學健
	常安	常安		常安
	陳宏謀	陳宏謀十月己巳遷塞楞額江西巡撫		塞楞額
	范燦	范燦三月庚午遷晏斯盛湖北巡撫		晏斯盛正月庚子遷許容署湖北
	許容	許容閏四月乙卯免蔣溥湖南巡撫阿里袞暫管		蔣溥
	王安國	王安國		王安國正月辛巳遷策楞廣東巡
	楊錫紱	楊錫紱		楊錫紱三月丁亥召托庸廣西巡
	慶復	慶復閏四月戊申遷張允隨兼雲南巡撫		張允隨

	乾隆十年乙丑		乾隆十一年丙寅		乾隆十
	陳大受		陳大受九月庚子遷	安寧江蘇巡撫	安寧
	準泰四月乙卯	遷魏定國安徽巡撫	魏定國五月甲辰遷	潘思榘安徽巡撫	潘思榘
	喀爾吉善		喀爾吉善九月丁巳	遷塞楞額山東巡撫壬戌阿里袞代	阿里袞
	傅恒		傅恒九月壬戌愛必	達山西巡撫	愛必達
	碩色		碩色		碩色
	陳宏謀		陳宏謀九月丁巳遷	徐杞陝西巡撫	徐杞十
	黃廷桂		黃廷桂		黃廷桂
	紀山		紀山		紀山
	周學建		周學健九月庚子遷	陳大受福建巡撫	陳大受
	常安		常安		常安九
	塞楞額		塞楞額九月丁巳遷	陳宏謀江西巡撫十月己卯遷開泰代	開泰
巡撫二月丙辰免晏斯盛仍任	晏斯盛十一月	戊寅告養開泰湖北巡撫	開泰十月己卯遷陳	宏謀湖北巡撫	陳宏謀
	蔣溥四月庚申	遷楊錫紱湖南巡撫	楊錫紱		楊錫紱
撫	策楞四月乙卯	遷準泰廣東巡撫	準泰		準泰五
撫	托庸		托庸四月己卯革鄂	昌廣西巡撫	鄂昌
	張允隨		張允隨		張允隨
					孫紹武

二年丁卯	乾隆	十三年戊辰		乾隆十四年己巳
	安寧	閏七月己巳召尹繼善兼理癸酉鄂昌江蘇巡撫	九月壬子遷雅爾哈善署	雅爾哈善
九月丁巳遷納敏安徽巡撫	納敏			納敏四月庚子遷衛
	阿里	袞閏七月癸酉遷準泰山東巡撫		準泰
五月辛亥免準泰山西巡撫	準泰	閏七月癸酉遷阿里袞山西巡撫		阿里袞
	碩色	十月乙酉遷鄂容安河南巡撫		鄂容安
二月己巳召陳宏謀陝西巡撫	陳宏	謀		陳宏謀
	黃廷	桂九月丁卯召瑚寶署十一月庚辰遷鄂昌甘肅	巡撫	鄂昌
	紀山	八月革班第暫署九月壬子鄂昌四川巡撫十一	月庚辰遷策楞兼班第代	班第正月丁巳革仍
九月丁巳遷潘思榘福建巡撫	潘思	榘		潘思榘
月壬子免顧琮浙江巡撫	顧琮	三月乙未遷愛必達浙江巡撫辛亥遷方觀承代		方觀承七月壬子遷
	開泰	十月壬辰遷唐綏祖江西巡撫		唐綏祖四月壬辰遷
十二月己巳遷彭樹葵湖北巡撫	彭樹	葵		彭樹葵四月壬辰遷
	楊錫	紱十月壬辰憂開泰湖南巡撫		開泰
月辛卯召策楞兼管辛亥岳濬廣東巡撫	岳濬			岳濬十二月乙未遷
	鄂昌	閏七月癸酉遷舒輅廣西巡撫		舒輅
三月辛丑遷圖爾炳阿雲南巡撫	圖爾	炳阿		圖爾炳阿十二月乙
貴州巡撫	孫紹	武三月辛亥遷愛必達貴州巡撫		愛必達

	乾	隆十五年庚辰		乾隆十六年辛未
	雅	爾哈善十一月丙辰遷王師江蘇巡撫		王師八月辛酉卒莊有恭江蘇巡
哲治山東巡撫十二月乙未召圖爾炳阿代	圖	爾炳阿七月丙午遷衛哲治安徽巡撫十一月乙	丑遷定長代	定長二月丙戌遷衛哲治安徽巡
	準	泰		準泰八月庚申遷鄂容安山東巡
	阿	里袞十一月乙丑遷阿思哈山西巡撫		阿思哈
	鄂	容安		鄂容安八月庚申遷舒輅河南巡
	陳	宏謀		陳宏謀十月丙辰遷舒輅陝西巡
	鄂	昌		鄂昌八月庚申遷楊應琚甘肅巡
署四川巡撫	班	第		班第
	潘	思榘		潘思榘
永貴浙江巡撫	永	貴		永貴閏十二月壬寅革雅爾哈善
阿思哈江西巡撫	阿	思哈十月乙丑遷舒輅江西巡撫		舒輅八月庚申遷鄂昌江西巡撫
唐綏祖湖北巡撫	唐	綏祖十二月癸巳免嚴瑞龍護湖北巡撫		嚴瑞龍二月辛卯革阿里袞兼管
	開	泰十月甲申遷楊錫紱湖南巡撫		楊錫紱十月戊戌憂范時綏湖南
蘇昌廣東巡撫	蘇	昌		蘇昌
	舒	輅十一月乙丑遷衛哲治廣西巡撫		衛哲治二月丙戌遷定長廣西巡
未遷岳濬雲南巡撫	岳	濬七月丙午革圖爾炳阿雲南巡撫十月甲申革	愛必達代	愛必達
	愛	必達十月甲申遷開泰貴州巡撫		開泰

撫
撫三月己亥憂張師載代
撫兆惠暫署
撫十月丙辰遷陳宏謀代
撫
撫
浙江巡撫
四月己卯恒文湖北巡撫
巡撫
撫

乾隆十七年壬申
莊有恭
張師載
鄂容安十月戊子遷楊應琚山東巡撫
阿思哈十月壬寅召定長山西巡撫胡寶瑔署
陳宏謀三月戊辰遷蔣炳河南巡撫
舒輅二月乙未卒鍾音陝西巡撫
楊應琚六月丙辰憂鄂樂舜甘肅巡撫
班第
潘思榘三月戊寅卒陳宏謀福建巡撫
雅爾哈善
鄂昌十月戊子召鄂容安江西巡撫
恒文
范時綬
蘇昌
定長十月壬寅遷李錫泰廣西巡撫
愛必達
開泰

乾隆十八年癸酉
莊有恭
張師載八月庚戌革衛哲治安徽巡撫
楊應琚
定長八月辛丑召胡寶瑔山西巡撫十月辛丑遷恒文代
蔣炳
鍾音
鄂樂舜
班第九月壬申召
陳宏謀
雅爾哈善
鄂容安九月壬申遷范時綬江西巡撫
恒文十月辛丑遷張若震湖北巡撫
范時綬九月壬申遷楊錫紱湖南巡撫十月辛丑遷胡寶瑔代
蘇昌十一月己巳召鶴年廣東巡撫
李錫泰
愛必達
開泰三月己卯遷定長八月辛丑署開泰回九月壬申遷定長貴州巡撫

乾隆十九年甲戌
莊有恭十二月丙辰陛見尹繼善兼江蘇巡撫
衛哲治十月甲寅遷鄂樂舜安徽巡撫
楊應琚四月辛卯遷郭一裕山東巡撫
文恒
蔣炳
鍾音五月戊戌遷陳宏謀陝西巡撫
鄂樂舜五月己亥遷鄂昌甘肅巡撫
陳宏謀五月戊戌遷鍾音福建巡撫
雅爾哈善五月己亥召鄂樂舜浙江巡撫十月甲寅遷周人驥代
范時綬
張若震
胡寶瑔
鶴年
李錫泰十月甲寅免衛哲治廣西巡撫
愛必達
定長

乾隆二十年乙亥
莊有恭
鄂樂舜十一月壬午遷高晉安徽巡撫
郭一裕六月癸丑遷白鍾山署十一月壬午鄂樂舜山東巡撫
文恒
蔣炳五月辛卯圖爾炳阿河南巡撫
陳宏謀三月己卯遷台柱署十二月甲辰召盧焯陝西巡撫
鄂昌三月己卯召陳宏謀甘肅巡撫五月辛卯遷吳達善代
鍾音
周人驥
范時綬二月己未召胡寶瑔江西巡撫
張若震
胡寶瑔二月己未遷楊錫紱署五月辛卯遷陳宏謀湖南巡撫
鶴年
衛哲治十月甲辰遷鄂寶廣西巡撫
愛必達六月癸丑遷郭一裕雲南巡撫
定長

乾隆二十一年丙子
莊有恭十一月辛亥憂愛必達兼署
高晉
鄂樂舜革二月戊辰愛必達山東巡撫十月壬申遷鶴年任楊錫紱署
恒文二月戊辰遷明德山西巡撫
圖爾炳阿十月辛亥遷蔣炳署河南巡撫十二月丙子圖爾炳阿仍留
盧焯十月辛亥遷陳宏謀陝西巡撫
吳達善
鍾音
周人驥二月庚戌革楊廷璋浙江巡撫
胡寶瑔
張若震十月辛亥卒盧焯湖北巡撫
陳宏謀十月辛亥遷圖爾炳阿湖南巡撫十二月丙子蔣炳署
鶴年十月壬申遷周人驥廣東巡撫
鄂寶
郭一裕
定長

乾隆二十二年丁丑
愛必達六月甲子遷陳宏謀江蘇巡撫十二月癸亥遷託恩多江蘇巡撫
高晉
鶴年七月丁未遷蔣洲山東巡撫十月甲子逮鶴年兼辦十二月癸亥卒阿爾泰山東
明德六月甲子遷定長山西巡撫七月丁未憂塔永寧山西巡撫
圖爾炳阿四月己卯革蔣炳河南巡撫劉慥暫護辛巳圖爾炳阿仍留六月辛酉召胡
陳宏謀六月甲子遷明德陝西巡撫十月丙戌革永貴署陝西巡撫吳士功護
吳達善
鍾音
楊廷璋
胡寶瑔六月辛酉遷阿思哈署江西巡撫
盧焯六月庚午革莊有恭署湖北巡撫
蔣炳四月己卯遷阿思哈湖南巡撫辛巳蔣炳仍回九月戊戌革富勒渾湖南巡撫
周人驥
鄂寶
郭一裕七月辛卯免劉藻雲南巡撫
定長六月甲子遷周琬貴州巡撫

	乾隆二十三年戊寅	乾隆二十四年己卯
	託恩多三月丁未遷。莊有恭署。四月丙子遷。陳宏謀兼管江蘇巡撫	陳宏謀
	高晉	高晉
巡撫	阿爾泰	阿爾泰
	塔永寧	塔永寧十月乙未卒。鄂弼山西巡撫
寶瑔任。劉慥暫護	胡寶瑔	胡寶瑔
	永貴三月丁未赴軍營。鍾音陝西巡撫	鍾音
	吳達善	吳達善正月己亥遷。明德甘肅巡撫。四月丁巳憂。楊應琚兼管
	鍾音正月壬子遷。周琬福建巡撫。三月丁未憂。吳士功任。楊應琚兼管	吳士功
	楊廷璋	楊廷璋三月壬辰遷。明山署。四月戊午莊有恭浙江巡撫
	阿思哈	阿思哈
	莊有恭三月丁未遷。馮鈐湖北巡撫。四月丙子遷。莊有恭署	莊有恭四月戊午遷。周琬署湖北巡撫
	富勒渾四月丙子遷。馮鈐湖南巡撫	馮鈐
	周人驥正月壬子遷。鍾音廣東巡撫。三月丁未遷。託恩多代	託恩多
	鄂寶	鄂寶
	劉藻	劉藻
	周琬正月壬子遷。周人驥署貴州巡撫	周人驥

乾隆二十五年庚辰	乾隆二十六年辛巳
陳宏謀	陳宏謀
高晉	高晉三月戊申遷。託庸安徽巡撫
阿爾泰	阿爾泰
鄂弼	鄂弼
胡寶瑔十二月丙戌遷。吳達善河南巡撫	吳達善四月壬辰遷。常鈞河南巡撫。八月戊寅遷。胡寶瑔代
鍾音	鍾音
楊應琚免兼。十二月丙戌明德甘肅巡撫	明德
吳士功	吳士功五月戊午革。定長福建巡撫
莊有恭	莊有恭
阿思哈十一月丙寅革。常鈞暫署。十二月丙戌胡寶瑔江西巡撫	胡寶瑔八月戊寅遷。常鈞江西巡撫。湯聘暫署
周琬	周琬八月戊寅革。湯聘湖北巡撫。愛必達兼管
馮鈐	馮鈐
託恩多	託恩多
鄂寶	鄂寶二月癸酉召。託庸廣西巡撫。三月戊申遷。熊學鵬代
劉藻	劉藻
周人驥	周人驥

乾隆二十七年壬午	乾隆二十八年癸未	乾隆二十九年甲申
陳宏謀十月辛卯遷。莊有恭江蘇巡撫	莊有恭	莊有恭
託庸	託庸	託庸
阿爾泰	阿爾泰六月壬寅遷。崔應階山東巡撫	崔應階
鄂弼五月戊申遷。明德山西巡撫	明德五月庚辰遷。和其衷山西巡撫	和其衷
胡寶瑔	胡寶瑔正月壬午卒。葉存仁河南巡撫。十一月辛酉遷。阿思哈代	阿思哈
鍾音五月戊申遷。鄂弼陝西巡撫	鄂弼六月戊戌遷。明山陝西巡撫。阿里袞暫護。明山十一月辛酉遷。明德代	明德
明德五月戊申遷。常鈞甘肅巡撫	常鈞十一月辛酉遷。楊應琚兼署	楊應琚三月乙卯裁
定長	定長	定長
莊有恭十月辛卯遷。熊學鵬浙江巡撫	熊學鵬	熊學鵬
常鈞五月戊申遷。明山署。八月甲辰遷。湯聘江西巡撫	湯聘五月己卯革。庚辰明德江西巡撫。十一月辛酉遷。輔德代	輔德
湯聘八月甲辰遷。宋邦綏湖北巡撫	宋邦綏五月癸酉免。輔德湖北巡撫。十一月辛酉遷。常鈞代	常鈞六月丙午遷。王
馮鈐十月辛卯遷。陳宏謀湖南巡撫	陳宏謀五月癸酉遷。喬光烈湖南巡撫	喬光烈十月癸巳革
託恩多八月甲辰憂。明山署廣東巡撫	明山六月戊戌遷。阿思哈廣東巡撫。十一月辛酉遷。明山代	明山
熊學鵬十月辛卯遷。馮鈐廣西巡撫	馮鈐	馮鈐
劉藻	劉藻	劉藻六月甲辰遷。丙
周人驥正月己未免。喬光烈貴州巡撫	喬光烈五月癸酉遷。乙亥崔應階貴州巡撫。六月壬寅遷。圖爾炳阿代	圖爾炳阿十月癸巳

三月裁甘肅巡撫	乾隆三十年乙酉		乾隆三	十一年丙戌
	莊有恭正月癸丑遷明德	江蘇巡撫	明德	
	託庸十一月乙酉遷馮鈐	安徽巡撫	馮鈐	
	崔應階		崔應階	
	和其衷正月癸丑遷彰寶	山西巡撫	彰寶	
	阿思哈		阿思哈	
	明德正月癸丑遷和其衷	陝西巡撫	和其衷	二月辛亥逮明山陝西巡撫
	定長		定長二	月壬寅遷李因培福建巡撫八月癸丑降莊有恭
	熊學鵬		熊學鵬	
	輔德閏二月戊辰卒明山	江西巡撫	明山二	月辛亥遷吳紹詩江西巡撫
檢湖北巡撫	王檢閏二月戊辰遷李因	培湖北巡撫十一月乙酉遷湯聘代	湯聘二	月壬寅遷劉藻湖北巡撫癸亥革鄂甯代十二月
圖爾炳阿湖南巡撫	圖爾炳阿三月甲申卒馮鈐	湖南巡撫十一月乙酉遷李因培代	李因培	二月壬寅遷常鈞湖南巡撫十二月甲午召鄂甯
	明山閏二月戊辰遷王檢	廣東巡撫	王檢	
	馮鈐三月甲申遷宋邦綏	廣西巡撫	宋邦綏	
午常鈞雲南巡撫	常鈞		常鈞二	月壬寅遷湯聘雲南巡撫
遷方世儁貴州巡撫	方世儁		方世儁	

	乾隆三十二年丁亥			乾隆三十三年戊子
	明德			明德二月丙戌遷彰寶江蘇巡撫
	馮鈐			馮鈐
	崔應階七月辛巳遷李	清時山東巡撫		李清時正月庚子卒彰寶山東巡撫二
	彰寶			彰寶正月庚子遷蘇爾德山西巡撫九
	阿思哈			阿思哈十二月甲子遷文綬河南巡撫
	明山			明山十二月甲子遷阿思哈陝西巡撫
代	莊有恭七月癸亥卒辛	巳崔應階福建巡撫		崔應階正月丁未遷富呢漢福建巡撫
	熊學鵬			熊學鵬二月丙戌憂永德浙江巡撫
	吳紹詩			吳紹詩
甲午遷鄂寶湖北巡撫	鄂寶五月己巳遷定長	暫署庚午范時綬湖北巡撫十一月壬子召鄂寶	代	鄂寶二月丙戌遷程燾湖北巡撫十二
湖南巡撫	鄂甯二月己酉遷方世	儁湖南巡撫		方世儁
	王檢八月乙酉免鍾音	廣東巡撫		鍾音三月乙巳遷良卿廣東巡撫四月
	宋邦綏			宋邦綏六月壬午錢度廣西巡撫
	湯聘二月己酉遷鄂寧	雲南巡撫		鄂寧二月丙戌遷明德雲南巡撫
	方世儁二月己酉遷湯	聘貴州巡撫五月己巳革鄂寶代十一月壬子遷	良卿署	良卿三月乙巳遷錢度貴州巡撫四月

		乾隆三十四年己丑	
		彰寶三月丙午憂明德江	蘇巡撫高晉兼管十月乙卯明德革永德江蘇巡
		馮鈐二月辛酉免富呢漢	安徽巡撫陳輝祖暫護十月甲子遷胡文伯安徽
月丙戌遷富呢漢代十二月己未降富明安山東	巡撫	富明安	
月己酉降鄂寶山西巡撫		鄂寶	
壬午阿思哈仍留		阿思哈三月壬子遷喀寧	阿河南巡撫吳嗣爵暫護十月甲子遷富呢漢河
壬午文綬陝西巡撫		文綬	
二月丙戌遷鄂寶代三月乙巳遷鍾音福建巡撫	六月壬午遷鄂寧代	鄂寧四月己未革溫福福	建巡撫崔應階兼署
		永德十月乙卯遷熊學鵬	署浙江巡撫
		吳紹詩七月己亥遷海明	江西巡撫
月己未降揆義署湖北巡撫		揆義七月己亥察議梁國	治湖北巡撫
		方世儁十二月辛亥免宮	兆麟湖南巡撫
丁卯錢度代六月壬午遷鍾音仍任		鍾音十二月辛亥德保廣	東巡撫
		錢度十二月辛亥陳輝祖	廣西巡撫
		明德正月辛卯遷喀寧阿	雲南巡撫三月壬子遷彰寶署十月乙卯遷明德
丁卯遷良卿仍回		良卿十月癸亥免吳達善	暫兼署甲子喀寧阿貴州巡撫

撫
巡撫
南巡撫
署

乾隆三十五年庚寅
永德三月戊戌遷薩載署十月壬午召李湖護江蘇巡撫
胡文伯七月辛酉降裴宗錫安徽巡撫
富明安
鄂寶
富呢漢三月戊戌召永德河南巡撫
文綬
溫福閏五月己未遷鍾音署福建巡撫
熊學鵬十一月辛未憂富勒渾浙江巡撫
明海
梁國治
宮兆麟三月辛巳遷吳達善兼署辛卯德福署十月壬午遷吳達善兼署湖南巡撫
陳輝祖
德保
明德七月壬申卒諾穆親署雲南巡撫
喀寧阿三月辛巳召宮兆麟貴州巡撫十一月乙丑免三寶護十二月庚寅李湖貴州巡撫

乾隆三十六年辛卯
薩載
裴宗錫
富明安三月戊午遷周元理山東巡撫十月
鄂寶十月戊辰召三寶山西巡撫
永德五月辛丑遷何煟河南巡撫
文綬九月丁卯遷勒爾謹陝西巡撫
鍾音五月辛丑遷余文儀福建巡撫
富勒渾
明海
梁國治九月丁卯遷陳輝祖湖北巡撫
吳達善五月辛丑遷永德湖南巡撫九月丁
德保
陳輝祖九月丁卯遷永德廣西巡撫
諾穆親
李湖

丁亥遷徐績代
卯遷梁國治代

乾隆三十七年壬辰
薩載
裴宗錫
徐績
三寶
何煟
勒爾謹六月丙戌遷富勒渾陝西巡撫辛卯遷巴延三代
余文儀
富勒渾六月丙戌遷熊學鵬署浙江巡撫
明海五月甲子遷海成江西巡撫
陳輝祖
梁國治
德保
永德
諾穆親正月乙巳召李湖署雲南巡撫
李湖正月乙巳遷圖思德貴州巡撫

乾隆三十八年癸巳
薩載
裴宗錫
徐績
三寶正月壬辰遷鄂寶山西巡撫巴延三暫署
何煟
巴延三正月壬辰遷畢沅陝西巡撫
余文儀
熊學鵬正月壬辰遷三寶浙江巡撫
海成
陳輝祖
梁國治十一月壬申召巴延三湖南巡撫敦福議
德保
永德正月壬辰免熊學鵬廣西巡撫
李湖
圖思德

乾隆三十九年甲午
薩載
裴宗錫
徐績十月辛巳免楊景素山東巡撫
鄂寶
何煟九月乙卯差榮柱暫護十月丙午何煟卒徐績河南巡撫榮柱仍護
畢沅
余文儀
三寶
海成
陳輝祖
巴延三
德保
熊學鵬
李湖
圖思德五月丙寅遷韋謙恒暫護

乾隆四十年乙未
薩載
裴宗錫五月壬戌遷李質穎安徽巡撫
楊景素
鄂寶
徐績
畢沅
余文儀
三寶
海成
陳輝祖
巴延三
德保十二月丙辰遷熊學鵬廣東巡撫
熊學鵬十二月丙辰遷吳虎炳廣西巡撫
李湖二月癸巳革李瀚雲南巡撫五月壬戌卒裴宗錫署十月丙申遷圖思德兼署
韋謙恒十月丙申革裴宗錫貴州巡撫袁守侗署

乾隆
薩載
李質
楊景
鄂寶
徐績
畢沅
余文
三寶
海成
陳輝
巴延
熊學
吳虎
圖思
裴宗

四十一年丙申
三月癸未遷楊魁江蘇巡撫
額三月丁酉遷閔鶚元安徽巡撫
素
七月丁亥遷巴延三山西巡撫
三月甲申遷富綱暫署陝西巡撫
儀十月辛亥遷德保福建巡撫
祖
三七月丁亥遷鄂寶湖南巡撫十月壬子遷敦福代
鵬三月丁酉革李質穎廣東巡撫
炳
德
錫

乾隆四十二年丁酉
楊魁
閔鶚元
楊景素正月乙酉遷郝碩山東巡撫國泰署十一月戊辰遷國泰代
巴延三
徐績
畢沅
德保
三寶五月丁亥遷王亶望浙江巡撫
海成十一月戊辰革郝碩江西巡撫
陳輝祖
敦福二月丁巳遷顏希深湖南巡撫
李質穎
吳虎炳
圖思德正月乙酉回原任裴宗錫雲南巡撫
裴宗錫正月乙酉回原任圖思德貴州巡撫

乾隆四十三年戊戌
楊魁
閔鶚元
國泰
巴延三
徐績正月癸亥召鄭大
畢沅
德保九月己亥遷黃檢
王亶望
郝碩
陳輝祖
顏希深三月己丑遷李
李質穎
吳虎炳
裴宗錫
圖思德

進河南巡撫
福建巡撫
湖湖南巡撫

乾隆四十四年己亥
楊魁
閔鶚元
國泰
巴延三十二月乙卯遷雅德山西巡撫
鄭大進正月己丑遷陳輝祖河南巡撫十二月辛未遷榮柱代
畢沅二月丁卯憂劉秉恬署陝西巡撫
黃檢二月丙子召增福代五月丙午召富綱福建巡撫
王亶望
郝碩
陳輝祖正月己丑遷鄭大進湖北巡撫
李湖
李質穎
吳虎炳五月丙申李世傑廣西巡撫十一月丙午憂姚成烈代
裴宗錫七月辛卯孫士毅雲南巡撫
圖思德三月戊戌遷舒常貴州巡撫

乾隆四十五年庚子
楊魁四月辛酉遷吳壇江蘇巡撫八月癸酉召閔鶚元代
閔鶚元八月癸酉遷農起安徽巡撫
國泰
雅德四月丙寅遷喀寧阿山西巡撫
榮柱四月丙寅遷楊魁河南巡撫十月己酉憂雅德代
劉秉恬四月辛酉遷楊魁陝西巡撫丙寅遷雅德代十月己酉遷
富綱
王亶望三月壬辰憂李質穎浙江巡撫三寶兼署
郝碩
鄭大進
李湖三月壬辰遷劉墉湖南巡撫
李質穎三月壬辰遷李湖廣東巡撫
姚成烈
孫士毅三月丁酉革顏希深署四月辛酉遷劉秉恬署雲南巡撫
舒常三月丁酉召李本署四月辛酉顏希深貴州巡撫七月壬寅

乾隆四十六年辛丑
閔鶚元
農起十二月辛卯遷譚尚忠安徽巡撫
國泰
喀寧阿二月己巳憂雅德山西巡撫十二月丁丑遷譚尚忠代辛卯遷農起任
雅德二月己巳遷諾穆親署庚午富勒渾河南巡撫
畢沅　畢沅署
富綱五月癸巳召楊魁署福建巡撫
李質穎正月癸卯召陳輝祖兼浙江巡撫
郝碩
鄭大進十一月戊辰遷十二月己巳姚成烈湖北巡撫
劉墉十一月丙午遷李世傑署湖南巡撫
李湖十二月丁丑卒雅德廣東巡撫
姚成烈十二月己巳遷朱椿廣西巡撫
劉秉恬
李本　辛李本授

乾隆四十七年壬寅
閔鶚元
譚尚忠六月壬午降富躬安徽巡撫
國泰四月己卯革明興山東巡撫諾穆親暫署
農起
富勒渾九月辛亥遷李世傑河南巡撫
畢沅
楊魁三月癸丑病免雅德福建巡撫
陳輝祖九月辛亥革十月甲申福崧浙江巡撫
郝碩
姚成烈
李世傑九月辛亥遷查禮湖南巡撫舒常兼署
雅德三月癸丑遷尚安廣東巡撫
朱椿
劉秉恬
李本

乾隆
閔鶚
富躬
明興
農起
李世
畢沅
雅德
福崧
郝碩
姚成
查禮
尚安
朱椿
劉秉
李本

四十八年癸卯
元
傑四月辛巳遷何裕城河南巡撫
烈
正月甲午卒伊星阿湖南巡撫
三月辛丑遷劉峨廣西巡撫五月丁未遷孫士毅代
恬

乾隆四十九年甲辰
閔鶚元
富躬六月丁未病免書麟安徽巡撫
明興
農起
何裕城
畢沅
雅德
福崧
郝碩四月壬寅召李綏江西巡撫辛亥遷伊星阿代
姚成烈七月丁巳遷李綏湖北巡撫
伊星阿四月辛亥遷李綏湖南巡撫七月丁巳遷陸燿代
尚安正月甲寅憂孫士毅廣東巡撫
孫士毅正月甲寅遷吳垣廣西巡撫
劉秉恬
李本二月壬申卒永保貴州巡撫

乾隆五十年乙巳
閔鶚元
書麟
明興
農起八月癸卯卒伊桑阿山西巡撫
何裕城二月辛卯遷畢沅河南巡撫
畢沅二月辛卯遷何裕城陝西巡撫九月戊午遷永保代
雅德七月己酉遷浦霖福建巡撫庚戌調徐嗣曾代
福崧
伊星阿五月壬子免舒常署甲寅永保江西巡撫九月戊午遷何裕城代
李綏正月丁巳遷吳垣湖北巡撫
陸燿七月庚戌病免浦霖湖南巡撫
孫士毅
吳垣正月丁巳遷孫永清廣西巡撫
劉秉恬
永保五月甲寅遷陳用敷貴州巡撫七月辛酉憂李慶棻代

乾隆五十一年丙午
閔鶚元
書麟
明興
伊桑阿六月乙酉憂福崧署九月丁亥革勒保山西巡撫
畢沅六月辛丑遷江蘭河南巡撫十月丁未降畢沅代
永保九月戊子遷巴延三陝西巡撫
徐嗣曾
福崧三月癸未召伊齡阿浙江巡撫九月乙未召琅玕代
何裕城
吳垣二月己亥卒圖薩布湖北巡撫五月丁巳遷李封代
浦霖
孫士毅五月丁巳遷圖薩布廣東巡撫
孫永清
劉秉恬七月庚辰遷譚尚忠雲南巡撫
李慶棻

乾隆五十二年丁未
閔鶚元
書麟十一月乙酉遷陳用敷安徽巡撫
明興二月乙巳召長麟山東巡撫
勒保
畢沅
巴延三
徐嗣曾
琅玕
何裕城
李封三月辛卯留京姜晟湖北巡撫
浦霖
圖薩布
孫永清
譚尚忠
李慶棻

乾隆五十三年戊申
閔鶚元
陳用敷
長麟
勒保七月丁丑差梁肯堂署鄭源璹護辛巳海寧山西巡撫
畢沅七月丁丑遷伍拉納河南巡撫惠齡署辛巳遷梁肯堂代
巴延三
徐嗣曾
琅玕
何裕城
姜晟七月辛巳遷惠齡湖北巡撫
浦霖
圖薩布
孫永清
譚尚忠
李慶棻

乾隆五十四年己酉
閔鶚元
陳用敷十二月丁丑降穆和藺安徽巡撫
長麟
海寧
伍拉納正月壬午遷梁肯堂河南巡撫
巴延三七月丙午遷秦承恩陝西巡撫
徐嗣曾
琅玕覲顧學潮護
何裕城
惠齡
浦霖
圖薩布六月壬申病免郭世勳廣東巡撫許祖京護
孫永清
譚尚忠
李慶棻正月丁亥卒郭世勳貴州巡撫六月壬申遷陳步瀛代十一月戊寅卒額勒春

	乾隆五十五年庚戌	乾隆五十六年辛亥
	閔鶚元四月丙寅免。福崧江蘇巡撫。十月壬申遷。長麟署。	長麟
	穆和藺二月丁丑遷。康基田安徽巡撫。四月丙寅革。何裕城代。七月庚寅卒。朱珪安徽巡撫。	朱珪
	長麟九月庚子革。惠齡山東巡撫。胡季堂護。	惠齡十一月辛巳遷。吉慶山東巡撫。
	海寧八月庚戌遷。書麟山西巡撫。	書麟四月辛未遷。馮光熊山西巡撫。鄭源
	梁肯堂二月丁丑遷。穆和藺河南巡撫。	穆和藺
	秦承恩	秦承恩
	徐嗣曾十月丁丑卒。浦霖福建巡撫。	浦霖
	琅玕八月庚戌免。海寧浙江巡撫。十月壬申卒。福崧代。	福崧
	何裕城四月丙寅遷。姚棻署江西巡撫。	姚棻
	惠齡九月庚子遷。福寧湖北巡撫。畢沅兼署。	福寧
	浦霖十一月丁丑遷。馮光熊湖南巡撫。	馮光熊四月辛未遷。姜晟湖南巡撫。王懿
	郭世勳	郭世勳
	孫永清六月乙卯卒。陳用敷廣西巡撫。英善護。	陳用敷
	譚尚忠	譚尚忠
貴州巡撫	額勒春	額勒春十一月癸未召。陳淮貴州巡撫。

	乾隆五十七年壬子	乾隆五十八年癸丑	乾隆五十九年甲
	長麟五月戊申遷。奇豐額江蘇巡撫。	奇豐額	奇豐額
	朱珪	朱珪	朱珪五月甲辰遷
	吉慶	吉慶八月庚午遷。惠齡山東巡撫。九月甲辰遷。福寧代。	福寧八月甲戌遷
璹護	馮光熊五月戊申召。長麟山西巡撫。十二月丙子遷。蔣兆奎代。	蔣兆奎	蔣兆奎
	穆和藺	穆和藺	穆和藺八月甲戌
	秦承恩	秦承恩	秦承恩
	浦霖	浦霖	浦霖
	福崧十二月丙子召。長麟浙江巡撫。	長麟八月庚午遷。吉慶浙江巡撫。	吉慶
	姚棻六月辛巳憂。陳淮江西巡撫。	陳淮	陳淮
	福寧	福寧九月甲辰遷。惠齡湖北巡撫。	惠齡九月甲辰召
德護	姜晟	姜晟	姜晟
	郭世勳	郭世勳	郭世勳五月甲辰
	陳用敷	陳用敷	陳用敷五月甲辰
	譚尚忠	譚尚忠三月乙卯遷。馮光熊雲南巡撫。	馮光熊
	陳淮六月辛巳遷。馮光熊貴州巡撫。	馮光熊三月乙卯遷。英善貴州巡撫。	英善

	寅	乾隆六十年乙卯
		奇豐額五月丁巳革。費淳江蘇巡撫。張誠基護。
	陳用敷安徽巡撫。十月己卯遷。惠齡代。	惠齡四月己酉赴軍營。費淳代。五月丁巳遷。惠齡仍任。戊辰，汪新安徽巡撫。
	穆和藺山東巡撫。甲申，畢沅代。	畢沅正月丙戌遷。玉德山東巡撫。
		蔣兆奎
	遷。福寧河南巡撫。甲申遷。穆和藺仍回。十一月甲辰革。阿精阿代。	阿精阿五月甲子回京。景安河南巡撫。吳璥暫署。
		秦承恩
		浦霖四月己亥召。姚棻福建巡撫。魁倫署。六月戊申姚棻免。魁倫兼
		吉慶
		陳淮
	姚棻署。十月己卯回任。陳用敷湖北巡撫。	陳用敷正月戊子遷。英善湖北巡撫。
		姜晟
	病免。朱珪廣東巡撫。	朱珪
	遷。姚棻署廣西巡撫。九月甲辰遷。成林暫兼署。姚棻回。	姚棻二月癸丑遷。成霈廣西巡撫。
		馮光熊閏二月壬辰遷。姚棻雲南巡撫。四月己亥遷。江蘭代。
		英善正月戊子遷。陳用敷貴州巡撫。二月癸丑革。姚棻代。閏二月壬辰遷。馮光熊

清史稿 疆臣年表七 各省巡撫

貴州巡撫

	嘉慶元年丙辰		嘉慶二年
江蘇	張誠基六月乙亥遷費淳任		費淳七月
安徽	汪新六月乙亥遷張誠基安徽巡	撫八月辛巳遷朱珪代	朱珪三月
山東	玉德六月丙子遷伊江阿山東巡	撫	伊江阿
山西	蔣兆奎		蔣兆奎十
河南	景安		景安
陝西	秦承恩		秦承恩
福建	魁倫六月乙亥遷姚棻署		姚棻四月
浙江	吉慶六月丙子玉德浙江巡撫		玉德
江西	陳淮十一月己丑革逮蘇凌阿兼		蘇凌阿正
湖北	英善六月乙亥遷汪新湖北巡撫		汪新
湖南	姜晟		姜晟
廣東	朱珪六月乙亥遷英善廣東巡撫	丙子吉慶兼署八月辛巳遷張誠基代	張誠基三
廣西	成甯		成甯四月
雲南	江蘭		江蘭
貴州	馮光熊		馮光熊

丁巳		嘉慶	三年戊午	嘉慶四年己未
月庚午遷康基田江蘇巡撫九月甲申遷費淳代		費淳		費淳二月辛丑
癸亥調胡季堂暫署張誠基安徽巡撫四月丁巳	遷萬甯暫署朱珪兼	朱珪		朱珪正月壬戌
		伊江	阿	伊江阿正月己
一月癸未休倭什布山西巡撫		倭什	布三月癸酉遷伯麟山西巡撫	伯麟
		景安	三月癸酉遷倭什布河南巡撫	倭什布三月庚
		秦承	恩	秦承恩正月丙
丙午病免田鳳儀福建巡撫七月庚午憂免費淳	代陳奉茲護九月甲申費淳遷汪志伊補	汪志	伊	汪志伊
		玉德		玉德遷八月壬
月丙午回台布署四月丁巳遷張誠基江西巡撫		張誠	基	張誠基
		汪新	四月癸卯卒高杞湖北巡撫	高杞二月壬寅
		姜晟		姜晟
月癸亥遷吉慶兼署四月丙午陳大文廣東巡撫		陳大	文	陳大文遷六月
丁巳來京台布署廣西巡撫		台布		台布八月壬子
		江蘭		江蘭五月庚午
		馮光	熊	馮光熊二月庚

		嘉慶五年庚申		嘉
遷宜興江蘇巡撫七月丁卯解岳起代		岳起		岳
來京陳用敷代八月庚午病免荆道乾安徽巡撫		荆道乾		荆
卯革陳大文山東巡撫宜興暫署二月辛丑遷岳	起署	陳大文正月己巳憂	免蔣兆奎山東巡撫閏四月己未休惠齡代	惠
		伯麟		伯
午遷吳熊光河南巡撫		吳熊光		吳
戌制永保署二月辛丑馬慧裕護八月己酉永保	逮問壬子台布陝西巡撫	台布九月辛未遷陸	有仁陝西巡撫	陸
		汪志伊		汪
子書麟護十月戊子阮元署浙江巡撫		阮元		阮
		張誠基		張
來京倭什布湖北巡撫		倭什布		倭
		姜晟正月丁丑遷祖	之望代九月辛未遷馬慧裕湖南巡撫	馬
辛亥陸有仁廣東巡撫		陸有仁二月庚子遷	瑚圖禮廣東巡撫	瑚
遷謝啓昆廣西巡撫		謝啓昆		謝
遷初彭齡雲南巡撫		初彭齡		初
戊遷琅玕貴州巡撫		琅玕九月戊戌遷伊	桑阿貴州巡撫	伊

嘉慶六年辛酉
起
道乾十月病免和寧安徽巡撫十二月戊辰調王汝璧代
齡十一月丁丑遷和甯山東巡撫
麟
熊光四月壬戌遷顏檢河南巡撫
有仁
志伊十二月戊辰病李殿圖福建巡撫
元
誠基
什布四月壬戌解全保湖北巡撫
慧裕
圖禮
啟昆
彭齡三月癸未來京伊桑阿雲南巡撫七月癸未逮問孫日秉代
桑阿三月癸未罷孫日秉貴州巡撫七月癸未罷常明代

嘉慶七年壬戌
岳起
王汝璧
和甯七月乙未免祖之望山東巡撫十一月庚午遷倭什布代
伯麟
顏檢四月甲辰遷馬慧裕河南巡撫
陸有仁十一月庚午卒祖之望陝西巡撫
李殿圖
阮元
張誠基十一月庚寅革秦承恩江西巡撫
全保
馬慧裕四月甲辰遷高杞湖南巡撫
瑚圖禮十一月庚寅遷那彥成暫署鐵保廣東巡撫
謝啓昆七月己卯卒孫玉庭廣西巡撫
孫日秉十月甲子另簡初彭齡署十一月庚寅永保雲南巡撫那彥寶署
常明八月壬寅解富尼善兼九月乙亥卒福慶貴州巡撫初彭齡署十月甲子遷

嘉慶八年癸亥
岳起五月遷汪志伊江蘇巡撫
阿林保十二月甲子遷王汝璧安徽巡撫
倭什布正月庚午遷鐵保山東巡撫
伯麟
馬慧裕
祖之望八月丁卯遷方維甸陝西巡撫
李殿圖
阮元
秦承恩
全保
高杞十二月甲子來京阿林保湖南巡撫賡音布署
鐵保正月庚午遷瑚圖禮仍回八月丁卯病免祖之望廣東巡撫九月乙巳假孫玉庭代
孫玉庭九月乙巳遷百齡廣西巡撫
永保
福慶
百齡護

嘉慶九年甲子
汪志伊
王汝璧十二月戊午遷長齡安徽巡撫
鐵保
伯麟七月己亥遷同興山西巡撫張師誠護
馬慧裕
方維甸
李殿圖
阮元
秦承恩
全保九月丙午憂瑚圖禮署湖北巡撫
阿林保
孫玉庭十一月甲寅遷百齡廣東巡撫
百齡十一月甲寅遷孫玉庭廣西巡撫恩長暫護
永保
福慶

嘉慶十年乙丑
汪志伊
長齡十一月丙辰遷成甯安徽巡撫
鐵保正月辛亥遷全保署十一月丙辰遷長齡山東巡撫
同興
馬慧裕
方維甸
李殿圖
阮元閏六月乙巳憂清安泰浙江巡撫
秦承恩閏六月癸未遷清安泰江西巡撫乙巳遷秦承恩署十月戊子來京溫承惠代
瑚圖禮
阿林保
百齡六月庚申遷孫玉庭廣東巡撫
孫玉庭六月庚申遷汪日章廣西巡撫
永保
福慶

嘉慶十一年丙寅
汪志伊八月庚寅遷汪日章江蘇巡撫
成甯九月癸丑遷初彭齡安徽巡撫
長齡
同興九月癸丑來京成甯山西巡撫
馬慧裕
方維甸
李殿圖二月己亥遷溫承惠福建巡撫十月丁亥遷阮元代
清安泰
溫承惠二月己亥遷李殿圖江西巡撫三月乙卯來京景安
瑚圖禮十一月己未遷章煦湖北巡撫
阿林保五月丙寅遷景安湖南巡撫
孫玉庭
汪日章八月庚寅遷長恩廣西巡撫
永保
福慶

	嘉慶十二年丁卯	嘉慶十三年戊辰
	汪日章	汪日章
	初彭齡五月丁未憂免董教增安徽巡撫十二月己丑遷鄂雲布護	董教增
	長齡五月己未遷吉綸山東巡撫楊志信護	吉綸二月庚申遷百齡山
	成甯	成甯
	馬慧裕十二月癸未遷清安泰河南巡撫	清安泰
	方維甸	方維甸
癸卯病免張師誠福建巡撫	張師誠	張師誠
	清安泰十二月癸未遷阮元浙江巡撫	阮元
代五月丙寅遷張師誠代十月癸卯遷金光悌代	金光悌	金光悌二月庚申遷吉綸
	章煦十二月己丑假董教增湖北巡撫	章煦六月乙巳遷常明湖北
	景安	景安
	孫玉庭	孫玉庭十月甲辰遷永保廣
	長恩	長恩
	永保	永保十月甲辰調章煦雲南
	福慶	福慶九月己丑降章煦貴州

	嘉慶十四年己巳	
	汪日章七月庚午革蔣攸銛江蘇巡撫八月庚戌遷章煦	江蘇巡撫
	董教增	
東巡撫	百齡正月丁卯遷吉綸山東巡撫	
	成甯七月庚午遷金應琦山西巡撫八月丙午疾初彭齡	署十一月應琦遷彭齡補十二月乙巳遷衡齡代
	清安泰四月壬子卒恩長河南巡撫錢楷護	
	方維甸七月庚午遷成甯陝西巡撫十二月乙巳革初彭	齡陝西巡撫
	張師誠	
	阮元八月庚戌來京蔣攸銛浙江巡撫慶保護	
江西巡撫	吉綸正月丁卯遷先福江西巡撫	
巡撫	常明	
	景安	
東巡撫十一月壬午遷韓崶代	韓崶	
	恩長四月壬子遷許兆椿廣西巡撫十二月辛卯遷錢楷	廣西巡撫
巡撫	章煦八月庚戌遷同興雲南巡撫	
巡撫十月甲辰遷孫玉庭代福慶暫護	孫玉庭四月丁午革初彭齡貴州巡撫章煦署五月辛酉	彭齡留京鄂雲布貴州巡撫

嘉慶十五年庚午		嘉慶十六年辛未		嘉慶十七年壬申
章煦		章煦		章煦三月庚子遷朱
董教增三月丙辰遷廣厚安徽巡撫		廣厚七月壬午遷錢楷安徽巡	撫	錢楷八月乙丑卒胡
吉綸		吉綸閏三月丁未遷同興山東	巡撫	同興
衡齡		衡齡八月甲寅憂成甯山西巡	撫十一月辛丑遷衡齡署	衡齡
長恩		長恩五月乙未降長齡河南巡	撫	長齡
初彭齡二月庚戌降三月丙辰董教增陝西巡撫		董教增		董教增
張師誠		張師誠		張師誠
蔣攸銛十一月甲子遷同興浙江巡撫十二月己	亥蔣攸銛仍回	蔣攸銛九月乙未遷鐵保浙江	巡撫辛丑遷高杞代	高杞
先福		先福		先福
常明二月丙申遷同興湖北巡撫十一月甲子遷	錢楷代	錢楷四月癸酉來京張映漢湖	北巡撫	張映漢
景安		景安七月壬午病免廣厚湖南	巡撫	廣厚
韓崶		韓崶		韓崶
錢楷十一月甲子遷成林廣西巡撫		成林		成林
同興二月丙申遷孫玉庭雲南巡撫		孫玉庭		孫玉庭
鄂雲布		鄂雲布二月降三月丁未顏	檢貴州巡撫	顏檢五月己丑來京

	嘉慶十八年癸酉	嘉慶十九年甲戌
理江蘇巡撫	朱理	朱理三月癸卯遷張師誠江蘇巡撫六月乙亥假初彭齡署
家克安徽巡撫	胡克家	胡克家
	同興	同興七月乙未來京章煦署辛亥陳預山東巡撫
	衡齡	衡齡
	長齡七月甲申遷方受疇河南巡撫己丑假高杞署	方受疇
	董教增十月丙申遷朱勳陝西巡撫	朱勳
	張師誠	張師誠三月癸卯遷陳預福建巡撫五月丙申遷王紹蘭代
	高杞三月甲戌遷方受疇浙江巡撫七月甲申遷李奕疇代	李奕疇四月壬午遷許兆椿浙江巡撫五月丙申疾免陳預代七月
	先福	先福三月癸卯遷阮元江西巡撫
	張映漢	張映漢
	廣厚	廣厚
	韓崶十月丙申遷董教增廣東巡撫	董教增
	成林	成林二月丙辰遷台斐音廣西巡撫
	孫玉庭	孫玉庭
景敏貴州巡撫	景敏三月甲戌卒許兆椿貴州巡撫	許兆椿正月癸未遷慶保貴州巡撫

	嘉慶二十年乙亥	嘉慶二十一年丙子	嘉慶二十二年丁丑
	初彭齡正月丁酉降張師誠任	張師誠四月乙亥革胡克家江蘇巡撫	胡克家九月乙丑卒李
	胡克家	胡克家四月乙亥遷康紹庸安徽巡撫	康紹鏞
	陳預	陳預	陳預
	衡齡	衡齡	衡齡七月乙丑降和舜
	方受疇	方受疇六月戊寅遷阮元河南巡撫十一月壬子遷文甯代	文甯十二月乙未解和
	朱勳	朱勳	朱勳
	王紹蘭	王紹蘭	王紹蘭五月庚午革史
辛亥遷顏檢任	顏檢十二月壬子革孫玉庭浙江巡撫	孫玉庭五月辛卯遷張映漢浙江巡撫六月壬戌遷楊頀代	楊頀
	阮元	阮元六月戊寅遷錢臻江西巡撫	錢臻
	張映漢	張映漢五月辛卯遷楊頀湖北巡撫六月壬戌遷張映漢回	張映漢
	廣厚八月丁丑卒巴哈布湖南巡撫	巴哈布	巴哈布
	董教增	董教增	董教增三月甲辰遷陳
	台斐音二月甲申卒慶保廣西巡撫	慶保	慶保九月癸丑遷葉紹
	孫玉庭十二月壬子遷陳若霖雲南巡撫	陳若霖	陳若霖三月甲辰遷李
	慶保二月甲申遷曾燠貴州巡撫	曾燠三月戊申終養文甯貴州巡撫十一月壬子免朱理代	朱理

	嘉慶二十三年戊寅	嘉慶二十四年己卯
堯江蘇巡撫十月辛巳仍留本任陳桂生代	陳桂生	陳桂生
	康紹鏞	康紹鏞四月壬辰遷姚祖同安徽巡撫
	陳預四月丁亥降和舜武山東巡撫	和舜武三月丙午卒程國仁山東巡撫
武山西巡撫十二月乙未遷成格代	成格	成格
舜武河南巡撫	和舜武四月丁亥遷陳若霖河南巡撫	陳若霖三月丙午遷琦善河南巡撫
	朱勳	朱勳
致光福建巡撫	史致光	史致光五月戊辰遷李堯棟福建巡撫六
	楊頀七月辛亥降程國仁浙江巡撫	程國仁三月丙午遷陳若霖浙江巡撫
	錢臻	錢臻
	張映漢	張映漢
	巴哈布九月庚申召吳邦慶湖南巡撫	吳邦慶六月壬子遷李堯棟湖南巡撫
若霖廣東巡撫	陳若霖四月丁亥遷李鴻賓廣東巡撫	李鴻賓四月壬辰遷康紹鏞廣東巡撫
楏廣西巡撫	葉紹楏十月乙酉解趙慎畛廣西巡撫	趙慎畛
堯棟雲南巡撫九月乙丑遷李鑾宣代十月辛巳卒堯棟仍留	李堯棟	李堯棟五月戊辰遷史致光雲南巡撫
	朱理	朱理四月癸酉卒韓克均貴州巡撫九月

	嘉慶二十五年庚辰
	陳桂生十一月戊辰來京魏元煜江蘇巡撫
	姚祖同四月乙亥遷吳邦慶安徽巡撫十二月乙未來京李鴻賓代
	程國仁三月癸酉病解錢臻山東巡撫
	成格
	琦善三月甲申革四月乙亥姚祖河南巡撫
	朱勳
月壬子遷吳邦慶代九月戊子遷韓克均授	韓克均十二月丁亥遷顏檢福建巡撫
	陳若霖十二月丙午調承瀛浙江巡撫
	錢臻三月癸酉遷帑殉江西巡撫
	張映漢四月丁亥遷毓岱湖北巡撫
	李堯棟十一月戊辰召左輔湖南巡撫
	康紹鏞
	趙慎畛
	史致光十二月丁亥遷韓克均雲南巡撫
戊子遷毓岱代	毓岱四月乙亥遷明山貴州巡撫

	道光元年辛巳	道光二年壬午
江蘇	魏元煜	魏元煜九月庚寅遷韓文綺江蘇巡撫
安徽	李鴻賓六月戊戌遷孫爾準安徽巡撫八月丙午遷張師誠代十月丁亥孫爾準憂仍任	孫爾準
山東	錢臻六月甲辰降琦善山東巡撫	琦善十二月癸丑憂程含章山東巡撫楊健護
山西	成格十二月戊子降邱樹棠山西巡撫葉世倬護	邱樹棠
河南	姚祖同	姚祖同七月甲申遷程祖洛河南巡撫王鼎署
陝西	朱勳九月己巳遷盧坤署陝西巡撫	朱勳五月戊卸程祖洛陝西巡撫七月甲申遷程國仁代九月庚子遷盧坤補
福建	顏檢	顏檢正月壬子遷葉世倬福建巡撫
浙江	承瀛	承瀛
江西	帑殉七月丁卯卒毓岱江西巡撫	毓岱五月壬午以病免阿霖江西巡撫
湖北	毓岱七月丁卯遷楊懋恬湖北巡撫	楊懋恬
湖南	左輔	左輔
廣東	康紹鏞六月辛巳來京張師誠廣東巡撫八月丙午遷孫爾準代十月丁亥遷嵩孚代	嵩孚六月壬戌遷羅含章廣東巡撫十二月癸丑調陳中孚代
廣西	趙慎畛	趙慎畛八月戊申遷盧坤廣西巡撫九月庚子調成格廣西巡撫
雲南	韓克均	韓克均
貴州	明山	明山六月乙未遷嵩孚貴州巡撫

道光三年癸未	道光四年甲申
韓文綺	韓文綺閏七月辛丑降張師誠江蘇巡撫十二月誠端護
孫爾準正月癸酉調陶澍安徽巡撫	陶澍十二月戊寅覲徐承恩護安徽巡撫
程含章三月戊戌調琦善署山東巡撫	琦善十二月戊辰假納爾經額暫護山東巡撫
邱樹棠	邱樹六月乙巳降張師誠山西巡撫蘇成額護張師誠閏七月辛丑
程祖洛	程祖洛
盧坤	盧坤
葉世倬正月癸酉休孫爾準福建巡撫	孫爾準
承瀛	承瀛九月壬寅憂黃鳴傑署浙江巡撫
阿霖三月戊戌召程含章江西巡撫	程含章二月甲辰調嵩溥護三月甲子毓岱江西巡撫八月丁亥免
楊懋恬	楊懋恬
左輔二月辛丑來京嵩孚湖南巡撫	嵩孚
陳中孚	陳中孚
成格十一月乙亥遷毓岱廣西巡撫嵩溥署	毓岱三月甲子調康紹鏞廣西巡撫
韓克均	韓克均
嵩孚二月辛丑調程國仁貴州巡撫	程國仁八月庚辰憂蘇明阿貴州巡撫

	道光五年乙酉			道光六年丙戌
	張師誠五月甲辰	調陶澍江蘇巡撫		陶澍
	陶澍五月甲辰調	張師誠安徽巡撫		張師誠四月甲
	琦善五月戊申調	伊里布山東巡撫六月癸酉憂訥爾經額護九月	乙酉武隆阿代	武隆阿七月壬
調朱桂貞代辛亥憂福緜代	福緜			福緜
	程祖洛			程祖洛
	盧坤四月辛未憂	伊里布陝西巡撫五月戊申調鄂山代九月乙酉	鄧廷楨護十月庚辰阿山回任	鄂山七月壬午
	孫爾準九月乙酉	調韓克均福建巡撫孫爾準暫兼		韓克均
	黃鳴傑三月甲辰	來京程含章浙江巡撫		程含章十一月
成格代	成格八月己未調	武隆阿江西巡撫九月乙酉調韓文綺代		韓文綺
	楊懋恬			楊懋恬七月壬
	嵩孚八月丁巳遷	康紹鏞湖南巡撫		康紹鏞
	陳中孚八月己未	調成格廣東巡撫		成格
	康紹鏞八月丁巳	調蘇成額廣西巡撫		蘇成額
	韓克均九月乙酉	調伊里布署雲南巡撫		伊里布
	蘇明阿九月丁亥	降嵩溥貴州巡撫吳榮光護十月假富呢揚阿護		嵩溥

		道光七年丁亥	
		陶澍	
戌召鄧廷楨安徽巡撫		鄧廷楨	
午差陳中孚署山東巡撫訥爾經額護十一月癸	卯陳中孚卒程含章署	程含章閏五月癸酉來京	長齡暫署七月乙巳盧坤山東巡撫八月丙申調
		福緜八月丙申調盧坤山	西巡撫
		程祖洛九月庚午憂楊國	楨河南巡撫
調徐炘護陝西巡撫		鄂山	
		韓克均	
癸卯調劉彬士署浙江巡撫富呢揚阿護		劉彬士	
		韓文綺	
午來京嵩孚兼署十二月癸丑楊健湖北巡撫		楊健	
		康紹鏞	
		成格	
		蘇成額	
		伊里布	
		嵩溥	

	道光八年戊子	道光九年己丑	道光十年庚寅
	陶澍	陶澍	陶澍六月辛卯遷盧坤江蘇巡撫十一月壬午調程祖洛
	鄧廷楨	鄧廷楨	鄧廷楨
琦善授	琦善	琦善三月戊午來京訥爾經額山東巡撫	訥爾經額
	盧坤八月己卯調徐炘山西巡撫	徐炘	徐炘九月戊午調阿勒清阿山西巡撫
	楊國楨	楊國楨	楊國楨
	鄂山	鄂山	鄂山九月戊午調徐炘署陝西巡撫丁丑來京顏伯燾署
	韓克均	韓克均	韓克均
	劉彬士	劉彬士	劉彬士十月戊子降富呢阿浙江巡撫
	韓文綺	韓文綺十月甲申遷吳光悅江西巡撫	吳光悅
	楊健	楊健	楊健十一月丙寅降楊懌曾湖北巡撫
	康紹鏞	康紹鏞	康紹鏞六月乙未來京程祖洛湖南巡撫十一月壬午調
	成格八月己卯遷盧坤廣東巡撫	盧坤	盧坤八月壬午調朱桂楨廣東巡撫李鴻賓兼署
	蘇成額	蘇成額	蘇成額十一月壬午調祁墳廣西巡撫
	伊里布	伊里布	伊里布
	嵩溥	嵩溥	嵩溥

道光十一年辛卯		
程祖洛		代
鄂廷楨		
訥爾經額		
阿勒精阿		
楊國楨		
史譜		
韓克均正月丙子休。魏元烺福建巡	撫	
富呢揚阿		
吳光悅十二月乙巳吳邦慶江西巡	撫	
楊懌曾		
蘇成額八月壬寅遷。吳榮光湖南巡	撫	蘇成額代
朱桂楨		
祁𡎴		
伊里布		
嵩溥		

道光十二年壬辰	
程祖洛二月乙未調。林則徐江蘇巡撫	
鄂廷楨	
訥爾經額八月甲午調。鍾祥山東巡撫	
阿勒精阿九月甲辰解。尹濟源山西巡撫。邱	鳴泰護。丁未降。鄂順安署
楊國楨	
史譜	
魏元烺	
富呢揚阿	
吳邦慶二月乙未調。周之琦江西巡撫	
楊懌曾	
吳榮光	
朱桂楨	
祁𡎴	
伊里布	
嵩溥	

道光十三年癸巳	
林則徐	
鄂廷楨	
鍾祥	
尹濟源四月辛丑調	麟慶湖北巡撫。三月戊戌遷。鄂順安代。四月辛丑
楊國楨	
史譜九月壬辰調。楊	名颺陝西巡撫
魏元烺	
富呢揚阿	
周之琦	
楊懌曾正月丁酉免	
吳榮光	
朱桂楨七月壬辰免	
祁𡎴七月壬辰調。惠	吉廣西巡撫
伊里布	
嵩溥九月壬辰調。史	譜貴州巡撫。十一月丙辰遷。裕泰代

（本年另欄：鄂順山西巡撫；祁𡎴廣東巡撫）

道光十四年甲午	
林則徐	
鄂廷楨	
鍾祥	
鄂順安	
楊國楨七月壬午免。桂良河南巡撫	
楊名颺	
魏元烺	
富呢揚阿十一月庚辰遷。烏爾恭額	
周之琦	
尹濟源	尹濟源代
吳榮光	
祁𡎴	
惠吉	
伊里布	
裕泰	

道光十五年乙未	
林則徐	
鄂廷楨七月庚辰調。色卜星額安徽	
鍾祥	
鄂順安九月乙卯降。申啟賢山西巡	
桂良	栗毓美護
楊名颺	
魏元烺	
烏爾恭額	浙江巡撫
周之琦	
尹濟源	
吳榮光	
祁𡎴	
惠吉	
伊里布二月己亥遷。何煊雲南巡撫	
裕泰	

道光十六年丙申		
林則徐		
色卜星額		巡撫。佟景文護
鍾祥七月癸未調。經額布山東	巡撫。劉斯嵋護	
申啟賢		撫
桂良		
楊名颺九月庚寅革。湯金釗暫	署。壬辰富呢揚阿陝西巡撫	
魏元烺		
烏爾恭額		
周之琦二月丙辰調。陳鑾江西	巡撫	
尹濟源二月丙辰免。周之琦湖	北巡撫	
吳榮光正月辛丑降。乙巳裕泰	湖南巡撫	
祁𡎴		
惠吉四月癸亥來京。梁章鉅廣	西巡撫	
何煊		
裕泰正月乙巳調。賀長齡貴州	巡撫	

道光十七年丁酉	
林則徐正月庚子	調。陳鑾江蘇巡撫
色卜星額	
經額布	
申啟賢	
桂良	
富呢揚阿	
魏元烺	
烏爾恭額	
陳鑾正月庚子調	裕泰江西巡撫
周之琦	
裕泰正月庚子調	訥爾經額湖南巡撫。九月癸巳來京。錢寶琛代。與
祁𡎴	
梁章鉅	
何煊四月甲子卒	顏伯燾雲南巡撫
賀長齡	

	道光十八年戊戌	道光十九年己亥	道光二十年庚子	道光二十一年辛丑	道光二十二年壬寅	道光二十三年癸卯
	陳鑾	陳鑾三月乙巳調裕謙署江蘇巡撫	裕謙七月丁酉調邵甲名署江蘇巡撫十二月庚午調程矞采署	裕謙閏三月丁卯遷梁章鉅江蘇巡撫十二月乙巳免程矞采代	程矞采九月己未革孫寶善江蘇巡撫	孫寶善
	色卜星額	色卜星額十一月甲辰卒程楙采安徽巡撫	程楙采	程楙采	程楙采	程楙采十一月壬午調王植安徽巡撫
	經額布	經額布八月庚午遷托渾布山東巡撫	托渾布	托渾布	托渾布五月戊辰差麟魁署十二月己未程矞采山東巡撫己亥調梁寶常代	梁寶常十二月甲辰調崇恩山東巡撫
	申啟賢	申啟賢十月丁卯卒楊國楨山西巡撫	楊國楨	楊國楨十二月戊子遷梁萼涵山西巡撫	梁萼涵	梁萼涵
	桂良	桂良三月乙巳調朱澍河南巡撫四月丁丑調周天爵代六月丙寅調牛鑑補	牛鑑	牛鑑九月丙辰遷鄂順安署河南巡撫	鄂順安	鄂順安
	富呢揚阿	富呢揚阿	富呢揚阿	富呢揚阿	富呢揚阿三月丙子遷璧昌陝西巡撫陶廷杰署璧昌九月乙亥遷李星沅陝西巡撫	李星沅
	魏元烺	魏元烺四月辛未來京吳文鎔福建巡撫	吳文鎔十二月己卯調劉鴻翱福建巡撫	劉鴻翱	劉鴻翱	劉鴻翱
	烏爾恭額	烏爾恭額	烏爾恭額六月甲申革劉韻珂浙江巡撫宋其沅護	劉韻珂	劉韻珂五月癸酉假卞士雲署浙江巡撫	劉韻珂五月戊辰遷吳其濬浙江巡撫閏七月甲午調管遹羣代十一月辛
	裕泰九月辛酉調錢寶琛江西巡撫趙炳言護	錢寶琛	錢寶琛	錢寶琛五月壬午調吳文鎔江西巡撫	吳文鎔	吳文鎔
	周之琦四月甲子丁憂伍長華湖北巡撫	伍長華	伍長華十二月甲戌革己卯吳文鎔湖北巡撫裕泰兼署	吳文鎔五月壬午調錢寶琛湖北巡撫七月己卯免八月庚子趙炳言代	趙炳言	趙炳言
綏護	錢寶琛九月辛酉調裕泰湖南巡撫	裕泰	裕泰十一月癸丑調丙辰吳其濬湖南巡撫	吳其濬	吳其濬	吳其濬五月戊辰調陸費瑔湖南巡撫
	祁壎二月乙巳遷怡良廣東巡撫鄧廷楨兼署	怡良	怡良九月辛卯暫署兩廣總督	怡良八月丁酉差梁寶常廣東巡撫	梁寶常十二月己亥調程矞采廣東巡撫	程矞采
	梁章鉅	梁章鉅	梁章鉅	梁章鉅閏三月丁卯調周之琦廣西巡撫	周之琦	周之琦
	顏伯燾	顏伯燾	顏伯燾九月辛卯遷張澧中雲南巡撫	張澧中	張澧中	張澧中閏七月甲午來京吳其濬雲南巡撫
	賀長齡	賀長齡	賀長齡	賀長齡	賀長齡	賀長齡

	巳王植補壬午調程懋采任十二月甲辰卒梁寶
常代	

道光二十四年甲辰
孫寶善
王植
崇恩十月癸未覲王篤護
梁萼涵
鄂順安
李星沅
劉鴻翱
梁寶常
吳文鎔
趙炳言十月甲午覲裕泰兼署
陸費瑔
程矞采
周之琦
吳其濬
賀長齡

道光二十五年乙巳
孫寶善正月庚午免李星沅江蘇巡撫陳繼昌署
王植
崇恩
梁萼涵八月辛丑調吳其濬山西巡撫
鄂順安
李星沅正月庚午調惠吉陝西巡撫二月乙卯調鄧廷楨
劉鴻翱二月乙卯免惠吉福建巡撫徐繼畬署四月甲辰
梁寶常
吳文鎔
趙炳言
陸費瑔
程矞采正月庚午調黃恩彤廣東巡撫
周之琦
吳其濬四月甲辰調惠吉雲南巡撫四月壬子遷鄭祖琛
賀長齡四月癸卯遷甲辰喬用遷貴州巡撫

代李星沅署
吳其濬代八月辛丑調鄭祖琛補
代八月辛丑調梁萼涵補

道光二十六年丙午
李星沅八月乙亥遷陸建瀛江蘇巡撫陸蔭署九月戊申程矞采署
王植
崇恩
吳其濬十二月丁卯免王兆琛山西巡撫潘鐸署
鄂順安
鄧廷楨三月乙酉卒林則徐陝西巡撫裕康署十一月己酉假楊以增護
鄭祖琛十二月丙子調徐繼畬福建巡撫
梁寶常十月庚午覲存興護浙江巡撫
吳文鎔
趙炳言
陸費瑔
黃恩彤十二月癸丑革徐廣縉廣東巡撫耆英兼署
周之琦十月丙寅免徐繼畬廣西巡撫十二月丙子調鄭祖琛代
梁萼涵正月壬午免陸建瀛雲南巡撫八月乙亥調張日晸雲南巡撫九月丁未憂徐廣縉代十二月癸丑調程
喬用遷

矞采補

道光二十七年丁未
陸建瀛
王植
崇恩十一月壬辰來京張澧中山東巡撫陳孚恩署
王兆琛
鄂順安
林則徐三月乙未調楊以增陝西巡撫
徐繼畬
梁寶常
吳文鎔
趙炳言
陸費瑔
徐廣縉十二月甲戌調葉名琛護廣東巡撫
鄭祖琛
程矞采
喬用遷

道光二十八年戊申
陸建瀛
王植
張澧中六月癸卯卒徐澤醇山東巡撫
王兆琛
鄂順安八月丁巳革潘鐸河南巡撫鍾祥署
楊以增九月甲戌遷陳士枚陝西巡撫十二月丙寅革恆春署張祥河代
徐繼畬
梁寶常六月丙辰憂傅繩勳浙江巡撫劉堯海署庚午吳文鎔代
吳文鎔六月庚午調傅繩勳江西巡撫費開綬署
趙炳言
陸費瑔
葉名琛
鄭祖琛
程矞采
喬用遷九月癸巳覲羅繞典署貴州巡撫

道光二
陸建瀛
王植
徐澤醇
王兆琛
潘鐸
張祥河
徐繼畬
吳文鎔
傅繩勳
趙炳言
陸費瑔
葉名琛
鄭祖琛
程矞采
喬用遷

清史稿

疆臣年表八 各省巡撫

	十九年己酉	道光三十年庚戌	咸豐元年辛亥	咸豐二年壬子	咸豐三年癸丑
江蘇	四月壬寅遷傅繩勛江蘇巡撫程煥署	傅繩勛	傅繩勛二月壬午免楊文定江蘇巡撫	楊文定	楊文定二月壬辰調聯
安徽		王植	王植五月癸卯遷蔣文慶安徽巡撫	蔣文慶	蔣文慶正月甲戌被害
山東	九月己酉遷陳慶偕山東巡撫劉源灝署	陳慶偕	陳慶偕九月己卯假劉源灝署山東巡撫	陳慶偕二月丁亥免李僡山東巡撫劉源灝暫署	李僡八月癸未卒張亮
山西	五月己未革逑季芝昌山西巡撫兆那蘇圖署八月丙戌季芝昌遷龔裕代十一月甲辰調湖北兆那蘇圖任	兆那蘇圖	兆那蘇圖	兆那蘇圖八月癸亥卒常大淳山西巡撫郭夢齡署十二月辛丑易棠代哈芬署	易棠五月庚申遷哈芬
河南		潘鐸	潘鐸八月癸亥降李僡河南巡撫甲子蔣霨遠署	李僡二月丁亥遷柏貴代四月己酉陸應穀署十一月戊申遷琦善署十二月己亥陸應穀河南巡撫	陸應穀九月丙寅革英
陝西		張祥河	張祥河	張祥河	張祥河十一月壬寅召
福建		徐繼畬	徐繼畬三月己酉召裕泰署五月己酉王懿德福建巡撫季芝昌兼署九月十三假慶端署	王懿德	王懿德
浙江		吳文溶十一月丙午遷常大淳浙江巡撫	常大淳未任汪本銓署	常大淳五月庚申遷黃宗漢浙江巡撫春壽署	黃宗漢
江西	四月壬寅調費開綬江西巡撫	費開綬八月壬午開缺陳阡江西巡撫陸元烺暫署十二月辛未陳阡革陸應穀代	陸應穀九月丙辰召王植署江西巡撫	王植三月戊壬免陸元烺署八月甲申羅繞典署八月癸巳遷張芾署江西巡撫	張芾
湖北	閏四月癸酉調羅繞典湖北巡撫十一月甲辰憂龔裕代	龔裕	龔裕	龔裕五月庚申議常大淳湖北巡撫八月癸巳遷羅繞典代十月壬辰遷崇綸補十二月己卯大淳殉駱秉章署	崇綸
湖南	閏四月癸酉憂趙炳言湖南巡撫七月戊戌遷馮德馨代	馮德馨二月辛巳來京萬貢珍署三月丙寅駱秉章湖南巡撫	駱秉章	駱秉章五月壬子召張亮基湖南巡撫十二月辛丑遷潘鐸署	潘鐸三月丁巳免駱秉
廣東		葉名琛	葉名琛	葉名琛七月壬申調柏貴廣東巡撫	柏貴
廣西		鄭祖琛十月壬午革林則徐暫署十一月庚子周天爵署廣西巡撫勞崇光暫署	周天爵三月己酉免勞崇光署癸丑鄒鳴鶴廣西巡撫	鄒鳴鶴四月丙午革勞崇光廣西巡撫	勞崇光
雲南	七月己未遷張日晸雲南巡撫程矞采兼署	張日晸八月癸亥卒張亮基雲南巡撫	張亮基	張亮基五月壬子遷黃宗漢雲南巡撫庚申遷吳振棫代	吳振棫
貴州		喬用遷	喬用遷十月庚寅卒蔣霨遠貴州巡撫呂佺孫署	蔣霨遠	蔣霨遠

	咸豐四年甲寅
英桂暫理丁酉免倪良耀代辦三月壬子許乃釗署江蘇巡撫	許乃釗六月庚辰革吉爾杭阿江蘇巡撫
周天爵署二月丁丑李嘉瑞安徽巡撫九月辛酉革江忠源代忠源未到劉鋆暫署十二月甲午忠源殉福濟補	福濟
基山東巡撫崇恩署	張亮基
山西巡撫八月戊子革郭夢齡署恒春補	恒春十一月戊子遷王慶雲山西巡撫
桂河南巡撫	英桂三月甲子假鄭敦謹署河南巡撫
王慶雲陝西巡撫	王慶雲十一月戊子遷吳振棫陝西巡撫載
	王懿德正月戊午遷呂佺孫福建巡撫
	黃宗漢九月丁亥遷何桂清浙江巡撫
	張芾正月壬子革陳啟邁江西巡撫
	崇綸二月甲午憂青麐湖北巡撫六月癸未
章湖南巡撫	駱秉章
	柏貴
	勞崇光
	吳振棫十一月戊子遷舒興阿雲南巡撫
	蔣霨遠

	咸豐五年乙卯	咸豐六年丙辰
	吉爾杭阿	吉爾杭阿五月癸亥殉趙德轍江
	福濟	福濟六月戊申假畢承昭署安徽
	崇恩	崇恩
	王慶雲	王慶雲
	英桂	英桂
齡署	吳振棫	吳振棫八月戊子遷譚廷襄陝西巡
	呂佺孫	呂佺孫十一月甲子假慶瑞署福
	何桂清	何桂清十一月庚申病免晏端書
	陳啟邁七月癸亥革文俊江西巡撫陸元烺署	文俊
正法楊霈代九月辛未遷曾國藩署丙子陶恩培補楊霈兼署	陶恩培三月乙丑殉胡林翼署湖北巡撫	胡林翼
	駱秉章	駱秉章
	柏貴十月己巳覲見葉名琛兼署廣東巡撫	柏貴
	勞崇光	勞崇光
	舒興阿	舒興阿
	蔣霨遠	蔣霨遠

	咸豐七年丁巳	咸豐八年戊午
蘇巡撫	趙德轍	趙德轍十二月丁巳免徐有壬江蘇巡撫
巡撫	福濟	福濟六月丁巳革翁同書安徽巡撫李孟羣暫署
	崇恩五月甲寅陛見吳廷棟署山東巡撫	崇恩
	王慶雲六月乙亥遷恒福山西巡撫十二月己巳陛見常績署	恒福八月壬戌調英桂山西巡撫
	英桂	英桂四月戊申假瑛棨署八月壬戌恒福河南巡撫
撫十二月己酉曾望顏代	曾望顏	曾望顏
建巡撫	呂佺孫正月辛亥免慶端福建巡撫	慶端六月戊辰調瑞璸署福建巡撫
浙江巡撫	晏端書	晏端書七月庚子來京胡興仁浙江巡撫
	文俊三月丁卯來京耆齡江西巡撫	耆齡
	胡林翼	胡林翼七月癸巳憂官文兼署
	駱秉章	駱秉章
	柏貴十二月己未調江國霖暫署廣東巡撫	柏貴五月丙申假畢承昭署廣東巡撫
	勞崇光	勞崇光
	舒興阿六月壬子來京桑春榮雲南巡撫	桑春榮六月癸丑來京張亮基雲南巡撫十一月己亥
	蔣霨遠	蔣霨遠

	咸豐九年己未	咸豐十年庚申
	徐有壬	徐有壬四月癸巳殉。五月甲午，薛煥江蘇巡撫
	翁同書	翁同書
	崇恩八月戊戌來京。文煜山東巡撫	文煜八月己卯入援。清盛署山東巡撫。十月文煜回任
	英桂	英桂八月己卯入援。常績署山西巡撫
	恒福二月壬戌遷。瑛棨河南巡撫	瑛棨正月丁丑降。慶廉河南巡撫。八月己卯入援，賈臻署
	曾望顏十月庚子遷。譚廷襄署陝西巡撫	譚廷襄
	慶端四月壬戌遷。羅遵殿福建巡撫。瑞璸署。十一月庚寅假，慶端兼署	瑞璸
	胡興仁九月甲戌來京。羅遵殿浙江巡撫	羅遵殿三月丁酉殉。王有齡浙江巡撫
	耆齡九月戊寅遷。惲光宸江西巡撫	惲光宸三月甲午假。毓科江西巡撫
	胡林翼	胡林翼
	駱秉章	駱秉章八月己卯赴川。翟誥署湖南巡撫
	柏貴四月己未卒。勞崇光廣東巡撫。畢承昭署。九月戊寅，勞崇光遷，耆齡代	耆齡
	勞崇光四月己未遷。曹澍鍾廣西巡撫	曹澍鍾閏三月丙午辦理軍務。劉長佑廣西巡撫
遷。徐之銘代	徐之銘	徐之銘
	蔣霨遠十二月丙午假。瑛棨署貴州巡撫	蔣霨遠二月庚子卒。劉源灝貴州巡撫。十月庚辰遷，鄧爾

	咸豐十一年辛酉 西
	薛煥
	翁同書正月丙申來京。李續宜安徽巡撫。九月甲辰，彭玉麟代。賈臻署。十二月丁丑，玉麟開缺，李續宜仍任
	文煜正月丙午遷。譚廷襄山東巡撫。清盛署
	英桂
十月壬午嚴樹森代賈贊湯署	嚴樹森十二月丁丑遷。鄭元善河南巡撫
	譚廷襄正月丙午遷。鄧爾恒陝西巡撫。瑛棨署。五月乙未，爾恒被戕。瑛棨補
	瑞璸
	王有齡十二月丁丑殉。左宗棠浙江巡撫
	毓科十二月辛未降。沈葆楨江西巡撫
	胡林翼八月辛未假。李續宜兼署。九月甲辰，胡林翼卒。李續宜湖北巡撫。十二月丁丑遷。嚴樹森代
	翟誥二月辛巳來京。毛鴻賓湖南巡撫。文格暫署
	耆齡
	劉長佑
	徐之銘
恒代	鄧爾恒正月丙午遷。何冠英署。八月丙子，江忠義貴州巡撫。田興恕署。十二月丙子，韓超署

	同治元年壬戌	同治二年癸亥	同治三年甲子
江蘇	薛煥三月己酉罷。李鴻章江蘇巡撫	李鴻章	李鴻章
安徽	李續宜七月丁卯假。唐訓方署安徽巡撫	唐訓方十二月辛巳罷。喬松年安徽巡撫	喬松年
山東	譚廷襄七月乙巳遷。十月庚子，閻敬銘山東巡撫	閻敬銘	閻敬銘
山西	英桂	英桂十月壬寅遷。沈桂芬署山西巡撫	沈桂芬
河南	鄭元善十一月壬子罷。張之萬河南巡撫	張之萬	張之萬
陝西	瑛棨	瑛棨七月丙午罷。劉蓉陝西巡撫。張集馨署	劉蓉
福建	瑞璸正月丙午罷。徐宗幹福建巡撫。厲恩官署	徐宗幹	徐宗幹
浙江	左宗棠	左宗棠三月甲子遷。曾國荃浙江巡撫。左宗棠兼署	曾國荃九月病免
江西	沈葆楨	沈葆楨	沈葆楨
湖北	嚴樹森	嚴樹森	嚴樹森四月癸巳
湖南	毛鴻賓	毛鴻賓五月丙寅，惲世臨湖南巡撫	惲世臨
廣東	耆齡正月辛丑赴福建。勞崇光兼署。七月乙巳，黃贊湯廣東巡撫	黃贊湯六月甲辰罷。郭嵩燾署廣東巡撫	郭嵩燾
廣西	劉長佑閏八月甲辰遷。張凱嵩廣西巡撫	張凱嵩	張凱嵩
雲南	徐之銘	徐之銘三月乙卯罷。賈洪詔雲南巡撫	賈洪詔八月壬辰
貴州	韓超十一月乙亥罷。張亮基署貴州巡撫	張亮基	張亮基

	同治四年乙丑	同治五年丙寅
	李鴻章四月癸巳遷。劉郇膏護江蘇巡撫	劉郇膏四月庚子罷。郭柏蔭署江蘇巡撫
	喬松年	喬松年八月戊子遷。英翰安徽巡撫
	閻敬銘	閻敬銘
	沈桂芬六月辛丑假。王榕吉護。己酉曾國荃山西巡撫	曾國荃正月丙戌遷。趙長齡山西巡撫
	張之萬四月己巳遷。吳昌壽河南巡撫	吳昌壽正月丙戌罷。李鶴年河南巡撫
	劉蓉八月乙未罷。趙長齡陝西巡撫	趙長齡正月丙戌遷。劉蓉暫署。八月戊子
	徐宗幹	徐宗幹十一月丙寅卒。李福泰福建巡撫
壬寅馬新貽浙江巡撫左宗棠兼署	馬新貽	馬新貽
	沈葆楨二月庚辰假。孫長紱護。五月乙卯劉坤一江西巡撫	劉坤一
罷吳昌壽湖北巡撫唐訓方署	吳昌壽四月己巳遷。鄭敦謹湖北巡撫。十一月壬申遷。李鶴年代	李鶴年正月丙戌遷。曾國荃湖北巡撫
	惲世臨二月丙子罷。李瀚章湖南巡撫。壬午石贊清護	李瀚章
	郭嵩燾	郭嵩燾二月丙辰罷。蔣益澧廣東巡撫
	張凱嵩	張凱嵩
罷林鴻年雲南巡撫	林鴻年	林鴻年正月甲申罷。劉嶽昭雲南巡撫
	張亮基	張亮基

	同治六年丁卯	同治七年戊辰	同
	郭柏蔭二月癸丑遷，仍護。十二月丁酉丁日昌江蘇巡撫	丁日昌	丁
	英翰十一月癸亥假。張兆棟護安徽巡撫。英翰尋回	英翰二月戊申吳坤修署安徽巡撫。英翰尋回	英
	閻敬銘二月庚戌病免。丁寶楨山東巡撫	丁寶楨	丁
	趙長齡	趙長齡二月壬午罷。鄭敦謹署山西巡撫	鄭
	李鶴年	李鶴年	李
喬松年陝西巡撫	喬松年	喬松年二月壬午病免。劉典署陝西巡撫	劉
周開錫護	李福泰十一月乙亥遷。卞寶第福建巡撫	卞寶第	卞
	馬新貽十二月丁酉遷。李瀚章浙江巡撫	李瀚章	李
	劉坤一	劉坤一	劉
	曾國荃十一月丙申病免。郭柏蔭湖北巡撫。何璟護	郭柏蔭	郭
	李瀚章正月丙寅遷。劉崐湖南巡撫	劉崐	劉
	蔣益澧十一月乙亥罷。李福泰廣東巡撫	李福泰	李
	張凱嵩二月癸丑遷。郭柏蔭廣西巡撫。吳昌壽署。七月庚辰蘇鳳文代	蘇鳳文	蘇
	劉嶽昭	劉嶽昭二月癸丑遷。岑毓英雲南巡撫	岑
	張亮基八月戊戌罷。曾璧光貴州巡撫	曾璧光	曾

治八年己巳	同治九年庚午	同治十年辛未
日昌	丁日昌閏十月丙子罷。張之萬江蘇巡撫	張之萬九月庚子遷。何璟江蘇巡撫
翰	英翰	英翰
寶楨	丁寶楨	丁寶楨十月庚辰假。文彬署山東巡撫。丁寶
敦謹五月己亥遷。李宗羲山西巡撫	李宗羲七月丙戌罷。何璟山西巡撫	何璟九月甲午改。鮑源深山西巡撫
鶴年	李鶴年	李鶴年十一月己丑遷。錢鼎銘河南巡撫
典十二月壬寅罷。蔣志章陝西巡撫	蔣志章	蔣志章十一月戊申卒。翁同爵陝西巡撫。十
寶第正月庚子假。桂英兼署福建巡撫。寶第尋回	卞寶第七月丙戌何璟福建巡撫。丙戌遷，王凱泰代	王凱泰
瀚章十二月甲辰遷。楊昌濬浙江巡撫	楊昌濬	楊昌濬
坤一	劉坤一	劉坤一
柏蔭	郭柏蔭	郭柏蔭
崐	劉崐	劉崐十月乙丑罷。王文韶湖南巡撫
福泰	李福泰十一月庚子遷。瑞麟兼署廣東巡撫	瑞麟四月甲戌劉長佑廣東巡撫。六月戊寅
鳳文	蘇鳳文十一月庚子卸李福泰署廣西巡撫	李福泰四月甲戌辛康國器護。六月戊寅劉
毓英	岑毓英	岑毓英
璧光	曾璧光	曾璧光

楨尋回
二月庚辰龍邵亨豫署
遷張兆棟代
長佑廣西巡撫

同治十一年壬申
何璟二月丙寅遷恩錫署七月丙戌張樹聲江蘇巡撫十月丙子遷恩錫署
英翰
丁寶楨
鮑源深
錢鼎銘
邵亨豫正月癸卯譚鍾麟護陝西巡撫八月庚申邵亨豫仍回
王凱泰
楊昌濬
劉坤一
郭柏蔭
王文韶
張兆棟
劉長佑
岑毓英
曾璧光

同治十二年癸酉
張樹聲
英翰
丁寶楨十月壬午假文彬署山東巡撫丁寶
鮑源深
錢鼎銘
邵亨豫
王凱泰十二月庚寅卯李鶴年兼署福建巡
楊昌濬
劉坤一
郭柏蔭十二月戊子病免吳元炳湖北巡撫
王文韶
張兆棟
劉長佑
岑毓英
曾璧光

楨尋回任
撫

同治十三年甲戌
張樹聲九月庚戌龍吳元炳江蘇巡撫李宗羲兼署
英翰九月丁未遷吳元炳安徽巡撫庚戌裕祿代
丁寶楨
鮑源深
錢鼎銘
邵亨豫
王凱泰
楊昌濬
劉坤一十二月癸酉遷劉秉璋署江西巡撫
吳元炳九月丁未遷翁同爵湖北巡撫李瀚章兼署
王文韶
張兆棟
劉長佑
岑毓英
曾璧光

光緒元年乙亥
江蘇　吳元炳
安徽　裕祿
山東　丁寶楨
山西　鮑源深
河南　錢鼎銘五月丁未卒六月丙寅劉齊銜署
陝西　邵亨豫二月癸未免曾國荃陝西巡撫未
新疆
福建　王凱泰十一月丁未卒丁日昌福建巡撫
臺灣
浙江　楊昌濬
江西　劉秉璋
湖北　翁同爵
湖南　王文韶
廣東　張兆棟
廣西　劉長佑十一月己亥遷嚴樹森廣西巡撫
雲南　岑毓英
貴州　曾璧光八月庚寅卒黎培敬貴州巡撫
奉天
吉林
黑龍江
江淮

十一月甲寅李慶翱河南巡撫
任戊子譚鍾麟代
葆亨護

光緒二年丙子
吳元炳
裕祿
丁寶楨八月丁酉遷文格山東巡撫
鮑源深八月丁酉免曾國荃山西巡撫
李慶翱
譚鍾麟
丁日昌
楊昌濬
劉秉璋二月辛未陛見李文敏護江西巡撫六月戊戌劉秉璋回
翁同爵
王文韶
張兆棟
嚴樹森三月丁未卒涂宗瀛廣西巡撫慶愛護
岑毓英三月庚申憂文格雲南巡撫潘鼎新署八月丁酉文格遷鼎新代
黎培敬

光緒三年丁丑
吳元炳
裕祿
文格
曾國荃
李慶翱十一月甲辰免涂宗瀛河南巡
譚鍾麟
丁日昌七月己亥假葆亨署福建巡撫
楊昌濬二月癸巳革梅啓照浙江巡撫
劉秉璋
翁同爵八月癸巳卒李瀚章兼署湖北
王文韶十月壬午陛見崇福護湖南
張兆棟
涂宗瀛十一月甲辰遷楊重雅廣西巡
潘鼎新八月癸巳留京杜瑞聯署雲南
黎培敬

	光緒四年戊寅	光緒五年己卯
	吳元炳二月乙巳調勒方錡署江蘇巡撫	勒方錡五月辛卯吳元炳回十二月乙亥調譚鈞
	裕祿	裕祿閏三月甲申入覲傅慶貽暫護安徽巡撫八
	文格	文格閏三月癸未降周恆祺山東巡撫
	曾國荃	曾國荃
撫李鶴年兼署	涂宗瀛	涂宗瀛
	譚宗麟	譚鍾麟五月戊子陛見王思沂護八月庚午鍾麟
	葆亨六月己酉卸吳贊誠署十月戊戌免裕寬福建巡撫李明墀署	李明墀四月癸酉遷勒方錡福建巡撫何璟兼署
	梅啓照	梅啓照八月庚午召譚鍾麟浙江巡撫
	劉秉璋七月庚午乞養李文敏江西巡撫	李文敏
巡撫十一月邵亨豫補	邵亨豫三月己未遷潘霨湖北巡撫	潘霨四月癸酉邵亨豫湖北巡撫
巡撫	王文韶二月乙酉遷衞榮光湖南巡撫三月己未憂免邵亨豫代	邵亨豫四月癸酉遷李明墀湖南巡撫
	張兆棟	張兆棟正月己巳免裕寬廣東巡撫劉坤一兼署
撫	楊重雅	楊重雅閏三月丙戌召張樹聲廣西巡撫十一月
巡撫	杜瑞聯	杜瑞聯
	黎培敬十月癸卯入覲林肇元護貴州巡撫	黎培敬正月己巳降張樹聲授林肇元仍護閏三

	光緒六年庚辰	光緒七年辛巳
培護	吳元炳六月辛亥回	吳元炳五月丙子憂免黎培敬
月壬寅裕祿回	裕祿	裕祿
	周恆祺	周恆祺五月丙子遷任道鎔山
	曾國荃六月庚申入覲葆亨護十一月辛卯革松椿護十二月戊戌衞榮光署	衞榮光十一月壬寅遷張之洞
	涂宗瀛	涂宗瀛二月癸卯入覲李鶴年
遷馮譽驥陝西巡撫	馮譽驥	馮譽驥
	勒方錡	勒方錡四月己亥遷岑毓英福
	譚鍾麟	譚鍾麟八月壬午遷陳士杰浙
	李文敏	李文敏
	邵亨豫正月癸巳彭祖賢湖北巡撫李瀚章兼署	彭祖賢
	李明墀	李明墀八月壬申來京涂宗瀛
	裕寬	裕寬
甲申遷慶裕授	慶裕	慶裕
	杜瑞聯	杜瑞聯
月丙戌樹聲遷岑毓英貴州巡撫	岑毓英	岑毓英四月己亥遷勒方錡貴

	光緒八年壬午	光緒九年癸
江蘇巡撫譚鈞培暫署十一月壬寅衞榮光任	衞榮光	衞榮光
	裕祿	裕祿
東巡撫	任道鎔十二月辛酉遷陳士杰山東巡撫	陳士杰
山西巡撫	張之洞	張之洞
兼河南巡撫五月辛未涂宗瀛回任八月壬午遷李鶴年補	李鶴年	李鶴年二月
	馮譽驥	馮譽驥十月
建巡撫	岑毓英五月壬辰調張兆棟福建巡撫何璟兼署	張兆棟
江巡撫德馨護	陳士杰十二月辛酉遷任道鎔浙江巡撫德馨護癸亥道鎔召劉秉璋代	劉秉璋
	李文敏十月乙亥免潘霨江西巡撫	潘霨
	彭祖賢	彭祖賢
湖南巡撫	涂宗瀛三月乙未遷卞寶第湖南巡撫	卞寶第五月
	裕寬	裕寬九月丙
	慶裕正月辛亥遷倪文蔚廣西巡撫	倪文蔚九月
	杜瑞聯	杜瑞聯六月
州巡撫八月壬申遷林肇元貴州巡撫	林肇元	林肇元十月

未

庚辰革。鹿傳霖河南巡撫。成孚護。
癸丑革。邊寶泉陝西巡撫。葉伯英護。

壬寅遷。潘鼎新署湖南巡撫。
戊病免。倪文蔚廣東巡撫。
丙戌遷。徐延旭廣西巡撫。
庚午召。唐炯雲南巡撫。
乙巳處議。張凱嵩貴州巡撫。

光緒十年甲申 十月癸酉，設甘肅新疆巡撫。
衞榮光
裕祿 六月戊子憂免。盧士杰署安徽巡撫。
陳士杰
張之洞 三月壬辰入覲。奎斌護山西巡撫。四月壬申張之洞遷。奎斌署。
鹿傳霖
邊寶泉 四月壬子任。葉伯英卸。
劉錦棠 十月癸酉甘肅新疆巡撫。
張兆棟 九月壬子革。劉銘傳福建巡撫。兆棟忻署。

劉秉璋
潘霨 九月戊午召。德馨江西巡撫。劉瑞芬護。
彭祖賢
潘鼎新 三月壬辰遷。龐際雲署湖南巡撫。
倪文蔚
徐延旭 三月壬辰革逮。潘鼎新廣西巡撫。
唐炯 三月壬辰革逮。張凱嵩署雲南巡撫。
張凱嵩 三月壬辰遷。李用清署貴州巡撫。

光緒十一年乙酉 九月庚子，裁福建巡撫，設臺灣巡撫。
衞榮光
盧士杰 二月乙未，吳元炳安徽巡撫。
陳士杰
奎斌 二月丙申，剛毅山西巡撫。
鹿傳霖 二月丙申遷。邊寶泉河南巡撫。孫鳳翔護。
邊寶泉 二月丙申遷。鹿傳霖陝西巡撫。
劉錦棠
張兆棟 六月辛卯，楊昌濬兼福建巡撫。
劉銘傳 九月庚子臺灣巡撫。
劉秉璋
德馨
彭祖賢 十月辛亥卒。譚均培湖北巡撫。裕祿兼署。
龐際雲 二月乙未被劾。卞寶第湖南巡撫。
倪文蔚
潘鼎新 二月戊寅革。李秉衡護。五月丁卯張曜廣西巡撫。
張凱嵩
李用清 六月庚辰來京。潘霨署貴州巡撫。

光緒十二年丙戌
衞榮光 五月庚子遷。崧駿江蘇巡撫。
吳元炳 五月甲寅卒。陳彝安徽巡撫。張端卿護。八月丁卯阿克達春代護。
陳士杰 五月癸巳召。張曜山東巡撫。
剛毅
邊寶泉
鹿傳霖 七月庚子病免。葉伯英陝西巡撫。
劉錦棠

劉銘傳
劉秉璋 五月己亥遷。庚子衞榮光浙江巡撫。許應鑅護。
德馨
裕祿 四月癸酉卸。譚均培任。五月癸巳遷。甲午奎斌湖北巡撫。
卞寶第
倪文蔚 四月己丑入覲。張之洞兼署。五月癸巳譚鈞培廣東巡撫。十一月己亥遷。吳大澂代。
張曜 五月癸巳遷。李秉衡護廣西巡撫。
張凱嵩 十一月己亥卒。譚鈞培雲南巡撫。岑毓英兼署。
潘霨

光緒十三年丁亥
崧駿
陳彝
張曜
剛毅
邊寶泉 五月丁巳病免。戊午倪文蔚河南巡撫。
葉伯英
劉錦棠

劉銘傳
衞榮光
德馨 二月丙子入覲。李嘉樂護江西巡撫。九月庚申德馨回任。
奎斌
卞寶第
吳大澂
李秉衡 七月癸未，沈秉成廣西巡撫。李秉衡仍護。
譚鈞培
潘霨

光緒十四年戊子
崧駿 十月乙未遷。剛毅江蘇巡撫。
陳彝 十月乙未召。沈秉成安徽巡撫。
張曜
剛毅 十月乙未遷。衞榮光山西巡撫。
倪文蔚
葉伯英 九月甲寅卒。張煦陝西巡撫。陶模護。
劉錦棠

劉銘傳
衞榮光 十月乙未遷。崧駿浙江巡撫。
德馨
奎斌
卞寶第 二月丁未遷。王文韶湖南巡撫。
吳大澂 七月庚申遷。張之洞兼署廣東巡撫。
沈秉成 十月乙未遷。高崇基廣西巡撫。
譚鈞培
潘霨

光緒十五年己丑
崧駿 正月戊申卸。黃彭年護江蘇巡撫。九月乙亥剛毅任。
陳彝 八月庚申卸。沈秉成任。
張曜
衞榮光 十月戊子病免。山豫山西巡撫。
倪文蔚
張煦 十二月乙酉遷。鹿傳霖陝西巡撫。
劉錦棠 正月戊申假。魏光燾護新疆巡撫。

劉銘傳
崧駿
德馨
奎斌 十一月丁卯遷。十二月壬申譚繼洵湖北巡撫。
王文韶 六月丁丑遷。邵友濂湖南巡撫。十一月乙酉憂。張煦授。沈晉
張之洞 正月庚戌免兼署。劉瑞芬廣東巡撫。游智開署。
沈秉成 六月辛卯卸。高崇基廣西巡撫。七月甲寅卒。馬丕瑤補。
譚鈞培
潘霨

	光緒十六年庚寅		光緒十七年辛卯		光緒十八年壬
	剛毅		剛毅		剛毅四月己亥
	沈秉成十月己酉調阿克春護安徽巡撫		阿克達春四月癸卯卸沈秉	成回安徽巡撫任	沈秉成
	張曜		張曜七月甲申卒丙戌福潤	山東巡撫	福潤入覲正月
	豫山閏二月戊申卒劉瑞祺山西巡撫丁	巳潘駿文護	劉瑞祺十月丙申卒丁酉奎	俊山西巡撫	奎俊入覲正月
	倪文蔚六月庚申卒裕寬河南巡撫廖壽	豐護	裕寬		裕寬
	張煦正月己酉卸陶模護陝西巡撫閏二	月癸丑鹿傳霖任	鹿傳霖		鹿傳霖
	魏光燾		魏光燾二月丁巳陶模甘肅	新疆巡撫劉錦棠代	陶模
	劉銘傳		劉銘傳三月辛卯免四月乙	未邵友濂臺灣巡撫沈應奎護	邵友濂
	崧駿		崧駿		崧駿二月己巳
	德馨		德馨		德馨
	譚繼洵		譚繼洵		譚繼洵
護祥	張煦		張煦		張煦閏六月戊
	劉瑞芬本任前李瀚章兼署		劉瑞芬		劉瑞芬四月乙
	馬丕瑤		馬丕瑤		馬丕瑤二月甲
	譚鈞培		譚鈞培		譚鈞培
	潘霨覲十二月辛酉黃槐森護貴州巡撫		潘霨五月戊子免庚寅崧蕃	貴州巡撫黃槐森護	崧蕃

辰		光緒十九年癸巳	
遷奎俊江蘇巡撫		奎俊	
		沈秉成	
壬午湯壽銘護山東巡撫四月甲午福潤回任		福潤	
壬午胡聘之護四月己亥奎俊遷阿克達春山西	巡撫閏六月丙寅免張煦代	張煦	
		裕寬	
		鹿傳霖	
		陶模	
		邵友濂	
入覲劉樹棠護浙江巡撫八月庚申崧駿回任		崧駿十一月戊戌	卒十二月庚辰廖壽豐浙江巡撫劉樹棠護
		德馨三月乙酉入	覲方汝翼護江西巡撫九月丙申德馨回任
		譚繼洵十一月癸	巳赴四川張之洞兼署湖北巡撫
辰遷吳大澂湖南巡撫		吳大澂	
未卒己亥剛毅廣東巡撫李瀚章兼署		剛毅	
午憂張聯桂廣西巡撫		張聯桂正月庚寅	入覲黃槐森護廣西巡撫六月乙卯聯桂回任
		譚鈞培	
		崧蕃	

光緒二十年甲午		光緒二十	一年乙未
奎俊		奎俊三月	癸巳趙舒翹江蘇巡撫
沈秉成四月丁卯免李秉衡安徽巡撫德壽暫署	七月甲子秉衡遷福潤授員鳳林護	福潤	
福潤七月甲子遷李秉衡山東巡撫		李秉衡	
張煦		張煦正月	癸丑入覲胡聘之署八月甲申張煦卒丁亥胡聘
裕寬七月壬戌祝嘏劉樹棠暫護河南巡撫十一	月庚戌裕寬免樹棠補	劉樹棠	
鹿傳霖		鹿傳霖三	月癸巳遷奎俊陝西巡撫張汝梅護七月壬戌奎
陶模		陶模十月	辛未遷饒應祺署新疆巡撫十一月癸丑任
邵友濂九月遷唐景崧署臺灣巡撫		唐景崧	
劉樹棠四月庚午卸廖壽豐浙江巡撫		廖壽豐	
德馨		德馨七月	辛酉革壬戌德壽江西巡撫
譚繼洵二月乙亥回		譚繼洵	
吳大澂召七月庚子卸王廉護湖南巡撫九月邵	友濂調署	吳大澂閏	五月癸丑開缺德壽湖南巡撫七月壬戌遷陳寶
剛毅六月辛卯祝嘏李瀚章兼署十月甲申剛毅	遷馬丕瑤廣庚巡撫	李瀚章正	月甲午卸馬丕瑤廣東巡撫九月卒戊申譚鍾麟
張聯桂		張聯桂閏	五月己巳免六月辛未史念祖廣西巡撫
譚鈞培十二月庚子卒崧蕃雲南巡撫岑毓寶護		崧蕃七月	己酉遷魏光燾雲南巡撫八月丁亥遷黃槐森代
崧蕃十二月庚子遷德壽貴州巡撫嵩崑護		德壽閏五	月癸丑遷嵩崑貴州巡撫

之任，員鳳林護。

俊憂，胡聘之授。八月丁亥遷，魏光燾任。

箴代。

兼署。十二月戊辰，許振禕授。

光緒二十二年丙申

趙舒翹

福潤七月壬寅病免。鄧華熙安徽巡撫。

李秉衡

胡聘之

劉樹棠

張汝梅六月壬寅卸。魏光燾任。

饒應祺

廖壽豐

德壽

譚繼洵

陳寶箴

譚鍾麟四月乙酉卸。許振禕任。

史念祖

松蕃六月甲申卸。黃槐森任。

嵩崑

光緒二十三年丁酉

趙舒翹七月甲午遷。奎俊江蘇巡撫。

鄧華熙

李秉衡九月戊辰遷。張汝梅山東巡撫。

胡聘之

劉樹棠

魏光燾

饒應祺

廖壽豐

德壽

譚繼洵三月壬子入覲。張之洞兼署湖北巡撫。四月乙酉，繼洵回。

陳寶箴

許振禕

史念祖九月癸丑革。十月戊午，黃槐森廣西巡撫。

黃槐森十月戊午遷。裕祥雲南巡撫。

嵩崑二月甲子革。王毓藻貴州巡撫。鄧積誠署。

任

光緒二十四年戊戌。七月乙丑，裁湖北、廣東、雲南三巡撫。九月戊辰復設。

奎俊五月丙子遷。德壽江蘇巡撫。

鄧華熙

張汝梅

胡聘之

劉樹棠十月乙酉遷。裕長河南巡撫。

魏光燾

饒應祺

廖壽豐十月乙酉免。劉樹棠浙江巡撫。

德壽五月丙子遷。松壽江西巡撫。翁曾桂護。

譚繼洵七月乙丑裁。九月戊辰，曾龢湖北巡撫。十二月丙戌革。于蔭霖代。

陳寶箴八月癸卯革。俞廉三湖南巡撫。

許振禕七月乙丑裁。九月戊辰，鹿傳霖廣東巡撫。

黃槐森

裕祥七月乙丑裁。九月戊辰，丁振鐸雲南巡撫。

王毓藻

光緒二十五年己亥

德壽六月庚辰遷。鹿傳霖江蘇巡撫。聶緝槼護。十二月庚寅，陸元鼎

鄧華熙十月丙子遷。王之春安徽巡撫。

張汝梅二月辛巳免。毓賢山東巡撫。十一月戊申召。袁世凱署。

胡聘之正月壬申入覲。何樞護山西巡撫。四月辛丑，胡聘之回任。八

裕長二月辛卯入覲。景星護河南巡撫。四月壬寅，裕長回任。

魏光燾八月庚申入覲。李有棻護陝西巡撫。九月丁未，端方代護。

饒應祺

廖壽豐正月乙亥卸。劉樹棠浙江巡撫。

松壽

于蔭霖

俞廉三八月甲寅入覲。錫良護湖南巡撫。十二月庚寅，廉三回任。

鹿傳霖六月庚辰遷。德壽廣東巡撫。譚鍾麟兼署。

黃槐森

丁振鐸

王毓藻

護。

月癸丑免。王之春補。何樞護。十月丙午，王之春遷。鄧華熙補。

光緒二十六年庚子

鹿傳霖九月戊寅遷。松壽江蘇巡撫。

鄧華熙四月丙子卸。王之春安徽巡撫。

袁世凱

鄧華熙二月丙戌遷。毓賢山西巡撫。七月召。癸丑，李廷簫護。閏八月壬寅，毓賢免。錫良

裕長閏八月丙辰遷。于蔭霖河南巡撫。

端方卸。閏八月壬寅，岑春煊陝西巡撫。

饒應祺

劉樹棠十月壬寅免。惲祖翼浙江巡撫。余聯沅署。

松壽九月戊寅遷。甲午，李興銳江西巡撫。張紹華護。

于蔭霖閏八月丙辰遷。張之洞兼署。裕長湖北巡撫。九月甲午免。景星任。十二月辛亥遷。

俞廉三

德壽

黃槐森

丁振鐸

王毓藻二月丙戌卒。鄧華熙貴州巡撫。鄧積誠護。

	光緒二十七年辛丑	光緒二十八年壬寅
	松壽正月戊寅遷聶緝槼江蘇巡撫十月癸丑遷恩壽代	恩壽
	王之春十月癸丑開缺聶緝槼安徽巡撫	聶緝槼九月壬辰遷饒應祺安徽巡撫未任卒十
	袁世凱五月乙丑憂胡廷幹暫護九月己丑張人駿山東巡撫	張人駿遷周馥代
補	錫良正月戊子開缺岑春煊山西巡撫	岑春煊五月丁亥遷丁振鐸山西巡撫趙爾巽護
	于蔭霖正月戊寅遷松壽河南巡撫十一月甲戌隨扈錫良兼署	松壽隨扈正月乙酉錫良河南巡撫遷張人駿代
	岑春煊正月戊子遷端方護二月辛巳遷升允陝西巡撫八月隨扈李紹棻護	升允正月庚辰回
	饒應祺	饒應祺九月壬辰遷潘效蘇新疆巡撫
	惲祖翼四月辛丑任道鎔浙江巡撫	任道鎔九月壬辰免聶緝槼浙江巡撫誠勳暫護
	李興銳	李興銳七月庚申調柯逢時護江西巡撫
聶緝槼代	聶緝槼正月戊寅遷于蔭霖湖北巡撫二月壬子錫良代三月辛巳免端方任	端方
	俞廉三	俞廉三十二月庚戌遷趙爾巽湖南巡撫
	德壽	德壽五月丁亥遷岑春煊署七月庚申遷李興銳
	黃槐森二月壬子免于蔭霖廣西巡撫二月己巳免李經義代四月己亥遷丁振鐸補	丁振鐸五月丁亥遷王之春廣西巡撫
	丁振鐸四月己亥遷李經羲雲南巡撫	李經羲四月戊戌開缺己亥林紹年雲南巡撫魏
	鄧華熙	鄧華熙十月己丑病免庚寅李經羲署貴州巡撫

	光緒二十九年癸卯	光緒三十年甲子十一月裁湖北
	恩壽	恩壽四月己未調端方署江蘇巡
二月庚戌誠勳代	聶緝槼假三月癸亥聯魁護四月丁未聶緝槼回八月丁巳卸誠勳安徽巡撫	誠勳
	周馥	周馥九月庚辰遷胡廷幹署山東
十二月庚戌俞廉三授吳廷斌護	吳廷斌正月甲戌俞廉三病免丙子張曾敭補	張曾敭
	張人駿三月丙子調陳夔龍河南巡撫	陳夔龍
	升允	升允十一月乙亥調夏旹陝西巡
	潘效蘇	潘效蘇
	誠勳四月庚寅卸翁曾桂護浙江巡撫八月己巳聶緝槼任	聶緝槼
	柯逢時閏五月丙申遷夏旹署江西巡撫	夏旹十一月乙亥遷十二月己酉西
	端方	端方四月己未調張之洞兼署湖
	趙爾巽三月壬申任	趙爾巽四月己酉召陸元鼎署張
署廣東巡撫	李興銳三月丙子遷張人駿廣東巡撫	張人駿
	王之春閏五月丙申革柯逢時廣西巡撫丁體常護	柯逢時四月甲子改李經羲廣西
光燾兼署	林紹年	林紹年十一月癸巳卸丁振鐸兼
	鄧華熙四月乙酉卸曹鴻勛護貴州巡撫十二月丙寅卸李經羲任	李經羲四月甲子調曹鴻勛署貴
		恩壽十二月丁卯江淮巡撫

雲南巡撫十二月丙寅改漕運總督為江淮巡撫	光緒三十一年乙巳三月庚寅裁江淮巡撫改設江北提督六月癸亥裁廣東巡撫以
撫九月己亥遷效曾護十二月辛巳陸元鼎授	陸元鼎
	誠勳
巡撫尚其亨護十二月己酉胡廷幹遷楊士驤署山東巡撫	楊士驤
	張曾敭六月己未調張人駿署山西巡撫
	陳夔龍
撫	夏旹正月甲午免曹鴻勛陝西巡撫
	潘效蘇八月戊午革聯魁新疆巡撫吳引孫署
	聶緝槼九月壬午免癸未張曾敭浙江巡撫瑞興兼署
胡廷幹江西巡撫	胡廷幹
北巡撫十二月庚子改兼管	
紹華護十一月辛巳端方湖南巡撫	端方六月己未入覲龐鴻書湖南巡撫
	張人駿六月己未調癸亥裁缺
巡撫	李經羲九月辛巳病免林紹年廣西巡撫
管雲南巡撫	
州巡撫十一月丁巳林紹年代署	林紹年九月辛巳遷岑春煊貴州巡撫
	恩壽六月癸亥裁卸

兩廣總督兼管

光緒三十二年丙午

陸元鼎正月壬辰免。陳夔龍江蘇巡撫。濮子潼護。

誠勳二月遷。恩銘安徽巡撫。

楊士驤

張人駿正月壬辰改。恩壽山西巡撫。

陳夔龍正月壬辰改。張人駿河南巡撫。瑞良護。

曹鴻勛

吳引蓀閏四月己卯卸。聯魁新疆巡撫。

張曾敭

胡廷幹三月己丑免。吳重憙署。十二月乙未遷。瑞良江西巡撫。

龐鴻書七月庚戌調。岑春蓂湖南巡撫。

林紹年九月乙卯召。柯逢時廣西巡撫。十一月丁未遷。張鳴岐署。

岑春煊七月庚戌遷。龐鴻書貴州巡撫。興祿護。

光緒三十三年丁未三月己亥，設奉天吉林黑龍江巡撫。

陳夔龍七月丁巳遷。張曾敭江蘇巡撫。陳啟泰署。

恩銘五月丙辰被戕。馮煦安徽巡撫。

楊士驤七月丁巳遷。吳廷斌山東巡撫。

恩壽八月丁亥遷。張曾敭山西巡撫。十二月戊寅，寶棻山西巡撫。

張人駿七月癸巳遷。林紹年河南巡撫。袁大化護。

曹鴻勛八月丁亥召。恩壽陝西巡撫。

聯魁

張曾敭七月丁巳遷。馮汝騤浙江巡撫。信勤署。

瑞良

岑春蓂

張鳴岐

龐鴻書

唐紹儀三月己亥奉天巡撫。

朱家寶三月己亥署吉林巡撫。

段芝貴三月己亥署黑龍江巡撫。丙辰被劾。程德全署。

光緒三十四年戊申

陳啟泰

馮煦六月己卯免。朱家寶安徽巡撫。繼昌護。八月丙辰卒。沈曾植護。

吳廷斌二月己未，袁大化署。三月癸巳，袁樹勛山東巡撫。

寶棻　撫

林紹年八月丙辰遷。吳重憙河南巡撫。朱壽鏞護。

恩壽

聯魁

馮汝騤三月丙戌遷。柯逢時浙江巡撫。四月戊午免。增韞任。

瑞良二月辛卯病免。三月丙戌，馮汝騤江西巡撫。

岑春蓂

張鳴岐

龐鴻書

唐紹儀六月丁丑差。徐世昌兼署奉天巡撫。

朱家寶六月己卯遷。陳昭常吉林巡撫。

程德全二月癸酉病免。周樹模署黑龍江巡撫。

宣統元年己酉

江蘇　陳啟泰五月卒。瑞澂江蘇巡撫。十月遷。寶

安徽　朱家寶

山東　袁樹勛五月遷。孫寶琦山東巡撫。

山西　寶棻十月調。丁寶銓山西巡撫。

河南　吳重憙三月病免。寶棻河南巡撫。

江西　馮汝騤

浙江　增韞

陝西　恩壽

新疆　聯魁

湖南　岑春蓂

廣西　張鳴岐

貴州　龐鴻書

奉天　錫良三月兼署。五月唐紹儀免。六月程德

吉林　陳昭常

黑龍江　周樹模

棻江蘇巡撫。

全奉天巡撫。

宣統二年庚戌，裁奉天巡撫，由總督兼。

寶棻三月辛酉調。程德全江蘇巡撫。陸鍾琦護。

朱家寶

孫寶琦

丁寶銓

寶棻

馮汝騤

增韞

恩壽

聯魁七月病免。何彥昇甘肅新疆巡撫。十月卒。壬午，袁大化代。

岑春蓂三月壬子議革。楊文鼎署湖南巡撫。

張鳴岐九月丁卯遷。沈秉堃廣西巡撫。魏景桐護。

龐鴻書

程德全三月辛酉調。

陳昭常

周樹模

宣統三年辛亥

程德全九月庚辰，以蘇州入於民軍。

朱家寶九月壬午，民軍據安慶，家寶去職。

孫寶琦十月免。胡建樞山東巡撫。十二月免。張廣建署。

丁寶銓五月病免。陳寶琛山西巡撫。六月留京。陸鍾琦任。九月民軍

寶棻十月病免。齊耀琳河南巡撫。

馮汝騤九月甲戌，民軍據南昌，汝騤走九江，死之。

增韞九月戊寅，民軍據杭州，被執。

恩壽閏六月病免。余誠格陝西巡撫。錢能訓護。改楊文鼎，未任。九月

袁大化

楊文鼎閏六月改。余誠格湖南巡撫。九月民軍據長沙，誠格去職。

沈秉堃九月辛巳，以桂林入於民軍。

龐鴻書四月病免。沈瑜慶貴州巡撫。九月戊寅，民軍據貴陽，瑜慶去

陳昭常

周樹模十二月辛亥，宋小濂署黑龍江巡撫。

	據太原死之吳祿貞署尋被戕張錫鑾代
	民軍據西安能訓被執升允署
	職

清史稿

疆臣年表九

各邊將軍都統大臣

	康熙元年壬寅設鎮守遼東等處將軍鎮守甯古塔等處將軍	康熙
奉天將軍	吳達禮自鎮守盛京昂邦章京爲鎮守遼東等處將軍	吳達
甯古塔將軍	巴海順治十六年以昂邦將軍駐防是年陞鎮守甯古塔等處將軍	巴海
黑龍江將軍		
右衛將軍		

二年癸卯	康熙三年甲辰	康熙四年乙巳	康熙五年丙午	康熙六年丁未
禮	吳達禮	吳達禮五月辛巳達都鎮守遼東等處將軍六月己未改鎮守奉天等處將軍	達都	達都
	巴海	巴海	巴海	巴海

康熙七年戊申	康熙八年己酉	康熙九年庚戌	康熙十年辛亥	康熙十一年壬子	康熙十二
達都九月庚子吳瑪護爲奉天將軍	吳瑪護	吳瑪護六月己酉阿穆爾圖爲奉天將軍	阿穆爾圖	阿穆爾圖	阿穆爾圖
巴海	巴海	巴海	巴海	巴海	巴海

年癸丑	康熙十三年甲寅	康熙十四年乙卯	康熙十五年丙辰	康熙十六年丁巳	康
卒，予祭葬。十二月乙丑，倭內以正黃旗副都統爲奉天將軍。	倭內	倭內	倭內	倭內	倭
	巴海	巴海	巴海	巴海	巴

熙十七年戊午	康熙十八年己未	康熙十九年庚申	康熙二十年辛酉	康熙二十一年壬戌	康熙二十二年癸亥
內。七月甲寅解任。安珠瑚爲奉天將軍。	安珠瑚	安珠瑚	安珠瑚	安珠瑚	伊把漢。正月辛巳爲
海	巴海	巴海	巴海	巴海	巴海。八月庚子罷。殷
					薩布素。十月癸亥爲

九月設黑龍江將軍	康熙二十三年甲子	康熙二十四年乙丑	康熙二十五年丙寅	康熙二十六年
奉天將軍	伊把漢	伊把漢。十一月辛未遷。貝勒察尼十二月庚寅爲奉天將軍	察尼	察尼
圖爲寧古塔將軍	殷圖	殷圖	殷圖	殷圖
黑龍江將軍	薩布素	薩布素	薩布素	薩布素

丁卯	康熙二十七年戊辰		康熙二十八年己巳	康熙二十九年庚午	康熙三十年辛未	康熙
	察尼九月卒。綽克托十月庚戌爲奉天將	軍	綽克托	綽克托	綽克托	綽克
	殷圖		殷圖五月壬戌革。乙亥佟保爲甯古塔將軍	佟保	佟保	佟保
	薩布素		薩布素	薩布素移駐墨爾根	薩布素	薩布

三十一年壬申	康熙三十二年癸酉	康熙三十三年甲戌	康熙三十四年乙亥		康熙三十五年丙子
托	綽克托	綽克托	綽克托		綽克托
	佟保	佟保	佟保		佟保六月癸丑革。沙那
素	薩布素	薩布素	薩布素		薩布素
	費揚古爲安北將軍駐歸化城	費揚古	費揚古十月授右衛將軍	仍兼管歸化城將軍事	費揚古

	康熙三十六年丁	丑	康熙三十七年戊寅	康熙三十八年己卯		康熙三十九年庚
	綽克托		綽克托	綽克托四月戊午革	蘇努四月壬午爲奉天將軍	蘇努
海七月己巳爲甯古塔將軍	沙那海		沙那海	沙那海		沙那海
	薩布素		薩布素	薩布素移駐齊齊哈	爾	薩布素
	費揚古		費揚古	費揚古		費揚古

康熙三十九年庚辰	康熙四十年辛巳	康熙四十一年壬午	康熙四十二年癸未	康熙四十三年甲申
	蘇努	蘇努	蘇努	蘇努
	沙那海二月乙丑遷楊福爲甯古塔將軍	楊福	楊福	楊福
	薩布素二月己未革沙那海爲黑龍江將軍	沙那海	沙那海七月丁巳休致博定八月丁亥爲黑龍江將軍	博定
	費揚古	費揚古	費揚古	費揚古

康熙四十四年乙酉	康熙四十五年丙戌	康熙四十六年丁亥	康熙四十七年戊子	康熙四十八年己丑
蘇努	蘇努	蘇努	蘇努免蒙俄洛正月癸酉爲奉天將軍	蒙俄洛二月己酉遷嵩祝二月戊午署奉天將軍
楊福	楊福	楊福	楊福	楊福二月己酉遷蒙俄洛二月己酉爲甯古塔將軍
博定	博定	博定	博定九月庚寅遷法都十一月丙申爲黑龍江將軍	法都二月乙巳革楊福二月己酉爲黑龍江將軍
費揚古	費揚古	費揚古	費揚古	費揚古

康熙四十九年庚寅	康熙五十年辛卯	康熙五十一年壬辰	康熙五十二年癸巳
嵩祝	嵩祝	嵩祝十月丁巳遷唐保柱十月丁巳署奉天將軍	唐保柱
蒙俄洛	蒙俄洛	蒙俄洛	蒙俄洛
楊福	楊福	楊福	楊福
費揚古	費揚古	費揚古	費揚古

巳	康熙五十三年甲午	康熙五十四年乙未	康熙五十五年丙申	康熙五十六年丁酉	康熙五十七年
	唐保柱	唐保柱	唐保柱	唐保柱	唐保柱
	蒙俄洛	蒙俄洛卒穆森三月辛丑署甯古塔將軍	穆森	穆森	穆森
	楊福	楊福卒五月丙午三官保善黑龍江將軍	陳泰十月戊子托留黑龍江將軍	托留	托留七月巴賽
	費揚古	費揚古	費揚古	費揚古	費揚古正月乙

戊戌	康熙五十八年己亥	康熙五十九年庚子	康熙六十年辛丑	康熙六十一年壬寅
	唐保柱	唐保柱	唐保柱	唐保柱
	穆森	巴賽署甯古塔將軍	巴賞	巴賽
署黑龍江將軍	巴賽	陳泰二月甲子黑龍江將軍	陳泰	陳泰
亥乞休顏壽三月爲右衛將軍	顏壽	顏壽	顏壽	顏壽

雍正元年癸卯		雍正二年甲辰	雍正三年乙巳	雍正四年丙午
奉天將軍	唐保柱	唐保柱十二月癸未解任綽奇爲奉天將軍	綽奇十一月遷噶爾弼奉天將軍	噶爾弼
甯古塔將軍	巴賽	巴賽二月丁未召哈達甯古塔將軍	哈達	哈達
黑龍江將軍	陳泰	陳泰	陳泰	陳泰二月召傅爾丹爲黑龍江將
右衛將軍	顏壽	顏壽六月戊子降吳札布爲右衛將軍	吳札布	吳札布二月遷申穆德爲右衛將
烏里雅蘇台將軍				
青海辦事大臣			達鼐辦理青海事務	達鼐
駐藏辦事大臣				

軍
軍

雍正五年丁未
噶爾弼二月卒。伊札布閏三月爲奉天將軍
哈達
傅爾丹二月召。那蘇圖十二月爲黑龍江將軍
申穆德

達鼐
僧格五月丁巳赴藏辦事　瑪臘正月丁巳赴藏辦事

雍正六年戊申
伊札布九月癸亥免。武格署
哈達
那蘇圖
申穆德

達鼐
僧格　瑪臘

雍正七年己酉
武格二月遷。多索禮爲奉天將軍
哈達
那蘇圖
申穆德

達鼐
僧格　瑪臘

雍正八年庚戌
多索禮正月降。那蘇圖爲奉天將軍
哈達
那蘇圖正月遷。卓爾海爲黑龍江將軍
申穆德

達鼐
僧格回京。青保西藏辦事　瑪臘

雍正九年辛亥
那蘇圖
哈達正月遷。常德爲甯古塔將軍
卓爾海
申穆德

達鼐
青保　瑪臘六月召回京　苗壽駐藏辦事

雍正十年壬子
那蘇圖
常德九月赴軍營。杜賚署
卓爾海九月遷。塔爾岱爲甯古塔將軍
申穆德
策淩爲定邊左副將軍
達鼐
青保　苗壽

雍正十一年癸丑
那蘇圖
杜賚
塔爾岱
申穆德
策淩
衆佛保
青保　苗壽

雍正十二年甲寅
那蘇圖
杜賚
塔爾岱
申穆德
策淩
德齡八月總理青海番人事務
青保　苗壽召回京　阿爾珣八月赴藏辦事　壽卒　那蘇泰赴藏辦事

雍正十三年乙卯
那蘇圖遷。覺殿柏修爲奉天將軍
杜賚
塔爾岱遷。那蘇爾爲黑龍江將軍
申穆德免。十二月岱林布爲右衛將軍
策淩
德齡
那蘇泰

清史稿　疆臣年表十

各邊將軍都統大臣

乾隆元年丙辰	
盛京將軍	那蘇圖八月丁
吉林將軍	博第八月丁亥
黑龍江將軍	吳禮布十一月
烏里雅蘇台將軍	策淩
伊犂將軍	
綏遠將軍	岱林布十二月
熱河都統	塞克圖
察哈爾都統	
烏魯木齊都統	
庫倫辦事大臣	
烏里雅蘇台參贊大臣	
科布多參贊大臣	
伊犂參贊大臣	
塔爾巴哈台參贊大臣	
喀什噶爾參贊大臣	
哈密辦事大臣	
喀喇沙爾辦事大臣	
庫車辦事大臣	
阿克蘇辦事大臣	
烏什辦事大臣	
葉爾羌辦事大臣	
和闐辦事大臣	
西甯辦事大臣	德甯召。保祝西
駐藏辦事大臣	杭奕祿駐藏辦

	乾隆二年丁巳是	年裁山西右衛將軍設綏遠將軍	乾隆三年戊	午是年改設熱河副都統	乾隆四年己
亥遷博第奉天將軍	博第		博第五月辛	未遷額爾圖奉天將軍	額爾圖
遷吉黨阿甯古塔將軍	吉黨阿		吉黨阿		吉黨阿
甲午卒額爾圖黑龍江將軍	額爾圖		額爾圖五月	辛未遷博第黑龍江將軍	博第
	策凌		策凌		策凌
丁亥遷王常右衛將軍	王常改綏遠將軍		王常		王常
	那蘇泰		那蘇泰改熱	河副都統	那蘇泰
			樊廷二月癸	卯回原任李繩武哈密辦事大臣	李繩武
甯辦事大臣	保祝十一月召巴	靈阿西甯辦事大臣	巴靈阿		巴靈阿
事大臣	杭奕祿		杭奕祿七月	甲寅召紀山駐藏辦事大臣	紀山

未	乾隆五年庚申		乾隆六年辛酉		乾隆七年壬戌	乾隆八年癸亥
	額爾圖		額爾圖		額爾圖	額爾圖
	吉黨阿		吉黨阿八月辛亥召鄂彌達甯古塔	將軍	鄂彌達	鄂彌達九月丁亥遷博
	博第		博第		博第	博第九月丁亥遷傅森
	策凌		策凌		策凌	策凌
	王常二月召伊勒慎綏遠將軍七月召補熙	綏遠將軍	補熙		補熙	補熙
	那蘇泰九月卒十月達爾黨阿熱河副都統		達爾黨阿		達爾黨阿	達爾黨阿
	巴靈阿正月召莽古賚西甯辦事大臣		莽古賚		莽古賚	莽古賚
	紀山		紀山九月辛卯召索拜駐藏辦事大	臣	索拜	索拜

	乾隆九年甲子		乾隆十年乙丑		乾隆十一年丙寅
	額爾圖七月壬辰免達爾黨阿	奉天將軍	達爾黨阿		達爾黨阿
第甯古塔將軍	博第三月丙申遷巴靈阿甯古	塔將軍	巴靈阿		巴靈阿八月召阿蘭泰甯古塔將
黑龍江將軍	傅森		傅森		傅森
	策凌		策凌		策凌
	補熙		補熙		補熙
	達爾黨阿七月壬辰遷瑪爾拜	熱河副都統	瑪爾拜十月丁巳遷索拜熱河副	都統	索拜十二月癸酉遷巴爾品熱河
	莽古賚		莽古賚十二月甲子召眾佛保西	甯辦事大臣	眾佛保
	索拜六月癸丑期滿傅清駐藏	辦事大臣	傅清		傅清

軍
副都統七十署

乾隆十二年丁卯是年改奉天將軍爲盛京將軍
達爾黨阿
阿蘭泰
傅森
策凌
補熙
巴爾品四月革那蘭保熱河副都統六月遷馬爾泰代
衆佛保
傅清

乾隆十三年戊辰
達爾黨阿四月癸酉遷阿蘭泰盛京將軍
阿蘭泰四月癸酉遷索拜甯古塔將軍閏七月庚午遷永興代
傅森
策凌
補熙
馬爾泰正月卒滿福熱河副都統四月丁巳遷海常代
衆佛保
傅清四月庚申召拉布敦駐藏辦事大臣

乾隆十四年己巳
阿蘭泰
永興十月辛卯遷新柱甯古塔將軍
傅森三月丁丑遷傅爾丹黑龍江將軍
策凌
補熙九月免八十五綏遠將軍十月丁酉降富昌代
海常
衆佛保二月召班第西甯辦事大臣
拉布敦二月丙申召紀山駐藏辦事大臣十二月壬寅拉布敦仍任

乾隆十五年庚午
阿蘭泰
新柱五月癸卯召卓鼐甯古塔將軍
傅爾丹
策凌二月丙戌卒羅卜藏暫署六月丙子成袞札布定邊左副將軍
富昌
海常
班第四月改紀山西甯辦事大臣十一月甲寅逮舒明代
拉布敦四月壬寅召班第駐藏辦事大臣

乾隆十六年辛未
阿蘭泰
卓鼐四月乙酉降傅森甯古塔將軍
傅爾丹
成袞札布
富昌
海常
舒明
班第十二月甲辰召多爾濟駐藏辦事大臣

乾隆十七年壬申
阿蘭泰
傅森
傅爾丹十二月戊戌卒綽爾多黑龍江將軍
成袞札布
富昌
海常十二月庚子遷李侍堯熱河副都統
舒明
多爾濟

乾隆十八年癸酉
阿蘭泰
傅森
綽爾多
成袞札布
富昌
李侍堯
舒明遷德爾素西甯辦事大臣
多爾濟

乾隆十九年甲戌
阿蘭泰八月癸丑赴軍營清保盛京
傅森
綽爾多五月辛巳遷清保黑龍江將
成袞札布四月庚寅革策楞定邊左
富昌
李侍堯
德爾素
多爾濟四月己酉召薩拉善駐藏辦

將軍

軍八月癸丑遷達爾黨阿代

副將軍七月庚子召額林沁多爾濟暫署甲辰策 楞班第署十一月召阿睦爾撒納暫署丁未回 游牧色布騰巴勒珠爾署十二月戊申班第遷阿

事大臣

乾隆二十年乙亥 乾隆二十一年丙子 乾

清保 清保 清

傅森十二月庚戌遷 額爾登古甯塔將軍 額爾 登 額

達爾黨阿五月癸巳 遷綽爾多署黑龍江將軍七月遷達色代 達色 八月壬寅遷綽爾多黑龍江將軍 綽

睦爾撒納定邊左副將軍 哈達哈八月定邊左 副將軍 哈達 哈八月乙巳回京成袞札布定邊江副將軍 成

富昌 富昌 富

李侍堯五月辛卯遷 明安熱河副都統十月庚戌富當阿代 富當 阿 富

阿蘭 泰十二月辛巳烏里雅蘇台參贊大臣 阿

德爾素 德爾 素 德

薩拉善 薩拉 善 官

隆二十二年丁丑是年改甯古塔將軍爲吉林將 軍 乾隆二十三年戊寅 乾隆二十四年

保 清保 清保

爾登八月丁卯卒薩喇善吉林將軍 薩喇善 薩喇善

爾多 綽爾多 綽爾多

袞札布 成袞札布 成袞札布

昌四月庚午來京松阿里綏遠城將軍丙子遷保 德代 保德 保德

當阿 富當阿 富當阿

安泰十一月烏

蘭泰 阿蘭泰二月乙酉遷福祿烏里雅蘇台參 贊大臣三月庚寅召扎隆阿代 福祿

五吉正月哈密

書山喀喇沙爾

德舒庫車辦事

永貴召二月甲

永慶烏什辦事

阿里袞九月甲

爾素 德爾素二月甲申召積福西甯辦事大臣 積福五月乙亥

保五月駐藏辦事大臣 官保 官保

已卯設喀什噶爾參贊大臣烏魯木齊哈密喀喇　沙爾庫車阿克蘇烏什葉爾羌等處辦事大臣　乾隆二十五年庚辰
清保
薩喇善十月戊寅革恒祿吉林將軍
綽爾多
成袞扎布
恒祿十月戊寅遷如松綏遠城將軍
富當阿
魯木齊辦事大臣　安泰
福祿
海明六月丁酉喀什噶爾辦事大臣
辦事大臣　五吉正月戊辰遷永甯哈密辦事大臣
辦事大臣　書山七月戊午遷納世通喀喇沙爾辦事大臣
大臣八月壬辰遷德文署九月庚辰納世通代　納世通七月戊午遷山書庫車辦事大臣
子舒赫德阿克蘇辦事大臣八月壬午遷納世通　代九月遷阿桂代　阿桂赴伊犁舒赫德阿克蘇辦事大臣
大臣　永慶
戊以參贊大臣留駐葉爾羌　阿里袞三月戊辰新柱葉爾羌辦事大臣
遷多爾濟西甯辦事大臣　多爾濟
官保

乾隆二十六年辛巳是年設察哈爾都統十月己　巳設科布多參贊大臣　乾隆二十七年壬午設　庫倫辦事大臣伊犁將軍　乾隆二十八年癸未
清保　清保閏五月癸亥遷舍　圖肯盛京將軍　舍圖肯
恒祿　恒祿　恒祿
綽爾多　綽爾多八月丙辰卒國　多歡黑龍江將軍　國多歡十二月甲午
成袞扎布　成袞扎布　成袞扎布十一月乙
明瑞十月伊犁將軍　明瑞
如松十一月辛卯遷明舒綏遠城將軍　舒明正月丁巳卒蘊著　綏遠城將軍　蘊著
額爾登額　額爾登額　額爾登額
嵩椿十一月辛丑察哈爾都統　嵩椿閏五月辛酉遷巴　爾品察哈爾都統　巴爾品
安泰四月己卯召旌額理烏魯木齊辦事大臣　旌額理　旌額理十二月丁未
諾木渾庫倫辦事大臣　諾木渾正月戊寅革
福祿召九月己未扎拉豐阿烏里雅蘇台參贊大　臣尋遷莽古賚代　莽古賚　莽古賚
扎拉豐阿科布多參贊大臣　扎拉豐阿　扎拉豐阿十一月乙
愛隆阿十一月辛酉伊　犁參贊大臣　愛隆阿
海明正月甲寅遷舒赫德喀什噶爾參贊大臣永　貴代　永貴十二月壬子召納　世通喀什噶爾參贊大臣　納世通正月甲申以
永甯遷七月甲子三寶哈密辦事大臣　三寶　三寶九月己卯亢
納世通召四月己卯達桑阿喀喇沙爾辦事大臣　達桑阿　達桑阿
書山召四月己卯鄂寶庫車辦事大臣　鄂寶　鄂寶
舒赫德遷正月甲寅海明阿克蘇辦事大臣　海明　海明二月甲辰召卡
永慶　永慶四月丁亥遷素誠　烏什辦事大臣　素誠
新柱　新柱　新柱召五月丙戌額
多爾濟　多爾濟正月甲寅遷容　保西甯辦事大臣　七十五十月丙申西
官保正月遷輔鼐駐藏辦事大臣　輔鼐　輔鼐

乾隆二十九年甲申　乾隆三十年乙酉
舍圖肯　舍圖肯
恒祿　恒祿
召富僧阿黑龍江將軍　富僧阿　富僧阿
卯入覲扎拉豐阿署烏里雅蘇台將軍成袞扎布　尋回任　成袞扎布　成袞扎布
明瑞　明瑞
蘊著　蘊著十二月戊申遷嵩椿綏
額爾登額正月遷瑪常熱河副都統　瑪常
巴爾品　巴爾品
召綽克托烏魯木齊辦事大臣　綽克托七月遷伍彌泰烏魯木齊辦事　大臣　伍彌泰
福德庫倫辦事大臣十一月癸酉革丑達代　丑達　丑達遷閏二月辛亥索琳庫
莽古賚十二月召常復烏里雅蘇台參　贊大臣　常復
卯遷雅郎阿暫充　扎拉豐阿六月甲申召玉柱科布多參　贊大臣　玉柱
愛隆阿　愛隆阿
參贊大臣總理回疆事務　伍岱七月戊辰塔爾巴哈台參贊大臣　八月卸綽克托代　綽克托五月伊勒圖代十一
納世通　納世通閏六月辛亥回京額
哈密辦事大臣　亢寶　薩瀚八月乙丑哈密辦事大
達桑阿五月丁卯回京明保喀喇沙爾　辦事大臣　明保
鄂寶　鄂寶
塔海阿克蘇辦事大臣　卡塔海　卡塔海三月革伊勒圖阿克
素誠　素誠閏二月被戕八月丁卯
爾景額葉爾羌參贊大臣　額爾景額　額爾景額遷閏二月辛亥丑
丑達和闐辦事大臣七月甲
甯辦事大臣　七十五　七十五
輔鼐正月丁亥召阿敏爾圖駐藏辦事　大臣　阿敏爾圖

	乾隆三十一年丙戌	乾隆三十二年丁亥
	舍圖肯	舍圖肯七月辛丑免新
	恒祿	恒祿
	富僧阿	富僧阿
	成袞札布	成袞札布
	明瑞	明瑞三月乙丑遷阿桂
遠城將軍	嵩椿十二月丙辰免巴祿綏遠城將軍	巴祿
	呼什圖	呼什圖七月己未瑪常
	巴爾品九月辛巳免安泰察哈爾都統	安泰
	伍彌泰二月丁卯召溫福烏魯木齊辦事大臣	溫福
倫辦事大臣七月癸未免福鼐代	福鼐	福鼐九月壬辰慶桂庫
	常復	常復
	玉桂二月丁卯召達桑阿科布多參贊大臣	玉桂九月己酉回京札
	愛隆阿三月庚寅卒烏勒登伊犂參贊大臣五月甲午遷阿桂代	伊勒圖五月己巳伊犂
月阿桂塔爾巴哈台參贊大臣	阿桂遷五月甲午烏勒登塔爾巴哈台參贊大臣	烏勒登九月壬辰巴爾
爾景額喀什噶爾參贊大臣三月壬寅永貴代八月遷	綽克托二月丁巳喀什噶爾辦事大臣	綽克托八月丙子伊勒
臣	薩瀚	薩瀚六月庚子革文綬
	范時綬	范時綬五月庚子遷常
	鄂寶三月癸未弘晌庫車辦事大臣	弘晌
蘇辦事大臣五月遷納蘇肯代		
永貴烏什辦事大臣	永貴	永貴
達葉爾羌辦事大臣丑遷達額爾景額仍任	額爾景額遷五月癸巳旌額理葉爾羌辦事大臣	旌額理
戊達富勒赫代八月戊申巴延弼和闐辦事大臣	巴延弼	巴延弼
	七十五召六月甲辰海明西甯辦事大臣十二月癸丑被劾查辦	傅景九月靑海辦事大
	阿敏爾圖四月辛亥回京官保駐藏辦事大臣	官保召莽古賚駐藏辦

	乾隆三十三年戊子	乾隆三十四年己丑
柱盛京將軍	新柱正月丙午卒明福盛京將軍十二月乙丑召額爾德蒙額署	額爾德蒙額正月乙未恒祿盛京將軍
	恒祿	恒祿正月乙未遷傅良吉林將軍
	富僧阿九月己酉遷傅玉黑龍江將軍	傅玉
	成袞札布	成袞札布
伊犂將軍	阿桂二月丙戌召伊勒圖署伊犂將軍十月丙子憂永貴署	永貴十月乙卯免增海署十二月辛亥遷伊勒圖伊
	巴祿三月乙巳遷傅良綏遠城將軍	傅良正月乙未遷常在綏遠城將軍二月癸未革諸
熱河副都統	瑪瑺二月丙戌遷呼什圖熱河副都統	呼什圖五月癸亥免三全熱河都統
	安泰三月乙巳遷巴祿察哈爾都統	巴祿
	溫福	溫福四月己未遷富森布烏魯木齊辦事九月丙申
倫辦事大臣	慶桂	慶桂
	常復	達桑阿七月丙申召華山烏里雅蘇台參贊三月己
隆阿科布多參贊大臣	札隆阿二月丙戌遷積福科布多參贊大臣	積福
參贊大臣八月遷		
品塔爾巴哈台參贊大臣	巴爾品	巴爾品七月癸巳革留九月丙申免安泰代
圖喀什噶爾辦事大臣	安泰三月乙巳喀什噶爾辦事大臣	安泰遷九月丙申福森布喀什噶爾辦事大臣
哈密辦事大臣	文綬遷托穆齊圖哈密辦事大臣	托穆齊圖遷七月戊子景善哈密辦事大臣
鈞喀喇沙爾辦事大臣	常鈞	常鈞
	弘晌	弘晌
	永貴五月庚申回京舒赫德烏什參贊大臣	舒赫德八月辛未旌額理烏什參贊大臣
	旌額理	旌額理八月辛未遷期成額葉爾羌參贊大臣
	巴彥弼十一月庚寅回京敬善和闐辦事大臣	敬善
臣	傅景	傅景
	莽古賚	莽古賚

	乾隆三十五年庚寅	乾隆三十六年辛卯
	恒祿	恒祿
	傅良四月乙未召富椿吉林將軍	富椿
	傅玉七月丙午召增海黑龍江將軍	增海
	成袞札布	成袞札布八月己丑卒車布登札布定邊左副將軍
犂將軍	伊勒圖	伊勒圖七月丁未遷十月己巳舒赫德伊犂將軍
倫代	諾倫	諾倫
	三全	三全
	巴祿十二月丁酉卒常淸察哈爾都統	常淸
巴彥弼代	巴彥弼	巴彥弼十一月改設烏魯木齊參贊大臣
	慶桂	慶桂
丑伊爾圖代	伊爾圖	伊爾圖九月戊申免伍訥璽代十一月壬子多敏烏里雅蘇台參贊大臣
	積福召書景阿科布多參贊大臣	書景阿九月丁未回京福德科布多參贊大臣
	安泰	安泰十月己巳伊勒圖塔爾巴哈台參贊大臣
	福森布	福森布
	景善	佛德
	常鈞	實麟
	弘晌正月遷	達色正月庚申庫車辦事大臣
	旌額理五月辛丑舒赫德仍任烏什參贊大臣	舒赫德二月癸酉召旌額里烏什參贊大臣七月丁未卒伊勒圖代十月己巳遷安
	期成額	期成額
	敬善	敬善
	傅景十月乙未召伍彌泰西甯辦事大臣	伍彌泰
	莽古賚	莽古賚

	乾隆三十七年壬辰	乾隆三十八年癸巳	乾隆三十九年
	恒祿六月辛亥卒。增海盛京將軍	增海五月辛亥卒。弘晌盛京將軍	弘晌
	富椿	富椿	富椿
	增海六月辛亥遷。傅玉黑龍江將軍	傅玉	傅玉
	車布登扎布	車布登扎布十月己酉免。瑚圖靈阿定邊左副將軍	瑚圖靈阿
	舒赫德	舒赫德七月戊午召。伊勒圖伊犂將軍	伊勒圖
	諾倫五月丁卯卒。容保綏遠城將軍	容保	容保
	三全	三全	三全
	常清	常清	常清
	巴彥弼三月索諾木策凌烏魯木齊參贊大臣	索諾木策凌改烏魯木齊都統	索諾木策凌
	柏堃	柏堃	柏堃
	多敏	多敏九月甲戌遷。車布楚克札烏里雅蘇台參贊大臣。托雲代	雲托
	福德	福德遷。九月甲戌多敏科布多參贊大臣	多敏
		慶桂四月辛亥伊犂參贊大臣。七月遷	
	伊勒圖	伊勒圖七月戊午召。慶桂塔爾巴哈台參贊大臣	慶桂
	福森布	福森布	福森布十二月
	佛德	佛德十一月壬申召。明起哈密辦事大臣	明起
	實麟	實麟六月甲午遷。達色喀喇沙爾辦事大臣	達色
	達色	達色六月甲午遷。實麟庫車辦事大臣	實麟十二月遷
泰代	安泰	安泰四月丙戌召。綽克托烏什參贊大臣	綽克托
	期成額	期成額九月壬申召。瑪興阿葉爾羌辦事大臣	瑪興阿
	敬善	敬善十二月戊戌回京。常福和闐辦事大臣	常福
	伍彌泰	伍彌泰十一月遷。福祿西甯辦事大臣	福祿
	莽古賚	莽古賚十一月壬申回京。伍彌泰駐藏辦事大臣	伍彌泰

	乾隆四十年乙未	乾隆四十一年丙申
甲午		
	弘晌	弘晌
	富椿	富椿
	傅玉	傅玉
	瑚圖靈阿	瑚圖靈阿八月戊申巴圖定邊左副將軍
	伊勒圖	伊勒圖
	容保	容保十月壬申召。伍彌泰綏遠城將軍。十二月戊申遷雅
	三全三月丁巳遷。多鼐熱河副都統	多鼐
	常清	常清
	索諾木策凌	索諾木策凌
	柏堃正月甲寅回京。索琳庫倫辦事大臣	索琳
	托雲四月己丑回京。明善烏里雅蘇台參贊大臣	明善遷。正月甲申法福禮烏里雅蘇台參贊大臣
	多敏	多敏正月甲申回京。明善科布多參贊大臣
		瑚圖靈阿召。八月戊申拉旺多爾濟伊犂參贊大臣
	慶桂	慶桂
癸卯回京。申保喀什噶爾辦事大臣	申保遷。十月雅德喀什噶爾辦事大臣	雅德
	明起	明起十月甲辰召。佛德哈密辦事大臣
	達色	達色十月乙丑召。觀音保喀喇沙爾辦事大臣
常喜代	常喜	常喜
	綽克托	綽克托
	瑪興阿	瑪興阿十月甲辰召。高樸葉爾羌辦事大臣
	常福	常福罷。十二月辛酉德風和闐辦事大臣
	福祿十一月乙酉革。惠齡西甯辦事大臣	惠齡
	伍彌泰十月己卯回京。留保住駐藏辦事大臣	留保住

	乾隆四十二年丁酉	乾隆四十三年戊戌	乾隆四十四年己亥
	弘晌	弘晌十一月己酉免。福康安盛京將軍	福康安
	富椿六月癸丑遷。福康安吉林將軍	福康安十一月己酉遷。和隆武吉林將軍	和隆武
	傅玉	傅玉	傅玉八月庚辰召。永
	巴圖	巴圖	巴圖
	伊勒圖	伊勒圖	伊勒圖
朗阿代	雅朗阿	雅朗阿	雅朗阿四月襲爵。弘
	多鼐	多鼐	恒秀
	常清	常清	常清
	索諾木策凌	索諾木策凌	索諾木策凌
	索琳	索琳七月召。博清額庫倫辦事大臣	博清額
	法福禮三月戊子遷。恒山保烏里雅蘇台參贊大臣	恒山保	恒山保
	明善	明善六月壬辰革留	明善
	慶桂	慶桂	慶桂
	雅德二月辛丑召。鄂蘭喀什噶爾辦事大臣	鄂蘭	鄂蘭免。瑪興阿正月
	佛德	佛德	佛德
	觀音保	觀音保九月庚戌召。海成喀喇沙爾辦事大臣	惠齡暫代
	常喜	常喜	常喜
		景福十一月庚寅阿克蘇辦事大臣	景福
	綽克托	綽克托二月乙巳遷。永貴烏什參贊大臣	永貴正月丁未來京
	高樸	高樸九月壬寅革逮。復興葉爾羌辦事大臣。甲辰瑪興阿暫管	復興
	德風	德風	德風
	惠齡三月戊子回京。法福禮西甯辦事大臣	法福禮	法福禮
	留保住	留保住	索琳正月辛丑駐藏

璋黑龍江將軍
晌綏遠城將軍
甲午喀什噶爾辦事大臣
申保烏什參贊大臣
辦事大臣

乾隆四十五年庚子
福康安三月丁酉遷索諾木策凌盛京將軍
和隆武
永璋
巴剛十一月壬午革慶桂定邊左副將軍
伊勒圖
弘晌
恒秀
常清
索諾木策凌三月丁酉遷奎林烏魯木齊都統
博清額五月勒保庫倫辦事大臣
恒山保
明善
申保十一月丙申伊犂參贊大臣
慶桂遷惠齡十一月壬午塔爾巴哈台參贊大臣
瑪興阿十一月癸未回京景福喀什噶爾辦事大臣
佛德
海成
常喜二月丁丑回京景福庫車辦事大臣十一月癸未遷福祿代
景福遷二月丁丑烏什哈達阿克蘇辦事大臣六月法靈阿代
申保十一月丙申遷綽克托烏什參贊大臣
復興
德風
諾木歡六月西甯辦事大臣
索琳二月庚戌保泰駐藏辦事大臣博清額代

乾隆四十六年辛丑
索諾木策凌
和隆武
永璋
慶桂七月丙午免奎林烏里雅蘇台將軍
伊勒圖
弘晌三月甲午卒嵩椿綏遠城將軍
恒秀
常清
奎林七月丙午遷明亮烏魯木齊都統
勒保
恒山保
明善
申保
惠齡
景福九月丙辰召阿揚阿喀什噶爾辦事大臣
佛德十月丁亥哈精阿哈密辦事大臣
海成
福祿
法靈阿
綽克托
復興
德風八月丁酉革德文代
諾穆歡五月丁酉革留保住西甯辦事大臣
博興額

乾隆四十七年壬寅
索諾木策凌五月丁酉革慶桂盛京將軍九月乙巳遷永璋代
和隆武八月癸酉卒永璋護九月乙巳慶桂吉林將軍
永璋八月癸酉遷恒秀黑龍江將軍
奎林
伊勒圖
嵩椿
恒秀八月癸酉遷恒瑞熱河副都統
常清十二月甲申遷烏爾圖納遜察哈爾都統
明亮
勒保
恒山保
明善十二月海甯科布多參贊大臣
伍岱
阿揚阿四月壬申回京達爾吉善喀什噶爾辦事大臣十二月甲申召保成代
哈精阿
海成改福祿喀喇沙爾辦事大臣
海成庫車辦事大臣
法靈阿
綽克托
復興二月甲申回京阿揚阿葉爾羌辦事大臣
德文
留保住
博清額

乾隆四十八年癸卯
永璋
慶桂
恒秀
奎林
伊勒圖六月辛酉陛見明亮署八月甲戌革伊勒圖仍任
嵩椿
恒瑞
烏爾圖納遜
明亮六月辛酉遷海祿署烏魯木齊都統
勒保
恒山保十一月己酉回京阿克棟阿烏里雅蘇台參贊大臣
海甯
伍岱十一月己酉回京納爾瑚善塔爾巴哈台參贊大臣
保成
哈精阿十二月己未回京穆和蘭哈密辦事大臣
福祿
海成十月丁亥回京雅滿泰庫車辦事大臣
法靈阿十一月戊申召國棟阿克蘇辦事大臣
綽克托
阿揚阿
德文
留保住
博清額

乾隆 永璋 慶桂 恒秀 奎林 伊勒 嵩椿 恒瑞 烏爾 海祿 勒保 阿克 海甯 保泰 保成 福祿 雅滿 國棟 綽克 阿揚 德文 留保 博清

四十九年甲辰
三月辛酉遷都爾嘉吉林將軍
圖
六月癸卯遷烏爾圖納遜綏遠城將軍九月丁丑遷積福代
爾圖納遜六月癸卯遷積福察哈爾都統九月乙丑遷烏爾圖納遜仍任
四月丁未遷七月甲子長清烏魯木齊都統
棟阿
十一月辛巳遷雅滿泰喀喇沙爾辦事大臣
泰十一月辛巳泰倚安庫車辦事大臣十二月辛卯遷陽春保代
托免四月丁未海祿烏什參贊大臣
阿
住遷十一月辛巳福祿西甯辦事大臣
額十一月辛巳回京留保住駐藏辦事大臣

乾隆五十年乙巳
永璋
都爾嘉
恒秀
奎林三月戊辰遷復興烏里雅蘇台將軍正月己巳拉旺多爾濟署
伊勒圖七月乙亥卒奎林伊犂將軍
積福
恒瑞
烏爾圖納遜
長清三月戊辰遷奎林烏魯木齊都統七月乙巳永鐸代
勒保召松筠十月丁丑庫倫辦事大臣
阿克棟阿
海甯
永鐸三月伊犂參贊大臣明亮八月伊犂參贊大臣
惠齡十二月丙戌回京慶桂塔爾巴哈台參贊大臣
保成
福廣二月甲辰哈密辦事大臣
雅滿泰
陽春保
國棟
海祿降九月明亮烏什參贊大臣
阿揚阿三月召塔琦葉爾羌辦事大臣
德文召十月庚子博興和闐辦事大臣
福祿
留保住

乾隆 永璋 都爾 恒秀 復興 奎林 積福 恒瑞 烏爾 永鐸 松筠 阿克 海甯 海祿 慶桂 保成 巴延 雅滿 陽春 國棟 明亮 塔琦 博興 福祿 留保

	乾隆五十二年丁未	乾隆五十三年戊申
五十一年丙午十二月改喀什噶爾爲參贊大臣	乾隆五十二年丁未	乾隆五十三年戊申
	永瑋十二月庚申卒永鐸盛京將軍	永鐸八月免十月癸卯都
嘉	都爾嘉	都爾嘉十月癸卯遷恒秀
	恒秀	恒秀十月癸卯遷琳寧黑
	復興	復興
	奎林十一月乙酉革保甯伊犁將軍永鐸著	保寧
八月遷嵩椿綏遠城將軍	嵩椿	嵩椿十月癸卯遷興肇綏
	恒瑞十二月己卯召恒善保熱河副都統	恒善保
圖納遜	烏爾圖納遜	烏爾圖納遜
	永鐸十二月庚申遷尙安烏魯木齊都統	尙安
	松筠	松筠
棟阿	阿克棟阿	烏彌伍遜五月烏里雅蘇
召九月戊子保泰科布多參贊大臣	保泰	保泰
三月戊辰伊犂參贊大臣		恒瑞十月癸卯伊犂參贊
九月戊子回京永保塔爾巴哈台參贊大臣	永保	永保
召明亮十二月移駐喀什噶爾爲喀什噶爾參贊大臣	明亮	明亮
三八月丁卯伊桑阿哈密辦事大臣	伊桑阿	伊桑阿
泰八月己未尙安喀喇沙爾辦事大臣	尙安遷十二月庚申德勒楞貴喀喇沙爾辦事大臣穆和蘭著	德勒格楞貴
祿	陽春保	陽春保召十一月戊寅奎
	國棟三月己卯卒福嵩阿克蘇辦事大臣	福嵩
移駐特成額十二月戊申烏什辦事大臣	特成額	特成額革明興七月烏什
	塔琦	塔琦
	博興遷二月戊午格綳額和闐辦事大臣	格綳額召李侍政十一月
正月丙寅回京普福西甯辦事大臣	普福	普福遷十二月辛丑奎舒
住八月己未召慶麟駐藏辦事大臣	慶麟十二月革舒廉駐藏辦事大臣	舒廉

	乾隆五十四年己酉	乾隆五十五年庚戌
	乾隆五十四年己酉	乾隆五十五年庚戌
爾嘉盛京將軍	都爾嘉四月壬子遷嵩椿盛京將軍	嵩椿
吉林將軍	恒秀四月壬子遷琳寧吉林將軍	琳寧
龍江將軍	琳寧四月壬子遷都爾嘉黑龍江將軍	都爾嘉
	復興四月卒恒瑞烏里雅蘇台將軍	恒瑞
	保甯	保寧四月入覲永保署伊犂將軍
遠城將軍	興肇	興肇
	富昌	富昌
	烏爾圖納遜十月壬戌降保泰察哈爾都統	保泰八月丁亥遷烏爾圖納遜察哈爾都統
	尙安	尙安
	松筠	松筠
台參贊大臣	伍爾烏遜遷十月乙卯佛佳烏里雅蘇台參贊大臣	佛佳
	保泰十月遷伍彌烏遜科布多參贊大臣	烏彌伍遜
大臣	恒瑞四月遷	
	永保	永保
	明亮	明亮
	伊桑阿	伊桑阿七月己巳回京書麟哈密辦事大臣
	德勒格楞貴召十二月烏爾圖那遜喀喇沙爾辦事大臣	烏爾圖那遜遷八月德勒克扎布喀喇沙爾辦事
舒庫車辦事大臣十二月遷秀林代	秀林	秀林
	福嵩遷二月雅滿泰阿克蘇辦事大臣	雅滿泰五月戊戌遷舒濂阿克蘇辦事大臣
辦事大臣	明興六月毓奇烏什辦事大臣	毓奇十一月遷富尼善烏什辦事大臣
	塔琦龍二月甲辰福嵩代六月丙子明興葉爾羌辦事大臣	明興
和闐辦事大臣	李侍政	李侍政
西甯辦事大臣	奎舒	奎舒
	舒濂	舒濂五月戊戌遷普福駐藏辦事大臣八月保泰

	乾隆五十六年辛亥	乾隆五十七年壬子	乾隆五十八年癸丑
	乾隆五十六年辛亥	乾隆五十七年壬子	乾隆五十八年癸丑
	嵩椿九月庚辰琳寧盛京將軍	琳寧	琳寧
	琳寧九月庚辰遷恒秀吉林將軍	恒秀	恒秀
	都爾嘉十二月丁卯回京明亮黑龍江將軍	明亮	明亮
	恒瑞	恒瑞	恒瑞
	永保三月辛卯保甯回伊犂將軍	保寧	保甯
	興肇	興肇十月癸巳召圖桑阿綏遠城將軍	圖桑阿
	富昌	保成	保成
	烏爾圖納遜	烏爾圖納遜	烏爾圖納遜
	尙安	尙安	尙安
	松筠十月遷十一月普福庫倫辦事大臣	普福八月革逮博興庫倫辦事大臣	博興
	佛佳	佛佳	特成額五月烏里雅蘇台參贊大臣
	烏彌伍遜	烏彌伍遜	烏彌伍遜五月己酉棍楚克札布科布多
	永保	永保	永保遷五月己酉烏彌伍遜塔爾巴哈台
	明亮十二月丁卯遷明興喀什噶爾參贊大臣	明興	明興五月己酉召永保喀什噶爾參贊大
	書麟		雅德四月庚戌哈密辦事大臣
大臣	德勒克扎布	德勒克扎布	德勒克扎布
	秀林	秀林	秀林遷伊桑阿正月庫車辦事大臣
	佛佳	佛佳	佛佳
	富尼善	富尼善	富尼善
	明興遷十二月丁卯琅玕葉爾羌辦事大臣	琅玕	琅玕
	李侍政	李侍政四月議十二月託倫和闐辦事大臣	託倫
	奎舒	奎舒	特克愼
代	保泰九月革奎林駐藏辦事大臣十一月鄂輝代	鄂輝	鄂輝改五月和琳駐藏辦事大臣

清史稿 疆臣年表十一 各邊將軍都統大臣

	乾隆五十九年甲寅	乾隆六十年乙卯
	琳寧	琳寧
	恒秀正月乙卯革寶琳吉林將軍九月丁酉卒秀林代	秀林
	明亮十二月丙子遷舒亮黑龍江將軍	恒亮九月乙丑革永琨黑龍江將軍
	恒瑞	舒瑞八月壬午遷永琨烏里雅蘇台將軍九月乙丑遷圖桑阿代
	保寧十二庚子遷明亮伊犂將軍	明亮九月丙寅革甯保伊犂將軍
	圖桑阿十二月丙子遷永琨綏遠城將軍	永琨八月壬午遷恒瑞綏遠城將軍九月乙丑遷烏爾圖納遜代
	保成十二月丙子遷那奇泰熱河都統	那奇泰
	烏爾圖納遜	烏爾圖納遜九月乙丑遷博興察哈爾都統
	尚安六月更名宜綿	宜綿五月丁巳遷九月永保烏魯木齊都統
	博興	博興九月乙丑遷特克慎庫倫辦事大臣
	特成額	特成額五月召額勒春烏里雅蘇台參贊大臣
參贊大臣	根楚克扎布	根楚克扎布
參贊大臣	伍彌烏遜	烏彌伍遜
臣	永保	永保五月遷琅玕喀什噶爾參贊大臣
	雅德	雅德五月遷穆和藺哈密辦事大臣
	德勒克札布	德勒克扎布正月遷普福喀喇沙爾辦事大臣
	伊桑阿	伊桑阿
	佛住	佛住正月遷陽春保阿克蘇辦事大臣
	富尼善	富尼善正月遷雅爾泰烏什辦事大臣
	琅玕	琅玕五月遷雅德葉爾羌辦事大臣九月乙丑明興代
	託倫	託倫閏二月庚寅回京徐績和闐辦事大臣
	特克慎	特克慎九月乙丑遷策巴克西甯辦事大臣
	和琳七月遷松筠駐藏辦事大臣	松筠

	嘉慶元年丙辰	嘉慶二年丁巳
盛京將軍	琳甯	琳甯
吉林將軍	秀林	秀林
黑龍江將軍	永琨	永琨遷五月丁巳額爾博黑龍江將軍
烏里雅蘇台將軍	圖桑阿	圖桑阿五月庚戌免永崑烏里雅蘇台
伊犂將軍	保甯	保甯
綏遠城將軍	烏爾圖那遜三月壬申遷癸亥富銳綏遠城將軍	富銳
熱河都統		
察哈爾都統	博興	博興
烏魯木齊都統	永保三月差書麟署烏魯木齊都統	書麐
庫倫辦事大臣	特克慎	特克慎
烏里雅蘇台參贊大臣	額樂春	額樂春四月辛卯革花尚阿烏里雅蘇
科布多參贊大臣	貢楚克札布九月戊午遷特成額科布多參贊大臣十二月戊戌富俊代	富俊
伊犂參贊大臣		
塔爾巴哈台參贊大臣	伍彌烏遜九月戊午貢楚克札布塔爾巴哈台參贊大臣	貢楚克札布
喀什噶爾參贊大臣	琅玕三月庚戌來京長麟喀什噶爾參贊大臣	長麟
哈密辦事大臣	僧保住正月戊辰哈密辦事大臣	伍彌烏遜
喀喇沙爾辦事大臣	普福	普福二月阿爾塔錫第哈喇沙爾辦事
庫車辦事大臣	伊桑阿	伊桑阿
阿克蘇辦事大臣	陽春保	陽春保
烏什辦事大臣	雅爾泰	雅爾泰
葉爾羌辦事大臣	佛住三月庚戌來京奇豐額葉爾羌辦事大臣	奇豐額
和闐辦事大臣	徐績	徐績
西甯辦事大臣	策巴克	策巴克四月己未奎舒西甯辦事大臣
駐藏辦事大臣	松筠	松筠

	嘉慶三年戊午	嘉慶四年己未
	琳甯	琳甯
	秀林	秀林
	額爾博二月丁未病免那奇泰黑龍江將軍	那奇泰
將軍	永琨	永琨三月乙亥來京綿佐烏里雅蘇台將軍
	甯保	甯保
	富銳遷五月丙子永慶綏遠城將軍	永慶
	博興	博興
	書麐	書麐正月壬戌召富俊烏魯木齊都統興奎署八月戊子富俊遷奎興代
	特克慎八月遷普福庫倫辦事大臣	普福二月回京佛爾卿額庫倫辦事大臣
台參贊大臣	花尚阿	花尚阿二月回京那敏泰烏里雅蘇台參贊大臣四月回京宜綿代
	富俊	富俊正月壬戌遷策巴克科布多參贊大臣
	貢楚克札布	貢楚克札布
	長麟	長麟八月戊子召富俊喀什噶爾參贊大臣
	伍彌烏遜	伍彌烏遜回京十二月庚戌佛志哈密辦事大臣
大臣	阿爾塔錫第	阿爾塔錫第遷二月庚午納音喀喇沙爾辦事大臣
	伊桑阿	伊桑阿九月己巳回京奇臣庫車辦事大臣
	陽春保	陽春保
	雅爾泰六月癸巳革逮烏爾圖那遜烏什辦事大臣	烏爾圖那遜五月回京七月庚辰徐績代十二月戊子都爾嘉烏什辦事大臣
	奇豐額	奇豐額
	徐績	徐績遷五月乙亥恩長和闐辦事大臣
	奎舒	奎舒九月戊辰逮台費蔭代
	松筠	松筠正月庚辰遷英善駐藏辦事大臣

嘉慶五年庚申
琳甯三月辛酉回京晉昌盛京將軍
秀林
那奇泰正月戊寅降景熠黑龍江將軍
綿佐
保甯正月辛酉召松筠伊犁將軍閏月甲子革保甯仍任
永慶

博興
興奎
佛爾卿額
宜綿革正月丁丑那奇泰烏里雅蘇台參贊大臣
策巴克

貢楚克扎布
富俊
佛志
納音
奇臣
陽春保遷十一月己卯富色鏗額阿克蘇辦事大臣
都爾嘉十一月己卯伊崇阿烏什辦事大臣勒勒金布代
奇豐額六月癸丑托津葉爾羌辦事大臣
恩長六月回京興肇和闐辦事大臣
台費蔭免十月辛丑台布西甯辦事大臣
英善正月丁丑革和甯駐藏辦事大臣

嘉慶六年辛酉
晉昌
秀林
景熠二月戊午革逮那奇泰黑龍江將軍恒博署
綿佐
保甯
永慶五月癸巳回京崇尚綏遠城將軍

博興十二月召觀明察哈爾都統
興奎
佛爾卿額
那奇泰二月戊午遷永保烏里雅蘇台參贊大臣
策巴克

貢楚克札布
富俊
隆福
納音五月辛丑回京綳武布喀喇沙爾辦事大臣
奇臣
富色鏗額
伊崇阿
托津
興肇
台布
和甯正月遷英善駐藏辦事大臣

嘉慶七年壬戌
晉昌
秀林
那奇泰
綿佐
保甯正月壬午召松筠伊犁將軍
崇尚

觀明
興奎七月調明亮烏魯木齊都統
佛爾卿額
永保十一月遷富俊烏里雅蘇台參贊大臣
策巴克二月遷宜興科布多參贊大臣

貢楚克扎布二月召策拔克塔爾巴哈台參贊大臣十月己酉召興肇代
富俊九月調托津喀什噶爾參贊大臣
隆福十月己酉遷麒麟保哈密辦事大臣
綳武布九月甲午遷明興喀喇沙爾辦事大臣十月己酉那清保代
奇臣遷十月隆福庫車辦事大臣
富色鏗額
伊崇阿
托津九月遷富俊葉爾羌辦事大臣十月遷多山代
興肇十月遷弘康和闐辦事大臣
台布
英善

嘉慶八年癸亥
晉昌八月壬午革富俊盛京將軍成林暫署
秀林五月癸丑調富俊吉林將軍八月壬午調秀林仍任
那奇泰革十二月戊寅觀明黑龍江將軍
綿佐七月丙午來京成寬烏里雅蘇台將軍
松筠
崇尚八月壬午調德爾格楞貴綏遠城將軍十二月卒癸未奇臣代

觀明十二月戊寅調佛爾卿額察哈爾都統
明亮
佛爾卿額召十一月阿爾達西的庫倫辦事大臣
富俊四月留京常齡烏里雅蘇台參贊大臣尋改名常安
宜興六月戊辰回京恒博科布多參贊大臣

興肇
托津十月遷戊戌和甯喀什噶爾參贊大臣
麒麟保十一月辛丑遷景熠哈密辦事大臣
那清保十一月辛丑遷麒麟保代
隆福遷十月辛未那清保庫車辦事大臣
富色鏗額
伊崇阿
多山
弘康
台布閏月丙寅病免丁卯都爾嘉西甯辦事大臣
英善十一月回京辛丑福甯駐藏辦事大臣

嘉慶九年甲子
富俊
秀林
觀明
成寬
松筠
奇臣五月己丑遷春甯綏遠城將軍

佛爾卿額
明亮五月己丑調奇臣烏魯木齊都統
阿爾達西的四月壬午遷德勒克扎布庫倫辦事大臣七月己酉召玉衡代
常安
恒博

興肇十月癸酉回京果勒明阿塔爾巴哈台參贊大臣
和甯
景熠
麒麟保十月癸酉回京來靈喀喇沙爾辦事大臣
那清保七月壬寅卒常明庫車辦事大臣
富色鏗額十月癸酉回京永慈阿克蘇辦事大臣
伊崇阿正月壬寅召綳武布烏什辦事大臣
多山正月甲寅回京達慶葉爾羌辦事大臣
弘康
都爾嘉
福甯召十月癸酉策巴克駐藏辦事大臣

嘉慶十年乙丑
富俊
秀林
觀明
成寬
松筠
春甯

佛爾卿額
奇臣
玉衡四月庚辰福海庫倫辦事大臣
常安
恒博

果勒明阿九月丁卯降達慶塔爾巴哈台參贊大臣
和甯
景熠十二月壬寅明興哈密辦事大臣
來靈
常明三月壬寅來京阿爾綳額庫車辦事大臣
永慈
綳武布四月戊辰召晉昌烏什辦事大臣
達慶九月丁卯遷盛住葉爾羌辦事大臣
弘康三月丙戌遷繼善和闐辦事大臣
都爾嘉四月戊辰逮問玉甯西甯辦事大臣十月壬辰遷貢楚克扎布代
策巴克九月丁巳革十月壬辰玉甯駐藏辦事大臣

嘉慶十一年丙寅
富俊
秀林
觀明
成寬
松筠
春甯

佛爾卿額
奇臣十月乙巳解任和甯烏魯
福海
常安
恒博十月乙未免倭什布科布

達慶
和甯正月丁巳遷晉昌喀什噶
明興正月己巳議免成書哈密
來靈正月己巳回京玉慶喀喇
阿爾綳額正月丁巳遷廣厚庫
永慈遷九月己巳雅滿泰阿克
晉昌正月壬戌遷范建豐烏什
盛住
繼善五月戊辰來京永來和闐
貢楚克扎布十二月戊子恒博
玉甯

	嘉慶十二年丁卯	嘉慶十三年戊辰
	富俊	富俊
	秀林	秀林
	觀明	觀明
	成寬 九月辛庚戌晉昌烏里雅蘇召將軍	晉昌
	松筠	松筠
	春甯 八月辛丁酉來儀綏遠城將軍	來儀
	佛爾 卿額四月免癸未貢楚克扎布察哈爾都統八月 丙申革慶怡代	慶怡
木齊都統	和甯	和甯十月丙午召色克通阿烏
	福海	福海十一月辛卯綳武布庫倫
	常安 五月己酉回京祥保烏里雅蘇台參贊大臣	祥保閏五月己丑遷達祿烏里
多參贊大臣十一月癸丑革扎克塔爾代	扎克 塔爾	扎克塔爾十一月辛卯召策巴
	達慶 五月己未遷愛星阿塔爾巴哈台參贊大臣	愛星阿閏五月己丑議免祥保
爾參贊大臣	晉昌 九月庚戌遷范建豐喀什噶爾參贊大臣	范建豐六月庚申召積那堪喀
辦事大臣十一月庚申遷花尚阿代	花尚 阿	花尚阿十一月辛卯成德哈密
沙爾辦事大臣十一月遷十二月仍留	玉慶 五月查辦乙巳廣厚喀喇沙爾辦事大臣	廣厚十二月庚申遷那彥成喀
車辦事大臣	廣厚 五月乙巳遷公峩庫車辦事大臣	公峩辛正月乙卯來靈庫車辦
蘇辦事大臣	雅滿 泰	雅滿泰十月乙巳召那彥寶阿
辦事大臣	范建 豐九月庚戌遷玉德烏什辦事大臣	玉德六月戊午病免積拉堪烏
	盛住 九月庚戌遷高杞葉爾羌辦事大臣	高杞
辦事大臣	永來 二月戊子回京慶長和闐辦事大臣	慶長十月丙午召策巴克和闐
代	恒博 五月乙巳議免那彥成西甯辦事大臣	那彥成三月庚戌遷文孚西甯
	玉甯	玉甯十月乙巳回京文弼駐藏

	嘉慶十四年己巳	
	富俊	
	秀林十二月辛丑遷保吉林將軍	
	觀明三月己丑遷斌靜黑龍江將軍	
	晉昌三月己丑遷觀明烏里雅蘇台將軍	
	松筠三月己丑革晉昌伊犁將軍	
	來儀	
	慶怡	
魯木齊都統	色克通阿正月庚辰免興奎烏魯木齊都統	
辦事大臣	綳武布	
雅蘇台參贊大臣	達祿	
克科布多參贊大臣	策巴克九月壬午回京長齡科布多參贊大	臣
塔爾巴哈台參贊大臣	祥保	
什噶爾參贊大臣成林署	積拉堪四月戊戌召松筠喀什噶爾參贊大	臣六月丙午遷那彥成代十二月遷伊鏗額代
辦事大臣	成德	
喇沙爾辦事大臣	那彥成二月遷哈豐阿喀喇沙爾辦事大臣	十月辛丑遷色克通阿代
事大臣	來靈	
克蘇辦事大臣	那彥寶	
什辦事大臣庚申遷佛倫保代十一月阿爾松阿 代	阿爾松阿	
	高杞病免二月戊申那彥成葉爾羌辦事大	臣六月丙午遷伊鏗額代十二月壬辰遷貢楚克
辦事大臣十一月辛卯遷陽春和闐辦事大臣	陽春六月甲午遷台斐音和闐辦事大臣	事大臣
辦事大臣	文孚	
辦事大臣	文弼	

	嘉慶十五年庚午六月戊戌設熱河都	統	嘉慶十六年	辛未
	富俊八月己丑革觀明盛京將軍		觀明十二月	癸丑議免和甯盛京將軍
	賽沖阿		賽沖阿	
	斌靜		斌靜	
	觀明八月己丑遷溥慶烏里雅蘇台將	軍	溥慶	
	晉昌		晉昌	
	來儀		來儀閏三月	遷果勒豐阿綏遠城將軍
	積那堪六月戊戌熱河都統八月遷毓	秀代	毓秀	
	慶怡十二月遷興肇察哈爾都統		興肇七月乙	巳議免貢楚克扎布察哈爾都統成甯署八月壬
	興奎		興奎	
	綳武布二月戊戌降己亥台斐音庫倫	辦事大臣	台斐音	
	達祿七月癸酉革丙子溫春烏里雅蘇	台參贊大臣九月辛癸酉長齡代	長齡五月乙	未遷恩長烏里雅蘇台參贊大臣
	長齡九月癸酉遷策巴克科布多參贊	大臣	策巴克	
	祥保遷六月丁酉貢楚克扎布塔爾巴	哈台參贊大臣	貢楚克扎布	三月癸丑召那彥寶塔爾巴哈台參贊大臣十月
	伊鏗額七月癸酉革鐵保喀什噶爾參	贊大臣	鐵保遷九月	壬辰范建豐喀什噶爾參贊大臣
	成德		成德十月丙	辰召文弼哈密辦事大臣十二月丁巳德通代
	色克通阿二月己亥遷哈隆阿喀喇沙	爾辦事大臣	哈隆阿	
	來靈		來靈十月丙	辰召烏勒德呢庫車辦事大臣
	那彥寶七月丙子遷范建豐阿克蘇辦	事大臣	范建豐九月	壬辰遷瑚圖禮阿克蘇辦事大臣十月遷托雲泰
	阿爾松阿十月壬寅召伊沖阿烏什辦	事大臣	伊沖阿十月	丙辰遷愛星阿烏什辦事大臣
扎布代	貢楚克扎布六月丁酉遷鐵保葉爾羌	辦事大臣七月丙子遷那彥寶代	那彥寶三月	癸丑遷百祥葉爾羌辦事大臣
	台斐音二月己亥遷色克通阿和闐辦	事大臣五月辛未遷阿蘭保代	阿蘭保	
	文孚		文孚	
	文弼十月壬寅來京陽春保駐藏辦事	大臣	陽春保十月	免瑚圖禮駐藏辦事大臣

	嘉慶十七年壬申	嘉慶十八年癸酉
	和甯	和甯十二月議晉昌盛京將軍
	賽沖阿	賽沖阿四月戊午遷喜明吉林將軍
	斌靜	斌靜四月癸亥召富俊黑龍江將軍
	慶溥	慶溥
	晉昌	晉昌六月庚申召松筠兼任伊犂將軍
	果勒豐阿	果勒豐阿
	毓秀	毓秀八月壬子降高杞熱河都統九月乙巳毓秀署
子遷本智署	貢楚克札布	貢楚克札布
	興奎	興奎七月戊辰革長齡烏魯木齊都統九月壬辰遷晉昌代劉芬署十二月
	台斐音十月辛亥受代蘇沖阿庫倫辦事大臣	蘇沖阿
	恩長遷七月戊戌玉甯烏里雅蘇台參贊大臣	玉甯
	策巴克三月戊寅病免巴克垣科布多參贊大臣	巴克垣
丙辰遷伊沖阿代	伊沖阿	伊沖阿十一月壬午來京松福塔爾巴哈台參贊大臣
	范建豐七月戊戌革恩長喀什噶爾參贊大臣	恩長
	德通	德通
	哈隆阿	永芹
	烏勒德呢	烏勒德呢
代	托雲泰	托雲泰
	愛星阿	愛星阿十二月降西拉布烏什辦事大臣
	百祥	百祥
	阿蘭保十月壬子回京慶通和闐辦事大臣	慶通
	福克精阿	福克精阿
	瑚圖禮	瑚圖禮

	嘉慶十九年甲戌	嘉慶二十年乙亥
	晉昌	晉昌
	喜明二月辛亥降富俊吉林軍將	富俊
	富俊二月辛亥遷特依順保黑龍江將軍	特依順保
	慶溥十月乙丑遷伊沖阿烏里雅蘇台將軍	伊沖阿
	松筠	松筠十月己未召長齡伊犂將軍
	果勒豐阿	果勒豐額
	高杞二月丙午遷和甯熱河都統毓秀仍署閏四月甲子遷文甯代五月降和甯任	和甯
	貢楚克札布十二月壬申降祥保察哈爾都統	祥保
晉昌遷伊沖阿代	伊沖阿十二月丙午病免高杞烏魯木齊都統劉芬署	高杞
	蘇沖阿	蘇沖阿十月丁卯召長慶庫倫辦事大臣
	玉甯召二月己亥文凱烏里雅蘇台參贊大臣	文凱
	巴克坦卒二月壬寅巴綳布科布多參贊大臣	巴綳布
	松福	松福九月癸巳遷富僧德塔爾巴哈台參
	恩長十月壬申遷成甯喀什噶爾參贊大臣	成甯九月癸巳召松福喀什噶爾參贊大
	德通閏月甲子召慶長哈密辦事大臣	慶長十月丁卯召東林哈密辦事大臣
	永芹閏月庚辰瑚爾卿額喀喇沙爾辦事大臣	烏爾卿額九月癸巳遷額勒精布喀喇沙
	烏勒德呢四月己丑回京緒莊庫車辦事大臣	緒莊十月辛巳遷來靈庫車辦事大臣
	托雲泰四月甲戌革楊樹曾阿克蘇辦事大臣	楊樹曾三月丁亥調福昂阿克蘇辦事大
	西拉布	西拉布召十一月丁亥成甯烏什辦事大
	百祥二月己亥玉麟葉爾羌辦事大臣	玉麟
	慶通十二月癸酉貢楚克札布和闐辦事大臣	貢楚克札布九月癸巳遷西林布和闐辦
	福克精阿	福克精阿十月丁卯召來靈西甯辦事大
	瑚圖禮二月癸丑召喜明駐藏辦事大臣	喜明

	嘉慶二十一年丙子	嘉慶二十二年丁丑
	晉昌	晉昌二月乙丑遷富俊盛京將軍
	富俊	富俊二月乙丑遷松甯吉林將軍
	特依順保	特依順保
	伊沖阿	伊沖阿遷五月辛酉喜明烏里雅蘇台將軍
	長齡	長齡二月乙丑遷晉昌伊犂將軍高杞署
	勒果豐阿	果勒豐阿
	和甯七月丙辰遷慶祥熱河都統	慶祥四月壬辰遷慶溥熱河都統十一月乙丑遷伊
	祥保	祥保六月甲戌遷松筠察哈爾都統
	高杞	高杞二月乙丑遷劉芬兼署烏魯木齊都統四月壬
	長慶	長慶
	文凱	文凱
	巴綳布	巴綳布
贊大臣	富僧德十月庚寅降貢楚克札布塔爾巴哈台參贊大臣	貢楚克札布
臣	松福	松福
	東林	東林
爾辦事大臣十一月丁亥永芹代	永芹七月壬子回京啟祥喀喇沙爾辦事大臣	祥啟
	來靈	來靈
臣	福昂回京十月庚寅同興阿克蘇辦事大臣	同興
臣	成甯五月丁未遷成書烏什辦事大臣	成書
	玉麟	玉麟五月辛酉遷斌靜葉爾羌辦事大臣
事大臣	西林布	西林布
臣尋遷緒莊代	來靈二月戊寅甯松西甯辦事大臣	松甯二月乙丑遷玉麟駐藏辦事大臣
	喜明	喜明五月辛酉遷玉麟駐藏辦事大臣

嘉慶二十三年戊寅 嘉慶二十四年己卯
富俊九月戊午遷賽沖阿盛京將軍 賽沖阿九月癸酉遷松筠盛京將軍
松甯九月戊午遷富俊吉林將軍祿成署 富俊
特依順保十一月己亥遷松甯黑龍江將軍 松甯
喜明卒十一月己亥特依順保烏里雅蘇台將軍 特依順保
晉昌 晉昌
果勒豐阿十一月戊申革八十六綏遠城將軍丁亥松筠署十二月八十六遷 祿成代 祿成
沖阿代 伊沖阿遷九月戊午松甯熱河都統十一月己亥遷伊沖阿仍留 伊沖阿五月辛未病誠安熱河都統
松筠十月丁亥遷伊沖阿察哈爾都統十一月己亥留熱河慶溥代 慶溥
長高杞革慶祥代 慶祥 慶祥十一月丙戌遷貢楚克扎布烏魯
長慶十一月庚戌召巴彥圖庫倫辦事大臣 巴彥圖
文凱二月乙酉病免達祿烏里雅蘇台參贊大臣 達祿
巴綳布召十月辛巳富和科布多參贊大臣 富和
慶祥十一月丙戌伊犂參贊大臣
貢楚克扎布 貢楚克札布十一月乙丑召先福塔爾
松福十月辛巳召斌靜喀什噶爾參贊大臣 斌靜
東林九月戊申遷多山哈密辦事大臣 多山八月丁巳免福珠隆阿哈密辦事
祥啟 祥啟十一月乙丑召明叙喀喇沙爾辦
來靈 來靈十一月乙丑召崇安庫車辦事大
同興 同興三月丙申革伊鏗額阿克蘇辦事
成書十月辛巳遷巴哈布烏什辦事大臣 巴哈布
斌靜十月辛巳遷成書葉爾羌辦事大臣 成書
西林布 西林布
那爾松阿七月壬子召福甯西甯辦事大臣 福甯
玉麟 玉麟

嘉慶二十五年庚辰 道光元年辛巳
松筠四月己酉降松甯盛京將軍壬子富俯德署 盛京將軍 松穃
富俊 吉林將軍 富俊
松筠四月己酉遷奕顥黑龍江將軍壬子春盛保署 黑龍江將軍 奕顥
特依順保 烏里雅蘇將軍 特依
晉昌四月乙未回京慶祥伊犂將軍 伊犂將軍 慶祥
祿成 綏遠城將軍 祿成
誠安十一月癸酉遷松筠熱河都統 熱河都統 松筠
慶溥六月壬子遷富蘭察哈爾都統 察哈爾都統 富蘭
木齊都統 貢楚克扎布十月戊寅回京德英阿烏魯木齊都統 烏里木齊都統 德英
巴彥圖 庫倫辦事大臣 廣慶
達祿 烏里雅蘇台參贊大臣 達祿
富和 科布多參贊大臣 富和
慶祥 伊犂參贊大臣
巴哈台參贊大臣 先福回京十月庚辰百順塔爾巴哈台參贊大臣 塔爾巴哈台參贊大臣 百順
斌靜解任十一月丁卯武隆阿喀什噶爾參贊大臣 喀什噶爾參贊大臣改葉爾羌 武隆
大臣 福珠隆阿 哈密辦事大臣 福珠
事大臣 明叙 喀喇沙爾辦事大臣 明叙
臣 崇安 庫車辦事大臣 崇安
大臣 伊鏗額卒十一月辛未永明額阿克蘇辦事大臣 阿克蘇辦事大臣 永明
巴哈布 烏什辦事大臣 巴哈
成書十一月辛未穆通阿葉爾羌辦事大臣 葉爾羌辦事大臣改喀什噶爾領隊大臣 穆通
西林布 和闐辦事大臣 西林
福甯二月壬辰素納西甯辦事大臣 西甯辦事大臣 素納
玉麟十月戊子召文幹駐藏辦事大臣 駐藏辦事大臣 文幹

道光二年壬午 道光三
松穃 正月庚午遷晉昌盛京將軍 晉昌
富俊 六月己巳遷松穃吉林將軍 松穃九
奕顥 正月庚午遷松穃黑龍江將軍六月己巳遷德英阿代十二月庚申遷祿成代 祿成
順保 特依 順保正月庚午來京奕顥烏里雅蘇台將軍 奕顥六
慶祥 慶祥
祿成 十月辛酉遷德英阿綏遠城將軍 德英阿
五月己巳遷惠慶熱河都統 慶惠 五月丁亥議免廉善熱河都統七月丁未休成德 代十二月辛慶保代 廉善
富蘭 富蘭十
阿 德英 阿六月己巳阿英阿烏魯木齊都統 英惠
廣慶 廣慶
十月乙酉召八十烏里雅蘇台參贊大臣 八十 八十
富和 五月辛巳降那彥寶科布多參贊大臣 那彥寶
百順 卒十月辛酉特依順保塔爾巴哈台參贊大臣 特依順
阿 武隆 阿九月丙子遷秀堃喀什噶爾參贊大臣十一月 丙子遷布彥泰代十二月甲寅永芹代 永芹
隆阿 長慶 長慶十
明叙 五月戊戌解任六月癸丑永芹喀喇沙爾辦事大 臣十二月甲寅遷徐錕代 徐錕
崇安 崇安十
額 永明 額 永明額
布 巴哈 布五月癸卯回京徐錕烏什辦事大臣九月丙子 遷丁丑慶惠代 慶惠十
阿 穆通 阿 穆通阿
布 西林 布四月乙巳病免文鞫和闐辦事大臣十一月庚 子召秀堃代 秀堃十
八月庚辰降調仍留十月乙酉召松頲代 松頲 九月丙子武隆阿西甯辦事大臣 武隆阿
文幹 文幹七

年癸未　道光四年甲申　道光五年乙酉
晉昌　晉昌
月辛壬辰松筠吉林將軍富登額暫署　松筠二月丁酉遷富俊吉林將軍　富俊
祿成　祿成
月戊午來京果勒豐額烏里雅蘇台將軍　果勒豐額十二月癸未病免慶保烏　里雅蘇台將軍　慶保七月丁未病免德英阿烏
慶祥　慶祥九月甲辰來京德英阿署
德英阿　奕顯
慶保十二月癸未遷那清安熱河都　統　那清安
一月壬辰免瑚松額察哈爾都統　瑚松額　瑚松額七月丁未遷和世泰察
英惠　英惠
廣慶三月辛卯召松長庫倫辦事大　臣　松長
八十　八十
那彥寶三月壬辰召巴琫阿科布多　參贊大臣　巴琫阿
保五月辛巳遷哈爾祥阿塔爾巴哈台參贊大臣　哈爾祥阿九月辛巳彥德塔爾巴哈　台參贊大臣　彥德
永芹　永芹十月壬午卒慶祥喀什噶
月乙卯召恒敬哈密辦事大臣　恒敬　恒敬
徐錕　徐錕十月癸酉回京巴哈布喀
月乙卯召果良額庫車辦事大臣　果良額　果良額
十月乙卯召英桂阿克蘇辦事大臣　和桂十一月丙辰遷海齡阿克蘇辦　事大臣　海齡阿二月癸亥遷長清阿克
一月丁卯遷富緒烏什辦事大臣　富綸十一月丙辰免和桂烏什辦事　大臣　和桂十二月丙辰召慶廉烏什
穆通阿卒十一月乙未常德葉爾羌　辦事大臣　常德十二月丙辰召善登額葉
一月丁卯病免敦良和闐辦事大臣　敦良十一月乙未召奕湄和闐辦事　大臣　奕湄
五月辛巳來京松廷西甯辦事大臣七月壬午遷　穆蘭岱代　穆蘭岱　穆蘭岱
月辛巳松廷駐藏辦事大臣　松廷　松廷

道光六年丙戌　道光七
晉昌　晉昌閏
富俊　富俊七
祿成　祿成
里雅蘇台將軍九月甲辰調松筠署　德英阿七月丙午調九月癸卯格布　舍烏里雅蘇台將軍　格布舍
伊犁將軍十月庚辰長齡代署十一月壬午慶祥　遷長齡補　長齡七月乙巳差丁未德英阿署　德英阿
奕顯　奕顯閏
那清安五月乙巳遷明山熱河都統　戊戌遷慶惠代十一月庚寅卒昇寅代　昇寅七
哈爾都統　和世泰九月丁亥免博啓圖察哈爾　都統　博啓圖
英惠　英惠
松長六月甲寅病免樂善庫倫辦事　大臣　樂善
八十　八十
巴琫阿　巴琫阿
容安九
彥德　彥德十
爾參贊大臣穆克登布暫署　慶祥六月殉　武隆阿
恒敬　恒敬二
喇沙爾辦事大臣　巴哈布　巴哈布
果良額改瞽辦六月丙辰那彥寶庫　車辦事大臣　那彥寶
蘇辦事大臣　長清　長清
辦事大臣　慶兼十一月乙酉免多貴署烏什辦　事大臣　多貴二
爾羌辦事大臣　善登額殉　達凌阿
奕湄六月殉　成玉閏
穆蘭岱　穆蘭岱
松廷　松廷二

年丁亥　道光八年戊子
五月戊申遷奕顯盛京將軍　奕顯
月己未遷博啓圖吉林將軍　博啓圖
祿成四月甲申革果齊　斯歡署九月丙寅卒特依順保黑龍江將軍
十二月甲戌召彥德烏里雅蘇台將軍　彥德
德英阿
五月戊申遷昌晉綏遠城將軍　晉昌正月乙丑召果齊　斯歡綏遠城將軍四月甲申特依順保代九月丙
月辛酉病免那清安熱河都統癸亥遷英和熱河　都統　英和正月丙午差松筠　署八月己卯英和病免成格熱河都統
七月己未遷安福察哈爾都統福克精額署　安福
英惠
樂善
八十十月召慶山烏里　雅蘇台參贊大臣
十月辛卯回京額勒津科布多參贊大臣　額勒津
月甲子伊犂參贊大臣　容安
二月甲戌遷那彥寶塔爾巴哈台參贊大臣　那彥寶九月丙寅遷達　凌阿塔爾巴哈台參贊大臣
七月甲子喀什噶爾參贊大臣十一月乙巳免那　彥寶代　武隆阿正月癸亥仍爲　喀什噶爾參贊大臣
月丙辰遷丁巳恩銘哈密辦事大臣　恩銘
巴哈布八月丁亥遷福　緜喀喇沙爾辦事大臣
十一月丙午遷果良額署庫車辦事大臣　果良額三甲子福緜庫　車辦事大臣四月庚辰常格代
長清
月恒敬代七月甲子多貴仍任　多貴四月庚辰遷布彥　泰烏什辦事大臣
閏五月戊申署葉爾羌辦事大臣七月甲子恒敬　代　恒敬召四月庚辰札隆　阿葉爾羌辦事大臣
五月戊申署和闐辦事大臣七月乙丑果良額代　十月辛卯召多隆武代　多隆武八月丁亥遷德　惠和闐辦事大臣
四月己未假特依順保暫兼署西甯辦事大臣　穆蘭岱
月丁未遷惠顯駐藏辦事大臣　惠顯

道光九年己丑 道光十年庚寅
奕顥 奕顥三月乙巳召瑚松額盛京
博啟圖二月甲午遷瑚松額吉林將軍 瑚松額二月乙丑憂倭額泰暫
特依順保 特依順保三月乙卯遷富僧德
彥德 彥德十月壬寅召樂善烏里雅
德英阿六月甲戌卒玉麟伊犁將軍 玉麟
寅遷那彥寶代 那彥寶 那彥寶三月癸卯遷昇寅綏遠
成格十一月丁巳遷裕恩熱河都統 裕恩
安福六月丙子召福克精阿署察哈爾都統十二月丁亥補 福克精阿三月乙巳遷武忠額
英惠十一月丁巳召成格烏魯木齊都統 成格
樂善 樂善十月壬寅遷奕顥庫倫辦
慶山 慶山六月戊戌遷奕顥烏里雅
額勒津解任六月癸亥福綿科布多參贊大臣 福綿
容安 容安九月丁丑革布彥泰伊犁
達凌阿十二月戊寅遷巴哈布塔爾巴哈台參贊大臣 巴哈布
武隆阿正月辛酉召札隆阿署喀什噶爾參贊大臣 札隆阿
恩銘憂免八月甲子薩迎阿哈密辦事大臣乙酉遷穆馨阿代 穆馨阿五月丁丑召布彥泰哈
福綿六月癸亥遷棍楚克策楞喀喇沙爾辦事大臣慶山署八月己卯穆馨阿代 乙酉薩迎阿代 薩迎阿十一月壬午嵩孚喀喇
常格 常格
長清 長清
布彥泰正月辛酉遷常德烏什辦事大臣 常德
札隆阿正月辛酉遷璧昌署葉爾羌辦事大臣十二月補 璧昌
德惠十一月己未病免武隆阿和闐辦事大臣 武隆阿三月庚寅召誠端和闐
穆蘭岱 穆蘭岱八月辛卯卒布彥泰西
惠顯 惠顯十月癸卯召興科駐藏辦

道光十一年辛卯改喀什噶爾參贊大臣為葉爾羌參贊大臣喀什噶爾設領隊大臣 道光十二年
將軍富俊暫署 瑚松額 瑚松額三月
署三月乙巳福克精阿吉林將軍 福克精阿九月癸亥革寶興吉林將軍富俊署 寶興
黑龍江將軍伊勒通額護裕英署 富僧德 富僧德
蘇台將軍 樂善 樂善
玉麟 玉麟九月甲
城將軍 昇寅十二月乙酉遷彥德綏遠城將軍 彥德
裕恩病免八月壬寅保昌熱河都統 保昌
察哈爾都統 武忠額 武忠額
成格 成格
事大臣 奕顥八月乙巳免廉敬庫倫辦事大臣 廉敬
蘇台參贊大臣十月壬寅遷恩銘代 恩銘十二月戊子遷祿普烏里雅蘇台參贊大臣 祿普
福綿卒三月丙寅英惠科布多參贊大臣 英惠七月戊
參贊大臣 布彥泰 布彥泰遷二
巴哈布十月乙未召常德塔爾巴哈台參贊大臣 常德二月庚
札隆阿解任二月戊申璧昌喀什噶爾參贊大臣十月丁亥移葉爾羌璧昌葉爾羌參贊大臣 璧昌十月庚
密辦事大臣八月辛卯松廷代 松廷六月己丑病免敦良哈密辦事大臣 賽尚阿五月
沙爾辦事大臣 嵩孚二月丁酉病免額勒錦喀喇沙爾辦事大臣十月乙未召賽尚阿代 額勒錦
常格 常格
長清 長清十月庚
常德二月戊申遷奇成額烏什辦事大臣十月己丑遷常德代乙未遷薩迎阿代 薩迎阿九月
璧昌二月戊申遷常德葉爾羌辦事大臣十月己丑裁改領隊大臣額爾古倫任 額爾古倫
辦事大臣 誠端十月己丑遷常豐和闐辦事大臣 常豐
甯辦事大臣九月遷恆敬代 恆敬 恆敬十月庚
事大臣 興科 興科

壬辰 道光十三年癸巳
丁巳召奕顥署盛京將軍 奕顥四月戊申遷寶興盛京將軍
寶興四月戊申遷保昌吉林將軍
富僧德
樂善五月辛巳遷慶山烏里雅蘇台將軍
寅召特依順保伊犁將軍 特依順保
彥德
保昌四月戊申遷蘇成額熱河都統九月壬辰病免貴慶
武忠額十一月丙戌遷凱音布署察哈爾都統
成格
廉敬
祿普
申假鍾昌科布多參贊大臣十月卒十一月乙亥 阿勒精阿代十二月戊辰遷孝順岱代 孝順岱
月庚子常德伊犁參贊大臣 常德十一月己丑遷布彥泰伊犁參贊大臣
子遷布彥泰塔爾巴哈台參贊大臣 布彥泰十月己丑遷常德塔爾巴哈台參贊大臣
申召長清葉爾羌參贊大臣 長清
乙亥免麿福署哈密辦事大臣九月召壬申薩迎阿代 薩迎阿九月壬午遷興科哈密辦事大臣十月薩迎阿仍
額勒錦
常格七月癸未病免慶林庫車辦事大臣
申遷誠端阿克蘇辦事大臣 誠端九月壬午病免興德阿克蘇辦事大臣常恆代
壬申遷興德烏什辦事大臣 常恆九月丙戌遷興科代
額爾古倫正月癸巳假烏珍泰署喀什噶爾領隊大臣西
常豐
申假舒通阿西甯辦事大臣 舒通阿
興科正月召隆文駐藏辦事大臣

	道光十四年甲午	道光十五年乙未
	寶興	寶興正月丙戌遷奕經盛京將軍
	保昌	保昌正月丙戌遷蘇清阿吉林將軍二月戊午卒
	富僧德十二月己亥遷奕經黑龍江將軍	奕經正月丙戌遷保昌黑龍江將軍二月庚子奇
	慶山八月癸丑免武忠額烏里雅蘇台將軍	武忠額閏六月丁酉遷保昌烏里雅蘇台將軍
	特依順保	特依順保
	彥德	彥德
代十一月丁亥病免武忠額代	武忠額五月乙酉遷嵩溥熱河都統	嵩溥
	凱音布二月壬子差蘇勒通阿暫署	凱音布
	成格三月庚午遷長清烏魯木齊都統	長清十月己卯召富呢揚阿烏魯木齊都統
	廉敬遷十二月乙巳闊步通武庫倫辦事大臣	闊步通武
	祿普	祿普十月己卯召常明烏里雅蘇台參贊大臣
	孝順岱十二月辛丑免長明科布多參贊大臣	長明正月丙戌召富呢揚阿科布多參贊大臣十
	布彥泰四月壬子病免辛酉蘇清阿伊犂參贊大臣	蘇清阿正月丙戌遷奕山伊犂參贊大臣
	常德十一月丙子召棍楚克策楞塔爾巴哈台參贊大臣	棍楚克策楞
	長清三月庚午遷興德葉爾羌參贊大臣	興德
任	蘇迎阿	蘇迎阿十月己卯召特當阿哈密辦事大臣
	額勒錦	額勒錦十月己卯來京海亮喀喇沙爾辦事大臣
	慶林四月丙午遷多隆武代七月乙亥國椿庫車辦事大臣	國椿十月己卯召多歡庫車辦事大臣十二月丙
	常恒	常恒
	興科二月丙辰病免璧昌烏什辦事大臣九月丙戌遷舒凌阿代	舒凌阿正月乙酉卒岳良烏什辦事大臣
郎阿代	西郎阿	西郎阿閏十月己卯召壽昌喀什噶爾領隊大臣
	常豐十月壬辰召法豐阿和闐辦事大臣	法豐阿
	舒通阿	舒通阿
	隆文五月丙戌召文蔚駐藏辦事大臣	文蔚十二月甲戌遷慶祿駐藏辦事大臣

	道光十六年丙申	道光
	奕經九月己酉遷寶興盛京將軍奕顥署	奕顥
保昌仍任閏六月丁卯遷祥康代十二月甲申降樂善吉林將軍祥康暫署	樂善四月甲戌留京祥康仍署吉林將軍	祥康
明保暫署戊午保昌遷祥康代奇明保仍署閏六月丁卯祥康遷哈豐阿代奇明保仍署	哈豐阿	哈豐
	保昌	保昌
	特依順保	特依
	彥德	彥德
	嵩溥	嵩溥
	凱音布七月庚午遷樂善察哈爾都統	樂善
	富尼揚阿九月壬辰遷廉敬烏魯木齊都統	廉敬
	闊步通武二月丁卯免福瑛庫倫辦事大臣	福瑛
	常明	常明
月壬戌遷綂書代	綂書	綂書
	奕山	奕山
	棍楚克策楞	棍楚
	興德	興德
	特當阿	特當
	海亮	海亮
子賡福代	賡福	賡福
	常恒	常恒
	岳良	岳良
	壽昌免十二月壬子烏珍泰喀什噶爾領隊大臣	烏珍
	法豐阿	法豐
	德楞額三月癸卯西甯辦事大臣	德楞
	慶祿八月戊午遷關聖保駐藏辦事大臣	關聖

十七年丁酉	道光十八年戊戌
九月回京寶興盛京將軍	寶興閏四月己丑遷耆英盛京將軍
正月丙午補吉林將軍	祥康
阿	哈豐阿十一月丙寅陞見舒倫保署黑龍江將軍
	保昌
順保九月甲申召奕山署伊犂將軍	特依順保四月庚午留京奕山伊犂將軍
十一月乙酉陞見錫林署綏遠城將軍十二月庚午彥德遷棍楚克策楞代	棍楚克策楞
三月甲午遷耆英熱河都統	耆英閏四月己未遷惠吉熱河都統
七月壬午遷賽尚阿察哈爾都統	賽尚阿八月庚寅遷布彥泰察哈爾都統
	廉敬
	福瑛
	常明十月庚寅召盛貴烏里雅蘇台參贊大臣
	綂書十一月壬戌議免固慶科布多參贊大臣
	奕山四月庚午遷湍多布伊犂參贊大臣六月甲申遷關福代
克策楞十月己巳召關福塔爾巴哈台參贊大臣	關福六月甲申遷湍多布塔爾巴哈台參贊大臣
五月戊寅召恩特亨額葉爾羌參贊大臣	恩特亨額
阿十月己巳召固慶哈密辦事大臣	固慶十一月遷賡福哈密辦事大臣
	海亮七月辛亥革景和代十一月庚申成齡代
	賡福十月戊戌遷烏珍泰庫車辦事大臣十二月甲戌卒多歡代
十一月庚寅召璧昌阿克蘇辦事大臣	璧昌
	岳良十月庚寅召松林烏什辦事大臣齡山代
泰	烏珍泰十月戊戌遷富興阿喀什噶爾領隊大臣
阿	法豐阿六月辛未召興德和闐辦事大臣七月辛亥桂森代壬子免達
額八月丁巳遷蘇勒芳阿西甯辦事大臣	蘇勒芳阿十月庚寅召訥爾經額西甯辦事大臣
保	關聖保

	道光十九年己亥	道光二十年庚子
	耆英	耆英
	祥康	祥康四月己巳議免經額布吉林將軍祿普署九月壬寅遷升阿暫署甲辰惟勤署
	哈豐阿九月丁未遷棍楚克策楞黑龍江將軍	棍楚克策楞
	保昌八月庚午召廉敬烏里雅蘇台將軍	廉敬八月癸未遷德楞額烏里雅蘇台將軍
	奕山正月戊午憂關福署	奕山三月庚戌召布彥泰伊犂將軍關福署
	棍楚克策楞九月丁未遷德克金布綏遠城將軍	嵩溥六月丁卯休致色克精額綏遠城將軍十月乙亥休致奕湘代
	惠吉	恩銘正月戊戌病免勒精阿熱河都統二月遷訥爾經額代六月戊子遷瑚松額代
	布彥泰	布彥泰三月庚戌遷敬徵署察哈爾都統辛亥璧昌補十二月戊辰遷鐵麟代
	廉敬	惠吉
	福瑛	福瑛四月丙子召祥康庫倫辦事大臣
	盛貴	盛貴
	固慶	固慶
	關福	關福卒七月癸卯湍多布伊犂參贊大臣十月遷富興阿代十二月戊辰
	湍多布	湍多布七月癸卯遷花山太塔爾巴哈台參贊大臣乙亥遷湍多布仍任
	恩特亨額	恩特亨額十二月癸未遷圖明阿葉爾羌參贊大臣十二月辛未遷聯順代
	廣福十月辛卯召德全哈密辦事大臣	德全
	咸齡	咸齡革五月壬子常恒喀喇沙爾辦事大臣十一月辛卯遷聯順代
	多歡	多歡
	璧昌	璧昌遷三月壬子齡山阿克蘇辦事大臣十二月丙寅卒法福禮署辛酉常恒代
	齡山	齡山三月壬子遷成凱代十二月戊辰遷富興阿烏什辦事大臣甲申瑞元代
	富興阿	富興阿七月丁未遷花山太喀什噶爾領隊大臣
明阿代	達明阿	達明阿
	訥爾經額	訥爾經額遷二月丙寅法豐阿西寧辦事大臣
	關聖保十月辛卯召孟保駐藏辦事大臣	孟保

	道光二十一年辛丑	道光二十二年壬寅	道光二十三年癸卯
	耆英	耆英正月甲寅遷禧恩盛京將軍	禧恩
	經額布	經額布	經額布
	棍楚克策楞	棍楚克策楞	棍楚克策楞
	奕湘	奕湘	奕湘二月丁酉遷祿普烏里雅蘇台將軍奕興代三月乙丑桂輪代
	布彥泰	布彥泰	布彥泰
	色克精額四月甲辰遷五月壬午奕興綏遠城將軍	奕興	奕興
	瑚松額八月癸未病免桂輪熱河都統	桂輪	桂輪三月乙丑遷琦善熱河都統四月革薩迎阿熱河都統
	鐵麟	鐵麟	鐵麟
	惠吉	惠吉	惠吉四月甲戌病免惟勤烏魯木齊都統中福署十月丁未惟勤差中福仍署
	祥康	祥康六月辛卯病免文慶庫倫辦事大臣	文慶四月戊寅遷己卯鍾祥庫倫辦事大臣七月遷容照代
	盛貴	盛貴十一月丁未召樂斌烏里雅蘇台參贊大臣	樂斌
	固慶	固慶十一月丁未召果勒明阿科布多參贊大臣	果勒明阿
遷璧昌代	璧昌	璧昌三月丙子遷丁丑耆昌伊犂參贊大臣	耆昌十二月乙卯達洪阿伊犂參贊大臣
	湍多布	湍多布	湍多布
	圖明阿	圖明阿	圖明阿三月丙寅召聯順葉爾羌參贊大臣十月庚子免丁未輯瑞署戊申奕經代
	德全	德全	德全十月甲子召達洪阿哈密辦事大臣十二月乙卯遷丙辰瑞元哈密辦事大臣
	聯順	聯順	聯順三月丙寅遷全慶喀喇沙爾辦事大臣
	多歡十一月癸丑召扎拉芬泰庫車辦事大臣	扎拉芬泰	扎拉芬泰八月丙午遷常清庫車辦事大臣
	常恒	輯瑞七月庚戌阿克蘇辦事大臣	輯瑞
	瑞元	瑞元降十一月甲子賽什雅拉泰烏什辦事大臣	賽什雅拉泰四月己卯遷惟祿烏什辦事大臣
	花山太	花山太	花山太七月丁卯召開明阿喀什噶爾領隊大臣
	達明阿	達明阿	達明阿十月庚子解任奕山和闐辦事大臣
	法豐阿	法豐明	法豐阿閏七月丁巳召德興西甯辦事大臣
	孟保	孟保十一月丁未召海樸駐藏辦事大臣	海樸三月乙丑召孟保駐藏辦事大臣十月庚戌召琦善代

道光二十四年甲辰	道光二十五年
禧恩	禧恩九月丙戌
經額布	經額布
棍楚克策楞	棍楚克策楞
桂輪	桂輪
布彥泰	布彥泰十一月
奕興	奕興
薩迎阿	薩迎阿十一月
鐵麟正月癸巳憂祿普署察哈爾都統鐵麟尋回七月庚寅差阿彥泰署	鐵麟
惟勤	惟勤
容照	容照召正月丁
樂斌	樂斌
果勒明阿	果勒明阿
達洪阿十月壬戌病免癸亥舒興阿伊犂參贊大臣	舒興阿十一月
湍多布	湍多布
奕經十月戊申遷麟魁葉爾羌參贊大臣	麟魁十二月甲
瑞元五月庚寅遷鍾方代	鍾方
全慶十月戊申召瑞元喀喇沙爾辦事大臣	書元
常清十月戊申召扎拉芬泰庫車辦事大臣	扎拉芬泰正月
輯瑞	輯瑞正月乙酉
惟祿	惟祿
開明阿	開明阿
奕山	奕山十一月丙
德興	德興九月乙丑
琦善	琦善

乙巳	道光二十六年丙午	道光二十七年丁未
病免奕湘盛京將軍	奕湘	奕湘八月戊辰遷奕興盛京將軍
	經額布	經額布
	棍楚克策楞	棍楚克策楞十一月甲申卒英隆黑龍江將
	桂輪十一月甲申遷特依順烏里雅蘇台將軍	特依順
辛酉遷薩迎阿伊犂將軍	薩迎阿	薩迎阿
	奕興	奕興四月庚午遷英隆綏遠城將軍十一月
辛酉遷桂良熱河都統廣福署	桂輪	桂良
	鐵麟	鐵麟正月乙酉遷裕誠察哈爾都統
	惟勤	惟勤
亥麟慶庫倫辦事大臣三月癸未病免成凱代	成凱	成凱正月癸未遷豐仲庫倫辦事大臣十月
	樂斌五月己卯召麟魁烏里雅蘇台參贊大臣	麟魁八月甲子遷乙丑善靈烏里雅蘇台參
	果勒明阿四月庚戌解任瑞元科布多參贊大臣	瑞元
丙午遷奕山伊犂參贊大臣	奕山十二月庚申差繊昌署伊犂參贊大臣	奕山
	淵多布	淵多布正月癸未成凱塔爾巴哈台參贊大
午病免賽什雅拉泰葉爾羌參贊大臣	賽什雅拉泰	賽什雅拉泰卒八月己酉奕山葉爾羌參贊
	鍾方	鍾方十一月庚辰召慶昀哈密辦事大臣
	書元閏五月戊戌召舒精阿喀喇沙爾辦事大臣	舒精阿
乙酉遷德全丙戌庫車辦事大臣	德全	德全
召扎拉芬泰阿克蘇辦事大臣	扎拉芬泰十一月甲申遷舒精阿阿克蘇辦事大臣	舒興阿
	惟祿十一月甲申遷鍾翔烏什辦事大臣	鍾翔
	開明阿	開明阿十月壬申免繊書暫署喀什噶爾領
寅遷舒興阿和闐辦事大臣	舒興阿十一月甲申遷德勒克呢瑪和闐辦事大臣	德勒克呢瑪
召達洪阿西甯辦事大臣	達洪阿十二月甲子病免哈勒吉那西甯辦事大臣	哈勒吉那
	琦善十二月丙寅遷斌良駐藏辦事大臣	斌良

	道光二十八年戊申	道光二十九年己酉
	奕興	奕興
	經額布降十二月乙丑倭什訥吉林將軍	倭什訥
軍克興額署	英隆	英隆
	特依順十月庚申假車林多爾齊暫署	特依順保卒正月癸未奕格烏里雅蘇台將軍
	薩迎阿	薩迎阿
甲申遷成玉代盛勳署	成玉九月辛巳召盛壎署綏遠城將軍十一月甲午托明阿補	托明阿
	桂良二月己酉遷惠豐熱河都統	惠豐六月己丑遷繊書熱河都統庚寅遷惟勤代
	裕誠三月癸卯遷雙德察哈爾都統	雙德
	惟勤	惟勤六月庚寅遷繊書烏魯木齊都統
庚戌召玉明代	玉明	玉明
贊大臣	善靈	善靈
	瑞元十一月己卯召慧成科布多參贊大臣	慧成
	奕山三月庚辰仍任伊犂參贊大臣	奕山
臣	成凱	成凱十二月庚午召扎拉芬泰塔爾巴哈台參贊
大臣乙丑差吉明署	吉明三月庚辰補葉爾羌參贊大臣	吉明閏四月辛巳卒壬午德齡葉爾羌參贊大臣
	慶昀	慶昀
	舒精阿	舒精阿
	德全	德全十二月庚午召承芳庫車辦事大臣
	舒興阿	舒興阿十二月庚午召圖伽布阿克蘇辦事大臣
	鍾翔	鍾翔
隊大臣十一月乙巳錫拉布代	錫拉布	錫拉布十二月戊子休致
	德勒克呢瑪	德勒克呢瑪
	哈勒吉那	哈勒吉那
	斌良卒正月己丑穆騰額駐藏辦事大臣	穆騰額

	道光三十年庚戌		咸豐元年辛亥
	奕興	盛京將軍	奕興
	倭什訥五月癸丑遷固慶吉林將軍	吉林將軍	固慶
	英隆	黑龍江將軍	英隆
	奕格	烏里雅蘇台將軍	奕格
	薩迎阿十一月戊戌召奕山伊犂將軍	伊犂將軍	奕山
	托明阿	綏遠城將軍	托明阿
明訓署十月己丑召慶福署	惟勤	熱河都統	惟勤二月庚午
	雙德十二月癸亥解廣福署察哈爾都統	察哈爾都統	廣福二月庚午
	繊書	烏魯木齊都統	繊書十一月癸
	玉明	庫倫辦事大臣	玉明十一月癸
	善靈	烏里雅蘇台參贊大臣	善靈
	慧成十一月戊辰召瑞元科布多參贊大臣	科布多參贊大臣	瑞元
	奕山十一月戊戌遷布彥泰伊犂參贊大臣	伊犂參贊大臣	布彥泰
	扎拉芬泰	塔爾巴哈台參贊大臣	扎拉芬泰
大臣	德齡	葉爾羌參贊大臣	德齡
	慶昀	哈密辦事大臣	慶昀
	舒精阿	喀喇沙爾辦事大臣	舒精阿
	承芳	庫車辦事大臣	承芳
	圖伽布	阿克蘇辦事大臣	圖伽布
	鍾翔卒四月癸酉麟魁烏什辦事大臣	烏什辦事大臣	麟魁九月壬申
	特克興額正月甲辰喀什噶爾領隊大臣	喀什噶爾領隊大臣	
	德勒克呢瑪六月丁卯法福禮和闐辦事大臣	和闐辦事大臣	法福禮
	哈勒吉那七月己酉假薩炳阿兼署西甯辦事大臣	西甯辦事大臣	哈勒吉那十一
	穆騰額	駐藏辦事大臣	穆騰額

（上年續）	咸豐二年壬子
	奕興
	固慶
	英隆
	奕格四月癸卯覲車林多爾濟烏里雅蘇台將軍六月丙午留京扎拉芬泰補七月
	奕山
	托明阿
病免廣福熱河都統	廣福
遷恒春察哈爾都統八月戊辰遷布凌阿代	布凌阿
亥召樂斌署烏魯木齊都統	樂斌
亥召訥勒亨額庫倫辦事大臣	訥勒亨額
	善壽十二月己丑召哈勒吉那烏里雅蘇台參贊大臣
	瑞元
	布彥泰
	扎拉芬泰六月丙午遷豐伸塔爾巴哈台參贊大臣
	德齡
	慶昀十二月己丑召鍾芳哈密辦事大臣丁酉休致文蔚代
	舒精阿召十二月己亥文蔚喀喇沙爾辦事大臣戊戌遷文俊代
	承芳十二月己丑召赫特賀庫車辦事大臣
	圖伽布十二月己丑召倭什渾布阿克蘇辦事大臣
遷春熙烏什辦事大臣	春熙
	特克興額
	法福禮
月癸亥召阿彥達西甯辦事大臣十二月辛卯留京吳必溍代	吳必溍
	穆騰額六月壬寅召海枚駐藏辦事大臣

（上年續）	咸豐三年癸丑	咸豐四年甲寅
	奕興九月辛酉假書元署	奕興二月戊寅免癸巳英隆盛京將軍承志署
	固慶正月辛未免景溍吉林將軍	景溍
	英隆	英隆二月癸巳遷奕格黑龍江將軍
辛亥善壽署	扎拉芬泰	扎拉芬泰十月戊午遷奕興烏里雅蘇台將軍
	奕山	奕山十月戊午召扎拉芬泰伊犂將軍
	托明阿二月丁酉遷樂斌綏遠城將軍三月丙辰盛壎署八月己卯樂斌遷善祿代	善祿十一月戊子卒花山太綏遠城將軍
	廣福二月丁酉遷花山太熱河都統三月癸丑遷綸書熱河都統	綸書
	布凌阿三月差花山太署察哈爾都統	花山太十一月戊午遷穆隆阿署察哈爾都統
	樂斌二月丁酉遷廣福烏魯木齊都統	廣福
	訥勒亨額	訥勒亨額十月己未明誼庫倫辦事大臣
	哈勒吉那	哈勒吉那
	瑞元正月癸卯景亮科布多參贊大臣七月壬子特克慎代	特克慎
	布彥泰九月己未召圖伽布伊犂參贊大臣	圖伽布
	豐伸正月丁卯遷色克通額塔爾巴哈台參贊大臣	色克通額二月庚辰保恒塔爾巴哈台參贊大臣
	德齡正月壬戌議處丁卯降豐伸葉爾羌參贊大臣	豐伸正月癸丑常清葉爾羌參贊大臣
	文蔚三月丁卯遷崇恩代壬申遷明誼代	明誼十月己未遷色克通阿哈密辦事大臣
	文俊正月壬申遷玉通喀喇沙爾辦事大臣	玉通
	赫特賀五月戊午遷常清庫車辦事大臣九月丁卯遷烏爾精阿代	烏爾精阿
	倭什渾布	倭什渾布閏月戊寅遷謙亨阿克蘇辦事大臣
	春熙	春熙二月癸未遷保恒烏什辦事大臣
	特克興額九月丁卯免常清喀什噶爾辦事大臣	常清正月癸丑遷扎拉芬泰喀什噶爾辦事大臣
	法福禮九月己未遷麟翔和闐辦事大臣	麟翔
	吳必溍	吳必溍九月戊寅免東純西甯辦事大臣易棠署
	海枚三月丁卯文蔚駐藏辦事大臣五月戊午遷赫特賀代	赫特賀

（上年續）	咸豐五年乙卯
	英隆十二月己巳遷奕湘盛京將軍
	景溍
	奕格十二月丁未病免奕山黑龍江將軍
	奕興九月乙丑病免奕湘烏里雅蘇台將軍哈勒吉
	扎拉芬泰
	花山太二月乙卯病免慶如綏遠城將軍十二月乙
	綸書五月丙子免柏葰熱河都統十二月乙巳遷英
	穆隆阿
	廣福八月甲午病免恒綸烏魯木齊都統十月丙申
	明誼九月壬戌遷色克通阿庫倫辦事大臣
	哈勒吉那
	特克慎十一月丙戌召麟翔科布多參贊大臣
	圖伽布十一月丙戌召謙亨伊犂參贊大臣
英俊署癸未保恒遷春熙代八月己亥假英秀署癸亥春熙卒舒興阿代十月戊午遷秀英代	英秀九月壬戌召明誼塔爾巴哈台參贊大臣
	常清
	色克通阿二月壬戌憂免存誠哈密辦事大臣
	玉通
	烏爾精阿
	謙亨十月丙申遷海樸阿克蘇辦事大臣
	保恒
七月乙未遷舒興阿代閏月戊寅倭什渾布代	倭什渾布十月丙申遷謙亨喀什噶爾辦事大臣十
	麟翔十一月丙戌遷慶英和闐辦事大臣
十月癸丑薩勒杭阿署	東純
	赫特賀

咸豐六年丙辰　咸豐七年丁巳　咸
奕湘正月丙子承志署盛京將軍三月己未病免慶祺代　慶祺二月辛卯假承志署六月慶祺回任　慶
景淳　景淳　景
奕山　奕山　奕
那署十二月乙巳慶如代　慶如　慶如　慶
扎拉芬泰十月壬子召常清伊犂將軍　常清四月癸卯遷扎拉芬泰伊犂將軍　扎
巳成凱代丙午德陞署　成凱　成凱　成
隆熱河都統　英隆　英隆　英
穆隆阿　西凌阿三月仍回任　西
召倭什渾布代　倭什渾布　倭什渾布　倭
色克通阿　色克通阿　色
哈勒吉那六月己丑免玉通烏里雅蘇台參贊大臣　玉通　玉
麟翔　麟翔　麟
誠亨十二月甲辰病免法福禮伊犂參贊大臣　法福禮　法
明誼　明誼　明
常清十月壬子遷慶英葉爾羌參贊大臣　慶英　慶
存誠　存誠　存
玉通六月己丑遷裕瑞喀喇沙爾辦事大臣十二月乙巳遷奎棟代　奎棟　奎
烏爾精阿十月壬子召慶固庫車辦事大臣十二月己亥遷特克慎代　特克慎　特
海樸　海樸　海
保恒　保恒　保
一月丙戌遷文元代　文元十二月乙巳病免裕瑞喀什噶爾辦事大臣　裕瑞　裕
慶英十月壬子遷培成和闐辦事大臣　培成　培
東純九月壬午遷圖伽布西甯辦事大臣　圖伽布　圖
赫特賀　赫特賀閏月乙未病免滿慶駐藏辦事大臣　滿

豐八年戊午　咸豐九年己未　咸豐十年庚申
祺六月己酉召玉明署盛京將軍　玉明　玉明八月己卯入衛倭仁署盛京
淳　景淳正月丙子召特普欽署吉林將軍景淳尋回任　景淳
山　奕山五月乙酉革留八月庚子召特普欽署黑龍江將軍　特普欽
如　慶如十月戊辰召明誼烏里雅蘇台將軍　明誼六月平瑞署烏里雅蘇台將
拉芬泰　扎拉芬泰　扎拉芬泰卒七月己酉常清伊犂
凱　成凱　成凱八月己卯入衛德勒克多爾
隆五月乙亥遷常清熱河都統　常清　常清二月己未遷春佑熱河都統
凌阿三月乙酉差慶昀署察哈爾都統　慶昀　慶昀
什渾布十月辛酉召圖伽布烏魯木齊都統慶英署　圖伽布　圖伽布二月己未遷常清烏魯木
克通阿　色克通阿　色克通阿十月乙酉免十一月甲
通　玉通九月壬辰遷平瑞烏里雅蘇台參贊大臣　平瑞
翔十月辛酉召達綏科布多參贊大臣　達綏卒九月壬辰玉通科布多參贊大臣　玉通十一月甲午召錫霖科布多
福禮　法福禮十月壬戌召景廉伊犂參贊大臣　景廉
誼　明誼十月壬戌遷明玉塔爾巴哈台參贊大臣　明玉
英十月辛酉召裕瑞葉爾羌參贊大臣　裕瑞十二月壬寅遷英蘊葉爾羌參贊大臣　英蘊
誠九月辛巳遷多慧哈密辦事大臣　多慧　多慧九月乙卯遷穆格哈密辦事
棟十一月丙戌病免興泰喀喇沙爾辦事大臣　興泰　興泰九月乙卯遷依奇哩喀喇沙
克慎　特克慎　特克慎十一月甲午召景紋庫車
樸　海樸三月甲午病免綿性阿克蘇辦事大臣　綿性
恒　保恒四月己亥病免德通烏什辦事大臣文藝署文興代　、德通
瑞十月辛亥遷固慶喀什噶爾辦事大臣　固慶七月甲申病免奎英喀什噶爾辦事大臣　奎英
成　培成十月壬戌召約遷和闐辦事大臣　約遷正月丙子病免常亮和闐辦
伽布十月遷福濟西甯辦事大臣　福濟　福濟六月丙子遷文俊西甯辦事
慶　滿慶十月壬戌召崇實駐藏辦事大臣　崇實

咸豐十一年辛酉
將軍玉明十月回任　玉明
景淳改名景綸
特普欽
軍明誼尋回任　明誼
將軍　常清
濟署綏遠城將軍成凱尋回任　成凱四月卒德勒克多爾濟綏遠城將軍
春佑
慶昀
齊都統閏三月癸酉圖伽布卒法福禮署業普冲額暫署七月己酉遷法福禮代　法福禮十一月丙戌召平瑞烏魯木齊都統
午景紋庫倫辦事大臣　色克通阿
平瑞十一月丁亥遷麟興烏里雅蘇台參贊大臣
參贊大臣　錫霖十一月丁亥召廣鳳科布多參贊大臣
景廉
明玉
英蘊
大臣　穆格十一月丁亥召興泰哈密辦事大臣
爾辦事大臣　依奇哩
辦事大臣　景紋七月庚戌遷薩凌阿七月辛亥庫車辦事大臣
綿性六月甲戌解任奎棟阿克蘇辦事大臣
德通
奎英
事大臣　常亮
大臣九月乙卯留京多慧代　多慧
崇實十月丁丑遷景紋駐藏辦事大臣

	同治元年壬戌	同治二年癸亥
盛京將軍	玉明	玉明
吉林將軍	景綸	景綸
黑龍江將軍	特普欽	特普欽
烏里雅蘇台將軍	明誼四月乙亥差麟興署烏里雅蘇台將軍明誼尋回任	明誼
伊犂將軍	常清	常清
綏遠城將軍	德勒克多爾濟	德勒克多爾濟
熱河都統	春佑十月甲午遷瑞麟熱河都統	瑞麟五月壬戌遷麒慶熱河都統
察哈爾都統	慶昀	慶昀二月癸巳遷阿克敦布察哈爾都統
烏魯木齊都統	平瑞	平瑞
庫倫辦事大臣	色克通阿四月免癸丑特克愼庫倫辦事大臣	特克愼八月丙子免文盛庫倫辦事大臣
烏里雅蘇台參贊大臣	麟興	麟興
科布多參贊大臣	廣鳳	廣鳳
伊犂參贊大臣	景廉四月壬申遷明緒伊犂參贊大臣	明緒
塔爾巴哈台參贊大臣	明玉四月壬申遷奎棟塔爾巴哈台參贊大臣十月丁未召錫霖代	錫霖
葉爾羌參贊大臣	英蘊四月壬申免景廉葉爾羌參贊大臣未任奎棟仍署	奎棟
哈密辦事大臣	興泰十月丁未召文祥哈密辦事大臣	文祥
喀喇沙爾辦事大臣	依奇哩	依奇哩
庫車辦事大臣	薩凌阿	薩凌阿
阿克蘇辦事大臣	奎棟四月壬申遷崇恩阿克蘇辦事大臣福珠哩署	福珠哩
烏什辦事大臣	文興七月乙酉降奕慶烏什辦事大臣未任文興仍任	奕慶六月丙申免明慶烏什辦事大臣未任文興仍任
喀什噶爾辦事大臣	奎英	奎英二月丙申嚴議壬子常明喀什噶爾辦事大臣未任
和闐辦事大臣	常亮七月戊戌免奎章和闐辦事大臣未任慶英署	慶英
西甯辦事大臣	多慧二月壬申革癸亥毓科西甯辦事大臣七月乙巳病免玉通代	玉通
駐藏辦事大臣	景紋	景紋

同治三年甲子	同治四年乙丑
玉明	玉明七月己丑免恩合署盛京將軍十二月乙卯革都興阿代
景綸十二月壬申革十二月己丑皂保署	皂保閏五月己丑免恩合志吉林將軍七月己丑調皂保仍署九月丁丑德英代
特普欽	特普欽
明誼	明誼
常清十月辛未革明緒伊犂將軍	明緒
德勒克多爾濟	德勒克多爾濟
麒慶	麒慶
阿克敦布	阿克敦布
平瑞九月辛丑殉十月戊寅保恒署烏魯木齊都統	保恒二月卒
文盛	文盛
麟興	麟興
廣鳳	廣鳳
明緒十月辛未遷聯捷伊犂參贊大臣	聯捷十月戊申遷榮全伊犂參贊大臣
錫霖	錫霖正月殉六月壬寅武隆額署塔爾巴哈台參贊大臣
奎棟十月殉景廉癸巳革武隆額葉爾羌參贊大臣	武隆額六月壬寅遷額騰額葉爾羌參贊大臣未任
文祥六月戊寅遷保恒哈密辦事大臣	札克通阿二月己卯哈密辦事大臣
依奇哩六月殉戊寅文永庫車辦事大臣	
薩凌阿五月殉	
福珠哩六月殉	
文興六月殉	
奎英九月殉	
慶英六月殉	
玉通	玉通
景紋	景紋

同治五年丙寅	同治六年丁卯十一月設布倫托海辦事大
都興阿	都興阿
德英二月壬子富明阿吉林將軍	富明阿
特普欽	特普欽十月甲午病免德英署黑龍江將軍
明誼正月戊申病免己酉德勒克多爾濟烏里雅蘇台將軍麟興署	麟興
明緒正月壬午殉五月榮全署伊犂將軍乙亥李雲代辦	榮全
德勒克多爾濟六月己酉遷福興綏遠城將軍	福興二月假桂成署四月庚子福興病免裕
麒慶	麒慶
阿克敦布五月甲戌遷福興察哈爾都統六月己酉色爾固善代廉至署九月戊寅色爾固善憂裕瑞署	色爾固善十月卒文盛察哈爾都統杜嘎爾
文盛	文盛十月遷張廷岳庫倫辦事大臣
麟興	麟興四月乙巳遷榮全烏里雅蘇台參贊大
廣鳳五月甲戌病免奎昌署科布多參贊大臣	奎昌
榮全	榮全
武隆額二月殉五月甲戌德興阿塔爾巴哈台參贊大臣李雲麟署	李雲麟十一月遷
文麟八月丙辰丁憂改署	文麟
玉通	玉通
景紋	景紋

前表續	同治七年戊辰	同治八年己巳	同治九年庚午	同治十年辛未	同治十一年壬申	同治十二年癸酉	同治十三年甲戌
臣初任李雲麟八年裁	都興阿召奕榕署盛京將軍十月勘邊額勒和布暫署都興阿回任	都興阿	都興阿	都興阿	都興阿	都興阿	都興阿
	富明阿	富明阿	富明阿九月乙酉病免奕榕吉林將軍毓福署	奕榕	奕榕	奕榕	奕榕
	德英	德英	德英	德英五月壬戌憂克托克湍署黑龍江將軍德英尋回任	德英	德英	德英卒正月癸酉豐紳黑龍江將軍依克
	麟興	麟興四月乙巳革福濟烏里雅蘇台將軍	福濟	福濟四月壬戌革金順烏里雅蘇台將軍	金順未任奎昌署八月癸酉金順免長順署烏里雅蘇台將軍	長順	長順四月壬辰革額勒和布烏里雅蘇台
	榮全	榮全	榮全	榮全	榮全	榮全	榮全
瑞綏遠城將軍桂成仍署	裕瑞卒正月丁卯定安綏遠城將軍	定安	定安	定安	定安	定安	定安七月乙丑病免善慶綏遠城將軍
	麒慶十二月戊辰免慶春熱河都統魁聯署	慶春九月乙酉遷庫克吉泰熱河都統	庫克吉泰	庫克吉泰	庫克吉泰	庫克吉泰卒四月己巳瑞聯熱河都統	瑞聯
兼署	文盛	文盛	文盛	文盛五月癸丑病免額勒和布察哈爾都統	額勒和布	額勒和布十二月辛卯差慶春署察哈爾都統奎昌暫署	額勒和布四月壬辰遷慶春察哈爾都統
				景廉癸酉烏魯木齊都統	景廉	景廉	景廉
	張廷岳	張廷岳	張廷岳	張廷岳	張廷岳	張廷岳	張廷岳十二月甲戌卒志剛庫倫辦事大
臣	榮全	榮全	榮全	榮全十一月辛丑志剛署烏里雅蘇台參贊大臣	志剛	志剛五月病免文奎烏里雅蘇召參贊大臣十二月丁亥嚴議杜嘎爾署	杜嘎爾
	奎昌	奎昌	奎昌九月辛卯召瑛啟科布多參贊大臣	瑛啟病免九月庚寅長順科布多參贊大臣	長順八月癸申遷托倫布署科布多參贊大臣	托倫布	托倫布
				富和十一月癸卯塔爾巴哈台參贊大臣	富和	富和三月庚子差英廉塔爾巴哈台參贊大臣	英廉
	玉通	玉通	玉通卒正月己丑豫師西甯辦事大臣	豫師	豫師	豫師	豫師
	景紋	恩麟	恩麟	恩麟	恩麟	恩麟七月壬戌議處癸亥承繼駐藏辦事大臣	承繼卒九月癸卯松溎駐藏辦事大臣

阿唐署
將軍

臣

光緒元年乙亥

官	光緒元年乙亥
盛京將軍	都興阿 正月入覲，志和署盛京將軍。二月庚午都興阿卒，己卯崇實署
吉林將軍	奕榕 六月革，穆圖善署吉林將軍
黑龍江將軍	豐紳
烏里雅蘇台將軍	額勒和布
伊犁將軍	榮全
綏遠城將軍	善慶
熱河都統	瑞聯
察哈爾都統	慶春
烏魯木齊都統	景廉 三月丙寅遷，金順烏魯木齊都統
庫倫辦事大臣	志剛
烏里雅蘇台參贊大臣	杜嘎爾
科布多參贊大臣	托倫布
伊犁參贊大臣	
塔爾巴哈台參贊大臣	英廉
葉爾羌參贊大臣	
哈密辦事大臣	文麟
喀喇沙爾辦事大臣	
庫車辦事大臣	
阿克蘇辦事大臣	
烏什辦事大臣	
喀什噶爾辦事大臣	
和闐辦事大臣	
西寧辦事大臣	豫師
駐藏辦事大臣	松溎

光緒二年丙子

崇實 十月庚辰卒，崇厚署盛京將軍，岐元兼署
穆圖善 四月庚辰革，古尼音布署吉林將軍
豐紳
額勒和布
榮全 十月乙卯召，金順伊犁將軍
善慶 十月甲寅遷，慶春綏遠城將軍
瑞聯 十月甲寅遷，延煦熱河都統
慶春 十月甲寅遷，瑞聯察哈爾都統
金順 十月乙卯遷，英翰烏魯木齊都統
志剛
杜嘎爾
托倫布 閏五月乙丑病免，保英科布多參贊大臣

英廉

文麟卒 閏五月乙亥，明春哈密辦事大臣

豫師
松溎

光緒三年丁丑

崇厚
古尼音布 四月甲辰免，銘安署吉林將軍
豐紳
額勒和布 七月乙丑病免，恒訓烏里雅蘇台將軍 八月庚寅遷，春福代
金順
慶春 四月壬辰遷，瑞聯綏遠城將軍
延煦
瑞聯 四月壬辰遷，春福察哈爾都統 八月遷，穆圖善代
英翰
志剛
杜嘎爾
保英

英廉 十月己酉召，錫綸塔爾巴哈台參贊大臣

明春

豫師
松溎

光緒四年戊寅

崇厚 五月辛未召，岐元兼署盛京將軍
銘安 十月戊戌差，崇綺暫署吉林將軍，銘安尋回
豐紳
春福
金順
瑞聯
延煦
穆圖善
英翰 正月壬戌卒，豫師署烏魯木齊都統，金運昌暫護。十月乙未豫師病免 恭鏜署
志剛 三月己未病免，英奎庫倫辦事大臣
杜嘎爾
保英 七月甲寅病免，清安科布多參贊大臣

錫綸

明春

豫師 正月壬戌遷。三月辛亥裕福署西寧辦事大臣。十月丙申喜昌代
松溎

光緒五年己卯

岐元
銘安
豐紳 十月丁亥遷，希元黑龍江將軍，未 任豐紳未卸
春福 十一月庚午召，吉和烏里雅蘇台 將軍
金順
瑞聯 十一月丁亥遷，豐紳綏遠城將軍
延煦 五月壬辰病免，癸巳崇綺熱河都 統
穆圖善 六月己未遷，景豐察哈爾都統 十月戊午遷，祥亨代
恭鏜
英奎卒 四月乙卯，文格庫倫辦事大臣 五月庚申免，辛酉奕榕代
杜嘎爾
清安

錫綸

明春

喜昌
松溎 十一月庚午召，色楞額駐藏辦事 大臣

光緒六年庚辰

岐元
銘安
希元 二月癸亥召，定
吉和 六月丙午留京
金順
豐紳
崇綺
祥亨
恭鏜
奕榕
杜嘎爾 六月丙午遷
清安

錫綸

明春

喜昌 六月丁未遷，福
色楞額

安黑龍江將軍
杜嘎爾烏里雅蘇台將軍
喜昌烏里雅蘇台參贊大臣七月甲午差桂祥署
錫署西甯辦事大臣

光緒七年辛巳
岐元六月辛卯入覲恩福暫署七月戊辰遷崇綺盛京將軍
銘安
定安十二月丙寅病免文緒署黑龍江將軍
杜嘎爾
金順
豐紳
崇綺七月戊辰遷額勒和布熱河都統
祥亨八月戊辰遷譴禧察哈爾都統
恭鏜
奕榕四月己亥召喜昌庫倫辦事大臣
桂祥
清安
升泰五月丙子伊犁參贊大臣
錫綸
明春
福錕
色楞額

光緒八年壬午
崇綺
銘安
文緒
杜嘎爾
金順
豐紳
額勒和布
譴禧十一月乙酉召吉和察哈爾都統
恭
喜昌
桂祥
清安
升泰
錫綸
明春
福錕正月辛亥遷李慎西甯辦事大臣
色楞額

光緒九年癸未
崇綺十二月戊辰病免裕慶盛京將軍
銘安二月甲戌病免希元吉林將軍玉亮署
文緒
杜嘎爾
金順
豐紳
額勒和布二月甲寅遷恩熱河都統九月卒丁未繼格代華富暫護
吉和十月乙亥永德暫署察哈爾都統十二月丁巳吉和遷祺紹代
恭鏜十一月乙未遷長順烏魯木齊都統
喜昌二月己卯病免庚辰祥桂庫倫辦事大臣
祥桂二月庚辰遷恒明烏里雅蘇台參贊大臣
清安
升泰
錫綸
明春
李慎
色楞額

光緒十年甲申十月壬申裁烏魯木齊都統伊犁參贊大臣哈密喀喇
裕慶
希元
緒文
杜嘎爾
金順
豐紳閏五月丁卯遷克蒙額綏遠城將軍
繼格四月戊午遷譴禧熱河都統
祺紹
長順二月己酉假升泰署烏魯木齊都統八月己卯長順遷仍升泰署
祥桂
恒明
清安八月癸巳沙克都林扎布科布多參贊大臣
錫綸
明春
李慎
色楞額

光緒十一年乙酉
裕慶
希元
文緒
杜嘎爾
金順八月庚午召錫綸署伊犁將軍
克蒙額
譴禧
祺紹
祥桂十一月丙辰革色楞額庫倫辦事大臣
恒明十一月甲辰召祥麟烏里雅蘇台參贊大臣
沙克都林扎布
錫綸八月庚午遷明春署塔爾巴哈台參贊大臣
李慎
色楞額十一月丙辰遷文碩駐藏辦事大臣
沙爾庫車烏什阿克蘇烏什葉爾羌和闐等處辦事大臣

光緒十二年丙戌
裕慶
希元
文緒五月丙午病免恭鏜黑龍江將
杜嘎爾
錫綸八月辛酉色楞額伊犁將軍
克蒙額
譴禧
祺紹三月戊寅遷己卯托倫布察哈
色楞額八月辛酉遷安德庫倫辦事
祥麟
沙克都林扎布
明春三月癸丑病免春滿塔爾巴哈
李慎十月辛巳憂福裕署西甯辦事
文碩

	光緒十三年丁亥	光緒十四年戊子	光緒十五年己丑
	慶裕	慶裕	慶裕七月壬子病免
	希元	希元四月己酉遷長順吉林將軍	長順
軍七月壬寅祿彭護	恭鏜	恭鏜	恭鏜正月遷依克唐
	杜嘎爾	杜嘎爾	杜嘎爾卒四月戊寅
	色楞額	色楞額	色楞額
	克蒙額	克蒙額	克蒙額
	謙禧	謙禧	謙禧
爾統都	托倫布	托倫布	托倫布十一月辛酉
大臣	安德	安德	安德
	祥麟	祥麟	祥麟
	沙克都林扎布	沙克都林扎布	沙克都林扎布十二
台參贊大臣	春滿九月免額爾慶額署 塔爾巴哈台參贊大臣	額爾慶額	額爾慶額
大臣		李慎正月丁卯病免戊 辰薩凌阿西甯辦事大臣	薩凌阿
	文碩	文碩正月癸酉召長庚 駐藏辦事大臣	長庚

	光緒十六年庚寅	光緒十七年辛卯
甲寅裕祿盛京將軍	裕祿	裕祿
	長順	長順
阿黑龍江將軍	依克唐阿	依克唐阿
托克湍烏里雅蘇台將軍	托克湍	托克湍六月辛酉革永德烏里雅蘇台將軍崇歡暫
	色楞額卒五月乙亥長庚伊犂將軍富勒銘額暫護	長庚
	克蒙額	克蒙額
	謙禧卒五月丙戌德福熱河都統恩良暫署	德福十一月丁丑免奎斌熱河都統廷雍暫護
免甲子奎斌察哈爾都統	奎斌	奎斌十一月丁丑遷德銘察哈爾都統
	安德	安德
	祥麟二月丁酉遷戊戌崇歡烏里雅蘇台參贊大臣	崇歡
月甲戌遷雙壽科布多參贊大臣未任	雙壽	雙壽卒二月癸未魁福科布多參贊大臣
	額爾慶額	額爾慶額
	薩凌阿	薩凌阿二月甲申憂奎順暫署西甯辦事大臣
	長庚五月乙亥遷升泰駐藏辦事大臣	升泰

	光緒十八年壬辰	光緒十九年癸巳	光緒二十年甲午
	裕祿	裕祿	裕祿
	長順	長順	長順九月癸卯出師奉天恩澤署吉林
	依克唐阿	依克唐阿	依克唐阿七月出師增祺署黑龍江將
署	永德	永德	永德七月丙申召崇歡暫署烏里雅蘇
	長庚	長庚	長庚
	克蒙額	克蒙額	克蒙額十二月甲寅降永德綏遠城將
	奎斌	奎斌卒六月丙辰廷雍署熱河都統	慶裕八月癸亥遷崇禮熱河都統
	德銘	德銘	德銘
	安德	安德	安德
	崇歡	崇歡	崇歡十一月庚辰遷志銳烏里雅蘇台
	沙克都林扎布	沙克都林扎布	
	額爾慶額	額爾慶額卒四月癸酉富勒銘額塔爾巴哈台參 贊大臣	富勒銘額
	薩凌阿九月乙未病免奎順西甯辦事大臣	奎順	奎順
	升泰卒九月甲辰奎煥駐藏辦事大臣	奎煥	奎煥

	光緒二十一年乙未	光緒二十二年丙申
	裕祿八月癸巳遷依克唐阿盛京將軍	依克唐阿
將軍	恩澤十月卯長順任	長順四月庚午病免壬申延茂署吉林將軍
軍十月壬戌依克唐阿革乙丑恩澤補增祺仍署	增祺十月卯恩澤黑龍江將軍	恩澤
台將軍十一月庚辰永德留京崇歡補	崇歡	崇歡
	長庚	長庚
軍	永德	永德
	崇禮八月丁亥病免癸巳壽蔭熱河都統	壽蔭
	德銘	德銘十一月丁巳病免己未祥麟察哈爾都統
	安德七月丁未免桂斌庫倫辦事大臣	桂斌九月癸卯召連順庫倫辦事大臣
參贊大臣	志銳	志銳
		魁福七月己亥病免連順科布多參贊大臣九月癸卯
	富勒銘額	富勒銘額
	奎順	奎順
	奎煥	奎煥二月壬申免乙亥文海駐藏辦事大臣

	光緒二十三年丁酉	光緒二十四年戊戌	光緒二十五年己亥
	依克唐阿	依克唐阿	依克唐阿正月戊寅卒文興兼
	延茂	延茂	延茂六月癸卯免長順吉林將
	恩澤	恩澤	恩澤十二月癸巳卒丁酉壽山
	崇歡十一月丙申病免戊戌貴恒烏里雅蘇台將軍	貴恒九月辛酉病免連順烏里雅蘇台將軍	連順
	長庚	長庚	長庚
	永德	永德	永德
	壽蔭	壽蔭七月丙寅遷色楞額熱河都統	色楞額
	祥麟	祥麟	祥麟
	連順	連順九月癸亥遷興廉庫倫辦事大臣	興廉四月丁酉病免戊戌豐陞
	志銳	志銳	志銳八月癸卯遷奎煥烏里雅
遷寶昌代	寶昌	寶昌	寶昌九月庚戌免崇勳科布多
	富勒銘額十月癸酉病免春滿塔爾巴哈台參贊大臣	春滿	春滿
	奎順三月甲辰憂聯魁署西甯辦事大臣	奎順十月戊申召闊普通武西甯辦事大臣	闊普通武
	文海	文海	文海

	光緒二十六年庚子	光緒二十七年辛丑
盛京將軍三月壬申增祺代	增祺	增祺
軍	長順	長順
署黑龍江將軍	壽山八月壬寅殉閏八月乙巳綽布哈黑龍江將軍未任十月丁卯薩保署	薩保
	連順	連順
	長庚	長庚七月丙子召馬亮伊犁將軍
	永德	永德正月自裁崇善綏遠城將軍奎
	色楞額	色楞額
	祥麟六月甲戌召芬車察哈爾都統七月乙丑隨扈奎順代	奎順
阿庫倫辦事大臣	豐陞阿	豐陞阿
蘇台參贊大臣	奎煥	奎煥
參贊大臣乙卯留瑞洵代	瑞洵	瑞洵
	春滿	春滿
	闊普通武	闊普通武
	文海二月乙酉卒正月乙卯慶善駐藏辦事大臣九月辛巳裕鋼代	裕鋼

	光緒二十八年壬寅	光緒二十九年癸卯
	增祺	增祺
	長順	長順
	薩保	薩保
	連順	連順
	馬亮	馬亮
成署二月甲辰崇善遷信恪代	信恪三月丙戌遷鍾泰綏遠城將軍十一月辛亥恒壽代文瑞署	恒壽八月卒壬戌貽穀代
	色楞額四月庚戌召錫良熱河都統七月辛未松壽署十二月錫良回任	錫良三月癸亥遷甲子松壽熱河都統
	奎順	奎順
	豐陞阿	豐陞阿八月壬戌遷德麟庫倫辦事大
	奎煥	奎煥
	瑞洵	瑞洵
	春滿	春滿
	闊普通武	闊普通武四月丁未休致庚戌準良西
	裕鋼召十一月己未有泰駐藏辦事大臣	有泰

	光緒三十年甲辰四月改科布多幫辦大臣爲辦事大臣駐阿爾泰	光緒三十一年乙巳
	增祺	增祺四月丙午憂免趙爾巽盛京將軍廷杰署六月丙寅趙爾
	長順卒正月癸巳富順暫署吉林將軍	富順九月達桂署吉林將軍
	薩保四月戊辰卸達桂署黑龍江將軍	達桂四月甲寅召程德全署黑龍江將軍
	連順十二月己酉召奎順烏里雅蘇台將軍	奎順六月庚戌留京馬亮烏里雅蘇台將軍
	馬亮	馬亮六月庚戌遷長庚伊犁將軍廣福署
	貽穀	貽穀
	松壽	松壽十一月己卯遷廷杰熱河都統
	奎順十二月己酉遷升允察哈爾都統	升允正月甲午遷乙未溥頲察哈爾都統
臣	德麟八月己巳免庚午樸壽庫倫辦事大臣	樸壽六月辛未遷延祉庫倫辦事大臣
	奎煥	奎煥
	瑞洵免勳壽科布多參贊大臣　錫恒四月科布多辦事大臣	壽勳三月乙酉連魁科布多參贊大臣　錫恒
	春滿十月戊午安成塔爾巴哈台參贊大臣	安成
甯辦事大臣	準良八月壬戌召延祉西甯辦事大臣未任	準良五月癸未卸胡孚畯暫護六月辛未延祉遷慶恕代
	有泰	有泰

	光緒三十二年丙午	光緒三十三年丁未	光緒三
巽任	趙爾巽	趙爾巽三月己亥改盛京將軍爲東三省總督兼管三省將軍事務五月壬辰趙爾巽卸	
	達桂	達桂三月己亥改設吉林巡撫五月達桂庚子卸	
	程德全	程德全三月己亥改設黑龍江巡撫丙辰德全改署巡撫	
	馬亮	馬亮	馬亮四
	長庚廣福仍署	長庚	長庚
	貽穀	貽穀	貽穀四
	廷杰	廷杰	廷杰
	溥頲九月乙卯遷松壽察哈爾都統	松壽正月壬子遷誠勳察哈爾都統	誠勳
	延祉	延祉	延祉
	奎煥	奎煥	奎煥
	連魁　錫恒	連魁　錫恒	連魁四
	安成	安成五月甲午病免扎拉豐阿塔爾巴哈台參贊大臣	扎拉豐
	慶恕	慶恕	慶恕
	有泰十月癸未召聯豫駐藏辦事大臣	聯豫	聯豫

十四年戊申

月己卯遷堃岫署烏里雅蘇台將軍

月乙卯革逮信勤署綏遠城將軍胡孚宸護

月辛巳遷溥鋼科布多參贊大臣　錫恆

阿

宣統元年己酉		宣統二年庚戌
伊犁將軍	長庚 五月甲寅遷乙卯 廣福署伊犁將軍	廣福
綏遠城將軍	信勤	信勤九月乙巳免堃
烏里雅蘇台將軍	堃岫	堃岫九月乙巳遷奎
熱河都統	廷杰八月遷誠勳熱河 都統	誠勳
察哈爾都統	誠勳八月遷溥良察哈 爾都統	溥良
烏里雅蘇台參贊大臣	奎煥十月丙戌留京榮 恩烏里雅蘇台參贊大臣	榮恩
科布多參贊大臣	溥鋼	溥鋼
塔爾巴哈台參贊大臣	扎拉豐阿	扎拉豐阿五月辛丙
庫倫辦事大臣	延祉十月戊子免三多 署庫倫辦事大臣	三多
科布多辦事大臣	錫恆	錫恆七月辛忠瑞科
西甯辦事大臣	慶恕	慶恕
駐藏辦事大臣	聯豫	聯豫
川滇邊務大臣	趙爾豐	趙爾豐

岫綏遠城將軍瑞良暫署

芳烏里雅蘇台將軍

寅富勒渾塔爾巴哈台參贊大臣錫恆兼署

布多辦事大臣

宣統三年辛亥	
廣福	正月遷庚申志銳伊犁將軍十月癸丑殉
堃岫	十一月去職
奎芳	
誠勳	正月遷辛酉溥頲熱河都統九月庚寅召錫良熱　河都統
溥良	十月己酉免黃懋澄署九月癸未馮國璋察哈爾　都統何宗蓮署
桂芳	十一月烏里雅蘇台附哲布尊丹巴去職
溥鋼	七月病免薩蔭圖代未任
富勒渾	
三多	十月辛未庫倫獨立三多去職
忠瑞	七月辛巳免桂芳代延年護科布多辦事大臣
慶恕	
聯豫	明年三月藏番陷布達拉去職
趙爾豐	三月遷王人文川滇邊務大臣未任八月戊午　免趙爾豐代未任殉

清史稿

藩部世表序

漢郡屬國皆有侯王唐之胡州亦襲爵號有清蒙部實多勳戚天崇開國康雍禦準咸同之間盪定粵捻均收其助內盟諸爵始皆世封乾隆之末外札薩克以逮回部皆予罔替今按舊表傳襲多者至十數次可謂盛矣凡札薩克皆有分土三代諸侯殆無以異故雖台吉亦所備列閑散王公以有世爵亦不略焉

清史稿

藩部世表一

	科爾沁部扎薩克和碩土謝圖親王
初封	奧巴 元太祖弟哈巴圖哈薩爾之裔天命十一年封土謝圖汗天聰六年卒
一次襲	巴達禮 奧巴長子天聰七年授濟農襲土謝圖號崇德元年封扎薩克和碩土謝圖親王詔世襲罔替康熙十年卒
二次襲	巴雅斯呼朗 巴達禮長子康熙十一年襲扎薩克和碩土謝圖親王尋卒
三次襲	阿喇善 巴雅斯呼朗長子康熙十三年襲扎薩克和碩土謝圖親王二十七年以惰誤削
四次襲	沙津 巴達禮次子初封多羅貝勒見表康熙二十七年襲扎薩克和碩土謝圖親王四十一年以罪削
五次襲	阿喇善 康熙四十一年仍襲扎薩克和碩土謝圖親王五十年卒
六次襲	鄂勒齊圖 阿喇善長子康熙五十一年襲扎薩克和碩土謝圖親王五十九年卒
七次襲	阿喇布坦 鄂勒齊圖長子康熙五十九年襲扎薩克和碩土謝圖親王乾隆二十四年卒
八次襲	垂扎布 阿喇布坦長子乾隆二十四年襲扎薩克和碩土謝圖親王三十二年卒
九次襲	納旺 垂扎布長子乾隆三十二年襲扎薩克和碩土謝圖親王尋卒
十次襲	喇什納木扎勒 垂扎布次子乾隆三十二年襲扎薩克和碩土謝圖親王四十七年卒
十一次襲	諾爾布璘沁 喇什納木扎勒長子乾隆四十七年襲扎薩克和碩土謝圖親王道光二十年卒
十二次襲	色登端魯布 諾爾布璘沁子道光二十年襲
十三次襲	巴寶多爾濟 色登端魯布子咸豐六年襲光緒十六年卒
十四次襲	色旺諾爾布桑寶 巴寶多爾濟子光緒十六年襲二十七年遇害
十五次襲	業喜海順 色旺諾爾布桑寶嗣子光緒二十八年襲
十六次襲	

科爾沁部多羅貝勒
沙津 康熙十四年以軍功封多羅貝勒詔世襲
阿必達 沙津長子康熙三十三年襲多羅貝
多爾濟 阿必達長子雍正元年襲多羅貝勒
特古斯額爾克圖 多爾濟長子乾
古穆扎布 特古斯額爾克圖長子乾隆二
三音濟雅圖 古穆扎布子嘉慶四年襲
達爾瑪扎普 三音濟雅圖長子道光三
三音瑚比圖 達爾瑪扎普弟道光二十
旺楚克林沁 三音瑚比圖子道光二十
達木林旺濟勒 旺楚克林沁弟咸豐
敏珠爾色丹 達木林旺濟勒兄光緒七
凱畢 敏珠爾色丹從弟光緒十三年襲宣統二

圖爵後襲扎薩克土謝圖和碩親王見親王表

勒六十一年卒

乾隆十一年卒

隆十一年襲多羅貝勒二十四年卒

十四年襲多羅貝勒嘉慶四年卒

多羅貝勒道光三年卒

年襲二十一年卒

一年襲

八年襲

十一年襲

年襲

年卒

科爾沁部　扎薩克和碩達爾漢親王

滿珠習禮　土謝圖汗奧巴從子追封福親王莽古斯之孫忠親王宰桑之子崇德元年封扎薩克多羅巴圖魯郡王詔世襲罔替順治九年賜達爾漢號十九年晉和碩達爾漢巴圖魯親王康熙四年卒

和塔　滿珠習禮長子康熙四年襲扎薩克和碩達爾漢親王停襲巴圖魯號八年卒

班第　和塔長子康熙十年襲扎薩克和碩達爾漢親王四十九年卒

羅卜藏袞布　班第長子康熙四十九年襲扎薩克和碩達爾漢親王乾隆十七年卒

色布騰巴勒珠爾　羅卜藏袞布第三子乾隆十七年襲扎薩克和碩達爾漢親王二十年從征準噶爾有功賜雙俸尋以罪削後復封和碩親王別有表

色旺諾爾布　羅卜藏袞布次子乾隆二十年襲扎薩克和碩達爾漢親王三十八年卒

旺扎勒多爾濟　色旺諾爾布長子乾隆三十九年襲扎薩克和碩達爾漢親王嘉慶二年卒

丹曾旺布　旺扎勒多爾濟長子嘉慶三年襲扎薩克和碩達爾漢親王十二年卒

布彥溫都爾瑚　丹曾旺布長子嘉慶十二年襲扎薩克和碩達爾漢親王道光元年因事革扎薩克十八年卒

索特那木朋素克　布彥溫都爾瑚之子道光十八年襲二十八年賜還扎薩克

棍布旺濟勒　索特那木朋素克子同治十三年襲

那木濟勒色楞　棍布旺濟勒子光緒十年襲

科爾沁部　和碩卓哩克圖親王

烏克善　達爾漢親王滿珠習禮兄崇德元年封和碩卓哩克圖親

畢勒塔噶爾　烏克善第三子康熙五年襲和碩卓哩克圖親

鄂齊爾　畢勒塔噶爾長子康熙七年襲和碩卓哩克圖親王二十

都勒巴　烏克善第六子康熙二十一年襲和碩卓哩克圖親王二

巴特瑪　都勒巴長子康熙二十七年襲和碩卓哩克圖親王療止

阿勒坦格呼勒　巴特瑪長子雍正三年襲和碩卓哩克圖

扎木巴勒扎木素　阿勒坦格呼勒長子乾隆二年襲和

恭格喇布坦　扎木巴勒扎木素長子乾隆二十六年襲和碩

拉旺　恭格喇布坦長子乾隆六十年襲和碩卓哩克圖親王

噶勒桑棟羅布　拉旺長子嘉慶九年襲和碩卓哩克圖親

巴圖　噶勒桑棟羅布子道光六年襲二十一年補備兵扎薩克

濟克登旺庫爾　巴圖子咸豐十一年襲光緒十七年卒

丹色里特旺珠爾　光緒十七年襲二十年卒

額爾德木畢里克圖　丹色里特旺珠爾子光緒二十

色旺端魯布　額爾德木畢里克圖弟光緒三十四年十二月

王詔世襲罔替康熙四年卒

王六年卒

一年以罪削

十七年卒

三年卒

親王乾隆元年卒

碩卓哩克圖親王二十六年卒

卓哩克圖親王六十年卒

王道光元年賜扎薩克六年卒

年襲三十二年八月卒

襲

科爾沁部　輔國公

色布騰巴勒珠爾　乾隆八年封輔國公十七年襲其父羅卜藏袞布爵後以罪削見達爾漢親王表二十一年復賜公品級二十三年封和碩親王三十七年復削四十年以從征金川功詔復其爵尋卒

鄂勒哲特穆爾額爾克巴拜　色布騰巴勒珠爾長子乾隆四十年襲多羅郡王四十九年詔世襲罔替五十六年八月因罪革九月奉恩旨賞公銜在乾清門行走五十八年卒

鄂勒哲圖　鄂勒哲特穆爾額爾克巴拜嗣子乾隆五十九年襲公品級嘉慶二十四年六月卒

濟克默特　鄂勒哲圖之姪嘉慶二十四年降襲固山貝子道光六年補扎薩克

棍楚克林沁　濟克默特嗣子道光二十八年降襲鎮國公同治十一年賜貝子銜

那蘇圖　棍楚克林沁子光緒十年降襲輔國公

達賚　那蘇圖子光緒二十七年襲

科爾沁部　多羅郡王

奇塔特　達爾漢親王滿珠習禮從子順治六年封多羅郡王詔世襲罔

額爾德尼　奇塔特長子順治十年襲多羅郡王康熙十四年卒

畢里克圖　額爾德尼長子康熙十五年襲多羅郡王四十九年卒

諾們額爾赫圖　畢里克圖長子康熙四十九年襲多羅郡王乾

阿旺袞布　諾們額爾赫圖長子乾隆八年襲多羅郡王二十四年卒

喇什噶勒當　阿旺袞布第四子乾隆二十四年襲多羅郡王嘉慶

桑濟扎布　喇什噶勒當次子嘉慶六年襲多羅郡王十年卒

棟默特　桑濟扎布弟嘉慶十年襲多羅郡王道光二十一年卒

濟克默特朗布　棟默特之子道光二十一年襲同治十一年晉

那蘭格呼勒　濟克默特朗布子光緒三年襲

晉十年卒

隆八年卒

六年卒

親王銜

科爾沁部　多羅貝勒

綽爾濟　達爾漢親王滿珠習禮從子順治九年封鎮國公十八年晉多羅貝勒詔世襲罔替康熙七年卒

鄂齊爾　綽爾濟長子康熙九年襲多羅貝勒二十年卒

巴克什固爾　鄂齊爾長子康熙二十一年襲多羅貝勒五十九年卒

阿喇布坦　巴克什固爾長子康熙五十九年襲多羅貝勒雍正十三年卒

薩木丕勒扎木素　阿喇布坦第四子雍正十三年襲多羅貝勒乾隆二十二年卒

三音察袞　薩木丕勒扎木素嗣子乾隆二十二年襲多羅貝勒嘉慶十五年卒

色楞多爾濟　三音察袞長子嘉慶十五年襲多羅貝勒道光三年卒

八格拉普坦　色楞多爾濟子道光三年襲

桑嚕布多特賽　八格拉普坦子咸豐九年襲

昂噶扣　桑嚕布多特賽從弟同治五年襲光緒九年十一月卒

濟克登達克齊瓦　昂噶扣子光緒十年襲三十一年卒

濟克登諾爾布林沁扎木蘇　濟克登達克齊瓦子光緒三十二年五月襲

科爾沁部　固山貝子

喇什　貝勒綽爾濟孫雍正二年封輔國公四年晉固山貝子乾隆十五年卒

達爾瑪達都　喇什長子初封鎮國公賜貝子品級乾隆十五年襲固山貝子十八年卒

班珠爾　達爾瑪達都長子乾隆十八年襲固山貝子四十九年詔世襲鎮國公罔替五十一年卒

錫第　班珠爾長子初授二等台吉乾隆五十一年襲固山貝子嘉慶二十五年卒

阿舒噶　錫第子嘉慶二十五年襲道光七年卒

阿敏烏爾圖　阿舒噶子道光七年襲

班咱喇克散　阿敏烏爾圖子光緒七年襲

林沁多爾濟

揚桑巴拉　林沁多爾濟弟光緒二十八年八月襲

科爾沁部　輔國公

噶爾呼瑪勒　達爾漢親王滿珠習禮孫雍正二年封輔國公七年晉固山貝子十年卒

瑪哈瑪育爾　噶爾呼瑪勒長子雍正十年降襲輔國公乾隆三十五年卒

錫達什哩　瑪哈瑪育爾長子乾隆三十五年襲輔國公四十九年詔世襲罔替道光八年卒

巴圖　錫達什哩之子道光八年襲

雲端帕爾賚　巴圖子咸豐三年襲

哈斯巴圖爾　雲端帕爾賚從弟光緒三年襲

科爾沁部輔國公

圖納赫　卓哩克圖親王烏克善叔子順治十八年封輔國公詔世襲罔替康熙二十七年卒

布尼　圖納赫次子康熙二十七年襲輔國公六十一年卒

薩瑪第　布尼長子康熙六十一年襲輔國公雍正六年卒

喇什色旺　薩瑪第長子雍正六年襲輔國公乾隆三十年卒

色當噶瑪勒　喇什色旺次子乾隆三十年襲輔國公嘉慶三年卒

諾爾布　色當噶瑪勒子嘉慶三年襲輔國公道光二年卒

博囉特　諾爾布長子道光二年襲輔國公二十一年卒

帕拉巴　博囉特之子道光二十一年襲輔國公

齊默特多爾　帕拉巴弟同治元年襲

德勒格爾蒙克　齊默特多爾子光緒元年襲

多爾濟　光緒三十四年月襲

科爾沁部輔國公

噶爾弼　卓哩克圖親王烏克善孫雍正二年封輔國公乾隆三年卒

察罕達喇　噶爾弼長子乾隆三年襲輔國公七年卒

諾觀達喇　察罕達喇長子乾隆七年襲輔國公嘉慶七年卒

旺觀　諾觀達喇第三子嘉慶七年襲輔國公

科爾沁部輔國公

哈達　貝子喇什第三子乾隆十五年封輔國公

巴特瑪　哈達長子嘉慶八年襲輔國公道光五年病故奉旨削除公爵

科爾沁部扎薩克多羅扎薩克圖郡王

布達齊　土謝圖汗奧巴弟天命十一年賜扎薩克圖杜稜號

拜斯噶勒　布達齊長子順治二年襲扎薩克多羅扎

鄂齊爾　拜斯噶勒長子順治十四年襲扎薩克多羅扎

薩祜拉克　鄂齊爾第六子康熙五十七年襲扎薩克

沙津德勒格爾　薩祜拉克長子雍正九年襲扎

納旺色布騰　沙津德勒格爾長子乾隆十四年襲

喇什端羅布　納旺色布騰長子乾隆四十九年襲

敏珠爾多爾濟　喇什端羅布長子嘉慶三年襲

索諾那木倫布木　敏珠爾多爾濟之子道光

達特巴扎木蘇　索諾那木倫布木子同治六年

根敦占散　達特巴扎木蘇嗣子同治十二年襲

烏泰　根敦占散嗣子光緒七年襲

崇德元年封扎薩克多羅扎薩克圖郡王詔世襲罔替順治元年卒

薩克圖郡王十四年卒

薩克圖郡王康熙五十七年卒

多羅扎薩克圖郡王雍正九年卒

薩克多羅扎薩克圖郡王乾隆十四年卒

扎薩克多羅扎薩克圖郡王四十九年卒

扎薩克多羅扎薩克圖郡王嘉慶三年卒

扎薩克多羅扎薩克圖郡王道光十四年卒

十四年襲

襲

科爾沁部扎薩克多羅冰圖郡王

洪果爾　達爾漢親王滿珠習禮叔父崇德元年封扎薩克多羅冰圖郡王詔世襲罔替六年卒

額森　洪果爾長子順治三年襲扎薩克多羅冰圖郡王康熙四年卒

額濟音　額森長子康熙五年襲扎薩克多羅冰圖郡王三十年卒

達達布　額濟音長子康熙三十五年襲扎薩克多羅冰圖郡王四十六年卒

宜什班第　達達布長子康熙四十六年襲扎薩克多羅冰圖郡王乾隆十二年卒

喇特納扎木素　宜什班第長子乾隆十二年襲扎薩克多羅冰圖郡王四十一年卒

桑對扎布　喇特納扎木素長子乾隆四十一年襲扎薩克多羅冰圖郡王四十七年卒

羅卜藏占散　桑對扎布長子乾隆四十七年襲扎薩克多羅冰圖郡王嘉慶十九年卒

林沁扎勒參　羅卜藏占散孫嘉慶十九年襲

錫里巴咱爾　林沁扎勒參子咸豐八年襲

敏魯普扎布　錫里巴咱爾子光緒三年襲三十年正月卒

棍楚克蘇隆　敏魯普扎布子光緒三十年襲

科爾沁部扎薩克博多勒噶台親王

棟果爾　冰圖郡王洪果爾從子崇德元年封鎮國公八年卒順治五年追封多羅貝勒

彰吉倫　棟果爾長子順治五年襲多羅貝勒七年晉扎薩克多羅郡王詔世襲罔替康熙三年卒

布達禮　彰吉倫長子康熙二年襲扎薩克多羅郡王二十三年卒

扎噶爾　布達禮長子康熙二十三年襲扎薩克多羅郡王二十四年卒

岱布　扎噶爾長子康熙二十四年襲扎薩克多羅郡王四十九年卒

阿喇布坦　岱布長子康熙四十九年襲扎薩克多羅郡王五十五年卒

羅卜藏喇什　岱布次子康熙五十五年襲扎薩克多羅郡王乾隆三年卒

齊默特多爾濟　羅卜藏喇什長子乾隆三年襲扎薩克多羅郡王四十七年卒

巴勒珠爾　羅卜藏喇什次子乾隆四十七年襲扎薩克多羅郡王四十八年卒

索特納木多布齋　巴勒珠爾長子乾隆四十八年襲扎薩克多羅郡王道光五年卒

僧格林沁　索特納木多布齋嗣子道光五年襲咸豐四年晉親王賜博多勒噶台號五年世襲罔替十年八月卒九月復郡王十一年復親王

伯彥訥謨祜　僧格林沁子同治四年襲光緒十七年十月卒

阿穆爾靈圭　伯彥訥謨祜孫光緒十七年襲

科爾沁部輔國公

色布騰多爾濟　郡王阿喇布坦長子乾隆三年封固山貝子八年卒

索諾木色稜　色布騰多爾濟長子乾隆八年降襲鎮國公三十六年卒

納遜巴圖　索諾木色稜長子乾隆三十六年降襲輔國公嘉慶十二年卒奉旨納遜巴圖所出輔國公之爵既非因軍績所得著毋庸承襲

同治二年仍詔世襲罔替四年四月陣亡

科爾沁部扎薩克鎮國公

喇嘛什希　土謝圖汗奧巴從弟崇德元年封扎薩克鎮國公詔世襲罔替順治四年卒

色稜　喇嘛什希長子順治五年襲扎薩克鎮國公十八年卒

都什轄爾　色稜長子順治十八年襲扎薩克鎮國公康熙三十六年卒

圖努瑪勒　都什轄爾長子康熙三十六年襲扎薩克鎮國公雍正三年卒

喇嘛扎布　圖努瑪勒長子雍正三年襲扎薩克鎮國公乾隆十九年卒

布延德勒格爾　喇嘛扎布第三子乾隆十九年襲扎薩克鎮國公二十年以罪削

敏珠爾多爾濟　布延德勒格爾從子乾隆二十年襲扎薩克鎮國公三十三年卒

薩木丕勒扎木素　敏珠爾多爾濟長子乾隆三十三年襲扎薩克鎮國公嘉慶七年卒

色旺多爾濟　薩木丕勒扎木素長子嘉慶七年襲扎薩克鎮國公道光十三年革去扎薩克命伊子多布沁旺丹襲扎

多布沁旺丹　色旺多爾濟之子道光十四年襲二十年卒

烏勒濟濟爾噶勒　多布沁旺丹弟道光二十年卒

特古斯畢里克圖　烏勒濟濟爾噶勒子同治十一年襲光緒十四年二月卒

喇什敏珠爾　光緒十五年襲

薩克。十四年卒。

科爾沁部 多羅貝勒

伯彥訥謨祜 僧格林沁子。咸豐五年封輔國公。同治二年晉貝勒。四年襲親王。

那爾蘇 伯彥訥謨祜子。同治四年襲貝勒。光緒十六年卒。

阿穆爾靈圭 光緒十六年襲。十七年十一月改襲博多勒噶台親王。

溫都蘇 光緒十年十一月襲。十九年卒。

阿勒坦鄂齊爾 溫都蘇子。光緒十九年襲。

科爾沁部 輔國公

朗布林沁 僧格林沁兄。咸豐五年封輔國公。

布彥圖固魯克齊 朗布林沁子。咸豐八年襲。

布彥巴哩克齊 布彥圖固魯克齊兄。同治十年襲。光緒十年卒。

博迪蘇

科爾沁部 輔國公

溫都蘇 僧格林沁次孫。同治四年封輔國公。光緒十七年襲多羅貝勒。

那遜巴達爾 呼

那遜阿爾畢 吉呼 光緒二十六年五月襲。

扎賚特部 扎薩克多羅貝勒

蒙袞 元太祖弟哈巴圖哈薩爾之裔。天命九年賜達

色稜 蒙袞長子。順治五年襲固山貝子。領扎薩克。康

畢里克 色稜長子。康熙三年襲扎薩克固山貝子。

納遜 畢里克長子。康熙十七年襲扎薩克固山貝子。

特古斯 納遜長子。康熙四十二年襲扎薩克固山

烏察喇勒圖 特古斯長子。乾隆五年襲。

羅卜藏錫拉布 烏察喇勒圖長子。乾

阿穆朗祜 羅卜藏錫拉布長子。乾隆三十八年

瑪什巴圖 阿穆朗祜長子。乾隆五十一年襲扎

拉木棍布扎布 瑪什巴圖之族弟。道光十

阿勒坦鄂綽爾 拉木棍布扎布子。咸豐十

旺喇克帕勒齊 阿勒坦鄂綽爾子。同治十

巴特瑪喇布坦 旺喇克帕勒齊嗣子。光緒

爾漢和碩齊號。崇德八年卒。順治五年追封固山貝子。詔世襲罔替。

熙三年卒。

十六年卒。

四十二年卒。

貝子。雍正十年晉多羅貝勒。乾隆五年卒。

扎薩克多羅貝勒。二十一年卒。

隆二十一年襲扎薩克多羅貝勒。三十八年卒。

襲扎薩克多羅貝勒。四十九年詔世襲罔替。五十一年卒。

薩克多羅貝勒。道光十四年卒。無子。以族弟拉木棍布扎布承祀。

四年襲。咸豐五年賜王銜。十一年晉郡王。襲三世。

一年襲。

一年襲。光緒三十一年卒。

三十三年襲。

杜爾伯特部 扎薩克固山貝子

色稜 元太祖弟哈巴圖哈薩爾之裔。崇德元年封輔國公。順治五年晉扎薩克固山貝子。詔世襲罔替。康熙八年卒。

諾爾布 色稜長子。康熙九年襲扎薩克固山貝子。十年卒。

沙津 諾爾布從孫。康熙十年襲扎薩克固山貝子。五十八年卒。

巴圖 沙津長子。康熙五十八年襲扎薩克固山貝子。雍正七年卒。

班珠爾 巴圖長子。雍正七年襲扎薩克固山貝子。乾隆四年卒。

色布騰棟囉布 班珠爾長子。乾隆四年襲扎薩克固山貝子。八年卒。

丹珠爾 巴圖次子。乾隆九年襲扎薩克固山貝子。十九年卒。

納木扎勒多爾濟 丹珠爾嗣子。乾隆十九年襲扎薩克固山貝子。二十四年卒。

羅布彰 納木扎勒多爾濟叔父。乾隆二十四年襲扎薩克固山貝子。三十年卒。

博第 羅布彰弟。乾隆三十年襲扎薩克固山貝子。五十五年卒。

賽音畢里克 博第長子。乾隆五十五年襲扎薩克固山貝子。五十七年卒。

喇特納巴拉 賽音畢里克長子。乾隆五十七年襲扎薩克固山貝子。嘉慶十五年卒。

鄂綽爾琥雅克圖 喇特納巴拉弟。嘉慶十五年襲扎薩克固山貝子。

貢噶綽克坦 鄂綽爾琥雅克圖子。道光二十七年襲。

格里克巴勒珠爾 貢噶綽克坦子。同治九年襲。

喇什棚蘇克 格里克巴勒珠爾子。同治十年襲。光緒十二年卒。

什哷布勞丕勒 光緒二十六年襲。

郭爾羅斯部 鎮國公

布木巴 元太祖弟哈巴圖哈薩爾之裔。順治五年封扎薩克鎮國公。詔世襲罔替。十一年卒。

扎爾布 布木巴長子。順治十一年襲扎薩克鎮國公。康熙四年卒。

安達什哩 扎爾布長子。康熙四年襲扎薩克鎮國公。四十一年卒。

巴圖 安達什哩長子。康熙四十二年襲扎薩克鎮國公。乾隆五年卒。

多爾濟 巴圖長子。乾隆五年襲扎薩克鎮國公。十二年卒。

索諾木扎木素 多爾濟長子。乾隆二十年襲扎薩克鎮國公。二十四年卒。

錫喇博第 索諾木扎木素長子。乾隆二十四年襲扎薩克鎮國公。四十二年卒。

固嚕扎布 錫喇博第長子。乾隆四十二年襲扎薩克鎮國公。道光九年卒。

楊贊巴拉 固嚕扎布子。道光九年襲。

噶爾瑪什迪 楊贊巴拉次孫。同治二年襲。光緒九年緣事削扎薩克。二十六年卒。

達木林扎布 噶爾瑪什迪子。光緒二十八年襲。

郭爾羅斯部 扎薩克一等台

畢里袞鄂齊爾 鎮國公布

察袞 畢里袞鄂齊爾次子。康熙五十三年

都噶爾扎布 察袞第四子。乾

阿喇布坦 都噶爾扎布從弟。乾

吉

木巴從孫。康熙三十五年授一等台吉。四十七年授扎薩克。五十三年卒。

襲扎薩克一等台吉。乾隆十一年以病罷。

隆十一年襲扎薩克一等台吉。十九年以瀆職削。

隆二十年襲扎薩克一等台吉。六十年卒。

郭爾羅斯部 扎薩克輔國公

固穆 扎薩克台吉畢里袞鄂齊爾從祖。崇德元年封扎薩克輔國公。詔世襲罔替。八年卒。

桑噶爾齊 固穆弟。順治五年襲扎薩克輔國公。七年卒。

昂哈 固穆長子。順治七年襲扎薩克輔國公。康熙八年卒。

莽塞 昂哈長子。康熙十八年襲扎薩克輔國公。二十六年以罪削扎薩克。留公爵。五十八年卒。

諾爾布 莽塞長子。康熙五十八年襲輔國公。雍正五年卒。

策旺扎布 諾爾布長子。雍正五年襲輔國公。十年卒。

額勒登額 策旺扎布長子。雍正十年襲輔國公。乾隆二十二年卒。

恭格喇布坦 額勒登額長子。乾隆二十二年襲輔國公。六十年襲扎薩克。嘉慶三年卒。

綽克溫都爾恩克巴拜 恭格喇布坦長子。嘉慶三年襲扎薩克輔國公。十三年卒。

恩克托克托琥 綽克溫都爾恩克巴拜弟。嘉慶十三年襲扎薩克輔國公。道光二年卒。

阿勒坦鄂齊爾 恩克托克托琥長子。道光二年襲。

圖普烏勒濟圖 阿勒坦鄂齊爾子。同治九年襲。光緒二十三年卒。

齊莫特散帙勒 圖普烏勒濟圖孫。光緒二十三年十一月襲。

郭爾羅斯部 扎薩克一等台吉

巴雅斯呼朗 鎮國公噶爾瑪什迪同族。光緒九年授扎薩克一等台吉。

勒蘇隆扎布 巴雅斯呼朗子。光緒二十年襲。

布彥楚克 勒蘇隆扎布子。光緒三十一年襲。

喀喇沁部 扎薩克王品級多羅杜稜郡王

固嚕思奇布 元臣濟拉瑪之裔。初爲喀喇沁

圖巴色稜 固嚕思奇布長子。順治十五年襲扎

班達爾沙 固嚕思奇布第三子。康熙三年襲扎

扎什 固嚕思奇布次子。康熙十一年襲扎薩克多羅

噶勒藏 扎什次子。康熙四十三年襲扎薩克多羅

色稜 扎什第三子。康熙五十年襲扎薩克多羅杜稜

伊達木扎布 色稜次子。康熙五十六年襲扎

喇特納錫第 伊達木扎布長子。乾隆四年襲

端珠布色布騰 喇特納錫第長子。乾隆五

滿珠巴咱爾 端珠布色布騰長子。乾隆五十

布呢雅巴拉 滿珠巴咱爾子。道光八年襲。十

色伯克多爾濟 布呢雅巴拉子。道光十六

旺都特那木濟勒 色伯克多爾濟子。同

貢桑諾爾布 旺都特那木濟勒子。光緒二十

塔布囊天聰九年授扎薩克崇德元年封固山貝子賜多羅杜稜號順治七年晉多羅杜稜貝勒詔世襲罔替十五年卒
薩克多羅杜稜貝勒康熙三年卒
薩克多羅杜稜貝勒七年晉多羅杜稜郡王十年卒
杜稜郡王四十三年卒
杜稜郡王五十年以罪削
郡王五十六年卒
薩克多羅杜稜郡王乾隆四年卒
扎薩克多羅杜稜郡王十八年賜親王品級五十二年卒
十二年二月襲扎薩克多羅杜稜郡王八月卒
二年襲扎薩克多羅杜稜郡王五十三年賜親王品級道光八年卒
六年卒
年襲
治七年襲光緒二十四年三月卒
四年襲

喀喇沁部輔國公

敏珠爾喇布坦　原襲杜稜郡王噶勒藏次子乾隆八年封輔國公二十四年晉固山貝子二十五年卒
丹津達爾扎　敏珠爾喇布坦長子乾隆二十五年降襲鎮國公五十八年卒
永庫爾忠　丹津達爾扎長子乾隆五十八年降襲輔國公道光五年卒
拉旺立克森　永庫爾忠子道光五年襲

喀喇沁部輔國公

羅卜藏車布登　杜稜郡王色稜長子雍正九年封輔國公乾隆九年卒
阿喇布坦　羅卜藏車布登長子乾隆九年襲輔國公二十年卒
拉扎布　阿喇布坦長子乾隆二十年襲輔國公四十九年詔世襲罔替嘉慶二年卒
瑪哈達爾瑪　拉扎布長子嘉慶二年襲輔國公十八年卒
布呢雅什哩　瑪哈達爾瑪子嘉慶十八年襲二十年卒
班咱什哩　布呢雅扎哩施弟嘉慶二十年襲
維嚕普仲奈　班咱什哩子咸豐三年襲光緒八年卒
林沁多爾濟　維嚕普仲奈子光緒八年襲
特木遜朗扎布　宣統元年襲

喀喇沁部扎薩克多羅貝勒

色稜　杜稜貝勒固嚕思奇布族祖初爲喀喇沁塔布囊天聰九年授扎薩克順治五年封鎮國公詔世襲罔替十四年卒
奇塔特　色稜長子順治十四年襲扎薩克鎮國公康熙五年卒
烏特巴拉　奇塔特長子康熙六年襲扎薩克鎮國公三十年卒
善巴喇什　奇塔特次子康熙三十年襲扎薩克鎮國公五十五年晉固山貝子五十六年卒
僧袞扎布　善巴喇什次子康熙五十六年襲扎薩克固山貝子雍正九年晉多羅貝勒乾隆七年卒
瑚圖靈阿　僧袞扎布長子乾隆七年襲扎薩克固山貝子十四年以曠職降鎮國公二十年詔復貝子四十四年卒
濟克濟　瑚圖靈阿長子乾隆四十四年襲扎薩克鎮國公四十五年以罪削
扎拉豐阿　僧袞扎布次子乾隆七年封輔國公十四年晉固山貝子二十年晉多羅郡王二十一年以罪削是年復由公品級封貝子尋降輔國公三十年復封貝子四十四年晉多羅貝勒四十五年兼襲扎薩克鎮國公四十八年晉多羅郡王尋卒
丹巴多爾濟　扎拉豐阿長子乾隆四十八年襲扎薩克固山貝子五十六年八月因罪革以濟克濟特扎布之子喇特納吉爾第爲扎薩克一等塔布囊九月奉恩旨賞丹巴多爾濟公銜在乾清門行走嘉慶十八年卒
托恩多　丹巴多爾濟之子嘉慶十八年襲道光十年卒
德木齊札布　托恩多之子道光十二年襲
熙凌阿　德木齊扎布之子光緒二年襲二十三年十二月復襲扎薩克

喀喇沁部扎薩克一等塔布囊

格哷爾　杜稜貝勒固嚕思奇布從孫初襲其父茂秀一等塔布囊
喀甯阿　格哷爾從子康熙五十九年襲扎薩克一等塔布囊乾隆
齊齊克　喀甯阿長子乾隆五年襲扎薩克一等塔布囊十九年賜
瑪哈巴拉　齊齊克長子乾隆四十年襲公品級扎薩克一
德勒格爾　瑪哈巴拉之長孫道光二十四年襲扎薩克一
阿育爾扎那　德勒格爾子同治八年襲光緒十七年卒
漢嚕扎布　光緒十七年襲

康熙四十四年授扎薩克五十八年卒
五年卒
公品級三十九年卒
等塔布囊四十九年詔世襲扎薩克罔替五十三年封輔國公道光九年賞給貝子銜十七年賞給貝勒銜二十四年卒
等塔布囊

喀喇沁部輔國公

丹巴　扎薩克塔布囊格哷勒從叔父雍正九年從征準噶爾力戰卒追封輔國公詔世襲罔替
丹津　丹巴長子雍正十年襲輔國公乾隆十八年卒
托克托瑚　丹津長子乾隆十八年襲輔國公二十二年卒
溫都爾瑚　丹津第三子乾隆二十二年襲輔國公
吹扎卜朗新　溫都爾瑚長子嘉慶四年襲輔國公十一年卒
色楞多爾濟　吹扎卜朗新子嘉慶十一年襲輔國公
薩納什哩　色楞多爾濟胞弟嘉慶十二年襲
布琳　薩納什哩胞弟道光元年襲
德哩克呢瑪　布琳族弟道光五年襲
僧格札布　德哩克呢瑪子同治八年襲光緒三十四年卒
巴布色楞　宣統元年襲

喀喇沁部扎薩克一等塔布囊今停

喇特納吉爾第　乾隆五十六年以削鎮國公濟克濟特布之子爲扎薩克一等塔布囊
克星額　喇特納吉爾第子嘉慶二十三年襲
布里渾巴拉　克星額子道光二十七年襲
烏凌阿　布里渾巴拉弟咸豐二年襲五年晉鎮國公光緒十年三月卒
索特旺　光緒十一年仍襲扎薩克塔布囊
巴特瑪鄂特薩爾　光緒二十二年襲二十三年革

土默
善巴
卓哩
兆圖
額爾
瑪尼
阿喇
索諾
貢楚
濟克
那遜
散巴
色凌

特部 扎薩克多羅貝勒

元臣濟拉瑪之後初爲土默特塔布囊天聰九年授扎薩克崇德元年封達爾漢鎮國公詔世襲罔替順治十四年卒

克圖 善巴長子順治十四年襲扎薩克達爾漢鎮國公康熙元年晉多羅達爾漢貝勒十三年卒

卓哩克圖長子康熙十三年襲扎薩克多羅達爾漢貝勒十四年卒

德木圖 兆圖長子康熙十四年襲扎薩克多羅達爾漢貝勒四十二年卒

額爾德木圖長子康熙四十二年襲扎薩克多羅達爾漢貝勒五十二年卒

布坦 瑪尼長子康熙五十二年襲扎薩克多羅達爾漢貝勒乾隆四年卒

木巴勒珠爾 阿喇布坦孫乾隆五年襲扎薩克多羅達爾漢貝勒嘉慶十五年卒

克巴勒桑 索諾木巴勒珠爾次子嘉慶十五年襲扎薩克多羅達爾漢貝勒二十一年卒

默特扎布 貢楚克巴勒桑子嘉慶二十一年襲道光十三年卒

鄂勒哲依 濟克默特扎布之子道光十三年襲

勒諾爾贊 那遜鄂勒哲依子同治元年襲九年緣事削扎薩克光緒十三年十二月卒同治九年以散巴勒諾爾贊弟哈斯塔瑪噶襲扎薩克一等塔布囊光緒六年卒

那木濟勒旺保 散巴勒諾爾贊子光緒十一年襲扎薩克一等塔布囊十四年九月襲貝勒

土默特部 喀爾喀多羅貝勒

巴勒布冰圖 元太祖裔初爲喀爾喀台吉康熙元年來歸附土默特四年封多羅貝勒七年卒

索諾木 丹勒布冰圖次子康熙七年襲多羅貝勒三十一年以病罷

羅卜藏丹巴 索諾木第二子康熙三十一年襲多羅貝勒六十一年卒

班第璘沁 羅卜藏丹巴第三子康熙六十一年襲多羅貝勒乾隆二十二年卒

袞布多爾濟 班第璘沁次子乾隆二十二年襲多羅貝勒嘉慶五年卒

達什布木濟那 袞布多爾濟長子嘉慶五年襲多羅貝勒十一年卒

伊什拉克巴 達什布木濟那長子嘉慶十一年襲多羅貝勒道光十年卒

旺楚克拉布坦 伊什拉克巴子道光十年襲

布彥巴達爾呼 旺楚克拉布坦弟咸豐二年襲

貢桑珠爾莫特 布彥巴達爾呼子同治五年襲光緒二十八年卒

達克丹彭蘇克 光緒二十九年襲

土默特部 扎薩克固山貝子

固穆 元太祖裔順治五年封扎薩克

袞濟斯扎布 固穆第四

拉斯札布 固穆第三子康

班第 拉斯扎布長子康熙三十七年

哈穆噶巴雅斯呼

垂扎布 哈穆噶巴雅斯呼朗

色布騰棟羅布 垂扎

色布騰喇什 垂扎布第

朋素克璘親 色布騰喇

瑪呢巴達喇 朋素克璘

德勒克色楞 瑪呢巴達

索特那木色登 德勒

棍布扎布 索特那木色登

鎮國公康熙二年晉固山貝子詔世襲罔替十三年卒

子康熙十三年襲扎薩克固山貝子三十一年以罪削

熙三十一年襲扎薩克固山貝子三十七年卒

襲扎薩克固山貝子四十八年卒

朗圖 班第長子康熙四十九年襲扎薩克固山貝子乾隆三十六年卒

圖長子乾隆三十六年襲扎薩克固山貝子三十九年卒

布次子乾隆三十九年襲扎薩克固山貝子五十年卒

三子乾隆五十年襲扎薩克固山貝子五十七年以罪削

什叔父乾隆五十七年襲扎薩克固山貝子嘉慶四年以罪削

親第四子嘉慶四年襲扎薩克固山貝子道光七年賞給郡王品級十二年卒

喇之子道光十三年襲

克色楞子咸豐七年襲

子光緒六年襲

敖漢部 扎薩克多羅郡王

班第 元太祖裔崇德元年封扎薩克多羅郡王詔世襲罔替順治四年卒

墨爾根巴圖 魯溫布 班第長子順治四年襲扎薩克多羅郡王康熙十年卒

扎木素 墨爾根巴圖魯溫布長子康熙十一年襲扎薩克多羅郡王四十七年卒

垂木丕勒 扎木素長子康熙四十七年襲扎薩克多羅郡王乾隆十五年卒

垂濟喇什 垂木丕勒長子乾隆十五年襲扎薩克多羅郡王三十三年卒

巴特瑪喇什 垂濟喇什長子乾隆三十三年襲扎薩克多羅郡王二十八年卒

巴勒丹 巴特瑪喇什長子乾隆三十八年襲扎薩克多羅郡王四十七年卒

德親 巴勒丹長子乾隆四十八年襲扎薩克多羅郡王嘉慶五年以罪削扎薩克十年卒

德濟特 德親長子嘉慶十五年襲多羅郡王十四年仍授扎薩克十七年卒

達爾瑪吉爾底 德濟特無子伊承祀近支之弟達爾瑪吉爾底嘉慶十八年襲扎薩克多羅郡王

達旺多克丹 達爾瑪吉爾底子道光二十九年襲

色丹諾爾多克 達旺多克丹子同治十二年襲

達木林達爾達克 色丹諾爾多克子光緒五年襲二十四年革扎薩克二十七年十一月卒

勒恩扎勒諾爾贊 光緒二十四年十一月襲扎薩克二十八年襲郡王三十一年正月被護衛砍死

敖漢部 扎薩克多羅郡王

索諾木杜稜 郡王班第伯父順治五年追封多羅郡王

瑪濟克 索諾木杜稜長子順治五年襲多羅郡王康熙五年以罪削

布達 索諾木杜稜次子康熙五年襲多羅郡王十三年卒

薩木丕勒 布達長子康熙十三年襲多羅郡王二十八年卒

阿敏達賚 薩木丕勒長子康熙二十八年襲多羅郡王二十九年卒

額色克蒙克 薩木丕勒次子康熙二十九年襲多羅郡王三十年卒

達什達爾扎 薩木丕勒第三子康熙三十年襲多羅郡王四十三年卒

瓦勒達 達什達爾扎從弟康熙四十三年襲多羅郡王四十四年卒

鄂勒齊圖 瓦勒達從弟康熙四十四年襲多羅郡王乾隆十三年卒

喇什喇布坦 鄂勒齊圖長子乾隆十三年襲多羅郡王四十四年卒

齊默特噜瓦 喇什喇布坦長子乾隆四十四年襲多羅郡王嘉慶九年卒

甘薩巴拉 齊默特噜瓦次子嘉慶十年襲多羅郡王道光二十三年卒

布彥德勒格呼固魯克齊 甘薩巴拉子道光二十三年襲

察克達爾扎布 布彥德勒格呼固魯克齊嗣子同治九年襲光緒三十二年正月卒

色凌端魯布 察克達爾扎布子光緒三十二年襲宣統二年授扎薩克分管右旗

敖漢部

羅卜藏

垂濟扎

德威多

諾爾布

達克沁

德色賚

固山貝子

郡王墨爾根巴圖魯溫布孫雍正七年封輔國公十年晉固山貝子乾隆八年晉多羅貝勒十七年卒

勒 羅卜藏長子乾隆十八年降襲固山貝子四十六年卒

濟爾 垂濟扎勒長子乾隆四十七年襲固山貝子四十九年詔世襲罔替嘉慶十六年卒

桑 德威多爾濟長子嘉慶十六年襲固山貝子

諾爾布桑子道光二十七年襲光緒十七年遇害

都布 光緒十八年襲

敖漢部 公品級

桑濟扎勒 貝勒羅卜藏第三子乾隆十八年封輔國公四十八年晉固山貝子五十九年卒

濟克濟扎布 桑濟扎勒長子乾隆五十九年降襲公品級

多特奇旺丹 濟克濟扎布長子嘉慶十年降襲二等台吉

敖漢部 鎮國公

羅卜藏錫喇布 郡王鄂勒齊圖第三子初授二等台吉乾隆十九年賜公品級二十四年封輔

納木扎勒多爾濟 羅卜藏錫喇布長子乾隆四十六年降襲鎮國公道光九年卒

烏爾古扎布 納木扎勒多爾濟長子道光九年襲輔國公

國公。三十二年，晉鎮國公。四十年，晉固山貝子。四十六年卒。

奈曼部 扎薩克多羅達爾漢郡王

袞楚克 元太祖裔。崇德元年，封扎薩克多羅達爾漢郡王，世襲罔替。順治十年卒。

阿罕 袞楚克次子。順治十年襲扎薩克多羅達爾漢郡王。十六年以罪削。

扎木三 袞楚克第三子。順治十七年襲扎薩克多羅達爾漢郡王。康熙十四年以叛削。

鄂齊爾 袞楚克孫。初授一等台吉。康熙十四年襲扎薩克多羅達爾漢郡王。二十六年卒。

班第 鄂齊爾第六子。康熙二十七年襲扎薩克多羅達爾漢郡王。四十六年卒。

吹忠 班第長子。康熙四十六年襲扎薩克多羅達爾漢郡王。五十九年以罪削。

阿咱拉 班第第三子。康熙五十九年襲扎薩克多羅達爾漢郡王。乾隆二十二年卒。

拉旺喇布坦 阿咱拉長子。乾隆二十二年襲扎薩克多羅達爾漢郡王。四十九年，詔世襲罔替。嘉慶八年卒。

巴勒楚克 拉旺喇布坦子。嘉慶八年襲扎薩克多羅達爾漢郡王。十四年卒。

阿完都窪底扎布 巴勒楚克子。嘉慶十四年襲。

德木楚克扎布 阿完都窪底扎道光二十八年襲。同治四年追賜親王銜。

薩噶拉 德木楚克扎布嗣子。同治五年襲。

瑪什巴圖爾 薩噶拉子。同治八年襲。光緒二十一年九月卒。

蘇珠克圖巴圖爾 瑪什巴圖爾子。光緒二十一年襲。

巴林部 扎薩克多羅郡王親王品級

色布騰 元太祖裔。順治五年，封扎薩克輔國公。七年，晉多羅郡王，詔世襲罔替。康熙六年卒。

鄂齊爾 色布騰次子。康熙七年襲扎薩克多羅郡王。二十二年卒。

納木達克 鄂齊爾長子。康熙二十三年襲扎薩克多羅郡王。四十二年卒。

烏爾袞 鄂齊爾次子。康熙四十三年襲扎薩克多羅郡王。六十年卒。

璘布 烏爾袞長子。康熙六十一年襲扎薩克多羅郡王。雍正八年以罪削。

桑哩達 鄂齊爾第三子。初授二等台吉。雍正三年，以軍功封輔國公。八年襲扎薩克多羅郡王。乾隆十三年卒。

璘沁 桑哩達長子。乾隆八年封輔國公。十三年襲扎薩克多羅郡王。十九年賜親王品級。二十年卒。

巴圖 璘沁次子。乾隆二十一年襲扎薩克多羅郡王。四十八年賜親王品級。嘉慶四年卒。

索勒納木多爾濟 巴圖長子。嘉慶四年襲扎薩克多羅郡王。十四年賜親王品級。道光七年卒。

那木濟勒旺楚克 索勒納木多爾濟之孫。道光七年襲。

額勒莫斯巴咱爾 那木濟勒旺楚克子。同治九年襲。

額勒奇木巴雅爾 額勒莫斯巴咱爾兄。同治十三年襲。光緒十六年卒。

札噶爾 額勒奇木巴雅爾子。光緒十七年襲。

巴林部 輔國公

德勒克 郡王璘沁

賽尚阿 德勒克嗣

豐仲泰 賽尚阿長

長子。乾隆二十一年，封輔國公。四十八年，晉固山貝子。五十九年卒。

子。乾隆五十九年，詔襲輔國公。

子。嘉慶二年，降襲一等台吉。

巴林部 扎薩克固山貝子

滿珠習禮 郡王色布騰從弟。順治五年，封扎薩克固山貝子，詔世襲罔替。康熙十一年卒。

烏爾占 滿珠習禮長子。康熙十二年襲扎薩克固山貝子。四十五年卒。

鄂齊爾桑 烏爾占長子。康熙四十五年襲扎薩克固山貝子。五十八年卒。

巴特瑪 鄂齊爾桑長子。康熙五十八年襲扎薩克固山貝子。乾隆三年卒。

諾捫額爾赫圖 巴特瑪長子。乾隆三年襲扎薩克固山貝子。八年卒。

達色 諾捫額爾赫圖弟。乾隆八年襲扎薩克固山貝子。十二年卒。

薩木丕勒多爾濟 達色長子。乾隆十二年襲扎薩克固山貝子。五十三年卒。

多爾濟帕拉木 薩木丕勒多爾濟長子。乾隆五十四年襲扎薩克固山貝子。道光十年卒。

噶爾瑪什底 多爾濟帕拉木長子。道光十年襲扎薩克固山貝子。十八年卒。

多爾濟薩木魯布 噶爾瑪什底之弟。道光十八年襲。

畢齊那遜 多爾濟薩木魯布嗣子。咸豐七年襲。

堆英固爾扎布 畢齊那遜嗣子。咸豐七年襲。光緒二十九年卒。

邑丹那木扎勒旺保 光緒二十九年襲。

巴林部 固山貝子

色稜 貝子滿珠習禮從弟。順治五年，追封固山貝子，詔世襲罔替。

溫春 色稜長子。順治五年襲固山貝子。康熙二十七年卒。

額爾德尼 溫春長子。康熙二十八年襲固山貝子。五十年卒。

扎什納木塔勒 額爾德尼長子。康熙五十年襲固山貝子。乾隆十二年卒。

策聆敦多克 扎什納木塔勒長子。乾隆十二年襲固山貝子。十七年卒。

多爾濟喇布坦 策聆敦多克長子。乾隆十七年襲固山貝子。嘉慶二年卒。

阿勒坦桑 多爾濟喇布坦子。嘉慶二年襲固山貝子。道光二年卒。

索哩雅 阿勒坦桑子。道光二年襲。

色旺諾爾布 索哩雅子。光緒元年襲。

薩旺喇普坦 色旺諾爾布子。光緒七年襲。

扎嚕特部 扎薩克多羅貝勒

內齊 元太祖裔。順治五年，追封多羅貝勒，詔世襲罔替。

尙嘉布 內齊長子。順治五年襲多羅貝勒，領扎薩克。十

奇塔特 尙嘉布長子。順治十年襲扎薩克多羅貝勒。十

扎木布 奇塔特長子。順治十三年襲扎薩克多羅貝勒

畢魯瓦 扎木布長子。康熙二十九年襲扎薩克多羅貝

索諾木 畢嚕瓦長子。雍正十二年襲扎薩克多羅貝勒

錫勒塔喇 索諾木第七子。乾隆二十五年襲扎薩克

袞布扎布 錫勒塔喇長子。乾隆四十二年襲扎薩克

德沁 袞布扎布長子。乾隆四十八年襲扎薩克多羅貝勒

佈木色楞 德沁之子。嘉慶二十三年襲扎薩克多羅

三音濟爾噶勒 佈木色楞之嗣孫。道光二十一

達木林旺濟勒 三音濟爾噶勒弟。同治五年襲。

琳沁洛依魯布 達木林旺濟勒嗣子。同治八年

年卒。

三年卒。

康熙二十九年卒。

勒。雍正十二年卒。

乾隆二十五年卒。

多羅貝勒。四十三年卒。

多羅貝勒。四十八年卒。

嘉慶二十三年卒。

貝勒。道光二十一年卒，無嗣，以族孫三音濟爾噶勒爲嗣。

年襲。

襲。

扎嚕特部 扎薩克多羅達爾漢貝勒

色本 貝勒內齊從叔父。順治五年，追封多羅達爾漢貝勒，詔世襲罔替。

桑噶爾 色本次子。順治五年襲多羅達爾漢貝勒，領扎薩克。康熙五年卒。

班達哩 桑噶爾長子。康熙五年襲扎薩克多羅達爾漢貝勒。二十七年卒。

畢里克圖 班達哩長子。康熙二十七年襲扎薩克多羅達爾漢貝勒。四十四年卒。

諾捫拉拜 畢里克圖第三子。康熙四十四年襲扎薩克多羅達爾漢貝勒。四十七年卒。

阿第沙 諾捫拉拜長子。康熙四十七年襲扎薩克多羅達爾漢貝勒。乾隆二十九年以罪削扎薩克爵。卒。

固魯扎布 阿第沙次子。乾隆二十九年襲扎薩克多羅達爾漢貝勒。三十五年卒。

袞楚克扎布 固嚕扎布次子。乾隆三十五年襲扎薩克多羅達爾漢貝勒。三十九年卒。

噶勒桑 袞楚克扎布次子。乾隆三十九年襲扎薩克多羅達爾漢貝勒。嘉慶七年卒。

幹珠爾扎布 噶勒桑長子。嘉慶七年襲扎薩克多羅達爾漢貝勒。道光七年卒。

薩達爾 幹珠爾扎布之子。道光七年襲。

諾爾布林沁 薩達爾子。咸豐四年襲。

桑巴 諾爾布林沁嗣子。同治七年襲。光緒二十六年卒。

多木柴 光緒二十八年襲。

扎嚕特部 鎮國公

瑪尼 貝勒色本弟。順治五年，追封鎮國公，詔世襲罔替。

茂奇塔特 瑪尼長子。順治五年襲鎮國公。康熙三十一年卒。

巴圖 茂奇塔特次子。康熙三十一年襲鎮國公。四十七年卒。

素哩 巴圖長子。康熙四十七年襲鎮國公。雍正三年卒。

察罕齡華 素哩長子。雍正三年襲鎮國公。乾隆二十三年卒。

納遜額爾克圖 察罕齡華長子。乾隆二十三年襲鎮國公。三十七年卒。

色稜扎布 納遜額爾克圖長子。乾隆三十七年襲鎮國公。五十九年卒。

塔爾濟 色稜扎布從弟。乾隆五十九年襲鎮國公。嘉慶四年卒。

達爾瑪巴拉 塔爾濟長子。嘉慶四年襲鎮國公。十年卒。

特固斯巴雅爾 達爾瑪巴拉長子。嘉慶十年襲鎮國公。十六年卒。

曼都巴雅爾 特固斯巴雅爾弟。嘉慶十六年襲鎮國公。

達瓦甯保 曼都巴雅爾子。道光三十年襲。光緒二十一年卒。

魯勒瑪扎布 光緒二十一年襲。

扎嚕特部 公品級一等台吉

朋素克 初授一等台吉。乾隆四十八年，封輔國公。五十

恩克多爾濟 朋素克長子。乾隆五十三年襲公品

那木桑第 恩克多爾濟之子。嘉慶二十四年襲，降二

三年卒
襲一等台吉
等台吉

阿嚕科爾沁部 扎薩克多羅貝勒

穆彰 元太祖弟哈巴爾哈薩爾之裔。順治元年封扎薩克固山貝子。四年卒。五年追封多羅貝勒，詔世襲罔替。

珠勒扎幹 穆彰長子。順治五年襲扎薩克多羅貝勒。八年晉多羅郡王。康熙十七年卒。

色稜 珠勒扎幹長子。康熙十七年襲扎薩克多羅郡王。二十七年以耽酒削。

楚依 珠勒扎幹第三子。康熙二十七年襲扎薩克多羅貝勒。三十年晉多羅郡王。四十三年卒。

穆寯 楚依長子。康熙四十三年襲扎薩克多羅貝勒。四十六年卒。

旺扎勒 色稜次子。康熙四十八年襲扎薩克多羅貝勒。雍正五年卒。

達克丹 旺扎勒長子。雍正五年襲扎薩克多羅貝勒。乾隆五十一年卒。

阿爾達什第 達克丹長子。乾隆五十一年襲扎薩克多羅貝勒。嘉慶五年卒。

多爾濟帕拉木 阿爾達什第長子。嘉慶五年襲扎薩克多羅貝勒。二十一年卒。

丹錦巴勒桑 多爾濟帕拉木之子。嘉慶二十一年襲扎薩克多羅貝勒。道光十一年卒。

扎木楊旺舒克 丹錦巴勒桑之弟。道光十一年襲。二十四年卒。

拉什仲鼐 扎木楊旺舒克之子。道光二十四年襲。

巴咱爾吉哩第 拉什仲鼐子。同治六年襲。

翁牛特部 扎薩克多羅杜稜郡王

遜杜稜 元太祖弟諤楚因之裔。初為阿嚕部濟農。崇德元年封扎薩克多羅杜稜郡王，詔世襲罔替。順治二年卒。

博多和 遜杜稜孫。順治二年襲扎薩克多羅杜稜郡王。十七年卒。

畢里袞達賚 博多和長子。順治十八年襲扎薩克多羅杜稜郡王。康熙三十一年卒。

蒼津 畢里袞達賚次子。康熙三十二年襲扎薩克多羅杜稜郡王。雍正五年以罪削。

鄂齊爾 博多和次子。初封輔國公，晉固山貝子，見貝子表。雍正五年襲扎薩克多羅杜稜郡王。十一年卒。

羅卜藏 鄂齊爾次子。初襲固山貝子，晉多羅貝勒，見貝子表。雍正十一年襲扎薩克多羅杜稜郡王。乾隆二年卒。

齊旺 羅卜藏長子。乾隆三年襲扎薩克多羅杜稜郡王。尋卒。

布達扎布 齊旺長子。乾隆三年襲扎薩克多羅杜稜郡王。四十二年卒。

旺舒克 布達扎布長子。乾隆四十二年襲扎薩克多羅杜稜郡王。六十年因病罷。

色多爾濟 旺舒克長子。乾隆六十年襲扎薩克多羅杜稜郡王。嘉慶十一年卒。

拉特那濟爾迪 色多爾濟子。嘉慶十一年襲扎薩克多羅杜稜郡王。

布爾那巴達拉 拉特那濟爾迪子。咸豐八年襲。

贊巴勒諾爾布 布爾那巴達拉嗣子。同治元年襲。

翁牛特部 輔國公

鄂齊爾 康熙六十一年封輔國公，尋晉固山貝子，後襲扎薩克郡王。見

羅卜藏 雍正五年襲固山貝子。十一年晉多羅貝勒，後襲扎薩克郡王。

額爾德尼 鄂齊爾長子。雍正十一年襲固山貝子。卒。

巴勒丹 額爾德尼長子。雍正十一年襲固山貝子。乾隆三十七年卒。

圖們巴顏 巴勒丹長子。乾隆三十七年襲固山貝子。

豐仲保 圖們巴顏之子。嘉慶二十一年降襲鎮國公。道光二十二年卒。

克什克阿爾比吉呼 豐仲保之子。道光二十三年襲。

濟克莫特多爾濟 克什克阿爾比吉呼子。光緒十年襲。

達爾瑪巴拉 濟克莫特多爾濟子。光緒二十九年襲。

郡王表
見郡王表
輔國公。光緒十年十一月卒。

翁牛特部 鎮國公

噶爾瑪 郡王遜杜稜從子。初為喀喇齊哩克台吉。崇德八年封鎮國公，詔世襲罔替。順治五年卒。

察罕泰 噶爾瑪長子。順治五年襲鎮國公。十六年卒。

奇塔特 察罕泰長子。順治十六年襲鎮國公。康熙四十一年卒。

齊旺多爾濟 奇塔特長子。康熙四十一年襲鎮國公。四十五年卒。

索諾木 齊旺多爾濟長子。康熙四十五年襲鎮國公。乾隆六年卒。

恭格喇布坦 索諾木次子。乾隆六年襲鎮國公。四十六年卒。

達什瓦哩 恭格喇布坦第四子。乾隆四十六年襲鎮國公。嘉慶十九年卒。

烏呢濟爾噶勒 達瓦什哩之子。嘉慶十九年襲鎮國公。道光十四年卒。

桑噶巴拉 烏呢濟爾噶勒子。道光十四年襲。十六年緣事革爵。

那琬敦羅布 桑噶巴拉之弟。道光十八年襲。

永隆 那琬敦羅布弟。咸豐七年襲。

旺布林沁 永隆弟。同治十二年襲。

翁牛特部 扎薩克多羅達爾漢岱青貝勒

棟岱青 郡王遜杜稜弟。崇德元年授扎薩克，賜多羅達爾漢岱青號，詔世襲罔替。順治五年卒。

肯特爾 棟岱青長子。順治五年襲扎薩克多羅達爾漢岱青。十一年卒。

叟塞 棟岱青次子。順治十一年襲扎薩克多羅達爾漢岱青。尋封固山貝子。十八年晉多羅貝勒，仍達爾漢岱青號。康熙二十二年卒。

額璘臣 叟塞長子。康熙二十二年襲扎薩克多羅達爾漢岱青貝勒。二十六年卒。

額勒德布鄂齊爾 額璘臣長子。康熙二十六年襲扎薩克多羅達爾漢岱青貝勒。雍正八年以病罷。

朋素克 額勒德布鄂齊爾長子。雍正八年襲扎薩克多羅達爾漢岱青貝勒。乾隆三十一年卒。

諾爾布扎木素 朋素克長子。乾隆三十一年襲扎薩克多羅達爾漢岱青貝勒。四十六年卒。

濟克濟扎布 諾爾布扎木素長子。乾隆四十六年襲扎薩克多羅達爾漢岱青貝勒。嘉慶二年卒。

達瑪琳扎布 濟克濟扎布次子。嘉慶二年襲扎薩克多羅達爾漢岱青貝勒。道光元年病免。

孟克濟雅 達瑪琳扎布之子。道光元年襲扎薩克多羅達爾漢岱青貝勒。十一年卒。

寶拜 孟克濟雅之子。道光十一年襲。

德木楚克蘇隆 寶拜子。光緒元年襲。二十五年月卒。

花連 德木楚克蘇隆子。光緒二十一年襲。

克什克騰部 扎薩克一等台吉

索諾木 元太祖裔。順治九年授扎薩克一等

瑪納瑚 索諾木長子。順治十三年襲扎薩克

阿玉什 瑪納瑚長子。康熙十年襲扎薩克一

齊巴克扎布 阿玉什長子。康熙三十四

囊濟特扎布 齊巴克扎布長子。乾隆三

根敦達爾扎 囊濟特扎布長子。乾隆四

旺楚克喇布坦 根敦達爾扎長子。乾

弼瑪拉吉爾第 旺楚克喇布坦之子。

棍布棟嚕布 弼瑪拉吉爾第子。光緒元

那木濟勒 棍布棟嚕布族子。光緒二十一

伯克濟雅 那木濟勒嗣子。光緒二十三年

台吉，詔世襲罔替。十三年卒。
一等台吉。康熙十年卒。
等台吉。三十四年卒。
年襲扎薩克一等台吉。乾隆三十六年以罪削。
十六年襲扎薩克一等台吉。四十六年卒。
十六年襲扎薩克一等台吉。五十七年以罪削。
隆四十八年襲扎薩克一等台吉。道光二年卒。
道光二年襲。
年襲。二十一年卒。
年十二月襲。三十二年卒。
正月襲。

喀爾喀左翼部 扎薩克多羅貝勒

袞布伊勒登 元太祖裔。康熙三年封扎薩克多羅貝勒，詔世襲罔替。二十一年卒。

羅卜藏 袞布伊勒登長子。康熙二十一年襲扎薩克多羅貝勒。四十六年卒。

準對 羅卜藏長子。康熙四十六年襲扎薩克多羅貝勒。五十八年卒。

噶勒桑 準對長子。康熙五十八年襲扎薩克多羅貝勒。乾隆二十四年卒。

阿裕爾 噶勒桑第三子。乾隆二十四年襲扎薩克多羅貝勒。嘉慶元年卒。

那穆爾賚扎布 阿裕爾孫。嘉慶元年襲扎薩克多羅貝勒。二十年卒。

班咱什哩 那穆爾賚扎布之胞弟。嘉慶二十年襲。是年卒。

沙克都爾扎布 那穆爾賚扎布之子。嘉慶二十年襲。道光十年被害。

巴彥巴圖爾 沙克都爾扎布無子，伊族姪巴彥巴圖爾道光十年襲。

堆固爾蘇隆 巴彥巴圖爾子。同治九年襲。光緒十六年卒。

布林曼都呼 光緒十六年襲。

魯勒木色楞 光緒二十三年二月襲。

烏珠穆沁部 扎薩克和碩車臣親王

多爾濟 元太祖裔。崇德六年封扎薩克和碩車臣親王，詔世襲罔替。順治三年卒。

察罕巴拜 多爾濟孫。順治三年襲扎薩克和碩車臣親王。十四年卒。

素達尼 察罕巴拜次子。順治十五年襲扎薩克和碩車臣親王。康熙二十九年卒。

色登敦多布 素達尼長子。康熙三十年襲扎薩克和碩車臣親王。雍正十一年卒。

阿喇布坦納木扎勒 色登敦多布長子。雍正十一年襲扎薩克和碩車臣親王。乾隆十三年以病罷。

朋素克喇布坦 阿喇布坦納木扎勒長子。乾隆十三年襲扎薩克和碩車臣親王。四十四年卒。

瑪哈索哈 朋素克喇布坦長子。乾隆四十四年襲扎薩克和碩車臣親王。五十五年卒。

巴勒珠爾喇布齋 瑪哈索哈長子。乾隆五十五年襲扎薩克和碩車臣親王。嘉慶十九年卒。

多爾濟濟克默特那木扎勒 巴勒珠爾喇布齋長子。嘉慶十九年襲扎薩克和碩車臣親王。道光十四年卒。

朋素克那木濟勒 多爾濟濟克默特那木扎勒之子。道光十四年襲。光緒十九年月卒。

阿勒坦呼雅克圖 朋素克那木濟勒孫。光緒十年襲。

索特那木喇布坦 阿勒坦呼雅克圖子。光緒二十四年襲。

烏珠穆沁部 鎮國公

塔旺扎木素 車臣親王素達

朋素克喇布坦 塔旺扎木

喇什丕勒 朋素克喇布坦孫。乾

都噶爾扎布 喇什丕勒次子。

桑噶扎布 都噶爾扎布之子。道

堆代扎布 桑噶扎布子。同治元

達木林 光緒二十年十二月襲。

尼大子雍正元年以軍功追封鎮國公
素長子雍正二年襲鎮國公乾隆十七年卒
隆十七年襲鎮國公四十九年詔世襲罔替嘉慶三年卒
嘉慶三年襲鎮國公道光十八年卒
光十八年襲
年襲十一年賞貝子銜光緒十九年卒

烏珠穆沁部　輔國公
德勒克旺舒克　車臣親王袞達尼第三子乾隆三年以軍功封輔國公二十一年卒
敦多布色稜　德勒克旺舒克長子乾隆二十一年襲輔國公三十八年以病罷
瑪哈布爾尼雅　敦多布色稜長子乾隆三十八年襲輔國公四十九年詔世襲罔替嘉慶三年卒
濟克濟特扎布　瑪哈布爾尼雅長子嘉慶三年襲道光二十年卒
車凌多爾濟　濟克濟特扎布子道光二十年襲
圖普沁扎布　車凌多爾濟子光緒九年襲二十年卒
喇什　光緒二十一年襲

烏珠穆沁部　扎薩克多羅額爾德尼貝勒
色稜　車臣親王多爾濟從子順治三年封扎薩克多羅額爾德尼貝勒詔世襲罔替康熙十年卒
茂里海　色稜孫康熙十年襲扎薩克多羅額爾德尼貝勒二十年卒
鄂齊爾圖　茂里海長子康熙二十年襲扎薩克多羅額爾德尼貝勒二十七年卒
博木布　茂里海次子康熙二十七年襲扎薩克多羅額爾德尼貝勒六十年卒
車布登　博木布長子康熙六十年襲扎薩克多羅額爾德尼貝勒乾隆十八年卒
達什袞布　車布登長子乾隆十八年襲扎薩克多羅額爾德尼貝勒五十年卒
旺楚克　達什袞布長子乾隆五十一年襲扎薩克多羅額爾德尼貝勒嘉慶十六年卒
圖克濟扎布　旺楚克孫嘉慶十六年襲道光五年卒
達克丹　圖克濟扎布子道光五年襲同治十年賜郡王銜襲三世光緒三年卒
察克都爾色楞　達克丹子光緒三年襲十年九月卒
青勒濟勒諾爾布　察克都爾色楞子光緒十一年二月襲十七年卒無子
濟爾哈朗　青勒濟勒諾爾布近族光緒十八年襲十一年十二月病免
棍布蘇倫　濟爾哈朗子光緒三十一年十二月襲

浩齊特部　扎薩克多羅額爾德尼郡
博羅特　元太祖裔順治三年封扎薩克
阿韞充　博羅特長子順治十一年襲扎
達爾瑪吉里第　阿韞充長子康
阿噶尼斯達　達爾瑪吉里第長子
車凌喇布坦　阿噶尼斯達長子雍
車布登巴勒珠爾　車凌喇布
齊蘇嚨多爾濟　車布登巴勒珠
端多布多爾濟　齊蘇嚨多爾濟
額林沁諾爾布　端多布多爾濟
吹精扎布　額林沁諾爾布弟道光十
喇特那巴咱爾　吹精扎布子咸
都昂多克僧格　喇特那巴咱爾
色隆托濟勒　光緒二十八年襲

王
多羅額爾德尼貝勒七年晉多羅郡王詔世襲罔替十一年卒
薩克多羅額爾德尼郡王康熙二十五年卒
熙二十五年襲扎薩克多羅額爾德尼郡王四十九年卒
康熙四十九年襲扎薩克多羅額爾德尼郡王雍正九年卒
正九年襲扎薩克多羅額爾德尼郡王乾隆二年卒
坦次子乾隆二年襲扎薩克多羅額爾德尼郡王三十一年以病罷
爾長子乾隆三十一年襲扎薩克多羅額爾德尼郡王五十六年卒
長子乾隆五十六年襲扎薩克多羅額爾德尼郡王嘉慶二十二年卒
子嘉慶二十二年襲
四年襲
豐九年襲光緒十八年卒
子光緒十八年襲二十八年卒

浩齊特部　扎薩克多羅郡王
噶爾瑪色旺　額爾德尼郡王博羅特從弟順治十年封扎薩克多羅郡王詔世襲罔替康熙三十卒
阿喇布坦　噶爾瑪色旺長子康熙三年襲扎薩克多羅郡王十一年卒
車布登　阿喇布坦長子康熙十一年襲扎薩克多羅郡王二十六年卒
巴扎爾　車布登長子康熙二十六年襲扎薩克多羅郡王二十九年卒
雅木丕勒　車布登次子康熙三十年襲扎薩克多羅郡王雍正十年卒
丹特瑪車凌　雅木丕勒長子雍正十年襲扎薩克多羅郡王乾隆三年卒
丹津　巴特瑪車凌從子乾隆三年襲扎薩克多羅郡王二十一年卒
達什喇布坦　丹津次子乾隆二十一年襲扎薩克多羅郡王四十二年卒
敏珠爾多爾濟　達什喇布坦長子乾隆四十二年襲扎薩克多羅郡王嘉慶九年卒
貢楚克棟羅布　敏珠爾多爾濟弟嘉慶九年襲道光九年卒
永隆珠爾默特　貢楚克棟羅布子道光九年襲十六年緣事削扎薩克
濟克登噶衛章　永隆珠爾默特子道光十七年襲扎薩克一等台吉咸豐二年襲多羅郡王
貢噶旺濟勒　濟克登噶衛章弟光緒二年襲扎薩克郡王
桑達克多爾濟　貢噶旺濟勒子光緒十年襲

蘇尼特部　扎薩克多羅郡王
騰機思　元太祖裔崇德六年封扎薩克多羅墨爾根郡王詔世襲罔替順治二年以叛削五年悔罪降旋病沒詔仍世襲郡王爵
騰機特　騰機思弟順治五年襲扎薩克多羅郡王康熙二年卒
薩穆扎　騰機思第四子初封多羅貝勒見貝勒表康熙三年襲扎薩克多羅郡王三十七年卒
垂濟恭蘇嚨　薩穆扎第五子康熙三十七年襲扎薩克多羅郡王雍正九年卒
旺辰　垂濟恭蘇嚨第三子雍正十年襲扎薩克多羅郡王乾隆二十八年卒
車凌袞布　旺辰長子乾隆二十八年襲扎薩克多羅郡王三十二年卒
阿爾達什第　車凌袞布長子乾隆三十二年襲扎薩克多羅郡王四十六年卒
額嘒克津　阿爾達什第叔父乾隆四十七年襲扎薩克多羅郡王五十年卒
巴勒珠爾雅喇木丕勒　額嘒克津次子乾隆五十年襲扎薩克多羅郡王嘉慶二十五年卒
成扎布　巴勒珠爾雅喇木丕勒子嘉慶二十五年襲咸豐八年以病削扎薩克
托迪布木　成扎布子咸豐八年詔襲扎薩克一等台吉咸豐十一年襲多羅郡王
綽克蘇倫　托迪布木子光緒五年襲十四年卒
棍布車林　綽克蘇倫嗣子光緒十六年五月襲十八年卒
瑪克蘇爾扎布　棍布車林子光緒十八年三月襲

蘇尼特部　多羅貝勒
薩穆扎　順治六年封多羅貝勒詔世襲罔替後襲扎薩克多羅郡王見郡王表
博木布　郡王騰機特長子康熙三年襲多羅貝勒三十九年卒
素岱　博木布長子康熙三十九年襲多羅貝勒四十六年卒
西哩　素岱孫康熙四十六年襲多羅貝勒乾隆六年卒
齊旺多爾濟　西哩長子乾隆六年襲多羅貝勒九年卒
甘珠爾　齊旺多爾濟長子乾隆九年襲多羅貝勒三十三年卒
恭桑扎勒　甘珠爾長子乾隆三十三年襲多羅貝勒嘉慶十二年卒
那木濟勒　恭桑扎勒長子嘉慶十二年襲道光二十一年卒
三達瓦喇　那木濟勒子道光二十一年襲咸豐十年卒
布彥圖　三達瓦喇子咸豐十年襲光緒十四年卒
索特那木多布沁　布彥圖子光緒十五年襲二十九年卒
郭爾卓爾扎布　索特那木多布沁嗣子光緒二十九年十一月襲

蘇尼特部　扎薩克多羅杜稜郡王
叟塞　騰機特族兄崇德七年封扎薩克多羅杜稜郡王詔世襲罔替順治三年卒
沙希岱　叟塞次子順治四年襲扎薩克多羅杜稜郡王康熙九年卒
恭格　沙希岱長子康熙九年襲扎薩克多羅杜稜郡王十二年卒
勞彭　恭格長子康熙十二年襲扎薩克多羅杜稜郡王十四年卒
阿玉什　沙希岱次子康熙十四襲扎薩克多羅杜稜郡王三十二年卒
達爾扎布　阿玉什長子康熙三十二年襲扎薩克多羅杜稜郡王雍正七年卒
旺青齊蘇嚨　達爾扎布長子雍正七年襲扎薩克多羅杜稜郡王乾隆六年卒
丹津車凌　旺青齊蘇嚨長子乾隆六年襲扎薩克多羅杜稜郡王九年卒
朗袞車凌　旺青齊蘇嚨子乾隆九年襲扎薩克多羅杜稜郡王十六年卒
車凌多爾濟　達爾扎布第三子乾隆十六年襲扎薩克多羅杜稜郡王三十四年以罪削
車凌袞布　車凌多爾濟長子乾隆三十四年襲扎薩克多羅杜稜郡王嘉慶七年卒
喇特那錫第　車凌袞布長子嘉慶七年襲道光六年卒
布爾呢什哩　喇特那錫第子道光六年襲
布達菲噶拉　布爾呢什哩子咸豐五年襲
那木濟勒旺楚克　布達菲噶拉子同治二年襲光緒三十四年卒
德木楚克棟魯布　光緒三十四年襲

蘇尼特部　輔國公
噶爾瑪　杜稜郡王叟塞長子順治六年以不附騰機思叛詔封多羅貝勒康熙二年卒
丹津　噶爾瑪長子康熙二年襲多羅貝勒十一年卒
沙哩　丹津長子康熙十一年襲多羅貝勒四十三年卒
阿弼達　沙哩長子康熙四十三年降襲輔國公四十八年卒
洛壘　阿弼達長子康熙四十八年襲輔國公乾隆三十年卒
扎什喇布坦　洛壘長子乾隆三十年襲輔國公四十年以病罷
羅卜藏車凌　扎什喇布坦次子乾隆四十年襲輔國公四十九年詔世襲罔替五十三年卒
額璘臣　羅卜藏車凌子乾隆五十三年襲輔國公
巴圖鄂齊爾　額璘臣子道光十八年襲
布彥特古斯　巴圖鄂齊爾子道光二十三年襲
瑪哈什哩　布彥特古斯子同治七年襲
特穆爾　光緒十六年襲

阿巴噶
多爾濟
塞爾珍
德木伯
楚英　德木
色稜　楚英
達瑪璘
弼英　德木
扎木巴
車凌旺
喇特納
那木薩
薩勒濟
剛噶爾
布彥烏

部 多羅卓哩克圖郡王

元太祖弟布格博勒格圖之裔號額齊格諾顏崇德六年封扎薩克圖郡王詔世襲罔替順治二年卒

多爾濟長子順治二年襲扎薩克多羅卓哩克圖郡王康熙八年卒

勒 塞爾珠長子康熙八年襲扎薩克多羅卓哩克圖郡王十六年卒

伯勒長子康熙十七年襲扎薩克多羅卓哩克圖郡王三十年卒

長子康熙三十年襲扎薩克多羅卓哩克圖郡王三十四年卒

扎布 楚英次子康熙三十四年襲扎薩克多羅卓哩克圖郡王三十九年以不稱職削

伯次子康熙三十九年襲扎薩克多羅卓哩克圖郡王五十四年卒

勒扎布 楚英第三子康熙五十四年襲扎薩克多羅卓哩克圖郡王乾隆十六年卒

布 扎木巴勒扎布次子乾隆十六年襲扎薩克多羅卓哩克圖郡王四十一年卒

什第 車凌旺布長子乾隆四十一年襲扎薩克多羅卓哩克圖郡王五十三年以罪革五十四年以其弟 巴稜丹色稜爲扎薩克一等台吉嘉慶二十五年卒

賚多爾濟 喇特納什第子嘉慶二十五年襲道光十六年卒

勒多爾濟 那木薩賚多爾濟子道光十六年襲

倫布 薩勒濟勒多爾濟子道光二十九年襲光緒十六年卒

勒哲依 剛噶爾倫布子光緒十六年襲

阿巴噶部 扎薩克多羅郡王

都思噶爾 卓哩克圖郡王多爾濟從孫順治八年封扎薩克多羅郡王詔世襲罔替十年卒

沙克沙僧格 都思噶爾長子順治十一年襲扎薩克多羅郡王康熙二十四年卒

烏爾彰噶喇布 沙克沙僧格長子康熙二十六年襲扎薩克多羅郡王五十二年卒

巴特瑪袞楚克 烏爾彰噶喇布長子康熙五十二年襲扎薩克多羅郡王六十一年卒

索諾木喇布坦 巴特瑪袞楚克長子雍正元年襲扎薩克多羅郡王乾隆二十年賜親王品級三十年卒

鼐布坦常思 索諾木喇布坦長子乾隆三十一年襲扎薩克多羅郡王四十八年卒

袞布扎布 鼐布坦常思長子乾隆四十八年襲扎薩克多羅郡王五十一年卒

嘛尼巴達拉 袞布扎布子乾隆五十二年襲扎薩克多羅郡王道光五年卒

阿爾塔什迪 嘛尼巴達拉子道光五年襲同治元年十一月卒

瓦津達喇 阿爾塔什迪子同治元年襲光緒七年以病告休仍留郡王爵八年五月卒

楊桑 瓦津達喇子光緒七年詔襲扎薩克一等台吉八年襲郡王二十七年賜親王銜

阿巴噶部 固山達爾漢貝子

多爾濟 郡王都思噶爾從弟號達爾漢諾顏順治三年封固山達爾漢貝子詔世襲罔替十一年卒

綽博和 多爾濟長子順治十一年襲固山達爾漢貝子康熙十五年卒

車凌棟囉布 綽博和長子康熙十五年襲固山達爾漢貝子雍正四年

齊旺 車凌棟囉布孫雍正五年襲固山達爾漢貝子乾隆二十一年卒

朋素克 齊旺孫乾隆十一年襲固山達爾漢貝子六十年卒

巴雅爾錫第 朋素克子乾隆六十年襲固山達爾漢貝子嘉慶二十二年卒

德木楚克達什 巴雅爾錫第子嘉慶二十二年襲咸豐元年九月卒

堆英固爾扎布 德木楚克達什子咸豐二年襲光緒十年六月卒

貢多桑保 堆英固爾扎布子光緒十年襲

阿巴噶部 輔國達爾漢公

德木楚克 郡王沙克沙僧格次子康熙五十四年封輔國公賜達爾漢號六十一年晉鎮國公雍正二年晉固山貝

鄂勒齊圖 德木楚克次子雍正四年降襲輔國達爾漢公乾隆十五年卒

旺沁扎布 鄂勒齊圖長子乾隆十六年襲輔國達爾漢公三十二年卒

齊巴克扎布 旺沁扎布長子乾隆三十二年襲輔國達爾漢公四十九年詔世襲罔替五十二年卒

拉旺多爾濟 齊巴克扎布長子乾隆五十二年襲輔國達爾漢公道光十二年卒

薩木丕勒諾爾布 拉旺多爾濟子道光十二年襲二十九年六月卒

翰克托克塔呼 薩木丕勒諾爾布子道光二十九年襲光緒五年卒

濟克默特巴寶 托克托克塔呼子光緒五年襲二十七年卒

布彥托克托呼 濟克默特巴寶從弟光緒二十八年襲是年卒

蘇特諾木旺楚克 布彥托克托呼子光緒二十八年襲

阿巴噶部 扎薩克一等台吉

巴勒丹僧格 多羅卓哩克圖郡王喇特納什弟乾隆五十四年授扎薩克一等台吉

索諾木圖布欽 多羅卓哩克圖郡王車凌旺布第五子

杜噶爾布 索諾木圖布欽子道光十五年襲同治六年卒

拉哈喇吉勒桑都布 杜噶爾布子同治七年襲十一年賜輔國公銜光緒九年病免

拉哈齊旺楚克 拉哈喇吉勒桑都布子光緒九年十二月襲十四年卒

扎那密達爾 拉哈喇吉勒桑都布從子光緒二十四年襲二十九年賜鎮國公銜

阿巴哈納爾部 扎薩克多羅貝勒

色稜墨爾根 元太祖弟布格博勒格圖之裔康熙六年封扎薩克多羅貝勒詔世襲罔替十九年卒

納木喀爾 色稜墨爾根長子康熙十九年襲扎薩克多羅貝勒二十三年卒

布昭 納木喀爾次子康熙二十四年襲扎薩克多羅貝勒四十八年卒

齊當旺舒克 布昭長子康熙四十八年襲扎薩克多羅貝勒四十九年卒

索諾木喇布坦 齊當旺舒克長子康熙四十九年襲扎薩克多羅貝勒五十九年卒

納木扎 索諾木喇布坦從弟康熙五十九年襲扎薩克多羅貝勒雍正十三年卒

達什敏珠爾 納木扎長子雍正十三年襲扎薩克多羅貝勒乾隆五十三年卒

車登扎布 達什敏珠爾長子乾隆三十三年襲扎薩克多羅貝勒四十四年卒

瑪哈巴拉 車登扎布長子乾隆四十四年襲扎薩克多羅貝勒道光五年病免

巴勒楚克 瑪哈巴拉子道光五年襲

綳楚克桑布 巴勒楚克子道光十四年襲

達木定扎布 綳楚克桑布弟道光二十六年襲光緒十三年卒

旺沁敦都布 達木定扎布子光緒三十年襲

阿巴哈納爾部 扎薩克固山貝子

棟伊思喇布 貝勒色稜墨爾根弟康熙四年封扎薩克固山貝子詔世襲罔替二十年卒

袞楚克扎布 棟伊思喇布長子康熙二十年襲扎薩克固山貝子二十四年卒

額璘臣達什 袞楚克扎布長子康熙二十四年襲扎薩克固山貝子五十五年卒

班珠爾 額璘臣達什長子康熙五十六年襲扎薩克固山貝子乾隆十九年賜貝勒品級二十九年卒

達克丹朋素克 班珠爾第三子乾隆二十九年襲扎薩克固山貝子五十七年卒

袞布旺扎勒 達克丹朋素克長子乾隆五十七年襲扎薩克固山貝子道光七年卒

伊達木扎布 袞布旺扎勒子道光七年襲二十四年卒

桑齋色勒特多布 伊達木扎布子道光二十四年襲同治三年賜貝勒銜十二年卒

多特諾爾布 桑齋色勒特多布子光緒元年襲二十年病免

車林多爾濟 多特諾爾布子光緒二十一年襲宣統元年賜郡王銜世襲貝勒

四子部落 扎薩克多羅達爾漢卓哩克圖郡王

鄂木布 元太祖弟哈布圖哈薩爾之裔崇德元年授扎薩克賜達爾漢卓哩克圖號順治六年封多羅

巴拜 鄂木布長子順治十年襲扎薩克多羅達爾漢卓哩克圖郡王康熙二年卒

沙克都爾 巴拜長子康熙三年襲扎薩克多羅達爾漢卓哩克圖郡王十六年卒

達木巴琫素 沙克都爾長子康熙十七年襲扎薩克多羅達爾漢卓哩克圖郡王三十一年卒

三濟扎布 達木巴琫素長子康熙三十一年襲扎薩克多羅達爾漢卓哩克圖郡王四十九年卒

阿喇布坦多爾濟 三濟扎布長子康熙四十九年襲扎薩克多羅達爾漢卓哩克圖郡王乾

車凌旺扎勒 阿喇布坦多爾濟長子乾隆三十六年襲扎薩克多羅達爾漢卓哩克圖郡王是年

喇什雅木丕素 阿喇布坦多爾濟第三子乾隆三十六年襲扎薩克多羅達爾漢卓哩克圖郡

朋楚克桑魯布 喇什雅木丕素次子乾隆四十九年襲扎薩克多羅達爾漢卓哩克圖郡王道

伊什楚克魯布 朋楚克桑魯布子道光五年襲六年以僭用黃傘革

伊什車登 伊什楚克魯布弟道光七年襲

那木凱多爾濟 伊什車登子同治三年襲

勒旺諾爾布 那木凱多爾濟子光緒十一年襲

郡王，詔世襲罔替。十年卒。
隆二十六年以病削。
卒。
王。四十九年卒。
光五年卒。

茂明安部扎薩克一等台吉

僧格　元太祖弟哈巴圖哈薩爾之裔。康熙三年授扎薩克一等台吉。十一年卒。
諾爾布　僧格長子。康熙十一年襲扎薩克一等台吉。雍正元年卒。
齊旺錫喇布　諾爾布第三子。雍正元年襲扎薩克一等台吉。乾隆十二年以罪削。
根敦扎木素　齊旺錫喇布長子。乾隆十二年襲扎薩克一等台吉。二十七年卒。
薩木坦扎木素　根敦扎木素長子。乾隆二十七年襲扎薩克一等台吉。四十九年，詔世襲罔替。嘉慶十年卒。
拉什棟囉布　薩木坦扎木素從弟。嘉慶十年襲。道光二年卒。
達特巴扎木蘇　拉什棟囉布孫。道光二年襲。十六年卒。
綽克巴達爾呼　達特巴扎木蘇子。道光十六年襲。
綽克佈彥圖　綽克巴達爾呼從父。光緒五年襲。
喇喜色楞多爾濟　光緒十四年襲。

茂明安部多羅貝勒

固穆巴圖爾　扎薩克台吉僧格叔祖。順治五年封輔國公。七年晉多羅貝勒，詔世襲罔替。康熙三年卒。
巴圖　固穆巴圖爾第三子。康熙三年襲多羅貝勒。三十二年卒。
班第　巴圖第三子。康熙三十二年襲多羅貝勒。五十六年卒。
羅卜藏錫喇布　班第次子。康熙五十六年襲多羅貝勒。乾隆八年卒。
裕木充　羅卜藏錫喇布長子。乾隆八年襲多羅貝勒。十九年卒。
袞楚克扎布　裕木充長子。乾隆三十九年襲多羅貝勒。四十五年卒。
珠克都爾扎布　袞楚克扎布長子。乾隆四十五年襲多羅貝勒。四十九年卒。
丹丕勒　袞楚克扎布次子。乾隆四十九年襲多羅貝勒。道光十九年卒。
格楚克　丹丕勒孫。道光十九年襲。光緒十六年卒。
棍布　格楚克嗣子。光緒十六年三月襲。

烏喇特部扎薩克鎮國公

圖巴　元太祖弟哈巴圖哈薩爾之裔。順治五年封扎薩克鎮國公，詔世襲罔替。十三年卒。
海色　圖巴長子。順治十三年襲扎薩克鎮國公。康熙八年卒。
察木察　海色長子。康熙八年襲扎薩克鎮國公。二十五年卒。
都稜　察木察長子。康熙二十五年襲扎薩克鎮國公。五十二年卒。
諾爾布璘沁　都稜長子。康熙五十二年襲扎薩克鎮國公。五十六年卒。
錫喇布　都稜次子。康熙五十六年襲扎薩克鎮國公。乾隆七年卒。
索諾木扎木三　錫喇布長子。乾隆七年襲扎薩克鎮國公。二十年卒。
索諾木喇布坦　索諾木扎布三長子。乾隆二十年襲扎薩克鎮國公。四十年卒。
車登布棟囉布　索諾木喇布坦長子。乾隆四十年襲扎薩克鎮國公。
喇特那巴拉　車布登棟囉布長子。嘉慶七年襲。道光十四年削扎薩克。十八年，詔以其叔父胡畢圖襲扎薩克一等台吉。
旺楚克色楞　胡畢圖子。咸豐二年襲。十一年，詔兼襲鎮國公。
色楞那木濟勒　旺楚克色楞子。同治六年襲。光緒二十三年卒。
木勒濟多爾濟　光緒二十三年十二月襲。

烏喇特部扎薩克鎮國公

諤班　鎮國公圖巴從子。順治五年封扎薩克鎮國公，詔世襲罔替。十五年卒。
博勒都哈　諤班長子。順治十五年襲扎薩克鎮國公。十八年卒。
博勒圖　諤班次子。順治十八年襲扎薩克鎮國公。康熙七年卒。
阿玉什　諤班第四子。康熙七年襲扎薩克鎮國公。十一年卒。
諾捫　阿玉什長子。康熙十一年襲扎薩克鎮國公。二十二年卒。
達爾瑪第　諾捫長子。康熙二十三年襲扎薩克鎮國公。二十八年卒。
達爾瑪什哩　達爾瑪第長子。康熙二十八年襲扎薩克鎮國公。雍正三年以罪削。
達爾瑪吉哩第　達爾瑪什哩長子。雍正三年襲扎薩克鎮國公。乾隆十六年卒。
達爾瑪哩第　達爾瑪吉哩第長子。乾隆十六年襲扎薩克鎮國公。二十九年卒。
噶勒桑車凌　達爾瑪哩第長子。乾隆二十九年襲扎薩克鎮國公。四十四年卒。
噶勒桑羅壘　達爾瑪哩第次子。乾隆四十四年襲扎薩克鎮國公。尋卒。
濟克默特多爾濟　達爾瑪吉哩第四子。乾隆四十四年襲扎薩克鎮國公。五十六年卒。
巴圖鄂齊爾　濟克默特多爾濟弟。乾隆五十六年襲扎薩克鎮國公。道光十四年卒。
噶勒當旺楚克多爾濟　巴圖鄂齊爾子。道光十四年襲。咸豐四年卒。
貢蘇隆扎布　噶勒當旺楚克多爾濟子。咸豐四年卒。
克什克德勒格爾　貢蘇隆扎布孫。光緒八年襲。

喇烏特部扎薩克輔國公

巴克巴海　鎮國公圖巴從孫。順治五年封扎薩克輔國公，詔世襲罔替。尋卒。
楚充客　巴克巴海弟。順治五年襲扎薩克輔國公。康熙二十二年卒。
達爾瑪　楚充客長子。康熙二十三年襲扎薩克輔國公。二十五年卒。
鄂勒班　達爾瑪長子。康熙二十五年襲扎薩克輔國公。四十二年卒。
垂扎木素　鄂勒班長子。康熙四十三年襲扎薩克輔國公。雍正十一年以罪削。
阿穆爾齡貴　鄂勒班第三子。雍正十一年襲扎薩克輔國公。乾隆十一年卒。
恭格喇布坦　阿穆爾齡貴次子。乾隆十一年襲扎薩克輔國公。五十三年卒。
多爾濟帕拉穆　恭格喇布坦長子。乾隆五十三年襲扎薩克輔國公。道光八年卒。
車楞旺楚克多爾濟　多爾濟帕拉穆子。道光八年襲。十年九月卒。
拉旺哩克鉑　車楞旺楚克多爾濟子。道光十一年襲。
貢桑棟魯布　拉旺哩克鉑子。同治三年襲。光緒二十年三月卒。
索特那木旺珠爾多爾濟　光緒二十年襲。二十一年卒。
巴寶多爾濟　索特那木旺珠爾多爾濟弟。光緒二十一年十二月襲。

喀爾喀右翼部扎薩克多羅達爾漢貝勒

本塔爾　元太祖裔。順治十年封扎薩克和碩達爾漢親王，詔世襲罔替。康熙八年卒。
諾內　本塔爾第四子。康熙八年襲扎薩克和碩達爾漢親王。四十六年卒。
詹達固密　諾內第八子。康熙四十七年降襲扎薩克多羅達爾漢貝勒。雍正六年卒。
拉旺多爾濟　詹達固密長子。雍正七年襲扎薩克多羅達爾漢貝勒。乾隆四十六年卒。
車布登納木扎勒　拉旺多爾濟長子。乾隆四十六年襲扎薩克多羅達爾漢貝勒。嘉慶四年卒。
忠濟勒車璘　車布登納木扎勒長子。嘉慶五年襲。道光二年卒。
貢楚克綽克丕勒　忠濟勒車璘子。道光二年襲。四年卒。
車旺都布濟　楚克綽克丕勒弟。道光四年襲。二十四年以罪削。
索特那木多爾濟　車旺都布濟子。道光二十四年襲。
貢桑　索特那木多爾濟弟。同治二年襲。
車林多爾濟　貢桑子。光緒六年襲。十六年卒。
雲端旺楚克　車林多爾濟嗣子。光緒十六年八月襲。

喀爾喀右翼部固山卓哩克圖貝子

袞布　達爾漢親王本塔爾從子。順治十年封多羅卓哩克圖郡王。十八年卒。
達爾扎　袞布長子。順治十八年襲多羅卓哩克圖郡王。康熙二十一年卒。
固嚕什希　達爾扎長子。康熙二十二年襲多羅卓哩克圖郡王。四十三年卒。
巴特瑪旺扎勒　固嚕什希長子。康熙四十三年降襲固山卓哩克圖貝子。乾隆二十一年卒。
車木伯勒　巴特瑪旺扎勒次子。乾隆二十一年襲固山卓哩克圖貝子。四十五年卒。
車登多爾濟　車木伯勒長子。康熙四十五年襲固山卓哩克圖貝子。四十九年，詔世襲罔替。五十一年以罪革。
東岳特　車登多爾濟弟。乾隆五十一年襲固山卓哩克圖貝子。六十年卒。
吉禮克喇錫　東岳特子。乾隆六十年襲固山卓哩克圖貝子。嘉慶二十五年卒。
蘊丹蓋魯布　吉禮克喇錫從子。嘉慶二十五年襲。
阿育爾布呢　蘊丹蓋魯布子。同治四年襲。光緒十三年卒。
明珠爾多爾濟　阿育爾布呢子。光緒十三年襲。

喀爾喀右翼部固山貝子

本巴什希　達爾漢親王本塔爾弟。順治十年封固山貝子，詔世襲罔替。康熙十四年卒。
巴特瑪　本巴什希次子。康熙十五年襲固山貝子。二十五年卒。
進穆巴　巴特瑪長子。康熙二十六年襲固山貝子。五十三年卒。
達濟　進穆巴長子。康熙五十四年襲固山貝子。雍正六年卒。
班第達　巴特瑪次子。雍正七年襲固山貝子。十三年卒。
阿喇布坦　班第達長子。雍正十三年襲固山貝子。乾隆二十五年卒。
巴爾準多爾濟　阿喇布坦長子。乾隆二十六年襲固山貝子。嘉慶二年卒。
喇什那木扎爾　巴爾準多爾濟次子。嘉慶二年襲。九年卒。
阿第雅　喇什那木扎爾長子。嘉慶九年襲。道光三十年卒。
色勒布貢格　阿第雅子。道光三十年襲。
托果瓦　色勒布貢格弟。同治七年襲。

喀
薩
袞
索
恭
袞
丹
噶
貢
寬
莫
諾

爾喀右翼部 鎮國公

瑪第 達爾漢親王本塔爾第五子康熙十四年以軍功封鎮國公詔世襲罔替二十五年卒

布阿喇布坦 薩瑪第長子康熙二十六年襲鎮國公四十四年卒

諾木班珠爾 袞布阿喇布坦長子康熙四十四年襲鎮國公雍正九年卒

格阿喇布坦 索諾木班珠爾長子雍正九年襲鎮國公乾隆三十八年卒

楚克棟囉布 恭格阿喇布坦長子乾隆三十八年襲鎮國公三十九年卒

津多爾濟 袞楚克棟囉布長子乾隆四十年襲鎮國公嘉慶十二年卒

爾桑車林 丹津多爾濟子嘉慶十二年襲道光二十年卒

桑 噶爾桑車林子道光二年襲

楚克達瓦 貢桑子光緒九年襲

羅木 光緒十三年襲二十年卒

爾布散布 莫羅木嗣子光緒二十年十二月襲

鄂爾多斯部 扎薩克多羅郡王

額璘臣 元太祖裔順治六年封扎薩克多羅郡王詔世襲罔替十二年卒

巴圖 額璘臣從子順治十三年襲扎薩克多羅郡王十四年以罪削

固嚕 巴圖兄順治十三年襲扎薩克多羅郡王康熙十八年晉和碩親王三十一年卒

棟羅布 固嚕次子康熙三十一年襲扎薩克多羅郡王五十七年卒

薩克巴 棟羅布長子康熙五十七年襲扎薩克多羅郡王五十九年卒

喇什班珠爾 棟羅布第四子康熙五十九年襲扎薩克多羅郡王雍正六年卒

扎木揚 薩克巴長子雍正六年襲扎薩克多羅郡王十一年以赴調兵不堪用降貝勒乾隆元年詔復郡王二十二年卒

車凌多爾濟 扎木揚長子乾隆二十三年襲扎薩克多羅郡王四十五年卒

達爾瑪咱第 車凌多爾濟長子乾隆四十六年襲扎薩克多羅郡王五十年卒

什當巴拜 車凌多爾濟次子乾隆五十一年襲扎薩克多羅郡王嘉慶十七年卒

巴寶多爾濟 什當巴拜子嘉慶十七年襲道光十一年以罪削扎薩克仍留郡王十八年卒

圖們濟爾噶勒 巴寶多爾濟子道光十一年以一等台吉襲扎薩克十五年襲郡王

額爾齊木畢里克 圖們濟爾噶勒子道光十七年襲光緒二十七年卒

特古斯阿勒坦 額爾齊木畢里克子光緒二十八年二月襲

鄂爾多斯部 扎薩克多羅貝勒

善丹 額璘臣從子順治七年封扎薩克多羅貝勒詔世襲罔替康熙二年卒

索諾木 善丹長子康熙二年襲扎薩克多羅貝勒十六年晉多羅郡王二十一年卒

松喇布 索諾木長子康熙二十一年襲扎薩克多羅貝勒三十七年晉多羅郡王四十八年卒

斡珠爾 松喇布長子康熙四十八年襲扎薩克多羅貝勒五十七年卒

諾依囉布扎木素 斡珠爾長子康熙五十七年襲扎薩克多羅貝勒乾隆十二年卒

棟囉布扎木素 諾依囉布扎木素長子乾隆十二年襲扎薩克多羅貝勒三十一年賜郡王品

棟囉布色稜 棟囉布扎木素長子乾隆三十八年襲扎薩克多羅貝勒嘉慶三年卒

索諾木喇布齋根敦 棟囉布色稜從弟嘉慶三年襲道光十八年卒

棍藏拉布坦扎木蘇 索諾木喇布齋根敦子道光十八年襲咸豐元年卒

額爾德呢綽克圖 棍藏拉布坦扎木蘇從子咸豐三年襲

察克都爾扎布 額爾德呢綽克圖子同治元年襲

喇什扎木蘇 察克都爾扎布兄光緒七年襲二十八年卒

噶勒藏羅勒瑪旺扎勒扎木蘇 喇什扎木蘇子光緒二十八年十二月襲

級三十八年卒

鄂爾多斯部 扎薩克固山貝子

小扎木素 郡王額璘臣從子順治六年封扎薩克鎮國公詔世襲罔替康熙九年卒

索諾木 小扎木素長子康熙九年襲扎薩克鎮國公十一年卒

都稜 索諾木長子康熙十一年襲扎薩克鎮國公三十七年晉固山貝勒四十六年卒

色稜喇什 都稜長子康熙四十六年仍襲扎薩克固山貝子五十一年卒

倫布 都稜次子康熙五十一年襲扎薩克固山貝子五十六年卒

色稜納木扎勒 都稜第三子康熙五十六年襲扎薩克固山貝子尋卒

齊旺班珠爾 色稜納木扎勒長子康熙五十六年襲扎薩克固山貝子雍正十一年以赴調兵不堪用降輔國公尋詔復貝子乾隆十九年晉多羅貝勒三十七年卒

喇什達爾濟 齊旺班珠爾孫乾隆三十七年襲扎薩克固山貝子四十九年詔世襲罔替嘉慶十一年卒

拉什扎木素 喇什達爾濟長子嘉慶十一年襲十七年卒無嗣

拉什丕爾 拉什扎木素叔嘉慶十七年襲十八年卒

端多布色楞 拉什丕爾弟嘉慶十八年襲道光二十一年卒

靜米特多布扎勒 端多布色楞子道光二十一年襲

巴圖莽鼐 靜米特多布扎勒弟咸豐七年襲

阿爾寶巴雅爾 巴圖莽鼐嗣子光緒六年襲

鄂爾多斯部 扎薩克固山貝子

沙克扎 郡王額璘臣從弟順治七年封扎薩克固山貝子詔世襲罔替十四年卒

固嚕斯希布 沙克扎長子順治十四年襲扎薩克固山貝子康熙十九年晉多羅貝勒四十三年卒

喇什扎木素 固嚕斯希布第五子康熙四十三年襲扎薩克固山貝子五十一年卒

納木扎勒色稜 喇什扎木素長子康熙五十二年襲扎薩克固山貝子乾隆二十六年卒

拉旺巴勒丹色稜 納木扎勒色稜次子乾隆二十六年襲扎薩克固山貝子三十年卒

丹巴達爾濟 拉旺巴勒丹色稜弟乾隆三十年襲扎薩克固山貝子五十四年卒

永瓏多爾濟 丹巴達爾濟長子乾隆五十四年襲扎薩克固山貝子道光八年卒

達什多爾濟 永瓏多爾濟子道光八年襲

散濟密都布 達什多爾濟子咸豐六年襲

索那木彭蘇克 光緒十年襲十二年卒

索呢因索特圖 索那木彭蘇克子光緒十二年三月襲二十二年卒

圖們巴雅爾 光緒二十三年二月襲

鄂爾多
額琳沁
達爾扎
旺舒克
達什喇
喇什色
沙克都
布延泰
扎木巴
桑齋旺
巴達爾
察克都

斯部 扎薩克固山貝子

郡王額璘臣從子順治六年封扎薩克固山貝子詔世襲罔替十八年卒

額琳沁從子順治十八年襲扎薩克固山貝子康熙十六年晉多羅貝勒三十三年卒

達爾扎長子康熙三十三年襲扎薩克多羅貝勒三十七年卒

布坦 達爾扎第三子康熙三十七年襲扎薩克多羅貝勒雍正十年以赴調兵不堪用降貝子十二年卒

稜 達什喇布坦長子雍正十二年襲扎薩克固山貝子乾隆三十八年卒

爾扎布 喇什色稜長子乾隆三十八年襲扎薩克固山貝子四十三年卒

沙克都爾扎布長子乾隆四十三年襲扎薩克固山貝子嘉慶十三年卒

勒多爾濟 布延泰弟嘉慶十三年襲二十二年卒

沁 扎木巴勒多爾濟從子嘉慶二十二年襲道光八年以罪削

呼 桑齋旺沁子道光九年襲同治十三年賜貝勒銜世襲罔替

爾色楞 巴達爾呼子光緒十年襲

鄂爾多斯部 扎薩克固山貝子

色稜 郡王額璘臣從子順治六年封扎薩克固山貝子詔世襲罔替康熙十五年卒

袞布喇什 色稜長子康熙十六年襲扎薩克固山貝子十九年晉多羅貝勒二十三年卒

根都什轄布 袞布喇什長子康熙二十四年襲扎薩克固山貝子四十八年卒

羅布藏 根都什轄布長子康熙四十八年襲扎薩克固山貝子雍正十一年以赴調兵不堪用降輔國公尋詔復貝子乾隆五年卒

納木扎勒多爾濟 羅布藏長子乾隆五年襲扎薩克固山貝子四十二年卒

色旺喇什 納木扎勒多爾濟次子乾隆四十二年襲扎薩克固山貝子嘉慶十七年卒

額爾德呢 色旺喇什子嘉慶十七年襲道光元年卒

察克都爾色楞 額爾德尼子道光元年襲咸豐二年卒

扎那濟爾迪 察克都爾色楞子咸豐二年襲四年賜貝勒銜光緒二十年正月賞三眼花翎

珊濟密都布 光緒二十七年襲

鄂爾多斯部 輔國公

色布騰諾爾布 郡王喇什班珠爾長子雍正六年封輔國

扎木巴勒多爾濟 色布騰諾爾布長子乾隆二十二年

薩木丕勒 扎木巴勒多爾濟長子乾隆二十七年襲輔國公二

丹津多爾濟 扎木巴勒多爾濟次子乾隆二十九年襲輔國

定咱喇什	公。乾隆一十二年卒。
袞布喇什	襲輔國公。二十七年卒。
旺扎勒車登布多爾濟	十九年卒。
噶爾桑濟克嚕特多爾濟	公。嘉慶四年卒。子富隆多爾濟降襲二等台吉。

鄂爾多斯部 扎薩克一等台吉

定咱喇什	郡王額璘臣從曾孫。雍正九年授一等台吉。乾隆元年授扎薩克。九年卒。
袞布喇什	定咱喇什長子。乾隆九年襲扎薩克一等台吉。二十七年卒。
旺扎勒車登布多爾濟	袞布喇什長子。乾隆二十七年襲扎薩克一等台吉。四十九年詔世襲罔替。嘉慶十四年卒。
噶爾桑濟克嚕特多爾濟	旺扎勒車登布多爾濟子。嘉慶十四年襲。二十二年卒。
色楞多濟特	噶爾桑濟克嚕特多爾濟子。嘉慶二十二年襲。道光十八年卒。
韓克巴雅爾	色楞多濟特子。道光十八年襲。
扎那巴蘭札	韓克巴雅爾弟。咸豐八年襲。光緒十六年卒。
克什克達賚	光緒十六年襲。
克沙都爾扎布	光緒二十三年襲。

喀爾喀土謝圖汗部 土謝圖汗

初封	察琿多爾濟	元太祖裔。喀爾喀格哷森扎扎賚爾琿台
一次襲	敦多布多爾濟	察琿多爾濟孫。初襲其父郡王
二次襲	多爾濟額爾德尼阿海	察琿多爾濟次
三次襲	旺扎勒多爾濟	多爾濟額爾德尼阿海長子。康
四次襲	敦丹多爾濟	旺扎勒多爾濟次子。雍正十年襲土謝圖
五次襲	敦多布多爾濟	旺扎勒多爾濟第四子。乾隆九
六次襲	延丕勒多爾濟	旺扎勒多爾濟長子。乾隆十一
七次襲	車登多爾濟	敦丹多爾濟次子。乾隆二十四年襲土謝
八次襲	敏珠爾多爾濟	車登多爾濟長子。乾隆五十八
九次襲	車登多爾濟	敏珠爾多爾濟父。乾隆五十九年仍襲土
十次襲	額依多布多爾濟	車登多爾濟子。嘉慶二十
十一次襲	雅凌泰	額依多布多爾濟子。道光九年襲。十二年卒。
十二次襲	車林多爾濟	雅凌泰弟。道光十二年襲。同治二年卒。
十三次襲	那遜綽克圖	車林多爾濟子。同治二年襲。光緒二十六
十四次襲	色囊依勒多爾濟	那遜綽克圖子。光緒二十
十五次襲	達什尼瑪	色囊依勒多爾濟嗣子。光緒三十年襲。
十六次襲		

固嚕什喜	吉之五世孫。繼其父袞布稱汗，號土謝圖。康熙三十年詔留土謝圖汗號。三十八年卒。
多爾濟阿喇布坦	噶勒丹多爾濟爵。康熙三十九年晉和碩親王，襲土謝圖汗。後以溺職降襲原爵。見郡王表。
敏珠爾多爾濟	子。康熙四十一年襲土謝圖汗。五十年卒。
車凌拜都布	熙五十年襲土謝圖汗。雍正十年卒。
丹忠多爾濟	汗。乾隆八年卒。
齊巴克扎布	年襲土謝圖汗。十年卒。
多爾濟扎布	年襲土謝圖汗。二十三年卒。
達克丹多爾濟	圖汗。四十六年詔世襲罔替。五十八年以罪削。
拉蘇隆巴扎爾	年襲土謝圖汗。五十九年卒。
阿木噶巴扎爾	謝圖汗。嘉慶二十一年卒。
阿囊達瓦齊爾	年襲。道光九年卒。
	年卒。
	六年襲。二十九年卒。

喀爾喀土謝圖汗部 扎薩克多羅郡王

固嚕什喜	土謝圖汗察琿多爾濟族弟。康熙三十年封扎薩克多羅郡王。四十四年卒。
多爾濟阿喇布坦	固嚕什喜長子。康熙四十四年襲扎薩克多羅郡王。雍正六年以病罷。
敏珠爾多爾濟	多爾濟阿喇布坦長子。雍正六年襲扎薩克多羅郡王。乾隆五年卒。
車凌拜都布	敏珠爾多爾濟長子。乾隆五年襲扎薩克多羅郡王。二十年擊伊犂叛賊，死之。
丹忠多爾濟	車凌拜都布長子。乾隆二十年襲扎薩克多羅郡王。三十七年卒。
齊巴克扎布	車凌拜都布次子。乾隆三十七年襲扎薩克多羅郡王。四十六年詔世襲罔替。四十七年卒。
多爾濟扎布	齊巴克扎布長子。乾隆四十七年襲扎薩克多羅郡王。
達克丹多爾濟	多爾濟扎布子。嘉慶二十三年襲。道光七年卒。
拉蘇隆巴扎爾	達克丹多爾濟子。道光七年襲。
阿木噶巴扎爾	拉蘇隆巴扎爾子。光緒元年襲。
阿囊達瓦齊爾	光緒十八年四月襲。

喀爾喀土謝圖汗部 扎薩克固山貝子

噶勒丹多爾濟	土謝圖汗察琿多爾濟長子。康熙三十年封扎薩克多羅郡王。三十一年卒。
敦多布多爾濟	噶勒丹多爾濟長子。康熙三十一年襲扎薩克多羅郡王。三十九年晉和碩親
額璘沁多爾濟	敦多布多爾濟次子。乾隆八年襲扎薩克和碩親王。二十年以罪誅，削爵。
根扎布多爾濟	敦多布多爾濟長子。乾隆二十二年降襲扎薩克固山貝子。二十五年卒。
格齊爾多爾濟	敦多布多爾濟第三子。乾隆二十五年襲扎薩克，賜公品級。三十六年以病罷。
車布登多爾濟	根扎布多爾濟次子。乾隆二十五年襲固山貝子。三十六年襲扎薩克。三十九
遜都布多爾濟	車登布多爾濟長子。乾隆三十九年襲扎薩克固山貝子。四十六年詔世襲罔
甯保多爾濟	遜都布多爾濟長子。嘉慶四年襲。道光二十年卒。
德勒克多爾濟	甯保多爾濟子。道光二十年襲。
那木濟勒端多布	德勒克多爾濟子。同治七年襲。
綳楚克車林	那木濟勒端多布子。光緒十年襲。

車木楚克納木扎勒	
成袞扎布	王。襲土謝圖汗，見汗表。四十一年降襲郡王原爵。雍正元年復封親王。乾隆八年卒。
齊巴克雅喇木丕勒	
齊巴克多爾濟	
扎布以兄賽金布	
齊巴克扎濟	年卒。
額林沁多爾濟	替。嘉慶三年卒。
車林多爾濟	
杭達多爾濟	

喀爾喀土謝圖汗部 扎薩克和碩親王

車木楚克納木扎勒	土謝圖汗察琿多爾濟從子。康熙三十年授扎薩克一等台吉。三十五年封輔國公。雍正元年特晉多羅貝勒。十年卒。乾隆三年追封多羅郡王。
成袞扎布	車木楚克納木扎勒長子。雍正十年襲扎薩克多羅貝勒。乾隆三年晉襲多羅郡王。十一年卒。
齊巴克雅喇木丕勒	成袞扎布長子。乾隆十二年襲扎薩克多羅郡王。二十一年晉和碩親王。四十二年卒。
齊巴克多爾濟	齊巴克雅喇木丕勒次子。乾隆四十二年襲扎薩克和碩親王。四十六年詔世襲罔替。嘉慶二年卒。
扎布以兄賽金布	齊巴克多爾濟從子。嘉慶二年襲。六年卒。
齊巴克扎濟	齊巴克扎布子。嘉慶六年襲。道光十八年卒。
額林沁多爾濟	車登布多爾濟子。道光十八年襲。咸豐四年病免。
車林多爾濟	額林沁多爾濟子。咸豐四年襲。光緒十八年卒。
杭達多爾濟	車林多爾濟孫。光緒十八年五月襲。

喀爾喀土謝圖汗部 公品

三濟扎布	親王齊巴克雅喇木丕勒長子
三都布多爾濟	三濟扎布長子。乾隆
貢楚克達什	三都布多爾濟之子。嘉慶

級一等台吉	
	初授一等台吉乾隆二十二年卒追封公品級
	二十二年襲公品級一等台吉嘉慶十五年卒
	十五年襲

喀爾喀土謝圖汗部	扎薩克多羅郡王
西第什哩	土謝圖汗察琿多爾濟弟康熙三十年封扎薩克多羅貝勒四十五年卒
丹津多爾濟	西第什哩次子康熙四十五年襲扎薩克多羅貝勒雍正元年封多羅郡王八年晉和碩親王十一年以罪降郡王乾隆元年復封親王三年卒
桑齋多爾濟	丹津多爾濟孫乾隆三年襲扎薩克多羅郡王二十年晉和碩親王三十年以罪削奪詔復郡王爵四十三年卒
雲丹多爾濟	桑齋多爾濟長子乾隆四十四年襲扎薩克多羅郡王四十六年詔世襲罔替道光七年卒
多爾濟拉布坦	雲丹多爾濟子道光八年襲十九年卒
那遜巴圖	多爾濟拉布坦子道光十九年襲三十年卒
鄂特薩爾巴咱爾	那遜巴圖子道光三十年襲光緒二十一年十一月告休
車林巴布	鄂特薩爾巴咱爾子光緒二十一年十一月襲

喀爾喀土謝圖汗部	扎薩克一等台吉
錫布推哈坦巴圖爾	土謝圖汗察琿多爾濟從弟康熙三十年封扎薩克輔國公三十八年晉固山貝子四十三年卒
車登布	錫布推哈坦巴圖爾次子康熙四十五年降襲扎薩克鎮國公雍正元年晉多羅貝勒十年晉多羅郡王十一年以罪降貝勒乾隆十九年降貝子詔復貝勒二十一年以附叛賊青袞咱木罪削
齊旺多爾濟	車登布長子乾隆十一年仍降襲扎薩克輔國公十三年卒
車登布	乾隆二十三年賜公品級三十年仍襲扎薩克輔國公三十五年卒
齊素嚨多爾濟	車登布孫乾隆三十五年降襲扎薩克一等台吉四十六年詔世襲罔替嘉慶五年卒
伊塔木扎布	齊素嚨多爾濟長子嘉慶五年襲二十年卒
車林多爾濟	伊塔木扎布子嘉慶二十年襲
車凌多爾濟	車林多爾濟子同治十年襲
那遜固木布	車凌多爾濟子光緒十二年襲
索特那木達爾濟雅	宣統元年襲

喀爾喀土謝圖汗部	扎薩克輔國公
車凌巴勒	土謝圖汗察琿多爾濟第四子康熙五十年封扎薩克輔國公雍正六年卒
巴木丕勒多爾濟	車凌巴勒長子雍正七年襲扎薩克輔國公乾隆十二年卒
車登三丕勒	巴木丕勒多爾濟次子乾隆十三年襲扎薩克輔國公四十一年卒
拉素嚨多爾濟	車登三丕勒長子乾隆四十二年襲扎薩克輔國公四十六年詔世襲罔替
車林扎布	拉素嚨多爾濟子嘉慶十九年襲道光五年卒
喇布丹多爾濟	車林扎布子道光五年襲
畢里克太多爾濟	喇布丹多爾濟弟咸豐十一年襲
密什克多爾濟	畢里克太多爾濟子光緒元年襲二十二年三月告休
鄂達爾托克齊布揚瓦齊爾	密什克多爾濟子光緒二十二年襲

喀爾喀土謝圖汗部	扎薩克輔國公
巴海	貝子錫布推哈坦巴圖爾長子雍正九年授扎薩克一等台吉十年封輔國公乾隆八年卒
貢楚克扎布	巴海長子乾隆八年襲扎薩克輔國公二十八年卒
貢楚克達什	貢楚克扎布長子乾隆二十八年襲扎薩克輔國公四十六年詔世襲罔替四十九年卒
巴勒達爾扎布	貢楚克達什之弟乾隆四十九年襲扎薩克輔國公嘉慶元年卒
倭多布齊旺	巴勒達爾扎布長子嘉慶元年襲道光三年卒
桑都布明珠爾	倭多布齊旺子道光三年襲十一年卒
達什多爾濟	桑都布明珠爾子道光十一年襲
曼達爾瓦	達什多爾濟子同治四年襲
薩賚瓦爾	光緒三十四年三月襲

喀爾喀土謝圖汗部	扎薩克公品級一等台吉
三達克多爾濟	親王丹津多爾濟第三子乾隆十八年封輔國公二十年賜貝子品級二十三年授扎薩克二十九年卒
車凌多爾濟	三達克多爾濟長子乾隆二十九年襲扎薩克輔國公五十三年卒
薩蘭多爾濟	車凌多爾濟長子乾隆五十三年襲公品級扎薩克一等台吉嘉慶二十年卒
棚楚克多爾濟	薩蘭多爾濟子嘉慶二十三年襲道光二十六年病免
奇默特多爾濟	棚楚克多爾濟子道光二十六年襲
洞多布扎勒布帕拉木多爾濟	奇默特多爾濟子光緒五年襲
阿克旺多爾濟	光緒三十三年襲

喀爾喀土謝圖汗部	扎薩克鎮國公
禮塔爾	土謝圖汗察琿多爾濟族子康熙三十二年授扎薩克一等台吉尋卒
旺舒克	禮塔爾長子康熙三十二年襲扎薩克一等台吉雍正六年以病罷
達什丕勒	旺舒克次子雍正六年襲扎薩克一等台吉乾隆十九年封輔國公二十一年晉固山貝子賜貝勒品級尋晉郡王品級四十二年卒
德沁拉木丕勒	達什丕勒第四子乾隆四十三年襲扎薩克固山貝子四十六年詔世襲罔替五十七年以罪降鎮國公尋卒
索諾木旺楚克	德沁拉木丕勒長子乾隆五十八年襲鎮國公道光十七年卒
巴勒達爾多爾濟	索諾木旺楚克子道光十七年襲
車林多爾濟	巴勒達爾多爾濟嗣子光緒二年襲
噶丹巴勒	光緒十七年襲二十一年卒
察克都爾扎布	噶丹巴勒子光緒二十一年二月襲

喀爾喀土謝圖汗部	
巴朗	土謝圖汗察琿多爾濟從弟康
旺布	巴朗長子康熙三十二年襲扎
蒙固	旺布次子乾隆七年襲扎薩克
索諾木辰伯勒	蒙固長子
巴克巴扎布	索諾木辰伯勒
齊巴克扎布	巴克巴扎布長
三都布多爾濟	齊巴克扎
巴爾多爾濟	三都布多爾濟
黨蘇倫多爾濟	巴爾多爾
車德恩多爾濟	黨蘇倫多
車登索諾木	車德恩多爾濟

扎薩克輔國公

- 熙三十年授扎薩克一等台吉三十一年卒
- 薩克一等台吉乾隆三年封輔國公七年卒
- 輔國公二十七年以病罷
- 乾隆二十七年襲扎薩克輔國公四十五年卒
- 次子乾隆四十五年襲扎薩克輔國公四十六年詔世襲罔替五十一年卒
- 子乾隆五十一年襲扎薩克輔國公嘉慶三年卒
- 布長子嘉慶四年襲八年卒
- 長子嘉慶九年襲
- 濟子道光二十一年襲三十年卒
- 爾濟子道光三十年襲
- 弟咸豐九年襲光緒三十四年卒

喀爾喀土謝圖汗部扎薩克輔國公

- 班珠爾多爾濟：土謝圖汗察琿多爾濟孫康熙三十年授扎薩克一等台吉乾隆元年卒
- 琳丕勒多爾濟：班珠爾多爾濟長子乾隆元年襲扎薩克一等台吉二十年晉輔國公二十三卒
- 車布登多爾濟：琳丕勒多爾濟長子乾隆二十三年襲扎薩克輔國公四十六年詔世襲罔替五十九年卒
- 那木濟爾多爾濟：車布登多爾濟子乾隆五十九年襲扎薩克輔國公嘉慶十三年卒
- 齊旺多爾濟：那木濟爾多爾濟子嘉慶十三年襲道光十年卒
- 喇布丹多爾濟：齊旺多爾濟弟道光十年襲十七年卒
- 濟克濟特多爾濟：喇布丹多爾濟弟道光十七年襲二十年卒
- 旺楚克察克都爾蘇倫：濟克濟特多爾濟子道光二十年襲
- 密法木察蘇特巴保多爾濟：旺楚克察克都爾蘇倫從子光緒十年襲三十一年卒
- 阿勒坦呼雅克：密法木察蘇特巴保多爾濟子光緒三十二年襲

喀爾喀土謝圖汗部扎薩克輔國公

- 辰丕勒多爾濟：貝勒西第什哩長子康熙五十八年授扎薩克一等台吉雍正六年以老罷
- 喇木丕勒多爾濟：辰丕勒多爾濟孫雍正六年襲扎薩克一等台吉乾隆二年以病罷
- 三都布多爾濟：喇木丕勒多爾濟弟乾隆二年襲扎薩克一等台吉二十四年封輔國公四十五年卒
- 車登多爾濟：三都布多爾濟長子乾隆四十五年襲扎薩克輔國公四十六年詔世襲罔替五十二年卒
- 索諾木托布：車登多爾濟長子乾隆五十三年襲扎薩克輔國公道光元年卒
- 霍羅奇：索諾木托布子道光元年襲九年卒
- 達什多爾濟：霍羅奇弟道光九年襲二十八年卒
- 貂當蘇倫：達什多爾濟子道光二十八年襲
- 那旺車林：光緒十五年二月襲三十二年卒

喀爾喀土謝圖汗部扎薩克一等台吉

- 車凌：郡王都嚕什喜從弟康熙三十年授扎薩克一等台吉三十六年卒
- 鄂巴：車凌長子康熙三十六年襲扎薩克一等台吉五十二年卒
- 卓特巴：鄂巴長子康熙五十二年襲扎薩克一等台吉雍正七年以老罷
- 喇布坦：卓特巴長子雍正七年襲扎薩克一等台吉尋卒
- 旺布多爾濟：卓特巴次子雍正八年襲扎薩克一等台吉乾隆二十三年以病罷
- 敦多布多爾濟：旺布多爾濟長子乾隆二十三年襲扎薩克一等台吉四十六年詔世襲罔替四十七年卒
- 邁達哩扎布：敦多布多爾濟長子乾隆四十七年襲扎薩克一等台吉道光八年卒
- 沙克都爾扎布：邁達哩扎布子道光八年襲二十三年卒
- 烏都木濟：沙克都爾扎布弟道光二十三年襲
- 齊旺扎布：烏都木濟子咸豐十年襲
- 扎米揚廓爾羅瓦：齊旺扎布子光緒二年襲
- 巴達爾呼：光緒二十二年十二月襲

喀爾喀土謝圖汗部扎薩克一等台吉

- 車璘扎布：貝子錫布推哈坦巴圖爾從子康熙三十三年授扎薩克一等台吉五十七年卒
- 齊巴克扎布：車璘扎布長子康熙五十七年襲扎薩克一等台吉乾隆二十七年以病罷
- 額璘沁多爾濟：齊巴克扎布長子乾隆二十七年襲扎薩克一等台吉四十六年詔世襲罔替五十八年卒
- 齊旺多爾濟：額璘沁多爾濟子乾隆五十九年襲扎薩克一等台吉嘉慶二年卒
- 那木濟勒多爾濟：齊旺多爾濟子嘉慶二十年襲道光二十一年卒
- 車凌端多布：那木濟勒多爾濟子道光二十一年襲
- 密濟特多爾濟：車凌端多布子光緒十二年襲

喀爾喀土謝圖汗部扎薩克一等台吉

- 青多爾濟：貝子錫布推哈坦巴圖爾弟康熙三十五年授扎薩克一等台吉三十九年卒
- 恭格：青多爾濟長子康熙三十九年襲扎薩克一等台吉雍正四年以病罷
- 旺扎勒：恭格長子雍正四年襲扎薩克一等台吉乾隆十五年卒
- 固嚕扎布：旺扎勒長子乾隆十五年襲扎薩克一等台吉四十一年以病罷
- 齊巴克扎布：固嚕扎布長子乾隆四十一年襲扎薩克一等台吉四十六年詔世襲罔替
- 那木濟勒多爾濟：齊巴克扎布孫嘉慶十一年襲
- 烏爾津扎布：那木濟勒多爾濟子同治三年襲
- 羅布桑海都布：那木濟勒多爾濟子光緒十年襲

喀爾喀土謝圖汗部扎薩克一等台吉

- 開木楚克：郡王固嚕什喜從子康熙三十六年授扎薩克一等台吉四十三年卒
- 納木扎勒：開木楚克長子康熙四十三年襲扎薩克一等台吉五十四年卒
- 車凌旺舒克：納木扎勒長子康熙五十四年襲扎薩克一等台吉乾隆二十一年卒
- 達瑪琳扎布：車凌旺舒克長子乾隆二十一年襲扎薩克一等台吉三十六年卒
- 烏爾津扎布：達瑪琳扎布長子乾隆三十六年襲扎薩克一等台吉四十六年詔世襲罔替道光二年卒
- 都昂多布多爾濟：烏爾津扎布子道光二年襲七年卒
- 額凌多爾濟：都昂多布多爾濟子道光七年襲
- 圖魯伯羅特：額凌多爾濟子光緒二年襲
- 巴岡薩固哩：光緒二十年襲

喀爾喀土謝圖汗部扎薩克一等台吉

- 成袞扎布：郡王固嚕什喜次子康熙五十八年授扎薩克一等台吉雍正十年以不稱職削
- 車布登：成袞扎布長子雍正十年襲扎薩克一等台吉乾隆三十一年以罪削
- 車登：成袞扎布次子乾隆三十一年襲扎薩克一等台吉三十五年卒
- 貢楚克：車登次子乾隆三十五年襲扎薩克一等台吉四十六年詔世襲罔替嘉慶十年卒
- 達什扎布：貢楚克長子嘉慶十年襲十一年卒
- 占楚布多爾濟：達什扎布長子嘉慶十一年襲道光十年卒
- 喇特那什奇：占楚布多爾濟子道光十年襲三十年卒
- 額哩克紾端多布果綽瓦：喇特那什奇子道光三十年襲
- 齊達爾巴拉：額哩克紾端多布果綽瓦長子光緒元年襲
- 巴特瑪勒克登珠拉：光緒十五年襲

喀爾喀土謝圖汗部

- 朋素克喇布坦：追封郡王
- 喇木丕勒多爾濟：朋素
- 袞楚克車凌：喇木丕勒多爾濟次
- 達瑪第扎布：袞楚克車凌長子乾
- 固嚕扎布：達瑪第扎布長子乾隆五
- 噶木毗勒多爾濟：固嚕
- 扎那巴扎爾：噶木毗勒子同治二
- 索諾木車林：扎那巴扎爾弟同治
- 旺楚克拉布坦：光緒十八

扎薩克一等台吉

車木楚克納木扎勒弟。雍正八年授扎薩克一等台吉。乾隆十一年卒。

克喇布坦長子。乾隆十二年襲扎薩克一等台吉。十六年卒。

子。乾隆十七年襲扎薩克一等台吉。四十六年詔世襲罔替。四十八年卒。

隆四十八年襲扎薩克一等台吉。五十年卒。

十年襲扎薩克一等台吉。嘉慶二十三年卒。

扎布子。嘉慶二十三年襲。

年襲

五年襲

年襲

喀爾喀土謝圖汗部 扎薩克一等台吉

遜篤布 郡王固嚕什喜從子。雍正十年授扎薩克一等台吉。乾隆二十一年賜公品級。二十二年以罪削。

三篤克多爾濟 遜篤布長子。乾隆二十二年襲扎薩克一等台吉。四十六年詔世襲罔替。五十四年以病罷。

阿扎拉 三篤克多爾濟長子。乾隆五十四年襲扎薩克一等台吉。嘉慶二十一年卒。

旺沁多爾濟 阿扎拉子。嘉慶二十一年襲。道光八年卒。

巴勒黨棍布 旺沁多爾濟弟。道光八年襲。咸豐三年卒。

達喇木僧格 巴勒黨棍布子。咸豐三年襲。

都昂多克多爾濟 達喇木僧格子。光緒五年襲。

索諾木多爾濟 都昂多克多爾濟子。光緒八年襲。

阿克旺多爾濟 光緒三十三年二月襲。

喀爾喀車臣汗部 車臣汗

烏默克 元太祖裔。喀爾喀格埒森扎扎賚爾琿台吉之七世孫。繼其父伊勒登阿喇布坦稱汗號車臣。康熙三十年詔留車臣汗號。四十八年卒。

亥臣 烏默克長子。康熙四十八年襲車臣汗。雍正六年卒。

車布登班珠爾 亥臣長子。雍正六年襲車臣汗。十一年以瀆職削。

垂扎布 烏默克從弟。初襲其父郡王朋素克爵，見郡王表。雍正十一年襲車臣汗。十三年卒。

達瑪璘 亥臣次子。雍正十三年襲車臣汗。乾隆十六年卒。

嘛呢巴達喇 達瑪璘長子。乾隆十六年襲車臣汗。三十二年卒。

車布登扎布 達瑪璘次子。乾隆三十二年襲車臣汗。四十六年詔世襲罔替。五十三年卒。

齊旺多爾濟 車登布扎布長子。乾隆五十三年襲車臣汗。六十年卒。

朋楚克多爾濟 齊旺多爾濟次子。乾隆六十年襲。是年卒。無嗣。

桑齋多爾濟 齊旺多爾濟長子。嘉慶元年襲。五年降四等台吉。

瑪哈什哩 朋楚克多爾濟嗣子。嘉慶五年襲車臣汗。十二年卒。

恩克圖嚕 瑪哈什哩長子。嘉慶十二年襲。二十二年病免。

阿爾塔什達 恩克圖嚕子。嘉慶二十二年襲。

車林多爾濟 阿爾塔什達子。光緒元年襲。十九年卒。

德木楚克多爾濟 光緒十九年襲。宣統元年卒。

阿克旺那林 宣統元年襲。

喀爾喀車臣汗部 輔國公

三濟扎布 車臣汗烏默克弟。康熙五十六年封輔國公。雍正七年卒。

密瓦扎布 三濟扎布長子。雍正八年襲輔國公。乾隆十一年卒。

格埒克 密瓦扎布長子。乾隆十一年襲輔國公。四十二年卒。

車登扎布 格埒克長子。乾隆四十三年襲輔國公。四十六年詔世襲罔替。嘉慶十六年卒。

巴圖魯 車登扎布子。嘉慶十六年襲。

那希哩 巴圖魯子。咸豐八年襲。

拉蘇倫 那希哩子。同治十二年襲。

什固爾扎布 光緒十九年襲。

喀爾喀車臣汗部 扎薩克和碩親王

納木扎勒 車臣汗烏默克叔父。康熙三十年封扎薩克多羅郡王。六十年卒。

達瑪琳多爾濟 納木扎勒長子。康熙六十年襲扎薩克多羅郡王。雍正十年以罪削。

多爾濟扎勒 納木扎勒次子。雍正十年襲扎薩克多羅郡王。乾隆五年卒。

巴雅爾什第 多爾濟扎勒長子。乾隆五年襲扎薩克多羅郡王。二十年晉和碩親王。四十六年卒。

貢楚克扎布 巴雅爾什第長子。乾隆四十六年襲扎薩克和碩親王。詔世襲罔替。五十五年卒。

達爾瑪錫哩 貢楚克扎布長子。乾隆五十五年襲扎薩克和碩親王。嘉慶十九年卒。

瑪尼巴咱爾 達爾瑪錫哩弟。嘉慶十九年襲。道光五年卒。

車林多爾濟 瑪尼巴咱爾子。道光五年襲。

那木濟勒端多布 車林多爾濟子。咸豐七年襲。光緒二十八年卒。

濟克濟特倫蘇 那木濟勒端多布子。光緒三十年十二月襲。三十三年二月卒。

旺堆多爾濟 宣統元年襲。

喀爾喀車臣汗部 扎薩克多羅郡王

朋素克 車臣汗烏默客叔父。康熙三十年封扎薩克固山貝子。三十五年特晉多羅郡王。雍正五年以

垂扎布 朋素克長子。雍正五年襲扎薩克多羅郡王。後襲車臣汗，見汗表。

德木楚克 垂扎布長子。雍正十三年襲扎薩克多羅郡王。乾隆四十五年卒。

齊旺多爾濟 德木楚克長子。乾隆四十五年襲扎薩克多羅郡王。四十六年詔世襲罔替。卒。

桑齋多爾濟 齊旺多爾濟長子。乾隆四十六年襲扎薩克多羅郡王。嘉慶元年襲車臣汗，降郡王。

巴圖鄂齊爾 桑齋多爾濟長子。嘉慶十六年襲。道光元年卒。

托克托呼圖魯 巴圖鄂齊爾子。道光元年襲。

莽珠巴咱爾 托克托呼圖魯子。同治七年襲。

多爾濟帕喇穆 莽珠巴咱爾子。光緒十年襲。

喀爾喀車臣汗部 扎薩克多羅貝勒

車布登 車臣汗烏默客叔父。康熙三十年封扎薩克多羅貝勒三

旺扎布 車布登長子。康熙三十三年襲扎薩克多羅貝勒。雍正元

旺沁扎布 旺扎布長子。乾隆十四年襲扎薩克多羅貝勒。二十

達克丹多爾濟 旺沁扎布長子。乾隆二十一年襲扎薩克

那木濟勒多爾濟 達克丹多爾濟長子。嘉慶九年襲道

貢楚克扎布 那木濟勒多爾濟子。道光二十三年襲。

貢噶多爾濟 貢楚克扎布子。咸豐七年襲。

車林桑都布 貢噶多爾濟子。咸豐十年襲。光緒三十一年十

永端多爾濟 車林桑都布子。光緒三十二年正月襲。

棍布蘇倫 光緒三十四年襲。

喀爾喀車臣汗部 多羅郡王 今襲多羅貝勒

貢格三丕勒 郡王朋素克次子。雍正十一年以其兄垂扎布襲車臣汗，貢格三丕勒代爲扎薩克多羅郡王。十三年垂扎布子德穆楚克襲父原爵，詔貢格三丕勒仍爲郡王，不兼扎薩克。乾隆九年卒。

丹津 貢格三丕勒長子。乾隆九年襲多羅貝勒。四十五年卒。

車凌多爾濟 丹津長子。乾隆四十五年襲多羅貝勒。四十六年詔世襲罔替。嘉慶十二年卒。

索諾穆多爾沁 車林多爾濟子。嘉慶十二年襲。道光二十二年卒。

幹當當準車林 索諾穆多爾沁子。道光二十二年襲。光緒十七年卒。

扎密養吹濟勒蘇倫 光緒十七年二月襲。

老罷

爲貝勒。以子瑪哈錫哩襲。五年襲車臣汗

十二年卒。
年晉多羅郡王。八年，以罪削。九年復封貝勒。乾隆十四年卒。
年擊伊犁叛賊，死之。
多羅貝勒。四十六年詔世襲罔替。嘉慶八年病免。
光二十三年卒。
二月卒。

喀爾喀車臣汗部　扎薩克多羅貝勒今襲固山貝子
布達扎布　車臣汗烏默客從曾祖。康熙三十年封扎薩克固山貝子。五十年晉多羅貝勒。五十一年卒。
雲敦琳沁　布達扎布長子。康熙五十二年降襲扎薩克輔國公。五十五年卒。
巴蘇　雲敦琳沁長子。康熙五十七年襲扎薩克輔國公。乾隆十五年卒。
達爾濟雅　巴蘇長子。乾隆十五年襲扎薩克輔國公。二十年晉固山貝子。四十五年卒。
索諾木旺扎勒多爾濟　達爾濟雅長子。乾隆四十五年襲扎薩克固山貝子。四十六年詔世襲罔替。嘉慶七年以憤殺人削。
僖多布齊旺　索諾木旺扎勒多爾濟長子。嘉慶八年襲。十五年卒。
彭楚克多爾濟　僖多布齊旺弟。嘉慶十五年襲。道光二十七年卒。
德吉特多爾濟　彭楚克多爾濟子。道光二十七年襲。
貢楚克扎布　德吉特多爾濟子。同治十年襲。
勒旺多爾濟　貢楚克扎布弟。光緒十年襲。二十四年卒。
棍布蘇倫　光緒二十五年四月襲。

喀爾喀車臣汗部　扎薩克固山貝子
達哩　車臣汗烏默客族祖。康熙三十年封扎薩克固山貝子。尋以老罷。三十七年卒。
阿海成伯勒　達哩長子。康熙三十一年襲扎薩克固山貝子。四十年卒。
喇布坦　達哩第二子。康熙四十年襲扎薩克固山貝子。雍正十年卒。
旺扎勒　喇布坦長子。雍正十年襲扎薩克固山貝子。乾隆二十七年卒。
伊達木扎布　旺扎勒次子。乾隆二十七年襲扎薩克固山貝子。四十六年詔世襲罔替。四十九年卒。
貢楚克扎布　伊達木扎布長子。乾隆四十九年襲扎薩克固山貝子。嘉慶十九年卒。
蘊端巴雅爾　貢楚克扎布子。嘉慶十九年襲。道光十五年卒。
敏珠爾多爾濟　蘊端巴雅爾子。道光十五年襲。
普爾布扎布　敏珠爾多爾濟子。光緒十年襲。
多爾濟車林　宣統元年襲。

喀爾喀車臣汗部　扎薩克固山貝子今襲輔國公
車布登　車臣汗烏默客從曾祖。康熙三十年封扎薩克固山貝子。三十四年卒。
阿勒達爾　車布登長子。康熙三十五年襲扎薩克固山貝子。四十一年卒。
車凌布木　阿勒達爾長子。康熙四十二年降襲扎薩克鎮國公。五十三年卒。
格埒克巴木丕勒　車凌布木長子。康熙五十三年降襲扎薩克輔國公。乾隆二十年以罪削。二十一年詔復其爵。二十五年晉鎮國公。三十三年卒。
袞布扎布　格埒克巴木丕勒長子。乾隆三十六年降襲扎薩克輔國公。四十六年詔世襲罔替。嘉慶十三年卒。
僧格多爾濟　袞布扎布子。嘉慶十三年襲。道光元年卒。
棍布扎布　僧格多爾濟子。道光元年襲。二十九年卒。
棍楚克車林　棍布扎布子。道光二十九年襲。咸豐五年卒。
成里克多爾濟　棍楚克車林弟。咸豐五年襲。

喀爾喀車臣汗部　扎薩克固山貝子今襲扎薩克一等台吉
阿南達　車臣汗烏默客從曾祖。康熙三十年封扎薩克固山貝子。三十五年卒。
丹津　阿南達第三子。康熙三十六年襲固山貝子。不兼扎薩克。四十四年卒。
齊巴勒阿喇布坦　阿南達第四子。康熙四十四年降襲鎮國公。尋授扎薩克。四十五年卒。
延楚布多爾濟　丹津長子。康熙四十五年襲扎薩克鎮國公。雍正二年晉固山貝子。乾隆二十二年以溺職削。
旺沁扎布　延楚布多爾濟長子。乾隆二十二年襲扎薩克固山貝子。二十五年以溺職降封鎮國公。別有表。
貢桑嚨扎布　延楚布多爾濟次子。乾隆二十五年降襲扎薩克一等台吉。四十六年詔世襲罔替。五十二年以病罷。
車登多爾濟　貢桑嚨扎布長子。乾隆五十二年襲扎薩克一等台吉。嘉慶十一年卒。
敏珠多爾濟　車登多爾濟子。嘉慶十一年襲。道光二十七年卒。
伊特興諾爾布　敏珠多爾濟弟。道光二十七年襲。
車林多爾濟　伊特興諾爾布子。同治五年襲。
勒旺勒克津　車林多爾濟子。同治十一年襲。
桑薩賴多爾濟　光緒二十四年襲。

喀爾喀車臣
旺沁扎布　乾隆
垂濟扎布　旺沁
車林多爾濟
那遜瓦齊爾
伊達木蘇倫

汗部　鎮國公
二十五年由扎薩克固山貝子降封鎮國公。四十六年詔世襲罔替。四十八年卒。
扎布長子。乾隆四十八年襲鎮國公。
垂濟扎布子。咸豐六年襲。
車林多爾濟子。同治十一年襲。
光緒十七年襲。

喀爾喀車臣汗部　扎薩克鎮國公
車布登　車臣汗烏默客族叔父。康熙三十四年封扎薩克鎮國公。五十二年卒。
圖巴　車布登長子。康熙五十二年襲鎮國公。雍正十一年卒。
扎木禪　圖巴長子。雍正十一年襲扎薩克鎮國公。乾隆三十二年卒。
雲丹　扎木禪長子。乾隆三十二年襲扎薩克鎮國公。四十六年詔世襲罔替。五十一年卒。
達什格埒克　雲丹次子。乾隆五十一年襲扎薩克鎮國公。道光元年卒。
多爾濟帕喇穆　達什格埒克子。道光元年襲。二年卒。
索諾木達爾濟雅　多爾濟帕喇穆子。道光二年襲。二十四年卒。
額爾德呢托克塔嗎勒　索諾木達爾濟雅弟。道光二十四年襲。
扎木薩林扎布　額爾德呢托克塔嗎勒子。光緒二年襲。十七年卒。
車林呢瑪　扎木薩林扎布嗣子。光緒十七年七月襲。

喀爾喀車臣汗部　扎薩克輔國公
車凌旺布　貝勒車布登從弟。康熙五十年授一等台吉。五十一年授扎薩克。雍正二年封輔國公。乾隆七年以老罷。
格埒克　車凌旺布長子。乾隆七年襲扎薩克輔國公。二十二年以病罷。
貢楚克多爾濟　格埒克長子。乾隆二十二年襲扎薩克輔國公。四十六年詔世襲罔替。五十九年卒。
齊旺多爾濟　貢楚克多爾濟子。乾隆五十九年襲扎薩克輔國公。道光二十七年卒。
棍布扎布　齊旺多爾濟子。道光二十七年襲扎薩克輔國公。
那喇莽棍布扎布達呼　棍布扎布嗣子。光緒十九年四月襲。

喀爾喀
車凌達
根敦　車凌
三丕勒
成袞　三丕
德木楚
車登旺
那木濟
朗準多
伊特星
哈丹　伊特
多爾濟

車臣汗部扎薩克一等台吉
什 車臣汗烏默客族祖康熙三十年襲扎薩克一等台吉三十五年封輔國公四十二年卒
達什長子康熙四十二年襲扎薩克輔國公雍正九年卒
根敦次子雍正九年襲扎薩克輔國公乾隆九年卒
勒長子乾隆九年襲扎薩克輔國公二十一年以罪削二十四年卒
克 成袞長子乾隆二十四年降襲扎薩克一等台吉四十六年詔世襲罔替嘉慶八年卒
布 德木楚克長子嘉慶八年襲道光元年卒
勒多爾濟 車登旺布子道光元年襲十六年卒
布坦多爾濟 那木濟勒多爾濟子道光十六年襲
諾爾布 胡準多布坦多爾濟弟道光二十七年襲
呈諾爾布嗣子光緒十年襲
扎布 宣統元年襲

喀爾喀車臣汗部扎薩克一等台吉
車凌多岳特 貝子阿勒達爾孫乾隆十九年授一等台吉二十年封扎薩克輔國公四十三年卒
車登扎布 車凌多岳特長子乾隆四十三年降襲扎薩克一等台吉四十四年卒
齊巴克扎布 車登扎布長子乾隆四十四年襲扎薩克一等台吉四十六年詔世襲罔替嘉慶十三年卒
哈斯巴咱爾 齊巴克扎布子嘉慶十三年襲二十年卒
車都布多爾濟 哈斯巴咱爾子嘉慶二十年襲道光十八年卒
杜噶爾車木布勒 車都布多爾濟子道光十八年襲二十七年卒
齊達爾巴拉 杜噶爾車木布勒子道光二十七年襲
拉木扎布蘇隆 齊達爾巴拉子同治五年襲
密什克多爾濟 光緒二十九年襲

喀爾喀車臣汗部扎薩克公品級一等台吉
多爾濟達什 輔國公車凌達什弟康熙五十年授扎薩克一等台吉雍正三年卒
成袞扎布 多爾濟達什長子雍正三年襲扎薩克一等台吉乾隆二十一年賜公品級三十六年卒
雲敦齊旺 成袞扎布長子乾隆三十六年襲公品級扎薩克一等台吉三十九年卒
貢桑班巴爾 雲敦齊旺長子乾隆三十九年襲公品級扎薩克一等台吉四十六年詔世襲罔替
薩滿達巴達喇 貢桑班巴爾子嘉慶二十二年襲道光九年卒
瑪哈蘇噶 薩滿達巴達喇子道光九年襲
德勒克依車車克 瑪哈蘇噶子同治五年襲
多爾濟玉勒吉克多克 德勒克依車車克嗣子光緒九年襲

嘉慶二十二年卒

喀爾喀車臣汗部扎薩克一等台吉
固嚕扎布 輔國公車凌達什從子康熙三十年授扎薩克一等台吉尋卒
齊旺班珠爾 固嚕扎布長子康熙三十一年襲扎薩克一等台吉雍正十三年以病罷
格埒克 齊旺班珠爾長子雍正十三年襲扎薩克一等台吉乾隆八年以罪削
索諾木敦多布 格埒克長子乾隆八年襲扎薩克一等台吉四十六年詔世襲罔替五十六年卒
巴延巴達爾瑚 索諾木敦多布長子乾隆五十六年襲扎薩克一等台吉嘉慶九年卒
德木楚克彭楚克多爾濟 巴延巴達爾瑚長子嘉慶九年襲道光五年卒
濟克莫特多爾濟 德木楚克彭楚克多爾濟族弟道光五年襲
車林巴咱爾 濟克莫特多爾濟孫咸豐十一年襲光緒十一年十二月卒
額林沁多爾濟 車林巴咱爾子光緒十二年襲二十二年卒
都赫德 光緒二十二年十二月襲

喀爾喀車臣汗部扎薩克一等台吉
色稜達什 車臣汗烏默客族叔父康熙三十年授扎薩克一等台吉四十一年卒
固嚕扎布 色稜達什長子康熙四十一年襲扎薩克一等台吉乾隆二年卒
貢楚克扎布 固嚕扎布長子乾隆二年襲扎薩克一等台吉四十六年詔世襲罔替是年卒
瑪哈巴達 貢楚克扎布長子乾隆四十六年襲扎薩克一等台吉五十七年卒
扎木薩朗扎布 瑪哈巴達子乾隆五十七年襲扎薩克一等台吉嘉慶八年卒
車林達什 扎木薩朗扎布長子嘉慶九年襲
達什克車林多爾濟 車林達什子咸豐八年襲
車林棍布 達什克車林多爾濟子光緒九年襲

喀爾喀車臣汗部扎薩克一等台吉
貢楚克 貝子阿南達長子康熙三十六年授扎薩克一等台吉四十二年卒
布尼 貢楚克長子康熙四十二年襲扎薩克一等台吉四十九年卒
達瑪璘扎布 貢楚克次子康熙四十九年襲扎薩克一等台吉雍正十一年
旺舒克達爾扎 達瑪璘扎布長子雍正十一年襲扎薩克一等台吉乾隆
貢楚克扎布 旺舒克達爾扎長子乾隆十三年襲扎薩克一等台吉四十六
烏爾錦扎布 貢楚克扎布次子嘉慶四年襲二十三年卒
扎木薩蘭扎布 烏爾錦扎布子嘉慶二十三年襲道光五年卒
達爾瑪扎爾 扎木薩蘭扎布子道光五年襲
車林端多布多爾濟 達爾瑪扎爾孫同治八年襲
達木定扎布 光緒二十一年襲

以酗酒削
十三年卒
年詔世襲罔替嘉慶四年病免

喀爾喀車臣汗部扎薩克一等台吉
韜賚 車臣汗烏默客從叔父康熙三十四年授扎薩克一等台吉六十年卒
車登敦多布 韜賚長子康熙六十年襲扎薩克一等台吉乾隆二十九年卒
根敦扎布 車登敦多布長子乾隆二十九年襲扎薩克一等台吉四十六年詔世襲罔替五十年卒
車凌多爾濟 根敦扎布長子乾隆五十年襲扎薩克一等台吉五十七年卒
袞布扎布 車凌多爾濟子乾隆五十七年襲扎薩克一等台吉嘉慶十六年卒
當蘇嚨扎布 袞布扎布子嘉慶十六年襲二十三年卒
喇布丹多爾濟 當蘇嚨扎布子嘉慶二十三年襲
車林多爾濟 光緒十八年襲

喀爾喀車臣汗部扎薩克一等台吉
羅卜藏 車臣汗烏默客從叔父康熙三十六年授扎薩克一等台吉五十四年卒
沙克都爾扎布 羅布藏長子康熙五十四年襲扎薩克一等台吉雍正八年以曠職削
格木丕勒 沙克都爾扎布長子雍正八年襲扎薩克一等台吉乾隆元年卒
沙克都爾扎布 乾隆元年仍襲扎薩克一等台吉七年卒
納旺伊什 格木丕勒長子乾隆七年襲扎薩克一等台吉二十一年以罪削二十五年詔復其爵四十六年詔世襲罔替五十七年卒
貢桑隆扎布 納旺伊什子乾隆五十八年襲扎薩克一等台吉五十九年卒
車木布爾扎布 貢桑隆扎布子乾隆五十九年襲扎薩克一等台吉道光元年卒
車登達瓦 車木布爾扎布弟道光元年襲二十二年卒
布楊德勒格爾 車登達瓦子道光二十二年襲咸豐四年卒
夔濟特多爾濟 布楊德勒格爾子咸豐四年襲
那旺什庫爾 夔濟特多爾濟子同治五年襲

喀爾喀車臣汗部扎薩
垂扎木素 車臣汗烏默客叔父
齊旺多爾濟 垂扎木素長子
旺扎勒 垂扎木素次子雍正乾十
噶爾瑪扎布 旺扎勒長一子
索諾木 噶爾瑪扎布長子乾隆四
沈木丕勒多爾濟 索諾
桑都布多爾濟 沈木丕勒
杜喇木扎布 桑都布多爾濟
達木定多爾濟 杜喇木扎
達木楚克旺濟勒 光緒

克一等台吉

康熙四十年授扎薩克一等台吉雍正五年以老罷

雍正五年襲扎薩克一等台吉十一年以酗酒削

年襲扎薩克一等台吉乾隆二十五年以老罷

隆二十五年襲扎薩克一等台吉四十三年卒

十三年襲扎薩克一等台吉四十六年詔世襲罔替嘉慶九年卒

木長子嘉慶十年襲道光三年卒

多爾濟子道光三年襲十八年卒

子道光十八年襲

布子光緒七年襲

十四年襲

喀爾喀車臣汗部 扎薩克一等台吉

額爾德尼 車臣汗烏默客叔父康熙三十五年授一等台吉四十年授扎薩克雍正五年以老罷

旺布 額爾德尼長子雍正五年襲扎薩克一等台吉十年以罪削

齊旺 額爾德尼次子雍正十一年襲扎薩克一等台吉乾隆二十五年以老罷

車登旺扎勒 齊旺長子乾隆二十五年襲扎薩克一等台吉三十七年卒

扎木巴勒多爾濟 車登旺扎勒長子乾隆三十七年襲扎薩克一等台吉四十六年詔世襲罔替嘉慶四年卒

扎木薩朗扎布 扎木巴勒多爾濟長子嘉慶五年襲十年卒

達木第音車凌 扎木薩朗扎布長子嘉慶十年襲道光九年卒

巴雅爾什達 達木第音車凌子道光九年襲

瑪哈巴哩迪 巴雅爾什達子同治元年襲

桑旺車林多爾濟 瑪哈巴哩迪子光緒九年襲

綳楚克德濟特 光緒二十四年二月襲

喀爾喀車臣汗部 扎薩克一等台吉

根敦 車臣汗烏默客叔父康熙四十年授扎薩克一等台吉雍正五年以老罷

博洛爾 根敦第三子雍正五年襲扎薩克一等台吉乾隆十五年卒

克辯 博洛爾長子乾隆十五年襲扎薩克一等台吉四十四年卒

僧格喇布坦 博洛爾大子乾隆四十四年襲扎薩克一等台吉四十六年詔世襲罔替五十四年卒

朗袞扎布 僧格喇布坦長子乾隆五十四年襲扎薩克一等台吉嘉慶十七年因事休致

彭楚克多爾濟 朗袞扎布子嘉慶十七年襲道光二十三年卒

車林多端布 彭楚克多爾濟子道光二十三年襲

喀爾

吹音

塔旺

齊瑚

桑齋

楚克

多爾

車楞

棍布

車林

都噶

喀爾喀車臣汗部 扎薩克一等台吉

珠爾 車臣汗烏默客族叔父康熙五十二年授扎薩克一等台吉五十三年卒

吹音珠爾大子康熙五十三年襲扎薩克一等台吉雍正十三年以罪削

拉 塔旺從子雍正十三年襲扎薩克一等台吉乾隆七年卒

璘沁 齊瑚拉長子乾隆七年襲扎薩克一等台吉十二年以罪削二十五年詔復其爵三十四年卒

蘇木扎布 桑齋璘沁長子乾隆三十五年襲扎薩克一等台吉四十六年詔世襲罔替嘉慶十四年病免

濟扎布 楚克蘇木扎布子嘉慶十四年襲二十一年卒

多爾濟 多爾濟扎布子嘉慶二十一年襲道光五年病免

扎布 車楞多爾濟子道光五年襲

端多布 棍布扎布子光緒七年襲

爾蘇倫 光緒二十二年襲

喀爾喀車臣汗部 扎薩克一等台吉

旺扎勒扎布 貝子達哩孫雍正十三年授一等台吉乾隆十四年授扎薩克二十五年卒

班珠爾 旺扎勒扎布長子乾隆二十五年襲扎薩克一等台吉四十二年卒

車凌達什 班珠爾長子乾隆四十二年襲扎薩克一等台吉四十六年詔世襲罔替五十二年卒

車凌納木扎勒 車凌達什長子乾隆五十二年襲扎薩克一等台吉嘉慶五年以罪削

棍布扎布 車凌納木扎勒長子嘉慶六年襲道光三年卒

貢噶爾扎布 棍布扎布子道光三年襲

達什端多布 當蘇隆扎布子道光十五年襲

車林多爾濟 喇布丹多爾濟子光緒元年襲

洛布桑吹都布瓦哈旺帕勒齋達什車林 光緒三十二年正月襲

喀爾喀扎薩克圖汗部 原封扎薩克圖和碩親王

策旺扎布 元太祖裔喀爾喀格埒森扎扎賚爾琿台吉之七世孫其曾祖素巴第稱汗號扎薩克圖

康熙三十年封策旺扎布爲扎薩克和碩親王四十二年詔襲扎薩克圖汗號雍正十年以罪削詔以其族弟郡王格埒克延丕勒襲汗號別有表

喀爾喀扎薩克圖汗部 扎薩克圖汗兼多羅郡王

朋素克喇布坦 喀爾喀格埒森扎扎賚爾琿台吉之六世孫康熙三十年封扎薩克多羅郡王五十一年卒

格埒克延丕勒 朋素克喇布坦長子康熙五十一年襲扎薩克多羅郡王雍正十年襲扎薩克圖汗仍兼郡王爵乾隆十六年卒

巴勒達爾 格勒克延丕勒長子乾隆六年襲扎薩克多羅郡王七年襲扎薩克圖汗三十五年卒

齊旺巴勒齋 巴勒達爾長子乾隆三十五年襲扎薩克圖汗兼多羅郡王四十六年詔世襲罔替五十六年以病罷

布尼拉式納 齊旺巴勒齋長子乾隆五十六年襲扎薩克圖汗兼多羅郡王道光三年卒

瑪呢巴咱爾 布尼拉式納子道光三年襲二十年卒

車林端多布 瑪呢巴咱爾子道光二十年襲

多爾濟帕拉瑪 車林端多布子光緒三年襲二十四年五月告休

索特木那木坦 多爾濟帕拉瑪子光緒二十四年十二月襲

喀爾喀扎薩克圖

格色克 原封扎薩克圖汗策旺扎

多岳特 格色克長子乾隆十七年

幹珠爾扎布 多岳特長子乾

阿育爾扎那 幹珠爾扎布孫

汗部 輔國公今襲公品級三等台吉

布從子康熙三十年封輔國公乾隆十七年卒

襲輔國公二十年以罪削二十二年授三等台吉賜公品級四十八年卒

隆四十八年襲公品級三等台吉

道光十五年襲

喀爾喀扎薩克圖汗部 扎薩克郡王品級多羅貝勒

根敦 扎薩克圖汗格埒克延丕勒族姪康熙三十三年封扎薩克多羅貝勒三十六年卒

松津僧格 根敦長子康熙三十六年降襲扎薩克輔國公四十三年卒

博貝 根敦嗣子康熙四十三年降襲扎薩克一等台吉四十四年襲輔國公雍正元年敘功特封多羅貝勒八年卒

班第 博貝長子雍正八年襲扎薩克多羅貝勒乾隆二年卒子青袞咱卜襲二十一年以叛誅故不列表

旺布多爾濟 博貝嗣子扎薩克輔國公額璘沁之子初襲父爵乾隆二十一年襲扎薩克多羅貝勒二十二年賜郡王品級尋卒

車都布 旺布多爾濟長子乾隆二十二年襲郡王品級扎薩克多羅貝勒四十六年詔世襲罔替五十年卒

成敦扎布 車都布長子乾隆五十年襲郡王品級扎薩克多羅貝勒嘉慶十九年卒

曼達爾瓦爾 成敦扎布子嘉慶十九年襲賜郡王品級咸豐四年卒

多布沁扎木楚 曼達爾瓦爾子咸豐四年襲賜郡王品級

阿爾達薩噶喇 多布沁扎木楚子光緒十一年襲賜郡王品級

那木凱章禪 宣統元年襲

喀爾喀扎薩克圖汗部 扎薩克鎮國公

卓特巴 扎薩克圖汗格埒克延丕勒族姪康熙三十年封扎薩克多羅貝勒三十一年卒

薩穆多爾濟 卓特巴長子康熙三十一年襲扎薩克多羅貝勒三十五年卒

諾爾布班第 薩穆多爾濟長子康熙三十五年襲扎薩克多羅貝勒雍正十二年卒

旺扎勒 諾爾布班第孫雍正十二年降襲扎薩克鎮國公乾隆十七年卒

瑪哈巴拉 旺扎勒長子乾隆十七年襲扎薩克鎮國公四十六年詔世襲罔替五十年以罪削

貢楚克多爾濟 瑪哈巴拉次子乾隆五十年襲扎薩克鎮國公嘉慶十二年卒

扎木薩里扎布 貢楚克多爾濟弟嘉慶十二年襲二十二年卒

剛當多爾濟 扎木薩里扎布子嘉慶二十二年襲

阿育爾色德丹占扎木楚 剛當多爾濟子同治四年襲光緒二十三年七月卒

蘇克蘇倫 阿育爾色德丹占扎木楚子光緒二十三年襲

喀爾喀扎薩克圖汗部 扎薩克輔國公

博貝 扎薩克圖汗格埒克延丕勒從叔父康熙三十年封扎薩克固山貝子四十二年卒

烏巴什 博貝長子康熙四十二年降襲扎薩克鎮國公雍正二年以罪削

旺舒克 博貝次子雍正二年襲扎薩克鎮國公乾隆三十一年以病罷

拉旺多爾濟 旺舒克長子乾隆三十一年降襲扎薩克輔國公四十六年詔世襲罔替四十九年以病罷

達布拉車璘 拉旺多爾濟長子乾隆四十九年襲扎薩克輔國公道光六年卒

旺丹多爾濟 達布拉車璘子道光六年襲二十九年卒

濟克米特多爾濟 旺丹多爾濟子道光二十九年襲

棍布蘇 光緒二十四年二月襲

喀爾喀扎薩克圖汗部 扎薩克輔國公

索諾木伊斯扎布 扎薩克郡王朋素克喇布坦從弟康熙三十年授扎薩克一等台吉三十六年封輔國公五十六年卒

噶勒桑色旺 索諾木伊斯扎布長子康熙五十七年襲扎薩克輔國公乾隆二年卒

旌準多爾濟 噶勒桑色旺長子乾隆二年襲扎薩克輔國公二十三年卒

拉沁蘇隴 旌準多爾濟長子乾隆二十三年襲扎薩克輔國公四十六年詔世襲罔替嘉慶九年卒

旺舒克 拉沁蘇隴長子嘉慶七年襲

敏珠爾多爾濟 旺舒克長子嘉慶九年襲道光六年卒

桑都布多爾濟 敏珠爾多爾濟子道光六年襲二十二年卒

車登端多布多爾濟 桑都布多爾濟子道光二十二年襲

扎賚青達賚那木濟勒阿克旺多爾濟 宣統二年襲

喀爾喀扎薩克圖汗部 扎薩克輔

袞占 扎薩克郡王朋素克喇布坦從叔父康熙三十

敏珠爾 袞占次子康熙五十二年襲扎薩克輔國

策嚕布 敏珠爾長子乾隆五年襲扎薩克輔國公

多岳特多爾濟 敏珠爾第三子乾隆九年

敏丕木多爾濟 敏珠爾第四子乾隆二十

齊旺達什 敏丕木多爾濟長子乾隆四十六年

薩達巴扎爾 齊旺達什子道光十四年襲

洛布桑端多布 薩達巴扎爾子光緒二年

棍楚克丹 光緒二十四年襲

國公

年授扎薩克一等台吉五十年封輔國公五十二年卒

公乾隆五年卒

九年卒

襲扎薩克輔國公二十一年卒

一年襲扎薩克輔國公四十六年詔世襲罔替是年卒

襲扎薩克輔國公道光十四年卒

襲二十四年七月告休

喀爾喀扎薩克圖汗部 扎薩克輔國公

通謨克 扎薩克圖汗格埒克延丕勒族叔父康熙五十三年授扎薩克一等台吉雍正二年封輔國公乾隆四年卒

旺沁扎布 通謨克長長子乾隆四年襲扎薩克輔國公四十六年詔世襲罔替五十年卒

格哩克 旺沁扎布次子乾隆五十年襲扎薩克輔國公嘉慶九年卒

車登多爾濟 格哩克嗣子嘉慶九年襲十六年卒

索諾木車林 車登多爾濟子嘉慶十六年襲咸豐四年卒

達什喇布坦 索諾木車林子咸豐四年襲光緒二十八年卒

扎勒清棍布多爾濟 光緒二十八年十二月襲

喀爾喀扎薩克圖汗部 輔國公

徹埒克 輔國公通謨克叔父初授一等台吉雍正十年以從征準噶爾陣歿追封輔國公詔世襲罔替

彌什克 徹埒克長子雍正十年襲輔國公乾隆二十九年卒

貢楚克扎布 彌什克長子乾隆二十九年襲輔國公四十年卒

索諾木車璘 貢楚克扎布長子乾隆四十年襲輔國公四十六年詔世襲罔替嘉慶十一年卒

當素隴 索諾木車璘兄嘉慶十一年襲道光二十四年卒

達拉密濟特 當素嚨子道光二十四年襲

圖布多爾濟 達拉密濟特子同治十一年襲

扎勒沁扎布 光緒二十八年十二月襲

喀爾喀扎薩

沙克扎 貝勒博貝

多爾濟車登

車登布多爾

沙克多爾扎

多爾濟扎布

特固斯德勒

班扎爾拉察

克圖汗部扎薩克輔國公

弟雍正二年封扎薩克輔國公乾隆二年以病罷

沙克扎長子乾隆二年襲扎薩克輔國公二十九年卒

濟 多爾濟車登長子乾隆二十九年襲扎薩克輔國公四十六年詔世襲罔替

布 車登布多爾濟長子嘉慶八年襲道光二十八年病免

沙克多爾扎布子道光二十八年襲

格爾 多爾濟扎布子同治十一年襲

光緒十四年二月襲

喀爾喀扎薩克圖汗部扎薩克輔國公

齊巴克扎布 貝勒博貝從孫初授二等台吉乾隆二十一年以從勦烏梁海賊陣歿追封輔國公詔入祀昭忠祠

巴圖濟爾噶勒 齊巴克扎布長子乾隆二十二年襲輔國公授扎薩克四十六年詔世襲罔替六十年卒

吹蘇倫巴圖 濟爾噶勒長子乾隆六十年襲嘉慶十二年卒

扎木巴拉 吹蘇倫長子嘉慶十二年襲咸豐四年卒

恭格多爾濟 扎木巴拉子咸豐四年襲

巴彥濟爾噶勒 恭格多爾濟孫光緒五年襲

喀爾喀扎薩克圖汗部扎薩克鎮國公

喇布坦 貝勒卓特巴次子雍正六年授扎薩克一等台吉十年以罪削十三年詔復其爵乾隆十一

索諾木多爾濟 喇布坦孫乾隆三十一年襲公品級扎薩克一等台吉先是其父朗衮扎布以

蘊端達什 索諾木多爾濟子嘉慶二十三年襲

噶勒桑端多布 蘊端達什子道光十二年襲

密法木散布 噶勒桑端多布從父同治三年襲

達木党蘇倫 密法木散布子光緒十二年襲

年賜公品級三十一年以老罷

軍功別封鎮國公至是年卒詔索諾木多爾濟晉襲之四十六年詔世襲罔替嘉慶二十三年卒

喀爾喀扎薩克圖汗部扎薩克一等台吉

額爾德尼衮布 貝勒卓特巴從子康熙三十年襲扎薩克一等台吉三十八年卒

乖扎布 額爾德尼衮布長子康熙三十八年襲扎薩克一等台吉雍正三年卒

丹津 乖扎布長子雍正三年襲扎薩克一等台吉八年卒

格埒克 丹津次子雍正八年襲扎薩克一等台吉十年以罪削

羅卜藏喇布坦 丹津長子雍正十二年襲扎薩克一等台吉乾隆二十二年以病罷

莽蘇爾 羅卜藏喇布坦長子乾隆二十二年襲扎薩克一等台吉四十六年詔世襲罔替五十四年卒

吹木丕勒 莽蘇爾長子乾隆五十四年襲扎薩克一等台吉道光十一年卒

蘊端多爾濟 吹木丕勒子道光十一年襲二十二年卒

莽濟巴咱爾 蘊端多爾濟子道光二十二年襲

索諾木車林 莽濟巴咱爾子咸豐六年襲

巴扎爾巴呢 光緒十五年襲

喀爾喀扎薩克圖汗部扎薩克一等台吉

烏爾占 扎薩克圖汗格埒克延丕勒從祖康熙三十年授扎薩克一等台吉雍正五年以病罷

彌育特多爾濟 烏爾占長子雍正五年襲扎薩克一等台吉乾隆十三年卒

根敦車琳 彌育特多爾濟長子乾隆十三年襲扎薩克一等台吉三十五年卒

烏巴什 根敦車琳長子乾隆三十五年襲扎薩克一等台吉四十六年詔世襲罔替五十一年卒

吹忠達什 烏巴什長子乾隆五十一年襲扎薩克一等台吉五十九年卒

蒙衮扎布 吹忠達什長子乾隆五十九年襲扎薩克一等台吉嘉慶十四年卒

車琳多爾濟 蒙衮扎布子嘉慶十四年襲道光二十五年卒

桑青齊蘇隆 車琳多爾濟子道光二十五年襲

車林多爾濟 桑青齊蘇隆子光緒六年襲

車林棍布 光緒九年襲

喀爾喀扎薩克圖汗部輔國公

衮布扎布 扎薩克台吉烏爾占從弟雍正二年封輔國公尋卒

沙克都爾扎布 衮布扎布長子雍正二年襲輔國公八年卒

巴勒桑 衮布扎布次子雍正八年襲輔國公乾隆三十六年卒

錫喇布多爾濟 巴勒桑長子乾隆三十六年襲輔國公四十二年卒

納木扎勒多爾濟 錫喇布多爾濟次子乾隆四十二年襲輔國公四十六年詔世襲罔替道光十二年卒

哈斯車林 納木扎勒多爾濟子道光十二年襲

貢楚克扎布 哈斯車林子咸豐九年襲光緒二十一年告休

達什車林 貢楚克扎布子光緒二十一年十二月襲

喀爾喀扎薩克圖汗部扎薩克一等台吉

哈瑪爾岱青 扎薩克郡王朋素克喇布坦從弟康熙三十六年授扎薩克一等台吉五十三年卒

鄂木布濟 哈瑪爾岱青長子康熙五十三年襲扎薩克一等台吉乾隆十五年以病罷

達爾巴圖 鄂木布濟長子乾隆十五年襲扎薩克一等台吉三十五年以病罷

達什琳沁 達爾巴圖長子乾隆三十五年襲扎薩克一等台吉四十六年詔世襲罔替嘉慶十九年卒

丹巴多爾濟 達什琳沁子嘉慶十九年襲二十四年卒

都拉木扎布 丹巴多爾濟子嘉慶二十四年襲咸豐元年卒

達克丹多爾濟 都拉木扎布弟咸豐元年襲

瑪米達拉 達克丹多爾濟從子同治十一年襲

圖布多爾濟 光緒二十五年襲

喀爾喀扎薩克圖汗部扎薩克一等台吉

納瑪璘藏布 貝勒博貝從子康熙四十八年授扎薩克一等台吉五十

扎木揚 納瑪璘藏布弟康熙五十七年襲扎薩克一等台吉雍正二年卒

衮布車凌 納瑪璘藏布叔父雍正二年襲扎薩克一等台吉十年爲準噶

拉哩 衮布車凌兄雍正十年襲扎薩克一等台吉乾隆二年卒

班第 拉哩長子乾隆二年襲扎薩克一等台吉二十一年卒

三都布多爾濟 班第長子乾隆二十一年襲扎薩克一等台吉四十

齊素隴多爾濟 三都布多爾濟長子乾隆六十年襲扎薩克一等台

噶爾丹棍都布 齊素隴多爾濟子嘉慶十三年襲道光二十七年卒

瑪克蘇爾布扎 噶爾丹棍都布子道光二十七年襲

扎克達散巴勒 瑪克蘇爾布扎子同治三年襲

達木丹根畢沙 光緒二十一年襲

七年卒

爾賊所戕

六年詔世襲罔替六十年卒

吉嘉慶十三年卒

喀爾喀扎薩克圖汗部扎薩克一等台吉

伊達木扎布 輔國公袞占長子雍正四年授扎薩克一等台吉乾隆七年卒

根敦 伊達木扎布第三子乾隆七年襲扎薩克一等台吉二十八年卒

車都布多爾濟 根敦長子乾隆二十八年襲扎薩克一等台吉三十八年卒

巴圖爾 車都布多爾濟次子乾隆三十八年襲扎薩克一等台吉四十六年詔世襲罔替道光七年卒

額林沁丕勒 巴圖爾孫道光七年襲

阿克旺車林 額林沁丕勒子光緒五年襲

喀爾喀扎薩克圖汗部扎薩克一等台吉

達什朋素克 貝勒博貝從子乾隆二十二年授扎薩克一等台吉二十三年以罪削扎薩克尋詔復之四十四年卒

袞布扎布 達什朋素克長子乾隆四十四年襲扎薩克一等台吉四十六年詔世襲罔替嘉慶元年卒

濟克莫特車布登 袞布扎布長子嘉慶元年襲道光元年卒

吹光楚克達什 濟克莫特車布登子道光元年襲

呢蘭瓦爾 吹光楚克達什子光緒元年襲二十四年九月告休

車丹多爾濟 光緒三十一年正月襲

喀爾喀扎薩克圖汗

普爾普車凌 輔國公通謨克從子

沙克都爾扎布 普爾普車凌嗣

尼木布多爾濟 亦普爾普車凌

袞楚克 尼木布多爾濟從叔乾隆五十

瑪尼 尼木布多爾濟從子乾隆五十九年

塔爾巴海 尼瑪子嘉慶十三年襲二

諾爾布扎勒 塔爾巴海子嘉慶二

鞥克德勒克楞貴 諾爾布扎

蘊端多爾濟 鞥克德勒克楞貴子

瑪呢巴札爾 光緒二十五年十一

部扎薩克一等台吉

乾隆二十年自準噶爾來歸授扎薩克一等台吉二十四年卒

子乾隆二十四年襲扎薩克一等台吉二十九年卒

嗣子乾隆二十九年襲扎薩克一等台吉四十六年詔世襲罔替四十九年因罪革

年襲扎薩克一等台吉五十八年卒

襲扎薩克一等台吉嘉慶十三年卒

十五年卒

十五年襲道光二十八年卒

勒子道光二十八年襲

光緒元年襲二十四年八月告休

月襲

喀爾喀扎薩克圖汗部扎薩克一等台吉

諾爾布 扎薩克圖汗格埒克延丕勒族弟初授二等台吉隸其叔父貝勒策登扎布旗乾隆二十一年策登扎布以附叛賊青袞咱卜罪誅詔授諾爾布扎薩克一等台吉領其衆三十二年卒

敦多布多爾濟 諾爾布長子乾隆三十二年襲扎薩克一等台吉四十六年詔世襲罔替嘉慶十三年卒

齊松扎布 敦多布多爾濟子嘉慶十三年襲二十三年病免

齊旺扎布 齊松扎布子嘉慶二十三年襲咸豐二年卒

班扎巴扎爾扎布 齊旺扎布子咸豐二年襲

那遜布彥濟爾噶勒 班扎巴扎爾扎布子同治十二年襲

扎勒青根布車坦 光緒二十八年襲

喀爾喀扎薩克圖

噶勒丹達爾扎 輝特

拉克沁噶喇 噶勒丹達

薩木丕勒諾爾布

拉旺班珠爾 薩木丕勒

達木丹瓦齋爾 拉旺

車登多爾濟 達木丹瓦

伊達布濟黨蘇倫

汗部扎薩克厄魯特一等台吉

人其父羅卜藏自準噶爾來歸封輔國公兄已濟嗣復叛逃準噶爾乾隆二十年噶勒丹達爾扎自準噶爾來降詔授一等台吉二十年卒

爾扎長子乾隆三十年襲一等台吉授扎薩克詔隸喀爾喀扎薩克圖汗部四十六年卒

拉克沁噶喇長子乾隆四十六年襲扎薩克一等台吉是年詔世襲罔替嘉慶十二年卒

諾爾布長子嘉慶十二年襲道光三十年卒

班珠爾子道光三十年襲

齋爾子同治七年襲

扎布 光緒二十六年襲

喀爾喀賽因諾顏部扎薩克和碩親王

善巴 元太祖裔喀爾喀格埒森扎扎賚爾琿台吉之五世孫康熙三十年封扎薩克多羅郡王三十五年晉和碩親王四十六年卒

達什敦多布 善巴長子康熙四十六年襲扎薩克和碩親王雍正四年以老遜

喇嘛扎布 達什敦多布長子雍正四年襲扎薩克和碩親王十年以罪削

德沁扎布 達什敦多布次子雍正十年襲扎薩克和碩親王乾隆二十七年卒

諾爾布扎布 德沁扎布長子初由公品級封固山貝子有別表乾隆二十七年襲扎薩克和碩親王三十一年詔襲其六世祖圖蒙肯賽因諾顏號四十六年詔世襲罔替五十一年以病遜

車登扎布 諾爾布扎布長子初襲鎮國公有別表乾隆五十一年襲扎薩克和碩親王兼賽因諾顏五十七年卒

額璘沁多爾濟 車登扎布子乾隆五十八年襲扎薩克和碩親王嘉慶五年以罪削

朋楚克達什 額璘沁多爾濟弟嘉慶七年襲二十二年病免

車林多爾濟 朋楚克達什子嘉慶二十二年襲咸豐三年卒

德木吹 車林多爾濟子咸豐三年襲

車林端多布 德木吹從弟同治十年襲

特固斯瓦齊爾 車林端多布子光緒九年襲

那木鑾蘇倫 特固斯瓦齊爾子光緒十二年襲

喀爾喀賽因諾顏部	鎮國公
諾爾布扎布	乾隆十七年賜公品級二十年封固山貝子後襲扎薩克和碩親王兼賽因諾顏見親王表
車登扎布	諾爾布扎布長子乾隆二十七年襲鎮國公四十六年詔世襲罔替五十一年襲扎薩克和碩親王
額璘沁多爾濟	車登扎布長子乾隆五十一年襲鎮國公五十八年襲扎薩克和碩親王
朋楚克達什	額璘沁多爾濟弟乾隆五十八年襲鎮國公嘉慶七年改襲扎薩克和碩親王
札納札布	朋楚克達什長子嘉慶八年襲道光二十九年卒
車林端多布	扎納扎布子道光二十九年襲
特固斯瓦齊爾	車林端多布子同治十一年襲
邦當那木濟勒	特固斯瓦齊爾子光緒十年襲
那木囊蘇倫	邦當那木濟勒弟光緒十二年襲
額琳沁薩什	光緒二十四年二月襲

喀爾喀賽因諾顏部	公品級一等台吉
三丕勒多爾濟	親王德沁扎布第三子初授一等台吉乾隆二十二年賜公品級四十九年卒
達瑪璘	三丕勒多爾濟長子乾隆五十年襲公品級一等台吉五十七年卒
敏珠爾	達瑪璘之弟乾隆五十七年襲公品級一等台吉嘉慶十九年卒子滾布敏珠爾襲一等台吉銷去公品級

喀爾喀賽因諾顏部	扎薩克和碩親王
策稜	親王善巴再從弟康熙三十一年授三等輕車都尉四十五年賜貝子品級六十年授扎薩克雍正元年特封郡王九年晉封和碩親王授喀爾喀大扎薩克十年賜號超勇乾隆十五年薨諡襄配享太廟入祀賢良祠
成袞扎布	策稜長子乾隆元年封固山貝子四年封世子十五年襲扎薩克和碩親王三十六年卒
拉旺多爾濟	成袞扎布第七子乾隆二十九年封世子三十六年襲扎薩克和碩親王四十六年詔世襲罔替嘉慶二十一年卒
巴彥濟爾噶勒	拉旺多爾濟嗣子嘉慶二十一年襲
車登巴咱爾	巴彥濟爾噶勒子嘉慶二十一年襲咸豐二年卒
達爾瑪	車登巴咱爾子咸豐二年襲
那彥圖	達爾瑪子同治十三年襲

喀爾喀賽因諾顏部	固山貝子
恭格喇布坦	超勇襄親王策稜弟雍正元年封多羅貝勒卒
佛保	恭格喇布坦第四子雍正元年降襲固山貝子十年陷準噶爾後自伊犁歸別封輔國公見輔國公表
沙克都爾扎布	恭格喇布坦長子雍正十年襲固山貝子乾隆二十年晉多羅貝勒二十七年卒
敦多布多爾濟	沙克都爾扎布次子乾隆二十七年降襲固山貝子四十六年詔世襲罔替六十年卒
巴勒珠巴邇多布	敦多布多爾濟長子嘉慶元年襲二十三年卒
呢買凝保	巴勒珠巴邇多布子嘉慶二十三年襲道光元年更名巴勒多爾濟道光二十九年卒
津巴里克什特	巴勒多爾濟子道光二十九年襲
通噶拉克瓦齊爾	巴里克什特子同治三年襲
旺楚克察克達爾	通噶拉克瓦齊爾子光緒元年襲
札木薩林布	光緒二十二年十二月襲

喀爾喀賽因諾顏部	輔國公
額爾克沙喇	親王成袞扎布長子乾隆二十二年封輔國公二十三年賜貝子品級三十一年卒貝子品級停襲
伊什扎木楚	額爾克沙喇弟乾隆三十一年襲輔國公四十六年詔世襲罔替五十五年卒
達什多爾濟	伊什扎木楚姪孫乾隆五十六年襲輔國公嘉慶元年卒
呢瑪	達什多爾濟長子嘉慶二十襲
布呢達哩	呢瑪長子道光十一年襲二十四年卒
密濟特多爾濟	布呢達哩子道光二十四年襲
額克里色莽奈	光緒三十三年三月襲

喀爾喀賽因諾顏部	輔國公
佛保	初襲其父貝勒恭格喇布坦爵見貝勒表乾隆二十二年自伊犁歸賜公品級二十八年封輔國公三十六年卒
三丕勒敦多克	佛保長子乾隆三十六年襲輔國公四十六年詔世襲罔替
格哩克敦多布	三丕勒敦多克嗣子嘉慶七年襲二十三年卒
桑都克多爾濟	格哩克敦多布子嘉慶二十三年襲道光三十年病免
濟克濟特瓦齊爾	桑都克多爾濟子道光三十年襲
車凌多爾濟	濟克濟特瓦齊爾子光緒四年襲
洛布桑吹木伯勒	光緒十九年四月襲

喀爾喀賽因諾顏部	公品級一等台吉
額璘沁多爾濟	超勇襄親王策稜第五子初授一等台吉乾隆二十一年追封
納敦多爾濟	額璘沁多爾濟長子乾隆二十一年襲公品級一等台吉

公品級

喀爾喀賽因諾顏部　扎薩克多羅郡王

車布登扎布　超勇襄親王策棱次子。雍正十年封輔國公。乾隆十六年授扎薩克。十九年晉貝子品級。二十年封多羅貝勒。二十一年晉多羅郡王。二十三年詔繼其父超勇號，賜親王品級。四十五年以擅議展界削親王品級。四十六年詔世襲郡王罔替。四十七年卒。

三丕勒多爾濟　車布登扎布長子。乾隆四十七年襲扎薩克多羅郡王。

達瑪琳扎布　三丕勒多爾濟長子。嘉慶十二年襲。二十年卒。

楚克蘇木扎布　達瑪琳扎布子。嘉慶二十年襲。道光十一年卒。

車凌棍布　楚克蘇木扎布弟。道光十一年襲。十七年卒。

達爾瑪巴札爾　車凌棍布子。道光十七年襲。咸豐四年卒。

桑噶希哩　達爾瑪巴扎爾弟。咸豐四年襲。

車凌多爾濟　桑噶希哩子。光緒九年襲。十八年卒。

庫魯固木扎布　車凌多爾濟子。光緒十八年襲。

喀爾喀賽因諾顏部

袞布　親王善巴叔祖。康熙三十年封

額璘沁　袞布長子。康熙四十七年

吹扎木三　額璘沁長子。康熙五

納木扎勒齊素嚨　吹扎

齊墨特多爾濟　納木扎勒

德埒克朋楚克　齊墨特多

貢楚克扎布　德埒克朋楚克

晉丕勒多爾濟　貢楚克扎

車登索諾木　晉丕勒多爾濟

扎薩克多羅貝勒

扎薩克多羅郡王。四十七年卒。

降襲扎薩克多羅貝勒。四十九年晉多羅郡王。尋卒。

十年襲扎薩克多羅貝勒。雍正元年卒。

木三長子。雍正二年襲扎薩克多羅貝勒。乾隆二十五年卒。

齊素嚨第三子。乾隆二十五年襲扎薩克多羅貝勒。四十六年詔世襲罔替。五十五年卒。

爾濟長子。乾隆五十五年襲扎薩克多羅貝勒。嘉慶二十二年卒。

子。嘉慶二十二年襲。道光二十五年卒。

布子。道光二十五年襲。同治五年賞郡王銜世襲罔替。光緒二十年卒。

子。光緒二十年十二月襲。

喀爾喀賽因諾顏部　扎薩克多羅郡王

托多諾爾德尼　親王善巴再從弟。康熙三十年封扎薩克鎮國公。三十一年卒。

烏巴達　托多諾爾德尼兄。康熙三十二年襲扎薩克鎮國公。四十九年卒。

巴穆　烏巴達長子。康熙五十年襲扎薩克鎮國公。五十一年卒。

策旺諾爾布　托多諾爾德尼嗣子。康熙五十一年襲扎薩克鎮國公。雍正二年晉固山貝子。十年以老罷。

車木楚克扎布　策旺諾爾布長子。雍正十年襲扎薩克鎮國公。乾隆三年晉固山貝子。十九年賜貝勒品級。二十一年封多羅貝勒，尋晉多羅郡王。四十三年卒。

貢楚克扎布　車木楚克扎布長子。乾隆四十四年襲扎薩克多羅郡王。四十六年詔世襲罔替。五十三年以病罷。

德木楚克扎布　貢楚克扎布之弟。乾隆五十三年襲扎薩克多羅郡王。道光十一年卒。

圖克濟扎布　德木楚克扎布子。道光十一年襲。二十九年卒。

推音固爾扎布　圖克濟扎布子。道光二十九年襲。

格勒克扎木楚　推音固爾扎布從父。咸豐七年襲。

吹蘇隆扎布　格勒克扎木楚子。光緒四年襲。三十二年卒。

扎密多爾濟　光緒三十三年襲。

喀爾喀賽因諾顏部　扎薩克多羅貝勒

素泰伊勒登　親王善巴族弟。康熙三十年封扎薩

洪果爾　素泰伊勒登長子。康熙四十二年降襲扎薩克

阿努哩　洪果爾長子。康熙四十五年襲扎薩克一等台

多爾濟旺楚克　阿努哩長子。乾隆二年襲扎薩

羅卜藏車璘　多爾濟旺楚克長子。乾隆十五年襲

德木楚克扎布　羅卜藏車璘長子。乾隆二十一

袞布車璘　德木楚克扎布長子。乾隆五十五年襲扎

棚楚克多爾濟　袞布車璘子。嘉慶二十一年襲

那木濟勒端多爾濟　棚楚克多爾濟子。道

希哩巴札爾札布　那木濟勒端多爾濟子。道

額林沁忠奈　希哩巴扎爾扎布子。光緒三年襲

棟多布章沁　光緒十三年二月襲

克鎮國公。四十二年卒。

一等台吉。四十五年卒。

吉。五十年封輔國公。雍正九年晉固山貝子。乾隆二年卒。

克固山貝子。十五年卒。

扎薩克固山貝子。二十年擊伊犂叛賊死之，詔晉貝勒爵。

年襲扎薩克多羅貝勒。四十六年詔世襲罔替。五十五卒。

薩克多羅貝勒。嘉慶二十一年病免。

道光十五年卒。

光十五年襲。二十五年卒。

光二十五年襲。

喀爾喀賽因諾顏部　扎薩克輔國公

旺舒克　親王善巴從子。康熙三十一年封扎薩克輔國公。雍正元年卒。

扎木禪　旺舒克長子。雍正元年襲扎薩克輔國公。乾隆十年卒。

巴圖蒙克　扎木禪長子。乾隆十年襲扎薩克輔國公。二十一年卒。

丹巴旌準　巴圖蒙克長子。乾隆二十一年襲扎薩克輔國公。四十六年詔世襲罔替。五十五年卒。

羅卜藏多爾濟　丹巴旌準長子。乾隆五十五年襲扎薩克輔國公。嘉慶二年卒。

齊旺扎布　羅卜藏多爾濟長子。嘉慶三年襲。十二年卒。

扎木薩蘭扎布　齊旺扎布從子。嘉慶十二年襲。咸豐八年卒。

喇布坦多爾濟　扎木薩蘭扎布子。咸豐八年襲。

索諾木達什　喇布坦多爾濟子。光緒七年襲。二十一年閏五月病免。

布爾布扎布　索諾木達什子。光緒二十三年二月襲。

喀爾喀賽因諾顏部　扎薩克輔國公

阿玉什　親王善巴再從弟。康熙三十年授扎薩克一等台吉。三十五年封輔國公。三十九年卒。

旺扎勒　阿玉什孫。康熙三十九年襲扎薩克輔國公。乾隆十二年卒。

三都克車木伯勒　旺扎勒長子。乾隆十二年襲扎薩克輔國公。二十五年以病罷。

車登扎布　三都克車木伯勒長子。乾隆二十五年襲扎薩克輔國公。二十九年卒。

三都克車木伯勒　乾隆二十九年仍襲扎薩克輔國公。三十五年卒。

噶爾瑪　車登扎布長子。乾隆三十五年襲扎薩克輔國公。四十六年詔世襲罔替。嘉慶八年卒。

根丕勒敦多布　噶爾瑪長子。嘉慶九年襲。二十年卒。

達什德勒克　根丕勒敦多布弟。嘉慶二十年襲。道光八年病削。

班丹扎布　達什德勒克子。道光八年襲。二十七年卒。

濟克濟特多爾濟　班丹扎布子。道光二十七年襲。

瑪哈薩木丹　宣統二年卒。

喀爾喀賽因諾顏部　扎薩

車凌達什　親王善巴次子。康熙四十

敦多布額璘沁　車凌達什長子

色納依　敦多布額璘沁長子。雍正八年

貢格　車凌達什次子。乾隆八年襲扎薩克

三都克扎布　車凌達什第三子。乾

敏珠爾多爾濟　三都克扎布長

車敦扎布　敏珠爾多爾濟長子。乾隆

達哩克多爾濟　車敦扎布長子

達什喇布坦　達哩克多爾濟子。道

珠爾莫特旺濟勒　達什喇布

達爾瑪巴咱爾　珠爾莫特旺濟

德哩克多爾濟　達爾瑪巴咱爾

達欽拉布坦　光緒二十三年十二

克輔國公

六年授扎薩克等台吉，尋封輔國公。雍正二年卒。

雍正二年襲扎薩克輔國公。八年卒。

襲扎薩克輔國公。乾隆八年卒。

輔國公。十四年卒。

隆十四年降襲扎薩克一等台吉。二十四年仍襲輔國公原爵。二十六年卒。

子。乾隆二十六年襲扎薩克輔國公。四十三年以病罷。

四十三年襲扎薩克輔國公。四十六年詔世襲罔替。五十年卒。

乾隆五十年襲扎薩克輔國公。道光三年病免。

光三年襲。十五年卒。

[illegible]。道光十五年襲。咸豐五年卒。

勒子。咸豐五年襲。

子。光緒十年襲。

月襲。宣統二年卒。

喀爾喀賽因諾顏部	扎薩克輔國公
諾爾布扎布	鎮國公巴穆長子。康熙五十一年授扎薩克一等台吉。乾隆元年封輔國公。五年卒。
達木巴多爾濟	諾爾布扎布長子。乾隆五年襲扎薩克輔國公。九年卒。
貢楚克	達木巴多爾濟長子。乾隆九年襲扎薩克輔國公。四十六年詔世襲罔替。五十一年卒。
索諾木巴勒珠爾多爾濟	貢楚克長子。乾隆五十一年襲扎薩克輔國公。道光四年病免。
固嚕色特	索諾木巴勒珠爾多爾濟子。道光四年襲。
額爾奇木濟爾噶朗	固嚕色特子。咸豐六年襲。光緒二年賜貝子銜世襲罔替。
烏勒哲依特莫爾	額爾奇木濟爾噶朗子。光緒十二年襲。十九年七月病免。
都噶爾扎布	烏勒哲依特莫爾子。光緒二十年三月襲。

喀爾喀賽因諾顏部	扎薩克一等台吉公品級
齊旺多爾濟	親王德沁扎布次子。初授一等台吉。乾隆十九年賜公品級。二十年晉貝子品級。二十四年授扎薩克。三
三都布多爾濟	齊旺多爾濟長子。乾隆三十八年襲公品級扎薩克一等台吉。五十二年卒。
旺沁扎布	三都布多爾濟長子。乾隆五十二年襲公品級扎薩克一等台吉。嘉慶十七年卒。
倭多布多爾濟	旺沁扎布子。嘉慶十七年襲。道光二十三年卒。
達木定扎布	倭多布多爾濟子。道光二十三年襲。
嚨蓉達巴達爾	達木定扎布子。咸豐十年襲。
烏爾津扎布	薩蓉達巴達爾子。同治九年襲。

十八年以罪削

喀爾喀賽因諾顏部	扎薩克鎮國公
阿哩雅	親王善巴族子。康熙三十一年授扎薩克一等台吉。五十四年卒。
格木丕勒	阿哩雅長子。康熙五十四年襲扎薩克一等台吉。雍正十年封輔國公。乾隆二年晉鎮國公。十四年卒。
貢格敦丹	格木丕勒長子。乾隆十四年襲扎薩克鎮國公。三十五年卒。
當蘇嚨	貢格敦丹長子。乾隆三十五年襲扎薩克鎮國公。四十六年詔世襲罔替。四十七年卒。
齊旺達什	當蘇嚨長子。乾隆四十七年襲扎薩克鎮國公。嘉慶十八年卒。
巴勒沁	齊旺達什子。嘉慶十八年襲。道光五年卒。
車登扎布	巴勒沁從子。道光五年襲。
岡昭爾扎布	車登扎布子。同治六年襲。宣統二年卒。

喀爾喀賽因諾顏部	輔國公
多爾濟	鎮國公貢格敦丹同族。乾隆二十一年封輔國公。二十七年卒。
沙克都爾扎布	多爾濟長子。乾隆二十七年襲輔國公。四十六年詔世襲罔替。五十九年卒。
多布沁	沙克都爾扎布次子。嘉慶二年襲。道光五年卒。
扎沖	多布沁兄。道光五年襲。咸豐三年卒。
車登扎布	扎沖子。咸豐三年襲。
瑪克蘇爾扎布	光緒二十八年襲。

喀爾喀賽因諾顏部	扎薩克輔國公
圖巴	鎮國公托多額爾德尼從子。康熙三十年授扎薩克一等台吉
實第	圖巴長子。康熙三十六年襲扎薩克一等台吉。五十八年卒。
齊旺	實第長子。康熙五十八年襲扎薩克一等台吉。雍正十年封輔
達什	齊旺長子。乾隆二十二年襲扎薩克輔國公。三十一年晉鎮國
喇嘛扎布	達什長子。乾隆四十五年襲扎薩克輔國公。四十六
車布登多爾濟	喇嘛扎布長子。嘉慶十七年襲。十七年病
達拉扎布	車布登多爾濟弟。嘉慶十七年襲。道光十一年卒。
拉旺多爾濟	達拉扎布子。道光十一年襲。
達什多爾濟	拉旺多爾濟子。同治十三年襲。

三十六年卒

國公。乾隆二十二年以病罷。

公。四十五年卒。

年詔世襲罔替。嘉慶七年病免。

免

喀爾喀賽因諾顏部	扎薩克一等台吉
丹津額爾德尼	親王善巴丹從弟。康熙三十年授扎薩克一等台吉。五十一年卒。
錫喇扎布	丹津額爾德尼長子。康熙五十一年襲扎薩克一等台吉。雍正六年卒。
滿珠習禮	錫喇扎布長子。雍正六年襲扎薩克一等台吉。九年卒。
吹木丕勒	滿珠習禮長子。雍正九年襲扎薩克一等台吉。乾隆二十年卒。
敦多布納木扎勒	吹木丕勒長子。乾隆二十年襲扎薩克一等台吉。三十年卒。
多爾濟齊巴克	吹木丕勒次子。乾隆三十年襲扎薩克一等台吉。四十年卒。
索諾木袞布	多爾濟齊巴克長子。乾隆四十年襲扎薩克一等台吉。四十六年詔世襲罔替。五十三年卒。
羅布桑達什	索諾木袞布子。乾隆五十四年襲扎薩克一等台吉。嘉慶二十一年病免。
達瑪林扎布	羅布桑達什子。嘉慶二十一年襲。道光十三年卒。
阿巴爾米特	達瑪林扎布從子。道光十三年襲。
巴拉丹	阿巴爾米特子。光緒十一年襲。宣統二年卒。

喀爾喀賽因諾顏部	扎薩克一等台吉
薩木濟特	扎薩克台吉阿哩雅叔祖。康熙三十一年授扎薩克一等台吉。五十一年卒。
根敦	薩木濟特長子。康熙五十一年襲扎薩克一等台吉。雍正十三年以病罷。
布達扎布	根敦長子。雍正十三年襲扎薩克一等台吉。乾隆十七年卒。
車登扎布	布達扎布長子。乾隆十七年襲扎薩克一等台吉。四十七年詔世襲罔替。四十七年以病罷。
多爾濟扎布	車登扎布長子。乾隆四十七年襲扎薩克一等台吉。道光二十六年卒。
羅布桑車林	多爾濟扎布子。道光二十六年襲。咸豐[illegible]年卒。
烏哲依巴達爾呼凌霍	羅布桑車林子。咸豐二年襲。
孟柯瓦齊爾	光緒二十四年[illegible]月襲。

喀爾喀賽因諾顏部	扎薩克一
伊達木	親王善巴丹從弟。康熙三十五年授扎薩
達爾濟雅	伊達木長子。康熙四十八年襲扎薩
齊旺扎布	達爾濟雅長子。雍正六年襲扎薩克
額璘沁	齊旺扎布長子。雍正十二年襲扎薩克一
巴勒桑敏珠爾	額璘沁長子。乾隆二十九
巴扎爾	巴勒桑敏珠爾子。乾隆五十九年襲扎薩
托克米特	巴扎爾子。咸豐元年襲。
扎布沁扎木楚	光緒二十三年襲。

等台吉
克一等台吉四十八年卒
克一等台吉雍正六年卒
一等台吉十二年卒
等台吉乾隆二十九年卒
年襲扎薩克一等台吉四十六年詔世襲罔替五十七年卒
克一等台吉咸豐元年卒

喀爾喀賽因諾顏部輔國公
袞布車凌 扎薩克台吉伊達木從子乾隆元年封輔國公九年卒
丹忠 袞布車凌長子乾隆九年封輔國公二十年卒
達什朋楚克 丹忠長子乾隆二十年襲輔國公四十六年詔世襲罔替嘉慶七年卒
齊旺達什 達什朋楚克子嘉慶七年襲十九年卒
德勒克達什 齊旺達什子嘉慶十九年襲
索諾木多爾濟 德勒克達什子同治六年襲

喀爾喀賽因諾顏部扎薩克一等台吉
納木扎勒 扎薩克台吉伊達木從弟康熙三十五年授扎薩克一等台吉五十五年卒
巴朗 納木扎勒長子康熙五十五年襲扎薩克一等台吉乾隆十三年以病罷
阿喇布坦 巴朗長子乾隆十三年襲扎薩克一等台吉二十四年卒
敦多布 阿喇布坦長子乾隆二十四年襲扎薩克一等台吉三十一年以病罷
旺濟勒三丕勒 敦多布長子乾隆三十一年襲扎薩克一等台吉四十六年詔世襲罔替道光二年卒
格濟巴勒 旺濟勒三丕勒子道光二年襲
扎木薩林扎布 格濟巴勒子同治元年襲
車林棍布 扎木薩林扎布子同治四年襲
羅布桑海都布 光緒十四年襲

喀爾喀賽因諾顏
沙嚕伊勒都齊 親王
延達博第 沙嚕伊勒都齊
羅卜藏敦多布 延達
袞布多爾濟 羅卜藏敦
薩木丕勒多爾濟
巴達爾 薩木丕勒多爾濟從
棍楚克吹丕勒 光緒

部扎薩克一等台吉
善巴再從弟康熙三十五年授扎薩克一等台吉雍正二年以病罷
長子雍正二年襲扎薩克一等台吉乾隆二年卒
博第長子乾隆二年襲扎薩克一等台吉三十二年以廢疾罷
多布長子乾隆三十二年襲扎薩克一等台吉四十六年詔世襲罔替嘉慶七年卒
袞布多爾濟長子嘉慶七年襲道光二十四年卒
孫道光二十四年襲
二十三年襲

喀爾喀賽因諾顏部扎薩克一等台吉
秦達尼 親王善巴從弟康熙三十六年授扎薩克一等台吉三十九年卒
薩喇旺扎勒 秦達尼長子康熙三十九年襲扎薩克一等台吉雍正元年卒
車布登 薩喇旺扎勒長子雍正元年襲扎薩克一等台吉十一年以罪削
賚充扎布 車布登長子雍正十一年襲扎薩克一等台吉乾隆二十四年卒
納旺車凌 車布登次子乾隆二十四年襲扎薩克一等台吉四十六年詔世襲罔替四十九年以病罷
貢格拉什 納旺車凌第四子乾隆四十九年襲扎薩克一等台吉嘉慶六年卒
貢楚克扎布 貢格拉什長子嘉慶六年襲道光十九年卒
占巴拉 貢楚克扎布子道光十九年襲二十七年卒
車登丕勒濟雅 占巴拉從子道光二十七年襲
藴端多爾濟 車登丕勒濟雅子光緒九年襲
車林多爾濟 藴端多爾濟弟光緒十三年襲

喀爾喀賽因諾顏部公品級三等台吉
噶瓦 扎薩克台吉賚充扎布同族初授三等台吉乾隆二十一年賜公品級三十四年卒
桑濟 噶瓦長子乾隆三十四年襲公品級三等台吉四十六年詔世襲罔替
旺丕勒 桑濟子嘉慶二十二年襲
車凌桑魯布 旺丕勒子道光三年襲
維多布桑保 車凌桑魯布子同治三年襲

喀爾喀賽因諾
濟納彌達 親王善巴
特克什 濟納彌達長子
烏巴什 特克什長子乾
布達齊素嚨 烏巴
袞布多爾濟 布達
噶勒桑多爾濟
章楚布多爾濟
額林多爾濟 章楚
達揚扎勒保 光緒

顏部扎薩克
再從弟康熙四十八年授扎薩克一等台吉雍正二年卒
雍正二年襲扎薩克一等台吉乾隆十五年卒
隆十五年襲扎薩克一等台吉四十六年詔世襲罔替五十三年卒
什長子乾隆五十四年襲扎薩克一等台吉嘉慶十年卒
齊素嚨弟嘉慶十年襲道光二十五年卒
袞布多爾濟子道光二十五年襲咸豐元年卒
噶勒桑多爾濟兄咸豐元年襲二年卒
布多爾濟子咸豐二年襲
二十三年十二月襲

喀爾喀賽因諾顏部扎薩克一等台吉
多爾濟 親王善巴從弟康熙五十一年授扎薩克一等台吉雍正三年以病罷
呢瑪 多爾濟長子雍正三年襲扎薩克一等台吉十年卒
阿保 呢瑪長子雍正十年襲扎薩克一等台吉乾隆十八年卒
車璘巴勒 多爾濟次子乾隆十八年襲扎薩克一等台吉二十五年卒
成袞扎布 車璘巴勒長子乾隆二十五年襲扎薩克一等台吉四十六年詔世襲罔替五十年卒
德木楚克 成袞扎布長子乾隆五十年襲扎薩克一等台吉嘉慶五年卒
車登達什 德木楚克弟嘉慶六年襲二十五年卒
桑津扎布 車登達什弟道光十一年襲
車林 桑津扎布子道光十一年襲十二年卒
布彥濟爾噶勒 車林之弟道光十二年襲
齊默特巴勒津 光緒二十年三月襲

喀爾喀賽因諾顏部扎薩克一等台吉
額璺根 郡王袞布曾孫乾隆三年授一等台吉扎薩克二十二年卒
達什 額璺根長子乾隆二十二年襲扎薩克一等台吉二十三年賜公品級二十五年卒
班第 達什長子乾隆二十五年襲扎薩克一等台吉四十六年詔世襲罔替五十五年卒
達瑪璘 班第長子乾隆五十五年襲扎薩克一等台吉嘉慶二十四年卒
哈思巴咱爾 達瑪璘子嘉慶二十四年襲道光十九年卒
布木達爾 哈思巴咱爾子道光十九年襲
齊默特多爾濟 布木達爾子同治四年襲
扎木薩林扎布 齊默特多爾濟弟同治六年襲
巴爾瓦喇克察 光緒三十一年襲

喀爾喀賽因諾
阿喇布坦 準噶爾台
車凌旺布 阿喇布坦
色布騰旺布 阿喇
朋素克 色布騰旺布
納木扎勒 朋素克長
車凌多爾濟 納木
朋素克 車凌多爾濟之
多爾濟巴勒 朋素
察克都爾扎勒
達克丹多爾濟
桑都克多爾濟

顏部	厄魯特扎薩克固山貝子
	吉額爾墨特達爾漢諾顏之九世孫。康熙四十一年來降，封扎薩克多羅郡王。四十二年卒。
	長子。康熙四十二年襲扎薩克多羅郡王。雍正六年卒。
	布坦次子。雍正元年封多羅貝勒，四年授扎薩克，七年襲多羅郡王，並兩扎薩克爲一。乾隆十三年卒。
	子。乾隆十三年降襲扎薩克固山貝子。二十六年詔隸喀爾喀賽因諾顏部。四十三年以罪削扎薩克，留貝子爵。
	子。乾隆四十三年襲扎薩克固山貝子。四十六年詔世襲罔替。五十三年卒。
	扎勒長子。乾隆五十三年襲扎薩克固山貝子。五十六年卒。
	嗣。乾隆五十六年仍襲扎薩克固山貝子。嘉慶三年卒。
	克孫。嘉慶四年襲。十二年卒。
	多爾濟巴勒從弟。嘉慶二十二年襲。
	察克都爾扎勒子。光緒五年襲。三十年卒。
	光緒三十三年三月襲。

喀爾喀賽因諾顏部	厄魯特扎薩克固山貝子
丹濟拉	準噶爾台吉額爾墨特達爾漢諾因之九世孫。康熙三十六年來降，授內大臣。四十四年封扎薩克輔國公。四十七年卒。
多爾濟色布騰	丹濟拉長子。康熙四十七年襲扎薩克輔國公。雍正元年晉固山貝子，八年晉多羅貝勒。乾隆二年卒。
三都布	多爾濟色布騰長子。乾隆二年襲扎薩克固山貝子。二十五年卒。
貢楚克邦	三都布嗣子。乾隆二十六年襲扎薩克固山貝子。詔隸喀爾喀賽因諾顏部。四十六年詔世襲罔替。
濟克墨特貢桑	貢楚克邦長子。嘉慶九年襲。
車伯克扎勒	濟克墨特貢桑子。嘉慶十三年襲。十九年卒。
扎木彥多爾濟	車伯克扎勒兄。嘉慶十九年襲。二十三年卒。
貢格多爾濟	扎木彥多爾濟從弟。嘉慶二十三年襲。
車都布多爾濟	貢格多爾濟子。道光二十二年襲。
齊莫特德哩克	車都布多爾濟從子。光緒十二年襲。

清史稿 藩部世表三

	阿拉善厄魯特部	扎薩克和碩親王
初封	和囉哩	元太祖弟哈巴圖哈薩爾之裔。康熙三十六年封扎薩克多羅貝勒。四十六年卒。
一次襲	阿寶	和囉哩第三子。康熙四十八年襲扎薩克多羅貝勒。雍正元年晉多羅郡王。七年以罪降貝勒。九年復郡王爵。乾隆四年卒。
二次襲	羅卜藏多爾濟	阿寶次子。乾隆四年襲扎薩克多羅貝勒。二十二年晉多羅郡王。三十年晉和碩親王。四十七年詔世襲罔替。四十八年卒。
三次襲	旺沁班巴爾	羅卜藏多爾濟長子。初授公品級一等台吉。乾隆四十八年襲扎薩克和碩親王。四十九年賜其弟瑪哈巴拉公品級。嘉慶九年卒。
四次襲	瑪哈巴拉	旺沁班巴爾弟。嘉慶九年襲。道光十二年卒。
五次襲	囊都布蘇隆	瑪哈巴拉子。道光十二年襲。二十四年卒。
六次襲	貢桑珠爾默特	囊都布蘇隆子。道光二十四年襲。
七次襲	多羅特色楞	貢桑珠爾默特子。光緒二年襲。
八次襲	塔旺布魯克扎勒	多羅特色楞子。宣統二年襲。
九次襲		
十次襲		
十一次襲		
十二次襲		
十三次襲		
十四次襲		
十五次襲		
十六次襲		

	阿拉善厄魯特部	鎮國公
初封	袞布	郡王阿寶長子。雍正九年封輔國公。十年晉固山貝子。乾隆二年卒。
一次襲	拉爾濟旺舒克	郡王阿寶第三子。乾隆二年襲固山貝子。六年卒。
二次襲	索諾木多爾濟	拉爾濟旺舒克再從弟。乾隆六年降襲鎮國公。三十年卒。
三次襲	烏爾圖納遜	索諾木多爾濟長子。乾隆三十年襲鎮國公。四十七年詔世襲罔替。嘉慶元年卒。
四次襲	莽噶拉	烏爾圖納遜子。嘉慶二年襲。十九年卒。
五次襲	德勒格爾布彥	莽噶拉子。嘉慶十九年襲。
六次襲	沙都爾扎布	德勒格爾布彥子。咸豐五年襲。光緒二十九年五月病免。
七次襲	普勒忠呢什爾	光緒三十年正月襲。

阿拉善厄魯特部	鎮國公
玉木楚木	貝勒和囉理次子。康熙三十七年封輔國公。五十二年卒。
羅卜藏達爾濟	玉木楚木次子。康熙五十三年襲輔國公。尋晉鎮國公。五十九年卒。
沙畢多爾濟	玉木楚木長子。康熙六十年襲鎮國公。雍正元年晉固山貝子。乾隆二年卒。
袞楚克	沙畢多爾濟從弟。乾隆二年襲輔國公。十四年晉鎮國公。三十二年卒。
多爾濟色布騰	袞楚克次子。乾隆三十二年襲鎮國公。四十七年詔世襲罔替。道光三年卒。
普爾布	多爾濟色布騰子。道光三年襲。
薩達布多爾濟	普爾布子。咸豐二年襲。
阿育爾扎那	薩達布多爾濟弟。同治四年襲。光緒二十年正月加貝子銜。
勒旺諾爾布	光緒二十二年襲。

青海厄魯特部	扎薩克多羅郡王
察罕丹津	和碩特族。元太祖弟哈巴圖哈薩爾裔。青海顧實汗曾孫。康熙四十年封多羅貝勒。五十七年晉多羅郡王。雍正元年晉和碩親王。三年授扎薩克。十三年卒。
旺舒克	察罕丹津之孫。雍正十三年襲扎薩克和碩親王。乾隆十四年卒。
旺丹多爾濟帕拉木	旺舒克子。乾隆十四年襲扎薩克和碩親王。三十六年卒。
納罕達爾濟	旺舒克從子。初襲其父台吉旺舒克喇布坦所遺扎薩克，見扎薩克台吉表。乾隆三十六年襲扎薩克多羅郡王。四十七年詔世襲罔替。嘉慶十三年卒。
達什忠鼐	納罕達爾濟子。嘉慶十三年襲。道光十三年卒。
達錫旺扎勒	達什忠鼐子。道光十三年襲。三十年卒。
春津	達錫旺扎勒子。道光三十年襲。
巴勒珠爾喇布坦	春津族姪。光緒十三年襲。

青海厄魯特
策旺喇布坦
額爾克巴勒
朋素克旺扎
袞楚克達什
索諾木多爾
車林端多布
烏爾津扎布
阿育爾什迪
鞥克濟爾噶

部 扎薩克多羅郡王

和碩特族親王察罕丹津從叔康熙四十二年封多羅郡王四十四年卒

珠爾 策旺喇布坦次子康熙四十四年襲多羅郡王五十年自戕死

勒 額爾克巴勒珠爾長子康熙四十六年降襲多羅貝勒雍正三年授扎薩克四年晉多羅郡王十三年卒

朋素克旺扎勒長子雍正十三年襲扎薩克多羅郡王乾隆四十二年以病罷

濟 袞楚克達什次子乾隆四十二年襲扎薩克多羅郡王四十七年詔世襲罔替五十六年賜親王品級

索諾木多爾濟子嘉慶十三年襲咸豐四年卒

車林端多布子咸豐四年襲

烏爾扎津布子同治四年襲

勒 阿齊爾什迪族兄光緒十一年襲

青海厄魯特部扎薩克多羅貝勒

色布騰扎勒 準噶爾族台吉額特魯特達爾漢諾顏之九世孫康熙四十二年封多羅貝勒雍正二年晉多羅郡王三年授扎薩克九年卒

車凌喇布坦 色布騰扎勒長子雍正九年襲扎薩克多羅郡王乾隆十三年卒

索諾木多爾濟 車凌喇布坦長子乾隆十三年襲扎薩克多羅郡王二十三年卒

色布騰多爾濟 索諾木多爾濟從弟乾隆二十三年襲扎薩克多羅郡王三十年卒

車木伯勒 色布騰多爾濟從祖乾隆三十年降襲扎薩克多羅貝勒三十九年卒

吹忠扎布 車木伯勒長子乾隆三十九年襲扎薩克多羅貝勒四十七年詔世襲罔替五十三年卒

德哩巴勒珠爾 吹忠扎布長子乾隆五十三年襲扎薩克多羅貝勒道光十八年卒

那木扎勒丹巴 德哩巴勒珠爾子道光十八年襲咸豐五年病免

拉旺多布濟 那木扎勒丹巴子咸豐五年襲光緒二十二年二月加郡王銜十一月卒

林沁旺扎勒 光緒二十三年六月襲

青海厄魯特部扎薩克多羅郡王

袞布 和碩特族親王察罕丹津從叔父康熙四十三年封多羅

額爾德尼額爾克托克托鼐 袞布

索諾木丹津 額爾德尼額爾克托克托鼐第三子雍正

袞楚克敦多布納木扎勒 索諾木丹

剛噶爾 袞楚克敦多布納木扎勒長子乾隆四十年襲扎薩

伊什達爾濟 剛噶爾叔父嘉慶三年襲十年卒

沙克都爾雜 伊什達爾濟族弟嘉慶十一年襲道光三

棍楚克濟莫特 沙克都爾雜子道光三年襲

濟克莫特那木濟勒多爾濟 棍楚

棍布喇布坦 濟克莫特那木濟勒多爾濟子光緒五年

棟閣林沁 棍布喇布坦子光緒二十九年二月襲

貝勒四十四年卒

長子康熙四十四年襲多羅貝勒雍正元年晉多羅郡王三年授扎薩克十四年卒

九年封貝子乾隆十四年襲扎薩克多羅郡王三十六年卒

津孫乾隆三十六年襲扎薩克多羅郡王四十年卒

克多羅郡王四十七年詔世襲罔替嘉慶二年卒

年病免

克濟莫特子咸豐六年襲

襲二十八年卒

青海厄魯特部扎薩克多羅貝勒

達顏 和碩特族郡王策旺喇布坦從子康熙五十五年封多羅貝勒五十七年卒

旺舒克喇布坦 達顏子康熙五十八年襲多羅貝勒六十一年卒

達什車凌 達顏從子康熙六十一年降襲固山貝子雍正二年晉多羅貝勒詔世襲罔替三年授扎薩克乾隆二十二年卒

丹巴車凌 達什車凌長子乾隆二十二年襲扎薩克多羅貝勒三十九年卒

濟克默特伊什 丹巴車凌長子乾隆三十九年襲扎薩克多羅貝勒四十七年詔世襲罔替嘉慶十三年病免

扎木巴勒多爾濟 濟克默特伊什長子嘉慶十三年襲道光四年卒

那木喀旺扎勒 扎木巴勒多爾濟子道光四年襲十四年卒

車棱諾爾布 那木喀旺扎勒子道光十四年襲十九年卒

羅布桑占巴 車棱諾爾布叔道光十九年襲咸豐五年卒

岡占綽克都布 羅布桑占巴子咸豐五年襲光緒十五年卒

車林端多布 光緒十五年十二月襲

青海厄魯特部扎薩克一等台吉

納木扎勒 和碩特族親王察罕丹津從弟康熙三十七年封多羅貝勒四十九年卒

羅卜藏察罕 納木扎勒次子康熙五十年襲多羅貝勒雍正二年以罪削三年授扎薩克一等台吉

多爾濟色布騰 羅卜藏察罕長子乾隆七年降襲扎薩克一等台吉二十六年卒

恭桑車凌 多爾濟色布騰長子乾隆二十六年襲扎薩克一等台吉四十七年詔世襲罔替五十四

旺舒克 恭桑車凌子乾隆五十四年襲扎薩克一等台吉

達爾瑪什哩 旺舒克子道光九年襲咸豐五年卒

永隆 達爾瑪什哩叔咸豐五年襲

丹津綽克都布 永隆子同治十二年襲

沙克都爾扎布 丹津綽克都布子光緒五年襲

伯棚楚克 沙克都爾扎布子光緒九年襲

察木多爾濟勒噶朗 光緒二十八年襲宣統二年卒

吉六年晉輔國公乾隆七年卒

年卒

青海厄魯特部扎薩克固山貝子

車凌敦多布 和碩特族親王察罕丹津從弟雍正元年封多羅貝勒二年以罪降

丹巴 車凌端多布再從叔父雍正三年襲固山貝子授扎薩克乾隆十七年卒

沙克都爾扎布 丹巴長子乾隆十七年襲扎薩克固山貝子四十七年詔世襲罔替四十八年卒

車爾登多爾濟 沙克都爾扎布次子乾隆四十八年襲扎薩克固山貝子五十三年更名車爾登多爾濟嘉慶二十年病免

喇特納錫第 車爾登多爾濟子嘉慶二十年襲道光二十三年卒

伊達木林沁 喇特納錫第子道光二十三年襲

吹木丕勒諾爾布 伊達木林沁長子光緒十年襲二十二年三月加貝勒銜

青海厄魯特部扎薩克輔國公

索諾木達什 和碩特族鎮國公噶勒丹達什從祖康熙五十年封輔國公五十一年卒

諾爾布朋素克 索諾木達什次子康熙五十二年襲輔國公雍正三年授扎薩克四年卒

達什巴勒珠爾 諾爾布朋素克嗣子雍正五年授扎薩克輔國公七年卒

車凌 達什巴勒珠爾再從叔父雍正八年襲扎薩克輔國公乾隆九年卒

達什扎布 車凌第三子乾隆九年襲扎薩克輔國公三十一年卒

根敦端多布 達什扎布長子乾隆三十一年襲扎薩克輔國公四十七年詔世襲罔替嘉慶元年卒

伊什達爾濟 根敦端多布長子嘉慶元年襲道光八年卒

珠爾默特圖布 伊什達爾濟子道光八年襲十八年卒

吹達爾 珠爾默特圖布子道光十八年襲

棍楚克拉遜多布 吹達爾子同治十二年襲光緒三十三年卒

青海厄魯特

羅卜藏色布

部　固山貝子

騰　貝子莽鼐長子初襲父扎薩克見扎薩克長乾隆三十一年以罪削改授閒散貝子爵四十七年詔世襲罔替五十六年賜貝勒品級

青海厄魯特部　扎薩克一等台吉

羅卜藏達爾扎　和碩特族貝勒納木扎勒從弟康熙五十年封固山貝子六十一年卒

濟克濟扎布　羅卜藏達爾扎長子乾隆六十一年降襲輔國公雍正二年以罪削三年授扎薩克一等台吉乾隆二十年卒

車凌多爾濟　濟克濟扎布長子乾隆二十年襲扎薩克一等台吉二十八年卒

達克巴納木扎勒　車凌多爾濟長子乾隆二十九年襲扎薩克一等台吉四十四年卒

諾爾布璘沁　達克巴納木扎勒長子乾隆四十四年襲扎薩克一等台吉四十七年詔世襲罔替嘉慶九年卒

濟克莫特　諾爾布璘沁長子嘉慶九年襲二十五年卒

索諾木旺濟勒　濟克莫特叔祖嘉慶二十五年襲道光九年病免

喇木棍策勒謙　索諾木旺濟勒子道光九年襲十三年卒

喇木貢策喇克扎勒　喇木棍策勒謙弟道光十三年襲

烏勒哲依巴圖　喇木貢策喇克扎勒子咸豐十年襲

棍布扎布　光緒二十年襲

青海厄魯特部　扎薩克輔國公

噶勒丹達什　和碩特族親王察罕

丹津納木扎勒　噶勒丹達什次

索諾木丹勒濟　噶勒丹達什第

索諾木多爾濟　索諾木丹勒濟

喇特納錫第　索諾木多爾濟之弟

察哈巴克　喇特納錫第子道光三年

羅布桑端多布　察哈巴克子同

耀布塔爾　光緒三十二年六月襲

丹津從弟康熙五十年封輔國公雍正元年晉鎮國公三年授扎薩克乾隆四年卒

子乾隆四年襲扎薩克鎮國公十三年卒

三子乾隆十三年襲扎薩克鎮國公尋卒

從子乾隆十三年降襲扎薩克輔國公四十七年詔世襲罔替五十四年卒

乾隆五十四年襲扎薩克輔國公道光三年卒

襲

治七年襲

青海厄魯特部　扎薩克固山貝子

阿喇布坦　準噶爾族郡王色布騰扎勒從子康熙五十五年封公品級一等台吉授扎薩克雍正三年晉輔國公乾隆四年卒

納木扎勒車凌　阿喇布坦長子乾隆四年襲扎薩克輔國公十五年晉固山貝子三十五年卒

齊默特丹巴　納木扎勒車凌長子乾隆三十五年襲扎薩克固山貝子四十七年詔世襲罔替嘉慶十三年卒

拉特納西第　齊默特丹巴子嘉慶十三年襲

索諾木丕勒齋　拉特納西第子道光十八年襲

棍楚克旺丹忠　索諾木丕勒齋子同治十一年襲光緒二十年正月加貝勒銜

訥木希哩　光緒二十一年襲二十二年陣亡

德濟特巴勒珠　光緒二十二年襲二十五年二月卒

多普濟　光緒二十五年十二月襲二十九年卒

達什那木濟勒　光緒二十九年八月襲

青海厄魯特部　扎薩克一等台吉

索諾木達什　和碩特族親王察罕丹津從弟雍正元年封固山貝子三年授扎薩克乾隆十四年

噶勒丹旺扎勒　索諾木達什次子乾隆十四年襲扎薩克固山貝子十五年卒

莽鼐　索諾木達什第三子乾隆十五年襲扎薩克固山貝子十八年卒

羅卜藏色布騰　莽鼐長子乾隆十八年襲扎薩克固山貝子三十一年以罪削扎薩克

巴勒濟特　莽鼐第四子乾隆三十一年襲扎薩克授一等台吉四十七年詔世襲罔替四十九年卒

拉扎布　巴勒濟特長子乾隆四十九年襲扎薩克一等台吉五十六年卒

羅卜藏色布騰　巴勒濟特長兄乾隆五十六年仍襲扎薩克一等台吉賜貝勒品級兼襲貝子嘉慶

旺沁丹津　羅卜藏色布騰長子嘉慶三年襲扎薩克固山貝子十五年卒

格勒克那木扎勒　旺沁丹津長子嘉慶十六年襲咸豐三年卒

棍布車布坦　格勒克那木扎勒子咸豐三年襲

那木當吹布爾　光緒十九年襲

卒

三年卒

青海厄魯特部　扎薩克輔國公

車凌　和碩特族鎮國公噶勒丹達什從叔父康熙五十年封輔國公雍正三年授扎薩克六年卒

色布騰達什　車凌長子雍正七年襲扎薩克輔國公乾隆四年卒

袞楚克扎布　車凌次子乾隆四年襲扎薩克輔國公十八年卒

吹忠扎布　袞楚克扎布長子乾隆十八年襲扎薩克輔國公四十七年詔世襲罔替嘉慶元年病免

格楞喇布齋　吹忠扎布長子嘉慶元年襲道光九年卒

達瑪琳扎布　格楞喇布齋子道光九年襲十三年卒

多爾濟色布登　達瑪琳扎布子道光三十年卒

濟克什扎布　多爾濟色布登子光緒七年襲二十九年十月卒

索諾木達布　光緒三十年正月襲

青海厄魯特部　扎薩克輔國公

貢格　綽特族台吉納木占之四世孫雍正三年授扎薩克一等台吉九年晉輔國公乾隆二十年卒

納罕塔爾巴　貢格長子乾隆二十年襲扎薩克輔國公三十五年卒

旺扎勒敦多布　納罕塔爾巴長子乾隆三十五年襲扎薩克輔國公四十七年詔世襲罔替是年卒

達瑪璘　旺扎勒敦多布長子乾隆四十七年襲扎薩克輔國公五十六年賜貝子品級嘉慶二年卒

靈沁旺蘇克　達瑪璘長子嘉慶二年襲道光二年卒

多爾濟沙木　靈沁旺蘇克子道光二年襲

車林端多布　多爾濟沙木弟同治十二年襲光緒二十九年十一月卒

班瑪旺扎勒　光緒三十一年襲

青海厄魯特部　扎薩克一等台吉

阿喇布坦扎木素　和碩特族親王察罕丹津從子康熙五十九年封輔國公雍正三年授扎

達什納木扎勒　阿喇布坦扎木素從子乾隆五年襲扎薩克輔國公三十年卒

禮塔爾　達什納木扎勒嗣子乾隆三十年襲扎薩克輔國公四十年為郭羅克番賊所戕

隆貴　達什納木扎勒子乾隆四十一年降襲扎薩克一等台吉四十七年詔世襲罔替嘉慶十三年病免

旺濟勒多爾濟　隆貴子嘉慶十三年襲道光二十三年卒

達什端多布　旺濟勒多爾濟子道光二十三年襲

棍木旺濟勒　達什端多布子光緒五年襲

巴勒珠爾喇布坦　棍木旺濟勒子光緒十一年襲

車楞塔什　光緒二十四年十二月襲

薩克乾隆九年卒

青海厄魯特部	扎薩克一等台吉
達瑪璘色布騰	和碩特族貝勒納木扎勒從子雍正三年授扎薩克一等台吉乾隆十四年卒
博貝	達瑪璘色布騰弟乾隆十五年授扎薩克一等台吉二十年卒
旺扎勒	博貝從子乾隆二十年襲扎薩克一等台吉三十年卒
根敦扎布	旺扎勒長子乾隆三十年襲扎薩克一等台吉四十七年詔世襲罔替五十四年卒
固木扎布	根敦扎布長子乾隆五十四年襲扎薩克一等台吉咸豐四年卒
察哈巴克	固木扎布子咸豐四年襲
索諾端多布	光緒二十七年襲

青海厄魯特部	扎薩克一等台吉
阿喇布坦	和碩特族貝勒納木扎勒弟雍正三年授扎薩克一等台吉乾隆四年卒
袞布喇布坦	阿喇布坦長子乾隆四年襲扎薩克一等台吉四十年卒
班第	袞布喇布坦長子乾隆四十一年襲扎薩克一等台吉四十七年詔世襲罔替嘉慶十四年病免
索諾穆敏珠爾	班第子嘉慶十四年襲道光十年卒
端多布旺濟勒	索諾穆敏珠爾子道光十年襲
齊莫特林增	端多布旺濟勒子光緒元年襲宣統二年卒

青海厄魯特部	扎薩克一等台吉
哈爾噶斯	和碩特族顧實汗弟色稜哈坦巴圖爾之四世孫雍正三
恭格車凌	哈爾噶斯長子乾隆十九年襲扎薩克一等台吉三十一年以
吹忠扎布	哈爾噶斯次子乾隆三十一年襲扎薩克一等台吉四十七年
楞袞多爾濟	吹忠扎布長子乾隆五十九年襲扎薩克一等台吉嘉慶
恩克巴雅爾	楞袞多爾濟長子嘉慶十三年襲道光九年病免
濟克莫特旺楚克	恩克巴雅爾子道光九年襲二十七年卒
通昌噶爾布	濟克莫特旺楚克弟道光二十七年襲
布穆達什	通昌噶爾布子咸豐十年襲
旺丹多爾濟	光緒二十四年襲

年授扎薩克一等台吉乾隆十九年卒
罪削
詔世襲罔替五十九年卒
十三年卒

青海厄魯特部	扎薩克一等台吉
扎布	和碩特族親王察罕丹津從叔父雍正三年授扎薩克一等台吉乾隆三年卒
達奇	扎布長子乾隆三年襲扎薩克一等台吉三十二年卒
桑濟達什	達奇長子乾隆三十二年襲扎薩克一等台吉四十七年詔世襲罔替四十九年卒
車凌多爾濟	桑濟達什長子乾隆四十九年襲扎薩克一等台吉嘉慶二年以疏縱逃犯削
扎蘇隴	車凌多爾濟弟嘉慶二年襲十二年卒
端多布	扎蘇隴次子嘉慶十二年襲道光二十五年卒
車布登端多布	端多布子道光二十五年襲

青海厄魯特部	扎薩克一等台吉
察罕喇布坦	和碩特族親王旺舒克兄雍正九年授扎薩克一等台吉乾隆二年卒
多爾濟色布騰	察罕喇布坦長子乾隆二年襲扎薩克一等台吉四年卒
旺舒克喇布坦	察罕喇布坦弟乾隆四年襲扎薩克一等台吉三十三年卒
納罕達爾濟	旺舒克喇布坦長子乾隆三十三年襲扎薩克一等台吉後襲其從兄旺丹多爾濟帕拍木所遺扎薩克封多羅郡王見郡王表
羅卜藏丹津	旺舒克喇布坦次子乾隆三十六年襲扎薩克一等台吉四十七年詔世襲罔替五十二年以罪削
沙喇布提理	羅卜藏丹津第三弟乾隆五十二年襲扎薩克一等台吉五十六年因番賊刼掠牲畜往捕傷亡
袞布多爾濟	沙喇布提理長子乾隆五十六年襲扎薩克一等台吉
棍布車木騰	袞布多爾濟孫咸豐十年襲光緒二十三年十二月病免
薩木黨扎布吹	棍布車布騰子光緒三十二年襲

青海
伊什
畢齊
巴勒
畢齊
三都
多爾
旺沁
巴木
林沁
羅堆
索諾

厄魯特部	扎薩克一等台吉
多勒扎布	和碩特族郡王額爾克巴勒珠爾次子雍正三年授扎薩克一等台吉七年卒
罕車凌	伊什多勒扎布子雍正七年襲扎薩克一等台吉乾隆三十九年以病罷
珠爾	畢齊罕車凌族子乾隆三十九年襲扎薩克一等台吉四十七年詔世襲罔替五十二年卒
罕車凌	巴勒珠爾從叔父乾隆五十三年仍襲扎薩克一等台吉五十四年復以病罷
布	畢齊罕車凌嗣子乾隆五十四年襲扎薩克一等台吉五十八年卒
濟	三都布從弟乾隆五十八年襲扎薩克一等台吉嘉慶二十二年病免
端多布	多爾濟子嘉慶二十二年襲道光十年卒
巴勒達什倫都布	旺沁端多布子道光十年襲二十六年卒
那木都勒	巴木巴勒達什倫都布同族道光二十六年襲咸豐四年卒
佾格	林沁那木都勒子咸豐四年襲
木興額拉布坦	光緒二十三年四月襲

青海厄魯特部	扎薩克一等台吉
色布騰博碩克圖	和碩特族貝子巴丹兄雍正三年授扎薩克一等台吉乾隆三年卒
車凌多爾濟	色布騰博碩克圖長子乾隆三年襲扎薩克一等台吉二十六年卒
巴勒珠爾	車凌多爾濟孫乾隆二十六年襲扎薩克一等台吉四十二年卒
噶勒丹忠	巴勒珠爾長子乾隆四十二年襲扎薩克一等台吉四十七年詔世襲罔替嘉慶十四年卒
格勒克拉布坦	噶勒丹忠子嘉慶十四年襲道光八年卒
布彥達賴	格勒克拉布坦子道光八年襲
達什多布濟	布彥達賴子同治三年襲
諾爾布達爾濟	達什多布濟子光緒九年襲

青海厄魯特部	扎薩克一等台吉
車凌多爾濟	和碩特族郡王額爾德尼額爾克托克托鼐第四子乾隆十一年授
恭格色布騰	車凌多爾濟長子乾隆二十五年襲扎薩克一等台吉四十三年以
沙克都爾	恭格色布騰長子乾隆四十三年襲扎薩克一等台吉四十七年詔世襲

扎薩克一等台吉。二十五年卒
罪削
罔替。嘉慶十一年裁，改襲族兄伊什達爾濟郡王之爵，是爵停襲，併部王旗

青海厄魯特部　扎薩克一等台吉
索諾木喇布坦多爾濟　土爾扈特族台吉翁罕之十世孫。雍正三年授扎薩克一等台吉。七年卒
棟　索諾木喇布坦多爾濟族曾孫。雍正七年襲扎薩克一等台吉。乾隆五年卒
喇薩　棟長子。乾隆五年襲扎薩克一等台吉。三十七年卒
達什喇布坦　喇薩長子。乾隆三十七年襲扎薩克一等台吉。四十五年卒
薩木都布扎木素　薩喇次子。乾隆四十五年襲扎薩克一等台吉。四十七年詔世襲罔替。嘉慶五年卒
多爾濟旺濟勒　薩木都布扎木素族弟。嘉慶五年襲。道光二十一年卒
端多布那木濟勒　多爾濟旺濟勒子。道光二十一年襲
丹巴　端多布那木濟勒孫。同治十二年襲

青海厄魯特部　扎薩克一等台吉
色特爾布木　土爾扈特族扎薩克台吉棟從弟。雍正三年授扎薩克一等台吉。乾隆二十一年卒
烏爾占　色特爾布木長子。乾隆二十一年襲扎薩克一等台吉。四十七年詔世襲罔替。四十九年卒
伊達木　烏爾占從弟。乾隆四十九年襲扎薩克一等台吉。五十年卒
貢格　伊達木從弟。乾隆五十年襲扎薩克一等台吉。嘉慶七年病免
旺舒克　貢格子。嘉慶二年襲。道光九年卒
達瑪林車凌　旺舒克子。道光九年襲
洛布桑彥達克　達瑪林車凌子。光緒二年襲
棍布端多布　洛布桑彥達克族叔。光緒八年襲
林沁諾羅　光緒三十二年閏四月襲

青海厄魯特部　扎薩克一等台吉
達爾扎　土爾扈特族扎薩克台吉索諾木喇布坦多爾濟族子。雍正九年授扎薩克一等台吉。乾隆十九年卒
色布騰多爾濟　達爾扎長子。乾隆十九年襲扎薩克一等台吉。三十四年卒
袞楚克　色布騰多爾濟從子。乾隆三十四年襲扎薩克一等台吉。四十七年詔世襲罔替。嘉慶七年病免
瑪濟克策楞　袞楚克第三子。嘉慶七年襲。道光二十年卒
索諾木喇布坦　瑪濟克策楞子。道光二十年襲
車林端多布　索諾木喇布坦從子。同治十二年襲
噶勒藏旺扎勒　光緒二十二年十二月襲

青海厄魯特部　扎薩克一等台吉
丹忠　土爾扈特族扎薩克台吉達爾扎從子。雍正二年授扎薩克一等台吉。乾隆十年卒
納木錫哩策旺　丹忠長子。乾隆十年襲扎薩克一等台吉。十四年卒
都勒瑪扎布　納木錫哩策旺族弟。乾隆十四年襲扎薩克一等台吉。四十七年詔世襲罔替
羅卜藏吹達爾　都勒瑪扎布長子。嘉慶二年襲。十八年病免
喇布扎喇木楚克　羅卜藏吹達爾子。嘉慶十八年襲
達闊　喇布扎喇木楚克族子。光緒元年襲
諾爾布　達闊子。光緒十二年襲。二十三年二月加輔國公銜
多銳　光緒二十九年二月襲

青海厄魯特部　公中扎薩克一等台吉
車凌納木扎勒　和碩特族顧實汗兄哈納克土謝圖之四世孫。雍正三年授公中扎薩克一等
巴勒丹　車凌納木扎勒從弟。雍正十一年襲公中扎薩克一等台吉。乾隆二十九年卒
達什車木伯勒　巴勒丹長子。乾隆二十九年襲公中扎薩克一等台吉。五十六年賜公品級
丹珠布那木扎爾　達什車木伯勒子。嘉慶八年襲。十七年病免
德沁　丹珠布那木扎爾子。嘉慶十七年襲。十九年卒
恭藏　德沁胞叔。嘉慶十九年襲。道光十二年卒
旺沁　恭藏從子。道光十二年襲。咸豐四年卒
多布登色爾扎勒　旺沁子。咸豐四年襲
沙克都爾扎布　多布登色爾扎勒子。光緒元年襲
圖布坦扎木綽　宣統二年襲

台吉。十年卒

青海厄魯特部　公中扎薩克一等台吉
達什敦多布　元太祖裔喀爾喀格埒森扎扎賚爾琿台吉之五世孫。乾隆三十年授公中扎薩克一等台吉。四十二年卒
車德爾　達什敦多布孫。乾隆四十二年襲公中扎薩克一等台吉。嘉慶十四年卒
濟克濟扎布　車德爾長子。嘉慶十五年襲。道光元年卒
車伯克多爾濟　濟克濟扎布子。道光元年襲。咸豐三年卒
巴彥濟爾嘎勒　車伯克多爾濟子。咸豐三年襲
達什薩布坦　巴彥濟爾嘎勒姪。咸豐六年襲
樂布什諾爾布　達什薩布坦子。光緒九年襲

西藏部　扎薩克鎮國公，今襲輔國公
珠爾默特策布登　雍正八年授扎薩克一等台吉。九年晉輔國公。十一年晉鎮國公。乾隆十五年爲其弟珠爾默特納木扎勒所戕
珠爾默特旺扎勒　珠爾默特策布登長子。乾隆十六年降襲扎薩克輔國公。四十二年卒
諾爾布朋素克　珠爾默特旺扎勒嗣子。乾隆四十三年襲扎薩克輔國公。四十八年詔世襲罔替。五十八年卒
額琳沁楚彭克　諾爾布朋素克子。乾隆五十九年襲扎薩克輔國公。嘉慶二十一年卒
策旺珠美　額琳沁彭楚克子。嘉慶二十一年襲。道光二十一年病免
扎什熱布丹　策旺珠美子。道光二十七年襲
那木濟勒錯布丹　光緒十三年襲

西藏部
索諾木
恭格丹
扎什納
奇雅多
色綸彭
加木參

輔國公令定世襲一等台吉

達爾扎　雍正七年封輔國公。乾隆九年卒。

津　索諾木達爾扎次子。乾隆九年襲輔國公。三十八年卒。

木扎勒　恭格丹津子。乾隆三十八年襲輔國公。四十八年詔出缺後世襲一等台吉。闕晉五十六年卒。

爾旺羅　扎什納木扎勒長子。乾隆五十七年襲一等台吉。嘉慶二十二年卒。

蘇　奇旺多爾旺羅子。嘉慶二十二年襲。道光十一年卒。

烏珠　色綸彭蘇子。道光十一年襲。

西藏部 輔國公

喀錫鼐色布登喇什　初授阿哩總管。雍正五年以擊逆賊阿爾布巴等陣歿。六年追授一等台吉。

噶錫巴納木扎勒色布騰　喀錫鼐色布登喇什長子。雍正六年襲一等台吉。九年晉輔國公。詔世襲罔替。乾隆四年卒。

旺第達　喀錫鼐色布登喇什次子。乾隆五年襲輔國公。五十四年以老罷。

丹津班珠爾　班第達子。乾隆五十四年襲輔國公。五十七年以罪削。

敏珠爾索諾木班珠勒　丹津班珠爾子。乾隆五十七年襲輔國公。

西藏部 扎薩克一等台吉

車凌旺扎勒　雍正六年授扎薩克一等台吉。二十八年

索諾木旺扎勒　車凌旺扎勒孫。乾隆二十九年襲扎薩克

卒

一等台吉。四十八年詔世襲罔替。五十三年卒。以罪停襲。

西藏部 扎薩克一等台吉

諾顏和碩齊　雍正六年授扎薩克一等台吉。乾隆元年卒。

車臣哈什哈　諾顏和碩齊弟。乾隆元年襲扎薩克一等台吉。五年卒。

齊旺多爾濟　車臣哈什哈弟。乾隆五年襲扎薩克一等台吉。十年卒。

旺對　諾顏和碩齊子。乾隆十年襲扎薩克一等台吉。三十一年卒。

索諾木喇什　旺對子。乾隆三十一年襲扎薩克一等台吉。四十八年詔世襲罔替。五十七年卒。

策稜旺舒克多爾濟　索諾木喇什長子。乾隆五十七年襲扎薩克一等台吉。道光八年卒。

敦珠鏃傑　策稜旺舒克多爾濟子。道光八年襲。

汪青彭錯　光緒三十二年襲。

杜爾伯特部 扎薩克特古斯庫魯克達賴汗

車凌　杜爾伯特台吉博羅諾哈勒九世孫。乾隆十九年封扎薩克和碩親王。二十年封特古斯庫魯克達賴汗。二十三年卒。

索諾木袞布　車凌長子。乾隆二十三年襲扎薩克特古斯庫魯克達賴汗。三十四年卒。

瑪克蘇爾札布　索諾木袞布長子。乾隆三十四年襲扎薩克特古斯庫魯克達賴汗。四十七年詔世襲罔替。嘉慶十七年卒。

旺拉布　瑪克蘇爾扎布長子。嘉慶十七年襲。二十五年卒。

拉木扎布　旺拉布子。嘉慶二十五年襲。道光元年卒。

齊旺巴勒楚克　拉木扎布叔。道光元年襲。二十三年卒。

密什克多爾濟　齊旺巴勒楚克次子。道光二十三年襲。

散都克多爾濟　密什克多爾濟族弟。道光二十八年襲。咸豐四年卒。

勒扎勒喇布坦希哩勒珠特　散都克多爾濟長子。咸豐四年襲。

那克旺扎勒禪　勒扎勒喇布坦希哩勒珠特叔。同治三年襲。

噶勒章那木濟勒　密什克多爾濟族弟。同治九年襲。

杜爾伯特部 扎薩克和碩親王

車凌烏巴什　汗車凌從子。乾隆十九年封扎薩克多羅郡王。二十年晉和碩親王。四十七年詔世襲罔替。五十五年卒。

固魯扎布　車凌烏巴什族姪貝勒達瓦之子。乾隆五十五年襲扎薩克和碩親王。嘉慶二十三年卒。

貢噶諾爾布　固魯扎布長子。嘉慶二十三年襲。道光九年卒。

棍布扎布　貢噶諾爾布嗣子。道光九年襲。

索特那木扎木柴　棍布扎布長子。光緒十二年襲。

杜爾伯特部 扎薩克多羅郡王

車凌蒙克　汗車凌從叔父。乾隆十九年封扎薩克多羅貝勒。二十年晉多羅郡王。二十二年卒。

巴雅勒當　車凌蒙克次子。乾隆三十二年襲扎薩克多羅郡王。二十三年卒。

博斯和勒　車凌蒙克第四子。乾隆二十四年襲扎薩克多羅郡王。四十六年卒。

納旺索諾木　博斯和勒長子。乾隆四十六年襲扎薩克多羅郡王。七年詔世襲罔替。嘉慶九年卒。

滿達拉　納旺索諾木長子。嘉慶九年襲。

那遜托克托呼　滿達拉長子。光緒八年襲。二十四年七月卒。

都格莫勒　那遜托克托呼子。光緒二十四年十一月襲。

杜爾伯特部 扎薩克多羅貝勒

色布騰　汗車凌族祖。乾隆十九年封扎薩克多羅貝勒。二十年賜郡王

巴桑　色布騰長子。乾隆二十一年襲扎薩克多羅貝勒。四十七年詔世襲

貢楚克扎布　巴桑長子。嘉慶十八年襲。道光五年卒。

雅林丕勒多爾濟　貢楚克扎布長子。道光五年襲。

德勒格爾瓦齊爾　雅林丕勒多爾濟長子。同治三年襲。

那遜布彥　德勒格爾瓦齊爾子。光緒十八年襲。

薩木當扎木吹　光緒三十二年襲。

品級。尋卒。
罔替。嘉慶十八年病免。
光緒十八年十月卒。

杜爾伯特部 扎薩克多羅貝勒
剛多爾濟 汗車凌從子。乾隆十九年封扎薩克多羅貝勒。三十二年卒。
達瓦丕勒 剛多爾濟從子。乾隆三十二年襲扎薩克多羅貝勒。四十七年，詔世襲罔替。五十五年卒。
齊墨特多爾濟 達瓦丕勒次子。乾隆五十五年襲扎薩克多羅貝勒。道光十年卒。
巴咱爾那 齊墨特多爾濟長子。道光十年襲。
圖們濟爾噶勒 巴咱爾咱那孫。光緒五年襲。

杜爾伯特部 扎薩克固山貝子
瑪什巴圖 汗車凌族弟。乾隆十九年封扎薩克輔國公。二十年晉固山貝子。二十九年卒。
布延濟爾噶勒 瑪什巴圖長子。乾隆三十年襲扎薩克固山貝子。四十四年卒。
和托羅 布延濟爾噶勒長子。乾隆四十四年襲扎薩克固山貝子。四十六年卒。
鄂勒哲布圖庫 和托羅長子。乾隆四十六年襲扎薩克固山貝子。四十七年，詔世襲罔替。嘉慶八年卒。
索諾木巴爾 鄂勒哲布圖庫長子。嘉慶八年襲。十三年卒。
拉特那巴咱爾 索諾木巴爾弟。嘉慶十四年襲。道光二十一年卒。
諾木巴達爾瑚 拉特那巴咱爾長子。道光二十一年襲。咸豐四年卒。
察克都爾扎布 諾木巴達爾瑚次子。咸豐四年襲。光緒二十六年卒。
納楚克多爾濟 光緒二十七年襲。

杜爾伯特部 扎薩克固山貝子
班珠爾 汗車凌族子。乾隆十九年封扎薩克固山貝子。
奇塔 班珠爾從子。乾隆二十年襲扎薩克固山貝子。四十
羅卜藏薩木坦 奇塔長子。乾隆四十四年
拉穆扎布 羅卜藏薩木坦長子。乾隆六十年襲。
達木扎布 拉穆扎布弟。嘉慶十四年襲。咸豐四
車林多爾濟 達木扎布長子。咸豐四年襲。
車哩布貢堆 車林多爾濟長子。同治元年襲。
什達瓦齊爾 車哩布貢堆三子。光緒十年襲。
彭泰忠奈 什達瓦齊爾子。光緒十七年襲。

尋卒。
四年卒。
襲扎薩克固山貝子。四十七年，詔世襲罔替。六十年卒。
嘉慶十四年卒。
年卒。
十七年卒。

杜爾伯特部 扎薩克鎮國公
根敦 汗車凌族弟。乾隆十九年封扎薩克固山貝子。三十一年卒。
扣肯 根敦長子。乾隆三十二年襲扎薩克固山貝子。三十三年卒。
雙和爾 根敦弟。乾隆三十三年降襲扎薩克鎮國公。四十五年卒。
諤勒哲鄂羅什瑚 雙和爾長子。乾隆四十五年襲扎薩克鎮國公。四十七年，詔世襲罔替。嘉慶二十四年卒。
諾爾布 諤勒哲鄂羅什瑚長子。嘉慶二十四年襲。咸豐三年卒。
阿育爾扎那 諾爾布長子。咸豐三年襲。
多諾魯布 阿齊爾扎那長子。咸豐十年襲。光緒三十年四月卒。
巴噶圖爾 光緒三十三年襲。

杜爾伯特部 扎薩克輔國公
巴圖蒙克 汗車凌從叔父。乾隆十九年封扎薩克輔國公。三十九年卒。
烏埒斯 巴圖蒙克次子。乾隆四十年襲扎薩克輔國公。四十七年，詔世襲罔替。五十五年卒。
博第格呼勒 烏埒斯長子。乾隆五十六年襲扎薩克輔國公。嘉慶十一年卒。
多爾濟扎布 博第格埒勒長子。嘉慶十一年襲。道光五年卒。
車德恩扎布 多爾濟扎布弟。道光五年襲。二十五年卒。
車巴克扎布 車德恩扎布子。道光二十五年襲。光緒二十一年二月卒。
圖都布 車巴克扎布子。光緒二十一年襲。

杜爾伯特部 扎薩
剛 汗車凌族弟。乾隆十九年封扎
扎納巴克 剛長子。乾隆三
齊默特巴勒 扎納
達克敦 齊默特巴勒孫。道光
多諾爾巴 達克敦弟。道光
羅布桑 多諾爾巴從父。道光
圖們巴雅爾 光緒

克輔國公
薩克輔國公。三十年卒。
十年襲扎薩克輔國公。四十七年，詔世襲罔替。五十年卒。
巴克長子。乾隆五十年襲扎薩克輔國公。道光二十三年卒。
二十三年襲。二十五年卒。
二十四年襲。二十五年卒。
二十五年襲。光緒二十年卒。
二十一年襲。

杜爾伯特部 扎薩克一等台吉
達什敦多克 汗車凌族叔父。乾隆十九年授扎薩克一等台吉。二十三年卒。
寶貝 達什敦多克長子。乾隆二十三年襲扎薩克一等台吉。四十七年，詔世襲罔替。嘉慶四年病免。
布克 寶貝長子。嘉慶四年襲。道光元年二月病免。
烏爾庫濟庫 布克長子。道光元年襲。
諾爾布 烏爾庫濟庫次子。咸豐十一年襲。
鄂瓦爾齊 諾爾布長子。同治四年襲。

杜爾伯特部 扎薩克一等台吉
恭錫喇 汗車凌族弟。乾隆十九年授扎薩克一等台吉。二十一年卒。
車登 恭錫喇長子。乾隆二十一年襲扎薩克一等台吉。四十五年卒。
諤勒哲鄂羅什瑚 車登長子。乾隆四十五年襲扎薩克一等台吉。四十六年卒。
烏巴什 車登次子。乾隆四十六年襲扎薩克一等台吉。四十七年，詔世襲罔替。嘉慶十二年卒。
巴拉章 烏巴什長子。嘉慶十二年襲。道光十一年卒。
車凌諾依魯布 巴拉章長子。道光十一年襲。
巴圖瓦齊爾 車凌諾依魯布子。同治六年襲。

杜爾伯特部 扎薩克一等台吉
額布根 汗車凌族子。乾隆十九年授扎
齊巴克 額布根弟。乾隆二十二年襲扎
索諾木丕爾 齊巴克次子。嘉慶元
鄂特巴克扎布 索諾木丕爾長
額爾德尼 鄂特巴克扎布長子。道光
僧格多爾濟 額爾德尼三子。咸豐

薩克一等台吉二十二年卒
薩克一等台吉四十七年詔世襲罔替嘉慶元年卒
年襲二十五年卒
子嘉慶二十五年襲道光十六年卒
十六年襲
九年襲

杜爾伯特部 扎薩克一等台吉
巴爾 汗車凌族子乾隆十九年授扎薩克一等台吉 三十三年卒
布達什哩 巴爾長子乾隆三十三年襲扎薩克一等台吉四十七年詔世襲罔替嘉慶十五年卒
濟卜瑚朗 布達什哩長子嘉慶十五年襲道光 元年卒
扎照 濟卜瑚朗長子道光元年襲十六年卒
布彥德勒格爾 扎照長子道光十六年襲
阿巴爾米達 布彥德勒格爾次子光緒八年 襲
黨達爾 光緒二十一年襲

杜爾伯特部 輝特扎薩克一等台吉
達瑪璘 輝特台吉扎巴甘[illegible]爾根之裔乾隆二十 年授扎薩克一等台吉四十一年卒
布爾布達爾濟 達瑪璘從子乾隆四十一 年襲扎薩克一等台吉四十七年詔世襲罔替嘉慶六年卒
薩噶 布爾布達爾濟子嘉慶六年襲道光三年卒
散保多爾濟 薩噶長子道光三年襲二十三年卒
曼達勒扎布 散保多爾濟長子道光二十三年襲
育木沁 曼達勒扎布子咸豐四年襲
阿巴爾米達 育木沁長子光緒十二年襲
那木嚕拉
鄂勒哲依特穆林 那木嚕拉子光緒三 十二年襲
巴特瑪 鄂勒哲依特穆林[illegible]子宣統元年襲

杜爾伯特部 輝特扎薩克一等台吉
羅卜藏 達瑪璘從祖乾隆二十年授扎薩克一等
衮布 羅卜藏子乾隆二十一年襲扎薩克一等台吉
布第扎布 衮布長子嘉慶二年襲二十一年卒
呢瑪扎布 布第扎布長子嘉慶二十一年襲道
棍楚克 呢瑪扎布弟道光八年襲十七年卒
噶爾瑪 棍楚克子道光十七年襲
車德恩多爾濟 噶爾瑪長子同治四
阿育爾扎那 車德恩多爾濟子光緒十

台吉二十一年卒
四十七年詔世襲罔替嘉慶二年卒
光八年卒
年襲
五年襲

土爾扈特部 多羅貝勒
呵喇布珠爾 土爾扈特台吉翁罕之十三世孫康熙四 十三年封固山貝子五十五年卒
丹忠 阿喇布珠爾長子初襲固山貝子雍正七年晉多羅貝勒乾隆 五年卒
羅卜藏達爾扎 丹忠長子乾隆五年襲多羅貝勒十 八年授扎薩克三十二年卒
旺扎勒車凌 羅卜藏達爾扎長子乾隆三十二年襲扎 薩克多羅貝勒四十八年詔世襲罔替
端多布車林 旺扎勒車凌次子嘉慶十五年襲
巴雅爾莽柰 端多布車林子嘉慶十七年襲道光二十 一年卒
達什車楞 巴雅爾莽柰子道光二十一年襲
丹津 達什車楞子同治十二年襲
烏勒哲依巴達貝呼勒 光緒年襲二十五年 三月病免
達什 光緒二十五年十二月襲

土爾扈特部 扎薩克卓哩克圖汗
渥巴錫 土爾扈特台吉翁罕之十五世孫乾隆三十六 年封扎薩克卓哩克圖汗三十九年卒
策璘納木扎勒 渥巴錫長子乾隆三十九年襲 扎薩克卓哩克圖汗四十八年詔世襲罔替
霍紹齊 策璘納木扎勒長子乾隆五十七年襲扎薩克 卓哩克圖汗嘉慶十一年卒
丹津旺濟爾 霍紹齊弟嘉慶十一年襲十三年卒
那木濟扎多爾濟 丹津旺濟爾兄嘉慶十四 年襲是年卒
策登多爾濟 那木濟扎多爾濟子嘉慶十四年襲 道光十一年卒
那木扎勒珠爾默特策林 策登多爾 濟子道光十一年襲二十九年卒
瑪哈巴咱爾 那木扎勒珠爾默特策林族弟道光 三十年襲咸豐二年卒
喇特那巴咱爾 瑪哈巴咱爾子咸豐二年襲七 年更名布雅庫勒哲依圖
布彥綽克圖 喇特那巴咱爾子光緒元年襲
布彥蒙庫 布彥綽克圖子光緒十七年襲

土爾扈特部 扎薩克多羅巴雅爾圖貝勒
額墨根烏巴什 汗渥巴錫從子乾隆三十
恭坦 額墨根烏巴什長子乾隆三十七年襲扎薩克
巴爾丹拉什 恭坦子嘉慶十六年襲道光十
蒙庫那遜 巴爾丹拉什長子道光十一年[illegible]襲
固嚕扎布 蒙庫那遜子咸豐十一年襲
烏勒哲依特固斯 固嚕扎布子光緒二
恭噶那木扎勒 烏勒哲依特固斯子光緒
敏珠多爾濟 恭噶那木扎勒子光緒二十五

六年封扎薩克固山巴雅爾圖貝子尋卒
固山巴雅爾圖貝子四十八年世襲罔替嘉慶十六年卒
年卒
多羅貝勒
年襲十三年卒
十四年襲二十四年十一月卒
年襲

土爾扈特部 扎薩克輔國公
拜濟瑚 汗渥巴錫從子乾隆三十六年封扎 薩克輔國公四十八年詔世襲罔替道光元年卒
策伯克扎布 拜濟瑚子道光元年襲十 二年卒
巴彥克什克 策伯克扎布子道光十二年襲二十 四年卒
曼吉多爾濟 巴彥克什克子道光二十四年 襲光緒五年三月卒
達爾瑪巴勒 曼吉多爾濟子光緒七年襲八月卒
諾爾博林沁 達爾瑪巴勒弟光緒十年九月襲

土爾扈特部 扎薩克一等台吉
伯爾哈什哈 汗渥巴錫從弟乾隆三十六年 授扎薩克一等台吉四十七年卒
納木扎勒喇什 伯爾哈什哈長子乾隆四 十七年襲扎薩克一等台吉四十八年詔世襲罔替嘉慶七年卒
扎爾 納木扎勒喇什弟嘉慶七年襲八年卒
和圖 扎爾子道光八年襲道光二十五年卒
額爾德尼 和圖子道光二十五年襲
西勒達爾嗎 光緒二十三年襲

土爾扈特部 扎薩克和
策伯克多爾濟 汗渥
奇哩布 策伯克多爾濟弟初
車凌烏巴什 奇哩布長
恩克濟爾噶勒 車凌
策林喇布坦 恩克濟爾
洞古嚕布車得恩
鄂羅勒默扎布 洞克

	碩布延圖親王
	巴錫從子。乾隆三十六年，封扎薩克和碩布延圖親王。四十三年，卒。
	授一等台吉。乾隆四十四年，襲扎薩克和碩布延圖親王。四十八年，詔世襲罔替。四十九年，卒。
	子。乾隆四十九年，襲扎薩克和碩布延圖親王。嘉慶十九年，卒。
	烏巴什子。嘉慶十九年，襲。道光二十八年，卒。
	喇勒子。道光二十八年，襲。光緒十年，病免。
	策林喇布坦子。光緒十二年，襲。二十一年九月，卒。
	布車得恩子。光緒二十一年十月，襲。

土爾扈特部	公品級扎薩克一等台吉
恭格車凌	親王策伯克多爾濟子。初授公品級二等台吉。乾隆五十年，授扎薩克。道光六年，卒。
策林敏珠爾	恭格車凌子。道光六年，襲。七年，卒。
喇特那巴咱爾	策林敏珠爾子。道光七年，襲。同治十二年，卒。
伊達木車林	喇特那巴咱爾子。同治十二年，襲。
里依扎布	伊達木車林子。光緒九年，襲。三十二年閏四月，卒。
棍布扎普	里依扎布子。光緒三十四年，襲。

土爾扈特部	扎薩克輔國公
阿克薩哈勒	親王奇哩布弟。乾隆三十六年，授一等台吉。四十年，授扎薩克。四十八年，詔世襲罔替。五十四年，卒。
阿咱拉	阿克薩哈勒長子。乾隆五十四年，襲扎薩克一等台吉。五十六年，賞公品級。五十七年，封輔國公。道光二年，卒。
多爾濟那木濟勒	阿咱拉子。道光二年，襲，降扎薩克一等台吉。二十年，卒。
圖普伸克什克	多爾濟那木濟勒子。道光二十年，襲。光緒四年，卒。
車德恩多爾濟	圖普伸克什克子。光緒四年，襲。
哩瑪扎布	車德恩多爾濟子。光緒七年，襲。三十二年閏四月，卒。
普恩楚克車林	哩瑪扎布子。光緒三十四年，襲。

土爾扈特部	扎薩克多羅畢錫呼勒圖郡王
巴木巴爾	汗渥巴錫族弟。乾隆三十六年，封扎薩克多羅畢錫呼勒圖郡王。三十九年，卒。
車凌德勒克	巴木巴爾長子。初授一等台吉。乾隆三十九年，襲扎薩克多羅畢錫呼勒圖郡王。四十八年，詔世襲罔替。五十七年，以病罷。
巴特瑪烏巴錫	車凌德勒克長子。乾隆五十七年，襲扎薩克多羅畢錫呼勒圖郡王。嘉慶二十二年，病免。
那木扎勒車登	巴特瑪烏巴錫子。嘉慶二十二年，襲。道光二十五年，卒。
巴圖	那木扎勒車登子。道光二十五年，襲。同治十三年，卒。
巴雅爾	巴圖子。光緒二十四年，襲。
帕勒塔	巴雅爾子。光緒元年，襲。

土爾扈特部	扎薩克固山伊特格勒貝子
奇布騰	郡王巴木巴爾從子。乾隆三十六年，封扎薩克固山伊特格勒貝子。四十八年，詔世襲罔替。
瑪爾噶錫里	奇布騰長子。嘉慶十七年，卒。
察罕布彥	瑪爾噶錫里子。嘉慶十七年，襲。道光十七年，卒。無嗣。
那遜德勒克	察罕布彥從父。道光十七年，襲。二十三年，卒。
普爾普噶丹	那遜德勒克孫。道光二十三年，襲。光緒二年，卒。
德恩沁阿拉什	普爾普噶丹孫。光緒二年，襲。

土爾扈特部	扎薩克多羅濟爾哈明貝勒
默們圖	汗渥巴錫族叔父。乾隆三十六年，封扎薩克多羅濟爾哈明貝勒。四十八年，詔世襲罔替。嘉慶四年，卒。
額爾德尼	默們圖長子。嘉慶四年，襲。七年，卒。
庫魁	額爾德尼弟。嘉慶七年，襲。十五年，卒。
巴圖濟爾噶爾	庫魁長子。嘉慶十五年，襲。是年，卒。
巴圖克什克	巴圖濟爾噶爾弟。嘉慶十六年，襲。二十一年，卒。
巴圖納遜	巴圖克什克弟。嘉慶二十一年，襲。道光二十六年，卒。
喀特納什第	巴圖納遜子。道光二十六年，襲。咸豐元年，卒。
鄂齊爾	喀特納什第弟。咸豐元年，襲。
三濟賚	鄂齊爾弟。光緒元年，襲。十八年三月，卒。
巴特瑪扎勒	三濟賚子。光緒十八年，襲。二十六年六月，卒。
諾爾博三丕勒	巴特瑪扎勒嗣子。光緒二十八年，襲。

土爾扈特部	扎薩克多羅弼哩克圖郡王
舍稜	土爾扈特台吉翁罕之十二世孫。乾隆三十六年，封扎薩克多羅弼哩克圖郡王。四十八年，詔世襲罔替。五十七年，以病罷。
策伯克扎布	舍稜長子。乾隆五十七年，襲扎薩克多羅弼哩克圖郡王。道光四年，卒。
三都克多爾濟	策伯克扎布次子。道光四年，襲。十七年，卒。
多諾魯布多爾濟	三都克多爾濟長子。道光十七年，襲。
淩扎棟固魯布	多諾魯布多爾濟長子。咸豐八年，襲。同治八年，賜親王銜，詔襲三世。
密什克棟固嚕布	光緒十年，襲。

土爾扈特部	扎薩克固山烏察喇勒圖貝子
沙喇扣肯	郡王舍稜從子。乾隆三十六年，封扎薩克固山烏察喇勒圖貝子。四十八年，詔世襲罔替。道光九年，病免。
車林多爾濟	沙喇扣肯次子。道光九年，襲。十二年，卒。
烏爾圖那遜	車林多爾濟子。道光二十二年，襲。
精米特	烏爾圖那遜長子。同治十年，襲。
喇特那巴咱爾	精米特長子。光緒五年，襲。十七年，卒。
瑪克蘇爾扎布	光緒十七年，襲。

珠勒都斯和碩特部扎薩克多羅土謝圖貝勒

恭格 元太祖弟哈布圖哈薩爾之裔。青海顧實汗兄昆都倫烏巴什六世孫。乾隆三十六年封扎薩克多羅土謝圖貝勒。三十八年卒。

德勒克烏巴什 恭格長子。乾隆三十八年襲扎薩克多羅土謝圖貝勒。四十八年詔世襲罔替。五十六年卒。

騰特克 德勒克烏巴什從弟。乾隆五十六年襲扎薩克多羅土謝圖貝勒。嘉慶二年卒。無嗣。停襲。

和碩特部扎薩克固山阿穆爾靈貴固山貝子

雅蘭丕勒 元太祖弟哈布圖哈薩爾之裔。青海顧實汗兄昆都倫烏巴什元孫。乾隆三十六年封。四十八年詔世襲罔替。

鄂濟爾 雅蘭丕勒弟。乾隆五十五年襲。嘉慶七年卒。

巴特瑪策淩 鄂濟爾子。嘉慶七年襲。十九年卒。

普爾普 巴特瑪策淩子。嘉慶十九年四月襲。尋卒。

車德恩多爾濟 普爾普子。嘉慶十九年襲。道光二十年卒。

多爾濟那木扎勒 車德恩多爾濟嗣子。道光二十一年襲。

棍布扎布 多爾濟那木扎勒子。光緒八年襲。

桑濟扎布 棍布扎布子。光緒二十三年襲。

和碩特部扎薩克一等台吉

諾海 恭格族叔父。乾隆三十六年授扎薩克一

三濟 諾海長子。乾隆五十七年襲扎薩克一等

烏爾圖那遜 三濟子。嘉慶二年襲。道光

巴彥濟爾噶勒 烏爾圖那遜子。道光

棍濟克扎布 巴彥濟爾噶勒子。道光十

洞魯布旺扎勒 棍濟克扎布弟。咸豐

貢噶那木扎勒 洞魯布旺扎勒子。光

等台吉。四十八年詔世襲罔替。五十七年卒。

台吉。嘉慶二年卒。

十四年卒。

十四年襲。十九年卒。

九年襲。

六年襲。光緒十三年病免。

緒十三年襲。

和碩特部扎薩克一等台吉

巴雅爾拉瑚 顧實汗兄昆都倫烏巴什五世孫。初封一等台吉。

齊業齊 巴雅爾拉瑚子。乾隆四十年授扎薩克。四十八年詔世襲罔替。嘉慶十年病免。

桑濟策楞 齊業齊子。嘉慶十一年襲。二十四年卒。

濟爾噶勒 桑濟策楞子。嘉慶二十四年襲。道光六年卒。

圖魯孟庫 濟爾噶勒嗣子。道光六年襲。

喇什德勒克 圖魯孟庫子。咸豐元年襲。光緒十七年卒。

車伯克多爾濟 光緒十七年襲。

喇達博堆 光緒二十五年襲。

哈畢察克和碩特部扎薩克一等台吉

布彥科什克 乾隆三十六年和碩特台吉巴雅爾拉瑚之族。囊袞率屬來歸。封一等台吉。牧哈喇沙爾。三十八年遷科布多。編半佐領。附濟爾哈朗土爾扈特左旗游牧。五十七

額林沁多爾濟 布彥科什克子。道光十五年襲。

齊默特車林 額林沁多爾濟子。咸豐元年襲。

克什克布彥 齊默特車林子。同治十年襲。光緒三十三年正月卒。

達木鼎策得恩 克什克布彥子。光緒三十三年襲。

年析出別為游牧。嘉慶元年授囊袞子一等台吉布彥科什扎薩克。道光十五年卒。

喀密回部扎薩克和碩親王

額貝都拉 康熙三十六年授扎薩克一等達爾漢。四十八年卒。

郭帕伯克 額貝都拉長子。康熙四十八年襲扎薩克一等達爾漢。五十年卒。

額敏 郭帕伯克長子。康熙五十年襲扎薩克一等達爾漢。雍正五年晉鎮國公。七年晉固山貝子。乾隆五年卒。

玉素卜 額敏長子。乾隆五年襲扎薩克鎮國公。十年晉固山貝子。二十三年賜貝勒品級。二十四年封多羅貝勒。賜郡王品級。三十一年卒。

伊薩克 玉素卜次子。乾隆三十一年襲郡王品級扎薩克多羅貝勒。四十五年卒。

額爾德錫爾 伊薩克長子。乾隆四十五年襲郡王品級扎薩克多羅貝勒。四十八年詔世襲罔替。嘉慶十八年卒。

博錫爾 額爾德錫爾子。嘉慶十八年襲。道光十二年晉多羅郡王。咸豐三年賜親王銜。同治六年追封和碩親王。

寶哈莫特 博錫爾子。同治六年襲扎薩克和碩親王。

沙木胡索特 寶哈莫特姪。光緒七年襲。

吐魯番回部扎薩克多羅郡王

額敏和卓 雍正十一年封扎薩克輔國公。乾隆二十一年晉鎮國公。旋晉貝子。二十二年賜貝勒品

蘇賚瑺 額敏和卓子。乾隆四十二年襲郡王爵。四十四年以罪削。四十五年卒。

伊思坎達爾 額敏和卓子。乾隆四十四年襲郡王爵。四十八年詔世襲罔替。嘉慶十六年卒。

玉努斯 伊思坎達爾子。嘉慶十六年襲。十九年削。

丕爾敦 額敏和卓第六子。嘉慶二十年六月襲。是年卒。

邁瑪薩依特 丕爾敦子。嘉慶二十一年襲。道光六年剿張格爾於喀什噶爾陣亡。

阿克拉依都 邁瑪薩依特子。道光七年襲。同治元年以罪削。二年賞復郡王爵。十一年陣亡。

瑪穆特 阿克拉依都子。光緒八年襲。二十六年卒。

葉明和卓 瑪穆特子。光緒二十七年襲。

	級二十三年授多羅貝勒旋賜郡王品級四十二年卒

吐魯番回部	二等台吉
鄂羅木咱卜	郡王額敏和卓第三子乾隆三十一年授一等台吉五十三年詔世襲罔替

吐魯番回部	二等台吉
丕爾敦	郡王額敏和卓第六子乾隆三十六年授二等台吉嘉慶二十年改襲郡王

居京師之綽羅斯	固山貝子
達瓦齊	準噶爾台吉額斯墨特達爾漢諾顏之十一世
羅卜扎	達瓦齊長子乾隆二十四年降襲多羅郡王三
富達喜	達瓦齊次子乾隆三十九年降襲多羅貝勒四
富爾納	羅卜扎長子乾隆四十六年降襲固山貝子四
廄音蘇	富爾納次子嘉慶二年襲道光十八年卒
伊鏗額	廄音蘇子道光十八年襲
唐古色	伊鏗額子光緒五年襲

	孫初爲準噶爾部長乾隆二十年大軍平其部俘歸釋之詔封和碩親王二十四年卒
	十九年以罪削
	十六年以罪削
	十八年詔世襲罔替嘉慶二年卒

居歸化城之土默特	輔國公
喇嘛扎布	元太祖裔世居歸化城乾隆二十一年封扎薩克輔國公二十五年以罪削扎薩克三十一年卒
索諾木旺扎勒	喇嘛扎布次子乾隆三十一年襲輔國公四十九年詔世襲罔替嘉慶十二年卒
濟魯布	索諾木旺扎勒子嘉慶十二年襲道光二十七年卒
根丕勒多爾濟	濟魯布子道光二十七年襲
貢格巴勒	根丕勒多爾濟子同治十一年襲光緒二十九年卒

居歸化城之土默特	原授左翼都統今襲三等子兼三等男
古祿格	上默特人天聰六年來歸居歸化城崇德元年授左翼都統順治二年授二等子康熙五年卒
錫喇布	古祿格第四子乾隆五年襲都統九年卒
古睦德	錫喇布長子康熙九年襲都統二十五年降佐領
阿喇納	古祿格第九子康熙二十五年襲都統三十六年以罪削
古睦德	康熙三十六年仍襲都統四十二年卒
丹津	古睦德長子康熙四十三年襲都統五十九年襲三等子乾隆二年卒都統缺停襲
扎什泰	丹津嗣子乾隆二年襲三等子二十四年以前停襲之都統改三等男併合其兼襲三十年卒
福保	扎什泰次子乾隆三十年襲三等子兼三等男五十三年卒
羅布臧多爾濟	乾隆五十四年襲

居歸化城之土默特	原授右翼都統今襲三等男
托博克	土默特人天聰六年來歸居歸化城崇德元年授參領三年授一等輕車都尉順治四年授右翼都統康熙九年卒
古嚕	托博克次子康熙九年襲都統二十年卒
拉察布	古嚕長子康熙二十年襲都統二十一年卒
烏巴什	托博克第三子康熙二十一年襲都統三十五年卒
阿弼達	烏巴什長子康熙三十五年襲都統三十六年以罪削
根敦	阿弼達長子雍正元年詔仍襲都統乾隆七年卒
班達爾什	根敦長子乾隆七年襲都統十九年卒都統停襲改授三等男
賽音弼里克圖	班達爾什長子乾隆二十年襲三等男二十六年卒
賽音岳蘇圖	賽音弼里克圖從弟乾隆二十六年襲三等男二十七年卒
噶勒臧	賽音岳蘇圖子乾隆二十七年襲嘉慶十年卒
訥沁	噶勒臧之子嘉慶十年襲道光十四年卒
吉朗阿	訥沁之子道光十四年襲

居察哈爾之和碩特	輔國公
納噶察	元太祖弟哈巴圖哈薩爾之裔初爲和碩特台吉乾隆十九年歸順封輔國公二十一年晉固山貝子尋卒
達克巴	納噶察弟乾隆二十一年襲輔國公尋卒
巴勒濟	達克巴弟乾隆二十一年襲輔國公四十八年詔世襲罔替嘉慶二年卒
敏珠多爾濟	巴勒濟子嘉慶二年襲十七年卒
丹津扎布	敏珠多爾濟子嘉慶十七年襲二十五年以事削
緼端	丹津扎布子嘉慶二十五年襲
格楚克扎木蘇	蘊端子同治元年襲
羅布桑索特巴	光緒二十九年襲

居察哈爾之和碩特	輔國公
色布騰	貝子納噶察從祖初爲和碩特台吉乾隆二十年歸
達什喇布坦	色布騰長子乾隆四十九年襲輔國公嘉
桑魯布多爾濟	達什喇布坦子嘉慶十九年襲
達里扎布	桑魯布多爾濟子同治十一年襲
齊旺哩克精	達里扎布子同治十三年襲

順封輔國公。四十八年詔世襲罔替。四十九年卒。

慶十九年卒。

居察哈爾之和碩特　扎薩克一等台吉

- 特默齊　貝子納噶察從弟。初爲和碩特台吉。乾隆十九年歸順。二十年授扎薩克一等台吉。四十八年詔世襲罔替。五十七年卒。
- 達什和木丕勒　特默齊長子。乾隆五十七年襲扎薩克一等台吉。
- 韜克伯羅特　達什和木丕勒子。道光六年襲。二十八年卒。
- 布爾尼巴達爾　韜克伯羅特子。道光二十八年襲。
- 瑪爾津沁布　布爾尼巴達爾子。咸豐八年襲。
- 阿喇布齊　瑪爾津沁布子。光緒十年襲。
- 貢楚克多爾濟　宣統元年襲。

居黑龍江之厄魯特　輔國公

- 巴桑　初爲準噶爾台吉。乾隆二十年歸順，封輔國公。二十六年卒。
- 色稜德濟特　巴桑長子。乾隆二十六年襲輔國公。四十八年詔世襲罔替。五十五年卒。
- 呢瑪咱木布　色稜德濟特長子。乾隆五十五年襲輔國公。
- 烏爾圖那遜　呢瑪咱木布嗣子。道光六年襲。
- 巴克默特多爾濟　烏爾圖那遜孫。同治二年襲。
- 巴勒吉呢瑪　光緒三十一年襲。

居黑龍江之

- 阿卜達什　初爲
- 德勒格爾　阿卜
- 鄂齊爾　德勒格爾
- 托克托瑚　嘉慶
- 茂訥海　托克托瑚

厄魯特　扎薩克一等台吉

- 準噶爾台吉。乾隆十九年歸順，授扎薩克一等台吉。二十六年卒。
- 達什長子。乾隆二十六年襲扎薩克一等台吉。四十八年卒。
- 長子。乾隆四十八年襲扎薩克一等台吉。是年詔世襲罔替。嘉慶七年卒。
- 七年襲。道光十五年卒。
- 繼子。道光十五年襲。二十四年削襲。

居科布多之扎哈沁　三等信勇公

- 碼木特　初爲準噶爾宰桑。乾隆十九年大軍獲之，授內大臣。二十年從征達瓦齊，封三等信勇公。尋爲叛賊阿睦爾撒納所戕。
- 扎木禪　碼木特孫。乾隆二十一年襲三等信勇公。四十年卒。
- 捫圖什　扎木禪長子。乾隆四十年襲三等信勇公。四十九年卒。
- 托克多巴圖　捫圖什長子。乾隆四十九年襲三等信勇公。道光三年卒。
- 車德布達什　托克多巴圖子。道光三年襲。十九年卒。
- 敏珠爾多爾濟　車德布達什子。道光十九年襲。
- 車林多爾濟　敏珠爾多爾濟子。光緒六年襲。

居新疆阿克蘇之回部　郡王品級多羅貝勒

- 霍集斯　初爲圖爾瑪阿奇木伯克。乾隆二十三年歸順，賜公品級。以軍功晉貝子品級，尋封固山貝子，賜貝勒品
- 哈第爾　霍集斯第四子。乾隆四十六年襲郡王品級多羅貝勒。四十八年詔出缺後遞降至公爵世襲罔替。道光
- 科克色布庫　哈第爾子。道光十年襲。十一年革。
- 阿布都爾滿　哈第爾從子。道光十年襲，並給予世襲罔替。十三年卒。
- 邁瑪特愛仔斯　阿布都爾滿之子。道光十四年襲。二十二年卒。
- 邁瑪第敏　邁瑪特愛仔斯之子。道光二十二年襲。同治二年正月卒。
- 哈的爾　邁瑪第敏從子。光緒十七年襲。

級。二十四年封多羅貝勒，賜郡王品級。四十六年卒。

十年卒。

居新疆和闐之回部　輔國公

- 和什克　乾隆二十四年歸順，二十五年封輔國公。
- 伊巴喇伊木　和什克子。乾隆四十六年襲。四十八年詔世襲罔替。嘉慶七年乞歸。十年卒。
- 阿布都莫敏　伊巴喇伊木子。嘉慶十年襲。諭伊母居和闐，暫不必來京。道光八年以張格爾反被脅削。
- 邁瑪特熱愛木沙　阿布都莫敏無嗣。道光八年十二月以和什克次子艾孜嫡曾孫邁瑪特熱愛木沙襲。
- 邁瑪特愛里　邁瑪特熱愛木沙子。咸豐六年襲。
- 木沙　邁瑪特愛里子。光緒二十三年襲。

居京師之回部　輔國公定世襲三等台吉

- 額色尹　葉爾羌回人。乾隆二十四年歸順，封輔國公。四十八年奉旨額色尹之子准襲公爵，以後遞降襲三等台吉，世襲罔替。五十五年卒。
- 喀沙和卓　額色尹子。乾隆五十五年襲輔國公。

居京師之回部　輔國公，定世襲三等台吉

圖爾都	輔國公額色尹從子。乾隆二十四年歸順，授扎薩克一等台吉。二十七年晉輔國公。四十四年卒。
托克托	圖爾都之子。乾隆四十四年襲輔國公。四十八年奉旨托克托仍襲公爵，以後遞降襲三等台吉，世襲罔替。五十五年卒。無嗣，停襲。

居京師之回部　扎薩克一等台吉，定世襲二等台吉

瑪木特	輔國公額色尹從子。乾隆二十四年歸順，授扎薩克一等台吉。四十四年卒。
巴巴克	瑪木特長子。乾隆四十四年降襲二等台吉。五十三年詔世襲罔替。

居京師之回部　一等台吉，定世襲二等台吉

哈什木	元太祖裔。世居吐魯番。乾隆二十四年歸順。二十五年授一等
阿布勒	哈什木長子。乾隆三十年降襲二等台吉。五十三年詔世襲罔

台吉。三十年卒。
替

居京師之回部　二等台吉，定世襲三等台吉

阿卜都爾璊	葉爾羌回人。乾隆二十四年大軍定葉爾羌，獲之以歸。二十五年授二等台吉。三十七年卒。
阿卜都呢咱爾	阿卜都爾璊長子。乾隆三十七年降襲三等台吉。五十三年詔世襲罔替。

居京師之回部　三等台吉

帕爾薩	輔國公額色尹弟。乾隆二十四年歸順。二十五年授三等台吉。五十三年詔世襲罔替。五十五年卒。
巴巴克和卓	帕爾薩子。乾隆五十五年襲三等台吉。

居新疆之庫車回部　多羅郡王

鄂對	庫車回人。乾隆二十年歸順。二十三年授散秩大臣，晉內大臣。二十
鄂斯璊	鄂對長子。乾隆二十四年授三品職。三十四年授二等台吉。四
邁哈默特	鄂斯璊三子。乾隆五十三年襲散秩大臣，特恩兼
邁哈默特鄂對	邁哈默特三子。道光四年襲。六年卒。
伊薩克	邁哈默特鄂對子。道光六年襲。八年晉郡王。十二年卒。
愛瑪特	伊薩克子。道光二十二年襲。同治三年五月陣亡。
阿密特	愛瑪特子。光緒九年五月襲。二十年十一月卒。
瑪木特	阿密特子。光緒二十一年九月襲。三十四年卒。

四年賜公品級，以軍功封固山貝子，晉貝勒品級。四十三年卒，以罪追削。
十三年襲貝勒品級，尋降散秩大臣。乾隆四十八年詔世襲罔替。乾隆四十九年封固山貝子。乾隆五十三年卒。
襲固山貝子

居新疆之烏什回部　貝子品級輔國公

色提卜阿勒氏	烏什回人。乾隆二十年歸順。二十一年授四品職。二十三年晉三品總管。二十五年授二品散秩大臣。二十八年賜公品級。二十九年封輔國公。四十三年賜貝子品級。五十三年詔世襲罔替。尋卒。
邁默特阿卜都拉	色提卜阿勒氏長子。乾隆五十三年襲貝子品級輔國公。
邁瑪特阿散	邁默特阿卜都拉長子。嘉慶十年襲貝子品級輔國公。
邁瑪特愛默特	邁瑪特阿散弟。嘉慶二十五年襲。道光二十三年卒。
邁瑪特愛薩	邁瑪特愛默子。道光二十三年襲。
哈迪爾	
依不拉引	

居新疆之烏什回部	三等輕車都尉
薩里	烏什回人。乾隆二十三年歸順。二十四年授五品職。二十七年授三等輕車都尉。乾隆四十年卒。
海色木	薩里長子。乾隆四十年襲三等輕車都尉。四十八年詔世襲罔替。
愛里木	海色木長子。嘉慶二十年襲。
阿布都瓦依特	愛里木長子。道光二十年襲。

居新疆拜城之回部	輔國公
噶岱默特	烏什回人。乾隆二十一年歸順。二十三年授三品。二十四年賜公品級。四十年卒。
阿卜都喇璊	噶岱默特長子。乾隆四十年襲。公品級。四十一年卒。
邁瑪第敏	阿卜都喇璊長子。乾隆四十一年襲。公品級。四十八年詔世襲罔替。嘉慶元年卒。
邁瑪特伊布拉頼穆	邁瑪第敏長子。嘉慶二年襲。道光八年以張格爾反被[illegible]。
木薩	邁瑪特伊布拉頼穆孫。道光八年十二月襲。十七年卒。
邁瑪塔哩普	木薩子。道光十八年襲。咸豐年卒。
愛瑪特	邁瑪塔哩普子。咸豐九年襲。

清史稿

交聘年表序

交聘之典，春秋為盛，南北史本紀書交聘頗詳，其時中土分裂，與列國之敵體相交無以異也。宋與遼金，歲賀正旦、賀生辰外，有泛使，今謂之專使，然皆事畢即行，不常駐。金史始有盟聘表。清有中夏，沿元、明制，視海內外莫與為對。凡俄英之來聘者，國史皆書曰來貢。洎道光庚子訂約，始與敵體相等。咸豐庚申之役，肇衅非一，而遣使駐京，亦允實行者亦一大端。自是而後，有約各國，率遣使駐京。同治中，志剛、孫家穀之出，是為中國遣專使之始。光緒建元，郭嵩燾、陳蘭彬諸人分使英、美，是為中國遣駐使之始。其時以使俄者兼德，與使英者兼法、義、比，使美者兼日斯巴尼亞、秘魯，而日本無附近之國，則特置使。甲午以後，增置漸多。迄于宣統，俄、英、法、德、和、比、義、奧、日本皆特置使，日斯巴尼亞則改以法使兼，秘魯、墨西哥、古巴則以美使兼，韓國置使旋廢。有約之國，惟葡萄牙、瑞典、哪威、丹馬諸國無駐使，有事則以就近駐使任之。國際交涉，大至和戰之重，細至節文之末，為使者罔弗與聞，關國家休戚者，固至重也。作交聘表。

清史稿

交聘年表上

中國遣駐使

	光緒元年乙亥是年設出使駐英國一人副使一人出使駐美日秘國一人副使一人	光緒二年丙子是年設出使駐日本國一人副使一人	光緒三年丁丑是年裁駐英副使	光緒四年戊寅
俄				崇厚 五月辛未自署盛京
英	郭嵩燾 七月庚子自兵部左侍郎派為出使英國大臣 許鈐身 自直隸候補道員為副使	郭嵩燾 許鈐身 八月辛丑改使日本 劉錫鴻 八月自刑部員外郎以四五品京堂候補為英國副使	郭嵩燾 正月甲寅補頒為駐紮英國辦理交涉事件大臣國書	郭嵩燾 七月乙亥召回
法				郭嵩燾 二月辛未命兼
美	陳蘭彬 十一月丙午自郎中賞三四品京堂為出使美國日斯巴尼亞國秘魯國大臣	陳蘭彬	陳蘭彬	陳蘭彬
德			劉錫鴻 三月癸酉自出使英國副使派為出使德國大臣加二品頂戴	劉錫鴻 七月乙亥召回
瑞典那威				
丹				
荷				
日	陳蘭彬	陳蘭彬	陳蘭彬	陳蘭彬
比				
義				
奧				
日本		許鈐身 八月辛丑自駐英副使改派為出使日本大臣。十二月戊子罷 何如璋 八月辛丑自翰林院編修以侍講用為副使。十二月戊子改為正使。知府張斯栻為副使	何如璋	何如璋
秘魯	陳蘭彬	陳蘭彬	陳蘭彬	陳蘭彬
朝鮮				
墨西哥				
古巴				

是年設出使俄國一人出使德國一人出使英國兼法國

將軍派爲出使俄國大臣辦理交還伊犂及俄國條約事宜

曾紀澤 乙亥自四五品京堂一等毅勇侯爲出使英國法國大臣

爲出使法國大臣

李鳳苞以道員賞二品頂戴令署出使德國大臣

光緒五年乙卯

崇厚 十一月庚寅崇厚以不候諭旨擅自回京嚴議乙卯革逮

曾紀澤

曾紀澤

陳蘭彬

李鳳苞 三月乙未賞三品卿銜以海關道記名由署任改爲出使德國大臣

陳蘭彬

何如璋

陳蘭彬

光緒六年庚辰是年出使英法兼出使俄國

曾紀澤 正月辛未自出使英法大臣命兼爲出使俄國大臣商辦交收伊犂及修約

曾紀澤

曾紀澤

陳蘭彬

李鳳苞

陳蘭彬

何如璋 十一月乙丑與張斯桂同召回 許景澄 自翰林院編修以侍講升用加二品命爲出使日本大臣

陳蘭彬

光緒七年辛巳是年出使德國大臣兼出使義國和國奧國大臣

曾紀澤

曾紀澤

曾紀澤

陳蘭彬 七月召回 鄭藻如 五月自津海關道賞三品卿銜派爲出使美國日斯巴尼亞國秘魯國大臣十二月開本缺以三品京堂候補

李鳳苞

李鳳苞 三月兼爲出使義國和國奧國大臣

陳蘭彬 任滿 鄭藻如

李鳳苞 三月兼爲

李鳳苞 三月兼爲

許景澄 三月丁憂 黎庶昌 三月自知府以道員補用予二品頂戴命爲出使日本大臣

陳蘭彬 鄭藻如

光緒八年壬午

曾紀澤

曾紀澤

曾紀澤

鄭藻如

李鳳苞

李鳳苞

鄭藻如

李鳳苞

李鳳苞

黎庶昌

鄭藻如

光緒九年癸未

曾紀澤

曾紀澤

曾紀澤

鄭藻如

李鳳苞 二月命再留一年

李鳳苞

鄭藻如

李鳳苞

李鳳苞

黎庶昌

鄭藻如

光緒十年甲申是年以德國使臣兼法義奧

曾紀澤

曾紀澤 四月停兼爲法使 李鳳苞 四月署

曾紀澤 四月停兼爲法使 許景澄 四月戊子爲出使法國德國義國奧國大臣 李鳳苞 四月兼署

鄭藻如

李鳳苞 四月命兼署出使法國大臣 許景澄

李鳳苞 許景澄

鄭藻如

李鳳苞

李鳳苞

黎庶昌 八月丁憂 徐承祖 八月自候補知府予二品頂戴爲出使日本大臣

鄭藻如

光緒十一年乙酉是年以出使法德等國大臣兼使比國

曾紀澤 六月十六召回 劉瑞芬 六月自江西布政使爲出使英國俄國大臣十月辛未開本缺以三品京堂候補

曾紀澤 六月召回

許景澄

鄭藻如 六月病免 張蔭桓 六月自三品卿銜直隸大順廣道爲出使美國日斯巴尼亞秘魯國出使大臣

許景澄

許景澄

鄭藻如 六月病免 張蔭桓 六月命

許景澄 六月兼爲出使比國大臣

許景澄

許景澄

徐承祖

鄭藻如

光緒十二年丙戌

劉瑞芬

劉瑞芬

許景澄

張蔭桓

許景澄

許景澄

張蔭桓

許景澄

許景澄

許景澄

徐承祖

張蔭桓

光緒十三年丁亥

劉瑞芬 四月癸未定出使俄國大臣兼爲駐德使臣以

劉瑞芬 四月癸未定出使英國大臣兼爲駐法使臣以

許景澄 五月召回 劉瑞芬

張蔭桓

許景澄 五月召回 洪鈞

許景澄 五月召回 洪鈞

張蔭桓

許景澄 劉瑞芬

許景澄 劉瑞芬

許景澄 洪鈞

徐承祖 五月召回 李興銳 五月丁巳自直隸候

張蔭桓

	光緒十四年戊子	光緒十五年己丑
奧和兩國附之。洪鈞五月丁巳自前內閣學士派爲出使俄德奧和大臣	洪鈞	洪鈞
義比兩國附之。五月丁巳瑞芬改爲出使英法義比大臣	劉瑞芬	劉瑞芬三月召回　陳欽銘三月丙午自江蘇按察使派爲出使英法義比大臣四月戊寅病免　薛福成四月辛卯自湖南按察使以三品京堂候
	劉瑞芬	劉瑞芬
	張蔭桓	張蔭桓三月召回　崔國因三月丙午自翰林院侍讀賞二品頂戴爲出使美日秘魯大臣
	洪鈞	洪鈞
	洪鈞	洪鈞
	張蔭桓	張蔭桓三月召回　崔國因三月命
	劉瑞芬	劉瑞芬三月召回　陳欽銘三月命四月免　薛福成
	劉瑞芬	劉瑞芬三月召回　陳欽銘　薛福成四月命
	洪鈞	洪鈞
補道賞二品頂戴爲出使日本大臣七月庚申病免　黎庶昌七月庚申自記名道爲出使日本大臣	黎庶昌	黎庶昌
	張蔭桓	張蔭桓三月召回　崔國因三月命

	光緒十六年庚寅	光緒十七年辛卯	光緒十八年壬辰
	洪鈞七月召回　許景澄七月癸巳自候補翰林院侍讀爲出使俄德奧和大臣	許景澄	許景澄
補充出使英法義比大臣	薛福成	薛福成	薛福成
	薛福成	薛福成	薛福成
	崔國因	崔國因	崔國因任滿　楊儒十二月自徽寧池太道以四品京堂候補爲出使美日秘大臣
	許景澄	許景澄	許景澄
	許景澄	許景澄	
	崔國因	崔國因	崔國因任滿　楊儒十二月命
	薛福成	薛福成	薛福成
	薛福成	薛福成	薛福成
	許景澄	許景澄	許景澄
	黎庶昌　李經方七月癸巳自江蘇候補道爲出使日本大臣	李經方六月給假　汪鳳藻六月二十四署出使日本大臣	汪鳳藻三月回國　李經方三月回任六月丁憂　汪鳳藻六月十六自翰林院編修賞二品頂
	崔國因	崔國因	崔國因

	光緒十九年癸巳	光緒二十年甲午	光緒二十一年乙未是年六月丁丑專設出使法國大臣	光
	許景澄	許景澄	許景澄	許
	薛福成任滿　龔照瑗十月壬子自四川布政使賞侍郎銜以四品京堂候補爲出使英法義比大臣	龔照瑗	龔照瑗	龔
	薛福成	龔照瑗	慶常八月丙戌自工部郎中賞三品卿銜以五品京堂候補爲出使法國大臣	慶
	楊儒	楊儒	楊儒	楊
	許景澄	許景澄	許景澄	許
	許景澄	許景澄	許景澄	楊
	楊儒	楊儒	楊儒	龔
	薛福成	龔照瑗		龔
	薛福成		龔照瑗	許
	許景澄	許景澄	許景澄	楊
戴爲出使日本大臣	汪鳳藻	汪鳳藻回國	裕庚五月戊午自惠潮嘉道以四品京堂候補爲出使日本大臣	裕
	崔國因	楊儒	楊儒	楊

緒二十二年丙申

景澄 任滿 楊儒 十月辛巳調爲出使俄奧和大臣

照瑗 任滿 羅豐祿 十月辛巳自記名海關道賞四品卿銜爲出使英義比大臣

常

儒 調俄 伍廷芳 十月自候補道賞四品卿銜爲出使美日秘魯國大臣

景澄 十一月丁巳自工部侍郎爲專使德國大臣

儒 伍廷芳

照瑗 羅豐祿

照瑗 羅豐祿

景澄 楊儒

儒

庚

儒 伍廷芳

光緒二十三年丁酉

楊儒

羅豐祿

慶常

伍廷芳

許景澄 召回 呂海寰 五月壬子自常鎮通海道以四品京堂爲出使德國和國大臣

呂海寰

伍廷芳

羅豐祿

羅豐祿

楊儒

裕庚

伍廷芳

光緒二十四年戊戌是年設出使朝鮮大臣

楊儒

羅豐祿

慶常

伍廷芳

呂海寰

呂海寰

伍廷芳

羅豐祿

羅豐祿

楊儒

裕庚 任滿 黃遵憲 六月丙午自二品銜湖南鹽法道以三品京堂候補爲出使日本大臣未任甲申 李盛鐸 自江南道監察御史暫代庚申賞三品銜以四品京堂候補

伍廷芳

徐壽朋 六月戊申自安徽按察使以三品京堂候補爲出使朝鮮大臣丙午先命張亨嘉不拜

光緒二十五年己亥

楊儒

羅豐祿

慶常 任滿 裕庚 五月爲出使法國大臣

伍廷芳

呂海寰

呂海寰

伍廷芳

羅豐祿

羅豐祿

楊儒

李盛鐸

伍廷芳

徐壽朋

光緒二十六年庚子

楊儒

羅豐祿

裕庚

伍廷芳

呂海寰

呂海寰

伍廷芳

羅豐祿

羅豐祿

楊儒

李盛鐸

伍廷芳

徐壽朋

光緒二十七年辛丑

楊儒

羅豐祿 十月 改使俄未任 張德彝 十月丙申自記名道賞三品卿銜爲出使英國義國比國大臣

裕庚

伍廷芳

呂海寰 任滿 蔭昌 六月丙申自正白旗副都統爲出使德國和國大臣

呂海寰 蔭昌

伍廷芳

羅豐祿

羅豐祿

楊儒

李盛鐸 任滿 蔡鈞 五月癸未自候補四品京堂前江蘇蘇松太道爲出使日本大臣

伍廷芳

徐壽朋 六月 遷 許台身 六月丙申自候補知府賞道員加四品卿銜爲出使韓國大臣

光緒二十八年壬寅專設出使比義奧大臣

楊儒 卒 胡惟德 六月丙申自補用道賞四品卿銜爲出使俄國大臣

張德彝

裕庚 任滿 孫寶琦 六月丁酉自候補五品京堂爲出使法國大臣

伍廷芳 任滿 梁誠 六月丙申自記名簡放道加三品卿銜爲出使美國日斯巴尼亞秘魯國大臣

蔭昌

蔭昌

梁誠

楊兆鋆 四月自候補道賞四品卿銜爲出使比國大臣

許珏 四月壬寅自候選道賞四品卿銜爲出使義國大臣

吳德章 四月壬寅自江蘇候補道賞四品卿銜爲出使奧國大臣

蔡鈞

伍廷芳 梁誠

許台身

光緒二十九年癸卯是年改以出使法國大臣兼出使日斯巴尼亞國大臣

胡惟德

張德彝

孫寶琦

梁誠

蔭昌

蔭昌

梁誠 九月 解 孫寶琦 九月定駐日使分館改歸法使兼理

梁兆鋆

許珏

吳德章 回國 楊晟 十月乙亥自候補道賞四品卿銜爲出使奧俄國大臣

蔡鈞 召回 楊樞 五月壬午自候補四品京堂爲出使日本大臣

梁誠

許台身

梁誠 九月兼出使墨西哥國大臣

光緒三十年甲辰

胡惟德

張德彝

孫寶琦

梁誠

蔭昌 任滿十一月乙亥仍命

蔭昌

孫寶琦

楊兆鋆

許珏

楊晟

楊樞

梁誠

許台身 回國 曾廣銓 十二

梁誠

	光緒三十一年乙巳是年撤駐韓國出使大臣	光緒三十二年丙午是年十二月定出使各國大臣爲二品實官	光
	胡惟德	胡惟德	胡
	張德彝回國 汪大燮八月癸丑自外務部左參議爲出使英國大臣丙寅賞二品頂戴	汪大燮	汪
	孫寶琦回國 劉式訓八月丙午自候補知府以四品京堂候補爲出使法國日斯巴尼亞國大臣	劉式訓	劉
	梁誠	梁誠	梁
	廕昌回國 楊晟八月壬戌自使奧大臣調爲出使德國大臣	楊晟	楊
	廕昌回國專設出使和國大臣 陸徵祥十月乙丑爲出使和國大臣	陸徵祥	陸
	孫寶琦 劉式訓	劉式訓	劉
	楊兆鋆回國 李盛鐸八月爲出使比國大臣是月先命周榮曜至是改	李盛鐸	李
	許珏回國 黃誥八月壬戌自江蘇候補道賞四品卿銜爲出使義國大臣	黃誥	黃
	楊晟調德 李經邁八月壬戌自候補三品京堂爲出使奧國大臣	李經邁	李
	楊樞	楊樞	楊
	梁誠	梁誠	梁
月乙亥自候補五品京堂爲出使韓國大臣	曾廣銓撤駐韓公使	梁誠	
	梁誠		梁
			梁

緒三十三年丁未是年增兼出使古巴	光緒三十四年戊申	宣統元年
惟德回國 薩蔭圖八月乙亥自濱江關道爲出使俄國大臣	薩蔭圖	薩蔭圖
大燮回國 李經方三月丙辰自候補四品京堂爲出使英國大臣	李經方	李經方
式訓	劉式訓	劉式訓
誠回國 梁敦彥三月壬子自直隸津海關道爲出使美國墨西哥國秘魯國古巴國大臣仍留署外務部右侍郎 伍廷芳八月乙亥自前刑部侍郎爲出使美墨西哥秘魯等國大臣	伍廷芳	伍廷芳回國
晟回國 孫寶琦三月壬寅自順天府尹爲出使德國大臣	孫寶琦回國 廕昌九月自陸軍部侍郎爲出使德國大臣	廕昌
徵祥三月改爲保和會專使 錢恂是月丙辰爲出使和國大臣	錢恂改義國 陸徵祥	陸徵祥
式訓	劉式訓	劉式訓
盛鐸	李盛鐸	李盛鐸回國
誥	黃誥回國 錢恂三月自出使和國大臣調任出使義國大臣	錢恂回國
經邁免 雷補同七月戊午自外務部左參議爲出使奧國大臣	雷補同	雷補同
樞回國 李家駒六月壬戌自學部右丞爲出使日本大臣	李家駒改派出使考查憲政大臣 胡惟德三月爲出使日本大臣	胡惟德
誠回國 梁敦彥未任 伍廷芳	伍廷芳	伍廷芳
誠 梁敦彥未任 伍廷芳	伍廷芳	伍廷芳
敦彥未任 伍廷芳	伍廷芳	伍廷芳

己酉	宣統二年庚戌	宣統三年辛亥
	薩蔭圖	薩蔭圖七月授科布多參贊大臣回國 陸徵祥是月己卯自使和調任加侍郎銜
	李經方回國 劉玉麟八月甲申自外務部右丞爲出使英國大臣	劉玉麟
	劉式訓	劉式訓
張蔭棠六月甲辰自署外務部左丞爲出使美國墨西哥國秘魯國古巴大臣	張蔭棠	張蔭棠九月辭免 施肇基是月戊辰自署吉林交涉使爲出使美國墨西哥國秘魯古巴
	廕昌二月授陸軍部尚書回國 是月乙酉梁誠自內閣侍讀學士爲出使德國大臣	梁誠
	陸徵祥	陸徵祥七月調俄 劉鏡人是月己卯爲出使和國大臣
	劉式訓	劉式訓
楊樞二月爲出使比國大臣	楊樞病免回國 九月丁卯李國杰自農工商部左丞爲出使比國大臣	李國杰
吳宗濂六月甲辰自署外務部左參議爲出使義國大臣	吳宗濂	吳宗濂
	雷補同回國 七月乙丑沈瑞麟自外務部參議上行走爲出奧國大臣	沈瑞麟
	胡惟德四月乙丑授外務部右侍郎回國 是月辛卯汪大燮自郵傳部侍郎爲出使日本大臣	汪大燮
張蔭棠	張蔭棠	張蔭棠九月辭免 施基肇
張蔭棠	劉式訓	劉式訓
張蔭棠	張蔭棠	張蔭棠九月辭免 施肇基

清史稿

交聘年表下 各國遣駐使

國大臣	咸豐十一年辛酉	同治元年壬戌	同治二年癸亥	同治三年甲子	同治四年乙丑	同治五年丙寅	同治六年丁卯	同治七年戊辰	同治八年
俄	把留捷克五月任是爲俄派駐使之始	把留捷克	把留捷克四月回國格凌喀四月署倭艮嘎哩四月任	倭艮嘎哩	倭艮嘎哩	倭艮嘎哩	倭艮嘎哩	倭艮嘎哩	倭艮嘎哩
英	卜魯斯是爲英派駐使之始	卜魯斯	卜魯斯	卜魯斯五月回國威妥瑪五月以參贊署	威妥瑪 阿禮國八月任	阿禮國	阿禮國	阿禮國	阿禮國九
法	布爾布隆是爲法派駐使之始	布爾布隆 哥士耆	哥士耆二月回國柏爾德密	柏爾德密	柏爾德密五月回國伯洛內五月以參贊署	伯洛內	伯洛內 蘭盟四月任	蘭盟九月回國羅淑亞九月以參贊署	羅淑亞
美		蒲安臣	蒲安臣	蒲安臣	蒲安臣四月回國衞廉士四月以副使署	蒲安臣	蒲安臣十月回國衞廉士十月以副使署	衞廉士卸署勞文羅斯八月任	勞文羅斯
德		列斐士	列斐士	列斐士回國 德登貢十一月署	德登貢	德登貢	德登貢	德登貢	
瑞那									
丹									
和									
日								克維度四月派是爲日斯巴尼亞派駐使之始	克維度三
比						金德俄固斯德 由訂約專使改派是爲比利時派駐使之始	金德俄固斯德	金德俄固斯德	金德俄固
義									費三多
奥									
日本									
秘魯									
巴西									
葡									
剛果									
韓									
墨									

己巳	同治九年庚午	同治十年辛未
三月卸。布策三月署	布策卸。倭良嘎哩十月回任	倭良嘎哩
月回國。傅磊士九月以參贊署	威妥瑪署	威妥瑪六月實授
	羅淑亞	羅淑亞
六月回國。衞廉士六月以副使署	衞廉士卸署。鏤斐迪任	鏤斐迪二月赴朝鮮，衞廉士以副使暫代。鏤斐迪八
	德登賁	德登賁　安訥克五月署。是年布魯斯改為德意志
月回國。由法使代	羅淑亞卸。巴周德五月任。十月假歸。倭澤十月以參贊署	倭澤九月回國。白來辣九月任
斯德	金德俄冏斯德八月回國	
	費三多十月出京	費三多二月回任
		嘉理治九月任。是為奧派駐使之始。按奧使兼日本

	同治十一年壬申		同治十二年癸酉	同治十
	倭良嘎哩		倭良嘎哩二月回國。凱陽德二月以副使署	凱陽德
	威妥瑪代旋回京		威妥瑪	威妥瑪
	羅淑亞卸署。熱福理任		熱福理	熱福理
月回京	鏤斐迪		鏤斐迪閏六月回國。衞廉士閏六月以副使署	衞廉士
	安訥克卸署。李福斯署		李福斯三月回國。和立本	和立本
				拉斯勒
			費果蓀四月由滬抵京任。是為荷蘭派駐使之始	費果蓀
	白來辣七月任。九月病歸。丁美	讀十月署	丁美讀	丁美讀
			謝惠施四月任	謝惠施
	費三多		費三多	費三多
遷羅向駐東京	嘉理治		嘉理治	嘉理治
	副島種臣五月任。閏六月回國	由俄使代辦。是為日本派駐使之始		柳原前

三年甲戌	光緒元年乙亥		光緒二年丙子
卸。布策正月任	布策		布策
	威妥瑪		威妥瑪九月因事回國
九月回國。羅淑亞九月以參贊署	羅淑亞		羅淑亞五月卸。赫捷德
卸署。艾忭敏九月任	艾忭敏十月卒。何天爵十月以參贊署		西華正月任
	和立本卸。巴蘭德任		巴蘭德
福十月任。寓俄使署。是為丹派駐使之始	拉斯勒福五月赴日本。俄使布策代辦。十月回國	由布策兼攝	
	費果蓀		費果蓀
	丁美讀　法樂德四月任。九月回國。賈思理九月暫	署赫海達十月特派署	白訥託
四月派任	謝惠施		謝惠施
九月由國回任	費三多		費三多
	嘉理治四月回國。史福禮八月任		史福禮
光五月任。十月回國。鄭永甯十月以書記官署	森有禮十二月任		森有禮四月回國。鄭永
	愛勒讜是年任。是為秘魯派駐使之始		愛勒讜閏五月因事回

	光緒三年丁丑	光緒四年戊寅	光緒五年己卯
	布策	布策二月假回國凱陽德以副使署	凱陽德
傅磊斯九月以參贊署	傅磊斯	傅磊斯	傅磊斯五月卸威妥瑪
五月以參贊署白羅呢七月任	白羅呢	白羅呢	白羅呢閏三月卸巴特
	西華	西華五月假回國何天爵五月以參贊署	何天爵五月卸西華五
	巴蘭德	巴蘭德	巴蘭德
	費果蓀	費果蓀	費果蓀
	伊巴里任十月赴暹羅由德使巴蘭德暫代	伊巴里六月由暹羅回任	伊巴里三月回國倭澤
	謝惠施	謝惠施五月假回國謝武伯五月署	謝武伯八月更名謝惠
	費三多卸博海德任	博海德	盧嘠閏三月任義使向
	史福禮四月卸由德使巴蘭德暫代	巴蘭德是年仍代	何福爾九月任十月回
甯四月以書記官署	鄭永甯八月卸森有禮八月回任	森有禮三月卸鄭永甯三月以書記官署	宍戶機閏三月任
國由美使西華暫代	西華	西華七月卸愛勒讀七月回任	愛勒讀

	光緒六年庚辰	光緒七年辛巳	光緒八年壬午
	凱陽德	布策	布策九月卸章貝九月以天津領事署
五月由國回任	威妥瑪	威妥瑪	威妥瑪七月卸格維訥七月以參贊署
納閏三月以參贊署	巴特納卸寶海五月任	寶海	寶海
月由國回任	西華卸安吉立七月任	安吉立八月卸何天爵八月署	何天爵楊約翰七月任
	巴蘭德	巴蘭德	巴蘭德
	費果蓀	費果蓀	費果蓀
三月以參贊署	倭澤卸伊巴里四月由國回任九月卒	羅德理六月任	羅德理
施	謝惠施	諾丹福四月任	諾丹福
兼使日本專派駐京自是始	盧嘠	盧嘠	盧嘠
國	何福爾	何福爾	何福爾七月卸由德使巴蘭德暫代
	宍戶機	宍戶機	宍戶機卸任榎本武揚九月任

光緒九年癸未	光緒十年甲申	光緒十一年乙酉	光緒十
博白傅九月任	博白傅	博白傅	博白傅
格維訥卸巴夏禮八月任	巴夏禮	巴夏禮二月卒格維訥二月以參贊署	格維訥
寶海四月卸謝滿祿四月以參贊署德理固六月任	謝滿祿巴特納閏五月任	巴特納九月卸貝田八月任	戈可當
楊約翰	楊約翰	楊約翰二月卸石米德二月署	田貝
巴蘭德二月病回國譚敦邦二月以參贊署	巴蘭德	巴蘭德	巴蘭德
費果蓀	費果蓀	費果蓀二月病回國	費果蓀
羅德理二月病回國吳禮巴二月以參贊署	吳禮巴薩時鐸閏五月任	薩時鐸	薩時鐸
諾丹福	諾丹福正月卸米師麗正月以參贊署	米師麗卸維禮用四月任	維禮川
盧嘠二月假回國由德使譚敦邦暫代	盧嘠四月由國回任更名盧嘉德	盧嘉德	盧嘉德
薩魯斯齊	薩魯斯齊	薩魯斯齊	薩魯斯
榎本武揚十一月假回國吉田二郎十一月以書記官署	榎本武揚七月由國回任	榎本武揚八月卸品田允則八月署	品田允

（光緒十）二年丙戌	光緒十三年丁亥	光緒十四年戊子	光緒十五年己丑
二月卸拉德仁二月以參贊署庫滿十月任	庫滿	庫滿	庫滿
卸華爾身五月任	華爾身	華爾身	華爾身
五月卸禮白邇五月任恭思當八月任	恭思當七月卸蘇阿爾七月署李梅十月任	李梅	李梅
	田貝	田貝	田貝
	巴蘭德	巴蘭德	巴蘭德三月假
	費果蓀	費果蓀	費果蓀八月假
三月卸鄂尼思三月以參贊署羅思德六月任	羅德理	羅德理	羅德理三月卸
	維禮用四月假回國	維禮用	維禮用
二月病回國蘭家麗二月署	蘭家麗卸盧嘉德三月由國回任	盧嘉德	盧嘉德三月卒
齊	薩魯斯齊	薩魯斯齊	薩魯斯齊
則卸鹽田三郎三月任	鹽田三郎閏三月假回國以參贊梶山鼎介代辦　十月回任	鹽田三郎	鹽田三郎四月

（光緒十五年己）丑	光緒十六年庚寅	光緒十七年辛卯
	庫滿閏二月病回國闌雷　明閏二月以參贊署	闌雷明　喀希尼九月任
	華爾身	華爾身
	李梅八月回國林春八月　署	李梅九月由國回任
	田貝	田貝
回國	巴蘭德	巴蘭德
回國來因八月任	費果蓀七月由國回任	費果蓀
鄂尼思四月以參贊署九月卒羅鄰德九月以參贊　署吳禮巴十二月署	吳禮巴	吳禮巴五月奉調　阿嶽樂
	維禮用八月卸米師麗八　月署	米師麗　陸彌業六月署
賈雅第四月署	潘薩三月任	潘薩
	薩魯斯齊	畢格里本八月任
卒大島圭介五月任	大島圭介	大島圭介

（光緒十七年辛卯）	光緒十八年壬辰	光緒十九年癸巳	光緒二（十年甲午）
	光緒十八年壬辰	光緒十九年癸巳	光緒二
	喀希尼	喀希尼	喀希尼
	華爾身八月卸歐格訥十月任	歐格訥	歐格訥
	李梅	李梅	李梅二
	田貝	田貝	田貝
	巴蘭德	巴蘭德二月卸師特恩博二月　以參贊署阿紳五月任	阿紳
	費果蓀	費果蓀	費果蓀
六月署	德拉拔六月任	德拉拔	德拉拔
	陸彌業二月實授九月假回國米師麗　九月以參贊署	陸彌業十月由國回任	陸彌業
	潘薩	潘薩二月卸嘎蠻納二月以參　贊署	嘎蠻納
	畢格哩本六月假回國古典和福六　月以參贊署	畢格哩本五月由國回任十月　仍回國古典和福十月以參贊署	古典和
	大島圭介	大島圭介四月卸橋口直古衛　門四月以參贊署小村壽太郎十月署	小村壽

十年甲午	光緒二十一年乙未	光緒二十二年丙申	光緒二
	喀希尼	喀希尼八月卸巴布羅福八月以參贊署	巴布羅
	歐格訥卸任寶訥樂任	寶訥樂	寶訥樂
月卸施阿蘭二月任	施阿蘭	施阿蘭	施阿蘭
	田貝	田貝	田貝
	紳阿	紳阿五月卸貝成士五月以參贊署海靖七月任	海靖
			柏固八
十一月假回國由德使紳阿暫代	克羅伯九月任	克羅伯正月假回國由德使暫代十月回任	克羅伯
六月卸梁威理六月以參贊署	葛羅幹八月任	葛羅幹十月假回國瑟理威十一月以參贊署	葛羅幹
	陸彌業	陸彌業三月假回國壽卒米師麗三月以參贊署費葛八月任	費葛
卸巴爾迪四月任	巴爾迪	巴爾迪九月卸成達雷九月以參贊署	成達雷
福	比田布祿古	納色恩十月派署	羅士恒
太郎七月回國	林董閏五月以和議成復派駐使任	林董九月卸內田康哉九月以參贊署	內田康

十三年丁酉	光緒二十四年戊戌	光緒二十五年己亥	光緒二十六年庚子
福	巴布羅福 格爾思十月任	格爾思	格爾思
	寶訥樂	寶訥樂	寶訥樂
六月回國呂班六月署	呂班 畢盛三月任	畢盛	畢盛
	田貝卸康格五月任	康格	康格
	海靖	海靖四月回國貝成士四月署克林德	克林德五月被戕
月任兼使日本	柏固		
	克羅伯	克羅伯	克羅伯
	葛羅幹	葛羅幹	葛羅幹
	費葛	費葛三月回國賈爾牒三月署	姚士登四月任
薩爾瓦署	薩爾瓦 馬迪訥八月任	馬迪訥二月回國英使寶訥樂暫代薩爾瓦六月任	薩爾瓦
署 齊幹三月任	齊幹	齊幹	齊幹
哉 矢野文雄五月任	矢野文雄	矢野文雄十月回國西德二郎十月任	西德二郎十一月回國小村壽太郎

	光緒二十七年辛丑	光緒二十八年壬寅	光緒二十九年癸卯	光緒三十年甲
	格爾思八月回國雷薩爾八月任	雷薩爾	雷薩爾	雷薩爾
	寶訥樂調日本薩道義任	薩道義十一月假歸燾訥里十一月署	薩道義回任	薩道義
	畢盛	鮑渥五月回國賈斯訥五月署	呂班	呂班
	康格	康格	康格	康格
	穆默任九月假出京葛爾士九月署	穆默回任	穆默	穆默
	克羅伯	克羅伯回國羅敦署	希特斯九月任	希特斯
	葛羅幹	葛羅幹回國賈思理署	賈思理	賈思理
	姚士登	姚士登	姚士登	姚士登六月回
	薩爾瓦八月回國羅瑪訥八月署	羅瑪訥二月卸噶釐訥二月任	噶釐訥 巴樂禮十一月任	巴樂禮
	齊幹	齊幹	齊幹	齊幹
十一月任	小村壽太郎十月回國內田康哉十月任	內田康哉	內田康哉	內田康哉
		白朗穀	白朗穀	白朗穀
		朴齊純十月任是為韓派駐使之始	朴齊純十二月回國樸台榮署	樸台榮卸閔泳

	光緒三十一年乙巳	光緒三十二年丙午	光緒三十三年丁未	光緒三十四年戊申
辰				
	雷薩爾三月卒。璞科第五月任	璞科第	璞科第	璞科第　廓索維慈八月
	薩道義	薩道義回國。朱邇典十月任	朱邇典	朱邇典
	呂班	呂班回國。巴思德五月任	呂班	呂班十一月回國
	康格四月回國。柔克義五月任	柔克義	柔克義	柔克義
	穆默	穆默三月回國。葛爾士署。雷克司十月任	雷克司	雷克司
				倭倫白
	希特斯	希特斯	希特斯	希特斯
	賈思理	賈思理	賈思理	賈思理
國。葛飛業六月任	葛飛業	博賚爾正月署。柯霓雅九月任	葛飛業	葛飛業
	巴樂禮	巴樂禮	巴樂禮	巴樂禮　文吉二月任
	齊幹	齊幹　訥巴恩正月署	齊幹	顧觀斯基正月任
	內田康哉	內田康哉　回國。林權助六月任	林權助	林權助五月回國。伊集院
	白朗穀阿梅達署	白朗穀　阿達	白朗穀	白朗穀
喆二月任	閻泳喆			
	胡爾達五月任護理駐使	胡爾達	胡爾達	胡爾達

	宣統元年己酉	宣統二年庚戌	宣統三年辛亥
任	廓索維慈	廓索維慈	廓索維慈
	朱邇典	朱邇典	朱邇典
	潘蓀納署	潘蓀納	潘蓀納
	柔克義	柔克義回國。嘉樂恆七月任	嘉樂恆
	雷克司	雷克司	雷克斯
	倭倫白	倭倫白	
	貝拉斯	貝拉斯	貝拉斯
	賈思理	賈思理	賈思理
	柯霓雅	柯霓雅卸。博賚爾六月署。賈思牒九月任	賈思牒
	文吉	文吉	斯蜚爾棨六月任
	顧觀斯基	顧觀斯基	顧觀斯基
彥吉五月任	伊集院彥吉	伊集院彥吉	伊集院彥吉
	柏德羅	柏德羅	泊德羅
	胡爾達	胡爾達　巴哲格	巴哲格

后妃

太祖初起，草創潤略，宮闈未有位號，但循國俗稱福晉。福晉蓋可敦之轉音，史述后妃，後人緣飾名之，非當時本稱也。崇德改元，五宮並建，位號既明，等威漸辨。世祖定鼎，循前代舊典。順治十五年，採禮官之議：乾清宮設夫人一，淑儀一，婉侍六，柔婉、芳婉皆三十；慈甯宮設貞容一，慎容二，勤侍無定數。又置女官，循明六局一司之制。議定而未行。康熙以後，典制大備。皇后居中宮；皇貴妃一，貴妃二，妃四，嬪六，貴人、常在、答應無定數，分居東、西十二宮。東六宮曰景仁、曰承乾、曰鍾粹、曰延禧、曰永和、曰景陽；西六宮曰永壽、曰翊坤、曰儲秀、曰啟祥、曰長春、曰咸福。諸宮皆有宮女子供使令。每三歲選八旗秀女，戶部主之；每歲選內務府屬旗秀女，內務府主之。秀女入宮，妃、嬪、貴人惟上命。選宮女子，貴人以上得選世家女，貴人以下但選拜唐阿以下女。宮女子侍上，自常在、答應漸進至妃嬪。后妃諸姑姊妹不赴選。帝祖母曰太皇太后，母曰皇太后，居慈甯、壽康、甯壽諸宮。先朝妃嬪稱太妃、太嬪，隨皇太后同居。與嗣皇帝年皆逾五十，乃始得相見。諸宮殿設太監，秩最高不逾四品，員額有定數，廩給有定量，分領執事有定程。此其大較也。二百數十年，壼化肅雍，詖謁蓋寡，內鮮燕溺匹嫡之嫌，外絕權戚蠹國之釁，彬彬盛矣。追尊四代，惟宣皇后著氏族，且有繼室，託始於是。歷朝居正號者，謹而次之，並及妃嬪有子若受後朝尊封者。世祖以漢女為妃，高宗以回女為妃，附書之，以其僅見也。

顯祖宣皇后　繼妃（庶妃）
太祖孝慈高皇后　元妃
繼妃　大妃
壽康太妃（太祖諸妃）
太宗孝端文皇后　孝莊文皇后
敏惠恭和元妃　懿靖大貴妃
康惠淑妃（太宗諸妃）
世祖廢后　孝惠章皇后
孝康章皇后　孝獻皇后（貞妃）
淑惠妃（世祖諸妃）
聖祖孝誠仁皇后　孝昭仁皇后
孝懿仁皇后　孝恭仁皇后
敬敏皇貴妃（定妃　通嬪）　惇怡皇貴妃（愨惠皇貴妃　聖祖諸妃）
世宗孝敬憲皇后　孝聖憲皇后
敦肅皇貴妃　純懿皇貴妃（世宗諸妃）
高宗孝賢純皇后　皇后烏拉納喇氏
孝儀純皇后　慧賢皇貴妃
純惠皇貴妃　慶恭皇貴妃
哲憫皇貴妃　淑嘉皇貴妃
婉貴太妃（高宗諸妃）
仁宗孝淑睿皇后　孝和睿皇后
恭順皇貴妃　和裕皇貴妃（仁宗諸妃）
宣宗孝穆成皇后　孝慎成皇后
孝全成皇后　孝靜成皇后
莊順皇貴妃　彤貴妃（宣宗諸妃）
文宗孝德顯皇后　孝貞顯皇后
孝欽顯皇后　莊靜皇貴妃（玫貴妃）
端恪皇貴妃（文宗諸妃）
穆宗孝哲毅皇后　淑慎皇貴妃
莊和皇貴妃（敬懿皇貴妃　榮惠皇貴妃）
德宗孝定景皇后　端康皇貴妃
恪順皇貴妃
宣統皇后（淑妃）

顯祖宣皇后喜塔臘氏都督阿古女歸顯祖爲嫡妃歲己未太祖生歲己巳崩順治五年與肇祖原皇后興祖直皇后景祖翼皇后同時追諡子三太祖舒爾哈齊雅爾哈齊女一下嫁噶哈善哈斯虎

繼妃納喇氏哈達部長萬所撫族女遇太祖寡恩年十九俾分居子產獨薄子一巴雅喇庶妃李佳氏子一穆爾哈齊

太祖孝慈高皇后納喇氏葉赫部長楊吉砮女太祖初起兵如葉赫楊吉砮以后許焉楊吉砮爲明總兵李成梁所殺子納林布祿繼爲貝勒又爲成梁擊破歲戊子秋九月以后來歸上率諸貝勒大臣迎之大宴成禮是歲后年十四歲壬辰冬十月太宗生歲癸卯秋后病作思見母上遣使迎焉納林布祿不許是月庚辰后崩年二十九后莊敬聰慧詞氣婉順得譽不喜聞惡言愉悅不改其常不好諂諛不信讒佞耳無妄聽口無妄言不預外事殫誠畢慮以事上及崩上深悼之喪斂祭享有加禮不飲酒茹葷者踰月越三載葬赫圖阿拉尼雅滿山岡天命九年遷葬東京楊魯山天聰三年再遷葬瀋陽石嘴頭山是爲福陵崇德元年上諡孝慈昭憲純德貞順承天育聖武皇后順治元年祔太廟康熙元年改諡雍正乾隆累加諡曰孝慈昭憲敬順仁徽懿德慶顯承天輔聖高皇后子一太宗

元妃佟佳氏歸太祖最早子二褚英代善女一下嫁何和禮

繼妃富察氏歸太祖亦在孝慈皇后前歲癸巳葉赫諸部來侵上夜駐軍寢甚酣妃呼上覺曰爾方寸亂耶懼耶九國兵來攻豈酣寢時耶上曰我果懼安能酣寢我聞葉赫來侵以其無期時以爲念既至我心安矣我若負葉赫天必厭之安得不懼今我順天命安疆土彼糾九國以虐無咎之人天不佑也安寢如故及旦遂破敵天命五年妃得罪死子二莽古爾泰德格類女一名莽古濟下嫁鎖諾木杜棱

大妃納喇氏烏喇貝勒滿泰女歲辛丑歸太祖年十二孝慈皇后崩立爲大妃天命十一年七月太祖有疾浴於湯泉八月疾大漸乘舟自太子河還召大妃出迎入渾河庚戌舟次靉雞堡上崩辛亥大妃殉焉年三十七同殉者二庶妃妃子三阿濟格多爾袞多鐸順治初多爾袞攝政七年上諡孝烈恭敏獻哲仁和贊天儷聖武皇后祔太廟八年多爾袞得罪罷諡出廟

壽康太妃博爾濟吉特氏科爾沁郡王孔果爾女太祖諸妃中最老壽順治十八年聖祖即位尊爲皇曾祖壽康太妃康熙四年薨太祖諸妃稱側妃者四伊爾根覺羅氏子一阿巴泰女一下嫁達爾漢納喇氏孝慈皇后女弟女一下嫁固爾布什其二皆無出稱庶妃者五兆佳氏子一阿拜鈕祜祿氏子二湯古代塔拜嘉穆瑚覺羅氏子二巴布泰巴布海女三下嫁布占泰達啓蘇納西林覺羅氏子一賴慕布伊爾根覺羅氏女一下嫁鄂扎伊

太宗孝端文皇后博爾濟吉特氏科爾沁貝勒莽古思女歲甲寅四月來歸太祖命太宗親迎至輝發扈爾奇山城大宴成禮天聰間后母科爾沁大妃屢來朝上迎勞錫賚有加禮崇德元年上建尊號后亦正位中宮二年大妃復來朝上迎宴越二日大妃設宴上率后及貴妃莊妃幸其行幄尋命追封后父莽古思和碩福親王立碑於墓封大妃爲和碩福妃使大學士范文程等册封世祖即位尊爲皇太后順治六年四月乙巳崩年五十一七年上諡雍正乾隆累加諡曰孝端正敬仁懿哲順慈僖莊敏輔天協聖文皇后女三下嫁額哲奇塔特巴雅思祜朗

孝莊文皇后博爾濟吉特氏科爾沁貝勒寨桑女孝端皇后姪也天命十年二月來歸崇德元年封永福宮莊妃三年正月甲午世祖生世祖即位尊爲皇太后十一年贈太后父寨桑和碩忠親王母賢妃十三年二月太后萬壽上製詩三十首以獻上承太后訓撰內則衍義並爲序以進聖祖即位尊爲太皇太后九年上奉太后謁孝陵十年謁福陵昭陵十一年幸赤城湯泉經長安嶺上下馬扶輦至坦道始上馬以從還度嶺正大雨仍下馬扶輦太后命騎從上不可下嶺乃乘馬傍輦行吳三桂亂作頻年用兵太后念從征將士勞苦發宮中金帛加犒聞各省有偏災輒發帑振卹布爾尼叛師北征太后以慈甯宮庶妃有母年九十餘居察哈爾告上誡師行毋擄掠國初故事后妃王貝勒福晉貝子公夫人皆令命婦更番入侍至太后始命罷之宮中守祖宗制不蓄漢女上命儒臣譯大學衍義進太后太后稱善賜賚有加太后不預政朝廷有黜陟上多告而後行嘗勉上曰祖宗騎射開基武備不可弛用人行政務敬以承天虛公裁決又作書以誡曰古稱爲君難蒼生至衆天子以一身臨其上生養撫育莫不引領必深思得衆得國之道使四海咸登康阜綿歷數於無疆惟休汝尚寬裕慈仁溫良恭敬慎乃威儀謹爾出話夙夜恪勤以祗承祖考遺緒俾予亦無疚於厥心十九年四月上撰大德景福頌進太后二十年上復奉太后幸湯泉雲南平上詣太后宮奏捷二十一年上詣奉天謁陵途次屢奏書問安使獻方物奏曰臣到盛京親網得鰱鰉浸以羊脂山中野燒自落榛實及山核桃朝鮮所進柿餅松栗銀杏附使進上伏乞俯賜一笑不勝欣幸二十二年夏奉太后出古北口避暑秋幸五臺山至龍泉關上以長城嶺峻絕試輦不能陟奏太后次日太后輦登嶺路數折不可上太后乃還龍泉關命上代禮諸寺二十四年夏上出塞避暑次博洛和屯聞太后不豫即馳還京師太后疾良已二十六年九月太后疾復作上晝夜在視十二月步禱天壇請減算以益太后讀祝上泣陪祀諸王大臣皆泣太后疾大漸命上曰太宗奉安久不可爲我輕動況我心戀汝父子當於孝陵近地安厝我心始無憾已巳崩年七十五上哀慟欲於宮中持服二十七月王大臣屢疏請遵遺誥以日易月始從之命撤太后所居宮移建昌瑞山孝陵近地號暫安奉殿二十七年四月奉太后梓宮詣昌瑞山自是歲必詣謁雍正三年十二月世宗即其地起陵曰昭西陵世祖親政上太后徽號國有慶必加上至聖祖以雲南平奏捷定徽號曰昭聖慈壽恭簡安懿章慶敦惠溫莊康和仁宣弘靖太皇太后初奉安上諡雍正乾隆累加諡曰孝莊仁宣誠憲恭懿至德純徽翊天啓聖文皇后子一世祖女三下嫁弼爾塔哈爾色布騰鏗吉爾格

敏惠恭和元妃博爾濟吉特氏孝莊皇后姊也天聰八年來歸崇德元年封關雎宮宸妃妃有寵於太宗生子爲大赦子二歲而殤未命名六年九月太宗方伐明聞妃病而還未至妃已薨上慟甚一日忽迷惘自午至酉始瘥乃悔曰天生朕爲撫世安民豈爲一婦人哉朕不能自持天地祖宗特示譴也上仍悲悼不已諸王大臣請出獵遂獵蒲河還過妃墓復大慟妃母和碩賢妃來弔上命內大臣掖輿臨妃墓郡王阿達禮輔國公扎哈納當妃喪作樂皆坐奪爵

懿靖大貴妃博爾濟吉特氏阿霸垓郡王額齊格諾顏女崇德元年封麟趾宮貴妃四年額齊格諾顏及其妻福晉來朝妃率諸王貝勒迎宴次日上賜宴清甯宮福晉入見稱上外姑順治九年世祖加尊封康熙十三年薨聖祖侍太后臨奠子一博穆博果爾女一下嫁噶爾瑪索諾木又撫蒙古女嫁噶爾瑪德參濟旺子也

康惠淑妃博爾濟吉特氏阿霸垓塔布囊博第塞楚祜爾女崇德元年封衍慶宮淑妃撫蒙古女上命睿親王多爾袞娶焉順治九年加尊封前懿靖大貴妃薨太宗諸妃元妃鈕祜祿氏宏毅公額亦都女子一格博會繼妃烏拉納喇氏子二豪格洛格女一下嫁班第稱側妃者二葉赫納喇氏子一碩塞扎魯特博爾濟吉特氏女二下嫁夸扎哈尙稱庶妃者六納喇氏子一高塞女二下嫁輝塞拉哈奇壘氏察哈爾部人女一下嫁吳應熊顏扎氏子一葉布舒伊爾根覺羅氏子一常舒其二不知氏族一生子韜塞一生女下嫁班第

世祖廢后博爾濟吉特氏科爾沁卓禮克圖親王吳克善女孝莊文皇后姪也后麗而慧睿親王多爾袞攝政爲世祖聘焉順治八年八月册爲皇后上好簡樸后則嗜奢侈又妬積與上忤十年八月上命大學士馮銓等上前代廢后故事銓等疏諫上嚴拒諭以無能故當廢責諸臣沽名即日奏皇太后降后爲靜妃改居側宮下禮部禮部尙書胡世安侍郎呂崇烈高珩疏請慎重詳審禮部員外郎孔允樾及御史宗敦一潘朝選陳棐紀椿杜果聶玠張嘉李敬劉秉政陳自德祖永杰高爾位白尙登祖建明各具疏力爭允樾言尤切略言皇后正位三年未聞失德特以無能二字定廢嫡之案何以服皇后之心何以服天下後世之心君后猶父母父欲出母卽心知母過猶涕泣以諫況不知母過何事安忍緘口而不爲母請命上命諸王貝勒大臣集議議仍以皇后位中宮而別立東西兩宮上不許令再議並責允樾覆奏允樾疏引罪諸王大臣再議請從上指於是后竟廢

孝惠章皇后博爾濟吉特氏科爾沁貝勒綽爾濟女順治十一年五月聘爲妃六月册爲后貴妃董鄂氏方幸后又不當上指十五年正月皇太后不豫上責后禮節疏闕命停應進中宮箋表下諸王貝勒大臣議行三月以皇太后旨如舊制封進聖祖即位尊爲皇太后居慈仁宮上奉太皇太后謁孝陵幸盛京謁福陵昭陵出古北口避暑幸五臺山皆奉太后侍行二十二年上奉太皇太后出塞太后未侍行中途射得鹿斷尾漬以鹽並親選榛實進太后二十六年太皇太后不豫太后朝夕奉侍及太皇太后崩太后悲痛諸妃主入臨太后慟甚幾仆地上命諸王大臣奏請太后節哀回宮再請乃允歲除諸王大臣請太后諭上回宮上不可二十七年正月行虞祭上命諸王大臣請太后勿往行禮太后亦不可二十八年建寧壽新宮奉太后居焉三十五年十月上北巡太后萬壽上奉書稱祝駐麗蘇太后遺送衣裘上奉書言時方燠河未冰帳房不須置火侯嚴寒即歡抃而服之三十六年二月上親征噶爾丹駐他喇布拉克太后以上生日使賜金銀茶壺上奉書拜受噶爾丹既定羣臣請上加太后徽號壽

康顯寧太后以上不受尊號亦堅諭不受三十七年七月奉太后幸盛京謁陵道喀爾沁途中以太后父母塋發庫山距蹕路二百里諭內大臣索額圖擇潔地太后遙設祭十月次奇爾賽畢喇値太后萬壽上詣行宮行禮敕封太后所駐山曰壽山三十八年上奉太后南巡三十九年十月太后六十萬壽上製萬壽無疆賦並奉佛象珊瑚自鳴鐘洋鏡東珠珊瑚金珀禦風石念珠皮裘羽緞哆羅呢沈檀芸降諸香犀玉瑪瑙甃漆諸器宋元明名畫金銀幣帛又令膳房數米萬粒號萬國玉粒飯及肴饌果品以獻四十九年太后七十萬壽亦如之五十六年十一月太后不豫是歲上春秋六十有四方有疾頭眩足腫聞太后疾甚以帕纏足乘輭輿詣視跪牀下捧太后手曰母后臣在此太后張目畏明障以手視上執上手已不能語上力疾於蒼震門內支幄以居丙戌太后崩年七十七上號慟盡禮五十七年三月葬孝陵之東曰孝東陵初上太后徽號國有慶必加上至雲南平定曰仁憲恪順誠惠純淑端禧皇太后及崩上謚大學士等初議謚不繫世祖謚上令至太廟奉先殿瞻禮高皇后文皇后神位大學士等引罪又以所擬謚未多留徽號字命更議雍正乾隆累加謚曰孝惠仁宣端懿慈淑恭安純德順天翊聖章皇后

孝康章皇后佟佳氏少保固山額眞佟圖賴女后初入宮爲世祖妃十一年春妃詣太后宮問安將出衣裾有光若龍繞太后問之知有娠謂近侍曰朕娠皇帝實有斯祥今妃亦有是生子必膺大福三月戊申聖祖生聖祖即位尊爲皇太后二年二月庚戌崩年二十四初上徽號曰慈和皇太后及崩葬孝陵上謚雍正乾隆累加謚曰孝康慈和莊懿恭惠溫穆端靖崇文育聖章皇后后家佟氏本漢軍上命改佟佳氏入滿洲后族擡旗自此始子一聖祖

孝獻皇后棟鄂氏內大臣鄂碩女年十八入侍上眷之特厚寵冠後宮十三年八月立爲賢妃十二月進皇貴妃行册立禮頒赦上皇太后徽號鄂碩本以軍功授一等精奇尼哈番進三等伯十七年八月薨上輟朝五日追謚孝獻莊和至德宣仁溫惠端敬皇后上親製行狀略曰后婉靜循禮事皇太后奉養甚至左右趨走皇太后安之事朕晨夕候興居視飲食服御曲體罔不悉朕返蹕晏必迎問寒暑意少亂則曰陛下歸晚體得毋倦耶趣具餐糜進之命共餐則辭朕值慶典舉數觴必誡侍者室無過燠中夜慽慽起視朕省封事夜分未嘗不侍側諸曹循例章報朕輒置之后曰此雖奉行成法安知無當更張或有他故奈何忽之令同閱起謝不敢干政覽廷讞疏握筆未忍下后問是疏安所云朕諭之則泣曰諸辟皆愚無知豈盡無冤宜求可矜宥者全活之大臣偶得罪朕或不樂后輒請霽威詳察朕偶免朝則諫毋倦勤日講後與言章句大義輒喜偶遺忘則諫當服膺默識蒐狩親騎射則諫毋以萬邦仰庇之身輕於馳騁偶有未稱旨朕或加譙讓始猶自明無過及聞姜后脫簪事即有宜辨者但引咎自責而已后至節儉不用金玉誦四書及易已卒業習書未久即精朕喻以禪學參究若有所省后初病皇太后使問安否必對曰安疾甚朕及今后諸妃嬪環視之后曰吾殆將不起此中澄定亦無所苦獨不及酬皇太后暨陛下恩萬一妾歿陛下宜自愛惟皇太后必傷悼奈何既又令以諸王賻施貧乏復屬左右毋以珍麗物斂歿後皇太后哀之甚行狀數千言又命大學士金之俊別作傳是歲命秋讞停決從后志也時鄂碩已前卒后世父羅碩授一等阿思哈尼哈番及上崩遺詔以后喪祭踰禮爲罪己之一康熙二年合葬孝陵主不祔廟歲時配食饗殿子一生三月而殤未命名貞妃棟鄂氏一等阿達哈哈番巴度女殉世祖聖祖追封爲皇考貞妃

淑惠妃博爾濟吉特氏孝惠皇后妹也順治十一年册爲妃康熙十二年尊封皇考淑惠妃妃最老壽以五十二年十月薨同時尊封者浩齊特博爾濟吉特氏爲恭靖妃阿霸垓博爾濟吉特氏爲端順妃皆無所出棟鄂氏爲寧慤妃在世祖時號庶妃子一福全又恪妃石氏灤州人吏部侍郎申女世祖嘗選漢官女備六宮妃與焉居永壽宮康熙六年薨聖祖追封皇考恪妃又在三妃前世祖庶妃有子女者又有八人穆克圖氏子一承幹八歲殤巴氏子鈕鈕爲世祖長子二歲殤女二一六歲殤一七歲殤陳氏子一常寧唐氏子一奇授七歲殤鈕氏子一隆禧楊氏女一下嫁納爾杜烏蘇氏女一八歲殤納喇氏女一五歲殤

聖祖孝誠仁皇后赫舍里氏輔政大臣一等大臣索尼孫領侍衞內大臣噶布喇女康熙四年七月册爲皇后十三年五月丙寅生皇二子允礽即於是日崩年二十二謚曰仁孝皇后二十年葬孝東陵之東即景陵也雍正元年改謚乾隆嘉慶累加謚曰孝誠恭肅正惠安和淑懿恪敏儷天襄聖仁皇后子二承祜四歲殤允礽

孝昭仁皇后鈕祜祿氏一等公遏必隆女初爲妃康熙十六年八月册爲皇后十七年二月丁卯崩二十年與仁孝皇后同葬上每謁孝陵輒臨仁孝孝昭兩后陵奠醊乾隆嘉慶累加謚曰孝昭靜淑明惠正和安裕端穆欽天順聖仁皇后

孝懿仁皇后佟佳氏一等公佟國維女孝康章皇后姪女也康熙十六年爲貴妃二十年進皇貴妃二十八年七月病篤册爲皇后翼日甲辰崩謚曰孝懿皇后是冬葬仁孝孝昭兩后之次雍正乾隆嘉慶累加謚曰孝懿溫誠端仁憲穆和恪慈惠奉天佐聖仁皇后女一殤

孝恭仁皇后烏雅氏護軍參領威武女后事聖祖康熙十七年十月丁酉世宗生十八年爲德嬪二十年進德妃世宗即位尊爲皇太后擬上徽號曰仁壽皇太后未上册雍正元年五月辛丑崩年六十四葬景陵上謚曰孝恭宣惠溫肅定裕慈純欽穆贊天承聖仁皇后子三世宗允禵允祚六歲殤女三其二殤一下嫁舜安顏

敬敏皇貴妃章佳氏事聖祖爲妃康熙三十八年薨謚曰敏妃雍正初世宗以其子怡親王允祥賢追進封妃又生女二下嫁倉津多爾濟定妃萬琉哈氏事聖祖爲嬪世宗尊爲皇考定妃就養其子履親王允祹邸高宗朝歲時伏臘輒迎入宮中上壽然未進尊封薨年九十七通嬪納喇氏事聖祖爲貴人雍正二年世宗以其壻喀爾喀郡王策棱功尊封乾隆九年薨子二萬黼五歲殤允禶二歲殤女一

惇怡皇貴妃瓜爾佳氏事聖祖爲和妃世宗尊爲皇考貴妃高宗尊爲皇祖溫惠皇貴太妃乾隆三十三年薨年八十六謚曰惇怡皇貴妃葬景陵側皇貴妃園寢女一殤聖祖諸妃妃薨最後乾隆初同時尊封者慤惠皇貴妃佟佳氏孝懿皇后妹事聖祖爲貴妃世宗尊爲皇考皇貴妃高宗尊爲皇祖壽祺皇貴太妃薨謚曰慤惠皇貴妃順懿密太妃王氏初爲密嬪自密妃尊封子三允禑允祿允祄允祄八歲殤純裕勤太妃陳氏初爲勤嬪自勤妃尊封子一允禮襄嬪高氏自貴人尊封子一允禕女一殤謹嬪色赫圖氏自貴人尊封子一允祜靜嬪石氏自貴人尊封子一允祁熙嬪陳氏自貴人尊封子一允禧穆嬪陳氏自貴人卒後追尊封子一允祕其卒於康熙中及雖下逮雍正乾隆而未尊封者又有溫僖貴妃鈕祜祿氏孝昭皇后妹子一允䄉女一殤惠妃納喇氏子二承慶殤允禔宜妃郭絡羅氏當聖祖崩時妃方病以四人舁軟榻詣喪所出太后前世宗見之又傲世宗爲詰責宮監子三允祺允禟允禌允禌十二歲殤榮妃馬佳氏子五承瑞爲聖祖長子四歲殤賽音察渾長善長生皆殤允祉女一下嫁烏爾袞成妃戴佳氏子一允祐良妃衞氏子一允禩平妃赫舍里氏孝誠皇后妹子一允禨殤端嬪董氏女一殤貴人兆佳氏女一下嫁噶爾臧郭絡羅氏宜妃妹子一允禶殤女一下嫁敦多布多爾濟袁氏女一下嫁孫承運陳氏子一允禐殤庶妃鈕祜祿氏女一張氏女二王氏女一劉氏女一皆殤

世宗孝敬憲皇后烏喇那拉氏內大臣費揚古女世宗爲皇子聖祖册后爲嫡福晉雍正元年册爲皇后九年九月己丑崩時上病初愈欲親臨含斂諸大臣諫止上諭曰皇后自垂髫之年奉皇考命作配朕躬結褵以來四十餘載孝順恭敬始終一致朕調理經年今始全愈若親臨喪次觸景增悲非攝養所宜但皇后喪事國家典儀雖備而朕禮數未周權衡輕重如何使情文兼盡其具議以聞諸大臣議以明會典皇后喪無親臨祭奠之禮令皇子朝夕奠遇祭例可遣官乞停親奠從之謚孝敬皇后及世宗崩合葬泰陵乾隆嘉慶累加謚曰孝敬恭和懿順昭惠莊肅安康佐天翊聖憲皇后

孝聖憲皇后鈕祜祿氏四品典儀凌柱女后年十三事世宗潛邸號格格五十年八月庚午高宗生雍正中封熹妃進熹貴妃高宗即位以世宗遺命尊爲皇太后居慈寧宮高宗事太后孝以天下養惟亦兢兢守家法重國體太后偶言順天府東有廢寺當重修上從之卽召宮監諭汝等嘗侍聖祖幾曾見昭聖太后當日令聖祖修蓋廟宇嗣後當奏止宮監引悟眞庵尼入內導太后弟入蒼震門謝恩上屢誡之上每出巡幸輒奉太后以行南巡者三東巡者三幸五臺山者三幸中州者一謁孝陵獮木蘭歲必至焉遇萬壽率王大臣奉觴稱慶十六年六十壽二十六年七十壽三十六年八十壽慶典以次加隆先期日進壽禮九九先以上親製詩文書畫次則如意佛象冠服簪飾金玉犀象瑪瑙水晶玻璃琺瑯彝鼎甆器書畫綺繡幣帛花果諸外國珍品靡不具備太后爲天下母四十餘年國家全盛親見曾元四十二年正月庚寅崩年八十六葬泰陵東北曰泰東陵初尊太后上徽號國有慶屢加上曰崇德慈宣康惠敦和裕壽純禧恭懿安祺寧豫皇太后既葬上謚嘉慶中再加謚曰孝聖慈宣康惠敦和誠徽仁穆敬天光聖憲皇后子一高宗

敦肅皇貴妃年氏巡撫遐齡女事世宗潛邸爲側福晉雍正元年封貴妃三年十一月妃病篤進皇貴妃並諭妃病如不起禮儀視皇貴妃例行妃薨逾月妃兄羮堯得罪死謚曰敦肅皇貴妃乾隆初從葬泰陵子三福宜福惠福沛皆殤

女一亦殤

純慤皇貴妃耿氏事世宗潛邸爲格格雍正間封裕嬪進裕妃高宗時屢加尊爲裕皇貴太妃四十九年薨年九十六諡曰純慤皇貴妃葬妃園寢位諸妃上子一宏晝世宗諸妃又有齊妃李氏事世宗潛邸爲側室福晉雍正間封齊妃子三宏昐宏昀皆殤宏時女一下嫁星德謙妃劉氏事世宗潛邸號貴人雍正間封謙嬪高宗尊爲皇考謙妃子一宏瞻懋嬪宋氏事世宗號格格雍正初封懋嬪女二皆殤

高宗孝賢純皇后富察氏察哈爾總管李榮保女高宗爲皇子雍正五年世宗册后爲嫡福晉乾隆二年册爲皇后后恭儉平居以通草絨花爲飾不御珠翠歲時以鹿羔𣰆毧製爲荷包進上仿先世關外遺製示不忘本也上甚重之十三年從上東巡還蹕三月乙未后崩於德州舟次年三十七上深慟兼程還京師殯於長春宮服縞素十二日初皇貴妃高佳氏薨上諡以慧賢后在側曰吾他日期以孝賢可乎至是上遂用爲諡並製述悲賦曰易何以首乾坤詩何以首關睢惟人倫之伊始固天儷之與齊念懿后之作配廿二年而於斯痛一旦之永訣隔陰陽而莫知昔皇考之命偶用掄德於名門俾逑予而尸藻定嘉禮於渭濱在青宮而養德即治壼而淑身縱糟糠之未歷實同甘而共辛乃其正位坤寧克贊乾清奉慈闈之溫凊爲九卿之儀型克儉於家爰始繅品而育繭克勤於邦亦知較雨而課晴嗟予命之不辰兮痛元嫡之連棄致黯然以內傷兮遂邈爾而長逝撫諸子如一出兮豈彼此之分視値乖舛之疊遘兮誰不增夫怨懟況顧予之傷悼兮更悅恨而切意尚強歡以相慰兮每禁情而制淚制淚兮淚滴襟強歡兮歡匪心聿當春而啓轡隨予駕以東臨抱輕疾兮念衆勞促歸程兮變故遭登畫舫兮陳翟褕由潞河兮還內朝去內朝兮時未幾致邂逅兮怨無已切自尤兮不可追論生平兮定於此影與形兮難去一居忽忽兮如有失對嬪嬙兮想芳型顧和敬兮憐弱質望湘浦兮何先徂求北海兮乏神術循喪儀兮徒愴然例展禽兮諡孝賢思遺徽之莫盡兮詎兩字之能宣包四德而首出兮謂庶幾其可傳驚時序之代謝兮屆十旬而迅如覩新昌而增慟兮陳舊物而憶初亦有時而暫弭兮旋觸緒而欷歔信人生之如夢兮了萬事之皆虛嗚呼悲莫悲兮生別離失內位兮孰予隨入椒房兮闃寂披鳳幄兮空垂春風秋月兮盡於此已夏日冬夜兮知復何時十七年葬孝陵西勝水峪後即於此起裕陵焉嘉慶道光累加諡曰孝賢誠正敦穆仁惠徽恭康順輔天昌聖純皇后子二永璉永琮女二一殤一下嫁色布騰巴爾珠爾

皇后烏喇那拉氏佐領那爾布女后事高宗潛邸爲側室福晉乾隆二年封嫻妃十年進貴妃孝賢皇后崩進皇貴妃攝六宮事十六年册爲皇后三十年從上南巡至杭州忤上旨后剪髮上益不懌令后先還京師三十一年七月甲午崩上方幸木蘭命喪儀視皇貴妃自是遂不復立皇后子二永璂永璟女一殤四十三年上東巡有金從善者上書首及建儲次爲立后上因諭曰那拉氏本朕青宮時皇考所賜側室福晉孝賢皇后崩後循序進皇貴妃越三年立爲后其後自獲過愆朕優容如故國俗忌剪髮而竟悍然不顧朕猶包含不行廢斥後以病薨止令減其儀文並未削其位號朕處此仁至義盡況自是不復繼立皇后從善乃欲朕下詔罪已朕有何罪當自責乎從善又請立后朕春秋六十有八豈有復册中宮之理下行在王大臣議從善罪坐斬

孝儀純皇后魏佳氏內管領清泰女事高宗爲貴人封令嬪累進令貴妃二十五年十月丁丑仁宗生三十年進令皇貴妃四十年正月丁丑薨年四十九諡曰令懿皇貴妃葬勝水峪六十年仁宗立爲皇太子命册贈孝儀皇后嘉慶道光累加諡曰孝儀恭順康裕慈仁端恪敏哲翼天毓聖純皇后后家魏氏本漢軍擡入滿洲旗改魏佳氏子四永璐殤仁宗永璘其一殤未命名女二下嫁拉旺多爾濟札蘭泰

慧賢皇貴妃高佳氏大學士高斌女事高宗潛邸爲側室福晉乾隆初封貴妃薨諡曰慧賢皇貴妃葬勝水峪

純惠皇貴妃蘇佳氏事高宗潛邸即位封純嬪累進純皇貴妃薨諡曰純惠皇貴妃葬裕陵側子一永瑢女一下嫁福隆安

慶恭皇貴妃陸氏初封慶嬪累進慶貴妃薨仁宗以嘗受妃撫育追尊爲慶恭皇貴妃

哲憫皇貴妃富察氏事高宗潛邸雍正十三年薨乾隆初追封哲妃進皇貴妃諡曰哲憫皇貴妃葬勝水峪子一永璜爲高宗長子女一殤

淑嘉皇貴妃金佳氏事高宗潛邸爲貴人乾隆初封嘉妃進嘉貴妃薨諡曰淑嘉皇貴妃葬勝水峪子四永珹永璇永瑆其一殤未命名

婉貴太妃陳氏事高宗潛邸乾隆間自貴人累進婉妃嘉慶間尊爲婉貴太妃壽康宮位居首薨年九十二穎貴太妃巴林氏亦自貴人累進穎貴妃尊爲穎貴太妃亦居壽康宮薨年七十貴人西林覺羅氏柏氏皆自常在進尊爲貴人晉太妃富察氏事高宗爲貴人逮道光時猶存宣宗尊爲皇祖晉太妃高宗諸妃有子女者忻貴妃戴佳氏總督那蘇圖女女二皆殤愉貴妃珂里葉特氏子一永琪舒妃葉赫那拉氏子一殤未命名惇妃汪氏嘗笞宮婢死上命降爲嬪未幾復封女一下嫁豐紳殷德又有容妃和卓氏回部台吉和札麥女初入宮號貴人累進爲妃薨

仁宗孝淑睿皇后喜塔臘氏副都統內務府總管和爾經額女仁宗爲皇子乾隆三十九年高宗册后爲嫡福晉四十七年八月甲戌宣宗生仁宗受禪册爲皇后嘉慶二年二月戊寅崩諡曰孝淑皇后葬太平峪後即於此起昌陵焉道光咸豐累加諡曰孝淑端和仁莊慈懿敦裕昭肅光天佑聖睿皇后子一宣宗女二一殤一下嫁瑪尼巴達喇

孝和睿皇后鈕祜祿氏禮部尚書恭阿拉女后事仁宗潛邸爲側室福晉仁宗即位封貴妃孝淑皇后崩高宗勅以后繼位中宮先封皇貴妃六年册爲皇后二十五年八月仁宗幸熱河崩后傳旨令宣宗嗣位宣宗尊爲皇太后居壽康宮二十九年十二月甲戌崩年七十四宣宗春秋已高方有疾居喪哀毀三十年正月崩於慎德堂喪次咸豐三年葬后昌陵之西曰昌西陵初尊皇太后上徽號國有慶累加上曰恭慈康豫安成莊惠壽禧崇祺皇太后逮崩上諡咸豐間加諡曰孝和恭慈康豫安成欽順仁正應天熙聖睿皇后子二綿愷綿忻女一殤

恭順皇貴妃鈕祜祿氏嘉慶初選入宮爲如貴人累進如妃宣宗尊爲皇考如皇妃居壽安宮文宗尊爲皇祖如皇貴太妃薨年七十四諡曰恭順皇貴妃子一緜愉女二殤

和裕皇貴妃劉佳氏事仁宗潛邸嘉慶初封誠妃進誠貴妃宣宗尊爲皇考誠禧皇貴妃薨諡曰和裕皇貴妃子一未命名殤女一下嫁索特納木多爾濟仁宗諸妃有子女者華妃侯佳氏事仁宗潛邸嘉慶初封瑩嬪改進封女一殤簡嬪關佳氏遜嬪沈佳氏皆事仁宗潛邸號格格嘉慶初追封女各一皆殤仁宗嬪御至宣宗朝尊封者又有信妃劉佳氏恩嬪烏雅氏榮嬪梁氏皆自貴人進安嬪蘇完尼瓜爾佳氏自常在進

宣宗孝穆成皇后鈕祜祿氏戶部尚書一等子布顏達賚女宣宗爲皇子嘉慶元年仁宗册后爲嫡福晉十三年正月戊午薨宣宗即位追册諡曰孝穆皇后初葬王佐村移寶華峪以地宮浸水再移龍泉峪後即於此起慕陵焉咸豐初上諡光緒間加諡曰孝穆溫厚莊肅端誠恪惠寬欽孚天裕聖成皇后

孝慎成皇后佟佳氏三等承恩公舒明阿女宣宗爲皇子嫡福晉薨仁宗册后繼嫡福晉宣宗即位立爲皇后道光十三年四月己巳崩諡曰孝慎皇后葬龍泉峪咸豐初上諡光緒間加諡曰孝慎敏肅哲順和懿誠惠敦恪熙天詒聖成皇后女一殤

孝全成皇后鈕祜祿氏二等侍衞一等男頤齡女后事宣宗册全嬪累進全貴妃道光十一年六月己丑文宗生十三年進皇貴妃攝六宮事十四年立爲皇后二十年正月壬寅崩年三十三宣宗親定諡曰孝全皇后葬龍泉峪咸豐初上諡光緒間加諡曰孝全慈敬寬仁端慤安惠誠敏符天篤聖成皇后子一文宗女二一殤一下嫁德穆楚克扎布

孝靜成皇后博爾濟吉特氏刑部員外郎花良阿女后事宣宗爲靜貴人累進靜皇貴妃孝全皇后崩文宗方十歲妃撫育有恩文宗即位尊爲皇考康慈皇貴太妃居壽康宮咸豐五年七月太妃病篤尊爲康慈皇太后越九日庚午崩年四十四上諡曰孝靜康慈弼天輔聖皇后不繫宣宗諡不祔廟葬慕陵東曰慕東陵穆宗即位祔廟加諡光緒宣統累加諡曰孝靜康慈懿昭端惠莊仁和慎弼天輔聖成皇后子三奕綱奕繼奕訢女一下嫁景壽

莊順皇貴妃烏雅氏事宣宗爲常在進琳貴人累進琳貴妃文宗尊爲皇考琳貴太妃穆宗尊爲皇祖琳皇貴太妃同治五年薨命王公百官持服一日諡曰莊順皇貴妃葬慕東陵園寢德宗朝迭命增祭品崇規制上親詣行禮封三代皆一品子三奕譞奕詥奕譓女一下嫁德徽

彤貴妃舒穆嚕氏事宣宗爲彤貴人累進彤貴妃復降貴人文宗尊爲皇考彤嬪穆宗累尊爲皇祖彤貴妃女二一下嫁扎拉豐阿一殤宣宗諸妃有子女者和妃納喇氏初以宮女子事宣宗潛邸嘉慶十三年子奕緯生仁宗特命爲側室福晉道光初封和嬪進和妃祥妃鈕祜祿氏事宣宗爲貴人進嬪復降文宗尊爲皇考祥妃穆宗追尊爲皇祖祥妃子一奕誴女二一殤一下嫁恩崇他無子女而受尊封者佳貴妃郭佳氏成貴妃鈕祜祿氏皆事宣宗爲貴人進嬪復降歷咸豐同治二朝進封常妃赫舍哩氏以貴人進封順嬪失其氏以常在進

封恒嬪蔡佳氏豫妃尙佳氏貴人李氏那氏以答應進封

文宗孝德顯皇后薩克達氏太常寺少卿富泰女文宗爲皇子道光二十七年宣宗冊后爲嫡福晉二十九年十二月乙亥薨文宗即位追冊謚曰孝德皇后權攢田村同治初移靜安莊旋葬定陵上謚光緒宣統屢加謚曰孝德溫惠誠順慈莊恪愼徽懿恭天贊聖顯皇后

孝貞顯皇后鈕祜祿氏廣西右江道穆陽阿女事文宗潛邸咸豐二年封貞嬪進貞貴妃立爲皇后十年從幸熱河十一年七月文宗崩穆宗即位尊爲皇太后是時孝欽皇后兩宮並尊詔旨稱母后皇太后聖母皇太后以別之十一月乙酉朔上奉兩太后御養心殿垂簾聽政同治八年內監安得海出京山東巡撫丁寶楨以聞太后立命誅之十二年歸政於穆宗十三年穆宗崩德宗即位復聽政光緒七年三月壬申崩年四十五葬定陵東普祥峪日定東陵初尊爲皇太后上徽號國有慶累加上曰慈安端裕康慶昭和莊敬皇太后及崩上謚宣統加謚曰孝貞慈安和慶和敬誠靖儀天祚聖顯皇后

孝欽顯皇后葉赫那拉氏安徽徽甯池廣太道惠徵女咸豐元年后被選入宮號懿貴人四年封懿嬪六年三月庚辰穆宗生進懿妃七年進懿貴妃十年從幸熱河十一年七月文宗崩穆宗即位與孝貞皇后並尊爲皇太后是時怡親王載垣鄭親王端華協辦大學士尙書肅順等以文宗遺命稱贊襄政務王大臣擅政兩太后患之御史董元醇請兩太后權理朝政兩太后召載垣等入議載垣等以本朝未有皇太后垂簾難之侍郎勝保及大學士賈楨等疏繼至恭親王奕訢留守京師聞喪奔赴兩太后爲言載垣等擅政狀九月奉文宗喪還京師即下詔罪載垣端華肅順皆至死並罷黜諸大臣預贊襄政務者授奕訢議政王以上旨命王大臣條上垂簾典禮十一月乙酉朔上奉兩太后御養心殿垂簾聽政諭曰垂簾非所樂爲惟以時事多艱王大臣等不能無所稟承是以姑允所請俟皇帝典學有成即行歸政自是日召議政王軍機大臣同入對內外章奏兩太后覽訖王大臣擬旨翼日進呈閱定兩太后以文宗賜同道堂小璽鈐識仍以上旨頒示旋用御史徐啟文奏令中外臣工於時事闕失直言無隱用御史鍾佩賢奏諭崇節儉重名器用御史卞寶第奏諭嚴賞罰肅吏治愼薦舉命內直翰林輯前史帝王政治及母后垂簾事跡可爲法戒者以進同治初寇亂未弭兵連不解兩太后同心求治登進老成倚任將帥粵捻蕩平滇隴漸定十二年二月歸政於穆宗十三年十二月穆宗崩太后定策立德宗兩太后復垂簾聽政諭曰今皇帝紹承大統尙在沖齡時事艱難不得已垂簾聽政萬幾綜理宵旰不遑矧當民生多蹙各省水旱頻仍中外臣工九卿科道有言事之責者於用人行政凡諸政事當舉與時事有裨而又實能見施行者詳細敷奏至敦節儉袪浮華宜始自宮中耳目玩好浮麗紛華一切不得上進封疆大吏當勤求閭閻疾苦加意撫卹清訟獄勤緝捕辦賑積穀飭有司實力奉行並當整飭營伍修明武備選任賢能牧令與民休息用御史陳彝奏黜南書房行走侍講王慶祺用御史孫鳳翔等奏黜總管內務府大臣貴寶文錫又罪宮監之不法者戍三人杖四人一時宮府整肅光緒五年葬穆宗惠陵吏部主事吳可讀從上陵自殺留疏乞降明旨以將來大統歸穆宗嗣子下大臣王議奏王大臣等請毋庸議尙書徐桐等侍讀學士寶廷黃體芳司業張之洞御史李端棻皆別疏陳所見諭曰我朝未明定儲位可讀所請與家法不合皇帝受穆宗付託將來愼選元良纘承統緒其繼大統者爲穆宗嗣子守祖宗之成憲示天下以無私皇帝必能善體此意也六年太后不豫上命諸督撫薦醫治疾八年疾愈孝貞皇后既崩太后獨當國十年法蘭西侵越南太后責恭親王奕訢等因循貽誤罷之更用禮親王世鐸等並諭軍機處遇緊要事件與醇親王奕譞商辦庶子盛昱錫珍御史趙爾巽各疏言醇親王不宜參豫機務諭曰自垂簾以來揆度時勢不能不用親藩進參機務諭令奕譞與軍機大臣會商事件本專指軍國重事非概令與聞奕譞再四懇辭諭以俟皇帝親政再降諭旨始暫時奉命此中委曲諸臣不能盡知也是年太后五十萬壽十一年法蘭西約定醇親王奕譞建議設海軍十三年夏命會同大學士直隸總督李鴻章巡閱海口遣太監李蓮英從蓮英侍太后頗用事御史朱一新以各直省水災奏請修省辭及蓮英太后不懌責一新覆奏一新覆奏言鴻章具舟迎王王辭之蓮英乘以行遂使將吏迎者誤爲王舟太后詰王王遂對曰無之遂黜一新太后命以次年正月歸政醇親王奕譞及王大臣等奏請太后訓政數年德宗亦力懇再三太后乃許之王大臣等條上訓政典禮命如議行請上徽號堅不許十五年德宗行婚禮二月己卯太后歸政御史屠仁守疏請太后歸政後仍披覽章奏裁決施行太后不可諭曰垂簾聽政本萬不得已之舉深宮遠鑒前代流弊特飭及時歸政歸政後惟醇親王單銜具奏暫須徑達醇親王密陳初裁大政軍國重事定省可以稟承並非著爲典常使訓政永無底止因斥仁守乖謬奪官同治間穆宗議修圓明園奉兩太后居之事未行德宗以萬壽山大報恩延壽寺高宗奉孝聖憲皇后三次祝釐於此命葺治備太后臨幸並更清漪園爲頤和園太后許之既歸政奉太后駐焉歲十月十日太后萬壽節上率王大臣祝嘏以爲常十六年醇親王奕譞薨二十年日本侵朝鮮以太后命起恭親王奕訢是年太后六十萬壽上請在頤和園受賀仿康熙乾隆間成例自大內至園蹕路所經設彩棚經壇舉行慶典朝鮮軍事急以太后命罷之二十四年恭親王奕訢薨上事太后謹朝廷大政必請命乃行顧以國事日非思變法救亡太后意不謂然積相左上期以九月奉太后幸天津閱兵訛言謂太后將勒兵廢上又謂有謀圍頤和園劫太后者八月丁亥太后遽自頤和園還宮復訓政以上有疾命居瀛臺養疴二十五年十二月立端郡王載漪子溥儁繼穆宗爲皇子二十六年義和拳事起載漪等信其術言於太后謂爲義民縱令入京師擊殺德意志使者克林德及日本使館書記圍使館德意志奧大利亞比利時日斯巴尼亞美利堅法蘭西英吉利義大利日本和蘭俄羅斯十國之師來侵七月逼京師太后率上出自德勝門道宣化大同八月駐太原九月至西安命慶親王奕劻大學士總督李鴻章與各國議和二十七年各國約成八月上奉太后發西安十月駐開封時端郡王載漪以庇義和拳得罪廢溥儁以公銜出宮十一月還京師上仍居瀛臺養疴太后屢下詔母子一心勵行新政三十二年七月下詔預備立憲三十四年十月太后有疾上疾益增劇壬申太后命授醇親王載灃攝政王癸酉上崩於瀛臺太后定策立宣統皇帝即日尊爲太皇太后甲戌太后崩年七十四葬定陵東普陀峪日定東陵初尊爲皇太后上徽號國有慶累加上曰慈禧端佑康頤昭豫莊誠壽恭欽獻崇熙皇太后及崩即以徽號爲謚子一穆宗

莊靜皇貴妃他他拉氏事文宗爲貴人累進麗妃穆宗尊封爲皇考麗皇貴太妃薨謚曰莊靜皇貴妃女一下嫁符珍玫貴妃徐佳氏事文宗爲貴人進玫嬪穆宗尊封爲皇考玫貴妃子一未命名殤

端恪皇貴妃佟佳氏事文宗爲祺嬪同治間尊爲皇考祺貴妃宣統初尊爲皇祖祺貴太妃薨謚曰端恪皇貴妃文宗諸妃未有子女而同治光緒兩朝尊封者婉貴妃璷妃吉妃禧妃慶妃雲嬪英嬪容嬪璹嬪玉嬪皆自貴人進封婉貴妃索綽絡氏雲嬪武佳氏英嬪伊爾根覺羅氏餘不知氏族

穆宗孝哲毅皇后阿魯特氏戶部尙書崇綺女同治十一年九月立爲皇后十三年十二月穆宗崩德宗即位以兩太后命封爲嘉順皇后光緒元年二月戊子崩梓宮暫安隆福寺二年五月御史潘敦儼因歲旱上言請更定謚號謂后崩在穆宗升遐百日內道路傳聞或稱傷悲致疾或云絕粒霣生奇節不彰何以慰在天之靈何以副兆民之望太后以其言無據斥爲謬妄奪官五年三月合葬惠陵上謚宣統加謚曰孝哲嘉順淑愼賢明恭端憲天彰聖毅皇后

淑愼皇貴妃富察氏穆宗立后同日封慧妃進皇貴妃德宗即位以兩太后命封爲敦宜皇貴妃進敦宜榮慶皇貴妃光緒三十年薨謚曰淑愼皇貴妃

莊和皇貴妃阿魯特氏大學士賽尙阿女孝哲毅皇后姑也事穆宗爲珣嬪進妃光緒間進貴妃宣統皇帝尊爲皇考珣皇貴妃孝定景皇后崩未逾月妃薨謚曰莊和皇貴妃敬懿皇貴妃赫舍里氏事穆宗自嬪進妃光緒間進貴妃宣統間累進尊封榮惠皇貴妃西林覺羅氏事穆宗自貴人進嬪光緒間進妃宣統間累進尊封

德宗孝定景皇后葉赫那拉氏都統桂祥女孝欽顯皇后姪女也光緒十四年十月孝欽顯皇后爲德宗聘爲十五年正月立爲皇后二十七年從幸西安二十八年還京師三十四年宣統皇帝即位稱兼祧母后尊爲皇太后上徽號曰隆裕宣統三年十二月戊午以太后命遜位越二年正月甲戌崩年四十六上謚曰孝定隆裕寬惠愼哲協天保聖景皇后合葬崇陵

端康皇貴妃他他拉氏光緒十四年選爲瑾嬪二十年進瑾妃以女弟珍妃忤太后同降貴人二十一年仍封瑾妃宣統初尊爲兼祧皇考瑾貴妃遜位後進尊封歲甲子薨

恪順皇貴妃他他拉氏端康皇貴妃女弟同選爲珍嬪進珍妃以忤太后諭責其習尙奢華屢有乞請降貴人逾年仍封珍妃二十六年太后出巡沈於井二十七年上還京師追進皇貴妃葬西直門外移祔崇陵追進尊封

宣統皇后郭博勒氏總管內務府大臣榮源女遜位後歲壬戌冊立爲皇后淑妃額爾德特氏同日冊封

論曰世祖聖祖皆以沖齡踐祚孝莊皇后親創業之難而樹委裘之主政出王大臣當時無建垂簾之議者殷憂啓聖遂定中原克底於昇平及文宗末造孝貞孝欽兩皇后躬收政柄內有賢王外有名將相削平大難宏贊中興不幸穆

九八〇

宗即世孝貞皇后崩孝欽皇后聽政久稍稍營離宮修慶典視聖祖奉孝莊皇后高宗奉孝聖皇后不逮十之一而世顧竊竊然有私議者外侮迭乘災祲屢見非其時也不幸與德宗意指不協一激而啓戊戌之爭再激而成庚子之亂晚乃壹意變法怵天命之難諶察人心之將渙而欲救之以立憲百端並舉政急民煩陵土未乾國步遂改綜一代之興亡繫於宮闈嗚呼豈非天哉豈非天哉

清史稿　　列傳二

諸王

有明諸藩分封而不錫土列爵而不臨民食祿而不治事史稱其制善清興諸子弟但稱台吉貝勒既乃戮明建親郡王而次以貝勒貝子又次以公爵復別爲不入八分蓋所以存國俗而等殺既多屏衞亦益廣下此則有將軍無中尉又與明小異諸王不錫土而其封號但予嘉名不加郡國視明爲尤善然內襄政本外領師干與明所謂不臨民不治事者乃絕相反國初開創櫛風沐雨以百戰定天下繄諸王是庸康熙間出討三藩勝負互見而卒底蕩平之績其後行師西北仍以諸王典兵雍正乾隆諒闇之始重臣宅揆亦領以諸王嘉慶初以親王爲軍機大臣未幾以非祖制罷穆宗踐阼輟贊襄之命而設議政王尋仍改直樞廷自是相沿爰及季年親貴用事以攝政始以攝政終論者謂有天焉誠一代得失之林也今用諸史例以皇子爲宗子孫襲爵者從爲子孫別有功績復立爵者亦從爲其爵世備書之其爵不世則具詳於表表曰皇子傳曰諸王亦互文以見義焉自公以下別被除拜具有事實者及疏宗登追列高位著名績者皆散與諸臣相次清矯明失宗子與庶姓並用通前史之例以存其實也

諸王一

景祖諸子

武功郡王禮敦 孫色勒

慧哲郡王額爾袞

宣獻郡王齋堪

恪恭貝勒塔察篇古

顯祖諸子

誠毅勇壯貝勒穆爾哈齊 子襄敏貝子務達海

莊親王舒爾哈齊 子阿敏 鄭獻親王濟爾哈朗 靖定貝勒費揚武 阿敏子溫簡貝子固爾瑪琿 固爾瑪琿子鎮國恪敏公克三 濟爾哈朗子簡純親王濟度 輔國武襄公巴爾堪 濟度子簡親王喇布 簡修親王雅布 雅布從孫勤慎親王德沛 巴爾堪子輔國襄愍公巴賽 費揚武子尚善 惠獻貝子傅喇塔 舒爾哈齊孫輔國公品級札喀納 鎮國公品級屯齊 鎮國將軍洛託

通達郡王雅爾哈齊

篤義剛果貝勒巴雅喇

景祖五子翼皇后生顯祖諸子武功郡王禮敦慧哲郡王額爾袞宣獻郡王齋堪恪恭貝勒塔察篇古皆不詳其母氏

武功郡王禮敦景祖第一子也肇祖而下世系始詳事蹟未備四傳至興祖興祖六子長德世庫次劉闡次索長阿次景祖次包朗阿次寶實號甯古塔貝勒景祖承肇祖舊業居赫圖阿拉德世庫居覺爾察劉闡居阿哈河洛索長阿居河洛噶善包朗阿居尼麻喇寶實居章甲環赫圖阿拉而城近者五里遠者二十里互相衞寶實子阿哈納渥濟格與董鄂部長克轍巴顏有隙屢來侵索長阿子吳泰哈達萬汗壻也乞援於哈達攻董鄂部取數寨董鄂部兵乃不復至甯古塔亦自此稍弱及太祖兵起德世庫劉闡索長阿寶實等子孫忌其英武屢欲加害其後益強大謀始戢索長阿寶實子孫皆從攻戰包朗阿雲孫拜山尤有功自有傳帝業既成景祖諸兄弟追封皆未及禮敦生而英勇景祖討平碩色納奈呼二部禮敦功最號曰巴圖魯太祖兵起禮敦卒久矣太祖既定東京葬景祖顯祖於楊魯山以禮敦陪葬崇德四年八月進封武功郡王配享太廟子貝和齊太祖伐明攻廣甯留守遼陽孫色勒事太祖授牛彔額眞事太宗自十六大臣進八大臣授正藍旗固山額眞從太宗圍大淩河軍城南屢擊敗明兵又從太宗略宣府大同與貝勒德格類入獨石口敗明兵於長安嶺攻赤城克其郛尋坐事降鑲黃旗梅勒額眞崇德初從伐朝鮮朝鮮國王李倧遣妻子入江華島走保南漢山城豫親王多鐸圍之急朝鮮將赴援色勒與甲喇額眞阿爾津擊敗之分兵攻江華島色勒率右翼兵渡海越敵艦近躍登島破其守兵得倧妻子倧既降論功授牛彔章京世職兼吏部右參政順治元年擢內大臣錄禮敦諸孫席實阿濟賚阿賚等並授拜他喇布勒哈番色勒進一等阿思哈尼哈番再進二等精奇尼哈番擢領侍衞內大臣卒謚勤慤阿賚子吉哈禮自有傳

慧哲郡王額爾袞景祖第二子順治十年追封謚配享太廟

宣獻郡王齋堪景祖第三子當族人與太祖搆難齋堪與額爾袞皆不與順治十年追封謚配享太廟

恪恭貝勒塔察篇古景祖第五子順治間追封謚天聰九年詔德世庫等子孫以覺羅爲氏繫紅帶乾隆四十年詔國史館禮敦等傳列諸臣之首以別於宗室諸王

顯祖五子宣皇后生太祖莊親王舒爾哈齊通達郡王雅爾哈齊繼妃納喇氏生篤義剛果貝勒巴雅喇庶妃李佳氏生誠毅勇壯貝勒穆爾哈齊

誠毅勇壯貝勒穆爾哈齊顯祖第二子驍勇善戰每先登陷陳歲乙酉從太祖伐哲陳部值大水遣衆還留八十人被棉甲者五十被鐵甲者三十行略地加哈人蘇枯賴虎密以告於是托漠河章甲把爾達撒爾湖界凡五城合兵禦我後哨章京能古德馳告上出他道弗遇上深入遙望見敵兵八百餘陳渾河至於南山包朗阿孫札親桑古里懼敵衆解其甲授人上呵之穆爾哈齊及左右顏布祿兀淩噶從上馳近敵陳下馬奮擊射殺二十餘人敵渡渾河走穆爾哈齊復從上躡敵後至吉林崖遙見敵兵十五自旁徑來上去胄上纓隱而待射其前至者貫脊殪穆爾哈齊復射殪其一餘皆墜崖死上曰今日以四人敗八百人天助我也穆爾哈齊屢從征伐賜號靑巴圖魯譯言誠毅天命五年九月卒年六十上臨祭其墓順治十年追封謚子十一有爵者六達爾察務達海漢岱塔海祜世塔喇世塔達爾察塔海祜世塔喇世塔皆封輔國公達爾察謚剛毅喇世塔謚恪僖襄敏貝子務達海穆爾哈齊第四子事太宗授牛彔章京崇德元年從睿親王多爾袞伐明攻沙河南和及臨洺關魏縣並有功三年授刑部左參政從貝勒岳託敗明兵開平復偕固山額眞何洛會等敗明兵沙河三河又敗之渾河岸至趙州復攻山東克臨淸安邱臨淄還次密雲俘四千餘五年授鑲白旗滿洲梅勒額眞從攻錦州夜略杏山塔山七年擢刑部承政從伐明分軍略登州未至先歸坐奪俘獲入官順治元年從定京師逐李自成至延安城兵夜出擊破之復從豫親王多鐸徇江南三年又從討蘇尼特騰機思敗土謝圖汗碩雷汗援兵五年偕固山額眞阿賴等戍漢中累進爵自三等輔國將軍至貝子六年偕鎭國公屯齊哈輔國公巴布泰代英親王阿濟格討叛將姜瓖八年攝都察院事十一年從鄭親王世子濟度討鄭成功中道疾作召還十二年卒謚襄敏務達海子托克托慧封鎭國公托克托慧子揚福事聖祖官黑龍江將軍久聖祖屢稱之命襲不入八分鎭國公卒謚襄毅揚福子三官保聖祖褒其孝即命繼揚福署黑龍江將軍襲爵漢岱穆爾哈齊第五子事太宗與務達海同授牛彔章京崇德六年從上圍松山擊破明總兵吳三桂王樸七年從貝勒阿巴泰伐明攻薊州河間景州進克兗州即軍前授兵部承政順治元年從入關擊李自成又從多鐸西征破自成潼關二年與梅勒額眞伊爾德率兵自南陽趨歸德克州一縣四渡淮克揚州賜金二十五兩銀千三百兩三年授鑲白旗滿洲固山額眞與貝勒博洛徇杭州進攻台州擊明魯王以海分兵略福建攻分水關破明唐王將師福入崇安斬所置巡撫楊文英等下興化漳州泉州五年從貝子屯齊將兵討陝西亂回亂定與英親王阿濟格合軍討叛將姜瓖六年從巽親王滿達海克朔州甯武移師攻遼州下長留襄垣榆社武鄉諸縣七年授吏部尚書正藍旗滿洲固山額眞八年調刑部累進爵自一等奉國將軍至鎭國公九年復調吏部從定遠大將軍尼堪下湖南尼堪戰沒坐奪爵十二年復授吏部尚書加太子太保授鎭國將軍品級十三年四月坐依阿蒙蔽奪官爵卒漢岱子海蘭席布錫倫嵩布圖均封輔國公海蘭謚愍厚席布錫倫謚悼敏嵩布圖謚懷思

莊親王舒爾哈齊顯祖第三子初爲貝勒斐悠城長策穆特黑苦烏喇之虐願來附太祖令舒爾哈齊及貝勒褚英代善諸將費英東揚古利常書侍衞扈爾漢納齊布將三千人往迎之夜陰晦軍行纛有光舒爾哈齊曰吾從上行兵屢矣未見此異其非吉兆耶欲還兵褚英代善不可至蜚悠盡收環城屯寨五百戶而歸烏喇貝勒布占泰發兵萬人邀於路褚英代善力戰破之舒爾哈齊以五百人止山下常書納齊布別將百人從焉褚英代善既破敵乃驅兵前進繞山行未能多斬獲師還賜號達爾漢巴圖魯既論常書納齊布止山下不力戰

罪當死舒爾哈齊曰誅二臣與殺我同上乃宥之罰常書金百奪納齊布所屬自是上不遣舒爾哈齊將兵舒爾哈齊居恆鬱鬱語其第一子阿爾通阿第三子札薩克圖曰吾豈以衣食受羈於人哉移居黑扯木上怒誅其二子舒爾哈齊乃復還歲辛亥八月薨順治十年追封謚子九有爵者五阿敏圖倫寨桑武濟爾哈朗費揚武阿敏舒爾哈齊第二子歲戊申偕褚英伐烏喇克宜罕山城俘其衆以歸歲癸丑上伐烏喇布占泰以三萬人拒諸將欲戰上止之阿敏曰布占泰已出舍而不戰將奈何上乃決戰遂破烏喇天命元年與代善莽古爾泰及太宗並授和碩貝勒號四大貝勒執國政阿敏以序稱二貝勒四年明經略楊鎬大舉來侵阿敏從上擊破明兵薩爾滸山復與明總兵劉綎於棟鄂路代善等繼之陳斬綎還擊明將喬一琦一琦奔固拉庫崖與朝鮮將姜功烈合軍阿敏攻之功烈降一琦自經死尋從上破葉赫六年從上取瀋陽遼陽鎭江城將陳良策叛附明將毛文龍阿敏遷其民於內地文龍屯兵朝鮮境阿敏夜渡鎭江擊殺其守將文龍敗走十一年伐喀爾喀巴林部取所屬屯寨伐札嚕特部俘其衆天聰元年太宗命偕貝勒岳託等伐朝鮮瀕行上命並討文龍師拔義州分兵攻鐵山文龍所屯地也文龍敗走進克定州渡嘉山江克安州平壤復進次中和朝鮮國王李倧使迎師阿敏與諸貝勒答書數其罪有七力拒之師復進次黃州倧復遣使來阿敏欲遂破其都城諸貝勒謂宜待其大臣至莅盟許平總兵李承芳進曰我等奉上命仗義而行前已遣書言遣大臣莅盟即班師背之不義阿敏怒叱之退師復進次平山倧走江華島遣其臣進昌君至軍阿敏令吹角督進兵岳託乃與濟爾哈朗駐平山遣副將劉興祚入江華島責倧倧遣族弟原昌君覺等詣軍爲設宴宴畢岳託議還師阿敏曰吾恆慕明帝及朝鮮王城郭宮殿今既至此何遽歸耶我意當留兵屯耕杜度與我叔姪同居於此杜度變色曰上乃我叔我何肯遠離何爲與爾同居濟爾哈朗亦力阻諸貝勒乃定議許倧盟阿敏縱兵掠三日乃還上迎勞於武靖營賜御衣一襲復從上伐明圍錦州攻甯遠斬明步卒千餘四年師克永平灤州遷安遵化上命阿敏偕貝勒碩託將五千人駐守阿敏駐永平分遣諸將分守三城諭降榛子鎭明經略孫承宗督兵攻灤州阿敏遣數百人赴援收遷安守兵入永平明兵攻灤州急灤州守將固山額眞圖爾格等不能支棄城奔永平明兵截擊師死者四百餘阿敏令遵化守將固山額眞察哈喇等亦棄其城遂盡殺明將吏降者屠城民收其金帛夜出冷口東還上方遣貝勒杜度赴援聞阿敏等棄四城而歸上御殿集諸貝勒大臣宣諭罪阿敏等阿敏等至令屯距城十五里復宣諭詰責上念士卒陷敵或傷隳淚越三日召諸貝勒大臣集闕下上御殿令貝勒岳託宣於衆曰阿敏怙惡久矣當太祖時嗾其父欲移居黑扯木太祖坐其父子罪既而宥之其父既終太祖愛養阿敏如己出授爲和碩貝勒及上嗣位禮待如初師征朝鮮既定盟受質不願班師欲與杜度居王京濟爾哈朗力諫乃止此阿敏有異志之見端也俘美婦進上既復自求之上察其觖望曰奈何以一婦人乖兄弟之好以賜總兵冷格里伐察哈爾土謝圖額駙背約與通好上怒絕之阿敏遣以甲冑鞍轡且以上語盡告之諸貝勒子女婚嫁必聞上阿敏私以女嫁蒙古貝勒塞特爾及宴上不往常懷怨憤太祖時守邊駐防原有定界乃越界移駐黑扯木上責以擅棄汛地將有異志阿敏不能答上出征令阿敏留守惟耽逸樂屢出行獵岳託豪格出師先還坐受其拜儼如國君及代守永平妄曰既克城何故不殺其民又明告衆兵曰我既來此豈能令爾等不飽欲而歸略榛子鎭盡掠其財物又驅降人分給八家爲奴明兵圍灤州三晝夜擁兵不親援屠永平遷安官民悉載財帛牲畜以歸毀壞基業故令我軍傷殘命衆議其罪僉曰當誅命幽之留莊六所園二所奴僕二十羊五百牛二十餘財產悉界濟爾哈朗崇德五年十一月卒於幽所阿敏子六有爵者五愛爾禮固爾瑪琿恭阿果蓋果賴愛爾禮果蓋果賴皆封鎭國公愛爾禮坐罪死果蓋謚端純溫簡貝子固爾瑪琿崇德間從多爾袞伐明自京師入山西境復東至濟南克城四十餘封輔國公阿敏得罪奪爵削宗籍順治五年復封輔國公上以其貧乏賜白金三千從濟爾哈朗徇湖廣破何騰蛟師復進攻永興奪門入敗明兵進貝子康熙二十年卒謚溫簡鎭國襄敏公瓦三固爾瑪琿子事聖祖初封輔國將軍從岳託定湖廣襲輔國公二十一年授右宗人追論攻長沙退縮罪奪官仍留爵復授鑲藍旗滿洲固山額眞俄羅斯侵據雅克薩上遣瓦三偕侍郎果不會黑龍江將軍薩布素按治尋命固山額眞朋春等率師討之以瓦三統轄黑龍江將士二十四年卒謚襄敏瓦三子齊克塔哈襲輔國公事聖祖征噶爾丹在行歷右宗人都統領侍衛內大臣坐事奪爵以固爾瑪琿孫鄂斐襲征噶爾丹亦在行卒以子鄂齊襲事世宗嘗奉使西藏宣諭達賴喇嘛進鎭國公授天津水師都統坐不能約束所部奪爵復起授都統坐納賄再奪爵恭阿亦以阿敏得罪與固爾瑪琿同譴尋同還宗籍順治五年同徇湖廣克六十餘城封鎭國公六年卒於軍鄭獻親王濟爾哈朗舒爾哈齊第六子幼育於太祖封和碩貝勒天命十一年伐喀爾喀巴林部扎嚕特部並有功天聰元年伐朝鮮朝鮮國王李倧既乞盟阿敏仍欲攻其國都岳託邀濟爾哈朗議濟爾哈朗曰吾等不宜深入當駐兵平山以待卒定盟而還五月從上伐明圍錦州偕莽古爾泰擊敗明兵復移師甯遠與明總兵滿桂遇裹創力戰大敗其衆二年五月偕豪格討蒙古固特塔布囊戮之收其衆歸三年八月伐明錦州甯遠焚其積聚十月上率師自洪山口入濟爾哈朗偕岳託攻大安口夜毁水門以進擊明馬蘭營援兵及旦明兵立二營山上濟爾哈朗督兵追擊五戰皆捷降馬蘭營馬蘭口大安口三營引軍趨石門寨殲明援兵寨民出降會師遵化薄明都徇通州張家灣四年正月從上圍永平擊斬叛將劉興祚獲其弟興賢既克永平與貝勒薩哈璘駐守察倉庫閱士卒置官吏傳檄下灤州遷安三月阿敏代戍乃引師還五年七月初設六部濟爾哈朗掌刑部事從上圍大凌河濟爾哈朗督兵收近城臺堡六年五月從征察哈爾還趨歸化城收其衆千餘人七年三月城岫巖五月明將孔有德耿仲明自登州來降明總兵黃龍以水師邀之朝鮮兵與會濟爾哈朗與貝勒阿濟格等勒軍自鎭江迓有德等明兵引去崇德元年四月封和碩鄭親王三年五月攻甯遠薄中後所城明兵不敢出移師克模龍關及五里堡屯臺四年五月略錦州松山九戰皆勝俘其衆二千有奇五年三月脩義州城蒙古多羅特部蘇班岱阿爾巴岱附於明屯杏山五里臺請以三十戶來歸上命率師千五百人迎之戒曰明兵見我寡必來戰可分軍爲三隊以行夜過錦州至杏山使潛告蘇班岱等攜輜重以行旦明杏山總兵劉周智與錦州松山守將合兵七千逼我師濟爾哈朗縱師入敵陣大敗之賜御廐良馬一九月圍錦州設伏城南敵不進追擊破之六年三月復圍錦州立八營掘壕築塹以困大壽大壽以蒙古兵守外郛台吉諸木齊等遣人約獻東關爲大壽所覺與之戰濟爾哈朗督兵薄城蒙古兵縋以入據其郛遷蒙古六千餘人於義州降明將八十餘上御篤恭殿宣捷四月敗明援兵五月又敗之斬級二千六月師還九月復圍錦州十二月洪承疇自松山遣兵夜犯我軍我軍循壕射之敵敗去不得入七年正月再圍錦州三月大壽降隳松山塔山杏山三城以歸賜鞍馬一蟒緞百八年世祖即位命與睿親王多爾袞同輔政九月攻甯遠拔中後所並取中前所順治元年王令政事先白睿親王列銜亦先之五月睿親王率師入山海關定京師十月封爲信義輔政叔王賜金千銀萬緞千疋四年二月以府第踰制罰銀二千罷輔政五年三月貝子屯齊尚善屯齊喀等許王諸罪狀言王當太祖初喪不舉發大臣謀立肅親王豪格召王就質議罪當死遂興大獄勳臣額亦都費英東揚古利諸子姪皆連染議罪當死籍沒既改從輕比王坐降郡王肅親王豪格遂以幽死閏四月復親王爵九月命爲定遠大將軍率師下湖廣十月次山東降將劉澤清以叛誅六年正月次長沙明總督何騰蛟總兵馬進忠陶養用等合李自成餘部一隻虎等據湖南王分軍進擊拔湘潭擒騰蛟四月次辰州一隻虎遁走克寶慶破南山坡大水洪江諸路兵凡二十八營七月下靖州進攻衡州斬養用逐敵至廣西全州分軍下道州黎平及烏撒土司先後克六十餘城七年正月師還賜金二百銀二萬八年二月偕巽親王滿達海端重親王博洛敕議親王尼堪奏削故睿親王多爾袞爵語詳睿親王傳三月以王老免朝賀謝恩行禮九年二月進封叔和碩鄭親王十二年二月疏言太祖創業之初日與四大貝勒五大臣討論政事得失咨訪士民疾苦上下交孚鮮有壅蔽故能掃清羣雄肇興大業太宗纘承大統亦時與諸王貝勒講論不輟崇獎忠直錄功棄過凡詔令必求可以順民心垂久遠者又慮武備廢弛時出射獵諸王貝勒罷酒高讌以優戲爲樂太宗怒曰我國肇興治弓矢繕甲兵視將士若赤子故人爭效死每戰必克常恐後世子孫棄淳厚之風沿習漢俗卽于慆淫今若曹爲此荒樂欲國家隆盛其可得乎遣大臣索尼再三申諭今皇上詔大小臣工盡言臣以爲平治天下莫要於信前者軫恤滿洲官民聞者懽忭嚮役脩乾淸宮詔令不信何以使民伏祈效法太祖太宗時與大臣詳究政事得失必商榷盡善然後布之詔令庶幾法行民信紹二聖之休烈抑請者垂勳昭德莫先于史古聖明王進君子遠小人措天下於太平垂鴻名于萬世竊史官是賴令宜設起居注官置之左右一言一行傳之無窮亦治道之助也疏上嘉納之五月疾革上臨問奏臣受三朝厚恩未及答願以取雲貴殄桂王統一四海爲念上爲涕曰天奈何不令朕叔長年耶言已大慟命工圖其像覽日薨年五十七輟朝七日賜銀萬置守園十戶立碑紀功康熙十年六月追謚乾隆四十三年正月詔配享太廟復嗣王封號曰鄭濟爾哈朗子十一有爵者四富爾敦濟度勒度巴爾堪富爾敦濟爾哈朗第一子封世子順治八年卒謚慤厚簡純親王濟度濟爾

哈朗第二子初封簡郡王富爾敦卒封世子十一年十一月命爲定遠大將軍率師討鄭成功十二年九月次福州久之進次泉州十三年六月成功將黃梧蘇明鄭純自海澄來降移軍次漳州俄成功犯福州遣梅勒額眞阿克善等赴援擊敗之斬二百餘級復擊斬其將林祖蘭等奪其舟十有四又分軍攻惠安閩安漳浦獲舟數百斬二千餘級十四年三月師還上遣大臣迎勞蘆溝橋始聞鄭獻親王之喪令入就喪次上臨其第慰諭之五月襲爵改號簡親王十七年薨濟度子五喇布德塞雅布先後襲爵簡親王喇布濟度第二子濟度初薨以第三子德塞襲康熙九年薨諡曰惠是年喇布襲爵吳三桂反十三年九月命爲揚威大將軍率師駐江甯十四年九月移師江西鎭南昌屢遣兵援東鄉擊鄱陽破金谿萬年三桂將高得捷韓大任陷吉安詔趣進師喇布駐南昌不出師攻吉安屯螺子山敵來攻師敗績上遣侍郎班迪按敗狀喇布乃督師圍吉安十六年三月敵引走喇布入吉安疏稱大任等屯甯都請降詔報可旣而大任自甯都出掠萬安泰和喇布復請增兵上諭曰簡親王喇布自至江西無尺寸之功深居會城慮糜廩餉迨赴吉安以重兵圍城而韓大任竄逸竊踞甯都復擾萬安泰和不能擊滅喇布所轄官兵爲數不爲少乃一大任不能翦除宜嚴加處分俟事平日議罪十七年正月護軍統領哈克三等敗大任于老虎洞燬其壘斬六千級大任奔福建詣康親王傑書軍降二月移師湖南駐茶陵八月三桂死於衡州詔令自安仁進師十八年正月進復衡州二月分軍復祁陽耒陽寶慶九月進次廣西駐桂林十九年正月馬承廕以柳州叛五月進攻柳州承廕降八月移駐南甯十月詔還所部付大將軍賚塔進攻雲南二十年八月召還京師十月薨二十一年追論吉安失機罪奪爵雅布濟度第五子二十二年襲二十七年命赴蘇尼特防噶爾丹二十九年噶爾丹深入烏珠穆沁地以恭親王常甯爲安北大將軍雅布與信郡王鄂扎副之出喜峯口旣而罷行詔赴裕親王福全軍參贊軍務八月擊敗噶爾丹於烏蘭布通噶爾丹遁未窮追師還議不追敵罪當奪爵詔罰俸三年三十五年從上親征三十八年掌宗人府事四十年薨諡曰修子十五雅爾江阿神保住先後襲爵雅爾江阿雅布第一子初封世子四十二年襲雍正四年詔責雅爾江阿耽飲廢事奪爵神保住雅布第十四子初封鎭國將軍雅爾江阿旣黜世宗命襲爵乾隆十三年詔責神保住恣意妄爲致兩目成眚又虐待兄女奪爵以濟爾哈朗弟貝勒費揚武曾孫德沛襲德沛字濟齋貝子福存子雍正十三年授鎭國將軍以果親王允禮薦世宗召見問所欲對曰願側孔廡分特豚之饋上大重之授兵部侍郎乾隆元年改古北口提督二年授甘肅巡撫奏言甘肅州縣多在萬山中遇災民入城領賑路窵遠宜於鄉鎭設廠散糧並許州縣吏具詳即施賑旋擢湖廣總督奏言治苗疆宜勸墾田置學校並諭令植樹四年調閩浙總督御史朱續晫劾福建巡撫王士任贓私上疑不實命續晫會鞫德沛自承失察直續晫而奪士任官時服其公福州將軍隆昇貪縱劾去之奏言海濱居民恆械鬥宜酌移鎭將營汛預弭爭端五年十二月諭曰德沛屢任封疆操守廉潔一介不取逋負日積致鬻產賜福建藩庫銀一萬以風有位六年兼署浙江巡撫七年調兩江總督淮揚大水令府縣發倉庫奏撥地丁關稅鹽課銀十萬兩治賑尋議河事與高斌不合八年轉吏部侍郎十二年五月署山西巡撫十二月擢吏部尚書十三年七月以疾解任神保住旣黜上以德沛操履厚重特命襲爵曾祖貝勒費揚武祖貝子傅喇塔及福存並追封簡親王十七年薨諡曰儀以濟爾哈朗曾孫奇通阿襲奇通阿輔國公巴賽子初授輔國將軍襲輔國公乾隆元年授正紅旗滿洲都統三年授領侍衞內大臣十七年襲祖輔國公巴爾堪父巴賽並追封簡親王二十一年掌宗人府事二十八年薨諡曰勤子豐訥亨襲豐訥亨初授三等侍衞事高宗從師討準噶爾將健銳千人屯呼爾瑞霍集占以五千人來犯合諸軍擊卻之逐北十餘里師進敵踞塹以拒戰奪塹所乘馬中創易馬再進敗敵沁達勒河渡口再敗敵葉爾羌河岸詔嘉其勇遷二等侍衞擢鑲白旗滿洲副都統移軍伊犁授領隊大臣擊破瑪哈沁及哈薩克部人收其馬二十七年師還賜雙眼孔雀翎遷護軍統領管健銳營二十八年襲爵授都統掌宗人府事四十年薨諡曰恪子積哈納襲四十三年正月復號鄭親王四十九年薨諡曰恭子烏爾恭阿襲烏爾恭阿初名佛爾果崇額襲爵詔改名道光二十六年薨諡曰愼子端華襲授御前大臣宣宗崩受顧命文宗即位迭命爲閱兵大臣右宗正京師戒嚴令督察巡防十年扈上幸熱河授領侍衞內大臣端華弟肅順用事文宗崩再受顧命與怡親王載垣及肅順等並號贊襄政務王大臣穆宗還京師詔責端華等專擅跋扈罪端華坐賜死肅順自有傳爵降爲不入分輔國公同治元年二月以濟爾哈朗八世孫岳齡襲三年七月克復江甯復還鄭親王世爵以奇通阿五世孫承志襲承志輔國公西朗阿子初襲輔國公旣襲王爵曾祖輔國公經訥亨祖輔國公伊豐額及西朗阿並追封鄭親王而以岳齡改襲輔國公四年二月御史劉慶劾承志品行不端詔令力圖湔濯十一年坐令護衞玉壽毆殺主事福珣奪爵圈禁以積哈納孫慶至襲慶至奉恩將軍松德嗣子旣襲王爵松德追封鄭親王慶至光緒四年薨諡曰順子凱泰襲二十六年薨諡曰恪子昭煦襲勒度濟爾哈朗第三子封敏郡王薨諡曰簡無子爵除輔國武襄公巴爾堪濟爾哈朗第四子初授輔國將軍康熙十三年吳三桂據湖南令巴爾堪率師赴兗州署梅勒額眞進次江甯耿精忠遣兵犯徽州詔巴爾堪進勦九月次旌德聞績溪陷疾趨過徽嶺破敵江甯將軍額楚繼至合師逐北斬三千餘級克徽州復破敵黟縣董亭橋進攻婺源復破敵於奇台嶺於黃茅新嶺復婺源進克樂平擊破叛將陳九傑乘勝下饒州十四年攻萬年石頭街敵四萬人禦渡口水陸並進破五十七營斬五千級擒九傑克安仁敵焚舟走五月復貴溪進略弋陽攻永豐十六年正月敗於螺子山議奪官偕額楚徇廣東九月戰韶州蓮花山陷陣中流矢裹創力戰大破敵十九年八月喇布師次廣西上命以巴爾堪從病作語固山額眞額赫納等曰吾不能臨陣而死今創發勿令家人以陣亡冒功也遂卒于軍喪還上命內大臣輝塞往奠下部議卹雍正元年追封諡子巴賽襲輔國襄愍公巴賽事聖祖授鑲藍旗漢軍副都統從征噶爾丹遷正紅旗蒙古都統署黑龍江將軍世宗即位授甯古塔將軍旣襲爵召還雍正四年授振武將軍軍阿爾台五年當代還以喀爾喀郡王丹津多爾濟言巴賽治事整飭命留防七年靖邊大將軍傅爾丹率師討噶爾丹策零授巴賽副將軍八年傅爾丹入覲護大將軍印九年偕傅爾丹駐科布多六月噶爾丹策零以三萬人來犯傅爾丹信間言噶爾丹策零兵寡遂出師次庫列圖嶺敵據險攻之不克移軍和通呼爾哈諾爾敵伏山谷突起截戰蒙古兵潰收滿洲兵四千作方營保輜重退度哈爾哈納河敵追至傅爾丹還科布多巴賽與副將軍查弼納率殘兵越嶺至河濱禦敵沒於陳噶爾丹策零之衆旌黃帶示我師曰汝宗室爲我所殺矣賜卹諡祀昭忠祠子奇通阿襲壽改襲簡親王公爵當除高宗以巴爾堪巴賽仍世有戰功以奇通阿次子經訥亨襲四傳至曾孫承志復改襲鄭親王靖定貝勒費揚武一名芬古舒爾哈齊第六子天聰五年授鑲藍旗固山額眞從上伐明攻大凌河城費揚武率本旗兵圍其西南上幸阿濟格營城兵突出費揚武擊敗之上令諸軍向錦州幟而馳若明援兵至者以致祖大壽費揚武迎擊大壽敗入城遂不敢出八年再從伐明師進獨石口克長安嶺攻赤城克其郛九年師入山西上命費揚武等攻甯錦綴明師大壽軍大凌河西擊敗之崇德元年伐明克城十是冬伐朝鮮敘功封固山貝子四年坐受外藩蒙古賄削爵尋復封輔國公七年伐明敗明總兵白騰蛟等於薊州克其城八年代戍錦州十二月卒順治十年追封諡費揚武子七有爵者三尙善傅喇塔努賽努賽封貝子諡悼哀尙善初襲輔國公順治元年進貝子二年從多鐸南征擊李自成敵以騎兵三百衞我師尙善擊敗之平河南下江南並有功賜團補紗衣一襲金百銀五千鞍馬一五年戍大同六年進貝勒掌理藩院爲議政大臣十五年從多尼征雲南明桂王由榔奔永昌尙善進鎭南州破其將白文選於玉龍關渡瀾滄江下永昌由榔先遁乘勝取騰越進南甸至孟村而還十六年賜蟒袍一玲瓏刀一鞍馬一十七年追論尙善撤永昌守兵致軍士入城傷人罪降貝子康熙十一年復爵任右宗正以疾罷吳三桂反授安遠靖寇大將軍率師之岳州尙善至軍移書三桂曰王以亡國餘生乞師我朝殄殲賊寇雪國恥復父讐蒙恩眷禮列爵分藩富貴榮寵迄今三十餘年矣而晚節末路自取顚覆竊爲王不解也王今藉口興復明室曩者大兵入關不聞請立明裔天下大定猶爲我計除後患翦滅明宗安在其爲故主效忠哉將爲子孫創大業則公主額駙入滇之時何不即萌反側至遣子入侍乃復稱兵以陷子於戮可謂慈乎若謂光耀前人則王之投誠也祖考皆膺封錫今則墳塋毀棄骸骨遺於道路可謂孝乎爲人臣僕身事兩朝而未嘗忠於一主可謂義乎躬蹈四罪而猶逞志角力謬欲收拾人心是厝薪於火而云安結巢於幕而云固也聖朝寬大如輪誠悔罪應許自新毋蹈公孫述彭寵故轍赤族湛身爲世大僇三桂得書不報尙善疏請發荆州綠營兵京口沙唬船五十進攻岳州十四年遣舟師絕敵餉道十五年敗賊於洞庭取君山分兵助攻長沙十六年四月三桂奔衡州復出湘潭分遣其衆侵兩粵十七年詔責尙善師無功令率所部駐長沙而以岳樂統大軍取岳州尙善請率舟師克岳州自效上從之三桂將杜輝等犯柳林嘴師迎擊舟師來會合戰輝敗走八月卒於軍十九年追論退縮罪削貝勒聖祖念尙善舊勞授其子門度輔國公世襲惠獻貝子傅喇塔費揚武第四子初封輔國公順治二年從勒克德渾徇湖廣有功賜金五十銀千五年復征湖廣逐敵至廣西賜銀六百六年進貝子十六年以朝參失儀降輔國公十八年復爵康熙

十三年耿精忠反授寧海將軍佐康親王傑書討之師至浙江溫州處州皆陷傳喇塔師進台州戰黃瑞山擊斬精忠將陳鵬等復破敵天台紫雲山十四年精忠將曾養性再犯台州師自仙居襲其後破之乘勝圍黃巖養性遁城降先後復太平樂淸靑田諸縣進攻溫州破敵南江十五年精忠兵四萬水陸來犯師分路迎擊斬其將三百兵二萬有奇初傳喇塔之攻溫州也以待紅衣礮爲辭繼言須戰船傑書疏聞上責其言先後歧命剋期取溫州傳喇塔疏言臣奉康親王檄催心思皇惑語言違謬臣前駐台州王云待破台州進福建臣得黃巖又云必取溫州以是責臣臣將無辭今蒙恩勅期下溫州敢不戮力但環溫州皆水我軍不能猝入上命康親王留兵圍溫州而趣傳喇塔率師自衢州規福建諭曰王貝子皆朕懿親受命討賊師克在和宜同心弇力以奏膚功於是傳喇塔亦留兵圍溫州而自率師攻處州溯江抵得勝山養性等以數百艘泊江中復立兩營對江及得勝山下古溪阻我師傳喇塔遣攻古溪伏林中敵敗伏起截殺並發礮碎敵舟及對江營師進次溫溪渡口敗精忠將馬成龍壽會傑書師于衢州精忠兵屯雲和石塘嶺擊之破其壘二十八克雲和九月師入福建精忠降浙江諸寇悉平十一月卒于軍喪歸賜祭葬諡惠獻子富善仍襲貝子授左宗人以病解任諭責富善乖亂奪爵弟福存襲卒子德普襲鎭國公授左宗人卒子恒魯襲輔國公事高宗歷工部侍郞左宗人綏遠盛京將軍授內大臣卒諡恭懿子興兆襲輔國公事高宗從征金川爲領隊大臣歷右宗人荆州將軍攻當噶拉得黑絨布寨卡卡角諸地有功金川平畫像紫光閣歷西安綏遠城將軍坐事奪官復授荆州將軍苗石柳鄧吳半生吳八月等爲亂與提督花連布擊吳半生降與內大臣額勒登保等擊吳八月復擊石柳鄧殲焉屢荷恩賚嘉慶初討敎匪姚之富齊王氏等師久無功奪官戍烏魯木齊復授侍衞駐和闐塔爾巴哈臺坐事復奪官子孫仍以輔國公世襲錄傳喇塔功也

舒爾哈齊諸孫札喀納屯齊洛托皆有功受封札喀納札薩克圖子崇德三年八月睿親王多爾袞率師伐明毀邊牆至涿州分軍八道入扎喀納趨臨淸州渡運河破濟南還破天津衞所向有功四年師還賜駝馬各一銀二千封鎭國公上命追蒙古漢人之逃亡者札喀納以泥淖不追而還降輔國公六年從上攻錦州明總督洪承疇以兵犯鑲紅旗營擊敗之罷戰敵襲我後距百步而近札喀納奮力轉戰敵驚遁復偕輔國公費揚武追擊明將吳三桂白廣恩王樸等於塔山七年戍錦州追論敏惠恭和元妃喪時札喀納從武英郡王阿濟格歌舞爲樂大不敬削爵黜宗籍幽禁順治初釋之從多爾袞敗李自成復宗籍授輔國公品級偕鎭國公傅勒赫戍江南復從平南大將軍勒克德渾徇湖廣師還賜金五十銀千五年從郡王瓦克達赴英親王阿濟格軍戍大同六年進貝子九年從定遠大將軍尼堪征湖南賜蟒衣鞍馬弓矢至衡州尼堪戰歿上以貝勒屯齊與札喀納合領其軍敗明兵於周家坡十一年追論衡州敗績罪奪爵十二年復授輔國公品級十五年從定遠靖寇大將軍多尼徇雲南克永昌十六年閏三月卒於軍子瑪喀納襲三等鎭國將軍品級屯齊圖倫子圖倫舒爾哈齊第四子追封貝勒諡恪僖屯齊事太宗從英親王阿濟格伐明有功從鄭親王濟爾哈朗略錦州松山杏山九戰九勝屯齊受創加賜銀百封輔國公五年從睿親王多爾袞圍錦州明兵夜襲鑲藍旗營擊敗之坐不臨城及私遣兵還議削爵命罰銀千六年從上攻錦州塔山敗明兵復從多爾袞圍錦州順治元年進貝子尋從豫親王多鐸破流寇平陝西河南並有功賜圓補紗衣一襲從多鐸下江甯明福王由崧走太平與貝勒尼堪追至蕪湖獲之師還賜金百銀五千鞍馬一授鑲藍旗滿洲固山額眞三年從肅親王豪格西征破賀珍解漢中圍會一隻虎孫守法陷興安進師漢陰擊走之五年陝西回亂命爲平西大將軍率師討之總督孟喬芳已擊斬回酋米喇印丁國棟等還赴英親王阿濟格軍戍大同六年進貝勒張獻忠將孫可望李定國等降於明桂王由榔擾湖南九年屯齊從定遠大將軍尼堪南征尼堪戰歿以屯齊代將時定國及別將馬進忠率兵四萬餘屯永州定國聞師至度龍虎關先遁可望在靖州別將馮雙禮在武岡屯齊進師寶慶至周家坡雙禮進忠據險抗我師會暮天雨列陣相拒其夜可望自寶慶以兵來會衆號十萬屯齊分兵縱擊大破之十一年追坐衡州敗績削爵十二年授鎭國公品級十五年從多尼徇雲南定國挾由榔奔永昌降其餘衆還康熙二年卒子溫齊初封貝子授右宗人鑲藍旗滿洲都統吳三桂反上命定西大將軍董額自陝西徇四川溫齊從陝西提督王輔臣叛應三桂師駐漢中十四年進次隴州克仙逸關山二關復秦州禮縣逐敵至西和淸水伏羌並下十六年詔責董額師久無功溫齊亦坐降輔國公奪官三桂陷湖南安遠靖寇大將軍尙善規岳州上發禁旅命溫齊率以往參贊軍務十七年敗賊於柳林觜於君山於陸石口進克岳州十八年溫齊追三桂將吳應麒以未擒獲具引還且妄報陣斬五千餘級時尙善已卒察尼代將事聞命察尼按鞫之溫齊坐削爵洛託寨桑武子寨桑武舒爾哈齊第五子追封貝勒諡和惠洛託天聰八年從太宗伐明上駐師大同南山西岡洛託籍所俘以獻崇德元年封貝子從伐朝鮮偕貝勒多鐸圍南漢山城朝鮮將以八千人赴援盡殲之又以五千人赴援擊之敗走二年與議政四年從英親王阿濟格圍塔山連山五年從睿親王多爾袞屯田義州錦州兵夜襲我鑲藍旗營與屯齊共擊敗之六年坐圍錦州不臨城且私遣兵還議削爵詔罰銀千上征松山大破明總督洪承疇兵洛託橫擊潰兵於塔山復圍錦州七年從鄭親王濟爾哈朗攻塔山克之授督察院承政偕傅洛尼堪駐錦州八年坐事削爵幽禁順治初釋之八年復封三等鎭國將軍十三年授鑲藍旗滿洲固山額眞十四年孫可望李定國馮雙禮等擾湖南命爲甯南靖寇將軍駐防荆州佐經略洪承疇討之遣兵取心潭隘斷巴東渡口可望將趙世超譚新傳趙三才皆降俄可望與定國內訌戰不勝亦來降上命偕都統濟席哈自湖南進取貴州十五年與承疇會師常德次辰州復沅陵瀘溪麻陽黔陽漵浦諸縣進次沅州檄偏沅巡撫袁廓宇徇靖州屯鎭遠二十里山口以禦敵雙禮部將馮天裕閻廷桂等先後自平越降四月師至貴州明將羅大順收潰卒襲新添衞擊敗之洛託與承疇守貴陽十六年師還敍功加授拖沙喇哈番進一等鎭國將軍十七年命爲安南將軍征鄭成功大破之十一月還康熙四年卒子富達禮襲拜他喇布勒哈番世職旋改襲奉恩將軍八年進一等輔國將軍坐諂索額圖爲其從弟所訐削爵

通達郡王雅爾哈齊顯祖第四子太祖同母弟其生平不著順治十年五月追封諡配享太廟

篤義剛果貝勒巴雅喇顯祖第五子初授台吉歲戊戌正月太祖命偕褚英伐安楚拉庫路夜取屯寨二十降萬餘人賜號卓禮克圖譯言篤義歲丁未五月伐東海窩集部取赫席赫鄂謨和蘇魯佛訥赫托克索三路俘二千人天命九年卒順治十年追封諡子拜音圖事太宗授三等昂邦章京鑲黃旗固山額眞崇德元年五月從武英郡王阿濟格略保定攻安肅克之十月獻所獲於篤恭殿上以拜音圖戰不忘君深嘉之從伐朝鮮騎入城收其輜重三年從睿親王多爾袞伐明偕固山額眞圖爾格敗敵董家口毀邊牆入克靑山關下城六年拜音圖弟鞏阿岱從大軍圍錦州臨陣退撓下王大臣鞫其罪拜音圖拂袖出坐徇庇論死命奪爵職罰鍰贖罪尋率師助多爾袞攻錦州復偕多鐸圍松山七年復授固山額眞順治二年從多鐸西征敗敵潼關封一等鎭國將軍賜緞服一襲復從南征克揚州又以舟師破其兵於江南岸偕貝子博洛下杭州敍功賜金八十銀四千鞍馬一三年授三等公五年進貝子從阿濟格戍大同叛將姜瓖既死餘黨猶分據郡邑六年拔沁州復圍瓖將胡國鼎於潞安殲其衆進貝勒鞏阿岱事多爾袞最見信任累進封貝子多爾袞既薨坐黨附罪死拜音圖亦牽連削爵幽禁削宗籍嘉慶四年仁宗命復宗籍賜紅帶鞏阿岱裔孫伊里布自有傳

清史稿 列傳三

諸王二

太祖諸子一

太祖十六子孝慈高皇后生太宗元妃佟佳氏生廣略貝勒褚英禮親王代善繼妃富察氏生莽古爾泰德格類大妃烏拉納喇氏生阿濟格睿親王多爾袞豫親王多鐸側妃伊爾根覺羅氏生饒餘郡王阿巴泰庶妃兆佳氏生鎭國公阿拜庶妃鈕祜祿氏生鎭國將軍湯古代輔國公塔拜庶妃嘉穆瑚覺羅氏生鎭國公巴布泰鎭國將軍巴布海庶妃西林覺羅氏生輔國公賴慕布而費揚

古不詳所自出

廣略貝勒褚英，太祖第一子歲戊戌太祖命伐安楚拉庫路取屯寨二十以歸賜號洪巴圖魯封貝勒歲丁未偕貝勒舒爾哈齊代善徙瓦爾喀部斐悠城新附之衆軍夜行陰晦纛有光舒爾哈齊疑不吉欲班師褚英與代善持不可抵斐悠城收其屯寨五百戶令扈爾漢衞以先行烏喇貝勒布占泰以萬人邀之路扈爾漢所部止二百人褚英代善策馬諭之曰上每征伐皆以寡擊衆今日何懼且布占泰降虜耳乃不能復縛之耶衆皆奮因分軍夾擊敵大敗得其將常柱瑚里布斬三千級獲馬五千甲三千師還上嘉其勇錫號曰阿爾哈圖土門譯言廣略歲戊申三月偕貝勒阿敏伐烏喇克宜罕山城布占泰與蒙古科爾沁貝勒翁阿岱合兵出烏喇二十里望見我軍知不可敵乃請盟褚英屢有功上委以政不恤衆諸弟及羣臣愬於上上寖疏之褚英意不自得焚表告天自訴乃坐咀呪幽禁是歲癸丑越二年乙卯閏八月死於禁所年三十六明人以爲諫上毋背明忤旨被譴褚英死之明年太祖稱尊號褚英子三有爵者二杜度尼堪安平貝勒杜度褚英第一子初授台吉天命九年喀爾喀巴約特部台吉恩格德爾請內附杜度從貝勒代善迎以歸封貝勒天聰元年從貝勒阿敏岳託等伐朝鮮朝鮮國王李倧請和諸貝勒許之阿敏欲仍攻王京岳託持不可阿敏引杜度欲與留屯杜度亦不可卒定盟而還三年十一月從上伐明薄明都敗明援兵又偕貝勒阿巴泰等略通州焚其舟至張家灣十二月師還至薊州明兵五千自山海關來援與代善親陷陣傷足猶力戰殲其衆駐遵化四年正月明兵來攻敗之斬其副將獲駝馬以千計七年明將孔有德耿仲明降偕貝勒濟爾哈朗阿濟格赴鎮江迎以歸詔問伐明及朝鮮察哈爾三者何先杜度言察哈爾在掌握可緩察哈爾逼則征之若尚遠宜取大同邊地秋馬乘機深入八年軍海州崇德元年進封安平貝勒海州河口守將伊勒慎報明將造巨艦百餘截遼河命杜度濟師明兵却乃還是冬上伐朝鮮杜度護輜重後行略皮島雲從島大花島鐵山二年二月次臨津江前一日冰解夕大雨雪冰復合師畢渡上聞之曰天意也從睿親王多爾袞取江華島敗其水師遂克之三年多爾袞將左翼岳託將右翼伐明杜度爲岳託副師進越密雲東牆子嶺明兵迎戰擊敗之進攻牆子嶺堡分軍破黑峪古北口黃崖口馬蘭峪岳託薨於軍杜度總軍事會多爾袞軍於通州河西越明都至涿州西抵山西南抵濟南克城二十降其二凡十六戰皆捷殺總督以下官百餘俘二十餘萬還出青山口自太平寨奪隘行四年四月師還賜駝一馬二銀五千命掌禮部事略錦州寧遠五年代濟爾哈朗於義州屯田刈錦州禾遇明兵敗之克錦州臺九小凌河西臺二明總督洪承疇以兵四萬營杏山城外偕豪格擊敗之追薄壕而還又殲運糧兵三百往錦州誘明兵出戰復擊敗之獲大凌河海口船追斬敵之犯義州者冬再圍錦州六年攻廣寧敗松山錦州援兵以從多爾袞離城遠駐遣軍私還論削爵詔罰銀二千復圍錦州敗明兵於松山是秋復從上伐明留攻錦州七年六月薨病革時諸王貝勒方集篤恭殿議出征功罪上聞之爲罷朝喪還遣大臣迎奠雍正二年立碑旌其功杜度子七有爵者五杜爾祜穆爾祜特爾祜杜努文薩弼愨厚貝勒杜爾祜杜度第一子初封輔國公從太宗圍松山錦州有功坐事降襲鎮國公復以甲喇額眞拜山等首告怨望削爵黜宗室順治元年從多鐸南征二年復宗室封輔國公敍功賜金五十銀二千五百八年進貝勒十二年二月卒予諡子敦達襲貝子諡恪恭子孫遞降以輔國公世襲敦達八世孫光裕襲輔國公光緒二十六年德意志等國兵入京師死難贈貝子銜諡勤愍貝子穆爾祜杜度第二子天聰九年師伐明穆爾祜從貝勒多鐸率偏師入寧遠錦州綴明師抵大凌河擊斬明將劉應選追奔至松山獲馬二百克臺一並有功崇德元年封輔國公七年十月與杜爾祜同得罪順治元年從多鐸南征破李自成潼關先後拔兩營賊犯我噶布什賢兵穆爾祜擊敗之又設伏山隘賊自山上來襲敗其衆二年復宗室封三等鎮國將軍三年進一等從多鐸征蘇尼特布騰機思等敗之四年進輔國公六年從尼堪擊叛將姜瓖進貝子復從尼堪征湖南賜蟒衣鞍馬弓矢至衡州尼堪戰歿十一年論前罪削爵卒子長源授鎮國將軍品級子孫遞降至雲騎尉品級爵除恪僖貝子特爾祜杜度第三子崇德四年封輔國公六年從圍錦州敗明兵於松山杏山間七年移師駐塔山克之與杜爾祜同得罪順治元年從多爾袞入山海關破李自成逐之至慶都復從多鐸敗自成潼關二年復宗室封輔國公賜金五十銀二千六年進貝子十五年卒予諡子孫遞降以奉恩將軍世襲懷愍貝子薩弼杜度第七子杜爾祜得罪從坐黜宗室順治元年從多爾袞入山海關破李自成有功二年復宗室封輔國公三年從勒克得渾南征略荊州屢破敵師還賜金五十銀千六年從擊叛將姜瓖戰朔州敗瓖將姜之芬孫乾高奎等移師攻寧武瓖將劉偉等降進貝子十二年卒予諡子固鼐襲鎮國公諡悼愍子孫遞降以鎮國將軍世襲杜度諸子惟第六子杜努文無戰功順治初封輔國公卒康熙三十七年追封貝子亦諡懷愍子蘇努初襲鎮國公事聖祖累進貝勒雍正二年坐與廉親王允禩爲黨削爵黜宗室敬謹莊親王尼堪褚英第三子天命間從伐多羅特董夔諸部有功天聰九年師伐明從多鐸率偏師入錦寧界綴明師崇德元年封貝子上伐朝鮮從多鐸逐朝鮮國王李倧至南漢山城殲其援兵四年上伐明從阿濟格等攻塔山連山七年成錦州順治元年四月從多爾袞入山海關敗李自成復從阿濟格追擊至慶都進貝勒復從多鐸率師自孟津至陝州破敵二年師次潼關自成將劉方亮出禦尼堪與巴雅喇纛章京圖賴夾擊之獲馬三百餘又偕貝子尚善敗敵騎趨歸德定河南詔慰勞賜弓一五月從多鐸克明南都追獲明福王由崧又攻江陰力戰克之師還賜金二百銀萬五千鞍一馬五三年從豪格西征時賀珍擾漢中二隻虎孫守法擾興安羣寇蠭起尼堪次西安自棧道進軍珍自雞頭關迎拒擊殲之疾馳漢中躡其壘賊走西鄉追擊於楚湖至漢陰二隻虎奔四川孫守法奔岳科寨十一月復從豪格入四川斬張獻忠於西充與貝子滿達海分兵定遵義夔州茂州隆昌富順內江資陽四川平五年師還偕阿濟格平天津土寇進封敬謹郡王六年命為定西大將軍討叛將姜瓖屢敗敵破瓖所置巡撫姜輝其將羅英壇以所部降多爾袞赴大同招撫姜瓖承制進尼堪親王旋自左衞圍大同瓖將楊振威等斬瓖以降師還七年與巽親王滿達海端重親王博洛理六部事多爾袞遣尚書阿哈尼堪迎朝鮮王弟阿哈尼堪啟尼堪以章京恩國泰代行事覺尼堪坐徇隱降郡王八年復封親王又坐不奏阿濟格私蓄兵器降郡王尋掌禮部居數月再復親王掌宗人府事孫可望等犯湖南命為定遠大將軍率師討之瀕行賜御服佩刀鞍馬上親送於南苑李定國陷桂林詔入廣西勦賊十一月師次湘潭明將馬進忠等遁師嚮衡州噶布什賢兵擊敵衡山縣敗敵兵千八百尼堪督兵夜進兼程至衡州詰旦師未陣敵四萬餘猝至尼堪督隊進擊大破之逐北二十餘里獲象四馬八百有奇敵設伏林內中途伏發師欲退尼堪曰我軍擊賊無退者我為宗室退何面目歸乎奮勇直入敵圍之數重軍失道尼堪督諸將縱橫衝擊陷淖中矢盡拔刀戰力竭歿於陣十年喪歸輟朝三日命親王以下郊迎予諡是役也從征諸將皆以陷師論罪第二子尼思哈襲順治十六年追論尼堪取多爾袞身後遺財及不劾尚書譚泰驕縱罪以陳亡留爵十七年卒諡曰悼第一子蘭布襲貝勒聖祖念尼堪以親王陳亡進蘭布郡王仍原號七年進親王蘭布取鰲拜女八年鰲拜既得罪蘭布坐降鎮國公十三年從尚善討吳三桂於湖南十七年卒於軍十九年追論退縮罪削爵子賴士襲輔國公乾隆四十三年高宗以尼堪功著力戰捐軀進鎮國公世襲

禮烈親王代善太祖第二子初號貝勒歲丁未與舒爾哈齊褚英從東海瓦爾喀部斐悠城新附之衆烏拉貝勒布占泰遣其將博克多將萬人要於路代善見烏喇兵營山上分兵緣山奮擊烏喇兵敗竄代善馳逐博克多自馬上左手攫其胄斬之方雪甚寒督戰益力烏喇敗兵僵臥相屬復得其將常柱瑚哩布師還太祖嘉代善勇敢克敵賜號古英巴圖魯歲癸丑太祖伐烏喇克遜扎塔郭多郭謨三城布占泰將三萬人越富勒哈城而營諸將欲戰太祖猶持重代善曰我師遠伐利速戰慮布占泰不出耳出而不戰將謂之何太祖曰我豈怯戰恐爾等有一二被傷欲計萬全今衆志在戰復何猶豫因麾兵進與烏喇步兵相距百步許代善從太祖臨陳奮擊大破之克其城烏喇兵潰走代善追殪過半布占泰奔葉赫所屬城邑盡降編戶萬家天命元年封和碩貝勒以序稱大貝勒太祖始用兵於明行二日遇雨太祖欲還代善曰我師既入明境遽引還將復與修好乎師既出孰能諱之且雨何害適足以懈敵耳太祖從之夜半雨霽昧爽圍撫順明將李永芳以城降東州瑪哈丹二城及臺堡五百餘俱下師還出邊二十里明將張承廕率兵來追代善偕太宗還戰復入邊破其三營斬承廕及其裨將頗廷相等四年命代善率諸將十六兵五千守扎喀關備明壽引還三月明經略楊鎬大舉來侵遣總兵劉綎將四萬人出寬甸杜松將六萬人出撫順李如柏將六萬人出清河馬林將四萬人出三岔口太祖初聞明兵分出寬甸撫順以寬甸有備親率師西禦撫順明兵代善將前軍諜復告明兵出清河代善曰清河道狹且崎嶇不利速行我當禦其自撫順來者過扎喀關太宗以祀事後至言界凡方築城民應役宜急衞之代善引兵自太蘭岡趨界凡與築城役屯吉林崖杜松以二萬人來攻別軍陳薩爾滸山代善與貝勒阿敏莽古爾泰及諸將議以千人助吉林崖軍使陟山下擊餘軍張兩翼右應吉林崖左當薩爾滸太祖至以右翼兵益左翼先趨薩爾滸明兵出我兵仰射

不移時破其壘吉林崖軍自山馳而下右翼渡河夾擊破明兵斬松等馬林出
三岔口以三萬人軍於尙間崖監軍道潘宗顏將萬人軍於飛芬山松後部龔
念遂李希泌軍於斡琿鄂謨太祖督兵攻之代善將三百騎馳尙間崖見明兵
結方營掘壕三匝以火器居前騎兵繼之嚴陣而待遣騎告太祖太祖已擊破
念遂等親至尙間崖令於軍皆下馬步戰未畢下明兵突至代善躍馬入陣師
奮進斬獲過半翼日代善以二十騎先還詗南路敵遠近太祖亦還聞劉綎兵
深入命代善率先至諸軍禦之出瓦爾喀什綎已至阿布達哩岡太宗率右翼
陟山代善率左翼出其西夾擊明兵大潰斬綎鎬所遣諸軍盡敗七月從太祖
克鐵嶺八月太祖伐葉赫葉赫有二城金台石居其東布揚古居其西師至太
祖攻東城代善攻西城東城下布揚古及其弟布爾杭古乞盟代善諭而降之
六年三月從太祖伐明瀋陽率其子岳託戰斬馘甚衆復偕莽古爾泰邀金州
民於復州十一年八月太祖崩岳託與其弟薩哈璘告代善請奉太宗嗣位代
善曰是吾心也告諸貝勒定策太宗辭讓再三代善等請益堅乃即位是冬伐
蒙古喀爾喀扎魯特布擒貝勒巴克等斬鄂爾齊圖俘所屬而歸天聰元年從
太宗圍錦州拒明山海關援兵薄寧遠破敵以暑還師三年從伐明入洪山口
克遵化薄明都明總兵滿桂等赴援擊敗之德勝門外克良鄉又破明兵永定
門外從上閱薊州形勢明步兵五千自山海關至與師遇不及陳列車楯槍礮
而營代善率左翼四旗擊破之四年正月明侍郎劉之綸率兵至遵化營山上
代善環山圍之破其七營之綸走入山射殺之五年八月從上圍大凌河收城
外臺堡九月明總兵吳襄監軍道張春等將四萬人自錦州至距大凌河十五
里代善從上將二萬人擊之明兵方陳發鎗礮督騎兵突入矢如雨明兵大卻
襄遁春收潰兵復陳黑雲起風自西來明兵乘風縱火逼我軍大雨反風燬其
營明兵死者甚衆師乘之獲春等春見上不屈上將誅之代善諫乃赦之初太
祖命四和碩貝勒分直理政事每御殿和碩貝勒皆列坐至是禮部參政李伯
龍請定朝會班制時和碩貝勒阿敏已得罪莽古爾泰亦以罪降多羅貝勒諸
貝勒議不得列坐代善曰奚獨莽古爾泰上居大位我亦不當並列自今請上
南面我與莽古爾泰侍坐于側諸貝勒坐于下六年四月從上伐察哈爾過興
安嶺聞林丹汗遠遁移師攻歸化城趨大同宣府出塞與沙河堡得勝堡張家
口諸守將議和而還八年五月從伐明出榆林口至宣府邊外分兵自喀喇鄂
博克得勝堡遂自朔州趨馬邑會師大同而還崇德元年封和碩兄禮親王冬
從上伐朝鮮二年有司論王克朝鮮違旨以所獲糧米飼馬及選用護衞溢額
上曰朕于兄禮親王敬愛有加何不體朕意若是又曰王等事朕雖致恭敬朕
何所喜必正身行義以相輔佐朕始嘉賴焉四年十一月從上獵于葉赫射獐
馬仆傷足上下馬爲裹創酌金卮勞之因泣下曰朕以兄年高不可馳馬兄奈
何不自愛罷獵還命乘輿緩行日十餘里護以歸八年太宗崩世祖即位王集
諸王貝勒大臣議以鄭親王濟爾哈朗睿親王多爾袞輔政又發貝子碩託郡
王阿達禮私議立睿親王下法司誅之碩託王次子阿達禮薩哈璘子王孫也
順治元年正月朔命上殿毋拜著爲例二年春至京師五年十月薨年六十六
賜祭葬立碑紀功康熙十年追謚乾隆四十三年配饗太廟代善子八有爵者

七岳託碩託薩哈璘瓦克達瑪占滿達海祜塞祜塞初封鎭國公追封惠順親
王而滿達海襲爵巽簡親王滿達海代善第七子崇德五年從圍錦州六年封
輔國公從肅親王豪格圍松山破敵洪承疇赴援戰所乘馬創豪格呼曰馬創
矣亟易馬明兵大至力戰殿而還明總兵吳三桂倚山爲營滿達海合諸軍擊
破之三桂宵遁七年從濟爾哈朗克塔山八年授都察院承政順治元年從入
關敗李自成進貝子復從英親王阿濟格逐自成趨綏德二年克沿邊三城及
延安自成遁湖廣師還三年從豪格討張獻忠自漢中進秦州降獻忠將高如
礪師次西充擊斬獻忠與尼堪分勦餘賊五年師還坐徇巴牙喇纛章京希爾
根冒功議罰銀睿親王多爾袞令免之六年襲爵降將姜瓖叛大同滿達海與
郡王瓦克達率師討之尋授征西大將軍克朔州馬邑寧武關寧化所八角堡
靜樂縣遂與博洛會師復汾州瓖誅大同平遣兵圍平遙太谷遼沁先後克之
屯留襄垣榆社武鄉諸縣俱下睿親王多爾袞令留瓦克達勦餘寇滿達海還
京師八年世祖親政改封號曰巽親王諸王分治部務滿達海掌吏部九年二
月薨予謚十六年追論滿達海於奏削多爾袞封爵後奪其財物掌吏部懦譚
泰驕縱未論劾削謚仆碑降爵爲貝勒子常阿岱初襲親王降貝勒康熙四年
薨謚懷愍子星尼襲貝子再襲輔國公星尼子星海襲鎭國公並坐事奪爵乾
隆四十三年追錄滿達海功命星海孫福色鏗額以輔國將軍世襲常阿岱既
降爵以從弟傑書襲親王康良親王傑書祜塞第三子初襲封郡王八年加號
曰康十六年襲爵遂改號康親王康熙十三年六月命爲奉命大將軍率師討
耿精忠師至金華溫州處州已陷精忠將徐尙朝以五萬人犯金華王令都統
巴雅爾副都統瑪哈達迎擊破之尙朝復來犯巴雅爾會總兵陳世凱破賊壘
積道山殲二萬餘復永康縉雲精忠將沙有祥踞桃花嶺梗處州道瑪哈達率
軍擊之有祥潰走十四年復處州及仙居尙朝等猶踞宣平松陽屢窺處州都
統拉哈達偕諸將禦之破賊於石塘於石佛嶺於大王嶺東隴隘口上套寨下
五塘諸地詔寧海將軍傅喇塔自黃巖規溫州趣傑書自衢州入傑書疏言處
州有警兵單不能驟進上諭曰王守金華將及二載徒以文移往來不親統兵
規勦賊何自滅宜刻期進取十五年自金華移師衢州精忠將馬九玉屯大溪
灘拒師傑書督諸將力擊之伏起刃相接傑書坐古廟側指揮纛爲火器所穿
衞兵負扉爲蔽傑書談笑自若諸軍皆踴躍奮擊精忠兵大敗溪水爲赤傑書
令假旗鼓一日夜行數百里乘月攻克江山進徇常山次仙霞關精忠將金應
虎收舟泊隔岸師不得渡令循灘西上視水淺亂流涉精忠兵不戰潰應虎降
進拔浦城檄精忠諭降師復進拔建陽撫定建寧延平二府精忠遣其子顯祚
迎師傑書承制許以不死精忠出降十月師入福州精忠請從師討鄭錦自贖
入告詔許之錦將許耀以三萬人屯烏龍江南小門山眞鳳山傑書遣拉哈達
等擊走之疏言精忠從師出勦其弟昭忠聚忠宜留一人於福州轄其屬又言
福建制兵已設如額精忠所率兵不少左右兩鎭兵可並裁去溫州總兵祖宏
勳藩下總兵曾養性宜別除授上命昭忠爲鎭平將軍駐福州餘並如所請傑
書遣兵敗錦將吳淑於浦塘復邵武師復進泰寧汀州及所屬諸縣皆下十六
年拉哈達敗錦軍于白茅山太平山破二十六壘克興化復泉州漳州奏入詔

褒傑書功傑書令拉哈達等率兵與精忠進次潮州規廣東錦兵陷平和逼海
澄副都統穆赫林等守禦越七旬援不至與長泰並陷傑書請罪詔俟師還議
之錦兵復破同安惠安傑書遣軍討復之並復長泰破敵於柯鏗山萬松關又
遣別將破敵江東橋石衞寨十八年戰郭塘歐溪頭屢破敵敵犯江東橋擊卻
之副都統吉勒塔布敗敵蜈頭山沃申克東石城十九年沃申撫定大定小定
玉洲石馬諸地克海澄水師提督萬正色克海壇拉哈達等克廈門金門都統
賚塔克銅山錦以殘兵還臺灣精忠既降復有異志傑書疏請逮治上命傑書
諷精忠請入覲亦召傑書師還留八旗兵三千分守福州泉州漳州十月至京
師上率王大臣至蘆溝橋迎勞之二十一年追論金華頓兵及退援海澄罪奪
軍功罰俸一年二十九年率兵出張家口屯歸化城備噶爾丹三十六年閏三
月薨予謚子椿泰襲椿泰豁達大度遇下以寬善舞六合槍手法矯捷敵十數
人四十八年薨謚曰悼子崇安襲雍正間官都統掌宗人府九年率兵駐歸化
備噶爾丹尋命護撫遠大將軍印召還十一年薨謚曰修傑書子巴爾圖襲乾
隆十八年薨年八十謚曰簡崇安子永安襲四十三年復號禮親王永恩性寬
易而持己嚴襲爵垂五十年淡泊勤儉出處有恒嘉慶十年薨謚曰恭子昭槤
襲昭槤好學自號汲修主人尤習國故二十一年坐陵辱大臣濫用非刑奪爵
圈禁二十二年命釋之從弟麟趾襲父永慧永恩弟也亦嗜文學能詩追封禮
親王麟趾道光元年薨謚曰安孫全齡襲父錫春追封禮親王全齡三十年薨
謚曰愼子世鐸襲同治間授內大臣右宗正光緒十年恭親王奕訢能政太后
諭醇親王奕譞諸王孰可任舉世鐸對乃命在軍機大臣上行走並詔緊要事
件會同奕譞商辦德宗親政世鐸請解軍機大臣奉太后旨不許十九年命增
護衞二十年太后萬壽賜親王雙俸再增護衞二十六年上奉太后西巡世鐸
不及從召赴行在復以病未至二十七年七月罷直授御前大臣遜位後三年
薨謚曰恪子誠厚襲薨謚曰敦克勤郡王岳託代善第一子初授台吉天命六
年師略奉集堡將還諜告明軍所在岳託偕台吉德格類擊敗之上克瀋陽明
總兵李秉誠引退師從之至白塔鋪岳託後至逐北四十里殲兵三千餘喀
爾喀扎魯特貝勒昂安執我使送葉赫被殺八年岳託同台吉阿巴泰討之斬
昂安及其子十一年復從代善伐扎魯特斬其部長鄂爾齊圖俘其衆封貝勒
天聰元年偕貝勒阿敏濟爾哈朗伐朝鮮克義州定州漢山三城渡嘉山江克
安州次平壤其守將棄城走再進次中和諭朝鮮國王李倧降阿敏欲直攻王
京岳託密與濟爾哈朗議駐平山再使諭倧倧願歲貢方物岳託謀曰吾曹事
已集蒙古與明皆吾敵設有警可不爲備乎宜與盟而歸既盟告阿敏阿敏以
未與盟縱兵掠岳託曰盟成而掠非義也勸之不可復令倧與盟乃還師
從上伐明又從圍寧遠並有功復敗明兵于牛莊二年略明邊墮錦州杏山高
橋三城自十三站以東毀堠二十一殺守者三十人師還上迎勞賜良馬一三
年略明錦州寧遠焚其積聚上伐明岳託與濟爾哈朗率右翼兵夜攻大安口
毀水門入敗馬蘭營援兵於城下及旦見明兵營山上分兵授濟爾哈朗擊之
岳託駐山下以待復見明兵自遵化來援顧濟爾哈朗曰我當擊此五戰皆捷
薄次順義擊破明總兵滿桂等薄明都復從代善擊敗援兵偕貝勒薩哈璘圍

永平克香河四年還守瀋陽五年三月詔詢諸貝勒國人怨斷獄不公何以弭之岳託奏刑罰舛謬實在臣等請上擢直臣近忠良絕讒佞行黜陟之典使諸臣知激勸是歲初設六部命掌兵部事上攻大凌河趨廣寧岳託偕貝勒阿濟格率兵二萬別自義州進與師會固山額眞葉臣圍城西南岳託爲之應祖大壽請降以子可法質可法見諸貝勒將拜岳託曰戰則仇敵和則弟兄何拜爲因問何爲死守空城曰畏屠戮耳岳託善諭之遣歸越三日大壽乃降上議取錦州命偕諸貝勒統兵四千易漢服偕大壽作潰奔狀夜襲錦州會大霧乃止六年正月岳託奏前克遼東廣寧漢人拒命者誅之後復屠灤州永平是以人懷疑懼今天與我大凌河正欲使天下知我善撫民也臣愚以爲善撫此衆歸順者必多當先予以室家出公帑以贍之倘蒙天眷奄有其地仍還其家產彼必悅服又各官宜令諸貝勒給莊一區每牛彔令取漢男婦二人牛一頭編爲屯人給二屯出牛口之家各牛彔復以官值償之至明諸將士棄其鄉土窮年戍守畏我誅戮今慕義歸降善爲撫卹毋令失所則人心附大業成矣疏入上嘉納之尋偕濟爾哈朗等略察哈爾部至歸化城俘獲以千計又偕貝勒德格類行略地自耀州至蓋州南七年又偕德格類等攻旅順口留兵駐守師還上郊勞以金巵酌酒賜之八年上閱兵瀋陽岳託率滿洲蒙古十一旗兵列陣二十里許軍容整肅上嘉之從上征察哈爾有疾先還九年略明山西岳託復以病留歸化城土默特部來告博碩克圖汗子俄木布遣人偕阿嚕喀爾喀及明使者至將謀我岳託伏兵邀之擒明使者令土默特捕斬阿嚕喀爾喀罟馬駝者部分土默特壯丁立隊伍授條約尋與諸貝勒會師偕還崇德元年四月封成親王八月坐徇庇莽古爾泰碩託及離間濟爾哈朗豪格論死上寬之降貝勒罷兵部未幾復命攝部事二年八月上命兩翼較射岳託言不能執弓上勉之再三始引弓弓墮地者五乃擲去諸王論岳託驕慢當死上再寬之降貝子罰銀五千三年復貝勒從上征喀爾喀至博碩堆知扎薩克圖汗已出走乃還八月伐明授岳託揚武大將軍貝勒杜度副之統右翼軍統左翼者睿親王多爾袞也至墻子嶺明兵入堡外爲三寨我師克之堡堅不易拔用俘卒言嶺東西有間道分兵攻其前綴明師潛從間道踰嶺入克臺十有一師深入徇山東下濟南岳託薨于軍四年多爾袞奏捷無岳託名上驚問始聞喪大慟輟膳命毋使禮親王知喪還上至沙嶺遙奠還宮輟朝三日詔封爲克勤郡王賜駝五馬二銀萬康熙二十七年立碑紀功乾隆四十三年配享太廟岳託子七有爵者五羅洛渾喀爾楚渾巴爾楚渾巴思哈祜里布巴爾楚渾祜里布並恩封貝勒巴爾楚渾諡和惠祜里布諡剛毅衍禧介郡王羅洛渾岳託第一子初襲貝勒崇德五年迎蒙古多羅特部蘇班岱阿爾巴岱于杏山遇明兵搏戰破之賜御廐良馬一尋圍錦州復從伐明克松山賜蟒緞八年坐嗜酒妄議敏惠恭和元妃喪不輟絲竹削爵旋復封命濟爾哈朗多爾袞戒諭之順治元年從定京師進衍禧郡王三年偕肅親王豪格征四川薨于軍康熙間追諡子羅科鐸襲八年改封號曰平郡王十五年從信郡王多尼徇雲南屢破明將李定國白文選十六年賜蟒衣弓刀鞍馬旌其勞康熙二十一年薨諡曰比子訥爾圖襲二十八年以毆斃無罪人及折人手足削爵弟訥爾福襲四十年薨諡曰悼子訥爾蘇襲五十七年從撫遠大將軍允禵收西藏駐博羅和碩尋移古木六十年攝大將軍事雍正元年還京四年坐貪婪削爵子福彭襲平敏郡王福彭既襲爵授右宗正署都統十一年命軍機處行走授定邊大將軍率師討噶爾丹策零師次烏里雅蘇臺奏言行軍駝馬爲先今喀爾喀扎薩克貝勒等遠獻駝馬力請停償直彼不私其所有而宗室王公貝勒皆有馬豈不內媿於心臣有馬五百願送軍前備用十二年率將軍傅爾丹赴科布多護北路諸軍尋召還十三年復命率師駐鄂爾坤築城額爾德尼昭之北尋以慶復代召還乾隆初歷正白正黃二旗滿洲都統十三年薨予諡子慶寧襲十五年薨諡曰僖無子以訥爾蘇孫慶恒襲授右宗正坐旗員冒借官銀降貝子四十年復王爵四十三年復號克勤郡王四十四年薨諡曰良以訥爾圖孫雅朗阿襲五十九年薨諡曰莊子恒謹襲嘉慶四年以不避皇后乘輿奪爵以弟恒元子尙格襲恒元追封克勤郡王尙格道光四年以病乞休十三年薨諡曰簡子承碩襲十九年薨諡曰恪子慶惠襲咸豐八年授正黃旗漢軍都統十年上幸熱河命留京辦事英國兵燔圓明園其將巴夏禮先爲我師所擒慶惠釋之疏請恭親王奕訢入城議撫十一年薨諡曰敬子晉祺襲歷左宗人右宗正都統領侍衛內大臣德宗大婚加親王銜孝欽皇后萬壽賜四團龍補服並歲加銀二千二十六年薨諡曰誠子崧杰襲宣統二年薨諡曰順子晏森襲顯榮貝勒喀爾楚渾岳託第三子順治元年從多爾袞擊李自成於山海關二年封鎭國公三年從豪格討張獻忠偕貝子滿達海率師進勦獻忠將高如礪等率衆降豪格殲獻忠喀爾楚渾在事有功五年授都統六年從尼堪討叛將姜瓖圍寧武破敵進貝勒八年攝理藩院事卒予諡顯榮子克齊方一歲襲爵歷七十一年卒年七十二子魯賓初封貝子事聖祖授左宗正從征噶爾丹罷宗正雍正元年襲爵四年坐狂悖削爵復封輔國公乾隆八年卒年七十四諡恪思子孫以奉恩將軍世襲鎭國將軍品級巴思哈岳託第五子崇德四年封鎭國將軍順治六年進貝勒九年從尼堪征湖南賜蟒衣鞍馬弓矢尼堪戰死衡州屯齊代爲定遠大將軍巴思哈與合軍自永州趨寶慶敗敵周家坡十一年追論尼堪敗績失援罪削爵十二年授都統尋授鎭國公品級十五年從多尼下雲南師次貴州破敵十六年薄雲南會城同貝勒尙善克鎭南州玉龍關永昌府騰越州賜蟒袍鞍馬十七年師還追議在永昌縱兵擾民降鎭國將軍品級十八年卒碩託代善第二子初授台吉天命六年從伐明攻奉集堡十年偕貝勒莽古爾泰援科爾沁十一年從代善伐喀爾喀巴林部又伐札嚕特部皆有功授貝勒天聰元年從貝勒阿敏等伐朝鮮又從上伐大凌河圍錦州四年師克永平偕阿敏駐守阿敏引還碩託坐削爵五年從攻錦州明兵攻阿濟格營碩託力戰傷於股上親酌金巵勞之明兵趨大凌河碩託擊敗張春復傷於手敘勞賜綵緞十布百八年從代善自喀喇鄂博攻得勝堡克之又擊敗朔州騎兵偕薩哈璘略代州拔崞縣分克原平驛尋封貝子崇德元年從伐朝鮮圍南漢山城敗援兵二萬餘二年偕阿濟格攻克皮島三年偕濟爾哈朗攻寧遠四年坐僭上越分降輔國公偕阿濟格伐明俘獲無算論功賜駝馬各一五年六月從多爾袞圍錦州坐離城久駐又遣卒私歸議削爵上讓之曰爾罪多矣朕屢宥爾屢犯若不關己者後當任法司治之不汝宥也改罰銀千尋復封貝子太宗崩碩託與阿達禮謀立睿親王多爾袞譴死黜宗室穎毅親王薩哈璘代善第三子初授台吉天命十年察哈爾林丹汗攻科爾沁薩哈璘將精騎五千赴援解其圍十一年從代善伐喀爾喀巴林部又伐札嚕特部皆有功授貝勒天聰元年上伐明率巴雅喇精騎爲前隊上自大凌河至錦州明兵走薩哈璘邀擊殲之復率偏師衞塔山糧運敗明兵二萬人攻寧遠擊明總兵滿桂薩哈璘力戰被創三年上伐明次波羅河屯代善等密請班師上不懌薩哈璘與岳託力贊進取由是克遵化薄明都十二月薩哈璘略通州焚其舟次張家灣復圍永平克香河四年永平既下薩哈璘與濟爾哈朗駐守永平人李春旺譌言將屠城斬以徇旋諭降遷安灤州建昌臺頭營鞍山堡諸地明兵自樂亭撫甯攻灤州薩哈璘率軍赴援明兵引退貝勒阿敏來代乃還師五年詔諸貝勒指陳時政薩哈璘言圖治在人人主灼知邪正則臣下爭尙名節惟皇上愼簡庶僚任以政事遇大征伐上親在行間諸臣皆秉方略若遣軍宜選賢能者爲帥給符節畀事權仍限某官以下干軍令許軍法從事初設六部掌禮部事六年略歸化城俘蒙古千餘指授蒙古諸貝勒牧地申約法七年六月詔問征明及察哈爾朝鮮三者何先薩哈璘言當寬朝鮮拒察哈爾而專征明察哈爾雖不加兵如蟲食穴中勢且自盡至于明我少緩則彼守益固臣意視今歲秋成圖進取乘彼禾稼方熟因粮于敵爲再進計量留兵防察哈爾先以騎兵往來襲擊蹂躪再簡精兵自一片石入山海關則甯錦爲無用或仍自甯錦入斷北京四路度地形據糧足之地乘機伺便二三年中大勳集矣尋略山海關八年偕多爾袞迎降將尙可喜招撫廣鹿長山二島戶口三千八百有奇從伐明薩哈璘自喀喇鄂博攻克得勝堡略代州夜襲崞縣拔之王東板鎭二堡民棄堡遁復擊敗代州兵會上大同籍俘獲以聞九年偕多爾袞岳託豪格等收察哈爾林丹汗子額爾克孔果爾額哲師次托里圖收其全部師還岳託駐歸化城薩哈璘偕多爾袞豪格入明邊略山西事詳多爾袞傳諸貝勒大臣屢請上尊號不許既收察哈爾復請上仍不許薩哈璘令內院大臣希福等奏曰臣等屢請未蒙鑒允夙夜悚惶罔知所措伏思皇上不受尊號咎在諸貝勒不能殫竭忠信展布嘉猷爲久大計今諸貝勒誓改行竭忠輔開太平之基皇上宜受尊號上曰善薩哈璘爲朕謀開陳及此實獲我心諸貝勒應誓與否爾掌禮部可自主之翼日薩哈璘集諸貝勒于朝書誓詞以進上命以衆議告朝鮮薩哈璘因言諸貝勒亦當遣使示以各國來附兵力強盛上嘉納之崇德元年正月薩哈璘有疾上命希福諭曰羣子弟中整理治道啓我所不及助我所不能惟爾之賴爾其靜心調攝以副朕望薩哈璘對曰蒙皇上溫旨眷顧竊冀仰荷恩育或可得生即不幸先塡溝壑亦復何憾但當大勳垂集不能盡力國家乃輾轉牀蓐爲可恨耳希福還奏上惻然曰國家豈有專事甲兵以爲治理者倘疆土日闢克成大業而明哲先萎孰能助朕爲理乎病革屢臨視見其羸瘠淚下薩哈璘亦悲痛不自勝五月卒上震悼入哭者四自辰至午乃還仍于庭中設幄坐不御飲食輟朝三日祭時上親奠痛哭詔褒薩哈璘明達敏贍通滿漢蒙古文義多所贊助追封穎親王上御翔鳳樓偶假寐夢人請曰穎親王乞賜牛一故事親王薨初祭以牛薩

哈璘以追封未用上命致祭如禮康熙十年追諡薩哈璘子三阿達禮勒克德渾杜蘭杜蘭恩封貝勒坐事降鎭國公阿達禮薩哈璘第一子襲郡王崇德三年從伐喀爾喀五年五月偕濟爾哈朗駐義州迎來歸蒙古多羅特部明錦州杏山松山兵出拒擊敗之師還賜御廐良馬一六年圍錦州降城中蒙古台吉諾木齊吳巴什等敗明援兵于錦州南山西岡明兵復自松山沿海進援我兵薄城下擊殲其衆圍松山明兵來犯擊敗之斬千四百餘級七年明將夏承德約內應夜半我軍梯登遂克松山敍功賜鞍馬一蟒緞九十尋管禮部與議政先是上御篤恭殿王以下皆侍立碩託奏定儀制上御殿及賜宴親王以下皆跪迎上升階方起駕還淸寧宮亦如之貝勒阿爾泰伐明薊州偕多鐸屯寧遠綴明師八年太宗崩坐與碩託謀立睿親王譴死順承恭惠郡王勒克德渾薩哈璘第二子阿達禮譴死緣坐黜宗室順治元年復宗室封貝勒二年命爲平南大將軍代豫親王多鐸駐江寧時明魯王以海據浙東稱監國其大學士馬士英等率兵渡錢塘江窺杭州勒克德渾遣兵擊却之復遣梅勒額眞珠瑪喇擊士英餘杭和託擊明總兵方國安富陽兩軍合營杭州城三十里外士英國安復率兵渡江又爲梅勒額眞濟席哈所敗溺死者無算十一月明唐王聿鍵所置湖廣總督何騰蛟招李自成餘部分據諸府縣命勒克德渾偕鎭國將軍鞏阿岱率師討之三年正月師次武昌遣護軍統領博爾輝等督兵進擊戰臨湘殲敵千餘次岳州降明將黑運昌至石首敵渡江犯荆州遣尙書覺羅郎球等以偏師出南岸伺敵渡狙擊之師乘夜疾馳詰旦抵城下分兩翼躪敵營大破之斬獲甚衆薄暮郎球等亦盡奪敵舟以歸翌日分遣奉國將軍巴布泰等逐敵自安遠南漳喜峯山關王嶺至襄陽擊斬殆盡次彝陵自成弟孜及諸將田見秀張耐李佑吳汝義等率馬步兵五千詣軍前降獲馬贏牛萬二千餘捷聞優詔班師賜金百銀二千五年九月進封順承郡王尋偕鄭親王濟爾哈朗督兵攻湘潭拔之擒騰蛟移師入廣西攻全州破趙廐克永安關逐土寇曹楨子又敗之於道州七年師還賜金五十銀五千八年掌刑部事九年三月薨康熙十年追諡子勒爾錦襲康熙十一年掌宗人府事十二年吳三桂反命爲甯南靖寇大將軍率師討之十三年駐荆州三桂兵陷沅州常德分兵抵巴東逼襄陽遣都統鄂內率兵防守三月三桂將劉之復率舟師犯彝陵夾江立五營遣護軍統領額司泰等水陸並擊大敗之四月三桂將陶繼智復自宜都來犯又敗之七月敗三桂將吳應麒等十四年五月三桂兵犯均州遣都統伊里布擊敗之六月叛將楊來嘉來犯列陣山巓自山溝下斷我師道師擊之斬三千餘級疏言敵逼彝陵兵衆舟多請益戰艦以斷運道上從之七月三桂將王會等合來嘉犯南漳遣伊里布與總督蔡毓榮會師擊之八月疏言賊立壘掘塹騎兵不能衝突當簡綠旗步兵造輕箭簾車礮車並進塡壕發礮繼以滿洲兵庶可滅賊上復從之十月復興山十二月請發禁旅益師上責其遷延十五年自荆州渡江破敵于文村於石首復戰太平街師敗績退保荆州九日遣副都統塞格復鄖西十八年設隨征四營轄新增兵萬二千三桂旣死復渡江克松滋枝江宜都及澧州進取常德敵焚廬舍舟艦先遁所置巡撫李益陽按察院陳寶鑰等降遣兵至靑石渡吳世璠將潘龍迎戰師左右夾擊追至平峪舖斬馘無算敵墮崖死者甚衆復衡山攻歸州敗世璠將廖進忠于馬黃山追至西壤復歸州巴東十九年詔趣取重慶疏請留將軍噶爾漢于荆州親率師赴重慶中途引還具疏自劾請解大將軍任赴沅州軍自劾上責令還京師下吏議以老師糜餉坐失事機削爵子勒爾貝襲二十一年薨弟揚奇襲二十六年薨弟充保襲三十七年薨弟布穆巴襲五十四年坐以御賜鞍馬給優人削爵以從父諾羅布襲諾羅布勒克德渾第三子初授頭等侍衞累官至杭州將軍襲爵五十六年薨諡曰忠子錫保嗣雍正三年掌宗人府事在內廷行走四年諭曰順承郡王錫保才具優長乃國家實心効力之賢王可給與親王俸授都統坐徇貝勒延信罪不舉劾又逮治遲誤奪親王俸降左宗正七年三月師討噶爾丹策零命錫保署振武將軍印駐軍阿爾台九年上以錫保治軍勤勞進封順承親王命守察罕叟爾噶爾丹策零遣其將大策零敦多卜小策零敦多卜多爾濟丹巴入犯科布多次克嚕倫侵掠喀爾喀游牧蒙古親王策棱等合師邀擊遣台吉巴海夜入大策零敦多卜營挑戰擊斬其將喀喇巴圖魯大策零敦多卜等自哈布塔克拜達克遁歸錫保疏報得旨嘉獎十一月授靖遠大將軍十年七月策棱等敗敵額爾德尼昭十一年疏請城烏里雅蘇台從之尋以噶爾丹策零兵越克爾森齊老不赴援罷大將軍削爵子熙良初封世子以錫保罪並奪尋命襲郡王乾隆九年薨諡曰恪子泰斐英阿襲授都統左宗正二十一年薨諡曰恭子恆昌襲四十三年薨諡曰愼子倫柱襲道光三年薨諡曰簡子春山襲咸豐四年薨諡曰勤子慶恩襲穆宗大婚賜三眼孔雀翎光緒七年薨諡曰敏子訥勒赫襲德宗大婚賜食全俸孝欽皇后萬壽歲加銀二千遜位後薨諡曰質謙襄郡王瓦克達代善第四子天聰元年師攻寧遠擊敗明總兵滿桂瓦克達力戰被創崇德五年從多爾袞圍錦州敵兵樵採瓦克達以十餘騎擊斬之六年洪承疇以十三萬人援錦州次松山敵騎來奪我紅衣礮瓦克達偕滿達海戰却之天雨復戰又敗之進擊承疇步兵噶布什賢什長費雅思哈失馬瓦克達與累騎而出甲喇章京哈寧阿墜馬創甚敵圍之數重瓦克達入其陣挈以歸碩託譴死緣坐黜宗室順治元年從多爾袞入山海關追擊李自成至慶都復從阿濟格自邊外趨綏德二年自成遁湖廣躡至安陸賊方乘船遁瓦克達偕巴牙喇纛章京鰲拜涉水登岸射殪賊衆奪其船以濟大軍三年敍功復宗室授三等鎭國將軍從多鐸勦蘇尼特部騰機思騰機特等至圖拉河斬騰機思孫三騰機特子二及喀爾喀台吉十一並獲其輜重至布爾哈圖山復與貝子博和託合軍進斬千餘級俘八百餘人獲駝馬牛羊無算又擊敗喀爾喀土謝圖汗兵四年進封鎭國公五年上念宗室貧乏瓦克達賜銀六千進封郡王喀爾喀部二楚虎爾擾邊從阿濟格防大同復從討叛將姜瓖圍渾源六年偕滿達海攻朔州發礮墮其城移攻寧武瓖將劉偉趙夢龍守焉縱火棄城走瓖將楊振威斬瓖降阿濟格偉夢龍亦降於瓦克達靜樂及寧化所八角堡諸寨悉平十月代滿達海爲征西大將軍勦山西餘寇明大學士李建泰旣降復叛踞太平圍之二十餘日窮蹙出降詔誅建泰及其兄弟子姪籍家產入官連復平陽屬縣三十六七年師還八年加封號掌工部預議政九年坐事解部任罷議政薨康熙十年追諡瓦克達管駐軍平陽戢軍安民旣薨平陽人建祠以祀薨之明年授其子留雍哈爾薩三等奉國將軍品級康熙六年留雍哈爾薩訴瓦克達功多授哈爾薩鎭國公留雍鎭國將軍八年留雍復以已爵卑訟不平議政王等言前爵賚緣輔政所得宜併黜革上命並降奉國將軍品級二十一年哈爾薩復訴瓦克達爵乃功封例得襲命襲鎭國公並封其子海靑輔國公哈爾薩累遷右宗正二十五年詔責其鑽營與海靑幷奪爵又以留雍襲鎭國公三十七年復以惰奪爵乾隆四十三年高宗錄瓦克達功命其四世孫洞福以鎭國將軍世襲輔國公瑪占代善第六子天聰九年多鐸自廣寧入寧遠錦州綴明師瑪瞻在事有功崇德元年從阿濟格入長城至安州克十二城師還上郊勞賜酒一金巵封輔國公三年從岳託自墻子嶺毀邊城入密雲運克臺堡越燕京趨山東卒於軍四年喪歸賜銀二千駝馬各一無子未立後

清史稿 列傳四

諸王三

太祖諸子二

鎭國勤敏公阿拜

鎭國克潔將軍湯古代 子鎭國公聶克塞

莽古爾泰　輔國慤厚將軍塔拜

饒餘敏郡王阿巴泰 子安和親王岳樂 溫良貝子博和託 博和託子貝子彰泰 阿巴泰孫悼愍貝子蘇布圖

鎭國恪僖公巴布泰　德格類

巴布海　阿濟格

輔國介直公賴慕布

鎭國勤敏公阿拜太祖第三子天命十年偕塔拜巴布泰伐東海北路呼爾哈部俘千五百戶還太祖出城迎勞授牛彔章京天聰八年授梅勒額眞崇德三年授吏部承政四年封三等鎭國將軍六年駐防錦州八年以老罷承政順治四年進二等五年二月卒十年追封諡阿拜子有爵者三鞏安襲三等鎭國將軍進輔國公干圖顯善封輔國公干圖諡介直鞏顯善之後皆以奉恩將軍世襲

鎭國克潔將軍湯古代太祖第四子事太宗授固山額眞取永平四城湯古代偕圖爾格納穆泰守灤州天聰四年明兵攻灤州急貝勒阿敏怯不敢援遣巴都禮率數百人突圍進夜三鼓入灤州旣明兵以礮壞城城樓火湯古代等棄城奔永平旣還太宗廷詰之湯古代引罪請死太宗曰汝不能全師而歸殺汝何益下所司論罪免死罷固山額眞奪所屬人口籍其家八年授三等梅勒章京崇德四年封三等鎭國將軍五年卒子二穆爾察初封三等奉國將軍襲爵進二等卒諡恪恭聶克塞襲穆爾察三等奉國將軍從多鐸略寧遠從多爾袞定京師逐李自成至慶都皆有功累進鎭國公坐事降三等鎭國將軍康熙四年卒無子爵除

莽古爾泰太祖第五子歲壬子從太祖伐烏喇克六城莽古爾泰請渡水擊之太祖曰止無僕何以爲主無民何以爲君我且削之遂燬六城移軍富勒哈河越日於烏喇河建木城留兵千守焉天命元年授和碩貝勒以序稱三貝勒四年明經略楊鎬遣總兵杜松以六萬人出撫順關劉綎以四萬人出寬甸莽古爾泰從太祖禦松界凡伏兵薩爾滸谷口伺明兵過將半擊之我軍據吉林崖明兵營薩爾滸山復偕貝勒代善等以千人益吉林崖而合師攻薩爾滸大破之松戰死又從太祖還軍擊斬綎八月從伐葉赫五年太祖伐明略懿路蒲城令莽古爾泰以所部逐敵率健銳百人追擊明兵至渾河乃還六年鎮江守將陳良策叛投毛文龍莽古爾泰偕代善遷金州民復州十年攻克旅順口察哈爾林丹汗侵科爾沁部圍克勒珠爾根城莽古爾泰赴援至農安塔林丹汗遁十一年太祖伐喀爾喀巴林部先命諸貝勒略錫拉穆楞皆以馬乏不能進莽古爾泰獨領兵夜渡擊之俘獲無算天聰元年攻明右屯衛又以偏師衞塔山糧運三年從太宗征明阿巴泰自龍井關入攻漢兒莊莽古爾泰偕多爾袞多鐸爲繼降其城旋諭降潘家口守將上克洪山口遏遵化莽古爾泰自漢兒莊合軍擊敗明總兵趙率教擒其副將臧調元師進次通州薄明都明諸道兵入援莽古爾泰遣巴牙喇兵前行與多鐸殿值明潰卒來犯擊殲之從上閱薊州破山海關援兵四年二月克永平遵化還與明兵遇敗之五年從圍大凌河正藍旗圍其南莽古爾泰與德格類率巴牙喇兵策應明總兵吳襄監軍道張春赴援距城十五里而營莽古爾泰從上擊之獲春等當圍大凌河時莽古爾泰以所部兵被創言於上上偶詰之曰聞爾所部兵每有違誤莽古爾泰恚曰寧有是耶上曰若告者誣當治告者果實爾所部兵豈得無罪言已將起乘馬莽古爾泰曰上何獨與我爲難我固承順乃猶欲殺我耶撫佩刀頻目之貝勒德格類其母弟也斥其悖拳毆之莽古爾泰益怒抽刃出鞘左右揮之出上憤曰是固嘗弒其母以邀寵者諸貝勒議莽古爾泰大不敬奪和碩貝勒降多羅貝勒削五牛彔罰銀萬及甲胄雕鞍馬十素鞍馬二六年從伐察哈爾林丹汗遁移師伐明略大同宣府十二月卒上臨喪漏盡三鼓始還又於中門設幄以祭哭之慟乃入宮九年莽古爾泰女弟莽古濟格格所屬冷僧機告莽古爾泰與德格類莽古濟格格盟誓怨望將危上以莽古濟格格夫瑣諾木爲證搜得牌印十六文曰大金國皇帝之印追奪莽古爾泰爵莽古濟格格及莽古爾泰子額必倫坐死餘子並黜宗室

輔國慤厚公塔拜太祖第六子天命十年伐東海北路呼爾哈部有功授三等甲喇章京天聰八年進一等尋封三等輔國將軍崇德四年九月卒順治十年追封諡塔拜子八有爵者三額克親班布爾善巴都海額克親崇德元年從阿濟格伐明偪燕京明兵自涿州來拒親陷陣破之四年封三等奉國將軍尋襲爵五年從多爾袞攻錦州復從多鐸追擊明兵於塔山六年上圍錦州敗洪承疇兵十三萬移軍近松山掘壕困之明總兵曹變蛟夜突上營額克親偕內大臣錫翰力禦卻之敘功賜銀八十順治元年從多爾袞入山海關破李自成有功累進鎮國公七年授正白旗滿洲固山額眞復進貝子八年坐附羅什博爾惠詔媚諸王造言搆釁削爵黜宗室九年復入宗室授內大臣十二年卒班布爾善累進封輔國公以附鰲拜譴死附見鰲拜傳巴都海亦封輔國公諡恪僖

饒餘敏郡王阿巴泰太祖第七子初授台吉歲辛亥與費英東安費揚古率師伐東海窩集部烏爾固辰穆棱二路俘千餘人還天命八年偕台吉德格類等伐扎嚕特部渡遼河擊部長昂安昂安攜妻子引牛車遁師從之昂邦章京達音布戰死阿巴泰繼進斬昂安及其子俘其衆還太祖郊勞並賚從征將士太宗卽位封貝勒阿巴泰語額駙揚古利達爾漢曰戰則擐甲胄獵則佩弓矢何不得爲和碩貝勒語聞上曰爾等宜勸之告朕何爲天聰元年察哈爾昂坤杜棱來歸與宴阿巴泰不出曰我與諸小貝勒同列蒙古貝勒明安巴克乃位我上我恥之上以語諸貝勒貝勒代善與諸貝勒共責之曰德格類濟爾哈朗杜度岳託碩託早從五大臣議政爾不預焉阿濟格多爾袞多鐸先帝時使領全旗諸貝勒皆先爾入八分爾今爲貝勒得六牛彔已踰分矣乃欲與和碩貝勒抗行得和碩貝勒不更將覬覦耶阿巴泰引罪罰甲胄雕鞍馬四素鞍馬八二年與岳託碩託伐錦州明師退守甯遠克墩臺二十一毀錦州杏山高橋三城還三年從伐明自喀喇沁波羅河屯行七日偕阿濟格率左翼四旗及蒙古軍攻龍井關夜半克之明將易愛自漢兒莊赴援擊斬之取其城會上克洪山口遏遵化敗明山海關援兵克之復趨通州明總兵滿桂侯世祿屯順義阿巴泰偕岳託擊走之獲馬千餘駝百順義亦下時袁崇煥祖大壽以兵二萬屯廣渠門外阿巴泰偕莽古爾泰等率師攻之聞敵伏兵於右諸貝勒相約入隘必趨右若出中路與避敵同豪格趨右敗伏兵轉戰至城壕阿巴泰出中路亦破敵與豪格師會罷戰諸貝勒議違約罪阿巴泰當削爵上曰阿巴泰非怯以顧其二子與豪格相失朕奈何加罪於吾兄宥之徇通州焚其舟略張家灣從上至薊州明兵五千自山海關至奮擊殲其衆四年從上圍永平與濟爾哈朗邀斬叛將劉興祚尋命守永平明兵攻灤州偕薩哈璘赴援明兵引退代還五年初設六部掌工部事從上圍大凌河正黃旗圍北之西鑲黃旗圍北之東阿巴泰率巴牙喇兵爲策應大壽降阿巴泰偕德格類多爾袞岳託以兵四千易漢裝從大壽夜襲錦州二更行礮發不絕聲錦州人聞之謂大凌河兵逸爭出應之師縱擊斬馘甚衆霧兩軍皆失伍乃引還七年築闌磐城賜御用蟒衣一紫貂皮八馬一詔問征明及朝鮮察哈爾三者何先阿巴泰請先伐明八月略山海關俘數千人還上迎勞責其不深入八年從征宣府至應州克靈邱及王家莊九年阿巴泰病手痛上曰爾自謂手痛不耐勞苦不知人身血脈勞則無滯惟家居佚樂不涉郊原手不持弓矢忽爾勞動疾痛易生若日以騎射爲事寧復患此凡有統帥之責者非躬自教練士卒奚由奮爾毋嫌安斯克敵制勝身不期強而自強矣崇德元年封饒餘貝勒偕阿濟格等伐明克雕鶚堡長安嶺堡薄延慶分兵克定興安肅容城安州雄東安文安寶坻順義昌平十城五十六戰皆捷俘十數萬師還上出城十里迎勞酌以金卮上伐朝鮮留防噶海城三年上伐喀爾喀阿巴泰與代善留守築遼陽都爾弼城復治盛京至遼河道道廣十丈高三尺濬壕夾之副多爾袞率師伐明毀邊牆入越明都趨涿州直抵山西復東趨臨淸克濟南略天津遷安出靑山關還賜馬二銀五千四年偕阿濟格略錦州甯遠五年偕多爾袞屯田義州分兵克錦州城西九臺刈其禾又克小凌河西二臺偕杜度伏兵甯遠截明運道奪米千石移師敗明杏山松山兵時大軍更番圍錦州阿巴泰屢往還其間六年坐從多爾袞去錦州三十里爲營及遣士卒還家論削爵奪所屬戶口詔寬之罰銀二千尋從上破洪承疇援兵十三萬七年錦州降偕濟爾哈朗圍杏山克之還守錦州敘功賜蟒緞七十十月授奉命大將軍伐明內大臣圖爾格副之自黃崖口入邊敗明將白騰蛟等於薊州破河間景州趨兗州擒斬明魯王以派等分徇萊州登州靑州莒州沂州南至海州還略滄州天津三河密雲凡克城八十八降城六俘三十六萬得金萬二千銀二百二十萬有奇八年五月師還上遣濟爾哈朗多爾袞等郊迎三十里賜銀萬順治元年四月進郡王二年統左右兩翼兵鎮山東勦滿家洞土寇尋還三年薨康熙十年追諡阿巴泰子五有爵者四尚建博和託博洛岳樂而岳樂襲爵安和親王岳樂阿巴泰第四子初封鎮國公順治三年從豪格徇四川擊斬張獻忠六年封貝勒八年襲爵改號安郡王九年掌工部事與議政十年命爲宣威大將軍駐歸化城規討喀爾喀部土謝圖汗車臣汗尋行成入貢乃罷兵十二年掌宗人府事十四年進親王康熙十三年吳三桂耿精忠並反犯江西命爲定遠平寇大將軍率師討之自江西規廣東次南昌遣兵復安福都昌十四年復上高新昌戰撫州唐埠七里岡五桂寨徐汶屢破敵復餘干東鄉詔移師湖南疏言江西爲廣東咽喉當江南湖廣之衝今三十餘城皆陷賊三桂於醴陵造木城增僞總兵十餘人兵七萬猓猓三千固守萍鄉諸隘若撤撫州饒州都昌諸路防兵盡赴湖南則諸路復爲賊有否則兵勢單弱不能長驅廣東諸路恐亦多阻臣欲先平江西無却顧憂然後移師疏聞上令速定江西岳樂督兵攻建昌精忠將邵連登率數萬人迎戰長興鄉擊走之克建昌並下萬年安仁師進克廣信再進克饒州破敵景德鎮復克浮梁樂平分兵徇宜黃崇仁樂安皆下並諭降泰和龍泉永新廬陵永甯及湖廣茶陵諸縣師再進克靖安貴溪疏言三桂聞臣進取必固守要害非綠旗兵無以搜險非紅衣礮無以攻堅請令提督趙國祚等率所部從臣進討並敕發新造西洋礮二十又疏言精忠將張存遣人稱有兵八千屯順昌俟大軍入閩爲應詔以簡親王喇布專主福建軍事而趣岳樂赴長沙十五年岳樂師克萍鄉遂薄長沙疏言敵船集長沙城下我師無船難以應敵長沙附近林木頗盛請先撥戰艦七十艘仍令督撫委員伐木造船如所請八月詔曰朕聞王復萍鄉直抵長沙甚爲嘉悅王其善撫百姓使困苦得紓即脅從者皆朕赤子當加意招徠十六年遣兵破敵瀏陽斬千餘級克平江十七年破敵七家洞三桂將林興珠等自湘潭來降九月三桂既死詔趣岳樂進師岳樂請赴岳州調度諸軍上命大將軍察尼規取岳州而令岳樂仍攻長沙十八年正月岳州降長沙賊亦棄城遁遂入長沙遣兵復湘潭尋會喇布軍克衡州寶慶分兵守焉復與喇布合軍攻武岡破敵寶慶巖溪斬級數百獲舟四十師次紫陽河敵於對岸結營師逕渡分兵出敵後夾擊之敵潰走三桂將吳國貴胡國柱以二萬人守隘發礮殪國貴奪隘貝子彰泰逐敵至木瓜橋遂克武岡及楓木嶺詔召岳樂還京師以敕印付彰泰十九年正月下詔褒岳樂功岳樂至京師上於盧溝橋南二十里行郊勞禮順治初故明外戚周奎家有自稱明太子者使舊宮人及東宮官屬

辨祝非是三桂反京師又有朱慈瑞者自稱三太子私改元廣德糾黨舉火爲亂事敗慈瑞走免鞫其黨謂其眞姓名爲楊起隆及岳樂駐師楓木嶺於新化僧寺得朱慈燦自言爲莊烈帝長子闖難奔南京福王寘諸獄釋爲民從朽木和尚爲僧往來永州寶慶間以三桂悖逆反覆將募兵聲討三桂死乃止至是岳樂携慈燦來京詔令慈瑞黨相見復不相識乃斬之二十年仍掌宗人府事二十七年偕簡親王雅布往蘇尼特防噶爾丹二十八年二月薨予諡三十九年貝勒諾尼訐岳樂掌宗人府聽讒枉坐諾尼不孝罪追降郡王削諡岳樂子二十有爵者三蘊端瑪爾渾經希蘊端封勤郡王坐事降貝子復坐事奪爵經希封僖郡王岳樂得罪降鎭國公卒停襲瑪爾渾襲爵瑪爾渾好學能文章蘊端亦善詩詞瑪爾渾又輯宗室王公詩爲宸萼集一時知名士多從之游四十八年薨諡曰懿子華玘襲五十八年薨諡曰節雍正元年十二月詔曰襃安郡王岳樂諂附輔政大臣每觸忤皇考蒙恩始終寬宥而其諸子全不知感傾軋營求妄冀封爵瑪爾渾華玘相繼夭折爵位久懸岳樂諸子伍爾占諸孫色亨圖等怨望形於辭色旋親王允禩又復逞其離間肆爲讒言安郡王爵不准承襲乾隆四十三年高宗以阿巴泰岳樂屢著功績封華玘孫奇昆輔國公世襲

溫良貝子博和託阿巴泰第二子初封輔國公崇德元年從征朝鮮圍南漢山城偕尼堪擊走其援兵斬殪甚衆三年從伐明自董家口略明都西南六府入山西界移師克濟南師還賜銀二千七年從阿巴泰伐明自黃崖口入及還賜銀三千順治元年從入關破李自成進貝子三年從多鐸擊喀爾喀蘇尼特部騰機思騰機特等五年九月卒予諡子六彰泰襲貝子彰泰襲爵進封康熙十三年春吳三桂陷湖南上命貝勒尚善爲大將軍率師下岳州以彰泰參贊軍務十五年詔責行師延緩彰泰與尚善議水陸並進遣額司泰等破敵洞庭湖獲舟五十餘敵立樁奎湖峽口阻我師十七年督兵伐樁棹輕舟破敵柳林嘴發礮燬其船八月尚善卒於軍貝勒察尼代爲大將軍授彰泰撫遠將軍九月督兵出南津港十月破敵陸石口屯白米灘絕三桂兵餉道十八年三桂將陳珀等以乏食出降吳應麒走衡州都統珠滿等克湘陰彰泰克華容石首會安親王岳樂復長沙簡親王喇布復衡州詔彰泰與會師自衡州進攻武岡擊破三桂將吳國貴等十一月召岳樂還京師命彰泰代爲定遠平寇大將軍十九年復沅州靖州三桂所置綏寧諸將吏及附近土司俱降疏言將軍蔡毓榮調遣漢兵今進取貴州若不相聞恐礙事機詔毓榮軍事關白大將軍十月次鎭遠遣兵攻鎭遠衛關截其隘而與毓榮督兵躪敵壘所遣兵亦奪十向口破敵大巖門逐之至偏橋衛遂復鎭遠進下平越及新添衛趨貴陽三桂孫世璠及應麒等俱走還雲南迭克安順石阡都勻思南諸府十一月復永寧破敵安籠鋪逐之至雞公背山鐵索橋師駐貴陽詔趣彰泰進規雲南二十年正月渡盤江破敵沙子哨進次臘茄坡復新興所逐北三十里克普安霑益大將軍賚塔自廣西入曲靖會於嵩明州合圍雲南會城距三十里世璠將胡國柄劉起龍等以萬餘人列象陳拒戰賚塔軍其右彰泰軍其左自卯達午殊死戰破敵陣斬國柄起龍等俘獲無算令諸軍分扼南壩巒石衛走馬街雙塔寺得勝橋重關諸地於是大理臨安永順姚安武定世璠所置將吏相繼詣軍前降世璠將馬寶胡國柱等自四川夏國相自廣西還救雲南彰泰遣兵迎擊寶次姚安亦乞降國柱走鶴慶麗江希福攻雲龍州國柱自經死國相走廣西李國樑等圍之西板橋國相亦降與寶同檻送京師將軍趙良棟師自四川至彰泰偕賚塔及良棟等屢破敵南壩得勝橋太平橋走馬街諸地師薄城環攻世璠自經死其將何進忠等出降彰泰戒將士毋殺掠入城安撫收倉庫戮世璠尸函首獻闕下雲南平授左宗正二十一年十月師還上迎勞盧溝橋南二十里二十二年議初下岳州遷延罪以功不坐賜金二十銀千二十四年坐濫舉宗人府屬官罷左宗正二十九年正月卒子屯珠襲鎭國公授左宗正禮部尚書五十七年卒贈貝子諡恪敏孫逢信以輔國公世襲博洛阿巴泰第三子天聰九年從伐明有功崇德元年封貝子二年與議政三年授理藩院承政從攻寧遠趨中後所明將祖大壽襲我軍後巴牙喇纛章京哈寧阿等與相持博洛突前奮擊大壽引却五年從濟爾哈朗迎來歸蒙古蘇班岱擊敗明兵賜良馬壽與諸王更番圍錦州六年洪承疇以十三萬人援錦州博洛偕阿濟格擊之至塔山獲筆架山積粟又偕羅洛渾等設伏阿爾齊堡擊敗明將王樸吳三桂順治元年從入關破李自成進貝勒從多鐸征河南二年破自成潼關多鐸南征下江寧分師之半授博洛下常州蘇州趨杭州屢敗明兵師臨錢塘江岸明兵以爲江潮方盛營且沒會潮連日不至明潞王常淓以杭州降淮王常淸亦自紹興降克嘉興徇吳江破明將吳易攻江陰亦下師還賜金二百銀萬五千鞍馬一三年命爲征南大將軍率師駐杭州明魯王以海監國紹興明將方國安營錢塘江東亙二百里師無舟會江沙暴漲固山額眞圖賴等督兵徑涉國安驚遁以海走台州師入紹興進克金華擊殺明蜀王盛濃等再進克衢州浙江平明唐王聿鍵據福建博洛率師破仙霞關克浦城建寧延平聿鍵走汀州遣阿濟格尼堪努山等率師從之克汀州擒聿鍵及曲陽王盛渡等明將姜正希以二萬人夜來襲擊之却斬萬餘級又破敵分水關克崇安梅勒額眞卓布泰等克福州斬所置巡撫楊廷淸等降其將鄭芝龍等二百九十餘人馬步兵十一萬有奇師復進下興化漳州泉州諸府十一月遣昂邦章京佟養甲徇廣東克潮州惠州廣州擊殺明唐王聿𨮁及諸王世子十餘人承制以養甲爲兩廣總督四年師還進封端重郡王五年以所獲金幣人口賚焉偕阿濟格防喀爾喀徇大同討叛將姜瓖六年正月偕碩塞援代州克其郛三月瓖將馬得勝以五千自北山逼我師博洛率千餘騎應之與巴牙喇纛章京鰲拜等奮擊大破之斬馘過半瓖閉城不敢出睿親王多爾袞自京師至軍議撫承制進親王命爲定西大將軍移師汾州下淸源交城文水徐溝祁諸縣戰平陽絳州又遣軍克孝義戰壽陽平遙遼州榆次屢捷英親王阿濟格敬謹親王尼堪圍大同巽親王滿達海謙郡王瓦克達定朔州寧武召博洛還京師疏言太原平陽汾州所屬諸縣雖漸次收復然未下者尚多恐撤軍後賊乘虛襲踞請仍留守禦上從之瓖既誅與滿達海合軍克汾州復嵐永寧二縣戰絳州孟城驛老君廟諸地盡殲瓖餘黨乃還師七年偕滿達海尼堪同理六部事再坐事降郡王世祖親政復爵尋命掌戶部九年三月薨諡曰定子齊克新襲十六年追論博洛分多爾袞遺財又掌戶部時尚書譚泰逞私攬權不力阻奪爵諡齊克新降貝勒十八年卒諡懷思無子爵除博洛子塔爾納封郡王卒諡敏思坐博洛罪追奪爵悼愍貝子蘇布圖阿巴泰孫父尙建追封貝子諡賢慤蘇布圖初封輔國公順治二年從勒克德渾駐江寧移師征湖廣三年從定荊州襄陽有功賜金五十銀千進貝子五年復從濟爾哈朗徇湖廣卒於軍諡悼愍子顏齡封鎭國公卒無子爵除蘇布圖弟強度封貝子諡介潔亦不襲

鎭國恪僖公巴布泰太祖第九子天命十年偕阿拜塔拜伐東海北路呼爾哈部有功十一年命理正黃旗事天聰四年從阿敏駐永平明兵攻灤州巴布泰不能禦坐罷八年授梅勒額眞從伐明克保安州巴布泰匿所獲不以聞復坐罷崇德六年授三等奉國將軍順治元年從入關逐李自成至慶都二年進一等三年從勒克德渾伐湖廣戰安遠南漳西峰口關王嶺襄陽屢破敵四年進輔國公六年偕務達海討姜瓖進鎭國公十二年正月卒予諡子噶布喇封輔國公祜錫祿襲三等鎭國將軍其後並以奉恩將軍世襲

德格類太祖第十子初授台吉天命六年師略奉集堡將還有一卒指明兵所在德格類偕岳託碩託進擊之擊敗明將李秉誠復偕台吉寨桑古閱三岔河橋至海州城中官民張樂舁輿迎德格類等令軍士毋擾民毋奪財物毋宿城上毋入民居翌日還視三岔河者還報橋毀無舟楫乃還八年偕阿巴泰伐喀爾喀扎嚕特部十一年復從代善伐扎嚕特部天聰三年偕濟爾哈朗略錦州焚其積聚敘功進和碩貝勒五年初設六部掌戶部事從圍大淩河德格類率師策應擊破明監軍道張春十月祖大壽降偕阿巴泰等僞爲明軍襲錦州擊斬甚衆六年偕濟爾哈朗等略歸化城復偕岳託略地自耀州至蓋州迤南七年攻克旅順口八年從伐明撫定蒙古來歸人戶克獨石口攻赤城未拔入保安州會師應州還九年十月卒上臨其喪痛悼之漏盡三鼓乃還設幄坐其中徹饌三日逾月莽古爾泰既卒爲冷僧機所訐以大逆削籍德格類坐同謀追削貝勒子鄧什庫並坐削宗籍德克西克以侍衛從豪格征張獻忠戰死世祖詔其子輝爾食一等阿思哈尼哈番俸子五雲杜授一等阿達哈哈番康熙五十二年聖祖命復宗籍賜紅帶

巴布海太祖第十一子初授牛彔章京天聰八年授一等甲喇章京嘗命偕鎭國將軍阿拜祭陵巴布海不待阿拜先往祭牛未至取民牛代以祭牛償民民以小不受訟焉罰銀三十償民又不與再訟巴布海聞上責其愚黯且謂其受制於妻妻楊古利女也崇德四年授梅勒額眞封鎭國將軍七年巴布海語固山額眞譚泰曰願罷我梅勒額眞堪爲梅勒額眞者多於草木譚泰語折之誓曰若口與心違者天日鑒之圖海奏命差擇牛彔貧富巴布海曰我所領牛彔甚富語聞巴布海曰我非太祖之子歟譚泰等顧厚誣我廷鞫皆實罪當死上寬之但奪爵世祖卽位有爲飛書訐譚泰者投一等公塔瞻第鞫其僕謂得之巴布海家內監速訊不承巴布海及其妻並子阿喀喇皆坐死籍其家予譚泰順治九年譚泰誅乃以其孥及遺產畀巴布泰

阿濟格太祖第十二子初授台吉天命十年從貝勒莽古爾泰伐察哈爾至農安塔十一年偕台吉碩託伐喀爾喀巴林部復從貝勒代善伐扎魯特皆有功授貝勒天聰元年偕貝勒阿敏伐朝鮮克五城從上伐明偕莽古爾泰衛塔山

糧運會師錦州薄寧遠明兵千餘人爲車營掘濠前列火器阿濟格擊殲之總兵滿桂出城陳上欲進擊諸貝勒以距城近諫不可獨阿濟格請從上督阿濟格馳擊明騎兵至城下諸貝勒皆慚奮不及胄亦進擊其步軍明兵死者大半二年以擅主弟多鐸婚削爵尋復之三年偕濟爾哈朗略明錦州寧遠焚其積聚俘三千復從上伐明克龍井關下漢兒莊城克洪山口進次遵化擊斬明總兵趙率教薄明都袁崇煥祖大壽以兵二萬赴援屯廣渠門外師逐之迫壕阿濟格馬創乃還尋偕阿巴泰等略通州至張家灣尋從上閱薊州遇明山海關援兵阿濟格偕代善突入敵陳大破之四年復從伐明趨廣寧會師大凌河夜圍錦州明兵襲阿濟格營霧不見人阿濟格嚴陣待青氣降霧豁若門闢急縱擊獲明裨將一甲械及馬二百餘上酌金卮親勞之授圍城方略尋聞明增兵上命揚古利率八旗巴牙喇兵之半以益軍大壽弟大弼逐我軍中偵騎近上前上擐甲與戰阿濟格馳至明兵步騎還出奮擊却之斬明裨將一上以所統兵付阿濟格明監軍道張春援至又戰于大凌河截殺過半逐北四十里六年從伐察哈爾林丹汗遁上移師伐明令阿濟格統左翼及蒙古兵略大同宣府盡得張家口所貯犒邊財物七年城通遠堡迎降將孔有德拒明及朝鮮兵詔問攻明及朝鮮察哈爾三者何先阿濟格言當攻明偕阿巴泰略山海關詔責其不深入阿濟格言臣欲息馬候糧諸貝勒不從上曰汝果堅不還諸貝勒將棄汝行乎八年從伐明克保安拔靈邱崇德元年進武英郡王偕饒餘貝勒阿巴泰及揚古利伐明自雕鶚堡入長安嶺薄延慶越保定至安州克昌平定興安肅寶坻東安雄順義容城文安諸縣五十六戰皆捷俘人畜十餘萬又遣固山額眞譚泰等設伏斬遵化三屯守將獲馬百四十餘得優旨賜鞍馬一師還上迎勞地載門外十里見阿濟格勞瘁爲淚下親酌金卮勞之上伐朝鮮命守牛莊二年碩託攻皮島未下阿濟格督所部水陸並進克之上遣使褒勞四年從伐明阿濟格揚言欲以紅衣礮攻臺守者懼四里屯張剛屯寶林寺旺民屯于家屯成化峪道爾彰諸臺俱下尋還守塔山連山俘人馬千計復偕阿巴泰略錦州寧遠六年偕濟爾哈朗圍錦州守郛蒙古台吉吳巴什等議舉城降祖大壽覺之擊蒙古兵阿濟格夜登陴助戰明兵敗徙蒙古降者于義州屢擊敗明兵賜銀四千洪承疇率諸將王樸吳三桂等援錦州號十三萬上親視師營松山明兵奔塔山阿濟格追擊之獲筆架山積粟又偕多爾袞克敵臺四擒明將王希賢等樸三桂僅以身免明兵猶守錦州松山杏山高橋諸地上還盛京命阿濟格偕杜度多鐸等圍之承疇夜出松山襲我軍阿濟格等督衆環射之明兵敗還城閉不得入其衆二千皆降七年圍杏山遣軍略寧遠三桂以四千人駐塔山高橋不戰而退縱兵四擊又迭敗之八年復偕濟爾哈朗攻寧遠軍城北布雲梯發礮城圮克之抵前屯衛攻城西斬馘四千餘明總兵黃色棄城遁復克之順治元年從入關破李自成進英親王賜鞍馬二命爲靖遠大將軍自邊外入陝西斷自成歸路八戰皆勝克城四降城三十八時自成爲多鐸所敗棄西安走商州詔多鐸趨淮揚而命阿濟格率師討自成自成南走衆尙二十萬規取南京阿濟格以師從之及於鄧州復南至承天德安武昌富池口桑家口九江屢破敵自成走死斬其將劉宗敏俘宋獻策宗敏自成驍將獻策自成所倚任號軍師者也明將左良玉子夢庚方駐軍九江師至執總督袁繼咸等率馬步兵十萬舟數萬詣軍門降是役凡十三戰下郡縣河南十二湖廣三十九江西江南皆六捷聞上使赴軍慰勞詔曰王及行間將士馳驅跋涉懸崖峭嶺深江大河萬有餘里勞苦功高寇氛既靖宜即班師其招撫餘兵或留或散王與諸大臣商榷行之詔未至阿濟格率師還京師睿親王多爾袞責阿濟格不候詔班師又自成未死時先以死聞遣人數其罪又在午門張蓋坐召而斥之復議方出師時脅宣府巡撫李鑑釋逮問赤城道朱壽鋈及擅取鄂爾多斯土默特馬降郡王尋復之五年勦天津曹縣土寇十一月率師駐大同姜瓖叛督兵討之旋命爲平西大將軍率固山額眞巴顏等討瓖六年瓖將劉遷犯代州遣博洛赴援圍乃解多爾袞至大同視師時阿濟格兩福晉病卒命歸視阿濟格曰攝政王躬攝大政爲國不遑吾敢以妻死廢國事阿濟格自以功多告多爾袞曰輔政德豫親王征流寇至慶都潛身僻地破潼關西安不殲其衆追騰機思不取功績未著不當優異其子鄭親王乃叔父之子不當稱叔王予乃太祖之子皇帝之叔宜稱叔王多爾袞斥其妄令勿預部務及交接漢官尋復偕鞏阿岱攻大同會降將楊振威斬瓖降墮其城陴睨五尺乃還八年五月多爾袞薨于喀喇城阿濟格赴喪次諸王夜臨獨不至召其子郡王勞親以兵脅多爾袞所屬使附己喪還上出迎阿濟格不去佩刀勞親兵至阿濟格張纛與合軍多爾袞左右訐阿濟格欲爲亂鄭親王濟爾哈朗等遣人于路監之還京師議削爵幽禁逾月復議繫別室籍其家諸子皆黜爲庶人十月監守者告阿濟格將于繫所舉火賜死阿濟格子十一有爵者三和度傅勒赫勞親和度封貝子先卒勞親與阿濟格同賜死傅勒赫初封鎭國公坐奪爵削宗籍十八年諭傅勒赫無罪復宗籍康熙元年追封鎭國公子構孳綽克都並封輔國公綽克都事聖祖從董額討王輔臣守漢中攻秦州師無功授盛京將軍又以不稱職奪爵上錄阿濟格功以其子普照仍襲輔國公坐事奪爵以其弟經照仍襲輔國公雍正間普照亦以軍功復爵卒世宗諭曰普照軍前効力且其兄女爲年羹堯妻故特予封爵今羹堯負恩誅死此爵不必承襲居數年經照亦坐事奪爵普照經照皆能詩乾隆四十三年命阿濟格之裔皆復宗籍經照子孫遞降以奉恩將軍世襲

輔國介直公賴慕布太祖第十三子天聰八年授牛彔章京崇德四年與議政七年從阿濟格伐明敗寧遠兵上御篤恭殿賚師阿濟格不待賞先歸賴慕布坐不勸阻奪職罷議政順治二年封奉恩將軍三年卒十年五月追封謚子來祜襲累進輔國公坐事奪爵高宗以其孫扎昆泰襲奉恩將軍一傳命停襲

諸王四

太祖諸子三

睿忠親王多爾袞

豫通親王多鐸 子信宣和郡王多尼 信郡王董額 輔國恪僖公察尼 多尼子信郡王鄂扎

費揚果

睿忠親王多爾袞，太祖第十四子初封貝勒天聰二年太宗伐察哈爾多羅特部破敵於敖穆楞多爾袞有功賜號墨爾根代青三年從上自龍井關入明邊與貝勒莽古爾泰等攻下漢兒莊趨通州薄明都敗袁崇煥祖大壽援兵於廣渠門外又殲山海關援兵於薊州四年引還多爾袞與莽古爾泰先行復破敵五年初設六部掌吏部事從上圍大凌河戰多爾袞陷陣明兵墮壕者百餘城上礮矢發將士有死者上切責諸將不之阻祖大壽約以錦州獻多爾袞與阿巴泰等以兵四千僞裝從大壽作潰奔狀襲錦州錦州兵迎戰擊敗之事具阿巴泰傳六年五月從征察哈爾七年六月詔問征明及朝鮮察哈爾三者何先多爾袞言宜整兵馬乘穀熟時入邊圍燕京截其援兵毀其屯堡爲久駐計可坐待其斃八年五月從上伐明克保安略朔州九年上命偕岳託等將萬人招察哈爾林丹汗子額哲師還渡河多爾袞自平魯衛至朔州毀甯武關略代州忻州崞縣黑峰口及應州復自歸化城携降衆還林丹汗得元玉璽曰制誥之寶多爾袞使額哲進上羣臣因表上尊號崇德元年進封睿親王武英郡王阿濟格等率師伐明命王偕多鐸攻山海關綴明師阿濟格捷至乃還從伐朝鮮偕豪格別從寬甸入長山口克昌州進攻江華島克之獲朝鮮王妃及其二子國王李倧請降上還盛京命約束後軍携朝鮮質子溰淏及大臣子以歸三年上伐喀爾喀王留守築遼陽都爾弼城城成命曰屏城復治盛京至遼河大道八月命爲奉命大將軍將左翼岳託將右翼伐明自董家口毀邊牆入約右翼兵會通州河西務越明都至涿州分兵八道行略地至山西南徇保定擊破明總督盧象昇遂趨臨清渡運河破濟南還略天津遷安出靑山關克四十餘城降六城俘戶口二十五萬有奇賜馬五銀二萬五年屯田義州克錦州城西九臺刈其禾又克小凌河西二臺迭敗明兵杏山松山間圍錦州王貝勒移營去城三十里又令每旗一將校率每牛彔甲士五人先歸上遣濟爾哈朗代將傳諭詰責對曰臣以敵兵在錦州松山杏山三城皆就他處牧馬若來犯可更番抵禦是以遣人歸牧治甲械舊駐地草盡臣倡議移營就牧罪實在臣上復使諭曰朕愛爾過於羣子弟錫予獨厚今違命若此其自議之王自言罪當死上命降郡王罰銀萬奪二牛彔六年復圍錦州洪承疇率十三萬人屯松山王屢擊之以敵衆請濟師上自將疾馳六日次戚家堡將屯高橋王請上駐松山杏山間分兵屯烏欣河南山亘海爲營明兵屢却復前上張黃蓋指揮明兵引退王偕洛託等趨塔山道橫擊之明兵多死者遂發礮克塔山外四臺擒王希賢等尋以貝勒杜度等代將王暫還復出七年下松山獲承疇克錦州大壽復降進克塔山杏山乃墮三城師還敍功復親王八年太宗崩王與諸王貝勒大臣奉世祖即位諸王貝勒大臣議以鄭親王濟爾哈朗與王同輔政誓曰有不秉公輔理妄自尊大者天地譴之郡王阿達禮貝子碩託勸王自立王發其謀誅阿達禮碩託尋與濟爾哈朗議罷諸王貝勒管六部事順治元年正月却朝鮮餽遺告濟爾哈朗及諸大臣曰朝鮮國王因予取江華全其妻子常以私餽遺先帝時必聞而受之今輔政誼無私交不當受因並禁外國餽諸王貝勒者濟爾哈朗諭諸大臣凡事先白王書名亦先之王由是始專政固山額眞何洛會等訐肅親王豪格怨望集議削爵大臣揚善等以諂附坐死四月乙丑上御篤恭殿授王奉命大將軍印並御用纛蓋勅便宜行事率武英郡王阿濟格豫郡王多鐸及孔有德等伐明丙寅發盛京壬申次翁後明平西伯吳三桂自山海關來書乞師王得書移師向之癸酉次西拉塔拉答三桂書曰我國欲與明修好屢致書不一答是以整師三入蓋示意於明欲其熟籌通好今則不復出此惟底定中原與民休息而已聞流賊陷京都崇禎帝慘亡不勝髮指用率仁義之師沈舟破釜誓必滅賊出民水火伯思報主恩與流賊不共戴天誠忠臣之義勿因向守遼東與我爲敵尙復懷疑昔管仲射桓公中鉤桓公用爲仲父以成霸業伯若率衆來歸必封以故土晉爲藩王國讐可報身家可保世世子孫長享富貴丁丑次連山三桂復遣使請速進夜踰甯遠抵沙河戊寅距關十里三桂報自成兵已出邊王令諸王逆擊敗李自成將唐通於一片石己卯至山海關三桂出迎王慰勞之令所部以白布繫肩爲識先驅入關時自成將二十餘萬人自北山列陣橫亘至海我兵陳不及海岸王令曰流賊橫行久獗而衆不可輕敵吾觀其陣大首尾不相顧可集我軍鱗比伺敵陣尾待其衰擊之必勝努力破此大業成矣勿違節制既成列令三桂居右翼後搏戰大風揚沙咫尺不能辨力鬭良久師譟風止自三桂陣右突出擣其中堅馬迅矢激自成登高望見奪氣策馬走師無不一當百追奔四十里自成潰遁王即軍前承制進三桂爵平西王下令關內軍民皆薙髮以馬步兵各萬人屬三桂追擊自成乃誓諸將曰此行除暴救民滅賊以安天下勿殺無辜掠財物焚廬舍不如約者罪之自關以西百姓有逃竄山谷者皆還鄉里薙髮迎降辛巳次新河驛使奏捷師遂進途中明將吏出降命供職如故五月戊子朔師次通州自成先一日焚宮闕載輜重而西王令諸王偕三桂各率所部追之己丑王整軍入京師明將吏軍民迎朝陽門外設鹵簿請乘輦王曰予法周公輔沖王不當乘衆以周公嘗負扆固請乃命以鹵簿列王儀仗前奏樂拜天復拜闕乘輦升武英殿明將吏入謁呼萬歲下令將士皆乘城毋入民舍民安堵如故爲崇禎帝發喪三日具帝禮葬之諸臣降者仍以明官治事武英郡王阿濟格逐自成至慶都大破之獲其輜重自成西奔又令固山額眞譚泰準塔等率巴牙喇兵追至眞定自成敗走王再遣使奏捷上遣學士詹霸侍衞巴泰齎敕慰勞畿輔諸府縣先後請降分遣固山額眞巴哈納石廷柱略山東葉臣定山西諸省金礪等安撫天津王初令官民皆薙髮繼聞拂民願諭緩之令戒飭官吏網羅賢才收恤都市貧民用湯若望議釐正曆法定名曰時憲曆復令曰養民之道莫大於省刑罰薄稅斂自明季禍亂刁風日競設機搆訟敗俗傷財心竊痛之自今咸與維新凡五月初二日昧爽以前罪無大小悉行宥免違諭訐訟以所告罪罪之鬬毆田婚細故就有司告理重大者經撫按結案非機密要情毋許入京越訴訟師誣陷良民加等反坐前朝弊政莫如加派遼餉之外復有勦餉練餉數倍正供遠者二十年近者十餘年天下嗷嗷朝不及夕更有召買糧料諸名目巧取殃民今與民約額賦外一切加派盡予刪除官吏不從察實治罪六月遣輔國公屯齊喀喀託固山額眞何洛會等迎上定都燕京明福王由崧稱帝江甯遣其大學士史可法督師揚州設江北四鎭沿淮徐置戍王致書可法曰予向在瀋陽即知燕京物望咸推司馬後入關破賊得與都人士相接識介弟於淸班曾託其手勒平安拳致衷緒未審以何時得達比聞道路紛紛多謂金陵有自立者夫君父之讐不共戴天春秋之義有賊不討則故君不得書葬新君不得書卽位所以防亂臣賊子法至嚴也闖賊李自成稱兵犯闕手毒君親中國臣民不聞加遺一矢平西王吳三桂介在東陲獨效包胥之哭朝廷感其忠義念累世之宿好棄近日之小嫌爰整貔貅驅除狗鼠入京之日首崇帝后謚號卜葬山陵悉如典禮親郡王將軍以下一仍故封不加改削勳戚文武諸臣咸在朝列恩禮有加耕市不驚秋毫無擾方擬秋高氣爽遣將西征傳檄江南聯兵河朔陳師鞠旅戮力同心報乃君國之讐彰我朝廷之德豈意南州諸君子苟安旦夕弗審事機聊慕虛名頓忘實害予甚惑之國家撫定燕都得之於闖賊非取之於明朝也賊毀明朝之廟主辱及先人我國家不憚征繕之勞悉索敝賦代爲雪恥孝子仁人當如何感恩圖報茲乃乘逆寇稽誅王師暫息遂欲雄據江南坐享漁人之利揆諸情理豈可謂平將以爲天塹不能飛渡投鞭不能斷流耶夫闖賊但爲明朝祟耳未嘗得罪於我國家也徒以薄海同讐特伸大義今若擁號稱尊便是天有二日儼爲勍敵予將簡西行之銳轉旆東征且擬釋彼重誅命爲前導夫以中華全力受制潢池而欲以江左一隅兼支大國勝負之數無待蓍龜矣予聞君子之愛人也以德細人則以姑息諸君子果識時知命篤念故主厚愛賢王宜勸令削號歸藩永綏福祿朝廷當待以虞賓統承禮物帶礪山河位在諸王侯上庶不負朝廷伸義討賊興滅繼絕之初心至南州羣彥翩然來儀則爾公爾侯列爵分土有平西之典例在惟執事實圖利之晚近士大夫好高樹名義而不顧國家之急每有大事輒同築舍昔宋人議論未定兵已渡河可爲殷鑒先生領袖名流主持至計必能深惟終始甯忍隨俗浮沉取舍從違應早審定兵行在卽可西可東南國安危在此一舉願諸君子同以討賊爲心毋貪一身瞬息之榮而重故國無窮之禍爲亂臣賊子所竊笑予實有厚望焉記有之惟善人能受盡言敬布腹心佇聞明教江天在望延跂爲勞書不宣意可法旋遣人報書語多不屈京師民訛言秋七八月將東還王宣諭當建都燕京戒民毋信流言搖惑又訛言八月屠民未幾又訛言上至京師將縱東兵肆掠盡殺老壯止存孩赤王復宣諭曰民乃國之本爾曹旣誠心歸服復以何罪而戮之爾曹試思今上攜將士家屬不下億萬與之俱來者何故爲安燕京軍民也昨將東來各官內命十餘員爲督撫司道等官者何故爲統一天下也已將盛京帑銀取至百餘萬後又轉運不絕者何故爲供爾京城內外兵之用也且予不忍山陜百姓受害發兵追剿猶恨未能速定豈能不愛京城軍民反行殺戮此皆衆所目擊何故妄布流言是必近京土寇流賊間諜有意煽惑搖動已諭各部嚴捕通行曉諭以安衆心九月上入山海關王率諸王羣臣迎於通州上至京師封爲叔父攝政王賜貂蟒朝衣十月乙卯朔上卽位以王功高命禮部尙書郎球侍郎藍拜啓心郎渥赫建碑紀績加賜册寶黑狐冠一上飾東珠十三黑狐裘一副以金銀馬駝二年鄭親王等議上攝政王儀制視諸王有加禮王曰上前未敢違禮他可如議翌日入朝諸臣跪近命還輿責大學士剛林等曰此上朝門諸臣何故跪我御史趙開心疏言王以皇叔之親兼攝政王之尊臣民甯肯自外於拜舞第王恩皆上恩羣臣謁王正當限以禮數與朝見不同庶諸臣不失尊王之意亦全王尊上之心上稱叔父攝政王王爲上叔父惟上得稱之若臣庶宜於叔父上加皇字庶辨上下尊體制下禮部議行其年六月豫親王克揚州可法死之遂破明南都閏六月英親王逐李自成至武昌東下九江故明甯南侯左良玉子夢庚率衆降江南底定十月上賜王馬王入謝詔曰遇朝賀大典朕受王禮若小節勿與諸王同王對曰上方幼沖臣不敢違禮待上親政凡有寵恩不敢辭王時攝政久位崇功高時誡諸臣尊事主上曰俟上春秋鼎盛將歸政焉初肅親王怨王不立已有郄英豫二王與王同母王視豫親王厚每寬假之豫親王之征蘇尼特也王送之出安定門及歸迎之烏蘭諾爾集諸大臣語以豫親王功懋宜封輔政叔王因罷鄭親王輔政以授豫親王肅親王旣平四川王攟其微罪置之死四年十二月王以風疾不勝跪拜從諸王大臣議獨賀正旦上前行禮他悉免五年十一月南郊禮成赦詔曰叔父攝政王治安天下有大勳勞宜加殊禮以崇功德尊爲皇父攝政王凡詔疏皆書之六年二月自將討大同叛將姜瓖拔渾源聞豫親王病痘先歸諭瓖降未下以師行在外鑄行在印禁諸王及內大臣干預部院政事及漢官升降不論所言是非皆治罪七月復征大同瓖將楊振威斬瓖降十月移師討喀爾喀二楚呼爾徵敖漢扎噜特察哈爾烏喇特土默特四子部落以兵來會至喀屯布拉克不見敵乃還十二月王妃博爾濟吉特氏薨以册寶追封爲敬孝忠恭正宮元妃七年正月王納肅王福金福金妃女弟也復徵女朝鮮令部事不須題奏者付巽親王滿達海端重親王博洛敬謹親王尼堪料理五月率諸王貝勒獵於山海關朝鮮送女至王迎於連山成婚復獵於中後所責隨獵王貝勒行列不整罰鍰有差七月諭以京城當夏溽暑不可堪擇地築城避暑令戶部加派直隸山西浙江山東江南河南湖廣江西陝西九省地丁銀二百四十九萬兩有奇輸京師備工用八月王尊所生母太祖妃烏喇納拉氏爲孝烈恭敏獻哲仁和贊天儷聖武皇后祔太廟壽有疾語貝子錫翰內大臣席納布庫等曰予罹此大戚體復不快上雖人主獨不能循家人禮一臨幸乎謂上幼沖爾等皆親近大臣也旣又戒曰毋以予言請上臨幸錫翰等出追止之不及上幸王第王因責錫翰等議罪當死旋命貰之十一月復獵於邊外十二月薨於喀喇城年三十九上聞之震悼喪還率王大臣縞服迎奠東直門外詔追尊爲懋德修道廣業定功安民立政誠敬義皇帝廟號成宗明年正月尊妃爲義皇后祔太廟王無子以豫親王子多爾博爲後襲親王俸視諸王三倍詔留護衞八十員又以王近侍蘇克薩哈詹岱爲議政大臣二月蘇克薩哈詹岱訐告王薨時其侍女吳爾庫尼將殉請以王所製八補黃袍大東珠素珠黑貂褂置棺內王在時欲以兩固山駐永平謀簒大位固山額眞譚泰亦言

王納肅王福金復令肅王子至第較射何洛會以惡言詈之於是鄭親王濟爾哈朗巽親王滿達海端重親王博洛敬謹親王尼堪及內大臣等疏言昔太宗文皇帝龍馭上賓諸王大臣共矢忠誠翊戴皇上方在沖年令臣濟爾哈朗與睿親王多爾袞同輔政逮後多爾袞獨擅威權不令濟爾哈朗預政遂以母弟多鐸爲輔政叔王背誓肆行妄自尊大自稱皇父攝政王凡批票本章一以皇父攝政王行之儀仗音樂侍從府第僭擬至尊擅稱太宗文皇帝序不當立以挾制皇上搆陷威逼使肅親王不得其死遂納其妃且收其財產更悖理入生母於太廟僭妄不可枚舉臣等從前畏威吞聲今冒死奏聞伏願重加處治詔削爵撤廟享並罷孝烈武皇后諡號廟享黜宗室籍財產入官多爾博歸宗十二年吏科副理官彭長庚一等精奇尼哈番許爾安各疏頌王功請復爵號下王大臣議長庚爾安坐論死詔流甯古塔乾隆三十八年高宗詔曰睿親王多爾袞攝政有年威福自專歿後其屬人首告定罪除封第念定鼎之初王實統衆入關肅清京輦檄定中原前勞未可盡泯令其後嗣廢絕塋域榛蕪殊堪憫惻交內務府派員繕葺並令近支王公以時祭掃四十三年正月又詔曰睿親王多爾袞掃蕩賊氛肅清宮禁分遣諸王追殲流寇撫定疆陲創制規模皆所經畫尋奉世祖車駕入都成一統之業厥功最著歿後爲蘇克薩哈所搆首告誣以謀逆其時世祖尚在沖齡未嘗親政經諸王定罪除封朕念王果萌異志兵權在握何事不可爲乃不於彼時因利乘便直至身後始以斂服僭用龍袞證爲覬覦有是理乎實錄載王集諸王大臣遣人傳語曰今觀諸王大臣但知媚予鮮能尊上予豈能容此昔太宗升遐嗣君未立英王豫王跪請予卽尊予曰若果如此言予卽當自刎誓死不從遂奉今上卽位似此危疑之日以予爲君予尚不可今乃不敬上而媚予予何能容自今後有忠於上者予用之愛之其不忠於上者雖媚予予不爾宥且云太宗恩育予躬所以特異於諸子弟者蓋深信諸子弟之成立惟予能成立之朕每覽實錄至此未嘗不爲之墮淚則王之立心行事實爲篤忠藎感厚恩明君臣大義乃由宵小奸謀搆成冤獄豈可不爲之昭雪宜復還睿親王封號追諡曰忠配享太廟依親王園寢制修其塋墓令太常寺春秋致祭其爵世襲罔替多爾博歸宗封貝勒命仍還爲王後以其五世孫輔國公淳穎襲爵四世祖鎭國公博爾發曾祖輔國公塞勒祖輔國恪勤公功宜布先已進封信郡王至是與淳穎父信恪郡王如松並追封睿親王嘉慶五年淳穎薨諡曰恭子寶恩襲七年五月薨諡曰愼弟瑞恩襲道光六年薨諡曰勤子仁壽襲道光九年上巡盛京謁陵追念忠王推恩賜三眼花翎同治三年薨諡曰僖子德長襲光緒二年薨諡曰慤子魁斌襲

豫通親王多鐸太祖第十五子初封貝勒天聰二年從太宗伐多羅特部有功賜號額爾克楚呼爾三年從上伐明自龍井關入偕莽古爾泰多爾袞以偏師降漢兒莊城會大軍克遵化薄明都廣渠門之役多鐸以幼留後明潰兵來犯擊却之師還次薊州復擊破明援兵五年從圍大凌河城爲正白旗後應克近城臺堡明兵出錦州屯小凌河岸上率二百騎馳擊明兵走多鐸逐之薄錦州墜馬馬逸入敵陣乃奪軍校馬乘以還六年從伐察哈爾將右翼兵俘其衆千餘七年詔問征明及朝鮮察哈爾三者何先多鐸言我軍非怯於戰鬬但止攻關外豈可必得夫攻山海關與攻燕京等攻耳臣以爲宜直入關庶饜士卒望亦久遠計也且相機審時古今同然我軍若弛而敵有備何隙之可乘吾何愛於明而必言和亦念士卒勞苦姑爲委蛇倘時可乘何待再計至察哈爾且勿加兵朝鮮已和亦勿遽絕當先圖其大者八年從上略宣府自巴顏珠爾克進壽攻龍門未下趨保安克之謁上應州復略朔州經五臺山還敗明兵大同九年上遣諸貝勒伐明徇山西命多鐸率師入甯錦綴明師遂自廣甯入遣固山額眞阿山石廷柱率兵四百前驅祖大壽合錦州松山兵三千五百屯大凌河西多鐸率所部馳擊之大壽兵潰命分道追擊一至錦州一至松山斬獲無算翼日克臺一還駐廣甯師還上出懷遠門五里迎勞賜良馬五甲五上嘉之曰朕幼弟初專閫卽能制勝是可嘉也崇德元年四月封豫親王掌禮部事從伐朝鮮自沙河堡領兵千人繼噶布什賢兵至朝鮮都城朝鮮全羅忠清二道援兵至南漢山多鐸擊敗之收其馬千餘楊古利爲殘兵所賊捕得其人斬以祭三年伐錦州自蒙古托袞博倫界分率巴牙喇及土默特兵入明境克大興堡俘其居民道遇明諜擒之詔與鄭親王濟爾哈朗軍會徑中後所大壽以兵來襲我軍傷九人亡馬三十多鐸且戰且走夜達鄭親王所合師薄中後所城上統師至敵不敢出四年五月上御崇政殿召多鐸戒諭之數其罪下諸王貝勒大臣議削爵奪所屬入官上命降貝勒罰銀萬奪其奴僕牲畜三之一予睿親王多爾袞尋命掌兵部十月伐甯遠擊斬明總兵金國鳳五年三月命與鄭親王濟爾哈朗率師修義州城駐兵屯田並擾明山海關外毋使得耕稼五月上臨視附明蒙古多羅特部蘇班岱降上命偕鄭親王以兵迎之經錦州杏山明兵來追奮擊敗之賜御廐良馬一圍錦州夜伏兵桑阿爾齋堡且敵至敗之追至塔山斬八十餘級獲馬二十六年三月復圍錦州環城立八營鑿壕以困之大壽城守蒙古將諸木齊約降師縋以入擊大壽挈降者出置之義州明援兵自杏山至松山多鐸與鄭親王率兩翼兵伏錦州南山西岡及松山北嶺縱噶布什賢兵誘敵夾擊大敗之洪承疇以十三萬援錦州上自盛京馳六日抵松山環城而營明兵震怖宵遁多鐸伏兵道旁明總兵吳三桂王樸自杏山奔甯遠我軍追及於高橋伏發三桂等僅以身免嗣與諸王更番圍松山屢破敵七年二月明松山副將夏承德遣人通款以其子舒爲質約內應夜半我軍梯而登獲承疇及巡撫邱民仰等敘功進豫郡王復布屯甯遠邊外綴明師俘獲甚夥順治元年四月從睿親王多爾袞入關破李自成進親王命爲定國大將軍南征定懷慶進次孟津遣巴牙喇纛章京圖賴率兵先渡自成守將走沿河十五寨堡皆降再進次陝州克靈寶再進距潼關二十里自成兵據山列營噶布什賢噶喇依昂邦努山及圖賴鄂碩等擊破之二年正月自成親率步騎迎戰師奮擊殲其步卒騎卒奔潰及夜屢犯屢北鑿重壕立堅壁師進發巨礮迭戰自成兵三百騎衝我師貝勒尼堪貝子尙善等躍馬夾擊屢破敵壘尸滿壕塹械胄彌山野自成精銳略盡遁歸西安其將馬世堯率七千人降入潼關獲世堯所遣致自成書斬以徇進次西安自成先五日燬室廬挈子女輜重出藍田口竄商州南走湖廣二月詔以陝西賊付英親王阿濟格趣多鐸自河南趨淮揚師退徇南陽開封趨歸德諸州縣悉降所至設官吏安集流亡詔褒多鐸功賜嵌珠佩刀鍍金鞓帶四月師進次泗州渡淮趨揚州遣兵部尙書漢岱等先驅得舟三百餘圍七日克之殺明大學士史可法五月師再進次揚子江北岸明將鄭鴻逵等以水師守瓜洲儀眞師列營相持造船二百餘遣固山額眞拜音圖將水師薄南岸復遣梅勒額眞李率泰護諸軍渡江明福王由崧走太平師再進明忻城伯趙之龍等率文武將吏籍馬步兵二十三萬有奇使迎師多鐸至南京承制受其降撫輯遺民遣貝勒尼堪貝子屯齊徇太平追擊明福王福王復走蕪湖圖賴等邀之江口擊殺明將黃得功獲福王捷聞上遣侍臣慰勞明潞王常淓守杭州遣貝勒博洛率師討之潞王降江浙底定多鐸承制改南京爲江南省疏請授江甯安慶巡撫以下官別遣精奇尼哈番吳兆勝徇廬江和州並下詔遣貝勒勒克德渾代鎭江甯召多鐸還京師上幸南苑行郊勞禮進封德豫親王賜黑狐冠紫貂朝服金五千銀五萬馬十鞍二三年命爲揚威大將軍偕承澤郡王碩塞討蘇尼特部騰機思騰機特等師至盈阿爾察克山聞騰機思方在袞噶嚕台疾行三晝夜敗之於謨特克山斬台吉茂海渡圖拉河追至布爾哈圖山斬騰機特子二騰機思孫三盡獲其孥師次扎濟布喇克喀爾喀土謝圖汗遣兵二萬碩雷車臣汗遣兵三萬迎戰我師奮擊逐北三十餘里先後斬級數千俘千餘獲駝千九百馬二萬一千一百牛萬六千九百羊十三萬五千三百有奇師還上出安定門迎勞加賜王鞍馬一四年進封爲輔政叔德豫親王賜金千銀萬鞍馬二封冊增錄功勳六年三月以痘薨年三十六九年三月睿親王既削爵以同母弟追降郡王康熙十年追諡乾隆四十三年正月詔配享太廟多鐸子八有爵者四多尼董額察尼多爾博費揚古費揚古自三等奉國將軍進封輔國公坐事奪爵信宣和郡王多尼多鐸第一子初封郡王順治六年十月襲豫親王八年改封信親王九年降郡王十五年命爲安遠靖寇大將軍偕平郡王羅科鐸等南征師自湖南入貴州趨安莊衞明將李定國焚盤江口鐵索橋走師以浮橋濟自交水進次松嶺衞擊走明將白文選十六年正月薄雲南會城定國文選挾桂王走永昌遣貝勒尙善以師從之克永昌及騰越上使慰勞賜御衣蟒袍及鞍馬弓矢十七年五月師還遣內大臣迎勞六月追論雲南誤坐噶布什賢昂邦瑚理布等磨盤山敗績罪罰銀五千十八年正月薨諡曰宣和子鄂札嗣康熙十四年命爲撫遠大將軍討察哈爾布爾尼師次岐爾哈台詗知布爾尼屯達祿鄂札令留輜重偕副將軍圖海及梅勒額眞吳丹輕騎進布爾尼設伏待命分軍搜山澗伏發師與土默特兵合擊破之布爾尼督兵列火器以拒師奮擊布爾尼大敗復收潰卒再戰又擊殲之獲馬械無算布爾尼以三十騎遁中途爲科爾沁部長沙津射死察哈爾平撫餘黨一千三百餘戶師還上迎勞南苑詔褒功賜金百銀五千尋掌宗人府事二十九年副恭親王常甯備噶爾丹三十五年從上北征領正白旗營三十六年以惰解宗人府四十一年薨以多鐸子董額襲信郡王董額多鐸第三子初封貝勒康熙十三年命爲定西大將軍討叛將王輔臣董額遣將梅勒額眞赫業等守鳳翔而率師駐西安詔令進駐蘭州董額未卽行上復命嚴守棧道輔臣遣兵毀偏橋斷棧道詔責董額遷延仍趣攻下平涼秦州諸路董額進克秦州禮縣逐敵至西和克淸水伏羌復遣安西將軍穆占取鞏昌蘭州亦

下尋與將軍畢力克圖阿密達會師攻平涼久未下十五年命大學士圖海視師改授董額固山額眞聽圖海節制十六年二月削貝勒三十一年授正藍旗固山額眞四十二年襲郡王四十五年薨仍坐前罪不賜卹以鄂札子德昭襲雍正間歷左右宗正乾隆二十七年薨諡曰慤以多鐸五世孫如松襲如松四世祖多爾博多鐸第五子初出爲睿親王多爾袞後多爾袞薨後削爵多爾博歸宗封貝勒多爾博生蘇爾發襲貝子蘇爾發生塞勒塞勒生功宜布皆襲輔國公功宜布生如松歷都統左宗人署兵部尙書領侍衞內大臣綏遠城西安將軍襲爵復授都統右宗正三十五年薨諡曰恪尋以子淳穎襲睿親王追進封其睿親王多爾袞傳功宜布初薨以德昭子修齡襲輔國公授左宗正四十三年復襲豫親王五十二年薨諡曰良子裕豐襲嘉慶十八年林清之變所屬有從亂者坐奪爵弟裕興襲二十五年姦婢婢自殺仁宗諭曰國家法令王公與庶民共之裕興不自愛惜恣意干紀且親喪未滿國服未除罪孰大焉坐奪爵幽禁三年後釋之弟裕全襲道光二十年薨諡曰厚子義道襲歷內大臣左宗正同治七年薨諡曰愼子本格襲亦歷內大臣左宗正德宗大婚賜四團正龍補服光緒二十四年薨諡曰誠子懋林襲輔國恪僖公察尼多鐸第四子順治十二年封貝勒康熙七年授左宗正十二年吳三桂反從順承郡王勒爾錦南征參贊軍務師次荊州三桂已陷岳州察尼偕將軍尼雅翰舟師進三桂將吳應麒引七萬人自陸路來拒擊卻之師次七里山發礮沈其舟十餘方暑還駐荊州十四年佩靖寇將軍印援穀城時南漳興山已陷敵逼彝陵踞鎭荊山掘壕爲寨察尼至彝陵議增舟師斷餉道擊敵牛皮丫口進攻黃連坪焚其積聚取興山十五年三桂移南漳彝陵兵往長沙勒爾錦令察尼還荊州渡江趨石首據虎渡口擊敵太平街斬三百餘級翼日再出遇伏敗還荊州詔責其無能十七年八月貝勒尙善薨於軍命察尼代爲安遠靖寇大將軍規岳州疏言舟師入湖賊餉將絕宜於湖水涸後圍以木椵立樁列礮以小舟徼巡爲久困計上善其言令副都統關保濟師尋破敵南津港斬千級都統葉儲赫等進攻岳州復破敵萬餘人屢疏請增調水陸軍合圍上皆許之十八年正月三桂將王度沖陳珀等以舟師降應麒棄城遁遂復岳州降官吏六百餘兵五千餘獲舟六十五礮六百四十有奇二月安親王岳樂自長沙進取衡州察尼發綠旗兵濟師尋復湘陰安鄉四月命自常德征辰龍關澧州以南諸軍聽調度十九年三月克辰龍關復辰州疏言途中霪雨泥濘士馬須休養詔暫屯沅州六月詔以貝子彰泰率師下雲南察尼勞苦久率滿洲兵還京師吏議退縮罪削爵職籍其家幽禁上念克岳州功命但削爵二十四年授奉天將軍二十七年卒賜祭葬祀輔國公諡恪僖

費揚果太祖第十六子太宗時坐罪賜死削宗籍康熙五十二年聖祖命莽古爾泰德格類子孫復宗籍費揚果曾孫三等侍衞尼雅罕呈宗人府請復宗籍宗人府以聞聖祖曰此事朕知之但不詳耳費揚果太祖子太宗時因獲大罪誅死者命復宗籍賜紅帶

列傳六

諸王五

太宗諸子

肅武親王豪格 子溫良郡王猛峩 猛峩子延信

輔國公葉布舒

承澤裕親王碩塞 莊恪親王允祿

鎭國慤厚公高塞

輔國公品級常舒

輔國公韜塞

襄昭親王博穆博果爾

世祖諸子

裕憲親王福全

榮親王

恭親王常甯

純靖親王隆禧

太宗十一子孝莊文皇后生世祖敏惠恭和元妃科爾沁博爾濟吉特氏生第八子懿靖大貴妃阿巴海博爾濟吉特氏生襄親王博穆博果爾元妃鈕祜祿氏生洛博會繼妃烏喇納喇氏生肅親王豪格洛格側妃葉赫納喇氏生承澤親王碩塞庶妃顏扎氏生輔國公葉布舒庶妃納喇氏生鎭國公高塞庶妃伊爾根覺羅氏生輔國公品級常舒庶妃生輔國公韜塞洛格洛博會及第八子皆殤無封

肅武親王豪格太宗第一子初從征蒙古董夔察哈爾鄂爾多斯諸部有功授貝勒天命十一年偕貝勒代善等征扎嚕特部斬其貝勒鄂齊圖天聰元年敗明兵於錦州復率偏師衞塔山糧運二年偕濟爾哈朗討蒙古固特塔布囊誅之收其衆三年十月偕貝勒莽古爾泰等視通州渡口師薄明都豪格迎擊甯錦援兵于廣渠門外敵伏於右豪格以所部當之衝擊至城壕明兵大潰偕岳託薩哈璘圍永平克香河六年從伐察哈爾移師入明邊略歸化諸路六月進和碩貝勒七年詔問征明與朝鮮察哈爾三者何先疏言征明如徒得錦州餘堅壁不下曠日持久恐老我師宜悉我衆及邊外新舊蒙古從舊道入諭各屯衆以我欲和而彼君不答彼將自怨其主再用更番法俟馬肥益以漢兵巨礮一出甯遠一出舊道夾攻山海關不得則屯兵招諭流賊駐師通州待其懈而擊之朝鮮察哈爾且緩圖焉八月略山海關八年從上自宣府趨朔州豪格偕楊古利毀邊牆分兵自尙方堡入略朔州及五臺山從上視大同擊敗明援兵九年偕多爾袞等收察哈爾林丹汗子額哲抵托里圖定盟還抵歸化城復略山西邊郡毀甯武關入代州忻州崇德元年四月進封肅親王掌戶部事尋坐黨岳託漏上言有怨心降貝勒解任罰銀千旋偕多爾袞攻錦州仍攝戶部又從征朝鮮偕多爾袞別自寬甸入長山口克昌州敗安州黃州兵於甯邊城下復遣將敗其援兵次宣屯村村民言黃州守將聞國王被圍遣兵萬五千往援行三日矣我軍疾馳一晝夜追及於陶山擊敗之九月坐固山額眞鄂莫克圖欲脅取蒙古台吉博洛女媚事豪格豪格不治其罪罷部任罰銀千三年九月伐明自董家口毀邊牆入敗明兵於豐潤遂下山東降高唐略地至曹州還下東光又遣騎二千破明兵克獻縣四年四月師還賜馬二銀萬復攝戶部復原封又偕多鐸敗甯遠兵斬明將金國鳳五年六月偕多爾袞屯田義州刈錦州禾克臺九小淩河西臺二明兵夜出襲鑲藍旗營擊敗之又擊洪承疇杏山偕多爾袞圍錦州坐離城遠駐復遣兵還家降郡王六年再圍錦州擊松山及山海關援兵皆敗之獲馬五百餘承疇將兵十三萬援錦州破其壘三上至軍將駐高橋豪格等恐敵納軍夾攻請改屯松山杏山間七年松山明將夏承德密遣人請降以其子舒爲質豪格遣左右翼夜梯城入八旗兵繼之旦克松山獲承疇及巡撫邱民仰等斬官百餘兵千六十有奇進駐杏山復偕濟爾哈朗克塔山敘功復原封賜鞍馬一蟒緞百順治元年四月以語侵睿親王多爾袞爲固山額眞何洛會所訐坐削爵十月大封諸王念豪格從定中原有功仍復原封其年冬定濟甯滿家洞土寇堙山洞二百五十一三年命爲靖遠大將軍偕衍禧郡王羅洛渾貝勒尼堪等西征師次西安遣尙書星納等破敵邠州別遣固山額眞都類攻慶陽時賀珍二隻虎孫守法據漢中興安武大定高如礪蔣登雷石國璽王可成周克德據徽縣階州師自西安分兵進擊登雷國璽可成克德俱降餘潰走下所陷城邑陝西平十一月入四川張獻忠據西充遣巴牙喇昂邦鰲拜先發師繼進抵西充大破之豪格親射獻忠殪平其壘百三十餘所斬首數萬級捷聞上嘉獎四年八月遵義夔州茂州榮昌隆昌富順內江資陽諸郡縣悉定四川平五年二月師還上御太和殿宴勞睿親王多爾袞與豪格有夙隙坐豪格徇隱部將冒功及擢用罪人揚善弟吉賽繫豪格於獄三月薨睿親王納豪格福晉召其子富綬至邸校射何洛會語人曰見此鬼魅令人心悸何不除之錫翰以告睿親王曰何洛會意因爾不知我愛彼也由是得全八年正月上親政雪豪格枉復封和碩肅親王立碑表之十三年追諡親王得諡自豪格始以諡繫封號上曰武肅親王乾隆四十三年配享太廟豪格子七有爵者二富綬猛峩富綬襲爵改號曰顯親王康熙八年薨諡曰懿子丹臻襲三十五年從征噶爾丹四十一年薨諡曰密子衍潢襲乾隆三十六年薨年八十二諡曰謹富綬孫蘊著襲乾隆中自三等輔國將軍授內閣侍讀學士歷通政使盛京戶部侍郎調兵部侍郎遷漕運總督坐受商人餽遺謬稱上旨籍鹽政吉慶家坐絞上寬之復授副都統歷涼州綏遠城將軍工部尙書旣襲封四十三年復號肅親王薨年八十諡曰勤丹臻孫永錫襲官都統坐事罷道光元年薨諡曰恭子敬敏襲咸豐二年薨諡曰愼子華豐襲歷內大臣宗令以火器營設礮製藥占用王府地華豐力拒之詔責不知大體罷宗令內大臣八年薨諡曰恪子隆懃襲官內大臣光緒二十一年疏請納正言裕財用上嘉納之二十四年薨諡曰良子善耆襲三十三年授民政部尙書遜國後避居大連灣久之薨諡曰忠溫良郡王猛峩豪格第五子順治十四年封康熙十三年薨子佛永惠襲三十七年降貝勒卒子揆惠襲輔國公坐事奪爵延信猛峩第三子初封奉國將軍累官至都統五十七年從撫遠大將軍貝子允禵率師討策妄阿喇布坦駐西甯五十九年授平逆將軍率師徇西藏道靑海擊敗策妄阿喇

布坦將策零敦多卜遂入西藏西藏平詔曰平逆將軍延信領滿洲蒙古綠旗各軍經自古未闢之道煙瘴惡溪人跡罕見身臨絕域殲夷醜類勇略可嘉封輔國公尋攝撫遠大將軍事授惠既奪爵議以延信襲進貝子再進貝勒授西安將軍五年上以延信與阿其那等結黨又陰結允禵徇年羹堯入藏侵帑十萬兩奪爵逮下王大臣按治讞上延信黨援欺罔負恩要結人心貪婪亂政失誤兵機凡二十罪當斬上命幽禁子孫降紅帶

輔國公葉布舒太宗第四子初封鎭國將軍康熙八年晉輔國公二十九年卒子蘇爾登降襲鎭國將軍

承澤裕親王碩塞太宗第五子順治元年封時李自成奔潼關河以南仍爲自成守碩塞從豫親王多鐸師次孟津進攻陝州破自成將張有增劉方亮自成迎戰又大破之師入關斬其將馬世堯尋復從南征擊破明福王由崧賜團龍紗衣一襲金二千銀二萬嗣復從多鐸征喀爾喀英親王阿濟格成大同會姜瓖叛碩塞移師解代州圍進親王諭曰博洛尼堪碩塞皆不當在貴寵之列茲以太祖孫故加錫王爵其班次俸祿不得與和碩親王等七年以和碩親王下多羅郡王上無止稱親王者仍改郡王八年復進和碩親王迭掌兵部宗人府十一年十二月薨予諡第一子博果鐸襲改號曰莊親王雍正元年薨年七十四諡曰靖無子宗人府題請以聖祖子承襲世宗請於皇太后以聖祖第十六子允祿爲之後襲爵居數日上手詔謂外間妄議朕愛十六阿哥令其承襲莊親王爵朕封諸弟爲親王何所不可而必藉承襲莊親王爵加厚於十六阿哥乎允祿精數學通樂律承聖祖指授與修數理精蘊乾隆元年命總理事務兼掌工部食親王雙俸二年敘總理勞加封鎭國公允祿請以碩塞孫甯赫襲尋坐事奪爵仍厚分與田宅時論稱之四年坐與允礽子弘晳往來詭秘停雙俸罷都統七年命與三泰張照管樂部允祿等奏藉田禮畢筵宴當奏雨暘時若五穀豐登家給時足三章本爲蔣廷錫所撰樂與禮不符不能施於燕樂請敕別撰又奏中和韶樂例用笙四簫笛皆二金革二音獨出衆樂之上請增笙爲八簫笛爲四又奏漢以來各史樂志俱有鎛鐘特磬今得西江古鎛鐘考定黃鐘直度上下損益鑄鎛鐘十二簴以條理宜備始終請仿周禮磬氏遺法制特磬十二與鎛鐘俱爲特懸樂闋擊特磬乃奏敔大祭祀大典禮皆依應月之律設鎛鐘特磬各一簴上悉從之二十九年允祿年七十上賜詩褒之三十二年薨年七十三諡曰恪子弘普輔國公前卒孫永瑺襲歷都統領侍衛內大臣仍管樂部宗人府五十三年薨諡曰愼無子以從子綿課襲歷都統領侍衛內大臣御前大臣嘉慶十八年林清爲亂其徒入宮門綿課持械拒射傷一人得旨議敘明年上幸木蘭綿課奏河橋圮於水意在尼行不稱上旨坐罰俸並罷諸職道光二年坐承修裕陵隆恩殿工草率降郡王四年重修工竣復親王六年薨諡曰襄子奕賨嗣八年以寶華峪地宮入水追論綿課罪降奕賨郡王並奪諸子奕胜奕叡奕賸奕賡職十一年上五十萬壽復奕賨親王十八年九月坐與輔國公溥喜赴尼寺食鴉片奪爵上聞奕賨浮薄無行戍吉林又娶民女爲妾改戍黑龍江以允祿曾孫綿護襲綿護允祿次子輔國公弘曧孫輔國將軍永蕃子也二十一年薨諡曰勤弟綿譁襲二十五年薨諡曰質子奕仁襲同治十三年薨諡曰厚子載勛襲光緒二十六年義和團入京師載勛與端郡王載漪相結設壇於其邸縱令侵使館俄授步軍統領上奉太后幸太原載勛從爲行在查營大臣既與各國議和罪禍首奪爵賜自盡弟載功襲碩塞第二子博爾果洛封惠郡王坐事奪爵世宗既以允祿襲莊親王封博爾果洛孫球琳爲貝勒惠郡王所屬佐領皆隸焉乾隆中坐事奪爵子德譜襲輔國公子孫遞降以奉恩將軍世襲

鎭國慤厚公高塞太宗第六子初封輔國公康熙八年進鎭國公高塞居盛京讀書醫無閭山嗜文學彈琴賦詩自號敬一主人九年卒子孫遞降至曾孫忠福襲輔國將軍坐事奪爵

輔國公品級常舒太宗第七子初封鎭國將軍康熙八年進輔國公十四年坐事奪爵三十七年授輔國公品級明年卒乾隆元年高宗命錄太祖太宗諸子後無爵者授常舒子海林奉恩將軍世襲再傳至慧文卒命停襲

輔國公韜塞太宗第十子初封鎭國將軍康熙八年進輔國公三十四年卒乾隆元年授韜塞子論德奉恩將軍世襲

襄昭親王博穆博果爾太宗第十一子順治十二年封襄親王十三年薨予諡無子爵除

世祖八子孝康章皇后生聖祖孝獻皇后董鄂氏生榮親王甯慤妃董鄂氏生裕憲親王福全庶妃巴氏生牛鈕庶妃陳氏生恭親王常甯庶妃唐氏生奇授庶妃鈕氏生純靖親王隆禧庶妃穆克圖氏生永幹牛鈕奇授永幹皆殤無封

裕憲親王福全世祖第二子幼時世祖問志對願爲賢王世祖異之康熙六年封命與議政十一年十二月疏辭允之二十二年上奉太皇太后幸五臺先行視道路命福全扈太皇太后行次長城嶺上以嶺險不可陟命福全奉太皇太后先還二十七年太皇太后崩既釋祭諭曰裕親王自太皇太后違豫與朕同處殊勞苦命皇長子及領侍衛大臣送王歸第二十九年七月噶爾丹深入烏朱穆秦命爲撫遠大將軍皇長子允禔副之出古北口而以恭親王常甯爲安北大將軍出喜峯口福全請發大同綠旗兵往殺虎口聽調遣上令發大同鎭標馬兵六百步兵一千四百從征兼命理藩院自阿喇尼設站處量發附近蒙古兵尾大軍置驛福全又請凡諜報皆下軍中上從之師行上御太和門賜敕印出東直門送之上先後遣內大臣阿密達尚書阿喇尼都統阿南達等出塞命各率所部與福全師會上出塞駐古魯富爾堅嘉渾噶山命康親王傑書率師會福全進駐博和洛屯又命簡親王雅布參贊福全軍事上先遣內大臣索額圖都統蘇努分道出師福全奏請令索額圖駐巴林待師至與會上從之並令蘇努同赴巴林又趣阿密達阿喇尼等速率兵內向分駐師所經道中以待上自博洛和屯還駐舍里烏朱遣使諭福全曰兵漸與敵近斥堠宜嚴明噶爾丹當先與羈縻以待盛京及烏喇科爾沁諸部兵至福全遣濟隆胡土克圖等以書喻噶爾丹曰我與汝協護黃教汝追喀爾喀入我界上命我等來論決此事汝使言我汗遵達賴喇嘛之諭講信修禮所關重大今將於何地會議並遣以羊百牛二十蘇努阿密達師來會福全疏言噶爾丹聲息漸近臣等分大軍爲三隊三隊當置將自參贊大臣以下副都統以上在行間者皆奮欲前驅唯上所命上命前鋒統領邁圖護軍統領楊岱副都統札木素塞赫羅滿色海蘭尙書吉勒塔布阿喇尼率前隊都統楊文魁副都統康喀喇伊壘巴格印率次隊公蘇努彭春率兩翼內大臣佟國維索額圖明珠阿密達從王親督指揮師遂進八月己未朔次烏蘭布通與厄魯特兵遇黎明整隊進日晡與戰發鎗礮至山下厄魯特兵於林內隔河高岸橫臥槖駝以爲障內大臣佟國綱等戰沒至昏師左翼自山腰入大敗之斬馘頗衆師右翼阻河崖泥淖夜收兵徐退事聞上深獎諭之噶爾丹遣伊拉古克三胡土克圖至軍前請執土謝圖汗澤卜尊丹巴畀之福全數其罪遣還越日濟隆胡土克圖率其弟子七十人來言博碩克圖汗信伊拉古克三等言入邊侵掠大非理但欲索其仇土謝圖汗及澤卜尊丹巴迫而致此彼今亦不敢復索土謝圖汗願以澤卜尊丹巴予其師達賴喇嘛榮莫大矣福全謂之曰土謝圖汗澤卜尊丹巴即有罪唯上責之豈能因噶爾丹之言遣還達賴喇嘛且汝往來行說能保噶爾丹不乘間奔逸掠我境內民人乎濟隆固言噶爾丹不敢妄行福全許檄各路軍止勿擊時盛京及烏喇科爾沁諸軍未至厄魯特方據險故福全旣擊敗厄魯特欲因濟隆之請羈縻之待諸軍至復戰上以福全奏下王大臣集議僉謂福全不即進軍明知濟隆爲噶爾丹游說以緩我師而故聽之坐失事機上嚴旨詰責又以允禔與福全不協留軍前必僨事召先還京師福全遣侍衛吳丹護軍參領塞爾濟等偕濟隆諭噶爾丹噶爾丹跪威靈佛前稽首設誓復遣伊拉古克三齎奏章及誓書詣軍前乞宥罪出邊待命上許之復戒福全曰噶爾丹雖服罪請降但性狡詐我撤兵即虞背盟仍宜爲之備十月福全率師還駐哈嗎爾嶺內疏言軍中糧至十月十日當盡前遣侍郞額爾賀圖偕伊拉古克三諭噶爾丹月餘未歸度噶爾丹已出邊遠遁上以福全擅率師內徙待歸時議罪命即撤兵還京師令福全及索額圖明珠費揚古阿密達留後尋奏噶爾丹出邊伊拉古克三等追及於塞外噶爾丹具疏謝罪因並命福全還京師十一月福全等至京師命止朝陽門外聽勘諭曰貝勒阿敏棄永平代善使朝鮮不遵旨行事英親王以兵譟皆取口供今應用其例且諭允禔曰裕親王乃汝伯父倘汝供與王有異同必置汝於法福全初欲錄允禔軍中過惡上聞聞上命流涕曰我復何言遂引爲己罪王大臣議奪爵上以擊敗厄魯特功免奪爵罷議政罰俸三年撤三佐領三十五年從上親征噶爾丹四十一年重修國子監文廟封長子保泰爲世子四十二年福全有疾上再臨視巡塞外聞福全疾篤命諸皇子還京師福全薨即日還蹕臨喪擗踴哭至柩前奠酒慟不已是日太后先臨王第上勸太后還宮自蒼震門入居景仁宮不理政事羣臣勸上還乾清宮上曰居便殿不自朕始乃太祖太宗舊典也越日再臨喪賜內廐馬二對馬二散馬六駱駝十及蟒緞銀兩予諡又越日舉殯上奉太后臨王第慟哭殯行乃已命如鄭親王例常祭外有加祭御史羅占爲監造墳塋建碑福全畏遠權勢上友愛甚篤嘗命畫工寫御容與並坐桐陰示同老意也有目耕園禮接士大夫子保泰保綬保泰初封世子襲爵雍正二年坐諂附廉親王允禩國喪演劇奪爵以保綬子廣甯襲保綬追封悼親王四年論廣甯治事錯繆未除保泰朋黨之習奪爵鎖禁弟廣祿襲乾隆五十年薨諡曰莊子亮煥襲郡王嘉慶十三年薨諡曰僖

孫文和襲貝勒子孫循例遞降以鎭國公世襲

榮親王世祖第四子生二歲未命名薨追封

恭親王常甯世祖第五子康熙十年封十四年分給佐領二十二年府第災上親臨視是秋上奉太皇太后幸五臺常甯扈從二十九年噶爾丹深入烏朱穆秦常甯爲安北大將軍簡親王雅布信郡王鄂札副之出喜峯口同時裕親王福全以撫遠大將軍出古北口先發旋令率師會裕親王軍十一月以擊敗噶爾丹不窮追罷議政罰王俸三年三十五年從上親征四十二年薨上方巡幸塞外命諸皇子經理其喪賜銀萬內務府郎中皁保監修墳塋立碑遣官致祭上還京師臨其喪第三子海善襲貝勒五十一年坐縱內監妄行奪爵雍正十年復封乾隆八年卒諡僖敏初奪爵以常甯第二子滿都護襲貝勒屢坐事降鎭國公又以海善孫斐蘇襲貝勒子孫循例遞降以不入八分鎭國公世襲

純靖親王隆禧世祖第七子康熙十三年封十四年分給佐領十八年七月隆禧疾篤上親臨視爲召醫是日再臨視日加申薨上痛悼輟朝三日太皇太后欲臨其喪上力諫乃止上復欲臨奠太皇太后亦諭止之留太皇太后宮中越日上臨奠命發帑修塋加祭予諡子富爾祜倫襲明年薨上輟朝三日又明年葬純親王隆禧上臨奠富爾祜倫無子未立後爵除

清史稿　列傳七

諸王六

聖祖諸子

貝子品級允禔

理密親王允礽

誠隱郡王允祉

恒溫親王允祺

淳度親王允祐

允禩

允禟

輔國公允䄉

履懿親王允祹

怡賢親王允祥

恂勤郡王允禵

愉恪郡王允禑

果毅親王允禮　果恭郡王弘曕

簡靖貝勒允禕

愼靖郡王允禧　質莊親王永瑢

恭勤貝勒允祜

郡王品級誠貝勒允祁

誠恪親王允祕

世宗諸子

端親王弘暉

和恭親王弘晝

懷親王福惠

聖祖三十五子孝誠仁皇后生承祜理密親王允礽孝恭仁皇后生第六子允祚世宗恂勤郡王允禵敬敏皇貴妃章佳氏生怡賢親王允祥溫僖貴妃鈕祜祿氏生貝子品級允䄉順懿密妃王氏生愉恪郡王允禑莊恪親王允祿第十八子允衸純裕勤妃陳氏生果毅親王允禮惠妃納喇氏生承慶貝子品級允禔宜妃郭絡羅氏生恆溫親王允祺第九子允禟第十一子允禌榮妃馬佳氏生承瑞賽音察渾長華長生誠隱郡王允祉成妃戴佳氏生淳度親王允祐良妃衛氏生第八子允禩定妃萬琉哈氏生履懿親王允祹平妃赫舍里氏生允禨通嬪納喇氏生萬黼允禶襄嬪高氏生第十九子允禝簡靖貝勒允禕謹嬪色赫圖氏生恭勤貝勒允祜靜嬪石氏生郡王品級誠貝勒允祁熙嬪陳氏生愼靖郡王允禧穆嬪陳氏生誠恪親王允祕貴人郭絡羅氏生允禑貴人陳氏生允禐允祿出爲承澤裕親王碩塞後允祚允禌允衸允禝皆殤無封承瑞承祜承慶賽音察渾長華長生萬黼允禶允禑允禨允禐皆殤不齒序

固山貝子品級允禔聖祖第一子上有巡幸輒從康熙二十九年命副裕親王福全禦噶爾丹上以允禔聽讒與福全不協私自陳奏慮在軍中僨事召還京師未幾福全師還命諸王大臣勘鞫福全初欲發允禔在軍中過失會有嚴旨戒允禔不得與福全異同福全乃引罪語在福全傳三十五年從上征噶爾丹命與內大臣索額圖統先發八旗前鋒漢軍火器營與四旗察哈爾及綠旗諸軍駐拖陵布喇克待上西路大將軍費揚古軍後期下軍中大臣議亦遣官諮允禔上遂進軍昭莫多既捷允禔留中拖陵犒軍尋召還三十七年三月封直郡王三十九年四月上巡視永定河堤堰工疏濬命允禔總之四十七年九月皇太子允礽既廢允禔奏曰允礽所行卑汚失人心術士張明德嘗相允禩必大貴如誅允礽不必出皇父手上怒詔斥允禔凶頑愚昧並戒諸皇子勿縱屬下人生事允禔用喇嘛巴漢格隆魘術厭廢太子事發上命監守尋奪爵幽於第四月上將巡塞外諭允禔鎭魘皇太子及諸皇子不念父母兄弟事無顧忌萬一禍發朕在塞外三日後始聞何由制止下諸王大臣議於八旗遣護軍參領八護軍校八護軍八十仍於允禔府中監守上復遣貝勒延壽貝子蘇努公鄂飛都統辛泰護軍統領圖爾海陳泰並八旗章京十七人更番監守仍嚴諭疏忽當族誅雍正十二年卒世宗命以固山貝子禮殯葬子弘昉襲鎭國公卒子永揚襲輔國公坐事奪爵高宗以允禔第十三子弘晌封奉恩將軍世襲

理密親王允礽聖祖第二子康熙十四年十二月乙丑聖祖以太皇太后皇太后命立爲皇太子太子方幼上親教之讀書六歲就傅令大學士張英李光地爲之師又命大學士熊賜履授以性理諸書二十五年上召江甯巡撫湯斌以禮部尚書領詹事斌薦起原任直隸大名道耿介爲少詹事輔導太子介旋以疾辭逾年斌亦卒太子通滿漢文字嫻騎射從上行幸賡詠斐然二十九年七月上親征噶爾丹駐蹕古魯富爾堅嘉渾噶山遘疾召太子及皇三子允祉至行宮太子侍疾無憂色上不懌遣太子先還三十三年禮部奏祭奉先殿儀注太子拜褥置檻內上諭尚書沙穆哈移設檻外沙穆哈請旨記檔上命奪沙穆哈官三十四年册石氏爲太子妃三十五年二月上再親征噶爾丹命太子代行郊祀禮各部院奏章聽太子處理事重要諸大臣議定啓太子六月上破噶爾丹還太子迎於諸海河朔命太子先還上至京師太子率羣臣郊迎明年上行兵甯夏仍命太子居守有爲蜚語聞上者謂太子暱比匪人素行遂變上還京師錄太子左右用事者置於法自此眷愛漸替四十七年八月上行圍皇八子允衸疾作留永安拜昂阿上回鑾臨視允衸病篤上諭曰允衸病無濟區區稚子有何關係至於朕躬上恐貽高年皇太后之憂下則繫天下臣民之望宜割愛就道因啓蹕九月乙亥次布爾哈蘇台召太子集諸王大臣諭曰允礽不法祖德不遵朕訓肆惡虐衆暴戾淫亂朕包容二十年矣乃其惡愈張僇辱廷臣專擅威權鳩聚黨與窺伺朕躬起居動作平郡王訥爾素貝勒海善公普奇遭其毆撻大臣官員亦罹其毒朕巡幸陝西江南浙江未嘗一事擾民允礽與所屬恣行乖戾無所不至遣使邀截蒙古貢使攘進御之馬致蒙古俱不心服朕以其賦性奢侈用凌普爲內務府總管以爲允礽乳母之夫便其徵索凌普更爲貪婪包衣下人無不怨憾皇十八子抱病諸臣以朕年高無不爲朕憂允礽乃親兄絕無友愛之意朕加以責讓忿然發怒每夜偪近布城裂縫窺視從前索額圖欲謀大事朕知而誅之今允礽欲爲復仇朕不卜今日被鴆明日遇害晝夜戒愼不甯似此不孝不仁太祖太宗世祖所締造朕所治平之天下斷不可付此人上且諭且泣至於仆地即日執允礽命直郡王允禔監之誅索額圖二子格爾芬阿爾吉善及允礽左右二格蘇爾特哈什太薩爾邦阿其罪稍減者遣戍盛京次日上命宣諭諸臣及侍衞官兵略謂允礽爲太子有所使令衆敢不從即其中豈無奔走逢迎之人今事內干連應誅者已誅應遣者已遣餘不更推求毋危懼上既廢太子憤懣不已六夕不安寢召扈從諸臣涕泣言之諸臣皆嗚咽既又諭諸臣謂觀允礽行事與人大不同類狂易之疾似有鬼物憑之者及還京設氈帷上駟院側令允礽居焉更命皇四子與允禔同守之尋以廢太子詔宣示天下上並親撰文告天地太廟社稷曰臣祗承丕緒四十七年餘矣於國計民生夙夜兢業無事不可質諸天地稽古史册興亡雖非一轍而得衆心者未有不興失衆心者未有不亡臣以是爲鑒深懼祖宗垂貽之大業自臣而隳故身雖不德而親握朝綱一切政務不徇偏私不謀羣小事無久稽悉由獨斷亦惟鞠躬盡瘁死而後已在位一日勤求治理斷不敢少懈不

知臣有何辜生子如允礽者不孝不義暴虐慆淫若非鬼物憑附狂易成疾有血氣者豈忍爲之允礽口不道忠信之言身不履德義之行咎戾多端難以承祀用是昭告昊天上帝特行廢斥勿致貽憂邦國痛毒蒼生抑臣更有哀籲者臣自幼而孤未得親承父母之訓惟此心此念對越上帝不敢少懈臣雖有衆子遠不及臣如大清歷數綿長延臣壽命臣當益加勤勉謹保終始如我國家無福即殃及臣躬以全臣令名臣不勝痛切謹告太子既廢上諭諸皇子中如有謀爲皇太子者即國之賊法所不宥諸皇子中皇八子允禩謀最力上知之命執付議政大臣議罪削貝勒十月皇三子允祉發喇嘛巴漢格隆爲皇長子允禔厭允礽事上令侍衞發允礽所居室得厭勝物十餘事上幸南苑行圍遘疾還宮召允礽入見使居咸安宮上諭諸近臣曰朕召見允礽詢問前事竟有全不知者是其諸惡皆被魘魅而然果蒙天佑狂疾頓除改而爲善朕自有裁奪廷臣希旨有請復立允礽爲太子者上不許左副都御史勞之辨奏上上斥其奸詭奪官予杖既上召諸大臣命於諸皇子中舉孰可繼立爲太子者諸大臣舉允禩明日上召諸大臣入見諭以太子因魘魅失本性狀諸大臣奏上既灼知太子病源治療就痊請上頒旨宣示又明日召允礽及諸大臣同入見命釋之且曰覽古史册太子既廢常不得其死人君靡不悔者前執允礽朕日日不釋於懷自頃召見一次胸中乃疏快一次今事已明白明日爲始朕當霍然矣又明日諸大臣奏請復立允礽爲太子疏留中未下上疾漸愈四十八年正月諸大臣復疏請上許之三月辛巳復立允礽爲皇太子妃復爲皇太子妃五十年十月上察諸大臣爲太子結黨會飲譴責步軍統領託合齊尚書耿額齊世武都統鄂繕迓圖託合齊兼坐受戶部缺主沈天生賄罪絞又以鎮國公景熙首告貪婪不法諸事未決死於獄命剉尸焚之齊世武耿額亦以得沈天生賄絞死鄂繕奪官幽禁迓圖入辛者庫守安親王墓上諭謂諸事皆因允礽允礽不仁不孝徒以言語貨財屬此輩貪得諂媚之人潛通消息尤無恥之甚五十一年十月復廢太子禁錮咸安宮五十二年趙申喬疏請立太子上諭曰建儲大事未可輕言允礽爲太子時服御俱用黃色儀注上幾於朕實開驕縱之門宋仁宗三十年未立太子我太祖太宗亦未豫立漢唐已事太子幼沖尙保無事若太子年長左右羣小結黨營私鮮有能無過者太子爲國本朕豈不知立非其人關繫匪輕允礽儀表學問才技俱有可觀而行事乖謬不仁不孝非狂易而何凡人幼時猶可教訓及長而誘於黨類便各有所爲不復能拘制矣立皇太子事未可輕定自是上意不欲更立太子雖諭大學士九卿等裁定太子儀仗卒未用終淸世不復立太子五十四年十一月有醫賀孟頫者爲允礽福金治疾允礽以礬水作書相往來復屬普奇舉爲大將軍事發普奇等皆得罪五十六年大學士王掞疏請建儲越數日御史陳嘉猷等八人疏繼上上疑其結黨疏留中不下五十七年二月翰林院檢討朱天保請復立允礽爲太子上親召詰責辭連其父侍郎朱都訥及都統衛齊世副都統戴保常賚內閣學士金寶朱天保戴保誅死朱都訥及常賚金寶交步軍統領枷示齊世交宗人府幽禁七月允礽福金石氏卒上稱其淑孝寬和作配允礽辛勤歷有年所諭大學士等同翰林院撰文致祭六十年三月上萬壽節掞復申前請建儲越數日御史陶彝等十二人疏繼上上乃嚴旨斥掞爲奸並以諸大臣請逮掞等治罪上令掞及彝等發軍前委署額外章京掞年老其子奕淸代行六十一年世宗即位封允礽子弘晳爲理郡王雍正元年詔於祁縣鄭家莊修蓋房屋駐劄兵丁將移允礽往居之二年十二月允礽病薨追封諡六年弘晳進封親王乾隆四年十月高宗諭責弘晳自視爲東宮嫡子居心叵測削爵以允礽第十子弘㬙襲郡王四十五年薨諡曰恪子永𤃲襲貝勒子孫循例遞降以輔國公世襲允礽第三子弘晉第六子弘曣第七子弘晀第十二子弘晥皆封輔國公弘曣卒諡恪僖子永璋襲事高宗歷官左宗正廣州黑龍江盛京將軍卒諡恪勤永𤃲四世孫福錕事德宗官至體仁閣大學士諡文愼

誠隱郡王允祉聖祖第三子康熙二十九年七月偕皇太子詣古魯富爾堅嘉渾噶山行宮上命先還三十二年闕里孔廟成命偕皇四子往祭凡行闕謁陵皆從三十五年上親征允祉領鑲紅旗大營三十七年三月封誠郡王三十八年敏妃之喪未百日允祉薙髮坐降貝勒王府長史以下譴黜有差四十三年命勘三門底柱四十六年三月迎上幸其邸園侍宴嗣是歲以爲常或一歲再幸四十七年太子既廢上以允祉與太子素親睦召問太子情狀且曰允祉與允礽雖暱然未慫恿其爲惡故不罪也蒙古喇嘛巴漢格隆爲允禔厭勝廢太子允祉偵得之發其事明年太子復立允祉進封誠親王五十一年賜銀五千聖祖邃律歷之學命允祉率庶吉士何國宗等輯律呂算法諸書諭曰古歷規模甚好但其數目歲久不合今修歷書規模宜存古數目宜準今五十三年十一月書成奏進上命以律呂歷法算法三者合爲一書名曰律歷淵源五十八年上有事於圜丘拜畢命允祉行禮五十九年封子弘晟爲世子班俸視貝子六十年上命弘晟偕皇四子皇十二子祭盛京三陵世宗即位命允祉守護景陵雍正二年弘晟得罪削世子爲閑散宗室六年六月允祉索蘇克濟賕事發在上前詰王大臣上責其無臣禮議奪爵錮私第上曰朕止此一兄朕兄弟如允祉者何限皆欲激朕治其罪其心誠不可喻良亦朕不能感化所致未可謂盡若輩之罪也命降郡王而歸其罪於弘晟交宗人府禁錮八年二月復進封親王五月怡親王之喪允祉後至無戚容莊親王允祿等劾下宗人府議奏稱允祉乖張不孝暱近陳夢雷周昌言祈禳鎮魘與阿其那塞思黑允禵交相黨附其子弘晟凶頑狂縱助父爲惡僅予禁錮而允祉銜恨怨懟怡親王忠孝性成允祉心懷嫉忌並不懇請持服王府齊集遲至早散背理蔑倫當削爵與其子弘晟皆論死上命奪爵禁景山永安亭聽家屬與偕弘晟仍禁宗人府十年閏五月薨視郡王例殯葬乾隆二年追諡子弘㬙封貝子子孫遞降以不入八分輔國公世襲五世孫載齡襲爵事德宗官至體仁閣大學士諡文恪

恒溫親王允祺聖祖第五子康熙三十五年上征噶爾丹命允祺領正黃旗大營四十八年十月封恒親王五十一年賜銀五千五十八年封子弘昇爲世子班祿視貝子雍正五年坐事削世子十年閏五月允祺薨予諡子弘晊襲乾隆四十年薨諡曰恪子永皓襲郡王五十三年薨諡曰敬弘昇子永澤襲貝子子孫循例遞降以鎭國公世襲弘昇既削世子乾隆十九年卒予貝勒品級諡恭恪

淳度親王允祐聖祖第七子康熙三十五年上征噶爾丹命允祐領鑲黃旗大營三十七年三月封貝勒四十八年十月封淳郡王五十一年賜銀五千五十七年十月正藍旗滿洲都統延信征西陲命允祐管正藍三旗事務雍正元年進封親王詔褒其安分守己敬順小心復命與誠親王允祉並書景陵碑額以兩王皆工書故八年四月薨予諡子弘曙聖祖命皇十四子允禵爲撫遠大將軍駐甘州令弘曙從聖祖崩世宗召還京封世子雍正五年坐事削改封弘暻爲世子允祐薨弘暻襲乾隆四十二年薨諡曰愼子永鋆襲貝勒子孫遞降以鎭國公世襲永鋆子綿洵事穆宗官涼州副都統轉戰河南直隸山東湖北克臨淸破連鎭馮官屯皆有功遷荊州將軍卒諡莊武

允禩聖祖第八子康熙三十七年三月封貝勒四十七年九月署內務府總管事太子允礽既廢允禩謀代立諸皇子允禟允䄉允禵諸大臣阿靈阿鄂倫岱揆敘王鴻緒等皆附允禩允祉言於上謂相士張明德言允禩後必大貴上大怒會內務府總管凌普以附太子得罪籍其家允禩頗庇之上以責允禩諭曰凌普貪婪巨富所籍未盡允禩每妄博虛名凡朕所施恩澤俱歸功於己是又一太子矣如有人譽允禩必殺無赦翌日召諸皇子入諭曰當廢允礽時朕即諭諸皇子有鑽營爲皇太子者即國之賊法所不容允禩柔奸性成妄蓄大志黨羽相結謀害允礽今其事皆敗露即鎖繫交議政處審理允禟語允禵入爲允禩營救上怒出佩刀將誅允禵允祺跪抱勸止上怒少解仍諭諸皇子議政大臣等毋寬允禩罪逮相士張明德會鞫詞連順承郡王布穆巴公賴士普奇順承郡王長史阿祿張明德坐凌遲處死普奇奪公爵允禩亦奪貝勒爲閑散宗室上復諭諸皇子曰允禩庇其乳母夫雅齊布雅齊布之叔廐長吳達理與御史雍泰同榷關稅不相能訴之允禩允禩借事痛責雍泰朕聞之以雅齊布發翁牛特公主處允禩因怨朕與褚英孫蘇努相結敗壞國事允禩又受制於妻妻爲安郡王岳樂甥嫉妒行惡是以允禩尙未生子此皆爾曹所知爾曹當遵朕旨方是爲臣子之理若不如此存心日後朕考終必至將朕躬置乾淸宮內束甲相爭耳上幸南苑遘疾還宮召允禩入見並召太子使居咸安宮未幾上命諸大臣於諸皇子中舉可爲太子者阿靈阿等私示意諸大臣舉允禩上曰允禩未更事且罹罪其母亦微賤宜別舉上釋允礽亦復允禩貝勒四十八年正月上召諸大臣問倡舉允禩爲太子者諸臣不敢質言上以大學士馬齊先言衆欲舉允禩因譴馬齊不復深詰尋復立允礽爲太子五十一年十一月復廢允礽六十一年十一月上疾大漸召允禩及諸皇子允祉允祐允禟允䄉允裪允祥同受末命世宗即位命允禩總理事務進封廉親王授理藩院尙書雍正元年命辦理工部事務皇太子允礽之廢也允禩謀繼立世宗深憾之允禩亦知世宗憾之深也居常怏怏封親王命下其福晉烏雅氏對賀者曰何賀爲慮不免首領耳語聞世宗憾滋甚會副都統祁爾薩條奏滿洲俗遇喪親友饋粥弔慰後風俗漸弛大設奢饌過事奢靡上用其議申禁因諭斥允禩居母妃喪沽孝名百日後猶扶掖匍匐而行而允䄉允禟允禵指稱餽食大肆筵席皇考諭責者屢矣二年上諭曰允禩素行陰狡皇考所深知降旨不可悉數自朕即位優封親王任以總理事務乃不能輸其誠悃以輔朕躬懷挾私心至今

未已凡事欲激朕怒以治其罪加朕以不令之名允禩在諸弟中頗有治事材朕甚愛惜之非允禵允禟等可比是以屢加教誨令其改過不但成朕友于之誼亦全皇考慈愛之衷朕果欲治其罪豈有於衆前三復教誨之理朕一身上關宗廟社稷不得不爲防範允禩在皇考時恣意妄行匪伊朝夕朕可不念祖宗肇造鴻圖以永貽子孫之安乎三年二月三年服滿以允禩任總理事務挾私懷詐有罪無功不予議叙尋因工部製祈穀壇祖宗神牌草率阿爾泰駐兵軍器粗窳屢下詔詰責允禩允禩議減內務府披甲上令覆奏又請一佐領增甲九十餘副上以允禩前後異議論謂陰邪叵測莫此爲甚因命一佐領留甲五十副不即裁待缺出不補隸內務府披甲諸人集允禩邸鬨鬧翌日又集副都統李延禧家且縱掠上命捕治諸人自列允禩使闌延禧家允禩不置辯上命允禩鞫定爲首者立斬允禩以五人姓名上上察其一乃自首其一堅稱病未往責允禩所讞不實宗人府議奪允禩爵上命寬之允禩杖殺護軍九十六命太監閻倫隱其事厚賜之宗人府復議奪允禩爵上復寬之四年正月上御西暖閣召諸王大臣暴允禩罪狀略曰當時允禩希冀非望欲沽忠孝之名而事事傷聖祖之心二阿哥坐廢聖祖命朕與允禩在京辦事凡有啟奏皆蒙御批由允禩藏貯偶問允禩則曰前値皇考怒恐不測故焚燬筆札御批亦納其中此允禩親向朕言者聖祖升遐朕念允禩夙有才幹冀其痛改前非爲國家出力令其總理事務加封親王推心置腹三年以來宗人府及諸大臣劾議什伯累積朕百端容忍乃允禩詭譎陰邪狂妄悖亂包藏禍心日益加甚朕令宗人府訊問何得將皇考御批焚燬允禩改言抱病昏昧誤行燒毀及朕面質之公然設誓詛及一家允禩自絕於天自絕於祖宗自絕於朕斷不可留於宗姓之內爲我朝之玷謹述皇考諭遵先朝削籍離宗之典革去允禩黃帶子以儆凶邪爲萬世子孫鑒戒並命逐其福晉還外家二月授允禩爲民王留所屬佐領人員凡朝會視民公侯伯例稱親王允禩諸王大臣請誅允禩上不許尋命削王爵交宗人府圈禁高牆宗人府請更名編入佐領允禩改名阿其那子弘旺改菩薩保六月諸王大臣復臚允禩罪狀四十事請與允禟允禵並正典刑上暴其罪於中外九月允禩患嘔噦命給與調養未幾卒於幽所諸王大臣仍請戮尸不許乾隆四十三年正月高宗諭曰聖祖第八子允禩第九子允禟結黨妄行罪皆自取皇考僅令削籍更名以示愧辱就兩人心術而論覬覦窺竊誠所不免及皇考紹登大寶怨尤誹謗亦情事所有特未有顯然悖逆之迹皇考晚年屢向朕諭及愀然不樂意頗悔之若將有待朕今臨御四十三年矣此事重大朕若不言後世子孫無敢言者允禩允禟仍復原名收入玉牒子孫一併敍入此實仰體皇考仁心中未竟之緒想在天之靈亦當愉慰也

允禟聖祖第九子康熙四十七年上責允禩允禟語允禵入爲保奏上怒是時上每巡幸輒隨四十八年三月封貝子十月命往翁牛特送和碩溫恪公主之喪五十一年賜銀四千雍正元年世宗召允禵回京以諸王大臣議命允禟出駐西寧允禟屢請緩行上譴責所屬太監允禟行至軍二年四月宗人府劾允禟擅遣人至河洲買草勘牧地違法肆行請奪爵上命寬之三年上聞允禟縱容家下人在西寧生事遣都統楚宗往約束楚宗至允禟不出迎傳旨詰責曰上責我皆是我復何言我行將出家離世楚宗以聞上以允禟傲慢無人臣禮手詔深責之並牽連及允禩允禵允䄉私結黨援諸事七月山西巡撫伊都立奏劾允禟護衛烏雅圖等經平定毆諸生請按律治罪陝西人稱允禟九王爲上所聞手詔斥爲無恥遂奪允禟爵撤所屬佐領即西寧幽禁並錄允禟左右用事者毛太佟保等撤還京師授以官四年正月九門捕役得毛太佟保等寄允禟私書以聞上見書蹟類西洋字遣持問允禟子弘暘弘暘言允禟所造字也諭曰從來造作隱語防人察覺惟敵國爲然允禟在西寧未嘗禁其書札往來何至別造字體暗藏密遞不可令人以共見耶允禟與弘暘書用硃筆弘暘復書稱其父言爲旨皆僭妄非禮允禟寄允䄉書言事機已失其言尤駭人命嚴鞫毛太佟保等諸王大臣請治允禟罪命革去黃帶子削宗籍逮還京令楚宗及侍衛胡什里監以行五月令允禟改名又以所擬字樣奸巧下諸王大臣議改爲塞思黑六月諸王大臣復劾允禟罪狀二十八事請誅之胡什里監允禟至保定命直隸總督李紱暫禁覩其行止紱語胡什里當便宜行事胡什禮以聞上命馳諭止之紱奏無此語八月紱奏允禟以腹疾卒於幽所上聞胡什禮與楚宗中途械繫允禟旋釋去胡什禮又妄述紱語命並逮治其後紱得罪上猶責紱不以允禟死狀明白於衆乃起流言也乾隆間復原名還宗籍子弘晸封不入八分輔國公坐事奪爵

輔國公允䄉聖祖第十子康熙四十八年十月封敦郡王五十七年命辦理正黃旗滿洲蒙古漢軍三旗事允䄉與允禟允禵皆黨附允禩爲世宗所惡雍正元年澤卜尊丹巴胡土克圖詣京師謁聖祖梓宮俄病卒上遣送靈龕還喀爾喀命允䄉齎印册賜奠允䄉託疾不行旋稱有旨召還居張家口復私行禳禱疏文內連書雍正新君爲上所知斥爲不敬兵部劾奏命允䄉議其罪四月奪爵逮京師拘禁乾隆二年高宗命釋之封輔國公六年卒詔用貝子品級祭葬

履懿親王允祹聖祖第十二子康熙四十八年十月封貝子自是有巡幸輒從五十六年孝惠章皇后崩署內務府總管事務大事將畢乃罷五十七年辦理正白旗滿洲蒙古漢軍三旗事六十年上以御極六十年遣允祹祭盛京三陵六十一年授鑲黃旗滿洲都統世宗即位進封履郡王雍正二年宗人府劾允祹治事不能敬謹請奪爵命在固山貝子上行走二月因聖祖配享儀注及封妃金册遺漏舛錯降鎮國公八年五月復封郡王高宗即位進封履親王乾隆二十八年七月薨予諡子弘昆先卒用世子例殯葬餘子皆未封高宗命以皇四子永珹爲允祹後襲郡王四十二年薨諡曰端嘉慶四年追封親王子綿惠襲貝勒嘉慶元年薨追封郡王以成郡王綿懃子奕綸爲後襲貝子進貝勒子孫循例遞降以鎮國公世襲乾隆四十二年高宗南巡還蹕次涿州有僧攜童子迎駕自言允珹庶子爲側室福晉王氏所棄僧育以長上問允珹嫡福晉伊爾根覺羅氏言允珹次子以痘殤乃令入都命軍機大臣詰之童子端坐名諸大臣諸大臣不敢決軍機章京保成直前批其頰叱之童子乃自承劉氏子僧教爲妄語斬僧戍童子伊犁仍自稱皇孫所爲多不法上命改戍黑龍江道庫倫庫倫辦事大臣松筠責其不法縛出絞殺之高宗嘉其明決

怡賢親王允祥聖祖第十三子康熙三十七年從上謁陵自是有巡幸輒從六十一年世宗即位封爲怡親王尋命總理戶部三庫雍正元年命總理戶部十一月諭怡親王於皇考時敬謹廉潔家計空乏舉國皆知朕御極以來一心翊戴克盡臣弟之道從前兄弟分封各得錢糧二十三萬兩朕援此例賜之奏辭不已宣諭再四僅受十三萬復援裕親王例令支官物六年王又固辭今不允所請既不可允其請而實心爲國之懿親轉不得與諸弟兄比朕心不安下諸王大臣議既仍允王請命王所兼管佐領俱爲王屬加護衛一等一員二等四員三等十二員豹尾槍二長桿刀二每佐領增親軍二名二年允祥請除加色加平諸弊並增設三庫主事庫大使從之三年二月三年服滿以王總理事務謹慎忠誠從優議叙復加封郡王任王於諸子中指封八月加俸銀萬京畿被水命往勘十二月令總理京畿水利疏言直隸衛河淀河子牙河永定河皆匯於天津大直沽入海衛河與汶河合流東下滄景以下春多淺阻伏秋暴漲不免潰溢請將滄州磚河青縣興濟河故道疏濬築減水壩以洩衛河之漲並於白塘口入海處開直河使磚河與濟河同歸白塘出海又濬東西二淀多開引河使脈絡相通溝澮四達仍疏趙北苑家二口以防衝決子牙河爲滹沱及滏水下流其下有清河夾河月河同趨於淀宜開決分注緩其奔放之勢永定河故道已湮應自柳義口引之稍北繞王慶坨東北入淀至三角淀爲衆水所歸應逐年疏濬使濁水不能爲患又請於京東灤薊天津京南文霸任邱新雄諸州縣設營田專官募農耕種四年二月疏言直隸興修水利請分諸河爲四局下吏工諸部議議以南運河與臧家橋以下之子牙河苑家口以東之淀河爲一局令天津道領之苑家口以西各淀池及畿南諸河爲一局以大名道改清河道領之永定河爲一局以永定分司改道領之北運河爲一局撤分司以通永道領之分隸專官管轄尋又命分設京東京西水利營田使各一三月疏陳京東水利諸事五月疏陳畿輔西南水利諸事皆下部議行七月賜御書忠敬誠直勤慎廉明牓諭曰怡親王事朕克殫忠誠職掌有九而公爾忘私視國如家朕深知王德覺此八字無一毫過量之詞在朝諸臣於忠勤慎明尚多有之若敬誠直廉則未能輕許期咸砥礪以副朕望七年六月命辦理西北兩路軍機十月命增儀仗一倍十一月王有疾八年五月疾篤上親臨視及至王已薨上悲慟輟朝三日翌日上親臨奠諭怡親王薨逝中心悲慟飲食無味寢臥不安王事朕八年如一日自古無此公忠體國之賢王朕待王亦宜在常例之外今朕素服一月諸臣常服宴會俱不必行越日復諭舉怡親王功德命復其名上一字爲胤配享太廟諡曰賢並以忠敬誠直勤慎廉明八字加於諡上白家疃等十三村民請建祠允之撥官地三十餘頃爲祭田免租賦命更定園寢之制視常例有加又命未殯月賜祭小祥及殯視大祭禮賜祭三年後歲賜祭皆特恩不爲例乾隆中祀盛京賢王祠命王爵世襲子弘曉襲乾隆四十三年薨諡曰僖子永琅襲嘉慶四年薨諡曰恭孫奕勳襲二十三年薨諡曰恪子載坊襲明年薨弟載垣襲事宣宗命在御前大臣行走受顧命文宗即位歷左宗正宗令領侍衛大臣八年賜紫禁城內肩輿載垣與鄭王端華及端華弟肅順皆爲上所倚相結權勢日張九年命赴天津察視海防十年正月萬壽節賜杏黃色端罩七月英吉利法蘭西兩國兵至天津命與兵部尚書穆蔭以欽差大臣

赴通州與英人議和時大學士桂良已於天津定議上許英使額爾金至通州簽約英使額爾金請入京師親遞國書不許兵復進上以和議未成罷載垣欽差大臣未幾扈上幸熱河及和議定羣臣請還京師上猶豫未決十一年七月文宗崩穆宗即位載垣等受遺詔輔政與端華景壽肅順及軍機大臣穆蔭匡源杜翰焦祐瀛稱贊襄政務王大臣擅政九月上奉文宗喪還京師詔罪狀載垣等奪爵職下王大臣按治議殊死賜自盡事詳肅順傳爵降爲不入八分輔國公並命不得以其子孫及親兄弟子承襲同治元年以莊親王允祿四世孫載泰襲輔國公收府第敕書三年七月師克江甯推恩還王爵九月以甯郡王弘晈四世孫鎭國公載敦襲怡親王還敕書光緒十六年薨諡曰端子溥靜嗣二十六年八月薨九月坐縱庇拳匪啓釁奪爵以先薨免罪弟之子毓麒襲甯良郡王弘晈允祥第四子世宗褒允祥功加封郡王任王於諸子中指封允祥固辭不敢承及允祥薨世宗乃封弘晈甯郡王世襲乾隆二十九年八月薨諡曰良子永福仍循例襲貝勒四十七年九月薨諡恭恪子綿譽仍襲貝勒子孫遞降以鎭國公世襲載敦紹封怡親王即以載泰襲鎭國公允祥諸子弘昌初封貝子進貝勒坐事奪爵弘暾未封早世聘於富察氏未婚守志世宗愍之命視貝勒例殯葬弘吟亦用其例

恂勤郡王允禵聖祖第十四子康熙四十八年封貝子五十年從上幸塞外自是輒從五十一年賜銀四千兩五十七年命爲撫遠大將軍討策妄阿喇布坦十二月師行上御太和殿授印命用正黃旗纛五十八年四月勅吏部侍郎色爾圖督兵餉失職都統胡錫圖索詐騷擾治其罪都統延信疏稱準噶爾與青海聯姻婭大將軍領兵出口必有諜告準酋者不若暫緩前進上命駐西甯五十九年二月允禵移軍穆魯斯烏蘇遣平逆將軍延信率師入西藏令查布防西甯訥爾素防古木時別立新胡必爾汗遣兵送之入藏十月延信擊敗準噶爾將策零敦多卜等於卜克河諸地五月允禵率師駐甘州進次吐魯番旋請於明年進兵閏六月和爾博斯厄穆齊寨桑以厄魯特兵五百闔回民回衆萬餘人乞援允禵以糧運艱阻兵難久駐若徙入內地亦苦糧少地狹哈密扎薩克額敏皆不能容布隆吉爾達里圖諸地又阻瀚海請諭靖逆將軍富甯安相機援撫從之十月召來京而授方略六十一年三月還軍世宗即位諭總理王大臣曰西路軍務大將軍職任重大但於皇考大事若不來京恐於心不安速行文大將軍王馳驛來京允禵至命留景陵待大祭雍正元年五月諭曰允禵無知狂悖氣傲心高朕望其改悔以便加恩今又恐其不能改不及恩施特進爲郡王慰我皇妣皇太后之心三年三月宗人府劾允禵前爲大將軍苦累兵丁侵擾地方糜費軍帑請降授鎭國公上命仍降貝子四年諸王大臣劾請正國法論允禵止於糊塗狂妄其奸詐陰險與允禩允禟相去甚遠朕於諸人行事知之甚悉非獨於允禵有所偏徇今允禵居馬蘭峪欲其瞻仰景陵痛滌前非允禵不能悔悟奸民蔡懷璽又造爲大逆之言搖惑衆聽宜加禁錮即與其子白起並錮於壽皇殿左右寬以歲月待其改悔高宗即位命釋之乾隆二年封輔國公十二年六月進貝勒十三年正月進封恂郡王二十年六月薨予諡第一子弘春雍正元年封貝子二年坐允禩黨革爵四年封鎭國公六年進貝子九年進貝勒十一年封泰郡王十二年八月諭責弘春輕佻復降貝子高宗即位奪爵別封允禵第二子弘明爲貝勒乾隆三十二年卒諡恭勤子孫循例遞降以不入八分鎭國公世襲弘春曾孫奕山自有傳

愉恪郡王允禑聖祖第十五子康熙三十九年從幸塞外自是輒從雍正四年封貝勒命守景陵八年封愉郡王九年二月薨予諡子弘慶襲乾隆三十四年薨諡曰恭子永珔襲貝勒子孫循例遞降以輔國公世襲

果毅親王允禮聖祖第十七子康熙四十四年從幸塞外自是輒從雍正元年封果郡王管理藩院事三年諭曰果郡王實心爲國操守清廉宜給親王俸護衞亦如之班在順承郡王上六年進親王七年命管工部事八年命總理戶部三庫十一年授宗令管戶部十二年命赴泰甯送達賴喇嘛還西藏循途巡閱諸省駐防及綠營兵十三年還京師命辦理苗疆事務世宗疾大漸受遺詔輔政高宗即位命總理事務解宗令管刑部尋賜親王雙俸免宴見叩拜密疏請蠲江南諸省民欠漕項蘆課學租雜稅允之諭曰果親王秉性忠直皇考所信任外間頗疑其嚴厲今觀密奏足見其存心寬厚特以宣示九卿允禮體弱上命在邸治事越數日一入直乾隆元年坐事罷雙俸三年正月病篤遣和親王弘晝往視二月薨上震悼即日親臨其喪予諡無子莊親王允祿等請以世宗第六子弘曕爲之後弘曕善詩詞雅好藏書與怡府明善堂埒御下嚴晨起披衣巡視遇不法者立杖之故無敢爲非者節儉善居積嘗以開煤窰奪民產從上南巡屬兩淮鹽政高恒鬻人蔘牟利又令織造關差致緞段玩器予賤值二十八年圓明園九州淸宴災弘曕後至與諸皇子談笑露齒上不懌又嘗以門下私人屬阿里袞上發其罪並責其奉母妃儉薄降貝勒罷一切差使自是家居閉門意抑鬱不自聊三十年三月病篤上往撫視弘曕於臥榻間叩首引咎上執其手痛曰以汝年少故稍加拂拭何愧恧若此因復封郡王旋薨予諡子永瑹襲五十四年薨諡曰簡子綿從襲貝勒孫奕湘襲鎭國公歷官副都統廣州盛京將軍兵部尙書加貝子銜卒諡恪愼子孫遞降以輔國公世襲

簡靖貝勒允禕聖祖第二十子康熙五十五年始從幸塞外自是輒從雍正四年封貝子八年二月進貝勒十二年八月命祭陵稱病不行降輔國公十三年九月高宗即位復封貝勒守護泰陵乾隆二十年卒予諡子弘閏襲貝子子孫循例遞降以不入八分鎭國公世襲

愼靖郡王允禧聖祖第二十一子康熙五十九年始從幸塞外雍正八年二月封貝子五月諭以允禧立志向上進貝勒十三年十一月高宗即位進愼郡王允禧詩淸秀尤工畫遠希董源近接文徵明自署紫瓊道人乾隆二十三年五月薨予諡二十四年十二月以皇六子永瑢爲之後封貝勒三十七年進封質郡王五十四年再進親王永瑢亦工畫濟美紫瓊兼通天算五十五年薨諡曰莊子綿慶襲郡王綿慶幼聰穎年十三侍高宗避暑山莊校射中三矢賜黃馬褂三眼孔雀翎通音律體孱弱嘉慶九年薨年僅二十六仁宗深惜之賜銀五千諡曰恪子奕綺襲貝勒道光五年坐事罰俸十九年奪爵二十二年卒復其封子孫循例遞降以鎭國公世襲

恭勤貝勒允祜聖祖第二十二子康熙五十九年始從幸塞外雍正八年二月封貝子十二年二月進貝勒乾隆八年卒予諡子弘曨襲貝子卒子永芝襲鎭國公坐事奪爵爵除

郡王品級誠貝勒允祁聖祖第二十三子雍正八年二月封鎭國公十三年十月高宗即位進貝勒屢坐事降鎭國公四十五年復封貝子四十七年進貝勒四十九年加郡王銜五十年卒予諡子弘謙襲貝子嘉慶十四年加貝勒品級卒子永康襲鎭國公卒子綿英襲不入八分鎭國公卒無子爵除

誠恪親王允祕聖祖第二十四子雍正十一年正月諭曰朕幼弟允祕秉心忠厚賦性和平素爲皇考所鍾愛數年以來在宮中讀書學識亦漸增長朕心嘉悅封爲誠親王乾隆三十八年薨予諡第一子弘暢襲郡王六十年薨諡曰密子永珠襲貝勒道光中坐事奪爵弘旿允祕第二子字仲升乾隆二十八年封二等鎭國將軍三十九年進封貝子屢坐事奪爵嘉慶間授奉恩將軍卒弘旿工畫師董邦達自署瑤華道人名與紫瓊並永珠既奪爵以弘旿孫綿勳襲貝子子孫遞降以鎭國公世襲

世宗十子孝敬憲皇后生端親王弘暉孝聖憲皇后生高宗純懿皇貴妃耿佳氏生和恭親王弘晝敦肅皇貴妃年佳氏生福宜懷親王福惠福沛謙妃劉氏生果恭郡王弘曕齊妃李氏生弘昀弘時弘昐弘曕出爲果毅親王允禮後弘昀弘昐福宜福沛皆殤無封弘時雍正五年以放縱不謹削宗籍無封

端親王弘暉世宗第一子八歲殤高宗即位追封親王諡曰端

和恭親王弘晝世宗第五子雍正十一年封和親王十三年設辦理苗疆事務處命高宗與弘晝領其事乾隆間預議政弘晝少驕抗上每優容之嘗監試八旗子弟於正大光明殿日晡弘晝請上退食上未許弘晝遽曰上疑吾買屬士子耶明日弘晝入謝上曰使昨答一語汝虀粉矣待之如初性復奢侈世宗雍邸舊貲上悉以賜之故富於他王好言喪禮言人無百年不死者奚諱爲嘗手訂喪儀坐庭際使家人祭奠哀泣岸然飲啖以爲樂作明器象鼎彝盤盂置几榻側三十年薨予諡子永璧襲三十七年薨諡曰勤子綿倫襲郡王三十九年薨諡曰謹弟綿循襲嘉慶二十二年薨諡曰恪子奕亨襲貝勒卒子載容襲貝子同治中加貝勒銜卒諡敏恪子溥廉襲鎭國公

懷親王福惠世宗第七子八歲殤高宗即位追封親王諡曰懷

清史稿　列傳八

諸王七

高宗十七子孝賢純皇后生端慧太子永璉哲親王永琮皇后納喇氏生貝勒永璂永璟孝儀純皇后生永璐仁宗第十六子慶僖親王永璘純惠皇貴妃蘇佳氏生循郡王永璋質莊親王永瑢哲憫皇貴妃富察氏生定安親王永璜淑嘉皇貴妃金佳氏生履端親王永珹儀愼親王永璇第九子成哲親王永瑆愉貴妃珂里葉特氏生榮純親王永琪舒妃葉赫納喇氏生第十子永珹出爲履懿親王允祹後永瑢出爲愼靖郡王允禧後永璟永璐第九子第十子第十六子皆殤無封

定安親王永璜高宗第一子乾隆十三年上南巡還蹕次德州孝賢純皇后崩永璜迎喪高宗斥其不知禮切責之十五年三月薨上諭曰皇長子誕自青宮齒序居長年逾弱冠誕毓皇孫今遘疾薨逝朕心悲悼宜備成人之禮追封定親王諡曰安子綿德襲郡王坐事奪爵弟綿恩襲五十八年進封親王嘉慶四年正月封其子奕紹爲不入八分輔國公八年閏二月有陳德者匿禁門犯蹕諸王大臣捍禦論功賜綿恩御用補褂進奕紹貝子二十年授御前大臣道光二年薨賜銀五千治喪諡曰恭子奕紹先以上六十萬壽進貝勒至是襲親王十五年奕紹年六十封其子載銓爲輔國公十六年奕紹薨賜銀治喪諡曰端載銓襲載銓初封二等輔國將軍三進封輔國公授御前大臣工部尚書步軍統領襲爵道光末受顧命文宗即位益用事咸豐二年六月給事中袁甲三疏劾載銓營私舞弊自謂操進退用人之權刑部尚書恆春侍郎書元潛赴私邸聽其指使步軍統領衙門但准收呈例不審辦而載銓不識大體任意顚倒遇有盜案咨部乃以武斷濟其規避又廣收門生外間傳聞有定門四配十哲七十二賢之稱舉所繪息肩圖朝官題詠有師生稱謂爲證上諭曰諸王與在廷臣工不得往來歷聖垂誡周詳恆春書元因審辦案件趨府私謁載銓並未拒絕至拜認師生例有明禁而息肩圖題詠中載齡許誦恆均以門生自居不知遠嫌罰王俸二年所領職並罷九月仍授步軍統領三年加親王銜充辦理巡防事宜二月疏請申明會議舊章報可四年九月病作詔以綿德曾孫溥煦爲後是月薨追封親王賞銀五千兩治喪諡曰敏溥煦襲郡王光緒三十三年薨諡曰愼子毓朗襲貝勒光緒末授民政部侍郎步軍統領宣統二年七月授軍機大臣三年四月改授軍諮大臣

端慧太子永璉高宗第二子乾隆三年十月殤年九歲十一月諭曰永璉乃皇后所生朕之嫡子聰明貴重氣宇不凡皇考命名隱示承宗器之意朕御極後恪守成式親書密旨召諸大臣藏於乾清宮正大光明牓後是雖未册立已命爲皇太子矣今既薨逝一切典禮用皇太子儀注行旋册贈皇太子諡端慧

循郡王永璋高宗第三子乾隆二十五年七月薨追封循郡王四十一年以永瑆子綿懿爲後襲貝勒卒子奕緒襲貝子卒子載遷襲鎭國公

榮純親王永琪高宗第五子乾隆三十年十一月封榮親王永琪少習騎射嫻國語上鍾愛之三十一年三月薨諡曰純子綿億四十九年十一月封貝勒嘉慶四年正月襲榮郡王綿億少孤體羸多病特聰敏工書熟經史十八年林清變起綿億方扈蹕聞警力請上速還京師上即日迴鑾因重視之寵眷日渥逾年薨諡曰恪子奕繪襲貝勒卒子載鈞襲貝子子溥楣襲鎭國公

哲親王永琮高宗第七子與端慧太子同爲嫡子端慧太子薨高宗屬意焉乾隆十二年十二月以痘殤方二歲上諭謂先朝未有以元后正嫡紹承大統者朕乃欲行先人所未行之事邀先人不能獲之福此乃朕過耶命喪儀視皇子從優諡曰悼敏嘉慶四年三月追封哲親王

儀愼親王永璇高宗第八子乾隆四十四年封儀郡王嘉慶四年正月進封親王總理吏部二月罷諭曰六卿分職各有專司原無總理之名勿啓專權之漸十三年正月諭曰內廷行走諸王日入直儀親王朕長兄年逾六十冬寒無事不必進內十四年正月封其子錦志爲貝勒十七年以武英殿刻高宗聖訓誤書廟諱罷王俸三年十八年林清變起賊入禁城綿志從高宗發鳥槍殪賊仁宗褒其奮勇加郡王銜加俸歲千兩永璇亦以督捕勤勞免一切處分二十年七月命祭裕陵阻雨還京坐降郡王並奪綿志郡王銜及加俸仍罰王俸五年二十四年正月復綿志郡王銜賜三眼孔雀翎七月坐剌探政事上諭曰朕兄儀親王年已七十有四精力漸衰所領事務甚多恐有貽誤探聽尙有可原朕不忍煩勞長兄致失頤養嗣後止留內廷行走平日不必入直六月綿志坐縱妾父冒職官詐贓奪郡王銜罰貝勒俸四年二十五年七月宣宗即位諭儀親王不必遠迎又諭召對宴賚無庸叩拜道光三年正月綿志復郡王銜加俸八年正月命在紫禁城乘轎並加賞俸銀五千示親親敬長之意十一月復諭朝賀免行禮十年十月永璇詣圓明園視大阿哥徑入福園門諭罷綿志官十一年諭壽皇殿安佑宮當行禮時於府第內行禮又諭元旦暨正月十四日宗親筵宴均免其入宴別頒果殽一席十二年八月薨年八十八賜銀五千治喪親臨賜奠諡曰愼綿志襲郡王薨諡曰順子奕綗襲貝勒加郡王銜卒曾孫毓崐襲貝子卒弟毓岐襲鎭國公

成哲親王永瑆高宗第十一子乾隆五十四年封成親王永瑆幼工書高宗愛之每幸其府第嘉慶四年正月仁宗命在軍機處行走總理戶部三庫故事親王無領軍機者自永瑆始二月儀親王永璇罷總理吏部並命永瑆俟軍務奏銷事畢不必總理戶部三月和珅以罪誅沒其園第賜永瑆七月永瑆辭總理戶部三庫允之八月編修洪亮吉上書永瑆譏切朝政永瑆上聞上治亮吉罪語在亮吉傳十月上諭曰自設軍機處無諸王行走因軍務較繁暫令永瑆入直究與國家定制未符罷軍機處行走永瑆嘗聞康熙中內監言其師少時及見董其昌以前三指握管懸腕作書永瑆廣其說作撥鐙法推論書旨深得古人用筆之意上命書裕陵聖德神功碑並令自擇書蹟刻爲詒晉齋帖以手詔爲序刻成頒賞臣工十八年林清變起永瑆在紫禁城內督捕上嘉其勤勞免一切處分及未完罰俸二十四年正月加其子不入八分輔國公綿懃郡王銜五月祭地壇終獻時贊引誤永瑆依以行禮上以永瑆年老多病罷一切差使不必在內廷行走於邸第閉門思過罰親王半俸十年綿懃亦罷內大臣居家侍父二十五年六月綿懃卒贈郡王有司請諡以非例斥之著爲令仁宗崩有旨免迎謁語見儀親王傳十月命曾孫載銳襲貝勒道光二年十月上還自行在永瑆進食品十六器以非例卻之三年三月薨年七十二賜銀五千治喪諡曰哲載銳襲郡王綿懃及載銳父奕綬並追封如其爵咸豐九年薨諡曰恭子溥莊襲貝勒加郡王銜卒子毓棣襲貝子

貝勒永璂高宗第十二子乾隆四十一年卒嘉慶四年三月追封貝勒以成親王子綿偲爲後初封鎭國將軍再進封貝子道光十八年正月諭曰綿偲逮事皇祖昔同朕在上書房讀書者只綿偲一人進貝勒二十八年卒子奕縉襲貝子卒弟奕繕襲鎭國公

慶僖親王永璘高宗第十七子乾隆五十四年封貝勒嘉慶四年正月仁宗親政封惠郡王尋改封慶郡王三月和珅誅沒其宅賜永璘五年正月以視穎貴太妃七十壽未奏明命退出乾清門留內廷行走二十一年正月朔乾清宮筵宴輔國公綿慜就席遲奕紹推令入座拂墮食椀永璘告內奏事太監得旨諸王奏事不得逕交內奏事太監罰永璘俸二十五年三月永璘疾篤上親臨視命進封親王尋薨諡曰僖命皇子往奠上時謁陵歸復親臨爲子綿慜襲郡王綿慜奏府中有毗盧帽門口四座太平缸五十四件銅路鐙三十六對上諭曰

慶親王府第本爲和珅舊宅凡此違制之物皆和珅私置嗣後王貝勒貝子當依會典服物寧失之不及不可僭踰庶幾永保令名府置諳達二亦命裁汰道光三年正月賜綿愍三眼孔雀翎管雍和宮中正殿十六年十月薨賜銀四千治喪諡曰良上命再襲郡王一次以儀順郡王綿志子奕綵爲後襲郡王十七年正月命在御前行走二十二年十月奕綵以服中納妾下宗人府議處奕綵行賕請免永璘第六子輔國公綿性亦行賕覬襲王爵事發奕綵奪爵綿性戍盛京以永璘第五子不入八分鎮國公綿悌奉永璘祀旋又坐事降鎮國將軍二十九年卒以綿性子奕劻爲後三十年襲輔國將軍咸豐二年正月封貝子十年正月上三十萬壽進貝勒同治十一年九月大婚加郡王銜授御前大臣光緒十年三月命管理總理各國事務衙門十月進慶郡王十一年九月會同醇親王辦理海軍事務十二年二月命在內廷行走十五年正月授右宗正大婚賜四團正龍補服子載振頭品頂帶二十年太后六十萬壽懿旨進親王二十六年七月上奉太后幸太原命奕劻留京會大學士李鴻章與各國議和二十七年六月改總理各國事務衙門爲外務部奕劻仍總理部事十二月加載振貝子銜二十九年三月授奕劻軍機大臣仍總理外務部如故尋命總理財政處練兵處解御前大臣以授載振載振赴日本大坂觀展覽會歸請振興商務設商部即以載振爲尚書十月御史張元奇劾載振宴集召歌妓侑酒上諭當深加警惕有則改之無則加勉旋請開缺未許三十年三月御史蔣式瑆奏戶部設立銀行招商入股臣風聞上年十一月慶親王奕劻將私產一百二十萬送往東交民巷英商滙豐銀行收存奕劻自簡任軍機大臣以來細大不捐門庭如市是以其父子起居飲食車馬衣服異常揮霍尚能儲蓄鉅款請命將此欵提交官立銀行入股命左都御史清銳戶部尚書鹿傳霖按其事不得實式瑆回原衙門行走三十一年允日俄修訂東三省條約全權大臣三十二年遣載振使奉天吉林按事改商部爲農工商部仍以載振爲尚書三十三年命奕劻兼管陸軍部事東三省改設督撫以直隸候補道段芝貴署黑龍江巡撫御史趙啓霖奏段芝貴善於迎合上年貝子載振往東三省道經天津芝貴以萬二千金鬻歌妓以獻又以十萬金爲奕劻壽夤緣得官上爲罷芝貴而命醇親王載灃大學士孫家鼐按其事不得實奪啓霖官載振復疏辭御前大臣農工商部尚書許之三十四年十一月命以親王世襲宣統三年四月罷軍機處授奕劻內閣總理大臣大學士那桐徐世昌協理大臣八月武昌兵起初命陸軍部尚書廕昌視師奕劻請於朝起袁世凱湖廣總督視師世凱入京師代奕劻爲內閣總理大臣授奕劻弼德院總裁十二月詔遜位奕劻避居天津後七年薨諡曰密

仁宗五子孝淑睿皇后生宣宗孝和睿皇后生惇恪親王綿愷瑞懷親王綿忻恭順皇貴妃鈕祜祿氏生惠端親王綿愉和裕皇貴妃劉氏生穆郡王

穆郡王未命名仁宗第一子二歲殤宣宗即位追封

惇恪親王綿愷仁宗第三子嘉慶十八年林清變起綿愷隨宣宗捕賊蒼震門得旨褒嘉二十四年封惇郡王宣宗即位進親王子奕纘封不入八分公道光三年正月命綿愷內廷行走旋以福晉乘轎徑入神武門坐罷罰王俸五年上奉太后幸綿愷第仍命內廷行走減罰王俸三年七年坐太監張明得私相往來復匿太監苑長青降郡王八年十月追叙蒼震門捕賊急難禦侮復親王諭加意檢束十三年五月綿愷以議皇后喪禮引書百姓如喪考妣四海遏密八音於義未協退出內廷罰王俸十年十八年五月民婦穆氏訴其夫穆齊賢爲綿愷所囚命定郡王載銓按實復降郡王罷一切職任十二月薨復親王上親臨奠諡曰恪奕纘前卒追封貝勒命賜福晉郡王半俸二十六年以皇五子奕誴爲綿愷後襲郡王文宗即位命在內廷行走奕誴屢以失禮獲譴咸豐五年三月降貝勒罷一切職任上書房讀書六年正月復封惇郡王十月進親王穆宗即位諭免叩拜稱名同治三年江寧克復封其子載濂不入八分鎮國公載津賜頭品頂帶四年六月授宗令七年正月捻匪逼近畿奕誴陳防守之策八年十一月醇郡王奕譞劾王自授宗令藉整頓之名啓攬權之漸詔兩解之十一年大婚賜紫禁城乘四人肩輿並免進領侍衞內大臣班及帶豹尾槍載濂進輔國公十三年十二月賜親王雙俸光緒五年六月普祥峪吉地工竣復賜食雙俸十三年上親政免帶領引見十五年正月薨上奉太后臨奠諡曰勤子八有爵者五載濂載漪載潤載瀛載津載濂奕誴第一子初封一等輔國將軍累進輔國公襲貝勒加郡王銜二十五年子溥偁賜頭品頂帶二十六年載濂以庇義和拳奪爵弟載瀛襲載瀛奕誴第四子初封二等鎮國將軍加不入八分輔國公銜襲貝勒載漪奕誴第二子出爲瑞郡王奕誌後獲罪奪爵歸宗語在瑞懷親王綿忻傳載潤奕誴第三子初封三等輔國將軍再進封不入八分輔國公以庇義和拳奪爵戍新疆載津奕誴第五子封二等鎮國將軍加不入八分輔國公銜

瑞懷親王綿忻仁宗第四子嘉慶二十四年封瑞親王道光三年命在內廷行走八年七月薨諡曰懷子奕約甫晬上命定親王奕紹檢察邸第官吏內務府大臣敬徵治家政十月奕約襲郡王予半俸尋更名奕誌三十年五月薨諡曰敏無子賜綿忻福晉郡王半俸咸豐三年福晉薨復賜奕誌福晉郡王半俸十年命以惇親王子載漪爲奕誌後襲貝勒同治十一年大婚命食貝勒全俸光緒十五年加郡王銜十九年九月授爲御前大臣二十年進封端郡王循故事宜仍舊號更曰端者述旨誤遂因之載漪福晉承恩公桂祥女太后姪也二十四年太后復訓政二十五年正月賜載漪子溥儁頭品頂帶十二月上承太后命溥儁入爲穆宗後號大阿哥命在弘德殿讀書以承恩公尚書崇綺大學士徐桐爲之傅明年元旦大高殿奉先殿行禮以溥儁代郡下流言將下詔禪位大學士榮祿與慶親王奕劻以各國公使有異同諫止二十六年義和拳亂起載漪篤信之以爲義民亂遂熾五月命充總理各國事務大臣義和拳擊殺日本使館書記杉山彬復及德國使臣克林德圍攻東交民巷使館八月諸國聯軍自天津逼京師上奉太后出狩載漪及溥儁皆從次大同命載漪爲軍機大臣未逾月罷命奕劻與大學士李鴻章議和諸國目載漪爲首禍十二月奪爵戍新疆二十七年十月上奉太后還京師次開封諭載漪縱義和拳獲罪祖宗其子溥儁不宜膺儲位廢大阿哥名號賜公銜俸歸宗二十八年六月別以醇賢親王奕譞子鎮國公載洵爲奕誌後襲貝勒宣統間爲海軍部尚書改海軍部大臣加郡王銜

惠端親王綿愉仁宗第五子二十五年七月宣宗即位封惠郡王在內廷行走上書房讀書故事親郡王未及歲食半俸道光九年命食全俸十九年進親王文宗即位諭惠親王爲朕叔父內廷召對及宴賚賞賜宜免叩拜章奏免書名咸豐三年賜御用龍褂洪秀全之徒北擾近畿命爲奉命大將軍頒銳捷刀統健銳火器前鋒護軍巡捕諸營及察哈爾兵哲里木卓索圖昭烏達東三盟蒙古兵與科爾沁郡王僧格林沁督辦防剿僧格林沁出駐涿州綿愉留京師九月會奏頒行銀錢鈔法時秀全兵至深州請發哲里木盟馬隊一千及熱河古北口兵各五百赴涿州助防復奏請發蒙古兵三千以德勒克色楞爲將督兵進擊四年正月命朝會大典外悉免叩拜尋與恭親王奕訢定郡王載銓疏請鑄鐵錢爲大錢輔上令王詳議以行五年四月北路肅清行凱撤禮上奉命大將軍印十二月以鑄鐵錢有效下宗人府議叙八年五月以奏保耆英罷中正殿雍和宮諸職任九年罷鐵錢局十年七月英法二國兵至天津命至通州與僧格林沁辦防並諭綿愉及怡親王載垣鄭親王端華尚書肅順軍機大臣等籌商交涉同治二年穆宗典學太后以綿愉行輩最尊品行端正命在弘德殿專司督責並令王子奕詳奕詢伴讀三年十二月薨上親臨奠賜銀五千治喪諡曰端子六有爵者三奕詳奕詢奕謨奕詳綿愉第五子初封不入八分輔國公賜三眼孔雀翎進鎮國公襲郡王穆宗大婚加親王銜十三年命食親王俸光緒十年十月太后萬壽命食親王全俸十一年六月授內大臣十二年正月薨諡曰敬子載潤襲貝勒奕詢綿愉第四子初封不入八分輔國公進封鎮國公卒無子以愉恪郡王允禑五世孫載澤爲後襲輔國公進鎮國公加貝子銜光緒末授度支部尚書奕謨綿愉第五子初封不入分鎮國公再進封貝子加貝勒銜卒以醇賢親王奕譞孫溥佶爲後襲鎮國公

宣宗九子孝全成皇后生文宗孝靜成皇后生順和郡王奕綱慧質郡王奕繼恭忠親王奕訢莊順皇貴妃生醇賢親王奕譞鍾端郡王奕詥孚敬郡王奕譓和妃納喇氏生隱志郡王奕緯祥妃鈕祜祿氏生惇勤親王奕誴奕誴出爲惇恪親王綿愷後

隱志郡王奕緯宣宗第一子嘉慶二十四年封貝勒道光十一年四月薨以皇子例治喪進封隱志貝勒文宗即位進郡王無子以貝勒綿懿子奕紀爲後襲貝勒卒諡恭勤子溥倫襲貝子進貝勒溥侗授一等鎮國將軍

順和郡王奕綱宣宗第二子二歲殤文宗即位進封諡

慧質郡王奕繼宣宗第三子三歲殤文宗即位追封諡

恭忠親王奕訢宣宗第六子與文宗同在書房肄武事共製槍法二十八勢刀法十八勢宣宗賜以名槍曰棣華協力刀曰寶鍔宣威並以白虹刀賜奕訢文宗即位封爲恭親王咸豐二年四月分府命仍在內廷行走三年九月洪秀全兵逼畿南以王署領侍衞內大臣辦理巡防命仍佩白虹刀十月命在軍機大臣上行走四年迭授都統右宗正宗令五年四月以畿輔肅清予優叙七月孝靜成皇后崩上責王禮儀疏略罷軍機大臣宗令都統仍在內廷行走上書房讀書七年五月復授都統九年四月授內大臣十年八月英吉利法蘭西兵逼

京師，上命怡親王載垣、尚書穆蔭與議和，誘執法使巴夏禮，與戰，師不利。文宗幸熱河，召回載垣、穆蔭，授王欽差便宜行事全權大臣。王出駐長辛店，奏請飭統兵大臣激勵兵心，以維大局。克勤郡王慶惠等奏釋巴夏理，趣王入城議和。英法兵焚圓明園，豫親王義道等奏啟城，許英法兵入。王入城與議和，定約悉從英法人所請，奏請降旨宣示，並自請議處。上諭曰：「恭親王辦理撫局，本屬不易，朕深諒苦衷，毋庸議處。」十二月，奏通商善後諸事，初設總理各國事務衙門，命王與大學士桂良、侍郎文祥領其事。王疏請訓練京師旗兵，並以吉林、黑龍江與俄羅斯相鄰，邊防空虛，議練兵籌餉。上命都統勝保議練京兵，將軍景淳等議練東三省兵。十一年七月，文宗崩，王請奔赴，兩太后召見，諭以贊襄政務王大臣端華、載垣、肅順等擅政狀。穆宗侍兩太后奉文宗喪還京師，譴黜載垣等，授議政王，在軍機處行走，命王爵世襲，食親王雙俸，並免召對叩拜、奏事書名。王堅辭世襲。尋命兼宗令，領神機營。同治元年，上就傅，兩太后命王弘德殿行走，稽察課程。三年，江寧克復，上諭曰：「恭親王自授議政王，於今三載，東南兵事方殷，用人行政，徵兵籌餉，深資贊畫，竭亮忠勤。」加封貝勒，以授其子輔國公載澂，並封載濬輔國公，載瀅不入八分輔國公。四年三月，兩太后諭責王信任親戚，內廷召對，時有不檢，罷議政王及一切職任。尋以惇親王奕誴、醇郡王奕譞及通政使王拯、御史孫翼謀、內閣學士殷兆鏞、左副都御史潘祖蔭、內閣侍讀學士王維珍、給事中廣誠等奏請任用，廣誠語尤切，兩太后命仍在內廷行走，管理總理各國事務衙門。王入謝，痛哭引咎，兩太后復諭：「王親信重臣，相關休戚，期望既厚，責備不得不嚴。」仍在軍機大臣上行走。七年二月，西捻逼畿輔，命節制各路統兵大臣，授右宗正。十一年九月，穆宗大婚，復命王爵世襲。十二年正月，穆宗親政。十三年七月，上諭責王召對失儀，降郡王，仍在軍機大臣上行走，並奪載澂貝勒。翼日，以兩太后命復親王世襲及載澂爵。十二月，上疾有間，於雙俸外復加賜親王俸。旋復加劇，遂崩。德宗即位，復命免召對叩拜、奏事書名。光緒元年，署宗令。十年，法蘭西侵越南，王與軍機大臣不欲輕言戰，言路交章論劾，太后諭責王等委靡因循，罷軍機大臣，停雙俸，家居養疾。十二年十月，復雙俸。自是國有慶饗，增護衞及甲數，歲時祀事，賜神糕，節序輒有賞賚，以爲常。二十年，日本侵朝鮮，兵事急，太后召王入見，復起王管理總理各國事務衙門，並總理海軍，會同辦理軍務，內廷行走。仍諭王疾未愈，免常川入直。尋又命王督辦軍務，節制各路統兵大臣。十一月，授軍機大臣。二十四年，授宗令。王疾作，閏三月，增劇，上奉太后三臨視。四月，薨，年六十七。上再臨奠，輟朝五日，持服十五日，謚曰忠，配享太廟。並諭王忠誠匡弼，悉協機宜，諸臣當以王爲法。子四：載澂，貝勒，加郡王銜，謚果敏；載瀅，出爲鍾端郡王奕詥後，襲貝勒，坐事奪爵歸宗；載濬與載瀅同時受封；載潢，封不入八分輔國公。載澂、載濬、載潢皆前王卒。王薨，以載瀅子溥偉爲載澂後，襲恭親王。

醇賢親王奕譞，宣宗第七子。文宗即位，封爲醇郡王。咸豐九年三月，分府，命仍在內廷行走。穆宗即位，諭免宴見叩拜、奏事書名，迭授都統、御前大臣、領侍衞內大臣，管神機營。同治三年，加親王銜。四年，兩太后命弘德殿行走，稽察課程。十一年，進封醇親王。十二年，穆宗親政，罷弘德殿行走。德宗即位，王奏兩太后言：「臣侍從大行皇帝十有三年，昊天不弔，龍馭上賓，仰瞻遺容，五內崩裂。忽蒙懿旨下降，擇定嗣皇帝，倉猝昏迷，罔知所措。觸犯舊有肝疾，委頓成廢。惟有哀懇矜全，許乞骸骨，爲天地容一虛糜爵位之人，爲宣宗成皇帝留一庸鈍無才之子。」兩太后下其奏王大臣集議，以王奏誠懇，請罷一切職任，但令照料菩陀峪陵工，從之。命王爵世襲，王疏辭，不許。光緒二年，上在毓慶宮入學，命王照料。五年，賜食親王雙俸。十年，恭親王奕訢罷軍機大臣，以禮親王世鐸代之，太后命遇有重要事件，與王商辦。時法蘭西侵越南方定約罷兵，王議建海軍。十一年九月，設海軍衙門，命王總理，節制沿海水師，以慶郡王奕劻、大學士總督李鴻章、都統善慶、侍郎曾紀澤爲佐。定議練海軍自北洋始，責鴻章專司其事。十二年三月，賜王與福晉杏黃轎，王疏辭，不許。鴻章經畫海防，於旅順開船塢，築砲臺，爲海軍收泊地。北洋有大小戰艦凡五，輔以蚊船、雷艇，復購艦英、德，漸次成軍。五月，太后命王巡閱北洋，善慶從焉。會鴻章自大沽出海，至旅順，歷威海、煙臺，集戰艦合操，徧視礮臺、船塢及新設水師學堂，十餘日畢事。王還京，奏獎諸將吏及所聘客將，請太后御書牓懸大沽海神廟。太后命於明年歸政，王疏言：「皇帝甫逾志學，諸王大臣籲懇訓政，乞體念時艱，俯允所請，俟及二旬親理庶務。至列聖宮廷規制，遠邁前代，將來大婚後，一切典禮，咸賴訓教。臣愚以爲諸事當先請懿旨，再於皇帝前奏聞，俾皇帝專心大政，承聖母之歡顏，免宮闈之劇務。此則非如臣生深宮者不敢知，亦不敢言也。」太后命毋庸議。十三年正月，上親政。四月，太后諭預備皇帝大婚，當力行節儉，命王稽察。十四年九月，王奏太平湖賜第爲皇帝發祥地，世宗以潛邸升爲宮殿，高宗諭子孫有自藩邸紹承大統者應用其例，太后從之，別賜第，發帑十萬葺治。十五年正月，大婚禮成，賜金桃皮鞘戎服刀，增護衞。葺治邸第未竟，復發帑六萬，並進封諸子：載灃，鎭國公；載洵，輔國公；載濤，賜頭品頂帶、孔雀翎。二月，河道總督吳大澂密奏，引高宗御批通鑑輯覽，略謂宋英宗崇奉濮王、明世宗崇奉興王，其時議者欲改稱伯叔，實人情所不安，當定本生名號，加以徽稱。且言在臣子出爲人後，例得以本身封典貤封本生父母，況貴爲天子，天子所生之父母，必有尊崇之典，請飭廷臣議醇親王稱號禮節。特旨宣示：上即位逾年，王密奏：「臣見歷代繼承大統之君，推崇本生父母者，備載史書。其中有適得至當者，爲宋孝宗不改子偁秀王之封是也。有大亂之道焉，宋英宗之濮議、明世宗之議禮是也。張璁、桂萼之儔無足論矣，忠如韓琦，乃與司馬光議論抵牾，其故何歟？蓋非常之事出，立論者勢必紛沓擾攘，乃心王室不無其人，而以此爲梯榮之具，迫其主以不得不視爲莊論者，正復不少。皇清受天之命，列聖相承，十朝一脈，詎穆宗毅皇帝春秋正盛，遽棄臣民。皇太后以宗廟社稷爲重，特命皇帝入承大統，復推恩及臣以親王世襲罔替，渥叨異數，感懼難名，原不須更生過慮。惟思此時垂簾聽政，簡用賢良，廷議既屬執中，邪說自必潛匿。倘將來親政後，或有草茅新進，趨六年拜相捷徑，以危言故事聳動宸聰，不幸稍一夷猶，則朝廷滋多事矣。仰懇皇太后將臣此摺留之宮中，俟皇帝親政，宣示廷臣，世賞之由及臣寅畏本意，千秋萬載，勿再更張。如有以治平、嘉靖之說進者，務目之爲奸邪小人，立加屏斥。果蒙慈命嚴切，皇帝敢不欽遵。不但臣名節得以保全，而關乎君子小人消長之機者，實爲至大且要。」太后如王言，留疏宮中。大激疏入，諭曰：「皇帝入承大統，醇親王奕譞謙卑謹慎，翼翼小心，十餘年來，殫竭心力，恪恭盡職。每優加異數，皆涕泣懇辭。前賜杏黃轎，至今不敢乘坐。其秉心忠赤，嚴畏殊常，非徒深宮知之最深，實天下臣民所共諒。光緒元年正月初八日，王即有豫杜妄論一奏，請俟親政宣示，俾千秋萬載勿再更張。自古純臣居心，何以過此？當歸政伊始，吳大澂果有此奏，特明白曉諭，並將王原奏發鈔，俾中外咸知賢王心事，從此可以共白。闕名希寵之徒，更何所容其覬覦乎？」十六年正月，以上二十壽，增護軍十五、藍白甲五十，授載濤二等鎭國將軍。十一月，王疾作，上親詣視疾。丁亥，王薨，年五十一。太后臨奠，上詣邸成服，定稱號曰皇帝本生考，稱本生考，遵高宗御批，仍原封，從王志也。謚曰賢，配享太廟。下廷臣議上持服期年，縞素輟朝十一日，初祭、大祭、奉移前一日親詣行禮，御青長袍褂，摘纓，期年內御便殿用素服，葬以王，祭以天子，立廟班諱。十八年，葬京師西山妙高峯。宣統皇帝即位，定稱號曰皇帝本生祖考。子七，德宗其第二子也。載洸，初封不入八分輔國公，進鎭國公。載灃，襲醇親王，宣統皇帝即位，命爲監國攝政王。載洵，出爲瑞郡王奕誌後。載濤，出爲鍾郡王奕詥後。宣統間，載洵爲海軍部大臣，載濤爲軍諮府大臣，主軍政。三年十月，並罷。十二月，遜位。

鍾端郡王奕詥，宣宗第八子。文宗即位，封爲鍾郡王。穆宗即位，命免宴見叩拜、奏事書名。同治三年，分府，仍在內廷行走。七年十一月，薨，謚曰端。無子，以恭忠親王奕訢子載瀅爲後，襲貝勒，坐事奪爵歸宗。又以醇賢親王奕譞子載濤爲後，襲貝勒，加郡王銜。

孚敬郡王奕譓，宣宗第九子。文宗即位，封孚郡王。穆宗即位，命免宴見叩拜、奏事書名。同治三年，分府，仍在內廷行走，命管樂部。十一年，授內大臣，加親王銜。德宗即位，復命免宴見叩拜、奏事書名。光緒三年二月，薨，謚曰敬。無子，以愉恪郡王允禑四世孫奕棟子載沛爲後，襲貝勒，卒。又以貝子載澍爲後，襲貝勒，坐事奪爵歸宗。又以貝勒載瀛子溥伒爲後，封貝子。

文宗二子：孝欽顯皇后生穆宗，玫貴妃徐佳氏生憫郡王。

憫郡王，生未命名，殤。穆宗即位，追封。

論曰：莊親王佐太祖建業，將出師，登壠而謀，策定馳而下，黃道周亟稱其驍勇。太祖崩，諸子嗣業，未有成命，禮烈親王擁立太宗，親爲扞禦邊圉，夏允彝以爲行事何減聖賢，蓋雄才讓德，雖在敵國不能掩也。睿忠親王手定中原，以致於世祖，求之前史，實罕其倫，徒以執政久，威福自專，其害肅武親王，相傳謂因師還賜宴拉殺之，又或謂還至郊外遇伏死，死處即今葬地，傳聞未敢信，然其慘酷可槩見矣。身後蒙謗，僅乃得雪，亦有以取之也。聖祖遇諸宗人厚，遺詔猶以禮親王、饒餘親王子孫安全拳拳在念。然當用兵時，諸王貝勒爲帥，小違律必議罰，且不得以功掩，義以行法，仁以睦親，固不相悖也。雍正中允禩、允禟之獄，世宗後亦悔之，怡賢親王特馴謹，渥加寵榮，示非寡恩，誠以尺布斗粟相逼已過甚。恂勤郡王嘗握兵柄，非母弟亦豈得倖生耶？時去開國未遠，以尚武爲家法，其失則獷。太宗屢諭諸子弟當讀書，懋厚公承其教，彬彬有東丹王之風。高宗諸子多擅文學，尤以成哲親王爲最，詞章書翰，無媿古人。恭忠親王繼以起綢繆宮府定亂綏疆能不生懟用不辭勞有純臣之度焉醇賢親王尊爲本生親乾乾翼翼靡間初終預絕治平嘉靖之議載在方策彰彰邁前代遠甚迨時移勢易天方降割乃以肺腑之親寄腹心之重漠然不知陰雨之已至一發而不可復收天歟人歟亡也忽諸尤足爲後來之深鑒矣

清史稿

列傳九

阿哈出 子釋加奴 猛哥不花 猛哥不花子撒滿哈失里 釋加奴子李滿住 李滿住孫完者禿 猛哥帖木兒 猛哥帖木兒弟凡察 子董山 董山子脫羅 脫羅子脫原保 凡察子不花禿

王杲 王兀堂

阿哈出遼東邊外女眞頭人太祖以建州衞起兵建州設衞始永樂元年十月辛丑初爲指揮使者阿哈出也明賜姓名李誠善所屬授千百戶鎭撫賜誥印冠服鈔幣有差三年十月阿哈出朝於明六年三月忽的河法胡河卓兒河海剌河諸女眞頭人哈喇等朝於明以其地屬建州衞哈喇等授千百戶七年七月阿哈出朝於明阿哈出子二釋加奴猛哥不花八年成祖親征出塞釋加奴率所屬從戰有功八月乙卯以釋加奴爲都指揮僉事賜姓名李顯忠所屬舍卜賜姓名張志義阿剌失賜姓名李從善可捏賜姓名郭以誠皆爲正千戶九年九月釋加奴舉猛哥不花爲毛憐衞指揮使初永樂三年設毛憐衞以頭人巴兒遜爲指揮使至是從釋加奴請以命其弟十年釋加奴等歲祲乏食遼東都指揮巫凱以聞成祖命發粟賑之猛哥帖木兒者亦女眞頭人其弟曰凡察與阿哈出父子並起明析置建州左衞處之以爲指揮使十一年十月與釋加奴猛哥不花同朝於明十四年釋加奴猛哥不花朝於明爲所屬乞官十五年二月猛哥不花朝於明十二月釋加奴上言顏春頭人月兒速哥率其孥來歸請屬於建州釋加奴猛哥不花猛哥帖木兒屢爲所屬乞官十八年閏正月成祖命無功不得乞官賜敕戒諭之十九年十月猛哥不花朝於明廿年正月成祖親征出塞猛哥不花率子弟及所屬從賜弓矢裘馬二十二年三月成祖復親征出塞猛哥不花使所屬指揮僉事王吉從成祖嘉賚之七月成祖崩宣德元年正月猛哥不花猛哥帖木兒朝於明是月壬子進猛哥帖木兒爲都督僉事釋加奴已前卒三月辛丑以其子李滿住爲都督僉事九月丁巳進猛哥不花爲中軍都督同知仍掌毛憐衞二年二月猛哥不花使貢馬旋卒四月命卹其孥猛哥不花子二撒滿哈失里官保奴撒滿哈失里蒙其祖阿哈出賜姓爲李氏四年三月壬子明以爲都督僉事五年三月官保奴朝於明四月李滿住上言求市於朝鮮朝鮮不納宣宗敕諭聽於遼東境上通市六年正月釋加奴妻唐氏朝於明二月撒滿哈失里朝於明七年二月猛哥帖木兒使其弟凡察朝於明三月壬戌明以爲都指揮僉事八年二月庚戌進猛哥帖木兒爲右都督凡察都指揮使六月撒滿哈失里朝於明是年七姓野人木答忽等糾阿速江等衞頭人弗答哈等掠建州衞殺左衞都督猛哥帖木兒及其子阿古凡察告難於明會明使都指揮裴俊如斡木河中途遇寇凡察以所屬赴援有功九年二月癸酉進凡察都督僉事掌衞事敕諭木答忽等還所掠人馬貲財且赦其罪是月撒滿哈失里母金阿納失里朝於明宣德十年正月宣宗崩是月李滿住撒滿哈失里上言忽剌溫境內野人那列禿等掠所屬那顏寨敕諭那列禿等還所掠人馬貲財並以責弗答哈等四月撒滿哈失里朝於明正統元年閏六月李滿住使其子古納哈等朝於明還遼東逃人明英宗嘉其效誠賜綵緞冠服並上章言忽剌溫野人相侵乞徙居遼陽猪婆江英宗命遼東總兵官巫凱計議安置毋弛邊備毋失夷情二年正月凡察使所屬指揮同知李伍哈朝於明上章言居鄰朝鮮爲所困欲還建州又爲所阻乞朝命英宗賜敕撫諭五月撒滿哈失里朝於明自陳願留京師自効蔚撒滿哈失里已進都督同知英宗命仍掌毛憐衞事賜勅遣之是時李滿住掌建州衞凡察掌建州左衞與撒滿哈失里並奉職貢惟謹而故建州左衞都督猛哥帖木兒死七姓野人之難子阿古殉焉諸子董山綽顏依凡察以居是年十一月以董山爲本衞指揮使三年正月凡察朝於明是月壬子英宗賜以敕曰往者猛哥帖木兒死七姓野人之難失其印宣德間別鑄印畀凡察董山上言舊印故在而凡察復請留新印一衞二印無故事勅至爾等協同署事遣使上舊印凡察董山爭衞印自此始六月李滿住使所屬指揮趙歹因哈上章言自徙居猪婆江屢爲朝鮮侵掠今復徙居竈突山東南渾河上爲朝廷守邊圉罔敢或違別疏又言毛憐衞印爲指揮阿里所匿請別鑄印畀撒滿哈失里英宗不許命撒滿哈失里奏事附李滿住以達四年四月李滿住上言都督凡察指揮童倉爲朝鮮所誘叛去童倉即董山譯音異也英宗敕朝鮮國王李祹問狀祹疏自明非誘英宗命凡察童倉即居鏡城復敕祹撫諭之五年四月英宗以李滿住與福餘衞韃靼相侵盜敕遼東總兵曹義備邊九月朝鮮國王李祹上言凡察童倉復逃還建州總兵曹義亦疏陳凡察等去鏡城率叛軍馬哈剌等四十家至蘇子河乏食英宗敕義使編置三土河及猪婆江迤西冬古河兩界間仍依李滿住以居發粟賑之賞逃軍馬哈剌等命還伍復諭祹使歸其種人留朝鮮境者是時凡察以都督董山以指揮同領建州左衞其徙居鏡城復還六年正月戊午進董山爲都督僉事二月朝鮮國王李祹上言凡察舊居鏡城阿木河其兄猛哥帖木兒臣祖授以萬戶創公廨與婢僕衣糧鞍馬臣父又授以上將軍及死七姓野人之難其子阿古殉焉屋宇貲產焚掠殆盡臣撫恤凡察如先臣撫恤其兄近歲徙居東良後乃潛逃與李滿住同處此時臣不及知安有追殺或有留者非懷土不去則同類開諭而還非臣阻之也李滿住昔居猪婆江在臣國邊境鹽米醯醬隨其所索時時給與後引忽剌溫劫掠臣邊不已今凡察與同惡謀與忽剌溫等來侵請飭凡察等遄返舊居庶小國邊民獲免寇盜英宗敕祹謹爲備會凡察上言不敢爲非敕遼東總兵曹義遣使諭之並廉其情僞凡察董山爭衞印數年而不決七年二月甲辰英宗用總兵官曹義議析置建州右衞凡察董山皆進都督同知董山以舊印掌左衞凡察以新印掌右衞敕分領所屬守法安業毋事爭鬭董山凡察及李滿住各爲所屬乞官皆許之自是歲有干請久次乞進秩物故乞襲職以爲常撒滿哈失里朝於明三月丁丑進右都督別鑄毛憐衞印畀之五月英宗以凡察等屢言朝鮮留其部衆使錦衣衞指揮僉事吳良齎勅往勘凡察所索童阿哈里等居朝鮮久受職事守邱墓皆自陳不願還而以十人還李滿住八年十月李滿住使報兀良哈將入寇英宗命僉都御史王翺勒兵爲備九年正月李滿住等上言指揮耶克苦等還自朝鮮乞賑英宗命發粟賑之十二月董山凡察朝於明十年正月撒滿哈失里朝於明十一年二月以董山弟綽顏爲副千戶十二年正月進李滿住爲都督同知六月以聞瓦剌將寇邊敕建州三衞李滿住董山凡察等使爲備十三年正月復敕戒李滿住等毋爲北虜誘十二月董山凡察朝於明十四年凡察妻朶兒眞索朝於明進皇太后塔納珠二顆賚以紵絲表裏既而額森入寇建州三衞亦屢犯邊景泰中王翺巡撫遼東使招諭復叩關天順二年正月李滿住朝於明二月進董山右都督時董山陰附朝鮮朝鮮授以中樞密使巡撫遼東都御史程信詷得其制書以聞英宗使詰朝鮮及董山皆慴服貢馬謝五年十二月朝鮮國王李瑈上言建州衆夜至義州江殺並江收禾民掠男婦牛馬下兵部議以爲朝鮮嘗誘殺毛憐衞都督郎卜兒哈致寇乃自取置勿問八年春正月英宗崩成化元年正月董山朝於明自陳防邊有勞乞進秩憲宗不許賜以綵緞十月整飭邊備左都御史李秉上言建州毛憐海西諸部落入貢邊臣驗方物貂必純黑馬必肥大否則拒不納今諸部落結福餘三衞屢犯邊貢使至使者不宜過持擇召邊釁憲宗命從之二年十一月秉上言毛憐諸衞犯邊官兵擊破之十二月復入犯總兵武安侯鄭宏戰敗三年正月秉上言董山歸所掠邊人請贖俘憲宗敕獎董山因戒責建州毛憐諸衞旋使錦衣衞署都督僉事武忠將命撫諭是月海西建州諸衞復入鴉鶻關都指揮鄧佐禦諸雙嶺中伏死副總兵施英不能救三月復入連山關掠開原撫順窮鐵嶺寧遠廣寧及忠至董山等受撫四月偕李古納哈等朝於明憲宗使集闕下宣詔赦其罪董山等頓首聽命五月己丑復以左都御史李秉提督軍務武靖伯趙輔佩靖虜將軍印充總兵官發兵討建州而董山等留京師會賜宴其從者語嫚奪庖人銅牌事聞有詔切責既而予馬値賚綵幣如故事董山李古納哈乞蟒衣玉帶金頂帽銀酒器憲宗命增賜衣帽人一具董山又言指揮可昆等五人有勞乞賜憲宗命賜衣人一襲董山等辭歸鴻臚寺通事署丞王忠奏董山等罵坐不敬貪求無厭揚言歸且復叛請遣官防送憲宗命禮部遣行人護行復賜敕戒諭董山等既行憲宗復用禮部主事高岡議命趙輔縶董山塞上輔留董山等廣寧令遣使戒所屬毋更盜邊七月庚申輔召董山等聽宣敕未畢董山等爲嫚語袖出刃刺譯者吏士格鬥殺董山等二十六人憲宗命發兵益秉輔東征敕安撫毛憐海西諸衞示專討建州九月分道出師左軍渡渾河越石門至分水嶺右軍度鴉鶻關踰鳳凰城摩天嶺至猪婆江中軍下撫順經薄刀山過五嶺渡蘇

子河至虎城攻破張打必納戴咬納朗家嘹哈諸寨四戰皆捷十月師還秉上疏請增兵戍遼陽於鳳凰山鴉鶻關撫順奉集通遠諸路度地築城堡選將吏習邊事者鎭開原憲宗悉從之四年正月朝鮮國王李瑈上言道中樞府知事康純等將兵征建州渡鴨綠潑豬二江破兀彌府諸寨禽李滿住及其子古納哈等多所俘馘使獻俘自阿哈出始領建州衞傳其子釋加奴及孫李滿住析左衞猛哥帖木兒領之死而弟凡察代既復傳其子董山析右衞移凡察領之其入邊爲亂董山爲之渠明既殺董山朝鮮亦破李滿住其子古納哈同死他子都喜亦的哈後不著凡察正統後不復見當已前死其子不花禿不與董山之亂獨全他于阿哈答嘗朝於明爭賜幣不及例五年六月建州左衞都指揮佟那和劄等上章爲董山子脫羅等李古納哈孫完者禿乞官兵部請進止憲宗命授脫羅都指揮同知完者禿都指揮僉事自是凡從董山爲亂者其子姓降一等仍襲職六年正月建州三衞頭人沙加保等三百餘人朝於明憲宗敕示威德俾復奉朝貢居數年太監王直擅政欲以邊功自重巡撫遼東右副都御史陳鉞阿直意十三年十二月上章言建州三衞爲邊患請聲罪致討十四年六月命兵部侍郎馬文升及鉞會議招撫文升上言建州左右二衞掌印都指揮脫羅卜花禿等一百九十五人建州衞掌印都指揮完者禿等二十七人先後應命宣敕撫慰遣還卜花禿即不花禿凡察子也九年十二月十一年正月再入朝至是同受招撫尋復命直詣遼東處置邊務直至邊鉞復請用兵十五年十月命直監督軍務撫寧侯朱永佩靖虜將印充總兵官鉞參贊軍務討建州三衞並敕朝鮮國王李娎發兵夾擊十一月永等分道出撫順關建州人拒守縱擊破之有所俘馘師還永等受上賞十六年六月建州復寇邊巡按遼東御史强珍疏論鉞等啓釁冒功下吏議汪直憾珍劾珍欺罔逮治謫戍鉞尋罷去十八年直亦得罪建州三衞奉朝貢如故弘治初脫羅完者禿皆進都督孝宗之世脫羅三朝完者禿五朝明賜完者禿大帽金帶正德元年脫羅卒以其子脫原保襲都督僉事二年四月卜花禿卒賜祭武宗之世脫原保三朝嘉靖間建州衞都督方巾左衞都督章成古魯哥右衞都督阿剌哈眞哥騰力革輩見於明實錄皆不知其世蓋自李滿住死復傳其孫完者禿阿哈出之後可紀者四世其別子猛哥不花領毛憐衞傳子撒滿答失里後不著董山死傳其子脫羅及孫脫原保猛哥帖木兒之後可紀者三世其弟凡察傳子不花禿後不著迨嘉靖季年王杲强而阿哈出猛哥帖木兒之族不復見

王杲不知其種族生而黠慧通番漢語言文字尤精日者術嘉靖間爲建州右衞都指揮使屢盜邊三十六年十月窺撫順殺守備彭文洙遂益恣掠東州惠安堵牆諸堡無虛歲四十一年五月副總兵黑春帥師深入王杲誘致春設伏媳婦山生得春磔之遂犯遼陽劫孤山略撫順湯站前後殺指揮王國柱陳其孚戴冕王重爵楊五美把總溫欒于欒王守廉田耕劉一鳴等凡數十輩當事議絕貢市發兵剿尋又請貸杲不爲悛隆慶末建州哈哈納等三十人款塞請降邊吏納焉王杲走開原索之勿予乃勒千餘騎犯淸河游擊將軍曹簠伏道左突起斬五級王杲遁走故事當開市守備坐聽事諸部酋長以次序立堂上奉土產乃驗馬馬即羸且跛並予善値賡其欲乃已王杲尤桀驁攫酒飲至醉使酒箕踞罵坐六年守備賈汝翼初上爲亢厲抑諸酋長立階下諸酋長爭非故事盡階進一等汝翼怒抵几叱之視戲下箠不下者十餘人驗馬必肥壯王杲鞅鞅引去椎牛約諸部殺掠塞上是時哈達王台方强諸部奉約束邊將檄使諭王杲王杲訟言汝翼摧抑狀巡撫遼東都御史張學顏以聞下兵部議令遼東鎭撫宣諭示以恩威於是王台以千騎入建州寨令王杲歸所掠人馬盟於撫順關下而能學顏復以聞賚王台銀幣萬曆二年七月建州奈兒禿等四人款塞請降來力紅追亡至塞上守備裴承祖勿予追者縱騎掠行夜者五人以去承祖檄召來力紅令還所掠亦勿予是時王杲方入貢馬二百四方物三十馱休傳舍承祖度王杲必不能棄輜重而修怨於我乃率三百騎走來力紅寨諸部圍之未敢動王杲聞耗驚馳歸與來力紅入謁承祖而諸部圍益衆王杲曰將軍幸毋畏倉卒聞將軍至皆匍匐願望見承祖知其詐呼左右急兵之擊殺數十人諸部皆前鬥殺傷相當來力紅執承祖及把總劉承奕百戶劉仲文殺之於是學顏奏絕王杲貢市邊將復檄王台使捕王杲及來力紅王台送王杲所掠塞上士卒及其種人殺漢官者王杲以貢市絕部衆坐困遂糾土默特泰寧諸部圖大舉犯遼瀋總兵李成梁屯瀋陽分部諸將楊騰駐鄧良屯王維屏駐馬根單曹簠馳大衡挑戰王杲以諸部三千騎入五味子衝明軍四面起諸部兵悉走保王杲寨王杲寨阻險城堅塹深謂明軍不能攻成梁計諸部方聚處可坐縛十月勒諸軍具礮石火器疾走圍王杲寨斧其柵數重王杲拒守成梁益揮諸將冒矢石陷堅先登王杲以三百人登臺射明軍明軍縱火屋廬芻茭悉焚烟蔽天諸部大潰明軍縱擊得一千一百四級往時剖承祖腹及殺承奕者皆就馘王杲遁走明軍車騎六萬殺掠人畜殆盡三年二月王杲復出謀集餘衆犯邊復爲明軍所圍王杲以蟒褂紅甲授所親阿哈納陽爲王杲突圍走明軍追之王杲以故得脫走重古路將往依泰寧衞速把亥明軍購王杲急王杲不敢北走假道於王台邊吏檄捕送七月王台率子虎兒罕赤縛王杲以獻檻車致闕下磔於市王杲嘗以日者術自推出亡不即死竟不驗妻孥二十七人爲王台所得其子阿台脫去阿台妻淸景祖女孫也王台卒阿台思報怨因誘葉赫楊吉砮等侵虎兒罕赤總督吳兌遣守備霍九臯諭阿台不聽李成梁率師禦之曹子谷大梨樹佃大破之斬一千五百六十三級四年春正月阿台復盜邊自靜遠堡九臺入既又自榆林堡入至渾河既又自長勇堡入蒲渾河東岸又糾土蠻謀分掠廣寧開原遼河阿台居古勒寨其黨毛憐衞頭人阿海居莽子寨兩寨相與爲犄角成梁使裨將胡鸞備河東孫守廉備河西親帥師自撫順王剛台出塞攻古勒寨寨陟峻三面壁立濠塹甚設成梁麾諸軍火攻兩晝夜射阿台殪別將秦得倚已先破莽子寨殺阿海斬二千二百二顯祖皆及於難語詳太祖紀同時又有王兀堂亦不知其種族所居寨距靉陽十二級淸景祖二百五十里靉陽故通市王兀堂初起奉約束惟謹萬曆三年李成梁策徙孤山險山諸堡拓境數百里斷諸部窺塞道王杲既擒張學顏行邊王兀堂率諸部酋環跪馬前謂徙堡塞道不便行獵請得納質子通市易鹽布學顏以請神宗許之開原撫順淸河靉陽寬奠通布市自此始當是時東方諸部落自撫順開原而北屬海西王台制之自淸河而南抵鴨綠江屬建州王兀堂制之頗守法已漸竊掠東州會安堡七年七月開市寬奠參將徐國輔縱其弟若僕減直强買參毆種人以回易至者幾斃諸部皆忿數掠寬奠永奠新奠諸堡他酋佟馬兒等牧松子嶺闌入林剛谷巡撫都御史周詠等劾國輔能之諭王兀堂戢諸部八年三月王兀堂及他酋趙鎖羅骨等以六百騎犯靉陽及黃岡嶺指揮王宗義戰死四月又以千騎自永奠堡入成梁帥師擊敗之斬七百五十級俘一百六十人十一月復自寬奠堡入副總兵姚大節帥師擊敗之斬六十七級俘十一人王兀堂自是遂不振不復通於明當隆慶之世下逮萬歷初建州諸衞以都督奉朝貢者建州衞則有納答哈納木章左衞則有大疼克八汗馬哈塔台右衞則有八當哈來留住松塔而王杲自指揮使遷何秩不可考兒王兀堂并不著其官然皆强盛爲大酋自王杲就擒後五年而王兀堂敗又後三年而阿台死太祖兵起

論曰建州之爲衞始自阿哈出枝幹互生左右析置自永樂至嘉靖一百五十餘年而阿哈出之世絕王杲乘之起父子弄兵十餘年乃滅其在於淸猶爽鳩季萴之於齊所謂因國是也或謂猛哥帖木兒名近肇祖諱子若孫亦相同然淸先代遘亂幼子范察得脫數傳至肇祖始克復仇而猛哥帖木兒乃被戕於野人安所謂復仇若以范察當凡察又親猛哥帖木兒弟也不得爲數傳之祖淸自述其宗系而明乃得之於簡書春秋之義名從主人非得當時紀載如元秘史者固未可以臆斷也隆慶萬歷間建州諸部長未有名近興祖諱者太祖兵起明人所論述但及景顯二祖亦未有謂爲董山裔者信以傳信疑以傳疑今取太祖未起兵前建州三衞事可考見者著於篇以阿哈出王杲爲之綱而其子弟及同時並起者附焉

清史稿　　列傳十

萬　子扈爾干　扈爾干子岱善　孟格布祿　孟格布祿子吳爾古代

楊吉砮　兄淸佳砮　淸佳砮子布寨　楊吉砮子納林布祿　布寨子布揚古　金台石

布占泰

拜音達里

萬哈達部長也萬自稱汗故謂之萬汗明譯爲王台台萬音近明於東邊酋長稱汗者皆譯爲王某若以王爲姓萬亦其例也哈達爲扈倫四部之一明通稱海西哈達貢於明入廣順關地近南故謂之南關萬姓納喇氏其始祖納齊卜祿納齊卜祿生尚延多爾和齊尚延多爾和齊生嘉瑪喀碩珠古嘉瑪喀碩珠古生綏屯綏屯生都勒喜都勒喜子二克什納古對朱顏古對朱顏之後別爲烏喇部克什納嘉靖初掌塔山左衞於諸部中最强修貢謹又捕叛者猛克有勞明授左都督賜金頂大帽既爲族人巴代達爾漢所殺克什納子二長徹徹穆次旺濟外蘭克什納死時徹徹穆子萬奔席北部境綏哈城而旺濟外蘭奔

哈達遂爲其部長明以其偵寇功授都督僉事葉赫部長褚孔格數爲亂旺濟外蘭執而僇之奪其貢勑七百道及所部十三寨後其部衆叛旺濟外蘭爲所殺其子博爾坤舍進殺父仇迎從兄萬於綏哈城還長其部萬能用其衆略隣部遠交而近攻勢益盛遂以哈達爲國稱汗興祖諸子環居赫圖阿喇號寧古塔貝勒與董鄂部構釁興祖第三子索長阿爲其子吳泰娶萬女藉乞兵於萬以禦董鄂部萬居靜安堡外室廬耕植與他部落異事明謹是時王杲領建州與韃靼東西遙應窺邊塞萬支拄其間不令合明使繼其大父克什納爲都督王杲盜邊開原備兵副使王之弼檄萬令王杲還所掠萬入建州寨要王杲盟於撫順關下復通市如故土默特徙帳遼東萬入貢多奪其馬已而土默特弟章徵與萬爲婚其從子小黃台吉擁五萬騎介葉赫復請婚於萬萬懼而許之小黃台吉以馬牛羊甲冑貂豹之裘遺萬築壇刑白馬爲盟約毋犯塞居無何小黃台吉要萬犯塞萬不可乃罷時爲萬歷元年明年王杲亂遼東巡撫張學顏檄萬捕王杲萬令海西建州諸酋款塞乞先開市游擊丁倣語之曰必得王杲而後市可圖也萬復率建州衛都督大疼克等叩關督撫以聞許開市遂縛獻王杲所掠遼軍八十四人及種人兀黑以兀黑嘗殺漢官也又明年捕得王杲檻致京師明進萬右柱國龍虎將軍官二子都督僉事賜黃金二十兩大紅師子紵衣一襲是時萬所領地東則輝發烏喇南則建州北則葉赫延袤千里保塞甚盛萬黷貨以事赴訴視賂有無爲曲直部下皆效之使於諸部驕恣無所忌求賄鷹犬雞豚惟所欲使還意爲毀譽萬輒信之以是諸部皆貳而葉赫部長清佳砮楊吉砮兄弟以父褚孔格見僇心怨萬萬納其女弟溫姐又以女妻楊吉砮卵翼之萬老而衰楊吉砮復婚於哈屯恍惚太勢漸張萬子扈爾干尤暴所部或去從楊吉砮楊吉砮構烏喇與扈爾干爲仇遂收故所部諸寨爲旺濟外蘭所侵者取其八寨惟把太等五寨尙屬萬自是輝發烏喇諸部皆不受約束萬地日蹙憂憤不自憀萬歷十年七月萬卒葉赫聞萬死使求故貢勑扈爾干曰我父以汝兄弟故卒用憂憤死今尙問勑書乎勿與告哀於明明以萬忠賜祭予綵幣四表裏萬有子五扈爾干爲長仲叔皆前死季孟格布祿溫姐子也又有康古魯爲萬外婦子萬卒康古魯與扈爾干爭父業扈爾干怒曰汝我父外婦子也寧得爭父業乎不避我我且殺汝康古魯因亡抵清佳砮清佳砮妻以女是時太祖初起兵八月扈爾干以兵從兆佳城長李岱刼太祖所屬瑚濟寨太祖部將安費揚古巴遜以十二人追擊殺哈達兵四十人還所掠扈爾干旋卒孟格布祿年十九襲父職龍虎將軍左都督衆未附康古魯聞扈爾干死遂還烝溫姐扈爾干有子曰岱善與康古魯孟格布祿析萬遺業爲三康古魯報扈爾干之怨釋憾於其子孟格布祿亦以母溫姐故助康古魯共攻岱善而清佳砮楊吉砮兄弟謀攻萬子孫報仇十一年七月挾煖兎恍惚太等萬騎來攻明總督侍郎周詠念岱善弱孟格布祿少請加勑部諸酋神宗許之十二月楊吉砮等復挾蒙古科爾沁貝勒瓮阿岱等萬騎來攻孟格布祿及岱善以二千騎迎戰而敗自是兵屢至恣焚掠不已十二年明總兵李成梁誘殺清佳砮楊吉砮兄弟所部讋服誓受孟格布祿約束葉赫雖始紓而內訌復急清佳砮子布寨楊吉砮子納林布祿乘隙圖報怨十五年四月納林布祿以恍惚太萬騎攻把泰寨明兵來援圍解乃陰結其姑溫姐嗾孟格布祿佐康古魯圖岱善先是扈爾干許以女歸太祖十六年岱善親送以往太祖爲設宴成禮是年納林布祿復以恍惚太五千騎圍岱善孟格布祿將其孥從納林布祿往葉赫居十八里寨於是圖岱善益急而康古魯誘岱善所部叛岱善略其畜牧納林布祿並掠岱善妻哈爾屯以去明邊吏議絕孟格布祿市以所部及土田牲畜盡歸於岱善孟格布祿不聽復與布寨納林布祿康古魯入開原溫姐偕開原兵備副使王緘令裨將襲其營執溫姐康古魯以歸巡撫顧養謙諭孟格布祿和岱善還所掠否則斷若母頭矣王緘以爲戮溫姐則孟格布祿益攜不如釋之而囚康古魯待朝命溫姐既得脫遁還孟格布祿自葉赫攻岱善自焚其所居刼溫姐去王緘坐是奪職十六年二月河西大饑岱善乞糴於明明予粟百斛李成梁出師討布寨孟格布祿圍其城布寨孟格布祿請降成梁振旅還開原兵備副使成遜議釋康古魯和諸部總督侍郎顧養謙亦謂岱善弱而多疑即殲諸酋立之不能有其衆不如釋康古魯使和岱善則萬子孫皆全岱善內倚中國外結建州陰折北關謀實制東陲勝策也夏四月遂釋康古魯而諭之曰中國立岱善以萬故囚汝以助北關侵岱善也汝亦萬子不忍殺今釋汝和諸酋修父業岱善安危汝則任之康古魯聽命因令岱善以叔父事康古魯以祖母事溫姐刑牲盟且進布寨納林布祿使者誠諭之爲均兩部敕孟格布祿出岱善妻子五人及所部種人三百二十三婦稚五百四十三馬牛羊數百歸岱善康古魯偕溫姐歸故寨居月餘康古魯病且死語溫姐及孟格布祿戒部曲毋盜邊負明恩康古魯死孟格布祿謀盡室徙依葉赫度溫姐不從微告布寨納林布祿以兵至孟格布祿縱火燔其居趣溫姐行溫姐不可強扶持上馬鬱鬱不自得七月亦死布寨納林布祿誘孟格布祿圖岱善如故成遜令諸酋面相要釋憾並入貢而太祖日強盛布寨納林布祿與有隙二十一年夏六月糾孟格布祿及烏喇輝發四部合兵攻太祖略戶布察寨太祖率兵追之設伏於中途引兵略哈達富兒家齊寨哈達兵至太祖欲引敵至設伏所揮衆使退以單騎殿孟格布祿以三騎自後相迫一騎出於前太祖引弓射前騎前騎在右回身自馬項上發矢矢著於馬腹遂逸去三騎驟至太祖馬驚幾墜右足絓於鞍復乘遂射孟格布祿馬踣地其從者秦穆布祿授以己馬挾以馳太祖率所部兵騎者三步者二十逐而擊之斬十二人獲甲六馬十八以還九月復從布寨納林布祿以九部之兵三萬人攻太祖戰於黑濟格城下九部之兵熸布寨殲焉二十五年葉赫諸部請成於太祖盟定歃背之二十六年孟格布祿所居城北溪流血二十七年秋納林布祿攻孟格布祿孟格布祿不能支以其三子質於太祖乞師太祖使費英東噶蓋以兵二千戍哈達納林布祿恐乃搆明開原譯者爲書誘孟格布祿使貳於明將襲擊費英東等費英東等詗得之以告太祖九月丁未朔太祖帥師攻哈達貝勒舒爾哈齊請爲前鋒薄孟格布祿所居城兵出舒爾哈齊使告太祖曰彼城兵出矣太祖曰豈爲此城無兵而來耶躬督兵進舒爾哈齊兵塞道太祖軍循城行城上發矢多傷者遂攻城癸丑克之揚古利生得孟格布祿太祖命勿殺召入謁賜以所御貂帽豹裘置帳中既孟格布祿與噶蓋謀爲亂事洩乃殺之二十九年春正月太祖以女妻孟格布祿子吳爾古代明使來讓太祖還所部納林布祿歸所掠勑六十道請於明補雙貢如故事已而納林布祿復糾蒙古掠哈達哈達饑乞糴於明明不與至鬻妻子奴僕以食太祖周恤之遂以吳爾古代歸哈達亡

楊吉砮葉赫部長孝慈高皇后父也其先出自蒙古姓土默特氏滅納喇部據其地遂以地爲姓後遷葉赫河岸因號葉赫其貢於明取道鎭北關地近北故明謂之北關始祖星根達爾漢生席爾克明噶圖席爾克明噶圖生齊爾噶尼正德初齊爾噶尼數盜邊斬開原市八年其子褚孔格糾他酋加哈復爲亂旋就撫授達喜木魯衛都督僉事褚孔格阻兵數反覆爲哈達部長旺濟外蘭所殺明賜勑書及所屬諸寨皆爲所奪褚孔格子太杵太杵子二長清佳砮次卽楊吉砮能撫諸部依險築二城相距可數里清佳砮居西城楊吉砮居東城皆稱貝勒明人以譯音謂之二奴是時哈達萬汗方強楊吉砮兄弟事萬謹萬納其女弟溫姐藉勢寖驕數糾建州王杲侵明邊明討王杲而清佳砮楊吉砮不與蓋萬實庇之既又以女妻楊吉砮然楊吉砮兄弟日夜思復先世褚孔格之仇怨萬會萬老勢衰楊吉砮復婚於哈屯恍惚太以隙復故地季勒諸寨萬子扈爾干所屬白虎赤等先後叛歸楊吉砮楊吉砮勢日盛萬遂以憂憤死死而諸子內爭其庶孽康古魯亡抵清佳砮清佳砮妻以女益聞萬子孫使自相圖既而太祖兵起嘗如葉赫楊吉砮顧知爲非常人謂太祖曰我有幼女俟其長當使事君太祖曰君欲結姻盟盍以年已長者妻我楊吉砮對曰我雖有長女恐未爲嘉偶幼女端重始足爲君配耳太祖遂納聘焉萬歷十一年楊吉砮弟兄率白虎赤益以煖兎恍惚太所部萬騎襲敗孟格布祿斬三百級掠甲冑一百五十益借猛骨太那木塞兵焚躪孟格布祿所部室廬田稼殆盡明分巡副使任天祚使齎布帛及鐵釜犒楊吉砮兄弟諭罷兵楊吉砮兄弟言必得勑書盡轄孟格布祿等然後已既復焚孟格布祿及其仲兄所分莊各十岱善莊一脅所屬百餘人去既又以恍惚太二千騎馳廣順關攻下沙大亮寨俘三百人挾兵邀貢勑十二年巡撫李松與總兵李成梁謀誅楊吉砮兄弟哈達亦以請明制凡諸部互市築墻規市場謂之市圈成梁使召楊吉砮兄弟當賜勑賞賚乃伏兵中固城距開原可四十里待其至已而楊吉砮弟兄挾恍惚太二千騎擐甲叩鎭北關守備霍九皋遣使讓之曰若來就撫甲騎數千何爲者楊吉砮兄弟乃請以三百騎入圈李松令參將宿振武李寧等夾城四隅爲伏戒軍中曰虜入圈聽撫則張幟按甲毋動不則鳴礮皆鼓行而前急擊之勿失松與任天祚坐南樓使九皋諭楊吉砮兄弟楊吉砮兄弟則益兵以精騎三千屯鎭北關而以三百騎入圈楊吉砮兄弟請勑書部勒孟格布祿等九皋譙讓之漸急楊吉砮兄弟瞋目語不馴李松奮髯抵几叱之九皋麾楊吉砮等下馬楊吉砮目從者白虎赤白虎赤拔刀擊九皋微中右臂九皋還擊楊吉砮從者一騎踣餘騎譁譟擊明兵軍中礮如雷伏盡起遂殺清佳砮楊吉砮白虎赤清佳砮子兀孫孛羅楊吉砮子哈兒哈麻及諸從者斬三百十有一級勒兵馳出關成梁先自中固城至圍擊葉赫軍斬千五百二十一級奪馬千七百有三遂深入楊吉砮弟兄所居寨師合圍且日諸酋出寨門蒲伏請受孟格布祿約束刑白馬

攢刀爲誓成梁引師還自是葉赫不敢出兵窺塞擾哈達爲亂明總督張佳胤等以陳斬二奴聞成梁松天祚九臯振武寧予蔭進秩有差居數年淸佳砮子布寨楊吉砮子納林布祿繼爲貝勒收餘燼謀傾哈達報世讐挾以兒鄧數侵掠闌入威遠堡納林布祿尤狂悖要貢勅如其諸父類歲糾恍惚太攻岱善不巳且因其姑溫姐煽孟格布祿康古魯圖岱善俾哈達內訌會明助岱善襲執康古魯十六年二月巡撫顧養謙決策討布寨納林布祿成梁帥師至海州雪初消人馬行淖中馬足膠不可拔成梁計擊虜利月明軍抵開原已下弦不如三月往遂壁海州養謙壁遼陽是歲河西大饑斗米錢三千袁二千發海州遼陽穀贍軍月將晦成梁自海州乘傳出三月十有三日至開原令岱善軍以白布綴肩際爲幟雞鳴發盛遠堡行三十里至葉赫屬酋落羅寨成梁使召落羅落羅駭兵至迎謁命以一幟樹寨門材官十人守之戒諸軍毋犯挾落羅及其從者三騎俱又行三十里至葉赫城下卜寨西城奔納林布祿併兵以拒其衆與明軍夾道馳明軍不敢先發二酋麾其騎突明軍殺三人成梁乃縱兵擊之游擊將軍吳希漢先驅流矢集於面創甚弟希周奮起斬虜騎射希漢者亦被創明軍如牆進葉赫兵退入城守城以石爲郭郭內外重疊障以巨桁爲柵城中有山鑿山周遭爲坂絕峻爲羅城其上外以石內以木又二重中構八角樓置妻孥財貨明師攻二日破郭外柵二重城上木石雜下先登者輒死城堅不可拔成梁乃斂兵發巨礮擊城城壞穿樓斷桁葉赫兵死者無算殲其酋把當亥斬級五百五十四城中皆號泣明軍車載雲梯至直立齊其內城將置巨礮其上二酋始大懼出城乞降請與南關分勅入貢成梁令毋攻燔雲梯戒諸軍毋發其窖粟遂引師還四月朔釋康古魯遣還因進葉赫使者諭曰往若劾順朝廷賞不薄江上遠夷以貂皮人參至必藉若以通若布帛米鹽農器仰給於我耕稼圍獵坐收木枲松實山澤之利爲惠大矣今貢事絕江上夷道梗皆怨若我第傳檄諸部斬二酋頭來俾爲長可無煩兵誅也今貸若若何以報遂與哈達均勅永樂初賜海西諸部勅自都督至百戶凡九百九十九道至是畀哈達葉赫分領之以哈達効順使贏其一秋九月納林布祿送其女弟歸太祖太祖率諸貝勒迎之大宴成禮是爲孝慈高皇后十九年納林布祿令宜爾當阿擺斯漢使於太祖且曰扈倫諸部與滿洲語言相通宜合五爲一今屬地爾多我寡額爾敏扎庫木二地盍以一與我太祖曰我爲滿洲爾爲扈倫各有分地我毋爾取爾毋我爭地非牛馬比豈可分遺爾等皆知政不能諫爾主奈何强顏來相瀆耶遣其使還既而納林布祿又令尼喀里圖爾德偕哈達輝發二部使者復至太祖與之宴圖爾德起而請曰我主有傳語恐爲貝勒怒太祖問爾主何語我不爾責圖爾德曰我主言曩欲分爾地爾靳不與儻兩國舉兵相攻我能入爾境爾安能蹈我地乎太祖大怒引佩刀斷案曰爾葉赫諸舅盍嘗躬在行間馬首相交裂甲毀胄堪一劇戰耶哈達惟內訌故爾等得乘隙掩襲何視我若彼易與也吾視蹈爾地如入無人境晝卽不來夜亦可往爾其若我何因詆布寨納林布祿父見殺於明至不得收其骨奈何出大言以其語爲書遣巴克什阿林察報之布寨要至其寨不令見納林布祿遣還未幾長白山所屬朱舍里訥殷二路引葉赫兵刼太祖所屬東界洞寨二十一年夏六月扈倫四部合兵攻太祖布寨納林布祿爲戎首刼戶布察寨太祖以師禦之遂侵哈達秋九月復益以蒙古科爾沁席北卦爾察三部朱舍里訥殷二路攻太祖謂之九姓之師太祖將出師祀於堂子祝曰我初與葉赫無釁葉赫橫來相攻糾集諸部爲暴於無辜天其鑒之又祝曰願敵盡垂首我軍奮揚人不遺鞭馬無顚躓惟天其助我是時葉赫兵萬人哈達烏喇輝發三部合兵萬人蒙古科爾沁三貝勒及席北卦爾察三部又萬人凡三萬人太祖兵少衆皆懼太祖戒勉之朝發虎闌哈達夕宿扎喀城葉赫兵方攻黑濟格城未下旦日太祖師至面城而陳使額亦都以百人先葉赫兵罷攻城來戰太祖軍迎擊斬九級葉赫兵小郤布寨金台石及蒙古科爾沁三貝勒復併力合攻金台石者納林布祿弟也布寨將突陳馬觸木木踣太祖部卒吳談趨而前伏其身刺殺之葉赫兵見布寨死皆痛哭陳遂亂九姓之師以此敗布寨死子布揚古嗣爲貝勒二十五年春正月扈倫諸部同遣使行成於太祖曰吾等兵敗名辱繼自今願締舊好申之以婚媾布揚古請以女弟歸太祖金台石請以女妻太祖次子台吉代善上許之具禮以聘宰牛馬告天設巵酒塊土及肉血骨各一器四國使者誓曰旣盟之後苟棄婚媾背盟約如此土如此骨如此血永墜厥命若始終不渝飲此酒食此肉福祿永昌太祖誓曰彼等踐盟則已有或渝者待三年不悛吾乃討之布揚古女弟高皇后姪也是時年十四未幾太祖遣將穆哈連侵蒙古獲馬四十納林布祿邀奪其馬執穆哈連歸於蒙古烏喇貝勒布占泰亦背盟結納林布祿二十七年太祖克哈達以明有責言使哈達故貝勒孟格布祿子吳爾古代還所部二十九年納林布祿以兵侵之太祖遂以吳爾古代歸三十一年秋九月高皇后疾篤思見母太祖使迎焉納林布祿不許令其僕南太來視疾太祖數之曰汝葉赫諸舅無故掠我戶布察寨又合九姓之師而來攻我既乃自服其辜歃血誓天爲盟誓而又背之許我國之女皆嫁蒙古今我國妃病篤欲與母訣而又不許是終絕我也既而高皇后崩三十二年春正月太祖帥師攻葉赫克二城曰張曰阿氣蘭取七寨俘二千餘人而還三十五年納林布祿聞輝發貝勒拜音達里使貳於太祖太祖以是取輝發納林布祿不能救而布揚古女弟受太祖聘十六年不遣年三十烏喇貝勒布占泰將强委禽焉四十年太祖討布占泰四十一年師再舉遂克烏喇布占泰亡奔葉赫布揚古欲遂以女弟嫁之布占泰遜謝不敢娶爲別婚是時納林布祿已死其弟金台石嗣爲貝勒與布揚古分居東西城如故秋九月太祖使告葉赫執布占泰以獻使三往不聽太祖謀伐之先期遣第七子巴布泰率所屬阿都干骨里等三十餘人質於明至廣寧謁巡撫都御史張濤請救葉赫遣布占泰濤以聞神宗下部議以爲質子眞僞莫可辨拒勿納太祖乃以四萬人會蒙古喀爾喀貝勒介賽伐葉赫會有逋卒洩師期葉赫收張吉當阿二路民保太祖闔兀蘇城城長談扈石木降太祖飲以金巵賜冠服遂略張吉當阿呀哈黑兒蘇何敦克布齊賚俄吉岱七城下十九寨盡焚其廬舍儲峙以兀蘇城降民三百戶還葉赫愬於明以兵援遏介賽戰勝遂遣使讓太祖令游擊馬時枏周大岐率兵千挾火器戍葉赫太祖至撫順投書游擊李永芳申言侵葉赫以葉赫背盟女已字悔不遣又匿布占泰故與明無怨何遽欲相侵遂引師還金台石有女育於其兄納林布祿嫁介賽金台石既爲貝勒殺納林布祿妻介賽假辭爲外姑復仇覬得布揚古女弟以解布揚古女弟誓死不願行介賽治兵攻葉赫既而喀爾喀貝勒巴哈達爾漢爲其子莽古爾代請婚布揚古將許之明邊吏諭布揚古姑留此女毋使太祖及介賽望絕冀相羈縻而以兵分屯開原撫順及鎮北堡爲犄角衞葉赫四十三年夏五月布揚古遂以其女弟許莽古爾代秋七月婚焉太祖聞諸貝勒皆怒請討葉赫不許請侵明又不許且曰此女生不祥哈達輝發烏喇三部以此女搆怨相繼覆亡今明助葉赫不與我而與蒙古殆天欲亡葉赫以激其怒也我知此女流禍將盡死不遠矣布揚古女弟嫁介賽未一年而死死時年蓋三十四明所謂北關老女者也是歲爲太祖天命元年太祖旣稱帝建國始用兵於明三年取撫順淸河明經略侍郎楊鎬使諭葉赫發兵撓太祖秋九月金台石子德爾格勒侵太祖克一寨俘四百七人斬八十四級明賜以白金二千兩綵緞表裏二十四年春正月太祖謀報之使大貝勒代善以兵五千戍札喀關阻明師而躬督兵伐葉赫辛卯入其境經克亦特城粘罕寨至葉赫城東十里克大小屯寨二十餘葉赫乞援於明明開原總兵馬林以師至合城兵而出見太祖兵盛不敢擊太祖亦引還二月楊鎬大舉伐太祖使都司竇永澄徵兵於葉赫葉赫以二千人應至三岔北明師覆永澄死之太祖謀使所屬詐降於金台石金台石不應六月太祖攻開原葉赫復以二千人援至則開原已下秋八月經略侍郎熊廷弼初視事葉赫使期復開原廷弼厚賚之太祖惎葉赫八月大舉伐之己巳師出聲言向瀋陽以綴明師壬申至葉赫城下太祖攻金台石東城而命諸貝勒馳向西城取布揚古布揚古與其弟布爾杭古以城兵出西郭陟岡鳴角而噪望太祖軍盛斂兵入諸貝勒遂督軍合圍太祖圍東城入其郛布攻具呼金台石降不聽曰吾非明兵比等丈夫也肯束手降乎甯戰而死耳太祖麾兵攻城兩軍矢交發太祖軍擁楯陟山鑿將穴城城上下木石擲火器太祖軍冒進穴城城圮師入城兵迎戰敗潰皆散走太祖使執幟約軍士毋妄殺執黃蓋令降者免死城民皆請降金台石以其孥登臺太祖軍就圍之命之下金台石求見四貝勒盟而後下四貝勒爲太宗高皇后所出金台石甥也四貝勒方攻西城太祖召之至使見金台石金台石曰我未嘗見我甥眞僞烏能辨費英東達爾哈在側曰汝視常人中有奇偉如四貝勒者乎且曩與汝通好時嘗以嫗往乳汝子德爾格勒盍使嫗辨之金台石曰何用嫗爲也觀汝輩辭色特誘我下殺我耳我石城鐵門既爲汝破縱再戰安能勝特我祖父世分土於斯我生於斯長於斯則死於斯可已四貝勒勸之力金台石使阿爾塔石先見太祖太祖復令諭降金台石又求見其子德爾格勒德爾格勒至金台石終不下四貝勒將縛德爾格勒德爾格勒曰我年三十六乃今日死耶殺可也何縛焉四貝勒以德爾格勒見太祖太祖撤所食食之命四貝勒與共食且曰爾兄也善遇之金台石妻將其幼子下金台石引弓其從者復甲太祖軍進毀臺金台石縱火屋宇皆燼太祖諸將謂金台石且死軍退火燼金台石潛下爲太祖軍所獲縊殺之諸貝勒圍西城布揚古聞東城破與布爾杭古使請降並請盟無死大貝勒曰汝輩畏死盍以汝母先汝母我外姑也我寧能殺之布揚古母至軍大貝勒以刀劃酒誓飲其半使送布揚古布爾杭

古飲其半乃降大貝勒以布揚古見太祖布揚古行復勒馬大貝勒挽其轡命毋沮見太祖布揚古以一膝跪不拜而起太祖取金巵授之布揚古復以一膝跪洒不竟飲不拜而起太祖命大貝勒引去以其慭也卽夕亦縊殺之貸布爾杭古攻殺明游擊馬時柄戍兵殲焉楊鎬聞警使總兵李如楨自撫順出張疑兵爲葉赫聲援得十餘級而退神宗命給事中姚宗文行邊求葉赫子孫德爾格勒有女子二嫁蒙古各賜白金二千明臣請爲金台石布揚古立廟又以哈達餘裔王世忠爲金台石妻姪授游擊將以風諸部然葉赫遂亡太祖以德爾格勒歸旗制定隸滿洲正黃旗授三等副將太宗天聰三年改三等梅勒章京卒八年子南楮嗣十年察哈爾林丹汗殂所部內亂太宗遣貝勒多爾袞帥師略地林丹汗福金號蘇泰太后南楮女兄也因使南楮諭降南楮至其帳呼其人出語之曰爾福金蘇泰太后之弟南楮至矣其人入告蘇泰太后大驚使故葉赫部來媵者視之信蘇泰太后號而出與南楮相抱持遂使其子額哲出降南楮旋以罪奪爵復以南楮弟索爾和嗣乾隆初改二等男布爾杭古分隸正紅旗亦授三等副將再傳坐事奪世職

布占泰烏喇部長太祖婿也烏喇亦扈倫四部之一與哈達同祖納齊卜祿納齊卜祿五傳至克什納古對朱顏兄弟克什納之後爲哈達部古對朱顏生太蘭太蘭生布顏布顏收附近諸部築城洪尼濱烏喇河因號烏喇爲貝勒布顏子二布干博克多布顏死布干嗣爲部長布干子二滿泰布占泰布干死滿泰嗣爲部長萬歷二十一年夏六月葉赫糾扈倫諸部侵太祖滿泰以所部從秋九月葉赫再糾扈倫諸部及蒙古科爾沁所部及滿洲長白山所屬大舉分道侵太祖滿泰使布占泰以所部從與哈達貝勒孟格布祿輝發貝勒拜音達里合軍萬人戰敗葉赫貝勒布寨死於陣科爾沁貝勒明安單騎走戰之明日卒有得布占泰者縛以見太祖曰我獲俘將殺之俘大呼勿殺願自贖因縛以來見跽太祖前太祖問誰何對曰烏喇貝勒滿泰弟布占泰也生死惟貝勒命叩首不已太祖曰汝輩合九部兵爲暴於無辜天實厭之昨陣斬布寨彼時獲汝汝死決矣今見汝何忍殺語有之曰生人勝殺人與人勝取人遂解其縛與以猞猁猻裘撫育之居三年二十四年秋七月遣還所部使圖爾坤黃占博爾焜蜚揚古護行未至滿泰及其子淫於所部皆見殺布占泰至滿泰有叔興尼牙將殺而奪其地二使者嚴護之興尼牙謀不行乃出奔葉赫卒定布占泰而還冬十二月布占泰以女弟妻貝勒舒爾哈齊二十五年春正月與葉赫諸部同遣使請盟盟甫罷布占泰旋執太祖所屬瓦爾喀部安褚拉庫內河二路頭人爲衆所推者羅屯噶哈石屯汪吉努三人送葉赫使招所部貳於太祖又以滿泰妻都都祜所寶銅鍾畀納林布祿二十六年春正月太祖命台吉褚英等伐安褚拉庫路冬十二月布占泰來謁以三百人俱太祖以舒爾哈齊女妻之賜甲胄五十敕書十道禮而遣之二十九年冬十一月乙未朔布占泰以其兄滿泰女歸太祖布占泰初聘布寨女既又聘明安女以鎧胄貂猞猁猻裘金銀駝馬爲聘明安受之而不予女三十一年春正月布占泰使告太祖曰我昔被擒待以不死俾我主烏喇又妻我以公主恩我甚深我孤恩嘗聘葉赫蒙古女未敢以告今蒙古受聘而復悔我甚恥之乞再降以女當歲歲從兩公主來朝太祖允其請又以舒爾哈齊女妻焉三十五年春正月東海瓦爾喀部蜚悠城長策穆特黑謁太祖自陳屬烏拉爲布占泰所虐乞移家來附太祖命貝勒舒爾哈齊褚英代善率諸將費英東扈爾漢揚古利等以兵三千至蜚悠城收環城屯寨五百戶分兵三百授扈爾漢揚古利護之先行布占泰使其叔博克多將萬人要諸途日暮扈爾漢依山結寨以相持翼日烏喇兵來攻揚古利率兵擊敗之烏喇兵引退渡河陟山爲固褚英代善等率後軍至緣山奮擊烏拉兵大敗代善陣斬博克多是日晝晦雪甚寒烏拉兵死者甚衆俘其將常住胡里布等斬三千級獲馬五千甲三千以還三十六年春正月太祖復命褚英及台吉阿敏將五千人伐烏拉克宜罕阿驎城斬千人獲甲三百俘其餘衆布占泰糾蒙古科爾沁貝勒瓮阿代出合軍屯所居城外二十里畏褚英等軍强不敢進引還秋九月遣使復請修好太祖使報問布占泰執納林布祿所部種人五十畀界太祖使者盡殺之又遣使來請曰我數背盟獲罪於君父若更以女子子妻我撫我如子我永賴以生矣太祖復允其請又以女子子妻之四十年布占泰復背盟秋九月侵太祖所屬虎爾哈路復欲娶太祖所聘葉赫貝勒布寨女又以鳴鏑射所娶太祖女太祖聞之怒癸丑親率兵伐之庚申兵臨烏喇河布占泰以所部迎戰夾河見太祖軍甲冑甚具士馬盛强烏喇兵人人惴恐不敢渡太祖循河行下河濱屬城五又取金州城遂駐軍焉冬十二月辛酉朔太祖以太牢告天祭纛青白氣見東方指烏喇城北太祖屯其地三日盡焚其儲峙布占泰晝引兵出城暮入城休太祖率兵毀所下六城廬舍糗糧皆燼移軍駐伏爾哈河渡口布占泰使使者三輩以舟出見太祖布占泰率其弟喀爾喀瑪及所部拉布泰等繼以舟出跽舟中而言曰烏喇國卽父國也幸毋盡焚我廬舍糗糧叩首請甚哀太祖立馬河中數其罪布占泰對曰此特讒者離間使我父子不睦我今在舟中若果有此惟天惟河神其共鑒之拉布泰自旁儳曰貝勒既以此怒曷不以使者來詰太祖責之曰我部下豈少汝輩人耶事實矣又何詰河冰無時我兵來亦無時汝口雖利能齧我刃乎布占泰大懼止拉布泰毋言喀爾喀瑪爲乞宥太祖乃命質其子及所部大酋子遂還營五日引還度烏喇河濱邑麻虎山顚以木爲城留千人戍焉十二月有白氣起烏喇經太祖所居南屬虎攔哈達山布占泰旋復背盟幽太祖及舒爾哈齊女將以其女薩哈廉子綽啓鼐及所部大酋子十七人質於葉赫娶太祖所聘貝勒布寨女四十一年春正月太祖聞復率兵伐之布占泰期以是月丙子送其子出質而太祖軍以乙亥至攻下孫扎泰及郭多俄謨三城丙子布占泰以兵三萬越伏爾哈城而軍太祖猶欲諭之降諸貝勒代善阿敏諸將費英東何和里扈爾漢額亦都安費揚古皆請戰曰我利速戰但慮彼不出耳今既出平原廣野可一鼓禽也舍此不戰利兵秣馬何爲乎來且使布占泰娶葉赫女辱莫甚焉雖後討之何益太祖曰我荷天寵自少在兵間遇勁敵無不單騎突陳者今日何難率汝輩身先搏戰但慮諸貝勒諸將或一二夷傷我所深惜故欲出萬全非有所懼也今汝輩志一卽可決戰因命被甲諸貝勒諸將則大懽一軍盡甲令曰勝卽奪門毋使復入乃率兵進布占泰自伏爾哈城率兵還令其軍皆步爲陳兩軍距百步太祖軍亦皆舍馬步戰矢交如雨呼聲震天太祖躬入陳諸貝勒諸將從之縱擊烏拉兵大敗死者十六七師入太祖坐西門樓命樹幟布占泰餘兵不滿百還至城下見幟則大奔遇代善布占泰兵皆潰僅以身免奔葉赫太祖使請於葉赫葉赫不聽後七年太祖克葉赫布占泰蓋已前死

拜音達里輝發部長也輝發亦扈倫四部之一其先姓益克得里氏居黑龍江岸尼馬察部有昂古里星古力者自黑龍江載木主遷於渣魯居焉時扈倫部噶揚噶圖墨土二人居張城二人者姓納喇氏昂古里星古力因附其族宰七牛祭天改姓納喇是爲輝發始祖昂古里星古力子二留臣備臣備臣子二納領噶耐寬納領噶生拉哈都督拉哈都督生噶哈禪都督噶哈禪都督生齊訥根達爾漢齊訥根達爾漢生王機褚王機褚收鄰近諸部度輝發河濱扈爾奇山築城以居因號輝發城負險堅峻蒙古察哈爾部扎薩克圖土門汗嘗自將攻之不能克王機褚死時其長子前死孫拜音達里殺其叔七人自立爲貝勒萬歷二十一年夏六月葉赫糾哈達烏喇諸部侵太祖拜音達里以所部從秋九月復舉兵拜音達里與哈達貝勒孟格布祿烏喇貝勒布占泰合兵萬人兵敗還二十三年夏六月太祖攻輝發取所屬多壁城輝發將克充格蘇猛格二人戍殲焉二十五年春正月與葉赫諸部同遣使行成於太祖居數年拜音達里之族有叛附葉赫者部衆有攜心拜音達里懼以所屬七人之子質於太祖太祖發兵千人助之鎮撫葉赫貝勒納林布祿使告拜音達里曰爾以質子歸我亦歸爾叛族拜音達里信之乃曰吾其中立於滿洲葉赫二國之間乎遂取質子還以其子質於納林布祿納林布祿殊無意歸叛族拜音達里以告太祖且曰吾前者爲納林布祿所誑怙舊恩敢請婚太祖許之既而拜音達里背約不娶太祖使詰之曰汝昔助葉赫再舉兵侵我我既宥爾罪復許爾婚今背約不娶何也拜音達里詭對曰吾子質葉赫須其歸娶爾女與爾合謀因築城三重自固及其子自葉赫歸太祖復遣使問拜音達里倚城堅度兵卽至足以守遂負盟三十五年秋九月丙申長星出東方指輝發八夕乃滅乙亥太祖率師討之甲辰合圍遂克之殺拜音達里及其子安集其民師還輝發亡

論曰扈倫四部哈達最强葉赫稍後起與相埒烏喇輝發差弱其通於明皆以所領衛令於所部則曰國太祖漸强盛四部合攻之兵敗縱散以次覆滅太祖與四部皆有連奪其地殲其酋顯庸其族裔疆埸之事不以婚媾逭有時乃藉口以啓戎自古則然不足異也

清史稿　列傳十一

張煌言 張名振 王翊等　鄭成功 子錦 錦子克塽

李定國

張煌言字玄著浙江鄞縣人明崇禎十五年舉人時以兵事急令兼試射煌言三發皆中慷慨好論兵事順治二年師定江寧煌言與里人錢肅樂沈宸荃馮元颺等合謀奉魯王以海煌言迎於天台授行人至紹興稱監國授翰林院修撰入典制誥出領軍旅三年師潰歸與父母妻子訣從王次石浦與黃斌卿軍相犄角加右僉都御史魯王諸將張名振最強四年江南提督吳勝兆請降煌言勸名振援勝兆遂監其軍以行至崇明颶作舟覆煌言被執七日有導之出者走間道復還入海經黃巖追者闌而射之以數騎突出自是益習騎射集義旅屯上虞平岡諸山寨多出刦掠獨煌言與王翊履畝勸輸戢所部毋擾民六年覲王於健跳七年名振奉王居舟山召煌言入衛乃以平岡兵授劉翼明陳天樞率親軍赴之加兵部侍郎八年聞父訃浙江提督田雄書招降卻之師攻瀛洲名振奉王侵吳淞冀相牽制俄師破舟山乃奉王入金門依鄭成功成功用唐王隆武號事魯王但月上豚米修寓公之敬煌言嘗謂成功曰招討始終爲唐眞純臣也成功亦曰侍郎始終爲魯與吾豈異趨哉故與成功所事不同而其交能固王亦賴以安居九年監名振軍經舟山至崇明進次金山十年復至崇明師與戰敗績十一年又自吳淞入江逼鎭江登金山望祭明太祖陵烽火達江寧俄退次崇明再入江略瓜洲儀眞薄燕子磯尋還屯臨門皆與名振俱十二年成功遣其將陳六御與名振取舟山台州守將馬信約降煌言以沙船五百迎之名振中毒卒遺言以所部屬煌言十三年師再破舟山煌言移軍秦川王去監國號通表桂王十四年桂王使至授煌言兵部侍郎翰林院學士兩江總督郎廷佐書招煌言煌言以書報略曰來書揣摩利鈍指畫興衰庸夫聽之或爲變色貞士則不然所爭者天經地義所圖者國恤家仇所期待者豪傑事功聖賢學問故每氈雪自甘膽薪深厲而卒以成事僕於將略原非所長祇以讀書知大義左袒一呼甲盾山立濟則賴君靈不濟則全臣節憑陵風濤縱橫鋒鏑今踰一紀矣豈復以浮詞曲說動其心哉來書溫愼故報數行若斬使焚書適足見吾意之不廣亦所不爲也十五年與成功會師將入江次羊山遇颶引還十六年成功復大舉煌言與俱次崇明煌言曰崇明江海門戶宜先定營於此庶進退有所據成功不從師防江金焦兩山間橫鐵索隔江置大炮煌言以十七舟斷江而渡成功破瓜洲欲取鎭江慮江寧援至煌言曰舟師先擣觀音門南京自不暇出援成功以屬煌言煌言所將人不及萬舟不滿百卽率以西降儀眞進次六合聞成功拔鎭江煌言致書言當先撫定夾江郡縣以陸師趨南京成功復不從煌言進薄觀音門遣別將以輕舟數十直上攻蕪湖分兵掠江浦成功水師至會蕪湖已降趣煌言往撫部勒諸軍分道略地移檄諸郡縣於是太平寧國池州徽州廣德及諸屬縣皆請降得府四州三縣二十四煌言所過秋毫無犯經郡縣入謁孔子廟坐明倫堂進長吏考察黜陟略如巡按行部故事遠近響應方如徽州受降聞成功敗還蕪湖收兵冀聯合瓜洲鎭江軍爲守計既聞成功并棄瓜洲鎭江入海煌言兵遂潰兩江總督郎廷佐發舟師斷煌言東下道書招煌言煌言拒不應率餘兵道繁昌謀入鄱陽湖次銅陵師自湖廣至煌言與戰而敗撫殘兵僅數百退次無爲焚舟登陸自銅城道霍山英山度東溪嶺追騎至從者盡散煌言突圍出變服夜行至高湝埠有父老識之匿於家數日導使出間道渡江走建德祁門亂山間痁作力疾行至休甯得舟下嚴州復山行經東陽義烏至天台達海收集舊部成功分兵益之屯長亭鄉築塘捍潮闢田以贍軍使桂王告敗桂王敕慰問加兵部尙書十七年移軍臨門十八年廷議徙海上居民絕接濟煌言無所得饟開屯南田自給成功攻臺灣煌言移書阻之不聽師下雲南取桂王煌言遣其客羅綸入臺灣趣成功出兵成功以臺灣方定不能行遣使入鄖陽山中說十三家兵使之擾湖廣以緩雲南之師十三家者郝永忠劉體純輩故李自成部將竄據茅麓山衰疲不敢出康熙元年煌言復移軍沙堤成功自攻江寧敗還取臺灣謀建國魯王在金門禮數日薄煌言歲時供億又慮成功疑十年不敢入謁及聞桂王敗亡上啓魯王將奉以號召俄成功卒煌言還軍臨門又有議奉魯王監國者煌言使勸錦以李亞子錦囊三矢相勗浙江總督趙廷臣復招煌言煌言書謝之煌言孤軍勢日促或議入雞籠島煌言不可二年魯王殂煌言慟曰孤臣栖栖海上與部曲相依不去者以吾主尙存也今更何望三年遂散遣其軍居懸澳懸澳在海中荒瘠無人烟南汊港通舟北倚山人不能上煌言結茅而處從者綸及部曲數人一侍者一舟子而已廷臣與提督張杰謀致煌言得煌言故部曲使爲僧普陀伺煌言知蹤跡夜半引兵攀嶺入執煌言及綸與部曲葉金王發侍者湯冠玉煌言至杭州廷臣賓禮之九月乙未死於弼教坊舉目望吳山歎曰好山色賦絕命詞坐而受刃綸等並死煌言妻董子萬祺先被執羈管杭州先煌言死綸字子木丹徒諸生方成功敗還綸入謁勸以廻帆復取南都成功不能用乃從煌言又有山陰葉振名字介韜嘗謁煌言論兵事煌言薦授翰林院修撰兵科給事中既復上策欲擒斬成功奪其兵圖興復煌言死登越王嶺遙祭爲文六千五百餘言與綸稱張司馬二客乾隆四十一年高宗命錄勝朝殉節諸臣得專謚者二十六通謚忠烈百十三煌言與焉忠節百八烈愍五百七十六節愍八百四十三祀忠義祠職官四百九十五士民千七百二十八諸與煌言並起者錢肅樂沈宸荃馮元颺明史並有傳張名振字侯服應天江寧人崇禎末爲石浦游擊魯王次長垣率舟師赴之封定西侯以所部屯舟山移南田迎王居健跳所與阮進王朝先共擊黃斌卿斌卿莆田人崇禎末爲舟山參將唐王時封伯名振奉魯王如舟山不納既以王命進侯斌卿法嚴急配民爲兵籍大戶田爲官田先後戕荆本澈賀君堯王次健跳令進告糴又不應至是名振破舟山沈斌卿於海迎王居焉使日本乞師不應成功襲破鄭彩名振因聲彩殺熊汝霖鄭遵謙罪擊破其餘兵俄又襲殺朝先師攻舟山名振與煌言奉王南依成功成功居王金門名振屯嵓頭成功初見名振不爲禮名振袒背示之涅赤心報國四字深入膚乃與二萬人共謀復南京攻崇明破鎭江題詩金山而還復與成功偕出師次羊山颶作舟多損惟名振部獨完再攻崇明復入鎭江觀兵儀眞侵吳淞戰屢勝順治十二年十二月卒於軍或云成功酖之王翊字完勛浙江餘姚人順治四年起兵下管奉魯王破上虞是時蕭山會稽台州奉化民兵並起結山寨無所得饟則不免剽掠翊與煌言皆履畝科稅贍兵陳天樞者會稽山寨將也薦劉翼明佐翊武勇善戰東徇奉化師與遇引卻魯王授翊官累進至兵部尙書復陷新昌越餘姚拔滸山固山額眞金礪浙江提督田雄合兵攻大嵐山八年七月翊走還山團練執以獻死定海天樞與翼明攻陷新昌覩火藥簏焚急投水月餘死翼明善大刀治兵戒毋犯民翊敗死於家肅樂宸荃謚忠節翊謚烈愍斌卿謚節愍名振不與而其弟名揚死舟山謚烈愍

鄭成功初名森字大木福建南安人父芝龍明季入海從顏思齊爲盜思齊死代領其衆崇禎初因巡撫熊文燦請降授游擊將軍以捕海盜劉香李魁奇攻紅毛功累擢總兵芝龍有弟三芝虎鴻逵芝豹芝虎與劉香搏戰死鴻逵初以武舉從軍用芝龍功授錦衣衛掌印千戶崇禎十四年成武進士明制勳衛舉甲科進三秩授都指揮使累遷亦至總兵福王立南京皆封伯命鴻逵守瓜洲順治二年師下江南鴻逵兵敗奉唐王聿鍵入福建與芝龍共擁立之皆進侯封芝豹伯未幾又進芝龍平國公鴻逵定國公芝龍嘗娶日本婦是生森入南安學爲諸生芝龍引謁唐王唐王寵異之賜姓朱爲更名森封忠孝伯唐王倚芝龍兄弟擁重兵芝龍族人彩亦封伯築壇拜彩鴻逵爲將分道出師遷延不卽行招撫大學士洪承疇與芝龍同縣通書問敘鄉里芝龍挾二心三年貝勒博洛師自浙江下福建芝龍撤仙霞關守兵不爲備唐王坐是敗博洛師次泉州書招芝龍芝龍率所部降成功諫不聽芝龍欲以成功見博洛鴻逵陰縱之入海四年博洛師還以芝龍歸京師隸漢軍正黃旗授三等精奇尼哈番成功謀舉兵兵寡如南澳募兵得數千人會將吏盟仍用唐王隆武號自稱招討大將軍以洪政陳輝楊才張正余寬郭新分將所部兵移軍鼓浪嶼成功年少有文武略拔出諸父兄中近遠皆屬目而彩奉魯王以海自中左所改次長垣進建國公屯廈門彩弟聯魯王封爲侯據浯嶼相與爲犄角成功與彩合兵攻海澄師赴援洪政戰死成功又與鴻逵合兵圍泉州師赴援圍解鴻逵入揭陽成功頒明年隆武四年大統歷五年成功陷同安進犯泉州總督陳錦師至克同安成功引兵退六年成功遣其將施琅等陷漳浦下雲霄鎭進次詔安明桂王稱帝號肇慶至是已三年成功遣所署光祿卿陳士京朝桂王始改用永曆號桂王使封成功延平公魯王次舟山彩與魯王貳殺魯王大學士熊汝霖及其將鄭遵謙七年成功攻潮州總兵王邦俊禦戰成功敗走攻碣石寨不克施琅出降成功襲廈門擊殺聯奪其軍彩出駐沙埕魯王將張名振討殺汝霖遵謙罪擊彩彩引餘兵走南海居數年成功招之還居廈門卒八年桂王詔成功援廣州引師南次平海使其族叔芝莞守廈門福建巡撫張學聖遣泉州總兵馬得功乘虛入焉盡攫其家貲以去成功還斬芝莞引兵入漳州提督楊名高赴援戰於小盈嶺名高敗績進陷漳浦總督陳錦克舟山名振奉魯王南奔成功使迎居金門九年陷海澄錦赴援戰於江東橋錦敗績左次泉州成功復取詔安南靖平和遂圍漳州錦師次鳳凰山爲其奴所殺以其首奔成功漳州圍八閱月固山額眞金礪等自浙江來援與名高兵合自長泰間道至漳州擊破成功成功入海澄城守金礪等師薄城成功將王秀奇郝文興督兵力禦不能

克上命芝龍書諭成功及鴻逵降許赦罪授官成功陽諾詔金礪等率師還浙江十年封芝龍同安侯而使齎敕封成功海澄公鴻逵奉化伯授芝豹左都督芝龍慮成功不受命別爲書使鴻逵諭意使至成功不受命爲書報芝龍芝豹奉其母詣京師成功復出掠福建興化諸屬縣十一年上再遣使諭成功授靖海將軍命率所部分屯漳潮惠泉四府成功初無意受撫乃改中左所爲思明州設六官理事分所部爲七十二鎭遙奉桂王承制封拜月上魯王豚米並厚廩瀘溪寧靖諸王禮待諸遺臣王忠孝沈佺期郭貞一盧若騰華若薦徐孚遠等置儲賢館以養士名振進率所部攻崇明謀深入成功嫉之以方有和議召使還名振俄遇毒死成功託科餉四出掠蔓及上游福建巡撫佟國器疏聞上密敕爲備李定國攻廣東急使成功趣會師成功遣其將林察周瑞率師赴之遷延不即進定國敗走成功又攻漳州千總劉國軒以城獻再進陷同安其將甘輝陷仙游穴城入殺掠殆盡至是和議絕上命鄭親王世子濟度爲定遠大將軍率師討成功十二年左都御史龔鼎孳請誅芝龍國器亦發芝龍與成功私書乃奪芝龍爵下獄成功遣其將洪旭陳六御攻陷舟山進取溫台聞濟度師且至墮安平鎭及漳州惠安南安同安諸城撤兵聚思明濟度次泉州檄招降不納易爲書成功依違答之上又令芝龍自獄中以書招成功謂不降且族誅成功終不應十三年濟度以水師攻廈門成功遣其將林順陳澤拒戰颶起師引還成功以軍儲置海澄使王秀奇與黃梧蘇明同守梧先與明兄茂攻揭陽未克成功殺茂並責梧梧明並怨成功俟秀奇出以海澄降濟度詔封梧海澄公駐漳州盡發鄭氏墓斬成功所置官大將軍伊爾德克舟山擊殺六御成功攻陷閩安城牛心塔使陳斌戍焉十四年鴻逵卒師克閩安斌降而殺之成功陷台州十五年謀大舉深入與其將甘輝余新等率水師號十萬陷樂清遂破溫州張煌言來會將入江次羊山遇颶舟敗退泊舟山桂王使進封爲王成功辭仍稱招討大將軍十六年五月成功率輝新等整軍復出次崇明煌言來會取瓜洲攻鎭江使煌言前驅泝江上提督管效忠師赴援戰未合成功將周全斌以所部陷陳大雨騎陷淖成功兵徒跣擊刺往來剽疾效忠師敗績成功入鎭江將以違令斬全斌繼而釋之使守焉進攻江寧煌言次蕪湖廬鳳寧徽池太諸府縣多與通款牒書成功謂宜收旁郡縣以陸師急攻南京成功狃屢勝方謁明太祖陵會將吏置酒輝諫不聽崇明總兵梁化鳳赴援江寧總管喀喀木等合滿漢兵出戰襲破新軍諸軍皆奔潰遂大敗生得輝殺之成功收餘衆猶數萬棄瓜洲鎭江出海欲取崇明江蘇巡撫蔣國柱遣兵赴援化鳳亦還師禦之成功戰復敗引還煌言自間道走免上遣將軍達素閩浙總督李率泰分兵出漳州同安規取廈門成功使陳鵬守高崎族兄泰出浯嶼而與周全斌陳輝黃廷次海門師自漳州薄海門戰成功將周瑞陳堯策死之迫取輝舟輝焚舟戰方急風起成功督巨艦衝入泰亦自浯嶼引舟合擊師大敗有滿洲兵二百降夜沈之海師自同安嚮高崎鵬約降其部將陳蟒奮戰師以鵬已降不備亦敗成功收鵬殺之引還十七年命靖南王耿繼茂移鎭福建又以羅託爲安南將軍討成功十八年用黃梧議徙濱海居民入內地增兵守邊成功自江南敗還知進取不易桂王入緬甸聲援絕勢日蹙乃規取臺灣臺灣福建海中島荷蘭紅毛人居之芝龍與顏思齊爲盜時嘗屯於此荷蘭築城二曰赤嵌曰王城其海口曰鹿耳門荷蘭人恃鹿耳門水淺不可渡不爲備成功師至水驟長丈餘舟大小銜尾徑進紅毛人棄赤嵌走保王城成功使謂之曰土地我故有當還我珍寶恣爾載歸圍七閱月紅毛存者僅百數十城下皆遣歸國成功乃號臺灣爲東都示將迎桂王狩焉以陳永華爲謀主制法律定職官興學校臺灣周千里土地饒沃招漳泉惠潮四府民闢草萊興屯聚令諸將移家實之水土惡皆憚行又以令嚴不敢請銅山守將郭義蔡祿入漳州降是歲聖祖即位戮芝龍及諸子世恩世蔭世默成功既得臺灣其將陳豹駐南澳而令子錦居守思明康熙元年成功聽周全斌讒遣擊豹豹舉軍入廣州降惡錦與乳媼通生子遣泰就殺錦及其母董會有訛言成功將盡殺諸將留廈門者值全斌自南澳還執而囚之擁錦用芝龍初封稱平國公舉兵拒命成功方病聞之狂怒嚙指五月朔尚據胡牀受諸將謁數日遽卒年三十九成功子十錦其長也一名經成功既卒臺灣諸將奉其幼弟世襲爲招討大將軍使於錦告喪錦出全斌使爲將以永華爲咨議馮錫範爲侍衞引兵至臺灣諸將有欲拒錦立世襲者全斌力戰破之錦乃入嗣爲延平王世襲走泉州降二年錦還思明泰嘗與臺灣諸將通書錦得之遂殺泰泰弟鳴駿廣子纘緒亦走泉州降詔封鳴駿遵義侯纘緒慕恩伯世襲廣皆授左都督諸將蔡鳴雷陳輝楊富何義先後舉軍降錦漸弱耿繼茂李率泰大發兵規取金廈出同安馬得功將降卒並徵紅毛兵出泉州黃梧施琅出海澄錦令全斌當得功遇於金門外烏沙得功舟三百紅毛夾板船十四全斌以二十舟入陳衝擊紅毛礮皆不中諸舟披靡得功戰死而同安海澄二道兵大勝直破廈門琅復進克金門浯嶼錦退保銅山三年錦將杜輝以南澳降銅山糧垂盡全斌亦出降封承恩伯與其將黃廷堅守繼茂等復以水師出八尺門廷與諸將翁求多等以三萬人降遂拔銅山焚之得仗艦無算錦與永華及洪旭引餘衆載其孥盡入臺灣改東都爲東甯國置天興萬年二州仍以永華綜國政詔授施琅靖海將軍周全斌楊富爲副督水師攻臺灣阻颶不得進四年廷議罷兵李率泰請遣知府慕天顏諭降假卿銜齎敕往錦請稱臣入貢如朝鮮上未之許六年徵琅入京師撤降兵分屯諸省嚴戍守界不復以臺灣爲意錦兵亦不出相安者數年濱海居民漸復業十二月耿精忠將以福建叛應吳三桂使約錦爲援十三年精忠遂反錦仍稱永曆年號以永華輔長子克𡒉居守與諸將馮錫範等督諸軍渡海而西入思明取同安錦以族人省英知思明省英芝莞子也集舟航整部伍方引軍復出而精忠與爭泉州泉州兵內亂精忠所遣守將潰圍走迎錦師入復攻下漳州精忠遣兵圍潮州潮州總兵劉進忠降於錦錦遣其將趙得勝入潮州擊破精忠兵錦更定軍制以錫範及參軍陳繩武贊畫諸政諸將劉國軒薛進思何祐許輝施福艾禎祥分領各軍省英爲宣慰使督各郡錢糧令人月輸銀五分曰毛丁船計丈尺輸稅曰樑頭鹽司分莞鹽場鹽石值二錢徵餉四錢餉司科雜稅給軍復開互市英圭黎暹羅安南諸國市舶並至思明井里烟火幾如承平時十四年精忠使賀年錦亦報禮自是復相結永春民呂花保所居村曰馬跳不應徵索使進思圖之三月不下誘花降而殺之續順公沈瑞屯饒平進忠攻之何祐擊破援兵遂執瑞及其孥歸於臺灣海澄公黃梧卒子芳度保漳州錦自海澄移軍萬松關祐亦自潮州攻平和降守將賴陞芳度孤守漳州圍合總兵吳淑以城降芳度死之其孥皆殉十五年康親王傑書下福建精忠降克泉州國軒復圍之兩月不下李光地迎師自間道赴援總兵林賢黃鎬林子威以舟師會國軒退次長泰師進屯漳州溪西師進擊國軒國軒敗棄長泰走錦將許輝以二萬人攻福州壁烏龍江康親王遣副都統喇哈達等渡江奮擊破其壘逐北四十里興泉汀漳諸郡盡復惟海澄未下十六年師克海澄錦復破之遂圍泉州錦下教敘國軒淑祐等功副都統穆赫林等克泰寧建寧寧化長汀清流歸化連城上杭武平永定凡十縣喇哈達等解泉州圍錦撤兵還思明十七年康親王遣知府張仲舉招錦不納國軒自長泰退據三汊河玉洲水頭鎭門諸寨屢遣兵攻石瑪江東橋錦又遣其將林耀林英犯泉州提督段應舉擊破之獲耀吳淑又自石瑪登陸海澄公黃芳世都統孟安擊破之沈其舟上令復徙濱海民如順治十八年例遷界守邊穆赫林黃芳世會師灣腰樹攻國軒師敗績國軒陷平和漳平遂復破海澄段應舉穆赫林及總兵黃藍死之藍梧族芳度所遣詣京師奏事者也國軒進圍泉州詔趣諸軍合擊將軍喇哈達賴塔總督姚啓聖巡撫吳興祚提督楊捷分道並進賢鎬子威以舟師會克平和漳平惠安復解泉州圍啓聖與賴塔等逐國軒至長泰及於蜈蚣山大破之斬四千餘級進克同安斬錦將林欽賴塔又破錦兵萬松關啓聖捷及副都統吉勒塔布等與國軒戰於江東橋於潮溝國軒屢敗副都統瑚圖又擊吳淑於石街盡焚其舟錦斂兵退保思明詔厚集舟師規取金廈十九年興祚出同安與啓聖捷會師自陸路犄廈門提督萬正色以水師攻海壇分兵爲六隊前進自統巨艦繼又以輕舟繞出左右發炮毀錦師船十六兵三千餘入水死錦將朱天貴引退正色督兵追擊斬錦將吳內林勳湄洲南日平海崇武諸澳皆下天貴出降副都統沃申擊破錦將林英張志水陸並進趨玉洲國軒走還思明錦將蘇堪以海澄降啓聖分遣總兵趙得詩黃大來從賴塔擊破陳洲馬洲灣腰山觀音山黃旗諸寨興祚復與喇哈達等逐錦兵至潯尾遂克廈門金門錦還臺灣二十年錦卒子克𡒉自錦出師時爲居守永華請於錦就監國年未冠明察能治事顧乳媼子錫範等意不屬先構能永華兵永華鬱鬱死及錦卒遂共縊殺克𡒉奉錦次子克塽嗣爲延平王克塽幼弱事皆決於錫範行人傅爲霖謀合諸將從中起事泄錫範執而殺之並及續順公沈瑞詔用施琅爲水師提督與啓聖規取臺灣二十二年國軒投書啓聖求請稱臣入貢視琉球上趣琅進兵時國軒以二萬人守澎湖六月琅師乘南風發銅山入八罩嶼攻澎湖擊沈錦師船二百斬將吏三百七十有奇兵萬餘國軒以小舟自吼門走臺灣七月克塽使請降琅疏聞上降敕宣撫克塽上降表遣侍衞吳啓爵持榜入臺灣諭軍民薙髮八月琅督兵至鹿耳門水淺不得入泊十有二日潮驟長高丈餘羣舟平入臺灣人咸驚謂無異成功初至時也克塽及國軒錫範率諸將吏出降詣京師上授克塽公爵隸漢軍正紅旗國軒錫範皆伯爵諸明宗人依鄭氏者寧靖王術桂自殺魯王子及他宗室皆徙河南上以國軒爲天津總兵召對慰勉眷屬至賜第京師克塽請爲成功子聰等敘官上

特許之光緒初德宗允船政大臣沈葆楨疏請爲成功立祠臺灣

李定國字鴻遠陝西延安人初從張獻忠爲亂與孫可望劉文秀艾能奇並爲獻忠養子獻忠入四川遣諸將分道屠殺定國爲撫南將軍順治三年肅親王豪格率師入四川獻忠死西充可望與定國等及白文選馮雙禮率殘衆自重慶而南四年破遵義入貴州可望令定國襲破臨安屠其城盡下迤東諸郡縣定國等皆自號爲王居年餘可望用任僎議自號爲國主時能奇已前卒定國文秀故儕輩不相下而定國尤崛強六年春可望密與文秀謀藉演武聲定國罪縛而杖之百已復相抱哭令取沙定洲自贖定國憾可望念兄事久未可遽發難乃率所部攻定洲定洲降械以歸剝皮死定國兵漸強可望知不可制乃通使桂王思得封爵彈壓諸將桂王封可望公尋進爲王定國與文秀亦自侯進公八年可望遣使迎桂王九年刼遷安隆所會定南王孔有德師出河池向貴州可望令定國與馮雙禮將八萬人自黎平出靖州別遣馬進忠自鎭遠出沅州兩軍會武岡圖桂林文秀亦出兵規取成都可望言於桂王進定國西寧王文秀南康王定國自靖州進陷沅州再進陷寶慶遂破武岡與雙禮兵合有德引師還桂林定國使張勝郭有銘爲前鋒趨嚴關而令雙禮與高文貴靳統武繼其後有德遣兵逆戰驛湖敗績陷全州定國與王之邦劉之講吳子聖廖魚卜寧率所部自西延大埠疾馳犄桂林勝有銘已破嚴關有德率師出戰定國軍中象陳騎退斬馭象者以徇所部戰甚力驅象突陳有德敗績退保桂林定國晝夜環攻城陷有德自殺定國分兵徇廣西諸郡縣梧州柳州皆下又遣白文選攻陷辰州大將軍敬謹親王尼堪率師南征次湘潭馬進忠引退師從之次衡州定國赴援兩軍同時至戰衡州城下定國敗走敬謹親王自率精騎追之遇伏沒於陳定國收兵屯武岡定國轉戰廣西湖廣下數十城兵屢勝可望益嫉之次沅州召定國計事將以衡州敗爲定國罪而殺之定國察其意辭不赴十年率進忠等犯永州大將軍貝勒屯齊率師自衡州赴之未至定國度龍虎關復入廣西次柳州可望令雙禮追定國自靖州進攻寶慶貝勒屯齊遣兵自永州要擊可望敗走還貴陽定國自柳州道懷集攻肇慶師自廣州赴援戰四會河口定國兵敗移軍破長樂行略高雷廉三府悉屬於定國桂王在安隆馬吉翔爲政諂奉可望指可望謀自帝甚急王懼與大學士吳貞毓謀密遣林青陽敕定國統兵入衛定國感泣議奉迎青陽密使報王王復遣周官鑄屏翰親臣金印賜之定國拜受命十一年事爲吉翔聞啓可望可望怒遣其將鄭國按治殺貞毓青陽及諸與謀者凡十八人獨官走免定國發兵陷高明進圍新城平南王尚可喜靖南王耿繼茂赴援次三水將軍珠瑪喇以師會戰於珊洲定國兵敗退保新會師進擊之定國敗走十二年師進次興業再進次橫州江上定國戰屢敗乃道賓州走南寧可喜等撫定高雷廉三府及廣西橫州十三年師進攻南寧定國戰復敗將道安隆入雲南可望詗知之遣白文選移桂王貴陽文選心不直可望因密告王曰姑遲行候西府西府謂定國也定國至文選與共奉王自安南衛入雲南文秀自四川還軍可望令與諸將王尙禮王自奇守雲南亦不直可望遂與沐天波迓王入居可望廨進定國晉王並封文秀文選皆王尙禮等公令文選還貴陽喻意可望奪文秀兵置之軍中定國令靳統武收吉翔將殺之吉翔哀統武爲言於定國召入謁叩頭諂定國定國薦於王使入閣復用事十四年可望舉兵反攻定國起文選爲將留雙禮守貴陽定國與文秀率師禦之遇於三岔河兩軍夾河而陳文選棄其軍奔定國可望遣張勝馬寶自尋甸間道襲雲南而自將當定國戰方合其將馬維興先奔兵盡潰可望走還貴陽定國遣文秀追可望引軍還雲南遇勝於渾水塘獲而殺之寶降定國可望至貴陽雙禮言追兵且至可望乃詣經略洪承疇降雙禮盡取其子女玉帛從文秀歸雲南桂王進雙禮王惟興等公十五年大將軍羅託自湖南吳三桂自四川將軍卓布泰自廣西三道入貴州文秀病卒定國使劉正國楊武守三坡紅關諸隘禦三桂馬進忠守貴州會王自奇關有才貳於定國據永昌舉兵定國自將擊之羅託師自鎭遠入定國不及援卓布泰亦盡下南丹那地獨山諸州兩軍會貴陽進忠遁去三桂師後入至三坡正國拒戰大敗自水西奔還雲南師次開州武迎戰倒流水亦敗遂取遵義王拜定國招討大元帥賜黃鉞謀禦敵三桂亦入貴陽大將軍信郡王多尼至軍會師平越戒期入雲南定國與雙禮拒雞公背圖復貴州文選守七星關三桂師自遵義趨天生橋出水西克烏撒文選棄關走霑益卓布泰兵次盤江自下流宵濟遂入安隆定國將吳子聖拒戰敗走定國以全軍據雙河口卓布泰師進破象陳迭戰羅炎涼水井定國兵潰妻子俱散失諸將竄走不相顧定國收兵還雲南奉桂王走永昌十六年春師自普安入雲南會城定國使靳統武護桂王走騰越文選自霑益追及定國定國使斷後屯玉龍關師從之文選戰而敗自右甸走木邦師遂克永昌渡潞江陟磨盤山定國使其將竇民望高文貴王璽爲三伏以待師半度以礮發其伏伏起力戰自卯至午短兵接死者如堵牆民望彈穿脅猶持刀潰圍出乃死璽亦死於陳定國坐山巔督戰飛礮墮其前土坌起撲面遂奔退走騰越未至馬吉翔以桂王走南甸統武還從定國雙禮渡金沙江走建昌其部將執以出降桂王入緬甸定國次孟艮如木邦從文選謀分屯邊境文選將入衛王與定國意異定國乃移駐猛緬收殘部勢稍振未幾復移駐孟連賀九儀招文秀將張國用趙得勝歸定國孟艮酋懼定國兼并攻定國定國擊破之遂據其地號召諸土司起兵沅江土司那嵩應定國三桂討爲嵩自焚死三桂使招九儀定國執而殺之國用得勝皆觖觖不爲用定國坐是終不競十七年文選自木邦攻阿瓦求出桂王不克引兵會定國孟艮十八年合兵復攻阿瓦定國上三十餘疏迎桂王爲吉翔所阻不得達文選使密啓王得報書與緬人戰定國軍稍却文選引兵橫擊之緬人大敗退城守然終不肯出桂王復議以舟師攻之造船爲緬人所焚乃移兵次洞郎國用得勝挾文選北走定國還孟艮文選至耿馬遇定國將吳三省方得定國妻子將歸諸定國乃合軍駐錫箔憑江爲險三桂與將軍愛星阿會木邦倍道深入文選降師薄阿瓦緬人執王歸於我師定國自景線走猛臘遣將入車里暹羅諸國乞師皆不應伺邊上求王消息康熙元年聞王凶問號慟祈死六月壬子其生日也病作誡其子及靳統武曰任死荒徼毋降乙丑定國卒統武尋亦卒嗣興乃與文秀子震率所部出降

論曰當鼎革之際勝國遺臣舉兵圖興復時勢既去不可爲而爲蓋鮮有濟者徒以忠義鬱結深入於人心陵谷可得更精誠不可得沫煌言勢窮兵散終不肯爲遁死之計成功大舉不克退求自保存先代正朔定國以降將受命敗軍後崎嶇險阻百折而不撓比之擴廓帖木兒陳友定輩何多讓焉即用明史例次於開國羣雄之列既表先代遺忠並以見其倔強山海間遠至三十餘年近亦十餘年開創艱難卒能定於一非偶然也

清史稿 列傳十二

額亦都　費英東 子索海 孫倭黑

何和禮 子多積禮 和碩圖 都類　安費揚古

扈爾漢

額亦都鈕祜祿氏世居長白山以貲雄鄉里祖阿陵阿拜顏移居英峩峪父都陵阿巴圖魯歲壬戌額亦都生幼時父母爲仇家所殺匿鄰村以免年十三手刃其仇有姑嫁嘉木瑚寨長穆通阿往依焉穆通阿子哈思護長額亦都二歲相得甚懽居數歲庚辰太祖行經嘉木瑚寨宿穆通阿家額亦都與太祖語心知非常人遂請從其姑止之額亦都曰大丈夫生世間能以碌碌終乎此行任所之誓不貽姑憂翌日遂從太祖行是歲太祖年二十二額亦都年十九太祖爲族人所惎數見侵侮矢及於戶額亦都護左右卒弭其難居三年歲癸未太祖起兵額亦都從討尼堪外蘭攻圖倫城先登攻色克濟城掩敵無備取之獲其牛馬甲士又別將兵攻舒勒克布占克其城額亦都驍果善戰挽強弓十石能以少擊衆所向克捷太祖知其能日見信任歲丁亥八月令將兵取巴爾達城至渾河秋水方至不能涉以繩約軍士魚貫而渡夜薄其城率驍卒先登城兵驚起拒跨堞而戰飛矢貫股著於堞揮刀斷矢戰益力被五十餘創不退卒拔其城師還太祖迎於郊燕勞其所俘獲悉畀之號爲巴圖魯薩克察來攻額亦都率數卒出禦爲所敗夜入其城進攻克尼瑪蘭章家二城索爾瑚寨師還太祖迎勞如初界藩有科什者以勇聞盜九馬以遁額亦都單騎追斬之盡返所盜馬嘉木瑚人貝揮巴顏謀叛附哈達太祖命額亦都討之誅其父子五人以徇歲癸巳九月葉赫等九部合師來侵攻我黑濟格城太祖親禦之陣於古勒山令額亦都以百騎挑戰敵悉衆來犯奮擊殪九人敵卻我師乘之禽葉赫貝勒布寨九部師皆潰遂乘勝略諸賽寨及兆佳村有齊法罕者戰沒額亦都直入敵陣以其尸還訥殷路者九部之一也其長搜穩塞克什既敗歸復聚七寨之衆守佛多和山自固太祖命額亦都偕噶蓋安費揚古以兵千人圍其寨克之斬搜穩塞克什太祖以所乘馬賜之歲己亥秋從征哈達滅之歲丁未五

月從貝勒巴雅喇等伐東海渥集部取赫席黑俄漠和蘇魯佛訥赫拖克索等三路俘二千人九月從征輝發滅之歲庚戌十一月太祖命將兵千撫渥集部那木都魯綏分寧古塔尼瑪察四路降其長康古禮等十九人旋乘勝取雅攬路俘萬人歲辛亥太祖命偕何和禮扈爾漢將兵二千伐渥集部虎爾哈路圍札庫塔城三日招之不下遂攻克其城斬千級俘二千人環近各路悉降令其長土勒伸額勒伸護其民五百戶以還歲癸丑從征烏拉滅之歲乙卯定旗制額亦都隸滿洲鑲黃旗天命建元置五大臣以命額亦都國語謂之達拉哈轄二年命偕安費揚古攻明馬根單花豹衝三岔兒諸堡皆克之四年明經略楊鎬大舉來侵總兵杜松軍自撫順入三月甲申朔諸貝勒帥師出禦日過午師至太蘭岡大貝勒代善以太祖未至議駐軍以竢太宗時號四貝勒謂界藩有我築城夫役宜急護之何爲次且示弱額亦都大言曰四貝勒之言是也師遂進師至界藩築城夫役騰躍下山赴戰太祖亦至指揮夾擊松軍遂覆還破馬林於尙間崖劉綎於阿布達里岡額亦都並爲軍鋒太祖有所征討額亦都皆在行間未嘗挫衂每克敵受賜輒散給將士之有功者不以自私太祖厚遇之始妻以族妹後以和碩公主降焉額亦都次子達啓少材武太祖育於宮中長使尙皇女達啓怙寵而驕遇諸皇子無禮額亦都患之一日集諸子讌別墅酒行忽起命執達啓衆皆愕額亦都抽刃而言曰天下安有父殺子者顧此子傲慢及今不治他日必負國敗門戶不從者血此刃衆乃懼引達啓入室以被覆殺之額亦都詣太祖謝太祖驚惋久之乃嗟歎謂額亦都爲國深慮不可及也累官至左翼總兵官一等大臣給以百人廩食食三世分所部爲世管牛彔三分隸鑲黃正白二旗六年克遼陽賜第一區六月卒年六十太祖臨哭者三天聰元年追封弘毅公崇德初配享太廟順治十一年世祖命立碑旌功親爲製文詳著其戰閥以爲忠勇忘身有始有卒開拓疆土厥績懋焉額亦都子十六人其知名者徹爾格圖爾格伊爾登超哈爾遏必隆皆自有傳四子韓代五子阿達海及阿達海之子阿哈尼堪並以從征戰死七子謨海蚤歲從軍屢立戰功仕至都統亦戰死十五子索渾從太宗戰伐有功授世管牛彔額眞累遷至議政大臣額亦都初授一等總兵官康熙間改襲一等精奇尼哈番乾隆元年改一等子圖爾格別封公爵以其從孫阿里袞及阿里袞子豐昇額父子相繼有功進一等果毅繼勇公高宗論額亦都後已進一等公其初封子爵仍紹封如故

費英東瓜爾佳氏蘇完部人父索爾果爲部長太祖起兵之六年歲戊子索爾果率所部五百戶來歸費英東時年二十有五善射引強弓十餘石忠直敢言太祖使佐理政事授一等大臣以皇長子台吉褚英女妻焉兌沁巴顏者費英東女兄之夫也有逆謀費英東擒而誅之旋授札爾固齊扎爾固齊職聽訟治民太祖命費英東伐瓦爾喀部取噶嘉路殺其酋阿球降其衆以歸歲戊戌正月太祖命費英東從台吉褚英巴雅喇伐瓦爾喀部安褚拉庫路將兵千克屯寨二十餘收所屬村落歲己亥秋九月哈達葉赫二部搆兵哈達貝勒孟格布祿乞援於太祖太祖命費英東及噶蓋將兵二千戍哈達既而貳於明費英東等以其謀聞哈達以是亡歲丁未春正月瓦爾喀部蜚悠城長策穆特黑請徙所部屬太祖太祖命費英東從貝勒舒爾哈齊等將兵三千以往收環城居民五百戶分兵三百授扈爾漢使護之先行烏喇貝勒布占泰發兵萬人要諸途費英東從諸貝勒督後軍至大敗烏喇兵夏五月太祖命費英東從貝勒巴雅喇伐渥集部略赫席黑等路俘二千人以還歲辛亥秋七月渥集部烏爾古宸木倫二路掠他路太祖所賜甲太祖命費英東從台吉阿巴泰將千人討之俘千餘人以還歲癸丑從太祖伐烏喇滅之歲乙卯太祖將建號設八旗命費英東隸鑲黃旗爲左翼固山額眞置五大臣輔政以命費英東仍領一等大臣札爾固齊如故明年歲丙辰太祖遂建國改元天命三年始用兵於明費英東從攻撫順明總兵張承蔭以萬騎來援據險而陣火器競發費英東馬驚旁逸諸軍爲之卻費英東旋馬大呼麾諸軍並進遂破之太祖歎曰此眞萬人敵也四年明大舉來侵分道深入明總兵杜松屯薩爾滸山巔費英東所部屬左翼合諸旗奮擊破之松戰死明師以是沮敗秋八月太祖伐葉赫費英東從薄其城城人飛石投火太祖命且退費英東曰我兵已薄城安可退也又命之費英東曰城垂克必毋退遂拔其城太宗諭金台石降費英東在側相與詰責卒獲金台石葉赫以是破費英東事太祖轉戰每遇敵身先士卒戰必勝攻必克摧鋒陷陳當者輒披靡國事有闕失輒強諫毅然不稍撓佐太祖成帝業功最高五年春三月太祖定武功爵授費英東三等總兵官是月費英東卒年五十有七方疾革日向西雲起有聲鏗鎗雷電雨雹交至不移時而霽太祖將臨喪諸貝勒以日晏諫太祖曰吾股肱大臣與同休戚今先彫喪吾能無悲乎遂往哭之慟至夜分始還秋九月太祖祭貝勒穆爾哈齊墓出郊因至費英東墓躬奠酒者三泣數行下天聰六年太宗命追封直義公崇德元年始建太廟以費英東配享太宗嘗諭羣臣曰費英東見人不善必先自斥責而後劾之見人之善必先自獎勸而後舉之被劾者無怨言被舉者亦無驕色朕未聞諸臣以善惡直奏如斯人者也順治十六年世祖詔曰費英東事太祖參贊廟謨恢擴疆土爲開國佐命第一功臣延世之賞勿稱其勳命進爵爲三等公康熙九年聖祖親爲文勒碑墓道稱其功冠諸臣爲一代元勳雍正九年世宗命加封號曰信勇乾隆四十三年高宗復命進爵爲一等公費英東子十圖賴自有傳索海費英東第六子襲總兵官旋坐事奪職太宗天聰五年初置六部授刑部承政七年與兵部承政車爾格偵明邊至錦州有所俘馘命管牛彔事崇德三年更定部院官制改都察院左參政十月從太宗伐明略大凌河下屯堡十四復授刑部承政四年索倫部博木博果爾等降而復叛命索海及工部承政薩木什喀帥師往討之克雅克薩兀庫爾二城進攻鐸陳城博木博果爾以六千人來援乘我師後索海設伏以待破敵俘四百乘勝入其壘博木博果爾遁去索海率諸將攻挂喇爾屯攻克之屯兵五百斬級二百俘百三十還逐敵額蘇里屯西額爾圖屯東俘六千九百五十六人牛羊駝馬稱是師還命貝勒杜度阿巴泰迎勞太宗幸實勝寺賜宴敍功授二等甲喇章京兵部劾索海行軍不立寨俘有遁者當奪賞命貰之六年春從睿親王多爾袞等出師圍錦州坐私遣官兵歸離城遠屯徵還與譚泰阿山葉克書等皆罰鍰夏復從多爾袞等出師圍錦州城兵出行汲小凌河索海以兵四百邀擊斬九十餘級遂從攻松山擊破明軍時有敏惠恭和元妃之喪索海召降將祖大樂俳優至其帳歌舞刑部論索海當死削職上使諭之曰爾既躭逸樂姑自娛於家自今毋至篤恭殿及大清門前索海遂坐廢終太宗世不復用世祖順治二年以副都統從征四川卒於軍子多頗羅以從入關擊流賊有勞授牛彔章京進一等甲喇章京十四年從信郡王多尼征雲南戰死磨盤山倭黑費英東諸孫父察哈尼方索海嗣父爵而黜也太宗以納海圖賴分襲既又以事奪爵復以察哈尼襲尋改三等昂邦章京卒子倭黑襲世祖初元從入關四年復更定爵秩改三等精奇尼哈番遇恩詔累進一等十六年進三等公並授內大臣康熙八年聖祖譴鼇拜吏部議倭黑與同族當黜命罷內大臣隸驍騎營吳三桂反倭黑從征十三年命以署副都統率兗州駐防兵佐定南將軍希爾根進討耿精忠將左宗邦於分宜敗吳三桂將朱君聘黃乃忠於袁州遂收安福擊賊鷲石嶺白水口屢捷十五年加太子太保從大將軍安親王岳樂復萍鄉至長沙擊敗吳三桂兵十六年岳樂分兵授倭黑令駐茶陵十七年移屯攸縣十八年從大將軍貝子章泰下雲南授鑲黃旗蒙古副都統雲南平二十一年擢都統議政大臣議諸將帥功罪以倭黑擊賊長沙嘗引退當譴命罷太子太保三十年卒子傅爾丹自有傳

何和禮棟鄂氏其先自瓦爾喀遷於棟鄂別爲一部因以地爲姓何和禮祖曰克徹巴顏父曰額勒吉兄曰屯珠魯巴顏世爲其部長何和禮年二十六代兄長其部棟鄂部素強克徹巴顏與章甲城長阿哈納相仇怨阿哈納與祖諸孫爲甯古塔六貝勒之一棟鄂屢侵甯古塔甯古塔借兵哈達伐棟鄂互攻掠太祖初起兵聞何和禮所部兵馬精壯乃加禮招致之歲戊子太祖納哈達女爲妃何和禮率三十騎衛行比還遂以所部來附太祖以長女妻焉何和禮故有妻挾所部留故地者求與何和禮戰太祖而諭之乃罷兵降旗制初定何和禮所部隸紅旗爲本旗總管歲戊申從太祖征烏喇率本旗兵破敵有功歲辛亥太祖命與額亦都扈爾漢將兵伐渥集部虎爾哈路克扎庫塔城歲癸丑從太祖再征烏喇太祖招諭布占泰猶冀其悛悔何和禮與諸貝勒力請進攻遂滅烏喇天命建元旗制更定何和禮所部隸正紅旗置五大臣何和禮與焉四年從破明經略楊鎬六年下瀋陽遼陽何和禮皆在行間敍功授三等總兵官九年八月卒年六十有四時費英東額亦都安費揚古扈爾漢皆前卒太祖哭之慟曰朕所與並肩友好諸大臣何不遺一人以送朕老耶太宗朝進爵爲三等公順治十二年追諡溫順勒石紀功雍正九年加封號曰勇勤子六多積禮何和禮次子初授牛彔額眞事四貝勒從伐烏拉天聰間擢甲喇額眞從伐錦州圍大凌河授游擊世職崇德元年帥師伐東海瓦爾喀部俘壯丁三百餘擢本旗梅勒額眞四年與鎭國公扎喀納率兵屯藩屏二城間卒竊馬遁去追之勿及論罪奪世職籍沒上命留弓矢甲冑及三馬仍領梅勒額眞事六年從擊洪承疇率騎兵循海追捕斬獲甚衆七年以老罷順治五年卒和碩圖何和禮四子初襲三等總兵官太祖以大貝勒代善女妻焉號和碩額駙太宗卽位授正紅旗固山額眞天聰元年從擊朝鮮又從伐明攻錦州寧遠有功二年從貝勒阿巴泰帥師破錦州杏山松山諸路九月復伐察哈爾克其四路軍以功加五牛彔進爵三等公三年從貝勒岳託帥師攻大安口敗明戍兵於馬蘭峪再敗

明援兵於石門寨復從太宗攻遵化率本旗兵攻其城西北克之師薄燕京結營土城關明兵來攻擊卻之復敗明師於盧溝橋與副都統阿山等陳斬明武經略滿桂總兵孫祖壽獲黑雲龍麻登雲師旋克永平帥騎兵守灤州五年從圍大凌河城以本旗兵當其西北明兵突圍出與都統葉臣等夾擊破之追奔及城濠而還七年上詢伐明及朝鮮察哈爾三國何先和碩圖疏言宜先葺治諸城堡乃覘明邊乘瑕而入若天佑我各城納欵勢不能速歸南界六城立界屯耕修築可差後慮我兵既出敵伺其隙鞭長不及雖爲援也瀋陽牛莊耀州三城宜先繕完庶邊界內外皆可長驅七月和碩圖卒上親臨哭之順治十二年追諡端恪都類何和禮第五子公主出也初爲牛彔額眞洊擢本旗固山額眞以公主子增領兩牛彔崇德元年從太宗伐朝鮮薄漢城先登城潰率阿禮超哈兵入城搜剿以失察所部違法亂行罰鍰奪所分俘獲三年從貝勒岳託伐明次密雲牆子嶺明將以三千人來拒都類與譚泰督部將夾擊大敗之獲馬百餘二十軍分四道進所當輒摧破略地至濟南而還四年從鄭親王濟爾哈朗圍錦州坐所部退縮又受蒙古饋遺罰鍰未幾所部訐告都類在山東時縱廝養盜馬私發明德王埋藏珍物坐論死上貸之奪職籍沒八年復起爲固山額眞鎭錦州順治三年從肅親王豪格征張獻忠分兵定慶陽會師西充擊殺獻忠與貝勒尼堪等戡定川北州縣師還論功並遇恩詔累進二等伯十三年卒

安費揚古覺爾察氏世居瑚濟寨父完布祿事太祖有章甲尼麻喇人誘之叛不從又刦其孫以要之終無貳志安費揚古少事太祖旗制定隸滿洲鑲藍旗歲癸未太祖兵初起仇尼堪外蘭攻甲版薩爾滸城長諾米訥柰喀達陰助尼堪外蘭漏師期尼堪外蘭得遁去太祖憾諾米訥柰喀達執而殺之使安費揚古率兵取其城康嘉者太祖再從兄弟也忌太祖英武與羣從謀以哈達兵至俾兆佳城長李岱爲導刦瑚濟寨既引去安費揚古方獵聞有兵與巴遜以十二人追及擊破之歲甲申正月從太祖攻兆佳城獲李岱其黨李古里扎泰走附汪泰安費揚古以太祖命往諭並汪泰降之六月從太祖攻馬兒墩寨寨負險守者甚備矢石雜下攻三日不克安費揚古夜率兵自間道攀崖而上拔其寨歲丁亥六月太祖伐哲陳部八月克洞城歲戊子九月克王甲城安費揚古皆從戰有功尋攻克章甲尼麻喇赫徹穆諸城又取香潭寨其長李墩拜湖遁走追及於碩郭之陽俘以獻歲癸巳六月太祖略哈達富爾佳齊寨師還太祖躬勒兵以殿哈達貝勒孟格布祿率騎追至一騎出太祖前太祖方引弓射復有三騎突至太祖馬幾墜三騎揮刀來犯安費揚古截擊盡斬之太祖亦射孟格布祿中馬踣敵騎敗走太祖嘉其勇賜號碩翁科羅巴圖魯九月太祖既破九部師閏十一月命與額亦都噶蓋等攻訥殷路佛多和山寨斬其長搜穩寨克什歲己亥九月從太祖滅哈達歲辛亥七月命與台吉阿巴泰等伐渥集部烏爾古辰木倫二路取其地俘其人以歸歲癸丑正月從太祖滅烏喇師薄城安費揚古執纛先登尋置五大臣安費揚古與焉天命元年七月命與扈爾漢帥師伐東海薩哈達部至兀爾簡河刳木爲舟水陸並進取河南北三十六寨八月丁巳師至黑龍江之陽江水常以九月始冰是日當駐師處獨冰寬將六十步若浮梁安費揚古曰此天佑我國也策騎先涉衆競從之師畢度冰旋解遂取江北十一寨降使犬諸洛石拉忻三路三年四月太祖取撫順明總兵張承蔭等赴援分爲三營安費揚古擊其左營大破之遂乘勝取三岔兒諸堡四年破明經略楊鎬滅葉赫六年取瀋陽遼陽安費揚古皆在行間七年七月卒年六十四順治十六年追諡敏壯立碑紀其功太宗嘗諭羣臣曰昔達海庫爾纏勸朕用漢衣冠朕謂非用武所宜我等寬袍大袖有如安費揚古勞薩其人者挺身突入能禦之乎當日猛士如雲而二人尤傑出云子達爾岱阿爾岱碩爾輝達爾岱以甲喇額眞事太宗伐明攻大凌河守戚家堡取錦州寧遠征朝鮮皆有功順治二年授拖沙喇哈番七年追敘安費揚古功進一等阿達哈哈番康熙五十二年聖祖念安費揚古開國勳別授三等阿達哈哈番令其孫明岱分襲阿爾岱子都爾德及碩爾輝孫遜塔皆有功受爵世祖朝別有傳

扈爾漢佟佳氏世居雅爾古寨父扈喇虎與族人相仇率所部來歸是歲戊子太祖起兵之六年也扈爾漢年十三太祖養以爲子稍長使爲侍衞旗制定隸滿洲正白旗扈爾漢感太祖撫育恩誓效死戰輒爲前鋒瓦爾喀部蜚悠城初屬烏喇貝勒布占泰待之虐丁未正月城長策穆特黑請從附太祖太祖命貝勒舒爾哈齊等將三千人迎之扈爾漢從既至蜚悠城收環城屯寨凡五百戶使扈爾漢與揚古利率兵三百護以前行布占泰發兵萬人邀諸路扈爾漢結寨山巔使蜚悠城來附者五百戶入保分兵百人衞之自率二百人與烏喇兵萬人各據山爲陳相持使馳告後軍翼日烏喇悉衆來戰揚古利迎擊烏喇兵稍退會後軍至奮擊大破之夏五月太祖命貝勒巴雅喇將千人伐渥集部扈爾漢從取赫席黑俄漠和蘇魯佛訥赫拕克索三路俘二千人己酉冬十二月復命扈爾漢將千人伐渥集部取滹野路收二千戶以還太祖嘉其功賚甲冑及馬賜號達爾漢辛亥冬十二月復命扈爾漢及何和禮額亦都將二千人伐渥集部虎爾哈路克扎庫塔城斬千餘級俘二千人撫環近諸路收五百戶以還癸丑太祖討烏喇扈爾漢及諸將皆從戰奪門入遂滅烏喇太祖置五大臣扈爾漢與焉先是太祖與明盟畫界戒民毋竊踰違者殺毋赦至天命初將十年明民越境採參礦取樹木果蔬殆歲有之太祖使扈爾漢行邊遇明民踰塞取而殺之凡五十餘輩太祖遣綱古里方吉納如廣甯廣甯巡撫李維翰縶諸獄而使來責言且求殺踰塞民者太祖拒不許既乃取葉赫俘十人戮撫順關下明亦釋使者是年秋七月太祖命扈爾漢及安費揚古將二千人伐薩哈連部道收兀爾簡河南北三十六寨遂進攻薩哈連部取十一寨降其三路語詳安費揚古傳四年春二月明經略楊鎬大舉四道來侵三月太祖督軍禦之扈爾漢從貝勒阿敏先行與明游擊喬一琦遇擊敗之時朝鮮出軍助明其帥姜宏立屯孤拉庫嶺一琦收殘卒匿朝鮮營扈爾漢從諸貝勒擊明軍戰於薩爾滸破明將杜松等戰於尙間崖破明將馬林等扈爾漢皆在行間明將劉綎自寬奠入董鄂路牛彔額眞托保等戰不利扈爾漢帥師與托保合軍憑隘爲伏諸貝勒軍出瓦爾喀什林劉綎將率兵登阿布達里岡爲陳扈爾漢引軍拖其衝諸貝勒繼至東西夾擊破之綎戰死明兵遂熸五年太祖取瀋陽扈爾漢從擊明總兵賀世賢等敗之歷加世職至三等總兵官八年冬十月卒年甫四十八太祖親臨其喪扈爾漢諸子渾塔襲三等總兵官其後不著準塔別有傳阿拉密襲準塔世職附見準塔傳

論曰國初置五大臣以理政聽訟有征伐則帥師以出蓋實兼將帥之重焉額亦都歸太祖最早巍然元從戰閥亦最多費英東尤以忠讜著歷朝褒許稱佐命第一何和禮安費揚古扈爾漢後先奔走共成篳路藍縷之烈積三十年輔成大業功施爛然太祖建號後諸子皆長且才故五大臣沒而四大貝勒執政他塔喇希福祖羅屯傳言列五大臣或初闕員時嘗簡補歟草昧傳聞蓋不可深考矣

清史稿　　列傳十三

揚古利
勞薩 子程尼
圖魯什 子巴什泰
覺羅拜山 子顧納岱 顧納岱子莫洛渾
西喇布 子馬喇希 阿蘭珠 阿蘭珠納布 爾塔 納爾察 納爾察子瑚沙
達音布 胡格 胡格子和託 和託從弟庫禮 瑪爾圖 當 瑪爾圖當 子烏庫禮 喀喇 喀喇孫舒里渾 洛多歡 崆古圖
巴篤理 [illegible]克輝 [illegible]克輝子愛音塔穆 達珠瑚 達珠瑚子蘇阿岱

揚古利舒穆祿氏世居渾春父郎柱爲庫爾喀部長率先附太祖時通往來太祖遇之厚命揚古利入侍郎柱爲部人所戕其妻襁負幼子納穆泰於背屬鞬佩刀左右射奪門出以其族來歸部人尋亦附太祖揚古利手刃殺父者割耳鼻生啖之時年甫十四太祖深異焉日見信任妻以女號爲額駙旗制定隸滿洲正黃旗太祖令揚古利守汎鴨綠江警備嚴密無敢犯者伐輝發多壁城阻水不得進揚古利亂流而濟衆從之遂薄城多所俘馘歲癸巳略朱舍里路納殷路戊戌略安褚拉庫路皆有功歲己亥從克哈達揚古利先登禽貝勒孟格布祿歲丁未正月徙蜚悠城衆揚古利與扈爾漢率兵三百護行烏喇以萬人要諸路揚古利勵衆曰吾儕平居相謂死於疾寧死於敵此非臨敵時乎持矛突陳殺烏喇兵七敵稍卻夾河相持諸貝勒軍總至大破之五月從貝勒巴雅喇等伐渥集部取赫席黑路爲前鋒馬兒古里村人驚兵至走負山因攻據其山巔馳下擊之盡殲丁壯俘子女以歸九月伐輝發越柵二重先入奪其城歲庚戌七月從台吉阿巴泰等伐渥集部略木倫路克吳兒瑚麻村望林中烟起即馳赴之往復者三俘獲甚衆歲壬子九月從討烏喇攻金州城城中迎射拒揚古利冒矢攻克之歲癸丑正月再討烏喇揚古利先衆進戰攻青河烏喇貝勒布占泰兵甚銳太祖傳矢命諸將退揚古利持不可麾衆迫城衆一隅疾攻遂拔之天命四年三月明經略揚鎬大舉來侵總兵杜松等攻界凡大貝勒代善等帥師禦之我軍屯吉林巖明軍屯薩爾滸山兩軍相薄揚古利與貝勒阿

巴泰等爭先赴敵破其軍松等皆戰死是夕明總兵馬林以兵至營於尙間崖翌日移兵往攻太祖命被創者勿往揚古利裹創繫腕率十牛彔兵憑高馳擊林兵大潰七月攻鐵嶺遇蒙古貝勒介賽兵擊破之遂獲介賽六年三月從太祖攻瀋陽濠深壍堅衆難之揚古利拔刀揮本旗兵先登奪敵所植竹籤以阻軍者遂克之進攻遼陽復先登陷陳破其步卒奪河橋與明兵戰於沙嶺大敗之遼陽既拔太祖嘉其戰多屢受創命位亞八貝勒統左翼兵授一等總兵官誡勿更臨陳十年揚古利守耀州明將毛文龍遣兵三百來攻略城南蕎麥衝揚古利率兵追擊盡殲之旋進三等公天聰三年九月同阿山等捕逃人至雅爾古遇文龍所部越塞採蔘者擊殺九十六人獲千總三及其從者十六人以還十月從伐明薄明都擊敗滿桂兵於城北殲兵陷敵伏中揚古利率親軍十餘人奪圍入悉出之軍還從貝勒阿巴泰等略通州焚舟千餘攻薊州明軍來援太宗督右翼三旗攻其西貝勒代善等督左翼四旗攻其東右翼兩紅旗兵少卻揚古利率正黃旗兵直前突陳敵敗走太宗命兩紅旗將佐納鍰自贖以賜揚古利揚古利分畀將士不自私六年太宗伐察哈爾命貝勒阿巴泰等及揚古利居守明兵來侵諸貝勒禦之錦州戰明兵銳甚六旗俱卻揚古利大怒獨率本旗兵奮擊破之旋復從太宗入明邊攻大同宣府與貝勒阿巴泰等拔靈邱墮王家莊取之七年六月太宗諮諸將兵事揚古利言用兵不可曠隔若踰年不用敵以其時乘閒修備慮誤我再舉我暇一年再征不暇亦一年一征乃爲善策我今當深入敵境克城堡貝勒諸將已痘者駐守未痘者從上還都不克則縱兵焚其村衆民降者編伍拒者俘以還各旗獻俘視牛彔爲多寡兵士所獲聽自取若此則人人貪得不待驅迫爭出私財買馬兵氣益揚矣戍邊貝勒許番代他將卒不許番代不耐勞苦豈有能拓地成功業者乎或謂用兵數且妨農婦子相隨且行且穫何妨農之與有朝鮮察哈爾宜且置之山海關外寧遠錦州亦當緩圖但深入腹地腹地既得朝鮮察哈爾自來附矣時諸大臣所見亦略同太宗遂定策伐明八年五月復錄揚古利前後戰功進超品公位亞貝勒帽頂嵌珠崇德元年五月命武英郡王阿濟格饒餘貝勒阿巴泰及揚古利帥師伐明入邊克畿內諸州縣凡十二城五十八戰皆捷獲總兵巢丕昌等俘十餘萬出邊擊敗三屯營山海關援兵九月師還太宗出都十里迎勞獻捷設宴親酌卮酒賜三師十二月論伐明諸將違律阿濟格出邊不親爲殿揚古利坐不諍罰土黑勒威勒十二月太宗親伐朝鮮揚古利從二年正月師濟漢江屯江岸朝鮮全羅忠清二道兵來援營漢城南是月丁未太宗命豫親王多鐸及揚古利擊之値雪陰晦敵陳於山下縱兵進擊自麓至其巔多鐸鳴角招揚古利登山督戰揚古利將馳赴朝鮮敗卒伏崖側竊發鳥鎗中揚古利創重遂卒時年六十六明日多鐸率兵過敵營朝鮮兵已夜遁得揚古利尸以歸太宗親臨哭奠賜御用冠服以殮喪還太宗迎於郊命陪葬福陵葬日太宗復親奠揚古利初事太祖凡在行間率先破敵衝鋒挫銳所向披靡太宗誡不令臨陳而遇敵忘軀奮發不自已行軍四十餘年大小百餘戰功業絕特而持身尤敬慎太宗嘗命本牛彔護軍爲之守門賜豹尾槍二以親軍二十人爲衛其葬以本牛彔八戶守冢是年十一月追封武勳王立碑墓道順治中世祖命配享太廟康熙三十七年聖祖巡盛京謁陵親奠其墓三十九年復建碑爲文表績雍正九年定世爵爲一等英誠公揚古利子二長阿哈旦以軍功授拖沙喇哈番次塔瞻襲超品公擢內大臣崇德六年八月太宗親將禦明洪承疇戰於錦州敵遁命塔瞻設伏追擊斬獲甚衆尋移營松山明總兵曹變蛟夜率兵突近御營塔瞻不能禦降一等公順治四年卒以其子愛星阿襲愛星阿自有傳

勞薩瓜爾佳氏世居安褚拉庫太祖伐瓦爾喀部取安褚拉庫勞薩來歸旗制定隸滿洲鑲紅旗天命六年從伐明克遼東授游擊天聰二年從伐蒙古多特羅部進二等參將三年從伐明薄明都與圖魯什等敗敵德勝門外斬五十餘級獲馬數十進一等參將八旗選精銳爲前鋒號噶布什賢勞薩驍勇善戰使爲將號噶喇依章京每出師前行偵敵所向有功五年八月從伐明圍大凌河城上聞明援兵自錦州至遣勞薩與圖魯什以兵二百偵敵上與貝勒多鐸以兵二百繼其後明兵至逐勞薩等至小凌河突近上前上渡河躬陷陳後軍亦至共擊敗之時我將覺善被圍又有裨將與敵戰敵揮刃將及勞薩直前奮擊悉拯之出還白上上親酌金卮以勞明監軍道張春等合馬步兵四萬渡小凌河嚴屯拒戰勞薩受上指纛而前力戰破敵壘十月復與圖魯什往錦州松山偵敵遇明兵奔寧遠斬其執纛者十餘人十一月聞察哈爾兵至勞薩率兵百偵敵會察哈爾兵引去追擊之邀興安嶺勿及甲仗駝馬委於道者悉收以還六年四月從伐察哈爾師次博羅額爾吉勞薩率兵前行收蒙古流散者二百餘人五月與阿山率兵百至喀喇莽柰偵敵遇察哈爾邏卒逐而斬之我國諜者劉哈爲敵困敵兵殆百人勞薩以七騎大呼破圍入挾之出敵披靡敗走尋偵察哈爾汗棄地遁已遠還白上上乃自布龍圖班師至祐棗勞薩還與大軍會七年上命勞薩與圖魯什等將三百人略寧遠分其兵兩翼突入沙河所斬三百人獲裨將一牲畜二百七十八年二月復略錦州松山邊境往錦州投書明總兵祖大壽五月與圖爾格率兵出邊渡遼河沿張古台河屯戍衞蒙古拒明兵勞薩屢以寡勝衆功多進三等副將賜號碩翁科洛巴圖魯十二月察哈爾部衆來歸命勞薩將百人迎護九年四月從貝勒多爾袞收降察哈爾部衆師還略明邊勞薩夜率兵進敗寧武關兵遂毀關入進略代州復進略忻州度黑峯口遇明邏卒四十人悉擊斬之獲其馬崇德元年偕吳松等賫書諭明松棚路潘家口諸戍將因偵敵邊隘多所俘馘上伐朝鮮命勞薩與戶部承政馬福塔以兵三百先爲賈人裝晝夜行將至朝鮮其戍將出禦力戰盡殪其衆朝鮮國王李倧使勞師郊外以其間走南漢山城師還吏議勞薩備不嚴使倧得走當奪世職論罰上命毋奪職二年授議政大臣三年二月從伐喀爾喀上使勞薩齎書諭明宣府將吏歸歲幣開市勞薩獲喀爾喀四十餘人收其財物牲畜縱使去師還吏議勞薩罪當死上特命宥之八月從貝勒岳託伐明自密雲牆子口入岳託奏言噶布什賢將領勞薩等逐潰兵得明邏卒詗知牆子嶺堅不易拔嶺東西高處可越分軍四路深入明兵合馬步八千人拒戰阿蘭泰所將蒙古兵稍卻勞薩與圖賴等奮戰陷陳明兵敗去其夜復至勞薩擊卻之遂入其壘又率所部逐敵斬百七十餘級俘九十獲馬百三十有奇進二等梅勒章京五年五月與吳拜偵敵廣寧邊境自中後所入循海而南斬二百級上自將攻錦州勞薩伏兵高橋縱敵弗擊論罪降世職奪賜號六年四月從鄭親王濟爾哈朗伐明圍錦州設伏擊明兵松山獲馬百九十勞薩逐明兵見敵援至使騎馳問濟爾哈朗曰敵援至若之何濟爾哈朗以爲怯聞於上上曰勞薩素勇敢且身被重創不當議小過五月明總督洪承疇以兵六萬援錦州屯松山北我師未集勞薩力戰敗其前鋒會上命睿郡王多爾袞等濟師復與戰大敗之勞薩行塔山東偵敵獲敵騎克錦州外城九月命復勞薩世職賜號旋代洪尼喀爲梅勒章京是月上自將督多爾袞等與承疇決戰勞薩從多爾袞陷陳力戰死之既克敵上遣內大臣攜酒臨奠卹贈三等昂邦章京以其子程尼襲程尼既襲職三遇恩詔進一等伯任議政大臣順治九年從敬謹親王尼堪征湖南十一月及明將李定國戰於衡州我師敗績沒於陳卹贈拖沙喇哈番十二年追謚國初以來有功諸將勞薩謚忠毅程尼謚誠介並立石紀績勞薩弟羅壁初以軍功授阿達哈哈番至是併襲程尼世職進爲二等公卒其子降襲一等伯再傳無嗣乾隆間續封二等子

圖魯什伊爾根覺羅氏世居葉赫歸太祖旗制定隸滿洲鑲黃旗天命九年爲牛彔額真蒙古有亡者逐得之十年命率兵至旅順口捕盜俘獲甚衆擢甲喇額眞授游擊世職天聰三年從太宗伐明圖魯什先驅偵敵至大安口城下兵出戰圖魯什單騎奮擊師繼至克之自遵化向明都明兵自薊州踵師後圖魯什設伏擊卻之十二月上軍明都西南令圖魯什與梅勒章京阿山循城覘敵多寡獲諜言明總兵滿桂黑雲龍麻登雲孫祖壽合兵四萬屯永定門南二里許還白上且曰敵營宜及其不虞乘夜擊之夜三鼓秣馬蓐食八旗及蒙古左右翼兵俱進圖魯什率所部先馳入敵壘敵陳亂師從之明師遂敗斬桂祖壽獲雲龍登雲與勞薩席爾納等往來游擊屢有斬馘四年正月從貝勒阿巴泰濟爾哈朗逐斬叛將劉興祚進二等參將既復從貝勒阿敏守永平諜告明兵且至圖魯什以四十人偵之巴篤禮屯布祿等以百人策應共擊敗明別將張宏謨兵語詳巴篤禮傳已而明兵大至阿敏棄永平引師還命往視邊牆率兵五十爲三隊麾使後獨與四騎先至塞下蒙古數十人猝起相薄兩垣間環而射之圖魯什突圍出顧所將騎卒皆陷圍中一騎中矢且仆復大呼馳入援三騎挾傷者俱歸五年八月從伐明攻大凌河明援兵二千自松山至圖魯什與阿山勞薩等以兵二百迎擊敗之斬百餘級獲三纛還上酌金卮勞之九月攻錦州明援兵自錦州至與勞薩從上破敵語詳勞薩傳復遵上指令軍中張旗幟舉纛僞若明兵來援致城兵出戰伏起敵敗走明監軍道張春等集諸路軍來援渡大凌河屯長山圖魯什先以偏師邀擊小勝戊戌之夕上親督騎兵襲敵壘圖魯什先進兩軍力戰卒破明師獲張春十月偵錦州松山斬明兵執纛者十一月逐察哈爾兵踰興安嶺六年從伐察哈爾次博羅額吉招流亡皆與勞薩偕上令哈爾占具糧糗儲烏蘭哈達而以甲喇額眞顏布祿牛彔額眞董山司轉運愆期糧糗不時至吏議當死上命覆讞衆皆言法不當宥圖魯什言曩者上申諭臨陳而退當斬然亦嘗恩宥今罪顏布祿董山而貸其死實惟上恩上從之八年二月略錦州五月擢噶布什賢噶喇依昂邦進三等副將六

月復從伐察哈爾七月至歸化城遇察哈爾諸宰桑以千二百戶來降率以謁上是月毀明邊牆入大同與瑚什布等擊敗明總兵祖大弼軍略地至宣化攻懷遠設伏左衛城擊敗明總兵曹文詔軍上駐左衛城西使圖魯什如宣府偵敵閱八月乙酉遇大弼偵卒十五人圖魯什單騎馳擊矢中其腹猶力戰不已斬二人俘十三人圖魯什創甚上親迎視之丁亥卒於軍賜號碩翁科羅巴圖魯進三等總兵官順治間追謚忠宣子巴什泰襲爵事世祖三遇恩詔進一等伯順治九年三月在上前爲蒙古侍衛瑣尼所戕進三等侯子珠拉岱襲康熙間定封一等精奇尼哈番乾隆元年改一等子

覺羅拜山景祖弟包朗阿曾孫也景祖兄弟凡六分城而居包朗阿次第五居尼麻喇城太祖既起兵族人甚太祖英武謀欲害太祖包朗阿子孫獨不與率先事太祖太祖起兵之三年攻哲陳部托漠河等五城合兵戰於界凡包朗阿諸孫札親桑古里皆從拜山事太祖差後旗制定隸滿洲鑲黃旗天命六年從太祖伐明攻瀋陽明將有號禿尾狼者驍悍善戰拜山殪諸陳明兵悉衆自城南來拜山迎戰斬副將一遂降其衆既克遼東授游擊天聰元年從太宗伐明攻錦州未下移師攻寧遠錦州兵潛出躡師後拜山與牛彔額眞巴希競起還擊戰死太宗親臨其喪酹酒哭之賜人戶牲畜贈三等副將子顧納岱襲顧納岱既襲職天聰八年改三等梅勒章京崇德二年從伐明戰於山海關敗明兵逐敵至豐潤師或出採薪明兵起乘之顧納岱馳赴奮擊援以歸徇山東擊敗明內監馮永盛總兵侯應祿克博平進一等梅勒章京順治元年顧納岱以擺牙喇纛章京從睿親王多爾袞入關擊李自成十月從豫親王多鐸逐自成至陝州賊依山爲陳顧納岱與圖賴率擺牙喇兵馳擊斬獲大半二年二月自成將劉元亮以千餘人夜覘我師顧納岱出擊敗之鑲黃正藍正白三旗兵繼進賊大奔遂克潼關過西安加半個前程三月從豫親王徇河南渡淮四月至揚州與伊爾都齊等率擺牙喇兵軍於城南獲舟二百餘翼日合師薄城下七日而拔進克明南都瀕江至蕪湖擊明將黃得功敗其舟師移師從貝勒博洛徇蘇州克崑山攻江陰發礮破城顧納岱先登復移師趨浙江略平湖水陸並勝收其戰艦攻嘉興明兵出禦背城爲陳顧納岱與固山額眞恩格圖漢岱等合擊之三戰三勝七月師還進三等昂邦章京四年從豫親王征蘇尼特部討騰機思騰機思走喀爾喀分遣蒙古兵追擊敗之於歐特克山復自土喇西行敗喀爾喀兵於查濟布喇克尋以恩詔進一等精奇哈番五年從征南將軍譚泰下江西討金聲桓至九江擊破聲桓兵進攻南昌中砲沒於陳贈一等精奇尼哈番以其子莫洛渾襲莫洛渾授參領順治十七年從安南將軍達素徇福建討鄭成功攻廈門死之聖祖以拜山顧納岱莫洛渾三世死王事贈莫洛渾三等伯謚剛勇太祖始起諸族人未附有龍敦者爲景祖第三兄索長阿子於太祖爲從叔撓太祖尤力太祖討尼堪外蘭討李岱漏師期又構太祖異母弟薩木占殺噶哈善哈思虎皆龍敦所爲也然其從子旺善事太祖太祖再攻兆佳城取常古親旺善爲敵踣敵俯撲出刃將刺太祖未及甲直入發矢中敵額殪援旺善起其後屢從征伐天命十年偕達珠瑚車爾格以千五百人伐瓦爾喀部俘獲甚衆上出郊迎之行抱見禮慰諭甚至太祖既盛强龍敦子鐸弼托博輝皆從天命七年太祖伐明使鐸弼與貝和齊蘇把海留守遼陽太宗初即位設八大臣以托博輝領正藍旗又有土穆布祿爲景祖幼弟寶實諸孫十年命與阿爾代毛海光石等屯耀州太宗設十六大臣使與薩璧翰爲托博輝佐又有郎球巴哈納皆索長阿之裔俱致通顯自有傳

西喇布世居完顏以地爲氏太祖初起兵率所部來歸常翼衛太祖授札爾固齊歲癸巳略富爾佳齊哈達人西忒庫抽矢射貝勒巴雅拉西喇布以身當之中二矢遂卒卹贈游擊子二噶祿馬喇希旗制定隸滿洲鑲紅旗噶祿襲職從攻沙嶺有功進二等參將卒無子馬喇希天聰九年授佐領尋襲其兄噶祿世職崇德二年從都統業克舒等伐卦勒察三年七月授刑部理事官八月遷蒙古梅勒額眞四年再遷固山額眞從睿親王多爾袞圍錦州坐徇王貝勒等私遣兵歸離城遠駐罰如律復從貝勒阿巴泰等入黃崖口所至克捷順治元年四月從睿親王多爾袞入關破李自成追擊至慶都十二月與都統阿山征陝西自蒲州渡河擊賊論功進一等甲喇章京兼半個前程尋命移師從豫親王多鐸下江南二年五月自歸德渡河至泗北淮河橋明守將焚橋走師夜濟與都統宗室拜音圖以紅衣砲攻克武岡寨引兵而東至常州明將黃蜚以步兵數萬禦戰擊破之遂下宜興道破明水軍至崑山都統恩格圖等方攻城馬喇希率所部兵趨頹堞先登遂克之復拔常熟師還進三等梅勒章京四年八月從肅親王豪格徇陝西至漢中叛將賀珍走西鄉馬喇希與都統鰲拜分兵馳擊及於楚湖斬馘甚衆進二等阿思哈尼哈番五年睿親王多爾袞出獵馬喇希坐與都統噶達渾等私獵貶秩八年世祖親政詔復職再遇恩詔進三等精奇尼哈番九年九月命與定南將軍護軍統領阿爾津帥師定廣東十月命移軍鎮漢中十二月復命移軍定湖廣辰州常德諸路十一年卒十二年世祖命追錄國初以來有功諸將皆視一品大臣予謚立碑墓道於是西喇布謚順壯馬喇希謚忠僖太祖諸將當帝業未成効死行間與西喇布同時易名紀績者又有札爾固齊阿蘭珠梅勒額眞納爾察阿蘭珠棟鄂氏世居瓦爾喀什父阿格巴顏與其兄對齊巴顏並爲屯長太祖攻杭佳城守城者爲阿格巴顏妻父令助守阿格巴顏不可曰以德誅亂宜也吾安能助亂而拒有德乎尋與對齊巴顏各率所屬歸太祖旗制定隸滿洲鑲紅旗對齊巴顏子噶爾瑚濟阿蘭珠皆授牛彔額眞分轄所屬阿蘭珠旋擢札爾固齊從伐烏拉直前衝擊人馬皆被創下馬步戰遂沒於陳卹贈三等甲喇章京以其弟布爾堪襲順治間追謚順毅布爾堪襲職授甲喇額眞天聰四年與武賴哈寧阿等率精兵百略明邊獲明諜三遂渡大凌河斬四十餘級俘百六十八年重定各牛彔所屬人戶以新附瑚爾哈百人增隸布爾堪尋戍牛莊獲蒙古逃人進二等甲喇章京崇德元年卒納爾察鈕祜祿氏世居安圖隸蘇克蘇滸河部國初來歸授備禦隸滿洲鑲黃旗歲戊申從太祖討烏喇攻伊罕阿林城先登克之擢梅勒額眞後攻沙嶺不待大軍至獨進沒於陳以長子佛索里襲世職順治間追謚端壯瑚沙納爾察次子初授牛彔額眞天聰六年從太宗伐明入大同與圖魯什等行偵敵遇明兵四百瑚沙彎弓躍馬疾馳入陳敵皆披靡略地至崞縣屢擊敗明兵崇德三年從貝勒岳託伐明與鰲拜先驅遇明騎兵三百突出搏戰瑚沙以八騎擊卻之遂率左翼擺牙喇兵越燕京徇山東明太監高起潛等率兵出禦瑚沙與羅什等連戰皆捷逐北數十里上以佛索里不勝任畀瑚沙襲世職爲噶什布賢章京六年從伐明攻錦州轉戰松山杏山間屢有斬獲七年加半個前程十月貝勒阿巴泰等帥師伐明上命瑚沙從偕師入邊以軍事還報八年春師還使瑚沙從噶什布賢噶喇昂邦努山等以兵九十人詣界嶺口迎師俘敵甚衆順治初從入關擊李自成戰於一片石瑚沙率本旗噶什布賢超哈當自成將唐通逐自成至慶都復從噶什布賢噶喇昂邦席特庫設謀誘敵夾擊破之六月從固山額眞葉臣征山西至汾州偕甲喇額眞道喇圖爾賽等擊破自成將白輝二年從英親王阿濟格征陝西克綏德延安牛彔額眞哈爾漢伐班駐軍南山爲賊所乘戰死瑚沙率數騎突入得其尸以還自成奔湖廣追勦至安陸擊敗自成將邵章掠其舟以東至九江口與席特庫率前鋒二十人破賊壘遂自成至於九宮山自成既殪瑚沙復與甲喇額眞蘇拜希爾根等逐捕餘賊斬二千餘級進三等甲喇章京三年從肅親王豪格討張獻忠於漢中擊敗叛將賀珍遂獻忠至於西充獻忠引衆迎戰瑚沙奮擊敗之肅親王遂殪獻忠五年進二等阿達哈哈番六年從鄭親王濟爾哈朗略湖南時明桂王由榔猶駐廣西其總督何騰蛟守湘潭師既克長沙渡湘水攻之前鋒兵薄城敵分三門出戰瑚沙與席特庫力戰破城西兵生致騰蛟明兵潰遂克湘潭於是衡州寶慶永州辰州諸郡縣次第皆下進二等阿思哈尼哈番九年擢鑲黃旗蒙古副都統命與學士蘇納海使朝鮮鞫獄十一年兼任工部侍郎十二年擢本旗蒙古都統授議政大臣十五年從信郡王多尼下雲南十六年從克永昌十七年師還以永昌初下縱兵入城擾民降三等阿思哈尼哈番康熙三年卒分世職爲二第五子瑚弼圖襲一等阿達哈哈番第二子碩伯海襲拜他喇布勒哈番

達音布他塔喇氏世居札庫木天命三年來歸隸滿洲正白旗任牛彔章京從太祖征伐輒爲軍鋒積戰閥授備禦來歸諸部衆或爲蒙古誘遁達音布與撈額禮率兵逐之及於達岱塔擊敗蒙古兵得逃人以歸六年太祖伐明略奉集堡達音布先驅斬諜克敵進游擊蒙古札魯特貝勒昂安嘗執我使畀葉赫又屢遣兵要我使擄牲畜八年太祖命台吉阿巴泰等將三千人討之達音布時爲噶什布賢噶喇昂邦與雅希禪博爾晉率五十騎先大軍行乘夜渡遼河略昂安所轄厄爾格勒復馳百餘里逼昂安所居寨昂安以牛車載妻子率從者二十餘騎出寨雅希禪博爾晉麾三十餘騎下馬將搏戰達音布引十餘騎勒馬立昂安謀遁不欲戰直前衝騎兵冀突圍出達音布拒戰方彎弓注矢昂安所部乘隙挾短矛揩達音布中其口墮馬我兵衝擊昂安父子及從者盡殪俘其孥達音布遂以創卒師還予卹進世職爲游擊子阿濟格尼堪阿濟格尼堪子宜理布並有傳第三子岱袞屢從征伐授侍衛崇德二年圍錦州戰死贈備禦達音布死最烈子孫貫列辟順治間賜謚乃不及太祖諸偏裨死事者牛彔額眞喀喇以禦劉綎戰死又有牛彔額眞額爾納額黑乙將五百人屯深河與綎戰林中死之甲喇額眞布哈石爾泰牛彔額眞朗格從太祖攻瀋陽既下明總兵陳策等來援與戰陷陳死瑪爾當圖從太宗圍錦州戰死喀喇額爾納額

黑乙死時太祖方草創未有卹贈布哈贈參將石爾泰朗格贈游擊而瑪爾當圖死時已授游擊朗格子和託瑪爾當圖子烏庫理事太宗喀喇孫舒里渾洛多歡崍古圖事世祖皆有戰功賞延於世朗格楝鄂氏對齊巴顏子阿蘭珠弟也對齊巴顏來歸語見阿蘭珠傳戰死得世職以長子楝世祿襲旗制定隸滿洲廂紅旗和託其次子也崇德七年正月授本旗梅勒額眞從鄭親王濟爾哈朗等伐明圍錦州明總兵祖大壽以其城降遂進克塔山鄭親王籍所俘獲令和託還奏上命分賚軍中死傷將士並令齎敕撫明杏山守將曰汝以善言招之降則已否則以炮攻炮發而彼降亦可許也和託至軍如上指宣示炮發明將降師還得優賚旋追議諸將徇部卒失律和託當罰鍰以前勞得免十月從貝勒阿巴泰伐明自界嶺口毀邊牆入至黃崖口軍中議分兩翼夾攻薊國公婁洋古令和託督左翼建雲梯攻城和託周視畢復曰城可登無以梯爲也乃率巴牙喇兵四十人毀城入斬守備一餘悉潰復合右翼圍薊州擊敗明總兵白騰蛟白廣恩遂徇山東克兗萊青諸府明年師還授吏部參政兼梅勒額眞順治元年從入關擊李自成予世職牛彔章京上遣侍郎王鰲永招撫山東明副總兵楊威據登州鰲永請兵上命和託與梅勒額眞李率泰額孟格帥師討之鰲永至青州爲降將趙應元所戕和託等師至牒巡撫陳錦總兵柯永盛會師逼青州應元復請降和託與李率泰計許之降遣兵夜捕斬應元及其黨數十人宥脅從勿誅青州遂定錦亦下登州上命和託與李率泰移軍河南會豫親王多鐸下江南賚黃金紫貂進世職三等甲喇章京二年從貝勒勒克德渾徇浙江定杭州明將方國安以兵至和託將左翼禦之富陽斬副將二參將二游擊五國安兵大敗復破敵下關直溝燬其木城上命和託與梅勒額眞珠瑪喇率所部滿洲蒙古兵駐防杭州三年四月卒雍舜對齊巴顏從子授牛彔額眞共果戰輒當前鋒累擢鑲紅旗固山額眞天聰三年從上伐明圍遵化率本旗兵攻城西南克之四年從取永平授二等參將世職貝勒阿敏棄永平還師雍舜獨贊其議坐罷官奪世職籍沒七年從貝勒岳託舟師攻旅順明將黃龍城守師克之論功先登崖者巴奇蘭薩穆什喀先登城者雍舜珠瑪喇復世職崇德二年從克皮島擢梅勒額眞四年從征索倫設伏敗敵進一等參將六年從攻錦州戰墜馬得他騎引本旗兵趨左翼及右翼勝乃馳擊爭赴敵坐欺謾論罪命寬之解梅勒額眞順治初遇恩詔進二等阿思哈尼哈番復官固山額眞卒子庚圖先以功授拜他喇布勒哈番全爲一等阿思哈尼哈番瑪爾圖當札庫塔氏先世居和克通吉太祖時率百餘人授游擊從攻錦州戰死烏庫理年十六卽從征伐太宗命領甲喇額眞襲瑪爾圖當世職崇德三年從貝勒岳託伐明略山東明太監馮永盛以兵至擊敗之攻濟南雲梯兵未至烏庫理攀雉堞先登麾所部兵畢上克其城師還將出塞與白奇超哈統將薩穆什喀殿敵不敢逼道經太平寨復步戰敗敵七年從伐明復攻錦州戰於松山敵敗走旋合潰兵屯北山壘甚固烏庫理直前擊之三戰皆捷順治初入關從固山額眞葉臣攻太原率十騎繞城周視城兵驟出搏戰烏庫理與甲喇額眞薩璧圖奮擊俘馘甚衆尋從英親王阿濟格定陝西湖廣江西諸省師還至池州偵明將黃斐擊之得舟十二還京師授兵部理事官加半個前程三年從肅親王豪格下四川討張獻忠敗其將高汝礪逐獻忠再破之五年從討叛將姜瓖攻寧武關所署巡撫姜輝總兵劉惟思以三千人赴援內外兵夾擊烏庫理率三旗巴牙喇兵轉戰關下及偏關西河營七戰皆勝師將至左衞瓖兵萬餘陳以待烏庫理擊破之復發砲克其城殪瓖兵八年進一等阿達哈哈番十年鄭成功寇福建命與理事官額赫理率禁旅及江寧杭州駐防兵濟師至海澄敵以火器守隘烏庫理連破其壘敵毀橋烏庫理躍馬先衆涉敵驚潰師乃畢渡敵又以三千餘人屯海岸烏庫理步戰敗之先後與固山額眞金礪等勦敵寨數十降其兵數千人復加拖沙喇哈番十二年授大理寺卿疏言滿洲士卒歲從征討市馬製械皆自具其孥留京師請恩賚行軍所至民多失所雖被旨賑貸當安輯俾自爲生計請勅部議便宜綠旗死事將卒請下所司贍其妻子江廣閩浙濱江海盜賊出沒請敕諸省督撫要隘設重兵西北厄魯特俄羅斯諸部尙阻聲敎請敕理藩院議互市條例通貿易所陳凡五事皆下部議行尋命視黃河決口十三年授漕運總督十七年授盛京總管康熙元年改總管爲將軍仍以命烏庫理是時盛京置戶禮工三部烏庫理請增設刑部廷議如所請四年卒析世職爲二長子俄讃克圖襲三等阿達哈哈番次子佛保襲拜他勒布喇哈番兼拖沙喇哈番喀喇楝鄂氏先世居瓦爾喀當太祖時以其族來歸從征伐有功授牛彔額眞賜號巴圖魯天命四年禦明總兵劉綎力戰被七創以傷卒子扎福尼天聰四年從伐明攻灤州有三卒爲敵所得扎福尼陷陣援之出以功予世職備禦八年十二月從白奇超哈統將巴奇蘭等伐黑龍江加半個前程舒里渾扎福尼子也初以巴牙喇壯達從軍從攻大凌河城敗蒙古軍及扎福尼卒襲世職順治二年從英親王阿濟格西逐李自成至延安七捷自成走湖廣以師從之次安陸得舟十四三年從豫親王多鐸北討騰吉斯力戰多俘馘擊敗喀爾喀土謝圖汗碩類汗師還授牛彔額眞六年從端重親王博洛西徇大同擊敗姜瓖所署巡撫姜建勳等十一年擢巴牙喇纛章京十五年授正黃旗滿洲梅勒額眞從信郡王多尼南征雲南戰涼水井敗明將李成蛟戰雙河口敗明將李定國師還進三等阿思哈尼哈番十八年八月卒洛多歡舒里渾弟從軍取旅順圍錦州皆有功崇德七年從貝勒阿巴泰伐明克順德府先登賜號巴圖魯累進世職至一等哈達番兼拖沙喇哈番崍古圖亦舒里渾弟也順治間從靖南將軍陳泰征福建克興化府先登自巴牙喇壯達擢甲喇額眞十七年洛多歡卒襲世職康熙十三年從副都統雅賚阿喀尼等討耿精忠自安慶向江西敗賊小孤山復彭澤宜黃崇仁樂安諸縣十五年移師討吳三桂攻萍鄉敗其將夏國相師下湖南十八年戰楓木嶺敗其將吳國貴復武岡二十四年卒子多博海襲特爾勒舒里渾孫也康熙間從征南大將軍賚塔討吳世璠敗其將何繼祖奪石門坎黃草壩乘夜拔嵩明丹城遂克雲南又從都統希福逐馬寶破胡國柱以功予世職拜他勒布喇哈番卒太祖嘗爲故勳臣雅巴海祈天乞轉生朕家又爲布哈孫朗格等八人祈曰宥其微失太祖未舉兵以前有族雖侍者帕海死之似卽雅巴海布哈孫等事不著

巴篤理世居佟佳以地爲氏天命初與其弟蒙阿圖來歸太祖命編所屬爲二牛彔使兄弟分領其衆隸滿洲正白旗太祖察巴篤理才使爲扎爾固齊積戰功授游擊十年明發兵航海至旅順繕完故城駐軍以守巴篤理從貝勒莽古泰攻之城下盡殲明兵十一年明將毛文龍遣兵夜襲薩爾滸城兵砲矢交發明兵退結營巴篤理率兵自山而下大呼乘敵敵潰追斬二百餘級天聰三年從伐明克遵化有功太宗親酌金卮勞之進二等參將四年正月從貝勒濟爾哈朗守永平三月明將張宏謨率兵來侵甲喇額眞圖魯什以四十人先巴篤理與噶布什賢噶喇昂邦屯布祿以百人繼伏起屯布祿敗走巴篤理與圖魯什殿力戰其弟課約馬著矢且踣巴篤理斬敵兵奪馬授其殪三十餘人敵乃退五月明兵圍灤州貝勒阿敏守永平不卽赴援城垂破乃遣巴篤理率兵赴之乘夜突圍入城方議並力堅守敵發巨砲焚城樓守將納穆泰等度力不能支棄城依阿敏阿敏亦棄永平東還廷議諸將罪以巴篤理突圍赴援釋勿論五年授禮部承政六年使朝鮮定職貢額數八年八月太宗自將伐明巴篤理從至應州命與貝勒阿巴泰等取靈邱縣王家莊巴篤理督軍攻壘既被創猶奮擊中流矢卒太宗聞之泣下曰此朕舊臣轉戰數十年効命疆埸深可惜也卹贈三等副將順治十三年追謚敏壯子卓羅自有傳蒙阿圖自牛彔額眞累擢梅勒額眞坐私立屯莊罷天聰三年從伐明敗敵於遵化尋命帥師伐瓦爾喀俘其衆三千踰年師還上自出郊宴勞授游擊世職擢工部承政崇德三年以老解職召見諭之曰爾等舊臣朕見之輒心喜可不時來見也未幾卒國初諸將事太祖創業復佐太宗從征伐而戰死者勞薩圖魯什功最高巴篤理穆克譚納爾特與相亞達珠瑚爲俘所賊順治中皆追謚納爾特事具其父雅希禪傳中穆克譚戴佳氏世居杭潤隸哈達穆克譚從其父兄衆來歸授牛彔額眞從太祖征伐戰必陷陳攻則先登賜號巴圖魯有查薄胡色者叛太祖歸哈達穆克譚從其父兄追之戰其父兄皆死從子厄爾諾亦叛歸哈達穆克譚單騎逐斬之旗制定隸滿洲鑲藍旗天命元年從伐瓦爾喀戰敗諸將孟庫噶哈皆走舒賽阿爾虎達將爲敵得穆克譚與燕布里等八人衝敵陳援之出師還太祖誚孟庫噶哈奪所獲畀穆克譚六年從伐明攻瀋陽先登克之命戍爲蒙古人海色與其衆叛去我師追之戰不利穆克譚策馬大呼直前剌殺海色餘悉潰以功授二等副將太宗卽位各旗設調遣大臣以穆克譚佐本旗天聰元年四月從伐朝鮮六月阿山阿達海兄弟叛將歸明貝勒阿敏夜帥師追之穆克譚從射阿達海阿達海力戰抽刀斫穆克譚墜馬幾殆幸挾以俱還五年從伐明圍大凌河穆克譚以本旗兵從固山額眞宗室篇古攻城西南城兵出挑戰圖賴先進穆克譚從之薄濠舍騎步戰將迫敵入壕城上礮矢競發城兵繼出奮拒力戰歿於陳太宗惜之曰穆克譚我舊臣不值於此畢命也贈一等副將世襲順治間追謚忠勇立碑墓道子愛音塔穆愛音塔穆襲父爵兼領穆克譚舊轄牛彔益壯丁五十順治初從入關破李自成旋從豫親王多鐸徇河南與梅勒額眞沙爾瑚達屢敗賊逐賊至潼關爲殿賊自後來襲三至三郤愛音塔穆功也二年河南既平從定江南六年八月從鄭親王濟爾哈朗下湖廣時明桂王由榔駐武岡湖南諸郡縣半爲明守愛音塔穆帥師自長沙而南克寶慶擊馬進忠王進才皆有功自成將劉體純與其黨袁宗第等屯洪江爲十寨緣沅江拒守愛音塔穆與尙書阿哈尼堪督軍渡江連破賊寨賊

潰遂與阿哈尼堪駐守沅州十二月賊將王強來犯與阿哈尼堪共擊郤之九年遇恩詔累進二等精奇尼哈番十一月從靖南將軍珠瑪喇略廣東時明將李定國攻新會平南王尚可喜赴援定國有衆四萬列象陣據山峪方相持愛音塔穆等師至合擊大破之逐北二十餘里定國遁去十二年閏五月論功進一等精奇尼哈番康熙十九年卒子公圖襲三十五年從撫遠大將軍費揚古征噶爾丹昭莫多戰勝進三等伯子永泰降襲二等精奇尼哈番乾隆元年改一等子世襲達珠瑚兆佳氏先世居訥殷祖達爾楚國初來歸旗制定隸滿洲正藍旗達珠瑚初任牛彔額眞從太祖伐烏喇斬級四千從克西林屯俘其人以歸追者至還擊敗之斬級五千從伐葉赫斬級三百俘五十人遇明人越境採參斬三十人俘六人敵侵寧古塔出戰斬其將及兵百獲甲百副馬三百匹設十六大臣伊遜及達珠瑚佐鑲黃旗天聰元年太宗伐朝鮮克義州留兵駐守命達珠瑚分將之旋復帥師伐瓦爾喀師還爲俘卒所賊八年以其子翁阿岱襲三等梅勒章京太宗復遣將伐瓦爾喀因誡之曰前遣達珠瑚以疎見害念其從事久有勞方令襲世職汝曹未能如達珠瑚之功儻不自愼欲覬例外恩不可得也順治間追謚襄敏翁阿岱襲職爲甲喇章京從伐虎爾哈加半個前程累遷都察院參政正藍旗梅勒額眞時方攻錦州急命與梅勒額眞多積禮帥師屯戍譏逋逃崇德六年從圍錦州與明總督洪承疇戰屢勝尋進攻松山力戰沒於陳賚白金千兩進一等梅勒章京無子以弟之子濟木布襲康熙間降襲一等阿思哈尼哈番乾隆元年改一等男世襲

論曰國之將興必有熊羆之士不二心之臣致身事主蹈死不反顧乃能拓土破敵弼成大業揚古利負大將才略功視額亦都費英東伯仲間勞薩圖魯什驍勇冠軍戰必將選鋒陷陳若拜山三世効忠西喇布達音布巴篤理等以死勤事亦其亞也觀太祖祈天之語惓惓於舊將太宗以達珠瑚爲戒又以恭袞不從令雖陳亡猶付吏議其申軍律惜將材恩威兼盡開國基於是矣

清史稿　列傳十四

常書 弟揚書 常書子察哈喇 孫葉臣 曾孫辰布祿 察哈喇子富喀克塔 揚書子達爾漢 達爾漢子郭嚴塞臣

康果禮 弟喀克篤禮 哈哈納 哈哈納弟綽和諾 綽和諾從子富喀禪 葉克書 葉克書子道喇

博爾晉 子侍衞 孫瑪泌 曾孫康喀喇

雅希禪 子蘇袞 納爾特 拉篤渾 舒賽 舒賽子西蘭 西蘭子康特康 景圖勒岱 景圖勒岱從弟岱阿

揚善 弟伊遜 納穆祜 從弟武賴

冷格里 子穆成格 冷格里弟納穆泰 從弟譚布

薩穆什喀 弟羅賴

洪尼雅喀 子武拉禪 洪尼雅喀弟薩蘇喀

阿山

常書郭絡羅氏與其弟揚書同爲蘇克蘇滸河部沾河寨長太祖起孤露舊復祖父讎歸罪尼堪外蘭未遂訟言仇明也明庇尼堪外蘭宣言將築城甲班使爲滿洲主於是旁近諸部及太祖族人皆欲害太祖附尼堪外蘭蘇克蘇滸河部薩爾滸城長諾米納有兄曰瓜喇忤尼堪外蘭譖於明見詰治諾米納及與常書揚書及同部嘉木湖寨長噶哈善哈思虎相爲謀曰與其倚此等人何如附愛新覺羅甯古塔貝勒乎遂相率歸太祖太祖椎牛祭天將與盟常書等言於太祖曰我等率先來歸幸愛如手足毋以編氓遇我乃盟旣而諾米納貳於尼堪外蘭常書等請於太祖誘而殺之太祖以同母女弟妻揚書噶哈善哈思虎是歲癸未明年正月太祖從叔龍敦構太祖異母弟薩木占邀噶哈善哈思虎殺諸途太祖聞大怒欲收其骨族昆弟皆與龍敦謀不肯往太祖率近侍數人行太祖族叔稜敦尼之曰同族皆仇汝否則汝女弟之夫何至見殺宜勿往太祖勿聽環甲躍馬登城南橫嶺引弓疾馳向城大呼曰有害我者速出聞者憚太祖英武不敢出遂收其骨以歸移置室中解所御冠履衣服以斂厚葬之遂帥師討薩木占及其黨訥申萬濟漢等爲噶哈善哈思虎復仇常書兄弟事太祖分領其故部爲牛彔額眞旗制定隸滿洲鑲黃旗旋改隸鑲白旗常書兄弟皆卒於太祖朝揚書之喪太祖親臨爲常書子布哈圖察哈喇並爲牛彔額眞改隸鑲白旗布哈圖事迹無所表見察哈喇事太宗各旗設調遣大臣察哈喇與爲佐正紅旗天聰三年從上伐明取遵化薄明都四年二月師還命署固山額眞與范文程率蒙古兵守遵化四月與武納格設謀卽樵採地設伏敗敵獲馬二百餘明將合馬步軍四千攻大安口復與武納格整兵奮擊盡殲之五月明兵復灤州貝勒阿敏等謀棄諸城引兵出邊令察哈喇棄遵化會明兵已逼察哈喇與鄂本兌等突圍出全師以還五年五月偕總兵官冷格里喀克篤禮伐明南海島師次海濱掠敵舟以渡舟未足駐師待之明兵渡海來擊牛彔額眞穆世屯戰死察哈喇督兵力戰別遣人沉其舟敵還求舟不得溺者大半六年五月上伐明略歸化城將渡河與承政車爾格以兵五百爲前鋒具舟濟師十一月及承政巴篤理使朝鮮定職貢歲額九年從貝勒多鐸攻明錦州與固山額眞阿山甲喇額眞吳拜等以兵四百爲前鋒渡大凌河遇明兵三千相向列陳使告多鐸督諸軍繼至明兵潰察哈喇等分道追擊俘馘無算逾年卒布哈圖有子曰葉臣事太宗崇德三年從睿親王多爾袞伐明自靑山口毀邊牆入破薊遼總督吳阿衡軍五年從圍錦州順治元年從武英親王阿濟格西征二年破李自成兵於延安移軍下江南至安陸獲敵艦四復與護軍統領哈甯阿泛江擊賊至富池口水陸屢戰皆捷三年四月蘇尼特部騰機思等叛入喀爾喀葉臣從多鐸等討之追至布爾哈圖山俘七人降二十五戶七月師自圖拉河西行至扎濟布拉克遇喀爾喀土謝圖汗二子率兵二萬禦戰沒於陳葉臣時官巴牙喇甲喇章京事聞贈巴牙喇纛章京予世職拜他喇布尼哈番布哈圖有孫曰辰布祿初任牛彔額眞兼工部理事官崇德三年從多爾袞伐明克陽信順治三年從定西大將軍和洛輝擊賀珍漢中從肅親王豪格討張獻忠皆有功授拜他喇布尼哈番十三年從討鄭成功敗其將陳六御等於舟山進三等阿達哈哈番十七年卒察哈喇有子曰富喇克塔任牛彔額眞都察院理事官崇德八年遷工部參政順治元年四月授正藍旗滿洲梅勒額眞旋擢本旗蒙古固山額眞從睿親王多爾袞入關破李自成追至慶都授牛彔章京世職從豫親王多鐸攻潼關自成將劉宗敏據山爲陳富喇克塔與都統拜音圖發礮擊之潰二年從下江南與馬喇希等爲前鋒克揚州三年從貝勒博洛定浙江克處州略福建與都統漢岱克分水關趨泉州下撫州及所領縣三加半個前程五年二月坐事解固山額眞尋從征南大將軍譚泰討金聲桓敗賊於九江得戰艦百餘與何洛會以偏師截餽道得糧艘二百遂攻南昌聲桓及王得仁以兵七萬守險富喇克塔以舟二十爲前鋒薄城力戰明年賊平師還卒於軍進一等阿達哈哈番揚書有子曰達爾漢太祖甥也改隸鑲藍旗初爲牛彔額眞太祖妻以女爲額駙積戰功授一等副將世職太宗卽位列八大臣領鑲黃旗從大貝勒代善伐扎魯特部單騎逐敵獲其台吉復伐棟揆部俘塔布囊古穆楚赫爾杜喀爾代青多爾濟三人及其子進三等總兵官天聰元年從伐朝鮮克義定安三州斬其府尹李莞等朝鮮國王李倧請行成使與納穆泰等莅盟師還上賜宴勞之復從伐明攻錦州有功貝勒阿巴泰以賜宴不得與大貝勒同坐屬達爾漢代奏上使勸諭之復宴阿巴泰又以爲言乃解達爾漢固山額眞示意旋命復任三年從伐明圍遵化率所部攻城西迤北克之四年蒙古敖漢奈曼諸部兵攻昌黎不克命達爾漢與喀克篤禮等以兵千人往會攻城未下焚近郭廬舍而還五年七月從伐明圍大凌河城率所部攻城北迤東浚濠築壘與冷格里等環城固守八月城人以步騎五百出戰達爾漢率八十人擊敗之越日敵復出挑戰達爾漢督所部邀擊明兵墮壕死者百餘人六年從伐察哈爾師次哈納崖達爾漢從者盜馬逋入察哈爾告師至林丹汗舉部西奔驅歸化城富家渡黃河西遁達爾漢坐降一等副將七年明將孔有德來降達爾漢與篇古屯兵江岸守其舟八年復從伐察哈爾遂略明邊自上方堡毀邊牆入經朔州分兵至宣府右衞是歲命免功臣徭役達爾漢與焉並增牛彔人戶九年上遣諸貝勒伐明略山西命達爾漢及阿山等出屯寧錦明寧錦諸道兵使不得西援道遇敵擊敗之斬明將劉應選崇德元年五月從武英郡王阿濟格伐明攻順義以所部先登進一等總兵官尋以順義復失論罰六年從鄭親王濟爾哈朗等伐明攻錦州達爾漢坐濟爾哈朗召議禦敵不時至嗾其僚爭功罷固山額眞奪世職順治元年卒達爾漢有子曰鄂羅塞臣事太宗官甲喇章京領擺牙喇兵三年從伐明薄燕京與哈甯阿共破明經略袁崇煥營太宗嘉其善戰授備禦四年署固山額眞從貝勒阿巴泰等守永平明兵自開平衞至迎擊敗之五年從伐明圍大凌河城屢敗城兵八年從貝勒薩哈廉略山西明兵自崞縣至鄂羅塞臣從第三隊先衆擊敵累功進二等阿達哈哈番崇德元年從伐朝鮮與薩穆什喀等敗其援兵二年授議政大臣三年十月從豫親王多鐸伐明侵甯遠錦州十一月豫親王至中後所將與鄭親王濟爾哈朗軍會明總兵祖大壽兵來襲甲喇額眞翁克等及從征土默特部兵先奔鄂羅塞臣及哈甯阿等且戰且進士卒有死傷者論罰奪世職六年三月從睿親王多爾袞伐明圍錦州六月復從鄭親王濟爾哈朗伐明圍錦州祖大壽以步兵出戰左翼三旗騎兵避敵勿敢擊鄂羅塞臣與同官阿桑喜率擺牙喇兵直前奮擊大壽乃引去肅親王豪格庇三旗之未戰者睿親王多爾袞和之使誣鄂羅塞臣毋言戰勝皆出擺牙喇兵亦毋言戰時未見騎兵功罪置勿論明年事聞上令多爾袞出白金五百豪格出白金千畀鄂羅塞

臣進二等阿達哈哈番擢梅勒額眞八年與參政巴都禮等定黑龍江順治二年從討李自成克潼關鄂羅塞臣先登五年正月命帥師駐滄州十二月從武英親王阿濟格討姜瓖六年七月擢正藍旗蒙古固山額眞尋兼任刑部侍郎鄂羅塞臣公主子世臣從征伐有功兩遇恩詔累進二等精奇尼哈番七年坐讞獄徇情罷侍郎八年授都察院左都御史尋命專任固山十六年與安南將軍明安達禮帥師駐荊州鄭成功犯江甯明安達禮鄂羅塞臣以舟師赴援成功敗走十七年還京仍任都統康熙三年卒贈太子太保諡敏果子勒貝自有傳

康果禮先世居那木都魯以地爲氏歲庚戌太祖命額亦都將千人徇東海渥集部降那木多魯綏芬甯古塔尼馬察四路康果禮時爲綏芬路屯長與其弟喀克都里及他屯長明安圖巴顏泰松阿伊勒占蘇爾休明安圖巴顏子哈哈納綽和諾泰松阿子葉克書等凡十九輩率丁壯千餘來歸太祖爲設宴賚以金幣分其衆爲六牛彔以康果禮喀克都里伊勒占蘇爾休哈哈納綽和諾世領牛彔額眞旋授康果禮三等總兵官以貝勒穆爾哈齊女妻之號和碩額駙旗制定隸滿洲正白旗天命三年從上伐明取撫順克撫安三岔等十一堡入鴉鶻關破清河六年復從伐明下瀋陽樹雲梯先登遂克其城太宗卽位列十六大臣佐正白旗尋擢擺牙喇纛章京天聰元年從貝勒阿敏伐朝鮮三年從上伐明入洪山口克遵化薄明都上駐軍德勝門外明督師袁崇煥入援壁於城東南上命康果禮從諸貝勒擊之諸貝勒逐敵迫濠康果禮與甲喇章京耶球漢岱等不及濠而返並坐削爵罰鍰奪俘獲五年卒子六色虎德繼爲牛彔額眞邁色爲擺牙喇甲喇章京從伐明戰塔山沒於陳賴塔自有傳喀克都里與康果里同隸滿洲正白旗初授三等總兵官太宗卽位列八大臣領正白旗天聰元年從伐朝鮮有功三年上伐明圍遵化八固山環城而攻分隅列陳喀克都里所部兵薩木哈圖樹雲梯先登衆繼之城遂拔上嘉喀克都里造攻具如法督兵先諸軍登城親酌金巵獎勞進二等總兵官賜號噶思哈巴圖魯言其勇敢善戰疾如飛鳥也薩木哈圖亦賜巴圖魯號授備禦世職四年正月上復伐明克永平明兵潰走昌黎上遣敖漢奈曼巴林扎魯特諸部兵攻之命喀克都里與固山額眞達爾漢等將千人繼往爲助守堅不能下焚附城廬舍引還上旣錄遵化功察薩木哈圖猛士心愛惜之戒喀克都里毋使更先登及攻昌黎薩木哈圖運木築柵復樹雲梯欲登聞上命罷攻乃止上以喀克都里不恤戰士深詰責之五年五月與固山額眞冷格里分率左右翼步騎兵伐明規取南海島徵舟於朝鮮不至師次海濱不能渡引還明兵邀戰屢擊敗之多所俘獲八月上復伐明圍大凌河城喀克都里率所部軍城東北城人食盡祖大壽以城降引還六年從上伐察哈爾與諸將分道並入籍所俘人戶及帛馬牛羊以獻賜賚有差七年上詢諸貝勒大臣伐明及朝鮮察哈爾宜何先喀克都里言宜先伐明以承天佑協人情且利在神速攻其不備上嘉納之八年喀克都里家人訐喀克都里將亡歸瓦爾喀以財貨藏那木都魯故屯上曰喀克都里安有此果欲負朕天必鑒之以訐者付喀克都里殺之逾數月喀克都里卒其兄康果禮妻故貝勒舒爾哈齊女言喀克都里謀亡去事不誣諸子坐此不得紹封哈哈納亦那木都魯氏明安圖巴顏子也隸滿洲鑲紅旗初與伊勒占蘇爾休同授備禦太祖妻以宗女尋從伐烏喇被數創力戰敗敵上命將所部出駐賽明吉未至其戍兵叛亡守將瑪爾圖追弗及哈哈納聞之兼程疾進斬三百餘級收男婦五百餘以還上賜以所得叛渠及鞍馬弓矢天命四年三月明經略楊鎬部諸將四路來攻上督諸貝勒出禦破之遂進克開原鐵嶺哈哈納皆在軍有功六年從攻遼陽與博爾晉伺敵城下敗其援兵復分攻沙嶺城破援兵自廣寧至者太宗卽位設各旗調遣大臣以哈哈納佐鑲紅旗天聰八年帥師略錦州進攻寧遠明兵驟至哈哈納馬殪徒步益奮擊卒破明兵城海州明兵來爭哈哈納以所部首當敵敵潰走復援耀州解其圍逐敵獲馬三十崇德元年從武英郡王阿濟格伐明入長城克昌平涿州創發病廢致仕尋卒子費揚古事聖祖以佐領從軍討吳三桂師次荊州戰宜昌戰永興皆捷攻常甯耒陽先驅累遷鑲紅旗漢軍副都統卒綽和諾亦隸鑲紅旗其初歸太祖別率所部百人偕太祖賚予甚厚從太祖征伐臨陳衷綿甲奮起直前所向披靡歲辛亥從何和禮伐呼爾哈部克扎庫塔城天命四年擊明總兵馬林尙間崖六年取瀋陽遼陽並有功授游擊帥師戍科木索甯古塔有就善者戕守吏率衆掠輜重亡去綽和諾追及海濱斬就善並殲其黨上命以所獲輜重犒之太宗卽位列十六大臣佐鑲紅旗天聰五年從上伐明圍大凌河城明監軍道張春總兵吳襄等率兵萬餘自錦州來援綽和諾先衆迎擊力戰沒於陳上厚恤其家進世職一等參將無子其兄翁格尼襲以新附呼爾哈百人益所轄牛彔旋以翁格尼才不勝改授其子富喀禪富喀禪初以擺牙喇壯達事太宗大凌河之役深入敵陳綽和諾戰死富喀禪亦被創墮馬裹創步戰奪敵纛擺牙喇壯達瑤奎亦墮馬富喀禪復前援與俱歸八年攻大同復被創仍奮進克敵寨是歲代其父爲牛彔額眞襲職崇德元年從伐朝鮮三年授工部理事官兼甲喇章京從豫親王多鐸伐明攻甯遠敗敵中後所城西順治初從入關擊李自成加半個前程三年授西安駐防總管自成餘黨劉文炳郭君鎭等掠延安慶陽四年三月富喀禪帥師討之逐賊三水斬君鎭別遣游擊胡來覲守備徐國崇等逐文炳至宜君藍莊溝獲之俘斬其黨略盡五年回民米喇印丁國棟等陷河州爲亂富喀禪與總督孟喬芳遣兵攻討諸回皆受撫而喇印復叛陷甘州富喀禪帥師進攻深溝高壘相持賊出城來犯戰輒勝並殲其樵採者城旣下馘喇印國棟又與纏回土倫泰等陷肅州遣副將馬甯張勇討平之六年姜瓖以大同叛旁近郡縣皆陷富喀禪遣諸將根特都敏赴援戰猗氏獲瓖所署監軍道衞登方戰合水斬瓖將劉宏才論功遇恩詔累進一等阿思哈尼哈番聖祖卽位改西安駐防總管爲將軍富喀禪任事如故時自成餘黨李來亨郝搖旗袁宗第等屯歸州興山間康熙二年上遣將往討命富喀禪與總督李國英副都統杜敏等會師戰於陳家坡賊潰遁進至黃草坡復大敗之進三等精奇尼哈番五年卒子穆成額自有傳葉克書輝和氏尼瑪察部長泰松阿子也歸太祖授牛彔額眞隸滿洲正紅旗天命六年從伐明攻遼陽敵背城而陳葉克書衝鋒突擊攻沙嶺先衆殺敵累功授三等副將太宗卽位列十六大臣佐正紅旗天聰五年授兵部承政六年授固山額眞八年八月從貝勒代善伐明入得勝堡略大同下諸城堡西至黃河合軍朔州十一月考滿進二等副將世職九年貝勒多爾袞伐明自大同入邊分兵授葉克書從貝勒多鐸屯甯遠錦州間綴明援師斬明將劉應選俘其偏裨崇德元年從武英郡王阿濟格伐明自延慶入邊克十二城師還坐所部失伍及擅殺諸罪罷官削世職仍領牛彔二年正月太宗伐朝鮮命從承政尼堪等帥師伐瓦爾喀師出會甯擊敗朝鮮兵十一月從參政星納伐卦爾察至黑龍江俘獲甚衆三年師還上特遣大臣迎勞尋授兵部右參政四年七月授梅勒額眞十一月從承政索海等帥師伐索倫五年四月復任固山額眞七月授牛彔章京世職復從睿親王多爾袞伐明圍錦州與固山額眞圖爾格率所部三百人爲伏城西南烏欣河捕城人出牧者敵兵千餘逆戰葉克書馬中矢蹶圖爾格馳救之上馬復戰殺敵比還敵潛躡其後葉克書收兵還擊敵潰以功進三等甲喇章京六年九月從貝勒杜度伐明圍錦州與固山額眞譚泰阿山等整壕環守擊明總督洪承疇於松山十一月從貝勒阿巴泰等伐明師至黃崖口葉克書與譚泰定策分兩道夾擊入邊薄長城麾軍先登攻薊州敗明總兵白騰蛟白廣恩諸軍尋遣兵攻孟家臺陷敵坐罷官奪世職順治元年三月世祖復命爲梅勒額眞帥師駐甯遠四月率步兵從入關擊李自成身被三十一創瞽一目戰彌厲大破賊軍二年從肅親王豪格略山東賊渠十餘輩據滿家洞懸險爲巢凡二百五十一窟葉克書與尙書車爾格合兵搜剿殲其渠悉堙諸窟以功累進二等阿達哈哈番三年授鎭守盛京總管恩詔進三等阿思哈尼哈番十四年坐昭陵總管鍾柰有罪失不劾罷官奪世職十五年卒子道喇以擺牙喇兵從征伐積功至擺牙喇甲喇章京崇德三年從伐明五年圍錦州戰松山杏山皆有功順治元年調噶布什賢甲喇章京從睿親王多爾袞與李自成戰於一片石噶喇昂邦鄂碩當自成將唐通通大敗入關逐賊戰安肅慶都乘勝躡擊斬馘甚衆尋從固山額眞葉臣略山西至汾州敗自成將白輝授牛彔章京世職三年從順承郡王勒克德渾攻荊州擊走李錦五年從大將軍譚泰下江西討金聲桓五敗賊獲所署總兵以下九年擢正紅旗梅勒額眞十年從靖南將軍哈哈木復潮州討郝尙久旋帥師駐荊州十四年授本旗蒙古固山額眞十六年從信郡王多尼平雲南攻元江土司克其城累功並遇恩詔進一等阿達哈哈番康熙初以老乞致仕徙居盛京十二年聖祖加恩諸老臣加太子少傅二十一年幸盛京召見賜坐侍茶酒優賚二十二年九月卒年八十一諡勤襄以弟之孫伊濟納襲職葉克書次子夏穆善第三子瑚葉皆有戰功授世職夏穆善二等阿達哈哈番瑚葉三等阿達哈哈番

博爾晉世居完顏以地爲氏太祖初起兵有挾丁口來歸者籍爲牛彔卽使爲牛彔額眞領其衆順治間定官名皆漢語謂之世管佐領博爾晉領牛彔隸滿洲鑲紅旗尋授侍衞歲癸巳太祖侵哈達略富爾佳齊與族弟西喇布從西喇布被二矢死博爾晉拔其矢還射殪發矢者西忒庫爲西喇布報仇天命六年授扎爾固齊城薩爾滸命博爾晉董其役竟從伐明攻瀋陽擊敗明總兵賀世賢陳策瀋陽下進攻遼陽明總兵李懷信侯世祿蔡國柱姜弼董仲揆合軍五萬屯城東南五里左翼四旗與戰大破之城兵自西門出援博爾

曾方奉命詷敵傍城行遂合兩紅旗兵邀擊明兵敗入城爭門相蹂踐死者枕籍會左翼四旗兵已登陴博爾晉麾衆畢登遼陽亦下復分兵拔沙嶺擊敗明廣甯援軍八年與達音布雅希禪師師伐扎魯特部其貝勒昂安突走達音布戰死博爾晉與雅希禪奮進斬昂安俘其孥師還上優賚之十年擢梅勒額眞將兵二千伐東海虎爾哈部收五百戶以歸上郊迎宴勞太宗卽位列八大臣領鑲紅旗兼侍衞如故天聰元年正月從伐朝鮮五月上自將圍錦州屯城西二里博爾晉自瀋陽帥師至敗明兵追至甯遠城下盡殲之敍先後戰功授一等副將旋卒以失救書子孫不得襲康熙三年其子特錦疏請立碑紀績部議無左證持不可聖祖以博爾晉事太祖勤勞夙著特詔許之並追謚忠直特錦及博爾晉孫瑪沁曾孫康喀喇皆有戰績特錦博爾晉第四子也初任牛彔額眞天聰八年授牛彔章京世職崇德五年從鄭親王濟爾哈朗帥師屯田義州蒙古多羅特部蘇班代等降明居杏山西五里台使通款上命鄭親王移師迎護明總兵祖大壽吳三桂劉周智屯杏山拒戰特錦以偏師擊敗之六年從伐明圍松山攻甯遠皆力戰敗敵順治初從入關逐李自成至慶都與梅勒額眞和託合軍大敗之進三等甲喇章京任兵部理事官考滿進二等甲喇章京三年從肅親王豪格下四川討張獻忠戰三水敗其將胡敬德復戰禮縣敗其將高汝礪獻忠死西充餘賊負山將斷我兵後特錦擊之走又戰馬湖破其將楊正六年從討姜瓖略壽陽賊犯兩藍旗分地徇汾州賊七千夜擊兩紅旗軍壘特錦連擊敗之平遼遼州榆社以次悉平七年擢兵部侍郎兼鑲紅旗蒙古梅勒額眞進三等阿思哈尼哈番十二年擢本旗蒙古固山額眞議政大臣十五年從信郡王多尼征貴州雲南進二等十八年轉本旗滿洲都統康熙十一年卒謚襄壯瑪沁博爾晉孫父本託輝博爾晉長子官牛彔額眞兼都察院理事官崇德三年以擺牙喇甲喇章京從貝勒岳託伐明自牆子嶺入邊明薊遼總督吳阿衡以馬步兵六千來援瑪沁與勞薩等率兵擊敗之獲其馬及砲六年從圍錦州敗敵於松山順治初從入關破流賊授牛彔章京世職五年擢鑲紅旗蒙古副統都七年恩詔加半個前程尋從鄭親王濟爾哈朗征湖廣至衡州疾卒無子以兄子康喀喇襲康喀喇博爾晉曾孫初爲二等侍衞順治四年蘇尼特部騰機思與其弟騰機特叛康喀喇從豫親王多鐸帥師往討大破之陳斬騰機特進二等阿達哈哈番十五年從甯南大將軍洛託征貴州康熙十年遷護軍參領十二年吳三桂反順承郡王勒爾錦帥師討之康喀喇將護軍從十三年攻岳州戰荆河口戰城陵磯破三桂將吳應麒十六年攻長沙復茶陵戰攸縣破三桂將王輝十七年取耒陽下常甯新甯諸縣又克郴州康喀喇皆在行間二十五年授鑲紅旗滿洲副都統二十九年從裕親王福全征噶爾丹三十年卒

雅希禪先世居馬佳以地爲氏父尼瑪禪當太祖兵初起從其兄赫東額率五十餘戶來歸任牛彔額眞雅希禪事太祖積戰功授備禦爲扎爾固齊天命四年蒙古喀爾喀五部遣使請盟太祖命額克星格綽護爾雅希禪庫爾纏希福往涖是歲從上禦明師戰於界凡雅希禪先衆克敵復擊明總兵馬林於尙間崖破其中堅以功進二等參將七年從上克遼陽進三等副將及沙嶺之戰爲敵所創戰敗降一等參將八年從貝勒阿巴泰等伐札魯特部與達音布博爾晉率兵遇貝勒昂安寨昂安以其孥行達音布戰死雅希禪與博爾晉共擊殺昂安尋卒順治十二年世祖追錄太祖太宗諸將賜謚勒碑雅希禪謚敏果子三恭袞訥爾特拉篤渾恭袞襲職坐事析世職爲二備禦與其弟訥爾特分襲崇德三年授刑部副理事官四年從伐索倫陳沒部議恭袞不從軍令乃爲敵所戕當奪世職籍家產三之一上念其父雅希禪有功特貰之訥爾特初從太宗伐明敗敵小凌河復自大同入邊還善射者使訥爾特將之攻克小石城旣襲備禦復從圍錦州屢敗敵松山杏山崇德七年授刑部參政兼梅勒額眞師方攻松山松山明兵夜遁訥爾特與擺牙喇纛章京鰲拜馳塔山南海濱先敵至蓐食以待夜擊明兵遂旦明兵據山巓訥爾特率所部冒矢石仰攻明兵敗走乘勝逐之明兵入水死者甚衆八年從伐明初入邊擊敗明守將師度渾河方築梁明兵千餘起撓之訥爾特擊之走復敗明援兵於三河進略山東克武定師還將出邊明將以步兵追躡謀劫砲訥爾特與固山額眞準塔還擊破之賜白金五百九月復從鄭親王濟爾哈朗伐明攻甯遠明總兵吳三桂出拒訥爾特力戰陳沒贈游擊拉篤渾從父兄在軍戰比有功恭袞戰死襲備禦崇德六年從伐明圍錦州陳沒加半個前程舒賽世居薩克達以地爲氏歸太祖隸滿洲鑲藍旗天命四年從太祖禦明師與雅希禪等攻馬林於尙間崖以功授備禦尋從伐瓦爾喀俘獲甚衆進二等參將太宗卽位列十六大臣佐鑲藍旗天聰元年從伐朝鮮師還命與固山額眞阿山等帥師戍義州八年上自將伐明鄭親王濟爾哈朗居守舒賽與梅勒額眞蒙阿圖等副之舒賽善戰攻城輒被棉甲先登太祖嘉其勇又慮其輕進溫諭誡止之舒賽益感奮先後克十六城太宗特敕旌其功進三等梅勒章京崇德六年十月卒順治十二年追謚壯敏子西蘭初任牛彔章京授備禦世職順治元年以擺牙喇甲喇章京從豫親王多鐸討李自成攻潼關三戰皆勝二年從貝勒博洛定江南下松江徇福建克平和論功遇恩詔進三等阿達哈哈番七年卒西蘭子席特庫崇德六年襲大父舒賽世職三等梅勒章京八年授甲喇額眞從伐明攻前屯衞以砲克城斬明總兵李輔明順治初從入關進略山西佐固山額眞葉臣等克太原二年從英親王阿濟格徇陝西敗賊延安自成走湖廣躡擊至安陸與鼇拜等屢破敵進二等梅勒章京四年改二等阿思哈尼哈番五年四月卒乾隆間定封二等男景固勒岱扎庫塔氏初居呼爾哈部烏喇招之不往太祖遣將伐東海渥集部景固勒岱徒步從軍攻取烏爾固辰路俘馘甚衆尋挈孥及諸兄弟率所屬三十戶來歸隸滿洲正白旗任牛彔額眞天命三年從上伐明入鴉鶻關攻克河城擢甲喇額眞仍兼領牛彔上規取遼瀋景固勒岱並在軍有功天聰八年五月授世職二甲等喇章京十二月命與甲喇額眞吳巴海率兵四千伐瓦爾喀部降其屯長芬達里及所屬五百餘戶俘阿庫里尼滿部千餘人獲貂虎狐貉舍利猻猁青鼠諸毛毳之屬九年六月師還上令禮部諸臣宴勞以所獲分賚將士進世職一等甲喇章京崇德二年從武英郡王阿濟格攻明皮島克之賚裘服鞍馬銀布駝牛諸物順治初恩詔累進二等阿思哈尼哈番十一年八月卒謚忠直從弟崇阿任牛彔額眞天聰八年從伐明徇大同略回雁堡崇德元年從伐朝鮮敗敵桃山村六年從伐明圍錦州入其郛巷戰七年從伐明敗敵渾河之濱入山東至壽光順治初從入關二年從下浙江拔湖州進取福建敗敵福甯五年從討金聲桓敗王得仁於南昌從討李成棟破其軍六年戰南康圍信豐殲成棟赴水死累功遇恩詔進一等阿達哈哈番十八年卒

揚善瓜爾佳氏費英東弟音達戶齊之子也費英東諸弟音達戶齊吳爾漢郎格衞齊皆事太祖隸鑲黃旗而音達戶齊諸子揚善伊遜鍾金吉賽納都祜吉遜改隸鑲白旗揚善亦逮事太祖授備禦太宗卽位旗設調遣大臣二揚善佐鑲黃旗尋授巴牙喇纛章京三年從伐明受上方略銜鋒攻堅所至有功五年攻大凌河與明監軍道張春戰冒矢石陷陳胸腕皆被創進游擊擢內大臣六年從伐察哈爾林丹汗旣遁其部衆有遁入明境沙河堡者使揚善齎書索以歸崇德二年略大同蒙古有被掠者悉取以還授議政大臣順治初肅親王豪格得罪都統何洛會誣告揚善及其子羅碩諂附豪格爲亂羅碩能通滿漢蒙古文字太宗召直文館授內國史院學士噶布什賢章京兼刑部理事官至是父子俱棄市世祖親政誅何洛會復揚善世職以其孫霍羅襲伊遜音達戶齊第三子太宗卽位列十六大臣佐鑲黃旗天聰三年從伐明攻遵化伊遜先登中砲傷臂太宗親臨視授游擊尋遷兵部承政七年偕英俄爾岱使朝鮮定互市約崇德二年坐事罷三年復爲兵部承政四年命與工部承政薩穆什喀等伐虎爾哈部分兵循喇里闌下兀庫爾城設伏鐸陳城敗敵斬七十級師還坐爲博穆博果爾所襲亡輜重士卒論罰八年卒順治十二年追謚襄壯建碑紀績子噶達渾孫沙爾布相繼襲職納都祜音達戶齊第八子順治初任護軍參領從入關破李自成克潼關定西安移師下江南追明福王至蕪湖並有俘馘授半個前程三年從討騰機思土謝圖汗碩羅汗拒戰皆擊敗之五年從討金聲桓有功八年擢正白旗梅勒額眞改副都御史進拜他喇布勒哈番又以伊遜無嗣納都祜當併襲復遇恩詔覈改一等阿思哈尼哈番兼拖沙喇哈番十四年都察院請更定世職襲次上疑其徇私坐罷官十七年卒無子以鍾金孫貴欽吉賽子盧柏赫分襲武賴吳爾漢子也隸滿洲鑲黃旗天聰四年與布爾堪等將精兵百人略明邊渡大凌河馳斬俘獲甚衆八年任甲喇額眞九年擢固山額眞領正藍旗崇德元年七月從武英郡王阿濟格伐明明遵化三屯營守備率衆來窺伺盡殲之師還坐出邊不收後隊誑言阿濟格逼脅臨陳敗走罰白金四百十二月上自將伐朝鮮武賴從與豫親王多鐸共擊敗諸道援兵復與固山額眞譚泰等率阿禮哈超哈兵攻漢城樹雲梯以登守陴者奔竄盡收其輜重牲畜以歸三年從貝勒岳託伐明至山東擊敗明內官馮永盛總兵侯永祿等經董家口敵兵千餘依山爲陳武賴與戰屢捷犁其壘明將復率兵要我軍輜重武賴與準塔擊破之遂乘勝行略地以功授牛彔章京五年從睿親王多爾袞伐明刈禾錦州明兵出拒武賴追擊迫使入城遂略松山八年從貝勒阿巴泰伐明至渾河擊敗明兵師還經密雲明兵以火器斷歸路武賴與固山額眞鰲拜奮勇馳突明兵潰走度塞復敗敵整軍出邊以功加半個前程順治初入關破李自成三詔進至一等阿思哈尼哈番以老乞休尋卒謚康毅建碑紀績衞齊子鰲拜耶格孫席卜臣皆別有傳

冷格里，舒穆祿氏滿洲正黃旗人揚古利弟也少事太祖從征伐敘功自備禦累進一等副將明將毛文龍分兵自朝鮮義州城西渡鴨綠江入海島中闢田以耕天命九年秋八月上命冷格里將左翼兵吳善將右翼兵襲擊之道得諜知明兵晝渡江棲於島夜還屯江岸冷格里夜引兵自山蹊潛行平旦度明兵已渡江卽疾馳揭支流以濟入島明將卒皆驚奔潰追斬五百餘級餘衆爭舟多墮水死焚島中積聚而還太宗卽位以其弟納穆泰爲八大臣領本旗而冷格里列十六大臣佐之蒙古扎魯特部貳於明大貝勒代善等帥師討之冷格里及甲喇額眞阿山將六百人爲前鋒略喀爾喀巴林部逐守卒縱火燎原張軍勢轉戰而前獲扎魯特部貝勒巴克等十四人俘二百七十一掠駝馬牛羊三千九百四十有二師還上率諸貝勒大臣迎勞進三等總兵官天聰元年從貝勒阿敏等伐朝鮮夜引兵八十人襲明邊一夕入六堠盡俘其堠卒遂襲義州克之論功進一等總兵官三年二月明兵自海島移屯朝鮮鐵山冷格里率精兵攻之多所斬馘九月從揚古利率兵逐逃人雅爾古遇毛文龍部卒以採蔘至者俘數十人以還四年納穆泰以棄灤州黜擢冷格里爲八大臣領本旗五年五月與喀克篤禮分將左右翼兵伐南海島有功八月太宗伐明冷格里從圍大淩河城冷格里以所部軍於城西北上招明總兵祖大壽降大壽未決先使裨將韓棟出謁出冷格里所守門冷格里令軍士戎服執戟立營門內外示棟軍容棟旣謁上還將入城冷格里呵使止門外問姓名審形貌然後令入棟具以語大壽大壽怵我軍嚴整乃決降七年六月從貝勒岳託等將右翼兵伐明取旅順師還上迎勞如初是年冬冷格里有疾十二月上親至其第視疾八年正月卒上臨其喪哭之慟駕還設幄於丹墀坐而歎息漏下二鼓始入宮明年上行幸道經其墓下馬酹而哭之順治十二年追諡武襄子穆成格天聰四年從伐明克永平四城薄明都明侍郎劉之綸率兵出禦戰敗所將兵盡殲之綸匿石巖下穆成格射殺之八年襲一等總兵官尋改一等昂邦章京官至刑部左參政卒子穆赫林襲順治初改一等精奇尼哈番恩詔累進一等伯康熙中其孫吉當阿襲復爲一等精奇尼哈番乾隆間定封一等子納穆泰揚古利幼弟其母襁負來歸者也少從太祖征伐太宗卽位擢爲八大臣領本旗以篤義貝勒巴雅喇子拜音圖及其兄冷格里爲十六大臣佐之天聰元年從伐朝鮮三年冬從伐明攻遵化率所部軍其城西北四年春復克永平降遷安下灤州是爲永平四城師還命貝勒阿敏督諸將戍守納穆泰與圖爾格庫爾纏高鴻中率正黃正紅鑲白三旗分守灤州明經略孫承宗銳意復四城四月遣兵攻灤州不能克而退五月監軍道張春監紀官邱禾嘉總兵祖大壽馬世龍楊紹基副將祖大樂祖可法張宏謨劉天祿曹蕘誠孟弢悉衆來攻納穆泰與圖爾格分門而守矢石競發出精銳繞城搏戰驅敵出壕外敵復突至攻納穆泰所守門焚城樓或執纛緣雲梯先登我兵阿玉什斬之奪其纛敵稍卻求援於阿敏阿敏守永平使巴篤禮以數百人往夜突圍入城敵以砲攻我兵不能禦守四日夜棄城奔永平就阿敏阿敏旋引師還永平四城復入於明納穆泰坐論死上命宥之奪官籍其家五年將兵入明邊逐逋斬六人執九人以歸明寧遠人張士粹來降詭言明築大淩河城使納穆泰與圖爾格將千人往詗之還言士粹等言妄悉誅之尋擢兵部承政授游擊世職復與圖爾格略錦州松山八年改官制授固山額眞三等甲喇章京秋從上伐明自上方堡入八月克靈邱縣王家莊先登有功九年二月命貝勒多爾袞將萬人收察哈爾林丹汗子額爾克孔果爾額哲納穆泰將右翼圖爾格將左翼師還入明境自平魯衞略代州至崞縣出邊納穆泰圖爾格以兵千人殿明總兵祖大壽率馬步兵三千人追至圖爾格奮擊破之潰兵合馬步五百餘據臺爲陳納穆泰麾兵圍攻盡殲其衆獲人畜七萬六千二百敘功加三等梅勒章京十月卒上欲臨其喪諸貝勒諫止賜御服以斂順治四年改世職三等阿思哈尼哈番三傳降襲揚古利從弟譚泰自有傳譚泰弟譚布天聰初爲巴牙喇甲喇章京五年從伐明圍大淩河城城人出樵採率先邀擊斬三人俘二人復與希福等擊敗明援兵自錦州至者崇德三年授議政大臣四年十一月與薩木什哈索海等伐索倫部取道虎爾哈部攻雅克薩城得丁壯三百餘索倫部長博穆博果爾迎戰擊卻之護所俘以歸授牛彔章京賜貂皮及人戶五年擢十六大臣時我兵屯田義州譚布及覺善率兵爲衞明兵驟至殘屯丁論罰如例六年伐明圍錦州明總兵祖大壽以步卒出戰譚布衝堅力戰復敗其騎卒斬材官一以徇明總督洪承疇來援譚布從其兄譚泰迎戰敵騎至譚布屢奮戰挫敵以功加半個前程祖大壽旣降上命諸大臣與較射賞諸中侯者譚布賜駝一八年正月復與覺善戍錦州九月從鄭親王濟爾哈朗伐明略寧遠順治元年從入關擊李自成追至慶都進二等甲喇章京二年從饒餘郡王阿巴泰鎭山東與準塔徇徐州擊敗明軍得舟五百餘砲五十有七時豫親王多鐸下江南自泗州渡河趨揚州而明總兵劉澤清總漕田仰猶保淮安譚布與準塔師至淸江浦澤淸仰皆走遂定淮安下如臯通州撫輯附近諸州縣進一等甲喇章京加半個前程三年從肅親王豪格擊張獻忠六年從端重親王博洛討姜瓖圍大同瓖潛結援賊倚北山綴我軍而自糾衆出城爲夾擊譚布與鰲拜車爾布等先破賊援還擊瓖迫使入城斬殪甚衆又分兵徇太原平陽汾州論功遇恩詔累進一等阿思哈尼哈番八年三月授工部尙書是年八月譚泰誅詔兄弟毋連坐尋罷尙書復爲三等阿思哈尼哈番康熙四年卒

薩穆什喀，佟佳氏扈爾漢第三弟也隸滿洲正白旗少從太祖轉戰積功授游擊嘗以十二人逐敵山麓斬百人獲五十三人馬牛羊千計太宗卽位列十六大臣佐鑲白旗天聰四年從伐明攻灤州七年復從貝勒岳託等伐明規取旅順時師自陸行皆乘馬薩穆什喀曰師潛進安用乘馬爲乃率衆舍馬徒行至水次岳託勉薩穆什喀努力薩穆什喀對曰如貝勒言此城誓必下不空歸也遂與白奇超哈章京巴奇蘭以舟先身被百創戰益厲遂破旅順師還太宗郊勞親酌金卮以賜進一等參將八年授甲喇額眞從貝勒杜蘭戍海州十二月命副巴奇蘭伐黑龍江虎爾哈部降其衆取其地九年四月師還加三等梅勒章京授白奇超哈章京崇德元年從武英郡王阿濟格等伐明入長城與額駙蘇納師師攻容城先登克之三年授議政大臣復從武英郡王阿濟格攻皮島督擺牙喇兵渡江先至岸與固山額眞阿山葉臣等共攻克之斬其守將沈世魁進二等七月授工部承政四年與刑部承政索海分將左右翼伐索倫部部人達爾布尼阿哈木都戶白庫都漢必爾代據厄庫爾城拒我師薩穆什喀合左右翼攻克之進攻鐸陳未下牛彔額眞薩必圖等引兵助攻鐸陳阿撒二城兵潛出邀戰薩穆什喀設伏敗之斬七十人五年師還上郊勞賜宴吏議薩穆什喀伐索倫得三屯復叛其長博穆博果爾掠正藍旗輜重坐視不救當削職籍沒上命削職貰籍沒薩穆什喀陳辨博穆博果爾掠輜重率兵追擊里許乃與右翼索海等兵遇索海等攘功上命王貝勒議政大臣勘覈以薩穆什喀言妄論死上特宥之復追論戍海州時備不嚴屯丁爲敵殺論罰鍰七年從伐明攻錦州敵犯塞薩穆什喀力戰敵三至三卻錦州下復授世職牛彔章京八年卒子羅什襲職雅賴扈爾漢第七弟也事太祖從伐烏喇略地朝鮮數被創從攻遼東破蒙古兵從伐察哈爾先登殺敵天聰三年五月與甲喇額眞羅璧等將千人略明新城路遇毛文龍舊部朱參者斬六十人毀其舟九月從揚古利逐逃人雅爾古復遇文龍部衆殺九千六百餘人獲千總三及從者十六十一月太宗伐明薄明都袁崇煥來援攻擺牙喇兵城兵出應雅賴力戰卻之五年從攻大淩河屢勝嘗單騎入敵陳出戰死者尸七年取旅順口與薩穆什喀同舟先濟敵據岸列陣以拒雅賴超躍登岸大呼曰雅賴先登矣遂入敵陳黎明與敵戰入城被創戰益奮我兵或少卻輒手刃之城下授世職備禦崇德二年授議政大臣八年加半個前程順治初從入關擊李自成二年從破自成兵潼關定河南江南論功遇恩詔進一等阿思哈尼哈番兼拖沙喇哈番八年三月擢戶部尙書四月坐駐防河間牛彔額眞碩爾對訐告發饟不均罷並削拖沙喇哈番康熙三年卒乾隆初定封三等男

洪尼雅喀，吳扎庫氏世居噶哈里太祖初起時扈倫諸部方強烏喇尤橫肆聞洪尼雅喀以材武豪於所部刦其孥迫使歸附洪尼雅喀旣偕往念烏喇貝勒不足事中途棄走與弟薩蘇喀薩穆唐阿率其族四十人歸太祖授牛彔額眞俾領其衆隸滿洲鑲紅旗天命三年從伐明有功擢甲喇額眞天聰二年太宗自將伐明攻錦州師薄城洪尼雅喀先登毀其堞墜傷足敵迫之將執而縶焉季弟薩穆唐阿以壯達從軍馳護鬭死洪尼雅喀乃免八年五月授世職三等甲喇章京尋卒子武拉禪武拉禪襲世職順治元年授擺牙喇甲喇額眞十月從豫親王多鐸西討李自成十二月至潼關甫立營賊掩至擊卻之二年從端重親王博洛下浙江趨平湖敗敵獲戰艦進略杭州馬士英方國安擁衆來攻武拉禪與戰於楮山於朱橋於范村屢勝四年授鑲紅旗蒙古梅勒額眞五年正月增設滄州大名駐防命武拉禪以梅勒額眞駐大名金聲桓爲亂從征南大將軍譚泰攻南昌五合五勝聲桓以步騎七萬拒戰率本旗兵合擊大破之聲桓旣死剿餘寇於袁州擊敗明將朱翊鑁定府一縣二六年七月有趙鳳岡者爲亂於畿南武拉禪討之斬鳳岡殲其衆千人別遣甲喇額眞哈其哈等擊賊寶山村獲其渠田東樓楊牌子七年五月授刑部侍郎敘功遇恩詔世職屢進尋定爲二等阿思哈尼哈番十二年從甯海大將軍宜爾德攻舟山明將陳六御等以三萬人拒戰武拉禪督纛奮擊以功進一等阿思哈尼哈番復以恩詔加拖沙喇哈番十六年領侍衞內大臣額爾克戴青家奴毆侍衞阿拉那於市武拉禪勘獄反罪阿拉那坐枉抑削所加拖沙喇哈番十七年以病免康熙

六年十月卒薩蘇喀洪尼雅喀仲弟也事太祖授擺牙喇甲喇額眞天命七年從太祖伐明攻廣甯戰於沙嶺我師有都爾根者馬蹶敵騎三共取之兩刃交下薩蘇喀馳入敵陳躍馬大呼斬一人排一人撲地遂翼之出無敢逼者天聰三年從太宗伐明薄明都薩蘇喀爲前驅偵敵五年師圍大凌河城城兵突出薩蘇喀率兵追擊及壕而返城兵尋復出又擊敗之八年二月略明前屯衛從噶什布賢噶喇昂邦勞薩擊敗甯遠兵獲馬二十有二六月師至大同以三十人偵左衛敵三百屯城外奮擊敵潰走逐之至城下斬獲甚衆九年從貝勒多爾袞招察哈爾林丹汗子額哲進略明邊固山額眞圖爾格設伏敗敵敵潰走薩蘇喀躡其後斬級最授牛彔前程尋擢禮部參政崇德二年與甲喇額眞丹岱等以八十人略明邊次清河敵七百屯守與戰大勝獲纛二馬二十餘五年圍錦州守木魯河六年圍松山八年攻甯遠取中後前屯衛戰比有功順治初擢鑲紅旗滿洲梅勒額眞從入關擊李自成與梅勒額眞和託共驅入敵營中砲沒贈三等甲喇章京

阿山伊爾根覺羅氏世居穆溪父阿爾塔什率阿山及諸子阿達海濟爾琺噶賴以七村附太祖太祖妻以同族女兄弟號額駙而以阿山等屬貝勒代善代善置閒散觖望與諸弟及其子塞赫等逃之明上收其孥貝勒阿敏以兵追之射殪阿山二子阿山亦被創兄弟相失穆克譚追射阿達海阿達海斫穆克譚墜馬幾死遂奪其馬與阿山等入明邊尋復自歸太祖問其故對曰舉族相投矢効命疆場豈直充廝役乎乃置諸左右旗制定隸滿洲正藍旗天命六年從伐遼陽授二等參將太宗卽位旗置大臣一爲將其次置大臣二爲佐又其次置大臣二備調遣使阿山佐正白旗阿達海與同旗備調遣是歲貝勒代善等帥師伐扎魯特部上令阿山與冷格里以兵六百入喀爾喀巴林部逐邏卒縱火張軍威師還進三等副將天聰元年從伐朝鮮克義州阿達海坐罥太祖御用兜鍪鞭五十又違上命爲貝勒多鐸媒聘國舅阿布泰女論死上宥之命奪官籍其家之半阿達海託言捕魚以十騎踰赫圖阿喇城遁克徹尼追之還阿達海私語從人曰我欲亂箭射殺克徹尼如爾輩何語聞上命誅之三年秋阿山復與弟噶賴子塞赫及阿達海子查塔莫洛渾奔明甯遠上收其孥遣兵往追之阿山等將入明境遣從者先明守塞兵執而殺之阿山等懼復還請罪上復宥之還其孥使復職阿山乃訐雅蓀與同謀雅蓀者起微賤以葉赫攻兀扎魯城時戰有功太祖寵任之雅蓀矢言殉太祖太祖崩不果殉臨喪慢至是鞫得實遂坐誅冬從上伐明克洪山口城薄明都軍於城東南阿山與圖魯什周視敵營請速進攻上命卽夜漏三下列陳詰旦遂戰大破明軍陳斬武經略滿桂等四年攻永平上命阿山及葉臣選部下猛士二十四人乘夜挾雲梯以攻諭曰登梯當令四人先分立梯端二旁次令四人登又次令十六人相繼上又次則爾曹督其後復令各旗出將一兵千人助攻次日日加寅薄城樹梯犯矢石奮戰俄城上砲裂藥發敵兵自驚擾阿山督所部冒火銳上諸軍繼進遂克其城五年攻大凌河率銳騎邏錦州松山俘明兵明守將出援與勞薩圖魯什以三百人敗其衆二千斬百餘級獲纛三上勞以金巵尋授固山額眞六年上自將伐察哈爾阿山與梅勒額眞布爾吉方行邊聞上至西拉木倫河帥師來會上命率精騎三百助圖魯什爲前驅察哈爾汗遁去上引還復命阿山等帥師防邊七年與布爾吉偵鹿島多所俘獲八年與圖魯什略錦州貝勒岳託謂圖魯什曰軍中調遣當就阿山商榷勿違其言既復從伐察哈爾斬蒙古逃人追錄克永平功進三等昂邦章京免徭役並分以虎爾哈俘百人隸所領牛彔九年師入明邊略山西明兵自山海關赴援上命貝勒多鐸軍廣甯阿山與固山額眞石廷柱率噶布什賢兵四百前驅趨錦州明副將劉應選等以兵三千五百人來禦遇於大凌河將戰多鐸後軍驟至自山而下士馬騰踔軍容甚盛明兵驚沮阿山突起掩擊我師從之陳斬應選殲其兵五百克臺堡一師還賜良馬鎧甲崇德元年從武英郡王阿濟格伐明下鵰鶚長安嶺二城率本旗兵獨克東安縣師還明兵來追阿山殿擊斬略盡二年取皮島與葉臣將左翼舟師攻其西北隅先登斬守將沈世魁進一等昂邦章京世職六年八月復圍錦州城兵突圍出攻我師松山守將潛謀奪火器阿山迭擊敗之七年十月復從貝勒阿巴泰伐明入牆子嶺轉戰至兗州師還賚銀幣順治元年從入關擊李自成自成敗走阿山偕左翼梅勒額眞阿哈尼堪右翼固山額眞馬喇希濟蒲津擊破之克平陽以功進三等公二年豫親王多鐸自陝西移師下江南阿山及諸將從與馬喇希等取淮河橋渡淮拔揚州率舟師泝江上克江甯獲明福王江南既定從貝勒博洛固山額眞拜音圖徇浙江師次杭州明潞王常淓降嘉興湖州紹興甯波嚴州皆下師還賚金銀鞍馬阿山自太宗時屢坐事被論輒貸之三年坐妄聽巫者言罪所部被訐罷官奪世職旋復授一等昂邦章京四年改一等精奇尼哈番旋卒乾隆初定封一等男從弟阿爾津自有傳

論曰太祖時鄰近諸部族歸附常書兄弟最先康果禮等最衆其子孫皆能以驍勇自効博爾晉雅希禪殺敵致果蓋勞薩圖魯什之亞也揚善冷格里薩穆什喀皆有戰績非藉父兄顯者洪尼雅喀尤以材武名阿山屢去復歸誅弟而用兄駕馭梟桀惟恩與法握其要矣

清史稿 列傳十五

額爾德尼 噶蓋 布善 噶蓋子武善 布善子夯扎

達海 尼堪

庫爾纏 弟庫拜 英俄爾岱

滿達爾漢 弟馬福塔 明安達禮

額爾德尼納喇氏世居都英額少明敏兼通蒙古漢文太祖時來歸隸正黃旗滿洲從伐蒙古諸部能因其土俗語言文字宣示意旨招納降附賜號巴克什滿洲初起時猶用蒙古文字兩國語言異必迻譯而成文國人以爲不便太祖起兵之十六年歲己亥二月辛亥朔召巴克什額爾德尼扎爾固齊噶蓋使製國書額爾德尼噶蓋辭以夙習蒙古文字未易更製上曰漢人誦漢文未習漢字者皆知之蒙古人誦蒙古文未習蒙古字者皆知之我國語必譯爲蒙古語始成文可誦則未習蒙古語者不能知也奈何以我國語製字爲難而以習他國語爲易耶額爾德尼噶蓋請更製之法上曰是不難但以蒙古字協我國語音聯屬爲句因文以見義可矣於是製國書行於國中滿洲有文字自此始天命三年從伐明取撫順師還明總兵張承廕自廣寧率衆躡我師後額爾德尼偕諸將還擊斬承廕敍功授副將太宗時額爾德尼已前卒嘗諭文館諸臣歎爲一代傑出順治十一年追謚文成子薩哈連官至鑾儀衛冠軍使賜姓赫舍里改入大學士希福族中噶蓋伊爾根覺羅氏世居呼納赫後隸滿洲鑲黃旗太祖以爲札爾固齊位亞費英東歲癸巳閏十一月命與額亦都安費揚古將千人攻納殷佛多和山寨斬其酋搜穩塞克什歲戊戌正月命與台吉褚英巴雅喇及費英東將千人伐安褚拉庫路降屯寨二十餘歲己亥受命製國書是年九月命與費英東將二千人戍哈達哈達貝勒孟格布祿貳於明將執二將二將以告太祖遂滅哈達以孟格布祿歸孟格布祿有逆謀噶蓋坐不覺察併誅子武善武善年十六太祖念噶蓋舊勞授牛彔額眞天命九年明將毛文龍遣兵入海島屯耕太祖命武善與冷格里擊之殲其衆語詳冷格里傳文龍復遣兵三百登海岸掠武善與滿都里率兵追擊斬裨將三還所掠太宗卽位列十六大臣佐鑲紅旗天聰八年上遣諸將伐明武善與阿山爲後隊遵上方略設伏敗敵授三等甲喇章京崇德元年詗知明兵襲濱海驛場上命武善與吏部參政吉思哈馳援擊走明兵三年正月喀爾喀札薩克圖寇歸化城上自將禦之武善與吳巴海從吳巴海斷卒盜軍糈武善坐徇隱奪世職八月授工部參政時蒙古瓦爾喀諸部皆附使至每以武善典其事順治元年卒布善武善弟事太宗授巴牙喇甲喇章京兼牛彔額眞尋護巴牙喇纛章京列議政大臣崇德五年從伐明攻錦州擊敗杏山騎兵六年復從伐明攻松山洪承疇以十三萬人赴援布善先衆力戰郤敵上度明兵衆而餉不繼必引去命諸將比翼列營直抵海濱入夜明兵果引去諸將截擊布善率兵窮追斬獲無算八年復從伐明攻克前屯衛中前所順治初從入關予牛彔章京世職二年從征江南卒於軍夯札布善子襲職遇恩詔進二等阿達哈哈番十七年授護軍參領兼佐領康熙十三年從定南將軍希爾根討耿精忠圍撫州屢破賊賊棄城走四年從大將軍安親王岳樂討吳三桂其將夏國相屯萍鄉依山結寨夯札率兵奮擊大破之國相等棄貲械走十七年遷護軍統領十八年擢廂紅旗蒙古都統從安親王攻武岡軍器輜重自水道進賊截溪夯札率兵馳擊賊郤走綠旗兵屯溪岸賊舟猝集逼屯夯札自陸赴援道險馬不能行乃率兵步行賊據山梁設鹿角列火器以拒夯札督兵直前斬獲甚衆賊水陸皆潰十九年命將湖廣兵詣廣西參贊大將軍簡親王喇布軍務討叛將馬承廕克武寧進取象州圍柳州承廕降進復慶遠廣西平還京二十一年卒敍功進一等阿達哈哈番

達海先世居覺爾察以地爲氏祖博洛太祖時來歸父艾密禪旗制定隸滿洲正藍旗達海幼慧九歲卽通滿漢文義弱冠太祖召直左右與明通使命若蒙古朝鮮聘問往還皆使屬草令於國中有當兼用漢文者皆使承命傳宣悉稱太祖旨旋命譯明會典及素書三略太宗始置文館命分兩直達海及剛林蘇開顧爾馬渾託布戚多譯漢字書籍庫爾纏吳巴什查素喀胡球詹霸記注國政天聰三年上伐明既擊破滿桂等四總兵軍遣達海賚書與明議和明閉關拒勿納復命海達爲書二通一置得勝門外一置安定門外乃引師還四年復

伐明至沙河驛命達海以漢語諭降克永平命達海持黃旗登城以漢語諭軍民城中望見皆羅跪呼萬歲降將孟喬芳楊文魁楊聲遠從貝勒阿巴泰入見命達海以漢語慰勞三屯營漢兒莊既降明兵襲三屯營上慮漢兒莊復叛命達海以漢語撫定之是年所譯書成授游擊五年七月賜號巴克什九月復伐明破大凌河命達海以漢語招總兵祖大壽上賜宴復命傳諭慰勞十二月定朝儀達海治國書補額爾德尼噶蓋所未備增爲十二字頭六年三月太宗諭達海曰十二字頭無識別上下字相同幼學習之尋常言語猶易通曉若人姓名及山川土地無文義可尋必且舛誤爾其審度字旁加圈點使音義分明俾讀者易曉達海承命尋繹字旁加圈點又以國書與漢字對音補所未備謂舊有十二字頭爲正字新補爲外字猶不能盡協則以兩字合音爲一字較漢文翻切尤精當國書始大備是年六月達海病逾月病亟上聞垂涕遣侍臣往視賜蟒緞並諭當優卹其子達海聞命感愴已不能言數日遂卒年三十八時方譯通鑑六韜孟子三國志大乘經皆未竟達海廉謹在文館久爲領袖其卒也當斂求鞾無完者七年二月以其長子雅秦降一等襲職授備禦國初文臣無世職有之自達海始十年賜諡文成康熙八年五月聖祖從其孫禪布請立碑紀績達海子四長子雅秦以備禦兼管佐領崇德三年從伐明毀董家口邊牆入略明畿內下山東所向克捷還出靑山口遇明軍雅秦率步兵擊敗之四年從攻松山六年從圍錦州城兵突出犯我軍雅秦率所部兵禦敵皆有功旋授吏部理事官八年調戶部理事官順治元年四月從入關擊敗李自成迭遇恩詔進世職至二等阿思哈尼哈番八年三月授吏部侍郎七月擢國史院大學士十月卒九年上以恩詔進世職過濫命改爲一等阿達哈哈番兼拖沙喇哈番予其子禪布襲職康熙二十一年聖祖巡方命從官祭雅秦墓達海次子辰德太宗嘗召其兄弟賜饌予幣命辰德勤習漢文其後仕未顯三子喇扐康熙間以前鋒統領從討吳三桂戰衡州陳沒贈拖沙喇哈番四子常額雅秦卒後世祖特授學士而雅秦子禪布康熙初亦官秘書院學士爲達海請立碑三桂既平之明年聖祖諸大學士達海巴克什子孫有入仕者乎明珠對聞有孫爲鴻臚寺官因下吏部錄達海諸孫陳布祿等十二人引見命授陳布祿刑部郎中其後國子監祭酒阿理瑚請以達海從祀孔子廟禮部尙書韓菼議不可乃罷達海以增定國書滿洲羣推爲聖人其子孫男子繫紫帶亞於宗姓女子不選秀女

尼堪納喇氏世居松阿里烏喇太祖時來歸賜號巴克什旗制定隸滿洲鑲白旗初以說降蒙古科爾沁部授備禦天命十年偕侍衞博爾晉等率師伐虎爾哈部收五百戶以還上郊勞賜宴天聰初擢一等侍衞從太宗伐明攻錦州有功七年從諸貝勒按獄蒙古諸部牛彔額眞阿什達爾漢以所齎勅二十道付尼堪尼堪以授從者失其九所司論劾罰如律蒿齊忒部台吉額林等來歸命尼堪往迎八年正月收其部落戶口牲畜以還七月上伐明道遇察哈爾部衆來歸命尼堪還盛京安置時鄭親王濟爾哈朗留守使尼堪偕卦爾察席特庫率兵十二人偵明兵明兵適至奮擊敗之逐至遼河凡三戰斬馘百餘明兵引退九年從貝勒岳託戍歸化城土默特部私與明通岳託使尼堪及參領阿爾津伺塞上得明使四輩土默特使十輩皆執以歸尋與英俄爾岱等使朝鮮崇德元年六月授理藩院承政二年正月太宗伐朝鮮既克其都命尼堪及吉思哈葉克舒帥師幷護科爾沁札魯特敖漢柰曼諸部兵伐瓦爾喀將出朝鮮境朝鮮兵屯吉木海阻師行尼堪督兵進擊大破之斬平壤巡撫既朝鮮兵二萬餘人復來追襲尼堪等設伏誘敵殲萬餘人敵遁據山巔立柵拒守師圍之三日遂下降哈忙城巡撫及總兵副使以下官獲牲畜布帛諸物無算進略瓦爾喀部以所獲畀蒙古諸部兵尋引師還復偕阿什達爾漢使科爾沁巴林札魯特喀喇沁諸部頒赦詔會諸部王貝勒淸庶獄三年五月坐讞獄科爾沁失實解任七月授理藩院右參政四年伐明徵蒙古諸部兵兵至不如額命尼堪使科爾沁喀喇沁土默特諸部詰責五年四月上以尼堪克副任使授三等甲喇章京復命安集索倫郭爾羅斯兩部新附之衆編爲八牛彔七月復命徵蒙古諸部兵伐索倫簡其軍實世祖定鼎論功進二等順治二年從豫親王多鐸下河南將蒙古兵自南陽趨歸德降州一縣四論功進一等三年從多鐸討蘇尼特部大破其衆四年論功進三等阿思哈尼哈番遷理藩院尙書六年喀爾喀使至餽睿親王多爾袞馬巽親王滿達海以爲言尼堪啟王王曰如例云何尼堪曰外藩職貢例不當餽諸王王惡其語侵己令內大臣議罪奪其俸三遇恩詔進三等精奇尼哈番世襲十年上以尼堪老進二等致仕十七年卒無子以其弟阿穆爾圖阿錫圖從子瑪拉兆賚分襲世職瑪拉自有傳

庫爾纏鈕祜祿氏世居長白山祖曰賴盧渾父曰索塔蘭賴盧渾先爲哈達都督索塔蘭及所部來歸旗制定隸屬滿洲鑲紅旗太祖以女妻索塔蘭生子四庫爾纏其次子也天命元年召直左右十一月蒙古喀爾喀五部來議和庫爾纏齎書涖盟九年二月復將命如科爾沁修好皆稱旨授牛彔章京太宗即位伐扎魯特部庫爾纏從師還上勞諸貝勒飲至達海承旨問諸貝勒行軍勝敵始末庫爾纏爲諸貝勒具對成禮天聰元年伐朝鮮庫爾纏從朝鮮王李倧請行成庫爾纏及副將劉興祚將命宣撫倧既約降庫爾纏等還報朝鮮諸將不知倧已約降也以步騎兵千人邀諸平壤庫爾纏集從者環甲突圍出朝鮮兵躡其後庫爾纏令從者前行而以十騎殿殺朝鮮兵三疾馳六十里朝鮮兵三百騎繼至庫爾纏率十騎憑隘爲伏擊敗之斬朝鮮將四兵五十餘獲馬百卒達瀋陽上復命齎諭至軍中申軍令定盟誓而還四年四月定文館職守命記注時政備國史四年正月伐明庫爾纏偕游擊高鴻中先至灤州設謀使啟城門師遂入二月師還庫爾纏從諸將戍焉五月明監軍道張春等來攻庫爾纏與牛彔額眞覺善等勒兵出戰奮猶踰塹直趨敵陣春等稍卻旋發火器焚城樓壞陴睨庫爾纏與覺善還兵禦之敵不能登都統圖爾格等以孤軍無援退保永平敵圍益急庫爾纏且守且戰屢有斬馘旋從貝勒阿敏等棄諸城還都待罪上以在灤州時能力戰特貫之庫爾纏先以口語被訐五年十一月使朝鮮以漢文作書遺朝鮮受私餽六年六月使明得勝堡議和以其人來上召入見屢失期七年二月上發庫爾纏諸罪幷追議庇劉興祚罪論死興祚者開原人見辱開原道遂率其諸弟興治等以降太祖以國語名之曰愛塔克遼東授副將領蓋復金三州興祚婪索民財畜被訐解任遂有叛志事屢敗太宗屢覆蓋之興祚使其弟興賢逃歸毛文龍作書遺庫爾纏詭言且死託以營葬誑賚者醉而縊殺之焚其室逸去庫爾纏得書視興祚見賚者尸以爲興祚也持之慟告於上以其子王十襲職爲營葬既而其弟興治亦遁詐漸露興祚興治去事文龍文龍薦爲參將袁崇煥殺文龍使興治及陳繼盛分將其兵天聰四年上攻永平興祚在敵中襲我軍中喀喇沁兵殺數十人使貝勒阿巴泰濟爾哈朗將五百人求興祚興祚將趨山海關阿巴泰遮其前濟爾哈朗追其後遂戰甲喇額眞圖魯什獲興祚殺之執興賢以歸庫爾纏解衣瘞興祚上命發而磔之庫爾纏復竊收其遺骼時興治將兵駐皮島諸弟興基興梁興沛興邦皆爲偏裨興沛以游擊守長山島上遣使招興治等諱言邏卒誤殺興祚且令興賢附書述上恩贍其母及妻使屢返復遣護其妻以往興治亦屢答上書自署客國臣枝梧不得要領會興治爲興祚發喪而繼盛信諜言疑未死興治忿執殺繼盛因縱掠明使黃龍鎭皮島興治復爲亂被殺上亦殺興賢及其諸子庫爾纏與興祚善未叛屢爲上言終收其骨卒以此及上猶念其有勞命毋籍其家世祖定鼎燕京詔視一品大臣例予宅地奴僕庫爾纏弟庫拜初以小校事太祖從伐明取撫順戰敗追兵復下遼瀋命爲牛彔額眞天聰五年從伐瓦爾喀手被創猶力戰克堡一是年七月初設六部授吏部參政敘功授牛彔章京世職復以吏部考滿授三等甲喇章京八年從伐黑龍江諸部九年進二等甲喇章京崇德元年從伐朝鮮追論伐瓦爾喀時奪部卒俘復令部卒私獵論罰罷牛彔章京三年七月更定官制改吏部理事官五年正月卒

英俄爾岱他塔喇氏世居扎庫木太祖時從其祖岱圖庫哈理來歸授牛彔額眞隸滿洲正白旗天命四年從攻開原有蒙古巴圖魯阿布爾者素以驍勇名降明爲邊將出戰英俄爾岱馳斬之六年從克瀋陽授游擊從克遼陽授二等參將天聰三年從伐明克遵化太宗督諸軍向明都而令英俄爾岱及李思忠范文程以兵八百守遵化師既行所下諸城堡石門驛馬蘭峪三屯營大安口羅文峪漢兒莊郭家峪洪山口潘家口灤陽營皆復爲明守明兵夜薄遵化英俄爾岱率兵擊卻之平旦明將以騎兵列陳待英俄爾岱出戰明兵驟至英俄爾岱麾其衆悉銳奮擊明兵退斬殿者五人俘材官一明兵宵奔英俄爾岱以師從之復殲騎卒百步卒千餘以書諭諸城羅文峪三屯營洪山口漢兒莊灤陽營五城復降五年七月定官制始設六部以英俄爾岱爲戶部承政七年明故毛文龍部將孔有德耿仲明自登州來降使英俄爾岱及游擊羅奇齎書徵糧於朝鮮朝鮮國王李倧使其臣樸祿報聘言毛氏舊爲敵不願輸糧太宗復以書諭略言毛氏將今歸我國以兵守其舟當就便輸以糧遣英俄爾岱及備禦代松阿齎書復往朝鮮乃輸糧如指八年五月改進一等甲喇章京太宗自將伐察哈爾察哈爾林丹汗走圖白特所部潰散或得俘言同行凡千餘戶方苦無所歸上命英俄爾岱及梅勒額眞覺羅布爾吉將二千人往跡之英俄爾岱等行遇蒙古頭人侯痕巴圖魯率千戶將來歸遣使謁上復遇台吉布顏圖縱兵擊殺之斬二百餘俘四十以還上以駝馬及所俘賚英俄爾岱及諸將士旣布顏圖部衆奔愬於上言我曹自察哈爾來歸遇大軍乞降不見允橫被屠戮上怒命盡奪所賚英俄爾岱尋以考滿進三等梅勒章京天聰十年春諸貝

勒及蒙古諸部以太宗功德日隆議上尊號令英俄爾岱齎書使朝鮮喻意既至倧謝不延納令英俄爾岱詣所置議政府陳說設兵晝夜環守使邸英俄爾岱率諸從者奪民間馬突門而出朝鮮王遣騎持報書追付英俄爾岱而別以書誡其邊臣令守界英俄爾岱幷奪之以聞又遇明皮島兵遮歸路擊走之崇德改元討朝鮮師克王都倧出奔南漢城二年春上使英俄爾岱及馬福塔齎敕詰責朝鮮以書謝師益進薄南漢城復使英俄爾岱馬福塔招倧出城相見倧答書始稱臣然猶逡巡不敢出上詗知倧寄孥江華島命睿親王多爾袞以偏師下之獲其妃及諸子倧乃出降上留其二子爲質命英俄爾岱馬福塔送其妃及諸戚屬還王都二月班師倧出送命英俄爾岱馬福塔宣諭仍送之還旋授議政大臣十月復命英俄爾岱馬福塔齎敕印使朝鮮封倧仍爲朝鮮國王四年授固山額眞五年上以倧繕城郭積芻糧欺罔巧飾使英俄爾岱及鄂莫克圖齎敕詰責倧上表謝罪六年六月睿親王多爾袞復攻錦州九月貝勒多鐸等圍松山英俄爾岱皆在行間七年復使朝鮮鞫獄還奏稱旨八年考滿進三等精奇尼哈番順治元年從睿親王多爾袞入關是年改承政爲尚書英俄爾岱仍任戶部二年敍功封三等公三年奏請禁民間私售馬贏軍械火器以杜盜源從之四年考滿進二等公五年二月卒英俄爾岱娶饒餘郡王阿巴泰女授多羅額駙領戶部十餘年旣領固山仍綜部政屢坐事論罰而恩顧不稍衰太宗嘗諭羣臣曰英俄爾岱性素執拗其於本旗人亦偶有徇庇朕思人鮮有令德英俄爾岱能殫心部政治事明決朕甚嘉之視諸部大臣不如英俄爾岱者多矣及睿親王薨得罪奪英俄爾岱公爵降精奇尼哈番康熙間輔臣鰲拜專政陷大學士蘇納海等於死以英俄爾岱與蘇納海同族追論初授地不平附睿親王諸罪狀奪官子宜圖官至內大臣襲爵降三等精奇尼哈番乾隆初定封三等子

滿達爾漢納喇氏先世居哈達父雅虎率十八戶歸太祖太祖以爲牛彔額眞隸滿洲正黃旗擢扎爾固齊與哈穆達尼伐東海卦爾察部俘二千人以歸太祖郊勞與宴又克舒桑哈達賜俘百旣乞休滿達爾漢繼爲牛彔額眞從太宗伐虎爾哈部降五百餘戶天聰五年五月上將伐明規取海中諸島使滿達爾漢與董納密聘於朝鮮且徵舟爲助朝鮮初附未敢開罪於明滿達爾漢等至朝鮮國王李倧謝不見且以兵守館越三日滿達爾漢謂守者曰我奉命至此何慢我不相見我歸矣遂與諸從者佩弓矢策騎奪門出倧使侍臣追及請見滿達爾漢等乃入見致使命而還七月授禮部參政閏十一月復與庫爾纏等使朝鮮誡毋縱其民越境採獵毋匿逃人並令歲餽當如例倧乃引咎願如約八年太宗自將伐明攻大同滿達爾漢分兵克堡四臺一又拔王家庄以功授世職牛彔章京尋擢禮部承政復使朝鮮崇德二年從武英郡王阿濟格伐明克皮島賜白金裘馬順治初世祖定鼎京師滿達爾漢以老解部任專領牛彔恩詔進二等甲喇章京三年卒諡敬敏子阿哈丹襲職恩詔進一等阿達哈哈番兼拖沙喇哈番從征福建擊鄭成功廈門戰死䘏贈三等阿思哈尼哈番馬福塔滿達爾漢弟也初授牛彔額眞與滿達爾漢分轄所屬人戶天聰五年授戶部參政八年三月與戶部承政英俄爾岱如朝鮮互市五月太宗自將伐明馬福塔從貝勒濟爾哈朗等居守九月齎奏詣行營道明鐵山明兵邀戰斬五人俘一人又馘一人縱使還尋擢戶部承政九年與參政博爾惠使朝鮮自是通使朝鮮馬福塔輒與崇德元年復與英俄爾岱等使朝鮮明皮島兵遮道擊走之九年復如朝鮮義州監互市得明邏卒知明兵入鹼場因率百人躡其後明兵引去値武英郡王阿濟格等伐明還渡遼具舟以濟師十二月太宗自將伐朝鮮命馬福塔與勞薩率兵先驅語詳勞薩傳朝鮮國王李倧走保南漢山城二年正月師克朝鮮都進攻南漢山城馬福塔兩奉勅入城數倧罪且諭降倧先使其臣謝罪尋率羣僚出城謁上二月上班師倧出送命馬福塔與英俄爾岱送倧還城倧餽金却之以聞四月從武英郡王阿濟格攻明皮島馬福塔攻其北隅督戰敗敵六月吏議馬福塔從伐朝鮮私以其子往得俘獲先衆齎還又令朝鮮將與貝子碩託交結罪當死命罰鍰以贖十月復命與英俄爾岱使朝鮮册李倧爲朝鮮國王三年七月更定官制改戶部左參政四年六月命與刑部參政巴哈納使朝鮮册倧妃趙氏爲王妃八月其兄甲喇額眞福爾丹從軍退縮論死籍其家畀馬福塔九月復爲戶部承政十一月倧疏言立碑三田渡頌上恩命與禮部參政超哈爾等往察視五年二月卒

明安達禮西魯特氏蒙古正白旗人世居科爾沁父博博圖率七十餘戶歸太祖卽授牛彔額眞領所屬天聰元年從伐明攻錦州戰死予世職游擊以明安達禮襲仍兼領彔額眞崇德三年遷巴牙喇甲喇章京從貝勒岳託伐明自密雲東北毀邊牆以入與固山額眞伊拜共擊敗明太監馮永盛兵克南和縣六年復從伐明圍錦州明兵陳山巔明安達禮率所部巴牙喇兵陷陳明兵敗走旣又有騎兵自松山至復擊敗之師阻壕以守城兵出爭橋明安達禮迫明兵使引入城上自將擊洪承疇明安達禮戰尤力又敗敵騎進二等甲喇章京七年冬從貝勒阿巴泰伐明攻薊州薄明都擊破明總督趙光抃又與噶布什賢噶喇依昂邦阿山共擊明兵自三河至者遂進略山東八年春與明總兵白廣恩張登科和應薦等戰螺山又與巴牙喇纛章京鰲拜共擊明總督范志完屢破敵師還賚白金擢禮部參政兼正白旗蒙古梅勒額眞順治元年從入關擊李自成二年從英親王阿濟格西討戰延安七遇皆捷撫鳳翔等府三十餘屯悉下三年調兵部侍郎蘇尼特騰機思叛從豫親王多鐸師討之別將兵屯險要騰機思遁走明安達禮夜帥師乘之及諸鄂特克山戰大勝斬台吉茂海復與鎭國將軍瓦克達等逐北手斬十一人獲其輜重復擊敗土謝圖汗碩類汗五年擢正白旗蒙古都統七年授兵部尚書九年列議政大臣論功遇恩詔累進二等精奇尼哈番十年坐徇總兵任珍擅殺罷尚書降一等阿達哈哈番兼拖沙喇哈番十一年帥師伐鄂羅斯敗敵黑龍江十三年授理藩院尚書十五年十二月命爲安南將軍帥師駐防荊州十六年鄭成功入攻江寧明安達禮帥師赴援成功將楊文英等以舟千餘泊三山峽明安達禮擊之斬副將一獲其舟及諸攻具成功引入海上命明安達禮移師駐防舟山十七年召還授兵部尚書康熙三年加太子太保六年調吏部尚書引疾致仕八年卒諡敏果子都克襲從征噶爾丹有功授拖沙喇哈番合爲三等阿思哈尼哈番都克孫永安降襲一等阿達哈哈番兼拖沙喇哈番乾隆間從征甘肅石峰堡亂回官至山海關副都統永安孫憲德憲德子夢麟自有傳

論曰國必有所與立文字其一也因蒙古字而制國書額爾德尼噶蓋創之達海成之尼堪等皆兼通蒙漢文字出當專對造邦之始撫綏之用廣矣英俄爾岱領戶部調兵食最久見褒於太宗明安達禮以折衝禦侮之才屢長兵部蓋皆有功於創業者故比而次之

清史稿 列傳十六

明安 子昂洪 多爾濟 恩格類 從子布當 恩格類 布顏代

恩格德爾 子額爾克戴青 古爾布什

鄂齊爾桑 布爾噶都 色爾格克 [illegible]喇什

阿濟拜 恩格圖 和濟格爾 子鄂本兌 拜音達里 和濟格爾 阿穆

布延 阿爾沙瑚 [illegible]濟旺 阿爾沙瑚兄子巴爾沁 多爾濟達爾罕 [illegible]

洛哩 弟沙[illegible] 喀蘭圖 [illegible]

明安博爾濟吉特氏其先世元裔爲蒙古科爾沁兀魯特部貝勒歲癸巳葉赫貝勒布寨納林布祿糾九國之師來侵明安與焉戰敗明安乘驏馬獨身跳去尋修好於太祖上聞明安女賢遣使往聘歲壬子正月明安送女至上具車服以迎與宴成禮天命二年正月明安來朝上出郊百里迎諸富爾簡岡設宴慰勞明安獻駝十馬牛皆百上優禮之日設宴留一月明安辭賜以四十戶甲幣稱是送之三十里七年二月壬午明安及同部貝勒兀爾宰圖鎖木諾綽乙喇札爾達賴密賽拜音代噶爾馬昂坤多爾濟顧祿綽爾齊奇筆他爾布彥代伊林齊特靈喀爾喀部貝勒石里胡那克並諸台吉等三千餘戶驅其牲畜來歸授三等總兵官別立兀魯特蒙古一旗天聰三年與固山額眞武納格額駙恩格德爾等伐察哈爾降二千戶五年從上伐明圍大凌河城明總兵祖大壽出戰明安與固山額眞和碩圖等夾擊大敗之我師僞爲明兵赴援狀誘大壽復出戰明安及兩翼固山齊進奮擊大壽敗卻尋率衆降明安得優賚六年從上伐察哈爾師還以俘獲少又違令不以隸戶籍擅以官牛與所屬復匿蒙古亡者吏議當奪世職上命罰鍰以贖尋以內附諸蒙古所行多違令罷蒙古旗俱散隸諸貝勒所領牛彔明安改隸滿洲正黃旗八年改三等昂邦章京順治初三遇恩詔進二等伯卒諡忠順雍正間追進一等侯加封號恭誠子昂洪多爾濟綽爾濟納穆生格朗素昂洪初從父來歸授游擊天命十一年從伐巴林扎魯特諸部天聰五年從伐明攻大凌河俱有功超進三等副將賜號達爾漢和碩齊七年卒子鄂齊爾襲八年改三等梅勒章京順治間三以恩詔進再以罪

降定爲二等阿思哈尼哈番游擢內大臣管鑾儀衞事尋授領侍衞內大臣十四年卒謚勤恪乾隆初定封三等男多爾濟亦從父來歸授備禦尙主爲額駙天命十一年從伐扎魯特有盜馬遁者多爾濟逐得之尋又從伐棟奎克什克騰諸部又從伐朝鮮皆有功天聰五年始設六部以多爾濟爲刑部承政專理蒙古事六年以直上前失儀又奉命選獵戶不當吏議奪世職上宥之罰白金百八年從伐明攻大同上命多爾濟領中軍圖魯什烏拜分率左右軍與明總兵曹文詔戰大破之逐至城下獲馬百崇德二年授內大臣預議政四年從鄭親王濟爾哈朗略錦州六年上伐明駐軍松山杏山間命多爾濟與內大臣錫翰設伏高橋明杏山兵千人以糧不繼潛遁伏發敗之逐至塔山俘斬甚衆尋以圍松山時明總兵曹變蛟夜犯御營多爾濟不能禦議罪繫三日罰白金五百仍敘高橋功進一等梅勒章京順治二年以多爾濟夙荷太宗恩厚進三等昂邦章京四年改三等精奇尼哈番五年卒弟綽爾濟襲坐事削爵弟納穆生格襲從征福建沒於海謚直勇納穆生格旣卒復以綽爾濟襲乾隆初定三等子多爾濟三世從孫博淸額襲三十四年改襲一等恭誠侯爲其四世祖明安後朗素明安幼子襲明安世職傳至孫馬爾泰雍正七年上以明安舊勞進一等恭誠侯命署前鋒統領七年討準噶爾授參贊大臣疏言寇犯西爾哈昭擊之敗退擢領侍衞內大臣召還命在辦理軍機處行走俄察知在軍恇怯妄奏功譎軍前自劾逮京論斬繫獄乾隆初復授副都統又以扈從行圍後至稱疾不治事發拉林披甲初明安所與同部諸貝勒入朝請內附皆授世職有差瑣諾木子穆赫林自有傳又有恩格類布當叔姪與明安同時來歸布顏代歸稍後皆從征伐有戰績恩格類布當博爾濟吉特氏來歸恩格類授游擊布當授二等參將天聰三年太宗自將伐明布當從攻遵化與甲喇額眞英俄爾岱合軍力戰破明總兵趙率敎以功進三等梅勒章京六年散蒙古旗入滿洲恩格類布當皆隸正藍旗崇德三年授布當刑部右參政四年卒布當弟色稜襲恩格類世職事太宗伐明克遵化圍錦州事世祖從入關破賊擊騰吉斯並有功進一等阿達哈哈番兼拖沙喇哈番十二年卒布顏代博爾濟吉特氏初爲蒙古烏魯特貝子天命七年籍所轄戶口自西拉塔喇來歸尙主爲額駙予二等參將世職隸滿洲鑲紅旗十一年太祖自將伐明攻寧遠不克偏師取覺華島布顏代率蒙古兵從固山額眞武納格破敵壘殲其衆焚所積芻糧而還天聰元年從伐朝鮮師有功分賜降戶及所獲馬三年從伐明入龍井關克大安口下遵化薄明都四遇敵戰皆勝復擊明兵蘆溝橋以七人先入敵陳遂破之四年春師還駐遵化明兵擊喀喇沁兵壘布顏代趨援卻敵尋與武納格略地行山岡遇敵斬級四十餘五年授禮部承政兼右翼蒙古梅勒額眞從圍大淩河明兵出戰布顏代傷於矛仍力戰卻敵斬一人六年從略宣府大同邊外收察哈爾部衆師還以匿俘獲吏議削世職罰鍰奪俘獲及賜物上命毋削世職八年上自將伐明攻大同布顏代與侍衞星納等率蒙古巴牙喇兵八十人經哈麻爾嶺收察哈爾部衆進次西拉木嶺降百餘戶又進遇察哈爾部俄爾塞圖等以所屬來降還與大軍會以功進三等梅勒章京九年蒙古旗制定以布顏代爲鑲紅旗固山額眞崇德元年從武英郡王阿濟格伐明克昌平師還出塞明兵襲我後布顏代爲所敗坐罷固山額眞世職降一等甲喇章京罰鍰奪俘獲順治元年以巴牙喇甲喇額眞從入關與梅勒額眞和託等逐李自成至慶都尋從豫親王多鐸定陝西二年加半個前程復從下江南渡黃河與明兵戰身被數傷所乘馬亦創猶力戰衝鋒殪敵遂以創卒年六十有一子鄂穆布襲職

恩格德爾博爾濟吉特氏其先世元裔爲蒙古喀爾喀巴約特部長當太祖初起兵時喀爾喀裂爲五部巴約特其一也恩格德爾父達爾漢巴圖魯爲其部貝勒牧地曰西喇穆木倫太祖起兵之十二年歲甲午正月喀爾喀部貝勒老薩北科爾沁部貝勒明安始遣使來聘又十一年歲乙巳恩格德爾來謁獻馬二十上優賚而遣之明年歲丙午冬十二月恩格德爾率五部諸貝勒之使謁太祖獻駝馬奉表上尊號曰神武皇帝自此蒙古諸部朝貢歲至天命元年太祖初建國即皇帝位距恩格德爾等初上尊號時十年矣二年恩格德爾來朝上以貝勒舒爾哈齊女妻焉號爲額駙三年夏四月太祖始用兵於明師次尖闞蕚讀之野恩格德爾與薩哈爾察國長薩哈連二額駙侍上上與言金往事因諭之曰朕觀古帝王轉戰勞苦始致天位亦未有能永享者今朕此役非欲覬天位而永享之也但以明搆怨於我不得已而用兵耳九年春正月恩格德爾偕其妻郡主來朝請率所部來歸上嘉其誠與之盟賜以敕非叛逆他罪皆得免命貝勒代善等帥師移所部至遼陽旣至上郊勞設宴章義站賜恩格德爾及其弟莽果爾代雕鞍良馬一貂裘一恩格德爾子囊努克門都答哈莽果爾代子滿朱習禮猞猁猻裘一旣入城賜田宅金銀貂猞猁猻段疋器用及耕作之具復分平定堡民屬焉尋授恩格德爾莽果爾代三等總兵官旗制定隸滿洲正黃旗天聰三年與武納格等帥師伐察哈爾降二千戶語詳武納格傳是年冬從上伐明入龍井關克遵化薄明都上駐軍德勝門外明督師袁崇煥率總兵祖大壽軍二萬人自寧遠赴援屯城東南上令諸軍進戰時恩格德爾與武納格共將蒙古兵恩格德爾率左翼未成列縱騎驟進爲所敗卻走武納格以右翼突擊乃敗敵吏議恩格德爾當奪世職上命貸之四年春克永平恩格德爾行略地遇明將將步卒三百將戰復有騎兵三千自玉田城突出恩格德爾陽退誘敵敵稍前疑有伏還走因追躡其後獲馬百五年從圍大淩河城明監軍道張春總兵吳襄等軍四萬自錦州赴援上親督諸軍擊破之初戰敵甚銳蒙古兵右翼猛進先入張春壘左翼兵避矢石進稍緩吏議恩格德爾當奪世職上復命貸之罰鞍馬一白金百崇德元年五月卒順治十二年追謚端順立碑紀功子額爾克戴靑初任侍衞授三等甲喇章京恩格德爾旣卒以額爾克戴靑襲父爵而以所授世職予其弟索爾噶順治二年進二等昂邦章京七年三月遇恩詔進三等侯大學士剛林祁充格等諷使附睿親王多爾袞當改入正白旗額爾克戴靑不從旋搆吏議降二等精奇尼哈番世祖親政嘉其持正無所阿復進一等侯列議政大臣管鑾儀衞擢領侍衞內大臣再遇恩詔又以索爾噶卒仍兼三等甲喇章京三進至一等公十年坐讞獄有所徇降二等公十四年加少保兼太子太保十六年額爾克戴靑僕毆侍衞於市先發誣侍衞讞實額爾克戴靑坐徇縱削爵奪官留內大臣銜十八年六月卒謚勤良恩格德爾初封是時從例改三等昂邦章京其長子囊努克當襲囊努克先以從軍授二等甲喇章京合爲二等伯康熙間復爲二等公降襲一等侯世宗時特命襲三等公加封號順義旋改奉義乾隆九年定封一等奉義侯莽果爾代初與恩格德爾同授三等總兵官改三等昂邦章京順治初從入關破流賊三遇恩詔進一等伯雍正間降襲二等精奇尼哈番乾隆初定封一等子古爾布什亦元裔爲喀爾喀台吉與恩格德爾同牧西喇穆木倫天命六年十一月偕台吉莽果爾率所屬六百戶驅牲畜來歸太祖御殿入謁與宴各賜裘貂三猞猁猻虎貂皆一狐一緣貂朝衣五緣獺裘二緣靑鼠裘三蟒衣九蟒緞六緞三十五布五百黃金十兩白金五百兩雕鞍一鰲鞍七玲瓏撒袋一撒袋貫弓矢八甲冑十僕佚牛馬田宅雜具畢備上以女妻古爾布什爲額駙賜名靑卓禮克圖界滿洲蒙古牛彔各一授一等總兵世職隸滿洲鑲黃旗天聰五年太宗自將伐明圍大淩河城蒙古左翼兵戰不力古爾布什當奪世職上特貫之罰鞍馬一白金百兩尋擢兵部承政崇德三年更定官制改兵部右參政六年從伐明圍錦州敗敵於寧遠七年再圍錦州敵兵出戰古爾布什擊走之古爾布什屢坐事論罰至是以元妃喪輔國公扎喀納軍中歌舞吏議古爾布什不呵禁不舉劾當奪世職籍沒上復特貫之順治初從入關破流賊復遇恩詔累進一等精奇尼哈番十八年正月卒謚敏襄康熙間降襲二等精奇尼哈番乾隆八年定封二等子莽果爾與古爾布什偕來同被賞賚太祖以族弟濟白里女妻焉亦授總兵

鄂齊爾桑博爾濟吉特氏蒙古扎魯特部人父巴克爲其部貝勒天命四年太祖旣擊敗楊鎬取開原七月復克鐵嶺即夕巴克與喀爾喀部貝勒介賽等將萬餘人赴援翌旦遂戰諸部師大敗獲介賽等及巴克以歸七年正月鄂齊爾桑入質請釋巴克上許之八年巴克朝正旦上悅遣鄂齊爾桑與俱還太宗即位以扎魯特部敗盟貳于明命貝勒代善阿敏等將萬人討之斬倡叛者貝勒吳爾寨圖獲巴克及其二子諸貝勒喇什希布代靑桑噶爾寨等十四人以歸上命隸滿洲鑲黃旗賜衣服器用尋授鄂齊爾桑牛彔額眞天聰三年從伐明明步兵自薊州至與揚古利共擊破之五年圍大淩河城敗錦州援兵八年授世職三等甲喇章京八月復從伐明攻大同上命噶布什賢噶喇依昂邦圖魯什將左軍甲喇額眞吳拜將右軍而以額駙多爾濟與鄂齊爾桑並將中軍與明總兵曹文詔戰大破之追至城下獲馬百崇德二年擢內大臣六年從上伐明攻松山明總兵曹變蛟夜犯御營諸將未禦戰者皆坐譴上以鄂齊爾桑自蒙古來歸特免之順治二年正月以其子喇瑪喇尙主授固倫額駙二月進鄂齊爾桑三等梅勒章京五年卒以其子楚勒襲恩詔進二等乾隆初定封二等男太宗時諸博爾濟吉特之裔來歸爲將有戰功受封爵者又有布爾喀圖弼喇什色爾格克布爾喀圖初爲喀喇沁部台吉天聰三年六月使入貢九月來朝十月太宗自將伐明以布爾喀圖嘗如明朝貢習知關隘使爲導師入邊克龍井關撫定羅文峪分兵命布爾喀圖戍焉四年正月明將丁啟明等以三千人來攻布爾喀圖與戰明兵敗入堡翌日進兵克其堡獲啟明及裨將三俘馘甚衆賜號岱達爾漢五年正月以貝勒阿巴泰第四女妻焉三月從上伐察哈

爾察哈爾部衆有降而復叛者，劫軍中土默特部人畜，布爾喀圖追擊斬通者足被創，尋挈所部來歸蒙古旗制定隸正藍旗崇德元年六月授一等昂邦章京順治元年卒子班珠勒襲恩詔累進一等伯乾隆初定封一等子弼喇什亦喀喇沁部台吉天聰二年二月從其父貝勒布延謁太宗請歸附八月上自將伐察哈爾徵蒙古諸部兵次綽洛郭爾弼喇什從其汗拉斯喀布謁行在獻財幣駝馬上悉却之賜宴與以甲冑遂從上擊察哈爾戰有功旋又從貝勒岳託伐棟奎部與甲喇額眞薩木什喀牛彔額眞布顏巴牙喇壯達博爾輝等同力戰破敵斬百餘人尋率所屬人戶來歸蒙古旗制定隸鑲紅旗上妻以宗女命貝勒代善贍焉弼喇什自陳貧乏上賜以金崇德元年授世職三等昂邦章京三年與明通市張家口命弼喇什莅焉六年復往莅時諸王大臣各遣其屬從有盜禮親王代善金者弼喇什坐失囚論罰順治二年從豫親王多鐸逐騰機思道卒子多爾濟襲改三等精奇尼哈番恩詔進二等乾隆初定封三等子色爾格克先世居喀喇沁哩克部父阿拜岱巴圖魯天聰間率衆來歸授世職三等甲喇章京隸正白旗卒以色爾格克襲授一等侍衞崇德元年從伐朝鮮朝鮮國王李倧保南漢山城師從之色爾格克登山身被創賚馬三五年從鄭親王濟爾哈朗等伐明圍錦州色爾格克率侍衞二十人前搏戰有僧格依者自蒙古降明爲將善戰色爾格克擊斬之鄭親王使啟心郎額爾赫圖還上其功六年復圍錦州令色爾格克選巴牙喇兵四十爲伏以待敵得明將一奪甲與械即以賜之上自將禦洪承疇命諸將設伏高橋色爾格克斬明兵七復賚馬二又先衆破敵騎師圍松山爲壕環其城城兵出擊烏眞超哈分守地色爾格克以巴牙喇兵三十人赴援城兵引退七年冬從貝勒阿巴泰伐明越明都攻臨城略山東攻青州皆力戰被創世祖即位錄阿拜岱巴圖魯舊勛及色爾格克戰功復遇恩詔授二等阿思哈尼哈番擢內大臣康熙十二年聖祖加恩諸舊臣色爾格克加太子少保二十年卒諡勤敏乾隆初定封二等男

阿濟拜卓特氏先世爲蒙古巴林部人旗制定隸正藍旗初事太祖授牛彔額眞天命三年太祖克撫順師還明總兵張承廕自廣寧襲師後阿濟拜從貝勒阿巴泰還擊破之四年破明總兵杜松於界凡七年敗明兵於沙嶺阿濟拜皆在行間天聰三年太宗伐明阿濟拜以甲喇額眞從略通州斬邏卒五獲馬四薄明都與甲喇額眞鄂羅塞臣等當袁崇煥戰勝九年上命巴牙喇纛額眞布哈將八十人略明邊至寧遠俘九人獲馬四牛百餘還出邊六十里明兵八千追至布哈殿戰沒阿濟拜與巴牙喇甲喇章京托克雅巴圖魯哈譚等還擊敗敵護所俘獲以還上命賚以牛馬予牛彔章京世職順治初從入關擊李自成阿濟拜署梅勒額眞爲後隊尋與固山額眞伊拜逐寇山西至澤州數破賊壘擢正藍旗蒙古梅勒額眞二年加半個前程三年從肅親王豪格討張獻忠道漢中與固山額眞巴哈納擊走叛將賀珍徇秦州與尚書星納擊敗獻忠將高汝礪獲馬贏百餘進擊獻忠於西充與巴牙喇纛額眞阿爾津蘇拜連戰皆捷敍功遇恩詔累進一等阿達哈哈番兼拖沙喇哈番九年八月以老乞休命解梅勒額眞任尋卒諡忠勤恩格圖失其氏蒙古科爾沁部人自哈達挈家來歸授牛彔額眞與甲喇額眞阿岱出駐伊蘭布里庫防蒙古游牧軼界率十人巡徼遇敵百人追斬殆盡聞明兵千餘將攻海州率三百人馳擊敗之天聰間屢從太宗伐明薄明都擊滿桂軍攻遵化破敵壘入大安口皆先衆奮擊以功予世職二等甲喇章京擢兵部承政蒙古旗制定恩格圖隸正紅旗即授本旗固山額眞崇德元年從伐明與阿岱等爲伏殲明邏卒復從伐朝鮮薄其都城與固山額眞譚泰等樹雲梯以登尋坐伐明時戰松山正藍正白鑲白三旗營汎錯亂匿不劾師還出塞遇敵戰敗罰鍰奪俘獲又坐伐朝鮮時方食上召不即赴厮卒妄出爲朝鮮兵所殺論罪上命罰鍰以贖三年從貝勒岳託伐明攻密雲距牆子嶺五里恩格圖率兵先諸軍越高峯入邊破敵五年從鄭親王濟爾哈朗等伐明圍松山明兵夜出劫營恩格圖率本旗兵擊敗之六年從上伐明上命恩格圖與噶什賢布噶喇依昂邦吳拜擊明總督洪承疇恩格圖違上方略遇敵不前師還吏議當褫職命罰鍰以贖尋令與諸將更番戍松山順治元年從入關擊李自成進一等甲喇章京加半個前程從豫親王多鐸西破賊移師向江南賊躡我師後恩格圖殿四戰皆勝尋破明將鄭鴻逵於瓜洲復自江南徇浙江至杭州破敵獲舟三十五克嘉興下崑山進三等梅勒章京復自浙江徇福建與固山額眞漢岱共下府一縣五與梅勒額眞鄂羅塞臣共下府一縣八戰於分水關於南靖皆有功四年進一等阿思哈尼哈番五年討江西叛將金聲桓卒於軍乾隆初定封二等男鄂本兌曼靖氏其先爲蒙古入明爲守備天命六年太祖取遼陽鄂本兌以兵三十五馬六十出降其後蒙古旗制定隸正黃旗七年從伐廣寧有功授世職游擊天聰元年太宗伐明屯錦州命額駙蘇納選蒙古將士禦敵塔山西鄂本兌與焉敵以二千人至奮擊敗之上移師寧遠明總兵滿桂陳於城東鄂本兌率五牛彔甲士破敵進二等參將二年從上伐多羅特部以二百人先驅遇敵敵稍北復出精銳死戰我師且卻鄂本兌躍騎突前敵敗遁上督諸貝勒並進殺其台吉古魯俘獲無算進一等參將擢右翼蒙古固山額眞三年從上伐明明邊將五道迎戰鄂本兌率所部兵擊敵斬參將一獲其纛入大安口遂進薄明都克永平灤州遵化遷安四城上命鄂本兌與固山額眞察哈喇等守遵化貝勒阿敏駐永平護諸將明兵來攻阿敏檄棄城引師退敵已逼城下鄂本兌以五十人出戰斬邏卒七人獲其馬遂與察哈喇等全軍以還鄂本兌爲殿明師追至屢擊卻之引出邊師無所損進三等副將五年從上伐明圍大凌河屯城西敵出戰爭已下諸臺堡鄂本兌與固山額眞和碩圖督兵並進敵敗退入城迫逐之及壕敵死者甚衆師還得優賚八年改三等甲喇章京九年正月卒康熙間兄孫託克塔哈爾襲世職從撫遠大將軍費揚古討噶爾丹有功進三等精奇尼哈番乾隆初定封二等男和濟格爾失其氏蒙古烏魯特部人入明爲千總太祖取廣寧從石廷柱出降授甲喇額直隸烏眞超哈其後漢軍旗制定隸正白旗並從漢姓爲何氏和濟格爾事太祖從伐巴林棟奎諸部有功天聰三年從伐明詗敵薊州斬邏卒三敵三百來攻和濟格爾衝鋒入斬百總一五年復從伐明圍大凌河敗錦州援兵城兵出樵採爭臺堡並擊敗之與敵戰城下我師執纛者墜壕和濟格爾掖之出復以烏鎗殪敵兵三八年授世職牛彔章京崇德三年復從貝勒岳託伐明四年烏眞超哈析置四固山八梅勒以和濟格爾爲鑲白旗梅勒額眞五年從圍錦州累敗敵六年復從圍錦州敵自松山分踞高橋南三臺和濟格爾以火器克之殲敵百餘七年從克塔山杏山二城加半個前程授正白旗梅勒額眞八年從克中後所前屯衞二城進一等甲喇章京順治三年二月卒拜音達哩和濟格爾弟襲二等阿達哈哈番事聖祖自參領擢宣化總兵官十三年耿精忠反移拜音達哩爲隨征福建總兵官尚可喜請增兵戍廣東上命與福建巡撫楊熙駐廣州十五年可喜子之信叛拜音達哩與熙督所部斬關突圍出會大軍於贛州上獎其忠勇進一等十九年授駐防廣州副都統二十七年遷廣州將軍三十七年卒以其子何天培襲天培時已官參領累遷江南京口將軍雍正初命署江蘇巡撫入爲兵部尚書出爲江寧將軍復入爲正白旗漢軍都統署兵部尚書六年五月上以天培阿附年羹堯隆科多下刑部逮治擬斬監候乾隆元年赦出獄尋卒天培既得罪以拜音達哩曾孫何鈞降襲二等阿達哈哈番乾隆間更名立柱官至貴州提督阿賴莽努特氏世居喀爾喀部太宗時挈其屬來歸隸蒙古正黃旗嘗奉使阿祿部降其部長上嘉其能賜號達爾漢免賦役率兵五百逐逃人窮追數月斬倡叛者四人盡俘以還又率兵攻喀木尼喀部俘其部長葉雷獲戶口牲畜無算崇德九年授一等甲喇章京又半個前程加賜號庫魯克特爾漢尋授禮部左參政正黃旗蒙古固山額眞從攻錦州設伏杏山邀擊攻松山敗敵順治初從固山額眞葉臣徇山西師還賜白金三百三年從擊騰機思六年討姜瓖皆有功進二等阿思哈尼哈番康熙十二年加太子太保十七年卒諡武壯

布延郭爾羅特氏蒙古察哈爾部人初在其部爲塔布囊天聰元年偕昂坤杜稜來歸隸滿洲正黃旗從伐棟奎部爲導從伐克什克騰部首陷陳再從甲喇額眞圖魯什略明邊俘其邏卒斬百餘級得樵車百餘贏驢以百數復略十三站斬十級得把總一馬三敍功授世職牛彔章京九年偕布哈塔布囊略寧遠既出邊明兵千餘追至布哈陷陳哈談巴圖魯還戰馬中矢仆布延赴援與之馬力戰敗敵賚俘一馬二牛三進世職三等甲喇章京崇德元年二月命齎書投明邊諸守將歷松棚路潘家口董家口喜峯口致責言焉五月從伐明薄明都敗明兵盧溝橋三年二月從伐喀爾喀部七月擢議政大臣兼巴牙喇纛章京九月從伐明自牆子嶺入敗明兵追擊得馬八十七四年師師戍烏欣河口偕侍衞阿爾薩蘭攻松山布延爲伏斬二十一級詗敵錦州斬邏卒八得馬十二五年從睿親王多爾袞圍錦州擊敗明步軍六年從鄭親王濟爾哈朗克錦州外城與內大臣伊爾登戰最力賚百金進世職二等甲喇章京八月上自將擊洪承疇其將曹變蛟夜襲上營布延以內大臣不嚴守禦論罰七年二月師擊承疇布延兵後至當死命論罰以贖十一月伐明圍薊州順治二年世祖以布延舊臣進世職一等甲喇章京其從子烏納海先以戰死卹贈世職牛彔章京命布延併襲進三等阿思哈尼哈番八年卒次子茂奇塔特襲世職茂奇塔特康熙三十五年從征噶爾丹有功加拖沙喇哈番例進二等乾隆初定封二等男阿爾沙瑚瓦三氏初爲察哈爾林丹汗護衞林丹汗敗走唐古特阿爾沙瑚師所屬四十餘戶渡哈屯河來歸隸蒙古鑲白旗授世職游擊崇德三年從伐明自牆子嶺入屢敗明兵行略地至濟南四年三月師還出塞復擊敗太平

塞明兵五年從伐索倫部獲部長博穆博果爾及其孥六年從伐明圍錦州明以騎兵出松山謀刼紅衣炮阿爾沙瑚力戰卻之又敗洪承疇所將步兵以功進世職一等甲喇章京八年卒以兄子果爾沁襲果爾沁時已爲牛彔額眞從伐朝鮮嘗以侍衞二十人敗敵順治初從入關擊李自成加半箇前程再遷鑲白旗蒙古梅勒章京進世職二等阿思哈尼哈番十七年遷本旗固山額眞上命定西將軍愛星阿帥師與吳三桂合兵逐明桂王由榔以果爾沁爲副敕愛星阿軍中機事皆俾果爾沁與議十八年九月師次大理休馬力逾月出騰越道南甸隴川猛卯十一月薄木邦明將白文選方據錫箔江爲守果爾沁與固山額眞遜塔巴牙喇纛章京畢力克圖費雅思哈噶布什賢昂邦白爾赫圖等簡精銳疾馳三百餘里至江濱文選毀橋走茶山令總兵官馬寧以師從之至猛養文選降師進次晚舊得由榔以歸康熙三年進一等阿思哈尼哈番兼拖沙喇哈番尋列議政大臣調本旗滿洲都統九年二月卒諡襄敏乾隆初定封二等男額琳奇岱青博爾濟吉特氏居翁牛特部爲察哈爾部宰桑林丹汗敗走所部皆潰額琳奇岱青將來歸會宰桑多爾濟塔蘇爾海率所屬游牧與我師遇倚山拒戰敗遁額琳奇岱青追及之與謀偕降八年六月上自將伐明道塞外師次波碩兌額琳奇岱青多爾濟塔蘇爾海及顧實布顏代塞冷等五宰桑率丁壯七百人及其孥二千口來歸上遣將護詣瀋陽厚賚之分隸蒙古正白旗崇德元年授世職二等昂邦章京三年從伐明自青山口入越明都略地山東累戰皆勝六年圍錦州與阿爾沙瑚同功進一等世襲罔替八年卒順治間追諡勤良子札木素襲聖祖即位加恩諸大臣舊自察哈爾來者札木素與內大臣噶爾瑪散秩大臣沙哩岱等並賜莊田奴僕康熙三年授內大臣六年卒乾隆初定封一等子德參濟旺博爾濟吉特氏世居阿布罕初爲察哈爾部宰桑林丹汗敗走以所屬從天聰八年上自將伐明略宣府攻萬全左衞遂出尚方堡二十里駐軍時林丹汗走死大草灘德參濟旺與噶爾瑪濟農多尼庫魯克多爾濟達爾漢諾顏號四大宰桑挾林丹汗二福金率丁壯二千人及其孥來歸道三十人先奏上上進次克蚌命所司運米三百石以待二福金及德參濟旺等至謁上行在上輿之宴賜貂裘鞍馬牛羊還師復宴新附諸臣德參濟旺等跪進酒上曰朕本不飲酒念爾曹誠意當盡此一巵復酌酒徧賜之並賚甲冑衣裘授世職一等昂邦章京隸蒙古正黃旗九年六月察哈爾台吉瑣諾木來降上召宴德參濟旺與焉上因言察哈爾傾覆爾諸臣來歸朕皆預知德參濟旺奏曰聖諭及此洵有如神之鑒也順治二年坐事降三等三年從豫親王多鐸北討騰機思鄂特克山之役及破土謝圖汗德參濟旺皆與有功焉語詳奇塔特徹爾貝傳復進一等是歲改一等精奇尼哈番五年八月卒乾隆初定封一等子多爾濟達爾罕博爾濟吉特氏居翁牛特爲察哈爾部宰桑與德參濟旺等同降隸蒙古廂黃旗崇德元年授世職一等梅勒章京以爲都察院承政三年更定官制改參政六年上自將擊洪承疇命多爾濟達爾罕偕承政阿什達爾罕度善地駐軍並察諸軍斬級多寡還報稱旨擢內大臣仍兼參政七年七月祖大壽來降上幸牧馬所命諸內大臣與較射賞中的者多爾濟達爾罕得駝一十月從饒餘貝勒阿巴泰伐明行略地自薊州至於兗州師還上言師自兗州還右翼諸固山不遵貝勒期約先左翼諸軍出塞賴上威靈懾敵我軍縱橫如行無人地得全師以還萬一有失悔何及請論罰上爲停右翼諸軍賞順治間上推太宗舊恩並考滿進三等精奇尼哈番復授都察院承政七年命以內大臣與議政恩詔一等兼拖沙喇哈番十七年四月卒諡順僖乾隆初定封三等子奇塔特徹爾貝哈爾圖特氏初爲察哈爾部宰桑林丹汗敗奇塔特徹爾貝以四百戶保哈屯河天聰八年十一月上使招爲渡河次西拉木輪旋從使者來歸上厚賚之隸蒙古正藍旗林丹汗有八大福金掌高爾土門固山事福金其一也林丹汗殂所部宰桑袞出克僧格妻焉上以袞出克僧格叛主奪福金畀奇塔特徹爾貝崇德元年授世職三等昂邦章京三年九月從伐明自靑山口入越明都略山東明年師還以所部牛彔額眞珠額文經三屯營率兵役掠敵糧戰死奇塔特徹爾貝未及援罰納馬九月從伐明薄寧遠以火攻擊卻明兵六年圍錦州破洪承疇既復與阿爾沙瑚共擊敗明兵來刼炮者及承疇所將步兵進世職二等昂邦章京順治初入關逐李自成至慶都三年從豫親王多鐸北討騰機思師次英噶爾察克山聞騰機思在滾葛魯台疾馳逐之至鄂特克山獲其孥土謝圖汗以六萬人次扎濟布拉爲騰機思聲援奇塔特徹爾貝等率所部擊之敗走逐北三十餘里詰旦碩類汗復以二萬人至復擊之亦敗走以功進一等康熙三年卒子鄂諾勒襲十八年鄂諾勒以參領從護軍統領莽吉圖南討鄭錦卒於軍

洛哩鄂爾沁氏初爲察哈爾林丹汗護衞天聰六年太宗自將伐察哈爾林丹汗走死洛哩持元初巴斯巴喇嘛所鑄嘛哈噶拉金佛率百餘人來歸隸蒙古正黃旗授世職一等參將崇德三年從貝勒岳托伐明自牆子嶺毀邊牆入擊敗明總督吳阿衡六年從伐明圍錦州城兵出戰左翼三旗巴牙喇兵擊之不利退入濠明師環之逼洛哩分守地洛哩力戰沒於陣卹贈三等梅勒章京洛哩兄沙濟弟烏班和碩齊沙哩岱沙濟襲洛哩遺爵烏班和碩齊當林丹汗走死別率七十人來歸授游擊卒以其弟沙哩岱襲順治初沙哩岱以牛彔額眞從睿親王多爾袞入關擊李自成復從豫親王多鐸討騰機思擊敗土謝圖汗碩類汗進二年阿達哈哈番尋沙濟亦卒沙哩岱兼襲合爲二等精奇尼哈番授散秩大臣十八年聖祖即位加恩諸大臣舊自察哈爾來歸者沙哩岱及內大臣噶爾瑪散秩大臣札木素等並賜莊田奴僕康熙元年卒乾隆初定封二等子太宗時諸將自蒙古來歸以戰死者又有奇塔特偉徵巴賴都爾莽奈巴賴都爾莽奈子阿南達孫阿喇納皆有聲績自有傳其事世祖戰死則有袞楚克圖英琿津沙爾布奇塔特偉徵博爾濟吉特氏鄂爾多斯哈爾濟農族人也世居克魯倫太宗時與其弟額爾格勒珠爾喀蘭圖扎克托會率所屬來歸隸蒙古正黃旗天聰八年正月上遣蒙古軍略錫爾哈錫伯圖收察哈爾流散部衆奇塔特偉徵與岱靑塔布囊斬七十三人降百餘人獲馬駝數十五月上自將伐明次吉爾班圖勒噶命蒙古軍別出間道與大軍會錫喇烏蘇河奇塔特偉徵行遇察哈爾五人將遁入阿祿部禽以獻九年五月從貝勒多鐸伐明次寧遠奇塔特偉徵時爲噶布什賢噶喇昂邦率所部前驅至大凌河西明將劉應選趙國志將七千人迎戰我兵寡奇塔特偉徵力戰沒於陣卹贈三等梅勒章京額爾格勒珠爾崇德間屢從伐明徇山東圍錦州戰松山皆有功順治間從入關擊李自成予世職牛彔章京加半箇前程卒無子以喀蘭圖子察琿襲喀蘭圖崇德間爲一等侍衞順治初世祖推太宗舊恩復屢遇恩詔世職累進二等阿達哈哈番睿親王多爾袞攝政請上幸其第喀蘭圖方退直聞上巵從無多人即持弓矢趨詣左右防衞及世祖親政敕獎喀蘭圖忠篤賜金帛鞍馬莊田命以其族改隸滿洲正黃旗進世職一等尋以上行圍巵從愆遲復爲二等事聖祖累官理藩院尙書乞老授內大臣加太子太保卒諡敏壯子察琿兼襲合爲三等阿思哈尼哈番康熙十三年安親王岳樂討吳三桂次袁州與吳三桂將馬寶戰鈐岡山死之進二等扎克托會事太宗授正黃旗蒙古梅勒額眞從伐朝鮮坐所部戰艦不時至解官尋以追敍來歸功累遇恩詔授世職一等阿達哈哈番兼拖沙喇哈番卒子錫喇布襲順治間從靖南將軍珠瑪喇徇廣東擊明將李定國戰於新會錫喇布力戰破敵進三等阿思哈尼哈番袞楚克圖英和勒依忒氏初爲察哈爾宰桑林丹汗敗走部衆皆潰散天聰八年太宗自大同還師屯尙方堡袞楚克圖英將二百餘人與故宰桑德參濟旺等來歸蒙古旗制定隸正紅旗授甲喇額眞崇德元年授世職一等梅勒章京二年坐事降一等甲喇章京三年從伐明入牆子嶺明兵自密雲至袞楚克圖英引避當譴上以降將貸之收其牲畜分畀諸自察哈爾降者六年復從伐明圍錦州戰松山八年略寧遠屢擊敗明兵順治初從入關擊李自成與固山額眞恩格圖合軍力戰敗賊二年進三等梅勒章京三年從討張獻忠屢戰皆勝六年正月從討姜瓖攻大同城兵出刼土默特營袞楚克圖英赴援中流矢沒於陣進二等阿思哈尼哈番乾隆初定封二等男袞楚克圖英六世孫望吉爾襲從討霍集占兄弟戰死葉爾羌贈一等男琿錦薩爾圖氏世居敖漢部太宗收敖漢琿錦從衆來歸行失道入明錦州崇德六年我師圍錦州琿錦與蒙古台吉諾木齊武邑什等縋城出降授世職牛彔章京隸蒙古鑲藍旗授甲喇額眞順治初從入關擊李自成署梅勒額眞督後隊有功加半個前程六月與固山額眞覺羅巴哈納略山東七月移師徇山西自成將陳永福據太原琿錦單騎行城下城兵驟出擊之敗走遂克太原其屬州縣十有五皆下賚白金二年與固山額眞都雷逐自成至九江口得其舟三年從肅親王豪格討張獻忠時叛將賀珍據漢中以二千人守雞頭關拒我師琿錦率右翼兵從貝勒尼堪擊之敗走遂進兵入四川與固山額眞巴特瑪等擊獻忠屢戰皆捷獻忠既誅復與巴牙喇甲喇額眞希爾根定涪州以功進三等阿達哈哈番眞除蒙古鑲藍旗梅勒額眞復從鄭親王濟爾哈朗徇湖廣時自成餘衆降於明分屯寶慶沅州諸郡縣六年琿錦與噶布什賢噶喇依昂邦努山梅勒額眞拜音岱等攻克寶慶徇沅州破敵於洪江斬所署總兵二副將四兵二千餘得舟九師還進一等阿達哈哈番兼拖沙喇哈番十五年從信郡王多尼下雲南十六年四月克永昌師渡潞江明將李定國爲伏磨盤山師至破其柵琿錦與固山額眞沙爾布率衆深入伏起遂戰死諡壯勤沙爾布博爾濟吉特氏崇德二年自察哈爾率百餘丁來歸授牛彔額眞卽使轄其衆隸蒙古鑲白旗尋擢一等侍衞至順治九年三遷授本旗固山額眞恩詔予世職拖沙喇哈番十年十一月命與寧南

大將軍陳泰師師守湖南十二年明將劉文秀盧明臣馮雙禮等將數萬人分道侵岳州武昌沙爾布與巴牙喇纛章京蘇克薩哈設伏邀擊大敗之敵復攻常德舟千餘蔽江而下沙爾布督軍截擊六戰皆捷縱火焚其舟明臣赴水死雙禮被創遁文秀走桃源沙爾布與巴牙喇纛章京都爾德等以師從之文秀走貴州十五年從多尼下雲南明年與琿錦同戰死謚襄壯進世職拜他喇布勒哈番乾隆間高宗命八旗世職先世以死事卹敍襲次已滿者皆予恩騎尉世襲罔替沙爾布等皆與焉

論曰蒙古喀爾喀科爾沁諸部東與扈倫四部接太祖兵初起一戰知不敵率先歸附明安恩格德爾皆申以姻盟賞延於世賚齊爾桑初爲質子恩禮與相亞阿濟拜等於蒙古爲庶姓皆以功受賞察哈爾林丹汗庭西處宣大邊外太宗乘其衰以兵收之布延等有戰績而洛哩諸人效命疆場尤有足多者最初蒙古來附即隸滿洲有自明至者又入漢軍天聰九年定蒙古旗制先已籍滿洲漢軍者亦不復追改也

清史稿　列傳十七

武理堪 子吳拜蘇拜 蘇拜子和託　武納格 子德穆圖 齊墨克圖

阿什達爾漢 蘇納 圖三泰 圖三泰子明阿圖 明阿圖子賽弼翰 瑚什布 瑚什布子穆徹納

鄂莫克圖 喀山 喀山子納海 安達立 綽拜 布丹 孫達哩

吉思哈 弟吉普喀達 吳巴海

康喀勒 兄子和托 瑪拉 兄 孫通嘉 富弼翰

武理堪，瓜爾佳氏，世居義屯，父伊蘭柱徙居哈達費德里。太祖初起，武理堪來歸。歲癸巳，葉赫糾九部之師三道來侵，上遣武理堪出東路偵敵。武理堪出虎攔哈達新城，行將百里，方度嶺，羣鴉競噪若阻其行者，武理堪心異之。度行且與敵左，馳歸告上。上命改道自札喀路向渾河部。武理堪行，薄暮至渾河，敵方屯北岸會食，爨火密如星。武理堪得葉赫邏卒，一言敵兵三萬，將夜度沙濟嶺而進，遂挾以還報。時夜方半，上命且日出師。武理堪慮我軍怵敵衆，言曰：「敵雖衆，心不一，誰能禦我？」及戰，遂破諸路兵。旗制定，武理堪隸滿洲正白旗，分轄丁戶爲牛彔額眞，出從征伐，率選鋒前驅，爲噶布什賢噶喇昂邦。天命四年，明經略楊鎬合諸鎮兵四道來侵，太祖督諸貝勒師師禦之。既敗其三道，獨總兵李如柏出鴉鶻關，未與我師遇，鎬檄使引還。武理堪方率二十騎邏虎攔山，見如柏軍行山巔，乃令諸騎立馬山巔，鳴螺脫帽，繫弓末揮且噪，若指揮伏兵者。如柏軍望而愕顧，武理堪遂縱騎疾馳下擊，斬四十人，獲馬五十四。如柏軍奪路走，相蹂藉死者復千餘。武理堪尋卒，太祖嘆曰：「武理堪從朕摧鋒陷陳，幾死者數矣。」乃錄其二子吳拜、蘇拜。吳拜年十六，從太祖伐明，略撫順，遇敵輒奮鬬，矢中顙不顧。嘗從太祖獵，有熊突闌出，躍上峻嶺，太祖遙望見一人躍馬射熊，貫胸而墮。上顧侍臣雅孫曰：「是非吳拜不能。」遣視之，吳拜也。因諭諸皇子曰：「吳拜之勇，今共見之矣。」遂授侍衞。天命四年，從伐葉赫，負重創力戰不退。師還，賜良馬。明總兵毛文龍誘我新附之衆實皮島，吳拜循徼三日，獲逋八十餘，射殺文龍使者，還告上。時吳拜已代父爲牛彔額眞，上命以所獲隸所轄牛彔。六年，從伐明，破明軍於南壽山，授備禦。既克遼陽，以俘獲分隸諸將。上以吳拜能繼父志，年少建功，命視一等大臣，隸千人。十一年，蒙古巴林部貝勒囊努克背盟掠境上，上遣將討之。吳拜從諜者爲敵困，援之出，殪敵百人。太宗即位，列十六大臣，佐廂白旗。命逐蒙古亡去者，至都爾弼，蒙古亡去者十五人拒戰，吳拜既被創，仍奮擊盡斬之。太宗諭諸大臣曰：「是固先帝數嘉許者。」賞特厚。天聰四年，伐明，取永平、灤州等四城，吳拜從貝勒阿敏守永平。阿敏引還，吳拜當坐罪逮繫，以嘗率擺牙喇兵援灤州夜入敵營，太宗命貰之，釋其縛。尋授噶布什賢甲喇章京。五年，從伐明，圍大凌河城，與甲喇章京蘇達喇詣錦州偵敵。六年，從伐察哈爾，率精騎前驅，道遇蒙古亡去者，擊殺之。察哈爾林丹汗西奔土默特部，師還，取歸化城，上命吳拜撫輯降者。八年，伐明，攻大同，多爾濟將中軍，圖魯什將左軍，吳拜將右軍。明總兵曹文詔迎戰，擊敗之。復與甲喇章京席特庫設伏宣府，獲明守備一，殲其游騎。尋與承政阿什達爾漢等招林丹汗子額哲來歸。九年五月，明屯軍大凌河西，吳拜與固山額眞阿山、石廷柱、圖賴要其歸路，斬明副將劉應選，獲游擊曹得功及守備三，殲步騎五百餘，復攻克松山城南堡。師還，進三等甲喇章京。是時上遣諸貝勒分道伐明，命吳拜等帥師駐上都城舊址偵軍事。崇德元年，復命與勞薩等齎書投明邊吏。冬，征朝鮮，命與承政馬福塔等率兵三百爲前驅，襲朝鮮都城。朝鮮王倧走南漢山城，師進，吳拜與勞薩擊破朝鮮援兵，斬二百餘級。二年，授噶布什賢噶喇昂邦，列議政大臣。甲喇章京丹岱、阿爾濟等如土默特互市，將還，命吳拜率將校至歸化城迎護，遇明邏卒十六人，斬其十五，獲馬十九，俘一以還。三年四月，略寧遠，逐敵墮壕，斬馘甚衆。八月，率兵八十人至紅山口，遇明兵，斬其裨將，復擊走羅文峪騎兵五百，奪其纛，獲馬四十，殲密雲步兵百餘。五年，與勞薩率兵過中後所，略海濱，斬級二百，獲馬騾牲畜。我師攻錦州，命吳拜駐軍要隘爲策應，屢敗敵兵。六年春，以攻錦州勿克，論統師王貝勒罪，吳拜坐罰鍰。秋，上自將攻松山，明兵敗走，吳拜未邀擊，遽縱，旋命釋之。七年，從貝勒阿巴泰入明邊，敗敵豐潤、三河、靜海，至於青州。八年，從鄭親王濟爾哈朗取明中後所、前屯衞。十一月，復授正白旗梅勒額眞。順治初，從入關，擊李自成。二年，解梅勒額眞，授內大臣。三年，從豫親王多鐸討蘇尼特部長騰機思。四年，與輔國公鞏阿岱、內大臣何洛會帥師戍宣府。論功，遇恩詔，累進二等伯。

蘇拜年十五，從太祖伐蒙古，有功，授侍衞，兼領牛彔額眞。天聰間，從軍收察哈爾林丹汗子額哲，遂入明邊，攻代州，明兵三百自崞縣赴援，蘇拜爭先當敵，明兵潰走。崇德元年，從伐朝鮮，破敵桃山村。三年，授擺牙喇甲喇章京，從貝勒岳託伐明，自牆子嶺入，越明都，擊敗明太監馮永盛。四年，圍錦州，蘇拜屢擊敗明援兵自松山、杏山至者，又與固山額眞圖爾格等伏兵烏忻河口，多所俘獲。敵千餘躡師後，擊卻之，獲其輜重。六年，復圍錦州，敗松山騎兵，又敗明總督洪承疇所將步兵，予世職牛彔章京兼半個前程。七年，從貝勒阿巴泰伐明，敗敵，克樂安、昌邑。八年，師還，進二等甲喇章京。順治初，從入關，擊李自成。世祖既定鼎，命將分道討自成，以豫親王多鐸爲定國大將軍，出山西、河南；英親王阿濟格爲靖遠大將軍，道塞外土默特、鄂爾多斯諸部入邊，南取西安。蘇拜佐阿濟格軍，方冬，度黃河，鑿冰以濟。明年春，至榆林，自成兵夜襲蒙古軍，蘇拜與擺牙喇纛章京徹爾布赴援，賊敗走。還軍，遇伏，復擊卻之。攻延安，七戰皆勝。自成走湖廣，追之至安陸，屢破賊壘，俘馘無算。三年，擢擺牙喇纛章京，從肅親王豪格討張獻忠，敗獻忠將高汝礪於三臺山，進擊獻忠於西充。賊攻正藍旗營，蘇拜與阿爾津共援之，大破賊兵。五年，師還，授擺牙喇纛章京。論功，遇恩詔，累進二等精奇尼哈番。八年正月，吳拜、蘇拜及內大臣洛什、博爾輝發英親王阿濟格罪狀，吳拜進三等侯，蘇拜進一等精奇尼哈番加拖沙喇哈番。二月，洛什、博爾輝以諂媚諸王造言搆釁論死，吳拜兄弟坐削爵，奪官，籍沒。蘇拜又坐阿徇睿親王多爾袞論死，上特宥之。九年，起蘇拜爲正白旗梅勒額眞。十三年，擢內大臣。十五年，上念吳拜兄弟事太祖、太宗有戰功，復授吳拜世職一等精奇尼哈番，蘇拜一等阿思哈尼哈番。尋授蘇拜領侍衞內大臣。康熙三年十二月，蘇拜卒，謚勤僖。四年四月，吳拜卒，年七十，謚果壯。吳拜子郎談，自有傳。蘇拜第三子和託，康熙間以侍衞從討王輔臣，戰平涼城北，殺賊甚衆。從討吳三桂，戰攸縣，敗三桂將王國佐等；戰永興，敗三桂將胡國柱等。十九年，自廣西進兵，攻石門坎、黃草壩，薄雲南省城，敗吳世璠將胡國柄、劉起龍等，皆有功。官至護軍參領，予世職騎都尉加一雲騎尉。五十二年，卒。

武納格，博爾濟吉特氏，蒙古正白旗人。其先蓋出自蒙古而居於葉赫。太祖創業，武納格以七十二人來歸。有勇略，通蒙、漢文，賜號巴克什。歲癸丑，從伐烏喇，有功，授三等副將。天命十一年，太祖伐明，圍寧遠城未下，命武納格別將兵攻覺華島。明參將姚撫民將兵四萬倚島列屯，鑿冰爲壕，亙十五里，衞以盾。武納格督軍爭壕，首排盾逕入，盡殲其衆，焚所儲芻糗及舟二千餘。進三等總兵官。太宗即位，武納格總管蒙古軍，位亞揚古利，李永芳在八大臣上。旋以蒙古軍益衆，分左右二營，武納格與鄂本兌同爲固山額眞。天聰三年春，與額駙蘇納等率蒙古軍，益以滿洲驍卒八十人，伐察哈爾，降其邊境二千戶。軍中流言降者鬨我師寡，將爲變，於是盡殲其男子，惟二台吉得免，俘其孥八千。太宗責武納格等殺降非義，奪所給牲畜，命以所俘分隸二翼，贍之毋失所。冬，從太宗伐明，入龍井關，克遵化，進薄明都。明督師袁崇煥自寧遠來援，左翼蒙古兵迎戰不能勝，武納格麾右翼蒙古兵繼進，遂敗敵。賜俘獲之半，以犒其軍。尋克固安。四年春，克永平。明將以三千騎自玉田至，武納格遣兵擊之走，獲馬百餘。行略豐潤，還，聞明兵四千攻大安口城急，與察哈喇赴援，解其圍。又就軍士行樵設伏，致敵斬獲無算。五年秋，復從伐明。明總兵祖大壽守大凌河城，杏山守將與大壽書，謀攜軍棄城相就，武納格獲以獻，得其情。於是環城築壘鑿壕，爲久困計。武納格統蒙古兵屯城東南。大壽縱兵出攻我所下臺堡，武納格與貝勒阿濟格等率兵夾攻，殲敵過半，自是城兵不復出。六年夏，與阿濟格招撫大同、宣府邊外察哈爾部衆。七年秋，與貝勒阿巴泰等侵明，攻山海關，有所俘獲。師還，明兵追襲，武納格爲殿，力戰卻之。太宗諭諸貝勒大臣曰：「武納格所在建功，今又爲殿敗敵，人臣爲國當如是也。」八年五月，改蒙古軍左右營爲左右翼，以武納格爲左翼固山額眞。定諸將功次，武納格以一等昂邦章京世襲，旋進三等公。是年，太宗復率諸貝勒分道伐明，命武納格統蒙古軍爲策應，入獨石口，越興安嶺，經保安州，至應州，與大軍會。道收察哈爾千餘戶，所過諸州縣或攻或撫，悉稱上意。閏八月，自得勝堡班師，收蒙古逃人自陽和入者四百七十人。九月喀爾喀部衆爲察哈爾所襲殺命將百人往詗斬二十餘人而還九年二月卒子德穆圖齊墨克圖廣泰德穆圖武納格長子也初任牛彔額眞崇德三年正月擢戶部承政七月更定官制改右參政四年從上伐明圍松山樹雲梯攻城會明兵自錦州赴援德穆圖度不能克棄雲梯引還罪當死上特貰之論罰尋兼任梅勒額眞六年從鄭親王濟爾哈朗伐明圍錦州蒙古貝勒諸木齊等守外城約降鄭親王令德穆圖迎之諸木齊方率所部與明兵戰德穆圖以其子阿桑喜出我師克外城諸木齊始來歸德穆圖詭言諸木齊父子皆所拔出論罰籍家產之半罷參政梅勒額眞俾專領牛彔七年從貝勒阿巴泰伐明自薊州入邊薄明都略山東順治元年從入關擊流賊授拜他喇布勒哈番二年從豫親王多鐸攻潼關遂定江南敗明將鄭鴻逵於瓜洲與都統馬喇希徇常州與明將黃蜚等遇再戰皆捷分兵下宜興崑山諸縣加拖沙喇哈番復任本旗蒙古副都統三進一等阿達哈哈番九年卒齊墨克圖武納格次子早歲屢從行陳略寧遠敗明兵武納格既卒以廣泰襲世職從伐明坐違令不前奪世職以齊墨克圖降襲一等阿思哈尼哈番復從伐明與沙爾虎達等率邏卒至錦州明兵五百來追還擊敗之獲馬六十及其纛太宗伐明三圍錦州齊墨克圖皆在軍中迎城兵出戰躁馬截擊陳斬十人攻洪承疇所將步卒掩殺甚衆又敗敵援兵八年三月與阿爾津哈寧阿等伐黑龍江圖都里屯克之又降大小噶爾達蘇能吉爾三屯師賚貂皮銀幣十一月擢梅勒額眞佐本旗順治初從入關加拜他喇布勒哈番合爲三等精奇尼哈番三年從定西大將軍何洛會擊破叛將賀珍五年卒復以廣泰襲一等阿思哈尼哈番別以齊墨克圖子薩哈炳分襲拜他喇布勒哈番廣泰遇恩詔進二等精奇尼哈番乾隆初定封三等子

阿什達爾漢納喇氏與葉赫貝勒金台石同族爲兄弟太宗諸舅也太祖滅葉赫阿什達爾漢率所屬來歸授牛彔額眞隸滿洲正白旗天命六年二月從伐明攻奉集堡圍其城阿什達爾漢先諸將奮進三月攻遼陽復先登克之授一等參將敕免死一次太宗嗣位以阿什達爾漢典朝鮮蒙古諸屬部嘗奉使宣諭天聰六年明邊吏遣使議和上命阿什達爾漢及白格龍什等報聘旣盟而歸白格言阿什達爾漢及龍什等受明邊吏餽命奪入官六年從貝勒濟爾哈朗薩哈璘如蒙古鞫獄賚敕二十道失其九論罰十一月復以定律令頒布蒙古諸部八年五月上自將伐察哈爾林丹汗命徵兵科爾沁部會於宣府左衛林丹汗西遁道死所屬額爾德尼囊蘇等以其衆降上命阿什達爾漢及吳拜等挾額爾德尼囊蘇詗林丹汗子額哲所在九月率來降台吉塞冷等還並報復有祁他特等率千人而來者踵相接也旋命至春科爾大會蒙古諸部分畫牧地使各有封守復與諸貝勒亭平其獄訟十一月還報稱旨令專轄一牛彔九年二月從貝勒多爾袞等將萬人取額哲四月師至托里圖多爾袞等遵上所授方略遣阿什達爾漢及金台石孫南褚諭額哲母額哲母金台石女孫也阿什達爾漢爲其族尊行額哲遂從其母舉部來降當我軍未至有鄂爾多斯濟農圖巴者招額哲與盟而去阿什達爾漢偵知之追及圖巴令悉歸額哲之餽又率兵入明邊略宣府大同入山西境多所俘獲師還上親迎勞之崇德元年六月授都察院承政上御崇政殿侍臣巴圖魯詹額爾克戴靑後至阿什達爾漢責其慢叱出之十月與希福使察哈爾喀爾喀科爾沁諸部申明律令十二月從伐朝鮮國王李倧走保南漢山城豫親王多鐸師師追之圍城朝鮮諸道援兵合萬八千人樹二柵城外悉衆出戰阿什達爾漢及貝子碩託率精騎銳進大破其軍朝鮮別將以五千人屯山麓爲聲援復分兵百循河而南阿什達爾漢馳擊盡殲之攻破其壘餘衆皆潰二年正月倧請降論功進三等副將世襲尋復使科爾沁巴林扎魯特喀喇沁土默特諸部頒赦且讞獄明年五月部議阿什達爾漢讞獄失平受蒙古諸部餽命罷承政奪所餽入官七月復授都察院承政五年與參政祖可法等疏論時事略言皇上欲恢張治道深思篤行之今諸國景附朝廷清明而諸王以下至諸固山額眞彼此瞻顧第念身家莫肯一心爲國有所論列不知果無可言耶抑有所畏忌而不敢言耶夫刑所以防民之姦軌於法則麗於刑此不可宥也今刑部斷獄不依本律諸臣有坐者或從重論輒削其職臣思諸臣歷戰陳出死力蒙恩授官一旦有過豈可不論重輕而遽削其職乎臣等竊思先時簡選議事十人今皆不稱職宜罷斥令甲戰死者將吏得世職兵則恤其妻孥今又未盡行惟皇上裁察疏入上嘉納之六年從伐明上督諸軍圍松山明總兵曹變蛟屯乳峯山乘夜棄寨率步騎直犯御營諸將力戰郤之阿什達爾漢未至論罪罷承政降世職爲牛彔章京尋卒太祖諸臣自葉赫來歸者蘇納固三泰瑚什布皆與金台石同族蘇納當葉赫未亡棄兄弟歸太祖太祖妻以女爲額駙編所屬人戶爲牛彔使領牛彔額眞隸正白旗天命四年太祖滅葉赫命蘇納收其戚屬隸所領牛彔十年授甲喇額眞錄戰功賜敕免死四次尋擢梅勒額眞天聰元年太宗自將伐明攻錦州以貝勒莽古爾泰等將偏師屯塔山衞饟道命蘇納選八旗蒙古精銳別屯塔山西路截明兵明兵二千人至蘇納領纛進擊敗之乘勝逐敵多所俘斬獲馬百五十三年春命與武納格將兵伐察哈爾以殺降見詰責十月復與武納格將兵逐蒙古亡去者語並見武納格傳五年授擺牙喇纛章京擢兵部承政從伐明圍大凌河城敗城兵及錦州援兵授備禦世職八年考滿進三等甲喇章京免徭役九年以隱匿壯丁削世職七月定蒙古旗制以蘇納領鑲白旗崇德元年從武英郡王阿濟格伐明薄明都攻鵰鶚長安昌平諸城隘五十六戰皆捷復與薩穆什喀共攻容城克之師還以先出邊後隊爲敵乘潰敗奪所俘獲十二月從伐朝鮮朝鮮將以步騎兵千餘禦戰蘇納及吳塔齊等邀擊大破之俘其將二年吏議蘇納坐朝鮮國王朝行在亂班釋甲又離大軍先還論罰三年又坐有所徇隱論罰罷固山額眞仍領牛彔順治五年卒世祖追錄蘇納舊勞復原職子蘇克薩哈自有傳固三泰歸太祖太祖妻以女爲額駙領牛彔隸滿洲鑲藍旗從伐明戰於廣寧單騎入敵陳身被數創戰愈力師乘之遂敗敵授副將世職太宗即位爲八大臣領本旗天聰元年三月從貝勒阿敏伐朝鮮有功師還上郊勞三年上自將伐明攻遵化固三泰率本旗兵攻其西南克之四年上命固三泰與達爾漢等助攻昌黎語詳達爾漢傳復命與高鴻中庫爾纏等下灤州藉其倉庫銀穀以聞五年上幸文館覽達海所譯武經因論羣臣曰爲將當恤士朕聞額駙固三泰與敵戰士有死者以繩繫其足曳歸蔑視若此何以得其死力乎尋命解固山額眞九年詔免徭役並增賜人戶俾專領牛彔順治初卒子明阿圖睿親王多爾袞師入關明阿圖攝梅勒額眞爲殿累官都察院理事官廂藍旗蒙古副都統授三等阿達哈哈番順治八年卒明阿圖子賽弼翰初爲簡親王濟度護衛康熙四年授護軍參領從護軍統領瑚里布西禦吳三桂將吳之茂克陽平朝陽諸關趨保寧討王輔臣克秦州從平南將軍賴塔南討鄭錦戰漳州敗錦將劉國軒等誅吳世璠定雲南累官廂藍旗滿洲副都統授拜他喇布勒哈番二十九年卒瑚什布與固三泰同隸廂藍旗領牛彔尋任侍衛兼甲喇額眞天聰三年從通古索爾和部身被七創戰益力斬敵將授備禦世職八年從伐明攻大同與圖魯什等擊敗明總兵祖大弼攻萬全左衛擊敗明總兵曹文詔復設伏邀斬三十餘級俘四人九年定蒙古旗制瑚什布領鑲藍旗崇德元年從武英郡王阿濟格伐明越明都克定興師還部議出邊時不爲殿爲敵所乘士卒戰死者十人罰白金六百奪世職罷固山額眞專領牛彔三年授理藩院副理事官順治四年復世職遇恩詔進二等阿達哈哈番七年卒子穆徹納順治間官護軍參領從豫親王多鐸征蘇尼特部騰吉思敗喀爾喀兵從武英親王阿濟格討姜瓖攻其將劉偉思等攻寧武關敗宜孟臣援兵至左衛城戰於吳家峪從靖南將軍珠瑪喇定廣東敗李定國于新會累進三等阿達哈哈番十三年卒

鄂莫克圖納喇氏自葉赫歸太祖隸滿洲正藍旗初爲擺牙喇壯達天聰元年正月從伐朝鮮克義州五月上自將伐明攻寧遠明總兵滿桂陳於城東鄂克莫圖從諸將進戰殪敵三年從貝勒岳託伐明攻保安州先登克之賜號巴圖魯授備禦世職任甲喇章京八年從伐黑龍江虎爾哈部計俘爲諸甲喇章京冠崇德二年復從伐卦爾察部計俘如伐虎爾哈部時三年七月授兵部理事官九月從睿親王多爾袞伐明自青山口入邊越明都擊敗明太監馮永盛克臨潼關略地至濟南四年七月上遣使如明命與努山等率兵護使者以行五年授噶什賢布噶喇昂邦從伐明圍錦州擊敗明總兵祖大壽六年復圍錦州擊敗明經略洪承疇語見喀山傳上軍松山杏山間明軍自松山遁騎兵走杏山步兵走塔山鄂莫克圖先後邀擊並有斬獲七年復從圍杏山分兵略寧遠掠牲畜明總兵吳三桂以兵躡我師後我師擊之敗走復益兵覘我師擊鄂莫克圖與戰窮追至連山敵騎自沙河犯我師牧地復奮擊破之錦州既下進二等參將順治元年從入關敗賊安肅追之至慶都尋率前鋒兵徇山西敗賊絳州渡口二年從英親王阿濟格定陝西敗賊延安李自成走湖廣追之至安陸屢破賊壘得戰艦三十授一等甲喇章京三年從肅親王豪格下四川敗賊漢中遂張獻忠至西充與護軍統領白爾赫圖等屢戰皆捷加授半個前程遇恩詔進一等阿思哈尼哈番十一年授正藍旗滿洲副都統十三年致仕康熙十二年卒年七十八乾隆初定封一等男喀山納喇氏世居蘇完當葉赫未滅挈家歸太祖隸滿洲鑲藍旗授牛彔額眞屢從征伐明下遼瀋有功予游擊世職天命九年明總兵毛文龍以兵百人翊額駙康果禮莊喀山率所部禦之斬二裨將殲其衆天聰六年從伐察哈爾與勞薩吳拜率精銳前驅林丹汗遁走八年進三等梅勒章京目失明辭牛彔順治初進二等昂邦章京尋改二等精奇

尼哈番十二年卒諡敏壯子納海初以喀山病目命代領牛彔旋授噶什賢布甲喇額眞從伐明與席特庫等以步兵四千擊敗明陽和騎兵斬級二百獲馬六十餘復設伏宣府捕明邏騎九年復從伐明攻大同命與布丹等駐上都城故址詗軍事尋命與鄂莫克圖等齎書諭明邊守將歷喜峯口潘家口董家口諸隘及還斬邏卒百餘崇德二年命與席特庫齎書諭明錦州守將祖大壽自廣寧入邊獲邏卒十二斬其九縱二人使齎諭以往俘一人以還四年從武英郡王阿濟格伐明錦州還報捷復從上攻松山明兵出戰擊郤之祖大壽遣兵自寧遠乘舟趨杏山將入城納海與瑚密色索渾將兵擊其後斬級五十獲甲四十舟一又與瑚密色席特庫等行略地俘採薪者二十二人牛羊贏馬無算五年從伐明圍錦州敵築臺城外納海與色赫布丹蘇爾德將騎兵馳擊斬四十人復逐斬刈草者四十二人敵來犯屢擊郤之與色赫等略小凌河斬祖大壽所遣蒙古十七人六年明總督洪承疇集各道兵赴援次松山與吳拜擊敗其騎兵上自將攻松山敵自杏山走塔山與鄂莫克圖師師邀擊追至筆架山斬級四百俘二十八得纛六獲馬二百餘七年錦州下敘功予半個前程命攝噶什賢布噶喇昂邦從貝勒阿巴泰伐明自黃崖口入長城趨薊州敗明總兵白騰蛟白廣恩遂略山東明年師還以右翼諸將不俟左翼軍至先出邊功不敘順治初遇恩詔進三等阿達哈哈番及喀山卒兼襲二等精奇尼哈番例進二等伯雍正中從孫奇山降襲一等阿思哈尼哈番乾隆元年定封一等男安達立納喇氏自葉赫歸太祖隸滿洲正紅旗太祖遣兵徇鐵嶺刈其禾有蒙古人降於明出拒安達立擊之走事太宗從貝勒薩哈璘駐牛莊師攻永平葉臣率二十四人冒矢石先登安達立其一也師還從圖魯什偵敵建昌夜戰甲士有中矢墜馬者援之出擢噶什賢布章京從伐明攻崞縣率所部先登復以四十人伏忻口敗敵得纛三馬五十餘出邊圖爾格擊敵潰竄安達立邀擊追敵入壕所殺傷過當天聰九年授牛彔章京世職擢正紅旗蒙古梅勒額眞崇德三年從貝勒岳託伐明將至牆子嶺聞明軍備甚固安達立與固山額眞恩格圖率所部趨嶺右陟高峯間道入邊擊敗明軍越燕京略山東明年師自靑山口出邊復擊敗明軍五年圍錦州屢戰皆捷六年復圍錦州洪承疇援師至與戰破三營至暮敵潰翼日復戰又擊郤之敘功加半個前程尋卒子阿積賴襲職順治初從入關逐李自成戰於慶都又從葉臣徇山西署正紅旗蒙古梅勒額眞又從英親王阿濟格攻延安逐自成至武昌竄入九宮山率師搜勦殲其徒甚衆四年兼任刑部理事官五年署巴牙喇纛章京從鄭親王濟爾哈朗征湖南分兵徇道州攻永安關敘功進一等阿達哈哈番兼拖沙喇哈番卒綽拜巴林氏自葉赫歸太祖隸蒙古鑲白旗爲牛彔額眞天聰八年授世職牛彔章京九年與吳巴海伐瓦爾喀部深入額赫庫倫額埒岳索諸地進三等甲喇章京崇德三年兼任戶部理事官從睿親王多爾袞伐明徇山東至濟南敵騎千餘拒戰何洛會先衆奮擊遂克其城七年從肅親王豪格圍明總督洪承疇於松山承疇遣兵夜越壕攻鑲黃旗營擊郤之八年進二等順治初從入關破流賊進一等四年加拖沙喇哈番五年授參領從征南大將軍譚泰討叛將金聲桓克饒州南昌師還賚白金千馬四十七年遷倉場侍郎八年授鑲白旗蒙古梅勒額眞兼工部侍郎擢本旗固山額眞進一等阿思哈尼哈番九年二十月卒布丹富察氏自葉赫歸太祖隸滿洲正紅旗授牛彔額眞尋遷甲喇額眞領擺牙喇兵天聰八年從伐明克萬全左衞城先登授半個前程九年從貝勒多鐸伐明攻錦州師還明兵躡至固山額眞石廷柱所部有陷陳不能出者布丹破陳援之出旋命與納海等詗軍事崇德元年從武英郡王阿濟格伐明破鵰鶚長安二隘皆先登與蘇納同功轉戰至涿州師還明兵出居庸關設伏邀我軍輜重擊破之四年與沙爾瑚達等將土默特兵二百略寧遠北境以數騎挑戰敵堅壁不出乃俘其樵者以歸五年圍錦州殺敵語見納海傳六年與明兵戰松山杏山屢勝錦州下進牛彔章京世職七年冬復與納海等從貝勒阿巴泰伐明順治初從入關破流賊敘功並遇恩詔進一等阿達哈哈番九年擢正紅旗蒙古副都統十一年卒諡毅勤孫達哩魯布哩氏太祖取葉赫以其民分屬八旗孫達哩隸正黃旗選充驍騎遇戰必先中創不爲郤屢得優賚崇德三年從睿親王多爾袞伐明入自靑山口越明都轉戰至山東攻濟南先登第一賜號巴圖魯授二等參將領牛彔額眞順治間累進二等阿思哈尼哈番遷擺牙喇纛章京從穆里瑪圖海討李自成餘黨李來亨袁宗第等破茅麓山有功十二年加太子少傅十四年四月卒諡果壯

吉思哈烏蘇氏世居瓦爾喀瑪佳屯初屬烏喇見其貝勒不足事與弟吉普喀達歸太祖並授牛彔額眞隸滿洲正白旗旋改隸鑲白旗天命四年從伐明有功授游擊世職六年以甲喇額眞師師圍遼陽樹雲梯先登天聰八年太宗追錄其功進二等參將是年與甲喇額眞吳巴海伐東海虎爾喀部俘一千五百有奇及牲畜輜重九年與梅勒額眞巴奇蘭等伐黑龍江收二千人以還進一等參將崇德元年太宗自將伐朝鮮聞明兵入皮島遣吉思哈率兵躡其後擊敗之二年師旣克朝鮮都城上命旗出甲士十並簡科爾沁敖漢柰曼扎魯特烏拉特諸部兵俾吉思哈及理藩院承政尼堪爲將自朝鮮伐瓦爾喀因擊破朝鮮軍斬平壤巡撫進略瓦爾喀奏捷稱旨語詳尼堪傳累遷至吏部參政三年四月卒子吉瞻襲吉普喀達吉思哈弟也天命四年授游擊六年任甲喇額眞從伐明攻奉集堡明總兵李秉誠赴援師與戰明兵走入城師從之至壕城上發巨礮吉普喀達中礮卒天聰八年贈二等參將子爪爾察襲吳巴海瓜爾佳氏自烏喇歸太祖太祖討尼堪外蘭吳巴海實從隸滿洲鑲藍旗授牛彔額眞天聰元年四月從貝勒阿敏伐朝鮮攻義州與梅勒額眞阿山穆克譚等先登克之五月從太宗伐明攻錦州敵來犯我師少郤吳巴海爲殿督戰敗敵五年與梅勒額眞蒙阿圖伐瓦爾喀略額黑庫倫額勒約索二部收降人數千上郊勞賜宴賜號巴圖魯六年從伐察哈爾林丹汗西遁上命吳巴海逐逋逃斬察哈爾兵五獲其馬及牲畜旋率師伐烏札喇部署所將兵四道並進會敵方漁於握里河吳巴海揮騎直前斬三百餘人得其輜重七年與牛彔額眞耶格如朝鮮互市得瓦爾喀部長族屬十五人以歸八年與吉思哈伐東海虎爾哈部語詳吉思哈傳十二月復與牛彔額眞景固爾岱將四百人伐瓦爾喀降屯長分得里收阿庫里尼滿部衆千餘師還上命大臣迎勞以所獲賚之九年從貝勒岳託率師鎭歸化城土默特人許部長博碩克圖謂其子陰遣使與明通岳託遣吳巴海及甲喇額眞阿爾津等四人要諸途毛罕私以告喀爾喀人潛遁吳巴海追獲之並得明使毛罕者博碩克圖子乳母之夫也初從土默特來降旣而有叛志號博碩克圖子爲汗自號貝勒吳巴海旣執喀爾喀使人遂殺毛罕十年授梅勒額眞世職一等甲喇章京崇德元年六月進三等梅勒章京移鎭寧古塔十二月喀木尼漢部葉雷等叛將其孥俱亡吳巴海部兵逐之行數十日無所見宿雁三射之一雁負矢飛且墮往取之見遺火知逃者自此過躡其跡及之於溫多獲其孥葉雷入山追及闔之諭使降不可射之葉雷將注矢有狐起於前觸葉雷弓弓墜遂射殺葉雷及其從者師還太宗命諸固山額眞迎勞二年敘功進三等昂拜章京賜衣服僕馬莊田三年與梅勒額眞吳善師師戍歸化城旋坐匿罪人徇廝養卒盜米罷梅勒額眞論罰四等卒分世職爲一等甲喇章京者一爲牛彔章京者二授其子弟

康喀勒納喇氏輝發貝勒王機砮之孫也太祖時偕從兄通貴率族屬來歸隸滿洲鑲紅旗授牛彔額眞天聰六年從伐察哈爾部八年正月上以察哈爾林丹汗西遁其部衆流散錫爾哈錫伯圖命康喀勒與岱靑塔布囊等率蒙古及諸部駐牧兵往取以歸五月授世職牛彔章京崇德三年兼刑部副理事官五年擢鑲紅旗蒙古梅勒額眞六年從伐明圍錦州並攻松山城七年松山錦州皆下復克塔山城尋追論攻松山避敵克塔山與固山額眞葉臣爭功罪當死太宗特貰之順治初從入關擊李自成加半個前程尋從豫親王多鐸下江南與固山額眞準塔自徐州水陸並進次淸河明總兵劉澤淸遣部將馬花豹張思義等率戰艦千餘兵數萬屯黃淮口康喀勒與游擊范炳吉天相等發礮毀其舟分兵追擊澤淸走淮安下復與梅勒額眞譚布擊明總濟田仰仰方屯湖口橋以三千人迎戰擊破之又戰於三里橋遂至海岸獲舟八十又戰於如皋攻通州以雲梯克其城旁近諸縣皆下二年十一月授鎭守江寧梅勒額眞時江北未定羣相聚爲亂江寧有諜爲內應者康喀勒與駐防總管巴山先期捕治殺三十人而定已而明潞安王朱誼石集衆二萬餘分三道來攻康喀勒等擊郤之三年以功進三等甲喇章京世襲四年改三等阿達哈哈番旋卒子洛多襲職和托康喀勒從兄之子也順治元年以噶什布賢甲喇章京從入關破李自成潼關移兵下江寧復從貝勒博洛徇浙江破明總兵方國安等於杭州復略福建所向克捷攻汀州先登克其城論功幷遇恩詔授拜他喇布勒哈番兼拖沙喇哈番世襲十一年從征雲南擊敗明將白文選取進永昌奪瀾滄江鐵索橋康熙九年卒瑪拉和托弟也順治十二年以三等侍衞署甲喇額眞從固山額眞伊勒德攻舟山從擺牙喇纛章京穆成額破鄭成功兵於泉州十六年從安南將軍達素擊成功厦門皆有功康熙二十二年卒通嘉康喀勒兄孫初襲其父莽佳三等阿達哈哈番順治十八年以護軍參領從靖東將軍濟什哈討山東賊于七于七據棲霞峴嵎山爲亂其黨呂思曲僉三等以數千人拒戰通嘉擊敗之賊遂以平康熙六年改前鋒參領十四年從信郡王鄂札討察哈爾布爾尼師至達祿布爾尼爲伏山谷間通嘉督所部盡擊殺之布爾尼以三十騎遁以功加拖沙喇哈番旋坐事削十八年以護軍統領從討吳三桂破譚宏於雲陽二十三年遷本旗蒙古都統二十四年卒薩璧翰亦納喇氏父三

檀自輝發率屬歸太祖授牛彔額眞隸滿洲正藍旗卒薩璧翰與其兄薩珠瑚並授牛彔額眞太宗即位以薩璧翰列十六大臣佐正藍旗天聰五年擢戶部承政八月上自將伐明圍大淩河城兵出禦薩璧翰與戰舍馬而步逐敵薄壕城上發礮矢甲士巴遜沒於陳薩璧翰力戰入敵陳取其尸還八年五月上自將伐察哈爾貝勒濟爾哈朗居守薩璧翰與梅勒額眞蒙阿圖副之考滿授世職甲喇章京崇德二年從伐朝鮮取皮島師還薩璧翰與其兄薩珠瑚發貝子碩託以厮役冒甲士請郵坐論罰薩璧翰初隸碩託至是命改隸饒餘貝勒阿巴泰旋以薩璧翰從子侍衞吳達禮從伐朝鮮私役甲士坐奪世職三年改吏部右參政四年授議政大臣六年八月從伐明攻錦州明援兵自松山至誘戰薩璧翰被創卒於軍子漢楚哈哈爾沁皆授牛彔額眞哈爾沁從討吳三桂從討噶爾丹皆有功授拖沙喇哈番漢楚哈子哈爾弼授一等護衞從擊鄭成功戰廈門歿於陳亦授拖沙喇哈番

論曰太祖初起扈倫四部與爲敵四部之豪俊先後來歸武理堪等自哈達武納格阿什達爾漢鄂莫克圖等自葉赫吉思哈等自烏喇康喀勒等自輝發皆能効奔走立名氏武納格其先出自蒙古遂爲白奇超哈統帥勳績尤着四部有才而不能用太祖股肱爪牙取於敵有餘國之興亡雖曰天命豈非人事哉

清史稿 列傳十八

佟養性 孫國瑤　李永芳

石廷柱　馬光遠 弟光輝

李思忠 子蔭祖 蔭祖子鈵

金玉和 子維城 維城孫侍玠 王一屏 一屏子國光 國光子永譽 孫得功 張士彥 士彥子朝璘 金礪

佟養性遼東人先世本滿洲居佟佳以地爲氏有達爾哈齊者入明邊爲商自開原徙撫順遂家焉天命建元太祖日益盛强養性潛輸款爲明邊吏所察置之獄脫出歸太祖太祖妻以宗女號施吾理額駙授三等副將從克遼東進二等總兵官太祖用兵於明明邊吏民歸者籍丁壯爲兵至太宗天聰間始別置一軍國語號烏眞超哈五年正月命養性爲昂邦章京諭曰漢人軍民諸政付爾總理各官受節制爾其殫厥忠簡善黜惡恤兵撫民毋徇親故毋蔑疏遠昔廉頗藺相如共爲將相以爭班秩幾至嫌釁賴相如舍私奉國能使令名焜耀於今日爾尙克效之又諭諸漢官曰漢人軍民諸政命額駙佟養性總理各官受節制其有勢豪嫉妬不從命者非特藐養性是輕國體褻法令也必譴毋赦如能謹守約束先公後私壹意爲國則爾曹令名亦永永垂後世矣是歲初鑄礮使養性爲監礮成銘其上曰天祐助威大將軍凡四十具師行則車載以從養性掌焉八月上伐明圍大淩河城養性率所部載礮越走錦州道爲營擊城西臺臺兵降又擊城南壕畔睨翼日擊城東臺臺圯臺兵夜遁盡殲之九月明兵出關援錦州上遣親軍迎擊養性以所部兵五百從敵潰遁明監軍道張春合諸路兵援大淩河夜戰上督騎兵擊破之方追奔明潰兵復陳上命養性屯敵壘東發礮燬敵壘十月攻子章臺發礮擊臺上堞臺兵多死者十一月祖大壽以大淩河降上命盡籍城中所儲鎗礮彈藥付養性尋率兵隳明所置臺壕自大淩河至於廣甯六年春正月上幸城北演武場閱兵養性率所部烏眞超哈試礮擐甲列陳軍容甚肅上嘉養性能治軍因追奬大淩河戰功賜雕鞍良馬一白金百遂徧及諸將自石廷柱以下皆有賜設宴以勞之養性疏言新編漢兵馬步僅三千有奇宜盡籍漢民爲兵有事持火器而戰無事則爲農火器攻城非礮不克三眼鎗佛朗機鳥鎗特城守器耳宜增鑄大礮兵食未足宜令民廣開墾無力者官畀牛若種穊則以十一償四月上自將伐察哈爾命與貝勒阿巴泰杜度大臣揚古利伊爾登留守七月卒順治間追謚勤惠子普漢改襲二等昂邦章京卒以弟六十襲崇德四年漢軍旗制定隸漢軍正藍旗順治四年改二等精奇尼哈番遇恩詔累進三等伯國瑤六十子也襲爵康熙九年授本旗副都統十二年吳三桂反特命國瑤爲鄖陽提督師鎭撫十三年襄陽總兵楊來嘉以穀城叛附三桂鄖陽副將洪福應來嘉劫部兵千餘攻國瑤國瑤率游擊杜英佟大年以健丁三百拒戰福退復至苦戰數日斬二百餘級福敗遁事聞加左都督十四年福挾諸叛將分五道來犯復擊敗之逐戰泥河口板橋河斬其將林躍等七輩兵數百人十五年四川叛將譚洪與福等復分道來犯洪屯鄖江北福掠鄖江南相聲援國瑤分兵禦之戰坪溝戰黃畈戰九里岡又渡鄖江戰江南岸皆勝焚其舟及械斬獲無算福復遣衆伏鄖江兩岸以三十餘舟順江下泊琵琶灘偪鄖陽運道爲寨國瑤及將軍噶爾漢撫治楊茂勳等率水陸兵大破之戰隧嶺福敗走運道復通敍功加一等十六年以捐俸資軍賑難民加太子少保十七年進討來嘉福戰於房縣獲其將五十二輩印十二劄牌二十四遂克其城進復保康十八年與噶爾漢等攻興安久而不下命削戰隧嶺所敍加一等六月授福建將軍二十八年卒謚忠愍乾隆初定封二等子達爾哈齊子養眞自有傳

李永芳遼東鐵嶺人在明官撫順所游擊太祖克烏喇烏喇貝勒布占泰走葉赫太祖伐葉赫葉赫愬於明明使告太祖誡毋侵葉赫太祖以書與明言葉赫渝盟悔婚匿布占泰不得已而用兵躬詣撫順所永芳迎三里外導入教場太祖出書畀永芳乃引師還後三歲爲天命元年又三歲始用兵於明四月甲辰昧爽師至撫順所遂合圍執明兵一使持書諭永芳曰明發兵疆外衞葉赫我乃以師至汝一游擊耳戰亦豈能勝今諭汝降者汝降則我即日深入汝不降是誤我深入期也汝多才智識時務我國方求才稍足備任使猶將擧而用之與爲婚媾況如汝者有不加以寵榮與我一等大臣同列者乎汝若欲戰我矢豈能識汝汝既不能勝死復何益且汝出城降我兵不復入汝士卒皆安堵若我師入城男婦老弱必且驚潰亦大不利於汝民矣勿謂我恫喝不可信也汝思區區一城且不能下安用興師失此弗圖悔無及已降不降汝熟計之毋不忍一時之忿違我言而僨事也永芳得書立城南門上請降而仍令軍士備守具上命樹雲梯以攻不移時師登陴斬守備王命印等永芳冠帶乘馬出降固山額眞阿敦引永芳下馬匍匐謁上上於馬上以禮答之傳諭勿殺城中人東州馬根單二城及沿邊諸臺堡五百餘悉下是日上駐撫順明日命隳其城乃還編降民千戶遷之赫圖阿喇命依明制設大小官屬授永芳三等副將轄其衆以上第七子貝勒阿巴泰女妻焉太祖伐明取邊城自撫順始明邊將降太祖亦自永芳始是年七月上復伐明拔淸河四年克鐵嶺六年下遼瀋永芳皆從以功授三等總兵官明巡撫王化貞及諸邊將屢遣諜招永芳永芳輒執奏上嘉奬赦免死三次太宗即位以朝鮮與明將毛文龍相應援納逋逃命貝勒阿敏等帥師討之永芳從上諭阿敏等曰朝鮮理當討然非必欲取之凡事相機度義而行克義州分兵攻鐵山擊走文龍進下定州安州次平壤其官民皆遁遂渡大同江朝鮮王李倧使齎書迎師諸貝勒答書歷數其罪許以遣大臣莅盟當班師使既行師復進次黃州倧使馳告已遣大臣莅盟阿敏欲遂攻其都城諸貝勒謂宜待所遣大臣至永芳進曰我等奉上命仗義而行前與朝鮮書許以遣大臣莅盟當班師今食言不義盍暫駐待之諸貝勒皆是其言阿敏怒叱永芳曰爾蠻奴何多言我豈不能殺爾耶師再進次平山倧所遣大臣至師卒如永芳議遣劉興祚庫爾纏如倧所莅盟而還八年永芳卒有子九人漢軍旗制定隸正藍旗漢軍次子李率泰自有傳第三子剛阿泰順治初官宣府總兵時姜瓖爲亂山西北境諸州縣土寇蠭起瓖既平所部竄匿代州定襄繁峙五臺山中剛阿泰先後逐捕諸山砦悉平旋以屬吏侵饟劾罷第五子巴顏天聰八年襲父爵例改三等昂邦章京崇德間以參領從太宗征科爾沁圍錦州與洪承疇戰松山城下皆有功七年定漢軍八旗以巴顏爲正藍旗固山額眞八年九月從鄭親王濟爾哈朗等征甯遠拔中後所前屯衞順治元年進二等昂邦章京旋與固山額眞石廷柱剿寇昌平與固山額眞葉臣徇直隸饒陽河南懷慶山西澤州潞安諸府縣師還賜白金五百二年從定西大將軍和洛輝自陝西徇四川流寇孫守法賀珍犯西安再戰大破之逐至黑水峪斬守法又破流寇一隻虎於商州克延安諸路山寨四年例改二等精奇尼哈番五年進一等精奇尼哈番討叛將姜瓖從睿親王多爾袞復渾源州從英親王阿濟格復左衞從巽親王滿達海復朔州汾州及太谷諸縣巴顏在軍將左翼挾火器以攻所向皆克八年敍平姜瓖功復遇恩詔進一等伯九年卒乾隆間定封號曰昭信四十年正月命以其族改隸鑲黃旗

石廷柱遼東人先世居蘇完姓瓜爾佳氏明成化間有布哈者爲建州左衞指揮布哈生阿爾松阿嘉靖中襲職阿爾松阿生石翰移家遼東遂以石爲氏石翰子三國柱天柱廷柱萬歷之季廷柱爲廣甯守備天柱爲千總太祖師至巡撫王化貞走入關天柱先與諸生郭肇基出謁且曰吾曹已守城門矣翌日入城廷柱從衆降授世職游擊俾轄降衆蒙古巴林部貝勒囊努克背盟掠廷

杜從上討之取其寨收牲畜以還進三等副將天聰三年太宗命率兵搜剿明故毛文龍所轄諸島敵自石城島來犯擊斬二百人俘十九人尋從上伐明薄明都四年師還至沙河驛廷柱與達海諭城中軍民出降又與達海以千人詗漢兒莊漢兒莊與三屯營喜峯口諸堡先已降而復叛至是復降五年明總兵祖大壽築城大凌河上自將圍之大壽窮蹙使從子澤潤射書請降幷乞上令廷柱往議廷柱與達海至城南先使姜桂詗大壽桂故明千總爲我軍所俘大壽使游擊韓棟從桂出迎廷柱並以其義子可法爲質廷柱乃踰濠與語大壽言決降惟乞速取錦州俾妻子得相見廷柱以告上復遣廷柱諭指大壽乃降是時佟養性爲烏眞超哈昂邦章京廷柱爲副六年養性卒廷柱代爲昂邦章京從伐察哈爾多斬獲七年從貝勒岳託伐明攻旅順師還上酌金巵以勞進三等總兵官八年從伐明攻應州克石家村堡九年復從伐明與明兵戰大凌河西斬明副將劉應選獲游擊曹得功等崇德元年上自將伐朝鮮命廷柱帥所部整兵械儲糗糒挾火器以從二年旣定朝鮮還攻皮島廷柱與戶部承政馬福塔攻其北隅尋追論朝鮮王李倧謁上時廷柱亂班釋甲及縱士卒違法妄行罪解任罰鍰奪賞賚是年分烏眞超哈爲左右翼以廷柱爲左翼固山額眞三年上與諸臣論兵事舉呂尙相勗廷柱言呂尙制閫外專生殺故所向有功今臣等若有過下部逮訊雖牛彔以下亦當比肩對簿其何以堪諸臣以其言戇請下刑部議罪論死上命宥之是年十月從伐明攻錦州克城外諸屯堡進破城旁臺臺上餘敵兵潛自間道走廷柱弗追擊部議降爵罰鍰上復命宥之四年二月上自將伐明烏眞超哈諸將孔有德耿仲明尙可喜馬光遠及廷柱皆率所部從上駐軍松山命廷柱攻城南臺毀其堞臺兵不能禦守將王昌功等四十餘人出降上登松山南岡度地形命廷柱從可喜以砲攻城南門之左廷柱與光遠先取城西南隅臺諸將繼進攻城城堞皆盡會以日暮罷明日攻益急城兵守禦甚固我兵緣雲梯上不能入死者二十餘人廷柱兄子達爾漢亦被創上召詢諸將皆謂攻必克翌日復集議有德仲明可喜光遠欲鑿地道以攻廷柱持不可上責廷柱曰爾爲主將惟怯無鬭志與諸將異議爾豈因兄子被創故驚怖不欲戰耶廷柱惶恐對曰臣昔嘗巡邏至此知地中有水石不可穿且亦不能越壕而過故不敢不言今衆皆謂可攻臣焉敢獨異乃與有德等鳩役於城南鑿地道初祖大壽旣降請得入錦州乃復叛爲明守至是聞松山急遣蒙古兵三百乘夜入城詗得我軍謀多爲備地道不能達乃罷攻師還部議廷柱攻城不盡力當罷任罰鍰上仍命宥之時烏眞超哈復析爲八旗合二旗爲一固山於是漢軍旗制始定廷柱隸正白旗六年七月廷柱上言錦州爲遼左首鎭我師築壘浚濠誓必剪滅以策進取誠至計也第明恃大壽爲保障我師圍之急彼必益發援兵併力一戰宜及此時簡精銳分布各旗屯田所遇警卽並進如敵已立營以砲環擊伺其稍動我師卽突起乘之轉戰過錦州至松山杏山閒敵必敗走則錦州破矣錦州旣破關外八城聞而震動昔年克瀋陽遼陽從之下克沙嶺廣甯亦從之下此其明徵也近聞喀爾喀扎薩克圖揚言取歸化恐陰欲取鄂爾多斯臣擬令鄂爾多斯移牧黃河南使與歸化相接彼此策應仍選才勇將士挾火器戍焉而令王貝勒帥師道宣大略應州雁門歸化有警輕騎倍道赴援明所恃爲遼東援者不過宣大陝西楡林甘肅寧夏諸路我師西入諸路自顧不遑豈能復出援遼哉此一舉而兩得也明援兵自寧遠至松山所齎行糧不過六七日其鋒少挫勢必速退卽宿留數日終且託糧盡而返宜設伏於高橋險隘處鑿壕藏擊仍發勁兵綴其後使進退無路則彼援兵皆折而降我矣我師遇敵步兵每奮勇陷陣彼軍多火器恐致傷夷宜詗敵遠離城郭或憑據高阜水竭糧匱乃環而攻之夜則鑿壕以守晝則發砲以擊不一二日勢且生變其甓可坐俟也洪承疇書生耳所統援遼諸鎭皆烏合亡命外張聲勢內實恇懾如大壽爲我師所破承疇與諸將縱得脫去亦東市就僇而已彼聞上恩豢降將或慕義納款亦未可料今明災異迭見流寇方熾乘時應運定鼎中原機不可失疏入上深嘉之九月師圍松山敵夜犯廷柱營廷柱力禦斬十餘級獲刀甲鎗砲無算進二等昂邦章京七年定漢軍八旗置八固山以廷柱爲鑲紅旗固山額眞順治元年四月從師入關破李自成五月與固山額眞巴顏等平昌平土寇六月與固山額眞巴哈納帥師撫定山東諸郡縣七月移師會固山額眞葉臣共克太原山西河南悉平師還賜白金五百兩進一等昂邦章京四年改一等精奇尼哈番六年從討叛將姜瓖復渾源太谷朔州汾州十二年五月授鎭海將軍駐防京口十四年二月以老乞休加少保兼太子太保致仕進三等伯世襲十八年二月卒贈少傅兼太子太傅諡忠勇立碑記績廷柱兄國柱亦自廣甯降與天柱先後授三等副將廷柱六子三子華善四子石琳自有傳

馬光遠順天大興人明建昌參將天聰四年我師克永平光遠以所部降命隸正藍旗授梅勒額眞賜冠服鞍馬五年上復伐明圍大凌河光遠從招城南臺降得百總一男婦五十餘卽畀光遠育焉六年十一月光遠疏言六部旣設當建內閣選滿正練達二三臣爲總裁日黎明入閣八家固山六部承政有事詣閣集議請上指揮幷議置六科立八道言官翌日再疏申言六科職掌七年正月烏眞超哈昂邦章京佟養性及光遠合疏言上及諸貝勒豢漢官恩厚臣等叨冒首領上有命敢不竭心力臣等有罪聽諸臣彈劾諸漢官如或抗令欺公誑言誤事諉避偷安玩法科斂臣等當彈劾不敢避忌惟慮諸漢官茹怨以蜚語中臣等臣等得罪雖死不知其故乞上及諸貝勒鑒臣等意今後有過失卽時處分有讒言卽時質問俾僉邪不得行其險慝三月光遠疏陳整飭軍政省戎器覛牧馬習砲治砲車節火藥謹城守制火箭建藏砲儲藥之局贍鑄砲造藥之役厚養砲兵凡十事七月上命舊隸滿洲戶下漢人十丁授棉甲一得千五百八十人命光遠等統之分補舊甲喇缺額時孔有德耿仲明來降克旅順光遠言有德等初來登萊旅順幷各島兵艦隨至江口不敢歸畏明法也今旅順旣失江口兵艦必退保登萊宜急遣水師逐彼舟後乘風而西上親帥師取山海進攻北京不半載大事可定十月授一等總兵官八年三月疏請出師一自薊東入一自八里鋪趨山海關內外夾攻先取其水關則山海關易下也旣克山海關還取祖大壽整旅而西進攻北京塞衝要阻運道不數月必有內變但乞上於出師之日戒諭將士毋殺毋淫毋掠貨財毋焚廬舍四方聞之皆引領而歸上矣四月改一等昂邦章京九年七月甄別轄治漢人各官以各堡戶丁增減行賞罰丁減初額三之一者削世職爲民光遠疏言各官功次不等皆蒙敕賜世襲得之至艱今以養人不如法皆罷爲民衆情驚懼乞恩從重議罰而毋遽奪世職令戴罪視事使功不如使過臣爲王法持平敢昧死以請梅勒額眞張存仁亦以爲言上從之十年四月諸臣勸進漢將列孔有德耿仲明尙可喜石廷柱及光遠凡五人崇德元年十二月從伐朝鮮克平壤江華島二年八月分烏眞超哈爲兩翼置固山額眞二以廷柱轄左翼光遠轄右翼三年上伐明攻錦州烏眞超哈運火器爲前驅尋與有德以火器克臺五復與廷柱克李雲屯柏士屯郭家堡開州井家堡俘七百有三得牲畜稱是光遠率甲喇額眞郎紹貞圍攻錦州城旁臺敵遁不追擊上詰之光遠妄辨當奪職上命罰鍰四年上復伐明光遠以所部克松山西南隅臺降其將楊文選攻城不克語詳石廷柱傳師還數其罪而罷之又以庇所部參將李世昌鑄礮子不中程論死上特宥之六月析烏眞超哈爲八旗置固山額眞四復起光遠爲正黃鑲黃兩旗固山額眞漢軍旗制定光遠隸鑲黃旗順治四年以老病乞休康熙二年卒諡誠順以弟之子思文襲爵恩詔進三等伯乾隆初定封一等子光輝光遠弟明武舉與其兄光先從光遠來降天聰七年授光先二等參將光輝游擊崇德三年任戶部理事官以貸官商物不償罷官奪世職四年六月漢軍旗制定授鑲黃旗梅勒額眞六年兼任吏部七年以從克杏山城復世職師已克錦州命光輝從固山額眞孟喬芳詣錦州監鑄砲八年以從克中後前屯衞二城進一等甲喇章京世祖入關定鼎參政改侍郎光輝仍貳吏部四年考滿加拖沙喇哈番五年從征南大將軍譚泰討江西叛將金聲桓聲桓旣誅譚泰將承制授光輝江西提督光輝辭旣譚泰欲以都察院理事官紀國先爲都司國先亦辭譚泰劾國先辭違光輝吏議從重比上命罷光輝梅勒額眞侍郎降世職爲拜他喇布勒哈番七年復任梅勒額眞八年上命追錄光輝軍功屢遇恩詔累進三等阿思哈尼哈番五月授戶部侍郎十月命以兵部尙書右副都御史總督直隸山東河南三行省十年九月膠州總兵海時行叛爲暴萊沂間光輝帥師討之時行走宿遷師從之復走永城光輝會漕運總督沈文奎帥師自靈璧向永城戰洪河集西大破之縛時行以歸以功加級任子十一年甄別諸督撫加太子少保以老病乞休十二年七月卒諡忠靖光先順治間遇恩詔亦授三等阿思哈尼哈番官山西左布政使

李思忠字葵陽鐵嶺人父如樾明遼東總兵官寧遠伯成梁族子也仕明爲太原同知罷歸居撫順太祖天命三年始用兵於明克撫順得思忠如樾徙還鐵嶺明年師下鐵嶺如樾及弟如梓子一忠存忠死之六年定遼陽敕思忠收其族人俾復故業卽授牛彔額眞予世職備禦尋以獲諜進游擊天聰三年太宗自將伐明取永平等四城師還貝勒阿敏護諸將分守察哈喇以蒙古兵守遵化思忠及甲喇額眞其固勒岱等爲之佐旣而明將謝尙忠等來攻思忠與戰敵三進三卻阿敏議棄四城東還檄察哈喇合軍出塞時尙忠攻遵化正急發火箭焚我軍火器我軍方恇擾思忠戒無輕動徐結陣出城挾降吏四人以俱身爲殿出塞無一亡失師還上詰阿敏等以思忠力戰貸勿罪五年從固山額眞楞格里等伐明攻南海島未至遇明兵奕檢坨俘十一人得舟五明兵爭舟

思忠與戰炮傷額匆却卒敗明兵進二等參將九年察漢官所領城堡戶口盈耗思忠轄沙河堡耶塞增丁百十有三上嘉賞賜狐裘一襲進三等梅勒章京尋命駐蓋州崇德二年命修遼陽諸城思忠疏言蓋州處邊士卒任防守餘丁僅足以耕今棄農就役工鉅而農亦廢請俟諸城工竟庀役造軫從事上允其請七年漢軍旗制定隸正黃旗順治元年從豫親王多鐸徇陝西破潼關下江南克揚州撫定江北州縣凡十三二月命以梅勒額眞戍西安三月擢陝西提督恩詔累進一等阿思哈尼哈番兼拖沙喇哈番十一年致仕十四年七月卒思忠子五第三子顯祖襲爵世祖賜名塞白理授二等侍衛甲喇額眞康熙初授隨征江南左路總兵官遷廣東水師提督改浙江提督耿精忠叛自福建侵浙江塞白理疏請分兵援台州防寧波尋從貝子傅喇塔擊走精忠將曾養性十四年九月卒於軍乾隆初定封三等男蔭祖思忠次子事世祖自廕生授戶部員外郎三遷兵部侍郎順治十一年直隸災命與尙書巴哈納等治賑尋授兵部尙書右副都御史總督直隸山東河南三行省疏請蠲被災諸州縣秋糧招流民還故里當隨地安集以時予賑毋使道殣又疏言直隸濱海北塘瀾河黑洋諸地宜分兵駐守時議禁海船魚鹽米麥不能轉輸請官爲編號譏其出入則商民皆便並下部議行十四年四月疏發河南管河道方大猷貪惏狀上切責河道總督楊方興失劾奪大猷官鞫治論死有高鼎者據五臺山爲亂出三岔口擾眞定蔭祖遣井陘道陳安國諭降悉散其黨疏言太行天下險三岔居其衝林密山深藏姦甚易自鼎降其黨散在民間雖戍以兵視營壘爲傳舍當置游擊一定額兵六百崗司守禦上從之是歲蔭祖年才二十有九會湖南北用兵上察蔭祖才加太子太保移督湖廣師方徇貴州故李自成諸將郝永忠袁宗第劉體純李來亨輩挾十餘萬人降於明踞鄖襄間擾饟道蔭祖請選襄陽水師及均黃漢陽諸營兵二千人戍穀地扼上游選武昌洞庭營兵千人戍九谿斷通蜀道十五年漢陽天門潛江沔陽諸郡縣水災上命蔭祖治賑民賴以得拯十六年經略大學士洪承疇疏請發湖北提鎭標兵六千人戍雲南蔭祖以承疇已發湖廣兵萬三千五百有奇湖南新收降人數萬鄖襄間流賊未殄留兵不宜復發請敕承疇就滇中召募下部議行復疏議討永忠等請敕四川總督李國英師駐重慶扼巫峽阻達州西安將軍富喀禪師趨興安河南協剿兵詣襄陽合軍臣督諸軍分出彝陵襄陽鄖陽三道深入期一舉滅賊疏既上會鄭成功犯江南詔將軍明安達哩將荊州駐防兵赴援部議緩師期十七年以疾乞罷康熙三年卒祀直隸山東河南湖廣名宦鈵蔭祖子事聖祖自佐領授兵部員外郎十三年以參將從征吳三桂再遷御史二十七年湖廣夏逢龍爲亂上授鈵湖北按察使累擢兵部侍郎三十五年上親征噶爾丹命與左都御史于成龍等督饟三十七年授山東巡撫以疾辭改授安徽巡撫三十九年疾未瘳被彈事罷四十二年山東饑鈵請往助賑卒於賑所

金玉和遼東人仕明爲開原千總太祖克開原玉和降授甲喇額眞予世職三等副將漢軍旗制定隸正黃旗天聰五年擢禮部承政六年上閱兵玉和與額駙佟養性等率所轄烏眞超哈環甲列陳試炮上賚以鞍馬八年考績進二等副將崇德元年坐與吏部參政李延庚互舉子弟罷官降世職三等甲喇章京二年從武英郡王阿濟格伐明皮島以水師戰不利玉和不赴援論死上特宥之但削世職四年復授甲喇額眞六年從圍明錦州屢敗敵夜攻壕塹擊郤之斬級五十七年錦州下并克塔山予世職牛彔章京八年從鄭親王濟爾哈朗伐明寧遠與國光同克前屯衞中後所二城順治元年擢工部參政敍寧遠功進三等甲喇章京既入關遷梅勒額眞從軍河南署懷慶總兵官時李自成竄陝西餘黨掠河南犯濟源縣城玉和帥師往援至則城已陷夜半遇賊力戰中流矢沒於陳河南巡撫羅繡錦疏報得玉和遺骸於柏鄉西請賜䘏進二等梅勒章京乾隆初定封二等男金維城玉和子也崇德初師攻錦州維城以甲喇額眞奉命與梅勒額眞金礪督饟屢從伐明有功克中後所前屯衞二城維城亦在行間累官正白旗漢軍梅勒額眞兼兵部參政世職至牛彔章京從入關改兵部侍郎兼梅勒額眞如故四年改拜他喇布勒哈番考績加拖沙喇哈番復從定湖廣同克武岡沅州靖州進一等阿達哈哈番調正黃旗漢軍梅勒額眞十年坐總兵任珍行賕罷官降世職爲三等十五年卒子世礪康熙間以佐領從平南大將軍賚塔征福建敗敵江東橋鄭成功將劉國軒攻漳州世礪戰死予世職拖沙喇哈番太祖克開原玉和與同官王一屏戴集賓白奇策守堡百總戴一位降下廣寧游擊孫得功守備張士彥黃進石廷柱千總郎紹貞陸國志石天柱降收遼河諸城堡參將劉世勳游擊羅萬言何世延閻印都司金礪劉式章李維龍王有功陳尙智備禦朱世勳黃宗魯中軍王志高守堡閔雲龍俞鴻漸鄭登崔進忠李詩徐鎭靜鄭維翰臧國祚周元勳王國泰各以所守城堡來降玉和一屏得功士彥廷柱礪皆以有功授世職廷柱自有傳王一屏先世本滿洲姓完顏氏初降授牛彔額眞漢軍旗制定隸正紅旗天聰八年授世職三等甲喇章京旋卒子國光以牛彔額眞兼戶部理事官襲職擢正紅旗漢軍梅勒額眞兼戶部參政八年從鄭親王濟爾哈朗伐明克前屯衞中後所二城進二等甲喇章京順治元年改戶部侍郎兼梅勒額眞如故從定西大將軍和洛輝禦寇西安考滿進一等阿達哈哈番還本旗固山額眞六年從英親王阿濟格討叛將姜瓖克左衞朔州汾州太谷四城敍功遇恩詔累進一等阿思哈尼哈番十年從定遠大將軍貝勒屯齊征湖廣敗擊明將李定國孫可望十二年從寧海大將軍伊勒德援浙江擊敗明將鄭成功張名振十三年二月授兩廣總督諭獎其才品賜蟒服鞍馬加太子太保十五年以疾解任十八年聖祖卽位授鎭海將軍帥師鎭潮州康熙三年與平南王尙可喜會師討碣石叛將蘇利師至海豐偵破敵伏逕燈籠山蘇利乘我軍未成列以萬餘人搏戰我軍左右夾擊賊潰遁薄碣石衞城環攻拔之斬蘇利及所部陳英李慧等遂殲其餘黨五年還京仍任本旗都統九年卒謚襄壯子永譽字孝揚襲爵十二年授河南提督河北總兵蔡祿叛應吳三桂內大臣阿密達帥師討之上命永譽如懷慶拊循士卒因請留駐鎭撫旋設安慶提督以授永譽耿精忠將宋標方自饒州犯徽州十四年永譽督兵駐建德令參將傅爾學破標於餘干俘標磔於市尋移駐徽州十七年江西平改永譽江南提督駐松江十九年還廣東將軍二十年疏言廣東瀕海陸路兩鎭請各以一營改隸水師二十二年復請留滿洲兵四千駐防廣東省城皆如所議行二十七年授本旗都統二十三年三月命定北將軍瓦岱帥師屯張家口詗噶爾丹以永譽與都統喀岱等參贊軍務三十五年上親征噶爾丹分漢軍爲四營永譽帥正黃正紅二旗出中路噶爾丹不戰遁永譽與平北將軍馬斯喀督兵追躡偵噶爾丹行遠乃還三十六年從上至寧夏命督饟運貯黃河西岸聞噶爾丹竄死罷還四十三年卒乾隆十八年命其族改隸滿洲正紅鑲白二旗孫得功在明爲廣寧巡撫王化貞中軍游擊化貞倚得功爲心膂太祖圍西平堡劉渠等赴援令得功從渠等戰死得功潛納欵於太祖還言師已薄城城人驚潰化貞走入關得功與進紹貞國志等率士民出城東三里望昌岡具乘輿設鼓樂執旗張蓋迎太祖入駐巡撫署士民皆夾道俯伏呼萬歲時天命七年正月庚申月之二十四日也上授得功游擊隸鑲白旗轄降衆移駐義州天聰六年十月得功疏言上命修城天寒土凍徒勞民力而不能堅固請俟春融又上發帑界官兵市布製冬衣官已足用兵人給銀五錢六分得布不足以爲衣乞恩使人得市布一二疋官兵均霑上澤七年四月又疏言禁淡巴菰令未能行步兵皆用火器尤宜申諭戒革上令民輸糧因禁百穀不得入市貧民無所得食則宜任民便天聰八年追敍得功廣寧功授三等梅勒章京旋卒以其子孫有光襲漢軍旗制定改隸正白旗以從克前屯衞中後所及順治間討姜瓖有功并遇恩詔進三等精奇尼哈番卒乾隆初定封一等男得功次子思克自有傳張士彥化貞中軍守備太祖兵至化貞走入關士彥降漢軍旗制定隸正藍旗天聰八年與一屏同授三等甲喇章京旋乞休子朝璘襲職崇德七年授牛彔額眞從貝勒阿巴泰伐明敗敵於膠州八年與國光同功進二等甲喇章京遷兵部理事官順治二年從豫親王多鐸下江南克揚州江陰率兵戍蘇州擊敗明將黃斐四年從恭順王孔有德等平湖南破明將劉承胤於夕陽橋克武岡復破明將張先璧於黔陽克沅州六年從討姜瓖復與國光同功考滿遇恩詔進一等阿思哈尼哈番授正藍旗漢軍梅勒額眞十年授都察院左副都御史十三年遷戶部侍郎尋出爲江西巡撫江西當金聲桓亂後民少田蕪御史笪重光請蠲賦下朝璘議朝璘疏言田畝荒蕪惟從容勸墾則熟者恒熟荒者不終荒若急於徵賦則始以荒爲熟漸至熟者仍荒非足國恤民計也南昌瑞州二府新墾田四十餘頃請三年後起科未墾二千餘頃請與豁除上允其請十五年加兵部尙書銜十八年擢江西總督康熙二年右布政使王庭疏請減南昌府屬浮糧下朝璘議朝璘疏言江西重賦自陳友諒始明世因之前巡撫蔡士英請減袁瑞二府賦額未及南昌南昌諸州縣惟武寧爲友諒鄉里賦額循元宋之舊他六縣一州請敕部核減戶部駁上南昌府屬浮糧銀十二萬五千有奇米十四萬九千有奇上命悉蠲之三年朝璘疏言吉安舊食粵鹽遠且阻請改食淮鹽下所司從之四年以江西總督省入江南解任五年授福建總督六年以老疾乞休越十餘年卒金礪遼東人明武進士爲鎭武堡都司初降授甲喇額眞予世職三等副將天聰五年始設六部以礪爲兵部承政六年上閱兵與玉和等并賜鞍馬調戶部承政八年考績進二等梅勒章京崇德二年從伐明攻皮島甲喇額眞巴雅爾圖等先入敵陳礪與副將高鴻中所將水師不進前軍以是敗坐論死上以礪與鴻中來歸有功特宥之四年漢軍旗制定礪隸鑲紅旗復爲甲喇額眞

五年授吏部參政六年擢固山額眞迭克松山塔山前屯衞中後所授世職三等甲喇章京順治元年從入關五月與梅勒額眞李率泰安集天津亂民六月復與固山額眞葉臣宣撫山西時李自成西遁其將陳永福猶據太原礪與葉臣潛往覘爲城兵躡出礪擊敗之督本旗兵發礮克其城師還賜白金四百兩進世職二等甲喇章京二年從順承郡王勒克德渾征湖廣明將馬進忠降復叛礪與固山額眞劉之源擊進忠武昌奪戰艦六十餘遂下湖南戰衡州斬明將黃朝宣復戰長沙斬明將楊國棟師還賜黃金二十兩白金四百兩進世職一等阿達哈哈番六月授平南將軍鎭浙江遇恩詔加拖沙喇哈番明魯王以海及其臣阮進張名振屯舟山礪與梅勒額眞吳汝玠等率兵自寧波出定海會總督陳錦破獲進於橫洋遂克舟山名振擁以海出走九年鄭成功攻漳州命礪帥師赴援至泉州成功退屯江東橋礪自長泰進屯漳州城北分兵萬松關爲犄角七戰皆勝漳州圍解海澄南靖漳浦諸縣悉定敍功遇恩詔進一等阿思哈哈番兼拖沙喇哈番十一年授陝西四川總督十三年引年乞休加太子太保致仕康熙元年卒

論曰養性廷柱先世本滿洲懷舊來歸申以婚媾永芳歸附最先思忠爲遼左右族皆蒙寵遇各有賢子振其家聲光遠初佐養性後與廷柱分將漢軍罷而復起玉和戰死同時諸降將有績效賞延於世或其子顯者得以類從後先奔走才亦盛矣

清史稿　列傳十九

希福 子帥顏保 曾孫嵩壽

范文程 子承勳 承斌 孫時繹 時捷 時綬 時紀 曾孫宜恆 四世孫建中

甯完我　鮑承先

希福赫舍里氏世居都英額再遷哈達太祖既滅哈達希福從其兄碩色率所部來歸居有頃以希福兼通滿漢蒙古文字召直文館屢奉使蒙古諸部賜號巴克什旗制定隸滿洲正黃旗天聰二年太宗伐察哈爾以希福使科爾沁徵兵土謝圖額駙奧巴止之曰寇騎塞路行將安之即有失誰執其咎希福曰君命安得辭死則死耳事不可誤也遂行再宿達上所復命曰科爾沁兵不赴徵土謝圖額駙奧巴方率所部行掠掠竟乃來耳上怒使希福再往以壯士八人從行四晝夜道遇敵擊殺三十餘人卒至科爾沁以其兵來會明年奧巴來朝上命希福與館臣庫爾禪聲責讓之奧巴服罪上駝馬以謝敘功授備禦從伐明薄明都敗明兵於城下攻大淩河援兵自錦州至與譚泰爭先奮擊破之師還又力戰敗追兵進游擊崇德元年改文館爲內三院希福爲內國史院承政尋授內弘文院大學士進二等甲喇章京二年請禁造言惑衆違者罪之著爲令三年偕大學士范文程建言定部院官制希福雖以文學事上官內院筦機務然常出使察哈爾喀爾喀科爾沁諸部編戶口置牛彔頒法律亭平獄訟時或詣軍前宣示機宜相度形勢嚴諸將戰閥行賞論上德意於諸降人每還奏未嘗不稱旨也順治元年譯遼金元三史成奏進世祖恩賚有加希福故與譚泰有隙屢諂其衰慵譚泰匿附攝政睿親王多爾袞因與其弟譚布構希福妄傳王語謂堂餐過侈詆謾諸大臣搆釁亂政罪當死王命罷官削世職並籍其家八年二月世祖親政雪其枉仍授內弘文院大學士復世職九年世祖以希福事太祖太宗銜命馳驅殫心力襄定鼎燕京希福方削籍功未賞乃一歲三進爲三等精奇尼哈番世襲是年十一月卒贈太保謚文簡長子奇塔特襲職乾隆初定封三等子

帥顏保希福次子康熙初聖祖念希福事先朝久躬預佐命用大學士范文程額色黑例超授內國史院學士八年六月遷吏部侍郎七月授漕運總督九月疏言淮安水陸孔道乃十五里中爲關者三板閘有鈔關淮安有倉稅隸戶部清江有稅廠隸工部胥役繁冗商民耗資失時請減三爲一合併稅額省胥役便商民下部議戶部言倉稅併鈔關便工部言稅廠征船料諸稅資治漕船併鈔關不便上心韙帥顏保言下九卿科道再議卒如所請九年正月疏言淮揚被水高郵宿遷桃源鹽城贑榆災尤重舊逋漕米例當補征民力不能勝下部議請改折仍補征上以諸縣頻歲被災民重困下部再議免舊逋漕米三萬一千石有奇十二年正月偕河道總督王光裕疏請漕運畢事當復舊例舉劾所屬文武官吏既得請疏薦山東糧道遲日巽河南糧道范周無錫知縣吳興祚等劾溧陽知縣王錫范等十三年吳三桂兵犯江西十月命帥顏保帥所部移鎭南昌十二月安親王岳樂師至命罷還十七年岳樂進軍湖南復命鎭南昌九月移吉安十八年三月招降吳三桂部將五十餘兵萬餘十九年八月逮尙之信勘治命帥顏保移鎭南雄韶州十月命罷還二十年五月遷工部尙書十二月移禮部尙書二十三年十二月卒子赫奕自侍衞累遷工部尙書

嵩壽希福曾孫雍正元年進士選庶吉士授編修乾隆二年冊封安南國王黎維禕以侍讀充正使賜一品服累擢內閣學士十四年頒詔朝鮮擢禮部侍郎十九年襲一等子爵二十年卒

范文程字憲斗宋觀文殿大學士高平公純仁十七世孫也其先世明初自江西謫瀋陽遂爲瀋陽人居撫順所曾祖鏓正德間進士官至兵部尙書明史有傳文程少好讀書穎敏沉毅與其兄文寀並爲瀋陽縣學生員天命三年太祖既下撫順文寀文程共謁太祖太祖偉文程與語器之知爲鏓曾孫顧謂諸貝勒曰此名臣後也善遇之上伐明取遼陽度三岔攻西平下廣甯文程皆在行間太宗即位召直左右天聰三年復從伐明入薊門克遵化文程別將偏師徇潘家口馬蘭峪三屯營馬欄關大安口凡五城皆下既明圍我師大安口文程以火器進攻圍解太宗自將略永平留文程守遵化敵掩至文程率先力戰敵敗走以功授世職游擊五年師圍大淩河降其城而蒙古降卒有陰戕其將叛去者上怒甚文程從容進說貸死者五百餘人時明別將壁西山之巓獨負險堅守未下文程單騎抵其壘諭以利害乃請降上悅以降人盡賜文程六年從上略明邊文程與同直文館甯完我馬國柱上疏論兵事以爲入宣大不若攻山海及師至歸化城上策深入召文程等與謀文程等疏言察我軍情狀志皆在深入當直抵北京決和否毀山海關水門而歸以張軍威若計所從入惟雁門爲便道既無阻道旁居民富庶可資以爲糧上如慮師無名當顯諭其民察哈爾汗遠遁所部歸於我道遠不可以徒行來與爾國議和假爾馬以濟我新附之衆和議成償馬値不成異日興師荷天之寵以版圖歸我凡軍興而擾及者當量免賦稅數年此所謂堂堂正正之師也否則作書抵近邊諸將吏使以議和請於其主爲期決進止彼朝臣內撓邊將外諉遷延逾所期我師即乘釁而入我師進利在深入否利在速歸半途而返無益也疏入上深嘉納之七年孔有德等使通欵而明兵迫之急上命文程從諸貝勒帥師赴援文程宣上德意有德等遂以所部來歸自是破旅順收平島討朝鮮撫定蒙古文程皆與謀崇德元年改文館爲內三院以文程爲內秘書院大學士進世職二等甲喇章京初旗制既定設固山額眞諸臣議首推文程上曰范章京才誠勝此然固山職一軍耳朕方資爲心膂其別議之文程所典皆機密事每入對必漏下數十刻始出或未及食息復召入上重文程每議政必曰范章京知否脫有未當曰何不與范章京議之衆曰范亦云爾上輒署可文程嘗以疾在告庶務塡委命待范章京病已裁決撫諭各國書敕皆文程視草初上猶省覽後乃不復詳審曰汝當無謬也文程迎父楠侍養嘗入侍上食有珍味文程私念父所未嘗逡巡不下箸上察其意卽命徹饌以賜楠文程再拜謝世祖卽位命隸鑲黃旗睿親王多爾袞帥師伐明文程上書言中原百姓蹇離喪亂備極荼毒思擇令主以圖樂業曩者棄遵化屠永平兩次深入而復返彼必以我爲無大志惟金帛子女是圖因懷疑貳今當申嚴紀律秋毫勿犯宣諭進取中原之意官仍其職民復其業錄賢能恤無告大河以北可傳檄定也及流賊李自成破明都報至文程方養疴蓋州湯泉驛召決策文程曰闖寇塗炭中原戕厥君后此必討之賊也雖擁衆百萬橫行無憚其敗道有三逼殞其主天怒矣刑辱搢紳拷掠財貨士忿矣掠人貲淫人婦火人廬舍民恨矣備此三敗行之以驕可一戰破也我國上下同心兵甲選練聲罪以臨之卹其士夫拯其黎庶兵以義動何功不成又曰好生者天之德也古未有嗜殺而得天下者國家止欲帝關東則已若將統一區夏非乂安百姓不可翌日馳赴軍中草檄諭明吏民言義師爲爾復君父仇非殺爾百姓今所誅者惟闖賊吏來歸復其位民來歸復其業師行以律必不汝害檄皆署文程官階姓氏既克明都百度草創用文程議爲明莊烈愍皇帝發喪安撫孑遺舉用廢官蒐求隱逸甄考文獻更定律令廣開言路招集諸曹胥吏徵求冊籍明季賦額屢加冊皆燬於寇惟萬歷時故籍存或欲下直省求新冊文程曰卽此爲額猶慮病民其可更求乎於是議遂定論功並遇恩詔進一等阿思哈尼哈番加拖沙喇哈番賜號巴克什復進二等精奇尼哈番二年江南既定文程上疏言治天下在得民心士爲秀民士心得則民心得矣請再行鄉會試廣其登進從之五年正月定內三院爲文臣班首命文程及剛林祁充格用珠項玉帶七年睿親王多爾袞卒八年大學士剛林祁充格以

附睿親王妄改太祖實錄坐死文程與同官當連坐上以文程不附睿親王命但奪官論贖是歲卽復官九年遇恩詔復進世職一等精奇尼哈番授議政大臣監修太宗實錄時直省錢糧多不如額一歲至闕四百餘萬賦虧餉絀文程疏言湖廣江西河南山東陝西五省亂久民稀請興屯設道二同知四令督撫選屬吏廉能敏幹者任之以選吏當否爲督撫功罪官吏俸廩初年出興屯毋財次年以所穫償自後皆出所穫官增而俸不費屯用牛若穀種若農器聽與屯道發州縣倉庫以具屯始駐兵地荒蕪多而水道便者以次及其餘地無主若有主而棄不耕皆爲官屯民願耕而財不足官佐以牛若穀種分所穫三之一三年後爲民業編保甲使助守望絕奸宄若無財官畀以傭値民將道饑流亡當大集初年所穫糧草聽屯吏儲留出陳易新爲次年毋財有餘畀近屯駐軍勿爲額以取盈三年所穫浸多餽舟車運以償餽毋煩屯吏毋役屯民毋用屯牛屯所在州縣吏受興屯道指揮屯吏稱其職三歲進一秩視邊俸不職責撫按糾舉有所徇則倂坐所謂信賞必罰也上深韙其議十年復與同官疏請敕部院三品以上大臣各舉所知毋問滿漢新舊毋泥官秩高下毋避親疏恩怨舉惟其才各具專疏臚舉實蹟置御前以時召對察其論議覈其行事並視其舉主爲何如人則其人堪任與否上早所深鑒待闕簡用稱職量效之大小舉主同其賞不稱職量罪之大小舉主同其罰上特允所請上勤於政治屢幸內院進諸臣從容諮訪文程每以班首承旨陳對稱上意嘗値端陽諸臣散直差早上曰乘藉天休猳國安樂人情盡然特欲逸必先勞俾國家大定其樂方永不然樂亦暫耳復言人孰無過能改之爲美成湯盛德改過不吝若明武宗嬉游無度諉罪於其臣豈修己治人之道耶文程因奏君明臣良必交勉釋回始克荷天休濟國事上曰善自今以往朕有過卽改卿等亦宜黽勉毋忘啟沃可也上嘗命遣官溢各省恤刑文程言前此遣滿漢大臣巡方慮擾民故罷今四方水旱災傷民勞未息宜罷遣使見禁重囚令各省巡撫詳勘有可矜疑奏聞裁定上從之文程論政務簡要持大體多類是十一年八月上加恩輔政諸臣特加文程少保兼太子太保文程疏謝因自陳衰病乞休九月上降溫諭進太傅兼太子太師致仕上以文程祖宗朝舊臣有大功於國家禮遇甚厚文程疾嘗親調藥餌以賜遣畫工就第圖其象藏之內府賚御用服物多不勝紀又以文程形貌頎偉命特製衣冠求其稱體聖祖卽位特命祭告太宗山陵伏地哀慟不能起康熙五年八月庚戌卒年七十上親爲文遣禮部侍郎黃機諭祭賜葬懷柔紅螺山立碑紀績諡文肅御書祠額曰元輔高風文程子承蔭承謨承勳承斌承烈承祚承謨自有傳承勳字蘇公文程第三子也以任子歷官御史郎中康熙十九年譚弘叛聖祖命承勳與郎中額爾赫圖如彝陵趣將軍噶爾漢戰並督湖廣轉粟餉軍二十年師進攻雲南命趣軍督餽如故二十二年還京監崇文門稅二十三年上命九卿舉廉吏承勳與焉遷內閣學士二十四年授廣西巡撫疏免容縣鬱林州追徵陷賊後逋賦定諸屬徵米本折兼納二十五年擢雲貴總督疏定雲南援勦兩協駐軍地裁貴州衛十五所十改倂州縣並增設縣七二十七年湖廣兵亂雲南時歲鑄錢錢壅積軍餽十之三皆予錢軍勿便會移左協赴尋甸遂鼓譟爲變省城兵亦將起應承勳誅其渠二十一人亂乃弭遂疏罷雲南鑄錢以銀供餽二十八年番阿所殺土目魯姐走匿東川土婦安氏所恒出掠爲民害事聞上命郎中溫葆會承勳等如東川檄安氏獻阿所斬之雲南自吳三桂亂後康熙二十一年訖二十七年逋屯賦當補徵承勳疏請分年附徵上命悉蠲之二十九年疏定雲南秋糧本折兼納貴州提督馬三奇請軍餽折銀承勳疏言折賤困兵折貴病民宜以時損益秋成各府察市値本折兼納三十一年疏設永北鎭罷洱海營增置大理府城守將吏三十二年入覲三十三年遷都察院左都御史六月江南江西總督傅拉塔卒上難其人以授承勳並諭承勳堅定平易當勝此任承勳上官疏移鳳陽關監督駐正陽關江西民納糧出賚俾吏輸省城謂之脚價尋以違例追入官承勳疏請罷追部議不可上特允其請江南地卑濕倉穀易朽蠹承勳疏請江蘇安徽諸州縣歲春夏間以倉穀十之三平糶出陳易新又以江南賦重疏請州縣經徵分數視續完多寡爲輕重康熙十八年後逋賦分年附徵俾寬吏議紓民力皆如議行三十五年淮揚徐諸府災疏請發省倉米十萬石續借京口留漕鳳倉存麥治賑民賴以全三十八年授兵部尚書三十九年命監修高家堰隄工四十三年工成加太子太保五十三年卒承勳初授廣西巡撫入辭上誡之曰汝父兄皆爲國宣力汝當潔己愛民毋信幕僚沽名妄作及自雲貴總督入覲上方謁孝陵承勳迎謁米峪口上曰汝父兄先朝舊臣汝兄復盡節朕見汝因思汝兄心爲軫戚不見汝八九年汝鬚髮遂皓白如此郊外苦寒以朕所御貂冠貂袿狐白裘賜汝汝且勿更衣慮中風寒明日可服以謝聖祖推文程承謨舊恩因厚遇承勳如是時繹承勳子雍正初自佐領三遷爲馬蘭鎭總兵四年命署兩江總督是年遷正藍旗漢軍都統五年移鑲白旗漢軍都統並署總督如故十二月時繹疏請自雍正六年始江蘇安徽各州縣應徵丁銀均入地畝內徵收地丁倂徵始此六年授戶部尚書仍署總督時繹在官嘗疏請就通州運河入海處作涵洞以時蓄洩規揚州水利濬海口疏車路白塗海溝諸水泰州運鹽河爲之隄鹽城如皋諸水入海處爲之閘若涵洞釐兩淮鹽政增濟標廟灣鹽城二營兵吏皆下部議行上以蘇松諸處多盜時繹戢盜才絀命以江蘇七府五州盜案屬浙江總督李衛衛名捕江甯民張雲如以符呪惑衆謀不軌而時繹嘗與往還衛因論劾八年命尚書李永陞會鞫得實誅雲如解時繹任召還京命董理太平峪吉地旋復命協理河東河務河東總督田文鏡復以誤工論劾諭曰朕以范時繹爲勳臣後加以擢用朱鴻緒嘗奏時繹廉至日用不能給朕深爲動念優與養廉後知時繹例所當得未嘗不取朕猶令增糈蓋欲遂成其廉使殫心力於封疆也顧時繹祖私交容姦宄朕復密諭李衛善爲保全且范氏爲大僚者惟時繹及其從弟時捷勳臣後裔漸至零落朕心不忍所以委曲成全之者至矣復命協理河務豈意伏汎危急時繹安坐於旁置國事弁髦視民命草芥負恩瘝職他人尚不可況時繹乎逮治部議坐雲如獄論斬上復特宥之授鑲藍旗漢軍副都統十年授工部尚書兼鑲黃旗漢軍都統十二年罷尚書十三年復以侍衛保柱劾行賄下部議罪尋遇赦乾隆六年卒承斌文程第四子襲一等精奇尼哈番卒時捷承斌子自參領再遷爲陝西甯夏總兵五十七年署陝甘提督雍正元年授陝西巡撫三年遷鑲白旗漢軍都統五年年羹堯得罪世宗以羹堯嘗舉時捷及羹堯敗事連時捷罷都統授侍衛八年授散秩大臣護陵寢是時時捷從兄時繹以協理河東河務譴工罷黜世宗以文程諸孫無爲大僚者命時捷署古北口提督直隸總兵官聽節制詔勉以改過旋移陝西固原提督乾隆元年例改一等子二年以病召還授散秩大臣三年卒建中時捷孫襲一等男自副參領再遷副都統侍郎嘉慶四年授戶部尚書署正黃旗漢軍都統尋改都察院左都御史出爲杭州將軍五年卒諡恪慎時綬文程諸孫雍正間自筆帖式累遷至戶部郎中乾隆初復累遷至湖北布政使十六年署湖南巡撫疏言湘陰益陽諸縣察有私墾千餘頃皆瀕洞庭歲旱方穫請緩升科洞庭諸私垸窒水道勸禁增築報可十八年移江西巡撫病免二十一年起授戶部侍郎署都統請赴西路屯田二十四年副都統定長劾時綬役兵漁利遣使就讞時綬未嘗役兵特其僕從藉事求利命奪官交定長責自效二十六年授頭等侍衛遷鑲藍旗漢軍副都統吏部侍郎哈爾沙爾辦事三十一年遷左都御史仍留哈爾沙爾辦事三十二年授湖北巡撫入對上以時綬弱不能任封疆三十三年復授都統左都御史三十五年遷工部尚書明年罷四十七年卒時紀亦文程諸孫乾隆初以任子授工部員外郎四遷署廣東按察使二十五年倖滿入覲諭范氏無大僚授鑲紅旗漢軍副都統二十六年授工部侍郎二十七年疏請就京南諸州縣開田植稻下直隸總督方觀承察土宜酌行屢移倉塲戶部禮部諸侍郎四十二年以年衰改副都統尋卒宜恒時綬子乾隆中自鑾儀衛整儀衛五遷爲福建福甯鎭總兵四十七年授正藍旗漢軍副都統五十七年授工部侍郎嘉慶元年遷戶部尚書二年卒文程曾孫行又有宜清乾隆間官盛京工部侍郎四世諸孫建豐嘉慶時官吏部侍郎皆以漢軍任滿缺一時稱異數云

甯完我字公甫遼陽人天命間來歸給事貝勒薩哈廉家隸漢軍正紅旗天聰三年太宗聞完我通文史召令直文館完我入對薦所知者與之同升鮑承先其一也尋授參將四年師克永平命與達海宣諭安撫又從攻大凌河及招撫察哈爾皆有功授世職備禦五年七月初置六部命儒臣賜號榜式得仍舊稱餘稱筆帖式完我遇事敢言嘗議定官制辨服色十二月上疏言自古設官定職非帝王好爲鋪張慮國事無綱紀也置六部慮六部有偏私也置六科慮君心宜啟沃也置館臣慮下情或壅蔽也置通政數事相因缺一不可上不立言官不過謂我國人人得以進言何必言官臣請明辨之我國六部既立曾見有一人抗顏論劾者否似此寂寂豈國中眞無事耶舉國然諾浮沉以狡滑爲圓活以容隱爲公道以優柔退縮爲雅重上皇皇圖治亦何樂有此景象也況今日秉政者豈盡循理方正屬僚既不敢非長官局外又誰敢議權貴臣知國中事上亦時得聞知然不過猶古之告密孰若置言官興利除害皆公言之之爲愈耶言官既設君身尚須指摘他人更何忌諱苟不至貪汚欺誑任其盡言勿爲禁制此古帝王明目達聰之妙術也若謂南朝言官敗壞此自其君鑑別不明非其初定制之不善也我國筆帖式漢言書房朝廷安所用書房官生雜處名器弗定不置通政則下情上壅勵精圖治之謂何也至若服制尤陶鎔滿漢第一急事上遇漢官溫慰懇至而國人反陵轢之漢官不通滿語每以此被辱

有至傷心隕涙者將何以招徠遠人使成一體故臣謂分別服色所繫至大願上勿再忽之也臣等非才惟耿介忠悃至死不變昨年副將高鴻中出領甲喇額眞臣具疏請留今游擊范文程又補刑曹諒臣亦不得久居文館若臣等二三人皆去豈復得慷慨爲上盡言乎疏入上頗韙之命俟次第舉行六年正月完我疏言昨年十一月初九日自大凌河旋師上豫議今年進取至誠惻怛推心置腹藹然家人父子臣敢不殫精畢思用効駑鈍臣聞千里而戰雖勝亦敗近年將士貪耿之習大異於先帝時更張而轉移之上固切切在念而曾未顯斡旋之術人心不錬必不得指臂相使之用分軍駐防萬難調停雖諸葛復生無能爲也又況蜂蠆有毒肘腋患生疑貳之祖大壽率甯錦獷獷之衆坐伺於數百里間杞人之見不得不慮及也三月上決策自將伐察哈爾而完我以爲大凌河降卒思遁宜先圖山海還取錦州因上疏諫四月師西出度興安嶺次都勒河偵言林丹汗西走完我與同值文館范文程馬國柱合疏申前議略言師已度興安嶺察哈爾望風遠遁上威名顯穆臣度上且罷西征轉而南入上憐士卒勞苦不能長驅直入徒携子女犧金帛而歸苟若是大事去矣昔者遼左之誤諉諸先帝永平之失諉諸二貝勒今更將誰諉信蓋天下然後能服天下臣等爲上籌之以爲當令從軍蒙古每人擇頭人三二輩挾從者十餘人從上南入除悉遣還部然後嚴我法度昭告有衆師行所經戒殺戒掠務種德樹仁宏我後來之路今此出師諸軍士賫牛買馬與衣置裝離家益遠見財而不取軍心怠矣取則又蹈覆轍 上豈不曰我厲禁取財其孰敢違上耳目所及或不敢犯耳目所不及孰能保者無問蒙古部長及諸貝勒稍稍擾民怨歸於上此上所當深思者也與其以長驅疲憊之兵入宣大孰若留精銳有餘之力取山海臣等明知失上旨但既見及此不容箝口也是時上已決用兵於宣大五月上駐歸化城召完我等計事完我等疏論機宜語詳文程傳翌日上諭蒙古諸部及諸貝勒申軍律蓋採完我等前疏所陳也七年正月完我疏言近日朝鮮交益疏南朝和未定瀋城不可以常都兵事不可以久綏機會不可以再失漢高祖屢敗何爲而帝項羽橫行天下何爲而亡袁紹擁河北之衆何爲而敗昭烈屢遭困難何爲而終霸無他能用謀不能用謀能乘機不能乘機而已夫天下大器也可以智取不可以力爭臣請以棋喻能者戰守攻取素熟於胸中百局而百不負至於取天下是何等事而可以草草僥倖耶自古君臣相需先帝時達拉哈轄五大臣知有上不知有人知有國不知有家故先帝以數十人起克成大業上今環觀國中如五大臣者有幾人耶每侍上治事不聞諫諍但有唯阿惟務苟且不肯任勞怨於國何利於上何益釣餌激勸振刷轉移臣望上於旦暮間也古人有言騏驥之局促不如駑馬之安步孟賁之狐疑不如庸夫之必至雖有堯舜之智吟而不言不如喑啞之指揮此言貴能行之臣謹昧死上言惟上裁擇完我他所獻替如論譯書謂自金史外當兼譯孝經學庸論孟通鑑諸籍論試士謂我國貪惰之俗牢不可破不當祗以筆舌取人試前宜刷陋習試後宜察素行且六部中滿漢官吏及大凌河將備當悉令入試既可覘此等人才調且令此等人皆自科目出庶同貴此途不相冰炭也論六部治事謂六部本循明制漢承政皆墨守大明會典宜參酌彼此殫心竭思就今日規模別立會典務去因循之習漸就中國之制度庶異日既得中原不至於自擾昔漢繼秦而王蕭何任造律叔孫通任制禮彼猶是人也前無所因尚能造律制禮今既有成法乃不能通其變則又何也六部漢承政宜人置一通事上亦宜以譯者侍左右俾時召對毋使以不通滿語自諉完我疏屢上上每採其議完我又嘗疏薦李率泰陳錦皆至大用惟論用兵力主自甯錦直攻山海不願出宣大孔有德耿仲明降時完我疏言當收其兵入烏眞超哈繼又言有德仲明暴戾無才其兵多礦徒食盡且爲盜皆未當上旨九年二月范文程上言薦舉太濫舉主雖不連坐亦當議罰完我亦疏請功罪皆宜並議略言上令官民皆得薦舉本欲得才以任事乃無知者假此倖進兩部已四五十人其濫可見當行連坐法所舉得人舉主同其賞所舉失人舉主同其罪如有末路改節許舉主自陳貸其罪如採此法臣度不三日請罷舉者十當八九其有留者不問皆眞才矣上並嘉納完我久預機務遇事敢言累進世職二等甲喇章京襲六次賜莊田奴僕上曙曙倚任顧喜酒縱博初從上伐明命助守永平以博爲禮部參政李伯龍及游擊佟整所劾上爲誡諭宥之十年二月復坐與大凌河降將甲喇章京劉士英博爲士英奴所訐削世職盡奪所賜仍令給事薩哈廉家是年改元崇德以文館爲內三院希福文程承先皆爲大學士完我以罪廢不得與及世祖定鼎京師起完我爲學士順治二年五月授內宏文院大學士充明史總裁是年及三年六年並充會試總裁又命監修太宗實錄譯三國志洪武寶訓諸書復授二等阿達哈哈番五年二月大學士剛林祁充格得罪完我以知睿親王改太宗實錄未啟奏當奪職鄭親王濟爾哈朗等覆讞以爲無罪得免三月調內國史院大學士命班位祿秩從滿洲大學士例尋授議政大臣十一年三月疏劾大學士陳名夏結黨懷姦臚舉名夏塗抹票擬稿簿刪改諭旨庇護同黨縱子撤臣爲害鄉里凡七事復言從古奸臣賊子黨不成則計不行何則無眞才無實事無顯功故必結黨爲之虛譽欲黨之成附己者雖惡必護異己者雖美必仇行之久而入黨者多若非審察鄉評輿論按其行事則黨固莫可破矣臣竊自念壯年孟浪疏庸辜負先帝一廢十年皇上定鼎始得隨入禁地謹守臣職又復十年忍性緘口然愚直性生遇事勃發埋輪補牘雖不敢行若夫附黨營私以圖富貴臣甯死不爲也皇上不以臣衰老列諸滿大臣聖壽召入深宮親賜御酒臣非土木敢不盡心力圖報名夏姦亂日甚黨局日成人鑒張煊而莫敢言臣不憚舍殘軀以報聖主名夏坐是譴死八月加太子太保十三年加少傅兼太子太傅十五年九月以老乞休溫諭命致仕康熙元年正月聖祖念完我事太宗世祖有勞命官一子爲學士四年四月卒諡文毅雍正六年七月世宗命錄完我子孫得曾孫蘭以驍騎校待缺賜宅予白金五百

鮑承先山西應州人明萬歷間積官至參將泰昌元年從總兵賀世賢李秉誠守瀋陽城遷開原東路統領新勇營副將城守如故經略熊廷弼疏請獎勵諸將承先預焉加都督僉事銜是歲爲天命五年太祖已克開原乃自懿路蒲路河二路進兵向瀋陽承先偕世賢秉誠出城分汎駐守見太祖兵至皆不戰退上令左翼兵逐承先等迫瀋陽城北斬百餘級而去七年三月上克瀋陽遼陽世賢戰死承先退保廣甯八年正月克西平堡承先從秉誠及總兵劉渠祁秉忠等自廣甯赴援渠秉忠戰死承先與秉誠敗走全軍盡殪巡撫王化貞棄廣甯走入關游擊孫得功等以廣甯降承先竄匿數日從衆出降仍授副將天聰三年太宗自將伐明自龍井關入邊承先從鄭親王濟爾哈朗略馬蘭峪屢敗明兵承先以書招其守將來降師進薄明都承先復招降牧馬廠太監獲其馬贏以濟師明經略袁崇煥以二萬人自甯遠入援屯廣渠門外憑險設伏貝勒豪格督兵出其右戰屢勝是時承先以甯完我薦直文館翌日上誡諸軍勿進攻召承先及副將高鴻中授以秘計使近陳獲明內監繫所並坐故相耳語云今日撤兵乃上計也頃見上單騎向敵有二人自敵中來見上語良久乃去意袁經略有密約此事可立就矣內監楊某佯臥竊聽越日縱之歸以告明帝遂殺崇煥四年師克永平承先從以書諭遷安諸紳朱堅台卜文煥以城降遂取灤州上命承先與副將白格率廂黃廂藍二旗兵守遷安立臺堡五明兵來攻力戰却之明監軍道張春總兵祖大壽等合諸軍攻灤州貝勒阿敏令承先以守遷安兵守永平及灤州破阿敏棄永平率諸將出冷口東還瀋陽上命定諸將棄地罪以承先白格守遷安完城退敵釋弗問五年從攻大凌河降翟堡六年十一月上詢文館諸臣考各部啓心郎優絀以爲黜陟承先與甯完我范文程疏言當察其建言或實心爲國或巧言塞責以爲去留七年五月孔有德耿仲明來降泊舟鎭江承先疏言用舟師攻明宜急進否則明亦廣練舟師以禦卽不能爲功七月既克旅順承先復請移鎭江諸艦泊蓋州收旁近諸島以仁義撫其人八年五月上伐明大同明總督張宗衡總兵曾文詔等遣承先子韶齎書請和初承先降明人執韶繫應州獄至是出之使以書來山行遇土謝圖濟農兵奪其騎斫韶及從者皆死兵去韶復蘇有憑國珍者送韶至貝勒代善營令與承先相見遂使入謁上上見韶創甚留軍中遣國珍齎書還九年正月承先疏言臣竊見元帥孔有德總兵耿仲明爲其屬員請勅上許其自行給劄帝王開國首重名器上下之分自有定禮倘欲加意招徠遠人可諭吏部奏請給劄使恩出上裁上不謂然諭曰元帥率衆航海遠來厥功匪小任賢勿貳載在虞書朕推誠待下前旨已行豈可食言承先敗走乞降今尙列諸功臣給敕恩養豈遠來歸順諸將吏反謂無功朕此言亦非責承先也彼以誠入告朕亦以誠開示之耳旋自察哈爾得元傳國璽承先請命工部制璽函卜吉日躬率羣臣郊迎入宮仍以得璽敕示滿漢蒙古上從之既承先與文館諸臣隨諸貝勒文武將吏請上尊號崇德元年改文館爲內三院承先授內秘書院大學士三年改吏部右參政四年漢軍八旗制定承先隸正紅旗五年從鄭親王濟爾哈朗等圍明錦州令防守衮塔耕時明兵傷我農民承先退避不及援坐論死上宥之尋以病解任順治元年世祖定鼎燕京承先從入關賜銀幣鞍馬二年卒命大學士范文程視含斂予敬授三等阿思哈尼哈番官河北總兵康熙四年勦流賊郝搖旗縱不追坐降四級復起爲大同總兵入爲鑾儀衛鑾儀使卒

高鴻中與承先同直文館克永平四城承先助守遷安而令鴻中助守灤州蓋使文館諸臣習武事旋以鴻中領甲喇額眞明年設六部授刑部承政六年疏論刑部事當釐正者四謂諸臣敕書賜免死有罪宜先去免死字更有罪乃追

勅書不當遽議削奪諸臣坐罪輒罰鍰非古制且罰鍰視職崇庳不問罪輕重宜有定程滿民有罪待讞所屬牛彔若家主輒與讞獄吏同坐辨論紛擾擬嚴定以罪著爲令刑曹讞獄滿漢官會讞民不便宜令滿官主滿民獄訟漢官主漢民獄訟旋復條奏時政上諭文館諸臣曰上書建言固不可禁遏鴻中疏多言古人過失昔元成吉思皇帝子察罕代以刀削檉柳爲鞭曰我國父皇所定此檉柳鞭乃我所手創也其臣俄齊爾塞臣曰非先帝鳩工製此刀則此檉柳豈能以指削以齒齧耶凡此土地人民一切諸政皆先帝所飭立今榜式等當以此等事相啟迪毋妄議前人爲也既又疏論兵略謂上策宜薄明都中策先取山海當申軍令毋辱婦女毋妄殺人毋貪財物有以離家久得財多而勸還師者上毋爲所惑九年以所屬戶口耗減坐黜

論曰太祖時儒臣未置官署天聰三年命諸儒臣分兩直譯曰文館亦曰書房置官署矣而尚未有專官諸儒臣皆授參將游擊號榜式未授官者曰秀才亦曰相公崇德改元設內三院希福文程承先及剛林授大學士是爲命相之始希福屢奉使履險效忱撫輯屬部文程定大計左右贊襄佐命勳最高完我忠讜狀耿歷挫折而不撓終蒙主契承先以完我薦直文館而先完我入相參預軍畫間除敵帥皆有經綸草昧之績視蕭曹房杜殆無不及也

清史稿　列傳二十

圖爾格 兄徹爾格
伊爾登 弟超哈爾 超哈爾子額赫里
巴奇蘭 諾松阿 偌松阿子阿納海 巴濟
齊爾格申 巴都里 巴都里從子海都 托克雅
葉臣 子車爾布 孫特邁 蘇魯邁子富爾濟 鄂洛順 肅鄂洛
珠瑪喇 瓦爾喀珠瑪喇 瓦爾喀珠瑪喇弟伊瑪喇

圖爾格滿洲鑲白旗人額亦都第八子也少從太祖征伐積功授世職參將尙和碩公主太宗即位八旗各設大臣一備調遣亦號十六大臣以圖爾格佐鑲白旗尋遷本旗固山額眞列八大臣天聰元年上伐明圖爾格率所部從攻錦州不克墮大小凌河二城而還二年追錄其父額亦都功進世職總兵官三年從伐明克遵化四年上還師命貝勒阿敏護諸將屯永平而圖爾格與正黃旗固山額眞納穆泰正紅旗調遣大臣湯古岱榜式庫爾纏高鴻中守灤州明監軍道張春總兵官祖大壽馬世龍楊紹基等合軍來攻圖爾格與納穆泰湯古岱分地設汛以守明兵攻納穆泰急圖爾格分兵授裨將阿玉什使赴援明兵舉火火將及城樓有執纛者乘雲梯以登阿玉什揮刀斬之奪其纛明兵稍卻阿敏聞明兵攻灤州遣巴都禮以數百人赴之夜三鼓突圍入明兵發巨礮城圮城樓焚圖爾格等守四日度不能禦率所部夜棄城爲散隊潰圍出會雨明兵截擊死者四百餘人至永平阿敏遂盡棄諸城引師出塞令圖爾格爲殿師還命收諸將議罪上詰責圖爾格納穆泰等湯古岱因引罪請死上曰汝等不能全師歸陷於彼爲敵所殺歸至此朕又殺之於朕復何益且汝等既携俘獲人畜而還何不收我士卒與之俱來彼等何辜忍令其呼天搶地以死也圖爾格坐削總兵官解固山額眞五年初設六部起圖爾格爲吏部承政上自將伐明攻大凌河督諸軍合圍令圖爾格從正白旗固山額眞喀克篤禮當城東迤北城兵出攻城南礮臺圖爾格不及騎徒步擊走之略松山大凌河旋下八年與固山額眞譚泰帥師略錦州上自將伐明命貝勒濟爾哈朗留守使圖爾格帥師屯彰武臺河口防敵自沿海至既又使與梅勒額眞勞薩帥師出邊渡遼河循張古臺河駐軍衞蒙古諸部是時察哈爾部林丹汗死其子額哲不能馭其衆諸宰桑皆來降九年命貝勒多爾袞等爲帥納穆泰將右翼圖爾格將左翼徇察哈爾至其庭額哲遂降師還略明邊自平魯衞入塞躪代州乘勝至忻口遇伏敗之逐北至崞縣殲明兵還過平魯衞明兵邀於途圖爾格戰陷陳得數百級明兵引入城不敢出圖爾格度追師且至設伏以待與納穆泰將千人爲殿明將祖大壽等以三千人赴戰圖爾格返兵步戰力衝其中堅伏起夾擊明兵大奔乃徐引兵出塞十年敘功授世職一等梅勒章京崇德元年復授鑲白旗固山額眞從武英郡王阿濟格伐明圖爾格率所部自坤都入邊會於延慶遂深入克十六城攻昌平下雄縣圖爾格皆先登旋坐女爲貝勒尼堪福晉詐取僕女爲女事發貸死奪官八月復命攝固山額眞四年上命睿親王多爾袞爲奉命大將軍率師伐明圖爾格從擊破明太監馮永盛總兵侯世祿軍復與固山額眞拜音圖敗明兵於董家口毀邊牆奪青山關入下四城五年從多爾袞帥師攻錦州取其禾屢擊敗明兵又與固山額眞葉克書將三百人伏烏忻河口伺城兵出牧驅牲畜以歸明兵千餘人逐戰葉克書馬中矢蹶敵將兵爲圖爾格射殪翼葉克書上馬併力擊敵敵敗去復至凡六合圖爾格身中二十餘創猶殿後力戰護所俘還敘功復進世職三等昂邦章京尋授內大臣六年太宗自將伐明困洪承疇松山圖爾格從明總兵曹變蛟夜犯御營兵至倉卒守營大臣侍衞皆未集圖爾格首發矢殪二人與弟伊爾登宗室錫翰督親軍攢射變蛟中創敗去復從諸貝勒邀擊明敗兵戰於塔山爲伏於高橋殺敵無算七年十月上命饒餘貝勒阿巴泰爲奉命大將軍以圖爾格副之帥師伐明左翼道界嶺口右翼破石城雁門二關並深入越明都自畿南徇山東南極兗州克府三州十八縣六十七獲明魯王以派及樂陵陽信東原安邱滋陽五郡王他宗室官屬千餘人遇敵三十九戰皆勝俘三十六萬九千駝馬贏驢牛羊五十五萬一千三百有奇得黃金萬二千白金二百二十萬有奇珠緞衣裘稱是八年六月師還賜白金千五百世祖即位敘功進三等公順治二年二月卒九年諡忠義配享太廟立碑墓道雍正九年定封三等果毅公世襲子武爾格從征皮島戰死科布梭襲三等昂邦章京貝子屯齊等訐鄭親王濟爾哈朗諸罪狀因及太宗崩時圖爾格等共謁肅親王豪格將奉以嗣位而以上爲太子王大臣議追奪圖爾格公爵命但削科布梭世職科布梭亦訐其父嘗太宗崩時以與白旗諸王有隙命三牛彔護軍具甲胄弓矢衞其門其祖母其父及其從父遏必隆又嘗叱辱格格格格遏必隆妻也語詳遏必隆傳八年上親政命科布梭襲三等公恩詔進二等九年追論科布梭妄訐其父削爵遏必隆兼襲進一等公自有傳兄徹爾格隸滿洲鑲黃旗人幼事太祖從征伐有勞授備禦進游擊天命十年四月上命王善達珠瑚及徹爾格率千五百人伐瓦爾喀部王善上族弟也師大捷多所俘獲及還上先五日出郊獵於避蔭四日乃罷獵至木戶角洛與師會王善等入謁行抱見禮以酒二百甕並出獵所獲獸百餘饗從征士卒並及降人還至瀋陽北岡復以酒四百甕牛羊四十列四百筵爲大宴既入城又賜從征者人白金五兩尋進徹爾格三等總兵官太宗即位設八大臣徹爾格領鑲白旗天聰元年正月從貝勒阿敏等伐朝鮮師還尋解固山額眞授其弟圖爾格二年五月從貝勒阿巴泰等伐明墮錦州杏山高橋三城五年七月初設六部授刑部承政尋遷兵部承政七年八月命與刑部承政索海偵明邊至錦州斬七級獲把總一兵九十月明副將尙可喜來降上命徹爾格偵其蹤跡八年正月奏言可喜行且至道遠馬不給請諸牛彔凡有馬四者借一以給用崇德二年四月從武英郡王阿濟格等攻皮島師還以屢違軍令削爵罷官三年七月更定部院官制起授工部左參政五年二月擢戶部承政八年考滿復授牛彔章京世職世祖定鼎燕京加半個前程順治二年二月卒子陳泰法固達拉哈達陳泰拉哈達自有傳法固達襲世職進三等阿達哈哈番尋卒

伊爾登額亦都第十子與圖爾格同旗幼太祖育之宮中長授侍衞屢從征伐城界凡薩爾滸皆有勞賚蟒服授世職游擊累進三等副將太宗即位各旗置大臣二備調遣伊爾登與其兄圖爾格同佐鑲白旗尋命帥師戍國南界天聰三年九月攻獐子島島故明將毛文龍所轄文龍爲袁崇煥所殺伊爾登帥師行略地得舟四沉之俘其人以歸十月從伐明攻龍井關墮其水門入斬明將易愛王遵臣盡殲其衆攻遵化敗明山海關援兵斬其將趙率教薄明都四年克永平灤州遵化諸城師還進一等副將圖爾格罷固山額眞以授伊爾登五年八月攻大凌河城伊爾登當城東迤南深溝堅壘環而守之卒以破敵六年上自將伐察哈爾命與貝勒阿巴泰等留守七年六月上以伐明若朝鮮若察哈爾三者何先諭諸貝勒大臣各陳所見時上留諸軍駐山海關外屯田諸貝勒大臣皆請先用兵於明伊爾登亦言與其頓兵關外不若徑入內地察諸城孰可攻者多率步兵具梯牌乘機摧陷何堅不克況蓄銳已久人有戰心及時而用之所謂事半而功倍也七月上命從貝勒岳託德格類等取旅順與固山額眞葉臣將二千五百人戍焉八年上自將伐明自上方堡入命伊爾登從貝勒阿濟格多爾袞多鐸等帥師自巴顏朱爾格入龍門與上軍會宣府擊敗明兵得馬百餘攻保安克之進拔靈邱伊爾登忤諸貝勒又與固山額眞貝子篇

古等相詆譏下法司集讞坐奪世職幷罷固山額眞復授圖爾格仍罰鍰壽從豫親王多鐸伐朝鮮師還復從武英郡王阿濟格攻皮島坐先軍纛渡江復罰鍰崇德三年起授巴牙喇纛章京四年春從武英郡王阿濟格伐明伊爾登以三十人行略地敗明兵千人掠其馬上自將大軍駐錦州四月阿濟格以其師會攻松山杏山詗知明總兵祖大壽太監高起潛將二千人出戰我師爲伏以待敵逡巡不前伊爾登以四十人紆道致敵且戰且却伏發合擊大敗明兵六月命充議政大臣兼內大臣六年六月從鄭親王濟爾哈朗圍錦州明總兵洪承疇以師赴援屯松山西北鄭親王令右翼軍擊之戰不利退保乳峯山敵入兩紅旗兩藍旗駐軍地固山額眞葉臣等斂兵不與爭伊爾登將多爾機轄與恭順王孔有德及蒙古敖漢柰曼察哈爾諸部兵禦敵躍馬突陳縱橫馳擊身被數創不少卻馬踣易之三戰益奮明兵凡四合圍卒潰圍出上嘉其勇復世職三等梅勒章京賜白金四百八月上自將禦洪承疇陳師松山杏山間命諸貝勒大臣分道截擊明兵伊爾登與公塔瞻率巴牙喇兵爲伏於高橋甫出營遇明兵千人自杏山潛出擊斬之遂至高橋又遇明兵六百餘人自杏山南奔塔山伏起明兵熸焉上移營逼松山明將曹變蛟夜犯御營圖爾格率先射敵伊爾登與內大臣宗室錫翰督兵拒戰變蛟敗遁上命侍衞大臣疎防及戰不利者皆罰鍰賞禦敵將士伊爾登得優賚世祖定燕京論功遇恩詔累進二等伯十三年以老致仕上旌伊爾登功命得乘馬入朝輒召對賜食圖其象一藏內庫一畀其家康熙二年卒諡忠直伊爾登勇冠諸軍尤長於應變潛機制敵諸宿將皆弗能及子前卒孫噶都襲官至鑲黃旗蒙古副都統領侍衞內大臣乾隆初定封一等男超哈爾徹爾格弟與同旗幼事太祖授牛彔額眞天聰八年予牛彔章京世職九年與牛彔額眞納海巴雅彰屯等齎書詣喜峯口潘家口董家口諸處諭明守邊將吏還遇戍卒邀戰斬獲百餘人擢巴牙喇甲喇章京崇德元年從武英郡王阿濟格伐明將入邊遇邏卒迎戰俘二人獲馬四薄明都奪礮以擊敵殺百餘人轉戰至盧溝橋再遇敵戰皆勝二年列議政大臣三年七月更定部院官制授禮部左參政九月從睿親王多爾袞伐明自青石口入邊會師涿州超哈爾率所部攻任邱穴地隳其城趨趙北口明兵毀橋師不得渡乃騎出水西襲明兵後明兵大敗南略山東從克濟南四年春師還出邊超哈爾殿敗明兵於太平寨五年轉兵部右參政六年從鄭親王濟爾哈朗伐明圍錦州城兵出戰超哈爾率所部奮擊遂入郭力戰沒於陳太宗深惜之賜白金六百一十兩進世職二等甲喇章京順治間追諡果壯立碑紀績子格黑禮額赫里格黑禮襲世職凡四年而卒額赫里以牛彔額眞襲世職尋遷甲喇額眞從鄭親王濟爾哈朗徇湖廣屢敗明兵師還授京城中城理事官遷都察院理事官累進二等阿思哈尼哈番順治九年命帥師戍江寧鄭成功侵福建駐軍海澄平南將軍金礪請益師進剿上命額赫里將千五百人以往與金礪會師擊成功大破之遂攻海澄復敗成功兵十二年擢兵部侍郞以功進一等阿思哈尼哈番十六年成功兵逼江寧給事中楊雍建劾樞臣失職明年甄別部院諸臣上以額赫里弗任勞怨解任降三等阿思哈尼哈番康熙初復爲兵部侍郞擢工部尚書卒子英素襲從征準噶爾有功進二等阿思哈尼哈番卒子郞保仍襲三等阿思哈尼哈番從大將軍傅丹征準噶爾和通呼爾之敗郞保殉焉卹進二等阿思哈尼哈番

巴奇蘭納喇氏世居伊巴丹旗制定隸滿洲鑲紅旗太祖兵初起巴奇蘭率衆來歸屢從征伐沙嶺之役率五牛彔兵當前鋒敗敵天命十一年從攻甯遠克覺華島授游擊太宗卽位各旗設調遣大臣二巴奇蘭佐正黃旗天聰三年從伐明薄明都駐軍城北擊敗明總兵滿桂等七年從伐明攻旅順口巴奇蘭率白奇超哈兵與鑲白旗固山額眞薩穆什喀方舟而前敵負崖戰甚力巴奇蘭被數創冒矢石奮擊且號於衆曰孰能先登吾纛其功於上前於是牛彔額眞雍舜珠瑪喇超距登崖巴奇蘭督衆兵從之上敵殊死戰我軍少却巴奇蘭疾呼曰敵兵敗矣士卒皆踴躍騰糒入遂克之進三等副將八年五月太宗自將伐明貝勒濟爾哈朗留守巴奇蘭副之十二月命偕薩穆什喀分將左右翼兵伐虎爾哈諸部師行上諭之曰此行道殊遠愼毋憚勞得俘撫以善言與共甘苦攜以還皆可爲我用汝曹當善體朕意九年五月師還上御殿設宴親酌金卮勞之分賚所獲牲畜命籍降人二千餘戶俾安業進一等梅勒章京十年二月病創潰卒贈三等昂邦章京乾隆初定封三等子巴奇蘭伐虎爾哈諸部牛彔額眞岱松阿實從岱松阿佟佳氏世居雅爾湖旗制定隸滿洲正紅旗初亦逮事太祖天聰二年從伐明錦州下十三站以東二十餘臺七年命與甲喇額眞英俄爾岱使朝鮮語見英俄爾岱傳八年予牛彔章京世職及巴奇蘭等師還有功加半個前程崇德元年從英親王阿濟格伐明徇昌平二年戍海州擊明兵旅順口得舟二俘七人斬二人命賚銀布六年卒阿納海岱松阿子襲職授牛彔額眞順治二年從擊李自成逐至富池口掠其舟三年從擊張獻忠師至西安叛將賀珍以馬步二千人拒守雞頭關阿納海與巴牙喇纛章京鰲拜等擊破賊壘遂徇四川屢破獻忠兵五年授工部理事官尋兼任甲喇額眞六年從討叛將姜瓖攻大同掘塹環城城兵出戰阿納海及固山額眞噶達渾與戰屢勝敍功並遇恩詔累進一等阿達哈哈番十八年從靖東將軍濟席哈討山東土寇于七敗其黨喬玉季於連山賊夜出阿納海與戰中創卒進三等阿思哈尼哈番巴漢亦岱松阿子襲職康熙十三年以參領從副都統碩塔穆森等討耿精忠次安慶聞建德陷巴漢率兵詗之至赤頭關精忠兵出戰擊之潰遂導諸軍攻克之十一月精忠兵四千餘攻南康巴漢從碩塔穆森等擊敗之斬千餘盡收其械十六年從鎭南將軍莽依圖江寧將軍額楚等討吳三桂自廣東徇廣西破三桂將蔣雄於樹梓墟十八年三桂將吳世琮攻南甯巴漢從莽依圖等赴援世琮屯新甯州西山下列鹿角爲陳巴漢與戰多所俘馘世琮負傷引去南甯圍解二十年從征南大將軍賴塔進兵敗三桂將何繼祖等於西隆州奪石門坎黃草壩諸隘遂趨曲靖會湖南四川兩路兵進克雲南復從都統希福擊三桂將馬寶巴養元等於楚雄烏木山二十五年論功進一等阿思哈尼哈番二十九年三月卒

齊爾格申世居寧古塔以地爲氏兄納林率百餘人歸太祖太祖命籍其衆爲牛彔以爲牛彔額眞旗制定隸滿洲鑲白旗納林卒齊爾格申代爲牛彔額眞率所部屯達卜遜木城明兵攻耀州齊爾格申赴援敗之淤泥河還駐平山海濱驚鹽者千人具舟將出海齊爾格申夜襲之千人皆殪明錦州守者以兵至齊爾格申與戰面中鎗戰愈力明兵敗去天聰六年修蓋州城移民以實之命齊爾格申與梅勒額眞石國柱甲喇額眞雅什塔等帥師戍焉八年授世職牛彔章京蓋州與明爲界諸新附多亡去歸於明齊爾格申將兵行海濱偵明兵以舟迎逃人已入海齊爾格申涉水追射殪舟中執鎗者及逃人一遂躍入其舟獲明備禦一邏卒十有三又將兵視北新渡口諜言明兵以舟五十餘泊島中命爲伏以待明兵二十餘入島伐木伏發盡獲之明兵以舟泛于海有二人遙呼曰我逃人也誰敢逐我者齊爾格申乘小舟逐之斬一人俘一人餘舟明兵皆驚潰崇德元年以齊爾格申出戍能稱職賜良馬五月從武英郡王阿濟格伐明薄大同徇延慶有所俘獲世祖朝爲福陵總管順治七年授世職拖沙喇哈番齊爾格申從弟多尼喀以攻萊陽先登賜號巴圖魯授世職牛彔章京加半個前程至是卒以齊爾格申兼襲爲一等阿達哈哈番復以恩詔進三等阿思哈尼哈番康熙十二年卒巴都里佟佳氏滿洲鑲藍旗人父剛格當太祖時率其族來歸巴都里屢從戰伐授牛彔額眞兼甲喇額眞天聰八年從伐明攻大同與宗室拜音圖爲導未入邊得察哈爾宰桑四擢巴牙喇纛章京崇德元年從伐朝鮮巴都里與巴牙喇纛章京鰲阿岱圍南漢山城屢敗敵二年從上獵葉赫巴都里及哈寧阿所部行列不整上嚴詰責之三年從伐明明年從濟南還師出靑山口明師追至巴都里率所部還戰巴牙喇兵有被創墜馬者令他兵護以歸棄於道坐罰鍰六年授兵部參政兼任鑲藍旗滿洲梅勒額眞八年與梅勒額眞鄂羅塞臣伐黑龍江降圖瑚勒禪諸臣師還予世職半個前程遷鑲藍旗滿洲固山額眞卒海都其從弟杭嘉子也襲職恩詔進拜他喇布勒哈番兼拖沙喇哈番順治間從擊明將孫可望李定國白文選皆有功康熙中署護軍統領從討吳三桂卒於軍敍功進三等阿達哈哈番托克雅先世居瑚爾哈以地爲氏兄納罕泰爲瑚爾哈部屯長天命四年將其戚屬及所部百餘戶來歸太祖使迎勞賜宴賚裘服奴僕田宅器用牛馬旗制定隸滿洲正紅旗尋授納罕泰扎爾固齊托克雅牛彔額眞天聰三年遷巴牙喇甲喇章京從伐明入自龍井關遇明三屯營邏卒斬五人獲馬七護糧以行明兵來刼復斬數人獲纛一遂與大軍會從克遵化五年三月與甲喇額眞榜素等將百人略錦州八月圍大凌河城移屯斷錦州松山道明兵自錦州至擊却之逐至城下俘馘甚衆八年從伐明攻大同歸還出尙方堡察哈爾諸宰桑來歸上命托克雅率師護降人以還敍功授甲喇章京世職九年戰於寧遠與阿濟拜等敗敵語詳阿濟拜傳崇德三年八月從貝勒岳托伐明越明都趨山東圍臨邑托克雅以雲梯攻克其城賚馬及白金四年六月擢正紅旗蒙古梅勒額眞六年從圍錦州與明總督洪承疇戰當敵礮被數創七年解梅勒額眞任順治元年起爲陵寢總管二年九月卒年六十有三

葉臣完顏氏世居兆佳歸太祖旗制定隸滿洲鑲紅旗天命四年從伐明攻鐵嶺蒙古兵助守拒戰奮擊破之六年復從伐明克遼陽以功授游擊太宗卽位各旗置調遣大臣二葉臣佐鑲紅旗天聰元年從貝勒阿敏伐朝鮮以六十人闌入明邊俘邏卒六攻義州與牛彔額眞艾博先登以功授二等參將率兵戍

蒙古捕斬逋逃進三等副將四年從太宗伐明攻永平上命葉臣與副將阿山遷部下壯士二十四人樹雲梯先登語詳阿山傳城既克上嘉嘆且諭諸將曰他日復攻城毋令先登驍將當共惜之進三等總兵官授議政大臣諭以政有闕失當盡言葉臣對曰臣受恩重願罄所知入告但恐臣識未逮耳五年授鑲紅旗固山額眞從伐明圍大凌河城葉臣以所部當城西迤南城兵出薄我壘葉臣與額駙和碩圖等督兵夾擊殲敵過半七年六月上命諸貝勒大臣陳時政時有議直擊山海關者葉臣疏言今我師方聚宜先往大同宣府覘察哈爾蹤跡近則攻之若遠即入明邊進逼明都伐木爲梯晝夜環攻即不遽克亦足以威敵上韙其言是月從貝勒岳託德格類等攻明旅順口斬獲無算八月從貝勒代善自喀拉鄂博入得勝堡略大同西至黃河擊敗明朔州騎兵崇德元年五月從武英郡王阿濟格等伐明既入邊分兵下安州又合攻寶坻穴其城克之十二月從上伐朝鮮與諸固山額眞率阿禮哈超哈兵入其王都二年四月從阿濟格攻明皮島與阿山督白奇超哈兵乘小舟攻島西北隅麾兵先進斬明總兵沈世奎島下師還進一等總兵官四年從貝勒岳託等伐明入青山口略太平寨岳託令每旗遣梅勒章京一每牛彔簡甲士三使葉臣與固山額眞譚泰爲將攻克其關遇敵十三戰皆勝得馬六十七年命代貝勒阿巴泰戍錦州順治元年從入關率師徇山西師所經行自直隸饒陽至河南懷慶傍近諸府縣悉下進克太原先後定府九州二十七縣一百四十一署置官吏安輯居民明將李際遇屯河南境依山爲寨唐通董學禮降李自成擁衆據邊葉臣皆招使來降山西底定師還至定州土寇有自號掃地王者糾徒黨剽掠葉臣遣兵討平之比至京坐擅毀禁垣屏其功不錄但賜白金六百二年豫親王多鐸定江南七月命貝勒勒克德渾爲平南大將軍以葉臣佐之代多鐸鎮撫並命大學士洪承疇招撫南方諸行省敕滿洲諸軍會葉臣調遣有不順命者葉臣發兵搜捕輒奏績十一月以自成餘黨一隻虎等出沒武昌襄陽荆州諸府命葉臣從勒克德渾移師剿除三年十月師還賜黃金三十白金五百四年改一等精奇尼哈番五年卒是年七月定封一等精奇尼哈番以長子車爾布襲復兼一拖沙喇哈番以第五子車赫圖襲車爾布初官甲喇額眞崇德六年從攻錦州與諸將共爲伏破明兵擢巴牙喇纛章京從入關擊李自成追及於安肅復追及於慶都殲賊甚衆授世職拜他喇布勒哈番既復從英親王阿濟格西討自成師出塞道土默特鄂爾多斯入塞度黃河鑿冰以濟順治二年春師至榆林賊夜襲蒙古軍車爾布與牛彔額眞蘇拜往援破敵還軍遇伏復縱擊卻之與固山額眞伊拜拊循旁近諸府縣師進圍延安與梅勒額眞羅壁戰敗城兵自成走湖廣車爾布與巴牙喇纛章京鰲拜以師從之攻安陸得舟八十復與巴牙喇甲喇章京噶達渾逐賊九宮山敗其騎兵自成死師還授議政大臣加一拖沙喇哈番三年從肅親王豪格討張獻忠屢戰皆捷與貝勒尼堪等徇遵義夔州諸府縣尋以巴牙喇纛章京哈寧阿被圍車爾布未及援降拖沙喇哈番輟其賞及既襲父爵六年姜瓖以大同叛車爾布從英親王阿濟格師師討之瓖出攻鑲紅旗營車爾布率巴牙喇兵禦之瓖敗走瓖黨自阻馬得勝二路分兵循北山逼我軍瓖復以城兵出戰鰲拜率先當賊車爾布與梅勒額眞譚布合兵繼進遂殲瓖兵兩遇恩詔累進三等伯十二年十二月命與寧海大將軍伊爾德率師徇浙江擊斬明魯王將王長樹王光祚沈爾序等與伊爾德自寧波航定海分三路進攻敵萬餘列舟二百戰敗逐之至衡水洋斬思六御獲其將林德等百餘人遂克舟山語互見伊爾德傳以功進一等伯兼拖沙喇哈番十五年十二月命與安南將軍明安達理戍貴州十六年二月復命移駐荆州八月鄭成功入攻江寧車爾布與明安達理自荆州赴援循江而下擊敗成功將楊文英斬其裨將獲舟及諸攻具十七年十一月師還十八年改鑲紅旗蒙古都統康熙三年以久疾解都統降三等伯七年三月卒乾隆十四年定封號曰威靖初從葉臣攻永平先登凡二十四人蘇魯邁其一也蘇魯邁嵩佳氏滿洲正藍旗人世居棟鄂部父遜札哩歸太祖太祖錄其長子蘇巴海授牛彔章京天命三年蘇魯邁從伐明攻撫順樹雲梯先登六年授牛彔額眞復從伐明取瀋陽遼陽天聰元年從阿敏伐朝鮮攻義州蘇魯邁以二十人先諸軍登城三年從太祖伐明攻克洪山口城予世職備禦其從葉臣攻永平也城上火器發蘇魯邁面中鎗不退敵炮裂自焚冒火援雲梯上城遂下上遣醫視創賜號巴圖魯賚牲畜布帛進世職游擊復從伐明取旅順略寧遠戰必先衆恒以被創受賞崇德元年從武英郡王阿濟格伐明將入邊攻雕鄂城炮傷口因以殘疾家居順治間恩詔累進三等阿思哈尼哈番康熙元年十一月卒諡勤勇蘇魯邁子蘇爾濟遜哈三塔哈鄂洛順翁鄂洛蘇爾濟順治初以噶布什賢轄從入關與噶布什賢噶喇依昂邦錫特庫擊敗李自成將唐通於一片石三年從端重親王博洛徇福建敗明將姜正希於汀州予世職拜他勒布喇哈番七年卒鄂洛順事聖祖以二等護衛從建威將軍佛尼埒討吳三桂敗其將高定以前鋒統領從裕親王福全擊噶爾丹有功累遷江寧將軍卒翁鄂洛事聖祖從征南大將軍賚塔討吳世璠師自廣西入戰石門坎敗其將何繼祖再戰黃草壩復敗繼祖獲詹養王有功薄雲南殲胡國柄逐捕馬寶巴養元等以功進三等阿達哈哈番卒

珠瑪喇碧魯氏世居葉赫太祖時率所部虎爾哈人來歸旗制定隸滿洲鑲白旗授牛彔額眞天聰三年從伐明次遵化擊敗明兵後三日太宗臨視遵化明兵自山海關至將入城珠瑪喇以邏卒十人禦之所擊殺甚衆薄明都遇明總兵滿桂黑雲龍麻登雲孫祖壽諸軍入大紅門與額駙楊古利甲喇額眞音達戶齊擊之明兵左次旋克永平復攻昌黎先登被六創以功授備禦尋坐事奪世職五年從圍大凌河城明監軍道張春赴援珠瑪喇與甲喇額眞鄂諾迭戰破其前鋒六年從伐察哈爾次穆魯哈岱獲布延圖台吉殲其從者百餘俘其孥七年從貝勒德格類岳托攻旅順口將巴牙喇兵十人以舟登擊甕城巴奇蘭既令於衆珠瑪喇與牛彔額眞雍舜超躍而上大聲自名曰珠瑪喇登城矣被三創不少卻卒拔其城上聞嘉歎親酌金卮以賜復世職九年從貝勒多鐸伐明圍錦州夜設雲梯以攻被創甚崇德元年從伐朝鮮力戰克山寨從伐明敗明總兵取四縣三年授兵部理事官從伐明圍錦州明兵屯廣寧北杏山珠瑪喇別將四十人破其寨又招降別軍屯駱駝山及大凌河北山諸寨六年命與甲喇額眞僖福監張家口互市事畢所司劾珠瑪喇以私財爲市且索馬蒙古論死上命寬之復奪世職輸所市物入官尋從鄭親王濟爾哈朗復圍錦州敵將奪我軍礮珠瑪喇擊之退既復至珠瑪喇射殪敵敵乃潰七年與噶布什賢噶喇依昂邦沙爾虎達伐虎爾哈部降喀爾喀木等十屯俘壯丁千餘及牲畜輜重以歸上命迎勞順治初珠瑪喇以甲喇額眞從入關擊李自成尋授正藍旗滿洲梅勒額眞兵部侍郎復世職二年十一月與梅勒額眞和托等帥師駐防杭州珠瑪喇將右翼馬士英方國安自嚴州侵餘杭珠瑪喇擊之走還未至杭州三十里遇土寇復擊破之國安等仍以數萬人分屯江東諸山及杭州郊外朱橋范村諸地珠瑪喇與總兵田雄副將張杰等分兵逐捕三年率師徇福建與巴牙喇纛章京敦拜擊破明兵五年從征南大將軍譚泰討叛將金聲桓於江西與固山額眞何洛會及沙爾虎達等屢敗聲桓兵焚其舟千三百有奇下九江及其屬縣凡六還正白旗蒙古固山額眞吏部尚書世職累進三等阿思哈尼哈番十年冬坐選授山東驛道房之騏嘗占籍靑州不詳勘罷尚書十一年明將李定國等寇廣東命珠瑪喇爲靖南將軍副以敦拜率師討之方攻新會尙可喜耿繼茂等軍於三水拖監列屯珠瑪喇至與合軍擊敵戰於珊洲斬副將一獲裨將十餘馘一百五十餘級師至新會定國所將步騎卒四萬分據山險列炮以象爲陣珠瑪喇督將士力戰定國兵既卻復出兵四千餘人自山上馳下我師力禦敗之奪其山定國兵乃遁十二年二月定國走高州珠瑪喇遣梅勒額眞畢力克圖鄂拜等以師從之戰於興業再戰於橫州定國渡江焚其橋我師躡其後三戰皆勝定國走入安隆珠瑪喇與尙可喜等復高州雷州廉州三府及所屬州三縣八又克廣西境州二縣四凡二十二城得象十六馬二百有奇他器械稱是上賜敕獎勵九月師還入見上諭大學士馮銓等曰珠瑪喇率師征廣東捷歸年方五十壯年能立功爲有福也賜茶慰勞部議進一等阿思哈尼哈番兼一拖沙喇哈番上以珠瑪喇等擊破定國雪衡州桂林之憤功高不當循常格命再議進三等精奇尼哈番十五年致仕康熙元年卒諡襄敏

瓦爾喀珠瑪喇那木都魯氏居瓦爾喀部渾春地祖察禮率族歸太祖旗制定隸滿洲正白旗珠瑪喇方少時即從太祖征伐授牛彔額眞以同時有碧魯珠瑪喇命綴地於名以爲別天聰八年授世職牛彔章京嘗率噶布什賢兵十人逐得蒙古亡者四十三人上特予優賚崇德二年與牛彔額眞喀凱等分道伐瓦爾喀部徇額勒約索額黑庫倫僧庫勒諸路俘獲甚衆以功加半個前程三年授吏部理事官四年三月從貝勒岳托伐明攻故城夜以雲梯登克之明總兵侯世祿師赴援珠瑪喇徒步突敵軍力戰世祿敗去珠瑪喇創甚明太監高起潛師復至負創戰尤力起潛亦敗去十月從略錦州敗明兵入邊至太平寨明兵嚴陣以待珠瑪喇徒步大呼入陣斫鹿角中創不稍卻明兵大潰十一月從承政索海薩穆什克伐索倫部珠瑪喇俘十有九人道攻虎爾哈部雅克寨焚其郛牛彔額眞和託先登珠瑪喇繼之克其城師還次黑龍江之濱虎爾哈潰兵復合烏魯蘇屯酋博穆博果爾以六十人擊正藍旗後隊珠瑪喇與索海設伏掩擊殲敵略盡以功進三等甲喇章京六年從伐明圍錦州擊敗松山騎卒明總督洪承疇赴援營松山西北我師與戰右翼敗敵萃於左翼珠瑪喇力戰炮傷頷踣且絕上深悼之賜醫以斂後三日復蘇上聞喜甚命

加意休養毋即從軍命監造盛京塔塔成厚賚之旋令率師戍錦州明兵來攻戰竟夜敵敗去斬四十餘級得雲梯及軍械累進一等甲喇章京順治初從入關擊李自成平馬山口土寇以功加半箇前程二年十月調戶部理事官十一月與固山額眞巴顏等帥師會定西大將軍何洛會西討張獻忠三年肅親王豪格代何洛會督諸軍向階州闖獻忠兵屯禮縣南遣珠瑪喇分兵擊之獻忠兵敗竄復與巴牙喇纛章京鰲拜進兵西充獻忠死乃還師六年從討叛將姜瓖攻左衞瓖兵屯城外迎戰珠瑪喇擊之走城遂下逐賊寧武關瓖兵置炮山岡以拒珠瑪喇與甲喇額眞烏庫禮疾馳據岡脊破其壘瓖所置總兵劉偉以關降師還擢正白旗梅勒額眞世職累進一等阿思哈尼哈番十年三月卒祀四川名宦伊瑪喇其弟也肅親王定四川伊瑪喇以巴牙喇侍衞從師次保寧獻忠將趙雲桂來攻伊瑪喇登城射中雲桂目賊駭走師從之大捷即襲其兄世職授甲喇額眞康熙十三年從揚威將軍阿密達討叛將王輔臣十四年五月克寧州九月進攻平涼未至八里輔臣率萬餘人出拒伊瑪喇從貝勒洞鄂與戰輔臣敗入城十五年從撫遠大將軍圖海復攻平涼至城北虎山墩詷賊賊合步騎猝至伊瑪喇奮戰賊敗去事平師還二十七年乞休三十四年五月卒亦祀四川名宦世宗即位命錄戰功未受賞者加伊瑪喇拖沙喇哈番

論曰太宗與明戰下大凌河克錦州皆以全力爭壬午之師間道深入數千里如行無人之境爲前此所未有則圖爾格之績也以是戰多踵爲功宗伊爾登巴奇蘭齊爾格申韋皆驍武從太宗征伐搴旗陷陳而葉臣珠瑪喇入關後又以夙將力戰策勳大業將成羣才翊運盛矣

清史稿

列傳二十一

孔有德 全節　耿仲明 子繼茂 繼茂子昭忠 聚忠

尚可喜 子之孝　沈志祥 兄子永忠 永忠子瑞

祖大壽 子澤潤 澤溥 澤洪 澤清 子良璧 大壽養子可法 從子澤遠

孔有德遼東人太祖克遼東與鄉人耿仲明奔皮島明總兵毛文龍錄置部下善遇之袁崇煥殺文龍分其兵屬副將陳繼盛等有德與仲明走依登州巡撫孫元化爲步兵左營參將天聰五年太宗伐明圍大凌河城元化遣有德以八百騎赴援次吳橋大雨雪衆無所得食則出行掠李九成者亦文龍步將與有德同歸元化元化使齎銀市馬塞上銀盡耗懼罪其子應元在有德軍九成還就應元咻有德謀爲變所部陳繼功李尙友曹得功等五十餘人糾衆數千掠臨邑陵商河殘齊東圍德平破新城恣焚殺甚酷元化及山東巡撫余大成皆力主撫檄所過郡縣毋邀擊有德因僞請降明年正月率衆還至登州仲明與都司陳光福及杜承功曹德純吳進興等十五人爲內應夕舉火導有德入自東門城遂陷元化自剄不殊有德等以元化故有恩縱使航海去旅順副將陳有時廣祿島副將毛承祿亦叛應有德勢益張有德自號都元帥鑄印置官屬九成爲副元帥仲明有時承祿光福爲總兵官應元爲副將四出攻掠明以徐從治爲山東巡撫謝璉爲登萊巡撫並駐萊州有德等進陷黃縣平度遂攻萊州從治中礮死城上有德復僞請降誘璉出殺之莊烈帝命侍郎朱大典督師討有德援平度斬有時至昌邑有德逆戰大敗復黃縣有德等退保登州登州城東西南皆距山北臨海城北復有水城通海船大典督諸軍築長圍困之九成出戰死明師攻益急有德乃謀來降以子女玉帛出海仲明單舸殿經旅順明總兵黃龍以水師邀擊擒承祿光福殲應元斬級千餘有德等退屯雙島龍安塘食盡遣所置游擊張文煥都司楊謹千總李政明以男婦百人泛海至蓋州蓋州戍將石廷柱雅什哈護使謁上具言有德等舉兵始末且請降上諭范文程羅什剛林預策安置有德等復遣所置副將曹紹中劉承祖等奉疏言將自鎭江登陸上命貝勒濟爾哈朗阿濟格杜度帥師迓之朝鮮發兵助明師要有德等鴨綠江口濟爾哈朗等兵至江岸嚴陳相對敵師不敢逼有德等舟數百載將士槍礮輜重及其孥畢登三貝勒爲設宴上使副將金玉和傳諭慰勞天聰七年六月有德仲明入謁上率諸貝勒出德盛門十里至渾河岸爲設宴親舉金卮酌酒飮之賜蟒袍貂裘撒袋鞍馬有德仲明亦上金銀及金玉諸器綵段衣服越二日復召入宮賜宴授有德都元帥仲明總兵官賜敕印即從所署置也命率所部駐東京號令鼓吹儀衞皆如舊惟刑人出兵當以聞有德等怨黃龍必欲報之會聞龍發水師遂賊鴨綠江旅順無備上命貝勒岳託德格類帥師襲之以有德率爲導龍數戰皆敗遂自殺克其城有德等兵入占官吏富民廨宅多收俘獲岳託德格類聞於上上置不問有德墜馬傷手與仲明留遼陽詔慰之曰都元帥遠道從戎良亦勞苦行間諸事實獲朕心招撫山民尤大有裨益不謂勞頓之身又遭銜橛之失佇聞痊可用慰朕懷別敕令旗纛用皁色並誡軍士以時演習槍礮弓矢馬以牌甲冑以帶皆書滿洲字爲識別有德仲明旋入朝上誡毋餽遺貝勒大臣八年朝元日命有德仲明與八和碩貝勒同列第一班遣官爲營第疏辭不允有德仲明軍駐遼陽官吏經其地必躬迎欵宴上復誡諭之謂爾等即朕子弟欵接諸臣理有未當今後非貝勒毋更迎宴爾等偕至者如有困窮當加愛養爾等或遣使詣盛京當令使者告禮部禮部與館餼不然爾等新附親知尙少使來無居無食不重困乎及尙可喜來降上遇之亞有德仲明命更定旗制以白鑲皁號有德仲明軍爲天祐兵可喜軍爲天助兵國語謂漢軍烏眞超哈有德等自將所部不相屬八月從上伐明自大同入邊有德遣所部黑成功佟三以八十人擊敗明兵代州城西獲馬二十九年有德等爲部將請敕上命自給札飽承先疏論當令吏部給劄付上不允有德等仍錄所部副將以下請敕上曰爾等初來歸朕許爾等黜陟部將今復給敕是背前言朕非謂爾等無功不當畀敕書也慮失信耳因賜有德仲明可喜人緞一貂皮六十副將以下白金有差有德以新附者日衆借仲明輸粮佐餽上卻之崇德元年夏四月上受寬溫仁聖皇帝尊號有德從諸貝勒奉寶以進封恭順王十二月上自將伐朝鮮命有德等從貝勒杜度護輜重繼後二年二月既下江華島命有德等從貝子碩託以水師取皮島師還有言其部衆違法妄行者上命申嚴約束毋蹈故轍三年從攻錦州有德等以礮攻下戚家堡石家堡及錦州城西臺降大福堡又以礮攻下大臺一俘男婦三百七十九盡戮其男子又以礮攻五里河臺臺隅圮明守將李計友李惟觀乃率其衆出降皆籍爲民勿殺四年從攻松山以礮擊城東隅臺臺上藥發自燔殲其餘衆又降道旁臺二上至松山使有德等以礮攻其南郛有德當郛門仲明居右馬光遠佐之可喜居左石廷柱佐之自夜漏下至翌日晡城堞盡毀明守將金國鳳卽夜繕治守甚固有德議穴地攻之不克六年率兵吏番闌錦州破明師杏山七年松山錦州相繼下時析烏眞超哈爲八旗有德等請以所部隸焉乃分屬正紅旗八年從取中後所前屯衞順治元年從睿親王多爾袞入關追擊李自成至慶都九月上至京師賜有德等貂蟒朝衣十月上御皇極門大宴復賜鞍馬旋命有德從定國大將軍豫親王多鐸西討李自成二年陝西既定移師下江南克揚州取明南京攻江陰有德皆有勞八月師還賜緞朝衣一襲馬二黃金百白金萬命還鎭遼陽僃士馬待徵發三年五月諭兵部召有德等率所部會京師八月授有德平南大將軍率仲明可喜及續順公沈志祥右翼固山額眞金礪左翼梅勒額眞屯泰率師南征策自湖廣下江西贛南入廣東諭諸將悉受有德節制是時明桂王稱號湖廣總督何騰蛟駐湘陰諸將李赤心黃朝宣劉承胤袁宗第王進才馬進忠等分屯湖南北號十三鎭大抵自成餘黨及左良玉舊部四年春有德師至進才自長沙走湖北騰蛟亦棄湘陰單騎奔衡州有德遣梅勒額眞卓羅藍拜等躡進才與所部水師遇擊敗之有德進次湘潭朝宣以十三萬人屯燕子窩有德率藍拜等將水師可喜及卓羅等將陸師分道並入破明將徐松節朝宣走衡州有德以師從之獲朝宣有德令仲明金礪卓羅等將水師還詣長沙明將楊國棟以二千人屯天津湖巴牙喇甲喇章京張國柱札薩藍等與戰國棟自牛皮灘遁去有德令金礪留駐衡州復與仲明及卓羅等率師趨熊飛嶺克祁陽遂破寶慶擊殺明魯王世子乾生總兵黃晉李茂功吳興等時明桂王居武岡倚承胤爲守有德夜發寶慶前隊梅勒章京黑成功等敗敵焚木城奪門入明桂王走靖州轉徙入桂林承胤出降有德始自長沙下祁陽也聞郝搖旗屯桂陽令可喜及藍拜等別將兵赴援郝搖旗引去至是國安等遂趨靖州追明桂王明總兵蕭曠姚有性以萬二千人守靖州國安師薄城奪門入獲曠有性等又破明侍郎蓋光英軍藍拜略黔陽進攻沅州明將張宣弼以三萬人出戰我兵奮擊遂克其城自出師至此凡獲明宗室桂王子爾珠等二十七人降明將自承胤以下四十七人偏裨二千餘人馬步兵六萬八千有奇捷聞賜有德黃金二百五十兩仲明可喜各二百志祥百將士賚白金有差五年春復進克辰州湖南諸郡縣悉定又旁取貴州黎平府廣西全州招降銅仁全州興安灌陽苗峒二百九十有奇復獲明宗室榮王子松等四十餘人及所置總兵以下諸將吏甚衆上命有德班師至京師宴勞賜黑貂裘狐冠服綵帛鞍馬黃金二百白金二千六年五月改封有德定南王授金册金印令將舊兵三千一百新增兵萬六千九百合爲二萬人征廣西

設隨征總兵官一左右翼總兵官各一以授馬蛟麟線國安曹得先同時仲明可喜各將萬人征廣東但設左右翼制綱於有德自有德師還湖南諸郡縣復爲赤心進才宗第等侵據上命鄭親王濟爾哈朗爲定遠大將軍帥師討之克長沙寶慶衡州諸府獲騰蛟而進忠猶據武岡與曹志建鄭思愛劉祿胡光榮林國瑞黃順祖向文明等爲寇靖永郴諸州窺寶慶十月有德師至衡州遣副將董英何進勝擊思愛戰於燕子窩擒斬之進克永州擊走明將胡一青七年春復進破龍虎關殲志建遂攻武岡陳獲祿光榮等進忠負創走克其城並下靖州復進戰興寧獲順祖國瑞招文明等以五萬人降師入廣西境克全州十二月遂拔桂林明桂王走南寧留守大學士瞿式耜死之斬靖江王以下四百七十三人降將吏一百四十七人桂林平樂諸屬縣皆下八年春正月有德奏移藩屬駐桂林遣蛟麟國安取梧州柳州略旁近諸州縣有德進駐賓陽復遣國安等分三道進取定思恩慶遠明將陳邦傅以潯州來降明桂王走廣南南寧亦下九年四月有德疏言臣荷先帝節錄微勞錫以王爵恭遇聖主當陽兩粵八閩未入版圖臣謬辱廷推駐防閩海同時有固辭粵西之役者蓋以其地最荒僻民少山多百蠻雜處諸孽環集底定難預期也臣自念受恩至渥必遠闢巖疆始敢仰首邸夙願故毅然以粵西爲請受命以來道過湖南伏莽蔓延六郡拮据一載咸與掃除乃進征粵西仰藉威靈所向克捷賊黨或竄或降雖土司猺獞古稱叛順靡常者亦漸次招徠受我戎索粵西底定臣生長北方與南荒煙瘴不習解衣自視刀箭瘢痕宛如刻劃風雨之夕骨痛痰湧一昏幾絕臣年邁子幼乞恩敕能臣受代俾臣得早覲天顏優游終老疏入得旨覽王奏悉知功苦但南疆未盡寧謐還須少留以俟大康五月有德率輕兵出河池向貴州留師柳州爲後援是時張獻忠將孫可望降於明窺伺楚粵有德請敕剿撫將軍續順公沈永忠駐沅州扼門戶時國安擢廣西提督馬雄爲左翼總兵全節爲右翼總兵分守南寧慶遠梧州未幾明將李定國馮雙禮自黎平出靖州馬進忠自鎭遠出沅州會於武岡永忠使乞援有德遣兵赴之至全州永忠已棄寶慶退保湘潭有德因還桂林七月定國自西延大埠取間道疾驅擊破全州軍薄桂林驅象攻城城兵寡定國晝夜環攻有德躬守陴矢中額仍指揮擊敵敵奪城北山俯攻有德令其孥以火殉遂自經妻白氏李氏皆死於火事聞謚有德武壯十一年六月有德女四貞以其喪還京師上命親王以下阿思哈尼哈番以上漢官尚書以下三品官以上郊迎賜白金四千官爲營葬立碑紀績尋復命建祠祀春秋以白氏李氏配有德子廷訓爲定國所掠越六年乃殺之及我師克桂林隨征總兵李茹春求得遺骼以其死事狀上聞命予卹四貞至京師賜白金萬視和碩格格食俸旋嫁有德部將孫龍子延齡延齡叛應吳三桂自有傳國安雄皆附延齡爲亂附見延齡傳節廣寧人在明官參將從有德降授甲喇額眞有德既克桂林以節爲右翼總兵克慶遠使節戍焉降宜山河池思恩荔浦諸縣九年七月有德遣兵援寶慶令節移屯梧州聞定國兵且至復令節移屯平樂節方至柳州定國已破桂林柳州副將鄭元勳等叛降定國謀襲節節間道走梧州與國安雄合軍定國來攻我師戰而敗節負重傷潰圍出乘舟至肇慶可喜遣水師助節乃還定梧州藤縣潯州十年正月復平樂劉雄守梧州而與國安共擊破明將陳經猷王應龍遂克桂林明將胡一青龍韜楊威以數萬人屯陽朔永福間節屢戰破之敍功加都督進三等精奇尼哈番移屯武宣平象州獲明將掌文有羅天舜十二年移屯荔浦時明宗室盛濃盛添明將李茂先龔瑞屯富川糾土寇王心將乾相等及猺獞爲亂跨湖南貴州界依山結寨爲可望定國聲援節與國安等迭遣兵擊之獲盛濃盛添諸猺獞百九十二寨皆下十五年上命國安征貴州奏請令節移屯柳州十六年復督兵討茂先瑞戰融縣獲茂先戰懷遠瑞降康熙元年改右翼總兵爲左江鎭總兵節以命節七年七月卒贈太子少保方定國破桂林也節妻溫氏率妾婢自經子成忠年十一被掠去及洪承疇定貴州得之降將趙三才所至是襲三等精奇尼哈番從有德降者又有李尙友徐元勳胡璉曹紹中孟應春皆受世職梅勒章京分隸正黃鑲黃二旗

耿仲明字雲臺遼東人初事明總兵毛文龍文龍死走登州依巡撫孫元化皆與孔有德俱元化以仲明爲中軍參將時總兵黃龍鎭皮島所部有李梅者仲明黨也通洋事覺龍繫之獄仲明弟都司仲裕在龍軍率部卒假索餉名圍龍廨擁之至演武場折股去耳鼻將殺之諸將爲救免龍乃執殺仲裕疏請罪仲明元化劾龍蝕餉致兵譁明莊烈帝命充爲事官而覈仲明主使狀會有德已叛還攻登州仲明遂糾諸將同籍遼東者爲內應城陷推有德爲帥受署置稱總兵官天津裨將孫應龍自夸與仲明兄弟善能令縛有德以降巡撫鄭宗周使將二千人自海道往仲明僞爲有德首給之開水城延使入猝斬之殲其衆得巨艦以爲舟師明師攻登州急天聰七年五月從仲明來降上禮遇優異授以總兵官號其兵曰天祐兵語並詳有德傳仲明侵漁所部所部愬於有德有德因劾仲明仲明引咎請以所部赴愬者移屬有德上敕獎有德令善撫之亦諭仲明善撫部下毋念舊惡即日並召入宮賜宴越數日又使賜羊酒且諭之曰朕聞諸漢官從爾等教場角射設筵饗爾等意爾等必欲相酬報爾等去家遠可即以此羊酒犒教場爲答宴也旋命與有德同駐遼陽崇德元年封仲明懷順王上屢出師伐明討朝鮮仲明皆從七年八月命隸正黃旗九月所部甲喇額眞石明雄訐仲明匿所獲松山杏山人戶有逃人被法仲明爲收瘞設祭復妄殺無辜鞫實罰仲明白金千兩八年十一月甲喇額眞宋國輔潘孝及明雄謀殺仲明仲明以聞鞫實斬國輔等籍其家畀仲明順治初從睿親王多爾袞入關復從豫親王多鐸西討李自成移師定江南三年有德爲平南大將軍帥師南征仲明等以所部從與明將楊國棟戰於牛皮灘大破之克衡州祁陽武岡諸郡縣獲明將劉肇基皆仲明功也六年改封靖南王賜金册金印仲明自降後屢出征伐恆與有德俱未嘗獨將是歲始與有德分道出師有德征廣西仲明與尙可喜征廣東仲明將舊兵二千五百新增兵七千五百合爲萬人以徐得功爲左翼總兵連得成爲右翼總兵師既行刑部奏論仲明部下梅勒章京陳紹宗等縱部卒匿逃人罪當死上因諭仲明察隨征將士攜逃人以往者械歸毋隱仲明察得三百餘人械歸上疏請罪吏議當奪爵上命寬之紹宗等亦貸死仲明未聞命十一月次吉安自經死子繼茂順治初授世職昂邦章京仲明死繼茂在軍中代領其衆請襲爵睿親王方攝政持不可繼茂從可喜俱南定廣東諸郡縣語見可喜傳八年世祖親政繼茂嗣爲王九年李定國陷桂林孔有德死事上聞報命定遠大將軍敬謹親王尼堪自湖南移師赴之敕可喜繼茂俟尼堪至合軍進攻而繼茂先已與可喜遣兵赴援復梧州及旁近諸郡十年潮州總兵郝尙久據城叛繼茂與靖南將軍喀喀木總兵吳六奇合軍討之圍城逾月城將王立功爲內應樹雲梯以登尙久入井死餘賊盡殲潮州及饒平揭陽澄海普寧諸縣悉平十一年二月命內翰林祕書院學士郎廷佐齎敕慰勞賜白金三千分賚將士是歲李定國徇高雷廉三府進犯新會繼茂可喜與靖南將軍珠瑪喇合軍進擊再戰皆捷定國還據南寧復出攻橫州繼茂自梧州帥師赴之解橫州圍進攻南寧定國走安隆獲明將李先芳斬裨將杜紀等十三年賜敕紀功增藩俸歲千金初繼茂與可喜攻下廣州怒其民力守盡殲其丁壯即城中駐兵牧馬營靖南平南二藩府東西相望繼茂尤汰侈廣徵材木採石高要七星巖工役無藝復創設市井私稅民咸苦之廣東左布政使胡章自山東赴官途中上疏言臣聞靖南王耿繼茂平南王尙可喜所部將士掠辱士紳婦女占居布政使官廨並擅署置官吏臣思古封建之制天子使吏治其國而納其貢稅焉不得暴彼民也二王以功受封宜仰體聖明憂民至意以安百姓乃所爲如是臣安敢畏威緘默乞敕二王還官廨釋俘虜繼茂奏辨可喜亦有疏自白章坐誣論絞上命貸死奪官逾年高要知縣楊雍建內遷給事中疏陳廣東濫役私稅諸大害謂一省不堪兩藩請量移他省朝議令繼茂移鎭桂林未行十六年三月上命移四川十七年七月改命移福建時明將鄭成功據金門窺伺閩浙繼茂既移鎭與總督李率泰協謀征剿康熙元年成功死子錦代領其軍上命繼茂相機剿撫繼茂疏報自順治十八年訖元年招降將吏二百九十兵四千三百三十四家口四百六十七其後成功弟世襲兄子纘緒及所置都督鄭賡先後出降復得將吏七百有奇兵七千六百有奇二年十月繼茂與率泰督兵渡海克廈門水師提督施琅以荷蘭夾板船來會乘勝取浯嶼金門二島錦與其將周全斌等走銅山復入犯雲霄陸鰲諸衞總兵王進功與戰大破之三年三月繼茂復與率泰及海澄公黃梧合軍自八尺門出海克銅山錦以數十舟走臺灣捷聞上嘉其功復增歲俸千金十年正月疏陳疾劇乞以長子精忠代治藩政上允其請五月卒謚忠敏精忠嗣爲王別有傳昭忠繼茂次子聚忠繼茂第三子順治間先後入侍世祖授昭忠一等精奇尼哈番以貝子蘇布圖女妻焉昭忠例得多羅額駙進秩視和碩額駙聚忠尙柔嘉公主爲和碩額駙同加太子少保旋又同進太子太保康熙十三年精忠叛昭忠聚忠率子姓請死繫於家待命逾年貰其罪復秩如故十四年命聚忠齎敕招精忠精忠拒不納十五年精忠降授昭忠鎭平將軍駐福州代精忠治藩政藩下參領徐鴻弼等訐精忠降後尙蓄逆謀昭忠具以聞並劾助逆曾養性等十餘人上以精忠在軍未即發十七年命昭忠以其祖父之喪還塋蓋平十九年召精忠詣京師昭忠聚忠疏劾精忠背恩爲亂違母周氏訓逼迫以死誣祖仲明與吳三桂在山海關時先有成約請予顯戮尋命聚忠詣福州議徙藩兵聚忠疏陳藩兵當盡徙稱旨命以精忠家屬還京師精忠既誅昭忠聚忠疏陳家屬衆多艱於養贍請如漢軍例披甲食糧下部議編五佐領隸漢

軍正黃旗二十五年昭忠卒諡勤僖二十六年聚忠卒諡毅敏

尚可喜遼東人父學禮明東江游擊戰沒樓子山明莊烈帝崇禎三年擢副總兵黃龍爲東江總兵官駐皮島可喜隸部下皮島兵亂龍不能制可喜率兵斬亂者事乃定後二年孔有德等叛明陷登州旅順副將陳有時廣鹿島副將毛承祿皆往從之龍遣可喜及金聲桓等撫定諸島有德黨高成友者據旅順斷關寧天津援師龍令游擊李維鸞偕可喜等擊走之卽移軍駐其地旋以可喜爲廣鹿島副將明年秋七月有德等從我師攻旅順龍兵敗自殺部將尚可義戰死蓋可喜兄弟行也明以沈世奎代龍爲總兵部校王庭瑞袁安邦等搆可喜誣以罪世奎檄可喜詣皮島可喜詗得其情遂還據廣鹿島天聰七年十月遣部校盧可用金玉奎謁上乞降上報使賜以貂皮並令車爾格等偵可喜蹤跡八年正月可喜舉兵略定長山石城二島行且至上命諸貝勒集滿洲蒙古諸臣諭曰廣鹿島尚副將攜民來歸非以我國衣食有餘也承天眷佑彼自來附八家貝勒已出粟四千石凡積粟之家當量出佐饟仍予以值二月命貝勒多爾袞薩哈廉往迓三月可喜至海州上降敕慰勞攻旅順時獲可喜戚屬二十七人至是命歸諸可喜四月可喜入朝上迎十里外拜天畢御黃幄可喜遙行五拜禮進至上前再拜抱上膝以見所部將士以次羅拜可喜跪進蟇上與宴賜蟒衣貂帽鞾玄狐裘雕鞍馬駝羊命諸貝勒以次設宴旋授可喜總兵官賜敕印可用玉奎皆爲甲喇章京號其軍曰天助兵命駐海州尋從伐明自宣化入邊略代州崇德元年四月封智順王十二月從伐朝鮮二年朝鮮降從貝勒碩託師師克皮島斬世奎師還賚蟒服黃白金可喜家僮許可喜私得人戶金帛牲畜法司以奏上曰此豈王自得必散於衆兵耳其勿問三年從伐明攻錦州屢攻下臺堡更番駐牧敵至輒擊敗之七年錦州下賜所俘及降戶可喜與有德等疏請以所部屬烏眞超哈分隸鑲藍旗八年從伐明取中後所前屯衛諸城順治元年從入關擊李自成追至慶都斬自成將谷可成等十月命從英親王阿濟格西討自成出邊自榆林趨綏德二年二月師次米脂自成兄子錦猶據延安用可喜議令諸軍分道進錦走克其城會豫親王多鐸已破潼關定西安上命可喜從英親王追擊自成分兵克鄧陽荊州襄陽諸郡降自成將王光恩苗時化等復與英親王合軍下九江聞自成竄死九宮山乃班師賜可喜緞朝衣一襲馬二還鎭海州三年八月授有德爲平南大將軍征湖廣命可喜率所部兵偕行師次湘潭明將黃朝宣以十三萬人屯燕子窩可喜與梅勒章京卓羅等自陸路進擊敗明將徐松節遂斬朝宣旣聞郝搖旗攻桂陽章京線國安等與戰郝搖旗敗走桂陽圍解湖南旣定師還與有德等同賜冠服金幣鞍馬六年五月改封平南王賜金冊金印旋命率舊兵二千三百新增兵七千七百合萬人與仲明同征廣東以許爾顯爲左翼總兵官班志富爲右翼總兵官仲明所部匿逃人事發因諭有德等檢校軍中得逃人悉送京師仲明懼罪自裁吏議可喜亦坐奪爵上命納白金四千以贖時明桂王駐肇慶兩廣尚爲明守是歲除夕可喜潛兵襲南雄城兵三千出西門迎戰擊敗之立雲梯以登明守將江起龍棄城走斬其部將楊級董洪信鄭國林等三十餘人兵六千有奇七年正月進克韶州明守將羅成耀開南雄破已先遁明桂王走梧州復進下英德淸遠從化諸縣明將吳六奇等迎降二月師薄廣州廣州城三面臨水李成棟之叛於城西築兩翼令傳城外爲礮臺水環其下成棟死信豐子元胤建捷代將元胤留肇慶建捷守廣州可喜令攻城阻水不能進乃鑿深壕築堅壘爲長圍困之建捷拒戰甚力暑雨鬱蒸我師弓矢皆解膠久相持不下元胤與明將陳邦傅等分道援廣州邦傅與杜永和等以萬餘人自淸遠赴戰可喜擊敗之獲裨將魏廷相等明水師總兵梁標相來降得戰船百五十助攻復招潮州守將郝尙久惠州守將黃應傑皆以其城降遣將士戍焉圍合十閱月永和部將范承恩助守廣州約內應決礮臺下水可喜令諸軍皆舍騎藉薪行淖中以濟遂得礮臺據城西樓堞發礮擊城西北隅城圮師畢登克廣州俘承恩等斬六千餘級逐餘衆迫海濱溺死者甚衆明將宋裕昆自肇慶率所部來降八年春可喜遣爾顯等收肇慶幷下羅定部將徐成功克高州梁標相叛遣兵討平之九年春正月可喜與繼茂帥師南下降明將蔡奎遂入廉州遣部將呂應學等攻克欽州戰於靈山獲元胤及明將袁勝周朝陳斬明益陽王明將上官星拱帥將下雷瓊永和及明西平王縛明將李明忠以降於是高雷廉瓊四府皆定七月李定國陷桂林有德死之梧州南寧平樂潯州橫州皆復爲明東略化州吳川可喜遣兵與有德部將提督線國安總兵馬雄全節合軍以進廣西諸郡縣以次收復十年八月可喜別遣兵克化州吳川十一年冬定國以萬餘人侵廣東擾高雷廉三府境深入陷高明分兵攻肇慶圍新會可喜與繼茂疏請發禁旅爲援上已先命珠瑪喇爲靖南將軍帥師援廣東可喜等師次三水遣兵援肇慶破定國兵於四會河口待珠瑪喇師至合軍擊定國戰於珊洲斬定國裨將一俘十餘人馘百五十餘進薄新會定國與其將吳子聖阻山而軍馬步兵分屯嶺隘可喜麾兵急擊奪徑以登斬獲甚衆定國走新會圍解可喜與繼茂督軍攻高明定國遣兵禦戰獲其將武君禧等三十餘人斬三百餘級得馬贏軍械無算可喜遣梅勒章京畢力克圖等逐定國戰於興業定國敗走復及於橫州江殲馬步兵甚衆獲象二定國度江焚橋引去廣東高雷廉三府廣西橫州諸州縣悉平十三年四月又克揭陽普寧澄海三縣閏五月賜敕紀功增歲俸千兩並賚貂裘鞍馬自是明桂王徙雲南定國等不復侵廣東數歲無兵事可喜與繼茂並開府廣州所部頗放恣爲民害自左布政胡章以論可喜等得罪無復言者十七年移繼茂福建可喜專鎭廣東廣東初定又以令徙瀕海居民民失業去爲盜有鄧耀者據龍門入掠雷陽又有蕭國隆與其徒洪彪周祥勞泰陳期新等分據恩平開平陽江陽春諸山寨掠廣州諸屬縣並及肇慶可喜先後遣兵討之耀走死斬彪祥泰期新及其徒千五百人國隆投水死又有周玉故蜑戶自號恢粵將軍糾船數百三帆八櫓衝浪若飛習水戰成功兵至輒助剽掠康熙二年可喜遣兵討之獲玉焚其舟四年碣石總兵蘇利叛可喜遣潮州總兵許龍以舟師進擊利出降玉餘黨譚琳高竄據東涌海島蜑戶黃明初等濟以米糧可喜遣部將佟養謨擊琳高舒雲護等捕明初皆就誅初可喜遣長子之信入侍十年十一月疏言有疾請令還廣東暫領軍事上允其請十二年二月遣侍衛古德米哈納使廣東勞軍齎御用貂帽團龍天馬裘藍蟒狐腋袍各一襲束帶一圍賜可喜三月可喜疏乞歸老海城諭曰王自航海歸誠效力累朝鎭守粵東宣勞歲久覽奏年已七十欲歸老遼東恭謹能知大體朕深嘉悅下議政王大臣及戶兵二部集議議盡撤所部移駐海城於是吳三桂耿精忠相繼上章乞撤藩上皆允其請分遣朝臣料量藩兵移徙具舟役芻糗戶部尚書梁淸標如廣東十一月三桂反命罷撤平南靖南二藩召淸標還十三年精忠及定南王孔有德婿孫延齡反應三桂三月可喜疏言延齡檄並舉三藩精忠復叛臣與精忠爲婚姻不能不踧踖於中臣叨忝王爵年已七十餘雖至愚豈肯向逆賊求富貴乎惟知矢志捐軀保固嶺南以表臣始終之誠上溫旨嘉獎並命與總督金光祖同心合力籌戰守四月潮州總兵劉進忠叛應三桂可喜遣次子都統之孝帥師討之疏言諸子中惟之孝端愼寬厚可繼臣職上卽命之孝襲王爵之孝辭可喜復疏言三桂遣兵二萬人屯黃沙河若與延齡兵合勢益猖獗請遣將令軍進討上授副都統根特平寇將軍自江西帥師赴廣東與可喜合軍進討並命兵部以各道進兵狀移告可喜五月上敕獎可喜忠貞並諭與光祖等策討延齡十月可喜討平廣州土寇李三官七上命廣東督撫提鎭俱聽可喜節制遴補將吏調遣兵馬均得便宜從事根特自長沙下廣西卒於軍上復授安親王岳樂爲定遠平寇大將軍率禁旅赴廣東三桂精忠方連兵寇江西安親王師至轉戰不能遽達十二月復命鎭南將軍尼雅翰率所部協守廣東十四年正月進封可喜平南親王以之孝襲爵並授平南大將軍廣東當寇衝盜賊並起博羅河源長寧增城從化諸縣先後告警可喜輒分兵剿定總兵張星耀等戰樂昌俘斬千餘副將李印香等戰碣石白沙湖諸處燬敵舟百餘皆下部敍功鄭錦自臺灣以兵攻海澄進圍漳州可喜疏聞復請發重兵策應尼雅翰亦言可喜年衰臣才短設有警慮不支上命前鋒統領覺羅舒恕自江西帥師援廣東旋代尼雅翰爲鎭南將軍先是之孝討進忠復程鄉大埔諸縣遂克潮州鄭錦遣其將劉國軒以萬人赴之勢復張之孝退保惠州叛將祖澤淸引延齡將馬雄三桂將王宏勳等入高州並陷雷廉二郡可喜疏言廣東十郡已失其四將軍舒恕總督金光祖退保肇慶事勢危急請敕安親王赴廣東辦賊上方責安親王定江西卽下長沙取三桂揚威大將軍簡親王喇布自江寧移師屯南昌遂命簡親王發兵應可喜師未至十五年正月錦攻陷漳州三桂兵逼肇慶可喜初請以長子之信襲爵繼惡之信酗酒嗜殺請更授次子之孝之信陰通三桂三桂兵日迫之孝與進忠相持上敕還廣州不時至二月之信發兵圍可喜第叛可喜臥疾不能制憤甚自經左右救之甦疾益甚十月卒可喜疾亟猶服太宗所賜朝衣遺令葬海城十六年之信降上敕部卹可喜諡曰敬及之信旣誅二十年五月之孝乞迎可喜喪歸葬九月喪至遣大臣覺羅塔達學士庫勒納侍衛敦柱至丁字沽親奠諭曰王素矢忠貞若人人盡能如王天下安得有事每念王懷誠事主至老彌篤朕甚悼焉可喜諸子之信自有傳之孝初授可喜藩下都統襲平南親王授平南大將軍帥師討劉進忠上敕還廣州未聞命之信叛脅之孝罷惠州軍之孝還廣州侍可喜疾及可喜卒從之信居廣州之信降遣之孝還京師上命以內大臣入直秩視一品食正一品俸之孝請自效授宣義將軍駐南昌

募兵詣簡親王軍聽調遣擊吳三桂軍吉安贛州間降其將林興隆王國贊等進次汀州復擊破其將楊一豹江機江西定召還京師留所募兵編入綠旗營之信誅上貸之孝毋連坐以內大臣入直如故二十二年奏乞守陵議政大臣等劾削職三十五年正月卒之隆可喜第七子官至領侍衞內大臣聖祖既誅之信命有司還可喜海城田宅置佐領二以其一爲可喜守墓從之隆請也

沈志祥遼東人毛文龍所部有沈世奎者本市儈倚女爲文龍妾橫行島中累遷副總兵及黃龍敗沒明以世奎代龍爲總兵官鎮東江時旅順已破尚可喜又以廣鹿島降世奎勢孤甚後三年太宗伐朝鮮因移師克皮島世奎戰敗率舟師走我師從之副總兵金日觀戰死登萊總兵陳洪範來援不敢進世奎亦戰死志祥其從子也時官副將收潰兵保石城島欲得世奎敕印監軍者靳弗予遂自稱總兵明發兵討之崇德二年九月太宗遣使齎書招志祥三年二月志祥遣所部將吳朝佐金光裕詣盛京上疏請降時上方出獵奎屯布喇克留守諸王與宴使貝勒杜度等轉粟迓志祥志祥自黃石島至安山城杜度等令駐沙河堡待命從志祥降者副將九參將八游擊十八都司三十一守備三十千總四十諸生二軍民二千五百有奇上獵還命學士胡球承政馬福塔等勞志祥且令於鐵嶺撫順自擇屯軍所志祥言願駐撫順畀以車騎令率所攜軍民往至復爲具屋宇庀服物俾得安處七月上聞志祥所攜軍民有亡去者遣學士羅碩等諭其衆曰爾曹航海來歸以朕能育爾曹也朕不能育爾曹任爾曹亡去未晚爾曹初至朕適出獵故未及加恩爾曹何去之速也朕蒙天眷朝鮮已平蒙古瓦爾喀諸部皆附惟明僅存倘天復垂佑以明畀我爾曹將安之爾曹雖逃爲諸邊邏卒所得不免於殺戮朕心實所不忍今後毋更逃有貧不能自給者朕爲撫育之志祥入謁上上御崇政殿受朝授志祥總兵官賚蟒衣涼帽玲瓏鞓帶貂猞猁猻狐豹裘各一襲撒袋弓矢雕鞍甲冑駝馬初宴禮部再宴宮中命諸貝勒各與宴及還鎮遣官送五里外復賜宴四年正月封續順公九月授志祥兄子永忠及所部許天寵等二十八人世職六年十月命率所部助圍錦州七年師還分賜俘獲旋與孔有德等合疏請以所部屬烏眞超哈志祥隸正白旗順治元年從入關逐李自成至慶都上至京師賜志祥等貂蟒朝衣十月上御皇極門宴凱旋諸王大臣志祥與焉復賜鞍馬三年授孔有德平南大將軍征湖廣志祥率所部從五年湖南定賜志祥黃金百白金二千尋卒無子永忠其兄子也襲爵五月有德及耿仲明尚可喜復分道出師征兩廣亦命永忠率部將總兵官許天寵郝效忠等徇湖南六年效忠遣參將馬如松將兵與孫可望戰於托口俘其將李應元等八年天寵及阿達哈哈番張彥宏護軍統領宋文科等擊敗明師獲明將席世賢等一百七人降牛萬才等二百五十六人兵一萬八千有奇可望等攻陷沅州效忠遣守備吳進功等分屯要隘爲備復親將兵攻下黎平屯四鄉所可望詗我兵寡驟以兵至效忠力戰馬蹶被執不屈死效忠遼東人明副將屬左良玉軍良玉死從其子夢庚來降隸漢軍正白旗授三等阿達哈哈番至是永忠以死事狀聞上命予䘏永忠退保湘潭敕令激勵將士相度險要以同心併力堅守疆土毋輕戰毋退縮旋聞桂林陷孔有德戰死復敕令留屯寶慶與總兵柯永盛合軍固守十年二月授永忠剿撫湖南將軍鎮湖南十一年孫可望兵入湖南沅靖武岡諸州皆陷進攻辰永永忠還軍長沙給事中魏裔介劾永忠手握重兵望風宵遁乞亟賜罷斥毋俾誤及封疆十二年議政王大臣議永忠喪師失地罪當斬來降有功免死奪爵上從其議十七年復命永忠爲挂印將軍鎮廣東康熙初命駐潮州旋卒瑞永忠子方永忠之黜也以從弟永興襲爵永興卒以瑞襲爵時瑞方八歲所部副都統鄧廣明駐潮州如故十三年潮州總兵官劉進忠叛應三桂瑞部兵與巷戰三日進忠引鄭錦兵入城執瑞廣明驅將卒家屬二千餘人徙福建置諸漳浦十六年復執瑞送臺灣康親王傑書師定福建疏言瑞所部及其孥無所統屬應令有地得以總集上命副都統張夢吉宋文科統其衆駐潮州同將軍賴塔等協守當給俸餉令督餉侍郎達都視舊例從厚夢吉等尋疏請送孥留京師傑書又請以所部分隸督撫提鎮而處其孥於山西諸省聖祖諭謂瑞及所部官兵素懷忠義特以衆寡不敵爲賊所脅令駐潮州如故錦得瑞爵以侯瑞不願附錦謀待我師至爲內應二十年十一月錦將朱友以瑞謀告錦錦遂幽瑞瑞及妻鄭皆自殺錦盡殺其孥臺灣平聖祖聞瑞死事狀下廷臣議求其族以瑞從姪沈熊昭襲爵

祖大壽字復宇遼東人仕明爲靖東營游擊經略熊廷弼奏獎忠勤諸將大壽與焉天啟初廣寧巡撫王化貞以爲中軍游擊廣寧破大壽走覺華島大學士孫承宗出督師以大壽佐參將金冠守島承宗用參政道袁崇煥議城寧遠令爲高廣大壽董其役方竟太祖師至穴地而攻大壽佐城守發巨砲傷數百人太祖攻不下偏師略覺華島斬冠殪士卒萬餘太宗即位伐明略寧遠崇煥令大壽將精兵四千人繞出我師後總兵滿桂尤世威等以兵來赴戰寧遠城下會溽暑我師移攻錦州不克遂引還明人謂之寧錦大捷明莊烈帝立用崇煥督師擢大壽前鋒總兵掛征遼前鋒將軍印駐錦州太宗嘗與大壽書議遣使弔明熹宗之喪且賀新君大壽答書拒之越二年太宗伐明薄明都崇煥率大壽入衞莊烈帝召見平臺慰勞令列營城東南拒戰崇煥中太宗間朝臣復論其引敵脅和莊烈帝意移復召入詰責縛下獄大壽在側股慄懼併誅出又聞滿桂爲武經略統寧遠將卒不肯受節制遂帥所部東走毀山海關出遠近大震莊烈帝取崇煥獄中書招之孫承宗亦使撫慰密令上章自列請立功贖崇煥罪大壽如其言莊烈帝優旨答之明年春我師克永平等四城太宗聞大壽族人居永平三十里村命往收之得大壽兄子一子二及其戚屬授宅居之以兵監焉師出塞貝勒阿敏等護諸將戍四城承宗令大壽與山西總兵馬世龍山東總兵楊肇基會師率副將祖大樂祖可法張弘謨劉天祿曹恭誠孟兆等攻灤州灤州下遂逼永平阿敏等棄四城引兵還大壽復駐錦州又明年七月大壽督兵城大凌河太宗策及其工未竟攻之自將渡遼河出廣寧大道貝勒德格類等率偏師出義州八月師至城下上曰攻城慮多傷士卒不若爲長圍困之城兵出我則與戰援師至我則迎擊乃分命諸貝勒諸將環城而軍冷格里當城北迤西達爾漢當城北迤東阿巴泰在其後覺羅塞勒當城正南莽古爾泰德格類在其後篇古當城南迤西濟爾哈朗在其後武納格當城南迤東喀克篤禮當城東迤北多鐸在其後伊爾登當城東迤南多爾袞在其後和碩圖當城西迤北代善在其後鄂本兌當城正西葉臣當城西迤南岳託在其後諸蒙古貝勒各率所部彌其隙佟養性率烏眞超哈載砲跨錦州大道而營諸將各就分地周城爲濠深廣各丈許濠外爲牆高丈許施睥睨距牆內五丈又爲濠廣五尺深七尺五寸營外又各爲濠深廣皆五尺上陟城南岡顧謂降將麻登雲黑雲龍曰明善射精兵盡在此城內兵強弱朕所素悉登雲對曰此城之兵猶槍之有鋒鋒挫柄存亦復何濟上命射書城中招蒙古兵出降諸將攻撫城外諸臺堡以次悉下城兵出樵採輒爲我軍擒馘圍合十餘日上以書諭大壽言願與明媾和大壽置不報明援師自松山至阿山勞薩圖魯什擊敗之自錦州至貝勒阿濟格等擊敗之九月遼東巡撫邱禾嘉總兵官吳襄宋偉合軍七千人赴援上親率貝勒多鐸及圖魯什等以巴牙喇兵二百渡小凌河乘銳擊破之圍合已月餘上度大壽必期援師至出城兵夾攻乃令厮卒去城十里所發砲樹幟驟馬揚塵若爲援兵自錦州至者而親率巴牙喇兵入山爲伏大壽果以城兵出攻城西南隅臺篇古葉臣及蒙古諸貝勒督所部禦戰上親率巴牙喇兵自山上騰躍下大壽知墜計急收兵入城死傷百餘人自是閉城不復出越數日明監軍道張春及襄偉等合馬步兵四萬來援渡小凌河爲嚴陳徐進上與貝勒代善等以二萬人禦之上率兩翼騎兵直入敵營發矢射明軍明軍發槍砲上督騎兵縱橫馳突矢雨集明軍遂敗襄先奔佟養性屯敵營東發砲黑雲起天際風從西來明軍縱火勢甚熾將逼我陳忽驟雨反風向明軍明軍益亂右翼兵入春營逐北三十餘里獲春及副將張弘謨楊華徵薛大湖參將姜新等三十三人斬副將張吉甫滿庫王之敬襄等皆遁走十月上復使招大壽並命弘謨等各以己意爲書勸降大壽率將吏見使者城外曰我寧死於此不能降也上復與大壽書諭降許以不殺旋有王世龍者越城出降言城中糧竭商賈諸雜役多死存者人相食馬斃殆盡參將王景又以于子章臺降我師克傍城諸堡收糗糧芻壕壘大壽欲突圍不得出上復遣姜新招大壽大壽見新於城外遣游擊韓棟與新偕還棟怵我師嚴整歸以白大壽大壽始決降遂令其子可法出質要石廷柱往議上遣庫爾纏龍什寧完我與廷柱偕廷柱度壕見大壽大壽曰人安得不死今不能忠於國亦欲全身保妻子耳我妻子在錦州上將以何策俾我得與妻子相見耶上復令廷柱與達海往諭即令大壽爲計大壽遣其中軍副將施大勇來言降後欲率從者詐逃入錦州伺隙以城獻是時大凌河諸將皆願降獨副將何可綱不從大壽乃令掖以出城殺之大壽使以誓書至上率諸貝勒誓曰明總兵官祖大壽副將劉天祿張存仁祖澤洪祖澤潤祖可法曹恭誠韓大勳孫定遼裴國珍陳邦選李雲鄧長春劉毓英竇承武參將游擊吳良弼高光輝劉士英盛忠祖澤遠胡宏先祖克勇祖邦武施大勇夏得勝李一忠劉良臣張可範蕭永祚韓棟段學孔張廉吳奉成方一元塗應乾陳變武方獻可劉武元楊名世等今以大凌河城降凡此將吏兵民或誅夷將吏兵民亦罔或詐虞有違此盟天必譴之誓畢上使龍什告大壽大壽即日出謁上與語良久定取錦州策以御服黑狐帽貂裘金玲瓏鞓帶緞韡雕鞍白馬賜之次日命貝勒阿巴泰等將四千人爲漢裝從大壽取錦州會大霧不果行又次日爲十一月朔大壽以從子澤遠及從者二十

六人入錦州石廷柱庫爾纏送之夜渡小凌河徒步去上令大凌河將吏兵民薙髮歛軍中餘粟分賚之方大凌河築城時軍士工役商賈都三萬餘人至是僅存萬一千六百八十二人馬三十有二後數日大壽自錦州傳語諸裨將前日行倉猝從者少撫按防禦嚴客軍衆未得即舉事又遣使以告上上報以書誡毋忘前約命墮大凌河城引師還至瀋陽命達海傳諭慰諸降將大壽諸子孫賜宅以居厚撫之用貝勒岳託議將以雪遼東永平多殺謗也大壽初入錦州詭言突圍出遼東巡撫邱禾嘉知其納欵狀密聞於朝莊烈帝欲羈縻之因爲用置勿問惟以蒙古將桑噶爾寨等赴援戰不力敗又先奔令大壽誅之桑噶爾寨等將執大壽來降大壽與之盟乃定莊烈帝召大壽入朝使三至辭不往上自大凌河師還略宣府克旅順居二年遣阿山譚泰圖爾格先後徇錦州又明年上使貝勒多鐸師攻錦州多鐸令阿山石廷柱圖賴吳拜耶球察哈喇等以四百人前驅大壽令副將劉應選穆祿吳三桂參將桑噶爾寨張國忠王命世支明顯將二千七百人出禦松山城守副將劉成功趙國志率八百人來會阿山等與遇大凌河西多鐸引後軍自山下塵起敵天應選等軍潰殲五百人獲游擊曹得功等得馬二百餘甲冑無算多鐸旋引軍還又明年改元崇德行封賞授澤潤三等昂邦章京澤洪可法一等梅勒章京予世襲敕書設都察院六部滿漢蒙古各置承政漢承政皆授諸降將可法張存仁都察院澤洪吏部韓大勳戶部姜新禮部澤潤兵部李雲刑部裴國珍工部三年更定部院官制但置滿承政諸降將改授左右參政並以鄧長春代大勳陳邦選代新是時上北撫喀爾喀南定朝鮮敕大壽使密陳進兵策大壽不報三年十月上自將伐明率鄭親王濟爾哈朗豫親王多鐸出寧遠錦州大道睿親王多爾袞爲左翼自青山關入貝勒岳託爲右翼自牆子嶺入大壽方屯中後所以兵襲多鐸土默特之衆先奔多鐸師敗績次日與濟爾哈朗合兵出大壽歛兵不復戰上親率師至中後所使諭大壽曰自大凌河別後今已數載朕不憚辛苦而來冀與將軍相見至於去留終不相强襲則釋之今乃誘而留之何以取信於天下乎將軍雖屢與我兵相角爲將固應爾朕絕不以此介意將軍勿自疑次日又縱俘齎敕往曰曩大凌河釋汝朕之諸臣每謂朕昧於知人今將軍宜出城相見若懷疑懼朕與將軍可各將親信一二人於中途面語朕欲相見者蓋爲朕解嘲亦使將軍子姪及大凌河諸將吏謂將軍能踐言也大壽終不敢出石廷柱馬光遠孔有德等攻克旁近諸臺堡上乃命還師左右翼深入師大捷四年二月上復自將伐明以武英郡王阿濟格爲前鋒親督軍圍松山分兵攻連山塔山杏山明莊烈帝方召大壽入援大壽甫行我師至乃還守寧遠時澤遠守杏山大壽遣部將三兵九百自水道赴援半入城我噶什布賢兵躡其後縱擊得舟一殺五十人上遣使至錦州諭大壽妻令以利害導大壽來降大壽遣蒙漢兵各三百授祖克勇及副將楊震徐昌永等取道邊外趨錦州至烏欣河口阿爾薩蘭以滿蒙兵一百六十戍焉與戰獲震斬級八十四得馬百五十克勇等依山爲寨上親督巴牙喇兵破其寨斬昌永獲克勇斬級三百十一得馬四百十一我兵攻松山不克會左右翼師還上命罷攻還盛京大壽復入錦州是歲屢出師略錦州寧遠松山杏山皆未竟攻得俘獲即引退五年三月命鄭親王濟爾哈朗貝勒多鐸率師屯田義州五月上幸義州視師蒙古蘇班代等牧杏山城西使請降上命濟爾哈朗等率巴牙喇兵千五百人往迓大壽偵我師寡令游擊戴明與松山總兵吳三桂杏山總兵劉周智合兵七千人邀擊濟爾哈朗引退以致敵還擊大敗之上親閱錦州城攻城東五里臺城北晒馬臺皆下刈其禾而還上命多爾袞濟爾哈朗等將兵更番攻錦州六年三月濟爾哈朗令諸軍環城而營大壽令蒙古守陴邏卒至城下蒙古兵自城上呼與語曰我城中積粟可支二三年爾曹爲長圍豈遂足困我乎邏卒曰我師圍不解自二三年至四五年爾曹復何取食蒙古兵聞之皆懼貝勒諸木齊等遂遣使約降啟郭東門納我師及期大壽聞變以兵出子城蒙古兵與戰我師逼城外蒙古兵乘繩援以登吹角夾攻大壽退保子城我師入其郛得裨將十餘及蒙漢民男婦五千三百六十七人明援兵自杏山至濟爾哈朗爲二覆敗明兵斬級一百七十俘四千三百七十四人得馬百十六甲七十六五月洪承疇督軍來援六月多爾袞番代上遣學士羅碩以澤潤等書招大壽七月上自將破明師降承疇語見承疇傳大壽弟總兵大樂游擊大名大成從承疇軍被獲上命釋大成縱之入錦州大壽使詣軍言得見大樂當降既令相見大壽再使請盟濟爾哈朗怒曰城旦夕可下安用盟爲趣攻之大壽乃遣澤遠及其中軍葛勳詣我師引罪翌日大壽率將吏出降即日諸固山額眞率兵入城實崇德七年三月初八日也上聞捷使濟爾哈朗多爾袞慰諭大壽並令招杏山塔山二城降濟爾哈朗多爾袞帥師駐焉阿濟格阿達禮等以大壽等還上御崇政殿召見大壽謝死罪上曰爾背我爲爾主爲爾妻子宗族耳朕嘗語內院諸臣謂祖大壽必不能死後且復降然朕決不加誅往事已畢自後能竭力事朕則善矣又諭澤遠曰爾不復來歸視大壽耳曩朕莅視杏山爾明知爲朕而特舉礮豈非背恩爾舉礮能傷幾人耶朕見人過即爲明言不復省念大壽且無責爾復何誅爾年方少壯努力戰陣可已澤遠感激泣下六月烏眞超哈分設八旗以澤潤爲正黃旗固山額眞可法澤洪國珍澤遠爲正黃正紅鑲藍鑲白諸旗梅勒額眞大凌河諸降將初但領部院至是始以典軍大壽隸正黃旗命仍爲總兵上遇之厚賜賚優渥存仁上言大壽悔盟負約勞窮來歸即欲生之待以不殺足矣勿宜復任使降將顧用極且謂其反覆慮蹈大凌河故轍上方欲寵大壽風明諸邊將使大壽書招明寧遠總兵吳三桂三桂大壽甥也答書不從大壽因疏請發兵取中後所收三桂家族八年十月濟爾哈朗帥師伐明克中後所幷取前屯衛中前所明年世祖定鼎京師大壽從入關子澤溥在明官左都督至是亦降十三年大壽卒大壽初未有子撫從子澤潤爲後其後舉三子澤溥澤洪澤清澤清叛應吳三桂語見三桂傳澤潤初授三等昂邦章京順治中以從征叛將姜瓖並遇恩詔進一等精奇尼哈番又一拖沙喇哈番從阿爾津帥師鎭湖南卒於軍乾隆初定封二等子兼一雲騎尉澤溥初降授一等侍衛累遷福建總督乞休卒澤洪分隸鑲黃旗順治元年改參政爲侍郎澤洪仍任吏部入關追擊李自成斬其將陳永福克太原復擊敗叛將賀珍姜瓖敘功並遇恩詔累進一等精奇尼哈番兼授內弘文院學士以疾解任卒子良璧襲爵授參領兼佐領從裕親王福全征噶爾丹擢西安副都統復從撫遠大將軍費揚古出西路討噶爾丹駐翁吉悖饑噶爾丹從子丹濟拉襲翁吉良璧擊之敗走遷福州將軍署福州總督卒乾隆初定封一等男兼一雲騎尉可法大壽養子初質於我師及降授副將隸正黃旗順治初從入關擊走李自成命以右都督充河南衛輝總兵自成兵掠濟源懷慶總兵金玉和戰死可法赴援力戰自成兵乃引去進都督充鎭守湖廣總兵駐武昌以疾解任卒謚順僖澤遠順治間積功並遇恩詔授世職一等阿達哈哈番累遷湖廣總督加太子太保京察左遷壽卒

論曰有德仲明毛文龍部曲可喜東江偏將志祥又文龍部曲之餘也文龍不死諸人者非明邊將之良歟大壽大凌河既敗錦州復守相持至十年明兵能力援殘疆可盡守也太宗撫有德等恩紀周至終收績效其於大壽不惟不加罪並謂其能久守者讀書明理之效推誠以得人節善以勵衆其諸爲興王之度也歟

清史稿　　列傳二十二

圖賴　　準塔

伊爾德　　努山

阿濟格尼堪　　佟圖賴

圖賴費英東第七子也初隸廂黃旗後與兄納蓋弟蘇完顏改屬正黃旗天聰元年太宗伐明略寧遠二年伐察哈爾圖賴皆從三年復伐明薄明都明大同總兵滿桂入援屯德勝門圖賴與戰所殺傷甚衆師還授世職備禦四年從貝勒阿敏守永平明兵救灤州阿敏遣巴都禮赴援圖賴及梅勒額眞阿山皆在行及阿敏棄永平出邊明將率步卒百人追擊圖賴以十六人殿還戰盡殲之進世職游擊五年上伐明圍大凌河城命巴牙喇纛章京揚善鞏阿岱等駐軍壕外待敵度壕即與戰而令圖賴與南褚哈克薩哈當兩旗間衛樵採城兵出挑戰圖賴銳入陳達爾漢以所部繼貝勒多爾袞亦督兵進我師薄壕舍騎步戰敵阻壕與城上兵爭發礮矢師退副將穆克譚屯布祿備禦多貝戈里等皆戰死圖賴亦被創上怒曰圖賴輕進諸軍從之入朕弟亦衝鋒而進有不測將磔爾等食之敵如狐處穴更將焉往朕兵天所授皇考所遺欲善用之勿使勞苦穆克譚我舊臣死非其地豈不可惜因誡諸臣毋視圖賴創揚古利鞏阿岱偕往存問上復切責之明監軍道張春等以四萬人來援次長山上率諸貝勒禦之圖賴當右翼躍馬突陳敵潰走遂獲其師七年從攻旅順口八年從伐明徇大同攻朔州拔靈邱進世職二等旋追論攻朔州時越界出略又不赴期會地奪俘獲入官九年授巴牙喇纛章京從貝勒多鐸等伐明多鐸既入廣寧令圖賴與固山額眞阿山等以四百人爲前鋒向錦州擊殺明將劉應選破其軍師還以功得優賚崇德元年授議政大臣三年上命睿親王多爾袞貝勒岳託率師分道伐明圖賴從岳託爲前驅踰牆子嶺入邊克十一臺遂南略山東明將以八千人拒戰蒙古阿藍泰旁卻圖賴方督所部馳擊敵百騎突至圖賴搏戰陷堅敵敗去明大學士劉宇亮綴我師而北至通州圖賴與固山額眞譚泰擊破之拔四城進三等梅勒章京六年從鄭親王濟爾哈朗等伐明圍錦州明

總兵祖大壽爲明守蒙古吳巴什諸木齊等謀內應事洩大壽以兵攻吳巴什等圖賴入其郛力戰援諸木齊出先後破杏山松山援兵遂督烏眞超哈拔塔山杏山二城進一等梅勒章京師還追論攻錦州時巴牙喇兵有怯退者圖賴當罰鍰上命寬之八年從伐明拔中後所前屯衞進三等昂邦章京順治元年從睿親王多爾袞師師伐明明將吳三桂迎師四月戊寅師距山海關十里李自成遣其將唐通率數百騎出關是夕遇於一片石圖賴督巴牙喇兵與戰通敗走己卯入關從大軍擊破自成自成還京師西遁圖賴復從諸軍追擊敗之於慶都二年敘功超授三等公時圖賴方從定國大將軍豫親王多鐸西討自成豫親王師自懷慶而南圖賴至孟津率精兵渡河明守將黃士欣等皆走降瀕河寨堡十五明總兵許定國等以所部來附進薄潼關自成將劉宗敏據山爲陳拒我師噶布什賢章京努山鄂碩等率兵向敵敵迎戰圖賴率百四十騎直前掩殺一以當百俘馘過半是歲正月自成將劉芳亮以千餘人出關覘我師圖賴與阿濟格尼堪等令正黃正紅廂白廂紅廂藍等五旗各牛彔出巴牙喇兵率以擊敵大敗之自成悶敗親率馬步兵拒戰又徵廂黃正藍正白三旗兵相助賊連夕攻我壘皆敗走遂破潼關陝西既定豫親王移師下江南四月至揚州令圖賴與拜音圖阿山等攻之克其城執明大學士史可法殺之進攻明南京復令圖賴與拜音圖阿山率舟師列江西岸助攻南京既下從貝勒尼堪等逐明福王至蕪湖福王登舟將渡江圖賴扼江斷渡明將田雄馬得功以福王降師還圖賴上書攝政睿親王略言圖賴昔年事太宗王之所知也今圖賴事上亦猶昔事太宗時不避諸王貝勒嫌怨見有異心不爲容默大臣以下牛彔章京以上亦不爲隱惡圖賴誓於天必盡忠事上圖賴有過失王若不言恐不免於罪戾王幸毋姑息不我教誡也初圖賴在軍固山額眞譚泰方從英親王阿濟格西征遣使告圖賴曰我軍道迂險故後至請留南京昇我軍取之圖賴以其語告豫親王別作書遣塞爾特報索尼將使索尼啓攝政王塞爾特以書示牛彔希思翰希思翰慮書達譚泰且得罪令沉諸河圖賴至京師繫塞爾特索前書塞爾特詭言已達索尼事聞於攝政王三年正月下諸大臣鞫勘將罪索尼攝政王親鞫塞爾特始自承沉書狀攝政王坐午門議譚泰罪三日猶未決圖賴詰王語甚厲攝政王怒曰爾亦過妄矣曩逐流賊至慶都議分道進兵因諸將爭先爾讓肅豫英諸親王不顧而唾今又以語淩我似此怒色疾聲將逞威於誰乎予與諸王非先帝子弟乎語畢遂還邸諸王因執圖賴將罪之王復返曰圖賴雖聲色過厲然非退有後言者且爲我矢勤効忠無他咎也命解其縛獄既定侍衞阿里馬私謂圖賴庇索尼圖賴以告攝政王王令捕阿里馬及其二弟索泥岱鎖寧阿里馬故驍勇與索泥岱拔刀力拒皆殺之而釋鎖寧阿尋授本旗固山額眞二月以貝勒博洛爲征南大將軍圖賴副之師徇浙江福建五月論破流賊及定河南江南功進圖賴一等公是月師至杭州明魯王駐紹興其將方國安等屯錢塘江東岸綿亘二百里艤舟拒我軍我軍舟未具會潮落沙漲圖賴率諸將士策馬自上流遲渡江廣十餘里人馬無溺者國安望見驚棄戰艦走還紹興將刦魯王以降魯王走台州圖賴師從之獲其將武景科等進克金華殺明督師大學士朱大典七月復進克衢州殺明蜀王盛濃及明將吳凱項鳴斯等浙江平八月博洛令諸軍分道入福建圖賴自衢州出仙霞關擊破明大學士黃鳴駿等師度嶺克浦城分遣署巴牙喇纛章京杜爾德噶布什賢章京拜尹岱等攻克建寧延平諸府明唐王自延平走汀州復遣巴牙喇纛章京阿濟格尼堪杜爾德等師師追擊克其城執唐王及其宗室諸王送福州明將姜正希以二萬人夜襲汀州已登陴我軍出禦擊殺過半別軍自廣信出分水關克崇安共撫定興化漳州泉州諸府福建平師還至金華圖賴卒於軍子輝塞襲爵貝子屯齊等訐鄭親王濟爾哈朗因及圖賴嘗謀立肅親王豪格及上卽位復附和鄭親王輝塞坐奪爵八年上親政念圖賴舊功命配享太廟諡昭勳立碑紀績輝塞復襲爵雍正九年三月定封一等雄勇公

準塔滿洲正白旗人扈爾漢第四子也天聰間授世職牛彔章京官甲喇額眞嘗與鰲拜共率師略明錦州復與勞薩共率師迎護察哈爾來降諸宰桑崇德二年四月從武英郡王阿濟格攻明皮島敵守堅阿濟格集諸將問策準塔與鰲拜對曰我二人誓必克之不克不復見王遂先衆連舟渡海舉火招諸軍敵倚堡爲陳以拒與鰲拜犯矢石力戰卒取其島論功進世職三等梅勒章京襲十二次賜號巴圖魯敕增紀其績三年八月授蒙古固山額眞九月從揚武大將軍貝勒岳託等伐明攻密雲牆子嶺準塔先據嶺導諸軍毀邊牆以入擊敗明太監馮永盛總兵侯世祿等又與武賴敗三屯營援兵復進戰於董家口破敵行略地克城二師還進世職二等梅勒章京六年二月從睿親王多爾袞攻錦州以阿王指遣士卒歸又離城遠駐議罪當奪官籍沒上命罰鍰以贖八月上自將攻錦州九月還盛京命準塔從貝勒杜度等爲長圍困之七年三月錦州既下上命貝勒阿巴泰率師留戍旋令準塔與固山額眞葉臣等番代先是圍錦州時城兵出犯廂黃旗汛地巴牙喇兵退入壕內王貝勒等袒不舉準塔坐阿附議罪當罰鍰上命貸之十月從阿巴泰圖爾格師伐明略山東與葉克書等分兵攻孟家臺不克士卒有死者準塔又妄稱嘗陷陳師還議罪奪巴圖魯號降世職一等甲喇章京仍罰鍰十二月復命鎭錦州順治元年從睿親王多爾袞入關擊李自成遂至慶都大破之又與譚泰等率噶布什賢兵逐至眞定又破之自成焚輜重倉皇西走於是京師以北居庸關內外諸城堡及畿南諸州縣悉定論功復三等梅勒章京二年正月以饒餘郡王阿巴泰爲帥準塔將左翼譚布將右翼師師徇山東二月聞明福王遣兵渡河阿巴泰令準塔等迎戰明兵方攻沛縣李家樓馬步二十餘屯徐州距城十五里準塔師破其壘斬其將六明兵赴河死者無算遂克徐州五月復自徐州南下明總兵劉澤清遣其將高佑以舟師攻宿遷擊破之進次清河縣黃河自西來至縣境淮水及清河皆入焉澤清遣其將馬化豹張忠義等將兵四萬舟千餘據三水交匯處連營十里準塔遣梅勒章京康喀賴游擊范炳吉天相等率兵渡清河結營相拒發礮擊敵舟復遣都司楚進功將步兵六百人屯黃河北岸鳴礮相應又分其兵爲二一出清紅上游一隔水擊破明馬步軍兵復合逐入淮安界斬其將三師次清江浦澤清引去明將吏柏永馥范鳴珂出降遂克淮安明新昌王入海據雲臺山糾衆陷興化準塔遣將擊斬之通州如皐泰興諸城皆下鳳陽廬州亦降凡降明將吏二百十三得舟五百餘馬九百餘橐駝二十五礮一百二十捷聞進準塔三等昂邦章京復巴圖魯號命以固山額眞鎭守廬鳳淮陽諸處準塔師師巡行諸州縣安撫居民設置官吏江淮間悉定澤清尋亦以所部降三年正月從肅親王豪格師師徇陝西時叛將賀珍據漢中武大定石國璽等分屯徽階諸州遙與相應豪格師自西安向漢中珍走西鄉七月令準塔與貝子滿達海等攻大定國璽等大定國璽等以其衆七百人降十一月豪格擊張獻忠於西充準塔指揮諸軍合戰俘馘甚衆四年八月復與貝勒尼堪貝子滿達海等分兵下遵義夔州茂州榮昌富順內江資陽諸郡縣四川平師還尋卒論功進世職一等精奇尼哈番十二年追諡襄毅立碑紀績準塔無子弟阿拉密襲遇恩詔進三等伯康熙中準塔兄子舒書降襲一等精奇尼哈番乾隆初定封一等子

伊爾德滿洲正黃旗人揚古利族姪也天聰三年從揚古利率師入明邊略錦州甯遠既復從攻北京師還敗山海關援兵於灤州出塞爲前驅斬明兵守隘者五年從上圍大凌河城城兵突出伊爾德銜鋒殺敵逐敵迫壕乃引還敵騎挾弓矢將犯御營伊爾德馳斬之秋復略前屯衞將十五人捕敵軍邏卒值別將噶思哈爲敵困奮擊援之出積功授世職備禦尋擢巴牙喇纛章京崇德二年從貝勒阿巴泰築都爾弼城將巴牙喇兵四百人護工役五年從圍錦州敵出戰伊爾德領纛追擊敗之督屯田錦州松山間明人縱牧於野伊爾德設伏烏欣河驅其牲畜以歸敵襲我軍後伊爾德還擊斬獲無算超進世職三等梅勒章京屢坐事當削世職命罰鍰以贖七年復從圍錦州明兵來奪礮擊敗之進一等順治元年命駐防錦州二年加半箇前程世祖召伊爾德命從豫親王多鐸南征與尚書宗室譚岱等將蒙古兵自南陽下歸德招撫甚衆至揚州獲戰艦百餘渡江先驅破南京明福王由崧走蕪湖與固山額眞阿哈尼堪等追擊敗明將黃得功三年進世職一等昂邦章京六年偕大將軍譚泰討叛將金聲桓下南昌誅聲桓師進叛將李成棟陷信豐攻克之成棟夜遁馬蹶溺水死分兵定撫州建昌破其將楊奇盛江西悉平師還復移勦保定土寇論功進世職一等精奇尼哈番八年巴牙喇纛章京鼇拜訐伊爾德值上幸內苑擅令門直員役吏番私減守門護軍額數又嫉忌鰲拜等鞫實論死上貸之命降世職一級罰鍰以贖尋授本旗固山額眞九年三遇恩詔累進一等伯兼拖沙喇哈番從敬謹親王尼堪征湖南師敗績王沒於陳十一年師還論罪奪職籍沒初明魯王以海與其將阮進等據舟山以海走入海至是其將陳六御阮思等復據舟山爲寇十二年上授伊爾德甯海大將軍率師討之六御等遣所置總兵王長樹毛光祚沈爾序等登陸掠大嵐山伊爾德遣巴牙喇纛額眞車爾布梅勒額眞碩祿古總兵張承恩引兵趨夏關抵斗門連擊敗之斬長樹等而自率師攻甯波乘舟趨定海分三道並進六御等列舟望江口山下以待伊爾德揮衆進擊敗之追至衡水洋斬六御等遂取舟山十四年師還上命貝勒杜蘭等郊勞復世職論功進一等伯十五年從信郡王多尼南征自貴陽至盤江擊斬明將進克雲南十八年卒於軍諡襄敏孫巴琿岱襲自散秩大臣遷正黃旗滿洲都統夏逢龍之亂出爲荊州將軍聖祖征噶爾丹參贊大將軍馬斯喀軍務

卒諡恪恭子馬哈達降二等伯世襲乾隆中加封號宣義

努山扎庫塔氏世居鄂里父塔克都歸太祖太祖命籍其衆為牛彔以其長子瑚什屯為牛彔額眞旗制定隸滿洲正黃旗積功授世職游擊卒無子以努山子渾岱為後襲職而努山代為牛彔額眞從征伐輒先驅覘敵有功授噶布什賢章京太宗嘉其能以瑚什屯世職改命努山諭曰弟之子不若弟親也時為天聰八年五月尋從伐明攻大同努山與甲喇額眞席特庫納海執邏卒以獻崇德元年率甲士行邊至冷口遇明邏卒十四斬三人俘一人獲馬十餘三年從貝勒岳託伐明將入邊遇明兵斬四十人俘三人發明兵所置火藥度牆子嶺明總兵吳阿衡將六千人迎戰擊之敗與噶布什賢噶喇依昂邦勞薩逐明兵獲馬數十及攻具薄明都破明兵為伏者而自設伏道側挑明太監高起潛戰伏起夾擊多所俘馘即夕起潛襲噶布什賢兵努山與席特庫及甲喇額眞鄂克台兵戰起潛兵敗走逐北迫會通河明兵多入水死遂次涿州分道從睿親王多爾袞徇山東克濟南師還出塞復與勞薩共敗明兵六年七月與侍衛穆章等詗敵董家口喜峯口遇明兵斬百餘人俘四人從圍錦州是時上自將駐軍松山杏山道中明兵擊噶布什賢兵努山力戰斬五十二人獲馬三十明總督洪承疇出戰努山與勞薩等陳而前戰良久王貝勒等各以所部合戰大破明兵十月擢噶布什賢噶喇依昂邦是時武英郡王阿濟格駐軍杏山河岸上命努山濟師敵騎千自寧遠至猝與努山値鏖潰努山逐之至連山斬二十人獲馬三十有二七年三月與噶布什賢噶喇依昂邦吳拜共略寧遠敵騎五十自中後所至率噶布什賢兵縱擊明兵四百人來援并擊敗之薄寧遠守者背城陣努山等與戰俘二十三人進世職二等甲喇章京八年上以貝勒阿巴泰等略山東未還命努山率甲喇額眞四侍衛四兵九十至界口嶺詗師行距邊遠近遇明兵斬守備一兵三百餘俘數十人獲馬贏二百餘八月與巴牙喇纛章京阿濟格尼堪帥師戍錦州順治元年世祖既定鼎命努山將左翼噶布什賢兵從豫親王多鐸西討李自成自成兵出潼關拒戰努山自間道劘其壘斬殺過半自成兵潰走二年移師定河南下揚州克明南京明福王由崧走蕪湖努山與諸將以師從之得福王以歸三年從貝勒博洛徇浙江明總兵方國安屯錢塘江東岸以舟師出戰努山從固山額眞圖賴自上游渡擊國安敗之盡得其舟進略福建擊斬明巡撫楊廷清李暄芳時巴牙喇纛章京都爾德等攻下建寧延平諸府明唐王聿鍵走汀州努山馳七晝夜追及之唐王入城守令銳卒以巨木撞其門後軍繼至遂克之五年從鄭親王濟爾哈朗定湖廣明桂王由榔據廣西其總督何騰蛟總兵王進才馬進忠袁宗第等分屯湖南諸郡邑六年正月努山至長沙時席特庫亦遷噶布什賢噶喇依昂邦將右翼噶布什賢兵共簡精銳攻湘潭與固山額眞阿濟格尼堪等破北門入騰蛟死之四月兵部尚書阿哈尼堪等徇寶慶未至七十里進才進忠合軍出禦努山令所部舍騎步戰明兵敗薄城東門進才等棄城走逐之至武岡殲進忠所將步兵三千破進才及宗第等寨十餘分克沅州靖州再進克全州斬明閣部楊鰲及副將以下四十餘累進二等阿思哈尼哈番十三年擢內大臣十五年卒

阿濟格尼堪滿洲正白旗人達音布子達音布戰死長子阿哈尼堪襲三等甲喇章京旋卒阿濟格尼堪繼襲授甲喇額眞從太宗伐察哈爾自大同入明境與雅賴共擊敗明兵於崞縣崇德元年從太宗伐朝鮮擊敗明甯遠守邊兵三年從貝勒岳託伐明擊破總兵侯世祿得其印及騎四年擢巴牙喇纛章京從肅親王豪格攻錦州設伏於連山俘五人獲馬七六年從鄭親王濟爾哈朗攻錦州以七十人爲伏敗敵進攻杏山領纛直入敵壘敵大潰時錦州有蒙古諸木齊等願降明總兵祖大壽發其謀以兵圍之不得出阿濟格尼堪詗知之乘夜薄城力戰先登入其郛援諸木齊等皆出進攻松山戰屢捷上以阿濟格尼堪少年能殺敵進一等參將賚白金四百是年八月明總督洪承疇集諸鎮兵救錦州上自將屯松山杏山道中絕饟道明總兵吳三桂唐通等皆潛引去上召阿濟格尼堪親授策與鰲拜等追擊大敗之八年八月命戍錦州九月鄭親王取中後所前屯衛阿濟格尼堪率所部及蒙古兵攻中前所拔其城俘明潰兵無得脫者加半個前程順治元年四月從睿親王多爾袞入關破李自成追至慶都進一等梅勒章京十月從豫親王多鐸帥師西討自成渡孟津薄潼關賊鑿重壕爲固自成將劉方亮率千餘人出拒阿濟格尼堪與圖賴阿爾津等奮戰方亮敗退至夜復來犯阿濟格尼堪力戰郤之連破賊二壘遂麾兵踰壕冒矢石先登賊驚潰降竄師入關二年正月克西安自成自商州入湖廣豫親王移師下江南四月至淮安遣阿濟格尼堪率所部趨揚州屯城北與親軍合攻城遂下獲戰艦二百餘渡江克明南都追擊明福王由崧於蕪湖敗其舟師進三等昂邦章京三年從端重親王博洛定浙江徇金華衢州破仙霞關略建寧延平明唐王聿鍵走汀州阿濟格尼堪與都爾德進擊至城下率精銳先登遂克汀州其總兵姜正希以二萬人赴援阿濟格尼堪出禦所殺傷過半進一等精奇尼哈番賜敕世襲五年授正白旗滿洲都統六年鄭親王濟爾哈朗征湖廣以阿濟格尼堪參贊軍事是時明總督何騰蛟總兵王進才馬進忠等守湖南騰蛟軍湘潭進才進忠軍寶慶阿濟格尼堪至長沙與兵部尚書阿哈尼堪爲前鋒攻湘潭破北門入執騰蛟逐明潰兵至湘鄉盡殲之遂趨寶慶未至七十里進才進忠合軍拒戰阿濟格尼堪令步騎番進薄寶慶東郭進才等敗遁遂下沅靖進克全州七年正月師還進三等伯賚白金五百授議政大臣四月卒諡勇敏乾隆間加封號襄寧子宜理布自有傳

佟圖賴漢軍鑲黃旗人父養眞太祖克撫順養眞以從弟養性已降挈其族來歸從攻遼陽以功授世職游擊命駐鎮江守將陳良策以城叛養眞及長子豐年皆死佟圖賴初名盛年其次子也襲世職事太宗天聰五年從攻大凌河破明監軍道張春兵進世職二等參將崇德三年授兵部右參政五年從攻錦州取白官兒屯台六年復從攻錦州取金塔口三台七年從攻松山明師以騎兵突陳將奪我師纛佟圖賴擊郤之又敗其步兵取塔山杏山諸台遂克其城二以功進世職一等是歲始分漢軍爲八旗授正藍旗固山額眞師出略明邊佟圖賴與固山額眞李國翰等奏請直取燕京上以未取關外四城何能即克山海優旨開諭之八年從鄭親王濟爾哈朗收前屯衛中後所二城加半個前程順治元年從入關調鑲白旗與固山額眞巴哈納石廷柱等招降山東府四州七縣三十二復移師下太原招降山西府九州二十七縣一百四十一師還賜白金四百尋從豫親王多鐸西討李自成定河南二年移師徇江南先後克揚州嘉興皆在行進世職二等梅勒章京賜蟒服黃金三十白金千五百五年授定南將軍與固山額眞劉之源率左翼漢軍駐寶慶時馬進忠等寇衡湘辰永間陷寶慶佟圖賴師至克之六年鄭親王濟爾哈朗徇湖廣佟圖賴與固山額眞碩詹等分兵趨衡州陳斬明將陶養用拔其城時明將胡一清猶屯城南爲七營乘勝疾擊破之逐一清戰於望公嶺山峪口又破之一清走入廣西境距全州三十里立六營自保與努山阿濟格尼堪合軍奮擊破之遂下全州師還駐衡州明兵犯常甯遣牛彔額眞陳天謨等馳援破明兵石鼓洞斬其渠八年師還宴勞授禮部侍郎復調正藍旗固山額眞世職累進至三等精奇尼哈番十三年以疾乞休世祖命加太子太保致仕十五年卒賜祭葬贈少保仍兼太子太保諡勤襄康熙間以孝康章皇后推恩所生贈一等公並命改隸滿洲世宗即位追封佟養正一等公諡忠烈與佟圖賴並加太師養眞改曰養正避世宗嫌名也

論曰圖賴忠鯁類父督師南征破福唐二王三江閩浙以次底定仍世侑饗允哉準塔綏徠畿輔戡定江淮伊爾德橫海殺敵破魯王餘衆功與相並努山阿濟格尼堪佟圖賴佐定江表又合軍徇湘南戮力佐創業績亦偉矣

清史稿　列傳二十三

陳泰　阿爾津

李國翰 子海爾圖 桑額　卓布泰 弟巴哈

卓羅 四世孫永慶　愛星阿 子富善

遜塔 子馬錫泰 從弟部爾德

陳泰滿洲鑲黃旗人額亦都孫徹爾格子也初授巴牙喇甲喇章京從伐明攻錦州明兵自寧遠來援陳泰先衆直入敵陳斬執纛者得纛以歸天聰三年從太宗伐明薄明都屯德勝門外攻袁崇煥壘遇伏奮擊多所俘馘五年從圍大凌河城明監軍道張春赴援陳泰設伏禽其邏卒復以步軍戰殲敵崇德元年從伐朝鮮與梅勒額眞薩穆什喀夜襲破黃州守將營三年伐明敗明兵於豐潤攻太監馮永盛總兵侯世祿營援之又以巴牙喇兵三十敗明騎卒百餘五年從圍錦州攻杏山敗敵兵獲牲畜六年復圍錦州敗松山兵我兵出樵採爲敵困陳泰率兵六援之出敵襲我後隊迭戰破敵遂克其郛予世職自牛彔章

京進三等甲喇章京七年復圍錦州掘塹困松山明兵夜犯正黃旗蒙古營赴援擊之走八年從伐明敗總兵馬科於渾河築浮橋濟師明總督范志完拒戰擊敗之下山東陳泰以偏師克東河汶上甯陽三縣進世職二等順治元年從入關擊破李自成進世職一等四年授禮部侍郎從平南大將軍孔有德征湖廣戰荊州擊破流賊一隻虎時明魯王遣其將鄭彩阮進等寇福建先後陷府三州一縣二十七上授陳泰靖南將軍與梅勒額眞棟阿賚率師討之擊破魯王將曹大鎬張耀星克同安平和二縣五年三月復克興化彩遁入海復克長樂連江獲所置總督顧世臣等十一人斬之魯王所陷諸府州縣以次盡復福建平師還授巴牙喇纛章京進二等阿思哈尼哈番遇恩詔累進三等精奇尼哈番兼拜他喇布勒哈番遷刑部尚書八年移吏部尚書授國史院大學士以加上皇太后尊號恩詔誤增赦款罷任並以吏部恩詔陞襲過濫降世職一等阿達哈哈番九年起禮部尚書充會試主考官授鑲黃旗滿洲固山額眞特命進世職二等精奇尼哈番十年上以湖廣未定大學士洪承疇再出經略至軍疏言孫可望等戰湖南郴搖旗一隻虎等擾湖北湖南駐重兵各郡窵遠不免首尾難顧上授陳泰定南靖寇大將軍與固山額眞藍拜濟席哈巴牙喇纛章京蘇克薩哈等統兵鎭湖南臨行上諭之曰師行有一定紀律大小將佐爲國盡力豈致挫衄上毋藐視士師下當撫勵士卒能愛衆而得其心遇敵未有不爭先效命者也十一年復授吏部尚書十二年孫可望遣其將劉文秀盧明臣馮雙禮等以舟師六萬分犯岳州武昌文秀引精兵攻常德陳泰遣蘇克薩哈設伏以待甲喇額眞呼尼牙羅和當前鋒挫敵甲喇額眞蘇拜希福等以舟師迎擊大軍繼進三合三勝敵復列艦拒戰伏起縱火焚其舟敵大敗別遣兵擊敵德山下師進次龍陽敵集二千人來犯我兵奮擊潰奔明臣赴水死雙禮被創與文秀并遁降所置裨將四十餘兵三千餘論功進一等精奇尼哈番兼拖沙喇哈番未幾卒於軍師還明年正月世祖宴諸將追悼陳泰揮淚酌酒諭學士麻勒吉侍衞覺羅塔大曰大將軍班師還朕將親酌酒以慰勞之不幸中道棄捐不復相見爾等以此觴奠大將軍靈次抒朕追悼諸將及侍從皆感涕賜祭葬諡忠襄乾隆初定封一等子

阿爾津伊爾根覺羅氏父高瑪塔與從子阿山歸太祖官侍衞旗制定與阿山同隸正藍旗阿山自有傳阿爾津積戰功授甲喇額眞世職二等參將天聰四年從固山額眞納穆泰等守灤州納穆泰等引還論罪上以阿爾津力戰殺敵特貰之九年伐察哈爾阿爾津從貝勒岳託駐歸化城博碩克圖汗子陰結喀爾喀等部貳於明阿爾津獲其使者進世職一等甲喇章京崇德元年上自將伐朝鮮朝鮮國王李倧走南漢山城阿爾津簡精騎追躡破其援兵二年略鐵山獲明邏卒授議政大臣領巴牙喇纛章京三年從豫親王多鐸伐明過中後所明將祖大壽發兵追襲阿爾津爲殿戰不力所部多戰死者又棄其骨不收坐削世職籍家產之半仍領巴牙喇纛章京如故五年從圍錦州以離城遠駐坐罰鍰六年攻松山擊明總督洪承疇軍克臺一壘三殲守臺敵兵出我師被圍者上嘉其善戰復授三等甲喇章京七年從伐明攻寧遠八年與巴牙喇纛章京哈寧阿等伐虎爾哈部下七屯俘獲無算順治元年從入關擊李自成追及於安肅大破之進二等甲喇章京兼半個前程尋從豫親王多鐸西破潼關還定江南進三等梅勒章京三年與巴牙喇纛章京鰲拜等徇漢中擊叛將賀珍破流賊張獻忠進攻叙州所向克捷五年進一等阿思哈尼哈番尋率師定宣化叛兵八年與固山額眞克靑等發武英親王阿濟格罪狀語詳阿濟格傳敘功遇恩詔進一等精奇尼哈番兼拖沙喇哈番九年授西安將軍鎭漢中尋改授定南將軍移師徇湖廣十一年自巴牙喇纛章京遷固山額眞十二年八月授寧南靖寇大將軍與固山額眞卓羅等率師駐荊州時土寇姚黃等據歸州出沒宜昌襄陽間阿爾津督兵搜捕安集兵民枝江松滋諸縣悉定十三年與卓羅等率師渡江十月克辰州寶慶永順諸土司率官吏具版籍詣軍前降時雲南貴州尚爲明守阿爾津議移常德鎭兵守辰州別移兵屯常德爲應援自辰州下沅靖進取滇黔經略大學士洪承疇與異議事聞上召阿爾津還京師以宗室羅託代之十五年正月授信郡王多尼爲安遠靖寇大將軍征雲南命阿爾津率本旂兵以從五月卒於軍贈太子太保諡端果乾隆初定封三等子

李國翰漢軍鑲藍旗人其先居淸河父繼學初爲商從明經略楊鎬軍嘗通使於我天命六年克遼陽繼學來歸授都司以副將劉興祚婪賄劾罷之屢獲明諜捕逃人授世職三等副將請老國翰襲世職事太宗授侍衞賜號墨爾根侍衞天聰三年從伐明薄明都還攻永平戰先衆五年圍大凌河城兵突出國翰督兵擊之退明兵自錦州赴援又擊之敗走九年以善撫循所領人戶進世職二等梅勒章京崇德三年授刑部理事官從伐明入邊明兵千餘據山列陣國翰督兵奮擊敗之獲馬四十進克牆子嶺轉戰至山東克濟南師還攻慶都獲鹿發礮毀其垣四年授鑲藍旗漢軍梅勒額眞五年從攻錦州克呂洪山臺七年攻下塔山杏山擢鑲藍旗漢軍固山額眞八年從克前屯衞中後所世職累進三等昂邦章京順治元年從入關國翰與固山額眞劉之源祖澤潤等率兵勦饒陽土寇康文斗郭壯畿等師進征山西時李自成走陝西其黨猶分據太原平陽諸府國翰與固山額眞葉臣謀曰自成新敗賊無固志當以大兵直擣太原太原既下分道略定諸郡縣餘賊非降卽就馘耳乃合兵進拔太原分道略定諸郡縣師還賚白金五百尋又從大將軍英親王阿濟格征陝西自成走湖廣師從之戰應山進攻武昌與固山額眞全礪等奪舟數百二年命偕固山額眞巴顏率兵下四川次西安叛將賀珍自漢中來犯國翰與駐防西安內大臣和洛輝分兵夾擊大破之進世職二等三年大將軍肅親王豪格師至令國翰與巴顏逐捕延安餘寇寇保張果老崖掘壕困之乘夜攻克其寨殲其渠獲馬二百餘遂從肅親王下四川殲張獻忠復率兵渡涪江擊破獻忠將袁韜進世職一等五年四月授定西將軍同平西王吳三桂鎭漢中六年明宗室朱森滏與其將趙榮貴以萬餘人犯階州國翰督兵赴援戰必先衆陷陳諸將請曰將軍任討賊之重柰何輕身犯鋒鏑脫有不戒憂及全軍國翰曰吾固知此然賊鋒頗銳戰不利勢將蔓延吾故以力戰挫其鋒明之失機率由主兵者怯戰耗時賊以坐大覆轍可復蹈耶遂戰陳斬森滏榮貴復擊破其將王永強斬級數千獲駝馬數百復宜君同官蒲城宜川安塞淸澗等縣上深嘉其勇略諭以自後但發縱指示不必身先士卒叛將姜瓖據大同其將劉登樓張鳳翼任一貴謝汝德萬鍊等分據附近諸郡縣國翰遣兵會勦殲賊甚衆撫定河東進克府谷擒斬所置經略高有才以下三百餘人降其將郝自德等進一等伯九年與三桂督兵復成都嘉定遣將徇重慶敘州皆下明將王復臣等糾猓玀萬餘人犯保甯列象陣攻城國翰自縣州赴援督兵橫擊敵陣斬復臣殲其衆捷聞進三等侯紫貂冠服鍰金甲冑櫜鞬鞍馬十年以四川平命與三桂還鎭漢中十四年明將譚文等與自成餘黨劉二虎等爲寇陷重慶使所置督都督杜子香守之十五年國翰與三桂進討之自西充下合州子香迎戰敗遁復重慶道桐梓趨遵義明將李定國遣其將劉正國等據險拒戰擊之潰自水西走雲南取遵義及所屬州縣復進克開州並招降水西土司時大將軍羅託經略洪承疇已取貴陽國翰還駐遵義策會師取雲南七月卒於軍喪至京命內大臣致奠贈太子太保諡敏壯侯爵襲三次循例改襲三等伯乾隆中加封號懋烈海爾圖國翰長子初從國翰軍擊賀珍破袁韜皆在行授兵部理事官牛彔額眞擢鑲藍旗漢軍梅勒額眞授戶部侍郎坐事罷還本旗固山額眞康熙初襲三等侯爵定西將軍貝勒董鄂討叛將王輔臣命海爾圖運礮赴軍前並參贊軍務尋以運礮遲誤解參贊留駐鳳翔從征雲貴二十年卒於軍桑額國翰第三子康熙初自參領擢甯夏總兵遷雲南提督未上官吳三桂反留駐荊州改湖廣提督移守武昌從攻岳州師進城陵磯發礮沈敵艦加右都督三桂兵自洞庭湖出桑額擊之卻逐至岳州城下三桂兵引去收萬容石首安鄉諸縣加左都督詔趣進師復以桑額爲雲南提督奏改湖廣提標兵爲雲南提標率之進克辰龍關克辰州沅州復進克鎭遠平越下貴陽趨雞公背三桂兵焚鐵索橋走桑額督土司沙起龍等築浮橋濟師旋從大將軍貝子彰泰攻下雲南省城其將馬寶胡國柱自四川還救桑額與副都統託岱等破寶於楚雄寶走降又與都統希福困國柱於永昌國柱自經死雲南平初桑額標兵中道有潰散者上遣左都御史哲勒肯按治疏言標兵家口在武昌無資養瞻逃回者千餘人上切責桑額不恤士卒部議奪職命留任敘功復職二十五年卒

卓布泰瓜爾佳氏滿洲鑲黃旗人父衞齊費英東第九弟事太祖從特爾晉等率兵伐虎爾哈得五百戶以歸授世職備禦天聰初從太宗伐明略遵化進世職游擊上統大軍出征每令衞齊留守盛京任八門提督卒順治間追諡端勤子鰲拜有自傳卓布泰其次子也事太宗授牛彔額眞崇德四年從承政薩木什喀索海伐瑚爾哈部鐸陳阿薩津二城以兵四百逆戰卓布泰與牛彔額眞薩弼圖率甲士九十人擊敗之斬級五十敵復與索倫部長博穆博果爾合兵以拒卓布泰率先邀擊俘六十餘人五年擢甲喇額眞六年從伐明圍錦州明總督洪承疇屯山口拒守卓布泰與梅勒額眞翁阿岱迎戰明兵敗走大軍合擊復與翁阿岱力戰破敵師還敵躡我後翁阿岱中創仆卓布泰還殲敵掖翁阿岱乘馬歸七年從伐明徇山東至靑州屢敗明兵明將張登科和應薦等合八鎭兵來拒卓布泰率兵奮擊大破之復乘夜襲破餘兵八年師還賚白金兼任兵部理事官順治元年偕甲喇額眞沙爾瑚達略黑龍江克圖瑚勒禪城俘二百餘人是冬從大將軍豫親王多鐸西討李自成次潼關與固山額眞恩格

圖等迭戰破敵二年進克西安自成走湖廣與巴牙喇纛章京敦拜阿爾津等追擊殲敵騎三百移師下江南從貝勒博洛徇浙江敗敵於杭州於海甯於平湖得戰艦百餘三年復從徇福建署梅勒額眞次延平明唐王聿鍵走汀州師從之卓布泰別將兵攻克福州敍功并考滿進世職三等阿達哈哈番五年從鄭親王濟爾哈朗下湖廣六年復署梅勒額眞與固山額眞佟圖賴等自湘潭進克衡州明將胡一清以步騎萬餘踞城南山岡列七營與佟圖賴合攻之潰走復進克道州靖州師還優賚授刑部侍郎累擢內大臣鑲黃旗滿洲固山額眞進世職一等阿思哈尼哈番十四年授征南將軍率師至廣西會湖南四川兩軍規取雲貴十五年九月師次獨山與信郡王多尼及吳三桂會約師期語詳洪承疇傳卓布泰率兵自都勻進次盤江明兵聞師至沈舟潛匿山谷中卓布泰用土司岑繼魯言度下流取所沈舟中夜濟師明將李承爵以萬餘人屯涼水井師進擊破之攻雙河口山寨明將李定國以象陳拒戰擊潰之定國悉衆爲三十營列柵固守卓布泰分軍爲三隊張左右翼以進再戰皆勝追奔四十餘里獲其象馬聞明兵尙堅守鐵索橋乃自普安間道進羅平會信郡王等軍攻克雲南省城明桂王奔永昌十六年二月從貝勒尙善等進軍鎭南破白文選於玉龍關渡瀾滄江取永昌明桂王奔騰越師復進渡潞江定國以六千人伏磨盤山卓布泰分兵爲八隊以火器發其伏掩擊斬殺過半遂克騰越明桂王奔緬甸卓布泰乘勝追擊越南甸至猛卯而還捷聞賚蟒服鞍馬康熙元年二月師還上命內大臣迎勞尋追論在軍勘將士功罪不實與議政王貝勒爭辨語怨望論絞籍沒上命寬之奪世職罷都統三年復世職八年復以弟鰲拜得罪奪世職十六年再復世職十七年卒諡武襄巴哈卓布泰弟事太宗以一等侍衛授議政大臣順治初入關從肅親王豪格征張獻忠有功世職累進一等甲喇章京睿親王討姜瓖巴哈請從征王勿許拂衣起坐論死命罰鍰以贖睿親王攝政巴哈兄弟獨不附肅親王卒於獄子富綬尙幼尙書宗室鞏阿岱議殺之巴哈及內大臣哈什屯持不可乃止鞏阿岱因與弟錫翰及內大臣西訥布庫等欲構陷以罪聞上嘉其勤勞議乃寢世祖親政使證鞏阿岱等罪狀皆坐誅復命爲議政大臣世職累進一等阿思哈尼哈番加少傅兼太子太傅授領侍衛內大臣鰲拜得罪坐罷官奪世職卒蘇勒達巴哈子事聖祖授侍衛累遷鑲黃旗蒙古都統領侍衛內大臣上親征噶爾丹從行贊議進擊復扈上巡行塞北賜內廐馬卒諡恪僖

卓羅滿洲正白旗人巴篤理子也卓羅襲三等副將兼任牛彔額眞崇德三年從伐明薄明都明太監楊永盛出戰卓羅以三百人擊敗之遂進略山東四年圍錦州入其郛獲守備一六年復圍錦州擊敗明總督洪承疇八年授刑部參政順治初從入關破李自成進世職一等梅勒章京擢正白旗梅勒額眞三年從大將軍順承郡王勒克德渾下湖廣敗自成黨一隻虎於荊州師還賚黃金十兩白金三百兩是時明桂王由榔駐武岡其將王進才等分守長沙衡州寶慶大將軍恭順王孔有德等收湖南諸郡縣命卓羅及梅勒額眞藍拜率師益有德四年自岳州趨長沙進才棄城走卓羅等追擊敗之遂與智順王尙可喜共擊敗明總兵徐松節率舟師還長沙遣甲喇額眞張國柱札蘇藍等以偏師擊敗明總兵楊國棟於天心湖卓羅會有德下祁陽道熊飛嶺克其城進攻武岡擊敗明將劉承胤於夕陽橋承胤降明桂王走桂林遂取武岡五年師還上賚如自荊州還時累擢吏部尙書兼鑲白旗滿洲固山額眞進一等精奇尼哈番兼拖沙喇哈番九年十一月授靖南將軍下廣東旋以廣東垂定罷十二年八月命與固山額眞阿爾津帥師屯荊州時張獻忠將孫可望李定國白文選等降於明屯辰州十三年八月卓羅與阿爾津道澧州常德下辰州可望焚舟夜遁卓羅與梅勒額眞泰什哈巴牙喇纛章京費雅思哈等率兵渡江攻之遂克辰州十四年可望詣長沙降定國文選等從明桂王入雲南十五年規取雲南吳三桂自四川征南將軍卓布泰自廣西卓羅從信郡王多尼自湖南三道幷進十六年正月合攻雲南克之屢敗文選定國兵收永昌騰越追擊至南甸命卓羅守雲南賚蟒服鞍馬明桂王奔緬甸定國屯孟艮以印劄招元江土司那嵩十月卓羅與噶什布賢噶喇昂邦白爾赫圖等共擊之克其城那嵩自焚死十八年定西將軍愛星阿與三桂帥師入緬甸卓羅仍守雲南緬甸執明桂王詣軍雲南平康熙元年召卓羅振旅還京進二等伯七年卒諡忠襄乾隆間定封號曰昭毅永慶卓羅四世孫乾隆間以護軍參領降襲三等伯旋擢副都統從征準噶爾有功加雲騎尉仍進二等伯出爲烏魯木齊副都統遷江甯將軍移綏遠城將軍召還擢禮部尙書罷授內大臣嘉慶十年七月卒諡敬僖旋以在綏遠城嘗受賕事露奪諡

愛星阿滿洲正黃旗人揚古利孫也父塔瞻襲封一等公卒愛星阿襲封世祖念揚古利舊勞命加給三等阿達哈哈番俸八年授領侍衛內大臣明桂王由榔與其將沐天波等奔緬甸李定國居孟艮白文選屯木邦皆在雲南邊外上命吳三桂鎭雲南三桂疏請發兵入緬甸取由榔十七年授愛星阿定西將軍與都統卓羅果爾欽遜塔護軍統領畢力克圖費雅思哈前鋒統領白爾赫圖率禁旅會三桂南征十八年師行聞世祖大行三桂猶豫不進愛星阿曰君命不可棄督兵先行三日三桂乃發九月師次大理休兵秣馬逾月出騰越道南甸隴川猛卯十一月至木邦獲文選將馮國恩訊知文選屯錫箔江濱定國與不協走景線愛星阿令白爾赫圖等簡精銳疾馳三百餘里至江濱文選已毀橋走茶山大軍至結筏以濟遣總兵馬寧沈應時追之愛星阿與三桂督師趨緬甸時緬甸酋盡殺桂王從官天波以下數十人密使人守之謀禽以歸我師十二月師次舊晚坡去其庭六十里緬甸使詣軍前請遣兵薄城當以桂王獻愛星阿遣白爾赫圖將前鋒百人進次蘭鳩江濱復令畢力克圖等將護軍二百人繼其後緬甸以舟載桂王及其孥並故從官妻女獻軍前寧應時追文選及於猛養文選度不能脫遂降定國走死猛臘捷聞聖祖諭嘉獎命以愛星阿所俘獲畀三桂區處振旅還京師加太保兼太子太保敕書增紀軍功三年二月卒諡敬康子富善襲授領侍衛內大臣聖祖親征噶爾丹富善將鑲紅旗兵扈上出中路進次克魯倫河閱選駝馬徵輸芻粟皆當上意師還加太子太保卒乾隆初追諡恭懿

遜塔滿洲鑲藍旗人安費揚古孫也父碩爾輝安費揚古既卒太祖以所屬人戶分編牛彔授碩爾輝牛彔額眞卒遜塔嗣太宗嘉其能予世職牛彔章京崇德三年授戶部副理事官是冬伐明貝勒岳託將右翼自牆子嶺入邊遜塔署甲喇額眞從噶布什賢噶喇依昂邦席特庫等擊破明總督吳阿衡軍遂越明都略山東明年春師出邊明兵躡我後遜塔從巴牙喇纛章京圖賴等奮戰卻之明兵侵喀喇沁營遜塔移兵赴援明兵潰走六年圍錦州明總督洪承疇赴援屯松山遜塔與甲喇額眞藍拜率兵擊之破三壘明兵乘陰雨犯我師右翼復與藍拜步戰卻敵八年授甲喇額眞順治元年從入關破李自成進世職三等甲喇章京三年從大將軍肅親王豪格西討張獻忠道漢中與固山額眞巴哈納等擊破叛將賀珍進次西充獻忠率其徒拒戰遜塔與固山額眞李國翰等迭擊破之五年師還兼任刑部理事官命率師駐防淮安六年莒州土寇曹良臣破海州知州張懋勳州同李士麟死之遜塔督兵赴援良臣走保馬髻山進擊破之時設浙淮鹽務理事兼戶部侍郎銜上以命遜塔駐揚州七年改督理漕運戶部侍郎仍駐淮安八年官裁遜塔還京授鑲藍旗滿洲梅勒額眞遇恩詔進世職三等阿思哈尼哈番十三年授工部尙書十五年監修壇殿工成進世職二等尋兼授鑲藍旗蒙古固山額眞十七年罷尙書專任都統旋命從定西大將軍愛星阿率師下雲南明年十一月會師木邦趨緬甸得明桂王以歸敍功進世職一等拖沙喇哈番四年調本旗滿洲都統十二月卒諡忠襄子馬錫泰襲世職授佐領兼前鋒參領康熙間從信郡王鄂札征察哈爾布爾尼師次達祿布爾尼屯山岡列火器拒戰馬錫泰率前鋒薄險四戰皆捷進世職三等精奇尼哈番又從討吳三桂遷本旗滿洲副都統自湖廣出廣西下雲南石門坎黃草壩諸戰皆在行間進破雲南省城逐賊楚雄降三桂將馬寶毛養元等師還進世職一等卒孫德彝降襲一等阿思哈尼哈番乾隆初定封一等男都爾德亦安費揚古孫父阿爾岱以牛彔額眞事太宗駐耀州禦明兵有功從攻大凌河戰死卹世職備禦都爾德襲順治初授刑部理事官從入關擊李自成署巴牙喇纛章京從豫親王多鐸西征戰陝州督兵陟山拔其壘復破敵潼關尋自河南下江南逐明福王由崧至蕪湖截江而戰大敗之復從端重親王博洛定浙江徇福建偕巴牙喇纛章京阿濟格尼堪攻汀州破明唐王聿鍵復從鄭親王濟爾哈朗略湖廣討李自成餘黨李錦等師還眞除巴牙喇纛章京授議政大臣世職累進一等阿思哈尼哈番康熙三年卒賜祭葬諡忠襄

論曰順治初取福唐二王不再朞而定桂王勢更蹙以有闖獻餘衆死寇力戰支拄十餘年陳泰定湖北兵力至常岳阿爾津繼之奄有湖南李國翰略四川貴州卓布泰下雲南卓羅從信郡王爲之佐愛星阿繼之遜塔爲之佐與吳三桂合軍深入緬甸取桂王明宗至是始盡熸矣

洪承疇 夏成德　孟喬芳 張文衡

張存仁

洪承疇字亨九福建南安人明萬曆四十四年進士累遷陝西布政使參政崇禎初流賊大起明莊烈帝以承疇能軍遷延綏巡撫陝西三邊總督屢擊斬賊渠加太子太保兵部尚書兼督河南山陝川湖軍務時諸賊渠高迎祥最強號闖王李自成屬焉為承疇與戰敗績莊烈帝擢盧象昇總理河北河南山陝川湖軍務令承疇專督關中復與自成戰臨潼大破之迎祥就俘自成號闖王分道入四川承疇與屢戰輒勝自成還走潼關承疇使總兵曹變蛟設伏邀擊自成大敗以十八騎走商洛關中賊略盡是歲為崇德三年太宗伐明師薄明都莊烈帝徵承疇入衛明年春移承疇總督薊遼軍務帥秦兵以東授變蛟東協總兵王廷臣遼東總兵白廣恩援剿總兵與山海馬科寧遠吳三桂二鎮合軍復命宣府楊國柱大同王樸密雲唐通各以其兵至凡八總兵兵十三萬馬四萬咸隸承疇太宗師下大凌河祖大壽入錦州為明守松山杏山塔山三城相與為犄角承疇至軍莊烈帝遣職方郎中張若麒趣戰乃進次松山國柱戰死以山西總兵李輔明代六年八月太宗自將禦之上度松山杏山間自烏忻河南山至海當大道立營承疇及遼東巡撫邱民仰率諸將駐松山城北乳峯山步兵分屯乳峯山至松山道中為七營馬兵分屯松山東西北三方戰敗移步兵近松山城為營復戰又敗上誡諸將曰今夕明師其遁命諸軍當分地為汛以守敵遁視其眾寡遣兵追擊至塔山而止分遣諸將截塔山杏山道及桑噶爾寨堡又自小凌河西直抵海濱絕歸路是夜三桂樸通科廣恩輔明皆率所部循海引退為我師掩殺死者不可勝計承疇民仰率將吏入松山城守上移軍松山議合圍變蛟夜棄乳峯山寨悉引所部馬步兵犯鑲黃旗汛地者一犯正黃旗汛地者四直攻上營殊死戰變蛟中創奔還松山三桂樸引餘兵入杏山上遣諸將為伏於高橋及桑噶爾寨堡明兵自杏山出奔寧遠遇伏殪強半三桂樸僅以身免承疇師十三萬死五萬有奇諸將潰遁惟變蛟廷臣以殘兵萬餘從城圍既合上以敕諭承疇降九月上還盛京命貝勒多鐸等留護諸軍承疇悉眾突圍攻鑲黃旗擺牙喇阿禮哈超哈戰敗不能出十月命肅郡王豪格公滿達海駐松山十二月承疇聞關內援師且至復遣將以兵六千夜出攻正紅旗擺牙喇阿禮哈超哈及正黃旗蒙古營戰敗城閉不得入強半降我師餘眾潰走杏山道遇伏死莊烈帝初以楊繩武督師援承疇繩武卒以范志完代皆畏我師強宿留不進承疇被圍閱六月食且盡明年二月松山城守副將夏成德使其弟景海通款以子舒為質我師夜就所守堞樹雲梯阿山部卒班布里何洛會部卒羅洛科先登遂克其城獲承疇民仰變蛟廷臣及諸將吏降殘卒三千有奇時為崇德七年二月壬戌上命殺民仰變蛟廷臣而送承疇盛京上欲收承疇為用命范文程諭降承疇方科跣謾罵文程徐與語泛及今古事梁間塵偶落著承疇衣承疇拂去之文程遽歸告上曰承疇必不死惜其衣況其身乎上自臨視解所御貂裘衣之曰先生得無寒乎承疇瞠視久歎曰真命世之主也乃叩頭請降上大悅即日賞賚無算置酒陳百戲諸將或不悅曰上何待承疇之重也上進諸將曰吾曹櫛風沐雨數十年將欲何為諸將曰欲得中原耳上笑曰譬諸行道吾等皆瞽今獲一導者吾安得不樂居月餘都察院參政張存仁上言承疇歡然倖生宜令薙髮備任使五月上御崇政殿召承疇及諸降將祖大壽等入見承疇跪大清門外奏言臣為明將兵十三萬援錦州上至而兵敗臣入守松山城破被獲自分當死上不殺而恩育焉今令朝見臣知罪不敢遽入上使諭曰承疇言誠是爾時與我交戰各為其主朕豈介意且朕所以戰勝明兵遂克松山錦州諸城皆天也天道好生故朕亦恩爾爾知朕恩當盡力以事朕朕昔獲張春亦嘗遇以恩彼不能死明又不能事朕卒無所成而死爾毋彼若也承疇等乃入朝見命上殿坐賜茶上語承疇曰朕觀爾明主宗室被俘置若罔聞將帥力戰見獲或力屈而降必誅其妻子否亦沒為奴此舊制乎抑新制乎承疇對曰舊無此制邇日諸朝臣各陳所見以聞於上始若此爾上因歎謂君闇臣蔽遂多枉殺將帥以力戰沒敵斥府庫財贖而還之可也奈何罪其孥其虐無辜亦甚矣承疇垂涕叩首曰上此諭真至仁之言也上還宮命宴承疇等於殿上宴畢使大學士希福等諭曰朕方有元妃之喪未躬賜宴爾等勿以為意承疇等復叩首謝莊烈帝初聞承疇死予祭十六壇建祠都城外與邱民仰並列莊烈帝將親臨奠俄聞承疇降乃止承疇既降隸鑲黃旗漢軍太宗遇之厚然終太宗世未嘗命以官順治元年四月睿親王多爾袞帥師伐明承疇從既定京師命承疇仍以太子太保兵部尚書兼右副都御史同內院官佐理機務旋與同官馮銓啟睿親王復明內閣故事題奏皆下內閣擬旨分下六科鈔發各部院九月上至京師與銓及謝陞奏定郊廟樂章二年豫親王多鐸師下江南閏六月命承疇以原官總督軍務招撫江南各省鑄招撫南方總督軍務大學士印賜敕便宜行事是時明唐王聿鍵稱號福建其大學士黃道周率師道廣信衢州向徽州左僉都御史金聲家休甯募鄉兵十餘萬屯績溪諸宗姓高安王常淇保徽州蘄水王術韜子常㴶自號樊山王屯潛山太湖間由樣號金華王據饒州誼石號樂安王誼泐號瑞安王分屯溧陽金壇興化諸縣荆本徹以舟師駐太湖敗復入崇明皆為明守承疇至官招撫江南甯國徽州江西南昌南康九江瑞州撫州饒州臨江吉安廣信建昌袁州諸府十月遣提督張天祿總兵卜從善李仲興劉澤泳等攻破績溪十二月進破道周於婺源聲道周見獲皆不屈送江甯殺之總兵李成棟破崇明本徹走入海殺其將李守庫徐君美三年二月遣總兵馬得功卜從善等擊破司空寨斬守寨石應璉應璧等五人獲常㴶既誼石誼泐合兵二萬犯江甯承疇先事誅內應西溝池萬德華郭世彥尤居等八十餘人誼石等攻神策門分兵出朝陽太平二門截誼石等後乃啟神策門出城兵奮擊破之追及攝山斬馘無算承疇疏請還京以江南未大定不允賜其妻白金百貂皮二百八月征南大將軍貝勒博洛克金華獲誼石九月誼泐復犯江甯承疇出禦追獲誼泐及所置經略韋爾韜總兵楊三貫夏含章十二月天祿搜婺源嚴坑山獲常淇及所置監軍道江於東職方司許文玠等四年二月從善及總兵黃鼎攻宿松獲誼泐弟瑞昌王誼貴及所置軍師趙正下饒州獲由樣及其族人常洊常洮常渻並請命斬之江南眾郡縣以次定明魯王以海轉徙浙閩海中號監國明諸遺臣猶密與相聞四年四月明給事中陳子龍家華亭陰受魯王官謀集太湖潰兵舉事承疇遣章京索卜圖往捕子龍投水死是月柘林游擊陳可獲諜者謝堯文得魯王敕封承疇國公江甯巡撫土國寶為侯又得魯王將黃斌卿與承疇國寶書鎮守江甯昂邦章京巴山張大猷以聞上獎巴山等嚴察亂萌命與承疇會鞫諜者別敕慰諭承疇粵僧函可者為故明尚書韓日纘子日纘於承疇為師生函可將還里乞承疇畀以印牌護行出城守者譏察笥中得文字觸忌諱巴山張大猷以聞承疇疏引咎部議當奪職上命貰之承疇聞父喪請解任守制上許承疇請急歸命治喪畢入內院治事五年四月還京師六年加少傅兼太子太傅疏請定會推督撫提鎮行保舉連坐法得旨自後用督撫提鎮內院九卿咸舉所知得人者賞誤舉者連坐八年閏二月命管都察院左都御史事甄別諸御史為六等魏琯等二十二人差用陳昌言等二人內陞張煊等十一人外轉王世功等十七人外調降黜有差煊疏劾吏部尚書陳名夏因及承疇嘗與名夏及尚書陳之遴集火神廟屏左右密議逃叛承疇又嘗私送其母歸里疏入上方狩塞外巽親王滿達海居守集諸王大臣會鞫承疇言火神廟集議即議甄別諸御史定等差非有他也並以送母未請旨引罪名夏亦列辨因坐煊誣奏論死未幾上雪煊冤黜名夏因諭承疇火神廟集議事雖可疑雖以懸擬送母歸原籍未奏聞為親甘罪情尚可原留任責後效九年五月承疇聞母喪命入直如故私居持服賜其母祭葬九月達賴喇嘛來朝上將幸代噶待喇嘛至入覲承疇及大學士陳之遴疏諫上為罷行並遣內大臣索尼傳諭曰卿等以賢能贊密勿有所見聞當以時入告朕生長深宮無自洞悉民隱凡有所奏可行即行縱不可行朕亦不爾責也十年正月調內翰林弘文院大學士明桂王由榔稱號肇慶頻年轉戰兵熸地蹙至是居安隆所雲南貴州二省尚為明守諸將李定國孫可望等四出侵略南攻湖南境諸州縣東陷桂林西據成都兵連不得息五月上授承疇太保兼太子太師內翰林國史院大學士兵部尚書兼都察院右副都御史經略湖廣廣東廣西雲南貴州等處地方總督軍務兼理糧餉敕諭撫鎮以下咸聽節制攻守便宜行事滿兵當留當撤即行具奏命內院以特假便宜條款詳列敕書宣示中外並允承疇疏薦起原任大學士李率泰督兩廣以江西寇未盡命承疇兼領鑄經略大學士印授之臨發賜蟒朝衣冠帶鞾襪松石嵌撒袋弓矢馬五鞍轡二諸將李本深等八十七人朝衣冠帶撒袋弓矢刀馬鞍轡有差承疇至軍疏言湖南駐重兵足備防勦而各郡鶩遠兵力所不及郝搖旗一隻虎等竄伏湖北荆襄諸郡倘南窺澧岳則我軍腹背受敵臣與督臣議臣宜往來長沙四應調度督臣率提標兵駐荆州別遣兵增武昌城守以壯聲援又疏言桂林雖復李定國軍距桂林僅二百里滿洲援勦官兵豈能定留克復州縣何以分守又使孫可望詗我兵出援潛自靖沅截粵西險道則我首尾難顧置孤軍於徼外其危易見臣已分兵馳赴俾佐戰守且當親歷衡永察機宜以聞十二月上授固山額真陳泰為定南靖寇大將軍及固山額真藍拜濟席哈擺牙喇纛章京蘇克薩哈等率師鎮湖南十一年二月命靖南王耿繼茂率所部自廣州移鎮桂林皆承疇疏發之也是歲孫可望劫桂王殺大學士吳貞毓等方內訌十二年六月可望遣劉文秀

攻常德分兵使盧明臣馮雙禮攻武昌岳州承疇陳泰遣蘇克薩哈迎擊破之明臣墮水死文秀雙禮皆走貴州陳泰旋卒於軍以固山額眞阿爾津爲寧南靖寇大將軍率固山額眞卓羅祖澤潤等分駐荆州長沙十三年考滿加太傅仍兼太子太師李定國奉明桂王入雲南湖廣無兵事阿爾津議以重兵駐辰州謀自沅靖入滇黔承疇與異議上召阿爾津還京師以宗室羅託代十四年可望叛其主舉兵攻雲南與定國戰而敗十一月詣長沙降時上已允承疇解任還京師養痾至是命承疇留任督所部與羅託等規取貴州並命平西大將軍吳三桂自四川征南將軍卓布泰自廣西分道入十五年正月復命信郡王多尼爲安遠靖寇大將軍帥師南征於是承疇與羅託會師常德道沅州靖州入貴州境克鎭遠卓布泰招南丹那地撫甯諸土司下獨山州會克貴陽三桂亦自重慶取遵義進攻開州桐梓以其師來會承疇上疏籌軍食言貴州諸府州縣衛所僅留空城即有餘糧兵過輒罄惟省倉存米七千餘石穀四千餘石足支一月糧臣所部兵令分駐鎭遠偏橋興隆清平平越諸處降兵暫駐三五日改屯天柱會同黔陽諸縣及湖南沅州四川兵駐遵義廣西兵駐獨山使分地就糧聞信郡王大兵自六月初發荆州需糧多且倍徙貴州山深地寒收穫皆在九月臣方遣吏勸諭軍民須納今歲秋糧之半並檄下沅州運糧儲鎭遠又令常德道府具布囊樓套木架繩索思南石阡諸府州縣衛所及諸土司募夫役具工糈以赴軍與九月授武英殿大學士信郡王多尼師至駐平越楊老堡承疇三桂卓布泰皆會議多尼軍出中路經關嶺鐵索橋至雲南省城行一千餘里三桂軍自遵義經七星關凡一千五百餘里先中路十日行卓布泰以南甯方有寇自貴州廣西邊境平浪永順壩威透山出安隆所黃草壩羅平州凡一千八百餘里先四川兵十五日行既定議承疇還貴陽與羅託駐守遣提督張勇等從多尼軍明將李定國等拒戰皆敗明桂王奔永昌十六年正月乙未三路師會克雲南省城明桂王奔緬甸承疇如雲南疏言雲南險遠請如元明故事以王公坐鎭上以命三桂三月承疇至雲南疏言信郡王令貝子尚善及三桂等追勦至永昌騰越明將賀九義李成爵李如碧廖魚鄒自貴馬得鳴輩收集潰兵分遁沅江順甯雲龍爛滄麗江處處窺伺民間遭兵火重以饑饉近永昌諸處被禍更烈周數百里杳無人烟省城米價石至十三兩有奇諸軍就糧宜良富民羅次姚安賓川臨安新興澂江陸涼諸處上明察萬里自有宸斷俾邊臣得以遵奉疏入上命戶部發帑三十萬以十五萬賑兩省貧民十五萬命承疇收貯備軍餉不給八月承疇疏言兵部密咨令速攻緬甸臣受任經略目擊民生彫敝及土司降卒尙懷觀望以爲須先安內乃可勦外李定國等竄伏孟浪諸處山川險阻兼瘴毒爲害必待霜降始消明年二月靑草將生瘴即復起其間可以用師不過四月慮未能窮追定國等覬自景東沅江復入廣西要結諸土司私授劄印歃血爲盟若闖我師西進必且避實就虛合力內犯我軍相隔已遠不能回顧省城留兵亦未遑堵禦致定國等縱逸所關非細臣審度時勢權其輕重謂今歲秋冬宜暫停進兵俾雲南迤西殘黎稍藉秋收以延餘喘明年盡力春耕漸圖生聚我軍亦得養銳蓄威居中制外俾定國等不能窺動靜以潛逃諸土司不能伺間隙以思逞絕殘兵之勾結斷降卒之反側則飢飽勞逸皆在於我定國等潛藏邊界無居無食瘴癘相侵內變易生機有可娭是時芻粮轉輸備苗蠻輯服調發將卒次第齊集然後進兵庶爲一勞永逸安內剿外長計疏下議政王貝勒大臣會議如所請暫停進兵十月以目疾乞解任命回京調理明年三桂進兵攻緬甸獲明桂王以歸語見三桂傳聖祖即位承疇乞致仕予三等阿達哈哈番世職康熙四年二月卒諡文襄子士欽順治十二年進士官至太常寺少卿夏成德廣甯人旣以松山降隸正白旗漢軍順治初授三等昂邦章京其弟景海授一等甲喇章京出爲山東沂水總兵嘗疏請收沂州明大學士張四知等財產又越職乞頒方印皆不得請旋以縱所部越境暴掠與靑州道韓方昭互揭還京師卒乾隆初定封三等子

孟喬芳字心亭直隸永平人父國用明甯夏總兵官喬芳仕明爲副將坐事罷家居天聰四年太宗克永平喬芳及知縣張養初家居兵備道白養粹罷職副將楊文魁遊擊楊聲遠等十五人出降命以養粹爲巡撫養初爲知府喬芳文魁仍爲副將率降兵從諸貝勒城守上移軍向山海關諸貝勒率喬芳文魁聲遠入謁行營上召三人者酌以金卮且諭之曰朕不似爾明主凡我臣僚皆令侍坐吐衷曲同飲食也喬芳使詷陽和而明總兵祖大壽亦使詣喬芳詷我師喬芳縛以獻五月明兵取灤州貝勒阿敏棄永平出塞灤發屠城民諸降官養粹養初等死者十一人喬芳文魁聲遠及郎中陳此心得免喬芳從師還隸烏眞超哈爲牛彔額眞五年七月置六部以喬芳爲刑部漢承政授世職二等參將崇德三年更定官制改左參政四年烏眞超哈析置八旗四固山以喬芳兼領正紅鑲紅兩旗梅勒額眞七年從伐明克塔山城烏眞超哈八旗復析置八固山改鑲紅旗梅勒額眞遂爲漢軍鑲紅旗人八年或訴貝勒羅洛渾家人奪金喬芳置不問坐瞻徇降世職三等甲喇章京旋以從克前屯衛中後所二城加半箇前程順治元年入關改左侍郞從諸軍西討二年四月以兵部右侍郞兼右副都御史總督陝西三邊時張獻忠尙據四川關中羣盜並起叛將賀珍躪漢中興安諸府是年冬武大定叛固原徒黨甚衆初上命內大臣何洛會帥師鎭西安至是就拜定西大將軍遣固山額眞巴顏李國翰將禁旅濟師三年復敕定遠大將軍肅親王豪格帥師督諸將自漢中興安入四川取獻忠喬芳於其間亦分遣所部四出捕治初上官長安民胡守龍者挾左道惑民妄改元淸光將爲亂喬芳遣副將陳德捕誅守龍散其脅從三年春賀珍與其徒孫守法胡向化等以七萬人攻西安何洛會主城守喬芳遣德軍西門副將任珍軍北門往來衝突會李國翰師至賀珍敗走是年十月肅親王豪格師旣入川喬芳亦遣總兵官范蘇等攻獻忠部衆爲伏孖溪第溝子戰白水靑川屢破之復以反間殺其渠況益勤等遂收龍安三年五月喬芳師出駐固原討大定之黨分遣諸將任珍擊斬白天爵等劉芳名攻甯夏俘王元焦浴陳德攻鎭原降姬蛟王總管於是固原西北悉定復遣珍德及副將馬甯王平徇興安討賀珍之黨戰喬麥山再戰板橋斬胡向宸困椒溝破藥箭寨斬孫守法破漫營山寨禽米國珍李世英於是興安定四年秋馬德亂甯夏復遣馬甯會甯夏兵共討之戰亂麻川逐至河兒坪斬德又遣張勇劉友元攻鐵角城復戰安家川禽賀宏器攻李明義寨禽明義於是環慶亦定乃益遣陳德王平等招降靑紫寨渠折自明三十六寨渠王希榮轆轤寨渠高一祥擊斬天峯寨渠張貴人於是關中羣盜垂盡五年四月流賊一朶雲馬上飛等攻西鄉喬芳遣任珍等討之斬所署監軍許不惑凡千餘級生致其渠河西回米喇印丁國棟挾明延長王識鎊爲亂旣陷甘涼渡河東殘岷蘭洮河諸州薄鞏昌喬芳帥師出駐秦州遣趙光瑞馬甯等赴援城兵出夾擊斬百餘級甯等復戰廣武坡逐北七十餘里斬三千餘級鞏昌圍解喇印國棟之黨數百人分擾臨洮岷州內官營喬芳部勒諸將令張勇陳萬略向臨洮馬甯劉友元取內官營趙光瑞佟透徇岷洮河三州勇等敗賊馬韓山斬級七百進復臨洮光瑞等敗賊梅川得其渠丁光射斬級三千岷洮河三州皆下甯等直擊內官營斬級八百喇印國棟之徒退據蘭州閏四月喬芳與侍郎額塞率師自鞏昌薄蘭州勇敗賊馬家坪獲識鎊與甯光瑞會師蘭州城下攻拔之別遣光瑞克舊洮州其渠丁嘉升走死師渡河七月定涼州八月攻甘州喬芳遣張勇夜攻城而與昂邦章京傅喀禪及甯光瑞等爲繼喇印等食盡皆出降六年徵諸道兵下四川喇印降後授副將在蘭州軍中覘鎭兵憚遠征因惎中軍參將國泰狀甘肅巡撫張文衡等據甘州以叛國棟亦攻陷涼肅二州喬芳師自蘭州渡河而西與傅喀禪等會師合圍攻不下深溝堅壘以困之喇印等食盡夜遁喬芳遣兵追及之水泉擊殺喇印國棟復與纏頭回土倫泰等據肅州號倫泰王而國棟自署總兵官城守出掠武威張掖酒泉會平陽盜渠虞允韓昭宣等應大同叛將姜瓖爲亂以三十萬人陷蒲州上命喬芳與額塞還軍禦之喬芳留勇甯等圍肅州率師遂東八月師自潼關濟督協領根特副將趙光瑞等克蒲州斬級七千進次甯晉瓖將白璋等六千人往攻榮河光瑞等擊破之斬級二千有奇璋北走師從之迫河賊多入水死遂擊斬璋餘賊入孫吉鎭殲焉復進向猗氏行十餘里瓖所置監軍道衛登芳以數千人依山拒我師其將張萬全又以四千人助戰光瑞等擊斬萬全乃還攻獲登芳斬其將王國賢等三十餘人級三千有奇又令章京杜敏等攻解州破其渠邊王張五黨自成等榮河猗氏解州皆下杜敏等殲餘寇根特等又破所置都督郭中傑於侯馬驛九月光瑞等進克運城斬允昭宣瓖之徒內犯者皆盡誅十一月勇甯克肅州誅國棟倫泰及其黨黑承印等斬五千餘級河西平七年二月論功加兵部尙書進世職一等阿達哈哈番十二月喬芳遣任珍擊斬興安寇何可亭七年遣趙光瑞等討北山寇劉宏才戰保安禽其軍師苗惠民戰合水禽斬宏才八年遣游擊陳明順等擊敗雒南寇何柴山游擊仰九明詷紫陽山寇孫守金復令光瑞等會興安鎭兵擊斬守金及其徒翹興甯趙定國謝天奇等犂其寨喬芳督陝西十年破滅羣盜降其脅從前後十七萬六千有奇奬拔諸將不限資格如張勇馬甯趙光瑞陳德狄應魁劉友元輩皆自偏裨至專閫諸寇旣殄疏言陝西寇劇多荒田請蠲其賦分兵徠民行屯田法乃遣諸將白士麟等分屯延慶平固諸地歲得粟四萬二千石有奇以佐軍糈恩詔累進三等阿思哈尼哈番加太子太保十年二月命兼督四川兵馬錢糧疏言陝西七鎭及督撫各標爲兵九萬八千有奇合滿洲四旗及平西王吳三桂固山額眞李國翰兩軍歲餉三百六十萬而陝西賦入一百八十六萬不足者殆半後將難繼甘肅處邊遠與安界三省兵當循舊額延綏

甯夏固原臨鞏四鎭鎭留三千人慶陽協五百人餘五千五百人可省也漢羌既駐三桂國翰兩軍宜裁總兵官與鎭置副留千人陽平關黑水峪漢陰縣各五百人餘二千五百人可省也提督駐省會留二千人餘二千人亦可省也各道標兵悉令屯田延鎭定邊神木三道無屯田止用守兵計所省又二千餘人都省兵一萬二千人省饟歲三十一萬今四川未定當令右路總兵官馬甯率精兵三千駐保甯以步兵五千分駐保甯迤北廣元昭化間以屯田爲持久三桂駐漢中相爲犄角規取四川既復疏言師進取四川宜隨在留兵駐防以樹干城謀生聚師行當人給馬三伴丁一携甲仗以利攸往上襃其謀當十月西甯回謀爲亂遣狄應魁捕治得其渠祁敖牙固子等以歸喬芳屢乞退至是以疾告加少保召還京師十二月命未至而喬芳卒諡忠毅太宗拔用諸降將從入關出領方面喬芳績最顯張存仁亞焉聖祖嘗誡漢軍諸官吏因曰祖宗定鼎初委任漢軍諸官吏與滿洲一體其間頗有宣猷效力如喬芳存仁輩朝廷亦得其用云張文衡遼東開平衞人明諸生天聰八年閏八月太宗自將伐明入宣府文衡自大同詣軍前求見言在明爲代王參謀明諸臣方尙貪酷虐民罔上必有聖主應天而興故徒步上謁旋疏言大同城小而堅師攻當先關而後城攻關宜穴地宣府城大破碎宜決洋河灌之九年正月復疏策進取言明文武將吏皆以賂得無謀無勇又以貪故饟減器窳兵不用命所以能拒我者不過畏殺畏掠畏父母妻子離散乃倚火器以死禦我今宣大新被兵山陝川湖陷於流賊賊半天下兵亦半天下惟東南無事又困於新饟上不及此時進兵明不恒弱我不恒强節短勢險人有鼎立之志豈非自失其機反貽異日憂乎願上毋負天生上之心也疏入上曰待朕思之二月遣貝勒多爾袞帥師收察哈爾文衡又言宜率蒙古入偏岢略太原假中國物力以富蒙古且張軍威並可近招流賊併力並進上授文衡祕書院副理事官賜田宅銀幣以大臣雅希禪女妻焉隸廂黃旗漢軍順治元年出爲山東靑州知府初上官總兵官柯永盛以戍靑州之兵徇高密而侍郎王鰲永以招撫至主饟趙應元者從李自成爲旗鼓覘靑州兵寡陽就鰲永降請置孥於城既入遂執殺鰲永文衡見應元爲好語具疏請留鎭應元喜攫庫金拏酺會梅勒額眞和託李率泰率禁旅略登萊道靑州營城西北文衡甚應元出謁和託等慰勞遣還密令兵從入夜起戮應元及其黨數十人靑州平二年移淮安府知府豫親王多鐸下揚州道淮安文衡請禁將吏毋擾市糗糧芻秣應期立辦三遷巡撫甘肅五年二月上官踰月而遘米喇印之亂變未作喇印詭言要文衡造其家集議文衡行未至賊環射殺之總兵劉良臣副將毛鏔潘雲騰游擊黃得成金印都司王之倘守備胡大年李廷試李承澤陳九功皆死參將翟大有與戰沒於陳賊挾西甯道副使林維造至北關搤殺之越日陷涼州戕西甯道參議張鵾翼賊四出侵掠破鞏昌戕臨鞏兵備道李槃飛破岷州戕知州杜懋哲王札破蘭州戕同知趙衡學知州趙翀訓導白旗國學錦破臨洮戕同知徐養奇破渭源戕知縣李涓戰通渭閻子山知縣周盛時被創死事平皆贈䘏如例

張存仁遼陽人明甯遠副將與總兵祖大壽同守大凌河天聰五年太宗自將攻大凌河從大壽出降仍授副將六年正月存仁與副將張洪謨參將高光輝游擊方獻可合疏請乘時進取參將姜新別疏請令副將祖可法劉天祿先取松杏二城則錦州自下七年五月新復請進兵洪謨等及新皆大凌河降將也崇德元年五月始設都察院班六部上以存仁爲承政並授世職一等梅勒章京越數日存仁上言臣自歸國默察諸臣賢否政事得失但不敢出位妄論列今上稱立此官而以命臣臣而正直後之人正直必有過於臣者臣而邪佞後之人邪佞亦必有甚於臣者所慮臣本心而行事人不敢彈劾而臣彈劾之人不敢更張而臣更張之舉國必共攻臣使臣上無以報主恩下無以伸己志獲戾滋甚臣雖愚豈不知隨衆然諾其事甚易發姦擿伏其事甚難誠見不如此不足以盡職敢於受任之始瀝誠以請如臣茍且塞責畏首畏尾請以負君之罪殺臣如臣假公行私瞻顧情面請以欺君之罪殺臣如臣貪財受賄私家利己請以貪婪之罪殺臣茍臣無此三罪而奸邪誣陷亦願上申乾斷以儆讒嫉上曰此或知有其人而爲是言朕素不聽讒惟親見者始信之且朕志定於上而諸臣蒙澤於下縱有奸邪孰能售其術哉越數日以阿什達爾漢爲都察院滿承政尼堪爲蒙古承政並增置祖可法爲漢承政上御淸甯宮阿什達爾漢等前奏事上因諭曰朕有過親王以下壞法亂紀民左道惑衆皆當不時以聞若舉細而遺大非忠直也可法對曰臣等惟上是懼他復何忌有聞必以奏存仁曰可法言非是臣誠忠直爲國上前且犯顏直諫況他人乎上曰然人果正直天地鬼神不能搖動人主焉得而奪之是歲都察院劾刑部承政耶球貪汙論罪劾工部奪民居授降人復別造宅償民勞民非制上以諸臣多未更事事事加罪反令惶惑但誡毋更違令三年正月可法存仁疏言禮部行考試令奴僕不得與上前歲試士奴僕有中式者別以人畀其主今忽更此制臣等竊謂奴僕宜令與試但限以十人爲額茍十人皆才何惜以十人易之上曰昔取遼東良民多爲奴僕朕令諸王下至民家皆察而出之復爲良民又許應試少通文藝拔爲儒生今滿洲家奴僕非先時濫占者比或有一二諸生非攻城破敵血戰而得卽以戰死被賫昨歲克皮島滿洲官兵爭効命漢官兵坐視不救此行所得之人茍無故奪之彼死戰之勞捐軀之義何忍棄也若別以人相易易者無罪强令爲奴獨非人乎爾等但愛漢人不知惜滿洲有功將士及見易而爲奴者也可法存仁引罪謝既復論戶部承政韓大勳盜帑大勳坐奪職四月疏請敕戶部立四柱年冊再疏請誅大勳又劾吏部刑部復用贓吏違旨壞法皆與可法合疏上上皆嘉納之三年更定官制可法存仁皆改都察院右參政漢軍旗制定隸鑲藍旗大壽既降復入錦州爲明守攻數年不克五年正月存仁疏請屯兵廣甯扼甯遠錦州門戶四月又疏言臣覩今日情勢錦州所必爭但略地得利易圍城見功難願上振軍心與之堅持截彼詗察禁我逃亡遠不過一歲近不過一月當有機可乘兵法全城爲上蓋貴得人得地不貴得空城也我師壓境彼必棄錦州保甯遠再急彼必棄甯遠保山海關大壽跋扈畏罪豈肯輕去其窟事緩則計持久事急則慮身家大壽背恩失信人皆以爲無顏再降臣深知其心無定惟便是圖急則悉置不顧況彼所恃者蒙古耳今蒙古多慕化而來彼必疑而防之防之嚴則思離離則思變伏願以屯耕爲本務率精銳薄城顯檄蒙古縱俘宣諭未有不相率出降者此攻心之策得人得地之術也十二月復言兵事有時有形有勢三者變化無定而用之在人松山杏山塔山三城乃錦州之羽翼甯遠之咽喉塔山城倚西山之麓自其巔發礮俯擊城易破也既得此城羽翼折咽喉塞矣兵法困堅城者必留其隙錦州雖不甚堅當留山海關以爲之隙錦州遼兵少西兵多一人負箭入羣驚而思遁能善用巧山海關可下疏末並言烏眞超哈每遇番上輙令奴僕代上爲申禁六年師屢破明兵松山杏山間存仁復疏請相機度勢以時進兵七年既克錦州存仁請招吳三桂降上頒御劄撫諭並命存仁遺以私書略言明運將終重臣大帥就俘歸命將軍祖氏甥雖欲逃罪無以自明大廈將傾一木不能支縱茍延歲月智竭力窮終蹈舅氏故轍何若未困先降勳名俱重六月烏眞超哈八旗始分置八固山授存仁鑲藍旗梅勒額眞八年從鄭親王濟爾哈朗取前屯衞中後所加半個前程順治元年從入關與固山額眞葉臣率師徇山西下府六州二十四縣一百三十一遂克太原又從豫親王多鐸略河南下江南督所部以礮戰屢有克捷二年六月從貝勒博洛定浙江以存仁領浙江總督兵後民流亡存仁集士紳使撫諭民復其所七月疏言近有繫髮之令民或假此號召爲逆若反形既著重勞大兵莫若速遣提學開科取士下令免積逋減額賦使讀書者希仕進力田者逭追呼則莫肯相從爲逆矣得旨諄誡安民急務也令新定諸行省皆準恩詔施行十一月授兵部右侍郎兼都察院右副都御史總督浙江福建時明魯王以海保紹興號監國其將方國安鎭嚴州故明福王由崧倚大學士馬士英用以亡國士英走依國安是歲九月國安自富陽渡錢塘江窺杭州存仁遣副將張杰王定國率師禦之斬四千餘級國安退保富陽又令定國出屯餘杭遇國安兵與戰自關頭至小嶺逐北二十里斬國安子士衍十月士英復以兵至去杭州十里爲壘五平南大將軍貝勒勒克德渾帥師赴之未至士英引去存仁與總兵官田雄追擊之斬五百餘級十一月士英國安復以兵至存仁與梅勒額眞季什哈及雄等帥師擊之敵溺江死者無算十二月士英國安屯赭山掠朱橋范村諸處存仁與梅勒額眞朱瑪喇及雄杰等分兵與戰國安所將水師數萬人殲焉餘衆俘馘殆盡三年二月有姚志卓者爲亂於昌化與國安相應存仁遣杰等擊走志卓復昌化五月敍功進三等昂邦章京六月遣副將張國勳等破敵太湖獲士英等戮之十一月存仁請設水師五千備錢塘江禦海寇四年五月遣副將滿進忠等收福州鎭東衞破海寇周崔芝遣副將李繡援浦城逐崔芝黨岑本高十二月遣副將馬成龍等破敵處州克景甯雲和龍泉三縣五年正月明宜春王議衍率衆自江西入福建保汀州山寨總兵官于永綬擊破之二月分兵克連城順昌將樂三縣獲明侍郞趙士冕總兵黃鍾靈等存仁自至浙江屢以疾乞休至是始得請受代以去六年八月起授兵部尙書兼右副都御史總督直隸山東河南三行省巡撫保定諸府提督紫金諸關兼領海防盜發榆園爲大名諸縣害存仁聞歸德侯方域才貽書咨治盜策方域具以對存仁用其計盜悉平七年上令疆吏考校諸守令以文藝最高下存仁出按諸府縣廉能吏有一二語通曉卽注上考非然者文雖工亦乙之監司請其故存仁曰我武臣也上命我校文我第考實文有僞實難欺也況諸守令多從龍之士未嘗教之遽以文藝校短長不寒廉能吏心乎

屢遇恩詔進一等精奇尼哈番兼拖沙喇哈番九年卒贈太子太保諡忠勤祀直隸山東河南浙江福建五行省名宦乾隆初定封三等子存仁弟子瑞午康熙間爲福建邵武府知府耿精忠叛徇諸郡邑瑞午不爲下死之子玘瑛珍珖玳瑜子婦王李皆從死事定贈瑞午太僕寺卿存仁孫璲康熙間以佐領從軍鄭成功將劉國軒攻海澄戰死贈拖沙喇哈番

論曰國初諸大政皆定自太祖太宗朝世謂承疇實成之誣矣承疇再出經略江南湖廣以逮滇黔皆所勘定桂王既入緬甸不欲窮追以是罷兵柄孟喬芳撫綏隴右在當日疆臣中樹績最烈張存仁通達公方洞達政本二人皆明將明世武臣未有改文秩任節鉞者而二人建樹顧如此資格固不足以限人歟抑所遭之時異也

清史稿　列傳二十五

蔣赫德　額色赫
車克　覺羅巴哈納
宋權　傅以漸
呂宮　成克鞏
金之俊　謝陞　胡世安　王永吉
黨崇雅　衛周祚　高爾儼　張端

蔣赫德初名元恒遵化人天聰三年太宗伐明克遵化選儒生俊秀者入文館元恒與焉賜名赫德崇德元年授秘書院副理事官予四戶漢軍旗制定隸鑲白旗順治二年擢國史館學士九年朝鮮國王李淏奏國內外奸徒謀不軌已伏其辜命與侍郎伊勒都齊敕往慰問十一年擢國史院大學士十二年詔諸大臣陳時務疏言察吏乃可安民除害乃可興利今百姓大害莫甚於貪官蠹吏懲治之法惟恃督撫糾劾以其確知屬吏之賢不肖也近每見各督撫彈章指事列欵贓跡纍纍及奉旨勘讞計贓科罪不及十之二三不曰事屬子虛則曰衙役作弊卽坐衙役者又多引雜犯律例聽其贖免何所懲憚而不肆行其志乎其始官胥朋比虐取瓜分事敗官嫁名於吏以覬然灰吏假貲於官以成展脫究之官吏倖游兩獲無恙糾劾雖行竟成故事請嚴飭各督撫糾劾勘讞覆奏時必全述原參疏語某款不實或開報虛構或承問故縱窮源質訊是非不容並立實係衙役詐騙按律坐以應得之罪不許折贖則貪蠹清而民蘇矣得旨下所司嚴飭行旋加太子太保十五年改文華殿大學士兼禮部尚書十六年加少保命齎册封朝鮮國王李棩侍讀碩博輝副之蔣赫德屢充殿試讀卷官教習庶吉士修輯明史太宗實錄充副總裁太祖太宗聖訓充總裁譯三國志成賜鞍馬十七年引疾乞休康熙元年起爲弘文院大學士二年調國史院九年卒諡文肅蔣赫德初爲明諸生嘗應鄉試夜聞明遠樓鼓聲曰此頽敗之氣國安能久不終試而去徧游九邊曰王氣在遼瀋將有聖人出吾蓄才以待可也旋爲太宗賞拔卒致通顯

額色赫富察氏滿洲鑲白旗人世居納殷祖莽吉圖當太祖時從其兄孟古慎郭和來歸額色赫事太宗從征伐自巴牙喇壯達授兵部理事官天聰九年從梅勒額眞巴奇蘭伐黑龍江部使還奏捷崇德三年擢秘書院學士五年睿親王多爾袞率師圍錦州命額色赫齎敕諭機宜會固山額眞圖爾格敗明兵於木輪河使還奏捷六年命與圖爾格及大學士范文程剛林如錦州按諸將離城遠駐遣兵還家睿親王以下坐降罰有差明總督洪承疇以援師至上又命額色赫詣軍前授諸將方略還奏敵勢甚張當益兵上遂自將擊破明軍既克錦州又命宣諭慰撫祖大壽及同降諸將士八年從貝勒阿巴泰伐明略山東下兗州同甲喇額眞穆成格等奏捷順治元年從入關授世職牛彔章京加半箇前程五年遷刑部啟心郎八年擢國史院大學士世職累進一等阿達哈哈番十三年命往朝鮮讞獄十五年改保和殿大學士額色赫再主會試修太宗實錄輯太祖太宗聖訓纂資政要覽並充總裁官累加少師兼太子太師十八年卒諡文恪

車克瓜爾佳氏滿洲鑲白旗人世居蘇完祖克爾素太祖時來歸父席爾那任牛彔額眞卒車克嗣兼巴牙喇轄天聰八年從上伐明自大同趨懷遠薄左衛城與巴牙喇纛章京圖魯什等設伏敗明將曹文詔騎兵略代州至五臺山還遇明將祖大弼兵擊敗之三年授戶部副理事官承政韓大勳私取庫金事發車克坐貯庫時未記檔論死命罰鍰以贖仍留部尋兼任甲喇額眞五年從鄭親王濟爾哈朗圍錦州令車克與噶布什賢噶喇依昂邦勞薩以三百人伏高橋北坐縱敵籍家財之半六年復從攻錦州擊破明總督洪承疇步兵順治元年從入關擊李自成授世職牛彔章京考績加半箇前程五年擢戶部侍郎從英親王阿濟格討姜瓖師下大同令車克援太原與巡撫祝世昌謀遣兵殲瓖將劉遷萬煉等七年兼任正白旗滿洲梅勒額眞世職累進二等阿達哈哈番八年改都察院參政駐防河間佐領碩爾對訐戶部給餉不均事具巴哈納傳車克亦坐降世職拖沙喇哈番旋擢戶部尚書十年復世職十一年加太子太保十二年擢秘書院大學士進少保十三年復進少傅兼太子太傅領戶部尚書十四年考滿加少師兼太子太師十六年命赴江南督造戰艦十七年命與安南將軍宗室羅託率師駐福建防鄭成功聖祖卽位召還調吏部尚書有阿那庫者與兄金布爭產上命均分之既又與本旗佐領吉儋爭言吉儋坐阿那庫違上旨牒戶部車克移刑部坐阿那庫罪絞阿那庫妻擊登聞鼓訟冤命覆勘車克當奪官命削加銜康熙元年復授秘書院大學士六年以疾乞休十年卒諡文端

覺羅巴哈納滿洲鑲白旗人景祖第三兄索長阿四世孫也年十七從軍佐太宗征伐有功天聰八年授世職牛彔章京九年命免功臣徭役分設牛彔巴哈納與焉崇德三年授刑部理事官四年擢參政兼正藍旗滿洲梅勒額眞七年以刑部勘將佐功罪失平奪世職順治元年擢正藍旗滿洲固山額眞與固山額眞石廷柱徇霸州滄州德州臨清皆下移師山西會固山額眞葉臣招降明總督李化熙等師自汾州趨平陽與廷柱擊破明兵至黑龍關降裨將三卒六千餘賚白金進世職三等甲喇章京三年從肅親王豪格下四川討張獻忠分兵定遵義夔州茂州斬所置吏數百降卒數千盡得其馬騾輜重餘寇悉平師還以勘甲喇章京希爾根軍功失實又肅親王欲以機賽爲巴牙喇纛章京不當巴哈納與索渾未阻止且共爲奏議奪官命降世職拜他喇布勒哈番尋擢戶部尚書八年世祖親政巴哈納奏事畢上問民間疾苦及國家無益之費巴哈納舉臨清採甎及通州五閘運漕二事以對上命卽永行停止尋兼正白旗滿洲固山額眞駐防河間牛彔額眞碩爾對訐告戶部發餉不均下法司鞫問部議巴哈納阿附睿親王厚白旗薄黃旗時方治睿親王獄坐巴哈納罪至死上命寬之削世職奪官籍其家三之二九年起授刑部尚書十一年同諸大臣分賑畿輔賜敕印以行累進少傅兼太子太傅十二年授弘文院大學士十五年改中和殿大學士十八年復設內三院又改秘書院大學士康熙元年兼鑲白旗滿洲固山額眞五年卒時鰲拜擅政巴哈納與不治卹不行聖祖親政其子巴什以請贈少師兼太子太師諡敏壯

宋權字元平河南商邱人明天啓五年進士官順天巡撫駐密雲受事甫三日李自成陷京師權計殺自成將黃鍹等睿親王師入關籍所部以降命巡撫如故權疏言舊主御宇十有七年宵衣旰食聲色玩好一無所嗜不幸有君無臣釀成大亂幸逢聖主殲亂復讐祭葬以禮倘蒙勅議廟號以光萬世則仁至義盡天下咸頌四海可傳檄而定明朝軍需浩繁致有加派有司假公濟私明徵外有暗徵公派外有私派民困已極請照萬曆初年爲正額其餘加增悉予蠲免勤求上理宜育賢才臣所知者如王永吉方大猷楊繩樹朱繼祚葉廷桂等均濟時舟楫惟上召而用之得旨嘉納尋又薦寶坻進士杜立德等十一人時權仍駐密雲撫治二十餘州縣兼領軍事旋以遵化當衝要命權移駐先後擊降自成黨數千豐潤盜起權捕治以未獲其渠疏請罷斥溫旨慰留尋疏陳祖軍民壯之害言明制祖傳軍籍隸在營路選取民壯隸在州縣身故則勾子孫子孫絕則勾宗族宗族盡則勾戚屬流離逃竄亂由此階請特沛恩綸除茲秕政又有私刻順天巡撫印僞爲糾舉咨文投部者事覺遂治權疏言用舍者君人之權黜陟者銓樞之政薦劾者撫按之職請飭各省撫按有關用舍大典必具疏請不須以咨文從事則百弊俱清疏入並如所請著爲令畿輔既平詔撥近京荒田及明貴戚內監廢莊畫爲旗地民田錯雜別給官田互易權疏言農民甫得易換之田廬舍無依耕種未備請蠲租三年又迭疏請蠲薊州田租一年除密雲荒地逃丁派徵錢糧與三協屯政守兵一予田十畝俱下部議行有詔優恤綠旗陣亡兵家屬權請特遣部臣莅視散給俾霑實惠三年擢國史院大學士五年遭母喪請終制命如常入直私居持服六年假歸葬親尋加太子太保七年還朝時議用明例遣御史巡方權力持以爲不可八年條陳時政又言宜復設巡按給事中陳調元王廷諫等劾權前後持兩端且追劾其母喪未除入闈主試下部議權老病宜罷歸遂命致仕九年卒部議權被論致仕祭葬宜殺禮上以權誅自成黨有功賜祭葬如例贈少保兼太子太保諡文康子犖自有傳

傅以漸字于磐山東聊城人順治三年一甲一名進士授弘文院修撰八年遷國史院侍講九年遷左庶子十年歷秘書院侍講學士少詹事擢國史院學士

十一年授秘書院大學士十二年詔陳時務條上安民三事加太子太保改國史院大學士先後充明史太宗實錄纂修太祖太宗聖訓並通鑑總裁又命作資政要覽後序撰內則衍義覆核賦役全書十四年命以漸及庶子曾本榮修易經通注十五年偕學士李霨主會試考官入闈例得携書籍言官請申禁以漸請仍如舊例許之入闈病咯血請另簡命力疾料理尋加少保改武英殿大學士兼兵部尚書旋乞假還里累疏乞休十八年解任康熙四年卒

呂宮字長音江南武進人順治四年一甲一名進士授秘書院修撰九年加右中允十年二月上幸內院召宮與侍講法若眞編修程芳朝黃機命撰柳下惠不以三公易其介論宮論有曰伊周衛霍爭介不介上喜曰此三公語列第一尋諭吏部翰林升轉舊例論資俸亦論才品呂宮文章簡明氣度閑雅遇學士員缺即行推補尋授秘書院學士閏六月遷吏部侍郎十二月超授宏文院大學士言官請禁江浙僉富戶運白糧並織造報充機戶部議已有例禁宮復請嚴飭督撫察究大學士陳名夏得罪十一年給事中王士禎御史王秉乾劾宮爲名夏黨宮引罪乞罷上命省改初平西王吳三桂專鎭漸跋扈宮與名夏及大學士馮銓成克鞏薦御史郝浴命巡按四川至是浴露章劾三桂三桂疏辨上爲罷浴宮與銓克鞏皆坐誤舉鐫二級留任宮以病乞假上遣醫療治問病狀疏言乞假已三月稟體怯弱人道俱絕僅能僵臥兀坐乞寬期調治御史姜圖南劾疏語褻嫚楊義復劾其曠職宮亦累疏乞罷十二年以修資政要覽書成加太子太保宮復疏申請賜貂裘蟒緞鞍馬命馳驛回籍俟病痊召用十三年敕存問賜羊酒十七年詔大學士尚書自陳宮不具疏左都御史魏裔介劾宮一病六年閒問杳然忘君負恩上以宮請告無自陳例諭毋苛求十八年世祖崩宮赴都哭臨病益殆還里康熙三年卒

成克鞏字子固直隸大名人父基命明大學士克鞏崇禎十六年進士改庶吉士避亂里居順治二年以左庶子李若琳薦授國史院檢討五年遷秘書院侍讀學士尋擢弘文院學士九年遷吏部侍郎十年擢本部尚書疏言臣部四司分省設官原以諮訪本省官評請令各司人注一簿詳列本省各官賢否參以撫按舉劾備要缺推選督撫舊無考成請令疏列事蹟消弭盜賊開墾荒田清理錢糧糾除貪悍定爲四則以別賞罰文選推陞請從掣籤但地方繁簡衝僻不同如江南蘇松等郡積弊之區非初任邑令所能振刷請取卓異官或陞或調通融補授行之有效即加優擢亦於選法無礙章下所司尋擢秘書院大學士以薦御史郝浴失人鐫二級十二年命還所降級十二年加太子太保左都御史缺員命克鞏暫攝並諭俟得其人仍回內院疏言用人爲治平之急務而大僚尤重今通政使李日芳甘肅巡撫周文葉陝西巡撫陳極新皆衰老昏庸亟當更易財用困乏宜定丈量編審之期學校冒濫宜嚴考貢入學之額任樞密者遇封疆失事不得借行查以滋推諉司刑憲者於棍徒詐害不得寬反坐以長刁風又若修築河工宜嚴冒銷杜侵欺此數事皆當振刷以圖實政上深韙之給事中孫光祀劾左通政吳達兄逵叛逆下法司勘擬克鞏疏論左都御史龔鼎孳與達同鄉徇隱不舉鼎孳疏辨不知逵爲達弟坐奪俸尋命克鞏回內院十五年加少保改保和殿大學士兼戶部尚書十六年加少傅兼太子太傅十七年遵例自陳諭不必求罷部推浙江布政參議李昌祚擢大理寺少卿先是揚州亂民李之春事發其黨亦有名李昌祚者克鞏與大學士劉正宗票擬未陳明又在吏部時薦周亮工擢至福建布政使坐贓敗克鞏疏引罪左都御史魏裔介劾正宗語連克鞏並及昌祚亮工事克鞏疏辨上責其巧飾下王大臣議罪當奪官世祖初以克鞏世家子知故事不次擢用值講筵命內臣將晝工就邸舍圖其象以進居常或中夜出片紙作國書詢時事克鞏占對惟謹至是論責其依違附和凡事因人仍寬之命任事如故十八年聖祖卽位復爲國史院大學士康熙元年調秘書院大學士二年乞休回籍克鞏迭主鄉會試稱得士湯斌馬世俊張玉書嚴我斯梁化鳳等皆出其門歷充太宗實錄太祖太宗聖訓總裁屢得優賚二十六年太皇太后崩赴臨三十年卒年八十四子亮編修光武昌守道

金之俊字豈凡江南吳江人明萬歷四十七年進士官至兵部侍郎睿親王定京師命仍故官疏請先蠲畿甸田租以慰民望又言土寇率衆降者宜赦罪勿論縛渠來獻分別叙功就撫之衆宜編保甲令安故業無恒產者別爲區畫尋奏薦丁魁楚丁啟睿線國安房可壯左懋泰郝絅等又劾通州道鄭煇優游養寇三關總兵郝之潤縱兵肆掠俱宜罷斥並請趣畿南北巡按及監司以下官赴任禁止滿洲官役額外需索驛遞夫馬疏入皆採行二年以京師米貴疏言大兵直取江南應令漕督及巡漕御史赴任金陵底定舉行漕政詔速議行因復上漕政八事疏下所司尋調吏部侍郎三年疏請酌定進士銓選之制五年擢工部尚書六年乞假歸加太子太保七年還朝八年調兵部加少保兼太子太保十年調左都御史疏言審擬盜犯請用正律不宜概行籍沒致累無辜又疏言直省提學例以僉事道分遣畿輔爲首善之區江南人才之會請以翰林官簡用均報可尋遷吏部尚書授國史院大學士十二年之俊病乞休上不允遣畫工就邸畫其象十三年諭諸大臣曰君臣之義終始相維爾等今後毋以引年請歸爲念爾等豈忍違朕朕亦何忍使爾等告歸昨歲之俊病甚朕遣人圖其容念彼已老惟恐不復相見不勝眷戀朕簡用之人欲皓首相依不忍離也之俊泣謝十五年改中和殿大學士兼吏部尚書同校定律例十六年詔立明莊烈帝碑命之俊撰文尋加太保兼太子太師復乞假歸十七年自陳乞罷溫諭敦召未至加太傅十八年復改秘書院大學士之俊自歸後屢以衰老乞休康熙元年始允致仕之俊家居有爲匿名帖榜其門以謗之者之俊白總督郎廷佐窮治之牽累不決事聞上不直所爲以律禁收審匿名帖鐫廷佐二級之俊削太傅銜九年卒諡文通謝陞山東德州人明萬歷三十五年進士官至建極殿大學士兼吏部尚書加少保兼太子太保崇禎之季明帝欲與我議和陞洩其語罷歸里李自成入京師陞與明御史趙繼鼎盧世淮逐自成所置吏奉明宗室香河知縣師欽城守尋奉表來歸授師欽知州命陞以建極殿大學士管吏部尚書陞至京師改命與諸大學士共理機務二年卒贈太傅諡清義胡世安四川井研人明崇禎元年進士官至少詹事順治初授原官四遷禮部尚書十五年授武英殿大學士兼兵部尚書聖祖卽位與之俊同改秘書院大學士以疾乞休累加少師兼太子太師康熙二年卒

王永吉字修之江南高郵人明天啟閒進士官至薊遼總督順治二年以順天巡撫宋權薦授大理寺卿四年擢工部侍郎永吉疏辭上責其博虛名特允之並諭永不錄用居數年有詔起用廢員復詣京師吏部疏薦八年授戶部侍郎條奏各衛所屯地分上中下三等請撥上田給運丁各項抵色銀請仍令官收官解本色物料動支折價採買洲田丈量累民請以蘆課幷入州縣考成五年一次丈量皆見採擇永吉家居究心黃河下游閼塞爲害嘗議修涇河閘濬射陽湖九年疏言黃水自邳宿下至淸河口淮泗之水聚於洪澤湖亦出淸河口二水交會淮泗弱勢不能敵黃折而南趨四百餘里出瓜洲儀眞方能達江一線運河收束甚緊卽有大小閘洞宣洩海口不開下流壅滯以致河隄十年九決海口在興化泰州鹽城境內輒爲附近居民塡塞乞敕河漕重臣相度疏濬復其故道淮泗消則黃河勢亦減時河以北諸省患水而江以南又苦旱屢詔蠲賑而湖廣四川閩廣諸鎭待餉甚急永吉疏請下廷臣籌足餉救荒之策上命永吉詳具以聞永吉因言各省兵有罪革占冒馬亦有老病弱羸十汰其二以百萬之餉計之歲可省二十萬卽以裁省之項酌定直省災傷分數則兵淸而賦亦減上嘉納之畿輔姦民每藉投充旗下橫行骫法永吉疏陳其害謂上干國法下失人心請敕禁王大臣濫收人投旗以息諸弊十年擢兵部尚書十一年與刑部尚書覺羅巴哈納等分賑直隸八府轉都察院左都御史擢秘書院大學士永吉在兵部鞫德州諸生呂煜匿逃人行賄讞未當下王大臣詰問永吉厲聲爭辨事上聞諭曰永吉破格超擢當竭力爲國乃因詰問輒至忿怒豈欲效陳名夏故態耶左授倉場侍郎十二年仍授國史院大學士尋加太子太保領吏部尚書十四年夏旱疏請下直省督撫按諸臣淸釐庶獄如有殊常枉屈奏請上裁贖徒以下保釋寧家下所司議行旋以地震具疏引咎上復責其博虛名十五年以兄子樹德科場關節事發左授太常寺少卿遷左副都御史十六年卒上以永吉勤勞素著命予優恤贈少保兼太子太保吏部尚書諡文通

黨崇雅陝西寶鷄人明天啟五年進士官至戶部侍郎順治元年以天津總督駱養性薦授原官調刑部疏言舊制大逆大盜決不待時餘俱監候秋後處決未嘗一罹死刑輒棄於市請凡罪人照例區別以昭欽恤新制未定幷乞暫用明律俟新例頒行畫一遵守二年復疏言流寇暴虐今勦滅殆盡恐寇黨株連下民未獲寧止請速頒恩赦督撫司道及府州縣各官簡用務在得人庶可廣皇仁布實政並得旨允行駱養性被訐貪婪通賊辭連崇雅讞不實免議給事中莊憲祖劾崇雅衰庸崇雅疏乞罷留之五年擢尚書六年加太子太保八年調戶部加少保十年引疾告歸命仍支原俸旋召還十一年授國史院大學士十三年復以老乞休加少傅兼太子太傅入謝上見其老賜御服諭曰卿今還里服朕賜衣如見朕也臨行復召見賜茶慰以溫語命大學士車克送之十三年敕存問康熙五年卒明福王時定從賊案崇雅與衛周祚高爾儼皆與衛周祚山西曲沃人明崇禎進士官戶部郎中順治元年授吏部郎中再遷刑部侍郎疏言各省逮捕土寇坐輒數十人請飭鞫訊得實具獄詞解部京師多訐訟請嚴反坐罪功臣犯法請復收贖之令調吏部疏言六部司屬請每歲令堂官

糾舉黜陟疆圉新闢招民百名即授知縣暫委各官即予本職乃一時權宜計請試以文義有不嫻者招民改武職暫委授佐雜皆下部議行擢尙書歷工吏二部十五年授文淵閣大學士兼刑部尙書改國史院以塋兄周㫜乞假還復起授保和殿大學士兼戶部尙書以疾乞休十四年卒謚文淸周祚居鄉謹厚聖祖稱之西巡遣大臣酹其墓周㫜明崇禎七年進士官御史順治初授原官官至兵部侍郎高爾儼直隸靜海人明崇禎十二年進士官編修順治初授祕書院侍講學士遷侍郎歷禮吏二部擢吏部尙書加太子太保九年爲御史吳達所論乞罷旋起補弘文院大學士十二年卒贈少保謚文端張端山東掖縣人父忻明天啟五年進士官至刑部尙書端明崇禎十六年進士改庶吉士李自成入京師端從忻皆降順治初忻以養性薦授天津巡撫端亦以薦授弘文院檢討三遷爲禮部侍郎十年授國史院大學士十一年卒贈太子太宗謚文安忻以靜海土寇亂罷後端卒養性崇禎時官錦衣衛都指揮使頗用事大學士吳甡戍周延儒死皆有力來降授總督尋坐事罷仍加太子太傅左都督進太子太師求自效授浙江掌印都司卒

論曰世祖既親政銳意求治諸臣在相位宜有閎規碩畫足以輔新運者如蔣赫德請懲貪蠹權首請田賦循萬歷舊額並罷祖軍民壯永吉議淸兵額卹災傷痛陳投旗之害之俊崇雅鄭重斷獄可謂能舉其大矣若巴哈納以細事塞明問以漸宮以巍科虛特擢及額色赫車克覺皆鮮所建白要其謹身奉上亦一代風氣所由始也

清史稿

列傳二十六

沈文奎　李棲鳳馬鳴佩

馬國柱羅繡錦　繡錦弟繪錦　雷興　王來用

丁文盛子思孔　祝世昌

沈文奎浙江會稽人少寄育外家王氏因其姓年二十爲明諸生北游遵化天聰三年太宗伐明下遵化文奎降從貝勒豪格以歸命值文館漢軍旗制定隸鑲白旗六年六月上自將伐察哈爾因略宣府邊外明文武大吏請盟上還師八月丁卯召文奎及同值文館諸生孫應時江雲深入宮賜饌命策和議成否文奎等皆言明政日紊中原盜賊蜂起民困於離亂勸上宣布仁義用賢養民乘時弔伐文奎等退各具疏陳所見文奎疏言先帝用兵之初勢若破竹蓋以執北關之釁名正言順其後多疑好殺百姓離心皆曰利我子女玉帛耳上寬仁大度推心置人今師次宣大長驅而入誰復敢當乃以片言之故卷甲休兵大信已著宜乘時遣使略遜其辭以踐張家口之約夫不利人之危仁也不乘人之亂勇也不失舊約信也一舉而三美歸焉或謂南朝首客王封次論地土人民和必不成臣謂和否不在南朝在上意定不定耳且和而成我坐收其利以待天時和而不成或薊鎭或宣大或山海乘時深入誕告於衆曰幽燕本金故地陵墓在房山吾第復吾故疆耳師行毋殺人毋刼掠則彼民必怨其君之不和而信我無他志矣大凌河降夷上赦之刀斧之下復加以恩育其所以去者皆父母妻子牽其念耳文王王政罪不及孥執殺逃亡已正國法豈可因兄及弟因父及子以一降夷而使衆降夷自危且使凡自大凌河降者人人坐疑非上明白宣諭上下睽違終不能釋也我國衣冠無制貪而富者即氓隸冠裳埒王侯淸而貧者即高官服飾同僕從乞上獨斷定衣冠之制使主權尊民志定賢愚僉奮國日以强雲深疏言南朝未能決和宜倍道徑取山海山海旣破八城折入於我再與畫界議好和乃可定應時疏言用兵當先足民年來國用不舒今歲又被災十室九空宜乘時究方略轉慮爲盜此宜急議者也八門征稅正稅外有羡銀稅一兩非增三四分不收朘削窮民脂血此宜嚴戢者也六部公廨已畢工人人當盡心力爲上治事否則不惟負上抑且負此巨室此宜申飭者也大凌河新夷固自取滅亡然邊防嚴則逋逃何自越此亦宜申飭者也是歲近明邊蒙古部民逃入沙河堡明兵索還文奎應時疏中曰降夷曰新夷蓋謂是也九月文奎復疏言臣自入國後見上封事者多矣而無勸上勤學問者上喜閱三國志此一隅之見偏而不全帝王治平之道奧在四書迹詳史籍宜選筆帖式通文義者秀才老成者分任迻譯講解日進四書二章通鑑一章上聽政之暇日知月積身體力行操約而施博行易而效捷上無曰此難能更無曰乃公從馬上得之烏用此迂儒之常談而付之一哂也上用人亦宜詳審臣第就書房言之書房出納章奏即南朝之通政司也自達海卒龍什罷五榜式不通漢字三漢官又無責成秀才八九閧然而來羣然而散遇有章奏彼此相諉動淹旬月上方求言而令喉舌不通是何異欲其入而閉之門乎宜量才委用或分任俾責有所專或獨任俾事有所總至筆帖式通文義者惟恩國泰一人宜再擇一二以助不逮立簿籍定期會使大事不過五小事不過十分而任之課勤惰察能否而從以賞罰則政柄不搖賢愚並勵矣七年七月疏言圖事功者以得人爲先務頃聞開科取士誠開創急事也然臣以爲非掄才之完策上宜發明諭不拘族類不限貴賤不分新舊有才能者許自薦知人有才能者許保舉自薦者擇有智識之臣畀以掄選而嚴挾私徇情之罰保舉者不避父子兄弟但令立狀記籍異日考其功罪與同賞罰然後親加省試量才錄用有技能則超擢無才行則責譴奴隸工商有善必取顯官貴戚有惡必懲招以眞心實意欣以高爵厚祿繩以嚴刑重罰好榮惡辱人情所同雖不能拔十得五於千百中得數人而已足爲用矣崇德元年甄別文館諸臣文奎列第二賜人戶牲畜授內弘文院學士七年八月以醉乘馬犯鹵簿論死上宥之仍命斷酒順治元年世祖定鼎七月命爲右副都御史巡撫保定時畿南未定保定大名眞定所屬諸州縣盜千百並起焚掠爲民害文奎到官駐眞定訓練所部兵與巡按衛周㫜謀捕治盜渠趙崇陽等數百人降有韓國璧者爲盜甯晉泊拒官軍文奎即用崇陽捕斬國璧殲其徒遂分部總兵王燝守備劉文選等將兵逐賊燝等討滅香爐裔家二寨戮其渠錢子亮趙建英文選等攻深州戮其渠于小安攻晉州戮其渠馬數全於是冀州郭世先保定李庫內黃李君相順德袁三才數十渠魁並就俘戮散其脅從錄驍勇置部下畿南漸定州縣吏征賦仍明季舊習優免多則蝕賦攤派行則厲民文奎疏請悉從正額甯晉泊地肥而賦輕豪右競占逋賦爲州縣吏累文奎疏請招民分耕納賦二年正月疏言畿南民重困歲貢綿絲諸品皆求諸他行省請改折色二月又論諸衛所地納賦丁入保甲皆當屬州縣吏並見採擇李聯芳張成軒等爲盜南皮鹽山間四月遣都司楊澄守備徐景山捕治戮聯芳等九十三人尋命加兵部右侍郎總督陝西五月改命總督淮揚漕運淮揚羣盜高進忠魏用通高陞三人者爲之魁復有鄺報國司邦基挾明宗室新昌王與相應爲亂文奎遣游擊裴應晹等擊斬用通總兵王天寵亦擊破陞報國邦基爲其徒縛詣江甯以降進忠走崇明亦降十二月復令總兵孔希貴蘇希樂逐盜如皋得其渠於錫藩劉一雄三年八月又與淮徐道張兆雄發兵擊斬邳州盜楊秉孝王君寔等江淮間始稍安十月疏請禁革蘇松諸府征漕積弊悉去官戶儒戶濟農倉諸名著爲令四年正月以擅免荒田賦又瀆請明陵祀典奪職五年十二月起爲內弘文院學士六年充會試總裁八年大學士剛林祁充格得罪文奎以知睿親王多爾袞令改實錄不上言當坐上命免議四月復命以兵部侍郎左副都御史總督漕運巡撫鳳陽請復姓沈氏七月疏請愼選運官淸核舍餘合選殷丁淸勾黃快皆漕政大端凡四事十年率師討膠州叛將海時行十一年遣兵捕朱周祺淸通泰濱海逋寇江北廬鳳淮揚諸府災文奎請蠲賦戶部議未定冬盡未啟征九月文奎坐督運愆遲左遷陝西督糧道尋卒與文奎同時以諸生直文館者雲深應時同被召對又有李棲鳳楊方興高士俊馬國柱馬鳴佩雷興輩蓋皆文奎疏中所謂秀才八九者也棲鳳方興國柱鳴佩興自有傳雲深後不著應時爲啟心郎以祝世昌請毋以俘婦爲妓爲改疏稿坐死士俊嘗上疏謂上定例一丁予田五日衣食於此出力役於此出民已苦不足況以繩量田名五日實止二三日將吏復占沃地役民以耕宜禁革民間貸金嘗視金多寡定取息重輕其有逾度者宜坐罪日者滿洲以計田士俊用當時語也士俊入關後嘗爲湖廣巡撫收長沙克衡州常德有勞方上召文奎等策議和成否亦諭吏民令建言有胡貢明者疏言我國與南朝未嘗無內外君臣之分今既議和嘗遣使修表姑聽其區畫如不欲爲之下遂圖大事必如漢高祖而後可因謂鼓舞用人養百姓立法令收人心皆未若漢高祖貢明先嘗上疏請更養人舊例略言太祖時方草創土地人民財用皆與諸貝勒均之今尙沿此習上名雖有國實不啻正黃旗一貝勒耳一人寸土上與諸貝勒互不相容十羊九牧即有中原不可以爲治出師得財當以三屬上七分畀諸貝勒得人衆而贖之視其賢不賢厚薄予奪權得以自操而人心亦歸于一至是又別疏申前說並反覆言養豪傑當破格如高祖之于三傑上覽先疏頗韙其語謂後出師當用汝議覽後疏責其語冗責復上疏抗辨七年又有扈應元者疏詆漢官但求名利語近戇略如貢明別疏陳七事謂備荒宜儲糧編丁宜恤老幼築城建關宜不妨農業出師宜選公正廉能吏揹循新下郡邑取士宜尙德行求言宜置諫官乘

機取天下在人心不在火器上覽其疏至論築城建關疑勿善也不竟閱應元亦上疏抗辨貢明隸鑲紅旗亦諸生應元隸正白旗自署隱士

李棲鳳字瑞梧廣寧人本貫陝西武威父維新仕明爲四川總兵官嘗官薊遼家焉馬鳴佩字潤甫遼陽人本貫山東蓬萊其先世嘗爲遼東保義副將因占籍遼陽左衞棲鳳鳴佩皆以諸生來歸事太宗並值文館崇德元年甄別文館諸臣棲鳳鳴佩俱列二等賜人戶牲畜漢軍旗制定同隸鑲紅旗世祖定鼎授棲鳳山東東昌道鳴佩山西冀南道順治二年收湖廣移棲鳳上荆南道鳴佩下湖南道方棲鳳值文館治事勤慎達海等聞於上上命司撰擬逐寫國書達海卒棲鳳言文館無專責稽貯官文書人得竊視慮有漏言上召王文奎等諮和議成否棲鳳上疏言臣侍文館幾七年今上與南朝議和謀及羣臣臣愚以爲時政有可惜者二當速圖者六先帝勞心力訓練勁旅以遺上上當法先帝賞罰出獨斷有功雖賤雖仇必賞有罪雖貴雖親必罰若不振奮鼓舞必且習爲泄泄弛已成之業此可惜者一也上天姿英敏誠大有爲之君也臣見諸臣章奏輒曰上寬仁大度此則諛耳創國之君不欲過刻亦不欲過寬用人聽言審察其可否中夜而思如何使人畏如何使人喜而後可以驅使倘信虛譽而咄于仁厚必誤上英敏矣此可惜者二也民以食爲天今歲水且蝗米值騰昂上宜速出師攻關外八城八城爲我有豈復慮我民之枵腹耶一失此機民無食且流散國亦稍稍衰矣當速圖者一也上舊得人民兵農工役物物皆備惟頻歲役民築城此毀彼建不得休民未必無怨昨聞大凌河西夷復加誅戮奈何先與之誓而後又殺之也今宜罷非時之工廣養人之惠當速圖者二也南朝東西支梧奔命不遑勢必且南遷祖大壽與上嘗有盟約當急遣使游說乘機進兵遲則失時當速圖者三也君雖聖必賴賢臣以調燮之近雖有一二骨鯁之臣位卑祿薄信任未專如永平道張春在彼中號有謀略上宜隆以禮遇心雖金石將爲我鎔我國雖邊鄙未始無才重賞之下必有勇夫當速圖者四也諸臣多請制定衣冠尙未允行夫所謂衣冠豈必如南朝紗帽圓領而後可但能別尊卑差貴賤卽是制度國體威嚴視斯人心繫戀視斯綱紀法度風移俗易莫不視斯當速圖者五也達海竭心力奉上及其卒歛乃無櫬其廉若此未聞上破格矜恤總兵布三取遼陽首功先帝賜敕免死今以事奪官且下之獄不過以愚直得罪功過貪廉自古無全才不可拘於一當速圖者六也其爲上荆南道參政明年六月遷湖廣右布政使十月命以右副都御史巡撫安徽吳繼程國柱等爲寇休寧婺源間棲鳳檄總兵李仲興許漢鼎等師師捕治獲所置總兵江烏鄭恩祥降張天麒江周等千人其黨趙正挾明瑞昌王誼貴攻宿松棲鳳率總兵卜從善冷允登禦之涔池斬千級獲誼貴及正子捷應弟允升招撫江南大學士洪承疇上其事旋坐屬縣濫征賦不舉劾左遷六年復自浙江嘉湖道參議授右僉都御史巡撫廣西明桂王由榔遣兵略廣東諸郡縣尙可喜耿繼茂軍駐廣州棲鳳駐南雄爲具儲胥七年合兵克韶州並破雷州廉州諸寨八年明將曾志建侵韶州棲鳳令南韶道林嗣環游擊張瑋等擊之斬二千餘級九年遣副將先啓玉等攻欽州獲叛將李成棟子元胤十年明將李定國自梧州侵肇慶棲鳳遣兵敗之龍頂岡尋分遣總兵徐成功吳進功等復維定州東安縣捷聞上手書知方略三字以賜又遣副將陳武李之珍徇高州至沙江敵循江岸列寨師渡江縱擊獲所置副將姚奇中軍余元璣等克化州吳川縣焚其壘殲敵以功進兵部右侍郎十五年三月考滿加兵部尙書六月命總督兩廣時明桂王走雲南其將陳奇策及明江夏王蘊鈐德陽王儼鋸等據上思州旁掠諸縣棲鳳令總兵栗養志等討之獲奇策等又勦撫那錦板强諸寨定太平思恩諸府十七年加太子少保十八年九月分設廣東廣西兩總督棲鳳督廣東十二月以老乞休康熙三年正月卒鳴佩天聰三年授工部啓心郎仍直文館六年與同官羅繡錦疏論輸糧令語詳繡錦傳崇德八年授牛彔前程順治三年自下湖南道參政授戶部侍郎銜總督江南糧儲兼理錢法疏言錢法首禁私鑄犯必誅並請設錢法道專其責江南軍饟不足請留關稅佐之皆議行八年入爲戶部侍郎十年改總督倉場侍郎十一年二月命以兵部左侍郎兼右副都御史總督宣大山西勸墾宣府大同荒地三千餘頃盜發平陽鳴佩令副將許占魁等捕治分兵扼險誅其渠張五等二百八十餘人降其黨九十餘十月加兵部尙書移督江南江西時鄭成功爲寇海上陳其綸汪龍等爲明將號爲侯伯據郡縣遙應成功鳴佩檄總兵胡有升等攻其綸瑞金砂大柏山寨其綸走寧都天心寨寨民獲以獻復獲龍九江並擊破成功之徒胡甯等未幾明將張名振以舟師侵崇明鳴佩亦以舟師禦之名振敗走得其副將林正禮等復周歷松江崇明諸郡邑視形勢疏陳水陸攻守之策會給事中張玉治言江甯提督當移駐蘇州吳淞宜增兵上令鳴佩覈議鳴佩請令江甯提督分兵守劉河福山蘇松提督駐吳淞不煩更增兵但令與江甯提督互策守禦爲犄角得旨如所議十二月名振兵復侵崇明以舟師斷海港官軍莫能渡鳴佩密令民束草創梯佐軍焚敵舟俘馘無算名振夜引去十三年正月降所置總兵顧忠副將黃忠董禮等百餘人顧忠故劇盜號綱倉顧三善水戰至是降敵益沮復率參將吳守祖等出海至浙江獨山破敵分兵討吉安贛州盜敗之上坪討徽州盜劉花橋諸寨閏五月以目疾乞罷進三等阿達哈哈番康熙五年正月卒鳴佩嘗薦梁化鳳有大將才及成功入攻江甯賴化鳳破敵棲鳳鳴佩子弟皆才棲鳳弟棲凰漕運總督加太子太保棲鵬棲鸞總兵棲鳴廣東提督子鎭鼎亦官廣東提督加太子太保鳴佩子雄鎭自有傳

馬國柱遼陽人天聰間以諸生直文館六年諸生胡貢明請更養人舊例語附見沈文奎傳國柱上疏謂以家喻國上猶祖父諸貝勒猶子弟而人則妻孥也祖父重持家子弟喜佞嬖好惡不同不能迫而從也我國正直者多貧賤貪佞者多富貴正謫而邪申欲國之興得乎宜採貢明議無分新舊人悉養於上如疑八家分人而贍爲先帝舊例試思先帝時雖曰分贍而厚薄予奪操之一人今昔相較果何如乎況善繼志者謂之大孝先帝至今日亦當更舊習苟益於國何有於小嫌且利於八家而上獨擅焉誠不可也今養人乃勞事雖專之庸何傷先是國柱與高鴻中鮑承先寧完我范文程等合疏請置言官是疏並申言之而諸上書言時事者屢應元徐明遠許世昌仇震疏中往往及是應元事見沈文奎傳明遠明兵部吏自永平降隸鑲黃旗疏並請禁交結定法度立管屯將吏考課黜陟之制禁管臺將吏掊克士卒禁八門監權不得用重秤豁流亡戶籍錄閒冗吏革鬻良人爲妓世昌正紅旗牛彔章京疏並請定先帝諡號建中書府震明武進士都督僉事疏自署俘臣並請譯書史申法律簡賢才與明通和八年太宗命禮部設科取士中式爲舉人國柱與焉直文館如故崇德初始置都察院三年授國柱理事官漢軍旗制定隸正白旗順治元年從入關授左僉都御史師已定大同代州七月命國柱以右副都御史巡撫山西道昌平出居庸關至代州任事師自忻州克太原國柱進駐太原師行任策應汾州平陽潞安澤州諸府以次底定李自成將李過高一功走保綏德國柱疏請分兵東西夾擊使賊首尾不相應上韙其議二年遣游擊楊捷擊斬陽曲盜閻汝龍別將討嵐縣盜高九英降四十餘寨交城盜梁自雨河曲盜李俊與九英犄角國柱復分兵捕治國柱撫山西年餘捕誅自成餘孽伏民間者安集撫循民漸復業客軍數往來苦供億繁國柱悉心措置民不知兵十月擢兼兵部侍郎總督宣大四年七月加兵部尙書移督江南江西河南三行省五年正月安慶亂者馮洪圖陷巢縣掠無爲州國柱令按察使土國寶從侍郎鄂屯師師討之獲洪圖及其黨廖懋修鍾武等江西總兵金聲桓叛其將潘永禧犯徽州國柱遣滿洲駐防官兵擊破之復祁門黟二縣上命征南大將軍譚泰帥師討聲桓克九江南康饒州等府明尙書余應桂據都昌出沒鄱陽湖國柱令副將楊捷等從譚泰攻克都昌獲應桂復擊敗其將鄧應龍等於武甯十月廣東叛將李成棟自南雄侵贛州國柱遣將與江西巡撫劉武元合兵擊殺之六年有王定安者爲亂於湖廣陷羅田結英山盜陳元等掠霍山國柱遣中軍副將朱運亨等擊之戰於三尖山元等引去又令總兵卜從善剿白雲梅家英窠諸寨明石城王統錡率五千餘人自金紫寨赴援倚山列陳從善與戰俘馘甚衆獲所置總兵孔文燦副將方學達等國柱復率師會江甯昂邦章京巴山提督張大猷討六安盜鬭將軍寨擊斬其渠張福寰降所置總兵王俊副將霍維倫等安徽境諸弄兵者往往依山結寨相望至是始盡明魯王以海在舟山其將吳凱據大蘭山爲聲援上命國柱策剿撫國柱知甯波諸生方聖時與以海臣嚴我公友使爲游說我公遂降國柱護送京師上遣齎敕招凱國柱復寓書焉凱與其將顧奇勛姜君獻陳德芝等降七年加太子少保九年七月有張自盛者爲亂於福建闌入江西境保太覺巖國柱檄提督劉光弼擊斬所置總兵李全等遂獲自盛十一年正月明將張名振攻崇明劉河吳淞國柱募水師遣總兵王璟副將張恩達分將之敗之於靖江復敗之於秦興燬其舟名振引去二月有賴龍者爲亂於湖廣號紅頭賊自桂東侵江西境國柱與湖廣總督祖澤遠合兵攻桂東得龍亂乃定復加太子太保旋致仕國柱初至江南駐防兵與民不相習國柱善爲撫戢令行禁止兵民相安康熙三年二月卒天聰八年舉人凡十六人漢人習漢書者齊國儒朱燦然羅繡錦梁正大雷興馬國柱金柱王來用得八人國柱及繡錦與來用入關後皆至督撫而國柱繡錦與又同値文館繡錦亦遼陽人以諸生來歸天聰五年與馬鳴佩同授工部啓心郎六年上以大凌河新附人衆計國中無問官民計口儲糧有餘悉輸官視市值記籍徐爲之償有餘糧不輸者許家人告發繡錦鳴佩疏言民有餘糧孰肯輸之官縱令首告有仇則訐無仇則隱所得必少且民不敢以糧入市新人糧不足及舊人之

無糧者皆無所於糴不若出令無問滿漢蒙古官生軍民人輸糧一斗有糧者固易辦無糧者人出銀二三錢糴以輸官亦無大損其有餘糧願輸官者獎以升賞此兩便之術也崇德元年五月授內國史院學士纂太祖實錄成得優賚漢軍旗制定隸鑲藍旗七年兼牛彔額真順治元年從入關七月命以右副都御史巡撫河南時李自成西走其黨掠衛輝懷慶間而原武新鄉諸縣盜競起繡錦至官與總兵官祖可法等謀防禦疏言自成之衆二萬餘攻懷慶甚急明尙書張縉彥等擁兵河上副將郭光輔參將郝尙周不應徵調叛而爲寇明兵在南流寇在西請發兵靖亂上已令豫親王多鐸爲定國大將軍帥師南征令取道河南捕治羣寇繡錦亦遣衛輝參將趙士忠等攻破婁兒寺盜寨擒其渠繡錦請以北河荒地萬餘畝令守兵屯墾得旨僉允二年十一月擢兵部右侍郎總督湖廣四川湖南諸州縣尙爲明守自成從子錦擁衆降於明侵湖北繡錦至荊州錦率衆來攻順承郡王勒克德渾自江寧來援錦敗走勒克德渾師還錦又至繡錦師師禦之錦復敗走有胡公緒者據天門八百洲四出焚掠狀署鹽道周世慶繡錦遣中軍副將唐國臣署總兵楊文富等分道討之獲公緒毀其巢三年六月遣總兵官徐勇擊破麻城山寨獲其渠梅增周文江岳州署總兵官高較龍等擊斬滿大壯獲龍見明等九月明總督何騰蛟寇岳州繡錦遣將禦之多所斬獲十月遣總兵鄭四維等定彝陵枝江宜都三州縣四年定南大將軍恭順王孔有德等略湖廣取長沙衡州寶慶辰州諸府繡錦條奏增設鎭協下部議行王光泰以鄖陽叛上命侍郎喀喀木帥師討之繡錦與合兵克鄖陽光泰走四川五年金聲桓以江西叛湖南騷動常德武岡辰沅諸府州復入於明繡錦疏留喀喀木駐荊州而分遣總兵徐勇馬蛟麟等分守要隘屢敗明將馬進忠等上復命鄭親王濟爾哈朗共率師徇湖南漸收諸郡縣繡錦疏請移降卒腹地毋使師還後復爲餘孽煽誘上嘉納其言九年七月卒贈兵部尙書弟綸錦自通政司理事官再遷終貴州巡撫興亦遼東人太祖時以諸生選直文館事太宗授秘書院副理事官崇德間遷都察院理事官漢軍旗制定隸正黃旗順治元年十月命以右副都御史巡撫天津李聯芳張成軒爲亂滄州南皮間興與總兵官婁光先帥師討之成軒等將遁出海師已扼海口乃驚潰投水死者强半興復遣兵捕治斬渠脅盜盡散疏言大沽海口爲神京門戶請置戰船爲備下所司議行二年四月移巡撫陝西陝西方被兵民多流亡興招徠撫綏疏述其狀上旌以冠服裘馬三年肅親王豪格帥師自陝西徇四川師未至有孫守法者爲亂於興安賀珍又以漢中叛興移潼關兵戍商州密檄漢羌道胡全才爲備待師至悉戡定興疏請隴州置兵臨洮鞏昌留屯軍防邊皆報可四年四月以疾乞罷十年八月復起巡撫河南未上卒贈兵部侍郎來用亦隸鑲藍旗授工部啟心郎順治初再遷山西布政使三年師略四川三月授來用戶部右侍郎總督山西川陝糧餉駐西安疏言陝西兵後民困請蠲荒徵熟山西銅缺鑄錢多定値過低商不前請酌增四年疏言漢南遘賀珍亂蹂躪荒殘請恩賑兼敕部儲備肅親王還師餉糈五年疏言河西回亂運河阻諸軍南討請發湖廣漕供餉又言漢中屯軍歲餉數十萬請專設餉司皆如所請六年疏言兵出鎭瞻其孥如所食糈司兵者請自離伍日起司餉者請自到軍日起持異議請定例畫一部議以應徵日起中途逃亡不得濫與八年正月御史聶玠劾來用專倚中軍王楨自隳職業部議左遷援赦免七月裁缺九年命巡撫順天十年移駐河間十一年以定南王孔有德喪歸其屬吏或格詔書不出迎坐左遷十四年改授河南大梁道尋卒

丁文盛廣寧人初爲明諸生天命六年歸太祖天聰間授兵部啟心郎七年正月偕同官趙福星疏言師行戒毋擾民子女玉帛秋毫無犯但發倉庫以佐軍興攻關東八城當先其易者後其難者舍寧錦前衛但得其他小城因糧以度師進攻山海衛制編民爲兵十丁而取一當令諸申喇及領屯將吏愼選年事盛强身家相稱者毋許以他人代永平砲兵衣食不足宜擇其技精者授千總督演習食糈視鑄砲之工哈喇沁降者置遵河外慮且逃亡宜移屯腹地及孔有德耿仲明來降五月文盛福星上疏請水陸並進攻山海取旅順幷言毛帥來歸令金漢官吏出羊雞鵝米肉以贍其兵臣慮新人未必肥而舊人已不勝瘠復使市馬力尤不能舉若用八門稅一二月已足孔有德等毛文龍部曲文龍嘗使冒其姓故是時猶稱毛帥及旅順既下七月文盛福星復請城旅順加意防守考績授世職牛彔章京順治初從入關授山東登萊兵備道參政二年六月授右僉都御史巡撫山東濰縣盜張廣爲亂以數千人攻萊州文盛令游擊馮武卿等討之戰三埠再戰紅山口斬廣黨尼思齊趙明春廣走平度游擊楊遇明逐之及於徐里疃射廣殪殲其徒明季馬政弛驛馬缺求諸民文盛疏請以餘存驛站銀市馬明季增牙稅及他雜稅文盛疏請罷臨清東昌平山諸衞置兵五千人虛額逾半文盛疏請減留二千人節餉令州縣募壯丁逐捕盜賊別疏又請敕有司淸刑獄禁獄卒毋虐囚皆下部議行三年盜發茌平高唐諸縣文盛請兵上遣副都統覺善率師捕治四年文盛被彈事不勝任左遷河南按察使稍遷福建布政使七年卒文盛子思孔字景行順治九年進士選庶吉士四遷授陝西漢羌道副使康熙二年巡撫賈漢復劾思孔追胥役蝕糧草逾限左遷河南開封府同知思孔詣通政使自列胥役蝕糧草獄瘐家罄事上巡撫巡撫久乃入告未嘗逾限下總督白如梅勘寔復授直隸通薊道直隸未設布政按察兩司八年巡撫金世德請增置保定守道領錢穀以授思孔再遷江南布政使時吳三桂亂方定師行江西湖廣思孔主餽餫應期不悞禁旅還自福建庀役具舟科量悉當修蘇州府學置育嬰堂養濟院諸政皆舉二十一年遇大計總督于成龍以思孔督賦未中程不得舉卓異特疏薦廉能上命准卓異二十二年擢偏沅巡撫偏沅所領七郡溪山環互民獠雜處反側初定餘孽每煽亂思孔撫其渠羣盜漸散復嶽麓書院御書旌楣二十七年移撫河南方上而有夏逢龍之亂復移撫湖北逢龍私自署置千總胡耀乾參將李廷秀馬兵周凱萬金鎰皆號總兵守備林德號副將上命振武將軍瓦岱帥師討之趣思孔詣荊州主餽思孔以武昌倉庫皆陷賊諸軍餽乏乃發河南庫帑護詣襄陽諸軍賚以濟疏報稱旨七月瓦岱師至蹙賊黃州誅逢龍而耀乾等尙據武昌拒命思孔至漢口具舟渡江單騎叩漢陽門呼耀乾出見耀乾等遂降思孔入武昌數耀乾等罪而誅之並戮所置巡撫傅爾學布政婁方順驛道金奇功凡八人武昌遂定九月復設湖廣總督以命思孔陳龍越八者逢龍之徒也二十八年五月謀爲變期夜半思孔晡始聞執陳龍越八戮於市他悉不問設水師分戍武昌荊州岳州常德嘗歲饑便宜發帑市米江西平値以糶三十三年四月移督雲貴八月卒

祝世昌遼陽人先世在明初授遼陽定邊前衛世襲指揮十數傳至世昌爲鎭江城游擊天命六年太祖克遼陽世昌率三百餘人來降仍授游擊統其衆命董築瀋陽遼陽海州三城事竟授瀋陽城守昂邦章京天聰五年從征大凌河六年太宗閱烏眞超哈兵賚諸將世昌與焉尋遷禮部承政授世職參將七年七月克旅順世昌疏請大舉伐明謂攻城當專用紅衣砲國中新舊三十餘具瀋陽留四具城守已足餘悉載軍中砲多則糜藥亦多藥局製藥硝丁淋硝慮不足於用旅順新獲硝磺宜以其半送瀋陽製藥師行克城邑當得練達謹愼之吏不求小利不貪財賄乃能戢民心保疆圉宜預選令從軍備任使用兵當兼奇正輕兵先發奪人畜掠儲峙然後整軍挾紅衣砲自大道徐進上尋遣貝勒阿巴泰等將二千人略山海關外未深入引還崇德七年疏請禁俘良家婦鬻入樂戶上諭都察院承政張存仁祖可法曰世昌豈不知朕禁樂戶而爲此疏不過徇漢人藉此要譽耳朕度世昌身在我國心猶繫明世昌果忠於明明以元功臣田劉張三姓之裔隸樂戶世昌何不聞有言乎朕視滿蒙漢若一體爾等同心輔國譬諸五味貴調劑得宜若各相庇護是猶鹹苦酸辛不得其和爾等徇世昌而不舉劾咎在爾等曾子曰吾日三省吾身爾等能如曾之省身則何過之有旋命固山額眞石廷柱馬光遠與諸漢官會鞫坐世昌死其弟世蔭同居知其事啟心郎孫應時爲改疏稿皆死禮部承政甲喇章京姜新甲喇章京馬光先見疏稿稱善當奪職坐罰上命誅應時而貸世昌世蔭徙邊外席北新解承政與光先皆貰罪順治二年召還隸漢軍鑲紅旗四年七月授右副都御史巡撫山西時盜發孟五臺永寧靜樂諸縣世昌遣兵捕治五年十二月上遣英親王阿濟格等戍大同備邊總兵官姜瓖疑見誅遂叛世昌檄諸縣兵還守省城瓖遣兵陷朔州岢嵐攻代州急世昌師師赴援疏請發禁旅出居庸取大同分兵出紫荊關至代州濟師上命阿濟格等討瓖別遣敬謹親王尼堪等師師鎭太原六年正月瓖將姚舉等掠平原驛犯冀甯道王昌齡下忻州固山額眞庫魯克達爾漢阿賴等破舉衆石嶺關舉棄忻州走旣復襲陷甯武萬鍊踞偏關劉遷破繁峙靜樂及交城東關世昌疏趣援尼堪師至出攻甯武逾月未下移師向大同瓖黨以其間攻陷保德交城石樓永和諸縣世昌復請發禁旅守太原曲沃李建泰以大學士罷歸謀應瓖叛世昌得其手書以聞會瓖爲其將楊振威所殺以大同降師討定汾絳潞安永甯甯鄉諸州縣建泰與瓖將李大猷等入太平師從之建泰等亦降是歲平陽盜虞允韓昭宣爲亂攻陷州縣應瓖陝西總督孟喬芳將兵擊破之世昌以聞山西底定七年卒謚僖靖

天聰間有徐明遠者疏陳時事因言軍中得良家婦上悉令歸故夫此誠如天之仁禹湯文武殆莫能過臣竊見遵化永平俘得良家婦其主貪利輒鬻入樂戶得無損上仁聲且樂戶旣多吏民游冶損財物耗精血於國無益買良爲賤古著於令甲今豈可任其所爲而不之禁乎明遠蓋自永平降者事亦見張存仁傳世昌繼以爲言乃得罪

論曰順治初諸督撫多自文館出蓋國方新造用滿臣與民閡用漢臣又與政地閡惟文館諸臣本爲漢人而侍直既久情事相浹政令皆習聞爲最宜也文盛世昌未嘗直文館而自太祖朝已來附捍讜效忱遂與文奎棲鳳國柱輩分領疆圻各著聲績天聰間諸言時政者並以類附見當時章奏流傳蓋尠經綸草昧毋俾終湮也

清史稿 列傳二十七

李國英　劉武元

庫禮　胡全才

申朝紀（馮之先 劉宏遇）　于時躍（蘇宏祖）

吳景道（李日芃）　劉清泰（佟岱 秦世禎）

陳錦

李國英漢軍正紅旗人初籍遼東仕明隸左良玉部下官至總兵順治二年與良玉子夢庚來降三年從肅親王豪格下四川討張獻忠授成都總兵五年擢四川巡撫獻忠既滅其將孫可望劉文秀等降於明分遣所部王命臣等竄川南譚洪譚文譚詣楊展劉惟明等竄川東與李自成舊部郝搖旗李來亨袁宗第劉二虎邢十萬馬超等遙爲聲援洪犯保寧國英擊敗之命臣據順慶國英分兵三道水陸並進克其城獲其將李大德朱朝國等邢十萬馬超所據地近保寧國英偕總兵惠應詔討之獲其將胡敬復潼川遂之至綿州獲所置吏呂濟民等尋招惟明展來降遂下綿州六年進復安縣克彰明破關山縣徇石泉有謝光祖者據寨抗師行遣兵破斬之七年遣副將曹純忠劉漢臣徇川北諸郡縣設伏擊斬寇渠老鐵匠黃鷂子十九年可望文秀大舉寇保寧橫列十五里勢張甚國英督兵擣其中堅別遣兵出間道擊其後大破之授世職二等阿達哈哈番十一年加兵部尙書時可望等破成都重慶夔州嘉定皆爲明守吳三桂李國翰駐軍漢中國英請敕進兵十三年加太子太保十四年擢陝西四川總督三桂等自漢中下重慶遂趨貴州文洪詣二虎等分屯忠州萬縣合軍攻重慶總兵陳廷俊嚴自明禦之敗走文又合十三家兵逼重慶國英自保寧赴援次合江詣殺文以降國英入城安撫洪亦與其將郝承裔陳達先後出降文所部猶據涪忠二州國英遣總兵王明德擊破之十七年承裔據雅州復叛國英督兵至嘉定分三道進勦破竹箐關入承裔走黎州追獲之十八年川陝各設總督命國英專轄四川康熙元年明石泉王奉鋡攻敘州國英討平之時搖旗來亨二虎宗第等據茅麓山出掠四川湖廣陝西錯壤諸州縣議三省合軍討之國英疏言賊巢橫據險要我師進攻未能聯合宜豫會師期分道並入使賊三路受敵彼此不暇兼顧一路既平就近會師賊可盡殲上命將軍穆里瑪圖海將禁旅討之國英與西安將軍富喀禪副都統都敏會勦明年督兵進巫山趨陳家坡破二虎壘二虎走死搖旗宗第夜遁總兵梁加琦佐領巴達世逐之至黃草坪獲搖旗宗第及所置吏洪消鰲等又遣總兵李良楨破小夾寨獲明東安王盛浪叛將賀珍子道寧以所部降四年疏言全川底定裁留通省兵四萬五千名以馬二步一戰守各半定額從之五年卒諡勤襄七年追敘國英功授世職一等阿思哈尼哈番孫永陞襲職雍正間官南陽總兵坐事戍軍台世宗念國英前勞召還游擢至工部尙書以永陞從子時敏襲職乾隆初定封一等男

劉武元字鎭藩漢軍鑲紅旗人初籍遼東仕明官游擊佐祖大壽守大凌河天聰五年從大壽出降崇德六年授刑部參政順治元年改授甲喇額眞予世職三等甲喇章京二年授天津兵備道三年擢南贛巡撫四年遣副將劉伯祿徐啓仁等勦捕瑞金石城興國龍南寧都上猶諸州縣土寇克魚骨蓮花丁田鈎刀嘴諸寨斬其渠葉南芝劉志諭劉飛等五年正月金聲桓王得仁以南昌叛江西諸郡縣皆附外連閩粵贛州介其間武元召諸將歃血誓得仁以二十萬人來攻啓仁出降圍合武元城守三月糧盡斥家財佐軍勵士卒奮戰遂破得仁兵得仁退屯東山引武元空城出戰將設伏邀擊武元知其謀天未明兵數百持炬爲前驅得仁兵望見伏盡出力戰得仁中創遁聲桓聞我師至九江謀退保南昌武元出奇兵襲其後敗之大湖港斬獲無算十月叛將李成棟復來攻衆號百萬武元先出兵數百撓之夜縋城出死士刼破十餘壘遂令諸將分兵東西南三門出戰大破之成棟以數騎走敘功加右都御史兼兵部侍郎賜紫貂冠服甲冑佩刀鞍馬六年征南大將軍譚泰既克南昌遣梅勒額眞覺善等與武元會師克信豐成棟宵遁墮水死武元分遣副將先啓玉參將鮑虎游擊左雲龍等捕成棟餘黨定瑞金雩都崇義諸縣進攻梅嶺破木城五獲成棟將劉治國七年平南王尙可喜徇廣東師自南安入武元遣副將栗養志以兵從克南雄韶州二府又遣副將高進庫游擊楊繼洪起元等勦寧都土寇彭順慶副將楊遇明劉伯祿賈熊董天用等勦大庾土寇羅榮順慶應聲桓爲亂自號軍門竊伺郡邑榮自明季倡亂楚粵間自號五軍都督聚衆數萬阻山結寨二十餘四出刼掠至是皆就戮敘功加太子太保兵部尙書遇恩詔進世職一等阿達哈哈番又一拖沙喇哈番十年引疾還京十一年卒贈少保諡明靖灝武元長子襲職疏請追敘武元贛州全城功進二等阿思哈尼哈番官至副都統浩武元次子康熙間官廣西潯州知府孫延齡叛城陷被戕并及其子中樞中梁中柱中樹事聞贈太僕卿

庫禮喜塔臘氏滿洲正白旗人太祖創業初其四世祖昂果都理巴顏來歸庫禮事太宗崇德初徵朝鮮兵從征伐命庫禮將其軍五年睿親王多爾袞等伐明圍錦州上遣戶部參政碩詹使朝鮮發水師五千人米萬斛詣大凌河庫禮與梅勒額眞洪尼哈將三十人導六年從鄭親王濟爾哈朗圍錦州克其郛斬八百餘級復與噶布什賢噶喇依昂邦薩穆什喀攻松山北崖庫禮以朝鮮兵二百餘先登科爾沁部人或降於明發礮中庫禮手庫禮不爲動督戰益力卒破明兵攻松山明兵擊正紅廂藍二旗分守地庫禮與左翼將領勒卜式擊之明兵引卻以功授世職牛彔章京賚所獲牲畜七年擢戶部參政順治初改戶部侍郎論定都功加半箇前程旋坐阿豫親王多鐸指集親八旗女子論罰鍰二年命如淮安總理漕儲四年九月鹽城土寇竊發庫禮與漕運總督楊聲遠親往撫慰未幾其渠周文山等以八百人夜襲淮安自夾城東門缺口入攻庫禮官廨庫禮率中軍張大治旗鼓王國印將帳下卒數十人禦之其妻盡出廨儲矢僕婢齎送助戰衆皆一當百自丑至辰所殺傷過當文山等潰走逐斬百八十餘級盡收其印劄軍械城賴以全有稱明益王者奉唐王聿鍵隆武號屯廟灣有衆數千舟百餘將攻淮安庫禮與聲遠等計設伏以待敵舟揚帆直上至車家橋伏發水陸夾擊敵死者過半餘衆走還廟灣固山額眞張大猷巡撫陳之龍以師從之敵據劉莊塲爲屯凡十以次剿撫旬日乃盡定考滿進二等阿達哈哈番尋召還七年致仕復進一等阿達哈哈番加拖沙喇哈番卒諡僖恪

胡全才山西文水人明崇禎進士官兵部主事順治元年固山額眞葉臣定山西疏薦起原官二年自郎中授陝西漢羌道駐漢中時叛將賀珍爲亂全才上官撫綏彫瘵安集流亡招明將趙光遠部曲齊陞王明德李世勳等來降盡收其軍械與知府楊可經等練士卒聚芻糧爲備珍突至圍城陞等奮勇衝擊世勳中流矢死城守三十餘日援師至珍遁走漢中得全工部侍郎趙京仕疏言漢中重地宜設巡撫且薦全才才稱任三年擢寧夏巡撫四年疏請頒本朝律典及性理通鑑諸書令士子誦習又疏言寧夏舊額兵三萬有奇設總兵及中軍副將分統之其後兵裁及半罷中軍副將往者總兵應徵發叛將王元遂乘隙戕巡撫焦安民爲亂宜復舊制廣兵額設中軍調征興慶副將馬寧嘗擒斬王元請仍補斯缺下部議並如所請元黨馬德旣降復叛全才與總兵劉芳名發兵討誅之語詳芳名傳是歲山陝蝗見全才爲捕蝗法授州縣吏蝗至如法捕輒盡不傷稼因以其法上聞命傳示諸直省初全才任漢羌道時令凡受賀珍劄付者許自首仍予劄付如其官旋揭告漢羌總兵尤可望苛罰冒饟藏匿僞官可望即以擅給劄付訐全才並坐罷全才詣部自陳部議以全才功大罪小復除江西饒南道十年經略洪承疇奏薦令從征湖南尋命撫治鄖陽提督軍務李自成將郝搖旗劉體純等降於明及明桂王走南徼遂屯聚房竹羣山間爲盜全才分兵扼衝要駐察穀城南漳諸地形勢檄諸將進討屢勝十三年明桂王所置總兵李企晟入鄖陽與搖旗等合全才遣諸將朱光祚等密捕之執企晟旋擢湖廣總督卒官贈兵部尙書諡勤毅

申朝紀漢軍鑲藍旗人初籍遼東天聰八年授刑部啓心郎文館朱延慶疏陳時事薦朝紀溫雅正直練達世務處家儉守身約訥言敏行足任鴻鉅崇德元年賜人戶牲畜順治元年授河南河北道駐懷慶李自成之黨二萬餘來犯朝紀登陴守禦晝夜不少懈有渠乘白馬薄壕麾衆攻城朝紀舉砲殪之賊悉竄二年遷江南布政使擢山西巡撫三年疏言驛遞累民始自明季計糧養馬按畝役夫臣禁革驛遞濫應里甲私派請飭勒石各驛永遠遵守俾毋蹈前轍

又疏言各省驛站銀舊額十五萬有奇明季裁充兵餉驛費不足輒私派於民請敕部復原額又疏言賦役全書應裁應留諸項請覈實詳酌俾有司不得私徵濫派疏並下部議行四年陽城民王希堯賈國昌等以邪教倡亂朝紀遣中軍都司白璧同冀南道武延祚率兵捕治悉誅希堯國昌等汾州營卒李本清任興等據永寧銅柱寨爲亂朝紀赴汾州遣冀寧道王昌齡等率兵捕治獲本清等焚其寨寧鄉民楊春暢等復以左道據冷泉寨爲亂朝紀遣平陽副將范承宗等討平之擢宣大山西總督五年卒延慶漢軍鑲黃旗人入關官至江西巡撫順治間治山陝著績效者又有馬之先劉宏遇馬之先漢軍鑲藍旗人初籍金州衛順治初以諸生授昌平知州四遷至湖廣布政使七年授江西巡撫土寇王才據終南山肆掠之先遣游擊陳明順等自子午鎭進剿才竄走敗之高關峪又敗之化羊峪獲才又捕治諸盜何紫山孫守金唐珍玉等十一年自成餘黨劉二虎郝搖旗等侵入陝西境之先與漢興總兵趙光興發兵三道迎擊破小廣峪寨斬其將傅奇遷宣大山西總督十三年調川陝總督加兵部尙書入覲上諭之曰陝西天下咽喉爾當視孟喬芳倍加勤愼方克有濟十四年卒諡勤僖劉宏遇漢軍正藍旗人初籍遼東與弟奇遇並以諸生入祖大壽幕佐軍諸天命間太祖伐明次三岔河宏遇與奇遇挈家來歸籍明諸邊兵馬數目並晝戰守事陳奏上曰得廣寧當官汝久之未用崇德元年上疏乞自效命大學士范文程等試之授弘文院副理事官順治元年譯遼金元三史成賜白金鞍馬尋授工部理事官遷山西朔州道二年與副將侯大節等捕治蔣家峪黑草嶺土寇擢陝西布政使五年授安徽巡撫金聲桓叛江西皖北盜蜂起宏遇如池州分遣鎭將逐捕盜渠王甙甫等移駐安慶與總督馬國柱捕治英山霍山潛山諸盜得其渠孔文燦等餘盜悉平六年裁缺召還七年授山西巡撫時姜瓖亂初定其黨竄匿保德五台府谷諸縣山谷間宏遇請免逋賦甦驛困矜恤諸死事家又疏言兵後民田荒蕪殆盡前此師討姜瓖竭蹶供芻糧令捕治餘寇日需輓輸値二麥未收秋禾遇蝗災農失耕時得旨下所司蠲賑又與總督佟養量總兵剛阿泰剿五臺山寇劉永忠高鼎降陝西土寇楊茂宏遇撫山西四年建忠烈祠祀守土諸臣死姜瓖亂者並修太原陽曲學宮築汾河諸隄山西民誦其惠旋以捕治土寇未入奏卽籍沒給事中張璿論宏遇專擅尋奉詔甄別督撫宏遇左授福建督糧道十八年卒

于時躍漢軍正白旗人初籍廣寧順治二年以諸生授安徽合肥知縣尋遷河南懷慶知府四年擢河南道靈寶盧氏二縣寇發時躍與副將寇徽音游擊孔國養等入山捕治破其寨斬寇渠劉芳張進澤張三桂等寇乃平七年遷山西按察使時躍善聽訟訟至卽定讞民稱之曰于不落九年遷山西布政使坐在陝西薦舉屬吏失當左遷經略洪承疇薦其才命赴軍前効用尋復薦補湖廣驛鹽道十二年超擢廣西巡撫明宗人盛濃盛添據富川結土寇王心蔣乾相等糾集猺獞竊旁近郡縣時躍會提督線國安總兵全節討平之十三年明將龍韜屯柳州時躍密約國安與定南王護衛李茹春總兵溫如珍等督兵攻之陳斬韜逐北三十餘里餘衆悉遁十四年師下雲南時躍疏請賓州設兵防守並分屯柳州備策應下所司議行明桂王由榔號召諸降附土寇假以公侯分據郡縣爵林則李勝李喬華懷集則何奎豹李盛功富川賀縣則馬寶梁忠南寧太平則賀凡儀曹友並倚險爲巢四出侵掠獞寇羅法達廖仁倫等復擾臨桂永福荔浦修仁諸縣時躍親督兵捕治所陷城邑次第克復敍加都察院副都御史十八年擢廣西總督明德陽王至濬走安南時躍招使來降敍功加右都御史康熙二年卒蘇宏祖漢軍正紅旗人初籍遼陽崇德三年以舉人授戶部啓心郎賜朝衣一襲免丁四八年考滿授世職牛彔章京順治初授河南河北道累遷陝西布政使世職累進三等阿達哈哈番十年坐計典失實左授福建福甯道十三年遷左僉都御史十五年授南贛巡撫十七年雩都寇發宏祖斥資造火器遣兵擣其巢禽其渠李玉廷別有土寇謝上逵羅一鑑徐黃毛等據廣東平遠五指石界連閩贛宏祖發兵討之上逵詐降潛走匿紅畬宏祖遣將李宗韶以計禽斬一鑑黃毛等七人夜進兵逐賊至柑子窩中木溪毀五指石寨攻紅畬賊縛上逵獻斬之十八年遣游擊王把什捕治廣昌土寇乘雨攻不備破滴水羊石二寨斬千餘級禽其渠幸連昇蕭來信康熙元年甄別督撫宏祖解任三年卒

吳景道漢軍正黃旗人初籍遼東廣甯衛天聰間授吏部啓心郎崇德元年改都察院理事官疏劾刑部理事官郎位貪汙不法狀鞫實黜郎位追贓貸死郎位銜景道甚誘都察院筆帖式李民表與同居訐景道鞫虛民表坐誅籍郎位牛彔景道以不察民表違禁移居他旗罰如例景道疏論睿親王多爾袞專擅坐奪官順治二年起授河南布政使擢巡撫時河北初定河南五府餘寇未靖寶豐宋養氣新野陳蛟商城黃景運等各聚數千人侵掠城邑景道檄總兵高第副將沈朝華等分道捕治誅養氣等四年鄖陽土寇王光泰率千餘人犯淅川景道遣參將尤見等與總兵張應祥合兵擊郤之五年羅山土寇張其倫據雞籠山寨出掠景道遣都司朱國强佟文煥等督兵討之破寨擒戮其倫幷其黨朱智明趙虎山等曹縣土寇范愼行等煽寧陵商邱考城虞城儀封蘭陽祥符封邱諸縣土寇並起爲盜屯黃河北岸景道檄第督兵討之寇退保長垣第以師從之寇走蘭陽景道遣文煥督兵追擊斬千餘級薄曹縣寇列柵拒守景道檄總兵孔希貴自衛輝道肥城斷寇東走路游擊趙世泰都司韓進等率精騎分道夾擊戰於東明殲寇數千獲愼行誅之餘衆悉潰敍功加兵部侍郎七年進尙書八年商州土寇何紫山等掠盧氏夜襲世泰營第督兵扼擊走商南景道檄應祥督兵討之寇盡殲九年以塞汴河決口與河道總督楊方興同賜鞍馬冠服十年以老疾乞休十三年卒贈太子太保諡慤僖李日芃漢軍正藍旗人初籍遼陽太宗時命以諸生入內院理事賜五戶順治元年授永平知府三年遷霸州兵備道授知州張儒策論降土寇李振宇等數百人擢僉都御史四年加右副都御史授操江巡撫金聲桓以江西叛日芃親督兵屯小孤山磨盤洲令同知趙廷臣參將汪義游擊袁誠等迎擊五年戰於彭澤得舟二十餘寇中礮及溺死者無算六年裁安徽巡撫命日芃攝其事土寇余尙鑑挾明宗室統錡勾聲桓餘黨據險爲二十餘寨掠桐城潛山太湖諸縣日芃遣副將梁大用等督兵討之克皖潤寨進園飛旗寨斷水道分兵四路合擊拔之又破桃園等寨擒戮統錡尙鑑餘大小和山等十八寨皆降九年加兵部侍郎十年討平徽州赤嶺土寇張惟良十一年甄別直省督撫加兵部尙書明將張名振屢自海入江犯鎭江瓜州垻漕艘日芃令於鎭江檀家洲測江水淺則植樁深則編筏環以鐵索阻來舟兩岸置礮南自鎭江至圌山北自瓜洲至三江口建新隄設木橋通巡兵往來令圌山瓜洲等四營守備更番督水師防禦五里置一汛譏察詳密諸寇匿江爲亂俘斬略盡十二年加太子太保旋卒諡忠敏

劉清泰漢軍正紅旗人初籍遼陽名朝卿以諸生歸太宗賜今名崇德六年試一等入內院辦事順治二年擢弘文院學士九年充會試副考官授浙江福建總督時鄭成功據廈門陷漳浦海澄南靖諸縣上命其父芝龍作書敕清泰諭降十年二月清泰疏劾巡撫張學聖巡道黃澍總兵馬得功前此偵成功赴粵潛襲廈門攫其家貲致成功修怨連陷城邑學聖等並坐黜三月清泰得成功報芝龍書略言就撫後願得浙東嶺南地駐兵清泰疏上聞並論成功語浮誇議撫當詳愼上嘉其遠慮五月平南將軍金礪攻海澄以餽不繼還軍漳浦會上敕封成功海澄公畀以泉漳惠潮四郡地遂罷兵清泰請駐軍浦城備不虞從之十一年疏言成功雖降不薙髮其黨還掠如故降無實意宜發禁旅赴福建駐要地資策應下諸王大臣議清泰旋以病乞假還駐杭州成功發兵攻陷漳泉上授鄭親王世子濟度爲定遠大將軍率師討之左都御史龔鼎孳疏劾清泰當金礪攻海澄不能同心合力及招撫未定又不控扼險要致海疆被陷坐奪官十八年聖祖卽位起秘書院學士授河南總督康熙三年以報墾荒地萬餘頃加兵部尙書四年以疾致仕卒佟岱漢軍正藍旗人先世居佟佳父佟三歸太祖任梅勒額眞佟岱與兄養量同授牛彔額眞養量順治初官至宣大總督駐陽和有惠於民佟岱崇德元年從伐朝鮮以縱掠降民坐死命奪官罰鍰以贖三年授吏部副理事官兼甲喇額眞六年師圍錦州七年攻塔山杏山皆在行擢正藍旗漢軍梅勒額眞八年從克前屯衛中後所予世職牛彔章京順治元年從克太原二年從討李自成師自陝西徇湖廣遂下江南與總兵金聲桓駐守九江定南康南昌瑞州袁州諸府以所俘獲奏聞因疏言故明錦祥王慈若等衰殘廢棄或存其餘喘彰我朝浩蕩之仁得旨故明諸王赴京朝見旋令攝湖廣總督三年還京授兵部侍郎復從征湖南自岳州進長沙戰衡州克寶慶武岡六年復從討姜瓖拔渾源左衛朔州汾州太谷諸城世職累進一等阿達哈哈番兼拖沙喇哈番歷戶吏諸部十一年代清泰爲浙江福建總督疏請申海禁斷接濟片帆不得出海違者罪至死十二年成功陷舟山十三年復陷台州佟岱與巡撫秦世禎不協互劾上爲移世禎操江巡撫召佟岱還京以李率泰代佟岱不卽行復疏自敍剿撫功上責其冒功戀祿下李率泰等按狀奪官留軍功三等阿達哈哈番卒秦世禎漢軍正藍旗人初籍廣寧順治二年以貢生除直隸文安知縣三年行取授御史疏請畫一各省裁免賦役從之四年巡按浙江八年甄別臺員列一等尋命巡按江南世禎察淮揚各郡蠹役害民嚴治其罪徒黨聚盟仇訴告者世禎執爲首者繫之獄疏上其事並言懲蠹於事後不若使不爲蠹請飭督撫以下至州縣毋於經制外濫設胥役並定年限毋令久充上從之時方大兵後田畝淆亂官爲丈量胥役因緣爲姦世禎令編列魚鱗册使民自丈量贏縮胥復其舊荒坍皆有別州縣徵賦民或逾額

輸納世禎限夏稅五月秋糧九月先給易知單示以科則定數又令每甲彙列賦額及輸戶爲滾單使里長按戶遞傳輸賦則塡注先行之蘇州民以爲便條列以聞通行諸府又以徵銀設櫃有司奉行不實請增司府印封立日收簿輸戶自封投櫃驗數書之簿又請革僉點粮長之例改官收官兌並下部著爲令巡撫土國寶貪酷病民以世禎劾能十年還京遷大理寺丞十一年擢浙江巡撫疏請增造戰艦精選水師別疏言沿海漁舟往往通寇請按保甲法以二十五舟爲一隊無事聽採捕有事助守禦並議行十二年與佟岱互劾調操江巡撫解佟岱任命暫管總督事尋以李率泰等疏論成功陷舟山世禎不能辭咎與佟岱並奪官卒

陳錦字天章漢軍正藍旗人初籍錦州仕明官大凌河都司崇德間來降予世職牛彔章京加半個前程漢軍旗制定授牛彔額眞順治元年自內院副理事官授登萊巡撫靑州土寇楊威秦尙行結明將劉澤淸爲亂錦遣兵討平之二年土寇張廣焚掠掖濰諸縣遣兵擊敗之廣降於澤淸復寇平度犯萊州錦遣兵捕治授策設伏徐家疃射殺廣盡殲其衆擢操江總督與招撫大學士洪承疇並駐江寧三年明瑞昌王誼石等密結城人爲亂錦與承疇詗知之閉城捕治諸爲亂者誼石以兵至擊破之四年疏言圌山爲鎭江咽喉江寧門戶宜建立砲臺置兵備江北要口設臺亦如之兩岸兵船接哨分防沿江設烽墩使聲勢相通章下部議行遷浙江福建總督鄭成功爲寇據延平將軍寨地高險俯瞰諸縣攻不能破錦命壘土高與寨等乘以登陴遂克之歲大饑錦遣兵次第收復撫輯流亡民賴以安五年成功將鄭彩以舟師入據長樂連江諸縣錦與靖南將軍陳泰等分兵收復師進次興化斬成功將顧世臣等十一人六年遣總兵張應夢馬得功等復羅源永春德化福安諸城江西山寇侵延平陷大田尤溪錦遣兵收復獲明新建王由棅等七年疏請進攻舟山八年錦與固山額眞金礪劉之源提督田雄等會師以大艦隨潮出敗明兵於橫洋獲其將阮進乘霧攻舟山明魯王以海出走遂克之墮其城置定關總兵駐師守焉九年成功寇漳浦平和錦督兵赴援戰江東橋敗績左次同安賊夜入其帳刺中要害遂卒贈兵部尙書

論曰國初民志未壹諸依山海險岨而起者往往自託於明遺要之爲民害廓淸摧陷封疆之責也國英定四川合師討茅麓山績最高武元守贛州庫禮守淮安全才守漢中禦寇全城亦其亞也朝紀等捕治土寇皆能勤其官者若淸泰策鄭成功謂挾怨而叛殊不中事理錦屢勝而衅遽爲何人所賊防衛亦稍疏矣

科爾崑　覺善

甘都　譚拜 法譚

席特庫　藍拜

鄂碩　伊拜 弟庫爾闡

阿哈尼堪 星訥　褚庫

科爾崑阿顏覺羅氏滿洲正藍旗人世居瓦瑚木祖翰太祖時來歸父碩色官牛彔額眞科爾崑初爲貝勒阿巴泰護衛事太宗未冠從伐察哈爾朝鮮皆有功令隸噶布什賢崇德五年從伐明圍錦州明兵數萬屯松山科爾崑與牛彔額眞索渾巴牙喇甲喇章京瑚里布挑戰敗之明總督洪承疇總兵祖大壽合兵十餘萬迎戰科爾崑與索渾等陷陳殪驍騎數十六年從英親王阿濟格伐明駐杏山明兵數千自寧遠至科爾崑先衆馳擊逐敵至連山馬中流矢仆科爾崑躍起殪敵騎奪馬乘以還從英親王視濠敵猝至索渾陷圍中科爾崑單騎翼以出明兵數千自沙河所至侵牧地率噶布什賢兵擊破之七年從貝勒阿巴泰伐明次豐潤破明軍次河西務與巴牙喇甲喇章京鄂碩將數十騎偵敵敵將將射科爾崑先發貫其臂逐之從馬上相搏同墮水敵將頎有力搤科爾崑胄抑使入水科爾崑搤其脛而踣縶以歸八年授牛彔額眞兼兵部理事官順治元年入關擊破李自成逐之至慶都從固山額眞葉臣攻太原設伏殲敵又從英親王阿濟格討自成湖廣屢剿敵壘敘功授世職牛彔章京三年從肅親王豪格西討張獻忠次漢中擊破叛將賀珍進擊獻忠戰西充鳳凰山大破之獻忠既殪復與輔國公岳樂尙書巴哈納等殲其餘黨師還累進二等阿達哈哈番六年授噶布什賢章京從鄭親王濟爾哈朗征湖廣破湘潭下寶慶武岡分兵趨沅州與巴牙喇甲喇章京白爾赫圖以數十騎先驅白爾赫圖陷陳失其馬科爾崑奪敵馬授之上馬突圍出復縱騎奮擊破敵進沅州自道州出龍虎關進世職一等兼拖沙喇哈番九年從敬謹親王尼堪徇衡州明將李定國列象陳迎戰科爾崑語巴牙喇甲喇章京西伯臣曰象不畏矢石惟鼻脆吾爲君射之矢再發貫象鼻象奔師從之追奔數十里敬謹親王鬬勝輕騎疾進遇伏戰沒科爾崑三入圍求得王遺骸師進次寶慶明將孫可望以數萬人屯山巔科爾崑督兵奮擊可望潰走貝勒屯齊遣學士碩岱與科爾崑還奏軍事疏不言王戰沒事聞下議政王貝勒大臣會勘科爾崑言不知疏云何鄭親王呵之科爾崑大言曰臣自髫齔侍太祖弱冠事太宗轉戰二十餘年今奏事不明死其分奈何輕相侮上察其無罪命寬之但奪世職十三年擢巴牙喇纛章京十四年從大將軍羅託下貴州既定貴陽令科爾崑以五千人取黃平梅勒額眞瑪爾賽副之明將白文選據七星關科爾崑令瑪爾賽將二千人出萬奇嶺大道誘文選出戰僞敗數十里文選躡其後科爾崑將三千人自間道疾趨出文選軍後瑪爾賽還戰文選敗走克黃平師還康熙元年出定義州土寇二年從將軍穆里瑪圖海下湖廣討李自成餘黨李來亨等圖海出歸州穆里瑪出宜昌科爾崑與噶布什賢噶喇依昂邦賴塔將五千人先驅迭戰皆勝次茅麓山郝永忠以數萬人與來亨合拒戰科爾崑升山覘之俟隙縱擊破之夜設伏來亨以萬餘人襲我軍伏發敗走明日復戰來亨兵以大刀藤牌護陳我師張兩翼科爾崑擣其中堅陳潰來亨倚譚家砦屯糧計持久科爾崑分兵破石垵進圍砦其將李嗣名出戰中流矢死科爾崑斷其後道十餘日其將高必玉等出降科爾崑還與穆里瑪合軍圖海亦至令滿洲兵守隘綠旗兵爲長圍困之來亨自經死餘黨悉降自成餘黨至是乃盡殄師還授世職拖沙喇哈番科爾崑從征伐常爲軍鋒廉介嫉惡遠勢鰲拜專政科爾崑獨不附八年卒子巢可託官至盛京刑部侍郎

覺善李佳氏滿洲正紅旗人世居薩爾滸父通果歸太祖授牛彔額眞卒覺善嗣滅葉赫克瀋陽遼陽皆在行間授世職備禦擢甲喇額眞天聰三年從太宗伐明下永平四城佐固山額眞納穆泰等守灤州明兵來攻圍合覺善勒兵出戰奮趵踰塹與甲喇額眞阿爾津牛彔額眞庫爾纏趨擊明兵潰奔俄復集迫城下覺善擊卻之明兵發石壞城堞覺善力禦明兵不能登凡五敗明兵阿敏棄永平出關納穆泰等亦突圍走明兵阻道力擊敗之師還與諸將待罪上以覺善力守城既出猶殺敵釋其縛進世職游擊五年上自將圍大凌河明兵自錦州驟至屯小凌河岸上遣偏師渡河迎擊兵不盈二百覺善奮入陷重圍力戰得出我兵別隊與明兵戰有軍校爲明兵所得援之歸明監軍道張春總兵吳襄將步騎四萬距大凌河十五里駐軍覺善從貝勒碩託以右翼兵直躪春壘明兵敗挫進世職二等甲喇章京崇德五年授正紅旗梅勒額眞駐防義州六年從攻錦州坐攻圍不力罰鍰上攻錦州自將軍松山杏山間明兵薄我軍謀奪砲覺善以所部禦之明兵敗走師圍松山掘塹立營明兵夜來侵復戰卻之八年與梅勒額眞譚布等駐錦州又從鄭親王濟爾哈朗伐明攻寧遠明總兵吳三桂邀戰擊卻之進攻前屯衞明兵出戰蒙古兵稍卻覺善督右翼兵奮擊大破之遂克其城順治元年從入關擊李自成覺善創於砲仍奮戰二年進世職一等從順承郡王勒克德渾南征次江甯自成餘黨一隻虎等寇湖北命移師討之三年師次石首令與固山額眞葉臣等率精銳徇荊州破敵分勦遠安南漳宜昌悉定師還賜黃金十兩白金三百兩山東土寇擾恩齊河平陰諸縣命覺善率兵討之斬其渠耑地王其衆萬餘殲焉五年從大將軍譚泰討叛將金聲桓七月師薄南昌至六年正月克之移師討叛將李成棟攻信豐覺善督所部樹雲梯先登拔其城師還次贛州復分兵戡定新喻安福諸縣敘功並遇恩詔世職累進二等阿思哈尼哈番賜號巴圖魯七年從睿親王畋於中後所坐私出射獵降一等阿達哈哈番兼拖沙喇哈番八年上親政復世職擢都察院左都御史尋命仍專領梅勒事進世職三等精奇尼哈番十五年以老病乞能康熙三年卒諡敏勇乾隆初定封三等男子吉勒塔布自有傳

甘都先世自葉赫徙居巴林因氏巴林太祖時率子弟來歸授牛彔額眞旗制定隸蒙古鑲藍旗天聰元年從伐明次寧遠明兵屯城北山岡甘都手大纛直前擊破之三年復從伐明克大安口復敗明兵於玉田上自將取永平四城克遵化甘都與焉即命佐察哈喇等駐守四年師棄遵化出邊甘都殿擊敗追兵八年予世職三等甲喇章京授兵部參政崇德三年考滿進二等甲喇章京尋更定部院官制改兵部理事官冬從貝勒岳託等伐明擊敗明太監高起潛遽

明都衍山東克濟南四年春師還道鑑縣復克其城以功進一等甲喇章京五年從索海等伐索倫部索倫兵五百據掛喇爾屯拒戰甘都及理事官喀喀木督兵破柵入斬級二百俘二百三十人以歸六年從伐明圍錦州明總督洪承疇屯松山屢以步騎出戰甘都輒擊敗之恭順王長史徐勝芳爲敵困甘都突入陣援之出七年錦州下以功加半個前程順治元年從入關破李自成復從豫親王多鐸徇陝西克潼關取西安二年五月移師定江南復與固山額眞恩格圖瑪喇布等下宜興崑山諸縣進三等梅勒章京三年從端重親王博洛略浙江逐明將方國安至黃巖國安入城守圍合甘都察國安勢蹙撤圍縱使出擊之國安兵大潰城遂拔師入福建甘都先衆克分水關逐明唐王聿鍵至汀州降漳州及漳平縣五年命署巴牙喇纛章京從征南大將軍譚泰徇江西討叛將金聲桓七年三月進二等阿思哈尼哈番尋卒於軍

譚拜他塔喇氏滿洲正白旗人父阿敦事太祖天命元年正月朔旦太祖始建號諸貝勒大臣上表阿敦與額爾德尼侍左右受表額爾德尼跪展讀如禮阿敦尋領固山額眞太祖初征取撫順李永芳出降阿敦引謁太祖厥後事不著譚拜事太宗天聰五年以牛彔額眞從伐明圍大凌河城祖大壽城守遣百餘騎突圍出譚拜與巴牙喇甲喇章京布顏圖追斬三十餘人獲馬二十有四八年授世職牛彔章京遷甲喇額眞九年從伐察哈爾收降人遂伐明代州譚拜與噶布什賢章京蘇爾德安達立將四十人伏忻口明邏卒三百經所伏地斬馘過半崇德元年從伐明薄明都北趨蘆溝橋再敗明兵二年與甲喇額眞丹岱薩蘇喀等將四十人略明邊次清河明兵七百拒守擊之潰搴纛二並獲其馬三年從貝勒岳託伐明入牆子嶺攻豐潤擊明兵多墜壕死復攻破明太監馮永盛諸軍四年從略錦州率巴牙喇兵破明兵於城南以功加半個前程五年授兵部參政六年兼任正白旗蒙古梅勒額眞七年冬從伐明山東克利津八年春出邊以所部擊敗明總督趙光抃范志完總兵吳三桂白廣恩諸軍師還賚白金以功進三等甲喇章京順治初從入關三年擢兵部尚書尋從肅親王豪格西討張獻忠道陝西與固山額眞瑪喇希等擊敗叛將賀珍下四川屢破獻忠兵復與固山額眞李國翰渡涪江敗獻忠將袁韜四年調吏部尚書旋殲獻忠入關後世職四進至二等阿思哈尼哈番七年三月卒子瑪爾賽附鰲拜語見鰲拜傳孫多奇輝降襲三等乾隆初定封三等男法譚亦他塔拉喇氏滿洲正紅旗人世居瓦爾喀初以巴牙喇壯達從滅葉赫取遼陽授牛彔額眞天聰三年從攻甯遠敗明兵於城北山岡七年取旅順崇德三年從伐明敗密雲步卒趣山東克鄚城四年從伐虎爾哈部克雅屯薩城六年從圍錦州禦明總督洪承疇兵於松山遂敵至塔山擊之多赴海死八年從攻甯遠克前屯衛中後所順治元年擢甲喇額眞兼工部理事官從入關破李自成從順承郡王勒克德渾逐自成湖廣其兄子錦犯荆州法譚以精騎蹂之斬獲甚衆降自成弟孜及其將田見秀等世職累進一等阿達哈哈番兼拖沙喇哈番五年授右翼步軍總尉康熙元年以病致仕卒

席特庫佟佳氏滿洲鑲藍旗人父努顏率族屬歸太祖授牛彔額眞卒席特庫嗣事太宗擢噶布什賢章京率兵出錦州得明諜明兵自耀州至席特庫赴援卻敵從圍大凌河裨將多貝陳沒席特庫入陳以其尸還明兵自寧遠來援與戰一卒墜馬席特庫領纛入陳援以出六年與巴牙喇甲喇章京鰲拜等略明邊八年與噶布什賢章京圖魯什詗敵錦州松山皆有俘馘察哈爾部人有散入席爾哈席伯圖者上命席特庫與蒙古布哈塔布囊等逐捕斬七十餘級得其戶口牲畜尋與卦爾察尼堪以二十騎往濟農城偵明兵至西拉木輪河遇降明蒙古百人席特庫設伏盡殲之二人逸而奔席特庫射殪其一一爲我國諜者所獲上嘉席特庫以少勝多賜甲冑旌之復從大貝勒代善略大同敗明兵自陽和轉戰趣天城左衛徇宣府與噶布什賢章京吳拜設伏破敵進世職三等甲喇章京九年從貝勒多爾袞略山西自平魯衛入寧武關擊敗明兵復與甲喇額眞布顏等詗明兵錦州與噶布什賢噶喇依昂邦勞薩等躡明兵冷口崇德三年從貝勒岳託伐明入牆子嶺明兵自密雲突出與勞薩分兵擊敗之得巨砲二十復擊敗明總督吳阿衡攻眞定破太監高起潛兵追至運糧河敵夜犯本旗營偕牛彔額眞俄兌等力戰卻敵六年從鄭親王濟爾哈朗圍錦州明兵自杏山赴援鄭親王設伏令席特庫以噶布什賢兵誘敵伏發還擊大破之明總督洪承疇出松山拒戰席特庫與勞薩力戰破敵師復圍錦州承疇以十三萬人赴援席特庫與噶布什賢八章京迎戰擊敗其將王樸等承疇退塔山我師躡擊屢勝復退杏山席特庫縱橫馳突追至筆架山斬四百餘級得馬二百四十有奇獲纛六明兵自松山杏山二城潛遁席特庫與噶布什賢章京布爾遜追擊斬數百人得其駝馬七年克松山從豫郡王多鐸伐明明兵自寧遠至擊卻之以功進世職二等甲喇章京旋率兵自界嶺口毀邊牆入敗山海關明兵將攻薊州明總兵白騰蛟白廣恩合軍赴援席特庫與噶布什賢章京瑚里布督兵奮擊破陳斬將得馬六百有奇順治元年從入關破李自成將唐通於一片石固山額眞葉臣徇山西上命席特庫益其軍至絳州渡河下汾州平陽降自成將康元勳進攻黑龍關降明將及其兵三千人二年移師略湖廣逐自成至安陸斬四百餘級奪其戰艦進世職一等三年從豫親王討蘇尼特部騰機思次土喇河土謝圖等部以兵遮道席特庫督兵追擊斬獲無算迭進一等阿思哈尼哈番康熙五年卒

藍拜亦佟佳氏滿洲鑲藍旗人父噶哈太祖時來歸授牛彔額眞藍拜事太宗天聰八年授巴牙喇甲喇章京從固山額眞阿山略錦州又從噶布什賢噶喇依昂邦勞薩率兵迎察哈爾部衆之來歸者擢梅勒額眞崇德四年以不稱職解任尋命偕承政薩穆什喀索海征索倫部仍領梅勒事道虎爾哈部攻克雅克薩城索倫部長博穆博果爾迎戰與索海設伏夾擊大破之以功授世職牛彔章京賜貂皮及所獲人戶六年從鄭親王濟爾哈朗圍錦州明兵來奪砲擊卻之擢兵部參政明總督洪承疇援錦州藍拜與諸將進擊破三營敵乘雨侵右翼藍拜及甲喇額眞遜塔等與戰敵敗走尋調禮部順治元年從入關進世職三等甲喇章京三年復授梅勒額眞從大將軍孔有德征湖南明桂王由榔據武岡其總督何騰蛟遣其將王進才黃朝宣張先璧等拒戰有德至長沙擊走進才令藍拜與梅勒額眞卓羅追擊殪其衆過半下湘潭朝宣屯燕子窩藍拜與梅勒額眞佟岱乘艦至瀘口督兵破其營尋從尚可喜援桂陽還師攻道州又與可喜合軍攻沅州先璧自黔陽出拖隘爲五營藍拜率先與戰斬七千餘級遂薄城先璧又以三萬人拒戰敗潰遂克之賜黃白金進世職二等六年兼任禮部侍郎八年擢固山額眞兼工部尚書九年調刑部尋命罷尚書專領固山事累進世職二等阿思哈尼哈番十年命率兵鎮湖南明將孫可望等出峽窺湖北藍拜督兵防禦敵不能犯十三年召還上親勞以酒諭曰爾等爲朕宣力年久矣今見爾等形貌癯瘠朕心惻然尋以老病乞罷加太子太保康熙四年卒

鄂碩棟鄂氏滿洲正白旗人祖倫布太祖時率四百人來歸賜名魯克素子錫罕授世職備禦天聰初從伐朝鮮先驅戰沒鄂碩錫罕子也太宗以錫罕死事進世職游擊以鄂碩襲八年從貝勒多鐸伐明攻前屯衛斬邏卒又從噶布什賢噶喇依昂邦勞薩率將士迎察哈爾部來歸者授牛彔額眞九年招察哈爾部伐明自朔州至崞縣斬邏卒自平魯衛出邊明兵邀戰鄂碩與固山額眞圖爾格擊卻之進世職二等甲喇章京擢巴牙喇甲喇章京崇德元年與勞薩將百人偵明邊至冷口斬邏卒得馬十五二年護甲喇額眞丹岱等與土默特互市赴歸化城斬明邏卒三年從睿親王多爾袞伐明自靑山口入邊擊敗明太監高起潛兵四年與噶布什賢章京沙爾虎達將土默特兵三百略寧遠挑戰明兵堅壁不出得其樵採者以還五年從圍錦州以噶布什賢兵敗敵騎明總督洪承疇赴援上營松山杏山閒命吳拜等以偏師營高橋東鄂碩詗明兵自杏山潰出告吳拜吳拜未進擊明兵復入城上以鄂碩不親擊責之六年復圍錦州分兵略寧遠遇明兵六百騎擊破之得纛二馬六十餘七年從伐明自界嶺口入邊敗明總督范志完軍於豐潤明兵自密雲出刦我輜重奮擊卻之遂越明都趨山東師出邊明總兵吳三桂邀戰復擊之潰追斬數十級得纛三邏卒二十九馬二百餘順治初從入關逐李自成至慶都從豫親王多鐸討之自成據潼關倚山爲寨鄂碩與噶布什賢噶喇依昂邦努山攻拔之二年移師南征鄂碩將噶布什賢兵先驅至睢寧敗明兵從端重親王博洛下蘇州擊明巡撫楊文驄舟師得戰艦二十五趨杭州敗明魯王以海兵獲總兵一復與巴牙喇纛章京哈甯阿克湖州世職累進二等阿思哈尼哈番六年擢鑲白旗滿洲梅勒額眞從鄭親王濟爾哈朗征湖廣師還賚白金三百八年授巴牙喇纛章京十三年擢內大臣世職累進一等精奇尼哈番十四年以其女册封皇貴妃進三等伯十四年卒贈三等侯謚剛毅子費揚古自有傳羅碩鄂碩兄也初授刑部理事官從入關擢甲喇額眞順治六年姜瓖叛命梅勒額眞卦喇駐軍太原瓖遣兵陷清源與卦喇分道擊之瓖兵棄城走斬五千餘級瓖遣兵犯太原從端重親王博洛破賊壘斬萬餘級其徒圍絳州擾浮山迭戰勝之八年擢工部侍郎進世職三等阿思哈尼哈番九年從征湖南失利奪官降世職尋授大理寺卿十七年以從女追册端敬皇后授一等阿思哈尼哈番康熙四年卒鄂爾多羅碩孫初授侍衛累遷至侍郎歷戶刑二部授內務總管擢尚書歷兵戶吏三部卒謚敏恪

伊拜赫舍里氏世居齋谷父拜思哈歸太祖授牛彔額眞旗制定隸滿洲正藍旗卒伊拜與其兄宜巴里弟庫爾闡分轄所屬爲牛彔額眞太宗即位察哈爾

部員勒圖爾濟來歸命伊拜迎犒天聰八年上自將伐明命伊拜徵科爾沁部兵予世職牛個前程九年遷蒙古正白旗固山額眞崇德元年從伐明入長城攻克昌平等州縣俘獲甚衆三年九月從伐明入靑山口薄明都徇山東五年從伐明圍錦州明兵自杏山松山赴援城兵出戰伊拜屢擊敗之六年復圍錦州破明兵進世職牛彔章京洪承疇赴援上自將擊之命諸將分屯要隘要明兵伊拜與梅勒額眞譚拜等依杏山而營明兵敗走伊拜逐擊至塔山明兵多赴水死七年遂破承疇下錦州命伊拜戍杏山八年復命與輔國公篇古戍錦州是時軍紀嚴將士有過輒論罰伊拜屢坐罰鍰罰馬順治元年調蒙古正藍旗固山額眞從入關擊李自成尋與固山額眞葉臣等徇山西克太原撫定旁近州縣師還賚白金三百二年從英親王阿濟格徇陝西逐自成至武昌屢擊破賊壘三年進三等阿達哈哈番五年從鄭親王濟爾哈朗徇湖南時衡州寶慶諸府尚爲明守六年師克湘潭伊拜與固山額眞佟圖賴等分兵向衡州未至三十里明兵千餘人據橋立寨伊拜與侍郎碩詹擊之潰薄城戰屢勝斬明將陶養用遂克衡州別軍略寶慶及辰沅靖武岡諸州皆定師還賚白金三百尋請老授議政大臣累進一等阿思哈尼哈番十五年卒贈太子太保諡勤直第三子費揚武襲世職庫爾闡天聰間以牛彔額眞從伐黑龍江有功予世職牛個前程崇德三年授都察院理事官兼甲喇額眞五年從伐索倫部與其部長博穆博果爾力戰却之從睿親王多爾袞圍錦州攻松山戰有功六年擢都察院參政復從圍錦州明兵自松山來將奪軍中炮庫爾闡擊却之率師依山爲寨明兵復來攻勢甚猛工部承政薩穆什喀欲遣兵助戰庫爾闡辭焉獨以所部迎戰斬四十一級得雲梯槍礮甲楯旗幟進世職牛彔章京八年遷蒙古正藍旗梅勒額眞順治初從入關逐李自成至慶都加半個前程旋從豫親王多鐸破自成潼關累進二等甲喇章京四年命帥師駐防濟南淄川寇發庫爾闡遣兵討之部議責庫爾闡不親赴當罰鍰盡削其官職上但命倍其罰五年遷都察院承政尋仍改參政六年從譚泰討金聲桓江西卒軍進一等阿達哈哈番

阿哈尼堪富察氏滿洲鑲黃旗人世居葉赫天命時曾祖椿布倫偕兄楚隆阿弟昂古里來歸阿哈尼堪初授牛彔額眞天聰九年同蒙古兩黃旗將領布哈阿濟拜略明寧遠明兵千人追至還擊敗之崇德二年從征朝鮮取江華島五年從承政薩穆什喀索海伐虎爾哈部克雅克薩城博穆博果爾以烏喇哈兵六千來襲正藍旗後隊索海設伏擊之阿哈尼堪與焉又攻掛喇爾先入屯授世職牛彔章京擢禮部參政六年從伐明圍錦州擊敗松山援兵又與固山額眞宗室拜音圖敗明總督洪承疇兵松山守將夜襲我軍又遣步兵犯正黃旗蒙古汛地阿哈尼堪擊却之擢鑲黃旗梅勒額眞順治元年從入關擊李自成世祖將遷都燕京命內大臣何洛會鎭盛京阿哈尼堪與梅勒額眞碩詹將左右翼爲之佐尋命偕固山額眞阿山等率兵之蒲州助勦流寇二年進世職三等甲喇章京大將軍豫親王多鐸南征命阿哈尼堪會師自河南下江南攻揚州明兵來援率甲喇額眞班代等連戰皆捷與固山額眞瑪喇希克常熟三年從豫親王北討蒙古蘇尼特部騰機思遁走追擊斬百餘級俘獲無算進世職一等四年擢兵部尙書六年鄭親王濟爾哈朗師略湖廣阿哈尼堪與固山額眞劉之源別將兵趨寶慶明將王進才馬進忠城守師夜薄城平旦明兵出戰急擊殲之遂克寶慶明將馬有志等九營屯南山阿哈尼堪乘勝奮進陳斬有志等師徇洪江又破袁崇第十營克沅州師復進留阿哈尼堪駐守明將王強等來攻阿哈尼堪遣署巴牙喇纛章京都爾德等迎擊戰沅水上大破之斬裨將三兵七百餘七年師還賜白金三百調禮部尙書加世職拖沙喇哈番睿親王遣迎朝鮮王弟阿哈尼堪啓巽親王滿達海等以甲喇額眞恩德代行事覺下王大臣會勘論死得旨奪世職罰鍰以贖尋復世職累進一等阿思哈尼哈番八年卒星訥覺爾察氏滿洲正白旗人初事太祖授二等侍衞兼牛彔額眞從伐明次塔山北遇蒙古兵四百射殺其渠事太宗伐察哈爾以二十人偵敵張家口遇明兵禦之四晝夜俟貝勒阿濟格軍至益兵二百擊破之察哈爾部多爾濟蘇爾海倚山立寨列火器拒守星訥率巴牙喇兵先登破敵天聰八年復從上伐察哈爾星訥佐額駙布顏代率蒙古兵進哈麻爾嶺招其部俄爾塞圖等來降移師伐明與席特庫等略大同論功予世職牛個前程授刑部參政崇德三年與承政葉克舒伐黑龍江師有功其兄辛泰弟西爾圖戰沒當得世職合爲三等甲喇章京尋坐事降理事官四年授巴牙喇甲喇章京兼議政大臣尋遷梅勒額眞六年授工部參政八年擢承政順治元年從入關改尙書進世職一等三年從討張獻忠師還加太子少保六年從討姜瓖攻大同瓖以精銳出戰塡塹毀垣星訥督將士持短兵力戰却之瓖背城爲陳星訥督將士直壓其壘師乘之殲其精銳略盡進世職二等阿思哈尼哈番八年英親王阿濟格得罪星訥故爲王屬坐奪官削世職籍家產之半尋復授工部尙書議政大臣十年以老致仕十四年星訥自訟軍功復世職一等阿達哈哈番兼拖沙喇哈番康熙十三年卒諡敏襄

褚庫薩爾圖氏滿洲鑲黃旗人先世居札魯特祖柏德遷居葉赫來歸天聰四年師圍大凌河褚庫年十七從軍明軍中蒙古將徹濟格突陳褚庫迎擊生獲以歸復伐明攻萬全左衞褚庫先登頸被創猶力戰破其城論功授世職備禦賜號巴圖魯授牛彔額眞兼甲喇額眞崇德三年授吏部理事官順治元年入關從英親王阿濟格討李自成略湖廣自成將吳伯益以三千人拒戰褚庫擊之敗走三年從肅親王豪格討張獻忠略陝西與尙書星訥擊獻忠將高汝礪等遂下四川屢敗獻忠兵六年從討姜瓖圍大同敗瓖將楊振威師還坐値宿失印鑰解理事官九年從固山額眞噶達渾征鄂爾都斯部與其部長多爾濟戰賀蘭山俘獲甚衆世職累進二等阿達哈哈番十三年鄭成功攻福州時鄭親王世子濟度率師次漳州遣梅勒額眞阿克善與褚庫別將兵赴援成功以戰艦二百自烏龍江來犯褚庫督兵迎戰遂至大江口得舟十二成功又以千餘人屯江岸褚庫督兵奮擊斬二百餘級康熙二年擢正紅旗蒙古副都統進世職一等七年以老乞休十四年卒諡襄壯

論曰科爾崑覺善甘都逮事太祖譚拜以下諸將則太宗所驅策入關後四征不庭成一統之業皆與有功焉科爾崑尤忠直與席特庫褚庫並以驍武摧旗陷陳干城腹心由此其選矣

清史稿　　　　列傳二十九

覺羅果科（覺羅阿克善）　敦拜（哈寧阿　碩詹　子達色）

濟席哈（弟費雅思哈）

噶達渾（費揚武　雙柱古　興鼐　興鼐兄孫哈爾奇）

達素（喀爾塔喇　喀爾塔喇子赫特赫）

覺羅果科滿洲鑲白旗人未詳其屬籍事太宗授巴牙喇甲喇章京崇德六年從伐明圍錦州分兵屯杏山河岸明兵自寧遠至果科與噶布什賢噶喇依昂邦努山擊破之逐至連山斬級三十得馬三十二七年與努山略寧遠明兵自中後所犯我牧地擊之潰遁八年復與努山至界嶺口詗明兵與戰斬裨將一步騎三百餘順治元年從入關擊李自成追至慶都二年從英親王阿濟格下陝西克綏德自成兄子錦據延安果科與巴牙喇纛章京希爾根三戰皆捷自成奔湖廣師從之次安陸迭擊敗之得舟八十三年從肅親王豪格討張獻忠經漢中擊叛將賀珍進次西充破獻忠復與希爾根搜勦餘寇五年從鄭親王濟爾哈朗下湖南授巴牙喇甲喇章京攻湘潭明總督何騰蛟城守果科與噶布什賢章京瑚沙破西門入尋與固山額眞佟圖賴率兵趨衡州擊破明兵攻拔石橋寨又擊破明將周進唐胡一清等逐一清至全州師還授刑部理事官十一年授工部侍郎敍功遇恩詔並以監修壇廟世職累進二等阿達哈哈番十七年擢工部尙書十八年卒追坐修倉糜費罰鍰降世職拖沙喇哈番聖祖親政其子薩爾布訴枉復拜他喇布勒哈番覺羅阿克善滿洲正黃旗人景祖兄索長阿三世孫事太宗授甲喇額眞崇德六年圍錦州與果科同在行擊敗明總兵吳三桂及松山杏山援軍師還明兵襲梅勒額眞索海軍阿克善與巴牙喇纛章京伊爾德赴援擊却之又屢擊敗總督洪承疇軍授半個前程八年從鄭親王濟爾哈朗伐明攻寧遠分兵攻前屯衞先登克其城順治元年從入關七年擢正黃旗滿洲梅勒額眞兼工部侍郎八年調兵部敍功並遇恩詔進世職一等阿達哈哈番九年與固山額眞噶達渾征蒙古鄂爾斯部殲其衆於賀蘭山總兵任珍殺其孥賄兵部寢勿治事發阿克善能侍郎降世職拜他喇布勒哈番兼拖沙喇哈番十一年暫署都察院左都御史從征湖廣戰湘潭常德龍陽屢捷十三年從鄭親王世子濟度討鄭成功師次烏龍江水險不可渡乃閒道趨福州分兵令牛彔額眞褚庫先驅擊成功署巴牙喇纛章京伊色克圖擊成功舟師遂至福州諜言成功舟三百泊烏龍江阿克善等水陸合擊逐敵至三江口斬其將林祖蘭等俘獲甚衆十四年成功兵侵羅源阿克善督兵赴援力戰死之進世職三等阿達哈哈番

敦拜富察氏滿洲正黃旗人先世居沙濟父本科理歸太祖嘗從鄂佛洛總管達賴討朱舍理部長尤額楞有功賜號蘇赫巴圖魯授牛彔額眞卒敦拜嗣天命十一年從太祖攻寧遠先驅敗城兵師還敵騎追射敦拜還擊却敵殿而歸天聰八年授世職牛彔章京崇德五年擢巴牙喇纛章京從鄭親王濟爾哈朗圍錦州城兵出誘戰敦拜突入敵隊中斬三人衆悉遁明兵自杏山再來犯皆戰却之六年復圍錦州明兵自松山攻兩紅旗及蒙古軍敦拜禦敵力戰斬二百餘級得雲梯十四七年加半個前程八年與巴牙喇纛章京阿濟格尼堪率

師駐錦州順治元年從入關擊李自成逐之至慶都二年進世職二等甲喇章京大將軍豫親王多鐸南征敦拜將巴牙喇兵從次陝州破自成將劉方亮方亮兵夜襲營復擊敗之克潼關定西安自成走商州入湖廣敦拜與巴牙喇纛章京阿爾津等追斬三百餘級從豫親王下江南克揚州薄明南都追明福王至蕪湖與阿爾津圖賴等截江口擊破明將黃得功得明福王以歸三年進世職一等從端重親王博洛自浙江徇福建與梅勒額眞珠瑪喇合軍破敵五年從大將軍譚泰討金聲桓攻九江破王得仁軍克之撫臨江郡縣六年剿饑南土寇斬其渠獻雄任邱寶坻諸縣悉定七年進世職三等阿思哈尼哈番尋從睿親王畋於中後所坐私出獵降世職一等阿達哈哈番八年上親政復世職九年進二等十一年明將李定國犯廣東命佐將軍珠瑪喇討之克新會逐之至橫州江岸定國引去師還世職一等精奇尼哈番以病乞休加太子太保十四年起爲盛京總管十七年卒諡襄壯乾隆初定封一等男富察之族有哈寧阿碩詹濟席哈費雅斯哈皆以武功顯哈寧阿滿洲鑲白旗人世居額宜湖父阿爾圖山率其族攻薩齊庫城殺其部長喀穆蘇尼堪撫降三百餘人以歸太祖授牛彔額眞旣復分其衆別編一牛彔以命哈寧阿天聰二年從貝勒岳託等伐明略錦州攻松山杏山高橋諸臺堡戰甚力授巴牙喇纛章京三年從伐明薄明都與袁崇煥戰廣渠門外以功授世職備禦五年從攻大淩河八年從攻大同哈寧阿先驅至小西城樹雲梯以攻克之復將二十人出戰敗敵兵三百九年與承政圖爾格入明邊師還道平魯衞明兵躡師後還擊敗之遂薄滾多所斬馘進二等甲喇章京崇德元年從攻皮島二年授議政大臣三年從豫親王多鐸如錦州會師道中後所祖大壽以輕騎掩我師甲喇額眞翁克及土默特兵先奔哈寧阿且戰且退士卒有死者論罪當死上貸之命奪世職籍家產之半四年復以庇牛彔額眞阿蘭太失律論罪當死上復貸之六年從圍錦州屢敗敵明總督洪承疇赴援上督諸軍環松山而營度明師且遁遣諸將分地爲伏以待哈寧阿與巴牙喇纛章京鰲拜陳於海濱夜初更明師循海走哈寧阿等起掩擊明師蹂藉死者甚衆尋進攻松山屢敗敵八年三月與巴牙喇纛章京阿爾津伐虎爾哈部俘男婦二千五百有奇獲牲畜貂皮無算師還上厚賚之順治元年從入關擊李自成戰慶都再戰眞定自成焚輜重走二年復授世職三等甲喇章京逐賊綏德徇延安戰破城兵南逐自成戰安陸得舟八十復與譚泰合兵下江南戰江上奪敵舟逐敵至富池口敵據江岸爲陳復擊之敗三年二月從順承郡王勒克德渾略湖廣破明將吳汝義降其衆四月進二等甲喇章京五月從肅親王豪格討叛將賀珍取漢中逐賊至秦州珍黨武大定據三寨山山勢峻不可攻師圍之令其將周克德石國璽皆乞降克德遣其子導師自僻徑登國璽爲內應哈寧阿與梅勒額眞阿拉善署巴牙喇纛章京噶達渾將六百人破壘入賊皆自投崖下斬殺略盡進討張獻忠徇夔州茂州資州遵義皆下五年師還進一等阿達哈哈番尋卒碩詹滿洲正紅旗人世居納殷父舒穆祿歸太祖授牛彔額眞卒碩詹嗣尋兼甲喇額眞天聰五年與甲喇額眞杭什木沙爾虎達等略明邊遇邏卒斬其三俘其五及邏卒長八年授世職牛彔章京崇德元年從伐朝鮮攻江華島碩詹舟越朝鮮戰艦縱牛彔額眞阿哈尼堪以登萊衆合圍降其城加半箇前程三年兼刑部理事官從伐明深入山東克禹城平陰四年師還明兵襲我後軍與巴圖魯尼哈里等擊卻之進世職三等甲喇章京擢戶部參政五年師伐明命碩詹如朝鮮徵糧及水師助戰從圍錦州甲喇額眞禧福率甲士二十四駐守駱駝山明兵四百夜劫營碩詹赴援斬二百餘級得馬十六七年領本旗梅勒額眞順治元年從入關改侍郎上將遷都燕京命碩詹統右翼兵留守盛京尋復命從豫親王多鐸南征自河南徇陝西遂移師定江南敍功世職累進一等阿達哈哈番兼拖沙喇哈番五年從鄭親王濟爾哈朗征湖南偕都統佟圖賴等師出湘潭明兵阻橋立寨與固山額眞伊拜巴牙喇甲喇章京覺羅果科共擊下之斬其將陶養用衡州平師還賚白金三百進世職一等阿思哈尼哈番八年坐戶部給餉不均降世職一等阿達哈哈番九年以老病罷十年命復世職康熙二年卒諡明敏以其孫達色法色分襲世職並授二等阿達哈哈番達色以參領從征福建戰屢捷鄭錦將劉國軒衆萬餘犯海澄達色赴援冒鎗砲力戰聞城陷自經死加拖沙喇哈番法色兼襲復合爲一等阿思哈尼哈番兼拖沙喇哈番子明寶雍正間從征西藏有功進三等精奇尼哈番乾隆初改三等子子德成降襲三等男

濟席哈亦富察氏滿洲正黃旗人父本科里官牛彔額眞濟席哈初亦授牛彔額眞崇德四年擢巴牙喇纛章京五年從伐明圍錦州明兵自松山至邀戰與甲喇額眞布丹希爾根等擊卻之尋駐義州護屯田上誡諸將固守營壘勿與明兵戰明兵犯鑲藍旗營濟席哈越鑲紅旗營助戰以擅離汛地奪官籍其家三之一旋與梅勒額眞席特庫伐索倫部得其部長博穆博果爾以歸六年師還與宴勞七年授正紅旗蒙古梅勒額眞八年兼戶部參政順治元年從入關擊李自成追之至慶都敍功授世職拜他喇布勒哈番二年從端重親王博洛下浙江旣克杭州以梅勒額眞駐守明大學士馬士英總兵方國安據嚴州屢來犯濟席哈督兵禦之五戰皆捷還京授工部侍郎加世職拖沙喇哈番五年命率兵駐東昌尋以鄭彩寇福建命從將軍陳泰南征克長樂連江同安平和諸縣進世職二等阿達哈哈番七年調刑部擢尙書進世職三等阿思哈尼哈番九年授正紅旗蒙古固山額眞十年解尙書膠州總兵海時行叛命與梅勒額眞瑚沙討之未至時行走宿州降詔移兵鎭湖南十一年召還十四年命率梅勒額眞四巴牙喇甲喇章京八從大將軍貝子羅託征雲南十五年命佐將軍卓布泰師進次都勻擊敗明將李定國會師克雲南十七年以勘從征將士功罪不實降一等阿思哈尼哈番十八年授靖東將軍討棲霞土寇于七擊破所據岠嵎山寨七竄入海康熙元年卒六十年以其子西安副都統阿祿疏請追諡勇壯費雅思哈濟席哈弟也初以巴牙喇壯達事太宗天聰六年從伐察哈爾分兵略大同至朔州城兵出戰費雅思哈與甲喇額眞道喇等擊敗之崇德三年署巴牙喇纛章京從貝勒岳託伐明敗密雲步兵五年師圍錦州明兵自松山杏山赴援費雅思哈禦戰皆捷六年復圍錦州同甲喇額眞哈寧阿擊敵城下射殪三人明總督洪承疇步隊自松山至費雅思哈力戰卻敵順治元年從入關擊李自成追敗之慶都授巴牙喇甲喇章京從英親王阿濟格西討二年春次榆林自成兵夜襲營與巴牙喇纛章京車爾布等擊之走追自成至武昌屢破其壘又以舟師邀擊富池口得舟三十三年從肅親王豪格討張獻忠道西安分兵徇邠州其渠胡敬德以千餘人據三水西北山岡費雅思哈與巴牙喇纛章京噶達渾破其壘復與固山額眞巴哈納擊叛將賀珍於鷂頭關師下四川屢戰皆捷正藍旗兵爲賊困與噶達渾趨援賊走敍功授世職拜他喇布勒哈番兼拖沙喇哈番六年從英親王討叛將姜瓖掘塹圍城瓖兵步騎萬餘來犯費雅思哈先衆迎戰瓖兵不得入城瓖兵分踞左衞陷汾州寧太原費雅思哈率巴牙喇兵伺擊會師圍大同瓖黨斬以降進世職一等阿達哈哈番十三年擢巴牙喇纛章京尋命率兵駐防湖南明將孫可望據辰州費雅思哈與固山額眞卓羅梅勒額眞泰什哈等自澧州常德進征可望棄城遁縱火焚舟阻我師費雅思哈取其未焚者以濟師躡擊至瀘溪殲敵甚衆十八年從將軍愛星阿入緬甸得明桂王以歸師還進世職三等阿思哈尼哈番十一年卒諡僖恪子素丹自有傳

噶達渾納喇氏滿洲正紅旗人世居哈達其先有約蘭者當太祖時率其子懋巴里等來歸天聰二年噶達渾以巴牙喇甲喇章京從太宗伐多羅特部有功八年從伐明略山西克應州崇德五年從伐明略中後所睿親王多爾袞等率師圍錦州令領纛先進敗杏山騎兵設伏松山斬十餘級明兵營嶺上擊破之又從噶布什賢噶喇依昂邦勞薩追擊至北岡七年從豫親王多鐸攻寧遠明兵躡我後噶達渾先衆還擊明兵潰走師還有巴牙喇兵達哈塔者被創仆援以歸順治元年擢巴牙喇纛章京從入關擊李自成授世職拜他喇布勒哈番二年從英親王阿濟格擊自成至九宮山三敗之三年從肅親王豪格下四川次西安分兵討叛將賀珍徇邠州其黨胡敬德屯三水噶達渾與梅勒額眞和托直入破其壘高汝礪武大定等屯三寨山復與巴牙喇纛章京蘇拜哈寧阿梅勒額眞阿拉善擊敗之督步卒搜剿巖谷大定等據山巔其徒左右迎戰噶達渾與巴牙喇纛章京阿爾津奮戰挫其鋒大定等兵攻正藍旗營哈寧阿陷圍中噶達渾與阿爾津蘇拜疾馳赴援圍乃解擢戶部侍郎五年調吏部進世職三等阿達哈哈番英親王阿濟格討叛將姜瓖噶達渾與阿拉善濟師七戰皆捷克代州進復渾源六年兼本旗蒙古固山額眞七年世祖親政擢戶部尙書進世職二等改都察院左都御史尋還爲尙書率師征鄂爾多斯部獲部長多爾濟殲其衆於賀蘭山進世職三等阿思哈尼哈番調滿洲固山額眞兵部尙書十年進世職二等世職呂忠行賕事發部議引赦例貸其罪坐降世職一等阿達哈哈番大將軍鄭親王世子濟度討鄭成功命噶達渾佐之敕濟度調遣官兵毋令噶達渾離左右克海澄水陸並進復福州遂下泉州攻惠安海港衞套及閩安鎭大捷十四年師還卒贈太子太保諡敏壯同族有費揚武愛松古興鼐費揚武滿洲正藍旗人初自巴牙喇壯達累遷甲喇額眞崇德七年從饒餘貝勒阿巴泰伐明入塞擊敗明總兵馬科趨明都略山東次膠州明兵千餘屯城外費揚武力戰破之攻濱州以雲梯先登出塞明總督范志完總兵吳三桂等分道要我師費揚武先後與戰皆勝護所俘獲還順治初從入關擊李自成敗其騎兵尋署巴牙喇纛章京從豫親王多鐸西討自成次潼關破自成

將劉宗敏二年從定江南攻揚州得舟二百餘攻明南都敗其步兵逐明福王至蕪湖與明總兵黃得功戰得舟三十有一旋從端重親王博洛下浙江破明馬士英軍於杭州生致明總兵一分兵定海寧平湖土寇又與明總兵王之仁戰得舟十有六授議政大臣予世職甲喇章京加半箇前程四年從軍福建卒愛松古滿洲鑲白旗人太祖時自葉赫來歸屢從征伐崇德元年命與察漢喇嘛等赴明邊殺虎口互市復遣往科爾沁徵兵三年初設理藩院授副理事官尋自歸化城導厄魯特部長墨爾根戴青來歸再坐事鞭責順治元年授牛彔額眞從固山額眞葉臣徇山西時李自成西走其將陳永福據太原發礮攻城圮永福突圍走愛松古以蒙古兵戰多斬馘得馬千餘又逐自成將馬驥至河滱得舟十五二年從圍延安城兵出戰擊卻之以八騎躡自成獲其孥三年從豫親王多鐸討蘇尼特部長騰機思將蒙古兵三百先驅扼隘師繼進騰機思遁走從侍郞尼堪梅勒額眞明安達里乘夜追擊得其輜重斬台吉茂海遂渡圖喇河土謝圖汗以二萬人拒戰從鎭國將軍瓦克達等敗其騎兵敘功授世職拖沙喇哈番五年命率蒙古兵六百駐太原擊斬涇陽寇李陽敗交城寇王豪明時叛將姜瓖據大同其黨劉遷以萬餘人犯代州愛松古馳往守禦遷衆傅雲梯乘城鉤致其梯九斬級三百遷衆穴城城上發矢石遷衆多殪乃走繁峙六年復來襲有爲應者引入郛愛松阿嬰城守十餘日端重親王博洛師至擊斬其渠郭芳遷遁去乃還駐太原瓖黨十餘萬來犯愛松古與巡撫祝世昌謀遣兵赴清源徐溝防禦不使逼城下端重親王師自晉陽至破賊累擢鑲白旗蒙古梅勒額眞世職累進二等阿達哈哈番九年從敬謹親王尼堪南征王沒於陳愛松古不及救降世職拜他喇布勒哈番兼拖沙喇哈番十六年致仕康熙十四年卒子訥靑以三等侍衞從討鄭成功至廈門卒於軍與鼐滿洲鑲白旗人父素巴海自哈達率二百人來歸太祖編牛彔授其長子莽果與鼐其第三子也事太宗天聰八年授世職牛彔章京崇德元年從英親王阿濟格伐明佐固山額眞達爾琿攻順義先登加半箇前程三年授工部理事官考滿進世職三等甲喇章京順治元年從入關西討李自成自成之徒自延安出犯截擊大破之逐自成至武昌躡之至富池口列陳河岸與巴牙喇纛章京哈寧阿甲喇額眞希爾根擊之潰移軍江南與巴牙喇甲喇額眞布克沙敗明將黃蜚於池州斬級二百得舟十二三年從討蘇尼特部長騰機思戰敗土謝圖汗碩類汗二部兵擢工部侍郞累進世職二等阿思哈尼哈番十五年以勘羅源戰敗將士有所徇奪官削世職十八年聖祖即位復授一等阿達哈哈番兼拖沙喇哈番康熙三年卒哈爾奇莽果孫也順治十六年以巴牙喇壯達從軍鄭成功內犯自荊州援江寧破成功將楊文英署巴牙喇甲喇章京討耿精忠迭戰敗其將楊益茂於九江邵聯登於建昌又敗吳三桂將夏國相於萍鄉謝勝先於瀏陽吳國貴於武岡敘功授拖沙喇哈番卒

達素章佳氏滿洲鑲黃旗人先世居費雅朗阿天聰五年以巴牙喇壯達從伐明圍大凌河明兵來援與巴牙喇壯達綏拜同擊卻之略明邊斬敵騎師還擢巴牙喇甲喇額眞崇德五年從圍錦州敗杏山明兵六年復圍錦州明兵數十人據塔山列火器拒守達素率六騎馳而上盡斬之復率兵邀擊明兵走海岸溺死者無算七年從徇寧遠敗明騎兵八年從巴牙喇纛章京阿爾津等伐虎爾哈部克博和理城又招降能吉爾大噶爾達蘇諸屯順治元年從入關擊李自成從固山額眞巴哈納等徇山西克絳州逐賊至黃河賊以舟濟達素督兵射之賊多墮水死二年從英親王阿濟格下湖廣討自成克安陸武昌逐之至富池口賊營對岸達素先諸將衝擊多所俘獲三年從肅親王豪格討張獻忠道漢中擊破賀珍下四川屢戰皆捷積戰功授世職拜他喇布勒哈番兼拖沙喇哈番六年從英親王阿濟格討姜瓖戰於右衞賊大至達素奮前搏擊飛矢及其喉手足皆創墮馬軍校欲負以退叱曰死則死耳何避爲裹創督兵復戰瓖兵敗卻世職累進一等阿達哈哈番九年從敬謹親王尼堪征湖南次衡州貝勒屯齊令別將兵詗敵寶慶遇敵擊敗之進攻全州破寨五斬所置文武吏九及其徒四千餘復興安灌陽復斬定國將倪兆龍敬謹親王沒於陳將佐俱坐罪達素以別將兵克敵得免議十一年擢巴牙喇纛章京十三年擢內大臣十六年鄭成功內犯江寧授達素安南將軍同固山額眞索渾巴牙喇纛章京賴塔等率師赴援至則成功已敗走移師赴福建十八年召還康熙八年卒拜敗達素爲所引用坐罷官尋復世職卒同族有喀爾塔喇喀爾塔喇滿洲鑲白旗人先世亦居費雅朗阿父圖爾坤詹當太祖時率五子及所部百餘戶來歸授牛彔額眞卒喀爾塔喇嗣事太宗崇德三年以巴牙喇甲喇章京從豫親王多鐸伐明略寧遠將入邊破明兵及還又連敗之六年從圍錦州城兵出犯廂黃旗分守濠塹坐退避罪當死上命罰鍰以贖順治元年從入關擊李自成將本旗敗其騎兵逐之至慶都盡殲其後隊旋從固山額眞巴哈納等徇懷慶入山西境破賊黃河渡口逐之至楡林二年自成走湖廣移師從之與巴牙喇甲喇章京鰲拜攻克安陸督兵進剿毀其壘得舟六十餘五年從大將軍譚泰討金聲桓師次童子渡聲桓兵據水而陳方舟爲梁喀爾塔喇奪以度師分兵趨饒州聲桓遣別將以三千人迎戰喀爾塔喇與甲喇額眞巴朗等擊敗之克饒州進次南昌營甫定聲桓兵出戰奮戰挫其鋒師合圍喀爾塔喇屯江岸聲桓兵以舟運糧入城喀爾塔喇邀擊得舟八又縱火焚舟七百餘師次城北喀爾塔喇與甲喇額眞艮泰分兵攻城南六年春克南昌九年擢巴牙喇纛章京從敬謹親王尼堪征湖南衡州乘勝疾進遇伏力戰與王同沒於陳喀爾塔喇積戰功世職累進一等哈達哈哈番卹進三等阿思哈尼哈番謚忠壯子赫特赫襲十六年以甲喇額眞從討鄭成功攻廈門戰死予世職拜他喇布勒哈番

論曰滿洲諸大家多以地爲氏往往氏同而所自出異戰績既著門材遂張濟席哈達素嘗專將雖所當非大敵或未與敵遇要其才望必有足以勝此任者果科等皆以禪佐樹績行間勳閥所存亦不得而略焉

清史稿　列傳三十

沙爾虎達 子巴海 安珠瑚　劉之源 吳守進

巴山 張大猷　喀喀木

梁化鳳 子鼐　劉芳名

胡有陞　楊名高 劉光 劉仲錦

沙爾虎達瓜爾佳氏其先蘇完部人居虎爾哈太祖時從其父桂勒赫來歸授牛彔額眞天命初從伐瓦爾喀部有功授世職備禦天聰元年太宗自將伐明攻大凌河圍錦州沙爾虎達以噶布什賢章京從屢戰輒勝三年復從伐明拔遵化薄明都沙爾虎達戰郭外敗明兵進世職游擊自是數奉命與噶布什賢章京勞薩等率游騎入明邊往來松山杏山間獲明邏卒十八及牙將爲邏卒監者並得牲畜器械甚夥大凌河城下明將祖大壽降既復入錦州爲明守上遣諸將略錦州使沙爾虎達懸書十三站山坡諭大壽九年與白奇超哈將領巴蘭奇等徇黑龍江加半個前程冬復略錦州還獻俘命分賚將士崇德元年從伐朝鮮破敵南漢山城二年列議政大臣甲喇額眞丹岱阿爾津等如土默特互市上慮明兵要諸途命沙爾虎達帥師詣歸化城護行三年與噶布什賢噶喇依昂邦吳拜將八十人行邊至紅山口遇明兵斬裨將二擊走明騎兵自羅文峪至者奪其纛得馬四十又破明步兵自密雲至者斬百餘級四年上自將伐明沙爾虎達將噶布什賢兵自義州向錦州復將土默特兵二百人入寧遠北境與甲喇額眞蘇爾德鄂碩布丹爲伏以數騎致明師明師堅壁不應乃掠其採薪者以歸五年進世職二等甲喇章京六年三月從睿親王多爾袞圍錦州坐從王令離城遠駐當奪職籍家產之半上命罰鍰八月遣噶布什賢噶喇依昂邦上自將禦洪承疇部分諸將擊敵賜沙爾虎達馬使將所部屯高橋東界諭曰敵敗當自杏山西臺截大道躡擊之毋使入城且誡之曰汝平日行不逮言今當自勉既戰明師敗沙爾虎達違節制縱潰兵二百餘入城上命縶而問之沙爾虎達稽首對曰殺臣祇一死宥當效命上乃宥之降授甲喇額眞七年與珠瑪喇率師伐虎爾哈部降喀爾喀木等十七人戶千餘得馬羸牲畜師還宴勞賚布帛有差順治元年伐庫爾喀伐黑龍江皆有功復從擊李自成破潼關二年從攻江甯下杭州進世職一等甲喇章京四年授梅勒額眞師師屯東昌討平土寇丁維岳張堯中加半箇前程五年從討江西叛將金聲桓還巴牙喇纛額眞復爲議政大臣六年定河間土寇七年調鑲藍旗滿洲梅勒額眞累進一等阿思哈尼哈番九年七月命帥師駐防寧古塔十年擢固山額眞仍留鎭賜冠服鞍馬十五年七月俄羅斯寇邊沙爾虎達擊之走多所俘馘十六年卒謚襄壯以其子巴海襲巴海初以牛彔額眞事世祖累遷祕書院侍讀學士既襲世職上諭吏部曰寧古塔邊地沙爾虎達駐防久得人心巴海勤愼堪代其父授寧古塔總管十七年俄羅斯復寇邊巴海與梅勒章京尼哈里等帥師至黑龍江松花江交匯處詗敵在飛牙喀西境即疾趨使犬部界分部舟師潛伏江隈俄羅斯人以舟至伏起合擊我師有五舟戰不利既俄羅斯人敗棄舟走巴海逐戰斬六十餘級俄羅斯人入水死者甚衆得其舟槍炮若他械因降飛牙喀百二十餘戶敘功加拖沙喇哈番明年以巴海奏捷諱未言有五

舟戰不利盡削原襲及功加世職康熙元年改設黑龍江將軍仍以命巴海十年上東巡詣盛京巴海朝行在上問寧古塔及瓦爾喀虎爾哈諸部風俗巴海具以對諭曰朕初聞爾能今侍左右益知爾矣飛牙喀赫哲雖服我然其性暴戾當迪以教化俄羅斯尤當慎防訓練士馬整備器械毋墮其狡謀爾膺邊方重任當黽勉報知遇邊外有墨爾哲之族累世輸貢巴海招之降其長扎努喀布克托等請內徙巴海請徙置寧古塔近地置佐領四十以授扎努喀布克托及其族屬分領其衆號爲新滿洲十三年冬巴海率諸佐領入覲上錫予有差賜巴海黑狐裘貂朝衣各一襲十七年敕獎巴海及副都統安珠瑚撫輯新滿洲有勞予世職一等阿達哈哈番兼拖沙喇哈番二十一年巴海疏言官兵捕采葠者當視所得多寡行賞上爲下部議并誡非采葠者毋妄捕是歲上復東巡詣盛京幸吉林察官兵勞苦既還京師諭巴海罷採鷹捕鱘鰉諸役二十二年以報田禾歉收不實部議奪官削世職上猶念巴海撫輯新滿洲有勞命罷將軍降三等阿達哈哈番二十三年授鑲藍旗蒙古都統列議政大臣三十五年卒子四格襲職安珠瑚瓜爾佳氏滿洲正黃旗人先世居蘇完父阿喇穆任牛彔額眞順治元年從入關擊李自成戰死授世職半個前程安珠瑚襲職遇恩詔累進三等阿達哈哈番擢甲喇額眞兼刑部郎中從大將軍伊爾德攻舟山從將軍濟什哈討萊州土寇于七皆有功康熙六年授寧古塔副都統十五年增設吉林烏喇副都統以命安珠瑚佐巴海撫新滿洲進世職如巴海十七年擢盛京將軍二十一年上東巡見邊界多戰骨暴露諭安珠瑚徧察收瘞二十二年以疾乞休上責安珠瑚失職奪官發吉林烏拉効力二十四年授索倫總管二十五年卒安珠瑚入對嘗言所轄士兵皆藐視之上知其庸懦其卒命削其世職

劉之源漢軍鑲黃旗人天聰九年授甲喇額眞崇德五年從上伐明攻錦州距城東五里發砲隳其臺復列砲城北擊晾馬臺殪明兵尋代馬光遠爲正黃鑲黃二旗漢軍固山額眞六年從睿親王多爾袞圍松山發砲隳臺四殪明將王希賢崔定國楊重鎭等又斬裨將三七年從鄭親王濟爾哈朗圍塔山列砲城西毀其垣二十餘丈殲城兵隳杏山城北臺又擊毀其垣城兵懼乃出降授世職二等甲喇章京分設漢軍八旗之源仍領鑲黃旗八年從鄭親王攻克中後所斬明將吳良弼王國安等進攻前屯衛發礮隳其城進世職一等順治元年從入關命與固山額眞李國翰剿定畿南餘寇復從固山額眞葉臣等西征克太原又與固山額眞巴哈納自汾州逐寇至平陽斬馘四千餘山西寇始盡師還優賚二年從順承郡王勒克德渾下湖廣討李自成與國翰合師破應山降將馬進忠復叛與固山額眞金礪擊敗之武昌得舟六十餘遂徇湖北五年授定南將軍從鄭親王再下湖廣六年攻湘潭明總督何騰蛟分三隊出戰之源分兵應之敗明兵克其城獲騰蛟夜督兵逐進忠平明剷其壘復進克寶慶並破南山坡九壘斬明將馬有志胡進玉等進忠跳而免又擊破明將袁宗第於洪江王永強於便水驛敍功遇恩詔世職累進一等阿哈尼哈番兼拖沙喇哈番八年與金礪駐防杭州明大學士張肯堂與其將阮進張名振擁魯王以海屯舟山之源與總督陳錦總兵田雄合師攻之破明兵於橫水洋獲進過螺頭門肯堂城守十餘日師以雲梯登肯堂及魯王諸臣李向中吳鍾巒朱承佑等縱火自焚死名振以魯王遁三盤島之源遣總兵馬進寶等追擊破之獎其積聚復敗之於沙埕收各嶼戶口八千五百餘悉令歸農論功進三等精奇尼哈番十六年八月授鎭海大將軍駐防鎭江疏言京口百川滙流江南財賦自此輓運北輸近因鄭成功入犯幾至橫截運道宜先練習水師以資防禦防海策有三出海會哨勿使入江上也循塘拒敵勿使登陸中也列陳備兵勿使近城斯下矣顧練水師當先造船火器水手舵工百無一備何以禦賊上敕兵部下總督郎廷佐製備十七年疏言京口水師造船二百募水手舵工八千餘一時難以集事沿海民有雙桅沙船造作堅固其人熟於洋面水道請查驗船堪用者予收用船戶給以糧餉督設戰船低小不必修補邊海砲臺烽墩橋路請敕督撫下沿海州縣修葺高廣下兵部並從之尋得成功遣諜與提督馬逢知闕通狀疏聞命侍郎尼滿會之源鞫實逢知坐誅康熙三年召還京仍任都統四年以病乞休加太子太保致仕以其子光代爲都統鰲拜得罪之源光坐黨附奪官論死上命寬之之源尋卒妻胡叩閽訴之源功罪足相當詔復官幷予三等精奇尼哈番仍以光襲三傳降襲三等阿思哈尼哈番乾隆初定封三等男

吳守進漢軍正紅旗人初籍遼陽太祖時來歸從征伐有勞授世職游擊天聰五年授戶部承政八年考滿進世職一等甲喇章京時始設漢軍世管牛彔額眞命守進兼任崇德三年改左參政四年坐賕論罪至死命貸之削世職解參政籍其家之半仍攝正紅旗漢軍梅勒額眞旋眞除六年從睿親王多爾袞武英郡王阿濟格攻錦州守進發砲克塔山四臺獲明將王希賢崔定國等多所斬馘七年擢本旗固山額眞率師攻松山杏山明兵屯呂洪山口與固山額眞金礪擊破之明兵保杏山側二臺復與固山額眞劉之源擊破之遂拔杏山尋命與梅勒額眞馬光輝等詣錦州督鑄砲八年從攻甯遠取中後所前屯衛順治元年從入關復授世職二等甲喇章京從固山額眞葉臣徇山西克太原復從豫親王破李自成下江南敗明師克揚州江陰復進破嘉興敍功進一等四年授定西將軍駐漢中五年卒子國柄襲從征湖廣官梅勒額眞加世職拖沙喇哈番

巴山瓜爾佳氏滿洲鑲黃旗人世居哈達祖巴岱國初率衆來歸授世管牛彔額眞再傳至巴山天聰五年從太宗伐明圍大凌河城兵出戰梅勒額眞屯布祿牛彔額眞郎格等戰沒巴山馳入陳以其尸還六年從伐察哈爾其部人竄入大同往取之師還巴山與承政圖爾格殿明兵追襲設伏邀擊斬馘甚衆八年授世職牛彔章京尋擢甲喇額眞崇德元年從上伐朝鮮與甲喇額眞屯泰等先衆破敵三年兼任工部理事官從貝勒岳託伐明自墻子嶺入邊薄明都擊敗明太監馮永盛兵攻鉅鹿率所部以雲梯先登克之加半個前程五年與承政薩穆什喀索海等伐虎爾哈部攻掛喇爾屯七年從奉國將軍巴布泰率師駐錦州順治元年從入關督所部步兵擊敗李自成擢工部侍郎進世職三等阿達哈哈番二年授梅勒額眞鎭守江甯三年命總管江甯駐防滿洲兵特置總督糧儲兼理錢法駐江寧以協領鄂屯兼任加戶部侍郎以重其事時江北諸山寨並起號爲明守江寧民有謀爲應者巴山詗知之捕斬三十人未幾明潞安王誼石以二萬人分三道攻江寧巴山會招撫大學士洪承疇等督兵禦之誼石敗走語詳承疇傳明故左通政嘉定侯峒曾以二年死難四年其子元瀞通表魯王以海取敕書及其將黃斌卿致承疇書以歸柘林游擊陳可得之有內殺巴張二將語指巴山及提督張大猷也事聞上以敵謀設間詔慰承疇而諭獎巴山及大猷嚴察亂萌公忠盡職六年江南總督馬國柱討六安山寇巴山及大猷以師會斬其渠張福寰諸寨悉平進三等阿思哈尼哈番是歲裁總督糧儲錢法不復置九年將軍金礪討鄭成功請益師部議調江寧駐防兵二百鄂屯與理事官額赫納烏庫理率以行攻海澄成功兵刦我軍砲鄂屯與額赫納擊卻之成功兵十餘萬逆戰鄂屯督兵縱擊成功兵退斷橋鄂屯與烏庫理策馬逕渡成功兵潰破其壘數十降數千人尋召巴山還京以喀喀木代十一年復錄江寧平寇功進世職二等康熙十二年卒子舒恕襲世職從大學士圖海討王輔臣次平涼城北虎山墩擊敗輔臣兵復從都統穆占討吳三桂擊敗三桂兵於松滋進圍雲南屢敗吳世璠將胡國柄劉圯龍黃明等又困其將馬寶巴養元等於烏木山論功進世職一等卒子長清改襲一等阿達哈哈番張大猷漢軍鑲黃旗人初籍遼陽太祖克遼陽大猷以千總自廣寧來降授牛彔額眞天聰初明邊將遣諜招我新附之衆大猷發其事太宗嘉之予世職游擊崇德三年授刑部理事官尋擢漢軍梅勒額眞四年更定漢軍旗制授鑲黃旗梅勒額眞五年從睿親王多爾袞圍錦州率本旗兵攻五里臺及涼馬山馬家湖皆下又克金塔口臺六年從鄭親王濟爾哈朗圍錦州明騎兵自松山至謀奪砲大猷擊卻之復與固山額眞劉之源等攻克塔山杏山及附近諸臺論功進二等甲喇章京七年遷兵部參政十月從貝勒阿巴泰伐明築橋渾河濟師擊破明總督范阿衡軍八年從攻甯遠取中後所前屯衛進世職一等順治元年從固山額眞葉臣徇山西克太原與固山額眞李國翰撫定諸郡縣二年師定江南與固山額眞吳守進下浙江次石門明兵自杭州夜來襲卻之還克嘉興三年命與巴山率兵鎭守江寧總管漢軍及綠旗兵旋授提督江南總兵官論功進世職三等梅勒章京六年同討張福寰總督馬國柱奏大猷身先士卒履險摧鋒功第一進世職三等精奇尼哈番九年卒三傳降襲三等阿思哈尼哈番乾隆初定封三等男

喀喀木薩哈爾察氏滿洲鑲黃旗人先世居烏喇部父塘阿禮當太祖時率百人來歸授牛彔額眞從伐遼東有功予世職游擊從伐瓦爾喀射熊爲所傷卒喀喀木嗣領牛彔崇德三年授吏部理事官五年從伐虎爾哈部敵據柵拒戰喀喀木督兵破柵斬級二百俘一百三十七年從伐明攻松山本旗將領失律未察舉降世職牛彔章京八年擢吏部參政順治元年署梅勒額眞從入關加半個前程尋改侍郎四年復世職三等甲喇章京鄖陽總兵王光恩坐事逮繫其弟光泰叛據鄖陽提督孫定遼戰死勢甚張上命喀喀木率兵討之師將薄鄖陽光泰遁走喀喀木與副將王平率師逐捕戰房縣斬級千餘光泰走四川喀喀木駐軍鄖陽五年金聲桓自江西窺湖廣總督羅繡錦疏請留喀喀木駐荊州六年召還七年授鑲黃旗梅勒額眞世職累進三等阿思哈尼哈番八年命與固山額眞噶達渾等率兵討蒙古鄂爾多斯部長多爾濟九年師出甯夏

至賀蘭山擊斬多爾濟幷殲其部衆俘其餘以歸得馬駝數百牛千餘羊萬餘尋命代巴山爲鎭守江甯總管十年明將李定國兵犯廣東潮州總兵郝尙久叛應之授喀喀木靖南將軍率師會靖南王耿繼茂討尙久圍逾月督兵以雲梯登尙久入井死潮州及旁近州縣皆定還駐江寧十六年鄭成功大舉入犯破鎭江復陷瓜洲泝江上喀喀木與總督郎廷佐提督管效忠謀禦敵檄總兵梁化鳳赴援會梅勒額眞噶褚哈瑪爾賽自貴州旋師循江東道江寧入城同守喀喀木曰賊勢盛宜乘其未集先擊之簡精銳逆擊成功前軍爲少却得舟二十餘俄成功兵大至連營八十有三舟蔽江喀喀木晝夜防守化鳳援兵至乃議使綠旗兵先出戰化鳳出儀鳳門效忠出鍾阜門夾擊破成功兵獲其將余新等明日喀喀木與噶褚哈瑪爾賽督兵出神策門成功兵據白土山列陳乃分兵左右仰攻與化鳳率精銳擣其中堅獲其將甘輝及裨佐數人斬馘無算成功兵潰走出海事聞部議失鎭江瓜洲當議罪上以固守江寧功大命免議康熙元年改總管爲將軍仍以命喀喀木七年卒授其子喇揚阿一等阿達哈哈番兼拖沙喇哈番

梁化鳳字翀天陝西長安縣人順治三年武進士四年授山西高山衛守備五年從英親王阿濟格討叛將姜瓖克陽和城擒瓖將郭二用擢大同掌印都司時大同左衛渾源太原汾澤羣盜競起應瓖六年化鳳攻大同破北窯溝寇據山巔縣柴以火燔之獲其渠李義張豹攻渾源徇韓村玉合堡張家堡破賈莊獲其渠王平乃克渾源又獲其渠方三唐虎誅之攻左衛降雲岡高山二堡遂合圍化鳳中三矢戰愈力寇以城降敍功超加都督僉事以副將推用進攻太原寇出戰化鳳左臂中鏃矢集於髀益奮鬥執所置巡撫姜建勳乃克太原進解平陽圍攻汾州敗其渠沈海攻孝義寇渠張爾德來援與戰大破之乃克汾州獲爾德海復以兵至再戰擊敗之走潞安迭下曹家堡記古寨善信堡介休平遙祁徐溝諸縣悉降進攻太谷克之獲其渠蘇升乃克潞安海走九仙臺拔長子進攻九仙臺山峻騎不得上以火攻之寇不支海出降進定澤州是歲凡二十二戰皆捷七年復殲餘寇於牛鼻寨獲其渠袁忠山西悉定八年借補江南蕪永營參將討平石皿鷺鷥二湖盜獲其渠楊萬科十二年擢浙江甯波副將明將張名振屯崇明平洋沙總督馬國柱檄化鳳署蘇松總兵名振攻高橋化鳳馳赴戰迭擊敗之遂復平洋沙十三年眞除蘇松總兵化鳳以平洋沙懸隔海中戍守不及沿海築墩十餘里使內屬並引水灌田俾海濱斥鹵化爲膏腴會鄭成功攻崇明遣諜疑衆化鳳擒斬之督兵迎戰獲其將侯丁秀宮龍陳義等又遣諸將設伏斬其將陳正縛致曾進等十一人成功引去七月復大舉入寇連舟蔽江號百萬陷鎭江直犯江寧南北中梗化鳳將所部兵三千人疾馳赴援升高瞭敵見成功軍不整樵蘇四出軍士浮後湖而嬉乃率五百騎夜出神策門破白土山敵壘明日督兵出儀鳳門提督管效忠出鍾阜門夾擊搏戰拔巨纛毀其木寨簡驍勇乘屋發火器矢石雜下成功兵奔潰逐至龍江關獲其將余自新等成功收餘衆連營屯白土山衆猶數十萬又明日復與總管喀喀木等出神策門直攻白土山督將士仰擊寇迎拒殊死戰甘輝者成功驍將也化鳳入陳生獲之成功兵奪氣遂奔不可止逐北斬馘迫江上化鳳先遣別將焚其舟成功兵自蹂藉及入江死者無算成功遁入海化鳳策成功當還攻崇明先遣別將爲備成功出海攻崇明化鳳自江寧還援成功度不能克括民舟將渡白茅口化鳳與相值絕流迅擊砲石盪海波成功復大敗跳而免敍功授世職三等阿達哈哈番賜金甲貂裘十七年擢蘇松提督加太子太保左都督化鳳疏言蘇松濱海地袤八百餘里標兵止二千餘請酌調省兵三千八百立六營資捍禦下部議從之十八年上復錄化鳳功進世職三等阿思哈尼哈番尋裁江安廬鳳提督以化鳳爲江南提督時議者以臺灣未復用廣東福建例蘇松濱海立界徙居民於內地化鳳曰沿海設兵賦擬棄之地以養之國既足兵民無廢業遷界何爲奏入上從其言康熙十年卒贈少保諡敏壯聖祖巡西安遣官祭其墓乾隆初定封三等男鼐其次子也以蔭授川陝督標左營游擊吳三桂亂起總督哈占令鼐率兵駐黑水峪敗王輔臣之兵於觀音堂調興安城守游擊從征漢中戰屢捷克達州加都督僉事三遷至福建陸路提督四十五年擢福建浙江總督上南巡書旗常世美字賜之初金世榮爲總督謂出洋大船易藏盜奏定漁船不得用雙桅商船悉令改造樑頭不得過丈有八尺鼐力言無益海疆徙累於商民上命弛其禁四十七年疏言嘉湖諸水皆洩入太湖通津要道發帑疏治支河淤淺勸民開濬上諭支河勸民開濬慮有司藉此私派當倂發帑疏治四十九年以母喪去官五十三年卒

劉芳名字孝五漢軍正白旗人初籍寧夏仕明至柳溝總兵順治元年降命仍原官二年調甯夏賜白金冠服時陝西初定多盜悍卒復伺隙謀亂芳名撫綏訓練冀樹威望銷亂萌總督孟喬芳疏獎其才武大定叛固原賀珍叛漢中師進討芳名皆有功三年方赴鞏昌剿寇甯夏兵遽變戕巡撫焦安民芳名馳還察知裨將王元馬德首亂遣德署花馬池副將分元勢偵元將出城就寇渠洪大誥芳名設伏俟元至伏發元力拒諸將樊朝臣姜九成等衷擊之元敗奔副將馬甯等追擊獲以歸芳名別遣將搜斬大誥德聞元誅而懼四年春芳名偕河東道馬之先出師惠安德乘間糾黨封軍資遁入山合寇渠賀宏器等自紅古城出口襲破安定螺山寇王一林戕參將張紀以應之橫行甯固平慶間芳名督所部兵進次亂麻川破賊復進次預望城再破賊斬一林德以四騎走追及之河兒坪縛而磔之亂乃定授三等阿達哈哈番擢四川提督定西將軍壽命以右都督留鎭甯夏五年討平香山寇李彩馬德之誅副將劉登樓預有功登樓居榆林甯塞多力而狡六年以延安叛應姜瓖易衣服自署大明招撫總督狀靖邊道夏時芳膽書致芳名芳名以見汙怒封其書示巡撫李鑑鑑以聞登樓西犯花馬池下興武諸營堡逼甯州時定邊屯蒙古札穆素叛逃賀蘭山芳名遣兵擊破登樓登樓走定邊屯結札穆素寇甯夏西境犯河東陷鐵柱惠安漢伯諸堡將犯靈州會固山額眞李國翰師至乃定策鑑守寧夏禦札穆素芳名引兵東渡河趨榆林與登樓戰於官園莊大破之登樓退據漢伯師從之絕其水道遂合圍芳名督兵逼壘東南當矢石衝諸將進曰當移數武避賊鋒芳名厲色叱之曰死則死耳何懼爲且士卒多傷痍而我避鋒鏑可乎士卒益奮攻十二日克之斬登樓餘衆悉降亂定進世職二等疏言甯夏孤懸河外延袤千里鎭兵屢徵發兵單力薄請自後徵發缺額卽令招補備守禦又請以減等罪人僉發沿邊資生聚皆下部議行十六年調隨征江南右路總兵加左都督率甯夏三營駐江寧鄭成功攻崇明芳名與提督梁化鳳共擊敗之十七年疏言臣奉命剿賊不意水土未服受病難瘳所携甯夏軍士訓練有年心膂相寄今至南方半爲痢瘧傷損及臣未塡溝壑敢乞定限更調上報以優旨旋卒於軍加太子太保諡忠肅命所部將士還甯夏本鎭

胡有陞錦州人崇德元年睿親王多爾袞豫親王多鐸率師攻錦州有道人崔應時者與州民張紹禎門世文世科秦永福等謀以城降使有陞持書詣師期內應豫親王與書齎還明將詷知之執應時等下獄有陞與紹禎世文世科永福脫走來歸各賜冠服鞍馬妻室奴僕授世職有陞得三等梅勒章京隸漢軍鑲黃旗屢從征伐進二等順治四年授南贛總兵五年金聲桓王得仁以南昌叛犯贛州副將高進庫出戰而敗巡撫劉武元與巡道張鳳儀分守城東西有陞率健卒循城策應得仁兵穴城將置火具仰攻有陞以石窒其竇圍三月糧匱有陞出戰得仁敗走聲桓聞征南大將軍譚泰師至引退有陞督兵追擊多所斬馘未幾李成棟復來攻有陞乘成棟兵方鑿壕出戰大破之語互見武元傳初柯永盛自南贛總兵遷湖廣總督請以鎭兵二千自隨有陞疏言贛地江湖關鍵聲桓亂未平鎭兵習水土便征剿宜還鎭上從之六年聲桓誅成棟走死譚泰師還土寇猶未靖上猶劉飛龍南康葉芝石城鄒華雩都彭順慶瑞金陳其綸皆負固爲亂有陞與武元分遣諸將次第討平之敍功加左都督賜紫貂冠服甲冑佩刀鞍馬進世職三等精奇尼哈番十年以尙可喜耿繼茂疏論有陞功復加太子少保十七年以老解官康熙三年武元元子濰疏請加敍守贛州功有陞亦以請進一等九年卒子啟泰襲改隸正白旗再傳降襲一等阿思哈尼哈番乾隆初定封一等男

楊名高漢軍鑲黃旗人初籍遼東太宗時率其族百餘人來歸授牛彔額眞兼任兵部理事官崇德間屢從征伐克塔山杏山擊敗明總督范志完取前屯衛中後所皆在行順治元年授世職牛彔章京二年遷甲喇額眞三年擢都察院參政六年授福建漳州提督明新建王由橫據大田勾延平高峯諸土寇爲亂七年名高率師破石磯嶺由橫走永安副將王愛臣追獲之高峯寨渠陳光等招德化土寇鄭文薦來援名高令副將韓尙亮等率師截擊闖寨光奪圍走名高督兵奮擊寇多墮壕死師進次大田寇潰走敗之龍門橋擒其將郭奇廖明之綱殿逐寇三十餘里擒其將洪國玉李安民王恒美等得牛馬鎗炮無算敍功進世職二等阿達哈哈番九年鄭成功自廈門陷長春漳浦海澄南靖諸縣以二十餘萬人寇漳州屯鳳巢山名高督兵擊破之成功退屯海澄所陷諸縣皆復尋復出陷漳州及所屬諸縣給事中魏裔介劾名高怠玩下總督佟岱按治坐奪官尋卒劉光弼漢軍鑲藍旗人初籍遼陽冒曹氏天聰五年命守耀州率兵從太宗伐明圍大凌河克城旁三臺城兵出戰光弼先衆馳擊我兵有陷陳者力援之出明監軍道張春總兵吳襄等自錦州赴援光弼馳入陳斬其裨將崇德五年授甲喇額眞從攻錦州與墨爾根轄李國翰同克呂洪山諸臺屢擊敗松山杏山馬步兵明兵屯山口阻我師與國翰督兵奮戰明兵引去錦州

既下，發砲攻克塔山杏山兩城及附近臺堡敍功予世職牛彔章京七年擢鑲藍旗漢軍梅勒額眞八年偕固山額眞劉之源詣錦州督鑄礮尋從鄭親王濟爾哈朗攻甯遠取前屯衛中後所順治元年從入關擊李自成旋從固山額眞葉臣徇山西克太原三年從端重親王博洛下浙江拔金華進定福建五年授禮部侍郎從大將軍譚泰討金聲桓克南昌譚泰疏請以光弼署江西提督六年平廣昌土寇旋命眞除土寇張自盛洪國玉等據湖東爲亂光弼督參將陳陞等討平之其黨董明魁郭承珉等皆降遇恩詔世職累進一等阿達哈哈番十三年賜鞍馬弓矢十六年以老病致仕康熙十二年卒劉仲錦漢軍正藍旗人初籍遼陽東甯衛崇德五年以牛彔額眞從睿親王多爾袞等伐明圍錦州騎兵千餘出迎戰仲錦擊破之追薄城下始還復擊敗松山杏山呂洪山口敵兵七年從鄭親王濟爾哈朗等攻塔山發礮擊城圮仲錦率所部兵先登克之進攻杏山復發礮擊城毀其垣城人遂降敍功予世職半個前程八年從巴牙喇纛章京阿爾津哈寧阿等伐黑龍江虎爾哈部克博和哩諾爾噶勒都里三屯降大小噶勒達蘇綽庫禪能吉勒四屯賜貂皮白金復從攻寧遠取中後所前屯衛進世職甲喇章京順治元年從入關授戶部理事官兼甲喇額眞從固山額眞葉臣等徇山西克太原又從英親王阿濟格西討李自成自陝西下湖廣敗其將馬進忠得舟十一五年擢兵部侍郎六年從睿親王討姜瓖攻渾源左衛進攻汾州皆發紅衣砲克之七年授山東臨淸總兵加都督同知世職累進一等阿達哈哈番加拖沙喇哈番十年改福建右路總兵加左都督駐泉州十一年以疾解任旋卒

論曰滿洲兵初入關分駐都會其後乃久屯置總管沙爾虎達招徠新滿洲劉之源巴山喀喀木鎭撫江南喀喀木合羣力摧大敵厥功尤著漢兵入關後來附者不復入烏眞超哈循舊制分設提鎭化鳳援江寧與喀喀木同功芳名偕馬之先守寧夏有陞佐劉武元守贛州皆有殊績名高等以卿貳出專閫亦能稱其職者若富喀禪鎭西安烏庫理守盛京皆見於他篇故不復著

清史稿　列傳三十一

趙開心　楊義

林起龍　朱克簡 成性

王命岳　李森先 李呈祥 魏琯

李裀　季開生 弟振宜

張煊

趙開心字濬伯湖南長沙人明崇禎進士官至兵部員外郎順治元年授陝西道監察御史是歲有自稱故明皇太子者令故明貴妃袁氏及故東宮官屬內監等視之皆言不相識開心及給事中朱徽疏請詳審下法司自承爲京師民楊玉以開心疏言太子若存明朝之幸論死上命免之二年疏言刑部治庶獄數日即結正惟自別衙門發送者恒不時讞決久置獄中請令所司五日一稽核當讞當釋勿使留滯並請通飭諸行省撫按遵行從之尋命巡視南城滿洲兵初入關畏痘有染輒死京師民有痘者令移居出城杜傳染有司行之急嬰稚輒棄擲開心疏請四郊各定一村移居者與屋宇聚處旋又疏言立政之始一事之得失關天下萬世之利害疏奏不能盡陳封章不敢頻瀆乞時賜召對霽顏聽受庶用人施政悉奉宸斷睿親王攝政入朝朝臣皆跪迎開心疏請勅禮部詳定儀注江浙湖廣諸行省初定開心疏請急置撫按以時綏撫並得旨僉允擢左僉都御史三年坐事罷八年召起原官旋超擢左都御史開心子而抃爲唐王時舉人九年開心疏乞許而抃會試禮部議不許開心坐奪職永不敍用十年諭曰開心有直名畀風憲重任不言國家大事乃庇子瀆奏辜朕望實深朕念開心大臣一事差謬遂永棄不用心終未恕然召還京開心至疏論湖廣巡撫遲日益偏沅巡撫金廷獻鄖襄巡撫趙兆麟所屬寇盜充斥勦撫無能得旨下部察議又言江南諸行省每因捕治叛逆株連無辜如常鎭紳士王期昇路邁蔣拱辰等久錮獄中虛實未辨就一方一事可推之他省上命確察以聞時方考察京官甄別翰林開心疏論大學士馮銓陳名夏等各植門戶開朋黨之漸上命開心據實覆奏未能實指其人得旨申飭旋授原官十一年疏陳時政請御經筵親奏對遴賢才原過誤許流徙自贖重法司職掌上以疏中有屛斥畋游語諭曰講武習兵乃祖宗立國大法何謂畋游開心常談淺見沽名塞責殊負委任尋以名夏獲罪責言官不先事舉發降補太僕寺卿十二年遷戶部侍郎疏言畿甸流民載道有司恐誤留逃人聽其轉徙請暫寬隱匿逃人之罪以免株連俾流民得邀撫輯諭曰逃人之多因有隱匿者故立法不得不嚴何謂株連因責開心沽譽降補太僕寺寺丞尋擢少卿協理兵部督捕事十三年上以逃人多不獲所司督責不嚴復降補鴻臚寺少卿十六年遷太僕寺少卿康熙元年擢總督倉場戶部侍郎加工部尚書銜卒官

楊義山西洪洞人明崇禎進士官山東聊城知縣順治元年授河南汝陽知縣五年行取擢江西道御史巡視兩浙鹽政義疏請定行鹽掣驗之法遴選淸廉有司照引盤驗御史親臨監掣八年睿親王得罪義劾工部侍郎李迎晙前官營繕郎中監造王府僭擬禁廷不數年間躐陞華膴請敕部治罪以迎晙事在赦前寢其議復巡視長蘆鹽政劾運使趙秉樞貪酷骩法削籍逮治九年督學江南尋掌京畿道事十一年大學士陳名夏得罪義因劾請告侍郎孫承澤黨附名夏下部令承澤休致吏部尚書劉正宗薦降調員外郎董國祥擬授文選司郎中義面詰正宗專擅即具疏劾之正宗得旨察議國祥卒以贓敗謫徙尙陽堡十二年條陳時政言學士呂宮久疾曠職宜令歸田養大臣廉恥巡按既停閱城審錄諸事督撫按期巡行宜令簡隨從愼關防毋以擾民兵民匱乏請令各州縣廩生捐銀准貢以給滿洲兵備鞍馬器用餘賑被災貧民諭旨嚴禁加派有司抗不遵行如臣籍洪洞地畝正糧外又加驛站坐司馬夫工食公費等項幾半正糧祈敕禁革會宮已得旨致仕飭下所司議行時議復設巡按義奏請甄舉才守兼優考試請簡不拘資俸是歲四遷至刑部侍郎十四年調工部十七年調倉場侍郎擢工部尚書康熙元年致仕卒

林起龍順天大興人順治三年進士授吏科給事中疏請嚴禁白蓮大成混元無爲等邪教又疏請重守令課以十五事曰招流亡墾荒萊巡阡陌勸樹藝稽戶口均賦稅輕徭役除盜賊抑豪強懲衙蠹賑災患濟孤寡濬溝池治橋梁興學校考其殿最而大吏以時訪察俱如所奏行四年劾山東巡撫丁文盛不能弭盜並薦大理寺卿王永吉可代部議以起龍有私降二級外用又坐劾登州道楊雲鶴婪贓不實奪官世祖親政召來京十年復原官時軍旅未靖急轉餫不遑言積貯起龍請敕計臣籌畫先實京倉次及近輔各直省務使倉有儲穀備水旱應調發又言滿洲兵昔在盛京無餉而富今在京師有餉而貧時地既迥異法制宜更定凡駐守征行所需馬匹草束軍裝戎器悉動官帑籌備毋使拮据疏入諭曰滿洲兵建功最多資生無策十年來未有言及此者起龍實心爲國忠誠可嘉下部議以五品京堂用起龍疏辭十一年轉刑科加大理寺丞銜疏言州縣吏媚事上官耗費不貲請禁革並請遣廉能大臣巡行各直省體察利弊既疏劾總河楊方興及工部尚書劉昌召方興昌相質所劾皆不實部議當杖流上特宥之左授光祿寺署正十二年遷大理寺寺丞十三年一歲中三遷擢工部侍郎十五年改戶部侍郎總督倉場十六年加太子少保疏請更定綠旗兵制略言有制之師兵雖少一以當十餉愈省兵愈強而國富無制之師兵雖多萬不敵千餉愈費兵愈弱而國貧今綠營兵幾六十萬而地方有事即請滿洲大兵雖多仍不足用推原其故總緣將官赴任召募家丁隨營開糧軍牢伴當吹手轎夫皆充兵數甚有地方鋪戶子姪充兵免徭其月餉則歸之本管馬兵剋扣草料騎遞缺馬亦供營兵應付是以馬皆骨立鞭策不前又如弓箭刀鎗盔甲火器俱鈍弊朽壞帳房窩鋪雨衣弓箭罩則竟闕不具春秋兩操不復舉行將不知分合奇正之勢兵不知坐作進退之法徒空國帑竭民膏雖衆何益推其病有二一則營兵原以戢亂今乃責之捕盜一則出餉養兵原以備戰守之用今則加以剋扣兵丁所得僅能存活又不按月支發貧乏何以自支今誠抽練綠旗精兵二十萬養以四十萬之餉餉厚兵精地方有警戰守有人不過十年可使庫藏充溢下所司議行十七年加太子太保兵部尚書巡撫鳳陽時議懲官吏犯贓視輕重科罪不許納贖起龍疏請如舊例收贖充餉下廷議請從之上曰立法止貪今因濟餉而貸法如民生何絀起龍議不行聖祖即位授起龍漕運總督迭疏請免濱海移民田地賦額濬淮城運南運河直達射陽湖修築濟甯臨淸諸處隄閘並請禁運丁毋病民運弁毋病丁條議以上皆從其請又疏請禁運丁多携貨物稽滯漕運定分地稽察例六年糧艘至濟甯運丁有多携貨物者事覺總河盧崇峻疏陳起龍言江南漕儲道既裁總漕不任稽察御史張志尹糾起龍不引罪上以詰起龍起龍謝失職鐫三級休致卒嘉慶四年仁宗親政閱世祖實錄得起龍更定綠營兵制疏諭諸行省督撫整飭營伍並以所言抽練精兵是否可仿行飭妥議具奏諸行省督撫憚改作議格不行

朱克簡字敬可江南寶應人順治四年進士授內閣中書五年考授御史八年典廣東鄉試十二年巡按福建福建八府一州其五濱海鄭成功時入寇民苦焚掠克簡至申明軍政綢繆防禦請增兵防仙霞關時兵部尚書王永吉疏請減兵額汰營兵老弱下諸行省克簡疏言福建內防山賊外禦海寇省兵三萬四千不可復減上如其議又疏論防海略言用水師不難得其力難得其心漳泉爲鄭成功故土沿海多戚屬宜以連保法察其蹤跡考其身家不使入伍降

者令歸耕或移置他軍使離舊巢乃堅歸志水師戰海中破浪禽賊當受上賞宜著爲令水師用在舟木竹釘鐵油麻樓葉皆海之所無一物不具不可以爲舟宜設專官譏察毋以資敵寧化崇安濱海要地令俱爲賊踞當按形勢增兵固守又立六規二十四約與提督馬成功總兵王之綱等深相結納諸將咸奉令巡汀州聞成功兵攻福州即率汀州鎭兵還援成功兵引退克簡入城曰寇知我援寡且復來令完城垣簡卒伍爲備數日成功兵復至初官軍得成功兵輒誅之克簡令髮不過五寸者貸死編爲民得萬餘人皆恩克簡至是助守城發礮擊寇寇潰遂出戰解圍去至漳州布政使詳請徵逋賦克簡力阻之疏請蠲征上從之至福淸以閩安地當衝設兵守之連江羅源福淸長樂諸縣要隘皆置汛至興化見道有流民與知府張彥珩議賑活者萬數千人至泉州令崇武獺戶大盜諸隘皆置汛至延平知其地舟人多通寇令循江諸州縣設循環簿譏察汀州延平建安三郡多伏戎克簡遣兵破其巢穴離其黨羽次第皆就撫迭疏請汰冗員蠲鹽課恤驛困皆報可秩滿乞歸康熙三十二年卒子約以副貢生充教習歷知福安南豐費諸縣擢晉州所至皆有惠政成性字我存江南和州人順治六年進士授中書科中書十四年攷授御史巡按福建疏言福建山海征剿師旅繁興民窮地荒條上四策一曰嚴汛守濱海地寥廓不能徧防臣愚以爲宜設水師求熟練舟楫諳識水性之將吏廣選舵工水手繚椗招斗惟其能者廩餼不爲常格以舟爲家銃械用其長技操演習熟庶幾水師可成泉州近賊巢水師宜移石湖崇武石芝駐陸軍爲聲援惠安北有峯尾司宜駐兵爲惠州藩籬同安獎廈門當於高浦設屯劉五店置營礮時出游騎巡視要隘此又惠州之脣齒也一曰分界址有司禁遏接濟商阻物貴民生窮蹙臣愚以爲先定禁例若竹木鐵硝磺油麻毋許通貿小民日用所需宜聽轉運惟濱海大道或捷徑可通者嚴立疆界更定勾稽文法以時比驗自泉州西出延平上游去海甚遠百貨交易宜聽民便一曰輯降衆山海嘯聚之徒漸次來降入伍者多歸耕者少間有悍氣未馴凌轢鄉里居民亦負氣不相下訐訟不受理則自相格鬬臣愚以爲宜令解散宿怨禁止羅織新附之衆合者漸分衆者漸散近者漸遠庶可消弭反側一曰淸營伍府縣編甿既有保甲諸營什伍猶未整齊臣愚以爲當責成兵吏自爲版籍略倣保甲之制同居連坐則軍伍肅盜源遏矣事下兵部議行既又上疏言下游四府濱海徼無險阻可守且又兵力所不及宜令居民築土堡多備長鎗鳥銃習爲團練賊至人自爲守家自爲戰馳報附近將領以兵赴援久之使賊糧絕勢窮未有不瓦解者也又疏論鹽場利弊請裁上里海口牛田諸場以福淸知縣領其事十六年報績授兵部主事移疾歸康熙七年始出就官十一年授工科給事中時議招募游民開墾荒田性疏言民貧不能耕乃有荒田游民既失業安能開墾請敕督撫令縣官勸民開墾無力者上布政司給牛種資錢以本縣之民墾本縣之田官既易於稽察朝廷本貲亦易於征收又迭疏請獎進廉吏爲國家培元氣密諭推舉督學以重人才根本之地又疏陳民生十害謂州縣胥役挾持長吏爲衙蠹之害官吏私交舊識關說曲直爲抽豐之害鄉民錢糧訟獄必投在城所主之戶聽其侵蝕唆使爲欺家之害大奸巨猾武斷鄉曲爲奸豪之害督撫及司道胥吏干託有司爲上官胥吏之害丞簿佐貳濫受訟牒爲佐貳之害奸民譸張上控株連蔓衍爲越訴之害顏料本色緣時價低昂不載由單任意苛歛爲雜派之害百姓十室九空無藉乘急取利逐月合券俗謂印子錢利至十之七八折沒妻孥爲放債之害郵傳往來强捉人夫挽舟負輿爲縴夫之害請下所在有司每季書狀不蹈十害申大吏按驗又請飭督撫嚴飭所司復社學講鄉約舉節孝立義冢不力行者不得與卓異旋擢掌科十五年以疾乞歸家居三年卒

國初循明舊御史出爲巡按七年罷旋復設八年世祖親政特敕誡諭並命都察院察訪舉劾御太和殿召新命諸巡按入見賜坐宣諭十七年都察院復請罷王大臣會議安親王及侍郞石申等議留別疏上又以御史陸光旭疏爭令再議仍議罷不復設巡按能舉其職者又有甯承勳按河南請塞黃河決口秦世楨按江蘇劾罷巡撫土國寶最知名承勳大興人明天啓舉人自禮部主事考選御史官至大理寺右寺正世楨自有傳

王命岳字伯咨福建晉江人順治十二年進士改庶吉士時雲南貴州未定策問及之命岳言李定國貳於孫可望當緩定國行間使與可望相疑忌我兵以守爲戰以屯爲守視隙而動上異之擢工科給事中上經國遠圖疏略言今國家所最急者財也歲入千八百十四萬有奇歲出二千二百六十一萬有奇出浮於入者四百四十七萬國用所以不足皆由養兵各省鎭滿漢官兵俸米草豆都計千八百三十八萬有奇師行芻秣又百四十萬其在京王公百官俸薪披甲俸餉不過二百萬是則歲費二千二百萬十分在養兵一分在雜用也臣愚以爲今日不宜再議剝削以給兵餉而當議就兵生餉之道河南山東湖廣陝西江南北浙東西江西閩廣諸行省迭經兵火水旱田多荒廢宜令各省駐防官兵分地耕種稍倣明洪武中屯田之法初年有司給與牛種耕具餼糧自次年後兵皆自食其力便可不費朝廷金錢此其爲利甚溥古者郡縣之兵什伍相配千百成旅將帥因而轄之乃者將帥多以僕從廚役優伶爲兵其實能操戈殺賊者十不得二三故食糧有兵充伍無兵官去兵隨難議屯種今當先定兵額官有升降兵無去來平定各省及去賊二三百里外者皆給地課耕因人之力與地之宜一歲便可生財至千餘萬羣情不爲深慮不過議節省某項淸察某項譬如盤水何益旱田臣見今日因賊而設兵因兵而措餉因餉而病民民復爲賊展轉相因深可隱憂要在力破因循斷無不可核之兵斷無不可耕之田斷無不可生之財疏下各直省督撫議格不行世祖惡貪吏令犯贓十兩以上籍沒命岳疏言立法愈嚴而糾貪不止病在舉劾不當請敕吏部督撫按舉劾疏至當參酌公論果有賢者見毀不肖者蒙譽據實覆駁如部臣耳目有限科道臣皆得執奏又按臣原有都察院考核甄別督撫本重臣言官恐外轉爲屬吏參劾絕少請特敕責成簡別精實每歲終仍命吏部都察院考核督撫舉劾當否詳具以聞庶激勵大法以倡率小廉轉戶科再上疏論漕弊大要謂百姓爲運官所苦運官又自有其苦不得不苦百姓請革通倉需索禁旗丁混搶倉場督臣親監河兌福建方用兵時又苦旱命岳疏陳六事曰緩徵買糴勸賑督催協餉嚴治奸盜安置投誠十五年調兵科師下湖廣命岳復申屯田之議請復明軍衛屯田之制設指揮千百戶等官以勞久功多之臣膺其任子孫世及無漕之地專固封疆有漕之地即使領運新附之將有功亦得拜官量易其地勿在本省尋疏言各省除荒之數歲縮銀五百五十萬有奇荒地以河南山東爲最多請選淸正御史督察二省田地率諸州縣淸丈編造魚鱗圖册他省除荒多者如例均丈得旨舉行命岳又上淸丈事宜十餘條明桂王既出邊雲南猶未平命岳疏言雲南歲餉九百萬而一省正雜賦稅都計十六萬有奇是以九百萬營十六萬之地也雲南原有舊屯萬一千一百七十一頃有奇科糧三十八萬九千九百九十二石有奇請敕巡撫袁懋功責成原軍換帖領種暫發二十萬金買牛辦種借給軍民經年銷算必無虧損又可收復科糧舊額且官收額內軍餘額外每粟一石價可三金視今年每石十二金已省餉費四分之三庶幾兵食兼足不至竭天下之物力以奉一隅上可其奏命發十萬金買牛辦種修復舊屯命岳乞假歸葬還朝疏言賊習於海戰我師皆北人不諳水性惟有堵截隘港禁絕接濟嚴號令輕徭賦與民休息使民不爲賊賊不得資久之必有繫醜獻闕下者吏部以浙江右布政員盡忠遷廣東左布政命已下命岳劾其貪穢盡忠坐罷康熙初使廣東還遷刑科都給事中時陳豹據南澳尚爲明守命岳疏請招豹收南澳尋以議獄未當奪官六年畿輔旱詔求直言命岳家居以天子方冲齡宜覽古今廣法戒撰千秋寶鑑書垂成未進卒

李森先字琳枝山東掖縣人明崇禎進士順治二年自國子監博士考選江西道監察御史啓睿親王發大學士馮銓貪穢及其子源淮諸不法狀御史吳達給事中許作梅莊憲祖杜立德御史王守履羅國士鄧孕槐桑芸等先後論劾睿親王於重華殿集大學士刑部科道諸臣召銓等面質以爲無實迹語詳銓傳責森先啓請肆市語過當奪官世祖既親政銓罷去九年十一月大學士范文程以劾銓諸疏進上閱之竟曰諸臣劾銓誠當何爲以此罷文程曰諸臣劾大臣無非爲君國上當思所以愛惜之且使大臣而能鉗制言官非細故也越數日上諭吏部諸臣以劾銓罷者皆起用森先補原官十三年巡按江南劾罷貪吏淮安推官李子燮蘇州推官楊昌齡論如律巡蘇州杖殺不法僧三遮優王紫稼並爲優張榜少年沈濬一時震悚淮安吏張電臣坐侵蝕漕折銀一百二十兩有奇例當追比森先爲疏請緩之上責森先徇縱奪官逮至京訊鞫事白復原官十五年應詔陳言略曰上孜孜圖治求言詔屢下而諸臣遲回觀望者皆以從前言事諸臣一經懲創則流徙永錮相率以言爲戒耳臣以爲欲開言路宜先寬言官之罰如流徙諫臣李呈祥季開生魏琯李裀郝浴張鳴駿等皆與恩詔因公詿誤例相應倘蒙俯賜軫恤使天下昭然知上寬宥直臣在遠不遺凡有言責者有不洗心竭慮而興起者乎上責其市恩徇情奪官下刑部議流徙尚陽堡上仍寬之復原官尋命察荒河南用左都御史魏裔介言給敕印未訖事而卒十七年上命吏部開列建言得罪諸臣其流徙者舉呈祥琯裀開生及彭長庚許爾安凡六人上命釋呈祥許琯開生歸葬餘雖係建言情罪不同無可寬免裀開生自有傳長庚爾安事見睿親王傳呈祥字吉津山東霑化人明崇禎進士選庶吉士順治初授編修累遷少詹事十年二月條陳部院衙門應裁去滿官專用漢人上諭大學士洪承疇等曰呈祥此奏甚不當昔滿

臣贊理庶政弼成大業彼時豈曾咨爾漢臣朕滿漢一體眷遇奈何反生異意耶副都御史宜巴漢等因劾呈祥奪官下刑部坐呈祥巧言亂政論斬上命免死流徙盛京居八年至是命釋還詣京師疏謝遂還里康熙二十七年卒琯字昭華山東壽光人明崇禎進士官御史順治二年以薦起原官巡按甘肅請開馬市以柔遠人下部議行涼州兵訌參議道解捕得倡亂者二十餘人琯疏言西陲兵驕悍由明季專事姑息養姦滋亂宜用重典上命悉誅之並詔後有犯者首從駢斬著爲令四年授江寧學政七年還京掌河南道八年漕運總督吳惟華請輸銀萬又括諸項羨餘得九萬三千請以助餉琯疏言淮揚連年水旱惟華輸餉皆分派屬吏仍取自民間乞賜察究會巡漕御史張中元發惟華貪黷狀逮治奪官琯又劾鄖陽撫治趙兆麟甄別文武屬吏薦舉多至數十糾劾僅一二微員上爲責兆麟并誡諸督撫不得劾微員塞責九年授順天府府丞十二年遷大理寺卿八旗逃人初屬兵部督捕部議改歸大理寺琯疏言其不便乃設兵部督捕侍郎專董其事又言逃人日多以投充者衆本主私縱成習聽其他往日久不還概訟爲逃人逃人至再罪止鞭百而窩逃猶論斬籍人口財產給本主與叛逆無異非法之平下九卿議改爲流免籍沒又言窩逃瘐斃妻子應免流徙時遇熱審亦應一體減等上責其市恩下王大臣議琯巧寬逃禁當坐絞上寬之降授通政司參議德州諸生呂煌窩逃事發州官當坐罪琯持異議王大臣劾琯因追議琯前請熱審減等爲煌地坐奪官流徙遼陽卒於戍所上既許歸葬並宥其孥還故里諸與森先同時劾馮銓者吳達江南人自刑部員外郎授御史二年七月疏言今日用人皆取材於明季抗直忤時山林放棄此明季所黜而今日當用者也逆黨權璫貪墨敗類此明季所黜而今日不可不黜者也持祿養交倒行逆施此明季未黜而今日不可不黜者也定鼎初年藉招徠爲名猶可兼收邪正江南既定人材畢集若復涇渭不分則君子氣沮宵小競進即如阮大鋮袁宏勛徐復陽輩聯袂而至豈可概加錄用乎至廣開言路尤爲創業急務乃動責回奏是沮敢諫之氣而塞後進之路也即如趙開心論事爽剴用其人矣而所規切時政果一一用之否耶得旨朝廷用人非曰誘之若先既錄用後無罪而黜是有疑心矣屢飭回奏欲求其實非沮言路也疏寢不用旋命巡按山東湖南官至太僕寺少卿桑芸山西榆次人自行人授御史巡按順天累遷光祿寺卿出爲河南汝南道參政督民墾荒土除雜派捕治巨猾斃杖下累遷廣東左布政道卒又有許作梅河南新鄉人亦以劾銓能復起官至太僕寺少卿王守履山西寧鄉人自工部郎中授御史巡按湖北羅國士山東德州人自禮部主事授御史巡按順天莊憲祖直隸東光人以明進士起戶科給事中順治二年新進士除科道憲祖與吏科都給事中向玉軒疏爭下刑部並坐奪官玉軒四川通江人鄧孕槐失其籍自順天府推官授御史巡按江南

李裀字龍袞山東高密人順治六年以舉人考授內院中書舍人擢禮科給事中轉兵科劾吏部郎中宋學洙典試河南宿妓納餽鞫實奪官八旗以俘獲爲奴僕主遇之虐輒亡去漢民有願隸八旗爲奴僕者謂之投充主遇之虐亦亡去逃人法自此起十一年王大臣議匿逃人者給其主爲奴兩鄰流徙捕得在途復逃解子亦流徙上以其過嚴命再議仍如王大臣原議上十二年裀上疏極論其弊曰皇上爲中國主其視天下皆爲一家必別爲之名曰東人又曰舊人已岐而二之矣謂滿洲役使軍伍猶兵與民不得不分州縣追攝逃亡猶清勾逃兵不得不嚴嚴是已然立法過重株連太多使海內無貧富良賤皆惴惴莫必旦夕之命人情洶懼有傷元氣可爲痛心者一也法立而犯者衆當思其何利於隱匿而愍不畏死此必有居東人爲奇貨挾以爲囮殷實破家奴婢爲禍名義蕩盡可爲痛心者二也犯法不貸牽引不原即大逆不道無以加此破一家即耗一家之貢賦殺一人即傷一人之培養十年生聚十年教訓今乃用逃人法戕賊之乎可爲痛心者三也人情不甚相遠使其居身得所何苦相率而逃況至三萬之多其非盡懷鄉土念親戚明矣不思恩義維繫但欲窮其所往法愈峻逃愈多可爲痛心者四也自逮捕起解至提赴質審道路驛騷雞犬不寧無論其中冤陷實繁而瓜蔓相尋市鬻鋃鐺殆盡日復一日生齒彫殘誰復爲皇上赤子可爲痛心者五也又不特犯者爲然饑民流離以譏察東人故吏閉關民扃戶無所投止嗟此窮黎朝廷方蠲租煮粥衣而食之柰何因逃人法迫而使斃可爲痛心者六也婦女躑躅於郊原老稚僵仆於溝壑強有力者犯霜露冒雨雪東西迫逐勢必鋌而走險今寇孽未靖招撫不遑本我赤子乃驅之作賊乎可爲痛心者七也臣謂與其嚴於既逃之後何如嚴於未逃之先今逃人三次始行正法其初犯再犯不過鞭責請敕今後逃人初犯即論死皇上好生如天不忍殺之當倣竊盜刺字之例初逃再逃皆於面臂刺字則逃人不敢逃即逃人自不敢留矣疏入留中後十餘日下王大臣會議僉謂所奏雖於律無罪然七可痛情由可惡當論死上弗許改議杖徙甯古塔上命免杖安置尚陽堡逾年卒上深知逃人法過苛重絀王大臣議罪裀十三年六月諭曰朕念滿洲官民人等攻戰勤勞佐成大業其家役使之人皆獲自艱辛加之撫養乃十餘年間背逃日衆隱匿尤多特立嚴法以一人之逃匿而株連數家以無知之奴僕而累及官吏皆念爾等數十年之勞苦萬不得已而設非朕本懷也爾等當思家人何以輕去必非無因爾能容彼身彼自體爾心若專恃嚴法全不體恤逃者仍衆何益之有朕爲萬國主犯法諸人孰非天生烝民朝廷赤子今後宜體朕意省改使奴僕充盈安享富貴十五年五月復諭曰督捕逃人事例屢令會議量情申法衷諸平允年來逃人未止小民牽連被害者多聞有姦徒假冒逃人詐害百姓將殷實之家指爲窩主挾詐不已告到督捕冒主認領指詭作眞種種詐僞重爲民害如有旗下姦宄橫行許督撫逮捕併本主治罪逃人禍自此漸熄

季開生字天中江南泰興人順治六年進士改庶吉士累遷禮科給事中明將張名振犯上海開生疏言防禦海寇宜遠偵探扼要害備器械嚴海禁杜接濟密譏察十一年因地震疏言地道不靜民不安也民之不安官失職也官之失職約有十端一曰格詔旨二曰輕民命三曰縱屬官四曰庇胥吏五曰重耗尅六曰納餽遺七曰廣株連八曰閣詞訟九曰失彈壓十曰玩糾劾分疏其目以上章下所司調兵科右給事中十二年秋乾清宮成發帑遣內監往江南採購陳設器皿民間訛言往揚州買女子開生上疏極諫得旨太祖太宗制度宮中從無漢女朕奉皇太后慈訓豈敢妄行即太平後尚且不爲何況今日朕雖不德每思效法賢聖主朝夕焦勞若買女子入宮成何如主耶因責開生肆誣沽直下刑部杖贖流尚陽堡尋卒戍所十七年旱下詔罪己命吏部察謫降言官諭曰季開生建言原從朕躬起見准復官歸葬廕一子入監讀書弟振宜字詵兮順治四年進士授浙江蘭溪知縣行取刑部主事遷戶部員外郎郎中十五年考選浙江道御史及上以旱下詔罪己言十二十三年間時有過舉振宜疏言伏讀上諭興革責之部院條奏責之科道而內閣諸臣闕焉未及夫用人行政其將用未用將行未行之際毫釐千里間不容髮天顏咫尺呼吸可通者惟內閣諸臣皇上親政以來憂勤惕厲原未見有過舉皇上以爲有過舉矣試問其時有言及者乎則宰相之不言亦可見矣皇上以心膂股肱寄之內閣諸臣徒以票擬四五字了宰相事業皇上縱不譴責淸夜捫心恐有難以自慰者得旨閣臣不能盡言初非其罪前諭十二十三年間過舉皆已行之事朕心過失即今豈能盡無閣臣何由得知部覆章奏照擬票發皆朕親裁亦非閣臣之咎朕恒慮此心稍懈諸臣其各加內省左都御史魏裔介疏劾大學士劉正宗蠹國亂政振宜亦疏舉正宗樹黨納賄諸罪狀正宗以是得罪互見正宗傳振宜又疏言府庫已竭兵革方興雲南守禦專任平西王滿兵抽十之四五駐湖南鄭成功爲閩浙江南三省之患當擇地駐兵絕其登陸閩撫佟永楨浙督趙國祚浙撫史記功軍旅皆不嫺習宜簡賢員以代其任山東河南輔翼京師連年水旱盜賊實繁北直八府白晝公行刦掠明末流寇殷鑒不遠蒙古闌入陝西洮岷一帶耕種西甯抵宣大長城頹塌防衛空虛國家中外一統疆界原宜分明何可聽其出入不加譏察又請復六科封駁舊制復以揚徐近河諸縣加派河夫爲民間重累疏請申禁下部議行尋命巡視河東鹽政乞歸卒順治初以建言名者又有給事中常若柱張國憲若柱疏言賊相牛金星弒君殘民抗拒王師力盡始降宜要顯戮乃復玷列卿寺靦顏朝右其子銓同父作賊冒濫爲官任湖廣糧儲道贓私鉅萬請將金星父子立正國法以申公義快人心得旨流賊僞官投誠者多能效力若柱此奏殊不合理應議處遂罷歸國憲疏言前朝廠衛之弊如虎如狼如鬼如蜮今易錦衣爲鑾儀此輩無能逞其故智乃臣聞有緝事員役在內院門首訪察賜晝賜晝特典內院重地安所用其訪察城狐社鼠小試其端臣竊謂宜大爲之防也疏入下廷臣議禁止得旨鑾儀衞專司扈從訪役緝事一概禁止廠衞之禍始息若柱陝西蒲城人順治四年進士自庶吉士改戶科給事中國憲順天宛平人順治三年進士除吏科給事中

張煊山西介休人明崇禎間進士自知縣擢河南道御史爲大學士陳演所掎遣戍順治元年薦起原官以憂歸三年復補浙江道御史仍掌河南道事六年疏言有司朘削小民督撫徇不以告言官論劾乃其職守乞付廷臣公議勿遽下獄對理上從之論惟挾仇誣陷仍奪官治罪自非然者雖有不實不得逮送刑部八年疏言文武全才難得近以武職改任督撫恐政體民瘼未必曉暢請還本職又言貪吏坐贓多委諸吏役遇赦輒復原官請將援免諸人應左降者調補閒曹應奪官者勒令休致下部議行是年値計典煊以河南道掌計冊劾

御史李道昌王士驥金元正臣蘭兆李允嵩等巡方失職時大學士洪承疇掌都察院甄別諸御史議道昌降調士驥等均奪官并列煊外轉煊疏劾吏部尚書陳名夏以故明修撰諂事睿親王驟陟尚書父爲縣民所殺賜銀歸葬名夏貪縱奪情郵典空懸因舉紊亂銓序把持計典列十罪二不法幷及名夏與洪承疇陳之遴於火神廟屏左右密議承疇送母回籍未先奏亦非法疏下王大臣勘奏時上方出獵巽親王滿達海等召名夏承疇與煊質名夏事俱實承疇言火神廟集議即爲甄別諸御史送母回籍未先奏當引罪上還京復命王大臣廷鞫吏部尚書譚泰袒名夏奏名夏事在赦前煊奏多不實且先爲御史不言今當外轉挾私誣衊罪當死因坐絞九年正月譚泰得罪上復發煊疏命王大臣覆讞名夏坐奪官語詳名夏傳遂下詔雪煊冤贈太常寺卿賜祭葬以蔭官官其子基遠官至禮部侍郎

論曰國初言事侃侃以開心爲最義起龍皆用言事致顯擢克簡巡方著勞績命岳策屯田雖未用要自有所見森先裍開生以謇直蒙譴獨森先復起煊死非罪世尤哀之然挾外轉之嫌授讒人以隙與森先諸人不同矣

清史稿　列傳三十二

剛林 祁充格　馮銓 孫之獬 李若琳

陳名夏　陳之遴

劉正宗 張縉彥

剛林瓜爾佳氏字公茂滿洲正黃旗人世居蘇完初來歸隸正藍旗屬郡王阿達禮授筆帖式掌繙譯漢文天聰八年以漢文應試中式舉人命直文館崇德元年授國史院大學士與范文程希福等參與政事疏請重定部院承政以下官各五等又疏請定試士之法皆報可太宗四征不庭疆宇日闢剛林屢奉使軍前宣布威德咸稱上旨積功授世職牛彔章京八年阿達禮有罪改隸正黃旗世祖定鼎進世職二等甲喇章京三年四年迭主會試考滿進世職一等阿達哈哈番五年復進三等阿思哈尼哈番賜號巴克什六年充太宗實錄總裁復主會試疏請令六科錄諸臣章奏並批答月送史館備纂修國史報可八年以編撰明史闕天啟四年至七年實錄請勅懸賞購求崇禎一朝事蹟無考其有野史外傳並令訪送章下所司睿親王多爾袞薨得罪剛林阿附睿親王參與移永平密謀又與大學士祁充格擅改太祖實錄爲睿親王削匿罪愆增載功績坐斬籍沒祁充格烏蘇氏滿洲鑲白旗人世居瓦爾喀國初從其族吉思哈等來歸太宗時號四貝勒以祁充格嫻習文史令掌書記天聰五年初設六部授禮部啟心郎八年考績授牛彔額眞崇德元年睿親王多爾袞伐明攻錦州命鞏阿岱往濟師祁充格從師有功還報捷三年睿親王復伐明太宗親餞於郊祁充格以不啟豫親王多鐸從上出送又於是日私往屯莊坐死命寬之奪官貫耳鞭責以隸睿親王順治二年授弘文院大學士充明史總裁官册封朝鮮世子正使四年考滿加授牛彔額眞六年充太宗實錄總裁官與剛林等同主會試八年與剛林同誅

馮銓字振鷺順天涿州人明萬曆進士授檢討諂事魏忠賢累遷文淵閣大學士兼戶部尚書加少保兼太子太保以徵忤罷去莊烈帝既誅忠賢得銓罷官後壽忠賢百韻詩論杖徒贖爲民順治元年睿親王既定京師以書徵銓銓聞命即至賚冠服鞍馬銀幣令以大學士原銜入內院佐理機務與大學士洪承疇疏請復明票擬舊制又與大學士謝陞等議定郊社宗廟樂章十月朔世祖御皇極門受賀給事中孫承澤疏糾朝班雜亂語侵內院銓與陞承疇乞罷諭令益殫忠猷以襄新治二年授弘文院大學士兼禮部尚書御史吳達劾銓向降將姜瓖索銀三萬許以封拜未稱其意內院政本所關乃令其子源淮擅入張宴歡飲給事中許作梅莊憲祖杜立德御史王守履羅國士鄧孕槐桑芸等亦交章劾銓得招撫侍郎江萬緒金爲源淮賄招撫侍郎孫之獬充標下中軍禮部侍郎李若琳爲銓黨羽庸懦無行御史李森先疏繼入語尤峻略謂明二百餘年國祚壞於忠賢而忠賢當日殺戮賢良通賄謀逆皆成於銓此通國共知者請立彰大法戮之於市疏並下刑部鞫問刑部以所劾不實啟睿親王王集廷臣覆讞以銓降後與之獬若琳皆先薙髮之獬家男婦並改滿裝諸臣遂謀陷害王謂三人者皆恪遵本朝法度詰責科道諸臣給事中龔鼎孳言銓附忠賢作惡銓亦反詰鼎孳嘗降李自成王問鼎孳語實否鼎孳曰豈惟鼎孳魏徵亦嘗降唐太宗王因斥鼎孳遂寢其事以森先言過甚奪官互見森先傳三年正月銓疏言臣蒙特召入內院列同官舊臣之前臣固辭不敢攝政王面諭國家尊賢敬客卿其勿讓今海宇漸平制度略定金臺駿骨暫示招徠久假不歸實逾涯分況叨承寵命賜婚滿洲理當附籍滿洲編氓之末迴繹尊賢敬客之諭輾轉悚懼特懇改列范文程剛林後如以新舊爲次幷當列祁充格甯完我後得旨天下一統滿漢無分別內院職掌等級原有成規不必再定是年命典會試列范文程剛林後甯完我前四年復典會試六年加少傅兼太子太傅八年上親政諸大臣功績諭銓先經吳達奏劾得叛將姜瓖賄使當引去乃隱忍居官七年以來無所建白令致仕李若琳憸險專擅與銓朋比爲奸奪官永不敍用銓既罷代以陳名夏坐事奪官代以陳之遴亦不久罷上復召銓還諭曰國家用人使功不如使過銓素有才學博洽諳練朕特召用以觀自新銓至召見又與承疇文程等同夕對論翰林官賢否上曰朕將親試之銓奏曰南人優於文而行不符北人短於文而行或善今取文行兼優者用之可也上頷之仍授弘文院大學士以議總兵任珍罪坐欺飾論絞上命寬之銓入謝奏對失旨諭誡之龔鼎孳爲左都御史復劾銓上命指實鼎孳言銓罪過頗多惟以密勿票擬非如諸曹有實可指上切責鼎孳十二年居母喪命入直如故尋加少師兼太子太師十三年上以銓衰老加太保致仕仍令在左右備顧問銓疏請回籍許之十六年改設內閣命以原銜兼中和殿大學士康熙十七年卒諡文敏旋命削諡孫之獬山東淄川人明天啟進士授檢討遷侍讀以爭毀三朝要典入逆案削籍順治元年侍郎王鰲永招撫山東土寇攻淄川之獬斥家財守城山東巡撫方大猷上其事召詣京師授禮部侍郎二年師克九江之獬奏請往任招撫從之加兵部尚書銜以行三年召還總兵金聲桓劾之獬擅加副將高進庫劉一鵬總兵銜市恩擕貳之獬議撫諸將懷觀望不力攻贛州之獬疏辨下兵部議奪之獬官四年土寇復攻淄川之獬佐城守城破死之諸孫從死者七人下吏部議卹侍郎陳名夏金之俊議復之獬官予卹馬光輝及啟心郎甯古里議之獬已削籍不當予卹兩議上命用光輝議李若琳山東新城人明天啟進士授檢討順治元年起原官累遷少詹事兼國子監祭酒詹事府裁改翰林院侍讀學士兼祭酒如故二年請更定孔子神牌復元制曰大成至聖文宣王下禮部議定稱大成至聖先師再遷禮部侍郎五年進尚書六年加太子太保既罷歸未幾卒

陳名夏字百史江南溧陽人明崇禎進士官修撰兼戶兵二科都給事中降李自成福王時入從賊案順治二年詣大名降以保定巡撫王文本薦復原官入謁睿親王請正大位王曰本朝自有家法非爾所知也旋超擢吏部侍郎兼翰林院侍讀學士師定江南九卿科道議南京設官名夏言國家定鼎神京居北制南不當如前朝稱都會設官如諸行省疏入稱旨三年居父喪命奪情任事請終制賜白金五百暫假歸葬仍給俸贍其孥在京者五年初設六部漢尚書授名夏吏部尚書加太子太保八年授弘文院大學士進少保兼太子太保名夏任吏部時滿尚書譚泰阿睿親王擅權名夏附之亂政睿親王薨是夏御史張煊劾名夏結黨行私銓選不公下王大臣會鞫譚泰袒名夏坐煊誣奏論死語詳煊傳是時御史盛復選亦以劾名夏坐黜迨秋譚泰以罪誅九年春復命王大臣按煊所劾名夏罪狀名夏辨甚力及屢見詰辭詞窮泣訴投誠有功冀貸死上曰此輾轉矯詐之小人也罪實難逭但朕已有旨凡與譚泰事干連者皆赦勿問若復罪名夏是爲不信因宥之命奪官仍給俸發正黃旗與閒散官隨朝諭令自新十年復授秘書院大學士吏部尚書員缺侍郎孫承澤請以名夏兼攝上責承澤以侍郎舉大學士非體翼日命名夏署吏部尚書上時幸內院恒諭諸臣滿漢一體毋互結黨與名夏或强辭以對上戒之曰爾勿怙過自遂金之俊等異議坐欺蒙論死復寬之但鐫秩罰俸任事如故十一年大學士甯完我劾之略言名夏屢蒙赦宥尚復包藏禍心嘗謂臣曰留髮復衣冠天下即太平其情叵測名夏子掖臣居鄉暴惡士民怨恨移居江甯占入官園宅關通納賄名夏明知故縱名夏署吏部尚書破格擢其私交趙企先給事中郭一鶚疏及之名夏欲加罪以劉正宗不平而止浙江道員史儒綱爲名夏姻家坐

事奪官逮問名夏必欲爲之復官給事中魏象樞與名夏姻家有連坐事應左遷僅票罰俸護黨市恩於此可見臣等職掌票擬一字輕重關係公私立濟注姓以防推諉名夏私自塗抹一百十四字上命詰誡科道官結黨名夏擅加抹改其欺罔類是請勅大臣鞫實法斷施行疏下廷臣會鞫名夏辨諸欵皆虛惟留髮復衣冠實有其語完我與正宗共證名夏諸罪狀皆實讞成論斬上命改絞掖臣逮治杖戍

陳之遴字彥升浙江海寧人明崇禎進士自編修遷中允順治二年來降授秘書院侍讀學士五年遷禮部侍郎六年加右都御史八年擢禮部尚書御史張煊劾大學士陳名夏語涉之遴鞫不實免議加太子太保九年授弘文院大學士時捕治京師巨猾李應試王大臣會鞫之遴默不語王大臣詰之之遴曰上立置應試於法則已如或免死則必受其害是以不言王大臣等以聞上以詰之遴疏引罪上以之遴既悔過宥之調戶部尚書議總兵任珍罪與名夏及金之俊持異議坐罪寬貸如名夏十二年奏請依律定滿臣有罪籍沒家產降革世職之例下所司議行復授弘文院大學士加少保兼太子太保十三年上幸南苑召諸大臣入對論之遴曰朕不念爾前罪屢申誥誡嘗以朕言告人乎抑自思所行亦曾少改乎之遴奏曰上教臣臣安敢不改特臣才疏學淺不能仰報上恩上曰朕非不知之遴等朋黨而用之但欲資其才故任以職且時時教飭之者亦冀其改過效忠耳因責左副都御史魏裔介等媕阿緘默裔介退具疏劾之遴植黨營私當上詰問但云才疏學淺良心已昧並言之遴諷禮部尚書胡世安舉知府沈令式旋爲總督李輝祖所劾是爲結黨之據給事中王楨又劾之遴市權豪縱昨蒙詰責不思閉閤省罪卽於次日邀游靈佑宮逍遙恣肆罪不容誅之遴疏引罪有云南北各親其親各友其友上益不懌下吏部嚴議命以原官發盛京居住是冬復命回京入旗十五年復坐賄結內監吳良輔鞫實論斬命奪官籍其家流徙尚陽堡死徙所

劉正宗字可宗山東安邱人明崇禎進士自推官授編修福王時授中允順治二年以薦起國史院編修累遷秘書院學士十四年授吏部侍郎擢弘文院大學士吏部尚書缺員諭以正宗清正耿介堪勝此任加太子太保管吏部尚書御史楊義論部推越次正宗與辨執相詬詈給事中周曾發御史姜圖南祖建明交章劾之御史張嘉復以正宗昏庸衰老背公徇私疏請罷斥下部議以無實據寢其事給事中朱徽復劾正宗擅擬僉事許宸遷通政司參議不由會推又未專疏題明正宗以疎忽引咎當罰俸援恩詔以免旋引疾乞休不允辭尚書命以兼銜回內院加少保兼太子太保十四年考滿進少傅兼太子太傅十五年改文華殿大學士十六年上以正宗器量狹隘終日務詩文廷議輒以己意爲是降旨嚴飭並諭曰朕委任大臣期始終相成以愜簡拔初念故不忍加罪時加申戒當痛改前非稱朕優容寬恕之意十七年自陳乞罷不允左都御史魏裔介劾正宗自陳奏內不敍上諭切責無人臣禮李昌祚叛案有名票擬內升先後薦董國祥梁羽明今皆事敗被劾不自檢舉欺君之罪何辭正宗與張縉彥爲友縉彥序正宗詩曰將明之才詭譎尤不可解正宗弟正學爲鄭成功總兵正宗屬巡撫耿焞躐升中軍蠹國亂政其事非一端請乾斷以杜禍萌御史季振宜繼劾亦及國祥正學並正宗貪賄營利諸事正宗疏辨略謂李昌祚爲叛黨裔介身爲法司何不早行糾參例凡薦舉之官在本任不職追坐舉主國祥羽明皆升任後得罪縉彥序臣詩有曰將明之才臣詩稿見存縉彥序未見此語疏入上奪正宗官下王大臣會鞫亦責裔介振宜不早糾參幷奪官待質旋議上裔介振宜劾正宗罪狀鞫實者十一事罪當絞上斥正宗性質暴戾器量偏淺持論偏私處事執謬惟事沽名好勝罔顧大體罪戾滋甚從寬免死籍家產之半入旗不許回籍十八年聖祖卽位以世祖遺詔及正宗罪狀當寘重典愍其衰老貸之未幾病卒張縉彥河南新鄉人明崇禎進士自知縣行取授主事再授編修擢兵部尚書順治元年詣固山額眞葉臣軍前納款福王授以總督乃遁去既復受洪承疇招降九年以薦下吏部考核十年授山東右布政十五年擢工部侍郎十七年甄別三品以上大臣降授江南徽寧道裔介劾正宗詞連縉彥奪官逮訊御史蕭震疏劾縉彥編刻無聲戲自稱不死英雄惑人心害風俗王大臣會鞫論斬上命貰死籍其家流徙寧古塔尋死於戍所

論曰剛林相太宗與范文程希福並命祈充格掌記室於創業宜皆有功銓故明相諳故事與名夏皆善占對名夏勸進雖不用以此邀峻擢之遴正宗各有所援引知當時亦頗用事際初運都高位而不足以堪之誅夷削奪時莫之惜正宗傾名夏亦不免於罪尤可鑑矣

清史稿 列傳三十三

譚泰　何洛會

錫圖庫　博爾輝

冷僧機

譚泰舒穆祿氏滿洲正黃旗人揚古利從弟也初授牛彔額眞天聰八年擢巴牙喇章京與固山額眞圖爾格分統左右翼兵略錦州還從太宗伐明自上方堡毀邊牆以入敗明兵克保安州擢巴牙喇纛章京令關白諸事九年揚古利賜第侍衞宗室濟馬護欲得其舊居揚古利不可濟馬護屬譚泰入奏譚泰匿不以聞濟馬護訴於上上責譚泰曰爾爲朕耳目凡事當無隱濟馬護乃朕叔父之子其言尚不能達民間勞苦嗟怨何由得使朕知爾恃宗族強盛欺陵愚弱朕所深惡下刑部質訊奪官尋復授本旗固山額眞崇德元年從武英郡王阿濟格等伐明克延慶等十二城進圍定興先登有功復與固山額眞阿山等設伏敗明遵化三屯營守兵盡殲之師還宴勞復從上伐朝鮮朝鮮王棄城走譚泰率師入其城盡收其輜重從上逐朝鮮王至南漢城受降而還四年從睿親王多爾袞等伐明與固山額眞葉臣自太平寨破青山口與明兵十三戰皆捷輔國將軍鞏阿岱濟馬護兄也譚泰與相詬於禁門坐罰六年從圍錦州譚泰將四百人自小凌河直抵海濱絕明兵歸路與明總督洪承疇兵戰大敗之授世職二等參將七年從輔國公篇古等攻薊州擊敗明總兵白騰蛟白廣恩等俘馘爲諸軍最八年命率銳卒與固山額眞準塔更番戍錦州順治元年從入關逐破李自成於慶都復將巴牙喇兵躡擊至眞定大破之敍功授一等公睿親王攝政譚泰與巴牙喇纛章京圖賴啓心郎索尼並見信任固山額眞何洛會誣肅親王豪格怨譚泰等不附己訐之睿親王王謂譚泰忠益信任之大學士希福忤譚泰希福欲易賜第譚泰不可希福譖之益怒其弟譚布以希福逃睿親王自言過誤告譚泰譚泰訐之法司希福坐黜二年英親王阿濟格坐奏軍事不實得罪命譚泰與鰲拜等集衆宣其罪譚泰匿諭旨不以示衆索尼發其罪降世職昂邦章京奪官譚泰怨索尼訐索尼於內庫牧馬鼓琴及禁門橋下捕魚索尼亦坐黜譚泰復起爲本旗固山額眞初師下江南譚泰自西安逐捕流寇慮不與平江南功使謂圖賴曰我軍道迂險後至今南京未下請留待我軍圖賴書告索尼使啓睿親王或發覩之懼譚泰得罪毀其書勿使達索尼圖賴師還詰索尼發其事王鞫讞書者得狀譚泰又坐與婦翁固山額眞阿山遣巫者治病下廷臣議罪論死下獄王使覘之並餽食爲譚泰曰王若拯我我殺身報王乃出之獄五年復原官金聲桓叛江西授譚泰征南大將軍率師討之聲桓以步騎七萬人抗我師譚泰督諸軍與戰次九江大敗聲桓兵獲其舟以濟師攻南昌爲長圍困之數月麾將士以雲梯登聲桓中二矢投水死又破其將王得仁南康瑞州臨江袁州並下當聲桓叛時李成棟以廣東應之南昌圍急成棟赴援譚泰師將至贛州聞成棟入信豐譚泰遣諸將乘勝襲擊成棟兵潰溺水死克信豐別將徇撫州建昌江西悉平師還授一等精奇尼哈番七年睿親王薨上命吏刑工三部增設滿洲尚書各一授譚泰吏部尚書八年世祖親政追論睿親王罪狀大學士剛林祈充格皆坐誅罪不及譚泰時圖賴已卒索尼方罪廢譚泰毀圖賴墓室洩舊忿五月御史張煊劾大學士陳名夏等下王大臣會鞫譚泰袒名夏讞上命未下譚泰前奏言煊劾皆虛且所舉諸事皆在赦前煊以外轉嫌誣名夏等死罪當反坐煊遂見法譚泰愈縱恣岳爾多其妻弟也襲一等精奇尼哈番爲奪其族人法喀應襲一等阿思哈尼哈番合併爲三等侯侈圖賴其女弟之夫也時金礪駐防杭州妄稱員缺以侈圖賴擬補上自譚泰袒陳名夏構張煊心厭惡之是歲八月下之詔責其專橫命執付獄集廷臣議罪鰲拜復訐譚泰阿附睿親王及營私擅政諸狀讞皆實王大臣議誅譚泰及其子孫上命誅譚泰籍其家子孫貸連坐

何洛會失其氏滿洲鑲白旗人父阿吉賴事太祖從征戰官牛彔額眞卒何洛會嗣兼巴牙喇甲喇章京天聰八年從伐明略錦州九年詔免諸功臣徭役何洛會與焉崇德五年授正黃旗蒙古固山額眞從睿親王多爾袞伐明圍錦州調滿洲固山額眞七年錦州既下追論圍錦州時何洛會匿鄂羅塞臣破陳功當奪官上宥之何洛會隸肅親王豪格頗見任使世祖卽位睿親王攝政與肅

親王有隙，何洛會訐肅親王與兩黃旗大臣揚善俄莫克圖伊成格羅碩將謀亂肅親王坐削爵揚善等皆棄市賞何洛會告姦籍俄莫克圖伊成格家畀之授世職二等甲喇章京尋從睿親王入關擊李自成逐至慶都還睿親王令奉表迎世祖擢內大臣留守盛京阿哈尼堪將左翼碩詹將右翼並於雄耀城錦州甯遠鳳凰城興京義州新城牛莊岫巖城各置城守官皆統於何洛會二年敘功進世職一等旋命率師駐防西安道河南討定西平土寇劉洪起等是歲十二月授定西大將軍命自陝西徇四川時自成將劉體純等犯商州叛將賀珍與其黨孫守法胡向宸等分據漢中興安三年珍以七萬人犯西安何洛會督兵迎戰珍敗走復逐破之並破體純商州肅親王從入關破李自成復爵至是上命爲靖遠大將軍下四川召何洛會還京師四年命率師駐防宣府仍授正黃旗滿洲固山額眞五年調鑲白旗命佐譚泰定江西擊破金聲桓王得仁李成棟事具譚泰傳師還賜所獲金銀珠玉進世職三等精奇尼哈番肅親王師還貝子屯齊等訐王諸悖妄狀何洛會復從而證之遂坐奪爵以幽縶終睿親王取肅親王福金召肅親王諸子入府校射何洛會詈之曰見此鬼魅不覺心悸尚書譚泰聞其語及睿親王薨世祖親政何洛會語貝子錫翰曰兩黃旗大臣與我相惡我嘗訐告肅親王今豈肯容我八年二月蘇克薩哈等訐睿親王將率兩白旗移駐永平且私具上服御及薨用斂何洛會羅什博爾惠等皆知狀時羅什博爾惠已先誅執何洛會下王大臣會鞫譚泰錫翰各以何洛會語告又追論誣告肅親王罪與其兄胡錫並磔死籍其家

錫圖庫烏札拉氏滿洲正白旗人世居烏拉兄福蘭當太祖時來歸授世職備禦卒錫圖庫嗣授牛彔額眞兼巴牙喇甲喇章京天聰四年師克永平錫圖庫與甲喇額眞圖魯什等率兵循徼得邏卒二馬十七五年詗敵大凌河得二人以還上伐明圍大凌河城敗錦州援兵錫圖庫皆有功六年復從伐明略宣府大同邊外多所斬獲八年復略蒙古錫爾哈錫伯圖諸地斬七十餘級俘百餘戶及馬駝賚以所獲進世職一等甲喇章京九年偕噶布什賢噶喇依昂邦勞薩等略明邊入長城攻代朔諸州多所斬獲崇德元年睿親王多爾袞率師伐明攻甯遠錫圖庫以二十人前驅至中後所及山海關外詗敵屢得邏卒并獲其馬又於前屯衛設伏敗敵喀木尼堪部葉類等盜科爾沁諸部馬叛走錫圖庫率巴牙喇壯達八人詣寧古塔與梅勒額眞吳巴海督兵追之行數十日及於溫鐸招降不從葉類潛遁盡殲其黨九十四人俘婦女八十餘得馬五十六復逐捕葉類入山射之殪師還上遣大臣出迎五里宴勞進世職一等梅勒章京五年命偕巴牙喇纛章京濟什哈率師並徵蒙古敖漢柰曼烏喇特諸部兵伐索倫部敗敵於甘河擒部長博木博郭爾籍千餘戶得馬數百師還賜宴北驛館進世職三等昂邦章京旋授本旗梅勒額眞七年從貝勒阿巴泰伐明自薊州越明都下山東師還以先出邊部議當奪官命寬之罰白金百八年擢巴牙喇纛章京順治元年從睿親王多爾袞伐明敗李自成將唐通於一片石遂入山海關屢戰皆勝敗自成游騎於三河追擊至安肅旋從固山額眞葉臣等取太原戰於汾州於絳州屢破敵二年進二等精奇尼哈番時自成猶據陝西師自潼關綏德南北兩路入錫圖庫率師與北路軍會敗賊延安自成走入湖廣錫圖庫移兵從之自安陸至於荆門屢擊敗自成兵三年復從肅親王豪格下四川討張獻忠五年進世職一等復從鄭親王濟爾哈朗下湖南六年師次長沙錫圖庫從左翼巴牙喇纛章京努三率兵前驅攻湘潭努三軍北門錫圖庫軍西門遂克之進徇永興斬明將尹舉智杜貞明等再進定寶慶取全州破明將焦璉又移兵克永安關取道州師還賜白金三百七年睿王親多爾袞薨八年春吳拜洛什博爾輝等訐英親王阿濟格將謀亂鞫實錫圖庫坐與謀誅死籍其家

博爾輝他塔喇氏滿洲正白旗人初以巴牙喇壯達從征棟奎部有俘馘天聰三年從太宗伐明自龍井關入攻遵化明總兵趙率教自山海關赴援與戰博爾輝斬其副將明兵驚潰五年擢巴牙喇甲喇章京兼戶部參政復從伐明與明兵遇甯遠擊殺前隊七人八年復從伐明攻大同明兵三千自龍門迎戰博爾輝與噶布什賢章京錫特庫牛彔額眞星訥等奮擊破之九年命偕承政馬福塔齎敕諭朝鮮國王師出邊招察哈爾部衆自歸化經明邊東還博爾輝殿明兵二百三十追擊我師博爾輝以二十人擊卻之斬十人俘一人得馬三明兵從我師有垂爲所獲者博爾輝救之得脫崇德元年敘功授世職牛彔章京三年裁參政專任巴牙喇甲喇章京順治元年兼任刑部理事官從入關擊李自成敘功進世職二等甲喇章京旋署巴牙喇纛章京從順承郡王勒克德渾下湖廣師至武昌時自成將馬進忠王進才既降復叛據岳州令博爾輝率師討之次臨湘擊敗其兵進攻岳州進忠進才走長沙逐擊敗之其將黑運昌以舟師降師還優賚五年眞除巴牙喇纛章京列議政大臣進世職二等阿思哈尼哈番睿親王攝政諸王多與忤鄭親王濟爾哈朗降郡王旋復爵初以端重親王博洛敬謹親王尼堪佐理事亦以專擅降爵博爾輝及諸大臣羅什額克親吳拜蘇拜皆謹事睿親王從王獵喀喇城王薨喪還英親王阿濟格爲睿親王同母兄欲繼王柄政博爾惠等與阿爾津共發其罪英親王奪爵幽禁賞諸告者博爾惠進世職二等精奇尼哈番博爾惠等傳睿親王遺言復理事二王親王爵以告兩黃旗大臣居月餘命未下博爾輝有疾穆爾泰往視之博爾輝以爲言穆爾泰告額爾德赫額爾德赫告敬謹郡王尼堪遂與端重郡王博洛訴於鄭親王八年正月復二王爵越八日執博爾輝等下獄坐博爾輝羅什動搖國事蠱惑人心論死籍其家額克親削宗室籍及吳拜蘇拜皆奪官爲民議上得旨朕每聞刑人殊不忍二人罪當誅姑宥死何如王大臣復以初議上乃誅死

冷僧機納喇氏滿洲正黃旗人葉赫部長金台吉之族也葉赫亡來歸隸正藍旗屬貝勒莽古爾泰天聰元年敖漢部長索諾木來歸尚公主爲額駙以冷僧機隸焉莽古爾泰既卒九年冷僧機詣法司言莽古爾泰及貝勒德格類與公主及索諾木結黨設誓謀不軌冷僧機與甲喇額眞屯布祿巴克愛巴禮並下法司鞫實冷僧機以自首免罪屯布祿愛巴禮皆坐誅籍其家以畀冷僧機改隸正黃旗授世職三等梅勒章京崇德二年固山額眞都類坐事下兵部待鞫兵部參政穆爾泰令諸在繫者避都類或以告冷僧機聞於上穆爾泰及同官皆坐降罰授冷僧機一等侍衛七年祖大壽來歸上幸牧馬所命內大臣侍衛與大壽等校射中的者有所賜冷僧機得駝一世祖即位授內大臣順治二年進二等阿思哈尼哈番兼拖沙喇哈番譚泰訐索尼引冷僧機爲證謫未聞坐徇庇當削世職籍沒上貰之旋進世職三等精奇尼哈番七年睿親王有疾怨上未臨視冷僧機及貝子錫翰等奏請上臨視睿親王坐以擅請降世職恩詔復故進一等伯睿親王薨以豫親王多鐸子多爾博爲後襲爵冷僧機言於上曰昔太宗登遐兩黃旗大臣誓立肅親王睿親王定策奉上紹統多爾博宜特見優遇又舉侍衛羅什羅什上爲冷僧機乞恩八年鄭親王濟爾哈朗等劾羅什蠱惑諸王坐誅辭連冷僧機上因命諸大臣詰誓立肅親王事冷僧機窮諸大臣兼發阿諛睿親王諸罪論斬籍沒命寬之九年追論冷僧機與貝子鞏阿岱錫翰內大臣西訥布庫等迎合睿親王亂國政下王大臣鞫實與鞏阿岱錫翰西訥布庫等並誅籍其家

論曰定金聲桓王得仁之亂譚泰專將何洛會爲之佐錫圖庫博爾輝亦久從征戰有勞睿親王既薨諸阿附者乃互相傾何洛會之獄譚泰證之錫圖庫之誅博爾輝等發之轉相排軋同就誅夷若冷僧機者專告訐其及也亦宜矣

清史稿　列傳三十四

彭而述　陸振芬

姚延著　畢振姬

方國棟　于朋舉

王天鑑　趙廷標

彭而述字子籛河南鄧州人明崇禎進士官陽曲知縣母憂歸順治初英親王徇湖廣薦爲提學僉事遷永州道參議孔有德定湖南薦而述授貴州巡撫予兵三千以行次靖州降將陳友龍叛圍州城而述夜開西門出營山下選勁騎乘霧衝陳賊潰且走副將賀進才戰死城兵大噪欲與友龍合而述拔衆退守寶慶告有德益師與賊相持紫陽河上永州陷劾免官久之以尙書王永吉薦命赴經略洪承疇長沙軍前陳黔楚山川形勢戰守方略甚悉承疇異之補衡州兵備道副使尋令管雲南右布政事調廣西桂林道參政猺酋莫扶豹聚衆刦永甯而述用始龍故土司覃法歐爲鄉導檄永甯知府史贊勳募士兵數百

人遣禆將分道進敗扶豹於酉山又敗於麻岡擒之擢貴州按察使吳三桂征水西土司安坤而述謀曰烏蒙烏撒鎭雄東川四府與水西爲唇齒土司隴安藩又與安氏婚媾今四府雖名內附狼子野心勢必顧惜其種類以水西之强而安藩與四府附之安坤未易制也莫如先定四府馘安藩然後西南可無患三桂用其策誅安坤遷廣西右布政使三桂薦爲雲南左布政使而述乞歸三桂留之會有詔召遂行出會城三十里一夕無疾卒

陸振芬字令遠江南華亭人順治六年進士時兩粵未平廷議破格用人卽新進士中遴才除道府振芬授廣東惠潮道副使從師南征是冬克南雄七年春度大庾嶺次韶州韶州以南望風降進規會城旣下振芬與總兵郭虎率師赴惠州剿撫歸善海豐諸寨將至諸寨窺兵寡出拒振芬選精銳數百人繞出其旁擊之獲一隊諸寨皆懼於是諭以禍福降者踵至至海豐守者抗不下振芬與虎駐五坡驛他將自羊蹏嶺會師合攻之遂克其城碣石衛亦降八年抵潮州土官聯結諸鎭檢制土官招集流亡簡省徭役民始有更生之樂亂甫定用法嚴郡縣輒濫禁無辜振芬與屬吏約期五十日淸庶獄囹圄爲空九年會師復平遠總兵郝尙久故降將陰持兩端聞將改授水師副總兵結山海諸寇僭立師府振芬牒大吏策彊變不應十年春尙久自署新泰侯舉兵圍道署振芬諭以大義不從使告變秋固山兵至振芬約爲內應引外兵入誅尙久事平引疾歸里家居四十年乃卒

姚延著字象懸浙江烏程人順治六年進士除廣西慶遠知府從師南征調柳州有守禦功又調平樂遷廣東嶺南道副使撫獞寨擢江南按察使十六年鄭成功內犯陷鎭江入攻江甯延著佐總督郞廷佐繕守備安輯危城閭閻不擾民間時有羊尾黨事發株連數百人延著謂廷佐曰寇在門不可興大獄搖人心獄乃解當事急人多疑貳民間有宿怨輒誣以通敵延著嚴治反坐者多所全活城民有升高而望者邏者執之總管喀喀木以爲敵諜延著力爭得不死喀喀木部兵掠城市延著捕得械斃之吏卒私掠被難婦女延著親赴江干召其家遣還者一千七百人以此忤喀喀木事定敍功擢河南左布政使旋以憂歸而金壇獄起鎭江之陷也屬縣戒嚴金壇知縣任體坤集縣中士大夫王重袁大受等謀遣諸生十輩詣鎭江乞緩兵丹徒亂民王再興兵起復令書吏耆民數十人送款蠹竊庫帑以遁喀喀木等擊敗成功體坤乃復至縣賂重大受謂大吏謂士民送款冀掩棄城罪重大受居鄉多不法爲諸生所撓至是欲以叛坐諸生洩私怨列姓名以上巡按馬勝聲疏聞下廷佐令延著鞫其獄延著繫縣吏李鍾秀訊得實欲但坐體坤餘皆減罪大受賂書京師爲蜚語欲並陷延著御史馮班發其狀時侍郞尼滿奉詔勘提督馬逢知獄命卽訊乃坐重大受及諸士大夫集議者諸生及書吏耆民送款者皆斬體坤以被逼迫減爲絞巡按何可化又疏劾延著讞從叛罪人史記青管得勝傳輕比又有王天福韓王錫幷縱不擬罪與金壇獄並論亦坐絞時喀喀木主軍事新破敵尤威重素不慊於延著民間謂延著之死喀喀木實主之就刑日江甯爲罷市士民哭踊喪歸數百里祭奠不絕建祠雞鳴山下私祀焉子湛謙康熙六年進士授內閣中書舍人伏闕上書爲延著訟冤累擢湖廣提學道僉事坐事罷未行值叛卒夏逢龍之亂誓死不爲屈事聞復官授岳常澧道副使卒

畢振姬字亮四山西高平人順治三年進士授平陽教授入爲國子監助教累遷刑部員外郞曹事暇獨坐陋室布被瓦盆讀書不稍倦十年出爲山東濟南道參議歲旱流民踞山谷爲盜振姬晝夜馳三百里往諭之悉就撫全活者七千餘人泰山香稅歲羨餘七千金例充公使錢振姬悉以佐饟調廣東驛傳道僉事時三藩使命往來絡繹胥吏乘以私派折價民苦之振姬一繩以法閱數月減船數百減費七萬有奇調浙江金衢嚴道參政擢廣西按察使所至以廉能聞遷湖廣布政使乞病歸康熙中詔舉博學鴻儒左都御史魏裔介副都御史劉楗疏薦之十八年命廷臣舉淸廉吏裔介復疏言振姬淸操絕世才略過人請告十餘年躬耕百畝讀書不輟楗亦言振姬居官不染一塵歸日一僕一馬了無長物眞學行兼優之人下部議以振姬老置勿用尋卒

方國棟字千霄順天宛平人順治三年舉人授蠡縣教諭入爲國子監助教累擢至刑部郞中十六年出爲廣東海北道僉事海寇鄧耀居島中時出剽掠國棟以三千人分五道進剿檄鄰道出兵扼要隘擒耀解散餘黨事平雷廉兩郡諸富人爲賊所誣械繫者衆國棟察其冤爲辨雪諸富人裒千金爲報國棟曰吾儕若無辜柰何汙我卻之遷山西寧武道參議康熙六年裁缺改江南蘇松常道參議太湖隄岸傾圮率吏民修葺修沿海墩臺及吳淞劉河兩牐工費不擾民師下閩粵徵調旁午國棟一意與民休息每過急徵從容部署芻茭糗糧預儲以待軍興無乏閩左晏然戒屬吏無朘民郡縣稍稍知斂戢不敢事剝削連歲用兵度支不給詔各省籌裕餉之策國棟言古今生財之說開與節二者而已議開於今日已無可加當議節自朝廷始舊制江南歲市布五萬匹供宮府費予宜可能歲省帑金三萬議上報可滿洲兵駐防蘇州議築營舍於王府基當城中國棟以兵民雜居難久安持不可乃改營南城隙地民便之宜興善權山中寺僧與豪族爭地聚衆焚寺殺僧知縣告亂大吏將發兵國棟單騎馳往得首禍寘法餘無所問吳俗健訟喜投匭告密國棟輒不問卽有所案亦從寬恕吏服而拊循士民具有恩意十六年卒吳民思之建祠虎邱山麓以祀

于朋舉字褭子江南金壇人順治六年進士改庶吉士散館授檢討十二年出爲河南睢陳道副使政不擾民鄢城盜殺縣官而逸士民洶洶謂城將受屠朋舉馳至撫諭毋恐營將以兵至拒不使入城大吏召朋舉詰責對曰鄢城令朋舉婦翁也豈不欲甘心是盜獨柰何苦良民大吏悟止兵亦得盜正其罪遷福建福寧道參政興化瀕海鎭將所部皆縱盜受撫者有材官辱張氏僕張氏以告鎭將撻材官部卒大譁毀張氏之室欲劫鎭將爲亂鎭將避去則縊被撻者寘張氏謂其僕殺之朋舉甫到官廉得首惡猝縛至集文武吏會鞫健兒帶刀環立瞋視朋舉從容曰若曹干軍法罪重念若曹約束無素但用殺人律罪有專屬衆乃泥首言殺人者爲張氏僕朋舉曰若曹氣燄何等彼能於千百健兒中奪一人縊之耶召訊證者俱吐實誅三人而事定泉州提督剿海盜盜逸入興化界鎭將獲數百人朋舉視其薙髮者曰此良民被陷當宥有年少者曰童稚何知又當宥全活甚衆鄭成功屯廈門與漳州隔海相望固山額眞駐會城遣兵戍漳州番代歲四易民苦供役朋舉請駐防無屢更不許固請展其期歲再易民稍蘇息擢四川按察使山東右布政使父憂歸起授湖南布政使上官見胥吏至數百曰兵初罷民方重困此曹鮮衣美食縱橫市井間何所取諸汰其十九擇謹愿者取足供文書而已數爲大吏言地方利病有司賢不肖積與之忤被劾鐫級未行而大吏以貪敗士民惜之尋卒

王天鑑字近微直隸萬全人順治三年進士授山東恩縣知縣縣接直隸界自明季爲盜藪嘗一歲七被寇天鑑上官諭父老曰往歲寇至縣輒不守由人無固志自今勿復逃視知縣所向俄而寇大至天鑑坐城上從容指揮寇疑有伏逡巡去於是葺樓櫓治城隍嚴候望時巡徼守具大備按行鄉鄙舉團練立砦十有九枹鼓相聞久之得步卒萬八千騎士三百巡按御史疏聞令天鑑自治兵廉得境內賊渠數輩夜突至其鄉呼之出賊錯愕不能遁皆誅之寇據曹縣巡撫檄天鑑與諸道兵會剿率所部爲前鋒冒矢石深入諸軍踵之復其城嘗以輕騎逐賊日暮被圍短兵相接手格殺數賊潰圍出不失一騎在恩四年屢與寇戰俘馘無算降者安撫之寇遠遁招徠屯種流亡復歸墾荒千八百頃建書院絃誦不輟政聲爲山東最上考內遷禮部主事十一年始行耤田親耕禮天鑑參酌古今悉合禮宜累遷郞中主山東鄉試十二年出爲陝西河西道參議與屬吏約毋獵民枉法天鑑固長治兵按籍討軍實誡將弁毋以軍糈肥私槖性剛介負氣數忤上官歲餘謝病歸絕跡公府門下士或有餽遺不受曰飭簠簋惜名節足以報舉主矣康熙初大臣薦不出尋卒

趙廷標浙江錢塘人順治三年以拔貢生授福建永定知縣廣東大埔逸寇江龍以萬餘人犯縣城廷標城守寇穴地入瀦池水以待地礮不得發樹雲梯乘城於城上懸柵墮之持三月食垂盡值立春廷標張鼓樂開城門迎春東郊寇疑有伏引去密遣兵間道往伏兩山間出不意夾擊敗之進至龍磜寨捕斬略盡擢湖廣衡州同知署府事蠲賦墾荒流亡復業歲大饑賑卹有實惠經略大學士洪承疇薦廷標十七年擢雲南迤東道副使安普諸番爲土官所誘競作不靖廷標設方略行閒解散之遂復維摩脅地移檄諭甯州彌勒巴盤八甸罷捕逐之令令諸持田器者皆爲良民持兵者乃爲賊巡行安撫諸路悉平治迤東十八年康熙中調廣東肇南韶道副使安普民懽聞其去塹道塞城留之慰諭再三乃得行兩粵八排諸山寇閧廷標來望風解散連州亂至立就撫踰年以憂去起湖南驛鹽道副使捕治劇寇誅其渠餘悉縱歸農湖南方用兵芻茭械仗儲峙供給不誤督刻民不困役兼攝糧道會湘東民變巡撫韓世琦令廷標往撫之單騎馳諭皆悔泣聽命散遣之事稍定修嶽麓書院置田廩諸生嘗行部至衡州父老羅拜車下號以慈母俄遷陝西糧儲道參議已病值武昌兵變軍書至猶强起視事病篤乞歸至家卒

論曰自置督撫而兩司權輕況於各道然以賢者處之奉職循理視民之所急弭亂解嬈亦足以爲治而述振芬振姬天鑑皆有才略根本尤在廉勤延著國棟廷標當治亂用重之日濟之以寬仁雖以是能貶甚或中危法而一不自恤是皆能舉其職者澤及於斯民亦已多矣

許定國 劉良佐　左夢庚 郝効忠 盧光祖 徐勇
田雄 馬得功　張天祿 弟天福
孫可望 白文選

許定國，河南太康人。明崇禎間官山西總兵官李自成圍開封趣定國赴援師次沁水一夕師潰逮治論死尋復授援剿河南總兵官福王時駐軍睢州順治元年豫親王多鐸下河南次孟津定國使請降肅親王豪格略山東復上書請以其孥來附肅親王命遣子爲質二年遣其子詣肅親王軍明督師大學士史可法遣總兵高傑徇河南次歸德聞定國已遣子納欵招往會不赴傑乃與巡撫越其杰巡按陳潛夫就定國睢州定國不得已郊迎其杰勸傑勿入城傑輕定國不聽既入定國宴傑侑以妓傑酣爲定國刻行期並徵及遣子納款事定國益懼中夜伏兵殺傑明日傑部將攻定國屠城定國走考城遂來降豫親王請以定國從征留其孥曹縣命河道總督楊方興厚贍之定國妻邢有疾乞還鄉里方興爲代奏命暫居曹縣俟定國入覲豫親王師還定國詣京師隸漢軍鑲白旗三年卒五年以來降功授一等精奇番子爾安襲十二年詔求言爾安爲睿親王多爾袞訟功德請修其墓語詳睿親王傳坐煽惑減死流寧古塔弟爾吉襲史可法置江北四鎭傑與劉澤淸劉良佐黃得功分領之傑爲定國所殺得功戰死蕪湖劉良佐直隸人明總兵預擁立福王順治二年豫親王下江南良佐以兵十萬來降江南定詣京師隸漢軍鑲黃旗五年以來降功授世職二等精奇尼哈番從大將軍譚泰討金聲桓師還授散秩大臣十八年授江南江安提督加總管銜尋改直隸提督改左都督康熙五年以病乞休六年卒劉澤清既降後叛誅死

左夢庚，山東臨清人。父良玉明史有傳良玉初授平賊將軍及封寧南伯以平賊將軍印授夢庚福王時良玉舉兵自武昌東下號清君側次九江病卒諸將推夢庚爲帥總督袁繼咸禦戰夢庚還駐池州遣兵間道自彭澤下建德遂取安慶總兵黃得功破之銅陵乃退保九江順治二年英親王阿濟格逐李自成至九江夢庚率衆降師還入覲宴午門內命隸漢軍正黃旗疏言部將盧光祖李國英從入京師餘若張應祥徐恩盛郝効忠金聲桓常登徐勇吳學禮張應元徐育賢俱奉英親王調發防剿江西湖廣誠恐諸將在外蹤跡未定室家未安訛惑之事不可不籌命有司安插五年敍來降功授一等精奇尼哈番六年從英親王討大同叛將姜瓖攻左衛克之擢本旗固山額眞十一年卒謚莊敏乾隆初定封一等子夢庚諸將李國英最顯自有傳郝効忠遼東人隸漢軍正白旗從英親王定湖南擢湖南右路總兵加都督僉事授世職三等阿達哈哈番孫可望陷沅州効忠率師克黎平可望兵驟至力戰馬蹶被執不屈遂見殺贈都督同知徐勇亦遼東人英親王檄署九江總兵調黃州捕治九江黃州土寇明唐王使招之勇斬使以聞命移鎭長沙金聲桓叛招勇復斬其使與李錦戰江中中矢裹創戰愈奮賊攻城設策守禦錦遁去迎鄭親王師擊破明大學士何騰蛟復調辰常總兵授世職一等阿達哈哈番兼拖沙喇哈番明桂王遣將張光翠張景春窺辰州屯荔溪勇督將士渡江戰擊殺景春擒裨將六臧士卒數百加左都督進世職三等阿思哈尼哈番桂王復遣白文選來攻驅象爲陳破城勇巷戰死之贈太子太保進世職二等謚忠節以其兄子襲入籍武昌衞盧光祖遼東海州人隸漢軍鑲藍旗從肅親王下四川破張獻忠授夔州總兵擊破明桂王將朱天麟等取順慶屢捕治土寇甘一爵朱德從據鄰水天竺爲亂光祖督師討之戰七晝夜斬一爵德從降硐寨十餘以功授世職一等阿達哈哈番孫可望破敍州將軍李國翰率師赴援光祖殿遇敵戰敗命立功自贖尋改川北總兵卒金聲桓既降復叛誅死

田雄，直隸宣化人。馬得功，遼東人。仕明皆至總兵順治二年豫親王多鐸下江南明福王由崧走蕪湖巴牙喇纛章京圖賴督兵截江斷道雄得功縛福王及其妃來獻豫親王令以原銜從征尋授雄杭州總兵得功鎭江總兵雄佐總督張存仁梅勒章京珠瑪喇駐軍杭州時明魯王以海稱監國紹興乘間渡錢塘江窺杭州雄與存仁珠瑪喇等屢擊破之三年擢浙江提督六年發李成棟逆書加左都督八年敍來降功授世職一等精奇尼哈番明魯王與其臣阮進張名振等據舟山雄與固山額眞金礪以舟師出海擒進遂破舟山墮其城名振擁魯王入海十二年進將阮思陳六御等後據舟山朝命寧海大將軍伊爾德率師南征雄預治戰艦攻具分兵遣裨將扼要隘通聲援而以舟師會伊爾德擊思以橫洋金塘爲舟山要路分兵擊破之張兩翼夾擊殲其衆無算思赴水死捷聞加少傅兼太子太傅十五年疏請歸旗籍隸漢軍鑲黃旗鄭成功兵擾浙境陷遂安平陽諸縣兵部劾雄上命寬之十六年成功兵攻太平擊却之復攻寧波雄督戰分三路進剿成功兵引退十八年進二等侯康熙二年卒贈太傅謚毅勇得功亦隸漢軍鑲黃旗江寧初定明瑞昌王誼泐屯花山龍潭間三年謀攻江寧事泄走鎭江得功獲誼泐誅之尋以收劫盜入伍降調四年大學士洪承疇請以得功署副將從浙閩總督張存仁勦建寧邵武山寇克松溪政和建陽崇安光澤諸縣即令駐松溪復克慶元永春德化諸縣六年授右路總兵加都督僉事克南安破海寇林忠復捕治興化仙游惠安諸縣海寇鄭丹國等時鄭成功據廈門巡撫張學聖詗成功方出令得功攻廈門克之成功還救復陷遂圍漳州破海澄得功退守泉州與固山額眞金礪會師解漳州圍以得功初克廈門貪取財物爲成功所乘命逮治援赦免十一年敍前功賜一品頂帶出鎭泉州得功自陳與雄同降援雄例乞世職授一等精奇尼哈番加都督同知十三年擢福建提督林忠復據永春德化尤溪大田諸縣巡撫宜永貴令得功率師討之師行寇自閩安逕攻會城得功引師還與城兵夾擊圍解十四年與浙閩總督李率泰等合兵克閩安成功屢內犯得功擊卻之十八年進三等侯康熙元年遷濱海居民內地擊敗海寇阻民遷者二年師進攻廈門得功克烏沙以舟師出海南風起寇乘上流來戰得功奮擊沒於陳李率泰以聞進一等侯謚襄武子三奇襲爵官至潮州總兵乾隆十四年定諸侯伯封號雄曰順義得功曰順勤

張天祿，陝西榆林人。明季與弟天福以義勇從軍積功至總兵福王時大學士史可法督師令屯瓜洲爲前鋒豫親王師下江南天祿天福率所部三千人從趙之龍迎降豫親王令以原官從征隸漢軍鑲黃旗明僉都御史金聲家休寧受唐王命糾鄉勇十餘萬據徽州貝勒博洛遣固山額眞葉臣率師擊之天祿及總兵卜從善李仲興劉澤泳並從師自旌德入戰績溪獲聲及中軍吳國禎副將成有功守備萬全等送江寧殺之徽州平明大學士黃道周率兵犯徽州天祿擊之斬其將程嗣聖等十餘人獲總兵李堯光等三年戰婺源獲道周亦送江寧殺之分兵出祁門江灣街口黃源四道遂捕道周餘衆以功加都督同知授徽寧池太總兵官天祿屯徽州城外依山爲營值雨父老迎天祿入城天祿曰三軍方在泥塗何忍獨安終不下山軍民皆稱之明嵩安王常淇糾衆數千擾婺源天祿率副將許漢鼎等擊之獲常淇及監軍江於東等四年授江南提督五年敍來降功授世職三等阿達哈哈番八年進二等精奇尼哈番九年鄭成功圍漳州命天祿赴援成功引退天祿留駐延平捕治山寇十一年明魯王將張名振攻崇明天祿還松江禦戰名振既出海復侵吳淞我水師與戰敗績江南總督馬鳴佩劾天祿失舟師三百餘及砲械匿未報閩浙總督佟泰劾天祿與名振通書逮下刑部鞫通書無據坐匿失砲械等奪官降世職三等阿達哈哈番十六年卒天福初降從征崑山嘉定民不薙髮據城抗我師天福與總兵李成棟討平之五年授陝西漢羌總兵敍來降及戰功授世職一等阿思哈尼哈番明山陰王鼎濟聚兵據毛壩關署單一涵爲元帥六年天福自漢中率師入山獲鼎濟一涵投崖死參將王永祚叛延安山寇劉宏才攻同官天福先後討平之以病還京師授散秩大臣十七年授本旗都統康熙六年卒趙之龍江南虹縣人崇禎季以忻城伯鎭南京福王立與擁戴干政豫親王師至與魏國公徐九爵保國公張國弼隆平侯張拱召臨淮侯李祖述懷寧侯孫維城靈璧侯湯國祚安遠侯柳祚昌永昌侯徐宏爵定遠侯鄧文囿項城伯常應俊大興伯鄒存義甯晉伯劉允極南和伯方一元東甯伯焦夢熊安城伯張國才洛中伯黃九鼎成安伯郭祚永駙馬齊贊元大學士王鐸尚書錢謙益侍郎朱之臣梁雲構李綍等迎降之龍授世職三等阿思哈尼哈番九爵等皆置勿用鐸等詣京師先是北都降者多授原官御史盧傳言南都新人不得與舊臣比鐸至命以尙書管宏文院學士累擢至禮部尙書卒謚文安謙益語在文苑傳

孫可望，陝西延長人。從張獻忠爲賊與李定國劉文秀艾能奇並爲獻忠養子獻忠據四川使分將其衆可望號平東將軍順治三年肅親王豪格師定四川獻忠敗死可望與定國等率殘衆南竄道重慶綦江遵義入貴陽阿迷土司沙定洲亂雲南可望率衆兼程赴之定洲方攻楚雄迎戰大敗走歸阿迷可望入雲南會城遣定國徇迤東而與文秀率兵西出得副使楊畏知相誓扶明室與俱至楚雄略迤西諸府定國亦定迤東諸府可望遂謂有雲南自號平東王以干支紀年鑄錢曰興朝通寶時能奇已前死可望併將其衆定國文秀故等夷不爲可望下可望假事杖定國欲以威衆隙益深明桂王在肇慶乃遣畏知奉表乞王封桂王封可望景國公賜名朝宗使以敕印往而桂王諸將爭欲得可望爲强援堵胤錫駐梧州承制改封平遼王陳邦傅守泗城又矯命封秦王可望乃不受景國公命會我師克韶州桂王走梧州可望復遣使請封議封澂江王使者謂非秦不敢復命大學士嚴起恒持不可議中寢可望襲貴陽復遣文秀攻嘉定入四川我師定兩廣桂王至南甯乃遣使封可望冀王可望猶不受

復使畏知詣桂王而遣其將賀九儀等以五千人先驅取起恒及諸臣阻秦封者盡殺之桂王乃眞封可望秦王而留畏知授大學士可望聞之怒召至貴陽面數之畏知以冠擊可望亦被殺桂王遣大學士文安之督師四川將以招川中諸鎭可望遣兵伺於都勻邀止之可望將移桂王自近挾以作威桂王奔廣南可望遣兵迎入安隆所改爲安龍府歲供銀八千米百石窮迫不可堪而馬吉翔龐天壽輩方欲戴可望行禪讓可望遂自設內閣六部等官立太廟定朝儀改印文爲八叠桂王益憂懼初定國自廣西入湖廣兵益強不復稟可望約束會定國敗於衡州使召詣沅州議事將以爲罪而殺之定國辭不赴又自柳州攻肇慶下高廉雷諸府至是桂王聞定國兵強密詔使入衞可望聞使執大學士吳貞毓等凡預謀者盡殺之議移桂王貴陽使其將白文選督行期文選心不直可望以情輸桂王緩其行俟定國至奉桂王自安南衞走雲南時文秀守雲南亦怨可望迎桂王入雲南會城可望舉兵反桂王以雙禮留守令文選統諸軍前行定國文秀率師禦之次三岔河夾水而軍文選輕騎奔定國可望遣其將張勝馬寶等自尋甸間道襲雲南而自率勁卒擊定國等戰方合其將馬惟興先奔遂大潰定國遣文秀等追之可望至貴陽雙禮紿言追兵且至可望知事去將詣經略洪承疇請降遣使先納欵文秀等遣將楊武追之及於沙子嶺承疇援兵至乃得脫將妻子詣長沙降時順治十四年十月也詔封義王慰諭之尋遣學士麻勒吉等齎敕印册封十五年詣京師命簡親王濟度等郊迎入覲宴中和殿賜白金萬官其部將陳傑劉天瑞等百餘人命隸漢軍正白旗可望請從討雲南自效下王大臣議寢其奏十七年疏辭封爵復慰諭之尋卒謚恪順子徵淇襲未幾卒徵湆襲卒謚順慤徵灝請襲御史孟雄飛疏言可望獻忠餘黨久據滇黔負固不服及爲定國所敗窮蹙來歸濫膺非分宜卽停止或以次降等下部議降襲慕義公官至兵部尙書謚淸端子降襲一等阿達哈哈番乾隆三十六年命停襲文選陝西吳堡人亦從獻忠爲賊獻忠敗從可望入貴州其綏桂王使得入雲南也桂王封爲鞏國公令還貴陽慰諭可望可望奪其兵置軍中及將舉兵諸將說可望願得文選爲大將可望使將前鋒遂降定國可望以是敗桂王封文選鞏昌王順治十六年我師下雲南定國戰屢敗令文選爲殿戰於玉龍關文選復敗走木邦桂王入緬甸居赭硜十七年文選攻阿瓦弗克與定國會師孟艮再攻阿瓦求出桂王終不獲我師益深入文選據錫箔濕江拒守我師出木邦造筏將渡文選奔茶山總兵馬甯將偏師追之及於猛養文選降詔封承恩公亦隸漢軍正白旗康熙元年命予三等公俸七年加太子少師十四年卒子繪降襲一等精奇尼哈番卒停襲

論曰邦家新造師行所至逆者誅順者庸雖其人叛故國賊舊君苟爲利於我固不能不以爲功也可望獨以臺官言降爵終見剷奪唐通降自成既復來歸授世職康熙間卽停襲事又在其前而定國夢庚雄韋及他諸降將皆襲封如故民間傳雄負福王出王嚙其項遂潰死雄死時明亡已二十年其言誠無稽然民之所惡蓋亦可見矣

清史稿　列傳三十六

索尼

蘇克薩哈 蘇納海 王登聯 朱昌祚 白爾赫圖

遏必隆 子尹德

鼇拜 [illegible]瑪爾賽 班布爾善

索尼赫舍里氏滿洲正黃旗人父碩色大學士希福兄也太祖時自哈達挈家來歸太祖以其兄弟父子並通國書及蒙漢文字命碩色與希福同直文館賜號巴克什授索尼一等侍衞從征界藩棟夔天聰元年從太宗攻錦州偵敵甯遠並有功二年上親征喀爾喀徵兵外藩科爾沁不至命索尼與侍衞阿珠祜齎諭飭責土謝圖額駙奧巴初奧巴爲台吉入朝太祖以貝勒舒爾哈齊女妻焉既而奧巴屢背約私與明通復徵兵不至索尼受方略行既入境其部人饋以牲索尼不受曰爾汗有異心爾物豈可食耶時奧巴病足索尼與阿珠祜見公主以諭旨告奧巴聞之扶掖至帳問曰此爲誰索尼曰吾儕天使也爾有罪義當絕今特以公主故使來餽問耳奧巴顧左右趣具饌索尼等不顧而出奧巴恐使台吉塞冷等請其事索尼出璽書示之卽令從者先行奧巴得書大驚令所屬大臣踞留索尼責以大義奧巴叩首悔罪願入朝索尼與阿珠祜偕其大臣黨阿賴先歸奏狀帝甚悅三年從大軍入關薄燕京明督師袁崇煥赴援列營城東南貝勒豪格突入陣敵兵蹙之矢石如雨索尼躍馬馳入斬殺甚衆拔豪格破圍出四年諭降榛子鎭沙河驛拔永平守之五年擢吏部啓心郎從圍大凌河明兵自錦州來援敗之六年從征察哈爾略大同取阜臺寨尋予牛彔章京世職仍直內院崇德八年考績進三等甲喇章京太宗崩後五日睿親王多爾袞詣三官廟召索尼議册立索尼曰先帝有皇子在必立其一他非所知也是夕巴牙喇纛章京圖賴詣索尼告以定立皇子黎明兩黃旗大臣盟於大淸門令兩旗巴牙喇兵張弓挾矢環立宮殿率以詣崇政殿諸王大臣列坐東西廡索尼及巴圖魯鄂拜首言立皇子睿親王令暫退英郡王阿濟格豫親王多鐸勸睿親王卽帝位睿親王猶豫未允豫親王曰若不允當立我我名在太祖遺詔睿親王曰肅親王亦有名不獨王也豫親王又曰不立我論長當立禮親王禮親王曰睿親王若允我國之福否則當立皇子我老矣能勝此耶乃定議奉世祖卽位索尼與譚泰圖賴鞏阿岱錫翰鄂拜盟於三官廟誓輔幼主六人如一體都統何洛會等訐告肅親王豪格王坐廢詔褒索尼不附王賜鞍馬順治元年從睿親王入關定京師二年晉二等昂邦章京睿親王令解啓心郎職仍理部事睿親王方擅政譚泰鞏阿岱錫翰皆背盟附之憾索尼不附李自成之敗也焚宮殿西走至是議修建睿親王亦營第匄工庀材工部給直偏厚諸匠役皆急營王第修機言於王王怒欲殺之索尼力言其無罪王以是愈憾索尼英親王阿濟格慢上自爲八歲幼兒索尼以告睿親王請罪之王不許王嘗召諸大臣議分封諸王索尼持不可鞏阿岱錫翰進曰索尼不欲王平天下乎請罪之王亦不許索尼發固山額眞譚泰隱匿詔旨譚泰坐削公爵因訐索尼以內庫漆琴與人及使牧者秣馬庫院傔從捕魚禁門橋下索尼遂坐罷三年巴牙喇纛章京圖賴劾譚泰怨望詞涉索尼順治初大軍分道剿賊西安譚泰後至無功及移師江南譚泰慮勿預語圖賴甚怏怏圖賴遺書索尼使啓睿親王齎書者私發之恐譚泰獲罪沈諸河圖賴發前事逮訊齎書者塞爾特詭云書已達索尼諸大臣論索尼罪當斬王親鞫之索尼曰吾前發譚泰匿詔旨罪顧匿圖賴書以庇之乎王窮訊齎書者事得白尋復世職然王與譚泰等憾索尼滋甚五年値淸明遣索尼祭昭陵既行貝子屯齊訐索尼與圖賴等謀立肅親王論死末減奪官籍其家卽安置昭陵八年世祖親政特召還復世職累進一等伯世襲擢內大臣兼議政大臣總管內務府十七年應詔上言略謂小民寃抑有司不爲詳審者請嚴察使毋壅於上聞犯罪發覺其奉有嚴旨者有司輒從重比不無枉濫請敕法司詳愼前議福建將士失律罪在大將軍止削一不世襲之拜他喇布勒哈番而所屬將領乃盡奪世職輕重不平有乖懲勸請敕更正開國諸臣自拜他喇布勒哈番以上皆有功業宜予世襲其後恩詔所加非有戰功請毋給世襲敕書在外諸藩風俗不齊若必嚴以內定之例恐反滋擾請予以優容大臣奪攘行市姦宄之徒投托指引以擾貨財四方商賈負擔來京輒復勒價強買諸王貝勒及大臣私引玉泉山水灌溉泉流爲之竭邊外木植皆商人雇民採伐今又爲大臣私行強占致商不聊生大臣不殫心公事惟飾宅第皆請申禁五城審事官遇世族富家與窮民訟者必罪窮民曲意徇私不思執法請嚴飭毋得枉屈賄庇疏入上以所奏皆實飭議行十八年世祖崩遺詔以索尼與蘇克薩哈遏必隆鼇拜同輔政索尼聞命跪告諸王貝勒請共任國政諸王貝勒皆曰大行皇帝深知汝四大臣委以國家重務誰敢干預索尼等乃奏知皇太后誓於上帝及大行皇帝前其辭曰先皇帝不以索尼蘇克薩哈遏必隆鼇拜等爲庸劣遺詔寄託保翊沖主索尼等誓協忠誠共生死輔佐政務不私親戚不計怨讐不聽旁人及兄弟子姪教唆之言不求無義之富貴不私往來諸王貝勒等府受其餽遺不結黨羽不受賄賂惟以忠心仰報先皇帝大恩若各爲身謀有違斯誓上天殛罰奪算凶誅誓訖乃受事世祖定中國旣親政紀綱法度循太祖太宗遺制亦頗取明舊典損益之務使稱國體四輔臣爲政稱旨諭諸王貝勒諸大臣詳考太祖太宗成憲勒爲典章引世祖遺詔謂不能仰法太祖太宗多所更張今當率祖制復舊章以副先帝遺意乃改內閣翰林院還爲內三院復設理藩院罷裁太常光祿鴻臚諸寺他舉措皆類是而鑲黃正白兩旗互易圈地與大獄四輔臣稱旨亦謂太祖太宗時八旗莊田廬舍依左右翼順序分給旣入關睿親王多爾袞使鑲黃旗處右翼之末正白旗圈地本當屬鑲黃旗今還與相易亦以復舊制索尼故不慊蘇克薩哈顧見鼇拜勢日張與蘇克薩哈不相容內怵又念年已老多病康熙六年三月遂與蘇克薩哈遏必隆鼇拜共爲奏請上親政上未卽允而詔褒索尼忠加授一等公與前授一等伯並世襲索尼辭不許六月卒諡文忠賜祭葬有加禮七月乃下索尼等奏上親政以第五子心裕襲一等伯法保襲一等公長子噶布喇官領侍衞內大臣孝誠皇后父也十三年后崩推恩所生授一等公世襲第三子索額圖自有傳

蘇克薩哈納喇氏滿洲正白旗人父蘇納葉赫貝勒金台什同族太祖初創業來歸命尙主爲額駙授牛彔額眞累進梅勒額眞天聰初從太宗征錦州貝勒

莽古爾泰帥偏師衛塔山饟道蘇納屯塔山西明兵來攻擊破之三年與固山額眞武納格擊察哈爾入境降其民二千戶聞降者將爲變盡殲其男子俘婦女八千餘上責其妄殺蒙古人有自察哈爾逃入明邊者命蘇納以百人逐之所俘獲相當累進三等甲喇章京坐隱匿丁壯削職尋授正白旗蒙古固山額眞崇德初從伐明攻雕鶚長安諸嶺及昌平諸城五十六戰皆捷又攻破容城及出邊後隊潰坐罰鍰又從伐朝鮮擊破朝鮮軍俘其將以朝鮮王出謁時亂班釋甲又自他道還坐罰鍰尋以讞獄有所徇坐罷仍專管牛彔事順治五年卒蘇克薩哈初授牛彔額眞崇德六年從鄭親王濟爾哈朗圍錦州明總督洪承疇師赴援太宗親帥大軍蹙之蘇克薩哈戰有功授牛彔章京世職晉三等甲喇章京順治七年世祖命追復蘇納世職以蘇克薩哈併襲爲三等阿思哈尼哈番尋授議政大臣進一等加拖沙喇哈番蘇克薩哈隸睿親王多爾袞屬下王薨蘇克薩哈與王府護衛詹岱等訐王謀移駐永平諸逆狀及殯斂服色違制王坐是追黜是年擢巴牙喇纛章京十年孫可望寇湖廣命蘇克薩哈偕固山額眞辰泰率禁旅出鎭湖南與經略洪承疇會勦十二年劉文秀遣其將盧明臣等分兵犯岳州武昌蘇克薩哈邀擊大敗之文秀引兵寇常德戰艦蔽江蘇克薩哈六戰皆捷縱火焚其舟斬獲甚衆明臣赴水死文秀走貴州敍功晉二等精奇尼哈番擢領侍衛內大臣加太子太保聖祖立受遺詔輔政時索尼爲四朝舊臣遏必隆鼇拜皆以公爵先蘇克薩哈爲內大臣鼇拜尤功多意氣淩轢人多憚之蘇克薩哈以額駙子入侍禁廷承恩眷班行亞索尼與鼇拜有姻連而論事輒齟齬寖以成隙鼇拜隸鑲黃旗與正白旗互易莊地遂興大獄大學士兼戶部尚書蘇納海總督朱昌祚巡撫王登聯坐紛更阻撓下刑部議罪以律無正條請鞭責籍沒上覽奏召輔臣議鼇拜請置重典索尼遏必隆不能爭獨蘇克薩哈不對上因不允鼇拜卒矯命悉棄市鼇拜以蘇克薩哈與相抗憾滋甚鼇拜日益驕恣蘇克薩哈居常怏怏六年上親政加恩輔臣越日蘇克薩哈奏乞守先帝陵寢庶得保全餘生有旨詰問鼇拜與其黨大學士班布爾善等遂誣以怨望不欲歸政搆罪狀二十四款以大逆論與其長子內大臣查克旦皆磔死餘子六人孫一人兄弟子二人皆處斬籍沒族人前鋒統領白爾赫圖侍衛額爾德皆斬獄上上不允鼇拜攘臂上前强奏累日卒坐蘇克薩哈處絞餘悉如議八年鼇拜敗詔以蘇克薩哈雖有罪不至誅滅子孫此皆鼇拜挾讎所致命復官及世爵以其幼子蘇常壽襲蘇納海他塔喇氏滿洲正白旗人由王府護衛擢弘文院學士累遷工部尚書加太子少保聖祖即位拜國史院大學士兼管戶部時鼇拜擅權以蘇納海不阿附嗛之尋鼇拜欲以薊遵化遷安正白旗諸屯莊改撥鑲黃旗而別圈民地益正白旗使旗人訴請牒戶部蘇納海持不可謂旗人安業已久且奉旨不許再圈民地宜罷議鼇拜益銜之矯旨遣貝子溫齊等履勘旋以鑲黃地不堪耕種疏聞遂遣蘇納海會直隸總督朱昌祚巡撫王登聯董理其事昌祚登聯交章請停圈換蘇納海亦言屯地難丈量候明詔進止鼇拜遂坐以藐視上命並棄市鼇拜獲罪昭雪復官諡蘇納海襄愍昌祚勤愍登聯愨愍昌祚字雲門漢軍鑲白旗人順治初官宗人府啟心郎十八年以工部侍郎巡撫浙江清廉沈毅平寇盜撥荒地給瀕海內徙居民開墾免其所棄田畝丁糧戒所司藉端苛斂浙人德之康熙四年擢直隸山東河南三省總督圈地議起旗民失業者數十萬人昌祚抗疏力言其不便卒以冤死祀直隸浙江名宦登聯字捷軒漢軍鑲紅旗人自貢生授河南鄭州知州薦擢山東濟甯道累遷大理寺卿順治十七年授保定巡撫嚴緝捕盜賊屏息康熙五年以京東諸路圈地擾民疏請停止言甚痛切民聞其死甚哀之祀直隸名宦白爾赫圖初由噶布什賢壯達授兵部副理事官崇德間屢從征有功擢噶布什賢章京順治元年入關擊李自成敗賊將唐通於一片石多斬獲尋從豫親王多鐸西勦流寇克潼關移師江南徇蘇州略定浙江福建五年從鄭親王濟爾哈朗征湖南大破賊於湘潭平寶慶武岡累功晉一等阿達哈哈番擢噶布什賢噶喇依昂邦十五年從信郡王多尼征貴州屢陷陣進克雲南逾年率兵取永昌府渡潞江敗李定國遂克騰越州明桂王由榔及定國白文選俱遁入緬甸信郡王班師白爾赫圖留駐雲南定國入犯約降將高應鳳內應以由榔印劄誘元江土司那嵩叛白爾赫圖往勦斬應鳳於陣那嵩自焚死賜白金鞍馬十八年與定西將軍愛星阿會師木邦緬人獻由榔至軍中康熙元年詔班師進一等阿思哈尼哈番後蘇克薩哈爲鼇拜搆陷以白爾赫圖爲其族弟竟被禍八年上以白爾赫圖無罪枉坐追復故官世職尋其子一等侍衛羅鐸訟其父雲南戰功爲鼇拜所抑未予優敍詔晉三等精奇尼哈番賜祭葬諡忠勇

遏必隆鈕祜祿氏滿洲鑲黃旗人額亦都第十六子母和碩公主天聰八年襲一等昂邦章京授侍衛管牛彔事貝勒尼堪福晉遏必隆兄圖爾格女也無子詐取僕婦女爲己生事發遏必隆坐徇庇奪世職崇德六年從太宗伐明營松山築長圍守之明總兵曹變蛟率步騎突圍迭敗之夜三鼓變蛟集潰卒突犯御營遏必隆與內大臣錫翰等力戰殪十餘人變蛟負創走論功得優賞七年從饒餘貝勒阿巴泰等入長城克薊州進兵山東攻夏津先登拔之予牛彔章京世職順治二年從順承郡王勒克德渾勦李自成兄子錦於武昌拔鐵門關進二等甲喇章京五年兄子侍衛科普索訐其與白旗諸王有隙設兵護門奪世職及佐領世祖親政遏必隆訟冤詔復職科普索旋獲罪以所襲圖爾格二等公爵令遏必隆併襲爲一等公尋授議政大臣擢領侍衛內大臣累加少傅兼太子太保十八年受遺詔爲輔政大臣康熙六年聖祖親政加恩輔臣特封一等公以前所襲公爵授長子法喀賜雙眼花翎加太師屢乞罷輔政許之四大臣當國鼇拜獨專恣屢矯旨誅戮大臣遏必隆知其惡緘默不加阻亦不劾奏八年上逮治鼇拜并下遏必隆獄康親王傑書讞上遏必隆罪十二論死上宥之削太師奪爵九年上念其爲顧命大臣且勳臣子命仍以公爵宿衛內廷十二年疾篤車駕親臨慰問及卒賜祭葬諡恪僖御製碑文勒石墓道十七年孝昭皇后崩遏必隆爲后父降旨推恩所生敕立家廟賜御書榜額五十一年上以遏必隆初襲額亦都世職命其第四子尹德襲一等精奇尼哈番尹德初自佐領授侍衛從聖祖征噶爾丹扈蹕甯夏尋自都統擢領侍衛內大臣兼議政大臣雍正五年以病乞休許致仕未幾卒諡慤敬尹德恭謹誠樸宿衛十餘年未嘗有過兼襲圖爾格二等公歲祿所入以均宗族人皆賢之尋祀賢良祠乾隆元年詔晉一等公

鼇拜瓜爾佳氏滿洲鑲黃旗人衛齊第三子初以巴牙喇壯達從征屢有功天聰八年授牛彔章京世職任甲喇額眞崇德二年征皮島與甲喇額眞準塔爲前鋒渡海搏戰敵軍披靡遂克之命優敍進三等梅勒章京賜號巴圖魯六年從鄭親王濟爾哈朗圍錦州明總督洪承疇赴援鼇拜輒先陷陣五戰皆捷明兵大潰追擊之擒斬過半功最進一等擢巴牙喇纛章京八年從貝勒阿巴泰等敗明守關將進薄燕京略地山東多斬獲凱旋敗明總督范志完總兵吳三桂軍敍功進三等昂邦章京賚賜甚厚順治元年隨大兵定燕京世祖考諸臣功績以鼇拜忠勤勠力進一等二年從英親王阿濟格征湖廣至安陸破流賊李自成進征四川斬張獻忠於陣下遵義夔州茂州諸郡縣五年坐事奪世職又以貝子屯齊許告謀立肅親王私結盟誓論死詔宥之罰鍰自贖是年率兵駐防大同擊叛鎭姜瓖迭敗之克孝義七年復坐事降一等阿思哈尼哈番世祖親政授議政大臣累進二等公予世襲擢領侍衛內大臣累加少傅兼太子太傅十八年受顧命輔政既受事與內大臣費揚古有隙又惡其子侍衛倭赫及侍衛西住折克圖覺羅塞爾弼同直御前不加禮輔臣遂論倭赫等擅乘御馬及取御用弓矢射鹿並棄市又坐費揚古怨望亦論死并殺其子尼侃薩哈連籍其家以與弟都統穆里瑪初入關八旗皆有分地睿親王多爾袞領鑲黃旗定分地在雄大城新安河間任邱肅甯容城諸縣至是已二十年旗民相安久鼇拜以地确倡議八旗自有定序鑲黃旗不當處右翼之末當與正白旗薊遵化遷安諸州縣分地相易正白旗地不足別圈民地補之中外皆言不便蘇克薩哈爲正白旗人與相抗尤力鼇拜怒悉逮蘇納海等棄市事具蘇克薩哈傳又追論故戶部尚書英俄爾岱當睿親王攝政時阿王意授分地亂序並及他專擅諸事奪世職時有竊其馬者鼇拜捕斬之並殺御馬羣牧長怒蒙古都統俄訥喇哈達宜理布於議政時不附己即令蒙古都統不與會議鼇拜受顧命名列遏必隆後自索尼卒班行章奏鼇拜皆首列日與弟穆里瑪姪塞本特訥莫及班布爾善阿思哈噶褚哈瑪爾賽泰必圖濟世吳格塞等黨比營私凡事即家定議然後施行侍讀熊賜履應詔陳時政得失鼇拜惡之請禁言官不得陳奏上親政加一等公其子納穆福襲二等公世祖配天加太師納穆福加太子少師鼇拜益專恣戶部滿尚書缺員欲以命瑪爾賽上別授瑪希納鼇拜援順治間故事戶部置滿尚書二强請除授漢尚書王宏祚領部久瑪爾賽不得自擅乃因事齮而去之卒又擅予諡忠敏工部滿尚書缺員妄稱濟世才能强請推補八年上以鼇拜結黨專擅勿思悛改下詔數其罪命議政王等逮治康親王傑書等會讞列上鼇拜大罪三十論大辟并籍其家納穆福亦論死上親鞫俱實詔謂効力年久不忍加誅但褫職籍沒納穆福亦免死俱予禁錮鼇拜死禁所乃釋納穆福五十二年上念其舊勞追賜一等阿思哈尼哈番以其從孫蘇赫襲蘇赫卒仍以鼇拜孫達福襲世宗立賜祭葬復一等公予世襲加封號曰超武乾隆四十五年高宗宣諭羣臣追覈鼇拜功罪命停襲公爵仍襲一等男並命當時爲鼇拜誣害諸臣有褫奪世職者各旗察奏錄其子孫穆里瑪衞齊第六子衞齊卒襲世職牛彔章京授一等侍衛順治初遷甲喇額眞世

職累進一等阿達哈哈番兼拖沙喇哈番從征金聲桓克饒州遂下南昌十七年擢工部尚書並授本旗滿洲都統李自成將李來亨等降於明竄伏鄖襄山中出刼掠爲寇康熙二年授穆里瑪靖西將軍圖海定西將軍率師討之來亨擁衆據茅麓山穆里瑪督兵攻圍九戰皆捷來亨等夜襲總督李國英提督鄭蛟麟營穆里瑪赴援大破之來亨自焚死餘衆降論功超進一等阿思哈尼哈番鼇拜得罪坐死班布爾善太祖諸孫輔國公塔拜子也初封三等奉國將軍累進輔國公康熙六年以領侍衛內大臣拜秘書院大學士諂事鼇拜及事敗王大臣劾奏班布爾善大罪二十一坐絞同時坐鼇拜黨罪至死者吏部尚書阿思哈侍郎泰必圖兵部尚書噶褚哈工部尚書濟世內秘書院學士吳格塞及鼇拜姪塞本特訥莫瑪爾賽追奪官爵削謚

論曰四輔臣當國時改世祖之政必舉太祖太宗以爲辭然世祖罷明季三餉四輔臣時復徵練餉並令併入地丁考成此非太祖太宗舊制然也則又將何辭索尼忠於事主始終一節錫以美謚誠無愧焉蘇克薩哈見忌同列遂致覆宗遏必隆黨比求全幾及於禍鼇拜多戮無辜功不掩罪聖祖不加誅殛亦云幸矣

清史稿　列傳三十七

李霨　孫廷銓
杜立德　馮溥
王熙 弟燕　吳正治
黃機　宋德宜 子駿業
伊桑阿 子伊都立　阿蘭泰 子富寧安
徐元文 弟秉義

李霨字坦園直隸高陽人明大學士國楷子少孤劬學自厲順治三年成進士選庶吉士授檢討進編修十年世祖親試習國書翰林霨列上等擢中允累遷秘書院學士時初設日講官霨與學士麻勒吉胡兆龍侍讀學士折庫納洗馬王熙中允方懸成曹本榮等並入直尋充經筵講官十五年拜秘書院大學士內三院改內閣以霨爲東閣大學士兼工部尚書加太子太保以票擬疏誤鐫四秩未幾復官任事如故偕大學士巴哈納等校定律例十八年聖祖即位復內三院以霨爲弘文院大學士時四大臣輔政決機務或議事齟齬霨輒默然既乃出片言定是非票擬或未當不輕論執每於談笑間婉言曲喻使更正其間調和匡救保護善類霨有力焉康熙八年夏旱奉詔清刑獄釋繫囚多所平反明年復內閣霨以保和殿大學士兼戶部尚書與修世祖實錄充總裁官十一年書成賜銀幣鞍馬晉太子太傅未幾三藩叛繼以察哈爾部作亂上命將出征凡機密詔旨每口授霨起草退直嘗至夜分或留宿閣中所治職務出未嘗告人忠謹慎密始終匪懈二十一年重修太宗實錄成進太子太師臺灣初定提督施琅請設官鎭守廷議未決有謂宜遷其人棄其地者上問閣臣霨言臺灣孤懸海外屏蔽閩嶠棄其地恐爲外國所據遷其人慮有姦宄生事應如琅議上韙之二十三年卒謚文勤霨弱冠登第大拜時年裁三十有四風度端重內介外和久居相位尤嫻掌故眷遇甚厚四十九年上追念前勞超擢其孫工部主事斂啟爲太常寺少卿

孫廷銓初名廷鉉字枚先山東益都人明崇禎進士任永平推官順治元年授天津推官二年以巡撫雷興薦擢吏部主事歷郎中與曲沃衞周祚同官文選司有聲於時累遷左通政十年擢戶部侍郎以大學士洪承疇薦召對尋坐事罰俸論告歸還朝改兵部擢尚書十三年調戶部廷銓以歲會無總錄無以剔盜紬之宜殫心綜覈錢穀舊隸諸部者各還所司條貫釐然歲會之成自此始十四年疏言山東河南荒田請招民墾闢其已熟者清釐賦額無使隱漏上從其言十五年調吏部加太子太保十六年諭獎其勤勞加少保廷銓疏請復學道陞補舊制下所司集議如廷銓請時吏部銓除一事數例吏胥因緣爲奸給事中楊雍建胡爾愷黏本盛孫際昌王啓祚御史許劭昕交章發其弊且劾廷銓因循爲所蔽奪加銜罰俸十七年疏言新闢邊疆員缺督撫委用即予實授與部選之員一體遷轉莅事未久輒移內地請定爲試署二年乃予實授又言司道不宜輕易非大計處分及貪酷被糾者遇降革仍留任皆從之又因旱疏請寬考成與屯政上命兵部議屯政而詢廷銓請寬考成議中有云積貪累薦棄以一眚語何所指廷銓言積疲州縣久累人材宜稍寬減覲後效非爲處分人員求免世祖崩二十七日制滿廷銓發議尊皇太后爲太皇太后上所生母爲皇太后率九卿上請舉大禮疏及議大行皇帝謚號廷銓曰大行皇帝龍興中土混一六合功業同於開創宜謚爲高皇帝衆皆和之而輔臣鼇拜持異議遂定謚章皇帝時太祖謚武皇帝故廷銓議如是時論頗歸之康熙二年拜秘書院大學士奉職勤慎終歲未嘗休沐逾年以父母年老解職歸養閉戶郤掃不與外事十三年卒謚文定

杜立德字純一直隸寶坻人明崇禎進士順治元年以順天巡撫宋權薦授中書科中書二年考選戶科給事中疏陳治平之道有三一曰敬天君爲天之子當修省以迓天休今秦晉燕畿水旱風雹天心示警凡開誠布公懋德敦行皆敬天事也一曰法古古者事之鑑是非定於一時法則昭於百代故合經而後能權遵法而後能創凡建學明倫立綱陳紀皆法古事也一曰愛人自大臣以至百姓宜一視同仁且無論新舊悉存棄短取長之心凡親賢納諫尙德緩刑皆愛人事也上以其有裨治理深嘉納之又累疏言牧民之官宜久任以驗成功凡遇賑蠲宜分別款項豫行頒示使小民咸喻胥吏不能爲姦條編法簡易使民輸輿草豆無定額宜敕部定價值使民先事爲備皆下部議行累遷戶科都給事中疏言漕運叢弊今漕臣庫禮搜獲運官使費冊三十本送部請敕窮究以釐姦弊再遷吏科都給事中八年疏請舉行經筵擇廷臣經明行修者爲講官以裨聖治又請定朝期釐禁地杜加派上甚韙之初睿親王多爾袞攝政給事中許作梅御史吳達李森先桑芸等交章劾大學士馮銓姦貪狀疏上旬日未下廷議立德請令滿漢大臣集議以申公論鼓直言之氣並及馬士英阮大鋮宋企郊等在前朝或納賄招權或煽惡流毒今並逋逃宜急捕誅以彰法紀下刑部以事在赦前寢其議聖祖親政銓既黜立德因言作梅等前以劾銓爲所切齒又僉都御史趙開心素爲銓所忌相繼搆陷去官乞矜察由是開心等俱起用立德尋遷太常寺少卿超擢工部侍郎調兵部畿輔水災奉詔振濟大名全活甚衆再調吏部以父憂去坐兵部任註誤鐫秩調用服闋除太僕寺卿擢刑部侍郎十六年加太子少保銜領侍衛內大臣額爾克岱青家奴縛侍衞誣訴部議罪侍衛下內大臣索尼等察實立德奪加銜十六年擢尚書立德治獄仁恕上聞其用法平深嘉之嘗入對既出上顧左右曰此新授刑部尚書杜立德也不貪一錢亦不妄殺一人康熙元年調戶部考滿復加太子少保三年調吏部八年拜國史院大學士聖祖親政乾清宮成擇日臨御欽天監奏吉神在隅不宜從中門入立德言紫微帝星所在吉神拱向皇上還正新宮臣庶觀瞻應從中門入監臣所奏非是上從其言九年改保和殿大學士兼禮部尙書進太子太傅三藩事起立德與李霨馮溥參預機務從容整暇中外相安廣東平所司具正雜賦稅之數以聞立德言廣東雜稅多倘之信所加爲民間大累非朝廷正額今變亂甫定宜與民休息其除之便上從之十八年自陳乞休其秋地震復請罷詔輒慰留雲南平議頒恩赦立德告病未與議遣大臣持詔旨就其家諮詢俟還奏乃下詔一日上顧閣臣謂在廷諸臣誰堪大用者立德面疏數人以對比退人訝其不稍引嫌答曰自筮仕以來惟此心可邀帝鑒他非所計也二十一年夏復乞休上許之賜御製詩及怡情洛社篆章馳驛遣行人護歸太宗實錄成進太子太師賜銀幣鞍馬二十六年太皇太后喪立德詣京師哭臨上念其老病不任拜起命學士張英扶掖以行慰勞甚至三十一年卒年八十一上聞諭大學士曰杜立德秉性厚重行事正大直言敢奏不肯苟隨同列可謂賢臣賜祭葬如禮謚文端三十九年帝南巡其子恭俊迎駕三河上問立德葬所手書永言惟舊四字賜之命揭諸阡恭俊官廣信知府好義善濟人急

馮溥字孔博山東益都人順治三年進士選庶吉士授編修累遷秘書院侍讀學士直講經筵世祖幸內院顧大學士曰朕視馮溥乃眞翰林也十六年擢吏部侍郎會各省學道缺部郎不足以知府補之已會禮部議奏時尚書孫廷銓侍郎石申並乞假給事中張維赤因劾溥徇私溥疏辨上曰朕知溥不爲也置勿問明年京官三品以上自陳忽嚴旨黜滿尚書科爾坤及兩侍郎獨留漢官在部溥與廷銓疏言部事滿漢同治今滿臣得罪漢臣安得免乞並黜詔供職如故康熙初停各省巡按議每省遣大臣二人廉察督撫吏部尚書阿思哈侍

郞奏必陋議設公廨頒册印溥謂國家設督撫皆重臣今謂不可信復遣兩大臣監之權既太重勢復相軋保無屬吏仰承左右啟隙端奏必圖性暴伉鬩溥言恚瞋目攘臂起溥徐曰會議也獨不容吾兩議耶且可否自有上裁豈敢專主疏入上然溥言事遂寢御史李秀以考績黜後貪緣得復官劾溥爲故相劉正宗黨主銓時違例徇私溥疏辨嚴旨責秀誣訐六年遷左都御史內閣有紅本已發科鈔輔臣擬拜取回改批溥抗言本章既批發不便更改鰲拜欲罪之上直溥戒輔臣詳慎盛京工部侍郞缺已會推奏旨以規避者多不旬日三易其人溥疏言王言不宜反汗當愼重於未有旨之先不當更移於已奉旨之後首輔班布爾善褫其奏上聞取溥疏覽之稱善飭部施行八年夏旱應詔陳言請省刑薄稅略謂古者罪人不孥今一事牽連佐證或數人或數十人往往本犯尙未審明而被累致死者已多且或遲至七八年尙未結案遂致力穡供稅之人拋家失業請敕部嚴禁百姓之財不過取之田畝今正月已開徵舊稅之逋甫償新歲之田未種錢糧從何辦納請敕部酌議自後征賦緩待夏秋下戶刑二部議刑部議承審强盜人命重案限一年速結不得牽累無辜督撫及承審官隱漏遲延皆有罰戶部議春季兵餉不能待至夏秋仍舊例便得旨俟國用充足戶部奏請更定戶部吏陳一魁冒領清苑等縣錢糧事發溥言錢糧者百姓之脂膏也其已輸在官則朝廷之帑藏也若任胥吏侵盜職掌謂何請嚴定所司處分懲前毖後擢刑部尙書十年拜文華殿大學士疏言直隸山東河南山西陝西米麥豐收穀價每斗值銀三四分當此豐稔之時宜廣積貯以備凶年先是溥以衰病累疏乞休上曰卿六十四歲未衰也俟七十乃休耳自吳三桂反軍事旁午乃不敢復言十四年建儲禮成內閣議恩赦滿大臣以八旗逃人應不赦溥不可遂兩議以進詔下閣臣晝一奏聞有謂當從滿大臣議者溥持之力仍以兩議進上卒從之十七年福建平溥以年屆七十復申前請上仍慰留二十一年秋詔許致仕遣官護行馳驛如故事比將歸詣闕謝賜遊西苑內侍攜酒果所至坐飮三爵臨發疏請淸心省事與民休息言甚切溫旨報聞賜御製詩及適志東山篆章命講官牛紐陳廷敬傳諭曰朕聞山東仕於朝者彼此援引造爲議論務有濟於私又居鄉多擾害地方朕審知其弊惟溥久居禁密可敎訓子孫務爲安靜太宗實錄成加太子太傅三十年卒年八十三諡文毅溥居京師闢萬柳堂與諸名士觴詠其中性愛才聞賢能輒大書姓名於座隅備薦擢一時士論歸之

王熙字子雍順天宛平人父崇簡明崇禎十六年進士順治三年以順天學政曹溶薦補選庶吉士授檢討累遷禮部尙書加太子少保嘗疏請賜卹明季殉難范景文蔡懋德等二十八人又議帝王廟罷宋臣潘美張浚從祀北岳移祀渾源皆用其議十八年引疾解職康熙十七年卒諡文貞熙順治四年進士選庶吉士授檢討累遷右春坊諭德召直南苑譯大學衍義充日講官進講稱旨累擢弘文院學士時崇簡方任國史院學士上曰父子同官古今所罕以爾誠恪特加此恩十五年擢禮部侍郞兼翰林院掌院學士考滿加尙書銜時崇簡爲尙書父子復同官十八年正月上大漸召熙至養心殿撰遺詔熙伏地飮泣筆不能下上諭勉抑哀痛即御榻前先草第一條以進尋奏移乾清門撰擬進呈者三皆報可是夕上崩聖祖嗣位熙改兼弘文院學士康熙五年遷左都御史時三藩擁兵踰制吳三桂尤驕强擅署官吏寖驕蹇萌異志子應熊以尙主居京師多聚姦人散金錢交通四方熙首疏請裁兵減餉略言直省錢糧半爲雲貴湖廣兵餉所耗就雲貴言藩下官兵歲需俸餉三百餘萬本省賦稅不足供什一勢難經久臣以爲滇黔已平綠旗額兵亟宜汰減即藩下餘丁亦宜散遣屯種則勢分而餉亦裕復疏言閩廣江西湖廣等省官吏挾貲貿易與民爭利或指稱藩下依勢橫行宜飭嚴禁又言近例招民百家送至盛京得授知縣不肖姦人借貲爲市貽害地方宜改給散秩見任官吏捐輸銀米博取議敘名出私橐實取諸民宜一切報罷上俱從之七年夏旱金星晝見詔求直言熙疏言世祖章皇帝精勤圖治諸曹政務皆經詳定數年來有因言官條奏改易者有因各部院題請更張者有會議興革者則例繁多官吏奉行任意輕重請敕部院諸司詳察見行事例有因變法而滋弊者悉遵舊制更正其有從新例便者亦條晰不得不然之故裁定畫一上命各部院條議遵舊制删繁例凡數十事遷工部尙書十二年調兵部是年冬三桂反京師聞變都城內外一夕火四起皆應熊黨爲之也明年三月用熙言誅應熊尋命熙專管密本漢臣與聞軍機自熙始十七年以父憂去二十一年即家拜保和殿大學士兼禮部尙書時三藩既平熙以和平寬大宣上德意與民休息造次奏對直陳無隱上每傾聽太祖實錄成加太子太傅三十一年以疾累疏乞休溫旨慰留四十年詔許致仕晉少傅明年上元節賜宴其家遣官齎手敕存問四十二年卒上命皇長子直郡王允禔大學士馬齊臨喪行拜奠禮舉哀賻酒恩禮有加諡文靖熙持大體有遠慮平定三藩後開方略館一日上諭閣臣當三桂反時漢官有言不必發兵七旬有苗格者又其時漢官多移妻子回家顧學士韓菼曰汝爲朕載之菼退而皇恐熙乃昌言閣中曰有苗格乃會議時魏象樞語告者截去首尾遂失其本意然如其言豈非誤國移家偶然耳日久何從分別其移者豈非背主漢官負此兩大罪何顏立朝翌日入見執奏如閣中語上許之熙子克善克勤皆世祖命名克善能文熙不令與試遇鄉會典試熙輒注假以聖祖方惡漢人師生之習故尤愼之二十七年典會試蓋特命也雍正中入祀賢良祠弟燕字子喜以父蔭任戶部郞中出爲鎭江知府擢江蘇按察使治獄稱平遷湖廣布政使巡撫貴州建學設官減賦稅教養兼施善拊循苗人頒條教飭州縣無縱姦人詭索土司撫黔三年移疾歸卒

吳正治字當世湖北江夏人順治六年進士選庶吉士授國史院編修丁母憂服闋起故官遷右庶子十五年特簡翰林官十五人外用正治與焉得江西南昌道遷陝西按察使所至以淸廉執法著稱十七年內擢工部侍郞調刑部平亭疑獄釋江南逋賦無辜諸生二百餘人疏論奏行赦款宜速丈量田地宜停禁狀外指扳嚴婦女私嫁皆著爲令康熙八年以父憂去起兵部督捕侍郞充經筵講官十二年遷左都御史疏言緝逃事例首嚴窩隱一有容留雖親如父子卽坐以罪使小民父子視若仇讐伏讀律有親屬容隱之條惟叛逆者不用此律逃人乃旗下家人之事與叛逆輕重相懸請自今有父子窩逃被人舉發者逃犯治罪免坐窩隱若容留逾旬父子首報者多逃人易獲朝廷之法與天性之恩兩不相悖矣又言今歲雨澤愆期方事祈禱近因直隸多盜廷議於玉田灤州霸州雄縣增設駐防旗兵搆建營房勞民勤衆應暫停止俟農隙時酌行疏入下部議俱如所請先是睿親王多爾袞當國嚴旗下逃人之禁鰲拜繼之禁益嚴株連窮治天下嚣然而圈地建營房凡涉旗務漢大臣莫敢置喙自正治疏出逃人禁稍寬營房亦罷建世多以是稱之尋遷工部尙書調禮部十八年自陳乞休詔嘉其端勤誠愼慰留之二十年拜武英殿大學士時修太祖實錄聖訓會典方略一統志俱充總裁官加太子太傅正治守成法識大體一日聖祖閱朝審册有以刃刺人股致死而抵法者上曰刺股傷非致命此可寬也正治對曰當念死者之無辜他日又閱册有囚當死上問此囚尙可活否衆皆以情實對正治曰皇上好生之德臣等敢不奉行退而細勘得可矜狀遂從末減二十六年復疏乞休詔許原官致仕三十年卒諡文僖

黃機字次辰浙江錢塘人順治四年進士選庶吉士授弘文院編修世祖幸內院詢機里籍官職命與侍講法若眞修撰呂宮編修程芳朝撰柳下惠不以三公易其介論上覽畢賜茶授左中允尋遷弘文院侍讀十二年機疏言自古仁聖之君必祖述前謨以昭一代文明之治今纂修太祖太宗實錄告成乞敕諸臣校定所載嘉言嘉行仿貞觀政要洪武寶訓諸書輯成治典頒行天下尤願萬機之暇朝夕省覽法開創之維艱知守成之不易何以用人而收羣策之效何以納諫而宏虛受之風何以理財而裕酌盈劑虛之方何以祥刑而無失出失入之患力行身體則動有成模紹美無極上俞之詔輯太祖太宗聖訓以機充纂修官累遷國史院侍讀學士擢禮部侍郞康熙六年進尙書疏言民窮之由有四雜捐私派棍徒嚇詐官貪而兵橫請嚴察督撫舉劾當否以息貪風延民命各省藩王將軍提鎭有不法害民之事許督撫糾劾請飭破除情私毋吏因循貽誤地方七年調戶部再調吏部機以疏通銓法議降補官對品除用爲御史季振宜所劾既而給事中王曰溫劾故庶吉士王彥卽機子黃彥博欺妄應罷黜機以彥與彥博姓名不同且彥博死已久疏辨得免議尋以遷葬乞假歸而論者猶不已十八年特召還朝以吏部尙書銜管刑部事御史張志棟言機老成忠厚然衰邁恐誤部事應令能歸上以志棟言過當命機供職如故明年授吏部尙書以年老請告詔慰留二十一年拜文華殿大學士兼吏部逾年復乞休許以原官致仕遣官護行馳驛如故事二十五年卒諡文僖

宋德宜字右之江南長洲人父學朱明御史巡按山東死於難德宜年十七伏闕請卹與兄德宸弟德宏並著文譽順治十二年成進士選庶吉士授編修累遷國子監祭酒嚴立條教六館師生咸敬憚之聖祖親政釋奠太學御彝倫堂命德宜東嚮坐講周易乾卦辭稱旨遷翰林院侍讀學士擢內閣學士德宜風度端重每奏事輒當上意康熙十一年扈蹕塞外上從容詢及江南逋賦之由德宜極言蘇松賦役獨重民力凋敝上爲動容詔明年蠲蘇松四府錢糧之半遷戶部侍郞發龍江關大使李九官餽遺上嘉其不私褫九官職尋調吏部十五年擢左都御史時陝甘閩粵漸已底定惟吳三桂未平德宜疏言三桂所恃不過鎗砲鎗砲專藉硝黃硝黃產自河南山西必奸民圖利私販請飭嚴禁上

以督撫提鎭稽察不嚴下兵刑二部嚴定處分德宜又疏言頻年發帑行師度支不繼皇上允廷臣之請開例捐輸三年所入二百萬有餘捐納最多者莫如知縣至五百餘人始因缺多易得踴躍爭趨今見非數年不得選授徘徊觀望請敕部限期停止愼重名器又疏言沿海居民以漁爲生佐賦稅備災荒而利用通商又立市舶之制本朝以海氛未靖立禁甚嚴近者日就蕩平宜及此時招携撫恤沿海居民以捕魚爲業商人通販海島皆許其造船出海官給印票仿稽例輸稅人口商貨往來出入咸稽核之事並下所司議行十七年疏言自三桂煽亂各路統兵大將軍以下亦有玩寇殃民營私自便或越省購買婦女甚者掠奪民間財物稍不如意即指爲叛逆今當剋期滅賊尤恐借端需索請嚴飭上下王大臣申禁山東提督柯永蓁縱兵鼓譟德宜劾奏上命逮治孝昭皇后崩德宜上疏請秉禮節哀並言宵旰憂勤天顏淸減昔唐太宗銳意勤學劉洎諫以多記損心宋儒程頤亦曰帝王之學與儒生不同伏願紬繹篇章略方名象數之繁擇其有關政治裨益身心而討論之稍節耳目之勞用葆中和之德上嘉納爲遷刑部尚書調兵部四川初定大軍糗糧皆運自陝西出棧道顚躓相望陝西民大困工部侍郎趙璟金鼐疏上陳德宜因言大軍下雲貴需餉孔亟秦蜀互相推諉皆由總督分設川陝設一總督則痛癢相關隨地調發可以酌劑均平詔如議行靖逆將軍張勇以甘肅防邊事重請緩裁前此添設官兵部臣議如所請德宜獨謂當日河東有兵事添設官兵事平應即裁汰將軍標下前以步兵二千名改爲馬兵今宜復原定經制馬六步四惟以防邊添設之兵可無議裁上遣尚書哲爾肯往會勇等閱核留河州寧夏添設兵餘仍復原定經制如德宜議迨三藩平軍中俘獲婦女並籍旗下德宜言宜聽收贖所釋甚衆調吏部左都御史魏象樞副都御史科爾坤等劾德宜會推江西按察使事失當德宜疏辨部議降五級上以會推原令各出所見免德宜處分二十三年拜文華殿大學士重修太宗實錄成加太子太傅德宜嚴毅木訥然議國家大事侃侃獨攄所見居官廉謹未仕時有宅一區薄田數頃旣貴無所增益門巷蕭然二十六年卒諡文恪子駿業自副貢授翰林院待詔直御書處歷兵科給事中康熙四十一年疏劾湖廣總督郭琇提督林本植巡撫金璽總兵雷如等辦理苗疆勦撫失宜駿業等降革有差終兵部侍郎

伊桑阿伊爾根覺羅氏滿洲正黃旗人順治九年進士授禮部主事累擢內閣學士康熙十四年遷禮部侍郎擢工部尚書調戶部時吳三桂踞湖南廷議創舟師自岳州入洞庭斷賊饟道命伊桑阿赴江南督治戰艦明年復命偕刑部侍郎禪塔海詣茶陵督治戰艦二十一年黃河決命往江南勘視河工以布政使崔維雅隨往維雅條上治河法與靳輔議不合伊桑阿因請召輔面詢上以維雅所奏無可行寢之尋疏陳黃河兩岸隄工修築不如式奪輔職戴罪督修復命疏言黃河運道非獨輸輓天庾卽商賈百貨賴以通行國家在所必治若海運先需造船所費不貲且膠萊諸河久淤開濬匪易上是之是年冬俄羅斯犯邊命往寧古塔造船備徵調再調吏部二十三年夏旱偕王熙等淸刑獄其秋扈蹕南巡命閱視海口疏言車路串場諸河及白駒草堰丁溪諸口宜飭河臣疏濬引流入海歷兵禮二部尚書二十七年拜文華殿大學士兼吏部充三朝國史總裁三十六年上親征噶爾丹命往甯夏安設驛站事平與大學士阿蘭泰充平定朔漠方略總裁官居政府十五年尤留意刑獄每侍直勾本上有所問輒能舉其詞同列服其精詳上嘗御批本房伊桑阿與大學士王熙吳琠及學士韓菼等以折本請旨上曰人命至重今當勾決尤宜詳愼爾等苟有所見當盡言伊桑阿乃舉可矜疑者十餘人皆得緩死上徐曰此等所犯皆當死猶曲求其可生之路不忍輕斃一人因念淮揚百姓頻被水害死者不知凡幾河患不除朕不能暫釋於懷也伊桑阿陳災民困苦狀上曰百姓旣被水害必至流離轉徙田多不耕賦安從出今當預免明年田賦俾災黎於水退時思歸故鄉粗安生業伊桑阿等皆頓首遂下詔免淮揚明年田賦三十七年以年老乞休上諭阿蘭泰曰伊桑阿厚重老成宣力年久爾二人自任閣事推誠布公不惟朕知之天下無不知者伊桑阿雖年老求罷朕不忍令去也四十一年復以病告詔許原官致仕逾年卒諡文端乾隆中入祀賢良祠子伊都立自舉人任內務府員外郎歷刑部侍郎巡撫山西坐事奪職雍正七年命赴大將軍傅爾丹軍治糧餉授額外侍郎十三年以侵蝕軍糧事覺褫職下獄論大辟乾隆七年赦釋

阿蘭泰富察氏滿洲鑲藍旗人性敏愼初授兵部筆帖式康熙初累遷職方郎中三藩事起專司軍機文檄議政王大臣以勤勞詳愼疏薦得旨以三品卿用二十年擢光祿寺卿遷內閣學士充平定三逆方略副總裁兼充明史總裁二十二年遷兵部侍郎兼管佐領擢左都御史上閱方略以敘事多舛錯諭閣臣日平逆始末阿蘭泰知之甚詳可與酌改務期紀載得實遷工部尚書累調吏部二十八年上以雨澤愆期命偕尚書徐元文慮囚奏減罪可矜疑者四十五人是年拜武英殿大學士陝西饑命阿蘭泰與河督靳輔議運江淮糧米自黃河泝西安以備積儲三十四年上出古北口巡歷塞外命留京綜閱章奏明年上親征噶爾丹阿蘭泰仍留京與尚書馬齊佛倫宿衛禁城其秋隨駕出歸化城駐蹕黃河西界經畫軍務以扈從勞賜內廐馬厄魯特台吉丹濟拉來降上駐蹕翰特穆爾嶺召入見阿蘭泰及郎中阿爾法引之入御幄上屏左右令阿蘭泰等出獨與丹濟拉語良久及退召阿蘭泰諭曰爾偕降人入以防不測意甚善朕令爾出欲推誠示不疑耳三十七年與伊桑阿俱以年老善忘奏解閣務上曰大學士重任必平坦雍和任事謹愼者方爲稱職至於記事可令學士任之明年卒方病劇上欲臨視遣皇子先往而阿蘭泰已卒上爲輟朝一日遣皇子及內大臣奠醊贈太子太保加贈少保諡文淸阿蘭泰操行淸謹處政府遠權勢人莫敢干以私以是爲上所重後上與大學士論內閣舊臣稱阿蘭泰能強記且善治事云子富甯安初襲其從祖尼哈納拜他喇布勒哈番世職自侍衛歷官正黃旗漢軍都統改授左都御史遷吏部尚書富甯安內行修篤事親至孝聖祖亟稱之又嘗諭廷臣曰富甯安自武員擢用人皆稱其操守是以授爲吏部尚書今部院中欲求淸官甚難當於初爲筆帖式時卽念日後擢用可爲國家大臣自立品行也五十四年策妄阿喇布坦侵哈密命富甯安赴西甯視師許以便宜調遣賊旋遁詔緩進兵回駐肅州經理糧馬五十六年授靖逆將軍駐軍巴里坤與將軍傅爾丹等分路規賊旋率兵襲擊厄魯特邊境進屯烏魯木齊屢敗賊五十九年進兵烏蘭烏蘇遣侍衛哲爾德等分道襲擊斬獲甚衆別遣散秩大臣阿喇納等諭降闢展回人進擊吐魯番降其酋長獲駝馬無算時策妄阿喇布坦掠所屬吐魯番回人偕徙中道多遁歸命富甯安收撫其衆未幾賊復來犯遣將援勦自率兵進駐伊勒布爾和碩調遣策應會阿喇納連敗賊竄走乃還駐巴里坤六十一年疏言嘉峪關外布隆吉爾之西爲古瓜沙燉煌地昔吐魯番建城屯種遺址猶存若駐兵屯牧設總兵官一人統之可扼黨色爾騰之路又請專遣大臣領屯田糧儲及牧駝運糧事上可其奏世宗卽位授武英殿大學士筦軍務如故雍正四年還朝賜御用冠服雙眼花翎黃轡鞍馬並諭王大臣富甯安端方廉潔年來領兵將軍聲名無出其右者授世襲侯爵尋進一等侯加太子太傅署西安將軍六年坐事奪爵仍留大學士任是年卒於西安諡文恭與父阿蘭泰同祀賢良祠

徐元文字公肅江南崑山人初冒姓陸通籍後復姓少沈潛好學與兄乾學弟秉義有聲於時稱爲三徐元文舉順治十六年進士第一世祖召見乾淸門還啓皇太后曰今歲得一佳狀元賜冠帶蟒服授翰林院修撰從幸南苑賜乘御馬嘗奉命撰孚齋說孚齋世祖讀書所也上覽之稱善命刊行康熙初江南逋賦獄起元文名麗籍中坐謫鑾儀衛經歷事白復原官丁父憂居喪行古禮起補國史院修撰累遷國子監祭酒充經筵講官元文閑雅方重音吐宏暢進講輒稱旨元文疏請敕直省學臣間歲一舉優生鄉試仍復副榜額俱送監肄業並著爲令復請永停納粟章下所司居國學四年端士習正文體條教大飭其後上語閣臣徐元文爲祭酒規條嚴肅滿洲子弟不率教者輒加撻責咸敬憚之後人不能及也十三年遷內閣學士改翰林院掌院學士充日講起居注官教習庶吉士先是熊賜履在講筵累稱說孔孟程朱之道上欲博覽前代得失之由命詞臣以通鑑與四書參講元文因取朱子綱目擇其事之繫主德裨治道者采取先儒之說參以臆斷演繹發揮按期進講尋以母憂歸十八年特召監修明史疏請徵求遺書薦李淸黃宗羲曹溶汪懋麟黃虞稷姜宸英萬言等徵入史館不至者錄所著書以上尋補內閣學士時有議遣大臣巡方者元文言於閣中曰巡方向遣御史以有臺長約束故僨事者鮮若遣大臣或妄作威福誰能禁之因入告事得寢明年擢左都御史會師下雲南吳三桂之徒多率衆歸附耗餉不貲元文疏言三桂遺孽旦夕伏誅凡脅從之衆恩許自新若仍留本土旣非永久之規移調他方亦多遷徙之費統以別將則猜疑未化終涉危嫌撫之歸旗則放恣旣久猝難約束請以武職及入伍者與綠旗一體錄用餘俱分遣爲民以裕餉需至耿精忠尚之信孫延齡舊隸將弁尤宜解散勿仍藩旗名目又請革三藩虐政在粵者五曰鹽埠曰渡稅曰總店曰市舶曰魚課在閩者四曰鹽稅曰報船曰冒擾驛夫曰牙行渡稅在滇者四曰勳莊曰圈田曰礦廠曰冗兵疏入俱下所司議行初御史劉安國請察隱占田畝州縣利有升殺多揑報累民元文力言其弊謂名爲加稅實耗糧戶請飭督撫檢舉復條列近時督撫四弊時部例捐納官到任三年後稱職者具題升轉不稱職者罷之旣後令捐銀者免其具題又生員得捐納歲貢元文言捐納事例係一時權宜請於收復滇南之日降詔停止言甚剴切雲南平告廟肆赦廷臣多稱頌功

德元文獨言聖人作易於泰豐旣濟諸卦垂戒尤切景運方新願皇上倍切咨儆兼諭大小臣工洗心滌慮毗贊大業勿狃目前之淺圖務培國家之元氣振紀綱以崇大體核名實以課吏材崇淸議以定國是厲廉恥以正人心端教化以圖治本抑營競以儆官邪敦節儉以厚風俗正名分以絕姦萌並當今急務上俞之時方嚴竄逃之禁杭州將軍馬哈達以民間多匿逃人請自旬攝勿移有司元文曰是重擾民也無已當令督撫會同將軍行之京師姦人多掠平民賣旗下官吏豫印空契給之屢發覺元文疏請禁止又八旗家人投水自經報部者歲及千人疏請嚴定處分上俱從之京察計典罷官者謀入貲捐復元文力持不可遂罷議先後疏劾福建總督姚啓聖縱恣誣詐杭州副都統高國相縱兵虐民兩淮巡鹽御史堪泰徇庇貪官御史蕭鳴鳳居喪蔑禮俱讞鞫得實惟啓聖辨釋二十二年以會推湖北按察使坐所舉不實鐫三秩調用尋命專領史局二十七年復代其兄乾學爲左都御史遷刑部尚書調戶部二十八年拜文華殿大學士兼掌翰林院事上南巡幸蘇州以江南浮糧太重有旨詢戶部元文考宋元以來舊額官田民田始末及前明歷代詔書以聞元文在內閣上復諭及之元文頓首曰聖明及此三吳之福也因下九卿議有力尼之者事遂寢元文兄乾學豪放頗招權利坐論罷而元文謹禮法門庭肅然二十九年兩江總督傅拉塔劾乾學子姪交結巡撫洪之傑招權競利詞連元文上置不問予元文休致回籍舟過臨淸關吏大索僅圖書數千卷光祿饌金三百而已家居一年卒乾學自有傳弟秉義字彥和舉康熙十二年進士第三授編修遷右中允乞假歸乾學卒召補原官累遷吏部侍郞命借刑部侍郞綬色克如陝西讞糧鹽道黃明受賄擬罪失當左遷詹事擢內閣學士乞歸上南巡賜御書恭謹老成榜額五十年卒

論曰康熙初葉主少國疑滿漢未協四輔臣之專恣三藩之變亂臺灣海寇之跳盪措置偶乖皆足以動搖國本霨廷銓立德溥當多事之日百計匡襄熙預顧命參軍謀正治等入閣值事定後從容密勿隨事納忠伊桑阿阿蘭泰推誠布公受知尤深康熙之政視成宣文景駕而上之諸臣與有功焉

清史稿　列傳三十八

圖海　李之芳

圖海字麟洲馬佳氏滿洲正黃旗人父穆哈達世居綏芬圖海自筆帖式歷國史院侍讀世祖嘗幸南苑負寶從顧其舉止以爲非常人擢內秘書院學士授拜他喇布勒哈番遷宏文院大學士議政大臣順治十二年加太子太保攝刑部尚書事與大學士巴哈納等同訂律例侍衛阿拉那與公額爾克戴青兩家奴鬭於市讞失實坐欺罔免死削職世祖崩遺命起用聖祖卽位授正黃旗滿洲都統李自成餘衆郝搖旗劉體純李來亨嘯衆鄖襄間康熙二年命圖海爲定西將軍副靖西將軍都統穆里瑪將禁旅會湖廣四川諸軍討之屢破賊未幾郝搖旗爲副都統杜敏所擒劉體純亦破滅惟李來亨據茅麓山恃險負固圖海圍之絕其外援來亨窮蹙自焚死其下以衆降執斬明新樂王及所署置官屬俘三千餘以還六年復爲宏文院大學士進一等阿達哈哈番頃之以兼都統乞解機務不許九年改中和殿大學士兼禮部尚書十二年平南王尚可喜請老七月吳三桂繼之實探朝旨廷議移藩狀莫洛米思翰明珠等皆主如所請惟圖海持不可上意決遂疏圖海議三桂旣反命攝戶部理餽運十四年察哈爾布爾尼叛其父阿布柰以叛命信郡王鄂札爲撫遠大將軍圖海副之討布爾尼時禁旅多調發圖海請籍八旗家奴驍健者率以行在路騷掠一不問至下令曰察哈爾元裔多珍寶破之富且倍於是士卒奮勇無不一當百戰於達祿布爾尼設伏山谷別以三千人來拒旣戰伏發土默特兵挫圖海分兵迎擊敵以四百騎繼進力戰覆其衆布爾尼乃悉衆出用火攻圖海令嚴陣待連擊大破之招撫人戶一千三百餘布爾尼以三十騎遁科爾沁額駙沙津追斬之察哈爾平師還聖祖御南苑大紅門行郊勞禮叙功進一等阿思哈尼哈番陝西提督王輔臣以平涼叛應三桂定西大將軍貝勒董額督諸軍攻之久未下三桂遣王屏藩吳之茂等犯秦隴欲與平涼合十五年以圖海爲撫遠大將軍八旗每佐領出護軍二名率以往臨發上御太和殿賜敕印命諸軍咸聽節制旣至明賞罰申約束諸將請乘勢攻城圖海宣言曰仁義之師先招撫後攻伐今奉天威討叛豎無慮不克顧城中生靈數十萬覆巢之下殺戮必多當體聖主好生之德俟其向化城中聞者莫不感泣思自拔五月奪虎山墩虎山墩者在平涼城北高數十仞賊守以精兵通餉道圖海曰此平涼咽喉也率兵仰攻賊萬餘列火器以拒師圖海令兵更迭進自巳至午戰益力遂奪而據之發大礮攻城城人洶懼圖海用幕客周昌策招輔臣降昌字培公荊門諸生好奇計佐振武將軍吳丹有勞以七品官錄用圖海次潼關以策干之客諸幕輔臣所署置總兵黃九疇布政使龔榮遇皆昌鄉人屢勸輔臣反正以蠟丸告昌昌白圖海圖海卽令昌入城諭降輔臣遣其將從昌出謁圖海聞上上許之乃假昌參議道賫詔往撫輔臣使榮遇上軍民册子繳三桂所授敕印顧猶覬望復命昌偕兄子保定諭之乃薙髮降因令吳丹入城撫定吳之茂聞平涼下自秦州遁遣將軍佛尼勒敗之於牡丹園又敗之於西和縣北山將軍穆占進攻王屏藩於樂門敗賊於紅匪復禮縣輔臣所署置巡撫陳彭總兵周養民王好問等相繼降秦地略定叙功進三等公世襲圖海疏請遣兵赴湖廣會征三桂上命圖海親率精銳以行圖海疏陳陝西初定反側未安狀乃授穆占征南將軍率滿洲兵及平涼降卒往圖海仍留鎭時平涼慶陽雖下漢中興安猶爲賊據圖海奏調綠旗兵期明年正月檄提督孫思克赴秦州趙良棟赴鳳翔與張勇王進寶會師進取勇等謂須俟夏秋上慮克漢中興安轉餽難令守諸要隘分兵赴荊州攻三桂十六年圖海招撫韓城等縣僞官又遣兵逼禮縣益門先後敗賊五盤山喬家山塘坊廟邑蕉園沙窩諸處復塔什堡十七年復疏請分兵下漢中興安上密諭止之將軍佛尼勒等又敗賊牛頭山香泉四川總督周有德亦敗賊秦嶺復潼關堡五塞慶陽賊袁本秀受三桂劄謀亂圖海發慶陽宜君延安三營兵會王進寶討平之斬本秀衛遠溝頭之入覲十八年還鎭湖南廣西平上命亟攻寶雞規取漢中興安定四川圖海乃厲師攻益門鎭破之會賊毀偏橋兵不得進狀聞詔嚴責乃決策期分四路圖海親率將軍佛尼勒等趨興安總兵官程福亮爲後援屯舊縣關將軍畢力克圖提督孫思克等自略陽進總兵官朱衣客爲後援駐西河將軍王進寶總兵官費雅達自棧道進總兵官高孟爲後援駐寶雞提督趙良棟自徽縣進十月師次鎭安分兵爲二隊進敗三桂將王遇隆渡乾玉河奪梁河關三桂將韓晉卿遁進寶亦復漢中良棟復徽縣略陽畢力克圖復成縣又復階州遺參將康調元復文縣於是平利紫陽石泉漢陰洵陽白河竹山竹溪上津諸縣皆下興安旣克圖海統大軍之半屯鳳翔尋移漢中護諸軍餽會降將譚洪復叛陝西總督哈占沂江討之詔圖海亟爲聲援二十年以疾徵還卒諡文襄太宗實錄成贈少保兼太子太傅雍正初追贈一等忠達公配享太廟子諾敏襲爵歷刑禮二部尚書蒙古正黃旗都統諾敏子馬爾賽自有傳周昌初入城自陳父明季死流寇母孫剜目破面觸棺死願捐軀表母烈及輔臣降圖海以聞上命旌其母遣官致祭授昌布政使參政昌復參蔡毓榮軍事事平授山東登萊道攝布政使以與總兵互訐罷昌旣罷猶喜言兵噶爾丹擾邊數上書當事陳利害後卒於家

李之芳字鄴園山東武定人順治四年進士授金華府推官卓異擢刑部主事累遷郞中授廣西道御史疏請革錢糧陋規禁州縣官迎送十七年巡按山西聖祖卽位裁巡按召回康熙元年乞假歸二年復授湖廣道御史五年巡視浙江鹽政入掌河南道事大學士班布爾善坐鰲拜黨誅之芳疏言昔大學士俱內直諸司章奏卽日票擬自鰲拜輔政大學士皆不入直疏奏俱至次日看詳請復舊制杜任意更改之弊又疏言世祖時賞罰出至公督撫不敢恣睢無忌十八年以後督撫率多貪緣而得有恃無恐勒索屬員擾害百姓夫直省億萬之衆皆世祖留遺之羣黎我皇上愛養之赤子何堪此輩朘削自與受同罪之法嚴與者不承則言者卽涉虛非特不敢糾督撫且不敢糾司道守令有貪之利無貪之害又何憚而不怙惡自恣今皇上親政乞親裁罷黜溺職督撫以肅吏治疏下部尋甄別各省督撫黜其尤者數人進秩視四品擢左副都御史之芳數上封事請嚴巡鹽考績愼外官罰俸皆關治體遷吏部侍郞十二年以兵部侍郞總督浙江軍務會吳三桂反十三年奏請復標兵原額督習槍礮疏甫上耿精忠亦叛遣其將曾養性白顯忠馬九玉數道闖浙浙大震之芳檄諸將扼仙霞關調總兵李榮率副將王廷梅牟大寅陳世凱鮑虎等分道禦寇時上命都統賴塔率師入浙五月偕賴塔率滿洲兵千綠旗兵二千鄉勇五百進駐衢州衆皆謂會城重地不宜輕委之芳曰不然衢踞上游無衢是無浙也今日之事義無反顧顯忠自常山陷開化壽昌淳安養性自處州犯義烏浦江東陽湯溪沿河阻餉道溫州鎭總兵祖宏勛叛召寇陷平陽再進陷黃巖集悍卒數萬窺衢州七月之芳與賴塔閱兵水亭門率總兵官李榮副都統瑚圖等薄賊壘軍坑西之芳手執刀督陣或請少避之芳曰三軍司命在吾退卽爲賊乘今日勝敗卽吾死生矣守備程龍怯戰斬以徇麾衆越壕拔柵敗之遣陳世凱乘勝復義烏湯溪鮑虎復壽昌淳安牟大寅破常山王廷梅敗賊於金華石梁大溝源李榮亦復東陽復敗賊於金華壽溪馘賊將毀寨十八參將洪起元復嵊縣詔嘉之芳調度有方十月賊將桑明等五萬衆由常山逼衢州西溝溪倚山爲營覘聯南路賊巢之芳與賴塔議出不意遣廷梅與參領禪布夜趨溝溪分隊進攻又大破之賊棄營遁十四年康親王傑書破曾養性金華復處州貝子傅拉塔亦復黃巖進圍溫州惟九玉踞江山常山開化連築數十與之芳相持

五月乘大雨河溢由南塘擣賊前嶺陣斬七百餘級十五年遣將自遂安進破賊寨遂復開化會鄭錦入漳泉耿繼祚方攻建昌潰營遁上知閩中有變命王撤溫州之圍取福建之芳乃建議直擣仙霞關曰進取之路不在溫處而在衢雖九玉死守河西難猝破然其南江山西則常山皆間道可襲我兵一進使彼首尾受敵卽河西之壘不能獨完王至衢州從之芳議遂進兵大溪灘復江山九玉走欲別取道奪仙霞諸將受之芳密檄急據關夾擊其將金應虎等窮蹙降王師下福建臨行之芳啓曰王但飭諸軍勿虜掠卽長驅入兵可不血刃也未幾精忠降溫處賊皆潰散精忠所署置總兵馬鵬汪文生陳山將軍程鳳等猶踞玉山鉛山弋陽德興之芳請會剿時吳三桂兵寇吉安袁州江西兵不能東乃獨遣兵復玉山文生遁自白沙關趨德興擒鵬遣游擊郭守金等復鉛山興安弋陽貴溪諸縣上嘉之芳勦賊隣省有功加兵部尚書銜十六年遣參將蔣懋勳等敗賊玉山椒嚴山降先是文生鳳皆乞降而鳳病死其妻王玉貞籍所屬六萬八千餘人就撫而精忠將林爾瞻猶擁衆石壠之芳令懋勳等扼要隘自以數十騎入寨往撫慰之爾瞻乃降十七年擊賊子午口克八仙老鼠諸洞賊寨悉平鄭錦寇瀕海遣將嚴守禦敗之於廟嶺又敗之於溫州錦將脅天樞詣世凱降十八年檄定海總兵牟大寅斬錦將童耀等孝順洋奪獲船隻器械以還之芳練世故沈幾善謀康親王師將行問之芳所策固萬全乎之芳曰軍已發猶豫則士氣沮乃詣王曰虜在吾目中久明日捷書至矣前軍捷書果至傑書大喜以爲神在杭州與將軍圖喇約爲兄弟精忠既叛語圖喇勿縱兵暴民有滿兵犯法之芳縛詣圖喇以軍法治之一軍肅然浙亂平疏請蠲被兵州縣額賦安輯流亡甚有威惠所拔偏裨皆累功至方鎭而之芳以督臣不敍久之追論大溪灘破賊功授拖沙喇哈番准襲一次入爲兵部尚書調吏部二十六年授文華殿大學士二十七年御史郭琇疏劾大學士明珠謂內閣票擬皆聽明珠指揮上旣罷明珠並命之芳休致三十三年卒於家諡文襄之芳旣卒聖祖思其功嘗諭羣臣曰人能效命卽爲勇士耿精忠叛時之芳爲總督雖不諳騎射執刀立船首率衆突前破敵彼時同出征者還京皆稱其勇今承平久善射能約束士卒尙不乏人若屢經戰陳者甚難得也世宗命立賢良祠諭曰德若湯斌功若之芳者祀之乾隆間錄勳臣後命予恩騎尉世襲

論曰圖海始阻撤藩之議及其膺揚西土綏靖秦隴卒收底川之績川軍入滇遂竟全功之芳力扼三衢敵雖東略終不能得志仙霞下閩之功與有勞焉雖曰遭時盤錯抑亦聖祖取材之効哉並躋綸輔易名曰襄嗚呼偉矣

甘文焜 子國璧　范承謨 子時崇

馬雄鎭　傅宏烈

甘文焜字炳如漢軍正藍旗人其先自豐城徙瀋陽父應魁從入關官至石匣副將文焜善騎射喜讀書尤慕古忠孝事以官學生授兵部筆帖式累遷禮部啟心郎屢奉使稱旨康熙初授大理寺少卿遷順天府府尹崇文門榷稅不平疏劾之廷議令兼攝文焜曰言之而居之是利之也固辭六年授直隸巡撫奏復巡歷舊制單車按部適保定正定所屬諸縣患水災疏請蠲歲賦總督白秉眞以賑費浩繁請聽官民輸銀米文焜斥爲倖以助議敍加工部侍郞七年遷雲貴總督駐貴陽時吳三桂鎭雲南欲藉邊衅固兵權詭報土番康東入寇紿文焜移師又陰嗾凱里諸苗乘其後文焜策康東無能爲凱里近肘腋不制將滋蔓先督兵擣其巢斬苗酋阿戎旣平約雲南會剿康東三桂慮詐洩謂康東已遠遁繇是益憚之文焜巡歷雲貴各府州皆徧十年遭母憂上命在任守制文焜又遣兵擊殺臻剖苗酋阿福疏乞歸葬許給假治喪三桂請以雲南巡撫兼督篆令督標兵悉詣雲南受節度而以利啗之冀爲已用十二年文焜還本官適撤藩議起三桂反殺巡撫朱國治遣其黨偪貴陽文焜聞變使族弟文炯齎奏入告牒貴州提督李本深率兵扼盤江本深已懷貳先以書覘文焜意文焜手書報之期效張巡南霽雲誓死守而本深不之顧本標兵已受三桂餌紛潰弗聽調文焜度貴陽不可守令妾盛率婦女七人自經死獨挈第四子國城赴鎭遠思召湖北兵扼險隘使賊不北出十二月丙申朔癸卯至鎭遠守將江義已受僞命拒弗納文焜渡河至吉祥寺義遣兵圍之文焜望闕再拜拔佩刀將自殺國城大譁請先死奪其刀以刎而還之尸迺踣血濺文焜衣文焜曰是兒勇過我遂自殺年四十有二從者筆帖式和善雅圖殉亂平貴州巡撫楊雍建以文焜治績及死事狀上聞予優卹遣其長子宣化同知國均迎喪還京師使內大臣佟國維迎奠蘆溝橋贈兵部尚書諡忠果建祠貴陽上賜勁節二字顏其額子七國璧尤知名國璧字東屛以任子授陝州知州改蘇州同知擢山西平陽浙江寧波知府名循吏聖祖南巡幸杭州御書朱子詩及永貞額以賜諭曰汝父盡節朕未嘗忘此爲汝母書也累遷雲南巡撫坐事罷雍正間起爲正黃旗漢軍都統乾隆三年授綏遠城右翼副都統復罷十二年卒

范承謨字覲公漢軍鑲黃旗人文程次子順治九年進士選庶吉士授弘文院編修累遷秘書院學士康熙七年授浙江巡撫時去開國未久民流亡未復業浙東寧波金華等六府荒田尤多總督趙廷臣請除賦額上命承謨履勘承謨徧歷諸府請免荒田及水衝田地賦凡三十一萬五千五百餘畝杭州嘉興湖州紹興四府被水民飢承謨出布政使庫銀八萬糴米湖廣平糶最貧者得附老弱例肩籤給朝夕全活甚衆並疏請漕米改折石銀一兩明年麥熟補徵白糧以三年帶徵災重者如例蠲免得旨允行十年以疾請解職召還總督劉兆麒提督塞白理疏言浙民請留承謨一百五十餘牒給事中姜希轍柯聳御史何元英等亦言承謨受事三載愛民如子不通請謁饋遺劾罷貪墨廉治巨猾剔除加耗陋規私派諸弊浙民愛戴深於飢渴上命承謨留任十一年承謨復疏言湖嘉兩府白糧加耗多寡不一請每石加四斗五升爲限又奏蠲溫台二衞康熙九年以前逋賦及石門平陽未完輕齎月糧皆下戶部議行十月擢福建總督疏辭未允請入覲十二年七月至京師入對承謨疾未愈命御醫診視賜藥餌疾稍差趣赴官賜冠服鞍馬福建總督初駐漳州至是以將撤藩命移駐福州吳三桂反承謨察精忠有異志時方議裁兵承謨疏請緩行又報巡歷邊海欲置身外郡便徵調防禦事未行而精忠叛陽言海寇至約承謨計事巡撫劉秉政附精忠趣同行承謨知有變左右請擐甲從承謨曰衆寡不敵備無益也遂往精忠之徒露刃相脅承謨挺身前罵不絕口精忠拘之土室加以桎梏絕粒十日不得死精忠遣秉政說降承謨奮足蹴之仆叱左右掖之出曰賊就僇當不遠我先褫其魄爲賊困踰二年日冠賜冠衣辭母時衣遇朔望奉時憲書一帙懸之北牖再拜所居室迫隘號曰蒙谷爲詩文以桴炭畫壁上時有部曲張福建者手刃奪門入連斬數賊力竭死蒙古人嘛尼爲僞散騎郎精忠遣守承謨感承謨忠義謀令出走事泄精忠將磔之大言曰吾甯與忠臣同死不願與逆賊同生十五年師克仙霞關精忠將降冀飾詞免死思承謨暴其罪九月己酉朔甲子夜半精忠遣黨偪承謨就縊幕客嵇永仁王龍光沈天成從弟承普下至隸卒同死者五十三人語互詳忠義傳舊役王道隆奉遺他出還至延平聞變自刎死賊焚承謨尸棄之野泰甯騎兵許鼎夜負遺骸藏之十六年喪還京師上遣內大臣侍衞迎奠贈兵部尚書太子少保諡忠貞御書碑文賜其家十九年精忠伏誅赴市曾日承謨子時崇臠其肉祭墓福建民請建祠祀之御書忠貞炳日扁於祠承謨所爲畫壁集上親製序時崇字自牧以難廕出知遼陽州遷直隸順德知府有惠政累遷福建按察使陛辭日上顧謂羣臣曰此開國名臣孫殉難忠臣子也四十七年擢廣東巡撫兼鹽政越二年擢福建浙江總督五十四年入爲左都御史明年授兵部尙書命出塞築莫代察罕度爾鄂爾齊果爾臺站凡四十有七所又明年還朝尋卒閩人思其德附祀承謨祠

馬雄鎭字錫蕃漢軍鑲紅旗人鳴佩子以廕補工部副理事官歷遷左僉都御史國史院學士康熙八年授山西巡撫未上改廣西時羣盜蝟起擣豨猺掠梧州平樂二府不數月討平之累疏請平糴價建學宮定有司澇俸省軍糧餉費並能諸採買累民者皆得旨允行十二年吳三桂反十三年孫延齡以廣西叛應之圍雄鎭廨脅降時巡撫無標兵雄鎭督家人拒守密令守備易友亮赴柳州趣提督馬雄來援弗應雄鎭自經爲家人救免以蠟丸馳疏請兵延齡詗知之幽雄鎭置家人別室三桂使招降雄鎭不爲屈會傅宏烈勸延齡反正延齡躊躇未決雄鎭得以間遣長子世濟齎疏詣京師友亮導之出客楊啟祥護行至贛州江西巡撫董衞國以聞上遣使護入京至授世濟四品京卿居數月雄鎭又具疏陳粵西可復狀付長孫國楨俾與客朱昉礬垣出旣又遣州人唐守道唐正發潛負次子世永出次第詣京師又爲延齡知縶其孥於獄雄鎭憤自刭復爲賊所奪幽之別室十六年十月三桂遣其從孫世琮殺延齡擁雄鎭至賊壘迫使降雄鎭大呼曰吾義守封疆不能寸斬汝以報國死吾分也賊戕其幼子世洪世泰怵之罵益厲賊殺之時年四十有四從者馬雲皋唐進寶諸兆

元等九人同時死。妻李、妾顧、劉、女二人，世濟妻董、妾苗並殉，語互詳列女傳。雄鎭尸暴四十餘日，友亮收其骸骨藁葬焉。雄鎭被繫三年，日著書賦詩。旣死，客孫成、陳文煥乘間脫走，抵蒼梧，以所著擊劍樓遺稿及槀草辨疑歸世濟。十七年，宏烈以雄鎭死狀入告，命議卹，擢世濟大理寺少卿，成以舉人授同知，文煥授知縣，旋又授友亮守道，正發、啟祥游擊、守備有差。十八年，世濟如廣西迎雄鎭喪至京師，贈太子太傅、兵部尚書，諡文毅。三桂旣平，歲正，上宴羣臣，特命世濟及陳啟泰子汝器至御座前賜酒。世濟官至漕運總督，世永歷運使，國楨官江南常鎭道，督餉入藏，卒於軍。

傅宏烈，字仲謀，江西進賢人。明末流寓廣西。順治時，以總督王國光薦，授韶州同知，遷甘肅慶陽知府。吳三桂蓄逆謀久，康熙七年，宏烈密以告，逮治，坐誣，論斬。九年，上特命減死，戍梧州。及三桂反，將軍孫延齡、提督馬雄以廣西叛應之。宏烈欲集兵圖恢復，陽受三桂僞職，入思州、泗城、廣南、富川諸土司，歷交趾界，募義軍得五千人，遂移檄討賊，從尚可喜軍規肇慶。三桂甚惎之，使馬雄如柳州害其家百口。宏烈說延齡反正。鎭南將軍覺羅舒恕軍贛州，宏烈密致書，言延齡妻孔四貞，定南王有德女，未忘國恩，延齡可招撫。又致書奉詔招撫督捕理事官麻勒吉，言王師速進南安，宏烈自韶州策應，則兩粵可定。舒恕、麻勒吉先後以聞，上嘉其忠誠，授廣西巡撫、征蠻滅寇將軍，俾增募義兵，便宜行事。宏烈克梧州，下昭平、賀、鬱林、博白、北流、陸川、興業諸州縣，進復潯州。遣平樂知府劉曉齎疏上方略，論功加太子少保，並加曉參議道。當是時，馬雄據柳州，三桂諸將分據平樂、南甯、橫州，勢洶洶。宏烈雖屢捷，惟新軍缺礮馬，假於尚之信，弗應。吳世琮旣殺延齡，陷平樂，襲宏烈梧州，宏烈擊敗之。十七年，與將軍莽依圖圍平樂，戰失利，宏烈與互訐。詔謂宏烈兵未支俸餉，舊勇收復諸路。莽依圖自平樂退賀縣，又言糧乏，再退梧州，使宏烈所復郡縣盡棄於賊。因飭莽依圖勠宏烈督兵進。賊數萬渡左江，宏烈戰敗，賊陷藤縣，逼梧州。十八年，之信軍至，宏烈分兵水陸，乘賊攻城時三面夾擊，賊潰走，遂下藤縣，克平樂，進復桂林。宏烈密疏言延齡舊部宜善爲解散，又言之信怙惡反覆，當早爲之所。馬雄死，子承廕仍附三桂，受僞封懷甯公，詭言乞款附宏烈，許之，爲疏聞，詔授承廕昭義將軍，統其衆。宏烈規取雲貴。十九年二月，次柳州，承廕期宏烈會議，宏烈至，承廕以其衆叛，襲破其營，執送貴陽。世璠誘以僞職，宏烈曰：「爾祖未反時，吾已劾奏，料汝家必爲叛逆。汝敢以此言汚我邪？」世琮百計說之，罵益厲。十月辛丑，遇害。十一月，征南將軍穆占復貴陽，收遺骸，以死狀聞，贈太子太師、兵部尚書，諡忠毅。二十二年，允廣西巡撫郝浴請，建雙忠祠於桂林，祀宏烈及馬雄鎭。

論曰：方諸藩盛強，朝廷所置督撫勢不足以相抗。文焜雖與三桂分疆而治，所部武於三桂久矣。若承謨之於精忠，雄鎭之於延齡，皆同城逼處，惟以身殉，無他術也。宏烈異軍特起，又與莽依圖相失，勢孤，遂困於承廕。要其忠義激烈，作士氣，怵寇心，皆不爲徒死者。嗚呼烈已！

莫洛　陳福
王之鼎 費雅達　李興元
陳啓泰 吳萬福　陳丹赤 馬閈
葉映榴

莫洛，伊爾根覺羅氏，滿洲正紅旗人。世居呼納赫魯。祖溫察，太祖時來歸。莫洛初授刑部理事官，累遷工部郎中。康熙六年，擢左副都御史。七年，出爲山西陝西總督。陝西饑，平涼、臨洮、鞏昌、西安、延安、鳳翔、漢中、興安諸府州多逋賦，有司令見戶均輸，民苦之，奏請蠲免。迭疏請釐加派火耗諸弊。八年，輔政大臣鼇拜獲譴，法司以莫洛附鼇拜，請逮問，詔以能任事，貸勿治，仍留任。九年，計典，仍以前罪奪職。陝西民籲留，甘肅巡撫劉斗同提督張勇、柏永馥等疏言莫洛清正，在官有善政，乞留以慰民望。上諭曰：「簡用督撫，原以綏輯地方，愛養百姓。莫洛旣能得民，其免處分，供職如故。」俄擢刑部尚書。十三年，吳三桂等奏請撤藩，上敕廷臣議，皆主勿徙，惟莫洛與米思翰、明珠議撤。三桂反，四川提督鄭蛟麟等叛應之。二月，命莫洛經略陝西，拜武英殿大學士，仍筦兵部，賜以敕印。旣至，策遣諸軍征四川。時蛟麟兵據廣元、百丈關，莫洛遣都統馬一寶、將軍席卜臣赴漢中，副都統科爾寬赴廣元擊賊。十月，蛟麟將何德成犯甯羌，爲官軍所敗，還奔四川。莫洛因遣提督王輔臣駐其地。逾月，蛟麟將彭時亨復據七盤、百丈諸關，刦略陽糧艘，截陸運棧道，廣元軍缺餉兩月矣。總兵王懷忠所部潰散，而輔臣亦陰懷異志。輔臣故與莫洛有郄，奉檄使隨征，益怏怏，藉口戎備寡。莫洛益以騎兵二千，少之；又以馬疲瘠不任用，搖軍心，軍無鬬志。十二月，莫洛至甯羌，兩營相去二里許。先是上命莫洛統綠營步旅下四川，嗣慮巴蜀道險，令貝子洞鄂率滿洲騎兵兼程繼進，軍未至。是月庚寅朔，癸巳，輔臣煽所部譟饟刦莫洛，莫洛督兵擊郤之。甫定，輔臣復率悍黨至，礮矢雨至，莫洛被創，卒於軍。卹典久未行。二十二年，命予祭葬，諡忠愍，授世職拜他喇布勒哈番兼拖沙喇哈番，子常安襲。

陳福，字賓滇，陝西榆林人。國初師定陝西，福以武舉應募，從甯夏總兵劉芳名剿寇，敍功授守備。又從都統李國翰下四川，遷遵義游擊。康熙初，從總督李國英討李自成遺黨郝搖旗、李來亨等，敍功加右都督銜，擢成都副將，遷重慶總兵。十二年，入覲，授甯夏總兵。吳三桂反，鄭蛟麟以四川叛應之，遣使誘福。福家留重慶，弟奇官守備，妻子亦在賊中，賊以是刦福。福執其使，具疏入告，遣其弟諸生壽齎詣京師。上嘉福忠，授拜他喇布勒哈番，並官壽主事。輔臣據平涼，福上戰守方略。十四年，擢陝西提督，進三等阿思哈尼哈番，又官奇參將。進規花馬池、惠安、安定、定邊諸城堡，以次皆下。上擢壽鴻臚寺少卿。福率副將泰必圖乘勝薄固原，圍之匝月。輔臣遣其將來援，城賊亦突出，泰必圖戰死。福引兵還靈州，斬逃將賈從哲、張元經以徇。上命福佐貝勒洞鄂攻平涼，福疏言：「固原有賊萬餘，若我兵徑趨平陽，慮賊斷我餉道，當先取固原。」上韙之。十二月，福督兵取固原，天寒大雪，士卒苦遠役，且懲前敗，有戒心。是月甲寅朔，乙亥，師次惠安，下令五鼓會食，集城下，後者斬。夜半時，參將熊虎等鼓譟入，刺福死。上以趙良棟代收虎及首謀把總劉德及營兵戕福者，悉誅之。贈福三等公，以三等精奇尼哈番世襲，諡忠愍，建祠甯夏。擢奇天津總兵。時福子世琳、世勳並陷賊，命以壽子世怡襲爵。事定，壽棄官入四川求福妻子，得之遵義山中。將入都，上召世琳入見，問母子流離狀，深愍之，命襲爵，改籍甯夏。旋授直隸三屯協副將，累遷古北鎭總兵、鑾儀使。世琳子益，益子大用，相繼襲爵。益官至楚姚總兵。大用，乾隆間官江南提督，所屬游擊楊天相獲海盜，總督蘇淩阿讞以爲誣，誅天相，大用亦被譴。嘉慶初，予守備銜休致。

王之鼎，字公定，漢軍正紅旗人。父世選，仕明爲參將，歸太宗，授三等昂邦章京，從世祖入關，征江南有功，進二等。卒，之鼎襲，進一等精奇尼哈番。署參領，從貝勒屯齊征湖南，擊走李定國、孫可望。授正紅旗漢軍副都統，駐防貴州。康熙元年，授福建中路總兵，討鄭錦，克廈門、金門、古浪諸島。三年，敗錦將王盛、林茂、裘德等，拔銅山衞，進三等伯。八年，召還，仍授本旗副都統。十年，授江南提督。十二年，授鎭海將軍，駐守京口。吳三桂、耿精忠相繼反，上命之鼎分兵防安慶，而以安南將軍華善師佐之。之鼎調崇明沙船、江陰瓜洲戰艦扼津要，令綠旗水師駐黃浦，操防兼備水陸。上命簡親王喇布爲揚威大將軍，駐江甯，之鼎贊軍事。十七年，改福建水師提督，加定海將軍。閩寇日蹙，而楚蜀間軍事方亟，請移鎭要地自效。十八年，調四川提督。十九年，到官，會寇犯永甯，遂率總兵李芳述等討之，戰屢勝。六月，勇略將軍趙良棟將進勦雲貴，調芳述守敍州，之鼎留鎭永甯。九月，吳世璠遣將尤廷玉、胡國柱攻永甯，圍之數匝。時城中糧盡已兩閱月，之鼎猶率兵挑戰，士氣倍奮。嗣爲賊詗知，築長圍以守。至是月甲子，寇穴城入，總兵費雅達、副將楊三虎、游擊周尚功、守備李逢春、魯明芝、席豹督兵巷戰，皆死。之鼎解印付家人，令間道走成都，率總兵楊魁、何成德、王永世、傅汝友，游擊陳先鳳、陳田、劉應科等出禦賊，身受重創。賊湧至，之鼎自度不能免，拔劍自刎，未殊，與魁等俱被執，傳送貴陽。賊黨夏國相等百計誘降，之鼎厲聲叱曰：「死則死耳，肯向鼠輩乞活耶？」久之，賊知不可奪，遂遇害。魁等皆不屈死。事聞，贈之鼎太子少保，諡忠毅。子毓賢，官至貴州布政使；毓秀，襲爵。費雅達，漢軍正白旗人。自整儀尉累遷潼關副將。王輔臣叛，廷議設漢中總兵討賊，以授費雅達，署都督僉事。進取漢中，破賊雞門鎭，抵秦嶺，拔北木城，與王進寶會師奪武關。敍功加都督同知。永甯之役，城陷身死，贈左都督、太子少傅，諡忠勇。魁等皆予卹。從三虎等戰死者，又有千總將得福、趙鳴鳳、王英傑；從之鼎死者，又有從軍廕生潘濟世，並卹如例。

李興元，字若始，漢軍鑲黃旗人。以拔貢授直隸沙河知縣，報最，遷祁州，歷江西吉安、直隸永平知府，晉陝西隴右道。康熙十一年，授雲南按察使。其明年，詔敕有司審理平西藩下逃兵。時平西勛莊碁布，莞莊者殺人奪貨，滋爲民患，訟牒命盜兩案，兵居半。又勒平民爲餘丁，不從，則曰「是我逃兵也」。稱貸重息，人或絲毫負，亦以逃兵誣之，有司亡誰何。興元素持風力，諗知劉崑強項，令爲審事官，有犯者論如法，部民德之，而大忤三桂意。三桂將叛，使冶者鑄印，崑詗知，白興元，興元啟巡撫朱國治趣入告。國治遲數日始發，爲三桂邏卒所得，遂作亂，召各官集議，以國治苛虐失民心，殺之，迫授興元僞職。興元叱之曰：「汝內爲國戚外封親王受恩重矣何叛爲我爲丈夫義可殺不可辱惟一死以報朝廷三桂怒杖而下之獄雲南知府高顯辰及崑皆不屈旋以興元及崑戍騰越衛十八年師克湖南時三桂已死其子世璠使刺殺興元師困滇城興元二子瞪秀奇秀亦被殺事定其三子萃秀詣軍所申訴巡撫王繼文上其狀贈太常寺卿萃秀官至安陸府知府崑嘗興元未死出避民間事定復補登州同知遷常德知府

陳啟泰字大來漢軍鑲紅旗人順治四年自貢生知直隸滑縣有聲行取擢御史奏言滿洲部院官凡遇親喪宜離任守制以廣孝治從之十一年出爲蘇松糧道康熙二年調福建漳南道八年轉巡海道時山寇徧受耿精忠劄勢洶洶啟泰嚴保甲立團長親督所司捕賊有干禁令者輒痛繩以法奸宄屏息十三年精忠叛僞檄至漳州啟泰密與海澄公黃梧議拒守會梧病精忠復招鄭錦爲助啟泰自度不能守語妻劉曰義不偷生忠不附賊死吾事也然死而妻子爲僇吾何以瞑劉請殉家人皆願從死乃以巨盎置酒下藥劉及侍妾婢僕飲者二十一人幼子方六歲持觴拜而飲啟泰朝服坐堂皇召僚屬與訣引弓絃自絞死僚屬爲殯錦兵入見置棺縱橫皆垂淚事聞贈通政使賜葬祭啟泰子汝器聞變赴漳州迎喪爲鄭錦兵掠去逾二年乃脫還詣京師上念其父子忠義加增工部侍郎授汝器右通政三十三年復予啟泰謚忠毅建祠福州御書忠義流芳爲祠額汝器官至安徽巡撫方精忠叛時諸郡望風納叛所不肯以城降者啟泰死漳州總兵吳萬福死福寧萬福漢軍鑲紅旗人初仕明爲守備崇德七年師圍松山從副將夏承德來歸授牛彔額眞入關從征李自成有功累敍二等阿達哈哈番出爲福甯總兵張煌言兵屢入與總兵李長榮分路擊卻之累進右都督精忠叛萬福嬰城固守城破死之闔家被害幕客孫璬百總潘騰鳳並殉事聞贈萬福左都督太子少保謚忠愍

陳丹赤字獻之福建侯官人順治十七年舉人選授重慶推官攝府事兼署夔州府時張獻忠初滅蜀東尙淪於賊征師四集丹赤給餽不乏墾荒萊緩刑禁報最遷刑部主事再晉兵部郎中出爲浙江按察司僉事分巡溫處道署按察使康熙十三年入覲道山東會吳三桂反詔入覲官悉還治所丹赤歸至東昌聞耿精忠亦叛亟間道還適平陽叛將司定猷搆精忠兵偪瑞安丹赤獨居城上泣諭父老誓與城存亡海寇朱飛熊乘間肆掠鄉民爭入城總兵祖宏勳欲不納丹赤曰城以人爲固人以食爲命民擔粟入城民卽兵食卽餽亟宜納之與共守於是來者數萬寇涌至攻南門甚亟副將楊春芳忽撤兵去人心洶懼丹赤日馳牒乞援晨夜徼循以忠義厲士卒皆感泣願死守宏勳將以溫州叛陽遣游擊馬文始助守實以詗丹赤丹赤誓以身殉六月甲午朔宏勳陳甲仗華蓋山集文武官計事欲以脅丹赤千總姚紹英知其謀勸勿往丹赤不顧策馬去至則兵露刃夾階立坐定宏勳曰彼衆我寡將若何丹赤曰提標前鋒五千人已集且民心效死戰卽不足守自有餘吾此來商以舟濟師願遒計多寡邪宏勳曰舟安在丹赤語通判白縉宸曰河干泊舟不少皆鄉民所棄以濟援師何患無舟宏勳語塞春芳厲聲言曰城中糧盡縱有兵有舟誰爲我用丹赤曰若言謬矣吾軍糧餽足供六閱月且遠近鄉民輸粟入若迺爲此言惑軍心邪有自懷中出帛書者精忠招宏勳獻城檄也丹赤怒碎而擲之地曰此豈可汙吾目吾頭可斷城不可得也宏勳執其手好語慰之丹赤曰封疆之臣死封疆不知其他宏勳知不可奪目千總高魁持斧擁丹赤出罵益厲執斧者斷其臂大呼曰臣事畢矣兵刃交下遂遇害十六年浙江巡撫陳秉直疏請卹贈通政使謚忠毅三十八年上南巡丹赤子一夔時爲湖州知府迎謁上書額賜之

馬琠字奉璋陝西武功人順治十一年舉人授山東昌樂知縣有惠政康熙十三年補永嘉明決有才清覈圖籍不數月而政成華蓋山集議宏勳戕丹赤琠躍而起曰國家豢若輩反黨賊殺封疆大吏吾恥與若輩俱生遂罵不絕口同時遇害事聞贈布政司參政三十五年敕建祠溫州祀丹赤及琠亦曰雙忠四十二年上南巡琠子逸姿官江南布政司參議督糧道迎謁疏引丹赤例求賜謚上允之謚忠勤亦賜御書額如一夔丹赤役林我僕張亦賓琠從子顯姿皆從死

葉映榴字炳霞江南上海人順治十八年進士選庶吉士時方嚴治江南逋賦士紳映榴在籍中降國子監博士累遷禮部郎中出權贛關會吳三桂叛贛南北路絕映榴與同官守險要撫流民境獲甯提學陝西巡撫鄂愷薦其才康熙二十四年授湖廣糧儲道清積逋減耗羨事有不便於民者輒與大吏力爭二十七年五月廷議省湖廣總督並裁督標兵楚兵素剽悍有夏逢龍者尤桀黠能以小信義結其伍隱附之檄旣下裁兵洶洶亡所歸總督徐國相還朝已登舟衆圍訴索餽不得遂大譁時巡撫柯永昇初上官映榴攝布政使纔三日事急映榴白永昇請予兩月糧遣散不許衆入巡撫署露刃譟映榴復白永昇請好言慰遣之永昇出衆語不遜永昇曰若輩欲反邪衆曰反也奈何刃傷永昇臂奪其印復刃傷足仆遂擁映榴至閱馬場永昇得間自經死逢龍自號總統兵馬大元帥幟以白迫布政使以下官受僞職映榴紿以無殺掠三日後徐議之乃令其妻陳奉母吳自水濤出解印付其僕迺手具遺疏是月丁酉朝服升公座罵賊拔佩刀自刎死疏略曰臣一介豎儒叨沐皇上高厚深恩歷擢今職嘗以潔己奉公自矢夙夜但媿才具庸劣未効寸長茲値裁兵夏逢龍倡亂刦奪撫臣敕印分兵圍臣衙門露刃逼脅臣幼讀詩書粗知節義雖斧鑕在前豈肯喪恥偷生臣母年七十有六在臣任所臣長子敷遠在原籍其餘二子尙未成童煢煢孤嫠死將安歸因遣妻女奉母潛逃臣如微服匿影或可倖免以圖後效伏念臣守土之官也城存與存城亡與亡義所當然今勉盡一死以報國恩所恨事起倉猝旣不能先事綢繆默消反側復不能臨期捍禦獨守孤城上辜三十載之皇恩下棄七旬餘之老母君親兩負死有餘慙上覽疏深愍傷之召廷臣展讀聞者皆感泣下部議卹部議援陳丹赤例贈通政使特旨贈工部侍郎次年上南巡敷迎謁手書忠節二字賜之遂以爲謚立祠武昌書丹心炳册扁以賜雍正八年錄忠臣後授其子敷鳳陽知府芳蔚州知州壽改員外郎孫鳳毛內閣中書與映榴同時死者都司宣德仁贈副將

論曰功令褒死事倉卒遇變與艱難効死者同所以獎忠義也莫洛與福先事宜知有變師行有進無退雖死不撓之鼎効忠於孤城興元抗節於大憝若啓泰丹赤映榴皆能死其官者啓泰以其家殉與馬雄鎭比烈映榴遺疏款款則又范承勳蒙谷自序之亞也

清史稿　　列傳四十一

賚塔　穆占

莽依圖 覺羅舒恕 勒貝　佛尼埒 沖 吳丹 鄂泰

畢力克圖 喝爾漢　阿密達 鄂克濟哈 覺羅吉哈里

拉哈達 嵩哈泰　根特 拳鼐

席卜臣 希爾根

賚塔那穆都魯氏滿洲正白旗人康古里第四子年十四授三等侍衛坐事免崇德時從伐明圍錦州擊松山杏山敵兵屢有斬獲攻新城高陽霸州壽光博興並先登身中五創被賞賚授前鋒侍衛順治元年從討李自成敗之一片石追至安肅慶都授巴牙喇甲喇章京從豫親王多鐸轉戰河南陝西頻有功二年移師江南克揚州下江甯追明福王於蕪湖予拖沙喇哈番三年從端重親王博洛下福建明唐王奔汀州賚塔率師攻破其城進拜他喇布勒哈番明桂王據湖南六年從鄭親王濟爾哈朗進衡州戰敗明將陶養用胡一清克祁陽復戰敗明將周進唐王進才及一清又戰敗明將譚宏取道州又戰敗一清及明將焦璉取全州累晉二等阿達哈哈番兼世管佐領十一年明將李定國犯廣東從珠瑪喇解新會圍進三等阿思哈尼哈番擢巴牙喇纛章京十六年鄭成功窺江甯從安南將軍達素討之比至成功已敗遁遂引兵下福建十七年戰廈門師失利坐免官奪世職康熙二年署前鋒統領擊李來亨等於茅麓山數戰皆克八年擢正白旗蒙古都統十三年耿精忠叛遣其將馬九玉會養性白顯忠分三道寇浙江授賚塔平南將軍赴援寇犯金華遣諸將瑪哈達雅塔里拉哈等擊走之復義烏諸暨精忠將王國斌屯金衢接壤處爲犁寇聲援賚塔與總督李之芳駐衢州精忠將周列擁衆二萬自常山入賚塔遣瑚圖要之焦園俘斬過半精忠將桑明率衆五萬犯衢州迎擊斬級萬餘十四年督兵擊九玉五戰皆捷又破其將李廷魁焚所屯木城康親王傑書軍至衢州賚塔依例歸將軍印以都統參贊軍務時九玉退據九龍山分萬人扼大溪灘護糧餉傑書令賚塔攻之卽夕遣兵涉河直搗九玉營破之九玉僅以三十騎遁遂

復常山率瑪哈達等破仙霞關拔浦城又與吉勒塔布敗賊建陽克之進取建甯薄延平精忠迺迎降其時漳泉興化並爲鄭錦所據錦成功子也精忠導貝子傅拉塔軍攻錦十六年與甯海將軍拉哈達復興化降仙遊進討叛將劉進忠於潮州進忠亦降康親王傑書奏仍授賚塔平南將軍守潮州十七年錦將劉國軒入犯泉州與總督姚啟聖會師赴援復長泰戰漳州破敵十八年國軒復入犯迎擊敗走十九年克海澄錦還臺灣授賚塔本旗滿洲都統守潮州如故尙之信之降也仍懷貳志返廣東復抗命都統王國棟首告詔賚塔撫慰之信已殺國棟反賚塔率兵討禽之時吳世璠尙據雲南大將軍貝子章泰自湖南下貴州上授賚塔平南大將軍督滿漢諸軍自廣西入雲南賚塔師自田州泗城道西隆迭戰皆捷石門坎者去安籠三十里地峻陿世璠將何繼祖等擁衆拒守賚塔令諸將希福勒貝瑪奇等率師前進而別與總督金光祖等分兵自間道躡其後二十年元日度賊無備飭前軍進攻繼祖等倉卒出禦後軍擊險上前後夾擊遂奪其隘日復安籠所繼祖復與詹養王有功等以二萬人守黃草壩賚塔督諸軍奮擊自卯至未破壘二十二俘養有功及其衆千餘並獲其象馬捷聞上以賚塔自廣西深入先諸軍至敗敵溫詔嘉獎師至曲靖遣諸將希福瑪奇碩塔等分道取霑益雲龍嵩諸州及易龍所楊林城章泰師自貴州至兩軍合未至會城三十里世璠遣壯圖等迎戰列象陣章泰軍其左賚塔軍其右自卯至午賊五卻五進殊死戰過金汁河象反踐陳亂師乘之大潰進屯城東歸化寺九月趙良棟師自四川至遂合圍賚塔軍銀錠山運礮至晝夜番攻世璠將余從龍降詗知糧將罄人相食與諸將環而攻之世璠衆內亂欲禽世璠以降世璠自殺其將夏國相奔廣南胡國柱奔雲龍州遣諸將李國樑希福等追襲之禽國相國柱自縊死雲南大定二十一年凱旋上率羣臣郊勞廬溝橋西行抱見禮二十二年以隱匿之信藩下入官婦女下所司集質上諭賚塔有大功勿以細事加罪禮部議請奪官治罪詔改降級罰俸二十三年卒諡襄毅二十五年追授一等阿思哈尼哈番子費葉楞襲雍正五年世宗命追封一等公令其孫博爾屯襲並諭賚塔克雲南功績懋著當日因其功過相掩未予優封欲使立功之臣咸知儆惕收歛不可恃功驕肆今事歷多年後人已知鑒戒用特追封示眷念舊臣九年定公號曰褒績

穆占納喇氏滿洲正黃旗人南格子也南格事具楊吉砮傳穆占初任侍衛兼牛彔額眞順治十六年署噶布什賢章京從都統卓洛等駐防雲南平元江土司有功予三等阿達哈哈番擢本旗梅勒額眞康熙十二年冬吳三桂反命授赫葉安西將軍道陝西入四川進討以穆占署前鋒統領參贊軍務十三年二月師至陝西時四川巡撫羅森提督鄭蛟麟皆附賊總兵譚洪亦叛據陽平關據保甯穆占進與戰屢擊敗之旋以賊阻饟道引還漢中提督王輔臣叛甯羌穆占與西安將軍瓦爾喀率兵先驅戰野狐嶺敗之克陽平關總兵吳之茂叛與之茂洪相應穆占從大將軍貝勒洞鄂還西安十四年詔趣洞鄂討輔臣而以穆占代赫葉爲安西將軍率師並進輔臣將高鼎屯隴州河岸迎戰與達理善擊卻之趨秦州閻合輔臣將陳萬策以城降穆占復助提督張勇攻下鞏昌還會諸軍征平涼十五年上遣圖海代洞鄂爲大將軍輔臣降穆占分剿餘寇以次復西河清水成禮諸縣輔臣將周養民等以慶陽降九月詔入覲進秩視都統佩征南將軍印統陝西河南諸軍赴湖廣討三桂諸將塔勒岱鄂克遜從十六年正月至荊州時大將軍順承郡王勒克德渾守荊州貝勒尙善圍岳州安親王岳樂圍長沙簡親王喇布守吉安上命穆占助攻長沙軍至屯阿彌嶺三桂初欲自松滋渡江進攻荊州相持數年不得逞聞長沙有新軍至亟自松滋還援屯隔江嶽麓山遣其將馬寶等屯城外掘重濠布鐵蒺藜列象陣以守而自從常德進爲穆占所敗走衡州上命穆占移兵會簡親王取衡州十月克茶陵復攸安仁酃永甯諸縣十七年春克郴州傍縣並下穆占守郴州以都統宜理布守永興三桂欲通粵東道與尙之信孫延齡軍合遣其將馬寶胡國柱等悉銳攻永興穆占遣哈克三碩岱來援時喇布尙駐吉安穆占請旨趣進征六月宜理布哈克三戰死碩岱入城守喇布遣薩克察來援牒穆占請益兵穆占謂永興軍事簡親王主之喇布以聞上責穆占謬戾寶國柱攻永興二十餘日不下聞三桂死乃引還衡州穆占率布舒庫等追擊敗之耒陽十八年三桂將吳國貴爲他將所蹴遁永州穆占追剿克之道州常甯新田永明江華東安皆下師入廣西境克全州灌陽興安恭城詔還定湖南進克新寧三桂將郭壯圖等擁三桂孫世璠據貴州十一月上命貝子章泰爲定遠平寇大將軍規定雲貴穆占參贊軍務十九年二月復沅州十月克鎭遠並定偏橋興隆二衞進克平越下貴陽世璠奔雲南十一月克遵義安順石阡都勻思南諸府二十年正月世璠將夏國相高起隆王會楊應選等擁衆二萬拒戰屯平遠西南山穆占與提督趙賴督諸軍奮擊起隆等敗竄會降遂復平遠分道諸將莽奕祿等逐賊復大定應選亦降遂入雲南與廣西軍會壁歸化寺壯圖出兵重關列象陣犯我軍賚塔等縱兵夾擊穆占戰尤力象陣亂反踐其軍諸軍乘之壯圖歛兵止存十七人奔入城九月四川軍至總督蔡毓榮破重關穆占亦奪玉皇閣猛攻東西寺世璠壯圖皆自殺穆占入城撫餘衆籍逆產以聞師還授正黃旗蒙古都統議政大臣二十二年追論征保甯時奏軍事不實征平涼時不臨陣指揮及不救永興罪當絞籍沒上諭曰穆占固有罪但其戰績多至二百六十處此所議稍過命覆議乃請奪官削世職沒妻子入內務府上命但奪官餘悉寬之尋卒

莽依圖兆佳氏滿洲鑲白旗人父武達禪崇德中從伐明攻任邱濟陽並先登賜號巴圖魯予牛彔章京世職既入關授太原城守尉卒莽依圖襲職進三等阿達哈哈番順治十五年從征南將軍卓木特下貴州自都勻次盤江破明將李定國移師定雲南康熙二年李自成餘黨李來亨等據湖北茅麓山未下從靖西將軍穆里瑪攻克之凱旋授江寧協領十三年吳三桂陷湖南復從鎭南將軍尼雅翰攻岳州砲擊寇艦敗之七里橋十四年三桂搆廣西總兵馬雄叛廣東十府失其四尙可喜請兵上命尼雅翰率師赴廣東以莽依圖署副都統駐肇慶甫至而可喜子之信已叛應三桂十五年三桂將范齊韓等偪肇慶莽依圖潰圍出且戰且走還駐江西聞三桂將黃士標等攻信豐亟率師赴援遣奇兵出其背與城兵夾擊之賊大潰遂會鎭南將軍覺羅舒恕解南康圍十六年三月上命舒恕留兵守贛州而授莽依圖署江甯副都統代舒恕佩鎭南將軍印帥師規復廣東以額赫訥穆成額參贊軍事自南康進南安再進南雄三桂所遣守將皆出降之信亦率藩屬歸順莽依圖遂踰嶺進韶州韶居五嶺脊爲贛粵咽喉賊所必爭莽依圖以城北當敵衝厚增土牆夜則縋卒出城濬濠通水並分兵斷廣州饟道三桂將胡國柱馬寶以萬餘人攻城莽依圖屢擊卻之迺扼河西斷我水運又壁蓮花山發礮女牆悉壞會江甯將軍額楚赴援莽依圖出城兵夾擊破四壘逐北至帽峯山夜戰大敗之河西賊亦引去饟運始通莽依圖督軍追擊破敵風門澳斬二千餘級下樂昌仁化諸縣乃還駐韶州時傅宏烈佩撫蠻滅寇將軍印巡撫廣西所將義兵五千人莽依圖慮其力不支遣副都統額赫訥將兵八千赴梧州佐宏烈而之信不爲具舟師久不集十七年二月莽依圖至平樂圍城寇水陸拒戰引還中山鎭與宏烈互奏糾上兩釋之莽依圖復還梧州引咎請罷將軍上切責之命留任圖功贖罪十八年春三桂從孫世琮犯梧州莽依圖與宏烈謀合諸軍分布水陸與戰賊敗去遂復桂林語具宏烈傳三桂將馬承蔭以南甯來降世琮自梧州敗歸併力攻南寧城幾陷莽依圖方臥病聞警督軍倍道赴援賊悉銳依山列鹿角拒戰莽依圖使額楚額赫訥引前鋒兵衝擊之而自與舒恕麾大軍進預遣兵潛出山後斷歸路盡殪之世琮負重傷以數十騎越山遁南甯圍解命進取雲貴莽依圖以承蔭雖降心叵測疏請暫駐南甯上命簡親王喇布鎭桂林莽依圖偕都統希福軍至合兵謀進取十九年授護軍統領承蔭果以柳州復叛宏烈遇害莽依圖軍進次宜賓承蔭驅象陣迎戰以勁弩射之象返奔賊陣亂鐵騎乘之遂大敗承蔭復以柳州降莽依圖疾益深八月卒於軍莽依圖毋賢嘗訓以不殺降不掠民莽依圖終身誦之時稱仁義將軍既卒南寧人繪其像祀之事平朝議追論自平樂還梧州失律罪當籍沒上以莽依圖戰多且不擾民寬之奪恩詔所加世職以原授拜他喇布勒哈番兼拖沙喇哈番予其弟博和里博和里曰兄平粵有功上褒之不可使吾子孫復襲此職迺撫其孫布贍阿繼襲乾隆元年追諡襄壯三桂初反十三年正月上授都統尼雅翰鎭南將軍會師德州道安慶至武昌尋命參贊軍務攻岳州旋又命進取南康克之又擊破三桂將黃乃忠等於袁州十五年五月上命哈爾哈齊率江寧兵攻吉安解尼雅翰鎭南將軍印授之螺子山敗改授覺羅舒恕覺羅舒恕滿洲正白旗人武功郡王禮敦曾孫康熙八年自一等侍衞授兵部督捕侍郎調吏部十三年命署前鋒統領參贊定南將軍希爾根軍務精忠遣將陷撫州舒恕從希爾根進擊克之十四年精忠兵復至又擊破之克新城宜黃崇仁樂安諸縣上命舒恕援廣東授鎭南將軍叛將馬雄及三桂將王宏勳攻高州與戰不利退駐肇慶十五年尙之信反再退駐贛州十六年上命解鎭南將軍印授莽依圖率師下廣東令舒恕留兵佐巡撫佟國楨守贛州尋復授安南將軍三桂兵自宜章窺南雄韶州上命莽依圖赴韶州應敵而舒恕守南雄爲聲援十七年穆占言郴州桂陽新復請勅舒恕移師駐守舒恕疏言南韶爲湖南江西廣東三省接壤不可輕離繼命進次梧州十八年卽軍前授都察院左都御史旋與莽依圖共擊吳世琮解南寧之圍舒恕以病乞還肇慶召還京入對上察其神色如故無病狀詔詰責命羈候宗人府下王大臣議奪職三十四年起鑲黃旗滿洲副都統再遷寧

夏將軍參贊撫遠大將軍費揚古軍務討噶爾丹三十五年上親征授揚威將軍從費揚古出西路上駐棟斯拉召費揚古議軍事以舒恕署大將軍師有功予拖沙喇哈番世職擢正藍旗滿洲都統以病乞休卒勒貝郭絡羅氏滿洲正藍旗人鄂羅塞臣子初授侍衞兼管牛彔事累遷正藍旗滿洲都統三桂亂未平康熙十六年春上以簡親王喇布出師江西久無功參贊均不勝任命勒貝及哈克三舒庫往代之既命與江寧將軍額楚守韶州又詔進次梧州與宏烈攻鬱林及北流興業陸川博白軍益振乘勝下南寧克象州十九年秋莽依圖卒於軍詔勒貝代爲鎭南將軍從賚塔定雲南抵西隆詗知三桂將何繼祖等屯安籠所石門坎與瑪奇率前鋒奮攻次第克三峯奪隘口復安籠所繼祖等堅守黃草壩列象陣以待復與賚塔大敗之直抵雲南城吳世璠自殺滇平師還道卒

佛尼埒科奇理氏滿洲鑲紅旗人世居瓦爾喀父索爾和諾少孤兄瑚里納撫之成立後爲仇所害佛尼埒手刃之祭兄墓崇德二年來歸從伐明攻河間戰死授牛彔章京世職佛尼埒襲職授西安駐防牛彔額眞進二等阿達哈哈番康熙初累擢西安副都統十三年春從將軍瓦爾喀道四川討吳三桂入棧道聞四川叛附三桂譚洪據陽平關從瓦爾喀自野狐嶺進兵斬三千餘級進朝天關屢擊敗敵軍總兵吳之茂以保寧叛移師往討之弗克壘壕塹與相持之茂出掠略陽糧艘截槐樹驛餉道我師饟不繼還漢中之茂要於中途與總兵王懷忠擊之敗走其冬提督王輔臣叛陷平涼秦州十四年擢西安將軍加振武將軍銜命與貝勒洞鄂進討輔臣將高鼎以四千人屯關山河岸偕穆占整師與戰破其壘逐北又敗之渭河橋進薄秦州壘未定賊乘我不備開壁出戰佛尼埒督軍遮擊賊不敢犯旋攻克東西二關賊數千掠仙逸關佛尼埒慮澤佛尼埒曰是欲燒絕我輓運道也若不增兵策應軍食何賴焉因暫駐隴州時師攻秦州久未下而四川及平涼諸寇挾萬餘人赴救城寇與應者亦八千餘佛尼埒亟還師與諸軍合偕內大臣坤速敗賊衆禽其將李國棟等殪其衆三千餘州城復以次下禮縣西和清水伏羌諸城漢中餉道阻軍大飢將軍席卜臣還西安上命佛尼埒領兵開棧道規漢中緣塗擊賊皆潰竄十五年之茂欲爲輔臣援再犯秦州佛尼埒與護軍統領傑殷議繞賊後絕其餉道復靜寧大將軍圖海下平涼之茂遁又與傑殷乘夜追擊及之牡丹園遂克祁山堡之茂僅以十餘騎走十六年追論自保寧退還漢中諸罪降世職爲拜他喇布勒哈番削振武將軍銜仍署西安將軍十七年與吳丹等敗敵於牛頭山於香泉率師駐守寶雞堅扼棧道諸隘寇屢至屢敗之十八年從大將軍圖海征興安寇阻梁河關佛尼埒領兵先驅濟乾玉河拔之興安下十九年溠川降並復豐亭中江射洪諸縣再敗寇豹子山克瀘州冬吳世璠將胡國柱自敘州擾永寧詔授建威將軍討之二十年克馬湖世璠將宋國輔等以永寧降國柱亦棄敘州遁上命佛尼埒守之尋命還鎭漢中二十一年卒乾隆初追謚恭靖子托留襲世職官至黑龍江將軍額倫特別有傳坤那木都魯氏滿洲正黃旗人先世居綏芬隸瓦爾喀部父伊訥克太宗伐瓦爾喀先衆降坤事太宗洊擢一等侍衞兼管牛彔事太宗伐明圍松山明總兵曹變蛟乘夜犯御營迫正黃旗營門諸侍衞及親軍等皆散列門左右坤獨當門力戰卻敵上嘉其勇賜號巴圖魯賚白金四百授一等甲喇章京世職世祖朝累進一等阿思哈尼哈番兼拖沙喇哈番尋以遣祭昭陵辭未往匿譯南臺不入直又娶女子已賜配者爲妻論罪當死上寬之奪官仍留世職侍衞十一年從靖南將軍珠瑪喇下廣東命署固山額眞破明將李定國於新會逐至橫州江岸斬馘無算擢內大臣康熙十二年獎先朝諸舊臣坤加太子太保吳三桂反授振武將軍帥師駐汝寧王輔臣叛命移師西安十四年又命偕副都統翁愛等進駐漢中輔臣毀鳳縣偏橋絕餉道又斷棧道阻漢中聲援詔趣坤援漢中次寶雞以道阻未克進命罷將軍以內大臣從軍秦州既復朝議規復漢中以坤守潼關十八年上念坤已老召還追論漢中逗留狀當奪官削巴圖魯號上曰巴圖魯號太宗所賜其勿削但奪官仍留一等阿達哈哈番世職二十四年授散秩大臣並諭年衰不能朝聽家居二十六年卒鄂泰瓜爾佳氏滿洲正白旗人世居蘇完國初來歸以軍功累進二等阿達哈哈番順治間授盛京禮部理事官坐事黜並奪世職旋復起康熙初洊擢盛京副都統王輔臣叛大將軍貝勒洞鄂西討命鄂泰率盛京兵千來京備徵發十四年授建威將軍率所部兵駐太原尋命赴西安參贊洞鄂軍務以建威將軍印授副都統吳丹鄂泰與副都統阿爾瑚屯寶雞賊出棧道攻九龍山鄂泰督兵縱擊盡殪之輔臣所署置總兵任德望率兵及猓猓七千餘屯益門鎭鄂泰分兵九路進擊自巳至未破七壘德望以百騎遁驍騎校韓楚漢射中其股乃降十五年復捕餘賊紅崖堡十八年卒追授拜他喇布勒哈番兼拖沙喇哈番吳丹納喇氏滿洲正黃旗人葉赫金台石曾孫也康熙初以一等侍衞同學士郭廷祚視淮安河決十三年大將軍順承郡王勒爾錦討吳三桂吳丹奉使軍中宣諭機宜王輔臣叛命署副都統從鄂泰駐太原旋復命署建威將軍移師潼關十五年從大將軍圖海征平涼擊賊虎山墩輔臣乞降吳丹率數騎入城安撫降人十七年授護軍統領時漢中興安尚爲三桂兵所據上趣圖海進軍以吳丹參贊軍務戰於牛頭山香泉屢破賊圖海入覲命仍佩建威將軍印暫統大兵旋從圖海徇鎭安偕將軍佛尼埒戰於火神崖破賊渡乾玉河克梁河關遂復興安上命圖海還駐鳳翔分兵畀吳丹與將軍王進寶下四川爲後繼十九年與進寶擊賊蟠龍錦屏諸山大破之遂復保寧獲三桂將吳之茂等時將軍趙良棟亦復成都吳丹與佛尼埒分兵取順慶重慶並下達州東鄉太平諸州縣詔取瀘州趨雲南吳丹復從佛尼埒戰於豹子山破瀘州賊會永寧復爲賊得仁懷亦不守良棟劾吳丹不急赴援解將軍印還漢中事定還京王大臣等議罪奪職尋授三等侍衞兼佐領二十九年喀爾喀台吉額爾克阿海等爲亂噶爾丹亦犯邊命從大將軍裕親王討之戰於烏蘭布通噶爾丹敗走裕親王命吳丹與參領色爾濟博爾和岱詗噶爾丹所在知遠去已數日乃還途值喀爾喀叛者並遇害贈散秩大臣予拖沙喇哈番世職畢力克圖博爾濟吉特氏蒙古正藍旗人世居科爾沁太宗時來歸授豫親王護衞從伐朝鮮及明錦州並有功順治初從討李自成定西安移師拔揚州下江寧以戰績著署護軍統領予牛彔章京世職擢正藍旗蒙古副都統六年詔駐防平陽賊犯絳州擊卻之李廷泰叛據太平復與協領根特等攻之久弗下迺穴地燃火藥墮城禽廷泰誅之累進一等阿達哈哈番授禮部侍郎調戶部十一年從靖南將軍珠瑪喇下廣東明將李定國犯新會屯縣左山峪畢力克圖再戰敗之追至興業斬殺過半趨橫州定國渡江遁進三等阿思哈尼哈番坐事罷官降二等阿達哈哈番十七年命署護軍統領從定西將軍愛星阿出師雲南時明桂王入緬甸定國與白文選分據孟艮木邦十八年會師木邦定國走景線文選走錫箔江毀橋趨茶山畢力克圖至獲諜者結筏以濟次舊晚坡去緬城六十里緬人謀獻桂王請大軍留駐以百人進闌鳩江備捍衞於是白爾赫圖率前鋒以往畢力克圖以護軍二百人從之緬酋蟒猛以桂王出畀我軍遂班師還文選至猛養爲總兵馬寧追及率衆降畢力克圖撫其衆從之邊境論功進一等阿達哈哈番兼拖沙喇哈番康熙八年擢正藍旗蒙古都統列議政大臣十二年加太子少師十四年王輔臣叛授畢力克圖平逆將軍帥師駐大同尋延安綏德皆陷命進駐榆林詗知賊屯楊家店渡口遂分兵三隊乘夜疾進黎明鳴角濟河賊不虞我師至也皆駭走遂復吳堡進次虎爾崖口遇賊又擊敗之下綏德乘勝克延安並招撫附近諸州縣上命移師會揚威將軍阿密達攻平涼將至輔臣擁衆迎戰與貝勒洞鄂等擊之陣斬其將郝天祥十五年大學士圖海莅師命畢力克圖屯寧夏輔臣降還駐平涼越十七年移師守隴州寶雞圖海議取漢中與鄂克濟哈等分道入以次降靈臺華亭崇信諸縣其冬克成縣十九年徵還仍任都統二十年卒年七十有三謚恪僖孫常遠襲職二十五年追錄陝西軍功進二等阿思哈尼哈番噶爾漢納喇氏滿洲正紅旗人尙書噶達渾子也噶爾漢襲一等阿達哈哈番授王府長史康熙初遷正紅旗滿洲副都統十四年授鎭安將軍駐守河南時寇勢甚熾總兵楊來嘉叛命移師襄陽十五年戰南漳破霧機寨叛將譚宏等犯鄖陽遣黨扼城東陡嶺斷我輓餉道復與提督佟國瑤會師分路進擊賊退十八年謝泗劉魁等掠竹山竹谿諸縣偪鄖城與興安賊爲聲援噶爾漢往討之時方溽暑鄖西數百里山逕陿隘草木叢塞霪雨洪注師阻水弗能進噶爾漢期以木落水涸時進師上責其逗留削前功二十年薄鄖城時宏已死其子天秘毀壘遁遂克之以次下萬開建始梁山諸縣及忠州二十二年授荊州將軍部議當楊來嘉攻房縣不能救當奪職上命降級留任二十六年湖廣裁兵夏逢龍倡亂噶爾漢師次安陸遣協領穆禮瑪等攻之多所斬馘進次應城賊還竄武昌會糧絕戰艦不足用疏言狀召還授正紅旗蒙古都統比至都論退縮玩寇罪免官後卒於家

阿密達他塔喇氏滿洲正白旗人順治間授三等侍衞洊擢正白旗滿洲副都統康熙初擢領侍衞內大臣議政大臣十三年吳三桂反襄陽總兵楊來嘉以穀城叛應之河北總兵蔡祿初與來嘉並爲鄭成功將先後來降來嘉招同叛祿具鎗械購贏馬密令所部爲備聖祖聞狀命阿密達率兵赴懷慶察視祿不出迎謀拒戰阿密達疾馳入其廨得祿及其孥悉誅之耿精忠亦叛授阿密達揚威將軍率滿洲兵千人駐江寧命習水戰尋授簡親王喇布揚威大將軍阿密達歸將軍印參贊軍務王輔臣叛十四年命阿密達仍佩揚威將軍印率兵

赴蘭州佐以副都統鄂克濟哈覺夸岱時輔臣據平涼蘭州諸路皆陷賊大將軍貝勒洞鄂令阿密達徑攻平涼五月克寧州薄平涼戰失利退駐涇州洞鄂兵至命參贊軍務與總兵孫思克會師進攻久不下十五年大學士圖海代爲大將軍阿密達參贊如故既奪虎山墩俯攻城輔臣乃降十七年命赴湖南從大將軍安親王岳樂討吳世璠十八年克武岡諭阿密達與安親王計議量撤滿洲兵護還京師十九年授正白旗蒙古都統部議平涼戰敗當奪職上寬之命降五級留任尋復授領侍衛內大臣噶爾丹爲亂命詗賊狀二十九年命參贊大將軍裕親王福全軍務出塞討噶爾丹戰於烏蘭布通勝敵師還部議不能乘勝滅賊福全以下皆有罪當奪職上以師有功宥之三十五年上親征噶爾丹阿密達請從征上次克魯倫河以阿密達暫充將軍率留後滿洲兵及綠旗步兵赴克勒和碩並命兼轄留屯各軍尋撤還京師四十八年卒鄂克濟哈納喇氏滿洲正黃旗人初任侍衛署副都統兼佐領康熙十三年三桂反陝西湖廣並警上命偕副統色格駐河南府輔臣亂起從阿密達赴西安剿禦尋赴蘭州參贊阿密達軍務克涇州寧州詔嘉之十八年從圖海攻禮縣譯門大破之復塔什堡進克興安圖海以漢中要地令鄂克濟哈領振武將軍與副都統哈塔將千人守之十九年提督趙良棟等徇四川與將軍吳丹爲後勁瀘州陷率師攻克之又敗之托川雅未幾賊犯仁懷吳丹擁兵不救永寧復陷命還漢中而使鄂克濟哈領其衆鄂克濟哈疏言建昌永寧相去千餘里未能兼顧乃命佛尼埒專領永寧一路而授鄂克濟哈宣威將軍駐軍成都專領建昌一路二十年建昌軍棄城走自劾解將軍印以都統覺羅吉哈里代還守漢中尋入爲二等侍衛三十年遷正黃旗副都統三十三年授護軍統領從征噶爾丹事平駐守寧夏三十八年卒覺羅吉哈里滿洲正白旗人武功郡王禮敦第三世孫順治初授牛彔額眞襲父拜他喇布勒哈番世職遇恩詔晉二等阿達哈哈番累遷護軍參領鑲黃旗滿洲副都統康熙十二年吳三桂反京師奸民楊啟隆爲亂都統圖海祖承烈及吉哈禮討平之佐領鄂克遜禽其黨黃吉陳益吉哈禮亦獲焦三朱尙賢張大李柱陳繼志史國賓王鎭邦等送法司廉得實論棄市語互詳鄂克遜傳十六年命與副都統席布率師赴四川會鎭安將軍噶爾漢討賊即軍前擢鑲黃旗蒙古都統三桂孫吳世璠僭據有雲南貴州其將胡國柱夏國相馬寶等分犯瀘州敍州建昌二十年建昌陷上解鄂克濟哈宣威將軍任詔吉哈禮代之統所部兵會提督趙良棟復建昌良棟自雅州入吉哈禮爲後應戰大渡河奪寇舟以濟是時師下雲南已合圍國柱等亟引衆還吉哈禮遂復建昌將趨雲南行至武家疾作卒於軍卹如例

拉哈達鈕祜祿氏滿洲鑲黃旗人車爾格第五子順治間以侍衛襲其兄法固達三等阿達哈哈番世職恩詔累進一等授兵部督捕侍郎擢工部尙書議政大臣康熙三年授鑲黃旗滿洲都統十三年吳三桂叛授鎭東將軍駐防兗州甫至而耿精忠叛犯浙江詔往署杭州將軍與平南將軍賚塔總督李之芳共籌防禦賊窺金華遣副都統沃申副將陳世凱等擊卻之復犯台州寧波紹興皆騷動上命康親王傑書爲大將軍貝子傅喇塔爲寧海將軍統師援浙拉哈達以都統參贊軍務十四年擊處州賊連下松陽宣平十五年從康親王徇福建精忠降即導我師攻鄭錦時漳州泉州興化三府爲錦所據遣其將許耀以三萬人偪福州拉哈達率師擊之破其壘十四其冬傅喇塔卒於軍授拉哈達寧海將軍十六年與賚塔合軍攻興化克之其將郭維藩以仙遊降耀奔泉州復據以堅守拉哈達率銳師宵加之漏未盡梯入斬耀及諸僞官入城撫定軍民是時錦連敗還廈門泉州漳州二府及海澄等十縣皆復降將四百兵四千有奇移師略潮州叛將劉進忠亦降乃還守福州十七年錦將劉國軒陷海澄復犯泉州斷萬安江東二橋扼長泰同安諸隘南北援絕泉州幾不守拉哈達駐漳州詔責其不亟援海澄趣戴罪赴泉州雖拉哈達議自長泰入會江浙軍阻水侍讀學士李光地方居憂在籍迺遣使導師出間道自南靖道漳平趨安溪遂薄泉州圍乃解國軒築壘瀕海東石地當金門廈門道十八年拉哈達遣沃申攻克之十九年與巡撫吳興祚自同安至潯尾分兵渡海拉哈達居中興祚自左總兵王英自右並趨廈門賚塔與總督姚啓聖提督萬正色楊捷總兵黃大來師來會三面合擊賊不能支遂克廈門復進攻金門其將吳國俊等迎降錦與國軒走歸臺灣詔召康親王還京命拉哈達與副都統馬思文守福州二十一年撤滿洲兵還京追論失守海澄罪部議降世職爲三等並罷官上以拉哈達從康親王平福建有勞留都統任二十四年致仕四十二年病卒卹如制察哈泰薩克達氏滿洲廂紅旗人世居寧古塔事太宗從伐明屢有功順治初逐李自成討金聲桓皆在行間屢擢太僕寺理事官並授三等阿達哈哈番復遷太僕寺卿鑲紅旗滿洲副都統從伐俄羅斯將舟師招降斐雅喀百二十餘戶坐所部戰艦戰失利奏不實罷副都統奪世職專管牛彔事康熙三年復授鑲紅旗蒙古副都統以老乞休上慰留之尋遷護軍統領加太子少保十三年從拉哈達出駐兗州上命拉哈達赴杭州以敕印留付察哈泰繼爲鎭東將軍十四年仍以護軍統領帥所部赴荊州聽順承郡王勒爾錦調度十五年三桂將陶繼智等犯宜昌率兵駐江陵通聲援七月卒於軍卹如制察哈泰調赴荊州上命以鎭東將軍印授副都統布顏統蒙古兵留駐兗州事定撤還京師

根特納喇氏滿洲正黃旗人父達雅里國初來歸從伐明攻深州先登克之軍功累進一等參將世職根特早歲從戎數立功績從伐明攻泗水縣定州並先登賜號巴圖魯授三等甲喇章京世職順治元年授刑部理事官五年金聲桓以南昌叛從大將軍譚泰討之薄南昌攻未下根特自城南以登拔之聲桓中矢死禽王得仁師還擢梅勒額眞進一等阿達哈哈番六年姜瓖以大同叛其黨虞允白漳張萬全陷蒲州及臨晉猗氏河津從總督孟喬芳濟河擊之復蒲城進征平陽白漳擁步騎六千至榮河迎戰奮擊大破之追黃河賊未及濟師薄之賊多赴水死遂斬白漳餘奔吉鎭悉殲焉移師趨猗氏瓖黨衛登芳依山結寨與萬全爲犄角復分兵擊斬萬全殲其衆尋生得登芳復進敗瓖黨郭中傑於聞喜康熙十三年吳三桂反命出駐兗州尋以江西地要衝命偕副都統席布徙守南昌長沙陷袁州吉安二府與接壤巡撫董衛國請發兵駐防命根特自南昌移師備戰禦尋以希爾根爲定南將軍根特參贊軍務尙可喜疏請兵上令根特俟希爾根兵至率所部下廣東耿精忠反授根特平寇將軍令仍返江西副將柯昇以廣信叛應精忠破都昌竄南康復命根特先定廣信與前鋒統領覺羅舒恕自袁州規長沙是年八月卒於軍卹如制禮部尙書哈爾哈齊副定南將軍希爾根駐江西根特卒上命以平寇將軍印授之十一月命赴江寧贊大將軍簡親王軍務鎭江南十五年五月命率江寧兵赴廣東授華善平寇將軍道江西命會師攻吉安螺子山之敗坐奪官披甲華善漢軍正白旗人石廷柱第三子爲豫親王多鐸壻授和碩額駙三桂反授安南將軍守鎭江尋命贊大將軍簡親王軍務駐江寧十五年改授平寇將軍十六年簡親王進軍江西命華善率所部從以平寇將軍印留付江寧副都統科爾擴岱十七年授定南將軍命守茶陵三桂兵攻永興急上命簡親王進次茶陵而令華善救永興華善不敢進上切責之解將軍印令從穆占自效事平論罪上命寬之三十四年卒子石文炳襲廷柱三等伯累遷福州將軍以華善老召授正白旗漢軍都統尋聞喪還京卒於途

席卜臣瓜爾佳氏滿洲鑲白旗人費英東弟郞格之孫也事太宗從上征朝鮮從睿親王多爾袞伐明戰於通州擊敗太監高起潛軍再從攻錦州屢戰破敵順治初從大軍入關擊李自成戰於一片石逐至慶都敗賊於太原二年從英親王阿濟格徇陝西逐自成至安陸三年從肅親王豪格下四川殲張獻忠五年從討叛將姜瓖敍功屢遇恩詔世職至二等拜他喇布勒哈番官至護軍統領十二年與都統卓洛等出駐荊州破孫可望十六年與安南將軍明安達里援江寧敗鄭成功將楊文英等斬馘甚多康熙九年擢鑲白旗蒙古都統十二年加太子少傅十三年吳三桂反上授都統赫葉爲安西將軍與西安將軍瓦爾喀等自漢中下四川十四年復授席卜臣鎭西將軍與副都統巴喀德業立同駐西安尋又命大將軍貝勒洞鄂西討赫葉歸將軍印參贊軍務是冬席卜臣與赫葉會師攻保寧三桂將王屏藩拒守師屯蟠龍山屏藩出戰潛遣別將自他道絕流渡撓我師我師棄營退席卜臣引還漢中上命嚴諸將罪赫葉奪職披甲自効方軍退佐領穆舒誓死決戰將甲上記號付將軍督兵奮鬬上聞超擢正紅旗蒙古副都統以獎其勇席卜臣至漢中値王輔臣叛棧道絕饟不繼引還西安旋召還京事定王大臣追論蟠龍山戰敗罪奪官削世職上以席卜臣有勞免其籍沒尋卒希爾根覺爾察氏滿洲正黃旗人世居長白山太宗居藩邸時任護衛天聰間以軍功授牛彔章京世職崇德元年從伐明連下昌平寶坻十餘城還巴牙喇甲喇章京擊敗明太監高起潛兵禽總兵巢丕昌又助譚泰設伏敗三屯營騎兵師還敵躡後諸將護輜重先行希爾根殿超授一等甲喇章京世職二年從克皮島將行圍選扈從其父雅賴與焉希爾根向睿親王多爾袞乞免不許紿以珠爾瑚代之事覺坐欺罔應罷官奪世職從寬論罰鍰從師圍錦州壁山岡明兵至擊走之並擊退松山援兵復坐擅離軍伍言事不實停敍功七年師圍薊州明總兵白騰蛟率師馳救希爾根擊敗之順治二年從英親王阿濟格討李自成圍延安大敗其衆其將有一隻虎者稱驍果數犯我師希爾根三戰皆克逐至西安自成奔湖廣逐北至安陸賊據城拒戰復與鼇拜攻克之獲戰艦八十艘引兵武昌賊又集艦五百浮江將東下譚泰率衆往取希爾根先至獲之進三等梅勒章京三年從肅親王豪格征張獻忠

與哈寧阿阿爾津蘇拜敗之西充別趨涪州討賊袁韜斬虜多尋坐哈寧阿陷重圍不救復與阿爾津等爭功論棄市詔改罰贖降三等甲喇章京六年姜瓖叛據大同希爾根從巽親王滿達海討之圍太谷以砲破其城斬瓖所署置知縣李成沛都司吳汝器進克大同以次復長子縣渾源朔二州永寧州嵐縣潞安府並降又與漢岱攻復遼州山西平當進秩因訴前鐫秩冤累遇恩詔進一等阿達哈哈番九年擢巴牙喇纛章京列內大臣十二年加太子太保十三年耿精忠叛使其將白顯忠寇廣西建昌撫州授希爾根定南將軍率師援江西以桑格贊軍事沃赫伊巴罕從次南昌而三城已陷是時安親王岳樂駐師省城檄希爾根先取撫州賊出拒連敗之幷率沙納哈擊走援賊城賊待援不至棄城走精忠將陳昇搆土賊郭應定等犯贛州令副都統甘度海禦之大捷追至龍泉破三壘復攻取曹林十餘寨十四年擊敗精忠將邵連登復建昌移師饒州擊退餘干浮梁樂平諸縣賊會岳樂師下湖南命簡親王喇布赴南昌以希爾根副之三桂將高大節出醴陵萍鄉陷吉安冀斷岳樂軍後路我師屯螺子山大節勇常以少騎奔我師喇布倉皇棄營走希爾根從之賊入壘縱飲飽掠而歸俄大節死希爾根督師攻圍戰又弗勝踰歲賊遁詔仍駐南昌尋以老召還十八年卒子喀西泰任護軍參領從征四川攻保寧死蟠龍山之戰

論曰當三藩亂時命將四出以庶姓授大將軍惟圖海與賚塔二人而已賚塔自廣西穆占自湖南皆轉戰下雲南削平巨憝功最多穆占功歸彰泰故賞不逮賚塔莽依圖功與相並惜中道先卒佛尼埒等皆夙將有戰績其時雜號將軍或出朝命或即軍前除拜有一人遞掌二三印者有一印迭授二三人者皆領巽軍獨當一路綜而觀之當日行師應敵之大概可以得其要矣

清史稿 列傳四十二

張勇 趙良棟 子宏燦 宏燮

王進寶 子用予 王萬祥 孫思克 馬進良

張勇字非熊陝西咸寧人善騎射仕明為副將順治二年英親王阿濟格師次九江勇來降檄令招撫得總兵以下七百餘人授游擊隸陝西總督孟喬芳標下時李自成將賀珍賀宏器李明義等分據漢中興安固原諸地窺西安勇與副將任珍馬寧等禦戰屢敗之四年寧夏叛將馬德結宏器陷安定勇從總兵劉芳名率師赴援戰馬寧陳擒德勇攻克固原獲宏器明義誅之四年米喇印丁國棟以蘭州叛陷臨洮勇與副將陳萬略率師夾擊破賊復臨洮逐賊至岷州敗之宮堡又敗之馬韓山賊分竄二崖洞殲焉又敗之馬家坪獲明延長王識鋅喬芳攻拔蘭州喇印國棟走甘州勇等率師與喬芳會遂渡河而西八月至甘州賊出戰屢擊敗之六年正月總兵南一魁奪門入勇入城巷戰賊夜遁逐之至北山殲賊甚衆斬喇印於水泉國棟走肅州師從之五月至肅州伏壕外伺賊出牧擒斬不使得入十二月勇與馬寧督兵樹雲梯登城遂復肅州誅國棟超授甘肅總兵十年敘功授三等阿達哈哈番大學士洪承疇視師湖廣勇請自効詔獎其忠勤召詣京師承疇亦薦勇智勇兼備所部兵精馬足請移授經略右標總兵上許之勇入對賜冠服甲冑弓矢加右都督勇移家京師乞賜宅子雲翥以廕授陝西衛指揮乞改隸京衛並得旨俞允勇將行命內大臣索尼等傳諭曰當今良將如勇者甚少軍務不可懸度當相機而行勿負才輕敵至軍佐承疇屢破敵十五年從徇貴州明將羅大順焚新添衛勇率兵馳戰大順走十萬谿勇與一魁等破其壘復從信郡王多尼下雲南次盤江明兵焚鐵索橋勇夜督兵造梁黎明全軍皆得度破明將白文選於七星關十六年加左都督十七年命移鎮臨沅廣西諸處十八年遷雲南提督康熙二年以勇久鎮甘肅威名素著屬番讋服命還鎮甘肅三年加太子太保西喇塔拉饒水草號大草灘厄魯特蒙古乞駐牧於此勇以其地當要隘不容逼處自往諭之事遂寢因請築城其地曰永固旁建八寨相聯屬為聲勢四年蒙古徙牧近邊請增西寧兵四千五百二十部議下總督覆覈上特命允之十二年吳三桂反四川總兵吳之龍叛應之十三年三桂使招勇勇執其使以聞陝西提督王輔臣亦叛勇督兵防禦十四年巡撫華善疏言輔臣遙應三桂西番土回乘隙並起河西危甚得免淪陷皆勇之力請救許勇便宜命授靖逆將軍仍領提督總兵以下聽指揮輔臣招勇勇斬其使上嘉之封靖逆侯勇遣西寧總兵王進寶率師攻蘭州輔臣將潘瑀攻洮州曾文耀攻河州番部乘隙肆掠勇率兵攻河州文耀敗走別遣土官楊朝樑攻洮州自督兵繼其後瑀亦敗走上嘉勇謀略以其次子雲翼為太僕寺卿勇進攻鞏昌輔臣將任國治等潛師入城與城兵共出戰勇與副將劉宣聖等奮擊截其歸路斬馘過半獲四百七十三人時輔臣據平涼貝勒洞鄂督兵圍攻久不下上命勇率師會之勇疏言鞏昌要地兵力難分下廷臣議令勇固守鞏昌吳三桂遣其將吳之茂自四川北犯為輔臣聲援屯西和勇與振武將軍佛尼埒及進寶等禦之三戰皆勝寧夏兵變戕提督陳福勇還駐鞏昌疏薦天津總兵趙良棟才勇命即授寧夏提督十五年敘復洮河二州功加少保兼太子太保吳之茂屯樂門分兵攻陷通渭勇督兵道伏羌赴援至十八盤坡與之龍兵遇張兩翼衝擊之龍兵潰乘勝復通渭進攻樂門之龍據險列十一寨勇度地令橫營山梁營甫立賊齊出勇令兵持草一束與都統赫葉分擊南北山梁賊亦南北應戰火器發賊敗走入寨兵投草塡壍直進殺賊千餘之龍收餘衆復戰勇勒兵衝擊之龍大敗勇與佛尼勒進寶等盡平賊寨之龍夜走追敗之牡丹園又敗之西和北山之龍僅以數騎遁大學士圖海出視師輔臣降勇遣兵收平涼慶陽鞏昌諸屬縣詔褒勇功進一等侯加少傅兼太子太師十七年準噶爾台吉噶爾丹兵入河套厄魯特部為所敗假道赴青海闌入內地勇驅令出塞二十一年入覲二十二年以老病乞休諭留之二十三年聞青海蒙古游牧近邊城率兵赴丹山防禦至甘州病篤上聞遣醫並其子雲翼馳驛往視尋卒贈少師仍兼太子太師賜祭葬謚襄壯勇身經數百戰克府五州縣五十右足中流矢傷骨不能履常以肩輿督戰臨敵若無事而智計橫出每以寡勝衆居恒恂恂退讓賓禮賢士用人盡其材其所甄拔往往起卒伍為大將良棟進寶尤其著者也子雲翼襲爵官至江南提督卒謚恪定雍正間祀勇賢良祠乾隆三十三年命以一等侯世襲罔替四十七年詔褒勇良棟進寶勳績尤稱勇有古名將風時勇四世孫承勳襲爵以散秩大臣曠班降三等侍衛命復還散秩大臣

趙良棟字擎宇甘肅寧夏人先世居榆林順治二年師定陝西良棟應募隸總督孟喬芳標下檄署潼關守備從征秦州鞏昌擊敗叛將賀珍武大定授寧夏水利屯田都司五年討河西回禽丁國棟良棟在行間擢高臺游擊十三年以經略洪承疇薦從征雲貴授督標中軍副將康熙元年擢雲南廣羅總兵先後剿平馬乃隴納水西諸苗四年移鎮貴州平遠遭父喪吳三桂以水西未大定留勿遣良棟辭忤三桂同官為排解乃得歸終制八年起山西大同總兵十一年移鎮直隸天津十二年三桂反十三年寧夏兵變戕提督陳福甘肅提督張勇薦良棟擢寧夏提督入覲奏寧夏亂兵宜誅首惡宥脅從上頷之良棟請留孥京師賜宅以居簡精兵百疾馳赴鎮宣上諭撫慰察知倡亂者把總劉德而參將熊虎與其謀戕福者營兵閻國賢陳進忠乃分兵使出防散其黨羽逮虎等正其罪請旨斬之是時大將軍圖海督師平涼討王輔臣良棟及平涼提督王進寶並聽指揮分兵定秦州西和禮縣十八年良棟疏言寧夏兵脅習驕縱臣三年訓練漸遵紀律並嚴禁侵尅額餉衆志思奮臣年漸老不乘時努力慮負上恩今湖南既定宜取漢中興安規四川臣願精選所部步騎五千獨當一路上覽奏嘉許下圖海議先破棧道益門鎮諸處賊壘分四道進取而涼州提督孫思克疏請緩師得旨切責乃以十月定師期良棟將所部出徽縣師進破密樹關遣兵襲黃渚關分敵勢大戰破三桂兵克徽縣思克出略陽方次階州良棟師自徽縣進克略陽三桂將吳之茂敗走良棟復進取陽平關徇沔縣進寶出鳳縣定漢中良棟與會師寧羌各奏捷授良棟勇略將軍仍領寧夏提督十九年良棟與進寶分道進次白水壩三桂兵夾江而陳江水方漲不得舟賊矢石如雨良棟令於衆曰視我鞭所向敢退者斬一軍皆奮呼良棟擐甲驟馬亂流而渡師從之敵發砲傷數十人無回顧者三桂兵錯愕奔潰逐之過青川敗之石夾溝再敗之青箐山下龍安府渡明月江經緜竹三桂兵盡潰所置巡撫張文德及其將汪文元等皆降遂復成都蓋出師甫十日上奬良棟功擢雲貴總督加兵部尚書仍領將軍良棟念寧夏當有代者鎮兵且不能從征疏辭總督上弗許部議寧夏改設總兵上即授良棟子廕生宏燦仍將鎮兵從征時進寶亦克保寧與建威將軍吳丹等徇順慶重慶遵義皆下良棟分遣游擊治國用等西徇雅州復象嶺建昌諸衛東略敘州定納溪永寧諸縣疏請敕陝西四川督撫諸臣合籌運餉濟軍師自四川分道一自保寧出永寧達霑益一自成都出建昌達武定並下雲南上韙其言諭諸將帥協謀定策尋議吳丹出永寧良棟出建昌吳世璠遣其將胡國柱夏國相等攻陷永寧犯瀘州敘州復聚窺建昌良棟檄總兵朱衣客將八千人援建昌朱衣客戰不勝退駐雅州建昌守兵食盡棄城走良棟劾吳丹擁兵不進致永寧陷賊並及朱衣客引退狀詔解吳丹將軍以授佛尼埒逮朱衣客下刑部二十年良棟率師次朝天關遣宏燦出馬湖繞賊兵後戰鳳凰村再戰觀音崖賊據崖宏燦督兵擊崖襲其

後賊三百俘八十餘令總兵李芳述偏圖等遂至黃茅岡賊分三道拒戰宏燦分兵應之自旦至暮大破賊斬其將沈明張文祥國柱等遁走復瀘州敘州遂克永寧徇榮經良棟與會師夾江克雅州進復建昌渡金沙江次武定大將軍貝子彰泰統湖廣廣西諸路滿漢兵四十萬下雲南攻會城屯城東歸化寺西互碧雞關連營四十里前臨昆明湖湖中不設兵世璠收餘衆固守自水道轉餉相持數月未下九月良棟至軍周視營壘請於彰泰曰我師不速戰相持日久糧不繼何以自存彰泰曰皇上豢養滿洲兵豈可輕進委之於敵且爾兵初來亦宜體養何可令其傷損良棟不從率所部夜攻南壩破壘奪橋遂薄城彰泰語良棟爾兵攻已瘁宜暫退令總督蔡毓榮代守良棟曰我兵死戰所得地奈何令他人守乎於是彰泰令諸軍悉進世璠兵出城戰於桂花寺諸軍皆奮門世璠兵大敗乃自殺餘衆以城降雲南平自三桂鎮雲南至世璠覆亡歷年久子女玉帛充積饒富城破諸將爭取之獨良棟無所取戢所部兵絲毫毋敢犯朱衣客就逮具疏辨謂良棟與兵少又無後應是以退還進寶亦疏詆建昌之陷罪在良棟良棟復劾朱衣客欺飾狡辨且謂辨疏出進寶上以軍事急命俟事平察議雲南既定召良棟詣京師進寶亦入覲諭曰當賊據漢中負固諸將咸謂恢復爲難獨良棟首發議進剿與進寶同取漢中嗣因意見不相合遂分道克成都而進寶亦取保寧成都不下保寧未易拔保寧不下成都未易守是二將並有功也時賊皆入川抗戰我師乘虛自沅州鎮遠取貴陽川中寇復張已復之疆土幾至再陷則二將不能和衷之所致也二將不諳大體私忿攻訐朕念其功績並茂惟欲保全互訐章奏皆置不問但論失援建昌罪部議朱衣客論斬吳丹奪官籍沒良棟奪官上命朱衣客免死爲奴吳丹奪官良棟改授鑾儀使二十二年良棟疏陳戰功請察議下王大臣等議良棟失建昌以功抵罪止敘從征將士宏燦芳述偏圖並加左都督良棟尋乞病歸二十五年上念良棟克雲南廉潔守法紀復將軍總督原銜二十七年入覲復自陳戰功上命還里牒部具奏二十八年授拜他喇布勒哈番三十年噶爾丹擾邊命西安將軍尼雅翰等出防寧夏以軍事諮良棟三十二年以寧夏總兵馮德昌赴甘州命良棟暫領鎮兵良棟劾德昌尅軍糧德昌坐罷三十三年命良棟率兵駐土喇禦噶爾丹旋召詣京師三十四年良棟復自陳戰功爲大將軍圖海彰泰所抑並咨大學士明珠蔽功上責其褊隘還其疏仍敕部優敘授一等精奇尼哈番良棟願留京師乞田宅御史龔翔麟劾良棟驕縱上原之賚白金二千令歸里三十六年良棟病尚書馬齊自寧夏還奏狀手詔存問賜人葠鹿尾尋卒年七十有七上方征噶爾丹次榆林諭曰良棟偉男子著有功績性躁心窄每與人不合奏事朕前言語籠率朕保全功臣始終優容之所請無不允今病卒宜爲其妻子區處使得安生至寧夏命皇長子允禔臨其喪賜祭葬謚襄忠五十九年上諭羣臣猶舉良棟至雲南與彰泰議軍事謂決於進戰乃得成功乾隆四十七年進一等伯世襲罔替子宏燦初以廕生特授寧夏總兵歷川北正定黃巖南贛諸鎮三十八年授浙江提督調廣東四十五年授兩廣總督五十五年入覲辭還奏言久處炎海年事就衰請移近地自効尋授兵部尚書五十六年詣京師至武昌道卒謚敏恪宏燮初授完縣知縣再遷天津道良棟卒襲一等精奇尼哈番復授天津道三遷河南巡撫調直隸五十四年諭獎宏燮撫直隸十年任事勤勞旗民輯睦盜案希少加總督銜六十一年卒謚肅敏宏燮在官虧庫帑特命宏燦子之垣以郎中署直隸巡撫責完補世宗即位以之垣庸劣令解任尋命免追虧項詔謂念良棟舊勳也

王進寶字顯吾甘肅靖遠人精騎射順治初從孟喬芳討定河西回授守備隸甘肅總兵張勇標下順治十一年勇調經略右標總兵南征進寶從徇湖南十五年下貴州師次十萬谿懸崖千仭明將李定國遣其將羅大順扼險屯守進寶率衆攀崖直上搗其巢大順奔潰以功遷經略右標中營游擊康熙二年勇還爲甘肅提督進寶亦改授提標左營游擊隨軍有功遷參將厄魯特蒙古欲得大草灘駐牧勇用進寶議持不可既城永固以進寶爲副將駐其地十二年擢西寧總兵王輔臣攻陷蘭州勇遣進寶率師討之次黃河夜以革囊結筏自蔡灣渡破賊臯蘭龍尾山獲輔臣將李廷玉遂東拔安定復金縣西攻臨洮會大雪詗賊不誡備襲破之輔臣使持吳三桂劄招進寶進寶以聞加左都督四月進攻蘭州輔臣遣兵開壁出戰進寶督兵奮擊自旦至日中禽斬過半賊敗入壁爲長圍困之斷其糧餉六月輔臣兵造筏黃河謀潛遁進寶緣河要之賊計蹙其將趙士昇出降其秋三桂遣其將王屏藩吳之茂自四川入陝西爲輔臣聲援之茂據西和鳳凰山進寶督兵討之初合我師敗績夜之茂兵來襲進寶以計環攻之蹙之慕家山大潰多墜崖死十五年擢陝西提督仍兼領西寧總兵駐秦州之茂進據北山斷臨洮鞏昌道進寶與將軍佛尼埒分兵赴援擊敗之獲其將徐大仁戰羅家堡再戰鹽關屢勝之茂集潰兵萬餘屯鐵葉硤紅山堡築壘護以密樁潛出運芻糧進寶遣兵破賊牡丹園獲糧械大將軍圖海進攻平涼輔臣引四川叛將譚宏犯通渭進寶引數十騎入自東峽口聞將軍赫葉戰敗寇方張令諸軍伐木曳以行塵大起寇駴走追殺數十里分兵進攻復靜寧於是平涼遂下六月師次樂門甫立營之茂兵來攻進寶督兵環擊殲其裨將數輩復與佛尼埒合兵戰屢勝之茂僅以十餘騎潰走平原固原悉定論功授二等阿思哈尼哈番上褒進寶忠義進一等授奮威將軍仍兼提督平涼諸軍事十七年復慶陽斬其將袁本秀十八年圖海議取漢中圖海與總兵費雅達自棧道先驅進寶疏乞令長子用予隨征上授以副將師進次寶雞進寶遣用予擊賊紅花鋪大敗之克鳳兩當二縣復進次武關令用予將偏師繞出關後進寶督兵夜斬關入獲其將羅朝興等復進奪雞頭關直趨漢中屏藩率其衆自靑石關走廣元進寶遣兵追擊其將楊永祚孫啓耀來降遂盡復漢中地時趙良棟亦克略陽命分道定四川將軍吳丹鄂克濟哈率滿洲兵繼進進寶自靑石關進次神宣驛督兵奪朝天關疾馳進拔廣元屏藩走保寧十九年分兵趨保寧距城二十里當孔道立營屏藩以二萬人出戰進寶督兵奮擊大破之追至錦屏山連拔賊壘奪浮橋薄城守兵貫弓注矢進寶披襟示之曰何不射我守兵皆驚愕用予斬門入進寶戢諸軍毋驚井里皆曰此仁義將軍也屏藩與其將陳君極縊焉獲之茂與其將張起龍郭天春等十七人誅之分部諸將及次子用實復昭化劍州蒼溪蓬州廣安合州西充岳池諸州縣悉定時良棟已克成都授雲貴總督移軍下雲南詔進寶留鎮四川駐保寧擢用予松潘總兵進寶疏稱疾乞休命還固原就醫即令用予護諸軍駐保寧尋改用予固原總兵良棟檄川陝諸軍從征進寶疏言所屬諸軍宜留鎮守請停撥遣從之三桂將胡國柱夏國相等自貴州入四川譚宏旣降復叛陷建昌良棟疏劾進寶進寶言方臥疾固原建昌之陷罪在良棟詔趣進寶還保寧護諸軍敘功進三等精奇尼哈番用予加左都督授拖沙喇哈番二十一年三桂將馬寶犯敘州用予擊卻之並復納溪江安仁懷合江諸縣降其將何德成等寶宣還雲南上命用予率所部駐永寧二十一年雲南平進寶入覲良棟亦詣京師命王大臣發還互劾章奏並宣諭二臣功績並茂欲矜全保護之私忿攻訐不諳大體皆置不問語互詳良棟傳賚服物還鎮二十三年疾甚乞休時用予已調太原總兵命偕太醫馳驛視疾尋移甘肅總兵俾便奉侍二十四年進寶卒贈太子太保賜祭葬謚忠勇用予襲爵進二等尋卒乾隆三十三年命世襲罔替四十七年進一等用實授侍衛進寶所部多材武王萬祥尤著萬祥字瑞宇會寧人幼喪父母依其戚郭氏從其姓進寶官游擊萬祥應募入伍屢當軍鋒積功至副將攻蘭州萬祥請先取臨洮進寶率兵以夜至城下萬祥見城有缺令裨將閻潤先登縋萬祥上數十人從守者驚覺發矢石萬祥語衆曰今欲退無路惟有猛進手刃數人衆繼上遂克臨洮寧夏兵變軍中流言洶洶萬祥告進寶翼日陽引兵退而置伏以待敵來追伏起敵大敗俄至者益衆萬祥中矢手拔戰益奮左輔又創仍力戰敵乃潰奔克通渭進寶憤輔臣通賊將悉按誅之萬祥諫而止攻漢中將二千四百人斷敵餉道敵棄寨屯八角原復攻之下土寇起擊斬其渠拔鳳縣分兵取兩當雪夜進攻武關禽其將劉哈性戰閬王碥用予陷圍中萬祥馳援傷右股還固原療治進寶爲疏請復姓授定海總兵調興化臺灣定復調臺灣擢福建陸路提督卒贈太子少保謚壯敏

孫思克字藎臣漢軍正白旗人父得功以明游擊降太祖有功附金玉和傳思克其次子也初授王府護衛順治八年管牛彔額眞並授刑部理事官十一年遷甲喇額眞從軍自湖南下貴州雲南轉戰有功康熙二年擢甘肅總兵駐涼州五年厄魯特蒙古徙牧大草灘慰遣之不受命戰於定羌廟敗去揚言將分道入邊爲寇思克與提督張勇疏請用兵廷議不可輕啓兵釁令嚴防邊境撫恤番人思克乃偕勇修築邊牆首扁都口西水關至嘉峪關止於是厄魯特蒙古入邊牧者皆從走思克偏視南山諸險隘分兵固禦乃益敕軍紀簡將才汰冗卒嚴餽糈剔蠹蝕戢兵安民疆圉敉寧總督盧崇峻以聞加右都督十三年提督王輔臣以平涼叛應吳三桂臨洮鞏昌皆附蘭州亦陷總督哈占檄思克赴援思克率師道阿壩紅水蘆塘至索橋結筏渡河克靖遠附近諸城堡悉下厄魯特墨爾根台吉乘隙毀隘入爲寇副將陳達沒思克乃留參將劉選勝等守靖遠率師還涼州墨爾根台吉引去高臺黃番復入邊爲寇攻圍暖泉順德諸堡思克率師赴甘州黃番亦遠遁乃復渡河而東與勇會師疏言所部兵自草地往來勞苦乞恩加犒賞上特許之思克會勇闖鞏昌時大將軍貝勒洞鄂攻秦州未下三桂遣兵自四川至營南山上勢方張檄思克率二千人自鞏昌赴援壁州西與相持輔臣將陳萬策等詣思克降巴三綱遁走遂克秦州南山寇潰竄思克與將軍佛尼埒等追擊敗之閬關復禮縣敗之西和奪門入斬

所遣吏淸水伏羌諸縣皆下復還軍鞏昌遣萬策等入城諭輔臣將陳可等以鞏昌十七州縣降河東悉定乃會攻平涼思克率師出靜寧擊敗輔臣將李國樑斬級五百獲裨將三復其城進次華亭輔臣將高鼎率裨將二十八兵千餘迎降遂至平涼與貝勒洞鄂師會城兵出戰思克徒步督所部當賊戰南山戰城北八戰輒勝又爲九覆敗賊南郭外賊阻我軍掘壕思克揮兵急擊賊退復過者三皆敗去攻涇州白起寨揮兵先登克寨獲輔臣將李茂又敗之甲子峪敗之馬營子麻布嶺洞鄂上其功十五年圖海代洞鄂督師至城北虎山墩度形勢並偵通固原道賊伏兵萬餘猝起思克急擊之逐北十餘里被巨創輔臣乞降思克還涼州詔褒思克功擢涼州提督授世職一等阿達哈哈番思克疏謝因言虎山墩之戰賊斫臣右臂傷筋骨今已成殘疾乞解任回旗溫旨慰留十六年敍功進三等阿思哈尼哈番噶爾丹爲亂諸蒙古徙入邊擾民思克與勇遣兵驅之乃去十八年上敕圖海合諸軍下四川定四道進兵思克與將軍畢力克圖出略陽會京師地震詔內外大臣陳所見思克疏言漢中興安山嶺紆險賊劃斷要隘師未能直入綠旗兵不盡強壯馬又多羸瘦滿洲兵亦無多若各路調取又恐地偪番夷秋高馬肥乘機思逞秦地多山土不生秔稻採買麥豆用民負載馱運餽餉維艱諸軍聞京師地震傾壞房屋壓斃人口各有內顧憂不若今秋暫緩出師選強壯飼戰馬俟來春再議進兵上命學士拉隆禮至涼州宣諭詰責思克引罪與畢力克圖率師攻階州進克文成洵諸縣上命思克還涼州疏以總督哈占奏移駐莊浪二十年慶陽民耿飛糾番酋達爾嘉濟農等爲亂犯河州思克與勇遣兵討平之二十二年追論請緩師罪罷提督奪世職仍留總兵二十三年復授甘肅提督二十九年學士達瑚郎中桑格使西域歸至嘉峪關外爲西海阿奇羅卜藏所刼思克遣游擊朱應祥誘質其宰桑達瑚等乃得返又遣副將潘育龍游擊韓成率師討之斬四百餘級阿奇羅卜藏敗走復使詰責西海諸台吉諸台吉懼籍阿奇羅卜藏家償所掠思克疏請免竆治上嘉思克籌畫合宜如其請三十年疏言噶爾丹巢穴距邊三十餘程其從子策妄阿喇布坦在西套住牧雖叔姪爲讐慮其復合侵掠西海道必經嘉峪關外今設副將威望未尊兵不盈千不足資控禦請設總兵一兵三千以固邊圉甘肅地瘠民貧布種收穫與腹地迥別縱遇豐年輸將國賦僅贍八口並無蓋藏兵馬糧料不敷供支宜於河西要地屯積糧草本地無糧可買輓運又恐勞民請開事例捐納加級紀錄職監俟邊儲稍充即行停止三十一年加太子少保予世職拜他喇布勒哈番疏乞休復慰留加振武將軍三十二年噶爾丹爲亂命內大臣郎岱率禁旅出駐寧夏以思克爲參贊三十五年上親征大將軍費揚古當西路思克率師出寧夏與會於翁金上駐蹕克魯倫河噶爾丹遁去費揚古督兵邀擊戰於昭莫多思克將綠旗兵居中與諸軍并力奮戰大破之逐北三十餘里噶爾丹引數騎走詔褒諭召詣京師命侍衞迎勞御製詩書箑以賜入對暢春園賜紱懷堂額及端罩四團龍補服孔雀翎衣冠鞍馬並賚從入京師官兵糧料命駐肅州詗噶爾丹蹤跡三十七年敍功加拖沙喇哈番三十九年以病乞休遣醫往視仍命留任養痾尋卒贈太子太保賜祭葬諡襄武喪還京師命皇長子允禔臨奠思克鎭邊久威惠孚洽喪還自甘州至潼關凡道所經軍民號泣相送上聞狀歎曰使思克平昔居官不善何以得此進世職一等阿思哈尼哈番兼拖沙喇哈番乾隆四年定封一等男三十二年命世襲罔替曾孫慶成自有傳馬進良甘肅西寧人初入伍隸思克軍從攻平涼輔臣拒戰賊斫思克手進良鬭之曰斫我總兵手我必殺之乃入賊陣逐斫思克手者殺之身被數創敍功累遷游擊思克請補中軍參將格部議上特允之復再遷授古北口總兵上征噶爾丹命將千五百人從擢直隸提督諭獎飭營伍訓練嚴明中軍參將缺上特授其子龍壽以老乞休卒賜祭葬諡襄毅

論曰世稱河西四將以勇爲冠忠勇篤誠識拔裨佐同時至專閫奉指揮維謹高宗許爲古名將允哉良棟進寶轉戰定四川進寶實首功乃抗爽多所忤聖祖力全之始以功名終進寶亦與良棟齟齬不令並下雲南快快稱疾命其子代將思克請緩師雖不得與良棟進寶同功仍俾坐鎭皆聖祖馭將之略也思克戰功微不逮而惓惓愛民可謂知本矣

清史稿

列傳四十三

蔡毓榮 哈占 杭愛 郭壽

董衞國 佟國正 周有德 張德地

伊闢 王繼文

蔡毓榮字仁庵漢軍正白旗人父士英初籍錦州從祖大壽來降授世職甲喇章京從轉戰有功順治間累遷至右副都御史出爲江西巡撫疏陳兵後荒蕪請除荒田賦額十萬八千五百四十頃有奇又以瑞袁二府科糧偏重疏請蠲瑞屬浮糧九萬九千餘石定袁屬賦額自一斗六升七八合減至九升三合皆得請又疏論銅塘封禁山不宜開採咸爲民所頌尋改漕運總督加兵部尚書以疾告歸十三年卒諡襄敏毓榮其次子也初授佐領兼刑部郎中尋授御史兼參領遷秘書院學士康熙初授侍郎歷刑吏二部九年授四川湖廣總督駐荊州累疏言四川民少田荒請廣招開墾招民三百戶予議敍墾田五年起科四川衝要營員用沿邊例題補移駐官兵子弟得入籍應試並下部議行十二年吳三桂反毓榮遣沅州總兵崔世祿率兵入貴州彝陵總兵徐治都永州總兵李芝蘭繼進上命速遣提督桑額守沅州尋授順承郡王勒爾錦爲大將軍率八旗兵討三桂駐荊州諭毓榮督餉十三年分設四川總督命毓榮專督湖廣以招民墾荒功加兵部尚書三桂破沅州世祿降常德澧州長沙岳州相繼陷部議毓榮當奪官命留任尋居父喪命在任守制督綠旗兵進勦毓榮令副將胡士英等分防江口叛將楊來嘉據南漳屢出掠令襄陽總兵劉成龍禦之戰屢勝廣西提督馬雄降三桂騰書兩廣總督金光祖言毓榮將率綠營兵赴岳州降三桂光祖密使告毓榮毓榮以聞請解任命殫心供職毋以反間引嫌十四年勒爾錦請增綠旗兵援勦二營領以兩副將命毓榮統轄十七年毓榮督造戰艦成率綠旗兵五千從大將軍貝勒尙善進攻岳州與討逆將軍岳納等以舟八百餘入洞庭湖擊三桂兵大敗之發礮沈其舟殲寇甚衆遣將韓君山截土伐木塞諸港分兵屯三眼橋七里山絕寇轉糧道寇犯我糧艘夾擊復大敗之斬級千餘會三桂死其孫世璠以喪還師克岳州進定長沙衡州十八年疏言湖南境惟辰州尙爲三桂守楓木嶺神龍岡兩道皆險隘我師疲頓當小休俟糧草克繼會師進攻上命給事中摩羅郎中伊爾格圖傳諭曰賊敗遁負險宜用綠旗步兵毓榮所屬官兵強壯不難攻取險隘則除餘寇其具方略以聞毓榮疏請專責一人總統諸路綠旗兵水陸並進上卽授毓榮綏遠將軍賜敕總統綠旗兵總督董衞國周有德提督趙賴等並受節制十九年督兵分道出楓木嶺辰龍關水師並進克辰州再進克沅州並復瀘溪漵浦麻陽諸縣大將軍貝子彰泰與會師自沅州入貴州境彰泰疏言綠旗兵已與滿洲兵會若各自調遣慮未能合力奏功上命毓榮軍機關白大將軍尋與衞國督兵克鎭遠思南世璠將夏國相等以二萬人屯平遠西南山分兵據江西坡坡天險國相爲象陣我師迫險攻象陣不能克毓榮以紅旗督戰衆奔不可止師敗績越二日復戰鼓衆奮進國相棄險走遂克貴陽二十年從彰泰下雲南次曲靖會師進薄會城屯歸化寺奪重關及太平橋世璠將余從龍等出降詗知其虛實趙良棟師至趣進攻毓榮軍大東門世璠自殺城下雲南平毓榮還任湖廣總督二十一年調雲貴總督累疏區畫善後諸事一曰蠲荒賦雲南陷寇八載按畝加糧驅之鋒鏑地曠丁稀無徵地丁額賦應予蠲除招徠開墾二曰制土夷前此土目世職不過宣慰三桂濫加至將軍總兵初投誠權用僞銜給劄今當改給土職舊爲三桂奪職者察明予襲三曰靖逋逃三桂舊部奉裁征兵散失八旗僕從兎脫鼠竄宜厚自首賞重懲窩隱所獲逃人量從末減庶聞風自歸四曰理財源雲南賦稅不足供兵食地產五金令民開採官總其稅省會及祿豐蒙自大理設鑪鑄錢故明沐氏莊田及入官叛產均令變價以裕錢本田仍如例納賦兵幷餘丁墾荒起科編入里甲俾賦有餘而餉可節五曰酌安插逆屬嘗隨伍當遣發極邊若僅受僞銜並未助逆宜免遷徙六曰收軍仗私造軍器應坐謀叛論罪土司藏刀槍民以鉛硝硫黃貿易皆嚴禁七曰勸捐輸雲南民鮮蓋藏偶有災祲無從告糴請暫開捐監事例八曰弭野盜魯魁在萬山中初爲新嶍阿蒙土人所據嘯聚爲盜內通新平開化元江易門外接平里孟艮鎭元猛緬三桂授以僞職今雖改授土司仍宜厚集土練分駐隘口防侵軼爲患九曰敦實政兵後整理撫綏其要在墾荒蕪廣樹蓄裕積貯興教化嚴保甲通商賈崇節儉禁濫派恤無告止濫差州縣吏卽以此十事爲殿最十曰舉廢墜各府州縣學宮自三桂煽亂悉皆頹壞今宜倡率修復通省稅糧既有成額宜均本折定留運驛站酌加工食俾民間永無派累疏入廷臣議行別疏言督標舊額兵四千請增千爲五營吳三桂設十鎭今改爲六在迤西者曰鶴麗曰永順曰楚姚蒙景在迤東者曰開化曰臨元澂江曰曲尋武霑中甸舊轄麗江土府三桂割畀蒙番互市今互市已停蒙番所設喇嘛營官未撤宜令土知府木堯仍歸其地初師自貴州下雲南毓榮劾董衞國不聽調度上命俟事平再議二十二年部議衞國未嘗違誤且有復鎭遠功請免議上責毓榮妒功誣奏下部議削五級二十五年授總督倉場戶部侍郎改兵部領侍衞內大臣佟國維等疏言侍衞納爾泰自陳前使雲南毓榮令其子琳餽以銀九百內務府又發毓榮入雲南以三桂女孫爲妾並徇縱逆黨狀下刑部鞫實擬斬籍沒命免死與琳並戍黑龍江赦還三十八年卒

哈占伊爾根覺羅氏滿洲正藍旗人自官學生授鴻臚寺贊禮郎累遷兵部督捕理事官康熙八年授秘書院學士十一年擢兵部侍郎十二年授陝西總督甫到官吳三桂反四川提督鄭蛟麟總兵吳之茂等叛應之與三桂將王屏藩謀寇陝西上授都統赫業安西將軍會西安將軍瓦爾喀討之命哈占與巡撫杭愛督餉并敕與提督張勇王輔臣修邊備輯軍民十三年復命尚書莫洛經略陝西敕凡事諮哈占乃行哈占以漢中廣元山逕險峻疏請造船略陽速糧運尋又命貝勒董額爲定西大將軍護諸將出秦州徇四川寇封略陽糧艘上命四川總督周有德督川境轉餉哈占疏請令山西協助上以山西道遠多勞費發帑十五萬使在西安採運並諭宜稍增其直俾民樂輸送會輔臣叛莫洛遇害董額以餽不繼自漢中引還西安十四年詔哈占分兵防蘭州哈占疏言西安兵少不宜分遣上命雲貴總督鄂善率師駐興安漢中既又命守延安哈占迭奏請留西安不遣時輔臣據平涼同州游擊李師膺叛戕韓城知縣翟世琪脅神道嶺營卒合蒲城土寇陷延安固原道陳彭定邊副將朱龍皆以城叛輔臣分兵四出陷旁近諸州縣遂破蘭州巡撫華善走涼州遣將逐賊邠州淳化三水長武漢陰石泉甘泉寶雞諸處戰輒勝董額師克秦州總兵王進寶亦復蘭州定邊延安皆下上趣董額督兵合攻平涼哈占聞興安游擊王可成叛移潼關綠旗兵守商州移西安滿洲兵守潼關俄聞興安叛兵已破商州舊縣關逼西安疏請敕董額分兵赴援上責哈占曰輔臣初叛朕以蘭州近邊要地令哈占發兵鎮守哈占以西安兵少不遣蘭州遂陷又以延安居要衝命鄂善屯守哈占留之西安延安復陷哈占但知有西安重兵自衛貽誤非小別敕董額急攻平涼仍遣將軍吳丹率師自太原移駐潼關員外郎拉篤祜率榆林蒙古兵益西安十五年大學士圖海代董額爲大將軍圍平涼輔臣降哈占疏請安輯降衆設置官吏事皆下部議行十九年將軍趙良棟克成都王進寶克保寧郡縣以次底定哈占疏言軍餉自西安運保寧應令四川接運上以四川初定未能任轉餉命自略陽水道運敘州尋敕哈占率師赴保寧規復雲南哈占復疏請命四川督餉戶部侍郎趙璟金鼐疏言陝西轉餉入四川四川吏不之恤道遠民滋困尚書宋德宜言陝西四川宜以一總督董理庶兩省民勞逸得平乃改設川陝總督以命哈占哈占師次保寧時叛將譚宏彭時亨四出刦掠爲民害上命速剿定進攻雲南哈占遣總兵高孟擊時亨敗賊南溪羅石橋復營山渠二縣二十年鎮南將軍噶爾漢收忠萬開建始雲陽梁山諸州縣宏走死孟遂時亨亦復廣安達大竹東鄉諸州縣時亨勢蹙降敕哈占率師赴敘州會建昌永寧兩路兵進征哈占師發永寧追擊三桂將馬進寶入貴州次畢節進寶降復進次威寧大將軍貝子彰泰疏言雲南已合圍師足用兵多糧少宜令哈占還四川哈占復進次曲靖聞命引還尋以破時亨功加兵部尚書銜宏將牟一乾一舉詣遵義降分駐巴縣涪州哈占疏請移陝西慴者歸農强者入伍上從之二十二年授兵部尚書二十四年調禮部以疾乞休上疏自述在軍時積勞成病上以哈占未嘗立功斥其妄命仍殫力供職自贖二十五年卒杭愛章佳氏滿洲鑲白旗人父古爾嘉琿順治初爲國子監祭酒杭愛初授筆帖式累遷吏部郎中康熙十一年超授山西布政使諭曰朕知汝才能外省事重藩司職掌最要其克盡忠誠毋負簡任十二年擢陝西巡撫軍興命督餉十九年調四川叛將譚宏據萬縣爲亂命杭愛慰撫夔州諸路二十年建昌土司安泰寧謀亂敕與將軍王進寶招之來降哈占師進次永寧命杭愛督趣輸運自三桂亂四川悉陷民多流亡兵占耕民田不納賦杭愛疏請清釐又乞蠲羅森妄報墾荒升科田四百餘畝上特允之二十二年卒諡勤襄鄂善納喇氏滿洲鑲黃旗人初自侍衞授秘書院學士遷副都御史康熙九年授陝西巡撫十一年擢山西陝西總督尋改專督陝西十二年調雲南以哈占代三桂反詔鄂善留湖廣十三年改兼督雲貴命從師進征三桂陷湖南郡縣吏議鐫五級命留任王輔臣叛命與副都統穆舒渾率師自襄陽移守興安漢中十四年次西安哈占疏留助守上復命移守榆林延安哈占再疏留不遣及畢力克圖擊輔臣復延安鄂善乃遵上指移駐招撫流民分守棧道寇來犯擊之退授甘肅巡撫十七年坐失察布政使伊圖蝕帑清水知縣佟國佐苛斂部議當奪官命留任十八年以計典罷尋卒華善亦伊爾根覺羅氏滿洲鑲黃旗人初授筆帖式累遷刑部郎中順治十三年從大將軍伊爾德克舟山累進世職拜他喇布勒哈番兼拖沙喇哈番康熙初累遷宏文院學士九年授甘肅巡撫疏請免逃荒額賦西和禮縣大疫華善發帑治賑并以春耕期迫令市耕牛具籽種事竟乃疏聞部議以違例當責償上命寬之輔臣反攻蘭州游擊董正已叛應之布政使成額降寇華善與按察使伊圖走永昌疏請假提督張勇便宜討輔臣與勇及王進寶陳福孫思克分道進兵規復蘭州華善與勇督兵赴臨洮遣將收河洮二州復督兵攻鞏昌克之會進寶亦克蘭州論嘉勞十五年疏請免臨洮鞏昌二府逋賦尋卒於官

董衞國漢軍正白旗人初授佐領累官秘書院學士順治十八年擢江西巡撫康熙四年加工部尚書銜十三年改兵部尚書銜三桂反陷長沙衞國疏請發兵備袁州吉安上命副都統根特自兗州移兵赴援耿精忠亦反侵寧都廣昌南豐諸府縣饒州參將程鳳廣信參將柯昇叛應之搆土寇破都昌窺南康衞國密疏聞上命定南將軍希爾根會衞國勦禦精忠兵逼袁州山民棚居與相結謂之棚寇衞國請設袁臨總兵薦副將趙應奎有膽略堪任上從之南瑞總兵楊富謀叛衞國廉得實寘之法並殲其黨上嘉之尋改設江西總督以命衞國精忠兵及棚寇分犯新昌上高衞國遣諸將佟國棟趙登舉張射光赴援大破賊斬其渠左宗榜十四年與希爾根等招降泰和龍泉永新廬陵諸縣參贊桑額自上高克新昌被檄引去寇抵隙復入城並陷遣其徒遏廣信糧道衞國請督兵進勦大將軍簡親王喇布駐師南昌疏留之十五年遣諸將吳友明逐寇瑞州復上高新昌復遣援靖安諸將許盛楊以松克泰和定南十六年以土寇楊玉泰竊據宜黃樂安崇仁山谷中發兵討之崇仁寇蔡仕伯宜黃寇沈鳳祥等出降破賊於大嶺克樂安玉泰亦降湖南平江及銅鼓營寇起衞國留提督趙賴守樂安移兵入湖南簡親王檄發衞國標下兵悉赴樂安衞國疏聞且言省城駐滿洲兵不過二百處不足守禦乞賜罷斥上嚴旨詰簡親王並諭此後徵發當諮衞國衞國遣兵徇建昌定瀘溪自將出芳塘別遣諸將出黃岡口遂克銅鼓營平江乃定未幾精忠將韓大任侵甯都時簡親王出駐吉安衞國請與會師合勦上命綠營兵聽便宜調遣十七年巡撫佟國正遣將破大任精忠將郭應輔等分屯萬安泰和諸縣衞國督兵進擊斬四萬餘降者亦四萬六千有奇吳三桂犯永興薄吉安上命衞國守銅鼓營三桂既死其將據岳州長沙師圍之未下衞國請自銅鼓營督兵援勦上嘉許並授以方略未幾岳州長沙皆下十八年命會大將軍安親王岳樂謀進取遂合軍出衡州寶慶破賊紫陽河雙井鋪克武岡給事中李宗孔劾衞國爲總督不治事失民心廷議奪官上寬之十九年破鳴婆黃茅諸隘攻靖州與都統穆占會師逐吳世璠將吳應麟等克沅州進薄鎮遠力戰奪石港口抵大巖門世璠將張足法悉衆迎戰衞國親督兵奮擊大破之足法夜遁逐之至油閘關而還遂克鎮遠貴州既定大將軍貝子彰泰下雲南留衞國守貴陽二十年雲南平命還任二十一年調湖廣總督衞國初自湖南入貴州蔡毓榮以不聽調度論劾事下廷議上右衞國譴毓榮御史蔣伊又論衞國縱兵俘掠江西總督于成龍爲疏辨衞國朝京師瀕行諭曰爾在外二十餘年民情宜悉知前此方用兵不免擾民今天下承平當思休養興革利病務在實行朕知爾有勞毋畏人言勉圖後效月餘卒賜祭葬佟國正佟佳氏漢軍正黃旗人自拔貢生授江南無爲知州累遷安徽按察使十三年遷江西布政使衞國改總督白色純代爲巡撫十四年色純卒大將軍安親王岳樂奏國正得民心擢巡撫十五年命出駐贛州叛將嚴自明等偪南康國正遣許盛等赴援破賊庫鎮鋪破其壘十七逐北七十餘里自明等走南安又遣別將黃士標王割耳等犯信豐國正遣楊以松及諸將周球等分三道擊之士標等走南雄盛進克上猶球進克龍泉國正聞師定漳州遣球及諸將劉體君等出間道援勦十六年破賊五里排會昌瑞金崇義以次下韓大任自甯都敗竄萬安國正遣兵四出斷道并絕糧運令以松等追擊戰鷁鷲寨戰老虎洞屢敗之大任走汀州降江西平敘功累進兵部尚書銜十八年左副都御史楊雍建疏論國正溢任數載治蹟無聞京察循例自陳降二級調用四十七年卒於家

周有德字彝初漢軍鑲紅旗人順治二年自貢生授弘文院編修五年從英親王阿濟格討叛將姜瓖還遷侍讀康熙元年遷國史院侍讀學士尋擢弘文院學士二年授山東巡撫三年以獲逃人加工部侍郎銜迭疏請寬登萊青三府海禁俾居民得捕魚資生請以歷城明季藩府地視民田科賦請復孤貧口糧請以德州駐防兵舊給民地五百餘頃仍還之民駐防兵視陝西浙江例支月糧請蠲逋賦六十餘萬覈察出逃亡荒蕪虛增田額戶口凡四十萬有奇悉予免除四年濟南兗州東昌青州四府旱災請加賑恤登州萊州二府歉收請免本年額賦皆下部議行六年擢兩廣總督七年上遣都統特錦等會勘廣東沿海邊界設兵防汛俾民復業有德疏言界外民苦失業聞許仍歸舊地踴躍歡呼第海濱遼闊使待勘界既明始議安插倘需時日窮民迫不及待請令州縣官按遷戶版籍給還故業得旨允行是冬遭父喪平南王尚可喜疏言沿海兵民方賴經營安輯請命在任守制凡三年而事定九年疏請還京師治喪許之十年旱求言編修陳志紀疏言上憂勤惕厲而嘗爲督撫諸大臣方營第宅蓄倡優近在輦轂下不守法度何以責遠方大吏廉節上命指實覈疏舉耶廷佐

張長庚苗澄祖澤溥張朝璘許世昌并及有德下部嚴察有德坐居喪營造又於志紀覆疏未入時屬託毋及其名奪官追繳誥命吳三桂反十三年起授四川總督三桂將吳之茂彭時亨等犯廣元有德與副都統科爾寬分道擊敗之陳斬裨將徐應昌等上命經略尚書莫洛自陝西入四川救有德與巡撫張德地固守廣元諸路並督軍餉三桂將何德成等自昭化攻二郎關謀奪我師儲峙有德遣兵擊德成走還昭化復犯廣元有德與科爾寬等復擊敗之逐北三十餘里時亨屯七盤朝天諸關刦略陽糧艘廣元餉不給寇寧陽平將軍席卜臣屯蟠龍山爲所刦斷我師餉道上命有德固守陽平諸路王輔臣叛十四年上命大將軍貝勒董額討之以有德參贊軍務命督諸軍協擊董額克秦州有德乞還誥命吏部持非例上特許之十五年從大將軍大學士圖海攻平涼輔臣降圖海疏令有德還駐西安之茂等尚駐秦嶺十七年與副都統覺和託督兵擊之降其裨將王世祜等十八年調雲貴總督師克漢中上諭責有德德地等前駐廣元督餉遲誤致數年來逆賊逋誅兵民苦累今大兵前進督撫諸臣有誤餉運以軍法從事王大臣議師自湖廣進征雲貴綠旗兵當有統帥以湖廣總督蔡毓榮及有德名上上以命毓榮令有德受節制有德尋疾作留駐常德十九年卒張德地初名劉格漢軍鑲藍旗人初以通曉國書在戶部學習順治九年授宗人府主事累遷戶部督捕理事官康熙元年擢順天府尹二年授四川巡撫疏言四川自張獻忠亂後地曠人稀請招民承墾文武吏招民百戶墾田十頃以上予遷轉下部議行累加工部尚書銜十年武生劉瑄等訐德地主武鄉試得賄鬻武舉遣副都御史阿範等按治德地坐斬命免死奪官德地叩閽稱枉下部覆議以事無據復官十三年復授四川巡撫時亨犯廣元德地與有德督兵禦之十四年王輔臣叛命協守西安尋又命出駐延安廣元之役有德劾德地棄城走奪官二十二年卒

伊闢字盧源山東新城人順治五年舉鄉試第一十二年成進士改庶吉士十三年授御史十四年巡按山西捕長治亂民勒化龍窮治其黨與十六年還掌京畿道擢通政司參議累遷大理寺卿康熙十九年授雲南巡撫時吳世璠未平師自廣西貴州四川分道入闢督餉閱會城未下同知劉崑不屈於三桂爲所縶至是始脫出闢從諸策崑曰公用人寬降人予原職今安甯晉寧昆陽呈貢諸縣令悉降人昆池舟楫往來無禁豈有父兄被圍而子弟不爲轉輸者闢爲罷諸降人寇餉漸斷師久次慮餉不繼闢疏請貴州廣西二路協濟銀米上以二路道險山多轉運不便遣戶部郎中明額禮薩木哈詣軍酌議採買軍中或議取食民間布政使王繼文持不可曰見糧支三日昆陽宜良寇遺糧方具賫叱役運詣軍前兩廣隨軍餉銀十萬在曲靖當請於總督金光祖乞相假過三日餉不繼請正繼文軍法闢言於大將軍貝子彰泰用其議不三日銀粟皆至民以得安餉亦無闕闢疏言雲南地處天末當得重臣彈壓元鎮以親王明則黔國公任留守王師計日蕩平臣自鎮遠至雲南途次聞士民語僉謂大將軍貝子彰泰內大臣額駙華善所過不擾請特簡一人鎭守章下所司闢旋病作遣疏薦繼文自代卒賜祭葬繼文字在燕漢軍鑲黃旗人自官學生授弘文院編修遷兵部督捕副理事官順治十二年考選御史巡按陝西初受事即疏劾布政使黃紀興屯道白士麟貪汙不法奪官逮治十四年還京師都察院列上繼文在官劾文武吏四十餘督開荒田七千頃有奇招徠流移民五千八百餘察出虛冒錢糧七千七百有奇實心任事尤爲稱職遷戶部郎中十八年授江西饒九南道康熙三年調浙江甯紹台道六年缺裁十三年師討吳三桂命以候補道從左都御史多諾等如荊州督餉用繼文策度地建倉分餽東西二路軍及水師旋授雲南布政使從師進征二十年代闢爲巡撫佐將軍趙良棟攻克會城雲南遂定二十一年與總督蔡毓榮疏言會城東南舊有金汁河引盤龍江水入昆明池舊存壩閘涵洞積水溉田世璠毀爲壕塹令官吏捐資修治下部議捐銀百紀錄一次二十五年以憂歸二十八年復授巡撫疏言黑井鹽課三桂月增課銀二千兩請豁除屯田科賦十倍於民田重爲民累請分別改視民田起科三十年疏言土司奏銷遲誤例無處分請比照流官計俸罰米移貯附近常平倉備荒賑皆議行三十三年擢雲貴總督三十七年討平魯魁山寇釐定汛界駐兵防守又疏議收水西宣慰使地改屬大定平遠黔西三州流官管轄均如所請是歲冬朝京師以老病乞致仕尋命修理子牙河工賜御書榜曰煙霞耆舊四十年加兵部尚書銜四十二年卒賜祭葬子用霖官山東布政使

論曰毓榮統綠旗兵下雲南廉清不逮趙良棟戰績與相亞哈占鎭陝西衛國定江西有德略四川督餉治軍其於戡亂皆與有功雲南既下撫綏安集之績毓榮開之繼文成之自是西南遂底於平矣

清史稿　列傳四十四

趙國祚　許貞 周球

徐治都 胡世英　唐希順 李麟

趙應奎 趙賴　李芳述

陳世凱　許占魁

趙國祚漢軍鑲紅旗人父一鶴太祖時來歸天聰間授三等甲喇章京國祚其次子也初授牛彔額眞屯田義州從征黑龍江取前屯衛中後所順治初從征江南克揚州嘉興江陰皆有功世職自半箇前程累進二等阿達哈哈番歷官自甲喇額眞累遷鑲白旗漢軍固山額眞十三年加平南將軍駐師溫州十五年授浙江總督鄭成功犯溫州國祚督兵擊卻之得舟九十餘成功又犯甯波副都統夏景梅總兵常進功等督兵擊卻之奏捷上以成功自引退疏語鋪張飭毋蹈明末行間陋習罔上冒功成功旋大舉犯江甯督兵防禦事定部議國祚等玩寇當奪官詔改罰俸國祚督浙江四年頗盡心民事歲饑米值昂發帑平糶並移檄鄰省毋遏糴民以是德之十八年調山東復調山西康熙元年甄別各直省督撫國祚以功不掩過解任吳三桂反十三年起國祚江西提督駐九江三桂兵入江西境命移駐南昌耿精忠應三桂亦遣兵犯江西陷廣信建昌國祚與將軍希爾根哈爾哈齊督兵赴援精忠將易明自建昌以萬餘人迎戰師分道縱擊破賊逐北七十餘里克撫州明復以萬餘人來攻國祚與前鋒統領沙納哈署護軍統領瓦岱等奮擊破之斬四千餘級十四年大將軍安親王岳樂請以國祚隨征報可十五年師進攻長沙三桂兵來犯國祚擊之敗走尋命移駐茶陵十八年長沙下從安親王攻寶慶世璠將吳國貴據武岡國祚與建義將軍林興珠督兵力戰礮殪國貴克武岡國祚以創發乞休二十七年卒年八十賜祭葬諡敏壯子玥襲職自廣東駐防協領累遷至正紅旗漢軍都統

許貞字燕臣福建海澄人初爲鄭氏將康熙三年率所部至漳州降授左都督駐九江尋移贛縣以荒地畀降兵屯墾號屯墾都督十三年耿精忠反遣其將賈振魯曾若千犯贛州陷石城甯都廣信建昌諸山寇應之州縣多殘破貞選所部得健卒四百會游擊周球赴援敗賊於黃地斬級千餘獲甲幟砲械無算遂解甯都圍復石城未幾賊犯興國貞馳剿多斬獲進攻雩都瑞金戰天華山李芬江長樂里屢破賊克橋頭五仙白奇田產江頭上龍寶石諸寨降賊萬餘出難民三萬有奇巡撫白色純上其功詔嘉許加太子少保總督董衛國請增置撫建廣總兵駐建昌即以命貞貞督兵復宜黃崇仁樂安諸縣精忠使誘貞貞不發書械其使以聞予世職拖沙喇哈番時大將軍安親王岳樂駐建昌精忠遣其將耿繼善楊玉太李懋珠等分屯城外麻姑二聖諸山岳樂憂之貞曰賊雖多易與請先破一砦即夕馳攻蕭家坪破一砦岳樂乃督兵自吉安進攻長沙留滿洲兵五百俾貞守建昌貞所部僅二千賊詗守兵寡攻城分屯城東南從姑山貞自將銳卒攻之直上破壘賊引卻麻姑山最峻賊數萬人屯其上環山立寨貞休兵數月時就山麓操演賊易之不爲備十五年春水發溪澗皆可舟賊寨隔水爲浮橋相屬貞復引兵操山麓出不意督兵直上突賊壘別將舟載薪焚浮橋一日破六十餘砦斬其將揭重信等其衆殲焉繼善屯二聖山餘衆分屯沙坪紅門梓木嶺貞復休兵數月當暑督兵出攻肉薄陟崖大破賊繼善棄砦走入杉關師從之進克金谿南豐復進克廣昌攻瀘溪瀘溪在萬山中精忠將楊益茂林鎭等以四萬人守隘爲之柵貞督兵陟嶺援柵以上焚其壘遂克瀘溪懋珠寇南豐貞赴援擊賊楊梅嶺斬其將王大耀等進克新城十六年懋珠玉太走入樂安副都統尼滿提督趙賴與貞會師進攻貞出西路擊賊白石嶺復樂安玉太以六千人來降韓大任自吉安走入樂安貞督兵擊之遇於跌水嶺一日與八戰走甯都立木城都湖塹而守閱之兩月大任出走敗之永豐又敗之黃塘老虎峒衆死亡略盡走福建詣康親王軍前降十七年逐賊廣昌破籐弔楓樹二寨二寨地絕峻貞駐師永安山與相對發火器遙擊焚其寨乃破之敍功進世職拜他喇布勒哈番擢撫建廣饒吉南六府提督廣信土賊江機楊一豹以數萬人屯江濟山倚險立木城四出剽掠貞與總督董衛國分兵進攻迭克要隘賊退入雞公山猴子嶺復襲破之斬萬六千餘級一

豹走洪山十八年貞復督兵自弋陽雙港進攻屢挫賊斬一豹弟一虎及其衆二千四百有奇機一豹俱竄走命貞提督江西全省軍務十九年逐賊入江滸山貞詗賊謀夜刦營令築壘兵露刃立垣下別將伏林中賊至見垣內刃如林驚走伏發大破之一豹機亦走福建降二十一年自陳乞罷詔慰留尋調廣東提督朝京師上褒勞備至加拖沙喇哈番貞涖粵十四年造哨船設塘汛晝夜巡邏盜賊屛迹三十四年卒贈少傅賜祭葬貞和易謙抑不伐馭軍嚴整戒所部毋淫掠收城邑他將議攻山砦貞曰寇亂方烈民結寨自保非盡盜也止勿攻全活甚衆江西民甚德之周球字季珍江南來安人順治十二年武進士授廣州衛守備署南贛營都司管游擊事石城陷總兵劉進寶遣球赴援與貞合兵擊賊甯都民避亂紅石砦洞賊積薪洞口將舉火焚之球兵至賊走民以得全既克石城復與貞援興國球破南安土寇克崇義上猶境中諸寨除游擊復與游擊李天柱援會昌破賊十四年叛將陳昇引精忠將郭應輔等陷龍泉球與天柱破黃土關克龍泉逐賊昇自林中出誘戰伏起球督兵奮擊大破之攻九安口陟自險徑礮殪昇十五年贛州增城守兵球授參將管副將事被巡撫佟國正檄援信豐破黃士標王割耳等十六年援會昌戰五里排語詳國正傳敍功加都督僉事復從貞擊破韓大任大任既降球與游擊唐光耀督護降卒至福州復被大將軍簡親王喇布檄以二千人從征湖南守安仁援永興立營雞公山屢破賊加右都督十八年擢太原總兵進左都督調漢中再調眞定二十二年卒贈太子少保賜祭葬

徐治都漢軍正白旗人父大貴事太宗授牛彔額眞兼工部理事官師攻錦州戰松山杏山克塔山取中後所前屯衛皆在行間順治間從征太原自河南徇江南累遷刑部侍郎兼梅勒額眞駐防杭州領左翼徇福建攻海澄還定舟山累功授世職三等阿思哈尼哈番加太子少保卒諡勤果賜祭葬治都初授佐領兼參領康熙七年擢直隸天津總兵八年調湖廣彝陵吳三桂反十三年陷沅州治都率師赴援時四川文武吏附三桂叛將楊來嘉劉之復應之治都妻許聞鄰境兵民皆從逆權以治都令約束將弁撫慰士卒並脫簪珥勞軍會上命治都還守彝陵來嘉之復以舟師來攻治都督兵水陸防禦擊卻之來嘉據南漳分路出犯治都與襄陽總兵劉成龍會師合擊所斬殺過半敍功加左都督十五年來嘉復以舟師來攻治都循江堵截總兵廨瀕江寇舟逼廨妻許督兵與戰中礮死總督蔡毓榮提督桑額疏聞具述治都忠奮不顧家狀十八年擢提督以胡世英代爲總兵賊將王鳳岐據巫山上命治都戒備治都練水師修五板船百令世英領之而與成龍督兵出歸州興安巴東扼形勢相機進勦十九年師次巫山來嘉鳳岐以萬餘人拒守師奪隘賊突出治都揮刃力戰來嘉棄馬越山走擒鳳岐斬三千餘級克巫山進向夔州夔州賊將劉之衛瞿洪陞以城降叛將譚洪遣其子天祕族人地曾地升詣軍前請降繳敕印上命治都還守彝陵洪復叛陷瀘敍二州治都與鎭安將軍噶爾漢督兵泝江上分軍爲三隊擊賊進克下關城二十年進向雲陽屢敗賊時洪已死天祕走萬縣治都復進復梁山忠州敍功進四級二十七年湖廣督標裁兵夏逢龍作亂據武昌治都督兵赴剿至應城與賊遇力戰卻之遂駐師應城賊萬餘環攻治都分兵內外夾擊賊大潰奔德安逢龍乘北風聯巨艦二十順流下見治都水師嚴整不敢攻乃登龍川磯攻陸師治都督兵迎擊晝夜鏖戰斬殺殆盡逢龍合餘衆泊鯉魚潦治都令諸將鄭興楊明錦防賊登陸而自將水師循江發火器焚賊舟逢龍再攻陸師復戰卻之斬七百餘級餘多赴水死其將胡耀乾等以武昌降逢龍走黃州振武將軍瓦岱督八旗兵至黃岡諸生宜畏生擒逢龍以獻磔於市亂乃定捷聞賜孔雀翎予世職拖沙喇哈番治都師未還桃源土寇萬人傑爲亂治都妻孔督兵勦平之三十二年朝京師賚御用寇服三十三年詔嘉治都功用孫思克施琅例授鎭平將軍仍領提督事三十六年卒贈太子少保諡襄毅賜祭葬治都在湖廣十八年整飭軍紀民感其惠爲立祠以祀胡世英字汝迪安徽歙縣人初從福建總督李率泰軍累功至參將康熙元年遷湖廣督標中軍副將十二年擢副總兵守荊州吳三桂反總督蔡毓榮檄爲中軍十四年大將軍順承郡王勒爾錦自荊州渡江擊三桂世英以四百人爲前鋒師集團台賊援至衝我師斷爲二世英張左右翼略陳度師已畢濟乃分騎隊逆戰人持二炬賊驚不敢逼徐引還十六年常澧諸郡饑三桂將吳應麒屯岳州糶倉穀以爲利世英密令人市焉白勒爾錦乘賊饑督兵水陸並進世英爲前鋒櫂小舟直抵巴陵湖風而戰偪岸且近世英呼而登曰得城陵磯矣師畢登破賊壘十八年應麒走城民迎師入勒爾錦請設隨征四鎭世英授後路總兵尋調彝陵十九年從治都克巫山擒鳳岐進取重慶以病還彝陵未幾卒

唐希順甘肅武威人自行伍補涼州鎭標把總康熙十三年王輔臣叛希順從總兵孫思克進剿河東轉戰有功十五年從圍平涼破賊虎山墪希順奮勇爭先手足被傷敍功予參將銜管提標千總尋遷守備偕參將康調元攻復階州文縣十九年勇略將軍趙良棟征四川調希順從軍遷四川川北鎭標遊擊時吳世璠將胡國柱等踞關山大象嶺良棟軍由雅州進剿復滎經賊退入箐口驛分兵扼周公橋黃泥鋪諸隘結五營守險希順從總兵李芳述及調元等進攻土地橋連破其壘抵橋口選步兵千由間道穿山箐自山頂下攻會橋口兵夾擊賊潰遁乘夜追襲次日復敗賊於黎州克其城追至大渡河奪渡口三遂復建昌其冬從良棟自金沙江下雲南敗賊於玉皇閣三市街二十二年敍功予左都督銜累遷臺灣水師副將三十二年擢貴州威甯鎭總兵三十五年聖祖親征噶爾丹命希順隸西路進剿自貴州率親丁百騎抵甯夏大軍已出塞希順兼程進與孫思克軍會破噶爾丹於昭莫多敍功予世職拖沙喇哈番擢四川提督疏言川省幅員遼闊蠻苗雜處水陸交錯提標三營請視各省提標例營設兵八百川省額兵三萬六千臣請釐積弊兵額充足即於原額內酌量營汛緩急抽調提標兵雖他移餉仍其舊標下將備等官材技優長弓馬嫺熟又諳蜀中地利請如松潘疊溪等營保題事例擇員題補允之打箭鑪舊屬內地上以西藏番部嗜茶許西藏營官在打箭鑪管理土伯特貿易事三十九年營官喋巴昌側集烈爲亂侵據河東烏泥若泥嵐州菁慶擦道諸處狀明正長河西土司蛇蜡喳吧總督錫勒達奏請移化林營參將李麟督兵捕治賊復攻圍烹壩冷竹關希順檄各路兵赴化林密疏聞上命侍郎滿丕統荊州滿洲兵進勦並詔希順相機行事釐兵五千餘立營十四在磨西面及磨岡等處希順雪夜渡瀘水分兵三路進攻一自子牛攻哪吆頂一自烹壩攻大岡一自督兵出咱威攻磨西面及磨岡別遣兵自頭道水登山馳下夾攻戰五日各路俱捷殲蠻兵五千餘斬喋巴昌側集烈遂復打箭鑪喇嘛番民俱降尋抵木鴉番目錯王端柱等繳敕印歸附喇嘛番民萬二千餘戶捷聞詔嘉獎尋疏陳善後事並允行未幾以病乞休命解任調理四十七年卒予祭葬如制子際盛襲職入籍四川李麟陝西咸陽人自行伍從勇略將軍趙良棟下雲南敍功以都司僉書用康熙三十五年從振武將軍孫思克擊噶爾丹於昭莫多大敗之累遷四川化林營參將三十九年昌側集烈作亂麟奉檄移兵渡瀘招安咱威子牛烹壩魁梧四處尋提督唐希順令麟順瀘水至哦可出磨西面後夾攻磨岡麟軍夜迷失道比明反出磨西面前遂攻蠻營奪磨西面打箭鑪平希順追劾麟避險就易駐咱威致失烹壩又進兵迷道誤軍機詔總督錫勒達及滿丕等訊鞫以有功免治罪累擢登州總兵五十七年策妄阿喇布坦擾西藏命麟選精兵百自甯夏赴軍前五十九年詔都統延信爲平逆將軍率兵進藏以麟參贊軍務尋令護送第六世達賴喇嘛進藏至沙克河賊乘夜襲營擊敗之連敗賊於齊諾郭勒綽瑪喇等處西藏平麟率兵自拉里凱旋六十年授陝西固原提督雍正元年遷鑾儀使追敍平藏功加右都督予世職拖沙喇哈番以老致仕尋卒

趙應奎河南商邱人少入伍從恭順王孔有德征湖南廣西俱有功累遷至湖廣施南副將康熙十三年吳三桂陷長沙調應奎爲江西袁州副將袁州地逼長沙又有棚寇與三桂兵句連應奎以所部兵力弱斥貲增募幷家丁助戰擒斬賊渠朱益吾等尋自慈化進剿黃塘楚山上栗市屢敗賊總督董衞國請設袁臨鎭即以應奎爲總兵官三桂遣賊犯袁州應奎力守未幾其將朱君聘等以數萬人自萍鄉來犯應奎敗之西村斬萬五千餘級分兵趨萬載斬其將邱以祥等復其城三桂使誘降應奎令子衍慶呈部部議加應奎左都督衍慶署都司僉書尋降敕嘉其忠藎予世職拜他喇布勒哈番十四年遣游擊楊正元剿棚賊於分宜新喻擒斬甚衆盡燬其巢三桂將揭玉卿犯萬載遣游擊陳素綸等敗之斬級千餘又敗之於白良三桂將黃立卿復以三桂書誘降應奎令子衍祥呈部部議加應奎軍功一等衍祥授鴻臚寺少卿十五年遣游擊李顯宗等逐三桂兵至仙居橋沙溪湖塘皆敗之三桂兵復結瀏陽諸寇陷萬載應奎進勦賊截龍河渡口夾岸迎拒應奎督兵渡河先斬守口賊直入其壘賊大潰追斬無算復萬載詔嘉獎尋授三等阿達哈哈番十七年上以江西已定命應奎統本標官兵移鎭茶陵攸縣疏言自三桂反袁州密邇湖南臣率孤軍征剿上游幸獲安全但彼時兵力苦單漕運亦匱臣捐貲贍養親兵或自備馬匹或獎以虛銜嗣戶部侍郎溫岱奏見臣督親丁防禦蒙恩給臣所養健丁千人步戰兵餉令臣量爲設官管轄惟兵丁既叨餉糈而所設管轄官未議實授今臣移駐茶攸僅率標兵二千六百見奉征南將軍穆占定南將軍華善調往郴縣千四百人健丁一營隨臣左右仰冀天恩各予實銜開支實俸詔從之未幾賊犯永興敗之十八年從大將軍簡親王喇布復祁陽新甯大將軍安親王岳樂檄勦賊武岡州楓木嶺敗三桂將胡國柱等尋偕貴州提督趙賴攻克龍頭

山泡洞口瓦屋塘雲霧嶺五子坡諸寨三桂將馬寶敗遁追擊之復會同黔陽等縣未幾建義將軍馬承廕以柳州叛從簡親王率兵討之承廕降二十一年命以提督充廣西左江鎮總兵敍功進二等阿達哈哈番疏言臣昔任思南副將深知左江爲滇黔門戶接壤交南環以猺獞土司不時反覆鎮標額設四營共兵三千有餘多從逆歸命者習成驕悍臣標健丁一營半係親屬久經訓練請率赴新任以資鈐壓從之未幾以病累疏乞休詔輒慰留命銜祥馳驛歸省廳坐卒贈太子少保諡襄壯

趙賴漢軍正藍旗人父夢彩事太宗以監修福陵授世職二等阿達哈哈番賴襲職從謙郡王瓦克達征叛將姜瓖以功進一等幷兼拖沙喇哈番擢正藍旗漢軍副都統康熙十三年從大將軍順承郡王勒爾錦討吳三桂擢貴州提督統兵駐九江調江西韓大任陷吉安賴率兵擊敗之復調湖南從簡親王喇布剿賊衡山復衡州府迭克耒陽祁陽等縣敗三桂將吳國貴等復武岡十九年從大將軍貝子彰泰將軍蔡毓榮進攻貴州迭克賊寨敗馬寶於洪江復黔陽旋自沅州趨鎮遠復黎平銅仁思州思南等府偕將軍穆占敗三桂將高啟隆夏國相等復平遠府大軍進征雲南詔賴留鎮貴州擢正藍旗漢軍都統以老乞休三十一年卒

李芳述四川合州人初入伍隸貴州大定總兵劉之復標下勦水西土司安坤有功授千總康熙十三年吳三桂反之復從逆脅芳述往湖北擄彝陵巴東關隘芳述脫走留四川其妻子在大定越五年乃得取妻子至敍州吳世璠加芳述僞總兵令自巫山襲鄖襄芳述留重慶十九年勇略將軍趙良棟進取成都芳述遣人赴軍前呈檄僞劄率重慶瀘州敍州所屬州縣文武吏降良棟令芳述撫永寧即移軍駐守修繕城垣甫竣事世璠將毛友貴等以數萬人來犯芳述迎擊賊卻走尋以悍卒數千偪城夜樹雲梯攀堞芳述督兵鏖戰斃賊千餘斬友貴於陣世璠將胡國柱王邦圖等以顯武將軍印招芳述芳述封送良棟良棟以聞詔授隨征總兵未幾賊陷仁懷合江芳述移兵守敍州擒賊諜斬以徇賊來犯芳述壁城外貢武翠屏諸山賊不得逞潛退馬湖謀出木川犍爲襲成都芳述詗知之先率兵至犍爲扼其衝大破賊躡擊至新增黃茅岡斬殺過半降其將夏昇羅應甲等投被掠民二千有奇擢西寧總兵官仍從征雲南二十年良棟令爲前鋒自洪雅滎經二縣出大象嶺之左敗賊關山時國柱踞建昌聞關山大象嶺俱失棄建昌走雲南芳述渡金沙江會良棟軍取雲南尋得勝橋拔其東西二營遂克雲南三十一年遷貴州提督四十年雲南總督巴錫疏劾游擊高鑑語連芳述徇隱芳述亦疏訐巴錫上遣侍郎溫達往讞芳述應奪俸免之四十二年湖南鎮筸紅苗作亂芳述移兵會勦深入苗地平稿塘山及葫蘆天星諸寨疏言貴州苗民雜處控制尤在得人保題武職請以久任苗地熟悉風土者揀選題補詔允行四十五年詔獎芳述久鎮邊境嚴軍有法見今舊將罕與比倫特加太子少保授鎮遠將軍四十七年卒贈太子少傅諡壯敏賜祭葬

陳世凱字贊伯湖廣恩施人初附明桂王爲忠州副總兵順治十六年川陝總督李國英駐師重慶世凱來降授副將銜康熙十年李自成餘黨劉一虎等以數萬人犯巫山世凱擊卻之尋從國英進剿以功加總兵銜十一年授杭州副將十三年耿精忠反浙江總督李之芳駐師衢州令世凱援金華甫渡江閩寇犯龍游即遣兵馳擊通衢州餉道既至金華精忠將閻標自永康武義來犯世凱與副都統沃申禦之發砲擊賊既復與總兵李榮逐賊湯溪分兵出賊後而自當其前獲所置監軍道徐福龍等精忠將陳重自東陽葉鎮自浦江先後來犯與副都統瑪哈達石調聲督兵擊之敗走援義烏破精忠將周彪敍功授溫州總兵加都督僉事精忠將徐尙朝以數萬人逼金華世凱出城南十二里與戰寇甫集大呼陷陳寇潰奔逐北十餘里殺傷過半尙朝與精忠將馮公輔合得五萬人據積道山立木城石壘世凱乘大霧進兵破木城斬級萬餘尙朝敗走大將軍康親王傑書師進次金華令世凱及瑪哈達榮規處州十四年世凱復永康進攻縉雲擊破尙朝兵克之精忠將沙有祥守處州桃花嶺拒守世凱等師三道入奪嶺有祥走克處州尙朝來犯三戰破賊獲其裨將斬八百餘級移師徇松陽從貝子傅喇塔攻溫州十五年精忠將曾養性及叛將祖宏勳以四萬餘人拒我師世凱與提督段應舉奮擊獲其裨將詔傅喇塔進征福建世凱以所部從擊養性得勝山破其壘寇舟屯江山督兵擊之師行乃無阻復雲和泰順諸縣精忠降世凱還鎮溫州十六年加左都督予世職拖沙喇哈番屢招降鄭錦將陳彬劉天福等二十二年進拜他喇布勒哈番朝京師上獎其績諭稱兵愛民毋以功大生驕傲賜鞍馬裘服二十三年擢浙江提督上製箴訓十六條宣諭士民世凱請令將卒一體講讀並援引經史依類附注爲書三卷奏進頒行又奏春秋祭文廟宜令武職行禮下九卿議行二十八年復朝京師命還任以疾未行卒遣內大臣佟國維侍衞馬武奠茶酒賜祭葬諡襄敏子天培授都司累遷至浙江提督世凱勇敢善戰所向有功軍中呼爲陳鐵頭浙中諸將佐之芳戡亂者又有李榮王廷梅牟大寅鮑虎蔣懋勳榮字華庵廣甯人黃巖總兵廷梅順天人武進士自督標中營副將遷平陽總兵大寅湖廣人鎮海總兵虎字雲樓山西應州人初授南贛鎮標前營游擊擊李成棟有功累遷浙江嚴州城守副將從之芳禦精忠克壽昌破土寇黃應茂尋代榮爲黃巖總兵懋勳浙江臨海人溫州總兵諡襄僖

許占魁字文元陝西蒲城人流寓遼東順治初從豫親王多鐸定江南授陝西陽平關參將六年土寇趙榮貴擁明宗人森滏號秦王聚數萬人犯階州占魁從間道出碧魚口襲其後先與定西將軍李國翰臨鞏總兵王允久期夾擊大破之遷山西平陽副將土寇張武挾朱秀唐號魏王掠聞喜占魁與游擊苗成龍等分道搜剿戰紫家峪擒秀唐等斬級百餘累調直隸紫荊關副將康熙九年擢延綏總兵駐榆林十三年提督王輔臣副將朱龍俱叛應吳三桂占魁舉首龍所與逆書上嘉之下部議敍加都督同知延綏標兵多應調征四川龍等窺榆林防守單弱屢糾衆來犯占魁遣副將張國彥孫維統游擊謝鴻儒錢應龍等分道堵勦自督兵擊賊綏德賊踞城以拒發礮斃賊數百占魁慮賊襲榆林率維統等還守榆林令國彥守波羅堡龍誘波羅營千總劉尙勇等叛逼國彥劫奪敕印國彥閤門自焚死叛將孫崇雅戕神木道楊三知知縣孫世譽守備張光斗等遂踞神木勢張甚占魁遣子登隆詣闕告急詔授登隆鴻臚寺少卿趣將軍畢力克圖都統覺和托自大同移師赴援占魁遣維統應龍等從覺和托擊賊擒斬無算復魚河響水波羅諸堡進克神木畢力克圖復綏德延安擒崇雅尙勇等悉誅之國彥三知等並賜卹從征將弁敕議敍占魁疏言王輔臣嗾朱龍糾踞定邊遂陷綏德米脂葭州神木賊騎至歸德堡北距榆林僅二十里臣集闔城官民誓死守城嗣因臨洮鞏昌延安慶陽平涼漢中興安固原相率從逆榆林一城獨存餉道隔絕百姓日食糠粃臣斥貲購米計口授食及大兵既至道臣高光祉籌措糧需將士奮勇擊賊剋期奏凱危城得安皆由文武同心兵民合力其在城各官勞績祈敕部嚴議爲固守孤城者勸上俞之俱命優敍占魁進左都督予世職拜他喇布勒哈番尋以疾乞罷溫旨慰留十六年擢鑾儀使占魁復以病辭允馳驛回籍仍食俸卒贈太子少保賜祭葬視一品諡恪敏子登隆官至雲南臨安知府

論曰順治初漢兵降猶分隸漢軍其後撫定諸行省設提鎮置營汛於是有綠營以綠營當大敵建戡定之績自三藩之役始蔡毓榮趙良棟將綠營直下雲南諸行省以戰伐顯者如國祚瑋皆彰彰有名氏而治都芳述功尤著貞治屯壘奮起効績不煩餽餉蓋更有難能者腹心爪牙由此其選矣

清史稿　　列傳四十五

希福（孫滿 宏世 [illegible] 塔奇 彰 康 顏林納）
鄂克遜（弟奕綸 沙納哈）　偏圖
瑚里布（[illegible]）　額楚（[illegible]）
額斯泰（布舒庫 塔勒岱）　瓦岱（桑格 伊巴罕）
沃申（武穆篤）　瑚圖（瑪哈達）
傑殷（弟傑都）　瓦爾喀

希福他塔喇氏滿洲正紅旗人世居安楚拉庫路祖羅屯國初以八百戶來歸綰牛彔父哈爾阿官巴牙喇甲喇章京從征錦州松山入山海關逐李自成至慶都授牛彔章京世職希福初任二等侍衞襲世職遇恩詔進一等阿達哈哈番兼拖沙喇哈番累遷正黃旗蒙古副都統康熙十三年吳三桂反從大將軍順承郡王勒爾錦赴湖廣陝西提督王輔臣以寧羌叛分據平涼秦州命希福移師守興安漢中十四年大將軍貝勒洞鄂進攻秦州希福攻克東西二關十

五年調守隴州十六年遷前鋒統領十七年命赴湖南駐茶陵十八年攻衡州夜半薄城下奪門入賊燒營遁城復擢正紅旗滿洲都統時耿精忠將馬承廕以南寧降詔希福率所部赴廣西佐鎮南將軍莽依圖規雲南十九年承廕復叛戰陶登大敗之莽依圖卒於軍朝命賚塔爲征南大將軍希福將莽依圖所部以從至西隆破石門坎復安籠所攻黃草壩希福屢力戰既至曲靖復馬龍諸城遣傾塔等下嵩明州遂會大軍圍省城希福率前鋒衝擊賊大潰其黨馬寶胡國柱自蜀還救希福與珠滿桑額迎戰烏木山大破之寶奔姚安部卒潰尋降國柱奔雲龍州希福追至永昌截守潞江諸要隘國柱自度不能脫縊死其別將王緒李匡自焚死二十一年擢西安將軍部議追論希福從征長沙戰失利當奪官削世職上念希福戰功多命輕之二十七年調正紅旗蒙古都統二十九年噶爾丹寇邊上命裕親王福全出師討之以希福參贊軍務破賊烏蘭布通三十一年授建威將軍統師駐右衞三十三年噶爾丹內犯將侵根敦戴青詔希福亟赴圖拉備守禦希福疏調大同總兵康調元率三千人偕往並請發察哈爾兵上責其疑阻救還駐右衞部劾希福不收八旗送馬糜餉免官三十八年卒珠滿瓜爾佳氏隸滿洲正白旗先世居烏拉祖多和倫來歸次子額赫瑪瑚任侍衞攻鄭成功廈門陣沒贈拖沙喇哈番無子珠滿其兄子也襲世職署參領耿精忠叛使其黨犯南康珠滿從將軍尼雅翰擊敗之吉安既平又從莽依圖軍征廣東入韶州馬寶等來犯珠滿居右翼奮戰大破賊寶潰圍出進取廣西破吳世琮解南寧圍陶登之捷幷敗世璠將范齊韓詹仰等援兵從希福征雲南石門坎黃草壩諸役戰常陷堅圍省城斬世璠將胡國柄於烏木山師還晉拜他喇布勒哈番兼拖沙喇哈番累遷護軍參領三十六年出爲荆州副都統三十九年被命討川蠻駐守鴉隴江四十一年還本官會鎭筸苗亂命尙書錫勒達等統師撫勦以珠滿諳兵事敕共籌戰守撫降三百一寨唯天星寨猶負嵎師分四路入珠滿爲策應攻克葫蘆寨餘悉平擢江甯將軍四十六年卒進世職三等阿達哈哈番瑪奇納喇氏滿洲鑲白旗人其先哈達萬汗之族初授顯親王護衞累遷鑲白旗滿洲都統列議政大臣上念廣西將士勞苦日久宜番休命與都統趙璉副都統宏世祿祖植椿率師往幷命參贊軍務次柳州降僞將三十餘人賚塔取雲貴上趣瑪奇進兵安籠所黃草壩諸役並有功進軍曲靖迭克馬龍州易龍所楊林城世璠軍壁洱水塘與嵩明遙應瑪奇分遣兵趨嵩明乘不備克其東門賊啟西門遁迺會貝子彰泰軍入省城屯歸化寺世璠使其將胡國柄等出戰陣斬之遂合圍與勒貝等奪城西北銀錠山賊礮彈雨下瑪奇挺立當其衝督兵掘濠築壘壘成俯瞰城內縱礮賊不支內亂世璠死與穆占入城撫民授鎭安將軍駐防雲南二十三年坐才力不及當免上命撤雲南駐防兵瑪奇率以還京三十五年卒子常賚自有傳額赫訥納喇氏滿洲鑲藍旗人初任王府護衞遷巴牙喇甲喇章京從征雲南及平棲霞土寇有功擢鑲藍旗蒙古副都統駐防兗州耿精忠叛分兵犯江西詔參贊簡親王喇布軍務馬雄擾廣東命倍道往援未至而尙之信謀亂將犯贛州額赫訥退守南贛連破寇寨二十餘會叛將嚴自明犯南康圍信豐又擊之固鎭鋪圍解命參贊莽依圖軍務赴韶州馬寶等壁城東山與額楚擊敗之旋奉莽依圖檄赴梧州佐傅宏烈闘祖澤淸叛據高州亟還師次電白賊殊死守額赫訥破之高州平授護軍統領從莽依圖進剿柳州與勒貝希福分路擊敵敗之二十年克安籠所略定曲靖羅平師旣克雲南凱旋調前鋒統領擢鑲藍旗滿洲都統列議政大臣噶爾丹犯邊命屯歸化城尋召還以老乞休卒宏世祿瓜爾佳氏滿洲鑲紅旗人世居瓦爾喀祖噶錫屯歸太祖授世管牛彔額眞順治間宏世祿嗣職遷巴牙喇甲喇章京從征雲南入緬甸敍功予世職拖沙喇哈番康熙十二年擢鑲紅旗蒙古副都統十四年大將軍信郡王鄂札討察哈爾布爾尼宏世祿參贊軍務師至達祿薄敵壘布爾尼設伏山谷間以三千餘人出拒宏世祿將右翼進戰伏起師有備盡殲之布爾尼悉衆發火器力戰宏世祿等縱兵分擊大破之布爾尼收餘衆屯山岡宏世祿督兵環射分道掩殺布爾尼乃遁走進世職三等阿達哈哈番十九年命與瑪奇等從賚塔兵攻石門坎賚塔令勒貝等爲前鋒宏世祿等繼進破賊奪隘入攻黃草壩宏世祿當頭隊復力戰破隘師還二十三年以老乞休二十七年卒彰庫亦瓜爾佳氏滿洲鑲白旗人父多克索哩事太宗從伐明攻南皮先登賜號巴圖魯世職牛彔章京順治間累進二等甲喇章京卒彰庫襲自驍騎校署參領從將軍希爾根討耿精忠徇撫州破精忠將易明戰建昌陣斬楊益茂等又擊破邵連登長興山李茂珠等建昌鎭鼓山從勒貝攻柳州破世璠將范齊韓詹仰等從賚塔下雲南克石門坎黃草壩皆在行又從希福逐世璠將馬寶巴養元戰於烏木山大破之寶等降師還進世職一等阿達哈哈番兼拖沙喇哈番授護軍參領累遷至鑲黃旗滿洲副都統致仕卒子海寶康熙三十三年進士官翰林院檢討襲職

鄂克遜富察氏滿洲鑲黃旗人父鄂通武事世祖有戰功授拜他喇布勒哈番鄂克遜襲職康熙十二年吳三桂反京師閧變有楊起隆者詐稱朱三太子私改元廣德號其徒爲中興官兵裂布裹首以白披身以赤謀作亂其徒黃吉陳益等三十餘人聚正黃旗周公直家公直承恩伯全斌子也家鼓樓西街公直出詣都統祖永烈告變起隆等遽舉火鄂克遜行過鼓樓見火升屋望之賊皆披甲露刃遂奔告兵部尙書明珠都統圖海永烈與副都統覺羅吉哈禮率兵圍公直家賊益縱火流矢如雨鄂克遜先入斬十餘人禽益吉悉誅之獨起隆遁去後七年圖海駐軍鳳翔捕得起隆檻送京師誅之十三年春以參領衞從定南將軍希爾根赴江西至南昌寇陷龍泉石灰澳者縣要隘也南曰山都澳北曰河塘澳寇阻險築壘相犄角鄂克遜奪其隘口破南北諸壘寇遁躡擊至曹林拔十餘寨遂復龍泉敵來犯復擊破之十五年從簡親王喇布及希爾根攻吉安敵陳於城北以火器戰鄂克遜剷賊壘逐賊賊墮濠死者甚衆三桂將馬寶與韓大任以數萬人來援戰於螺子山我師敗績鄂克遜被數創猶力戰馬蹶鄂克遜墮躍而起手刃數人復奪馬入陳收戰士尸奔而殿十七年大任自萬安走福建鄂克遜與額楚分道逐賊敗賊汀州老虎洞焚其壘殺賊六千餘復從穆占徇湖南時拉薩克察自安仁赴永興被困穆占令鄂克遜送米及火藥濟之賊拒阻擊却之乃得達十八年與三桂將郭應輔吳國貴戰於永州多所俘馘十九年師下貴州戰於新田衞復進逐賊鎭遠克偏橋興隆二衞穆占令鄂克遜襲取重安浮橋師得濟二十年師下雲南圍省城破象陳鄂克遜奪歸化寺東西二壘師還授江寧副都統四十六年上南巡鄂克遜迎謁陳戰績擢江寧將軍進三等阿達哈哈番五十七年以老乞休雍正七年卒年八十八謚武襄莽奕祿富察氏滿洲正白旗人曾祖阿布岱自葉赫歸太宗授牛彔章京世職莽奕祿襲累晉二等阿達哈哈番從師征廣東敗李定國於新會進一等康熙初元授護軍參領三桂反詔署統領從征湖廣以功擢鑲白旗蒙古副都統十九年從穆占征貴州時世璠據貴陽其將韓天福據新添衞莽奕祿與諸軍擊却之復龍里薄貴陽城世璠遁遂克之二十年進軍平遠賊據西南山拒戰又與副都統花色等擊敗其衆城復旋下黔西大定諸城遂入雲南會賚塔軍於曲靖進圍省城調滿洲副都統參贊賚塔軍務雲南平還授護軍統領管佐領擢都統三十年出爲荆州將軍四十二年謝病歸尋卒謚敏肅雍正時命改入正白旗沙納哈伊爾根覺羅氏滿洲正黃旗人順治六年從征大同克左衞先登賜號巴圖魯授拜他喇布勒哈番兼拖沙喇哈番旋署甲喇額眞從將軍伊爾德下浙江克舟山進三等阿達哈哈番移師福建討鄭成功率師爲前鋒以舟進俄舍舟登陸戰失利面及項中三矢師退吏議奪賜號世職以受創重免籍沒鞭責頃之還拜他喇布勒哈番授西安駐防佐領已命還京授參領康熙十三年精忠叛出師江西敗易明於撫州賊自建昌入奉希爾根檄率前鋒兵百會兩藍旗兵擊卻之叛將楊富弟楊三與李茂著以萬餘人掠撫州與護軍統領瓦岱進攻大捷三茂著中箭墮水死從岳樂進兵瑞州寇萬五千人自上高扼會浦與桑額疾擊之克上高阮國棟據新昌北山復與諸將會擊斬四千餘級新昌亦復進規萍鄉三桂將夏國相等以一萬三千人據來龍山結寨十二師環攻之賊敗潰沙納哈截殺之脫者僅四百十八年兵進次湘潭賊遁走遷正黃旗蒙古副都統前鋒統領其秋國相屯武岡雙井寨使馬寶等以二萬四千人拒戰沙納哈將三百人進擊賊披靡逐北至楓木嶺二十年師至盤江西坡擊敗世璠將綫緘遂入雲南世璠以象陣拒師沙納哈大敗其衆追迫城下斬其將胡國柄等九人雲南平擢正黃旗蒙古都統列議政大臣二十六年謝病歸尋卒卹如制

偏圖李氏漢軍正白旗人隸內務府康熙十三年以奉宸院催長從軍陝西授都司銜旋授督標游擊十四年土寇李長簇以千餘人攻淳化三水掠三原偏圖與游擊繳應善將六百人自涇陽逐賊至紅水溝俘四十餘獲旗械騾馬以歸又率綠旗兵從將軍阿密達出瓦雲驛與副都統鄂克濟哈率滿洲兵共趨涇州賊據隘數戰破之進薄城賊出拒擊斬三百餘級遂克之斬王輔臣將衞民譽又從護軍統領舒淑攻靈臺破輔臣將馬瑞軒拔陶家堡斬百餘級又與鄂克濟哈略慶陽招降二十餘寨入寧州破輔臣將魏虎山馮嘉德等還軍涇州又破賊鎭原從大將軍貝勒洞鄂攻輔臣平涼賊築壘高阜將二百五十人與護軍統領阿哈多等仰攻破之十五年援商州克山陽破輔臣將李茂榮於寬平里斬百餘級復援三原戰西陽鎭逐賊至鳳凰山出陷賊難民百餘尋從大將軍圖海攻平涼屯虎山墩斷糧道輔臣降十六年授督標副將十七年從征興安賊據嶺掘濠樹柵偏圖自窰兒溝出嶺後毀壘逐賊至香泉十八年攻

破梁河關克興安及漢陰石泉諸縣十九年命從將軍趙良棟南征二十年命增置雲南隨征總兵以授偏圖吳世璠將胡國柱以二萬餘人屯馬湖拒守良棟檄偏圖堅守雅州徇榮經斬百二十餘級從良棟軍克關山關下黎州奪大渡河隘口逐賊火場塌深入山谷中降世璠將蔡國明戴聖明於登明楊泗等復越嶲建昌渡金沙江破石虎關遂攻會城奪玉皇閣及土橋東寺西市三市街城旋下二十一年授永順總兵敘功加左都督三十年朝京師擢雲南提督四十五年復朝京師賜孔雀翎五十年遷鑲白旗漢軍都統五十五年卒賜祭葬諡襄敏予世職拖沙喇哈番

瑚里布赫舍里氏滿洲正紅旗人世居和穆多哈連父吳巴海歸太祖授牛彔額眞瑚里布襲天聰間擢一等侍衞噶布什賢章京事太宗屢從征伐順治元年英親王阿濟格討李自成瑚里布率正紅旗前鋒兵從二年師次綏德賊乘我未列陳掠我馬數十瑚里布追及之山巔擊賊潰以所掠馬歸自成走湖廣師從之克安陸瑚里布破賊得其戰艦逐自成至九宮山五戰皆勝以功授世職拖沙喇哈番三年肅親王豪格討張獻忠師將至西充令瑚里布與參領席卜臣率前鋒四十人持檄先驅遇賊騎突前衝擊斬三十餘級俘二人薄獻忠壘斬其執纛者師繼進與戰遂殪獻忠瑚里布復與都統準塔下遵義戰璧山破賊六年從征湖廣攻湘潭徇衡州皆有俘馘以功進世職三等阿思哈哈番累擢正紅旗滿洲副都統右翼前鋒統領十五年從信郡王多尼南征十六年師克雲南明桂王走緬甸與左翼前鋒統領白爾赫圖率兵趨永昌渡潞江戰磨盤山克騰越窮追至南甸師還追論磨盤山戰時都統沙里布戰死瑚里布弗及援功不敘康熙十二年聖祖加恩諸舊將瑚里布加太子少師吳三桂反授都統赫葉安西將軍改瑚里布護軍統領爲之副率禁旅自西安進十三年趣瑚里布與前鋒統領穆占馳援四川師次漢中寇屯陽平關攻克之迭破七盤朝天二關進攻保寧三桂將吳之茂拒守與相持上命大將軍貝勒洞鄂西征瑚里布參贊軍務王輔臣叛應三桂命瑚里布引兵自漢中還駐西安尋又命瑚里布從洞鄂攻輔臣克秦州進圍平凉久不下十五年以大學士圖海代洞鄂爲大將軍瑚里布罷參贊留軍聽調遣十六年卒於軍達理善那木都魯氏滿洲正黃旗人其先世岳蘇納與綏芬路長明安圖巴顏同族歸太祖達理善其四世孫也崇德間以閑散隸驍騎營從征明攻濟南樹雲梯以登達理善爲第三人克其城賜號巴圖魯予世職三等甲喇章京復從征明圍錦州戰松山杏山間屢破敵順治三年從梅勒額眞珠瑪喇和托等駐防杭州擊敗明將方國安屢戰皆捷五年從討叛將金聲桓復南昌累進世職一等阿達哈哈番兼拖沙喇哈番授甲喇額眞十五年從征雲南攻元江克之得明桂王將高應鳳進世職三等阿思哈尼哈番康熙二年以老乞休十三年王輔臣叛請自効命署本旗副都統率師赴西安十四年次隴州仙逸關輔臣屯平凉遣其將高鼎蔡元以四千人迎戰達理善與前鋒統領穆占等共擊之鼎元敗走克關山關師自淸水進奪渭河橋次秦州城寇出戰達理善縱兵夾擊寇敗入城分兵克東關叛將吳之茂以萬人援平凉逼秦州立寨城寇八千餘出應犯我師達理善已病猶督兵力戰大破賊尋卒賜祭葬諡武毅事定兵部敘功上諭曰達理善巴圖魯以老乞休復請從軍盡心效力卒於行間復加拖沙喇哈番合爲二等阿思哈尼哈番

額楚烏扎拉氏滿洲鑲黃旗人先世居薩哈勒察順治初從內大臣和洛輝出師駐防西安降將劉洪起以西平叛樹雲梯攻城護軍昂海先登額楚繼之遂克其城授牛彔額眞迭進三等阿達哈哈番從軍貴州還適鄭成功犯江寧遂自荊州馳救大破成功進二等再遷江寧副都統康熙七年遷將軍精忠之叛也徽州所屬多附賊移師規績溪破之克徽州賊據休寧新嶺分兵夾擊長驅復婺源詔進征饒州攻樂平薄東門賊出竄追襲之俘斬過半進攻鄱陽遂定饒州叛將陳九傑遁入鄱陽湖毀其舟十餘次萬年至石頭街渡口與賊夾水而軍額楚自出挑戰而潛使騎兵濟上游繞賊後衷擊俘九傑誅之萬年復並克安仁弋陽上復命贊簡親王喇布軍軍南昌會三桂遣高天傑陷吉安與將軍哈勒哈齊攻之克外郛馬寶韓大任等來援額楚迎戰於螺子山我師敗績寶聞長沙被圍乃引去坐失機罷官留世職仍領江甯兵赴廣東寶等復犯韶州師次蓮花山賊逼營城兵出應戰破賊遂與勒貝守韶州尋命與莽依圖合軍進叛將祖澤淸復以高州應賊詔趣額楚自肇慶兼程進至藤縣遇大疫士馬多死疏請增遣備禦未至而寇集城陷與勒貝進解南寧圍還江寧十九年卒穆成額那木都魯氏滿洲鑲紅旗人父富喀禪西安將軍有勳勞語在康古里傳授三等精奇尼哈番穆成額襲職精忠叛命署副都統從征南將軍希爾根下江西分守南昌三桂自長沙遣將犯袁州與總兵趙應奎赴援敗賊西村規萬載斬其渠邱以祥城復遂克安福精忠將劉進忠搆鄭錦擾瀕海郡邑上先後命尼雅翰舒恕率兵赴廣東以穆成額參贊軍務克始興梟通賊守備李光明尙之信以韶州南雄叛退保南安贛州克萬安南康頻有功上命舒恕守贛州而以莽依圖代其任穆成額參贊如故廣東定從莽依圖下粵西三桂遣將分犯潯州梧州桂林平樂與額楚勒貝傅宏烈并力討之次鬱林戰失利還守藤縣尋復陷坐免官籍沒未幾卒

額斯泰富察氏滿洲鑲白旗人大學士額色赫弟也初任一等侍衞康熙三年擢副都統九年授護軍參領吳三桂反命順承郡王勒爾錦師師討之以額斯泰參贊軍務三桂兵自貴州出湖南南境皆陷詔與護軍統領伊爾都齊簡銳先發十三年二月師次荊州常德長沙皆陷三桂將劉之復陶繼智率萬餘人犯宜昌夾江而壘額斯泰自荊州赴援與總兵徐治都率舟師橫江截擊戰甫接賊潛以三百人擾我師後我師分擊敗之得賊舟三賊敗走師進次岳州三桂時屯澧州其將吳應麒廖進忠柯鐸高起隆據岳州馬寶胡國柱率二萬人會於澧州水陸岔集設鹿角阻我騎兵額斯泰與貝勒察尼等議令前鋒先奪山岡扼賊吭繼乃分路截擊奪據城陵磯及七里橋俾首尾不相顧至期聞貝勒營吹角額斯泰率戰艦進衆乘之賊大潰是歲冬命參贊貝勒尙善軍務規岳州與賊相持久十五年二月詔趣尙善進兵尙善乃令額斯泰督所部水陸諸軍以進賊舟列陣洞庭貫以鐵鏁額斯泰率銳卒衝其北使副都統路什擊其南戰甫交額斯泰麾纛進礮矢雨岔衞卒死者五人額斯泰不爲動進如前手刃數十人遂克君山獲賊舟五十餘詔嘉之十六年卒於軍師旋追論征岳州遲留不進坐籍家產上宥之額斯泰偉幹有雅量卹軍愛民諳韜略嘗圖滇楚阨塞懸壁諦視旣寢疾猶强起視事卒日軍民爲位哭哀動郊野孫傅鼐自有傳布舒庫吳魯氏滿洲正黃旗人父納爾泰官牛彔額眞從征大同叛將姜瓖率子噶爾瑋納什庫力戰陣亡布舒庫其長子也以巴牙喇壯達從征江西雲南戰常陷堅授拜他喇布勒哈番康熙初授參領擢正黃旗蒙古副都統列議政大臣韓大任據吉安上命參贊簡親王喇布軍務次永豐大任兵至與提督趙賴同擊之賊退守山寨布舒庫綏師誘之弗應相持月餘大任引去追斬千餘級大任走福建又與哈克三追剿連破之老虎洞鞍子嶺賊勢以蹙大任降還征湖南互詳哈克三傳賊犯永興穆占令守河岸賊不能進遂從穆占取耒陽進規常甯與塔勒岱數敗賊逐北翟里橋去永州四十里又從穆占攻城賊大潰與簡親王喇布會師武岡十九年授正黃旗滿洲副都統擊敗馬承蔭克雒容承蔭復降旋卒諡剛壯塔勒岱博和里氏滿洲鑲白旗人初授噶布什賢壯達康熙初從征緬甸授前鋒侍衞三桂叛從軍從穆占逐賊野狐嶺賊隱深林中出步騎誘戰發其伏殲之克陽平關進次保甯蟠龍山師敗引還兩遇賊擊之敗去予拖沙喇哈番從討王輔臣戰隴州進圍秦州克之遂趨平涼屢捷十五年命從穆占移師湖南駐攸縣擊敗三桂將王國佐又敗黃士彪炎萬寶於酃縣桂陽州敗吳國貴吳應麒於永州沅州凱旋授護軍參領擢鑲白旗蒙古都統進拜他喇布勒哈番兼拖沙喇哈番二十五年卒諡勇壯

瓦岱鈕祜祿氏滿洲鑲黃旗人額亦都孫也父敖德事太祖分額亦都舊轄人戶益以新附瑚爾哈部衆授敖德世管牛彔事屢從征有功授二等阿達哈哈番瓦岱其第三子也初任侍衞署巴牙喇甲喇章京從征雲南湖廣有功即眞康熙十三年耿精忠叛命署護軍統領從安親王岳樂援江西所至爲軍鋒次撫州戰鍾家嶺被巨創寇夜襲營仍力戰卻之並擊敗精忠將易明等又戰瑞州北山撫定東鄉移師徇建昌精忠將鄧連登擁衆可八萬因山爲壘負險抗拒瓦岱與將軍希爾根分陣山下鳴角仰攻多所斬獲連登中矢餘潰復絕其歸路得賊舟六十餘遂下建昌乘勝克新城十五年復萍鄉進規長沙仍爲軍鋒戰南橋齊家岡皆捷十八年克長沙以次下衡州寶慶並殲賊於武岡克其城渡紫陽河賊分據渡口瓦岱俟諸軍進戰引兵襲其後夾擊之賊大敗湖南平授護軍統領予世職拖沙喇哈番二十一年授江甯將軍二十三年車駕南巡嘉其居官廉賞御用袍幷白金千二十四年召授鑲黃旗滿洲都統以博濟代之諭曰將軍副都統與地方官多不相能唯瓦岱克諧衆志爾當效之旣至京任議政大臣二十七年湖廣裁兵夏逢龍倡亂命爲振武將軍往討之師至黃州逢龍所署置總兵趙得等迎降胡約謙等復獻武昌漢陽二城諸生宜畏生執逢龍以獻磔之並誅其黨與班師三十年詔授定北將軍率師赴圖拉追擊噶爾丹至克魯倫河三十一年命偕都統班達爾沙督理達勒鄂莫瑚爾鄂莫屯田坐督耕不勸免官削雲騎尉尋卒桑格喜塔臘氏滿洲正白旗人庫禮子桑格以三等侍衞襲世職一等阿達哈哈番兼拖沙喇哈番善射擢一等侍衞康熙十五年授護軍統領從希爾根赴江西上諭以江西爲粵東咽喉江浙脣齒兵民持兩端當協同將軍領重兵進勦至則攻易明於撫州援賊自建昌

至倚城結壘合城寇拒戰桑格夷其壘明遁州復明復來犯再敗之希爾根移師入城桑格出至碣石遇賊戰大捷連克上高新昌東鄉諸縣擊斬連登明遁遂下建昌三桂將夏國相據萍鄉桑格會諸軍並進戰來龍山連破十二寨國相奔長沙康熙十八年克長沙御製詩寵異之有百戰威名早已揚句湖南上游惟武岡楓木嶺與辰州辰龍關皆天險爲入貴州要道三桂將吳國貴馬寶據武岡桑格與伊巴罕督兵攻之歷戰三晝夜國貴中砲死餘潰走遂克楓木嶺二十年以怠職罷官三十五年上親征噶爾丹詔署護軍統領師至魯倫河請追擊逸寇與平北將軍馬思喀進次烏蘭西路噶爾丹已敗收集降衆護送至張家口還京復護軍統領原品三十八年卒伊巴罕格濟勒氏滿洲正白旗人世居雅蘭其世父舒珠從征黑龍江有功授拖沙喇布勒哈番無子伊巴罕襲初任三等侍衞改刑部郎中兼佐領累進二等阿達哈哈番鬮以護軍參領援江西擊走建昌賊及撫州援寇復新昌萍鄉楓木嶺之捷功最擢前鋒統領出爲盛京將軍康熙二十四年徵還復授前鋒統領二十五年追錄前功進世職一等兼拖沙喇哈番尋卒

沃申鈕祜祿氏滿洲正紅旗人崇德時以噶布什賢兵從伐明錦州克松山順治元年從入關平保定進征山陝授拜他喇布勒哈番賜號巴圖魯平舟山有功加拖沙喇哈番累遷杭州副都統康熙十三年耿精忠叛浙東告警與總督李之芳赴衢州禦之尋徙守金華精忠將閻標自溫州來犯輒敗走又遣將焚浦江寇壘遂會貝子傅喇塔取台州道義烏遇精忠將趙明卿擊敗之十四年精忠將林冲等據仙居師三路入戰白水洋沃申縱兵張兩翼令營總薩木哈將左侍衞卦塔將右戰移時賊堅持不退沃申直前擊之連破二壘太平賊聞我師至就叛將曾養性乞兵以守時夜將半沃申三面梯攻缺其西面隱卒城外以待其逸黎明賊果啟西門遁伏起大潰師入仙居寇水陸扼險守沃申詗知有路通黃巖可襲其後伐木鑿石開道以濟師夜達黃巖賊大驚遣其黨吳長春扼半山嶺沃申身先士卒大破之進梁蓬隘口又大敗其衆養性奔福建十五年搆瑞安石塘賊分路入寇與副都統吉勒塔布先後擊退之其夏傅喇塔被命征福建沃申從浦城爲四達要衝入福建捷徑也精忠將連登雲以二萬餘衆守隘沃申攻奪山寨武穆篤等乘霧直搗其巢復雲和精忠降沃申守延平亡何鄭錦勢益熾使其將吳淑取邵武薄延平頓木城新屯渡口別遣將潛擾浦塘隘口沃申率師破之乘勢渡河攻木城賊潰走遇其將楊德來援又敗之小河岸斬萬餘人邵武汀州相繼復泰甯建甯甯化長汀清流歸化連城諸縣以次皆降其將朱甯遁入海據石井寨十六年師分三路入沃申進自東路克清寺十七年寇萬餘人逼漳州其將劉國軒壁對河爲犄角城兵寡沃申以千餘人赴援瑚圖分道亦至大破之賊退據長泰謀犯南靖頓蜈蚣山沃申與瑚圖併力迎擊自辰至未賊大潰棄寨走克長泰賊退據江東橋截漳泉路沃申與浙江提督石調聲力戰攻橋東岸自長泰深入奮擊之賊遁走江道乃通十八年錦將林陞據東石其地近泉州爲金門廈門屏蔽三面皆海寇嬰城固守沃申精選前鋒架雲梯乘潮落亟進覘濠指麾遂拔東石十九年錦將林深與我水師相拒別遣將扼大定小定梗我舟行道會泉州無舟沃申自陸路取大定奪其中寨追至小定賊遁燔其巢適海澄已下乘勝渡海取尾高溪與漳州兵夾攻寇屯金廈者皆竄出大洋師還沃申留守泉州初江山之陷也積饑盈野議者頗咎之守金華奉檄取溫州赴事又綏守台州時小梁山寇勢盛未能擊廷臣追論其罪坐免沃申在行間久大小凡九十餘戰身被創二十餘處一時稱驍將三十年卒

武穆篤富察氏滿洲鑲黃旗人初任巴牙喇甲喇章京從伐明桂王自貴州入雲南擊敗其將李成蛟於涼水井李定國於雙河口進至盧噶定國列象陣拒戰大敗之追至磨盤山又大捷授拖沙喇哈番又剿山東土寇于七有功授前鋒參領精忠叛從將軍傳拉塔率師自浙江下福建次台州賊壁黃瑞山謀犯天台其地當江北爲水陸咽喉武穆篤與吉爾塔布寨白理悉力攻克之師至涼蓬隘口殺伏賊幾半賊夜遁武穆篤追擊於黃土嶺賊潰退黃巖師圍城曾養性遁走城復師至上塘嶺養性擁衆三萬拒戰武穆篤統前鋒衝擊大敗之身被數創獲甲械無算太平樂清青田三縣大荆磐石二衛相繼收復石塘嶺之役功最康熙十七年創發卒於軍喪還遣侍衞內大臣奠茶酒命賜卹視前鋒統領進拜他喇布勒哈番諡襄壯

瑚圖洪鄂氏滿洲鑲白旗人以巴牙喇壯達從征湖廣福建屢有功康熙二年授江甯協領八年擢副都統十三年耿精忠叛命與副都統瑪哈達率所部赴杭州參贊平南將軍賚塔軍務精忠將馬九玉遣別將胡錦等犯衢州與副將王廷梅等擊敗之復破賊大溝源焦園紅橋諸處十四年九玉屯衢州西南夜渡水襲我軍與廷梅往擊之敗之杭埠九玉復遣別將李廷桂軍元口村設木城絕我糧餉並據東西山爲犄角瑚圖分兵擊之燔其木城賊敗走十五年覆其兵大溪灘江山復九玉奔常山瑚圖進圍之遁去遂至江西玉山界克常山進拔浦城及精忠降隨軍駐福州鄭錦將徐耀以三萬人至烏龍江南軍小門直風諸山又與總兵黃大來夾擊之破其壘十四賊大潰進駐泉州土寇數謀亂輒敗去徙守漳州十七年二月寇陷石瑪逼海澄從黃芳世赴援敗寇彎腰樹觀音山寇收餘衆壘石瑪拒師逾月寇舟二百乘潮至與石瑪寇相表裏將夾擊我軍瑚圖從芳世堅守潛令總兵黃藍襲其後擊之毀其舟九寇保壘海澄圍解時漳州兵少瑚圖晝夜循徼不少休錦兵連綜數百蹈瑕入東關砲擊之退已復至搆山寇蔡寅扼天寶山截我饟道瑚圖督戰焚其船寇殊死戰不少卻會芳世援師至迺遁去未幾劉國軒吳淑復破海澄陷長泰饟道又阻瑚圖以八百人扼要路淑率萬餘衆逼漳州國軒夾水而軍爲聲援值副都統沃申率師至瑚圖從賚塔分路進擊至蕉林遇伏師少卻瑚圖斬卻退者三人衆迺奮進連破十六營寇退據長泰謀犯南靖瑚圖引兵進寇以兵五萬分軍龍虎蜈蚣二山復與沃申麾衆力戰寇迺敗棄營走遂克之然寇猶據江東橋不退賚塔軍其西而令瑚圖沃申與提督石調聲取橋東岸乃間道踰朝天嶺過龍江口深入寇軍奮擊寇棄寨走入舟據橋口急擊之寇出江遁漳泉路始通國軒還海澄十八年寇頓鼇頭山復數窺江東橋謀斷我後路師分四路入瑚圖與副都統瑪思文爲一路擊敗之十九年攻克玉洲各寨寇敗竄廈門海澄再復隨賚塔赴潮州再戰破賊閩粵平還江甯二十三年擢杭州將軍二十六年卒詔獎其清慎予卹諡敏恪

瑪哈達佟佳氏滿洲正白旗人禮部承政巴都里孫康熙七年自參領擢正白旗滿洲副都統吳三桂反詔守兗州徙安慶精忠叛赴浙參贊賚塔軍務時大將軍傑書至金華精忠將陳重自東陽來犯瑪哈達與都統石調聲等敗之山口村小河岸追擊至鄭家店俄精忠將徐尙朝擁衆五萬人犯金華距城十二里結寨瑪哈達與台吉察渾都統巴雅爾總兵李榮等分兵擊敗之精忠將張元兆以二萬人屯壽溪又與巴雅爾榮移兵擊之破壘十八斬兆元及其衆二千餘尙朝復據積道山與總兵陳世凱等乘霧進兵破其木城十四年擊精忠將沙有祥等於桃花嶺復處州尙朝有祥等又來攻復與察渾榮世凱分兵擊敗之十五年擢杭州將軍傑書下福建瑪哈達從賚塔自衢州率兵先驅大溪灘仙霞嶺諸役戰常陷堅進復建甯延平還杭州論功予三等阿達哈哈番二十三年召授正白旗滿洲都統坐補官徇情罷遣戍黑龍江二十八年卒

傑殷韓氏滿洲正紅旗人其先爲朝鮮人父義歸太祖授世職一等參將傑殷初授一等侍衞累遷正紅旗滿洲副都統康熙十一年遷護軍統領十四年察哈爾布爾尼叛從內大臣佟國綱率師駐宣府王輔臣叛上命將軍畢力克圖率師駐大同以傑殷參贊軍事土寇朱龍據榆林畢力克圖移師討之次謝村分兵爲三隊傑殷乘夜先發黎明次河岸賊三千餘據楊家店渡口傑殷督兵渡河擊賊賊潰克吳堡遂趨綏德賊屯虎爾崖山口傑殷督兵仰攻殪其裨將俘七十餘人進破臥牛城復米脂延川諸縣復進收延安及諸屬縣並定宜川縣境二十六寨再進攻平涼大將軍貝勒洞鄂令傑殷領左翼兵爲前鋒輔臣以萬餘人列陳迎戰傑殷督兵擣其中堅戰自巳至未凡三勝復分兵環擊殲馘甚衆自是屢擊卻輔臣兵十五年吳三桂將吳之茂以萬餘人屯秦州爲輔臣聲援洞鄂令傑殷移師禦之戰谷口山崖斬五十餘級與將軍佛尼埒提督王進寶會師議出賊後斷糧道傑殷督兵先行戰羅家堡戰鹽關戰三十里鋪屢擊敗之茂護糧兵之茂揚言將斷臨洮鞏昌道傑殷移師伏羌戰平頭山戰馬塢又屢擊敗之茂護糧兵破其壘克通渭還駐秦州大將軍圖海下平涼之茂引兵走傑殷與佛尼埒率師夜追之及於牡丹園力戰破陳克祁山堡之茂別部兵自西和至敗之祁山嘴又敗之清陽峽選輕騎逐之茂及於石牙兒關之茂以二十人越山遁斬五千餘級俘五百餘人克禮西和二縣三桂將王屏藩走階州督兵追之降其兵三百餘復還駐秦州十九年攻保甯克順慶並復所屬州縣進駐成都尋卒賜祭葬予世職拜他喇布勒哈番弟傑都順治十六年以巴牙喇甲喇章京從將軍達素徇廈門破鄭成功舟師康熙十三年從前鋒統領穆占自陝西入四川破之茂裨將石存禮於朝天關趨保甯屯蟠龍山屏藩引衆刧營絕我師饟道師引退傑都殿力戰死之予世職拜他喇布勒哈番兼拖沙喇哈番

瓦爾喀完顏氏滿洲鑲紅旗人初任噶布什賢壯達稱驍勇中創不少卻數被優賚崇德時從貝勒岳託伐明攻懷來實坻略山東攻克海豐並先登又從貝勒阿巴泰攻范縣薄城以矛鑿垣爲磴緣而上克之順治初從肅親王豪格徇四川數擊敗張獻忠兵有護軍阿納海者爲敵困瓦爾喀策馬突前格殺二人翼之出與梅勒額眞烏拉禪駐防大名擊土寇累進三等阿達哈哈番授工部

理事官董修宮殿進一等十六年署噶布什賢章京從固山額眞卓洛駐防雲南討平元江土司康熙元年還京授參領兼督捕理事官遷西安副都統七年擢將軍十二年吳三桂反湖南廣西皆應命瓦爾喀偕佛尼埒赴四川備守禦許便宜行事師次漢中分三道入擊叛將譚宏野狐嶺發其伏殲之乘勝復陽平七盤朝天諸關先後斬萬餘級獲旗幟器械稱是時賊據保甯師進偪鑿壕塹與相持久弗下瓦爾喀遘疾卒於軍諡襄敏尋追論保甯不疾進兵又守隘弗嚴損將士部議追奪官階世職並削諡

論曰希福將莽依圖所部轉戰下雲南功最多鄂克遜偪圖等皆與攻雲南而偪圖留鎭三十年撫定創夷瑚里布達理善以夙將從軍額楚戰廣西額斯泰戰湖南瓦岱戰江西沃申戰閩浙傑殷瓦爾喀戰川陝皆有功績是時傾禁旅以出八旗將士敵愾策勳斯其尤炳著者也

清史稿 列傳四十六

宜里布 哈克三
阿爾護 路什
雅賚 擴爾坤
王承業 王忠孝

宜里布他塔喇氏滿洲正白旗人阿濟格尼堪子也初授兵部副理事官順治八年襲三等伯爵兼管牛彔恩詔進一等伯擢刑部侍郎調吏部鄭成功擾臺灣爲亂議者謂當徙瀕海居民入內地以避剽掠絕接濟命宜里布與尙書蘇納海歷江南浙江福建勘疆界既定還京師擢正白旗蒙古都統康熙七年調本旗滿洲都統列議政大臣吳三桂反十三年大將軍順承郡王勒爾錦率師討之以宜里布參贊軍務旣至荆州三桂自常德攻陷松滋襄陽總兵楊來嘉副將洪福叛附之壁穀城鄖陽間窺覘郡邑詔宜里布守宜昌十四年來嘉等犯南漳順承郡王承制授宜里布討逆將軍印與副都統根特往援來嘉等引退旋復犯均州擊武當山下宜里布督兵擊之斬千餘級來嘉等復引退時三桂屯松滋北山緣江置戰艦謀水陸並進命宜里布與都統范達禮等守襄陽均州諸處三桂遣其將張以誠與來嘉等寇南漳宜里布與總督蔡毓榮分率勁旅夾擊斬三千餘級十六年命與將軍穆占率荆州滿洲兵自岳州下長沙克茶陵三桂兵奔攸縣宜里布追擊之斬四千餘級俘百餘克攸縣十七年穆占師進克郴州永興諸處駐師郴州而令宜里布守永興三桂遣其將馬寶胡國柱等來犯與副都統哈克三督兵禦之力戰殞於陣喪還遣內大臣奠茶酒復遣侍衞諭其母曰宜里布侍朕久深知其爲人出師有勞績方謂功成奏凱即可相見忽聞陣沒悽愴痛悼爾家貧予白金六百爲治喪賚賜祭葬諡武壯子阿什坦襲爵

哈克三佟佳氏滿洲正藍旗人父法薩里巴圖魯以驍騎校從征戰沒哈克三初授禮部筆帖式累遷員外郎順治十四年改授巴牙喇甲喇章京康熙二年李自成餘孽李來亨等據茅麓山剽掠爲民害從將軍穆里瑪等討之賊入山哈克三從巴牙喇纛章京堪泰自山後進大破之復與總兵于大海夾擊多所斬馘來亨自縊死擢正藍旗蒙古副都統十二年調滿洲副都統尋遷護軍統領十四年察哈爾布爾尼叛大將軍信郡王鄂札率師討之哈克三參贊軍務師次達祿布爾尼列陣以待而隱兵山谷間以誘我師土默特兵遇伏哈克三力禦敗之復督驍騎突賊陣賊潰奔斬馘甚衆布爾尼以三十騎遁敘功授三等阿達哈哈番十六年大將軍簡親王喇布討吳三桂哈克三參贊軍務三桂將韓大任據萬安哈克三與副都統雅泌等分道進大任渡河走哈克三以山逕隘不容騎請調綠旗兵守隘斷賊餽道上責其稽延救窮追毋縱入楚賊竄興國山中追擊之黃塘新田鋪師舍騎而徒奮擊賊大潰復選輕騎夜逐賊至婁坑嶺賊據險自保哈克三分兵環攻斬千餘級大任等收餘衆走福建屯老虎洞十七年三月與都統巴雅爾副都統錫三雅泌布舒庫等分隊奪隘斬六千餘級獲所置總兵以下三百餘大任窮蹙率衆詣康親王軍降哈克三還吉安旋命赴湖南與將軍穆占會師駐郴州三桂將馬寶胡國柱攻永興急穆占令哈克三率師赴援與都統宜里布力戰同歿於陣喪還遣內大臣奠茶酒予白金五百治喪賜祭葬諡武毅進世職一等阿達哈哈番兼拖沙喇哈番無子以弟之子巴爾泰襲

阿爾護富察氏滿洲鑲紅旗人世居輝發父鄂拜國初來歸管牛彔從入關擊走李自成復從征福建有功予世職一等阿達哈哈番累遷鑲紅旗蒙古副都統阿爾護初授王府長史康熙十三年命署副都統與將軍坤巴圖魯率師出駐汝甯其冬吳三桂將王屏藩等自四川窺陝西提督王輔臣叛應之與坤巴圖魯赴西安十四年將五百人守寶雞賊來犯擊之敗去追至天王村撫定歸州十二堡降其將七兵千餘八月詔分將軍佛尼埒兵六百授阿爾護守棧道諸險要與三桂將彭時亨戰仰天池大捷出螞蟻河口望見賊營分立九龍山即以銳師冑加之賊大潰十月三桂將石存禮等擁衆八千出棧道據益門鎭口分七營窺寶雞兼爲王輔臣聲援阿爾護令軍中曰有能攻剋隘口者賞與克州縣城同軍士氣奮分三道上直擣其巢力戰自巳至未七營盡破追奔十數里殪其將獲旗幟器械無算遂破賊仰天池山下及益門鎭東邵家山黃兒子灘沈家坡諸處自是賊不敢出棧道十五年授鑲紅旗蒙古副都統從將軍穆占移師湖廣十六年三桂將吳國貴犯長沙力戰死之事聞諡敏壯予三等阿達哈哈番

路什納喇氏滿洲鑲黃旗人世居章甲城父克恩歸太祖路什以驍勇稱崇德七年師入兗州以雲梯攻城路什先登克之賜號巴圖魯予世職游擊順治初以甲喇額眞從入關與牛彔額眞袞泰將步兵擊李自成復與梅勒額眞阿哈尼堪逐自成至慶都敗之自成潰而西二年從英親王阿濟格徇陝西與梅勒額眞阿喇善攻綏德圍延安七戰七克時自成南走商州奔湖廣躡追至武昌獲其孥論功進二等張獻忠據蜀久不下三年從肅親王豪格西征會叛將賀珍等犯漢中分兵守雞頭關路什與巴牙喇纛章京鰲拜擊卻之追破珍於楚湖入四川所向皆捷獻忠旣滅分兵勦餘賊俘斬甚衆進三等阿思哈尼哈番十五年從信郡王多尼南征師入貴州明桂王將羅大順出拒戰於黔西州十萬溪㵎路什與噶布什賢噶喇統昂邦鄂訥梅勒額眞噶褚哈分兵擊之連破數營敵大潰敘功進二等吳三桂反路什年已七十請從征遂從貝勒尙善徇湖南康熙十七年秋以偏師取湘陰進洞庭湖守九馬嘴寇至風大作泊綠林灘舟被擊路什猶賈勇發矢石擊殺十數人力竭死時七月二十八日也事聞進一等兼拖沙喇哈番子布納海襲聖祖親征噶爾丹布納海從內大臣費揚古出西路戰於昭莫多師有功進三等精奇尼哈番卒子瑚什屯降襲二等阿思哈尼哈番

雅賚納喇氏滿洲正藍旗人初任王府長史兼佐領康熙十三年命署副都統駐防江甯未至徙駐安慶耿精忠遣其將擾江西廣信建昌饒州並陷大將軍安親王岳樂率禁旅南征駐南昌以雅賚與署領都統阿喀尼參贊軍務移兵攻彭澤旣詗知賊據小姑山先遣兵擊之賊結水寨拒戰我軍出其後陟山而下斬其裨將餘衆多被創赴水死師進攻彭澤城西臨江南北皆倚山路險峻乃督兵略其東陟山樹雲梯以登賊不能抗縱火啟東門走追擊敗之遂進攻湖口安親王軍至賊棄城走都昌雅賚追及之敗竄鄱陽湖所置吏以湖口降十二年將水師逐賊鄱陽湖趨五桂寨賊棄寨走其將黃浩浮舟來犯擊卻之追至梅溪瑞洪康山湖及壩口先後得船數百斬數千級與陸軍會苜蓿灣克餘干縣復進征建昌精忠將邵連登據常興山列營二十雅賚攻其左諸軍自右擊之盡夷其巢連登中流矢死復與都統霍特征廣昌次石峽方暑士馬疲渴猝遇伏師少卻雅賚直前奮戰中礮死賜祭葬諡襄壯予世職拜他喇布勒哈番

擴爾坤薩克達氏滿洲鑲紅旗人世居那穆都魯祖葉古德歸太祖編牛彔俾統之父喜福任兵部理事官崇德間從征黑龍江順治初從征漢中皆有功復出討姜瓖瓖將屯甯武關分據左衞喜福力戰被巨創卒於軍世職累進二等阿達哈哈番擴爾坤初授牛彔額眞從征貴州戰屢捷康熙初襲職遷護軍參領擢鑲紅旗蒙古副都統吳三桂反命率師駐防太原十三年從駐西安會四川告警命進駐漢中三桂將吳之茂犯廣元遣兵敗之復分水陸兼進又擊之敗去之茂遣裨將賀騰龍劫糧二郎關擴爾坤馳擊獲騰龍之茂復遣裨將何德成犯廣元分兵渡河擊卻之逐北三十餘里尋以七盤朝天諸關復陷賊詔還駐漢中十四年漢中乏餽將軍錫卜臣領兵還城固擴爾坤率右翼兵殿後三桂將彭時亨等擁衆八千據險邀阻擴爾坤擊潰之且戰且行三晝夜次洋縣金水河七戰皆捷諸軍前行仍令擴爾坤殿俄賊環偪力戰中創殞於陣賜祭葬進世職三等阿思哈尼哈番子遜扎齊襲職官至工部尙書

王承業字瓊山江南廬江人少入伍康熙初從軍福建克金門廈門累擢游擊遷廣西副將十七年將軍莽依圖徇廣西以承業爲新設援剿中營總兵管副將事十八年吳世璠犯梧州承業擊敗之世璠棄營宵遁克潯州世璠以十萬人分屯貴州廣西諸要隘而自將兵圍南甯承業赴援設奇與城兵相犄角戰新村西山之巔斬六千餘級世琮負重傷敗走南甯圍解遂自陶鄧山進剿柳州叛將馬承廕以二萬人拒戰擊敗之乘勝定象州承廕遂降其冬將軍賚塔自南甯直進雲南檄承業至西隆世璠將何繼祖據石門坎去安籠所三十里

地僻道險十九年正月承業奮勇入連奪二隘口復所城繼祖退據黃草壩列象拒戰承業疾擊之自卯至未毀其營二十有二克曲靖取霑益下馬龍楊林大小三十餘戰無不披靡既抵會城壁城外歸化寺世璠將胡國柄劉起龍出拒承業引守備林廷燨鏖戰自卯至午突入賊陣礮中額墜馬死廷燨單騎馳救賊矢雨集亦殞於陣事聞詔贈承業右都督廷燨贈都司僉事王忠孝奉天人以參將銜從軍屢有功累擢署左翼總兵官從將軍賚塔下雲南為前鋒克西隆攻廣西縣忠孝與所部游擊林桂選勇士數十人越嶺疾馳下大破賊攻石門坎師盛旗幟鳴鼓角趨上游忠孝與桂督兵涉水出間道繞其後破敵砦攻黃草壩與桂引敵入谷伏起夾擊斬世璠軍裨將既破隘師進薄雲南會城國柄等出戰忠孝與承業廷燨同時戰死贈都督同知廷燨廣東南海人桂廣東番禺人忠孝既戰沒桂佐賚塔定雲南代為左翼總兵官

論曰吳三桂白首舉事號善用兵屯松滋數年不敢渡江攻荊州晚欲通贛粵道宜理布哈克三以死拒終不得達安在其為善用兵也阿爾護輩殺敵致果授命疆埸承業戰沒雲南城下悍敵致死誠有不易當者故比而論之亦以見戡定始末他死事者語別見忠義傳不能徧著也

清史稿

列傳四十七

姚啟聖 子儀　吳興祚

施琅 朱天貴

姚啟聖字熙止浙江會稽人少任俠自喜明季為諸生順治初師定江南遊通州為土豪所侮乃詣軍前乞自效檄署通州知州執土豪杖殺之棄官歸郊行遇二卒掠女子故與好語奪其刀殺之還女子其家去附族人籍隸鑲紅旗漢軍舉康熙二年八旗鄉試第一授廣東香山知縣前政負課數萬繫獄啟聖牒大府悉為代償尋以擅開海禁被劾奪官十三年耿精忠反兵入浙江境陷溫州傍近及台處諸屬縣聖祖命康親王傑書統師進討啟聖與子儀募健兒數百詣軍以策干王檄署諸暨知縣剿平紫郎山土寇十四年以王薦超擢溫處道僉事從都統拉哈達克松陽宣平二縣十五年偕副都統沃申總兵陳世凱等勦賊石塘焚其木城斬獲甚衆乘勝復雲和先是精忠以書招鄭錦錦至復拒之將士多為內應錦遂取泉漳二府據廈門精忠與戰復屢敗啟聖又使儀破精忠將曾養性於溫州十月師入仙霞關趨福建精忠降擢啟聖福建布政使率兵討錦吳三桂將韓大任驍勇善戰世稱小淮陰者也自贛入汀謀與錦合啟聖說之降簡其部卒得死士三千人以為親軍十六年從康親王復邵武興化盡取漳泉地錦遁歸廈門總督郎廷佐奏啟聖與子儀屢著戰功贈軍賻馬具甲冑弓矢糜白金五萬皆出私財詔嘉獎十七年錦遣其將劉國軒吳淑何佑等復犯漳泉海澄公黃芳世都統穆赫林提督段應舉等與戰敗績遂陷海澄長泰同安惠安平和諸縣詔擢啟聖福建總督條上機宜請調福寧鎮兵助攻泉州調衢州贛州潮州三鎮兵助攻漳州復設漳浦同安二總兵增督標兵五千通省經制兵萬八千申明臨陣賞罰禁廝役占兵額下議政王大臣議衢贛潮三路皆重地未便徵發既增督標兵毋庸復廣通省兵額餘皆從其議七月偕海澄公黃芳度自永福進克平和漳平國軒等解泉州圍進逼漳州壁於蜈蚣嶺啟聖率壯士鍾寶張黑子等出戰將軍賚塔都統沃申等夾擊連破賊寨斬其將鄭英劉正璽等十餘人國軒遁海澄乘勝復長泰敘功進正一品九月復遣儀率兵攻同安敵棄城遁斬其將林欽等尋偕副都統吉勒塔布提督楊捷等進攻海澄敗國軒於江東橋又敗之於潮溝十八年國軒與淑佑等踞郭塘歐溪頭欲斷江東橋以犯長泰啟聖偕賚塔捷及巡撫吳興祚等邀擊大敗之先後招降所置吏四百餘兵一萬四千有奇國軒等復率萬餘人謀奪榴山寨啟聖偕賚塔及副都統石調聲擊敗之至太平橋潮溝斬千餘級十九年會賚塔等攻海澄時提督萬正色先克海壇啟聖及總兵趙得壽黃大來等分兵七路並進破十九寨別遣將渡海拔金門廈門降錦將朱天貴等錦退保澎湖盡復所陷郡縣進兵部尚書太子太保二十年左都御史徐元文劾啟聖疏請借司庫銀十二萬經營取息侵占民利題報軍前捐銀十五萬皆剋軍餉朘民膏而得罔民極困啟聖不能存撫拆毀民居築園亭水閣日役千人舞女歌兒充牣房闥又強取長泰戴氏女為妾海壇進師力為阻撓及克廈門又言當直取臺灣始欲養寇繼欲窮兵吳興祚萬正色平海奏功啟聖慚妒妄謂正色與錦將朱天貴有約讓海壇而去險詐欺誣乞敕部嚴議上令啟聖覆奏啟聖言臣於康熙十七年十月進兵至鳳凰山因一時投誠者多犒賞不繼與撫臣吳興祚議外省貿易頗有微利前督臣李率泰經略洪承疇嘗借帑為之遂冒昧上疏未蒙俞允臣自入仕京師未有產業而軍前捐銀十五萬有奇者香山罷官後貿易七年得積微貲併臣浙江祖產變價及親朋借貸經年累月而後有此臣於十七年七月至省見總督官廨為耿精忠屯兵毀傷傾圮因捐貲修整日役不過數十柵外員役私舍令其自行撤除至臣妾皆有子女年已老大並無歌兒舞女強取戴氏女尤無其事十八年十一月臣密陳進剿機宜請水陸五道進兵並未阻撓至得廈門即攻臺灣先於十八年九月預陳亦非屆時發議撫臣提臣拜疏出師平賊首功已定臣何所容其慚妒朱天貴應撫投誠天貴言之而臣始知之臣任三閩三職雖無妒功之心實有溺職之咎乞敕部嚴議別簡賢能疏入報聞二十一年敘克海澄金門廈門功授世職拜他喇布勒哈番兼拖沙喇哈番方鄭錦屢入寇徙濱海居民入內地俾絕接濟避侵掠下令越界者罪至死民多蕩析及禁旅班師驅繫良民子女北行啟聖白王嚴禁復捐貲贖歸難民二萬餘人並請開海界復民業聽降卒墾荒民困漸蘇及錦死子克塽仍其僞稱延平王凡事皆決之國軒等啟聖令知府卞永譽張仲舉專理海疆多以金帛間其黨與克塽乃遣使齎書願稱臣入貢不薙髮登岸如琉球高麗例啟聖以聞上不許趣水師提督施琅進征二十二年六月琅進攻臺灣取澎湖啟聖駐廈門督餽餉以大舟載金繒貨米至軍大賚降卒遣之歸臺民果攜貳復設間使克塽與國軒互相猜衆莫為用琅遂定臺灣克塽國軒等皆降語具琅傳啟聖還福州未幾疽發背卒明年部議以啟聖修繕船舶軍械浮冒帑金四萬七千有奇應追繳上念其勞免之子儀膂力絕人雄偉與父埒初以捐納知縣從征累戰有功康親王檄署游擊議敘內擢郎中上以儀有才略且自陳願以武職自效改都督僉事以總兵用歷狼山杭州沅州鎮慶諸鎮總兵鑲紅旗漢軍副都統卒賜祭葬鍾寶少業屠流為盜啟聖令香山招之降後啟聖征福建寶偕同降者二十人隸麾下每戰輒當前所向有功累進秩都督僉事啟聖卒遂歸後數年部議注官授潼關參將遷靖邊協副將卒實撫兵民有恩稱為鍾佛子韓大任降後入覲聖祖以其為三桂將留為內務府包衣參領二十九年從佟國綱征噶爾丹次烏蘭布通伏發國綱歿於陣大任驚曰吾聞臨陣失帥兵家大罪吾以叛逆之黨蒙恩不死今豈可坐必死之律復對獄吏乎因馳入賊陣手刃數十人死之

吳興祚字伯成漢軍正紅旗人原籍浙江山陰父執忠客禮親王代善幕授頭等護衛興祚自貢生授江西萍鄉知縣金聲桓叛郡縣多被寇萍鄉以有備獨完坐事能旋以守禦功復官授山西大寧知縣遷山東沂州知州白蓮教嘯聚為患興祚開諭散遣之復坐事降補江南無錫知縣縣吏虧庫帑更數政未得償官能不能去興祚至為請豁除其當償者出私財代輸清丈通縣田編號繪圖因田徵賦飛詭隱匿皆不得行縣徭役未均最煩苦者為圖六興祚以入官田徵租雇役民害乃除歲飢為粥食餓者八旗兵駐防蘇州興祚請於領兵固山[illegible][illegible]彈壓兵或取民雞立笞之皆奉約束塘溢兵不得度立竹於塘旁懸燈以為識騎行如坦途康熙十三年遷行人仍留知縣事用漕運總督帥顏保薦超擢福建按察使有朱統錩者號明裔耿精忠私署救遠將軍及精忠降自稱宜春王據貴溪為亂與福建錯壤興祚輕騎至光澤撫其將陳龍等遣降將陽自歸為內應令龍導師入其將馮珩等縛統錩率兵三千以降十七年擢巡撫時鄭錦踞臺灣遣其驍將劉國軒等陷漳泉屬縣復圍泉州興祚率標兵自興化赴援至仙遊錦將黃球等率二千人結土寇萬餘屯白鴿嶺興祚分兵三道自當中路與戰自辰至酉相持不即退興祚遣兵自間道奪白鴿嶺關口斬級六百墮岸溺水死者甚衆寇乃潰走追敗之於嶺頭灣復永春德化二縣國軒自泉州走入海以巨艦數百出沒赤嶼黃崎諸處興祚遣總兵林賢等統水師出海分三路夾攻焚敵艦六十餘俘斬六千有奇疏報捷並言海逆逼犯漳泉大軍由陸路進發跋涉疲難臣前捐募水兵一戰破賊但兵力稍薄未易輕取廈門若得水師二萬再添造戰船可直搗巢穴掃蕩鯨波詔允行十八年國軒率兵二千至郭塘歐溪頭欲斷江東橋以犯長泰興祚與都統吉勒塔布總督姚啟聖會師擊走之興祚遣驛傳道王國泰等招降錦將蔡沖琱林忠等三百

八十五人兵萬二千五百拔難民千二百得舟六十七敘前後功進秩正一品十九年疏言鄭錦盤踞廈門沿海生靈受其荼毒臣去冬新造戰船水師提督萬正色分配將士自閩安出大洋操練俟舊存船艘修葺完整江南礮手齊集即相機進取廈門二月正色師進海壇興祚自泉州會甯海將軍拉哈達總兵王英等赴同安攻克潯洲潯尾諸隘渡海拉哈達出中路英右興祚左奮戰敵大潰遂克廈門時正色已取海壇降錦將朱天貴等復遣兵取金門餘衆悉竄臺灣捷聞詔嘉獎下部優敘興祚因請留澳民防守蠲荒田租糧減關課正色亦請於海澄廈門分兵駐守上命侍郎溫岱赴福建會議溫岱至啟聖與言正色復海壇與天貴先有約乃進兵無殺賊攻克事溫岱還京師兵部據其言議興祚冒功上命仍議敘予世職拜他喇布勒哈番兼拖沙喇哈番二十年擢兩廣總督興祚上官疏言尙之信在廣東橫徵苛斂民受其害數十年因舉鹽埠渡稅稅總店漁課諸害悉奏罷之自遷界令下廣東沿海居民多失業興祚疏請展界悉民捕採耕種上遣尙書杜臻內閣學士石柱會興祚巡歷規畫兵民皆得所又言潮州海汛遼闊商民往來貿易恐宵小潛蹤應令澄海協達濠營水汛官兵船隻改駐南澳水師鎭統轄與碣石鎭互相聯絡巡防外海島嶼詔並允行二十四年疏請於廣東廣西二省設爐鼓鑄給事中錢晉錫御史王君詔疏劾興祚鼓鑄浮冒下吏議當鐫秩命以副都統用三十一年授歸化城右翼漢軍副都統復坐事鐫秩三十六年上征噶爾丹命自呼坦和碩至甯夏安十三塘興祚願効力坐沙克舒爾塘未幾復原秩三十六年卒興祚爲政持大體除煩苛卒後遠近戴之歷官之地並顧祀名宦

施琅字琢公福建晉江人初爲明總兵鄭芝龍部下左衝鋒順治三年師定福建琅從芝龍降從征廣東戡定順德東莞三水新甯諸縣芝龍歸京師其子成功竄踞海島招琅不從成功執琅並繫其家屬琅以計得脫父大宣弟顯及子姪皆爲成功所殺十三年從定遠大將軍貝子濟度擊敗成功於福州授同安副將十六年成功據臺灣就擢琅同安總兵康熙元年遷水師提督時成功已死其子錦率衆欲犯海澄琅遣守備汪明等率舟師禦之海門斬其將林維獲戰船軍械未幾靖南王耿繼茂總督李率泰等攻克廈門敵驚潰琅募荷蘭國水兵以夾板船要擊斬級千餘乘勝取浯嶼金門二島敘功加右都督三年加靖海將軍七年琅密陳錦負嵎海上宜急攻之召詣京師上詢方略琅言賊兵不滿數萬戰船不過數百錦智勇俱無若先取澎湖以扼其吭賊勢立絀倘復負固則重師泊臺灣港口而別以奇兵分襲南路打狗港及北路文港海翁堀賊分則力薄合則勢蹙臺灣計日可平事下部議寢其奏因裁水師提督授琅內大臣隸鑲黃旗漢軍二十年錦死子克塽幼諸將鄭國軒馮錫範用事內閣學士李光地奏臺灣可取狀因薦琅習海上事上復授琅福建水師提督加太子少保諭相機進取琅至軍疏言賊船久泊澎湖悉力固守冬春之際颶風時發我舟驟難過洋臣今練習水師又遣間諜通臣舊時部曲使爲內應俟風便可獲全勝二十一年給事中孫蕙疏言宜緩征臺灣七月彗星見戶部尙書梁清標復以爲言詔暫緩進勦琅疏言臣已簡水師精兵二萬戰船三百足破滅海賊請趣督撫治糧餉但遇風利即可進行並請調陸路官兵協勦詔從之二十二年六月琅自桐山攻克花嶼貓嶼草嶼乘南風進泊八罩國軒踞澎湖緣岸築短墻置腰銃環二十餘里爲壁壘琅遣遊擊藍理以鳥船進攻敵舟乘潮四合琅乘樓船突入賊陣流矢傷目血溢於帕督戰不少卻總兵吳英繼之斬級三千克虎井桶盤二嶼旋以百船分列東西遣總兵陳蟒魏明董義康玉率兵東指雞籠峪四角山西指牛心灣分賊勢琅自督五十六船分八隊以八十船繼後揚帆直進敵悉衆拒戰總兵林賢朱天貴先入陣天貴戰死將士奮勇衷擊自辰至申焚敵艦百餘溺死無算遂取澎湖國軒遁歸臺灣克塽大驚遣使詣軍前乞降琅疏陳上許之八月琅統兵入鹿耳門至臺灣克塽率屬薙髮迎於水次繳延平王金印臺灣平自海道報捷疏至正中秋上賦詩旌琅功復授靖海將軍封靖海侯世襲罔替賜御用袍及諸服物琅疏辭侯封乞得如內大臣例賜花翎部議謂非例上命毋辭並如其請賜花翎遣侍郎蘇拜至福建與督撫及琅議善後事有言宜遷其人棄其地者琅疏言明季設澎水標於金門出汛至澎湖而止臺灣原屬化外土番雜處未入版圖然其時中國之民潛往生聚已不下萬人鄭芝龍爲海寇據爲巢穴及崇禎元年芝龍就撫借與紅毛爲互市之所紅毛聯結土番招納內地民漸作邊患至順治十八年鄭成功盤踞其地糾集亡命荼毒海疆傳及其孫克塽積數十年一旦納土歸命善後之計尤宜周詳若棄其地遷其人以有限之船渡無限之民非閱數年難以報竣倘渡載不盡竄匿山谷所謂藉寇兵而齎盜糧也且此地原爲紅毛所有乘隙復踞必竊窺內地鼓惑人心重以夾板船之精堅海外無敵沿海諸省斷難安然無虞至時復勦師遠征恐未易見效如僅守澎湖則孤懸汪洋之中土地單薄遠隔金門廈門豈不受制於彼而能一朝居哉臣思海氛既靖汰內地溢設之官兵分防兩處臺灣設總兵一水師副將一陸營參將二兵八千澎湖設水師副將一兵二千初無添兵增餉之費已足固守其總兵副將參遊等官定以二三年轉升內地其地正賦雜糧暫行蠲豁駐兵現給全餉三年後開徵濟用即不盡資內地轉輸蓋籌天下形勢必期萬全臺灣雖在外島關四省要害斷不可棄並繪圖以進疏入下議政王大臣等議仍未決上召詢廷臣大學士李霨奏應如琅請尋蘇拜等疏亦用琅議並設縣三府一巡道一上命允行琅又疏請克塽納土歸誠應攜族屬與劉國軒馮錫範及明裔朱桓等俱詣京師詔授克塽公銜國軒錫範伯銜俱隸上三旗餘職官及桓等於近省安插墾荒復疏請申嚴海禁稽核貿易商船命如所議二十七年入覲溫旨慰勞賞賚優渥上諭琅曰爾前爲內大臣十有三年當時尙有輕爾者惟朕深知爾待爾甚厚後三逆平定惟海寇潛據臺灣爲福建害欲除此寇非爾不可朕特加擢用爾能不負任使舉六十年難靖之寇殄滅無餘或有言爾恃功驕傲朕令爾來京又有言當留勿遣者朕思寇亂之際尙用爾勿疑況天下已平反疑而勿遣耶今命爾復任宜益加敬慎以保功名琅奏謝言臣年力已衰懼勿勝封疆之重上曰將尙智不尙力朕用爾亦智耳豈在手足之力哉命還任三十五年卒於官年七十六贈太子少傅賜祭葬諡襄壯琅治軍嚴整通陣法尤善水戰諳海中風候將出師值光地請急歸問琅曰衆皆言南風不利今乃剋六月出師何也琅曰北風日夜猛今攻澎湖未能一戰克風起舟散將何以戰夏至前後二十餘日風微夜尤靜可聚泊大洋觀釁而動不過七日舉之必矣即偶有颶風此則天意非人慮所及鄭氏將劉國軒最驍以他將守澎湖雖敗彼必再戰今以國軒守敗則膽落臺灣可不戰而下及戰雲起東南國軒望見謂颶作喜甚俄雷聲殷殷國軒推案起曰天命矣今且敗人謂琅必報父仇將致毒於鄭氏琅曰絕島新附一有誅戮恐人情反側吾所以銜恤茹痛者爲國事重不敢顧私也子世綸世驃自有傳世范襲爵

朱天貴福建莆田人初爲鄭錦將康熙十九年師下海壇以所部二萬人舟三百來降授平陽總兵琅攻澎湖天貴以師會國軒拒戰天貴以十二舟薄敵壘焚其舟殺傷甚衆戰益力俄中飛礮仆舟中猶大呼殺賊遂卒贈太子少保諡忠壯

論曰臺灣平琅專其功然啓聖興祚經營規畫戡定諸郡縣及金廈既下鄭氏僅有臺澎遂衆而殲先事之勞何可泯也及琅出師啓聖興祚欲與同進琅遽疏言未奉督撫同進之命上命啓聖同琅進取止興祚毋行既克啓聖告捷疏後琅至賞不及鬱鬱發病卒功名之際有難言之矣大敵在前將帥內相競審擇堅任一戰而克非聖祖善馭羣材曷能有此哉

清史稿　列傳四十八

楊捷 石調聲　萬正色

吳英　藍理

黃梧 子芳度 從子芳世 芳泰

穆赫林 段應舉

楊捷字元凱義州人先世居寶應明初以軍功授後屯衞指揮使世襲遂家焉捷初爲明裨將順治元年來降授山西撫標中軍遊擊嵐州土寇高九英等聚衆剽掠巡撫馬國柱檄捷捕治斬九英毀其巢國柱遷總督以捷爲督標中軍參將旋擢副將四年師定廣東命捷率宣化大同兵三千往鎭撫五年行次池州金聲桓李成棟叛大將軍譚泰請以捷駐防九江會勦即授九江總兵率兵復都昌獲聲桓所置吏余應桂等斬之江西平敘功予世職拖沙喇哈番十年從靖南將軍喀喀木討廣東叛鎭郝尚久復潮州調陝西興安經略大學士洪承疇請留原鎭加右都督調福建隨征右路總兵十二年敘復潮州功進左都

督鄭成功侵掠福建與戰雲霄銅山諸處屢捷十六年擢江南提督會成功陷鎮江窺江寧加太子少保充江南隨征左路總兵駐揚州防江北要汛十八年命署廬鳳提督尋調山東土寇于七敗竄入海捷捕治其黨五十餘人誅之康熙十二年調江南十七年鄭錦攻漳州陷海澄調捷福建轄水陸各軍進少保兼太子太保疏言臣前剿賊雲霄銅山間深知閩兵不力戰自任江南提督召募材健訓練有年擬選三千人隨征福建詔允之捷至福州聞錦犯泉州即督兵趨惠安錦將劉國軒斷洛陽橋以三千人據陳山壩阻我師捷遣遊擊李璉等襲破之總兵黃大來與副都統禪布等會師洛陽橋南夾擊國軒遁泉州平錦將王一鵬復窺惠安捷令總兵張韜禦之捕斬略盡其別將葉明紀朝佐等出沒德化永春間蕭武等以舟師泊湄州窺興化捷遣將防守策應移師至漳州偕副都統吉爾塔布等敗國軒於江東橋又分兵屯守柯坑山鳳山萬松關諸要隘遣別將扼守榴山寨捷初上官疏請別設水師提督得以專禦陸路上授捷昭武將軍領福建陸路提督事十八年國軒率衆刦榴山寨欲奪江東橋捷會平南將軍賚塔等分兩翼夾擊大敗之於下坑山及歐溪頭斬級千餘獲甲仗無算國軒屯獅子山聯絡遠近各寨爲聲援十九年捷親率健卒剿平烏嶼諸寨與總督姚啓聖總兵姚大來等分下玉洲三汊石碼連破十九寨進取海澄錦將蘇侃以城降遂乘勝與浙江提督石調聲復廈門國軒自銅山竄歸臺灣是年以老病乞罷命還任江南提督敘復海澄功進世職三等阿達哈哈番三十九年卒年七十四贈少傅兼太子太傅諡敏壯孫鑄襲職請改籍揚州衛石調聲漢軍鑲黃旗人以佐領從征廣東敍功予世職拖沙喇哈番遷參領駐防福建擢杭州副都統耿精忠犯浙江調聲迎擊屢卻賊擢浙江提督康熙十七年鄭錦遣國軒等犯海澄詔趣調聲赴援未至而海澄陷康親王檄守惠安賊陷同安遂圍泉州惠安亦陷調聲退軍興化與參贊大臣禪布攻復惠安逐北至洛陽橋泉州圍解復偕副都統沃申破賊江東橋頭之國軒等復奪橋斷餉道將軍賚塔檄調聲迎擊敗之十九年復廈門金門國軒遁調聲還浙江任初賊陷江山惠安戰士暴骨多未瘞議者以咎調聲二十一年追論奪官及世職尋卒

萬正色字惟高福建晉江人少入伍以招降海寇陳燦等敍功授陝西興安遊擊康熙十二年吳三桂反正色從西安將軍瓦爾喀征四川叛將譚宏等據陽平關拒戰敗之於野狐嶺乘勝復廣元昭化累擢岳州水師總兵時三桂據岳州扼守洞庭湖套植木爲樁阻我師十七年正色上官率舟師夜入亂樁中拔樁盡擊賊屢敗之三桂將江義巴養元杜輝等率舟二百攻柳林嘴正色與游擊唐善等擊之毀其舟是歲三桂死於衡州其子應麒與輝義等守岳州正色遣千總魏士曾齎書十四分致應麒部將士曾爲所殺應麒亦殺部將之受書者遂內訌其將陳華李超王度冲出降應麒棄城遁遂復岳州正色爲士曾請䘏廕守備十八年追敍克陽平關功加左都督大將軍康親王傑書征福建耿精忠降而鄭錦猶踞金門廈門陷海澄正色自以閩人習海上事狀因陳水陸戰守機宜言福建負山枕海賊蹤出沒靡常宜擇官兵習於陸者分布要害使賊不得登岸水軍自萬安鎮順流直下金門塞海澄以斷其歸路賊自廈門來援則從金門掩擊更請蠲除沿海邊地雜派設法招撫善爲安置則賊黨自散疏入詔加太子少保調福建水師總兵擢提督時議檄調荷蘭國船進取廈門正色疏言荷蘭船遲速莫必延至三四月風信轉南即難前進今新舊鳥船俱集臣與撫臣吳興祚決計進討臣率水師直攻海壇興祚率陸兵爲聲援十九年正色征海壇分前鋒爲六隊親統巨艦繼之又以輕舟繞出左右幷力夾攻發砲擊沈敵艦溺死三千餘人遂取海壇其將朱天貴遁正色追躡至平海澳天貴走崇武正色掩擊大敗之與將軍拉哈達總督姚啟聖巡撫吳興祚提督楊捷會師取廈門天貴降錦竄歸臺灣疏請分兵鎮守濱海要地上遣兵部侍郎溫岱莅視尋議銅山廈門諸處量設總兵以下官留水師二萬人分鎮之初海壇既克下兵部敍功啟聖語溫岱正色先與天貴約乃進兵未嘗與賊戰兵部疏聞上命仍議敍予世職拖沙喇布勒哈番上諭正色規取臺灣正色請緩師二十年改陸路提督二十五年調雲南未幾與鶴慶總兵王珍互訐命與珍詣京師質問總督范承勳劾正色納賄侵蝕上遣侍郎多奇傅拉塔按治下刑部論死上以正色功多特宥之奪官仍留世職三十年卒

吳英字爲高福建莆田人幼爲海賊掠置島中更姓王康熙二年赴泉州降授守備劄從提督王進功攻鄭錦拔銅山城加都司僉書銜尋授浙江提標都司十三年耿精忠反其將曾養性侵浙總兵祖宏勳以溫州叛應之分犯寧波紹興英從提督塞白理擊敗之降其將李榮春等遷左營遊擊十四年養性宏勳率衆十餘萬犯台州英言於塞白理陽修毛坪山徑潛引兵間道自仙居襲賊後賊踞黃巖半山嶺拒戰英偕遊擊曾承等冒矢石前進斬其將劉邦仁等遂復黃巖遷中軍參將十五年貝子傅拉塔規復溫州養性宏勳率三萬人乘夜刦營英分兵五百伏賊後自率精銳據大羊山阻其要道遇賊殊死戰身中數槍師繼進伏發起賊大潰斬獲無算尋從提督石調聲援象山賊屯石門西溪二嶺英偕遊擊侯奇等分兵三道抵慈谿擊沈賊船殲其衆遂復象山九月康親王傑書進征福建精忠降養性宏勳引退其將馮公輔猶踞松陽英入山招之降其黨林惟仁等屯處州英剿撫兼用斬賊五百餘降惟仁及兵千餘十七年錦犯泉州康親王檄調聲赴援英率師從錦將劉國軒據洛陽橋英自上游陳山壩渡江以奇兵出賊後造浮橋濟師前後夾攻斬級六百有奇遷福建督標中軍副將率師援漳州連克十九寨轉戰至江口發礮擊沈敵船遂復海澄十八年國軒復擁衆數萬屯郭塘歐溪頭謀奪江東橋英擊走之擢同安總兵十九年偕甯海將軍拉哈達巡撫吳興祚自同安港口分兵進克廈門錦遁歸臺灣是年英奏請復姓二十二年移興化會施琅進攻澎湖英偕總兵朱天貴林賢等自八罩嶼乘風進擊游擊藍理陷圍英衝入敵陣拔之出翌日進取虎井嶼英右耳中槍益力戰躍入敵艦手刃其將鄭仁餘悉駭竄國軒與鄭克塽乞降事具琅傳二十四年入覲奏言臺灣地勢絕險土番止求衣食素無他願自來小寇竊發皆由內地奸民作祟陸師搜捕易盡前議設水師趕繒雙篷船百請減十之八留二十船分撥臺灣澎湖二處傳遞文書臺灣澎湖經制官兵一萬員名前議以鹿皮白糖通洋助餉不能如期給發臣見臺灣民田之外別有水田俱屬鄭氏親黨及其部將耕牛甚多請分四千屯田每兵給田三十畝牛一課耕種農隙操練則兵有恒產餉可省牛疏入命議行尋移鎮浙江舟山擢四川提督英先以軍功加左都督授世職拖沙喇哈番敍平臺澎功進世職三等阿達哈哈番三十六年調福建陸路提督改水師上南巡英朝行在賜御書榜額召見問福建今有無海寇英對曰海寇斷不至蔓延若蔓延任臣等何用惟海中與城郭不同一水汪洋乘一小舟隨處可藏匿商賈失利不得已走而爲盜往往有之不可遽謂之海寇也上降詔獎英篤實而明達尋授威略將軍仍領水師提督事復御製詩賜之勗以黽勉防微五十一年卒年七十六贈太子少保

藍理字義山福建漳浦人少桀驁膂力絕人集族人勇健者擊殺海寇盧質詣吏欲因以爲功吏疑亦盜也繫之獄康熙十三年耿精忠反悉縱繫者令赴藩下授職理間道走仙霞關詣康親王軍降爲鄉導破叛將曾養性於溫州十五年從師入閩授建寧游擊十七年從都統賚塔敗海寇於蜈蚣山復長泰十八年遷灌口營參將十九年總督姚啓聖駐師漳浦令理分兵守高浦辭不赴劾理虛兵冒餉坐奪官下部議罪擬杖徒理請剿海寇自贖上允之發軍前効力二十一年提督施琅征臺灣知理英勇奏署右營游擊領舟師部議格之特旨允行琅令理當前鋒諸弟瑤瑗珠皆從鄭克塽遣其將劉國軒守澎湖令曾遂等率衆數萬迎敵戰艦蔽海理督兵與戰自辰至午戰益力遂發礮殫掠理而過理仆遂遥呼曰藍理死矣瑤扶理起立理亦呼曰藍理在曾遂死矣呼刀族子法以授理見理腹破腸流出爲掬而納諸腹瑗傳以衣珠持匹練縛其創理呼殺賊麾兵進擊沈敵艦二敵大潰琅過理舟慰勞之令治創復戰琅舟膠淺沙敵艦環圍之理聞赴援理舟書姓名逢上敵憚理戰爲稍卻追擊大敗之得左都督未幾丁父憂二十六年服闋詣京師迎駕趙北口召至御前問澎湖戰狀命解衣視其創慰勞甚至超授陝西神木營副將尋擢宣化鎮總兵挂鎮朔將軍印二十九年移定海四十二年復移天津賜花翎冠服並御書牓曰所向無敵賚爲四十三年以舊傷疾作乞解任溫旨慰留遣御醫診視理以畿輔地多荒窪請於天津開墾水田百五十頃歲收稻穀民號曰藍田四十五年擢福建陸路提督四十六年上南巡理迎駕揚州賞賚有加復御書榜曰勇壯簡易四十七年丁母憂命在任守制五十年巨盜陳五顯等糾二千人擾泉州永春德化諸縣事聞逾數月理始疏陳並言村落安集如故上斥其詿命奪職總督梁鼐巡撫滿保先後劾理貪婪酷虐諸狀遣侍郎和托廖騰煃會督撫按治得實論斬詔從寬免死入京旗五十四年師北征剿策妄阿喇布坦理請赴軍前効力賜總兵銜從都統穆爾賽協理北路軍務以病回京尋卒詔免所追銀兩遣其妻子回籍歸葬理號勇善戰性率直官福建提督政行於鄉里捕治盜賊遂及諸豪家修橋梁平道路率富民錢益積怨泉州民繪虎爲榜列理諸罪狀以是得罪上念其舊功終矜全之弟瑤未仕瑗官至金門總兵珠累官參將

黃梧字君宣福建平和人初爲鄭成功總兵守海澄順治十三年梧斬成功將華棟等以海澄降大將軍鄭親王世子濟度以聞封海澄公十四年總督李率泰疏請益梧兵合四千人駐漳州梧與李率泰及提督馬得功都統郎賽水陸

分道進破七城克閩安鎭敘功賜甲冑貂裘加太子太保梧牒李率泰薦委署都督施琅智勇忠誠熟諳沿海事狀假以事權必能剪除海孽又言成功全藉內地接濟木植絲綿油麻釘鐵柴米土宄陰爲轉輸齎糧養寇請嚴禁並條列滅賊五策復請速誅成功父芝龍率泰先後上聞琅得擢用芝龍亦誅尋命嚴海禁絕接濟移兵分駐海濱阻成功兵登岸增戰艦習水戰皆用梧議也及成功病卒其將萬義萬祿楊學皋陳蟒陳立勳黃昌黃義余期英等詣梧降康熙二年師攻廈門靖南王耿繼茂出潯尾梧偕李率泰出嵩嶼督水陸將卒夾擊斬獲無算遂克廈門金門浯嶼三島鄭錦遁據銅山繼茂令梧統兵駐雲霄防剿三年梧招錦將周全斌陳昇黃廷何政許貞李思忠等來降遂偕繼茂李率泰及提督王進功乘夜渡海拔銅山錦走還臺灣梧疏言自海上歸誠十二年中先後招撫文武吏二百餘兵數萬人有蒙賜封侯伯且世襲者臣公爵未定何等及承襲次數乞敕部嚴議尋命定封一等公世襲十二次七年兵部議裁汰諸行省兵額梧標下額定官三十員兵一千二百人餘移駐河南十三年耿精忠反傳檄至漳州梧方病疽聞變憤恚遂卒子芳度字壽嚴梧既卒陽以梧命答精忠而陰募兵自守凡二月餘得壯士六千人遂斬精忠所置都督劉豹等誓師登陴以蠟丸函疏遣黃藍間道馳奏上嘉梧忠藎降詔優卹以芳度襲爵並諭師自浙江江西廣東三路入福建芳度詗何路兵先到迎會合剿尋疏言漳州介耿鄭二逆間自八月以來堅與耿拒僞與鄭和因得陰行招募練成勁旅萬人分布漳城及龍溪等五縣無何耿逆來犯臣率衆迎擊擒斬無算二逆構怨已深勢必俱敗誠得粵省大兵乘勝進攻臣當率師迎會迅奏掃除之功十四年復言臣拒耿弭鄭固守一載有餘近二逆通好臣謀已洩鄭逆遂撤回各鎭聚衆海澄備糧繕器臣知其狡謀遣總兵楊壯猷等扼守平和並令臣從兄芳泰突圍赴廣東接引大兵鄭逆率衆圍城晝夜攻擊臣連次出兵斬其將黃鼎新盧英等但孤城缺餉百計難支計粵路援師旦夕可至乞密敕浙江江西兩路兵迅速進發俾二逆不能相顧臣可會合奏功漳州自五月被圍至七月敵來益衆豎雲梯攻城礮毀城堞三十餘丈芳度率將士拒戰殲賊無算敵環攻不退芳度連疏告急詔趣統兵諸將迅速赴援並撥餉接濟十月城中糧盡叛將吳淑引賊陷城芳度率兵巷戰力竭赴開元寺井死年二十有五賊戮其尸母趙妻李自經從父樞從兄芳名弟芳聲芳祜並死期功男女從死者三十餘人賊又斲梧棺毀其尸副將蔡隆游擊朱武外委張琠戴鄰陳謙俱罵賊死事聞優詔褒卹贈芳度王爵諡忠勇如多羅郡王例遣大臣致祭隆武琠鄰謙俱贈官有差梧兄子芳世字周士先於康熙元年齎梧疏入覲留京師授一等侍衛及芳度遣藍齎疏告急芳世自陳乞從大軍自廣東進援上許之以爲福建隨征總兵官降敕褒勉世芳至廣東會弟芳泰自漳州突圍出芳世督兵赴援距漳州僅二日聞城陷退屯惠州芳度殉難詔以芳世襲爵十五年叛將馬雄等誘芳世兄弟附三桂不從乘間脫走至江西信豐遣藍齎疏陳陷賊始末上嘉之加太子太保命仍鎭守漳州藍自參將擢海澄總兵令馳赴康親王軍俟漳泉恢復收集海澄公部下散失官兵鎭守汛地十六年芳世疏言臣叔梧遺骸遭賊殘毀請與芳度一體議卹臣叔樞罵賊而死臣弟芳名芳聲奮力守城同日遇害並乞賜卹詔贈梧太保諡忠恪樞贈按察使僉事芳名芳聲贈太常寺卿各予蔭賜芳世蟒袍弓矢鞍馬褒嘉甚至十七年錦將劉國軒吳淑犯海澄芳世與總督耶廷相副都統孟安等迭敗之觀音山秬山頭石瑪村等處國軒退犯漳州芳世率兵堵剿殲賊甚衆山寇蔡寅詐稱朱三太子糾衆數萬與錦通犯漳州芳世擊敗之於天寶山斬其渠楊寧等芳世疏言漳州亂後臣叔梧弟芳度舊部離散臣漸次收集得四千八百人選補本標五營六百人餘無額可補乞汰留三千人別立三營視經制給餉部議從之未幾病卒遺疏言閩省久困兵禍漳州尤甚願大師底定後嚴飭有司輕徭薄賦甦此殘黎並區畫海疆數事復以子溥年纔九歲請以弟芳泰襲爵詔贈少保諡忠襄芳泰字和士少爲諸生佐芳度守漳州突圍出乞援城陷後父母妻子皆遇害至廣東值尙之信叛芳泰與芳世從巡撫楊熙力戰得出尋授江南京口總兵芳世卒襲爵屢出剿賊復平和漳平諸縣總督姚啓聖疏言芳泰年少不能轄標兵下部議令芳泰詣京師芳泰疏請暫駐汀州爲兄芳度營葬啟聖復言海澄公標下舊兵聞芳泰在汀州皆走依之僞將吳淑兄弟以昔害芳度不敢來降請敕芳泰速離福建十八年芳泰至京師上言臣久經行陣不爲幼弱離漳已十月不聞吳淑投誠督臣無計辦賊以臣藉口臣當壯年乞仍駐閩疆督剿以報主恩上慰諭之二十二年許其回籍營葬二十九年卒以子應纘爲芳度後襲爵四十九年應纘爲芳泰請卹贈太子少保乾隆初追諡襄愍三十二年高宗特詔以公爵世襲罔替應纘卒諡溫簡無子以從子仕簡爲後襲爵乾隆初朝京師高宗以其幼令還里待命十九年授衢州總兵二十四年遷湖廣提督歷廣東福建陸路水師疏發廈門商船陋規上嘉之諭汝知恩朕亦知人漳泉民流入臺灣屢出刦掠仕簡親渡海督兵捕治再入覲賜黃馬褂雙眼花翎黑狐端罩病後偶躓賜人參高麗清心丸淡水生番戕同知楊凱復渡海督兵捕治加太子太保林爽文亂起督兵討之師久無功總督常青李侍堯先後劾仕簡貽誤奪官逮下刑部論斬特宥之尋赦歸卒仕簡子秉湻前卒以其孫嘉謨襲爵秉湻初授藍翎侍衛累遷至狼山總兵嘉謨初授頭等侍衛累遷至溫州總兵

穆赫林博爾濟吉特氏滿洲正藍旗人祖瑣諾木爲兀魯特貝勒太祖時從明安來歸積戰閥授二等總兵官卒順治間追諡順良再傳子僧格襲世職遇恩詔累進三等伯卒穆赫林襲職康熙五年授正藍旗滿洲副都統列議政大臣吳三桂反十三年偕都統拉哈達率兵駐防兗州旋命移駐江寧時耿精忠叛應三桂大將軍康親王傑書將軍貝子傅喇塔討之穆赫林率所部喀喇沁土默特兵赴浙江與傅喇塔師會十四年從攻台州精忠將林沖糾衆萬餘列十三寨拒戰穆赫林督兵攻拔其寨斬獲無算復仙居師自黃巖進精忠將曾養性偕叛將祖宏勳據溫州分水嶺迎戰穆赫林擊敗之上塘嶺得戰艦三十餘精忠將彭國明率衆五千瀕甌江列寨穆赫林率兵至寶帶橋奮擊斬級千餘盡獲其槍械旗幟遂薄江而陳賊來犯輒戰卻之溫州繞城爲濠屬甌江爲闌以蓄水師爭闘賊護甚力久未能薄城時康親王傑書駐金華檄傅喇塔與穆赫林速攻城穆赫林言必得大礮乃可克十五年上責王貝子等遷延師無功王因劾穆赫林與副都統吉勒塔布提督段應舉等違令貽誤狀命事平議罪八月康親王自衢州攻克仙霞關精忠降徙養性宏勳等至福州檄穆赫林移師福建駐守延平鄭錦使其將吳淑吳潛自邵武來攻穆赫林擊之浦塘隘口陣斬其將楊大任等乘勝復邵武汀州二府及所屬縣錦屢犯泉州復侵潮州穆赫林與副都統沃申總兵馬三奇等分兵赴之屢捷十七年錦犯海澄穆赫林與海澄公黃芳世率兵迎擊於灣腰樹戰失利退保海澄錦復糾衆環偪據高阜瞰城中礮石交下穆赫林與應舉協力固守糧盡身負重創未幾城陷乃與應舉自經死事平吏議穆赫林征溫州師無功守海澄聞援且至不能突圍出當奪官及世職籍其家上以穆赫林有戰功貰籍沒命其從子赫達色襲爵世宗時詔與應舉並入祀昭忠祠段應舉漢軍鑲藍旗人父思信明廣寧千總太祖取廣寧來降予世職備禦卒應舉襲從端重親王博洛討叛將姜瓖攻汾州及太谷克之復從貝勒屯齊征湖南屢有功累擢鑲藍旗漢軍梅勒額眞進世職二等阿達哈哈番偕鎭國將軍王國光赴廣東駐防潮州康熙三年剿叛將蘇利於南居鈽賊敗遁復碣石衛敘功進世職一等尋署山東提督十三年率兵赴杭州剿禦耿精忠授福建提督擊賊仙居黃巖太平樂清進圍溫州皆捷十五年從康親王征福建精忠降時鄭錦據漳泉興化與將軍拉哈達合兵進剿復興化泉州二城復分兵定漳州及海澄等縣應舉進駐海澄十七年劉國軒吳淑等陷平和穆赫林戰失利詔責應舉不能平賊調江寧提督楊捷代之應舉仍以副都統從征尋城陷死之

論曰鄭氏爲海疆患三十餘年捷正色扞衛艱難內定泉漳外收金廈英理遂佐施琅越海恢疆而理尤忠奮稱虎將方鄭氏亂時有自海上降者輒優以封爵林興珠爲建義侯鄭鴻逵爲奉化伯周全斌爲承恩伯鄭纘緒爲慕恩伯梧最先降授成功舊封子芳世殉漳州以忠延世穆赫林等死海澄孤城抗節亦自有足稱者悍寇死戰禦之艱克之尤偉矣

清史稿　列傳四十九

魏裔介　熊賜履

李光地

魏裔介字石生直隸柏鄉人順治三年進士選庶吉士四年授工科給事中五年疏請舉經筵及時講學以隆治本又言燕趙之民椎牛裹糧首先歸命此漢高之關中光武之河內也今天下初定屢奉詔蠲賦而畿輔未霑實惠宜切責奉行之吏彰信於民俱報聞轉吏科以母憂歸服闋九年起故官應詔疏言上下之情未通滿漢之氣中閡大臣闒茸以保富貴小臣鉗結以習功名紀綱日弛法度日壞請時御正殿召對羣臣虛心諮訪令部院科道等官面奏政事仍令史官記注以求救時之實時世祖親政裔介疏言督撫重臣宜愼選擇不宜專用遼左舊人又言攝政王時隱匿逃人立法太嚴天下囂然喪其樂生之心後以言官陳說始寬其禁責成州縣法至善也若舍此之外別有峻法竊恐下拂人心上干天和非尋常政治小小得失而已上韙之河南巡撫吳景道援恩

詔薦舉明兵部尚書張縉彥裔介疏言縉彥仕明身任中樞養寇誤國有盧杞賈似道之奸而庸劣過之宜予擯棄以協公論疏下部議以事在赦前予外用又疏言州縣遇災荒既經報部其例得蠲緩錢糧即予停徵以杜吏胥欺隱並就州縣積穀及存貯庫銀先行振貸下所司議行時直隸河南山東諸省災別疏請振上命發帑金二十四萬分遣大臣振之全活甚衆十一年遷兵科都給事中東南兵事未定疏言今日劉文秀復起於川南孫可望竊據於貴筑李定國伺隙於西粵張名振流氛於海島連年征討尚稽天誅爲目前進取計蜀爲滇黔門戶蜀既守而滇黔之勢蹙故蜀不可不先取此西南之情形也粵西稍弱昨歲桂林之役未大創必圖再犯以牽制我湖南之師宜令藩鎭吏番迭出相機戰守此三方者攻瑕宜先粵西粵西潰則可望膽落滇黔亦當瓦解又疏劾湖南將軍續順公沈永忠擁兵觀望致總兵官徐勇辰常道劉昇祚力竭戰死永忠坐罷任奪爵復劾福建提督楊名高玩寇致漳州郡縣爲鄭成功掄陷名高坐罷任尋遷太常寺少卿擢左副都御史十三年疏劾大學士陳之遴營私植黨之遴坐解官發遼陽閒住十四年遷左都御史上諭之曰朕擢用汝非繇人薦達裔介益感奮盡所欲言四月因欽天監推算次月日月交食疏請廣言路緩工作寬州縣考成速頒恩赦釋滯獄酌復五品以下官俸減徵調之兵節供應之費上嘉之下部詳議以行嘗侍經筵講漢文帝春和之詔因舉仁政所宜先者數事正陽門外菜園爲前朝嘉蔬圃地久爲民居部議入官裔介過其地民走訴即入告仍以予民十六年加太子太保十七年京察自陳以御史巡方屢坐貪敗責裔介未糾劾削太子太保供職如故時可望猶據貴州鄭成功亂未已裔介疏言可望恃峒蠻爲助宜命在事諸臣加意招徠予以新敕印舊者毋即收繳則歸我者必多成功作亂海上我水師無多惟於沿海要地增兵築堡使不得泊岸刦掠然後招其携貳散其黨與海患可以漸平下部議行未幾疏劾大學士劉正宗成克鞏欺罔附和諸罪命正宗克鞏回奏未得實下法司勘訊並解裔介官與質讞定正宗獲罪籍沒克鞏奪職視事復裔介官時以雲南福建用兵加派錢糧裔介疏請敕戶部綜計軍需足用卽停止上命未派者並停止康熙元年雲南既定疏言雲南既有吳三桂藩兵數萬及督提兩標兵則滿洲兵可撤但滇黔川楚邊方遼遠不以滿洲兵鎭守要地倘戎寇生心恐鞭長莫及荆襄乃天下腹心宜擇大將領滿兵數千駐防無事則控制形勢可以銷姦宄之萌有事則提兵應援可以據水陸之勝疏下部格不行復請以湖廣總督移駐荆州從之進吏部尚書三年拜保和殿大學士時輔臣柄政論事輒爭執裔介調和異同時有所匡正預修世宗實錄充總裁官九年典會試是年內院承旨會吏禮二部選新進士六十人試以文字擬上中下三等入奏上親定二十七人爲庶吉士御史李之芳劾裔介所擬上卷二十四人先使人通信招權納賄並謂與班布爾善相比引用私人班布爾善官大學士黨鼇拜伏法上命裔介復奏裔介疏辨幷言臣與班布爾善同官論事輒齟齬以鼇拜之勢燄足跡不至其門豈肯附班布爾善臣服官以來彈劾無所避忌前劾劉正宗其黨切齒於臣者十年於茲之芳正宗同鄉今爲報復因自請罷斥疏下吏部會質之芳力爭裔介自引咎部議以之芳劾奏有因裔介應削秩罰俸上寬之命供職如故十年以老病乞休詔許解官回籍世祖實錄成進太子太傅二十五年卒賜祭葬如制裔介居言路最久疏至百餘上數陳剴切多見施行生平篤誠信程朱之學以見知聞知述聖學之統著述凡百餘卷大指原本儒先並及經世之學家居十六年躬課稼穡循行阡陌人不知其爲故相也雍正間祀賢良祠乾隆元年追謚文毅

熊賜履字敬修湖北孝感人順治十五年進士選庶吉士授檢討典順天鄉試遷國子監司業進弘文院侍讀康熙六年聖祖詔求直言時輔臣鼇拜專政賜履上疏幾萬言略謂民生困苦孔亟私派倍於官徵雜項浮於正額一旦水旱頻仍蠲豁則吏收其實而民受其名振濟則官增其肥而民重其瘠然非獨守令之過也上之有監司又上之有督撫朝廷方責守令以廉而上官實縱之以貪方授守令以養民之職而上官實課以厲民之行故督撫廉則監司廉守令亦不得不廉督撫貪則監司貪守令亦不得不貪此又理勢之必然者也伏乞甄別督撫以民生苦樂爲守令之賢否以守令貪廉爲督撫之優劣督撫得人守令亦得人矣雖然內臣者外臣之表也本原之地則在朝廷其大者尤在立綱陳紀用人行政之間今朝廷之可議者不止一端擇其重且大者言之一曰政事極其紛更而國體因之日傷也國家章程法度不聞略加整頓而急功喜事之人又從而意爲更變但知趨目前尺寸之利以便其私而不知無窮之患已潛滋暗伏於其中乞敕議政王等詳議制度參酌古今勒爲會典則上有道揆下有法守矣一曰職業極其隳窳而士氣因之日靡也部院臣工大率緘默瞻顧外託老成愼重之名內懷持祿養身之念憂憤者謂之疏狂任事者目爲躁競廉靜者斥爲矯激端方者詆爲迂腐闇有讀書窮理之士則羣指爲道學誹笑詆排欲禁錮其終身而後已乞申飭滿漢諸臣虛衷酌理實心任事化情面爲肝膽轉推諉爲擔當漢官勿阿附滿官堂官勿偏任司員宰執盡心獻納勿以唯諾爲休容臺諫極力糾繩勿以鉗結爲將順則職業修舉官箴日肅而士氣日奮矣一曰學校極其廢弛而文教因之日衰也今庠序之教缺焉不講師道不立經訓不明士子惟揣摩舉業爲弋科名掇富貴之具不知讀書講學求聖賢理道之歸高明者或汎濫於百家沈淪於二氏斯道淪晦未有甚於此時者也乞責成學院學道統率士子講明正學特簡儒臣使司成均則道術以明教化大行人才日出矣一曰風俗極其僭濫而禮制因之日壞也今一裘而費中人之產一宴而糜終歲之糧輿隸被貴介之服倡優擬命婦之飾習爲固然夫風俗奢禮制壞爲飢寒之本原盜賊訟獄凶荒所由起也乞明詔內外臣民一以儉約爲尚自王公以及士庶凡宮室車馬衣服規定經制不許逾越則貪風自息民俗漸醇矣雖然猶非本計也根本切要端在皇上皇上生長深宮春秋方富正宜愼選左右輔導聖躬薰陶德性優以保衡之任隆以師傅之禮又妙選天下英俊使之陪侍法從朝夕獻納毋徒事講幄之虛文毋徒應經筵之故事毋以寒暑有輟毋以晨夕有間於是考諸六經之文監於歷代之迹實體諸身心以爲敷政出治之本若夫左右近習必端其選綴衣虎賁亦擇其人佞倖不置於前聲色不御於側非聖之書不讀無益之事不爲內而深宮燕閑之間外而大廷廣衆之地微而起居言動之恒凡所以維持此身者無不備防閑此心者無不周主德清明君身強固由是直接二帝三王之心法自足措斯世於唐虞三代之盛又何吏治之不清民生之不遂哉疏入鼇拜惡之請治以妄言罪上勿許七年遷秘書院侍讀學士疏言朝政積習未除國計隱憂可慮年來災異頻仍饑荒疊見正宵旰憂勤徹縣減膳之日講學勤政在今日最爲切要乞時御便殿接見羣臣講求政治行之以誠持之以敬庶幾轉咎徵爲休徵疏入鼇拜傳旨詰問積習隱憂實事以所陳無據妄奏沽名下吏議鐫二秩上原之八年鼇拜敗命康親王傑書等鞫治以鼇拜銜賜履意圖傾害爲罪狀之一方鼇拜輔政擅威福大臣稍與異同立加誅戮賜履以詞臣論事侃侃無所避用是著直聲上即位後未舉經筵賜履特具疏請之並請設起居注官上欲幸塞外以賜履疏諫乃寢且嘉其直九年擢國史院學士未幾復內閣設翰林院更以爲掌院學士舉經筵以賜履爲講官日進講弘德殿賜履上陳道德下逮民隱上每虛己以聽十四年諭獎其才能清愼遷內閣學士尋超授武英殿大學士兼刑部尚書十五年陝西總督哈占疏報獲盜開復疏防官下內閣賜履誤票三法司核擬既檢舉得旨免究賜履改草簽欲諉咎同官杜立德又取原草簽嚼而毀之立德以語索額圖事上聞吏部議賜履票擬錯誤欲諉咎同官杜立德改寫草簽復私取嚼毀失大臣體坐奪官歸僑居江甯二十三年上南巡賜履迎謁召入對御書經義齋榜以賜二十七年起禮部尚書未幾以母憂去二十八年上復南巡賞賚有加二十九年起故官仍直經筵命往江南讞獄調吏部會河督靳輔請豁近河所占民田額賦命賜履會勘奏免高郵山陽等州縣額賦三千七百二十八頃有奇三十四年弟編修賜瓚以奏對欺飾下獄御史龔翔麟遂劾吏部銓除州縣以意高下賜履僞學欺罔乞嚴譴下都察院議賜履與尚書庫勒納侍郎趙士麟彭孫遹當降官上不問賜瓚亦獲赦三十八年授東閣大學士兼吏部尚書預修聖訓實錄方略明史並充總裁官典會試者五以年老累疏乞休四十二年溫旨許解機務仍食俸留京備顧問四十五年乞歸江甯比行召入講論累日賜履因奏巡幸所至官民供張煩費惟上留意上頷之給傳遣官護歸四十六年上閱河幸江甯召見慰問賜御用冠服四十八年卒年七十五命禮部遣官視喪賜賻金千兩贈太子太保謚文端五十一年上追念賜履知其貧迭命江甯織造周恤其家諭吏部召其二子志契志夔詣京師皆尚幼復諭賜履僚屬門生醵金佽之賜履論學以默識篤行爲旨其言曰聖賢之道不外乎庸庸乃所以爲神也著閑道錄嘗進上命備省覽雍正間祀賢良祠

李光地字晉卿福建安溪人幼穎異年十三舉家陷山賊中得脫歸力學慕古順治九年成進士選庶吉士授編修十二年乞省親歸十三年耿精忠反鄭錦據泉州光地奉親匿山谷間錦與精忠並遣人招之力拒十四年密疏言閩疆褊小自二賊割據誅求敲扑民力已盡賊勢亦窮南來大兵宜急攻不可假以歲月恐生他變方今精忠悉力於仙霞杉關鄭錦幷命於漳潮之界惟汀州小路與贛州接壤賊所置守禦不過千百疲卒竊聞大兵南來皆於賊兵多處聚戰而不知出奇以搗其虛此計之失也宜因賊防之疏選精兵萬人或五六千人詐爲入廣由贛達汀爲程七八日耳二賊聞急趨救非月餘不至則我軍入

圍久矣賊方悉兵外拒內地空虛大軍果從汀州小路横貫其腹則三路之賊不戰自潰伏乞密敕領兵官偵諜虛實隨機進取仍恐小路崎嶇須使鄉兵在大軍之前步兵又在馬兵之前庶幾萬全可以必務置疏蠟丸中遣使間道赴京師因內閣學士富鴻基上之上得疏動容嘉其忠下兵部錄付領兵大臣時尚之信亦叛師次贛州南安未能入福建康親王傑書自衢州克仙霞關復建甯延平精忠請降師進駐福州令都統拉哈達賚塔等討鄭錦並求光地所在十六年復泉州光地謁拉哈達於漳州拉哈達白王疏稱光地矢志爲國顚沛不渝宜予褒揚命優敍擢侍讀學士行至福州以父喪歸十七年同安賊蔡寅結衆萬餘以白巾爲號掠安溪光地募鄉勇百餘人扼守絕其糧道賊解去未幾錦遣其將劉國軒陷海澄漳平同安惠安諸縣進逼泉州斷萬安江東二橋南北援絕光地遣使赴拉哈達軍告急值江水漲道阻乃導軍自漳平安谿小道入光地從父日煌率鄉勇度石珠嶺芟荆棘架浮橋以濟光地出迎具牛酒犒軍又使弟光垤光垠以鄉兵千度白鴿嶺迎巡撫吳興祚軍於永春師次泉州擊破國軒竄入海拉哈達上其功再予優敍遷翰林學士光地上疏推功將帥辭新命不允並官日煌後積功官至永州總兵十九年光地至京師授內閣學士入對言鄭錦已死子克塽幼弱部下爭權宜急取之且舉內大臣施琅習海上形勢知兵可重任上用其言卒平臺灣陳夢雷者侯官人與光地同歲舉進士同官編修方家居精忠亂作光地使日煌潛詣夢雷探消息得虛實約並具疏密陳破賊狀光地獨上之由是大受寵眷及精忠敗夢雷以附逆逮京師下獄論斬光地乃疏陳兩次密約狀夢雷得減死戍奉天二十一年乞假奉母歸二十五年還京授翰林院掌院學士直經筵兼充日講起居注官教習庶吉士逾年以母病乞歸省二十七年至京初光地與侍讀學士德格勒善於上前互相稱引上召德格勒與諸詞臣試乾淸宮以文字劣鐫秩旋掌院庫勒訥劾其私抹起居注事下獄論罪詔責光地光地引罪乞嚴譴上原之尋擢兵部侍郎三十年典會試偕侍郎博霽徐廷璽原任河督靳輔勘視河工三十三年督順天學政聞母喪命在任守制光地乞假九月回里治喪御史沈愷曾楊敬儒交章論劾上令遵初命給事中彭鵬復疏論光地十不可留目爲貪位忘親排詆尤力乃下九卿議命光地解任在京守制三十五年服闋仍督順天學政三十六年授工部侍郎三十七年出爲直隸巡撫初畿輔屢遭水患上以漳河與滹沱合流易汛濫命光地導漳自故道引入運河殺滹沱之勢光地疏言漳河見分爲三一自廣平經魏元城至山東館陶入衞水歸運一爲老漳河自山東邱縣經南宮諸縣與完固口合流至鮑家嘴歸運一爲小漳河自邱縣經廣宗鉅鹿合於滏又經束鹿冀州合於滹沱由衡水出獻縣完固口復分爲兩支小支與老漳河合流而歸運大支經河間大城靜海入子牙河而歸淀今入衞之河與老漳河流淺而弱宜疏濬其完固口小支應築壩遏水入河更於靜海閻留二莊挑土築隄束水歸淀俾無汛濫詔報可尋奏霸州永清宛平良鄉固安高陽獻縣因濬新河占民田一百三十九頃請豁免賦額從之通州等六州縣額設紅剝船六百號剝運南漕每船給贍田遇水旱例不蠲免光地奏請援民田例概蠲免之三十九年上臨視子牙河工命光地於獻縣東西兩岸築長隄西接大城東接靜海亙二百餘里又於靜海廣福樓焦家口開新河引水入淀由是下流益暢無水患四十二年上褒其治績擢吏部尚書仍管巡撫事四十二年給事中黃鼎楫湯右曾許志進宋駿業王原等合疏劾光地撫綏無狀致河間饑民流入京畿並甯津縣匿災不報狀光地疏辨引咎乞罷詔原之再疏辭尙書不許尋疏劾雲南布政使張霖假稱詔旨販鬻私鹽得銀百六十餘萬霖論斬籍沒四十四年拜文淵閣大學士時上潛心理學旁闡六藝御纂朱子全書及周易折中性理精義諸書皆命光地校理日召入便殿講求探討四十七年皇太子允礽以疾廢命諸大臣保奏諸皇子孰可當儲位者尚書王鴻緒等舉皇子允禩上切責之詢光地何無一言光地奏前者皇上問臣以廢太子病臣奏言徐徐調治天下之福臣未嘗告諸人也光地被上遇同列多忌之者凡所稱薦多見排擠因以撼光地撫直隸時御史呂履恆劾光地於秋審事任意斷決上察其不實還其奏給事中王原劾文選郎中陳汝弼受賕法司論絞汝弼光地所薦也上察其供證非實下廷臣確核得逼供行賄狀汝弼免罪承讞官降革有差原奪官光地益敬慎其有獻納罕見於章奏江甯知府陳鵬年忤總督阿山坐事論重辟光地言其誣鵬年遂內召兩江總督噶禮與巡撫張伯行互訐遣大臣往訊久不決嗣詔罷噶禮復伯行官光地實贊之桐城貢士方苞坐戴名世獄論死上偶言及侍郎汪霦卒後誰能作古文者光地曰惟戴名世案內方苞能苞得釋召入南書房其扶植善類如此五十二年與千叟宴賜賚有加頃之以病乞休溫旨慰留越二年復以爲請且言母喪未葬許給假二年賜詩寵行五十六年還朝累疏乞罷上以大學士王掞方在告暫止之五十七年卒年七十七遣恆親王允祺奠醊賜金千兩諡文貞使工部尚書徐元夢護其喪歸復諭閣臣李光地謹慎清勤始終一節學問淵博朕知之最眞知朕亦無過光地者雍正初贈太子太傅祀賢良祠弟光坡性至孝家居不仕潛心經術子鍾倫舉人治經史性理旁及諸子百家從其叔父光坡治三禮於周官禮記尤精稱其家學從子天寵進士官編修有志操邃於經學與弟鍾僑鍾旺俱以窮經講學爲業鍾僑進士官編修督學江西以實行課士左遷國子監丞鍾旺舉人授中書充性理精義纂修官

論曰聖祖崇儒重道經筵講論孜孜聖賢之學朝臣承其化一時成爲風氣裔介久官臺諫數進讜言爲憂盛危明之計自登政府柴立不阿奉身早退有古大臣之風賜履剛方鯁直疏舉經筵冀裨主德庶乎以道事君者歟光地敭歷中外得君最專而疑謗叢集委蛇進退務爲韜默聖祖嘗論道學不在空言先行後言君子所尙夫道學豈易言哉

王宏祚　姚文然
魏象樞　朱之弼
趙申喬

王宏祚字懋自雲南永昌人明崇禎三年舉人自薊州知州遷戶部郎中督餉大同順治元年授岢嵐兵備道總督吳孳昌以宏祚籌畫軍餉請仍留大同二年以總督李鑑薦仍授戶部郎中中原初定圖籍散佚宏祚聰強習掌故戶部疏請修賦役全書以宏祚主其事宏祚謂民不苦正供而苦雜派法不立則吏不畏吏不畏則民不安閭閻菽帛之輸朝廷悉知之則可以艱難成節儉版籍賦稅之事小民悉知之則可以燭照絕侵漁裁定賦役一準萬曆間法例晚末苛細巧取盡芟除之以爲一代程式三年加太僕寺少卿六年遷太僕寺卿仍領郎中十年擢戶部侍郎時雲貴尙爲明守孫可望據辰州宏祚請於江南江西湖廣豐稔之地採米穀儲糧餉爲進取計又言黔國公沐天波世守雲南得民心其僚屬有散處江甯者宜令往招天波爲內應貴州九股黑苗自都勻黎平遠及慶遠靖州近爲可望蹂躪宜加意撫綏俾令歸化冠服異制勿驟更易上以所言足助撫剿下經略大學士洪承疇採行十一年給事中郭一鶚劾宏祚修賦役全書逾久未成宏祚疏辨一鶚復劾其巧飾下部議以各省冊報稽遲宏祚不舉劾論罰俸十二年疏請禁有司私派累民將領冒名領餉皆下部議行十三年以河西務鈔關員外郎朱世德徵稅不如額援赦請免議坐降三級命留任十五年賦役全書成敍勞還所降級考滿廕子尋擢尙書加太子少保命同大學士巴哈納等較訂律例十六年進太子太保雲南平迭疏上善後諸事請開鄉試慎署員設重鎭稽丁田恤士紳撫土司寬新政既又疏言司道宜久任州縣宜部選投誠宜解散荒殘宜軫恤爐座宜多設宏祚聞父母喪疏乞解官奔赴命在任守制踰月命出視事十八年聖祖即位疏請歸葬許之旋諭促還朝康熙三年授刑部尙書尋復還戶部四年星變地震求直言宏祚疏言異星見天失其常地震地失其常挽回天地之變首在率循人事之常漕糧自通州運京師或謂水次支散可省轉般費宏祚持不可謂水次支散受者艱負戴必減直而售則米狼戾在外京倉領給雖有糶者顆粒皆在都下根本至計不宜以小利遽變又有議盡裁州縣存留與變漕糧官運爲商運者固爭不得具疏上之卒如宏祚議六年用輔政大臣鼇拜議戶部增設滿尙書以授瑪爾賽與宏祚齟齬七年戶部失察書吏假印盜帑大學士班布爾善獨罪宏祚坐奪官八年鼇拜得罪起宏祚兵部尙書九年以老乞休命馳驛歸里食原俸宏祚中道疾作僑居江甯念未終事父母輯永思錄自號曰思齋十一年疏辭俸諭曰卿在官著有勞績引年乞休賜祿頤養毋固辭十三年卒賜祭葬諡端簡

姚文然字弱侯江南桐城人明崇禎十六年進士改庶吉士順治三年以安慶巡撫李猶龍薦授國史院庶吉士五年改禮科給事中六年疏請敕撫按道恩詔淸理刑獄勿任有司稽玩條赦之外有可矜疑原宥者許專疏上陳又請重定會試下第舉人選用例以廣任使又言直隸與山東河南接壤盜賊竊發東

西寶陷難於越境追捕請改保定巡撫爲總督轄直隸山東及河南懷慶衞輝彰德三府又請敕各省督撫勿濫委私人署州縣官諸疏皆下部議行尋轉工科八年世祖親政疏請令都察院甄別各省巡按下部院會議以六等考核黜陟有差是歲江南浙江被水文然請災地漕米改折視災重輕定折多寡既又言折漕例新定民未周知官吏或折外重征耗銀或先已征米而又收折或折重運輕其弊不一請敕漕臣密察嚴劾上並採納十年疏言大臣得罪不當鎖禁得旨允行遷兵科都給事中乞歸養康熙五年起補戶科給事中六年疏言四川湖廣諸省官吏借殿工採木搜取民間屋材墓樹宜申飭禁止又言採買官物其由官發價者如有駁減餘銀例貯司庫若價出自民餘銀宜還之民間又言案牘煩冗滋弊一部可逕結之事卽應一部逕結一疏可通結之事卽應一疏通結若各省錢糧考成已報完者部臣宜於議覆時卽予開復均如所請九年考滿內陞命以正四品頂帶食俸任事故事給事中內陞還籍候補留任自文然始文然與魏象樞皆以給事中敢言負清望號姚魏十年兩江總督麻勒吉坐事逮詣京師仍用鎖繫例文然復上疏論之上諭自後命官赴質概免鎖繫著爲令尋遷副都御史再遷刑部侍郎十二年調兵部督捕侍郎京口副都統張所養劾將軍柯永蓁徇私縱恣令文然往按永蓁坐罷遷左都御史十三年疏言福建耿精忠廣西孫延齡皆叛應吳三桂中間阻隔賴有廣東精忠將士舊駐其地熟習山川形勢倘與延齡合謀相犄角則廣東勢危江西境與福建廣東接倘侵據贛州南安驛道中斷餽阻郵梗宜駐重兵通聲援上嘉納之陝西提督王輔臣叛河南巡撫佟鳳彩引疾上已許之文然言河南近陝西流言方甚鳳彩得民心宜令力疾視事上爲留鳳彩文然屢有論列尤推本君身請節愼起居孝誠皇后崩權攢鞏華城上數臨視文然密疏諫且引唐太宗作層觀望昭陵用魏徵諫毀臺事相擬上亦受之不怫也十五年授刑部尚書時方更定條例文然曰刃殺人一時例殺人萬世可無愼乎乃推明律意鉤稽擘討必劑於寬平決獄有所平反歸輒色喜嘗疑獄有枉爭之不得退長跪自責又以明季用刑慘酷奏除廷杖及鎮撫司諸非刑十七年卒賜祭葬諡端恪文然清介里居幾不能自給在官屛絕餽遺晚益深研性命之學子士基官湖廣羅田知縣士塈官陝西朝邑知縣皆有治行

魏象樞字環極山西蔚州人順治三年進士選庶吉士四年授刑科給事中疏言明季大弊未禁革者督撫按聽用官舍太雜道府州縣胥隸太濫請嚴予清釐報可五年劾安徽巡撫王懩受賕庇貪吏懩坐罷轉工科右給事中時以滿漢雜處不便令商民徙居南城象樞疏言南城地狹商民賃買無房拆蓋無地請下部察官地官房俾民輸銀承業復疏請吏定會典並下部議行七年轉刑科左給事中八年世祖親政有司有以私征侵欺坐罪者象樞疏陳其弊請飭州縣依易知單造格眼冊注明人戶姓名糧銀款目及蠲賑清數上大吏覈驗印發開征又請定布政使會計之法以杜欺隱立內外各官治事之限以清稽滯皆見施行復疏言聖政方新機務孔多中外相望治平非同昔日上近巡京畿輔臣當陪侍法從盡啓沃之忠倘遠有臨幸亦宜諫止鑾輿副保傅之責又因災變上言謂天地之變乃人事反常所致語侵權貴尤急九年轉吏科都給事中十年大計疏請復糾拾舊制言官糾拾未得當不宜反坐下所司著爲令因復疏言順治四年吏科左給事中劉楗以糾拾被譴宜予昭雪上爲復楗官總兵任珍失職怨望並擅殺其家人下九卿科道議罪大學士陳名夏等二十八人別爲一議象樞與焉上責其徇黨負恩下部議罪應流寬之命留任十一年大學士甯完我劾名夏辭連象樞謂象樞與名夏姻家牛射斗有連象樞糾劾有誤吏部議降級名夏改票罰俸命逮問象樞自陳素不識射斗得免議尋以名夏父子濟惡言官不先事論劾各科都給事中皆鐫秩象樞降補詹事府主簿稍遷光祿寺丞十六年以母老乞終養康熙十一年母喪終用大學士馮溥薦授貴州道御史入對退而喜曰聖主在上太平之業方始不當以姑且補苴之言進乃分疏言王道首教化滿漢臣僚宜敦家教督撫任最重有不容不盡之職分不容不去之因循宜責成互糾制祿所以養廉今罰俸例太嚴密宜以記過示罰增秩示恩治河方亟宜蓄人才備任使戒淫侈宜正人心勵風俗宜修禮制聖祖多予褒納復疏糾湖南布政使劉顯貴侵公帑不當內陞給事中余司仁欺罔不法皆坐黜十二年以歲滿加四品卿銜尋擢左僉都御史十三年歲三遷至戶部侍郎會西南用兵措兵食察帑藏多所規畫疏論籌餉請確估價直嚴覈關稅愼用各直省布政使十七年授左都御史疏言國家根本在百姓百姓安危在督撫願諸臣爲百姓留膏血爲國家培元氣臣不敢不爲朝廷正紀綱爲臣子勵名節因上申明憲綱十事上嘉其切中時弊各直省舉劾屬吏多失當江蘇嘉定知縣陸隴其有清名而被劾罷象樞疏薦之鎮江知府劉鼎溺職題陞糧道山西絳州知州曹廷俞劣跡顯著糾察不及象樞疏劾之磨勘順天鄉試卷因陳科場諸弊請設內簾監試御史考核各直省學道舉劣之辨邵嘉劾盧元培程汝璞上如其議以爲黜陟十八年遷刑部尚書象樞疏言臣忝司風紀職多未盡敢援漢臣汲黯自請爲郎故事留御史臺爲朝廷整肅綱紀上可其奏以刑部尚書留左都御史任分疏劾山西巡撫王克善榷稅蕪湖主事劉源諸不法狀皆坐黜七月地震象樞與副都御史施維翰疏言地道臣也臣失職地爲之不寧請罪臣以回天變上召象樞入對語移時至泣下明日上集廷臣於左翼門詔極言大臣受賕徇私會推不問操守將帥克敵焚廬舍俘子女攘財物外吏不言民生疾苦獄訟不以時結正諸王貝勒大臣家人罔市利預詞訟上干天和嚴飭修省是時索額圖預政貪侈詔多爲索額圖發論者謂象樞實啟之尋命舉廉吏象樞舉原任侍郎雷虎班迪達哈塔高珩大理寺卿瑚密色郎中宋文運侍講蕭維豫布政使畢振姬知縣陸隴其張沐凡十人上諭曰雷虎朕亦聞其清以其怠惰能黜既經象樞特薦授內閣學士班迪清愼因使往江西按事未能明斷問以民間苦樂又謝不知以是鐫秩餘令吏部議奏錄用十九年仍授刑部尚書尋命與侍郎科爾坤巡察畿輔按治豪猾還奏稱旨象樞有疾上賜以人參及參膏命內侍問飲食如何二十三年奏事乾清門蹟焉卽日疏乞休再奏乃許之命之入對賜御書寒松堂額令馳驛歸二十五年卒年七十一賜祭葬諡敏果象樞以馮溥薦再起象樞見溥問何以見知溥曰昔余爲祭酒故事丁祭不得陪祀者當於前一日瞻拜君每期必至敬愼成禮一歲直大雨君仍至肅然瞻拜而去此外無一人至者余以是知君篤誠子學誠進士授中書上推象樞恩改編修官至諭德嘉慶間錄賢良祠諸臣後裔賜象樞四世孫煜舉人

朱之弼字右君順天大興人順治三年進士授禮科給事中轉工科都給事中八年疏言國家宜重名器舊制胥吏供役年久無過予以議敍選用佐貳今戶兵等部書役別繫職銜非官非吏有玷班行此曹起自貧乏不數年家貲鉅萬衣食奢侈非舞文作奸何以致此戶兵堂司官歲有遷轉此曹歷年久不去官爲客吏爲主流弊何窮請嚴察褫奪下部議行九年以父喪去十一年起補戶科都給事中十二年疏言小民納糧一也而其目有四曰漕糧白糧軍糧恤孤糧軍糧恤孤糧程限遲緩無增耗之費有力之家往往營求撥兌單弱之戶派納漕白苦樂不均軍糧行折色軍得銀則妄費生掛欠之弊恤孤糧半飽豪強鰥寡孤獨無由控訴請飭漕臣下各省糧道親督州縣畫一編徵盡數輸納敢有撥兌者治罪又言錢糧侵欠兵食不充爲上所廑念侵欠之大者曰漕欠糧欠漕欠責漕督親督糧道糧欠責督撫親督布政使令本年附徵某年欠項逾限不完以溺職論有司侵虧怠緩糾劾不貸如此則年銷年欠宿逋可清上韙其言並嚴飭行又疏言國家章制大備部臣實心任事利自知舉弊自知革今乃盡若事外遇事至才者不肯決無才者不能決稍重大卽請會議不然行外察報遷延歲月而已不然聽督撫參奏科道指糾而已不然苟且塞責無容再議而已上下相諉彼此相安國家事安得不廢百姓安得不困欲致太平必無之事也臣愚謂今日求治首在擇人上面召諸大臣親試才品因能授任復考其歷事後興利幾何除弊幾何定功罪信賞罰則法行而事舉矣上納之弼言諭六部去怠忽舊習一歲中四遷授戶部侍郎十三年河西務鈔關員外郎朱世德徵稅不如額戶部援赦請免議上切責譴部臣之弼降三級十五年授光祿少卿再遷左副都御史疏言巡按未得其人當責都察院考核巡按之賢不肖卽都察院堂上官賢不肖臣與諸巡按約操守當潔清舉劾當得宜撫按當互糾臣等定差不公考核不當巡按賢者不薦不肖者不糾諸御史亦得論劾至巡方應行諸事當令掌河南道會諸御史各抒見聞奏請明定畫一從之世祖惡貪吏命官得贓十兩役得贓一兩皆流徙令既行之弼疏論其不便略謂自上諭宣傳後撫按所糾必無以大貪入告者何則一經提問有司無不圖保身命雖盈千累百而及其結讞期不滿十兩而止是未糾以前徒曆累而輸於大吏被糾之後又曆累而輸於問官尺籍所科百不一二蓋雖起龔黃爲今之有司未有不犯十兩之令者而令普天之下皆不取十兩之有司豈眞出古循吏上哉良以令嚴則思遁徒有名而無其實也上但擇撫按一大貪者懲之一大廉者獎之則衆貪懼衆廉奮矣會歲旱求言之弼疏言山東巡撫耿焞河南巡撫賈漢復以墾荒蒙賞兩省百姓卽以賠熟受困歲增數十萬賦稅多得之於鞭笞敲剝呼天搶地之孑遺怨苦之氣積爲沴厲又疏劾戶部賑濟需遲救荒無術京師既得雨河南報彰德衞輝以旱成災戶部奏上步禱天壇時雨方降彰德衞輝地接畿南何獨請蠲恤請覆勘之弼疏爭略謂百里不同風千里不同雨安得以輦下例率土且以撫臣疏報爲不可信而又倚以覆勘使撫臣告災如前部臣信之不可不信必易人而勘徒使地方增煩擾耳自夏徂冬被

災州縣未盡停徵待勘明已至來春雖蠲免徒飽吏橐饑民轉爲溝中瘠久矣與尚書王宏祚廷辨卒從之彊議十八年復授戶部侍郎康熙四年調吏部五年遷左都御史擢工部尚書六年疏言福建官兵月米五十餘萬石歲徵十萬餘石餘皆糴諸市石值銀一兩四錢朝廷買米養兵絕不抑值以累民臣聞延建汀邵諸府民以買米攤賠爲累有願繳田入官者漳泉之間按地派米石必加六斗又迫令折價三四兩不等數倍於正供民不勝其朘削上特諭督撫嚴察七年調刑部八年疏言各省存留錢糧順治間軍需正迫有裁減之令昨年部臣又請酌減存留各款原爲留備地方公用事不容已費無所出勢不得不派之民間不肖有司因以爲利宜復康熙七年以前存留舊例又疏言八旗家丁每歲以自盡報部者不下二千人人雖有貴賤均屬赤子請敕諭八旗凡蓄僕婢當時其教誨足其衣食卹其勞苦減其鞭笞使各得其所歲終刑部列歲中自盡人數係某旗某家具册呈覽俾人知儆惕又言世祖嚴治貪官蠹役特立嚴法如非官役不用此例今不論有祿無祿通用重典貪蠹事發被證毀同罪刑訊不承使大貪漏網請嗣後因事納賄仍擬同罪如逼抑出錢倘非官役許用舊律詔並如所請九年調兵部十四年以母喪去官十七年起授工部尚書二十二年會推湖北按察使之彊舉道員王垓不當上意以所舉非材吏部議降三級調用尋卒之彊內行修篤事親孝與其弟之佐相友愛之佐順治十四年進士選庶吉士歷官侍讀學士嚴事之彊雖白首執子弟禮甚謹

趙申喬字愼旃江南武進人康熙九年進士二十年授河南商邱知縣有惠政二十五年以賢能行取命以主事用二十七年授刑部主事三十年遷員外郎以病乞歸四十年以直隸巡撫李光地薦召見上察申喬敬愼起擢浙江布政使陛辭上諭曰浙江財賦地自張鵬翮後錢糧多蒙混當秉公察核不虧帑不累民布政使爲一省表率爾清廉屬吏自皆守法申喬頓首謝曰臣蒙皇上特擢不能勉爲好官請置重典申喬上官不挾幕客治事皆躬親例得火耗悉屏不取四十一年上諭奬申喬居官清能踐其言就遷巡撫布政使舊有貼解費歲支不過十之五申喬積二千餘金封識以授代者曰吾奏銷不名一錢後將難繼得此足辦一歲事毋以擾民也錢塘江潮齧塘申喬令鎔鐵貫石築子塘爲護湖南鎭筸紅苗殺掠爲民害民走京師叩閽陳狀給事中宋駿業因劾總督郭琇巡撫金璽提督林本植諱匿不爲民去害上命侍郎傅繼祖甘國樞及申喬往按盡發紅苗殺掠害民狀琇等皆坐罷調申喬偏沅巡撫四十二年疏言與總督喻成龍檄衡永道張士可入苗洞宣撫已聽命者二十餘寨並與提督俞益謨發兵討諸不率命者上命尚書席爾達等率荊州駐防滿洲兵並檄廣東貴州湖北三省提督會成龍等進攻自龍椒洞至於天星寨分道搜剿斬悍苗千餘三百餘寨咸聽命受約束苗悉定申喬疏上善後諸事移辰沅道駐其地上奬征苗諸將貴州提督李芳述功最並褒申喬彊毅上南巡申喬朝行在上以湖南地偏遠官吏私征加耗倍於他省特詔申飭申喬還建上諭碑亭於通衢示屬吏並疏劾巴陵知縣李可昌等違例苛斂奪官逮治四十五年申喬疏言清浪平溪二衞地處山僻請改米征銀俾省運費四十六年疏言漕運旗丁舊有耗贈行月銀米於起運前預發給事中戴嵩條奏俟至通州補發意在防其虧缺湖南運道遠於江浙例本無耗贈惟恃行月銀米爲轉運之資今既扣存窮丁不能涉遠必致誤漕請仍舊例預發上許之著爲令四十七年命赴湖北按讞荊州同知王侃等侵蝕木稅疏請裁港口渡私稅荊州關稅部差如故申喬還又請以靖州屬鷁鷀關稅併入辰州關別疏言營兵給餉每於正月支領時地丁尚未開征挪移則累官預征則累民請以隔歲餘存米石撥給兵餉並下部議行內閣學士宋大業祭告南岳還京師劾申喬輕褻御書詔詰申喬申喬疏辨並言大業初使湖南餽金九千此次再使湖南餽金五百意不慊札布政使董昭祚言南岳廟工餘銀毋報部臣仍報部充餉以是誣劾大業坐奪官申喬鐫五級留任四十八年疏劾提督俞益謨取兵糧三十五石詔詰益謨益謨劾申喬苛刻請並解官質訊四十九年上命尚書蕭永藻往按永藻察申喬疏實上爲罷益謨而命申喬還職尋擢左都御史諭曰申喬甚清廉但有性氣人皆畏其直朕察其無私是以護惜之五十年疏請刻頒部行則例劾編修戴名世所著南山集子遺錄有大逆語下刑部鞫實坐斬五十一年疏請禁營兵冒名食糧又言上普免各省地丁錢糧惟潼關衞大同府征本色不在蠲例請如奉天臺灣例一體蠲免並允所請又疏言每歲農忙京師當遵例停訟上諭曰農忙停訟聽之似有理實乃無益民非獨農也商訟則廢生理工訟則廢手藝地方官不濫准詞狀准則速結訟亦少矣若但四月至七月停訟而平日濫准詞狀又復何益且此四月至七月間或有姦民詐害良善冤向誰訴八月以後正當收穫亦非閑時福建廣東四季皆農時豈終歲停訟乎讀書當明理事有益於民朕即允行否則斷乎不可也五十二年廣東饑命往督平糶尋授戶部尚書五十三年旗丁請指圈滄州民地直隸巡撫趙宏燮議以旗退地另撥部議不許申喬言滄州民地有旨停圈宜如宏燮議上從之時方鑄大錢商人請納銀領易小錢送寶源局改鑄命內務府會戶部議申喬言收小錢有司責也商人圖利恐近藉端擾民不可許而疏已上議准申喬奏請罷斥上召問狀申喬言司官但送侍郎畫題爲所藐視無顏復居職上曰君子懲忿窒慾此語宜詳思司官藐視但當奏劾爾性苛急不能容人天地之大德曰生非但不殺而已蓋於萬物皆養育而保全之爾在官誠廉然豈可恃廉而矯激乎命任事如故卒用申喬議罷商人納銀領錢申喬子鳳詔官太原知府上幸龍泉關鳳詔入謁上以申喬子優遇之問巡撫噶禮賢否鳳詔言噶禮清廉第一上爲擢噶禮江南總督及噶禮以貪敗上舉鳳詔問尚書張鵬翮鵬翮言其貪五十四年山西巡撫蘇克濟劾鳳詔受賕至三十餘萬命奪官按治申喬疏謝不能教子請罷斥上責其詞意忿激非大臣體命任事如故鳳詔坐贓罪至死五十九年以病乞休上仍奬申喬清廉令在官調治鳳詔贓未清命免追並諭大學士謂速傳此旨使其早知庶服藥可效也尋卒年七十有七賜祭葬謚恭毅雍正元年加贈太子太保六年湖廣總督邁柱疏劾屬吏虧帑有申喬在偏沅時事例當分償世宗特命免之

論曰宏祚定賦役文然修律例皆爲一代則其績效鉅矣象樞廉直謇謇能規切用事大臣尤言人所難言之彊意主於愛民凡所獻替皆切於民事申喬名輩差後清介絕流輩慷慨足以任國家之重貞元之際自據亂入昇平開濟匡襄諸臣與有力焉

清史稿　列傳五十一

郝維訥　任克溥

劉鴻儒　劉楗 朱裔

張廷樞

郝維訥字敏公直隸霸州人父傑明崇禎進士順治初授行人遷戶部給事中迭疏請開經筵祀闕里廢斥諸臣才堪錄用者量予自新朝賀大典內監不得入班行禮俱下部議行累遷戶部侍郎卒維訥順治四年進士授刑部主事再遷郎中七年出爲福建督糧道僉事師下漳南糧運多阻維訥督米二萬石浮海達泉州以濟軍巨盜張自盛犯延邵徙維訥權延建邵道設方略用間散其黨自盛就擒尋署按察使謝苞苴絕羨耗舉卓異復用孫承澤成克鞏薦十一年召授通政司右參議累遷大理寺卿十三年擢戶部侍郎調吏部十六年丁父憂服闋起戶部侍郎復調吏部康熙三年典會試尋擢左都御史維訥以開國二十餘年南徼初定民困未蘇疏言天下大弊在民窮財盡連年川湖閩廣雲貴無不增兵增餉本省不支他省協濟臣觀川湖等省尚多曠土若選綠旗及降兵精銳者隸之營伍給以牛種所在屯田則供應減而協濟可以永除閭里無追呼之困又疏言巡按既裁地方巡視責歸督撫督撫任重事繁出巡動踰旬月恐誤公務況騎從衆多經過滋擾至屬官貪廉閭閻疾苦咨訪耳目仍寄司道請嗣後事關重大者仍親身巡察餘概停止又疏言山西山東等省偏旱發帑振濟聖恩至爲優渥特窮鄉僻壤恐難遍及惟蠲免錢糧率土均霑實惠但田有田賦丁有丁差前者被災地方例多免糧不免丁其有丁無田者反不得與有田之戶同霑恩澤請丁銀均如田糧分數蠲免又疏言貪吏罪至死者遇赦免死並免交吏部議處此曹饕餮狼藉未可令其復玷名器貽害地方雖新例赴部另補貪殘所至播虐惟均請敕部定議凡贓款審實者遇赦免罪仍當奪官庶官箴可肅民害可除皆下部議行五年遷工部尚書調刑禮二部八年調戶部疏請停督撫勘災申禁圈取民地並得旨允行十一年調吏部時兵興開捐納正途日壅維訥爲斟酌資格按缺分選銓法稱平十八年給事中

姚緒虞請寬免科道聞風言事之禁下廷臣議維訥謂言官奏事原不禁其風聞但風聞奏參審問全虛者例有處分否則慮有藉風聞挾私報怨者請仍照定例行從之維訥領吏戶二部最久法制多經裁定凡事持大體遇會議會推朝審委曲斟酌期於至當敷奏條暢所見與衆偶有同異開陳端緒不留隱情上深重之往往從其言十九年遭母憂服闋詣京師未補官卒謚恭定

任克溥字海眉山東聊城人順治四年進士授南陽府推官卓異行取十三年授吏科給事中疏言上勵精圖治知親民之官莫過守令特擇各府繁劇難治者許三品以上各舉一人破格任用使保舉得當一人賢則一郡安人人賢則各省安太平何難立致乃爲時未久以貪庸劾罷者已有數人前此保舉不能秉公慎選可知乞敕部察處十四年轉刑科疏言抗糧弊有三官戶儒戶衙蠹宜分三項各另造册申報總督巡撫巡按官欠者題參衿欠者褫革役欠者逮治復疏論順天鄉試給事中陸貽吉與同考官李振鄴張我樸交通行賄鬻舉人下吏部都察院嚴鞫貽吉振鄴我樸與居間博士蔡元禧進士項紹芳行賄舉人田耜鄔作霖皆坐斬命禮部覆試不及程者褫奪流徙又二十五人考官庶子曹本榮中允宋之繩並坐降調十五年充會試同考官出闈疏言伏讀上諭令各衙門條奏興利除弊時近兩月僅見宗人府一疏各衙門遲疑觀望竊謂其病有二一則因循既久發論方新恐無以贖往日曠官之咎一則瞻望多端指陳無隱恐無以留後來遷就之門臣子報國止有樸忠遇事直陳稍一轉念便持兩端勢必摭拾瑣屑勦說雷同不能慷慨論列又安望設誠致行乞嚴飭不得浮泛塞責並鑒別當否示以勸懲又疏言近以各衙門胥役作奸犯科詔令諸臣計議指摘臣以爲懲於弊後不若杜於弊先如吏部文選司推升原有定序應先懸榜部門序列姓名資俸薦紀參罰使共見共聞考功司議處條例亦畫一頒發使不得輕重增減至各官開缺以科鈔爲憑向以發鈔後先轉移舞弊如當逮問先下刑部與事止奪官遲下吏部者遲速有異應令即日鈔發使不容操縱上以所奏切中時弊下部詳議行轉禮科都給事中疏言士爲四民首宜端習尚請敕學臣凡有請託私書許揭送部科差滿定爲上考並令舉優當訪學行著聞之士懲劣則以抗糧爲最重又疏言錢糧逋欠非盡在民臣前奏三款部議分册申報得旨允行而造册奏報者惟山西一省耳諸省玩泄從事不肯實心清理徒以開荒增課一時博優敘之榮仍聽其逋欠而不之問請飭部察覈又紳衿抗糧定有新條蠹役尤應加嚴並請敕部定例行十七年遷太常寺少卿十八年遭父喪康熙三年起補原官六年疏言朝廷欲薄賦有司反加賦朝廷欲省刑有司反濫刑皆由督撫不得其人今方有詔令部院糾察部院肯糾極貪大惡之督撫一人天下爲督撫者警督撫肯糾極貪大惡之司道一人天下爲司道者警督撫司道廉潔則有司不苦誅求輕徭薄賦政簡刑清自寬然有餘地矣八年應詔陳民生疾苦言小民莫疾於加派莫苦於火耗已敕嚴禁矣此外疾苦尚有數端有司派殷戶催糧糧單中多列逃亡絕戶無可徵糧且有糧册無名按時追比致傾家以償者郵傳供應原有錢糧或侵入私囊僉民養馬應夫或充里長使客往來舟車飲食責令設備河漕附近籍民應役衣敝履決力盡筋疲而工食或至中飽淺夫閘夫賣富差貧一名更至數十名衙役捕繫恫嚇民被累無窮請敕督撫清釐懲禁上納其言並特諭河工毋得累民尋遷左右通政十四年疏言嘉魚知縣李世錫告湖廣巡撫林天擎索賄以此知餽遺不絕苞苴尙行較世祖朝有司不敢餽遺督撫不敢輕至省會風氣迥殊督撫初受命羣餽裘馬弓矢而爲督撫者亦飾觀瞻趨奢侈一時費累萬上官後爲酬報取償地遂苛索屬吏貽累於民請敕督撫赴官之先屏絕餽送勿鋪張行色以儉養廉督撫參罰科條甚密部院亦當知督撫艱難繁重依例處分毋過爲吹索俾得專心吏治民生無旁顧之憂先後諸疏並下部議行十二年擢刑部侍郎十八年京察以才力不及擬降調命再議改註不謹遂奪官三十八年迎蹕臨清復原銜四十二年南巡還蹕東昌幸其所居園賜松桂堂牓以克溥年將九十賜刑部尙書銜是歲卒賜祭葬乾隆四十七年高宗覽克溥條奏諸疏善之諭克溥逮事兩朝抒誠建白無愧直言謇諤之臣並命錄諸疏宣示

劉鴻儒字魯一直隸遷安人順治三年進士授兵科給事中疏言開國之始首重安民宜輕賦徭革積弊伏讀恩詔賦制悉依萬歷初年及覲順治二年徵數並不減少且復增重請敕有司核實州縣六房書吏初房各二人今則增至七八十人並請敕有司核簡上命指實鴻儒復言臣籍遷安明季丁銀下下二錢下中四錢上地一畝七分有奇民苦輸將猶多逋賦今蒙恩詔蠲免而二年徵數二錢者增至三錢六分四錢者增至七錢二分上地每畝增至八分有奇一邑如此他邑可知乞敕清查蠲免下部確察四年調戶部五年坐糾鉅鹿知縣勞有學失實左遷上林院蕃育署署丞十年命復故官十三年補兵科疏言畿輔近地劫掠時聞請嚴責成譏防捕下部如所請轉戶科十五年疏言開國以來度支屢見不敷汰冗員增権務廣輸納督積逋講求開節已無不盡今南服削平萬方底定宜總計財賦之數準其出入定爲經久不易之規請通計一歲內畝賦丁徭鹽徵津稅各省輕齎重運及贖鍰事例等項汰其猥瑣無藝者所存金粟若干數然後計一歲內上方供應官吏俸祿兵馬糧料朝祭禮儀修築工役以至師生廩餼胥役代食能其不經無益者所需金粟若干數務使出入相合定爲會計之準用財大端惟兵生財本計惟土欲紓國計莫善於屯田朝廷下民屯之令設官置役多糜廩祿得不償失不旋踵而請罷稽古屯制不在民而在兵請敕各省駐兵處所無論邊腹地方察有荒土令兵充種正疆界信賞罰則趨事自力豐稱具寬程效則收穫自充此唐初府兵之制也自頃四川貴州已入版圖所得之地必需駐守若令處處興屯則根本自固戰守咸資此又趙充國之於先零杜預之於宛葉確然可循之遺策也順天左右郡縣拱翊王畿根本要地自令旗人圈住深得居重馭輕之意但畿輔之民多失恒業撥補他地皆有縈屬豈能據爲己有今喜峯冷口諸關外大寧以南彌望千里咸稱膏壤請令民願出關開墾者許承爲己業沃土新闢獲利必饒先事有獲趨者自衆數年以後漸次起科成聚成邑堪資保障二者皆軍國大計若設誠致行久之兵食充足國基賴以不拔矣下部議以滇黔未靖兵餉無數難以預定會計設置兵屯及畿輔民出邊墾種敕所司詳勘十七年遷順天府府丞再遷左通政十八年遷太常寺卿康熙三年遷通政使六年擢兵部侍郎十年調戶部十二年遷左都御史官戶部時甘肅巡撫華善因擅發倉粟賑災戶部循例題參並議罰償鴻儒無異議及官都御史又疏論華善不應參處嗣後封疆大臣有利民之政不宜拘以文法給事成性疏劾下部議坐鴻儒先未異議後又指摘沽名降二級調用尋卒於家

劉楗字玉罊直隸大城人順治二年進士是歲選新進士十人授給事中楗除戶科疏論山東巡撫楊聲遠劾青州道韓昭宣受賄釋叛賊十四人僅令住俸勦賊罰不蔽辜昭宣坐奪官四年轉兵科右給事中疏論江南巡撫宋調元薦舉泰州游擊潘延吉寇至棄城走調元濫舉失當亦坐奪官是歲大計楗用拾遺例揭山東聊城知縣張守廉以贓欵下所司勘議守廉以失察吏役得贓罰俸楗誣糾坐奪官十年吏科都給事中魏象樞請行大計拾遺因論楗枉得旨吏役詐贓知縣僅罰俸言官反坐奪官明有冤抑令吏部察奏命以原官起用授兵科左給事中十一年疏言近畿被水地水落地可耕方春農事急請敕巡撫檄州縣發存留銀借災民籽種俟秋成責償仍飭巡行鄉村勘覈不使吏胥得緣以爲利十二年疏言鄭成功跳踉漳泉窺伺省會臣昔充福建考官詢悉地勢福清鎮東衞明時駐兵防倭倘復舊制可以保障長樂藩衞會城宋元設州海壇明以倭患棄之若設將鎮守可與鎮東互爲犄角仙霞嶺爲入福建門戶與江西浙江接壤宜設官控制招民以實其地俾無隙可乘成功數犯京口泊舟平洋沙爲巢穴宜乘其未至移兵駐鎮使退無可據必不敢深入內地疏入敕鎮海將軍石廷柱等分別駐守十三年授山西河東道副使十五年轉河南鹽驛道參議十六年授湖廣按察使就遷右布政十八年總督張長庚巡撫楊茂勳疏薦楗廉幹協濟滇黔兵餉至八百餘萬清逋賦墾地除鼓鑄積弊楗以母憂歸康熙二年起江西布政使吳三桂亂作措餉供兵事辦而民不擾十四年授太常寺卿十六年遷大理寺卿十七年擢副都御史疏言自吳三桂爲亂軍需旁午大計暫停今師所至漸次蕩平伏思兵後殘壞已極正賴賢有司招徠安輯若使不肖用事何以澄吏治奠民生息盜賊請令督撫速行舉劾凡經薦舉者改行易操一體嚴察不得偏徇下部如所請行又疏言江西嘗亂後民逃田墟錢糧缺額不急予蠲免逃者不歸歸者復逃荒者未墾墾者仍荒上爲特旨悉行蠲免旋以病乞休諭慰留遣太醫視疾擢吏部侍郎未幾復擢刑部尙書十八年病劇始得請還里至家卒賜祭葬謚端敏朱裴字小晉山西聞喜人亦順治三年進士知直隸易州移河南禹州裴治尙嚴到官即捕殺盜渠縣有諸生聘婦爲盜掠既復自歸盜以奪婦訟生婦以生貧且別娶反爲盜證前政論生死裴廉得實爲榜殺婦而出生於獄擢刑部員外郎遷廣東道御史再遷禮科給事中滿洲俗尙殉葬裴疏請申禁略言泥信幽明未有如此之甚者夫以主命責問奴僕或畏威而不敢不從或懷德而不忍不從二者俱不可爲訓好生惡死人之常情捐軀輕生非盛世所宜有疏入報可累遷工部侍郎以疾乞休歸地震傷於足臥家九年卒

張廷樞字景峰陝西韓城人父顧行康熙六年進士官江安督糧道廷樞二十一年進士選庶吉士授編修三十八年以侍讀主江南鄉試四十一年以內閣學士督江南學政四十四年聖祖南巡賜御書冠服四十五年遷吏部侍郎充

經筵講官湖廣容美土司田舜年揭其子昞如貪庸暴戾昞如匿桑植土司向長庚所不赴鞫總督石文晟以聞並劾舜年僭妄命左都御史梅鋗內閣學士二格會文晟按治舜年詣武昌文晟執之病卒鋗與文晟各具議疏陳二格疏言佐證未集未可即定議詔廷樞偕大學士席哈納侍郎蕭永藻覆勘舜年各款俱虛梅鋗以草率具奏下部議奪官文晟及湖北巡撫劉殿衡偏沅巡撫趙申喬提督俞益謨各降罰有差四十八年進刑部尚書民張三等盜倉米步軍統領託合齊逮送刑部滿尚書齊世武擬斬監候廷樞持不可擬充軍下九卿議廷樞改擬不當當罰俸上責廷樞偏執好勝奪官俄託合齊得罪五十一年起廷樞工部尚書江南總督噶禮江西巡撫張伯行互訐命尚書張鵬翮總督赫壽按治議奪伯行官上復命廷樞與尚書穆和倫覆勘如鵬翮等議疏下九卿上特命奪噶禮官伯行復任五十二年調刑部五十六年河南宜陽知縣張育徽加徵火耗虐民盜渠亢珽結澠池盜李一臨據神垕寨為亂並劫永寧知縣高式青入寨閿鄉盜王更一亦藉知縣白澄豫征錢糧嘯聚圍縣城巡撫張聖佐總兵馮君洗不能平又匿不以起釁所由入告命廷樞與內閣學士勒什布按治珽自縊更一一臨就擒置之法澄育徽擬絞監候聖佐君洗奪官并追晉原任巡撫李錫令屬吏加徵激變論斬蘭陽白蓮教首袁進等謀不軌命廷樞併按論罪如律五十八年南陽鎮兵為亂辱知府沈淵命廷樞偕內閣學士高其倬按治浙江巡鹽御史哈爾金受商人賕被劾命廷樞偕內閣學士德音按治幷論如法廷樞還京師疏言河南漕米自康熙十四年每石改折銀八錢解部嗣因米賤部議以一錢五分解部餘交巡撫購米起運巡撫分委州縣州縣復派民買輸甚為閭閻累請交糧道購運毋得派累民間下部議行世宗在藩邸優徐采嗾傭者箠殺人部議以傭抵廷樞獨議罪在采坐徙邊世宗即位褒廷樞抗直復逮采論罪雍正元年以原任編修陳夢雷侍誠郡王得罪命發黑龍江廷樞循故事方冬停遣又出其子使治裝尚書隆科多劾廷樞徇縱命鐫五級逐回籍子縉進士官中允亦以告病家居六年陝西巡撫西琳劾廷樞受河督趙世顯贓六千抗追不納縉居鄉不法詔奪廷樞及縉官令所司嚴訊廷樞被逮道卒總督岳鍾琪議縉當斬籍其家詔特寬免令縉在川陝沿邊修城贖罪乾隆時復廷樞官追謚文端子縉亦進士官戶部主事

論曰維納論貪吏遇赦不得濫復官克溥言民生疾苦戒加賦濫刑鴻儒請定歲會之制楗議兵後當復行計典裴請罰殉葬益於國澤於民言各有所當也廷樞使車四出惟張伯行事由上裁他皆稱指律嚴科場罪所以重取士乃草野私議輒以為過甚克溥與丁酉順天之獄卒以不謹罷殆怨家所中歟廷樞得罪似亦有齮之者詘而後申足為謇直者勸矣

清史稿

列傳五十二

湯斌 孫之旭　張伯行 子師載　陸隴其

湯斌字孔伯河南睢州人明末流賊陷睢州母趙殉節死事具明史列女傳父契祖挈斌避兵浙江衢州順治二年奉父還里九年成進士選庶吉士授國史院檢討方議修明史斌應詔言宋史修於元至正而不諱文天祥謝枋得之忠元史修於明洪武而亦著丁好禮巴顏布哈之義順治元二年間前明諸臣有抗節不屈臨危致命者不可概以叛書宜命纂修諸臣勿事瞻顧下所司大學士馮銓金之俊謂斌獎逆擬旨嚴飭世祖特召至南苑慰諭之時府道多缺員上以用人方亟當得文行兼優者以學問為經濟選翰林官得陳爌黃志遴王無咎楊思聖藍潤王舜年范周馬燁曾沈荃及斌凡十人斌出為潼關道副使時方用兵關中征發四至總兵陳德調湖南將二萬人至關欲留斌以計出之至洛陽譁潰十六年調江西嶺北道明將李玉廷率所部萬人據雩都山寨約降未及期而鄭成功犯江甯斌策玉廷必變計夜馳至南安設守玉廷以兵至見有備卻走遣將追擊獲玉廷斌念父老以病乞休丁父憂服闋聞容城孫奇逢講學夏峰負笈往從康熙十七年詔舉博學鴻儒尚書魏象樞副都御史金鋐以斌薦試一等授翰林院侍講與修明史二十年充日講起居注官浙江鄉試正考官轉侍讀二十一年命為明史總裁官遷左庶子二十三年擢內閣學士江甯巡撫缺方廷推上曰今以道學名者言行或相悖朕聞湯斌從孫奇逢學有操守可補江甯巡撫瀕行諭曰居官以正風俗為先江蘇習尚華侈其加意化導非旦夕事必從容漸摩使之改心易慮賜鞍馬一表裏十銀五百復賜御書三軸曰今當遠離展此如對朕也十月上南巡至蘇州諭斌曰向聞吳閶繁盛今觀其風土尚虛華安佚樂逐末者多力田者寡爾當使之去奢返樸事事務本庶幾可挽頹風上還蹕斌從至江甯命還蘇州賜御書及狐腋蟒服初余國柱為江甯巡撫淮揚二府被水國柱疏言水退田可耕明年當徵賦斌遣覆勘水未退即田出水處猶未可耕奏寢前議二十四年疏言江蘇賦稅甲天下每歲本折五六百萬上命分年帶徵漕欠而地丁錢糧自康熙十八年至二十二年五年並徵州縣比較十日一限使每日輪比則十日中三日空閒七日赴比民知剜補無術拌皮骨以捱徵比官知催科計窮拌降革以圖卸擔懇將民欠地丁錢糧照漕項一例於康熙二十四年起分年帶徵又疏言蘇松土隘人稠而條銀漕白正耗以及白糧經費漕贈五米十銀雜項差徭不可勝計區區兩府田不加廣而當大省百餘州縣之賦民力日絀順治初錢糧起存相半考成之例尚寬後因兵餉急迫起解數多又定十分考成之例一分不完難逭部議官吏顧惜功名必多苟且參罰期迫則以欠作完賠補維艱又以完為欠百姓脂膏已竭有司智勇俱困積欠年久惟恃恩蠲然與其赦免於追呼既窮之後何若酌減於徵比未加之先懇將蘇松錢糧各照科則量減一二成定適中可完之實數再將科則稍加歸併使簡易明白便於稽覈又請蠲蘇松等七府州十三年至十七年未完銀米淮揚二府十八九兩年災欠及邳州版荒宿遷九釐地畝款項並失額丁糧皆下部議行九釐地畝款項即明萬歷後暫加三餉宿遷派銀四千三百有奇至是始得蠲免淮揚徐三府復水斌條列蠲賑事宜請發帑五萬糴米湖廣不竢詔下即行咨請漕運總督徐旭齡河道總督靳輔分賑淮安斌赴清河桃源宿遷邳豐諸州縣察賑疏聞上命侍郎素赫助之先後奏劾知府趙祿星張萬壽知縣陳協濬蔡司霑盧綖葛之英劉濤劉茂位等常州知府祖進朝以失察屬吏降調斌察其廉奏留之又疏薦吳縣知縣劉滋吳江知縣郭琇廉能最著而徵收錢糧未能十分全完請予行取下部皆議駁特旨允行斌令諸州縣立社學講孝經小學修泰伯祠及宋范仲淹明周順昌祠禁婦女游觀胥吏倡優毋得衣裘帛毀淫詞小說革火葬蘇州城西上方山有五通神祠幾數百年遠近奔走如騖諺謂其山曰肉山其下石湖曰酒海少婦病巫輒言五通將娶為婦往往瘵死斌收其偶像木者焚之土者沈之並飭諸州縣有類此者悉毀之撤其材修學宮教化大行民皆悅服方明珠用事國柱附之布政使龔其旋坐貪為御史陸隴其所劾因國柱賄明珠得緩國柱吏欲為斌言以斌嚴正不得發及蠲江南賦國柱使人語斌謂皆明珠力江南人宜有以報之索賕斌不應比大計外吏輦金於明珠門者不絕而斌屬吏獨無二十五年上為太子擇輔導臣廷臣有舉斌者詔曰自古帝王諭教太子必簡和平謹恪之臣統率宮僚專資輔翼湯斌在講筵時素行謹慎朕所稔知及簡任巡撫潔己率屬實心任事允宜拔擢以風有位授禮部尚書管詹事府事將行吳民泣留不得罷市三日遮道焚香送之初靳輔與按察使于成龍爭論下河事久未決廷臣阿明珠意多右輔命尚書薩穆哈穆成額會斌勘議斌主濬下河如成龍言薩穆哈等還京師不以斌語聞斌至上問斌斌以實對薩穆哈等坐罷去二十六年五月不雨靈臺郎董漢臣上書指斥時事語侵執政下廷議明珠惶懼將引罪大學士王熙獨曰市兒妄語立斬之事畢矣斌後至國柱以告斌曰漢臣應詔言事無死法大臣不言而小臣言之吾輩當自省上卒免漢臣罪明珠國柱愈恚摘其語上聞並摭斌在蘇時文告語曰愛民有心救民無術以為謗訕傳旨詰問斌惟自陳資性愚昧愆過叢集乞賜嚴加處分左都御史璙丹王鴻緒等又連疏劾斌會斌先薦候補道耿介為少詹事同輔太子介以老疾乞休詹事尹泰等劾介僥倖求去且及斌妄薦議奪斌官上獨留斌任國柱宣言上將隸斌旗籍斌適扶病入朝道路相傳聞者皆泣下江南人客都下者將擊登聞鼓訟冤繼知無其事乃散九月改工部尚書未幾疾作遣太醫診視十月自通州勘貢木歸一夕卒年六十一斌既卒上嘗語廷臣曰朕遇湯斌不薄而怨訕不休何也明珠國柱輩嫉斌甚微上厚斌斌禍且不測斌既師奇逢習宋諸儒書嘗言滯事物以窮理沈溺跡象既支離而無本離事物而致知隳聰黜明亦虛空而鮮實其教人以為必先明義利之界謹誠偽之關為真經學真道學否則講論踐履析為二事世道何賴斌篤守程朱亦不薄王守仁身體力行不尚講論所詣深粹著有洛學編潛庵語錄雍正中入賢良祠乾隆元年謚文正道光三年從祀孔子廟孫之旭字孟升康熙四十五年進士官編修改御史出為霸昌道內遷左通政所至皆有聲

陸隴其初名龍其字稼書浙江平湖人康熙九年進士十四年授江南嘉定知縣嘉定大縣賦多俗侈隴其守約持儉務以德化民或父訟子泣而諭之子掖

父歸而善事焉弟訟兄察導訟者杖之兄弟皆感悔惡少以其徒爲暴椓於衢視其悔而釋之豪家僕奪負薪者妻發吏捕治之豪折節爲善人訟不以吏胥逮民有宗族爭者以族長有鄉里爭者以里老又或使兩造相要俱至謂之自追徵糧立排比法書其名以俟比及數者自歸立甘限法令以今限所不足倍輸於後十五年以軍興徵餉隴其下令謂不戀一官顧無益於爾民而有害於急公戶予一名刺勸諭之不匝月輸至十萬會行間架稅隴其謂當止於市肆令毋及村舍江寧巡撫慕天顏請行州縣繁簡更調法因言嘉定政繁多逋賦隴其操守稱絕一塵才幹乃非肆應宜調簡縣疏下部議坐才力不及降調縣民道爲盜所殺而訟其讐隴其獲盜定讞部議初報不言盜坐諱盜奪官十七年舉博學鴻儒未及試丁父憂歸十八年左都御史魏象樞應詔舉清廉官疏薦隴其潔已愛民去官日惟圖書數卷及其妻織機一具民愛之比於父母命服闋以知縣用二十二年授直隸靈壽知縣靈壽土瘠民貧役繁而俗薄隴其請於上官與鄰縣更迭應役俾得番代行鄉約察保甲多爲文告反覆曉譬務去鬬很輕生之習二十三年直隸巡撫格爾古德以隴其與兗州知府張鵬翮同舉清廉官二十九年詔九卿舉學問優長品行可用者隴其復被薦得旨行取隴其在靈壽七年去官日民遮道號泣如去嘉定時授四川道監察御史偏沅巡撫于養志有父喪總督請在任守制隴其言天下承平湖廣非用兵地宜以孝教養志解任三十年師征噶爾丹行捐納事例御史陳菁請罷捐免保舉而增應升先用部議未行隴其疏言捐納非上所欲行若許捐免保舉則與正途無異且是清廉可捐納而得也至捐納先用開奔競之途皆不可行史請捐納之員三年無保舉即予休致以清仕途九卿議謂若行休致則求保者奔競益甚詔再與菁詳議隴其又言捐納賢愚錯雜惟恃保舉以防其弊若併此而可捐納此輩有不捐納者乎議者或謂三年無保舉即令休致爲太刻此輩白丁得官踞民上者三年亦已甚矣休致在家儼然搢紳爲榮多矣若云營求保舉督撫而賢何由奔競即不賢亦不能盡人而保舉之也詞益激切菁與九卿復持異議戶部以捐生觀望遲誤軍需請奪隴其官發奉天安置上曰隴其居官未久不察事情誠宜處分但言官可貸會順天府尹衛既齊巡畿輔還奏民心皇皇恐隴其遠謫遂得免尋命巡視北城試俸滿部議調外因假歸三十一年卒三十三年江南學政缺上欲用隴其侍臣奏隴其已卒乃用邵嗣堯嗣堯故與隴其同以清廉行取者也雍正二年世宗臨雍議增從祀諸儒隴其與焉乾隆元年特諡清獻加贈內閣學士兼禮部侍郎著有困勉錄松陽講義三魚堂文集其爲學專宗朱子撰學術辨大指謂王守仁以禪而託於儒高攀龍顧憲成知闢守仁而以靜坐爲主本原之地不出守仁範圍詆斥之甚力爲縣崇實政嘉定民頌隴其迄清季未已靈壽鄰縣阜平爲置家民陸氏世守爲白號隴其子孫

張伯行字孝先河南儀封人康熙二十四年進士考授內閣中書改中書科中書丁父憂歸建請見書院講明正學儀封城北舊有隄三十八年六月大雨潰伯行募民囊土塞之河道總督張鵬翮行河疏薦堪理河務命以原銜赴河工督修黃河南岸隄二百餘里及馬家港東壩高家堰諸工四十二年授山東濟南道值歲饑即家運錢米並製棉衣拯民飢寒上命分道治賑伯行賑汝上陽穀二縣發倉穀二萬二千六百石有奇布政使責其專擅即論劾伯行曰有旨治賑不得爲專擅上視民如傷倉穀重乎人命重乎乃得寢四十五年上南巡賜布澤安流榜尋遷江蘇按察使四十六年復南巡至蘇州諭從臣曰朕聞張伯行居官甚清最不易得時命所在督撫舉賢能官伯行不與上見伯行曰朕久識汝朕自舉之他日居官而善天下以朕爲知人擢福建巡撫賜廉惠宣猷榜伯行疏請免臺灣鳳山諸羅三縣荒賦福建米貴請發帑五萬市湖廣江西廣東米平糶建鼇峯書院置學舍出所藏書搜先儒文集刊布爲正誼堂叢書以教諸生福州民祀瘟神命毀其偶象改祠爲義塾祀朱子俗多尼鬻貧家女髡之至千百伯行命其家贖還擇偶貧不能贖官爲出之四十八年調江蘇巡撫賑淮揚徐三府饑會布政使宜思恭以司庫虧空爲總督噶禮劾罷上遣尚書張鵬翮按治陳鵬年以蘇州知府署布政使議司庫虧三十四萬分扣官俸役食抵補伯行咨噶禮會題不應伯行疏上聞上命鵬翮幷按別疏陳噶禮異議狀上諭廷臣曰覽伯行此疏知與噶禮不和爲人臣者當以國事爲重朕綜理機務垂五十年未嘗令一人得逞其私此疏宜置不問伯行尋乞病上不許鵬翮請責前任巡撫于準及思恭償十六萬餘以官俸役食抵補上曰江南虧空錢糧非官吏侵蝕朕南巡時督撫肆意挪用而不敢言若責新任官補償朕心實有不忍命察明南巡時用欵具奏伯行又疏奏各府州縣無著錢糧十萬八千上命併予豁免噶禮貪橫伯行與之迕五十年江南鄉試副考官趙晉交通關節榜發士論譁然輿財神入學宮伯行疏上其事正考官左必蕃亦以實聞命尚書張鵬翮侍郎赫壽按治伯行與噶禮會鞫得舉人吳泌程光奎通賄狀詞連噶禮伯行請解噶禮任付嚴審噶禮不自安亦摭伯行七罪訐奏上命俱解任鵬翮等尋奏皆與泌光奎通賄俱實擬罪如律噶禮交通事誣伯行應奪官上切責鵬翮等掩飾更命尚書穆和倫張廷樞覆按仍如前議上曰伯行居官清正天下所知噶禮才雖有餘而喜生事無清正名此議是非顚倒命九卿詹事科道再議明日召九卿等諭曰伯行居官清廉噶禮操守朕不能信若無伯行則江南必受其朘削幾半矣此互參一案初遣官往審爲噶禮所制致不能得其情再遣官往審與前無異爾等能體朕保全清官之意使正人無所疑懼則海宇昇平矣遂奪噶禮官命伯行復任五十二年江蘇布政使缺員伯行疏薦福建布政使李發甲臺灣道陳璸前祭酒余正健上已以湖北按察使牟欽元擢任未幾伯行劾欽元匿通海罪人張令濤署中請逮治令濤兄元隆居上海造海船出入海洋擁厚貲結納豪貴會部檄搜緝海賊鄭盡心餘黨崇明水師捕漁船其舟人福建產冒華亭籍驗船照爲元隆所代領伯行欲窮治是時令濤在噶禮幕元隆稱病不就逮獄未竟而死於家噶禮前劾伯行因摭其事爲七罪之一會上海縣民顧協一訴令濤據其房屋別有水寨數處窩藏海賊稱令濤今居欽元署中上命總督赫壽察審赫壽庇令濤以通賊無證聞復命鵬翮及副都御史阿錫鼐按其事鵬翮等奏元隆令濤皆良民請奪伯行官上命復審且命伯行自陳伯行疏言元隆通賊雖報身故而金多黨衆人人可以冒名處處可以領照令濤乃顧協一首告若其不實例應坐誣欽元庇匿致案久懸臣爲地方大吏杜漸防微豈得不究既命解任鵬翮等仍以伯行誣陷良民挾詐欺公論斬法司議如所擬上免其罪命伯行來京旋入直南書房署倉場侍郎充順天鄉試正考官授戶部侍郎兼管錢法倉場再充會試副考官雍正元年擢禮部尚書賜禮樂名臣榜二年命赴闕里祭崇聖祠三年卒年七十五遺疏請崇正學勵直臣上軫悼贈太子太保諡清恪光緒初從祀文廟伯行方成進士歸構精舍於南郊陳書數千卷縱觀之及小學近思錄程朱語類日入聖門庭在是矣盡發濂洛關閩諸大儒之書口誦手抄者七年始赴官嘗曰千聖之學括於一敬故學莫先於主敬因自號曰敬庵又曰君子喻於義小人喻於利老氏貪生佛者畏死烈士徇名皆利也在官所引皆學問醇正志操潔清初不令知平日齮齕之者復與共事推誠協恭無絲毫芥蔕曰已荷保全敢以私廢公乎所著有困學錄續錄正誼堂文集居濟一得諸書子師載字又渠舉人以父蔭補戶部員外郎雍正初授揚州知府歲饑高郵湖西民以縣吏報災輕不得賑師載行部見饑民滿道不待報而賑之江都芒稻閘爲淮黃高寶諸河入江要津夏潦盛漲閘官利商人餌謂非運使令不得啓師載詢鹽艘須水六七尺今過半乃身往督役啟閘其後芒稻閘屬府啟閉遂以爲例累遷江蘇按察使內擢右通政再遷授倉場侍郎命協辦江南河務授安徽巡撫仍命赴南河協同防護會河溢奪官上命誅疏防同知李焞守備張賓使師載視行刑畢釋之再起爲兵部侍郎遷漕運總督復授河東河道總督師載長於治河少讀父書研性理之學高宗稱其篤實卒贈太子太保諡慤敬

論曰清世以名臣從祀孔子廟斌隴其伯行三人而已皆以外吏起家蒙聖祖恩遇隴其官止御史而廉能清正民愛之如父母與斌伯行如一其不爲時所容而爲聖祖所愛護也亦如一君明而臣良漢唐以後蓋亦罕矣斌不薄王守仁隴其篤守程朱斥守仁甚峻而伯行繼之要其躬行實踐施於政事皆能無負其所學雖趨嚮稍有廣隘亦無所軒輕焉

清史稿　列傳五十三

葉方藹　沈荃
勵杜訥　子廷儀　孫宗萬　徐元珙
許三禮　王士禎
韓菼　湯右曾

葉方藹字子吉江南崑山人順治十二年一甲三名進士授編修江南奏銷案起坐奪官尋授上林苑蕃育署丞事白還故官康熙十二年充日講起居注官十四年遷國子監司業再遷侍講宴瀛臺羣臣皆進詩賦方藹製八箴以獻上甚悅命撰太極圖論以進賜貂裘文綺十五年遷左庶子再遷侍講學士十六年命充孝經衍義總裁進講通鑑上問諸葛亮何如伊尹方藹對曰伊尹聖人可比孔子諸葛亮大賢可比顏淵上首肯講中庸上問知行孰重對曰宋臣朱熹之說以次序言則知先行後以功夫言則知輕行重上曰畢竟行重若不能行知亦虛知耳轉侍讀學士十七年充鑑古輯覽皇輿表總裁經筵講官直南

書房上勤於典學故事以大臣二人日直上特以屬方藹兼掌院學士兼禮部侍郎十七年召試博學宏詞命方藹閱卷總裁明史十九年尙書講義成上以講幄勞加方藹尙書銜上講易噬嗑卦辭方藹與同官庫勒納進所撰乾坤二卦總論上覽竟諭曰卦爻義各有不同卽如噬嗑卦中四爻主用刑者言初上二爻主受刑者言必得總論發揮庶全卦之義了然諸卦可依此撰進二十年授刑部侍郎二十一年卒遣奠茶酒賜白金二百上以方藹久侍講幄啟沃勤勞命優䘏賜諡文敏方藹初釋褐以文章受知世祖家居時有密陳其居鄉不法者下其事江蘇巡撫田雯嚴覆雯以鄉評入告上曰朕固知方藹不如是也其後事聖祖直內廷眷遇優渥方藹故廉謹其卒以板扉爲臥榻支以四甃布帳多補綴無以爲斂見者以爲難能

沈荃字貞蕤江南華亭人順治九年一甲三名進士授編修世祖擇翰林官外轉荃出爲大梁道副使劇盜董天祿牛光天剽掠許潁間荃督兵捕治殲其渠羣盜皆散去禹州盜倚竹園爲巢殺人越貨荃遣吏卒收捕發土得尸十餘悉按誅之尋署按察使疏言師方南征必經南陽汝寧諸府供應疲苦亢村郭店諸驛官死夫逃請敕均撥驛站銀兩師既入楚留馬彰德役民飼秣請敕以懷慶衞輝廣平順德大名諸府吏番分駐各縣常平倉蓄穀太寡請敕定額大縣五六百石小縣三四百石開封自河決後城垣淤圮官吏分駐各邑鄉闉暫移輝縣近奉旨修復汴城請敕籌撥錢糧督倡興工河南土地原有上中下等則向因甽井混淆一例派糧今查勘漸定請敕視萬歷年間則例照地派糧河南兵額一萬二千奉旨缺額免補有汰無增駐防分汛每苦不足請敕仍許募補足額俱下部議行康熙元年以憂歸六年授直隸通薊道坐事左遷九年授浙江寧波同知未上官特旨召對命作各體書稱旨詔以原品內用十年授侍講直南書房十一年轉侍讀十二年充日講起居注官十三年擢國子監祭酒十五年遷少詹事十六年擢詹事十八年旱求直言時更定新例罪人當流者徙烏喇下廷臣議荃謂烏喇去蒙古三四千里地極寒人畜多凍死今罪不至死者乃遣流而更驅之死地宜如舊例便疏上有旨令畫一荃持前議益堅且曰此議行三日不雨者甘服欺罔罪上改容納之越二日天竟雨例得罷十九年上以講幄勞加荃禮部侍郎銜二十一年正月乾清宮宴廷臣賦柏梁體詩荃與焉二十三年卒上以荃貧賜白金五百子宗敬二十七年進士改庶吉士以編修入直上命作書因諭大學士李光地曰朕初學書宗敬父荃指陳得失至今作字未嘗不思其勤也宗敬官至太常寺少卿

勵杜訥字近公直隸靜海人勵氏自鎮海北遷訥以杜姓補諸生康熙二年纂世祖實錄選善書之士訥試第一赴館繕錄書成敘勞授福建福甯州同命留直南書房食六品俸十九年授編修充日講起居注官二十一年奏請復勵姓聖祖方閱通鑑綱目杜訥與學士張英侍閱竟杜訥請以御批宣示史館下禮部翰林院會議如所請二十七年遷贊善二十九年遷侍講改光祿寺少卿三十六年遷通政司參議三十七年遷太僕寺卿再遷宗人府府丞三十九年遷左副都御史疏言督撫大吏朝廷畀以百餘城吏治數千里民生責任至重若託詞靜鎮漸成悠忽不過以期會簿書忝封疆之寄請敕各督撫年終彙奏若何察吏安民興利除弊以備清覽不實則治以欺罔之罪庶時時警勉不敢優游草率貽誤地方藩司專掌錢穀臬司專掌刑名州縣之錢糧有無虧空定案之爰書有無駁審詳實幷列則藩臬之優劣亦無遁情議如所請又言提鎮保送將弁時有騎射甚劣並年老之員經特旨甄別典戎要務首在考察將弁請敕部將各提鎮所屬引見不稱旨之員彙册呈覽並定處分下詔所司飭行四十二年擢刑部侍郎卒杜訥學行醇粹直禁廷二十餘年無纖芥過失四十四年上駐蹕靜海敕獎杜訥謹慎勤勞親定諡曰文恪手書賜其家雍正元年贈禮部尙書八年祀賢良祠高宗卽位加贈太子太傅子廷儀字南湖康熙三十九年進士改庶吉士四十一年特命直南書房四十三年授編修遭父喪既終充日講起居注官累遷內閣學士充經筵講官擢翰林院掌院學士兵部侍郎雍正元年遷刑部尙書疏言各省常平倉穀當責督撫嚴實盤查年終册報又請於古北口外設理事同知檢察命盜獄並從之二年疏言各州縣團練民壯當選習槍箭勤加訓練上韙之下直省督撫實力奉行又疏請分立內外監內監居要犯外監居輕犯別爲女監另牆隔別均報可送疏論監生攷職禁止私鹽淸查入官家產各舉其叢弊所在並下部議行七年加太子太傅賜矜愼平恕榜九年調吏部仍專管刑部事十年卒諡文恭子宗萬字滋大康熙六十年進士改庶吉士授編修雍正二年命直南書房充日講起居注官督山西學政六年遷國子監司業按試潞安臨晉民解進朝詐稱御前總管私書請託宗萬疏發之諭嘉獎遷侍讀命巡察山西八年巡撫石麟劾宗萬擾驛遞並縱僕受賕坐奪官十年起鴻臚寺少卿仍直南書房四遷至禮部侍郎調刑部乾隆元年吏部劾宗萬保舉河員受請託坐奪官尋命直武英殿七年再起侍講學士累遷通政使直懋勤殿纂秘殿珠林遷左副都御史擢工部侍郎調刑部十年坐縱門客生事復奪官手詔詰責命還里閉戶讀書督撫那蘇圖劾宗萬縱弟占官地命承修固安城工免其罪十六年復起侍講學士累遷光祿寺卿二十四年卒子守謙嘉慶十年進士官編修自杜訥以諸生受知遇子孫繼起四世皆入翰林

徐元珙字輯五江南武進人順治十二年進士授刑部主事遷員外郎典廣西試遷郎中出爲福建建寧道僉事善治盜移山西冀甯南道參議遭母憂去康熙十二年起直隸口北道參議時宣鎮未設府縣但置同知分防元珙和調將士嚴斥堠增亭障葺城郭修學舍邊境晏然入爲光祿寺少卿歷太僕寺卿通政使二十四年授太常寺卿疏請釐正北郊配饗位次略言本朝分祭南北郊圜邱南鄉三聖並配甚鉅典也獨方澤配位臣不能無議昭穆之位分左右不分東西圜邱南鄉則東爲左爲昭西爲右爲穆地祇北鄉則西爲左爲昭東爲右爲穆蓋東西有定方而左右無定位從正位所鄉而殊漢唐地祇皆南鄉至宋政和四年引北牖答陰之義始改北鄉配位亦改焉明嘉靖九年建方澤壇因宋制地祇北鄉而配位仍設於東不應古禮蓋其時禮官誤執以東爲左因循至今然明配位止一太祖或左或右尙無越次之嫌今三聖並配左右易位因之昭穆失序況配位誤則從壇皆誤卽陵山從祀嶽鎭者亦誤揆諸典禮實有未安有待釐正疏入下廷臣集議學士徐乾學韓菼皆韙元珙議獨許三禮駁之遂不行語見三禮傳二十五年遷左副都御史疏請正北海祀典略言唐望祭洛州卽今河南府宋望祭孟州卽今懷慶府明依宋制說者謂懷慶屬濟源潛通北海故於此望祭焉本朝定制東海祀萊州南海祀廣州西海祀蒲州皆爲允當獨北海仍祀懷慶竊以嶽鎭方位當準皇都往南祭北於義未愜謹按北鎭醫巫閭山在今奉天府境山既爲北鎭川卽可爲北海剏長白山水黑龍鴨綠諸江悉朝宗於海請更定北海之祭就北鎭醫巫閭爲便或疑歷時已久不可輒更臣按北嶽祀恆山曲陽積二千餘年用科臣言改祀渾源州嶽祭可更何疑海祭疏入議行二十六年疏乞歸養至家父已前卒二十七年孝莊文皇后崩赴闕哭臨疾作卒於京師上聞而憫之喪歸許馳驛䘏如禮元珙尙風義座主陳彩歿妻妾繼逝撫其一歲孤並其女爲營婚嫁與己子無異時論推其篤厚彩字美公廣東順德人順治九年進士自編修出爲江南常鎭道康熙初江南有大獄諸生連染被逮彩以輕刑全活之甚衆

許三禮字典三河南安陽人順治十八年進士授浙江海甯知縣海甯地瀕海多盜三禮練鄉勇嚴保甲禽盜首朱纘之等益修城壕築土城尖山鳳凰山間戍以土兵築塘濬河救災儲粟教民以務本立書院延黃宗羲主講在縣八年聲譽甚美康熙八年行取授福建道御史疏言漢儒董仲舒表章六經其言道之大原出於天與禪宗異學專主明心者不同故宋儒程顥有儒道本天釋教本心之辨宜視宋時六大儒從祀國學進稱先賢下廷臣議不果行時雲貴猶未定三禮疏言蕩平後察大吏宜嚴蘇民困宜寬尋命巡視北城太常寺卿徐元珙議北郊配位應改坐西嚮東下廷臣集議三禮曰陽生於子極於巳故祀天在冬至位南郊南嚮陰生於午極於亥故祀地在夏至位北郊北嚮答陰答陽義各有取配位者主道也義在近尊者爲上故配天尙左配地尙右並居東改之非是從之尋疏請定武臣守制例下廷臣集議有謂本朝無此例者三禮曰宋高宗紹興七年岳飛聞母訃解兵柄徒步歸廬山廬墓三年此往代守制例也遂定議武臣守制自此始旋擢通政司右參議二十七年遷提督四譯館太常寺少卿再遷大理寺卿召對便殿上曰河圖洛書道治之原一二三四五六七八九十忽金火易位何也對曰此卽一陰一陽之道也天地大德曰生故河圖左旋而相生爲順數洛書右轉而相剋爲逆數一順一逆位所由易也上曰既順何以逆對曰孤陽不生獨陰不成河圖自北而東順以相生木火土金水就流行言洛書自北而西逆則相剋上下四方中就對待言既五數在中縱橫皆十五矣惟剋乃所以生也陰陽交則生變變則生生不易上又問曰洪範九疇皇建有極謂人參三才此說是乎對曰自天地開闢以來賴有聖人願治而不願亂者天地之心有治而不能無亂者天地之數數至則生聖人撥亂而返之治裁成輔相以左右民則聖人建極會極歸極之功也聖人既能撥亂而返之治始副天地長治之心此人參三才之說實理也亦實事也上頗嘉美之遷順天府府尹二十八年遷右副都御史再遷兵部督捕侍郎以病告歸未及行卒三禮初師事孫奇逢及在海甯從黃宗羲游官京師有所疑必貽書質宗羲斅宋趙抃故事日晝所爲夜焚香告天家居及在海甯皆建告天樓聖祖重道學嘗以之稱三禮云

王士禛字貽上，山東新城人。幼慧，即能詩。舉於鄉，年十八。順治十二年成進士，授江南揚州推官。侍郎葉成格被命駐江甯，按治通海寇獄，株連衆，士禛嚴反坐，寬無辜，所全活甚多。揚州鹺賈逋課數萬，逮繫久不能償，士禛募款代輸之，事乃解。康熙三年，總督郎廷佐、巡撫張尚賢、河督朱之錫交章論薦，內擢禮部主事，累遷戶部郎中。十一年，典四川試，母憂歸。服闋，起故官。上留意文學，嘗從容問大學士李霨：「今世博學善詩文者孰最？」霨以士禛對。復問馮溥、陳廷敬、張英，皆如霨言。召士禛入對懋勤殿，賦詩稱旨，改翰林院侍講，遷侍讀，入直南書房。漢臣自部曹改詞臣，自士禛始。上徵其詩，錄上三百篇，曰御覽集。尋遷國子監祭酒，整條教，屏餽遺，獎拔皆知名士。與司業劉芳喆疏言：「漢唐以來，以太牢祀孔子，加王號，尊以八佾、十二籩豆。至明嘉靖間，用張璁議，改爲中祀，失尊崇之意。禮，祭從生者。天子祀其師，當用天子之禮樂。」又疏言：「自明去十哲封爵，稱冉子者凡三，未有辨別。宋周敦頤等六子改稱先賢，位漢唐諸儒之上，世次殊有未安，宜予釐定。」又疏言：「田何受易商瞿，有功聖學，宜增祀。鄭康成注經百餘萬言，史稱純儒，宜復祀。」又疏言：「明儒曹端、章懋、蔡清、呂柟、羅洪先並宜從祀。緜州貢生辛全生際明末，以正學爲己任，著述甚富，乞敕進遺書。」又請修監藏經史舊版。疏並下部議，以籩豆樂舞名號位次俟會典頒發遵循，增祀明儒及徵進遺書俟明史告成覈定，修補南北監經史版如所請行。二十三年，遷少詹事，命祭告南海。父憂歸。二十九年，起原官，再遷兵部督捕侍郎。三十一年，調戶部，命祭告西嶽、西鎭、江瀆。三十七年，遷左都御史。會廷議省御史員額，士禛曰：「國初設御史六十，後減爲四十，又減爲二十四。天子耳目官，可增不可減。」卒從士禛議。遷刑部尚書。故事，斷獄下九卿平議。士禛官副都御史，爭揚成獄，得減等；官戶部侍郎，爭太平王訓、聊城於相元、齊河房得亮獄，皆得減等；而衡陽左道蕭儒英則又爭而寘之法。徐起龍爲曹氏所誣，則釋起龍而罪曹，案其所與私者皆服罪。及長刑部，河南閻煥山、山西郭振羽、廣西竇子章皆以救父殺人論重辟，士禛曰：「此當論其救父與否，不當以梃刃定輕重。」改緩決，入奏，報可。士禛以詩受知聖祖，被眷遇甚隆。四十年，乞假遷墓，上命予假五月，事畢還朝。四十三年，坐王五、吳謙獄罷。王五故工部匠役，捐納通判；謙太醫院官，坐索債毆斃負債者。下刑部，擬王五流徙，謙免議。士禛謂輕重懸殊，改王五但奪官。復下三法司嚴鞫，王五及謙並論死。又發謙屬託刑部主事馬世泰狀，士禛以瞻徇奪官。四十九年，上眷念諸舊臣，詔復職。五十年，卒。明季文敝，諸言詩者，習袁宗道兄弟，則失之俚俗；宗鍾惺、譚友夏，則失之纖仄；斅陳子龍、李雯，軌轍正矣，則又失之膚廓。士禛姿稟既高，學問極博，與兄士祿、士祜並致力於詩，獨以神韻爲宗。取司空圖所謂「味在酸鹹外」，嚴羽所謂「羚羊掛角，無迹可尋」，標示指趣，自號漁洋山人。主持風雅數十年。同時趙執信始與立異，言詩中當有人在。既沒，或詆其才弱，然終不失爲正宗也。士禛初名士禛，卒後以避世宗諱，追改士正。乾隆三十年，高宗與沈德潛論詩及士正，諭曰：「士正績學工詩，在本朝諸家中流派較正，宜示襃，爲稽古者勸。」因追諡文簡。二十九年，復諭曰：「士正名以避廟諱致改，字與原名不相近，流傳日久，後世幾不復知爲何人，今改爲士禎，庶與弟兄行派不致淆亂。各館書籍記載，一體照改。」

韓菼，字元少，江南長洲人。讀書通五經，恬曠好山水，朋游飲酒歡譜終日，而制行清嚴。特工制舉文，應順天鄉試，尚書徐乾學拔之遺卷中。康熙十二年，會試、殿試皆第一，授修撰，充日講起居注官。聖祖知其能文，命撰太極圖說以進。復諭進所作制舉文，召入弘德殿講大學。世祖命纂孝經衍義未成，以菼專任纂修。十四年，典順天試。十五年，遷贊善。十六年，遷侍講。十七年，復典順天試。十八年，乞假歸。二十三年，起故官，尋轉侍讀。二十四年，上親試翰林，菼列第二，遷侍講學士，尋擢內閣學士。二十六年，再假歸，築室西山，點勘諸經注疏，旁逮諸史，居八年。三十四年，召至京，命以原官總裁一統志，遷禮部侍郎兼掌院學士。祭酒阿理瑚請以故大學士達海從祀文廟，下部議，菼謂從祀鉅典，論定匪易，達海造國書，一藝耳，持不可。永定河工開事例，戶部請推廣得捐納道府，菼謂道府不當捐納。御史鄭維孜疏言國子監生多江浙人，有冒籍赴試者，請盡發原籍肄業。菼曰：「京師首善地，遠人嚮化，方且聞風慕義而來，若因一二不肖，輒更定制，悉爲驅除，太學且空，非國體。」維孜言非是，事得寢。三十九年，充經筵講官，授禮部尚書，教習庶吉士。四十一年，上疏乞解職，專意纂輯承修諸書，詔慰留之，並賜「篤志經學，潤色鴻業」榜。四十二年，再稱疾，上不悅，敕仍留原任。四十三年，再疏乞退，仍不允。是歲秋，卒，卹如禮。菼負文章名，而立朝樹風概，敢言，與人有始終。其再假歸也，乾學方罷官家居，領書局洞庭山中，兩江總督傅臘塔搆乾學，將興大獄，素交皆引去，菼且暮造門，且就當事白其誣，乃已。其復起也，上遇之厚，嘗曰：「韓菼天下才，美風度，奏對誠實。」又曰：「菼學問優長，文章大雅，前代所僅有，所撰擬能道朕意中事。」會江甯布政使張萬祿蝕帑金三十餘萬，金總督阿山庇之，謂費由南巡，下廷臣議，有言阿山與有連，妄語罪當死，菼謂縱有連，情私而語公。忌者增益其語入告，上由是疏菼。及再謝病，詔責其教習庶吉士每日率以飲酒多廢學，九卿集議不爲國事直言，惟事瞻徇。菼意不自得，病甚，飲不輟，至卒。乾隆十七年，高宗論獎菼雅學績文，湛深經術，所撰制義清眞雅正，開風氣之先，爲藝林楷則，追諡文懿。子孝嗣，舉人；孝基，進士，官編修。菼卒，奉母不出十餘年。雍正初，召修明史，書成，移疾歸，年九十而終。

湯右曾，字西厓，浙江仁和人。康熙二十七年進士，改庶吉士，授編修。出典貴州試。三十九年，授刑科給事中。兩廣總督石琳疏言瓊州生黎以文武官吏婪索，激而爲亂，上遣侍郎凱音布、學士邵穆布按治。右曾疏言：「揭帖言瓊州文武官往黎峒採取沈香花梨，致生釁。石琳及巡撫蕭永藻、提督殷化行平時絕不覺察，且黎亂在上年，遲且一載始行題報，掩飾欺隱，請嚴加處分。」石琳等皆下吏議。四十年，疏請刊頒政治典訓及御製文集。四十一年，轉戶部掌印給事中。初以私錢多，改錢制輕小，使私鑄無所利，顧仍不止。上令仍鑄大錢，下廷臣議改鑄大錢，其舊鑄小錢期二年銷燬。右曾疏言：「改大錢宜遵聖諭。若毀小錢，則民間必驚擾。且戶、工二部存錢八十四萬串，若議銷毀，工料耗折甚多。且二年中鑄出新錢不過一百萬串，豈能遍及各省？新錢無多，舊錢已毀，恐私鑄更繁，錢法愈壞。古者患錢重則改輕，而不廢重；患錢輕則改重，而不廢輕；使子母相權而行。新鑄重錢每串作銀一兩，舊鑄輕錢作七錢，並聽行使。積久大錢流通，小錢自不行矣。」疏再下廷臣議，定新錢每重一錢四分，舊錢並行勿禁，如右曾議。四十四年，提督河南學政。秩滿，巡撫江灝疏言右曾取士公明。四十八年，遷奉天府府丞。四十九年，遷光祿寺卿。五十年，轉太常寺卿、通政使。五十一年，擢翰林院掌院學士。五十二年，授吏部侍郎。尚書富寧安、陳鵬翮皆廉辦有威稜，右曾貳之，銳意文案，糾剔是非。選人或挾大力以相要，必破其機紐，俾終不獲選。由是干進射利者皆叢怨於吏部。而富寧安往莅西師，鵬翮任事久，見知於上深，莫可搖動，遂爭爲浮言撼右曾。六十年，命解右曾侍郎，仍專領掌院學士。六十一年，卒。右曾少工詩，清遠鮮潤。其後師事王士禛，稱入室。使貴州後，風格益進，鍛鍊澄汰，神韻洽然。右曾朝熱河行在，上命進所爲詩，右曾方詠文光果，即以進。上爲和詩，有句曰「叢香密葉待詩公」，右曾自定集，遂取是詩冠首。

論曰：方藹、莘、杜訥以文學直內廷，其結主知，尤在於廉謹。元琪三禮議禮，各申其所見，有當於經指。士禛以詩被遇，淸和粹美，蔚爲一代正宗，菼於文亦然，久而論定，並邀補諡增文字之重。右曾師事士禛，繼以詩被遇。論者謂自明宏治、正德以後一百五十年，而文章復在臺閣，爲聖祖崇儒右文之效云。

清史稿　列傳五十四

張玉書　李天馥
吳琠　張英（子廷瓚　廷璐　廷瑑）
陳廷敬　溫達（穆和倫）
蕭永藻　嵩祝
王頊齡

張玉書，字素存，江南丹徒人。父九徵，字湘曉，順治二年舉鄉試第一，九年成進士，博學礪行，精春秋三傳，尤邃於史。歷吏部文選郎中，出爲河南提學僉事，考績最，當超擢，遽引疾歸。玉書，順治十八年進士，選庶吉士，授編修，累遷左庶子，充日講起居注官。康熙十九年，以進講稱旨，加詹事銜。二十年，擢內閣學士，充經筵講官，尋遷禮部侍郎兼翰林院掌院學士。三藩平，有請行封禪者，玉書建議駁之，事遂寢。二十三年，丁父憂，上遣內閣學士王鴻緒至邸賜奠。服闋，即家起刑部尚書，調兵部。二十七年，河道總督靳輔奏中河工成，時學士開音布往勘，稱善。監高郵石工，疏請閉塞支河口，爲中河蓄水。上以于成龍嘗奏輔開中河無益累民，今中河工成，乃命玉書偕尚書圖納等往勘，並徧察毛城鋪、高家堰及海口狀。瀕行，上謂玉書曰：「此行當秉公陳奏，毋效熊一瀟託故推諉爲也。」玉書等還奏：「勘閱河形，黃河西岸出水高，年來水大，未溢出岸上，知河身並未淤塞。海口岸寬二三里，河流入海無所阻。中河工成，舟楫往來，免涉黃河一百八十里之險，但與黃河逼，河寬固不可狹，又不能容運河及駱馬湖之水，擬請於蕭家渡、楊家莊增建減水壩，相時宣洩。閉塞支河口，應如開音布議。」上悉從之。浙江巡撫金鋐以民杜光遇陳訴駐防滿洲兵擾民，下布政使李之粹察訊，之粹咨杭州將軍郭丕，請申禁，郭丕以聞。上遣尚書熊賜履往按，賜履丁憂去，改命玉書。尋調禮部。二十八年，上南巡，駐蹕蘇州，玉書還奏杜光遇無其人，所陳訴皆虛妄，金鋐、李之粹皆坐奪官流徙。二十九年，拜文華殿大學士兼戶部尚書。三十一年，靳輔奏高家堰加築小隄，復命玉書偕圖納往勘，還言：「曩者黃漲淮流被逼，故洪澤湖水視昔爲高。今擬築隄距高家堰甚近，若水漲則高堰大隄且不保築小隄何益因條列高家堰河工自史家刮至周橋一萬四百餘丈宜築隄二官廟諸口宜改石工今擬築小隄處宜令河臣每歲親勘上深然之三十五年上親征噶爾丹玉書扈行預參帷幄師次克魯倫河噶爾丹北竄大將軍費揚古截擊斬殺幾盡噶爾丹僅以身免玉書率百官上賀三十六年充平定朔漠方略總裁官丁母憂遣官賜祭并賜御書松蔭堂榜三十八年上南巡玉書迎謁賜賚有加三十九年服未闋召至京入閣視事四十年扈駕南巡駐蹕江寧召試士子命爲閱卷官御舟次高資港玉書奏言前去鎭江不遠請幸江天寺留駐數日上爲留一日四十六年河道總督張鵬翮請開溜淮套河上南巡次清口勘視見所樹標竿多在民塚召鵬翮極斥其非玉書奏曰向者老人白英議引汶水南北分流不若別作壩引汶水通漕其下流專以淮水敵黃黃水趨海此萬世利也上善其言遂諭鵬翮罷開溜淮套事具鵬翮傳四十九年以疾乞休溫旨慰留五十年從幸熱河甫至疾作遂卒年七十上深惜之親製輓詩賜白金千兩內務府監製棺槨衾絞驛送其喪還京師加贈太子太保諡文貞五十二年上追念舊勞擢其子編修逸少爲侍讀學士玉書謹慎廉潔居政地二十年遠避權勢門無雜賓從容密勿爲聖祖所親任自奉儉約飲食服御略如寒素雍正中入祀賢良祠

李天馥字湘北河南永城人先世在明初以軍功得世襲廬州衞指揮僉事家合肥有族子占永城衞籍天馥以其籍舉鄉試順治十五年成進士選庶吉士授檢討博聞約取究心經世之學名藉甚累擢內閣學士充經筵講官每侍直有所見悉陳無隱聖祖器之康熙十九年夏旱命偕大學士明珠會三法司慮囚有矜疑者悉從末減尋擢戶部侍郎調吏部杜絕苞苴嚴峻一無所私銓政稱平二十七年遷工部尚書河道總督靳輔議築高家堰重隄束水出清口停濬海口于成龍主疏濬下河上召二人詣京師入對仍各持一說下廷臣詳議天馥謂下河海口當濬高堰重隄宜停築上然之歷刑兵吏諸部三十一年拜武英殿大學士上曰機務重任不可用喜事人天馥老成清慎學行俱優朕知其必不生事三十二年以母憂回籍上賜貞松榜御書勉以儒者之學復謂天馥侍朕三十餘年未嘗有失三年易過命懸缺以待三十四年服將闋起故官入閣視事上親征厄魯特平定朔漠兵革甫息天馥務以清靜和平與民休息嘗謂變法不如守法奉行成憲不失尺寸乃所以報也三十八年卒諡文定天馥在位留意人才嘗應詔舉彭鵬陸隴其邵嗣堯卒爲名臣爲學士時冬月慮囚有知縣李方廣坐當死天馥言其有才得緩決尋以赦免刑部囚多瘐斃爲庀屋材多爲之所別罪之輕重以居活者尤衆事親孝居喪廬墓有雙白燕飛至不去人名其居爲白燕廬子孚青進士官編修父喪歸不復出

吳琠字伯美山西沁州人順治十六年進士授河南確山知縣縣遭明季流寇殘破琠拊流亡闢蕪廢墾田歲增捕獲盜魁誅之師下雲南縣當孔道輿馬糧餼先事籌辦而民不擾康熙十三年以卓異入爲吏部主事歷郎中累遷通政司右參議刑部尚書魏象樞疏稱其賢二十年特擢右通政累遷左副都御史疏請復督撫巡方略言令甲督撫於命下之日即杜門屏客涖任守令不得參謁凡有舉劾惟據道府揭報愛憎毀譽眞僞相亂督撫無由知革火耗而火耗愈甚禁私派而私派愈增請敕督撫親歷各屬以知守令賢否或謂巡方恐勞擾百姓夫督撫賢則必能禁迎送卻供應如其不肖雖端坐會城而暮夜之餽踵至豈獨巡方足以勞民哉又言巡撫及巡守道無一旅之衞而提鎭各建高牙前撫臣如馬雄鎭道臣如陳啓泰懷忠秉義向使各有兵馬奚至束手宜及此時復舊制使巡撫巡守道仍各管兵馬減提督增總兵以一鎭之兵酌分數鎭聽督撫節制二十八年遷兵部侍郎尋授湖廣巡撫湖北自裁兵亂後姦猾率指仇人爲亂黨株連不已琠悉置不問而懲其妄訐者人心大定陝西饑流民入湖廣就食令有司分振全活甚衆三十一年詔以荊州兵船運漕米十萬石至襄陽備賑琠議兵船泊大江下至漢口受米復西上抵襄陽計程二千餘里今原運漕船若乘夏水順道赴襄陽僅七百餘里即以便宜行事疏入上嘉之未幾丁母憂服未闋即授湖廣總督仍聽終制乃赴任故事土司見州縣吏不敢抗禮其後大吏稍稍假借之琠至絕餽遺飭謁見長吏悉循舊制或犯約束檄諭之無敢肆者三十五年召爲左都御史三十六年典會試上北征回鑾顧迎駕諸臣褒琠及河道總督張鵬翮居官之廉卽擢琠爲刑部尙書而以鵬翮爲左都御史三十七年拜保和殿大學士兼刑部琠熟諳舊章參決庶務靡不允當奏對皆竭忱悃上每稱善所薦引多賢能吏三十九年復典會試上手書風度端凝榜賜之尋具疏乞休不允上嘗臨米芾書以賜琠書其後曰吳琠寬厚和平持己清廉先任封疆軍民受其實惠朝中之事面折廷諍能得其正朕甚重其能得大臣之體四十四年卒諡文端翰林院撰祭文上以爲未能盡琠敕改撰吏部奏大學士缺員上以琠喪未歸懸缺未卽別除曰朕心不忍也琠所至多惠政兩湖及確山皆祠祀初沁州薦饑琠糴米振之全活無算有司議增沁粮一千三百石琠力爭乃已鄉人德之立祠以祀雍正中祀賢良祠

張英字敦復江南桐城人康熙六年進士選庶吉士父憂歸服闋授編修充日講起居注官累遷侍讀學士十六年聖祖命擇詞臣諄謹有學者日侍左右設南書房命英入直賜第西安門內詞臣賜居禁城自此始時方討三藩軍書旁午上日御乾清門聽政後卽幸懋勤殿與儒臣講論經義英率辰入暮出退或復宣召輟食趨宮門慎密恪勤上益器之幸南苑及巡行四方必以英從一時制誥多出其手遷翰林院學士兼禮部侍郎二十年以葬父乞假優詔允之賜白金五百表裏緞二十予其父秉彝邺典視英官英歸築室龍眠山中居四年起故官遷兵部侍郎調禮部兼管詹事府充經筵講官奏進孝經衍義命刊布二十八年擢工部尚書兼翰林院掌院學士仍管詹事府調禮部兼官如故編修楊瑄撰都統一等公佟國綱祭文失辭坐奪官流徙斥英不詳審罷尚書仍管翰林院詹事府教習庶吉士尋復官充國史一統志淵鑒類函政治典訓平定朔漠方略總裁官三十六年典會試尋以疾乞休不允三十八年拜文華殿大學士兼禮部英性和易不務表襮有所薦舉終不使其人知所居無赫赫名在講筵民生利病四方水旱知無不言聖祖嘗語執政張英始終敬慎有古大臣風四十年以衰病求罷詔許致仕瀕行賜宴暢春園敕部馳驛如制四十四年上南巡英迎駕淮安賜御書榜額白金千隨至江寧上將旋蹕以英懇奏允留一日時總督阿山欲加錢糧耗銀供南巡費江寧知府陳鵬年持不可阿山怒鵬年欲因是罪之供張故不辦左右又中以蜚語禍將不測及英入見上問江南廉吏首舉鵬年阿山意爲沮鵬年以是受知於上爲名臣四十六年上復南巡英迎駕清江浦仍隨至江寧賜賚有加英自壯歲即有田園之思致政後優遊林下者七年爲聰訓齋語恆產瑣言以務本力田隨分知足誥誡子弟四十七年卒諡文端世宗讀書乾清宮英嘗侍講經書及卽位追念舊學贈太子太傅賜御書榜額揭諸祠宇雍正八年入祀賢良祠高宗立加贈太傅子廷瓚字卣臣康熙十八年進士自編修累官少詹事先英卒廷玉自有傳廷璐字寶臣康熙五十七年殿試一甲第二名進士授編修直南書房遷侍講學士雍正元年督學河南坐事奪職尋起侍講遷詹事兩督江蘇學政武進劉綸長洲沈德潛皆出其門並致通顯有名於時進禮部侍郎予告歸卒廷瑑字桓臣雍正元年進士自編修累官工部侍郎充日講官起居注初無條例廷瑑編裁詳贍得體既擢侍郎兼職如故終清世已出翰林而仍職記注者惟廷瑑乾隆九年改補內閣學士兼禮部侍郎典試江西移疾歸廷瑑性誠篤細微必慎既歸刻苦礪行耿介不妄取三十九年卒年八十四上聞顧左右曰張廷瑑兄弟皆舊臣賢者今盡矣安可得也因歎息久之廷璐子若需進士官侍講若需子曾敞進士官少詹事自英後以科第世其家四世皆爲講官

陳廷敬初名敬字子端山西澤州人順治十五年進士選庶吉士是科館選又有順天通州陳敬上爲加廷字以別之十八年充會試同考官尋授秘書院檢討康熙元年假歸四年補原官累遷翰林院侍講學士充日講起居注官十四年擢內閣學士兼禮部侍郎充經筵講官改翰林院掌院學士教習庶吉士與學士張英日直弘德殿聖祖器之與英及掌院學士喇沙里同賜貂皮五十表裏緞各二十七年命直南書房丁母憂遣官慰問賜茶酒服除起故官二十一年典會試滇南平吏定朝會燕饗樂章命廷敬撰擬下所司肄習遷禮部侍郎二十三年調吏部兼管戶部錢法疏言自古鑄錢時輕時重未有數十年而不改者向日銀一兩易錢千今僅得九百其故在燬錢鑄銅順治十年因錢賤壅滯改舊重一錢者爲一錢二分五釐十七年又增爲一錢四分所以杜私鑄也今私鑄自如應改重爲輕則燬錢不禁自絕產銅之地宜停收稅聽民開採則銅日多錢價益平疏下部議行擢左都御史疏言古者衣冠輿馬服飾器用賤不得踰貴小不得加大今等威未辨奢侈未除機絲所織花草蟲魚時新時異轉相慕效由是富者黷貨無已貧者恥其不如冒利觸禁其始由於不儉其繼至於不廉請敕廷臣嚴申定制以挽頹風又言方今要務首在督撫得人爲督撫者不以利欲動其心然後能正身以董吏吏不以曲事上官爲心然後能加意於民民可徐得其養養立而後教行宜飭督撫凡保薦州縣吏必具列無加派火耗無黷貨詞訟無朘削富民每月吉集衆講解聖諭使知功令之重在此而皇上考察督撫則以潔已教吏吏得一心養民教民爲稱職庶幾大法而小廉又言水旱凶荒堯湯之世所不能盡無惟備及於豫而賙當其急故民恃以無恐山東去年題報水災戶部初議行令履勘繼又行令分晰地畝高下今年四月始行覆准蠲免如此其遲回者所行之例則然耳臣愚以爲被災分數既有册結可據即宜具覆豁免上宣聖主勤民之意下慰小民望澤之心中不使

吏胥緣爲弊竇疏並議行二十五年遷工部尙書與學士徐乾學奏進鑑古輯覽上嘉其有裨治化命留覽時修輯三朝聖訓政治典訓方略一統志明史廷敬並充總裁官累調戶吏二部二十七年法司逮問湖廣巡撫張汧汧訐嘗齎銀赴京行賄獄急語涉廷敬及尙書徐乾學詹事高士奇上置勿問廷敬乃以父老疏乞歸養詔許解任仍管修書事二十九年起左都御史遷工部尙書調刑部丁父憂服闋授戶部尙書調吏部四十二年拜文淵閣大學士兼吏部仍直經筵四十四年扈從南巡召試士子命閱卷四十九年以疾乞休允之會大學士張玉書卒李光地病在告召廷敬仍入閣視事五十一年卒上深惜之親製輓詩一章命皇三子允祉奠茶酒又命部院大臣會其喪賜白金千諡文貞廷敬初以賜石榴子詩受知聖祖後進所著詩集上稱其淸雅醇厚賜詩題卷端嘗召見問朝臣誰能詩者以王士禎對又舉汪琬應博學鴻儒並以文學有名於時上御門召九卿舉廉吏諸臣各有所舉語未竟上特問廷敬廷敬奏知縣陸隴其邵嗣堯皆淸官雖治狀不同其廉則一也乃皆擢御史始廷敬嘗亟稱兩人或謂曰兩人廉而剛剛易折且多怨恐及公廷敬曰果賢歟雖折且怨庸何傷

溫達費莫氏滿洲鑲黃旗人自筆帖式授都察院都事遷戶部員外郎康熙十九年授陝西道御史遷吏科給事中兼管佐領授兵部督捕理事官三十五年上親征噶爾丹命溫達隨皇七子允祐都統都爾瑪管鑲黃旗大營三十六年擢內閣學士三十八年遷戶部侍郎四十年命赴山西陝西察驗驛馬還授議政大臣雲貴總督巴錫劾游擊高鑑讞獄不當並論提督李芳述徇隱芳述亦劾巴錫命溫達往按鑑罪應徒巴錫左遷芳述罰俸四十一年調吏部擢左都御史四十二年復命往貴州按威甯總兵孟大志侵餉論罪如律四十三年遷工部尙書充經筵講官四十六年授文華殿大學士纂修國史政治典訓平定朔漠方略大淸一統志明史並充總裁五十年命八旗及部院舉孝義因諭曰孝爲百行首如大學士溫達尙書穆和倫富甯安之孝不特衆所知朕亦深知之也御製詩以賜復褒其孝友五十三年以老乞休許致仕尋諭溫達雖老尙自康健命仍任大學士五十四年卒命皇子奠茶酒賜祭葬諡文簡穆和倫喜塔臘氏滿洲鑲藍旗人自兵部筆帖式四遷爲御史又三遷爲內閣學士命往山東察賑自泰安至郯城康熙四十三年遷工部侍郎四十八年授禮部尙書四十九年調戶部上稱穆和倫孝其母年已九十御書北堂眉壽榜賜之兩江總督噶禮與巡撫張伯行互劾命穆和倫往按右噶禮上責其是非顚倒終直伯行尋以老病乞休復起授戶部尙書坐事當左遷尋卒

蕭永藻漢軍鑲白旗人父養元管佐領永藻自廕生補刑部筆帖式康熙十六年授內閣中書遷禮部員外郎襲佐領遷郎中監湖口稅務授御史再遷順天府尹三十五年擢廣東巡撫疏言錢多價賤每千市價三錢二三分兵領一兩之餉不及數錢之用民亦因錢賤貨物難行請暫停鼓鑄又疏言開山發礦多人羣聚良莠淆雜臣通飭嚴禁近有長寧匪徒集衆私採知縣尤鵬翔請飭部議處鵬翔坐奪官三十九年給事中湯右曾劾永藻與總督石琳於黎人爭鬥事遲至一載始行具題縱屬吏朘民民困而爲盜海則電白陽江山則英德翁源橫行刧掠上命與廣西巡撫彭鵬互調入覲上諭當命斅鵬所行並誡薦舉當擇淸廉四十五年遷兵部侍郎湖廣總督石文晟劾容美土司田舜年不法命左都御史梅鋗內閣學士二格往讞與文晟異議復命永藻與大學士席哈納侍郎張廷樞覆讞還奏舜年已死無諸僭越狀四十六年擢左都御史遷兵部尙書四十八年湖南巡撫趙申喬與提督俞益謨交惡互劾命永藻偕副都御史王度昭往按得益謨違例缺兵額狀申喬事苛求非大臣體並擬奪官上罷益謨留申喬四十九年調吏部旋授文華殿大學士五十六年列議政大臣六十一年世宗卽位加太子太傅命駐馬蘭峪守護景陵雍正五年宗人府奏護陵宗室廣善越分請安永藻不先阻當奪官上責永藻自恃其有操守驕矜偏執惟知阿諛允禵長其傲慢狂肆之罪如議奪官仍命護陵自效七年卒年八十六

嵩祝赫舍里氏滿洲鑲白旗人父岱袞事太宗協管佐領兄來袞自侍衞累遷至內三院學士授世職拜他喇布勒哈番嵩祝襲職康熙九年管佐領二十三年遷護軍參領三十三年擢內閣學士三十四年盛京旱命與侍郎珠都納偕往發海運米萬石散貧民萬石平糶還京命復偕珠都納往開原等散米上諭曰將軍等請散米但言兵不言民此皆朕赤子當一併給與月與米一斗五升至來歲四月嵩祝等散米如上指事畢還京師三十五年上親征噶爾丹嵩祝管正黃旗行營師還命統後隊緩行待西路章奏遷兵部侍郎改護軍統領三十六年復扈上出塞駐甯夏命昭武將軍喀斯喀等窮追噶爾丹嵩祝參贊軍務噶爾丹竄死師至摩該圖引還四十年遷正黃旗漢軍都統廣東官兵剿連州猺失利命嵩祝偕副都統達爾占侍郎傅繼祖往會總督石琳調廣西湖南兵進剿卽授廣州將軍瀕行上諭以相機招撫四十一年師次連州檄三省官兵分布要隘猺人薙髮請降執戕官兵者九人誅之師引還調正紅旗四十八年署奉天將軍海盜舟泊雙島挾火器出掠遣兵擊殺三十餘人得其舟一疏請山東水師兼巡奉天屬金州鐵山又請選盛京滿洲兵千人習鳥槍設火器營皆從之遷禮部尙書五十一年授文華殿大學士五十五年上幸熱河嵩祝從久不雨上憂旱甚遣嵩祝還京師察諸大臣祈雨不躬至者劾奏六十一年世宗卽位加太子太傅修聖祖實錄及玉牒並充總裁五年奉天將軍噶爾弼奏貝子蘇努爲將軍時借放庫銀三萬餘嵩祝坐徇隱奪官十三年卒年七十九

王頊齡字顓士江南華亭人父廣心字農山有文名順治六年進士官御史巡視京通二倉釐剔漕弊姦猾屛跡頊齡康熙十五年進士授太常寺博士十八年舉博學鴻儒召試一等授編修纂修明史充日講起居注官二十一年上元節聖祖御乾淸宮賜廷臣宴仿柏梁體賦詩頊齡與焉遷侍講督四川學政累遷侍講學士二十八年左都御史郭琇疏劾少詹事高士奇與頊齡弟鴻緒植黨營私並詆頊齡與士奇結婚媾交關爲奸利頊齡士奇鴻緒並休致尋命頊齡留任如故轉侍讀學士以父憂歸服闋起故官累擢禮部侍郎四十三年上南巡幸頊齡所居秀甲園賜御書榜四十六年上南巡閱河再幸其第尋調吏部充經筵講官擢工部尙書典會試五十五年拜武英殿大學士雍正元年詔開恩榜頊齡重與鹿鳴宴加太子太傅以老累疏乞休上以頊齡先朝舊臣勤勞歲久諳習典章輒與慰留三年疾作命御醫治疾賜參餌尋卒年八十四上爲輟朝一日令朝臣出其門下者素服持喪各部院漢官會祭贈太傅諡文恭弟九齡字子武進士授編修官至左都御史鴻緒自有傳

論曰玉書等遭際承平致位宰相或以文學進或以功能著或以節操用皆循循乎矩度卽朝旨所褒許於玉書則曰小心於天馥則曰勤慎英曰忠純璵曰寬厚廷敬曰淸勤溫達孝永藻廉嵩祝老成頊齡安靜諸臣之行誼顯世運之敦龐亦可見矣

清史稿

列傳五十五

米思翰 子李榮保　顧八代
瑪爾漢　田六善
杜臻　薩穆哈

米思翰富察氏滿洲鑲黃旗人先世居沙濟曾祖旺吉努當太祖時率族來歸授牛彔額眞父哈什屯事太宗以侍衞襲管牛彔擢禮部參政改副理事官討瓦爾喀招明總兵沈志祥從攻錦州明總兵曹變蛟夜襲御營先衆扞禦被創力戰却之順治初授內大臣議政大臣世職屢進一等阿達哈哈番兼拖沙喇哈番睿親王多爾袞攝政諸大臣鞏阿岱等並附之哈什屯獨持正忤睿親王降世職拜他喇布勒哈番肅親王豪格以非罪死鞏阿岱等議殺其子富綬哈什屯與巴哈力持事乃已世祖親政累進世職一等阿思哈尼哈番加拖沙喇哈番十二年奬奉職恪勤諸大臣加太子太保康熙初卒諡恪僖米思翰其長子也襲世職兼管牛彔授內務府總管輔政大臣從假尙方器物力拒之聖祖親政知其守正授禮部侍郎八年擢戶部尙書列議政大臣是時各直省歲賦聽布政使存留司庫蠹弊相仍米思翰疏請通飭各直省俸餉諸經費所餘悉解部由是勾稽出納權盡屬戶部十二年尙可喜疏請撤藩吳三桂耿精忠疏繼入下戶兵二部米思翰與戶部尙書明珠議三藩並撤有言吳三桂不可撤者以兩議入奏復集諸大臣廷議米思翰堅持宜併撤議乃定旣而吳三桂反上命王貝勒等率八旗兵討之議者謂軍需浩繁宜就近調兵禦守米思翰言賊勢猖獗非綠旗兵所能制宜以八旗勁旅會勦軍需內外協濟足支十年可無他慮於是請以內府所儲分年發給復綜覈各直省庫金倉粟以時撥運悉稱旨又疏言師行所至屢奉明詔以正賦給軍需恐有司尙多借端私派請敕各督撫嚴察所屬供應糧餽薪芻一切動官帑毋許苛派其購自民間者務視時價支給勿纖毫累民上命如議速行米思翰尋卒年甫四十三上深惜之予祭葬諡敏果時三桂勢方張精忠及可喜子之信皆叛議者追咎撤藩主議諸臣上曰朕自少時以三藩勢日熾不可不撤豈因其叛諉過於人耶及事定上

追憶士議諸臣猶稱米思翰不置米思翰子馬斯喀馬齊馬武皆自有傳李榮保襲世職兼管牛彔累遷至察哈爾總管卒乾隆二年册李榮保女爲皇后追封一等公十三年册諡孝賢皇后推恩先世進封米思翰一等公十四年以李榮保子大學士傅恒經略金川功敕建宗祠祀哈什屯米思翰李榮保並追諡李榮保曰莊愨

顧八代字文起伊爾根覺羅氏滿洲鑲黃旗人父顧納禪事太宗從伐明次大同攻小石城先登賜號巴圖魯予世職牛彔章京旋授甲喇額眞順治初從入關定陝西湖南江南浙江皆在行間進三等阿達哈哈番子顧蘇襲進二等顧八代其次子也任俠重義好讀書善射以廕生充護軍順治十六年從征雲南有功授戶部筆帖式旋以顧蘇及子佛岳相繼卒無嗣顧八代襲世職遷吏部郎中康熙十四年聖祖試旗員第一擢翰林院侍讀學士吳三桂陷湖南遣其將掠兩廣鎭南將軍莽依圖自江西下廣東駐韶州十六年上命顧八代傳諭莽依圖規復廣西卽留軍從征廣西巡撫傅宏烈爲三桂將吳世琮所敗莽依圖引兵與相合顧八代按行諸軍謂結營散亂敵至慮不相應世琮兵至師復敗還駐梧州世琮來追擊卻之顧八代策世琮且復至益誡備會除夕世琮以三萬人奄至又擊敗之十七年師進次盤江與世琮軍遇莽依圖病甚以軍事屬顧八代偕副都統勒貝等渡江與世琮戰分兵出敵後破其左而合擊其右世琮潰圍出遺精騎追之自殺師進克南寧叛將馬承廕與三桂軍合可十萬拒戰諸將或難之顧八代奮入陳諸將皆力戰遂破敵十八年京察掌院學士拉薩里葉方藹以顧八代從征有績效注上考大學士索額圖改注浮躁坐奪官莽依圖疏言顧八代從征三載竭誠奮勉運籌決勝請留軍委署副都統參贊軍務上命以原銜從征十九年莽依圖卒於軍顧八代從平南大將軍賚塔下雲南攻會城顧八代議當先取銀錠山俯瞰城內攻得勢及勇略將軍趙良棟師至用顧八代策先取銀錠山克會城雲南平師還授侍講學士二十三年命直尙書房累遷禮部侍郎二十八年授尙書三十二年坐事上責其不稱職奪官留世職仍直尙書房三十七年以病乞休四十七年卒顧八代直尙書房時世宗從受學及卒貧無以斂世宗親臨奠爲經紀其喪雍正四年詔復官加太傅予祭葬諡文端又以其貧賜其家白金萬八年建賢良祠京師諭滿洲大臣當入祀者五人大學士圖海都統賚塔次卽顧八代及尙書瑪爾漢齊蘇勒子顧儼襲世職自參領官至副都統孫顧琮自有傳

瑪爾漢兆佳氏滿洲正白旗人順治十一年繙譯舉人授工部七品筆帖式累遷刑部員外郎康熙十三年陝西提督王輔臣叛應吳三桂上命揚威將軍阿密達自江寧移師討之瑪爾漢以署驍騎參領從十四年與副都統鄂克濟哈穆舒琿等自涇州進兵屢破壘斬級數百克寧州十五年大將軍圖海督兵圍平涼輔臣降瑪爾漢還京師圖海請調涼州寧夏固原諸鎭兵進攻興安漢中上命副都統吳丹及瑪爾漢赴諸鎭料理徵發兼詢緩急機宜甘肅提督張勇請緩師上命圖海固守鳳翔秦州諸要隘分兵授征南將軍穆占下湖廣命瑪爾漢從十七年授御史十九年穆占師進貴州二十年師進雲南瑪爾漢皆在行間得功牌十二雲南平師還追論征湖南不力援永興致損將士奪功牌九

二十年命巡視河東鹽政御史許承宣羅秉倫劾山西巡撫圖克善令平陽屬十三州縣增報鹽丁加課累民下巡撫穆爾賽會瑪爾漢覈實請免虛報一萬七千餘丁二十五年以按治歸化城都統固穆德不實吏議左遷二十六年授理藩院司務從大學士索額圖等使鄂羅斯定邊界辭辨明析鄂羅斯人折服事聞聖祖嘉其能尋遷戶部郎中三十三年遷翰林院侍講學士再遷兵部侍郎三十五年上親征噶爾丹命瑪爾漢駐土木董理驛站以送軍馬羸吏議奪官命寬之三十八年遷左都御史再遷兵部尙書充經筵講官議政大臣四十三年歲饑流民就食京師命與內大臣佟國維明珠阿密達等監賑四十六年調吏部四十八年以老病乞休五十七年卒年八十五上遣內大臣臨奠賜祭葬雍正八年世宗諭獎瑪爾漢謹愼忠厚事聖祖宣力多年完名引退贈太子太傅賢良祠成命入祀乾隆元年高宗命追諡恭勤

田六善字兼山山西陽城人順治三年進士授河南太康知縣時當兵後勞來安集九年巡撫吳景道疏薦才守兼優遷戶部主事監臨清關復監鳳陽倉兼臨淮關能濫徵革奇羨商民稱便累遷郎中十五年授江南道御史兵部議禁民乘馬六善疏言其不便下廷臣集議弛禁十六年疏言欲安民在勸清吏乞敕各督撫實行薦舉吏部於各督撫莅任一二年後列奏薦舉何人能否察吏安民卽可以是鑒別議者或謂舉薦清吏無以處乎不在清吏之列者一難也恐督撫依舊受賄徇私二難也徵糧緝逃處分罣礙三難也然臣謂清吏果得薦舉則爲清吏者見公道尙存益堅其持守一便也羣吏以不著清名爲愧力自濯磨二便也某省有清吏幾人以驗政治修廢三便也天下曉然知有能必先有守風俗不變四便也向日督撫厭惛清吏無益於已今必且卵翼而親愛之五便也不惑於三難力致其五便將循良興起不讓前古矣下部議行尋命巡視長蘆鹽政十七年還掌江南道事康熙元年乞假歸三年補貴州道御史四年疏言兵部議裁山西陝西河南等處兵額三營裁一營遇裁之兵挾久練之技處坐困之時窮無所歸遂爲賊盜請諭總督提督諸臣察已裁之兵如弓馬嫻熟膂力精强仍收入伍自後老弱必斥逃亡不補所漸去者疲卒不虛其爲非所招回者勁兵可資其實用下部議令各營汰去老弱其年力精壯者仍留充伍又疏言吏部於往日曾行之事率皆援以爲例惟意所彼此莫窮其弊請敕部以上所裁定及有旨著爲例者彙爲一册敬謹遵守餘仍循舊章得旨如所請七年命巡視京通倉還掌山東道事得旨內升回籍待闕十一年授刑科給事中秩視正四品疏言臣里居讀上諭以蘇克薩哈爲鼇拜仇陷殺其子孫連坐族人白爾赫圖恩予昭雪臣思法律爲天下共者也以滿洲勞苦功高之人因與執政諸臣意見相左輒牽連興大獄恐尤而效之報復相尋借端推刃周禮有八議罪大可減罪小可赦請特制昭示滿洲犯罪非反叛有實迹者一准於律勿妄議株連儲人才固國本於是乎在上韙其言下王大臣議從之又疏言聖學宜先讀史史者古帝王得失之林也其君寬仁明斷崇儉納諫則其民必安其事必治其世必興必平若夫苛察因循惡聞過樂逸欲其民必不安其事必不治其世必衰必亂乞諭日講諸臣以通鑑與經史並進得旨俞允尋轉戶科掌印給事中三遷至右僉都御史十三年疏言吳三桂負恩叛逆處

必滅之勢綠旗月餉步兵一兩有奇馬兵二兩有奇甲胄不必堅强弓刀不必精利登山涉水資以先驅臣謂綠旗力雖弱善用之則强心雖渙善收之則聚供給宜足勞逸宜均至先登破陳無分滿漢賞賚公平斯忠勇自奮克佐勁旅以奏膚功今日所宜急計者也下部議鼓勵綠旗官兵敍給爵賞例遷順天府尹未幾復遷左副都御史十四年疏言臣昔爲河南知縣時孫可望李定國尙據雲貴四川其勢不減於吳三桂金聲桓叛江西姜瓖叛大同亦不異耿精忠王輔臣而當日民心未若今之驚惶疑懼者由其時督撫有孟喬芳張存仁吳景道諸臣敦行儉樸愼守廉隅吏治肅清民生樂遂也宜特頒嚴諭令各督撫禁雜派嚴軍實有司或剝民貽檢立行糾劾以省民力安衆心師行所至吏宜審酌剿撫近見江西浙江報捷諸疏屢言殺賊累萬然必待殺盡而後入閩恐愚頑之民無盡草竊之賊亦無盡臣謂先取精忠則羣賊自息昔姜瓖乍叛土寇羣起瓖滅土寇亦盡其明驗也至三桂狡謀覬以一隅之地困天下全力我卽以天下全力困此一隅三桂授首則四川廣西不煩兵而自定又疏言臣籍山西與陝西接壤黃河自邊外折入內地至蒲州一千餘里蒲州上至禹門爲平陽府屬河西爲西安有提督總兵重兵駐守自此以北永甯州臨縣爲汾州府屬渡口有孟門鎭高家塔諸處更北保德州爲太原府屬渡口有黑田溝窮狼窩諸處河西爲延安素稱荒野河東爲交城路險山深草竊潛匿請敕巡撫提督分兵駐防又疏言師已抵平涼輔臣迫於必死困獸猶鬭殺賊百不償失兵一宜駐軍城下以逸待勞急攻固原絕其糧道平涼地瘠非比湖南地廣米多可以持久糧道不通人心自散必有斬輔臣獻軍門者若賊東出則東應賊西出則西應疲我師徒分我威力固原圍解賊氣貫通此斷斷不可者也諸疏並下王大臣議行十六年擢工部侍郎十七年以夏旱求言疏言今日官至督撫居莫敢誰何之勢自非大賢鮮不縱恣道府歲納規禮加之以搜括則道府所轄官民不畱囂之道府矣州縣歲納規禮重之以勒索則州縣所屬士民不畱囂之州縣矣世祖朝山東巡按程衡劾巡撫耿焞江南巡按秦世禎劾土國寶皆寘重典天下肅然今巡按久停雖欲議復恐一時難得多人惟有出自上意欲淸一省則選一人遣往不必一時俱發出其不意示以不測使天下姦惡吏不敢恃督撫而肆志卽有不肖之督撫亦莫敢庇貪而害民疏入報聞調戶部十八年疏言國家有錢法以通有無利民用自秦漢及唐宋公私皆悉用錢至金元以銀與錢鈔並行至明中葉乃專資於銀闖逆之亂或沈江河或埋山谷又以貪吏厚藏銀益少民益困今欲救天下之窮惟有多鑄錢鑄錢所資銅六鉛四而可採之山所司每深諱之蓋恐時有時無貽累償稅且上官聞其地開採此挾彼制誅求甚多也臣謂宜令天下產銅鉛之地任民採取有則以十分二輸稅於官無則聽之州縣自行稽察毋使多官旁撓報採多者予議敍則官與民皆樂爲資以鼓鑄錢不可勝用矣下九卿詳議擬例以上得旨採銅關係國計其令各督撫率屬殫力奉行六善以老病乞罷上不許二十年命致仕三十年卒於家年七十一

杜臻字肇余浙江秀水人順治十五年進士改庶吉士散館授編修累遷內閣學士擢吏部侍郎國初以海上多事下令遷東南各省沿海居民於內地畫界

而設之禁界外皆棄地流民無所歸去爲盜及師定金門廈門總督姚啟聖請以界外地按籍還民弛海禁收魚鹽之利給軍食廷臣持不可康熙二十二年臺灣平上命以界外地還民會給事中傅感丁請以江浙閩粵濱海界外地招徠開墾乃命臻及內閣學士席柱赴福建廣東察視展界進臻工部尚書臻與席柱如廣東自欽州防城始遵海以東而北歷府七州三縣二十九衛六所十七巡檢司十六臺城堡砦二十一還民地二萬八千一百九十二頃復業丁口三萬一千三百復如福建自福甯州西分水關始遵海以北歷府四州一縣二十四衛四所五巡檢司三關城鎮砦五十五還民地二萬一千一十八頃復業丁口四萬八百於是兩省濱海居民咸得復業別遣使察視江南浙江展界復業同時畢事臻以母喪還里席柱復命奏陳濱海居民還鄉安業上曰民樂處海濱以可出海經商捕魚爾等知其故前此何以不准議行邊疆大臣當以國計民生爲念曩禁令雖嚴私出海貿易初未嘗斷絕凡議出海貿易不可行者皆總督巡撫自圖射利故也臻喪終起刑部尚書舊制方冬獄囚月給煤獄吏率乾沒囚多以寒疾死臻力禁之調兵部時議裁各省駐防及督撫提鎮標兵臻謂兵冗可裁而不宜驟行請自今老弱物故額闕槩不補數歲額自減從之再調禮部以疾告歸尋卒於家上南巡書眷懷舊德額追賜之臻少貧力學事祖母及父母孝宏獎人才詩文剴切中條理

薩穆哈吳雅氏滿洲正黃旗人順治十二年進士授戶部主事遷員外郎康熙十二年聖祖允吳三桂疏請撤藩遣薩穆哈偕郎中党務禮席蘭泰主事辛珠筆帖式薩爾圖如貴州具舟及芻粟諭以毋騷擾毋遲悞既至三桂謀反提督李本深與謀書招貴州巡撫曹申吉總督甘文焜得之告薩穆哈等趣詣京師告變並請兵赴援薩穆哈與党務禮席蘭泰行至鎮遠三桂已舉兵鎮遠將吏得三桂檄不給驛馬薩穆哈党務理得馬二馳至沅州乃乘驛十一晝夜至京師詣兵部下馬喘急抱柱不能言久之始蘇上三桂反狀席蘭泰自鎮遠乘小舟至常德乃乘驛後七日至辛珠薩爾圖不及行死之十三年擢薩穆哈刑部郎中十四年敘告變功薩穆哈党務禮席蘭泰並應陞光祿太僕諸卿十五年授太僕寺卿十六年再遷戶部侍郎命監賑山東十七年還京師疏言臣屢奉使命所過州縣間有藉差科派民財深滋擾累請嗣後有大事特遣部院官餘並責督撫料理上爲下廷臣會議定州縣科斂俱視貪吏治罪調吏部二十年再遷工部尚書二十一年命察視石景山至盧溝橋石隄疏言隄內本官地康熙初招民墾荒致侵損隄根請敕部免其賦罷勿復耕從之二十二年命察視山西地震疏請被災最重州縣發帑治賑二十四年河道總督靳輔請於高郵寶應諸州縣築隄束黃河注海按察使于成龍主濬海口下廷臣議用輔策上詢日講官籍江南者侍讀喬萊力請用成龍策上曰鄉官議如此未知民意如何令薩穆哈與學士穆成額會漕運總督徐旭齡巡撫湯斌詳察民間利害薩穆哈等行歷海口諸州縣諸州縣民陳狀參差不一檄諸州縣令各擇通達事體者十人詢利害皆言濬海口不便二十五年薩穆哈還奏謂詳問居民從成龍議積水不能施工從輔議水中亦不能取土請兩罷之是時成龍召詣京師上命廷臣及薩穆哈成龍再議成龍言濬海口當兼治串場河費至百餘萬廷臣以爲費鉅疏請停未幾斌入爲尚書奏言海口不急濬再遇水下游諸州縣悉付巨浸上召問薩穆哈薩穆哈不堅執前奏復下廷臣議始定用成龍策上責薩穆哈前覆奏不實奪官尋授步軍翼尉三十二年仍授工部尚書三十九年上察知工部積弊河工糜帑受請託發銀多侵蝕詰責薩穆哈等薩穆哈尋以老疾乞罷上斥其僞詐命奪官仍留任察工部積弊一一自列四十三年以疏濬京師內外河道侵蝕帑銀薩穆哈得賕逮治擬絞卒於獄

論曰米思翰贊撤藩之議綢繆軍食足以支十年知定謀有由也顧八代瑪爾漢皆文臣能克敵復以廉勤建績六善於軍事有建白收綠旗之用其效著於後矣臻巡復海疆兵後一大政也薩穆哈以告變受賞亦附著於斯篇

清史稿　列傳五十六

索額圖　明珠 余國柱 佛倫

索額圖赫舍里氏滿洲正黃旗人索尼第二子初授侍衛自三等洊升一等康熙七年授吏部侍郎八年五月自請解任効力左右復爲一等侍衛及鼇拜獲罪大學士班布爾善坐黨誅授索額圖國史院大學士兼佐領九年改保和殿大學士十一年世祖實錄成加太子太傅十五年大學士熊賜履票本有誤改寫草簽既又毀去索額圖與大學士巴泰杜立德等疏劾賜履坐罷歸十八年京察侍講學士顧八代蒞征稱職翰林院以政勤才長注考索額圖改注浮躁竟坐降調語詳顧八代傳索額圖權勢日盛會地震左都御史魏象樞入對陳索額圖怙權貪縱狀請嚴譴上曰修省當自朕始翌日召索額圖及諸大臣諭曰茲遇地震朕反躬修省爾等亦宜洗滌肺腸公忠自矢自任用後諸臣家計頗皆饒裕乃朋比徇私益加貪黷若事情發覺國法具在決不爾貸是時索額圖明珠同柄朝政互植私黨貪侈傾朝右故諭及之上並書節制謹度榜賜爲十九年八月以病乞解任上優旨獎其勤敏練達用兵以來贊畫機宜改命爲內大臣尋授議政大臣先是索額圖兄噶布拉以冊謚孝誠仁皇后推恩所生封一等公弟心裕襲索尼初封一等伯法保襲索尼加封一等公二十三年三月以心裕等懶惰驕縱責索額圖弗能教奪內大臣議政大臣太子太傅但任佐領並奪法保一等公二十五年授領侍衛內大臣時俄羅斯屢侵黑龍江邊境據雅克薩其衆去復來上發兵圍之察罕汗謝罪使費耀多囉等來議界二十八年上命索額圖與都統佟國綱往議索額圖奏謂尼布楚雅克薩兩地當歸我上曰尼布楚歸我則俄羅斯貿易無所棲止可以額爾固納河爲界索額圖等與議費耀多囉果執尼布楚雅克薩爲請索額圖等力斥之仍宣上意以額爾固納河及格爾必齊河爲界立碑而還二十九年上以裕親王福全爲大將軍擊噶爾丹命索額圖將盛京吉林科爾沁兵會於丹林敗噶爾丹於烏蘭布通以不窮追鐫四級三十五年從上親征率八旗前鋒察哈爾四旗及漢軍綠旗兵前行并命督火器營大將軍費揚古自西路抵圖拉上駐克魯倫河噶爾丹遁走費揚古截擊之於昭莫多大敗其衆三十六年上還幸甯夏命索額圖督水驛會噶爾丹死敘功復前所鐫級四十年九月以老乞休心裕代爲領侍衛內大臣索額圖事皇太子謹皇太子漸失上意四十一年上閱河至德州皇太子有疾召索額圖自京師至德州侍疾居月餘皇太子疾愈還京師是歲心裕以虐斃家人奪官四十二年五月上命執索額圖交宗人府拘禁諭曰爾爲大學士以貪惡革退後復起用罔知愧悔爾家人訐爾留內三年朕意欲寬爾爾乃怙過不悛結黨妄行議論國事皇太子在德州爾乘馬至中門始下卽此爾已應死爾所行事任舉一端無不當誅朕念爾原係大臣心有不忍姑貸爾死又命執索額圖諸子交心裕法保拘禁諭若別生事端心裕法保當族誅諸臣黨附索額圖者麻爾圖額庫禮溫代邵甘佟寶並命嚴錮阿米達以老貸之又命諸臣同祖子孫在部院者皆奪官江潢以家有索額圖私書下刑部論死仍諭滿洲人與偶有來往者漢官與交結者皆貸不問尋索額圖死於幽所後數年皇太子以狂疾廢上宣諭罪狀謂索額圖助允礽潛謀大事朕知其情將索額圖處死今允礽欲爲索額圖報仇令朕戒慎不甯並按誅索額圖二子格爾芬阿爾吉善他日上謂廷臣曰昔索額圖懷私倡議皇太子服御俱用黃色一切儀制幾與朕相似驕縱之漸實由於此索額圖誠本朝第一罪人也

明珠字端範納喇氏滿洲正黃旗人葉赫貝勒金台石孫父尼雅哈當太祖滅葉赫來降授佐領明珠自侍衛授鑾儀衛治儀正遷內務府郎中康熙三年擢總管五年授弘文院學士七年命閱淮揚河工議復興化白駒塲舊閘鑿黃河北岸引河旋授刑部尚書改都察院左都御史充經筵講官十一年遷兵部尚書十二年上幸南苑閱八旗甲兵於晾鷹臺明珠先布條教使練習之及期軍容整肅上嘉其能因著爲令康熙初南疆大定留重兵鎮之吳三桂雲南尚可喜廣東耿精忠福建十餘年漸跋扈三桂尤驕縱可喜亦憂之疏請撤藩歸老海城精忠三桂繼請上召諸大臣詢方略戶部尚書米思翰刑部尚書莫洛等主撤明珠和之諸大臣皆默然上曰三桂等蓄謀久不早除之將養癰成患今日撤亦反不撤亦反不若先發因下詔許之三桂遂反精忠及可喜子之信皆叛應之時爭咎建議者索額圖請誅之上曰此出自朕意他人何罪明珠由是稱上旨十四年調吏部尚書十六年授武英殿大學士屢充實錄方略一統志明史諸書總裁累加太子太師迨三叛既平上諭廷臣以前議撤藩惟明珠等能稱旨且曰當時有請誅建議者朕若從之皆含冤泉壤矣明珠既擅政簠簋不飭貨賄山積佛倫余國柱其黨也援引致高位靳輔督南河主築隄束水下游不濬自通于成龍等議濬下游與異議輔興屯田議者謂不便於民多不右輔明珠獨是其議蔡毓榮張汧皆明珠所薦引者也迨得罪按治恐累舉者傳輕比上諭斥始定與索額圖互植黨相傾軋索額圖生而貴盛性倨肆有不附已者顯斥之於朝士獨親李光地明珠則務謙和輕財好施以招來新進異已者以陰謀陷之與徐乾學等相結索額圖善事皇太子而明珠反之朝士有侍皇太子者皆陰斥去爲湯斌傅皇太子卽以傾斌會天久不雨光地所薦講官德格勒明易上命筮得夬因陳小人居鼎鉉天屯其膏語斥明珠事具德格勒傳二十七年御史郭琇疏劾明珠國柱背公營私閤中票擬皆出明珠指麾輕

重任意國柱承其風旨即有舛錯同官莫敢駁正聖明時有詰責漫無省改凡奉諭旨或稱善明珠則曰由我力薦或稱不善明珠則曰上意不喜我從容挽救且任意附益市恩立威因而要結羣心挾取貨賄日奏事畢出中左門滿漢部院諸臣拱立以待密語移時上意罔不宣露部院事稍有關係者必請命而行明珠廣結黨羽滿洲則佛倫格斯特及其族姪富拉塔錫珠等凡會議會推力爲把持漢人則國柱爲之囊橐督撫藩臬員缺國柱等展轉徵賄必滿欲而後止康熙二十三年學道報滿應陞者率往論價缺皆預定靳輔與明珠交結初議開下河以爲當任輔欣然欲行及上欲別任則以于成龍方沐上眷舉以應命而成龍官止按察使題奏權仍屬輔此時未有阻撓意也及輔張大其事與成龍議不合乃始一力阻撓明珠自知罪戾對人柔顏甘語百計款曲而陰行爲害意毒謀險最忌者言官惟恐發其姦狀考選科道輒與訂約章奏必使先聞當佛倫爲左都御史見御史李興謙屢疏稱旨吳震方頗有彈劾即令借事排陷明珠智術足以彌縫罪惡又有國柱姦謀附和負恩亂政伏冀立加嚴譴疏入上諭吏部曰國家建官分職必矢志精白大法小廉今在廷諸臣自大學士以下惟知互相結引徇私傾陷凡遇會議一二倡率於前衆附和於後一意詭隨廷議如此國是何憑至於緊要員缺特令會同推舉原期得人亦欲令被舉者警心滌慮恐致累及舉者而貪黷匪類往往敗露此皆植黨納賄所致朕不忍加罪大臣且用兵時有曾著勞績者免其發覺罷明珠大學士交領侍衞內大臣酌用未幾授內大臣後從上征噶爾丹督西路軍餉敘功復原級明珠自能政後雖權勢未替然爲內大臣者二十年竟不復柄用四十七年卒子性德揆敘自有傳余國柱字兩石湖廣大冶人順治九年進士授兗州推官擢行人司行人轉戶部主事康熙十五年考授戶科給事中時方用兵國柱屢疏言籌餉事語多精覈二十年擢左副都御史旋授江寧巡撫請設機製寬大緞疋得旨非常用之物何爲勞費當明珠用事國柱務罔利以迎合之及內轉左都御史遷戶部尚書湯斌繼國柱撫江蘇國柱索斌獻明珠金斌不能應由是傾之二十六年授武英殿大學士益與明珠結一時稱爲余秦檜會上謁陵中途召于成龍入對成龍盡發明珠國柱等貪私上歸詢高士奇士奇亦以狀聞及郭琇疏論劾言者盡起國柱門人陳世安亦具疏糾之顚中要害國柱遂奪官既出都於江寧治第宅營生計復爲給事中何金蘭所劾命逐之回籍卒於家佛倫舒穆祿氏滿洲正白旗人自筆帖式累遷內閣學士吳三桂既死其孫世璠猶據滇黔命佛倫總理糧餉通鎭遠運道旋兼理四川糧餉事平遷刑部侍郎尋遷左都御史擢工部尚書轉刑戶兩部先是下河工程靳輔與按察使于成龍議不協命佛倫偕侍郎熊一瀟等勘議佛倫受明珠指議如輔言爲總漕慕天顏所劾御史陸祖修亦劾佛倫袒輔且言九卿會議時尚書科爾坤等阿佛倫意尚書張玉書左都御史徐乾學言興屯所占民田應還之民科爾坤置不聞他九卿或不得見隻字上怒下部嚴議及郭琇劾明珠指佛倫爲明珠黨因解佛倫任召輔等廷對佛倫乃奏停屯田並汰前所設官部議奪佛倫官上命留佐領旋授內務府總管出爲山東巡撫疏請均賦役令紳民一體應役詔嘉其實心任事初濰縣知縣朱敦厚以贓私爲巡撫錢珏所發乞徐乾學請於珏獲免且內擢主事至是事發下佛倫鞫實乾學坐奪官佛倫又劾琇知吳江縣時嘗侵公帑其父景昌故名爾標乃明御史黃宗昌奴坐賊黨誅琇改父名冒封典當追奪乾學故附明珠後相失或傳琇疏乾學實主之故佛倫以是報琇擢川陝總督入爲禮部尚書三十八年授文淵閣大學士三十九年琇入覲訟父受誣上詰佛倫自承不實當奪官援赦得免未幾以原品休致旋卒

論曰康熙中滿洲大臣以權位相尙者惟索額圖明珠一時氣勢熏灼然不能終保令名卒以貪侈敗索額圖以附皇太子得罪禍延於後嗣明珠與索額圖競權不附皇太子雖被彈事罷相聖祖猶念其贊撤藩力全之以視索額圖豈不幸哉若國柱佛倫則權門之疏附矣

清史稿　列傳五十七

郝浴 子林　楊素蘊

郭琇

郝浴字雪海直隸定州人少有志操負氣節順治六年進士授刑部主事八年改湖廣道御史巡按四川時張獻忠將孫可望李定國等降明爲桂王將據川南爲寇師討之郡縣吏率軍前除授恣爲貪虐浴至嚴約束廉民間疾苦將吏始斂迹九年平西王吳三桂與固山額眞李國翰分兵復成都嘉定敘州重慶已而兩路兵俱敗三桂退駐綿州浴在保寧監臨鄉試可望將數萬人薄城浴飛檄邀三桂激以大義謂不死於賊必死於法踰月三桂乃赴援可望等引去浴在圍城中上詔詢收川方略疏言秦兵苦轉餉川兵苦待哺故必秦不助川而後秦可保川不冀秦助而後川可圖成都地大且要灌口一水襟帶三十州縣若移兵成都照籍屯田開耕一年可當秦運三年所難者牛種倘令土司出牛撫臣與立券豐年還其値當無不聽命嘉定據上游饒茶鹽令暫易穀種則牛種俱不難辦也臣故謂開屯便川所患者滇寇也滇寇所恃不過皮兜布鎧鳥銃副刀善於騰山踰嶺蜀中土官土兵其技尤嫺於此若拔其精銳爲前茅以滿洲驍騎爲後勁疾雷迅霆賊必鳥獸散臣故謂用土兵便上以其言可採下部議部議謂戰守事當聽三桂主之遂報寢浴又言土賊投誠給劄授官恣行劫掠爲民害請嗣後願歸伍者歸伍願爲民者令有司造册編丁免牛租除雜派就熟地開徵俾有定額疏議行三桂入四川寖驕橫部下多不法憚浴嚴正輒禁止沿路塘報浴上言臣忝司朝廷耳目而壅閼若此安用臣爲及保寧圍解頒賞將士三桂以冠服與浴浴不受疏言平賊乃平西王責臣司風憲不預軍事而以臣預賞非黨臣則忌臣也因陳三桂擁兵觀望狀三桂深銜之浴劾永寧總兵柏永馥臨陳退縮廣元副將胡一鵬驕悍不法並命奪官逮治降將董顯忠等以副將銜題授司道恣睢虐民浴復疏劾改原職三桂嗾顯忠等入京陳辨浴坐鐫秩去十一年大學士馮銓成克鞏呂宮等交章薦浴三桂乃摭浴保寧奏捷疏有親冒矢石語指爲冒功論劾部議當坐死上命寬之流徙奉天大學士馮銓成克鞏呂宮皆以薦浴罣吏議浴至戍所益潛心義理之學嗜孟子及二程遺書以致知格物顏其廬刻苦厲志康熙十年聖祖幸奉天浴迎謁道左具陳始末上爲動容慰勞良久十二年三桂反尚書王熙給事中劉沛先薦浴爲部議所格十四年侍郎魏象樞復疏言浴血性過人才守學識臣皆媿不及使在西蜀操尺寸之權豈肯如羅森輩俯首從逆臣子立朝各有本末當日參浴者三桂也使三桂始終恭順方且任以腹心浴一書生耳即老死徙所誰復問之今三桂叛矣天下無不恨三桂卽無不憐浴浴當三桂身居王爵手握兵柄不畏威不附勢致爲所仇三桂之所仇正國家之所取何忍棄之上乃召浴還復授湖廣道御史時陝西提督王輔臣叛應三桂浴疏言大兵進勦平涼宜於西安灞關用重兵屯駐以待策應用鄖陽之兵攻興安調河南之兵入武關直取漢中逆賊計日可擒上然之下其疏諸帥復請禁苛徵恤民困止督撫提鎭坐名題補之例章十數上皆中時弊十六年命巡視兩淮鹽政嚴剔宿蠹增課六十餘萬淮揚大饑發倉米振救全活甚衆十七年擢僉都御史遷左副都御史十九年授廣西巡撫廣西新經喪亂民生凋瘵浴專意撫綏疏陳調劑四策請裁兵汰馬防要害簡精銳復請停鼓鑄改米徵銀復南寧太平思恩諸府縣行鹽舊制上輒報可時南疆底定滿洲兵撤還京師浴疏言撫標兵不宜裁減下部議留其半又請爲死事巡撫馬雄鎭傅宏烈建祠桂林知府劉浩知縣周岱生爲孫延齡所戕疏請予卹二十二年卒官喪歸士民泣送者數千里不絕初傅宏烈以軍事急移庫金七萬有奇米七千餘石供餉浴請以庫項扣抵及卒布政使崔維雅署巡撫劾浴侵欺命郎中蘇赫陳光祖往按如維雅言部議奪官追償上知浴廉論所勤錢糧非入己從寬免追二十五年子林訟父冤復原官賜祭葬林字中美康熙二十一年進士授中書科中書歷吏部郎中亦以廉正稱累遷禮部侍郎加尚書銜致仕卒

楊素蘊字筠湄陝西宜君人順治九年進士授直隸東明知縣東明當河決後官舍城垣悉毀民居殆盡遺民依邱阜僅數十家素蘊至爲繕城郭招集流亡三年戶增至萬餘山東土盜任鳳亭等剽掠旁郡擾及畿南素蘊設計降其渠散其脅從十七年舉卓異行取授四川道御史疏言臣言官也宜以言爲事然今天下所患正在議論多而成功少國家建官分職各有所事誠使司舉劾釐財用任封疆理刑獄各舉其職則平天下無餘事吏願皇上推誠御物肅大閑寬小眚俾人人得展其才尤端本澄源之要也時吳三桂鎭雲南郡縣吏得自辟署謂之西選漸乃題用朝臣無復顧忌素蘊疏言三桂以上湖南道胡允等十員題補雲南各道幷有奉差部員在內深足駭異爵祿者人主之大柄綱紀者朝廷之大防柄不可移防不可潰前此經略用人特命二部不得掣肘亦惟以軍前効用及所轄五省各官酌量題請從未聞敢以他省及見任京官坐缺定銜者也且疏稱求於滇省既苦索駭無從求於遠方又恐吮取不速則湖南四川距雲南猶近若京師山東江南相去萬里不知其所謂遠者更在何方皇上特假便宜不過許其就近調補若盡天下之官不分內外不論遠近皆可擇而取之何如歸吏部銓授尤爲名正言順縱或雲貴新經開闢料理乏人請臣才品爲藩臣所素知亦宜請旨令吏部簽補乃徑行擬用不亦輕名器而褻

國體乎人臣忠邪之分起於一念之敬肆藩臣歷有年應知大體此舉為封疆計未必別有深心然防微杜漸當慎於幾先祈申飭藩臣嗣後惟力圖進取加意撫綏一切威福大權俱宜稟自朝廷則君恩臣誼兩盡其善疏下部十八年聖祖即位輔臣柄政出素蘊為川北道三桂見素蘊前奏惡之具疏辨並摘防微杜漸語謂意含隱射語伏危機詔責素蘊回奏素蘊言防微杜漸古今通義臣但期藩臣每事盡善為聖世純臣非有他也下部議坐素蘊巧飾當降調罷歸居十年三桂反尚書郝惟訥冀如錫侍郎楊永寧交章請起用惟訥詞尤切略言素蘊首劾三桂云當防微杜漸在當日反狀未形似屬杞憂由今觀之則素蘊先見甚明且為國直陳奮不自顧其剛腸正氣實有大過人者亟宜優錄乃命發湖廣軍前以原品用會丁父憂服闋乃赴軍前總督蔡毓榮題補湖廣提學道部議當以見辦軍務參議道題補十七年題補下荊南道時襄陽總兵楊來嘉副將洪福等叛應三桂大軍運餉自襄至房保路險陿舟車不通歲調襄陽安陸德安三郡丁夫擔負饑苦不繼素蘊訪知穀城有小溪可通舟乃按行山谷開鑿道由是水運通利省丁夫什九軍乃無乏遷山西提學道二十四年任滿薦舉擢通政司參議累遷順天府尹二十六年授安徽巡撫會歲饑上疏請賑甫拜疏即檄州縣開倉賑給全活甚眾尋調湖廣巡撫夏逢龍亂初定脅從尚眾人情恇擾一夕數驚素蘊首嚴告訐之禁反側以安二十八年大旱疏請蠲免武昌等屬三十二州縣錢糧上遣戶部郎中舒淑等會督撫勘災舒淑至武昌素蘊適患暑疾令布政使于養志從總督丁思孔往勘尋稱病乞休上疑其託疾奪官命甫下而素蘊已卒先是湖北郡縣疾苦最甚者如沔陽江陵漢陽嘉魚濱江地陷未蠲賦額咸寧黃陂景陵穀折江夏崇陽武昌通城漢陽漢川雲夢孝感應城穀田科重監利一年兩賦為民害數十年素蘊得其實條為兩疏未及上而病革口授入遺疏曰此疏行吾目瞑矣

郭琇字華野山東即墨人康熙九年進士十八年授江南吳江知縣材力強幹善斷疑獄徵賦行版串法胥吏不能為奸居官七年治行為江南最二十五年巡撫湯斌薦琇居心恬淡莅事精銳請遷擢部議以琇徵賦未如額寢其奏聖祖特許之行取授江南道御史時河督靳輔請停濬下河築高家堰重隄清丈隄外田畝以為屯田謂可增歲收百餘萬巡撫于成龍議不合上令尚書佛倫往勘主輔議下九卿覆奏尚書張玉書左都御史徐乾學力言屯田擾民二十七年琇疏劾輔治河無功偏聽幕客陳潢阻濬下河上御乾清門召諸大臣下琇疏令會同察議尋輔入覲復召諸大臣與議琇申言屯田害民輔坐罷而擢琇僉都御史大學士明珠柄政與余國柱比頗營賄賂權傾一時久之為上所覺琇疏劾明珠與國柱結黨行私詳列諸罪狀并及佛倫傅拉塔與輔等交通狀於是明珠等降黜有差琇直聲震天下遷太常寺卿再遷內閣學士二十八年復遷吏部侍郎充經筵講官擢左都御史疏劾少詹事高士奇與原任都御史王鴻緒植黨為奸給事中何楷修撰陳元龍編修王頊齡依附壞法士奇等並休致回籍未幾御史張星法劾山東巡撫錢珏貪黷珏奏辨因及琇嘗致書屬薦即墨知縣高上達等卻之遂挾嫌使星法誣劾下法司訊獄未具琇疏言左都御史馬齊於會訊時多方鍛鍊必欲實以指使誣劾罪詔責琇疑揣尋法司奏琇請託事實當奪官上以琇平日鯁直敢言改降五級調用二十九年吏部推琇通政司參議上命改令予琇休致江寧巡撫洪之傑以吳江縣虧漕項事涉琇牒山東追琇赴質時佛倫為山東巡撫因劾琇違例逗留希進用請奪官逮治又劾琇世父郭爾印乃明季御史黃宗昌家奴琇父郭景昌原名爾標嘗入賊黨伏法琇私改父名請誥封應追奪部議如所請逮赴江寧勘治坐侵收運船飯米二千三百餘石事發彌補議遣戍詔寬之三十八年上南巡琇迎駕德州既還京師諭大學士阿蘭泰等曰原任左都御史郭琇前為吳江令居官甚善百姓感頌至今其人有膽量可授湖廣總督令馳驛赴任琇上官疏言黃州武昌二府兵米二萬七千有奇運給荊州鄖陽汛地懸隔千里輓輸費不貲請改折色江夏等十三州縣有故明藩產田瘠賦重數倍民糧請一律減徵江夏嘉魚漢陽三縣瀕江地水齧土陊有賦無田者三百餘頃請豁免皆允行三十九年入覲因奏言臣父景昌即墨縣諸生有冊可稽邑匪郭爾標本無妻室安得有子不知佛倫何所據誣臣并及臣父時佛倫為大學士上詰之以舛錯對命仍予誥軸琇陛辭奏請清丈地畝並言湖南地廣人稀恐清丈後賦當差減上問當減幾何琇言當減十分之三上曰果益民雖倍於此亦不惜也尋條陳三事一嚴定築隄處分一停造無用糧船一通融調補苗疆官吏又疏禁徵賦諸弊政上嘉其實心除弊並允行時紅苗就撫琇陳善後之策請頒詔敕令勒石永遵四十年以病乞休上曰琇病甚思一人代之不可得能如琇者有幾人耶給事中馬士芳劾湖廣布政使任風厚久病巡撫年遐齡徇庇不以聞遐齡奏風厚實無病風厚入覲上見其未衰因曰任風厚若不堪任使郭琇豈肯徇庇耶未幾琇以病劇再疏求罷仍慰留黃梅知縣李錦催科不力琇委員攝印錦得民心民閉城拒之乞留錦御史左必蕃劾琇部議當奪官上以清丈未畢緩之四十一年鎮筸諸生李定等叩閽奏紅苗殺掠總督巡撫匿不以聞而給事中宋駿業亦劾琇向鶩虛聲近益衰廢持祿養癰乃命侍郎傅繼祖甘國樞浙江巡撫趙申喬往按會琇報清丈畢乞罷任上責其清丈稽延與前奏不合行不顧言並及匿報紅苗殺掠與黃梅拒命事琇自陳老病失察請治罪初紅苗犯鎮筸遊擊沈長祿往勦至天梅山守備許邦坦千總孫清俱陷賊長祿私贖之歸諱不報而副將朱紱報苗已就撫琇據以入告繼祖等勘得狀琇與提督林本植並奪官五十四年卒尋祀鄉賢並祀吳江名宦

論曰郝浴楊素蘊秉剛正之性抗論強藩曲突徙薪防禍未形甘竄逐而不悔郭琇抨擊權相有直臣之風震霆一鳴僉壬解體蓋由聖祖已悟其奸而琇遂得行其志然以浴之廉蒙議於身後素蘊居官愛民不終於位琇則橫被誣陷廢置十年始獲申雪得君如聖祖猶不克善全直道難行不其然哉

徐乾學 弟元文 王鴻緒 高士奇

徐乾學字原一江南崑山人幼慧八歲能文康熙九年一甲三名進士授編修十一年副蔡啟僔主順天鄉試拔韓菼於遺卷中明年魁天下文體一變坐副榜未取漢軍卷與啟僔並鐫秩調用尋復故官遷左贊善充日講起居注官丁母憂歸乾學父先卒哀毀三年喪葬一以禮及母卒如之為讀禮通考百二十卷博采眾說剖析其義服闋起故官充明史總裁官累遷侍講學士二十三年乾學弟元文以左都御史降調其子樹聲與乾學子樹屏並舉順天鄉試上以是科取中南皿卷皆江浙人而湖廣江西福建無一與者下九卿科道磨勘樹屏等坐斥舉人是年冬乾學進詹事二十四年召試翰詹諸臣擢乾學第一與侍讀韓菼編修孫岳頒侍講歸允肅編修喬萊等四人并降敕褒獎賞賚尋直南書房擢內閣學士充大清會典一統志副總裁教習庶吉士時戶部郎中色楞額往福建稽察鼓鑄請禁用明代舊錢尚書科爾坤余國柱等議如所請乾學言自古皆新舊兼行以從民便若設厲禁恐滋紛擾因考自漢至明故事為議以獻上然之事遂寢詔采購遺書乾學以宋元經解李燾續通鑑長編及唐開元禮或繕寫或仍古本綜其體要條列奏進上稱善時乾學與學士張英日侍左右凡著作之任皆以屬之學士例推巡撫上以二人學問淹通宜侍從特諭吏部遇巡撫缺勿預推未幾遷禮部侍郎直講經筵朝鮮使臣鄭載嵩訴其國王受枉語悖妄乾學謂恐長外藩跋扈劾其使臣失辭不敬宜責以大義上見疏獎謂有關國體已而王上疏謝罪二十六年遷左都御史擢刑部尚書二十七年典會試初明珠當國勢張甚其黨布中外乾學不能立異同至是明珠漸失帝眷而乾學驟拜左都御史即劾罷江西巡撫安世鼎風諸御史風聞言事臺諫多所彈劾不避權貴明珠竟罷相眾皆謂乾學主之時有南北黨之目互相抨擊尚書科爾坤佛倫明珠黨也乾學遇會議會推輒與齟齬總河靳輔奏下河屯田下九卿會議乾學偕尚書張玉書言屯田所占民地應歸舊業科爾坤佛倫勿從御史陸祖修因劾科爾坤等偏袒河臣不顧公議御史郭琇亦劾輔興屯累民詔罷輔任湖廣巡撫張汧亦明珠私人先是命色楞額往讞上荊南道祖澤深婪贓各款並察汧有無穢迹色楞額悉為庇隱御史陳紫芝劾汧貪黷命副都御史開音布會巡撫于成龍馬齊復訊汧澤深事俱實復得澤深交結大學士余國柱為囑色楞額徇庇及汧遣人赴京行賄狀下法司嚴議時國柱已為琇劾罷法司請檄追質訊並詰汧行賄何人汧指乾學上聞命免國柱質訊戒勿株連於是但論汧澤深色楞額如律事遂寢乾學尋乞罷疏言臣蒙特達之知感激矢報苞苴餽遺一切禁絕前任湖北巡撫張汧橫肆汙衊緣臣為憲長拒其幣問是以銜憾誣攀非聖明在上是非幾至混淆臣備位卿僚乃為貪吏誣攀皇上覆載之仁不加譴責臣復何顏出入禁廷有玷清班伏冀聖慈放歸田里詔許以原官解任仍領修書總裁事二十八年元文拜大學士乾學子樹穀考選御史副都御史許三禮劾乾學律身不嚴為張汧所引皇上寬仁不加譴責即宜引咎自退乞命歸里又復優柔繫戀潛住長安乘修史

爲名出入禁廷與高士奇相爲表裏物議沸騰招搖納賄其子樹穀不遵成例濫膺考選御史明有所恃獨其弟秉義文行兼優原任禮部尚書熊賜履理學醇儒乞立即召用以佐盛治乾學當逐出史館樹穀應調部屬以遵成例詔乾學復奏乾學疏辨乞罷斥歸田並免樹穀職疏皆下部議坐三禮所劾無實應鐫秩調用三禮益恚復列款訐乾學贓罪帝嚴斥之免降調仍留任是年冬乾學復上疏言臣年六十精神衰耗祗以受恩深重依戀徘徊三禮私怨退忿幸聖主洞燭幽隱臣方寸靡甯不能復事鉛槧且恐因循居此更有無端彈射乞恩終始矜全俾得保其衰病之身歸省先臣邱隴庶身心閒暇願比古人書局自隨之義屛迹編摩少報萬一乃許給假回籍降旨褒嘉命攜書籍卽家編輯二十九年春陛辭賜御書光燄萬丈榜額未幾兩江總督傅臘塔疏劾乾學囑託蘇州府貢監等請建生祠復縱其子姪交結巡撫洪之傑倚勢競利請敕部嚴議語具元文傳上置弗問而予元文休致三十年山東巡撫佛倫劾濰縣知縣朱敦厚加收火耗論死并及乾學嘗致書前任巡撫錢珏庇敦厚乾學與珏俱坐是奪職自是齮齕者不已嘉定知縣聞在上爲縣民訐告私派逮獄鬩二年未定讞按察使高承爵窮詰在上自承嘗餽乾學子樹敏金至事發後追還因坐樹敏罪論絞會詔戒內外各官私怨報復樹敏得贖罪三十三年諭大學士舉長於文章學問超卓者王熙張玉書等薦乾學與王鴻緒高士奇命來京修書乾學已前卒遺疏以所纂一統志進詔下所司復故官翁叔元字寶林江南常熟人康熙十五年一甲三名進士授編修館試第一累遷國子監祭酒游擢吏部侍郎遷工部尚書部例每有工作先計其直上之名曰料估工完多冒破所司不敢以聞有十年不銷算者大工至四十三案叔元涖部甫半載積牘一清調刑部移疾歸卒叔元愛才而褊隘何焯在門下初甚賞之叔元疏劾湯斌焯請削門生籍叔元擯之竟不得成名以是爲世所誚云

王鴻緒初名度心字季友江南婁縣人康熙十二年一甲二名進士授編修十四年主順天鄉試充日講起居注官累遷翰林院侍講十九年聖祖諭獎講官勤勞加鴻緒侍讀學士銜時湖廣有朱方旦者自號二眉山人造中說補聚徒橫議常至數千人自謂前知與人決休咎巡撫董國興劾其左道惑衆逮至京得旨寬釋及吳三桂反順承郡王勒爾錦駐師荊州方旦以占驗出入軍營巡撫張朝珍亦稱爲異人上密戒勒爾錦勿爲所惑方旦乃避走江浙會鴻緒得其所刊中質秘書遂以奏進列其誣罔君上悖逆聖道搖惑人心三大罪方旦坐誅二十一年轉侍讀充明史總裁累擢內閣學士戶部侍郎二十四年典會試二十五年疏請回籍治本生母喪遣官賜祭二十六年擢左都御史疏劾廣東巡撫李士楨貪劣潮州知府林杭學嘗從吳三桂反乃舉其清廉士楨坐罷杭學奪職會靈臺郎董漢臣疏陳時事以諭教元良慎簡宰執爲言御史陶式玉劾漢臣摭拾浮言欺世盜名請逮治鴻緒疏言欽天監靈臺郎博士等官不擇流品星卜屠沽之徒粗識數字便得濫竽請敕下考試分別去留下部議行漢臣及博士賈文然等十五人並以詞理舛謬黜初以式玉疏下九卿集議尚書湯斌謂大臣不言慚對漢臣漢臣既黜鴻緒偕左都御史璙丹副都御史徐元珙合疏劾斌務名鮮實並追論江甯巡撫去任時巧飾文告以博虛譽上素重斌清廉置弗問鴻緒論各省駐防官兵累民略言駐防將領恃威放肆或占奪民業或重息放債或強娶民婦或誘詐逃人株連良善或收羅奸棍巧生紮詐種種爲害所在時有如西安荊州駐防官兵紀律太寬牧放馬匹驅赴村莊累民芻秣百十成羣踐食田禾所至驛騷其他苦累又可類推請嚴飭將軍副都統等力行約束綠旗提鎭縱兵害民以及虛冒兵糧者不一而足請飭督撫立行指參上命議行未幾以父憂歸二十八年服闋將赴補左都御史郭琇劾鴻緒與高士奇招權納賄並及給事中何楷編修陳元龍皆予休致語具士奇傳嘉定知縣聞在上爲縣民訐告私派事按察使高承爵按治在上言嘗以銀餽舉人徐樹敏至事發退還因坐樹敏罪巡撫鄭端覆訊在上言嘗以銀五百餽鴻緒亦事發退還端乃劾乾學縱子行詐鴻緒竟染贓銀有玷大臣名節乞敕部嚴議上特諭曰朕崇尚德教蠲滌煩苛凡大小臣工咸思恩禮下逮曲全始終卽因事放歸仍令各安田里近見諸臣彼此傾軋伐異黨同私怨相尋牽連報復雖業已解職投閒仍復吹求不已株連逮於子弟顚覆及於身家朕總攬萬機已三十年此等情態知之甚悉媢嫉傾軋之害歷代皆有而明季爲甚公家之事置若罔聞而分樹黨援飛誣排陷迄無虛日朕於此等背公誤國之人深切痛恨自今以往內外大小諸臣宜各端心術盡蠲私忿共矢公忠儻仍執迷不悟復踵前非朕將窮極根株悉坐以朋黨之罪時鴻緒方就質詔至得釋三十三年以薦召來京修書尋授工部尚書充經筵講官四十七年調戶部其年冬皇太子允礽既廢詔大臣保奏儲貳鴻緒與內大臣阿靈阿侍郎揆敘等謀舉皇子允禩詔切責以原品休致五十三年疏言臣舊居館職奉命爲明史總裁官與湯斌徐乾學葉方藹互相參訂僅成數卷及臣回籍多年恩詔重頒史局而前此纂輯諸臣罕有存者惟大學士張玉書爲監修尚書陳廷敬爲總裁各專一類玉書任志廷敬任本紀臣任列傳因臣原銜食俸比二臣得有餘暇刪繁就簡正謬訂譌如是數年彙分成帙而大學士熊賜履續奉監修之命檄取傳稿以進玉書廷敬暨臣皆未參閱臣恐傳稿尚多舛誤自蒙恩歸田欲圖報稱因重理舊編搜殘補闕復經五載成列傳二百八卷其間是非邪正悉據公論不敢稍逞私臆但年代久遠傳聞異辭未敢自信爲是謹繕寫全稿齎呈御覽請宣付史館以備參考詔俞之五十四年復召來京修書充省方盛典總裁官雍正元年卒於京乾隆四十三年國史館進鴻緒傳高宗命以郭琇劾疏載入使後世知鴻緒輩罪狀孫興吾進士官吏部侍郎

高士奇字澹人浙江錢塘人幼好學能文貧以監生就順天鄉試充書寫序班工書法以明珠薦入內廷供奉授詹事府錄事遷內閣中書食六品俸賜居西安門內康熙十七年聖祖降敕以士奇書寫密諭及纂輯講章詩文供奉有年特賜表裏十匹銀五百十九年復諭吏部優敘授爲額外翰林院侍講尋補侍讀充日講起居注官遷右庶子累擢詹事府少詹事二十六年上謁陵于成龍在道盡發明珠余國柱之私駕旋值太皇太后喪不入宮以成龍言問士奇亦盡言之上曰何無人劾奏士奇對曰人孰不畏死帝曰若輩重於四輔臣乎欲去則去之矣有何懼未幾郭琇疏上明珠國柱遂罷相二十七年山東巡撫張汧以黷銀赴京行賄事發逮治獄辭涉士奇會奉諭戒勿株連於是置弗問事詳徐乾學傳士奇因疏言臣等編摩纂輯惟在直廬宣諭奏對悉經中使非進講或數月不覲天顏從未干涉政事不獨臣爲然前入直諸臣如熊賜履葉方藹張玉書孫在豐王士禎朱彝尊等近今同事諸臣如陳廷敬徐乾學王鴻緒張英勵杜訥等莫不皆然獨是供奉日久嫌疑日滋張汧無端疑怨含沙汙衊臣將無以自明幸賴聖明在上誣搆雖施但禁廷清秘來茲萋斐豈容仍玷清班伏乞賜歸田里上命解任仍領修書事二十八年從上南巡至杭州幸士奇西溪山莊御書竹窗榜額賜之未幾左都御史郭琇劾奏曰皇上宵旰焦勞勵精圖治用人行政未嘗纖毫假手左右乃有原任少詹事高士奇左都御史王鴻緒等表裏爲奸植黨營私試略陳其罪士奇出身微賤其始徒步來京覓館爲生皇上因其字學頗工不拘資格擢補翰林令入南書房供奉不過使之考訂文章原未假之與聞政事而士奇日思結納諂附大臣攬事招權以圖分肥內外大小臣工無不知有士奇者聲名赫奕乃至如此是其罪之可誅者一也久之羽翼既多遂自立門戶結王鴻緒爲死黨給事中何楷爲義兄弟翰林陳元龍爲叔姪鴻緒兄項齡爲子女姻親俱寄以心腹在外招攬凡督撫藩臬道府廳縣及在內大小卿員皆鴻緒楷等爲之居停哄騙餽至成千累萬卽不屬黨護者亦有常例名之曰平安錢是士奇等之奸貪壞法全無顧忌其罪之可誅者二也光棍俞子易在京肆橫有年事發潛逋有虎坊橋瓦房六十餘間價值八千金餽送士奇此外順成門外斜街並各處房屋令心腹出名置買寄頓賄銀至四十餘萬又於本鄉平湖縣置田產千頃大興土木杭州西溪廣置園宅以覓館餬口之窮儒忽爲數百萬之富翁試問金從何來無非取給於各官官從何來非侵國帑卽剝民膏是士奇等眞國之蠹而民之賊也其罪之可誅者三也皇上洞悉其罪因各館編纂未竣令解任修書矜全之恩至矣士奇不思改過自新仍怙惡不悛當聖駕南巡上諭嚴戒餽送以軍法治罪惟士奇與鴻緒愍不畏死鴻緒在淮揚等處招攬各官餽送萬金潛遺士奇淮揚如此他處可知是士奇等欺君滅法背公行私其罪之可誅者四也王鴻緒陳元龍鼎甲出身儼然士林翹楚竟不顧清議依媚大臣無所不至苟圖富貴傷敗名教豈不玷朝班而羞當世之士哉總之高士奇王鴻緒陳元龍何楷王項齡等豺狼其性蛇蝎其心鬼蜮其形畏勢者既觀望而不敢言趨勢者復擁戴而不肯言臣若不言有負聖恩故不避嫌怨請立賜罷斥明正典刑天下幸甚疏入士奇等俱休致回籍副都御史許三禮復疏劾解任尚書徐乾學與士奇姻親招搖納賄相爲表裏部議以所劾無據得寢三十三年召來京修書士奇既至仍直南書房三十六年以養母乞歸詔允之特授詹事府詹事尋擢禮部侍郎以母老未赴四十二年上南巡士奇迎駕淮安扈蹕至杭州及回鑾復從至京師屢入對賜予優渥上顧侍臣曰朕初讀書內監授以四子本經作時文得士奇始知學問門徑初見士奇得古人詩文一覽卽知其時代心以爲異未幾朕亦能之士奇無戰陳功而朕待之厚以其裨朕學問者大也尋遺歸是年卒於家上深惜之命加給全葬授其子庶吉士輿爲編修尋諡文恪

論曰儒臣直內廷謂之書房存未入關前舊名也上書房授諸皇子讀尊爲師傅南書房以詩文書畫供御地分清切參與密勿乾學士奇先後入直鴻緒亦

以文學進乃憑藉權勢丘結黨援納賄營私致屢遭彈劾聖祖曲予保全乾學鴻緖猶得以書局自隨竟編纂之業士奇亦以恩禮終不其幸歟

清史稿　列傳五十九

湯若望　楊光先
南懷仁

湯若望初名約翰亞當沙耳姓方白耳氏日耳曼國人明萬歷間利瑪竇挾天算之學入中國徐光啓與游盡其術崇禎初日食失驗光啓上言臺官用郭守敬法歷久必差宜及時修正莊烈帝用其議設局修改曆法光啓爲監督湯若望被徵入局掌推算光啓卒以李天經代奏進湯若望所著書及恒星屛障迭與臺官測日食候節氣並考定置閏先後湯若望術輒驗莊烈帝知西法果密欲據以改大統術未行而明亡順治元年睿親王多爾袞定京師是歲六月湯若望啓言臣於明崇禎二年來京用西洋新法釐正舊曆製測量日月星晷定時考驗諸器近遭賊毀擬重製進呈先將本年八月初一日日食照新法推步京師日食限分秒並起復方位與各省所見不同諸數開列呈覽王命湯若望修正曆法七月禮部啓請頒曆王言治曆明時帝王所重今用新法正曆以敬迓天休宜名時憲曆用稱朝廷憲天乂民之至意自順治二年始即用新曆頒行天下湯若望復啓言敬授人時全以節氣交宮與太陽出入晝夜時刻爲重今節氣日時刻分與太陽出入晝夜時刻俱照道里遠近推算增加曆首以協民時前民用王奬其精確八月丙辰朔日有食之王令大學士馮銓與湯若望率欽天監官赴觀象臺測驗惟新法脗合大統回回二法時刻俱不協世祖定鼎京師十一月以湯若望掌欽天監事湯若望疏辭上不許又疏請別給敕印而以監印繳部謂治曆之責學道之志庶可並行不悖上亦不許並諭湯若望遵旨率屬精修曆法整頓監規如有怠玩侵紊即行參奏加太僕寺卿尋改太常寺卿十年三月賜號通玄教師敕曰國家肇造鴻業以授時定曆爲急務羲和而後如漢洛下閎張衡唐李淳風僧一行於曆法代有損益元郭守敬號爲精密然經緯之度尙不能符合天行其後晷度遂以積差爾湯若望來自西洋精於象緯閎通曆法徐光啓特薦於朝一時專家治曆如魏文魁等實不及爾但以遠人多忌成功終不見用朕承天眷定鼎之初爾爲朕修大淸時憲曆迄於有成又能潔身持行盡心乃事今特錫爾嘉名俾知天生賢人佐佑定曆補數千年之闕略非偶然也旋復加通政使進秩正一品欽天監舊設回回科湯若望用新法久之罷回回科不置十四年四月革職回回科秋官正吳明炫疏言臣祖默沙亦黑等一十八姓本西域人自隋開皇己未抱其曆學重譯來朝授職曆官歷一千五十九載專管星宿行度順治三年掌印湯若望諭臣科凡日月交食及太陰五星陵犯天象占驗俱不必奏進臣察湯若望推水星二八月皆伏不見今於二月二十九日仍見東方又八月二十四日夕見皆關象占不敢不據推上聞乞上復存臣科庶絕學獲傳並上十四年回回術推算太陰五星陵犯書日月交食天象占驗圖象別疏又舉湯若望舛謬三事一遺漏紫炁一顚倒觜參一顚倒羅計八月上命內大臣愛星阿及各部院大臣登觀象臺測驗水星不見議明炫罪坐奏事詐不以實律絞援赦得免康熙五年新安衞官生楊光先叩閽進所著摘謬論選擇議斥湯若望新法十謬並指選擇榮親王葬期誤用洪範五行下議政王等會同確議議政王等議歷代舊法每日十二時分一百刻新法改九十六刻康熙三年立春候氣先期起管湯若望妄奏春氣已應參觜二宿改調次序四餘刪去紫炁天祐皇上歷祚無疆湯若望祇進二百年曆選榮親王葬期不用正五行反用洪範五行山向年月俱犯忌殺事犯重大湯若望及刻漏科杜如預五品挈壺正楊宏量曆科李祖白春官正宋可成秋官正宋發冬官正朱光顯中官正劉有泰皆凌遲處死故監官子劉必遠賈文郁可成子哲祖白子實湯若望義子潘盡孝皆斬得旨湯若望效力多年又復衰老杜如預楊宏量勘定陵地有勞皆免死並令覆議議政王等覆議湯若望流徙餘如前議得旨湯若望等並免流徙祖白可成發光顯有泰皆斬自是廢新法不用聖祖既親政以南懷仁治理曆法光先坐譴黜復用新法時湯若望已前卒復通微教師封號視原品賜卹改通玄曰通微避聖祖諱也

楊光先字長公江南歙縣人在明時爲新安所千戶崇禎十年上疏劾大學士溫體仁給事中陳啟新昇棺自隨廷杖戍遼西國初命湯若望治曆用新法頒時憲曆書面題依西洋新法五字光先上書謂非所宜用既又論湯若望謬以順治十八年閏十月爲閏七月上所爲摘謬闢邪諸論攻湯若望甚力斥所奉天主教爲妄言惑衆聖祖即位四輔臣執政頗右光先下禮吏二部會鞫康熙四年議政王等定讞盡用光先說譴湯若望其屬官至坐死遂罷新法復用大統術除光先右監副疏辭不許即授監正疏辭復不許光先編次其所爲書命曰不得已持舊說繩湯若望顧學術自審不逮遠甚既屢辭不獲乃引吳明炟爲監副明炟明炫兄弟行明炫議復回回科不得請至是明炟副光先任推算五年春光先疏言今候氣法久失傳十二月中氣不應乞許臣延訪博學有心計之人與之制器測候并飭禮部採宜陽金門山竹管上黨羊頭山秬黍河內葭莩備用七年光先復疏言律管尺寸載在史記而用法失傳今訪求能候氣者尙未能致臣病風痺未能董理下禮部言光先職監正不當自諉仍令訪求能候氣者是時朝廷知光先學術不勝任復用西洋人南懷仁治理曆法南懷仁疏劾明炟造康熙八年七政民曆於是年十二月置閏應在康熙九年正月又一歲兩春分兩秋分種種舛誤下議政王等會議議政王等議曆法精微難以遽定請命大臣督同測驗八年上遣大學士圖海等二十人會監正馬祜測驗立春雨水兩節氣及太陰火木二星躔度南懷仁言悉應明炟言悉不應議政王等疏請以康熙九年歷日交南懷仁推算上問光先前劾湯若望議政王大臣會議以光先何者爲是湯若望何者爲非及新法當日議停今日議復其故安在議政王等疏言前命大學士圖海等二十人赴觀象臺測驗南懷仁所言悉應吳明炟所言悉不應問監正馬祜監副宜塔喇胡振鉞李光顯皆言南懷仁曆法上合天象一日百刻歷代成法今南懷仁推算九十六刻既合天象自康熙九年始應按九十六刻推行南懷仁言羅睺計都月孛推曆所用故入歷紫炁無象推曆所不用故不入曆自康熙九年始紫炁不必造入七政曆又言候氣爲古法推曆亦無所用嗣後並應停止請將光先奪官交刑部議罪上命光先但奪官免其罪南懷仁等復呈告光先依附鼇拜將曆代所用洪範五行稱爲滅蠻經致李祖白等無辜被戮援引吳明炟誣告湯若望謀叛下議政王等議坐光先斬上以光先老貸其死遣回籍道卒刑部議明炟坐奏事不實當杖流上命笞四十釋之

南懷仁初名佛迪南特斯姓阜泌斯脫氏比利時國人康熙初入中國時湯若望方黜楊光先爲監正吳明炟爲監副以大統術治曆節氣不應金水二星躔度舛錯明炟奏水星當見其言復不售乃召南懷仁命治理曆法南懷仁劾光先明炟而去之遂授南懷仁監副時康熙八年三月南懷仁言是歲按舊法以十一月置閏以新法測驗閏當在九年正月既又言是月二十九日雨水乃正月中氣即爲康熙九年之正月閏當在是年二月上命禮部詢欽天監官多從南懷仁乃罷八年十二月閏移置九年二月節氣占候悉用南懷仁說六月南懷仁請改造觀象臺儀器從之十二年儀器成擢南懷仁監正儀凡六曰黃道經緯儀曰赤道經緯儀曰地平經儀曰地平緯儀曰紀限儀曰天體儀並繪圖立說次爲靈臺儀象志十七年進康熙永年表表推七政交食爲湯若望未竟之書南懷仁續成之二十一年命南懷仁至盛京測北極高度較京師高二度別爲推算日月交食表上之南懷仁官監正久累加至工部侍郎二十七年卒謚勤敏自是欽天監用西洋人累進爲監正監副相繼不絕五十四年命紀理安製地平經緯儀合地平象限二儀爲一乾隆中戴進賢徐懋德劉松齡傅作霖皆賜進士道光間高拱宸等或歸國或病卒時監官已深習西法不必復用西洋人奏奉宣宗諭停西洋人入監方聖祖用南懷仁許奉天主教仍其國俗而禁各省立堂入教是時各省天主堂已三十餘所雍正間禁令嚴盡毀去但留京師一所俾西洋人入監者居之入內地傳教輒繩以法迨停西洋人入監未幾海禁弛傳教入條約新舊教堂遍內地矣

論曰曆算之術愈入則愈深愈進則愈密湯若望南懷仁所述作與楊光先所攻訐淺深疏密今人人能言之其在當日嫉忌遠人牽涉宗教引繩批根互爲起仆誠一時得失之林也聖祖嘗言當曆法爭議未已己所未學不能定是非乃發憤研討卒能深造密微窮極其閫奧爲天下主虛己勵學如是嗚呼聖矣

清史稿　卷二百七十三（列傳六十）

清史稿　　列傳六十

李率泰　耿廷佐（弟廷柏　鄭永清　永清子廷極）　佟鳳彩　施維翰　趙廷臣（袁懋功　徐旭齡）　麻勒吉（阿席熙　瑪祜）

李率泰字壽疇漢軍正藍旗人永芳子初名延齡年十二入侍太祖賜今名年十六以宗室女妻之弱冠從太宗征察哈爾朝鮮及明錦州又從貝勒阿巴泰征山東並有功洊擢梅勒額眞順治元年命以刑部參政兼任率師駐防錦州四月從睿親王多爾袞入關破李自成又率兵徇山東河南斬自成將趙應元降其衆萬人二年從豫親王多鐸破自成兵潼關移師南征克揚州下江寧分兵定蘇州松江諸郡江陰典史閻應元拒守督兵攻破之豫親王令駐防蘇州會明將吳志葵黃蜚等來犯時城兵僅千餘率泰使遶城張幟爲援兵狀志葵等斬關入勁騎突起截擊盡殲之三年從端重親王博洛平浙江福建敘功授世職二等阿達哈哈番兼拖沙喇哈番五年鄭彩犯福建漳泉諸郡詔率泰與靖南將軍陳泰協剿斬獲甚衆復長樂連江二縣彩走復擒斬所署總督顧世臣等遂克興化寇攻福州十四月圍始解民食盡江西盜郭天才自杉關長驅至福州截米麥江上誘民出就食率泰師次建寧檄守吏嚴備乃夜焚洪山橋遁巡按御史周世科唐刑婪賄率泰疏劾寘諸法六年從征大同叛將姜瓖下保德州擒瓖黨牛化麟等敘功復加拖沙喇哈番初定官制改參政爲侍郎率泰仍以刑部侍郎兼梅勒額眞八年調吏部拜弘文院大學士條奏請懲貪酷官吏給滿洲兵馬草料酌量營造工程次第上從之未幾與大學士陳泰坐誤增恩詔赦款並罷任降世職爲拜他喇布勒哈番九年特進三等阿思哈尼哈番十年用大學士洪承疇薦授兩廣總督時明桂王朱由榔居安隆其將李定國擁兵廣西上寇廖篤增等應之十一年率泰遣兵進勦斬篤增於玉版巢十二年定國犯廣東率泰禦之敗其將高文貴會靖南將軍珠瑪喇率禁旅至合兵夾擊大破之復高雷二郡十三年加太子太保調閩浙總督率泰有方略善用兵與士卒同甘苦時鄭成功據臺灣數入寇率泰疏請增設水師三千造哨船百餘艘招降海盜散其羽翼又言成功父芝龍不宜徙甯古塔其地近海恐乘間遁歸爲患滋大世祖悉用其言以破定國功進世職一等考滿加少保十五年招撫成功將唐邦杰林狆葉祿等降者數萬人十五年成功攻溫州陷平陽瑞安率泰調江寧滿洲兵助剿成功敗走是年詔分閩浙總督爲二以都統趙國祚督浙江駐溫州而以率泰專督福建駐福州未幾成功據南安嶺窺福州其黨陳斌既降復叛率衆據羅星塔率泰檄兵燔其巨艦千餘成功遁斌復降奏誅之十六年坐事奪世職任總督如故康熙元年率泰以漳州爲福建門戶奏增設水師二千尋與靖南王耿繼茂擊走定海小埕諸寇復與提督馬得功平萬安所擊走成功將楊富是年成功死其子錦拒命如故部下漸攜貳於是率泰復招降其將林俊奇陳輝何義魏明等三百餘人兵二千有奇統建甯延平邵武三路士卒剿內地山寇獲其渠王鐵佛斬之既錦率其將周全斌以五百餘人自梁山內犯率泰遣總兵王進加參將折光秋夾擊大破之復與靖南王耿繼茂統舟師擣廈門取浯嶼金門二島錦脅遁三年降其將林國樑進兵八尺門降其將翁求多夜半渡海拔銅山斬級三千有奇其將黃廷等率兵民三萬餘人來降獲敵艦軍械無算錦僅以數十艘遁入臺灣敘功加秩正一品尋以病累疏乞休詔輒慰留五年卒官遺疏言海賊遠竄臺灣奉旨撤兵與民休息第將衆兵緊撤之驟易致驚疑遲又恐貽患今當安反側之心後須防雖制之勢紅毛夾板船雖已回國然往來頻仍異時恐生釁至數年以來令沿海居民遷移內地失其故業宜略寬界限俾獲耕漁庶甦殘喘上聞優詔褒䘏贈兵部尚書復世職諡忠襄

趙廷臣字君鄰漢軍鑲黃旗人順治二年自貢生授江蘇山陽知縣遷江寧同知有政聲坐催徵逾限免十年大學士洪承疇經略湖廣薦廷臣清幹題授下湖南道副使覆平冤獄十三年調督糧道十五年從定貴州遂擢授巡撫甫至官察民間疾苦定賦蠲振懲貪橫禁吏卒擾騷疏言貴州古稱鬼方自城市外四顧皆苗其貴陽以東苗爲夥而銅苗九股爲悍其次爲犵狫曰佯獚曰八番子曰土人曰洞人曰蠻人曰冉家蠻皆黔東苗屬也自貴陽以西羅羅爲夥而黑羅爲悍其次曰仲家曰米家曰蔡家曰龍家曰白羅皆黔西苗屬也專事鬭殺馭之甚難臣以爲教化無不可施之地請自後應襲土官年十三以上者令入學習禮由儒學起送承襲其族屬子弟願入學讀書者亦許其仕進則儒教日興而悍俗漸變土官私襲支系不明爭奪易起釀成變亂令歲終錄其世次籍上布政司達部有爭襲者按籍立辨豫杜釁端並下部議行十六年擢雲貴總督土寇馮天裕陷湄潭犯甕安調兵擊卻之疏請改馬乃曹滴諸土司爲流官又言貴州屢被寇改衛爲府改所爲縣法令紛更民苦重役今應復舊制雲南田土荒蕪當招民開墾衛路州縣請以順治十七年秋糧貸爲春種資並下部議行吳三桂貢象五世祖命免送京廷臣因乞概停邊貢允之十八年以平土酋龍吉兆功加兵部尚書是年調浙江敘雲南墾荒勞加太子少保康熙二年疏言浙江逋賦不清由徵解繁雜請以一條鞭法令各州縣隨徵隨解布政司察明註册至爲簡易又疏言徵糧之法不一苟能寓撫字於催科卽百姓受其福急公好義人情皆然有司止以箠楚爲能民安得不重利借債減價賣產錢糧完地方壞矣苟能得廉有司禁革火耗天平不欺天法馬不違法又禁絕差擾一酒一飯無不爲民節省民未有不交納恐後者徵糧之能在人不在法然不得其人而循法行之亦得半之道也實徵册籍立實在戶名以杜詭卸流水紅簿送本府印發以防侵蝕易知由單徧散窮山深谷以絕橫索臣於浙屬立法通行催徵得法之吏請敕部酌議許題請獎勵又疏請移海島投誠官兵分插內地杜其煽誘定水師提鎭各營兵制以備水戰杭嘉湖三郡毗連太湖易藏奸宄請增造快號船撥兵巡哨詔並從之時鄭成功死廷臣招明魯王所署將軍阮美都督鄭殷侍郎蔡昌登等皆率衆來降惟張煌言散兵居定海山中執而殺之四年疏請崇節儉維風俗又言用人宜寬小眚請敕部分別罣誤降革人員量才錄用又言民人鬻身旗下宜令有司給與印契並曉諭鄰里後或逃歸有容留者乃可坐以窩逃並議行時錢滯不行疏請令外省收銅開鑄準寶泉寶源兩局法式去各省分鑄之名以天下之錢供天下之用上命復各省二十四監鑄錢浙東初平叛獄屢起廷臣平情讞鞫全活甚衆時海濱尙多餘孽聞廷臣寬大多解甲來歸康熙六年以病乞休詔慰留之八年巡海自福建還至奉化病卒諡清獻廷臣爲政寬靜而善折獄有贅者入屠者室攫其籢中錢屠者逐之則曰欺吾贅奪吾錢廷臣令投錢水中見浮脂以錢還屠者有殺人獄已誣服廷臣察傷格曰傷寸而刃尺必冤也更求之得眞殺人者旱山中人言魃見入人家輒失財物廷臣曰盜也令吏捕治之袁懋功字九敘順天香河人順治二年進士授禮科給事中疏請愼簡學官磨勘文體釐定禮制又以前明廢官援恩詔踵至請敕吏部會都察院嚴覈才品累擢戶部侍郎十七年世祖諭懋功才品敏練授雲南巡撫時雲南初定懋功令降卒入籍歸農墾無主之田編保甲以時稽察奏減屯田糧額請停派部員履勘田畝撫雲南九載政績大著以父憂去服除起山東巡撫康熙十年濟南五十六州縣衞新墾地被淹懋功疏請展限一年起科部格不行上特允之調浙江未行卒諡清獻徐旭齡字元文浙江錢塘人順治十二年進士除刑部主事再遷禮部郎中康熙六年授雲南道御史裁缺改湖廣道迭疏請汰額外衙役核州縣贖鍰降調官百姓保留敕督撫核實皆下部議行命偕御史席特納巡視兩淮鹽政疏陳積弊請嚴禁斤重不得逾額部議如所請勒石又疏請停止豫徵鹽課部議不允遷太常寺少卿累擢左僉都御史請裁軍興以後增設道員二十二年授山東巡撫二十三年遷工部侍郎復出爲漕運總督疏請釐三害籌三便革隨漕增裁運耗二項及民間幫貼盤費腳價各省給軍款項改由州縣逕發運丁行月糧改入現運項下撥給並合併漕船幫次皆下九卿議行二十六年卒亦諡清獻

耿廷佐字一柱漢軍鑲黃旗人世籍廣甯父熙載明諸生太祖克廣寧熙載來歸授防禦以軍功予世職游擊崇德元年卒長子廷輔嗣廷佐其次子也自官學生授內院筆帖式擢國史院侍讀順治三年從肅親王豪格徇四川平張獻忠六年從英親王阿濟格討叛將姜瓖遷秘書院學士十一年授江西巡撫江西自明末洊遭兵亂逋賦鉅萬廷佐累疏請蠲緩蘇民困詔允行土寇洪國柱等掠饒州廣信遣兵剿平之十二年擢江南江西總督江南逋賦至四百餘萬廷佐覈賦籍曰此非盡民困不能輸也必有官吏侵蝕而詭稱民逋者民困可矜官吏弊不可不革乃籍之爲三曰官侵曰吏蝕曰民逋責右布政使按籍督催而令左布政使稽征新賦以除新舊牽混之弊並疏請官吏徵賦未完者令戴罪留任催徵於是宿弊頓革師行取估舶以濟商民交困廷佐疏請視江西例發帑造船備用上韙其言命議行十六年巡閱江海因密疏言鄭成功屯聚海島將犯江南汛兵無多水師舟楫未備請調發鄰省勁兵防禦事格不行未幾成功陷鎭江襲瓜洲遂窺江寧城守單弱會梅勒額眞噶楚哈瑪爾賽自貴州旋師廷佐與駐防總管喀喀木邀入城共禦敵挫其前鋒得舟二十餘成功兵大至戰艦蔽江廷佐登埤固守提督管效忠總兵梁化鳳等水陸夾擊焚敵艦五百餘擒斬無算成功遁入海捷聞詔嘉獎十八年分江南江西總督爲二以廷佐專督江南康熙四年復舊制仍兼江西七年以疾解任致仕大學士金之俊家居得匿名書帖誣其曾降李自成之俊訴廷佐令有司窮治上聞

盧株連無辜責之俊違例妄訴廷佐俟病痊起用鑴二秩十三年耿精忠反授廷佐福建總督廷佐奏言臣孫爲耿氏婿臣與精忠有連然誓不與賊俱生願力疾前驅殲除叛寇上嘉之賜鞍馬甲胄以寵其行廷佐至浙江從大將軍康親王傑書治軍駐金華疏陳精忠句結海寇宜勦撫兼施上曰海寇當撫精忠當用勦或用間廷佐頗有規畫未及行十五年卒於軍賜祭葬江南江西俱祀名宦弟廷相字鈞衡初授欽天監筆帖式累官四川左布政使四川屢經兵燹廷相涖任百廢具興民不知擾康熙八年授河南巡撫廷佐卒上即擢廷相爲福建總督會精忠降餘黨紀朝佐張八等尚抗拒廷相勦撫兼用旬月悉平鄭錦及山寇朱寅屢犯郡縣遣兵分剿屢却之擒斬甚衆十七年錦寇漳州據玉州等寨分擾石碼江東橋廷相請援詔康親王督兵協剿時寇勢甚張上責廷相庸懦不能殄賊命解任二十七年卒郎永清字定庵初授禮部筆帖式出知山西渾源州招民開墾豁逋賦萬餘姜瓖黨高山等竄伏山谷間爲盜永清簡丁壯親率搜捕多斬獲事平擢江西贛州知府平反冤獄居官有聲師討李定國議牧馬贛州民譁言兵且入城爭竄避永清度城外地爲牧場區畫八旗駐營具芻茭兵不入城贛民安堵師還徵民夫數千挽舟灘水湍激永清慮民夫無食且逃以大艦載米尾其後軍行無滯民德之爲立象祠焉從子廷佐巡撫江西永清例回避調山西汾州遷山東東昌道副使轉湖廣下荆南道李自成黨踞房竹間官軍分路會剿餽饟俱取給鄖襄陸路挽運議徵民夫數萬永清疏水道倣古轉般法安塘遞運軍得無匱累遷湖南布政使衡永寶三郡苦食粵鹽灘險道遠商民交病永清申請改食淮鹽民便之康熙十二年調河南師討吳三桂議養馬南陽永清請移牧湖廣河南協濟湖廣軍米十萬石申巡撫題請改於江南江西採運在官十二年課最二十五年擢山東巡撫未幾卒官祀湖南名宦永清子廷極廷棟廷極字紫衡初授江甯府同知遷雲南順甯知府有政聲累擢江西巡撫江西多山州縣運糧盤兌民間津貼夫船耗米五斗三升載賦役全書歲分給如法戶部初議駁減總督范承勳以請得如故至是戶部復議停給併追前已給者廷極累疏爭之尋兼理兩江總督五十一年擢漕運總督卒諡溫勤廷棟字樸齋官湖南按察使

佟鳳彩字高岡漢軍正藍旗人養性從孫也初授國史院副理事官外改順天香河知縣內擢山西道御史出視河東鹽政順治七年巡按湖南八年外轉湖廣武昌道參議遷廣西右布政使時師征雲南道廣西供億浩繁鳳彩籌濟無匱調江西左布政使十七年擢四川巡撫四川經張獻忠亂城邑殘破勸官吏捐輸修築成都府城葺治學宮濬都江大堰以祖母憂去官康熙六年起貴州巡撫疏言驛站累民而貴州尤苦層山峻嶺俗言地無三里平行一站馬則踣瘠脊爛夫則足破肩穿應於重安江楊老堡黃絲舖盤江坡江西坡輕轎坡等六處增置腰站設夫馬如額復言黔省田土多奇零國初隸版圖州縣衛所等官不諳賦役任意牒報戶部以明季賦役全書發黔訂正原報多者不復更改少者照數增添臣涖任酌定條單規式飭所司塡給花戶以杜私派嗣各屬造報此多彼縮不能照則塡給且田地名色甚多錢糧輕重不一見飭所司清釐更正賦役全書以垂永久詔並允行丁母憂十一年起河南巡撫彰德舊有萬金渠康熙七八年水患三至鳳彩奏請修濬以弭民害尋疏言豫省歲修黃河用夫多或至萬餘俱按畝起派雇直年需三四十萬小民重困請改爲官雇按通省地畝等則派銀刊明條單若遇意外大工再具題請旨上以派銀雇夫仍屬累民命並免之十二年鳳彩疏言均平里甲直省通行河南雖有里甲之名其實多者每里或五六百頃少者止一二百頃或寥寥數頃有司止知照例編差里小田少難以承役愈增苦累今飭州縣按徵糧地畝册如一州縣有地一千頃原分爲十里者每里均分一百頃一里之中各分十甲每甲均分十頃遇有差徭按里甲分當則豪強無計規避貧弱不致偏枯又言豫省民間栽柳供河工採辦歲需百餘萬束自康熙七年以後協濟江南河工已二百七十餘萬束去歲陽武險工無柳可用將民間桃李梨杏盡行斫伐方事堵禦是修防本省河工尚屬不敷實難協濟外省且黃河渡船裝柳止二三百束至無船之地官吏束手若非亟圖變通必至誤運向例本省河工運柳每束給銀五分今遠運江南千里之外止給銀四分五釐民安得不賠累乞敕河臣於江南雇船到豫使民止備柳束輓運江干嗣後就江南鄰近無河患處酌派協濟留河南有餘不盡之柳以備本省河患庶百姓稍得蘇息大工不致遲誤疏入並下九卿科道議行河南民稱均里甲蠲夫柳爲利民二大疏吳三桂反河南當通衢鳳彩悉心調度民不知擾十三年以疾乞休許之士民赴闕籲留左都御史姚文然疏言鳳彩撫豫數載民所愛戴宜令力疾視事命仍留任十六年卒官諡勤僖河南四川貴州並祀名宦

麻勒吉瓜爾佳氏滿洲正黃旗人先世居蘇完有達邦阿者當太祖時來歸麻勒吉其曾孫也順治九年滿漢分榜麻勒吉以繙譯舉人舉會試第一殿試一甲第一授修撰世祖器之十年諭麻勒吉兼通滿漢文氣度老成擢弘文院侍講學士十一年擢學士充日講官教習庶吉士編纂太祖太宗聖訓副總裁經筵講官明將孫可望詣經略洪承疇軍降封義王命麻勒吉爲使學士胡兆龍奇徹伯副之賫敕印授之卽偕詣京師麻勒吉初與直隸總督張玄錫同官學士使還玄錫迎於順德麻勒吉訶辱之玄錫憤自剄不殊巡撫董天機以玄錫手書遺疏上聞上遣學士哲庫納侍郎霍達往按玄錫復疏言麻勒吉於迎候時面斥失儀又責以前此南行不出迎且云在南方洪經略日有饋遺何等盡禮奇徹伯又索臣騾駝臣因賄賂干禁不與上責麻勒吉等逼迫大臣任意妄行下九卿會勘玄錫直隸清苑人明庶吉士順治初授原官自檢討累遷至學士上稱其勤敏擢宜大總督移督直隸河南山東至是以聽勘詣京師居僧寺自縊九卿議麻勒吉等當奪官籍沒上寬之削加級奪誥敕而已十六年以雲南初定發帑金三十萬命麻勒吉偕尚書伊圖左都御史能圖往賑並按大將軍貝勒尚善縱兵擾民狀麻勒吉爲奏辨尋安親王岳樂覆勘尚善兵入永昌掠民婦事實麻勒吉坐徇庇奪官十八年命以原銜入直上大漸召麻勒吉與學士王熙撰擬遺詔付內廷侍衞賈卜嘉進奏上命麻勒吉懷詔草俟上更衣畢與賈卜嘉奏知皇太后宣示諸王貝勒是夕上崩麻勒吉遵旨將事旋授祕書院學士康熙五年擢刑部侍郎七年授江南江西總督時蘇州松江頻遭水患布政使慕天顏議濬吳淞江劉河口麻勒吉因與巡撫瑪祜疏請以各府漕折銀十四萬充工費淮揚被水坍沒田地請永免歲賦詔並允行鎮江駐防兵訐將軍李顯貴知府劉元輔侵冒錢糧遣學士折爾肯等往按得實麻勒吉坐不先舉發並械繫至京聽勘給事中姚文然疏言麻勒吉罪狀未定宜寬鎖繫上然之尋命復任十二年大計左遷兵部督捕理事官吳三桂反定南王孔有德壻孫延齡及提督馬雄以廣西叛應之十六年命赴簡親王喇布軍招撫延齡比至桂林延齡已爲三桂所殺其部將劉彥明等率衆降十八年詔麻勒吉赴廣西護諸軍時雄已死其子承廕降授招義將軍封伯爵已部兵以饟匱譁麻勒吉上言承廕與黃明葉秉忠皆賊帥歸誠今承廕授高爵而明秉忠未授官故陰嗾兵士爲變秉忠年老無異志惟明強悍爲柳州官兵所懾服若不調用他所終恐爲害乃授明總兵官明復叛詔麻勒吉與偏沅巡撫韓世琦會剿尋報爲苗人所殺十九年巡撫傅宏烈勦賊至柳州承廕復叛宏烈遇害命麻勒吉兼攝巡撫事時柳州再變民多逃竄田荒賦淸麻勒吉招撫流亡令歸故業葺學宮振興文教頗著治績二十一年撤故定南王所部分隸八旗漢軍麻勒吉率以還京二十三年授步軍統領二十八年卒三十七年兵部奏黃明爲貴州參將上官斌等所擒麻勒吉追坐妄報奪官江南民爲麻勒吉立碑雨花臺紀績祀名宦阿席熙瓜爾佳氏滿洲鑲紅旗人自兵部筆帖式四遷光祿寺卿考滿輔政大臣鼇拜等令解任隨旗行走復坐事奪官聖祖親政鑒其無罪命以郎中用七年超擢陝西布政使舉卓異擢巡撫康熙十二年遷江南江西總督耿精忠叛竄江西阿席熙發兵赴剿並檄援浙江未幾精忠陷廣信建昌饒州參將陳九傑等應之阿席熙遣兵防徽州賊陷績溪婺源擾及徽州迭克之簡親王喇布率師至江甯以阿席熙參贊軍務十七年疏報江南清出隱漏田地一萬四千餘頃山八百餘里加兵部尙書尋坐瞻徇巡撫慕天顏奏銷浮冒罷任卒阿席熙居官廉潔江南士民德之祀名宦瑪祜哲柏氏滿洲鑲紅旗人順治九年繙譯進士授佐領兼刑部員外郎遷欽天監監正康熙八年江甯巡撫缺命議政大臣等會推滿洲郎中以上學士以下通漢文有才能者備擢用舉奏皆不當上意特以命瑪祜九月夏淮安揚州二府久雨田廬多淹詔發帑振濟瑪祜疏請蠲免桃源等縣積欠賦銀及六七兩年未完漕米部議漕米無蠲免例上特允其請並蠲減蘇松常三府被災歲賦十年疏言蘇松二府額賦最重由明洪武初以張士誠竊據其地遷怒於民取豪戶收租籍付有司定賦額較宋多七倍元多三倍是以民力困竭積逋遂多自康熙元年至八年民欠二百餘萬催徵稍急逃亡接踵舊欠仍懸新逋復積請敕部覈減二府浮糧以期歲賦清完疏下部議以科則久定報寢時布政使慕天顏請濬吳淞江劉河瑪祜與總督麻勒吉請以漕折十四萬充費給事中柯聳疏言東南水利宜乘此興工盡疏各支河下瑪祜覆勘瑪祜言各州縣支河皆已疏通吳江縣長橋乃太湖洩水要道應令開濬未幾以京口將軍李顯貴等侵饟事覺坐不先舉發罣吏議當左遷命留任十二年黃淮水漲清水潭石隄決高郵等十八州縣衞所被災瑪祜奏請發帑振濟十五年霪雨久不霽以憂卒遺疏極陳水災民困無一語及私詔褒惜諡清恪

施維翰字及甫江南華亭人順治九年進士授江西臨江推官清漕弊善折獄

姦頑斂迹巡撫郎廷佐奏其治行舉卓異內擢兵部主事改山東道御史疏言察吏首重懲貪尤宜先嚴大吏各督撫按露章彈劾宜及監司勿僅以州縣塞責又言糾舉之法密於文疏於武鎮帥擁重兵有庸碌衰憊緩急難恃者有縱恣貪黷肆虐軍民者督撫按徇隱弗糾事發同罪詔並議行十七年出按陝西聖祖即位裁巡按維翰乞假歸康熙三年復授江南道御史疏言直省錢糧每委府佐協徵所至舖設供給不免擾民甚或縱容胥役橫肆誅求請概行禁止以專責成杜擾害下部飭禁巡鹽河東徵課如額八年疏劾偏沅巡撫周召南徇庇貪吏十一年疏劾福建總督劉斗徇情題建故靖南王耿繼茂祠召南斗並坐譴十一年內升以四品服俸仍留御史任疏言設登聞鼓原以伸士民冤抑故使科道共與其事然每收訴狀必待科道六十餘員集議輒致稽延請用滿漢科道各一員司之半年更易從之遷鴻臚寺少卿累遷左副都御史浙江巡撫陳秉直薦舉學道陳汝璞為左都御史魏象樞所劾秉直應降調以加級抵銷維翰言秉直與汝璞見聞最近乃徇情妄舉非尋常詿誤可比請敕部定議凡保舉非人坐降調者不許抵銷上然之因著為例給事中李宗孔繼劾秉直坐左遷十八年授山東巡撫會歲祲民多流亡維翰疏請振恤並截留漕米五萬石發濟南倉存貯散給饑民又疏言青萊等府距臨清倉遠辦解甚艱請永行改折以息轉輸民大悅服二十一年代李之芳為浙江總督之芳按治軍士鼓譟繫累二百餘人維翰至即日定讞多平反二十二年冬調福建未上官二十三年春卒諡清惠

論曰李率泰鎮福建禦鄭成功父子趙廷臣督浙江執張煌言有功於戡定郎廷佐釐逋賦修鳳彩均里甲蠲夫柳為民祛害麻勒吉初奉使迫張玄錫至死高宗論斥其縱恣然於江南有惠政阿席熙瑪祜清望尤過之施維翰在臺敢言出持疆節措置得大體皆康熙初賢大吏也愷悌君子屏藩王國厥績懋矣

清史稿

列傳六十一

楊雍建　姚締虞

朱宏祚 子綱　王騭

宋犖　陳詵

楊雍建字自西浙江海甯人順治十二年進士授廣東高要知縣時方用兵總督駐高要師行徵民夫吏虛其逃繫之官廨當除夕雍建命徙廊廡撤餚饌畀之師中索榕樹枝製繩以爇礮軍吏檄徵語不遜雍建笞之總督王國光以是稱雍建方剛特疏薦蒞官甫一年擢兵科給事中十六年春世祖幸南苑雍建疏言昨因聖體違和傳諭孟春饗太廟遣官致祭至期皇躬康豫仍親廟祀此敬修祀典之盛心也乃回宮未幾復幸南苑寒威未釋陟歷郊原恐不足以慎起居且古者蒐苗獮狩各有其時設使獸起於前馬逸於後驚屬車之清塵豈能無萬一之虞疏入上甚慰宣雍建入諭以閱兵習武之意雍建奏對不失常度上意亦解時平南王尚可喜靖南王耿繼茂並鎮廣東雍建疏陳廣東害民之政八委吏太濫雜派太繁里役無定例用夫無定制鹽埠日橫私稅日盈伐薪採木大肆流毒均宜亟為革除且兩藩並建供億維繁今川貴底定請移一藩鎮撫其地俾粵民甦息上尋命繼茂移鎮福建雍建發之也十七年疏言朋黨之患醞於草野欲塞其源宜嚴禁盟社請飭學臣查禁從之轉吏科給事中聖祖即位輔臣秉政奏事者入見皆長跪雍建獨立語比退輔臣目之曰此南苑上書諫獵者也自是奏事者見輔臣皆不跪康熙三年彗星見雍建奏言天心仁愛垂象示警乞齋心修省廣求直言詳詢利病並飭內外臣工滌慮洗心共修職業上優旨褒答四年疏言治化未醇由於臣職未盡比者部臣以推諉為卸責明為本部應議之事或請咨別部或請飭督撫致一案之處分因一人之口供未到而更待另議一事之行止因一時文卷小誤而重俟行查至地方利弊所關憚於釐正輒云已經題定無庸再議如此則一二胥吏執定例以駁之足矣不知滿漢堂司各官所司為何事也督撫以蒙蔽為苟安民苦於差徭而額外之私徵未聞建長策以除積困吏橫於貪暴而有司之掊克不過摘薄罪以引輕條向日行考滿之法則題報者皆稱職曾無三等以下之劣員平時上彈劾之章則特糾者僅末僚不及道府以上之大吏凡此推諉蒙蔽之習請嚴飭內外臣工各圖報稱儻仍蹈故轍立予罷斥以儆官常疏入報聞尋自刑科都給事中累擢左副都御史十八年典會試授貴州巡撫疏請立營制減徭役招集流亡禁革私派土司謁巡撫故事必鳴鼓角交戟於門俾拜其下雍建悉屏去引至座前問疾苦予以酒食土司咸輸服始貴陽斗米值錢五千雍建請轉餉以給既令民翦荒茅教以耕種比三年稻田日闢民食以裕二十三年召授兵部侍郎尋以親老乞終養許之四十三年卒賜祭葬子中訥進士官右中允

姚締虞字歷升湖廣黃陂人順治十五年進士授四川成都府推官四川殘民多聚為盜互告訐釀大獄締虞平恕讞鞫輒得其情審釋叛案株連獄四十七人總督苗澄巡撫張德地薦廉能舉卓異會裁缺改陝西安化知縣行取康熙十五年授禮科給事中疏請嚴選庶吉士考覈翰林報聞十七年典試江西還奏江西被賊殘破州縣在丁缺田荒案內者請敕督撫酌量輕重限三年或五年勸墾以漸升科全省逋賦二百二十萬歷年追比僅報完三萬此二百十餘萬雖敲骨吸髓勢必不能復完請早予蠲免俾小民得免死亡十八年地震求言締虞上疏曰科道乃朝廷耳目之官原期知無不言有聞則告自故憲臣艾元徵請禁風聞條奏自此言路氣靡中外多所顧忌臣請皇上省覽世祖朝諸臣奏議如何謇諤今者相率以條陳為事輕熟成風蓋平時無以作其敢言之氣一旦欲其慷慨直陳難矣乞敕廷臣會議嗣後有矢志忠誠指斥奸佞者即少差謬亦賜矜全如或快意恩讐受人指使章奏鈔傳衆目難掩縱令彈劾得實亦難免於徇私之罪如此則言官有所顧忌不敢妄言中外諸臣有所顧忌不敢妄為疏下九卿科道會議越日召廷臣等集中左門上問締虞疏如何定議吏部尚書郝維訥等暨給事中李宗孔等俱言風聞之例不宜復開上問締虞爾意如何締虞對曰皇上明聖從未譴罪言官但有處分條例在言官皆生畏懼上曰如汝言條例便當廢耶締虞對曰科條雖設當辨公私誠僞上意稍解諭言官宜敷陳國家大事如有大奸大貪糾劾得實法在必行決不姑貸且魏象樞彈奏程汝璞亦是風聞已嚮問得實原未嘗有風聞之禁也上宣締虞前指內閣所呈世祖時章奏示之曰汝以朕為未閱此乎締虞對曰惟久經聖覽臣故不憚盡言上命以所言宣付史館次日復命締虞入起居注授筆札記之尋轉工科掌印給事中上考察科道黜孫緒極傅廷俊和鹽鼎三人而嘉締虞與王日溫李迴稱職二十一年疏論外吏積習視事偷惰公務沉閣文移運緩僚屬宴會游客酬酢廢時糜費請敕部禁飭累擢左僉都御史二十四年授四川巡撫締虞先為推官有聲百姓喜其來締虞至牓上諭於廳事嚴約束禁私徵雜派杜絕餽遺屬吏憚之疏言四川迭經兵火荒殘已極官戶鄉紳多流寓外省雖令子弟復業追入學鄉舉登仕版後仍棄本籍他往百姓見其如此亦裹足不歸若招回鄉宦一家可抵百姓數戶紳宦既歸百姓亦不招而自至今察明各屬流寓外省紳衿請敕部移行飭令復業從之蜀人困於採木締虞陛辭首陳其害會松威道王騭入覲亦舉是以奏詔特免之復請免運白蠟停解鐵稅皆獲施行二十七年卒官賜祭葬

朱宏祚字徽蔭山東高唐人昌祚弟宏祚自舉人授江南盱眙知縣有惠政舉卓異康熙十四年行取御史以昌祚子紱官大理寺卿迴避改刑部主事再遷兵部督捕郎中出為直隸天津道僉事調直隸守道參議三十六年超擢廣東巡撫入見奏對稱旨賜帑金千及內廄鞍馬過庾嶺察知夫役苦累首禁革之復牒兵部凡使者過境有驛站供億不得更有所役廣東軍興後無藝之徵浮於正供悉罷免劾墨吏尤者數人餘悉奉法鹽法為藩下姦民所亂據引地莫敢誰訶宏祚疏陳整飭鹽政數事如議行高州屬縣吳川瓊州屬縣臨高澄邁戶少田蕪積逋十二萬兩有奇疏請豁免衛所屯田歲輸糧三斗額重多逃亡宏祚言民糧重則每畝八升八合起科今屯田浮三之二非恤兵之道當比例裁減事皆允行逆亂方定姦民告訐無已疏請嚴妄首株連之例略謂當定南分鎮閩風投冒倚藉聲勢者實繁有徒迨經平定藩下人應歸旗者悉已簿錄解京籍內無名者釋放為民嗣有旨藩下官兵奴僕及貿易人等除實係遼東舊人及價買人外逐一清查發出為民臣尋繹詔意原以諸人皆朝廷赤子不忍株累且十餘年來或補伍或歸農或死亡遷徙無籍可稽乃姦宄之徒蔓引株連或在部呈首或向有司告訐及事白省釋而官民之被累已深請敕部嚴議從之三十一年擢福建浙江總督值大計宏祚疏言福建地瘠民佻上責宏祚失言謂賢才不擇地而生四川巡撫張德地署延綏巡撫言延綏邊地無可舉博學鴻詞者少詹事邵遠平奏南方人輕浮不可用朕心甚不愜因皆罷斥今宏祚又以謬言陳奏下部議降調三十九年命修高家堰河工病卒子綱官至廣東布政使綱初授兵部主事累官湖南布政使雍正間擢雲南巡撫疏劾署巡撫楊名時徇隱廢弛藩庫借支未清款項至十九萬有奇名時坐是得罪尋調撫福建卒諡勤恪

王騭字辰嶽山東福山人順治十二年進士授戶部主事康熙五年典試廣東歷刑部郎中十九年出為四川松威道時征雲南騭督運軍糧覆舟墜馬屢經險阻師賴以濟二十四年疊溪大定堡山後生番出掠巡撫韓世琦檄兵追勦

令騭駐茂州與總兵高鼎議勦撫騭赴保開諭番族據巴豬寨陽就撫負嶼如故騭招撫附近諸寨遣兵自廟山進圍寨斬獲無算追至黑水江賊渠挖子被焚死山後番衆悉降調直隸口北道未行時以太和殿工命採蜀中柟木騭入覲疏言四川大半環山巉巖惟成都稍平衍巨材所生必於深林窮壑人跡罕到斧斤難施所以久存民夫入山採木足胝履穿攀藤側立施工既難而運路自山抵江或百餘里或七八十里深澗急灘溪流紆折經時歷月始至其地木在溪間必待暴水而出故陸運必於春冬水運必於夏秋非可一徑而行計日而至其艱如此且四川禍變相踵荒煙百里臣當年運糧行間滿目瘡痍自蕩平以後休養生息然計通省戶口仍不過一萬八千餘丁不及他省一縣之衆就中抽撥五千入山採木衣糧器具盈千累百遣發民夫遠至千里近亦數百里耕作全廢國賦何徵請敕下撫臣親詣採柟處察勘量材取用其必不能採運者奏請上裁疏入上諭曰四川屢經兵火困苦已極採木累民塞外松木取充殿材足支數百年何必柟木令免採運未幾吏部循例疏請司道內擢京堂騭未與特命內升尋授光祿寺少卿累遷太常寺卿二十六年授江西巡撫陛辭上諭曰大吏以操守爲要大法則小廉百姓蒙福騭對曰臣向在四川不取民間粒米束草日費取給於家上曰身爲大臣日費必取給於家勢有所不能但操守廉潔念念愛民便爲良吏且亦須安靜貪汚屬吏先當訓誡不悛則糾劾瀕行賜帑金千二十七年擢閩浙總督疏言江西自蕩平後積年蠲免銀米二百萬有奇民生漸裕然徵收之弊尙爲民累錢糧明加火耗暗加重戥部院司道府皆有解費臣入境之初火耗已減解費尙存即揭示剔除積弊盡革官役上下大小雜費南昌新建二縣漕糧尙仍民兌俱行革除漕運積年陋規搜剔無遺但在民則省費在官則失利恐臣去後空言無用乞天語嚴禁不致前弊復生下所司知之時湖廣叛卒夏逢龍據武昌陷黃州騭次邵武聞警恐蔓及江西奏撥福建兵協勦自海禁既弛姦民雜入商販出洋劫掠騭既上官即檄溫州總兵蔣懋勛黃巖總兵林本植定海總兵董大本以舟師出洋搜捕懋勛本植得賊舟七大本於白沙灣獲巨艦一斬盜渠楊仕玉等十六釋被擄難民百十一人二十八年上幸浙江賜騭御用冠服諭曰爾任總督實心任事浙閩黎庶稱爾清廉故特加優賚未幾召拜戶部尙書以老病累疏乞休詔勸慰留三十三年召大學士九卿及河督于成龍入對上責成龍排陷靳輔並及騭與左都御史董訥內閣學士李應薦附和成龍騭等具疏引罪訥應薦並奪官騭原品休致三十四年卒於家賜祭葬

宋犖字牧仲河南商邱人權子順治四年犖年十四應詔以大臣子列侍衛逾歲試授通判康熙三年授湖廣黃州通判以母憂去十六年授理藩院院判遷刑部員外郎榷贛關還遷郎中二十二年授直隸通永道二十六年遷山東按察使再遷江蘇布政使察司庫虧三十六萬有奇犖揭報督撫責前布政使劉鼎章欽文分償戶部採銅鑄錢定值斤六分五釐犖以江蘇不產銅採自他省值昂過半牒巡撫田雯疏請停採下部議改視各關例斤一錢二十七年擢江西巡撫湖廣叛卒夏逢龍爲亂徵江西兵赴勦次九江挾餉缺幾譁變犖行次彭澤聞報檄發湖口庫帑充行糧兵乃進至南昌受事督裁督標兵李美玉袁大相糾三千餘人謀劫倉庫應逢龍以叛犖詗知之捕得美玉大相衆恟恟犖令即斬以徇諭衆受煽惑者皆貸不問衆乃定江西採竹木饒州供紫竹南康九江供檀柟諸木通省派供貓竹名雖官捐實爲民累犖疏請動支正帑採買上命歲終巡撫視察布政司庫犖疏請糧驛道庫布政使察覈府庫道員察覈漢軍文武官吏受代家屬例當還旗經過州縣點驗取結犖曰是以罪人待之也疏請自贓私斥革並侵挪帑項解部比追外止給到京定限咨文俾示區別皆下部議行三十一年調江寧巡撫蘇州濱海各縣遇颶上元六合諸縣發山水淮揚徐屬縣河溢疏請視被災輕重蠲減如例發江寧鳳陽倉儲米麥散賑別疏請除太湖傍坍地賦額戶部以地逾千畝令詳察犖再疏上陳上特允之犖在江蘇三遇上南巡嘉犖居官安靜迭蒙賞賚以犖年逾七十書福壽字以賜四十四年擢吏部尙書四十七年以老乞罷瀕行賜以詩五十三年詣京師祝聖壽加太子少師復賜以詩還里卒年八十賜祭葬

陳詵字叔大浙江海寧人康熙十一年舉人授中書科中書舍人二十八年考授吏科給事中乞養歸三十六年起補原官轉刑科掌印給事中疏言淮黃自古不兩行邇者修歸仁堤開胡家溝出睢湖之水閉六壩加築高家堰出洪澤湖之水此借淮敵黃不易之理然淮水入運者多則敵黃仍弱舊設天妃閘自淮黃交會處至清江浦凡爲五閘重運到時更迭啓閉過即下板鎖斷是以全淮注黃其引入運河者不過暫資濟運自改建草壩淮黃盡趨運河清江浦民居可危宜復天妃閘舊制使淮易敵黃有裨大工疏下河督張鵬翮議行尋疏劾山東蒲臺知縣俞宏聲以赦前細故拘繫監生王觀成迫令自殺巡撫王國昌僅以杖責解役結案玩視民命命侍郎吳涵偕詵往按宏聲坐奪官國昌等議處授鴻臚寺卿再遷左副都御史四十三年授貴州巡撫疏言貴州田地俱在層岡峻嶺間土性寒涼收成歉薄人牛種藝維艱前撫臣王燕因合屬田地荒蕪十之四五減輕舊則招徠開墾成熟六年後起科有續報者亦如之疏下部如所請四十七年調湖北疏劾布政使王毓賢虧帑命解任尋以盤驗已完奏免其罪五十年擢工部尙書五十二年調禮部五十八年乞休命致仕六十一年卒賜祭葬諡清恪子世倌自有傳

論曰當三藩亂時雲貴閩粵其發難地也蹂躪所及湖南北江西四川受害最甚伊闢王繼文撫雲南從師而南參與軍畫其事已別見雍建於貴州絺虞於四川宏祚於廣東騭於江西犖承騭詵遙繼雍建兵後撫綏甚勤大亂方定起衰救弊出水火登衽席偉哉諸人之功歟

格爾古德 金世德 趙士麟
郭世隆 傅臘塔
馬如龍

格爾古德字宜亭鈕祜祿氏滿洲鑲藍旗人自筆帖式授內院副理事官康熙三年從定西將軍圖海平湖廣茅麓山李自成餘部師還遷弘文院侍讀進翰林院侍讀學士充日講起居注官十三年從安親王岳樂討吳三桂三桂將林興珠降上策請分水師泊君山斷常德道泊香爐夾扁山斷長沙衡州道則三桂將坐困安親王令格爾古德馳奏並以興珠語聞上密諭駐岳州諸將議行師還擢詹事遷內閣學士二十一年授直隸巡撫上諭之曰金世德于成龍爲巡撫有聲爾承其後得名甚難若急於求名或致僨事爾其慎諸直隸旗下莊頭與民雜處倚恃聲勢每爲民害爾其嚴察懲創即皇莊亦毋寬宥八旗圈地屬於王公大臣者輒置莊設莊頭主徵租遂以病民上深知之故以諭格爾古德格爾古德尋疏言自鬻投旗之人或作奸犯科冀逃法網或游手好閒規避差徭本主聽其仍居本籍放債牟利則諱旗而稱民窩逃攜訟遇官長訪聞又舍民而稱旗詐害良善官不敢問應責成本主止留農戶在莊餘俱收回服役有徇縱者議處下所司飭禁並諭戶部凡鬻身之人先經犯罪投旗冀倖免者與知情之本主並從重治罪時大學士明珠所屬佐領下人戶指圈民間墳地民訴於戶部事下巡撫令宛平縣察勘知縣王養濂言無礙民塚格爾古德疏劾圈佔塚地屬實養濂呈吏議詔嗣後有如此者嚴懲不貸自康熙初鰲拜柄政總督朱昌祚等以圈地獲罪由是無敢訟言其失者至姦民竄入旗下尋仇傾陷狡桀莫能制獨格爾古德承上指執法嚴懲時稱爲鐵面二十三年上幸五臺山格爾古德迎駕詢地方賢吏以靈壽知縣陸隴其對尋疏薦井陘道李基和盧龍知縣衛立鼎與隴其廉能下部擢用頃之以疾乞休優詔慰留會詔廷臣公舉清廉官首以格爾古德列奏上念其羸疾遣御醫診視未幾卒賜卹加等諡文清格爾古德清介布衣疏食卻餽遺纖毫不以自汚上嘗責漕運總督碩幹居官無狀碩幹言臣爲衆所忌故未能致聲譽上曰格爾古德爲巡撫沒後人猶思慕稱頌居官苟善豈有不致聲譽者爲上所重如此祀直隸名宦

金世德字孟求漢軍正黃旗人兵部侍郎維城子淹貫經史精國書以廕生授內院博士累擢左副都御史康熙七年授直隸巡撫是時尙循明制直隸不置兩司世德請設守道理錢穀巡道理刑名如外省布政按察二司由是始有專司畿北諸郡旗民雜處易於容奸請立屯長以治之唐縣等三十七州縣田一千六百餘頃河流沙擁民不能耕歲輸銀二萬有奇穀豆三百九十石歷年責原戶納賦爲民害世德爲奏請除額地震通州等九州縣復請賑卹並蠲免錢糧皆如所請行師南征供億繁急世德單騎行營中芻料餉糗軍無橫索吏無侵漁市肆晏然十九年卒諡清惠

趙士麟字麟伯雲南河陽人康熙三年進士授貴州平遠推官改直隸容城知縣緝盜衛民創正學書院與諸生講學行取授吏部主事歷郎中擢光祿寺少卿三遷至左副都御史疏請臺灣改郡縣比內地設總兵鎮守省沿海之戍卒

詔報可二十三年授浙江巡撫杭州民貸於駐防旗兵名爲印子錢取息重至鬻妻孥賣田舍不償則鬨於官營兵馬化龍毆官成大獄士麟移會將軍檄繳劵約捐貲代償將軍令減子歸母母復減十之六事遂解民大稱頌詔裁浙江總督總督駐衢州督標兵三千被汰乏食譁掠民罷市士麟仍濟以餼因奏設副將一定額兵八百餘留撥各營缺額衆乃定浙中豪右衙蠹驕悍不法爲民害士麟廉得其狀悉寘之法强暴斂跡省城河道久淤督役疏濬半載訖工民以爲便復繕城隍修學校親莅書院與諸生講論經史及濂洛關閩之學士風大振禁革規費積弊一清二十五年移撫江蘇浙人懷之繪圖以志去思幷於西湖敬一書院肖象祀之尋召爲兵部督捕侍郎調吏部皆能舉其職三十七年卒祀浙江名宦士麟潛心正學以朱子爲歸躬行實踐施於政事士懃民恬所至皆有聲績

郭世隆字昌伯漢軍鑲紅旗人父洪臣原籍汾州順治二年英親王阿濟格下九江洪臣隨明將左夢庚來降入旗授佐領分轄降衆累官湖廣道州總兵康熙四年世隆襲管佐領授禮部員外郎改御史二十七年盛京福陵守兵訴其兄冤死命世隆往按得誣良刑偪自縊狀原審侍郎阿禮瑚等坐失實奪官頃之超擢內閣學士聖祖謁孝陵經通州山西禮縣民訴知縣萬世緯及知府紀元婪索狀命世隆會督撫按治世緯坐貪婪科派杖斃無罪人元坐受賕薦世緯卓異皆論死二十九年代于成龍爲直隸巡撫先是罷任安溪知縣孫鏞告福建巡撫張仲舉布政使張永茂侵蝕庫帑遣郎中吳爾泰會總督勘訊至卽拘訊知府六人連引州縣官數十人上聞疑之命世隆往按發仲舉與前布政使張汧竄改賦冊侵隱已徵額銀捏作民欠又汧遷湖廣巡撫虧福建庫帑三十餘萬仲舉前任湖南布政亦虧帑相約互抵嗣仲舉聞汧以贓敗而福建庫尙未完飭屬代爲彌縫左證悉合仲舉永茂俱論罪如律世隆之任帝諭曰于成龍居官甚善繼之不易爾當勤慎任事順天保定眞定永平諸府旱世隆奉命履勘疏言被災者七十四州縣請蠲本年及來年額賦霸文安等十四州縣災尤重請治賑迭疏籌積貯並以奉天歲豐請飭山海關暫聽民間轉糶仍限肩挑馱負不得以大車裝載皆如所請又疏言眞定地當衝要所屬贊皇縣西有大峪口子午套素爲盜藪請移紫荆關副將駐眞定調馬步兵二千分防霸州子牙河決淹沒田畝請修築大城等縣隄岸並濬王家口黑龍港諸支流疏奏皆報可三十四年擢閩浙總督歲歉率閉糴居奇世隆疏請蠲賦幷發帑二十萬乞糴江浙海運平糶詔僉之先是浙省奏請鼓鑄官吏射利請減其分數由是私鑄者衆每錢不及七八分壅滯不行三十八年上南巡世隆迎駕至杭州民擁輿赴訴乃停官鑪發帑收毀私錢錢得流布上聞爲褒美鄞縣沿海田被水衝決一千七十餘畝請永免額賦四十一年調兩廣總督廣東海疆二千餘里守汛遼闊盜賊出沒無常世隆疏定營制增設兵船巡哨迭擊敗海盜沈其舟四十五疏報禽海陽巨盜蔡玉也等五人上遣刑部侍郎常綬往勘因議世隆平時禁賊不嚴盜發矇朧掩飾坐奪官四十六年起湖廣總督疏陳防守紅苗請沿邊安設塘汛禁內地民與苗往來並勿與爲婚姻未幾召爲刑部尙書五十年以山西流匪陳四等潛入湖廣爲黨劫掠世隆前任總督坐失察奪官五十二年萬壽復原品居三年卒直隸福建浙江兩廣湖廣皆祀名宦

傅臘塔伊爾根覺羅氏滿洲鑲黃旗人自筆帖式授內閣中書遷侍讀康熙十九年授山東道御史有聲臺中二十五年出爲陝西布政使二十六年擢左副都御史遷工部侍郎二十七年偕侍郎多奇往雲南按提督萬正色與總兵王珍互訐事讞實正色珍俱論罪有差調吏部授兩江總督陛辭上諭曰爾當潔己奉公督兩江無如于成龍者爾效之可矣傅臘塔至官清弊政斥貪墨讞獄尤明慎贛縣民訴知縣劉瀚芳私徵銀米十餘萬並蠹役不法傅臘塔因劾布政使多宏安按察使吳延貴贛南道鍾有德於吏役婪贓不速勘復從輕擬曲爲庇護宏安延貴有德並坐罷二十八年上南巡閱運河命傅臘塔會河道總督王新命勘儀眞河閘疏言閘外爲北新洲北新洲外又有漲沙平鋪江中應疏北新洲支河直通四閘糧艘循漲沙尾入新河口可以通行別疏言江寧廛稅累民內輸房稅外輸廊鈔更外輸棚租請予蠲免皆如所請二十九年淮徐饑發常平倉穀振恤災民賴焉蘆洲丈量例委佐貳民苦需索傅臘塔定五年一行悉以印官理其事歷年逋賦量爲帶徵由是積困頓甦是年監臨江南鄉試疏稱士子應試者萬有餘人請廣科舉額下部議增廣額四十名疏劾大學士徐元文原任尙書徐乾學縱子弟招權罔利巡撫洪之傑徇私袒庇詔毋深究予元文休致沭陽民周廷鑑叩閽訟降調侍郎胡簡敬居鄉不法並及之傑瞻徇狀命傅臘塔按治得實簡敬及其子弟並治罪之傑奪官三十二年廣東巡撫江有良與巡鹽太常少卿沙拜互訐傅臘塔往按有良沙拜並坐受賕奪官三十三年疏言淮揚所屬多版荒巡撫宋犖曾請緩征格於部議臣履畝詳勘鹽城高郵等州縣因遇水災業戶逃亡者衆今田有涸出之名人無耕種之實小民積困熟田額糧尙多懸欠何能代償盈萬之荒賦請恩賜蠲除庶逃戶懷歸安居樂業疏入下部議不許上特命免徵旋卒於官上聞諭廷臣曰傅臘塔和而不流不畏權勢愛惜軍民兩江總督居官善者于成龍而後惟傅臘塔遣太僕寺卿楊舒赴江寧致祭贈太子太保諡清端予騎都尉世職士民懷之爲建祠江寧四十四年上南巡經雨花臺賜祠額曰兩江遺愛雍正中入祀賢良祠

馬如龍字見五陝西綏德州人康熙十一年舉人十四年陝西提督王輔臣據寧羌叛其黨朱龍寇綏德陷之如龍糾鄉勇倚山立寨寇至屢擊卻之輔臣誘以僞劄斬其使會平逆將軍畢力克圖兵至如龍渡河迎呈僞劄並陳賊虛實因率所部爲前鋒克綏德畢力克圖以聞卽便宜令攝州事總督哈占亦疏言如龍倡義拒賊狀請優敘十六年授直隸灤州知州州民獷而多盜如龍鋤暴安良豪右斂跡州有民殺人而埋其尸四十年矣如龍宿逆旅得白骨問之曰此屋十易主矣繫最初一人至鞫其情得實置諸法昌平有殺人獄不得其主名使如龍按之閱狀則民父子殺於僧寺並及僧五而民居旁二姓皆與民有連問之謝不知使跡之二人相與語曰孰謂馬公察易欺耳執訊之乃服自是民頌如龍能折獄十九年以察出民間隱地敘勞入爲戶部員外郎歷刑部郎中榷浙江北新關稅務二十四年遷杭州知府杭州民貸於旗營息重不能償質及子女如龍請於將軍覈子母以公使錢代償杭州民咸頌如龍二十八年上南巡聞其治行超擢按察使平反庶獄多所全活海賊楊士玉竄跡島嶼勾土賊胡茂等剽掠商船如龍設策擒之盡殲其首從巡撫張鵬翮以聞二十九年遷布政使屬吏有歲餽悉禁絕之二十九年紹興大水庫儲絀無可救濟如龍檄十一郡合輸米二萬餘石按戶振給告屬吏曰是邀於歲餽多矣三十一年授江西巡撫整飭常平倉春以羨米出貸秋收還倉飭州縣廣積儲備凶荒仿白鹿洞遺法建書院以教士嚴溺女之禁疏請罷追轉漕腳耗三十八年入覲賜御書老成清望榜時淮揚薦饑如龍以江西連歲豐稔率僚屬捐米十萬振之以老病累疏乞休詔慰留四十年卒賜祭葬

論曰守成世爲大臣者以仁心行仁政培養元氣其先務也兵革初息瘡痍未復格爾古德等任封疆之重拊循安輯與民休息政績卓卓在耳目廷褎老成野留遺愛有以哉

清史稿　列傳六十三

石琳 兄子文晟　徐潮 子杞
貝和諾 子馬喇 陶岱　博霽 覺羅華顯
蔣陳錫 子漣 洞　劉蔭樞
晉泰　鄂海
衛既齊

石琳漢軍正白旗人石廷柱第四子初授佐領兼禮部郎中康熙元年出爲山東按察使二年以憂去官尋起江南按察使以在山東追入官房地遲延坐降調六年授浙江鹽運使十二年轉湖廣下荆南道康熙十三年襄陽總兵楊來喜副將洪福以南漳叛應吳三桂據房縣保康竹山琳偕總兵劉成龍率師討之撫定各峒寨十五年遷河南按察使禁旅南征牧馬開封當麥秋琳與統兵諸將帥約令兵毋驛騷坐帳中四十餘日及去民得穫麥二十年遷浙江布政使時耿精忠初平衢州被兵尤甚戶口逃亡丁賦皆責之里甲琳覈實請免之師行供億浩繁民多逋負琳悉爲釐定裁革陋規禁加耗尤嚴嘗曰革一分火耗可增一分正供二十三年擢湖北巡撫工部以修建太和殿檄各省採柟杉諸木琳言柟產萬山中挽運甚艱請寬其程限部議不許特詔允之二十五年調雲南疏言詳覈賦役全書應更改者八事雲南自明初置鎭設衞以田養軍曰屯田又有給指揮等官爲俸聽其招佃者曰官田其租入較民賦十數倍猶佃民之納租於田主國初吳三桂留鎭以租額爲賦額相沿至今積逋愈多官民交困宜改依民賦上則起科雲南鹽井有九以各井行鹽之多寡爲每歲徵課之重輕琅井鹽斤徵課六釐白井八釐至黑井則倍明末加徵較明初原額不啻數倍今請減黑白二井之課如琅井例開化民田畝科糧二斗六升三合較未設府以前加至十倍通省民糧惟河陽最重今當減半與河陽一例元江由土改流三桂於額糧外別立名色曰田地講銀曰茶商稅銀曰普洱無耗秋米曰浪媽等六寨地租加賦倍征民不堪命應請各減其半通海六寨地糧較民賦重幾三倍當改依新定民賦科則碍嘉每糧一石征條編銀四兩有奇

亦爲偏重今既歸南安州附徵應與州賦一律每糧一石徵銀一兩四分麗江界連土番古稱荒服三桂叛後割金沙江以內喇普地與蒙番地去而糧存當删除建水自明時設參將歲派村寨陋規銀三百有奇糧八十餘石三桂遂編入正額當裁革新平之銀場易門之銅廠礦斷山空宜盡豁課稅疏入下所司議刊入全書頒行二十八年擢兩廣總督瓊州總兵吳啟爵奏瓊屬黎地請設州縣築城垣增兵防守命琳勘奏力陳其非要上從之四十一年連州猺作亂遣都統嵩祝等會勦平之琳規畫善後定官吏管轄撥兵移防悉協機宜未幾卒官兄子文晟初授薊州同知歷雲南開化山西平陽知府康熙三十三年上嘉其居官有聲超擢貴州布政使是歲即遷雲南巡撫爲政務舉大綱雲南屯賦科重民田數倍琳官巡撫時奏減而未議行文晟復疏請特允減舊額十之六安南國王黎維正疏告國內牛羊蝴蝶普園三地爲鄰界土司侵佔乞敕諭歸還會文晟入覲上問文晟奏言此地明時即內屬非安南地妄言擅奏不宜允乃降詔切責之四十三年調廣東四十四年擢湖廣總督坐劾容美土司田舜年潛妄淫虐非實部議當降調上命留任文晟以疾乞退上諭大學士曰文晟粗鄙若爲土司事而能似未得體今既引疾可允其請罷歸五十九年卒

徐潮字青來浙江錢塘人康熙十二年進士選庶吉士授檢討累擢少詹事潮學問淹通在翰林應奉文字多出其手聖祖嘗御門召講易論語數陳明晰爲之傾聽三遷至工部侍郎督理錢局清介不苟隨俗局官冒濫事發潮獨無所連染三十三年典會試以母憂歸服闋起刑部侍郎三十九年授河南巡撫上諭之曰河南火耗最重州縣多虧欠爾當籌畫禁止潮上官令火耗無過一分州縣私派悉皆禁革南陽承解黑鉛衛輝辦兌漕米向皆假手胥吏恣爲侵漁潮悉心區畫宿弊悉除開封五府饑疏請漕糧暫徵改折以平市直歸德屬永城虞城夏邑三縣被災地畝至一萬七千餘頃出糶常平義社倉穀借給貧民牛種全活甚衆四十一年上巡幸畿甸問巡撫李光地鄰省督撫賢否光地舉潮對上褒美以潮與光地張鵬翮彭鵬郭琇並稱四十二年上南巡潮迎駕泰安賜冠服及御書榜額其冬西巡復迎駕賞賚有加上念汾渭皆入河議於河南儲穀遇山陝歲歉自水道移粟便於陸運命潮會陝西山西督撫勘議潮與川陝總督博霽會勘三門砥柱語見博霽傳又別疏言汴水通淮一自中牟東經祥符至宿遷湮塞已久一自中牟東南經尉氏至太和今名賈魯河尚可通流請量加疏濬鄭州北別有支河舊跡尚存若於此建閘使汴與洛通尤爲民便上從之四十三年擢戶部尚書充經筵講官兼翰林院掌院學士教習庶吉士四十四年扈從南巡命赴河南按事時上以高郵寶應諸州縣頻年被水患由洪澤湖無所宣洩宜於高堰二壩築堤束水入河又於下河築堤束水入海會潮按事還上詢河壩形勢因指授方略命往董其役四十五年監修高家堰滾水壩高郵車邏中壩並濬文華寺減河四十六年監修武家壩天然壩蔣家壩及諸隄閘先後畢工四十七年調吏部四十九年以病乞休許以原官致仕五十四年卒賜祭葬潮居官平易不事矯飾所至民咸稱頌乾隆初追諡文敬子本自有傳杞字集功康熙五十一年進士官編修由甘肅布政使巡撫陝西入爲宗人府府丞予休致卒

貝和諾富察氏滿洲正黃旗人濟席哈孫自工部筆帖式授戶部主事歷郎中兼佐領累遷大理寺卿康熙三十五年命往山東經理閘河漕運總督桑額奏漕船盡過濟寧較往歲早一月上以遣官經理於漕運便命以爲常遷副都御史擢戶部侍郎三十七年朝鮮歲祲國王李焞乞開市義州中江貿穀詔發三萬石與爲市令貝和諾及侍郎陶岱監視事已焞上表謝八道生靈賴以全活是年授陝西巡撫疏報陝西開事例積貯米麥應存一百七十七萬石有奇今實存僅十七萬上命尚書傅臘塔張鵬翮往按尋疏言長安永壽華陰等糴補三十八萬有奇餘皆欠自捐生請令補完三十九年調四川疏言打箭鑪木鴉等處番民一萬九千餘戶歸順請增設安撫使五副使五土百戶四十五以專管轄邊民運茶赴鑪貿易給官引五千六百道定額徵課川省行鹽潼川中江山路崎嶇艱於陸運額運壅滯惟冰江小溪可通水運請增給水引商民交便貝和諾治事精詳尚書張鵬翮按事還於上前亟稱之四十二年召授兵部侍郎四十四年擢雲貴總督捕治富民盜李天極王枝葉等天極廣通諸生與臨安朱六非造爲符讖枝葉師宗人素無行天極等誘之詭託明桂王孫糾黨謀不軌僭稱文興三年散播印劄圖刼掠廣南開化自蒙自竄入會城貝和諾標兵詗得狀誅六人流其餘黨四十九年召拜禮部尚書以太原流匪陳四等六十餘人詭稱赴雲南墾地貝和諾得布政使牒報不察究坐降調授盛京工部侍郎五十七年復召爲禮部尚書以老乞休詔慰留六十年卒官子馬喇襲管佐領兼護軍參領累擢正紅旗滿洲副都統雍正五年西藏阿爾布巴等與貝子康濟鼐不睦命馬喇往駐西藏既阿爾布巴戕害康濟鼐後藏頗羅鼐率兵報讐執阿爾布巴等遣尚書查郎阿等讞其罪磔之詔頗羅鼐總管前後藏事移達賴喇嘛於裏塘七年命馬喇駐裏塘守護賜帑金二千總藏事擢護軍統領還京遷工部尚書坐免十一年復以副都統往西藏辦事卒官陶岱瓜爾佳氏滿洲正藍旗人由主事歷戶部郎中累擢吏部侍郎朝鮮告饑乞開市貿穀命陶岱與貝和諾運米給糶御製海運朝鮮記紀其事三十八年署兩江總督尋授倉場侍郎以漕運遲誤降五秩隨旗行走尋卒

博霽巴雅拉氏滿洲鑲白旗人自護衛授鑾儀使擢鑲白旗都統康熙二十四年授江寧將軍調西安三十五年撫遠大將軍費揚古率師西勦噶爾丹命博霽率滿洲兵自寧夏會師大敗噶爾丹於昭莫多敘功授世職拖沙喇哈番聖祖嘗諭大學士等曰博霽自江寧赴西安軍民攀留泣送直至浦口非有善政何能如此誠可謂將軍矣四十二年上幸西安閱兵諭曰西安官兵皆嫻禮節重和睦尚廉恥且人才壯健騎射精練朕巡幸江南浙江盛京烏喇等處閱兵未有能及之者深可嘉尙賚博霽御用櫜鞬弓矢四十三年授四川陝西總督上以山陝屢歲祲欲於河南儲粟備振泝黃河挽運慮三門砥柱水急舟不得上命博霽偕山陝河南巡撫會勘尋合疏言三門灘多水激挽運險阻仍以陸運爲便從之四十七年卒賜祭葬覺羅華顯滿洲正紅旗人初授宗人府主事遷戶部理事官康熙三十七年授翰林院侍講學士累遷內閣學士三十九年授甘肅巡撫未上官調陝西四十年擢川陝總督甘肅流民數千人就賑西安華顯與巡撫鄂海出俸爲有司倡集貲計口授糧並撥荒地爲業上幸西安閱兵與博霽鄂海同受賜陝民困重斂華顯飭有司禁私徵屏絕餽遺軍民稱頌十二年卒官加太子太保贈兵部尚書諡文襄祀陝西名宦

蔣陳錫字雨亭江南常熟人父伊康熙十二年進士選庶吉士授御史疏陳民間疾苦繪十二圖以進累官河南提學道副使卒官陳錫康熙二十四年進士授陝西富平知縣歲饑米斛直數千發倉振濟不給斥家貲佐之全活甚衆行取擢禮部主事監督海運倉革糧艘篷席例銀遷員外郎河道總督張鵬翮薦佐兩淮河務四十一年授直隸天津道遷河南按察使讞決平恕豫省有老瓜賊爲害行旅陳錫廉得其巢穴悉禽治之四十七年遷山東布政使未幾擢任巡撫疏請緩徵二十三州縣衛被災逋賦廣鄉試解額增給買補營馬直免累及所司條陳海防三事言戰船當更番修葺水手當召募熟諳水道之人沿海村莊當舉行團練互相接應並以御史陳汝咸條議海疆弭盜疏請漁舟編甲閩粵鳥船不許攜礮械得盜舟火藥軍器必究所從來部議悉從之長蘆巡鹽御史希祿請增東省鹽引臨清關請增設濟寧等五州縣口岸陳錫皆言其不便並得請五十五年擢雲貴總督祿勸州土酋常應運誘沿江土夷攻阜千寨陳錫檄師會勦平之撥兵弁駐守其地石羊緒礦廠硐老山空課額不足疏請嗣後硐衰即止勿制定額鎭遠至省二十二驛山路崎嶇驛夫苦累下令非有符合毋濫應夫馬都統武格將軍噶爾弼率師入西藏以雲南糧運艱難欲自四川運糧濟給四川總督年羹堯奏言滇蜀俱進兵蜀糧不足兼供乃命陳錫與巡撫甘國璧速運五十九年詔責其籌濟不力誤軍機與國璧並奪職令自備資斧運米入藏明年卒於途雍正元年山東巡撫黃炳言陳錫在巡撫任侵蝕捐穀羨餘銀二百餘萬部議督追弟廷錫入陳始末詔減償其半子漣洞漣字檀人進士官編修終太僕寺卿洞字愷思進士歷工部郎中出爲雲南提學道西陲用兵命從軍授甘肅涼莊道西徼多卜藏瑪嘉諸部與謝勒蘇額勒布兩部逃人倚石門寺爲巢往來刼掠洞料簡精銳會涼州鎭官兵分五路進勦轉戰棋子山殲賊之半時羅卜藏丹津進逼西甯復檄兵捍禦羅卜藏丹津遁走大將軍年羹堯上其功遷山西按察使進布政使上嘉洞實心供職免其父追償雍正十年加侍郎銜往肅州經理軍營屯田在事二年闢鎭番柳林湖田十三萬畝得糧三萬石築河堤擴二大渠分濬支渠並建倉儲糧公私饒裕副都御史二格協理軍需劾洞侵帑誤公逮治論死下獄追贓總督查郎阿等交章雪其誣洞已病卒

劉蔭樞字喬南陝西韓城人康熙十五年進士授河南蘭陽知縣有政聲行擢取吏科給事中以憂歸服闋除刑科給事中疏言廉吏必節儉邇來居官競尙侈靡不特車馬衣服飲食器用僭制踰等抑且交結奔走餽送夤緣棄如泥沙用如流水俸不給則貸於人玷官箴傷國體請敕申斥以厲廉戒貪又疏言京師放債六七當十半年不償即行轉票以子爲母數年之間累萬盈千是朝廷職官竟爲債主廝養乞敕嚴立科條照實貸銀數三分起息並下部議行尋調戶科三十六年詔求直言蔭樞疏請肅紀綱覈名實開言路報可三十七年外轉江西贛南道贛俗健訟蔭樞晝夜平決懲妄訴者訟漸稀將吏私徵門稅蔭樞令革之米市有牙課牙人藉以婪索蔭樞以其錢置田徵租代課除民累署

按察使忤總督阿山以讞獄前後獄辭互異劾罷四十二年聖祖西巡蔭樞迎駕潼關上識之召對稱旨復授雲南按察使四十五年遷廣東布政使總督貝和諾稱其清廉勤慎士民愛戴雲南布政使缺員請以蔭樞調補上從之蔭樞督濬昆明湖築六河岸臨會夏旱發粟平糶禱於五華山得雨民大悅四十七年擢貴州巡撫貴州苗狆雜處號難治蔭樞至絕餽遺省徭役務以安靜爲治疏請廣鄉試解額設南籠廳學以振人文先後請改石阡丹川西堡寧谷平州大華諸土司設流官開驛道自雲南坡至蕉溪二千餘里又疏言貴州錢糧課稅僅十餘萬鄰省歲協餉二十餘萬稍愆期軍士懸額待餉請豫撥二十萬儲布政使庫部議持不可疏三上詔特允之其後紅苗叛饑賴以無絀烏蒙威寧兩土司相讐殺四川巡撫年羹堯遣吏勘問土酋匿不出疏聞命四川雲貴督撫按治蔭樞先至遣使招諭威寧土酋聽命烏蒙土酋亦自縛出就質咸願伏罪釋仇苗以無事五十四年準噶爾策妄阿喇布坦侵哈密詔備兵進討蔭樞累疏請緩師略云小醜不足煩大兵願皇上息怒重內治輕遠略上責其妄奏命馳驛赴軍前周閱詳議蔭樞抵巴里坤上疏數千言請屯兵哈密以逸待勞旋稱病還甘肅疏乞休嚴旨譙讓仍令回巡撫任蔭樞疏報病愈上斥蔭樞令詣軍前即稱病令回任病頓愈情僞顯然命解任詣京師部議阻撓軍務坐絞上宥之遣赴喀爾喀種地年已八十二居戍三年釋還復故官六十一年與千叟宴世宗御極召見賜金歸里壽卒年八十七

音泰瓜爾佳氏滿洲鑲紅旗人初爲西安駐防兵康熙十三年副都統佛尼勒討吳三桂將譚宏吳之茂王屏藩等音泰隸麾下師自漢中進克陽平朝天關駐守梅嶺關賊夜劫營音泰力禦中槍折齒得上賞明年佛尼埒攻王輔臣秦州臨壕列圍賊突騎出犯音泰射殪三人賊駭遁復進攻西和屢敗之茂等於鹽關岐山堡十七年進攻四川克保寧敍州敍功授驍騎校遷防禦三十五年署參領從西安將軍博霽會大將軍費揚古征噶爾丹出西路五月上親征出中路至克魯倫河值積雨運糧滯賊預焚草地我軍紆道秣馬音泰言於博霽曰聖駕親征宜倍道前進乃急趨昭莫多大軍繼進噶爾丹敗遁敍功予雲騎尉世職四十一年遷佐領四十二年上巡西安令官兵校射音泰蒙賚與賜宴尋授協領四十三年擢西安副都統四十四年授西寧總兵官上知其貧詔陝西督撫助練兵犒賞之資四十六年諭音泰久居西陲諳習兵事外藩蒙古及內地軍民交口稱譽命擢甘肅提督四十八年授川陝總督入覲賞花翎及冠服鞍馬並御書攬轡澄清榜賜之四十九年幹偉番蠻羅都等掠寧番衛戕冕山營游擊周玉麟命四川巡撫年羹堯偕提督岳昇龍往勦羹堯至昇龍已禽羅都等三人械送勘問既定讞遂先還昇龍偕建昌總兵郝宏勳至會鹽招降番蠻諸酋願率衆十萬貢納糧馬音泰請以降酋爲土司分領其衆因劾羹堯違旨先還詔奪羹堯職留任效力未幾昇龍以疾解任羹堯知其嘗假帑金議率屬捐俸代償音泰不從羹堯遂入告上允行並諭音泰宜與巡撫和衷尋褒其潔清不瞻徇實心任事會奉詔申禁游民越境令嚴劾縱容官吏邠州諸屬拘繫者四十餘案每案至數十人音泰疏言諸人皆籍技營生無不法狀應遞解原籍編管如縱出境議處所司上韙之以病疏乞休上曰朕前幸西安知音泰義勇洊擢至總督寬嚴並用軍民無不感戴朕甚愛惜之可令在任調攝五十二年復請許解任還京師給第宅田畝以旌其廉並諭羣臣曰朕初用音泰人不知其善後乃稱朕有知人之明也五十三年卒賜祭葬諡清端初授雲騎尉世職特命世襲罔替

鄂海溫都氏滿洲鑲白旗人自筆帖式授內閣中書歷宗人府郎中兼佐領康熙三十二年聖祖親征噶爾丹命鄂海赴寧夏儲備牲畜陝西按察使員缺上以命鄂海且諭之曰初任外僚每言潔其身以圖報及莅任輒背其言朕於數十從臣中簡爾爲按察使爾當益勵素行也三十七年遷布政使四十年擢巡撫四十九年授湖廣總督鎭筸邊外紅苗爲亂令總兵張谷貞等召苗目宣諭毛都塘等五十二寨盤塘等八十三寨先後薙髮歸化上嘉之五十二年移督川陝疏報甘肅洮岷邊外大山生番請歸化上以洮岷邊外無生番或爲蒙古屬部命詳察鄂海奏大山在洮州東南土司楊汝松界外非蒙古屬部宜令汝松兼轄復疏報四川會川營界外涼山番目阿木咱請歸化歲貢馬請給番目職銜令轄所屬番民並從之甘肅靖遠固原會寧歲歉饑民乏食疏給口糧賚本撫輯流移五十七年大將軍貝子允禵等率師討策妄阿喇布坦駐兵西寧甘州莊浪諸處鄂海請發西安庫帑四十萬並撥平涼鞏昌寧夏倉穀十萬充餉以陝西葭州甘肅寧夏等二十八處轉輸軍需請豁丁糧紓民力五十八年復請豁甘肅逋欠錢糧草束俾民得盡力輸納本年糧草以佐軍戶部格不行特旨允之六十年詔解任專治糧餉以四川巡撫年羹堯代之未幾命往吐魯番種地效力雍正元年予原品休致效力如故尋卒

衞既齊字伯嚴山西猗氏人父紹芳字猶箴順治三年進士授河南尉氏知縣兵後修復城郭學校勸勸課廣積儲禁暴戢姦尉氏民頌爲行取兵部主事累遷貴州提學道僉事浙江巡海道副使既齊康熙三年進士改庶吉士散館授檢討講學志當世之務上疏言時事語戇直會遭祖母喪假歸居久之詣京師補官上命以對品調外授直隸霸州州判既齊召民之秀良者曹試而教誨之俾各有所成就民貸於旗丁子錢過倍橫索無已既齊力禁戢之無敢逞迭署固安永清平谷知縣所至輒有惠政巡撫于成龍疏薦會既齊以母憂去繼復遭父喪一日上御門舉既齊諮於九卿僉曰賢命復授檢討二十七年服闋詣京師補官上知既齊講學負清望超擢山東布政使既齊感激益自奮勉爲清廉令府縣輸欵封還平餘門懸鉦吏民白事得自通建歷山書院仿經義治事之例設奎壁二齋課士護巡撫印者再清庶獄結八十餘案株累數百人盡釋去在官三年有聲績三十年授順天府尹疏請按行所部黜陟屬吏賢不肖上以爲無益不許尋擢副都御史聞山陝蝗見平陽以南尤甚疏請賑卹上責其懸揣旋授貴州巡撫紹芳爲提學士民祠焉既齊至貴州謁父祠受事黎平知府張瀲副將侯奇嵩報古州高洞苗金濤匿罪人殺吏請發兵進勦既齊疏聞即遣兵捕治瀲奇嵩復報兵至斬苗一千一百一十八人既齊復以聞旋察知瀲奇嵩妄報疏實陳請奪瀲奇嵩官勘治上責既齊輕率虛妄遣尚書庫勒納內閣學士溫保往按旋命逮既齊至京師上令九卿詰責既齊引罪請死九卿議當斬上命貸之遣戍黑龍江明年赦還家居立社課士斥家資供膏火三十八年上命承修永定河工三十九年又命督培高家堰卒工次

論曰康熙中葉後天下乂安封疆大吏多尙廉能奉職循理若石琳改賦役徐潮革火耗博霽華顯音泰整飭武備安不忘危皆能舉其職者劉蔭樞志在休民未知應兵之不容已蔣陳錫鄂海又以督餉稽遲蒙譴衞既齊遭際殊異而不獲以功名終其治行皆有可稱膏澤及於民無深淺遠近要爲不沫矣

清史稿 列傳六十四

于成龍 孫準　彭鵬
陳璸　陳鵬年
施世綸

于成龍字北溟山西永寧人明崇禎間副榜貢生順治十八年謁選授廣西羅城知縣年四十五矣羅城居萬山中盛瘴癘猺獞獷悍初隸版籍方兵後遍地榛莽縣中居民僅六家無城郭廨舍成龍到官召吏民拊循之申明保甲盜發即時捕治請於上官讞實即處決民安其居鄰猺歲來殺掠成龍集鄉兵將搗其巢猺懼誓不敢犯羅山境民益得盡力耕耘居羅山七年與民相愛如家人父子牒上官請寬猺役疏鹺引建學宮創設養濟院凡所當興罷者次第舉行縣大治總督盧興祖等薦卓異康熙六年遷四川合州知州四川大亂後州中遺民裁百餘正賦僅十五兩而供役繁重成龍請革宿弊招民墾田貸以牛種期月戶增至千遷湖廣黃岡同知駐岐亭岐亭故多盜白晝行刼莫敢誰何成龍撫其渠彭百齡貰罪令捕盜自贖嘗察知盜所在僞爲丐者入其巢與雜處十餘日盡得其平時行刼狀乃出呼役械諸盜具獄辭騈縛坑之他盜皆遠竄嘗微行村堡周訪閭里情僞遇盜及他疑獄輒蹤跡得之民驚服巡撫張朝珍舉卓異康熙十三年署武昌知府吳三桂犯湖南師方攻岳州檄成龍造浮橋濟師甫成山水發橋圮坐奪官三桂散僞劄遍湖北州縣麻城大冶黃岡黃安諸盜皆倚山結寨應三桂妖人黃金龍匿興寧山中謀內亂劉君孚者嘗爲成龍役善捕盜亦得三桂劄與金龍等結大盜周鐵爪據曹家河以叛朝珍以成龍舊治得民心檄往招撫成龍詗知君孚雖反衆未合猶豫持兩端兼程趨賊砦距十里許止宿榜示自首者免罪來者日千計皆貸之先遣鄉約諭君孚降者待以不死乃策黑羸往從者二張蓋鳴鉦逕入賊舍呼君孚出見叩頭受撫降其衆數千分立區保籍其勇力者督令進討金龍走紙棚河與其渠鄒君申往保山砦成龍禽斬之朝珍以聞請復官即擢黃州知府上允之諸盜何士榮反永寧鄉陳鼎業反陽邏劉啓業反石陂周鐵爪鮑世庸反泉畈各有衆數千

號東山賊遁與湖口甯州諸盜合將趨黃州時諸鎭兵皆從師徇湖南州中吏民裁數百議退保麻城成龍曰黃州七郡門戶我師屯荊岳轉運取道於此棄此不守荊岳且瓦解誓死不去遂集鄉勇得二千人遣黃岡知縣李經政攻陽邏得鼎業誅之士榮率賊數犯自牧馬崖分兩路來犯成龍遣千總羅登雲以千人當東路而自當西路令千總吳之蘭攻左武舉張尙聖攻右成龍力衝其中堅戰合之蘭中槍死師少却成龍策馬冒矢石逕前顧千總李茂昇曰我死汝歸報巡撫茂昇戰甚力尙聖自右出賊後賊大敗生致士榮檻送朝珍遂進克泉畈凡二十四日東山賊悉平十五年歲饉訛言復起成龍修治赤壁亭樹日與僚吏歡詠其中民心大定會丁繼母憂總督蔡毓榮奏請奪情視事十六年增設江防道駐黃州即以命成龍十七年遷福建按察使時鄭成功迭犯泉漳諸郡民以通海獲罪株連數千人獄成當駢戮成龍白康親王傑書言所連引多平民宜省釋王素重成龍悉從其請遇疑獄輒令訊鞫判決明允獄無淹滯軍中多掠良民子女沒爲奴婢成龍集貲贖歸之巡撫吳興祚疏薦廉能第一遷布政使師駐福建月徵莝夫數萬累民成龍白王罷之十九年擢直隸巡撫莅任戒州縣私加火耗餽遺上官令既行道府劾州縣卽訐道府不得餽遺挾嫌疏請嚴定處分下部議行宣化所屬東西二城與懷安蔚州二衞舊有水衝沙壓地千八百頃前政金世德請除糧未行爲民累成龍復疏請從之又以其地夏秋屢被災請治賑別疏劾青縣知縣趙履謙貪墨論如律二十八年入覲召對上褒爲清官第一因問勸撫黃州土賊狀成龍對臣惟宣布上威德未有他能問屬吏中亦有清廉否成龍以知縣謝錫袞同知何如玉羅京對復諭劾趙履謙甚當成龍奏履謙過而不改臣不得已劾之上曰爲政當知大體小聰小察不足尙人貴始終一節爾其勉旃旋賜帑金千親乘良馬一製詩褒寵並命戶部遣官助成龍賑濟宣化等處饑民成龍復疏請緩眞定府屬五縣房租並全蠲霸州本年錢糧均報可是年冬乞假喪母優詔許之未幾遷江南江西總督成龍先後疏薦直隸守道董秉忠阜城知縣王燮南路通判陳天棟瀕行復薦通州知州于成龍擢補成龍至江南進屬吏誥誡之革加派剔積弊治事嘗至達旦好微行察知民間疾苦屬吏賢不肖自奉簡陋日惟以粗糲疏食自給江南俗侈麗相率易布衣士大夫家爲減輿從毀丹堊婚嫁不用音樂豪猾率家遠避居數月政化大行勢家懼其不利構蜚語明珠秉政尤與忤二十二年副都御史馬世濟督造漕船還京劾成龍年衰爲中軍副將田萬侯所欺蔽命成龍回奏成龍引咎乞嚴譴詔留任萬侯降調二十三年江蘇巡撫余國柱入爲左都御史安徽巡撫涂國相遷湖廣總督命成龍兼攝兩巡撫事未幾卒於官成龍歷官未嘗攜家屬卒時將軍都統及僚吏入視惟笥中綈袍一襲牀頭鹽豉數器而已民罷市聚哭家繪象祀之賜祭葬諡清端內閣學士錫住勘海疆還上詢成龍在官狀錫住奏甚清廉但因輕信或爲屬員欺罔上曰于成龍督江南或言其變更素行及卒後始知其始終廉潔爲百姓所稱殆因素性鯁直不肯挾仇讒害造爲此言耳居官如成龍能有幾耶是年冬上南巡至江甯諭知府于成龍曰爾務效前總督于成龍正直潔清乃爲不負又諭大學士等曰朕博采輿評咸稱于成龍實天下廉吏第一加贈太子太保廕一子入監復製詩褒之雍正中祀賢良祠孫準字子繩自廕生授山東臨清知州有清操舉卓異入爲刑部員外郎遷戶部郎中出爲江南驛鹽道再遷浙江按察使居成龍喪歸起四川布政使康熙四十三年授貴州巡撫飭州縣立義學令土司子弟及苗民俊秀者悉入肄業送督學考試調江蘇歲饑請發帑振濟上元等十五縣及太倉鎭海二衞濱江海田畝被潮汐衝擊多坍沒疏請豁免錢糧詔允行以布政使宜思恭爲總督噶禮所劾準坐失察罷歸雍正三年復職銜尋卒

彭鵬字奮斯福建莆田人幼慧有與其父仇欲殺鵬走匿得免順治十七年舉鄉試耿精忠叛迫就僞職鵬陽狂示疾椎齒出血堅拒不從事平謁選康熙二十三年授三河知縣三河當衝要旗民雜居號難治鵬拊循懲勸不畏強禦有妄稱御前放鷹者至縣索餽牽鵬察其詐縶而鞭之治獄擿發如神鄰縣有疑獄檄鵬往鞫輒白其冤二十七年聖祖巡畿甸召問鵬居官及拒精忠僞命狀賜帑金三百諭曰知爾清正不受民錢以此養爾廉勝民間數萬多矣尋順天府尹許三禮劾鵬匿報控案命巡撫于成龍察之成龍奏鵬訊無左驗方緝凶非不報也吏議奪官詔鐫級留任嗣以緝盜不獲累被議積至降十三級俱從寬留任二十九年詔舉廉能吏用尙書李天馥薦鵬與邵嗣堯陸隴其趙蒼璧並行取擢爲科道尋乞假歸明年卽家起工科給事中三十二年陝西西安鳳翔山西平陽災發帑振之又命運河南米十萬石畀陝西散饑民鵬疏論陝西山西河南三省有司不恤民狀語甚切下所司並令鵬指實以聞鵬因奏涇陽知縣劉桂刻知籽粒猗氏知縣李澍杖殺災民磁州知州陳成郊濫派運價夏邑知縣尙崇震派銀包運南陽知府朱璘曖昧分肥並及聞喜夏縣匿災不報狀詔三省巡撫察審事不皆實鵬例當譴上貰之三十二年疏劾順天鄉試中式舉人李仙湄闈墨刪改過多楊文鐸文謬妄給事中馬士芳磨勘通賄下九卿等察議以鵬奏涉虛因擿疏語有臣言如妄請劈臣頭半懸國門半懸順天府學以爲狂妄不敬應奪官命鵬回奏鵬疏言會議諸臣徇試官徐倬彭殿元欺飾反以臣爲妄乞賜罪斥上不問而予倬殿元休致三十三年順天學政侍郎李光地遭母喪上命在任守制光地乞假九月鵬劾光地貪戀祿位不請終制應將光地解任留京守制上從之會廷臣集議鵬追論楊文鐸文謬妄與廷臣忿爭事聞命解職以原品效力江南河工三十六年召授刑科給事中三十七年出爲貴州按察使三十八年擢廣西巡撫湖廣總督郭琇請除學政積弊給事中慕琛滿晉御史鄭惟孜等亦疏列順天鄉試事上以李光地張鵬翮郭琇與鵬俱清廉命各抒所見鵬疏言琇請嚴督撫處分學政貪贓提問督撫需索陋規視貪贓治罪久有定例請敕榜示律條惟孜請令各省監生回籍鄉試九卿慮成均空虛應責成祭酒司業就坐監讀書者講習考課各省學政擇諸生有文行者送入成均何慮空虛琛曾請察封坐號以防換卷臣謂換卷多在入門暗約出號交卷時請嚴稽於此又言文官子弟請皇上親試臣謂當另立考場去取聽睿裁與光地等疏皆下九卿詳議互詳光地等傳時河南巡撫徐潮之任上諭曰爾能如李光地張鵬翮郭琇彭鵬不但爲今之名臣亦足重於後世矣鵬在官省刑布德減稅輕徭廣西舊供魚膠鐵葉非其土物赴廣東採運鵬疏請免之尋移撫廣東瀕行疏言廣西州縣借端私派名曰均平臣到任劾罷賀縣荔浦懷集武緣諸貪吏前此諸州縣大者派至三千兩其次一二千兩不肖官吏往往先徵均平而後正課甚者均平入己遇事復行苛派其不派均平者又取盈於火耗且均平所入費於公者十之二三費於饋遺者十之六七欲去舊弊甦民困必先養州縣之廉請於徵糧之內明加火耗一分其餘陋規槩行禁止疏入下部議謂火耗不可行但嚴禁加派廣西舊未設武科鵬奏請行之時與蕭永藻互調上勉永藻效鵬又諭大學士曰彭鵬人才壯健前知三河聞有賊卽佩刀乘馬馳捕朕所知也御史王度昭劾鵬在廣西知布政使教化新虧帑不卽糾舉迨離任始奏聞又掩護其半廣西糧道張天覺改徵兵米浮銷九十餘萬部勒追完而鵬反以天覺署布政使兵米之案必由藩司審詳是直以天覺察天覺也命鵬回奏鵬疏辨並訐度昭上以其辭忿激降旨嚴飭廣東因借兵餉改額賦徵銀爲徵米較估報時値浮多戶部屢飭追完鵬至官是年歲稔米價低以米計銀少七萬三千有奇疏請令經管各官扣追存庫並議嗣後額賦仍依原則徵銀採購兵米其按年應追完之銀實因豐歉不同米價無定乞免重追詔允行鵬視事勤敏遇墨吏糾劾無少徇歲旱步禱日中詣獄慮囚開倉平糶旋得雨民大稱頌四十三年卒官年六十八上深悼惜稱其勤勞賜祭葬尋祀廣東名宦

陳瓚字眉川廣東海康人康熙三十三年進士授福建古田知縣古田多山丁田淆錯賦役輕重不均民逋逃遷徙黠者去爲盜瓚請平賦役以蘇息調臺灣臺灣初隸版圖民驍悍不馴瓚興學廣教在縣五年民知禮讓四十二年行取授刑部主事歷郎中出爲四川提學道僉事清介公愼杜絕苞苴上以四川官吏加派厲民詔戒飭特稱瓚廉未幾用福建巡撫張伯行薦調臺灣廈門道新學宮建朱子祠於學右以正學厲俗鎭以廉靜番民帖然在官應得公使錢悉屛不取五十三年超擢偏沅巡撫莅任劾湘潭知縣王爰溱縱役累民長沙知府薛琳聲徇庇不糾劾降黜有差尋條奏禁加耗除酷刑糶積穀置社倉崇節儉禁餽送先起運興書院飭武備停開採凡十事詔嘉勉諭以躬行實踐勿鶩虛名旋入覲奏言官吏妄取一錢卽與百千萬金無異人所以貪取皆爲用不足臣初任知縣卽不至窮苦不取一錢亦自足用比退上目之曰此苦行老僧也尋調撫福建上諭廷臣曰朕見瓚察其舉止言論實爲清官瓚生長海濱非世家大族無門生故舊而天下皆稱其清非有實行豈能如此國家得此等人實爲祥瑞宜加優異以厲清操陛辭上問福建有加耗否瓚奏臺灣三縣無之上曰火耗盡禁州縣無以辦公恐別生弊端又曰清官誠善惟以清而不刻爲尙瓚爲治舉大綱不尙煩苛修建考亭書院及建陽尤溪朱子祠疏請御書榜額並允之復疏言防海賊與山賊異山賊嘯聚有所而海賊則出沒靡常臺灣金廈防海賊又與沿海邊境不同沿海邊境患在突犯內境而臺廈患在剽掠海中欲防臺廈海賊當令提標及臺澎水師定期會哨以交旗爲驗商船出海令臺廈兩汛撥哨船護送又令商船連環具結遇賊首尾相救不救以通同行刼論罪下部議以爲繁瑣上韙其言命九卿再議允行是年冬兼攝閩浙總督奉命巡海自齎行糧屛絕供億捐穀應交巡撫公費奏請充餉上曰督撫有

以公費請充餉者朕皆未之允蓋恐准令充餉即同正項錢糧不肖者又於此外婪取重爲民累令璸遇本省需款撥用璸又請以司庫餘平賞賚兵役命遵前旨廣東雷州東洋塘堤岸海潮沖激侵損民田璸奏請修築即移所貯公項及俸錢助工費隄岸自是永固鄉人蒙其利五十七年以病乞休詔慰留之未幾卒於官遺疏以所貯公項餘銀一萬三千有奇充西師之費命以一萬佐餉餘給其子爲葬具尋諭大學士曰陳璸居官甚優操守極清朕所罕見恐古人中亦不多得也追授禮部尚書蔭一子入監讀書諡清端璸服御儉素自奉惟草具粗糲居止皆於廳事昧爽治事夜分始休在福建置學田增書院學舍聘士講人文日盛雍正中入祀賢良祠乾隆初賜其孫子良舉人子恭員外郎官至知府

陳鵬年字滄洲湖廣湘潭人康熙三十年進士授浙江西安知縣當兵後戶口流亡豪強率佔田自殖鵬年履畝按驗復業者數千戶烈婦徐冤死十年鵬年雪其枉得罪人寘諸法禁溺女民感之女欲棄復育者皆以陳爲姓河道總督張鵬翮薦調赴江南河工授江南山陽知縣遷海州知州四十二年聖祖南巡閱河以山東饑詔截漕四萬石令鵬翮選賢幹吏運兗州分振以鵬年董其事全活數萬人上回鑾召見濟寧舟次賦詩稱旨賜御書尋擢江寧知府四十四年上復南巡總督阿山召屬吏議增地丁耗羨爲巡幸供億鵬年力持不可事得寢阿山嗛之令士辦龍潭行宮侍從微餽遺悉勿應忌者中以蜚語會致仕大學士張英入對上問江南廉吏舉鵬年復詢居官狀英言吏畏威而不怨民懷德而不玩士式教而不欺廉其末也上意乃釋幸京口閱水師先一日阿山檄鵬年於江干壘石爲步江流急施工困難胥徒惶遽鵬年率士民親運土石詰日工成顧阿山憾不已疏劾鵬年受鹽典各商年規侵蝕龍江關稅銀又無故枷責關役坐奪職繫江寧獄命桑額張鵬翮與阿山會鞫江寧民呼號罷市諸生千餘建旛將叩閽鵬年嘗就南市樓故址建鄉約講堂月朔宣講聖諭並爲之牓曰天語丁寧南市樓者故狹邪地也因坐以大不敬論大辟上與大學士李光地論阿山居官光地言阿山任事廉幹獨劾陳鵬年犯清議上頷之讞上鵬年坐奪官免死徵入武英殿修書四十七年復出爲蘇州知府禁革奢俗清滯獄聽斷稱神值歲饑疫甚周歷村墟詢民疾苦請賑貸全活甚衆四十八年署布政使巡撫張伯行雅重鵬年事無鉅細倚以裁決總督噶禮與伯行忤並忌鵬年已劾布政使宜思恭糧道賈樸因坐鵬年嚴報不實吏議奪官遣戍黑龍江上寬之命仍來京修書噶禮復密奏鵬年虎邱詩以爲怨望欲文致其罪上不報俄噶禮與伯行互訐屢遣大臣按治議奪伯行職上以伯行清廉命九卿改議並諭曰噶禮曾奏陳鵬年詩語悖謬宵人伎倆大率如此朕豈受若輩欺耶因出其詩畀閣臣共閱五十六年出署霸昌道仍回京修書六十年命隨尚書張鵬翮勘山東河南運河時河決武涉縣馬營口自長垣直注張秋命河督趙世顯塞之議久不決鵬年疏言黃河老隄衝決八九里大溜直趨溢口宜於對岸上流廣武山下別開引河更於決口稍東亦開引河引溜仍歸正河乃可堵築奏入稱旨世顯罷即命鵬年署河道總督六十一年馬營口既塞復決鵬年謂地勢低窪雖有引河流不能暢惟有分疏上下殺其悍怒請於沁黃交匯對岸王家溝開引河使水東南行入滎澤正河然後隄工可成詔如議行先是馬營決口因桃汛流激難以程工副都御史牛紐奉命閱河奏於上流秦家廠堵築工甫竟而南壩尾旋決一百二十餘丈入馬營東下鵬年與巡撫楊宗義謀合之既北壩尾復潰百餘丈鵬年乃建此議世宗即位命眞除時南北壩尾合而復潰者四至是以次合龍而馬營口尚未塞鵬年止宿河壖寢食俱廢浸羸憊雍正元年疾篤遣御醫診視尋卒上聞諭曰鵬年積勞成疾沒於公所聞其家有八旬老母室如懸磬此眞鞠躬盡瘁死而後已之臣褒錫甚至賜帑金二千錫其母封誥視一品例蔭子諡恪勤祀河南江寧名宦子樹芝樹萱聖祖時以諸生召見令隨鵬年校書內廷樹芝官至平越知府樹萱官至戶部侍郎

施世綸字文賢漢軍鑲黃旗人琅仲子康熙二十四年以蔭生授江南泰州知州世綸廉惠勤民州大治二十七年淮安被水上遣使督隄工從者數十輩驛騷擾民世綸白其不法者治之湖北兵變官兵赴援出州境世綸具芻糧而使吏人執梃列而待兵有擾民立捕治兵皆斂手去二十八年以承修京口沙船遲誤部議降調總督傅臘塔疏陳世綸清廉公直上允留任擢揚州知府揚州民好游蕩世綸力禁之俗爲變三十年八月海潮驟漲泰州范公隄圮世綸請捐修三十二年移江寧知府三十五年琅卒總督范成勳疏以世綸輿情愛戴請在任守制御史胡德邁疏論世綸乃得去官復居母喪歲餘授蘇州知府仍請終制辭不赴三十八年既終制授江南徐淮道四十年湖南按察使員缺九卿舉世綸大學士伊桑阿入奏聖祖諭曰朕深知世綸廉但遇事偏執民與諸生訟彼必袒民諸生與搢紳訟彼必袒諸生處事惟求得中豈可偏執如世綸者委以錢穀之事則相宜耳是歲授湖南布政使湖南田賦丁銀有徭費漕米有京費世綸至盡革徭費減京費四之一民立石頌之四十三年移安徽布政使四十四年遷太僕寺卿四十五年坐湖南任內失察營兵掠當鋪罷職三月授順天府府尹疏請禁司坊擅理詞訟奸徒包攬捐納牙行霸占貨物流娼歌舞飲宴飭部議定爲令四十八年授左副都御史兼管府尹事四十九年遷戶部侍郎督理錢法尋調總督倉場五十四年授雲南巡撫未行調漕運總督世綸察漕積弊革羨金劾貪弁除蠹役以嚴明爲治歲督漕船應限全完無稍愆誤時西陲用兵轉餫餽餉自河南達陝西陝西旱饑五十九年上命世綸詣陝西佐總督鄂海督軍餉並令道中勘河南府至西安黃河輓運路徑並察陝西見存穀石數目陳奏世綸乃泝河西上疏言河南府孟津縣至陝西太陽渡大小數十餘灘縴道高低不等或在河南或在河北灘池以下舟下水可載糧三百餘石上水載及其半灘池以上河流高迅僅可數十石自砥柱至神門無縴道惟路旁石往往有方眼又有石鼻從前輓運其蹟猶存自陝州至西安府河水平穩俱有輓運路徑謹繪圖以聞又言河南府至陝州三門今乃無舟請自太陽渡以下改車運太陽渡至西安府黨家馬頭舟行爲便黨家馬頭入倉復改車運穀二十萬石都銀十萬三千兩有奇但運穀二十萬止得米十萬請令河南以二穀易一米則運價可省其半若慮米難久貯請照例出陳易新奏入上念陝西災發帑金五十萬並令酌發常平倉穀又以地方官吏大半在軍前令選部院司官詣陝西命世綸總其事世綸令分十二路察貧民按口分給遠近皆遍六十年春得雨災漸澹上命世綸還理漕事六十一年四月以病乞休溫旨慰留令其子廷祥馳驛省視五月卒遺疏請隨父琅葬福建上允之詔獎其清慎勤勞予祭葬世綸當官聽強果決摧抑豪猾禁戢胥吏所至有惠政民號曰青天在江寧以憂歸民乞留者逾萬既不得請人出一錢建兩亭府署前號一文亭官府尹步軍統領託合齊方貴幸出必擁騶從世綸與相値拱立道旁俟託合齊下輿驚問世綸抗聲曰國制諸王始具騶從吾以爲諸王至拱立以俟不意爲汝也將疏劾託合齊謝之乃已赴陝西陝西積儲多虛耗將疏劾鄂海以廷祥知會寧語微及之世綸曰吾自入官身且不顧何有於子卒疏言之鄂海坐罷去

論曰于成龍秉剛正之性苦節自厲始終不渝所至民懷其德彭鵬拒僞命立身不苟在官亦以正直稱陳璸起自海濱一介不取行能踐言陳鵬年施世綸廉明愛人不畏強禦之五人者皆自牧令起以清節聞於時成龍世綸名尤盛閭巷誦其績久而弗渝康熙間吏治清明廉吏接踵起聖祖所以保全諸臣其效大矣

清史稿　列傳六十五

慕天顏　阿山

噶禮

慕天顏字拱極甘肅靜寧人順治十二年進士授浙江錢塘知縣遷廣西南寧同知再遷福建興化知府康熙九年擢湖廣上荆南道總督劉兆麒疏言天顏習邊海諸事請調福建興泉道尋擢江蘇布政使十二年喪母總督麻勒吉巡撫瑪祜疏言天顏廉明勤敏清積年逋賦釐剔挪移事未竟請令在官守制十三年入覲疏言江南田地錢糧有隱占詭寄諸弊臣飭州縣通計田額均分里甲又因科則不等立徵收截票之法每戶實徵錢糧分十限於開徵日給限票依限完納截票逾限未截按數追比吏不能欺民下部著爲令十五年擢江寧巡撫疏進錢糧交代册上嘉其清晰命布政使交代當以此爲式尋以節減驛站錢糧加兵部侍郎師征吳三桂大將軍貝勒尙善請造船濟師下天顏督造送岳州敘勞加太子少保兵部尙書仍兼右副都御史時諸道兵應徵發舳艫

蔽江夫役牽挽動以千萬計天顏疏言絳夫募諸民間夫給銀一錢民爭逃匿計里均派先期拘集飢寒踣頓及兵既到計船給夫兵與船戶橫索財物鞭撻死傷臣擬軍赴前敵仍給絳夫其凱旋還京並各省調遣歸標官兵每船應夫若干以其直給船戶令雇水手上從之命下直省著爲令江南水道交錯天顏爲布政使時請於巡撫瑪祜濬吳淞江劉河淤道十九年江南困澇雨疏言附近吳淞江劉河諸州縣水道通暢旋溢旋消宜興常熟武進江陰金壇諸縣水無出路或要口湮塞致積雨成災常熟白茆港爲長洲崑山無錫諸水出海要道武進孟瀆河爲丹陽宜興金壇諸水歸江要道請動帑疏濬上從之於是濬白茆港四十三里達海濬孟瀆河四十八里達江皆建閘以時啓閉費帑九萬有奇又奏疏請減浮糧除版荒坍沒公占田地部議坍沒許豁除版荒令覆勘二十年疏請募民墾版荒六年後起科揚州知府高德貴虧帑數萬既劾罷旋卒天顏疏銷草豆價戶部駁減七千有奇天顏檄追德貴家屬京口防禦高騰龍德貴族也與參領馬崇駿以天顏奏銷浮冒訐於將軍楊鳳翔鳳翔格不行總督阿席熙劾崇駿騰龍婪取上遣郎中圖爾宸鍾有德會天顏勘治崇駿騰龍聞圖訟天顏奏銷浮冒惡其訐告構罪狀唆總督劾奏上命圖爾宸鍾有德具獄崇駿騰龍婪取罪至死天顏以草豆價戶部駁減誘罪德貴當左遷得旨如議天顏將去官疏列成勞且言夙夜冰兢精白不意遭誣訐蒙鑒宥不加嚴譴上以天顏未聞有廉名乃自言冰兢精白非是命嚴飭二十三年起湖北巡撫復諭之曰爾前爲巡撫未能潔己率屬今宜痛改前非廉謹自持以副任使旋移貴州二十六年授漕運總督疏言京口至瓜洲漕船往來風濤最險請倣民間渡生船官設十船導引護防部議非例不允上曰朕南巡見京口瓜洲往來人衆備船過渡有益於民其如所請行天顏疏陳江南江西累年未完漕項銀米請恩貰上命盡免康熙十七年以前積逋江南揚州淮安所屬運河東濵海諸州縣地卑下謂之下河頻歲被水上先用湯斌議遣侍郎孫在豐疏濬下河河道總督靳輔議起翟家壩訖高家堰築重隄束隄堰溢出之水北出淸口謂疏濬無益天顏仍主疏濬並修築高家堰與不協上遣尚書佛倫熊一瀟給事中達奇納趙吉士會勘佛倫等主用輔議天顏在豐議與輔異天顏密疏力爭輔疏劾天顏與在豐有連欲在豐建功故堅阻上游築隄下部議奪天顏職而輔亦爲御史郭琇陸祖修給事中劉楷交章劾罷祖修請於仲家莊建閘引駱馬湖水別鑿中河俾漕船避黃河之險天顏亦議爲無益上命學士開音布侍衛馬武往視還奏天顏令漕船毋入中河上以責天顏逮下獄天顏反覆申辨副都御史噶爾圖舉天顏訴辭先後互異坐奏事上書不以實論罪上追錄天顏造舟濟師特寬之三十五年卒天顏歷官有惠績嘗疏請有司虧帑雖逾限於發遣前淸償仍貰其罪獄囚因逸犯株連待質已三年者於秋審時開釋獄囚無親屬饋食月給米三斗皆恤下之政在江南興水利蠲積逋而請免絳夫甦一時之困江南民尤頌之獨劾嘉定知縣陸隴其不協於輿論左都御史魏象樞疏言天顏劾隴其稱其操守絕一塵德有餘而才不足今之有司惟操守爲難既知之矣何不留以長養百姓請嚴飭諸督撫大破積習勿使廉吏灰心負風日長會詔舉淸廉象樞遂以隴其應詔具隴其傳

阿山伊拉哩氏滿洲鑲藍旗人初自吏部筆帖式歷刑部主事戶部員外郎康熙十八年授翰林院侍講七遷至戶部侍郎三十年命治賑西安鳳翔二府明年還京上聞流民有至襄陽者以問阿山阿山言正月已得雪民無流亡上曰正月雖雪二三月雨不時麥收未可望流民至襄陽甚多汝未之知耳坐奉使不盡心左授郎中三十三年擢左副都御史三十五年上親征噶爾丹阿山從授阿密達爲將軍逐噶爾丹阿山爲參贊師還授盛京禮部侍郎三十六年授翰林院掌院學士三十九年授江南江西總督安徽布政使張四教以憂去官巡撫高永爵劾四教擅動庫帑下阿山察奏阿山言四教動庫帑爲公用請免議上復命具實狀以聞阿山乃言三十八年上南巡四教發庫帑十一萬供辦議令各官扣俸抵補各官皆自承臣不敢隱上責阿山徇情沽譽命漕運總督桑額鞫四教論如律阿山當奪職上寬之命留任四十三年阿山劾江西巡撫張志棟大計不公志棟及布政使李興祖按察使劉廷璣道員韓象起等皆奪職阿山又言大計志棟主之請復興祖等官給事中許志進劾阿山恩威自擅阿山疏辨且詆志進爲淮安漕標營卒子素行不端爲志棟報復志進亦追論阿山庇張四教並收屬吏賄賂盜倉穀不問貪淫惡蹟縱妾父生事疏並下部議部議皆奪職上復寬阿山命留任如故四十四年疏劾江甯知府陳鵬年貪酷並以妓樓改建講堂瀆聖諭大不敬命會桑額及河道總督張鵬翮集讞坐鵬年罪至斬上特命來京事具鵬年傳阿山與桑額鵬翮議自泗州開河築隄引淮水至黃家堰入張福口會出淸口是爲溜淮套疏請上臨視四十五年授刑部尚書四十六年上南巡臨視溜淮套諭曰阿山等奏溜淮套別開一河分洩淮水繪圖進呈朕策騎自淸口至曹家廟見地勢甚高雖成河不能直達淸口與所進圖不同且所立標竿多在民冢上朕何忍發此無限枯骨耶命鵬翮罷其事下九卿議阿山及桑額鵬翮皆奪職上以阿山主其議命但坐阿山遂奪職五十一年江蘇布政使宜思恭以虧帑坐譴因列訴總督噶禮等頻向需索阿山亦受節餽下部議上以阿山老寬之五十二年萬壽復原品逾年卒阿山故精察上嘗問大學士李光地阿山在官何若光地奏臣嘗與同僚廉幹果於任事其失民心獨劾陳鵬年一事耳上頷之

噶禮棟鄂氏滿洲正紅旗人何和哩四世孫也自廕生授吏部主事再遷郎中康熙三十五年上親征噶爾丹次克魯倫河噶禮從左都御史于成龍督運中路兵糧首達行在召對當上意尋擢盛京戶部理事官歲餘三遷授內閣學士三十八年授山西巡撫噶禮當官勤敏能治事然貪甚縱吏虐民撫山西數年山西民不能堪潞安知府缺員噶禮疏薦霍州知州李紹祖紹祖使酒自刎噶禮匿不以奏上聞之下九卿議罪擬奪噶禮職上寬之御史劉若鼐疏論噶禮貪得贓無慮數十萬太原知府趙鳳詔爲其腹心專用酷刑以濟貪壑事下噶禮復奏得辨釋平遙民郭明奇等以噶禮庇貪婪知縣王綬走京師詣巡城御史袁橋列訴橋疏聞並言噶禮通省錢糧加火耗十之二分補大同臨汾等縣虧帑餘並以入己得四十餘萬指修解州祠宇用巡撫印簿勒捐令家僮赴平陽汾州潞安三府追富民饋遺又以訟得臨汾介休富民亢時鼎梁滑金縱汾州同知馬遴庇洪洞知縣杜連登皆貪吏隱平定雹災凡七事上命噶禮復奏山西學政鄒士璁代太原士民疏留噶禮御史蔡珍疏劾士璁職在衡文乃與巡撫朋比且袁橋疏得旨二日後太原士民即具呈顯爲誣僞噶禮與士璁同城委爲不知是昏憒也知而不阻是倖恩也請併敕部議處尋噶禮復奏以明奇等屢坐事走京師誣告並辨橋珍所言皆無據下九卿察奏明奇等下刑部治罪橋珍坐誣譴罷四十八年遷戶部侍郎旋擢江南江西總督噶禮至江南益恣肆累疏劾江蘇巡撫于準布政使宜思恭按察使焦映漢皆坐罷知府陳鵬年初爲總督阿山劾罷上復命守蘇州及宜思恭罷署布政使鵬年素伉直忤噶禮噶禮續劾宜思恭虧帑又論糧道賈樸建關開河皆有所侵蝕遂及鵬年覈報不實鵬年復坐罷噶禮復密疏鵬年虎邱詩怨望上不爲動巡撫張伯行有廉聲至則又與噶禮忤五十年伯行疏言本科江南鄉試取士不協輿論正考官副都御史左必蕃亦檢舉同考官知縣王曰俞方名所薦士有不通文字者上命尚書張鵬翮如揚州會噶禮及伯行察審鵬翮至會讞既得副考官編修趙晉及曰俞名諸交通狀伯行欲窮其獄噶禮盛怒刑證人遂罷讞伯行乃劾噶禮謂與論盛傳總督與監臨提調交通鬻舉人及事發又傳總督索銀五十萬許不竟其事請敕解任就讞噶禮亦劾伯行謂方會讞時臣正鞫囚伯行謂臣言不當臣恐爭論失體緘口結舌伯行遂陰謀誣陷以鬻舉人得銀五十萬汙臣臣不能與俱生因及伯行專事著書猜忌糊塗不能淸理案牘時方有戴名世之獄又言南山集刻板在蘇州印行伯行豈得不知進士方苞以作序連坐伯行夙與友不肯捕治並羅列伯行不職數事疏入上並命解任命鵬翮會漕運總督赫壽察奏獄具晉曰俞名及所取士交通得賄當科場舞弊律論罪噶禮劾伯行不能淸理案牘事實餘皆督撫會銜題咨舊事苞爲伯行逮送刑部南山集刻板在江甯皆免議伯行妄奏噶禮鬻舉人當奪職上切責鵬翮赫壽瞻徇又命尚書穆和倫張廷樞覆讞仍如鵬翮等議上諭曰噶禮才有餘治事敏練而性喜生事屢疏劾伯行朕以伯行操守爲天下第一手批不准此議是非顚倒下九卿詹事科道察奏復諭曰噶禮操守朕不能信若無張伯行江南必受其朘削且半矣即如陳鵬年稍有聲譽噶禮欲害之摘虎邱詩有悖謬語朕閱其詩初無他意又劾中軍副將李麟騎射皆劣麟比來迎駕朕試以騎射俱優若令噶禮與較定不能及朕於是心疑噶禮矣互劾之案遣大臣往讞爲噶禮所制爾等皆能體朕保全廉吏之心使正人無所疑懼則海宇蒙昇平之福矣九卿等議噶禮與伯行同任封疆互劾失大臣體皆奪職上命留伯行任噶禮如議奪職五十三年噶禮母叩閽言噶禮與弟色勒奇子幹都置毒食物中謀弒母噶禮妻以別戶子幹泰爲子縱令糾衆毀屋下刑部鞫得實擬噶禮當極刑妻論絞色勒奇幹都皆斬幹泰發黑龍江家產沒入官上命噶禮自盡妻從死餘如部議

論曰廉吏往往不獲於上豈長官皆不肯抑其強項固有所不可堪歟隴其之廉天顏知之而不能容鵬年初扼於阿山繼挫於噶禮皆欲中以危法抑又甚矣伯行與噶禮互劾再讞不得直幸賴聖祖仁明隴其復起鵬年致大用伯行亦終獲全二三正人詘而得申人心風氣震盪洋溢所被至遠噶禮不足以語此蓋天顏阿山亦弗能喻也

清史稿

列傳六十六

楊方興　朱之錫 崔維雅
靳輔 陳潢 宋文運 董訥 熊一瀟　于成龍 孫在豐 開音布
張鵬翮

楊方興字浡然漢軍鑲白旗人初爲廣甯諸生天命七年太祖取廣甯方興來歸太宗命直內院與修太祖實錄崇德元年試中舉人授牛彔額眞銜擢內秘書院學士性嗜酒嘗醉後犯蹕論死上貰之命斷酒順治元年從入關七月授河道總督李自成決河灌開封其後屢決屢塞賊勢寖張土寇羣起兩岸防守久廢伏秋汛發北岸小宋口曹家寨隄潰河水漫曹單金鄉魚臺四縣自蘭陽入運河田產盡沒方興至官遣兵捕治土寇樁穴擒渠乃疏請修築二年七月河決流通集分兩道入運河運河受河水濺濁淤塞下流徐邳淮揚亦多衝決方興以防護無功自劾上諭以殫力河防不必引咎旋疏薦補管河道方大猷等四年流通集決口將合河下注湍激又決汶上入獨山湖方興請修築通濟閘上下隄岸並淮安東北蘇淤馬羅等隄又築江都高郵諸石隄流通集合口進兵部尚書銜七年加太子少保八月河決荆隆口南岸出單家寨北岸出朱源寨南岸先合河全注北岸張秋以下隄盡潰自大清河東入海方興用大猷議於上游築長縷隄遏其勢復築小長隄塞決口期半年蕆事九年方興復乞休不許大猷擢江南按察使方興請以新銜管河務九年荆隆口工竟方興疏言清口淮黃交匯黃強淮弱歲需疏濬請於清江通濟二閘適中處修復福興閘啓一閉二以時蓄洩從之給事中許作梅御史楊世學陳棐交章請勘九河故道導河北流入海方興言河古今同患而治河古今異宜宋以前治河但令赴海有路可南亦可北元明迄我清東南漕運自清口迄董家口二百餘里藉河爲轉輸河可南必不可北若欲尋禹舊蹟導河北行無論漕運不通恐決出之水東西奔蕩不可收拾勢須別築數千里長隄較之增卑培薄難易顯然且河挾沙以行束之爲一則水急沙流播之爲九則水緩沙壅數年後河仍他徙何以濟運臣恐以爲河不能無決決而不築司河者之罪河不能無淤淤而不濬亦司河者之罪若欲保其不決不淤誰敢任之請敕下廷議定畫一之規屛二三之說俾有所遵守疏入上嘉納焉十年河決大王廟距朱源寨口不遠給事中周體觀劾方興治河罔效方興疏辨因請罷斥溫詔慰留十一年給事中林起龍復劾方興侵蝕工需累民捐費至六十餘萬並劾大猷等奸貪不法上解方興任命入都質對起龍以誣譖方興復任既直隸總督李蔭祖復劾大猷貪婪誤工方興亦劾大猷上以其不先舉發切責之給事中董篤行又劾方興徇庇降級留任十四年乞休上念其勞以原官加太子太保致仕方興還京師所居僅蔽風雨布衣疏食四壁蕭然康熙四年卒賜祭葬

朱之錫字孟九浙江義烏人順治三年進士改庶吉士授編修十一年七月擢弘文院侍讀學士四遷至吏部侍郎十四年楊方興乞休上特擢之錫以兵部尚書銜總督河道駐濟寧十五年十月河決山陽柴溝建義馬邏諸隄並溢之錫馳赴清江浦築戧隄塞決口宿遷董家口爲沙所淤就舊渠迤東別開河四百丈通運道十六年條上治河諸事言河南歲修夫役近屢經奏減宜存舊額明制淮工兼用民修宜復舊例揚屬運道與高寶諸湖相通淮屬運道爲黃淮交會舊有各隄閘宜擇要修葺應用柳料宜令瀕河州縣預爲籌備奸豪包占夫役賣富僉貧工需各物私弊百出宜責司道府廳查報徇隱者以溺職論額設水夫陰雨不赴工所扣工食謂之曠盡宜令管河廳道嚴覈河員升調降用宜令候代始行離任河員有專責不宜別有差委歲終察覈舉劾並宜復舊例皆下部議行之錫丁母憂命在任守制疏請歸葬優詔給假治喪十七年還任以捐金賑淮揚徐三府災加太子少保康熙元年河決原武祥符蘭陽縣境東溢曹縣復決石香爐村之錫檄濟寧道方兆及董曹縣役而赴河南督塞西閘寨單家寨時利驛蔡家樓策家寨諸決口四年二月疏言南旺爲運河之脊北至臨清南至台莊四十餘閘全賴啓閉得宜瀕河春常少雨伏秋雨多東省久旱山泉小者多枯大者已弱若官船經閘應閉者強之使開洩水下注則重運之在上者阻應開者強之使閉留水待船則重運之在下者又阻乞飭各遵例禁得旨非奉極要差遣擅行啓閉者准參奏八月疏言部議停差北河中河南河南旺夏鎭通惠諸分司歸併地方官臣維河勢變幻工料紛繁天時不齊非水則旱或綢繆幾先或補葺事後或張皇於風雨倉遽之際或調劑於左右方圓之間北河所轄三千餘里其間三十餘閘中河所轄黃運兩河董口尤運道咽喉靑黃交接濁流易灌南河所轄在淮黃江湖之間相距窵遠南旺泉源三百餘處近者或出道隅遠者偏藏僻壤夏鎭地屬兩省鑿石通漕形勢陡絕節宣閘座尤費經營通惠浮沙易淺峻水易衝塞決之役歲歲有之若云歸併府佐則職微權輕上下掣肘至於地方監司責以終年累月奔馳駐守揆之事勢萬萬不能分司與各道界壤迥不相同應合而分一閘座也上流以爲應閉下流以爲應開一額夫也在此則欲求多在彼又復患少不但紛競日多必致牽制誤事應請仍循舊制得旨允行五年二月卒直隸山東河南總督朱昌祚疏言之錫治河十載綢繆旱溢則盡瘁昕宵疏濬隄渠則馳驅南北受事之初河庫貯銀十餘萬頻年撙節見今貯庫四十六萬有奇覈其官守可謂公忠及至積勞撄疾以河事孔亟不敢請告北往臨清南至邳宿夙病日增遂以不起年止四十有四未有子嗣籲請恩卹賜祭葬徐兗淮揚間頌之錫惠政相傳死爲河神十二年河道總督王光裕請錫封號部議不行乾隆四十五年高宗南巡視河工始允大學士阿桂等請封助順永甯侯春秋祠祭嗣加號曰佑安民稱之曰朱大王

崔維雅字大醇直隸大名人順治三年舉人授濬縣教諭遷河南儀封知縣儀封瀕河歲苦泛濫北岸三家莊當水衝十四年水勢北注岸崩五里餘維雅於上游故流疏使東行北岸得安復與塞封邱大王廟決口之錫疏薦擢開封南河同知康熙元年五月曹縣石香爐村河決士民求速塞維雅持不可工將成復潰至冬乃塞如維雅言遷浙江甯波知府光裕疏薦擢河南河道副使時沿河千餘里險工迭出維雅常預爲之備得無事陽武潭口寺隄直河衝水勢迅急下埽輒蟄維雅預於上流疏引河埽定隄得固虞城距河隄僅數里隄沒入河北岸引河衝刷不利維雅預迎河溜挑濬及秋水歸新河舊河爲平陸桃源七里溝河屢塞屢決光裕檄維雅往勘維雅言引河淺狹流緩沙停激溜無力宜令河頭加寬闊使足翕受全河又待河水突漲乃使開放建瓴直下又言下游數十里已成平陸而引河僅百丈節短勢蹙力不能刷淤當接挑二百丈闊損十之八而深半之又言開放當在河頭西北留近埽五丈勿開則河流入口有倒瀉之勢埽亦迎流下光裕悉用其議復遷河南按察使湖南廣西布政使內召爲大理寺卿卒維雅治河主疏導引河使水有所歸故屢有功而後不爲患當靳輔興大工時維雅奏上所著河防芻議兩河治略並詆譏輔所行諸法列二十四事難之輔疏辨謂維雅說不可行寢其議

靳輔字紫垣漢軍鑲黃旗人順治九年以官學生考授國史館編修改內閣中書遷兵部員外郎康熙初自郎中四遷內閣學士十年授安徽巡撫疏請行溝田法以十畝爲一畹二十畹爲一溝溝土累爲道道高溝低澇則洩水旱以灌田會三藩亂起不果行部議裁驛站經費輔疏請禁差員橫索騷擾驛遞歲終節存驛站槓腳等項二十四萬有奇上獎輔實心任事加兵部尚書銜十六年授河道總督時河道久不治歸仁隄王家營邢家口古溝翟家壩等處先後潰溢高家堰決三十餘處淮水全入運河黃水逆上至清水潭浸淫四出碭山以東兩岸決口數十處下河七州縣淹爲大澤清口涸爲陸地輔到官周度形勢博採輿論爲八疏同日上之首議疏下流自清江浦至雲梯關於河身兩旁離水三丈各挑引河一道俟黃淮下注新舊河合爲一即以所挑土築兩岸大隄南始白洋河北始清河縣並東至雲梯關雲梯關至海口百里近海二十里潮大土濕不能施工餘八十里亦宜量加疏濬築隄以東之限二百日畢工日用夫十二萬三千有奇次議治上流淤墊洪澤湖下流自高家堰西至清口爲全淮會黃之所當於小河兩旁離水二十丈各挑引河一道分頭衝洗次議培修七里墩武家墩高家墩高良澗至周橋閘殘缺隄岸下築坦坡使水至平漫而上順縮而下不至怒激崩衝隄一尺坦坡五尺夯杵堅實種草其上次議塞黃淮各處決口例用埽費鉅且不耐久求築土禦水之法宜密下排樁多加板纜用蒲包裹土麻繩縛而塡之費省而工固次議閉通濟閘壩濬清口至清水潭運河二百三十里以所挑之土傾東西兩隄之外西隄築爲坦坡東隄加培堅厚次議規畫經費都計需銀二百十四萬八千有奇宜令直隸江南浙江山東江西湖北各州縣預徵康熙二十年錢糧十之一約二百萬工成後令淮揚被水田畝納三錢至一錢運河經過商貨米豆石納二分他貨物斤四分並開武生納監事例如數補還次議裁併冗員明定職守幷嚴河工處分諱決視諱盜兼請調用官吏工成與原屬河廳官吏並得優敘次議工竣後設河兵守隄里設兵六名至二名都計五千八百六十名疏入下廷議以方軍興復舉大工役夫每日至十二萬餘召募擾民應先擇要修築上命輔熟籌十七年輔疏言以驢運土可減募夫之半初擬二百日畢工今改爲四百日又可減募夫之半河工故事大隄謂之遙隄隄內復爲隄逼水謂之縷隄兩隄間爲橫隄謂之格隄輔疏請就原估土方加築縷隄有餘量增格隄南自白洋河北自清河上至徐州視此興築餘並如前議疏入復下廷議允行上諭以治河大事當動正項錢糧輔疏言前議黃河兩岸分築遙縷二隄勘有舊隄貼近河身擬作爲縷隄其外更築遙隄前議用驢運土今議改車運前議離隄三十丈內不許取土今因宿遷桃源等縣人弱工多改令二十丈外取土前議河身兩旁各挑引河

一道今以工費浩繁除清河北岸淺工必須挑濬餘俱用鐵掃帚濬深河底下部議從之是歲吳三桂死上趣諸將帥進兵輔欲節帑佐軍又以興工後需費溢出原估均頗改前議先開清口引河四道塞高家堰王家岡武家墩諸決口築隄束水如所議施行顧下流未大治伏秋盛漲水溢出隄上復決碭山石將軍廟蕭縣九里溝輔乃議設減水壩於蕭碭宿遷桃源清河諸縣河南北兩岸爲壩十三壩七洞水盛藉以宣洩輔復察清口淮黃交會黃漲倒灌運河乃自新莊閘西南開新河至太平壩又自文華寺開新河至七里閘復折向西南亦至太平壩改以七里閘爲運口由武家墩爛泥淺轉入黃河運口距黃淮交會處約十里自此無淤墊之患疏報並議行輔勘清水潭決口屢塞屢衝乃棄深就淺築東西長隄二道並挑新河八百四十丈疏積水山陽高郵等七州縣民田至是皆出水可耕十八年輔疏報並請名新河曰永安河報聞翟家壩淮河決口成支河九道輔飭淮揚道副使劉國靖等督堵塞至是工竟輔詣勘疏報並言山陽寶應高郵江都四州縣瀦水諸湖逐漸涸出臣今廣爲招墾俾增賦足民上下均利屯田之議自此起漕船自七里閘出口行駱馬湖達窯灣夏秋盛漲冬春水涸重運多阻輔議濬湖旁阜河故道上接泇河通運疏入下廷議上問諸臣意若何左都御史魏象樞曰輔請大修黃河上發帑二百五十一萬計一勞永逸前奏隄壩已築十之七今又欲別開河道所謂一勞永逸者安在臣等慮漕運有阻故議從其請上曰象樞言良是河雖開必上流浩瀚方免淤滯今雨少水涸恐未必有濟即已成諸工亦以旱易修豈得恃爲永固耶十九年五月輔丁憂命在任守制秋河復決輔疏請處分上趣輔修築二十年三月輔疏言臣前請大修黃河限三年水歸故道今限滿水未歸故道請處分下部議當奪官上命戴罪督修二十一年五月上遣尚書伊桑阿侍郎宋文運給事中王曰溫御史伊喇喀勘工候補布政使崔維雅奏上所著書議盡罷輔所行減水壩諸法大興工日役夫四十萬築隄以十二丈爲率上命從伊桑阿等往與輔議之伊桑阿等遍勘諸工至徐州令輔與維雅議輔疏河言河道全局已成十八九蕭家渡雖有決口而海口大闢下流疏通腹心之害已除斷不宜有所更張隳成功釀後患伊桑阿等還京師下廷議工部尚書薩穆哈等請以蕭家渡決口責輔賠修上以賠修非輔所能任未允又議維雅條奏伊桑阿請召輔詢之十一月輔入對言蕭家渡工來歲正月當竟維雅所議日用夫四十萬築隄以十二丈爲率皆不可行維雅議乃寢上命塞決口仍動正項錢糧二十二年四月輔疏報蕭家渡合龍河歸故道大溜直下七里溝等四十餘處險汛日加並天妃壩王公隄及運河閘座均應修築別疏請飭河南巡撫修築開封歸德兩府境河隄防上流疎失上均如所請十二月命復輔官二十三年十月上南巡閱河北岸諸工諭輔曰蕭家渡隄壩當培薄增卑隨時修築減水壩原用以洩水遇泛溢橫流安知今日減水壩不爲他年之決口且減水旁流浸灌民田朕心深不忍當籌畫措置上見隄夫作苦駐轡慰勞久之諭輔戒官役侵蝕工食復視天妃閘諭輔宜改草壩並另設七里太平二閘殺水勢舟過高郵見田廬在水中惻然念之遣尚書伊桑阿薩穆哈察視海口還蹕復閱高家堰至清口閱黃河南岸諸工諭輔運口當添建閘座防黃水倒灌復召輔入行宮慰諭書閱河隄詩賜之輔以上念減水淹民因議於宿遷桃源清河三縣黃河北岸隄內開新河謂之中河於清河西仲家莊建閘引攔馬河減水壩所洩水入中河漕船初出清口浮於河至張莊運口中河成得自清口截流逕渡北岸度仲家莊閘免黃河一百八十里之險伊桑阿等還奏議疏濬車路串場諸河至白駒丁溪草堰諸口引高郵等處減水壩所洩水入海上命安徽按察使于成龍董其事仍受輔節制奏事由輔疏報二十四年正月輔疏請徐州迤上毛城舖王家山諸處增建減水閘下廷議上諭減水閘益河工無益百姓不可不熟計命遣官與輔詳議若分水不致多損民田即令興工九月輔疏報赴河南勘黃河兩岸請築考城儀封封邱滎澤隄埽下部議行成龍議疏海口洩積水輔謂下河地卑於海五尺疏海口引潮內侵害滋大議自高郵東車邏鎭築隄歷興化白駒場束所洩水入海隄內涸出田畝丈量還民餘招民屯墾取田價償工費疏聞上謂取田價恐累民未即許尋召輔成龍詣京師廷議成龍議開海口故道輔仍主築長隄高一丈五尺束水敵海潮大學士九卿從輔議通政使參議成其範給事中王又旦御史錢珏從成龍議議不決上命宣問下河諸州縣人官京師者侍讀喬萊等乃言從成龍議工易成百姓有利無害從輔議工難成百姓田廬墳墓多傷損且隄高一丈五尺束水至一丈高於民居伏秋潰決爲害不可勝言上頗右成龍遣尚書薩穆哈學士穆稱額詣淮安會漕督徐旭齡巡撫湯斌詳勘二十五年正月薩穆哈等還奏謂民間皆言濬海口無益尋授成龍直隸巡撫罷濬海口議四月召斌爲尚書入對上復舉其事以問斌言濬海口必有益於民上責薩穆哈穆稱額還京時不以實奏奪官召大學士九卿及萊等定議濬海口發帑二十萬命侍郎孫在豐董其役工部劾輔治河已九年無成功上曰河務甚難而輔易視之若遽議處後任者益難爲力今姑寬之仍責令督修二十六年輔疏言運隄減水以下河爲壑東即大海濬海口似可紓水患惟泰州安豐東臺鹽城諸縣地勢甚卑形如釜底若止就此挑濬徒增其深淮流甚漲高家堰洩水洶湧而來仍不能救民田之淹沒臣以爲杜患於流不若杜患於源高家堰堤外直東爲下河東北爲清口當自翟家壩起至高家堰築重隄萬六千丈束減水北出清口則洪澤湖不復東淹下河下河十餘萬頃皆成沃產而高寶諸湖涸出田畝可招民屯墾以裕河庫上使以輔疏示成龍成龍仍言下河宜開重隄不宜築上遣尚書佛倫侍郎熊一瀟給事中達奇納趙吉士與總督董訥總漕慕天顏會勘佛倫等皆欲用輔議天顏在豐與相左佛倫等還奏下廷議會太皇太后崩議未上二十七年春給事中劉楷御史郭琇陸祖修交章論輔琇辭連輔幕客陳潢祖修請罷輔至以舜殛鯀爲比天顏在豐亦疏論屯田累民及輔阻撓開濬下河狀琇旋劾大學士明珠等語復及輔輔入覲亦疏訐成龍天顏在豐等朋比謀陷害上曰輔爲總河挑河築隄漕運無誤不可謂無功但屯田下河二事亦難逃罪近因被劾論其過者甚多人窮則呼天輔若不陳辨朕前復何所控告耶三月上御乾清門召輔與成龍琇等廷辨輔成龍各持所見不相下琇言輔屯田害民輔言屬吏奉行不善致民怨因引咎坐罷以王新命代佛倫訥在豐達奇納皆左遷天顏吉士並奪官陳潢亦坐譴時中河工初竣上遣學士開音布侍衛馬武往勘還奏中河商賈舟楫不絕上諭廷臣曰前者于成龍奏河道爲靳輔所壞今開音布等還奏數年未嘗衝決漕運亦不誤若謂輔治河全無所裨微特輔不服即朕亦不愜因遣尚書張玉書圖納左都御史馬齊侍郎成其範徐廷璽閱工遍察輔所繕治孰爲當改孰爲不當改詳勘具奏玉書等還言河身漸次刷深黃水汎溜入海兩岸閘壩有應循舊者有應移改者多守輔舊規十一月上遣尚書蘇赫等閱通州運河命輔偕往請於沙河建閘蓄水通州下流築隄束水從之二十八年正月上南巡閱河輔扈行閱中河上慮逼近黃河水漲隄潰輔對若加築遙隄即無患還京師論獎輔所繕治河深隄固命還舊秩二十九年漕運總督董訥以北運河水淺擬盡引南旺河水北流倉場侍郎開音布復疏請濬北運河上諮輔輔言南旺河水盡北流南河必水淺惟從北河兩旁下埽束水自可濟運上命偕開音布董理三十年王新命坐事罷上曰朕聽政後以三藩及河務漕運爲三大事書宮中柱上河務不得其人必誤漕運及輔未甚老而用之亦得紓數年之慮令仍爲河道總督輔以衰弱辭命順天府丞徐廷璽爲協理會陝西西安鳳翔災上命留江北漕糧二十萬石自黃河運蒲州輔疏言水道止可至孟津親詣督運上嘉之輔疏請就高家堰運料小河培隄使高廣中河加築遙隄並增建四閘堵塞張莊舊運口皆前此繕治所未竟者別疏請復陳潢官並起用熊一瀟達奇納趙吉士輔病劇再疏乞解任命內大臣明珠往視傳諭調治十一月卒賜祭葬謚文襄三十五年允江南士民請建祠河干四十六年追贈太子太保予拜他喇布勒哈番世職雍正五年復加工部尚書子治豫襲職世宗以其侍父在官知河務命自副參領加工部侍郎銜協理江南河工陳潢字天一浙江錢塘人負才久不遇過邯鄲呂祖祠題詩壁間語豪邁輔見而異焉蹤跡得之引爲幕客甚相得凡輔所建白多自潢發之康熙二十三年上巡河問輔孰爲汝佐以潢對二十六年輔疏言潢十年佐治勤勞下部議授潢僉事道銜二十七年郭琇劾輔辭連潢輔罷潢削職銜逮京師未入獄以病卒輔復起疏請復潢官部議以潢已卒寢其奏潢佐治河主順河性而利導之有所患必推其致患之由工主覈實料主豫備而估計不當過省省則速敗所費較所省尤大愼固隄防主潘季馴束水刷沙之說尤以減水壩爲要務有潰決先固兩旁不使日擴乃修復故道而疏引河以注之河流今昔形勢不同無一勞永逸之策在時時謹小愼微而尤重在河員之久任張靄生採潢所論次爲治河述言十二篇高宗以靄生河圖能得眞源命採其書入四庫與輔治河奏績並列宋文運字開之直隸南宮人順治六年進士授山東滋陽知縣行取刑部主事再遷吏部郎中掌選政清直守正以魏象樞薦擢鴻臚寺少卿累擢刑部侍郎命佐伊桑阿行河上特諭之曰爾有所見當堅持詳議毋以伊桑阿爲尚書而阿其意也以病乞休加太子少保致仕卒謚端愨久之上猶謂文選司事要文運操守聲名無能及之者董訥字茲重山東平原人康熙六年一甲三名進士授編修累擢至江南總督爲政持大體有惠於民左遷去江南民爲立生祠二十八年上南巡民執香跪訥生祠前求復官訥江南上還蹕笑謂訥曰汝官江南惠及民民爲汝建小廟旋以侍讀學士復出爲漕運總督卒熊一瀟字蔚懷江西南昌人康熙三年進士改庶吉士授浙江道監

察御史請罷投誠武官改授文官例並議裁併各關皆下部議行累官工部尚書坐奪官以輔遺疏薦起太常寺卿復至工部尚書致仕卒孫學鵬進士官廣東巡撫

于成龍字振甲漢軍鑲黃旗人康熙七年自廕生授直隸樂亭知縣八年署灤州知州以逸囚當降調樂亭民列善政兩叩闕籲留下巡撫金世德勘實得復任十三年以緝盜逾限未獲又當降調世德疏請留上特許之十八年遷通州知州二十年直隸巡撫于成龍遷兩江總督疏薦可大用會江甯府缺員疏請敕廷臣推清操久著與相類者上即以命成龍二十三年上南巡至江甯嘉成龍廉潔親書手卷賜之超擢安徽按察使上還京師賜其父參領得水貂裘並諭八期諸大臣有子弟爲外吏者各貽書訓勉視得水之教成龍上以江南下河諸州縣久被水敕議疏濬命成龍分理仍聽河道總督靳輔節制輔請於上流築隄束水成龍擬疏海口濬下河水道持異議上遣尚書薩穆哈學士穆稱額往諮於民薩穆哈等還奏言衆謂濬海無益乃命緩興工二十五年二月授成龍直隸巡撫入對上問治畿輔利弊應興革者宜何先成龍對弭盜爲先姦宄倚旗下爲淵藪有司莫敢誰何臣當執法治之瀕行賜白金千表裏二十端上官疏言弭盜當力行保甲旗下莊屯不屬於州縣本旗統領遠在京師僅有撥什庫在屯未能約束應令旗人與民戶同編保甲撥什庫鄉長互相稽察盜發無問所坐爲旗爲民協力救護得盜賞縱盜罰又疏言燕山六衞所轄遼闊與州縣不相統屬盜發止責汛弁捕治而衞官置不問請以衞地屬所近州縣同編保甲並於通州盧溝橋黃村沙河各設捕盜同知守備以下分汛墩臺及旗下莊屯悉歸稽察並下部議行先後捕治旗丁沈顯太監張進昇及大盜司九張破樓子等寘於法二十六年上獎成龍廉能加太子少保幸霸州成龍朝行在賜白金千馬具黃鞍轡湖廣巡撫張汧以貪被劾命與副都御史開音布山西巡撫馬齊往按得實論如律初成龍分理下河未興工而罷上又以湯斌言復命濬治以侍郎孫在豐董其役輔仍主重隄束水並議開中河疏攔馬河減水壩所洩水上命學士禪布以疏示成龍成龍力主濬下河罷築重隄並謂中河雖開無益輔詣京師疏言在豐及總漕慕天顏附和成龍朋謀陷害成龍自湖廣還上命諸臣廷辨之輔言濬海口慮倒灌成龍言高家堰築隄縱上流水不來而秋雨時至天長六合諸水洩歸何處故海口仍當濬上罷輔代以王新命及中河工竟遣學士開音布侍衞馬武閱視還奏天顏令漕船退出中河上逮問天顏天顏發成龍私書屬毋附輔下廷臣議削太子少保降調命留任二十九年遷左都御史兼鑲黃旗漢軍都統三十一年新命罷輔復爲河督旋卒上以命成龍輔領帑購柳束工部駁減成龍覈無虛冒輔築高家堰重隄募夫遠方預給銀安家工中止未扣抵新命題銷格部議成龍復以請上並與豁免三十三年召詣京師疏言運河自通州至嶧縣黃河自滎澤至碭山隄卑薄者皆宜加築高厚並高家堰諸處改石工毛城鋪諸處疏引河及清江浦迤下並江都高郵諸隄工策大舉修治別疏請設道員以下各官又計工費請開捐例減成核收並推廣休革各員上至布政使皆得捐復上召成龍入問開捐例得無累民成龍言無累請益力上廷折之成龍乃請罪上因問爾嘗短靳輔謂減水壩不宜開今果何如成龍曰臣彼時妄言今亦視輔而行廷臣議成龍懷私妄奏當奪官上命留任仍與舉簡要各工乃請先將高家堰土隄改築石工三十四年命復官旋丁父憂還京師以董安國代上親征噶爾丹再出塞命成龍以左都御史銜督餽噶爾丹竄死予拜他喇布勒哈番世職三十七年命以總督銜管直隸巡撫請修永清固安渾河隄並加以濬治上爲改河名曰永定旋疏請設南北岸分司董安國罷復授河道總督三十八年上南巡臨閱高家堰歸仁隄諸處諭以增築疏濬諸事尋以病乞假命在任調治遣醫往視三十九年卒賜祭葬謚襄勤孫在豐字屺瞻浙江德清人康熙九年一甲二名進士授編修直起居注充日講官進講屢稱旨累遷工部侍郎仍兼翰林院學士二十六年命率郎中鄂素等赴淮揚濬海口鑄監修下河工部印授之在豐疏言開新不如循舊築高不如就低迤遠不如取近施工以岡門鎭爲最先次白駒場次丁溪場次草堰上悉從之並以在豐請令輔閉高家堰及高郵諸減水壩輔仍主築隄束水上令輔會總督董訥總漕慕天顏及在豐集議遂會疏用輔議在豐監修海口岡門鎭白駒工已畢丁溪草堰工俱停上以詰成龍成龍言上遣在豐監修下河萬民歡頌今岡門白駒諸工將竣而輔又以爲無益欲於高家堰等處築隄在豐先經履勘始行興工若果無益何待開濬年餘又會議請停此實臣所不能解也二十七年在豐疏劾輔阻撓下河輔亦劾在豐與天顏結婚姻附和成龍下廷臣議輔能成龍坐鐫秩責在豐前後言不讐降調上命仍以翰林官用俄授侍讀學士二十八年遷內閣學士卒開音布西林覺羅氏滿洲正白旗人自筆帖式授內閣中書累遷至左副都御史康熙二十六年偕成龍按湖廣巡撫張汧論罪如律二十七年擢戶部侍郎命監理高郵寶應下河工程二十八年上南巡成龍扈行命與侍郎徐廷璽閱視下河還奏丁溪至白駒水三道入海上流焉家壩引河當仍開濬餘工悉可停乃召開音布還授正白旗滿洲副都統尋擢步軍統領遷兵部尚書授鑲白旗滿洲都統三十八年命專管步軍統領四十一年卒謚肅敏

張鵬翮字運靑四川遂甯人康熙九年進士選庶吉士改刑部主事累遷禮部郎中十九年授江南蘇州知府丁母憂除山東兗州知府舉卓異擢河東鹽運使內遷通政司參議轉兵部督捕副理事官從內大臣索額圖等勘定俄羅斯界還擢大理寺少卿二十八年授浙江巡撫疏言紳民願畝捐穀四合力不能者聽旋以杭州嘉興等府秋收歉薄請暫免輸穀上曰昨歲浙江被災循例蠲賦並豁免錢糧豈可强令捐輸鵬翮原題力不能者聽自相矛盾下部議奪官上寬之尋授兵部侍郎督江南學政三十六年遷左都御史三十七年遷刑部尚書授江南江西總督三十八年上南巡命鵬翮扈從入京賜朝服鞍馬弓矢初陝西巡撫布喀劾四川陝西總督吳赫等侵蝕貧民耔粒銀兩命鵬翮與傅臘塔往按還奏未稱旨命鵬翮與傅臘塔復往陝西詳審三十九年春還奏布喀吳赫及知州蔺佳選知縣張鳴遠等侵蝕挪用各擬罪如律上諭大學士曰鵬翮往陝西朕留心訪察一介不取天下廉吏無出其右尋授河道總督入辭上諭令毀攔黃壩通下流濬芒稻河人字河引湖入江鵬翮到官請撤協理徐廷璽及河工隨帶人員並乞敕工部毋以不應查駁之事阻撓並從之尋疏言臣過雲梯關見攔黃壩巍然如山下流不暢無怪上流之潰決應拆攔黃壩挑濬河身與上流一律寬深又言清口淤墊應於張福口開引河引清水入運敵黃建閘以時啓閉又言人字河至芒稻山分二派又名芒稻河應濬使暢流並濬鳳凰橋引河及雙橋灣頭二河皆滙芒稻河入江俱下部議行尋以攔黃壩既撤河身開濬深通暢流入海疏請賜名大通口上嘉鵬翮章奏詞簡意明治事精詳遣員外郎拖抗拖和中書張古禮馳驛令鵬翮舉所規畫入奏鵬翮疏陳開濬引河運口培修河岸隄壩諸事並下部速議行尋又疏陳河工諸弊並請河員承挑引河偶致淤墊免其賠修夫役勞苦工成日請給印票免雜徭上嘉其陳奏切要周備尋又請於歸仁隄五堡建磯心石閘並於三義壩舊中河築隄改入新中河合爲一河便糧艘通行上謂所議甚當並如所請上倚鵬翮治河謂鵬翮得治河祕要諭大學士曰鵬翮自到河工日乘馬巡視隄岸不憚勞苦居官如鵬翮更有何議鵬翮以修治事狀遣郎中王進楫入奏上諭進楫歸語鵬翮加意防守高家堰鵬翮乃增築月隄及旁近諸隄壩洪澤湖溢泗州盱眙被災上詢修治策鵬翮言泗州盱眙屢被災即開六壩亦不能免上怒曰塞六壩乃于成龍題請不自鵬翮始頃因泗州盱眙災令與阿山議修治非欲開六壩救泗州盱眙而令淮揚罹水患也鵬翮何昏憒乃爾四十一年鵬翮疏請加築清河縣黃河南北岸戧隄天妃閘改築運口草壩建石壩改下家莊土隄爲石隄皆議行又以桃源城西煙墩黃水大漲請加築衞城月隄並於邵家莊顏家莊開引河上慮部議遲延特允之四十二年上南巡視河製河臣箴淮黃告成詩以賜並書榜賚鵬翮父烺山東泰安沂州等州饑上命截漕二萬石交鵬翮往賑鵬翮令河員動常平倉穀二十八萬餘石散賑疏請以山東各官俸工補還上責鵬翮河員發倉穀邀譽乃令山東各官補還鵬翮謝罪仍以殫心宣力清潔自持加太子太保河決時家馬頭數年未堵塞鵬翮以淮安道王謙言劾山安同知佟世祿冒帑誤工奪官追償世祿再叩閽上令尚書徐潮按治鵬翮謙坐誣劾當讞上特寬鵬翮工部侍郎趙世芳又劾鵬翮浮銷十三萬有奇請逮治上曰河工錢糧原不限數水大所需多水小所需少如謂鵬翮以十三萬入己必無之事河工特用人鵬翮用人不勝事故至此耳因還世芳疏上南巡閱清口見黃水倒灌詰鵬翮鵬翮不能對上曰汝爲王謙輩所欺流於刻薄大儒持身如光風霽月況大臣爲國若徒自表廉潔於事何益上舟渡河閱九里岡嘉鵬翮修治如法御製詩書扇以賜及秋淮黃並漲古溝清水溝韓家莊並溢廷臣議奪官上命仍留任尋督塞諸處漫口四十五年疏請開鮑家營引河尋用通判徐光啟言擬開引河出張福口分洪澤湖異漲即爲高家堰保障謂爲溜淮套鵬翮與總督阿山總漕桑額合疏請上莅視四十六年上南巡閱所擬引河道諭曰朕自清口至曹家廟見地勢甚高標竿錯雜依此開河不惟壞田產抑且毀塚墓鵬翮讀書人乃爲此殘忍事讀書何爲詰責鵬翮鵬翮謝罪上以議爲阿山所主非鵬翮意削太子太保奪官仍留任四十七年以黃運湖河修防平穩命復官並免應追帑銀尋遷刑部尚書四十八年調戶部五十一年江南總督噶禮與巡撫張伯行互劾命鵬翮與總漕赫壽往按鵬翮等右噶禮請罷伯行五十二年調吏部伯行劾布政使牟欽元赫壽時爲總督

與異議五十三年命鵬翮與副都御史阿錫鼐往按復請雪欽元議伯行罪斬事互詳伯行傳尋丁父憂以原官回籍守制服闋還朝六十年汶水旱涸阻運命往勘請疏濬坎河雞爪諸泉分注南旺而於彭口築隄障沙水入微山湖河決開州橫流至山東張秋阻運命往勘請築南旺馬場等湖隄蓄水濟運並陳引沁入運利害謂地勢西北高於東南若沁水從高直下而河躡其後害且叵測六十年世宗卽位加太子太傅雍正元年授武英殿大學士河決馬營口久未塞命往勘議幷塞詹家店四口濬治黃沁合流處積沙從之三年卒加少保命於定例外加祭漢堂上官科道皆會賜葬謚文端

論曰明治河諸臣推潘季馴爲最蓋借黃以濟運又借淮以刷黃固非束水攻沙不可也方興之錫皆守其成法而輔尤以是底績輔八疏以濬下流爲第一節費不得已而議減水成龍主治海口及躬其任仍不廢減水策鵬翮承上指大通口工成入海道始暢然終不能用輔初議大舉濬治世以開中河培高家堰爲輔功孰知輔言固未盡用也

清史稿 列傳六十七

郎坦 朋春

薩布素 瑪拉

郎坦瓜爾佳氏滿洲正白旗人內大臣吳拜子年十四授三等侍衛順治六年進二等從端重親王博洛討叛將姜瓖大渾源闈城賊渡濠來犯郎坦射其酋貫心殪遂敗賊師還進一等八年以吳拜附和內大臣洛什等獲罪並奪郎坦官尋復之康熙二年代吳拜管佐領遷護軍參領從定西將軍圖海討李自成餘黨李來亨等於茅麓山深入賊巢獲所置官十一四年襲一等精奇尼哈番十二年京師有張三道者設壇以邪教惑衆命郎坦與諸侍衛捕治十三年命行邊獲逋盜張飛巘等擢正白旗蒙古副都統調本旗滿洲順治中俄羅斯東部人犯黑龍江邊境時稱爲羅刹九年駐防寧古塔章京海塞遣捕牲翼長希福率兵與戰師敗績世祖命誅海塞鞭希福百仍駐寧古塔十一年固山額眞明安達里率師討之敗敵黑龍江羅刹未大創復侵入精奇里江諸處上命大理寺卿明愛等諭令撤回遷延不卽去據雅克薩城於其旁耕種漁獵又過牛滿恆滾侵擾索倫赫哲飛牙喀奇勒爾諸部二十一年秋遣郎坦及副都統朋春等率兵往索倫比行諭曰羅刹犯我境恃雅克薩城爲巢穴歷年已久殺掠不已爾等至達呼爾索倫遣人往諭以來捕鹿因詳視陸路遠近沿黑龍江行圍逕薄雅克薩城勘其形勢度羅刹不敢出戰如出戰姑勿交鋒但率衆引退朕別有區畫賜御用裘服弓矢以行及冬郎坦等還京師疏言羅刹久踞雅克薩恃有木城若發兵三千與紅衣礮二十卽可攻取陸行自興安嶺以往林木叢雜冬雪堅冰夏雨泥淖惟輕裝可行自雅克薩還至愛琿城於黑龍江順流行船僅須半月逆流行船約須三月期倍於陸行於運糧餽軍器輜重爲便現有大船四十小船二十六宜增造小船五十餘應用上諭曰郎坦等奏取攻取羅刹甚易朕亦以爲然第兵非善事宜暫停攻取調烏拉寧古塔兵千五百人幷製造船艦發紅衣礮烏槍教之演習於愛琿呼瑪爾二地建木城與之對壘相機舉行所需軍糧取諸科爾沁十旗及錫伯烏拉官屯約得一萬二千石可支三年愛琿城距索倫五宿可至其間設一驛俟我兵將至精奇里烏拉令索倫供牛羊如此則羅刹不得納我逋逃而彼之逋逃且絡繹來歸自不能久存矣尋擢郎坦前鋒統領二十二年命與黑龍江將軍薩布素會議駐兵額蘇哩事還奏額蘇哩七月卽經霜雪宜乘春和以寧古塔兵分爲三班更番戍守上以更番戍守非久長策不允二十三年甄別八旗管兵官罷郎坦前鋒統領以世職隨旗行走二十四年命都統朋春率師征羅刹郎坦以副都統衛隨征師薄雅克薩城羅刹酋額里克舍請降郎坦宣詔宥其罪引衆徙去毀木城是冬羅刹復來踞雅克薩築城二十五年命郎坦偕副都統班達爾沙攜紅衣礮率藤牌兵百人往會將軍薩布素進兵上以郎坦諳悉地勢卽令參贊軍務六月薄其城鑿壕築壘賊出拒擊敗之斬額里克舍尋俄羅斯察罕汗上書請釋雅克薩圍上許之令郎坦撤軍還駐寧古塔尋擢正白旗蒙古都統二十八年上遣內大臣索額圖等與俄羅斯使人費耀多囉等會於尼布楚立約定界命郎坦與議乃毀所築城徙去二十九年古北口外盜起命郎坦偕侍衛赫濟爾音等督兵捕勦盡殲之三十一年噶爾丹侵喀爾喀部擾及邊境授郎坦安北將軍率師駐大同疏請出邊駐喀喇穆倫偵寇詔暫駐歸化城尋擢領侍衛內大臣兼火器營總管列議政大臣三十二年授昭武將軍率師駐甘州三十三年移駐寧夏與甘肅提督孫思克分道偵寇上聞噶爾丹將逼圖拉命郎坦移兵禦勦以圖拉無警引還仍任領侍衛內大臣列議政如故三十四年往盛京巡閱邊隘還入塞疾劇遣太醫馳驛往視尋卒賜祭葬

朋春棟鄂氏滿洲正紅旗人何和禮四世孫何和禮子和碩圖進爵三等公子何爾本哲爾本蘇布遞襲至袞布以恩詔進一等朋春哲爾本子也順治九年襲封康熙十五年加太子太保授正紅旗蒙古副都統調本旗滿洲二十一年偕郎坦率兵至黑龍江覘羅刹形勢賜御用裘服弓矢與郎坦還奏上命寧古塔將軍巴海副都統薩布素建木城於黑龍江呼瑪爾調取所部兵一千五百人往駐焉又命尚書伊桑阿赴寧古塔督造戰船尋擢朋春正紅旗滿洲副都統二十四年詔選八旗及安置山東河南山西三省福建投誠藤牌兵付左都督何祐率赴盛京命朋春統之進勦羅刹以副都統班達爾沙副都統瑪拉鑾儀使建義侯林興珠護軍統領佟寶參贊軍務祐與珠皆鄭氏將來降者也師既行上遣侍衛關保至黑龍江傳諭曰兵凶戰危朕以仁治天下素不嗜殺以我兵馬精強器械堅利羅刹勢不能敵必獻地歸誠爾時勿殺一人俾還故土宣朕柔遠至意五月師薄雅克薩城遣人諭降不從分水陸兵爲兩路列營夾攻復移紅衣礮於前積薪城下示將焚焉羅刹頭目額里克舍詣軍前乞降乃宥其罪釋還俘虜額里克舍引六百餘人徙去毀木城以歸附巴什里等四十五戶及被掠索倫達呼爾百餘戶安插內地二十九年厄魯特與喀爾喀搆釁命裕親王福全爲撫遠大將軍出邊勦噶爾丹以朋春與都統蘇努參贊軍務蘇努率左翼朋春率右翼至烏闌布通噶爾丹依山列陳朋春所部爲泥淖所阻蘇努督兵衝擊大破之噶爾丹僞乞和夜自大磧山遁走部議朋春坐奪官上命寬之降級留任三十一年命解職赴西路軍前管隊三十五年復授正紅旗蒙古都統旋以費揚古爲撫遠大將軍朋春仍參贊軍務出西路破噶爾丹於昭莫多師還以本隊護軍驍騎十八人戰死未收其骸下部議以師有功免罪仍錄戰績增注敕書三十八年因病解職尋卒子增壽改襲三等公

薩布素富察氏滿洲鑲黃旗人四世祖充順巴本以勇力聞世爲岳克通鄂城長太祖時其後人哈木都率所部來歸屯吉林遂家焉薩布素自領催授驍騎校遷協領康熙十六年聖祖遣內大臣覺羅武默訥等瞻禮長白山至吉林欲得識路者導引寧古塔將軍巴海令薩布素率兵二百攜三月糧以從水陸行至長白山麓成禮而還事具武默訥傳十七年授薩布素寧古塔副都統羅刹據雅克薩二十一年詔率兵偕郎坦等勘視雅克薩城形勢並往視自額蘇哩至黑龍江及通寧古塔水陸道尋郎坦還奏羅刹可圖狀命建木城於黑龍江呼瑪爾兩地以巴海與薩布素統寧古塔兵千五百人往駐造船備礮二十二年疏言黑龍江呼瑪爾距雅克薩尚遠若駐兵兩處則勢分道阻且過雅克薩有尼布楚等城羅刹倘水陸運糧增兵救援更難爲計宜乘其積貯未備速行征勦俟造船畢度七月初旬能抵雅克薩即統兵直薄城下疏下王大臣議如所請上不許尋命巴海留守吉林以薩布素偕寧古塔副都統瓦禮祜率兵駐額蘇哩額蘇哩在黑龍江呼瑪爾之間爲進攻雅克薩要地有田隴舊迹薩布素因移達呼爾防兵五百人赴其地耕種並調寧古塔兵三千更番戍守上念兵丁更戍勞苦命在黑龍江建城備攻具斥堠計程置驛運糧積貯設將軍副都統領之擢薩布素爲黑龍江將軍招撫羅刹降人授以官職更令轉相招撫上命都統瓦山侍郎果丕與薩布素議師期薩布素請以來年四月水陸幷進攻雅薩克城不克則刈其田禾上謂攻羅刹當期必克倘謀事草率將益肆猖狂二十四年以朋春等統兵進攻薩布素會師克雅克薩城乃命薩布素移駐墨爾根建城防禦二十五年疏言羅刹復踞雅薩克請督修戰艦俟冰泮進勦上遣郎中滿丕往詗得實乃命薩布素暫停墨爾根築城移家口速修戰艦率寧古塔兵二千人往攻又命郎坦達呼爾沙會師抵雅克薩城西瀕江薩布素令於城三面掘壕築壘爲長圍對江駐水師未冰時泊舟東西岸截尼布楚援兵冰時藏舟上流汊港內馬有疲羸者分發墨爾根黑龍江飼秣計持久上因荷蘭貢使以書諭俄羅斯察罕汗答書請遣使畫界先釋雅克薩圍上允之命撤圍二十八年俄羅斯使臣費耀多囉等至尼布楚命內大臣索額圖等往會令發黑龍江兵千五百人爲衛尋議以大興安嶺及格爾必齊河爲界毀雅克薩城徙其人去二十九年薩布素入覲賜賚優渥命坐內大臣班尋命總管索倫等部貢物疏陳各部生計土俗採捕之事擬爲則例以上悉允行三十一年奏建齊齊哈爾及白都訥城以科爾沁部獻進錫伯卦爾察達呼爾壯丁萬四千有奇分駐二城編佐領隸上三旗並設防守尉防禦等官噶爾丹入犯疏陳進兵事宜略言興安嶺北形勝地以索約爾濟山爲最已遣識路官兵自盛京吉林墨爾根審度至山遠近分置驛站其無水處掘井以待山之東北呼倫貝爾等處有警與臣駐軍地近即率墨爾根兵先進吉林盛京繼之山之西烏勒輝等處有警則盛京兵先進臣率部下及吉林兵繼之皆會於索約爾濟山上可其奏三十五年上親征噶爾丹自獨石口出中路大將軍費揚古自歸化城出西路命薩布素扼其東路督盛京寧古塔科爾沁兵自索約爾濟

山魁期進勦四月上次克魯倫河噶爾丹西竄爲費揚古所敗詔分薩布素所部兵五百人隸費揚古軍三十六年召至京師尋命回任初邊境有墨爾哲勒屯長累世輸貢康熙初屯長札努喀布克托請率衆內移寧古塔將軍巴海安輯於墨爾根編四十佐領號新滿洲薩布素奏於墨爾根兩翼立學設助教選新滿洲及錫伯索倫達呼爾每佐領下幼童一教習書義是爲黑龍江建學之始三十七年上幸吉林褒其勤勞予一等阿達哈哈番世職幷御用冠服於衆前宣諭賜之尋疏言黑龍江屯堡因災荒積欠米石請俟年豐交倉上以薩布素曾奏革任總督蔡毓榮經理十二堡著有成效嗣因官保荒棄請停止屯種將壯丁改歸驛站存貯倉米支放無餘致駐防兵饟匱乏責令回奏薩布素具疏引罪請以齊齊哈爾墨爾根駐防兵每年輪派五百人往錫伯等處耕種官田穫穀運齊齊哈爾交倉詔侍郎滿丕等往按以薩布素將荒廢地妄報成效並浮支穀石應斬命能任奪世職在佐領上行走尋授散秩大臣三十九年卒乾隆間敕修盛京通志列名宦且稱薩布素諳練明敏得軍民心其平羅剎及黑龍江興學有文武幹濟才云

瑪拉那喇氏滿洲鑲白旗人尙書尼堪從子尼堪卒無子瑪拉與叔阿穆爾圖阿錫圖及弟兆賚分襲尼堪世職瑪拉襲三等阿達哈哈番初任理藩院筆帖式順治五年英親王阿濟格征叛將姜瓖圍大同令瑪拉調蒙古兵以從累遷理藩院副理事官康熙十四年察哈爾布爾尼叛聖祖命信郡王鄂札帥師討之瑪拉自陳久任理藩院習知蒙古狀願赴軍前效力遂命與員外郎色棱赴科爾沁諸部調選兵馬協剿師還擢通政使遷禮部侍郎十六年擢工部尙書偕內大臣喀岱往科爾沁諸外藩宣諭禁令瑪拉初受任上誡以工部積弊宜殫心釐剔十九年坐不能淸積弊議降五秩詔從寬留任復以饗殿器用修造疏忽奪尙書仍留世職二十二年上以俄羅斯數犯邊擾及索倫飛牙喀諸部命集兵黑龍江將進討遣瑪拉往索倫儲軍實尋疏言索倫總管博克所獲俄羅斯人及軍前招降者皆迫於軍威不宜久留索倫應移之內地詔允行復言雅克薩尼布楚二城久爲羅剎所據臣密詷雅克薩惟耕種自給尼布楚歲捕貂與喀爾喀貿易資養贍請飭喀爾喀車臣汗禁所部與尼布楚貿易並飭黑龍江將軍水陸並進示將攻取雅克薩因刈其田禾則俄羅斯將不戰自困上然之即以瑪拉所奏檄示喀爾喀二十四年遣都統朋春等帥師往黑龍江議進兵授瑪拉副都統銜參贊軍務遣蒙古兵三十詷雅克薩城生擒羅剎七人得城中設備及乞援各部狀是年夏朋春等攻羅剎克之逐其人瑪拉在事有功二十五年黑龍江佐領鄂色以耕牛多斃農器損壞奏請儲備命瑪拉往黑龍江督理農務諭曰農事關軍饟令嚴督合力播種値歲豐收穫甚稔二十七年授護軍統領二十九年噶爾丹侵掠喀爾喀命瑪拉偕都統額赫納前鋒統領碩鼐等率兵往討之賜內廐馬以行未幾噶爾丹掠烏珠穆沁命裕親王福全等分統大軍出塞擊之噶爾丹敗遁師旋三十年復來犯至阿爾哈賚無所掠而遁時土謝圖汗車臣汗率所部來歸上幸塞外撫輯瑪拉扈從旋命偕都統瓦岱等率兵赴圖拉偵噶爾丹抵克魯倫河聞其遠竄乃還授西安將軍三十二年準噶爾和碩特部吉巴圖爾額爾克濟農來降上以其人未可信命瑪拉徙入內地毋令復逸瑪拉疏言巴圖爾額爾克濟農率所屬二千餘口竄之來歸揆其情狀當不復逸遂遣官護送幷其子台吉雲木春來朝優賚遣之未幾瑪拉卒於官賜祭葬謚敏恪

論曰俄羅斯之爲羅剎譯言緩急異耳非必東部別有是名也初遣兵詗敵郎坦主其事取雅克薩城朋春薩布素迭爲將而郎坦與瑪拉實佐之尼布楚盟定開市庫倫是爲我國與他國定約互市之始用兵當期必克我苟草率彼益猖狂聖祖諭薩布素數言得馭夷之要矣

清史稿　　列傳六十八

費揚古 滿丕 素丹 碩岱　　馬斯喀

佟國綱 遜圖 格斯泰　　阿南達 子阿喇納

吉勒塔布　　殷化行

潘育龍 孫紹周 從孫之善　　額倫特 康泰 泰希海

費揚古棟鄂氏滿洲正白旗人內大臣三等伯鄂碩子狀貌魁異年十四襲爵康熙十三年從安親王岳樂率兵徇江西討吳三桂三桂將黃乃忠糾衆萬餘自長沙犯袁州費揚古與副都統沃赫總兵趙應奎擊敗之克萬載十五年擊走夏國相於萍鄉進圍長沙累戰皆捷十八年復敗吳國貴於武岡師還擢領侍衛內大臣列議政大臣噶爾丹刼掠喀爾喀遣使諭罷兵不從數擾邊境二十九年授裕親王福全爲撫遠大將軍率師討之命費揚古往科爾沁徵兵參贊軍事秋擊敗噶爾丹於烏蘭布通三十二年歸化城增戍兵以費揚古爲安北將軍駐焉三十三年噶爾丹遣使至請入貢費揚古發兵迎護偵其衆男婦千五百有奇留之歸化城疏聞上察噶爾丹意叵測陽爲修好潛遣入內地窺探命侍郎滿丕諭責其使遣之還七月聞噶爾丹將竊圖拉詔費揚古偕右衛將軍希福率軍往禦希福請益兵上責其疑沮令勿偕往尋以圖拉無警虛噶爾丹將趨歸化城詔費揚古旋師三十四年噶爾丹至哈密費揚古往禦乃自圖拉河西竄尋授右衛將軍仍兼攝歸化城將軍事疏言聞噶爾丹據巴顏烏闌距歸化城約二千里宜集兵運糧於來年二月進勦詔授費揚古撫遠大將軍以都統伊勒愼護軍統領宗室費揚古瓦爾達副都統碩岱將軍舒恕參贊軍事尋召入覲授以方略三十五年二月詔親征三路出師以黑龍江將軍薩布素出東路費揚古出西路振武將軍孫思克西安將軍博霽自陝西出鎭彝並進上親督諸軍自獨石口出中路上與費揚古期四月會師圖拉費揚古師自翁金口進次烏闌厄爾幾再進次察罕河朔與孫思克師會而上已循克魯倫河深入五月費揚古師至圖拉疏言西路有草之地爲賊所焚我軍每迂道秣馬又遇雨糧運遲滯師行七十餘日人馬疲困乞上緩軍以待上進次西巴爾台再進次額爾德尼拖洛海噶爾丹屯克魯倫河聞上親督師至升孟納爾山遙望見御營大驚盡棄其廬帳器械遁去上命馬思喀爲平北大將軍逐噶爾丹並密諭費揚古要擊親督大軍躡其後次中拖陵費揚古偵知噶爾丹走特勒爾濟遣前鋒統領碩岱副都統阿南達阿廸等率兵先往挑戰且戰且卻誘至昭莫多昭莫多者蒙古語大林也在肯特嶺之南土臘河之北費揚古分兵三隊東則京城西安諸軍及察哈爾蒙古兵屯山上西則右衛大同諸軍及喀爾喀蒙古兵沿河列陳孫思克率綠旗兵居其中並遵上方略令官兵皆步戰俟敵卻乃上馬衝擊噶爾丹衆猶有萬餘人冒死鏖鬭自未至酉戰甚力費揚古遙望噶爾丹後陣不動知爲婦女駝畜所在麾精騎襲其輜重敵大亂乘夜逐北三十餘里至特勒爾濟口斬級三千餘俘數百人獲駝馬牛羊廬帳器械無算噶爾丹妻阿奴喀屯素悍能戰亦殪於陳噶爾丹引數騎遠竄費揚古令阿南達詣御營奏捷上乃班師令費揚古駐守科圖尋命移駐喀爾喀郡王善巴游牧地詷噶爾丹所往甫至噶爾丹潛使台吉丹濟拉率千五百人入掠喀爾喀牲畜糗糧遣副都統祖良璧禦卻之追至翁金河丹濟拉敗遁尋以馬疲請移軍駐喀喇穆倫會噶爾丹使其宰桑格壘沽英等來請納款上再幸塞外駐蹕東斯垓召費揚古至行在入對上褒其功奏曰軍中機務皆遵皇上指授並未有所效力況西路糧匱馬乏不能前進及聞駕至克魯倫官兵無不奮發不俟督責力戰破敵奈臣庸劣皇上窮追困蹙之寇臣不能生擒以獻實臣罪也上曰噶爾丹窮蹙朕不忍悉加誅戮不如撫而活之對曰此天地好生之仁非臣等所能測也賜御佩櫜鞬弓矢命還軍三十六年春正月阿南達自肅州奏哈密回人擒獻噶爾丹子塞卜騰巴爾珠爾等上以其疏錄示費揚古並賜胙肉鹿尾關東魚諭曰時當上元令節衆蒙古及投誠厄魯特等齊集暢春園適阿南達疏至衆皆喜悅爾獨居邊塞不得在朕左右故以疏示並問爾無恙即如與爾相見也二月上復親征自榆林出塞詔費揚古密籌進勦費揚古以去歲未生擒噶爾丹請解大將軍任上不允令便宜調遣軍馬費揚古進次薩奇爾巴爾哈孫丹濟拉使來言噶爾丹至阿察阿穆塔台飮藥自殺欲攜其尸及其女鍾齊海率三百戶來歸費揚古以聞上乃班師令費揚古駐察罕諾爾以待六月丹濟拉至哈密費揚古有疾詔昭武將軍馬思喀代領其軍還京師仍領侍衛內大臣進一等公仍以未生擒噶爾丹疏辭不允因諭曰昔朕欲親征噶爾丹衆皆諫止惟費揚古與朕意合遂統兵西進道路遼遠兼乏水草乃全無顧慮直抵昭莫多俾奸狡積寇挫衂大敗累年統兵諸將未有能過之者又曰屢出征知爲將甚難費揚古相機調遣緩急得宜是以濟事四十年從幸索約勒濟中途疾作上駐蹕一日親臨視疾賜御帳蟒緞鞍馬帑銀五千遣大臣護之還京師尋卒賜祭葬謚襄壯以子辰泰襲一等侯兼拖沙喇哈番費揚古樸直有遠慮昭莫多破賊費揚古令幕府具疏減斬馘之數備言師行迷道絕糧皆臣失算賴聖主威福徼幸成功非意料所及幕府或咎其失體費揚古曰今天子親御六師如見策勳易啟窮兵黷武之漸非國家福也及還京師上嘗命大臣校射費揚古以臂痛辭出語人云我嘗爲大將軍一矢不中爲外藩笑損國家威重故不敢與角耳滿丕伊爾根覺羅氏滿洲正藍旗人世管佐

領白贊禮郎累遷御史兼管佐領以事奪官從都統郎坦赴尼布楚與俄羅斯使臣議界還授理藩院郎中二十九年偕員外郎鄂齊爾齎敕宣示噶爾丹時大將軍裕親王福全統師往烏蘭布通上親臨邊指授方略滿丕以噶爾丹奏書至因言賊距大軍僅百里請往擊之上許之遂赴烏蘭布通督火器營擊敗噶爾丹得頭等功牌累擢理藩院侍郎三十三年費揚古進軍圖拉尙書阿喇尼率蒙古兵爲前哨命滿丕協同經理驛站三十四年命往歸化城協理軍務三十五年上親征命將兩藍旗兵赴費揚古軍自翁金趨圖拉破賊昭莫多奉詔還歸化城察視凱旋官兵行糧及撫輯降人旋仍赴費揚古軍移駐喀爾喀游牧界外塔拉布拉克偵防噶爾丹收降其部人札木素等未幾噶爾丹竄死召還京列議政大臣予拖沙喇哈番世職三十九年命往四川勘撫番蠻同提督唐希順攻復打箭鑪於是雅隴江濱瞻對喇袞革布什咱綽斯甲布諸土目各率所屬戶口投誠奏請授五品安撫司其副爲六品土百戶從之擢正藍旗蒙古都統以疾乞罷尋卒碩岱喜塔喇氏滿洲正白旗人先世居片雅滿山有昂郭都哩巴顏者歸太祖碩岱其五世孫也初授二等侍衞兼甲喇額眞世祖幸南苑碩岱與一等伯巴什泰及蒙古侍衞秦尼並從秦尼猝拔刀殺巴什泰碩岱即奪所執長槍擊秦尼立仆禽之置諸法上嘉其勇敢予世職拜他喇布勒哈番兼拖沙喇哈番授巴牙喇甲喇章京從將軍卓布泰南征渡盤江擊敗李成蛟復進攻李定國度磨盤山遇伏力戰破之又從將軍濟席哈討定山東土寇于七康熙初擢前鋒統領吳三桂反命率兵先諸軍發駐守荆州尋命參贊順承郡王勒爾錦軍務未幾罷參贊從將軍穆占等攻長沙三桂將馬寶胡國柱等犯永興碩岱往援失利棄營入城穆占劾之還京師罷官奪世職二十九年起爲正白旗滿洲副都統從定北將軍瓦岱征噶爾丹至克魯倫河偵賊遠遁遂還尋偕都統噶爾瑪率兵駐大同三十五年大將軍費揚古出師西路命碩岱署前鋒統領率大同護軍二百八十人爲前鋒噶爾丹遁往西路命費揚古要擊偵賊至特勒爾濟口令碩岱率前鋒挑戰誘至昭莫多合圍奮擊斬獲無算師還擢內大臣復世職進三等阿達哈哈番五十一年卒子海綬於雍正七年以護軍校隨大將軍傅爾丹征準噶爾擊賊和通呼爾哈諾爾陣沒議卹予世職拖沙喇哈番秦丹富察氏滿洲正黃旗人費雅思哈子襲世職授護軍參領從裕親王擊噶爾丹戰烏蘭布通中箭傷擢護軍統領命帥師駐大同三十五年上親征噶爾丹命秦丹發兵與費揚古刻期並進尋召赴行在統前鋒兵爲導上次克魯倫河秦丹請俟費揚古軍至夾擊師還賜內廐馬改授前鋒統領以疾解任雍正初命大將軍年羹堯征青海起秦丹參贊軍務西寧郭隆寺喇嘛助亂秦丹與提督岳鍾琪討平之授正黃旗蒙古都統署固原提督尋改正紅旗滿洲都統列議政大臣仍駐守陝西七年師征準噶爾命秦丹將西安滿洲兵出涼州卒於軍賜祭葬諡勤僖

馬斯喀富察氏滿洲鑲黃旗人米思翰長子初授侍衞兼佐領康熙二十七年自護軍參領授武備院卿二十八年遷鑲黃旗滿洲副都統尋擢內務府總管領侍衞內大臣兼管火器營三十五年上親征噶爾丹馬斯喀率鑲黃旗鳥槍兵以從先期命與諸大臣議定出征營陳隊伍序次上駐郭和蘇臺命閱留牧馬羣議分馬羣爲七擇水草佳處爲牧地上進駐西巴爾台距克魯倫河已近而費揚古軍未至圖拉諭王大臣集行營議信郡王鄂札請駐師以待馬斯喀與內大臣蘇勒達明珠請進薄敵營上從之復進次克魯倫河噶爾丹望見御營嚴整遂驚遁上親統師逐之至拖諾山授馬斯喀平北大將軍率師進至巴顏烏蘭噶爾丹敗於昭莫多北走所部丹巴哈什哈等詣馬斯喀軍降馬斯喀與費揚古師會收集降人遣兵衞送至張家口外乃還師列議政大臣復從上出塞率師駐大同三十六年春授昭武將軍移師駐寧夏都統巴渾德齊世將軍薩布素都統兼前鋒統領碩鼐護軍統領嵩祝總兵王化行並參贊軍務尋命與費揚古會師馬斯喀以將軍參贊費揚古軍務初伊拉古克三胡圖克圖盜馬歸噶爾丹及噶爾丹死復投策妄阿拉布坦費揚古令馬斯喀率師追之次摩該圖不能及引師還上遣侍郎常綬等諭策妄阿拉布坦得伊拉古克三胡圖克圖以歸誅之馬斯喀坐追勦遲緩當奪官上命留內務府總管及佐領四十一年授鑲白旗蒙古都統四十三年卒賜白金千遣內大臣奠茶酒發引命皇子往送賜祭葬諡襄貞

佟國綱佟佳氏滿洲鑲黃旗人佟圖賴子初隸漢軍領牛彔額眞授侍衞康熙元年襲三等精奇尼哈番授內大臣十四年察哈爾布爾尼爲亂授安北將軍率師駐宣府布爾尼亂定引還十六年推孝康章皇后外家恩贈佟圖賴一等公仍以國綱襲二十年授鑲黃旗漢軍都統疏陳世系請改入滿洲下部議許以本支改入滿洲二十八年命與內大臣索額圖等如尼布楚與俄羅斯使臣費耀多羅等議立約定界二十九年大將軍裕親王福全率師討噶爾丹以國綱參贊軍務八月己未朔師次烏蘭布通噶爾丹屯林中臥駝於前而兵伏其後國綱奮勇督兵進擊中鳥槍沒於陳喪還命皇子迎奠將葬上欲親臨國綱弟國維及諸大臣力阻乃命諸皇子及諸大臣皆會賜祭四壇諡忠勇上以翰林院撰進碑文不當意乃自爲製文有曰爾以肺腑之親心膂之寄乃義存奮激甘蹈艱危人盡如斯寇奚足殄惟忠生勇爾實兼之雍正初加贈太傅邁圖亦佟佳氏滿洲正白旗人父烏進國初自哈達來歸邁圖初授侍衞從信郡王多尼下貴州破明桂王將李成蛟於涼水井李定國於雙河口於魯噶從康親王傑書徇福建討耿精忠授行營總兵戰黃巖克建陽從將軍拉哈達破鄭錦將何祐於太平山復興化拔泉州從將軍賚塔破錦將劉國軒吳淑於蜈蚣山復長泰皆有功康熙二十五年授正白旗蒙古副都統兼佐領尋署前鋒統領從征厄魯特戰烏蘭布通陳沒諡忠毅進世職三等阿達哈哈番格斯泰瓜爾佳氏滿洲鑲白旗人先世居瓦爾喀父赫勒歸太祖從伐明攻獻縣先登入關西討李自成破潼關下江南徇浙江破明兵嘉興城下以牛彔額眞授拜他喇布勒哈番格斯泰初爲睿親王護衞從大將軍伊爾德克舟山從都統瑪奇下雲南破賊石門坎黃草壩克雲南會城皆有功累擢前鋒參領兼管佐領從國綱戰烏蘭布通國綱戰沒格斯泰直入賊營左右衝擊出而復入者再乘勝追賊至河岸阻於淖賊麕集格斯泰力戰與邁圖等皆歿於陳師將發上賜之馬格斯泰請自選得白鼻或言白鼻古所忌格斯泰曰效命疆場吾夙願也何忌師還裕親王奏方戰時親見一將乘白鼻馬三入敵陳衆皆識爲格斯泰也賜祭葬視副都統予世職拜他喇布勒哈番

阿南達烏彌氏蒙古正黃旗人祖巴賴都爾莽柰初事察哈爾林丹汗林丹汗敗走率所部二百三十餘戶保哈屯河逾歲歸太宗授一等梅勒章京從攻寧遠敗明兵復從攻錦州戰死贈三等昂邦章京父哈岱年十七從父攻寧遠敵矢殪父馬且踣哈岱不遑甲馳入陳下馬掖其父超乘步從擊敵與俱還太宗嘉其勇厚賚之父死襲世職屢從伐明敗明兵入關定江南徇浙江擊騰機思討姜瓖取舟山皆在行間康熙間授內大臣討吳三桂命與侍衞阿喇尼徵喀喇沁翁牛特蘇尼特諸部兵分駐大同河南兗州備調發卒諡勤壯阿南達哈岱次子也以一等侍衞兼佐領康熙八年鰲拜敗坐黨附罪斬聖祖特寬之二十七年噶爾丹侵掠喀爾喀諸部命偕喇嘛商南多爾濟齎敕諭罷兵噶爾丹遣使入朝而侵掠如故二十九年命往會喀爾喀諸部兵討噶爾丹以尙書阿喇尼都統額赫納等先後率師出塞阿南達還奏言噶爾丹爲托多額爾德尼擊敗偵卒還報有二人共一騎者有削木爲兵者狀至窮蹙請發兵討之上命選察哈爾兵六百率以赴圖拉益額赫訥軍尋阿喇尼請移西路軍會勦阿南達率兵渡瀚海會大將軍裕親王福全敗賊於烏蘭布通三十一年命赴寧夏招和碩特部台吉巴圖爾額爾克濟農來降擢正黃旗蒙古都統三十二年聞噶爾丹將取糧哈密授郎坦爲昭武將軍召阿南達還三十五年上親征噶爾命阿南達如喀爾喀諸部求習塞外途逕者二十人爲導上次克魯倫河噶爾丹將走還特勒爾濟阿南達方從費揚古自圖拉向昭莫多費揚古令阿南達等先擊噶爾丹僞敗以致敵至昭莫多縱擊敗敵事具費揚古傳阿南達赴行在奏捷上召詢戰狀對曰噶爾丹聞上親征惶駭竄走不虞我兵絕其歸路突然交戰擒斬過半死傷枕藉屬下人多怨懟降者甚衆噶爾丹深以爲悔費揚古慮涉矜張疏報捷特約略言之上乃班師命阿南達駐守肅州尋移軍邊境詗噶爾丹蹤跡阿南達遣兵分駐昆都倫額濟內諸處復與提督李林隆移礮赴布隆吉爾度要隘留軍策應乃還肅州上以其章示議政諸臣獎阿南達防邊能稱職也噶爾丹自昭莫多敗後部衆多離散噶爾丹多爾濟者其妻弟也陰持兩端阿南達至布隆吉爾獲其邏卒縱歸招之降遂遣使通款阿南達因其使檄哈密回部噶爾丹且至當禽獻即傳語噶爾丹多爾濟噶爾丹至哈密哈密且禽獻當爲哈密助未幾噶爾丹遣族子顧孟多爾濟等與達賴喇嘛吉海諸台吉通聲聞阿南達復至布隆吉爾偵知之率兵追及於素爾河擒其使人以其書十四函馳奏三十六年哈密回部擒噶爾丹子色卜騰巴爾珠爾及其從者徹特和碩齊等送阿南達繼又獲厄魯特土克齊哈什喀土克齊實戕我使臣馬迪至是始就擒先後檻送京師尋復疏言厄魯特晉巴徹爾貝來降詢知噶爾丹窮促狀是歲上復親征命與林隆率甘州兵二千出布隆吉爾次塔爾河聞噶爾丹已死所部台吉丹濟拉將竄巴里坤依噶爾丹從子策妄阿喇布坦因往追之未及上命還駐布隆吉爾丹濟拉詣哈密乞降詔南達護使詣上行在敘昭莫多功予拖沙喇哈番世職尋奉命率兵駐西寧四十年卒賜祭葬雍正二年追諡恪敏阿喇納阿南達長子少襲其祖哈岱世職授三等侍衞累進散秩大臣策妄阿喇布坦繼噶爾丹爲寇侵哈密五十四年上命尙書

富寧安視師屯巴爾庫爾五十五年授阿喇納參贊大臣選八旗察哈爾勁卒及嘗從阿南達出塞者得四百人率之以行五十六年授富寧安靖逆大將軍令阿喇納將一千三百人自烏闌烏蘇深入烏魯木齊至通俄巴錫搜山俘一百數十人收駝馬牛羊躪其稼乃還五十九年師入西藏富寧安復令率四千人自吐魯番出邊至齊克塔木破賊敵壘進至皮禪回民三百餘以城降師遂會富寧安於烏闌烏蘇引還六十年上命率師進取吐魯番因留駐其地策妄阿喇布坦來犯阿喇納行與遇令分兵爲三突入陳策妄阿喇布坦敗入林中棄馬步戰我師發槍擊殺準噶爾兵百餘乃敗走逐北數十里俘獲甚衆授協理將軍築城屯墾爲持久計阿喇納久居邊塞悉敵情疏請進兵伊犂下議政大臣議以賊已遠竄暫緩進兵雍正元年擢鑲紅旗蒙古副都統師征青海命率兵二千駐布隆吉爾賊酋阿喇布坦蘇巴泰來襲遣師追至推默爾大敗之未幾卒於軍遣疏爲父請諡上特許之賜白金千遣官護喪歸諡僖恪加拜他勒布喇哈番以其子伍彌泰兼襲合爲三等伯乾隆間定封號曰誠毅伍彌泰自有傳

吉勒塔布李佳氏滿洲正紅旗人覺善第三子初授侍衞兼前鋒參領康熙十一年授正紅旗蒙古副都統十三年耿精忠叛命偕副都統拉哈率師駐江寧尋命援浙江從將軍貝子傅喇塔攻嵊縣與精忠將曾養性等戰於黃瑞山督兵乘夜分兩翼衝擊又遣兵循山麓疾上以鳥槍旁擊之養性敗潰克仙居十四年養性與叛將祖宏勳犯台州吉勒塔布與都統沃申赴援戰於平山嶺壇賊四千餘奪梁蓬隘道遇賊伏盡殲之直趨黃巖副都統穆赫林督兵夾擊養性夜走溫州克黃巖復戰於上塘嶺攻溫州久未下十五年養性復以四萬餘人來犯吉勒塔布遣兵分道逆擊進勦處州過三角嶺循江度師養性以百餘舟屯江上陸兵屯得勝山下據險拒我師吉勒塔布與總兵陳世凱分道拔賊壘又以礮擊賊舟沈諸江師次溫溪渡口擊敗精忠將馬成龍等斬千餘級遂與康親王師會衢州偕都統賚塔等擊精忠將馬九玉戰於大溪灘吉勒塔布督兵踰三澩進焚木城克江山九玉敗遁遂度仙霞嶺進克浦城建陽諸縣從康親王進次福州精忠降十六年擊鄭錦同安十八年與錦將劉國軒戰於下坑於歐溪頭於郭坑皆勝斬二千餘級收海澄與沃申駐師漳州二十一年師還累擢護軍統領正紅旗蒙古都統二十七年授兵部尙書列議政大臣噶爾丹侵喀爾喀上命吉勒塔布與都統巴海等徵科爾沁諸部兵備邊尋命往蘇尼特度水草佳處爲喀爾喀牧地二十九年命與尙書阿喇尼出塞自歸化至圖拉置臺站率師會喀爾喀諸部自洮瀨河進攻噶爾丹噶爾丹掠烏珠穆秦部至烏勒輝河我師與遇分兵乘夜挑戰喀爾喀兵違節度亂陳戰失利吉勒塔布當奪官命留佐領率兵駐呼魯固爾河旋命與內大臣阿密達同駐克勒待裕親王師至分三隊以進吉勒塔布爲第一隊大敗噶爾丹於烏闌布通三十年詔移喀爾喀土謝圖車臣兩部歸附人牧近邊上出塞撫綏令吉勒塔布與尙書馬齊班第等先期集歸附人於上都河額爾屯河以待上慮巴圖爾額爾克濟農掠喀爾喀命吉勒塔布督喀爾喀諸部兵爲備三十一年巴圖爾額爾克濟農降罷兵歸三十五年擢都統三十六年卒賜祭葬

殷化行字熙如陝西咸陽人初以王姓成康熙九年武進士十三年從經略莫洛討吳三桂授守備會王輔臣叛莫洛遇害化行被脅羈秦州稱病不爲賊用踰年自拔歸總督哈占奏復原職補火器營守備從振武將軍佛尼勒戰牛頭山攻克上下嶺三桂將王屏藩據漢中以二萬人犯寶雞大將軍圖海檄化行赴援破敵解西山堡圍復自大泥峪取兩河關復興安州城十九年佛尼勒授永甯化行爲前鋒敗敵托川擊走三桂將胡國柱於安甯橋調援敘州與西甯總兵李芳述守城賊分三路來攻擊卻之圖海哈占合疏陳化行奮戰狀特擢漢中城守營副將二十年逐國柱迭戰安邊敘馬連峯石盤關諸處屢克要隘復馬湖府城二十二年追議輔臣叛時被脅坐奪官哈占以化行未爲輔臣用從征有勞奏復原職授直隸三屯營副將二十三年敘功加一等授都司僉書兼管副將事二十五年上幸畿東化行扈從行圍賜上用佩刀二十六年擢福建臺灣總兵賜貂裘白金時議城臺灣化行言地皆浮沙難以鞏固令部下人致樹一株爲城數日而成諸部亦各植木城繕治甲兵防禦以固三十年移襄陽陝西旱米價騰貴民多流移詔發襄陽米二萬石水運至商州改陸運至西安命內閣學士德珠與化行及總督丁思孔往督水陸輓運並護流民還里三十二年移登州復移甯夏三十五年上親征噶爾丹三路出師發陝西兵當西路遣刑部尙書圖納會將軍督撫及河西提鎭議進兵事化行陳方略詔報可時綠旗兵統於振武將軍孫思克率涼州總兵董大成肅州總兵潘育龍及化行自甯夏出塞會大將軍費揚古進勦化行領所部兵三千至翁金河簡精卒前進遇敵昭莫多山崖峻削其南漸陁有小山橫亙化行急據其巓麾軍士畢登敵猝至山腹發礮擊之噶爾丹率衆死鬬鋒甚銳化行使告費揚古曰賊陳堅宜遣一軍衝其脅賊婦女輜重俱在後陳掀之必亂費揚古從之化行望山下兩軍將薄陳鼓行而下敵披靡死傷枕藉噶爾丹敗遁詔班師是役化行功最三十六年疏請率兵二千至郭多里巴爾哈孫偵禽噶爾丹會上西巡將幸甯夏化行迎謁奏請行圍花馬池觀軍容上曰師行資馬力今噶爾丹未滅甯夏兵至花馬池往來七八日馬必疲獵細事耳罷獵而休馬以獵噶爾丹何如乃令化行率所部兵五百人從昭武將軍馬思喀復出塞尋命化行參贊軍務諭謂綠旗總兵官未有授參贊者並賜孔雀翎師次郭多里巴爾哈孫會大將軍費揚古兵進至洪郭羅阿濟爾罕噶爾丹死詔班師化行還甯夏三十七年請復本姓敘昭莫多功予拖沙喇哈番世職擢廣東提督三十九年瓊州營游擊詹伯豸等擾黎人黎人王鎭邦爲亂以化行約束不嚴降級留任四十年連陽猺爲亂里入峒油嶺二排尤凶橫化行率總兵劉虎駐師里入峝遣副將林芳入排使執爲亂者以獻猺人戕芳及所從兵役上命尙書嵩祝爲將軍令化行及廣西湖南提督各發兵討之四十一年夏會師連州分扼要隘猺人懼縛獻爲亂者李貴鄧二等置諸法餘悉就撫尋追按芳被戕化行虎不能救虎奪官化行休致四十二年上幸西安化行迎謁授其子綸四等侍衞四十九年卒

潘育龍字飛天甘肅靖遠人初入伍從征李來亨等於茅麓山有功康熙十四年王輔臣叛育龍從副將偏圖攻三水淳化復從揚威將軍阿密達戰涇州甯夏道梗大將軍董額使育龍赴提督陳福軍自紅河川白馬城諸要隘轉戰七晝夜達甯夏駐靈州招撫散卒總督哈占調援山陽敗賊於甘溝口十五年從撫遠大將軍圖海奪平涼城北虎山墩累擢守備十七年吳三桂兵犯牛頭山香泉育龍從總兵王好問等出間道擊破之十八年克梁河關斬三桂將李景才景文略等薄興安三桂將謝泗王永世以城降敘功擢都司僉書叛將譚宏據川東育龍從哈占進勦復大竹渠縣遷游擊二十七年以總督噶思泰薦擢甘州副將學士達琊等自西藏使旋至嘉峪關外爲西海阿奇羅卜藏所掠將軍孫思克使育龍偕游擊韓成等搗其巢斬級四百有奇阿奇羅卜藏遁事聞詔嘉獎三十年赴甯夏防勦噶爾丹時改肅州協爲鎭即以育龍爲總兵三十一年降番罕篤與羅卜藏額林臣奇齊克等復叛育龍追至庫列圖嶺斬四十餘級獲百二十人三十四年噶爾丹屬回塔什蘭和卓等五百餘人入犯度三岔河育龍擊禽之三十五年從征噶爾丹遇賊昭莫多飛礮中育龍右頤益力戰賊敗遁師還召至京師上撫視其創命御醫診視賜衣一襲移鎭天津敘功予拖沙喇哈番世職四十年擢陝西提督賜孔雀翎四十二年上西巡育龍迎謁山西賜御書榜駐蹕渭南閱固原將卒校射顧大學士馬齊等曰朕巡歷諸省綠旗無如潘育龍兵者命加秩尋特授鎭綏將軍領提督如故四十九年上幸五臺育龍迎謁賞賚優渥親製詩章寵之時有陳四等率妻子游行鬻技走馬上罕蹦索算卦俗名曰卦子人既衆遂爲盜育龍捕得五百九十餘人有司讞鞫因疏請飭各省督撫責所屬鄉村堡寨遏令改業編戶爲民給荒地開墾馬騾牲畜變爲牛種載入賦役全書下部議行尋以病累疏乞休詔輙慰留五十八年卒贈太子少保賜祭葬諡襄勇孫紹周改籍陝西西安襲世職授二等侍衞累遷廣西慶遠協副將雍正初總督鄂爾泰奏開古州都江河道以定旦來牛二寨苗梗路檄紹周統廣西兵赴古州諸葛營與貴州副將趙文英會勦盡平賊寨擢雲南提督賜花翎調古北口以病解任乾隆十八年卒高宗追念育龍軍功特予恩騎尉世職以紹周子忱嗣之善育龍從孫仍籍甘肅靖遠初從育龍征噶爾丹昭莫多之役力戰中槍詔來京師醫治四十二年上幸西安之善迎謁臨潼授藍翎侍衞賜孔雀翎補肅州鎭標游擊策妄阿喇布坦以二千人侵哈密之善率兵二百擊敗之上嘉其勇超擢陝西潼關副將從靖逆將軍富甯安擊準噶爾於烏魯木齊多俘獲雍正初青海台吉羅卜藏丹津叛侵布隆吉爾與參將孫繼宗引兵夾擊斬獲無算擢四川川北總兵移鎭陝西西安之善以邊外邊關當設卡路杜窺伺乃遣兵於沙州西路伊遜察罕齊老圖及察罕烏蘇諸爾分路偵緝並以住牧熟夷數百戶分置諸要隘詗敵情督修西安城及沙州五堡以二千四百戶屯田沙州籌牛種建房舍疏聞上深嘉之命署固原提督諭曰此軍乃汝叔祖潘育龍所整理爲天下第一營伍流風餘韻至今可覩若不能企及何顏以對朕耶尋以目眚解任十一年卒

額倫特科奇哩氏滿洲鑲紅旗人佛尼埒子也佛尼埒卒官家貧不能還京四川總督哈占請留額倫特西安效力部議不許上特允之康熙二十三年授西安駐防佐領三十年從將軍尼雅翰逐厄魯特巴圖爾額爾克濟農又從將軍郎坦赴克錫圖額皆有勞三十五年上親征噶爾丹從大將軍費揚古出西路破敵昭莫多以功授世職拖沙拉哈番擢協領四十三年上幸西安閱武設宴

特命額倫特近御座親賜之飲諭曰爾父宜力行間爾亦入伍能效力故賜爾飲尋遷西安副都統調荊州副都統四十九年擢湖廣提督五十二年授湖廣總督尋命履勘湖南諸州縣荒墝得四萬六千餘頃疏請聽民開墾六年後以下則起科五十四年命往按太原知府趙鳳詔貪墨狀論罪如律厄魯特策妄阿拉布坦犯哈密上遣尚書富寧安等率師討之五十五年命額倫特署西安將軍主軍儲策妄阿喇布坦自噶順汛山後道沙拉侵青海執台吉羅卜藏丹濟布以去命額倫特率師駐西寧為青海諸部應援五十六年策妄阿拉布坦遣其將策凌敦多布侵西藏命額倫特移軍青海與青海王台吉等議屯軍形勝地額倫特疏言西寧入藏道有三庫庫賽爾嶺拜都嶺道皆寬廣請與侍衞色楞分道進兵五十七年策凌敦多布入西藏破布達拉城戕拉藏汗執其子蘇爾咱遂據有其地六月額倫特與色楞分道進兵額倫特出庫庫賽爾嶺七月至齊諾郭勒策凌敦多布遣兵夜來侵擊之退次日復至額倫特親督兵緣山接戰賊潰逐追二十餘里多所斬獲疏入上深嘉其勇俄策凌敦多布遣兵潛出喀喇烏蘇額倫特率所部疾趨渡河扼狼拉嶺據險禦敵比至喀喇烏蘇色楞以兵來會合力擊賊賊數萬環攻額倫特督兵與戰被重創戰益力相持者數月九月復厲兵進戰射殺賊甚衆矢盡持刀麾兵斫賊賊益兵合圍額倫特中傷猶力戰遂沒於陣五十八年喪還上命諸王以下迎城外內大臣侍衞至其家奠茶酒世宗即位進世職三等阿達哈哈番賜祭葬謚忠勇額倫特與川陝總督音泰皆自行伍中為上所識拔額倫特以廉潔著上嘗與張伯行並稱謂在督撫中操守最優也康泰甘肅張掖人初入伍累擢至游擊從將軍孫思克擊噶爾丹以功授世職拖沙喇哈番四遷四川提督額倫特駐西寧泰率松潘兵千餘出黃勝關為應援兵譟奪官命自具鞍馬從軍從額倫特入藏戰喀喇烏蘇躍馬殺賊矢集於臂叱其子拔矢裹創復戰陣沒贈都督同知謚壯勇弟海陝西涼州總兵將所部從額倫特同時戰死贈世職拖沙喇哈番

論曰厄魯特亦出於蒙古析為四衞拉特其一曰綽羅斯牧伊犂噶爾丹戕兄子自立乃號準噶爾移根阿爾泰山兼有四衞拉特北侵喀爾喀南侵衞藏聖祖再親征乃摧敗以死烏闌布通之役噶爾丹敗遁我軍亦重創佟國綱以元舅死綏及戰昭莫多費揚古麾飢疲之衆當困鬥之寇蹈瑕以破堅則謀勇勝也馬斯喀阿南達吉勒塔布化行育龍先後在事有勞額倫特孤軍殉寇青海之師準部之滅皆於是乎起謹書之以著其本末

清史稿

列傳六十九

姜希轍　余縉
德格勒　陳紫芝 質重光
任宏嘉　高層雲
沈愷曾　鄧翔麟
高遐昌

姜希轍字二濱浙江會稽人明崇禎間舉人順治初除溫州教授五年以瑞安知縣缺員令暫攝鄭成功兵來犯攻城希轍督民守遇事立應援至破成功兵齊雲江上九年遷直隸元城知縣畿北饑流民至者日以萬計逃人令方嚴民處溷入為累輒拒不予食希轍令察非逃人使墾縣中荒田田闢饑民以活善決獄民稱之十五年授工科給事中吏得盜自列義王孫可望家人為買馬鑲白旗丁為之因緣希轍疏言可望來歸本朝湔滌不暇尚敢收亡命相關通身為旗丁豈復應禁驚冒法網夫盜有根柢有黨羽臣請收義王家人及旗丁窩治之上下其疏罪人皆抵法國初考功法獲逃人闢荒田督運漕糧皆躐等陞擢希轍疏爭非政體不當開倖進上方嚴罪貪吏吏往往曲法罰鍰希轍疏言例贖杖分有力無力所輕重不過銖兩間今乃倍五倍十不拘成數不應則敲朴隨之是昔以罰省刑今以罰濟刑也命仍如定例十七年上詔求言希轍疏言臣聞君臣一德原未嘗以憂勞之任獨歸之君父為人臣諉卸責地也臣觀今日積習病根大要有二巧於卸肩者假詳慎以行推諉畏於任事者飾持重以蹈委靡請進一德之箴為中外諸臣誡師自江西下廣東州縣供億緊重南贛巡撫報曲江始興兩知縣同時自戕希轍疏言大兵所集米豆草束槽鍘釜鑊自所必需然先時傳檄使之預備供億雖艱何至捐軀行兵不嚴責在總督立法不預責在巡撫二者必居一於是請飭察究尋吏歷兵禮二科時會計法嚴錢糧完欠每項各限十分定考成條例繁賾有司數過不給希轍疏請總歸十分以一歲之徵收計一歲之款項起訖既清稽核亦便自此部計稍紓有司得久任康熙元年考滿內陞回籍待闕九年詣京師復授戶科都給事中具三疏請增科員請令巡撫得轄兵防地方竊發請緩奏銷之期使催科不迫還順天府丞遭父喪歸十七年授奉天府丞乞養母歸三十七年卒於家

余縉字仲紳浙江諸暨人順治九年進士授河南封邱知縣兵後流亡未復棄地彌望朝議興屯設道廳董之民田徵賦屯田徵租租視賦為重民棄屯不耕府縣吏急考成以屯租散入田賦民失業總督李蔭祖行部至縣縉導觀民間困苦狀蔭祖疏聞興屯道廳悉罷十七年行取授山西道御史乞養歸起河南道御史康熙初鄭成功已死其子錦屯廈門有議棄舟山者縉上疏爭之略謂浙江三面環海寧波尤孤懸海隅以舟山為外藩不知行間諸臣何所見而倡捐棄之議江海門戶歛手委之逆豎夫閩海祇一廈門數萬之衆環而攻之窮年不能下奈何以已克之舟山增其巢穴福建總督李率泰議遷海濱居民縉復疏爭之略謂海濱之民與賊狎處一二冥頑貪狡嗜厚利通消息以相接濟者固未必無之但據所稱排頭方田諸處民或盜牧馬或縛窮民潛送廈門當此兩軍相望巡徼嚴密雖有奸宄安能飛渡是其號令不肅已可概見又云派撥舵工水手公然不應海上舵工名曰老大其人必少長海舟內外洋島嶼徑路靡不熟歷而後稱風使舵操縱自如奈何責之素不練習之民視同里役橫加僉派彼即勉強應役技既不精心復叵測萬一變從中起將置數十萬舊戈持滿之士於何地兩疏語皆切至聖祖親政順治間建言諸臣坐遷謫者次第赦還惟議及逃人不在赦例居數年詔寬逃人禁縉疏請敕部察當日建言被謫諸臣存者召還錄用歿者歸葬賻卹尋命巡視長蘆鹽政以改葬乞歸二十八年卒於家縉廉而能治事尤持正妖人朱方旦言禍福朝士多信之縉曰此妄男子耳於法當誅方旦卒坐死

德格勒滿洲鑲藍旗人康熙九年進士選庶吉士授編修累擢侍讀學士充日講起居注官掌院學士李光地亟稱其賢聖祖時召見講論經史嘗扈從巡行大學士明珠柄政務結納士大夫將餽金為治裝德格勒以裝具固辭不受會久旱上命德格勒筮遇夬問其占曰澤上於天將降矣而卦義五陽決一陰小人居鼎鉉故天屯其膏決去之即雨上愕然曰安有是德格勒遂以明珠對明珠聞大惡之時以蜚語上聞謂德格勒與侍講徐元夢互相標榜徐元夢亦不附明珠者也故並嫉之二十六年光地乞假歸入辭面奏德格勒徐元夢學博文優逾月上召尚書陳廷敬湯斌等及德格勒徐元夢試於乾清宮閱卷畢諭曰朕政暇好讀書然不輕評論古人評論古人猶易評論時人更難如德格勒每評論時人朕心不謂然故召爾等面試妍媸優劣今已判然學問自有分量毋徒肆議論為也二十七年明珠罷未幾掌院學士庫勒訥劾德格勒私抹起居注並與徐元夢互相標榜下刑部論罪故事起居注數易藁然後登籍德格勒所刪易者實未定藁也讞上論斬命改監候秋後處決徐元夢亦坐讁語詳徐元夢傳光地還京師上命尚書張玉書等以德格勒試卷示九卿並詰光地於是玉書等奏稱德格勒文實鄙陋光地亦以妄奏引罪命從寬免究德格勒尋遇赦釋歸本旗卒

陳紫芝字非園浙江鄞縣人康熙十八年進士選庶吉士改陝西道御史力持風紀絕外僚餽遺巡視南城捕大猾鄧二寘諸法疏言朝章國典宜畫一民間冠昏喪祭未有定制請編纂禮書頒行天下又請裁屯衞以屯務屬州縣則田賦可覈逃盜可清詔並允行時督撫監司皆由廷臣保舉湖廣巡撫張汧大學士明珠所私也恃勢貪暴言路莫敢摘發二十六年紫芝上疏劾之言汧蒞任未久黷貨多端凡地方鹽引錢局船埠靡不搜括甚至漢口市肆招牌亦按數派錢當日保舉之人必有贓囑情弊請一併敕部論罪上命奪汧官遣直隸巡撫于成龍山西巡撫馬齊副都御史開音布往按治復諭廷臣謂汧貪婪無人敢言紫芝獨能彈劾即予內陞成龍等按得汧以前官福建布政使虧帑令屬吏彌補又派收鹽商銀九萬上荊南道祖澤深婪取於民又八萬讞上論絞保舉汧為巡撫者侍郎王遵訓學士盧琦大理寺丞任辰旦皆坐奪官擢紫芝大理少卿每讞獄稍涉矜疑即為駁正多所平反紫芝以峭直受上知同朝多側目無何卒或傳紫芝一日詣明珠延坐進茗飲之歸遂暴卒云質重光字在辛江南句容人順治九年進士自刑部郎中考選御史巡按江西與明珠忤罷歸初鄭成功犯鎮江重光縋城乞援事平賜御書榜卒祀鄉賢

任宏嘉字葵尊江南宜興人初以舉人官行人康熙十五年成進士十八年考選江南道御史巡南城疏言各州縣宜有講堂書院庶人知嚮學又言學道不惟受制藩司抑且受制知府蓋府道階級不甚懸無以資表率部郎聲望不甚重又無由達封章求其公明實不可得乞重其選改巡北城疏陳五城應行事謂盜風未靖由保甲不行稽察未淸由旗民雜處司坊未潔由勸懲不當又言州縣昏夜比較鄉民託宿無地飢寒受杖往往殞命又或因分釐火耗之輕受笞役橫索之累又言朝廷淸丈所以爲民而藩府駁册上下動費累百津梁有關所以禦暴今水港皆設巡攔旱路亦行堵截檢索至負擔稅課編雞豚所言皆痛切宏嘉一日巡城有錦衣駿馬突其前訶叱之隸卒白曰此王府優也宏嘉趣王府索優出杖之四十上聞直宏嘉由是貴戚斂跡毋敢玩法尋掌山東道兼江南道如故上十漸疏一曰朋黨交結之漸始因交際爲餽遺漸以愛憎成水火二曰奢侈僭踰之漸物力既殫等威亦紊三曰文武訐訕之漸督撫提鎭挾私互訐小吏效尤何以使民無訟四曰紳士吹求之漸有司視如仇讐姦民以爲魚肉五曰上下奉違之漸國家良法美意奉行者徒有虛文過當者反成弊政六曰名器混淆之漸爲生養萬民計守令宜用正途七曰常平侵漁之漸貯穀久易浥損又雖盤察不若聽民輸錢數易稽而無朽蠧八曰河工興建之漸從古無不徙之河治河惟去其太甚不必議開議塞借一勞永逸之辭爲遂利倖功之術九曰情罪過當之漸如逃人止於鞭刺過宿反至竄流輕重不平枉誣尤甚十曰積習膠固之漸升遷則趕缺壓缺處分則忽重忽輕視爲故常營競特甚復疏論銓政不平並下部議行三十三年遷奉天府府丞兼學政轉通政司參議署通政使丁母憂歸服闋病目卒於家宏嘉素愼疏上言過直輒戰慄或曰子慈若此何如不言曰宏嘉之戰慄氣不足也然知其當言不敢欺吾心尤不敢負吾君耳

高層雲字二鮑江南華亭人康熙十五年進士授大理寺評事二十五年授吏科給事中二十六年太皇太后崩詔王大臣集永康左門外議喪禮大學士王熙等向諸王白所議跪移時李之芳年老起而踣層雲曰是非國體也即日疏言謂天潢貴胄大臣禮當致敬獨集議國政無弗列坐所以重君命尊朝廷也況永康左門乃禁門重地太皇太后在殯至尊居廬天威咫尺非大臣致敬諸王之地大學士爲輔弼大臣固當自重諸王亦宜加以禮節不可驕恣倨慢坐受其跪失藩臣體疏入上曰朕召大臣議事如時久每賜墊坐語今大臣爲諸王跪於禮不合下宗人府吏禮二部議嗣後大臣與諸王會議不得引身長跪著爲令二十八年京師旱詔求言層雲疏論江淮間行屯田擾民請急停蘇民困上嘉納之遷通政司參議二十九年遷太常寺少卿卒官

沈愷曾字樂存浙江歸安人康熙二十六年進士選庶吉士三十年改山東道御史喀爾喀率屬內附上親出塞撫循愷曾疏言巡行口外爲蒙古諸臣定賞罰編戶口安插新附但聖躬遠出關嶮崎嶇乘輿勞頓於外羣臣晏息於家臣心何安宜遣部院大臣經理令逐一奏聞仍與皇上親行無異乞傳旨暫緩此行疏入不報上還京師召愷曾入對賜宴三十五年上親征噶爾丹歲暮以餘孽未靖復出塞愷曾復上疏請回鑾語甚剴切順天學政侍郎李光地有母喪命奪情視事光地請給假九月言路大譁愷曾疏言學臣關繫名教表率士子使衰絰者衣錦論文其何以訓宜令終喪以隆孝治閣臣職司票擬理應委曲奏請始不當有在任守制之票既不當有仍遵前旨之擬科臣職司封駁閣臣票擬不當科臣繳旨覆奏固其職也乃亦復默然不知其所謂封駁者何在也臣不敢以妄擬閣臣爲嫌劾奏同列爲咎疏入下九卿議尋用彭鵬言令解任在京守制陝西提督孫思克請令富民納粟佐軍愷曾論奏乞敕部停止上是之入臺七年疏數十上伉直敢言歷掌山西江南浙江河南道事管登聞院三十八年巡兩廣鹽課多惠政商民德之報滿留任一年還京復掌山西道丁父憂以廣東運使罣誤事連坐罷官四十四年上南巡召試行在稱旨賜御書尋卒

龔翔麟字衡圃浙江仁和人父佳育字祖錫自龍驤衛經歷出知安定縣又自兵部郎中出爲分巡通永道僉事擢江南布政使所至有聲績入授光祿寺卿命修賦役簡明書未竟卒翔麟自副貢生授兵部主事出榷廣東關稅沿海諸稅口遠者去省二千里吏役苛索商民重困翔麟嚴其禁並移行府縣察究康熙三十三年考選陝西道御史遂疏請以諸稅口交府縣徵收著爲令尋命巡視西城大學士熊賜履以誤擬旨罷復起爲吏部尙書翔麟疏劾賜履竊講學虛聲前因票擬錯誤嚼毀草籤卸過同官皇上從寬放歸田里旋賜起用晉位冢宰毫無報稱其弟賜瓚包攬捐納奉旨傳問賜履不求請處分猶泰然踞六卿之上乞賜罷斥右通政張雲翮故靖逆侯勇子勇妻李卒雲翮不居喪翔麟疏劾雲翮縱非李出嫡母繼母並制三年豈可視爲陌路乞嚴加議處以儆敗類雲貴總督趙良棟討吳三桂定雲南以敍功未允爲部下乞恩屢有求請翔麟疏劾良棟効力行間悉由皇上指授方略蕩平後敍功既經廷議重以睿裁輕重無不允當事閱十年而良棟猶曉曉不已妄肆薦揚市恩於衆借矜己功且越例求賜莊田房屋言詞狂悖大不敬乞下所司定罪賜履雅負淸望良棟功臣雲翮功臣子翔麟論列無所避以是得直聲俄又劾賜履及侍郎趙士麟亂銓政條列以上官御史十年乞歸貧至不能舉火蕭然不改恆度尋卒

高遐昌字振聲河南淇縣人康熙十五年進士授湖南龍陽知縣以屯賦重請減與民田同額父憂去服闋補廣東東莞知縣歷茂名信宜護高州知府皆有聲行取擢刑部主事累遷戶部郎中四十六年授戶科給事中時提督九門步軍統領託合齊恃權不法給事中王懿德列款疏劾上方幸熱河遐昌詣行在繼劾之略言託合齊欺罔不法經懿德糾參臣又何敢置喙伏念其所以橫恣皆緣握權太過自督捕裁而所轄三營改歸提督悍將驕兵毫無忌憚請仍歸兵部擇司官督率考勤惰禁勒索營務防汛晝夜巡邏即有奸匪不得妄牽無辜私刑酷訊提督干預詞訟奸民搆弁兵擇人而噬民不聊生請仍歸大宛二縣五城司坊巡城御史以及府尹治中逃盜命案歸於刑部一秉國法提督管理街道縱其兵丁肆爲貪噬勢壓官民請五城分治仍歸司坊每年工部保題司官督理庶法官守制無復軼越此皆本朝舊例當歸所司防微杜漸不致成積重之勢疏上上以巡捕三營併步軍統領非自託合齊始司坊管街道畏懼顯要止知勒索舖戶故亦歸併步軍統領今既累商民即以遐昌兼管期一年責以肅淸遐昌既任事革除陋規街道溝渠次第平治兵民以安兩屆報滿仍命接管託合齊陰圖報復欲伺隙中傷五十年上自暢春園還見內城街道被侵占甚窄召託合齊詰責之託合齊奏外城尤窄命尙書赫碩色等察勘託合齊故引視僻巷民居占官街得三百餘間謂皆遐昌任內所造逮下刑部獄尙書齊世武託合齊黨也將刑訊主事蔣晟持不可乃議遐昌以官街巡民譽應發奉天安置託合齊黨復譁言遐昌受賂嚴訊家屬定爰書謂據供雖未受賂但風聞街道舊規鋪戶修房每間與胥役錢二三百以此例之房三百餘間計錢七百五十千當枉法贓律處絞朝審具冤狀尙書王掞李天馥謂遐昌廉能爲上知宜從寬典富寗安贊之獄乃緩會託合齊以病乞假隆科多攝其職因言託合齊罔上行私橫恣貪婪及誣陷遐昌狀上命釋遐昌都人爭赴獄舁之出擁赴闕謝及出都送者塡溢醵金完懸贓遐昌歸未幾卒

論曰康熙間以直言著者魏象樞郝浴楊素蘊彭鵬趙申喬輩數歷中外卓然爲名臣希轍縉自世祖朝已在諫垣有獻替宏嘉論十漸層雲爭國體陳義皆甚高若德格勒紫芝重光忤明珠愷曾彈李光地翔麟論熊賜履趙良棟遐昌抗託合齊雖所糾繩賢不肖不同謇謇匪躬不爲名懾不爲勢撓讜爲遺直殆無愧歟

清史稿　列傳七十

覺羅武默訥　舒蘭 拉錫 拉錫子旺札爾 孫博霽阿

圖理琛　何國宗

覺羅武默訥正黃旗人景祖第三兄索長阿四世孫也順治四年授世職拖沙喇哈番累進三等阿達哈哈番擢一等侍衛康熙六年授內大臣管佐領十六年命偕侍衛費耀色塞護禮索鼐瞻禮長白山諭曰長白山祖宗發祥之地爾等赴吉林選識路之人瞻視行禮並巡視寗古塔諸處於大暑前馳驛速往五月己卯武默訥等發京師己丑至盛京東行戊戌至吉林詢土人無知長白山路者得舊居額赫訥殷獵戶岱穆布魯言其父曾獵長白山麓負鹿歸道經三宿似去額赫訥殷不遠自吉林至額赫訥殷陸行十日舟行幾倍之寗古塔將軍巴海令運米十七艘詣額赫訥殷先發並令協領薩布素護武默訥等行六月丁未武默訥等攜三月糧陸行經溫德亨河庫埒訥嶺奇爾薩河布爾堪河納丹弗埒城輝發江法河卓隆鄂河抵訥殷江干米亦至乃乘小舟與薩布素

分道行泝訥殷江逆流上丙寅會於額赫訥殷一望深林無路薩布素率衆前行伐木開道遣人還告行三十里得一山升其巔緣木而望長白山乃在百餘里外片片白光如積玉視之甚晰戊辰武默訥前行己巳遇薩布素於林中壬申黎明大霧莫辨山所向聞鶴唳尋聲往遇鹿蹊循行至山麓見周遭密林中間平迤圓繞有草無木前臨小林盡處有白樺木整若栽植及旋行林外仍瀰漫無所見跪誦敕旨拜畢霧開峯巒歷歷在目登陟有路遙望之山修而匾既近則堂平而宇圜向所睹積玉光冰雪所凝也山峻約百餘里巔有池環以五峯其四峯臨水拱峙正南一峯稍低分列雙闕池廣袤約三四十里夾山潤水噴注自左流者爲松花江右流者爲大小訥殷河繞山皆平林武默訥瞻拜而下峯巔羣鹿奔逸仆其七墜武默訥等前時登山者正七人方乏食謝山靈賜卻行未里許欻然霧合癸酉還至前望處終不復見山光七月庚辰至恰庫河馬疲甚甲申自恰庫河乘舟還經色克騰圖伯赫噶爾漢噶達渾薩穆薩克錫法克什多璭諸河至松花江八月丁未還吉林巡視寧古塔諸處乙丑還京師疏聞詔封長白山之神秩祀如五嶽十七年命武默訥齎敕往封歲時望祭如典禮十九年召入養心殿命工繪其像以賜諭曰以此像俾爾子孫世世供享以昭恩寵二十九年卒賜祭葬

舒蘭納喇氏滿洲正紅旗人父敦多哩官刑部侍郎兼佐領坐黜總督蔡毓榮罪附和尚書希福從輕比奪官戍黑龍江舒蘭自理藩院筆帖式遷主事康熙三十八年從侍郎滿丕都統烏達禪等招降巴爾瑚三千餘人安置察哈爾游牧地編隸佐領未幾巴爾瑚佐領額克圖叛戕察哈爾副總管阿必達驍騎校班第掠馬駝以遁上命喀爾喀公錫卜推哈坦等率蒙古兵追勦舒蘭持檄傳示蒙古諸貝勒台吉幷徵察哈爾厄魯特兵從烏達禪會勦禽其渠遷內閣侍讀四十年命偕侍衛拉錫往探河源諭曰河源雖名古爾班索里瑪勒其發源處人跡罕到爾等務窮其源察視河流自何處入雪山邊內凡經流諸處宜詳閱之四月辛酉舒蘭等發京師五月己亥至靑海庚子至庫庫布拉克貝勒色卜騰札勒與偕行六月癸亥至鄂稜諸爾甲子西行至札稜諸爾鄂稜周二百餘里札稜周三百餘里二諸爾距三十里許乙丑至星宿海蒙古名鄂敦塔拉星宿海之源小泉萬億歷歷如星衆山環之南有山曰古爾班圖勒哈西南有山曰布瑚珠勒赫西有山曰巴爾布哈北有山曰阿克塔齊勒東北有山曰烏闌都什蒙古總名曰庫爾坤卽崑崙也山泉出自古爾班圖勒哈者爲噶爾瑪瑭出自巴爾布哈者爲噶爾瑪楚木朗出自阿克塔齊勒者爲噶爾瑪沁尼三山之泉溢爲三支河卽古爾班索里瑪勒也三河東流入札稜諸爾札稜一支入鄂稜諸爾黃河自鄂稜出其他山泉與平地水泉淵淪瀠繞不可勝數悉歸黃河東下丁卯舒蘭等自星宿海還念故道循河流東南行己巳登哈爾吉山見黃河折而東至庫庫陀羅海山又南繞薩楚克山復北流經巴爾陀羅海山之南庚午達阿木尼瑪勒占穆遜山山最高雲霧蔽之不可端倪蒙古人言長三百餘里有九高峯積冰終古不消常雨雪一月得晴僅三四日舒蘭等自此返壬申至錫喇庫特勒又南過僧庫爾高嶺更百餘里至黃河岸見黃河自巴爾陀羅海山東北流經歸德堡北達喀山南兩山峽中流入蘭州自京師至星宿海七千六百餘里寧夏西自松山至星宿海天氣漸低地勢漸高人氣閉塞行多喘息九月還京師具疏述所經並繪圖以進上諭廷臣曰朕於古今山川名號雖在邊徼遐荒必詳考圖籍廣詢方言務得其正故遣使至崑崙目擊詳求載入輿圖卽如黃河源出西塞外庫爾坤山之東衆泉渙散燦如列星蒙古謂之鄂端塔拉西番謂之索里瑪勒中華謂之星宿海是爲河源匯爲札稜鄂稜二澤東南行折北復東行由歸德堡積石關入蘭州其原委可得而縷晰也舒蘭累擢內閣學士四十五年命往西藏封拉藏爲翊法恭順汗回京得風疾遣太醫診視越二年疾復發乞休許解任調治五十二年疾愈起故官是年以萬壽恩典復其父敦多哩故秩尋遷工部侍郎未幾坐事降三秩調用五十九年卒拉錫圖伯特氏蒙古正白旗人自親軍校三遷二等侍衛偕舒蘭窮河源進一等雍正初累擢本旗都統以治事明敏予拜他喇布勒哈番世職授議政大臣拉錫諳習旗務奏事輒稱旨累被褒嘉加授拖沙喇哈番四年以隱匿烏梁海事盡削官職降授一等侍衛管太僕寺卿尋仍擢鑲白旗滿洲都統迭署江寧將軍天津滿洲水師都統授領侍衛內大臣卒子旺札爾初授侍衛襲世職使從侍郎阿克敦與噶爾丹定界如蘇州如浙江按事累遷鑲白旗滿洲都統理藩院侍郎御前大臣命赴金川察沿途驛站金川平擢領侍衛內大臣卒諡恪愼子博靈阿襲世職初授侍衛累遷正藍旗蒙古副都統從征金川攻當噶爾拉擈碉受創卒贈都統銜進世職一等輕車都尉圖形紫光閣乾隆四十七年高宗命侍衛阿彌達詣西寧祭河神再窮河源還奏星宿海西南有水名阿勒坦郭勒更西有巨石高數丈名阿勒坦噶達素齊老蒙古語阿勒坦爲黃金噶達素爲北極星郭勒爲河齊老石也崖壁黃金色上有池池中泉噴涌釃爲百道皆黃金色入阿勒坦郭勒迴旋三百餘里入星宿海爲黃河眞源高宗命四庫館諸臣輯河源紀略識其事阿彌達更名阿必達大學士阿桂子附見阿桂傳

圖理琛阿顏覺羅氏滿洲正黃旗人以國子生考授內閣中書遷侍讀坐事奪職康熙五十一年特命復職出使土爾扈特初土爾扈特汗阿玉奇從子阿喇布珠爾假道準噶爾赴西藏謁達賴喇嘛準噶爾台吉策妄阿喇布坦與阿玉奇搆怨阿喇布珠爾不得歸款關乞內屬詔封貝子賜牧嘉峪關外黨色爾騰嗣阿玉奇遣使入貢上欲歸阿喇布珠爾命圖理琛偕侍讀學士殷札納郎中納顏齎敕諭阿玉奇假道鄂羅斯五月圖理琛等自京師啟行七月至鄂羅斯境楚庫柏興以假道故待其國察罕汗進止五十二年正月許假道乃行還烏的柏興越柏海爾湖而北抵厄爾庫鄂羅斯託波爾噶噶林遣其屬博爾科尼來迎噶噶林者彼國所稱總管也圖理琛等欲行博爾科尼言噶噶林令天使當自水路行而昂噶拉河冰未泮請稍駐俟之三月自昂噶拉河乘舟抵伊聶謝柏興登陸五月抵麻科斯科復乘舟自揭的河順流行經那里穆柏興蘇爾呼特柏興薩瑪爾斯科狄穆演斯科諸地七月至託波爾其地噶噶林名馬提飛費多里魚赤迎至廨留八日仍遣博爾科尼護之行抵鴉班沁登陸自費耶爾和土爾斯科越佛落克嶺抵索里喀穆斯科以路渾守凍十日復行經改郭羅多黑林諸付喀山西穆必爾斯科諸地十一月至薩拉託付是爲鄂羅斯與土爾扈特界水自東北來折而南鄂羅斯號爲佛爾格土爾扈特號爲額濟勒阿玉奇汗駐牧地曰瑪努託海距此十日程以雪盛不能行五十三年四月阿玉奇遣台吉祥偉徵等來迎五月圖理琛等渡額勒河阿喇布珠爾之父納札爾瑪穆特遣獻馬卻之六月朔至瑪努託海阿玉奇擇日聽宣敕圖理琛等以上意諭之曰阿喇布珠爾已賜爵優養欲遣歸爾牧地以策妄阿喇布坦方與爾夾惡恐爲所戕爾若欲令阿喇布珠爾歸當自鄂羅斯來迎阿玉奇曰我雖外夷然冠服與中國同鄂羅斯乃嗜欲不同言語不通之國也天使歸道當察其情狀鄂羅斯若以往來數故不假道則我無由入貢矣阿喇布珠爾荷厚恩與歸土爾扈特同復何疑慮阿玉奇及納札爾瑪穆特等各贈馬及方物圖理琛等以越境無私交卻不受阿玉奇待之有隆禮留十四日筵宴不絕復附表謝奏圖理琛等遂行由舊路歸鄂羅斯遣護如初五十四年三月還京師是役也往返三載餘經行數萬里蓋土爾扈特爲鄂羅斯所隔遠阻聲教而鄂羅斯又故導我使紆道行圖理琛奉使無辱命旣歸國入對述往還事狀並撰異域錄首冠輿圖次爲行記呈上覽上嘉悅尋授兵部員外郎阿喇布珠爾亦遂留牧黨色爾騰不復遣再傳至其子丹忠雍正中遷牧額濟內河圖理琛遷郎中世宗卽位命赴廣東察藩庫就擢廣東布政使調陝西三年擢巡撫五年召爲兵部侍郎調吏部偕喀爾喀郡王額駙策稜等往定喀爾喀與鄂羅斯界仍調兵部六年追議前定界時與鄂羅斯使臣薩瓦嗚轍謝天私立木牌並擅納鄂羅斯貿易人入界又前任陝西巡撫時將天下兵數繕摺私給將軍延信逮問論斬詔宥免遣築札克拜達里克城高宗卽位授內閣學士遷工部侍郎乾隆元年以老解侍郎任仍爲內閣學士二年引疾去五年卒

何國宗字翰如順天大興人康熙五十一年進士改庶吉士命直內廷學算法五十二年命編輯律歷淵源未散館授編修三遷至庶子雍正初授侍讀學士再遷至內閣學士三年命視黃運河道奏請增築戴村石壩疏濬東昌城南七里河城北魏家灣及德州城南減河又以汶泗泉源紆遠請專設管泉通判又請修高家堰石隄上皆允其請並以高家堰石隄工衝要命發帑興修復奏言運河自臨淸以上賴衛水以濟衛水發源百泉益以丹洹二水其流始盛請疏百泉爲三渠洹河亦築壩開渠引水一分灌田三分濟運上從其議旋以山東巡撫塞楞額奏言國宗等奉使所經州縣供億白金七千六百有奇上責國宗不惜物力負任使坐降調五年授大理寺卿六年復擢內閣學士遷工部侍郎六年命與侍郎牛鈕督修北運河減水壩並濬引河國宗等議捍護河西務北堤及要兒渡魚鱗壩別開壩河淀下流賈家沽洩水河建築三里淺窪兒港張家莊諸處挑水壩上命如議速行九年兼河東河道總督田文鏡奏戴村初建亂石滾水三壩汶水盛漲自壩面流入鹽河歸海國宗等增築石壩水不能過濔河連年被患請毀石壩復爲亂石滾水壩上責國宗勘工錯誤貽害民間奪官乾隆初起充算學館總裁九年賜秩視三品尋授左副都御史十年兼領欽天監正十三年遷工部侍郎康熙間聖祖命製皇輿全覽圖以天度定準望一度當二百里遣使如奉天循行混同鴨綠二江至朝鮮分界處測繪爲圖以鴨綠圖門二江間未詳晰五十年命烏喇總管穆克登偕按事部員復往

詳察國宗弟國棟亦以通歷法直內廷五十三年命國棟等周歷江以南諸行省測北極高度及日景五十八年圖成爲全圖一離合凡三十二幀別爲分省圖省各一幀命將廷錫示羣臣諭曰朕費三十餘年心力始得告成山脈水道俱與禹貢合爾以此與九卿詳閱如有不合處九卿有知者舉出奏明乃鐫以銅版藏內府高宗既定準噶爾二十一年命國宗偕侍衛努克三哈清阿率欽天監西洋人往伊犂自巴里坤分西北兩路測天度繪圖既還報命署左都御史二十二年授禮部尚書以京察舉弟國棟坐徇庇奪官尋授編修直上書房二十八年復授內閣學士是歲上以諸回部悉定復遣尚書明安圖等往測天度繪圖是爲乾隆內府皇輿圖二十六年遷禮部侍郎二十七年以老休致三十一年卒

論曰國家撫有疆宇謂之版圖版言乎其有民圖言乎其有地聖祖東訪長白山西探河源北撫土爾扈特武默訥舒蘭圖理琛奉使稱職觀所還奏曲折詳盡歷歷如繪國宗以明算事聖祖又幸老壽迨高宗朝詣新疆測繪康熙乾隆兩內府圖皆躬與編纂揆之於古其裴秀賈耽之倫歟

清史稿

列傳七十一

覺羅滿保 陳璸 施世驃
藍廷珍 從弟鼎元 林亮 何勉 陳倫炯
歐陽凱 羅萬倉 游崇功

覺羅滿保字鳧山滿洲正黃旗人康熙三十三年進士選庶吉士授檢討累遷國子監祭酒擢內閣學士直經筵五十年授福建巡撫疏言福建興化泉漳等屬十六州縣皆瀕海要地請揀選直省卓異官除授御史環廷祐論其不可部議以爲然詔下九卿等再議卒從滿保言五十四年擢福建浙江總督命巡海議自乍浦至南澳沿海五千餘里建臺寨百二十七所礮位千一百七十有八別疏言鹿耳門爲臺灣咽喉澎湖爲廈門藩衛安平鎮爲水師三營重地及海洋各口岸宜分極衝次衝築墩臺設汛巡守並嚴察海船出入禁漁船私載米糧軍器又言淡水雞籠山爲臺灣北界其澳港可泊巨艦百餘更進爲肩豆門沃野百里番社交擾請增置淡水營設官駐防爲後蔽皆報可六十年鳳山民朱一貴爲亂臺灣知府王珍苛稅濫刑鳳山民黃殿李勇吳外等集數百人謀變一貴素販鴨託明裔以爲渠刼岡山塘槺榔林二汛掠軍器衆益衆遂破縣城進陷臺灣總兵歐陽凱等率兵禦賊師敗績死之臺廈道梁文煊等走澎湖滿保疏聞督兵趨廈門值淫雨乘竹兜從數騎行泥淖中比至籍丁壯剽悍能殺賊者悉充伍嚴申軍令禁舟師毋登陸民以不擾淡水營守備陳策使詣廈門乞援滿保移會巡撫呂猶龍遣兵自閩安渡淡水未幾南澳鎮總兵藍廷珍率舟師至滿保命統水陸軍會提督施世驃於澎湖尅期進勦六月世驃廷珍攻鹿耳門敗賊安平鎮遂克臺灣上以臺灣民附亂非本意敕滿保招撫尋諸羅民楊旭等密約壯丁六百人擒一貴及其黨十二人獻世驃軍前檻送京師磔於市是役自出師迄事平凡七日上嘉滿保調度有方加兵部尚書尋疏言賊起惟守備陳策鼓勵兵民堅守汛地待大兵進援奮力效忠命擢臺灣總兵復疏劾珍縱役需索致一貴乘機倡亂文煊及所屬官吏一無備禦退回澎湖應奪官逮問從之文煊等論罪如律秋臺灣颶作滿保以聞諭臺灣有司平日貪殘激變及大兵進勦殺戮之氣上干天和令速行賑卹上杭民溫上貴往臺灣從一貴得僞元帥札印還上杭煽鄉人從賊聞一貴誅走江西結棚匪數百謀掠萬載知縣施昭庭集營汛勦捕擒上貴及其黨十數人並伏法大學士白潢等條奏禁戢棚匪滿保疏言閩浙兩省棚民以種麻靛造紙燒灰爲業良莠不一令鄉坊保結棚長若有容庇匪類依律連坐有司於農隙遍履各棚嚴加稽察浙江鄞奉化等二十七縣福建閩龍巖等四十州縣皆有棚民宜如沿海州縣例揀員題補詔從之雍正三年卒官遺疏言新任巡撫毛文銓未至總督印信交福州將軍宜兆熊署理並留解任巡撫黃國材暫緩起程如舊辦事詔嘉其得體下部議卹時尚書隆科多獲罪鞫訊得滿保餽金交通狀世宗諭責滿保諂隆科多年羹堯命毋賜卹予諡策字鍾侯福建晉江人由銅山守備調淡水一貴陷臺灣策孤軍力守一隅姦人范景文入境煽誘禽誅之師下臺灣滿保檄勦北路復南嵌竹塹中港後壠吞霄大甲諸社以功擢臺灣總兵加左都督卒

施世驃字文秉靖海侯烺第六子康熙二十二年世驃年十五從烺下臺灣委署守備臺灣既定以功加左都督銜授山東濟南城守參將三十五年聖祖親征噶爾丹天津總兵岳昇龍薦世驃從軍召試騎射命護糧運至杢素從大將軍馬斯喀追賊至巴顏烏闌師還假歸葬上褒世驃勤勞命事畢仍還任累遷浙江定海總兵四十二年上南巡賜御書彰信敦禮榜時海中多盜世驃屢出洋巡緝先遣裨將假商船餌盜擒獲甚衆斬盜渠江崙四十六年上南巡詢及擒斬海盜事溫諭嘉獎賜孔雀翎四十七年擢廣東提督五十一年調福建水師提督六十年朱一貴爲亂陷臺灣世驃聞報即率所部進扼澎湖總督滿保檄南澳總兵藍廷珍等以師會衆議三路進攻世驃謂南路打狗港在臺灣正南南風盛不可泊北路淸風隙去府百餘里運餽艱度賊必屯衆中路宜直搗鹿耳門時臺地諸將吏皆退次澎湖惟淡水守備陳策堅守汛地世驃遣游擊張駿等赴援自統師出中路選勁卒乘小舟載旗幟分伏南北港六月抵鹿耳門賊踞礮臺以拒世驃登樓船督戰發礮中敵貯火藥器火大熾賊驚潰衆軍齊進兩港悉樹我軍幟賊不敢犯揚帆直渡鯤身鯤身者海沙也水淺大舟不能過是日海水驟漲八尺餘舟乘風疾上遂克安平鎮翌日戰破賊賊悉衆來犯世驃遣守備林亮等進西港游擊朱文等越七鯤身自鹽埕大井頭分道登陸趨臺灣世驃督將士指揮布陣擊賊賊潰遂復臺灣一貴走諸羅諸羅民縛以獻賊黨擒斬略盡臺灣南北兩路悉平詔優敍賜世驃東珠帽黃帶四團龍補服未幾以疾卒於軍遺疏乞從父烺葬福建留妻子守墓上悉許之贈太子太保諡勇果雍正元年世宗命予一等阿達哈哈番世職以其子廷專嗣世驃和易謙雅治軍嚴明與烺先後平臺灣皆以六月乘海潮異漲度師遂以成功

藍廷珍字荊璞福建漳浦人少習騎射從祖理器之入伍自定海營把總累遷溫州鎮標左營游擊巡外洋屢獲盜盜皆畏避以是爲諸將所忌讒於總督滿保將劾之會關東大盜孫森等竊遼陽巨礮戰艦逸入海聖祖震怒責沿海疆吏嚴緝廷珍出巡海至黑水外洋與遇力戰盡獲森等九十餘人及其船艦礮械滿保按部至溫州廷珍迎謁以告滿保嘆曰幾失良將召入舟厚撫之亟疏薦超擢福建澎湖副將未幾遷南澳總兵六十年朱一貴爲亂廷珍上書滿保策破賊狀滿保令統戰船四百將卒一萬二千會提督施世驃於澎湖尅期進勦廷珍至澎湖言於世驃曰賊皆烏合不足憂惟脅從至三十萬人請檄示止殲渠魁餘勿問則人人有生之樂無死之心可不血刃平也世驃從之師至鹿耳門賊扼險拒守諸將林亮董芳當前鋒殊死戰廷珍率大隊繼之連戰皆捷賊大潰退保府治世驃遣亮等自西港仔暗度廷珍以大軍躡其後賊在蘇厝甲與亮等決戰廷珍分兵馳赴之賊望見旗幟戰稍卻乘勝追逐遂大潰夜駐犂頭標設伏以待賊果至四面突擊賊大亂自相攻殺追敗之木柵仔復敗之蔦松溪遂入府城秋毫無所犯民大悅一貴及其黨李勇吳外等皆就擒分遣諸將復南北二路署臺灣總兵秋南路阿猴林餘孽復起討平之招降陳福壽等十數人皆渠魁也未幾世驃卒廷珍攝提督餘賊黃殿等以次擒滅六十一年授臺灣總兵雍正元年擢福建水師提督加左都督賜孔雀翎予三等阿達哈哈番世職世宗褒廷珍忠赤惟屢勉以操守二年入覲命赴馬蘭峪謁景陵賞賚稠疊七年病聞遣醫診視尋卒贈太子少保諡襄毅子日寵襲世職官銅山營參將孫元枚自有傳族弟鼎元字玉霖力學負才廷珍統師入臺灣鼎元參軍事著平臺紀略雍正元年詔舉文行兼優之士貢入太學有司以鼎元薦大學士朱軾器之用薦得召見上書陳時政上嘉納授廣東普甯知縣居官有惠政長於斷獄性伉直坐事劾罷總督鄂彌達白其誣召詣京師旋署廣州知府甫一月卒鼎元嘗論臺灣善後策謂諸羅宜畫地更設一縣總兵不可移駐澎湖後諸羅析縣曰彰化更設北路三營總兵官仍駐臺灣皆如鼎元言

林亮字淡侯福建漳浦人少習騎射擊刺生長海濱島澳險夷舟航利鈍靡不講求初授臺灣水師把總累遷澎湖協守備朱一貴陷臺灣官吏渡澎湖居民洶懼將吏以孤島難守僉議撤歸廈門各遣家屬登舟亮按劍厲聲曰朝廷疆土尺寸不可棄今鋒刃未血相率委去縱避賊刃能逃國法乎請整兵配船守禦要害賊至決死戰戰不捷亮死君等去未遲乃馳赴海口申號令驅將吏家

風登岸令敢言退廈門者斬時糧絕餽匱亮輸貲買穀礱米給軍製戰攻器械侯師至提督施世驃總兵藍廷珍以亮忠勇令當前鋒領舟師五百七十人抵鹿耳門一貴黨蘇天威據礮臺以拒亮率六艦直進發礮中敵火起燒賊無算乘勝進攻安平鎭亮先登樹幟賊潰走翌日鏖戰親身駕舟橫衝賊陣復大敗之賊退至府城世驃令亮分兵自西港仔暗度搗其背廷珍以軍繼進大戰賊死傷過野遂克府治亮功最臺灣參將雍正元年敘平臺灣功加都督同知予一等阿達哈哈番世職是年秋入京上深嘉之擢水師副將賜孔雀翎二年授臺灣鎭總兵亮以臺灣初被兵加意撫綏整水陸兵防久招撫生番一百八社男婦一萬八百餘人亮因番嗜色布鹽糖遣吏歷各社齎賜之因宣布德意羣番悅服五年移浙江定海卒於官賜祭葬何勉字尙敏福建侯官人初授督標把總康熙五十八年薛彥文等聚後洋山爲匪勉奉檄捕擒之六十年從提督施世驃討朱一貴勉攻南路擒其黨杜會三蘇淸等又於北路獲黃潛等二十六人明年遷臺灣鎭標千總時一貴餘黨王忠等出沒內山巡視臺灣御史吳達禮督捕治總兵藍廷珍檄勉偵緝遣降卒爲導入鳳山深箐中獲賊黨劉富生思拒捕立擒之擢北路營參將予拖沙喇哈番世職雍正四年水連沙等社叛番蠢動總督高其倬檄從臺灣道吳昌祚按治勉攻北港番請降水連沙二十五社悉平遷湖廣洞庭協副將十年貴州九股苗作亂詔發湖廣兵二千協勦提督張正興檄勉領兵五百赴貴州進攻交汪寨勉乘霧夾擊苗敗遁復據蓮花峯築屯時貴州提督哈元生自台拱移軍至令勉攻其東勉先登奪寨賊竄走掩擊之陣斬其渠餘衆就擒擢雲南鶴麗鎭總兵調臨元復調廣東左翼五年調臺灣尋又移南澳署福建水師提督乾隆十年以疾乞休詔解任回籍調治尋召詣京師以篤老命原品休致十七年卒賜祭葬子思和嗣世職二十七年復官臺灣總兵陳倫炯字次安福建同安人父昂字英士弱冠賈海上習島嶼形勢風潮險易施琅征臺灣徵從軍有功授游擊累遷至碣石總兵擢廣東右翼副都統嘗上疏言西洋治曆法者宜定員毋多留留者勿使布教又以沿海居民困於海禁將疏請弛之會疾作命倫炯以遺疏進詔報可倫炯初以廕生授三等侍衛雍正初授臺灣總兵調廣東高廉坐事降臺灣副將復授總兵歷江南蘇松狼山諸鎭擢浙江提督卒昂疏並言臣詳察海上諸國東海日本爲大次則琉球西則暹羅爲最東南番族文萊等數十小國惟噶囉吧呂宋最强噶囉吧爲紅毛一種中有英圭黎干絲蠟和蘭西荷蘭大小西洋各國和蘭西最兇很與澳門種人同派習廣東情事請敕督撫關差諸臣防備於未入港之先取其火礮另設所關束每年不許多船並集下兵部但令沿海將吏晝夜防衛疑昂議倫炯爲侍衛時聖祖嘗召詢互市諸國事對悉與圖籍合時互市諸國奉約束惟謹獨昂倫炯父子有遠慮憂之最早云

歐陽凱福建漳浦人起行伍累官江南蘇松水師營總兵康熙五十七年調福建臺灣鎭以功加左都督六十年朱一貴作亂官軍遇賊於赤山千總陳元戰死賊進攻鳳山把總林富戰死守備馬定國自殺凱率所部守備胡忠義千總蔣子龍把總林彥禦之春牛埔參將羅萬倉遊擊孫文元城守遊擊許雲守備游崇功千總趙奇奉林文煌把總李茂吉率水師來會力戰破賊次日賊大至凱力戰與忠義子龍彥俱沒於陣賊截凱首去雲崇功奇奉文煌同日戰死茂吉被執不屈死賊陷府治萬倉戰死文元奔鹿耳門投海死同死者游擊王九人守備吳奉嵩又有把總石琳自汀州被檄至臺灣遇變被圍死之六月師克臺灣一貴既誅獲其黨黃殿等械送福州獄雍正元年二月賊破械斬關出至下渡尾都司閻威守備楊士虎逐捕殺數賊被創死先後議䘏凱贈太子少保廕守備雲以下皆贈官予世職有差羅萬倉甘肅寧夏人官北路參將凱戰死賊攻府城萬倉督將卒登埤發大礮擊賊仆賊旗賊大至萬倉出城與戰踰溝墜馬賊以竹篙刺其喉猶揮刀殺賊乃死妾蔣聞報自經殉游崇功字仲嘉福建漳浦人材力雄健從總兵蔡元鎭襄陽補右營把總累遷福建長福營守備分防長樂縣濱海有磁澳賊艘所出沒崇功廉得狀以兵二百伏隘口入澳捕之賊棄舟登岸伏發擒十七人自是島澳肅淸長樂水災崇功謁巡撫滿保請發粟平糶民食以濟調臺灣北路營守備巡緝外洋擒海賊陳阿尾等六十餘人遷水師游擊一貴作亂崇功方出洋巡哨聞報率兵還赴安平至則賊已熾崇功急登岸赴敵其婿蔡章琦叩馬請一過家門區處眷屬崇功不顧躍馬揮衆殺賊甚衆五月朔賊數萬戰於春牛埔凱戰死崇功突圍衝擊馬被創遂歿於陣章琦國子監生聞崇功戰沒赴海死

論曰國家承平久禁網疏闊官吏緣爲奸掊克聚斂以取怨於民臺灣懸海外一夫發難郡縣皆不守鎭將戰死滿保聞亂投袂即行世驃廷珍皆名將能盡其材遂以成功有將將之略焉世驃上承烺廷珍下啟廷枚並爲將門致果克敵謀勇兼之亮以裨佐効死不去繫民望勉入險禽渠先後繼廷珍後當干城之任厥績懋哉

清史稿　列傳七十二

王紫綬　袁州佐
黎士宏　多宏安 佟國聘
王繻 田呈瑞　張孟球

王紫綬字金章河南祥符人順治三年進士選庶吉士散館授編修乞養歸僑寓蘇門山中從孫奇逢講學居十有七年母歿服闋康熙十二年授江西贛南道副使吳三桂反贛南總兵劉進寶有謀略紫綬推誠結納預籌防禦既而江西降衆屯聚者相繼叛惟贛南尙未動紫綬與進寶謀閩粵反已見端贛南扼其間應援前朝故事設巡撫以資鎭攝申疆吏上請允之十四年賊勢益熾山寇蠭起鎭兵疲於奔命乃練鄉勇以輔之屢殺賊有功十五年巡撫白色純及進寶先後卒官參將周球領鎭兵三桂將高得捷韓大任據吉安偭道絕屬縣相繼陷大任屢致書勸降送僞署巡撫劄紫綬斬其使球以乏餉爲難紫綬集士商勸輸間架稅得白金四萬畀球餉以無缺鎭南將軍覺羅舒恕率禁旅下廣東爲尙之信將嚴自明所敗兵退距贛州三十里自明約得捷由吉安會師夾擊紫綬薦降將許盛率所部漳州水兵五百人益師夜泅江斫賊營禁旅繼之擊敗自明得捷等勢孤不敢復窺贛鎭兵出勦土寇掠村民紫綬曰鄉民脅從若並以賊論贛南二府十六縣將無孑遺戒鎭將毋妄發兵飭有司招撫分別留遣賑濟難民境內稍安乃規復萬安泰和兩縣自螺山開道達墨潭可登舟於是南昌道始通運餉銀十萬至又發附近倉穀贍軍人心大定巡撫佟國禎亦自閩道至始知紫綬已擢浙江督糧道參政贛南久不通驛報大學士李霨言於朝曰紫綬死守危疆三年於茲爲國惜才援而出之猶可大用故有是擢紫綬聞命泣下十六年上官察積弊歎曰糧官不可爲也漕截減而軍困白折浮而民困吾安忍竭東南之澤而漁之一月卽引疾去迨開博學鴻詞科魏象樞以紫綬與湯斌同薦入試放還卒

袁州佐字左之山東濟寧人順治十二年進士授陝西乾州知州入爲工部員外郎遷郎中有清直聲胥吏不敢牟利時山陵工巨經費浩穰州佐曰民困極矣寸縑尺縷皆閭閻膏血力請乾沒司焚帛省金錢鉅萬出爲陝西甘山道僉事靑海蒙古諸部覬得大草灘爲牧地康熙九年偕提督張勇度地畫界堅拒寢其議自後靑海蒙古諸部人不敢復窺邊歲協西寧餽運負載千里甘州民苦之州佐力請得罷甘州駐兵數千待餽急力爲籌備軍得宿飽十年遷直隸口北道參議地确民貧逋課積累倉儲歷歲侵漁耗蝕無算州佐請按籍覈實淸宿蠹大吏懼以失察得罪陽韙而陰沮之州佐擘畫盤錯致疾乞休未去官卒州佐在甘州久言邊境要害戰守狀原委覼然謂邊地民稀宜開中法分河東鹽引三之一輸粟河西資軍食又宜簡練鄉勇拔置卒伍不待召募可坐收精銳時詔簡監司具才望者入爲卿貳州佐在選會卒未及用

黎士宏字媿曾福建長汀人少讀書山中二十年篤於孝友順治十一年舉順天鄉試授江西廣信府推官鋤强糾貪奸宄斂戢理讞牘脫無罪數百人時爲語曰遇黎則生署玉山縣事兵後城中草三尺不辨街巷居民纔三十二家士宏立學建治招集流亡墾田定賦民復舊業裁缺改授永新知縣政淸獄簡與民休息舊例二月開徵五月解其半士宏陳於上官曰縣小民窮二月寓租十石貸銀一兩三月可減至六石四月則三石請以四月開徵五月解展兩月之徵已爲窮民留數萬之糧布政使劉楗素寬仁卽允之甲訴乙悔婚鄉俗婚書各裝爲卷書男女生辰兩造固隣舊女生辰所素悉僞爲卷爲證士宏先問媒證乙得甲聘禮若干行聘時有何客媒證出不意妄舉以對復問甲所對各異擘視卷軸竹猶靑笑詰之曰若訂婚三載卷軸竹色猶新此非臨訟僞造者乎甲乃服罪縣吏左梅伯有叔富而無子梅伯糾賊劫殺之獲賊而梅伯逃士宏按之數月梅伯歸叔妻復訴置不問梅伯且出收叔遺產叔妻號於庭曰公號廉明今寬殺人者罪且占寡婦田何得爲廉明陽怒批其頰曰止問田土不問人命梅伯益自得赴縣訴理乃笑謂曰候汝三載矣批其頰曰止問人命不問田土梅伯遂伏法其善斷獄多類此考最擢陝西甘州同知復考最擢江南常州知府吳三桂亂起隴震動大吏疏請擢洮西道副使未到官而洮岷陷邊

外羣番乘亂內犯肆剽掠調署甘山道王輔臣叛河東失守士宏以兵集當謀帥言於巡撫謂恢復河東非用河西兵不可用河西兵非責之提督張勇不可疏入授勇靖逆將軍節制諸鎭復蘭州士宏贊畫功爲多署甘肅按察使按失守官吏罪務平允寧夏兵叛殺提督陳福調寧夏道嚴守禦安反側免銜所逋糧七萬五千石康熙十六年寇平以功進布政使參議母老乞歸家居幾三十年卒年八十士宏備兵甘山時取曾辛憲英語軍旅之間可以濟者惟仁與恕因以名其堂

多宏安字君修直隸阜城人順治五年選拔貢生康熙初授廣東靈山知縣兵後荒殘居無衙舍宏安請免積年逋賦招撫流移捐給牛種民得安耕稼葺城垣創學宮繕官廨捕除盜賊靈山大治士民刊石紀其績七年遷奉天承德知縣旗民抗法者送部懲治皆慴服十年擢陝西延安靖邊同知十六年補江南淮安山盱河務同知時高堰長隄潰決淮水注寶應高郵不復出淸口敵黃黃水直注裏河運道淤淺復隨淮入堰無由會淸口下雲梯關入海近海口盡淤墊宏安與河督靳輔籌策築高堰束淮敵黃治爛泥淺諸故道導淸水入裏河運道乃通修築兩岸及淸口淸江大閘與淮工相表裏淸河達雲梯關數百里葭葦榛蕪壅塞故道用以水攻沙法塞周橋高澗諸閘使淸淮無旁洩蓄全力攻積沙十七年大雨淮盛漲與黃並入海治淮治黃治運並收成效十九年擢淮安知府二十年擢淮揚道二十四年擢安徽按察使時方議浚下河治高堰宏安入覲疏陳高堰宜急治無論下河開浚與否治堰法砌石先安地釘湖底水深費鉅甚緊如用板若埽水勢蕩擊尤易摧殘惟密釘排樁內實以碎石庶可敵風浪省金錢十餘年後黃河刷深則湖河水俱卑高堰旣固下河亦漸就理二十八年遷江西布政使乞歸後値黃運兩河潰溢起用宏安會病卒祀靈山名宦修國聘字君莘奉天人以廕生補吏部筆帖式康熙十年授江南碭山知縣縣當黃河衝研求治河方略擢歸仁隄同知調宿桃同知擢貴州平遠知府河督靳輔疏留任十餘年倚如左右手塞楊家莊蕭家渡決口建朱家堂溫家廟二石壩浚白洋引河九道築黃河南北兩岸隄浚中河廳役不從久之擢山東濟寧道副使道地爲漕運樞紐恤夫役減苛稅除冗費能舉其職復調監督高堰工程三十八年卒於官

王繻字愼夫河南睢州人少學於湯斌康熙二十五年以歲貢生授直隸東明知縣糧賦多欺隱易甲長大戶使族長督之飛灑不行流亡來歸民間養官馬爲累力除之撫盜魁責以緝捕盜絕跡逃人誣攀良民雪之民有繼妻素淫欲併亂前妻女不從戕之死繻謂母道絕當故殺妻前夫子律論斬報可因著爲例母憂去服闋補獲鹿治驛有法民不累於供億內遷戶部員外郎擢郎中三十八年出爲江南糧儲道道舊有倉規銀鉅萬繻一擯勿取將徵漕扁舟行縣懲其濫收者至宜興宜民曰吾民四十年不見糧道今飛來耶號曰飛糧道道庫歲收銀八十五萬兩爲修船及弁丁運費運丁領支行糧例扣月息丁益困繻悉罷之四十年擢江蘇按察使治獄仁恕多所平反宿州生攜妻子出客授妻兄女來視居數日妻子並中毒死妻兄秦有隙疑其女置毒告官被刑誣服繻疑之問其室來往復何人得十二歲學徒畏師嚴置礮食中狀事乃白無錫民毆攻皮匠匠死僧與民仇證爲鬭毆殺繻察鬭毆日月在保辜限外詰曰傷重何不醫出醫方則匠死於傷寒僧乃服上南巡入覲顧宋犖曰朕聞繻督糧時官聲甚好時繻已病遣御醫視之賜德里雅噶藥一器溫旨慰諭復賜御書繻曰按察任大責重臥治即辜恩引疾歸年甫五十久之卒於家田呈瑞字介璞山西汾陽人康熙中仕爲中書舍人出襄南河事有隄當水衝曰此隄一壞萬家其魚矣土隄易修易敗宜更以石家素豐出私錢成之以功擢大名道未之任調陝西臨洮道遇饑治賑策馬行郡縣山谷間豪右胥吏不敢爲奸弊呈瑞念救荒無善策於蘭州西石佛灣鑿渠教民造水車引以溉田歲增粟十餘萬石民爲建生祠調浙江金衢嚴道署糧儲道徵漕積弊盡洗滌之値旱冒暑省荒感疾乞歸不得五十九年卒於官

張孟球字燮石江南長洲人康熙二十四年進士授山東昌樂知縣入爲工部主事累遷禮部郎中出督雲南學政父憂去服闋補福建糧驛道駐防軍食取給於漕上游四郡阻灘險故事征解折色官爲採買輒抑勒病商孟球於延建產米地平價購米僦民船運省城不假吏胥諸弊盡絕地多山嶺官吏濫用驛夫孟球禁革私冒遇大徭預期發雇値終其任無擾驛者調河南糧儲道河南漕糧就衞輝水次收兌舊無倉廒又無額役運船調之他省天寒水涸糧不時至宿河干以待遇雨雪則米濕霉變又患盜竊孟球始以羨餘建倉署布政使西藏用兵調河南馬騾萬凡騾馬三需一夫剋期兩月孟球止宿郊外躬自檢閱西路近陝諸郡遣吏往督之盡除需索留難諸弊凡五十四日馬驢如數遣赴軍而民不擾擢按察使蘭陽民朱復業附白蓮教自稱明裔煽惑數縣孟球檄杞縣知縣寗君佐馳往捕治盡獲其黨上命尙書張廷樞往按從孟球議誅其與逆謀者愚民被誘悉釋之淅川營兵博知縣崔錫執而罪之兵譁執南陽知府沈淵衆辱之總兵高成不能治時巡撫張聖佐坐譴孟球護巡撫曰南陽地連襄鄖急則鋌而走險事未可知密令附近諸縣嚴守禦諭止誅首惡自首免罪得倡亂者七人誅之不數日而事定康熙末乞歸不復出乾隆初卒年八十

論曰官監司卓卓有名氏即平進至督撫易耳如紫綬等皆早退遂以監司終紫綬崎嶇兵間捍偏隅爲民保障州佐士宏勤勤重民事宏安贊治河繻善斷獄孟球能應變使得爲督撫其績效當有大於是者時方承平仕得行其意知止知足必有說以自處矣

清史稿

列傳七十三

王掞 子奕清 奕鴻

勞之辨

朱天保

陶彝 任坪 范長發 鄒圖雲 陳嘉猷 王允晉 李允符 范允鏋 高玢 高怡 趙成穮 孫紹曾 邵璿

王掞字藻儒江南太倉人明大學士錫爵孫康熙九年進士選庶吉士授編修爲掌院學士熊賜履所器遷左贊善充日講起居注官以病告八年起右贊善提督浙江學政嚴剔積弊所拔多宿學寒畯龍泉知縣茅國璽以印揭薦武童掞疏劾國璽坐譴別疏陳剔除積弊報聞累遷侍讀學士三十年超擢內閣學士三十三年遷戶部侍郎直經筵三十八年調吏部禁革臨選駁查臨掣買籤諸弊銓政以肅偕尙書范承勳王鴻緒督修高家堰河工四十三年擢刑部尙書刑部奏讞無漢字供狀掞言本朝官制兼設滿漢欲其彼此參詳今獄詞不錄漢語是非曲直漢司官何由知之若隨聲畫諾幾成虛設嗣後定讞當滿漢稿並具詔報可著爲令累歷工兵禮諸部務總紀綱持大體五十一年授文淵閣大學士兼禮部尙書直經筵如故五十二年典會試其冬以疾疏辭閣務溫旨慰留越年春疾愈仍入直孝惠章皇后祔太廟議者欲祔於孝康章皇后之次掞曰孝康章皇后雖母以子貴然孝惠章皇后章皇帝嫡配也上聖孝格天曩者太皇太后祔廟時不以躋孝端文皇后之上今肯以孝康章皇后躋孝惠章皇后上乎禮部不從上果以爲非令改正時上春秋高皇太子允礽旣廢儲位未定掞年七十餘自念受恩深又以其祖錫爵在明神宗朝以建儲事受惡名欲幹其蠱五十六年密奏請建儲疏入留中是年冬御史陳嘉猷等八人復以爲言上不悅遂幷發掞疏命內閣議處忌掞者欲置重典掞止宮門外不敢入上顧左右問王掞何在李光地奏掞待罪宮門上曰王掞言甚是但不宜令御史同奏蹈明季惡習汝等票擬處分太重可速召其來掞聞命趨入免冠謝上招掞跪御榻前語良久祕人不能知六十年春羣臣請賀萬壽上勿許掞復疏前事請釋二阿哥語加激切旣而御史陶彝等十二人連名入奏上疑出掞意大怒召諸王大臣降旨責掞植黨希榮且謂錫爵在明神宗時力奏建儲泰昌在位未及數月天啟庸懦天下大亂至愍帝而不能守明之亡錫爵不能辭其罪掞以朕爲神宗乎朕初無誅大臣之意大臣自取其死朕亦無如何令王大臣傳旨詰掞令回奏時舉朝失色無敢與筆硯者掞就宮門階石上裂紙以唾濡墨奏言臣伏見宋仁宗爲一代賢君而晚年立儲猶豫其時名臣如范鎭包拯等皆交章切諫鬢髮爲白臣愚信書太篤妄思效法古人實未嘗妄嗾臺臣共爲此奏奏上越五日詔緩議罪與諸御史俱赴西陲軍前效力因掞年老責其子奕淸代往爲父贖罪先是掞嘗密奏請減蘇松浮糧言至剴切疏久留中至是忤旨乃與建儲奏疏一並擲還是年冬上自熱河還京師掞迎駕石槽上望見遣內侍慰問六十一年元旦諸大臣表賀未列掞名上發表命列名以進翌日賜宴太和殿再召見西煖閣賜坐慰諭有加尋起原官視事如故雍正元年以老乞休世宗降旨褒嘉以原官致仕仍留京師備顧問三年上諭閣臣云王掞向人言曾在聖祖前奏免蘇松浮糧未蒙允行朕査閱宮中並無此奏

因貢撥籍事沽名並涉其子奕清奕鴻諂附年羹堯目爲姦巧乃遣奕鴻與奕清同在軍前效力六年拔卒年八十四乾隆二年奕清始請卹於朝賜祭葬如制奕清字幼芬康熙三十年進士選庶吉士歷官詹事代父赴軍歷駐忒斯阿達拖羅海奕清體羸善病處之晏然雍正四年命赴阿爾泰坐臺又十年乾隆元年召還仍以詹事管少詹事乞假葬父尋卒奕鴻字樹先康熙四十八年進士授戶部主事歷湖南驛鹽糧儲道奕清赴軍奕鴻盡斥其產與俱後命赴烏里雅蘇臺效力居邊十年與奕清同釋還官四川川東道引疾歸卒

勞之辨字書升浙江石門人康熙三年進士選庶吉士授戶部主事遷禮部郎中出爲山東提學道僉事報滿左都御史魏象樞特疏薦之遷貴州糧驛道參議師方下雲南羽書旁午之辨安設驛馬以利塘報復以軍米運自湖南苦累夫役白大府停運就地採購供億無匱二十四年擢通政使參議遷兵部督捕理事官連遭親喪服闋起故官洊擢左副都御史致仕四十七年皇太子允礽既廢上日夕憂懣既有復儲意王大臣合疏保奏命留中旋諭廷臣俟廢太子疾瘳教養有成朕自有旨諸王大臣不得多瀆十二月之辨密奏曰皇上之於皇太子分則君臣親則父子皇太子初以疾獲戾今疾已平復孝友之本懷固由至性肅雍之儀表久繫羣心乞速渙新綸收回成詔敕部擇吉早正東宮布告中外俾天下曉然知聖人舉動仁至義盡大公無私事莫有重於此者今八荒清晏一統車書值星紀初週光華復旦七廟將行大祫萬國於以朝正皇上以孝慈治天下方且稱壽毋萬年之觴集麟趾繁昌之慶而顧使前星虛位震子未甯聖心得無有遺憾乎臣年已七十報主之日無多知無不言統望乾斷速行自此以往皇上待皇太子與諸皇子尤願均之以恩範之以禮則宜君宜王之美不難上媲成周遠超百代至萬不得已而裁之以法則非臣之所敢言也疏入上不懌斥爲奸詭命奪官逮赴刑部笞四十逐回原籍五十二年赴京祝萬壽復原秩逾年卒於家

朱天保字九如滿洲鑲白旗人兵部侍郎朱都訥子康熙五十二年進士選庶吉士授檢討五十六年典山東鄉試五十七年正月疏請復立二阿哥允礽爲皇太子時允礽廢已久儲位未定貝勒允禵覬得立揆敍王鴻緒等左右之欲陰害允礽朱天保憂之具疏上略曰二阿哥雖以疾廢然其過失良由習於驕抗左右小人誘導之故若遣碩儒名臣爲之羽翼左右佞幸盡皆罷斥則潛德日彰猶可復問安侍膳之歡儲位重大未可移置如恭恐有藩臣傍爲覬覦則天家骨肉之禍有不可勝言者疏成以父在盧同禍徘徊未即上朱都訥察其情趣之入告時上方幸湯山朱天保早出德勝門羣鴉阻馬前朱天保揮之去疏上上欲獻久之阿靈阿允禩黨也媒孽之曰朱天保爲異日希寵地上怒於行宮御門召問曰爾云二阿哥仁孝何由知之朱天保以聞父語對上曰爾父在宮時二阿哥本無疾學問弓馬皆可觀後得瘋疾舉動乖張嘗立朕前辱罵徐元夢於伯叔之子往往以不可道之言肆詈爾知之乎爾又云二阿哥聖而益聖賢而益賢爾從何而知朱天保亦以父聞之守者對詰其姓名不能答上曰朕以爾陳奏此大事遣人傳問或將爾言遺漏故親訊爾爾無知稚子數語即窮必有同謀者朱天保對父與婿戴保同謀遂逮朱都訥戴保上復御門召問曰二阿哥因病拘禁朕猶望其痊愈故復釋放父子相見教訓不悛始復拘禁二阿哥以礬水作書與普奇屬其保舉爲大將軍並謂齊世札拉克圖皆當爲將軍朕遣內侍往詢自承爲親筆此事爾知之否朱都訥自稱妄奏應萬死上曰爾奏引戾太子爲比戾太子父子間隔朕於二阿哥常遣內監往視賜食賜物今二阿哥顏貌豐滿其子七八人朕嘗留養宮中何得比戾太子爾又稱二阿哥爲費揚古陷害費揚古乃功臣病篤時朕親臨視沒後遣二阿哥往奠爾何得妄言爾希僥倖取大富貴以朕有疾必不親訊今爾始知當死乎辭連朱都訥婿常賚及金寶齊世萃泰等並逮訊議罪朱天保戴保皆坐斬朱都訥與常賚金寶皆免死荷校齊世拘禁萃泰奪官

陶彝順天大興人康熙三十九年進士授戶部主事再遷郎中考選廣西道御史巡視兩浙鹽政六十年三月彝與同官任坪范長發鄒圖雲陳嘉猷王允晉李允符范允鋘高玢高怡趙成穮孫紹曾合疏奏曰皇上深恩厚德浹洽人心茲逢六十年景運方新普天率土歡欣鼓舞而建儲一事尤爲鉅典懇獨斷宸衷早定儲位疏入下內閣時大學士王掞正密疏請建儲後數日彝等疏又上上震怒斥掞植黨希榮於是王大臣奏請奪掞及諸御史官從重治罪越日諭廷臣曰王掞及御史陶彝等妄行陳奏俱稱爲國爲君今西陲用兵爲人臣者正宜滅此朝食可暫緩議罰如八旗滿洲文官例俱委署額外章京遣往軍前效力贖罪雍正四年世宗以諸御史不諳國體心本無他詔釋歸以原職休致還籍坪字迅公山東高密人康熙三十年進士自刑部郎中考選山西道御史轉掌陝西道赴軍駐忒斯河大漠荒寒盛夏冰雪坪處之怡然及歸閉戶讀書終老於家長發字廷舒浙江秀水人康熙三十三年進士授南城知縣行取禮部主事考選廣西道御史轉掌浙江道遣戍予額外主事銜隨都統圖臘赴征西將軍營還駐歸化城後命赴察漢新壽歸以原職休致圖雲字偉南江西南城人康熙三十六年進士授大竹知縣行取禮部主事考選河南道御史轉掌山東道巡視東城嘉猷字訒叔江南溧陽人康熙三十九年進士自吏部員外郎考選山西道御史五十六年王掞密請建儲未幾嘉猷與同官八人亦合疏陳請上疑之掞幾獲罪事具掞傳至是嘉猷復與彝等申請獲咎允晉直隸清苑人康熙四十五年進士自戶部員外郎考選陝西道御史允符字揆山浙江嘉善人康熙二十六年舉人授什邡知縣行取江西道御史允鋘字用資浙江錢塘人康熙三十九年進士授安平知縣行取工部主事考選山東道御史玢字荊襄河南柘城人康熙二十七年進士自禮部郎中考選廣東道御史巡視東城謫戍忒斯軍營運糧西藏居塞上六年著出塞集備言屯戍之苦釋歸終於家怡字仲友浙江武康人康熙二十七年進士授長洲知縣善聽訟吏胥憚之尙書韓菼怡師也其姻黨繫獄以菼故請恕怡怒杖之遷鄜州知州行取工部主事考選山東道御史謫戍時年逾六十以原職釋歸成穮字德培江南吳縣人康熙四十七年舉人授內閣中書累遷兵部郎中考選福建道御史紹曾字二乾浙江山陰人康熙二十五年舉人授開縣知縣行取戶部主事授四川道御史赴軍駐歸化城地當孔道故事徭役供張取給於戍員紹曾清介無餘貲困甚迨釋還卒於途又有邵瑸亦以疏請建儲獲罪瑸字璣亭江南無錫人自拔貢生授芮城知縣行取工部主事授江南道御史掌登聞院巡視北城六十年遣戍軍前時同謫者十三人圖雲允符成穮瑸皆死於塞外而給事中劉堂御史柴謙吳鎬程鑣續以言事謫同時釋還仍爲十三人世稱十三言官堂彭澤人謙仁和人鎬漢陽人鑣錢塘人

論曰理密親王在儲位久未聞顯有失德而終遭廢黜聖祖手詔若有深痛鉅懸至不可言者夫以聖祖之仁明而不克全監撫之重終父子之恩讒人罔極靡所不至甚矣掞力主復故聖祖雖深罪之固諒其無他心勞之辨諫於初廢大臣拜杖已非故事朱天保爭於再黜遂以誅死罪及其親一則但責其沽名一則深疑其受指故譴有重輕歟彝等但坐謫戍已爲寬典拳拳效忠固人臣之義也

清史稿　列傳七十四

佟國維　馬齊 子富良 馬齊弟馬武 馬武子保祝
阿靈阿 子阿爾松阿　揆敍
鄂倫岱

佟國維滿洲鑲黃旗人佟國賴次子孝康章皇后幼弟孝懿仁皇后父也順治間授一等侍衛康熙九年授內大臣吳三桂反子應熊以額駙居京師謀爲亂以紅帽爲號國維發其事命率侍衛三十人捕治獲十餘人械送刑部誅之二十一年授領侍衛內大臣議政大臣二十八年推孝懿仁皇后恩封一等公二十九年師征噶爾丹命參贊大將軍裕親王軍務次烏蘭布通與兄都統國綱並率左翼兵進戰國綱戰沒國維自山腰出賊後擊之潰遁師還以未窮追部議當奪官命罷議政大臣鐫四級留任三十五年從上征噶爾丹出獨石口以駝運稽遲請罪上貰之三十六年復從上征噶爾丹竄死敘功還所鐫級四十三年以老解任四十七年皇太子允礽以病廢幽禁上鬱怒成疾國維奏皇上治事精明斷無錯誤此事於聖躬關係甚大請度日後若易於措置祈速賜睿斷若難於措置亦祈速賜睿斷總之將原定意指熟慮施行爲是上命諸大臣保奏諸皇子中孰可爲皇太子者諸大臣舉皇子允禩上愈不懌旋以皇太子病愈命釋之四十八年正月召諸大臣詰孰先舉允禩實出大學士馬齊上召國維舉國維前奏語問爾既解任事與爾無與乃先衆陳奏何意國維對臣雖解任蒙皇上命爲國舅冀聖躬速愈故請速定其事上曰將來措置難易至時自知之人其可懷私而妄言乎次日復諭曰爾每言祝天求佛願皇上萬歲嗣後惟深念朕躬謂諸皇子皆吾君之子不有所依附而陷害其餘是即俾朕易於措置也閏月上已定復立允礽爲皇太子又諭曰爾乃國舅又爲大臣皇太子前染風疾朕爲國家計安可不行拘執後知爲人鎭魘調治全愈又安可不行釋放朕拘執皇太子時並無他意不知爾肆出大言激烈陳奏果何心也諸大臣聞爾言衆皆恐懼遂欲立允禩爲皇太子列名保奏朕臨御已久安享太平並無所謂難措置者臣庶亦各安逸得所今因爾言羣小復肆爲妄

語諸臣俱終日憂慮若無生路此事關係甚重爾既有此奏必有確見其何以令朕及皇太子諸皇子不致殷憂衆心亦可定其明白陳奏國維引罪請誅戮上復諭曰朕特爲安撫羣臣非欲有所誅戮爾初陳奏衆方贊爾謂如此方可謂國家大臣今爾情狀畢露人將謂爾爲何如人朕斷不加爾誅戮爾其無懼但不可卸責於朕觀爾言迷妄其亦爲人鎭魘歟五十八年卒賜祭葬雍正元年贈太傅諡端純世宗手書仁孝勤恪牓命表於墓道子隆科多自有傳

馬齊富察氏滿洲鑲黃旗人米斯翰子由廕生授工部員外郎歷郎中遷內閣侍讀學士康熙二十四年出爲山西布政使擢巡撫馬齊入覲上褒其居官勤愼勉以始終如一久之上命九卿舉督撫淸廉如于成龍者以馬齊及范成勳姚締虞對尋命偕成龍開音布往按湖廣巡撫張汧貪黷狀初命侍郎色楞額往按上荊南道祖澤深並令察汧色楞額曲庇不以實陳馬齊與成龍覆按具得汧澤深貪墨狀並色楞額論罪如律二十七年遷左都御史時俄羅斯遣使請定界詔遣大臣往議馬齊疏言俄羅斯侵據疆土我師困之於雅克薩城本可立時勦滅皇上寬容不忍加誅今悔罪求和特遣大臣往議垂之史册關係甚鉅其檔案宜兼書漢字使臣幷參用漢員詔如議行尋命偕尚書張玉書等勘閱河工二十九年列議政大臣都御史與議政自馬齊始尋遷兵部尚書時喀爾喀諸部避噶爾丹侵掠舉族內嚮詔沿邊安插命馬齊偕侍郎圖布等先期檄左右翼部長至上都河額爾屯河兩界以待上出塞喀爾喀諸部朝行在定諸王貝子公等爵秩牧地烏珠穆沁台吉車根等叛附噶爾丹命馬齊往按實諸法調戶部尚書三十年上親征噶爾丹命馬齊檄喀喇沁翁牛特兵備戰還京師兼理藩院尚書噶爾丹旋敗遁詔來春復親出塞命先期往甯夏安置驛站三十八年授武英殿大學士賜御書永世翼戴榜四十七年冬皇太子允礽既廢儲位未定佟國維奏請速斷上召滿漢文武諸大臣集暢春園議諸皇子中孰可爲皇太子者上意在復立皇太子而諸皇子中貝勒允禩覬爲皇太子最力諸大臣揆敍王鴻緒及佟國綱子鄂倫岱等爲之羽翼集議日馬齊先至張玉書後入問衆意誰屬馬齊言衆有欲舉八阿哥者俄上命馬齊毋預議馬齊避去阿靈阿等書八字密示諸大臣諸大臣遂以允禩名上上不懌明年正月召諸大臣問其日先舉允禩者爲誰羣臣莫敢對上嚴詰羣指都統巴琿岱上曰是必佟國維馬齊意也馬齊奏辨巴琿岱言漢大臣先舉上以問大學士張玉書玉書乃直舉馬齊語以對上曰馬齊素謬亂如此大事尙懷私意謀立允禩豈非爲異日恣肆專行計耶馬齊復力辨辭窮先出翌日上諭廷臣曰馬齊效用久朕意欲保全之昨乃拂袖而出人臣作威福如此罪不可赦遂執馬齊及其弟馬武李榮保下獄王大臣議馬齊斬馬武李榮保坐罪有差盡奪其族人官上不忍誅命以馬齊付允禩嚴錮李榮保馬武並奪官四十九年俄羅斯來互市上念馬齊習邊事令董其事李榮保馬武皆復起尋命馬齊署內務府總管五十五年復授武英殿大學士世宗即位降敕褒諭予一等阿達哈哈番尋命襲其祖哈什屯一等阿思哈尼哈番進二等伯加太子太保雍正元年改保和殿進太保三年復降詔褒其忠誠加拜他喇布勒哈番以其子富良襲十三年引疾乞罷許致仕乾隆四年病篤高宗諭謂馬齊歷相三朝年逾大耋舉朝大臣未有及者命和親王及皇長子視疾尋卒年八十八贈太傅諡文穆子富興襲爵坐事黜以富良襲進一等伯十五年加封號曰敦惠富良自散秩大臣授鑾儀衞鑾儀使累遷西安將軍兼領侍衞內大臣卒諡恭勤馬武馬齊弟初授侍衞兼管佐領累擢鑲白旗漢軍副都統因馬齊得罪奪官旋起內務府總管遷鑲白旗蒙古都統世宗即位授領侍衞內大臣雍正四年卒命視伯爵賜卹授三等阿達哈哈番賜祭葬諡勤恪馬武子保祝初授侍衞累遷直隸提督以病解任起正紅旗蒙古都統卒諡恭簡

阿靈阿鈕祜祿氏滿洲鑲黃旗人遏必隆第五子初任侍衞兼佐領康熙二十五年襲一等公授散秩大臣擢鑲黃旗滿洲都統阿靈阿女兄上册爲貴妃貴妃薨殯朝陽門外阿靈阿舉家在殯所持喪與兄法喀素不睦欲致之死乃播蜚語誣法喀法喀以聞上震怒奪阿靈阿職仍留公爵尋授一等侍衞累遷正藍旗蒙古都統擢領侍衞內大臣理藩院尚書四十九年與揆敍王鴻緒等密議舉允禩爲皇太子上以馬齊示意諸大臣予嚴譴不復窮治與大獄五十五年卒子阿爾松阿降襲二等公擢領侍衞內大臣刑部尚書雍正二年世宗召諸大臣諭曰本朝大臣中居心奸險結黨營私惟阿靈阿揆敍爲甚當年二阿哥之廢斷自聖衷豈因臣下蜚語遂行廢立乃阿靈阿揆敍攘爲己力要結允禩等造作無稽之言轉相傳播致皇考憤懣莫可究詰阿靈阿子阿爾松阿柔奸狡猾甚於其父令奪官遣往奉天守其祖墓並將阿靈阿墓碑改鐫不臣不弟暴悍貪庸阿靈阿之墓以正其罪四年命誅阿爾松阿妻子沒入官乾隆元年以阿靈阿墓碑立祖塋前墓已遷而碑尙存命去之妻子釋令歸旗

揆敍字凱功納喇氏滿洲正黃旗人大學士明珠子康熙三十五年自二等侍衞授翰林院侍讀充日講起居注官累擢翰林院掌院學士兼禮部侍郎奉使册封朝鮮王妃尋充經筵講官教習庶吉士遷工部侍郎初明珠柄政勢焰薰灼大治園亭賓客滿門下揆敍交游既廣尤工結納素與允禩相結皇太子既廢揆敍與阿靈阿等播蜚語言皇太子諸失德狀杜其復立四十七年冬上召滿漢大臣問諸皇子中孰可爲皇太子者揆敍及阿靈阿鄂倫岱王鴻緒等私與諸大臣通消息諸大臣遂舉允禩事具馬齊傳五十一年遷左都御史仍掌翰林院事疏言近聞外省塘報故摭拾大小事件名曰小報駭人耳目請飭嚴禁庶好事不端之人知所儆懼詔允行五十六年卒諡文端雍正二年發揆敍及阿靈阿罪狀追奪揆敍官削諡墓碑改鐫不忠不孝陰險柔佞揆敍之墓

鄂倫岱滿洲鑲黃旗人佟國綱長子初任一等侍衞出爲廣州駐防副都統康熙二十九年擢鑲黃旗漢軍都統襲一等公三十五年上親征噶爾丹鄂倫岱領漢軍兩旗火器營出古北口扈蹕北巡塞外三十六年擢領侍衞內大臣坐事降一等侍衞尋授散秩大臣四十六年復授領侍衞內大臣五十九年命出邊管蒙古驛站世宗立召還授正藍旗漢軍都統雍正三年諭曰鄂倫岱與阿靈阿皆黨於允禩當日允禩得罪皇考時方駐蹕遙亭命執允禩門下宦者刑訊具言鄂倫岱等黨附狀鄂倫岱等色變不敢置辨四十九年春皇考自霸州回鑾途中責鄂倫岱等結黨鄂倫岱悍然不顧又從幸熱河皇考不豫鄂倫岱日率乾淸門侍衞較射游戲皇考於行圍時數其罪命侍衞鞭撻之鄂倫岱頑悍怨望雖置極典不足蔽辜朕念爲皇祖妣皇妣之戚父又陣亡不忍加誅令往奉天與阿爾松阿同居四年與阿爾松阿並誅仍諭不籍其家不沒其妻子子補熙自廕生授理藩院員外郎襲國綱拜他喇布勒哈番世職官至綏遠城將軍卒諡溫僖

論曰理密親王既廢自諸皇子允禔允䄉輩及諸大臣多謀擁允禩聖祖終不許誠以儲位至重非可以覬覦攘奪而致也佟國維陳奏激切意若不利於故皇太子語不及允禩而意有所在馬齊遂示意諸大臣然二人者皆非出本心聖祖諒之世宗亦諒之故能恩禮勿替賞延於後嗣若阿靈阿父子揆敍鄂倫岱王鴻緒固擁允禩最力者世宗既譴允禩諸臣生者被重誅死者蒙惡名將安所逃罪鴻緒又坐與徐乾學等比被論事別見故不著於此篇

清史稿　列傳七十五

鄂爾泰 弟鄂爾奇 子鄂弼 鄂寧

張廷玉 子若靄 若澄 若渟 從子若溎

鄂爾泰字毅庵西林覺羅氏滿洲鑲藍旗人世居汪欽國初有屯泰者以七村附太祖授牛彔額眞子圖捫事太宗從戰大淩河擊明將張理陳沒授備禦世職雍正初祀昭忠祠鄂爾泰其曾孫也康熙三十八年舉人四十二年襲佐領授三等侍衞從聖祖獮和詩稱旨五十五年遷內務府員外郎世宗在藩邸偶有所屬鄂爾泰拒之世宗即位召曰汝爲郎官拒皇子其執法甚堅深慰諭之雍正元年充雲南鄉試考官特擢江蘇布政使於廨中建春風亭禮致能文士錄其詩文爲南邦耆獻集以應得公使銀買穀三萬三千四百石有奇分貯蘇松常三府備賑貸察太湖水利擬疏下游吳淞白茆役未舉三年遷廣西巡撫甫上官調雲南以巡撫治總督事貴州种家苗爲亂二十餘年巡撫石禮哈提督馬會伯請用兵上未即許巡撫何世璂疏言种家苗樂簡銛利地勢險阻用兵不易上即命世璂招撫久未定詔諸鄂爾泰四年春疏言雲貴大患無如苗蠻欲安民必制夷欲制夷必改土歸流而苗疆多與鄰省相錯即如東川烏蒙鎭雄皆四川土府東川距雲南四百餘里去冬烏蒙攻掠東川滇兵擊退而川省令箭方至烏蒙距雲南省城亦僅六百餘里錢糧不過三百餘兩取於下者百倍一年四小派三年一大派小派計錢大派計兩土司娶子婦土民三載不敢婚土民被殺親族尙出墊刀數十金終身不見天日東川雖已改流尙爲土目盤據文武長寓省城膏腴四百里無人敢墾若改隸雲南俾臣得相機改流可設三府一鎭此事連四川者也廣西土府州縣峒寨等一百五十餘員分隸南甯太平思恩慶遠四府其爲邊患自泗城土府外皆土目橫於土司黔粵以牂牁江爲界而粵屬西隆州與黔屬普安州越江互相斗入苗寨寥闊將吏推諉應以江北歸黔江南歸粵增州設營形格勢禁此事連廣西者也滇邊西南界以瀾滄江江外爲車里緬甸老撾諸境其江內鎭沅威遠元江新平普洱茶山諸夷巢穴深邃出沒魯魁哀牢間無事近患腹心有事遠通外國論者謂江

外宜土不宜流江內宜流不宜土此雲南宜治之邊夷也貴州土司向無鉗束羣苗之責苗患甚於土司苗疆四圍幾三千餘里千三百餘寨古州踞其中羣寨環其外左有清江可北達楚右有都江可南通粵蟠據梗隔遂成化外如欲開江路通黔粵非勒兵深入徧加勦撫不可此貴州宜治之邊夷也臣思前明流土之分原因煙瘴新疆未習風土故因地制宜使之鄉導彈壓今歷數百載以夷治夷即以盜治盜苗倮無追贓抵命之憂土司無革職削地之罰直至事上聞行賄詳結上司亦不深求以爲鎮靜邊民無所控訴若不剷蔓塞源縱兵刑財賦事事整理皆非治本改流之法計擒爲上兵勦次之令其自首爲上勒獻次之惟勦夷必練兵練兵必選將誠能賞罰嚴明將士用命先治內後攘外實邊防百世之利疏入上深然之會石禮哈疏報遣兵擊破谷隆長寨者貢羊城土諸隘擒其渠阿革阿給及諸苗之從爲亂者上命交鄂爾泰按讞五月鄂爾泰遣兵三道入一自谷隆一自焦山一自馬落孔破三十六寨降二十一寨撫苗民五百餘戶二千餘口察出荒熟田地三萬畝又以鎮遠土知府刁澣霑益土知州安於藩素凶詐計擒之者樂甸土司刁聯斗乞免死改土歸流鄂爾泰疏報种家苗悉定上嘉其成功速令議敘旋條上經理种苗諸事報可十月眞除雲貴總督四川烏蒙土司祿萬鍾爲亂侵東川鄂爾泰請以東川改隸雲南上從之仍命會四川總督岳鍾琪按治招其渠祿鼎坤出降鄂爾泰令鼎坤招萬鍾數往不就撫乃檄總兵劉起元率師討之破其所居寨萬鍾走匿鎮雄土司隴慶侯所五年萬鍾詣鍾琪降慶侯亦詣鍾琪請改土歸流上命鍾琪以萬鍾慶侯交鄂爾泰按讞敘功授世職拜他喇布勒哈番三月鎮沅倮刁如珍等戕官焚掠遣兵討平之獲汝珍泗城土知府岑映宸縱其衆出掠又發兵屯者相立七營鄂爾泰疏劾令諸道兵候檄進討映宸乞免死存祀改土歸流鄂爾泰請映宸送浙江原籍留其弟映翰奉祀七月發兵與湖北師會討定謬沖花苗獲其渠降其餘衆威遠倮札鐵匠等新平倮李百疊等應如珍爲亂九月鄂爾泰檄臨元總兵孫宏本率師討之獲札鐵匠降李百疊威遠新平皆定十一月招降長寨後路苗百八十四寨編戶口定額賦得旨嘉奬進世職一等阿達哈哈番十二月攻破雲南倮窩泥種取六茶山地千餘里劃界建城置官吏雲南南徼地與安南接前總督高其倬疏言安南國界應屬內地者百二十里請以賭咒河爲界安南國王黎維祹奏辨上命鄂爾泰清察鄂爾泰請與地八十里於鉛廠山下小河內四十里立界上從之敕諭安南六年維祹表謝上嘉其知禮命復與四十里旋討擒東川法戛土目祿天佑則補土目祿世豪按治米貼土目程永孝論斬永孝妻陸氏結倮玀爲亂檄總兵張耀祖討之攻克門坎山師入獲陸氏米貼平廣西八達寨獷顏光色等爲亂提督田畯不能討鄂爾泰遣兵往擒殺光色以降上命鄂爾泰總督雲貴廣西三省發帑十萬犒師旋又撫貴州拜克猛長寨古羊等生苗百四十五寨十月萬壽節雲南卿雲見鄂爾泰疏聞七年正月命超授三等阿思哈尼哈番雲貴兩省巡撫提督總兵文知縣武千總以上皆加級三月令按察使張廣泗率師攻貴州丹江雞溝生苗破其寨種人悉降上下九股清水江古州諸地以次定下部議敘鄂爾泰疏辭卹乞予曾祖圖捫封典俾昭忠祠位得改書贈官列大臣之末上允其請仍命議敘七月招安順高耀等寨生苗及猓狆諸種人內附十月雲南趙州醴泉出鄂爾泰疏聞上褒鄂爾泰化民成俗格天致瑞尋加少保八年五月招黎平都勻等寨生苗內附鄂爾泰既討定羣苗爲亂者諸土司懾軍威納土疆理其地置郡縣設營汛重定三省及四川界域而諸土司世守其地一旦歸版籍其渠誅夷遷徙皆無倖屬苗內憤烏蒙倮最狡悍總兵劉起元移鎮其地恣爲貪虐六月祿鼎坤及其族人鼎新萬福遂糾衆攻城刦殺起元及游擊江仁知縣賽枝大等盡戕其孥鄂爾泰疏聞請罷斥上慰諭之烏蒙既陷江外涼山下方阿驢江內巧家營者家海諸寨及東川祿氏諸土目皆起而應之又令則補以北諸寨要截江路以則以擺諸寨窺伺城邑東川境內𡷊泥矣氏歹補阿汪諸寨東川境外急羅箐施魯古牛畢古諸寨及武定尋甸威寧鎮雄所屬諸夷遠近嚮應殺塘兵刦糧運堵要隘毀橋樑所在屯聚爲亂鄂爾泰集官兵萬數千人土兵半之分三路進攻令總兵魏翥國攻東川哈元生攻威寧副將徐成貞副之參將韓勳攻鎮雄翥國師行土目祿鼎明遣行刺被創以總兵官祿代將師進焚苗寨十三遣游擊何元攻急羅箐殺三百餘降一百三十餘游擊紀龍攻者家海破寨盡殲其衆勳與苗兵遇於莫都戰一晝夜破寨四殺數百人進攻奎鄉戰三日殺二千餘元生成貞自威寧攻烏蒙射殺其渠黑寡暮末連破寨八十餘擊敗其衆數萬遂克烏蒙鄂爾泰檄提督張耀祖督諸軍分道窮搜屠殺剜腸截脰分懸崖樹間羣苗讋慄上獎鄂爾泰及諸將以元生成貞勳爲功首發帑犒師隴慶侯庶母二祿氏四川沙馬土婦沙氏以不從亂給誥命賚銀幣於是苗疆復定鄂爾泰令於雲貴界上築橋命曰庚戌橋以年紀其績也是歲永昌邊外孟連土司請歲納廠課六百鶴慶邊外懲子請歲貢土物鄂爾泰疏聞上以邊外野夷向化命減孟連廠課之半懲子入貢犒以鹽三百斤九年疏請重定烏蒙鎮遠東川威寧營汛別疏請興雲南水利濬嵩明州楊林海開墾周圍草塘疏宜良尋甸諸水耕東城北漫海築浪穹羽河諸隄修臨安諸處工暨通粵河道皆下部議行十年召拜保和殿大學士兼兵部尚書辦理軍機事務敘定苗疆功部議進世職一等精奇尼哈番上特命授一等伯爵世襲師討準噶爾六月命鄂爾泰督巡陝甘經略軍務九月師破敵額爾德尼昭鄂爾泰檄大將軍張廣泗遣兵截袞塔馬哈戈壁斷敵北遁道尋疏請屯田十一年六月還京師入對言準部未可驟滅用兵久敝中國無益上頗然之十三年台拱苗復叛上命設辦理苗疆事務處以果親王寶親王和親王鄂爾泰及大學士張廷玉等董其事苗患日熾焚掠黃平施秉諸地鄂爾泰以從前布置未協引咎請罷斥並削去伯爵上曰國家錫命之恩有功則受無功則辭古今通義允其請予休沐仍食俸尋命留二等阿思哈尼哈番八月世宗疾大漸鄂爾泰仍以大學士與莊親王允祿果親王允禮大學士張廷玉內大臣豐盛額訥親海望同被顧命鄂爾泰與廷玉捧御筆密詔命高宗爲皇太子俄皇太子傳旨命鄂爾泰等輔政世宗崩宣遺詔以鄂爾泰志秉忠貞才優經濟命他日配享太廟高宗即位命總理事務進一等精奇尼哈番乾隆二年十一月辭總理事務授軍機大臣又辭兼管兵部上不許加拜他喇布勒哈番合爲三等伯賜號襄勤迭主會試充領侍衛內大臣議政大臣經筵講官四年南河河道總督高斌請開新運口河東河道總督白鍾山請復漳河故道命鄂爾泰按視尋加太保七年副都御史仲永檀以密奏留中事告鄂爾泰長子鄂容安命王大臣會鞫請奪鄂爾泰官逮問上不許十年以疾乞解任上慰留加太傅卒命遵遺詔配享太廟並祀賢良祠賜祭葬諡文端二十年內閣學士胡中藻以詩辭悖逆獲罪中藻出鄂爾泰門下鄂爾泰從子甘肅巡撫鄂昌與唱和並坐譴上追咎鄂爾泰植黨命撤出賢良祠鄂爾泰弟鄂爾奇康熙五十一年進士改庶吉士散館授編修雍正中四遷至侍郎歷工禮二部署兵部五年擢戶部尚書兼步軍統領十一年直隸總督李衛論劾壞法營私紊制擾民諸狀鞫實當治罪上推鄂爾泰恩宥之十三年卒鄂爾泰子鄂容安鄂實鄂弼鄂寧鄂圻鄂謨鄂容安自有傳鄂實與高天喜同傳鄂弼初授三等侍衛遷正紅旗漢軍副都統出爲山西巡撫調陝西署西安將軍擢四川總督未上官卒賜祭葬諡勤肅鄂寧舉人初授戶部筆帖式屢以員外郎署副都統復自郎中擢禮部侍郎出爲湖北巡撫調湖南再調雲南師征緬甸雲南總督楊應琚戰失利鄂寧以實疏聞明瑞代應琚深入戰死鄂寧劾參贊額勒登額提督譚五格逗遛失機上獎鄂寧加內大臣銜即命代明瑞爲雲貴總督尋以與參贊舒赫德合疏議撫失上指奪內大臣銜左授福建巡撫迭降藍翎侍衛卒

張廷玉字衡臣安徽桐城人大學士英次子康熙三十九年進士改庶吉士散館授檢討直南書房以憂歸服除遷洗馬歷庶子侍講學士內閣學士五十九年授刑部侍郎山東鹽販王美公等糾衆倡邪教巡撫李樹德令捕治得百五十餘人上命廷玉與都統托賴學士登德會勘戮七人戍三十五人而讞定旋調吏部世宗即位命與翰林院學士阿克敦勵廷儀應奉几筵祭告文字賜蔭生視一品擢禮部尚書雍正元年復命直南書房偕左都御史朱軾充順天鄉試考官上嘉其公慎加太子太保尋兼翰林院掌院學士調戶部疏言浙江衢州江西廣信贛州毘連閩粵無藉之徒流徙失業入山種麻結棚以居號曰棚民歲月既久生息日繁其強悍者輒出剽掠請敕督撫慎選廉能州縣嚴加約束其有讀書向學膂力技勇察明考驗錄用庶生衆教訓初無歧視下督撫議行命署大學士事四年授文淵閣大學士仍兼戶部尚書翰林院掌院學士五年進文華殿大學士六年進保和殿大學士兼吏部尚書七年加少保八年上以西北用兵命設軍機房隆宗門內以怡親王允祥廷玉及大學士蔣廷錫領其事尋改稱辦理軍機處廷玉定規制諸臣陳奏常事用疏自通政司上下內閣擬旨要事用摺自奏事處上下軍機處擬旨親御硃筆批發自是內閣權移於軍機處大學士必充軍機大臣始得預政事日必召入對承旨平章政事參與機密廷玉周敏勤慎尤爲上所倚上偶有疾獎廷玉等翊贊功各予一等阿達哈哈番世襲廷玉請以子編修若靄承襲十一年疏言諸行省例凡罪人重者收禁輕者取保獨刑部不論事大小人首從皆收禁累無辜請如諸行省例得分別取保刑部引律例往往刪截但用數語即承以所斷罪甚有求其仿佛比照定議者高下其手率由此起請敕都察院大理院駁正扶同草率併予處分命九卿議行大學士英祀京師賢良祠復即本籍諭祭命廷玉歸行禮並令子若靄從弟廷璐督江蘇學政亦命來會發帑金萬爲英建祠並賜冠帶衣裘

及貂皮人參內府書籍五十二種十二月廷玉疏言行經直隸被水諸縣已予賑尙有積潦不能種麥請敕加賑一月並議以工代賑得旨允行十二年二月還京師上遣內大臣耶海望迎勞蘆溝橋賜酒膳十三年世宗疾大漸與大學士鄂爾泰等同被顧命遺詔以廷玉器量純全抒誠供職命他日配享太廟高宗卽位命總理事務予世職一等阿達哈哈番合爲三等子仍以若靄襲乾隆元年明史成表進命仍兼管翰林院事二年十一月辭總理事務加拜他喇布勒哈番特命與鄂爾泰同進三等伯賜號勤宣仍以若靄襲四年加太保尋諭本朝文臣無爵至侯伯者廷玉爲例外命自兼不必令若靄襲又諭廷玉年已過七十不必向早入朝炎暑風雪無强入十一年若靄卒上以廷玉入內廷須扶掖命次子庶吉士若澄直南書房十三年以老病乞休上諭曰卿受兩朝厚恩且奉皇考遺命配享太廟豈有從祀元臣歸田終老廷玉言宋明配享諸臣亦有乞休得請者且七十懸車古今通義上曰不然易稱見幾而作非所論於國家休戚視君臣爲一體者使七十必令懸車何以尙有八十杖朝之典武侯鞠躬盡瘁又何爲耶廷玉又言亮受任軍旅臣幸得優游太平未可同日而語上曰是又不然臯夔龍比易地皆然既以身任天下之重則不以艱鉅自諉亦豈得以承平自逸朕爲卿思之不獨受皇祖皇考優渥之恩不可言去卽以朕十餘年眷待亦不當言去朕且不忍令卿去卿顧能辭朕去耶朕謂致仕之義必古人遭逢不偶不得已之苦衷爲人臣者設預存此心必將漠視一切泛泛如秦越年至則奉身以退誰復出力爲國家治事是不可以不辨因命舉所諭宣告朝列並允廷玉解兼管吏部廷玉自是不敢言去然廷玉實老病十四年正月命如宋文彥博十日一至都堂議事四五日一入內廷備顧問是冬廷玉乞休沐養痾上命解所兼領監修總裁諸職且令軍機大臣往省廷玉言受上恩不敢言去私意願得暫歸後年上南巡當於江寗迎駕上乃許廷玉致仕命待來春冰泮舟行歸里親製詩三章以賜廷玉入謝奏言蒙世宗遺命配享太廟上年奉恩諭從祀元臣不宜歸田終老恐身後不獲更蒙大典免冠叩首乞上一言爲劵上意不懌然猶爲頒手詔申世宗成命並製詩示意以明劉基乞休後仍配享爲例次日遣子若澄入謝上以廷玉不親至遂發怒命降旨詰責軍機大臣傅恒汪由敦承旨由敦爲乞恩旨未下又次日廷玉入謝上責由敦漏言降旨切責廷臣請奪廷玉官爵罷配享上命削伯爵以大學士原銜休致仍許配享十五年二月皇長子定安親王薨方初祭廷玉卽請南還上愈怒命以太廟配享諸臣名示廷玉命自審應否配享廷玉惶懼疏請罷配享治罪上用大學士九卿議罷廷玉配享仍免治罪又以四川學政編修朱荃坐罪荃爲廷玉姻家嘗薦舉上以責廷玉命盡繳歷年頒賜諸物二十年三月卒命仍遵世宗遺詔配享太廟賜祭葬謚文和乾隆三年上將臨雍視學舉古禮三老五更諮鄂爾泰及廷玉廷玉謂無足當此者撰議以爲不可行四十三年上撰三老五更說闢古說踳駁命勒碑辟雍五十年復見廷玉議以所論與上同命勒碑其次並題其後謂廷玉有此卓識乃未見及朕必遵皇考遺旨令其配享古所謂老而戒得朕以廷玉之戒爲戒且爲廷玉惜之終清世漢大臣配享太廟惟廷玉一人而已子若靄字晴嵐雍正十一年進士廷試世宗親定一甲三名拆卷知爲廷玉子遣內侍就直廬宣諭廷玉堅辭乃改二甲一名授編修直南書房充軍機章京乾隆間屢遷至內閣學士若靄工書畫內直御府所藏令題品鑒別詣益進十一年扈上西巡感疾歸卒若澄字鏡壑乾隆十年進士改庶吉士直南書房累遷至內閣學士卒若澄亦工畫亞若靄若淳字聖泉入貲授刑部主事充軍機章京再遷郞中出爲雲南澂江知府四川建昌道內擢太僕少卿五遷至侍郞歷工刑戶諸部嘉慶五年授兵部尙書調刑部七年卒贈太子少保賜祭葬謚勤恪從子若湝字樹穀雍正八年進士授兵部主事考選江西道御史擢鴻臚寺少卿六遷刑部侍郞擢左都御史上命旌䘏勝朝徇節諸臣若湝請遍行採訪下大學士九卿議以爲明史外兼採各省通志專謚通謚已至千五六百人不必更行採訪若湝以老乞休上南巡屢迎謁五十年與千叟宴御書牓以賜歸又二年卒

論曰世宗初卽位擢鄂爾泰於郞署不數年至總督廷玉已貳禮部內直稱旨不數年遂大拜軍機處初設職制皆廷玉所定鄂爾泰稍後委寄與相埒庶政修舉宇內乂安遂乃受遺命侑大烝可謂極心膂股肱之重矣顧以在政地久兩家子弟賓客漸且競權勢角門戶高宗燭幾摧萌不使成朋黨之禍非二臣之幸歟

清史稿　列傳七十六

朱軾　徐元夢
蔣廷錫 子溥　邁柱 白潢 [illegible]
田從典 子懋 遷柱 高其位　尹泰 陳元龍

朱軾字若瞻江西高安人康熙三十二年舉鄉試第一三十三年成進士改庶吉士散館授湖北潛江知縣潛江俗敝賦繁軾令免耗羨用法必持平有鬭毆殺人獄上官改故殺軾力爭之卒莫能奪四十四年行取授刑部主事累遷郞中四十八年出督陝西學政修橫渠張子之教以知禮成性變化氣質訓士故事試冊報部科當有公使錢軾獨無坐遲誤被劾士論爲不平會有以其事聞上者上命軾畢試事五十二年擢光祿少卿歷奉天府尹通政使五十六年授浙江巡撫五十七年疏請修築海塘北岸海甯老鹽倉千三百四十丈南岸上虞夏蓋山千七百九十丈並議開中亹淤沙復江海故道又疏言海甯沿塘皆浮沙難長樁巨石難期保固當用水櫃法以松杉木爲櫃實碎石用爲塘根上施巨石爲塘附塘爲坦坡亦用水櫃外砌巨石二三重高及塘之半用護塘址塘內爲河名曰備塘河居民築壩積淤應去壩濬河卽以其土培岸俱下部議行杭州南北兩關稅例由巡撫監收軾以稅口五十餘稽察匪易請委員兼理部議以杭州捕盜同知監收仍令巡撫統轄五十八年疏劾巡鹽御史哈爾金索商人賄上命尙書張廷樞學士德音按治論如律五十九年擢左都御史六十年遭父喪命在任守制疏辭上不許請從軍自效上以山陝旱災發帑五十萬命軾與光祿寺卿盧詢分往勸糶治賑軾往山西疏請令被劾司道以下出貲贍饑民富民與商人出貲於南省糴米暫停淮安鳳陽等關米稅饑民流徙令所在地方官安置能出貲以贍者得題薦饑民羣聚易生癘疫設廠醫治又疏言倉庾積貯有司平日侵蝕遇災復假平糶借貸煮粥爲名以少報多有名無實請敕詳察虧空少則勒限補還多則嚴究治罪至因賑動倉穀輒稱捐俸抵補俸銀有限倉穀甚多借非實借還非實還宜併清嚴皆從所議行別疏請令山西各縣建社倉引泉溉田上謂社倉始於朱子僅可行於小縣鄉村若奏爲定例官吏奉行久之與民無益山陝山多水少間有泉源亦不能暢引溉田軾既以爲請卽令久駐山西鼓勵試行軾自承冒昧乞寢其議上不許未幾川陝總督年羹堯劾西安知府徐容鳳翔知府甘文煊虧帑請特簡親信大臣會鞫上命軾往勘得實論如律六十一年乞假葬父歸世宗卽位召詣京師充聖祖實錄總裁賜第雍正元年命直南書房予其母冷氏封加吏部尙書銜尋復加太子太保充順天鄉試考官嘉其公愼進太子太傅二年兼吏部尙書命勘江浙海塘三年還奏浙江餘姚滸山鎭西至臨山衞舊土塘三道本爲民竈修築今民竈無力應動帑興修自臨山衞經上虞烏盆村至會稽瀝海所土塘七千丈應以石爲基就石累土又海甯陳文港至興山土塘七百六十六丈應就塘加寬覆條石於塘外以亂石爲子塘護塘址當修砌完固至子塘處依式興築海鹽秦駐山至演武場石塘圮八十丈潰七十丈均補築都計工需十五萬有奇江南金山衞城北至上海華家角土塘六千二百餘丈內三千八百丈當改爲石塘上海汛頭墩至嘉定二千四百丈水勢稍緩土塘加築高厚足資捍禦都計工需十九萬有奇下部議行拜文華殿大學士兼吏部尙書上命怡親王胤祥總理畿輔水利營田以軾副之四年請分設四局各以道員領其事二月軾遭母喪命馳驛回籍諭曰軾事母至孝但母年八十餘祿養顯揚俱無餘憾當節哀抑慟護惜此身爲國家出力賜內帑治喪敕江西巡撫候軾至家賜祭軾奏謝乞終制上允解任仍領水利營田期八月詣京師九月軾將至遣學士何國宗副都統永福迎勞許素服終喪上以浙江風俗澆漓特設觀風整俗使軾疏言風俗澆漓莫甚於爭訟臣巡撫浙江知杭嘉湖紹四府民最好訟請增設杭嘉湖巡道而以紹興屬甯台道民間詞訟冤抑准巡道申理上從其請六年以病乞解任上手詔留之八年怡親王薨命軾總理水利營田尋兼兵部尙書署翰林院掌院學士十三年議築浙江海塘軾請往董其役上兪之敕督撫及管理塘工諸大臣咸聽節制高宗卽位召還命協同總理事務予拜他喇布勒哈番世職時治獄尙刻深各省爭言開墾爲民累軾疏言四川丈量多就熟田增加錢糧廣西報部墾田數萬畝其實多係虛無因請通行丈量冀求

熟田弓口之餘以補報墾無著之數大行皇帝洞燭其弊飭停止丈量而前此虛報升科入册輸糧小民不免苦累河南報墾亦多不實州縣田地間有未能耕種之處或因山區磽确旋墾旋荒或因江岸河濱東坍西漲是以荒者未盡開墾墾者未盡升科至已熟之田或糧額甚輕亦由土壤磽瘠數畝不敵腴田一畝非欺隱者比不但丈量不可行卽令據實首報小民惟恐察出治罪勉强報升將來完納不前仍歸荒廢請停止丈量飭禁首報詳察見在報墾之田有不實者題請開除又疏言法吏以嚴刻爲能不問是非曲直刻意株連惟是鍛鍊之長希著明察之號請敕督撫諭有司讞獄務虛公詳慎原情酌理協於中正刑具悉遵定制不得擅用夾棍大枷上深嘉納之乾隆元年充世宗實錄總裁九月病篤上親臨視疾軾力疾服朝服令其子扶掖迎拜戶外翌日卒遺疏略言萬事根本君心用人理財尤宜愼重君子小人公私邪正判在幾微當審察其心迹而進退之至國家經費本自有餘異日倘有言利之臣倡加賦之稅伏祈聖心乾斷永斥浮言實四海蒼生之福上震悼輟朝復親臨致奠發帑治喪贈太傅賜祭葬謚文端軾樸誠事主純修清德負一時重望高宗初典學世宗命爲師傅設席懋勤殿行拜師禮軾以經訓進講亟稱賈董宋五子之學高宗深重之懷舊詩稱可亭朱先生可亭軾號也子必堦以蔭生官至大理寺卿瑆進士官至右庶子必坦舉人襲騎都尉

徐元夢字善長舒穆祿氏滿洲正白旗人康熙十二年進士改庶吉士散館授戶部主事二十二年遷中允充日講起居注官尋復遷侍講徐元夢以講學負聲譽大學士明珠欲羅致之其遷詞曹直講筵明珠嘗薦於上徐元夢以明珠方擅政不一至其門而掌院學士李光地亦好講學賢徐元夢及侍講學士德格勒亟稱於上前二人者每於上前相推獎明珠黨蜚語謂與光地爲黨二十六年夏上御乾清宮召陳廷敬湯斌徐乾學耿介高士奇孟亮揆徐潮徐嘉炎熊賜瓚勵杜訥及二人入試題爲理學眞僞論方屬草有旨詰二人德格勒於文後申辨徐元夢卷未竟上閱畢於德格勒及賜瓚有所譏讓命同試者互校斌仍稱徐元夢文爲是是時斌被命輔導皇太子尋亦命徐元夢授諸皇子讀秋上御瀛臺教諸皇子射徐元夢不能挽强上不懌責徐元夢徐元夢奏辨上益怒命朴之創遂籍其家戍其父母其夜上意解令醫爲治創翌日命授諸皇子讀如故徐元夢乞赦其父母已就道使追還冬掌院學士庫呼納奏劾德格勒私抹起居注並言與徐元夢互相標榜奪官逮下獄二十七年春獄上當德格勒立斬徐元夢絞上命貸徐元夢死荷校三月鞭百入辛者庫上徐察徐元夢忠誠三十二年命直上書房仍授諸皇子讀尋授內務府會計司員外郎四十一年充順天鄉試考官五十年諭曰徐元夢繙譯見今無能過之授額外內閣侍讀學士五十一年充會試考官五十二年擢內閣學士歸原旗五十三年授浙江巡撫上諭之曰浙江駐防滿洲兵爾當與將軍協同訓練錢糧有虧空爾宜清理無累百姓至於用人當隨材器使不可求全賜御製詩文集及鞍馬以行五十四年疏言杭州紹興等七府旱潦成災已蒙蠲賑並截漕平糶未完額賦尚有十三萬餘兩請秋成後徵半餘俟來歲上允之又疏陳修復萬松嶺書院上賜浙水敷文牓因請以敷文名書院五十六年左都御史及翰林院掌院學士缺員吏部以請上曰是當以不畏人兼學問優者任之以命徐元夢上諭科場積習未除命甄別任滿學政及考官不稱職者皆劾罷之五十七年遷工部尙書仍兼掌院學士六十年上賜以詩謂徐元夢乃同學舊翰林康熙十六年以前進士祇此一人世宗卽位復命直上書房授諸皇子讀雍正元年命與大學士張鵬翮等甄別翰詹各官不稱職者勒令解退回籍大學士富甯安出視師命徐元夢署大學士尋復命兼署左都御史充明史總裁調戶部尙書四年以繙譯本章錯誤奪官命在內閣學士之列效力行走仍司繙譯八年復坐前在浙江失察呂留良逆書命同繙譯中書行走十三年充繙譯鄉試考官高宗卽位命直南書房尋受內閣學士擢刑部侍郎以衰老不能理刑名疏辭調禮部充世宗實錄副總裁詔輯八旗滿洲氏族通譜命與鄂爾泰福敏董其事復命直上書房課皇子讀乾隆元年乞休命解侍郎任加尙書銜食俸仍在內廷行走領諸館事二年上臨雍疏請以有子升堂配享改宰我冉求兩廡而進南宮适處不齊升配下大學士九卿議以有子升祀位次子夏餘寢未行復乞休上曰徐元夢年雖逾八十未甚衰憊可量力供職四年正月召同諸大臣賦柏梁體詩尋加太子少保六年秋疾作遣太醫診視賜葠藥冬十一月疾劇上諭曰徐元夢踐履篤實言行相符歷事三朝出入禁近小心謹愼數十年如一日壽逾大耋洵屬完人命皇長子視疾疾革復遣使問所欲言徐元夢伏枕流涕曰臣受恩重心所欲言口不能盡使出呼曾孫取論語檢視良久翌日遂卒年八十七上復命和親王及皇長子奠茶酒發帑治喪贈太傅賜祭葬謚文定孫舒赫德自有傳

蔣廷錫字揚孫江南常熟人雲貴總督陳錫弟初以舉人供奉內廷康熙四十二年賜進士改庶吉士四十三年未散館卽授編修屢遷轉至內閣學士雍正元年擢禮部侍郎世宗賜詩賢之廷錫疏言國家廣黌序設廩膳以興文教乃生員經年未嘗一至學宮請敕學臣通飭府州縣衛教官凡所管生員務立程課面加考校講究經史學臣於歲科考時以文藝優劣定教職賢否會典載順治九年定鄉設社學以冒濫停止請敕督撫令所屬州縣鄉堡立社學擇生員學優行端者充社師量給廩餼鄉民子弟年十二以上二十以下有志者得入學下部議從之二年奏請續纂大清會典卽命爲副總裁調戶部三年命與內務府總管來保察閱京倉尋疏言漕運全資水利宜通源節流以濟運道山東漕河取資汶濟洸泗四水而四水又賴諸泉助成巨流山東一省得泉百有八十其派有五分水天井魯橋新河沂水是也五派合爲一水是名泉河舊設管泉通判今雖裁汰仍設泉夫請飭有泉州縣督率疏濬濟南兗州二府爲濟水伏流之地若廣爲濬導則散溼沙礫間者隨地涌見應立法泉夫濬出新泉優賚銀米歲終册報爲州縣課最諸泉所滙爲湖十五各設斗門爲減水閘以時啓閉漕溢則減漕入湖漕涸則啟湖濟漕號諸湖爲水櫃其後居民壅水占耕堧地閘塞低處多生茭草高處積沙與漕河隄並請察勘未耕之地就低處挑深卽以挑出之土築隄復水櫃之制諸湖開支河以承諸泉之入益漕河之流建閘以時減放舊制運河於每歲十月築壩分洩諸湖來春三月冰泮開壩受水法久玩生築壩每至十一月則失之遲開壩在正月初旬又失之早請飭所築司必十月望前開必二月朔後以循舊制汶水分流南北運道攸賴明宣德間築戴村壩於汶水南以遏汶水入洸建坎河壩於汶水北以節汶水歸海嘉靖時復堆積石灘水溢縱使歸海水平留之入湖歲久頹廢萬一汶水北注挾湖泉盡歸大清河四百餘里運道所關非小請飭總河相度形勢修復舊石灘改建滾水石壩以爲蓄洩上命內閣學士何國宗等攜儀器輿圖會總河齊蘇勒巡撫陳世倌履勘請如廷錫奏下九卿議行四年遷戶部尙書充順天鄉試考官既入闈諭曰廷錫佐怡親王董理戶部諸事秉公執正胥吏嫉妒懷怨今廷錫典試或乘此造作浮言妄加誘議令步軍統領順天府尹五城御史察訪捕治尋命兼領兵部尙書遭母喪遣大臣奠茶酒予其母封誥發帑治喪命廷錫奉母喪還里葬畢還京在任守制六年拜文華殿大學士仍兼領戶部充聖祖實錄總裁七年加太子太傅命與果親王允禮總理三庫予世職一等阿達哈哈番九年廷錫病上遣醫療治十年夏病復作上命日二次以病狀奏閏五月卒上爲輟朝遣大臣奠茶酒賜祭葬謚文肅廷錫工詩善畫事聖祖內直二十餘年世宗朝累遷擢明練恪謹被恩禮始終子溥字質甫雍正七年賜舉人八年進士改庶吉士直南書房襲世職廷錫卒溥奉喪歸命葬畢卽還京供職十一年授編修四遷內閣學士乾隆五年授吏部侍郎疏言凡條奏發九卿會議主稿衙門酌定准駁會議日書吏誦稿以待商度其中原委曲折一時難盡請於會議前二日將議稿傳鈔俾得詳勘暢言至命盜案刑部例不先定稿俟議時平決不關命盜各案亦宜先期傳知庶爲審愼下部議如所請八年授湖南巡撫九年疏言永順及永綏乾州鳳凰諸處苗民貪暴之習未除城步綏甯尤多狡惡臣整飭武備漸知守法諭曰馭苗以不擾爲要次則使知兵威不敢犯此奏得之旋劾按察使明德不詳鞫盜案奪官驛鹽道謝濟世老病休致給事中胡定奏請湖南濱湖荒土勸民修築開墾令溥察議溥奏言近年湖濱淤地築墾殆徧奔湍束爲細流洲渚悉加堵截常有衝決之慮沅江萬子湖湘陰文洲圍士民請修築開墾臣親往履勘文洲圍倚山面江四圍俱有舊隄已議舉行萬子湖廣袤八十餘里四面受水費大難築並於上下游水利有礙臣以爲湖地墾築已多當防湖患不可有意勸墾上韙之十年授吏部侍郎軍機處行走十二年擢戶部尙書命專治部事十五年加太子少保十八年命協辦大學士兼禮部尙書掌翰林院事二十年兼署吏部尙書二十四年授東閣大學士兼領戶部二十六年溥病上親臨視及卒復親臨奠贈太子太保發帑治喪賜祭葬謚文恪子棡進士自編修累遷兵部侍郎賜棨初授雲南楚雄知府再至戶部侍郎並坐事奪官左授光祿寺卿復奪官以世職守護裕陵

邁柱喜塔拉氏滿洲鑲藍旗人初授筆帖式三遷戶部員外郎授御史康熙五十五年巡視福建鹽課雍正元年巡視甯古塔三年命如荊州會將軍武納哈籍前任將軍阿魯家償侵蝕兵饟議荊州近縣民有願鬻地者官購俾兵耕種或招田徵租兵婚喪量佽之下部議行擢工部侍郎調吏部命如江西按治德安知縣蕭彬武甯知縣廖科齡虧帑並命察通省錢糧積弊尋命署巡撫疏請以江西額徵丁銀攤入地糧從之五年授湖廣總督命俟江西事畢赴任邁柱疏陳江西倉穀虧缺弊在無穀無銀虛報存貯及至交代又虛報民間借領後

江徵追悉歸無著，又或出糶倉穀，得價侵用，及至交代，以一錢一石折價，後任不敷糶補，又或因不敷之故，併此折價而亦侵用，及至交代，復稱民欠。多方掩飾，皆由前任巡撫裴𢔶度、布政使陳安策、張楷徇庇所誤。上為奪𢔶度等官，察究追完。又言江西通省公用需欵，請視河南、湖廣諸省例，提州縣耗羨二分充用，另提充各員養廉，多至一分五釐，少至四釐，餘仍留州縣養贍，巡撫及司道亦於所提一分五釐內量行支用。又言江西被災州縣設廠煮賑，米價石至一兩三四錢，請於未被災州縣發銀預購，下糶。又言南安、贛州閩廣交界及鄱陽湖濱，最易藏奸，萬載、甯州等地，棚民聚集，素好多事，已飭嚴整塘汛，操練標兵，豫為之備。得旨嘉其條畫詳晰，令新任巡撫照行。尋讞定彬等俱論斬，並請令徇庇之上官分償虧帑。上命自雍正六年起，著為例。獎邁柱秉公持正，下部議敘。乃赴湖廣任。湖廣瀕江州縣頻年被水，邁柱令民間按糧派夫修築江隄，議定確估土方夫數及加修尺寸，並歲修、搶險諸例，疏聞。上發帑六萬，命視工多寡分給。鎮筸苗最悍，屢入內地剽掠。邁柱疏言：「臣聞雲南提督張國正先任鎮筸總兵，以鳴剿法治苗，聞有警，詗為何種苗所屬何寨，即擕兵馳往圍寨搜擒，如鳴之捕鳥，取其速而鳥可必得。臣今與總兵周一德循行此法，但期得罪人而止，不敢多為殺戮。」居數年，又疏言收繳六里、鎮筸土司所藏鳥鎗完整者，俾兵充用，餘改造農具給土苗耕作。土苗所用環刀、標鎗，亦令給價收繳。上諭曰：「所奏深得賣刀買犢之意。環刀、標鎗，自當收繳，可順其願，不宜強迫。」疏定苗與民為市，於分界地設市，一月以三日為期，不得越界出入。民以物往市，預報地方官，知會塘汛查驗。苗疆州縣立苗長，選良苗充，民壯備差遣。訪紺鄂爾泰督雲貴，建策改土歸流，邁柱亦行之湖廣，收永順、保靖、桑植三土司。永順設府，縣仍其名，又於府西北設縣曰龍山；保靖、桑植各設縣，仍其名。收容美土司，設州曰鶴峯，所屬五峯所設縣曰長樂，並改彝陵州為府曰宜昌，領新設州縣。收第岡土司，改永定衞為縣，以其地屬焉。上命通察湖廣積欠錢糧，都計銀三十餘萬，令與巡撫馬會伯、王國棟同董其事。逾年，報湖南已完六萬有奇，湖北已完八萬有奇。尋察出沔陽積欠內為官侵役蝕包攬未完者三萬有奇，其實欠在民者二萬二千有奇。上以沔陽常被水，民欠命予豁除。七年，邁柱疏請以湖廣額徵丁銀攤入地糧，從之。邁柱督湖廣數年，聲績顯著，他所區畫，如以漢陽通判移漢口，荊州通判移沙市；又裁施州、大田二衞，所合為縣曰恩施，復請改為府曰施南，設縣四，曰宣恩、來鳳、咸豐、利川；宜昌既為府，設附郭縣曰東湖，又以歸州及所領長陽、興山、巴東諸縣隸焉；道州及甯遠、永明、江華諸縣隣廣西，請以永州同知移江華，並分設游擊、守備，調駐兵千五百，與廣西桂臨營月三次會哨；永順、保靖、桑植三營新立，月餉給米，折永順石折一兩，保靖、桑植石折六錢，以苗疆米貴，不與他營同。上悉如所請。十三年，召拜武英殿大學士，兼吏部尚書。乾隆元年，兼管工部。二年，以病乞解任。三年，卒，賜祭葬，謚文恭。同時督撫入為大學士者，又有白潢、趙國麟。潢，字近微，漢軍鑲白旗人。初授筆帖式，考授內閣中書，遷侍讀，授福建糧驛道僉事，以父憂去官。服闋，除山東登萊青道僉事，遷貴州貴東道參議。以巡撫劉蔭樞薦，就遷按察使。潢操守廉潔，聞於聖祖，擢湖南布政使。未上官，會蔭樞以請緩西師命詣軍前察視，潢護貴州巡撫。貴州山多田少，諸鎮營兵餉米於徵米諸州縣支發，以運道艱阻，改徵折色，遲至次年春夏，米值昂，不足以糴。諸驛例設夫百、馬四十五，而巡撫以下私函付驛，謂之便牌，役夫至數百。潢奏請兵米於藩庫借支，州縣徵解歸項，並檄諸驛禁便牌，兵民困皆蘇。又以貴州僻遠，官於外、商於外皆不肯歸，潢奏請勸限回籍。貴州民初以為不便，久之文物漸盛，乃思潢惠。為蔭樞還貴州，調潢江西。入覲至熱河謁上，即擢江西巡撫。潢革諸州縣漕節陋例，並令火耗限加一，舊加至三四者悉罷除之，不率者奏劾。湖口關地險港窄，潢度關右武曲港山勢開闊，可容千艘，乃濬江口建草壩，使估舟得聚泊，建亭頌潢德。會城西南有袁、贛二江至臨江合流，舊有隄久圮，春夏水發，往往壞田廬。潢奏請重建，九閱月而成，民自是無水患，號為白公隄。五十九年，奏請補京職，授戶部侍郎，擢兵部尚書。六十一年，世宗即位，命協辦大學士，尋授文華殿大學士，疏辭，不許。充聖祖實錄總裁。雍正三年，以疾乞解任，許之。潢撫江西時，南昌、吉安、撫州、饒州四府舊有落地稅千三百兩有奇，設大使徵收。潢以官役苛徵，令停收，巡撫司道公捐代納，僞編納稅人名冊報部。王企埥、裴𢔶度代為巡撫，皆如潢例。及汪漋至，以其事聞，且請裁大使。上曰：「國家經制錢糧，豈可意為增減？若此稅不當收，潢當請豁免，何得以公捐代完，估名邀譽？」下部議，奪潢官，漋亦坐左遷，稅如舊例徵收。乾隆二年，潢卒，命還大學士銜。國麟，字仁圃，山東泰安人。祖瑗，手書春秋內外傳、史、漢、蒙文授之，篤志於學，以程、朱為宗。康熙四十五年進士。五十八年，授直隸長垣知縣，當官清峻，以禮導民，民戴如父母。世宗聞其賢，雍正二年，擢永平知府。三遷福建布政使，調河南，擢福建巡撫，調安徽。御史蔣炳奏請州縣徵收錢糧，依部頒定額刊印由單，申布政使嚴發。國麟以安徽通省數百萬由單由司嚴發，恐誤徵收，疏請停止。內閣學士方苞疏言常平倉穀原定每存七糶三，南省地卑濕，應令因地制宜，下督撫詳覈。國麟疏言安徽所屬州縣濱江湖者，當改糶半存半，他州縣仍循舊例。並下部議行。乾隆三年，擢刑部尚書，調禮部，兼領國子監。四年，授文華殿大學士，兼禮部尚書。六年，御史仲永檀疏劾內閣學士許王猷邀九卿至京師民俞長庚家弔喪，國麟亦親往，下王大臣勘不實。國麟乞引退，上留之。俄給事中盧秉純復論國麟，當上舉永檀疏而詰問，若不知出告其戚光祿寺卿劉藩長，藩長被命休致，國麟又告以為侍郎蔣炳所劾。上命大學士鄂爾泰、張廷玉召國麟及藩長相質，藩長力辨，上命毋深究，令鄂爾泰、張廷玉諭國麟引退。國麟疏未即上，上降詔詰責，左授禮部侍郎。七年，擢尚書。國麟乞引退，不許。逾數月，復以請，上不悅，命奪官，在咸安宮効力。八年，乃許其還里。十五年，詣京師祝上壽，賜禮部尚書銜。明年，卒。

田從典，字克五，山西陽城人。父兩，時明諸生，寇亂，挈子及兄之孤從避，度不能兼顧，棄子負兄子以走。賊退，求得子草間，即從典也。從典篤學，以宋五子為宗。康熙二十七年成進士，旋居父喪，事必遵家禮。服終，就選。三十四年，授廣東英德知縣。縣地瘠，賦籍不可稽，詭寄逋逃，民重困，陋例兩加至八九錢，名曰均平，從典盡革之，清其籍。四十二年，行取。四十三年，授雲南道御史。疏言督撫不拘成例，請調州縣，有秉公者，即有徇私者。州縣求調，其弊有三：圖優缺，避衝繁，預為卓薦地。督撫瞻徇濫調，其弊亦有三：徇請託，得賄賂，引用其私人，名為整頓地方，簡拔賢良，實乃巧開捷徑，屢經敗露，有駭聽聞。嗣後請除江、浙等省一百一十餘縣錢糧難徵及邊遠煙瘴地仍舊例調補，其他不准濫調。又疏言京官考選科道，令部院堂官保送，恐平日之交結，臨時之營謀，在所難免。請敕吏部選考選科道，凡正途部屬及自知縣升任中行評博與翰林一體論俸開列，聽候考選。均下部議行。巡視西城，罷鋪墊費。察通州倉儲，僦神祠以居，廟祝不受值，不入也。四十九年，擢通政司參議，屢遷轉授光祿寺卿。寺故有買辦人虧戶部帑至四十一萬餘，從典請限年帶銷。遷左副都御史，再遷兵部侍郎，並命兼領光祿寺。五十八年，遷左都御史。兩江總督常鼐疏言安徽布政使年希堯、鳳陽知府蔣國正婪取屬吏所訐，命從典與副都御史屠沂往按。國正坐斬，希堯奪官。五十九年，擢戶部尚書。雍正元年，調吏部。二年，協辦大學士。三年，授文華殿大學士，兼吏部尚書。六年三月，乞休，優詔褒許，加太子太師致仕，賜宴於居第，令部院堂官並集，發帑治裝。行日，百官祖餞，馳驛歸里，驛道二十里內有司送迎。入辭，賜御用冠服、朝珠。四月，乃行，甫一舍，次良鄉，病大作，遂卒，年七十八。上聞，以從典子懋幼，遣內閣學士一、侍讀學士一為治喪，散秩大臣一、侍衞六奠茶酒，並命地方官送其喪歸里，賜祭葬，謚文端。懋自廕生授刑部員外郎。世宗命改吏部，遷郎中，授貴州道御史。乾隆初，遷禮科給事中，疏言河南秋審寬縱，巡撫尹會一、按察使隋人鵬下吏議。又劾工部尚書趙宏恩受賕，奪官戍軍臺。遷鴻臚少卿，高宗獎懋敢言，超擢副都御史，遷刑部侍郎，調吏部。十一年，上責懋奏事每漏言，且嗜酒務博，命解任歸里讀書。十四年，召授吏部侍郎，以僕從鬥毆傷人，責懋舊習未悛，仍命歸里讀書家居。二十年，卒。高其位，字宜之，漢軍鑲黃旗人。父天爵，語在忠義傳。其位初隸鑲白旗，自筆帖式管佐領。康熙間，以署參領從軍駐襄陽。叛將楊來嘉、王會等以二萬人出掠，將攻南漳，其位率二十騎覘敵，與遇，越敵隊入南漳，與共守，敵圍攻不能下。叛將譚宏以三萬人犯鄖陽，其位將百人拒楊谿鋪，與相持七十餘日，糧盡，煮馬韉以食。都統李麟隆援至，合擊，大敗之。尋追論禦敵毀城失利，奪官。久之，授火器營操練校尉，襲其祖尚義二等阿達哈哈番。從大將軍裕親王福全討噶爾丹，戰於烏蘭布通，破駝營，擢參領，授甘肅永昌副將。明法令，築堡塞，邊境肅清。遷漢陽、襄陽總兵，擢提督，賜孔雀翎、鑾鞭、廐馬。調江南，兩江總督常鼐有疾，上命其位署理。世宗即位，召入覲，旋命回提督任。奏請保護聖躬，上褒其有愛君之心，溫詔嘉許。雍正二年秋，奏飛鴉食蝗，秋禾豐茂，上以蝗不成災，傳示王大臣，賜詩褒之。冬，奏進黃浦漁人網得雙龍蟠紐未刻玉印，上賜以四團龍補服。三年，授文淵閣大學士，兼禮部尚書，加太子少傅，以衰老辭，不許。改隸鑲黃旗，賜壽賚勝騾及白金千。屢乞休，乃命以原官致仕。五年，卒，賜祭葬，謚文恪。子起，以廕生授四川茂州知州，累遷兵部尚書，坐事奪官逮治。乾隆初，戍軍臺，釋回，卒。邁柱，棟鄂氏，滿洲鑲紅旗人。曾祖郎色，太祖時從其兄郎格來歸。邁柱初授筆帖式，擢工部主事，再遷戶部郎中，授御史，歷翰林院侍讀學士、內閣學士、盛京工部侍郎，召改吏部，擢兵部尚書。雍正五年，署大學士，旋授文淵閣大學士，仍兼兵部尚書。邁柱長兵部十六年，屢陳奏部政，多所考覈。雍正十年，以老命不必兼兵部。十一年，致仕，卒，年八十四。諭褒邁柱醇厚和平，賜祭葬。

尹泰章佳氏滿洲鑲黃旗人初授翰林院筆帖式再遷內閣侍讀康熙二十七年授翰林院侍講充日講起居注官三十四年授國子監祭酒三十七年改錦州佐領五十二年以病罷遂居錦州世宗在藩邸奉命詣奉天謁陵過錦州宿焉與語奇之見其子尹繼善雍正元年召授內閣學士遷工部侍郎再遷左都御史疏言六科書吏賄通提塘造爲小鈔晚帖內閣口傳諭旨或謬繙清文甚至僞造上有賜予及與諸臣問對臚請禁止二年充會典總裁三年命以原品署盛京侍郎兼領奉天府尹疏言承德等九州縣原徵豆米多貯無用請自雍正四年始停徵黑豆按畝徵米按丁徵銀而以原貯米豆視時價出糶又言關東風高土燥請掘地窖藏存穀以節建倉工費四年山海關總管多索禮疏言應交莊頭餘地尹泰不即派官丈收命侍郎查郎阿往按坐解府尹任仍以左都御史協理奉天將軍將軍噶爾弼議設外海水師尹泰以爲旅順天津俱有水師錦復蓋諸州亦可更番巡察增設需費浩繁於巡察無益別疏以聞下議政王大臣議如尹泰言六年坐遺漏入官財產奪官尋命復官七年正月與尚書陳元龍同授額外大學士尋授東閣大學士兼兵部尚書十三年高宗即位充世宗實錄總裁乾隆元年以老病乞罷上留之尹繼善自兩江總督入覲授刑部尚書俾便朝夕侍養三年復乞罷命以原官致仕尋卒賜祭葬諡文恪尹繼善自有傳

陳元龍字廣陵浙江海甯人康熙二十四年一甲二名進士授編修直南書房郭琇劾高士奇辭連元龍謂與士奇結爲叔姪招納賄賂命與士奇等並休致語互詳士奇傳元龍奏辨謂臣宗本出自高譜牒炳然若果臣交結士奇何以士奇反稱臣爲叔事得白命復任累遷侍讀學士元龍工書爲聖祖所賞嘗命就御前作書深被獎許上御便殿書賜內直翰林諭曰爾等家中各有堂名不妨自言當書以賜元龍奏臣父之闓年逾八十家有愛日堂御書牓賜之四十二年再遷詹事以父病乞養歸賜葠時正編賦彙命携歸校對增益上南巡元龍迎謁御書牓賜之闓及元龍母陸之闓卒喪終召元龍授翰林院掌院學士五十年遷吏部侍郎授廣西巡撫值廣東歲歉廣西米價高元龍遣官詣湖南採米平糶五十四年修築興安陡河閘護兩廣運道並於省城擴養濟院立義學設育嬰堂建倉貯穀五十七年擢工部尚書六十年調禮部世宗即位命守護景陵七年與左都御史尹泰同授額外大學士尋授文淵閣大學士兼禮部尚書元龍在廣西請開例民捐穀得入監李紱爲巡撫請以捐穀爲開墾費上責其借名支銷命元龍詣廣西清理紱旋奏元龍分得羨餘十一萬有奇除在廣西捐公費九萬又助軍需十萬今倉穀尚有虧空應令分償及授大學士上命免之十一年以老乞休加太子太傅致仕令其子編修邦直歸侍養行日賜酒膳令六部滿漢堂官餞送沿途將吏送迎乾隆元年命在籍食俸尋卒賜祭葬諡文簡

論曰軾以德望尊徐元夢以忠蹇重世宗譴允禩允禟徐元夢言二人罪當誅願上念手足情緩其死二人者既死吏議奴其子軾言二人子實爲聖祖孫孰敢奴之世宗皆爲動容諒哉古大臣不是過也廷錫直內廷領戶部邁柱等領疆節卓然有績效從典尹泰皆以端謹奉職古所謂大人長者殆近之矣

清史稿　　列傳七十七

楊名時　黃叔琳子登賢

方苞　王蘭生

胡煦　魏廷珍任蘭枝

蔡世遠　沈近思

雷鋐

楊名時字賓實江南江陰人康熙三十年進士改庶吉士李光地爲考官深器之從受經學散館授檢討四十一年督順天學政用光地薦也尋遷侍讀四十二年上西巡肥鄉武生李正朝病狂衝突儀仗光地時爲直隸巡撫請罪正朝因劾名時上斥名時督學有意棄富錄貧不問學業文字但不受賄屬從寬恕宥四十四年任滿命河工効力旋連遭父母喪以憂歸五十一年服除候補五十三年命直南書房名時不投牒吏部因不得補官上特命充陝西考官五十六年授直隸巡道時沿明制直隸不設兩司以巡道任按察使事政劇吏爲姦名時革宿弊殆盡五十八年遷貴州布政使五十九年擢雲南巡撫師征西藏留駐雲南名時爲營館舍明約束無敢叫囂名時疏言雲南兵糧歲需十四萬九千餘石俱就近支放兵多米少諸州縣例四年折徵一次請改每年給本色三季折色一季部議如所請行雍正元年名時奏請安世宗諭曰爾向日居官有聲茲當加勉莫移初志尋疏言雲南巡撫一切規禮臣一無所取惟鹽規五萬二千兩除留充恤竈修井諸用餘四萬六千兩累年供應在藏官兵軍需賞賚撥補銀廠缺課及公私所用皆取於此藏兵撤後請仍留臣署若干餘悉充公用上諭曰督撫羨餘豈可限以規則取所當取用所當用令在爾等揆情度理而行無煩章奏也名時迭疏請調劑鹽井改行社倉皆下部議行雲南自亂後田賦淆亂往往戶絕田去而丁未除至有一人當數十丁者累代相仍名曰子孫丁名時疏請照直隸例將通省丁額攤入田糧完納雲南舊例地方應辦事皆取諸民間謂之公件胥役科斂指一派十重爲民累名時議核實州縣需款酌定數目徵收不得再有加派檄行所屬諸州縣核數開報三年擢兵部尚書改授雲貴總督仍管巡撫事時上令諸督撫常事疏題要事摺奏名時洩密摺上令悉用題本名時乞遇事仍得摺奏許之四年轉吏部尚書仍以總督管巡撫名時具題本誤將密諭載入上嚴責命解任以朱綱代爲巡撫未至仍令名時暫署俄綱上官劾名時在任七載徇隱廢弛庫帑倉穀借欠虧空上命名時自陳綱代名時奏謝罪上責其巧詐諭總督鄂爾泰嚴訊名時自承沽名邀譽斷不敢巧詐讞上部議以名時始終掩護朦朧引咎無人臣事君禮坐挾詐欺公當斬上命寬免復遣侍郎黃炳會綱按治炳等欲刑訊鄂爾泰持不可乃坐名時得鹽規八萬除捐補銀廠缺課應追五萬八千餘兩上令名時留雲南待後命高宗即位召詣京師乾隆元年名時至賜禮部尚書銜兼領國子監祭酒兼直上書房南書房名時以前在雲南令諸州縣核實需款定數徵收去公件之弊事未竟而去奏請下督撫勘定總督尹繼善巡撫張允隨奏請以額編條糧重輕與原定公件多寡兩相比並就中攤減下部議行視未定議前取諸民者去十之七雲南民困以蘇苗疆用兵久名時疏言御夷之道貴在羈縻未有怨毒猜嫌而能長久寧貼者貴州境內多與苗疆相接生苗在南漢人在北而熟苗居中受雇直爲漢人傭相安已久生苗所居深山密箐有熟苗爲之限隔內地兵威以懾之故亦罔敢窺伺自議開拓苗疆生苗界上常屯官兵干戈相尋而生苗始不安其所至熟苗無事則供力役用兵則爲嚮導軍民待之若奴隸生苗疾之若寇讎官兵勝則生苗乘間抄殺以洩忿官兵敗又或居戮以冒功由是熟苗怨恨反結生苗爲亂如台拱本在化外有司迎合要功輒謂苗民獻地上官不察竟議駐師遂使生苗煽亂屢陷官兵蹂躪內地間有就撫熟苗又爲武臣殘殺賣其妻女是以賊志益堅人懷必死爲今日計惟有棄苗疆而不取撤重兵還駐內地要害築城俾民有可依兵有可守來則禦之去則舍之明懸賞格有能擒首惡及率衆歸順者給與土官世襲分管其地更加意撫綏熟苗使勿爲生苗所劫掠官兵所侵陵庶有俛首向化之日不然臣恐兵端不能遽息也二年卒贈太子太傅賜祭葬諡文定

黃叔琳字崑圃順天大興人康熙三十年一甲三名進士授編修累遷侍講丁父憂服除起原官遷鴻臚寺少卿五遷刑部侍郎雍正元年調吏部命偕兩淮鹽政謝賜履赴湖廣與總督楊宗仁議鹽價革除陋規從所請疏言各省支撥兵糧布政使糧道爲政先期請託方撥近營否則撥遠汛加運費民既重累輓兵亦苦待餉請敕督撫察兵數先撥本州縣衞所不敷於附近州縣撥運下部議行旋授浙江巡撫時御史錢廷獻請濬浙江東西湖蓄水灌田命叔琳會總督滿保勘議叔琳等奏言西湖居會城西周三十餘里南北山泉入湖處處皆設閘以阻浮沙水得暢流又有東湖爲之停蓄湖水分出上下塘農田資以灌溉自閘廢土淤民占爲田築埂圍蕩栽荷蓄魚請照舊址清釐去埂建閘濬城內河道並疏治上塘各支港及自會城至江南吳江界運河港汊壩堰部議從之叔琳疏薦人才有廷臣嘗言於上者上疑叔琳請託先容諭戒鄭重會有言叔琳赴湖廣時得鹽商賕俾充總商及爲巡撫庇海甯陳氏僕其弟御史叔璥巡視臺灣過杭州僕鬨於市叔琳皆以罪商有死者商爲罷市上命解叔琳任遣侍郎李周望與將軍安泰分案按治安泰等奏叔琳以陳氏僕與商爭毆逮商杖斃事實無與叔璥事亦未嘗罷市周望等奏叔琳貸金鹽商非行賄上命毋窮究三年命赴海塘効力乾隆元年授山東按察使疏言舊例州縣命案印官公出由隣封相驗嗣廣西巡撫金鉷奏請改委佐雜夤緣賄囑難成信讞又言審案舊有定限逾限議處嗣河東總督田文鏡題定分立解府州司院限期雖意在清釐適啟通融挪改之弊請皆仍舊爲便從之二年遷布政使四年丁母憂服除授詹事以在山東誤揭屬吏諱盜奪官叔琳登第甫二十十六年重遇登第歲命給侍郎銜二十一年卒年八十三叔琳富藏書與方苞友苞治諸經叔琳皆與商榷子登賢字鈞盟乾隆元年進士授戶部主事累遷左副都御史督山東學政康熙間叔琳來督學立三賢祠祀胡瑗孫復石介以式諸士後六十年登賢繼之訓士遴才皆循叔琳訓四十九年卒

方苞字靈皋江南桐城人父仲舒寄籍上元善爲詩苞其次子也篤學修內行治古文自爲諸生已有聲於時康熙三十八年舉人四十五年會試中式將應殿試聞母病歸侍五十年副都御史趙申喬劾編修戴名世所著南山集子遺

錄有悖逆語辭連苞族祖孝標名世與苞同縣亦工爲古文苞爲序其集並逮下獄五十二年獄成名世坐斬孝標已前死戍其子登嶧等苞及諸與是獄有干連者皆免罪入旗聖祖夙知苞文學大學士李光地亦薦苞乃召苞直南書房未幾改直蒙養齋編校御製樂律算法諸書六十一年命充武英殿修書總裁世宗即位赦苞及其族人入旗者歸原籍雍正二年苞乞歸里葬母三年還京師入直如故居數年特授左中允三遷內閣學士苞以足疾辭上命專領修書不必詣內閣治事尋命教習庶吉士充一統志總裁皇清文穎副總裁乾隆元年充三禮義疏副總裁命再直南書房擢禮部侍郎仍以足疾辭上留之命免隨班行走復命教習庶吉士堅請解侍郎任許之仍以原銜食俸苞初蒙聖祖恩宥思欲以學術見諸政事光地及左都御史徐元夢雅重苞苞見朝政得失有所論列既命專事編輯終聖祖朝未嘗授以官世宗赦出旗召入對慰愈之並曰先帝執法朕原情汝老學當知此義乃特除清要馴致通顯苞屢上疏言事嘗論常平倉穀例定存七糶三南省卑濕存糶多寡應因地制宜不必囿成例年饑米貴有司請於大吏定値開糶未奉檄不敢擅自後各州縣遇穀貴應即令定値開糶仍詳報大吏穀存倉有鼠耗盤量有折減移動有運費糶糴守局有人工食用春糶値有餘即留充諸費廉能之吏遇秋糴値賤得穀較多應令詳明別貯備歉歲發賑下部議行又言民生日匱請禁燒酒禁種烟草禁米穀出洋並議令佐貳官督民樹畜士紳相度濬水道又請矯積習興人才謂上當以時延見廷臣別邪正示好惡內九卿外督撫深信其忠誠無私意者命各舉所知先試以事破瞻徇繩贓私厚俸而久任著聲績者賜金帛進爵秩尤以六部各有其職必愼簡卿貳使訓厲其僚屬以時進退之則中材咸自矜奮乾隆初疏謂救荒宜豫夏末秋初水旱豐歉十已見八九舊例報災必待八九月後災民朝不待夕上奏得旨動經旬月請自後遇水旱五六月即以實奏報並言古者城必有池周設司險掌固二官恃溝樹以守請飭及時修舉通川可開支河沮洳可興大圩及諸塘堰宜濬宜修若鑛集宜開溝渠築垣堡者皆造册具報待歲歉興作以工代賑下部議以五六月報災慮浮冒不可行溝樹塘堰諸事令各督撫籌議高宗命苞選錄有明及本朝諸大家時藝加以批評示學子準繩書成命爲欽定四書文苞欲仿朱子學校貢舉議立科目程式及充教習庶吉士奏請改定館課及散館則例議格不行苞老多病上憐之屢命御醫往視苞以事忤河道總督高斌高斌疏發苞請託私書上稍不直苞苞與尚書魏廷珍善廷珍守護泰陵苞居其第上召苞入對苞請起廷珍居無何上召廷珍爲左都御史命未下苞移居城外或以訐苞謂苞漏奏對語以是示意庶吉士散館已奏聞定試期吳喬齡後至復補請與試或又以訐苞謂苞移居喬齡宅受請託上乃降旨詰責削侍郎銜仍命修三禮義疏苞年已將八十病日深大學士等代奏賜侍講銜許還里十四年卒年八十二苞既罷祭酒缺員上曰此官可使方苞爲之旁無應者苞爲學宗程朱尤究心春秋三禮篤於倫紀既家居建宗祠定祭禮設義田其爲文自唐宋諸大家上通太史公書務以扶道教裨風化爲任尤嚴於義法爲古文正宗號桐城派苞兄舟文百川諸生與苞同負文譽嘗語苞當兄弟同壟不得以妻祔苞病革命從舟遺言並以弟林早卒未殮歛歛袒右臂以自罰

王蘭生字振聲直隸交河人少穎異李光地督順天學政補縣學生及爲直隸巡撫錄入保陽書院肄業教以治經並通樂律歷算音韻之學光地入爲大學士薦蘭生直內廷編纂律呂正義音韻闡微諸書康熙五十二年賜舉人以父憂歸服除仍直內廷六十年應會試未第上以蘭生內直久精熟性理學問亦優賜進士殿試二甲一名改庶吉士雍正元年散館授編修三年署國子監司業四年眞除督浙江學政五年遷侍講六年轉侍讀時查嗣庭汪景祺以誹謗得罪停浙江士子鄉會試蘭生奏言諸生當立品奉公如有濳通胥役欺隱錢糧察出黜懲臣按考所至嚴加曉諭並令地方官開報必使輸糧乃得入試上深嘉之命浙江士子准照舊鄉會試七年擢侍讀學士督安徽學政九年遷內閣學士仍留學政十年命再留任三年尋充江南鄉試考官調陝西學政十三年以所舉士得罪左授少詹事高宗即位召入都復授內閣學士乾隆元年遷刑部侍郎兼署禮部侍郎二年春二月上奉世宗梓泰陵蘭生扈行次良鄉發病遽作卒於肩輿中賚白金五百治喪遣涿州待家人奔赴賜祭葬如例蘭生爲學原本程朱光地授以樂律與共校朱子琴律圖說刻本多謬誤以意詳正遂可推據既入直聖祖授以律管風琴諸解本明道程子說以人之中聲定黃鍾之管積黍以驗之展轉生十二律皆與古法相應又至郊壇親驗樂器推匏土絲竹諸音與黃鍾相應之理其說與管子淮南子相合音韻亦授自光地謂邵子經世詳等而略韻顧炎武音學五書詳韻而略等兼取其長以國書五字頭爲聲韻之元以定韻又用連音爲紐均之法以定等皆發前人所未及聖祖深賞之禁中夜讀書惟蘭生侍左右巡幸必以從與稱其賢留保字松裔完顏氏滿洲正白旗人祖阿什坦字金龍順治初授內院六品他赤哈哈番繙譯大學中庸孝經通鑑總論諸書九年成進士授刑科給事中留保康熙五十二年舉人六十年與蘭生同賜進士改庶吉士雍正元年散館授檢討累遷通政使六年廣東巡撫楊文乾劾總督阿克敦侵蝕粵海關火耗並令家人索暹羅米船規禮諸事上命總督孔毓珣及文乾按治尋文乾卒改命留保及郎中喀爾吉善會毓珣按治毓珣以上怒將刑訊留保爭之乃免讞定阿克敦罪當死尋復起語詳阿克敦傳留保遷侍郎歷禮吏工三部乾隆初乞病致仕卒年七十七

胡煦字滄曉河南光山人初以舉人官安陽教諭治周易有所撰述康熙五十一年成進士散館授檢討聖祖聞煦通易理召對乾清宮問河洛理數及卦爻中疑義煦繪圖進講聖祖賞之曰眞苦心讀書人也五十三年命直南書房上方纂周易折中大學士李光地爲總裁命煦分纂尋命直蒙養齋與修卜筮精蘊五十七年遷洗馬與修卜筮彙義轉鴻臚寺少卿六十一年遷光祿寺少卿再遷鴻臚寺卿雍正元年擢內閣學士命與刑部侍郎馬爾泰如盛京按鞫私刨人葠錄囚百五十八人論罪如律煦還奏刨葠俱貧民羈候按鞫自春夏至九十月往往瘐斃請歸盛京刑部及將軍府尹以時定讞上如所請命嗣後停遣部院堂官按鞫五年擢兵部侍郎兼署戶部時諸部院每於員外增置佐正員治事煦協理副都御史又協辦禮部侍郎八年命直上書房充明史總裁九年授禮部侍郎旋以衰老奪官十年河東總督田文鏡劾煦長子孟基本邱氏子冒姓以官卷得鄉舉下部議黜乾隆元年煦詣闕召見命還原銜復孟基舉人賜其幼子季堂廕生煦疾作卒於京師賚銀五百治喪賜祭葬煦正直忠厚所建白必歸本於教化嘗奏請敕州縣歲舉孝子悌弟督撫旌其門免徭役見長官如諸生其有慈惠廉節篤於交友下逮僕婢行有可稱皆得申請獎勸庶化行俗美人知自愛又請敕州縣勸農桑或別設農官以專其任又言督撫於命盜重案每用自行招認四字援以定罪夫民奸黠者抵死不服愚懦者畏刑自誣請嗣後必證據確然然後付法司閱實一有不當旋即駁正庶得愼刑之意他所陳奏如廣言路裕積儲汰浮糧省冗官平權量多切於世務乾隆間高宗詔求遺書徵煦著述時季堂官江蘇按察使以煦著周易函書進五十九年特命追諡諡文良季堂自有傳

魏廷珍字君璧直隸景州人李光地督學招入幕閱卷旋以舉人薦直內廷與王蘭生梅瑴成校樂律淵源五十二年成一甲三名進士授編修五十四年遷侍講直南書房五十六年轉侍讀五十九年擢詹事復遷內閣學士六十一年命領兩淮鹽政雍正元年授偏沅巡撫世宗諭曰爾清正和平但不肯任勞怨今爲巡撫宜剛果嚴厲不宜因循退縮二年以辰谿諸生黃先文故殺人讞門殺擬絞遇赦請免會同民譚子壽等因姦斃三命擬斬候皆失出又以撥綠旗兵餉未具題部議降調上諭廷珍學問操守勝人乃料理刑名錢穀非過則不及召回京授盛京工部侍郎三年授安徽巡撫又以按治涇縣吏王時瑞等假印徵賦寬徇爲部駁上戒其毋姑息廷珍疏言清釐錢糧官吏侵蝕往往匿民欠中不易清察請視民欠多少多限一年少限半年分別詳察官吏侵蝕循例責償如實欠在民督徵催解州縣有逋賦繼任受代許以時察報詔如所請行嗣以清察限促敕部更定廣東總督孔毓珣入對言道經宿州靈璧積潦妨稼上責廷珍怠玩令出俸疏濬廷珍乞內補上不許八年調湖北九年召回京授禮部尚書十年授漕運總督署兩江總督十二年授兵部尚書十三年仍調禮部高宗即位命以尚書銜守護泰陵乾隆三年授左都御史四年遷工部尚書五年以老病乞休上以廷珍在世宗朝服官中外不克舉其職屢奉申誡今以老病乞休似此因循懈怠持祿保身之習斷不可長命奪官時方苦旱太常寺卿陶正靖謝上入對上問今苦旱用人行政或有闕失宜直言正靖因奏廷珍負清望無大過近日放還天語峻厲非所以優老臣上霽顏聽之後數日上以語禮部尚書任蘭枝蘭枝言正靖其門生也上知蘭枝與廷珍爲同年進士因不懌諭朝臣師友門生援引標榜其端不可開命蘭枝書上諭戒正靖蘭枝書上諭言上問正靖知爲蘭枝門生上詰蘭枝蘭枝對年老耳聾一時誤聽上愈怒責蘭枝詐僞對稱老以舊臣自居下吏議蘭枝正靖皆奪官上命留蘭枝正靖降調十三年上東巡過景州廷珍迎謁命還原銜賜以詩有句曰皇祖栽培士於今賸幾人並書林泉耆碩榜賚之十六年又賜詩予其子錫麟廕生二十一年復東巡廷珍迎謁年已將九十又賜詩予錫麟員外郎銜尋卒賜祭葬諡文簡任蘭枝字香谷江蘇溧陽人康熙五十二年一甲二名進士授編修雍正元年命直南書房累遷內閣學士五年與安南定界偕左副都御史杭奕祿齎詔宣諭語詳杭奕祿傳使還遷兵部侍郎命如江西按南昌總兵陳玉章侵

饋調吏部高宗卽位命充世宗實錄總裁擢禮部尚書歷戶兵工部復調禮部十年以老致仕十一年卒

蔡世遠字聞之福建漳浦人父璧拔貢生官羅源訓導有學行巡撫張伯行延主鼇峯書院招世遠入使院校訂先儒遺書世遠康熙四十八年進士改庶吉士大學士李光地以宋五子之書倡後進得世遠深器之四十九年乞假省親五十年遭父喪服除赴京師以假逾期於例當休致世遠不欲以父喪自列會上命纂性理精義光地充總裁薦世遠分修書成世遠不欲以編輯敍勞辭歸巡撫呂猶龍延主鼇峯書院以正學教士居久之雍正元年特召授編修直上書房侍諸皇子讀尋遷侍講四年遷右庶子再遷侍講學士五年遷少詹事再遷內閣學士六年遷禮部侍郎七年上將設福建觀風整俗使諮世遠命與同籍京朝官議之僉謂福建自海疆平定後泉漳將吏因功驟擢通顯子弟驕悍無所懍畏皇上飭官方興民俗上年學政程元章奏以泉漳風俗未醇責成巡道整飭自此益加儆戒但人有賢愚士或鄙劣薄行民又多因忿互爭未必洗心滌慮應請設觀風整俗使防範化導於風俗人心有益得旨允行八年福建總督高其倬劾世遠長子長漢違例私給船照上以疏示世遠世遠奏言臣子長漢見在京邸此所給照不知何人所爲但有臣官銜圖書非臣族姓卽臣戚屬請敕嚴治部議坐失察降調十年特旨復原職十二年卒世遠侍諸皇子讀講四子五經及宋五子書必引而近之發言處事所宜設誠而致行者於諸史及他載籍則卽興亡治亂君子小人消長心迹異同反覆陳列十餘年來寒暑無或間十三年高宗卽位贈禮部尚書諡文勤所著二希堂集御製序弁首二希者謂功業不敢望諸葛武侯庶幾范希文道德不敢望朱子庶幾眞希元上製懷舊詩稱爲聞之蔡先生六十年上將歸政釋奠於先師禮成推恩舊學加贈太傅子長澐諸生乾隆三年以學行兼優薦發江南以知縣用歷甘泉石埭句容無錫諸縣兩江總督德沛稱其廉明再遷江寧知府調廬州松江諸府遷四川按察使二十七年特擢兵部侍郎逾年卒上廑念世遠舊勞推恩其諸子觀瀾長汭及孫本崇皆賜舉人

沈近思字位山浙江錢塘人康熙三十九年進士四十五年授河南臨潁知縣潁水經許州東入臨潁許州孔家口下距臨潁境僅百餘步隄屢圮水入臨潁害禾稼近思請築隄臨潁任夫十之七士民爭輸穀日役千三百人人穀二升二十日而隄成水至不爲患歲大熟近思立紫陽書院教士以正學縣西葛岡村俗最惡近思爲置塾課村童立書程簿躬教督之化行於其鄉俗日馴五十二年巡撫鹿祐薦卓異遷廣西南寧同知病告歸五十九年以浙江巡撫朱軾薦敕部調取引見命監督本裕倉浙江福建總督滿保奏請以知府揀發福建檄署臺灣知府近思議析置數縣道鎭倬壓府治駐兵三千分布營汛收材勇入行伍嚴加操練以漸移充內地各標流民至者必審籍貫稽家口方授以田土否則悉驅過洋議未卽行雍正元年召授吏部文選司郎中賜第賚帑金四百尋授太僕寺卿仍兼領文選司事二年超授吏部侍郎命與尚書阿爾松阿如河南按治諸生王遜等糾衆罷考論如律四年充江南鄉試考官例以鄉試錄進呈上嘉近思命題正大策問發揮性理論獎之時侍郎查嗣庭舉人汪景祺以誹謗獲罪停浙江人鄉會試近思疏言浙省乃有如嗣庭景祺者越水增羞吳山蒙恥因條列整飭風俗約束士子凡十事上曰浙省有近思不爲習俗所移足爲越水吳山洗其羞恥所陳委曲詳盡下巡撫李衞觀風整俗使王國棟如議施行五年擢左都御史仍兼領吏部事卒命平郡王福彭往奠加禮部尚書太子少傅以其子方幼令吏部遣司官爲治喪賜祭葬諡端恪近思少孤貧爲僧靈隱寺世宗通佛理嘗以問近思近思對曰臣少年潦倒時嘗逃於此幸得通籍方留心經世事以報國家亦知皇上聖明天縱早悟大乘然萬幾爲重臣願皇上爲堯舜不願皇上爲釋迦卽有所記安敢妄言以分睿慮上爲改容及耗羨歸公議起上意在必行近思獨爭之言耗羨歸公卽爲正項今日正項之外加正項他日必至耗羨之外加耗羨臣嘗爲縣令故知其必不可行上一再詰之近思陳對侃侃雖終不用其言亦不以爲忤也子玉璉世宗命地方官加意撫養成立乾隆中授廣西桂林同知

雷鋐字貫一福建寧化人爲諸生究心性理庶吉士蔡世遠主鼇峯書院從問學雍正元年舉於鄉世遠時爲侍郎薦授國子監學正十一年成進士改庶吉士乞假歸十三年高宗卽位召來京命直上書房乾隆元年散館以病未入試特授編修二年大考二等一名賜筆墨硯紗葛同直編修余棟以憂歸端慧皇太子喪入臨上欲留之鋐疏言侍學之臣當明大義篤人倫使棟講書至宰我問三年喪何以出諸口楊名時亦諍之事遂寢四年遷諭德尋以父憂歸九年召來京仍直上書房賞額外諭德食俸十年三遷通政使上以言事者多沽直名自規便利詔訓飭鋐疏言皇上裁成激勸俾以古純臣爲法意至深厚然臺諫所得者名政事所得者實論臣子之分不惟不可計利並不可好名而在朝廷樂聞讜言不必疑其好名並不必疑其計利孔子稱舜大知曰隱惡揚善則知當時進言者不皆有善無惡惟舜隱之揚之所以嘉言罔攸伏成執兩用中之治得旨嘉獎十四年乞假省母十五年還京命督浙江學政十六年上南巡賜以詩謂浙江近福建爲汝便養母也尋調江蘇十八年擢左副都御史仍留督學復調浙江杭州嘉興災致書巡撫周人驥議蠲賑人驥以時已隆冬例不得補報難之鋐遂疏聞上命蠲賑二十一年乞養母歸二十二年上南巡鋐迎謁上書牓賜其母二十二年丁母憂二十三年鋐未終喪卒年六十四鋐和易誠篤論學宗程朱督學政以小學及陸隴其年譜教士與方苞友爲文簡約沖夷得體要

論曰聖祖以朱子之學倡天下命大學士李光地參訂性理諸書承學之士聞而興起苞與光地誼在師友間名時蘭生廷珍世遠皆出光地門煦亦佐光地修書得受裁成於聖祖叔琳苞友鋐又出世遠門淵源有自獨近思未與光地等游而學術亦無異雍正初與世遠苞先後蒙特擢壽考作人成一時之盛聖祖之澤遠矣

海望 三和　莽鵠立

杭奕祿　傅鼐

陳儀　劉師恕 焦祈年 李徽

王國棟 許容 蔡仕舢

海望烏雅氏滿洲正黃旗人初授護軍校雍正元年擢內務府主事累遷郎中充崇文門監督八年擢總管內務府大臣兼管戶部三庫賜二品頂戴九年遷戶部侍郎仍兼管內務府授內大臣十一年命偕直隸總督李衞勘浙江海塘與衞議奏在海寧尖塔兩山間建石壩使海潮外趨並在仁和海寧兩縣境改建大石塘上命浙江總督程元章相度遵行又奏請設專官總轄令駐防將軍副都統協同監修及議敍在工人員工價以銀米兼發並從之十三年振武將軍傅爾丹虐兵婪索事發命海望赴北路軍營逮治尋命辦理軍機事務世宗疾大漸召同受顧命是時辦理軍機事務鄂爾泰張廷玉訥親班第索柱豐盛額莽鵠立納延泰及海望凡九人高宗卽位命尚書徐本入直旋設總理事務處命鄂爾泰廷玉總理本訥親及海望協辦班第納延泰索柱差委辦事尋命海望署戶部尚書海望還自軍前奏言鄂爾坤發遣罪人種地無實效且恐生事當改發他處世宗謂鄂爾坤方駐兵當可彈壓海望奏非是高宗以海望奏下總理事務處議議上上諭曰海望奏前奉皇考申飭朕推皇考之意蓋以發遣罪人皆身獲重罪今令軍前種地乃所以保全之其中若有冤抑自應聲明具奏寬釋如但以不善開墾遂爾改發內地此曹既獲重罪又不肯急公趨事轉得遂其僥倖之心且如以兵代之兵若以不能力田爲辭則將移內地之民耕邊塞之地乎此事之斷不可行者海望心地純良但識見平常所奏豈可盡以爲是議覆觀望游移後當以此爲戒乾隆二年泰陵工成授拖沙喇哈番世職尋罷總理事務處復設辦理軍機處海望仍爲辦理軍機大臣敍勞復加拖沙喇哈番世職四年加太子少保初上命停捐例廷臣議但留收穀捐監俾各省積穀備荒六年御史趙青藜請並停之復下廷臣議請仍其舊海望奏外省收捐繁難原議各省捐貯穀數三千餘萬石今報部者僅二百五十餘萬石不足十之一不若停各省捐穀令在部交銀轉撥各省買穀俟倉貯充盈請旨停止上命在部交銀在外交穀聽士民之便諭謂地方積穀不厭其多賑䘏加恩亦所時有正未易言倉貯充盈也海望久充崇文門監督御史胡定奏言崇文門徵稅有挂錘頂秤諸名百斤作百四五十斤稅額雖未增實已加數倍雜物自各門入恣意需索更數倍於稅額外省各關如杭州北新關自南而北十餘里稽察乃有七處留難苛索百倍於物價蓋由官吏務欲稅課浮於舊額吏胥藉得恣睢無忌請敕嚴禁上曰海望領崇文門稅務儘收儘解盡行入官因而見其獨多如定所奏種種苛索朕信其必無外省關課應令督撫嚴察海望旋調禮部尚書十年上以海望精力漸衰罷辦理軍機十四年復調戶部尚書十七年以建築兩郊壇宇發帑過多與侍郎三和等自行奏請嚴議當奪官上寬之二十年卒遣散秩大臣博爾木查奠茶酒賜祭葬諡勤恪三和納喇氏滿洲鑲白旗人初授護軍校累遷一等侍衞乾隆六年授總管內務府大臣遷戶部

侍郎調工部復調還戶部十四年擢工部尚書尋降授侍郎調戶部復調還工部三十二年授內大臣三十八年卒賜祭葬諡誠毅

莽鵠立字樹本伊爾根覺羅氏滿洲鑲黃旗人曾祖富拉塔居葉赫天聰時來歸隸蒙古正藍旗祖莽吉圖從睿親王伐明徇山東圍錦州擊敗洪承疇援兵入關逐李自成至慶都又從下雲南累擢正藍旗滿洲梅勒額眞授世職三等阿達哈哈番莽鵠立事聖祖初授理藩院筆帖式累遷員外郎迭充右翼監督滸墅關監督世宗即位命協辦理藩院侍郎旋擢御史莽鵠立精繪事命恭繪聖祖御容雍正元年改入滿洲以本族別編佐領俾莽鵠立世管出巡長蘆鹽政疏言長蘆請商行鹽地有額引不能銷者有額外多銷者請通融運銷量增引目從之二年疏請元年積引寬限分銷部議不允再疏請特許之又疏言山東加增引目州縣多寡不均請減多增寡以甦商困又疏言增復引目視見辦商人按名均分上允之三年疏言山東竈丁遵康熙五十二年恩詔審丁不加賦下部議行又疏請淸察竈地敕直隸山東督撫遣員淸丈遷大理寺卿再遷兵部侍郎領鹽政如故天津改衛爲州初議隸河間府莽鵠立請改爲直隸州以武淸靜海靑縣屬焉併丁入地議起莽鵠立以山東竈丁丁多地少請以其半入地其半仍按丁徵賦下部議從之四年以御史顧琮巡視鹽政仍命莽鵠立監理尋調禮部令與顧琮監造天津水師營房工久未竣上以責莽鵠立調刑部召還京五年復調禮部仍署長蘆鹽政授甘肅巡撫六年師入西藏諭莽鵠立赴西甯料理西甯道劉之珍等誤軍興總督岳鍾琪疏劾上以責莽鵠立解巡撫召還京署正藍旗滿洲副都統兼管理藩院侍郎七年擢正藍旗蒙古都統八年命協同辦理直隸水利營田十年調鑲白旗滿洲都統十三年與都統褚英誠公豐盛額並命辦理軍機事務高宗即位改設總理事務處莽鵠立與豐盛額罷直回本任尋署工部尚書又調正藍旗滿洲都統乾隆元年卒賜祭葬諡勤敏

杭奕祿完顏氏滿洲鑲紅旗人初授中書雍正元年授額外員外郎未幾補御史即遷光祿寺少卿三年遷光祿寺卿上蠲蘇州松江田賦四十五萬杭奕祿疏言此爲未有殊恩有田納賦既邀蠲免無田而佃種人田者納租業主亦宜酌減俾貧富均霑實惠上謂此奏甚公下廷臣議定業戶免額一錢佃戶免租穀三升上命如議速行擢左副都御史仍兼管光祿寺五年命與內閣學士任蘭枝使安南宣諭初雲南總督高其倬奏安南國界有百二十里舊屬內地應以賭咒河爲界安南國王黎維祹奏辨上命雲貴總督鄂爾泰覆覈予地八十里以鉛廠山下小河內四十里爲界維祹復奏辨上敕維祹毋以侵占內地爲嫌疑懼中辨至是復命杭奕祿等往諭意未至維祹上表謝罪六年命鄂爾泰以鉛廠山下地四十里予安南別頒敕命杭奕祿等齎往宣諭杭奕祿至鎭南關維祹使出關迎進次貂瑤營維祹復使迎勞請儀注議行其國禮五拜三叩杭奕祿等持不可乃請聽命渡富良江至長安門維祹跪迎杭奕祿等捧敕入自中門維祹率將吏等聽宣敕敕曰朕前令守土各官清理疆界未及於安南也總督高其倬職任封疆考志乘訪輿論知開化府與安南分界當在逢春里之賭咒河乃奏聞設汛王疏陳復命總督鄂爾泰秉公辦理鄂爾泰體朕懷遠之心定界於鉛廠山下小河縮地八十里誠爲仁至義盡此皆地方大臣職分所當爲朕統馭寰區凡屬臣服之邦皆隸版籍安南既列藩封尺地莫非吾土何必較論此區區四十里之地若王以至情懇求朕何難開恩賜與祇以兩督臣定界時王激切奏請過於觖望失事上之禮朕亦無從施惠頃鄂爾泰以王本章呈奏詞意虔恭王既知盡禮朕自可加恩將此地仍賜王世守並遣大臣前往宣諭王其知朕意宣畢維祹行三跪九叩禮杭奕祿等復宣諭恩德維祹誓世世子孫永矢臣節杭奕祿等使還維祹送至長安門餽贐杭奕祿等不受至鎭南關維祹使齎謝表請轉奏杭奕祿等還京師疏聞請宣付史館允之授刑部侍郎署吏部尚書六年湖南靖州諸生曾靜遣其徒張熙變姓名投書川陝總督岳鍾琪略言淸爲金裔鍾琪乃鄂王後勸令復金宋之仇同謀舉事鍾琪大駭鞫熙熙不肯言其實乃詔熙密室陽與誓將迎其師與謀始得熙及靜姓名奏聞上命杭奕祿及副都統覺羅海蘭如湖南會巡撫王國棟捕靜嚴鞫靜言因讀呂留良評選時文論夷夏語激烈遣熙求得留良遺書與留良子毅中及其弟子嚴鴻逵鴻逵弟子沈在寬等往還沈溺其說妄生異心留良浙江石門諸生康熙初講學負盛名時已前死上命逮靜熙毅中鴻逵在寬等至京師靜至廷鞫自承迂妄爲留良所誤手書供辭盛稱上恩德上命編次爲大義覺迷錄令杭奕祿以靜至江甯杭州蘇州宣講事畢命并熙釋勿誅戮留良尸誅毅中並鴻逵在寬等戍留良諸子孫高宗即位乃命誅靜熙七年授杭奕祿鑲紅旗滿洲副都統八年命解部事尋復補禮部侍郎署前鋒統領上命杭奕祿偕侍郎衆佛保宣諭準噶爾九年師征準噶爾上慮陝甘民或以用兵爲累命杭奕祿與左都御史史貽直署內務府總管鄭滙賓率庶吉士六部學習主事國子監肄業拔貢生等宣論化導尋命杭奕祿協辦軍需十年命署西安將軍授欽差大臣察閱甘涼及山西近邊營伍十一年論責杭奕祿驕奢放縱擾累兵民奪官在肅州荷校乾隆元年召至京師授額外內閣學士補工部侍郎充世宗實錄副總裁遣駐西藏辦事四年奏言西藏西南三千里外巴爾布國有三汗一曰庫庫木一曰顏布一曰葉楞雍正十一年嘗通貢近三汗交惡貝勒頗羅鼐宣諭罷兵三汗聽命使呈進部落戶口數並貢金銀絲緞珊瑚念珠諸物報聞尋召還調刑部五年擢左都御史列議政大臣十年以老乞休諭留之十一年上察其老憊命致仕十三年卒

傅鼐富察氏字閣峰滿洲鑲白旗人初授侍衛雍正二年授漢軍鑲黃旗副都統兵部侍郎三年調盛京戶部侍郎世宗在潛邸夙知傅鼐好事既即位令隆科多察其爲人隆科多稱傅鼐安靜傅鼐在上前嘗言隆科多子岳興阿甚怨其父謂我家受恩深當將生平行事據實奏聞若稍有隱飾罪更不可逭及隆科多被譴追繳岳興阿隱其父財產上以與傅鼐言不符疑傅鼐與隆科多交結虛且收預爲岳興阿地會傅鼐任侍衛時浙江糧道江國英被劾爲關說得銀萬餘事發上命奪官械繫逮詣京師下刑部按治讞上免死發遣黑龍江九年召還赴大將軍馬爾賽軍營効力尋予侍郎銜授參贊大臣十年準噶爾台吉噶爾丹策零入寇額駙策棱禦之額爾德尼昭噶爾丹策零大敗自推河竄走時馬爾賽駐拜里城有兵萬三千策棱檄速發兵斷噶爾丹策零歸路馬爾賽不能用傅鼐進曰賊敗亡之餘可唾手取也請發輕騎數千俾率以戰事成功歸大將軍事敗願獨受其罪馬爾賽默然再三言不應至長跪以請終不許傅鼐憤甚將所部出城逐敵噶爾丹策零已遁走得輜重牛羊萬計事聞上誅馬爾賽賚傅鼐花翎平郡王福彭代爲大將軍傅鼐參贊如故噶爾丹策零既大創不敢深入師亦未能遠征上召策棱及大將軍查郎阿詣京師廷議莊親王允祿及策棱等主進討大學士張廷玉等言不若先撫之不順則進討兩議上上問傅鼐傅鼐贊撫議降旨罷兵遣傅鼐偕內閣學士阿克敦副都統羅密諭噶爾丹策零噶爾丹策零欲得阿爾泰山故地傅鼐力折之十三年使還予都統銜食俸高宗即位命署兵部尚書尋授刑部尚書仍兼理兵部乾隆元年疏言刑罰世輕世重我朝律例頒布於順治三年酌議於康熙十八年重刊於雍正三年臣伏讀世宗遺詔曰凡諸條例或前本嚴而朕改從寬此乃昔時部臣定議未協朕與廷臣悉心斟酌而後更定應照更定之例行若前本寬而朕改從嚴此以整飭人心風俗暫行一時此後遇事斟酌若應照舊例者仍照舊例行臣思聖心惓惓於此蓋必有所軫念而未及更正者也皇上以世宗之心爲心每遇奏讞斟酌詳愼臣見大淸律集解附例一書見今不行之例猶載其中恐刑官援引舛錯吏胥因緣爲奸請簡熟悉律例大臣詳加嚴議律文律注當仍其舊所載條例有今已斟酌改定者應從改定有應斟酌而未逮者悉照舊章務歸於平允逐條繕摺恭請欽定纂輯頒布得旨允行又疏言斷獄引律例宜審全文若摘引律語入人重罪是爲深文周內律載官吏懷挾私仇故勘平人致死者斬監候又載若因公事干連在官事須問鞫依法拷訊邂逅致死者勿論律意本極平允數年來各督撫遇屬員誤將在官人犯拷訊致死輒摘引故勘平人一語擬斬監候尚書張照又奏准如將笞杖人犯故意夾拷致死二命以上及徒流人犯四命以上俱以故勘平人論不思既非懷挾私仇於故勘之義何居若謂在官之人本屬無罪則必有誣告之人應照律抵罪若謂輕罪不應夾訊命盜等案當首從未分安能預定爲笞杖爲徒流若謂拷訊不依法自有決罰不如法律在致死二人四人以上當議以加等請敕法司酌改平允下部議行是秋以勒借商銀回奏不實奪官尋命暫署兵部尚書二年授滿洲正藍旗都統三年坐違例發俸發往軍臺効力尋卒

陳儀字子翽順天文安人康熙五十四年進士改庶吉士散館授編修爲古文辭治經世學大學士朱軾器之雍正三年直隸大水諸河泛濫壞田廬世宗命怡親王允祥偕軾相度濬治王求諳習畿輔水利者軾以儀對延見諮治河所宜先儀曰朱子言治河先低處天津爲古渤海逆河之會白川之尾閭今南北二運河東西兩淀盛漲爭趨三岔口而強潮復來拒之牴牾洄漩而不時下下隘則上溢其勢宜然故欲治河莫如先擴達海之口欲擴海口莫如先減入口之水入口之水減則達海之口寬北永定南子牙中七十二沽皆得沛然入三岔口而東注矣四年春從王行視水利教令章奏皆出儀手軾以憂歸王薦於朝命以侍講署天津同知轉侍讀擢庶子仍署同知如故五年王奏設水利營田四局儀領天津局兼督文安大城隄工二縣地卑下積潦不消是秋復大水隄內外皆巨浸儀躬秫稭十餘萬束立表下樁以禦水隄本民工儀言於王請

發帑興修招民就工代賑隄得完固南運河長屯隄地隸靜海吏舞法歲調發霸州文安大城民協修百里裹糧咸以爲苦儀爲除其籍畿輔大小諸河七十餘疏故濬新儀所勘定殆十六七八年擢侍講學士時議設營田觀察使二員分轄京東西以督率州縣命儀以僉都御史充京東營田觀察使營田於天津傚明汪應蛟遺制築十字圍三面開渠與海河通潮來渠滿閉渠蓄水以供灌溉白塘葛沽間斥鹵盡變膏腴豐潤玉田地多沮洳儀教之開渠築圩皆成良田十一年大雨山水暴發沒田廬儀疏聞諭籌賑即命儀董其事凡賑三十四萬餘口十二年轉侍讀學士尋罷觀察使還京師儀篤於內行先世遺田數百畝悉推以讓兄既仕分祿昇昆弟周諸故舊有故人子貧甚屬門生爲謀生業事爲人所訐吏議當降調乾隆二年授鴻臚寺少卿儀以老乞歸七年卒年七十三子玉友雍正八年進士官臺灣知府勤其官有惠政

劉師恕字艾堂江南寶應人父國黻康熙二十一年進士改庶吉士授戶科給事中歷督捕理事官在戶科建言民田畝有大小地有上中下請具載簡明賦役全書明示天下在督捕詳考則例刊布之往時以逃人爲根以一累百十以逃案爲市取所歷州縣官職名待劾弊不勝詰皆剔除之乃裁併兵部改授鴻臚寺卿師恕三十九年進士選庶吉士授檢討累遷國子監祭酒雍正元年授貴州布政使四年遷通政使轉左副都御史擢工部侍郎上以宜兆熊署直隸總督調師恕禮部協理總督事五年奏獲交河妖民孫守禮嚴鞫治罪上獎其辦事直遂不稍隱諱師恕與兆熊議裁學政陋規學政孫嘉淦言學政舊規日得五十五兩今減半即足用師恕言減至二兩亦不可行當另奏撥解公費師恕與兆熊奏已與嘉淦會商裁革嘉淦以實奏上諭曰孫嘉淦非騷擾貪饕者比爾等何不量至此可仍循舊例而行嘉淦端士也宜作成之初夏保定諸府少雨上以爲憂師恕等言今歲遇閏此後得雨不遲上責其怠忽尋奏裁驛站夫馬工料羨餘銀上諭曰陋規自應裁第當量情酌理爲之毋過刻令後來地方諸事難於措辦也調吏部仍留協理大名諸生賈相可訴知府曾逢聖貪劣布政使張適杖殺之以獄斃報兆熊師恕匿不以聞上命尙書福敏等按治得實兆熊坐降調上寬師恕諭責其徇隱命何世璂署直隸總督仍令師恕協理七年命師恕以內閣學士充福建觀風整俗使八年疏言海澄公舊以轄兵給印後兵裁而印未繳今海澄公黃應纘濫行印文非所宜當令繳銷並言外省世襲武職年及二十當令各部引見分京外學習部議從之十一年師恕以病告省觀風整俗使不復設乾隆七年寶應災治賑非貧民例不給師恕族人諸生嗣嗾不得賑者鬨堂罷市上責師恕不能約束奪官南巡迎謁賜侍讀學士銜二十一年卒是時廣東湖南皆置觀風整俗使焦祈年字穀貽山東章邱人雍正元年進士改庶吉士授編修考選雲南道御史擢順天府丞權府尹遷右通政八年命充廣東觀風整俗使修建十府二州書院延通人爲之師濱海多盜設策鉤捕得劇盜百餘置諸法盜差熄奸民以符劄惑衆擒治之赦其株連者西洋人置天主堂使徒歸澳門簡閱營伍軍政以肅擢光祿寺卿召爲順天府尹旋調奉天行次山海關疾作乞歸卒於里李徽字元綸山西崞縣人康熙五十二年鄉試舉第一雍正元年進士改庶吉士散館刑部主事尋復授檢討考選浙江道御史是時遣御史巡察順天直隸諸府順天永平宣化爲一員保定正定河間爲一員順德廣平大名爲一員徽巡察順德廣平大名三府曾靜張熙事起上慮湖南士民爲所惑議遣使循行訓迪以大學士朱軾薦遣徽勸諭化導尋授僉都御史充湖南觀風整俗使徽在官四年察吏安民能稱其職坐事降授倉監督高宗即位命復官遷卒廣西學政衞昌績請設觀風整俗使御史陳宏謀繼請上諭宏謀等曰廣西通籍者本少乃已有狂悖如謝濟世陸生柟者風俗薄劣可見爾等不能端本澂源躬先表率而望秉鐸司教之官家喻戶曉易俗移風所謂逐末而忘其本也議寢未行

王國棟字左吾漢軍鑲紅旗人康熙五十二年進士改庶吉士授檢討累遷光祿寺卿雍正初查嗣庭汪景祺坐文字謗訕見法上謂浙江士習澆漓四年設浙江觀風整俗使以授國棟國棟至官巡行宣諭清逋賦懲唆訟飭營伍嚴保甲次第疏聞上溫諭獎之遷宗人府府丞五年上以浙江被水米貴命國棟同巡撫李衞發庫帑四萬於杭州嘉興湖州三府修城濬河築隄俾饑民就傭食力國棟奏杭州至海甯塘河淤當濬治太湖隄閘及嘉興石塘多傾圮當修理冬春雨雪工作多費請俟九十月水落興工上韙之尋擢湖南巡撫以許容代爲浙江觀風整俗使上諭國棟曰初欲令爾在浙整飭數年俾收成效但湖南廢弛久今以命爾爾其勉之上命湖廣總督邁柱修兩省隄工國棟疏言湘陰巴陵華容安鄉澧武陵龍陽沅江益陽九州縣環繞洞庭居民築隄堵水而耕地勢卑下江漲反灌入湖隄岸衝決見有四百餘處正飭刻期完築務加高培厚工程堅固僉都御史申大成奏貴州屯田民間賤價頂種易啓紛爭請倣民田買賣畝納稅五錢給照爲業並推行各省國棟疏言湖南屯田瘠薄應分別差等徵價頂種令完稅五錢給照如時價半買未過戶者視屯糧石稅五錢已過戶者二錢龍陽武陵長靖諸屯賦重按券値兩稅三分均下部議行曾靜張熙事起上令侍郎杭奕祿至湖南會鞫國棟聽靜自列未窮究黨羽允禩允禟門下太監以罪徙廣西流言於路直隸河南督撫俱疏上聞國棟奏言湖南監送兵役未聞一語又茶陵民陳帝西傳播流言赦國棟按鞫亦不得實證坐是失上指奪官召還京八年命治刑部侍郎事署山東巡撫九年河南祥符封邱等縣水災命往治賑迭署江蘇浙江巡撫十年仍還刑部十二年以議福建民籃厚正殺兄獄失當吏議降調十三年復命署刑部侍郎卒許容河南虞城人康熙五十年舉人授陝西府谷知縣內遷工部員外郎考選廣西道御史雍正元年改會考府郎中仍兼御史出爲直隸口北道遷陝西按察使劾河東巡鹽御史馬喀以積鹽變價入己上奪馬喀官命兼管河東巡鹽御史按治尋聞容刑逼商人解容任令總督岳鍾琪覆按鍾琪言容無刑逼商人事上擢浙江布政使五年代國棟爲浙江觀風整俗使尋偕廣東巡撫楊文乾清察福建倉庫六年遭母喪給假治喪畢命仍還浙江旋擢甘肅巡撫以蔡仕舢代爲浙江觀風整俗使容疏議吏正律例出贓過付入官視完贓減一等得贓者完贓減一等倍完方減二等連斃二命宜加等上皆謂不當責容愚妄八年師征噶爾丹上以容治軍需多推諉命尙書查弼納赴陝西爲之董理及事竟上諭容曰此次軍需朕爲挽將覆之轍回已頹之波救汝身家性命較自御史五年內擢至巡撫之恩大矣汝當知之上聞容追逋賦抵兵餉限一年全完民以大擾諭曰朕念甘肅自軍興以來輓運轉輸資於民力特將雍正八年額徵錢糧蠲免容何得於蠲免之年行催徵之事令即停止九年復以容查核錢糧過刻諭毋累民十二年疏劾丁憂知府李綺虧空軍需綺衞兄也上知容與衞有怨戒容毋遷怒報復容旋奏檄綺赴蘭州虧空七千有奇限半年回籍措繳上諭曰所虧既有田房可抵但當速遣回籍折變完補何須勒限逼迫乾隆元年固原環二縣歉收容請借給貧民三月口糧大口日三合小口日二合高宗諭曰政莫先於愛民甘肅用兵以來百姓急公踴躍今値歉收當加恩賑恤汝治事實心而理財過刻國家救濟貧民非較量錙銖時也尋專筦軍儲大臣劉於義奏請加賑兩月上責容褊隘卑庸命解任於義及陝西總督查郎阿劾容匿災殃民奪官逮詣京師論罪赦免二年署山西布政使三年調江蘇署巡撫四年遭父喪去官五年命署湖南巡撫請終喪不許服闋實除八年以劾糧道謝濟世狂縱營私失實奪官發順義城工效力事互詳濟世傳九年復命署湖北巡撫御史陳大玠等疏詆謂容既以欺罔得罪不當復用上命罷之十五年上巡中嶽迎謁復原銜尋授內閣學士以病乞歸卒蔡仕舢福建南安人康熙三十二年舉人五十八年自刑部主事考選御史出爲浙江糧道雍正六年授僉都御史充浙江觀風整俗使七年署巡撫八年坐事降調上諭曰浙江風俗已漸改移又有總督李衞善於訓導不必再遣觀風整俗使仕舢旋卒

論曰海望莽鵠立皆逮事聖祖雍正乾隆間參與政事海望聞世宗末命在軍機處較久雖建樹未宏要爲當時親信大臣杭奕祿使安南傅鼐諭噶爾丹策棱皆不辱君命傅鼐尤知兵儀領屯田有惠於鄉州師恕國棟等使車問俗與民爲安靜以皆世宗特置之官特謹而書之杭奕祿又與史貽直宣諭陝西非專官貽直相高宗故不著於斯篇

清史稿 列傳七十九

高其倬 金鉷　楊宗仁 子文乾
孔毓珣　裴律度 子宗錫
唐執玉　楊永斌

高其倬字章之漢軍鑲黃旗人父蔭爵官口北道其倬康熙三十三年進士改庶吉士散館授檢討尋兼佐領五遷內閣學士五十八年河南南陽鎮兵挾忿鬨辱知府沈淵命偕尙書張廷樞按治誅首事者總兵高成等論罪有差五十九年授廣西巡撫鄧橫苗叛其倬親撫之降六十一年世宗即位擢雲貴總督疏言土司承襲向有陋規已嚴行禁革咨部文冊如無大舛錯請免駁換旨嘉獎靑海台吉羅卜藏丹津叛侵西藏其倬以中甸爲入藏要道檄諸將劉宗魁劉國侯等嚴爲備並遵上指令提督郝玉麟將二千人自中甸進駐察木多副將孫宏本將五百人赴中甸爲聲援雍正二年師定靑海中甸喇嘛番酋等率三千五百戶納土請降上嘉其倬能予世職拜他勒布喇哈番其倬規畫安撫

中甸疏請設同知以下官番曾營官外又有神翁列賓諸號聽堪布喇嘛指揮請改授守備千把總劄付聽將吏統轄僧寺喇嘛以三百爲限收兵械入官沿江數百里及山谷曠土招民開墾舊行滇茶視打箭爐例設引收課魯魁山者自國初爲盜藪夷猓雜處推楊方普李四姓爲渠有方景明者挾猓夷掠元江其倬遣兵擊破之擒景明殲猓夷數百疏請於其地駐兵號普威營參將駐普洱守備駐威遠茶山改威遠歸流設同知以下官土官刁光煥及其孥移置會城而以新開二鹽井充新設兵餉設義塾教夷人子弟元江府學額外增額二名待其應試勸夷人墾田旱田十年後水田六年後升科貴州狆家苗酋阿近及其弟阿臥爲亂其倬使撫定傍近諸苗寨阿近等失援遣兵擒戮之並按治定番廣順諸苗酋不順命者疏請改設定廣協分置營汛防定番廣順及西猛西藤斷杉樹長寨遮頁羊城屯諸地又移都勻守備駐獨山改湖廣五開衞爲縣移隸黎平並言貴州地連川楚奸人掠販貧家子女爲民害請飭地方官捕治歲計人數爲課最貴州民間陋俗被人刦殺力不能報則掠質他家人畜令轉爲報仇不應則索贖謂之孥白放黑請加等治罪土司貧困田賦令屬苗代納請清察責執業者完賦土司下設權目人等請令報有司有罪併懲詔悉如所請三年進兵部尚書銜加太子少傅調福建浙江總督瀕行疏言鄧川嵩明騰越太和浪穹諸州縣土軍丁銀起明嘉靖萬歷間遣民防夷立太和鳳梧二所丁徵賦一兩是於本貫已完民賦請豁除軍糧詔從之四年疏言福興漳泉汀五府地狹人稠無田可耕民且去而爲盜出海貿易富者爲船主爲商人貧者爲頭舵爲水手一舟養百人且得餘利歸贍家屬曩者設禁例如慮盜米出洋則外洋皆產米地如慮漏消息今廣東估舟許出外國何獨嚴於福建如慮私販船料中國船小外國得之不足資其用臣愚請弛禁便下怡賢王會大大學士九卿議行五年臺灣水連社番爲亂其倬遣兵討之擒其渠骨宗等諸社悉降尋以李衞爲浙江總督命其倬專督福建迭疏請整飭鹽政改造水師戰船釐定營汛並下部議行入覲加太子太保上以其倬通堪輿術命詣福陵相度其倬還奏陵前左畔水法因溢流更故道弓抱之勢微覺外張當順導河流方爲盡善下大學士等如所議修濬八年調江南江西總督復召至京師令從怡賢王勘定太平峪萬年吉地進世職三等阿思哈尼哈番命署雲貴廣西總督十一年普洱屬思茅土把總刁國興糾苦葱蠻及元江夷爲亂攻普洱通關大寨獵夷復附苦葱蠻度阿墨河攻他郎其倬檄提督蔡成貴等分道捕治擒其酋並所屬五百餘亂乃定是歲春命其倬回兩江總督秋命以總督銜領江蘇巡撫十二年坐徇知縣趙崑程償海塘工欵部議降調即授江蘇巡撫乾隆元年召還京師復授湖北巡撫調湖南討平城步綏甯二縣猺亂三年擢工部尚書調戶部其倬詣京師過寶應疾作卒於舟次賜祭葬謚文良金鉷字震方漢軍鑲白旗人世居登州父廷祚從世祖入關官至工部侍郎鉷初自監生授江西廣昌知縣洊升山西太原知府雍正五年擢廣西按察使尋遷布政使六年就擢巡撫討平西隆州八達寨叛苗以汛兵少粵土蕪不治奏開屯田與民牛招之耕教以技勇每名給水田十畝一畝爲公田旱田二十畝二畝爲公田存公田租於社倉行之數年闢田數萬畝倉廩亦實又奏請召商開桂林屬諸鑛及採梧州金砂供鼓鑄乾隆元年提督霍昇劾鉷言躁氣浮失封疆大臣之體高宗召入京授刑部侍郎鉷瀕行裝不治以印券屬蒼梧道黃岳牧借銅務充公銀千二百巡撫楊超曾論劾奪官交刑部嚴訊上以非正項錢糧鉷以印券支借岳牧以印冊申解非侵蝕比命免罪毋追所借銀五年授河南布政使而鉷已卒鉷才通敏自太原入覲方議耗羨歸公鉷奏曰財在上不如在下州縣親民官寗使留其有餘養廉不能皆足一遇公事動致倘張上意豈不曰凡是官辦皆許開支正供但從司院按覈以至戶部層層隔閡報銷甚難從此州縣恐多苟且之政上意在必行臣請養廉外多增公費或存縣或存司庶於事有濟上乃敕直省覈定公費及爲廣西布政使奏請州縣分衝繁疲難四項許督撫量才奏補上嘉納之州縣缺分四項自此始

楊宗仁字天爵漢軍正白旗人監生康熙三十五年授湖北慈利知縣苗酋虜其衆走縣境苗酋求之不與上官檄與之宗仁持不可乃止調藍山八排苗爲亂巡撫趙申喬遣兵討之將不恤兵兵將爲變宗仁單騎撫定之舉卓異四遷甘肅西寗道五十三年授浙江按察使丁父憂歸五十七年起廣西按察使署巡撫旋擢廣東巡撫聖祖以各直省錢糧多虧空論督撫清理宗仁疏言廣東虧空見正嚴飭追完至防杜將來惟有督撫司道府廳交相砥礪勿藉事勒索州縣正雜錢糧當責知府不時察覈毋許虧缺徇故徇縱本官治罪上司從重議處庶上下皆知儆惕地方有不得已事當以督撫等所得公項抵補不敷則濟以公捐必不使課帑虧懸下部議如所請六十一年世宗即位授湖廣總督雍正元年丁母憂命在任守制宗仁疏停本身封廕爲父母求諭祭許之仍給封廕尋賜孔雀翎疏言湖廣舊習文武大吏收受所屬規禮致州縣橫徵私派將弁虛兵冒餉兵民挾比逞私不敢過問臣今概行禁革庶驕兵玩吏鋼習湔消各官貪得鹽規鹽價增長民間嗟怨總督鹽規漸次加至四萬臣亦行禁革令商平價以惠窮民上深嘉之又疏言官有俸役有工朝制也湖廣州縣以上俸工報捐已十餘年官役枵腹安能禁其擾民請自雍正元年起俸工如額編支從前有公事令州縣分捐實皆轉派於民令州縣於加一耗羨內節省二分交藩庫充用此外絲毫不得派捐上諭曰所言皆是勉之尋薦廣東南海知縣宋瑋擢湖南寶慶知府廣州左衞守備范宗堯改湖北漢陽知縣上允之命後勿踵行宗仁病作請以子楡林道文乾自侍上加文乾按察使銜馳驛速往並遣御醫診視宗仁力疾視事飭諸州縣編保甲立社倉禁荊州關私設口岸百五十處三年加太子少傅尋卒贈少保予拜他喇布勒哈番世職賜祭葬謚清端宗仁砥節矢公始終一節上爲製象贊謂廉潔如冰耿介如石嘗言士當審其所當爲嚴其所不可爲其馭屬吏寬平忠厚務安上全下使各稱其職而止

文乾字元統以監生效力永定河工康熙五十三年授山東曹州知州遷東昌知府舉卓異遷陝西楡林道雍正元年加按察使銜命侍宗仁任所三年宗仁病有間入謝上問湖廣四鎭營制及設鎭始末文乾具以對上嘉其詳審擢河南布政使未幾遷廣東巡撫入謝賜孔雀翎冠服鞍馬宗仁卒命在任守制廣東省城多盜文乾令編保甲以滿洲兵與民連居會將軍編察疏聞上嘉之廣東歲歉米貴文乾令吏詣廣西買穀平糶滿洲兵閻尙義等羣衆掠穀文乾令捕治將軍李杕庇兵文乾請遣大臣按治上命侍郎塞楞額阿克敦往勘杕及尙義等論罪如律文乾莅政精勤多所釐正疏言廣東民納糧多用老戶臣令改立的名杜詭寄飛灑諸弊民以爲便丁銀隨糧辦者十四五餘令布政使確核盡歸地糧得旨嘉奬又疏言廣東地狹人衆見存倉穀一百六十餘萬石爲民食久遠計應加貯二百餘萬石擇地建倉貯穀下廷議令於海陽潮陽程鄉饒平海豐瓊山加貯穀三十四萬石從之又疏言廣東公使銀歲六七萬取諸火耗臣爲裁省歲計需四萬餘擬以民間置產推糧易戶例納公費及屯糧陋規兩項充用州縣火耗每兩加一實計一錢三四分有奇十之五六留充州縣養廉十之七八爲督撫以下各官養廉上諭之曰但務得中爲是民不可令驕慢屬吏亦不可令窘乏天下事惟貴平當徹始終籌畫愼毋輕舉五年乞假葬父福建巡撫常賚劾文乾征粵海關稅設專行六得銀二十餘萬又疏劾文乾匿粵海關羨餘銀五萬餘縱綢緞出洋得銀萬餘番銀加一扣收得銀四萬餘選洋船奇巧之物入署令專行代償又銀二萬餘又以銀交鹽商營運上嚴諭文乾令愧悔痛改尋以福建倉庫虧空命文乾與浙江觀風整俗使許容等往按而移常賚署廣東巡撫文乾令分路察核官虧民欠分別追納不敷責前巡撫毛文銓償補上奬文乾秉公無瞻顧文乾疏言福建府州縣各官都計八十員前後劾能五十餘員新補各官守倉庫有餘理繁劇不足請選熟諳民事者詣福建補繁要州縣上爲敕各督撫各選謹愼敏練之吏咨送福建文乾強幹善折獄初知曹州有婦告夫爲人殺者文乾視其屨白問曰若夫死若預知之乎曰今旦乃知之曰然則汝何辦白屨之夙也婦乃服以姦殺夫五人者同宿其一失金訟其四文乾令坐於庭視久之曰吾已得盜金者非盜聽去一人欲起執之果盜金者曹民有僞稱朱六太子者挾妖術惑愚民朝命侍郎勒什布湯右曾按治檄至文乾秘之密捕得送京師在東昌請運糧餉軍出西甯先期至以是受知於世宗然頗與同官多齟齬赴廣東途中疏劾布政使朱絳倚總督孔毓珣有連虧帑三萬餘毓珣疏先入上命文乾毋聽屬吏離間既上官疏言盜案塵積請槪爲速結上諭曰孔毓珣緝捕盜賊甚盡力彼擒之汝縱之恐汝不能當此言縱虎歸山豈爲仁政宜加意斟酌在福建毓珣入覲上命侍郎阿克敦署兩廣總督文乾疏言盜刦龍門營軍器阿克敦令從寬結案將軍標兵窩盜將軍石禮哈袒兵謂告者誣良旣上命常賚還福建而以阿克敦署廣東巡撫六年文乾還廣東劾阿克敦勒索暹羅商船規禮布政使官達縱幕客納賄皆奪官命文乾與毓珣會鞫未及訊文乾卒賜祭葬子應琚自有傳

孔毓珣字東美山東曲阜人孔子六十六世孫父恩洪福建按察使康熙二十三年上幸曲阜釋奠毓珣以諸生陪祀賜恩貢生二十九年授湖廣武昌通判舉卓異遷江南徐州知州徐州民歛於丁賦毓珣在官七年拊循多惠政三十九年河道總督張鵬翮以毓珣熟於河務薦授邳睢同知四十三年遷山西平陽知府未上改雲南順甯四十六年調開化以母憂去官五十年服終除四川龍安毓珣歷守邊郡皆因俗爲治弊去其太甚邊民安之再舉卓異五十五年遷湖廣上荆南道築隄捍江民號曰孔公隄五十六年遷廣西按察使廣西地瘠民悍猺獞爲民害靈川獞曾廖三屢出焚掠毓珣白巡撫陳元龍遣兵捕得

寘諸法諸苗讋服五十七年授四川布政使西藏方用兵毓珣轉餉出察木多不以勞民重築灌江口堰四川民尤德之六十一年擢廣西巡撫雍正元年加授總督廣西提鎭標空糧毓珣飭募補疏言各官俸不足自贍請於定例外量加親丁名糧上命酌中爲之廣西諸州縣舊有常平倉毓珣議春耕借於民秋收還倉年豐加息歉免息荒緩至次年還本日久穀多分貯四鄉建社倉擇里中信實者爲司出入又言地多盜猺獞雜處保甲不能徧立請鄉多有團練令選誠幹者充鄉勇得盜者賞怠惰者罰又言廣西邊遠鹽商多滯運民憂淡食請發藩庫銀六萬官爲運銷行有贏餘本還藩庫並可量減鹽價並從之柳州獞莫貴鳳出掠馬平柳城永福諸縣毓珣遣兵捕治毀其寨寘貴鳳於法來賓獞覃扶成等出掠未傷人毓珣令予杖荷校滿日充撫標兵散其黨類疏聞上嘉其寬嚴兩得二年授兩廣總督上諭之曰廣東武備廢弛劫掠公行舉劾官吏百無一公爾當盡心料理毓珣疏請釐定鹽政竈丁鹽價船戶水脚增十之一並免埠商羨餘設潮州運同鹽運司經歷大金蕉木兩山產礦砂東隸開建連山西隸賀縣懷集舊制懷集汛屬潯州協毓珣請改屬梧州協賀縣開建連山並增兵設汛廣東香山澳西洋商船毓珣請以二十五艘爲限皆下部議行潮州田少米貴民賴常平倉穀以濟毓珣請提鎭各營貯穀借兵散餉時買還概免加息上特允之三年加兵部尙書銜四年毓珣請入覲上以毓珣習河事令詳勘黃運諸河水勢協同齊蘇勒酌議毓珣疏言宿遷縣西黃河與中河相近舊有汰黃堤運河水大引清水刷黃黃河水大引黃水濟運舊時黃水入中河不過十之一二今河南岸沙漲逼水北行水流甚急齊蘇勒議收小汰黃堤口以束水勢臣詳勘南岸漲沙曲處宜濬引河以避此險仍俟齊蘇勒相度定議又陳江南水利言吳淞劉河七浦白茆諸閘宜令管閘官役隨潮啟閉江蘇地形四高中下宜令力勸築區立圩濱河諸地民占爲田廬其無甚害者姑從民便餘宜嚴禁支河小港宜令於農隙深濬即取土培圩並敕部議行又言道經宿州靈璧見溝洫不通積雨成潦請飭安徽巡撫疏濬上嘉毓珣實陳五年還廣東巡撫楊文乾劾署巡撫阿克敦布政使官達上命通政使留保等往按毓珣失察當下吏議上命寬之尋調江南河道總督上以天然壩洩水處溢浸民田命毓珣相度築隄束水歸湖毓珣疏言天然南北二壩分洩水勢年年開放隄口殘缺當如上指築隄束水請於南岸王家庵至趙家莊築新隄一道舊隄尾距湖尙二十餘里請於南岸馬家圩至應家集北岸周家圩至李君橋各築新隄一道並將南北舊隄加培高廣庶兩隄夾束湍流無患旁溢上又以高家堰爲蓄清敵黃關鍵發帑百萬命毓珣籌畫毓珣疏言高家堰石隄自武家墩至黃莊地高工固惟侯二閘等四壩及小黃莊至山盱古溝東壩當一律加高又言各隄加培高廣宜視地勢緩急舊隄厚薄分年修增期三年而畢嗣後仍按年以次加培又請修築宿遷鈔關前桃源沈家莊河隄瓜洲由閘上游濬越河一道並建草壩束水諸疏入並報可毓珣積痒遘疾上賜以藥餌命其子刑部郎中傳熹偕御醫馳驛往視未至毓珣卒賜祭葬諡溫僖

裴𢔶度字晉武山西曲沃人少爲諸生工詩能書畫入貲爲主事康熙三十五年授刑部主事洊擢戶部郎中四十九年授雲南澂江知府調廣南以大計入覲聖祖聞其能詩命題應制稱旨五十五年遷河東鹽運使尋改兩浙海甯築塘巡撫徐元夢檄𢔶度董其事潮大至撼塘塘欲裂𢔶度據地坐督役力護久之乃定𢔶度自是中濕病重腿終其身五十九年遷湖北按察使六十年遷貴州布政使雍正元年擢江西巡撫九江舊設關榷稅後徙湖口湖口當江湖衝水急商舟時覆溺𢔶度疏言九江舊關上有龍關河官牌夾下有老鸛塘白水港地勢寬平泊舟安穩離湖四十里曰大姑塘爲商舟所必經水漲則有女兒港張家套皆可泊舟水落則平湖一綫夾岸泥沙無風濤礁石之險請仍移關九江而於大姑塘設口分抽上令會同總督查弼納料理南昌袁州瑞州三府賦額明沿陳友諒之舊視他府偏重順治間減袁瑞二府賦額而南昌未及𢔶度疏言常賦未易屢更同省實難歧視請將南昌賦額視袁瑞二府同予核減下部議減南昌浮額七萬五千五百兩有奇福建廣東流民入江西就山結棚以居藝靛葉煙草謂之棚民往往出爲盜萬載溫上貴甯州劉允公等皆以棚民爲亂𢔶度捕治論如律上令編保甲𢔶度疏言棚民良莠淆雜去留無定或散居山箐或爲土民傭工墾地臣飭屬嚴察凡萬五千餘戶編甲造册按年入籍上獎勉之上聞江西里長催徵累民民多尙邪教諭𢔶度禁革𢔶度疏言臣察知里長累民已勒石永禁令糧戶自封投櫃距城較遠畸零小戶願輪雇交納者聽其便仍嚴防不得干累邪教自當捕治醫卜星相往往假其術以惑民雖非邪教亦當以時嚴懲上深嘉之總督查弼納議開廣信封禁山諭𢔶度酌度𢔶度疏言封禁山舊名銅塘山相傳產銅然有名無實故自明封禁至今順治間有議採木者郡縣力陳不便勒碑永禁臣揆查弼納意或以棚民巢穴在此山中故爲破巢擣穴之計此山荆榛充塞稔毒滋蔓並非有梗化頑民盤踞在內臣詳度此山開則擾累封則安甯成案具存確有可據諭曰當開則不得因循當禁則不宜依違但不存貪功之念實心爲地方興利除害何事不可爲在卿等秉公相度時宜而酌定之仍封禁如初四年遷戶部侍郎擢左都御史上遣侍郎邁柱勘江西諸州縣倉穀命𢔶度留任邁柱疏言倉穀虧空甚多例定穀一石折銀二錢州縣交代按此數接收不敷糴補上奪𢔶度及歷任布政使張楷陳安策官命以所存折價買穀還倉十年事畢釋還里乾隆五年卒子宗錫入貲爲同知十五年授山東濟南同知屢遷轉二十八年授直隸霸昌道遷直隸按察使疏言古北口外山場產菠蘿樹此即橡樹葉可飼蠶臣在濟東飭屬通栽頗有成效請令用東省養蠶法廣栽試養命交總督方觀承試行三十二年以母憂去官宗錫在任誤應驛站車馬部議當降調總督楊廷璋咨部言宗錫嘗自行檢舉上諭曰宗錫朕知其爲人頗可造就按察使管理驛站偶有一二誤應原屬公過今已丁憂安得自行檢舉廷璋乃令作此趨避愛之適以害之也三十五年宗錫服將闋仍授直隸按察使俄擢安徽布政使就遷巡撫疏言安慶瀕江舊有漳葭港上通潛山太湖望江三縣下達江漕艘商船往來停泊淤久漸成平陸前巡撫張楷於上游別開新河地高水急重載逆上遇風每虞覆溺請仍濬漳葭港故道命總督高晉履勘如宗錫議行又疏言鳳泗所屬州縣高地宜多作池塘低地宜厚築圩圍以備灌溉資捍禦鳳陽地多高岡曠野不宜五穀令視土宜種樹諭獎其留心本務四十年調雲南旋命署貴州疏言貴州地處邊圉請敕部撥銀三十萬貯司庫從之又疏請增設鎭遠稅口上嚴斥不許又疏言貴州額輸京師及湖廣白鉛歲七百餘萬斤鉛廠僅三處年久產絀臣察知松桃廳巴壩山遵義縣新寨產鉛近水次已飭設廠歲各得鉛百餘萬斤分撥京師湖廣歲節省運費銀四萬三千有奇得旨嘉允又疏言貴州古州有牛皮大箐亘數百里列屯置軍應將箐內平曠之土開墾成田寓防於屯安屯養軍丹江雷公院地平衍可墾四五百畝歐收甬荒高箐二地畸零可墾三四百畝應令附近震威堡屯軍派撥試墾並於丹江營移撥千總一兵五十入箐設卡駐守時上已命宗錫還雲南命交後政圖思德如所議行四十四年以病乞解任旋卒賜祭葬

唐執玉字益功江南武進人康熙四十二年進士授浙江德清知縣德清歲科第多鉅室執玉執法無所撓將編審吏以例餽金執玉卻之而罪其吏召縣民親勘有田無糧者令自首有糧無田者除之富無隱糧貧無賠累行取工部主事考選戶科給事中五十八年疏言戶部錢糧款項最易作弊當先釐除作弊之人乃有所謂缺主者或一人占一司或數人共一省占爲世業句通內外書吏舞文弄法當嚴行查禁因劾山西司缺主沈天生包攬捐馬事例下九卿議遣治六十年遷鴻臚寺卿歷奉天府府丞大理寺少卿雍正二年歲三遷禮部侍郎五年擢左都御史七年命署直隸總督執玉治事勤州縣稍歉收必籌畫賑卹隆平報產瑞禾三十三本執玉於報秋成摺附奏上嘉之適貢荔支至命以賜執玉方有疾治事如常時宗人府府丞冀棟以醫進上命視執玉疾賜人葠諭令愛養精神量力治事若欲棟料量方藥保定咫尺可再命之來也熱河徵落地稅司其事者議增歲額並於榜什營等地設口徵稅下執玉議執玉言商稅多寡視歲收豐歉故止能折中定額榜什營距一百八十餘里已收落地稅又抽進路鈔銀恐商賈不前正稅反絀請如舊便議乃寢長蘆巡鹽御史鄭禪寶以商人虧帑請增鹽價上以詢執玉執玉言上於商民無歧視諸商不謹身節用先公後私乃至虧帑欲增鹽價厲民臣以爲非宜亦能不行八年春入覲灤盧龍遷安撫甯昌黎樂亭諸州縣米貯喜峯口倉虧二千五百餘石執玉請視通州中西二倉例免追償部議不許上特允之密雲城臨白河舊築土木隄壩盡圮僅存石隄上游有積土斜出激水使怒俗謂之土嘴執玉疏請疏治使水得暢流仍築土隄務堅厚用榆岡栽石爲基使輔石隄護縣城上褒其妥協命於夏月水漲前竟工遷兵部尙書仍署總督是歲秋積雨永定滹沱諸水皆盛漲執玉疏報災上命侍郎牧可登副都統阿魯等分往治賑執玉奏言諸州縣被水消長不一有上諭所及而水消未成災者有上諭所未及而水大成災田廬被淹急須拯卹者請飭治賑諸臣勘實上特允之國初以民地予滿洲將士謂之圈地民地既圈以隣近州縣地撥補糧額從舊貫於是有寄糧佃租戶移新地於是有寄莊歷年既久百弊叢起上令執玉勘察更除改正並舉懷安宣化萬全寶坻豐潤三河諸縣爲例執玉奏言此外所在皆有如晉州武邱村孔目莊趙州馬圈村糧有在贊皇者蔚縣夾道溝細賢莊糧有在宣化者宣化井頭莊糧有在西甯者官苦追呼民勞跋涉凡地在此處糧寄彼處皆令從地所在糧隨產轉此收彼除不使有交錯之病亦無庸存代徵之名經界各正

田賦悉清直隸驛馬一每歲雜支大率至十兩執玉奏定馬一每歲雜支三兩六錢昌平延慶宣化諸驛事煩撥僻地馬協濟而牧養仍責原驛執玉奏請改隸受協州縣牧養皆下部議行直隸耗羨歸公自雍正三年始部議元二年耗羨在三年補納者州縣充公用仍當追償覇文安等七州縣民借倉穀逋米二萬一千石穀一萬六千石各有奇部議責州縣追償執玉言元二年耗羨在未著令歸公以前前督臣許州縣充公用今欲追償是爲小費而失大言又言倉穀民欠歷年已久人產皆絕今欲追償此數十年官州縣者無慮百數悉逮其子孫而加以追比於情可憫上並如執玉議寬之九年以病甚乞解任許之十年病少瘳命領刑部尚書十一年春復命署直隸總督力辭上勉之行三月卒於官賜祭葬執玉重民事每請從寬大疏入輒報可執玉嘗曰吾才拙政事不如人可自力者勤耳勤必自儉始養廉歲用十三四餘歸之司庫

楊永斌字壽廷雲南昆明人康熙三十八年舉人以知縣發廣西補臨桂知縣以廉能聞遭喪去服除授直隸阜平知縣署平山調大城皆有惠政以捕治內監陳永忠未即獲奪官大城民乞巡撫疏留會世宗即位知永斌賢許復官遷涿州知州三年特諭永斌才守俱優授貴州威甯知府威甯界滇蜀諸土司虐使其衆時出掠境外烏蒙祿萬鍾鎮雄隴慶侯尤强悍永斌被檄定界單騎入諭其渠陰使人僞爲商賈分道圖地形鄂爾泰督雲貴永斌以圖上且曰二酋不懲終爲邊患萬鍾幼諸土司未附今四川總督劾萬鍾不職請發兵壓境召萬鍾出就質不出以兵入烏蒙平鎮雄勢孤亦且降鄂爾泰從之召萬鍾不至令游擊哈元生與永斌督兵入萬鍾走鎮遠與慶侯同詣四川降凡三十三日而事定米貼土婦陸氏爲亂鄂爾泰遣兵討之永斌語元生曰賊以冕山巴補爲後路事急則渡金沙江而逸以重兵扼其前奇兵越江攻之賊可殲也元生用其策克米貼鄂爾泰疏薦永斌可大用擢貴東道旋調糧驛道署按察使朝議加稅軍田畝五錢永斌議曰軍田糧以屯租爲準已數倍於民田且今轉相授受與民田交易無異名爲軍屯實皆民產而畝稅之是重科也民必不服當多事之秋增剝膚之患驅之爲亂耳鄂爾泰以聞事乃寢七年遷湖南布政使湖南方議清察軍田計畝未定永斌援貴州議以請亦得免九年調廣東十年春命署巡撫是秋疏除廣東生齒繁民不勤稼穡米値高永斌飭諸州縣勸墾高亢不宜禾令藝豆麥諸山坡麓栽所宜木又以惠潮兩府民最悍招墾官田租入充粵秀書院膏火奏聞嘉奬命勘明墾地畝數尋又奏言勘明可墾地六千八百餘頃此外或山深箐密或夾沙帶鹵體察民情恐磽地薄收糧賦無出臣思瘠田產穀雖少若多墾數十萬畝年豐可得數十萬石即歉歲亦必稍有所獲事益於民察通省糧額新甯斥鹵輕則畝徵銀四釐有奇米四合有奇擬請凡承墾磽瘠之地概準此例十年起科下部議行於是墾田至百十八萬餘畝乾隆元年兼署兩廣總督上命除落地稅因請併免漁課埠稅革粵海關贏餘陋例未盡汰者上悉從之永斌在廣東數年坦懷虛己淬厲諸將吏獲劇盜余猊陳美倫數十輩置之法收曲江乳源諸峒猺歸化西洋估舶互市至者悉令寄椗澳門不得泊會城下粵民頌其績二年調湖北兼署湖廣總督令嚴保甲繕城堡課農桑實社倉興學校諸政畢舉未幾調江蘇按行奉賢南滙上海寶山四縣海塘以築塘取土成渠塘根浸損議於塘內開河南接華亭運河北達寶山高橋又察華亭金山嘴倪家路寶山楊家嘴地當衝要議視地所宜或增築石塥或就舊塘加築寬厚或改築石塘又請於寶山建海神廟並從之三年以老病乞休召詣京師署禮部侍郎尋授吏部四年致仕五年卒孫潢蔭生初授主事官至江蘇按察使

論曰其倬宗仁毓珣皆聖祖所擢用不著勤勩世宗畀以兼圻忠誠靡懈恩禮始終宜矣律度居官不擾民執玉永斌尤懃懃施惠文乾宗錫能濟其美世宗治尚明肅諸臣皆以開敏精勤稱上指爲政持大體與夫急功近名流於谿刻重爲世詬病者固大異矣

清史稿　列傳八十

李紱　蔡珽

謝濟世 陳學海

李紱字巨來江西臨川人少孤貧好學讀書經目成誦康熙四十八年成進士改庶吉士散館授編修累遷侍講學士五十九年擢內閣學士尋遷左副都御史仍兼學士六十年充會試副考官出榜日黃霧風霾上語大學士等曰此榜或有亂臣賊子否亦當有讀書積學之士不得中式怨氣所致命磨勘試卷劣者停殿試又賜滿洲舉人留保直隸舉人王蘭生進士下第舉子羣聚紱門投瓦石喧鬨御史舒庫疏劾下部議責紱匿不奏奪官發永定河工效力雍正元年特命復官署吏部侍郎赴山東催漕尋授兵部侍郎上令截留湖南等省漕糧於天津收貯旋又命估價出糶二年四月授廣西巡撫奏言廣西賀縣大金蕉木二山產礦砂五十里外爲廣東梅峒汛又數里爲宿塘寨礦徒盤據時時竊發臣方擬嚴禁聞總督孔毓珣條陳開採因而中止將來或恐滋事毓珣奏同時至廷議寢其事上命以諭毓珣者示紱令協力禁止紱疏陳練兵列舉嚴賞罰演陣法習用鎗礮豫備帳房鑼鍋諸事上嘉其留心武備康熙中巡撫陳元龍奏請開捐都計收穀百十七萬石有奇石折銀一兩一錢而發州縣買穀石止三錢不足以糴至紱上官尚虧四萬餘石紱奏請限一月補足會提督韓良輔條奏墾荒下紱議紱請以桂林柳州梧州南甯四府收貯捐穀動支爲開墾費上曰朕觀紱意不過借開墾以銷捐穀當時陳元龍等首尾不淸朕知之甚詳應令元龍等往廣西料理並諭紱詳察毋隱諱瞻徇自承虧空尋紱奏察出督撫司道府廳分得羨餘銀八十二萬有奇勒限分償上嘉紱秉公執正紱在吏部時年羹堯子富等捐造營房下部議紱不肯從優爲羹堯所嫉及上命天津截漕估糴盈餘銀五千交守道桑成鼎貯庫紱至廣西成鼎使齎以畀紱紱具摺送直隸巡撫李維鈞會奏維鈞匿不上紱乃奏聞先是羹堯朝京師入對舉此訐紱謂紱乾沒上以問維鈞維鈞言紱取數百金治裝餘尚貯庫紱奏至上謂維鈞與羹堯比欲陷紱諭奬紱命留充公用三年六月紱奏言太平思恩府界流言安南內亂有潘鵬龍者自言爲莫姓後其黨黃托勢陳亂彈等煽誘爲亂嚴飭將吏捕治上諭曰封疆之內宜整理振作至於安邊柔遠最忌貪利圖功當愼之又愼九月奏猺獞頑梗修仁十排天河三疃爲尤甚常出劫掠臣遣吏入十排捕得其渠三疃阻萬山中所種田在隘外臣發兵守隘斷其收穫其渠今亦出自歸上奬其辦理得宜旋授直隸總督四年紱入覲初左都御史蔡珽薦起其故吏知縣黃振國授河南信陽知州忤巡撫田文鏡文鏡劾吏嚴尤惡科目劾振國貪劣紱過河南詰文鏡胡爲有意蹂踐士人入對因極言文鏡貪虐且謂文鏡所劾屬吏如振國及邵言綸汪誠皆枉振國已死獄中文鏡因紱語先密疏聞謂紱與振國同年袒護紱疏辨上不直紱而振國實未死逮至京師上更謂紱妄語良輔奏雲南廣西所屬土司與貴州接壤者皆改歸貴州安籠鎮節制命紱往與雲貴總督高其倬會勘疏請循舊制從之紱還直隸時上譴責諸弟允禩允禟等更允禟名塞思黑幽諸西甯復移置保定命胡什禮監送紱語胡什禮塞思黑至當便宜行事胡什禮以聞上以爲不可命諭紱紱奏初無此語塞思黑至保定未幾紱以病聞尋遂死是冬御史謝濟世劾文鏡貪虐仍及誣劾振國等上奪濟世官下大學士九卿會鞫戍濟世阿爾泰軍前上以濟世奏與紱語同疑紱與爲黨召紱授工部侍郎紱在廣西捕亂苗莫東旺置天河縣獄獄未竟紱移督直隸去久之蠻猺集衆破獄劫東旺去五年春良輔署廣西巡撫奏聞上以詰紱下部察議會都察院奏廣西州判程且詣院訴土司羅文剛掠村落抗官兵上責紱與繼任巡撫甘汝來逡巡貽害命紱與汝來至廣西捕治不獲當重譴紱至廣西東旺聞而自歸文剛亦捕得直隸總督宜兆熊劾知府曾逢聖知縣王游虧空錢糧上以逢聖游皆紱所薦命詰紱戶部議覆紱在直隸奏報懷來倉圯穀爲小民領食當下直隸總督詳察上曰穀至六千餘石豈能竊食至盡明係紱市恩爲縣吏脫罪當責紱償補以成其市恩兆熊又劾知縣李先枝私派累民上以先枝亦紱所薦責紱欺罔奪官下刑部議政大臣等會鞫紱罪凡二十一事當斬上諭曰紱既知悔過情詞懇切且其學問尙優命免死纂修八旗通志効力七年又以順承郡王錫保奏濟世在阿爾泰供言劾文鏡實受紱及珽指下紱等刑部會曾靜張熙獄起上召王大臣宣諭並命紱入諭曰朕在藩邸初不知珽紱姓名有馬爾齊哈者能醫朕問更有能醫者否以珽對召珽來見珽謂不當與諸王往來辭不至以是朕重之年羹堯來京亟稱珽朕告以嘗招之不來羹堯以語珽珽復辭不至以是朕益重之及出爲四川巡撫詣熱河行在始與相見爲朕言李紱朕知紱自此始既即位延訪人才起紱原官旋自侍郎出撫廣西至爲直隸總督徇私廢公沽名邀譽致吏治廢弛人心玩愒又如塞思黑自西大通調回令暫住保定未幾紱奏言遘病不數日卽死姦黨遂謂朕授意於紱使之戕害今紱在此試問朕嘗授意否乎塞思黑罪本無可赦豈料其遽死紱不將其病死明白於衆致生疑議紱能辭其過乎田文鏡公忠而紱與珽極力陷害使濟世誣劾必欲遂其私怨此風何可長也復下紱刑部嚴鞫獄上請治罪上寬之高宗卽位賜侍郎銜管戶部三庫尋授戶部侍郎乾隆元年方開博學鴻辭科紱所舉已衆又以所知屬副都御史孫國璽薦舉事聞上詰紱紱自承妄言上謂紱乃妄

擧非止妄言避重就輕降授詹事二年以母憂歸六年補光祿寺卿遷內閣學士紱偉岸自喜其論學大指謂朱子道問學陸九淵尊德性不可偏廢上聞而韙之八年以病致仕入辭上問有欲所陳否紱以愼終如始對賜詩獎及之十五年卒孫友棠乾隆十年進士自編修累遷至工部侍郎新昌擧人王錫侯撰字貫坐悖逆死友棠有題詩並奪官賜三品卿銜卒

蔡珽字若璞漢軍正白旗人雲貴總督毓榮子康熙三十六年進士改庶吉士散館授檢討洊擢少詹事進翰林院掌院學士兼禮部侍郎時世宗在潛邸聞其能陰欲見之珽謝不往六十年四川巡撫年羹堯入覲世宗命達意仍堅辭六十一年羹堯授川陝總督以珽代爲四川巡撫覲聖祖熱河行在世宗方扈從乃詣謁而去雍正二年羹堯請川陝開採鼓鑄珽疏言四川不產鉛開採非便羹堯劾珽阻撓下部議當奪官珽辱重慶知府蔣興仁憤自殺珽以病卒聞羹堯劾之上詰責再三始自承下部議擬斬詔逮至京師召入見具言羹堯貪暴及所以抗拒羹堯狀上諭曰珽罪應如律然劾之者羹堯人將謂朕以羹堯故殺珽是羹堯得操威福柄也其免珽罪特授左都御史兼正白旗漢軍都統尋進兵部尚書仍兼左都御史會羹堯得罪直隸總督李維鈞隱其財產上命珽偕內大臣馬爾賽往按得實奪維鈞官以珽署總督直隸方被水議蠲賑復發帑修河間靜海諸城俾饑民就傭受食珽奏言省會米貴令按察使浦文焯至天津運截留漕米二萬石以萬石運保定平糶留萬石賑經過諸地上如所請救再運通倉米十萬石往天津加賑一月珽奏請察地方官侵冒懲胥役虛報訪衿棍挾制貧民戶給印券每村給村名紙旗以次給領賑滿續修城工即以賑時所給印券交驗受傭從之調補吏部尚書仍兼領兵部都察院及都統事四年以珽所領事多先後解左都御史都統吏部尚書專任兵部尚書旋以在直隸時徇庇昌平營參將楊雲棟坐奪官上命降授奉天府尹初上以岳鍾琪代年羹堯爲川陝總督珽入對言鍾琪叵測鍾琪入覲過保定珽方署直隸總督造蜚語冀以撼鍾琪事聞上嚴旨詰責五年召回京按訊上閱羹堯幕客擧人汪景祺所著書載珽撫四川時得夔州府知府程如絲賄保治行第一如絲守夔州鬻私鹽而捕湖廣民鬻私鹽者得輒殺之爲羹堯劾罷珽入對言其冤上命免如絲罪且擢爲四川按察使至是上頗疑景祺言會巡撫馬會伯劾如絲營私網利疏至命侍郎黃炳如四川按其事以珽偕炳還奏事實下法司彙讞尋議珽挾詐懷私受夔關稅銀富順縣鹽規冒銷庫帑並得如絲銀六萬六千金九百鎰毀鍾琪交結脅劃庭凡十八事應斬決妻子入辛者庫財產沒入官命改斬監候六年管理正白旗信郡王德昭又奏珽家藏硃批奏摺三十件未繳進大不敬應立斬詔逮至京師初珽故吏知縣黃振國坐事奪官珽薦起河南信陽知州巡撫田文鏡劾貪劣不法李紱自廣西巡撫遷直隸總督入對力陳振國無罪御史謝濟世劾文鏡亦及之言與紱合上疑紱與濟世爲黨召紱還京師戍濟世及珽至論暴珽等結黨欺罔傾陷文鏡諸罪狀命斬振國珽仍改斬監候下獄十三年高宗即位赦免乾隆八年卒

謝濟世字石霖廣西全州人康熙四十七年擧鄉試第一五十一年成進士改庶吉士授檢討雍正四年考選浙江道御史未浹旬疏劾河南巡撫田文鏡營私負國貪虐不法列擧十罪上方倚文鏡意不懌命還濟世奏濟世堅持不可上諭曰文鏡秉公持正實心治事爲督撫中所罕見者貪贓壞法朕保其必無而濟世於督撫中獨劾文鏡朕不知其何心朕訓誡科道至再至三誡以科道無私方能彈劾人之有私者若自恃爲言官聽人指使顚倒是非擾亂國政爲國法所不容朕豈不知誅戮諫官史書所戒然誅戮諫官之過小釀成人心世道之害大禮義不愆何恤於人言朕豈恤此區區小節哉奪濟世官下大學士九卿科道會鞫濟世辨甚力刑部尚書勵杜訥問指使何人對曰孔孟問何故曰讀孔孟書當忠諫見姦弗擊非忠也獄上以濟世所言風聞無據顯係聽人指使要結朋黨擬斬文鏡劾屬吏黃振國邵言綸汪誠等李紱訟言其枉並謂河南諸吏張球最劣文鏡縱弗糾入對具爲上言之上先入文鏡言不直紱而濟世罪狀文鏡又及杜振國言綸誠庇球諸事上召大學士九卿科道等入見擧前事謂濟世言與紱奏一一脗合今詰濟世劾文鏡諸事濟世皆茫無憑據俯首無詞是其受人指使情弊顯見命奪濟世官往阿爾泰軍前効力贖罪濟世至軍大將軍平郡王福彭頗敬禮之濟世講學著書不稍輟七年振武將軍順承郡王錫保以濟世撰古本大學注毀謗程朱疏劾請治罪上摘見賢而不能擧兩節注有拒諫飾非拂人之性語責濟世怨望謗訕下九卿翰詹科道議罪有陸生枏者自擧人選授江南吳縣知縣引見上有所詰問不能對改授工部主事復引見上見其傲慢以其廣西人疑與濟世爲黨命奪官發軍前令與濟世同効力生枏撰通鑑論十七篇錫保以爲非議時政別疏論劾上並下九卿翰詹科道議罪尋議濟世詆訕怨望怙惡不悛生枏憤激猖狂悖逆恣肆皆於軍前正法上密諭錫保誅生枏縛濟世使視生枏既就刑宣旨釋之濟世在戍九年高宗即位詔開言路爲建勳將軍欽拜草奏請責成科道嚴不言之罰恕妄言之罪上嘉納焉旋召濟世還京師復補江南道御史濟世以所撰大學注中庸疏進上略言大學注中九卿科道所議諷剌三語臣已改刪惟分章釋義遵古本不遵程朱習擧業者有成規講道學者無厲禁千慮一得乞舍其瑕而取其瑜得旨嚴飭還其書二年濟世疏曰臣今所言者有二一曰去邪勿疑一曰出令勿貳有罪而復用如程元章哈元生者輿論猶有怨詞至於隆昇國人皆曰不可猶未能斥不惟不能斥隆昇而已如王士俊以加賦爲墾荒肆毒中州又請爲田文鏡立賢良祠皇上既深惡之乃調回而仍用速劾而復赦乃者淸問及之議者謂將用爲藩臬藩臬總一省刑名錢穀豈辜恩負罪之督撫所能勝任乎易言渙汗禮稱綸綍信而已矣今則元年諭旨二年即廢格或改易矣特諭停止在任守制近日督撫又漸次請行天下之大何患無才記曰金革無辟又曰君子不奪人之親安用此食祿忘親者爲哉特諭監生准入場不准考職昨世宗升祔恩詔監生仍准考職考職者入仕之門既准捐監又准考職復開捐例之張本也即止給虛銜不准實授而後命前命相違亦不宜如此臣聞不退不遠大學所譏世間君子少小人多已敗露者不行放流未敗露者益無忌憚若發號施令小人得以搖奪君子無所適從國事未有不隳者也三年疏言母蔣年七十一行動艱難耳目昏聵臣欲歸養則貧不能供甘旨欲迎養則老不能任舟車欲歸省則往返動經半年在家不過數月乍逢又別既別難逢慈母之涕淚轉添游子之方寸終亂臣才不稱道府例又從無自請遷轉乞敕部以州縣降授湖南廣東量予近地臣得母子聚首無任哀懇上特授濟世湖南糧儲道八年濟世聞衡陽知縣李澎徵賦縱丁役索浮費易服僞爲鄉民納賦者以往察得實善化知縣樊德貽與同弊濟世詳劾巡撫許容庇德貽等以濟世蕩檢踰閑列狀入告上命解任交總督孫嘉淦會鞫濟世捕衡陽丁役下長沙知府張琳讞得徵收浮費有據容令岳常澧道倉德代濟世布政使張璨附容指貽書倉德令更易長沙府詳牒倉德初官給事中嘗劾濟世奏事失儀至是不直璨所爲發其書上嘉淦及漕運總督顧琮嘉淦庇容寢其事論倉德委曲善處琮咨都察院奏聞御史胡定糾容挾私誣劾採湖南民謠斥容與璨等朋謀傾濟世上命侍郎阿里袞如湖南會嘉淦按治而倉德以嘉淦寢其事復揭都察院奏聞上責嘉淦草率扶同召還京師解容璨任奪琳德官阿里袞奏濟世被誣劾請復官容璨及按察使王玠皆坐奪官上命嘉淦而獎倉德及定調濟世驛鹽道將溥代爲巡撫嗾濟世密進所著書斥爲離經畔道上曰朕不以語言文字罪人置不問未幾復言其老病乃命休致歸家居十二年卒年六十有八

陳學海字志澄江西永豐人康熙五十二年進士改庶吉士與濟世友授山東恩縣知縣行取刑部主事遷員外郎文鏡劾振國等上遣侍郎海壽史貽直往按請以學海從得文鏡欺罔狀將以實入告繼乃反之學海爭不得使還擢御史嘗以語濟世濟世用是劾文鏡既讞學海不自安次年以病告都察院劾僞病並及與濟世交關狀奪官命與濟世同効力軍前雍正七年召還授檢討十一年卒

論曰田文鏡與鄂爾泰李衛同爲世宗所激賞高宗謂三人者文鏡爲最下允哉文鏡馭屬吏苛急待士尤虐紱固以好士得時譽宜其惡之深而所爭以爲枉者爲珽所薦吏濟世又繼以爲言世宗疑珽使紱入告不納又嗾濟世嘗章論劾互相結務欲傾文鏡獄遂不可解然終未即誅死高宗嗣服諸人皆得湔祓紱復起濟世亦見用孰謂世宗嚴不肯戮諫臣固明言之矣

清史稿　列傳八十一

李衛　田文鏡

憲德　諸岷

陳時夏　王士俊

李衛字又玠江南銅山人入貲爲員外郎補兵部康熙五十八年遷戶部郎中世宗即位授直隸驛傳道未赴改雲南鹽驛道雍正二年就遷布政使命仍管鹽務三年擢浙江巡撫四年命兼理兩浙鹽政疏言浙江戶口繁多米不敷食請撥鹽政歸公銀十萬委員赴四川採運減糶款歸司庫有餘以修理城垣衛整理鹽政疏言諸場有給丁灘蕩者以丁入地計畝徵收無給丁灘蕩者仍令各丁如舊輸納又言浙省私販出沒以海甯長安鎭爲適中孔道請設兵巡隘又言江南蘇松常鎭四府例食浙鹽鎭江接壤淮鹽偷渡請敕常鎭道及京口將軍標副將城守參將等督飭將吏水陸巡緝五年奏修海甯海鹽蕭山錢塘仁和諸縣境海塘尋授浙江總督管巡撫事六年奏言江浙界上盜賊藏匿浙

省究出從盜者江南震澤縣捕治竟以替身起解案中諸盜江南督臣范時繹留以待讞令察出有舉人金士吉等徇庇當請褫奪並提江南所留諸盜窮究黨羽剪除巢穴得旨嘉獎溫台接壤瀕海有玉環山港嶴平衍土性肥饒前總督滿保因地隔海汊禁民開墾衛遣吏按行其地奏請設同知置水陸營汛招民墾田於本年起科設竈煎鹽官爲收賣漁舟入海給牌察驗魚鹽徵稅充諸項公用衛經畫浙東諸縣水利鄞縣大嵩港溉田數萬畝歲久淤淺衛令疏濬築塘設閘開支河溉田鎮海靈巖大邱二鄉有浦口通海舊有閘已圮衛令修築定海多曠土衛令察丈清理上虞瀕海潮汐沒民田衛爲奏請除額縣有夏蓋湖積淤多已成田衛令察丈許民承業升科上以江南多盜時繹及巡撫陳時夏非戢盜之才命蘇松等七府五州盜案令衛兼領將吏聽節制時議增築松江海塘並以舊塘改土爲石上復以時繹未能董理令衛勘議衛詣勘奏言松江海塘已築二千四百餘丈未築者當令仿做海鹽舊塘石塘後附築土塘宜一例高厚歲派員修治上從之仍令衛會時繹時夏董理上以衛留心營務江南軍政舉劾復命衛會同考核尋遣侍郎彭維新等如江南清察諸州縣積欠錢糧亦令衛與聞七年加兵部尚書入覲遭母喪命回任守制尋復加太子少傅江甯有張雲如者以符呪惑民衛遣詷察得其黨甘鳳池陸同庵蔡恩濟范龍友等私相煽誘狀八年衛令游擊馬空北往捕時繹故與雲如往還與按察使馬世烆庇不遣賄空北還稟衛衛疏劾上遣尚書李永升會鞫時繹奪官世烆空北皆坐讞雲如等論斬九年疏請改定蘇州府營制衛在浙江五年涖政開敏令行禁止上以查嗣庭汪景祺之獄停浙江人鄉會試衛以文告嚴督逾年與觀風整俗使王國棟疏言兩浙士子感恩悔過士風不變乃命照舊鄉會試上督責各直省清釐倉庫虧空錢糧通欠衛召屬吏喻意蒞書期會吏事皆中程民間亦無擾十年名署刑部尚書授直隸總督命提督以下並受節制十一年疏劾步軍統領鄂爾奇壞法營私紊制擾民上爲奪鄂爾奇官命果親王及侍郎荅鵠立海望按治得實請罪鄂爾奇上以鄂爾奇爲鄂爾泰弟曲宥之獎衛命議敘乾隆元年命兼管直隸總河裁營田觀察使敕衛覈議衛請以營田交諸州縣收管分轄通永霸易天津清河大名五道統率經理下部如所議二年疏發誠親王府護衛庫克與安州民爭淤池赴州屬託上命治庫克罪嘉衛執法秉公賜四團龍補服三年疏劾總河朱藻貪劣藻弟衡挾制地方官干預賑事上命尚書訥親孫嘉淦按治奪藻官並罪衡如律衛在直隸六年涖政如在浙江時屢奏請畫正府縣疆界改定營汛增置將吏衛尤長於治盜盜匿山澤間詗得其蹤跡遣將吏捕治必盡得乃至以是所部乃無盜病作乞解任遣御醫診視卒賜祭葬諡敏達世宗在藩邸知衛才眷遇至厚然察衛尚氣屢教誡之其在雲南或有傀於衛衛又令製欽用牌入儀仗上諭之曰聞汝恃能放縱操守亦不純川馬骨董俱當檢點又製欽用牌是不可以已乎爾其謹愼毋忽衛奏言受恩重當不避嫌怨上又諭之曰不避嫌怨與使氣凌人驕慢無禮判然兩途汝宜勤修涵養勉爲全人方不負知遇及赴浙江時河決朱家海上命中途與河道總督齊蘇勒議施工衛見齊蘇勒決口已合龍議頗不相協衛錄問荅語以聞會衛族弟懷謹等居鄉放縱衛令淮徐道捕送拘禁族人騰謗衛疏言臣開罪范時繹又與齊蘇勒不無芥蒂皆臣本籍大吏恐因家事心迹難明上諭之曰時繹不足論齊蘇勒與有芥蒂或汝禮貌疏慢所致咎不在齊蘇勒凡審事辨公私最爲不易向日於鄉里鄉黨間先存嫌怨則又當別論朕每言公中私私中公樞機正在於此及在直隸上復諭之曰近有人謂卿任性使氣動輒肆詈丈夫立身行己此等小節不能操持何進德修業之可期當時自檢點從容涵養高宗南巡見西湖花神廟衛自繪象並及其妻妾號湖山神位諭曰衛仰借皇考恩眷任性驕縱初非公正純臣託名立廟甚爲可異命撤象燬之

田文鏡漢軍正黃旗人康熙二十二年以監生授福建長樂縣丞遷山西甯鄉知縣再遷直隸易州知州內擢吏部員外郎歷郎中授御史五十五年命巡視長蘆鹽政疏言長蘆鹽引缺額五萬七千餘道商人願先輸課增復原引自五十六年爲始在長清等縣運行得旨加引雖可增課恐於商無益下九卿議行山東巡撫嚴定題覆如所議尋擢內閣侍讀學士雍正元年命祭告華嶽是歲山西災年羹堯入覲請賑上諮巡撫德音德音言無災及文鏡還入對備言山西荒歉狀上嘉其直言無隱令往山西賑平定等諸州縣即命署山西布政使文鏡故有吏才清釐積牘剔除宿弊吏治爲一新自是遂受世宗眷遇二年調河南旋命署巡撫疏請以陳許禹鄭陝光六州升直隸州尋命眞除文鏡希上指以嚴厲刻深爲治督諸州縣清逋賦闢荒田期會促迫諸州縣稍不中程譴謫立至尤惡科目儒緩小忤意輒劾罷疏劾知州黃振國知縣汪誠邵言綸關暾等上遣侍郎海壽史貽直往按讞鞫如文鏡奏四年李紱自廣西巡撫召授直隸總督道開封文鏡出迓紱責文鏡不當有意蹂躪讀書人文鏡密以聞幷謂紱與振國爲同歲生將爲振國報復紱入對言振國誠言綸被論皆寃抑知縣張球居官最劣文鏡反縱不糾上先入文鏡言置不問球先以盜案下部議文鏡引咎論劾是冬御史謝濟世劾文鏡營私負國貪虐不法凡十事仍及枉振國言綸誠庇球諸事與紱言悉合上謂濟世與紱爲黨有意傾文鏡下詔嚴詰奪濟世官遣從軍振國誠論死戍言綸敷於邊振國故蔡珽屬吏旣罷官以珽薦復起及珽得罪上益責紱珽濟世勾結黨援擾國政誣大臣命斬振國文鏡疏請以河南丁銀均入地糧紳衿富戶不分等則一例輸將以雍正五年始部議從之五年疏言黃河盛漲險工迭出宜暫用民力每歲夏至後將距隄一二里內村莊按戶出夫工急搶護事竟則散若非計日可竣者按名給工食下部議行尋授河南總督加兵部尚書文鏡初隸正藍旗命擡入正黃旗六年上褒文鏡公正廉明授河南山東總督諭謂此特因人設官不爲定例文鏡疏言兩省交界地易藏匪類捕役越界奸徒奪犯每因拒刼致成人命彼界有司仍復徇庇請嗣後越界捕盜有縱奪徇庇者許本省督撫移咨會劾上從之文鏡先以河南漕船在衛輝水次受兌道經直隸大名屬濬滑內黃三縣隔省呼應不靈請以三縣改歸河南旣又以河南徵漕舊例河北三府起運本色餘皆徵折在三府採買偏重累民請以儀封考城及新改歸河南濬滑內黃等五縣增運本色距水次最遠靈寶閿鄉二縣減辦米數歸五縣徵輸南陽汝甯諸府光汝諸州永甯嵩盧氏諸縣皆以路遠停運分撥五縣協濟按道路遠近石加五分至二錢三分各有差又疏言山東倉庫虧空那新掩舊請如河南交代例知府直隸州離任所轄州縣倉庫令接任官稽察如有虧空責償其半方得赴新任道員離任所轄府直隸州倉庫亦視此例又疏言山東錢糧積虧二百餘萬雍正六年錢糧應屆完全之限完不及五分由於火耗太重私派太多請敕山東巡撫布政使協同臣清察期以半年參追禁革毋瞻徇毋容隱上皆用其議七年請設青州滿洲駐防兵屯府北東陽城址下議政王大臣議行尋加太子太保疏請以高唐濮東平莒四州升直隸州改濟甯直隸州降隸兗州府旋命兼北河總督是歲山東水災河南亦被水上命蠲免錢糧文鏡奏今年河南被水州縣收成雖不等實未成災士民踴躍輸將特恩蠲免錢糧請仍照額完兌部議應如所請上仍命文鏡確察歉收分數照例蠲免現兌正糧作下年正供九年諭曰上年山東有水患河南亦有數縣被水朕以田文鏡自能料理未別遣員治賑近聞祥符封邱等州縣民有鬻子女者文鏡年老多病爲屬吏欺誑不能撫綏安集而但禁其鬻子女是絕其生路也豈爲民父母者所忍言乎並令侍郎王國棟如河南治賑文鏡以病乞休命解任還京師病痊仍命回任十年復以病乞休允之旋卒賜祭葬諡端肅命河南省城立專祠又以河道總督王士俊疏請祀河南賢良祠高宗即位尚書史貽直奏言士俊督開墾捐輸累民滋甚上諭曰河南自田文鏡爲督撫苛刻搜求屬吏競爲剝削河南民重受其困即如前年匿災不報百姓流離蒙皇考嚴飭遣官賑恤始得安全此中外所共知者並命解士俊任語詳士俊傳乾隆五年河南巡撫雅爾圖奏河南民怨田文鏡不當入河南賢良祠上諭曰鄂爾泰田文鏡李衛皆皇考所最稱許者其實文鏡不及衛衛又不及鄂爾泰而彼時三人素不相合雅爾圖見朕以衛祀賢良借文鏡之應撤明衛之不應入當日王士俊奏請奉皇考允行今若撤出是翻前案矣寢雅爾圖奏不行

憲德西魯特氏尚書明安達禮孫也父善官頭等侍衛憲德初以廕生授理藩院主事再遷刑部郎中雍正四年授湖北按察使時布政使張聖弼坐虧空論罪憲德上官聖弼詣謁憲德下諸獄疏聞上奬其能執法尋就遷巡撫五年調四川張獻忠之亂四川民幾盡亂初定吳三桂叛其將吳之茂王屛藩等入川與我師久相持民受其害土曠人稀康熙間休養久墾闢漸廣經界未正田糧多不實巡撫馬會伯奏請清丈以調湖北未行上以諮憲德憲德奏四川昔年人民稀少田地荒蕪及至底定歸復祖業從未經勘丈故多所隱匿歷年旣久人丁繁衍奸猾之徒以界畔無據遂相爭訟川省詞訟爲田土者十居七八亦非勘丈無以判其曲直上復諮川陝總督岳鍾琪奏與憲德略同乃下九卿議行遣給事中高維新馬維翰御史吳鳴虞吳濤如四川會同松茂建昌川東永甯四道分往諸州縣丈量維新永甯道維翰建昌道鳴虞松茂道濤川東道鳴虞先期示復明舊額憲德阻止之他道凡民間屋基墳墓界埂水溝園林皆不入勘丈鳴虞獨不然民驚擾又需索丈費憲德疏請罷鳴虞維新事先竟上令續勘松茂道濤治事迂鈍維翰事亦竟憲德請以佐濤萬縣民愬濤丈量不公懸旗聚衆轢江忠州民亦以爲言維新松茂道事又竟憲德又疏請罷濤以維新維翰分勘川東道七年十一月通省勘丈畢舊册載上中下田地都計二十

三萬餘頃丈得四十四萬餘頃增出殆及半而諸土司地納糧以石計亦次第具報視原額加增戶部奏請視丈出田地照則徵糧上諭曰從前隱瞞科則止據實更定毋追咎往額糧稍重諸州縣卽比照就近適中科則核減俾紓民力憲德奏各屬徵糧科則輕重懸殊原重通江諸縣額請減輕原輕郫灌溫江三縣亦據實呈請願增臣等擬原重田地令與接壤地方相等比照科算原輕田地亦應按則加增不致小民偏枯委曲於是成都華陽新津郫溫江長壽諸縣俱增上則灌縣增中則綿州綏甯改分上中下三則江油增下則潼川屏山雅州名山榮經蘆山義眉夾江通江賦偏重均視鄰縣量減巴縣賦最輕上田不及一分以地瘠不增他州縣皆仍舊則其有丈見田少糧多經原戶聲請皆予開除上命招他省民入川開墾丈增田畝憲德奏請以丈增地畝分科則編字號計數均分戶給水田三十畝或旱地五十畝有餘丁增水田十五畝或旱地二十五畝丁多不能養贍臨時酌增或有多餘三五畝亦一併給墾奇零不成坵段者酌量安置給以照票並牛種口糧分年升科皆下部如所議行八年墊江忠州民楊成勳等羣聚爲亂署川陝總督查郎阿遣兵捕治成勳自經死獲其徒陳文魁楊成祿等得所爲怨白言禍起戊申年奉旨清丈科派需索累民查郎阿疏聞諭曰四川清丈之議始於馬會伯而成於憲德朕慎選科臣前往料理誠以剔除積弊安插善良並非爲加增賦稅而起勘丈造册各官供應皆令動帑支給不使幾微煩擾我民今年事竟憲德具本代川民謝恩謂通省士民咸稱清理疆界使強無兼併弱無屈抑又將田不敷糧之戶悉予開除疆界既已分明額賦尤爲公溥朕以爲經理得宜矣豈意奸民嘯聚竟以清丈苛虐爲言怨自稱奉旨清丈豈憲德等但以清丈稱爲奉旨於前者奏請未曉諭於衆耶陳文魁訴狀並稱頌川省上司是必憲德等沽譽干名何不將朕德意宣播而乃蒙混含糊使奸民得以藉口耶憲德既稱通省士民歡呼感戴何以尙有陳文魁等暗結邪黨肆行誹謗可見平日化導未周董戒不力令憲德將朕此旨刊布曉諭憲德撫四川七年屢請更定州縣疆界有所省置收天全土司改流設州並升雅州爲府隸焉憲德議開紫古鑛廠會兒斯堡生番入邊殺掠商民上令封閉憲德以川省米貴請暫停商販逾年歲稔上令弛禁毋遏糴初上官以四川驛鹽茶三政皆屬按察使兼領未足司稽覈請增設驛鹽道專司其事從之及清丈事將竟奏言鹽茶積弊請令清查地畝科道諸員兼司搜查上諭曰川省鹽茶既特設道員自有責成如不能勝任當予參劾別擇賢能鹽茶積弊相沿已久應從容清理安可如此嚴急奏請搜查吏屬譸妄汝諸事料理過於促迫不肯實心任事於此奏畢見後當深戒十一年憲德奏鹽道曹源邠混發引目累商諭曰鹽課引務汝有督率之責曹源邠果不法當列款糾參若止改撥不當何難商酌更正今但請敕部察議將鹺政視如無涉誠不知汝何意朕甚鄙汝玷督撫統轄訓飭之任也尋召還京授工部尙書十二年調刑部仍兼工部署滿洲正紅旗都統乾隆元年命赴泰陵督工五年卒子夢麟自有傳

諾岷納喇氏滿洲正藍旗人先世居輝發祖恩國泰習漢書天聰八年舉人直秘書院授禮部理事官洊擢尙書父那敏官鑲黃旗滿洲都統諾岷自筆帖式授戶部主事再遷郎中雍正元年擢內閣學士授山西巡撫各直省徵賦正供外舊有耗羨數多寡無定州縣以此供上官給地方公用而私其餘上官亦往往藉公用檄州縣提解因以自私康熙間有議歸公者聖祖慮官俸薄有司失耗羨虐取於民地方公用無從取辦寢其議不行諾岷至山西值歲屢歉倉庫多虧空諾岷察諸州縣虧空尤甚者疏劾奪官離任勒追餘州縣通行調任互察倉庫並慮州縣不得其人請敕部選賢能官發山西補用二年諾岷疏請將通省一歲所得耗銀提存司庫以二十萬兩留補無著虧空餘分給各官養廉各官俸外復有養廉自此起布政使高成齡奏言直省錢糧向有耗羨百姓既以奉公卽屬朝廷財賦臣愚以爲州縣耗羨銀兩自當提解司庫憑大吏酌量分給均得養廉且通省遇有不得已例外之費卽以是支應至留補虧空撫臣諾岷先經奏明臣請敕下各直省督撫俱如諾岷所奏將通省一歲所得耗銀約計數目先行奏明歲終將給發養廉支應公費留補虧空各若干一一陳奏則不肖上司不得借名提解自便其私上命總理事務王大臣九卿集議議略謂提解火耗非經常可久之道請先於山西試行上諭曰州縣火耗原非應有之項因通省公費各官養廉不得不取給於此朕非不願天下州縣絲毫不取於民而勢有所不能州縣徵收火耗分送上司州縣藉口而肆貪婪上司瞻徇而爲容隱此從來之積弊所當剔除者也與其州縣存火耗以養上司何如上司撥火耗以養州縣至請先於山西試行此言尤非天下事惟有可行不可行兩端譬如治病漫以藥試之鮮有能愈者今以山西爲試朕不忍也提解火耗原一時權宜之計將來虧空清楚府庫充裕有司皆知自好各省火耗自漸輕以至於盡革此朕之深願各省能行者聽不行者亦不強也自後各直省督撫以次奏請視山西成例提解耗羨上以諾岷首發議論獎其通權達變於國計民生均有裨益上屢飭各省督察有司耗羨既歸公不得巧立名目復有所取於民給養廉資公用尙有所餘當留備地方公事河南耗羨餘欵最多特免地丁錢糧四十萬卽以所餘抵補上諭謂此項出自民間若公用充裕仍當加恩本地官民不令歸入公帑也三年諾岷以病乞假命回旗調理初貝子允禵以罪徙西甯道出平定太監李大成毆諸生諾岷按讞以大成方病置未深究上責諾岷瞻徇命繼任巡撫伊都立覆讞罪大成奪諾岷官十二年卒

陳時夏字建長雲南元謀人康熙四十五年進士考授內閣中書三遷工部郎中考選廣西道御史雍正元年授河南開歸道仍帶御史銜尋奏河北連年歉收請發帑治賑蠲免錢糧上嘉允之二年遷湖北按察使以在開歸道任封邱生員罷考坐不能彈壓奪官三年授直隸正定知府四年遷長蘆鹽運使加布政使銜署江蘇巡撫疏陳蘇松水利請發帑興工命副都統李淑德原任山東巡撫陳世倌會勘議先濬婁江常熟福山塘昭文白茆河太倉七浦河上海嘉定吳淞江武進孟瀆德勝新河丹陽九曲河次第疏治時夏復疏言江南錢糧請視直隸河南正耗統解布政使督撫以下各給養廉地方公事用耗銀報銷從之上知時夏有老母命雲南督撫贈資斧護至蘇州復賜人葠六年江蘇布政使張坦麟調山東時夏以坦麟任內錢糧未清疏請停赴新任坦麟亦奏時夏令新任布政使趙向奎勒揹交代上責時夏褊淺才識不足不能勝巡撫命改署山東布政使卽以坦麟署江蘇巡撫是時江蘇巡撫所屬七府五州自康熙五十一年至雍正四年積虧地丁錢糧至八百十三萬有奇巡撫張楷請分年帶徵及時夏至江蘇催追促迫民艱於輸納事久未竟上命時夏留江蘇會辦虧空時夏請以舊欠均派新糧分年徵收上諭曰舊欠自有本人舍此不追而均派新糧是刁民因積欠而得利良民因先輸而倍徵從此人人效尤誰復輸供正賦且舊欠派入新糧必致舊欠未完新糧又欠時夏因朕留之在蘇乃欲藉此草率完結命暫停徵比交新任巡撫尹繼善清察上又遣侍郎彭維新等佐尹繼善察出積欠實一千萬有奇上命以其中侵蝕包攬四百數十萬分十年帶徵民欠五百數十萬分二十年帶徵並令視直隸河南諸省已行例每歲帶徵若干次年免正賦若干諭謂蠲逋賦使頑戶偏蒙其澤不若免新徵使衆民普受其惠也七年尹繼善劾時夏所舉知縣蔡益仁貪黷不職下部議降調八年以母憂歸十二年詣京師命以僉都御史銜授霸州營田觀察使奏文安大城兩縣界內修築橫隄請於隄東南尙家村建閘隄內濬河引子牙河水溉田仍於北岸多用涵洞俾水得宣洩乾隆二年奏請用區田法選屬吏租民地試行皆從之授內閣學士三年卒

王士俊字灼三貴州平越人康熙六十年進士改庶吉士雍正元年上特命以知州發河南待闕除許州田文鏡爲巡撫惡以科第起家者有意督過之士俊懼將及文鏡增鹻地稅民不堪士俊具牒爭冀以是劾罷邀名布政楊文乾奇士俊曲護之三年文乾遷廣東巡撫奏以士俊從四年題授肇高廉羅道五年署巡撫阿克敦察士俊所轄黃江稅廠虧稅銀千餘疏劾上諭之曰王士俊尙有用小過猶可諒當嚴飭令悛改尋召士俊詣京師士俊發黃江廠庫官爲布政使官達索規禮阿克敦卽令官達按鞫士俊請改員嚴訊阿克敦令按察使方願瑛會鞫士俊卽以阿克敦官達方願瑛朋謀徇私揭吏部奏聞會文乾亦以他事劾阿克敦官達上命解官達願瑛任令總督孔毓珣及文乾會鞫並令士俊署布政使士俊行至曲江聞命還廣東上官會文乾卒上命傅泰署巡撫復遣通政使留保等如廣東會鞫阿克敦等皆坐譴六年實授廣東布政使九年擢湖北巡撫十年文鏡解任還京師擢士俊河東總督兼河南巡撫十一年疏劾學政俞鴻圖納賄行私命侍郎陳樹萱按鞫得實鴻圖坐斬文鏡在河南督州縣開墾士俊承其後督促益加嚴又令州縣勸民間捐輸高宗卽位戶部尙書史貽直奏言河南地勢平衍沃野千里民性純樸勤於稼穡自來無土不耕其不耕者大都斥鹵沙磧之區臣聞河南各屬廣行開墾一縣中有報開十頃十數頃至數十頃者積算無慮數千百頃安得荒田如許之多推求其故不過督臣授意地方官多報開墾屬吏迎合指稱某處隙地若干某處曠土若干造册申報督臣據其册籍報多者超遷議敘報少者嚴批申飭或別尋事故挂之彈章地方官畏其權勢冀得歡心詎恤後日官民受累以致報墾者紛紛其實所報之地非河灘沙礫之區卽山岡墝确之地甚至墳墓之側河隄所在搜剔靡遺目下行之不過枉費民力其害猶小數年後按畝升科指斥鹵爲膏腴勸石田以上稅小民將有鬻兒賣女以應輸將者又如勸捐乃不得已之策今則郡縣官長驅車郭門手持簿籍不論鹽當紳民慰以好言令其登寫旋索貲

錙地方官一年數換則籍薄一年數更不惟大拂民心亦且有損國體請敕廉明公正大臣前往清察上諭曰田文鏡爲總督苛刻嚴厲河南民重受其困士俊接任不能加意惠養借墾地之虛名成累民之實害河南民風淳樸竭蹶以從甚屬可嘉然先後遭苛政其情亦至可愍矣河南仍如舊例止設巡撫以傅德代士俊士俊至京師命署兵部侍郎乾隆元年復命署四川巡撫士俊在河南上蔡知縣貴金馬奉檄開墾迫縣民加報地畝錢糧武生王作孚等詣縣辨訴貴金馬以聚衆鬨堂揭士俊士俊論定讞毋及開墾妄坐作孚等勒減隱價擬斬傅德疏劾下部議士俊當奪官上命仍留任士俊密疏陳時政略言近日條陳惟在翻駁前案甚有對衆揚言只須將世宗時事翻案即係好條陳傳之天下甚駭聽聞又言大學士不宜兼部又言各部治事私揣某省督撫正在褒嘉其事宜准某省督撫方被詰責其事宜駁不論事理當否專以逢合爲心又言廷臣保舉率多徇情甚或藉以索賄上覽奏怒甚發王大臣公閱御史舒赫德因劾士俊奸頑刻薄中外共知其爲河南總督勅令州縣虛報墾荒苦累小民近日巡撫傅德論劾外間傳說士俊已命逮治皇上猶冀其改惡向善曲賜矜全乃士俊喪心病狂妄發悖論請明正其罪上召王大臣九卿等諭之曰從來爲政之道損益隨時寬猛互濟記曰張而不弛文武弗能弛而不張文武弗爲堯因四岳之言而用鯀鯀治水九載績用弗成至舜而後殛鯀當日用鯀者堯誅鯀者舜豈得謂舜翻堯案乎皇考卽位之初承聖祖深仁厚澤休養生息物熾而豐皇考加意振飭使紀綱整齊此因勢利導之方正繼志述事之善迨雍正九年以來人心已知法度吏治已漸澄清又未嘗不敦崇寬簡相安樂易朕纘承丕緒泣奉遺詔向後政務應從寬者悉從寬凡用人行政兢兢焉以皇考誠民育物之心爲心以皇考執兩用中之政爲政蓋皇祖皇考與朕之心初無絲毫間別今王士俊訾爲翻駁前案是誠何心朕躬有闕失惟恐諸臣不肯盡言至事關皇考而妄指前猷謂有意更張實朕所不忍聞至謂大學士不宜兼部大學士兼部正皇考成憲士俊欲朕改之是又導朕以翻案也彼不過爲大學士鄂爾泰而發士俊河南墾荒市興利之善名行剝民之虐政使敗露於皇考時豈能寬宥彼欲掩飾從前之罪且中傷與己不合之人其機詐不可勝詰至謂部件題駁懷挾私心保舉徇情貪緣賄屬諸臣有則痛自湔除無則益加黽勉毋爲士俊所詘笑以全朕委任簡用之體可也解士俊任逮下刑部王大臣等會鞫請用大不敬律擬斬立決命改監候二年釋爲民遣還里六年以爭佔甕安縣民羅氏墓地縱僕毆民民自經死民子走京師叩閽命副都御史仲永檀如貴州會總督張廣泗鞫得實論罪如律二十一年卒

論曰世宗以綜覈名實督天下藩吏治嚴盜課實倉庫清逋賦行勘丈墾荒土提耗羨此其大端也衛文鏡受上眷最厚衛以斂集事文鏡以驕府怨然當時謂衛文鏡所部無盜賊斯亦甚難能矣勘丈激亂四川爲最著耗羨歸公山西爲最先田賦懸逋江蘇爲最鉅開墾害民河南爲最劇世宗覩決庶政不歸罪臣下故諸岷蒙褒而憲德不尸其咎時夏才短事未克竟亦不深責也士俊及高宗初政紕而猶用乃倡翻案之說欲以熒主聽箝朝議心險而術淺其得譴宜哉

隆科多 年羹堯 胡期恆

隆科多佟佳氏滿洲鑲黃旗人一等公佟國維子孝懿仁皇后弟也康熙二十七年授一等侍衞擢鑾儀使兼正藍旗蒙古副都統四十四年以所屬人違法上責隆科多不實心任事罷副都統鑾儀使在一等侍衞上行走五十年授步軍統領五十九年擢理藩院尙書仍管步軍統領六十一年十一月聖祖大漸召受顧命世宗即位命與大學士馬齊總理事務襲一等公授吏部尙書旋以總理事務勞加一等阿達哈哈番以其長子岳興阿襲次子玉柱自侍衞授鑾儀使雍正元年與川陝總督年羹堯同加太保二年兼領理藩院事纂修聖祖實錄大清會典並充總裁監修明史復與羹堯同賜雙眼花翎四團龍補服黃帶紫轡三年解步軍統領玉柱以行止甚劣奪官交隆科多管束羹堯得罪上以都統范時捷疏劾欺罔貪婪諸狀及妄劾道員金南鍈等並下吏部議處上諭曰前以隆科多年羹堯頗著勤勞予以異數乃交結專擅諸事欺隱命繳上所賜四團龍補服並不得復用雙眼花翎黃帶紫轡及議上以時捷劾請罷羹堯任以妄劾南鍈請嚴加治罪上以前議徇庇後議復過當責隆科多有意擾亂削太保及一等阿達哈哈番世職命往阿蘭善等處修城墾地諭曰朕御極之初隆科多年羹堯皆寄以心腹毫無猜防孰知朕視爲一德彼竟有二心招權納賄擅作威福欺罔悖負朕豈能姑息養奸耶向日明珠索額圖結黨行私聖祖解其要職置之閒散何嘗更加信用隆科多年羹堯若不知恐懼痛改前非欲如明珠等萬不能也殊典不可再邀覆轍不可屢蹈各宜警懼毋自干誅滅四年隆科多家僕牛倫挾勢索賕事發逮下法司鞫得隆科多受羹堯及總督趙世顯滿保巡撫甘國璧蘇克濟賄諸狀上命斬倫罷隆科多尙書令料理阿爾泰等路邊疆事務尋命勘議俄羅斯邊界初隆科多與阿靈阿揆敘相黨附既又與羹堯交結至是上盡發阿靈阿揆敘及羹堯罪狀宣示中外又侍郎查嗣庭爲隆科多所薦坐悖逆誅死上詰隆科多隆科多不以實對五年宗人府復奏劾輔國公阿布蘭以玉牒底本隆科多藏於家阿布蘭坐奪爵幽禁上命奪隆科多爵召還京命王大臣會鞫以聖祖升遐隆科多未在上前妄言身藏匕首以防不測又自擬諸葛亮奏稱白帝城受命之日即死期將至之時上謁祀壇廟妄謂防刺客令於案下搜查上謁陵妄奏諸王心變具獄辭大不敬之罪五欺罔之罪四紊亂朝政之罪三黨姦之罪六不法之罪七貪婪之罪十六凡四十一欵當斬妻子入辛者庫財產入官上諭曰隆科多罪不容誅但皇考升遐大臣承旨者惟隆科多一人今以罪誅朕心有所不忍可免其正法於暢春園外築屋三楹永遠禁錮妻子免入辛者庫岳興阿奪官玉柱發黑龍江六年六月科布多死於禁所賜金治喪

年羹堯字亮工漢軍鑲黃旗人父遐齡自筆帖式授兵部主事再遷刑部郎中康熙二十二年授河南道御史四遷工部侍郎出爲湖廣巡撫湖北武昌等七府歲徵匠役班價銀千餘戶絕額缺爲官民累遐齡請歸地丁徵收下部議從之疏劾黃梅知縣李錦虧賦奪官錦清廉得民民爭完逋賦諸生吳士光等聚閉城留錦事聞上命調錦直隸士光等發奉天遐齡與總督郭琇俱降級留任四十三年遐齡以病乞休羹堯康熙三十九年進士改庶吉士授檢討迭充四川廣東鄉試考官累遷內閣學士四十八年擢四川巡撫四十九年斡偉生番羅都等掠寧番衞戕游擊周玉麟上命羹堯與提督岳昇龍勦撫昇龍率兵討之擒羅都羹堯至平番衞聞羅都已擒引還川陝總督音泰疏劾部議當奪官上命留任五十六年越巂衞屬番與普雄土千戶那交等爲亂羹堯遣游擊張玉勦平之是歲策妄阿喇布坦遣其將策凌敦多布襲西藏戕拉藏汗四川提督康泰率兵出黃勝關兵譁引還羹堯遣參將楊盡信撫諭之密奏泰失兵心不可用請親赴松潘協理軍務上嘉其實心任事遣都統法喇率兵赴四川助勦五十七年羹堯令護軍統領溫普進駐裏塘增設打箭爐至裏塘驛站尋請增設四川駐防兵皆允之上嘉羹堯治事明敏巡撫無督兵責特授四川總督兼管巡撫事五十八年羹堯以敵情叵測請赴藏爲備廷議以松潘諸路軍事重要令羹堯毋率兵出邊檄法喇進師法喇率副將岳鍾琪撫定裏塘巴塘羹堯亦遣知府遲維德招降乍丫察木多察哇諸番目因請召法喇師還從之五十九年上命平逆將軍延信率兵自青海入西藏授羹堯平西將軍印自拉里會師並詢羹堯孰可署總督者羹堯言一時不得其人請以將軍印畀護軍統領噶爾弼而移法喇軍駐打箭爐上用其議巴塘裏塘本雲南麗江土府屬地既撫定雲貴總督蔣陳錫請仍隸麗江土知府木興羹堯言二地爲入藏運糧要路宜屬四川從之興率兵往收地至喇皮擊殺番酋巴桑羹堯疏劾上命逮興囚雲南省城八月噶爾弼延信兩軍先後入西藏策凌敦多卜敗走西藏平上諭羹堯護凱旋諸軍入邊召法喇還京師羹堯尋遣兵撫定裏塘屬上下牙色上下雅尼巴塘屬桑阿壩林卡石諸生番六十年入覲命兼理四川陝西總督辭還鎮賜弓矢上命噶爾弼率兵駐守西藏行次瀘定橋噶爾弼病不能行羹堯以聞上命公策旺諾爾布署將軍額駙阿寶都統武格參贊軍務駐西藏青海索羅木之西有郭羅克上中下三部爲唐古特種人屢出肆掠阿寶以聞上令羹堯與鍾琪度形勢策進討羹堯疏言郭羅克有險口三悉險峻宜步不宜騎若多調兵塞上傳聞使賊得爲備不如以番攻番臣素知瓦斯雜谷諸土司亦憾郭羅克肆惡願出兵助勦臣已移鍾琪令速赴松潘出塞督士兵進勦尋鍾琪督兵擊敗郭羅克下番寨四十餘獲其渠餘衆悉降六十一年羹堯密疏言西藏喇嘛楚爾齊木臧布及知府石如金呈策旺諾爾布委靡副都統常齡侍讀學士滿都員外郎巴特瑪等任意生事致在藏官兵不睦因請撤駐藏官兵下廷臣議以羹堯擅議撤兵請下部嚴議上原之命召滿都巴特瑪石如金楚爾齊木臧布等來京師遣四川巡撫色爾圖陝西布政使塔琳赴西藏佐策旺諾爾布駐守自軍興陝西州縣饋餉供億庫帑多虧缺羹堯累疏論劾州縣吏嚴督追償陝西巡撫噶什圖密奏虧項不能速完又與羹堯請加徵火耗彌補上諭曰各省錢糧皆有虧空陝西尤甚蓋自用兵以來師所經行資助馬匹盤費衣服食物倉卒無可措辦勢必挪用庫帑及撤兵時亦然即如自藏回京將軍以至士卒途中所得反多於正項各官費用動至萬金但知取用不問其出自何項也羹堯等欲追虧項以充兵餉追比不得又議加徵火耗火耗止可議減豈可加增朕在位六十一年從未加徵火耗今若聽其加派必致與

正項一例催徵肆無忌憚矣著傳旨申飭命發帑銀五十萬送陝西賚餉世宗即位召撫遠大將軍允禵還京師命羹堯管理大將軍印務雍正元年授羹堯二等阿達哈哈番世職並加退齡尚書銜尋又加羹堯太保詔撤西藏駐防官軍羹堯疏陳邊防諸事請於打箭爐邊外中渡河口築土城移嵐州守備駐守大河南保縣移威茂營千總駐守越巂衞地方寥闊𤞤猓出沒改設游擊增兵駐守松潘邊外諸番阿樹爲最要給長官司職銜大金川土目莎羅奔從征羊峒有功給安撫司職銜烏蒙𤞤目達木等凶暴土舍祿鼎坤等請禽獻俟其至給土職分轄其地下部議從之論平西藏功以羹堯運糧守隘封三等公世襲青海台吉羅卜藏丹津爲顧實汗孫糾諸台吉吹拉克諾木齊阿爾布坦溫布藏巴札布等刦親王察罕丹津叛掠青海諸部上命羹堯進討諭撫遠大將軍延信及防邊理餉諸大臣四川陝西雲南督撫提鎭軍事皆告羹堯十月羹堯率師自甘州至西寧改延信平逆將軍解撫遠大將軍印授羹堯盡護諸軍羹堯請以前鋒統領素丹提督岳鍾琪爲參贊大臣從之論平郭羅克功進公爵二等羹堯初至西寧師未集羅卜藏丹津詗知之乃入寇悉破傍城諸堡移兵向城羹堯率左右數十人坐城樓不動羅卜藏丹津稍引退圍南堡羹堯令兵斫賊壘敵知兵少不爲備驅桌子山土番當前隊礮發土番死者無算鍾琪兵至直攻敵營羅卜藏丹津敗奔師從之大潰僅率百人遁走羹堯乃部署諸軍令總兵官周瑛率兵截敵走西藏路都統穆森駐吐魯番副將軍阿喇納出噶斯哲駐布隆吉爾又遣參將孫繼宗將二千人與阿喇納師會敵侵鎭海堡都統武格赴援敵圍堡戰六晝夜參將宋可進等赴援敵敗走斬六百餘級獲多巴寨素阿旺丹津羅卜藏丹津攻西寧南川口師保申中堡敵圍堡堡內寨素與敵通欲鑿牆而入守備馬有仁等力禦可進等赴援夾擊敵敗走諸寨素助敵者皆殺之羹堯先後疏聞並請副都統花色等將鄂爾多斯兵副都統查克丹等將歸化土默特兵總兵馬覿伯將大同鎭兵會甘州助戰從之西寧北川上下北塔蒙回諸衆將起應羅卜藏丹津羹堯遣千總馬忠孝撫定下北塔三十餘莊上北塔未服忠孝率兵往勦擒戮其渠餘衆悉降察罕丹津走河州羅卜藏丹津欲刦以去羹堯令移察罕丹津及其族屬入居蘭州青海台吉索諾木達什爲羅卜藏丹津誘擒脫出來歸羹堯奏聞命封貝子令羹堯撫慰敵掠新城堡羹堯令西寧總兵黃喜林等往勦斬千五百餘級擒其渠七得器械駝馬牛羊無算以天寒羹堯令引師還西寧尋策來歲進兵疏請選陝西督標西安固原寧夏四川大同榆林綠旗兵及蒙古兵萬九千人令鍾琪等分將出西寧松潘甘州布隆吉爾四道進討分兵留守西寧甘州布隆吉爾並駐防永昌巴塘裏塘黃勝關察木多諸隘軍中馬不足請發太僕寺上都打布孫腦兒孳生馬三千巴爾庫爾駝一千仍於甘涼增買千五百糧米臣已在西安豫買六萬石軍中重火器請發景山所製火藥一百駝駝以一百八十斤計下廷議悉如所請馬加發千火藥加發倍所請察罕丹津屬部殺羅卜藏丹津守者來歸羹堯宣上指安置四川邊外墨爾根戴青拉查卜與羅卜藏丹津合力劫察罕丹津其子察罕喇卜坦等來歸羹堯令招拉查卜內附又有堪布諾門汗察罕丹津從子也爲塔兒寺喇嘛叛從敵糾衆拒戰至是亦來歸羹堯數其罪斬之羅卜藏丹津侵布隆吉爾繼宗與副將潘之善擊敗之西寧南川塞外郭密九部屢出爲盜羹堯招三部內附餘部行掠如故呈庫沃爾賈二部尤暴戾羹堯令鍾琪率瓦斯雜谷二土司兵至歸德堡撫定上下寺東策布督兵進殲呈庫部衆擒戮沃爾賈部酋餘並乞降二年上以羅卜藏丹津負國叛不可宥授鍾琪奮威將軍趣羹堯進兵西寧東北郭隆寺喇嘛應羅卜藏丹津爲亂羹堯令鍾琪及素丹等督兵討之賊屯哈拉直溝以拒師奮入度嶺三毀寨十可進喜林及總兵吳正安皆有斬馘復毀寨七焚所居室至寺外賊伏山谷間聚薪縱火賊殲焉殺賊六千餘燬寺誅其渠青海貝勒羅卜藏察罕貝子濟克濟札布台吉滾布色卜騰納漢將母妻詣羹堯請內屬羹堯予以茶葉大麥令分居邊上羹堯遣鍾琪正安喜林可進及侍衞達鼐副將王嵩紀成斌將六千人深入留素丹西寧佐治事二月鍾琪師進次伊克喀爾吉搜山獲阿爾布坦溫布喜林亦得其酋巴珠爾阿喇布坦等師復進羹堯詗知阿岡都番助敵別遣涼莊道蔣洞等督兵攻之戮其囊蘇復擊破石門寺喇嘛殺六百餘人焚其寺鍾琪師復進次席爾哈羅色遣兵攻噶斯逐吹拉克諾木齊三月鍾琪師復進出布哈屯羅卜藏丹津所居地曰額納布隆吉鍾琪督兵直入分兵北防柴旦木斷往噶斯道羅卜藏丹津走烏蘭穆和兒復走柴旦木師從之獲其母阿爾太哈屯及其戚屬等並男婦牛羊駝馬無算分兵攻烏蘭白克獲吹拉克諾木齊及助亂八台吉時藏巴札布已先就擒羅卜藏丹津以二百餘人遁走青海部落悉平論功進羹堯爵一等別授精奇尼哈番令其子斌襲封退齡如羹堯爵加太傅並授素丹可進三等阿達哈哈番喜林二等阿達哈哈番按察使王景灝及達鼐瑛嵩成斌拜他喇布勒哈番提督郝玉麟及正安拖沙喇哈番阿拉布坦蘇巴泰等截路行刼羹堯令繼宗往勦逐至推墨爾阿拉布坦蘇巴泰將妻子遁走成斌等搜戮餘賊至棱羅木擊斬堪布夾木燦垂扎木素羹堯遣達鼐及成斌攻布哈色布蘇獲台吉阿布濟車陳又遣副將岳超龍討平河州塞外鐵布等八十八寨殺二千一百餘人得人口牲畜無算羹堯執吹拉克諾木齊阿爾布拉溫布藏巴扎布檻送京師上祭告廟社景陵御午門受俘羹堯策防邊諸事以策旺阿喇布坦遣使乞降請罷北征師分駐巴里坤吐魯番哈密城布隆吉爾駐兵守爲犄以總兵每營撥餘丁屯赤金衞𢓈溝所墾田設同知理民事衞守備理屯糧游牧蒙古令分居布隆吉爾邏南山中寧夏邊外阿拉善以滿洲兵駐防上悉從所請莊浪邊外謝爾蘇部土番據桌子碁子二山爲巢皆穴地而居官軍駐其地奴使之兵或縱掠番嚮之盡殲置不問番始橫涼州南崇寺沙馬拉木扎木巴等掠新城張義諸堡又有郭隆寺逸出喇嘛與西寧納朱公寺朝天堂加爾多寺諸番相結糾謝爾蘇部土番謀爲亂羹堯遣鍾琪等督兵討之納朱公寺喇嘛降師進次朝天堂遣成斌喜林及副將張玉等四道攻加爾多寺殺數百人餘衆多入水死焚其寺游擊馬忠孝王大勳戰和石溝王序吉范世雄戰石門口洞戰喜逢堡蘇丹師次旁伯拉夏口土番僞降詗之方置伏縱兵擊之所殺傷甚衆洞搜勦碁子山逐賊巴洞溝土司魯華齡逐賊天王溝先密寺喇嘛縛其渠阿旺策凌以獻師入轉戰五十餘日殺土番殆盡羹堯以先密寺喇嘛反覆不常併焚其寺徒其衆加爾多寺外桌子山餘衆降羹堯令肆華齡受約束條上青海善後諸事請以青海諸部編置佐領三年一入貢開市那拉薩拉陝西雲南四川三省邊外諸番增設衞所撫治諸廟不得過二百楹喇嘛不得過三百西寧北川邊外築邊牆建城堡大通河設總兵鹽池保安堡及打箭爐外木雅吉達巴塘裏塘諸路皆設兵發直隸山西河南山東陝西五省軍罪當遣者往大通河布隆吉爾屯田而令鍾琪將四千人駐西寧撫綏諸番下王大臣議行十月羹堯入覲賜雙眼花翎四團龍補服黃帶紫轡金幣敘功加一等阿思哈哈番世職令其子富襲羹堯才氣淩厲恃上眷遇師出屢有功驕縱行文諸督撫書官斥姓名請發侍衞從軍使爲前後導引執鞭墜鐙入覲令總督李維鈞巡撫范時捷跪道送迎至京師行絕馳道王大臣郊迎不爲禮在邊蒙古諸王公見必跪額駙阿寶入謁亦如之嘗薦西安布政使胡期恆及景灝可大用劾四川巡撫蔡珽逮治上即以授景灝又擢期恆甘肅巡撫羹堯僕桑成鼎魏之耀皆以從軍屢擢成鼎布政使之耀副將羹堯請發將吏數十從軍上許之覲還即劾罷驛道金南鍈等而請以從軍主事丁松署糧道上責羹堯題奏錯誤命期恆率所劾官吏詣京師三年正月珽逮至上召入見備言羹堯暴貪誣陷狀上特宥珽罪二月庚午日月合璧五星聯珠羹堯疏賀用夕惕朝乾語上怒責羹堯有意倒置諭曰羹堯不以朝乾夕惕許朕則羹堯青海之功亦在朕許不許之間而未定也會期恆至入見上以奏對悖謬奪官上命更定打箭爐外增汰官兵諸事不用羹堯議四月上諭曰羹堯舉劾失當遣將士築城南坪不惜番民致驚惶生事反以降番復叛具奏青海蒙古饑饉匿不上聞怠玩昏憒不可復任總督改授杭州將軍而以鍾琪署總督命上撫遠大將軍印羹堯既受代疏言臣不敢久居陝西亦不敢遽赴浙江今於儀徵水陸交通之處候旨上益怒促羹堯赴任山西巡撫伊都立都統前山西巡撫范時捷川陝總督岳鍾琪河南巡撫田文鏡侍郎黃炳鴻臚少卿單疇書原任直隸巡撫趙之垣交章發羹堯罪狀侍郎史貽直高其佩赴山西按時捷劾羹堯遣兵圍郃陽民堡殺戮無辜亦以讞辭入奏上命分案議罪罷羹堯將軍授閑散章京自二等公遞降至拜他喇布勒哈番乃盡削羹堯職十二月逮至京師下議政大臣三法司九卿會鞫是月甲戌具獄辭羹堯大逆之罪五欺罔之罪九僭越之罪十六狂悖之罪十三專擅之罪六忌刻之罪六殘忍之罪四貪黷之罪十八侵蝕之罪十五凡九十二款當大辟親屬緣坐上諭曰羹堯謀逆雖實而事蹟未著朕念青海之功不忍加極刑遣領侍衞內大臣馬爾賽步軍統領阿齊圖齎詔諭羹堯獄中令自裁退齡及羹堯兄希堯奪官免其罪斬其子富諸子年十五以上皆戍極邊羹堯幕客鄒魯汪景祺先後皆坐斬親屬給披甲爲奴又有靜一道人者四川巡撫憲德捕送京師亦誅死五年赦羹堯諸子交退齡管束退齡旋卒還原職賜祭希堯初自筆帖式累擢工部侍郎既奪官復起內務府總管命榷稅淮安加左都御史十三年爲江蘇巡撫高其倬劾罷乾隆三年卒胡期恆字元方湖廣武陵人祖統虞明崇禎末進士國初授檢討官至祕書院學士父獻徵自蔭生授都察院經歷官至湖北布政使期恆康熙四十四年舉人獻徵與退齡友歡若弟昆期恆少從羹堯游上南巡獻詩授翰林院典籍出爲夔州通判有恩信民爲建生祠羹堯爲巡撫薦期

恒遷夔州知府再遷川東道羹堯兼督陝西復薦遷西安布政使期恒通曉朝章國故才敏善理繁劇羹堯深倚之羹堯挾貴而驕惟期恒能以微言救其失羹堯奴辱咸陽知縣期恒執而杖之自是諸奴稍斂戢嘗諷羹堯善持盈羹堯勿能用及羹堯敗諸爲羹堯引進者爭劾羹堯以自解期恒惟引咎終不言羹堯乃下獄頌繫至高宗即位始得釋僑居江南久之卒

論曰雍正初隆科多以貴戚年羹堯以戰多內外夾輔爲重臣乃不旋踵幽囚誅夷亡也忽諸當其貴盛侈汰隆科多恃元舅之親受顧命之重羹堯自代允禵爲大將軍師所向有功方且憑藉權勢無復顧忌即於覆滅而不自怵臣罔作威福古聖所誡可不謹歟

清史稿 列傳八十三

岳鍾琪 季父超龍 緘度 子濬 超龍子鍾璜

策棱 子成袞扎布 車布登扎布

岳鍾琪字東美四川成都人父昇龍初入伍授永泰營千總康熙十二年吳三桂反永泰營游擊許忠臣受三桂劄昇龍使詣提督張勇告變密結兵民執忠臣殺之十四年從西寧總兵王進寶克蘭州先登被創遷莊浪守備從克臨洮平涼隨加都督僉事銜累擢天津總兵三十五年上親征噶爾丹昇龍將三百騎護糧上命昇龍及馬進良白斌副將以次有逗遛退怯者得斬之乃聞昭莫多之捷授拖沙喇哈番擢四川提督初西藏營官入駐打箭爐上使勘界四川巡撫于養志言營官司貿易不與地方事居數年營官喋吧昌側集烈發兵據瀘河東諸堡昇龍以五百人防化林營養志反劾昇龍擅發兵昇龍亦訐養志上使勘鞫養志坐斬昇龍亦奪官喋吧昌側集烈擊殺明正土司蛇蜡喳吧傷官兵提督唐希順討之上命昇龍從軍事定希順以病解任仍授昇龍提督四十九年乞休昇龍本貫甘肅臨洮以母年逾九十乞入籍四川許之逾二年卒雍正四年追謚敏肅鍾琪初入貲爲同知從軍請改武職上命以游擊發四川旋授松潘鎮中軍游擊再遷四川永甯協副將五十八年準噶爾策妄阿喇布坦遣其將策凌敦多布襲西藏都統法喇督兵出打箭爐撫定裏塘巴塘檄鍾琪前驅至裏塘第巴不受命誅之巴塘第巴懼獻戶籍乍丫察木多察哇諸番目皆順命五十九年定西將軍噶爾弼師自拉里入仍令鍾琪前驅鍾琪次察木多遣軍中通西藏語者三十人更衣間行至洛隆宗斬準噶爾使人番衆讋請降噶爾弼至軍用鍾琪策招西藏公布以二千人出降鍾琪遂督兵渡江直薄拉薩大破西藏兵禽喇嘛爲內應者四百餘人策凌敦多布敗走西藏平六十年師還授左都督擢四川提督賜孔雀翎命討郭羅克番部鍾琪率師並督瓦斯雜谷諸土司兵自松潘出邊郭羅克番兵千餘出扛鍾琪擊破之取下郭羅克吉宜卡等二十一寨殲其衆乘夜督兵進至中郭羅克納務寨番兵出拒鍾琪奮擊未終日連克十九寨斬三百餘級獲其渠酸他爾㖨索布六戈復督兵進攻上郭羅克押六寨番目且增縛首惡假磕等二十二人以降郭羅克三部悉定予拜他喇布勒哈番世職六十一年討平羊峒番於其地設南坪營雍正元年師討青海撫遠大將軍年羹堯請以鍾琪參贊軍事鍾琪將六千人出歸德堡撫定上寺東策卜下寺東策卜諸番部南川塞外郭密九部屢盜邊而呈庫活爾賈二部尤橫鍾琪移師深入擣其巢盡平之二年授奮威將軍趣進兵郭隆寺喇嘛應羅卜藏丹津爲亂鍾琪會諸軍合擊殲其衆燬寺擒戮其渠達克瑪胡土克圖羅卜藏丹津居額穆納布隆吉爾其大酋阿爾布坦溫布吹拉克諾木齊分屯諸隘鍾琪與諸將分道入鍾琪及侍衞達鼐出南路總兵吳正安出北路黃喜林宋可進出中路副將王嵩紀成斌搜山師進至哈喇烏蘇方黎明番衆未起即縱擊斬千餘人番衆驚走逐之一晝夜至伊克喀爾吉獲阿爾布坦溫布復進次席爾哈羅色遣兵攻噶斯復進次布爾哈屯薄額穆納布隆吉爾羅卜藏丹津西竄鍾琪逐之一晝夜馳三百里其酋彭錯等來降鍾琪令守備劉廷言監以前驅鍾琪繼其後酋吹因來降言羅卜藏丹津所在距師百五六十里鍾琪令暫休薄暮復進黎明至其地羅卜藏丹津之衆方散就水草即縱擊大破之禽諸台吉並羅卜藏丹津母阿爾泰哈屯及女弟阿寶羅卜藏丹津易婦人服以遁廷言等亦得吹拉克諾木齊等鍾琪復進至桑駝海不見虜乃還出師十五日斬八萬餘級大酋助羅卜藏丹津爲亂者皆就擒青海平上授鍾琪三等公賜黃帶莊浪邊外謝爾蘇部土番據棹子碁子二山爲亂納朱公寺朝天堂加爾多寺諸番與相糾合羹堯遣鍾琪等督兵分十一路進剿凡五十餘日悉討平之命兼甘肅提督三年復命兼甘肅巡撫四月解羹堯兵柄改授杭州將軍命鍾琪亦上奮威將軍印署川陝總督盡護諸軍河州松潘舊爲青海蒙古互市地羹堯奏移於那喇薩喇鍾琪奏言青海部長察罕丹津等部落居黃河東請仍於河州松潘互市額爾德尼額爾克托克托鼐等部落居黃河西請移市西寧塞外丹噶爾寺蒙古生業全資牲畜請六月後不時交易四川雜谷金川沃日諸土司爭界羹堯令金川割美同等寨畀沃日致讐殺不已鍾琪奏請還金川而以龍堡三歌地予沃日上皆許之尋眞除川陝總督疏言土司承襲文武吏往往索費封其印數年不與致番目專恣讐殺請定限半年仍令應襲者先行署理土司有外支循謹能治事者許土官詳督撫給職銜分轄其地多三之一少五之一使勢相維情相安入覲加兵部尚書銜疏言察木多外魯隆宗察哇坐爾剛桑噶吹宗袞卓諸部距打箭爐遠不便遙制請宣諭達賴喇嘛令轄其地中甸裏塘巴塘及得爾格特瓦舒霍耳諸地並歸內地土司又言巴塘隸四川中甸隸雲南而巴塘所屬木咱爾祁宗拉普維西諸地偪近中甸總會於阿墩子實中甸門戶請改隸雲南與四川裏塘打箭爐互爲犄角下王大臣議如所請四年春請選西安滿洲兵千人駐潼關冬請以陝甘兩省丁銀攤入地畝征收自雍正五年始著爲定例逾年復疏言甘肅河東糧輕丁多河西糧多丁少請將二屬各自均派河東丁隨糧辦河西糧照丁攤下部議行四川烏蒙土知府祿萬鍾擾雲南東川鎮雄土知府隴慶侯及建昌屬冕山涼山諸苗助爲亂上命鍾琪與雲貴總督鄂爾泰會師討之五年春擒萬鍾慶侯亦降烏蒙鎮雄皆改土歸流冕山涼山亦以次底定鍾琪督三省天下勁兵處疑忌衆成都訛言鍾琪將反鍾琪疏聞上諭曰數年以來讒鍾琪者不止謗書一篋甚且謂鍾琪爲岳飛裔欲報宋金之仇鍾琪懋著勛勞朕故任以要地付之重兵川陝軍民受聖祖六十餘年厚澤尊君親上衆共聞知今此造言之人不但謗大臣並誣川陝軍民以大逆命巡撫黃炳提督黃廷桂嚴鞫尋奏湖廣人盧宗寄居四川因私事造蜚語無主使者論斬六年疏請以建昌屬河西甯番兩土司及阿都阿史紐結歪溪諸地改土歸流河東宣慰司以其地之半改隸流官升建昌爲府領三縣並釐定營汛職制及善後諸事下部議如所請定新設府曰甯遠縣曰西昌冕甯鹽源又請改岷州兩土司歸流尋分疏請升四川達州陝西秦階二州爲直隸州七年又分疏請升甘肅肅州爲直隸州陝西子午谷隘口增防守官兵裏塘巴塘諸地置宣撫安撫諸司至千百戶視流官例題補俱議行雷波土司爲亂遣兵討平之靖州諸生曾靜遣其徒張熙投書鍾琪勸使反鍾琪與設誓具得靜始末疏聞上褒鍾琪忠讜侍郎杭奕祿等至湖南逮鞫治語詳杭奕祿傳羅卜藏丹津之敗也走投準噶爾其酋策妄阿喇布坦納之策妄阿喇布坦死子噶爾丹策零立數侵掠喀爾喀諸部上命傅爾丹爲靖邊大將軍屯阿爾泰山出北路鍾琪爲甯遠大將軍屯巴里坤出西路討之加鍾琪少保以四川提督紀成斌等參贊軍務鍾琪率師至巴里坤築東西二城備儲胥簡卒伍爲深入計八年五月召鍾琪及傅爾丹詣京師授方略鍾琪請以成斌護大將軍印科舍圖嶺者界巴里坤巴里坤鍾琪設牧廠於此準噶爾聞鍾琪方入覲乘間以二萬餘人入犯盡驅駝馬去成斌使副參領查廩以萬人護牧廠寇至不能禦走過總兵曹勷壘呼救勷以輕騎往赴戰敗亦走總兵樊廷及副將冶大雄等將二千人轉戰七晝夜總兵張元佐督所部夾擊拔出兩卡倫官兵還所掠駝馬強半成斌欲罪查廩既而釋之以捷聞上已遣鍾琪還鎭上謂當於卡倫外築城駐兵出游兵擊敵俾不敢深入令鍾琪詳議尋論獎廷大雄元佐功賜金予世職遣內務府總管鄂善齎銀十萬犒師立祠安西祀陣亡將士上以酒三爵遙酹亦俾鄂善齎往設祭九年春鍾琪請移兵駐吐魯番巴爾庫爾爲深入計上諭曰鍾琪前既輕言長驅直入又爲敵盜駝馬既恥且憤必欲進勦直搗巢穴能必勝乎九年正月鍾琪部兵有自敵中脫歸者言噶爾丹策零將移駐哈喇沙爾以大隊赴西路而令其將小策零多敦卜犯北路鍾琪以聞並言敵將自吐魯番侵哈密擾安西肅州邊界我軍衆寡莫敵當持重堅壁固守告北路遣兵應援並調兵自無克克嶺三面夾擊上諭曰前以鍾琪軍寡諭令持重堅守今已有二萬九千人樊廷馬步二千敵彼二萬轉戰七晝夜猶足相當乃以二萬九千人而云衆寡莫敵何懦怯至此且前欲直搗伊犂豈有賊至數百里內轉堅壁而不出乎賊果至巴爾庫爾即敗逃亦從科舍圖直走伊爾布爾和邵而遁無克克嶺相去二三百里安所得夾擊鍾琪於地勢軍機茫然不知朕實爲煩憂三月準噶爾二千餘犯吐魯番成斌遣廷將四千人赴援敵引退四月又以千餘人犯吐魯番別以二百餘人犯陶賴卡倫六月又以二千餘人闌魯谷慶城吐魯番回目額敏和卓等率所部奮擊殺二百餘人鍾琪議令元佐勷及張存孝將三千人赴援提督顏清如將二千人屯塔庫成斌將四千人防陶賴俟我軍進擊烏魯木

齊移回民入內地上諭鍾琪今年秋間襲擊是第一善策援吐魯番乃不得已之舉若但籌畫應援而不計及襲擊是舍本而逐末也魯谷慶城圍四十餘日不下準噶爾移攻哈喇火州城以梯登回民擊殺三百餘人元佐等兵將至敵引退七月準噶爾大舉犯北路傅爾丹之師大敗於和通腦兒鍾琪請乘虛襲擊烏魯木齊上諭鍾琪賊既得志於北路今冬仍往西路且增添賊衆更多於侵犯北路俱未可知當先事圖維臨時權變勿貪功前進勿坐失機宜並令略行襲擊即撤兵回營鍾琪自巴爾庫爾經伊爾布爾和邵至阿察河遇敵擊敗之逐至厄爾穆河敵踞山梁以距鍾琪令元佐將步兵爲右翼成斌將馬兵爲左翼勱及總兵王緒級自中路上山參將黃正信率精銳自北山攻敵後諸軍奮進奪所踞山梁敵敗走諜言烏魯木齊敵帳盡徙乃引兵還疏聞上獎鍾琪進退遲速俱合機宜十二月上追舉科舍圖之役責成斌怠忽降沙州副將十年正月鏡兒泉邏卒遇敵殺其二掠其一以去鍾琪劾副將馬順上併以鍾琪下部察議俄準噶爾三千餘人犯哈密鍾琪令勱成斌將五千人自回落兎大坂總兵紀豹將二千人自科舍圖嶺分道赴援又令副將軍石雲倬常賚鎮安將軍卓鼐分地設伏待敵占天生圈山口顏清如屯塔爾那沁遣參將米彪副將陳經綸分道禦戰敵引去勱等將至二堡遇準噶爾五千餘人即縱兵奮戰一晝夜敵登山勱督兵圍山力戰至午敵潰遁勱自二堡至柳樹泉與經綸及副將焦景竑軍會乘夜追勦鍾琪使告雲倬等遣兵至無克克嶺待敵疏聞上獎慰之鍾琪議城穆壘駐軍並命乘勝興工雲倬等至無克克嶺鍾琪令速赴梯子泉阻敵歸路卓鼐繼其後雲倬遲發一日敵自陶賴大坂西越向納庫山遁去師至敵駐軍處餘火猶未息雲倬又令毋追襲鍾琪劾雲倬僨事奪官逮京師治罪以張廣泗代爲副將軍上諭曰岳鍾琪素諳軍旅本非庸才但以懷游移之見致戰守乖宜前車之鑒非止一端嗣後當痛自省惕壹號令示威信朕猶深望之大學士鄂爾泰等劾鍾琪專制邊疆智不能料敵勇不能殲敵降三等侯削少保仍留總督銜護大將軍印六月鍾琪疏報移軍穆壘尋召鍾琪還京師以廣泗護印廣泗劾鍾琪調兵籌餉統馭將士種種失宜穆壘形如釜底不可駐軍議分駐科舍圖烏蘭烏蘇諸地上命還軍巴爾庫爾盡奪鍾琪官爵交兵部拘禁十一年以査郎阿署大將軍又論鍾琪驕蹇不法且劾成斌元佐疏防上命斬成斌元佐降調又劾勱縱賊上命斬勱十二年大學士等奏擬鍾琪斬決上改監候乾隆二年釋歸十三年師征大金川久無功三月高宗命起鍾琪予總兵銜至軍即授四川提督賜孔雀翎時經略大學士訥親視師而廣泗以四川總督主軍事大金川酋莎羅奔居勒烏圍其兄子郎卡居噶拉依鍾琪至軍訥親令攻黨壩上以軍事諮鍾琪鍾琪疏言黨壩爲大金川門戶碉卡嚴密漢土官兵止七千餘臣商請廣泗請益兵二千廣泗不應廣泗專主自昔嶺卡撒進攻此二處中隔噶拉依距勒烏圍尚百餘里黨壩至勒烏圍僅五六十里若破康八達即直擣其巢臣商諸廣泗廣泗不謂然而廣泗信用土舍良爾吉及漢奸王秋等恐生他虞訥親亦劾廣泗老師糜餉詔逮治亦罷訥親大學士傅恆代爲經略鍾琪奏請選精兵三萬五千萬人出黨壩及瀘河水陸並進萬人自甲索攻馬牙岡乃當兩溝與黨壩軍合直攻勒烏圍卡撒留兵八千俟克勒烏圍前後夾攻噶拉依黨壩留兵二千護糧正地留兵千防瀘河餘四千往來策應期一年擒莎羅奔及郎卡臣雖老請肩斯任命傅恆籌議傅恆用其策鍾琪自黨壩攻康八達山梁大破賊師進戰塔高山梁復屢破賊鍾琪初佐年羹堯定西藏莎羅奔以土目從軍及爲總督以羹堯所劃金川屬寨還莎羅奔且奏給印信號紙莎羅奔以是德鍾琪師入莎羅奔懼遣使詣鍾琪乞降鍾琪請於傅恆以十三騎從入勒烏圍開諭莎羅奔請奉約束頂經立誓次日率郎卡從鍾琪乘皮船出詣軍前降上諭獎鍾琪加太子少保復封三等公賜號曰威信入覲命紫禁城騎馬免西征追償銀七十餘萬官其子沺汸侍衛賜詩褒之尋命還鎮十五年西藏珠爾默特爲亂鍾琪出駐打箭爐事旋定十七年雜谷土司蒼旺爲亂鍾琪遣兵討擒之十九年重慶民陳琨爲亂鍾琪力疾親往捕治還卒於資州賜祭葬謚襄勤上以所封公爵不世襲予一等輕車都尉令其子瀞襲鍾琪沈毅多智略御士卒嚴而與同甘苦人樂爲用世宗屢獎其忠誠遂命專征終淸世漢大臣拜大將軍滿洲士卒隸麾下受節制鍾琪一人而已既廢復起大金川之役傅恆倚以成功高宗御製懷舊詩列五功臣中稱爲三朝武臣巨擘云超龍昇龍弟初冒劉姓名曰傑入伍屢遷建昌左營守備引見聖祖垂詢乃復本姓名超擢東川營游擊以避鍾琪改西甯左營雍正二年授河州協副將勦定鐵布等寨亂番又以避鍾琪改張家口協六年遷天津總兵八年擢湖廣提督烏蒙亂超龍令總兵張大有率副將何勉參將母椿齡討平之尋遣兵分防貴州界上以深合機宜嘉之十年卒鍾璜超龍子雍正七年以鍾琪奏赴西路軍効力授藍翎侍衛除鑾儀衛治儀正乾隆初擢四川威茂鎮參將再遷總兵歷建甯南贛開化昭通諸鎮擢廣西提督鍾琪卒代爲四川提督疏言松潘總兵例出塞化番三年一度番性多猜調集守候彼此互防甚非所願又見小道遠費鉅託病不至惟附近土司領賞有名無實請停止以節勞費上從之金川土舍郎卡侵革布什咱土司革布什咱合九土司兵攻金川相持數年未決郎卡乞令能兵鍾璜率兵出塞至拉必斯滿安營召郎卡出令還所侵地及所掠穆爾津岡諸土司番民九土司之兵悉能旋卒賜祭葬謚莊恪濬鍾琪子以二品廕生授安西同知擢口北道再擢山東布政使六年調山西署山東巡撫鍾琪出師命濬送至肅州八年召鍾琪詣京師命濬就省乾隆元年請免鄖城蘭山諸縣水衝地應徵丁米尋調江西三年請免南昌府屬浮糧三萬七千餘兩復疏請發帑修築豐城江隄濬江關河口議行社倉皆允所請兩江總督楊超曾劾濬與屬吏朋比納賄坐奪官六年授光祿寺卿出爲福建按察使再遷廣東巡撫調雲南兩廣總督陳大受劾濬誤舉糧道明安以婪贓敗又採木修隄任屬吏作弊召還京師十八年授鴻臚少卿轉通政使參議卒濬在巡撫任虧庫項鍾琪請以公俸按年扣還上特命免之

策棱博爾濟吉特氏蒙古喀爾喀部人元太祖十八世孫圖蒙肯號班珠爾興黃教西藏達賴喇嘛賢之號曰賽音諾顏其第八子丹津生納木札勒納木札勒生策棱康熙三十一年丹津妻格楚勒哈屯自塔密爾攜策棱及其弟恭格喇布坦來歸聖祖授策棱三等阿達哈哈番賜居京師命入內廷教養四十五年尚聖祖女和碩純慤公主授和碩額駙尋賜貝子品級詔攜所屬歸牧塔密爾五十四年命赴推河從軍出北路防禦策妄阿喇布坦五十九年師征準噶爾策棱從振武將軍傅爾丹出布拉罕至格爾額爾格屢破準噶爾獲其宰桑貝坤等百餘人俘馘甚衆戰烏蘭呼濟爾焚敵糧師還道遇準噶爾援兵復擊敗之授札薩克策棱生長漠外從軍久習知山川險易憤喀爾喀爲準噶爾凌藉銳自磨厲練猛士千隸帳下爲親兵又以敵善馳突而喀爾喀無紀律節制每游獵及止而駐軍皆以兵法部勒之居常欽欽如臨大敵由是賽音諾顏一軍雄漠北雍正元年世宗特詔封多羅郡王二年入覲命偕同族親王丹津多爾濟駐阿爾泰並授副將軍詔策棱用正黃旗纛五年偕內大臣四格等赴楚庫河與俄羅斯使瓦薩立石定界事畢陳兵鳴礮謝天議罪當削爵上命改罰俸九年從靖邊大將軍順承郡王錫保討噶爾丹策零偵賊自和通呼爾哈諾爾寬圖壘茂海奎素諸界偕翁牛特部貝子羅卜藏等分兵擊卻之準噶爾諸酋有大策零敦多卜小策零敦多卜皆噶爾丹策零同族最用事噶爾丹策零遣大策零敦多卜將三萬人入掠喀爾喀聞錫保駐察罕廋爾振武將軍傅爾丹軍科布多乃遣其將海倫曼濟等將六千人取道阿爾泰迤東分擾魯克倫及鄂爾海喀喇烏蘇留餘衆於蘇克阿勒達呼爲聲援策棱偕丹津多爾濟迎擊至鄂登楚勒遣台吉巴海將六百人宵入敵營誘之出追伏兵突擊斬其驍將餘衆驚潰大策零敦多卜及海倫曼濟等遁去詔進封和碩親王賜白金萬尋授喀爾喀大札薩克十年六月噶爾丹策零遣小策零敦多卜將三萬人自奇蘭至額爾德畢喇色欽策棱偕將軍塔爾岱禦於本博圖山未至準噶爾掠克爾森齊老分兵襲塔密爾掠策棱二子及牲畜以去策棱不及援侍郎綽爾鐸以轉餉至語策棱曰王速率兵遏敵歸路當大破敵策棱還軍馳擊距敵二日程初招丹津多爾濟赴援不至準噶爾兵趨額爾德尼昭八月策棱率兵迫敵十餘戰敵屢敗小策零敦多卜據杭愛山麓逼鄂爾坤河而陳策棱令滿洲兵陳河南而率萬人伏山側蒙古諸軍陳河北遂戰敵見滿洲兵背水陳兵甚弱意輕之越險進滿洲兵卻走準噶爾兵逐之策棱伏起自山下如風雨至斬萬餘級谷中尸爲滿獲牲畜器械無算小策零敦多卜以餘衆渡河蒙古兵待其半渡擊之多入水死河流盡赤錫保馳疏告捷首表策棱功上嘉悅賜號超勇錫黃帶諭此次軍功非尋常勞績可比隨征兵弁著從優加倍議敍上以策棱牧地被寇賚馬二千牛千羊五千白金五萬賑所屬失業者並命城塔爾密建第居之十二月進固倫額駙時純慤公主已薨追贈固倫長公主十一年定邊大將軍平郡王福彭統軍駐烏里雅蘇臺詔策棱佩定邊左副將軍印進屯科布多尋授盟長十二年五月召來京諮軍務六月移軍察罕廋爾十三年準噶爾乞和請以哲爾格西喇呼魯烏蘇爲喀爾喀游牧界上詔策棱策棱謂向者喀爾喀游牧尚未至哲爾格西喇呼魯烏蘇此議可許惟準噶爾游牧必以阿爾泰山爲界空其中爲甌脫準噶爾不從乾隆元年師還命策棱將喀爾喀兵千五百人駐烏里雅蘇臺分防鄂爾坤上以策棱母居京師策棱在軍久不得朝夕定省命送歸游牧並賜白金五千治裝二年準噶爾策零貽書策棱稱爲車臣汗申前請策棱以聞上命策棱以已意爲報書書曰阿爾泰爲天定邊界爾父琿台吉時阿爾泰迤西初無厄魯特游牧自滅噶爾丹我來建城駐兵

其地衆所共知其不令爾游牧者原欲以此爲隙地兩不相及以息爭端今台吉反云難以讓給試思阿爾泰爲誰地誰能讓給爾誠遵上指定議我必不爲禍始亦不復居科布多又謂我等哨兵逼近阿爾泰宜向內撤哨兵乃聖祖時舊例即定界豈能不設台吉其思之冬準噶爾使達什博爾濟奉表至命策棱偕詣京師三年春至京師噶爾丹策零表請喀爾喀與準噶爾各照現在駐牧上召達什博爾濟入見諭曰蒙古游牧冬夏隨時遷徙必指定山河爲界彼此毋得踰越遣侍郎阿克敦等使準噶爾與達什博爾濟偕往冬噶爾丹策零復使哈柳從阿克敦等奉表至請循布延圖河南以博爾濟昂吉勒圖無克克嶺噶克察諸地爲界北以遜多爾庫奎多爾多輝庫奎至哈爾奇喇博木喀喇巴爾楚克諸地爲界準噶爾人不越阿爾泰山蒙古居山前亦止在扎卜堪諸地兩不相接并乞移托爾和布延圖二卡倫入內地上以所議準噶爾不越阿爾泰山定界已就範惟移托爾和布延圖二卡倫不可許四年春賜敕遣還哈柳詣策棱哈柳曰額駙游牧部屬在喀爾喀何弗居彼策棱答曰我主居此予惟隨主居喀爾喀特予游牧耳哈柳又曰額駙有子在準噶爾何不令來京答曰予憲恩尙公主公主所出乃予子他子無與也即爾送還予必請於上誅之冬噶爾丹策零使哈柳復奉表至始定議準噶爾不過阿爾泰山梁不復言徙卡倫事自雍正間與準噶爾議界策棱三詣京師準噶爾憚其威重卒如上指上獎策棱忠予陷準噶爾不復以爲念乃用宗室親王例封其子成袞扎布世子五年命勘定喀爾喀游牧毋越扎布堪齊克愼哈薩克圖庫克嶺諸地與準噶爾各守定界六年上以策棱老命移軍駐塔密爾初喀爾喀凡三部及是土謝圖汗十七旗滋息至三十八旗乃分二十旗與策棱爲賽音諾顏部以鄂爾昆河西北烏里雅蘇河爲游牧爲三部屏蔽自此喀爾喀爲四部十五年病篤上遣其次子車布登扎布還侍使侍衞德山等往存問尋卒遺言請與純慤公主合葬喪至京師上親臨奠命配享太廟謚曰襄御製詩輓之子八最著者長子成袞扎布次子車布登扎布成袞扎布初授一等台吉乾隆元年封固山貝子四年封世子賜杏黃轡十五年襲扎薩克親王兼盟長授定邊左副將軍十七年入覲十八年杜爾伯特台吉車凌等內附成袞扎布遣兵赴烏里雅蘇臺防準噶爾追兵準噶爾宰桑瑪木特以二百人追入邊上命毋縱使還瑪木特逸去詔以責成袞扎布十九年命移軍烏里雅蘇臺尋罷定邊左副將軍命赴額爾齊斯督屯田二十年師定伊犁屯田兵撤還仍駐烏里雅蘇臺二十一年和托輝特靑袞咱卜謀爲亂成袞扎布發其謀八月亂作仍授定邊左副將軍率師討之賜三眼孔雀翎十二月獲靑袞咱卜賜杏黃帶二十二年輝特巴雅爾爲亂正月授定邊將軍率師赴巴里坤捕治十二月入覲復授定邊左副將軍駐烏里雅蘇臺二十六年以準噶爾及回部悉平請展喀爾喀汛界下軍機大臣議以附近烏魯木齊四汛令索倫綠旗兵駐防自蘇伯昂阿至烏拉克沁伯勒齊爾十一汛令成袞扎布督理二十八年入覲二十九年以烏里雅蘇臺城圯請築城舊址外立木柵內實以土引水環之報聞三十六年卒子七獲靑袞咱卜封其第四子占楚布多爾布爲世子代掌扎薩克卒命其長子輔國公額爾克沙喇代掌扎薩克卒命次子輔國公伊什扎布楚代掌扎薩克及成袞扎布卒以第七子拉旺多爾濟襲扎薩克親王拉旺多爾濟尙高宗女固倫和靖公主授固倫額駙從征臨淸石峯堡有功嘉慶八年閏二月仁宗乘輿入順貞門有陳德者伏門側突出侍衞丹巴多爾濟禦之被三創拉旺多爾濟挾其腕乃獲而誅之賜御用補褂封其子巴彥濟爾噶勒輔國公車布登扎布初授一等台吉額爾德尼昭之役力戰被創封輔國公賜雙眼孔雀翎十七年成袞扎布請析所部授車布登扎布自爲一旗上允之別授扎薩克十九年督兵剿擒烏梁海獲準噶爾宰桑賜貝子品級二十年師征伊犁車布登扎布將三百騎自察罕呼濟爾疾馳至集賽擒宰桑齊巴漢偵達瓦齊所在奪舟渡伊犁河逐達瓦齊封多羅貝勒阿睦爾撒納謀以伊犁叛車布登扎布首發其姦密以告將軍班第師還命招降烏梁海部落即以隸焉二十一年烏梁海酋郭勒卓輝僞言哈薩克汗阿布賚與阿睦爾撒納連和上命率師討之有宰桑固爾班和卓者擁千餘戶赴烏梁海謀偕遁車布登扎布麾兵捕治殲其衆遂進兵哈薩克界會尙書阿里袞自伊什勒諾爾轉戰至汗扎爾會斬獲無算封多羅郡王成袞扎布討靑袞咱卜召車布登扎布還烏里雅蘇臺爲佐二十二年代成袞扎布署定邊左副將軍尋命兆惠代成袞扎布爲定邊將軍而以車布登扎布爲之副二十三年正月授定邊右副將軍從兆惠出巴里坤遣兵赴哈什崆格斯搜逸寇尋命赴博囉塔拉捕布庫察罕哈薩克錫喇等哈薩克部入擒布庫察罕哈薩克錫喇及宰桑鄂哲特等走和落霍斯車布登扎布督兵逐之哈薩克錫喇度不得脫悉衆據高岡拒戰部將以兵寡請待其走擊之車布登扎布持不可麾兵急進擒鄂哲特哈薩克錫喇僅以身免詔以其父超勇號賜之鄂哲特械至京師言車布登扎布身先士卒所向無前上益嘉歎賜金黃帶車布登扎布進攻阿布勒噶爾哈薩克縛布庫察罕以獻因請赴阿克蘇與將軍兆惠會上命還伊犁進親王品級尋以在軍久令歸游牧休息二十四年令佐將軍兆惠進葉爾羌討霍集占旋復命還伊犁二十七年使西藏三十六年代成袞扎布爲定邊左副將軍授盟長以牟利被訐罷左副將軍擅請展牧界創親王品級命以郡王兼扎薩克世襲四十七年卒子三不勒多爾濟襲

論曰世傳鍾琪長身赬面隆準而顴稜臨陳挾二銅鎚重百餘斤指麾嚴肅不可犯軍西陲久番部皆讋其名其受莎羅奔降也傅恆升幄坐鍾琪戎服佩刀侍莎羅奔出語人曰我曹仰岳公如天人乃傅公儼然踞其上天朝大人誠不可測也策棱白晳微髭善用兵所部多奇士有脫克渾者日行千里登高張兩手若雕鼓翼鬭敵敵不之察事定策棱欲官之辭賚以千金酌酒勞之脫克渾請出侍姬舞趣而歌慷慨策棱大悅即以姬及所乘馬賜之藏籍言名將往往擧其狀貌及其軼事使讀者慕焉鍾琪忠而毅策棱忠而勇班諸衞霍郭李之倫毋謂古今人不相及也

清史稿　　列傳八十四

查郎阿　傅爾丹

馬爾賽 李杕　慶復 李質粹

張廣泗

查郎阿字松莊納喇氏滿洲鑲白旗人曾祖章泰以軍功授拖沙喇哈番祖查爾海復以軍功進一等阿達哈哈番父色思特死烏蘭布通之戰查郎阿襲世職兼佐領遷參領雍正元年授吏部郎中二年超擢侍郎署鑲黃旗滿洲都統五年遷左都御史仍治吏部事是歲冬西藏噶布倫阿爾布巴等爲亂戕總理藏務貝子康濟鼐扎薩克台吉頗羅鼐聞上命查郎阿偕副都統邁祿率兵入藏六年擢尙書秋師至藏駐藏副都統馬喇等已擒阿爾布巴即按誅之並殲其餘黨查郎阿奏移達賴喇嘛暫居裏塘留兵二千交駐藏大臣調遣又奏請以頗羅鼐總理後藏而前藏達賴喇嘛未還擧詔新授噶布倫處未安協並令頗羅鼐兼領皆從之七年命查郎阿至西安留佐川陝總督岳鍾琪專理軍需鍾琪授大將軍出師令署川陝總督兼西安將軍加太子少保八年命往肅州專理軍需九年析置四川陝西兩總督查郎阿改署陝西總督十年召鍾琪還京師以查郎阿署寧遠大將軍命大學士鄂爾泰馳驛往肅州授方略並賜白金萬十一年疏劾副將紀成斌防庾集總兵張元佐防無克克嶺敵入掠糧車漫無偵察上命斬成斌元佐坐降調又劾總兵曹勷防哈密縱賊妄報上命斬勷又劾副都統阿克山觀音保牧馬多死玩愒軍事下部議當斬查郎阿復奏阿克山觀音保所部兵久居南方不知牧馬法視退縮規避者有間請暫免死令於通衢荷校徧示諸軍十三年噶爾丹策淩乞和命查郎阿撤兵奏請留兵戍哈密及三堡沙棗爾塔勒納沁諸城並於南山大坂無克克嶺塔勒納沁河源分設斥堠又奏於安西及赤金靖逆柳溝布隆吉爾橋灣五處分兵駐防部議如所請授文華殿大學士兼兵部尙書仍改陝西總督爲川陝總督乾隆元年疏言甘肅地瘠請撥陝西倉糧預籌協濟命會巡撫劉於義確議尋請撥陝西倉糧八萬石運貯慶陽涇州靜寧固原諸處從之疏劾甘肅巡撫許容匿災營私上命奪容官逮治秋入覲諭速回任奏言軍中馬駝被竊當責大將軍償補雍正十年以前岳鍾琪任之十一年臣任之惟鄂爾多斯牧廠所失及歷年馬駝多斃請免追償上許之三年奏劾肅州道黃文煒軍需道沈靑崖等侵帑並及於義徇庇遣左都御史馬爾泰會鞫論罪章嘉呼圖克圖請以裏塘巴塘界達賴喇嘛查郎阿奏聖祖時克西藏收裏塘巴塘內屬章嘉胡圖克圖以日用不敷爲辭藏中大小廟千餘常住喇嘛四十餘萬需用良鉅請視裏塘巴塘諸地每歲徵收數目以打箭爐商稅撥予達賴喇嘛地仍內屬如故上嘉納之甯夏地震查郎阿馳往賑撫五年命還京入閣治事加太子太保六年命與侍郎阿里袞淸察黑龍江吉林烏喇開墾地畝十二年以衰病命致仕尋卒

傅爾丹瓜爾佳氏滿洲鑲黃旗人費英東曾孫倭黑子也康熙二十年襲三等公兼佐領授散秩大臣四十三年上西巡駐驛祁縣鄭家莊於行宮前閱太原城守兵騎射有卒馬驚逸近御仗傅爾丹直前勒止之捽其人下上悅諭獎傅爾丹賜貂皮褂尋授正白旗蒙古都統四十八年授領侍衞內大臣五十四年

以託疾未入直罷領侍衛內大臣命率土默特兵千赴烏蘭固木等處屯田五十六年復授領侍衛內大臣師討噶爾丹授富甯安靖逆將軍出西路傅爾丹振武將軍出北路駐軍阿爾泰五十七年疏請與富甯安分路進兵論定師期傅爾丹請與征西將軍祁里德將萬二千人以七月出布魯爾直抵額爾齊斯河會策妄阿喇布坦使來乞和令暫停進取繕兵防守上欲於烏蘭固木科布多築城衛喀爾喀游牧命傅爾丹相度具奏五十八年春傅爾丹疏請築城鄂勒齊圖郭勒上以鄂勒齊圖郭勒距師遠命更於科布多築城傅爾丹復疏言科布多阻大河材木難致請築城察罕庾爾距鄂勒齊圖郭勒千里中設十一站上從之五十九年將八千人自布拉罕進次格爾額爾格準噶爾兵潰擊斬二百餘級擒宰桑等百餘盡降其衆又焚烏蘭呼濟爾敵糧引還雍正元年命兼統祁里德軍分兵駐巴里坤三年召還授內大臣四年授黑龍江將軍六年授吏部尚書賜雙眼孔雀翎初青海羅卜藏丹津敗走準噶爾策妄阿喇布坦納之上屢遣使索獻策妄阿喇布坦亦遣使請和上以兩路兵久之議未決策妄阿喇布坦死子噶爾丹策零屢犯邊七年二月上命廷臣集議大學士朱軾左都御史沈近思皆言天時未至副都統達福亦言不可惟大學士張廷玉贊用兵上意乃決復出師命傅爾丹爲靖邊大將軍出北路發京師八旗兵六千車騎營兵九千奉天等處兵八千八百以巴賽爲副將軍順承郡王錫保掌振武將軍印陳泰衮泰石禮哈岱豪達福覺羅海蘭爲參贊定壽將前鋒魏麟閃文紬將車騎營納秦將奉天兵塔爾岱西彌賴將索倫兵費雅思哈將甯古塔兵阿三將右衛兵素圖將甯夏兵承保常祿將察哈爾兵馬爾齊袞布將土默特兵丹巴沙津達賴將喀喇沁土默特兵法敏伊都立巴泰西琳傅德理饋永國護印上祭告太廟幸南苑閱車騎營兵御太和殿行授鉞禮賜傅爾丹御用朝珠黃帶紫轡白金五千加少保出駐阿爾泰八年噶爾丹表請執羅卜藏丹津以獻上命緩進兵尋召與鍾琪同詣京師議軍事遣還軍九年疏言科布多爲進兵孔道請仍於此築城下廷議如所請六月傅爾丹移軍科布多噶爾丹策零遣所部喀蘇爾海丹巴爲間爲守卡侍衛所獲詰之曰噶爾丹策零發兵三萬使大策零敦多卜小策零敦多卜分將犯北路小策零敦多卜已至察罕哈達大策零敦多卜以事宿留未至傅爾丹信其語計及其未集擊之令選兵萬人循科布多河西以進素圖岱豪爲前鋒定壽等領第一隊馬爾賽等領第二隊傅爾丹舉大兵繼其後令袞泰護築城陳泰屯科布多河東斷奇蘭道六月庚子師發科布多定壽等進次雅克賽河獲準噶爾邏卒言距察罕哈達止三日程準噶爾兵不過千人未立營傅爾丹命乘夜速進行數日不見敵戊申獲諜言準噶爾兵二千屯博克托嶺傅爾丹遣蘇圖岱豪將三千人往擊之敵出羸兵誘師而伏二萬人谷中己酉定壽師次庫列圖嶺遇敵斬四百餘級敵驅駝馬踰嶺遁庚戌傅爾丹師至蘇圖定壽皆會辛亥逐敵入谷伏發據高阜衝擊傅爾丹督戰殺敵千餘塔爾岱馬爾齊督兵奪西山敵據險師攻之不能克壬子傅爾丹令移軍和通呼爾哈諾爾定壽素圖覺羅海蘭常祿西彌賴據山梁東塔爾岱馬爾齊據其西承保居中馬爾薩出其東達福岱豪當前舒楞額沙津達賴等護後師甫移敵力攻山梁東西二軍定壽等奮戰大風雨雹師爲敵所圍傅爾丹遣兵援塔爾岱出又令承保援定壽日暮圍未解癸丑海蘭突圍出定壽蘇圖馬爾齊皆自殺西彌賴令索倫兵赴援兵潰亦自殺甲寅敵環攻大營傅爾丹督兵禦之殺敵五百餘科爾沁兵潰沙津達賴奮戰入敵陳師望見其纛曰土默特兵陷賊矣遂大潰乙卯永國海蘭岱豪皆自殺傅爾丹雜士伍中以出敵大集查弼納巴賽達福馬爾薩舒楞額皆戰死傅爾丹率殘兵渡哈爾噶納河敵追至擊殺五百餘人七月壬戌朔還至科布多收餘兵僅存二千餘方戰科爾沁蒙古兵先敗傅爾丹聞人言謂先敗者土默特兵也劾沙津達賴論斬歸化城土默特副都統袞布降敵戮其孥傅爾丹疏請罪上諭曰損兵誠有罪朕因爾等竭蹶力戰特寬恕之痛惻難忍不覺淚下解朕親束帶賜傅爾丹爾等毋妄動敵至能堅守即爾等之功科布多不能守可還軍察罕庾爾傅爾丹復疏請罪上諭曰輕信賊言冒險深入中賊詭計是爾之罪至不肯輕生自殺力戰全歸此爾能辨別輕重事定朕自有處置尋命以錫保爲靖邊大將軍傅爾丹掌振武將軍印協辦軍務十年七月準噶爾侵烏遜珠勒錫保令傅爾丹將三千人禦之敗績錫保疏劾罷領侍衛內大臣振武將軍削公爵十一年錫保再疏劾傅爾丹上察傅爾丹兵寡原其罪命留軍効力十三年伊都立等侵軍儲事發辭連傅爾丹命侍郎海望逮詣京師下獄並追論和通呼爾哈諾爾及烏遜珠勒失機罪王大臣等依律擬斬命未下世宗崩高宗即位命改監候乾隆四年與岳鍾琪並釋出獄十三年師討大金川未下授內大臣護軍統領赴軍尋命署川陝總督與鍾琪治軍事大學士傅恒出爲經略奏傅爾丹衰老惟熟於管理滿洲兵請令專治營壘諸事十四年命爲參贊大金川師罷授黑龍江將軍十七年卒賜祭葬諡溫慤子兆德襲爵哈達哈自有傳傅爾丹頎然嶽立面微赬美鬚髯其爲大將軍廷玉實薦之鍾琪嘗過其幄見壁上刀槊森然問安用此傅爾丹曰此吾所素習者懸以勵衆鍾琪出曰爲大將不恃謀而恃勇敗矣

馬爾賽馬佳氏滿洲正黃旗人大學士三等公圖海孫馬爾賽襲爵康熙間迭授護軍統領鑲黃旗蒙古都統領侍衛內大臣掌鑾儀衛事雍正二年加贈圖海一等公號曰忠達仍以馬爾賽襲詔鑲藍旗滿洲六年授武英殿大學士兼吏部尚書八年命與大學士張廷玉蔣廷錫詳議軍行事宜尋以翊贊機務加一等阿達哈哈番世職九年靖邊大將軍傅爾丹討噶爾丹策零師敗績授撫遠大將軍調西路副將軍覺羅伊禮布爲參贊率師駐圖拉馬爾賽師行聞準噶爾將犯科布多奏請暫駐第十五臺俄聞準噶爾兵屯科布多近處又奏請進駐察罕庾爾既又聞準噶爾兵至奎素復奏請調蒙漢兵七千人赴推河上責馬爾賽輾轉不定命駐第十四臺待命旋命將蒙漢兵五千人駐翁袞上解傅爾丹靖邊大將軍印授順承郡王錫保諭馬爾賽蒙古諸扎薩克俱遵靖邊大將軍調遣不得以撫遠大將軍印有所徵發尋改授撫遠將軍駐扎克拜達里克十年秋準噶爾大舉內犯掠喀爾喀諸部喀爾喀親王策棱與戰額爾德尼昭大破之餘衆循鄂爾昆河源走推河錫保劄馬爾賽令與建勳將軍達爾濟合軍截擊喀爾喀親王丹津多爾濟亦馳報促馬爾賽發兵馬爾賽集諸將議諾爾瑾曰我等當速發兵迎截遲且將不及諸將皆和之獨都統李杕以爲但當守城馬爾賽以杕言爲然諾爾瑾博爾屯等力請傅鼐至跪求馬爾賽持不可達爾濟遣使約會師馬爾賽終不應士卒登城見敵過奮欲出擊參贊胡琳傅鼐不待馬爾賽令將所部以出馬爾賽乃與偕行至博木喀拉令欽拜將七百人逐敵馬爾賽引還準噶爾兵去已遠欽拜等亦無所獲而返胡琳欽拜博爾屯諾爾瑾等先後疏報上命奪馬爾賽官爵治罪錫保等請誅馬爾賽及杕部議當貽誤軍機律斬十二月遣副都統索林赴扎克拜達里克斬馬爾賽李杕漢軍鑲藍旗人李國翰四世孫降襲三等伯累擢至廣州將軍坐駐防兵鬨巡撫官廨逮京師論斬上貸之復授都統仍令襲爵至是責其一言僨事罪與馬爾賽等奪官爵論斬

慶復字瑞園佟佳氏滿洲鑲黃旗人佟國維第六子雍正五年襲一等公授散秩大臣遷鑾儀使兼領武備院事七年授正白旗漢軍副都統八年遷正藍旗漢軍都統九年列議政大臣十一年授工部尚書署刑部調戶部十二年授領侍衛內大臣十三年高宗即位命代平郡王福彭爲定邊大將軍出北路乾隆元年準噶爾乞和罷兵慶復請沿邊設卡倫以侍衛或護軍一專管喀爾喀台吉一協理發土謝圖賽因諾顏扎薩克圖車臣四部兵合三千人歲六月集鄂爾坤出巡九月罷歸收詔如所請召還京署吏部尚書兼戶部尋眞除刑部二年授兩江總督劾江西巡撫俞兆岳貪鄙營私奪官論如律疏言蘇常揚鎮通泰諸屬例徵麥二萬餘石請改徵米從之移督雲貴四年加太子少保五年疏言雲南府屬縣引南汁等六河溉田山溪箐澗水發不常沙石壅遏堤埂易決請以時修治上嘉之又言滇黔粵蜀四省接壤猺苗雜處往往爭界搆訟積案莫結如廣西鎮安屬小鎮安土州與雲南廣南屬土目爭剝頭者額二村臣令詳勘以村入廣西境應歸廣西而廣西又議以小鎮安土州歸雲南畫昭陽關爲界雲南四川於金沙江分界雲南屬江驛七戛則補晉毛諸地越在江外兩省駐汛分防犬牙互制而四川又欲劃江分界見在民夷甯帖應仍舊貫不必紛更其或田在彼境糧在此境當以糧從田俾免牽混下軍機大臣議行又疏言錢價日昂請省城增十爐臨安增五爐發餉銀七錢三下部議行又分疏請開姚州鹽井南安州屬碍嘉大小猛光回子門諸地招墾濬治金沙江旋移督兩廣疏劾粵海關監督鄭伍賽需索侵蝕擬罪如律又疏言瓊州四面環海中有五指山黎人所居請設義學俾子弟就學應試別編黎字州縣額取一名八年又疏言廣西東蘭州自雍正初改土爲流置兵二百戍守水土毒惡山路崎嶇民病於運糧請以其半改駐三旺均從之復移督川陝郭羅克土番處青海界上地寒不能畜牧屢出爲夾壩夾壩華言盜也慶復令捕其酋林噶架立誅之番衆頂經誓奉約束慶復令貧番三百餘戶授地課耕歲五六月許出獵限一次寨限十五人要隘設汛置兵松潘鎮總兵歲出巡駐阿壩番人訟不決詣總兵剖斷上中下三部置土千戶一土百戶二種人爲盜責三土目捕治疏聞下軍機大臣議行又有瞻對公司在打箭爐邊外處萬山中恃險肆刦掠及臺站兵有司捕治上瞻對土目四朗下瞻對土目班滾匿罪人不出十年慶復偕巡撫紀山提督李質粹疏請發兵進剿上命宜妥協周詳毋少疏忽慶復遂發兵質粹進駐東俄洛扼兩瞻對總隘夔州副將馬良柱出裏塘爲南路松潘總

兵未宗璋出甘孜爲北路建昌總兵袁士弼出沙普隆爲中路刻期並發四朗詣宗璋軍降士弼自擴城頂趨納爾格與番人戰加社了卡諸地屢勝良柱攻噶嗎所焚其寨三地雷發番人死甚衆上下瞻對夾江而居四朗居江西地曰撒撒其從子肯朱居江東地曰儒耳班滾亦居江西地曰如郎江東木魯工爲要隘四朗既降宗璋兵越撒撒駐阿賽去如郎數十里良柱亦逼進如郎質粹發兵往應班滾力拒宗璋分兵自然多會士弼克臘蓋破底朱良柱亦撫定番寨四十六班滾請降慶復不許疏入上命毋恃勝輕敵尋授慶復文華殿大學士仍留總督十一年春慶復進駐東俄洛奏言前克底朱班滾母率頭人至軍前請降質粹遣令歸臣咨詢質粹令速進兵上責質粹失機慶復又疏劾士弼意主招降請奪官仍戴罪効力尋自東俄洛進駐靈雀以明正土司汪結及降人騷達邢俄木丁等爲導自茹色以皮船渡破十餘卡逼如郎攻泥日寨圍之數日焚碉質粹咨慶復言班滾已焚死又言焚碉時火光中望見番酋懸縊慶復詢於衆俄木丁於燼中得鳥槍銅碗謂班滾物也遂以班滾焚斃疏聞上察慶復師過如郎時嘗奏班滾走沙加邦河土目姜錯太迎入寨未言至泥日諭慶復班滾渠魁斷不可漏網毋留遺孽毋墮狡計尋加慶復太子太保慶復又劾士弼怯懦乖張奪官逮下刑部論罪十二年大金川土酋莎羅奔爲亂上授張廣泗川陝總督召慶復入閣治事命兼管兵部尋廣泗奏言訊土司汪結言班滾尚匿如郎未死慶復得班滾子沙加七立爲更名德昌喇嘛令仍居班滾大碉冒稱經堂上責慶復欺罔奪官待罪欽差大臣尙書班第奏言師克如郎班滾已逃僅得空寨上逮質粹下刑部獄召宗璋與質粹言捷報班滾焚斃實未覲見後聞藏匿山洞亦未告慶復追捕上命下慶復刑部獄令軍機大臣會訊按律定擬坐貽誤軍機律論斬十四年九月賜自盡李質粹漢軍正白旗人雍正初自把總擢藍翎侍衞嘗從年羹堯出師累擢陝西固原提督丁憂命署四川提督附和慶復妄言班滾死慶復死之明年斬質粹

張廣泗漢軍鑲紅旗人以監生入貲授知府康熙六十一年選貴州思州雍正四年調雲南楚雄雲貴總督鄂爾泰討亂苗以廣泗佐其事奏改調黎平五年擢貴州按察使六年廣泗率兵赴都勻黎平鎮遠清平諸地化導苗相機剿撫超授巡撫清平屬丹江苗最悍廣泗遣兵分道攻克小丹江大丹江及雞溝等寨鎮遠屬上九股諸寨與接壤亦次第降下九股清水江古州諸苗悉定疏聞上命與鄂爾泰詳議善後諸事語詳鄂爾泰傳十年廣泗疏言清水江及都江爲黔楚粵三省通流當設哨船聯絡聲勢古州應貯米責成同知以下董理譯人分別勸懲予稍並授士官劄付宣布條約化導苗民下部議行敍功授拜他喇布勒哈番世職準噶爾擾邊甯遠大將軍岳鍾琪率師出西路上授廣泗副將軍召詣京師授方略廣泗至軍鍾琪方自巴爾庫爾移軍穆壘廣泗將四千人出鄂隆吉與鍾琪會於科舍圖至穆壘上召鍾琪還京師命廣泗護大將軍印廣泗疏言穆壘地處兩山間築城其中形如釜底非屯兵進取之地今築城未竟臣與副將軍常賚兩營當要衝兵止二三百即鍾琪營亦僅數百遇警何以抵禦準噶爾專用馬我兵必馬步兼用而鍾琪立意用車沙磧殊非所宜至馬步兵弓箭鳥鎗之外止攜木梃全無刀戟官兵莫不竊議穆壘又無牧地鍾琪留馬二千餘悉就牧馬蘭烏蘇科舍圖兩地敵人窺伺可虞駐兵數萬人糧運最要地多叢山大嶺車駝分運必繞出沙磧鍾琪聞寇至輒令停運以此遲緩鍾琪張皇剛愎號令不明題奏奉到諭旨臨時宣傳莫測誠僞上奪鍾琪官命廣泗還軍巴爾庫爾廣泗奏軍還巴爾庫爾分兵防洮賚無克克嶺斷敵南走道防廋集察罕哈馬爾斷敵西來道巴爾庫爾北爲鏡兒泉噶順烏卜圖克勒克諸地東北爲圖古里克特爾庫勒諸地敵自沙磧來處處可通皆置兵守他諸要隘並設卡倫巡護牧廠哈密塔勒納沁皆增兵爲備尋以查郎阿爲大將軍授廣泗正紅旗漢軍都統留軍十一年廣泗將萬餘人分駐北山十二年詗寇至烏圖河檄副都統班第達什降調總兵張元佐及提督樊廷逐捕越噶順至鄂隆吉大坂擊破之斬四百餘人獲三十六人捷聞命議敍十三年準噶爾乞和師還授湖廣總督自鄂爾泰定苗疆至是九股苗復爲亂尙書張照偕將軍哈元生副將軍董芳率兵討之久無功高宗即位授廣泗經略赴貴州將軍以下聽節制廣泗疏劾照阻撓軍機徵集兵數萬元生沿途分布用以攻剿者不過三千顧此失彼芳駐守八弓僅事招撫巡撫元展成治賑條款紛錯官民並困上爲奪照芳展成等官命廣泗兼領貴州巡撫罷元生將軍以提督聽廣泗驅策十二月廣泗至凱里分兵三道進剿副將長壽出空稗總兵王無黨出台營廣泗督兵出清江地曰雞擺尾刻期並進破上九股卦丁等寨燬其巢餘苗走入牛皮大箐乾隆元年正月廣泗令諸軍合圍獲其渠包利等斬萬餘級諸苗悉定授廣泗雲貴總督兼領巡撫進三等阿達哈哈番世職奏定鎭遠安順大定平遠諸營制增貴州兵額都計二千九百有奇三年復請濬治清水江都江增爐鑄錢皆下部議行五年請入覲會湖廣城步橫嶺等寨紅苗糾粵猺爲亂命廣泗往勘九月授欽差大臣楚粵提鎭以下受節制十一月亂定六年正月至京師乞歸塋賜其父母祭貴州黎平黑苗復糾粵猺爲亂命廣泗還貴州按治獲苗酋石金元等置之法十年加太子少保十一年大金川土司莎羅奔爲亂調川陝總督廣泗至軍小金川土司澤旺土舍良爾吉來降八月遣總兵宋宗璋許應虎分道攻勒烏圍副將馬良柱攻噶拉依副將張興參將買國良繼進山險碉堅轉戰逾二年師無功十三年疏劾良柱自丹噶撤軍失礮械命逮詣京師上授大學士訥親經略出視師並起岳鍾琪赴軍詔責廣泗師老氣怯調度失機宜廣泗奏報攻克戎布寨五十餘碉諭曰此亦小小攻克耳佇待捷音以慰西顧訥親初至督攻碉師敗績總兵任舉爲驍將戰沒乃議令官軍築碉謂與賊共險上以爲非策責廣泗附和推諉嚴諭詰難訥親劾廣泗分十道進兵兵力微弱老師糜餉鍾琪亦劾廣泗玩兵養寇信用良爾吉及漢奸王秋洩軍事於敵上責廣泗貽誤軍機奪官逮至京師上御瀛臺親鞫廣泗極言其枉命用刑辨不已上諭曰金川用兵張廣泗訥親前後貽誤廣泗初至軍妄爲大言既久無成效則諉過於部將及訥親往乃復觀望推諉見訥親種種失宜無一語相告見其必敗訕笑非議備極險伎蓋恐此時奏聞猶或譴責不若坐視決裂爲得計也朕詳悉推勘如見肺肝訥親且在其術中而不覺矣廣泗熟嫻軍旅與訥親並爲練達政事之大臣乃自逞其私罔恤國事今朕明正其罪以彰國憲下軍機大臣會刑部議罪當失誤軍機律斬十二月斬廣泗後十日諭並誅訥親

論曰爲三軍擇將豈易言哉查郎阿臨邊未遇敵按殺成斌勦世謂與查廩有連爲修怨甚矣其枉也傅爾丹中敵間師徒撓敗世宗特寬之高宗時復起至與岳鍾琪同視何其倖歟若馬爾賽之畏縮慶復之欺誑譴當其罪廣泗傾鍾琪劾照知訥親不可撼乃坐視其敗以技殺其身雖有勞不能逭吁可畏哉

清史稿　列傳八十五

噶爾弼 法喇　查克丹 欽拜

常賚　哈元生 子尚德

董芳　查弼納 達福 定壽 素圖

噶爾弼納喇氏滿洲鑲紅旗人父額爾德赫爲敬謹親王尼堪長史屢從征伐順治十六年署護軍統領偕安南將軍達素等師下廈門擊鄭成功額爾德赫將右翼獲其將周序命署鎭海將軍康熙元年還京尋卒雍正間以噶爾弼疏乞補謚謚果毅噶爾弼初授前鋒參領累遷鑲紅旗護軍統領準噶爾策妄阿喇布坦遣策零敦多卜襲據西藏康熙五十八年命噶爾弼馳赴四川佐總督年羹堯治軍事噶爾弼詗知策零敦多卜與其副三濟不睦謂其隙可乘疏請招策零敦多卜降五十九年二月上命平逆將軍延信自青海入西藏而授噶爾弼定西將軍偕都統武格將四川雲南兵出拉里策零敦多卜自將拒延信而遣其黨春丕勒宰桑將二千六百人自章米爾戎拒噶爾弼噶爾弼取間道至莫珠貢喀集皮船渡河直趨西藏八月克之噶爾弼集西藏大小第巴頭目及諸寺喇嘛宣上指安撫封達賴喇嘛倉庫遣兵守隘截準噶爾糧道擒斬策零敦多卜所署置總管喇嘛五策零敦多卜爲延信所破遁走西藏平捷聞上諭曰噶爾弼等遵朕指行師絕域各自奮勵撫定唐古特人民命優敍延信留駐西藏六十年以病召還命噶爾弼佩定西將軍往代尋授鑲藍旗蒙古都統行至瀘定橋託病不行年羹堯以聞命奪官逗遛不敢詣京師論斬雍正元年世宗貰其罪賜都統銜從軍迭署固原提督布隆吉爾副將軍授鑲紅旗漢軍都統三年擢奉天將軍五年疏言奉天金銀銅鉛諸鑛雖開採有禁而竊掘尚多惟盃犀湖產鐵爲民間農器所需遼陽黃波羅峪開原打金廠請視錦州大悲嶺例永禁開採下部議行旋卒法喇那木都魯氏滿洲正白旗人父敦泰從達索擊鄭成功戰死母喜塔臘氏守節撫孤法喇初授筆帖式康熙十三年以護軍從討吳三桂自廣東下雲南三十五年以署驍騎參領從征噶爾丹累擢鑲白旗蒙古都統護軍統領準噶爾策妄阿喇布坦遣其族兄策零敦多卜攻

西藏四川提督康泰率師次黃勝關兵譁潰上命法喇馳赴四川佐年羹堯治軍事並按提督標兵譁潰狀法喇察知泰偏信守備汪文藻尅餉請斬文藻及倡亂兵以徇上從之並奪泰官五十七年策零敦多卜戕拉藏汗幽達賴喇嘛遂據有其地法喇遣員外郎巴特瑪等赴裏塘傳諭又令前鋒參領伍林葩化林協副將趙宏基將滿漢兵五百與之偕疏言西藏資茶養生應令松潘禁茶出口裏塘巴塘番寨所需當開具戶口定數買運下所司議行五十八年命法喇出駐打箭爐令副將岳鍾琪率師徇裏塘番酋達瓦喇扎木巴第巴賽卜騰阿珠不從命縛送法喇軍斬以徇進次巴塘第巴喀木布等請降命法喇進駐巴塘五十九年年羹堯請授噶爾弼定西將軍率師入西藏令法喇還駐打箭爐六十年還京師尋以護軍有自戕者不以實奏坐奪官六十一年與千叟宴賜復原銜雍正十三年卒

查克丹博爾濟吉特氏滿洲正黃旗人奉義公恩格德爾曾孫自官學生襲三等阿達哈哈番授頭等侍衛累遷正黃旗護軍統領鑲藍旗蒙古都統雍正三年署甘州將軍準噶爾使至守備馬德仁等供應失時查克丹疏劾並陳花馬池至甘州驛馬疲羸狀命總督年羹堯嚴察四年還京師授正黃旗滿洲都統五年命率番代兵出北路九年振武將軍順承郡王錫保出北路討準噶爾命查克丹參贊軍務授內大臣十年準噶爾將小策零敦多卜入邊掠喀爾喀諸部查克丹偕額駙策棱等赴奔博圖山敵越察罕廋爾入掠杭愛山師逐之至額爾德尼昭大戰破敵查克丹督兵偪擊敵自推河遁走復追至察罕托輝斬馘殆盡以功進二等阿達哈哈番錫保代傅爾丹為靖邊大將軍仍以查克丹參贊軍務十三年還京師調正紅旗蒙古都統乾隆四年以病再疏乞休命致仕十一年卒賜祭葬諡敏恪欽拜瓜爾佳氏滿洲鑲紅旗人曾祖羅璧勞薩弟也偕來歸有功授一等阿達哈哈番以兼襲兄子程尼世職合為一等公欽拜改襲一等伯授頭等侍衛累遷正黃旗蒙古副都統雍正元年授兵部侍郎四年以引見失儀上詰責巧辯奪官戍軍臺九年召還復官撫遠大將軍馬爾賽出北路討噶爾丹命欽拜將右衛兵以從參贊軍務授內大臣駐扎克拜達里克十年振武將軍順承郡王錫保駐察罕廋爾奏請移欽拜相佐上諭曰馬爾賽治事甚不愜朕意扎克拜達里克軍中恃欽拜一人當仍留北路準噶爾將小策零敦多卜等自推河走欽拜等力請追擊馬爾賽聽敵過師乃出既至博木喀喇令欽拜將七百人進不及敵而還欽拜等疏聞上誅馬爾賽尋署綏遠將軍十一月復署建勳將軍平郡王福彭代為定邊大將軍命軍事諮於欽拜乾隆元年還京師出為青州將軍還在內大臣上行走十二年卒賜祭葬諡肅敏

常賚納喇氏滿洲鑲白旗人鎮安將軍瑪奇子事世宗雍邸雍正元年授工部員外郎遷郎中二年調戶部三年授廣東布政使四年擢福建巡撫廣東巡撫楊文乾言福建倉庫虧空上命文乾清理即移常賚署廣東巡撫疏言廣東地卑苦夏秋潦漲廣州肇慶二府尤甚請以廣州通判管南海三水隄工肇慶通判管高要高明四會隄工歲冬督隄長修築定保固賞罰水漲護防仍以鴨埠魚笋諸稅充用尋赴福建六年調雲南常賚在廣東盜籍奏摺匣鎖鑰令工私製將軍標兵匿盜徇不治電白從化盜發隱不奏又與將軍石禮哈等訐文乾上諭曰常賚朕藩邸微員以其謹慎擢至巡撫乃盜失摺匣鑰匿不奏尙得謂無欺乎且與石禮哈等黨同伐異其罪不可貸奪官赴廣東待鞫論斬上推瑪奇下雲南舊功特赦之令從尙書查弼納往陝西治餉八年授刑部侍郎署甯夏將軍九年授鎭安將軍將肅甘涼三州兵五千人自為一隊備聲援尋授西路副將軍十年準噶爾侵哈密常賚與都統良敦總兵張存孝將滿漢兵三千二百駐無克克嶺禦之旋授內大臣從大將軍岳鍾琪移軍穆壘復從護大將軍張廣泗移軍巴爾庫爾十一年冬署大將軍查郎阿奏方冬雪深請分兵駐防廣泗將萬人駐北山常賚將九千人駐南山十三年命統綠旗兵萬人駐巴爾庫爾提督顏淸如尙書馬會伯為副準噶爾乞和乾隆元年率兵還京師五年以疾致仕予半俸十一年卒賜祭葬

哈元生直隸河間人康熙間入伍授把總累遷建昌路都司坐失察私木過關奪官雍正二年命引見發直隸以守備用補撫標右營守備貴州威甯總兵石禮哈請以元生從勦仲家苗有勞三年補威甯鎭中軍游擊烏蒙土知府祿萬鍾侵東川鎭雄土知府隴慶侯助為亂鄂爾泰檄元生會四川兵討賊賊據險拒戰元生冒矢石奮攻克之鄂爾泰上其功上奬元生取仲家苗克烏蒙能効力命以副將參將題用尋授尋霑營參將六年米貼苗婦陸氏為亂鄂爾泰令元生往勦破險設伏擒其巢獲陸氏率師赴阿驢破雷波土司以其助陸氏刦糧也賚白金四千遷元江副將師還阿驢夷目從坐事元生鞭之其人大譟陷總兵張耀祖赴援元生出小溜筒江搜斬餘賊阿驢人空寨遁拉金者呢諸寨元生元生率游擊卜萬年等與戰兩晝夜賊敗卻元生督兵奪據赤衣臺鶴鹿助為亂並討平之鄂爾泰具以聞上諭曰野夷性反覆即無鞭責事亦未必帖然元生効力多功過相當置不議七年調黎平副將擢安籠總兵八年烏蒙復為亂鄂爾泰令元生督兵出威甯破賊數萬射殪其渠黑寡暮來連蹶賊壘八十里遂克烏蒙賜孔雀翎及冠服賚白金萬九年擢雲南提督上以元生母逾八十予封誥尋調貴州十年召詣京師入對解御衣以賜命在辦理軍機處行走旋令回籍省覲貴州九股苗為亂命還貴州督勦遭母喪賜祭令在任守制率兵攻九股苗獲悍苗百餘俘斬甚衆餘悉請降十二月進新闢苗疆圖志命巡撫元展成勘訂十三年古州苗為亂擾黃平元生遣兵擊之總督尹繼善奏調湖廣廣西兵會勦上授元生為揚威將軍統兵進討而以湖廣提督董芳為之副尋遣尙書張照為撫定苗疆大臣元生與之忤乃議劃施秉以上為上游用雲南貴州兵隸元生施秉以下為下游用湖廣廣西兵隸芳元生與芳議界詳逮村莊道路文移辨論日久師無功經略張廣泗至劾元生徒事招撫奪官逮京師坐貽誤軍機論斬乾隆元年上命貸其死賜副將銜赴西路軍營効力三年卒上深惜之加總兵銜賜祭葬子尙德初從元生至雲南入伍授千總烏蒙既克齎疏奏捷上命以游擊題補補雲南鶴麗右營游擊遷奇兵營參將乾隆元年廣泗奏尙德奉檄從征因父獲譴黽勉自效擢貴州淸江協副將調定廣協三年討平定番州屬姑盧寨苗以父憂歸起湖南辰州副將遷總兵歷宜昌涼州臨元古州諸鎭十三年討大金川命從軍尋為總督張允隨劾擾民虐兵坐奪官二十二年賜副將銜赴西路軍營効力以送羊赴軍多斃奪官責償遣回籍卒

董芳陝西咸甯人初入伍隸督標中式武舉補千總雍正二年師征青海從副都統達鼐等追獲丹津琿台吉及其孥並羅卜藏丹津女兄四年超授三等侍衛出為直隸正定鎭標游擊累遷雲南臨元鎭總兵十一年思茅土酋刁興國等為亂芳與提督蔡成貴等率師討之擒興國及助亂土目楊昌祿等斬三千六百餘人降四萬二千六百餘人總督高其倬留芳搜餘黨悉平之十二年擢湖廣提督十三年貴州九股苗為亂授雲南提督哈元生揚威將軍芳副將軍率師討之尋命尙書張照總理撫定苗疆亂未定高宗即位授張廣泗為經略視師廣泗劾芳駐軍八弓依附張照與元生互訐師集數月勦撫初無端緒奪芳官逮京師乾隆元年王大臣會鞫擬發邊遠充軍上命寬之以副將發雲南遭父憂服除署劍川協副將擢總兵歷楚姚昭通二鎭遭母憂十三年召赴京師賜孔雀翎命從征大金川即授四川重慶總兵經略訥親檄芳助總兵莽阿納等攻克普瞻左梁及阿利山梁碉卡又從提督岳鍾琪攻木耳金岡奪土卡三水卡一十四年大金川事定芳赴鎭疏陳考察營汛修補器械並以地當黔楚要衝密訪啯嚕邪教復發存庫米折借濟貧兵上命諸事盡心料理尋調建昌鎭敍平大金川功加左都督十五年西藏朱爾墨特那木扎爾謀叛既誅其黨羅布藏札什等為亂總督策楞提督岳鍾琪師入藏命芳督兵策應十九年調松潘鎭擢貴州提督二十二年卒

查弼納完顏氏滿洲正黃旗人祖愛音布事世祖為戶部理事官考滿授拖沙喇哈番以其孫觀音保襲恩詔進三等阿達哈哈番查弼納觀音保弟也襲世職管佐領康熙四十七年授吏部郎中三遷兵部侍郎六十一年授江南江西總督雍正元年臺灣朱一貴餘黨溫上貴糾江西棚民掠萬載新昌亂定大學士白潢尙書張廷玉並疏議安輯棚民下查弼納詳議查弼納奏江西界連福建湖廣廣東諸省地曠山深民無力開墾招流民藝麻種靛以其棚居名曰棚民安業日久驅令回籍必且生事當編保甲千戶以上駐將吏稽察編冊後給到流移不得容隱其讀書向學及有膂力者得入籍應試下部議行二年奏言私鹽責所在州縣嚴捕停駐防兵巡緝又奏言太湖跨數郡為盜藪請移參將駐洞庭東山周村鐵橋鮎魚口馬跡山黿山東山鳳山吳溜設汛駐兵又奏言江南賦重事繁請改六安太倉潁泗廬邳海通諸州為直隸州蘇松常三府增設元和震澤昭文新陽寶山鎭洋奉賢金山福泉南匯陽湖金匱荊溪諸縣上既譴廉親王允禩以貝勒蘇努尙書隆科多等結黨亂政詢查弼納詔八至查弼納不以實奏四年召詣京師上親詰之猶堅執不肯言命奪官下王大臣會鞫乃具言蘇努與阿靈阿揆敍鄂倫岱阿爾松阿結黨欲戴允禩致大位及隆科多交結揆敍阿靈阿狀王大臣擬查弼納罪斬上諭曰查弼納本後進畏附權勢朕昨言及聖祖查弼納痛哭不止尙有良心可免其罪尋授內務府總管鑲紅旗漢軍都統擢吏部尙書協理兵部五年以濫保郎中舒伸降級旋授兵部尙書七年師征準噶爾靖邊大將軍傅爾丹出北路甯遠大將軍岳鍾琪出西路查弼納赴肅州督西路軍需八年召入覲授副將軍佐傅爾丹出北路九

年六月噶爾丹策零大舉入犯傅爾丹中敵間欲及敵未集先發查弼納亦頗信之師進查弼納偕傅爾丹督兵繼之至庫列圖嶺入谷遇敵伏師敗績移軍和通呼爾哈諾爾師大潰查弼納與傅爾丹及副將軍巴賽收餘兵四千設營護輜重且戰且行渡哈爾噶納河敵追至查弼納躍馬舞刀潰圍出與傅爾丹相失慮以陷帥得罪曰吾罪當死蒙恩倖得生頒白之年豈可復對獄吏遂復入陳死巴賽亦求傅爾丹不得趨敵力戰死巴賽鄭親王濟爾哈朗孫也敵旌其黃帶以示師參贊馬爾薩至紅石巖遇敵中鎗死達福瓜爾佳氏滿洲鑲黃旗人鼇拜孫也康熙五十二年聖祖追錄鼇拜戰功賜一等阿思哈尼哈番達福襲職管佐領累擢正藍旗滿洲副都統雍正五年世宗以鼇拜功多復一等公仍以達福襲授散秩大臣前鋒統領七年師將出上召廷臣議達福力諫上問故達福曰噶爾丹策零狡黠能得諸酋心爲捍禦主少則諫易將強則制專我數千里轉餉攻彼効死之士臣未見其可辭益堅上曰令使汝副傅爾丹以行汝尙敢辭達福乃叩首出師至邊傅爾丹令達福將二千人駐庫卜克爾九年傅爾丹出師使達福偕定壽領第一隊及移軍和通呼爾哈諾爾晝夜力戰殺敵千餘敵益大集軍方移達福殿敵三萬餘環攻之力戰復殺敵千餘沒於陳定壽赫舍里氏滿洲正黃旗人初襲三等阿達哈哈番世職授三等侍衞累遷正黃旗蒙古副都統五十六年以傅爾丹爲振武將軍出阿爾泰討策妄阿喇布坦定壽將盛京吉林兵千人當前鋒屢破賊博囉布爾哈蘇烏魯木齊雍正二年授鑲黃旗蒙古都統策妄阿喇布坦使乞和定壽率兵還駐巴爾庫爾部議阿爾泰當駐軍授定壽阿爾泰駐防將軍尋改命穆克登而令定壽以都統銜參贊軍務四年率兵往扎布罕召偕穆克登還京師定壽奏留察罕廋勒軍中自劾七年大將軍傅爾丹自北路出師命定壽仍以都統銜爲軍營前鋒統領八年傅爾丹令定壽以二千人駐伊克斯諸爾護阿濟必濟卡倫九年傅爾丹將出師集諸將議定壽曰噶爾丹策零聞我師至歛兵覘變是有謀也不可信俘言輕進傅爾丹責其懦侍郎永國副都統覺羅海蘭皆持不可弗聽師遂行以定壽領第一隊至雅克賽河獲準噶爾兵二千餘及至庫列圖嶺攻不克將移軍和通呼爾哈諾爾呼爾哈諾爾華言大澤也定壽詰傅爾丹曰蓬衆陷師誰執其咎傅爾丹默不語定壽曰言在先敢辭死乎軍甫移敵大至定壽督兵奮擊所向披靡乘勝入敵陳風驟起雨雹並至師大敗敵圍定壽數重定壽中鳥鎗猶力戰相持竟夜敵欲生致之拔刀自剄死於陳副都統西彌賴令索倫兵赴援兵潰亦自殺素圖富察氏滿洲正黃旗人費雅斯哈孫素丹子也素圖初名福列襲二等阿達哈哈番改名授護軍參領康熙五十四年策妄阿喇布坦侵哈密素圖與都統新泰率烏拉兵屯阿爾泰五十九年從征西將軍祁里德出布勒罕深入斬敵伏四百餘次鏗爾河其宰桑色布騰據山拒素圖督兵奮擊大破之色布騰以二千人降六十年移軍巴爾庫爾赴吐魯番督築城屯田雍正元年從副將軍阿喇納駐布隆吉爾二年準噶爾犯邊偕總兵孫繼宗擊之敵敗走乃城布隆吉爾復從副都統達鼐逐羅卜藏丹津至花海子獲台吉丹津及其妻子並招降台吉噶斯等上以方冬冰凍草枯師奮勇遠征下詔褒勉擢寧夏左翼副都統時素丹爲寧夏將軍年已老上命素圖協理將軍尋命率西安滿洲兵二千從傅爾丹出北路授參贊大臣及庫列圖嶺之戰素圖與副都統岱豪殺敵四百餘移軍和通呼爾哈諾爾素圖與定壽及副都統常祿等據山梁之東敵大至素圖常祿與歸化城副都統馬爾齊力禦之沒於陳侍郎永國副都統覺羅海蘭岱豪帳中自經死時諸將惟副都統德祿承保從傅爾丹得出伯都訥副都統塔爾岱中鎗穿脛蒙古醫蒙以羊皮三日始蘇上令還伯都訥塔爾岱言願從軍勦賊雪恥若負罪而還何顏見七十有七之老母上深嘉之並賜塔爾岱及其母各白金千參贊都統陳泰屯科布多河岸聞敵至退駐扎布韓上命斬之議卹查弼納馬爾薩素圖覺羅海蘭皆授拜他喇布勒哈番兼拖沙喇哈番達福岱豪西彌賴常祿定壽永國授拜他喇布勒哈番餘並授拖沙喇哈番查弼納達福定壽素圖舊有世職查弼納合爲三等阿達哈哈番定壽素圖皆合爲三等阿思哈尼哈番達福以其孫別襲巴賽追封簡親王見鄭親王濟爾哈朗傳

論曰西藏之師噶爾弼深入奮戰而功獨歸主將番代遠戍怏怏不欲行殆以此歟查克丹與額爾德尼昭之戰常賚佐巴爾庫爾之師元生芳屢定亂苗而元生尤著卒以牽制坐使邊延查弼納剔歷已久晚乃從軍和通腦兒之敗一軍盡覆而主將獨逭重誅抑又何也

清史稿　列傳八十六

馬會伯 從兄際伯 弟見伯 覿伯 觀伯　路振揚
韓良輔 弟良卿 子勳　楊天縱
王郡　宋愛

馬會伯陝西寧夏人康熙三十九年一甲一名武進士授頭等侍衞四十五年授直隸昌平參將累遷雲南永北總兵五十九年師入西藏命會伯與總兵趙坤率綠旗兵會都統法喇從征西藏定敘功加左都督雍正元年入覲世宗書榜賚爲曰有儒將風並賜貂冠孔雀翎其從弟覿伯以山西大同總兵率師駐山丹衞命會伯代鎭賜白金五百二年還鎭永北三年擢貴州提督疏言貴州土瘠兵貧臣捐穀千石所屬四營將備捐千石貯以濟兵來歲續捐增貯上善之初廣順屬長寨狆苗最悍總督高其倬奏移兵設汛是歲建營房狆苗出阻會伯會總兵石禮哈率兵捕治得其酋阿革阿紀及川販爲主謀者李奇悉誅之餘衆詣軍前聽命會伯復赴宗角者貢谷隆關羊城壩諸地督建營房得旨嘉奬四年調甘肅未至又調署四川旋授四川巡撫五年疏劾按察使程如絲營私網利遣侍郎黃炳按鞫得實論罪如律會伯疏言四川巡撫舊有稅規耗銀三萬九千有奇令併入正項富順鹽規一萬有奇令改增引課仍留丁糧鹽茶耗規等一萬七千有奇爲巡撫養廉及犒賞之用報聞又疏請清察隱糧爭控田地按名丈量四川清丈自此起調湖北疏請整飭庶獄重校刻洗冤錄頒發州縣議如所請七年命往肅州督西路軍需並權肅州總兵上諭之曰此任朕屢經斟酌用滿員恐與岳鍾琪掣肘用文吏則能諳軍機實心任事者甚少委託於汝愼毋負任用尋擢兵部尙書仍督兵需並領肅州總兵如故八年上責會伯貽誤奪職仍署總兵劾力乾隆元年卒際伯會伯從兄初入伍從勇略將軍趙良棟討吳三桂復略陽敗敵陽平關下四川奪小關山克建昌遂定雲南敘功授千總累加參將銜又從振武將軍孫思克征噶爾丹破敵昭莫多敘功加副將銜康熙三十六年授寧夏鎭標前營游擊從總兵殷化行擊噶爾丹至洪敦羅阿濟爾罕累遷四川建昌總兵遭母喪巡撫能泰請留任上命在任守制四十六年入覲調西甯賜孔雀翎鞍馬五十年授四川提督卒贈右都督賜祭葬諡襄毅見伯際伯弟康熙三十年武進士洪敦羅阿濟爾罕之役見伯在行敘功授守備累遷山西太原總兵上西巡賜貂袿蟒袍母喪並命在任守制上復西巡賜孔雀翎上命并兵內通曉文義者得應武鄉會試見伯疏言武經七書註解互異請敕儒臣選定下部議駁上諭曰見伯此奏亦是武經七書文義駁雜朕曾躬歷行間知用兵之道七書所言安可盡用耶命再議乃議武試論二一以論語孟子命題一以孫子吳子司馬法命題見伯並請祭孔子副將以下皆陪祭上特允之旋調天津五十八年擢陝西固原提督五十九年上命貝子延信爲平逆將軍率兵定西藏以見伯參贊軍務屢破敵師還次打箭爐卒賜祭葬覿伯見伯弟康熙四十二年武進士選三等侍衞授巡捕南營參將累遷大同總兵策妄阿喇布坦侵哈密覿伯率師出駐推河雍正元年入覲賜孔雀翎命移軍駐山丹衞二年還鎭三年上諭之曰爾前入見朕命爾受巡撫諾岷教導近聞爾等俱聽年羹堯指揮此甚非是嗣後諸事當商諸署巡撫伊都立尋追議在軍時因事與將軍爭競奪官命轄鄂爾坤圖拉屯田五年獄瑞麥一莖十五穗上諭曰今歲各省產嘉禾覿伯復獻瑞麥帝王本不以祥瑞爲尙恐有司借端粉飾致旱潦不以上聞雍正五年以後各省產嘉禾停其進獻乾隆元年卒

路振揚陝西長安人初入伍拔補把總累遷漢中副將康熙五十一年擢四川松潘總兵五十六年策旺阿喇布坦侵西藏命四川提督康泰率兵往靑海禦之至黃勝關柏木橋兵譁潰振揚往鎭撫事定以振揚署提督疏言松潘逈南雜谷土司種繁俗悍土司良爾吉子班第爾吉臣密令防隘頗稱勤順請襲職並予賞賚又加渴瓦寺安撫土司桑郎溫愷募衆運糧潭臘營轄旗命上下包坐司土兵習戰嫻諳邊情臣令備兵候調咸知踴躍亦請予賞賚皆如所請雍正元年調重慶總兵四年遷陝西固原提督疏言國家設祿以養廉立法以懲貪例定以財行賕及說事過錢人審實計贓同科罪未發而自首者免罪猶徵正贓竊思官吏營私彼此容隱不易敗露或有告發猶必互相掩飾臣請開自

首之路凡上司保題屬吏並大計軍政卓異薦舉人員以財行求彼此皆應治罪如受者自首免追贓及應得之罪如與者自首則照原贓倍追給主亦免應得之罪或說事過錢人自首免罪給賞如是庶彼此皆存顧慮未事則畏懼不敢爲既事則爭首惟恐後是或除貪之一法奏入上嘉之曰向聞振揚操守廉潔今覽此奏非一塵不染者不敢言也下部議行並命優敘六年上念振揚老召詣京師授兵部尚書振揚以病固辭上疑其戀外任懷怨望命停俸旋改鑾儀使八年署直隸古北口提督九年上以古北口宣化大同沿邊要地當增兵獨石口西至殺虎口當增兵並修邊墻敕御史舒喜天津總兵補熙會振揚詳勘振揚等奏請改設副將以下官增兵千四百有奇於各鎮營抽撥邊墻傾圮用木柵鹿角堵塞從之乾隆元年回鑾儀使任旋卒賜祭葬

韓良輔字翼公陝西甘州人父成字君輔康熙中官重慶總兵在任十七年有威惠民德之卒祀名宦祠葬合州遂入籍重慶良輔多力有膽氣年十五即隨父殺賊補縣學生員棄去肄武康熙二十九年中式武舉第一三十年成一甲三名進士選二等侍衛出爲陝西延綏游擊遷宜君參將境多盜有爲之主者捕得必連坐又多虎造虎槍教士卒刺虎法殺虎百餘患遂息遷神木副將調直隸大名又移石匣五十九年率古北口兵五百赴西寧軍前聽調遣雍正元年遷天津總兵賜孔雀翎授廣西提督廣西多山林宜籐牌挑刀良輔令步兵弓箭輭弱者皆改肄牌刀並增製軍械買馬以壯易羸二年署廣西巡撫奏言廣西土曠人稀多棄地其故有六山谿險峻猺獞雜處田距村遠穀熟慮盜割一也民樸愚但取濱江及山水自然之利不知陂渠塘堰可資蓄洩二也不得高卑宜植糧種三也不知耕耨四也所出祗米穀納賦必用銀且徭隨糧起恐貽後累五也良懦畏懟豪猾勢佔六也宜選大員督率守令度地居民立茅舍貸牛種興陂渠塘堰嚴冒佔之禁寬催科之期使民知有利無害皆奮興從事邊徼可成樂土上命李紱爲巡撫令良輔協同料理三年良輔以天河三疃猺獞時出刦掠擾柳慶副將孫士魁率兵捕治並曉以利害上疃莫旺東等中疃賈貴翁來下疃覃明甲等皆出降師還復撫定宜山屬那隘三岔諸寨四年復署巡撫遭母喪命在任守制五年實授巡撫疏言廣西撫提鎮三標歲需兵糧七萬六千石有奇各屬額徵糧數有無多寡不同撥運供支有司既苦繁費兵士又虞乏食請酌水道遠近糧額多少匀給撥運並多徵折色以給舟楫不通之地下部議行上命紱以侍郎奉使與良輔赴貴州安籠與總督鄂爾泰議分界事畢還廣西坐前官提督奉議土民羅文剛抗阻設汛未早捕治奪官七年卒良輔既以兵略顯子弟多肄武季弟良卿長子勳尤知名良卿字省月康熙五十一年武進士授侍衛出爲陝西西甯守備再遷莊浪參將師討謝爾蘇部土番從涼州總兵楊盡信擊敵碁子山功多賜孔雀翎賚白金千累遷甯夏中衞副將廣西碣石總兵移肅州乾隆五年擢甘肅提督卒賜祭葬諡勤毅勳字建侯年十九中式武舉康熙五十六年祖成請効力命在內廷行走五十九年師征西藏勳隨良輔赴噶斯應援雍正元年授三等侍衛出爲貴州威遠游擊未赴改鎮遠五年從提督楊天縱擊仲苗遷雲南鎮雄參將八年烏蒙倮爲亂擾鎮雄永善總督鄂爾泰令分兵三道進攻令提督張耀祖總兵哈元生各出一路而以勳將四百人出鎮雄奎鄉進攻莫都都猓數千出拒力戰一晝夜殺二百餘破寨四翌日猓復犯奎鄉勳擊之戰三日殺二千餘盡焚其寨時元生已克烏蒙猓屯魯甸拒大關以守耀祖軍次東川不進鄂爾泰復檄勳自鎮雄夾攻循途搜斬破寨百餘克發烏關至黃水河環攻敵壘大破之克大關小關鎮雄永善相繼下捷聞上諭曰參將韓勳領兵四百破賊數千以寡敵衆鼓三軍之氣喪賊人之膽較諸路爲獨先命優敘超擢貴州安籠總兵九年移古州討定稿平苗十三年疏言古州苗寨接壤郡縣請視湖廣例得與內地兵民聯姻庶彼此感喻習知禮義可底善良從之清江諸苗犯王嶺汛勳率兵擊之苗退踞台拱勢猶熾率副將王濤截擊破烏公八妹諸寨進屯朗洞乾隆元年從經略張廣泗進攻牛皮大箐自朗洞旋師途燬二十餘寨三年按治定番州姑盧等寨苗四年疏言古州西北地名滚縱臨容江接牛皮大箐實爲要隘當設兵防守允其請六年粵猺挾黎平黑洞苗入境焚刦擊走之禽其首惡石金元等寘之法擢貴州提督八年卒贈右都督賜祭葬諡果壯

楊天縱字景聖陝西渭南人年十七父母相繼沒遂入伍嘗從勇略將軍趙良棟下雲南冒矢石負重創補四川提標把總遷義邊營千總康熙三十九年打箭爐西藏營官喋吧昌側集烈爲亂天縱從提督唐希順討之易服入敵中數往返希順用其言爲攻取計四十年攻二道水磨岡磨西面諸地爭先摧敵克打箭爐敘功加游擊銜授浙江處州都司三遷署山東沂州副將五十七年授貴州定廣副將入覲上命加總兵銜留沂州任山東鹽梟勢張甚天縱按行各汛行至費縣聞有聲自遠至勢且數百人正夕天縱令從騎伏路旁俟其近驟出擊之皆驚潰逐之及於杜子村擒其渠俘數百又擊之於蒙陰於泰安餘衆悉解散五十九年調廣東雷州副將山東巡撫李樹德以沂州險要請仍留任許之加都督僉事雍正元年遷雲南臨元總兵魯魁猓夷方景明等恃衆據險恆出掠天縱偕布政使李衛率兵捕治悉殲焉四年授貴州提督五年疏言各省考察軍政所劾多千總把總至一二十員不等千把總雖微員有防汛護餉解逃捕盜之責如有偷惰應不時斥革何待此時蓋緣提鎮以是塞責且有所劾即有所擢祇圖可得錙銖上負君恩下屈末弁請敕提鎮嗣後千把總有劣員即時斥革上韙之諭兵部著爲令總督鄂爾泰討平長寨狆苗環其地東西南皆生苗獷悍不受約束內地狆苗以爲逋逃藪天縱從鄂爾泰招撫遣參將劉成謨率熟苗頭人推誠勸諭生苗有求見令薙髮予以衣冠酒食使轉相化導受撫者百四十八寨五千六百餘口敘功予拖沙喇哈番世職巡撫張廣泗清理苗疆丹江苗糾衆抗拒天縱遣兵助勦疏言舊存大礮過重餘礮力不及遠臣以己意製礮大者曰靖蠻大礮能及數里小者曰過山鳥攻遠便捷選兵送廣泗行營聽用並調安籠安南大定黔西長寨諸營兵攜礮赴凱里一路分布進攻上嘉天縱料理合宜七年疏劾前署巡撫祖秉圭不諳事機廣泗未至日在教場閱操言將盡勦諸苗以致頑苗抗拒勞師動衆臣不敢隱諱上諭曰生苗必經此懲創方可久安朕以祖秉圭不勝任已予罷退此類情事焉能逃朕鑒察耶九年以老致仕加太子太保十年請改籍四川成都旋卒賜祭葬諡襄壯

王郡陝西乾州人康熙三十年陝西饑就食福建以李姓入伍補臺灣鎮標把總遷延平城守千總六十年臺灣民朱一貴爲亂總督滿保檄郡赴援自廈門渡海一晝夜至淡水佐守備陳策固守與策安集民番師至諸羅往會從克臺灣二歲中四遷雍正元年擢浙江嚴州副將奏復姓尋又遷江西南贛總兵六年調臺灣九年上以郡在臺灣三年任滿例當調內地命總督劉世明選代郡者世明舉海壇總兵呂瑞麟令赴臺灣就郡諮度兵民風土乃調郡潮州十年擢福建提督臺灣北路社番爲亂瑞麟與臺灣道劉象愷往剿郡赴臺灣鎮撫南路亂渠吳福生等竊發郡率兵於虎頭山赤山碑頭諸地逐捕擒福生餘黨悉平加都督同知尋北路大甲西沙轆牛罵諸社番殺掠兵民郡自鹿仔港偵知阿東一社有北崙西崙東崙惡馬諸地爲亂番所聚令游擊邱有章李科等攻西崙參將李蔭樾游擊林黃彩等攻東崙惡馬而游擊黃貴守備蔡彬蔡發等攻北崙亂番設伏拒我師督兵奮擊悉討平之加左都督十一年調水師提督十二年疏言廈門環海地少人多需米不貲加以營兵赴糴難免匱乏之水師提督公廨舊有官房魚池賃於民歲得息五千餘請買穀貸於兵俟穀熟買補數年內可得數萬石孤島兵民庶無虞艱食上諭曰郡將應得租息籌濟兵食甚可嘉也命議敘尋入覲途次遘疾遣太醫診視賜藥餌二子守乾守坤隨侍召入見賜守乾守備衛守坤戶部主事乾隆元年復入覲賜鞍馬弓矢時部議許民間得製鳥槍防盜郡言臺灣遠在海表番漢雜處禁例一開恐火器充斥小則侵界擾番大則偶遇水旱羣不逞藉以爲亂臺灣民居多平衍山箐中皆生番各險要皆置兵戍守民間不需鳥槍懇仍舊例禁止從之十一年請老加太子少保食全俸二十一年卒於家賜祭葬諡勤愨守乾官至南昌總兵

宋愛字體仁陝西靖遠人父可進雍正初以京營參將從撫遠大將軍年羹堯討羅卜藏丹津敵攻鎮海堡遣赴援擊殺六百餘人敵敗走敵又攻西甯南川口噶中中堡復遣赴援堡兵出夾擊敵敗走擢副將從提督岳鍾琪攻郭隆寺燬寨七焚其屋宇七十餘所旋與鍾琪分道深入定青海擢涼州總兵授三等阿達哈哈番世職復從鍾琪攻謝爾蘇土番戰桌子山鬨之七晝夜一日數接戰可進受重創奮進破其巢遂討平之擢甘州提督愛雍正元年武進士授三等侍衛二年命省可進軍中桌子山之戰愛從可進奮戰有功河南河北總兵紀成斌請以愛授河南開封都司上疑成斌受羹堯指允其請即令愛傳諭詰成斌成斌奏開封都司省會重地去年勦桌子山親見愛奮不顧身極有膽氣且代可進料理營務頗有才幹知其能勝任故冒昧陳請臣實未受何人屬託即可進亦不過同在軍中相識素無交情上諭之曰朕原不過揣度之辭近年年羹堯提兵柄若爾等蔑國恩重私誼甚非朕保全功臣之意今既無別故意在爲地得人朕甚嘉賞再遷浙江紹興副將命署總兵歷南陽永州天津定海諸鎮乾隆六年擢襄陽總兵七年調安籠十年貴州總督張廣泗奏言古州新闢苗疆諸鎮中惟愛詳愼周密年力正壯請以調補上從之丁母憂命暫署服闋後眞除十八年擢貴州提督前提督丁士傑奏言古州苗因公役使不從恐激成驕抗諭將吏彈壓愛奏古州苗於應備夫役一呼卽至初未見遲延所屬新疆苗民亦不至驕抗苗性難馴惟在有司善於約束平時不煩苛有事不姑

息務使懷德兼知畏法上褒勉之十九年總督碩色劾愛馬政廢弛又爲故鎭遠總兵吳三傑勼貲治喪會愛卒寢其奏

論曰雍正間文武多通用高其位以提督遷授大學士爲最著會伯振揚皆長兵部然會伯未上官振揚不久改右班其績仍在專閫良輔爲疆吏卓卓有建白家世出將與會伯略同大縱郡凱等弭亂綏氓因事有功年羹堯部將如宋可進黃喜林吳正安周瑛王嵩馬忠孝岳鍾琪部將如紀成斌曹勷張元佐皆相從轉戰惟可進以有子愛名字猶可見他皆不具始末成斌勷且以微罪死是亦重可哀已

清史稿　列傳八十七

沈起元　何師儉　唐繼祖　馬維翰　余甸　王葉滋　劉而位

沈起元字子大江南太倉人康熙六十年進士選庶吉士改吏部主事擢員外郎以知府發福建用總督高其倬令權福州調興化時世宗聞福建倉穀虧空遣廣東巡撫楊文乾等往按被劾者爭受代者爭爲煩苛起元獨持平莆田民因訟互鬭其倬恐釀亂令捕治起元責兩人而釋其餘報曰罪在主者餘不足問也尋攝海關裁陋規萬餘金巡撫常安有奴在關以索費困商舶起元聞立督收稅如額令商舶行白常安斥奴自是人皆奉法其倬奏開南洋報可已復令商出洋者必戚里具狀限期返踰者連坐起元曰人之生死貨之利鈍皆無常戚里豈能預料且始不聽出洋則已令聽之商造船集貨費不貲奈何忽撓以結狀若令商自具狀過三年不歸勿聽回籍不猶愈乎其倬從之調臺灣臺灣田一甲準十一畝有奇賦三則上則一甲穀八石中則六石下則四石視內地數倍然多隱占民不甚困時方清丈占者不得匿其倬欲使臺灣賦悉視內地下則恐不及額致部詰起元令著籍者仍舊額丈出者視內地下則俟隱占既清吏減舊額重者均於新額賦不虧而民無累起元在福州以辨寃獄忤按察使潘體豐體豐中以他事鐫四級遂告歸高宗即位起江西驛鹽道副使乾隆二年擢河南按察使會久雨被災者四十餘縣饑民四走或議禁之起元謂民飢且死奈何止其他徙令安置未被水諸縣給以糧遂無出河南境者巡撫雅爾圖檄府縣修書院以起元總其事乃教群士省身克己之學立章善坊書孝子悌弟義夫貞婦名採訪事實爲章善錄版行一時風動七年遷直隸布政使大旱議賑總督高斌欲十一月始行起元力請先普賑一月俟戶口查竣再分別加賑有倡言賑戶不賑口者起元曰一戶數口止賑一二是且殺七八人矣檄各屬似此者罪之戶部尚書海望奏清理直隸旗地有司違限旨飭責斌將勦數州縣應命起元不可曰旗地非旦夕可清州縣方賑災何暇及此獨勦起元可也乃止九年內轉光祿寺卿十三年移疾歸起元自少敦厲廉恥晚歲杜門誦先儒書臨沒言平生學無眞得年來靜中自檢仰不愧俯不怍或庶幾焉

何師儉字桐叔浙江山陰人以納貲於康熙六十年選授兵部員外郎奉職勤懇常數月不出署雍正元年遷廣西右江道僉事部請留任一年世宗命以升銜留任賜人葠貂皮師儉以執法卻重賄忤要人因誣以避瘴故留部侍郎李紱昌言曰今部曹不名一錢才者尤勞瘁苟得郡爭趨之況監司耶期滿復請留加按察司副使銜司疏奏皆出其手他司事難治者亦時委之三年出爲江南驛鹽道副使上召對勉以操守復賜人葠貂皮許上疏言事四年調廣東糧驛道副使歲大祲師儉以存留米五萬石給餉飭所屬綏徵或疑專擅獲咎師儉曰請而後行民已苦箠楚矣總督孔毓珣與巡撫楊文乾不相能以師儉署鹽法道欲引以爲助文乾疑爲毓珣黨令買銅將以賠累困之明年文乾入覲上示以毓珣彈事亦及師儉乃知師儉非阿毓珣者令署按察使毓珣又疑師儉暱文乾及文乾卒劾師儉違禁開礦侵蝕銅價逾年署巡撫傅泰會鞫事始白上知其無罪命往陝西佐治軍需師儉在兵部諳悉諸邊形勢扼塞戰守機宜芻餉緩急至涼州每集議指畫如素習總督查郎阿深重之署涼莊道參政師過涼州檄至肅州支餉兩路遙遠師儉即以涼州所蓄給之師行無乏一日羽書數過師儉策必調取生兵峙餱以待已而果然肅州師將行飛檄令截取公私贏馬官民皇皇師儉曰在道官商皆赴肅者若官頓於途貨棄於地非軍前所宜進勦未有定期何如聽其至肅釋所載而後供役軍前得人與貨亦省芻茭解送之煩是獲兩利也檄雖嚴吾自當之於是官商皆安軍事亦無誤尋調補西安鹽驛道副使關中旱詔以湖廣米十萬石自商州龍駒寨運陝西師儉董其役未半大雨谿漲贏馬少不足供轉輸商於山中無頓積所水次隘運艘不齊師儉以秋穀將登請止運民亦不饑軍中馬缺檄取驛馬師儉謂置郵傳命如人身血脈不能一日廢拒不可事竟寢擢按察使數平疑獄吏有故入人罪者必按如法雖貴勢暨親不徇縱十三年以目疾乞休高宗即位赦詔至時目已失明令吏誦案牘諦聽得邀赦典者立出之而後上陳留兩月畢其事始歸後卒於家陝西祀名宦

唐繼祖字序皇江南江都人康熙六十年進士選庶吉士雍正元年散館授編修轉禮部員外郎五年考選浙江道御史七年授工科給事中命察八旗虧帑律侵挪皆不赦犯者貧羈獄二三十年不結繼祖爲核減開除奏請豁免積牘一清命巡西城回民聚居頑獷不法嚴治之有犯必懲悉斂戢建倉東便門外多發冢墓毀祠宇繼祖陳其不便改地營建冢墓祠宇並修復南漕愆期命赴淮安巡視繼祖馳至不更張成法惟選幹吏催督懲其疲惰兩閱月糧艘悉抵通州條上漕務利病下部議行七年命往湖南讞獄並巡察湖南湖北兩省褒糧出有餽觴酒豆肉皆卻之令行禁止與巡撫趙中喬同按永順苗變獄鞫得情帖服苗疆以安湖南捕役多通盜奏請捕役爲盜加重治罪報可入新例八年擢通政司參議九年擢鴻臚寺卿尋命以本銜署河南按察使旋授湖北按察使繼祖在兩湖久熟知吏民情僞楚俗刁健黠吏與姦豪通伺官喜怒訟益難治繼祖閉諸胥於一室不令與外通訟風衰減雪監利女子寃獄按鍾祥民變皆爲時所稱世宗馭吏嚴內外大僚凜凜救過不暇繼祖一意展舒所陳奏無不允上欲大用之出巡察賜以摺匣許奏事曰朕於督撫賢者始賜摺匣汝宜好爲之調江西未之任以疾乞歸病愈將出遽卒

馬維翰字墨麟浙江海鹽人康熙六十年進士雍正元年授吏部主事甫視事杖姦胥銓政清肅轉員外郎考選陝西道御史遷工科給事中監督倉場所至有聲六年命赴四川清丈田畝時同奉使者四維翰分赴建昌道屬具有條理粮浮於田者必請減逾年事竣御史吳濤在川東丈田不實以維翰助之至則發其弊遂以維翰代任巡撫憲德薦可大用八年留補建昌道副使疏陳二事四川俗好訟州縣斷獄苟簡案牘不具姦民輒翻控淆亂是非請設幕職以襄治理又民鮮土著多結草屋輕於遷徙焚劫輒致災請發官欵造磚甓勸民多建瓦屋上斥其非政要以其疏示憲德謂汝薦可大用者乃若此然維翰勇於任事相度要害改黎州千戶所設清溪縣烏蒙苗亂出師會剿維翰治軍需供糗糧芻茭鑿雪通道與廝卒同甘苦論剿撫悉中機宜事乃定涼山地震數百里勘災散賑民感之鑛廠擾蠻蠻起爲亂方進剿維翰力陳營兵不輯及各廠病蠻狀請罷廠撤兵撫各番止誅其魁在川七年不阿上官旋被構維翰揭部請解職赴質時親王總部事特威重猝使免冠維翰以手按冠抗聲曰奉旨不免冠譙問故則又抗聲曰旨解職非革職也部乃疏請奪官事旋白乾隆二年起授江南常鎭道參議丁父憂歸卒於家

余甸字田生福建福清人康熙四十五年進士居鄉勵名節巡撫張伯行重之延主鼇峯書院授四川江津知縣民投牒者片言立決遺訟爲之簡日與諸生誦說文藝疏解性理所徵賦即儲庫不入私室時青海用兵巡撫年羹堯督餉多額外急徵檄再三至甸不應乃使僕持檄告諭自朝至晡甸不出使者譁甸坐堂皇命反接將杖之丞簿力爲請久之乃釋其縛越日使者索檄甸曰汝還報我閉門待劾檄已達京師矣羹堯亦置之行取吏部主事時尚書張鵬翮侍郎湯右曾皆以幹濟名甸遇當爭辨者侃侃無所撓主選二年權要富人請託多格不行將告歸條文書已駁議未奏者十餘事曰此皆作姦巧法易爲所蒙必上聞吾乃去父憂免喪猶廬墓以河道總督陳鵬年疏薦擢山東兗寧道蒞工剔弊一祛積習甚得士民心鵬年卒齊蘇勒爲河督以工事劾甸行河至濟寧士民羣聚乞還甸齊蘇勒疏陳召入見雍正二年四月授山東按察使攜二僕買驢之官務崇禮教輕刑罰政化大行十一月召詣京師三年擢順天府丞甸歷官盡革陋規爲按察使愍囚不能自衣食取鹽商歲饋三之一以資給之兼完囹圄修學宮書院委有司出入注籍既去官上命內閣學士繆沅清察山東鹽政諸弊舉是劾甸奪官歸甸用唐人詩語爲人書楹帖其人有怨家訐於有司以爲怨望有司以甸所書也幷下甸於獄事白遽卒

王葉滋字槐青江南華亭人弱冠補諸生浙江巡撫朱軾辟佐幕器其才雍正元年重開明史館軾薦之引見稱旨命入館纂修舉順天鄉試福敏督湖廣世宗命葉滋往贊其幕五年應禮部試甫畢上召見問湖廣吏治民生利弊奏對

共悉趣馳傳還湖廣榜發中式未與殿試賜二甲進士即授常德知府常德例知府至行戶更新照規費四千金葉滋革其例境數被水災請帑增築花貓新陂隄堰帑被水荒田額糧民德之辰州關木稅爲利藪時議移關常德葉滋恐累民拒之請仍舊制行法不避豪貴興學造士薦舉優行諸生陳悌爲武平知縣貴金馬爲上蔡知縣劉樵爲清平知縣並爲良吏署岳州辰州二府攝岳常道副使久之授辰沅靖道副使時苗疆初闢清林箐增汛堠規模肅然所屬綏甯城步與黔疆犬牙錯營卒數騎持酒肉鹽菸循行苗砦苗迎拜謂上官親我召諸頭人集校場賜花紅銀牌宣上德意勸以禮義因偕總兵閱兵耀軍容羣苗帖服署按察使調糧儲道舊有漕費悉歸公用值貴州苗亂師進剿葉滋駐辰州治軍需赴期辦綏甯苗蠢動爲貴州苗應葉滋條上剿撫事悉中窾要大吏令赴綏甯指揮積勞疾作卒於山中葉滋初以文學受知及官於外所至有聲績卒時年僅五十五世咸惜之

劉而位字爾爵山西汾陽人康熙五十二年舉人授河南安陽知縣有兄弟爭產搆訟十餘年者爲據理剖解至淚下皆叩頭求能案牘遂稀雍正中遷福建泉州知府再遷興泉道參議鹽政戢敝商居奇索高直民苦淡食不獲已增價以市既而鹽不足民惡其嚳斷衆而毆之海船私梟動逾千百往捕則持械拒大獄迭興羅織牽連數歲不息而位創議裁引革商歲額課稅歸竈完納如農完賦任人轉運聽其所之則諸弊可革而國賦不乏巡撫趙國麟心韙之格於例不行未幾引疾歸乾隆三年起官四川鹽茶道副使蜀鹽產於井課由井納民便之雍正中有請設引招商增課者四川鹽政自此壞商無餘貲運不足額民持錢不得鹽而井鹽滯積不售因以致訌而位欲事釐剔大吏畏難不可力爭愈嫉之改松茂道調永甯道參議居常鬱鬱不得行其志惟與諸生講學尋卒於官而位生平服膺王守仁曰尊所聞行所知須不流於弊尊陽明而不知其流弊非善學陽明尊朱子而不知其流弊亦非善學朱子蓋謂王氏高明弊在躐等朱子格物弊恐拘而不化著省克引劉氏家訓爲學者所稱

論曰起元深於經術當朝政尚嚴能持以平恕師儉以勤敏繼祖以明肅並見重於時維綸有幹局甸尤能澤以儒效葉滋撫循苗疆未竟其用而位議變鹽法亦不得申其志而但以學術名國家重視監司所以擴循良之績儲封疆之選若諸人者可謂無忝矣

列傳八十八

訥親　傅恒 子福靈安 福隆安 福長安 福隆安子豐紳濟倫

訥親鈕祜祿氏滿洲鑲黃旗人額亦都曾孫父尹德附見其父遏必隆傳訥親其次子雍正五年襲公爵授散秩大臣十年授鑾儀使十一年十二月命在辦理軍機處行走十三年世宗疾大漸訥親預顧命高宗即位莊親王允祿果親王允禮鄂爾泰張廷玉輔政號總理王大臣授訥親鑲白旗滿洲都統領侍衞內大臣協辦總理事務十二月敕獎訥親勤慎因推孝昭仁皇后外家恩進一等公乾隆元年遷鑲黃旗滿洲都統二年遷兵部尚書十一月莊親王等請罷總理事務訥親授軍機大臣敍勞加拖沙喇哈番世職三年二月領戶部三庫九月命協辦戶部直隸總督李衞劾總河朱藻詐欺貪虐命訥親與尚書孫嘉淦勘讞藻坐流訥親因與嘉淦條上永定河南北岸建築閘壩諸事十二月遷吏部尚書四年五月加太子太保訥親貴戚勤篤少侍禁近受世宗知以爲可大用迨高宗恩眷尤厚訥親勤敏當上意尤以廉介自敕人不敢干以私其居第巨獒縛扉側絕無車馬跡然以早貴意氣驕溢治事務刻深左都御史劉統勳疏論訥親領事過多任事過銳上諭曰訥親爲尙書模棱推諉固所不可但治事未當亦所不免朕時時戒毋自滿今見此奏益當自勉語詳統勳傳九年正月命訥親閱河南江南山東諸省營伍並勘海塘河工時直隸天津河間二府方以災治賑令順道先往察覈疏請展賑一月從之訥親使事既蕆分疏上陳其勘諸省營伍言偏閱三省督撫河漕提鎭爲標者十七優絀互見惟河南南陽江南蘇松水師二鎭最劣請下部覈賞罰其勘江浙海塘言舊日浙江潮自蜀山中小亹出入近海寧爲北大亹近蕭山爲南大亹張沙寬闊爲杭州紹興二府保障迨中小亹漸湮潮趨蜀山北震盪爲患若浚中小亹故道減大亹潮力上下塘工悉可安堵即中小亹未可遽復則當擇險要多爲坦坡木石戧塥俾黴水積淤資以禦潮至諸處柴塘停沙阻水無煩議改石工入江南境地平而潮緩華亭舊塘堅緻寶山新塘尺度參差工作又不中程金山奉賢南匯上海皆土塘距海稍遠所司守護如法當無他虞其勘洪澤湖請濬鹽河俾通江疏串場河俾達海並停天然三壩高堰下游二隄其勘南旺湖請以湖中涸地貸貧民耕稼別疏言各直省政事督撫下司道司道下州縣州縣官惟以簿書錢穀爲事戶口貧富土地肥瘠物產豐嗇民情向背風俗美惡以及山川原隰橋梁道路皆漫置不省官但有條教民惟貢納賦浮文常多實意殊少請敕各直省督撫令州縣官徧歷境內何事當興舉何事當整飭行之有無治效以實報長官長官即是爲殿最以實達朝廷似亦崇實效去虛文飭吏治厚民生之一端也皆下部議行十年三月協辦大學士五月授保和殿大學士仍兼吏部尚書十二年四月命如山西會巡撫愛必達讞萬全民張世祿安邑民張遠等挾衆抗官狀論如律愛必達及總兵羅俊蒲州知府朱發等皆坐譴黜十三年正月命如浙江會大學士高斌覆勘巡撫常安貪婪狀未至高斌鞫得常安實受賕訥親與共奏論如律三月復命如山東會巡撫阿里袞治賑時大金川土司莎羅奔攻革布什咱土司犯邊上命川陝總督張廣泗討之大金川地絕險阻山爲石壘名曰碉師進攻弗克四月召訥親還京師授經略大臣率禁旅出禦師六月訥親至軍下令期三日克噶拉依噶拉依者莎羅奔結寨地也師循色爾力石梁而下攻碉未即克署總兵任舉勇敢善戰爲諸軍先沒於陳訥親爲氣奪乃議督諸軍築碉與敵共險爲持久疏入上重失任舉又以築碉非計手詔戒訥親因時度勢以爲進止訥親與廣泗合疏言天時地利皆賊得其長我兵無機可乘冬春間當減兵駐守明歲加調精銳三萬於四月進勦是以成功至遲亦不逾秋令訥親又別疏言來歲增兵計當費數百萬若俟二三年後有機可乘亦未可定疏入上諭曰卿等身在戎行目擊情狀不能確有成算游移兩可朕於數千里外何從遙度我師至四萬彼止三千餘何以彼應我則有餘我攻彼則不足卿等當審定應攻應罷毋爲兩歧語上知訥親不足辦諭軍機大臣議召訥親還又念大金川非大敵重臣視師無功而還傷國體爲四夷姍笑密以諭訥親冀激奮克敵居數月師雖有小勝卒未得尺寸地訥親惟請還京面對乃召訥親及廣泗詣京師以岳鍾琪協經略傅爾丹攝川陝總督復遣尙書班第同治軍事尋奪訥親官令自具鞍馬從討噶爾丹贖罪逮廣泗九月命大學士傅恒代爲經略別遣侍衞富成逮訥親責狀對並令富成錄訥親舉止言語以聞上前後手詔罪訥親恒數千百言略謂訥親受命總戎乖張畏縮疏言軍夜攻碉自帳中望見火光知未嘗臨敵又言督軍攻剛利山既回營我軍數千人各鳥獸散知偶臨敵又先士卒退富成疏訥親語金川事大難不可輕舉此言不敢入奏訥親受恩久何事不可言如固不能克當實陳請罷兵乃事敗欲以不可輕舉歸過朝廷狡詐出意外又值續調兵過輒言此皆我罪令如許滿洲兵受苦滿洲兵聞調鼓舞振躍志切同仇訥親以爲受苦實嫉他人成功搖衆心不顧國事孤恩藐法罪不可逭十月諭訥親先世以軍功封二等公爲孝昭仁皇后戚屬供職勤慎進一等公獲罪應仍以二等公俾其兄策楞襲爵訥親恃上恩尙冀入見上自解上復迭降手詔謂軍旅事重平日治事詳愼操守潔淸舉不足言又謂訥親小心謹密而方寸一壞天奪其魄雖欲倖免而不能十二月廣泗既誅上封遏必隆遺刀授侍衞鄂實監訥親還軍誅以警衆十四年正月上命傅恒班師復諭鄂實即途中行法是月戊寅鄂實監訥親行至班攔山聞後命遂誅訥親

傅恒字春和富察氏滿洲鑲黃旗人孝賢純皇后弟也父李榮保附見其父米思翰傳傅恒自侍衞擢戶部侍郎乾隆十年六月命在軍機處行走十二年擢戶部尙書十三年三月孝賢純皇后從上南巡還至德州崩傅恒扈行典喪儀四月敕獎其勤恪加太子太保時訥親視師金川解尙書阿克敦協辦大學士以授傅恒並兼領吏部訥親既無功九月命傅恒暫管川陝總督經略軍務尋授保和殿大學士發京師及諸行省滿漢兵三萬五千以部庫及諸行省銀四百萬供軍儲又出內帑十萬備犒賞十一月師行上詣堂子告祭遣皇子及大學士來保等送至良鄉傅恒既行上日降手詔褒勉傅恒道陝西言驛政不修誤軍興上命協辦大學士尙書尹繼善攝陝西總督主饋餉入四川境馬不給上又命尹繼善往來川陝督察旋以傅恒師行甚速紀律嚴明命議敍部議加太子太傅特命加太保固辭不允發京師及山西湖北馬七千佐軍傅恒發成都經天赦山雪後道險步行七十里至驛上聞賜雙眼孔雀翎復固辭初小

金川土舍良爾吉間其兄澤旺於莎羅奔奪其印卽烝於嫂阿扣莎羅奔之犯邊也良爾吉實從之後詐降爲賊諜張廣泗入奸民王秋言使領蠻兵我師舉動賊輒知之傅恒途中疏請誅良爾吉等將至軍使副將馬良柱招良爾吉來迎至邦噶山正其罪併阿扣王秋悉誅之事聞上褒傅恒明斷命拜前賜雙眼孔雀翎毋更固辭十月至卡撒以屯軍地狹隘與賊相望且雜處番民市肆中乃相度移營壘前令總兵治大雄監營壘十四年正月上疏言臣至軍察用兵始末當紀山進討之始馬良柱轉戰而前踰沃日收小金川直抵丹噶其鋒甚銳彼時張廣泗若速進師賊備未嚴殄滅尚易乃坐失事機宋宗璋宿留於雜谷許應虎敗衄於的郊賊得盡據險要增碉備禦訥親初至督戰甚急任舉敗沒銳挫氣索軍無鬬志一以軍事委張廣泗廣泗又爲奸人所愚專主攻碉先後殺傷數千人匿不以聞臣惟攻碉最爲下策鎗礮不能洞堅壁於賊無所傷賊不過數人自暗擊明鎗不虛發是我惟攻石而賊實攻人賊於碉外爲濠兵不能越賊伏其中自下擊上其碉銳立高於浮屠建作甚捷數日可成旋缺旋補且衆心甚固碉盡碎而不去礮方過而復起客主勞佚形勢迥殊攻一碉難於克一城卽臣所駐卡撒左右山巔三百餘碉計日以攻非數年不能盡且得一碉輒傷數十百人得不償失兵法攻堅則瑕者堅攻瑕則堅者瑕惟使賊失所恃我兵乃可用其所長擬俟諸軍大集分道而進別選銳師旁探間道裹糧直入踰碉勿攻繞出其後番衆不多外備既密內守必虛我兵既自捷徑深入守者各懷內顧人無固志均可不攻自潰卡撒爲進噶拉依正道纜高溝窄臣當親任其難黨壩隘險亦幾同卡撒酌益新軍兩道並進直搗巢穴取其渠魁期四月間奏捷上以金川非大敵勞師兩載誅大臣失良將內不懌及是聞其地險難下益不欲竟其事遂以孝聖憲皇后諭命班師而傅恒方督總兵哈攀龍哈尚德等攻下數碉上以金川水土惡賜傅恒人葠三斤並及諸將有差屢詔召傅恒還又以孝聖憲皇后諭封一等忠勇公賜寶石頂四團龍補服傅恒奏言金川事一誤今復輕率蕆事賊餤愈張衆土司皆罹其毒邊宇將無寧日審度形勢賊碉非盡當道其巢皆老弱我兵且戰且前自昔嶺中峯直抵噶拉依破竹建瓴功在垂成棄之可惜且臣受詔出師若不掃穴擒渠何顏返命並力辭封賞上不允手詔謂匈奴未滅無以家爲乃驃姚武人銳往之概大學士抒誠贊化豈與兜鍪鬬帥爭一日之績反復累數千言復賜詩喻指時傅恒及提督岳鍾琪決策深入莎羅奔遣頭人乞降傅恒令自縛詣軍門莎羅奔復介綽斯甲等詣岳鍾琪乞貸死鍾琪親入勒烏圍挈莎羅奔及其子郎吉詣軍門語詳鍾琪傳傅恒遂受莎羅奔父子降莎羅奔等焚香作樂誓六事無犯鄰比諸番反其侵地供役視諸土司執獻諸酋抗我師者還所掠內地民馬納軍械鎗礮乃承制赦其罪莎羅奔獻佛像一白金萬傅恒卻其金莎羅奔請以金爲傅恒建祠翌日傅恒率師還上優詔嘉獎命用揚古利故事賜豹尾槍二桿親軍二名三月師至京師命皇長子及裕親王等郊迎上御殿受賀行飲至禮傅恒疏辭四團龍補服上命服以入朝復命用額亦都佟國維故事建宗祠祀曾祖哈什屯以下並追予李榮保謚賜第東安門內以詩落其成十九年準噶爾內亂諸部台吉多內附上將用兵諸廷臣惟傅恒贊其議二十年師克伊犁俘達瓦齊以歸諭再封一等公傅恒固辭至泣下乃允之壽圖功臣象紫光閣上親製贊仍以爲冠舉蕭何不戰居首功爲比二十一年四月將軍策楞追捕阿睦爾撒納未獲上命傅恒出視師赴額林哈畢爾噶集蒙古諸台吉飭軍事傅恒行日策楞疏至已率兵深入復召傅恒還三十三年將軍明瑞征緬甸敗績二月授傅恒經略出督師時阿里袞以副將軍主軍事上並授阿桂副將軍舒赫德參贊大臣命舒赫德先赴雲南與阿里袞籌畫進軍三十四年二月傅恒師行發京師及滿蒙兵一萬三千六百人從征上御太和殿賜敕賚御用甲冑四月至騰越傅恒決策師循戛鳩江而進大兵出江西取道猛拱猛養直搗木梳水師沿江順流下水陸相應偏師出江東取猛密夾擊老官屯往歲以避瘴九月後進兵緬甸得爲備傅恒議先數十日出不意攻其未備水師當具舟上初命阿里袞造舟濟師阿里袞等言崖險澗窄不宜舟傍江亦無造舟所上又命三泰傅顯往視言與阿里袞等同及傅恒至軍諸土司頭人知蠻暮有山曰翁古多木旁有地曰野牛壩野人所居涼爽無瘴卽地伐木造舟野人樂受僱執役甚謹傅恒卽使傅顯佐蒞事舟成督滿漢兵並從行奴僕更番轉般又得茂隆廠附近礮工令範銅爲礮狀聞輒降旨嘉獎爲賦造舟行焉傅恒初議自將九千三百人渡戛鳩而西師未集七月將四千人發騰越上以經略自將師寡促諸軍速集如初議八月傅恒自南蚌趨戛鳩奏至上方行圍木蘭入圍獲麂畀福隆安以賜傅恒傅恒道南底壩至允帽臨戛鳩江時猛拱大頭人脫猛烏猛頭人賀丙等詣傅恒請降師至脫猛烏猛將夾江諸夷寨頭人來迎與賀丙具舟傅恒命分兵徐濟夾江爲寨猛拱後土司渾覺亦請降獻馴象四上賚三眼孔雀翎傅恒疏辭師復進取猛養破寨四誅頭人拉匿拉賽設臺站令瑚爾起以七百人駐守遂至南董千攻南準寨獲頭人木波猛等三十五人進次暮臘再進次新街傅恒自渡戛鳩江未嘗與緬甸兵戰刈禾爲糧行二千里不血刃而士馬觸暑雨多疾病會阿桂將萬餘人自虎踞關出野牛壩造舟畢成徵廣東福建水師亦至乃合軍並進哈國興將水師阿桂阿里袞將陸師阿桂出江東阿里袞出江西緬兵壘金沙江兩岸又以舟師扼江口阿桂先與緬兵遇麾步兵發銃矢又以騎兵陷陳緬兵潰哈國興督舟師乘風蹴敵緬兵舟相擊死者數千阿里袞亦破西岸緬兵傅恒以所獲纛進上復爲賦詩阿里袞感瘴而病改將水師旋卒十一月傅恒復進攻老官屯老官屯在金沙江東東猛密西猛墅北猛拱猛養南緬都阿瓦爲水陸通衢緬兵伐木立寨甚固哈國興督諸軍力攻未卽克師破東南木寨緬兵夜自水寨出傅恒令海蘭察禦之又令伊勒圖督舟師掩擊復獲船纛緬兵潛至江岸築壘又自林箐中出海蘭察擊之屢有斬馘師久攻堅士卒染瘴多物故水陸軍三萬一千至是僅存一萬三千傅恒以入告上命罷兵召傅恒還京傅恒俄亦病阿桂以聞上令卽馳驛還而以軍事付阿桂會緬甸酋懵駮遣頭人諾爾塔齎蒲葉書乞罷兵傅恒奏入上許其行成傅恒附疏言用兵之始衆以爲難臣執意請行負委任請從重治罪上手詔謂用兵非得已如以爲非是朕當首任其過皇祖時吳三桂請撤藩諸於羣臣議撤者惟米思翰明珠數人及三桂反衆請誅議撤諸臣皇祖深闢其非朕仰紹祖訓傅恒此事可援以相比傅恒收猛拱當賜三眼孔雀翎疏辭俟功成拜賜今既未克賊巢當繳進賜翎以稱其請罪之意懵駮遣頭人詣軍獻方物十月傅恒還駐虎踞關上命傅恒會雲貴總督彰寶議減雲南總兵知府員缺釐正州縣舊制三十四年二月班師三月上幸天津傅恒朝行在既而緬甸酋謝罪表久不至上謂傅恒方病不忍治其罪七月卒上親臨其第酹酒命喪葬視宗室鎮國公謚文忠又命入祀前所建宗祠其後上復幸天津念傅恒於此復命又經傅恒墓賜奠皆紀以詩及賦懷舊詩許爲社稷臣嘉慶元年以福康安平苗功贈貝子福康安卒推恩贈郡王銜旋並命配享太廟傅恒直軍機處二十三年日侍左右以勤慎得上眷故事軍機處諸臣不同入見乾隆初惟訥親承旨迨傅恒自陳不能多識乞諸大臣同入見上晚膳後有所諮訪又召傅恒獨對時謂之晚面又軍機處諸大臣既承旨退自屬草至傅恒始命章京具稿以進上倚傅恒爲重臣然偶有小節疏失卽加以戒約傅恒益謙下治事不敢自擅敬禮士大夫翼後進使盡其才行軍與士卒同甘苦卒時未五十上尤惜之子福靈安福隆安福康安福長安福康安自有傳福靈安多羅額駙授侍衞準噶爾之役從將軍兆惠戰於葉爾羌有功予雲騎尉世職三十二年授正白旗滿洲副都統署雲南永北鎭總兵卒福隆安尚高宗女和嘉公主授和碩額駙御前侍衞三十三年擢兵部尚書軍機處行走移工部尚書三十五年襲一等忠勇公三十六年用兵金川總兵宋元俊劾四川總督桂林命福隆安往讞福隆安直桂林抵元俊罪四十一年復授兵部尚書仍領工部金川平畫像紫光閣四十九年卒謚勤恪子豐紳濟倫初以公主子命視和碩額駙品秩授鑲藍旗漢軍副都統奉宸苑卿四十九年襲爵累遷兵部尚書領鑾儀衞嘉慶間再坐事官終盛京兵部侍郎十二年卒子富勒渾翁珠襲爵福長安自藍翎侍衞累遷至正紅旗滿洲副都統武備院卿領內務府四十五年命在軍機處學習行走累遷戶部尚書五十三年臺灣平五十七年廓爾喀平諸功臣畫像紫光閣福長安皆與焉嘉慶三年俘王三槐福長安以直軍機處得侯四年高宗崩大學士和珅得罪仁宗以福長安阿附逮下獄奪爵籍其家諸大臣議用朋黨律坐立斬上命改監候而賜和珅死使監福長安詣和珅死所跪視旋遣往裕陵充供茶拜唐阿就遷員外郎六年以請還京奪職發盛京披甲旋自驍騎校屢遷再爲圍場總管一爲馬蘭鎭總兵再署古北口提督屢坐事譴謫二十一年授正黃旗滿洲副都統二十二年卒

論曰高宗初政寬大而清明舉國熙熙樂見太平是時鄂爾泰張廷玉負夾輔之重然居中用事爲天子喉舌厥惟訥親繼之者傅恒也高宗手詔謂當鄂爾泰在朝培養陶成得一訥親訥親在朝培養陶成得一傅恒又謂訥親受恩第一次則傅恒訥親視師失上指坐誅終不沒其勤廉傅恒再以受降還師德心孚契自以其謹慎非徒藉貴戚功閥重也

清史稿

列傳八十九

徐本　汪由敦子承霈

來保　劉綸子躍雲

劉統勳子墉　孫鐶之

徐本字立人浙江錢塘人尚書潮子本康熙五十七年進士改庶吉士授編修雍正五年提督貴州學政授贊善遷侍讀七年擢貴州按察使八年調江蘇遷湖北布政使十年擢安慶巡撫奏定比緝盜賊章程竊案責府州盜案責臬司案多而未獲巡撫親提比立限定勸懲上嘉之十一年疏言雲貴廣西改流土司安置內地例十人給官房五楹地五十畝安慶置二十一人地遠在來安請變價別購俾耕以食又疏言州縣徵糧例由府道封櫃請改州縣自封完糧十截串票改仍用三連由票零戶銀以下以十錢當一分又疏言壽州濱淮盜聚族而居假捕魚爲業每出刦掠已次第捕治令漁船編甲係平焦鄧諸姓設族正有盜不時舉發皆下部議行召授左都御史十二年遷工部尚書協辦大學士浙江衢州民王發善邪教惑衆命本會總督程元章按治請改設衢州總兵金衢嚴巡道以下官并更定營制下部議行十三年五月命同寶親王果親王大學士鄂爾泰張廷玉等辦理苗疆事務高宗卽位命在辦理軍機處行走調刑部尚書尋命協辦總理事務乾隆元年授東閣大學士兼禮部尚書充世宗實錄總裁二年直南書房以協辦總理事務予拖沙喇哈番世職三年授辦理軍機大臣四年加太子太保七年兼管戶部尚書九年六月以病乞休加太子太傅致仕遣御前侍衞永興齎賜御用衣冠內府文綺貂皮上親臨其第慰問賜詩命其子侍講學士以烜送歸里在籍食俸明年上念本歸將一載復賜詩十二年本卒加少傅發白金千治喪浙江巡撫顧琮往祭諡文穆上南巡所經郡縣遣祭舊臣禮部奏請未及本上特命遣祭祀京師賢良祠以烜進士官至禮部侍郎

汪由敦字師茗浙江錢塘人原籍安徽休甯雍正二年進士選庶吉士遭父喪以纂修明史命在館守制喪終三遷內閣學士直上書房二年廷臣妄傳除目爲言官執奏語連由敦未得旨由敦具疏辨上詰由敦何以先知足見有爲之耳目者其人必不謹左授侍讀學士累遷工部尚書調刑部兼署左都御史十一年命在軍機處行走十四年金川平加太子少師是歲命協辦大學士由敦出大學士張廷玉門其直軍機處廷玉薦也時軍機處諸大臣鄂爾泰已卒廷玉爲班首而訥親被上眷日入承旨出令由敦屬草慮不當上意輒令易稿至三四不已傅恒爲不平及訥親誅傅恒自金川還朝引諸大臣共承旨以爲常廷玉致仕將歸以世宗遺詔許配享太廟乞上一言爲券謝恩未親至傳旨詰責傅恒與由敦承旨由敦免冠叩首言廷玉蒙恩體恤乞終始矜全若明旨詰責則廷玉罪無可逭次日廷玉早入朝上責由敦漏言徇師生私恩不顧公議解協辦大學士并罷尚書仍在尚書任贖罪十五年命復任上閱永定河工令由敦同大學士傅恒總督方觀承會勘南岸建壩請於張仙務雙營葺舊壩二馬家鋪及冰窖以東增新壩亦二如所議四川學政朱荃以匿喪贓賄得罪由敦所薦舉吏議奪職上以由敦謹慎長於學問命降授兵部侍郎俄永定河堤決復命赴固安監塞口有請別開新河者由敦主仍濬舊河亦如所議十六年調戶部侍郎命同大學士高斌勘天津等處河工請濬永定河下流疏王慶坨引河增鳳河堤培東岸隄障東淀十七年授工部尚書十九年加太子太傅兼刑部尚書二十年準噶爾平軍機大臣得議敘二十一年調工部尚書二十二年授吏部尚書二十三年卒上親臨賜奠贈太子太師諡文端由敦篤內行記誦尤淹博文章典重有體內直幾三十年以恭謹受上知乾隆間大臣初入直軍機處上以日所製詩用丹筆作草或口授令移錄謂之詩片久無誤乃使撰擬諭旨由敦能彊識當上意上出謁陵及巡幸必從入承旨耳受心識出卽傳寫不遺一字其卒也諭稱其老誠端恪敏慎安詳學問淵深文辭雅正並賦詩悼之又以由敦善書命館臣排次上石曰時晴齋法帖上賦懷舊詩列五詞臣中稱其書比張照云子承沆承霈承霨承霈字春農由敦既卒喪終承霈以賜祭葬入謝傅恒爲言承霈書類由敦授兵部主事充軍機處章京累遷郎中除福建邵武知府時母年八十請軍機大臣爲陳情留京供職復補戶部郎中三十六年師討小金川上命戶部侍郎桂林出督餽以承霈從三十七年阿爾泰宋元俊劾桂林以金與土酋贖所掠軍士辭連承霈命逮治俄事白仍以郎中充軍機處章京累遷工部右侍郎甘肅冒賑事發部議凡在甘肅納捐監生應禁革毋許應試及自別途出身承霈奏人數甚多乞開自新之路令納金如例許考試及自別途出身得旨俞允四十年上校射承霈連發中的賞花翎調戶部右侍郎五十四年坐監臨順天鄉試失察左遷通政使累遷復至侍郎嘉慶五年授左都御史遷兵部尚書兼領順天府尹六年永定河水溢上命治賑得旨獎敘七年上將幸木蘭承霈請罷停圍不許尋改左都御史署兵部尚書北城盜發上責承霈不稱職以二品冠服致仕十年卒詔視尚書例議卹

來保字學圃喜塔臘氏滿洲正白旗人初隸內務府康熙中自庫使授侍衞再奪職五十七年復授三等侍衞雍正初擢內務府總管坐內務府披甲裁額衆鬨廉親王允禩第來保等奏不實復奪職起景陵掌關防郎中再遷復爲內務府總管署工部尚書疏言滿洲騎射較優沿邊古北口諸處提鎭以下請兼用滿洲資控制從之乾隆元年十二月大學士管浙江總督嵇曾筠江蘇巡撫邵基疏請停辦戊午銅運下部議來保奏積欠數盈六百萬應停辦一年以清舊欠但已未以後仍招商採買行之數年積欠復多又當停辦請敕部並下各直省督撫曉諭聽商具貲本出洋採買不必先給價值隨到卽收不拘多寡但不得剋扣抑勒重滋商累總理王大臣議覆允行二年六月上以運河水淺糧船至臨淸以北尤多阻滯由於衞河上游各渠口居民私洩過多敕直隸河南督撫等照前河臣靳輔題准定例稽查嚴禁來保奏言水淺運阻查禁不得不嚴但衞水發源河南至臨淸五百餘里沿河居民不知幾千萬家待溉之地不知幾千百頃今秋成在望已非灌溉之期所慮者有司奉行過當後雖運河未至淺阻而一入五月渠口盡行堵塞坐使有用之利置之無用恐不無廢時失業者不稱仁育萬民之意當使漕運不致淺阻民田亦得灌溉或暫禁於淺阻之年而不禁於深通之歲應令督撫河道諸臣悉心調劑以期兩便疏入上命侍郎趙殿最侍衞安甯會同督撫查勘請於漕船將抵臨淸視運河水盈縮定渠閘啓閉十二月授工部尚書兼議政大臣四年病請解任上不許十二月授內大臣賜紫禁城內騎馬五年調刑部尚書上以來保奉職勤命改隸滿洲正白旗所立佐領准世襲六月御史沈世楓奏來保誠慤有餘習練不足不勝刑部繁要之任諭曰來保人實可信然世楓所言頗中其病儻因此自知省惕則心志虛公而才識亦將日進此聞過而喜所以稱賢也九年命如奉天按將軍額洛圖侵蝕納賄狀論如律十年調禮部尚書加太子太保授領侍衞內大臣尋授吏部尚書協辦大學士十二月授武英殿大學士十三年九月命爲軍機大臣十四年金川凱旋進太子太傅兼管兵部刑部事十五年三月來保年七十上製詩賚之十六年兼管吏部事二十五年來保年八十復賜御製詩二十六年兼管禮部事二十九年卒年八十四贈太保祀賢良祠諡文端四十四年御製懷舊詩列五閣臣中來保能知人舒赫德官烏里雅蘇台將軍疏請徙阿睦爾撒納眷屬於邊上以其傷遠人心震怒遣使封刀斬之來保爭甚力以爲才可大用上亦悔第曰已降旨來保曰卽上有恩命臣子成麟善騎遣追前使還上允之歸召成麟使齎詔追前使還成麟日夜馳三百餘里先前使三日到舒赫德賴以免來保善相馬上嘗爲相馬歌賜之

劉綸字眘涵江蘇武進人少雋穎六歲能綴文長工爲古文辭乾隆元年以廩生舉博學鴻詞試第一授編修預修世宗實錄遷侍講進太常寺少卿四遷擢內閣學士十二年扈蹕木蘭奏秋郊大獮哨鹿二賦稱旨十四年直南書房授禮部侍郎調工部十五年命軍機處行走十六年土默特貝子哈木噶巴雅斯呼朗圖不按原議年限驅種地流民命綸偕侍讀學士麒麟保往勘六月疏言出口民價典旗地應遵原議三年五年限外撤還原主其領地耕種爲佃戶受雇力作爲傭工皆浮寄謀生初無佔地意應許力耕餬口至領地墾荒積累辛勤始得成熟不同價典年滿先還原主所需自種地有贏仍給種以償前勞木頭城三坐塔居人稠密許照常居住設三坐塔巡檢一資彈壓詔從其議父憂歸服闋十八年除戶部侍郎十九年兼順天府尹故事順天府公牘治中通判不署名綸請以錢穀屬治中獄訟屬通判先署牘呈尹可否之大軍西征準噶爾師行役車供偫苛切辦治無誤二十年準噶爾平予獎敘浙江按察使富勒渾劾巡撫鄂樂舜授意布政使同德勒派商銀命綸如浙江偕兩江總督尹繼善等會訊二十一年覆奏鄂樂舜受銀屬實擬絞候同德未知情富勒渾誣劾擬杖流上以富勒渾參欵已實不應議罪責綸等失當部議奪官有旨從寬留任罷直軍機處二十二年命仍入直二十四年六月奏薊州寶坻等縣蝻子萌動州縣官事繁督捕未能周徧飭千把外委同佐雜分捕叅將偕監司巡察勤惰報可進左都御史二十五年偕侍郎伊祿順赴西安勘將軍嵩阿禮剋兵糧勒餽送等欵得實論如律二十六年進兵部尚書二十八年調戶部協辦大學士加太子太保三十年母憂歸甫除喪詔起吏部尚書仍協辦大學士三十六年授文淵閣大學士兼工部尚書三十八年卒命皇子臨其喪贈太子太傅祀賢良祠諡文定綸性至孝親喪三年不御酒肉直軍機處十年與大學士劉統勳同輔政有南劉東劉之稱器度端凝不見有喜愠色出入殿門進止有恒處自工部侍郎歸買宅數楹後服官二十年未嘗益一椽半甓衣履垢敝不改作

朝必盛服曰不敢褻朝章也侍郎王昶充軍機處章京嘗嚴冬有急奏具草夜半詣綸綸起然燭操筆點定寒甚呼家人具酒脯而廚傳已空僅得白棗十數枚佐酒其清儉類此校士尤矜愼嘗曰衡文始難在取纖難在去文佳劣相近一去取間於我甚易獨不爲士子計乎較量分寸輒至夜分不勌爲文法六朝根柢漢魏於詩喜明高啟謂能入唐人門閾子躍雲字服先乾隆三十一年進士及第授編修累遷禮部侍郎六十年充會試副考官以校閱失當下吏議左遷奉天府府丞罷歸嘉慶四年召爲大理寺少卿遷工部侍郎上御門躍雲誤班未至左遷內閣學士復授兵部侍郎休致卒殿試例糊名躍雲對策高宗親置上第喜曰此劉綸子不意朕竟得之及視學江西有清名高宗意嚮用以忤和珅主會試坐浮言黜仁宗召起老矣終不竟其用子逢祿見儒林傳

劉統勳字延清山東諸城人父棨官四川布政使統勳雍正二年進士選庶吉士授編修先後直南書房上書房四遷至詹事乾隆元年擢內閣學士命從大學士嵇曾筠赴浙江學習海塘工程二年授刑部侍郎留浙江三年還朝四年母憂歸六年授刑部侍郎服闋詣京師擢左都御史疏言大學士張廷玉歷事三朝遭逢極盛然晚節當愼責備恆多竊聞輿論動云張姚占二姓半部縉紳張氏登仕版者有張廷璐等十九人姚氏與張氏世婚仕宦者姚孔鋠等十人二姓本桐城巨族其得官或自科目薦舉或起襲廕議敘日增月益今未能遽議裁汰惟稍抑其遷除之路使之戒滿引嫌即所以保全而造就之也請自今三年內非特旨擢用概停升轉又言尚書公訥親年未強仕綜理吏戶兩部典宿衛贊中樞兼以出納王言時蒙召對屬官奔走恐後同僚亦爭避其鋒部中議覆事件或輾轉駁詰或過目不留出一言而勢在必行定一稾而限逾積日殆非懷謙集益之道請加訓示俾知省改其所司事或量行裁減免曠廢之虞兩疏入上諭曰朕思張廷玉訥親若果擅作威福劉統勳必不敢爲此奏今既有此奏則二臣並無聲勢能箝制寮寀可知此國家之祥也大臣任大責重原不能免人指摘聞過則喜古人所尙若有幾微芥蔕於胸臆間則非大臣之度矣大學士張廷玉親族甚衆因而登仕籍者亦多今一經察議人知謹飭轉於廷玉有益訥親爲尙書固不當模稜推諉但治事或有未協朕時加教誨誡令毋自滿足今見此奏益當自勉至職掌太多如有可減候朕裁定尋命以統勳疏宣示廷臣命勘海塘十一年署漕運總督還京十三年命同大學士高斌按山東賑務並勘河道時運河盛漲統勳請濬聊城引河分運河水注海德州哨馬營東平戴村二壩皆改令低沂州江楓口二壩俟秋後培高俾水有所洩還工部尙書兼翰林院掌院學士改刑部尙書十七年命軍機處行走十八年以江南邵伯湖減水二閘及高郵車邏壩決命偕署尙書策楞往按合疏言河員虧帑誤工詔奪河督高斌協辦河務巡撫張師載職窮治侵帑諸吏九月銅山店汛河決統勳疏論同知李焞守備張賓呈報稽誤上以焞賓平日侵帑聞且窮治自知罪重河漲任其衝決立命誅之並縶斌師載令視行刑統勳駐銅山督塞河十二月工成統勳偕策楞疏陳稽察工料諸事詔如所議行大學士陳世倌疏言黃河入海套槽增多致釀衆命統勳往勘統勳疏言海口舊在雲梯關今海退河淤增長百餘里槽套均在七曲港上河流無所阻遏上又命清察江南河工未結諸案統勳疏言未結欵一百一十一萬有奇請定限核報又以河道總督顧琮請於祥符滎澤諸縣建壩並濬引河命統勳往勘統勳議擇地培隄堵引河上無來源中經沙地易淤勢當罷上從之十九年加太子太傅五月命協辦陝甘總督賜孔雀翎時方用兵準噶爾統勳請自神木至巴里坤設站一百二十五並裁度易馬運糧諸事命如所議速行二十年廷議駐兵巴里坤哈密命察勘統勳至巴里坤阿睦爾撒納叛攻伊犂伊犂將軍班第死事未得報定西將軍永常自木壘引師退統勳疏請還守哈密上責其附和永常置班第於不問命並永常奪職逮治其子墉亦奪職與在京諸子皆下刑部獄籍其家旋上怒解諭統勳所司者糧餉馬駝軍行進止將軍責也設令模稜之人緘默不言轉可不至獲罪是其言雖謬心尙可原永常尙不知死綏何怪於統勳統勳在漢大臣中尙奮往任事從寬免罪發往軍營交班第等令治軍需贖罪釋其諸子二十一年六月授刑部尙書尋命勘銅山縣孫家集漫工解總河富勒赫任即命統勳暫攝是冬工竟二十二年命赴徐州督修近城石壩加太子太保二十三年調吏部尙書二十四年命協辦大學士二十六年拜東閣大學士兼管禮部兵部八月偕協辦大學士兆惠查勘河南楊橋漫工十二月工竟二十七年上南巡復命偕兆惠勘高寶河湖入江路疏請開引河擇地築閘壩上諭謂所議甚合朕意又以直隸景州被水命勘德州運河疏請移吏董理四女寺哨馬營兩引河毋使淤閼二十八年充上書房總師傅兼管刑部教習庶吉士三十三年命往江南酌定清口疏濬事宜三十四年復勘疏運河三十八年十一月卒是日夜漏盡入朝至東華門外輿微側啓帷則已瞑上聞遣尙書福隆安齎藥馳視已無及贈太傅祀賢良祠謚文正上臨其喪見其儉素爲之慟回蹕至乾清門流涕謂諸臣曰朕失一股肱既而曰如統勳乃不愧眞宰相統勳歲出按事如廣東按糧驛道明福違禁折收如雲南按總督恒文巡撫郭一裕假上貢抑屬吏賤値市金如山西按布政使蔣洲抑屬吏補虧帑如陝西按西安將軍都賚侵餉如歸化城按將軍保德等侵帑如蘇州按布政使蘇崇阿誤論書吏侵帑如江西按巡撫阿思哈受賕皆論如律其視楊橋漫工也河吏以芻茭不給爲辭月餘事未集統勳微行見大小車載芻茭凡數百輛皆弛裝困臥有泣者問之則主者索賄未遂置而不收也即令縛主者至數其罪將斬之巡撫以下爲固請乃杖而荷校以徇薪芻一夕收立盡逾月工遂竟方金川用兵統勳屢議撤兵及木果木軍覆上方駐熱河統勳留京治事天暑甚以兼上書房總師傅檢視諸皇子日課廷寄急召比入對上曰昨軍報至木果木軍覆溫福死綏朕煩懣無計用兵乎抑撤兵乎統勳對曰日前兵可撤今則斷不可撤復問誰可任者統勳頓首曰臣料阿桂必能了此事上曰朕正欲專任阿桂特召卿決之卿意與合事必濟矣即日令還京師戶部疏論諸行省州縣倉庫多空闕上欲盡罷州縣吏不職者而以筆帖式等官代之召統勳諭意且曰朕思之三日矣汝意云何統勳默不言上詰責統勳徐曰聖聰思至三日臣昏耄誠不敢遽對容退而熟審之翌日入對頓首言曰州縣治百姓者也當使身爲百姓者爲之語未竟上曰然事遂寢上爲懷舊詩列五閣臣中稱其神敏剛勁終身不失其正云子二墉堪墉字崇如乾隆十六年進士自編修再遷侍講二十年統勳得罪並奪墉官下獄事解賞編修督安徽學政疏請州縣約束貢監責令察優劣督江蘇學政疏言府縣吏自瞻顧畏刁民畏生監兼畏吏胥關允怠玩上嘉其知政體飭兩江總督尹繼善等淬厲除舊習授山西太原知府擢冀甯道以官知府時失察僚屬侵帑發軍臺効力踰年釋還命在修書處行走旋推統勳恩命仍以知府用授江蘇江甯知府有清名再遷陝西按察使丁父憂服闋授內閣學士直南書房遷戶部吏部侍郎授湖南巡撫遷左都御史仍直南書房命偕尙書和珅如山東按巡撫國泰貪縱狀得實授工部尙書充上書房總師傅署直隸總督授協辦大學士五十四年以諸皇子師傅久不入書房降爲侍郎銜尋授內閣學士三遷吏部尙書嘉慶二年授體仁閣大學士命偕尙書慶桂如山東讞獄並按行河決疏請寬濬下游四年加太子少保疏陳漕政僉丁不愼途中盜米致有鑿舟自沈或竄及檣舵舟存而不可用請飭各行省僉丁宜求殷實皆如所議行九年卒年八十五贈太子太保祀賢良祠謚文清墉工書有名於時鐶之統勳次子堪之子也乾隆五十四年進士自檢討累遷至戶部尙書兼領順天府府尹嘉慶二十二年上自熱河還京師鐶之入見上以順天府奏事稀捕教匪不時得詰鐶之不能對但言方旱災不敢急捕賊上又問振災當設粥廠幾所需米若干鐶之又不能對上降旨責其玩愒命以侍郎候補復累遷吏部尙書加太子少保道光元年卒謚文恭

論曰明內閣主旨擬承旨撰敕其在唐宋特知制誥之職以王命所出入密勿獻替遂號爲宰相軍機處制與相類世謂大學士非兼軍機處不得爲眞宰相勝此任者非以其愼密則以其通敏愼密則不泄通敏則不滯不滯不泄樞機之責盡矣本世宗舊臣由敦來保綸統勳次第入直由敦左遷而未罷直統勳罷而復入尤以決疑定計見契於高宗許爲有古大臣風亮哉

清史稿　列傳九十

福敏　陳世倌
史貽直　阿克敦
孫嘉淦　梁詩正

福敏字龍翰富察氏滿洲鑲白旗人康熙三十六年進士選庶吉士散館以知縣待銓時世宗在藩邸高宗初就傅命福敏侍讀及世宗即位擢內閣學士兼禮部侍郎三年遷吏部侍郎出署浙江巡撫四年擢左都御史兼翰林院掌院學士復出署湖廣總督沔陽潛江等十州縣水災疏請發常平倉穀治賑謬狆花苗叛福敏檄貴州兵截後路以湖廣兵擣其巢討平之安陸荊州被水疏請老弱婦女治賑如常而以丁壯修隄俾民得食而隄亦完上眷福敏厚嘗手詔諭曰朕令爾暫攝總督苟得其人即命往替近日廊廟中頗乏才皇子左右亦待爾輔翼留爾湖廣非得已宜體朕意勉爲之五年召還京授吏部尙書六年以巡撫浙江時徇布政使佟吉圖動庫銀奪職八年命協理兵部侍郎遷左都

御史十年署工部尚書協辦大學士旋署刑部尚書乾隆三年擢武英殿大學士兼工部尚書翰林院掌院學士四年加太保六年七月高宗初幸木蘭行圍福敏疏言行圍邊外內外章奏按期馳送較宮廷清穆勞逸迥殊宜朝乾夕惕清明在躬從容應之留京百官必因事警察勿使偷惰者得行其私巡行之日言路宜舉大利害不當瑣細瀆陳傷政體聖祖於獵地平易險阻無不了然故周旋中度馳射如神願皇上籌度於先并兵布圍未必無參差乞少加從容俾黽勉從事并兵從行日久資斧不繼量加恩澤費無多而惠無窮上諭曰覽大學士所奏老成忠懇補袞陳善朕皆嘉納焉八年疏陳時政言河防事重請如災民請賑例便宜處置以時上聞災民流移情非得已若有司不善拊循徙禁越境致輾轉溝壑宜加以玩視罪江南湖廣偏災請留南漕賑濟定數多寡當出上裁庶上不虧儲下足濟食疏入從之十年以疾乞解任溫詔如所請加太傅二十二年卒年八十四福敏嘗有疾上臨視及聞其卒復親奠賜祭葬祀賢良祠謚文端福敏性剛正廓然無城府直內廷與蔡世遠雷鋐善尤服膺朱軾既乞休語鋐曰此位豈易稱我浮沈其間君不我嗤耶四十四年上製懷舊詩於舊學諸臣皆稱先生字而不名言於軾得學之體於世遠得學之用於福敏得學之基六十年二月上丁釋奠禮成贈福敏太師詔言沖齡就傳時啓迪之力多也

陳世倌字秉之浙江海寧人父詵自有傳世倌康熙四十二年進士改庶吉士自編修累遷侍讀學士督順天學政父憂歸起督江西學政疏乞終制得請二年服闋擢內閣學士出爲山東巡撫時山東境旱蝗糧運淺阻世倌單車周歷宣察災輕重吏能否乃視事趣捕蝗略盡革疏治運道世宗書扇以賜世倌疏言社倉通有無濟豐歉古今可行宜令各鄉勸富民輸穀不限多寡量予獎勸舉公正鄉約三人司其出入官爲稽覈貧民春貸秋償石納息二斗歉則減之十年後納息一斗請飭諸行省先就數州縣行之俟有成效然後推廣下所司議行又疏請禁回教上以回教其來已久限於種人非蔓延難量無故欲禁革徒紛擾非治理罷其議又疏上沿海防衞五事報可四年母憂歸命治江南水利坐遲悞奪職革命赴曲阜督修孔子廟高宗即位起左副都御史乾隆二年授倉場侍郎再遷工部尚書六年授文淵閣大學士是年秋淮徐鳳泗等處被水上命侍郎周學健會總督高斌庀工役世倌屢疏陳行水郵災諸事上即命乘傳往會學健等察勘世倌言水勢高下必當親勘請以通曉算術者偕往從之十二月偕學健等疏陳籌畫工役請待來歲二三月水涸施工上曰世倌臨行奏言歲內可疏積水盡消今疏言仍待來歲二三月其所籌畫皆不過就高斌周學健所定規模而潤色之別無奇謀碩畫何必多此往返乎九年予假回籍請致仕不許疏言道經山東聞有劇盜就逮因案關數省遷延待質劇盜既鞫得實宜速誅請飭山東巡撫定讞毋使久稽顯戮上韙其言假滿還職加太子太保雲南巡撫劾屬吏例當合總督覆讞世倌擬旨誤下吏議奪職上斥世倌卑瑣不稱大學士宜如議奪職又別敕略謂朕斥世倌卑瑣即如世倌與孔氏有連乃於兗州私置田宅冀分其餘潤此豈大臣所爲今既奪職下山東巡撫毋令居兗州十五年入京祝嘏賞原銜十六年命入閣辦事兼管禮部事二十二年以老病乞休詔從其請加太子太傅二十二年春陛辭御製詩賜之謂皇祖朝臣無幾也賚銀五千兩在家食俸未行卒謚文勤世倌治宋五子之學廉儉純篤入對及民間水旱疾苦必反覆具陳或繼以泣上輒霽顏聽之曰陳世倌又來爲百姓哭矣雖中被譴訶終亮其端謹其後南巡猶遣官祭其墓云

史貽直字儆弦江蘇溧陽人父夔康熙二十一年進士官至詹事貽直少嫻掌故三十九年成進士年十九自檢討五遷侍讀學士雍正初命在南書房行走再遷吏部侍郎歷工部戶部命如河南按總督田文鏡劾信陽知州黃振國等定讞入告上蔡知縣張球文鏡所嘗薦貽直等發其諱盜下吏議文鏡疏自劾復命如山西按前總督年羹堯領河東鹽政私其子撓鹽法七年復命如福建按巡撫朱綱劾按察使喬學尹等並論如律上獎其公當命署福建總督福建水師巡海挾市易物蝕關稅貽直爲申禁福州興化泉州漳州四府以米少倉穀不如例糶易貽直請以臺灣應輸兵米易穀運四府以次糶舊存新內地兵戍臺灣往還擾番社貽直請下臺灣總兵戍兵往還遣裨將檢押皆如所議行八年調署兩江總督以本籍疏辭勿許授左都御史仍留兩江九年召還時師征準噶爾陝西甘肅當師行道任餽餉命偕侍郎杭奕祿等宣諭化導旋命協理陝西巡撫擢兵部尚書仍留陝西十年署巡撫廷議禁燒鍋下諸行省貽直疏言年豐糧賤燒鍋亦民間謀生之一事當視年事豐歉審民力盈虛加以董勸上許爲得因時制宜之意湖廣總督邁柱請疏湖廣荊子關至陝西龍駒寨水道便轉餉貽直疏言荊子關至龍駒寨舊有丹河行兩山間紆折三百七十里夏秋間民引以溉田築堰蓄流涓滴必爭雨後山水驟至縴路徹斷實不宜於輓運臣察湖廣轉餉艱難當於河南府陝州傍河諸州縣積穀行轉般之策浚治丹河宜若可緩上韙貽直言格邁柱議不行旋授戶部尚書總理陝西巡撫十三年七月召還八月世宗崩高宗即位貽直入對高宗出世宗遺念衣賜貽直勖以始終一致貽直泣上亦泣不止貽直疏言科道及吏禮二部宜循舊制用科目官吏遴擢捐納階資俸進者不以爲公沈滯者不勝其怨宜亦循舊制存階級河南各州縣報墾砂礫山岡按畝升科小民鬻兒女以應輸將州縣官勸指有損國體請簡廉明公正大臣撫綏其地則情弊立見事下總理事務王大臣議行尋命署湖廣總督乾隆元年疏言舊制州縣虧倉穀議罪穀一石當銀一兩時值實不及請雜糧皆視穀尤失平部議米一石當銀一兩穀及諸雜糧皆當銀五錢著爲令武昌城西南當江漢合流處舊有長隄貽直令所司履勘重築自王惠橋至土城磯隄千三百餘丈期三歲而畢湖廣爲兩淮行鹽地而地錯入川粵凡巴東歸州道州寧遠等九州縣民私食川粵鹽兩淮鹽政尹會一以爲言貽直言湖廣行兩淮鹽歲七十餘萬引諸州縣僻遠兩淮鹽不至強而行之官商且交困部議如貽直奏湖南城步等縣苗酋蒲寅山鳳老一等爲亂貽直與巡撫高其倬等討平之上嘉其勞召還歷工刑兵吏諸部尚書七年命署直隸總督復召還協辦大學士九年授文淵閣大學士十一年加太子太保貽直子奕昂官山東運河道以巡撫鄂昌薦命署甘肅布政使二十年鄂昌坐事籍沒得貽直請託狀上念貽直勤慎不深罪命致仕回籍召奕昂還京二十二年上南巡貽直迎駕沂州令在家食俸尋召還仍授大學士途中病作遣御醫就視至京命領工部加太子太傅二十五年上以貽直成進士已六十年賜詩獎爲人瑞尋命遇祀典不必隨班行禮以肩輿入直二十七年貽直乞致仕命不必兼攝工部歲加俸五百金二十八年卒年八十二贈太保祀賢良祠謚文靖貽直爲政持大體不苟爲異同性強記飭舉止善爲辭令年羹堯既誅世宗問貽直汝亦羹堯薦耶貽直免冠對曰薦臣者羹堯用臣者皇上及事高宗耄矣嘗奏事拜起舒遲高宗問卿老憊乎貽直對曰皇上到臣年當自知之高宗爲霽顏子奕簪乾隆十年進士官左春坊左贊善奕昂以舉人授刑部員外郎自署甘肅布政使召還京旋授福建按察使再遷兵部侍郎以口語罷奕瓌官山西潞安知府高宗命留京侍貽直授四品京堂

阿克敦字仲和章佳氏滿洲正藍旗人康熙四十八年進士改庶吉士授編修五十二年充河南鄉試考官五十三年上以阿克敦學問優典試有聲名特擢侍講學士五十五年轉侍讀學士五十六年朝鮮國王李焞病目使求空青命阿克敦齎賜之遷詹事五十七年擢內閣學士六十一年朝鮮國王李昀請立其昑爲世弟命阿克敦偕侍衞佛倫充使冊封擢兵部侍郎世宗即位兼翰林院掌院學士充聖祖實錄副總裁雍正元年命專管翰林院掌院學士充國史會典副總裁復偕散秩大臣舒魯冊封朝鮮國王李昑三年授禮部侍郎兼兵部四年調兵部兼國子監祭酒兩廣總督孔毓珣入覲命阿克敦署總督兼廣州將軍奏劾碣石總兵陳良弼索漁船陋規左翼總兵藍奉以二子冒補把總倚勢累兵上嘉阿克敦實奏命擇勝任之人具本題參高要高明四會三水南海等五縣民瀕江築圩開竇建牐引水溉田謂之圍基江漲多潰決巡撫楊文乾奏請以最衝改石工次衝改椿埽計費數十萬借帑修築且議以開捐補欸阿克敦意與相左五年疏言高要等縣沿江圍基俱係土工歲十一月後有司督率鄉民按畝分工加單培薄民不爲苦官無所費江漲不免衝決但水性不猛非必石工樁埽方能抵禦請仍循舊法令有司於農隙督民修補倘江水盛漲遣吏巡行防衞決無煩改築費帑上爲寢文乾議尋與毓珣合疏請遣廣南韶道肇高廉羅道督修諸縣圍基報聞蒼梧芋莢山礦民舉衆竊發阿克敦令捕得其渠上諭嘉之調吏部署廣東巡撫劾肇高廉羅道王士俊侵稅羨上以士俊尚可用命訓飭遂改署廣西巡撫文乾劾阿克敦聞盜不嚴緝新會縣得盜授意改讞以竊賊詳結侵粵海關耗銀合家人索暹羅米船規禮毓珣亦劾侵太平關耗銀六年命奪阿克敦官下毓珣文乾會鞫文乾卒上遣通政使留保郎中喀爾吉善會毓珣及署廣東巡撫傅泰嚴鞫以諱盜侵耗輕罪不議坐令家人索暹羅米船擬絞士俊復揭告阿克敦庇布政使官達婪贜加擬斬監候七年山東巡撫費金吾以疏濬江南徐州沛縣及濟甯嘉祥諸縣水道請派員督修上命釋阿克敦往江南河工效力自贖九年上命撫遠大將軍馬爾賽率師討準噶爾授阿克敦內閣額外學士協辦軍務十一年命駐扎克拜達里克督餉十二年召還命偕侍郎傅鼐副都統羅密使準噶爾宣諭噶爾丹策零議罷兵息民喀爾喀與準噶爾以阿爾泰山梁分界噶爾丹策零欲以杭愛爲界收阿爾泰山爲游牧地阿克敦與議三日不決噶爾丹策零遣使吹那木喀從阿克敦等詣京師請以哲爾格西喇呼魯烏蘇爲喀爾喀游牧地界十三

年阿克敦等至京師上以阿克敦等奏及地圖密寄北路副將軍策棱令熟籌定議策棱言準噶爾游牧不得令過阿爾泰山議中輟命阿克敦署鑲藍旗滿洲副都統工部侍郎高宗即位命守護泰陵三年復命阿克敦使準噶爾以侍衞旺扎爾台吉額默根爲副齎敕諭噶爾丹策零議界噶爾丹策零使哈柳從阿克敦等詣京師請準噶爾游牧不越阿爾泰山而乞移布延圖托爾和二卡倫入內地上謂游牧不越阿爾泰山已可定議而移二卡倫不可許命哈柳齎敕還授阿克敦工部侍郎五年調刑部復調吏部八年授鑲藍旗滿洲都統十年兼翰林院掌院學士十一年授刑部尙書十三年命協辦大學士尋解以授傅恆四月翰林院進孝賢皇后册文清文譯皇妣爲先太后上以爲大誤召阿克敦詢之阿克敦未候旨已退上怒謂阿克敦以解協辦大學士故怨望奪官下刑部當大不敬律擬斬監候六月命在內閣學士上行走署工部侍郎七月擢署刑部尙書授鑲白旗漢軍都統十月兼翰林院掌院學士十二月復命協辦大學士十四年金川平加太子少保連歲上幸木蘭幸河南幸盛京皆命留京辦事迭署左都御史步軍統領二十年以目疾乞假上遣醫視疾屢乞休命致仕二十一年卒賜祭葬諡文勤子阿桂自有傳阿克敦居刑部十餘年平恕易簡未嘗有所瞻顧一日阿桂侍阿克敦曰朝廷用汝爲刑官治獄宜何如阿桂曰行法必當其罪罪一分與一分法罪十分與十分法阿克敦怒索杖阿桂惶恐求教阿克敦曰如汝言天下無完人矣罪十分治之五六已不能堪而可盡耶且一分罪尙足問耶阿桂長刑部屢舉以告僚屬云

孫嘉淦字錫公山西興縣人嘉淦故家貧耕且讀康熙五十二年成進士改庶吉士授檢討世宗初即位命諸臣皆得上封事嘉淦上疏陳三事請親骨肉停捐納罷西兵上召諸大臣示之且曰翰林院乃容此狂生耶大學士朱軾侍徐對曰嘉淦誠狂然臣服其膽上良久笑曰朕亦且服其膽擢國子監司業四年遷祭酒命在南書房行走六年正月署順天府府尹丁父憂服未闋召還京仍授府尹進工部侍郎仍兼府尹祭酒十年調刑部侍郎尋兼署吏部侍郎嘉淦爲祭酒薦其弟揚淦爲國子監丞教習宗鎬方從仁等期滿引見嘉淦言鎬等皆可用上詰之又言從仁實不堪用上乃大怒斥嘉淦反覆欺罔奪職交刑部治罪當挾詐欺公律擬斬上語諸大臣曰孫嘉淦太戇然不愛錢命免罪在戶部銀庫効力行走嘉淦出獄徑詣庫果親王允禮時領戶部疑嘉淦故大臣被黜不屑會計事又聞蜚語謂嘉淦沽名收銀皆不足乃莅視嘉淦方持衡稱量與吏卒雜坐均勞苦詢所收銀則別置一所覆之無絲毫贏絀事上聞上愈重嘉淦十二年命署河東鹽政十三年八月高宗即位召嘉淦來京以侍郎候補九月授吏部侍郎十一月遷都察院左都御史仍兼吏部嘉淦以上初政春秋方盛上疏言臣本至愚荷蒙皇上聖恩畀以風紀重任日夜悚惶思竭一得之慮而每月以來捧讀聖訓剴切周詳仁政固已畢行臣愚更無可言所欲言者皇上之心而已皇上之心仁孝誠敬明恕精一豈復尙有可議而臣猶欲有言者正於心無不純政無不善之中竊鰓鰓私憂過計而欲預防之也治亂之循環如陰陽之運行陰極盛而陽生陽極盛而陰姤事當極盛之地必有陰伏之機其機藏於至微人不能覺及其既著積重而不可返此其間有三習焉不可不慎戒也主德清則臣心服而頌仁政行則民身受而感出一言而盈廷稱聖發一令而四海謳歌在臣民本非獻諛然而人主之耳則熟於此矣耳與譽化非譽則逆始而匡拂者拒繼而木訥者厭久而頌揚之不工者亦絀矣是謂耳習於所聞則喜諛而惡直上愈智則下愈愚上愈能則下愈畏趨蹌諂脅顧盼而皆然免冠叩首應聲而即是此在臣工以爲盡禮然而人主之目則熟於此矣目與媚化非媚則觸故始而倨野者斥繼而嚴憚者疏久而便辟之不巧者亦忤矣是謂目習於所見則喜柔而惡剛敬求天下之事見之多而以爲無足奇也則高己而卑人慎辨天下之務閱之久而以爲無難也則雄才而易事質之人而不聞其所短返之己而不見其所失於是乎意之所欲信以爲不踰令之所發概期於必行矣是謂心習於所是則喜從而惡違三習既成乃生一弊何謂一弊喜小人而厭君子是也今夫進君子而退小人豈獨三代以上知之哉雖叔季之君孰不思用君子且自智之君各賢其臣孰不以爲吾所用者必君子而決非小人乃卒之小人進而君子退者無他用才而不用德故也德者君子之所獨才則君子小人共之而且小人勝焉語言奏對君子訥而小人佞諛則與耳習投矣奔走周旋君子拙而小人便辟則與目習投矣即課事考勞君子孤行其意而恥於言功小人巧於迎合而工於顯勤則與心習又投矣小人挾其所長以善投人主溺於所習而不覺審聽之而其言入耳諦觀之而其顏悅目歷試之而其才稱乎心也於是乎小人不約而自合君子不逐而自離夫至於小人合而君子離其患可勝言哉而揆厥所由皆三習爲之蔽焉治亂之機千古一轍可考而知也我皇上聖明臨御如日中天豈惟並無此弊抑且並無此習然臣正及其未習也而言之設其習既成則或有知之而不敢言抑或言之而不見聽者矣今欲預除三習永杜一弊不在乎外惟在乎心故臣願言皇上之心也語曰人非聖人孰能無過此淺言也夫聖人豈無過哉惟聖人而後能知過惟聖人而後能改過孔子謂五十學易可無大過文王視民如傷望道如未之見是故賢人之過賢人知之庸人不知也聖人之過聖人知之賢人不知也欲望人繩愆糾謬而及於其所不知難已故望皇上聖心自懔之也反之已眞知其不足驗之世實見其未能故常欿然不敢自是此不敢自是之意流貫於用人行政之間夫而後知諫爭切磋愛我良深而諛悅爲容者愚己而陷之阱也夫而後知嚴憚匡拂益我良多而順從不違者推己而墜之淵也耳目之習除取舍之極定夫而後衆正盈朝太平可覩矣不然自是之根不拔則雖斂心爲慎慎之久而覺其無過則謂可以少寬厲志爲勤勤之久而覺其有功則謂可以少慰此念一轉初亦似於天下無害而不知嗜欲燕安功利之說漸入耳而不煩而便辟善柔便佞者亦熟視而不見其可憎久而習焉或不自知而爲其所中則黑白可以轉色而東西可以易位所謂機伏於至微而勢成於不可返者此之謂也大學言見賢而不能舉見不賢而不能退至於好惡拂人之性而推所由失皆因於驕泰驕泰即自是之謂也由此觀之治亂之機轉於君子小人之進退進退之機握於人主之一心能知非則心不期敬而自敬不見過則心不期肆而自肆敬者君子之招而治之本也肆者小人之媒而亂之階也然則沿流溯源約言蔽義惟望我皇上時時事事常守此不敢自是之心而天德王道舉不外乎此矣疏上上嘉納宣示遷刑部尙書總理國子監事河南鄭州有疑獄命使者往勘仍不得實上命嘉淦往訊得其寃狀十餘人盡脫之三年四月遷吏部尙書仍兼管刑部事九月直隸總督李衞劾總河朱藻貪劣誤工命偕尙書訥親往鞫得實論如律十月授直隸總督時畿輔酒禁甚嚴犯法者衆嘉淦疏言前督李衞任內一年中獲私釀三百六十四案犯者千四百餘名臣抵任一月獲私釀七十八案犯者三百五十餘名此特申報者耳府廳州縣自結之案尙復不知凡幾吏役兵丁已獲而賄縱者更不知凡幾此特犯者之正身耳其鄰保鄰甲沿途店肆負販之屬牽連受累者又復不知凡幾一省如是他省可知皇上好生恤刑命盜案自罹重辟倘再三酌議求一綫可原之路今以日用飲食之故官吏兵役以私釀爲利藪百姓弱者失業強者犯令鹽梟未清酒梟復起天下騷然殊非政體臣前言酒禁宜於歉歲不宜於豐年猶屬書生謬論躬莅其事乃知奪民之貲財而狼藉之毀民之肌膚而敲撲之取民之生計而禁錮之饑餓之餘民無固志失業既重何事不爲歉歲之不可禁乃更甚於豐穰周禮荒政舍禁去譏有由然也且也酒禁之行無論適以擾民而實終不能禁借令禁之不擾且能永禁而於貧民生計米穀蓋藏不惟無益抑且有損夫作酒以糜穀此爲黃酒言也其麴必用小麥其米則需稉稬皆五穀之最精者燒酒則用高粱佐以豆皮黍殼穀糠麴以大麥爲之本非朝夕所食而豆皮黍殼穀糠之屬原屬棄物雜而成酒可以得價其糟可飼六畜化無用爲有用非作無益害有益也今欲禁燒酒而並禁黃酒則無以供祭祀賓客養老之用若不禁黃酒止禁燒酒省大麥高粱之粗且賤者而倍費小麥稉稬之精且貴者臣所謂無益於蓋藏也百工所爲皆需易之以粟太貴則病末太賤則傷農得其中而後農末俱利故農有歉荒亦有熟荒十年以內歉歲三而豐歲七則粟宜有所洩非但積之不用而已今北地不種高粱則無以爲薪蓆屋墻之用種之而用其稭稈則其顆粒宜有所售燒鍋既禁富民不買高粱貧民穫高粱雖賤價而不售高粱不售而酒又爲必需之物則必賣米穀以買黃酒向者一歲之內八口之家賣高粱之價可得七八兩今止二三兩矣而買黃酒之價則需費七八兩所入少而所出多又加以粃糠等物堆積而不能易錢自然之利皆失日用所需惟糶米麥糶而售則家無蓋藏糶而不售則百用皆絀臣所謂有損於生計者此也小民趨利如水就下利所不在雖賞不爲利之所在雖禁彌甚燒鍋禁則酒必少酒少則價必貴價貴而私燒之利什倍於昔什倍之利所在民必性命爭焉孟子曰君子不以所養人者害人本爲民生計而滋擾乃至此則立法不可不愼也疏上詔弛禁民王宰謀得諸生馬承宗產賄太監劉金玉等投獻貝勒允祐門下嘉淦疏請交刑部具讞上嘉其能執法民焦懈被誣坐邪教株連者數百人嘉淦白其枉民紀懷讓食料豆汁染衣會村有賊殺人偵者以爲血誣服決有日正定知府陳浩廉得寃狀嘉淦親鞫雪懷讓誣命兼管直隸河工嘉淦議治永定河初至官即請於金門閘上下多建草壩使河流漸復故道四年正月復疏請於金門閘下增設草壩一引永定河歸故道自中亭玉帶達天津歸海得旨偕總河顧琮悉心經理嘉淦復疏言天津南北運河與淀河會於西沽以入於海河南運河水濁久必淤墊

況通省之水皆匯於此秋潦時全宣洩不及大學士鄂爾泰曾奏准於靜海獨流疏引河實下游治水之關鍵但開河易達海難設中途梗阻必更漫溢爲患且海口開深又恐潮水倒灌臣等見勘通省水道凡衆河交會及入淀入海之路有急宜修濬者卽於今夏興修報聞五月晉太子太保五年九月疏言直隸經流之大者永定子牙南運北運四河與東西兩淀治永定河擬於葉淀之東疏引河由西沽北入海治子牙河擬濬新河引上游諸水入淀開舊河東隄使漸由西沽南入海治北運河兩岸去沙裁直濬減河培隄岸治南運河兩岸築遙隄濬河使行正溜安陵鎭建閘濬減河三十餘里入老河口達於海治西淀擬開白溝河故道以入中亭九橋南別疏一河並濬清門河別派分流下游已暢達復將金門閘西引河改由東道於苑家口疊道建木橋五使灑水通行治東淀擬濬上游三岔河令寬深楊家河卞家河犍諸處疏引河並行而東會於西沽庶使四河順軌兩淀暢洩又引永定河改歸故道各工俱全上嘉之時江南總督高斌入都上命會同嘉淦議河務十月合疏言永定河當於固安南霸州北順流東下接東淀達西沽入海則上游漲水自消霸州北當築隄護城保定縣西新莊至城東路疃村隄根逼溜應加寬厚其路疃村東至艾頭村接營田圍埝約五十餘里擬築月隄作重障嘉淦方鋭意引永定河歸故道河溢傍河諸州縣被水六年正月諭曰朕聞永定河經理未善固安良鄉涿州雄縣霸州諸州縣田畝往往被淹係嘉淦不能辭其責也於是命大學士鄂爾泰往勘請暫塞金門閘上游放水口嘉淦奏旋開旋築實與放水本意相左將來泥沙壅入玉帶恐爲患更大諭曰此奏固是然鄂爾泰愼重欲籌萬全卿不必固執已見卿此事自任甚力而料理未善朕不能爲卿諱然朕終以卿爲是者不似顧琮爲游移巧詐之計耳其後上巡天津閱中亭河工賦詩紀事猶病嘉淦之失計也是年八月調湖廣總督七年五月疏言內地武弁不得干預民事苗疆獨不然文員不敢輕入苗寨但令差役催科持票滋擾而已爭訟刼殺之案皆委之於武弁威權所及攤派隨之於是因公科歛文武各行其令因事需索兵役競逞其能甚至沒其家貲辱及婦女苗民不勝其忿與之併命而嫌衅遂成爲大吏者或剿或撫意見各殊行文查勘動經數月苗得聞風豫備四處句連滋擾益甚苗無所告訴乘隙復動惟力是視歷來治苗之官既無愛養之道飲血酒傳木刻亂起甚易戡定實難幸就剷平而後之人仍蹈前轍搜捕株連又乏約束之方無事恣其侵漁有事止於剿殺剿殺之後仍事侵漁侵漁旣久勢必又至剿殺長此循環伊於胡底語曰善爲政者因其勢而利導之苗人散居各有頭人凡作奸窩匪之處兵役偵之而不得者頭人能知之鬥爭刼殺之事官法繩之而不解者頭人能調之故治苗在治頭人令各寨用頭人爲寨長一峝之中取頭人所信服者爲峝長使各約束寨長而聽於縣令衆苗有事寨長處之不能以告峝長又不能以告縣令如是則於苗疆有提綱挈領之方於有司自收令行禁止之效且峝長數見牧令有爭訟可告官隔處而無仇殺之舉牧令數見峝長有條教可面飭遵行而無吏役獘蔽之患擾累既杜則心志易孚所謂立法簡易因其俗而利導者也八年正月命署福建巡撫未赴湖南糧道謝濟世劾善化知縣樊德貽衡陽知縣李澎浮收漕米巡撫許容庇德貽等疏劾濟世下嘉淦察讞長沙知府張琳按衡陽丁役得浮收狀申署糧道倉德布政使張璨致書倉德請易府牒倉德持不可以其實揭報嘉淦及漕運總督顧琮嘉淦欲寢其事而顧琮以上聞御史胡定復論劾倉德又揭都察院上遣侍郎阿里袞往按直濟世上責嘉淦徇庇奪官責修順義城工九年授宗人府府丞十年遷左副都御史十二年以老乞休許之十四年召來京直上書房十五年正月授兵部侍郎八月擢工部尚書署翰林院掌院學士十七年進吏部尚書協辦大學士十八年十二月卒年七十有一諡文定嘉淦居官爲八約曰事君篤而不顯與人共而不驕勢避其所爭功藏於無名事止於能去言刪其無用以守獨避人以清習廉取用以自戒既以直諫有聲乾隆初疏匡主德尤爲時所慕四年京師市井傳嘉淦疏稿論劾大學士鄂爾泰張廷玉等高宗諭步軍統領巡城御史嚴禁十六年或又傳嘉淦疏稿斥言上失德有五不可解十大過雲貴總督碩色以聞命求所從來遣使者督讞轉相連染歷六省更三歲乃坐江西衞千總盧魯生僞爲罪至死高宗知無與嘉淦事眷不替嘉淦益自抑嘗著書述春秋義自以爲不足燬之子孝愉以廕生授刑部主事官至直隸按察使

梁詩正字養仲浙江錢塘人雍正八年進士及第授編修累遷侍講學士十三年以母憂歸高宗卽位召南書房行走乾隆三年補侍讀學士累遷戶部侍郎詩正疏言八旗除各省駐防與近京五百里俱聽屯種餘並隨旗駐京皇上爲旗人資生計者委曲備至而旗人仍不免窮乏蓋生齒日繁若不使自爲養而常欲官養之勢有不能臣謂非屯田不可今內地無閒田興盛二京膏腴未盡闢世宗時欲令黑龍江甯古塔等處分駐旗人耕種已有成議未及舉行今不早爲之所數百年後旗戶十倍於今以有數之錢糧贍無窮之生齒使取給於額餉之內則兵弁之關支不足供閒散之坐食使取給於額餉之外則民賦不能加國用不能缺戶口日繁待食者衆無餘財給之京師亦無餘地處之惟有酌派戶口散列邊屯使世享耕牧之利以時講武亦以實邊諸行省綠營馬步兵餉較康熙年間漸增至五六百萬在各標營鎭協每處浮數十百名不覺其多在朝廷合計兵餉則冗額歲不下數十百萬各省錢糧大半留充兵餉其不敷者隣省協撥而解部之項日少向來各營多空糧自雍正元年清查此弊盡除是近年兵額但依舊制已比前有虛實之別況直省要害之地多滿洲駐防與各標營鎭協聲勢聯絡其增設兵額可以裁汰者宜令酌定數目遇開除空缺卽停止募補庶將來營制漸有節省而見在兵丁無苦裁汰十年擢戶部尚書詩正疏言每歲天下租賦以供官兵俸餉各項經費惟餘二百餘萬實不足備水旱兵戈之用今雖府庫充盈皇上宜以節儉爲要勿興土木之工黷武之師庶以持盈保泰十三年調兵部尚書十四年加太子少師兼刑部尚書翰林院掌院學士協辦大學士十五年調吏部尚書御史歐堪善疏劾詩正徇庇行私上召諸大臣及堪善廷詰所劾皆無據惟翰林院輪班引見偶有越次上諭曰梁詩正職在內廷不過文學供奉朕何如主而謂諸臣能恣行其胸臆乎至小小瞻徇私情則不獨詩正諸大臣恐俱未能盡絕如張廷玉掌院三十年引見越次不知凡幾何以未聞論劾詩正有此一二可議卽被論劾得以知所儆省未始非歐堪善之言當以爲感不當以爲怨也會御史儲麟趾劾四川學政朱荃匿喪上詢詩正詩正對失指下吏議當奪職命留任十六年從上南巡詩正父文濂年八十予封典十七年疏乞終養二十三年丁父憂召署工部尚書二十四年調署兵部尚書二十五年服闋實除仍命協辦大學士兼翰林院掌院學士二十八年授東閣大學士加太子太傅尋卒諡文莊子同書舉人賜進士官至翰林院侍讀敦書官至兵部右侍郎

論曰福敏以謹厚爲高宗師世倌貽直立朝有風節雖坐譴皆近私大德不踰卒不以相掩阿克敦惇大而清介嘉淦諤諤陳善閉邪一朝推名疏詩正論八旗當行邊屯綠營當停募補掌國計雖歲有餘惓惓惟懼不足其慮遠矣

清史稿 列傳九十一

張照 甘汝來
陳悳華 王安國
劉吳龍 楊汝穀 張泰開 秦蕙田
彭啓豐 夢麟

張照字得天江南婁縣人康熙四十八年進士改庶吉士授檢討南書房行走雍正初累遷侍講學士聖祖訓士民二十四條世宗爲之詮題曰聖諭廣訓照疏請下學官令學童誦習復三遷刑部侍郎十一年授左都御史遷刑部尚書疏請更定律例數事大學士鄂爾泰初爲雲貴總督定亂苗稍收其地置流官旣而苗復叛揚威將軍哈元生副將軍董芳討之不以時定上責鄂爾泰措置不當照素忤鄂爾泰因請行十三年五月上命照爲撫定苗疆大臣照至貴州議盡施秉以上爲上游用雲南貴州兵專屬元生以下爲下游用湖廣廣東兵專屬芳令諸軍互易地就所畫元生芳遂議村落道路皆別上下界文移辨難照致書元生等令劾鄂爾泰會高宗卽位召照還以湖廣總督張廣泗代上怒照挾私誤軍興廣泗復劾照謬妄元生等並發照致書令劾鄂爾泰事遂奪職逮下獄乾隆元年廷議當斬上特命免死釋出獄令在武英殿修書處行走二年起內閣學士南書房行走五年復授刑部侍郎照言律例新有更定校刻頒行諸行省期以一年舊輕新重者待新書至日遵行不必駁改舊重新輕者刑部卽引新書更正庶一年內海內外早被恩光特旨允行上以朝會樂章考句讀不協節奏慮壇廟樂章亦復如是命莊親王允祿及照遵聖祖所定律呂正義考察原委尋合疏言律呂正義編摩未備請續纂後編壇廟朝會樂章考定宮商字譜備載於篇使律呂克諧尋考易曉民間俗樂亦宜一體釐正下部議行七年疏請矜恤軍流罪人妻孥罪人發各邊鎭給旗丁爲奴其在籍子孫到配所省視旗丁不得並沒爲奴尋擢刑部尚書兼領樂部民間貸錢徵息子母互相權謂之印子錢雍正間八旗佐領等有以印子錢朘所部旗丁者世宗諭禁革都統李禧因請貸錢者得自陳免其償並治貸者罪至是照言印子錢

宜禁如止重利放債依違禁取利本律治罪續所議宜罷不用從之九年十二月父梟卒於家照方有疾十年正月奔喪上勉令節哀毋致毀瘠至徐州卒加太子太保吏部尚書諡文敏照敏於學富文藻尤工書其以苗疆得罪高宗知照爲鄂爾泰所惡不欲深罪照滋門戶恩恐重惜照才復顯用及照卒見照獄中所題白雲亭詩意怨望又指照集憤嫉語諭諸大臣以照已死不追罪後數年一統志奏進錄國朝松江府人物不及照上復命補入謂照雖不醇而資學明敏書法精工爲海內所共推瑕瑜不掩其文采風流不當泯沒也

甘汝來字耕道江西奉新人康熙五十二年進士以教習授知縣補直隸淶水知縣淶水旗丁與民雜居汝來至請罷雜派以火耗補之禁莊田無故增租易佃旗丁例不得行笞汝來請以柳梃約束三等侍衛畢里克調鷹至淶水居民家僕捶民幾斃訴於汝來畢里克率其僕闖於縣庭汝來逮畢里克械其僕於獄事聞下刑部議奪汝來職畢里克罰俸聖祖命奪畢里克職汝來無罪汝來自是負循吏名移知新安縣察白楊淀隄溉田數千頃又移知雄縣懲姦吏復請罷雜派雍正初授吏部主事擢廣西太平府知府三遷至廣西巡撫五年遷都察院左副都御史汝來爲按察使時李紱爲巡撫奏議州土司羅文剛糾衆阻塘汛吏請兵捕治紱與汝來持不許事聞世宗命紱汝來如廣西捕文剛廣西巡撫韓良輔如雲南與總督鄂爾泰計事上令汝來署巡撫泗城府土司岑映宸所部民相仇汝來與鄂爾泰良輔紱設謀縶映宸隸其土流官汝來請於鎮安土府置學官上以非苗疆急務責其沽名又以汝來謝恩疏言曲賜寬容上詰之曰人君持國法當行直道曲則不直汝來語何意召還京六年良輔獲文剛汝來坐陳縱奪職在咸安宮官學行走山東巡撫費金吾議濬濟甯嘉祥沛縣等處水道命汝來効力九年起直隸霸昌道丁母憂命在任守制再遷禮部侍郎高宗即位議行三年喪諮於諸大臣汝來曰三年之喪無貴賤一也皇上法堯舜之道宜行周孔之禮立萬年彝倫之極或言二十七月中朝祭大典若有所妨汝來曰墨縗視事越紼以祭禮固言之大何疑乃考載籍上儀制授古證今具有條理遷兵部尚書疏言廣東海濱斥鹵灘形民間謂之水坦漸生青草謂之草坦徐成耕壤謂之沙坦坦初見沿海民報闢築者當先令立標定四至毋於闢築後爭控民有田十頃以上毋許闢築以杜豪占即貧民闢築限五頃其出工本牛種助他人闢築量取租息者聽陸地開墾例六年升科海田浮脃當寬至十年潮大至坦沒鹹一歲糧闔毀則免升科原額疏入敕廣東督撫議行復疏言海濱居民單桅船採捕魚蝦例不輸稅近聞各海關監督與雙桅船同令領牌納鈔又閩廣間貧民有置筌取魚者有就埠育鴨者吏或按筌按埠私徵稅請通行嚴禁從之乾隆三年調吏部尚書仍兼領兵部加太子少保四年七月汝來方詣解治事疾作遂卒大學士訥親領吏部與共治事親送其喪還第至門訥親先入嫗縗衣於庭訥親謂曰傳語夫人尚書暴薨於解矣嫗愕曰汝誰也訥親具以告嫗汪然而泣始知即汝來妻也訥親因問有餘貲否嫗曰有持囊出所餘俸金訥親爲感泣奏上上嘆其寒素賜銀千兩命吏經紀其喪諡莊恪嘉慶間汝來曾孫紹烈應順天鄉試以懷挾得罪仁宗猶念汝來居官持正宥紹烈命仍得原名應試

陳悳華字雲倬直隸安州人雍正二年一甲一名進士授修撰再遷侍讀學士提督廣東肇高學政旋調廣東學政遭母喪歸未終制召充一統志館副總裁官遷詹事上書房行走再遷刑部侍郎四年遷戶部尚書七年調兵部尚書八年以弟悳正爲陝西按察使讞獄用酷刑爲巡撫塞楞額所劾悳正具密摺擬揭部科爲書告悳華悳華沮之未奏聞上以悳華既知悳正事非是當奏聞乃爲隱匿非大臣體且曰父爲子隱子爲父隱直在其中朕非不知以此風天下然君臣之倫實在兄弟之上下部議奪職命左遷兵部侍郎十二年以議處江西總兵高琦武備廢弛違例邀舉奪職十四年起爲左副都御史上書房行走以督諸皇子課怠屢詰責奪俸二十二年遷工部侍郎二十三年遷禮部尚書二十九年致仕三十六年皇太后萬壽詔給九老圖以悳華入致仕九老中四十四年卒年八十三悳華性篤儉縕袍疏食蕭然如寒素立身循禮法而不自居道學嘗謂士大夫之患莫大於近名求以立德名則必有迂怪不情之舉而實行荒求以立言名則必有異同勝負之論而正理晦求以立功名則必務見所長紛更舊制立一法反生一弊而實行無所裨方爲尚書時京師富民僉民殉死諸大臣皆往弔上聞察未往者悳華與焉

王安國字春圃江南高郵人雍正二年一甲二名進士授編修再遷侍講擢督廣東肇高學政復再遷左僉都御史乾隆二年疏請禁官吏居喪詣省會謁大吏下部議行復三遷左都御史五年兩江總督馬爾泰論廣東巡撫王謩徇縱命安國往按即命以左都御史領廣東巡撫安國曰吾奉命勘事而即得其位古所譏蹊田奪牛者非歟疏力辭上不許廣東俗奢靡安國事事整肅倉有餘粟故事自總督以下皆有分安國獨以非制止之九年正月就遷兵部尚書尋遭父喪廣州將軍策楞疏言安國孤介廉潔歸葬無資與護理巡撫託庸等具賻歸之報聞十年召爲兵部尚書調禮部安國疏乞終喪居廬營葬服闋乃入朝十四年六月安國入對言諸行省方科試諸學臣尚有未除積弊上令具疏陳安國疏言上科鄉試後頗聞諸學臣因錄科例嚴轉開僥倖或於省會書院博督撫之歡或於所屬義學徇州縣之請或市恩於朝臣故舊或縱容子弟家人乘機作弊致取錄不甚公明上召安國詢所論諸學臣姓名安國舉尹會一陳其凝孫人龍鄧釗等上以會一釗已物故其凝人龍皆坐事黜因責安國臨徇手詔詰難二十年遷吏部尚書二十一年疏乞假爲父改葬上以來年當南巡諭俟期扈行冬病作予假治疾二十二年春卒賜白金五百治喪諡文肅安國初登第謁大學士朱軾軾戒之曰學人通籍後惟留得本來面目爲難安國誦其語終身至顯仕衣食器用不改於舊潔研經籍子念孫孫引之承其緒成一家之學語在儒林傳

劉吳龍字紹聞江西南昌人雍正元年進士授庶吉士二年以朱軾薦改吏部主事六遷至光祿寺少卿嘗視讞牘有以欲刲行舟定罪者吳龍曰欲刲二字豈可置人於死論釋之十一年出爲安徽按察使十三年內遷光祿寺卿命管理北路軍需乾隆元年召還疏言北路軍需有輸送科布多截留察漢廋爾諸處應就車駝戶追繳腳價尚有逋負請量予豁除上從其議三遷左都御史疏言步軍統領衙門番役私用白役生事害民宜令具冊考覈有所追捕官畀差票詣有司呈驗步軍統領衙門旗人會本旗都統民人會順天府尹巡城御史互相覺察疏入議行又疏言諸行省州縣董理訟獄其有舛誤小民無所申訴宜令督撫道監司按行稽考以申民隱旋劾罷浙江巡撫盧焯論如律遷刑部尚書七年卒賜白金五百治喪諡清愨吳龍簡重不苟言笑爲政慎密持重得大體督學直隸江蘇士循其教乾隆初楊汝穀張泰開與吳龍先後爲左都御史皆以篤謹被上眷楊汝穀字令貽江南懷甯人康熙三十九年進士授浙江浦江縣知縣行取授禮部主事三遷監察御史河南南陽鎮標兵以知府沈淵禁博刼淵闌諸教場三日汝穀論劾上遣尚書張廷樞等往按讞總兵高成誅標兵之首事者別疏言選人待闕輒言出爲人後或値遠缺報治喪冀更選請飭選人具三代已選復稱出爲人後報治喪以不孝論下部議行六遷兵部侍郎兼署左副都御史疏言直隸被水災請運關東米十萬石至天津留南漕十萬石存河間保定適中地分貯備賑下部議行高宗即位調戶部侍郎疏言河南滎澤地濱黃河康熙三十六年河勢南徙縣地多傾陷民困虛糧流亡遠徙上命河南巡撫察議刪賦額尋遷左都御史乾隆三年以老乞休命本省布政使給俸五年卒年七十六諡勤恪張泰開字履安江南金匱人乾隆七年進士改庶吉士命上書房行走旋自編修五遷禮部侍郎十九年國子監學錄缺員泰開舉同部侍郎鄒一桂子志伊上責其瞻徇部議奪職予編修仍在上書房行走二十年內閣學士胡中藻爲詩謗朝政坐誅泰開爲詩序授刻部議奪官治罪上特宥之仍在上書房行走尋復授編修二十二年擢通政使三遷左都御史三十一年授禮部尚書三十二年復授左都御史三十三年以老乞休上獎其勤慎加太子少傅賦詩餞其行三十九年卒年八十六諡文恪

秦蕙田字樹峯江南金匱人祖松齡順治十二年進士官左春坊左諭德本生父道然康熙四十八年進士官禮部給事中與貝子允禟善爲其府總管允禟得罪逮下獄蕙田往來省視世宗貸道然死而獄未解乾隆元年一甲三名進士授編修南書房行走乃上疏言臣本生父道然身罹重罪蒙恩曲宥以追銀未完縶獄九年年已八十衰朽不堪本年五六月間侵染暑淫瘧痢時作奄奄一息幾至挾斃情關骨肉痛楚難忍臣雖備官禁近還顧臣父老病拘幽既無完解之期更無生存之望方寸昏迷不能自主誠不忍昧心竊祿內慚名教伏惟皇上矜慎庶獄一線可原概予寬釋當此聖明孝治天下惟有乞恩貸臣父八十垂死之年得以終老牖下臣願奪職効奔走以贖父罪高宗命宥道然並免所追銀蕙田累遷禮部侍郎丁本生父憂服將闋命仍起禮部侍郎二十二年遷工部尚書署刑部尚書二十三年調刑部尚書仍兼領工部加太子太保疏請諸行省流匄遞籍編甲收管上諭曰蕙田所奏甚是爲清獄訟弭盜賊之良法但此輩輾轉流徙城市村落所在皆有必一一收捕傳送令原籍保甲監察事理繁瑣不若就所在地察禁當令有司遇流匄強悍不法即時捕治二十九年以病乞休上不允再請上命南還調醫不必解任九月卒於途諡文恭明年上南巡幸無錫賦詩猶及蕙田蕙田通經能文章尤精於三禮撰五禮通考首採經史次及諸家傳說儒先所未能決者疏通證明使後儒有所折衷以樂律附吉禮以天文曆法方輿疆理附嘉禮博大閎遠條貫賅備又好治易及音

韻律呂算數之學皆有著述子泰鈞乾隆十九年進士翰林院編修

彭啓豐字翰文江南長洲人祖定求康熙十五年會試殿試皆第一官至翰林院侍講啓豐雍正五年會試第一殿試置一甲第三世宗親拔第一授翰林院修撰南書房行走三遷右庶子乾隆六年充江西鄉試副考官再遷左僉都御史疏言臣驛路經宿州宿州方被水蒙恩賑卹知州許朝棟任甲長胥吏索費饑民戶籍登記不以實鳳陽知府梅鍼健不親詣察覈下兩江總督那蘇圖嚴察七年遷通政使督浙江學政三遷刑部侍郎疏言浙省吏民占官湖爲田餘杭南湖發源天目下注苕溪灌杭嘉湖三郡自巡撫朱軾濬治今已沙淤其他會稽餘姚慈谿等湖皆僅存其名請敕次第開濬江南漕米每石收錢五十四半給運丁半歸州縣爲公使錢杭嘉湖運丁有漕截而州縣無漕費石米私加一二升至五六升請敕如江南例石米收錢二十四爲州縣修倉舖墊費而禁其浮收浙江額設均平夫銀供差徭差簡可以敷用差繁每苦賠墊本省官吏來往任意多索請敕部按官吏尊卑差役繁簡定人夫名額俾爲成例浙省黃巖太平地多斥鹵民家稍有餘鹽兵弁藉以婪索婪索不遂指爲私鹽其或以數家數人之鹽合併誣報請敕文武大臣申禁下部議行尋以憂去十五年授吏部侍郎十八年調兵部侍郎二十年疏乞養母允之二十六年復授吏部侍郎二十七年以京察注考吏部郎中阿敏爾圖諸尚書侍郎皆列一等啓豐獨列二等上責其示異市名旋遷左都御史二十八年遷兵部尚書三十一年上以史奕昂爲侍郎入對諭加意部事奕昂遂自恣面斥啓豐不稱尚書侍郎期成額以是訐奕昂上詰啓豐啓豐力言無之詢侍郎鍾音鍾音對如期成額啓豐語乃塞上爲罷奕昂因謂啓豐學問尚優治事非所長今乃巽懦模稜奏對不以實失大臣體命降侍郎三十三年命原品休致四十一年上東巡迎駕予尚書銜四十九年卒年八十四子紹升語在文苑傳孫希濂乾隆四十九年進士官至刑部右侍郎左遷福建按察使曾孫蘊章自有傳

夢麟字文子西魯特氏蒙古正白旗人尚書憲德子乾隆十年進士改庶吉士授檢討十五年遷侍講學士再遷祭酒提督河南學政十六年授內閣學士十七年湖北羅田民據天堂寨謀亂夢麟以河南商城羅田毗連往捕治上嘉之疏言商城界江楚峻嶺深巖易藏奸宄請增兵巡察下河南巡撫議移駐守備增兵百十八年署戶部侍郎充江南鄉試考官即命提督江蘇學政二十年授工部侍郎代還調署兵部兼蒙古鑲白旗副都統二十一年命在軍機處學習行走大臣在軍機處資望少淺者曰學習行走自夢麟始是歲河決孫家集二十二年河道總督白鍾山奏請開荊山橋河命夢麟馳勘趣即興工工竟議敘上南巡閱河以六塘河以下積潦桃源宿遷清河諸縣卑成浸命夢麟勘治尋奏六塘河上承駱馬湖至清河分兩派由武障義澤等河匯潮河入海長三百餘里中間淤淺數十處已令速疏濬南北兩堰並去年水壞宿遷堰工及諸缺口俱加修築諸縣積水開溝十五設涵洞五建閘四俾得宣洩工既竟又奏荊山橋河道經銅沛邳睢四州縣分設四汛黃水自丁家樓灌入蘇家閘荊山橋正當其衝應令培築微山湖至荊山橋河下游王母山紆長灣曲每歲霜降後應令疏濬居民就灣築堰壩捕魚渡口壘石爲步皆阻河道應令嚴禁上命如所議行山東巡撫鶴年奏金鄉魚臺濟寧諸州縣水患命侍郎裘曰修偕夢麟馳往相度合疏言諸縣久爲微山湖水所浸當籌分洩之路韓莊閘南伊家河至江南梁旺城入運今已久淤當開濬引積水東注從之兩江總督尹繼善以沂水入運爲害奏建湖口閘命夢麟與在工諸臣分任其責合疏言沂水自蘆口傍洩淹民田阻運河當築壩堵截使不得入運毋礙微山諸湖入河歸海之路六塘河在駱馬湖下游爲沂水疏洩要道宿遷桃源諸水自沭入漣歸海並宜疏治宣通兼濬六塘河出口使無淺阻此治沂水之概要也夏邑永城諸水自睢河下注洪澤湖出清口會黃入海近歲河道多淤蕭家溝諸地尤宜急治兼濬洪澤湖出口清口東水二壩遵旨撤除各閘口門亦宜加寬此治睢河之概要也疏入上許爲頗得要領調戶部冬工竟還京師二十三年復調工部署翰林院掌院學士卒賜祭葬

論曰照繩於聲錯而優於詞翰高宗知之審奕汝來以清節著悳華等以文學庸而安國博辨羣書好學深思自爲家法蕙田治禮綜歷代政事學術貫串會通體大思精尤彬彬名世之大業也夢麟早歲負清望參大政方駕遽稅惜哉

清史稿

列傳九十二

錢陳羣 子汝誠 孫臻　沈德潛

金德瑛 錢載　齊召南 陳兆崙 兆崙孫桂生

董邦達 錢維城 鄒一桂　謝墉 金甡 劉星煒 莊存與

王昶

錢陳羣字主敬浙江嘉興人父綸光早卒母陳鞠諸孤以長語在列女傳康熙四十四年聖祖南巡陳羣迎駕吳江獻詩上命俟迴蹕召試以母陳病不赴六十年成進士引見上諭及前事改庶吉士授編修雍正七年世宗命從史貽直杭奕祿赴陝西宣諭化導陳羣周歷諸府縣集諸生就公廨講經反覆深切有聞而流涕者使還上諭獎爲安分讀書人五遷右通政督順天學政乾隆元年以母喪去官服除高宗命仍督順天學政除原官陳羣以母陳夜紡授經圖奏上上爲題詞疏請增順天鄉試中額上以官制有定取者多用者益遠國家不能收科目取人之效寢其議三遷內閣學士陳羣屢有建白嘗疏請嚴治匿名揭帖無論事鉅細非據實首告而編造歌謠詩詞匿名粘貼閭巷街衢當下刑部依律治罪疏請廣勸種植樹木官地令官種州郡吏種至千本以上予紀錄受代時具册備地方公用民地令民種至五六百本者予扁額獎賞成材後聽取用疏請偏災蠲免分數分別貧富富者按例定分數蠲免貧者被災幾分即蠲免幾分使之相等及敕詢州縣耗羨疏言康熙間州縣官額徵錢糧收耗羨一二錢不等陸隴其知嘉定縣止收四分清如隴其亦未聞全去耗羨也議者以康熙間無耗羨非無耗羨也特無耗羨之名耳世宗出自獨斷通計外吏大小員數酌定養廉而以所入耗羨按季支領吏治肅清民亦安業特以有徵報支收之令不知者或以爲加賦皇上詢及盈廷臣請稍爲變通凡耗羨所入仍歸藩庫各官養廉及各州縣公項如舊支給其續增公用名色不能畫一多寡亦有不同應令直省督撫明察某件應動正項某件應入公用分別報銷各省州縣自酌定養廉榮悴不一其有支絀者應令督撫確察量增俾稍寬裕仍飭勿得耗外加耗以致累民則既無加賦之名並無全用耗羨辦公之事州縣各有贏餘益知鼓勵至於施從其厚斂從其薄古之制也及此倉庾充裕民安物阜之時大臣悉心調劑使養廉之入不爲素餐元氣培扶蓄藏盈溢然後以三十年之通制國用宋太祖能罷羨餘臣固知皇上之聖不必廷臣建白如張全操其人者而德音自下也七年擢刑部侍郎上令廷臣議州縣常平倉應行諸事諸臣皆議歉歲減價陳羣疏言成熟之年出陳易新倉米必不及市米而民以米值納倉銀色當高於市易擬令石減一錢二分還倉時加穀四五升以爲出入耗費十七年患反胃疾連疏乞解職許之命其子編修汝誠侍行且賜詩以寬其意陳羣進途中所作詩上爲答和時有僞爲孫嘉淦疏稿語謗上上令窮治陳羣自家密疏請省株連上嚴飭之而事漸解二十二年上南巡令在籍食俸二十五年上爲橋梓圖寄賜陳羣二十六年偕江南在籍侍郎沈德潛詣京師祝皇太后七十壽命與香山九老會加尚書銜上諭明歲南巡諸臣今年已赴闕毋更遠迎二十七年南巡陳羣偕德潛迎駕常州上賜詩稱爲大老三十年南巡復迎駕是歲陳羣年八十加太子太傅賜其子汝器舉人汝誠屆蹕命從還省視三十一年陳羣復進其母陳畫册册有綸光題句上題詩以趙孟頫管道昇爲比三十五年上六十萬壽命德潛至嘉興勸陳羣毋詣京師陳羣獻竹根如意上批劄云未預僧紹之賜恰致公遠之貢文而有節把玩良怡今賜御木蘭所獲鹿服食延年以俟清暉三十六年上東巡陳羣迎駕平原進登岱祝釐頌是冬復詣京師祝皇太后八十萬壽命紫禁城騎馬賜人葠再與香山九老會陳羣進和詩有句云鹿馴巖畔當童扶上賞其超逸復爲圖賜之南歸以詩餞陳羣里居每歲上錄寄詩百餘篇陳羣必賡和親書册以進體兼行草屢蒙獎許三十九年卒年八十九上諭謂儒臣老輩中能以詩文結恩遇備商榷者沈德潛卒後惟陳羣加太傅祀賢良祠謚文端四十四年上製懷舊詩列五詞臣中子汝誠字立之乾隆十三年進士改庶吉士授編修命南書房行走四遷至侍郎歷兵刑戶諸部再典試江南上命寄諭尹繼善招陳羣遊攝山父子可相見汝誠試畢迎陳羣入試院居數日乃還三十年乞養歸四十一年父喪終授刑部侍郎仍在南書房行走四十四年卒汝誠子臻字潤齋自兵馬

司副指揮授河南鄧州知州累遷江西糧道左授山西平陽知府復累遷直隸布政使嘉慶二十一年授江西巡撫江西南昌諸府食淮鹽而與福建浙江廣東三省毗連私販侵引額臻議疏緝額緝私販尋移山東巡撫兗曹沂諸府民素悍染邪教盜甚熾臻請就諸府增設參將以下官上皆採其議入覲以衰老左授湖南布政使休致十九年卒陳羣詩純懿樸厚如其爲人倡唱既久亦頗斆御製詩體式刑部十年慎於庶獄盧袁詳覈高宗嘗以于定國期之汝誠繼武刑部奉陳羣之教持法明允臻亦善治獄在平陽介休民被盜殺其母攫銀去民言姻家嘗貸銀償或竊銀逃鄰家子左右之縣捕三人榜掠誣服他日獲盜得銀民乃言非其母物獄不能決臻微服訪得實撫山東清庶獄雪非罪二十餘人禽教訟者置於法

沈德潛字確士江南長洲人乾隆元年舉博學鴻詞試未入選四年成進士改庶吉士年六十七矣七年散館日晡高宗莅視問孰爲德潛者稱以江南老名士授編修出御製詩令賡和稱旨八年即擢中允五遷內閣學士乞假還葬命不必開缺德潛入辭乞封父母上命予三代封典賦詩餞之十二年命在上書房行走遷禮部侍郎是歲上諭諸臣曰沈德潛誠實謹厚且憐其晚遇是以稠疊加恩以勵老成積學之士初不因進詩而優擢也十三年德潛以齒衰病噎乞休命以原銜食俸仍在上書房行走十四年復乞歸命原品休致仍令校御製詩集畢乃行諭曰朕於德潛以詩始以詩終且令有所著作許寄京呈覽賜以人葠賦詩寵其行德潛歸進所著歸愚集上親爲製序稱其詩伯仲高王高王者謂高啓王士禎也十六年上南巡命在籍食俸是冬德潛詣京師祝皇太后六十萬壽十七年正月上召賜曲宴賦雪獅與聯句又以德潛年八十賜額曰鶴性松身並賚藏佛冠服德潛歸復進西湖志纂上題三絕句代序二十二年復南巡加禮部尚書銜二十六年復詣京師祝皇太后七十萬壽進歷代聖母圖冊入朝賜杖上命集文武大臣七十以上者爲九老凡三班德潛爲致仕九老首命游香山圖形內府德潛進所編國朝詩別裁集請序上覽其書以錢謙益爲冠因諭謙益諸人爲明朝達官而復事本朝草昧締構一時權宜要其人不得爲忠孝其詩自在聽之可也選以冠本朝諸人則不可錢名世者皇考所謂名教罪人更不宜入選愼郡王朕之叔父也朕尚不忍名之德潛豈宜直書其名至世次前後倒置益不可枚舉命內廷翰林重爲校定二十七年南巡德潛及錢陳羣迎駕常州上賜詩並稱爲大老三十年復南巡仍迎駕常州加太子太傅賜其孫維熙舉人三十四年卒年九十七贈太子太師祀賢良祠諡文慤御製詩爲輓是時上命燬錢謙益詩集下兩江總督高晉令察德潛家如有謙益詩文集遵旨繳出會德潛卒高晉奏德潛家並未藏謙益詩文集事乃已四十三年東臺縣民計舉人徐述夔一柱樓集有悖逆語上覽集前有德潛所爲傳稱其品行文章皆可爲法上不懌下大學士九卿議奪德潛贈官罷祠削諡仆其墓碑四十四年御製懷舊詩仍列德潛五詞臣末德潛少受詩法於吳江葉燮自盛唐上追漢魏論次唐以後列朝詩爲別裁集以規矩示人承學者效之自成宗派

金德瑛字汝白浙江仁和人乾隆元年進士廷對初置第六高宗親擢第一授修撰是歲舉博學鴻詞科德瑛以薦徵既入翰林不更試旋命南書房行走充江南鄉試考官德瑛以原籍休甯辭不許再遷右庶子督江西學政任滿上特諭德瑛甚有操守取士公明命留任德瑛疏言翰林爲儲才地庶吉士宜求學有根柢器量明達庶可備他日任使每科命大臣教習大臣政事甚繁但能總大綱舊有分教例但由掌院選任時設時止乞令掌院於翰詹中擇品學優贍者俸較深者引見簡畀分教得旨俞允復四遷太常寺卿命祭告山西諸行省帝王陵寢疏言女媧氏陵寢殿塑女象旁侍嬪御民間奉爲求嗣之神實爲瀆褻請毀象立主下部議行督山東學政十九年歲饑上發帑治賑而鄒滕諸縣災尤重有司格於例限不敢以請德瑛任滿還京師入對具言狀上特命展賑遷內閣學士二十一年遷禮部侍郎充江西鄉試考官使還經徐州時河決孫家集微山湖暴漲入運河江南山東運壤諸州縣被水德瑛諮訪形勢入陳於上前上嘉德瑛誠實不欺旋命尚書劉統勳董治疏築二十三年督順天學政疏言八旗諸生遇歲試輒稱病諉避甚至病者多於與試者請下八旗都統考覈二十六年擢左都御史疏言秋審舊例凡已經秋審者謂之舊事見入秋審者謂之新事當九卿會事科道集議時書吏宣唱名册繁重淹滯其實商榷輕重多在新事積年緩決之案自按察使上巡撫更三法司初獄已致慎矣況三審緩決久成信讞諸囚偷生囹圄幸待十年慶典得蒙恩赦然亦裁自聖心諸臣無與焉舊事名册宜罷宣唱陳案既省近事得以從容往復盡心詳審九卿兼有餘晷治其本職上韙其言下大學士會刑部議請如德瑛言十二月命稽覈通州倉儲中寒病作二十七年正月卒德瑛端平簡直無有偏黨爲上所知方爲少詹事入對上曰汝元年狀元尚作四品官耶數日擢太常寺卿及病上每見廷臣問狀且曰德瑛辛巳生長朕十歲及病革上方出巡幸將啓蹕猶曰德瑛久不入值病必重德瑛即以其日卒三十一年德瑛子潔成進士引見上曰汝金德瑛子耶德瑛卒已將十年上猶惓惓如是

錢載字坤一浙江秀水人雍正十年副榜貢生舉博學鴻詞舉經學就試皆未入選乾隆十七年成進士改庶吉士授編修七遷內閣學士直上書房四十一年督山東學政四十五年命祭告陝西四川嶽瀆及帝王陵寢尋擢禮部侍郎充江南鄉試考官舉顧問爲第一四書文純用排偶上以乖文體命議處呂氏春秋堯葬穀林史記不書其地乾隆元年以山東巡撫岳濬奏自東平改祀濮州四十一年大理寺卿尹嘉銓疏言當在平陽下部議駮載督學山東謁濮州堯陵自四川還道平陽得堯陵州東北及江南典試訖又至東平求舊時所祭堯陵參互考訂以爲在平陽者是史記湯武皆未著葬地蓋都於是葬於是則不書堯亦其例因疏請釐定下大學士九卿議駮載奏辨復議仍寢不行上諭曰經生論古反覆辨證原所不禁但既陳之奏牘並經廷臣集議即不當再執成見載斥呂不韋門下客浮說不韋即不足取亦尚不可以人廢言況其門下客所著書所謂懸之國門不易一字豈能謂不足爲據其時去古未遠或尚有所承述乃欲在數千年後臆揣翻駮有是理乎載本晚達且其事只是考古是以不加深問若遇朝廷政治亦似此嘵嘵不已朕必重治其罪命傳旨申飭載疏累數千言語有未明復爲自注時謂非章奏體上亦未深詰也四十八年休致五十八年卒年八十有五子世錫入翰林時侍郎英廉及載充教習庶吉士英廉語世錫曰君家仍世入翰林而上命父教其子當勉爲瑰迺以報上恩世錫子寶甫初名昌齡避仁宗陵以字行亦以編修官至雲南布政使德瑛論詩宗黃庭堅謂當辭必己出不主故常載初與訂交晚登第乃爲門下門生詩亦宗庭堅險入橫出嶄然成一家同縣王又曾萬光泰輩相與唱酬號秀水派語互詳文苑傳載又爲陳羣族孫從陳羣母陳受畫法蒼秀高勁亦如其詩

齊召南字次風浙江天台人幼而穎敏鄉里稱神童雍正十一年命舉博學鴻詞召南以副榜貢生被薦乾隆元年廷試二等改庶吉士散館授檢討八年御試翰詹各官擢中允遷侍讀九年以父喪去官時方校刻經史召南分撰禮記漢書考證命即家撰進服除起原官十二年遷侍讀學士十三年復試翰詹各官以召南列首擢內閣學士命上書房行走遷禮部侍郎上於甯古塔得古鏡問召南召南辨其款識具陳原委上顧左右曰是不媿博學鴻詞矣上西苑射發十九矢皆中的顧尚書蔣溥及召南曰不可無詩召南進詩上和以賜十四年夏召南散直墮馬觸大石顱幾裂上聞遣蒙古醫就視賜以藥語皇子宏瞻汝師傅病如何當頻使存問幸木蘭使賜鹿脯十五束及冬入謝上慰勞召南因乞歸固請乃許及行賜紗葛各二端上南巡屢迎駕輒問病狀出御製詩命和上嘗詢天台雁宕兩山景物召南對未嘗游覽上問名勝在鄉里間何以不往召南對山峻溪深臣有老母怵古人登高臨深之誡是以未敢往上深嘉之既而以族人周華爲書詆上逮詣京師吏議坐隱匿當流籍其家上命奪職放歸還其產十三四召南歸遂卒召南易直子諒文辭淵雅著水道提綱具詳源委脈絡歷代帝王年表舉諸史綱要並行於世

陳兆崙字星齋浙江錢塘人亦幼慧雍正八年進士福建即用知縣舉博學鴻詞詣京師試授內閣中書充軍機章京乾隆元年廷試二等授檢討十七年上御經筵以撰進講義稱旨擢左中允御試翰詹各官復擢侍講學士再遷順天府府尹值大水兆崙心計指畫撫綏安集無不得所畿輔役繁舊設官車疲敝議僉富戶應役兆崙奏罷之時方西征發禁旅兆崙經畫宿頓儲蓄井井有緒軍民晏然二十一年遷太常寺卿上謁陵以同官迎駕失儀左授太僕寺少卿再遷太僕寺卿三十六年卒兆崙精六書之學尤長經義於易書禮均有論述爲詩文澹泊淸遠孫桂生字堅木嘉慶初自優貢生授知縣揀發湖北時教匪爲亂桂生從廣州將軍明亮擊賊破孝感殲魯惟志戰歸州與齊王氏屢有功授大冶知縣再遷安陸知府九年遭母喪湖北巡撫章煦疏請留軍喪終除荆州知府三遷再轉爲江甯布政使署江蘇巡撫初彭齡劾桂生徵賦不力奪職復劾察庫帑不實上命大學士托津戶部尚書景安按治疏言桂生察庫帑無弊徵賦亦逾十之七召詣京師旋授甘肅布政使再轉復遷江蘇巡撫上六十萬壽蠲各行省民間逋賦桂生疏言曠典殊施當令澤及於民請自嘉慶元年起至二十二年詳察民間逋賦毋令官吏因緣爲姦二十二年漕項例至二十四年奏銷民逋請併蠲除又言民間逋賦有由州縣移他款代納者今既蠲逋當令見任州縣期十年償所移款皆議行命署蘇州織造兼領滸墅關兼署兩江總督宣宗即位召詣京師以三品京堂待闕旋命休致二十年卒桂生子憲曾進士官至詹事

董邦達，字孚存，浙江富陽人。雍正元年選拔貢生，以尚書勵廷儀薦，命在戶部七品小京官上行走。十一年，成進士，改庶吉士，授編修。乾隆三年，充陝西鄉試考官，疏言官卷數少，以民卷補中，報聞。授右中允，再遷侍讀學士。十二年，命直南書房，擢內閣學士。以母憂歸。逾年，召詣京師，命視梁詩正例入直，食俸。十五年，補原官，遷侍郎，歷戶、工、吏諸部。二十七年，遷左都御史，擢工部尚書。二十九年，調禮部。三十一年，調還工部。三十二年，仍調還禮部。三十四年，以老病乞解任，上諭曰：「邦達年逾七十，衰病乞休，自合引年之例。惟邦達移家京師，不能即還里。禮部事不繁，給假安心調治，不必解任。」尋卒，賜祭葬，謚文恪。邦達工山水，蒼逸古厚，論者謂三董相承為畫家正軌，目源其昌與邦達也。子誥，自有傳。錢維城，字宗盤，江南武進人。乾隆十年一甲一名進士，授修撰，功令初入翰林，分習清、漢文。維城習清文，散館列三等，上不懌，曰：「維城豈謂清文不足習耶？」傅恒為之解，命再試漢文，上謂詩有疵，賦尚通順，仍留修撰。是歲即遷右中允，命南書房行走，三遷再轉為刑部侍郎。疏請申明律例，事主殺盜賊移尸，有司輒置勿論，本律科移尸罪，反至流徒。請凡殺人律得勿論者，雖移尸，仍用本律。殺姦之獄，姦夫拒捕，有司輒用鬥殺律定讞，殺姦殺拒捕者反重於殺不拒捕者。請用殺拒捕罪人律勿論。下部議行。三十四年，命偕內閣學士富察善如貴州，會湖廣總督吳達善按治威甯州知州劉標虧帑，巡撫良卿、前巡撫方世儁等皆坐譴。三十五年，古州苗香要為亂，復命偕吳達善及巡撫宮兆麟督剿。香要多力而狡，苗女迫根為羽翼，煽旁寨出掠，維城如古州，督總兵程國相破烏牛、佳居諸寨，獲迫根。維城乃自烏牛如佳居，宣諭解脅從，督兵破朋論大箐，香要獨身跳去，乃令先撤兵，遣詗香要卒禽而殲之，亂定，論議敘。三十六年，雲南龍陵戍卒四十去伍走，既就獲，大吏請悉誅之。維城入對，言伊犁戍卒荷校一月，今用法過重，且戮於獲所，邊兵何由知？不如械至龍陵，倍其罰荷校三月，足以儆眾。上從之。三十七年，丁父憂歸，以毀卒，謚文敏。維城工文翰，畫山水幽深沈厚，錢陳群謂維城通籍後畫益工，蓋得益於邦達云。鄒一桂，字原褒，江南武進人。祖忠倚，順治九年一甲一名進士，官修撰。一桂，雍正五年二甲一名進士，改庶吉士，授編修。十年，授雲南道監察御史，疏禁官媒蓄婦女為姦利。乾隆七年，轉禮科給事中，疏言刑部諸囚已結入北監，未結繫南所，今察視監所已未結雜收，請如例分禁。又言奉命下部議諸事，科道輒於部議未上之先，攙越瀆陳，請申飭。上韙其言。湖南巡撫許容坐誣劾糧道謝濟世罷，復命容湖北巡撫。一桂與給事中陳大玠具疏論列，謂容狡詐欺公，僅予奪職，已邀寬典，今復任封疆，何以訓天下？乞降旨宣示臣民，俾曉然於黜陟之所以然，斯國法昭而吏治有所率循。上為罷容。十年，遷太常寺少卿，疏言律載獄具全圖，鐵索、鈕、鐐俱有定式，獄官以防範為辭，匣牀以束其身，鐵竿以直其項，觀音閣以攣其手足，部議禁非刑，日久復用，新制令諸囚排頭仰臥，橫穿長木壓其手足，與匣牀無異，請敕嚴禁。從之。四遷為禮部侍郎，同部侍郎張泰開舉一桂子志伊為國子監學正，又坐徇，尚書王安國、左都御史楊錫紱祀其父鄉賢，屢下部議。二十一年，左授內閣學士。二十三年，乞致仕。三十六年，詣京師祝上壽，加禮部侍郎銜，在籍食俸。三十七年，歸，卒於東昌道中，加尚書銜。一桂畫工花卉，承惲格後為專家。嘗作百花卷，花題一詩進，上深賞之，為題百絕句。晚被薄譴歸，猶賦詩之餞云。

謝墉，字昆城，浙江嘉善人。乾隆十六年，上南巡，墉以優貢生召試，賜舉人，授內閣中書。十七年，成進士，改庶吉士，授編修，坐撰閩浙總督喀爾吉善碑文語失當，下部議降調。二十四年，回部平，墉擬鐃歌上，上命復官，直上書房。五遷工部侍郎，督江蘇學政。四十三年，調禮部。四十五年，調吏部。廣西全州知州彭日龍坐縱革役復充，奪官，詣部請捐復。大學士阿桂領吏部，將許之，墉以為不可，時有山東商河教諭侯華捐復方議駁，墉援以例日龍。阿桂疑墉為華地，奏聞，上命訊。華力言無屬託，乃用墉議，不許日龍捐復。四十八年，復督江蘇學政。五十一年，任滿，還京師，上問洪澤湖運河水勢，墉奏洪澤湖漸高，民間傳說昔如釜今如盤，請加疏濬。五十二年，上以總督李世傑奏洪澤湖水注清口暢流，命墉往與世傑勘湖水淺深。尋奏湖水深至十丈，淺亦在一二丈間，墉自請議處，上以湖水前年較淺，墉得自傳聞，據以入告，茲既已勘明，免其議處。墉兩任江蘇學政，士有不得志者，以偶語譏誚，阿桂偶以聞。上命巡撫閔鶚元訪察，鶚元言墉初任聲名平常，後任頗為謹飭。上命降授內閣學士。五十四年，上察直上書房諸臣多曠班，墉七日未入直，復降編修，在修書處効力。五十六年，復命直上書房。六十年，休致。尋卒。墉在上書房久，仁宗方典學，肄習詩文，高宗命墉講授。嘉慶五年，加恩舊學，贈三品卿銜，賜祭葬。子恭銘，進士，改庶吉士，散館歸班。是歲，授內閣中書。墉以督學蒙謗，然江南稱其得士，尤賞江都汪中，嘗字之曰：「予上容甫，爵也；若以學，予於容甫北面矣。」乾隆中直上書房諸臣以學行稱者，又有金甡、莊存與、劉星煒。甡，字雨叔，浙江錢塘人。初以舉人授國子監學正。乾隆七年，舉禮部試第一，廷試復第一，授修撰，三遷侍講學士。二十二年，直上書房，擢詹事，再遷禮部侍郎。三十八年，上幸熱河，從方入直，遘疾，遽仆。大學士劉統勳以聞，命予假。甡乞休，允之。明年秋，疾閒，乃得歸。四十七年，卒，年八十有一。甡在上書房十七年，直諒誠敬，所陳說必正義法言，諸皇子皇孫皆愛重之。存與，字方耕，江南武進人。乾隆十年一甲二名進士，授編修，四遷內閣學士。二十一年，督直隸學政，按試滿洲、蒙古童生，嚴不得傳遞，羣鬨，御史湯世昌論劾，命奪存與官。上惡滿洲、蒙古童生縱恣，親覆試，搜得懷挾文字，臨鞫，童生海成最狡黠，言何不殺之，上怒，立命誅之，鬨堂附和者三人發拉林種地，四十人令在旗披甲，不得更赴試，而以存與督試嚴密，仍命留任，擢禮部侍郎。遭父喪，服除，補內閣學士，仍授原官，直上書房。遭母喪，服除，補原官。五十一年，以衰老休致。五十三年，卒。存與廉鯁，典浙江試，巡撫饋金不受，遺以二品冠，受之。及塗，從者以告曰：「冠頂真珊瑚，直千金。」存與使千餘里返之。為講官，上御文華殿進講，禮畢，存與奏講章有舛誤，臣意不謂爾，奉書進，復講，盡其旨，上為留聽之。弟培因，字本滄。乾隆十五年一甲一名進士，官至內閣學士。劉星煒，字映榆，江南武進人。乾隆十三年進士，改庶吉士，授編修，遷侍講，督廣東學政，疏言鶴山立縣，初有廣州民一百五戶請修城入籍，緣是開冒考之弊，請以有廬墓田廬在縣者為限。丁母喪去，服闋，補原官，督安徽學政，請童生兼試五言六韻詩，童試有詩自此始。累遷侍讀學士。二十九年，直上書房，再遷禮部侍郎，卒。

王昶，字德甫，江蘇青浦人。乾隆十九年進士。南巡，召試，授內閣中書，充軍機章京，三遷刑部郎中。三十二年，察治兩淮運鹽提引，前鹽運使盧見曾坐得罪，昶嘗客授見曾所，至坐是漏言奪職。雲貴總督阿桂帥師討緬甸，疏請發軍前自効。上命大學士傅恒出視師，繼以理藩院尚書溫福代阿桂，皆以昶佐幕府。溫福移師討金川，昶實從。疏請敘昶勞，授吏部主事，既復從阿桂定兩金川，再遷郎中。刑部侍郎袁守侗按事四川，上命察軍中事，還奏言昶治軍書有勞。四十一年，師凱還，擢昶鴻臚寺卿，仍充軍機章京，三遷左副都御史，外授江西按察使。數月，以憂歸。起直隸按察使，未上，移陝西按察使，在陝西凡十年，值回田五為亂，軍興，昶繕守具，佐治軍需，疏請清釐保甲，禁民門蓄軍器。遷雲南布政使。河南伊陽民戕知縣，竄匿陝西境，未獲，昶如商州督捕，上命俟得賊詣京師覲見。昶既得賊入謁，上自陳疲憊，乞改京職。上溫旨慰遣，乃上官，以雲南銅政事重，撰銅政全書，求調劑補救之法。旋調江西布政使。五十四年，內遷刑部侍郎。屢命如江南、湖北讞獄。五十八年，以老乞罷，上許之，方歲暮，諭俟來歲春融歸里。昶歸，遂以春融名其堂。嘉慶元年，詣京師賀內禪，與千叟宴。四年，復詣京師謁高宗梓宮。十一年，卒。昶工詩古文辭，通經，讀朱子書，兼及薛瑄、王守仁諸家之學。蒐采金石，平選詩文詞，著述傳於世。

論曰：國家全盛日，文學侍從之臣雍容揄揚，潤色鴻業，人主以其閒暇，偶與賡和，一時稱盛事，未有彌歲經時往復酬答君臣若師友，如高宗之於陳羣、德潛。嗚呼，懿矣！當時以儒臣被知遇，或以文辭，或以書畫，錄其尤著者，視陳羣、德潛恩禮雖未逮，文采要足與相映，不其盛歟！

清史稿　列傳九十三

曹一士　李慎修　李元直

胡定　仲永檀

柴潮生　儲麟趾

曹一士，字諤廷，江蘇上海人。雍正七年進士，改庶吉士，散館，授編修。十三年，考選雲南道監察御史。高宗即位，諭羣臣更番入對。一士疏言：「敬讀諭旨曰：『百姓安則朕躬安。』大哉王言，聞者皆感涕。臣愚以為欲百姓之安，其要莫先於慎擇督撫。督撫者，守令之倡，顧其中皆有賢者，有能者，賢能兼者，上也；賢而不足於能者次之；能有餘而賢不足者，又其次也。督撫之為賢為能，視其所舉而瞭如。今督撫舉守令約有數端：曰年力富強，曰治事勤慎，曰不避嫌怨。徵其實蹟，則錢糧無欠，開墾多方，善捕盜賊。果如所言，洵所謂能吏也，乃未幾而或以贓汙著，或以殘刻聞，舉所謂貪吏、酷吏者，無一不出於能吏之中，彼誠有才以濟其惡耳。夫吏之賢者，悃愊無華，惻怛愛人，事上不為詭隨，吏民同聲，謂之不煩度

今世亦不少其人而督撫薦劾曾未及此毋亦輕視賢而重視能之故耶抑以
能吏即賢吏耶臣恐所謂能者非真能也以趨走便利而謂之能則老成者為
遲鈍矣以應對捷給而謂之能則木訥者為迂疏矣以逞才喜事而謂之能則
鎮靜者為怠緩矣以武健嚴酷不恤人言而謂之能則勞於撫字拙於鍛鍊者
謂之沽名釣譽才力不及而摭拾細故以罷黜之矣至於所取者潰敗決裂則
曰臣不合誤舉聽部議而已夫有誤舉必有誤劾誤舉如此則誤劾者何如誤
舉者猶可議其罪誤劾者將何從問乎臣以為今之督撫明作有功之意多而
惇大成裕之道少損下益上之事多而損上益下之義少此治體所關也皇上
於凡丈量開墾割裂州縣改調牧令一切紛更煩擾皆行罷革為督撫者度無
不承流宣化所慮者彼或執其成心飾非自護意為迎合姑息偷安臣敢請皇
上特頒諭旨剖析開導俾於精明嚴肅之中布優游寬大之政所屬守令敕於
保題薦舉時分列賢員能員然後條疏實事於下能員有敗行許自行檢舉賢
員著劣跡則從重處分倘所舉皆能而無賢則非大吏乏正己率屬之方即賢
者有壅於上聞之患督撫之賢否視所舉而瞭如矣疏入上為通諭諸督撫一
士又請寬比附妖言之獄兼禁挾仇誣告疏言古者太史采詩以觀民風藉以
知列邦政治之得失風俗之美惡即虞書在治忽以出納五言之意使下情之
上達也降及周季子產猶不禁鄉校之議惟是行僻而堅言偽而辨雖屬聞人
聖人亦必有兩觀之誅誠恐其惑衆也往者造作語言顯有背逆之跡如罪人
戴名世汪景祺等聖祖世宗因其自蹈大逆而誅之非得已也若夫賦詩作文
語涉疑似如陳鵬年任蘇州知府游虎邱作詩有密奏其大逆不道者聖祖明
示九卿以為古來誣陷善類大率如此如神之哲洞察隱微可為萬世法比年
以來小人不識兩朝所以誅殛大憝之故往往挾睚眦之怨借影響之詞攻訐
詩文指摘字句有司見事風生多方窮鞫或致波累師生株連親故破家亡命
其可憫也臣愚以為井田封建不過迂儒之常談不可以為生今反古述懷詠
史不過詞人之習態不可以為援古刺今即有序跋偶遺紀年亦或草茅一時
失檢非必果懷悖逆敢於明布篇章使以此類悉皆比附妖言罪當不赦將使
天下告訐不休士子以文為戒殊非國家義以正法仁以包蒙之意伏讀皇上
諭旨凡奏疏中從前避忌一概掃除仰見聖明廓然大度即古敷奏采風之盛
臣竊謂大廷之章奏尚捐忌諱則在野之筆札焉用吹求請敕下直省大吏察
從前有無此等獄案現在不准援赦者條列上請以俟明旨欽定嗣後凡有舉
首文字者苟無的確蹤跡以所告之罪依律反坐以為挾仇誣告者戒庶文字
之累可蠲告訐之風可息矣上亦如其議雍正間督各省開墾督撫以是為州
縣課最頗用以厲民一士疏言開墾者所以慎重曠土勸相農夫本非為國家
益賦起見也臣聞各省開墾奉行未善其流弊有二一曰以熟作荒州縣承上
司意旨並未勘實荒地若干預報畝數邀急公之名遂明知荒地不足即責之
現在熟田以符報額小民畏官俯首而從之咸曰此即新墾之荒地而已一曰
以荒作熟荒地在河壖者地低水溢即成沮洳在山麓者土下石堅不可掘
州縣悉入報墾之數民貧乏食止貪官給牛種草舍餬旦夕之口不顧地之不
可墾也十年之後民不得不報熟官不得不陞科幸而薄收完官不足稍遇歲

歉卒歲無資逃亡失業之患從此起矣然且賦額一定州縣不敢懸欠督撫不
敢開除飛灑均攤諸弊又將以熟田當之是名為開墾有墾之名無墾之實也
茲二弊者緣有司但求地利罔惜貽害大吏惟知慮始不暇圖終是以仁民之
政反啓累民之階臣請敕下直省督撫凡開墾地畝無論已未陞科俱令州縣
官覆勘內有熟田混報開墾舉首除額免其處分如實為新墾具印結存案少
有虛偽發覺從重治罪則以熟作荒之弊可免矣新墾應陞科督撫遴員覆勘
磽确瘠薄即與免賦倘因報墾在先必令起賦以貽民累發覺從重治罪則以
荒作熟之弊亦可免矣乾隆元年遷工科給事中故事御史遷給事中較資俸
深淺一士入臺僅六月出上特擢焉疏劾原任河東河道總督王士俊疏未下
語聞於外上疑一士自洩之召對詰責下吏議當左遷仍命寬之一士復疏請
復六科舊職專司封駁巡視城倉漕鹽等差皆不當與又疏論各省工程報銷
諸弊請敕凡有營造開濬以所須物料工匠遵例估定榜示工作地方又疏論
州縣官讞獄胥吏上下其手賄改獄詞請飭中禁又疏論鹽政諸弊請毋令商
人公指禁司鹽官吏與商人交結小民肩挑背負戒毋苛捕大商以便鹽船阻
通行水道戒毋堵截皆下部議行一士病噎即以是年卒一士晚達在言官
未一歲而所建白皆有益於民生世道朝野傳誦聞其卒皆重惜之
李慎修字思永山東章邱人康熙五十一年進士授內閣中書遷主事出為浙
江杭州知府雍正五年入為刑部郎中歷十餘年治獄多所平反有伶給獄初
議以挪移從末減慎修執不可或諷以上意亦不為動乾隆初出為河南南汝
光道移湖北武漢黃德道以憂去服除授江南驛鹽道引見高宗曰李慎修老
成直爽宜言官特除江西道監察御史疏論戶部變亂錢法苛急煩碎歷舉前
代利害並言錢值將賤貴窮極其弊上元夜賜諸王大臣觀煙火慎修上疏諫
以為玩物喪志上喜為詩嘗召對問能詩否因進言皇上一日萬幾恐以文翰
妨政治祈不以此勞聖慮上題之載其言於詩嘗謂慎修曰是何眇小丈夫乃
能直言若此慎修對曰臣面陋而心善上為大笑復出為湖南衡郴永道十二
年乞病歸卒高密李元直為御史在其前以剛直著慎修與齊名為山東二李
京師稱元直憨李慎修短李元直字象山康熙五十二年進士改庶吉士散館
授編修雍正七年考選四川道監察御史八閱月章數十上嘗歷詆用事諸大
臣謂朝廷都俞多吁咈少有堯舜無皋夔上不懌召所論列諸大臣大學士朱
軾張廷玉蔣並及元直詰之曰有是君必有是臣果如汝所言無皋夔朕又安
得為堯舜乎元直抗論不撓上謂諸大臣曰彼言雖野心乃無他次日復召入
獎其敢言會廣東貢荔枝至以數枚賜之未幾命巡視臺灣疏請增養廉絕饋
遺並條上番民利病數十事臺灣居海外巡視御史至每自視如客事一聽於
道府元直悉反所為時下所屬問民疾苦欲有所施措督撫劾其侵官遂鐫級
去家居二十餘年卒世宗嘗曰元直可保其不愛錢但慮任事過急又嘗諭諸
大臣曰甚矣才之難得元直豈非真任事人乃剛氣逼人太甚元直晚年言及
知遇輒泣下初在翰林與孫嘉淦謝濟世陳法交以古義相勗時稱四君子及
嘉淦總督湖廣治濟世獄徇巡撫許容意為時論所不直元直遂與疏法字
定齋貴州安平人康熙五十二年進士自檢討官至直隸大名道講學宗朱子

著明辨錄辨陸王之失蒞政以教養為先手治文告辭意懇摯既久人猶誦之
胡定字登賢廣東保昌人雍正十一年進士改庶吉士授檢討乾隆五年考選
陝西道監察御史七年湖南巡撫許容劾糧道謝濟世下湖廣總督孫嘉淦按
治將坐濟世罪八年二月定疏陳容陷濟世嘉淦袒容狀錄湖南民揭帖謂布
政使張璨按察使王玠長沙知府張琳衡州通判方國寶善化知縣樊德貽承
容指朋謀傾陷並述京師民謠曰容為媢謂其妬賢嫉能如婦人之陰毒疏入
上命戶部侍郎阿里袞如湖南會嘉淦覆勘並命定從往會湖南岳常道倉德
密揭都察院發璨請託私改文牘狀阿里袞至湖南雪濟世枉上奪嘉淦容等
職諭謂定為言官言事不實自有應得之罪譴今既實矣若止為濟世白冤抑
其事尚小因此察出督撫等扶私誣陷徇隱扶同使人人知所儆戒此則有裨
於政治為益良多至諸行省督撫舉劾必悉秉公心方為不負委任若以愛憎
為舉劾如嘉淦容居心行事豈不抱愧大廷負慚夙夜諸督撫當深自儆省以
嘉淦容為戒定於是負敢言名轉兵科給事中巡視西城求居民善惡著稱者
書榜姓名於衢民有訟者即時傳訊判結西山臥佛寺被竊同官誤以僧自盜
奏定廉得真盜僧得雪旋以母老乞歸養服除復授福建道御史疏論內務府
郎中某朘民為私利按治事不實奪職下刑部久之讞定罷歸二十二年上南
巡定迎駕杭州復原銜卒年七十九著有雙柏廬文集
仲永檀字襄西山東濟寧人乾隆元年進士改庶吉士授檢討五年考選陝西
道監察御史疏請酌減上元燈火聲樂略言人君一日萬幾一有暇逸之心即
啟怠荒之漸每歲上元前後燈火聲樂日有進御願酌量裁減俾養清明之體
上降旨謂書云不役耳目詩云好樂無荒古聖賢垂訓朕所夙夜兢兢而不敢
忽者惟是歲時讌賞慶典自古有之況元正獻歲外藩蒙古朝覲有不可缺之
典禮朕踐阼制而行之未嘗有所增益至於國家政事朕仍如常綜理並未略
有稽遲永檀胸有所見直陳無隱是其可嘉處朕亦知之京師民俞君弼者為
工部鑿匠富無子既死其婿許秉義謀爭產內閣學士許王猷與同族屬招九
卿會其喪示聲氣且首君弼有藏鏹步軍統領鄂善以聞詔嚴鞫秉義論罪如
律並奪王猷職旨戒飭九卿六年永檀奏風聞鄂善受俞氏賄萬金禮部侍郎
吳家騏赴弔得其賚又聞赴弔不僅九卿大學士張廷玉以柬往徐本趙國麟
俱親會喪事陳浩為奔走謹據實密奏備訪查又言密奏留中事外間旋得消
息此必有私通左右暗為宣洩者權要有耳目朝廷將不復有耳目矣疏入上
疑永檀妄言命怡親王和親王大學士鄂爾泰張廷玉徐本尚書訥親來保按
治摘永檀奏宣洩密奏留中果何事又謂權要私通左右此時無可私通之左
右亦無能私通左右之權要詰何所見命直陳鄂善僕及居間納賄者皆承鄂
善得俞氏賄和親王等以聞上召和親王鄂爾泰訥親來保同鄂善入見上溫
諭導其言鄂善乃承得白金千上諭鄂善曰汝罪於律當絞汝嘗為大臣不忍
棄諸市然汝亦何顏復立於人世乎汝宜有以自處既又下和親王等會大學
士張廷玉福敏徐本尚書海望侍郎舒赫德詳議如上諭乃命訥親來保持王
大臣奏示鄂善鄂善乃言未嘗受賕上因怒責鄂善欺罔奪職下刑部又命福
敏海望舒赫德會鞫論絞上仍令賜死家騏浩並奪職永檀答上詢宣洩留中

事覺吳士功密劾史貽直以對和親王等語察大學士趙國麟等赴俞氏會喪雖無其事然語有所自來上乃獎永檀摘奸發伏直陳無隱擢僉都御史國麟獨奏辨言永檀風聞言事以蒙恩坐論之崇班而被以跪拜細人之醜行事有流弊宜防其漸數有往復當保其終明季言路與政府各分門戶互相擠排綱紀寖以大壞在今日權無旁撓言無偏聽當為未然之慮不弛將至之防乞特降諭旨明示天下以超擢永檀為獎其果敢宥其冒昧嗣後凡詆斥大臣按之無實者別有處分則功過不相掩而賞罰無偏曲如以臣言過戇乞賜罷斥或容解退以全初心上手詔謂超擢永檀亦善善欲長惡惡欲短之意大學士所云老成遠慮朕甚嘉納其入閣視事毋違朕意而國麟求去益力給事中盧秉純劾國麟謂上詢國麟嘗會俞氏喪否出以告其戚休致光祿寺卿劉藩長語無狀上召藩長令鄂爾泰張廷玉徐本訥親來保按其事因謂藩長市井小人國麟與論姻又嘗奏薦事非是遣鄂爾泰等諭意令請退居數日國麟疏不至乃特詔左遷留京師待闕秉純語過當藩長刺探何緣被譴不謹皆奪職又擢永檀副都御史貴州甕安民羅尚珍詣都察院訴家居原任四川巡撫王士俊侵其墓地命永檀如貴州會總督張廣泗按治士俊論罪如律河南巡撫雅爾圖劾永檀自貴州還京師道南陽縱其僕撻村民下部議罰俸七年十二月命如江南會巡撫周學健治賑未行永檀以密奏留中事告大學士鄂爾泰子鄂容安上命奪職下內務府慎刑司令莊親王履親王和親王平郡王大學士張廷玉徐本尚書訥親來保哈達哈按其事鄂容安永檀自承未奏前商謀既奏後照會王大臣等用洩漏機密事務律論罪上責其結黨營私用律不合令會三法司覆讞王大臣等因請刑訊並奪大學士鄂爾泰職逮問上謂鄂爾泰受遣大臣不忍深究下吏議示薄罰永檀鄂容安亦不必刑訊永檀受恩特擢乃依附師門有所論劾無不豫先商酌暗結黨援排擠異己罪重大鄂容安罪亦無可逭但較永檀當末減命定擬具奏奏未上永檀卒於獄鄂容安論戍上寬之語在鄂容安傳

柴潮生字禹門浙江仁和人雍正二年舉人授內閣中書充軍機處章京累遷工部主事乾隆七年考選山西道監察御史是歲旱上降詔求言潮生疏言君咨臣儆治世之休風益謙虧盈檢身之至理臣伏讀上諭有云爾九卿中能責難於君者何人陳善閉邪者何事此誠我皇上虛懷若谷從諫弗咈之盛心也今歲入春以來近京雨澤未經霑足宵旰焦勞無時或釋惟是天時雨暘難以窺測而人事修省不妨過為責難修省於事為者一動一言純雜易見修省於隱微者不聞不見朕兆難窺君心為萬化之源普天率土百司萬姓皆於此託命焉皇上萬幾餘暇豈無陶情適興之時但恐一念偶動其端甚微而自便自恕之機或乘於不及覺遂致潛滋暗長而莫可遏則俄頃間之出入即為皇功疏密所關伏乞皇上於百爾臣工所不及見左右近習所不及窺朝夕愈加勅毖豈特隨時修省致感召之休徵已哉八年天津河間二府大旱九年潮生復疏言河間天津二府經流之大河三曰衛河曰滹沱河曰漳河其餘河間分水之支河十有一瀦水之淀泊十有七蓄水之渠三天津分水之支河十有三瀦水之淀泊十有四受水之沽六水道至多向若河渠深廣蓄洩有方旱歲不能全收灌溉之功亦可得半即不然而平日之蓄積亦可支持數月以需大澤之至何至拋田棄宅挈子攜妻流離道路哉水利之廢即此可知矣甘霖一日不足則賑費固不可已臣竊以為徒費之於賑恤不如大發帑金遴遣大臣經理畿輔水利俾以濟饑民消旱潦且轉貧乏之區為富饒救時之急務籌國之遠謨莫以易此臣考漢張堪為漁陽太守於狐奴開稻田八千頃狐奴今昌平也北齊裴延儁為幽州刺史修古督亢陂溉田萬餘畝督亢今涿州也宋何承矩為河北制置使於雄鄚霸州興堰六百里灌田明汪應蛟為天津巡撫捐俸開二千畝畝收四五石今東西二淀即承矩之塘濼天津十字圍即應蛟水田之遺址國朝李光地為巡撫請興河間水田言涿州水佔之地每畝售錢二百開成水田畝易銀十兩上年總督高斌請開永定河灌田亦云查勘所至衆情欣悅臣聞石景山有莊頭修姓自引渾河灌田比常農畝收數倍蠡縣亦有富戶自行鑿井旱歲能收其利霸州知州朱一蜚勸民開井二十餘口民頗賴之證之近事復確有據則水利之可興也決矣今請特遣大臣齎帑金數十萬兩往河間天津二府督同道府牧令分委佐貳雜職除運道所關及滹沱正流水性暴急慎勿輕動其餘河渠淀泊凡有故蹟可尋者皆重加疏浚又於河渠淀泊之旁各開小河小河之旁各開大溝皆務深廣度水力不及則止節次建立水門遞相灌注旱則引水入溝以溉田潦則放閘歸河以洩水其離水遼遠之處每田一頃掘井一口十頃掘大塘一口亦足供用其中有侵及民田並古陂廢堰為民業已久者皆計畝均分撥還即將現在受賑饑民及外來流民停其賑給按地分段就工給值酌予口糧甯厚無減一人在役停其家賑糧二口二人在役停其家賑糧四口其餘口及一戶皆不能執役者仍如例給賑其疏浚之處有可耕種即借予工本分年徵還更請別簡大臣齎帑金分巡直隸各府一如河間天津二府次第舉行或曰北土高燥不宜稻種土性沙鹻水入即滲挖掘民地易起怨聲前朝徐貞明行之而立敗怡賢親王與大學士朱軾之經理亦垂成而坐廢可為明鑒臣按九土之種異宜未聞稻非冀州之產玉田豐潤秔稻油油且今第為之興水利耳固不必強之為水田也或疏或浚則用官資可稻可禾聽從民便此不疑者一也土性沙鹻是誠有之不過數處耳豈徧地皆沙鹻乎且即使沙鹻而多一行水之道比聽其沖溢者不猶愈於已乎此不疑者二也若以溝渠為損地尤非知農事者凡力田者務盡力而不貪多墾今使十畝之地損一畝以蓄水而九畝倍收較十畝皆薄入孰利況損者又予撥還此不疑者三也至前人屢行屢罷此亦有由貞明所言百世之利其時御史王之棟參劾出於奄人勳戚之意其疏亦第言滹沱不可開未嘗言水田不可行也但其募南人開墾即以地予之又許占籍左光斗之屯學亦然是奪北人之田又塞其功名之路其致人言也宜矣至營田四局成績具在當日効力差員不無舉行未善所以賢王一沒遂過而廢之非深識長算者之所出也非常之原黎民所懼所貴持久乃可有功秦開鄭白之渠利及百世而當時至欲殺水工鄭國漢河東太守番係引汾水灌田河渠數徙田者不能償種至唐長孫恕復鑿之畝收十石凡始事難成事易廢續以終之則是中道而棄之則非此不疑者四也至水利既興招募農師造作水器逐年作何經理俾永無湮塞應聽在事大臣詳加籌畫皇上視民如子凡有賑恤千萬帑金亦無屯惜即如開通京師溝道估費二十餘萬以視興修一省水利輕重較然況此舉乃以生財非以費財天災國家代有荒政未有百全何如挪百萬於水濟而立收國富民安之效縱有堯災湯旱亦可挹彼注茲是謂無弊之賑恤連年米價騰踊聖懷焦停採買豈可久行指監輸倉亦非上策若小民收穫素裕自然二麥有資臣訪問直隸士民皆云有水之田較無水之田相去不啻再倍是謂不竭之常平近畿多八旗莊地直隸亦京兆股肱皆宜致之富饒始可居重馭輕漢武帝徙豪民於關中明成祖遷富家於帝里固非王政不失深謀若水利既興自然軍民兩利是謂無形之帑藏且雨者水土之氣所騰而下澤也土氣太甚則水氣受制直隸近年以來閔雨者屢矣但使水土調和自可雨暘時若是謂有驗之調燮且水性分之則利合之則害用之則利棄之則害故周有稻人澤虞治田之人即人人皆治水之人張伯行亦主此論陸隴其為靈壽令督民濬衛河其始頗有怨言謂開無水之河以病民既而大水至獨靈壽竟有秋貨殖者旱則資舟為國者備斯無患是謂隱濟之河防今生齒日繁民食漸絀臣愚以為盡興西北之水田闢東南之荒地則米價自然平減但事體至大請先以直隸為端行之有效次第舉行樂利萬年庶其在此十年疏陳理財三策言治天下要務惟用人理財兩大事承平日久供億浩繁損上益下日歷歲支而量入為出似尚未籌至計禮曰財用足故百志成若少有寡乏則蠲徵平賦恤災厚下之大政俱不得施遲之又久則一切苟且之法隨之以起此非天下之小故也頃見臺臣請定會計疏言每年所入三千六百萬所出亦三千六百萬就今日計之所入僅供所出就異日計之所入殆不足供所出以皇上之仁明國家之閒暇而不籌一開源節流之法為萬世無弊之方是為失時臣等荷恩備官臺省不能少竭涓埃協贊遠謨是以謹陳三策一曰給旗田以養閒散一曰給數年之俸餉散遣漢軍一曰改指監之款項以充公費三者行而後良法美意可得而舉也滿洲蒙古漢軍各有八旗丁口蕃昌視順治時蓋一衍為十而生計艱難視康熙時已十不及五而且仰給於官而不已局於五百里之內而不使出則將來上之弊必如北宋之養兵下之弊亦必如有明之宗室此不可不籌通變者也臣聞奉天沿邊諸地水泉肥美請遣幹略大臣分道經理視可屯之處發帑建堡墩起屋廬置耕牛農具命各旗滿洲除正身披甲在京當差其次丁餘丁力能耕者前往居住所耕之田即付為永業分年扣完工本更不陞科惟令農隙操演數年之後皆成勁卒遂往發往軍營之人令其分地指墾効力此後有願往者令其陸續前往此安頓滿洲閒散之法也漢軍八旗已奉諭其出旗之旨以定例太拘故散遣寥寥今請不論出仕與否概許出旗其家現任居官者給三年俸餉無居官者給六年俸餉其家產許之隨帶任其自便則貧富各不失所而五年以後國帑節省無窮一時不能盡給分作數年以次散遣都統以下章京以上各官改補綠旗提鎮將弁此安頓漢軍之法也臣又按耗羨歸公天下之大利亦天下之大弊也康熙間法制寬略州縣於地丁外私徵火耗其陋規匿稅亦未盡釐剔自耗羨歸公一切弊竇悉滌而清之是為大利然向者本出私徵非同經費其端在有司不肯妄取

上司亦不敢強賢且能者則以地方之財治地方之事故康熙間循吏多實績可紀而財用亦得流通自耗羨歸公輸納比於正供出入操於內部地丁公費除官吏養廉無餘剩官吏養廉除分給幕客家丁修脯工資及事上接下之應酬輿馬蔬薪之資費亦無餘剩地方有應行之事應興之役一絲一忽悉取公帑有司上畏戶工二部之駁詰下畏身家之賠累但取其事之美觀而無實濟者日奔走之以爲勤故曰天下之大弊也夫生民之利有窮故聖人之法必改今耗羨歸公之法勢無可改惟有爲地方別立一公項俾任事者無財用匱乏之患而後可課以治效之成臣請將常平倉儲仍照舊例辦理捐監一項留充各省公用除官俸兵餉動用正項餘若災傷當拯恤孤貧當養贍河渠水利當興修貧民開墾當借給工本壇廟祠宇橋梁公廨當修治採買倉穀價值不敷皆於此動給以地方之財治地方之事如有大役大費則督撫合全省而通融之又有不足則移鄰省而協濟之稽察屬司道核減屬督撫內部不必重加切核則經費充裕節目疏闊而地方之實政皆可舉行設官分職付以人民只可立法以懲貪不可因噎而廢食唐人減劉晏之船料而漕運不繼明人以周忱之耗米歸爲正項致逋負百出路多饑殍大國不可以小道治善理財者固不如此此捐監之宜充公費也三法既行則度支有定經費有資當今要務無急於此者伏乞皇上深留睿慮敕公忠有識大臣詳議施行尋遷兵科給事中巡視北城乞歸侍母孝養備至貧以醫自給久之卒

儲麟趾字履醇江南荊溪人乾隆四年進士改庶吉士授編修進諸經講義援據儒先責難陳善辭旨醇美十四年考選貴州道監察御史編修朱荃與大學士張廷玉有連督四川學政母死匿喪綏麟趾疏劾詰不避廷玉高宗以是知其伉直嘗大旱麟趾應詔上疏略言臣聞天道若持衡然故雨暘寒燠無時不得其平而氣化偶偏必於亢陽伏陰示其象然往來推行久而必復其常者天道之無私也君道法天亦若持衡然故喜怒刑賞無事不得其平而意見偶偏必於用人行政露其機然斟酌損益終必歸於大中至正者君德之極盛也漢臣董仲舒曰善言天者必有驗於人天人相應捷於桴鼓春秋所以詳書災異也皇上至聖極明豈復有纖芥之事足以召祲而致災者但愚臣蠡測管窺以爲自古人主患不明惟皇上患明之太過自古人主患不斷惟皇上患斷之太速即如擢一官黜一差往往出人意表爲擬議所不及此則皇上意見之稍偏而愚臣所謂聖明英斷之太過者也史臣之贊堯曰乃聖乃神宋儒朱子曰聖人神明不測之號夫所貴乎不測者錯綜參伍與時偕行而非於彼於此不可思議之謂也此雖不足上累聖德萬分之一然臣尤願皇上開誠布公太和翔洽要使天下服皇上用人之至當不必徒使天下疑皇上用人之甚奇若云防微杜漸不得不爾則國法具在試問諸臣行事邪正又誰能欺皇上之洞鑒者抑臣又聞之唐臣韓愈曰獨陽爲旱獨陰爲水君陽臣陰有君無臣是以久旱今皇上宵衣旰食焦勞於法宮之中而王公大臣拱手備位不聞出其謀畫上贊主德輔宣聖化是君勞於上臣逸於下天道下濟而地道不能上行其於致旱理或宜然臣區區之忱願皇上虛中無我一切用人行政不改鑒空衡平之體又於一二純誠憂國之大臣時賜召對清宴之餘賚其輔弼必能時雨時風消沴旱災矣麟趾累遷太僕寺卿移宗人府府丞引疾歸家居十餘年卒年八十二

論曰諫臣之益人國最上匡君德次則綢繆軍國洞百年之利害若夫擊邪慝患獄獄不避權要固亦有不易言者高宗嗣服虛己納諫一士慎修潮生麟趾其所獻替合陳善責難之誼潮生所論理財三策尤閎遠惜不能用也定劾許容永檀彈鄂善皆能舉其職者永檀乃以漏言敗異哉

清史稿 列傳九十四

尹繼善　劉於義
陳大受　張允隨
陳宏謀

尹繼善字元長章佳氏滿洲鑲黃旗人大學士尹泰子雍正元年進士改庶吉士授編修五年遷侍講尋署戶部郎中上遣通政使留保等如廣東按布政使官達按察使方願瑛受賕狀以尹繼善偕往鞫實即以尹繼善署按察使六年授內閣侍讀學士協理江南河務是秋署江蘇巡撫七年眞除疏禁收漕規費定石米貲六分半給旗丁半給州縣使無不足然後裁以法平糶盈餘非公家之利應存縣庫常平倉捐穀聽民樂輸不得隨漕勒徵命如議行又疏請崇明增設巡道兼轄太倉通州並釐定永興牛羊大安諸沙分防將吏福山增隸沙船與京口狼山諸汛會哨又請移按察使駐蘇州蘇松道駐上海皆從之旋署河道總督九年署兩江總督十年協辦江甯將軍兼理兩淮鹽政疏言鎮江水兵駐高資港江甯水兵駐省會各增置將吏狼山復設趕繒大船與鎮江江甯水兵每月出巡察應長江數千里聲勢聯絡上嘉之尹繼善請清察江蘇積欠田賦上遣侍郎彭維新等助爲料理又命浙江總督李衞與其事察出康熙五十一年至雍正四年都計積虧一千十一萬上命分別吏蝕民欠逐年帶徵尹繼善等並議叙又請改三江營同知爲鹽務道並增設緝私將吏十一年調雲貴廣西總督思茅土酋刁興國爲亂總督高其倬發兵討之擒興國餘黨未解尹繼善至諮於其倬得窾要檄總兵楊國華董芳督兵深入斬其酋三及從亂者百餘元江臨安悉定分兵進攻攸樂思茅東道撫定攸樂三十六寨西道攻六困破十五寨降八十餘寨疏聞上諭曰勦撫名雖二事恩威用豈兩端當撫者不妨明示優容當勦者亦宜顯施斬馘俾知順則利逆則害今此攻心之師即寓將來善後之舉是乃仁術也識之十二年奏定新闢苗疆諸事請移清江鎮總兵於台拱並移設同知以下官增兵設汛從之又奏雲南濬土黃河自土黃至百色袤七百四十餘里得旨嘉獎尋詔廣西仍隸廣東總督十三年奏定貴州安籠等營制貴州苗復亂尹繼善發雲南兵並徵湖廣廣西兵策應遣副將紀龍勦清平參將哈尚德收新舊黃平二城合兵衞重安副將周儀等復餘慶獲苗酋羅萬象等總兵王無黨韓勳勦八寨總兵譚行義勦鎮遠又令無黨合廣西湖南兵與行義會破苗寨斬千餘級獲苗酋阿九清等苗亂乃定乾隆元年貴州別設總督命尹繼善專督雲南二年奏豁雲南軍丁銀萬二千二百有奇入覲以父尹泰老乞留京侍養授刑部尚書兼管兵部三月丁父憂四年加太子少保五年授川陝總督郭羅克部番復爲亂尹繼善檄諭番酋執爲盜者以獻事旋定六年奏陳郭羅克善後諸事請設土目打牲予號片寬積案撤戍兵上皆許之七年丁母憂八年署兩江總督協理河務疏言毛城鋪天然壩高郵三壩皆宜仍舊上諭令斟酌因時制宜九年衞入覲還上命傳旨開天然壩且曰衞奏河水小壩宜開尹繼善覆奏略言衞不問河身深淺但問河水大小非知河者也河淺壩開宣流太過湖弱不敵黃強爲害滋甚上卒用尹繼善議十年實授兩江總督十二年疏言旱潦高寶諸地圩岸分年修治務令圩外取土挑濬成溝旱留涵洞使旱潦有備鳳潁泗三屬頻遭水患河渠次第開濬而田間圩塍實與爲表裏亦陸續興修俟有成効推行遠近上諭曰此誠務本之圖實力爲之十三年入覲調兩廣未行授戶部尚書協辦大學士軍機處行走兼正藍旗滿洲都統未幾復出署川陝總督嗣以四川別設總督命專督陝甘大學士傅恒經略金川師經陝西上獎尹繼善料理尋站馬匹諸事調度得宜十四年命參贊軍務加太子太保十五年西藏不靖四川總督策楞統兵入藏命兼管川陝總督十六年復調兩江十七年尹繼善以上江頻被水疏請濬宿州睢河彭家溝泗州謝家溝虹縣汴河上游築宿州符離橋靈璧新馬橋砂礓河尾黃疃橋君家橋詔如所請羅田民馬朝柱爲亂檄總兵牧光宗捕治並親赴天堂寨獲朝柱家屬徒黨得旨嘉獎召詣京師十八年復調署陝甘總督雍正間開哈密蔡伯什湖屯田乾隆初以畀回民貝子玉素富以屢歉收請罷尹繼善奏言從前開渠引水幾費經營回民不諳耕作頻歲歉收萬畝屯田棄之可惜請選西安兵丁子弟或招各衞民承種上韙其言調江南河道總督十九年疏言河水挾沙而行停滯成灘有灘則水射對岸即成險工銅沛邳睢宿虹諸地河道多灘宜遵聖祖諭於曲處取直開引河導溜歸中央借水刷沙河隄歲令加高務使穩固而靑黃不接亦寓賑於工詔如議行命署兩江總督兼江蘇巡撫二十一年疏請濬洪澤湖入江道開石羊溝引東西灣兩壩所減之水疏芒稻閘達董家溝引河引金灣閘壩所減之水加寬廖家溝河口引璧虎鳳凰兩橋所減之水並濬各河道上游修天妃靑龍白駒諸閘從之實授兩江總督二十二年疏言沛縣地最卑昭陽微山諸湖環之濟泗汶滕諸水奔注請於荆山橋外增建閘壩使湖水暢流入運又沂水自山東南入駱馬湖出盧口入運阻荆山橋出水當相度堵修上以所言中形勢嘉之旋與侍郎夢麟等會督疏治淮揚徐海支幹各河暨高寶各工是冬事竟議叙二十五年上命增設布政使尹繼善請分設江甯蘇州二布政使而移安徽布政使駐安慶二十七年上南巡命爲御前大臣二十九年授文華殿大學士仍留總督任三十年上南巡尹繼善年七十御書牓以賜召入閣兼領兵部事充上書房總師傅三十四

年兼翰林院掌院學士三十六年上東巡命留京治事四月卒贈太保發帑五千治喪命皇八子永璇貝勒永瑢尹繼善婿也賜祭葬諡文端尹繼善釋褐五年即任封疆年纔三十餘莅政明敏遇糾紛盤錯紓徐料量靡不妥貼一督雲貴三督川陝四督兩江在江南前後三十年最久民德之亦最深世宗最賞李衞鄂爾泰田文鏡嘗諭尹繼善謂當學此三人尹繼善奏曰李衞臣學其勇不學其粗田文鏡臣學其勤不學其刻鄂爾泰宜學處多然臣亦不學其愎世宗不以爲忤高宗嘗謂我朝百餘年來滿洲科目中惟鄂爾泰與尹繼善爲眞知學者御製懷舊詩復及之子慶桂自有傳

劉於義字喻旃江蘇武進人康熙五十一年進士改庶吉士授編修在翰林文譽甚著凡有撰擬輒稱旨雍正元年命直南書房遷中允再遷侍講督山西學政三年遷庶子上諭以留心民事歲飢無積貯奏請歲以耗羨四萬於太原平陽潞安大同買米貯倉春糶秋補上命巡撫伊都立酌量舉行四年一歲四遷擢倉場侍郎倉吏積習糶正米以贖篩颺耗米抵額於義嚴出入稽餘米定數宿弊一清七年命察覈西甯軍需八年遷吏部侍郎命與侍郎牧可登如山東察賑並按按察史唐綏祖劾濟南知府金允彝祖鄒平知縣袁舜裔虧空論如律九年授直隸河道總督奏天津截留漕糧省津貼諸費但給地方官耗米百之一又奏青龍灣諸地侍郎何國宗議建雞心閘十四阻水當停並請展埽面使無礙水道均如議行擢刑部尚書仍理河務尋署直隸總督直隸盜犯依律不分首從皆斬大名劫盜十餘案每案數十人於義以凶器祇田具贓物僅米穀乃饑民借糧爭奪非盜奏請得末減直隸盜案視各省分首從自此始十年署陝西總督十一年授吏部尚書仍署總督累疏言甘涼爲軍需總匯糧草價昂兵餉不敷養贍請酌借籽種農器於瓜州諸地開墾屯種耕犁以馬代牛並募耕夫二百教回民農事又於赤金靖逆之北湃帶湖及十八塔兒灣築臺堡爲保障安家窩鋪口別開渠供灌溉又疏請甘涼設馬廠牧長牧副視太僕寺條例歲十一月察馬匹孳生多寡爲弁兵升降賞罰均如所請行十三年命大學士查郎阿代於義領陝甘總督予於義欽差大臣關防留肅州專管軍儲乾隆元年奏言蘭州浮橋始于前明用二十四艘兩埠鐵纜百二十丈自有司遞減四舟纜僅七十丈於是埠基砌入河心水激湍急衝潰屢見請動用公帑改復原式庶河寬水緩以便行旅得旨允行查郎阿入覲於義仍署陝西總督二年召還京三年查郎阿劾承辦軍需道沈靑崖等私運侵帑辭連於義上遣侍郎馬爾泰會查郎阿按治於義坐奪官並責償麥粿價銀三萬餘兩甘肅自康熙末至雍正初虧帑金一百六十餘萬文書散缺於義奉命察覈遂任總督部署西師往返凡四年屯田築堡安集流移輸送軍糧戰馬其勞最多以簿領過繁得過亦由此五年起署直隸布政使七年授福建巡撫疏請裁減閩鹽課外加派漳州民陳作謀臺灣民王永興等謀爲亂遣將吏捕治八年調山西召補戶部尚書九年調吏部尚書協辦大學士御史柴潮生請修治直隸水利命同直隸總督高斌勘察議濬牤牛河開白溝河支流西淀亦開支河東淀河道裁灣取直子牙河疏河口築隄界別清渾疏鳳河濬塌河淀引唐河入保定河濬正定諸泉引以溉田並修復營田舊渠閘是爲初次應舉各工十年署直隸總督加太子太保是冬報初次工竣復議還鄉河裁灣取直築運薊河西隄挑張靑口支河新安新河拓廣利渠望都至安肅開溝並裁永定河兜灣是爲二次應舉各工引塌河淀漲水入薊運河疏天津賈家口靜海鹵北口諸河及慶雲馬頰河鹽山宣惠河是爲三次應舉各工又令署直隸河道總督疏請減慶雲賦額上命減地丁十之三著爲令十二年夏報二三次工竣召還十三年二月奏事養心殿跪久致仆遽卒賜祭葬諡文恪

陳大受字占咸湖南祁陽人幼沈敏初授內則即退習其儀既長家貧躬耕山麓同舍漁者夜出捕魚爲候門讀書不輟雍正十一年成進士選庶吉士乾隆元年授編修二年大考翰詹諸臣日午上御座以待大受卷先奏列第一超擢侍讀五遷吏部侍郎四年授安徽巡撫初視事決疑獄老吏駭其精敏廬鳳穎諸府時多盜有司多諱匿大受定限嚴緝月獲盜五十輩得旨褒美淮南北洊饑發倉穀賑之穀且盡繼以麥又告糴江南廣東且發且儲時頻歲饑民掠米麥以食有司以盜論哀其情奏原六十餘人麥熟禁蹝麴造酒及大商囤積又以高阜斜陂不宜稻麥福建安溪有旱稻名畬粟不須溉灌前總督郝玉麟得其種教民試藝有獲因令有司多購分給各州縣俾民因地種植事聞上諭曰諸凡如此留心甚慰朕懷是年調江蘇疏請飭糧道較定各州縣漕斛及先冬令民搜蝻子屢諭嘉獎並以搜蝻子法令直隸總督高斌仿行常州鎭江太倉三府州被水災發倉治賑江南舊多借堰圩塘或有久廢者被水後尤多潰敗工鉅費重民力不能勝大受出官粟借之召民興築計時而成於江浦繕三合永豐北城諸圩於句容復郭西塘黃堰蘇州太倉疏劉家河灑瀆滸洩諸工畢舉七年秋黃河決古溝石林高寶興泰徐諸州縣罹其患大受馳視以聞上命截漕米協濟大受乃命多具舟候水至分載四出紬繩數百里一日而徧丹陽運河口藉潮水灌輸淤沙需疏濬大受奏定六年大修每年小修後高宗南巡御製反李白丁都護歌曰豈無疏濬方天工在人補輪年大小修往來通商賈蓋嘉其奏定歲修法利於濟運也十年有旨蠲明年天下錢糧大受疏請核準漕項科則曉諭周知彙覈地丁耗羨同漕項幷完酌定業戶減租分數通飭遵行得旨嘉獎戶部議禁商人貯米大受謂商人貯米得少利即散貯不過一歲民且利焉請弛禁便又言城工核減意在節用用省而工惡再修且倍之上皆韙其言常州俗好佛家設靜堂自立名教江甯松江太倉漸染其習大受疏請飭有司防禁移佛入廟堂內人田屋產量爲處置上諭曰此等事須實力不可欲速不然則所謂好事不如無也十一年加太子少保調福建十二年疏言近海商民例許往暹羅造船販米內渡時若有船無米應倍稅示罰部議從之疏言巡臺御史巡南北二路臺灣鳳山諸羅彰化四縣具廚傳犒賞往往濫准詞訟又於額設胥役外俾奸民注籍恃符生事上命自乾隆五年起巡臺御史均下部嚴議又疏言臺灣番民生業艱難向漢民重息稱貸子女田產每被盤折請撥臺穀六萬石分貯諸羅彰化淡水諸縣視鳳山例接濟其不願借者聽報可臺灣民番雜處土音非譯不通有奸民殺人賄通事移坐番罪疑之再鞫竟得白或言海上有島十四爲田萬餘畝可開墾前政以入告大受以島地久在禁令一旦開禁聚人既多生奸尤易設兵彈壓爲費彌甚利不敵害輒奏罷之召授兵部尚書十三年調吏部協辦大學士軍機處行走十四年金川平晉太子太傅秋署直隸總督十五年授兩廣總督陛辭請訓上曰汝直軍機處兩年萬幾之事皆所目擊即朕訓也何贅辭惟中外一心足矣尋命協理粵海關兩粵去京師遠吏媮民嚚大受以猛治之舉劾不法吏政令大行十六年以病乞解任溫詔慰留未幾卒賜祭葬諡文肅祀賢良祠大受眉目皆上起豐髯有威淸節推海內以微時極貧祿不逮親養自奉如布衣時子輝祖自有傳

張允隨字覲臣漢軍鑲黃旗人祖一魁福建邵武知府有政績祀名宦允隨入貲爲光祿寺典簿遷江南寧國同知擢雲南楚雄知府雍正元年調廣南丁母憂總督鄂爾泰等請留司銅廠二年授曲靖知府擢糧儲道鄂爾泰復薦可大任上召入見五年擢按察使未幾遷布政使雲南產銅供鑄錢寶源寶泉二局需銅急責委員領帑採洋銅洋銅不時至允隨綜銅廠事察知舊廠產尙富增其值民樂於開採舊廠復盛又開大龍湯丹諸新廠歲得銅八九百萬斤供用乃停採洋銅國帑省官累亦除八年調貴州未幾授雲南巡撫允隨官雲南久熟知郡國利病山川險要苗夷情狀十一年思茅土酋刁興國糾徼外苦蔥蠻等爲亂蔓延數州縣允隨與總督高其倬遣兵討之思茅圍解亂苗遁攸樂知縣章綸以事詣會城至蟒蛛村遇寇死允隨趣兵進擒興國餘衆走臨安復擊破之允隨疏以鎭沅恩樂府縣皆新改土爲流請立學設教職定學額又疏以雲南各府州或兵少米多請以額徵秋米石折銀一兩或兵多米少請以額徵條銀兩收米一石十二年疏請於廣西府開爐鼓鑄皆下部議行十三年疏報蒙化墾田二十六頃有奇乾隆二年署雲南總督疏言雲南水利與他省不同水自山出勢若建瓴大率水高田低自上而下當濬溝渠使盤旋曲折承以木梘石槽引使溉田偶有田高水低則宜車戽又或雨後水急則宜塘瀦低道小港水阻恐傍溢則宜疏水口使得暢流山多沙磧水發嫌迅激則宜築隄埝俾護田畝臣令有司勘修工小令於農隙按田出夫督率興作工稍大者出夫外應需工料令集士民公議需費多寡有田用水者按田定銀數借庫帑興工工畢分年還款工大非民力能勝詳情覆勘以官莊變價留充工費報聞三年請停鑄錢運京是冬入覲四年正歲上宴廷臣賦柏梁體詩允隨與焉五年疏言雲南鹽不敷民食安甯得洪源井試煎年獲二十一萬餘斤麗江得老姆井試煎年獲十八萬餘斤分地行銷定爲年額上獎爲有益之事署貴州總督六年廣東妖民黃順等遁匿貴州境有司捕得奏聞上諭曰汝不以五日京兆自居盡心治事可嘉復署雲南總督兵部議各省有增設兵額量加裁減允隨奏雲南昭通普洱二鎭有增設兵額地處邊要未可裁減惟有通覈合省標鎭營協按額均減分計則兵裁無幾合計則餉省已多標鎭營協應裁兵一千一百六十先裁餘丁四百四十八餘俟缺出停補從之允隨請濬金沙上命都統新柱四川總督尹繼善會勘疏言金沙江發源西域入雲南經麗江鶴慶永北姚安武定東川昭通七府至敘州入川江東川府以下南岸隸雲南北岸隸四川營汛分布田廬相望至大井壩以上南岸尙有田廬北岸皆高山山後沙馬阿都兩土司地從前舟楫所不至自烏蒙改流設鎭雲南兵米每歲糴自四川皆自敘州新開灘至永嘉黃草坪五百八十里泝流而上更上自黃草坪至金沙廠

六十里商舶往來臣等相度內有大漢漕門崖三腔鑼鍋耳諸灘險惡應行修理更上自金沙廠至濫田壩二百二十七里十二灘濫田壩最險次則小溜筒臣等相度開鑿子河更上自雙佛灘至蜈蚣嶺十五灘相接石巨工艱臣等令改修陸路以避其險雲南地處極邊民無蓋藏設遇水旱米價增昂今開通川道有備無患上諭曰既可開通妥協爲之以成此善舉允隨主辦其役計程千三百餘里費帑十餘萬經年而工成八年疏言大理洱海發源鶴慶瀰沮河至大理合苍山十八溪匯而成海下自波羅甸出天生橋趨瀾滄江海袤百二十里廣二十餘里而天生橋海口寬不及丈每致倒流淹浸濱海民田臣飭將海口疏治寬深自波羅甸下達天生橋分段開濬壘石爲隄外栽茨柳爲近水州縣祛漫溢之患海口涸出田萬餘畝令附近居民承墾即責墾戶五年一大修按田出夫合力疏濬授雲南總督兼管巡撫九年疏報東川河壩租得銅礦試煎月得銅四萬餘斤十年加太子少保十二年授雲貴總督疏言苗猓種類雖殊皆具人心如果撫馭得宜自不至激成事變臣嚴飭苗疆文武毋許私收濫派並禁胥役滋擾至苗民爲亂往往由漢奸勾結臣飭有司嚴察捕治又疏言貴州思州諸府與湖南相接今有辰沅饑民百餘入貴州境採蕨而食臣已飭貴州布政使糧驛道以公使銀振濟如有續至一體散給安置諸疏上並嘉獎十五年入覲授東閣大學士兼禮部尚書加太子太保十六年卒賜祭葬諡文和

陳宏謀字汝咨廣西臨桂人爲諸生即留心時事聞有邸報至必借觀之自題座右謂必爲世上不可少之人爲世人不能作之事雍正元年恩科世所謂春鄉秋會宏謀舉鄉試第一成進士改庶吉士授檢討四年授吏部郎中七年考選浙江道御史仍兼郎中監生倚有考職多以人代世宗知其弊令自首而州縣吏藉察訪爲民擾宏謀疏請禁將來寬既往召見微詰再三申論甚晰乃允其奏以是知其能授揚州知府仍帶御史銜得便宜奏事丁父憂上官留之辭不許遷江南驛鹽道仍帶御史銜攝安徽布政使又丁母憂命留任因乞假歸葬十一年擢雲南布政使初廣西巡撫金鉷奏令廢員墾田報部以額稅抵銀得復官報墾二十餘萬畝宏謀奏言此曹急於復官止就各州縣求有餘熟田量給工本即作新墾田不增而賦日重民甚病之請罷前例上命雲南廣西總督尹繼善察實尹繼善請將虛墾地畝冒領工本嚴實追繳乾隆元年部議再敕兩廣總督鄂彌達會鉷詳勘宏謀劾鉷欺公累民開捐報墾不下二十餘萬畝實未墾成一畝請盡數豁除時鉷內遷刑部侍郎具疏辨上命鄂彌達會巡撫楊超曾確勘二年宏謀復密疏極論其事高宗責宏謀不待議覆又爲是瀆奏粵人嘵陳粵事恐啓鄉紳挾持朝議之漸交部議降調尋鄂彌達等會奏報墾田畝多不實請分別減豁鉷以下降黜有差三年授宏謀直隸天津道五年遷江蘇按察使六年遷江甯布政使甫到官擢甘肅巡撫未行調江西九年調陝西十一年復調江西尋又調湖北十二年川陝總督慶復劾宏謀在陝西愛憎任情好自作聰明不持政體部議奪官上命留任未幾復調陝西上諭曰此汝駕輕就熟之地當秉公持重毋立異毋沽名能去此結習尚可造就也署陝甘總督十五年加兵部侍郎其冬河決陽武調河南巡撫十七年調福建十九年復調陝西二十年調甘肅再調湖南疏劾布政使楊灝侵扣穀價上嘉其不瞻徇論灝罪如律二十一年又調陝西二十二年調江蘇入覲上詢及各省水災奏言皆因上游爲衆水所匯而下游無所歸宿當通局籌辦上以所言中肯綮命自河南赴江蘇循途察勘十二月遷兩廣總督諭曰宏謀籍廣西但久任封疆朕所深信且總督節制兩省專駐廣東不必迴避二十三年命以總督銜仍管江蘇巡撫加太子少傅二十四年坐督兩廣時請增撥鹽商帑本上責宏謀市恩沽名痼習未改下部議奪官命仍留任又以督屬捕蝗不力奪總督銜仍留巡撫任二十六年又以失察滸墅關侵漁弊議罷任詔原之諭責宏謀模稜之習一成不變調撫湖南二十八年遷兵部尚書署湖廣總督仍兼巡撫召入京授吏部尚書加太子太保宏謀外任三十餘年歷行省十有二歷任二十有一蒞官無久暫必究人心風俗之得失及民間利病當興革者分條鉤考次第舉行諸州縣村莊河道繪圖懸於壁環復審視興作皆就理察吏甚嚴然所劾必擇其尤不肖者一二人使足怵衆而止學以不欺爲本與人言政輒引之於學謂仕即學也盡吾心焉而已故所施各當人咸安之在揚州值水災奏請遣送飢民回籍官給口糧得補入賑冊報可鹽政令淮商於稅額外歲輸銀助國用自雍正元年始積數千萬率以空數報部及部檄移取始追徵實陰虧正課宏謀奏停之在雲南方用兵猓夷運糧苦道遠改轉般遞運民便之增銅廠工本聽民得餘銅民爭趨之更察新礦銅日盛遂罷購洋銅立義學七百餘所令苗民得就學教之書刻孝經小學及所輯綱鑑大學衍義分布各屬其後邊人及苗民多能讀書取科第宏謀之教也在天津屢乘小舟咨訪水利得放淤法水漲挾沙行導之從隄左入隄右出如是者數四沙沈土高滄景諸州悉成沃壤按察江蘇設弭盜之法重誣良之令嚴禁淹親柩及火葬者在江西歲饑告糴於湖廣發帑繕城垣築堰埭修圩隄閘壩以工代賑南昌城南羅絲港爲贛水所趨善衝突建石隄捍之左蠡朱磯當衆水之衝亦築隄百丈水患以平又以錢貴奏請俟雲南銅解京過九江留五十五萬五千斤開爐鼓鑄並以舊設爐六請增爐四詔並許之又以倉儲多虧缺請令民捐監於本省收穀以一年爲限限滿上命再收一年又以民俗尚氣好訐訟請令各道按行所屬州縣察有司自理詞訟毋使延閣滋累上命實力督率毋徒爲具文在陝西募江浙善育蠶者導民蠶久之利漸著高原恒苦旱勸民種山薯及雜樹鑿井二萬八千有奇造水車教民用以灌溉陝西無水道惟商州龍駒寨通漢江灘險僅行小舟宏謀令疏鑿行旅便之又以陝西各屬常平倉多空廒亦令以捐監納穀並請開爐鑄錢如江西例戶部撥運洋銅鑄罄採雲南銅應用錢價以平請修文武成康四王及周公太公陵墓即以陵墓外餘地召租得息歲葺治皆下部議行在河南請修太行隄又以歸德地窪下議疏商邱豐樂河古宋河夏邑響河永城巴溝河民力不勝請發帑濬治既至福建歲歉米貴內地仰食臺灣而商船載米有定額奏弛其禁以便民又疏言福建民嚚競多訟立限月爲稽覈以已未結案件多寡課州縣吏勤惰又言福建地狹民稠多出海爲商年久例不准回籍請令察實內地良民或已死而妻妾子女願還里者不論年例許其回籍從之在湖南禁洞庭濱湖民壅水爲田以寬湖流使水不爲患歲大熟江南災奏運倉穀二十萬石濟之仍買民穀還倉再至陝西聞甘肅軍需缺錢撥局錢二百萬貫濟餉上嘉其得大臣任事體疏請興關外水利濬赤金靖逆柳溝安西沙州諸地泉源上命後政議行又以準噶爾既內附請定互市地以茶易馬充軍用詔從之其治南河大要因其故道開通淤淺俾暢流入海督民治溝洫引水由支達幹時其蓄洩徐海諸州多棄地遇雨輒淫溢課民開溝即以土築圩多設涵洞爲旱潦備低地則令種蘆葦薄其賦其在江蘇尤專意水利疏丁家溝展金灣壩濬徐六涇白茆口洩太湖水築崇明土塘禦海潮開各屬城河又疏言蘇州向設普濟育嬰廣仁錫類諸堂收養煢獨老病並及棄嬰請將通州崇明濱海淤灘除附近民業著聽升科餘撥入堂又通州崇明界新漲玉心洲兩地民互爭請併撥入以息爭競上諭曰不但一舉而數善備汝亦因此得名也及督湖廣疏言洞庭湖濱居民多築圍墾田與水爭地請多掘水口使私圍盡成廢壤自不敢再築上諭曰宏謀此舉不爲煦嫗小惠得封疆之體遷入長吏部疏言文武官弁均有捕盜之責乃州縣捕役平時豢盜營兵捕得就讞時任其狡展或且爲之開脫嗣後應令原獲營員會訊上嘉其所見切中事理又疏言河工辦料應令管河各道親驗加結失事例應文武分償而參游例不及應酌改畫一下河督議行又言匿名揭帖循例當抵罪所告欵內有無虛實仍應按治則宵小不得逞奸有司亦知所警上亦韙之二十九年命協辦大學士三十二年授東閣大學士兼工部尚書三十四年以病請告遣諭慰留三十六年春病甚允致仕加太子太傅食俸如故賜御用冠服命其孫刑部主事蘭森侍歸詔所經處有司在二十里內料理護行上東巡觀天津行在賜詩寵其行六月行至兗州韓莊卒於舟次年七十六命祀賢良祠賜祭葬謚文恭宏謀早歲刻苦自勵治宋五子之學宗薛瑄高攀龍內行修飭及入仕本所學以爲設施莅政必計久遠規模宏大措置審詳嘗言是非度之於己毀譽聽之於人得失安之於數輯古今嘉言懿行爲五種遺規尚名教厚風俗親切而詳備奏疏文檄亦多爲世所誦習孫繼昌字蓮史嘉慶二十四年鄉試二十五年會試廷試俱第一授修撰歷官至江西布政使

論曰乾隆間論疆吏之賢者尹繼善與陳宏謀其最也尹繼善寬和敏達臨事恒若有餘宏謀勞心焦思不遑夙夜而民感之則同宏謀學尤醇所至惓惓民生風俗古所謂大儒之效也於義督軍儲策水利皆秩秩有條理大受剛正屬吏憚之若神明然論政重大體非苟爲苛察者比允隨鎮南疆久澤民之尤大者航金沙江障洱海去後民思與江南之懷尹繼善陳宏謀略相等遂哉

那蘇圖 楊超曾
徐士林 鄭基 王師 尹會一
王恕 方顯 子桂 湯允·緒
楊錫紱 潘思榘
胡寶瑔

那蘇圖戴佳氏字羲文滿洲鑲黃旗人康熙五十年襲拖沙喇哈番世職授藍翎侍衞雍正初四遷兵部侍郎二年出爲黑龍江將軍八年調奉天將軍乾隆元年擢兵部尚書二年調刑部授江南總督協辦吏部尚書顧琮請江浙沿海設塘堡復衞所下督撫詳議三年那蘇圖奏明沿海衞所武事廢弛我朝裁衞改營江南有金山柘林青村南匯川沙吳淞劉河諸營提督駐松江控制崇明狼山二鎮對峙海口塘汛聲勢連絡無庸復設衞所瀕海礮臺應改建者一華亭漴缺墩應增建者二柘林南門福山挑山嘴應移建者一吳淞王家嘴應修者一劉河北七丫口並請改舊制撤墻設垛置木蓋留貯藥之屋並請城茜涇設兵崇明西南二條豎河顧四房港堂沙頭港諸地下部議行江南旱上命撥福建倉穀三十萬石治賑那蘇圖奏言江廣諸省買米次第運至無災州縣本年漕糧全數截留兩江不患無米福建海疆重地且不產米請留十萬石分撥災區以二十萬石運還福建上嘉其得封疆大臣之度四年詔免兩江地丁錢糧奏言向例蠲免不分貧富但富戶遇歉未傷元氣貧民素乏蓋藏多免一分即受一分之惠請以各州縣實徵冊爲據額根五錢以下者全蠲五錢以上者酌量蠲免五兩以上者無庸議蠲上諭曰卿能如此酌議如此撙當誠爲可嘉古人云有治人無治法當訪察胥役毋令因事擾民則全美矣以憂去五年授刑部尚書旋出署湖廣總督六年調兩江七年調閩浙疏裁閩省鹽場浮費場員受年節規禮以不枉法贓論罪八年疏言溫台二洋漁船汛兵向有陋規總督李衞奏改塗稅嵇曾筠又請減半徵收漁船出洋海關徵樑頭稅有司徵漁課不當復加塗稅命永遠革除九年疏言臺灣孤懸海外漳泉潮惠流民聚居巡臺御史熊學鵬議令開荒臣思曠土久封遽行召墾恐匪徒滋事已令中止報聞旋調兩廣十年條奏兩廣鹽政請以商欠鹽價羨餘分年帶徵商已承替令承替者償官或侵漁令侵漁者償埠商占引地逋成本斥逐另募鹽課外加一五加一並屬私派悉行禁革又調直隸十一年條奏八旗屯田章程十二年上東巡那蘇圖從至通州賚白金萬條奏稽察山海關諸事並如所奏議行加太子少傅十三年加太子太保授領侍衞內大臣仍留總督任那蘇圖請赴金川軍前佐班第治事上不許十四年命暫署河道總督卒賜祭葬謚恪勤

楊超曾字孟班湖南武陵人康熙五十四年進士改庶吉士授編修雍正四年直南書房時湖南北甫分闈命充湖北鄉試考官旋督陝西學政再遷左庶子六年疏陳鎮安山陽商南平利紫陽石泉白河諸縣土風衰落西安漢中各屬冒考號爲寄籍諸弊叢生請就本籍量取常闕無濫並改寄籍者歸本籍廩增俱作附生議行調順天學政遷侍讀學士九年擢奉天府尹疏言奉天各屬科派多於正供造册有費考試有費修廨宇治保甲有費長官取之州縣州縣取之民間衙蠹里書指一派十擾害尤劇已嚴檄所屬檄鑱石禁上韙之下其奏永爲例十年疏言秋收稍歉明春米穀勢必騰貴請停商運下部議行十一年疏言州縣所收加一耗羨自錦州甯遠外俱留充州縣養廉府尹以下養廉以中江等稅羨支給部議即以是年始著爲令內務府淮御史八十條奏增錦州莊頭百戶擾民種退圈地畝超曾奏地給民種立業已久今增莊頭百戶戶給六百五十晌晌六畝都計三十九萬畝關民萬戶無地可耕一時斷難安輯且正值春耕清丈動需時日舊戶新莊俱不能播種本年賦必兩懸請緩俟秋收查丈事遂寢遷倉場侍郎十二年擢刑部額外侍郎仍督倉場如故旋授刑部侍郎乾隆元年署廣西巡撫二年實授疏請豁除桂林等府縣各墟及賀縣花麻地租雜稅初巡撫金鉷奏令屬員官生墾荒報指有司因以爲利搜民間有餘熟田量給工本即作新墾雲南布政使陳宏謀疏陳其弊下總督鄂彌達及超曾嚴覆會疏陳指墾不實田畝應減應豁及官生短給工本諸事上命豁加賦虛田凡數萬畝鉷及布政使張鉞皆奪官三年召授兵部尚書五年夏署兩江總督秋授吏部尚書仍署總督疏劾江西巡撫岳濬及知府董文偉劉永錫徇情納賄遣侍郎阿里袞會江南河道總督高斌按治濬等坐譴六年疏請裁太通道揚州鹽務道以通州隸常鎮道轄餘如舊可其奏兼署安徽巡撫秋大風雨濱江海諸州縣皆被水超曾令先以本州縣所存銀米撫卹並發司庫銀八萬未被水諸州縣倉米十萬賑上江各州縣又發司庫銀十萬各縣穀百餘萬賑下江各州縣疏入上諭曰料理賑卹頗爲得宜當以至誠惻怛爲之庶可稍救災黎也通州鹽河亦以水發輸工督治水利大理寺卿汪漋副都御史德爾敏合開唐家閘洩水民廬淹及麥田紛集欲罷市侍郎楊嗣璟疏劾命超曾按其事超曾奏民無挾制阻撓情狀似可無事深究上從之復疏薦江蘇巡撫徐士林處己儉約安徽巡撫陳大受虛中無滯江西巡撫包括性情和平惟吏玩民刁鮮所整頓上諭曰此至當至公之論與朕見同也尋內召視部事以父憂歸籍褰喪次病作七年卒賜祭葬謚文敏

徐士林字式儒山東文登人父農也士林幼聞鄰塾讀書聲慕之跪母前曰願送兒入塾乃奮志勵學康熙五十二年成進士授內閣中書再遷禮部員外郎雍正五年授江南安慶知府十年擢江蘇按察使坐在安慶失察私鑄左遷福建汀漳道漳州俗好鬬殺人捕之輒聚衆據山拒或請用兵士林不可命壯丁分扼要隘三日度其食且盡遣人深入好語曰乖手出山者免如其言果逐隊出伏其仇於旁仇舉爲首者擒以徇衆驚散自此捕殺人者無敢據山拒乾隆元年遷河南布政使以父病乞歸侍旋居父喪命署江蘇布政使士林以母病父未葬辭四年命以布政使護江蘇巡撫復奏母病篤不能行是年夏詣京師高宗召對問道所經山東直隸麥收若何曰旱且奏問得雨如何曰雖雨無益問何以用人曰工獻納者雖敏非才昧是非者雖廉實蠹上深然之實除江蘇布政使五年湖廣遣山東流民還里道經江南恃其衆擾民士林疏言實確災民或有田可耕或無田而佃素皆力穡時值春融自當資送復業至若游惰無業漂泊日久彼固非能耕之人亦不盡被災之民應請停資送或謂無籍窮民恐流而爲匪終年搜查遞送不得休臣未聞不爲匪於本籍獨爲匪於鄰封者亦未聞眞爲匪者遞回本籍即能務本力田而不復潛至鄰封者也安分則撫之犯法則懲之在地方官處置得宜而已上是其言下九卿議行秋授江蘇巡撫湖北巡撫崔紀以湖廣食淮鹽自雍正元年定值遞年加增爲民累疏請核減命士林會鹽政準泰核議士林奏鹽爲民食所資貴固累民賤亦累商今確核成本每引賤價以五兩三錢餘爲率貴價以五兩七錢餘爲率商人計子母若合按本出售恐商力日絀轉運不前民亦所未便請每引酌給餘息一二三錢疏下戶部議成本如所定至餘息已在成本內無庸酌給士林奏商人牟利運鹽不時至市值即因之而長鹽政三保原議每引賤至六兩二錢餘貴至六兩五錢餘是實有餘息今臣所議已將餘息減除僅加息二三錢計售於民每斤增不過以毫計利已至薄祇以商本饒裕常年通算積少成多今不給餘息商情必生退阻倘漢口運鹽不繼恐淮商困而楚民亦病也上特從之是歲徐海水災士林疏請治賑六年春復疏請酌借貧民穀麥沛縣災最重請發藩庫餘平銀糴米續賑別疏言江蘇社穀積貯無多去年秋成惟徐海被災餘俱豐稔臣飭諸州縣勸捐十餘萬石仍戒勿強派勿限數勿差役滋擾上深嘉之尋以病請告溫旨慰留遣醫診視又疏言淮北被水二麥無收急宜撫卹臣不敢泥成例已先飭發庫帑賑濟俟察實成災分數具題上諭曰如此料理甚副朕視民如傷之念及秋病益甚疏請乞假且言母年八十三未能迎養睽違兩載寢食靡寧上允之行至淮安卒遺疏入上諭曰士林忠孝性成以母老遠離不受妻孥之養鞠躬盡瘁遂致沈痾及得假後力疾旋里以圖侍母臨終無一語及私勸朕以憂勤危明之心爲長治久安之計此等良臣方資倚任乃今溘逝朕實切切含悲不能自已者也命祀京師賢良祠賜祭葬遺疏言故父之淮毋鞠氏孝養祖父母侍病二十餘年歷久不懈懇賜表揚命予旌如例士林善治獄爲巡撫守令來謁輒具獄命擬判每誡之曰深文傷和姑息養奸夫律例猶本草其情事萬端如病者之經絡虛實不善用藥者殺人不善用律者亦如之凡讞定必先摘大略牌示始發繕文册吏不得因緣爲奸日治官文書至夜坐白木榻一燈熒然手批目覽雖除夕元辰弗輟愛民憂國惟日不足江南民尤德之九年請祀蘇州名宦祠鄞縣鄭基臨汾王師與士林先後撫江蘇有清名基字學阯康熙六十年進士改庶吉士雍正三年授編修考選福建道御史巡中城止司坊官償遺商市月椿錢釐積案奸宄惕息巡直隸順德大名廣平三府以廉勤飭使事遷戶科給事中命在上書房行走四遷國子監祭酒立教衞五條勉生徒以正學歷右通政左僉都御史並仍兼祭酒十一年遷右副都御史擢吏部侍郎疏言強梗屬員以上官將予參劾輒先發制人往往參本未到揭帖已至質訊虛誣按律治罪上官已被其累請嗣後上官恃勢屬員受屈仍許直揭部科其有誣揭者於本罪外加重科斷議行尋兼翰林院掌院學士乾隆元年充博學鴻詞閱卷官出爲江蘇巡撫二年疏言江蘇各屬江海交錯全資水利運道官河及瀕海鉅工自當發帑官修其支河汊港蓄水灌田向皆民力疏濬近悉請官帑似非執中無弊請將運河及江河湖海專資通洩之處仍發庫帑估修其餘河港圩岸令有司勸民以時疏濬修築庶公私兩益下部議從之時以治賑收捐基疏爭略言天下傳皇上新政首罷捐例今爲樂善好施之

例是開捐而巧更其名也周官荒政十二未聞乞靈于貲郎上命停止戶部持不可卒行之上以基題補按察使戴永椿知府王喬林石杰皆同鄉道員李梅賓盧見曾皆同年不知避嫌嚴旨詰責基旋卒子鐸官檢討早卒孫洪賜舉人官至禮部侍郎亦有清名師字貞甫雍正八年進士以知縣發直隸十一年授元城知縣土勝嶂蕪田數百畝歲有徵請除其累導民樹蓺沙壤成沃歲祲不待請而賑調清苑遷冀州知州州民被誣爲殺人已定讞民所聘女誓同死旛得實覈豹等其杜俾完娶累遷清河道從大學士高斌等規畫直隸水利周歷保定河間天津正定諸地所擘畫多被采用擢直隸按察使十一年遷浙江布政使調江蘇巡撫安甯劾解任又以按察使任內失察邪教降補天津道再授浙江布政使十五年擢江蘇巡撫免沛縣昭陽湖淹地老荒麻地徵課尋卒子賓望自有傳

尹會一字元孚直隸博野人雍正二年進士分工部學習授主事遷員外郎五年出爲襄陽知府漢水暴漲壞護城石堤會一督修建分植巡功民忘其勞潮八蜡廟表諸葛亮所居山復爲茅廬其上署荊州石首饑民聚衆揚言將劫倉穀會一單騎往諭繫其強悍者發倉穀次第散予之衆悅服九年調江南揚州知府濬新舊城市河通舟楫濬城西蜀岡下河灌田疇十一年遷兩淮鹽運使新安定書院士興於學高宗即位就加僉都御史銜擢兩淮鹽政乾隆二年入覲命署廣東巡撫以母老辭調署河南巡撫河南方閔雨疏請緩徵並發倉平糶不拘存七糶三舊例視緩急爲多寡上從之尋疏言力田貴乘天時河南民時宜播種尙正畢耜時宜耘耔始行播種臣擬分析種植先後刊諭老農督率勸勉如工本不敷許借倉穀秋後補還北方地闊一夫所耕自七八十畝至百餘畝力散工薄臣勸諭田主授田以三十畝爲率分多種之田給無田之人則游民亦少河南多鹹鹻沙地犂去三尺則鹹少而潤澤臣責成鄉保就隙地植所宜木則地無曠土河南產木棉而商賈販於江南民家有機杼者百不得一擬動公項製造給領廣勸婦女互相仿傚上諭之曰酌量而行不可欲速不可終怠若民不樂從尤不可繩以法也旋命實授三年上以河南歲稔敕籌備倉穀會一疏言河南歲豐直隸江南歲歉商販紛集米價日昂臣飭有司本地價高於鄰縣買補鄰縣價高報明不敷銀在各屬盈餘款內均撥河南民食麥爲上高粱蕎麥豆次之臣並令參酌糶貯來春先儘糶借上嘉之四年黃河沁水共漲瀕河四十七州縣成災會一定賑恤規條十六無食者予一月之糧無居者予葺屋之資緩徵減糶留漕運貸倉米米不足移他郡之粟助之富民周濟並假餘屋以棲貧窶建棚舍安流亡免米稅與工代賑種蕎菁助民食助耔種施藥餌延諸生稽察又令離鄉求食者有司隨在廩給開以作業俟改歲東作資送還鄉御史宮煥文劾會一本年報盜百六十餘案秋審招册駁改至三十餘案疲玩貽誤上以會一忠厚謹愼非有心誤公召授左副都御史疏陳人主一言天下屬耳目今方甄別年老不勝任之員而饒州知府張鈍以年老改部屬旬日間前後頓殊草下無所法守上嘉納之會一母年七十餘疏請終養上知會一孝母李先以節孝旌有賢名賜詩褒之會一在官有善政必歸美於母家居設義倉置義田興義學謂皆出母意母卒會一年已逾五十居喪一遵古禮十一年服闋召授工部侍郎督江蘇學政十二年上敕各省學政按試時以御纂四經取與舊說別異處發問答不失指者童入學生補廩會一請令生童册報考試經解別期發問不在册報者不概補經解下部議行會一以江南文勝風以質行嘗謁東林道南祠刻小學頒示士子處士是鏡廬墓麓舜山親訪之薦於朝侍郎方苞屛居清涼山徒步造訪執弟子禮校文詳愼士林悅服十三年轉吏部仍留學政任力疾按試至松江卒遺疏請任賢納諫巡撫雅爾哈善奏准入名宦祠子嘉銓自舉人授刑部主事再遷郎中授山東濟東道再遷甘肅布政使改大理寺卿休致乾隆四十六年上巡幸保定嘉銓遣其子齎奏爲會一乞謚又請以湯斌范文程李光地顧八代張伯行及會一從祀孔子廟上責其謬妄逮至京師親鞫之坐極刑改絞死上以嘉銓自著年譜載與刑部簽商緩決並稱大學士爲相國又編本朝名臣言行錄屢降旨深斥之

王恕字中安四川銅梁人康熙六十年進士改庶吉士雍正元年吏部以員外郎缺員請以庶吉士揀補恕與焉旋自員外郎遷郎中考選廣西道御史轉兵科給事中出爲江南江安糧道再遷廣東布政使乾隆五年署福建巡撫上諭之曰勉力務實勿粉飾外觀封疆大吏不可徒自立無過之地遂謂可保祿全身也旋奏臣到任數月官方民俗稍得其大略漳泉素刁悍已嚴諭有司勸爲聽斷力行整刷民俗尙華靡督臣德沛以儉樸化民臣更當倡導爲助合省常平倉穀至四年歲終共存一百三十四萬又收捐監穀十五萬委道府切實察覈報聞六年奏言臺灣各縣最稱難治於繁缺知縣內揀選調補多以處分被駁請嗣後調臺官員雖有經徵承追各案準予題調上諭曰用此定例則不可隨本奏請則可又奏各鄉社穀向俱借存寺廟請於四鄉村鎭適中處分建倉房工費卽以社穀撥充俟將來續收補項又奏免崇安無田浮賦一千二百五十一頃及閩縣加徵無著學租又奏福建多山田零星合計成畝嗣後民間開墾不及一畝與雖及一畝而地角山頭不相毗連者免其升科均從之實授巡撫江蘇布政使安寧條奏賑務上發各督撫察閱恕疏言救災之法有三曰賑曰糶曰借此三者實心辦理則益民奉行不善則害政以賑而論地方有司於倉猝查報時分極貧次貧一有差等便啓弊端里甲於此酬恩怨胥役於此得上下而民之冀幸而生觖望者更不待言蓋貧富易辨極次難分如以有田爲次貧無田爲極貧一遇旱澇顆粒皆無有田與無田等也如以有家爲次貧無家爲極貧則無從得食相忍守饑完聚與煢獨同也與其倉猝分別開爭競之門莫如一視同仁絕覬覦之望臣愚以爲初賑似應一律散給加賑再行分別庶杜爭端以糶而論定例石減時價一錢俾小民升斗易求牙商居奇無望誠接濟良法乃有司每多請過減倘輕聽準行勢必希圖多糶規利者雲集喧鬨且米價太賤商販不前臣請嗣後平糶仍照定例斟酌辦理使災民實沾升斗之惠而棍徒圖戶難行冒濫之姦以借而論動公家之銀爲百姓謀有無通匱乏此周官恤貧遺法也然使辦理未協則官民交累假如荒年田土無力耕種有司借給籽種猶可稍時卽償若借貸銀米以給口食則必計其能還而後與之狡黠之流遂謂官有偏私不免造謗生事有司不得已略爲變通而無力還官差拘徵比民無安息是始則借不能遍因爭鬨而被刑繼則還不能清追追呼而吏困名爲利民實爲病民且年久不清蒙恩豁免從前終歸無著臣以爲與其借而無償莫如賑而不借此皆當先事而熟籌者也報聞旋以官按察使時删改囚供下吏部名詔京師上以恕居官賢否詢閩浙總督策楞又命新任巡撫劉於義考察策楞言恕操守廉潔老成持重惟識力不能堅定於義亦言恕廉潔百姓俱稱安靜和平絕無擾累惟不能振作上謂兩奏皆至公之論尋補浙江布政使旋卒恕治事不苟初授湖北糧道押運赴淮以船戶挾私鹽自請總督糾劾任江安糧道整飭漕務尤有聲充福建鄉試監臨武生邱鵬飛以五經舉第一士論不平奏請覆試尋察出實使其弟代作吏議降調上特寬之子汝璧字鎭之乾隆三十一年進士授吏部主事累遷郎中出爲直隸順德知府調保定因承審建昌盜馬十未親鞫奪官戍軍臺尋准贖罪降授同知署直隸宣化府同知累擢大名道嘉慶四年擢山東按察使五年遷江蘇布政使六年護理巡撫旋授安徽巡撫七年請增設潁州督捕同知湖廣總督吳熊光等奏湖廣需兵米請於安徽糴十萬石上以安徽方缺雨令酌量汝璧奏湖廣軍需事要當如數撥運請視嘉慶二年例先運六萬石如所請尋奏太湖續報成災請緩徵並劾府縣勘報遲延上以督撫查辦災賑於奏報後續行查出災區往往廻護屬吏將小民疾苦置之不問汝璧獨據實參奏因深嘉之八年召授內閣學士擢禮部侍郎旋復授安徽巡撫九年召授兵部侍郎調刑部因病請解任十一年卒汝璧兄汝嘉後汝璧六年成進士官檢討

方顯字周謨湖南巴陵人自歲貢生授湘鄉教諭稍遷廣西恭城知縣雍正四年詔諸行省舉賢能吏布政使黃叔琬以顯應超擢貴州鎭遠知府值歲饑捐俸煮粥食饑民民頌之總督鄂爾泰議開苗疆改土歸流雲南東川烏蒙鎭雄諸土府既內屬貴州苗未服貴州苗大者南曰古州曰八寨西南曰丹江東北曰九股曰清水江九股清水江界鎭遠丹江界凱里八寨界都勻古州界黎平參錯萬山中地方三千里衆數十萬恒出剽掠鄂爾泰召顯問狀顯力言宜如雲南例改土歸流問剿與撫宜孰施對曰二者宜並施第先撫後剿既剿則仍歸於撫耳因條上十六事曰別良頑審先後禁騷擾尉繁難防邀截戒姑息宥脅從除漢奸繳軍器編戶口輕錢糧簡條約設重兵建城垣分塘汛疏河道各爲之說甚備鄂爾泰韙之檄按察使張廣泗招撫古州丹江八寨諸苗而以九股清水江諸苗屬顯六年顯自梁上進次挨磨者磨再進次柏枝坪宣諭諸苗撫定清水江生苗十六寨九股屬台拱生苗數寨冬廣泗已戡定丹江顯續招清水江生苗七寨九股屬陶賴生苗十三寨施秉有盜匿台拱晨二寨副將張尙謨捕不得欲屠之苗懼逃林谷將爲變顯聞之曰如此則諸苗人人自危獨馳入苗寨寨空無人顯則宿寨中翌日張蓋出令從者繞林谷呼苗出撫諭之曰汝曹速歸寨卽良民天子必不殺良民苗感泣相率歸寨顯猶宿寨中三日苗縛施秉盜以獻七年三月廣泗以清水江南岸諸寨尙懷觀望檄顯與尙謨率兵循北岸徼巡次柳羅南岸公鵝柳利雞擺尾諸寨苗渡江來攻顯督兵禦之殺數十人苗衆師寡尙謨欲引退顯不可固守待援廣泗師至圍乃解廣泗用顯議散諸寨專攻公鵝破之諸寨皆聽命鄂爾泰奏置貴東道卽以命顯仍駐兵清江顯申軍令誓將士毋掠毋淫毋踐田穀苗民有來愬者爲處其曲直

乃益築城郭建官廨治礮臺營房苗民競來助役九年諸工竟顯巡行視塘汛黔楚商船上下相接苗民皆悅服事粗定尋授顯按察使台拱者苗中扼要地也鄂爾泰議置營於此十年巡撫張廣泗奏請顯董其事秋羊翁烏羅桃賴諸寨苗爲亂九股諸苗附之攻台拱顯與總兵趙文英嚴爲備擊走之進破羊翁寨苗夜至顯以兵少令人爇兩炷香手之爲火繩狀以怖苗苗走退踞排略排略者台拱隘我師餉道所必經台拱師僅二千五百人苗數萬援兵再敗自賊圍退保下乘顯曰台拱失古州清江諸寨皆煽動苟免失臣節撓敗損國威事始攻或欲棄之走顯拒之及圍久糧盡宰馬以食迫冬寒衆洶洶不自保議潰急死此耳衆感奮會總兵霍昇援至苗奪我後山樵路絕顯夜出兵奪以還苗攻益急顯怒馬擊之衆殊死戰苗敗走乘勝拔烏孟排底二寨取米穀餉軍昇兵亦克大關入顯率兵出夾擊苗大潰凡堅守六十九日而圍解提督哈元生師繼至破蓮花屯悍苗九股苗復定自鄂爾泰議開貴州苗疆事發於廣泗而策決於顯卒終始其事崎嶇前後七年而事集乾隆元年丁母憂去官三年服除授四川布政使四年署巡撫大小金川雜谷梭磨沃日革什咱諸土司相仇殺顯遣人諭之事稍解議者欲乘此視雲南貴州例令改土歸流顯疏言雜谷梭磨吐番後裔其巢穴在唐爲維州戶口十餘萬金川與接壤戶口不過數萬雜谷憚金川之強金川則畏雜谷之衆彼此鉗制邊境乂安固不可任其爭競亦不可強其和協沿邊生番留之可爲內地捍衞從前川省調用土兵亦供徵發至其同類操戈原未擾及內地前經化誨亦尚凜遵設欲改土歸流非惟彈丸土司無裨尺寸且所給印信號紙一經追取即成無統屬之生番稍有違抗又費經營奏入上以所見甚是褒之寢前議未行旋與總督鄂彌達提督鄭文煥疏言小金川與雜谷梭磨晝界以所侵必色多六寨歸雜谷梭磨又與沃日晝界以隴堡等三寨隸沃日美因等二寨隸小金川大金川與革什咱二土司搆爭檄建昌道李學裕開諭革什咱建轉經樓詛大金川令即燬除大金川亦歸所侵蓋古地邊外諸土司亂悉平郭羅克番爲亂走匿色利溝遣兵圍捕土舍蒙柯縱使走顯令總兵潘紹周按治奏聞上諭曰此等事汝固應就近料理亦當與總督熟商總督黃廷桂也四川亂民號啯嚕子爲民害顯疏言四川自明末兵燹居戮殆盡我朝戡定後各省移民來者多失業之民奸頑叢集有所謂啯嚕子結連黨羽暗藏刀斧晝夜盜劫臣嚴諭捕治並令編保甲整塘汛以清其源得旨實力奉行毋視爲虛文五年授廣西巡撫時顯方病目聞命赴新任上嘉其急公旋請回籍調理上慰留之六年顯病目未愈命太醫院選眼科馳往醫治尋以疾亟請告回里卒顯莅政明而恕文煥嘗奏顯爽直坦白政治勤敏遇事彼此悉心商榷推誠共濟上嘉文煥論甚正顯嘗奏薦學裕因及夔州知府崔景儀賦性巧滑以其悛改姑從寬恕上諭曰似此考察屬吏且宥過錄長得用人之要奕桂顯子字友蘭從顯平貴州苗有功議敘父喪終以知縣發廣東補英德調潮陽以善折獄名舉卓異擢雲南昆陽知州署安寧乾隆二十年擢臨安知府署澂江調東川丁母憂服除授甘肅鞏昌知府鞏昌及平涼慶陽三府饑詔發西安藩庫銀六十萬治賑大吏檄桂任其事至平涼饑民待食急適部撥城工銀三十萬先至桂以便宜留治賑饑民賴以全三十三年遷浙江寧紹台道故事定海戰艦九歲更造則移致寧波船廠取其值輸之官名曰折變奉檄裁戰艦桂請視時值倍之部駁坐短估戍伊犂三十七年放還卒

馮光裕字叔益山西代州人康熙五十年舉人雍正元年以薦授雲南大姚知縣大姚賦少而耗重積逋數萬光裕不取耗視負尤多者蠲責之逋賦悉清民以耗重故輙寄大戶造僞券占田吏毀其籍光裕檢毀未盡者藏之按牒辨其僞歸田故主民尤頌之遷貴州銅仁同知赴闕引見時古州苗方亂世宗詢及之光裕對苗不可盡殺宜隨機化導令歸版圖上韙其言既行擢思州知府未任改雲南永北永北介金沙江外與四川連界苗猓竄其中有事則兩界相諉總督鄂爾泰命往勘光裕輕騎往猓從谷中出挺刃相向光裕策馬前諭以利害猓羅拜聽命各散去鄂爾泰疏請改知麗江仍兼理永北事未幾擢驛鹽道八年東川烏蒙猓叛鄂爾泰檄光裕會鎭將討平之擢按察使烏蒙俘七千人語不可通譯者面謾莫能詰光裕集群譯於使院分室居之訊一人經數譯乃得其情猓姓名多同爲編次年貌驗決無誤省釋者甚衆廣西州民李天保以邪教聚衆殆千人檄光裕按治光裕曰愚民茹蔬奉佛非有異志薄其罪焚籍置不問十一年擢貴州布政使十三年古州苗叛都江清江八寨丹江台拱諸新附苗皆應師討之光裕督餉令民廬役厚與直行得持械自衞募熟苗爲助畀以木符戒官兵無妄殺皆踴躍應募師集十餘萬皆得宿飽軍罷民被兵者無所棲止給茅令居之賦以衣食復業者二十餘萬戶貴州賦銀八萬八千米十五萬五千光裕奏請蠲免高宗即位命被兵地停徵三年又奏古州丹江諸苗勦除殆盡荒田空寨遠近相望當募民居苗寨墾苗田設屯置衞行保甲法授降苗所納軍器俾農隙講肄以壯聲援省餽餉得旨允行乾隆四年擢湖南巡撫鎭筸紅苗叛光裕督兵捕治不三月而平疾乞假聞城步綏寧苗復勾結粵猺爲亂密咨兩廣總督籌協捕尋卒遺疏猶言二縣困於兵請免今年租上從其請子祁乾隆二年進士官編修採廷承舉人以廕生授光祿寺署正官至湖北按察使

楊錫紱字方來江西清江人雍正五年進士授吏部主事累遷郎中考選貴州道御史十年授廣東肇羅道肇慶瀕海藉圍基衞田歲親莅修築終任無水患乾隆元年署廣西布政使尋實授請禁州縣以土產餽上官六年授廣西巡撫貴州土苗石金元爲亂焚永從縣治會貴州湖廣兵勦擒之既而遷江土苗復爲亂謀犯思恩府檄兵往捕得其渠李尚彩及其黨八十餘七年奏言廣西未行保甲苗獞雜殊種多聚族而居原有頭人略諳事體請因其舊制寓以稽覈苗猺狑獞各就其俗爲變通詔嘉之尋又奏言設兵以衞民乃反以累民城守兵欺凌負販攫取薪蔬塘汛兵驅役村莊恣爲飲博臣於撫標訪察懲治請敕封疆大臣共相釐剔得旨允行八年梧州知府戴肇名餽人葠詭其名曰長生果卻之具以聞上諭曰汝可謂不愧四知矣廣西民有逃入安南者捕得下諸獄疏聞上命重處錫紱即杖殺之上諭曰朕前批示令其具讞明正典刑乃錫紱誤會即斃杖下此皆當死罪人設使不應死者死則死者不可復生矣下部議處九年授禮部侍郎十年授湖南巡撫奏言周禮遂人治野百里之間爲澮者一爲洫者百爲溝者萬捐膏腴之地以爲溝洫誠以蓄洩有時則旱潦不爲患所棄小所利大也後世阡陌既開溝洫雖廢然陂澤池塘尚與田畝相依近水則腴遠水則瘠湖南濱臨洞庭愚民昧于遠計往往廢水利而圖田工甚至數畝之塘培土改田一灣之澗絕流種蓺彼徒狃於雨暘時若以爲無害不知偶值旱澇得不償失且溪澗之水遠近所資若截壑爲田則上溢下漫無不受累官吏以改則陞科爲勸墾之功亦復貪利忘害溝洫遂致盡廢臣以爲關係水利當以地予水而後水不爲害田亦受益請敕各省督撫凡有池塘陂澤處所嚴禁改墾上以各省米價騰貴諭各督撫體察陳奏錫紱疏言米貴由於積漸上諭謂處處積貯年年採買民間所出半入倉庾此爲米貴之一端臣生長鄉村世勤耕作見康熙間石不過二三錢雍正間需四五錢今則五六錢戶口多則需穀多價亦遂漸加增國初人經離亂俗尚樸醇數十年後漸習奢靡揭借爲常力田不給甫屆冬春農糴於市穀乃愈乏承平既久地值日高貧民賣田既賣無力復買田歸富戶十之五六富戶穀不輕售市者多而售者寡其值安得不增臣以爲生齒滋繁無可議者田歸富戶非均田不可今難以施行風俗奢靡止可徐徐化導不能遽收其效至常平積貯當以足數賑濟而止不必過多目今養民之政尤宜專意講求水利使蓄洩有備偏災不能爲患以期產穀之多未必非補救米貴之一道也疏入上均嘉納焉丁父憂服闋十五年授刑部侍郎仍授湖南巡撫擢左都御史十九年署吏部尚書禮部侍郎張泰開保同部侍郎鄒一桂子志伊爲國子監學錄下吏部議處議未當責錫紱曲庇下都察院議奪官命留任二十年復署湖南巡撫授禮部尚書二十一年署山東巡撫二十二年授漕運總督疏請豁興武江淮二衞旗丁欠繳漕項上責其沽名命以養廉代償二十三年疏言屯田取贖宜寬年限價白金以上許三年交價價足田即歸船旗丁交兌不足名曰挂欠應由坐糧廳限追懲治督運官以下有一丁挂欠即停其議敍旗丁改僉新丁但交運桅槓索價值舊丁公私欠項不得勒新丁接受水次兌漕令倉役執斛旗丁執槩江淮興武二衞運丁運糧快丁罷船應循例并僉不得避運就快上諭曰此奏確有所見下部議從之二十五年疏言自開中河漕艘得避黃河之險獨江北長淮等幫以在徐州交兌不能避險請令改泊皂河并丁詣徐州受兌州縣代雇剝船轉運過壩上從之尋以錫紱實心治事命免以養廉代償漕項二十六年疏言運薊州糧船自甯河轉入寶坻由白龍港劉家莊達薊州水道淤淺請責成官爲疏濬又疏言板閘臨清天津三關尚沿明制漕艘給發限單應請裁革州縣收漕如有攙雜潮潤糧道察出本管知府視徇庇劣員例議處軍丁兼充書役一體句僉頭舵水手受雇領貲輙復潛逃請發邊遠充軍上諭曰所奏俱可行從之加太子少師二十八年加太子太保二十九年疏言軍民戶籍各分既隸軍籍即應聽僉辦運乃官家富戶百計圖避所僉皆無力窮民情理未得其平嗣後如僉報後辨訴審虛參劾治罪上諭曰錫紱此奏破瞻徇之習如所議行並下部議敍又疏言糧艘例禁私鹽道經揚州總督鹽政及臣各專委督察乃又有淮揚道揚州游擊守備江都甘泉兩縣各差兵役搜查糧艘因之羈阻如江廣幫爲通濟殿後過揚州已在冬令尤爲苦累臣思事權宜歸於一請專聽總督鹽政委員督察餘悉停止上諭曰所奏是下部議

行三十年疏言駱馬湖蓄水相傳專濟江廣重運今歲糧船阻滯先開柳園隄口運河水長江浙糧艘遂得遄行次開王家溝口江廣糧艘至湖水未嘗告竭每歲沂水自湖而下爲海州沭陽水患若於四五月間引湖濟運亦減海州沭陽水患一舉兩利從之三十三年卒賜祭葬謚勤慤錫紱官漕督十二年編輯漕運全書黃登賢代爲漕督表上之自後任漕政者上輒命遵錫紱舊章

潘思榘字絜方江南陽湖人雍正二年進士改庶吉士三年分刑部學習六年補主事累遷郎中八年授廣東南雄知府雨水溢郊野成巨浸露宿於野督吏卒治筏拯溺出金瘞死贍生活民無算十三年遷海南道瓊州西湖深入五指山安輯黎衆劾守將之殘黎民者調糧驛道乾隆四年遷按察使懲貪鉏猾理寃獄尤多民以旱糾衆入市掠奪思榘方被疾強起坐堂皇立捕數十人杖以徇事乃定疏言廣東有狼猺黎三種狼世居茂名今附民籍讀書應試如平民猺亦輸稅歸誠設猺童義學爲訓課惟黎僻處海南崖儋萬陵水昌化感恩定安七州縣爲最多生黎居深山熟黎錯居民間相往來語言相習請於此七州縣視猺童例設義學擇師教誨能通文義者許應試部議從之七年遷浙江布政使八年疏言常平倉穀春發秋斂但收成有遲早俗所謂青黃不接有司不揆緩急甫春開糶牙行囤積吏胥侵漁民未霑實惠而穀已出逾額且減價過多迨秋成買補非存價觀望冀省耗折即抑派爭買致昂市價請定浙東諸府以四月浙西諸府以六月發糶價平即止上以因時制宜許之又疏言浙江土狹民稠全資溪湖容蓄灌溉乃民間占墾甚多如餘杭南湖會稽鑑湖上虞夏蓋湖餘姚汝仇湖慈谿湖向稱巨浸今已彌望田疇殊妨水利嗣後報墾田地當責有司親勘果非官湖方准升科查勘不實嚴定處分下廷臣議行秋金衢嚴三府被水旁溢杭湖紹三府漂流人畜無算思榘出臨江干處分賑事蕭山民洶洶欲渡江思榘曰民饑當哺鬨則亂民耳嚴治之自是無敢譁者思榘再疏聞上諭曰今歲浙江災巡撫常安有諱災之意汝爲其難矣十一年授安徽巡撫河決鳳陽潁泗諸府州災尤重思榘請加賑按行督察犯風渡洪澤舟幾覆十二年疏請調濟災區略言鳳潁民習惰窳臣上年徧歷查勘方冬水落二麥已播種而民不知耰鋤培壅所過村落林木甚稀蔬圃亦少臣令有司審察桑麻蔬蓏凡可佐小民日食之用者隨宜試種鳳潁地分三等岡地最高湖地稍低灣地最下灣地連大河水發難施人力湖地則外仰中低積潦爲湖下流疏洩即可涸出栽種岡地水雖不及而絕少溝池交秋缺雨即患暵乾聞有傍山麓而爲陂塘如壽州安豐塘懷遠郭陂塘鳳陽六塘均應及時修築與其因災動帑鉅萬何如平時酌動數百金陸續培治民間減荒歉多收成朝廷亦省帑金縱遇偏災亦可以工代賑鳳潁民好轉徙豐年秋成事畢二麥已種輒攜家外出春熟方歸遇災留一二人在家領賑餘又潛往鄰境俗謂在家領賑爲大糧在外留養爲小糧沿途資送爲行糧至有一家領三糧者本業拋荒人無固志應令有司嚴察流民過境實係被災方准資送藉端生事者究懲奏入上諭曰此乃固本之事歷來無有言及此者朕甚嘉悅焉尋調福建巡撫未行疏請安徽學田囚田義田三項視江蘇免學租例予以蠲免下軍機大臣察議以江蘇無免學租例上責思榘沽名干譽博去後之思命出貲修泗州城工示罰十三年疏言福建自乾隆元年至十一年積欠錢糧正設法清釐民間田業授受往往不及推糧過割糧從田出既有賠糧之戶即有無糧之田豈可使得業者任其脫漏無業者代其追比當飭有司確察務使糧歸於田十四年復疏言臣清察積欠一在屯田戶名不清一在寺田租賦不一自順治間裁併衞所名雖軍戶實係民耕乃糧冊仍列故軍姓名致難催比應令覈實更正寺田始自明季僧民相雜輒稱寺廢僧逃藉詞逋賦應令分析寺已廢者官爲經理上命實力爲之別疏言福州城外西湖爲東晉郡守嚴高所開周二十餘里蓄水溉田年久淤塞臣勸導疏濬並築隄建閘又福清郎官港法海埔俱有海灘淤地臣令築隄招墾得地二千一百餘畝上獎諭之思榘蒞政精勤晝見官屬夜披案牘旱潦必撫恤民隱以閩訟相尚多去爲盜廉得主名飭有司捕治又以農隙巡行海防周閱戰艦朔望入書院與諸生講說經藝如是者以爲常積勞疾作不少止十七年卒上命用江蘇巡撫徐士林例祀京師賢良祠予卹視一品賜祭葬謚敏惠

胡寶瑔字泰舒江南歙縣人父廷對嘗官婁縣訓導因居青浦寶瑔雍正元年舉人乾隆二年考授內閣中書充軍機處章京六年大學士查郎阿侍郎阿里袞清察黑龍江吉林烏喇開墾地畝以寶瑔從八年遷侍讀考選福建道御史是歲直隸旱上命治賑寶瑔疏言直隸被旱民多流亡請敕總督宣示上意使民靜以待賑流民願歸耕而無力得歸者資送還里俾及時藝麥於來歲民食有益九年上命大學士訥親閱河南山東江南諸省營伍寶瑔疏言營伍積玩器械堅脆糧馬盈虧各處不一勢必聞風修整買補不肖營員或藉端苛派或坐扣月糧請敕督撫提鎮嚴飭查察十年山東江南水災寶瑔疏言方冬水涸應勸諭農民引流赴壑俾田不久浸以便春耕尤當預防蝻子諸疏皆議行十一年轉戶科給事中遷順天府府丞大學士傅恒視師金川以寶瑔從授府尹歷宗人府丞左副都御史擢兵部侍郎兼府尹如故河南民傳鍼俊告張天重謀逆遣寶瑔按治鍼俊服誣論如律十七年署山西巡撫十八年實授撫饑民理寃獄劾貪吏整關隘隄防諸政並舉尋調湖南十九年奏言郴桂二州銅鉛礦委員董理一年而代礦爲弊藪代者必數月乃能明察此數月中欺蒙隱漏已自不少請倣臺灣瓊州例令新舊協辦數月得旨允行二十年調江西二十一年疏言廣信銅塘山勘明無可墾之地無可用之材無可煎之礦請永行封禁二十二年疏言豐城隄工最要石隄官修土隄民修向設里夫行之已久黠者避役貧者誤工復改爲折徵請按田均隄附漕糧徵收有田始有糧有糧始有夫圩長無從侵冒工程乃可永固均如所請行復調河南河屢決山東河南安徽諸州縣多積水上遣侍郎裘曰修會諸省督撫疏治寶瑔與曰修會勘疏言河南幹河有四賈魯惠濟渦河巴溝巴溝在商邱爲豐樂河在夏邑爲響河在永城爲巴河今擬疏濬加寬深以最低處爲率惠濟上游在中牟祥符諸縣下游在柘城鹿邑諸縣今亦擬加寬深以六七丈爲率賈魯自中牟以下有惠濟分流自朱仙鎮以下截沙灣塞決口拓舊隄渦河自通許南岡爲燕城河上游應加寬下游應加深鹿邑以下本已寬深當增築月隄支河應濬者商邱北沙洪溝二河爲支中之幹餘大小支河分要工次工緩工次第興修二十三年上諭曰河南災區積困寶瑔不辭勞瘁能體朕意盡力調劑以蘇窮民甚可嘉也尋加太子少傅諸工皆竟上御製中州治河碑褒寶瑔曰修語並見曰修傳二十五年疏言河北諸水衞河爲大雍正間河督嵇曾筠於汲淇濬湯陰內黃諸縣建草壩二十六今已漸次淤墊臣相度疏築俾一律深通請定爲三年一小修五年一大修上可其奏是冬調江西二十六年河決楊橋復調還河南疏言賈魯惠濟二河在中牟境內逼近楊橋賈魯受黃水南徙至祥符時家岡仍入故道今已成河當將分者截之使合淺者疏之使深兩岸多挑渠港增築隄堰自成河道惠濟自兩閘至岡頭橋已淤斷而岡頭橋至十里坡賈魯河不過四五里即於十里坡建滾水壩導由岡頭橋入惠濟以分賈魯之勢而惠濟已復故道上褒爲事半功倍二十七年寶瑔疾作請解任上諭曰此奏甚非朕之所望安心靜攝以慰厪念遣醫馳驛診視疏言溝渠與河道相爲表裏臣於二十三年河工告竣即督令州縣經理溝洫每一州縣中開溝自十數道至百數十道長自里許至數十里寬自數尺至數丈皆以足資蓄洩爲度驛路通衢並就道傍開濬雖道里綿亙而分戶承挑民易爲力自是每歲或春融或農隙隨時加濬寬深上深嘉之並命直隸總督方觀承仿行二十八年卒加太子太保兵部尚書賜祭葬謚恪靖遺疏請入籍青浦許之

論曰那蘇圖士林恕思榘皆以清節著而超曾寶瑔又濟之以勤敏恕論救災寶瑔善行水皆以民事爲急顯佐定苗疆有拊循之績錫紱督漕運所修舉似若瑣細然皆當官之急務也會一澤以道學但微近名遂貽後嗣之禍惆哉

清史稿　列傳九十六

崔紀　喀爾吉善（子定長　孫鄂雲布）
雅爾圖　晏斯盛
瑚寶　衞哲治
蘇昌　鶴年
吳達善　崔應階
王檢　吳士功

崔紀初名珺字南有山西永濟人年幼喪母哀毀如成人事父及後母孝康熙五十七年成進士改庶吉士授編修遷國子監司業以母憂歸服闋補故官三遷祭酒乾隆提督順天學政雍正間採安徽學政李鳳翥河南學政習寯浙江學政王蘭生條議每歲令諸生五人互結無抗糧攬訟諸生有事告州縣當先以呈詞赴學挂號爲人作證及冒認命盜案先革後審諸生毆殺人及代寫詞狀加常罪一等已斥諸生不許出境諸生欠糧必全完乃收考紀疏請罷之又

定諸生月課三次不到詳革紀請改一年諸生完糧上戶限十月中下戶限八月紀請改歲底下部議行遷詹事再遷倉場侍郎署甘肅巡撫二年移署陝西巡撫疏言陝屬平原八百餘里農率待澤於天旱則束手惟鑿井灌田實可補雨澤之缺臣居蒲州習見其利陝屬延安榆林鄜綏德各府州地高土厚不能鑿井此外西安同州鳳翔漢中四府並渭南九州縣最低渭北二十餘州縣地較高掘地一二丈至六七丈皆可得水勸諭鑿井貧民實難勉強懇准將地丁羨銀借給充費分三年繳完民力況瘁與河泉自然水利不同請免以水田升科上諭曰此極應行之美舉當徐徐化導實力奉行自不能視水田升科也擢吏部侍郎仍留巡撫尋實授紀疏言陝西水利莫如龍洞渠上承涇水中受諸泉自雍正間總督岳鍾琪發帑修濬涇陽醴泉三原高陵諸縣資以灌溉惟未定歲修法涇漲入渠泥沙淤閼泉泛出渠石罅滲漏擬於龍洞高築石隄以納衆泉不使入涇水磨橋大王橋諸泉亦築堨其旁收入渠內並額定水工司啓閉均從之陝西民憚興作言紀煩擾上令詳勘地勢俯順輿情三年命與湖北巡撫張楷互調時報新開井七萬餘上令楷察勘楷言民間食其利者三萬二千餘遇旱井效乃見民益私鑿井歲增廣矣紀至湖北自陳不職部議降調上諭曰紀在陝西鑿井灌田料理未善致反貽民累惟其本意爲民命從寬留任五年總督德沛劾紀以公使錢畀護糧道崔乃鏞上又聞紀以淮鹽到運令民間暫食私鹽諭紀自列紀疏辨下部議降調六年再授祭酒九年督江蘇學政以父憂歸十四年起授山東布政使以東省貧民借官穀累百萬石請視部定價石六錢收折色紓民力十五年命以副都御史銜再督江蘇學政力疾按試旋卒紀潛心理學上亦聞之再任祭酒召見命作太極圖說歷官所至以教養爲先遇事有不可輒艴然曰士君子當引君當道奈何若是

喀爾吉善字濟園伊爾根覺羅氏滿洲正黃旗人先世居瓦爾喀有赫臣者當太祖創業時來歸授牛彔額眞使葉赫葉赫部長金台石使人戕之太祖滅葉赫令其子克宜福手刃其仇以祭克宜福從軍有功世職至三等阿達哈哈番克宜福子喀齊蘭官至正黃旗副都統孫凱里布官至吏部尚書皆襲世職喀爾吉善降襲拜他喇布勒哈番授上駟院員外郎歷工部郎中兼襲世管佐領雍正六年命偕通政使留保如廣東按署巡撫阿克敦等被劾狀八年擢兵部額外侍郎九年授侍郎十三年以驗馬不實奪官命往盛京收糧乾隆元年起廢籍命管圓明園八旗兵丁復往盛京收糧奏禁八旗臺站官兵與朝鮮貿易上諭曰官兵不暇貿易亦不諳貿易當令商民與互市務均平交易毋抑價毋強索三年擢內閣學士遷戶部侍郎協理步軍統領刑名事務調吏部四年命兼管三庫五年授山西巡撫上聞山西布政使薩哈諒學政喀爾欽皆貪婪詢喀爾吉善喀爾吉善疏劾命侍郎楊嗣璟會鞫論如律上以喀爾吉善不即劾下部議奪官命寬之又劾河東鹽政白起圖貪婪白起圖疏辨命副都統塞楞額往鞫論如律七年調安徽八年復調山東疏言山東歲饑民多流亡而鄰省貧民亦有轉入山東覓食者請飭官吏勸各回故土以待治賑上諭曰所見甚得體各省督撫當於平居無事時委曲開導使知敦本務實力田逢年若輕棄其鄉本業既荒無所依倚即國家收養資送亦不得已之舉非可恃爲長策也又以濟南武定東昌三府遇旱濟南東昌府倉存穀緩急可相通武定無倉請撥登萊二府倉穀以濟民食九年疏言方春糧價踊貴貧民艱食請酌量減糶又言山東兵米本折兼支春季價昂支折色秋季價減支本色請春秋二季本折更換又請修德州海豐惠民樂陵城工以代賑復以濟南武定諸屬縣麥復不登令於曹沂諸府豐收之區採買接濟上皆允之直隸藁城知縣高崶請開臨淄即墨平陰泰安沂費滕嶧諸縣銀銅鉛鐵各礦事下喀爾吉善勘奏奏言東省拱衞神京地跨四府八縣形勢聯屬礦洞久經封禁未便開採利之所在衆必共趨恐濟武災區沂曹盜藪別生事端應仍封禁上亦如其請十一年遷閩浙總督臺灣生番爲亂遣兵討之奏言臺灣流民日多匪類肆竊甚或恣行不法民間謂爲閫棍請令竊案再犯及閫棍治罪後並遞回內地又請在臺人民迎取眷屬限一年給照過臺浙江處州總兵苗國琮請於官山種樹儲戰船桅木之用下喀爾吉善勘奏奏言令有司種樹須先糜帑且必百十年後始中繩墨日久稽察非易不若許民自種在官不費經營而巨材可獲實用從之疏劾浙江巡撫常安貪婪命大學士訥親往鞫得實論如律詔嘉其公直加太子少保疏言甯海東湖舊與海通宋後失修飭府縣察形勢土性導士民輸資築隄撥爲世業定限升科上諭曰勸課農桑興修水利務本之圖也欣悅覽之十五年加兵部尚書銜十六年上南巡蠲江南積逋二百餘萬浙省無逋賦亦特蠲本年正賦三十萬製詩褒之十七年以年老乞休溫詔慰留疏言閩省產米少本歲豐稔宜爲儲備請見存倉穀不及半者令購足數已及半而本地穀賤亦以原存糶價買補上是之漳州民蔡榮祖謀亂事泄捕獲寘之法與議敘十九年加太子太保上以八旗生齒日繁許在京漢軍改入民籍推行於各省喀爾吉善與福州將軍新柱疏言漢軍願爲民無問世族閒散許入民籍如別無生計坐補綠營糧缺所遺馬步甲以滿洲兵坐補二十二年秋病瘍遣醫偕其子定敏馳視賜人葠未幾卒賜祭葬謚莊恪定長喀爾吉善子初授內閣中書遷侍讀擢江南徐州知府四遷至巡撫歷安徽廣西山西貴州諸省十八年湖廣總督永常奏請於鄰省會哨定長奏貴州與鄰省聯界苗夷環處遞行會哨苗性多猜或滋事變請停止從之二十年題請原任黔西知州黃秉忠入祀名宦上以秉忠爲總督廷桂父賄徇市恩降旨嚴斥二十二年上南巡請入覲命便道省喀爾吉善賜詩褒寵尋命與尚書劉統勳按雲貴總督恒文貪婪狀即命署雲貴總督調山西巡撫未之任丁父憂旋授副都統銜往西路軍營督屯田事補兵部侍郎授福建巡撫遷湖廣總督三十三年卒諭部議卹尋署總督高晉劾荆州副都統石亮袁庸上責定長徇庇罷卹典鄂雲布喀爾吉善孫初授筆帖式三遷工科給事中嘉慶元年授陝西漢中知府上以鄂雲布喀爾吉善孫家風具在即擢甘肅西甯道再遷江蘇布政使護安徽巡撫旋以秋審諸案原擬緩決刑部多改情實責鄂雲布寬縱下吏部議降調命留任尋遷貴州巡撫年老召還鄂雲布聞命即行上聞之不懌下吏部議奪官授筆帖式賞藍翎侍衞充葉爾羌辦事大臣旋卒

雅爾圖蒙古鑲黃旗人雍正四年自筆帖式入貲授主事分工部再遷郎中十三年授鑲藍旗滿洲副都統乾隆元年疏言京員無養廉請將戶部餘平銀給部院辦事官八旗參佐等員視步軍營例予空糧知所議師征準噶爾授參贊大臣三年命暫管定邊副將軍印四年召授左副都御史遷兵部侍郎河南新鄭民及伊陽教匪爲亂命往按治就授河南巡撫疏言河南多盜不逞之民陰爲之主俗謂窩家保甲甲長等畏窩家甚於官法大河以南深山邃谷民以防鳥獸爲名皆有刀械惑於邪教懷私角鬬何所不爲如梁朝鳳梁周張任等聚黨類甚多愚民易遭煽惑與其發覺後盡置諸法何如於未發覺前設法銷散文武會遣兵役搜查仍令自首免罪又言各省提鎮以下官皆有伴檔兵丁及各色工匠一營有數名虛粮即少數名額兵請照官級核定數目不得虛佔兵額俱下部議行五年奏報捕得女教匪首一枝花命議敘尋諭河南止設河北南陽二鎮與巡撫不相統屬視山西例兼提督銜疏陳整飭營務足兵額勤差操明賞罰練技藝整軍械重兵食驗馬匹謹守望嚴約束並請以州縣民壯之半交駐防汛弁操練並戒兵民和衷不得偏袒平時試習騎射期於嫻熟俱如所請行三年疏言河南上年霪雨省城多積水臣令淺處濬深窄處開寬爲合城受水之區通溝建閘時其蓄洩養魚植木以利民用又言河南上年被水奉命濬省城乾河涯及淮潁汝蔡各水目前二麥成熟農務正殷餘請概停開浚上從之又奏言現獲盜百餘多係鄰省人臣迭飭員弁分路訪緝出省捕盜例須赴地方官掛號盜聞而潛逃請得逕行往捕上命勉爲之六年又奏言河南界連五省西南伏生嵩山桐柏等山支幹交錯地多林木易於藏盜請每歲秋冬與聯界各省文武訂期巡察上命如所請行七年奏言開歸等處積水無妨田畝上責其掩飾尋又奏河南地平土鬆水利誠不如東南之通達開歸等處地當下游夏秋大雨潤水匯注積水未消多係鄰近黃河州縣歷來豁免錢糧於民生並無妨礙且土性鹹鹵難以種植未便一律疏洩以損田廬上諭曰實難宜洩朕不怪汝若避而爲飾辭則不可八年奏自陳戇直致被人言上諭曰汝必欲以豐年爲政救水旱漠不關心此奏殊屬客氣命來京改授鑲藍旗滿洲副都統授刑部侍郎調吏部十二年命往山西按治安邑萬泉民亂中途稱病上責其逗遛命解任尋起授內閣侍讀學士復擢兵部侍郎十三年調倉場侍郎兼正紅旗滿洲副都統迭署戶部侍郎步軍統領十八年因疾解任三十二年卒

晏斯盛字虞際江西新喻人康熙五十九年舉鄉試第一六十年成進士改庶吉士雍正元年授檢討五年考選山西道御史鑲紅旗巡役以斯盛從騎驚突拘辱之斯盛以聞命治罪疏言各州縣立社倉原以通濟豐歉貧民借穀石收息十升如遇歉當不取其息從之九年督貴州學政遷鴻臚寺少卿乾隆元年擢安徽布政使奏言各省水旱災督撫題報應即遴員發倉穀治賑仍於四十五日限內題明應否加賑其當免錢糧將丁銀統入地糧覈算限兩月題報或分年帶徵或按分蠲免請旨遵行三年疏言安徽被災州縣倉儲不敷賑糶請留未被災州縣漕米備賑四年言江北向多遊食之人每遇歉歲輕去其鄉惟寓賑於工人必爭趨鳳陽潁州以睢水爲經廬州以巢湖爲緯六安滁泗舊有隄堰請援淮揚水利例動帑修濬皆從之七年擢山東巡撫山東有老瓜賊巡撫朱定元令汛兵巡大道斯盛疏言賊情狡猾大道巡邏必潛移僻路或假僧

道拔流伏匿村落，應令州縣督佐雜分地巡察。又奏邪教惑民，莫如淑立教會，陽修善事，此倡彼和，日傳日廣，大爲風教之害。謹法深求，株連蔓延，恐生事端。請將淑教授徒爲首者如法捕治，被誘者薄懲，出首者免究。上從其請。尋以萊州被水，請暫禁米出海。上諭曰：「此不過屬吏爲一郡一邑之說，汝等封疆大吏，不可存遏糴之心。若無米可販，百姓自不運，何待汝等禁乎？」又言兗、沂等府州被水，而江南饑民復至，疏請無災州縣留養限五百人，有災州縣限二三百人。上命實力料理。八年，調湖北巡撫。九年，遷戶部侍郎，仍留任。斯盛究心民事，屢陳救濟民食諸疏，以社倉保甲相爲經緯。因言周禮族師、遂人之法，稽其實則井田爲之經，蓋就相生相養之地而行政教法令於其中，是以習其事而不覺，久於其道而不變。周衰，管子作軌里連鄉，小治而未大效。秦、漢、隋、唐，體雜無紀。宋熙寧中，編閭里之戶爲保甲，事本近古，然亦第相保相受，而未得其相生相養之經。臣前奏推廣社倉之法，請按堡設倉，使人有所恃，安土重遷，保甲聯比，相爲經緯。顧欲各堡一倉，倉積穀三千，一時既有難行，而入穀之數，則變通於額賦之中，別分本折，稍覺紛更。雖然，社倉保甲原有相通之理，亦有兼及之勢，求備誠難，試行或易。加意倉儲，旣慮費糶妨民，停止采買，又慮積貯無資。詳加酌劑，擬請停戶部捐銀之例，令各省捐監于本地交納本色，以本地之穀，實本地之倉，備本地之用，不采買而倉儲自充，誠爲兼濟之道。竊謂常平之積便於城，未甚便於鄉。城積多，則責之也專，而無能之吏或以爲累；鄉積多，則守之者衆，而當社之民可以分勞。且社倉未有實際，以倉費無所出也，名有社倉，而倉不在社，社實無倉，往往然矣。今捐穀多在於鄉，而例又議有倉費，擬請將此項捐納移入社倉，捐多則倉亦多，取鄉保穀數而約舉之。大州縣八十堡，四堡一倉，倉一千二百五十石，總二萬五千石，中小州縣以此類推，儲蓄之方，莫便於此。方今治平日久，一甲中不少良善，四堡之倉，輪推甲長遞管，互相稽覈，年清年款，則社長累弊自除，而官考其成，隱然有上下相維之勢矣。」奏入，上嘉納之。十年，進喜雨詩四章，用其韻賜答。京師錢貴，上令廷臣議平市值，下各督撫倣行。斯盛疏請視京師例，禁民間銅鋪燬錢；又令州縣每歲秋以平糶錢市穀，時設局令商民以銀平易。又疏請捕私錢，並禁民私翦錢緣，兼限民間用銀，二三兩以上、糶米二三石以上，皆不得以錢準銀。下廷臣議行。尋以母老請終養回籍。十七年，卒。斯盛著楚蒙山房易經解，唐鑑稱其不廢象數而無技術曲說，不廢義理而無心性空談，在近日易家猶爲篤實近理云。

瑚寶，伊爾庫勒氏，滿洲鑲白旗人。雍正五年武進士，授三等侍衞，補陝西永興堡守備。八年，準噶爾二萬餘犯科什圖卡倫，從總兵樊廷進勦，遇于尖山，獲駝九十；又進敗之于北山；又遇于烏秦達阪，擊之退。翌日，分七隊迎戰，瑚寶督兵奮擊，自辰至申，至科什圖，殲敵無算。敵圍峨崙磯，瑚寶赴援，乘夜來襲，領先鋒轉戰雪中七晝夜，奪波羅甎莊、白墩、紅山、鎖兒泉諸地，得其渠六，敵潰遁。九年，準噶爾復犯吐魯番，瑚寶從廷進勦，以勞賜白金三百。累遷肅州鎭右營遊擊。高宗即位，復累遷山西大同總兵，賜孔雀翎。十二年，遷固原提督。上諭之曰：「固原兵驕縱犯上不法，瑚寶當加意整飭，使兵知畏法，漸次轉移。」又諭之曰：「固原城內外兵多民少，回民過半，私立掌教等名，應時時體訪，期杜釁端。回人充標兵，應留意分別，豪悍者懲黜，怯弱者淘汰，使營伍肅清。」旋疏請營兵具互結，以弓箭、鳥鎗、技藝三項輪操，冬季借支春餉，次年四季扣除。下部議行。師征金川，調固原步兵二千，瑚寶請馱載軍裝以二騾代三馬，可省費三分一，從之。十三年，署甘肅巡撫，兼辦總督。奏言陝西歉收，師行采買草料爲難，將甘肅倉貯豆石撥用，俟兵過照買還倉。上以通融協濟，有益軍需，溫諭嘉勉。召授兵部尚書。尋署陝甘總督，調湖廣，又改授漕運總督。坐失察盧魯生僞造奏稿事，奪官，仍留任。尋卒，謚恭恪。

衞哲治，字我愚，河南濟源人。雍正七年，以拔貢生廷試優等，發江南委用。初署贛榆知縣，調鹽城。值蝗災，設六條拊循，優禮德望，饋餉高年，旌獎孝義，經理弊獨，譏警游惰，約束過犯。縣北有司河，匯上游七縣水入海，夏旱水弱，海潮至，鹹苦不可食，甚乃浸溢民田；秋水盛，又患河寬流緩，入海不速。哲治建閘立斗門，蓄洩有備，斥鹵化膏腴。歲有涸出地，給無業民承耕；田沈沒而糧未除者，悉請豁免。循海築土墩九十餘，潮大，漁者得就墩逃溺，號救命墩。乾隆二年，補長洲，兼攝吳縣，請豁抝荒逋賦十餘萬。八年，遷海州知州，歲歉治賑，全活二十萬人。流民有自山東就食者，擢淮安知府。十年，河決陳家堡，漂溺男女田廬無算，哲治遣小舟載餅餌救之，躬涉風濤，往來存問。山東復災，流民南下，哲治捐俸益以勸募，葺草屋，自淸江浦屬魚溝以北，衞接二百餘里，所在給粥糜衣藥。十三年，山東又災，兩江總督尹繼善令哲治運賑米至臺莊。上聞哲治善治賑，調山東登萊青道。居數月，擢布政使。十四年，授安徽巡撫。奏言歙縣馬田地在休甯，請折徵充餉。又言廣德催糧每圖有單頭，數圖有經催，前巡撫潘思榘改行順莊，轉有未便，請得仍舊。皆下部議行。旋召詣京師。十五年，令回任。上諭之曰：「汝不滿於意，以一時無人，故仍留汝，宜奮勉改過。」調廣西。入覲，哲治具言親老不便迎養，命仍留安徽。尋丁憂。十八年，服闋，署兵部侍郎，暫管戶部事。復授安徽巡撫，疏建歙縣惠濟倉。再調廣西。二十年，內擢工部尚書。因病乞回籍。二十一年，卒。

蘇昌，伊爾根覺羅氏，滿洲正藍旗人，滿丕子。康熙五十九年，自監生考取內閣中書，遷侍讀，考選浙江道御史。乾隆元年，命巡察吉林，奏言船廠、甯古塔、三姓、白都訥、阿爾楚喀等處滿官不知律例，訟案稽延累民，請自京師遣官往理。三年，轉禮科給事中，屢擢至奉天府尹。十一年，奉天被水，蘇昌請設廠四鄉，增辦賑官吏公費；又請禁止游民往來奉天等處。十四年，擢廣東巡撫。十六年，署兩廣總督。廣西巡撫舒輅請於思陵土州沿邊種勞竹，杜私越。土目因以侵夷地致釁，蘇昌奏：「鎭安、太平、南甯等沿邊二千餘里，無論種竹難徧，料理稍疏，事端轉啓。」請更正。上責舒輅輕率，寢其事。蘇昌奏瓊州海外瘠區，貧民生計艱難，有可墾荒地二百五十餘頃，請招民開墾，免其升科。從之。召來京。十九年，授吏部侍郞。二十四年，署工部尚書，授湖廣總督。在籍御史孫紹基稱與按察使沈作朋舊爲同官，因以取賕，蘇昌劾奏抵罪，並請定回籍之員與有司交結處分。蘇昌劾湖北巡撫周琬乖張掩飾，上調蘇昌兩廣，命繼任總督愛必達察琬。愛必達發琬匿災徇劣吏狀，奪官，戍巴里坤。蘇昌至廣東，又劾碣石總兵王陳榮貪黷，奪官論如律。加蘇昌太子太保。二十九年，奏言廣東產米不敷民食，宜多貯社穀，以補常平不足，請嗣後息穀統存州縣備賑，免其變價。從之。調閩浙總督。在兩廣薦鹽運使王槩，槩以贓敗下吏議，御史羅暹春因劾蘇昌瞻徇糊塗，不堪節制海疆。上曰：「蘇昌不能辭失察之咎。節制海疆，乃朕所簡用，非御史所宜言。」蘇昌別疏劾知縣劉紹汜，下刑部。上以暹春與紹汜同爲江西人，疑暹春劾蘇昌爲紹汜地，詰責暹春，改主事；命蘇昌留任。三十年，臺灣淡水生番爲亂，焚殺莊民死者五十餘，蘇昌檄按察使余文儀會臺灣總兵督兵討平之。三十三年，入覲，卒，謚愍勤。子富綱，官雲貴總督。蘇昌在兩廣，有巨室橫斃人，母評其子，獄久具，勾決本已下，蘇昌疑其冤，覆鞫之得實，疏自劾。上獎諭之，寘知縣於法，時論稱焉。

鶴年，字芝仙，伊爾根覺羅氏，滿洲鑲藍旗人。父春山，康熙五十一年進士，選庶吉士，官至盛京兵部侍郎。鶴年，乾隆元年進士，選庶吉士，授檢討，兼公中佐領。三遷內閣學士。十五年，擢倉場侍郎。以京師米貴，疏請京通俸餉米先半月支放。十八年，劾坐糧廳郎中綽克托剛愎自用，遲延徇縱，綽克托坐奪官。又奏：「通州南倉建自明天順間，後併入中倉，雍正間復分爲二，與西倉分貯漕白米。臣見中西倉足敷收貯，請裁南倉，歸併中西倉。」從之。十九年，授廣東巡撫。奏陳平米價、嚴保甲、緝竊盜、案禁私鑄私雕諸事，上諭曰：「諸凡行之以實，持之以久，勉之。」尋復疏請以化州、石城官租穀碾給海安營兵米。又奏海陽蔡家園土堤改築灰墻，出俸倡修。二十一年，奏言：「番禺、花、陽春諸縣徵收兵米，有所謂廚房米、官眷米，相傳起於明代藩府，後爲旗營武職俸米，凡萬二千餘石，必細長潔白，產少價昂，甚爲民累，應請禁革。」上嘉之。調山東巡撫。奏言濟甯、魚臺、金鄉、滕、嶧諸州縣積水爲災，上命加意賑卹。二十二年，上南巡，迎蹕，奏言海豐地處海濱，東北鄉尤低下，易罹水患，積年逋賦，請豁免乾隆十一年至二十年舊欠，並改用下則。復奏濟甯等五州縣積水尙未盡涸。上以江南宿、虹、靈璧，河南永城、夏邑，皆有積水，命侍郎裘曰修會諸督撫籌度疏消。七月，擢兩廣總督。奏：「東省水患頻仍，正與裘曰修商度擬濬伊家河，洩微山湖水。河自韓莊迤西至江南梁旺城入運河，計程七十里，需銀十三四萬，一切正須經理。又與河臣張師載商濬運河，並及建隄，事不容已。」懇留任督辦。上諭曰：「覽奏具見良心。然朕以無人，不得不用汝，汝仍遵前命。」十月，復命以總督銜管山東巡撫事，綜理工程。奏言：「濬運河，必先濬伊家河，以洩積水，使久淹地畝漸次涸出，然後履勘估修，庶工實費省。請俟春融鳩工，不致有誤新運。」又偕師載疏言：「運河淤墊日甚，尋常修濬，非經久之策。應自濟甯石佛閘起，北至臨淸閘，逐一探底，以深八尺爲度，俾河身一體平坦。」上韙其言。十二月，伊家河工竟。又奏言：「運河淤淺處分段築壩，測量縴路，多民居草土屋，願售給價拆除；瓦屋不願售，量將縴路加寬。被水民田，速爲疏消，俾爲種麥。應修橋梁，察有解江餘石應用，不使估報買採。」上以實心經理，不負任使，嘉之。尋卒，贈太子太保、兵部尚書銜，祀賢良祠，賜祭葬，謚文勤。子桂林，自有傳。

吳達善，字雨民，瓜爾佳氏，滿洲正紅旗人，陝西駐防。乾隆元年進士，授戶部主事。累擢至工部侍郞、鑲紅旗滿洲副都統。二十年，授甘肅巡撫，赴巴里坤督理軍需，以勞賜孔雀翎。二十二年，疏言：「軍糧自肅州運哈密至軍，石需費十二三兩凱旋官兵糴口糧製衣履請改二成本色八成折價既得隨時支用亦可稍省運費從之加太子少保二十四年代黃廷桂爲陝甘總督尋復以命楊應琚改總督銜管巡撫事奏言寧夏橫城堡河漲城圮相度水勢分別添築草壩俾大溜北注化險爲平旋以總督銜調河南巡撫奏改延津封邱胙城滎澤盧氏靈寶諸縣營制議行授雲貴總督二十七年奏言雲南貴州各鎮協營每兵千設籐牌兵百少不適用請以七成改習鳥鎗三成改習弓箭從之尋兼署雲南巡撫二十九年奏改都勻銅仁二協營制調湖廣總督兼署湖北巡撫巴陵民熊正朝僞稱縣人巡撫方顯子居省城與紳士交結乘間盜竊捕得寘諸法三十一年調陝甘總督奏言木壘地廣土沃請將招集戶民編里分甲里選里長百戶選渠長鄉約保正訟獄守備審理命盜案守備驗訊巴里坤同知審解從之三十三年復調湖廣總督兼署荊州將軍命赴貴州偕內閣學士富察善侍郎錢維城按巡撫良卿按察使高積營私骫法論如律三十五年兼署湖南巡撫三十六年復調陝甘總督值土爾扈特部內附上命分賚羊及皮衣吳達善料理周妥上嘉其能以病乞解任尋卒贈太子太保祀賢良祠賜祭葬諡勤毅

崔應階字吉升湖北江夏人父相國官浙江處州鎮總兵應階廕生初授順天府通判遷西路同知雍正中擢山西汾州知府乾隆十五年授河南驛鹽道擢安徽按察使丁母憂服闋補貴州按察使二十一年擢湖南布政使署巡撫總督碩色劾應階子甘肅東樂知縣琇附驛寄家書應階不檢舉上特命降調二十二年補江南常鎭揚道再遷山東布政使二十八年遷貴州巡撫調山東疏請濬荊山橋舊河洩積水二十九年疏言武城運河東岸牛蹄窩祝官屯西岸蔡河陂水匯注俱爲隄隔浸灌民田請各建閘啓閉均如所議三十一年疏言各州縣民壯有名無實飭屬汰老弱選精壯改習鳥鎗與營伍無二不增糧餉省得精壯三千三百餘名得旨嘉獎三十二年疏言武定濱海屢有水患一在徒駭尾閭不暢一在鉤盤淤塞未開徒駭上游寬百餘丈至霑化入海處僅十餘丈紆回曲折歸海遲延徒駭舊有漫口徑二十五里寬至四五十丈水漲賴以宣洩若就此開濬庶歸海得以迅速又有八方泊爲衆水所匯伏秋霖雨下游阻滯淹及民田泊東北爲古鉤盤河經一百三十餘里久成溼廢若就此開濬引水入海則上游不致停蓄積水亦可順流而下旨如所請調福建三十三年擢閩浙總督加太子太保三十四年劾興泉永道蔡琛貪鄙論如律調漕運總督奏糧道專司漕務無地方之責令親押赴淮不得轉委丞倅召授刑部尚書調左都御史四十五年以原品休致尋卒

王檢字思及山東福山人父箴官太常寺卿檢雍正十一年進士改庶吉士乾隆元年授編修大考四等休致十三年上幸闕里召試復授編修十四年授直隸河間知府遷甘肅涼莊道以官河間有政聲仍調直隸霸昌道累擢安徽按察使奏外任官員眷屬外定例州縣家人二十名府道以上遞加十名違者降級定額本寬近則州縣一署幾至百人毋論招搖滋弊卽養廉亦不足供請申明定例違數詳參又奏皖城濱臨大江歲多劫案請加重沿江乘危搶奪舊例邊海有犯視此均得旨允行調直隸又調山西二十八年遷廣西布政使調甘肅奏各省大計舉劾例由藩司主稿請嗣後藩司新任得援督撫例展限三月以重考核二十九年擢湖北巡撫署湖廣總督以前巡撫愛必達請於沔陽新隄設文泉縣治地處低窪城倉庫獄俱未興工且於民情未便奏請裁撤移沔陽州同駐新隄下部議行調廣東巡撫秋審刑部進湖廣招册檢所定擬多自緩決改情實或改可矜上嚴刑部九卿所改皆允諭檢秋讞大典宜詳愼持平失出失入厥過維均傳旨申飭三十一年奏凡盜出洋肆劫夥黨器械招買皆自內地如果保甲嚴查豈能藏匿請嗣後洋盜案發詢明由某地出口將專管及兼轄統轄各員照保甲不實力例議處從之廣東有名竹洲艇者其製上寬下銳行駛極速海盜用以行劫追捕爲難檢令凡船皆改平底瓊州地懸海外黎人那隆等刼商骫法爲諸盜最檢親督勦捕決遣如律又以民多聚族而居置祭田名曰嘗租租穀饒裕每用以糾衆械鬬奏請嘗租自百畝以上者留供每年祭祀餘田歸本人其以租利所置按支均派俾貧民有田以資生凶徒無財以滋事上諭曰所奏意在懲凶息訟惟恐有司奉行不善族戶賢否不齊難免侵漁攘奪嗣後因恃嗣產豐厚糾衆械鬬按律懲治卽以祠田如檢所請分給族人俾凶徒知所警懼而守分善良仍得保其世業三十二年因病請假有詔慰問旋卒子啟緒自編修官河南開歸陳許道燕緒自編修官侍講孫慶長內閣中書官福建按察使

吳士功字惟亮河南光州人雍正十一年進士選庶吉士改吏部主事累遷郎中考選御史奏言部院大臣簡用督撫調所屬司員以道府題補恐滋偏聽交結諸弊請照雍正舊例停止從之御史仲永檀言密奏留中近多洩漏敕王大臣詰問舉士功劾尚書史貽直疏以對上出士功疏戒以不悛改當重譴七年授山東濟東泰武道丁憂服闋調直隸大名道改山東兗沂曹道屬縣饑上南巡迎駕召對以閘爲截留糧米六十萬石賑之命士功董其事旱蝗爲災督吏捕治晝夜巡閱未及旬蝗盡調湖南糧道巡撫阿克敦疏留調山東糧道再遷湖北按察使二十二年護巡撫河南饑敕湖北發毗連州縣倉米運河南卽留本年應運漕糧歸倉士功奏湖北地卑溼米難久貯請以一米改收二穀還倉報聞遷陝西布政使護巡撫疏言宜君榆林葭州懷遠府谷神木靖邊寧遠諸州縣先旱後潦撥寧夏米麥五萬石分賑懷遠靖邊諸縣中阻黃河河冰卽難挽運臣飭先期速運撥綏德等四州縣米二萬石協濟榆林葭州山路崎嶇臣飭添雇騾駝速運俾民早霑實惠諭令竭力妥爲之調直隸奏請撫藩離任將庫項有無虧空奏明新任撫藩亦於交代限內另摺奏聞仍照例出結保題以除挪借積弊上以所奏簡而易行命著爲例二十三年復調陝西護巡撫疏言延安府兵米各縣運府倉幷兵赴府支領路遠費倍耗損過半請甘泉宜川延川延長四縣本縣徵放支給又奏隴州汧陽縣趾步皆山歲徵屯豆請改折色解司充餉俱從之擢福建巡撫二十四年奏請捕私鑄按錢數多寡治罪又奏獲南洲盜八十餘人與總督楊廷璋疏請改定南洲塘汛又奏福建九府二州常平缺額穀三十一萬石有奇臺灣積年平糶未買穀十五萬石有奇皆令補足浙西歉收請撥臺灣穀十萬石聽浙商販運風汛不便先發內地沿海府縣倉穀撥給俟臺灣穀運到還倉一轉移間無妨於閩有益於浙上嘉之二十五年奏寄居臺灣皆閩粵濱海之民乾隆十二年復禁止移眷民多冒險偷渡內外人民皆朝廷赤子向之在臺灣爲匪者均隻身無賴若既報墾立業必顧惜身家各思保聚有的屬在內地者請許報官給照遷徙完聚又條奏稽查濱海漁船令取船主澳甲保結出口逾期不還責成澳甲船主查報稽察攜帶多貨帆檣編字號書姓名免匪舟溷跡均從之尋以福建民多械鬬由大族欺淩小族疏請大戶恃強糾衆擬情實小戶被欺抵禦擬緩決刑部擬駁上諭曰福建械鬬最爲惡俗士功乃欲以族大族小分立科條是使械鬬者得以趨避其詞司讞者因而高下其手士功夙習沽名宜刻自提撕勿自貽伊戚二十六年廷璋劾提督馬龍圖挪用存營公項命士功嚴讞會奏龍圖借用公項已於盤查時歸補援自首例減等擬徒上以龍圖敗露後始行歸補且將登記數簿焚燬又增舞文之罪不得以自首論因究詰出何人意尋覆奏士功主政上奪士功官發巴里坤効力自贖二十七年廷璋奏閩縣民楊魁等假造敕書承襲世職投撫標効力上命巴里坤辦事大臣詰責士功並令自揣應得處分贖罪自效士功輸銀贖罪命釋回旋卒子玉綸二十六年進士自檢討累遷兵部侍郎督福建學政復降授檢討

論曰疆政首重宜民紀督鑿井反貽怨讟喀爾吉善遂阻開礦種樹之議興利誠不易言也雅爾圖應階治水斯盛治社倉哲治治賑才有洪纖效有巨細要皆有益於民蘇昌劾大吏頗見風力瑚寶等亦各有建樹自古未有不盡心民事而可以稱善治者也

清史稿　列傳九十七

齊蘇勒　嵇曾筠 子璜

高斌 從子高晉　完顏偉

顧琮　白鍾山

齊蘇勒字篤之納喇氏滿洲正白旗人自官學選天文生爲欽天監博士遷靈臺郎擢內務府主事授永定河分司康熙四十二年聖祖南巡閱河齊蘇勒扈蹕至淮安上諭黃河險要處應下挑水埽壩命往煙墩九里岡龍窩修築齊蘇勒於回鑾前畢工上嘉之洊擢翰林院侍講國子監祭酒仍領永定河分司事河決武陟奉命同副都御史牛鈕監修隄工疏言自沁河隄頭至滎澤大隄十八里擇平衍處築遙隄使河水趨一道專力刷深不致旁溢六十一年世宗卽位擢山東按察使兼理運河事命先往河南籌辦黃河隄工時河南巡撫楊宗義請於馬營口南舊有河形處濬引河齊蘇勒同河道總督陳鵬年疏言河不兩行此洩則彼淤馬營口隄甫成若開引河慮旁洩侵隄事乃寢雍正元年授

河道總督既上官疏言治河之道若瀕危而後圖之則一丈之險頓成百丈千金之費糜至萬金惟先時豫防庶力省而功易就又言各隄埽歲久多傾圮弊在河員廢弛冒銷帑金宜嚴立定章示懲勸並允行乃周歷黃河運河凡隄形高卑闊狹水勢淺深緩急皆計里測量總河私費舊取給屬官歲一萬三千餘金及年節餽遺行部供張齊蘇勒裁革殆盡舉劾必當其能否人皆懍懍奉法陽武祥符商邱三縣界黃河北岸有支流三道隄繞行五十餘里南岸靑佛寺有支流一道隄繞行四十餘里齊蘇勒慮刷損大隄令築埽堵禦幷接築子隄九千二百八十八丈隔隄七百八十丈又以洪澤湖水弱慮黃水倒灌奏築淸口兩岸大埽中留水門束高淸水以抵黃流及淮水暢下埽在波濤中又慮埽爲水蝕遣員弁駐工湖漲下埽防埽黃漲則用混江龍鐵篦子諸器駕小舟往來疏濬不使沙停水患始緩詔豫籌山東諸湖蓄洩以利漕運疏言兗州濟寧境內如南旺馬踏蜀山安山馬場昭陽獨山微山稀山等湖皆運道資以蓄洩昔人謂之水櫃民乘涸占種湖身漸狹宜乘水落除已舉熟田丈量立界禁侵越謹停蓄當運河盛漲引水使與湖平卽築堰截堵如遇水淺則引之從高下注諸湖或宜隄或宜樹或宜建閘啓閉令諸州縣量事程功則湖水深廣漕艘無阻矣二年廣西巡撫李紱入對上諭及淮揚運河淤墊年久水高於城危險可慮紱請於運河西別濬新河以其土築西隄而以舊河身作東隄東岸當不至潰決上命與齊蘇勒商度齊蘇勒奏言淮河上接洪澤下通江口西岸臨白馬寶應界首諸湖水勢汪洋無際若別挑新河築西隄於湖水中不惟糜費巨金抑且大工難就上是其言是秋颶風作海潮騰踊丈餘黃河入海之路二水衝激歷三晝夜而濱海隄岸屹然上嘉其修築堅固賜孔雀翎幷予拜他喇布勒哈番世職三年副總河嵇曾筠奏於祥符縣回回寨濬引河事將竣齊蘇勒奉命偕總督田文鏡察視齊蘇勒奏言濬引河必上口正對頂衝而下口有建瓴之勢乃能吸大溜入新河借其水力滌刷寬深今所濬引河與見在水向不甚相對當移上三十餘丈對衝迎溜復於對岸建挑水埽挑溜順行以對引河之口俟水漲時相機開放庶河流東注而南岸隄根可保無虞上命內閣學士何國宗等以儀器測量命齊蘇勒會勘齊蘇勒奏儀器測度地勢於河工高下之宜甚有準則今洪澤湖滾水埽舊立門檻太高不便於洩水請敕諸臣繞至湖口用儀器測定將門檻改低庶宣防有賴又奏言治河物料用葦柳而柳尤適宜今飭屬於空閒地種柳沮洳地種葦應請凡種柳八千株葦二頃者予紀錄一次著爲例均稱旨尋又奏言供應節禮並已裁革河標四營舊有坐糧歲千餘金以之修造墩臺製換衣甲器械鹽商陋規歲二千金爲出操驗兵賞功犒勞之用每年往來勘估伏秋兩汛出駐工次車馬舟楫日用所需拮据實甚河庫道收額解錢糧向有隨平餘銀五千餘除道署日用工食請恩准支銷上允之四年以堵築睢寧朱家口決口加兵部尙書太子太傅五年疏言黃河斗岸常患衝激應改斜坡俾水隨坡溜坡上懸密柳抵之既久溜入中泓柳枝蓄泥倂成沙灘則易險爲平從其請五年齊蘇勒有疾上遣醫往視尋入覲命歲支養廉萬金六年兩江總督范時繹江蘇巡撫陳時夏濬吳淞江上命齊蘇勒料理築埽陳家渡松江知府周中鋐千總陸章乘舟督工下埽潮迴埽陷溺焉齊蘇勒往視察下爲土堰中有停沙因督令疏濬堰工乃竟復偕曾筠會勘河南雷家寺支河是秋事畢於是黃河自碭山至海口運河自邳州至江口縱橫緜亙三千餘里兩岸隄防崇廣若一河工益完整七年春疾甚上復遣醫往視尋卒賜銀三千兩爲歸櫬資進世職三等阿達哈哈番賜祭葬諡勤恪上又以靳輔齊蘇勒實能爲國宣勞有功民社命尹繼善等擇地令有司春秋致祭齊蘇勒久任河督世宗深器之嘗諭曰爾淸勤不待言而獨立不倚從未聞夤緣結交尤屬可嘉又曰隆科多年羹堯作威福攬權勢隆科多於朕前謂爾操守難信年羹堯前歲數詆爾不學無術朕以此知爾獨立也又曰齊蘇勒歷練老成淸愼勤三字均屬無媿八年京師賢良祠成復命與靳輔同入祀

嵇曾筠字松友江南長洲人父永仁諸生從福建總督范承謨死事母楊守節撫曾筠成立事分見忠義列女傳中曾筠康熙四十五年進士選庶吉士授編修累遷侍講雍正元年直南書房兼上書房擢左僉都御史署河南巡撫仍充鄉試考官遷兵部侍郎河決中牟劉家莊十里店諸地詔往督築逾數月工竟二年春奏言黃沁並漲漫溢錢糧營秦家廠馬營口諸隄循流審視窮致患之由見北岸長沙灘逼水南趨至倉頭口繞廣武山根透迤屈曲而下官莊峪又有山嘴外伸河流由西南直注東北秦家廠諸地頂衝受險請於倉頭口對面橫灘開引河俾水勢由西北而東南毋令激射東北並培釘船幫大埽更於上下增築減水埽秦家廠諸地險勢可減又與河督齊蘇勒會奏培兩岸隄北起滎澤至山東曹縣南亦起滎澤至江南碭山都計十二萬三千餘丈皆從之授河南副總河駐武陟疏言鄭州大隄石家橋迤東大溜南趨應下埽簽樁復於埽灣建磯嘴埽一中牟拉牌寨黃流逼射應下埽護岸建磯嘴挑水埽二穆家樓隄工坐衝亦應下埽加鑲陽武北岸祥符珠水牛趙二處工隄近因中牟逼下新長淤灘大溜北趨成衝應順埽加鑲又言小丹河自辛句口至河內淸化鎭水口二千餘里昔人建閘開渠定三日放水濟漕一日塞口灌田日久閘夫賣水阻運請嚴飭仍用官三民一之法違治其罪又言祥符南岸回回寨對面淤灘直出河心致河勢南趨逼省城請於北岸舊河身濬引河導水直行上諭蘇勒用曾筠議四年奏衞河水盛請於汲湯陰內黃大名諸縣築草埽二十七又請培鄭州薛家集諸處埽壩五年命兼管山東黃河隄工尋轉吏部侍郎仍留副總河任六年疏言儀封北岸因水勢衝急雷家寺上首灘崖刷成支河請將舊隄加幫接築土埽跨斷支河以防掣流侵隄靑龍岡水勢縈紆將上灣淘作深兜與下灣相對請乘勢開引河導水東行尋擢兵部尙書調吏部仍管副總河事奏請培蘭陽耿家寨北隄下埽簽樁築埽七年授河南山東河道總督疏請開荊隆口引河八年署江南河道總督疏言山水異漲睢歸駱馬湖溢運浮黃河湖合一請於山盱周橋以南開埽洩水並啓高寶諸堰分水入江海高堰山盱石工察有樁腐石欹順砌卑矮者應築月埽加高培實其年久傾圮者全行改築興工之際築埽攔水留舊石工爲障俟新基築定再除舊石仍留舊底二層以禦風浪又奏禹王臺埽工爲江南下游保障沭水源長性猛埽工受衝請於見有竹絡埽二十七丈外依頂衝形勢建石工六百餘丈接連岡阜仍築土隄並濬沭河口門使循故道直趨入海十年奏揚州稻芒河閘商工草率改歸官轄並增設閘官十年加太子太保十一年四月授文華殿大學士兼吏部尙書仍總督江南河道予一品封典十二月丁母憂命在任守制曾筠奏懇回籍終制溫詔許之以高斌暫署仍諭曾筠本籍距淮安不遠明歲工程就近協同經理十二年四月同高斌奏增築海口辛家蕩隄閘同副總河白鍾山奏修淸江龍王閘濬通鳳陽廠引河十三年諭曾筠葬母事畢赴工高宗御極命總理浙江海塘工程乾隆元年兼浙江巡撫尋命改爲總督兼管鹽政曾筠條奏鹽政請改商捕爲官役嚴緝私販定緝私賞罰地方有拾鹽奸徒官吏用盜案例參處又疏請於海寧築尖山壩建魚鱗石塘七千四百餘丈入覲加太子太傅二年疏請築淸安淸河石磡三年疏請修樂淸海隄又疏請發省城義倉運溫台諸縣平糶並從之尋召入閣治事以疾請回籍調治上令其子璜歸省又遣醫診視卒贈少保賜祭葬諡文敏祀浙江賢良祠又命視靳輔齊蘇勒例一體祠祀曾筠在官視國事如家事知人善任恭愼廉明治河尤著績用引河殺險法前後省庫帑甚鉅第三子璜亦由治河有功官大學士繼其武璜字尙佐幼讀禹貢曰禹治水皆自下而上蓋下游宣通水自順流而下長老咸驚異雍正七年賜舉人八年成進士選庶吉士年纔二十授編修再遷諭德乾隆元年命直南書房三年丁父憂服闋擢庶子兩歲四遷左僉都御史九年奏督撫閱兵祇就趨走應對定將弁能否請近省命大臣邊省命將軍副都統簡閱行伍是歲命大學士訥親閱河南山東江南三省行伍璜此奏發之也璜侍曾筠行河習工事奏河工疏築諸事請浚毛城鋪埽下引河並於順河集諸地開河引溜修築黃河岸留新黃河韓家堂諸地舊口洩盛漲議行授大理寺卿累遷戶部侍郎十八年十月黃淮並漲璜疏請濬銅山以下淸口以上河身並仿明劉天和製平底方船用鐵耙疏沙修補高堰石工歸仁隄閘酌復江南境內減水閘壩尙書舒赫德等被命視河奏請派熟諳工程大員董理堤防因命璜偕工部侍郎德爾敏督修璜奏高堰工程有甎石之殊年分有新舊之異今當修砌石工隄外築攔水壩並將舊有甎工盡改石工石較甎重樁木應培增舊修石隄用石二進石後用甎二進甎與土不相融結久經風浪根空基圮今於甎石後加築灰土三尺以禦衝刷又奏串場河爲諸水總匯請自石礎閘南更建閘二並就舊河道疏濬直達海口十九年奏高堰高澗龍門古溝四處深塘兜灣請修復草壩皆從之十九年隄工竟議敘轉吏部二十年以母病乞假歸二十二年春上以璜母病愈授河南副總河並諭曰璜侍父曾筠久任河工見聞所及諳練非難母雖年近八十淸淮帶水儘可輕舟迎養固無異在家侍奉也四月上南巡臨視高堰淸口及徐州諸工以伏汛將至近河諸地歲頻歉貧民甚多諭疏築諸工同時並舉以工代賑因璜前奏請於昭關增滾壩濬支河南關舊壩改建滾水石壩卽命璜董其事璜奏運河東隄減水入下河經劉莊伍祐新興諸場分注鬥龍新洋二港歸海但劉莊大團閘至新興石礎閘相距較遠請於伍祐沿隄口蔡家港各增建石閘引水出新洋港並疏射陽湖港口使之徑直濬串場河以西孔家溝岡溝河皮家河支流凡三此皆下河歸海之路也湖河諸水歸海紆廻歸江逕直多一分入江卽少一分入海應挑河築壩使湖河水勢相平乃將各壩開放則湖水旣減可爲容納來水地伏秋水盛洩

高郵湖引入運河出車邏南關二壩則歸海水少下河田廬可無慮矣上諭曰璸此奏分別緩急因勢利導會全局而熟籌之改紆爲直移遠爲近濬淺爲深具有條理卽令尹繼善白鍾山等會璸次第興舉十一月高郵運河東壩新建石壩工成奏請酌定水則車邏南關二壩過水至三尺五寸開五里中閘至五尺開新建石壩又奏車邏南關壩脊高於高郵湖面二尺七寸芒稻閘爲湖水歸江第一尾閭請常年啓放俾江湖脈絡貫通上深嘉之從所請並降旨命勒石閘畔二十三年正月擢工部尚書五月上下江諸工皆竟九月調禮部二十四年四月請在籍終養二十五年詣京師祝上壽歸至清江浦奏言歸江之路尚有應籌請於金灣壩下開引河並濬董家溝又以廖家溝石羊溝三壩改低三尺使與芒稻閘相準上命交尹繼善等勘議二十九年丁母憂三十二年服闋署禮部尚書旋實授七月授河東河道總督奏楊橋大壩爲河南第一要工雖已堵閉時輒滲漏而北岸河灘順直既不能挑引河分溜大壩迤東又逼地飛沙不能建越隄請將壩身裹戧培厚用資完固璸每巡河不避艱險身先屬吏一夕聞虞城工險馳往天甫曉雨雹交下埽岌岌欲崩從者失色勸璸姑退璸立隄上叱曰埽去我與俱去雨雹息隄卒無恙三十三年九月召授工部尚書罷直南書房尋以在河督任未甄別佐雜左遷左副都御史三十六年遷工部侍郎三十八年擢尚書調兵部四十年復調工部四十四年調吏部協辦大學士初璸議挽黃河北流仍歸山東故道入對嘗及之是歲河決青龍岡大學士阿桂視工上以璸議諮阿桂及河督李奉翰僉謂地北高南低水性就下欲導河北注揣時度勢斷不能行上復命廷臣集議仍謂黃河南徙已久不可輕議改道寢其事四十七年加太子太保在上書房總師傅上行走並以璸年老諭冬令日出後入朝賜元狐端罩五十年正月與千叟宴爲漢大臣領班五十一年以老乞休賜詩慰留上幸避暑山莊命留京辦事五十五年四月以璸成進士逾六十年重與恩榮宴璸年八十與高宗同歲生生日在六月奏改萬壽節後上嘉其知禮代定八月十九日賜詩及聯牓上方珍玩寵之五十六年復賜肩輿入直五十九年七月卒年八十有四命皇八子奠醊贈太子太師賜葬祭諡文恭子八長承謙進士官至侍讀先璸卒族子承恩舉人累官至河東河道總督

高斌字右文高佳氏滿洲鑲黃旗人初隸內務府雍正元年授內務府主事再遷郎中管蘇州織造六年授廣東布政使調浙江江蘇河南諸省九年遷河東副總河十年調兩淮鹽政兼署江甯織造十一年署江南河道總督十二年回鹽政任復署河道總督培范公隄六萬四千餘丈十三年回鹽政任旋授江南河道總督乾隆元年疏請河工搶修工段需用土方令河兵挑運十之四用民工十之六又請蓴蕩營採柴均歸廠運又請各州縣河工外解各項悉歸河庫道河南永城江南蕭縣頻年被河患上命高斌會兩江總督趙宏恩河南巡撫富德籌疏通之策高斌等奏黃河南岸碭山毛城鋪向有減水石壩一蕭縣王家山有天然減水石閘一睢甯縣峯山有減水閘四建自康熙間誠分黃導淮以水治水之善策年久淤淺水發爲患毛城鋪舊有洪溝巴河二河爲減洩黃水故道閘下地勢東北偏高水向南行漫入祝家口請俟水涸疏濬二河並於二河上游開蔣溝河築祝家口潘家口二壩障水南流使盡入蔣溝洪溝巴河分流下注永城碭山諸縣當無水患王家山天然閘減水會入徐溪口舊有引河間有淤淺峯山減水四閘歷年既久引河亦有淤淺均應疏濬又奏淮揚運河自滿口至瓜洲三百餘里其源爲分洪澤湖水入天妃閘建瓴而下經淮安寶應高郵揚州以達於江惟借東西漕隄爲障請於天妃正越兩閘之下相距百餘丈各建草壩三壩下建正石閘二越河石閘二又於所建二閘尾各建草壩三重重關鎖層層收蓄則水平溜緩可禦洪澤湖異漲亦可減運河水勢湖水三分入運七分會黃山盱尾閭天然南北二壩非洪澤湖異漲不可輕開使清水全力禦黃而高寶諸湖所受之水循軌入口不至泛溢下河則高寶興鹽諸縣民田可免洪湖洩水之患疏入均議行御史夏之芳等疏言毛城鋪引河一開則高堰危淮揚運道民生可慮命高斌會大學士嵇曾筠副總河劉永澄等詳度安徽布政使晏斯盛廣東學政王安國復請濬海口又命高斌與宏恩及江蘇巡撫邵基會勘二年三月高斌請入覲趙宏恩內擢戶部尚書亦詣京師上命王大臣集議並召之芳等皆與高斌言毛城鋪減水壩康熙十七年靳輔所建減水歸洪澤湖助清刷黃六十年來河道民生均受其益見濬毛城鋪乃因壩下舊河量加挑濬使水有所歸並非開壩況減下之水紆回曲折六百餘里經徐蕭睢宿靈虹諸州縣有楊疃等五湖爲之渟蓄入湖時卽已澄清無挾沙入湖之患亦無湖不能容之慮之芳等仍執所見議未決御史甄之璜奏毛城鋪開河淮揚百萬之衆憂慮惶恐鍾衡條奏亦及之上卒用高斌議斥之璜衡之芳等高斌復請別開新運口堵塞舊運口以避黃河倒灌三年正月淮揚運河工竟有旨嘉獎四年上聞時論議高斌所改新運口離黃稍遠而上游水勢遇黃河異漲仍不見倒灌命大學士鄂爾泰乘驛往勘鄂爾泰仍主開新運口如高斌議八月高斌入覲命便道與直隸總督孫嘉淦總河顧琮會勘直隸河道六年奏言黃河自宿遷下至清河河流湍急內逼運河脣齒相依請培運河南岸縷隄作爲黃河北岸遙隄又言江都瓜河地勢卑下請量改口門別濬越河以減淮水入瓜河分數又言鎭江南岸埽工宜改甎工均下部議行調直隸總督兼管總河奏言永定河惟在尾閭通暢請於三角淀旁開引河下接大清河老河頭上接鄭家樓水口挑去積土卽於北岸圍築坡埝以防北軼南岸亦量爲接築以遏南溜下口河身隨時疏通至上游應籌分洩請於南岸雙營北岸胡林店小惠家莊各增建三合土滾壩一並減隄高使卑於壩南岸郭家隄舊草壩應一律修築如式七年淮揚水災上命高斌及侍郎周學健會總督德沛等治賑事畢還直隸復奏言永定河上游爲桑乾河自山西大同至直隸西甯兩岸可各開渠灌田自西甯石閘村入山經宣化黑龍灣懷來和合堡宛平沿河口兩山夾峙一線中趨若於山口取巨石錯落堆疊仿竹絡壩之意爲玲瓏水壩以殺其洶湧則下游河患可減疏上均議行十年三月加太子太保五月授吏部尚書仍管直隸水利河道工程十二月命協辦大學士軍機處行走十一年御史楊開鼎劾南河河道總督白鍾山河決匿災不報命高斌往江南會總督尹繼善按治白鍾山坐奪官疏言淮黃二瀆每年伏秋水漲以老壩口水誌爲準則乾隆七年最大水誌運底水一丈四尺七寸當以此較量每年水勢各處閘壩開閉應以就近石工水漲尺寸爲度運河水漲又命高斌往勘疏陳培六塘河謝家莊龍溝口諸處隄堰濬中墩河項家衢東門河又疏請豁免海州沭陽贛榆諸縣逋賦及板浦徐瀆中正莞瀆臨洪興莊諸場折價帶徵銀並從之高斌嘗謂黃水宜合不宜分清水宜蓄不宜洩惟規度湖河水勢視其縮盈以定蓄洩方不至泛溢阻礙爲民害諸所籌畫皆可循守十二年三月授文淵閣大學士四月命往江南同河道總督周學健督理防汛五月直隸水利工竟十三年命偕左都御史劉統勳如山東治賑又命偕總督顧琮如浙江按巡撫常安婪賄狀高斌等頗不欲窮治上又遣大學士訥親往按責高斌模稜下吏議奪官命留任閏七月周學健得罪命兼管江南河道總督尋以籍學健家產徇私瞻顧奪大學士仍留河道總督十六年三月上南巡命仍以大學士銜管河道總督事閏五月暫管兩江總督八月河南陽武漫工未合龍詔往相度修築命未下高斌奏請馳赴協辦上獎其急公任事得大臣體十一月工竟命同侍郎汪由敦勘天津諸處河工十七年年七十賜詩十八年洪澤湖溢邵伯運河二閘衝決高郵寶應諸縣被水下部嚴議學習河務布政使富勒赫奏劾南河虧帑命署尚書策楞尚書劉統勳往按策楞等疏發外河同知陳克濟海防同知王德宣虧帑狀並及洪澤湖水溢通判周冕未爲備水至不能禦不卽奏劾狀上責高斌徇縱與協辦河務張師載並奪官留工効力贖罪九月黃河決銅山張家路南注靈虹諸縣歸洪澤湖奪淮而下上以秋汛已過何至衝漫河隄責高斌命往銅山勒限堵塞策楞尋奏同知李燉守備張賓侵帑誤工狀上命斬燉賓縶高斌張師載使視行刑仍傳旨釋之二十年三月卒於工次予內大臣銜發內庫銀一千治喪二十二年上南巡諭曰原任大學士內大臣高斌任河道總督時頗著勞績卽如毛城鋪所以分洩黃流高斌設立徐州水誌至七尺方開後人不用其法遂致黃弱沙淤隱貽河患其於黃河兩岸汕刷支河每歲冬季必率廳汛塡築近年工員疏忽因有孫家集奪溜之事至三滾壩洩洪湖盛漲高斌堅持堵閉下游州縣屢獲豐收功在民生自不可沒癸酉張家路及運河河閘之決則其果於自信抑且年邁自滿之失在本朝河臣中卽不能如靳輔較齊蘇勒嵇曾筠有過無不及可與靳輔齊蘇勒嵇曾筠同祀使後之司河務者知所激勸二十三年賜諡文定御製懷舊詩列五督臣中命祀賢良祠子高恒高恒子高樸皆坐事獲譴自有傳上復錄高恒孫高杞授內務府郎中從子高晉高晉字昭德父述明涼州總兵高晉初授山東泗水知縣累遷安徽布政使兼江甯織造乾隆二十年擢安徽巡撫二十二年上南巡視河命高晉協辦徐州黃河兩岸隄工高晉奏言鳳潁災區諸工並舉米價日昂動工程銀三萬兩購米尚慮不敷上念淮徐海道諸工截漕二十萬石平糶請分五萬濟上江各工從之工竟加太子少傅二十六年遷江南河道總督奏言高寶興泰積年被水上命封南關車邏等壩於金灣壩下濬引河洩水歸江使洪澤湖運河之水不致漫壩東注下河各縣支河汊港及田間積水均匯入串場河北至鹽城石䃮天妃等閘出新洋港又自興化白駒青龍八社大團等閘出鬥龍港分二道歸海惟下河形如釜底積潦驟難消涸請浚興化迤南丁溪小梅二閘引河使出王家港興化迤北上岡草堰陳家衢三閘引河使匯

射陽湖增二道歸海俾數州縣積水節節流通沮洳漸成沃壤從之二十七年授內大臣奏言運河歸江邵伯以下舊設六閘自鹽河分流下注請將六閘金門量爲展寬又鹽河舊設中南北各二閘應留北二閘以濟鹽運南中二閘過水逕滯應添建石壩接長土隄酌挑引河俾高寶湖水歸江益暢二十八年加太子太傅二十九年奏言清口以上桃宿等廳專受黃水清口東壩以下淮黃合流至雲梯關迤東歸海北岸五套南岸陳家浦頂衝入溜議培築舊隄臣以雲梯關外近海與其築隄束水不若於舊隄上首作斜長子堰使水匯正河入海上均是之三十年遷兩江總督仍統理南河事務三十一年按蘇州同知段成功縱僕擾民高晉以成功方病擬寬之上責其袒庇三十三年署湖廣總督兼攝荊州將軍事三十四年回任兼署江蘇巡撫上命採洋銅鑄錢高晉請收小錢並運雲南銅供鑄贅省於洋銅上用其議三十六年兼署漕運總督授文華殿大學士兼禮部尚書仍任總督如故尋命同侍郎裘曰修總督楊廷璋籌勘永定河工事竟還江南四十年河東河道總督姚立德奏請以蜀山湖收蓄伏秋汛水工部以舊例蜀山湖於十月後收蓄汶河清水議駁上命高晉會勘尋奏蜀山湖周六十五里在汶河南運河東爲第一水櫃向定蓄水限九尺七八寸請改以一丈一尺爲率兼蓄伏秋汛水從之四十一年河督吳嗣爵奏黃河淤高命高晉與總督薩載籌議請浚清口以內引河停淤使清水暢出與黃河匯流東注並力刷沙則黃河不淤自深海口不疏自治上諭曰此奏甚合機宜形勢爲治淮黃一大關鍵屆時妥爲之是冬入覲上以高晉年七十書榜以賜四十三年命赴浙江會巡撫王亶望相度海塘又命赴河南堵築儀封漫口秋河決時利驛高晉請議處命寬之冬時利驛工竟儀封新修埽工蟄陷部議奪官仍命留任十二月卒賜祭葬諡文端懷舊詩幷列五督臣中子書麟廣興自有傳

完顏偉完顏氏滿洲鑲黃旗人雍正間自內務府筆帖式累遷戶部員外郎命往江南學習河務乾隆二年授浙江海防道調江南河務道尋擢浙江按察使方建尖山壩工巡撫盧焯奏以偉督工歲賚銀五百六年命爲江南副總河就擢河道總督高郵南關五里車邏三壩值河湖盛漲洩水轍浸下河州縣民田上命閉洪澤湖天然壩及三壩不使水入下河知州沈光曾以上河濱湖灘地被水議以濟運餘水由三壩減洩並易芒稻河閘爲壩疏寶應高郵甘泉諸湖南注之路偉劾其擾亂河工光曾坐奪官初上以黃河大溜逼清口命循康熙舊迹開陶莊引河導使北注大學士鄂爾泰與河道總督高斌合勘甫定議會暴汛積淤工遂停高斌亦去任復命偉相度偉議自清口迤西黃河南岸設木龍挑溜使漸趨而北七年疏言淮源上游雨多水發賈魯河盛漲由渦達淮匯于洪澤湖三石滾壩減歸高寶邵伯等湖而古溝東壩漫刷過水又自白馬湖來會水勢益大臣督築子堰捍禦並開高郵老土壩及南關等三壩水勢始定上嘉之是歲黃河亦盛漲石林口減水過多沛縣及山東魚臺滕嶧諸縣皆被水偉具疏請罪御史吳煒劾偉用人不得當偉疏辨上不深責調河東河道總督九年奏言山東歷年被水由於上游散漫下游梗阻運河東接汶泗沂濟諸水洩入微山蜀山南旺馬踏諸湖北接漳衛二水洩入鹽河徒駭馬頰鉤盤諸河遇伏秋異漲宣洩不及應於運河內增閘壩以分其勢疏下河以暢其流其經由各州縣凡溝渠淤狹者浚之隄堰殘缺者修之報可十年以母老乞回京有旨慰留十三年授左副都御史旋卒

顧琮字用方伊爾根覺羅氏滿洲鑲黃旗人尚書顧八代孫父顧儼歷官副都統顧琮以監生錄入算學館修算法諸書書成議敘康熙六十一年授吏部員外郎雍正三年授戶部郎中遷御史四年巡視長蘆鹽政八年遷太僕寺卿九年授薊州營田使十一年協理直隸總河遷太常寺卿署直隸總督尋授直隸河道總督十二年奏報永定河口深通上流始得暢注入淀近因淤議濬引河自然開刷不勞民力號爲天賜引河上令報祀疏請更定管河廳汛增設員缺下部議行乾隆元年署江蘇巡撫丁父憂回旗二年命協辦吏部尚書事永定河決命借總督李衞督修旋署河道總督三年正月改授朱藻命協同辦理奏畿輔西南諸水匯於東西兩淀淤墊漫溢爲患請設墊船撈泥以三角淀通判清河同知司其事藻罷去復授河道總督五年濬青縣興濟滄州捷地兩減河疏陳善後諸事請疏海口築遙隄多設涵洞六年請改定子牙河管河官制尋以裁缺回京六年授漕運總督七年奏言清江以上運河兩岸向來只知束水濟運未知借水灌田坐聽萬頃源泉未收涓滴之利同此田畝淮南淮北腴瘠相懸或疑運河洩水於濟運有妨不知漕艘道經淮徐五月上旬即可過竣稻田須水正在夏秋間若屆時始行宣導是祇借閉蓄之水爲灌溉之資於漕運初無所妨況清江左右所建涵洞成效彰彰推此仿行萬無疑慮請特遣大臣總理相度會同督撫河臣詳酌興工議未及行八年以督運詣京師入對請行限田上斥其擾民十年六月疏請於馬莊集曹家店各建石閘束上游之水並將駱馬湖入運處改在皂湖以上乾車頭建閘挑渠引水濟運十字河竹絡壩開放後黃水湍激橫截運河糧艘提溜爲難當於竹絡壩下東黃壩迤東接堤堵截別於蘇家閘南濬河越黃入運從之十一年署江南河道總督十二年命偕大學士高斌按浙江巡撫常安貪婪狀坐未窮治奪官命留任尋調河東河道總督十七年疏言運河隄未設堡房請視黃河例每二里建堡房都計四百餘座十九年坐江南總河任內浮費工銀奪官旋卒顧琮內行嚴正嘗入對値旱多風世宗以爲憂顧琮引洪範謂蒙恒風若慮臣或蔽君上爲之動容世宗崩顧琮方喪偶逾三年乃續娶方苞以爲合禮

白鍾山字毓秀漢軍正藍旗人雍正初自戶部筆帖式遷江南山清裏河同知累擢江蘇布政使奏狼山蘇松二鎭駐地距蘇州俱遠軍糈輓運維艱請就所駐及附近州縣配給崇明孤懸海外地不產米請由江廣採運撥萬石貯崇明倉備平糶海濱漲出沙洲民人占居當築土墩以避潮患從之十二年授南河副總河旋擢河東河道總督乾隆元年奏河標兵駐濟甯無倉儲每稱貸貴糴請以生息銀二千七百有奇買穀四千石設倉存貯春借秋收又奏豫東河防水落時當堵塞支河伏秋水漲購料募夫每慮不及請發河南山東司庫銀分存鄭州及武涉封邱曹單諸縣永遠貯備皆從之四年疏言漳水舊自直隸入海康熙四十五年引漳入衞濟運故道漸淤全歸衞河勢難容受嗣於德州哨馬營建滾水壩開引河洩衞水由鉤盤河達老黃河入海然漳衞二水隨時淤塞盧廢浴金漳水舊有正河支河應擇易浚者復其故道於館陶建閘衞水大聽漳入海以防漲衞水小分漳入衞以濟運奏入命大學士鄂爾泰詳議議在邱縣東和爾寨村承漳河北折之勢接開十餘里至漳洞村入舊河因於新河東流入衞處建閘以時啓閉上從之時漕運總督補熙請造十丈大船運河當以水深四尺爲則白鍾山謂牐河無源之水雨至而後泉旺泉旺而後河盈上牐閉下牐啓則下牐倍深上牐倍淺各牐相距遠近不均水近者深則遠者必淺以人役水以水送舟必不能均深四尺侍郎趙殿最又請於館陶臨清各立衞河水則白鍾山謂尺寸不足將衞輝民田渠牐盡閉致妨灌溉事旣難行尺寸旣足將官渠官牐盡閉來源頓息下流已逝運河之水亦立見消涸二者均屬非計議並寢八年調江南河道總督疏言石林口堵築堅固大溜直趨下流黃村韓家塘等處新築子堰恐不足抵禦於對岸濬引河導溜南注並加厚子堰派兵駐防又奏言葦蕩左右兩營歲輸柴二百二十五萬束積久生弊輸運不齊請禁兵民雜採定採葦期限濬運柴溝渠編柴船號皆允行十一年御史楊開鼎劾白鍾山出納慳吝任情駁減用損工偷縱僕役婪索陳家浦決七百餘丈止稱二十餘丈興築延緩阜甯鹽城二縣受其害命高斌會尹繼善按治以開鼎從尋覆奏駁減婪索無實據惟陳家浦漫口衝刷貽害累民上召白鍾山詣京師奪官效力河工總河顧琮復論白鍾山措處失當上命籍其資逾十萬以償十五年授永定河道十八年河決張家路命從尚書舒赫德往勘旋命以按察使銜協辦南河事十九年復授河東河道總督二十年署山東巡撫請罷孔氏世襲曲阜知縣上命改授世襲六品官尋奏濟甯以南積水未消請緩開汶河大壩疏濬下游河道上命白鍾山往勘南河文武各官聽調遣二十二年調江南河道總督疏言自河決張家路沙停河淤下流不暢南高北窪迨孫家集復決河底益高黃河受病率由水勢側注北岸沖刷溝槽惟有南北分籌南宜疏北宜築築則支河不致奪溜疏則稍分有餘之水勢庶徐州得以少安臣與河臣張師載商榷以爲南岸長灘較北岸更險必於横亘處濬引河導溜歸中岸隄益加高厚北岸無隄漫水如梁家馬路徐家山等處支河數十道及黃家莊郭家堂等處漫槽矮灘宜築土壩水平則收束以刷正河水漲則平漫平消不至沖槽奪溜並於孫家集培隄增壩以爲重障駱馬湖北受蒙陰山水西受微山湖水其尾閭在六塘河上游湖隄在在殘缺亟應修補捍防皆從之荆山橋工竟議敘奏言甯夏上游河水陡漲急報下游防範正陽關爲淮水上下關鍵應仿甯夏水報法派員專司其事又奏上江諸水皆歸安河以達洪澤湖安河間段淤淺連年水患由此宜多募漁船伐蘆撈泥俾尾閭一通上游皆有去路又歸仁隄下舊有涵洞穿鮑家河以達安河久經湮塞擬開浚分林子河一支則安河進水之地亦有所分患可漸減報聞二十三年加太子少保二十六年卒贈太子太保賜祭葬諡莊恪

論曰自靳輔治河淮繼其後者疏濬修築守成法惟謹世宗朝齊蘇勒最著嵇曾筠高斌皆仍世繼業與靳輔同稱河上有功德於民克應祭法完顏偉顧琮白鍾山隨事補苴不負當官之責高斌任事二十年疏毛家鋪引河拼衆議行之民蒙其利奪淮之役縛赴工次待決雷霆不測之威赫矣哉

哈攀龍 子國興　任舉
冶大雄　馬良柱
本進忠　劉順

哈攀龍直隸河間人其先出回部乾隆二年一甲一名武進士授頭等侍衞以副將發福建除興化城守副將遷總兵歷河南南陽福建海壇漳州諸鎭以母喪去官十三年高宗東巡攀龍迎鑾命往金川隸總督張廣泗軍署松潘鎭總兵出美諾溝取撒臥山大松林噶達諸寨分兵出馬溝右梁察形勢得其險要搜截松林賊敵松設卡毀其二徑左梁山溝殲賊數十進克渴足寨焚碉寨四水城一殺賊二十餘尋與署重慶鎭總兵任舉合兵攻色爾力石城舉沒於陣攀龍入林殪賊三十餘奪舉尸回復偕都統班第署重慶鎭總兵段起賢侍衞富成分道夜襲色爾力焚木卡三殺賊五十餘進破石梁雙溝諸壘經略訥親總督張廣泗劾攀龍攻色爾力不能下兵部議左遷上責攀龍自陳攀龍言屢克卡殺賊報廣泗廣泗不以入告會訥親廣泗皆得罪去上知攀龍枉命罷議尋從經略大學士傅恆夜攻色爾力先登拔石卡殪賊數十十四年金川事定命署固原提督十六年移湖廣提督陳整飭弁兵諸事上嘉勉之尋命眞除復移貴州提督入陛見病留京師卒子國興乾隆十七年武進士授三等侍衞出為雲南督標右營遊擊遷東川營參將緬甸頭人召散據孟艮為亂總督楊應琚檄國興佐軍戰楞木進克猛卯督戰被鎗創右輔及臂應琚以聞賜孔雀翎尋署騰越營副將時副將趙宏榜以偏師深入與緬人戰於新街師敗績國興師至蠻莫調新街無備督兵潛入緬人乃引退從將軍明瑞進克木邦戰於蠻莫大破之復偕侍衞莽克察擊斬守隘賊六十餘擒楚姚鎭總兵入陛見命在乾清門行走賚銀幣還軍移普洱鎭總兵遷貴州提督經略傅恆議用水師令國興赴銅壁關外野人山督造船移雲南提督加太子少保船成從傅恆出猛拱孟養南豐猛烈猛塲次老官屯緬人水陸備甚固攻之不時下頭人諾爾塔以其酋懵駮命遣使得魯蘊詣軍乞解兵傅恆令國興出見曉以利害令具約十年一貢毋更擾邊歸所掠內地人緬人誓奉約時傳恆方病將軍阿桂召從征諸大臣議皆言許之便遂與定約解兵既而貢弗至總督彰寶遣都司蘇爾相諭意留不遣揚言國興許以木邦猛拱蠻莫三土司予緬人請如議彰寶劾國興與緬人議具約不以實上召國興至京師詰國興自陳未嘗有此議上責國興還就畢事奪太子少保左授貴州古州鎭總兵移雲南臨元鎭後二年得魯蘊復至老官屯請如前誓三事時師征金川上命國興從將軍溫福進討三十七年遷西安提督命盡護陝西甘肅從征諸軍尋命偕總兵董天弼自督頭溝取底木達布朗郭宗溫福以國興能軍令自策卜丹徑取美洛當一面國興自阿喀木雅山溝紆道徑瑪爾迪克山寨察策卜丹地勢林深徑狹不宜於行師乃將二千人佐海蘭察攻瑪爾迪克溫福再疏聞上金川賊千餘屯貢噶山左謀劫糧國興馳擊賊敗匿師還經瑪爾迪克賊自林中出復擊敗之上賚荷包四進攻貢噶山設伏斬賊百餘搜箐奪碉卡九月金川酋索諾木使詣國興請獻鄂克什地以降國興令併割南北兩山美美卡木蘭壩及瑪爾迪克越日賊盡撤諸柵國興以兵入鄂克什舊寨賊退守路頂宗十月使蹋墨壟溝師敗時所掠外委臧儒且言嚮勸僧格桑同降溫福以聞上令國興檄諭索諾木聲其罪時國興及海蘭察將五千人屯貢噶山謀攻策卜丹阻冰雪未進上命還師攻路頂宗路頂宗山巔有巨溝溝源出南山海蘭察紆道出山後侍衞額森額自小徑為應國興前越溝攻碉師繼進遂克路頂宗破卡五十餘碉三百餘俘獲甚衆復自喀木色爾北山攻穆拉斯郭大寨進據兜烏山巔與總兵馬彪軍合奪附近碉卡克額爾莽木柵復將千人渡水自南山鄂爾齊仰攻克諸寨與大軍會進攻明郭宗別以兵襲擊公雅山克木爾古魯寨並奪據嘉巴山麓廷議既定小金川分命將帥三道進討金川上曰國興雖綠營漢員熟軍事又嘗為乾清門侍衞與滿洲大臣無異授參贊大臣佐副將軍豐昇額是月克明郭宗焚念經樓督兵進取日果爾烏山麓攻美諾上嘉國興功官其子文虎守備攻克布朗郭宗僧格桑遁金川我軍直抵底木達僧格桑父策旺出降小金川平國興卒於軍賜白金千存恤其家加贈太子太保謚壯武祀昭忠祠圖形紫光閣文虎授陝西提標右營守備從軍攻木果木陣沒從祀昭忠祠復官次子文彪千總

任舉山西大同人雍正二年武進士以守備發陝西累遷固原提督左營遊擊署城守營參將乾隆十一年二月固原兵變夜攻提督許仕盛毀轅門將入舉聞亂單騎詣鼓樓鳴角招營兵未變者纔五十人部勒使成列變兵懼退掠市廛舉追及手刃五十餘人禽四十餘人變兵出城南門還攻東西二門舉守東門右營遊擊鐵保守西門禦戰變兵潰事定總督慶復以聞擢中軍參將十二年命征金川隸總督張廣泗軍尋授西鳳協副將舉至軍與總兵許應虎副將高宗瑀參將買國良攻色底賊碉擊以礮二百餘發碉一角圮垣璺孔發礮密如鱗比舉度我軍礮小不能下將移軍退守賊出戰再設伏敗之十三年上諭謂在軍諸將狃於瞻對之役庸懦欺蒙已成夙習令別用舉等皆未從征瞻對無所掣肘宜鼓勵勇往廣泗亦奏在川鎭將忠誠勇幹無出舉右者令率漢土兵三千取道攻昔嶺尋又奏令署重慶鎭總兵舉與參將王惿自牛廠至素可尼山時五月遇大雪闢道以行經撒烏山至昔嶺山梁山北曰木岡孤峯當道賊置城卡守隘舉督兵攻卡憑高發礮洞其垣令土兵緣溝潛進燬賊碉師循出山腰克賊卡遂陟中峯以千人駐守進攻木岡時總兵哈攀龍師至馬溝右梁阻松林不得進廣泗令自納喇溝出昔嶺右與舉合攻木岡賊所置城卡力戰未卽下舉察昔嶺左有道通卡撒中經得思東木達溝賊皆置碉為總兵冶大雄方自卡撒進舉與合軍焚木達溝諸碉圍得思東斷其汲道督兵挾斧斫賊賊陷巖遁得大小碉三進攻色爾力石城分兵為三道舉督兵直攻石城攀龍出其右副將唐開中及國良出其左越溝度林攻賊所置木城國良戰死六月己巳舉與攀龍開中合攻石城城堅甚我師方力攻賊三百餘自西南林內出舉督兵與戰被創戰益力槍復中要害遂卒攀龍入林殺賊以其尸還時上方命舉眞除經略大學士訥親以舉死事聞上閱疏為泣下並諭舉忠憤激發甘死如飴而朕以小醜跳梁用良臣於危地思之深惻命視提督例賜䘏加都督同知謚勇烈祀昭忠祠官其子承恩都司承緒千總承恩喪終入謝上以尙幼命傳諭其母善教之二十四年授三等侍衞累遷福建陸路提督五十二年臺灣林爽文為亂承恩請往討之師無功逮詣京師罪當死上寬之五十三年赦出獄五十五年復授巡捕營參將遷副將卒承緒官巡捕營遊擊市中火赴救被創卒上之赦承恩謂其未有子承緒又死勤事不可使舉無嗣也

冶大雄四川成都人康熙季年入伍從征西藏克裏塘巴塘降結敦落籠宗設板多打籠宗諸寨獲為亂喇嘛五雍正初從軍出松潘黃勝關剿撫熟番十二部落攻郭隆寺攻嶺三破寨十五追斬康布喇嘛於西海又從征卓子山碁子山戮頭人追剿羅卜藏丹津擒丹津瑋台吉川陝總督岳鍾琪疏薦引見特授藍翎侍衞累遷陝西莊浪營參將加副將銜賜孔雀翎命赴巴里坤軍檄署川陝督標中軍副將準噶爾犯克什圖峨嶺礮諸卡倫大雄偕總兵樊廷以二千人當賊二萬轉戰七晝夜拔守卡倫兵以出與總兵張元佐等師會力戰殺賊賜拜他喇布勒哈番世職賚白金五千尋授直隸山永協副將命署湖北彝陵鎭總兵上言彝陵距省千餘里兵饟歲以四季支給請改夏秋冬春二次彙支下督撫議行尋調署山西大同鎭總兵與前任總兵李如栢互劾均奪職乾隆元年以副將發湖廣尋授衡州協副將城綏苗猺為亂大雄駐長安堡焚賊寨戮其渠餘相率就撫擢鎭筸鎭總兵總督孫嘉淦劾大雄貪縱奪職湖南巡撫蔣溥言讞無貪縱迹引見復授雲南昭通鎭總兵敍剿苗功加都督僉事銜十三年從征金川至卡撒統雲南貴州諸軍進攻色底光多諸寨引兵出昔嶺中峯之西與署總兵哈攀龍任舉師會克大小碉十石城一墮碉白三十同攻克昔嶺溝底石城水卡經略大學士傅恆奏大雄歷經戰陣令總理營壘措置妥協賜孔雀翎金川頭人莎羅奔等乞降師還授雲南提督加左都督銜入覲宜其子繼鈞藍翎侍衞命送大雄上官疏言西藏喀拉烏蘇諸地與準噶爾連界盜竊紛擾是其故習今藏北部卽我邊地防邊自可弭盜請駐藏大臣仍設重兵循大道置尋站以資防守上嘉其留心繼鈞至常德迎家中途假回民金大雄以聞上以大雄知事不可揜乃始奏劾左授哈密總兵命署安西提督赴巴里坤驗馬既疏報四千餘會總督方觀承核參將鍾世傑等至巴里坤領馬千九百餘途中馬多死論罪上以大雄疏不實下部議總督黃廷桂復劾大雄命奪官逮京師治罪二十一年四月行至西安卒三十二年上以綠營世職不得世襲罔替下兵部察諸將有功者俟襲次畢賜恩騎尉世襲罔替大雄與焉

馬良柱甘肅張掖人其先本回部康熙季年從軍征吐魯番雍正初將軍阿爾那檄赴插漢麥里干討賊皆有功復從安西鎭總兵孫繼宗攻羅卜藏丹津降台吉三十三戰於哈馬兒打布罕噶斯禽其渠授藍翎侍衞賜白金百遷三等侍衞外授四川提標遊擊賜貂皮數珠命將兵屯西藏旋以兵擾民左降聽四川巡撫提督調遣八年瞻對土司為亂提督黃廷桂檄良柱討之賊堅守石碉督兵仰攻槍殪所乘馬易馬進再殪乃步行督戰碉上投石如雨傷面搏賊益奮火其碉並焚擦馬擦牙諸寨殲賊無算側冷邦諸頭人皆降復授松潘鎭左營遊擊三遷夔州協副將乾隆十年師復征瞻對破直達松多諸寨奪碉七十餘進攻下密左山梁獲頭人噶寵丹坪再進克下密等百餘寨獲頭人塔巴四交渡了魯河遂破瞻對焚其寨其渠姜錯太死於火十二年大金川酋莎羅奔

攻革什咱土司並掠明正土司所屬魯密章谷諸地巡撫紀山移良柱威茂協副將督兵防禦莎羅奔糾小金川土司澤旺侵沃日各寨都司馬光祖赴援賊大至光祖困於熱籠良柱率輕騎馳救敗賊巴納山進克石卡二百二十三光祖等出應賊潰圍解澤旺降並還所侵沃日三寨詔嘉其奮勇遷重慶鎮總兵再進復孫克宗官寨攻江卡戰屢勝克太小碉寨百餘降二十餘寨進克丹噶山分兵焚撒籠等七寨噶固等寨先後降賊守石達大碉良柱冒雨進數十戰賊乘夜來撲營設伏殲焉馬邦頭人思錯巳降總兵許應虎敗之不以道復叛圍應虎於的交良柱馳救賊退入戎布寨攻之未下旋復犯馬邦副將張興被圍良柱請移戎布師赴援總督張廣泗不許興陷於賊侵噶固守兵叛附賊奪卡倫七廣泗令良柱往攻力戰賊未卻值大雪二十餘日糧匱煮鎧弩以食力不支廣泗檄退師倉卒移營礮械爲賊得廣泗劾之命逮詣京師良柱陳糧絕狀上特原之命在香山教禁軍雲梯親臨觀之良柱起舞鞭稱旨賜大緞荷包命仍赴金川軍以副將參將等官酌量委用尋授泰寧協副將大學士傅恒視師檄良柱攻昔嶺克之莎羅奔請降良柱以十餘騎入其營宣諭授建昌鎮總兵賜孔雀翎毋憂去官召入京師仍令教禁軍習雲梯服闋授松潘鎮總兵雜谷土司蒼旺爲亂偕提督岳鍾琪討平之尋請老改籍四川華陽卒年八十一良柱頟顩然大目虬髯邊人畏之號爲獅子頭善戰臨陣手鐵鞭一馬上旋轉如飛其攻噶固廣泗不爲策應餽又不時至上知廣泗忌其成功故特輕其罰云子應詔官直隸河間副將孫瑜自有傳

本進忠甘肅西寧人初入伍冒姓名曰張元吉尋請復姓名雍正中從揚武將軍張廣泗援吐魯番屯魯克沁準噶爾來侵邀擊禽賊七復追敗之哈喇和卓乾隆十三年檄赴金川從征囊得山梁攻碉先登奪矛中石傷從攻普沾擲火彈入碉焚碉十三奪木城進戰於樂利噶爾隄克殪賊攻碉右股中槍傷錄功擢四川威茂協右營都司引見賜大緞雜谷土司蒼旺爲亂提督岳鍾琪檄進忠討之奪銅礮一斬馘數十生禽二十五降茶堡番民二千餘自角木角溝入雜谷獲蒼旺累擢永寧協副將三十年從將軍明瑞征緬甸進攻蠻結克木卡十六殪賊三傷額明日仍裹創出戰事聞賜孔雀翎號法式善巴圖魯擢雲南臨元鎮總兵明瑞令將五千人屯龍陵闕備調遣召詣熱河行在入見命乾清門行走賜貂皮銀幣令還軍旋移普洱鎮總兵擢雲南提督卒加太子太保諡勤毅

劉順順天人雍正五年武進士授藍翎侍衞以守備發陝西累遷至金塔協副將乾隆十三年令將千五百人赴金川偕副將高雄自甲索攻囊得道松林賊百餘出戰擊之遁燬賊碉從大軍自卡撒左山梁進諸碉以次皆下惟普蹟雙單二碉守甚堅日暮將收兵順潛率所部逼單碉縱火攻之賊潰並奪雙碉師繼進遂克色底普瞻西有山日阿利賊碉林立順冒雨奮攻奪山梁木卡破碉殲礮殪賊數十復破大碉一石卡四經略訥親屢奏順奮勇金川平擢貴州威寧鎮總兵上以順熟邊情移甘肅西寧鎮總兵入見賜孔雀翎擢安西提督病乞罷卒加太子太保諡壯靖

論曰初征金川攀龍舉大雄皆以勇略著畢尤驍桀爲軍鋒訥親張廣泗督戰急鼓銳攻堅遂以身徇傷已良柱善戰又以廣泗牽制不能盡其材進忠順力戰破堅碉亦攀龍輩之亞也

清史稿　　列傳九十九

傳清　拉布敦

班第 子巴祿　鄂容安

納穆札爾　三泰

傳清富察氏滿洲鑲黃旗人李榮保次子傅恒弟也雍正間授侍衞乾隆初累遷至直隸天津鎮總兵康熙中定西藏留兵鎮撫以大臣駐藏辦事爲員二嗣省其一是時駐藏副都統索拜當代命傅清以副都統往十一年疏言西藏處徼外西北界準噶爾北通青海爲四川西南外郛自雍正十二年設塘汛不特傳送官文書且以聯絡聲氣上年索拜以節費議撤汛使藏人任郵遞謂之番塘未幾輒被盜今準噶爾當入藏熬茶番塘恐滋誤請自打箭鑪至藏復置塘汛酌衞僻遠近當得兵千人以內議如所請十二年西藏郡王頗羅鼐卒頗羅鼐愛其次子珠爾默特那木扎勒請以爲嗣遂襲爵爲郡王上諭傅清曰頗羅鼐更事多黽勉事中國珠爾默特那木扎勒幼傅清宜留意如珠爾默特那木扎勒思慮所未至當爲指示傅清疏言頗羅鼐在時長子公珠爾默特策布登出駐阿里克夏當令珠爾默特那木扎勒師出駐騰格里諾爾喀喇烏蘇諸處今仍遣珠爾默特策布登駐阿里克夏令別遣宰桑駐騰格里諾爾喀喇烏蘇諸處又以準噶爾入藏熬茶請增兵分路防護上命與珠爾默特那木扎勒商榷毋涉張皇十三年命以提督拉布敦代傅清還復授天津鎮總兵遷古北口固原提督珠爾默特那木扎勒請撤留藏兵上從之旋以副都統紀山代拉布敦十四年紀山疏言珠爾默特那木扎勒與達賴喇嘛有隙請移達賴喇嘛置泰寧上知珠爾默特那木扎勒乖戾且爲亂命駐藏大臣復舊置二員予傅清都統銜自固原復往紀山復疏謂珠爾默特那木扎勒言其兄珠爾默特策布登將舉兵相攻上命傅清途中詗虛實傅清疏言珠爾默特策布登未嘗搆兵特珠爾默特那木扎勒妄言藉以奪其兄分地臣至藏仰將珠爾默特那木扎勒懲治是時上已遣侍郎拉布敦代紀山因諭傅清珠爾默特那木扎勒乖戾且爲亂令熟計密奏十五年傅清與拉布敦先後至藏珠爾默特那木扎勒迫其兄珠爾默特策布登至死遂逐其子遣使通準噶爾叛益有迹上命副都統班第赴西藏與傅清拉布敦密謀取進止仍詔傅清拉布敦毋輕發並密諭四川總督策楞勒兵爲備珠爾默特那木扎勒謀愈急絕塘汛軍書不得達傅清與拉布敦未得上詔計以爲珠爾默特那木扎勒且叛徒爲所屠亂既成吾軍不得卽進是棄兩藏也不如先發雖亦死亂乃易定十月壬午召珠爾默特那木扎勒至通司岡駐藏大臣署言有詔使登樓預去其梯若將宣詔珠爾默特那木扎勒方拜跪傅清自後揮刀斷其首於是其黨羅卜藏札什始率衆圍樓數重發鎗礮縱火傅清中三創度不免自刎死拉布敦死樓下主事策塔爾參將黃元龍皆自殺通判常明中矢石死從死者千總二兵四十九商民七十七事聞上軫悼宣示始末謂其揆幾審勢決計定謀心苦而功大傅清追封一等伯諡襄烈旋命立祠通司岡喪還上臨奠其子孫以一等子世襲賜白金萬班第至藏戮羅卜藏札什等疏陳珠爾默特那木扎勒自立名號通款準噶爾稱策旺多爾濟那木扎勒爲汗請其發兵至札達克爲聲援上復降詔褒傅清拉布敦建祠京師命曰雙忠子明仁以侍衞襲子爵從征金川卒於軍

拉布敦棟鄂氏滿洲鑲紅旗人其先對齊巴顏於太祖時率所部來歸語見阿蘭珠朗格諸傳父錫勒達事聖祖自贊禮郎累遷吏部尚書出署川陝總督還京師以鎮筸苗爲亂命偕副都統圖斯海徐九如師討之降三百一寨勦十五寨錫勒達與荊州副都統珠滿湖廣提督俞益謨所戡定者天星龍椒洞排六梁等三寨亂定與總督于成龍巡撫趙申喬議立營汛增設官吏爲撫綏復還京師卒拉布敦其第六子也生有力能彎十力弓左右射工詩文習外國語言康熙間襲叔祖勒爾圖三等阿達哈哈番世職雍正朝從傅爾丹討準噶爾戰於和通呼爾哈訥爾又從策凌討準噶爾戰於額爾德尼昭皆有所斬馘授世管佐領上命軍中舉驍勇之士拉布敦與焉賜孔雀翎乾隆初累遷正紅旗滿洲副都統八年復討準噶爾授參贊大臣出北路九年授定邊左副將軍其冬疏言厄爾特宰桑額勒愼等內牧布爾吉推河烏梁海得木齊札木禪內牧布延圖河源布爾吉推河在阿爾台山梁外布延圖河源在阿爾台山梁內距卡倫不遠已劄坐卡侍衞等嚴防十年冬疏言烏梁海得木齊烏爾巴齊等避雪內牧黃加書魯克距卡倫不遠託爾和烏蘭布延圖哈瑪爾沙海諸卡倫外皆有準噶爾人蹤跡仍劄坐卡侍衞等嚴防尋召還京師授正白旗滿洲副都統復出署古北口提督十三年駐藏副都統傅清當代命拉布敦往十四年召還以紀山代授工部侍郎未終歲上徵紀山還復命赴藏十五年授左都御史尋與傅清謀誅珠爾默特那木扎勒其黨羅卜藏札什圍樓拉布敦挾刃躍下樓擊殺數十人自剖其腹死上聞贈爵賜金立祠如傅清命以拉布敦之族升隸正黃旗諡壯果子隆保以侍衞襲子爵誤班奪官爵除

班第博爾濟吉特氏蒙古鑲黃旗人康熙間自官學生授內閣中書五遷雍正初至內閣學士四川雲南徼外與西藏定界命偕副都統鄂齊如西藏宣諭遷理藩院侍郎坐事左遷在內閣學士上行走十一年命在軍機處行走乾隆三年授兵部侍郎外擢湖廣總督勦鎮筸永綏亂苗兩閱月而畢上嘉焉五年以憂還京師六年命仍在軍機處行走授兵部尚書十三年師征金川授內大臣

出督軍餉加太子少保尋授四川巡撫紀山加徵累民狀命帥署巡撫時訥親張廣泗師久無功上詰班第但言廣泗罪狀語不及訥親上諭曰班第雖職餉然爲本兵軍機大臣軍事及將弁功罪皆職掌所在不得以督餉一切置不問左遷兵部侍郎十四年予副都統銜赴青海辦事西藏郡王珠爾默特那木扎勒有叛迹駐藏辦事大臣傅清拉布敦疏聞上移班第代拉布敦未至珠爾默特那木扎勒謀益急傅清拉布敦召至廨誅之其徒卓呢羅卜藏扎什等遂叛傅清拉布敦死之公班第達執卓呢羅卜藏扎什等班第至按訊又得其黨德什奈等凡二十七人悉誅之上以藏曾授王爵名位過重命班第達以公爵管格隆事令班第宜諭班第又疏陳珠爾默特那木扎勒與準噶爾通書謀叛狀上命誅珠爾默特那木扎勒妻子四川總督策楞等以師至會議西藏善後諸事西藏大定十六年授都統銜十七年還京師仍在軍機處行走授正紅旗漢軍都統出署兩廣總督十九年師征準噶爾復授兵部尚書署定邊左副將軍出北路準噶爾內亂輝特台吉阿睦爾撒納來降詔以明歲進兵諭班第籌畫班第以軍中駝馬牛羊宜牧地得扎布堪呢圭諸處冬令暖富水草令喀爾喀親王額琳沁多爾濟等往督牧遣兵擒烏梁海宰桑車根赤倫等收其衆數千戶復令參贊大臣薩喇爾將兵擒準噶爾宰桑庫克新瑪木特通瑪木特收其衆得牲畜無算上獎班第奮勇果斷予子爵世授正黃旗領侍衛內大臣賜白金千十二月授定北將軍召來京示方略二十年正月大舉討準噶爾班第出北路阿睦爾撒納授定邊左副將軍爲副永常以定西將軍出西路薩喇爾授定邊右副將軍爲副班第與阿睦爾撒納等議以二月出師阿睦爾撒納將六千人先行班第將二千人繼其後班第至齊齊克淖爾以馬不給令千五百人先留五百人待馬再進至喇托輝與阿睦爾撒納軍合上以阿睦爾撒納爲準噶爾人所知令其前行易招撫戒班第仍令阿睦爾撒納先行毋合軍班第至額爾得里克復令阿睦爾撒納先行四月師至博羅塔拉得達瓦齊所遣徵兵使者知伊犂無備班第謀約西路軍銳進五月遂克伊犂達瓦齊以萬人保格登山侍衛阿玉錫以二十餘騎擊之驚走上獎班第功封一等誠勇公賜寶石頂四團龍補服金黃轡朝珠班第以伊犂厄魯特生計甚艱不足供大兵六月疏請留察哈爾兵三百喀爾喀兵二百移駐伊犂河北尼楚袞治事諸軍次第道還是月獲達瓦齊獻俘京師軍初出上察阿睦爾撒納有異志令班第嚴約束及伊犂既定上令和碩特四部部置汗將以阿睦爾撒納爲輝特汗阿睦爾撒納覬總統四部意不慊置副將軍印不用用故準噶爾台吉噶爾丹策凌菊形小印檄諸部諱其降言以中國兵定亂叛迹漸著上召阿睦爾撒納以九月至熱河行在飲至禮與他部汗同受封參贊大臣色布騰巴爾珠爾率遣還諸軍以歸阿睦爾撒納乞代奏冀總統四部期七月俟命色布騰巴爾珠爾歸不敢聞以班第趣阿睦爾撒納詣熱河令參贊大臣額林沁多爾濟與俱阿睦爾撒納快快就道而上念阿睦爾撒納終且叛諭班第宜乘其未發討之毋湛忽貽後患諭至阿睦爾撒納已行上又命鄂容安等擒治八月阿睦爾撒納行至烏隴古解副將軍印還額林沁多爾濟走額爾齊斯遂叛伊犂道梗阿睦爾撒納之黨克什木巴朗敦克多曼集烏克圖等作亂班第與鄂容安以五百人拒戰自固勒扎赴空格斯轉戰至烏蘭庫圖賊大至圍合班第拔劍自刎鄂容安同殉上初聞班第等陷賊令參贊大臣策楞自巴里坤間使傳諭毋以身殉策楞聞訛傳班第等自賊中出以聞上解所佩荷包爲賜既聞班第等死事狀降詔謂班第鄂容安見危授命固爲可憫然於事無補非傅清拉布敦爲國除兇者比二十一年師復定伊犂喪還上親臨奠並令執克什木巴朗等馘耳以祭又以薩喇爾同陷賊不能死令監往旁視尋視班第義烈仍如傅清拉布敦故事京師建祠亦曰雙忠旋復命圖形紫光閣子巴祿初以察哈爾總管從軍襲一等誠勇公授鑲紅旗蒙古都統從定伊犂師討霍集占授參贊大臣援將軍兆惠有功命駐軍和闐戰伊西洱庫爾淖爾屢敗霍集占師還加雲騎尉世職圖形紫光閣爲後五十功臣首出爲涼州綏遠城將軍察哈爾都統卒

鄂容安字休如西林覺羅氏滿洲鑲藍旗人大學士鄂爾泰長子雍正十一年進士改庶吉士世宗命充軍機處章京乾隆元年授編修南書房行走再遷五年授詹事府詹事鄂爾泰承旨固辭上曰鄂容安與張廷玉子若靄皇考命在軍機處行走本欲造就成材朕茲擢用鄂爾泰毋以己意辭是時直軍機處大臣與章京皆曰行走無異辭也尋又命上書房行走七年以與聞左副都御史仲永檀密奏留中事奪職語在永檀傳八年命仍在上書房行走授國子監祭酒十年襲三等伯爵後五年加號襄勤十二年授兵部侍郎十三年出爲河南巡撫賜孔雀翎河南境伏牛山界陝西湖北二省袤延八百餘里鄂容安行部入山視勘又以界上諸關通大道易藏姦宄飭行保甲入奏上嘉焉衛輝參將阮玉堂督操鞭所部兵兵譁鄂容安疏請先治譁兵罪然後罷玉堂毋令兵驕亦當上指鄂容安又令雜補諸府州縣常平倉穀都二十九萬石有奇浚治開封歸德陳州三府幹枝諸水以愼蓄洩廣灌漑上獎其留心本務十五年上巡幸河南鄂容安疏言河南士民樂輸銀五十八萬七千有奇上曰朕巡幸方岳從不以絲毫累民曾何藉於輸將且省方問俗勤恤民隱尚慮助之弗周豈容供用轉資於下鄂容安此奏失政體其以輸銀還之士民鄂容安疏請罪又言士民輸銀出本願還之恐不免胥吏中飽仍請允其奏上意終不懌還幸保定鄂容安入見不引謝上詰責令痛自改悔不得有絲毫糜費粉飾爲補過之地十六年移山東巡撫濟南被水米貴鄂容安請用乾隆十三年例暫弛海禁招商往奉天糴運旋與東河總督顧琮規塞張秋挂劍臺河決培築運河隄自臺兒莊至德州千有餘里循隄建堡房塞太行隄涵洞以紓甯陽等縣水患十七年疏陳山東州縣吏交代庫銀倉穀多有虧缺下各府考覈又移江西巡撫十八年授兩江總督十九年疏言江南地廣事繁胥役弊滋甚淮安等府藉賑爲弊蘇州等府藉漕爲弊徐州府藉應徭爲弊當嚴覈懲治令各屬胥吏遵經制原額禁僞冒及額外無名白役是年考績加太子少傅上將用兵準噶爾取達瓦齊以鄂容安年力方盛勇壯曉暢召授參贊大臣二十年永常以定西將軍出西路薩喇爾以定邊右副將軍爲副鄂容安實從諭曰漢西域塞外地甚廣唐初都護開府擴地及西北今遺阯久湮鄂容安在軍凡準噶爾所屬及回部諸地有與漢唐史傳相合可援據者並漢唐所未至處當一一諮詢記載旋偕薩喇爾入告途中撫降諸部落並檄諭達瓦齊賚荷包鼻煙壺及師定伊犂是胡中藻以賦詩誹上誅中藻爲鄂爾泰門生鄂爾泰從子鄂昌與唱和連坐上責鄂容安不爲陳奏行賞獨不及命與班第駐守伊犂阿睦爾撒納叛迹漸著鄂容安入告上令與薩喇爾率師至塔爾巴哈臺相機捕治阿睦爾撒納入覲中途遂叛伊犂諸宰桑應之鄂容安與班第力戰不支相顧曰今日徒死於事無濟負上付託矣班第自剄鄂容安腕弱不能下命其僕刺刃於腹乃死故事大臣予謚者內閣擬二謚請上裁以翰林起家者例謚文至是擬文剛文烈上抹二文字謚剛烈圖形紫光閣上親爲贊有曰用違其才實予之失蓋重惜之也以次子鄂津襲爵官至伊犂領隊大臣坐事奪官以鄂容安長子鄂岳襲爵

納穆扎爾圖伯特氏蒙古正白旗人都統拉錫子納穆扎爾自閒散授藍翎侍衛累遷工部侍郎鑲藍旗滿洲副都統乾隆十五年西藏珠爾默特那木扎勒之亂既定命偕班第駐西藏議增設噶卜倫皆予扎薩克銜自喀喇烏蘇至庫車增臺八設兵準噶爾通藏凡阿里那克桑騰格里淖爾阿哈雅克四路各於隘口設卡倫又有勒底雅路爲準噶爾犯藏時間道亦駐兵防守迭疏陳請皆如議行十九年杜爾伯特諸部來降命赴北路料理游牧偕喀爾喀親王得親扎布規畫安置輝特和碩特十三旗於固爾班舒魯克杜爾伯特十旗於鄂爾海西喇烏蘇分界駐牧設卡倫防範納穆扎爾撫降人頗至當夏慮赴京領餉不耐炎暑請遣使轉餉至張家口散給及秋杜爾伯特諸旗遇霜雪損畜入告予米五百石賑撫輝特和碩特諸旗生計繼奏濟以糧畜阿睦爾撒納叛命駐烏里雅蘇臺旋移戶部侍郎二十一年和托輝特台吉靑滾雜卜亦叛納穆扎爾慮喀爾喀諸部爲所動傳檄諭以利害上嘉之授參贊大臣從將軍成袞扎布率索倫兵追捕靑滾雜卜十一月師至杭哈獎噶斯已近俄羅斯境捕得靑滾雜卜檻送京師上獎納穆扎爾勇往封一等伯世襲號曰勤襄二十二年授工部尚書正紅旗滿洲都統命駐科布多旋又命移駐布延圖十月署定邊左副將軍二十三年議烏梁海降人曾日察達克所屬鄂拓克置得木齊收楞額治庶事請以得木齊改佐領收楞額改驍騎校歲貢貂皮送烏里雅蘇臺賚以緞布疏入如所議師討霍集占復授參贊大臣出西路尋授靖逆將軍會雅爾哈善攻庫車及兆惠代雅爾哈善將師自阿克蘇進逼葉爾羌至喀喇烏蘇爲霍集占所圍納穆扎爾及參贊大臣三泰先奉命帥師濟兆惠軍兆惠遣副都統愛隆阿侍衛奎瑪岱來迎納穆扎爾道遣愛隆阿先還而與三泰奎瑪岱將二百騎夜進遇賊三千餘圍數重力戰矢盡遂沒於陳上聞追封三等義烈公謚武毅祀昭忠祠回部平圖形紫光閣子保甯自有傳保泰自拜唐阿累遷察哈爾都統與雅滿泰同爲駐藏大臣廓爾喀侵藏保泰坐請達賴喇嘛班禪額爾德尼避兵又匿廓爾喀未搆兵前表貢方物及遣使有所請不以入奏上改其名曰俘習渾與雅滿泰同奪職荷校先後予杖者四藏事定戍俘習渾黑龍江赦還雅滿泰復授侍衛

三泰石氏漢軍正白旗人都統石文焯孫也父觀音保官至都統三泰自藍翎侍衛累遷正紅旗漢軍副都統吏部侍郎乾隆二十三年命軍機處行走調戶部侍郎命以參贊大臣行走從納穆扎爾出西路七月命納穆扎爾三泰率健銳營及索倫察哈爾兵應兆惠夜進期以黎明至兆惠軍遇賊衆寡勢不敵力

戰三晝斃馬徒步擊賊中創死三等侍衞彭武藍翎侍衞班泰管站四品花翎西拉布護軍校委署章京齊旺扎布及兆惠所遣迎師三等侍衞奎瑪岱皆死上聞追封三等子諡果勇石廷柱之裔本以散秩大臣世襲至是別授其兄祥泰散秩大臣回部平圖形紫光閣上追悼納穆扎爾三泰死事爲賦雙義詩以傅清拉布敦殉西藏班第鄂容安死伊犁相擬謂此六人者事異心同皆與國休戚之藎臣也子佛柱襲子爵散秩大臣官阿克蘇領隊大臣

論曰高宗朝徼外諸叛霍集占最桀驁耐戰方其困兆惠保葉爾羌非師武臣力幾不能克阿睦爾撒納既叛師未接輒遠竄非霍集占比也珠爾默特那木扎爾欲背中國乃汗準噶爾尤愚妄殆不足數六臣所遇異故其效亦殊大誅既加罪人斯得咸廩廩稱義烈矣

清史稿

列傳一百

兆惠 阿里袞 子豐昇額 布彥達賚

舒赫德 子舒常

兆惠字和甫吳雅氏滿洲正黃旗人孝恭仁皇后族孫父佛標官至都統兆惠以筆帖式直軍機處七遷至刑部侍郎正黃旗滿洲副都統鑲紅旗護軍統領十三年命兼領戶部侍郎赴金川督糧運疏論糧運事並言諸將惟烏爾登哈攀龍勇往並及諸行省遣兵多不實上命告經略傅恒覈實師還命覈軍需調戶部侍郎赴山東按傳鈔尚書孫嘉淦僞疏稿暫署巡撫十八年命赴西藏防準噶爾十九年議用兵命協理北路軍務並督糧運二十年命駐烏里雅蘇臺準噶爾台吉噶勒藏多爾濟降命兆惠畀以牲畜是歲阿睦爾撒納叛陷伊犁命兆惠移駐巴里坤兼督額林哈畢爾噶臺站二十一年師收復伊犁上以定西將軍策楞不勝任召兆惠還京授方略未行命逮策楞並解扎拉豐阿定邊右副將軍以授兆惠時阿睦爾撒納北遁哈薩克定西將軍達爾黨阿逐捕未得上命還師厄魯特諸宰桑從軍者謀爲亂綽囉斯汗噶勒藏多爾濟告兆惠巴雅爾入掠其牧地兆惠令宗室將軍和起將百人徼厄魯特兵往禦而噶勒藏多爾濟從子扎那噶爾布及宰桑呢嗎哈薩克錫喇達什策零等陰通巴雅爾中途變作和起死之兆惠自伊犁將五百人逐捕經濟爾哈朗至鄂壘扎拉圖與達什策零戰大敗之逐賊戰於庫圖齊再戰於達勒奇殺賊數千二十二年正月至烏魯木齊噶勒藏多爾濟扎那噶爾布等諸賊皆會日數十戰馬且盡師步行冰雪中至特訥格爾遂被圍巴里坤辦事大臣雅爾哈善先遣侍衞圖倫楚將兵八百益兆惠軍會兆惠遣軍校雲多克德楞徹自圍中出詣雅爾哈善言轉戰狀事聞上嘉兆惠奮勇封一等武毅伯授戶部尚書鑲白旗漢軍都統領侍衞內大臣及圖倫楚兵至圍解兆惠得新兵復逐捕巴雅爾至穆壘河源巴雅爾已從牧他處乃還師巴里坤上以兆惠遠道旋師逐賊不怠賚御用玉韘荷包鼻煙壺命同定邊將軍成袞扎布分路剪除厄魯特兆惠旋偕參贊大臣鄂實等自額林哈畢爾噶進勦時扎那噶爾布已殺噶勒藏多爾濟會阿睦爾撒納自哈薩克盜馬竄還伊犁掠扎那噶爾布牧地兆惠察回部頭人布拉呢敦霍集占叛有迹令參贊大臣富德逐捕阿睦爾撒納而駐師濟爾哈朗以待上責兆惠與成袞扎布急回部緩阿睦爾撒納失輕重兆惠乃率師繼富德以北遣使宣諭左右哈薩克師復進次額密勒西岸富德師至塔爾巴哈台獲逃渠巴雅爾及其孥檻送京師語詳富德傳哈薩克汗阿布賚使獻馬並具表請入覲上降敕宣諭阿布賚使言阿睦爾撒納以二十騎來投約詰朝相見令先收其馬並及牛羊阿睦爾撒納驚走獲其從子達什車凌宰桑齊巴罕縛送兆惠兆惠以聞命檻車致京師兆惠分遣諸將圖倫楚三達保愛隆阿擊敗阿睦爾撒納屬衆降其渠納木奇父子送京師兆惠復進與富德軍合詗阿睦爾撒納已入俄羅斯上命還師旋授兆惠定邊將軍討布拉呢敦霍集占兆惠奏請屯田烏魯木齊以來春進討倘不能即入回部則且積穀市馬爲持重上責其怯懦二十三年正月兆惠以厄魯特人在沙喇伯勒倘萬戶當先剿除乃專力回部上授雅爾哈善靖逆將軍趣進師命兆惠剿厄魯特事竟別道合攻並諭兆惠厄魯特性反覆往往自殘殺毋以其烏合稍衆過疑慮兆惠與副將軍車布登扎布等分四道進勦兆惠趣博羅布爾噶蘇車布登扎布趣博羅塔拉副都統瑚爾起等趣尼勒喀侍衞達禮善等趣齊格特皆會於伊犁厄魯特衆紛紜潰竄逐盡殲焉上以賊渠哈薩克錫喇鄂哲特等十餘人皆未獲命兆惠等加意奮勉四月兆惠獲鄂哲特送京師疏言準噶爾事將蕆請自伊犁移師合攻回部上仍責兆惠俘哈薩克錫喇等既又命赴庫車察軍事還京師詔未至而兆惠師已發會雅爾哈善圍庫車霍集占突圍走上逮雅爾哈善以兆惠代將兆惠中途疏言將八百人赴庫車當與雅爾哈善協力剿賊不敢靦顏遽還上獎其腆誠勇往賜雙眼孔雀翎既至軍詗霍集占自庫車出入葉爾羌城守乃帥師往捕道阿克蘇頭人頗拉特降和闐頭人霍集斯故擒達瓦齊有功至是亦來附並招烏什頭人俱降遂薄葉爾羌兆惠兵止四百自烏什至此千五百里馬行乏擇要隘屯兵霍集占出戰三敗保城不復出兆惠遣副都統愛隆阿以八百人扼喀什噶爾來路阻賊援而率師臨葱嶺南河爲陳葱嶺南河者即喀喇烏蘇譯言黑水故時謂兆惠軍爲黑水營兆惠念兵寡而城大不任攻諜言賊牧羣在城南英奇盤山乃帥輕騎蹴其牧地且致賊爲野戰渡黑水纔四百騎而橋圮霍集占挾數千騎出師戰且戰且涉水士卒殊死戰五晝夜殺賊數千人諸將高天喜鄂實三格特通額皆戰死兆惠馬再踣面及脛皆傷乃收兵築壘掘濠以爲衞賊亦築壘與我師相持布拉呢敦自喀什噶爾至助霍集占困我師靖逆將軍納穆扎爾等師赴援中途遇回兵力戰皆死之上先事發索倫察哈爾健銳營及陝甘綠旗兵濟兆惠師聞兆惠被圍促富德赴援又命阿里袞還戰馬三千送軍前兆惠發阿克蘇令舒赫德駐守至是遣使令以被圍狀入奏上獎兆惠統軍深入忠誠勇敢進封武毅謀勇一等公並賜紅寶石帽頂四團龍補服霍集占既逼我師爲長圍相持數月賊自上游引水謀灌我師壘我師於下游溝而洩之我師壘迫深林賊發鎗彈著林木中我師伐爲薪得彈用以擊賊常不匱水不給賊引水反得飲又掘井恒得泉發地得藏粟一百六十窖掠野得馬駝千餘迫歲暮圍合已三月軍中糧漸盡士卒煮鞍革甚或掠回民以食布拉呢敦霍集占以圍久不下令布魯特掠英吉沙爾而兆惠即以是日率師焚賊壘所殺傷過當疑兆惠與布魯特相約因遣使入我師請和兆惠因其使射書諭以納款當入覲二酋亦射書請撤圍相見兆惠謂不更答而二酋自此攻稍緩二十四年正月富德師至呼爾璊遇回兵轉戰五晝夜阿里袞送馬至合軍復戰布拉呢敦出戰中彈傷還喀什噶爾師至葉爾羌河岸阿里袞與愛隆阿合軍爲右翼富德及舒赫德爲左翼逐賊以次徐進兆惠自圍中望見火光十餘里馬駝奔踏塵上知援集乃率餘軍破壘出與諸軍相合引還阿克蘇上爲賦黑水行紀其事兆惠疏辭進封及章服諭毋辭並以其母老時遣人存問霍集占之黨攻和闐上以兆惠富德既合軍急引還謂富德不得以援兆惠爲畢事兆惠爲師被圍待援尤不當遽引師退諭趣富德援和闐兆惠當就見在兵力加意奮勉以竟全功兆惠督諸將分道進攻布拉呢敦棄喀什噶爾霍集占亦棄葉爾羌同遁兆惠師至喀什噶爾撫定餘衆富德亦收葉爾羌爲畫疆界定貢賦鑄泉幣並分屯滿漢兵駐守富德師復進追及霍集占戰於阿勒楚爾再戰於伊西洱庫爾淖爾布拉呢敦霍集占竄入巴達克山師從之巴達克山汗素勒坦沙初言霍集占中彈死生獲布拉呢敦復言兩酋已皆死獻霍集占首上加兆惠宗室公品級鞍轡並授其子侍衞兆惠復撫定霍罕額爾德尼伯克所屬四城並齊哩克布魯特額德格納布魯特阿濟畢部衆請留兵分駐葉爾羌喀什噶爾諸城復定各城伯克更番入覲例二十五年二月師還上幸良鄉於城南行郊勞禮兆惠入謁賜朝珠及馬從上還京飲至賚銀幣圖形紫光閣二十六年七月命協辦大學士兼領刑部旋令偕大學士劉統勳按楊橋河決二十七年復偕統勳勘江南運河二十八年直隸水災命勘海口疏天津靜海諸縣水道復命偕兩江總督尹繼善籌濬荊山橋河道二十九年十一月卒上臨其喪賜太保諡文襄嘉慶元年十一月命配享太廟子扎蘭泰尙高宗女和碩和恪公主襲爵授額駙

阿里袞字松崖鈕祜祿氏滿洲正白旗人尹德第四子而訥親弟也乾隆初自二等侍衞授總管內務府大臣遷侍郎歷兵戶二部五年命與僉都御史朱必堦如山東勘巡撫碩色報歉收失實狀疏言蘭山郯城被水最甚請緩徵新舊賦而以官帑市穀補社倉復命與江南河道總督高斌如江西勘巡撫岳濬等徇情納賄狀鞫實濬坐譴六年侍郎梁詩正奏八旗兵丁當分遣邊屯復命與大學士查郎阿如奉天相度地勢上言地宜耕者吉林烏拉東北拉林阿爾楚克阿爾楚哈東飛克圖齊齊哈爾東南呼蘭西南黑爾蘇站剛煙站白都訥東八家子至登額爾者庫皆沃壤呼蘭東佛忒喜素素富林木惟地高下各異墨爾根寒暑早齊齊哈爾砂磧吉林烏拉無餘地甯古塔山深烏蘇里產蔘皆不宜耕議政王大臣用其議移屯自拉林阿爾楚哈始八年命如湖南勘巡撫許容劾糧道謝濟世狂縱狀白濟世枉命即署巡撫歷河南山西山東諸省十四年訥親誅命分任訥親僨師旋以兄弟不相及命免之上將巡五台阿里袞疏請於臺懷建行宮太原就巡撫署增建羣室上不許阿里袞別疏薦參將傅謙大學士傅恒弟也上責其不當詔切責十五年授湖廣總督湖北巡撫唐綏祖爲前總督永興劾罷阿里袞白綏祖無受賕狀永興坐譴十六年移兩廣總督

東實貝勒喜信等謀爲亂討平之尋居母憂還京師授戶部侍郎擢尚書歷刑工戶三部兼鑲白旗漢軍都統二十一年四月命軍機處行走時上方責諸將逐捕阿睦爾撒納定西將軍達爾黨阿出西路五月命阿里袞佐達爾黨阿在領隊大臣上行走九月師至雅爾拉遇賊再勝十月命與達爾黨阿還京師二十二年正月上以成袞扎布爲定邊左副將軍會師巴里坤阿里袞仍在領隊大臣上行走二月達爾黨阿以失阿睦爾撒納削爵阿里袞亦坐降戶部侍郎旋兼正白旗蒙古副都統時回部大和卓木布拉呢敦小和卓木霍集占分據葉爾羌喀什噶爾爲亂於是沙拉斯瑪呼斯諸部游牧與相應九月阿里袞與都統滿福自阿斯罕布拉克和什特克取道至哈喇沙爾搜山殺敵復進至塔本順和爾納木噶俘男婦二百餘十二月滿福爲郭多克哈什誘戕沙拉斯瑪呼斯遁庫車諸處阿里袞復進次哈喇沙爾西南庫爾勒二十三年正月復進逐敵至呼爾塔克山獲瑪呼斯得木齊額默根等四月阿里袞自魯克察還師駐巴里坤上先得伯克桑香瑪奏阿里袞方搜捕瑪哈沁將還師與阿里袞疏言師向呼爾塔克山不相應上因責阿里袞中途遽延罷侍郎以副都統革職留任六月靖逆將軍雅爾哈善攻庫車霍集占赴援入城守已復走還葉爾羌上爲罷雅爾哈善而督定邊將軍兆惠攻阿克蘇遂進逼葉爾羌十一月命阿里袞選馬三千駝七百益兆惠軍兆惠攻葉爾羌不克瀕黑水結寨霍集占爲長圍困之上聞授富德定邊右將軍阿里袞參贊大臣援兆惠是月命襲封二等公十二月授兵部尚書正紅旗蒙古都統二十四年正月富德師至呼爾璊霍集占出戰五日四夜未決阿里袞以駝馬至乘夜分師爲兩翼斫陣斬千餘級布拉呢敦中創與霍集占並敗走援兆惠全師以還上以阿里袞送馬濟軍如期集事且殺賊多加雲騎尉世職例進一等公七月霍集占走巴達克山部阿里袞與富德等師師從之降其衆萬二千有奇阿里袞以五百人駐伊西勒庫爾淖爾西截隘復分兵出其南遇敵奪其家屬輜重降二千有奇復將選兵二百踰嶺遂敵克巴達山部旋納款以霍集占首獻行賞賜阿里袞雙眼孔雀翎二十五年召還京師六月自喀什噶爾行次葉爾羌會雅木扎爾回酋邁喇木媢訛謂阿睦爾撒納復入阿克蘇卒起爲亂乃復還喀什噶爾率八百人以出至伯什克勒木邁喇木等以千餘人拒戰阿里袞督所部擊破之賊入城堅守麾兵合圍夜四鼓城人呼號乞降邁喇木遁去上獎阿里袞應機立辦授其子拜唐阿豐昇額藍翎侍衛阿里袞旋捕邁喇木等送京師復進豐昇額三等侍衛授其次子倭興額藍翎侍衛十月阿里袞還京師授領侍衛內大臣圖形紫光閣二十八年加太子少保二十九年授戶部尚書協辦大學士時緬甸亂南徼兵連數歲三十一年春將軍明瑞深入上授阿里袞參贊大臣馳傳至軍二月明瑞戰死猛臘大學士傅恒出爲經略授阿里袞及阿桂爲副將軍并命暫領雲貴總督率師駐永昌朝議明年進兵今歲秋夏瘴退先收普洱思茅邊外諸小部落阿里袞疏言邊外十三板納皆內屬不爲亂惟召散整頁猛勇三部附緬甸當用兵時刑部尚書舒赫德在軍與雲南巡撫鄂寧密疏議撫六月緬甸使頭人請欵阿里袞拒之以聞上命置毋答並譴舒赫德等七月阿里袞疏請絕緬甸貿易並治雲南省城至永昌道撫慰沿邊諸土司借帑俾市籽種牛具皆得僉旨十二月阿桂至兵其發兵出邊未深入而還三十四年二月上搖雲貴總督明德疏語以軍中馬瘋責阿里袞等下部議奪職命寬之三月傅恒至軍與阿里袞等議進兵渡戛鳩江西攻猛拱猛養兩土司向阿瓦阿瓦緬甸都也偏師至猛密夾江而下造舟蠻暮通往來七月師行初阿里袞病瘍上遣醫就視良愈至是復大作傅恒令留永昌治疾阿里袞堅請行師進緬甸兵不出十月傅恒還師蠻暮復進攻老官屯駐戛鳩江口緬甸兵水陸並至傅恒阿桂軍江東阿里袞軍江西迎戰敵結寨自固阿里袞率兵七百攻之敵百餘棄寨走把總姚卓殺敵奪其旗師欽進敵四百餘亦遁復戰會日暮敵不能堅守皆引去凡破寨三殺敵五百餘傅恒亦遘疾諸將議毋更進兵阿里袞曰老官屯賊寨前歲額爾登額攻未克距此僅一舍不破之何以報命策馬行傅恒以下皆從之寨堅攻不克阿里袞疾甚猶強起督攻視鎗礮最多處輒身當之傅恒慮其傷令將舟師毋更與攻寨十二月卒於軍諡襄壯祀賢良祠以豐昇額金川功追加封號爲果毅繼勇公子豐昇額倭興額色克精額布彥達賚豐昇額自三等侍衛襲封一等公擢領侍衛內大臣署兵部尚書廂藍旗蒙古都統三十五年八月命在軍機處行走金川再用兵定邊左副將軍溫福爲師劾參贊大臣伍岱乖謬上命豐昇額往勘因授豐昇額參贊大臣五月豐昇額攻東瑪寨僞退以致敵令章京佛倫泰富爾賽突起佔寨侍衛仲達蘇發鉅礮敵驚邻多墜崖死遂克東瑪六月攻閭卜濟山梁師至色爾渠令烏什哈達三泰等左右進攻豐昇額出中路發礮墮碉烏什哈達等引兵出巖下豐昇額自山徑策應鏖戰敵大奔七月復克色爾渠大碉及卡房百餘卡房敵所置堠也旋與溫福大軍合十月克路頂宗喀木色爾諸寨復進克兜烏山梁及附近諸寨十一月克博爾根山奪瑪覺烏大寨再進克明郭宗下碉卡九十餘克嘉巴山梵經樓語詳溫福傳十二月授豐昇額副將軍三十八年正月與將軍溫福副將軍阿桂議分道並進溫福自功噶爾拉進攻噶爾薩爾阿桂自僧格宗經納圍納扎木至當噶爾拉待溫福軍至與合攻噶拉依豐昇額自章谷吉地經綽斯甲布溫福分遣參贊大臣舒常駐軍於此與合攻勒烏圍豐昇額駐軍宜喜於其地設糧臺規進取四月考績加太子少保溫福師銳進六月次木果木阿桂亦克當噶爾拉上命豐昇額攻大板昭命未至木果木師潰溫福死之上聞敗命豐昇額引兵自黨壩三雜谷至巴朗拉爲阿桂聲援既聞阿桂自當噶爾拉全師而出屯翁古爾壟諭豐昇額仍駐宜喜爲犄角豐昇額初未移軍分兵駐智固山防後路阿桂以定西將軍爲帥十一月收小金川全境豐昇額自宜喜攻克沙壩山梁碉卡分敵勢十二月阿桂定策自取谷噶而令豐昇額攻凱立葉進兵上命豐昇額以五千人往攻三十九年正月師次薩爾赤鄂羅山占其南雪山又分兵屯孟拜拉山梁阿桂遣納木扎等將二千人與合軍二月晦夜半豐昇額師師自達爾扎克北山澗越石躡雪以進次日黎明至凱立葉山麓山絕險凡大峰各置碉兒我師至且近鎗石並發豐昇額督師直前衝擊與侍衛彰靄明仁取第二峯瑪爾占伊達里取第三峯命領隊大臣五岱營第三峯下捷聞上以碉據峯巔仰攻不易克命留五岱於此而移軍谷噶與阿桂合軍攻勒烏圍阿桂遣諜告豐昇額達爾扎克面當莫爾敏山山旁地曰迪噶拉穆扎師得此纔出凱立葉後夾攻易爲力豐昇額仰道兵占莫爾敏山敵力爭絕我師前後不相屬卒敗敵取迪噶拉穆扎豐昇額尋從上命移軍谷噶六月克色綳普破碉十一七月克該布達什諾大碉十月自間道克睪格爾陟甘爾巴當噶西峯破碉寨二百餘得凱立葉山梁之半命議敘賚玄狐端罩馬褂十一月攻格魯古了口通黨壩遂進逼勒烏圍四十年正月克甲爾納堪布卓滄河諸碉寨四月破噶爾丹寺及噶朗噶木柵十七五月克了口石碉八木城四再進盡隳遜克爾宗諸碉寨敕獎其奮勉命封號加繼勇字七月師至章噶碉甚堅碉外爲濠三重濠外立木柵海蘭察攻其中豐昇額督官達色仁和等攻其左右毀柵覆濠以度師緣碉側直上自其巔俯攻遂克之並得其旁木城八月與阿桂合克勒烏圍九月復進向噶拉依十二月克格隆古科布曲山梁四十一年正月克瑪爾古當噶山梁金川全部悉定師圍噶拉依上命加豐昇額一等子以其弟布彥達賚襲爵尋移戶部尚書賜雙眼孔雀翎二月金川酋索諾木出降致京師四月師還賚御廄馬具鞍轡圖形紫光閣四十二年十月卒賜太子太保謚誠武布彥達賚自三等侍衛累遷武備院卿嘉慶間授戶部尚書正白旗滿洲都統步軍左翼總兵署統領五年卒贈太子太保謚恭勤布彥達賚女爲宣宗元妃道光元年册謚孝穆皇后禮成追封三等公

舒赫德字伯容舒穆魯氏滿洲正白人徐元夢孫也舒赫德自筆帖式授內閣中書累遷御史充軍機處章京乾隆二年疏言八旗生齒日繁盛京黑龍江寧古塔三省土沃可耕請將閒散移屯並條議設公庫以各省稅務專屬旗員贍旗地典於民者以官地畀無地旗丁以十年爲期次第施行上以稅務專屬旗員爲非是諭曰舒赫德此議但知旗人生計艱難不知國家設關欲稽察姦宄非爲收稅之員身家計也朕日以砥礪廉隅勉臣工尚恐其不能遵奉而可以謀利導之乎況各省稅務本未分滿漢旗員有廉潔者何嘗不可派委大抵爲上者施逮下之仁惟有勵以忠勤示以節儉爲下者皆當早作夜思宣力供職以永受國家惠養方可謂之計長久蓋厚其生計不可不思而長貧以爲患則未見其利而且貽害非所以教旗員亦非所以愛旗員也初雍正間京師設官米局收旗丁餉米存儲平糶舒赫德疏請復設從之五遷至兵部尚書移戶部尚書十三年命從經略大學士傅恒征金川授參贊加太子太保十四年師還留辦軍需奏銷命往雲南湖廣河南查閱營伍並勘雲南金沙江運銅水道舒赫德疏言金沙江下游銅運無阻上游四十餘灘多峻險仍當陸運總督張允隨言上下游皆疏通語不實古州總兵哈尚德因古州被水請移城上命舒赫德相度舒赫德請城內外疏積水無待移建十月復移兵部尚書十五年疏言定例額兵百人闕二謂之名糧爲軍中公使錢惟繕治軍器巡防路費每不給於用馬兵不宜於東南其在西北十居其八亦可量減籐牌兵全無實用擬於馬兵籐牌兵內加增名糧以備公用廷議允行十二月命如浙江勘海塘十六年命勘永定河工又命如浙江按杭州覺羅額爾登受賕狀十七年命偕侍郎玉保赴北路軍防準噶爾十八年以準噶爾內亂撤防召還命如江南案銅山張家馬路河決時準噶爾達瓦齊復爲台吉所部杜爾伯特台吉車凌等來降準噶爾宰桑瑪木特烏梁海得木齊扎木參瑚圖克等追車凌先後闌入北

路卡倫上命舒赫德如鄂爾坤治軍事而令侍郎玉保前鋒統領努三散秩大臣薩喇爾佐定邊左副將軍成袞扎布十九年春舒赫德至軍參贊大臣達淸阿誘致瑪木特將檻送京師疏聞上以瑪木特聞召卽至命釋使還旣薩喇爾努三師師出邊獲扎木參瑚圖克舒赫德等復疏請檻送京師上以瑪木特誘致扎木參等乃逐捕所得事不同責舒赫德謬誤命以扎木參等四道軍中軍中方傳達瓦齊遣其將扎努噶爾布以五千人犯邊成袞扎布等致書達瓦齊言瑪木特扎木參等以入邊被捕本末上以爲太懦諭舒赫德等上方以準噶爾內訌將乘時收烏梁海以薩喇爾本蒙古頭人習邊事將倚以招致舒赫德等疏言達瓦齊復爲台吉烏梁海等未易招致令薩喇爾駐軍卓克索待後舉上責舒赫德畏怯使薩喇爾掣肘蒙古貝勒額琳沁公格勒克巴木不勒以赴軍遷延得罪舒赫德等疏言其至軍後奮勉請贖罪上下詔責其舛謬並及行文達瓦齊事下部議奪官得旨寬免上幸熱河召舒赫德詣行在示方略旋解成袞扎布將軍以授策楞七月輝特台吉阿睦爾撒納來降舒赫德與策楞議留阿睦爾撒納及諸頭人軍中待命以其孥移置蘇尼特阿睦爾撒納有兄爲瑪木特所獲乞賚以行糧俾赴援舒赫德不許是時上方欲倚阿睦爾撒納擒達瓦齊事聞上盛怒詔罪狀策楞舒赫德略謂阿睦爾撒納初來降乃以其眷屬移置戈壁南相距數千里使其父母妻子分析離居失遠人歸附心準噶爾內亂所部叩關內附正可示以懷柔永綏邊境策楞舒赫德顚倒舛謬至於此極皆奪職以閒散在參贊大臣上效力贖罪並籍其家罪及諸子二十二年正月上命阿睦爾撒納佐班第師師討達瓦齊阿睦爾撒納請移游牧於烏里雅蘇臺上許之命領隊大臣兆惠駐軍於此予舒赫德章京銜佐兆惠六月師已定伊犂諭曰策楞舒赫德軍前効力今大功已成本欲施恩開其自効策楞已予都統銜駐軍巴里坤檢舒赫德筆札雖無怨望語乃效漢人習日必記事作詩嗣宜痛自改悔令仍以章京留烏里雅蘇台上分準噶爾故地本衆建諸侯意四衞拉特各爲汗阿睦爾撒納求爲總統上不許遂叛其妻子在烏里雅蘇台舒赫德偕兆惠收送京師二十一年喀爾喀台吉靑滾雜卜叛驛道中梗會察哈爾兵數百送羊至舒赫德留之分布諸台站軍報乃通行邊至努克木倫護厄魯特人掠馬者烏梁海人入邊竄匿俄羅斯馳檄往索上嘉其治事尚協機宜召還授正黃旗漢軍副都統二十二年正月上命成袞扎布爲定邊將軍逐捕阿睦爾撒納授舒赫德參贊大臣尋擢兵部尚書兼鑲黃旗漢軍都統三月以舒赫德在軍獨具疏奏事責其放縱罷尚書七月疏請防範沙喇斯遊牧內移上斥其藉作歸計嚴諭申戒十二月上以成袞扎布師久無功詔罪狀舒赫德略言舒赫德起自廢籍初赴軍授方略令傳諭成袞扎布並戒其毋更恇怯乃至軍後諸事皆失機宜卽如招服克哷特烏魯特等遊牧當收其馬以佐軍乃任令屯駐山中致兵過復叛及朕有旨詰責始東遮西露往來道途疲馬力於無用之地舉此一端可見諸事皆無成算此實舒赫德未將朕旨宣示成袞扎布之所致也舒赫德罪不勝誅朕念成袞扎布去年擒靑滾雜卜之功貰舒赫德以不死令奪職爲兵從軍贖罪二十三年予頭等侍衞銜駐阿克蘇十月將軍兆惠逐捕霍集占深入被圍命定邊右副將軍富德往援授舒赫德參贊大臣會於巴爾楚克舒赫德以阿克蘇通葉爾羌喀什噶爾要隘當設卡倫上嘉之擢吏部侍郎遷工部尚書鑲紅旗滿洲都統賜孔雀翎十二月簡阿克蘇銳卒諸路兵先至者馳援兆惠二十四年正月與富德合軍解兆惠圍予雲騎尉世職七月命移駐葉爾羌旋命仍駐阿克蘇先後奏定回城賦稅台站酌設伯克阿克蘇鑄騰格以四存公六畀回人阿克蘇庫車哈喇沙爾烏什和闐置文武吏皆得旨議行尋以回部平圖形紫光閣二十八年加太子太保二十九年命如福建按提督黃仕簡劾廈門洋行陋規總督楊廷璋以下皆得罪語詳廷璋傳三十一年署陝甘總督旋署戶部尚書三十二年如湖南北讞獄三十三年將軍明瑞征緬甸敗績死之上命大學士傅恒爲經略授舒赫德參贊大臣先赴雲南籌畫進軍舒赫德密疏議巡忤上旨下部議奪官並削雲騎尉世職命以都統銜參贊大臣出駐烏什三十六年土爾扈特汗渥巴錫等自俄羅斯來歸衆疑其僞降舒赫德力白無他志命如伊犂宣撫尋授伊犂將軍十一月授戶部尚書三十八年加太子太保授武英殿大學士九月命如江南監黃河老壩口隄工壽張民王倫叛破臨淸命督師進勦克之倫自焚死賜雙眼孔雀翎復予雲騎尉世職賚貂冠黑狐褂四十一年金川平圖形紫光閣初舒赫德爲伊犂將軍子舒甯在京杖斃二奴得罪上命發伊犂交舒赫德約束及是又以爭煤礦爲山東民所訟舒赫德縛舒甯送刑部疏請罪下部議奪官命寬之四十二年四月卒贈太保諡文襄祀賢良祠子舒常始爲侍衞舒赫德議移置阿睦爾撒納妻子得罪舒常亦奪官發黑龍江披甲及舒赫德召還爲副都統授舒常三等侍衞舒赫德以佐成袞扎布無功再得罪舒常復發黑龍江

乾隆二十三年二月命釋還累遷至鑲藍旗護軍統領三十七年將軍溫福征金川授參贊大臣金川平圖形紫光閣與舒赫德父子並列前五十功臣舒赫德卒令還京治喪授工部侍郎出爲貴州巡撫遷湖廣兩廣總督入爲工部尙書復出署江西巡撫復爲湖廣總督荆州漢水決奪官授一等侍衞擢都察院左都御史改鑲黃旗蒙古都統嘉慶初署刑兵二部尙書卒諡恪靖

論曰兆惠再就圍中受爵得援師克竟其功而爲之援者前則雅爾哈善後則富德顧坐法不克有終訥親之誅也高宗謂策楞達爾黨阿皆愧舊阿里袞獨內疑遇事畏葸然策楞達爾黨阿先後僨事奪封阿里袞以戰鬬承世祚豐昇額繼之慶延於後嗣舒赫德初爲御史有直聲後出視軍高宗屢言其懦再被譴謫終致台司功名始終之際蓋亦有天焉然其要必歸於忠謹玆非彰彰可視者歟

清史稿　列傳一百零一

策楞 子特通額 特成額 特清額　玉保

達爾黨阿　哈達哈 子哈寧阿

永常　覺羅雅爾哈善

富德　薩賴爾

策楞鈕祜祿氏滿洲鑲黃旗人尹德長子乾隆初爲御前侍衞二年秋永定河決上出帑命策楞如盧溝橋賑災民累遷爲廣州將軍授兩廣總督廣東巡撫託庸劾布政使唐綏祖贓私下策楞勘讞策楞雪綏祖枉上嘉其秉公尋加太子少傅移兩江總督其弟訥親承父爵進爲一等公以征金川失律坐譴十三年十月命策楞襲爵仍爲二等公復移川陝總督旋以川陝轄地廣析置二督策楞專領四川時大學士傅恒代訥親爲經略命策楞參贊軍務傅恒受金川降班師行賞策楞加太子太保西藏郡王珠爾默特那木札勒狡暴謀爲亂上命策楞戒備十五年冬駐藏大臣傅淸拉布敦誅珠爾默特那木札勒爲其黨所戕西藏亂上命策楞及提督岳鍾琪督師戡亂時西藏公班第達獲逆渠卓呢羅卜藏扎布戢兵待命策楞以聞請率八百人以往留軍駐打箭爐待徵發策楞至西藏與鍾琪及侍郎兆惠駐藏大臣納穆扎爾班第等審定規制爲西藏善後章程語詳西藏傳雜谷土司蒼旺侵梭磨卓克基二土司爲亂策楞與鍾琪發兵討之上以川兵弱當瞻對金川用兵後元氣未復誡愼重師戰勝獲蒼旺收其地內屬策楞丁母憂解官還京師江南淮揚水災命偕尚書劉統勳往勘因疏河工積習總督高斌以下皆坐黜卽命策楞署南河總督河決銅山張家馬路上以河工非所習改授兩廣總督時準噶爾酋達瓦齊庸懦所部內訌上銳意用兵十九年二月召策楞命出視師授定邊左副將軍阿睦爾撒納之降也尚書舒赫德在軍察其狙詐慮且復叛策楞與共議以所屬部族置戈壁南而留阿睦爾撒納及諸頭人丁壯勝兵者從軍上聞阿睦爾撒納降將倚以取達瓦齊得策楞等疏怒甚命削職以閒散在參贊上效力贖罪發諸子各行省駐防披甲上遂用阿睦爾撒納爲定邊左副將軍導我師討達瓦齊二十年五月師定伊犂上降詔獨責策楞舒赫德恇怯乖張幾僨事旋以師有功予策楞副都統銜令率偏師戍巴里坤九月阿睦爾撒納叛去上以永常爲定西將軍命策楞參贊大臣上行走旣聞當阿睦爾撒納叛時永常引師自穆壘左次巴里坤罷永常將軍以命策楞旋詔逮永常授扎拉豐阿爲將軍策楞疏言待軍士器械隨將軍進兵詔併逮策楞詔懲其懦也尋以罪在永常貸策楞令屬扎拉豐阿督饟會準噶爾宰桑克什木等陷伊犂定北將軍班第等死事策楞馳疏聞請合兵進討上復授策楞副都統銜參贊大臣扎拉豐阿未至攝將軍策楞與喀爾喀諸部貝勒合兵擊敗準噶爾部落授內大臣眞除定西將軍上督諸將逐捕阿睦爾撒納甚急二十一年二月策楞聞台吉諾爾布等已得阿睦爾撒納賸章奏捷上告於陵廟進策楞一等公賜雙眼孔雀翎寶石帽頂四團龍補服三月策楞復疏言前奏非實上命停封賞嚴促進兵逐捕是月復克伊犂阿睦爾撒納走哈薩克四月命大學士傅恒視師逮策楞及參贊大臣玉保旋得策楞奏方督兵壓哈薩克境令擒阿睦爾撒納以獻上乃令傅恒還

京師時達爾黨阿出西路哈達哈出北路與策楞合軍以進師久次不得阿睦爾撒納蹤跡九月達爾黨阿哈達哈引兵還屯哈薩拉克十一月復命逮策楞玉保檻送京師途遇準噶爾兵爲所戕子特通額初發黑龍江披甲二十三年以侍衞從將軍兆惠討霍集占戰黑水與總兵高天喜等同戰死圖形紫光閣列後五十功臣特講額初發杭州披甲自上虞備用處拜唐阿十一遷至嘉慶間授成都將軍嘗兩攝四川總督會有爲蜀都賦訐長吏者給事中胡大成以聞仁宗命工部尙書託津光祿寺少卿盧蔭溥詣勘特淸額坐徇隱降三級留任未幾卒特成額初發西安披甲自黏竿處拜唐阿再遷三等侍衞師討大金川酋索諾木高宗命特成額從征轉戰兩年自資理北山下克美美卡諸地攻榮噶爾博最高峯奪康薩爾山半石碉破密拉噶拉木山果木城特成額皆有功授貴州威寧鎭總兵乾隆四十二年上以勳舊世家有世爲領侍衞內大臣因以豐昇額遺缺授特成額三遷授禮部尙書爲成都將軍三攝總督尋除湖廣總督五十年歲旱湖北江蘇浙江皆饑特成額疏請發湖南倉穀賑湖北有餘平値以糶使商自四川販米至者見湖北穀値低得輸以濟江浙上獎其不分畛域得大臣體尋移雲貴總督以李侍堯代督湖廣侍堯疏發上年旱饑孝感民無食掠富家儲穀諸生梅調元者糾衆與抗生瘞二十三人上震怒逮特成額籍其家旋予副都統銜充烏什辦事大臣又坐在湖廣失察屬吏侵帑案牘壅積屢被譴責及荆州隄決復逮下獄論絞久之赦授頭等侍衞烏魯木齊辦事大臣嘉慶初自科布多參贊大臣授兵部侍郎未上卒

玉保烏朗罕濟勒門氏蒙古鑲白旗人自理藩院筆帖式三遷郎中乾隆三年擢侍郎八年率準噶爾使者入藏熬茶賜孔雀翎十二年復率準噶爾使者入藏熬茶疏言前次入藏自巴延喀喇納木齊圖穆倫至穆魯烏蘇渡口道甚險時方秋冬間少雪行旅尙便今冬令大雪擬改道踰哈什哈嶺左巴延喀喇巴山後自布魯爾仍至穆魯烏渡口報可十六年遷正黃旗蒙古都統十七年達瓦齊爲亂命偕尙書舒赫德赴北路防邊十八年杜爾伯特台吉策凌等來降命馳赴犒勞上以玉保習準噶爾事命以參贊大臣佐軍事十九年輝特台吉阿睦爾撒納來降復命馳赴犒勞率以入覲二十年阿睦爾撒納叛命仍以侍郎參贊大臣出北路師次哈齊克遣兵至鄂什默納河收阿睦爾撒納所屬三百餘戶搜山獲阿睦爾撒納黨得木齊班咱等進次安集雅哈殲阿巴噶齊所屬三百餘戶閱班雜游牧尋從逆喇嘛達什藏布並收其妻子擢內大臣二十一年策楞疏報已獲阿睦爾撒納行賞玉封保三等男世襲玉保獲從賊達永阿言阿睦爾撒納相距僅一日玉保執送策楞又得從賊烏遜言阿睦爾撒納方出痘所部尙有厄魯特兵八千哈薩克兵三千亦執送策楞上責玉保退縮玉保師復進遣諸將烏爾登等追至庫隴癸嶺得從賊額林沁言阿睦爾撒納已踰嶺入哈薩克境引還次固勒扎上怒策楞玉保不得阿睦爾撒納策楞又疏言玉保馳檄謂阿睦爾撒納卽日就禽無煩大軍深入因是勒兵未進遂命併逮詣京師旋命姑寬之玉保疏辨未嘗馳檄阻策楞進兵上謂玉保卽未阻策楞進兵阿睦爾撒納脫於誰手因斥其畏葸欺飾削男爵奪參贊大臣改授領隊大臣玉保疏言阿睦爾撒納僅餘從賊二三人投哈薩克汗阿布賚正督兵往索上以玉保明知叛賊孑身無助始直前追逐斥其取巧命尙書阿里袞詣軍逮策楞並諭玉保已率兵向哈薩克免其罪未行則併逮尋達爾黨阿疏報玉保師已臨哈薩克命授頭等侍衞旋以師久次不得阿睦爾撒納命仍逮治與策楞同送京師道死

達爾黨阿鈕祜祿氏滿洲鑲黃旗人理藩院尙書阿靈阿次子初襲曾祖額亦都一等子爵累官吏部尙書訥親得罪請從軍師還加太子少保十九年出爲黑龍江將軍策楞得罪命襲封一等公是年十二月上用阿睦爾撒納討達瓦齊以班第爲定北將軍授達爾黨阿參贊大臣二十年正月命將索倫巴爾呼兵詣軍五月定伊犁師還命協辦大學士及阿睦爾撒納叛授定邊左副將軍偕贊大臣哈達哈出北路率師逐捕十月改授右副將軍出西路而以哈達哈當北路十二月復以將印授扎拉豐阿達爾黨阿仍爲參贊大臣二十一年正月又以鄂勒哲依薩賴爾同掌將印達爾黨阿帥師至珠勒都斯迎薩賴爾及策楞報獲阿睦爾撒納達爾黨阿亦賜雙眼孔雀翎尋自特訥格爾赴安集海分兵略唐古特游牧旋以阿睦爾撒納竄入哈薩克上命西路專任達爾黨阿北路專任哈達哈督兵歷哈薩克境使擒阿睦爾撒納以獻五月復授右副將軍時策楞駐登努勒台令達爾黨阿還師達爾黨阿不從上卽解策楞定西將軍以命達爾黨阿八月師次雅布拉哈薩克汗阿賚遣頭人和集博爾根率四千騎分二隊從阿睦爾撒納走魯臘而自率千餘騎西行會於亳阿臘克山下達爾黨阿師至遇和集博爾根前隊自山谷中誘使出突其中堅斬五百七十餘級獲頭人楚魯克逐敵至努喇遇和集博爾根後隊復戰陷陳得其纛斬三百四十餘級阿睦爾撒納部宰桑言阿睦爾撒納易藍纛以戰戰敗易服遁哈達哈亦擊破阿布賚軍獲頭人昭華什兩軍合遣楚魯克昭華什還諭其渠時阿睦爾撒納走不過一二里許遇楚魯克等使還報僞爲哈薩克頭人語待其汗阿布賚至且執阿睦爾撒納以獻達爾黨阿信之按兵以待阿睦爾撒納從容捆載去上聞不得阿睦爾撒納命繳雙眼翎召還京師罷協辦大學士二十二年二月奪爵左授正白旗滿洲副都統八月軍中俘阿睦爾撒納從子達什策楞檻致京師上始聞達爾黨阿哈達哈緩追逸賊狀俱奪官發熱河披甲二十三年授三等侍衞率西安駐防兵赴軍師有功進二等侍衞卒

哈達哈瓜爾佳氏滿洲鑲藍旗人黑龍江將軍傅爾丹子傅爾丹初襲曾祖費英東二等信勇公乾隆元年追論失律罪黜以哈達哈襲是時哈達哈已自侍衞累遷領侍衞內大臣兼勳舊佐領旣襲爵復遷鑲紅旗滿洲都統工部尙書加太子少保署兵部尙書步軍統領十九年師討達瓦齊授參贊大臣佐定北將軍班第出北路尋改領隊大臣二十年達瓦齊就俘再出師討阿睦爾撒納復授參贊大臣佐定邊左副將軍達爾黨阿出北路哈達哈請將索倫喀爾喀兵爲前鋒上獎其奮勉尋命代達爾黨阿爲定邊左副將軍當北路移軍布延圖南自伊克斯淖爾北至烏哈爾哈及烏里雅蘇台剳卜堪諸形勝地皆分兵列戍二十一年命自阿爾泰進兵詔以北路專任哈達哈特楞古特宰桑敦多克圖爾班和卓等與我師遇僞請降哈達哈察其詐斬敦多克鞏圖爾班和卓等殪其衆上嘉其勇再授領侍衞內大臣賜雙眼孔雀翎師至嵩哈薩拉克山遇哈薩克汗阿布賚擁衆自巴顏山西行與戰敗之復遣諸將瑚爾起鄂博什奇徹布等追擊斬百餘級獲馬二百哈達哈不知阿布賚在軍未窮追而達爾黨阿與阿睦爾撒納遇戰旣勝縱使脫去兩軍合引還奪雙眼孔雀翎命以參贊大臣屯科布多尋論失阿布賚罪奪爵罷領侍衞內大臣左授兵部侍郎旋就進尙書從屯烏里雅蘇台二十二年八月詔罪狀達爾黨阿哈達哈謂二臣皆勳舊子孫襲爵專閫而因循觀望坐失軍機若此盡奪其官發熱河披甲二十三年與達爾黨同授三等侍衞從軍同進二等侍衞子哈寧阿自藍翎侍衞累遷寧夏副都統哈達哈爲定邊左副將軍哈寧阿爲領隊大臣尋命以參贊大臣佐定西將軍達爾黨阿出西路旋令詣伊犁佐定邊右副將軍兆惠兆惠困濟爾哈朗力戰突圍出哈寧阿與焉予三等輕車都尉世職又從兆惠擊巴雅爾功最賜玉韘荷包鼻煙壺哈達哈奪爵以哈寧阿襲擢鑲黃旗漢軍都統二十三年復授參贊大臣佐靖逆將軍雅爾哈善討霍集占圍庫車霍集占脫去與雅爾哈善同逮送京師二十四年正月雅爾哈善棄市上以哈寧阿爲參贊責薄於將軍又念濟爾哈朗力戰有勞命繫獄待秋決十一月富德師至巴達克山遣使令縛送霍集占上以達爾黨阿哈達哈皆在軍不自奮請行詔詰責因言哈寧阿秋讞本當決哈達哈稍有事效尙當寬宥今豈可曲貸重念費英東勳勞不忍刑諸市命賜自盡且令馳諭哈達哈哈達哈已先以十月卒於軍

永常董鄂氏滿洲正白旗人自三等侍衞累遷鑲紅旗滿洲都統乾隆五年命如安西按事卽授安西提督屯哈密賜孔雀翎紅絨結頂冠十五年授湖廣總督羅田民馬朝柱爲亂討平之十八年上將征準噶爾命爲欽差大臣駐安西旋移陝甘總督加太子少保輝特台吉阿睦爾撒納來降言達瓦齊昏暴上決策用兵召永常詣京師諭行軍機宜遂以內大臣授定西將軍時上倚阿睦爾撒納及來降宰桑薩賴爾取達瓦齊以阿睦爾撒納副定北將軍班第出北路以薩賴爾副永常出西路仍諭阿睦爾撒納薩賴爾爲軍鋒敕永常督軍鋒先發永常令諸道軍兼程並進上責其誤永常師次巴里坤命還肅州永常還督饟有所計畫上皆不謂然師定伊犁俘達瓦齊詔責永常但知師行糧隨沾沾議接濟今功已成何慮糧不足因糧於敵從來勝算如永常奏懶轉挽運動逾數十日庸有濟乎因左授吏部侍郎阿睦爾撒納叛犯伊犁永常師左次上責其怯懦罷內大臣定西將軍以副都統銜爲參贊厄魯特諸台吉有不從阿睦爾撒納叛者宰桑扎木參等率數千人詣永常請附屯永常疑其詐挾宰桑爲質兼程卻走恐賊躡其後徵策楞赴援並檄阿敏道引還同駐巴里坤上命奪官逮京師行至臨潼道卒仍籍其家戍其子拉林

覺羅雅爾哈善字蔚文滿洲正紅旗人雍正三年繙譯舉人自內閣中書四遷乾隆三年授通政使御史邸玖華疏論九卿議事不公別疏請錄用賢良祠大臣子孫雅爾哈善劾玖華爲原任侍郎勵宗萬門生宗萬祖杜訥爲賢良祠大臣玖華劾九卿議事不公示剛正實爲起宗萬地上謂錄用賢良祠大臣子孫不過廣衞微秩視其材可用然後用之豈有嘗爲侍郎獲罪因賢良祠大臣子孫而輒起者勵宗萬雖愚計不出此玖華所論九卿議事不公切中時弊諸臣

見之宜深自儆省若遽怒建言者是爲不知恥命解雅爾哈善任令莊親王允祿平郡王福彭會大學士以下嚴鞫雅爾哈善言語得之右通政陳履平因請皆奪官上責王大臣議不當命奪雅爾哈善官履平下吏議四年特起四川龍安知府五年以憂去六年授江南松江知府移蘇州知府九年遷福建汀漳道雅爾哈善在松江蘇州皆有聲績其去民思之十三年以福建按察使署江蘇巡撫上元民燬制錢雅爾哈善論如律復以數少乞原上責其寬縱命奪職留任十五年雅爾哈善議經徵未完不及一分知縣許惟枚等皆劾罷總督黃廷桂劾不當下吏議當奪官仍命留任尋入爲戶部侍郎十六年復出爲浙江巡撫十九年復入爲戶部侍郎命軍機處行走旋授兵部侍郎二十年師討阿睦爾撒納授參贊大臣出北路二十一年命改赴西路令駐巴里坤辦事疏請徙右廂努特降人於烏蘭烏蘇與前降噶勒雜特人同牧未幾綽羅斯汗噶勒藏多爾濟叛噶勒雜特人哈薩克錫喇等與爲響應回部降人莽噶里克亦從之雅爾哈善擒其黨並其子白和卓十二月上獎雅爾哈善實心治軍事加內大臣銜和碩特降酋沙克都爾曼吉不與阿睦爾撒納之亂率所部徙巴里坤附城爲牧地以居噶勒藏多爾濟巴雅爾之叛上寄諭雅爾哈善令密察沙克都爾曼吉蹤跡雅爾哈善方內疑又以餽不時至沙克都爾曼吉請糧不能給乃使裨將閻相師將五百人入其壘若迷途借宿者夜大雪相師吹笳督兵襲其廬沙克都爾曼吉驚起其妻與相抱持至死不釋其衆四千餘人殲焉雅爾哈善疏報沙克都爾曼吉與綽羅斯叛黨扎那噶爾布相通戮以杜後患又遣兵赴魯克察克剿莽噶里克上嘉其奮往二十二年春定邊右副將軍兆惠自伊犂率師逐捕噶勒藏多爾濟等雅爾哈善遣侍衛圖倫楚將八百人益兆惠軍提督傅魁師至鹽池遇莽噶里克率三十二人入塞探白和卓消息傅魁執而殺之雅爾哈善疏聞上以莽噶里克爲叛首當讞定行誅命逮傅魁送京師兆惠師自濟爾哈朗至特訥格爾爲敵圍得圖倫楚援乃解尋召雅爾哈善還京師戶部侍郎四月復授參贊大臣令駐濟爾哈朗九月擢兵部尚書十二月令移駐魯克察克總理屯田二十三年二月命爲靖逆將軍帥師討霍集占五月師至庫車霍集占所屬頭人阿卜都克勒木城守雅爾哈善督師合圍斷其水草城賊出戰屢敗之六月敗援賊於托木羅克霍集占自將八千人具最精巴拉烏槍行阿克蘇戈壁來援雅爾哈善督兵戰庫車南斬千餘級霍集占負傷入庫車獲其纛庫車依岡爲城以柳枝沙土密築甚堅礮攻不能入提督馬得勝議穴地入城距城北一里爲隧已及城雅爾哈善督之急我兵夜秉燧入穴城賊見火光於城內爲橫溝水入隧我兵皆沒頭人鄂對告雅爾哈善曰庫車食且盡霍集占必出走城西鄂根河水淺可涉北山通戈壁走阿克蘇宜分兵屯此二隘霍集占可擒也雅爾哈善以鄂對新降不可信越八日霍集占乘夜引四百騎啓西門涉鄂根河遁又數日阿都卜克勒木復夜遁餘頭人阿拉難爾等率老弱出城降雅爾哈善雜訊城人謂沙呢雅斯等五人爲阿都卜克勒木死黨因殺之疏入上聞不得霍集占益怒奪雅爾哈善官雅爾哈善劾副都統順德訥陳縱又劾馬得勝失機上曰雅爾哈善始劾順德訥繼劾馬得勝無一言引罪不思身任元戎指麾諸將者誰之責歟此而不置之法國憲安在命兆惠至軍斬順德訥以徇逮雅爾哈善及得勝送京師二十四年正月逮至命王公大臣會鞫以雅爾哈善老師糜餉失機事論斬遂見法後二日並斬得勝自雅爾哈善死高宗知沙克都爾曼吉無叛狀賦詩斥其殺降

富德瓜爾佳氏滿洲正黃旗人駐防吉林乾隆初自護軍擢至三等侍衛十三年從經略大學士傅恆征金川擒賊黨阿扣遷二等侍衛師還累遷副都統二十年師征準噶爾命送綽羅斯台吉噶勒藏多爾濟等赴軍擢參贊大臣督西路臺站阿睦爾撒納所屬唐古忒部見阿睦爾撒納入伊犂謀遁去二十一年富德帥師至鄂塔穆和爾遇唐古忒衆千餘營樹林蒲葦中擊殺二十餘人追至色白口山內賊據險分隊抵禦奪寨六斬獲無算唐古忒部遁伊犂追至察罕鄂博復遇哈薩克兵千人與唐古忒隊合富德奮勇衝擊斬百餘級奪回被掠集賽噶雜特三十餘戶擒台吉恩克巴雅爾等四十餘人上獎富德奮勉授正黃旗蒙古都統二十二年定邊將軍成袞扎布赴巴里坤以富德爲參贊大臣定邊右副將軍兆惠疏報與成袞扎布分道進兵命富德從兆惠軍阿睦爾撒納還掠扎那噶爾布游牧富德追剿收復巴爾達穆特各鄂拓克得叛酋巴雅爾蹤跡遂深入逐捕奪隘五至愛登蘇哈薩克汗阿布賚遣使降阿睦爾撒納逃入俄羅斯尋死叛酋哈薩克錫喇布庫察罕未獲命富德逐捕二十三年招右部哈薩克圖里拜及塔什罕回人圖爾占俱來降遣使入覲上以富德在軍久招撫西哈薩克有勞予雲騎尉世職是時雅爾哈善討霍集占無功兆惠代將師銳進被圍命富德爲定邊右副將軍赴援二十四年正月軍次呼爾璊遇賊騎五千轉戰五日四夜會參贊大臣阿里袞送馬至分翼馳突賊衆大潰殺巴爾圖十五人大伯克數十人賊千餘酋布拉呢敦中鎗傷劇舁入城旋遁喀什噶爾兆惠解圍出以功封三等伯師進次葉爾羌河岸復戰敗賊進封一等成勇伯霍集占黨侵和闐富德赴援破賊進攻葉爾羌霍集占兄弟棄城遁追敗之于阿勒楚爾又敗之於伊西洱庫爾淖爾竄巴達克山軍從之令擒獻巴達克山汗素勒坦沙獻霍集占首師還進封一等靖遠成勇侯賜雙眼孔雀翎官其子侍衛授領侍衛內大臣二十五年復授御前大臣圖形紫光閣賜紫禁城騎馬命軍機處行走尋授理藩院尚書正黃旗蒙古都統副都統老格盜官駝事發鞫實言寄馬富德牧廠有牲畜數千上以富德暴貴安得有牧廠命都統巴爾品勘驗旋奏富德家產擁貲至三萬餘命和親王等會鞫得富德出兵時留官馬柴蒙古王公牲畜並攜緞布煙茶牟利狀下獄吏議當斬上命改監候二十八年赦授散秩大臣三十三年將軍明瑞征緬甸死綏參贊大臣額勒登額坐逗遛得罪額勒登額亦吉林駐防與富德有連富德坐諉舉罷散秩大臣下獄吏議當斬上命入緩決三十六年赦授三等侍衛三十八年將軍溫福征金川軍潰木果木發健銳火器兩營兵益阿桂軍授富德頭等侍衛爲領隊大臣從副將軍明亮出南路富德自資登梅列督卡進兵克得布甲喇嘛寺得里兩面山梁日寨策爾丹色木諸隘復進克僧格宗馬奈絨布寨卡卡角諸隘授副都統待闕復進克沙錫理稜當噶爾碉卡羊圈河橋四十四年請撥兵三千往宜喜助明亮允之攻噶咱普得斐奪卡五攻布咱爾尼山梁奪沿河卡五攻庚額特山梁奪大碉三卡八攻噶咱普得爾窩賊棄碉竄追至馬爾邦乞降富德從軍二年未能大有摧破屢下詔敦責之至是命下部敍功金川平阿桂劾富德濫賞侵士兵鹽菜銀兩彈不足下桂林覈實復命袁守侗如川會阿桂具獄富德密上清字疏訐阿桂上命檻送京師廷訊乃具服濫賞並以銀六錠入己又受知府曾承謨餽金五十兩並劾副將廣著不待命即令其充兵廣著自戕死清字疏復稱阿桂手持黃帶語不遜坐誣告大逆例當斬遂見法

薩賴爾蒙古正黃旗人本厄魯特頭人隸準噶爾台吉達什達瓦爲宰桑乾隆十五年準噶爾內亂薩賴爾率所屬四十七戶降安置察哈爾命入旗授散秩大臣準噶爾台吉喇嘛達爾扎請遣薩賴爾歸不許授參贊大臣出北路十九年烏梁海得木齊扎木參入邊薩賴爾以五百人禦之擒扎木參而遣收凌朔岱訥庫勒等十人還事聞授內大臣既遣還諸人來告宰桑雅爾都得木齊阿茂海欲來歸乞駐牧烏蘭固木克木克木齊克薩賴爾言雅爾都等親阻許駐特斯河否則驅之阿爾台山外並請發厄魯特兵聽調尚書舒赫德以爲未便上諭薩賴爾相機而行命舒赫德會同薩賴爾及車凌等選台吉宰桑可信任者將兵二百人並命侍衛永柱會總管阿敏道選察哈爾八旗兵五百交薩賴爾爲招諭驅逐之用薩賴爾兵至卓克索烏梁海宰桑雅爾都車根赤倫察達克圖布愼瑪濟岱各鄂拓克竄徙阿爾台山外薩賴爾奏烏梁海等已遠遁但貪戀故土必仍回牧彼時整兵速出易於收服請暫撤兵還允之輝特台吉阿睦爾撒納來降命薩賴爾迎勞頒賞旋偕喀爾喀貝子車木楚克扎布等以千八百人擊雅爾都車根赤倫察達克四宰桑於察罕烏蘇敗之獲牛馬無算初有扎哈沁宰桑庫克新瑪木特者犯卡倫偪追之弗獲達青河誘執之上責其不武令縱之去瑪木特移牧布拉罕託輝不即降道遇通瑪木特被擒繫之諸海克卜特勒薩賴爾詗知之自烏蘭山後掩擒通瑪木特並獲庫克新瑪木特送軍營安置其戶畜於庫卜克爾克勒上嘉之授子爵世襲遷正白旗領侍衛內大臣時定議征達瓦齊命薩賴爾爲定邊右副將軍二十年正月率師偕參贊大臣鄂容安等出西路師行厄魯特降者於途中肆劫上戒鄂容安以己意喻薩賴爾使自斂戢阿睦爾撒納請移牧烏里雅蘇台招輝特部衆上察其意叵測諭薩賴爾令防範並促其進兵薩賴爾等疏報扎哈沁得木齊巴哈曼集以三百餘戶宰桑敦多克以千餘戶來降復遣侍衛瑚集圖招諭達瓦齊同族台吉噶勒藏多爾濟等率台吉諾海奇齊等三十餘人來降詔封爲綽羅斯汗上諭獎薩賴爾解所佩荷包以賜並賜雙眼孔雀翎三月薩賴爾與諸將和起齊努渾自羅克倫督兵赴博羅塔拉與北路班第等軍合疏言招撫倬羅斯台吉袞布扎卜等皆率所屬來降凡四千餘戶葉爾羌哈什哈爾和卓木獻玉盤請降令各回原牧降人請與地耕牧令往吐魯番莽噶里克處受地阿睦爾撒納屬人二百餘及額林哈畢爾噶竊夷八百餘戶令附屬扎哈沁宰桑有牲畜者畀籽種令其耕牧並自羅克倫啓行馳檄達瓦齊曉諭利害上獎其籌畫安協以御用寶石朝珠賜之薩賴爾兵至登努勒台將軍班第等亦至尼楚袞兩軍合達瓦齊居伊犂河西格登不設備五月西路軍自固勒扎渡口越推墨爾里克嶺直抵格登達瓦齊驚遁未幾就擒伊犂平詔封薩賴爾一等超勇公賜寶石頂四團龍服六月軍還徵阿睦爾撒納入覲薩賴爾同班第鄂容安駐守

伊犁留兵五百爲衞七月阿睦爾撒納謀叛逗遛途中班第等屢疏入告薩賴爾亦以爲言上密諭諸臣擒治弗能決阿睦爾撒納遂遁其徒克什木等爲亂班第鄂容安死之薩賴爾更衣降十二月薩賴爾遣使詣巴里坤辦事大臣和起以阿睦爾撒納蹤跡告請發兵往擊和起以聞上命將軍策楞傳諭慰勞賚荷包鼻煙壺俟其至賜之又命理藩院員外郎唐喀祿董其游牧二十一年正月薩賴爾脫出至吐魯番巴里坤參贊大臣達爾黨阿率兵往會薩賴爾疏請罪上命駐特訥格爾仍授定邊右副將軍三月策楞疏言侍衞巴寧阿自伊犁歸言克什木之亂將軍班第等自固勒扎赴崆格斯與之賊甫至薩賴爾欲奔鄂容安曰賊來當戰胡急走薩賴爾答言爾何知遂策馬去衆從之班第等僅餘司員侍衞及衞卒六十人夜賊至班第等遂自殺上命逮薩賴爾入都鞫實以薩賴爾降人貸其死命錮之獄班第等喪還執克什木臧以祭命薩賴爾觀之尋以叛黨漸次就擒釋出獄二十四年授散秩大臣鑲白旗蒙古副都統乾清門行走旋擢內大臣復封一等超勇伯卒圖形紫光閣

論曰國重有世臣然承平久富貴宴安恇不足任使出任軍旅兵未接將已內怯幾何不僨事耶策楞獲擁兵玩寇其病正坐此雅爾哈善文吏其殺降亦以內怯富德族微力戰致通顯有功而不善居卒以遘禍薩賴爾反覆迹甚著獨以降人蒙寬典幸矣

清史稿 列傳一百二

高天喜 鄂實 三格　和起

唐喀祿　阿敏道

滿福　豆斌

端濟布 孟爾本

高天喜甘肅西甯人天喜本準噶爾人雍正中爲我師所俘高氏撫爲子因從其族籍從軍累擢保甯堡守備乾隆二十二年副將軍兆惠擊伊犁天喜從參將邁斯漢赴援遇噶勒雜特賊百餘擊殺之獲其駝馬既聞兆惠被困濟爾哈朗議馳救邁斯漢怯不進巴里坤辦事大臣雅爾哈善以聞上卽奪邁斯漢官以命天喜尋遷金塔協副將再遷西甯鎭總兵授領隊大臣二十三年十月師攻葉爾羌兆惠議出間道襲取賊輜重渡黑水天喜督兵修橋度師未及半賊大至天喜聞兆惠陷賊陣舍橋疾赴之奮與賊戰與鄂實三格特通額俱沒於陳上賦詩惜之諡果義又賜其家白金千鄂實西林覺羅氏滿洲鑲藍旗人大學士鄂爾泰第二子出爲叔父鄂禮後自廕生授三等侍衞累遷本旗副都統左翼前鋒統領兄鄂容安死阿睦爾撒納之亂鄂實請從軍授參贊大臣佐定邊將軍成袞扎布出西路二十二年夏成袞扎布令逐捕扎那噶爾布鄂實以地險馬疲中道引還上手詔詰責曰若謂地險賊何以能行若謂馬疲賊馬何獨能壯健左授藍翎侍衞是冬鄂實逐扎哈沁賊斬一百四十餘級獲牲械上謂今當大雪馬力應疲乏尙能勦賊彼時鄂實爲參贊大臣有事但諉諸將軍茲以負罪乃直前勦賊朕知其隱矣累遷三等侍衞死事上命仍視前鋒統領賜卹諡果壯三格棟鄂氏滿洲正白旗人自諸生授藍翎侍衞累遷黑龍江副都統命將索倫巴爾呼兵三千佐參贊大臣策楞出西路爲領隊大臣策楞以怯懦逮三格亦坐奪官旋復授正白旗蒙古副都統攻呼爾璊台吉賽音伯勒克等再戰掠其牧地予三等輕車都尉世職二十二年春定邊將軍成袞扎布令逐捕扎那噶爾布未得秋師至博羅和羅遇叛黨額林沁達瓦等百餘戶三格與戰會布魯古特台吉琿齊呼爾璊台吉達瓦斬扎那噶爾布僞請降並請招額林沁達瓦三格信之遣引師還琿齊等旋遁去坐奪官並削世職以兵伍自效死事上命仍視副都統賜卹諡剛勇天喜鄂實三格並祀昭忠祠予騎都尉兼雲騎尉世職回部平圖形紫光閣特通額策楞子也附見策楞傳

和起馬佳氏滿洲鑲藍旗人其先世阿音布國初以軍功授拜他喇布勒哈番世職和起襲職授盛京協領累擢甯夏副都統乾隆十九年命與侍衞海蘭將千人佐定西將軍永常討達瓦齊遷甯夏將軍永常劾和起兵不及額而和起先疏言將九百人以往留百人護輜重上得永常疏不之罪也尋又命偕提督豆斌爲巴里坤辦事大臣策楞代永常爲定西將軍復劾和起送兵馬遲誤當奪官留任旋復官授欽差大臣關防召詣京師諸軍事達什達瓦所屬宰桑訥默庫曼集烏達珊們都等在軍私還游牧命和起嚴鞫得實以降人請予寬典上不許命正軍法二十一年十一月輝特台吉巴雅爾叛掠扎哈沁五百餘戶定邊右副將軍兆惠令和起將索倫兵百人往按檄吐魯番伯克莽阿里克等集闢展而噶勒雜特宰桑哈薩克錫喇布魯特台吉尼瑪陰應巴雅爾詭以兵五百會和起望兵至疑之令莽阿里克詗之紿告曰我兵也逾時尼瑪等操戈前莽阿里克自後譟賊衆蠭集和起所將兵僅百人負重創手刃數賊股中槍徒步轉戰至夜力盡和起垂死命索倫侍衞努古德彰全布突圍出以所戴孔雀翎爲識報兆惠遂死之諡武烈追封一等伯以一等子世襲祀賢良昭忠二祠二十三年師還獲尼瑪及其子檻送京師命戮於和起墓前子和隆武自有傳

唐喀祿他塔喇氏蒙古正藍旗人自筆帖式再遷理藩院員外郎乾隆十九年賜副都統銜命赴北路軍董理新降輝特台吉阿睦爾撒納班珠爾等游牧地唐喀祿疏言班珠爾所屬多老稚不能耕虞飢餒上以距耕時尙遠責其瑣屑命撤還扎薩克林不勒多爾濟初命同董理游牧將軍別有指揮唐喀祿疏請留上責其不當左遷理藩院筆帖式尋復授員外郎命送濟隆呼圖克圖自巴林赴伊犁董理定邊右副將軍薩喇爾游牧復賜副都統銜授領隊大臣將駐防扎布堪兵千人從定邊右副將軍哈達哈赴哈薩克逐捕阿睦爾撒納賊衆固爾班和卓遁入烏梁海唐喀祿報哈達哈督兵擒之賜孔雀翎阿睦爾撒納令其徒達瓦藏布入掠唐喀祿令索倫總管鄂博什將五百人禦之降其衆三百尋命屯科布多授理藩院侍郎鑲藍旗蒙古副都統唐喀祿行按諸部輝特降人屯扎克賽每自相劫奪請移屯呼倫貝爾齊齊哈爾諸地喀爾喀俘獲扎哈沁特楞吉特奇爾吉斯烏爾罕濟蘭諸部人萬餘請以扎哈沁人移駐卡倫內特楞吉特奇爾吉斯烏爾罕濟蘭人給東三省兵丁爲奴杜爾伯特游牧請移烏蘭固木上並從其請師出西路擊哈薩克錫喇命唐喀祿屯額爾齊斯爲聲援阿睦爾撒納敗走唐喀祿詗知杜爾伯特貝勒巴圖博羅特台吉阿喇善等潛與相結遣兵攻之殲巴朗山禽阿喇善等並戮烏梁海五十餘戶遂赴塔爾巴哈台逐捕阿睦爾撒納及哈薩克錫喇賜御用荷包鼻煙壺師至塔爾巴哈台糧罄馬乏唐喀祿引師退疏言遵旨撤兵上怒左授藍翎侍衞佐定邊左副將軍納穆扎爾出北路降人和碩齊上擢用至散秩大臣至是令護哈薩克來使入邊上命納穆扎爾遣唐喀祿將二百人迎之阿睦爾撒納竄俄羅斯上命唐喀祿偕和碩齊駐額爾齊斯偵緝二十三年三月土爾扈特舍稜等謀走俄羅斯上命偕和碩齊逐捕四月師次布固圖河獲舍稜弟勞章扎卜勞章扎卜詭爲兄乞降唐喀祿未敢信和碩齊遽縱之還越日舍稜詭約降獻酒和碩齊飲之邀唐喀祿過其營賊譟而起唐喀祿及侍衞富錫爾穆倫保佛爾慶額力戰均遇害和碩齊更衣降事聞賜騎都尉世職祀昭忠祠富錫爾佛爾慶額皆滿洲鑲黃旗人穆倫保滿洲正白旗人皆賜雲騎尉世職

阿敏道圖爾格朔氏蒙古鑲紅旗人世居察哈爾父阿吉斯康熙間討噶爾丹以員外郎從軍中道糧匱兵苦飢阿吉斯言於衆曰我等官兵世受國恩甘斃道路誓竭力前進衆皆諾於是有昭莫多之勝聖祖嘉其能予拖沙喇哈番世職卒阿敏道襲職雍正初累遷二等侍衞九年命將巴里呼兵百人自固爾班察堪赴巴爾坤佐軍又命偕侍讀學士查克丹調喀爾喀兵三千率之往尋復偕護軍統領費雅思哈赴烏爾輝音扎罕練兵乾隆元年準噶爾乞和撤軍阿敏道還京授鑲藍旗察哈爾總管十九年師收烏梁海將察哈爾兵以從加副都統銜二十年遷所獲巴爾沁人等於齊拉罕師定伊犁定北將軍班第奏以阿敏道督臺站是年阿睦爾撒納叛班第陷賊阿巴噶斯哈丹附逆肆掠台站中斷阿敏道輒督兵巡徼使驛遞恒得相續會定西將軍永常自木壘退駐烏爾圖布拉克撤阿敏道還上永奪常官以策楞代將命阿敏道將精騎詣伊犁求班第消息策楞不卽遣上詰責之尋將千人捕阿巴噶斯哈丹賊衆二十一年授鑲藍旗蒙古副都統時回酋布拉呢敦霍集占有異志定邊右副將軍兆惠詗知之阿敏道將索倫兵百厄魯特兵三千赴葉爾羌喀什噶爾慰撫且使致二渠至庫車霍集占在焉閉城拒我師阿敏道斬游騎四十餘闖之城人詭言曰厄魯特吾仇慮爲害撤還卽納降阿敏道遂命厄魯特兵退僅留索倫兵百或慮有變阿敏道曰吾招撫回衆惟期於國有濟何暇他慮遂入爲霍集占所執二十二年上諭諸將檄霍集占送阿敏道還不從謀加害庫車伯克呼岱巴爾以告阿敏道謀脫歸不克死之二等男署察哈爾營總旺扎勒及諸裨將綳科壽金吹扎木蘇七巴克薩拾並索倫兵百人皆從死事平諸有功者圖形

紫光閣阿敏道列後五十功臣加世職爲騎都尉兼一雲騎尉祀昭忠祠旺札勒加雲騎尉糊科等皆予雲騎尉世職

滿福瓜爾佳氏滿洲鑲藍旗人自世管佐領累擢拉林副都統乾隆二十二年遷都統巴里坤命將吉林兵千人屯吐魯番尋授領隊大臣定邊將軍成袞扎布出珠勒都斯令滿福將三百人巡視阿勒輝至烏納哈特十三臺站搜勦瑪哈沁沙拉斯瑪呼斯既降復叛掠臺站上命滿福自阿勒輝往勦又令巴里坤辦事大臣阿里袞帥師與會阿里袞未至滿福師次背色嶺與賊遇擊之賊敗走僞遣人乞降且言賊渠已就縛請除道迎滿福信之行次哈喇和落徑險林密下臨深溝滿福悟爲賊所紿急麾前隊返賊千餘突自林中出圍我師滿福厲聲督兵力戰被創墜溝死之上以滿福雖爲賊所愚然其捐軀命如陣亡例議卹諡武毅祀昭忠祠圖形紫光閣

豆斌陝西固原人初以馬兵入提標累遷肅州鎭標中軍守備雍正間從征準噶爾力戰受創賜白金四百遷川陝督標前營游擊準噶爾犯科舍圖率兵擊走之乾隆初累遷提督自廣東移廣西疏言各營鳥槍舊式大小參差坐臥倚伏不能應手又質薄易熱難收實用請照陝西威字號綠鎗式改製下兩廣總督議行俄調還固原又命以提督銜領湖北宜昌鎭總兵事尋復歷甘肅安西提督命討準噶爾師將標兵出駐巴里坤以輸軍馬後時下吏議旋乞病罷居數月復授安西提督仍令赴巴里坤兆惠帥師攻霍集占於庫車命斌將所部從充領隊大臣徼巡喀克察克闢庫車諸地驛路兆惠被圍黑水斌從副將軍富德自阿克蘇兼程赴援師次呼爾璊霍集占以五千人迎戰我師分兩翼賊據高岡斌率中軍火器進攻賊知我師馬力乏擁衆相偪阿里袞解馬至斌借衆將夾擊脇中創仍力戰賊大敗創甚遂卒諡壯節祀昭忠祠予騎都尉兼雲騎尉上製詩惜之回部平圖形紫光閣孫濤襲世職官至山東登州鎭總兵

端濟布瓜爾佳氏滿洲鑲黃旗人自前鋒累遷頭等侍衞鑲黃旗察哈爾總管乾隆二十二年上命選兵千佐定邊將軍兆惠出西路自朱爾圖斯赴瑪納斯獲得木齊鄂羅斯垂所部三百人馬駝牛羊二千餘扎哈沁頭人巴哈曼集叛走端濟布偕侍衞奎瑪岱追捕至小衞和勒津降所部二百戶又得掠臺站賊札木布師捕治厄魯特頭人噶爾臧多爾濟扎那噶爾布等布魯古特台吉琿齊呼爾璊台吉達瓦斬扎那噶爾布詣端濟布軍請降端濟布遣引師還琿齊達瓦復叛去上慾端濟布惟事姑息命靖逆將軍雅爾哈善按治師至羅克倫孟古圖嶺獲噶爾臧多爾濟宰桑羅卜札尼瑪得木齊敦多克檻送巴里坤上聞命貸端濟布罪扎哈沁得木齊哈勒拜等謀掠臺站參贊大臣哈寧阿檄端濟布往捕至瑪納斯得間諜十餘渡河至美羅托山賊遁收其游牧牲畜師圍庫車端濟布將吉林厄魯特兵以從霍集占將三千人自賽里木來援屯高阜端濟布偕侍衞順德納等奮擊斬二千餘級師攻葉爾羌霍集占築臺城東北端濟布及侍衞諾爾本將右翼後隊攻之賊拒戰復斬二千餘級兆惠被圍於黑水端濟布從定邊左副將軍富德赴援十餘戰至呼爾璊與兆惠軍會賜三等輕車都尉世職授鑲紅旗滿洲副都統師逐賊戰於阿爾楚爾再戰於伊西洱庫爾淖爾端濟布將二百人截賊逃路偵山有賊寨越嶺攻之被創賜號塔什巴圖魯師還圖形紫光閣列前五十功臣卒贈都統諡壯節祀昭忠祠論以端濟布力戰受傷與陣亡者無異也

諾爾本吳機格忒氏滿洲正藍旗人以前鋒從軍富德獲宰桑烏巴什還諾爾本送兆惠軍道遇賊力戰賜號克籌巴圖魯師圍庫車霍集占來援諾爾本偕公袞楚克侍衞齊凌札卜齊努渾等擊賊右翼賊敗走逐之六十餘里至鄂根河口斬獲甚衆賊逃入蘇巴什山復偕齊努渾入山搜戮溫詔嘉焉師攻葉爾羌偕端濟布戰城東敗賊師還命在乾清宮行走賚銀帛賜騎都尉加一雲騎尉世職圖形紫光閣擢頭等侍衞從明瑞征緬甸擊賊被創尋命將兵屯騰越還京擢圍場總管加副都統銜卒

論曰高天喜驍勇善戰與鄂實三格奮鬥破陣死事爲最烈和起等倉卒爲賊陷慷慨授命斌與端濟布以力戰受創得與戰死者同其血食旌勇勵忠當如是也

清史稿

列傳一百三

瑚爾起　愛隆阿 弟巴靈阿
舒明　福祿
齊里克齊　閻相師
伊柱　努三 烏勒登

瑚爾起瓜爾佳氏滿洲鑲藍旗人自筆帖式累遷協領乾隆十三年從征金川遷呼倫貝爾總管二十年從征準噶爾加副都統銜二十一年從參贊大臣達爾黨阿自珠爾都斯逐捕阿睦爾撒納詗知阿睦爾撒納竄哈薩克從定邊左副將軍哈達哈以師臨之哈薩克汗阿布賚拒戰擊敗之斬百餘級得馬二十餘獲其頭人言阿睦爾撒納方在泥雅斯圖山檄阿布賚禽獻杜爾默特貝勒巴圖伯羅特等潛通阿睦爾撒納瑚爾起與戰輝巴朗山執伯羅特盡殲其部衆及阿睦爾撒納所留烏梁海五十餘戶沙喇斯瑪呼斯既降復叛掠臺站而布魯古特台吉琿齊等戕察哈爾總管巴寧阿以叛上命瑚爾起偕鄂實三格副哈寧阿將千人駐濟爾哈朗巴里坤適中地捕琿齊及沙喇斯瑪呼斯部衆瑚爾起偕鄂實追勦札哈沁逃賊又偕副都統巴圖濟爾噶勒自呼斯坦至尼勒喀河偵琿齊等百餘戶遊牧突擊執之尋從師自伊犂逐勦諸回部至善塔斯嶺招降布嚕特頭人圖魯啟拜鄂庫及其部衆搜捕阿里瑪圖河逸賊上以索倫兵從征久召瑚爾起及副都統鄂博什率以還瑚爾起等仍請從軍將軍兆惠攻霍集占於葉爾羌被圍定邊右副將軍富德檄瑚爾起及巴圖濟爾噶勒率索倫兵自伊拉里克赴援以馬駝未至負糧械步行戈壁中上獎諭即授正白旗蒙古副都統師至巴爾楚克兆惠圍已解與富德軍合霍集占之徒阿卜都克勒木等侵和闐攻哈拉哈什侍衞齊凌扎卜請援兆惠令瑚爾起與巴圖濟爾噶勒督兵赴援齊凌扎卜馳告夜行至伊立齊賊聞兵至引退詗知賊騎七百餘屯博爾齊天大霧瑚爾起督兵突擊賊潰走追至皂窪勒河斬百餘級收回人四千餘戶和闐遂平上賦博羅齊行紀事賜瑚爾起雲騎尉世職師自喀喇烏蘇逐捕霍集占至阿爾楚爾賊設伏兩山間我軍張兩翼擊之賊敗走三十里負山而屯瑚爾起等自山麓橫衝入陣師夾擊賊大敗越山遁師從之至伊西洱庫爾淖爾瑚爾起等爲伏東山側擊賊復大敗霍集占竄入巴達克山巴達克山汗素勒坦沙獻霍集占首瑚爾起將索倫兵還賚銀幣圖形紫光閣列前五十功臣瑚爾起疏言呼倫貝爾多水泉可耕請還塔雅沁降回百戶往耕上命瑚爾起以副都統爲呼倫貝爾總管董其事移黑龍江副都統從征緬甸收猛拱猛養諸地卒於軍賜騎都尉併前世職爲一等輕車都尉祀昭忠祠

愛隆阿覺爾察氏滿洲正黃旗人自前鋒侍衞累遷齊齊哈爾副都統乾隆二十一年授領隊大臣赴巴里坤軍營偕參贊大臣富德逐捕巴雅爾至愛登蘇遇阿布賚部衆突出數與戰卻之自巴爾楚克至濟爾哈朗置臺站逐賊沙喇博和什嶺遇都爾伯特納木奇游牧乞降旋遁去愛隆阿追及之殺千餘人納木奇遂納款師至察罕烏蘇收厄魯特宰桑烏魯木游牧百餘戶師屯濟爾哈朗命愛隆阿駐守濟爾哈朗巴里坤適中地尋從靖逆將軍雅爾哈善討霍集占先是愛登蘇之戰侍衞奇徹布戰沒至是愛隆阿上言前擒巴雅爾奪還奇徹布尸富德未及疏列定邊將軍兆惠疏言愛隆阿原報所無事後追論顯爲爭功請嚴議詔原之師圍庫車賊來之援愛隆阿等與戰於戈壁殲賊甚衆霍集占將五千人續至愛隆阿等率吉林及索倫兵千騎逐賊至鄂根河側與戰迫賊入水死者三千餘人拔其纛驛致京師上爲賦回纛行獎其能戰旋從將軍兆惠至葉爾羌與霍集占部衆戰當左翼兆惠被困靖逆將軍納穆札爾赴援愛隆阿將兵截喀什噶爾賊援路徼巡臺站至托罕塔罕遇賊勦殺百餘人上授愛隆阿參贊大臣令與定邊右副將軍富德援兆惠愛隆阿戰呼爾璊再戰葉爾羌河遂與兆惠軍合尋引兵駐烏什兼防喀什噶爾予雲騎尉世職復從富德逐霍集占戰於伊西洱庫爾淖爾徼巡臺站值嗎唬斯賓巴等謀刼察罕烏蘇臺站以兵追襲斬獲殆盡進騎都尉世職師還授正白旗護軍統領兼鑲白旗蒙古副都統圖形紫光閣列前五十功臣再進一等輕車都尉兼一雲騎尉世職授伊犂參贊大臣卒弟巴靈阿自親軍校累遷二等侍衞授察哈爾總管賜坤都爾巴圖名號授領隊大臣博羅齊搜捕厄魯特部衆遇伏戰死賜雲騎尉世職圖形紫光閣列後五十功臣

舒明烏梁海濟勒莫特氏蒙古正黃旗人自二等侍衞累遷都察院左副都御史正黃旗護軍統領命赴北路軍爲諸部降人董理游牧旋授吏部侍郎詗知降人納默庫戕臺站侍衞謀以所部叛馳奏勅參贊大臣阿蘭泰往捕治阿蘭泰請益兵上責其紛擾納默庫就擒上以舒明謀策得宜而阿蘭泰推諉遲誤奪阿蘭泰三等男爵畀舒明舒明在邊諸部降人至者爲之拊循噶雜特宰桑根敦降上授佐領使與丹畢游牧同處都爾伯特台吉伯什阿噶什烏巴什降上授伯什阿噶什親王烏巴什貝子游牧額爾齊斯舒明爲陳請留屯哈達靑吉勒達什達瓦部降編爲三旗移阿爾台其續至者使處扎哈沁舊游牧地賚凌烏巴什巴圖博羅特及達瓦林等部衆貧甚疏請賑上爲發米六百石上聞和托輝特靑滾雜卜將叛命舒明詗之舒明言叛已著命會將軍成袞札布等捕治授參贊大臣成袞札布令將科布多兵二百以往上命侍衞巴寧阿勒泰

將三百人爲舒明佐旋命偕成袞札布駐烏里雅蘇臺授理藩部侍郎再遷綏遠城將軍兼領歸化城都統二十七年卒子雅滿泰襲三等男累遷正白旗蒙古副都統坐事左授頭等侍衞與保泰同充駐藏大臣廓爾喀侵後藏與保泰同得罪荷校被杖復起至頭等侍衞卒

福祿旺察氏蒙古正白旗人自護軍校累遷福建建寧鎭總兵內移正藍旗蒙古副都統外授直隸宣化廣東右翼諸鎭總兵又內移正紅旗漢軍副都統乾隆二十三年授參贊大臣駐烏里雅蘇臺旋命將索倫兵二千人赴巴里坤時定邊左副將軍成袞札布與參贊大臣阿桂會討舍楞福祿請具三月糧自科布多輸送從之至海拉爾與御前侍衞敦察會師進旋佐將軍兆惠討霍集占偕定邊右副將軍富德帥師次呼爾璊霍集占以五千餘人來犯福祿偕領隊大臣永慶率索倫察哈爾兵擊之自巳至申與賊戰十餘次賊潰去進次葉爾羌河岸城賊突圍出富德與福祿等領中軍自右進追賊渡河賊屢敗兆惠自葉爾羌出至阿爾吉什偵鄂斯璊方侵和闐疏請富德福祿帥師策應上命福祿偕策布登札布以兵堵霍集占覘俄羅斯路旋命駐軍和闐予雲騎尉世職遷杭州將軍準噶爾平圖形紫光閣上巡浙江福祿督駐防兵肄武製閱武詩獎之調西安將軍授領侍衞內大臣以老乞休卒

齊里克齊蒙古鑲黃旗人初爲額魯特人以地爲氏乾隆二十年師征準噶爾來降準噶爾平從定邊將軍兆惠擊霍集占戰於霍爾果斯霍集占敗走降頭人闊穆啟拜等授藍翎侍衞護哈薩克使臣詣京師遷三等侍衞復從定邊右副將軍富德擊霍集占至色勒庫爾敵踞山以拒齊里克齊偕前鋒參領喀木齊布督健銳營兵自山陰攀登仰擊霍集占敗遁降所部二千餘人獲軍器駝騾賜布哈巴圖魯勇號師還命在乾清門行走圖形紫光閣再遷頭等侍衞予雲騎尉世職三十二年從將軍明瑞征緬甸遇賊於底麻敗之賜副都統銜召回京再遷鑲黃旗蒙古副都統三十七年師征金川命督健銳營從參贊大臣阿桂出南路授領隊大臣攻美諾克之金川平師還領健銳營嘉慶初教匪起送察哈爾馬如湖北軍事竟卽還上以未請從軍詔詰責奪官削世職尋授鑲黃旗蒙古副都統卒

閻相師字渭陽陝西高臺人入伍累遷安西前營遊擊雅爾哈善謀誅厄魯特降人沙克都爾曼吉天大雪相師將五百人僞爲失道求寄宿其壘夜分鳴笳驟起殺沙克都爾曼吉殲其部衆四千餘人尋偕副將丑達將千人赴魯克察克同額敏和卓逐回酋莽阿里克錄功遷金塔寺營副將屯田吐魯番擢甘肅肅州鎭總兵賜花翎從雅爾哈善討霍集占授領隊大臣圍庫車力戰被創師克阿克蘇以相師駐守巳復隨勦霍集占於葉爾羌授安西提督駐喀什噶爾未幾改甘肅提督移駐庫車上命屯田烏魯木齊凱旋入覲賚銀幣圖形紫光閣引疾罷予食全俸旋卒贈太子太保謚桓肅相師軀幹修偉有至性既貴念親不逮養每食泣下得俸與兄弟不問出入所居鎭夷堡地萬畝爲濬渠灌溉數百家利賴之

伊柱薩克達氏滿洲正白旗人父塔勒馬善雍正間以副都統將歸化城兵從征噶爾丹策凌將軍達爾濟駐伯格爾世宗命塔勒馬善參贊軍務署前軍統領逐賊至額得爾河源駐軍烏里雅蘇臺乾隆初權定邊左副將軍召還師復征準噶爾命赴額爾齊斯屯田二十一年授北路參贊大臣復召還授護軍統領卒伊柱自佐領再遷索倫總管偕副都統濟福侍衞德爾森保赴喀爾喀車臣部捕盜得逋賊二十四年從將軍兆惠討霍集占霍集占之棄葉爾羌走也副將軍富德等逐之至阿爾楚爾賊設伏兩山間師分三隊奮擊伊柱領右翼戰自辰至午賊大潰翼日至巴達克山界伊西洱庫爾淖爾賊據險守師分道進攻樹回纛降賊萬餘伊柱偕巴圖濟爾噶勒等搜山後策應富德遣侍衞齊普闊等諭巴達克山汗使禽霍集占以獻伊柱駐兵卡倫爲聲援瓦罕伯克率所部降尋巴達克山汗素勒坦沙函獻霍集占首回部平伊柱將千人駐喀什噶爾護諸降人屯田伊犂師還上御豐澤園宴勞賜伊柱緞十二白金五百伊柱復出領屯田爲置臺守望疏渠灌溉農隙督佃伐木作屋以居上諭令加意開拓遷鑲藍旗蒙古副都統從將軍明瑞征緬甸擊賊老官屯卒於軍進三等輕車都尉世職

努三瓜爾佳氏吉林滿洲正黃旗人自前鋒再遷頭等侍衞御前行走乾隆十一年四川總督慶復勦下瞻對頭人班滾命努三如慶復軍慶復疏報班滾焚死罷兵張廣泗代慶復言班滾現在慶復坐得罪努三罷御前行走尋授鑲白旗蒙古副都統正藍旗護軍統領十八年師征準噶爾命從湖廣總督永常討軍事旋師駐鄂爾坤準噶爾宰桑瑪木特闌入卡倫授參贊大臣命會將軍成袞札布逐捕努三與參贊大臣薩賴爾護軍統領烏勒登合軍軍不戢雜取牲畜努三獲逃人特赫拜哈都未聞上烏勒登收烏梁海縱逃人巴朗上詰責努三烏勒登下定北將軍班第等按治努三烏勒登自陳收牲畜以自私事始薩賴爾上以薩賴爾新降不知法度責努三等不得以此諉過尋讞上坐失巴朗罪當斬詔錄其前勞恕死留軍仍籍其家旋授藍翎侍衞再遷頭等侍衞命與左都御史何國宗赴伊犂測天度繪地圖送兵詣巴里坤請回京左授藍翎侍衞留巴里坤差遣招撫巴爾達穆特各鄂拓克有勞三遷鑲藍旗護軍統領督巴里坤屯田兆惠被圍黑水努三從定邊左副將軍富德往援至呼爾璊分兩翼擊賊與兆惠軍會賜騎都尉世職師還賜銀幣累遷領侍衞內大臣正藍旗滿洲都統卒諡恪靖烏勒登烏禮蘇氏滿洲正白旗人自前鋒累遷鑲黃旗蒙古副都統護軍統領乾隆十三年從征金川經略大學士傅恒至軍令駐軍馬奈十八年師征準噶爾授參贊大臣駐烏里雅蘇臺扎哈沁宰桑瑪木特等闌入卡倫烏勒登偕喀爾喀副都統策登扎卜將五百人與參贊大臣努三分道捕治參贊大臣薩賴爾收烏梁海烏勒登自索郭克策應俘獲甚衆尋坐縱逃人巴朗並與努三匿所獲烏梁海牲畜罪當斬貸死從軍尋授頭等侍衞命選厄魯特宰桑厄勒錐音等兵赴伊犂討賊加副都統銜授領隊大臣進勦阿巴噶斯哈丹等遊牧阿睦爾撒納竄哈薩克定西將軍策楞遣烏勒登將千人從參贊大臣玉保逐捕玉保中道引還烏勒登師至庫隴癸嶺阿睦爾撒納脫走逮詣京師廷鞫言初聞阿睦爾撒納遁請發兵速追之策楞玉保俱不允後從玉保往復請追擊玉保止發兵五十至庫隴癸嶺僅餘二十人駝復乏阿睦爾撒納於師行日已過嶺竄哈薩克上以其言實貸死授三等侍衞在乾清門行走尋仍遣赴軍定邊將軍兆惠招降布勒特部頭目圖魯啟拜令烏勒登自珠木罕至岡固斯塔老官詔護降人入覲擢頭等侍衞授參贊大臣令捕瑪哈沁並截霍集占逃路尋以捕瑪哈沁不力令在領隊大臣上行走師還累遷鑲黃旗蒙古都統左翼前鋒統卒

論曰從兆惠富德討霍集占有功諸將校若瑚爾起愛隆阿殲敵奪旗見於詠歌厥績懋焉舒明逐叛拊降以勞受爵福祿努三與呼爾璊之役齊里克齊佐色勒庫爾之戰相師助庫車之圍伊柱收伊西洱之降錄功皆居最抑亦其次也

清史稿　列傳一百四

王無黨　吳進義

譚行義（李勳）　樊廷

武進陞（馬負書）　范毓䅿

王無黨直隸萬全人康熙五十一年武進士授藍翎侍衞累遷廣西梧州協副將貴州台拱九股苗爲亂無黨率師討定之擢左江鎭總兵九股苗復爲亂無黨馳抵古州分兵赴八寨督勦經略張廣泗檄無黨分攻台拱大台雄克之平交上等三十餘寨禽其渠巴利會收牛皮大箐乾隆元年署貴州提督從廣泗撫定上下九股諸苗從爲亂者二年眞除疏陳黔省急務請籌積貯築城垣整墩臺塘房禁掠賣人口下部議行定番州屬姑盧寨苗恃險強肆廣泗與無黨遣漢土官兵三千餘分道燬寨搜箐禽其渠老排十餘日而定上褒其妥協四年陛見賜孔雀翎六年移湖廣提督黑崗苗爲亂大學士鄂爾泰以無黨在貴州久熟苗事留使戡定乃上官八年上以湖廣軍政廢弛無黨至官未有所整理下詔詰責十三年坐提標兵救火攘衣物兵部論無黨徇庇當奪官命詣京師引見左授湖南沅州協副將遷雲南楚姚鎭總兵內擢鑾儀使復外授福建漳州鎭總兵遷浙江提督以目疾乞罷卒諡壯愍

吳進義字子恒陝西甯朔人父開圻康熙二十七年一甲三名武進士官至雲南元江副將進義入伍從振武將軍孫思克征噶爾丹劄署守備發江南借補千總累遷江南壽春鎭總兵擢江南提督疏言太湖界江浙漁船姦良難辨請照海洋例巡哨支河小汊飭兩省陸路兵巡查則聲勢聯絡姦宄斂迹有旨嘉獎久之移浙江再移福建復還浙江時有僞爲孫嘉淦疏稿語訐上進義與浙閩總督喀爾吉善以聞上令究所從來語連提督署胥吏喀爾吉善劾進義隱諱命解官聽讞進義力辨未嘗隱諱其幕客證進義已見稿浙江巡撫雅爾哈善論進義當重辟上愍其老命貰罪復以疏稿未得作僞主名合江蘇巡撫莊有恭會鞫有恭疏陳進義實未見稿浙江承審諸吏牽合附會事下軍機大臣覆訊得實上以進義無辜廢斥召來京命以提督銜署直隸宣化鎭總兵未幾

授古北口提督進義請限操演火藥增設河屯協弓兵皆允行二十三年加太子少保二十七年卒年八十四加太子太保謚壯愍進義家世多武功從祖坤貴州永北總兵嘗征四川苗及金川有功坤子閶增自武舉官至浙江溫州總兵

譚行義四川三臺人康熙時以武舉授陝西西寧衞千總雍正初從軍平青海再遷河南城守營參將河東總督田文鏡劾行義送陝西軍馬疲瘦奪官上命來京引見召對稱旨賜編刻上諭貂皮香珠復原官再遷廣東高雷廉總兵總督鄂爾達檄行義將五千人協剿貴州亂苗進擊滾縱高表諸寨經略張廣泗令赴援上江攻烏邊擺巾諸險要地搜牛皮大箐獲其魁歷福建漳州湖南鎭筸諸鎭乾隆四年授廣西提督偕總督討楚粵亂苗宜山縣土蠻恃險劫掠行義與總督馬爾圖署巡撫安圖合游擊楊剛討之破白七邱索二村執其渠斬以徇忻城土縣外八堡有劇盜曰藍明星恃險焚劫行義檄副將畢映捕治明星遁入山搜捕得之有黃順者匿湖北廣東錯壤處謀爲亂貴州人黎阿蘭與相應散旗印將起事行義詗知之督兵攻克賊巢擒斬首從七十餘事乃定柳州兵皆居草舍患火行義請發白金四千貸兵建瓦屋分三年還帑從之又有李彩者糾衆聚遷江石版村謀犯縣城行義旣捕治請城北設汛尋以擅發倉穀貸於兵左授登州鎭總兵十一年遷江南提督十四年移浙江提督十六年再移福建陸路提督十八年卒謚恭慤李勳貴州鎭遠人入伍稍遷守備從征台拱九股生苗廣泗檄同劉羊甲洞里羊色諸地搜牛皮大箐勳亦在行間累遷湖廣提督緬甸亂移雲南提督疏請自普洱馳往孟艮捕治亂渠召散上以其老不勝瘴癘命還普洱勳已至孟艮督總兵劉德成華封等葺堡寨防要隘得召散兄猛養等勳還卒於途加太子太保謚莊毅

樊廷陝西武威人初入伍更姓名王剛從征烏蒙青海西藏積功累遷甘肅肅州鎭總兵自陳復姓名改籍四川潼川縣準噶爾犯科舍圖卡倫盜駝馬其衆二萬餘廷率副將冶大雄等將二千人禦之轉戰七晝夜與總兵張元佐等軍合殺賊無算盡還所盜時提督紀成斌護甯遠大將軍印聞上詔褒廷以寡敵衆忠勇冠軍賜白金萬一等輕車都尉世職授陝西固原提督都督僉事入覲請從軍命從署甯遠大將軍查郎阿出師屯南山副將軍張廣泗偵賊伏烏爾圖水檄廷將千五百人自鹻泉子進剿至哈洮遇賊奪據山梁連敗之逐噶順抵鄂隆吉大坂殺賊四百禽三十六收其糧械乾隆初上從查郎阿請發甘涼諸鎭兵五千人駐哈密置總統提督以授廷廷至軍疏言烏爾克爲極西第一要隘兵出偵諜賴大坂北盧草溝噶順溝東亂山子及烏爾圖水夜輒有火光守隘兵寡請量增又疏言哈密兵在山南烽墩溝諸地牧駝馬請分山北防兵巡護皆用其議在邊二年以病乞罷命還固原治疾遣醫往診尋卒於哈密遺疏論防邊事甚切上深愍之命查郎阿經紀其喪歸葬涼州賜都督同知謚勇毅子經文官至廣東右翼總兵經文子繼祖官湖北副將繼祖子從典請改籍湖北恩施從典子燮官湖南永州鎭總兵同治中坐事褫

武進陞山西甯鄉人其後改籍江南江甯初以張姓入伍稍遷浙江溫州鎭標守備雍正初閩浙總督滿保疏薦引見授三等侍衞屬怡親王允祥尋外授江甯游擊累遷福建陸路提督言閩省不習騎射加意督率弓力漸增馬兵出馬收馬較前改觀高宗諭以如此方不負任使然亦不可欲速尤貴爲之以實要之以久進陞與總督喀爾吉善忤疏言喀爾吉善外似和平心實剛愎令臣密察水師提督張天駿營伍臣辭以水師非所轄督臣正言厲色必令臣密察及察知水師陋規告之督臣督臣置不問反與天駿契合臣察漳州營馬偵總兵馬負書爲督臣舊部巧爲徇私令臣無地自容又疏言喀爾吉善衰憊狀上斥進陞支離狂率喀爾吉善亦劾進陞徇所屬縱兵行竊因左授江南狼山鎭總兵進陞疏謝諭曰汝無他過祇好勝多事故左授示薄懲若不知改或遂委靡一切姑息皆不可也居數月擢江南提督以老罷再起終浙江提督卒年八十餘謚良毅馬負書漢軍鑲黃旗人乾隆元年一甲一名武進士授頭等侍衞累遷福建漳州鎭總兵疏言漳州民好鬭有所謂鬭棍結黨肆行土豪養爲牙爪請嚴治之上下其章喀爾吉善令體察懲治歷瓊州金門臺灣狼山諸鎭署古北口提督疏言兵習陣法無濟實用應於秋冬收穫後擇地成列爲仰攻旁擊勢分合進退以金鼓爲節常月教場演習仍依營制得旨允行授福建陸路提督卒謚昭毅

范毓馪山西介休人范氏故巨富康熙中師征準噶爾輸米餽軍率以百二十金致一石六十年再出師毓馪兄毓䭲請以家財轉餉受運値視官運三之一雍正間師出西北二路怡親王允祥薦毓馪主餽計穀多寡程道路遠近以次受値凡石米自十一兩五錢至二十五兩有差累年運米百餘萬石世宗特賜太僕寺卿銜章服同二品寇犯北路失米十三萬餘石毓馪斥私財補運凡白金百四十四萬師旣罷米轉運近地戶部按近値核銷故所受遠値責毓馪追繳凡白金二百六十二萬復出私財採養市銅供鑄錢以償毓馪以武舉授衞千總以駝佐軍擢守備累遷直隸天津鎭總兵自河南河北移廣東潮州疏請令潮州營兵如河北例兼習長槍短棍連接棍諸藝世宗命與總督鄂彌達提督張溥商榷鄂彌達等上言廣東山海交錯軍械惟鳥槍最宜次則弓箭藤牌挑刀大礮毓馪所議與廣東不甚宜上韙鄂彌達等議仍諭毓馪初至當嘉其肯言嘉應潮陽遇颶海岸決毓馪以聞命加意撫綏乾隆初署廣東提督故事市舶至詣海關納稅或遇風未至所往地中道暫泊亦論稅如例毓馪慮民避壓稅遇風不敢泊致傾覆疏請商舟寄泊非卽地市易不徵稅上命待審察毓馪以憂歸服終授直隸正定鎭總兵湖廣總督阿爾賽請移任苗疆上不允諭以毓馪富家子弟謹愼無過苗疆事重不能勝也上巡五臺毓馪言兄毓䭲子清注具羊千馬十備賞賚上却之尋以老罷卒

論曰提鎭雖專閫然受制於督撫所轄兵散處諸營汛都試肄武廬存其制耳無黨進義皆能勤其官者行義捕盜廷屢從戰皆有勞進陞斷斷不欲曠其職毓馪與其兄出私財助軍興幾傾其家而不悔求諸往史所未有也

阿桂 子阿迪斯 阿必達

阿桂字廣廷章佳氏初爲滿洲正藍旗人以阿桂平回部駐伊犁治事有勞改隸正白旗父大學士阿克敦自有傳阿桂乾隆三年舉人初以父廕授大理寺丞累遷吏部員外郎充軍機處章京十三年從兵部尙書班第參金川軍事訥親張廣泗以無功被罪岳鍾琪劾阿桂結張廣泗訥親逮問十四年上以阿克敦年老無次子治事勤勉阿桂罪與貽誤軍事不同特旨宥之尋復官擢江西按察使召補內閣侍讀學士二十年擢內閣學士時方征準噶爾命阿桂赴烏里雅蘇台督台站逾年父喪還京旋復遣赴軍授參贊大臣命駐科布多授鑲紅旗蒙古副都統二十二年秋授工部侍郎輝特頭人舍楞約降唐喀祿以兵往會爲所襲阿桂率兵策應上嘉之賜花翎上命阿桂與策布登扎布合軍擊舍楞毋使逃入俄羅斯阿桂言得降賊詡舍楞將逃土爾扈特或不達且復回準噶爾邀之中路可禽獻上責其觀望召還京是年準部平復命赴西路與副將軍富德追捕餘賊霍集占叛二十四年命赴霍斯庫魯克從富德進討八月逐賊至阿勒楚爾又至伊西洱庫爾淖爾回衆降霍集占走拔達克山是年回部平上以阿克蘇新附爲回部要地命阿桂駐軍綏撫二十五年移駐伊犁阿桂上言伊犁屯田阿克蘇調兵諸事上嘉其勇往命專司耕作營造務使軍士回民皆樂於從事時西域初定地方萬餘里伏莽尙衆與俄羅斯鄰上詔統兵諸大臣議咸謂沙漠遼遠牲畜凋耗難駐守阿桂疏言守邊以駐兵爲先駐兵以軍食爲要伊犁河以南海努克等處水土沃衍宜屯田請增遣回民墾耕作者往屯增派官兵駐防協同耕種次第建置城邑預籌馬駝置台站運沿邊米赴伊犁簡各省流人嫻工藝者發備任使又奏定山川土穀諸祀典上用其議阿桂造農器督諸屯耕獲歲大豐二十六年疏言伊犁牧羣蕃息請停內地購馬駝增招葉爾羌喀什噶爾阿克蘇烏什回民詣伊犁廣屯田皆稱旨遷授內大臣工部尙書鑲藍旗漢軍都統仍駐伊犁奏塔納斯庫爾喀喇烏蘇晶河三地屯田人授十五畝二十七年疏定約束章程建綏定安遠二城兵居民房次第立一如內地數千里行旅宴然予騎都尉世職召還賜紫禁城騎馬命軍機處行走調正紅旗滿洲都統加太子太保二十九年命署伊犁將軍尋調署四川總督時金川土司郎卡與綽斯甲布等九土司搆釁阿桂巡邊盡得郎卡狡獪怙惡狀並悉其山川形勢入奏是冬召還京三十年上南巡命留京治事烏什回賴黑木圖拉作亂詔馳赴烏什與將軍明瑞攻之賴黑木圖拉中矢死衆伯克復推額色木圖拉抗我師自三月至八月攻城不下明瑞軍其北阿桂軍其南作長圍困之絕其水道賊糧盡內訌沙布勒者擒額色木圖拉以獻烏什平上責其遲延示怯損威部議奪官命留任駐雅爾城旋復奪尙書命還伊犁助明瑞治事阿桂疏請移雅爾城於楚呼楚從之三十二年授伊犁將軍請自楚呼楚至烏爾圖布拉克設三臺以通雅爾下部行緬甸擾邊總督劉藻楊應琚先後得罪去上命明瑞率師討之至猛育糧盡戰沒大學士傅恒自請行三十三年以傅恒爲經略阿桂及阿里袞爲副將軍仍授阿桂兵部尙書雲貴總督三十四年以明德爲總督命阿桂專治軍事阿桂請由銅壁關抵蠻暮伐

木道舟伐緬略至軍進攻老官屯且言軍糧不給上以爲畏怯罷副將軍改授參贊大臣九月舟成傅恒出萬仞關由大金沙江西經猛拱猛養至老官屯阿里袞率舟師循江下阿桂率綠營新舟出江會之先伏兵甘立寨緬人從猛夭來拒寨兵出擊沉三舟舟師譟應之緬人大潰殲其渠遂與西岸軍合老官屯守禦堅軍士多病瘴阿里袞卒於軍復授阿桂副將軍傅恒亦病上命班師而緬酋懵駁亦懲甘立寨之敗遣使議受約束乃召傅恒還命阿桂留辦善後授禮部尚書三十五年兼鑲紅旗漢軍都統命赴騰越待緬人入貢遣都司蘇爾相齎檄至老官屯緬人拘之索還土邦等三土司疏入上命罷尚書都統以內大臣留辦副將軍事三十六年疏請大舉征緬入覲陳機密上手詔詰責命奪官留軍效力是時金川酋郎卡已死其子索諾木及小金川酋澤旺子僧格桑擾邊四川總督阿爾泰征之無功上命阿桂隨副將軍尚書溫福進討十二月署四川提督克巴郎拉達木巴宗各寨三十七年二月克資哩山進克阿喀木雅松潘總兵宋元俊亦復革布什咱兩金川勢日蹙合謀抗我師上命溫福等三路進討阿桂出西路阿喀木雅攻喇卜楚克克之奪普爾瑪寨進逼美美卡澤旺爲子謝罪索諾木亦代僧格桑請還侵地上不許時侍郎桂林代阿爾泰爲總督董領其衆至黑騰溝失利副將薛琮死之阿爾泰劾罷桂林上授阿桂參贊大臣命赴南路接勦僧格宗者小金川門戶也甲爾木山梁爲僧格宗要徑阿桂乘賊怠潛赴黑騰溝夜半大霧襲據之進逼僧格宗寨人毀其碉殲賊無算上授溫福定邊將軍豐昇額阿桂俱授副將軍分道取美諾阿桂克美都喇嘛寺俯瞰美諾僧格桑遁布朗郭宗而溫福亦克西路來會進勦布朗郭宗僧格桑遂奔金川而遁底木達求見父澤旺澤旺不納渡河走金川澤旺降械送京師小金川平於是議討金川金川賊巢二曰噶拉依曰勒烏圍溫福由功噶爾拉阿桂由當噶爾拉合攻噶拉依豐昇額由綽斯甲布徑攻勒烏圍復授禮部尚書三十八年正月朔冒大雪進奪當功噶爾拉諸碉而溫福至木果木索諾木誘降番叛襲軍後斷登春糧道我師潰溫福死之小金川與美諾等相繼陷阿桂悉收降番械毀碉寨分置其人章谷打箭爐斬其桀驁者親殿軍退駐達河事聞上怒甚命發健銳火器兩營黑龍江吉林伊犁額魯特兵五千授阿桂定西將軍明亮豐昇額副將軍舒常參贊大臣整師再出十月攻下資哩用番人木塔爾策分師由中南兩路進潛軍登北山巔遂取美諾明亮等亦克僧格宗來會凡七日小金川平三十九年正月朔阿桂抵布朗郭宗人裹十日糧分三隊進轉戰以前克穆喇穆左右二山贊巴拉克山色依谷山二月克羅博瓦山烏勒圍門戶也賊退守喇穆山部將海蘭察從間道破色淜普寨繞出山後賊退守薩甲山嶺海蘭察奪其峭壁大碉諸寨奪氣同時下乘勝臨遜克爾宗僧格桑死於金川金川酋獻其尸而死守遜克爾宗十月阿桂用策先克默格爾山及凱立葉於是日爾巴當噶諸碉反在我師後遂悉平之賊退守康薩爾山時豐伸額出北路師至凱立葉望見烽火以師來會而明亮出南路阻於庚額山阿桂命移軍冒雨破宜喜與明亮軍隔河相望十一月克格魯克古丫口金川東北之賊殆盡四十年正月克康薩爾山梁二月克沿河斯莫思達寨四月克木思工噶克丫口五月克下巴木通及勒吉爾博山梁進據得式梯復克噶爾丹寺噶郎噶等寨進攻巴占屢攻不下分兵從舍圖枉卡繞擊牽賊勢七月克昆色爾及果克多山進克拉枯寺箐則大海山梁旋克章噶八月克隆斯得寨遂克烏勒圍捷聞上遣阿桂子阿必達齎紅寶石頂賜之九月克當噶克底諸寨十月克達噶木十一月克西里山雅瑪朋寨十二月克薩爾歪諸寨進據噶古四十一年正月克瑪爾古當噶碉寨五百餘遂圍噶拉依索諾木母先赴河西集餘衆大兵合圍與其子絕遂降阿桂令作書招索諾木而其頭目降者相繼索諾木乃率衆降金川平安置降番設副將同知分駐其地詔封一等誠謀英勇公進協辦大學士吏部尚書軍機處行走四年班師上幸良鄉城南行郊勞禮賜御用鞍馬還京獻俘御紫光閣行飲至禮賜紫韁四開禊袍初阿桂去雲南緬甸遣使議入貢械送京師下獄至是誅索諾木母子頭人上命釋緬使令觀譯告以故縱之歸冀以威武風動之四十二年署雲貴總督圖思德奏懵駁已死子贅角牙立輸誠納貢願歸中國人請開關通市上以事重當有重臣相度受成命阿桂往滇五月授武英殿大學士管理戶部兼正紅旗滿洲都統緬甸使不至遣蘇爾相等歸遂召阿桂還未幾緬甸內亂又十餘年國王孟隕具表祝上八旬聖壽定十年一貢南徼始安四十四年河決儀封蘭陽奉命往按阿桂合開郭家莊引河築攔黃壩又於下流王家莊築順黃壩蓄水勢逼溜直入引河四十五年三月隄工蕆還京兼翰林院掌院學士旋命勘浙江海塘築魚鱗石塘柴塘及范公塘四十六年工成命順道勘清江陶莊河道高堰石工甘肅撒拉爾新教蘇四十三與老教仇殺戕官吏總督勒爾謹捕教首馬明心下獄同教回民二千餘夜濟洮河犯蘭州噪索明心布政使王廷贊誅明心賊愈熾上命阿桂視師時阿桂猶在工命和珅往督戰失利賊據龍尾華林諸山道險隘阿桂至設圍絕其水道進攻之賊大潰殲蘇四十三餘黨奔華林寺焚之無一降者甘肅冒賑事發命按治盡得大小官吏舞弊分賕狀讞定疏請增設倉廒儲糧石以濟民食秋河決河南青龍岡命自甘肅赴河南會河道總督李奉翰督塞河故事河決當決處兩端築壩漸近漸合謂之合龍十二月兩壩將合副將李榮吉謂水勢盛宜緩阿桂督之急既合屬吏入賀榮吉獨不至召之則對使者曰爲榮吉謝相公壩不可恃不敢離也越二日果復決阿桂馳視榮吉已隨水懸千金賞救之起解御賜黑狐端罩覆之因上疏自劾請別簡大臣董其役上詔答略曰近年諸臣中能勝治河任者舍阿桂豈復有人惟當安心鎮靜別求善策四十七年奏請於下游疏引河上游築大隄並於北岸建壩逼溜南趨四十八年工始竟詣熱河行在復命仍赴工次審定章程浙江布政使盛住疏論總督陳輝祖籍王亶望家有所私命阿桂如浙江按治還又命勘江南黃河水道又命勘河南蘭陽十二堡隄工並於戴村建閘四十九年甘肅鹽茶廳回民張阿渾據石峯堡以叛上遣福康安海蘭察等討之復命阿桂視師兩月餘破堡戮張阿渾等加一等輕車都尉世職又命督河南睢州隄工五十年與千叟宴阿桂領班又命勘河南睢州河工並察洪澤湖清江形勢五十一年又命勘清江堤工並如浙江按倉庫虧缺勘海塘又命勘江南桃源安東河決再如浙江按治平陽知縣黃梅貪黷論如律五十二年又命督塞睢州十三堡河決時臺灣民林爽文叛上命福康安討之諮阿桂軍事阿桂疏論師當扼要害分道並進先通諸羅道廓清後路康自大甲溪進兵諭曰所見與朕略同已諭福康安奉方略睢州工竟又命勘江南臨湖甎石隄工五十三年又命按湖北荊州水災請疏窖金洲以導水修萬城隄以護城五十四年命再勘荊州隄工嘉慶元年高宗內禪阿桂奉冊寶再與千叟宴仍領班於是阿桂年八十矣疏辭領兵部二年八月卒仁宗臨其喪贈太保祀賢良祠諡文成阿桂屢將大軍知人善任使諸將有戰績獎以數語或賚酒食其人輒感激效死終其身臨敵夜對酒深念得策輒持酒以起曰必有所號令方溫福敗受命代將一日日欲暮率十數騎升高阜覘賊賊望見旛騎數百環阜上阿桂令從騎皆下馬解衣裂懸林木乃合上馬徐下阜賊迫阜從落日中覘旌幟疑我師衆方遣騎出偵阿桂已還軍矣師薄噶拉依索諾木約以明日降城柵盡毀日暮諸將請阿桂謂今日必生致索諾木不然慮有他阿桂不答入帳臥明日索諾木自縛詣帳下阿桂謂諸將曰諸君昨日語甚慮索諾木他竄或且死我已得險要竄安之且能死豈至今日故吾以爲無慮諸將皆謝服及執政尤識大體康熙中諸行省提鎮以次佔有空名坐糧雍正八年著爲例乾隆四十七年詔補實額別給養廉阿桂疏言國家經費驟加不覺其多歲支則難爲繼此新增之餉歲近三百萬二十餘年即需七千萬請除邊省外無庸概增上不從是時帑藏盈溢其後漸至虛匱此其一端也乾隆末和珅勢漸張阿桂遇之不稍假借不與同直廬朝夕入直必離立數十武和珅就與語漫應之終不移一步阿桂內念位將相受恩遇無與比乃坐視其亂政徒以高宗春秋高不敢遽言遂未竟其志高宗圖功臣於紫光閣前後凡四舉列於前者親爲之贊定伊犁回部五十人大學士傅恒將軍兆惠班第納木扎爾副將軍策布登扎布富德薩拉爾大學士總督黃廷桂參贊大臣親王色布騰巴爾珠爾貝子扎拉豐阿郡王羅卜藏多爾濟額敏和卓尚書舒赫德阿里袞總督鄂容安侍郎明瑞阿桂三泰鄂實領隊大臣內大臣博爾奔察提督豆斌高天喜副都統端濟布護軍統領愛隆阿前鋒統領瑪瑺副都統巴圖濟爾噶爾散秩大臣齊凌扎布噶布舒郡王霍集斯貝子鄂對內大臣鄂齊爾散秩大臣阿玉錫達什策凌副都統鄂博什溫布由屯三格侍衛奇徹布老格達克塔納薩穆坦瑺綽爾圖塔瑪鼐富錫爾海蘭察富紹扎奇圖阿爾丹察五十保定金川五十人將軍阿桂副將軍豐昇額明亮大學士舒赫德于敏中尚書福隆安參贊大臣親王色布騰巴爾珠爾都統海蘭察護軍統領額森特舒常領隊大臣都統奎林和隆武福康安副都統普爾普荊州將軍興兆參贊大臣提督哈國興領隊大臣提督馬彪馬全書麟副都統三保烏什哈達瑚尼爾圖珠爾格德阿爾都阿爾薩朗舒亮科瑪伊蘭保佛倫泰富興德赫布恭喀察總兵海祿敖成官達色成德欽保曹順保寧特成額烏爾納總兵敦柱侍衛額爾特托爾托保泰斐英阿柏凌達蘭泰薩爾吉岱佐領特爾惇激副將興奎定臺灣二十人大學士阿桂和珅王杰協辦大學士福康安領侍衛內大臣海蘭察尚書福長安董誥總督李侍堯孫士毅巡撫徐嗣曾成都將軍鄂輝護軍統領舒亮普爾普提督蔡攀龍梁朝桂許世亨總兵穆克登阿張芝元普吉保散秩大臣穆塔爾定廓爾喀十五人大學士福康安阿桂和珅王杰孫士毅領侍衛內

大臣海蘭察尚書福長安董誥慶桂和琳總督惠齡護軍統領台斐英阿額勒登保副都統阿滿泰成德功稍次者列於後儒臣爲之贊惟阿桂與海蘭察四次告前列阿桂定金川元功定臺灣首輔皆第一定廓爾喀以爵復第一讓於福康安道光三年二月宣宗命配饗太廟子阿迪斯阿必達阿迪斯初以三等侍衞坐阿桂征緬甸無功奪職發遣廣西右江鎭逾年赦復官累遷兵部侍郎襲一等公復累遷成都將軍以川西盜發逮問發遣伊犂赦歸卒阿必達初名阿彌達高宗命更名阿桂得罪奪藍翎侍衞發遣廣東雷瓊鎭赦歸復官擢二等侍衞命赴西寗祭告河神探黃河眞源上命輯入河源紀略累遷工部侍郎卒阿必達子那彥寶官至成都將軍那彥成自有傳

論曰將者國之輔智信仁勇合謀策羣力治而用之是之謂大將由是道也佐天子辨章國政豈有二術哉乾隆間國軍屢出熊羆之士因事而有功然開誠布公謀定而後動負士民司命之重固無如阿桂者還領樞密決疑定計瞻言百里非同時諸大臣所能及豈不偉歟

清史稿　　列傳一百六

于敏中　和珅 弟和琳 蘇凌阿

于敏中字叔子江蘇金壇人乾隆三年一甲一名進士授翰林院修撰以文翰受高宗知直懋勤殿敕書華嚴楞嚴兩經累遷侍講典山西鄉試督山東浙江學政十五年直上書房累遷內閣學士十八年復督山東學政擢兵部侍郎二十一年丁本生父憂歸宗持服逾年起署刑部侍郎二十三年嗣父枋歿回籍治喪未幾丁本生母憂未以上聞御史朱嵇疏劾敏中兩次親喪蒙混爲一恝然赴官並言部臣與疆臣異不宜奪情任事詔原之尋實授調戶部管錢法堂事二十五年命爲軍機大臣敏中敏捷過人承旨得上意三十年擢戶部尚書子齊賢鄉試未中式詔以敏中久直內廷僅一子年已及壯加恩依尚書品級予蔭生又以敏中正室前卒特封其妾張爲淑人三十三年加太子太保三十六年協辦大學士三十八年晉文華殿大學士兼戶部尚書如故時下詔徵遺書安徽學政朱筠請開局搜輯永樂大典中古書大學士劉統勳謂非政要欲寢其議敏中善筠奏與統勳力爭於是特開四庫全書館命敏中爲正總裁主其事又充國史館三通館正總裁屢典會試命爲上書房總師傅兼翰林院掌院學士敏中爲軍機大臣久頗接外吏通聲氣三十九年內監高雲從漏洩硃批道府記載下廷臣鞫治雲從言敏中嘗向詢問記載及雲從買地涉訟嘗乞敏中屬託府尹蔣賜棨上面詰敏中引罪詔切責之曰內廷諸臣與內監交涉一言及私卽當據實奏聞朕方嘉其持正重治若輩之罪豈肯轉咎奏參者于敏中侍朕左右有年豈尙不知朕而爲此隱忍耶于敏中日蒙召對朕何所不言何至轉向內監探詢消息自川省用兵以來敏中承旨有勞大功告竣朕欲如張廷玉例領以世職今事垂成敏中乃有此事是其福澤有限不能受朕深恩寗不痛自愧悔免其治罪嚴加議處部議革職詔從寬留任四十一年金川平詔嘉其勞勩過失可原仍列功臣給一等輕車都尉世襲罔替四十四年病喘遣醫視賜人蔘卒優詔賜䘏祭葬如例祀賢良祠諡文襄子齊賢前卒孫德裕襲世職以主事用敏中從姪時和攤其貲回籍德裕訟之江蘇巡撫吳壇察治罪時和戍伊犂所侵奪者還德裕三萬兩餘充金壇開河用蘇松糧道章攀桂爲敏中營造花園事覺褫攀桂職敏中受地方官逢迎以已卒置不論旣而浙江巡撫王亶望以貪敗上追咎敏中五十一年詔曰朕幾餘詠物有嘉靖年間器皿念及嚴嵩專權煬蔽以致國是日非朝多稗政取閱嚴嵩傳見其賄賂公行生死予奪潛竊威柄實爲前明奸佞之尤本朝家法相承紀綱整肅太阿從不下移本無大臣專權之事原任大學士于敏中因任用日久恩眷稍優無識之徒心存依附敏中亦遂時相招引潛受苞苴其時軍機大臣中無老成更事之人福康安年輕未能歷練以致敏中聲勢略張究之亦止侍直承旨不特非前朝嚴嵩可比並不能如康熙年間明珠徐乾學高士奇等卽寵眷亦尙不及鄂爾泰張廷玉安能於朕前竊弄威福淆亂是非耶朕因其宣力年久身故仍加恩飾終準入賢良祠迨四十二年甘肅捐監折收之事敗露王亶望等侵欺貪黷罪不容誅因憶此事前經舒赫德奏請停止于敏中於朕前力言甘肅捐監應開部中免撥解之煩閭閻有糶販之利一舉兩得是以準行詎知勒爾謹爲王亶望所愚通同一氣肥橐殃民非于敏中爲之主持勒爾謹豈敢遽行奏請王亶望豈敢肆無忌憚于敏中擁有厚貲必出王亶望等賄求酬謝使于敏中尙在朕必嚴加懲治今不將其子孫治罪已爲從寬賢良祠爲國家風勵有位盛典豈可以不慎廉隅之人濫行列入朕久有此心因覽嚴嵩傳觸動鑑戒恐無知之人將以明世宗比朕朕不受也于敏中著撤出賢良祠以昭儆戒六十年國史館進呈敏中列傳詔曰于敏中簡任綸扉不自檢束旣向官寺交接復與外省官吏夤緣舞弊卽此二節實屬辜恩非大臣所應有若仍合濫邀世職何以示懲其孫于德裕見官直隸知府已屬格外恩施所襲輕車都尉世職卽撤革以爲大臣營私玷職者戒

和珅字致齋鈕祜祿氏滿洲正紅旗人少貧無籍爲文生員乾隆三十四年承襲三等輕車都尉尋授三等侍衞挑補黏竿處四十年直乾清門擢御前侍衞兼副都統次年遂授戶部侍郎命爲軍機大臣兼內務府大臣騎駁儲用又兼步軍統領充崇文門稅務監督總理行營事務四十五年命偕侍郎喀寧阿往雲南按總督李侍堯貪私事侍堯號才臣帝所倚任和珅至鞫其僕得侍堯婪索狀論重辟奏雲南吏治廢弛府州縣多虧帑亟宜清釐上欲用和珅爲總督嫌於事出所按劾乃以福康安代之命回京未至擢戶部尚書議政大臣及復命面陳雲南鹽務錢法邊事多稱上意並允行授御前大臣兼都統賜婚其子豐紳殷德爲和孝公主額駙待年行婚禮又授領侍衞內大臣充四庫全書館正總裁兼理藩院尚書事寵任冠朝列矣四十六年甘肅撒拉爾番回蘇四十三等叛過蘭州額駙拉爾旺濟領侍衞內大臣海蘭察護軍額森特等率兵討之命和珅爲欽差大臣偕大學士阿桂往督師阿桂有疾促和珅兼程先進至則海蘭察等已擊賊勝之卽督諸將分四路進兵海蘭察逼賊山梁殲其伏賊掘溝坎深數丈並斷小道不能度總兵圖欽保陣亡後數日阿桂至和珅委過諸將不聽調遣阿桂曰是宜誅明日同部署戰事阿桂所指揮轍應如響乃曰諸將殊不見其慢當誰誅和珅恚甚上微察之詔斥和珅匿圖欽保死事不上聞赴師遲延而劾海蘭察額森特先戰顚倒是非又謂自阿桂至軍措置始有條理一人足辦賊和珅在軍事不歸一海蘭察等久隨阿桂易節制命和珅速回京和珅用是銜阿桂終身與之齟齬尋兼署兵部尚書管理戶部三庫四十七年御史錢灃劾山東巡撫國泰布政使于易簡貪縱營私命和珅偕都御史劉墉按鞫灃從往和珅陰袒國泰旣至盤庫令抽視銀數十封無闕卽起還行館灃請封庫明日盡發視庫銀得借市銀充抵狀國泰等罪皆鞫實命加恩中外大臣加太子太保充經筵講官四十八年賜雙眼花翎充國史館正總裁文淵閣提舉閣事清字經館總裁甘肅石峯堡回匪平以承旨論功再予輕車都尉世職併前職授一等男爵調吏部尚書協辦大學士管理戶部如故五十一年御史曹錫寶劾和珅家奴劉全奢僭造屋踰制帝察其欲劾和珅不敢明言故以家人爲由命王大臣會同都察院傳問錫寶使直陳和珅私弊卒不能指實和珅亦預使劉全毀屋更造察勘不得直錫寶因獲譴踰月授和珅文華殿大學士詔以其管崇文門監督已閱八年大學士不宜兼權務且錫寶劾其家人未必不因此遂罷其監督部員湛露擢廣信州府上見其年幼不勝方面斥和珅濫保又兩廣總督富勒渾縱容家人婪索和珅請調回富勒渾不興大獄京師米貴和珅請禁囤積逾五十石者交廠減糶商民以爲不便廷臣遂就原議上並切責之五十三年以臺灣逆匪林爽文平晉封三等忠襄伯賜紫韁五十五年賜黃帶四開衩袍上八旬萬壽命和珅偕尚書金簡專司慶典事內閣學士尹壯圖疏論各省庫藏空虛上爲動色和珅請卽命壯圖往勘各省庫以侍郎慶成監之慶成每至一省輒縶肘待挪移旣足然後啓權迄無虧絀壯圖以妄言坐黜五十六年刻石經於辟雍命爲正總裁時總裁八人尚書彭元瑞獨任校勘敕編石經考文提要事竣元瑞被優賚和珅嫉之毀元瑞所編不善且言非天子不考文上曰書爲御定何得目爲私書耶和珅乃使人撰考文提要舉正以攻之冒爲己作進上嘗提要不便士子請銷毀上不許館臣疏請頒行爲和珅所阻中止復私使人磨碑字凡從古者盡改之五十七年廓爾喀平予議敍兼翰林院掌院學士六十年充殿試讀卷官教習庶吉士時朝審停勾情重者請旨裁定和珅管理藩院於蒙古重獄置未奏錯級留任又廷試武舉發策上命檢實錄故事實錄不載武試策問和珅率對不以實詔斥護過飾非革職留任先是京察屢激議敍是年特停罷之嘉慶二年調管刑部尋以軍需報銷仍兼管戶部三年教匪王三槐就擒以襄贊功晉公爵和珅柄政久善伺高宗意因以弄竊作威福不附己者伺隙激上怒陷之納賄者則爲周旋或故緩其事以俟上怒之霽大僚恃爲奧援劍削其下以供所欲鹽政河工素利藪以徵求無厭日益敝川楚匪亂因激變而起將師多倚和珅糜餉奢侈久無功阿桂以勳臣爲首輔素不相能被其梗軋入直治事不與同止直廬阿桂卒益無顧忌於軍機寄諭獨署己銜同列嵇璜年老以譏數被斥責王杰持正恆與忤亦不能制朱珪傅爲仁宗傅在兩廣總督任高宗欲召爲大學士和珅忌其進用密取仁宗賀詩白高宗指爲市恩高宗大怒賴董誥諫免尋以他事降珪安徽巡撫不得內召言官惟錢灃劾其黨國泰得直後論和珅與阿桂入直不同止直廬奉命監察以勞瘁死曹錫寶尹壯圖皆獲譴無敢昌言其罪者高宗雖遇事裁抑和珅巧彌縫不悛益恣仁宗自在潛邸知其姦及卽位以高宗

春秋高不欲遽發仍優容之四年正月高宗崩給事中王念孫首劾其不法曰仁宗卽以宣遺詔日傳旨逮治命王大臣會鞫俱得實詔宣布和珅罪狀略曰朕於乾隆六十年九月初三日蒙皇考冊封皇太子尚未宣布和珅於初二日在朕前先遞如意以擁戴自居大罪一騎馬直進圓明園左門過正大光明殿至壽山口大罪二乘椅轎入大內肩輿直入神武門大罪三取出宮女子爲次妻大罪四於各路軍報任意壓擱有心欺蔽大罪五皇考聖躬不豫和珅毫無憂戚談笑如常大罪六皇考力疾批答章奏字跡間有未真和珅輒謂不如撕去另擬大罪七兼管戶部報銷竟將戶部事務一人把持變更成例不許部臣參議大罪八上年奎舒奏循化貴德二廳賊番肆劫青海和珅駮回原摺隱匿不辦大罪九皇考升遐後朕諭蒙古王公未出痘者不必來京和珅擅令已未出痘者俱不必來大罪十大學士蘇凌阿重聽衰邁因與其弟和琳姻親隱匿不奏侍郎吳省蘭李潢太僕寺卿李光雲在其家教讀保列卿階兼任學政大罪十一軍機處記名人員任意撤去大罪十二所鈔家產楠木房屋僭侈踰制仿照甯壽宮制度園寓點綴與圓明園蓬島瑤臺無異大罪十三薊州墳塋設享殿置隧道居民稱和陵大罪十四所藏珍珠手串二百餘多於大內數倍大珠大於御用冠頂大罪十五寶石頂非所應用乃有數十整塊大寶石不計其數勝於大內大罪十六藏銀衣服數逾千萬大罪十七夾牆藏金二萬六千餘兩私庫藏金六千餘兩地窖埋銀三百餘萬兩大罪十八通州薊州當舖錢店資本十餘萬與民爭利大罪十九家奴劉全家產至二十餘萬幷有大珍珠手串大罪二十內外諸臣疏言和珅罪當以大逆論上猶以和珅嘗任首輔不忍令肆市賜自盡諸劾和珅者比於操莽直隸布政使吳熊光舊直軍機上因其入覲問曰人言和珅有異志有諸熊光曰凡懷不軌者必收人心和珅則滿漢幾無歸附者卽使中懷不軌誰肯從之上曰然則治之得無太急熊光曰不速治其罪無識之徒覬望貲緣別滋事端發之速是義之盡收之速是仁之至上旣誅和珅宣諭廷臣凡爲和珅薦舉及奔走其門者悉不深究勉其悛改咸與自新有言和珅家產尚有隱匿者亦斥不問和珅在位時令奏事者具副本送軍機處呈進方物必先關白擅有準駮遏不令納者悉入私家步軍統領巡捕營在和珅私宅供役者千餘人又令各部以年老平庸之員保送御史至是悉革其弊吏戶兩部成例爲和珅所變更者諸臣奏請次第修正初乾隆中命和珅改入正黃旗及得罪仍隸正紅旗子豐紳殷德尚固倫和孝公主累擢都統兼護軍統領內務府大臣和珅伏法廷臣議奪爵職詔以公主故留襲伯爵尋以籍沒家產正珠朝珠非臣下所應有鞫家人言和珅時於燈下懸掛臨鏡自語仁宗怒褫豐紳殷德伯爵仍予舊職三等輕車都尉嘉慶七年川楚陝教匪平推恩給民公品級授散秩大臣未幾公主府長史奎福訐豐紳殷德演習武藝謀爲不軌欲害公主廷臣會鞫得誣告狀詔以豐紳殷德與公主素和睦所作青蠅賦憂讒畏譏無怨望違悖惟坐國服內侍妾生女罪褫公銜罷職在家閉禁十一年授頭等侍衞擢副都統賜伯爵銜十五年病乞解任賜公爵銜尋卒無子以和琳子豐紳伊綿襲輕車都尉和珅伏法後越十五年國史館以列傳上仁宗以事跡疏略高宗數加譴責闕而未載無以信今傳後褫編修席煜職特詔申戒焉

弟和琳自筆帖式累遷湖廣道御史劾湖北按察使李天培私交糧艘帶運木植鞫得兩廣總督福康安寄書索購狀帝嘉和琳伉直下部議敍由是遂見擢用自吏部給事中超擢內閣學士兼禮部侍郎銜尋授兵部侍郎正藍旗漢軍副都統廓爾喀擾後藏將軍福康安往勦帝命和琳督辦前藏以東臺站烏拉等事尋命與鄂輝更番照料糧餉擢工部尚書疏陳賊酋拉特納巴都爾悔罪狀詔令福康安受降偕和琳妥籌善後未幾授鑲白旗漢軍都統命偕孫士毅惠齡駿辦察木多以西銷算事仍理藏務五十八年予雲騎尉世職五十九年授四川總督六十年貴州苗石柳鄧叛擾正大嗅腦松桃湖南苗吳半生石三保應之圍永綏帝命雲貴總督福康安往勦和琳時方入京至邛州松桃匪已闌入秀山境和琳聞警馳往督參將張志林都司馬瑜擊走之後復敗賊晏農進攻礮木山黃陂通道松桃賞雙眼花翎時福康安已解正大嗅腦松桃圍攻石柳鄧於大塘汛和琳率兵會之遂命參贊軍事克蝦蟇硐烏龍巖降七十餘寨封一等宣勇伯復攻下巖碧山賞上服貂褂又以降吳半生功賞黃帶龍角碉鴨保天星諸寨大捷加太子太保賞元狐端罩嘉慶元年克結石岡廖家冲連峰坳諸隘賞用紫韁福康安卒命和琳督辦軍務時石三保已就獲石柳鄧尚據平隴奪尖雲山礮臺復乾州賞三眼花翎八月進圍平隴卒於軍晉贈一等公諡忠壯賜祭葬命配饗太廟祀昭忠賢良等祠准其家建專祠四年和珅誅廷臣論和琳藉勢邀功上亦追咎其會勦苗匪牽掣福康安師無功命撤出太廟毀專祠奪其子豐紳伊綿公爵改襲三等輕車都尉

蘇凌阿滿洲正白旗人乾隆六年繙譯舉人自內閣中書累遷江西廣饒九南道左遷五十年自吏部員外郎超擢歷兵工戶三部侍郎遷戶部尚書出爲兩江總督嘉慶二年授東閣大學士兼署刑部尚書和珅誅休致守護裕陵卒

論曰高宗英毅大臣有過失不稍假借世傳敏中以高雲從事失上意有疾令休沐遽賜陀羅尼經被遂以不起聞觀罷祠之詔至引嚴嵩爲類傳聞有無未可知矣和珅繼用事值高宗倦勤怙寵貪恣卒以是敗仁宗嘗論唐代宗殺李輔國謂代宗爲太子不爲輔國所讒者幾希及卽帝位正其罪而誅之一獄吏已辦蓋卽爲和珅發也

清史稿　　　列傳一百零七

三寶　　永貴

蔡新 程景伊　　梁國治

英廉　　彭元瑞

紀昀 陸錫熊 陸費墀

三寶伊爾根覺羅氏滿洲正紅旗人乾隆四年繙譯進士授內閣中書襲世管佐領遷內閣侍讀出爲湖北驛鹽道入補戶部郎中師征準噶爾命赴北路董達什達瓦游牧擢直隸布政使二十六年上幸熱河坐蹕路不修命以道銜駐哈密二十九年起四川布政使更湖北湖南貴州諸省三十七年擢山西巡撫明年移浙江四十二年擢湖廣總督閱兵衡州協副將福海沅州協副將洪昌運皆衰老三寶請以福海內授旗員昌運令休致上以偏護滿洲顯分軒輊拒不允四十四年授東閣大學士兼禮部尚書督湖廣如故旋移閩浙總督浙江海塘自老鹽倉以上皆柴塘上南巡諭改築石塘三寶疏言時方大汛未宜更動當於柴塘內下樁築石而以柴塘爲外護會上亦降旨令留柴塘爲重關保障與三寶議合旋命入閣治事巡撫王亶望以贓敗三寶坐未舉劾部議當奪職上命留任尋復命在上書房總師傅上行走四十九年扈蹕熱河以疾還京師卒諡文敬三寶喜讀宋諸儒書大節不苟爲直隸布政使時高宗幸熱河至密雲值大霖雨水盛漲上欲策騎亂流渡三寶諫曰千金之子坐不垂堂今以萬乘輕狎波濤使御騎有失臣等雖萬段何可追悔上曰滿洲舊俗宜親習勞勤顧不可耶三寶復曰上方奉太后乘輿同臨幸卽上渡河安便不識奉太后何所上動容爲之回轡其爲上書房總師傅輯古今儲貳事曰春華日覽授諸皇子論者謂其得師保之體云

永貴字心齋拜都氏滿洲正白旗人父布蘭泰自雲騎尉世職授理藩院員外郎雍正間爲江西巡撫治嚴刻世宗召還京師面詰之對曰臣治事從嚴待上改正俾恩出自上世宗不懌奪職尋復起至古北口提督卒諡慤僖永貴自筆帖式授戶部主事乾隆初累遷郎中出爲湖南辰沅永靖道擢雲南布政使移浙江署巡撫前總督李衞領鹽政發帑收餘鹽名曰帑鹽令武職任緝私其制未善永貴條上八事俾文武互任其責下部議行居三年命真除溫台諸縣旱永貴令知府金洪銓治賑不稱職永貴論劾請休致總督喀爾吉善再劾上爲奪洪銓職御史范廷楷因劾永貴瞻徇上韙其代命寬之永貴請留本省及江蘇漕八十萬借撥江蘇等省米五十五萬又請開事例補倉儲上責其張皇旣又聞永貴陳災狀有所諱飾乃命奪職赴北路軍董理糧餉居二年賜按察使銜署甘肅臨洮道仍赴巴里坤主餉二十一年加副都統銜兼參贊大臣是歲冬厄魯特宰桑達什策凌等爲亂定邊右副將軍兆惠駐伊犂勦賊永貴旣抵巴里坤具以軍事上聞上嘉其奮勉予三等輕車都尉世職令從兆惠自額林沁畢爾罕進兵命署西安巡撫未之任命赴魯克察克屯田二十三年以侍郎銜留軍因授刑部侍郎董屯田烏魯木齊闢展托克三哈喇沙爾昌吉羅克倫皆駐兵營墾秋穫得穀三萬五千八百餘石是時兆惠兵次葉爾羌命永貴駐阿克蘇主餽軍二十四年還至庫車布政使德舒爲嗎哈沁所戕永貴與護軍

統領努三協殲逆衆回部平移倉場侍郎擢左都御史二十六年命赴克什噶爾辦事旋授禮部尚書鑲紅旗漢軍都統仍駐克什噶爾疏請疏溝渠興耕稼議自赫色勒河東南濬渠四十餘里引水入赫色勒布伊材托庫河湍急宜增隄壩鑿山石弱水勢召還京師三十年烏什回人爲亂復命赴哈什哈爾事平移駐烏什三十三年署伊犁將軍移吏部再移禮部坐厄魯特兵盜哈薩克馬轉謫哈薩克辦事大臣巴爾品斷獄未得其實永貴論劾語有所誘飾又以涼州莊浪滿洲兵損馬當償誤扣熱河兵餉召還京師命授左都御史命不得用翎頂旋移禮部尚書得用頂帶仍不得戴翎四十二年命署大學士題孝聖憲皇后神主奉補吏部尚書在阿哥總諳達處行走賜花翎初山東民王倫爲亂給事中李漱芳陳奏饑民釀變坐妄言左授禮部主事及是吏部請以漱芳升授員外郎上責永貴市恩削職奪花翎令以三品頂帶赴烏什辦事詔詰責甚至且言回永貴爲什如不實心任事必在彼處正法先是葉爾羌辦事大臣侍郎高樸役回民採玉違禁取金珠爲諸伯克所訟永貴如葉爾羌訊得實聞上上爲誅高樸手詔嘉永貴持正並謂永貴罪不至貶今命西行適以發高樸之奸潛銷禍萌此天啓朕衷也仍授吏部尚書賜花翎尋授參贊大臣四十四年召還京師授鑲藍旗滿洲都統四十五年協辦大學士四十八年卒諡文勤永貴端謹初直軍機處與阿桂齊名時稱二桂其撫浙江有旗聲子伊江河官至山東巡撫高宗崩伊江河因奏事附書和珅勸節哀和珅已下獄仁宗得其書詔詰責奪職既又追論在山東日佞佛寬盜命戍伊犁尋授藍翎侍衛古城領隊大臣卒

蔡新字次明福建漳浦人贈尚書世遠族子乾隆元年進士選庶吉士授編修入直上書房試御史第一辭授侍講累遷工部侍郎移刑部十八年以母老請歸省賜其母貂緞旋乞終養允之卽家命爲上書房總師傅辭高宗諭之曰非命汝卽來供職待後日耳二十五年上五十壽入京師祝嘏二十六年南巡覲行在母喪終授刑部侍郎三十二年擢工部尚書三十八年移禮部四十五年命以吏部尚書協辦大學士四十六年乞假修墓四十八年還朝拜文華殿大學士兼吏部尚書五十年與千叟宴上臨雍講學新以大學士領國子監講易天行健君子以自強不息賜茶並文綺新操履端謹言行必衷於禮法上眷之厚賦臨雍詩注謂今羣臣孰可當三老五更獨新長朕四歲或可居兄事然恐其局促勿敢當畢上遵對晉元帝語以謝耳新上疏乞致仕語切至上許其歸加太子太師三賦詩以餞既歸上每製文輒以寄新且曰在朝無可與言古文者不可阿好徒稱頌五十五年上八十壽詣京師祝嘏賜宴同樂園賜人葠一斤及歸命歸途所經有司具舟車護行上仍以詩文寄新諭將以驗學詣戒詩毋和韻五十七年重赴鹿鳴宴六十年上御極六十載諭新不必入賀新奏言上九旬萬壽冀再詣闕祝嘏上諭之曰覽奏字字出誠心我君臣共勉之若天恩得符所願實佳話也嘉慶元年新年九十賜額曰綠野恒春佑以諸珍物四年高宗崩奔赴至福州病不能進巡撫汪志伊以聞溫詔止其行是冬卒贈太傅諡文端新學以求仁爲宗以不動心爲要嘗輯先儒操心養心存心求放心諸語曰事心錄直上書房四十二年培養啓迪動必稱儒先高宗以新究心根柢守世遠家法深敬禮之既歸福建督撫坐貪黷虧倉庫得重譴上責新知而不言自比寒蟬無體國公忠之意新上疏請下吏議卒以篤老寬之嘉慶初海盜方肆新子本俊官京師御史宋樹疏言新家書及海盜事不以聞上爲詰本俊本俊言新已具疏令縣員入奏上亦不之責仍諭新毋畏新家居謙愼遇丞尉執禮必恭或問之曰欲使鄉人知位至宰相亦必敬本籍官吏庶心有所不敢犯法者鮮耳著有緝齋詩文集

程景伊字聘三江南武進人乾隆四年進士改庶吉士授編修再遷侍讀學士命在尚書房行走復三遷兵部侍郎景伊致人書言承乏中樞晨夕內廷多曠廢今秋未與木蘭之役稍得專心職業爲上聞責其就逸解尚書房行走歷禮工諸部三十四年擢工部尚書歷刑吏諸部三十八年協辦大學士四十一年上東巡回鑾駐蹕黃新莊景伊與在京王大臣迎駕未召見卽退班命奪職仍留任四十四年授文淵閣大學士四十五年上南巡命景伊留京治事上還京師入對以景伊病後衰弱命安心調理勿勉強行走七月卒諡文恭

梁國治字階平浙江會稽人乾隆十三年一甲一名進士授修撰遷國子監司業充廣東鄉試正考官復命奏對稱旨命以道員發廣東待闕旋除惠嘉潮道移署糧驛道卓異引見擢署左副都御史遷吏部侍郎廣東總督楊廷璋等追論國治署糧驛道時失察家人舞弊讞實奪職起授山西冀甯道三遷湖北巡撫三十三年命署湖廣總督兼荊州將軍時湖北頻歲水旱治賑缺倉穀四十八萬餘石國治議發司庫白金二十萬俟秋穫易穀來歲春夏間出糶石溢銀一錢行之數年倉穀得無缺三十六年移湖南巡撫師征金川治軍械造藥彈費不給國治請以司庫儲備軍興白金十餘萬照一年應扣各糧通行借給仍分三年扣還歸款國治又以出征將弁例軍中陞用本營缺出仍係照常拔補循資按格者轉得坐致陞遷冒敵衝鋒者專待軍營缺出無以鼓勵戎行請嗣後本營缺出與出征將弁一體論陞皆從其請三十八年召還京師命在軍機處行走並直南書房三十九年授戶部右侍郎四十二年遷尚書四十七年加太子少傅四十八年命協辦大學士五十年晉授東閣大學士兼戶部尚書五十一年卒加太子太保諡文定國治父文標官刑部司獄恤囚有惠政國治篤孝友與兄學生兄蚤卒終生不稱壽事嫂如母治事敬愼縝密生平無疾言遽色然不可以私干門下士有求入按察使幕主刑名者戒之曰心術不可不愼其人請改治錢穀則曰刑名不愼不過殺一人所殺必有數且爲人所共知錢穀厲人十倍刑名當時不覺近數十年來遠或數百年流毒至於無窮且未有已卒不許著有敬思堂集

英廉字計六馮氏內務府漢軍鑲黃旗人雍正十年舉人自筆帖式授內務府主事乾隆初命往江南河工學習補淮安府外河同知累遷永定河道河決總督方觀承劾英廉淤溝鑲埽衝陷水上月隄潰不以聞遂誤要工奪職逮治英廉抗辨逾年讞未決觀承請道大臣莅其事上命尚書舒赫德會鞫言英廉申報不以實且未將淤溝先事預防堵築經費當責出私財以償上諭言英廉上官未及兩月淤溝失防咎實在前政然觀承以總督劾屬吏不敢率意入罪讞逾年未定請道大臣莅其事是其心有所警畏亦朕明愼庶政之効仍從其請未幾命在高梁橋迤西稻田廠効力尋復自筆帖式授內務府主事累遷內務府正黃旗護軍統領外授江甯布政使兼織造英廉以父老乞留京師賜二品銜授內務府大臣戶部侍郎三十四年征緬甸師行命與尚書托庸等董其事遷刑部尚書仍兼戶部侍郎正黃旗滿洲都統三十九年侍郎高樸劾左都御史觀保侍郎申保倪承寬吳壇交內監高雲從洩道府記載上問英廉英廉謝不知詔詰責命奪職從寬留任京師商人投呈皇六子有所陳請事下內務府上召內務府諸大臣問收呈者誰也英廉金簡皆謝不知邁拉遜乃言六阿哥收呈上責英廉金簡隱諱下部議命寬之仍註册四十二年協辦大學士移四十四年暫署直隸總督四十五年大學士于敏中卒上以英廉本漢軍協辦有年特授漢大學士漢軍授漢大學士自英廉始尋授東閣大學士仍領戶部四十六年復署直隸總督疏請滿州縣虧帑四十七年加太子太保復署直隸總督直隸災治賑疏請以截存漕米補各倉儲穀又疏請蠲未完耗羨三萬餘兩皆從其請尋以病乞罷命以大學士還京師養痾卒賜白金五千治喪祀賢良祠諡文肅

彭元瑞字芸楣江西南昌人乾隆二十二年進士改庶吉士散館授編修直懋勤殿大考以內直不與遷侍講擢詹事府少詹事直南書房遷侍郎歷工戶兵吏諸部高宗六十壽次聖教序爲讚以進上嘉之上製全韵詩元瑞重次周興嗣千字文爲跋上手詔獎諭稱爲異想逸材賜貂裘硯墨敕撰甯壽宮皇極殿鐘聯稱旨賜以詩辟雍成釋奠講學又繼以耕耤上三大禮賦擢尚書歷禮兵吏三部五十五年上八十壽以歲陽在庚進八庚全韵詩上以庚韵字數奇易首句用韵去一聯末句乃諧律親爲裁定尋加太子少保協辦大學士五十六年以從孫冒入官御史初彭齡論劾左授禮部侍郎命仍直南書房尋復授工部尚書嘉慶四年高宗奉安禮成元瑞撰祝文仁宗嘉其得體加太子太保元瑞子翼蒙官江南鹽巡道坐事免元瑞自劾又坐誤舉編修繆晉下吏議上宥寬之修高宗實錄命充總裁八年以疾乞罷慰留久之乃許命仍領實錄總裁旋卒贈協辦大學士諡文勤元瑞以文學被知遇內廷著錄藏書及書畫鼎彝輯秘殿珠林石渠寶笈西清寶鑑甯壽鑑古天祿琳瑯諸書元瑞無役不與和章獻頌屢荷褒嘉所著有經進藁知聖道齋跋尾諸書高宗實錄成推恩賜祭並祀賢良祠官翼蒙員外郎

紀昀字曉嵐直隸獻縣人乾隆十九年進士改庶吉士散館授編修再遷左春坊左庶子京察授貴州都勻府知府高宗以昀學問優加四品銜留庶子尋擢翰林院侍讀學士前兩淮鹽運使盧見曾得罪昀爲姻家漏言奪職戍烏魯木齊釋還上幸熱河迎鑾密雲試詩以土爾扈特全部歸順爲題稱旨復授編修三十八年開四庫全書館大學士劉統勳舉昀及郎中陸錫熊爲總纂從永樂大典中搜輯散逸盡讀諸行省所進書論次爲提要上之擢侍讀上復命輯簡明書目坐子汝佶積逋被訟下吏議上寬之旋遷翰林院侍讀學士建文淵閣藏書命充直閣事累遷兵部侍郎四庫全書成表上上曰表必出昀手命加賚遷左都御史再遷禮部尚書復爲左都御史畿輔災饑民多就食京師故事五城設飯廠自十月至三月昀疏請自六月中旬始廠日煑米三石十月加煑米

二石仍以三月止從之復遷禮部尚書仍署左都御史疏請鄉會試春秋罷胡安國傳以左傳本事爲文參用公穀從之嘉慶元年移兵部尚書復移左都御史二年復遷禮部尚書疏請婦女遇強暴雖受汙仍量予旌表十年協辦大學士加太子少保卒賜白金五百治喪謚文達昀學問淵通撰四庫全書提要進退百家鉤深摘隱各得其要指始終條理蔚爲巨觀懲明季講學之習宋五子書功令所重不敢顯立異同而於南宋以後諸儒深文詆諆不無門戶出入之見云陸錫熊字健男江蘇上海人乾隆二十六年進士召試授內閣中書累遷刑部郎中與昀同司總纂旋並授翰林院侍讀五遷左副都御史旋以書有譌謬令重爲校正寫官所費責錫熊與昀分任又命詣奉天校正文溯閣藏書卒於奉天陸費墀字丹叔浙江桐鄉人陸費爲複姓墀乾隆三十一年進士改庶吉士授編修充四庫全書館總校用昀錫熊例擢侍讀累遷禮部侍郎書有譌謬上謂昀錫熊墀專司其事而墀咎尤重文瀾文匯文宗三閣書面葉木匣責墀出資裝治仍下吏議奪職旋卒上命籍墀家留千金贍其孥餘充三閣裝治之用

論曰乾隆中年後多以武功致台鼎若三寶永貴國治英廉皆先陟外臺敭歷著聲績國治直樞廷十餘年先後與于敏中和珅未嘗有所阿新元瑞昀起侍從文學負時望新謹厚承世遠之教昀校定四庫書成一代文治尤哉稱其位矣

清史稿

列傳一百八

裘曰修　吳紹詩 子垣 壇

閻循琦 王際華　曹秀先

周煌 子興岱　曹文埴 杜玉林 王士棻

金簡 子縕布

裘曰修字叔度江西新建人乾隆四年進士改庶吉士自編修五遷至侍郎歷兵吏戶諸部胡中藻以賦詩訕上罪殊死事未發曰修漏言於鄉人上詰曰修不敢承遣所與言者質實上謂曰修面欺二十年五月下部議奪職左授右中允十二月擢吏部侍郎二十一年命在軍機處行走師討準噶爾命如巴里坤董軍儲二十二年疏言西陲回民數十部落厄魯特人介其中當策妄阿喇布坦時恣殺掠回民久切齒請敕伯克額敏和卓厄魯特竄入境當擒戮予賞賚勿被煽生疑懼尋還京師河屢決山東河南安徽境積水久不去是歲上南巡往視既返蹕命曰修會山東河南安徽諸巡撫周行積水諸州縣責疏濬之策曰修至安徽偕巡撫高晉疏言安徽宿靈璧虹三州縣頻年被水上承河南虞城夏邑商邱永城四縣積水下注睢河於宿州宿州有睢河虹縣有潼河泗洲與宿遷桃源接壤處有安河皆境內大水與靈璧虹縣諸支港當次第疏濬俾入洪澤湖洪澤以清口爲出路上令去草壩使暢流江南之民仰頌聖明宜令每歲應期開放曰修至河南偕巡撫胡寶瑔疏陳黃河南岸自榮澤以下諸水東入睢東南入淮皆淺阻不能宣洩東境幹河在商邱爲豐樂河在夏邑爲響河在永城爲巴河實即一水次則賈魯河又次則惠濟河渦河皆當疏濬自永城至汝寧府支河當施工者凡十二導積水自支河入於幹河其不能達者或多作溝渠或瀦爲藪澤潢汙野潦有所約束而不爲民害曰修至山東偕巡撫鶴年疏請培館陶臨清濱運河諸州縣民埝官給夫米令實力修補復偕巡撫蔣洲疏言山東當疏濬諸水以兗州爲要曹州次之兗州宜治者九水曹州西南境當濬順隄河東北境當於八里廟建壩俾沙河趙王河水入運賴以節宣曰修諸議皆稱上意命及時修築曰修復至安徽議濬潁州府境與河南連界者六水在府境者四水加疏宿州境睢河並寬留清口壩口門上獎所議甚合機宜還河南諸幹河工竟議續濬商邱遂平上蔡新蔡諸支流凡五水並築諸隄堰調戶部侍郎二十三年諸水畢治御製詩褒之疏言諸行省偏災米豆例免稅但以免稅故稽查繁密欲通商而商反以爲累卻顧不前請如常收稅下九卿議行京師米糶曰修言糶價過減適合商家乘機居積請石減百錢數日後市價稍平以次漸減會天津民訟鹽商牛兆泰兆泰與曰修有連曰修嘗寄書上命不必在軍機處行走二十五年授倉場侍郎二十六年河決楊橋命如河南勘災賑並議疏洩曰修請廣設粥廠饑民便就食量增料價料易集工可速蕆上皆可其奏上遣大學士劉統勳兆惠督塞河曰修勘下游疏言黃水悉入賈魯惠濟二河二河偪不能容爲患滋大宜察隄埝爲河水所從入悉堵禦俾中流不至復決曰修還楊橋疏言河流逼北岸當挽行中道又請培補沁水隄並賑流民得旨嘉允曰修子編修麟卒於京師上念曰修所領事將竟有子喪母老召還京師工竟上製中州治河碑褒曰修及寶瑔不惜工不愛帑不勞民上源下流以次就治旋居母喪歸二十八年上以直隸連年被水曰修服將除召來京督直隸水利署吏部侍郎河渠工畢曰修請迎生母就養上令會高晉籌濬睢河曰修言當厚蓄清水以刷淤泥秋冬水弱南北築壩堵截至四月水漲啓壩分洩上採其議二十九年福建提督黃仕簡疏論總督巡撫得廈門洋行歲餽命曰修偕尚書舒赫德往按並命曰修暫署福建巡撫讞定還京師署倉場侍郎三十年授戶部侍郎三十一年上以江南淮徐諸河隄前令曰修等經營修築爲時已久復命曰修及高恒往勘山東河南毗連處並令巡視曰修等疏言諸水自二十二年大治後歲於農隙疏濬隄岸亦以時培補見無淤墊殘缺報聞遷尚書歷禮工刑三部三十三年丁生母憂歸三十四年召授刑部尚書初江南山東蝗起命曰修捕治是歲畿南蝗復命捕治曰修至武清令順天府尹竇光鼐行求蝗起處上責曰修不親勘左授順天府府尹尋遷工部侍郎三十六年命如滄州勘運河疏請改低壩基殺水勢疏下流引河移捷地閘裁曲就直疏減河使順流逕海上從之遷工部尚書命南書房行走命督濬北運河三十七年又命督濬永定北運諸河疏言治河不外疏築而築不如疏直省近水居民與水爭地水退即占耕升科築埝有司見不及遠以爲糧地自當防護逼水爲隄埝水乃橫決爲災請敕所司淀泊毋得報墾升科橫加隄埝使水有所歸上降旨嚴禁三十八年四月曰修病噎乞歸上以錢陳羣嘗病此以老許其歸今曰修方六十不當如陳羣之引退賜詩慰之屢遣存問御醫視疾旋加太子少傅卒謚文達子行簡自有傳

吳紹詩字二南山東海豐人諸生雍正二年世宗命京官主事以上外官知縣以上舉品行才猷備任使即親戚子弟不必引避時紹詩世父象賢官湖北黃梅知縣遂以紹詩應詔引見分刑部學習十二年授七品小京官乾隆初累遷至郎中外擢甘肅鞏昌知府遷陝西督糧道總督永常劾紹詩採兵米侵帑奪職下巡撫鍾音鞫治紹詩以市米貴賤不齊爲中價具報非侵帑獄聞發軍台効力以母病許贖二十二年高宗南巡紹詩迎蹕起甘州督糧道遷雲南按察使調甘肅按察使就遷布政使疏言寧夏駐防將軍以下官祿應給粟米請改徵諸民應納粟米石者改交粳米七斗上命寧夏駐防官祿如涼州莊浪例改折價又疏鎮番縣柳林湖招墾地請如安西瓜州屯田例升科納賦較前此徵租歲計有盈且民戶世業俾可盡心耕墾下總督楊應琚等議行甘涼諸縣旱紹詩復疏言張掖永昌鎮番碾伯高臺五縣舊無城撫彝廳隆德涇州城已損壞請以時修築使飢民就工授食下巡撫常鈞議行旋以憂歸三十一年服除擢刑部侍郎出爲江西巡撫以南昌九江二衞屯田租過重贛州袁州鉛山三衞所租重而田缺疏請減租下總督高晉詳勘量減上猶產鐵砂民爭取滋事疏請募民淘採募商設廠收鎔爲之條例九江關監督舒善建昌府知府黃肇隆皆以不職爲上聞責紹詩不先事論劾部議奪職命寬之三十四年召爲刑部尚書未上調禮部尚書是歲南昌等縣被水十月紹詩將受代始奏請緩征上諭曰災地收薄小民豈能復事輸將紹詩遷延不問迨至開征將及一月始以一奏塞責見雖傳諭停緩急公者納糧不免拮据疲孱者徒受催科之累此皆紹詩全不知以民事爲重有以誤之也紹詩累經部議降革並從寬留任此則玩視民瘼難復曲貸因命奪職三十五年起刑部郎中三十六年擢侍郎皇太后八十萬壽列香山九老賜以宴賚三十七年調吏部侍郎三十九年乞致仕四十一年上東巡迎蹕加尚書銜卒年七十八謚恭定子垣壇垣自舉人入貲授兵部郎中三十五年特命調刑部三十六年紹詩爲侍郎上以垣本特調命毋迴避三十七年弟壇爲侍郎乃調吏部遷監察御史以憂歸服除補原官遷給事中以弟壇爲巡撫例不爲言官署吏部郎中壇卒復爲給事中五遷爲吏部侍郎四十九年外授廣西巡撫五十年入覲與千叟宴調湖北巡撫江夏等州縣旱疏請緩征平糶募商赴四川買米五十一年卒上賜卹猶獎其實心治災賑也壇二十六年進士授刑部主事再遷郎中三十一年紹詩爲侍郎上以壇治事明敏毋迴避三十二年超授江蘇按察使就遷布政使江甯蘇州兩布政所屬正支官俸兵米壇疏請更定江蘇賦重甲諸行省每遇奏銷款目繁複壇疏請分別總案專案以便察覈皆議行三十七年內擢刑部侍郎三十九年太監高雲從以洩道府記載誅京朝諸臣從問消息者皆奪職壇亦與上謂

不意壇竟至於此念其練習刑名廢棄可惜左授刑部主事遷郎中四十四年授江南河庫道遷江蘇布政使四十五年擢巡撫疏言吳縣舊有公田萬二千五百畝銀漕外歲納租息佐轉漕逋租甚鉅以非正賦遇蠲免不得與請併予豁除災歉隨賦蠲緩又疏言江河險處設救生船五十六今裁存二十八請增募四十分泊京口瓜州金山諸處並從之旋卒紹詩父子明習法律爲高宗所器紹詩兩爲侍郎壇先後在郎署特命毋相避及紹詩移貳吏部以壇繼其後父子相代尤異數乾隆初重修大清律例紹詩充纂修官綱目一卷實所釐定壇復著大清律例通考三十九卷

閻循琦字景韓山東昌樂人乾隆七年進士改庶吉士散館授工部主事三遷廣東道御史仍兼工部行走疏言江南諸行省水災治賑應照戶口秤定銀封主其事者每假手胥吏不能無扣減甚或私用輕戥宜令督撫派專員監封仍令道府以時抽驗貧民以銀易錢買米當禁奸民剝削富家積錢亦應令其散易以平市價上曰循琦所言頗中情弊但若明降諭旨不肖者未必畏憚本無此弊者或轉因此啓其舞弊當抄循琦奏寄諸行省督撫令加意體察又疏言八旗義學教習多不實心督課請歲派大臣會禮部堂官嚴察上爲罷八旗義學令並理各官學大臣盡心教育遷轉吏科掌印給事中三十四年特命兼吏部文選司郎中遷內閣侍讀學士仍兼吏部行走京西門頭溝煤窰歲久淤塞有議他處營採者因緣爲利命循琦會勘謂舊窰產煤本旺鑿溝隧疏積水淤去而煤暢他處有可採當以時招商議上大學士傅恒覆奏如循琦言三十六年超擢工部侍郎會試知貢舉事畢入對上問諸臣知貢舉每有條奏汝獨無何也循琦對科場條例已甚詳備諸臣實力奉行自足不敢毛舉一二端自謂曉事也上曰汝言是凡事皆當如此非獨知貢舉而已三十八年遷工部尙書四十年卒贈太子太保謚恭定王際華字秋瑞浙江錢塘人乾隆十年一甲三名進士授編修十三年大考翰詹擢侍讀學士上書房行走廣東舊設兩學政十五年以侍讀程巖督廣韶學政際華督肇高學政旋用巖議裁併以憂歸服除起原官三遷至侍郎歷工刑兵戶吏諸部在兵部疏言武鄉會試舊例外場挑雙好單好合式三類入內場雙好列東號合式列西號不肖者見列西號知不能倖中紛紛求出即有歸號終日喧嘩請嗣後武鄉會試但挑雙單好毋更挑合式在吏部疏請在京文武官吏議處及各部會議外省文武官吏議處當分別定限皆如所議三十四年遷禮部尙書三十八年加太子少傅調戶部尙書四十一年卒贈太子太保謚文莊官其子朝梧內閣中書官至山東兗沂曹道程巖字巨山江西鉛山人以檢討督廣東肇高學政移督廣韶學政建議裁併即以命巖官至禮部侍郎

曹秀先字恒所江西新建人乾隆元年舉博學鴻詞未試成進士改庶吉士授編修十年遷浙江道御史十七年八月舉恩科會試秀先從子詠祖坐關節誅秀先當奪職上以秀先初不與知但失察命寬之十八年近畿蝗秀先請御製文以祭舉蜡禮州縣募捕蝗毋藉吏胥上曰蝗害稼惟實力捕治此人事所可盡若欲假文辭以期感格如韓愈祭鱷魚鱷魚遠徙與否究亦無稽朕非有泰山北斗之文筆好名無實深所弗取下部議罷蜡禮餘如所請七遷至侍郎歷工戶吏諸部三十九年遷禮部尙書上書房行走命爲總師傅四十六年禮部議四十七年祀祈穀壇日用次辛上曰朕御極來遇正月上辛在初三日前當隔歲齋戒改用次辛其有初四日上辛亦改次辛者以爲聖母皇太后祝釐朕率王公大臣拜賀東朝禮不可闕至明歲正月上辛則非向年可比矣如謂不敢輕易朝正令典亦當備稽往例具奏請旨乃遽行題達何昧昧至此禮部堂官悉下部議秀先當奪職復命寬之四十七年罷上書房總師傅四十九年卒贈太子太傅謚文恪秀先少孤事母胡孝嘗爲吮疽母卒庶母龔爲攜持事如母學於兄茂先事之如嚴師旣貴收宗族賙鄉里水患佐政勤慎廉儉罣吏議數四輒命減免秀先顏其堂曰知恩紀上眷也子師曾自兵部郎中屢遷至侍郎歷禮兵二部嘉慶二十五年以兵部失行在印左授太常寺少卿道光初再遷太常寺卿請修墓歸卒

周煌字景垣四川涪州人乾隆二年進士改庶吉士散館授編修二十年命偕侍講全魁册封琉球國王尙穆尋遷右中允再遷侍講二十二年使還奏上琉球國志略命以武英殿聚珍板印行以從兵在琉球失約束下吏議當奪官上以煌遠使且在姑米山遇風險命寬之仍留任二十三年大考二等開復尋遷左庶子命上書房行走累遷兵部侍郎三十八年五月命如四川按壁山民訟武生勒派十月復命如四川按蓬溪諸生訟縣吏勒派俱鞫虛罪如律四十四年擢工部尙書四十五年調兵部尙書四十六年上幸熱河煌詣行在入對四川多盜號爲嘓嚕子總督文綬疏報遣將吏捕治上以諮煌煌對嘓嚕子所在多有縣輒百十人其渠號棚頭白日刦掠將吏置不問甚且州縣胥役亦爲之大竹縣役子爲盜渠號一隻虎上爲罷文綬調福康安督四川命防護煌所居村四十七年命爲上書房總師傅未逾年以煌不勝總師傅罷之四十九年調左都御史五十年以病乞休詔以兵部尙書加太子少傅致仕尋卒進太子太傅賜祭葬謚文恭子興岱字冠三乾隆三十六年進士改庶吉士散館授編修累遷侍講學士超授內閣學士擢侍郎歷禮吏戶諸部命在南書房行走嘉慶四年祭告川陝嶽瀆川楚教匪亂方急上命興岱經被寇州縣宣諭慰卹並傳詔招撫復以軍中諸將勇怯諮興岱興岱奏臣行次廣元民言總兵朱射斗在高院場戰敗總督魁倫未遣兵應援又不嚴守潼關賊夜掠太和鎮焚殺甚酷行次梓潼賊止擾縣境民紛紛徙避臣在縣督率嚴防駐二日乃行途中宣上指慰諭民言川軍逐賊德楞泰最奮勇且能於臨陣廣布德意解散脅從但賊勢方張一人不能兼顧請敕督兵諸大臣同心協力上奪魁倫官逮詣成都命興岱會勒保按鞫事畢還京師煌嘗兩使四川按事興岱復繼之時以爲榮六年充江西考官坐受餽並索取衣炭命退出南書房左授侍讀學士八年大考以老乞休上從之旋復授編修遷侍講擢內閣學士復再遷左都御史十四年卒

曹文埴字竹虛安徽歙縣人乾隆二十五年二甲一名進士改庶吉士授編修直懋勤殿四遷翰林院侍讀學士命在南書房行走再遷詹事府詹事居父喪歸四十二年詣京師謁孝聖憲皇后梓宮喪終仍在南書房行走授左副都御史遷侍郎歷刑兵工戶諸部兼管順天府府尹軍機章京員外郎海昇毆殺其妻以自縊報其妻弟貴甯爭非是命左都御史紀昀等驗尸仍以自縊具獄貴甯復爭言海昇與大學士阿桂有連驗不實更命文埴與侍郎伊齡阿覆驗得毆殺狀以聞上獎文埴等不徇隱公正得大臣體阿桂以瞢奏及語袒海昇坐罰俸昀下吏議刑部侍郎景祿杜玉林及郎中王士棻等皆遣戍擢文埴戶部尙書復命與伊齡阿如通州督漕政漕船回空較早命議敘五十一年命如浙江察倉庫虧缺旋復命阿桂會文埴董理浙江濱海建石塘外積柴爲障是爲柴塘外又築土爲坡以護是爲坦水巡撫福崧疏請籌歲修命文埴併按文埴言柴塘日受潮汐往來汕刷勢不能無蹈壍今旣爲坦水若不以時補修不足當潮勢而爲石塘之保障得旨如所議文埴還京師上以阿桂及文埴鞫平陽知縣黃梅未得實下部議降二級命寬之五十二年文埴以母老乞歸養兪其請加太子太保御書賜其母五十四年上以明年八十萬壽命文埴母詣京師文埴疏言母健在明年當詣京師祝嘏屆時如未能遠離當自審度上體聖意下順親心諸事皆從實得旨卿能來朕誠喜但毋稍勉強五十五年文埴詣京師祝嘏上賜文埴母大緞貂皮五十六年御試翰詹文埴子編修振鏞列三等上以才可造又爲文埴子擢侍講寄賜文埴御製文勒石拓本六十年以上御極周甲子文埴詣京師賀上復賜文埴母御書文綺貂皮嘉慶三年卒高宗方有疾卹典未行五年仁宗命予卹謚文敏並賜文埴母大緞人參乾隆之季和珅專政嫉阿桂功高位其上海昇妻之獄辭連阿桂和珅妄謂文埴能立異同欲引以爲重文埴特持正故非阿和珅母老決引退恩禮弗替子振鏞自有傳

杜玉林字凝臺江蘇金匱人乾隆十九年進士授刑部主事再遷郎中外授江西南康知府三遷四川布政使四十四年內擢刑部侍郎四十五年命如四川按會理州沙金鳳訴其兄土司金龍佔田獄讞定金鳳復詣京師呈訴覆讞如玉林議分田惟獄情未盡又知州徐士勳嘗劾玉林以同鄉置不問吏議當左遷上授玉林工部侍郎仍領刑部事旋復還刑部迭使湖南北江南讞獄尙書福隆安僕咨殺役夫賂他人自代玉林不能察降三品冠服旋命復本秩五十年坐海昇妻獄戍伊犂明年召還授刑部郎中行至涇州卒玉林善治獄嘗曰刑一成而不變治律例猶善醫貴不泥於方書而察其受病之實不如是無以臨民王士棻字蘭圃陝西華州人乾隆十九年進士改庶吉士授刑部主事再遷郎中和珅爲步軍統領寵其役役占通州車行州民訴刑部士棻爲定讞戍其役黑龍江上詣碧雲寺禮佛訝池涸問其故僧言寺後開煤礦引水別流上怒逮主其事者下刑部則和珅奴也諸曹憚和珅不欲竟其獄士棻復爲定讞上責和珅而誅其奴五十年四月海昇妻之獄刑部侍郎杜玉林坐驗尸不以實當譴上欲以士棻代而士棻亦佐驗上諭曰王士棻在刑部年久前因召對觀其人尙有才方欲量加擢用乃覆驗廻護遂迎阿桂罪無可逭遂與玉林戍伊犂明年召還授刑部員外郎五十二年六月特擢江蘇按察使五十五年高郵州吏以僞印徵賦事發巡撫閔鶚元以下皆坐重譴上以按察使得奏事士棻見巡撫以下互相徇隱置若罔聞士棻本起廢籍尤負恩命奪職總督書麟等請遣戍上許納贖尋復授刑部員外郎五十七年以病乞歸嘉慶元年卒士棻治獄廉公周密每有所平反章邱民辛存義索逋於屠者死於途旁置屠刀

縣吏坐屠殺人士棻奉命詣讞躬訪於村女別得罪人屠乃雪旗丁有兄弟異母而同居者兄鰥弟有婦夜爲人戕母訴長子姦殺士棻詭視長子伏地哭無一語在側指詈者母之姪也士棻審視良久叱其姪曰殺人者汝也姪股栗具伏秦安樊顏氏富而子幼夫弟強之嫁走訴部或餽士棻白金五千士棻拒之卒論如律邳州民有舅訟甥者謂其發母墓罪殊死士棻疑之爲覆讞蓋甥爲前母子舅則後母兄後母惜長子舅誣之曰汝母墓有蛇迹甥與其妻往視舅同叢墓間執詣縣士棻得其情白長子枉士棻嘗曰刑官之弊莫大於成見聽訟有成見強人從我不能盡其情是客氣也斷罪有成見或偏於嚴明因求能折獄名或偏於寬厚自以爲陰德皆私心也高宗知其才屢坐譴終不使廢棄仍俾爲刑官世傳其再起復欲用爲侍郎和珅實尼之云

金簡賜姓金佳氏滿洲正黃旗人初隸內務府漢軍父三保武備院卿金簡乾隆中授內務府筆帖式累遷奏宸院卿三十七年授總管內務府大臣監武英殿刻書充四庫全書副總裁專司考覈督催三十九年授戶部侍郎管錢法堂鑲黃旗漢軍副都統賜孔雀翎四十年奏京局鼓鑄每年七十五卯錢九十二萬七千三百五十千歲餘二萬餘千加以節年餘存遇閏儘可抵放請裁去閏月四卯從之四十三年命纂四庫薈要署工部尚書命赴盛京察平允庫項虧短闕防拉薩禮等治罪如律奏定盛京銀庫章程下部議行四十六年命總理工部四十八年擢工部尚書鑲黃旗漢軍都統四十九年請疏濬蘆溝橋中泓五孔水道並請定三四年疏濬一次五十年與千叟宴四庫全書成議敍命修葺明陵請加築思陵月臺並拓享殿宮門五十六年故安南國王黎維祁聽所屬黃益曉黎光寧等稟請歸國命金簡察治益曉光寧等並發遣五十七年調吏部尚書五十九年卒令皇孫綿懃賜祭葬諡勤恪金簡女弟爲高宗貴妃嘉慶初仁宗命其族改入滿洲賜姓縕布金簡子初授拜唐阿擢藍翎侍衛乾隆四十八年授泰甯鎮總兵六十年召授總管內務府大臣嘉慶二年授鑲紅旗漢軍副都統四年授工部侍郎賜孔雀翎奏請增設內務府養育兵上斥其例外乞恩意在沽名俄以清字摺誤書孝聖憲皇后徽號奪官予四品頂帶留佐領旋復授正紅旗蒙古副都統總管內務府大臣五年授兵部侍郎六年擢工部尚書鑲紅旗漢軍都統九年署戶部尚書十四年卒

論曰曰修奉使治水利澤施於生民紹詩疏律義尚平恕皆有子克承厥緒循琦際華秀先迴翔臺省以篤謹被主知文埴眷尤厚不阿時相潔其身以去皆彬彬乎世令僕才也乾隆之季民窮盜起熚父子言鄉里民間疾苦高宗不以爲忤金簡起戚畹所論鑄錢葺明陵及黎維祁乞歸國並關國故故比而次之

竇光鼐 李漱芳 范宜賓
曹錫寶 謝振定 錢灃
尹壯圖

竇光鼐字元調山東諸城人乾隆七年進士選庶吉士散館授編修大考四等罰俸高宗夙知光鼐居數月擢左中允累遷內閣學士二十年授左副都御史督浙江學政上南巡臨海縣訓導章知鄴將獻詩光鼐以詩拙阻之知鄴欲訐光鼐光鼐以聞上召知鄴試以詩詩甚拙且言願從軍上斥其妄命奪職戍闢展後數年上欲赦知鄴還而知鄴妄爲悖逆語欲以陷光鼐上乃誅之光鼐學政任滿還京師秋讞光鼐以廣西囚陳父悔守田禾殺賊不宜入情實貴州囚羅阿扛退囚殺人不宜入緩決持異議簽商刑部語忿激刑部遽以聞上命大學士來保史貽直協辦大學士梁詩正覆覈請如刑部議且言光鼐先已畫題何得又請改擬上詰光鼐光鼐言兩案異議本屬簽商並非固執因會議時言詞過激刑部遽將簽出未定之稿先行密奏臣未能降心抑氣與刑部婉言咎實難辭請交部嚴加議處上以會讞大典光鼐意氣自用甚至紛呶謾罵而不自知設將來豫議者尤而效之於國憲朝章不可爲訓命下部嚴議當左遷仍命留任光鼐疏言事主殺竊盜律止杖徒近來各省多以竊盜拒捕而被殺比罪人不拒捕而擅殺者以鬥論寬竊盜而嚴事主非禁暴之意應請遵本律議行二十七年上以光鼐迂拙不勝副都御史命署內閣學士授順天府府尹坐屬縣蝗不以時捕左遷四品京堂仍留任旋赴三河懷柔督捕蝗疏言近京州縣多旗地蝻後捕蝗民爲旗地佃當一體撥夫應用上從所請以諭直隸總督楊廷璋廷璋言自方觀承始設護田夫旗民均役上復以詰光鼐召還京師命從軍機大臣入見問民爲旗地佃不肯撥夫應用屬何人莊業光鼐不能對請徵東北二路同知及三河順義知縣質證退又疏請罷護田夫別定派夫捕蝗事例上以光鼐所見迂鄙紕繆下部議奪職居數月諭光鼐但拘鈍無能無大過左授通政司副使再遷宗人府府丞復督浙江學政擢吏部侍郎浙江州縣倉庫多虧缺上命察覈光鼐疏言前總督陳輝祖巡撫王亶望貪墨敗露總督富勒渾未嚴察臣聞嘉興海鹽平陽諸縣虧數皆逾十萬當察覈分別定擬上嘉其持正命尚書曹文埴侍郎姜晟往會巡撫伊齡阿及光鼐察覈旋疏劾永嘉知縣席世維借諸生穀輸倉平陽知縣黃梅假彌虧苛斂且於母死日演劇仙居知縣徐延翰斃臨海諸生馬實於獄並及布政使盛住上年詣京師攜貲過豐召物議總督富勒渾經嘉興供應浩煩餽閽役數至千百上命大學士阿桂如浙江按治阿桂疏言盛住詣京師附攜應解參價銀三萬九千餘非私貲平陽知縣黃梅母九十生日演劇卽以其夕死仙居諸生馬實誣寺僧博復與門毆因下獄死光鼐語皆不讐光鼐再疏論梅事言阿桂遣屬吏詣平陽諮訪未得實躬赴平陽覆察伊齡阿再疏劾光鼐赴平陽刑迫求佐證諸狀上責光鼐乖張瞀亂命奪職逮下刑部光鼐尋奏親赴平陽士民呈梅派捐單票田一畝捐大錢五十又勒捐富戶數至千百貫每歲採買倉穀不予值梅在縣八年所侵穀值及捐錢不下二十萬母死不欲發喪特令演劇上以光鼐呈單票有據時阿桂已還京師令復如浙江秉公按治並命江蘇巡撫閔鶚元會讞以光鼐質証阿桂鶚元疏言梅婪索事實論如律上以光鼐所奏非妄命署光祿寺卿阿桂文埴晟伊齡阿皆下部議旋擢光鼐宗人府府丞遷禮部侍郎復督浙江學政再遷左都御史六十年充會試正考官榜發首歸安王以鋙次王以銜兄弟聯名高第大學士和珅素嫉光鼐言於上謂光鼐迭爲浙江學政事有私上命解任聽部議及廷試和珅爲讀卷官以銜復以第一人及第事乃解命予四品銜休致卒

李漱芳字藝圃四川渠縣人乾隆二十二年進士授吏部主事再遷郎中三十三年授河南道監察御史巡視中城尚書福隆安家奴藍大恃勢縱恣挾無賴酗酒橫行市肆間漱芳捕治論奏高宗深嘉之命戍藍大以福隆安下吏議尋擢工科給事中三十九年壽張民王倫爲亂漱芳疏陳奸民聚衆滋事爲饑寒所迫又言近畿亦有流民扶老攜幼遷徙逃亡有司監蘆溝橋阻不使北行給事中范宜賓亦以爲言請增設粥廠上命侍郎高樸袁守侗率宜賓漱芳往蘆溝橋及近畿諸城鎮省視初無流民倫亂定俘其徒檻致京師廷鞫命漱芳旁視無言爲饑寒迫者問歲事對秋收尙及半上責漱芳妄言代奸民解說心術不可問不宜復居言路爲世道人心害宥罪降禮部主事四十三年禮部請以漱芳升授員外郎故事郎中員外郎員闕選應升授者擬正陪上請至是獨以漱芳請上不懌責尙書永貴擅專邀譽涉明季黨援朋比之習奪其職漱芳久之乃遷員外郎卒范宜賓漢軍鑲黃旗人大學士文程後也以廕生官戶部郎中歷御史給事中累遷太常寺少卿出爲安徽布政使與巡撫胡文伯不相能兩江總督高晉以聞上召宜賓還授左副都御史宜賓奏言屬縣蝗見屢請捕治文伯執不可上爲黜文伯而宜賓亦以捕蝗不力下吏議當左遷上以宜賓舊爲御史尙黽勉命仍爲御史宜賓疏言藩臬有所陳奏輒呈稿督撫嘗禁飭上以整飭吏治要在朝廷綱紀肅清自無扶同蒙蔽之事不在設法峻防寢其議不行及與漱芳同被譴上以宜賓漢軍世僕乃敢妄言干譽特重其罰奪職戍新疆

曹錫寶字鴻書一字劍亭江南上海人乾隆初以舉人考授內閣中書充軍機處章京資深當擢侍讀錫寶辭大學士傅恆知其欲以甲科進乃不爲請遷二十二年成進士改庶吉士以母憂歸病瘍數年乃愈三十一年散館改刑部主事再遷郎中授山東糧道衛千總寗廷言子惠以索逋殺千總張繼渠錫寶下部議上巡山東召見命來京以部屬用以大學士阿桂奏令入四庫全書館自效書成以國子監司業升用居三年上以錫寶補司業無期特授陝西道監察御史時協辦大學士和珅執政其奴劉全恃勢營私衣服馬車居室皆踰制錫寶將論劾侍郎南匯吳省欽與錫寶同鄉里聞其事和珅方從上熱河行在馳以告和珅令全毀其室衣服車馬有踰制皆匿無跡錫寶疏至上詰和珅和珅言平時戒約嚴或扈從日久漸生事乞嚴察重懲乃命留京辦事王大臣召錫寶問狀又令步軍統領遣官從錫寶至全家察視無跡錫寶自承冒昧上召錫寶詣行在面詰錫寶奏全倚勢營私未有實蹟第爲和珅杜漸防微乃有此奏復諭軍機大臣大學士梁國治等覆詢錫寶又承杜漸防微語失當請治罪下

部議當左遷上手詔略言平時用人行政不肯存逆詐億不信之見若委用臣工不能推誠布公而猜疑防範據一時無根之談遽入人以罪使天下重足而立側目而視斷無此政體錫寶未察虛實以書生拘迂之見託爲正言陳奏姑寬其罰改革職留任五十七年卒仁宗親政誅和珅並籍全家乃追思錫寶直言諭曰故御史曹錫寶嘗劾和珅奴劉全倚勢營私家貲豐厚彼時和珅聲勢薰灼舉朝無一人敢於糾劾而錫寶獨能抗辭執奏不愧諍臣今和珅治罪後並籍全家貲產至二十餘萬是錫寶所劾不虛宜加優獎以旌直言錫寶贈副都御史其子江視贈官予廕錫寶一士從子再世居臺省敢言名家有燮焚諫草江嘗乞諸能文者爲詩歌傳一時云

謝振定字一齋一字薌泉湖南湘鄉人乾隆四十五年進士改庶吉士散館授編修五十九年考選江南道監察御史巡視南漕漕艘阻瓜洲振定禱於神風轉順漕艘人稱謝公風六十年遷兵科給事中巡視東城有乘違制車騶於衢者執而訊之則和珅妾弟也語不遜振定命痛笞之遂焚其車曰此車豈復堪宰相坐耶居數日給事中王鍾健希和珅意假他事劾振定奪職和珅敗嘉慶五年起授禮部主事遷員外郎充坐糧廳監收清釐積弊陋規兌運肅然十四年卒道光中振定子興嶢官河南裕州知州以卓薦引見循例奏姓名里貫宣宗問爾湖南人乃能爲京師語何也興嶢對言臣父振定官御史臣生長京師上曰爾乃燒車御史子耶因褒勉甚至明日語軍機大臣朕少聞燒車御史事昨乃見其子命擢興嶢敘州知府

錢灃字東注雲南昆明人乾隆三十六年進士改庶吉士散館授檢討四十六年考選江南道監察御史甘肅冒賑折捐事發主其事者爲甘肅布政使王亶望時已遷浙江巡撫坐誅總督勒爾謹及諸府縣吏死者數十人事具亶望傳陝西巡撫畢沅嘗兩署陝甘總督獨置不問灃疏言冒賑折捐固由亶望航法但亶望爲布政使時沅兩署總督近在同城豈無聞見使沅早發其奸則播惡不至如此之甚卽陷於刑辟者亦不至如此之多臣不敢謂其利令智昏甘受所餌惟是瞻徇迴護不肯舉發甚非大臣居心之道請比捏結各員治罪上爲詰責沅降秩視三品事具沅傳四十七年灃疏劾山東巡撫國泰布政使于易簡吏治廢弛貪婪無厭各州縣庫皆虧缺上命大學士和珅左都御史劉墉率灃往按和珅庇國泰怵灃灃不爲撓至山東發歷城縣庫驗銀故事解銀以五十兩爲一錠市銀則否國泰聞使者將至假市銀補庫灃按問得其狀召商還所假庫爲之空復按章邱東平益都三州縣庫皆虧缺如灃言國泰易簡罪至死和珅不能護也上旌灃直言擢通政司參議四十八年遷太常寺少卿再遷通政司副使出督湖南學政灃持正得士爲盛五十一年任滿命留任湖北荊州水壞城郭孝感士豪殺饑民上責灃在鄰省何不以聞下部議諸生或匿喪赴試又有上違禁書籍者灃按治未竟聞親喪去官以事屬巡撫浦霖霖遂併劾灃坐奪職上命左授六部主事五十八年灃服除詣京師授戶部主事引見卽擢員外郎復除湖廣道監察御史時和珅益專政大學士阿桂王杰尚書董誥福長安與同爲軍機大臣不相能入直恒異處灃疏言我朝設立軍機處大臣與其職者皆萃止其中庸以集思廣益仰贊高深地一則勢無所分居同則情可共見卽各司者事畫稿亦有定所近日惟阿桂每日入止軍機處和珅或止內右門內直廬或止隆宗門外近造辦處直廬王杰董誥則止於南書房福長安則止於造辦處每日召對聯行而入退卽各還所處雖亦有時暫至軍機處而事過輒起各司者事畫稿趨步多歧皇上乾行之健離照之明大小臣工戴德懷刑浹於肌髓決不至因此遂啟朋黨角立之漸然世宗憲皇帝以來及皇上御極之久軍機大臣率止無渙未嘗纖芥有他由前律後不應聽其輕更內右門內切近禁寢向因有養心殿帶領引見事須先一兩刻預備恩加大臣不令與各官露立是以設廬許得暫止不應於未辨色之前一大臣入止而隨從軍機司員亦更入更出爲日既久不能不與內監相狎萬一有無知如高雲從者雖立正刑辟而所維已多杜漸宜早至南書房備幾暇顧問俟軍機事畢入直未遲若隆宗門外直廬及造辦處則各色應差皆得覘聽於外大臣於中治事亦屬過褻請敕諸大臣仍照舊規同止軍機處庶匪懈之忱各申五夜協恭之雅共勵一堂其圓明園治事和珅福長安止於如意門外南順牆東向直廬王杰董誥止於南書房直廬並請敕更正上爲申誡諸大臣並命灃稽察軍機處和珅素惡灃至是尤深嗛之上夙許其持正度未可遽傾凡遇勞苦事多委之灃貧衣裘薄宵興歸散遂得疾六十年卒或謂灃將劾和珅和珅實酖之

尹壯圖字楚珍雲南昆明人乾隆三十一年進士改庶吉士散館授禮部主事再遷郎中三十九年考選江南道監察御史轉京畿道三遷至內閣學士兼禮部侍郎高宗季年督撫坐譴或令繳罰項貸罪壯圖以爲非政體五十五年上疏言督撫自蹈愆尤聖恩不卽罷斥罰銀若干萬充公亦有督撫自請認罰若干萬者在桀驁者藉口以快其饕餮之私卽淸廉者亦不得不望屬員之佽助日後遇有虧空營私重案不容不曲爲庇護是罰銀雖嚴不惟無以動其愧懼之心且潛生其玩易之念請永停此例如才具平常者或卽罷斥或用京職毋許再膺外任上諭曰壯圖請停罰銀例不爲無見朕以督撫一時不能得人棄瑕錄用酌示薄懲但督撫等或有昧良負恩以措辦官項爲辭需索屬員而屬員亦藉此歛派逢迎此亦不能保其必無壯圖既爲此奏自必確有見聞令指實覆奏壯圖覆奏各督撫聲名狼藉吏治廢弛臣經過地方體察官吏賢否商民半皆蹙額興歎各省風氣大抵皆然請旨簡派滿洲大臣同臣往各省密查虧空上復諭曰壯圖覆奏並未指實至稱經過諸省商民蹙額興歎竟似居今之世民不堪命此聞自何人見於何處仍令指實覆奏壯圖再覆奏自承措語過當請治罪上命戶部侍郎慶成偕壯圖赴山西察倉庫始大同府庫次山西布政使庫皆無虧壯圖請還京治罪上命慶成偕壯圖再赴直隸山東江南諸省慶成所至輒游宴數日乃發倉庫校覈歷直隸布政使及正定蘭山山陽諸府縣皆無虧上寄諭壯圖問途中見商民蹙額興歎狀否壯圖覆奏言目見商民樂業絕無蹙額興歎情事上又令慶成傳旨令其指實二三人毋更含糊支飾壯圖自承虛誑奏請治罪尋復察蘇州布政使庫亦無虧還京下刑部治罪比擬誣欺公妄生異議律坐斬決上謂壯圖逞臆妄言亦不妨以謗爲規不必遽加重罪命左授內閣侍讀繼又以侍讀缺少改禮部主事壯圖以母老乞歸嘉慶四年仁宗親政召詣京師壯圖仍以母老乞歸上賜其母大緞兩端加壯圖給事中銜賜奏事摺匣命得上章言事壯圖未行復上疏請清覈各省陋規明定科條上以爲不可行既歸疏請拔貢才儲實用大要謂保舉未定處分當下吏部嚴立科條科場或通關節當將房考落卷送主司搜閱其尤要者謂六部滿洲司員讀案文義多未曉暢當嚴督令習經書通文理鄉會試加廣名額司員先儘科甲挑補下軍機大臣議奏謂惟房考落卷送主司搜閱事近可行補入科場條例雲南巡撫初彭齡乞養歸壯圖疏請留上不允別疏復申前議謂滿洲子弟十五六歲前專責習經書通文理再習騎射繙譯上謂壯圖以前嘗駁飭之事復行瀆陳更張本朝成法下雲南巡撫伊桑阿傳旨申飭八年疏言天下萬幾皆皇上獨理內外諸臣不過浮沈旅進旅退之中無能匡扶弼亮請於內之卿貳翰詹科道外之藩臬道府慎選二十人輪直內廷每日奏章諭旨盡心檢校有疏忽偏倚之處許就近詳辨可否上責壯圖言皆迂闊紕繆斷不可行若如所奏直於軍機大臣外復設內軍機成何政體因及雲南布政使陳孝昇道員薩榮安方以冒銷軍需被罪命巡撫那彥寶詰壯圖何無一言奏及壯圖言以不得孝昇等確據未敢入告仍請議處上命寬之十二年卒

論曰高宗中年後遇有言事者遣大臣按治輒命其參與光鼐既將坐譴卒得自白阿桂之賢也灃劾國泰發庫藏掩覆論者謂劉墉密與灃商榷蓋亦有力焉漱芳錫寶壯圖皆不能實其言大臣怙寵亂政民迫於饑寒卒成禍亂嗚呼古昔聖王兢兢重畏民碞良有以也

清史稿　　列傳一百十

黃廷桂　鄂彌達　楊廷璋　莊有恭　李侍堯　伍彌泰 官保

黃廷桂字丹崖漢軍鑲紅旗人父秉中官福建巡撫廷桂初襲曾祖憲章拖沙喇哈番世職康熙五十二年授三等侍衛遷參領聖祖幸熱河廷桂從世宗在潛邸知其才雍正三年授直隸宣化總兵五年擢四川提督疏言四川三面環夷軍械多敝缺現飭修補川馬本不高大又日繁槽多羸斃令在豐樂場後荒山督牧士卒驕奢飭服用毋僭官制歲十月番入內地傭工名曰下壩次年夏初始歸以禁攜婦女致成羣肆惡飭攜家屬方許就雇成都屬德陽仁壽二縣南北距數百里駐一把總永寧協駐貴州永寧城中隔河東隸黔西隸蜀兵民歧視應更定汛守命會總督岳鍾琪議行又奏請嚴捕竊賊及博奕之具上諭曰禁令弗行咎在不公不明不在不嚴法猶藥也取攻疾而已過峻厲則傷元

氣徒猛不足貴也又奏嚴治建昌降番劫掠又奏省城設防火堆棚營置救火兵二十上並嘉之六年請於提標及城守等營各設義塾上諭曰文武不可偏重少年聰穎稍通文墨勢必流爲怯懦不願爲兵則營伍所餘皆魯鈍一流是非興文實乃廢武邀虛名而無實益將嶲用之烏蒙米貼苗婦陸氏爲亂發永甯遵義兵援勦四川雷波土司楊明義陰助陸氏誘附近結覺阿路阿照平底諸苗劫糧陸氏既擒請勦明義命廷桂率總兵張耀祖率兵往軍至拉密擒明義並獲造謀人卑租及結覺脅雙尺阿路脅魯佩及阿不羅脅覺過斬馘近萬上諭曰覽奏斬馘何啻獵人弋獸俟兵退仍復如故豈有盡行殺戮之理當詳思善於措置之道師復進攻確里密阿都阿驢諸苗礦㱔確里密脅利耶阿都苗擒其脅阿必以獻阿驢苗降七年奏軍事竟上以効忠奮勇嘉之尋疏陳苗疆地方諸事上命籌善後復奏湖北容美土司田旻如在四川界徵花絲銀者湖北察究上諭曰楚蜀諸土司容美最富強越分僭禮應曉以大義漸令革除又奏籌勦瞻對土司上諭曰瞻對雖微亦不可輕視凡事概以敬愼出之奏請開採黃螂等處銅鉛以資鼓鑄上諭曰黃螂雷波與新撫涼山諸夷錯壤第宜示以靜鎭胡可興起利端若聽民開採流亡無籍之徒必羣相趨赴釀生事故速會同巡撫憲德將金竹坪白蠟山諸地銅鉛礦廠概行封禁脫至紛紜黃廷桂憲德之身家性命不足贖其辜也廷桂奏引罪復以詳愼申戒之尋奏捕得妖言罪人楊大銘等言其渠楊七匿西陽土司所已檄令擒獻上諭曰此事尤宜詳愼朕料西陽土司未必爲此事八年奏於楊隘嘴獲楊七非西陽境內上諭曰朕非有過人技但較汝等克誠克公耳人有利害是非之心遇事接物非過即不及惟公與誠爲對證之藥十二月奏猓亂發兵攻克金鎖關黑鐵關黃草坪諸地恢復永善得旨獎許上嘗諭憲德令密陳廷桂爲人奏稱多疑偏聽好勝矜人是其病痛上終以實心任事嘉之九年師討噶爾丹策零分設四川總督即以命廷桂仍兼領提督奏請將四川常平倉捐穀改銀上諭曰四川本產米地積貯尙易遽請開捐誤矣且欲改穀作銀又將銀買穀更轉輾滋弊當另議增貯十年六月奏建昌鎭轄竹核當涼山之中爲苗蠻腹心要地請於附近各險隘增兵設鎭上命大學士鄂爾泰詳議尋議兵力宜合不宜分蠻巢宜遠不宜近但使我勞聯絡不必隨處設防請於竹核設兵三千分駐吽姑格落魚紅大赤口阿都沙馬普雄諸地敕下廷桂行之八月兒斯番爲亂奏遣總兵趙儒勦捕上責廷桂從前未料理妥協十月廷桂奏言雍正五年兒斯番爲亂臣檄副將王剛按治時臣甫到川地利夷情尙未諳習今凶鋒既肆由臣撫馭無方已遵旨密諭趙儒凜遵料理十一月擒兒斯脅並勦定河東各寨勾結諸番復奏言王剛前所懲創不過兒斯一堡今仰蒙指示趙儒督勵將士一切險巢重地深林石穴悉行蕩平上深獎之十三年奏貴州古州苗亂四川建昌永甯俱與連界已飭將吏加意撫輯上諭以不動聲色靜鎭愼密乾隆元年裁總督缺廷桂仍爲提督十一月召詣京師二年授鑾儀使尋授天津總兵五年遷古北口提督六年上幸熱河道古北口閱兵營伍整肅賜廷桂馬並上用緞尋授甘肅巡撫十二年署陝甘總督十三年授兩江總督疏言江西俗悍有司因循姑息動輒嘩鬨飭嚴捕究治又言南方晴少雨多各營操練間曠令於陰雨時操演公所或寬敞寺宇操練上諭曰汝至江南整飭振作但不可欲速要之以久可也十五年加太子少保疏劾江蘇巡撫雅爾哈善以奏銷錢糧奉旨訓飭知縣許惟枚等經徵未完不及一分例止罰俸忽奏請奪官人必以爲出自上意居心巧詐雅爾哈善下吏議十六年調陝甘總督時四川復分設總督十八年仍以命廷桂奏四川歲豐穀賤上命轉輸二十萬石振淮揚被水州縣御製詩紀其事進吏部尙書留總督任四川濱江諸縣引江水溉田餘多山田每苦旱廷桂奏飭通省勘修塘堰新都廬山等十州縣及青神蓮花壩樂山平江鄉三臺南明鎭次第修舉悉成腴壤二十年奏請增爐鑄錢爲通省修城上諭曰有益地方之事詳妥爲之授武英殿大學士仍領總督事打箭爐徼外孔撒麻書兩土司構釁金川綽斯甲布祖麻書革布什咱德爾格忒祖孔撒互攻殺廷桂偕提督岳鍾琪飭諭解散六月復調陝甘總督師討阿睦爾撒納陝甘當轉輸孔道廷桂途次以軍中調取營馬並令州縣採買馬駝即飭各驛馬十調五六得馬數千匹佐軍尋奏軍中文報責成沿邊提鎭料理詔如所請二十一年四月命駐肅州督辦軍需奏言各處調解軍馬口外嚴寒自安西至哈密經戈壁十餘站飼飲不時每致疲斃現派專官分站料理將積貯草豆經過匹數住歇時刻行走膘分按日早報又奏山西解駝先留安西牧放陝西解馬亦先調甘肅飼養陸續前運以濟實用先後送軍前駝馬七萬餘又言西北兩路軍營向通商販後因撤兵禁止巴里坤軍營應用牛羊諸物專自肅州販往路遠價昂難資接濟請照舊通商上命籌濟庫車阿克蘇糧運廷桂奏夾山一路可自哈密直趨闢展吐魯番其間駱駝通行水草饒裕較繞行巴里坤爲近擬即運糧貯吐魯番轉運軍營往返更加迅速又發銀二十萬解阿克蘇買回城米運糧十萬儲巴里坤凡所經畫屢合上指十二月上諭曰廷桂於西陲用兵雖未身歷行陣而籌辦軍需每有朕旨未到旋即奏至與所規畫不約而同體國奉公精詳妥協而又毫不累民內地若無兵事其功最大積功自太子太保進少保自騎都尉進三等忠勤伯先後賜雙眼孔雀翎紅寶石帽頂四團龍補服白金二萬二十四年正月駐涼州以病劇聞命額駙福隆安率御醫診視甫行廷桂卒上即命福隆安奠醊御製詩輓之賜祭葬謚文襄喪還上復親臨奠醊二十五年凱宴成功將士追念廷桂復賦詩惜之尋命圖形紫光閣御製懷舊詩列廷桂五督臣首孫檢官副都統乾隆四十九年以刻廷桂奏疏載兩朝批荅被嚴旨申飭曾孫文煜自侍衞累擢副都統調馬蘭鎭總兵

鄂彌達鄂濟氏滿洲正白旗人初授戶部筆帖式雍正元年授吏部主事累遷郎中五年命同廣東巡撫楊文乾等如福建察倉庫六年擢貴州布政使八年遷廣東巡撫疏言烏鎗例有禁瓊州民恃槍禦盜請戶得藏一多者罪之梧州民陳美倫等謀亂捕治如法十年署廣東總督疏言總督舊駐肇慶所以控制兩粵今專督廣東應請移駐廣州饒平武舉余猊等謀亂捕治如法尋實授總督安南民鄧文武等遇風入銅鼓角海面鄂彌達遣吏以資送歸國國王以伽南沈香諸物爲謝卻之疏聞上獎其得體先後疏請移設將吏又疏請於三水西南鎭建倉貯穀並以米貴會城設局平糶又請升程鄉縣爲直隸州名曰嘉應皆報可十三年命兼轄廣西仍駐肇慶貴州台拱苗亂鄂彌達發兵令左江總兵王無黨率以赴援復發兵駐黔粵界上諭獎之乾隆元年高宗命近鹽場貧民販鹽毋禁鄂彌達疏言廣東按察使白映棠未遵旨分別老幼男婦發票稱四十斤以下不許緝捕致奸徒借口成羣販私上獎鄂彌達洞悉政體解映棠任尋奏廣東鹽由場配運省河及潮州廣濟橋轉兌各埠請令到埠先完餉銀開倉後繳鹽價下部議行御史薛馧條奏廣西團練鄉勇並設猺童義學下鄂彌達議二年奏言團練鄉勇不若訓練土司兵於邊疆有益猺童義學詔速等屬已有成效應飭如所奏尋又疏言惠潮嘉應三府州民多請州縣給票移家入川臣飭州縣不得濫給並遣吏於界上察驗又疏言貴州新闢苗疆總督張廣泗奏設屯軍墾田臣以今苗威安貼將來生齒漸繁地少人多必致生恐又恐屯軍虐苗激變請撤屯軍於附近防守其田仍給苗民上諭曰所見甚正廣泗首尾承辦此事持之甚力朕則以爲終非長策也四年調川陝總督疏言榆林邊民歲往鄂爾多斯種地牛籽具種日用皆貸於鄂爾多斯秋收餘糧易牛羊皮入內地變價重息還償請於出口時視種地多寡借以官銀秋收以糧抵俾免借貸折耗之苦倉儲亦可漸充上從之又請發司庫銀十萬買穀分貯沿邊又請修甯夏渠道並加築沿河長隄又奏安西鎭遠兵駐防哈密承種屯田在城兵僅數百年來商民日增請視涼州柳林湖例募流民及營兵子弟墾田撤兵回城差操均如議行五年兩廣總督馬爾泰劾知府袁安煜放債病民並及鄂彌達縱僕占煤山事上解鄂彌達任召詣京師尋授兵部侍郎六年授甯古塔將軍調荊州九年授湖廣總督疏言武漢濱江城郭民田賴有隄以障請於武昌蕎麥灣增築大隄安陸沙洋大隄增築月隄襄陽老龍石隄加備歲修銀十一年上以鄂彌達不稱封疆召詣京師十五年授吏部侍郎十六年授鑲藍旗漢軍都統二十年授刑部尙書署直隸總督二十一年兼管吏部尙書協辦大學士二十二年加太子太保二十六年卒予白金二千治喪賜祭葬謚文恭

楊廷璋字奉峨漢軍鑲黃旗人世襲佐領雍正七年自筆帖式授工部主事再遷郎中授廣西桂林知府乾隆二年擢左江道十五年擢按察使二十年遷湖南布政使二十一年授浙江巡撫上南巡諭曰西湖水民間藉以溉田今聞沿湖多占墾湖身漸狹田畝虞涸竭已墾成熟者免其清出不許再侵占廷璋因奏此類田地多礙水道請概令開濬歸湖沿岸栽柳俾根株盤結亦可固隄又請豁疏濬湖州七十二漊洩水入太湖免田地被淹又奏仁和錢塘蕭山三縣江塘視海塘例以二十丈爲準按段編號立石仁錢二縣江塘民房堤岸外餘二十餘里視海塘例每里設堡夫一建堡分防均從之又請開台州黃巖場沿海地近場竈近縣歸民戶以百畝爲率分限起科得腴產十萬畝奏入嘉許二十四年授閩浙總督請改設螺洲大頭崎烏龍江諸地塘汛又奏內地商船出洋穀給船照又奏臺灣穀賤內地歉收民每偷渡就食請酌寬米禁往來臺廈橫洋船准運米二百石塘船六十石自鹿耳門出至廈門入皆給照察驗臺灣與生番接壤前總督楊應琚飭屬勘界挑溝築土牛以杜私墾至是廷璋議彰化淡水與生番接壤依山傍溪挑溝築土牛爲界並於沿邊設隘寮分兵駐守二十六年同福建巡撫吳士功奏劾提督馬龍圖借用公使錢並以龍圖

已歸欵請用自首例減等上責其錯謬下吏議奪官士功戍巴里坤廷璋留任二十八年加太子太保旋授體仁閣大學士留總督任二十九年廷璋入覲福建水師提督黃仕簡奏廈門商船出入官署受陋規上命尚書舒赫德侍郎裘曰修往按具得廷璋令歷任廈門同知代市人葠珊瑚珍珠未發價狀命解任下吏議奪官上以廷璋平時尚能任事授散秩大臣未幾授正紅旗漢軍都統工部尚書三十年命署兩廣總督三十一年安南捕盜竄入小鎭安土司怕懷隘官兵捕得廷璋照會安南遣頭人視行誅安南復報其國隘口盜發請遣兵堵截廷璋遣兵守隘事上聞具言防邊宜鎭靜上戒以邊地夷情當審度事理因時制宜若專務持重養癰貽害弊不可勝言也夏雷州安岐黎爲亂擾客民廷璋檄鎭道捕治並奏客民編保甲禁放債黎民市易設城塲熟黎令薙髮民出入黎峒必譏以杜後患上從之又奏小鎭安改設通判南界接安南於那波者賴者欣三村建卡設兵怕懷隘爲小鎭安門戶設兵巡緝打面梁與雲南接界建卡防守下部議行師征緬甸雲貴總督楊應琚以疾聞上令廷璋赴永昌佐應琚治軍三十二年疏報應琚病愈仍回廣東任尋召授刑部尚書三十三年授直隸總督加太子少保秋滹沱水溢漲廷璋請於正定西南築隄護城西北築埽並以護城又奏勘任邱滱淀諸地以楊各莊諸地最低請改種稻田文安窪修築隄埝並於龍潭灣諸地開隄洩水並從之三十四年請撥通倉米十二萬運各災區平糶又奏乾隆二十四年滹沱南徙舊河淤墊上年大漲河行故道東鹿木邱傾井諸村遂成巨浸請裁灣取直並修築護城隄埝報聞三十六年復召授刑部尚書預香山九老會十二月卒年八十四贈太子太保賜祭葬諡勤愨

莊有恭字容可廣東番禺人乾隆四年一甲一名進士授修撰直上書房後三年弟有信成進士引見有恭以起居注侍直上問及之有恭選庶吉士兄弟同請告省親有恭累遷侍講學士擢光祿寺卿以父憂歸服除擢內閣學士遷戶部侍郎督江蘇學政充江南鄉試考官復督江蘇學政十六年授江蘇巡撫十七年署兩江總督疏言太倉鎭洋沿海田廬賴海塘保障前巡撫高其倬議自寶山湖口港至昭文福山港築土塘三萬四千七百餘丈僅築湖口港至劉河南岸土石塘今年秋令風潮劉河南賴以無恙其北頗致損傷士民自請挑築惟恐一時難集工不速竟應築土塘九千丈有奇請借庫銀一萬六千兩令自募夫役於伏汛前畢工按畝扣輸二年清款如所請行有恭督學政時浙人丁文彬獻所著文武記太公望傳等有恭以爲病狂置不問至是文彬以書上衍聖公孔昭煥昭煥告巡撫楊應琚以聞有恭疏請罪坐罰學政養廉銀十倍十九年御史楊開鼎條奏江南收漕諸弊敕有恭覆奏尋疏言江南收漕諸弊以蘇常松鎭太五屬爲尤甚已酌定條例勒石漕倉遇收漕飭糧道以下官周巡察訪聞胥言需索不遂借詞米不如式勒令晾曬篩颺漕糧上供天庾自應乾圓潔淨儻不如式不堪久貯必致貽誤倉儲糧戶良頑不等每次靑腰白臍潮嫩雜碎諸米攙交如令更易卽造作浮言挾制自應分別察究不得但責官吏取悅刁民上獎其言公正二十一年丁母憂命予假百日回籍治喪於伏汛前至淮安署江南河道總督泰興縣有朱賉者坐主使殺人罪至絞乞贍罪有恭許之臨行疏聞上責其專擅令家居待罪總督尹繼善又言有恭監臨鄉試察出有賄謀聯號者復有以關蟠鮮致訟者皆令罰鍰以罰上命奪有恭官逮詣京師下大學士九卿論罪當絞上以贓不入己貰之令護母喪回籍後赴軍營效力方詣所命戴罪署湖北巡撫二十四年調浙江二十五年劾杭州將軍伊領阿劾都統劉揚達違例乘轎上奪伊領阿等官獎有恭命議敘三月疏言紹興南塘嘉興乍浦塘並屬要工臣赴山陰勘得宋家樓爲三江曹娥二水交會又適當潮汐之衝爲南塘首險已改建石塘鞏固復至蕭山龕長等山越南大亹至海甯中小亹登文堂葛嶴諸山勘海甯南門外西過戴家石橋東至陳文港工長五千丈有奇根址堅實不須重建其必當修築者千六百餘丈內七百七十餘丈殘缺過甚作爲要工餘次第興修自陳文港東至尖山下有韓家池柴塘四百丈有奇亦應重築復循海而北自海鹽至平湖徧歷乍浦塘海鹽東臨大海南有台貼北有乍浦諸山山趾角張縣城以一面當潮汐城外石塘最爲險要間有沖損已令隨時修補六月又疏言西塘胡家兜至海甯南門外潮退沙漲長十八里前請辦戴家石橋要工旣有新沙外護應先就迤東工段趲辦再審量沙勢分別緩急九月又疏言緩修各工陳文港十丈令用魚鱗式豕脣整砌圓通菴前十丈仍如式堅築廿里亭西二十五丈修整坦面加用排樁令緊貼塘身二十六年十二月又奏言海甯西塘老鹽倉諸地經霉伏兩汛老沙汕刷宜先事預防先後拆鑲二百丈自霜降後臣往來察勘見柴工兩塘交接處水已臨塘自此迤西老沙仍多坍卸請將接連前工七十丈從速鑲辦均從之二十七年上南巡臨視老鹽倉尖山諸地令修築柴塘並設竹簍坦水諸工九月疏報海甯塘工竟上嘉有恭能盡心命議敘是秋多雨水漲有恭以嘉湖兩府水歸太湖河道多淤下流尤壅閼因請浚烏程長興境內七十二漊並遣吏至江南按行三江故道九月調江蘇巡撫上命浙江海塘工程仍責成有恭專司其事並免學政任內應罰銀二十九年擢刑部尚書留巡撫任有恭疏請大修三江水利略言太湖北受荊溪百瀆南受天目諸山之水爲吳中巨浸而分疏之大幹以三江爲要三江者吳淞江婁江東江也東江自宋已湮明永樂間別開黃浦寬廣足當三江之一今亦謂之東江三江分流經吳江震澤吳元和崑山新陽靑浦華亭上海太倉鎭洋嘉定十二州縣境其間港浦縱橫湖蕩參錯大概觀之無處不可分洩然百節之通不敵一節之塞太湖出水口不特寶帶橋一處如吳江十八港十七橋吳縣鮎魚口大缺口爲湖水穿運河入江要道今不無淺阻又如入吳淞之龎山湖大斜港九里湖澱山湖激浦向來寬深近以小民貪利徧植茭蘆圈築魚蕩亦多侵佔劉河古婁江也今河形大非昔比舟楫來往必艤舟待潮崑山外濠爲婁江正道淺狹特甚蘇州婁門外江面僅寬四五丈偶遇秋霖衆水匯集江身淺窄先爲潦水所占俟其稍退然後湖水得出爲之傳送而上游已漫淹矣東南財賦重地水利民生大計若及早爲之事半功倍今籌治法當於運河西凡太湖出水之口皆爲淸釐占塞俾分流無阻其運河東三江故道惟黃浦現在深通但於泖口挑去新漲蘆墩足資宣洩吳淞江自龎山湖以下婁江自婁門以下凡有淺狹阻滯之處宜濬治寬深令上流所洩之數足相容納其江身所有種蘆插簖及冒占之區盡數割除嗣後仍嚴爲之禁則水之停蓄有所傳送以時並卽以挑河之土加培圩岸見在閘座去海太近難於啓閉者酌量改移澱泖湖不入淸水盛強而海口之淤亦將不挑而自去總計所需雖覺浩繁然散在十二州縣通力合作實亦無多民間聞有此舉咸樂趨事願以民力爲之但分段督修仍須官董其成且工費繁多若待鳩財而後興工稍稽時日懇發帑興工仍於各州縣分年按畝徵還則民力旣紓工可速集奏入報可於是選紳耆賦工役先疏橋港次及河身茭蘆魚蕩之圈占者除之城市民居之不可毀者別開月河以導之工始於二十八年十二月至二十九年三月告竟用公帑二十二萬有奇三十年正月命協辦大學士仍暫留巡撫任南巡復賜詩褒勉八月召詣京師有恭劾蘇州同知段成功縱役累民奪官讞未定巡撫明德察成功實受賕詐稱病按察使朱奎揚知府孔傳柯皆知之不以言上命奪奎揚等官逮訊三十一年正月罷有恭協辦大學士又遣侍郎四達按治得有恭授意奎揚等有意從寬狀並奪有恭官下刑部獄軍機大臣會鞫並追繳學政任內應罰銀二月軍機大臣等讞上有恭罪應斬諭改監候八月命原之授福建巡撫三十二年卒仍免追繳學政任內應罰銀

李侍堯字欽齋漢軍鑲黃旗人二等伯李永芳四世孫也父元亮官戶部尚書諡勤恪侍堯乾隆初以廕生授印務章京見知高宗累遷至正藍旗漢軍副都統十七年調熱河副都統二十一年擢工部侍郎調戶部署廣州將軍劾前將軍錫特庫廢弛馬政錫特庫下吏議奏定廣州滿洲漢軍駐防官制兵額二十一年署兩廣總督奏廣東各屬買補倉穀兼碾上中下三等而報以上價應碾米用上穀應借糶用中下穀上諭以所言洞悉情弊諭各省督撫嚴飭州縣買補常碾試務得上穀又請禁廣東制錢攙和古錢並吳三桂僞號錢事上諭以前代錢仍聽行用吳三桂利用僞號錢令民間檢出官爲收換供鼓鑄之用又奏廣州駐防出旗漢軍官兵賸米平糶便民上從之二十三年守備張彬佐禁村兵演劇被毆奏請飭讞上謂未得懲創惡習之意應先治刁民後議劣弁庶刁悍之徒知畏懼二十四年實授總督奏廣東各國商船所集請飭銷貨後依期回國不得住冬商館毋許私行交易毋許貸與內地行商資本毋許雇內地厮役二十五年又奏粵海關各國商船出入例於正稅船鈔外有各種規禮應請刪除名色倂爲歸公銀若干各口僕役飯食舟車諸費於此覈銷並下部議行廣西巡撫鄂寶以貴縣獞民韋志剛不法知縣石崇光察報避重就輕請奪官上以事由崇光察報命毋奪官侍堯奏先經面諭崇光體勘始行察報上令逮崇光按鞫又奏志剛實無不法事崇光猜疑妄報仍奪崇光官上以侍堯與鄂寶各懷意見飭以秉虛公除習氣二十六年召授戶部尚書正紅旗漢軍都統襲勤恪佐領二十八年授湖廣總督奏湖廣行銷淮鹽擡價病民請酌中定價命兩淮鹽政高恆赴湖廣會議奏請按淮商成本酌加餘息明定限制從之加太子太保二十九年調兩廣總督右江鎭總兵李星垣坐婪賄得罪命侍堯按鞫擬絞上以侍堯嘗薦星垣令擬罪輕縱責侍堯回護坐降調以憂還京師署工部尚書三十一年調署刑部三十二年回兩廣總督任襲二等昭信伯三十四年師征緬甸命侍堯傳檄暹羅時暹羅方爲甘恩敕所據侍堯以爲不宜

傳檄以己意宣諭暹羅各夷目密偵緬甸苟入境令擒以獻上題之豐順民朱阿妻謀爲亂督吏捕治三十八年授武英殿大學士仍留總督任安南內亂令廣西鎭道嚴防入覲賜黑狐端罩四十年兵部以廣東民糾黨結盟不數月至五起當追論武職弛縱罪侍堯奏言武職既協緝復追論弛縱罪則規免處分必致暗爲消弭兇徒轉得漏網請寬之上從其請並諭曰侍堯此奏意在挽回積習然亦惟侍堯向不姑息屬僚朕所深信始可爲此言若他人未可輕爲倣效也四十二年雲貴總督圖思德奏緬甸投誠籲請納貢上命大學士阿桂往莅其事並調侍堯雲貴總督緬甸頭人孟幹謁侍堯請緩貢侍堯偕阿桂奏孟幹等語反覆遵旨斷接濟絕偵探示以威德不予遽就上召阿桂還緬甸歸所留守備蘇爾相侍堯遣詣京師緬甸乞遣孟幹等還侍堯諭令歸所留按察使銜楊重英上嘉其合機宜四十三年奏獲緬甸遣越州民入關爲諜送京師尋奏永昌普洱界連緬甸擬每歲派兵五千五百在張鳳街三臺山九龍口諸地防守上諭以揆度邊情不値如此辦理侍堯復請於杉木隴設大汛撥騰越兵五百千崖設小汛撥南甸兵二百輪駐巡防並分守虎踞銅壁等關從之四十五年雲南糧儲道海寧訴侍堯貪縱營私狀命尙書和珅侍郞喀寧阿按治侍堯自承得道府以下餽賂不諱上震怒諭曰侍堯身爲大學士歷任總督負恩婪索朕夢想所不到奪官逮詣京師和珅等奏擬斬監候奪爵以授其弟奉堯又下大學士九卿議改斬決上心欲寬之復下各直省督撫議各督撫多請照初議定罪獨江蘇巡撫閔鶚元迎上意奏侍堯歷任封疆幹力有爲請用議勤議能之例寬其一綫上乃下詔謂罪疑惟輕朕不爲已甚改斬監候四十六年甘肅撒拉爾回蘇四十三爲亂上遣大學士阿桂視師特旨予侍堯三品頂戴孔雀翎赴甘肅治軍事甘肅冒賑事發總督勒爾謹得罪命侍堯領總督事會阿桂按治勒爾謹及前布政使王亶望布政使王廷贊蘭州知府蔣全迪皆坐斬上命諸州縣侵冒二萬以上擬斬決一萬以下斬候於是臯蘭知縣程棟等二十人皆坐斬四十七年奏臯蘭等三十四廳州縣虧庫銀八十八萬有奇倉糧七十四萬有奇請於現任總督以下各官養廉扣抵歸補上命寬免又請豁免節年民欠三十萬兩旋命予見任品級頂帶加太子太保四十九年廣東鹽商譚達元訴侍堯任兩廣時總商沈冀州歛派公費餽送上命尙書福康安按鞫請罪侍堯上責侍堯價繳公費免其罪蘇四十三亂既定上屢諭侍堯密察新教回民至是鹽茶廳回田五等復爲亂侍堯會固原提督剛塔捕田五田五自戕得其孥誅之無何田五之徒復攻靖遠侍堯駐靖遠令剛塔督兵往亂久未定上命大學士阿桂尙書福康安視師渭城陷西安副都統明善戰死賊據石峯堡上責侍堯玩延怯懦奪官仍在軍効力督餽侍堯旋督兵赴伏羌福康安至軍發侍堯玩愒貽誤諸罪狀逮熱河行在王大臣按鞫擬斬決上仍令從寬改監候五十年諭釋之署正黃旗漢軍都統署戶部尙書湖北江陵民訴知縣孔毓檀侵賑命侍堯往按奏言毓檀未侵賑但治賑遲緩坐奪官命署湖廣總督奏上年孝感被災饑民劉金立等掠穀生員梅調元糾衆毆殺金立並生瘞二十三人上逮前總督特成額及知縣秦楨等治其罪未幾實授五十二年入覲臺灣民林爽文爲亂調侍堯閩浙總督駐蚶江時前總督常青督兵渡臺灣侍堯以兵力不足調廣東浙江兵濟師又慮賊據笨港劫糧械撥繒船分防鹿耳門鹿仔港上獎以籌濟有方亂久未定上以常青非將才命福康安爲將軍督師並寄諭常青全師以歸待福康安至再籌進取侍堯恐常青宣露上旨人心惶惑節錄發寄幷具疏請罪上大悅獎以深合機宜得大臣體賜雙眼孔雀翎福康安劾提督柴大紀上責侍堯徇隱五十三年侍堯亦奏大紀貪劣諸狀自請治罪上寬之臺灣平命仍襲伯爵建福康安等生祠於臺灣命侍堯居福康安海蘭察之次復命圖形紫光閣列前二十功臣侍堯短小精敏過目成誦見屬僚數語卽辨其才否攤几高坐語所治肥瘠利害或及其陰事若親見人皆悚懼屢以貪黷坐法上終憐其才爲之曲赦五十三年疾聞命其子侍衞毓秀往省旋卒謚恭毅弟奉堯自官學生襲勳舊佐領授藍翎侍衞累遷江南提督四十五年襲伯爵四十六年調福建陸路提督以漳泉累有械鬭左授馬蘭鎭總兵五十二年署直隸提督山東學政劉權之移家舟經靜海被盜下吏議上以署事未久且隨扈熱河寬之五十三年侍堯還襲伯爵加奉堯提督銜五十四年卒謚慎簡子毓文乾隆六十年侍堯督雲貴與局員通同偷減錢法事發奪毓秀伯爵命毓文承襲

伍彌泰伍彌氏蒙古正黃旗人副將軍三等伯阿喇納子伍彌泰以雍正二年襲爵授公中佐領擢散秩大臣遷鑲白旗蒙古副都統十五年賜伯號曰誠毅二十年授涼州將軍旋命以將軍銜駐西藏辦事二十四年代還授正藍旗蒙古都統出爲江寧將軍二十七年上以伍彌泰不勝任召還仍爲散秩大臣命協辦伊犂事務哈薩克越境游牧師逐之出塞上以伍彌泰不諳軍務令隨行學習二十八年命往烏魯木齊辦事築精河屯堡上賜名曰綏來三十一年代還署鑲黃蒙古正白漢軍兩旗都統授內大臣三十五年命往西藏辦事郭羅克土番劫洞庫爾種人行李伍彌泰遣兵逐捕得行李以還奏聞上以未痛勦責伍彌泰怠忽三十八年改駐西藏辦事四十一年代還擢理藩院尙書兼鑲白旗漢軍都統出爲綏遠城將軍調西安四十三年伊犂將軍伊勒圖請以屯田無眷屬之兵次第撤回下伍彌泰議選陝甘綠營兵三千攜眷屬以往四十五年班禪額爾德尼詣京師命伍彌泰護行仍還西安四十六年撒拉爾回蘇四十三等爲亂陷河州上命伍彌泰還兵千人備徵發伍彌泰奏提督馬彪已率兵赴河州擬選滿洲兵千總往上以所奏與諭旨合深嘉之上命大學士阿桂視師督軍攻華林山梁命伍彌泰駐龍尾山爲聲援回亂旋定捕得阿渾五有海潮宗者嘗出降彪遣往開諭遂留從亂上責伍彌泰等不先奏聞下吏議奪官上寬之四十八年授吏部尙書協辦大學士鑲白旗蒙古都統充上書房總諳達四十九年上巡江浙命留京辦事授東閣大學士上以伍彌泰年逾七十命與大學士嵇璜蔡新俱日出後入朝風雪沍寒免其入直五十年預千叟宴五十一年卒贈太子太保賜祭葬謚文端伍彌泰治事知大體班禪額爾德尼至京師王大臣多和南稱弟子伍彌泰護行與抗禮

官保烏雅氏滿洲正黃旗人初授刑部筆帖式擢堂主事累遷郞中乾隆七年授江南江寧知府十一年總督尹繼善奏官保不宜外任復授刑部員外郞轉郞中改御史擢刑科給事中巡視臺灣二十二年擢鑲黃旗漢軍副都統往西藏辦事二十六年授刑部侍郞三十年調工部三十二年復往西藏辦事察知糧務通判吳元澄以庫銀貿易上以官保初至藏卽察奏嘉其急公識實論斬歷正紅旗蒙古滿洲都統理藩院刑禮戶諸部尙書三十四年協辦大學士上幸熱河命留京辦事三十八年調吏部四十一年以年逾八十乞休命致仕卒賜祭葬謚文勤

論曰廷桂嘗言事英主有法若先有市惠好名黨援諸病上所知使一事不可行其言深中高宗之隱被眷遇宜矣侍堯眷遇尤厚屢坐贓敗屢屈法貸之蓋特憐其才非以其工進獻也阿彌達廷璋皆以不謹聞亦未竟其罪有恭撫江浙治海塘重水利有惠於民其被譴尙非有所私視侍堯輩故當勝伍彌泰雖未嘗領纛寄久於邊徼恩被延登在當時亦勞臣也因附著之

清史稿

列傳一百十一

方觀承　富明安
周元理（李湖）　李瀚
李世傑　袁守侗（鄭大進）
劉峨　陸燿
管幹貞（蔣兆奎）　胡季堂

方觀承字遐穀安徽桐城人祖登嶧官工部主事父世濟康熙四十八年進士官內閣中書僑居江寧坐戴名世南山集獄並戍黑龍江觀承尙少寄食清涼山寺歲與兄觀永徒步至塞外營養往來南北根服重趼數年祖與父皆沒益困然因是具知南北阨塞及民情土俗所宜厲志勤學爲平郡王福彭所知雍正十年福彭以定邊大將軍率師討準噶爾奏爲記室世宗召入對賜中書銜師還授內閣中書乾隆二年充軍機處章京累遷吏部郞中七年授直隸清河道署總督史貽直奏勘永定河工上諭之曰方觀承不穿鑿而有條理可與詳酌八年遷按察使九年命大學士訥親勘浙江海塘及山東江南河道以觀承從尋擢布政使十一年署山東巡撫十二年回布政使任十三年遷浙江巡撫十四年擢直隸總督兼理河道十五年加太子少保二十年加太子太保署陝甘總督二十一年回直隸任觀承撫山東時議以安山湖畀民承墾升科奏言湖中尙有積水但二麥布種於水已涸之後收穫於水未發之先故雖有水患民願承墾升科升科後官徵民納例重秋禾秋禾被水請蠲請賑請豁徒致紛繁卽如南旺湖亦經臺臣條奏畀民承墾臣從訥親履勘見卑處水涸高處如屋如巖意謂水不能及臣至山東方知夏秋間運河及汶水暴漲賴以分減運道得保無虞凡大川所經衆水所注其宣洩瀦蓄之區恒閱數年數十年有若閒置一日實得其用未可以目前忘久遠安山湖亦運河洩水地應視南旺湖例夏麥秋禾分季收租除去升科名目應徵應免悉從其宜國利而民亦不病又奏義倉與社倉同爲積貯但社倉例惟借種義倉則借與賑兼行而尤重在賑設倉宜在鄉不宜在城積穀宜在民不宜在官秋穫告豐勸導輸納歲終將

穀數奏明不必問其管收除在則其數不在官法可行久撫浙江海塘引河出中小亹安流北大亹沙漲成陸觀承履勘丈出地二十五萬餘畝畀民承墾又以引河既出中小亹民間失地以附近村地二萬餘畝撥補復察各地鹹氣未除民不能卽耕令竈戶以未種地交民承佃使竈戶得租貧民得地分疏以聞上嘉之督直隸二十年治績彰顯以兼理河道治水尤著勞勩直隸五大河永定河渾流最難治觀承初上官卽疏言永定河自六工以下河形高仰請就舊有北大隄改移下口應水行地中暢下無阻上諭以改移下口不可輕言明年春上臨視永定隄御製詩示觀承大指謂河隄但可培厚不可加高略移下口取易於遵下亦補偏救弊之策是夏永定河南岸三工汛溝奪溜上以江南河道總督高斌及琮集漫口圖示觀承觀承奏及琮集爲中河餘水漫溢故可於水緩處施工永定河若但堵月隄溢水無歸路仍塞漫口偪溜入引河復故道上韙之又明年春疏言永定河下口掣溜出冰窖堵口請卽於坦坡埝尾東北斜穿三角淀開引河入葉淀自鳳河轉入大淸河廷議以時初過凌汛慮溢漲挾沙淤淀命觀承覆奏奏言冰窖堵口掣溜在上七工尾低於正河丈二三尺南距南坦坡北距北大隄有漫衍而無衝溢此地勢之順也水由堵出非衝決亦非開放民情不恐此人事之順也凌汛改移經理有暇此天時之順也今日必應改移不復稍存歧見至慮溢漲挾沙淤淀渾水至三十里外水澳沙停當無此慮且臣亦嘗計及故不使東循龍尾直入鳳河而引入葉淀迂其途而廣其地吏可經久無患上命尚書舒赫德河東總督顧琮會勘如觀承議自是永定河下口出冰窖居二年復疏言永定河下口漸淤請於北岸六工尾開隄放水至五道口導歸沙家淀仍自鳳河入大淸河廷議以甫改冰窖下口何以又請於北岸六工開隄放水命觀承覆奏奏言冰窖改口後水勢暢順上年盛漲下口十里內淤阻今請於北岸六工放水循南埝而行仍以鳳河爲尾閭實於見在情形爲便自是永定河下口又改自北岸六工入鳳河旋請以鳳河東隄及韓家埝隸永定河道又請於下口北埝外更作遙埝爲勻沙散水之用並加築鳳河東隄與遙埝相接觀承治永定河凡再改下口相時決機從之輒利河決長垣東明命觀承往勘疏言二縣以太行隄爲衞其地南高北下河南陽武諸縣水北注輒此隄捍之康熙六十年後屢被衝決請於隄西開新引河導水入舊引河東注卽以所起土別築新隄命如所議觀承疏請治子牙河自楊家口至閻兒莊改支河爲正河復於閻兒莊北循隄濬新引河接黑港舊引河俱於子牙橋北入正河疏請治滹沱河自晉州張岔山口改流南出甯晉入滏陽河當順新道疏請治漳河自臨漳東南改流趨大名分支一出城北一流入河間當於河口築堵斷水南流疏淤濬河引水歸故道皆如議行又疏濬易州安國河開渠灌田賜名曰安河上以河南巡撫胡寶瑔督民間繕治道路溝澮合觀承仿行觀承方令諸州縣以工代賑修隄埝濬減河築叠道凡三十二州縣旣奉命奏言正定順德廣平大名等地民力易集近年漳漆滏洺諸水疏通他處亦先後開工要使潦水有歸農田杜患逾年疏報自大興宛平東至撫甯西至易淶西南至望都東南至阜城復循運河自武淸至吳橋凡二十二州縣築叠道開溝渠諸工皆竟直隸北境東自熱河西至宣化皆接蒙古界流民出塞耕蒙古地永定河改道冰窖之歲土默特貝子哈木噶巴和斯呼朗圖議驅民收地觀承疏言貧民無家可歸卽甘受驅逐而數萬男婦內地亦難於安置請簡大臣按治上遣侍郎劉綸等往勘議仍用原定年限語詳綸傳是歲理藩院尚書納延泰議撤多倫諾爾鋪司毋占蒙古游牧觀承奏多倫諾爾自設鋪司文移賚送郵解僱得棲止行旅亦堪投宿並無礙於游牧令於南茶棚上渡轉山子水泉子諸地量留屋宇如或藏匿匪類責所司究治觀承復請熱河編立煙戶令有司稽察附近放漢柰曼翁牛特土默特諸部副都統歲周巡理藩院議商人領票赴恰克圖庫倫貿易不得往喀爾喀各旗私與爲市並禁張家口設肆觀承疏言禁張家口設肆商人赴恰克圖庫倫者日少內地資蒙古馬羊皮革蒙古亦需內地茶布有無不能相通未見其益請令商人領票赴恰克圖庫倫仍許經過喀爾喀各旗相爲交易但不得久居放債擾蒙古生計御史七十五請於多倫諾爾收稅觀承奏內地茶布自張家口往毋庸重徵惟恰克圖庫倫等地互市及克什克騰木植當於多倫諾爾徵稅右衞兵移駐張家口觀承疏言歲支米粟不敷一萬四千餘石請以宣化懷來懷安蔚西甯五州縣徵豆改粟米出糶至張家口糴米可得八千餘石又以領催前鋒馬兵歲米五之一改折加給俾兵食有資而轉輸可省兵部議以張家口副將隸察哈爾都統觀承疏請將邊外七汛隸都統左衞懷安仍隸宣化鎭漕船自淸江至通州天津爲南北運河樞鍵二十二年漕船遲至上命觀承督民船起剝觀承於北倉設席囤貯米令交兌船泊北倉南起剝船泊北倉北皆傍東岸一牌限二里同時起米不相妨西岸行空船計日畢事疏請發庫帑給脚價明歲新漕歸款二十四年上以北運河水淺截先到漕艘留米四十萬石貯北倉觀承疏言前截截留後到纔進爲日無多請以剩爲截令先到各幫每船剩若干使得輕便餘米仍抵通州交兌應截五六百船全米勻爲千船半米俟河水漲發繼進之船浮送無阻諭獎其妥協上以各省錢貴用山東布政使李渭議禁富民積錢家限五十串觀承奏富民積錢勢不能按戶而察之與其限所積不能稽所入請合交易在三十兩以下者許用錢過是卽用銀違者收以官價富民積錢諭令易銀違者以十之二入官至尋常出入應各從其便上問成效若何觀承言富戶錢漸出市値亦平減廷議各省糴米商人往往籍口昂値下觀承覈議觀承疏請需米省分具款交産米省分令有司代購則牙儈不敢抗地方官教令操縱自如疏並下部議行觀承督陝甘董理儲胥送駝馬運糧茶上敕以妥速爲要方冬疏言哈密至巴里坤大坂積雪遣兵剷除請日加麪四兩在陝甘四閱月卽返直隸觀承莅政精密畿輔事繁重乘輿歲臨幸往來供張値西征師行具營幕芻糧未嘗少乏軍興而於民無擾尤勤於民事嘗請以永定河淤灘隄內外留十丈蒔栽柳取土餘畀守隄貧民領耕輸租又請以永定河葦地改藝秋禾又以麥田牧羊奏請申禁又舉木棉事十六則爲圖說以進上爲題詩溝渠叠道工竟又請將藁城柏鄉內邱定興安肅望都諸縣改築甎城涿州拒馬河橋圯令改建石橋又重建衡水縣西橋請賜名安濟政無鉅細皆殫心力赴之二十八年上命勘天津等處積水責觀承玩誤下部議奪官命寬之御史吉夢熊宋綽經交章劾觀承上諭曰觀承在直久存息事甯人之見前以天津等處積水未消予以懲儆而言者劾以爲歸過之地直隸事務殷繁又値災歉措置不無竭蹶言易行難持論者易地以處恐未必能如觀承之勉力支持也三十年上南巡賜詩三十三年病瘧遣醫診視八月卒賜祭葬諡恪敏御製懷舊詩入五督臣中子維甸自有傳

富明安富察氏滿洲鑲紅旗人初授筆帖式累遷戶部郎中乾隆十一年授廣東惠潮嘉道歷廣東高廉糧驛廣西蒼梧諸道福建廣西按察使二十六年遷江西布政使請以南昌同知通判二員定一員爲滿缺專司繙譯淸文上以江西無駐防滿洲兵不允二十八年命往巴里坤辦事三十二年廣東巡撫明山劾富明安官糧驛道浮收倉米奪官逮京師鞫治事白復官命署山西布政使三十三年護巡撫劾雁平道時廷藹縱僕擾民坐奪官擢山東巡撫疏言高密百脈湖受五龍河膠河諸水夏秋常苦泛溢請濬引河引膠河北入膠萊運河涸出新地得四百餘頃上嘉之太僕寺少卿范宜賓奏請裁減東省閉壩後驛夫工食富明安疏言水驛夫役終歲在驛閉壩多在十一月開壩有早至正月者中間相距兩月餘而銅鉛諸船守凍尙須守護節省無多窒礙轉甚非政體所宜從之三十五年疏言小淸河行章邱鄒平長山新城高苑博興樂安七縣六百餘里源出章邱東至新城高苑間分支北爲支脈溝又東至博興分支南爲豫備河至樂安入淄水歸海比年湖泊淤塞春夏水漲民田常被其害現就樂安境內挑淤培隄並疏濬南北支渠使支幹通流建瓴而下博興樂安可復膏腴章邱鄒平長山新城高苑諸縣附近湖泊涸出有益於民民咸願出力與工毋庸動帑諭曰有利於民事在應爲但不可滋弊耳三十六年又奏濟甯西北當運河西岸受上游曹州境內諸水以運河勢高不能洩水入運遂至間段停積飭濬舊有五渠使南匯昭陽湖並同時修治沂水涑水灃河響水諸渠二十餘處及運河東岸徒駭馬頰諸河洩漲水入海上以知勸民之本嘉之三十六年授閩浙總督調湖廣三十七年京山民嚴金龍父子爲亂捕得置諸法卒贈太子太保諡恭恪

周元理字秉中浙江仁和人乾隆三年舉人十一年以知縣揀發直隸補蠡縣調淸苑以總督方觀承薦擢廣東萬州知州改霸州以修城未竣留淸苑會有部胥持僞劄馳傳者察其奸詰問具服事上聞上才之調易州擢宣化知府毋憂歸上屢出巡幸畿輔當其衝宮館驛傳車馬芻牧諸役主辦非其人往往爲民厲奏起元理董其事服闋補廣平調天津又調保定擢淸河道遷按察使再遷布政使三十六年命從尙書裘曰修總督楊廷璋勘靑縣滄州減河用元理議請撤閘改用滾水壩並定每歲測量疏濬從之旋授山東巡撫奏小淸河發源章邱長白山至樂安溜河門入海章邱至博興有滸山淸河諸泊爲納水之區請先將二泊濬深開廣遇水發時有所停蓄然後聽其入河分注歸海並於每年農隙疏濬下游各河未半載擢直隸總督三十七年疏言直隸雨多河漲行潦無歸行旅多滯民間隄埝衝決田廬受患請用以工作賑例勘修衝途諸州縣叠道並濬良鄉茨尾雅河新城雄縣盧僧河修新城淸河雄任邱獻諸縣隄埝上遣尙書裘曰修按行直隸河工元理與合疏言直隸諸水千丈萬派總由三汊河爲入海之道今查西岸叠道置橋穿運而東灌入海河出口西岸舊

有橋十一今擬添建橋九俾無壅遏上游不至受害格淀隄自當城以下改爲公道酌添涵洞使行水暢順子牙河下游澄清不使清河受淤詔如所請雄縣民訴知縣胡錫瑛私鬻倉穀上遣日修及侍郎英廉按治得實論罪上諭曰直隸治賑周元理奏請有司料理妥實今有雄縣事所稱妥實者安在下吏議奪官命留任三十八年加太子少保三十九年八月山東壽張民王倫爲亂破壽張堂邑陽穀犯東昌及臨清奪糧艘爲浮橋欲渡運河上以畿南地相接敕守要害元理駐至故城令布政使楊景素總兵萬朝興副將瑪爾清阿以兵千二百駐臨清西岸遏其衝大學士舒赫德率禁旅討賊賊渡西岸犯我師瑪爾清阿擊敗之賊潰復合又爲我師所敗進奪浮橋賊退保臨清舊城元理令朝興督兵助攻倫自焚死亂旋定尋與侍郎兼順天府尹蔣賜棨勘八旗在官荒地請招佃承墾八年後起租洫湖庫下之區並爲開溝洩水下部議行四十年元理年七十召至京御書榜賜之四十一年與學政羅源漢請熱河增建學校四十三年上命改熱河爲承德府令元理籌畫疏請改設州一縣五增置官吏如制並請開附近潘家口汛煤窯四十四年坐井陘知縣周尙親勒派累民民上訴元理請罪上命尙書福隆安按治責元理袒護奪官予三品銜令修正定隆興寺自贖尋授左副都御史仍署直隸總督四十五年遷兵部左侍郎擢工部尙書四十六年引疾歸四十七年卒令江蘇布政使致祭元理爲治舉大體泛愛兼容時以有長者行重之爲方觀承所識拔時同入薦剡者曰李湖亦有名湖字又川江西南昌人乾隆四年進士初授山東武城知縣調郯城累遷直隸通永道調清河道遷直隸按察使再遷江蘇布政使三十六年擢貴州巡撫三十七年調雲南四十年總督彰寶以貪婪得罪責湖隱忍緘默不先劾奏奪官予布政使銜往四川軍營會辦軍需奏銷四十三年授湖南巡撫四十五年調廣東湖敏於當官在貴州規畫鉛運在雲南釐剔銅政均如議行所至以清嚴爲政其涖廣東以廣東夙多盜番禺沙灣茭塘近海爲盜藪密詗姓名居址及出入徑途知盜以七月望歸設祀飭文武吏闔捕旬日間誅爲首者二百有奇而釋其脅從盜風以息旋條奏申明員弁責成編船移汛設施甚備令行法立民咸頌之贈尙書銜謚恭毅祀賢良祠

李瀚字文瀾漢軍鑲黃旗人少孤母苦節食貧撫以成立瀚選入咸安宮肄業雍正十年舉人充景山官學教習乾隆十三年授山東榮城知縣二十三年遷膠州知州在官八年民頌其惠築隄曰李隄立石紀焉三十一年擢武定知府大水乘小舟勘賑幾溺卒竟其事徒駭河久塞請發帑濬治自是連歲無水患三十四年擢兗沂曹道嚴防河諸費歲節以萬計而隄益堅三十六年擢江西布政使奏請停編審上諭曰丁銀既攤入地糧滋生人丁遵康熙五十二年聖祖恩旨永不加賦各省民穀細數督撫年終奏報五年編審不過沿襲虛文應永行停止護巡撫戶部用湖南布政使吳虎炳議禁小錢並及古錢瀚奏收買小錢二千四百餘斤古錢僅四十餘斤前代流傳銷磨殆盡應援兩江總督高晉奏准例聽民間行使如有私鑄古錢仍與小錢一例查禁從之又奏言時憲書按省刊載太陽出入晝夜節氣時刻今江南分江蘇安徽湖廣分湖北湖南陝西分甘肅請添註省名分晰開載如所請行四十年授雲南巡撫行至貴州道卒

李世傑字漢三貴州黔西人少倜儻善騎射年二十餘折節改行乾隆九年入貲爲江蘇常熟黃泗浦巡檢知縣李永書引與同堂聽訟縣人稱其平總督尹繼善巡撫莊有恭薦卓異遷金匱主簿有恭檄充巡捕官爲入貲以知縣留江蘇二十二年除泰州知州始至訟未結者四百餘案晝夜據案視事不五月報結巡撫陳宏謀薦其勝知府二十七年擢鎭江知府上命裁京口駐防漢軍世傑捐廉集貲人予銀三月衣一襲裁者三千人皆分畀職役三十年擢安徽甯池太廣道丁父憂服闋三十六年授四川鹽驛道未幾擢按察使師征金川總督桂林檄世傑駐打箭爐督南路軍需木果木之敗副將軍阿桂令師暫退軍中餉銀數萬巨錠募運還無應者世傑令曰委于賊寗散于民從軍貿易者數萬人爭取立盡世傑督隊護其後密檄關吏見持餉銀入口者皆令還官錠酬以給銀五兩餉獲全師復進鑄礮缺炭檄世傑營辦世傑令伐樹樹木城卡衞攤地爲大窖數十復伐樹而薪焉不旬月炭足供鑄守禦俘格宗發敵伏俘十六人以還阿桂以聞賜孔雀翎四十年擢湖北布政使仍留軍督餉四十二年金川平乃上官四十四年擢廣西巡撫丁母憂四十六年命署湖南巡撫服闋眞除四十七年調河南大學士阿桂督塞青龍岡決口疏引河上命占用民田當安頓調濟世傑尋奏請以北岸淤出地畝劃給南岸占用民田四十八年奏引河新築南隄捐廉種柳別疏釐定防護新河將吏官制遷四川總督四川自軍興後徵調賦斂無藝倉庫如洗世傑潔己率屬休養生息俾漸復舊觀上嘗舉世傑功風厲諸省世傑疏劾西陽知州吳申州民入湖廣界爲盜不即捕治上諭曰四川盜匪前此大加懲創地方安靜乃復有焚殺搶刼之事皆世傑因循玩愒所釀成傳旨申飭甘肅回復亂世傑奏遣川北總兵富誠率兵赴援建昌總兵魁麟防昭化廣元上以回亂漸定諭世傑鎭靜五十年世傑年七十入覲與千叟宴州縣捕金川逃兵不力例奪官仍留任准調不准升世傑奏請准令捐復上嚴斥之下吏議旋又允陝西巡撫何裕城請命世傑免議湖廣饑告糴於四川世傑請以近水次諸州縣常平倉穀碾米三十萬石既浙江亦告糴世傑以浙江視湖廣遠運米濟賑緩且不及又請以備應湖廣糴米撥十萬石先濟浙江上嘉世傑得封疆大臣體命議敍五十一年調江南總督世傑遘疾乞解任上不許秋大雨河決司家莊偕安徽巡撫書麟河道總督李奉翰籌工費請開捐例上諭之曰戶部庫銀尙存七千餘萬帑藏充盈足敷供億世傑何必爲此齷齪言利之舉指納未嘗無人才而庸流因之並進博膴仕一二年後得廉俸過於所出國家並無實際銓政官方兩無裨益此奏不可行尋復命大學士阿桂蒞工及冬工乃竟五十二年狼山鎭陳杰疏言各營火藥短少上命察覈世傑奏鎭屬鹽城等五營硝磺缺額磺產山西例二年一次採運近因運使歲需烟盒磺銀催解不前不能如例以致支絀上諭曰硝磺軍火要需向俱採辦足額以兩江而論安徽據奏足額何獨江蘇短缺兩淮年例歲不過烟盒七架大小爆竹一萬所需能幾有司採運遲延以此卸罪世傑以此牽涉支飾令兩淮鹽政徵瑞會同料理世傑尋劾江甯布政使袁鑒於各屬磺價尙未解齊誤將運使烟盒價率敍下吏議又以河督題報蕭蕩營新淤灘地產柴數與案不符責世傑未察覈世傑復偕徵瑞奏言硝磺缺額由採運稽遲請將歷任布政使議處上諭曰世傑等本當治罪但以事涉上供從寬降鑒江甯知府停世傑養廉三年並罷兩淮例進烟盒爆竹復調四川總督五十三年巴勒布夷爲亂擾西藏屬聶拉木濟嚨上命世傑撥駐防綠營及明正巴塘裏塘德爾革爾諸土司兵赴西藏而世傑得駐藏大臣慶林牒已發駐防綠營兵及屯練降番合三千人令提督成德等率以行奏入上命毋發明正巴塘裏塘德爾格爾諸土司兵世傑奏奉諭已令諸土司發兵諸土司近尙安靜既調復停恐番性生疑仍令備調上嘉世傑相機妥辦不拘泥遵旨解御佩大小荷包賜之世傑又奏發米萬三千三百石運西藏足敷兵食上褒世傑盡心命移駐打箭爐迭疏報成都將軍鄂輝率兵千二百入藏副將那蘇圖率屯練五百駐打箭爐尋以巴勒布夷遠遁諭世傑還成都五十四年秋審四川原定緩決刑部改情實者凡七案上責世傑寬縱以其老且平日治事覈實免議世傑薦川北道明安引見上以其年衰改主事世傑下吏議世傑以病請解任上令侍衞慶成偕醫診視賜人葠並令自審病輕則來京重則回籍五十五年三月入覲授兵部尙書賜紫禁城乘肩輿江蘇句容吏侵蝕錢糧漕米上責世傑在兩江未覺察命以原品休致回籍五十九年卒年七十九賜祭葬謚恭勤世傑仕而後學摘發鉤距必得要領上每言其不通文理然屢褒其能事禮遇優厚世傑長子漳州知府華國早卒上降詔慰勉其孫舉人再瀛會試未中式令一體殿試授禮部主事及世傑入爲尙書再瀛病卒召其次子知州華封授員外郎俾奉侍華封官至兩廣鹽運使

袁守侗字執沖山東長山人乾隆九年舉人入貲授內閣中書充軍機處章京遷侍讀再遷吏部郎中考選江西道御史授浙江鹽驛道二十八年遷廣西按察使奏言煙瘴充軍人皆凶悍請分撥泗城鎭安甯明東蘭諸地解役疏脫斬絞重囚短解問徒長解問流各署書役貼寫者濫收滋弊請量定多寡分別汰留又言卓異官藩臬道府甫到任未三月停止出結部議均從之三十四年丁父憂服闋命以三品京堂仍充軍機章京補太僕寺卿遷吏部侍郎調刑部命如雲南按布政使錢度貪婪狀論如律三十八年兼署禮部命在軍機大臣上學習行走兼管順天府尹復命如雲南按保山知縣王錫供給總督彰寶虧空兵糧論如律調吏部又命如貴州按總督圖思德劾鎭遠知府蘇墧貪婪狀罪至死暫署貴州巡撫又如四川按松岡站員冀谷錫侵蝕軍米論如律四十一年遷戶部尙書復命如四川按富德濫用犒軍銀即監詣京師賜黑狐端罩四十二年調刑部命如甘肅勘驗捐收監糧復命偕兩江總督高晉籌堵儀封漫口四十四年奏言遵兜神法築兩壩以期迴溜分入引河又與高晉會奏引河頭去口門稍遠開引溝三百餘丈直達引河繪圖奏聞上以所擬引河向南恐紆迴不能得勢於圖內條筆標識令向北改直尋奏壩工塾陷兩壩鑲築兜收遵諭將引河頭西首淤灘切去俾溝口向西北開寬引溜下注四十四年授河東河道總督調直隸總督四十五年疏請修築北運河筐兒港減水石壩四十六年甘肅監糧弊成大獄上以守侗勘驗不實下吏議奪官命留任丁母憂去官四十七年諭勘浚伊家河疏山東積水守侗詣勘奏請自善橋以北抵

楊家樓長七千餘丈展寬浚深堵築缺口拆改礙水橋座論速行辦理尋復授直隸總督四十八年卒贈太子太保賜祭葬謚清慤鄭大進字退谷廣東揭陽人乾隆元年進士授直隸肥鄉知縣累遷山東濟東道二十九年山東涇兩高唐茌平諸縣水漲阻道大進相度宜洩水不爲患巡撫崔應階薦其能遷兩淮鹽運使三十六年丁父憂去官服除上召至熱河命署浙江按察使尋授湖南按察使四十年遷貴州布政使四十三年授河南巡撫四十四年調湖北旋署湖廣總督奏安陸荊州二府瀕臨江漢以堤爲衞今夏漲發鍾祥潛江荊門江陵隄決已一律修復惟潛江長一垸地窪沙積築隄難固應擇地勢較高處築月隄鍾祥永興保安諸垸地當衝亦應築月隄俾水發江寬不致出險又有劉家巷隄應併修築四十五年奏武昌濱江上游諸水匯流繞城而東江漲衝刷隄根慮縣兒修武昌城畢請併修隄毋使水齧城均從之又奏言湖廣邪教爲害總督班第奏請枷責發落俾免株連牧令遂視爲自理詞訟率不通詳請自今以後據實呈院司嚴辦諱匿徇縱者劾之上韙其言四十六年授直隸總督命勘永定河工奏言六工以下河身內舊有民居乾隆十五年給價遷移又以下口改流奏令斬回繳原給房價減糧田畝依舊徵收今勘南北兩岸自頭工至六工鄉落已盡遷移六工以下水勢遷徙靡常累將北埝改築展寬南北兩堤遙隔五十餘里其中居民五十餘村水漲以船爲家應令遷移永清柳坨諸村東安孫家坨諸村旗民二百八戶已勘定地址令陸續移居河身較遠之村仍准暫住禁築埽修房以杜占居報聞四十七年二月賜孔雀翎黃馬掛五月奏保定九龍河經清苑安州至任邱入淀年久積淤請舊有望都鬻閘殷家營高嶺村三閘外於望都樊村建石閘一清苑冉村鄧村營頭建石閘三並修整諸舊閘開濬安州新安任邱諸縣河皆稱旨加太子少傅卒賜祭葬謚勤恪劉峨字先資山東單縣人入貲授知縣乾隆二十三年遷直隸曲陽知縣調宛平盧溝橋有逆旅多陰戕過客沒其財峨發其奸西山煤礦多藏匿亡命峨散其黨與先後捕治資諸法三遷通永道以母憂歸起天津道仍調通永道以父憂歸未一年上命署清河道服闋真除四十五年遷湖北按察使石首有寡婦兄公謀其產誣之死於獄峨治官書發其枉逮其兄公至親鞫論如律四十六年遷安徽布政使調山西四十八年擢廣西巡撫甫兩月遷直隸總督輔國公弘昽遣僕至靜海冒佔入官地事聞上諭峨遇王公以下私遣人干有司無問是非曲直即據實奏聞長蘆鹽政徵瑞奏漕艘至楊村以民船剝運鹽運遲誤上謂非特鹽運遲誤且恐商貨壅滯令峨赴天津與徵瑞議民船編號輪雇照例發價並定赴通回空限期下部議行分疏劾中倉監督趙元增賤毆民至死三河知縣王治岐挪用旗租並論如律謁避暑山莊祝嘏賜孔雀翎黃馬掛南宮民魏玉凱訴縣人李存仁習邪教上遣侍郎姜晟會鞫存仁坐誅玉凱妄及無辜論戍四十九年上遣尚書金簡會勘蘆溝橋下游沙淤請於中泓五孔抽溝三道上以抽溝水緩命中泓五孔全行疏濬徵瑞請捐銀三十萬造剝船濟運上以直隸木材少命湖廣江西二省分造峨奏言北倉存漕四十餘萬俟新造剝船到齊先行運通上許之五十一年七月廣平民段文經元城民徐克展爲亂夜入大名戕大名道熊恩紱峨奏聞即督兵馳往捕治得從亂者王國柱等自列向習八卦教及文經克展蓄謀爲亂狀上令峨捕文經克展久之未獲累降旨詰責十月河南巡撫畢沅奏於亳州獲克展檻送京師而文經終未能得五十二年命停峨本年廉俸山東學政劉權之迎眷屬赴官途遇盜峨坐奪官命留任五十三年命偕山東巡撫長麟等勘議糧艘在德州剝運五十五年巡城御史穆克登額等獲建昌盜自列嘗刦建昌錢鋪有同爲盜者繫清苑獄二年未決上責峨廢弛遣侍衞慶成逮清苑知縣米復松詣京師下刑部論罪奪峨孔雀翎黃馬褂降調兵部侍郎未幾擢尚書五十六年命如河南按虞城民訴縣役事又如江西按廣豐武弁包漕崇義民發冢棄骸事並訊明論如律峨至崇義入深山中勘冢地江西民稱之五十七年從上幸熱河賜還孔雀翎黃馬褂六十年以疾乞解任加太子少保原品休致卒賜祭葬謚恪簡

陸燿字青來江南吳江人乾隆十七年舉人十九年考授內閣中書充軍機處章京奉職勤愼有急務立辦大學士傅恒深器之上出巡幸俱令扈從累遷戶部郎中二十五年出爲雲南大理知府以親老請改補近省調山東登州府三十六年調濟南上書巡撫徐績請留南漕廣積貯三十七年授甘肅西寧道燿乞續代奏乞假送母居京師上命改授運河道上書河道總督姚立德言兗州泰安二府泉四百七十八當濬渠導泉俾由高趨下其流不絕又言運河歲冬閉壩春挑濬天寒晷短民役俱憊宜修復南旺濟甯臨清月河並於彭口南岸亦開月河歲九十月漕艘商船皆從此行以其時疏濬運河皆用其議又請修河渠成運河備考三十九年壽張民王倫爲亂去濟甯二百里有欲閉城者燿不可曰寇未至閉城示之怯也且何忍拒吾民使散逸被賊害且脅誘耶乃募鄉兵助守坐城闉任稽察事旋定四十年擢按察使燿議以流犯罪輕請免其解司四十三年擢布政使燿議流外墾積請停分發皆從之燿母老病狂疾奏乞解任終養上許之四十六年丁母憂運河築隄上以燿習河務命往山東會運河道沈啓震董其役四十八年命署布政使服闋真除四十九年擢湖南巡撫湖南鹽商例有餽燿卻之命平鹽價如其數疏請增嶽麓城南二書院膏火又疏請申親老告養例請敕各督撫不論現任試用通飭呈明終養又奏湖南社倉前巡撫劉墉令湘陰等四十五縣勸捐得穀十二萬勒限嚴催僅衡陽等十五縣交齊餘未足數者十七縣全未交者十三縣如湘陰巴陵武陵諸縣濱臨江湖地多磽瘠桂陽瀘溪辰谿諸縣介在山僻民鮮蓋藏若執前捐數目責令全完民間未需借貸之益轉受追呼之擾請凡現在未收者停止催繳上允其奏燿以病請解任旋卒燿自幼立志以古人自期學兼體用居官廉儉入覲門吏留裝物槖貲燿乃置衣被城外而假於友覲已還之初至長沙總督特昇額以閱兵至見燿方午食惟菽乳蔬茹訝之燿曰天不雨方齋故所食止此特昇額怒其奴曰吾館舍酒肉臭何不以祈雨告還館舍命悉撤去

管幹貞字松崖江南陽湖人乾隆三十一年進士改庶吉士授編修考選貴州道御史巡視西城訟牒皆親判周行郊內外捕治諸不法者先後命巡漕天津瓜儀凡十二年累遷至光祿寺卿幹貞以漕船回空多守凍打冰令先通下游免上游冰下注益增堅厚後遂守其法疏言運河以諸湖爲水櫃誠使節節疏通雖遇旱澇可以節宣否則兩少無儲濟之方兩多無容水之地至引黃入運保一時權宜苟疏濬得宜黃河全力下注運河自不致停沙又奏請治駱馬湖使運河水有所蓄洩並得旨議行遷內閣學士五十三年擢工部侍郎五十四年授漕運總督糧艘至天津楊村每以水淺須起撥運丁不能給舟値例由長蘆鹽運使以鬻鹽錢貸運丁借直隸藩庫銀歸款運丁分年繳納其後議停運丁多不便幹貞請如舊例又疏陳江西軍丁疲敝請籌款增給行月二糧折價借官銀代償積逋令分年輸納寬限清釐屯田俾藉以調劑並從之五十五年賜孔雀翎黃馬褂疏言漕艘百餘艘役夫數萬人最易藏奸生事上年新漕飭嚴立規條行必按伍止則支更親行督察乃知別有奸人隨幫治數十人交州縣確擬嚴懲得旨嘉獎五十八年疏言蘇州太倉押運官例抵淮後改委赴通中途分更互相推諉請自水次抵通始終其事庶官有專司又請河南豁免緩征停運減存船隻就近赴山東受雇撥運又請各幫水手簡練責成頭舵工丁以素識誠實之人充補免聚衆爲盜諸累皆報可各省開兌多至春初又在在逗遛遇水淺或河溢有在河北度歲者幹貞嚴飭弁丁修艌受兌後冬兌春開舊制糧艘起運每策馬督催風雨不避或不歸所乘舟支帳露宿微弁出力必親慰勞運丁舟人不用命立予懲罰當時或若其苛急及回空省費無絲毫派累咸大悅服高宗嘗召見褒其能謂可亞楊錫紱五十九年以疾乞假命兩江總督書麟攝其事疾愈任事如故幹貞成進士時禮部改貞爲珍六十年命仍原名嘉慶元年戶部議江浙白糧全運京倉以美米爲耗浙江運丁如議交運幹貞以江南餘米較少執議不行交部嚴議奪官三年卒子遹群官浙江巡撫蔣兆奎字聚五陝西渭南人自副貢生補甘肅張掖縣教諭乾隆三十一年成進士三十三年教諭俸滿授四川合江知縣調灌縣征小金川攻熱耳總督富勒渾奏留兆奎從軍駐達烏圍治饟既破熱耳移饟往俄大金川助亂兆奎知熱耳不足守復移糧達烏圍已而他所糧悉被焚將軍阿桂才兆奎使駐日隆治饟兼司令轍局旋調署華陽加知州銜四川鹽梟嘯子擾尤溪兆奎捕得盜渠獲首犯服闋還山西澤州同知擢太原知府以巡撫農起薦擢河東鹽運使五十四年遷按察使仍兼理鹽務尋遷甘肅布政使越五十六年高宗八旬萬壽兆奎入祝嘏時河東商困兆奎議改鹽課歸地丁上命如山西同巡撫馮光熊勘議旋議山西陝西河南三省應納正課四十八萬餘兩均入三省行鹽完課納稅百七十一廳州縣地丁兩加九分有奇下部議行五十七年上以河東鹽價減銷暢兩三月內發販鹽數倍於往年商民交便褒兆奎始終承辦收效甚速賜孔雀翎旋授山西巡撫五十九年迎蹕賜黃馬掛六十年以山西錢賤請停寶晉局鑄錢從之嘉慶元年詔與千叟宴尋命母詣京師仍加恩賚奏劾汾州知府張力行挾訟事婪索冀寧道邵希曾等廻護同官奪力行官命兆奎按鞫又發力行侵餉狀坐斬二年以病乞解任歸四年高宗崩兆奎入臨即授漕運總督固辭不許旋奏言整頓漕運要在卹丁今陋規盡革旗丁自可節費而生齒日繁諸物昂貴旗丁應得之項實不敷用急須調劑前讀上諭有漕州縣無不浮收江浙尤甚每石加至七八斗舊來交納視爲固然今若劃出一斗津貼旗丁餘悉革除所出有限所省已多不特千萬旗丁藉資濟運即交糧億萬花戶皆沾恩無窮疏入上嫌事近加賦飭與有漕

省分各督撫另議調劑兆奎疏言各督撫所議調劑有名無實兩江費淳所奏不敷運費江蘇擬四升七合安徽擬一升爲能有濟因力請罷斥上責兆奎粗率並諭加賦斷不可行此外如何設策善後令再覈議兆奎奏請每船借給銀百兩於各糧道庫支領分三年以旗丁應領之項扣還山東河南兩省路途較近減借五十兩有漕各省本有輕齎原應徵米斗折銀五分請仍徵本色按照旗丁米數分給白糧無輕齎請通融勻給上以所擬損民益丁巧避加賦之名仍存加賦之實道侍郎鐵保會淳詳察兆奎又奏旗丁運費本有應得之項惟定在數十百年之前今物價數倍費用不敷近年旗丁尚可支持者以州縣浮收向索兌費並折收行月等米以之貼補一切經費今革除淸弊浮費可省兌費不能減臣才識短淺惟恐貽誤求上別簡賢員原從小心敬畏而來不敵氣質用事上卽命鐵保代兆奎召授工部侍郎尋授山東巡撫御前侍衞明安奏山進香還京師奏山東有司私餽銀八百並及途中營汛墩房坍塌上以詰兆奎兆奎復奏辯且稱老病求去上怒其忿激念廉名素著降三品卿銜休致七年卒

胡季堂河南光山人侍郎煦子初以廕生授順天府通判改刑部員外郎遷郎中出爲甘肅慶陽知府再遷甘肅按察使調江蘇江蘇按察使移駐蘇州而獄猶在江甯季堂請更置報可乾隆三十九年擢刑部侍郎四十四年遷尚書季堂屢奉使諸省讞獄直隸吉林江蘇皆一至山東四至河南再至察得唆訟者設治之有誣訴論如律不稍貸初使河南按商邱獄上諭之曰季堂河南人按本省事尤當秉公持正勿以事涉大吏慮將來報復稍爲瞻顧商邱民湯秉五迫孀婦劉爲妻劉絕食死其獄已題旂劉父猶陳訴並及順刀神拳會民事察得唆訟者罪之使山東按平度獄州民羅有良與人鬭誤蹴其母死萊州知府徐大榕原勘無誤乃坐是奪官當平反得旨嘉獎再使山東暫署巡撫山東災請截本省漕米治賑還京師加太子少保再兼署兵部尚書嘉慶三年授直隸總督賜孔雀翎四年仁宗親政季堂疏發和珅罪狀尋請以籍沒其僕呼什圖米麥萬餘石分借文安大城被水村民長新店盜發上責季堂廢弛創太子太保奪孔雀翎下吏部議奪官去頂帶留任河南內黃知縣陶象柄獲長新店首盜季堂奏聞上嘉季堂不邀功還頂帶又獲從犯還孔雀翎是時川楚陝教匪爲亂五年季堂奏教匪稽誅臣聞經略額勒登保參贊德楞泰等由川而楚而陝而甘數千百里窮追接戰輒勝是教匪所恃不在勢衆而在得間能逃也川楚陝連界崇山峻嶺斷澗深溝在在險阻教匪竄匿其間刦掠而食不煩裹糧迫民前驅不煩招集官兵至輒翻山越澗而逃官兵必先運糧又須探路諸費周章卽道路可通餱糧可繼而日夜追躡奔走其勢必疲是教匪逸而兵勞也臣愚以爲當先嚴守要隘俾教匪無路可奔乃宣上德意散其脅從然後臨之以兵分道進剿教匪途窮食盡計日可平聞陝省有團練鄉勇或一二村或數村聯合築堡爲聲援川楚可推而行之令各守本境俾自護其田廬婦子則教匪雖多驟難肆擾官兵勦撫兼施無顧此失彼之慮上諭曰所論極是總之能堵方能勦能勦方能撫大端不外乎此尋以病乞解任還太子太保卒贈太子太傅遣御前侍衞豐伸濟倫奠醊諡莊敏子鈺進士直隸淸河道錄湖南鹽法道

論曰牧民於平世自庶而求富修水利飭農功其先務也觀承殫心力於是政行畿甸富明安元理瀚皆以此爲急各著績效幹貞籌運道尤重行水世傑起下僚介而能恕燿以學爲政所施未盡其蘊季堂論治教匪後來堅壁淸野之議已發其端我有先正言明且淸諸臣所論列足當之矣

淸史稿　列傳一百十二

李淸時 姚立德　李宏 子奉翰 孫亨特
何煟 子裕城　吳嗣爵
薩載　蘭第錫
韓鑅

李淸時字授侯福建安溪人大學士光地從孫乾隆七年進士選庶吉士授編修十四年授浙江嘉興知府上南巡或議自嘉興至杭州別闢道行民舟淸時於官塘外求得水道相屬上通吳江平望下達杭州壩子門號爲副河丁父憂去官服除授山東兗州知府二十二年擢運河道二十六年河決孫家集運河由夏鎭至南陽兩隄俱潰淸時督修築議者或擬用椿埽費以六十萬計或擬建石隄費以三百萬計淸時少時行瀕海間見築隄捍海爲田者擲碎石積水中潮退則以木闌之塡土其上堅築成隄因參用其法以河東西兩岸皆水得土難令以石壘兩旁積葑其中水涸募夫起土置積葑上費帑十四萬有奇而兩隄成曹縣溢水瀉入微山湖出韓莊湖口閘溢水不得洩令於閘北毀石隄掘地深之以洩水事上聞上命於其地建滾水壩高一丈二尺餘淸時請減低爲一丈令湖水落至丈乃閉閘蓄水泗水經兗州西流入府河濟甯城東舊有楊家壩遏水使入馬場湖蓄以濟運遇伏秋水漲不能洩淹民田令改壩爲閘視水盛衰爲啓閉汶水分流入蜀山馬蹋兩湖舊制引水使南行少北行多後乃反之漕船經袁口靳口淺澀不能進淸時規分水口令南壩加長北壩收短以爲節宣並減低何家壩使汶水南弱而北增蜀山湖出口爲利運金綫二閘舊制開金線資南運淸時令移金綫在利運北使蜀山湖水先濟北運壽張境有沙趙二水阻運河不得入海舊於運河東岸建三空五孔橋又於八里廟建平水三牐使二水盛漲有所洩淸時議減低三空五孔橋又於八里廟增建滾水壩使漲未盛卽洩不爲范濮壽張東阿諸縣民田害總督方觀承行河用其議二水始宣暢衞水自館陶至臨淸與汶會舊有閘盛漲不能禦淸時令於閘南當汶衞交流處築壩仍歲加高厚又議拓四女寺滾水壩尚書裘曰修行河用其議衞河得安流二十九年調江南淮徐道三十年擢河東河道總督賜其母大緞貂皮淸時以河隄歲修司其事者每不度形勢過高糜帑而卑薄者不能大有增益乃飭所司當水漲各具隄高水面尺寸呈報撐隄最薄者培之迨伏秋水發耿家寨稱十四堡水及舊堤上賴豫增新築以免淸釐河工徵料諸弊歲減派料至千餘萬斤三十一年運河東岸漫口自請議處原之三十二年七月授山東巡撫高苑博興樂安三縣被水淸時謂小淸河下流隘故上游溢檄所司勘驗遽疾作乞解任不許三十三年卒淸時治水善相度情形窮源竟委每乘小舟出入荒陂叢澤支流斷港中或徒步按行諮訪必得要領乃見諸建置

姚立德字次功浙江仁和人祖三辰官吏部侍郎立德以廕生授主事乾隆十二年外授江甯通判遷知直隸景州州俗有人市鬻奴婢牽就牙儈估其値如牲畜然親死三日祭城隍廟獄曰哭廟立德諭禁之陋俗以革累遷山東按察使署河東河道總督按行工次見陽武汛十七堡諸地土鬆浮疏請築半截培堤使堅山東運河兩岸蜀山南旺馬場昭陽微山諸湖每伏秋盛漲水不能容爲豫籌蓄洩壩閘啓閉惟其時三十九年實授加兵部尚書銜高雲龍者內監高雲從弟也立德入雲從言薦之臨淸州爲傔從坐逮依結交近侍律論斬命奪官仍留任陽穀民王倫爲亂立德分守東昌城圯難守引運河水繞城壕恃以爲固檄發倫先墓磔其屍四十四年儀封河決屢築屢衝命奪官仍留工効力自贖四十五年責令回籍旋發往南河補淮安裏河同知四十八年卒

李宏字濟夫漢軍正藍旗人監生入貲授州同効力河工授山陽縣外河縣丞累遷宿虹同知乾隆十六年授河庫道尚書劉統勳劾河員虧帑事連宏解職事白留工二十二年發直隸以河務同知用總督尹繼善疏請留南河侍郎夢麟勘治六塘河以下以宏從尋復補河庫道丁父憂命在任守制二十七年調淮徐道二十九年擢河東河道總督奏言山東運河資湖水接濟今秋雨少飭早閉臨運各閘又言微山湖蓄水濟運韓莊湖口閘水深與滾水壩脊相平空船足敷浮送卽應堵閉泗河會合諸泉收入獨山湖僅濟南運應請於兗州府金口壩截築土假俾達馬場湖俾濟甯上下河道並資其益蜀山馬蹋二湖專濟北運亦須築壩收蓄又請增募夫役挑濬沙趙漳衞汶泗韓馬諸水均報聞又奏黃河北岸耿家寨埽工爲豫東第一險要自乾隆九年下埽修防歲費帑料去冬於對岸引渠冀分溜勢今秋全河暢分入渠險工淤閉得旨嘉獎三十年調江南河道總督上以宏初自監司擢用道廳以下多同官慮有瞻徇命高晉統理南河留宏協理河東總河奏言黃河至河南武陟滎澤始有隄防丹沁二水自武陟木欒店匯入伊洛瀍澗四水自鞏縣洛口匯入設諸水並漲兩岸節節均須防守臣咨飭陝州於黃河出口處鞏縣於伊洛瀍澗入河處黃沁同知於沁水入河處各立水誌自桃汛迄霜降長落尺寸逐日登記具報如遇陡漲飛報江南總河嚴督修防大丹河至河內縣丹谷口舊築攔河石壩令由小丹河歸衞濟運請不時察驗疏令暢達衞河輝縣百泉爲衞河之源蘇門山下匯爲巨浸南建三斗門中爲官渠濟運東西爲民渠灌田向例重運抵臨淸閉民渠使泉流盡入官渠五月後插秧一日濟運一日灌田惟民渠石壩失修泉

「水旁洩應令修砌堅實均如議行上以清口節宣未暢下河田廬易淹特定高堰五壩水誌水高一尺清口壩拆展十丈三十一年三月宏奏言清口水門因上年霜降後湖水大消祇留十四丈桃汛將屆應預將東壩拆展使口門寬二十丈俾洪湖及早騰空預留容納之地上嘉之夏秋間湖水盛漲續展至五十三丈八月河溢徐州韓家堂宏與高晉分駐兩壩堵築逾月工竟奏言平時大展清口騰空湖面乃得蔵工迅速冬以湖水漸落請接築東西壩仍留口門二十丈酌量收束蓄清抵黃三十三年河溢王家田頭下吏議降調寬之三十四年奏言洪澤湖水大將清口東西壩遞展宣洩適黃水驟長灌入清口隨閉惠濟通濟福興三閘俾併力敵黃黃水消退報聞三十六年卒宏嘗以明汝上老人白英立祠戴村子孫向有隱襲請旨仍給八品世職上從之李奉翰宏子入貲授縣丞補沂水累遷江蘇蘇松太道坐事罷復入貲還原官發江南河工効力奏署河庫道上以奉翰宏子習河事命眞除四十四年署江南河道總督四十五年二月授河東河道總督河溢考城芝蔴莊張家油房奉翰督吏塞芝蔴莊工竟上諭曰勉爲之莫以水弱而弛其敬謹旋命仍署江南河道總督奉翰奏張家油房工未竟較南河睢甯工爲要請留河東俾蔵其役報可九月張家油房工亦竟上爲欣慰四十六年正月調江南河道總督二月奏請重定南河汛員額酌增河兵移改運河閘官運河汛員視缺簡要更定品秩下大學士九卿議行七月河決青龍岡命偕大學士阿桂馳赴河南會河東河道總督韓鑅督辦東西兩壩下埽甫合龍埽墊陷乃與阿桂等議寬濬青龍岡迤下至孔家莊榮華寺楊家堂諸地引河匯於黃河下游北岸疏潘家屯張家莊二引河蘇家山水繞河宿遷十字河桃源顧家莊引河五道洩水四十八年春青龍岡工竟方壩陷奉翰督吏搶護躍入金門格於纜傷焉河工謂兩壩間爲金門纜所以引埽者事聞上四十九年上南巡奉翰覲行在上獎其勤勞賜騎都尉世職五十年坐清口東西兩壩不早收束致運道淺阻降三品頂帶尋命復之秋河水大至奉翰督吏晝夜塡築塞李家莊煙墩頭司家莊湯家莊諸漫口五十四年調河東河道總督五十八年命赴浙江會巡撫吉慶勘海塘奏請以范公塘及海甯石壩改築柴盤頭並於石塘前修補坦水三官塘柴工後加培土戧從之五十九年漳水溢臨漳三臺漲發命馳往勘察奏漳河兩岸沙土浮鬆水勢驟長驟落向無隄堰上年大雨漫溢應將下游淤墊處疏濬深通再將三臺壩基塡築俾歸故道上從其議嘉慶二年正月加太子太保授兩江總督兼領南河事三年河決睢甯四年正月與河道總督康基田督塞睢州決口工竟二月卒李亨特奉翰次子入貲授布政司理問發河東委用補兗州通判累遷雲南迤西道嘉慶初佐平苗猓賜孔雀翎加按察使銜累遷調授江蘇按察使九年擢河東河道總督十一年河南巡撫馬慧裕劾亨特縱屬吏賕不得迫合告養諸狀上命侍郎托津等往按奪官發伊犂十三年釋還命至南河候差委十四年以河決荷花塘追咎亨特不善料理復發熱河効力未幾復釋還授主事十五年選戶部主事擢直隸永定河道未幾復授河東河道總督十六年奏南糧到通州剝運不能迅速請在楊村全數起剝下倉場侍郎玉甯戴均元等議駁上責亨特冒昧下吏議降調命留任十八年秋河溢睢甯坐奪官命留工効力十九年河道總督吳璥奏微山湖存水僅一二尺南陽昭陽獨山諸湖淤成平陸無水可導上責亨特在官不能預籌又聞亨特既奪官居濟甯仍用總河儀制斥亨特玩誤縱恣命逮下刑部治罪籍其家刑部議發新疆上命在部荷校半年發黑龍江効力二十年卒於戍所

何煟字謙之浙江山陰人先世籍湖南靖州雍正中入貲授州同効力江南河工從大學士河道總督嵇曾筠修浙江尖山海塘請補杭州東塘同知避本籍仍發江南河工乾隆初權豐碭通判授桃源同知十五年擢河庫道十六年遷兩淮鹽運使特敕兼管河務以母憂去官十九年尚書劉統勳等奏論河庫虧項不清奪煟官擬徙追償拘留工次久乃繳完免罪二十二年仍發南河以同知用從侍郎夢麟疏濬荊山橋河工從副總河嵇璜治淮揚河務超擢淮揚道二十三年丁父憂總督尹繼善奏留在任守制許之二十六年以郎中內調會河決中牟楊橋上命大學士劉統勳等蒞工以煟從工竟留煟駐工防護旋授開歸陳許道調山東運河道三十年調河南河北道擢按察使上以煟習河事命兼領河工煟信浮屠說讞獄輒從輕比睢州民劉玉樹謀殺人鞫實擬斬候刑部改立決上責煟寬縱詰巡撫阿思哈阿思哈稱其能勝任其冬擢布政使仍兼理河務兩權巡撫三十六年授巡撫兼河務如故尋又命兼領山東河道三十七年淅川內鄉被水正陽確山風災疏請撫卹緩徵上賜詩褒以愛民知政三十八年上巡天津閱永定河工煟迎駕賜孔雀翎黃馬褂尋命與工部尚書裘曰修直隸總督周元理勘永定河上游疏言永定河挾沙而行散漫無定水性就下本無不同而地有高卑沙有通塞情因時而或異永定河遷徙不定其情也非其性也察其情導其性先宣後防千古極則雖起神禹無以易之永定河下口蒙皇上指示疏導既不阻下達之勢更可免浸潤之虞其法固當常守所慮數十年後妄生異論別騁新奇勢且變亂舊章貽河防巨患請將聖諭幷議言條欵勒碑垂久遠報聞三十九年疏請各州縣常平倉溢額以四千石爲限餘循例變價又奏河南漕穀七十九萬薊米二十九萬分存各州縣界鄰省安陽等五州縣限二萬石近水次祥符等三十五州縣限一萬石均如所擬加總督銜仍領河南巡撫又進兵部尚書銜其秋會勘王倫事平道內黃病作遣醫往視未至卒煟贈太子太保祀賢良祠賜祭葬謚恭惠裕城煟子字福天自貢生入貲授道員乾隆四十二年除山東督糧道調河南河北道河溢儀封大學士高晉蒞工以裕城從儀封埽工墊陷坐奪官命留任四十六年調江南河庫道裕城侍煟治河嘗著全河指要謂治河當節宣並用不當泥河不兩行之說偏於節束上書當事指陳南北岸諸險工未幾河決青龍岡注微山湖衝運河四十七年七月河東河道總督韓鑅丁憂青龍岡工未竟上特命裕城署理大學士阿桂視工曲家樓請自蘭陽至商邱別築新隄裕城奏蘭陽新開引河其上游素稱險要必須內有重障外有挑護大隄後舊有越隄相去遠恐不足恃請向東添築格隄臨河近溜處加築挑水壩上從之又奏兗州伊家河在運河八閘之西以分洩運河及濟湖諸水應挑展寬深上命速興工又奏伊家河興工後即往河南勘驗引水子溝仍往來山東河南督察上嘉之並諭曰汝若能不自滿而加以勸學或可繼汝父也伊家河工竟四十八年賜孔雀翎四十八年青龍岡工竟請修築運河隄岸詣濟甯勘估奏需帑六十四萬有奇得旨允行授河南巡撫以秋審多失出降三品頂帶停支養廉四十九年運河隄岸工竟命議敘師討石峯堡亂回道河南裕城佐軍興復頂帶養廉五十年調陝西巡撫朝邑被水上諭裕城就被水處將淤積泥沙就築河隄尋奏報建護城隄下部議行調江西巡撫五十二年奏江西河路二千四百餘里請以所獲盜舟改設巡船上嘉之又奏豐城鎭平隄中段水勢衝激不足捍禦請改建石隄從之五十五年調安徽巡撫命來京祝八旬萬壽行次合肥卒

吳嗣爵字樹屏浙江錢塘人八歲而孤母錢督之嚴雍正八年成進士授禮部主事大學士張廷玉奏改吏部再遷郎中嗣爵彊識嫺故事乾隆六年授常州知府再授保甯皆奏留部旋命視學湖北調福建十三年授淮安知府遷淮揚道洪澤湖盛漲例當開天然壩嗣爵曰開壩減暴漲如下河州縣生靈何持之力卒無恙十六年調兩淮鹽運使十八年復授淮揚道遭母憂上諭曰防河官吏叢弊故特由運使調用河工與地方官吏不同畀假兩月治喪畢在任守制擢江蘇按察使遷布政使調湖南未行奏江甯等三十五州縣積欠應徵口糧請特旨緩徵上諮巡撫託恩多託恩多奏江甯等州縣年豐不當再請緩徵上責嗣爵藉緩徵卸過並爲有司催徵不力地命發江南河工以同知用二十五年補宿虹同知仍授淮陽道移淮徐道黃河盛漲逼徐家莊纖隄嗣爵督吏搶護命署理河東河道總督旋坐官運使時商人侵蝕提引公費坐降調命改奪官仍留任三十四年奏請修補丁廟六口南旺荊門戴村諸閘壩並言運河兩岸土工臨清以北爲民堰南旺以南爲官隄自臨清至南旺官隄民堰交錯請凡民堰卑薄殘缺處督令修築官隄酌緩急次第培修上嘉之署河南巡撫三十五年奏南旺湖北高南下在運河西岸値分水口之衝伏秋汶水發自關家當鳴等斗門灌入祇能收水入湖不能出水濟運請於南旺下游土地廟前增建石閘一以時啓閉三十六年遷江南河道總督四十年奏丁家集黃河自北趨南北岸新灘插入河心致沖漫南岸民堰五百餘丈毛城鋪過水較大下流亦不能容今收正河頭淵量河身濬引渠築子壩於北岸旁黃河故道濬引河來春相機開放俾河改由北岸東下不使旁注丁家集諸地又奏裏河廳運口本設惠濟通濟福興三閘惠濟尤爲淮水入運關鍵請俟春融修築四十一年又奏清口通湖引河凡五爲洪澤湖尾閭並分別疏濬運道以濟尋奏五引河中張家莊裴家場二河水洩應濬使寬深從之四十一年上東巡嗣爵覲行在入對不能興左右掖以出改吏部侍郎四十二年乞罷歸四十四年卒年七十有三子璥自有傳

薩載伊爾根覺羅氏滿洲正黃旗人父薩哈岱官鑲藍旗滿洲副都統薩載繙譯舉人授理藩院筆帖式累遷江蘇蘇松太道管蘇州織造果親王弘瞻短價令製紬緞朝衣事發奪官召還京予主事銜尋授薩哈岱蘇州織造命薩載侍行爲佐逾年改授普福命交兩江總督差委旋授松江知府三十年加道銜復署蘇州織造三十四年擢江蘇布政使仍兼織造三十五年署巡撫巡撫永德請以華亭寶山土塘改建條石薩載言條石易傾圮按察使吳壇請裁巡檢弓兵增州縣捕役薩載言不便皆寢其議三十六年與總督高晉奏濬海州河道

又奏江蘇社穀積至三十七萬六千餘石請察驗報開三十七年眞除江蘇巡撫上命察屯田薩載奏江安糧道屬江淮興武等六衞蘇州糧道屬蘇州太倉等四衞令清釐册報循新例四年一編審加給江淮興武二衞屯丁墾田逃丁缺丁終歲輓輪請加給津貼太倉鎭海二衞田不隨船私相售典循舊例借項贖回從之三十九年河溢外河廳老壩口偕河道總督吳嗣爵董工事未兩旬工竟議敍四十一年上東巡覲行在授江南河道總督命與高晉察黃河海口淤沙薩載先至奏海口前在王家港自雍正時接湧淤灘長四十餘里南岸爲新淤尖爲尖頭洋北岸爲二泓三泓四泓二泓四泓寬二十餘丈潮至深二三丈三泓寬四十餘丈潮至深三四丈河底有高低河身又漸遠淤積已久難以施工上諭曰此海口自然之勢難以人力勝之尋與高晉奏請以清口東西壩移建平城臺於陶莊迤上別開引河是夏運河及駱馬湖水漲薩載督吏防護上嘉其勞協尋開陶莊引河四十二年二月工竟上諭曰朕屢次南巡臨閱清黃交匯處慮其倒灌思引向陶莊北流歷任河臣未有能任此者昨歲薩載奏請施工與朕意合據奏工竟自此黃河離清口較遠既免黃河倒灌之虞並收清水刷沙之益實爲全河一大關鍵視齊蘇勒例予騎都尉世職入覲上命於攔黃壩迤上加築壩爲重門保障並於舊有木龍三架迤上增設木龍薩載回任奏遵上指料理上嘉之冬復奏新河河面首尾寬窄不同請於北灘順水勢抽槽酌留土格俟來年水漲放溜衝刷使河面首尾寬闊相若繪圖以進上覽圖中北岸有新淤因慮北淤則溜必南趨議以朱筆命薩載疏治四十三年奏高家馬頭新淤已刷動寬深彭家馬頭新淤前作柴枕土壩茲於灘面抽槽俟水漲衝刷旋署兩江總督四十四年奏攔黃壩外舊河露淤灘請於灘面築束水隄爲新河保障尋實授兩江總督先是高晉奏中河口門淤阻議移下游李家莊上命薩載勘奏薩載請將清口東西壩移築惠濟祠前上從之四十五年大學士阿桂奏陶莊引河首尾寬而中窄河身雖已刷深水勢尙嫌束縛伏秋汛漲恐宣洩不及命偕薩載勘覆尋奏請河寬六十餘丈處展十餘丈河寬不及六十丈處展二十餘丈又奏雲梯關外二套以下河流現行之道道遠而水淺請於四泓以下增設閘壩二套上迤西馬港河舊隄殘缺應行修復並於舊無隄處補築新隄下接北湖河西堰上從之夏河溢郭家渡命薩載與河道總督陳輝祖督護是歲河水盛漲利開毛城鋪蘇家山峯山頭諸閘次將清口東西壩全行拆展薩載奏諸州縣被水睢甯泗州爲重邳州宿遷靈璧五河次之見在撫恤寄貼上諭曰實在無善策祇可盡力撫恤以期補過復命引河水入陶莊新河尋奏豐碭銅沛險工俱次第搶護下游洪澤高寶諸湖亦俱平定俟水落堵築得旨覽奏深慰先是上臨高堰閱洪澤湖甎石諸工諭薩載石工卑者增高甎工悉改用石薩載奏請酌量緩急分三年修築八月丁父憂命百日滿後仍署兩江總督四十六年奏請自李家莊至臨河集北濬引河上命速爲之六月河溢魏家莊水大至薩載奏全河奔注歸入洪澤湖清口展寬至八十丈山盱五壩已開智義二壩而高堰諸地水勢未消盈隄推岸未開三壩及車邏昭關二壩或堅守或酌開俟察勘後續奏上命堅守尋續奏洪澤湖浪湧山盱五壩所存仁禮二壩擊通過水續開車邏昭關二壩上以各閘壩俱開下河民田被淹令察災狀速奏八月魏家莊工竟山東巡撫國泰奏運河積淤水不能暢行議於劉老澗壩旁開水口分洩上命薩載往勘薩載奏運河洩水宣暢已開駝車頭竹簍壩洩水入駱馬湖劉老澗九孔石閘亦過水若議別開水口不便使無水之區再受水患上韙其言又奏微山湖東南兩面水色澄清沂河及駱馬湖水不使涓滴入運爲運河騰空去路永濟橋孔亦無橫壩攔截水勢暢消上稱爲有條理命國泰聽其指授毋持己見十二月兼署安徽巡撫四十七年奏請濬泗州謝家溝洩睢河及楊疃諸河水入洪澤湖又承上命濬銅山潘家屯引河四月河南青龍岡漫口既堵復蟄大溜下注上命寬濬潘家屯劉老澗諸河洩水歸海薩載請開張家莊引河與潘家屯引河分流使湖洩入黃又多一路上諭曰籌洩水之路爲今日急務宜妥爲之加太子少保江蘇巡撫吳壇議開金壇濬河自丹徒穿句容境分水脊達江甯薩載奏分水脊卽茅山之麓地峻土堅勢不能開鑿請濬七里橋至巷口橋河道與上下河道寬深一律又請自鎭江錢家港至江甯龍潭濬闢新河及修濬金山對渡瓜洲城河上嘉之又奏請濬漣河展駱馬湖六塘河鹽河口門均如議行四十八年正月服闋實授兩江總督河南青龍岡工竟薩載奏黃河歸故道入江南境流行迅速得旨欣慰覽之上命移建沛縣城薩載奏請移舊城西南戚山並修夏鎭文武官署豐沛二縣濟倉四十九年江西巡撫郝碩坐贓賄得罪責薩載未奏劾下吏議奪官命留任罰養廉三年五十年漕艘北行以運中河淺阻至天津誤期上責薩載開運中河不知建閘水勢一洩無餘又清口東西壩不能及早收束預爲蓄水致運道淺阻降三品頂帶五十一年足疾請解任遣醫往視命復原品尋卒贈太子太保賜祭葬謚誠恪祀賢良祠子薩騰安襲騎都尉官至廣西按察使薩雲安官雲南迤西道坐事戍軍臺蘭第錫山西吉州人乾隆十五年舉人授鳳臺教諭擢順天大興知縣三十四年總督楊廷璋請以第錫升補永定河北岸同知吏部以大興非沿河州縣議駁再請上特許之再遷永定河道四十八年署河東河道總督奏請河隄分界栽柳並禁近隄取土又奏儀封六堡三堡灘面淺狹水力較悍請於新隄南築月隄爲障皆從之四十九年奏河工綢繆防護全在平時隄有深淺水有變遷及車馬踐踏獾鼠洞穴必朝夕在隄始能目覩親切至冬末凌汛春初桃汛尤應晝夜巡邏應令駐工各員移至隄頂禁勿私下如有曠誤文武得互舉令以隄爲家庶不至疏防均如所請行五十年奏北岸黃沁等廳南岸上南等廳舊隄及蘭儀等廳新隄各增卑培薄并加築舊壩添作挑水上命速行五十二年上以第錫署任三年勤奮妥協命實授旋兼兵部侍郎河溢睢州十三堡疏請罪上以其地原無埽工原之工竟議敍五十四年調江南河道總督河溢睢甯周家樓疏請罪上以河水異漲原之工竟議敍五十六年奏勘毛城鋪滾水壩王平莊新挑引河上獎第錫察驗各工不草率五十七年請自淮安移駐清江浦改建衙署允之五十九年奏豐北汛接築土壩過多上游水勢不能暢達有礙曹單河流去路自請下吏議奪官上命留任嘉慶元年河溢豐北汛疏請罪諭俟工竣覈功過工竟賜黃辮荷包仍以不能先事預防停甄敍二年辛三年第錫以河溢當償帑二十萬餘兩上以第錫尙廉潔慮不能勝諮山西巡撫伯麟伯麟奏第錫遺田舍僅值一百四十餘兩上獎第錫清愼諭道廳以上及曾任總河各員分別代償

韓鑅順天大興人原籍貴州畢節入貲授通判揀發山東授上河通判累擢江南淮徐道四十六年授河東河道總督奏言山東運河賴汶泗來源及各湖接濟汶河上游東平戴村等處民堰對岸沙淤應鑿灘抽溝以展河勢泗河下游卽爲府河自安居十里二斗門入運河淺堰卑亦當疏治蜀山馬踏馬場南旺諸湖現當濟運洩水堰根顯露正可取土培堤七月河決祥符焦橋疏請罪上原之工竟命優敍未幾河又決儀封曲家樓青龍岡大李家莊孔家莊凡溢四口上令江南河道總督李奉翰赴工會督水全出青龍岡而孔家莊等三口皆塞又命大學士阿桂履勘又令山東巡撫國泰赴工會督工垂竟壩蟄復潰大學士嵇璜議引河北流復故道上以詢阿桂李奉翰及鑅鑅疏言青龍岡始漫勢甚洶湧是以倒漾北行分入沙趙二河穿運歸海未久旋卽斷流仍行南注地勢北高南下若於南岸建隄堵截欲迴狂瀾使之北注誠如聖諭必不能行水性就下未便輕議更張阿桂等所奏亦略同乃寢璜議惟以河水北行旣已斷流責鑅何不卽時具奏四十七年正月壩復蟄上聞運道河以南深通河以北多淤墊命鑅往微山湖北運河察勘二月赴濟甯會國泰及巡漕御史綸奇察勘請自濟甯在城閘至嶧縣黃林莊築土堰柴壩椿埽橋梁設水站置纖閘鑅並請察勘畢還青龍岡工次上命鑅往來督察復勘伊家河荆山橋諸地水勢請濬銅山潘家屯引河益使寬深並濬駱馬湖六塘河及濟甯南北徒駭馬頰伊家等河時青龍岡壩屢築屢蟄鑅遵上指迅籌宣洩使黃水漸消復還青龍岡工次會阿桂等於蘭陽三堡改築大隄濬渠導水出商邱七堡入正河故道鑅旋以父憂去四十八年三月青龍岡工始竟四十九年服闋授工部侍郎部議鑅任河督時應償帑十四萬餘兩詔免十之七五十四年命會勘通惠溫榆二河及朝陽門外護城河調戶部五十五年命往江南會同江南河道總督蘭第錫督防汛嘉慶三年調兵部四年三月命守護裕陵六年以年老休致九年卒

論曰世業尙矣於河事尤可徵前乎此者嵇曾筠有子璜高斌有從子高晉若李氏何氏吳氏皆繼之而起宏及子奉翰煟及子裕城並有名乾隆朝嗣爵子璥則下逮嘉慶奉翰子亨特貪侈隕績忝祖父矣清時以誠篤名第錫以廉潔著青龍岡塞河決歷兩載工始竟阿桂主之薩載韓鑅佐之詳具其始末見成功之難也

清史稿　列傳一百十三

開泰　阿爾泰
桂林　溫福

開泰烏雅氏滿洲正黃旗人雍正二年進士改庶吉士授編修九年遷侍講上御門開泰未入侍班黜令乾清門行走十三年復編修乾隆元年遷國子監司業八年遷祭酒督江蘇學政再遷內閣學士三遷兵部侍郎仍留學政任十年授湖北巡撫疏言社倉較常平尤近於民而弊亦易滋湖北社倉穀麥五十二萬石有奇散在諸鄉恐多虧缺應飭道府按部所至便宜抽驗調江西十三年又調湖南疏言戶部咨各省常平倉穀以雍正舊額爲準湖南溢額穀五十五萬餘石令糶價儲庫臣維雍正舊額七十餘萬石湖南夙稱產米乾隆二年至八年諸省赴湖南購米先後計百七十五萬有奇中間又撥運福建江蘇若盡糶溢額之穀遇本省需用或鄰疆告糴必致倉儲缺額買補不易疏上以留心積貯嘉之十五年有詩掄元者自言南河同知赴湖南採木布政使孫灝諭永州府爲料理詩得其詐偽狀開泰以聞但言灝殊爲未諳上以灝瞻徇何得但言未諳知爲開泰門生斥其徇庇下吏部嚴議議奪官命留任尋調貴州十八年疏言古州募軍屯田戶上田六畝中田八畝下田十畝今食指日多生計艱難請准屯戶入伍充兵許之擢湖廣總督加太子少傅二十年調四川金川土司莎羅奔與革布什咱土司色楞敦多布初爲婚媾繼乃相怨構兵旁近綽斯甲布鄂克什雜谷巴旺丹壩明正章谷小金川諸土司皆不直莎羅奔二十三年莎羅奔攻吉地吉地色楞敦多布所居寨也開泰與提督岳鍾琪檄游擊楊青都司夏尙德等率兵分屯章谷泰甯令鄂克什雜谷援革布什咱攻金川莎羅奔引退尋復攻破吉地色楞敦多布走泰甯求援開泰復檄諸土司出兵助之調雜谷土練千人分屯丹壩章谷泰甯發黎雅峨邊兵屯打箭爐諭郎卡撤兵郎卡莎羅奔從子爲副酋主兵事者也事聞上謂番目相攻於打箭爐何與疑郎卡擾邊命開泰具實覆奏開泰尋疏報章谷巴旺土兵擊敗金川莎羅奔焚吉地走盡復命革布什咱境留綽斯甲布明正兩土司兵分守之使色楞敦多布歸寨上諭曰番民挾仇攻擊不必繩以內地官法宜以番攻番處以靜鎮旋加太子太保二十四年松潘鎮總兵楊朝棟入覲開泰與鍾琪奏朝棟衰老難期勝任上責開泰何以不先奏下吏部議奪官命仍留任二十七年莎羅奔死郎卡應襲例土司承襲鄰封諸土司具結開泰以郎卡與諸土司皆不協令毋取結疏聞上許之命嚴諭郎卡知恩守法未幾郎卡侵丹壩取所屬瑪讓開泰檄綽斯甲布往援使守備溫欽等赴金川詰責上諭曰郎卡狼子野心即使詰責伏罪豈肯永守約束諸土司援兵既集能協力剿除分據其地轉可相安若諸部不能并力勦除而郎卡怙惡不悛亦非開泰岳鍾琪四川綠營兵能任其事應臨時奏請進止二十八年六月開泰奏九土司大舉擊破金川上聞郎卡使人詣成都開泰許進謁撫慰之而陰令九土司進兵諭曰郎卡於綽斯甲布等屢肆欺凌衆土司合力報復開泰既聞其事惟應明白宣示諭令悉銳往攻而於郎卡來人嚴爲拒絕且諭以爾結怨鄰境誰肯甘心斷不能曲爲庇護如此則郎卡既不敢逞強綽斯甲布等亦可洩忿乃既用謠以羈絡郎卡又隱爲各土司援助郎卡泰狡黠豈能掩其耳目殊非駕馭邊夷之道命奪官以頭等侍衛赴伊犂辦事尋卒

阿爾泰伊爾根覺羅氏滿洲正黃旗人雍正間以副榜貢生授宗人府筆帖式乾隆中屢遷至山東巡撫以山東產山繭疏請令民間就山坡隙地廣植柞欏免其升科歲大水阿爾泰先後濬兗州沂州支渠三十有九曹州單縣順隄河二百餘里培南旺蜀山湖民埝導章邱珍珠麻塘二泉新城五龍河溉民田並及高苑博興惠民諸縣近水地皆令蓺稻築洸河隄至於馬場湖以衞濟寧州城析白馬湖引入獨山湖以疏泗水開汶上稻田數百頃濟東諸州縣瀕徒駭馬頰兩河支流相貫注及哨馬營四女寺支河皆次第疏治濬衞河自德州至於館陶凡三百餘里洩諸張積水自沙趙二河入運洩東平積水入會泉大清諸河洩濟南東昌諸州縣積水開支河三十餘循官道爲濠引水自濠入支河自支河入徒駭大清諸河漳汶合流開引河增子埝以防盛漲阿爾泰撫山東七年治水利有績擢四川總督加太子太保阿爾泰至四川議平治道路陸道北訖廣元西達松潘東抵夔州護其傾敧補其缺落兼葺大渡河瀘定橋水道自萬縣入湖廣境鑿治險灘凡一百有奇議以牧廠餘地招佃爲田議置義倉捐穀千餘石以倡議開南川金佛山礦議築都江大堰議松潘雜谷打箭爐三廳置倉儲麥稞備邊儲上皆從其請初征金川以頭人郎卡出降罷兵三十一年復爲亂掠丹壩巴旺阿爾泰策以番攻番令旁近綽斯甲布諸土司攻之秋出行邊至雜谷腦郎卡使請還所侵丹壩碉卡復與提督董天弼進至康巴達郎卡出謁阿爾泰許如所請並畀以新印疏聞上戒毋遷就苟安三十五年小金川頭人僧格桑掠鄂克什阿爾泰赴達木巴宗僧格桑出謁還侵地尋授武英殿大學士仍領總督三十六年召還京入閣治事既復令出領總督金川頭人索諾木攻革布什咱僧格桑亦圍達木巴宗侵明正土司阿爾泰疏言兩金川相比如議出師需兵既多糜餉亦鉅茲令董天弼臨之以兵仍使游擊宋元俊宣諭索諾木上責阿爾泰議非是決策用兵命定邊右副將軍溫福視師佐以侍郎桂林諭斥阿爾泰掩飾偷安奪大學士總督留軍治餉以桂林代爲總督師克約咱上以阿爾泰籌大礮利軍行予散秩大臣銜三十七年與總兵宋元俊劾桂林覆軍諱敗上爲罷桂林即命阿爾泰攝總督俄移督湖廣阿爾泰疏言各路轉餉當招商承運西路去內地近南路山險途長商不肯應募當增運值火藥已運營當令雲南陝西協助上謂阿爾泰專領轉餉何不早籌畫令福隆安阿桂皆至南路始以一奏塞責命毋往湖廣仍以散秩大臣留軍督餉未幾阿桂疏言軍至卡了無五日之糧又言綽斯甲布轉餉將一月猶未至阿爾泰亦自陳請奪職從軍上責其倚老負恩始終不肯以國事爲念命逮問阿爾泰初至四川上以天壇立燈竿下四川求楠木阿爾泰附運木材以進言出養廉採獻既乃私語人謂他日且以此負累語聞上上心慊之至是詔罪狀阿爾泰猶及此事斥爲昧良飾詐川東道托隆入見發阿爾泰贓私下繼任總督富勒渾嚴鞫三十八年獄具擬斬上命賜自盡

桂林伊爾根覺羅氏滿洲鑲藍旗人兩廣總督鶴年子桂林自廕生入貲爲工部主事累遷山西按察使三十六年三月擢戶部侍郎軍機處行走九月命佐定邊右副將軍溫福討金川十一月授四川總督小金川頭人在卡外投文餽土宜桂林卻不受檄罪狀其酋僧格桑旋督兵收約咱進克其東山梁大小碉五石卡二十餘疏請添調黔陝兵五千益師上許益陝甘兵三千桂林旋督總兵宋元俊攻卡了進據墨爾多山梁上嘉其措置合宜手詔謂無意中用汝竟能得力亦賴在軍機處半年日聆朕訓也三十七年克卡了復破克郭松甲木噶爾金進克噶爾金後山梁分兵攻東山梁襲阿仰自墨壟溝進取達烏圍是時大金川酋索諾木攻陷革布什咱屯兵其地桂林議乘索諾木兵力未備革布什咱人心未定與元俊分兵五道並進并約將軍溫福合擊密令革布什咱降酋旺勒丹等約其戚加瑋爾爲內應遂收革布什咱寨落七十餘里旋令元俊及守備陳定國率綽斯甲木土兵屯甲爾壟壩進攻默資溝吉地斷其水道進攻丹東上獎桂林甚合機宜促元俊乘勝深入取索諾木桂林遣裨將自東山梁墨壟溝越嶺進攻別遣兵出間道自札哇窠山梁緣崖設伏師既度東山梁墨壟溝札哇窠伏兵亦起賊敗竄克大碉一石卡二十一別遣參將常泰環攻黨哩都司李天貴等攻沙衝革布什咱頭人爲內應賊盡殲黨哩沙衝地並復總兵英泰等復攻克達烏官寨上嘉其功賜御用玉韘再進攻克格烏巴桑及那隆山嶺元俊別攻克丹東及覺拉喇嘛寺誅賊渠三百番衆百三十餘革布什咱地盡復桂林檄定國將所調綽斯甲布兵駐界上聽調上以革布什咱既復正當乘勝進勦金川攻其無備責桂林失算桂林復督兵攻達烏東岸山梁參將薛琮戰沒琮驍將深入糧盡桂林既失期不會師又不以時遣援軍盡覆疏請治罪述戰狀不敢盡元俊與散秩大臣阿爾泰劾其虛誑並言桂林在卡了建屋宇以居迫屬僚供應與副都統鐵保提督汪騰龍等終日酣飲諸將罕得見密令騰龍畀總兵王萬邦白金五百贖被掠官兵希圖掩飾上奪桂林職命額駙尙書公福隆安馳往按治尋奏所劾皆虛惟官兵傷損不即察奏屬實至贖被掠官兵乃在軍戶部郎中汪承霈聞巴旺布拉克底土兵歸失道官兵告桂林發白金五百交騰龍備賞事爲元俊搆陷請分別治罪上以桂林在軍日親麴糵止圖安逸不能與士卒同甘苦致北山梁傷損多兵不得爲無罪命戍伊犂三十八年七月予三等侍衛仍詣軍前督糧運四十年授頭等侍衞尋授四川提督遷兩廣總督卒加太子太保銜謚莊敏

溫福字履綏費莫氏滿洲鑲紅旗人文華殿大學士溫達孫也自繙繹舉人授兵部筆帖式乾隆初累遷戶部郎中外擢湖南布政使歷四年移貴州布政使亦四年坐平遠民關訟庭按治草率奪職戍烏里雅蘇臺二十三年起內閣侍讀學士從定邊將軍兆惠討霍集占戰葉爾羌鎗傷顴擢內閣學士遷倉場侍郎予雲騎尉世職外授福建巡撫內遷吏部侍郎軍機處行走進理藩院尙書三十六年師征金川授定邊右副將軍以侍郎桂林佐之共討賊溫福自汶川出西路桂林自打箭爐出南路時小金川頭人澤旺子僧格桑割地乞援於大金川頭人索諾木索諾木潛遣兵助之上命先勦小金川且勿聲大金川罪溫福至打箭鑪分兵三道入溫福出巴朗拉提督董天弼自甲金達援達木巴宗總督阿爾泰自約咱攻僧格桑十一月擢武英殿大學士十二月至巴朗拉戰三晝夜賊敗去三十七年正月取達木巴宗進攻斯底葉安而分軍出別斯滿

瑪爾瓦爾濟兩路夾擊進克資哩再進克東瑪再進克路頂宗及喀木色爾取諸碉寨再進得博爾根山梁並攻克得瑪覺烏寨落攻公雅山十二月授定邊將軍以阿桂豐昇額副之進克明郭宗再進克底木達底木達者僧格桑父澤旺所居寨也師至俘澤旺檻致京師誅於市而僧格桑奔大金川溫福檄索諾木令縛獻僧格桑不應上將進討大金川溫福等疏言前此張廣泗征金川十路七路分合不常實祇有六路皆以抵勒烏圍噶爾依為主一為卡撒正路自美諾至噶爾依約五程為傅恆進兵路一為丹壩自維州橋紅番地抵勒烏圍約二十餘程中有穆津岡天險為岳鍾琪進兵路一地名僧格桑自美諾抵噶爾依六七程即總兵馬良柱所行路一為革布什咱一為馬爾邦皆距噶爾依六七程險狹難行一為綽斯甲寨至勒烏圍三程至噶爾依亦三程均隔大河碉寨林立難攻此外又有俄坡一路從綽斯甲寨至勒烏圍僅二程路較平今當由卡撒正路進兵其俄坡一路既有綽斯甲土司願出兵復其侵地可為犄角其餘各路分兵牽制使不能兼顧於是溫福自功噶爾拉入阿桂自當噶爾拉入豐昇額自綽斯甲布入溫福性剛愎不廣咨方略惟龔訥親張廣泗故事以碉卡攻碉卡修築千計所將兵二萬餘強半散在各碉卡每逾數日當奏事即督兵攻碉士卒多傷亡咨恐無鬬志溫福日置酒高會參贊伍岱數曰為有為帥若此而能制勝者因密疏聞上溫福亦疏劾伍岱上命豐昇額及額駙色布騰巴勒珠爾按治溫福又言色布騰巴勒珠爾朋比傾陷上為奪伍岱職令色布騰巴勒珠爾逮詣熱河行在獄成戍伍岱伊犂三十八年春溫福師至功噶爾拉賊阻險不得進別取道攻黃嶺駐軍木果木令提督董天弼分軍屯底木達木果木底木達皆故小金川地索諾木陰使小金川頭人煽諸降番使復叛諸降番以師久頓不進遂蠢起應之先攻底木達天弼死之又劫糧臺潛襲木果木溫福不嚴備山後要隘賊突薄大營奪砲局斷汲道時大營兵尚萬餘運糧役數千爭避入大營溫福堅閉壘門不納轟而潰聲如壞堤於是軍心益震賊四面蹂入溫福中槍死各卡兵望風潰散參贊海蘭察聞警赴援殿餘兵自間道出小金川地盡陷上初聞溫福死詔予一等伯爵世襲罔替祀昭忠祠既劉秉恬海蘭察富勒渾各疏言溫福僨事狀命奪伯爵予三等輕車都尉世職四十一年命併罷之子勒保永保皆有傳

論曰金川再亂開泰阿爾泰皆主以番攻番遷迴坐誤桂林有宋元俊不能用反齮齕之擁兵不進阿爾泰與元俊劾桂林此其意以軍國為重不屑屑阿貴近疏卑遠宜若可成功乃坐蜚語敗溫福銳進似勝開泰輩乃又剛愎有董天弼不能用予兵至少令僻處軍後卒致僨潰徒以身殉豈不惜哉

劉藻 楊應琚 子重英 蘇爾相

明瑞

劉藻字素存山東菏澤人初名玉麟以舉人授觀城教諭乾隆元年薦舉博學鴻詞試一等授檢討更名累遷左僉都御史圓明園工興疏言園工不過少加補葺視前代飾臺榭之觀者度越何啻萬萬臣愚以為奢靡之漸不可稍開乞皇上慎始慮終為天地惜物力為國家培元氣來歲諸工酌量停減上嘉納遷通政使六年擢內閣學士督江蘇學政尋以高郵諸生求賑而鬨左授宗人府府丞藻居揚州候代有吳之黼者以文求教藻行償糟魚受之中途發視得白金四百藻畀兩淮運使朱續晫還之黼上聞諭曰如此方不愧四知旋乞養歸孝賢皇后及長皇子定安親王喪藻詣闕入見會大學士張廷玉乞歸失上指因獎藻謂其知君臣休戚相關大義以媿廷玉加藻內閣學士銜賜人葠二斤命歸養母母喪終二十一年授陝西布政使二十二年擢雲南巡撫加太子少保兼領貴州巡撫二十九年例行大計巡撫圖爾炳阿未至藻疏請先期舉行上嘉之旋授雲貴總督三十年疏言年來木梳野匪與緬甸所屬木邦構釁又與耿馬土司毗連自木邦至滾弄江應設卡防守請於各土司就近派撥詔如所請三十一年移湖廣總督未行尋奏副將趙宏榜等赴孟連耿馬勦逐莽匪鎮臣烏爾登額赴滾弄江口臣於普洱思茅各隘調度又奏言由小猛崙進攻九龍江橄欖壩諸寨多斬獲惟叅將何瓊詔遊擊明浩派赴整控江防禦冒昧渡江遇賊敗沒尋奏瓊詔等未死請治貪功輕進之罪上以瓊詔明浩等遇賊敗逃又復妄言敗沒此法所難宥藻反稱冒昧貪功輕進何憒憒乃爾詔言藻本書生軍行機宜非其所習朕不責以所不能至調度賞罰並可力為籌辦乃舛謬若此豈堪復勝總督之任因左授湖北巡撫命楊應琚代往復諭應琚未至藻當竭力經理若自以為五日京兆致誤事機必重治其罪部議奪職留雲南効力藻聞上怒惶迫自殺巡撫常鈞疏報上令應琚至普洱為求醫治療傷平傳旨逮問常鈞旋奏藻死上復詔責其張皇畏葸旅櫬歸葬不得聽其家立碑書歷官事實三十二年巡撫鄂寧奏言緬甸本莽瑞體之後乾隆十八年木梳頭目甕籍牙逐其酋莽打喇而自立夷人遂呼緬甸為木梳或呼緬或呼莽非二種也

楊應琚字佩之漢軍正白旗人廣東巡撫文乾子應琚起家任子乾隆初自員外郎出為河東道調西寧道巡撫黃廷桂薦其才高宗曰若能進於誠而擴充之正未可量也累遷至兩廣總督先後疏請練水師籌軍食修灘水陸河堤壩貯柳桂慶梧餘鹽皆如所請行暹羅貢使毆傷通事其國王鞫實擬罰鍰遣使牒禮部應琚曰屬國陪臣無上交好語諭遣之稱旨二十二年移閩浙總督二十三年加太子太保二十四年移陝甘總督疏言伊犂底定宜先屯田留兵五千墾特諾果爾長吉羅克倫復以陝甘非一督能治請更西安總督為川陝總督四川總督為巡撫甘肅巡撫為總督上遂命應琚督甘肅陝西提鎮受節制進太子太師營募巴爾楚克回戶治多蘭溝渠墾喀喇沙爾以西各臺又增置兵備道總兵分駐阿克蘇葉爾羌二城遂為重鎮應琚奏辦屯墾遣兵購畜部署紛煩至是疏自言其非請因利乘便規久遠帝嘉納下其疏示中外二十九年移駐肅州拜東閣大學士三十一年緬甸大入邊滇事棘緬酋莽達拉自為木梳長所篡擊敗貴家木邦貴酋宮裏雁奔孟連時應琚子重穀為永昌知府誘殺之木酋亦走緬益橫入犯思茅上移應琚雲貴總督視師應琚至楚雄緬人漸退師乘間收復應琚往孟艮整頓正經界集流亡覈戶口定賦稅而令召丙叭先俸分據之請賞給三品指揮使上以為能賜珍物官其孫茂齡藍翎侍衞又使人誘致孟密孟養蠻暮合獻地實則地懸緬境內附特空言諸將希應琚指爭謂緬勢孤易攻取應琚初猶弗聽曰吾官至一品年踰七十復何所求而以貪功開邊釁乎副將趙宏榜慫恿之遂下道鎮府州合議亦謂寇勢大邊釁不可開總兵烏爾登額阻尤力應琚滋不懌永昌知府陳大呂懼更初議應琚迺往永昌受降並為文檄緬移言水陸軍五十萬陳境上不降即進討緬遂大發兵溯金沙江而上其時宏榜頓新街卻走應琚聞警即遘疾上命楊廷璋往代遣侍衞傅靈安攜御醫往診並諭其子江蘇按察使重英實慶知府重穀省視比廷璋至而疾已愈乃令諸軍進擊總兵朱崙出鐵壁關攻楞木不克寇勢益張提督李時升告急應琚不報緬陽議款遂以楞木大捷入告而緬已漸入戶撒時總兵劉德成擁兵干崖飲酒高會時升屢趣罔應應琚遣緬甯通判富森持令箭督戰德成始抵蠻達緬懼擊其後潛引去應琚仍以捷聞緬甸復入猛卯參將哈國興等引還砲械多遺失應琚又報捷並傳令朱崙兼勦撫陰示以和蕆事緬果累乞和踰歲奏言緬甸酋弟卜坑率苏渺遮乞欵附懇予蠻暮新街互市上察其僞數詗責嗣木邦告警國興軍抵蠻暮寇欸退應琚又以復新街奏上視所進地圖疑寇既屢敗何以尚據內地土司境降旨駁詰會福靈安先被命廉軍事具言宏榜諸人失守狀應琚亦劾德成等遲留不進於是俱逮問而以楊甯為提督且以應琚不勝任召明瑞代統其軍明瑞至首發其欺罔罪謂誤木緬別為一事尤妄誕鄂甯亦糾其掩敗為勝應琚恐迺上言大舉征緬調湖廣川滇軍五萬五路並進請救暹羅夾攻朝論皆斥之未幾詔逮問賜死重穀亦坐箸殺人棄市重英初至雲南隱以監軍自居嗣為鄂甯所劾命以知府從軍明年軍士患飢緬嗾詐婦和參贊珠魯訥遣重英往報被執上以重英且降緬下其子長齡獄已緬歸俘卒賫貝葉書附重英書乞罷兵拒弗納四十一年緬出都司蘇爾相議和仍弗許五十三年緬聞暹羅受封乃款關求貢並還重英重英陷緬後獨居佛寺踰二十年未改中國衣冠上大悅進道員釋長齡出獄比以蘇武之節御製蘇楊論旌之俄病卒蘇爾相甘肅靈州人自行伍從征緬甸金川有勞累遷雲南奇兵營都司三十五年雲貴總督彰寶以緬甸表貢久不至遣爾相齎檄往諭被留迫使上書阿桂中表貢之議上謂爾相且降緬命甘肅疆吏執爾相妻孥致京師子一女二死於獄妻死於道四十一年緬始送爾相還上命阿桂傳諭令其詣京師引見授游擊賜詩亦比以蘇武累遷騰越鎮總兵兼署雲南提督卒

明瑞字筠亭富察氏滿洲鑲黃旗人承恩公富文子自官學生襲爵乾隆二十一年師征阿睦爾撒納明瑞以副都統銜授領隊大臣有功擢戶部侍郎授參贊大臣於公爵加毅勇字號承恩毅勇公二十四年師征霍集占復有功賜雙

賜花翎，加雲騎尉世職。師還，圖形紫光閣。擢正白旗漢軍都統。二十七年，出爲伊犁將軍，進加騎都尉世職。三十年二月，烏什回爲亂，駐烏什副都統素誠自戕，亂回推小伯克賴黑木圖拉爲渠，拒守。明瑞遣副都統觀音保往討，而帥師繼其後。烏什回二千餘出禦，明瑞與觀音保力戰破之，奪砲台七。賊入城，師合圍。明瑞疏陳素誠狂縱激變，及參贊納世通虐回民、阻援師，副都統弁塔哈掩敗妄奏諸狀。上命尚書阿桂至軍按誅納世通、弁塔哈。賊夜襲我軍，詗知之，預爲備，射賴黑木圖拉殪。賊擁其父額色木圖拉爲渠。明瑞以兵六百餘夜攜雲梯薄其城，不克，則毀其堞，且斷汲道。賊待阿富汗援。八月，乃縛獻額色木圖拉等四十二人降。明瑞悉斬之，其脅從及婦稚萬餘送伊犁，烏什平。上以明瑞得渠魁，未詳鞫爲亂狀，亂回罕闍念始縛獻首惡，不可輕宥，所措置皆不當，與阿桂同下部議，奪職，命留任。旋條上善後事，如所請。是時緬甸爲亂，犯邊，總督劉藻屢戰屢敗，自殺；大學士楊應琚代爲總督，師久無功，賜死。三十二年二月，命明瑞以雲貴總督兼兵部尚書，經略軍務。明瑞議大軍出永昌、騰越，攻宛頂、木邦，爲正兵；遣參贊額爾登額出北路，自孟密攻老官屯，會於阿瓦。十一月，至宛頂，進攻木邦。遣留參贊珠魯訥、按察使楊重英守之，率兵萬餘渡錫箔江，攻蠻結。賊二萬，立十六寨，寨外浚溝，溝外又環以木柵，列象陣爲伏兵。明瑞統兵居中，領隊大臣札拉豐阿、李全據東山梁，觀音保、長青據西山梁。賊突陣西出，觀音保、長青力戰，明瑞督中軍進殺賊二百餘。賊退保柵，明瑞合分兵爲十二隊，身先陷陣，目傷，猶指揮不少挫。賊陣中鼓噪，象反奔，我兵毀柵進，無不一當百。有貴州兵王連者，舞藤牌躍入陣，衆從之，縱橫擊殺，殲二十餘，俘三十有四。賊潰走。捷聞，上大悅，封一等誠嘉毅勇公，賜黃帶、寶石頂、四團龍補服，原襲承恩公畀其弟奎林。札拉豐阿、觀音保勸明瑞乘勝罷兵，明瑞不可，師復進。十二月，次宋賽龍地，逼天生橋渡口，賊據山巔立柵，明瑞令別軍由大道若將奪渡口，而自帥師從間道繞至天生橋上游，乘霧潛渡，進攻山巔，賊驚潰，殲二千餘。復進至象孔，糧垂罄，欲退還，還道險遠，聞猛籠土司有積粟，其地近猛密，冀與北路軍合，乃移軍猛籠。賊扼我軍後，至章子壩，我軍且戰且行，明瑞與觀音保等殿，日行不二十里。至猛籠，土司已遁，得窖粟二萬餘石，駐三日。復引軍趨猛密，入楂營，焚其餘積，賊躡我後，朝夕與賊營相距十餘里。賊詗我軍飢疲。至蠻化，我軍屯山巔，賊營山半，明瑞謂諸將曰：「賊輕我甚，不死戰無噍類矣。」賊識我軍號，明日我軍傳號若將起行，則盡出營伏待。旦，賊聞號，蟻附上山，我軍突出，發槍礮，賊反走，乘之，斬四千有奇。自此每夜遁。屯七十里外，明瑞令休兵八日。賊扼後要道，我軍攻之不能拔，得波龍人引自桂家銀廠舊址出。上聞明瑞深入，命全師速出，詔未達。三十三年正月，賊攻木邦，副都統珠魯訥師潰，自戕，執重英以去。額爾登額出猛密，阻於老官屯，月餘，引還，繞從小隴川緩行。巡撫鄂寧檄援，亦不應，於是明瑞軍援絕，而賊自木邦、老官屯兩道並集。二月，至小猛育，賊聚五萬餘，我軍食罄，殺馬贏以食，火藥亦竭，槍礮不能發。明瑞令諸將達興阿、本進忠分隊潰圍出，而自爲殿，血戰萬寇中。札拉豐阿、觀音保皆死。明瑞負創行二十餘里，手截辮髮授其僕歸報，而縊於樹下。其僕以木葉掩尸去。事聞，上震悼，賜祭葬，諡果烈，建旌勇祠京師，諸將死事者札拉豐阿、觀音保、李全、王玉廷，命並祀。珠魯訥以自戕不與。額爾登額及提督譚五格坐失機陷帥，逮詣京師，上廷鞫，用大逆律，磔額爾登額，囚其父及女並族屬戍新疆；譚五格亦棄市。而以其明日祭明瑞及扎拉豐阿、觀音保，上親臨奠。明瑞無子，以奎林子惠倫爲嗣，襲爵，自侍衛累遷奉宸院卿。嘉慶初，勦教匪湖北，自荊門、宜城逐賊入南漳山中，賜玉搬指、荷包。復逐賊至長坪，射賊渠殪，餘賊競集，中鎗死，賜白金三千。

論曰：藻起詞科，以廉被主知，踐歷中外。應琚持節臨邊，著聲績。要皆不習軍旅，措注失條理，事敗身殉。明瑞深入，度敵不可勝，遣諸軍徐出，而躬自血戰，誓死不反，顧功雖不成，忠義凜烈，足以讋敵矣。

清史稿　列傳一百十五

常青　藍元枚

蔡攀龍（梁朝桂　普吉保）　丁朝雄

鄂輝　舒亮

常青，佟佳氏，滿洲正藍旗人。父安國，官至江西巡撫。常青自寧郡王府長史累遷察哈爾都統、杭州福州將軍。五十一年，署閩浙總督。諸羅縣民楊光勳與其弟爭家業，糾衆立會，縣吏捕治不服。常青令按察使李永祺往按。上以臺灣在海外，不可輕縱，諭勿使蔓延，疏脫，尋實授閩浙總督。十二月，林爽文亂起，陷彰化，知縣俞峻死之。常青檄水師提督黃仕簡自鹿耳門進，副將丁朝雄從；海壇鎮總兵郝壯猷自淡水進，都司馬元勳市庇仔港，分遣部署。復如泉州，會陸路提督任承恩調度。令金門鎮總兵羅英笈詣鹿耳門彈壓。尋復令承恩自鹿耳門總進。五十二年，奏賊陷諸羅，臺灣鎮總兵柴大紀堵勦，賊勢稍沮。爽文，漳州人，其徒率漳籍，移會兩廣督臣防範。上責其張皇，授李侍堯閩浙總督，而移常青湖廣。既又命常青渡臺視師。四月，至臺灣，劾仕簡、承恩擁兵自衛，壯猷守鳳山，賊至棄城走。諭逮承恩、仕簡，命誅壯猷，遂授常青爲將軍。賊攻府城，常青督諸軍禦戰，有所俘馘。賊攻桶盤棧，令遊擊蔡攀龍等分路力禦。奏入，上以常青年逾七十，能如此勇往督戰，手詔嘉獎，授其子刑部筆帖式喜明三等侍衞，馳驛往省，并賜御用攙指。旋奏爽文還大里杙，糾集其徒莊大田等萬餘人分擾南路，擬先南勦大田，乃北取爽文。上韙之，下部優敘。旋奏勦賊南潭，殲賊六百餘。爽文之徒莊錫舍出降，擒僞軍師番婦金娘，請俘獻，軍送京師。上命授錫舍守備。又奏進勦鳳山，出城未十里，賊三面並進，官兵奮勇擊退。賊勢蔓延，請厚集兵力，遣大臣督戰。上命陝甘總督福康安往視師。旋奏賊犯府城，爲丁朝雄擊退，官軍攻莊大田於南潭，殺賊二百餘。大營距府城未遠，勢相犄角，無後顧之虞，得旨嘉獎，賜雙眼孔雀翎。旋遂奏鹽水港、笨港均爲賊據，糧道既斷，諸羅勢甚危，命總兵魏大斌赴援，戰賊失利，又令遊擊田藍玉援大斌。上以兵分力薄，飭常青調度失當。又諭常青駐軍桶盤棧，距南潭不過五里，不將賊目莊大田先行勦除，乃結營自守，肘腋之間，任其逼處。八月，命福康安爲將軍，督諸將海蘭察、普爾普等大出師討爽文，諭常青謂非責其師無功，特以年已七十，軍旅非所素習，福康安未至，仍當相機進勦。旋奏賊自南潭來攻，侍衞烏什哈達等擊敗之，因雨後路滑，收兵。又進攻南潭，焚草寮數百間，以天晚山徑僻仄，不便深入，諜謂賊所居草屋也。上以其屢稱遇雨路仄收兵，傳旨嚴飭。上又聞賊詗知軍中暑濕多病，常青機事不密，又不督兵深入，屢詰責。旋奏總兵梁朝桂勦賊多斬獲，提督柴大紀報諸羅圍急，令副將蔡攀龍赴援。上諭令親援大紀，待福康安至，合軍進攻。旋奏同江寧將軍永慶等在竹篙厝等處殲賊甚衆，山豬毛社義民尤趫捷，獲礮一，生擒賊目張招。又奏總兵普吉保克月眉莊，距諸羅五里，令與大紀并力固守。又令諸生劉宗榮等給番社土目札諭，防賊竄匿。屢得旨嘉許。福康安渡臺灣，上授常青福州將軍，留辦善後，令從將軍職，戴單眼孔雀翎。福康安劾大紀貪劣狀，上責常青徇隱，奪職，交福康安嚴鞫。福康安旋以常青自承徇隱，請交部治罪，上特宥之，召詣京師，署鑲紅旗蒙古都統。五十四年，授禮部尚書、鑲藍旗漢軍都統。五十八年，卒，諡恭簡。子明喜，官至徐州鎮總兵。常青初視師，福州將軍恆瑞、水陸二提督任承恩、黃仕簡皆在行，戰無功，承恩、仕簡以誤軍機坐斬，臺灣平，赦出獄，仕簡至狼山鎮總兵，承恩亦至副將。恆瑞自有傳。

藍元枚，字簡侯，福建漳浦人，提督廷珍孫。父日寵，官福建銅山營水師參將。元枚襲三等輕車都尉世職。乾隆三十一年，命發廣東以外海水師參將用，補海門營參將，累遷總兵，歷臺灣、金門、蘇松三鎮。四十九年，授江南提督。五十二年正月，臺灣民林爽文爲亂，命元枚馳驛往泉州，署福建陸路提督，駐蚶江策應。至福州，奏言臺灣亂民潰散，應入內山與生番勾結，上諭令速捕治，俾毋逸。擢鎮水師提督黃仕簡率兵討爽文，坐逗留奪官，以命元枚，並賜孔雀翎，授參贊，率兵渡鹿仔港，會總督常青進討。六月，元枚率兵次鹿仔港，與總兵普吉保師會，夜遣分道自柴坑仔、大武隴入，殺賊甚衆。上嘉之，賜雙眼孔雀翎。元枚所將止浙江兵二千，奏請發師，上命總督李侍堯發福建兵二千、廣東兵二千益元枚。時總兵柴大紀嬰守諸羅，元枚使告大紀剋期夾攻斗六門，戰坪頂、莊大肚溪，屢殺賊，復進攻西螺，焚條圳塘、市藤湖諸地賊莊。二十八人啓能等七十九人自賊中出，使爲嚮導。元枚奏聞，並言如啓能等已經遞解，當立誅。上嘉其公當，賜緞綿袍、上用荷包，並諭啓能等既來歸，前此已行者從賊不須追詰。諸羅被圍已兩月，大紀屢疏告急，上屢趣元枚赴援，諭廷珍平朱一貴，七日而事定，元枚當效法其祖，毋負委任。七月，元枚病作。八月，賊自竹子腳、大肚溪、柴坑仔三道來攻，元枚力疾出戰，病益劇，越十日，卒於軍。命其子太保發白金千兩治喪，賜祭葬，諡襄毅。元枚諡同廷珍，時稱小襄毅以別之。

蔡攀龍，福建同安人。自行伍累遷至福建澎湖右營遊擊。乾隆五十一年，林爽文爲亂，巡撫徐嗣曾檄詣軍。五十二年，賊破鳳山，總兵柴大紀令督兵捕治。賊攻臺灣府城，攀龍出戰，屢破賊。賊屯西關外，攀龍率諸將趙珊、岡里、丁朝雄分道攻之，殺賊三百。賊復攻府城，總督常青令攀龍率諸將孫全謀、黃象新等禦賊，賊乘東南二門，攀龍等力戰殺賊，斃百餘，奪九節礮。論功擢北路協副將，賜孔雀餉賊復至攀龍督戰復殺賊三百餘予強勝巴圖魯名號七月常青令攀龍援柴大紀諸羅上命授海壇鎮總兵攀龍師至鹽水港分八隊以進雨大至賊乘雨合圍諸將貴林楊起麟杭富皆戰死會大紀以師來迎攀龍及全謀兵不及千人偕還護民三千人入諸羅復出城殺賊總督李侍堯聞攀龍兵達諸羅未知貴林等戰死狀謂諸羅圍已解入告上擢攀龍陸路提督參贊軍務貴林起麟全謀並還官襲侍堯復疏陳上命卹戰死諸將福康安既解嘉義圍疏劾大紀因言攀龍軍嘉義西門外並無出城殺賊事自請奪職擬請令還海壇本任上謂攀龍屢戰有功其過尚可寬五十三年逮大紀治罪移攀龍水師提督師攻大武隴令攀龍駐灣裏溪爽文既擒其弟勇及賊渠莊大田猶窺伺府城攻灣裏溪圖斷府城道福康安遣攀龍分道進攻頗有斬獲事平圖形紫光閣列前二十功臣上自爲贊許爲臺灣戰將中巨擘師還諸將言攀龍平庸福康安亦言未能勝任左遷江南狼山鎮總兵嘉慶三年卒梁朝桂甘肅中衞人乾隆三十七年以中衞營外委從征金川先後攻克路頂宗布朗郭宗及功噶爾拉了口甘貴阿喀木雅三十九年克淜普進攻喇穆喇穆山梁奪日了口四十年勦勒吉爾博寨先登被創四月攻木思工噶克山梁師入噶克其城碉擄康薩爾圭了口由十月克西里山錄功賜孔雀翎累遷陝西甯關協副將金川平列五十功臣圖形紫光閣累遷甘肅甯夏鎮總兵坐事能復起自福建福甯鎮移廣東高廉鎮五十二年臺灣林爽文爲亂莊大田應之別爲南路賊朝桂率兵收大田於高松斬獲二百餘賊衆數千犯大營擊却之斃賊三百將軍常青慮南路賊北援諸羅檄朝桂等禦之敗之南潭中州十三里莊殲數百人九月常青移師北路剿爽文以朝桂守臺灣府城賊來犯擊走之其冬授參贊恒瑞於鹽水港殲賊富賜號奮勇巴圖魯復同恒瑞自鹿仔草進剿鎮平莊受創力戰敗賊時提督柴大紀被圍諸羅急朝桂欲馳援恒瑞不聽大紀以聞帝令將軍福康安察奏會福康安抵崙仔港檄朝桂仍駐守鹽水港及鹿仔草五十三年春就擢福建陸路提督檄勦麻豆莊大武隴屯賊通郡城要道大田時據大武隴扼守朝桂自茅港尾繞至阿里港迎截復赴打狗竹仔各港口截其走路大田力不支自牛莊竄極南之瑯嶠負山阻海福康安自風港進至柴城分六隊直逼海岸與朝桂環攻之大田及他賊目四十餘悉就擒臺灣平再圖形紫光閣金門巡洋艦被劫以朝桂不能戢盜移廣西再移湖廣卒

普吉保札庫塔氏滿洲正黃旗人乾隆二十年以藍翎侍衞從軍征烏什有功補三等侍衞三十七年從參贊大臣舒常攻日旁有功三十九年從副將軍豐昇額攻凱立葉山進抵迪噶拉穆札山賊分三隊普吉保偕侍衞瑪爾占等夾攻斃賊無算賜衞捷巴圖魯名號四十年攻噶爾丹寺諸地連破木城石碉上獎普吉保勇往累擢福建汀州鎮總兵林爽文爲亂總督常青檄普吉保會勦五十二年率水師渡臺灣迭破賊鹿仔港八卦山上嘉其奮勉爽文見師至退守斗六門大里杙普吉保以師進爽文攻諸羅赴援抵笨港率遊擊海亮等殲賊數百燬賊莊七得旨嘉獎賜玉搬指荷包蟒袍笨港潰賊糾衆截我兵普吉保擊斬甚衆嗣以駐兵元長莊月眉莊不進旨嚴飭尋攻大埔林收復斗六門爽文竄內山普吉保從諸將徒步陟山搜捕五十三年以兵扼科仔坑口合圍俘爽文南路莊大田亦就擒臺灣平圖形紫光閣普吉保初克鹿仔港以福康安疏薦授臺灣總兵明年上念臺灣定初慮普吉保不能勝命解任尋授廣西左江鎮坐責把總黎振乾投水死戍伊犂卒

丁朝雄字伯宜江蘇通州人自行伍累擢福建臺灣水師副將乾隆五十一年以任滿赴部引見至省城聞林爽文亂起朝雄籌東港與鳳山犄角爽文所必爭白總督常青請兵屯東港斷其糧道常青不能用遣朝雄還臺灣佐海壇鎮總兵郝壯猷討爽文五十二年春壯猷偕朝雄率兵二千餘擊賊殲三百俘二十五日將暮賊復來攻朝雄復殺賊百餘賊始去攻鳳山朝雄乘東門首諸軍入鳳山遂復黃仕簡檄朝雄守安平海口賊攻府城朝雄偕知府楊廷樺督兵民力禦賊攻桶盤棧朝雄爲前鋒出戰臺灣道永福同知楊廷理率兵民繼復殺賊百餘賊敗走冬朝雄偕遊擊倪賓率兵千二百義民二千餘攻東港東港賊數萬其渠吳豹以海岸淺度舟不能至不爲備朝雄遣諜以水汪賊礮發[illegible]至水漲遣兵民分道登岸殺賊俘豹以兵寡不能克報常青請益兵常青令駐港口護饟道既令攻竹仔港燬賊舟五十三年春復攻東港仍遣諜以水汪賊礮督兵攻渡口賊驚竄逐三十餘里乃倚山而軍賊夜來犯朝雄戒勿動及曉賊倦掩擊大破之爽文遣其徒來援朝雄築壘困之賊潰圍出設伏斷其歸路而自將追之大破賊遂復東港福康安上其功授海壇鎮總兵既福康安劾柴大紀受陋規言朝雄爲安平協副將時亦有此嘗奪職戍軍臺上以朝雄攻東港戰有功命留任林綸能林明灼者海盜渠也五十四年朝雄巡洋至汜澳破盜巢得綸能等而明灼逃近殺參將張殿魁上責總督伍拉納伍拉納以屬朝雄督舟師出海遇盜大姿洋俟其近發大礮斃數盜明灼窮蹙躍入海官軍鉤致俘以歸五十五年追論朝雄在臺灣失察天地會邪教當奪職上諭伍拉納朝雄在官狀伍拉納言朝雄督水師捕盜有勞命還任五十八年攝水師提督五十九年入覲至清江浦病篤乞假歸卒於上海舟中

鄂輝瑪魯氏滿洲正白旗人自前鋒分發四川試用守備七遷建昌鎮總兵從大學士阿桂定蘭州回亂予法什尚阿巴圖魯名號再遷成都將軍五十二年署四川總督將軍福康安討臺灣亂民林爽文上命鄂輝率四川屯練降番濟師尋授參贊從渡海援嘉義鄂輝屯東莊溪橋攻克牛稠山竹欄嘉義圍解逐賊至大排竹殲之師攻斗六門賊自山下撲鄂輝督兵衝殺賊奔逸攻克大埔林大埔尾二莊賊潰爽文自所居大里杙奔內山番界鄂輝逐之至集埔五十三年春詗知爽文所匿地曰東勢角福康安督鄂輝及舒亮追捕自歸仔頭至麻著社分軍鄂輝自樸仔離東山路進舒亮直取東勢角是役遂俘爽文亂乃定上命臺灣嘉義立諸將帥生祠鄂輝與焉師還圖形紫光閣賜雙眼孔雀翎雲騎尉世職鄂輝朝熱河行在廓爾喀侵西藏據濟嚨聶拉木諸地上促鄂輝還四川與提督成德帥師赴援又命侍郎巴忠往按巴忠先嘗爲駐藏大臣習藏事示意噶布倫令賂廓爾喀返侵地鄂輝等遂與議和疏陳善後事尋授四川總督五十六年廓爾喀渝盟復侵濟嚨聶拉木諸地上命將軍福康安督師討廓爾喀責鄂輝誤用巴忠議致復生事奪官予副都統銜駐藏聽福康安指揮福康安令督餽工部尚書和琳劾鄂輝得廓爾喀貢表不以上聞命奪副都統銜遣赴前藏荷校示罰五十八年命還京師授拜唐阿加員外郎銜遷赤河總管嘉慶初命以侍衞詣荆州從勦教匪戰有功以都統銜加太子少保授湖南提督屢破賊與額勒登保等攻克石隆山斬賊渠石柳鄧封三等男二年擢雲貴總督三年卒諡恪靖祀賢良祠四年追論在湖北軍中受餽白金四千撤祀

舒亮蘇佳氏滿洲正白旗人自前鋒累遷參領從征金川舒亮從副都統齊里克齊率健銳營爲神將攻穆谷舒亮伏山下待賊殺賊甚衆攻卡角賊匿山溝舒亮於密箐中望見火光以火器就擊之賊驚潰以功累遷正黃旗滿洲副都統從克噶拉依賜穆騰額巴圖魯名號師還圖形紫光閣四十六年大學士阿桂討撒拉爾回蘇四十三舒亮從初至破賊華林山賊據險築卡以自固阿桂令海蘭察自山西攻賊卡舒亮自南山進當賊鋒賊竄出射舒亮傷左股舒亮披箭裹創復戰奪賊卡四殺賊百餘又與海蘭察詗賊不備以土囊填濠渡軍殲守濠賊復奪十餘卡蘇四十三既誅復勦華林寺餘匪事平還京師林爽文之亂福康安出視師舒亮以正黃旗護軍統領爲領隊大臣至臺灣福康安軍道笨港救嘉義命舒亮出別道分賊勢賊方據北大肚山拒戰舒亮迎擊敗之連破南大肚王田瀨酒牛山坑子諸莊遂克烏日莊會福康安軍夾擊賊潰嘉義圍五十三年爽文竄匿東勢角福康安督舒亮等追逮命舒亮直取東勢角山徑峻險將卒皆步上殺賊二千餘爽文竄走老衢崎舒亮督諸軍急進獲之亂遂定上以臺灣遠在海外主客民雜處風俗素悍命於府城及嘉義立諸將帥生祠示威德祠成命並及在事驍吏首福康安次海蘭察李侍堯常青鄂輝徐嗣曾而以舒亮殿焉尋授鑲紅旗蒙古都統命監爽文及其徒賴大等生致京師賴大道病舒亮合誅之不稱上意命仍爲護軍統領予雲騎尉世職再圖形紫光閣出爲荆州黑龍江將軍在黑龍江坐私市貂皮奪官留世職川陝楚教匪起命以三等侍衞從軍嘉慶元年戰襄陽再戰劉家集擢鑲斬賊渠攻當陽先登額中鎗奮進殺賊千餘復其城賜孔雀翎授鑲藍旗漢軍副都統自鍾祥分竄唐縣設伏呂堰驛合兵逐東竄賊戰草店復中鎗賚銀絲合荷包旋以縱賊渡漢江降三品頂戴三年復以總督勒保劾剿賊不力奪官以兵丁留軍營卒

論曰林爽文亂起常青及福州將軍恆瑞率師東渡徘徊坐誤高宗爵柴大紀誅郝壯猷欲以激勵諸將繼以元戎責功未竟而卒終煩禁旅始克底定承平久水陸諸軍不足用不得獨爲大紀罪也鄂輝舒亮從福康安出師與攀龍朝雄皆有戰績然大紀力保危城當時譽之遠出諸將上功名之際有幸有不幸固如是夫

清史稿

列傳一百十六

宋元俊 雷琮 張芝元

董天弼

柴大紀

宋元俊，字甸芳，江南懷遠人。以武進士授四川成都營守備，遷懷遠營都司。乾隆二十年，孔撒麻書兩土司搆釁，金川、綽斯甲布兩土司乘隙爲亂，元俊爲撫定集孔撒麻書、金川、綽斯甲布、革布什咱、綽沃、白立、章谷、瞻對諸土司，斷曲直，使頂經立誓。累遷阜和營游擊。二十九年，金川土司郎卡侵丹壩、綽斯甲布兩土司，諸土司請兵，署總督阿桂、提督岳鍾琪奏令元俊偕署副將長清諭各土司合兵進勦。移漳臘營參將，坐事左遷。三十五年，小金川土司澤旺之子僧格桑掠鄂克什，阿桂檄元俊宣諭僧格桑還侵地及所掠番民，復補阜和營游擊。三十六年，革布什咱頭人結郎卡子索諾木據革布什咱官寨，戕土司策楞多布丹。總督阿爾泰復令元俊往宣諭。小金川圍鄂克什達木巴宗，侵明正土司，據納頂寨。元俊與參將薛琮、都司李天佑率兵討之，收納頂寨，進攻桑布大寨。琮率兵自山梁潛度，元俊與天佑渡河夾擊，獲石卡十八，屢戰皆捷，明正土司碉寨七百餘盡復。師入小金川境，取噶中拉、莫如、納扎、功拉等地，進克納咱。阿爾泰及侍郎桂林以聞，擢松潘鎭總兵。師攻甲木，賊據喇嘛寺爲固，元俊及守備陳定國攻破之，盡收所屬城卡碉寨，據墨爾多山梁。師復進，天佑、定國攻西山梁，元俊同侍衞六十一、參將巴克坦布等自喇嘛寺繞攻郭松，參領普甯自西山麓沿河攻甲木，侍衞哈靑阿及琮自東山麓攻卡了。師行以夜半，戰自卯至己，卡了、郭松、甲木皆克，賜元俊孔雀翎。三十年，師攻革命什咱，元俊請於桂林，分兵爲五道：一自郭宗、濟野宗攻木巴拉博租，一自章谷渡河夾攻，俾賊前後受敵，兩軍既合，先據默資溝，藏金川來路，進取吉地官寨；一自巴旺之高石嘉舉諸山分道攻薩瑪多、監藏布覺，取吉地；一自茂紐攻沙衝；一自喀勒塔爾攻黨哩，會兵取丹東。策定，元俊及游擊吳錦江等自章谷渡河，據格藏橋，哈靑阿、天佑出郭宗、濟野宗，兩隊軍夾攻，賊驚潰，遂克木巴拉博租、薩瑪多、監藏布覺諸地，進克吉地官寨及默資溝；參將常泰等克黨哩，都司李天貴等克沙衝；元俊復克丹東，復革布什咱地三百餘里，民戶二千餘。桂林遣陳定國調綽斯甲布兵駐軍界上，備調遣。上責桂林不令元俊乘勝取金川。元俊旋與散秩大臣阿爾泰劾桂林欺誑及諸罪狀，上爲奪桂林職，令阿爾泰署四川總督，命額駙尚書公福隆安按治。未至，詔元俊督兵赴綽斯甲布，率土兵進攻金川。元俊奏：「自戰失利，士氣消沮，見在兵力不足幷按兩金川，請敕調湖南、湖北、山西、甘肅兵二萬，分三道進軍，計兩月可竟事。」上以元俊請益師，未免張皇，令福隆安會阿爾泰、阿桂與元俊詳悉籌計。上諭軍機大臣，謂：「元俊能治事，熟番情，但其人似狡猾好事，當留意駕馭。」尋福隆安疏陳所劾桂林狀不實，上以方進兵，元俊熟番情，諸事不必窮究，惟言桂林以白金畀金川贖被掠官兵罪最重，令汪承霈自承出其意。承霈以曹司從軍，不當與其事，當詰汪騰龍、成信讞。福隆安復疏言騰龍以金屬王萬邦待巴旺布拉底克歸迷道官兵，予金爲賞，元俊誘萬邦令具札言桂林使贖被掠官兵事，爲爲元俊陷。上乃怒，責元俊奸狡負恩，命奪職逮問，籍其家。參贊阿桂疏言：「元俊在川日久，熟番情，爲近邊土司所信服，諸將能馭番無出其右。臣遇事多與詢商，冀收指臂之效，乞恩仍留軍中，俾奮勉出力。使詐使貪，原所不廢，如剛愎逞私，卽據實嚴劾。」上命留總兵，還所籍財產。元俊同副都統永平、博靈阿等潛赴墨壟溝，進至章峪，乘月督軍登山，薄賊卡，正大霧，我師騰躍入卡，克山梁三道，碉卡二十有四，進克格魯克古。金川酋圖佔丹壩官寨，綽斯甲布土司發兵往助，阿桂奏令元俊增兵往勦，未行，卒于軍。元俊在邊久，善馭諸土司。往時賚諸土司繒帛，輒盜減，元俊必以善者，諸土司皆喜。元俊出行邊，諸土司率妻子出謁界，以茶菸簪珥視若家人，稍不循法度，卽訶譴，皆悚息聽命。打箭鑪徼外夾壩出沒，元俊至，無敢犯行李者。諸番小有動靜，爭來告，以故元俊諸所措置皆中竅要。其得罪，上亦知其枉。既卒，其子猶戍邊。四十一年，金川平，元俊部將張芝元請於阿桂，謂元俊有功無罪，徒以忤專閫被羅織，語甚切，阿桂爲疏請赦其子還。

薛琮，陝西咸甯人。父翼鳳，河南陽鎭總兵。琮以廕生入巡捕營，累遷四川漳臘營參將。阿爾泰討金川，以琮從，克納項、邊谷諸碉寨。溫福代阿爾泰視師，攻巴朗拉，琮戰最力，又克卡了，取通甲木，攻阿仰東山。總督桂林與都統鐵保、提督汪騰龍將兵取墨壟溝，令琮將三千人自甲木噶爾金後繞山道，應大軍夾擊。桂林中道引還卡了，又檄鐵保、騰龍令退。琮深入，糧盡，待桂林不至。桂林令都司廣著赴援，賊據高峯曰博六古，通險阻，廣著師不得度。琮督兵直進，燬柵十餘，奪碉七十餘，賊力拒，琮督兵仰攻，中槍沒於陳，軍盡覆，同死者都司張清士、陳定國等二十五人。阿桂破勒古爾龕，立祠戰地，祀琮等。琮在諸將中號能戰，元俊與最厚。嘗與期旦日會師，孰後至當斬。琮至後二刻，元俊遣騎持刀呼取薛參將頭，琮望見笑曰：「琮頭當與賊，不與公也。」奮前奪數碉反，元俊猶爲琮請罪，以功論贖乃已。及桂林謀琮戰沒，元俊憤激論劾，卒以是得罪。

張芝元，四川淸溪人。以千總從副將軍明亮征金川有功，積官至越嶲營參將。金川酋以番僧詗軍事，芝元言於明亮曰：「軍事每爲賊知，非去其諜，滅賊無日矣。」會大風雪，明亮命芝元率數十人僞若以他事出者，宿番僧寺中。芝元故通番語，與僧飲甚歡，僧醉眠，芝元出寺，聚柴焚之，僧皆死，賊諜斷。因招降其衆。尋從成都將軍特成額駐兵江卡，捕夾壩，劉肯本賊寨，焚其碉，斃賊甚衆。擢懋功協副將。臺灣林爽文爲亂，芝元率屯練降番佐軍。參贊海蘭察等分攻大埔林、中林、大埔尾三莊，芝元爲策應。賊據小半天山，將軍福康安等自前山進，芝元與領隊大臣普爾普領兵別爲一隊，夜半先發，繞大山夾攻賊後，黎明，諸軍同抵山麓，攀援上，賊力拒，芝元先登，拔其柵，斬獲無算，幷塔賊去路。未幾，爽文就擒，臺灣平。擢建昌鎭總兵，圖形紫光閣，列前二十功臣。尋調松潘鎭總兵。廓爾喀掠西藏濟嚨、聶拉木，上命芝元率屯練降番往討之。芝元至，値大雪，山谷皆滿，芝元手大刀指揮，士卒皆感激用命，賊敗走。廓爾喀再叛，芝元偕提督成德督兵攻聶拉木，守拍甲嶺隘口，斷賊援，聶拉木遂下，乘勝攻濟嚨，復克之，賊懼乞降。未幾，卒。五十八年，論平定廓爾喀功，再圖形紫光閣，列後十五功臣。芝元少以小校事元俊，後乃雪元俊枉，人以是多芝元，亦益賢元俊能知人也。

董天弼，字霖蒼，順天大興人。自武進士授四川提標前營守備。乾隆初，師征金川，天弼在軍有功，累遷維州協副將。金川酋郎卡攻丹壩土司，天弼偕游擊宋元俊諭郎卡歸所掠，毀所築碉，兵罷。遷松潘鎭總兵，旋擢四川提督。郭羅克部劫西藏入貢喇嘛，上命天弼按治，未得其渠，詔責其苟且。三十五年，小金川土司澤旺子僧格桑爲亂，攻鄂克什土司色達克拉，圍其寨。天弼督兵駐達木巴宗，檄僧格桑歛兵退。色達克拉以其寨糧盡，乞徙達木巴宗，天弼與總督阿爾泰議留兵戍焉。三十六年，僧格桑復圍達木巴宗，並略木耳宗、巴朗拉諸地。天弼自打箭鑪出邊，徵省標及松潘、維州諸鎭協兵，行至眠龍岡，賊已得巴朗拉，築抗卡爲久守計，且斷我兵路。天弼議襲山神溝以解達木巴宗圍，尋將四百人自山神溝至德爾密，克碉七，賊竄走。再進取畢旺拉，賊乘霧來犯，士兵驚潰，德爾密、畢旺拉皆陷。天弼疏請罪，上以天弼所將兵本少，總督阿爾泰不預籌應援，宥其罪，諭以當奮勉，再不努力，獲罪滋重矣。天弼復將五百人自木坪陟堯磧，順山攻甲金達對面山梁，取碉二。天弼以鄂克什牛廠當要道，分兵殲守廠賊，駐軍其地，乘勝上下截擊，木坪、鄂克什諸土司錯壤要隘皆爲我軍有。未幾，賊復襲據牛廠。上以阿爾泰師久無功，奪官，因責天弼始終貽誤，與阿爾泰同罪，奪官，留軍中充伍，如更退縮，正軍法。尋命下成都獄。詔未至，天弼以甲金達山峻不可上，求間道，得溝在兩厓間，會大風雪，天弼率兵自溝中潛度，遂至達木巴宗，擊僧格桑，色達克拉潰圍出，並克木耳宗，迎溫福師與會。上聞，命貸死留軍中。阿桂令天弼監火藥軍械。三十七年，師克資哩，阿桂令天弼將五百人駐爲壽，予副將銜，授重慶鎭總兵，命督兵赴曾頭溝，進至棱磨，棱磨土婦請以千人從事，聞，賜花翎。天弼督兵攻堪卓溝，自間道出納雲達，深入賊境五十餘里，克山梁三，破碉卡三十餘、木城三，迎溫福師，會於布朗郭宗，克大板昭木了寨，得碉三十六、卡十六。上以溫福已得布朗郭宗，進克底木達，天弼所克不過空寨，疏語頗鋪張，手敕戒之。尋授領隊大臣。三十八年，復爲四川提督。時小金川已定，溫福督師進討大金川，令天弼以五百人守底木達。溫福進駐木果木，號大營。底木達當賊來路，爲要隘，溫福檄三百人益大營，又去其後援。時溫福以軍屢勝，不以賊爲意，金川頭人七圖葛拉爾思甲布等以千餘人詐降，溫福使與斯養雜處，因誘諸降人爲變，諗底木達兵弱無後援，六月乙丑朔，潛自山後擁衆攻底木達，天弼率所部二百人抽刀力戰，至夜半，賊以鳥槍數百環擊，殺之。越九日，劫大營，溫福亦死焉。上先命天弼駐丹壩，旋命移駐布朗郭宗，軍中傳賊來犯時，天弼方屯美諾，上命奪官逮治。總督劉秉恬疏言天弼自美諾馳赴底木達，途遇賊，右脅中槍死，仍以貽誤軍事，籍其家，戍其子舉人聯穀伊犂。金川既平，獲七圖葛拉爾思甲布，傳送熱河行在，廷訊，具言天弼死事時力戰狀，乃赦聯穀還，授內閣中書。

柴大紀，浙江江山人。自武進士授福建守備，累擢至海壇鎭總兵，移臺灣鎭。乾隆五十一年十一月，林爽文亂起。爽文，漳州人，徙彰化，所居村曰大里杙。時姦民相聚號天地會，漳州人莊煙爲之魁，爽文與相結，謀爲變。臺灣知府孫景燧馳詣彰化，督知縣兪峻、副將赫生額、游擊耿世文捕治，焚數小村以怵之。爽文因民怨，夜糾其徒來襲，赫生額等皆戰死。明日，遂破彰化，景燧亦殉焉。傍攻諸羅、鳳山，皆陷。大紀時以總兵守府城，賊分道來攻，大紀出駐鹽埕橋禦之，擊沈賊舟數十，馘千餘。五十二年春，水師提督黃仕簡、陸路提督任承恩先後赴援大紀出攻諸羅克之即移軍守諸羅旋以守府城功賜花翎上以仕簡承恩師久無功授總督常青將軍渡臺灣視師爽文攻諸羅自二月至四月凡十至大紀督游擊楊起麟守備邱能成等出戰殺賊數千爽文之徒張愼徽僞降大紀察其詐寘諸法臺灣諸府縣皆編竹爲城不耐攻大紀以忠義率兵民誓堅守上嘉大紀勞賜荷包奶餅下部議敍六月授福建陸路提督仍兼領臺灣總兵鹽水港者諸羅通府城糧道也賊來攻大紀力禦之上促常青赴援予大紀壯健巴圖魯名號參贊軍務八月上以常青衰老不能辦賊命福康安爲將軍仍令大紀參贊而常青令總兵魏大斌援諸羅賊邀諸途退駐鹿仔草復令總兵蔡攀龍援諸羅大紀出戰迎入城共守上移大紀水師提督而以陸路提督授攀龍十一月加大紀太子少保上以諸羅被圍久縣民困守奮力向義更縣名爲嘉義賊攻城益急上密諭大紀不必堅執與城存亡如遇事急可率兵力戰出城再圖進取大紀疏言諸羅居臺灣南北之中縣城四周積土植竹環以深濠濠上爲短垣置礮防衞堅固一旦棄之而去爲賊所得慮賊勢益張鹽水港運道亦不能守且城廂內外居民及各莊避難入城者共四萬餘人助餉協守以至於今不忍將此數萬生靈付逆賊毒手惟有竭力保守以待援兵上手詔謂所奏忠肝義胆披覽爲之墮淚大紀被圍日久心志益堅勉勵兵民忍飢固守催知以國事民生爲重古之名將何以加之因封爲一等義勇伯世襲罔替並命浙江巡撫琅玕予其家白金萬促福康安赴援十一月福康安師至嘉義圍解大紀出迎自以功高拜跪賞又在圍城中倥偬不具櫜鞬禮福康安銜之遂劾大紀詭詐深染綠營習氣不可倚任上諭謂大紀駐守嘉義賊百計攻圍督率兵民力爲捍衞朕諭以力不能支不妨全師而出大紀堅持定見竭力固守不忍以數萬生靈委之於賊朕閱其疏爲之墮淚福康安乃不能以朕之心爲心乎大紀嘗奏賊以車載槍礮攻城今福康安言得賊攻城大車又委棄槍礮爲我軍所得足見大紀前奏不虛大紀又奏縣城食盡地瓜花生俱罄以油粎充食當時義民助餉未必遽至於此但大紀望援心急以食油粎爲詞普吉保恒瑞兩軍尙復觀望不進若云猶有餘粟則兩路赴援更緩此時縣城存亡未可知安怪大紀過甚其詞耶大紀屢荷褒嘉在福康安前禮節或有不謹致爲所憎直揭其短福康安當體朕心略短取長方得公忠體國之道侍郎德成自浙江奉使還受福康安指計大紀上命福康安李侍堯徐嗣曾琅玕按治福康安臨致書軍機大臣言大紀縱兵激民爲變其守嘉義皆義民之力大紀聞命欲引兵以退義民不令出城乃罷事聞上諭謂守諸羅一事朕不忍以爲大紀罪至其他聲名狼藉縱兵激變諸狀自當按治命奪大紀職逮問福康安壽以大紀縱弛貪黷貽誤軍機議斬送京師上命軍機大臣覆讞大紀訴冤苦並言德成有意周內迫嘉義民證其罪下廷訊大紀猶力辨五十三年七月辛巳命如福康安議棄市其子發伊犂爲奴

論曰元俊天弼在邊久熟情僞習形勢諸番仰其威惠元俊阨於桂林激而欲自白不得直微阿桂右之罪且不測天弼又見嫉於溫福驟至寡之兵以投方張之寇既死猶尙以爲罪若大紀有功無罪爲福康安所不容高宗手詔可謂曲折而詳盡矣乃終不能貸其死軍旅之際捐肝腦冒鋒刃求尺寸之效困於媢嫉功不成而死於敵若功成矣而又死於法嗚呼可哀也已

清史稿 列傳一百十七

福康安 孫士毅

明亮

福康安字瑤林富察氏滿洲鑲黃旗人大學士傅恒子也初以雲騎尉世職授三等侍衞再遷頭等侍衞擢戶部侍郎鑲黃旗滿洲副都統師征金川以溫福爲定邊將軍阿桂豐昇額爲副將軍高宗命福康安齎印往授之即授領隊大臣三十八年夏至軍阿桂方攻當噶爾拉山留福康安自佐木果木師敗溫福死事復命阿桂爲定西將軍分道再舉攻喇穆喇穆福康安督兵克其西各碉與海蘭察合軍克羅博瓦山北攻克得斯東寨賊夜乘雪陟山襲副將常祿保營福康安聞槍聲督兵赴援擊之退賊屯山巔乘雨築兩碉福康安夜率兵八百冒雨踰碉入殺賊毀其碉上手詔嘉其勇進克色淜普山破堅碉數十殲賊數百又與額森特海蘭察合軍攻下色淜普山南賊碉遂盡破喇穆喇穆諸碉卡並取日則了口再進克嘉德古碉攻遜爾克宗西北寨賊潛襲我軍後福康安擊之退賊以距勒烏圍近屢夜出擊我師福康安與戰屢勝阿桂慮賊守隘不時下改道自日爾巴當噶路入攻福康安攻下達爾扎克山諸碉再進攻格魯克古率兵裹糧夜踰溝攀崖自山隙入當噶海寨克陡烏當噶大碉桑噶斯瑪特木城石卡再進克勒吉爾博寨阿桂令福康安將千人從海蘭察赴宜喜自甲索進攻得楞山焚薩克薩古大小寨數百渡河取斯年木咱爾斯甯二寨再進次榮噶爾博山擢內大臣賜號嘉勇巴圖魯再進至章噶福康安偕額森特攻巴木圖登直古腦山拔木城碉寨五十焚冷角寺遂克勒烏圍阿桂令取道達烏圍進攻噶拉依分其軍爲七隊福康安率第一隊奪達沙布碉當噶克底綽爾丹諸寨爲木柵斷科思果木走雅瑪朋道進克達噶木碉二阿穰曲前峯碉木城各二十焚奔布魯木獲起寨取舍勒圖租魯傍碉一寨二格什格章寨一薩爾歪碉寨三阿結占寨二陟科布曲山梁盡得科布曲諸寨四十一年春再進克舍齊雍中二寺自拉古爾河出噶拉依之右移礮擊其寨噶拉依既下金川平論功封福康安三等嘉勇男師還郊勞賜御用鞍轡馬一飲至賜緞十二端白金五百圖形紫光閣賜雙眼花翎授正白旗滿洲都統出爲吉林盛京將軍授雲貴總督南掌貢象自陳爲交趾所侵乞以餘象易礮福康安諭以國家法制有定還其象不予礮疏入上深韙之移四川總督兼署成都將軍四川莠民爲寇盜號嘓匪命福康安捕治逾年福康安疏言盜已除戢陳善後諸事擢御前大臣加太子太保召還京署工部尙書授兵部尙書總管內務府大臣四十九年甘肅回田五等立新教糾衆爲亂授參贊大臣從將軍阿桂討賊旋授陝甘總督師至隆德田五之徒馬文熹出降攻雙峴賊卡賊拒戰阿桂令海蘭察設伏福康安往來督戰殲賊數千遂破石峯堡擒其渠以功進封嘉勇侯轉戶吏二部尙書協辦大學士五十二年臺灣林爽文爲亂命福康安爲將軍而以海蘭察爲參贊大臣督師討之時諸羅被圍久福建水師提督柴大紀堅守上褒大紀改諸羅爲嘉義以旌其功陸路提督蔡攀龍督兵赴援圍未解福康安師至道新埤援嘉義與賊戰崙仔頂克俾長等十餘莊會日暮雨大至福康安令駐師土山巔賊經山下昏黑無所見發銃仰擊福康安戒諸軍士毋動既署雨霽海蘭察已自他道入師與會圍解進一等嘉勇公賜紅寶石帽頂四團龍補服大紀以方在圍中謁福康安未具櫜鞬禮福康安銜之疏論大紀歆法牟利諸罪狀並及攀龍陳戰狀不實上以大紀困危城久攀龍亦有勞意右之詔謂二人或稍涉自滿在福康安前禮節不謹爲所憎遂直揭其短戒福康安宜存大臣體然大紀卒以是坐死時論冤大紀亦深非福康安嫉能不若傅恒遠也福康安復劾攀龍左遷而福州將軍恒瑞師逗遛不進福康安與有連力庇之詔亦斥其私福康安既解嘉義圍令海蘭察督兵追捕爽文檻致京師復得副賊莊大田臺灣平賜黃腰帶紫韁金黃辮珊瑚朝珠命臺灣嘉義皆建生祠塑象再圖形紫光閣疏請募熟番補屯丁並陳善後諸事要在習戎事除奸民清吏治肅郵政上悉從之旋授閩浙總督五十四年安南阮惠攻黎城孫士毅師退上移福康安兩廣總督詔未至福康安疏請往莅其事上獎福康安忠謂大臣視國如家休戚相關當若此也惠更名光平乞輸款福康安爲疏陳請罷兵上允之御史和琳劾湖北按察使李天培爲福康安致木材令湖廣糧船運京師福康安疏請罪上手詔謂阮光平方入朝特寬之命奪職留任仍罰總督俸三年公俸十年五十五年福康安率光平朝京師以獲盜免罰總督俸五十六年廓爾喀侵後藏命福康安爲將軍仍以海蘭察爲參贊大臣督師討之免罰公俸五十七年三月福康安師出青海初春草未盛馬瘠糧不給督諸軍速進行四十日至前藏自第理浪古如絨轄爾拉木察地勢疾行向宗喀至轄布基諸道兵未集督所部分六隊趨擦木潛登山賊前後二碉殲賊渠三賊二百餘擒十餘進次瑪噶爾轄爾甲山梁賊渠手紅旗擁衆登令設伏誘賊進至山半伏起橫擊搴旗賊盡殪進攻濟隴濟隴當賊要隘大碉負險旁列諸碉卡相與爲犄角乃分兵先翦其旁諸碉卡併力攻大碉縛大木爲梯督兵附碉登毀壘戰自辰至亥克其寨斬六百擒二百捷聞上爲賦誌喜詩書扇並解御用佩囊以賜六月自濟隴入廓爾喀境進克索勒拉山度熱索橋東越峨綠山自上游潛渡越密里山攻旺噶爾克作木古拉載山梁攻噶勒拉堆補木諸山破甲爾古拉集木集兩要寨轉戰深入七百餘里六戰皆捷上詔褒福康安

勞授武英殿大學士福康安侍勝軍稍怠督兵冒雨進賊爲伏以待台斐英阿戰死廓爾喀使請和福康安允之廓爾喀歸所掠後藏金瓦寶器令大頭人噶木第馬達特塔巴等齎表進象馬及樂工一部上許受其降師還加賜福康安一等輕車都統畀其子德麟授領侍衞內大臣視王公親軍校例置六品頂戴藍翎三缺官其傔從復圖形紫光閣大學士阿桂讓福康安居首福康安初征金川與海蘭察合軍討亂回同爲參贊及征臺灣定廓爾喀皆專將海蘭察爲參贊師有功受殊賞上手詔謂福康安能克陽布俘拉特納巴都爾巴都爾薩當酬以王爵今以受降班師不克副初願然福康安孝賢皇后姪大學士傅恆子進封爲王天下或議朕厚於后族富察氏亦慮過盛無益今如此蕆事較蕩平廓爾喀倍爲欣慰陽布廓爾喀都城拉特納巴都爾等其渠名也五十八年疏陳西藏善後十八事詔從之安南國阮光平卒上慮其國且亂命福康安如廣西福康安母卒於京師令在任守制福康安途中病命御醫往視福康安疏言安南無事乞還京師冀得廬墓數日詔許之加封嘉勇忠銳公移四川總督旋又率金川土司入覲恆秀時爲吉林將軍以采參斷廠爲累民命福康安莅讞擬罪輕上責福康安袒戚誼復移雲貴總督方寒賜御服黑狐大褂六十年貴州苗石柳鄧湖南苗吳半生石三保等爲亂命福康安討之柳鄧圍正大營嗅腦營松桃廳三城福康安師至力戰次第解三城圍賜三眼花翎福康安率貴州兵破老虎岩賊寨詗得柳鄧蹤迹和琳時爲四川總督將四川兵來會攻滿華寨焚賊寨四十柳鄧入湖北投三保三保方圍永綏廳福康安督兵赴援師當渡賊築卡拒守分兵出上流縛筏縱民牧牛設伏待賊至掠牛伏起奪賊船所縛筏亦順流至師盡濟攻石花寨越得山拉戰殺賊甚衆令總兵花連布間道援永綏師從之戰三日圍解進次竹子山賊屯蘭草坪西北崖以板爲寨樹旗東南山岡乃設伏對山仍督兵若將自山岡入賊來戰伏兵發破賊潰退保鄒木陀山再進克之山西爲登高坡與黃瓜山對分兵出五道冒風雨克黃瓜山焚寨五十六攻蘿蔴寨奪大小喇耳山焚寨四十半生三保悉衆拒戰分兵攻雷公山阻其援兵擊破西梁山中下三寨再進至大烏草河循河克沙兜寨盤基坳山戰於板登塞再戰於雷公灘賊屢敗取右哨營渡河於羣山中越險進克馬蝗衝等大小寨五十至狗腦坡山益險兵皆附葛藤冒矢石行陟其巔破賊寨再進克蝦蟆嘴烏龍巖攻茶它降者七十餘寨上移福康安閩浙總督進封貝子再進克巖碧山焚巴溝等二十餘寨再進攻麾手寨山總兵花連布將廣西兵克苗寨四十賜貂尾褂圍高多寨吳半生窮蹙出降上官福康安子德麟副都統在御前侍衞上行走再進攻鴨保寨鴨保右天星寨爲賊中奇險處督兵自雪中求道進取木城七石卡五克垂藤茶羅諸寨賜御服黃裏元狐端罩旋克大小天星寨進攻樣木營乘風雪夜進拔地良八荆桃花諸寨自平隴復乾州盡克擒頭坡騾馬峒諸隘焚其寨三百嘉慶元年再進克吉吉寨大隴峒等寨戰於高吉陀再戰於兩岔溪屢敗賊賊踞樣木營攻擒頭坡皆以有備敗走克結石岡焚牧牛坪等大小寨七十進克官道溪再進攻大麻營石城至廖家衝奪山巔石卡夜間道出連峯坳奪山梁七上褒福康安命瞻傳恆貝子福康安染瘴病作猶督兵進五月卒於軍仁宗製詩以誄命加郡王銜從傅恆配太廟諡文襄子德麟襲貝勒遞降至未入八分公世襲罔替福康安受高宗殊寵師有功在軍中習奢侈犒軍金幣輒巨萬治餉吏承意指糜濫滋甚仁宗既親政屢下詔戒諸將帥毋濫賞必斥福康安德麟迎喪歸將吏具賻四萬有奇責令輸八萬德麟旋坐雩壇視牲誤班降貝子

孫士毅字智治一字補山浙江仁和人少穎異力學乾隆二十六年進士以知縣歸班待銓二十七年高宗南巡召試授內閣中書充軍機章京遷侍讀大學士傅恆督師討緬甸以士毅典章奏敘勞遷戶部郎中擢大理寺少卿出爲廣西布政使擢雲南巡撫總督李侍堯以贓敗士毅坐不先舉劾奪職遣戍伊犁錄其家不名一錢上嘉其廉命纂校四庫全書授翰林院編修書成擢太常寺少卿復出爲山東布政使擢廣西巡撫移廣東初上官疏言廣東海洋交錯奸宄易藏惟有潔以持身嚴以察吏不敢因循諱飾上諭以勉效李湖湖爲廣東巡撫以風厲有聲爲上所深賞也尋署兩廣總督陝甘總督福康安議練兵詔下雲貴四川兩廣福建諸行省令仿行士毅疏請廣東練水陸兵二萬八千五百三十二人廣西練兵一萬一千二百九十六人選人材精壯技藝嫻習責督撫提鎮實心訓練請嚴立科條以懲積習上諭曰此可徐徐爲之而必以實尋還巡撫任廣東民悍多逋賦州縣吏當上計或以私財應冀課最民益延抗爲得計士毅詳覈積逋遣幹按治逋賦最多諸州縣自乾隆四十年後具冊督追州縣吏以私財應計政者察無他私弊以督追所得償之上獎其能惟謂州縣吏職催科乃以不能振作民多逋賦以私財應計政不罪其誑已爲寬典若以督追所得償之將何以示儆令續徵逋賦當悉入官麥塘者羣盜所聚拒捕傷官士毅擒其渠戮以徇上復嘉其能賜花翎兩廣總督富勒渾縱其僕受賕事聞下士毅按治得實富勒渾坐譴上以士毅持正即遷兩廣總督富勒渾疏論廣東鹺政請增運艘按季徵餉價復三十九埠運商消積逋士毅受事疏言增運艘當去封押之擾定經久之規俾新舊船戶皆各樂從按季徵餉價當復舊例歲終奏銷三十九埠運商以逋課黜中鉛山南康上猶英德四埠當先復積逋當自三十九埠始皆下部議行五十二年臺灣林爽文爲亂士毅詣潮州戒備師行遣兵助剿籌麥器械皆立辦加太子太保賜雙眼花翎一等輕車都尉世職五十三年臺灣平圖形紫光閣會安南國王黎維祈爲其臣阮惠所逐其母妻叩關告變士毅以聞督兵詣龍州防鎮南關帝嘉其識輕重知大體命自廣西入安南別遣雲南提督烏大經自蒙自進阮惠遣將拒於壽昌江又分兵屯嘉觀士毅師至擊破惠所遣將渡壽昌江再進至市球江惠守備甚設士毅令陽於下游爲浮橋若將渡密遣總兵張朝龍自上游渡出賊後賊惶擾士毅勒兵乘筏渡賊棄寨走縱擊賊自投江中死尸蔽江游擊張純等亦擊破惠屯嘉觀軍副將慶成等設伏擒惠將師再進至富良江江南即黎城惠令盡收戰艦泊南岸拒守士毅縛筏載兵令提督許世亨將二百人夜過江掠小舟數十更番渡兵黎明兵渡者二千餘惠軍以舟遁張純追及之分焚其舟盡殲之遂復黎城阮惠走富春維祈至軍中士毅承旨封爲安南國王捷聞封一等謀勇公賜紅寶石頂士毅辭不許命班師士毅猶豫未即行五十四年春正月阮惠率其徒攻黎城維祈亦挈其孥潛遁士毅引兵退渡市球江駐江北惠軍追至總兵李化龍殿度浮橋墮水死浮橋斷提督許世亨等皆戰死士毅還入鎮南關維祈與母子偕至留諸南甯上以士毅不遵詔班師有此挫折罷封爵並撤紅寶石頂雙眼花翎解總督任以福康安代之方惠追我師至富良江士毅欲復渡江與決戰世亨力諫謂損大臣傷國體令千總薛忠挽其轡而退至是具疏自劾令駐鎮南關治事惠尋遣使求內附福康安至與士毅嚴斥之既以黎氏脊亂不堪復立國遂偕奏安南不必用兵狀帝從其議尋召士毅還京師授兵部尚書授軍機大臣直南書房是年冬命署四川總督逾歲眞除未幾兩江總督書麟坐高郵書吏僞印冒徵被譴以士毅代之諭以江南吏治廢弛久當亟勉整飭毋徇隱徐州王平莊河決築毛城鋪隄堰賑被水諸州縣俱稱旨五十六年召授吏部尚書協辦大學士廓爾喀用兵命攝四川總督督餉士毅自打箭爐出駐察木多師已入後藏復馳詣前藏催餉無匱以勞復賜雙眼花翎五十七年廓爾喀平再圖形紫光閣旋授文淵閣大學士兼禮部尚書偕福康安和琳駐前藏謀善後福康安率金川土司入覲命士毅再權四川總督福康安移雲貴總督以和琳代之上令士毅留四川董理討廓爾喀之役軍需奏銷士毅乞留福康安和琳會覈上不許六十年湖南苗爲亂入四川秀山境士毅督兵駐守擊賊嘉慶元年湖北教匪爲亂侵四川酉陽境士毅移軍來鳳戰屢勝封三等男賊屯茶園溪大雨旬日詗無備夜擊賊人持短兵坌涌入千總張超執長矛先登斬其魁追奔四十餘里賊退據旗鼓寨士毅移軍從之六月卒於軍中贈公爵諡文靖以其孫均襲伯爵士毅故善和珅病篤遺書請入旗高宗特許之命均入漢軍正白旗授散秩大臣尋以幼罷十一年自陳廢疾請以同祖弟玉墀襲爵仁宗諭曰士毅克黎城皇考命班師士毅意在貪功遲延失事兵潰入關所奏多有虛飾朕體皇考遺意未予追求今均既病廢士毅原授伯爵當裁撤并令均出旗歸原籍

明亮富察氏滿洲鑲黃旗人都統廣成子亦孝賢高皇后姪也初以諸生尚履親王允祹女爲多羅額駙授整儀尉累遷鑾儀衞鑾儀使乾隆三十年授伊犁領隊大臣從征烏什亂回再移甯古塔副都統從征緬甸有功三十六年兩金川爲亂命以護軍統領佐四川總督桂林出師明年桂林師出墨壟溝敗績明亮未以聞上責其隱奪職旋授頭等侍衞令從軍自効時阿桂以參贊大臣代將令明亮仍出墨壟溝攻甲爾木奪第一山梁地高寒不俟令引還阿桂奏劾降二等侍衞復攻甲爾木乘雪陟其中峯克所築碉卡授二等侍衞尋攻眞登梅列斷賊糧道遷頭等侍衞加副都統銜復自都恭進破噶察丹嘉諸寨與阿桂會於僧格宗阿桂授副將軍命明亮爲領隊大臣再進自僧格宗渡河東攻美諾令侍衞德赫布等爲前隊明亮繼逐賊至美都喇嘛寺園美諾戰一晝夜克之小金川悉定進討大金川溫福出西路豐昇額出北路而阿桂出南路明亮爲參贊三十八年正月師次當噶爾拉山亘二十餘里賊築十四碉拒守明亮攻克第五第四兩碉居數月溫福師敗僧格宗美諾皆陷從阿桂歛師退駐翁古爾壟擢廣州將軍十月師再舉阿桂出西路授明亮定邊右副將軍出南路當一面自思紐順河取得里得木甲諸寨擊破宅壟復取僧格宗與阿桂會美諾小金川復定賜御用黑狐冠三十九年正月與阿桂策定進軍道

明亮自巳旺布拉克底土司進次馬奈馬奈山峻險河南有地曰斯第爲賊寨隘明亮夜攻馬奈遣參贊大臣富德自駱駝溝出寨後夾攻戰二日克之再進次緘布寨分兵授領隊大臣奎林以皮船渡河取斯第山梁木城二再進攻卡卡角其前地曰庚額特山負河而立危峯護其右勢絕險山腰徑隘賊夾以巨碉屢攻不能下於其右築五碉銜之遣攻穆谷諸寨賊拒守益力而奎林軍以乏水移駐深嘉卜明亮詗得泉使富德奎林移軍就之分道攻斯第賊前後並至斷我軍爲數部戰甚力侍衞阿爾都陟險焚賊卡乃破圍出明亮策攻正地深入不遇賊慮阻險設伏未卽進阿桂令改出北路與參贊大臣舒常合軍攻宜喜進克達爾圖山梁賊築十八碉迭戰克其十五復自木克什進次帶石東取谷爾提西攻沙壩山焚碉卡二百餘賊據隘斷我軍道別得道出四十年四月阿桂令參贊大臣海蘭察助攻宜喜分兵十餘道攻賊碉明亮與海蘭察舒常巡行督戰克薩克薩谷山梁達爾圖得楞沙壩山諸賊皆潰並得日旁諸寨授內大臣再進克基木斯丹當噶山海蘭察還佐阿桂明亮軍進次扎烏古攻碉未卽下令奎林以礮擊賊破石眞噶北取琅谷移師駐其地阿桂已克勒烏圍進攻噶拉依令明亮攻礮占未卽下明亮疏請簡精銳佐阿桂併力出西路上不謂然詔切責乃自琅谷進攻納木迪阿桂遣駐美諾兵千餘助明亮明亮策賊守納木迪扎烏古備必疏遣奎林出間道襲破之自日斯滿至阿爾古山梁上下二十餘里諸碉卡盡下納木迪賊焚寨走再進攻日斯滿先取得耳谷斷賊後路令和隆武等夾擊大破賊還攻礮占礮占乃當山巔其北曰阿爾占其南曰甲雜明亮襲破阿爾占夜督兵縋下峭壁陟山梁盡破諸碉寨遂攻乃當賊潰遁圍甲雜缺一面當水賊走師乘之皆墮水死阿桂軍臨噶拉依明亮取獨松趨正地降馬爾邦令奎林等軍於巴布朗谷督兵與阿桂軍會偕阿桂疏報噶拉依圍合四十一年春命封一等襄勇伯賜雙眼花翎師克噶拉依金川平時議以成都將軍駐雅州總邊政以授明亮明亮以雅州地隘請還駐成都陳善後諸事皆從之夏師還上郊勞賜銀幣鞍馬冬復率諸土司入覲命在軍機處行走四十三年改授四川提督四十五年復率諸土司入覲四十六年甘肅撒拉爾回亂攻蘭州明亮將四川兵自鞏昌入甘肅合軍討賊上幸木蘭覲行在改授烏魯木齊都統員外郎開泰罪譴命永遠枷號明亮徇協領富通請釋之未以聞四十八年移伊犂將軍而富通當引見開泰懼失庇投水死事聞上逮明亮詣京師獄成罪絞待決四十九年甘肅固原回復亂大學士阿桂出視師命釋明亮賜藍翎侍衞從軍亂定授頭等侍衞累遷鑲紅旗蒙古都統五十五年授刑部尙書五十六年出爲黑龍江將軍五十八年移伊犂將軍六十年復入爲正紅旗漢軍都統坐在黑龍江令兵輸貂予賤値奪職留烏魯木齊自效貴州苗石柳鄧湖北苗石三保等爲亂嘉慶元年命明亮出佐湖南軍授頭等侍衞旋以副都統銜署廣州將軍賊久據孝感署湖廣總督永保討之未克明亮將三千五百人以往至灄川鋪賊出戰分兵伏黃金廟攻賊壘伏起賊礮裂斂入城明亮令積柴城門外縱火賊突出皆墮濠三日火始熄城遂破賜輕車都尉世職攻鍾祥得賊渠張家瑞等戰於雙溝屯呂堰賊至擊敗之再進攻平隴破養牛塘剛息衝諸隘圍石隆奮戰斬石柳鄧獲其孥封二等襄勇伯賜雙眼花翎是時教匪起延及四川陝西湖北三省命明亮督兵赴四川與總督宜緜合軍討賊二年明亮自永綏入四川與宜緜軍合轉戰焚金峨寺破重石子香爐坪克分水嶺火石嶺諸卡賊渠王三槐出戰大破之三槐中槍逸賊死者萬餘人復戰精忠寺俘三槐母襄陽賊渠姚之富齊王氏等竄四川與三槐及達州賊渠徐添德合勢復張之富等據開縣南天洞明亮擊破之逐賊戰於大涼山雲陽賊渠高名貴應賊明亮與宜緜策禽名貴殲其從賊攻白帝城明亮循江下宜昌賊來犯擊破之逐賊至獨樹會湖廣總督景安師至合擊逼賊入南漳山中度賊且渡漢北入河南境令總兵長春屯穀城爲備督兵出隆中賊北走擊之潰賜紫韁賊屢敗不能北渡乃自房縣入陝西境明亮逐賊屢戰皆捷先後殺六千餘人賊走紫陽明亮師次白河峽之富等與諸賊渠張漢潮高均德分道竄走明亮逐漢潮均德入漢中上責明亮不當置羣盜而但逐漢潮均德奪爵及雙眼花翎紫韁之富等亦渡江與均德合走漢陰其從入城固南鄭乃奪職逮詣京師旋以軍事急命留軍自効督兵逐之富齊王氏自山陽至鄖西急擊之之富齊王氏皆投崖死賜副都統銜花翎命捕治均德師進次西鄉漢潮與諸賊渠詹世爵李槐合萬餘人自竹谿至平利太平明亮追及於池子山戰殲世爵槐而漢潮還走南鄉復攻陷西鄉石泉命奪花翎漢潮入河南境攻盧氏明亮赴援漢潮復走陝西攻五郎廳四年上授勒保經略大臣授明亮副都統參贊大臣逐漢潮入漢中勒保弟永保先以孝感鍾祥勦賊無功坐譴嫉明亮至是起署陝西巡撫與明亮不相能漢潮往來奔竄不以師應上徵勒保還命明亮代將遷正紅旗漢軍都統明亮劾永保軍久駐不進永保言明亮有手扎尼其移軍上爲奪明亮職逮詣京師明亮方追賊入子午谷戰於張家坪殲漢潮師還就逮罪斬待決五年上追錄前功以領催詣湖北從陝甘總督松筠討賊旋授藍翎侍衞領隊大臣敗賊石花街遷二等侍衞再敗賊斑竹園遠安鎭命以五品銜授宜昌鎭總兵賊竄荊襄明亮與戰敗之賊欲西走陝明亮守七星關賊復折而東戰於朱家嘴大破賊進秩視三品賊復入陝西境明亮與巡撫倭什布合擊之賊還南竄上命赴四川討賊明亮以陝西賊渠高二馬五等將至竹谿馳赴迎擊上責明亮不卽赴四川復左授藍翎侍衞明亮已擊破高二馬五復擢三等侍衞領隊大臣還師湖北戰於壽陽坪破賊渠徐添德戰於獅子巖佘家河破賊渠苟文明復授宜昌鎭總兵時湖北賊漸定上念明亮老召還授二等侍衞七年自副都統外授烏魯木齊都統三省教匪平行賞封一等男九年內授都統遷兵部尙書十年進一等子十四年加太子少保進三等伯十五年賜雙眼花翎命協辦大學士十六年以輿夫聚博上聞不以實奏左授副都統十七年出爲西安將軍十八年內授都統左都御史十九年復授兵部尙書協辦大學士二十二年授武英殿大學士進太子太保二十四年進三等侯道光元年致仕食全俸二年卒年八十七宣宗親臨奠賜陀羅經被謚文襄祀賢良祠

論曰福康安起戚里然亦自知兵征廓爾喀賊守隘命前軍更番與戰而設伏隘側前軍敗退賊逐出隘伏起賊駭走我軍躡之入隘福康安策騎督戰諸軍悉度隘遂夷賊屯其才略多類此士毅入安南度重險宷入其庭是時諸將多驕侈士毅獨廉蓋亦有不可沒者明亮知兵過福康安廉侔士毅師屢有功輒有齮之者未能竟其績立朝旣久躬享上壽進受封拜非倖致也

清史稿　列傳一百十八

海蘭察 子安祿　奎林 珠格勒德
和隆武　額森特
普爾普

海蘭察多拉爾氏滿洲鑲黃旗人世居黑龍江乾隆二十年以索倫馬甲從征準噶爾輝特台吉巴雅爾旣降復從阿睦爾撒納叛師索之急遁入塔爾巴哈台山中海蘭察力追及之射墜馬生獲以歸敘功賜號額爾克巴圖魯累擢頭等侍衞予騎都尉兼雲騎尉世職圖形紫光閣三十二年以記名副都統從征緬甸師出虎踞關海蘭察率輕騎先驅至罕塔遇賊殪三人俘七人遂攻老官屯殲二百設伏殲賊四百賊自猛密出襲我師援擊却之三十三年再出師度萬仞關敗賊戛鳩江燬江岸賊居授鑲黃旗蒙古副都統師薄老官屯攻賊於錫箔毀其木柵賊來攻急擊之追戮其強半縛二人以歸旣還師命留軍防邊移鑲白旗蒙古副都統三十六年師征金川命自雲南赴四川與師會三十七年六月參贊大臣豐昇額方攻美美寨賊禦戰甚力海蘭察師至合力銜擊克之乘勝毀賊寨十三克木城師屯其旁山岡築卡以守七月敗賊策卜丹八月賊出貢噶山左謀截糧海蘭察設四伏斬級百餘十月進攻路頂宗及喀木色爾破碉卡三百餘殲賊數百詔嘉獎擢正紅旗蒙古都統十一月進至格實迪自色木僧格山後取瑪覺烏大寨仰攻布喇克及扎喀爾寨得碉卡九十十二月進攻明郭宗突入寨門焚轉經樓直搗美諾小金川旣定進討大金川授參贊大臣從將軍溫福出西路自功噶爾拉入三十八年二月趨昔嶺道經蘇克奈奪卡二據木果木後山與領隊大臣額森特軍合戰得碉卡五鑿冰開道一日而至固木卜爾山山接昔嶺巃昔嶺多賊碉當道碉凡十我師遇賊碉若山峯縱橫並列往往爲之次第便指目海蘭察與額森特計分兵爲六隊力攻第九第十二碉先下進取第七第八兩碉力戰冰雪中及暮陽撤兵賊下追伏起殪二百人第五碉尤堅厚海蘭察運礮轟擊晝夜無稍休碉乃破移軍攻達扎克角山梁奪獲得斯東寨上按地圖示諸將形勢海蘭察復移軍攻功噶爾拉

山口五月還攻昔嶺造礮轟高與山齊痛殲守賊六月後路賊攻陷底木達進據登春海蘭察還禦戰正力俄聞木果木大營有警疾馳次日大營陷將軍溫福歿於陣海蘭察令領隊大臣富興整兵出而爲之殿夜半至功噶爾拉總兵牛天畀營度功噶爾拉亦不可守合軍引退令額森特等爲前導與富興普爾普及天畀殿是日暮屯崇德次日至美諾與領隊博清額五岱和隆武合軍馳奏請罪上諭以鎮靜鼓士氣圖恢復與五岱共守美諾賊屢來攻均戰退時當新敗綠營兵多潰散海蘭察請遣回怯卒毋使搖亂新兵上從其請尋詷知阿桂方駐軍當噶爾拉乃分兵千人令額森特自南山往迎又令普爾普將三百人巡鄂克什諸隘口七月賊大至美諾明郭宗俱失守海蘭察退保日隆上責其不能禦賊命阿桂按治阿桂至日隆奏海蘭察當兵潰時前後闌截未與懦卒同潰惟平日不能申明軍律咎不能辭命左授領隊大臣停俸十月命以阿桂爲定西將軍謀再舉海蘭察偕領隊常清等將八千人自達木巴宗北山取道分三路進奪別斯滿大小十餘寨復與富興等攻取帛噶爾角克底木達布朗郭宗諸寨師復克美諾上嘉海蘭察奮勉命支俸三十九年正月阿桂令海蘭察將五千人自明郭宗進谷噶山擊賊又令與保甯將二千人自喇穆喇穆橫梁繞八十餘里攻登古山登古山在諸山最峻羅博瓦山與對峙亦賊中奇險處二月命普爾普順山梁進海蘭察出山後自石罅躍登搏賊酣戰額森特保寧至合力擊賊賊少卻復分隊冒死衝突射之殪數十人餘賊負矢遁乃還取羅博瓦前山攻第三第四峯而額森特攻第二峯普爾普攻第一峯俱克之上諭羅博瓦爲賊險要門戶海蘭察力攻功最授內大臣三月從第四峯下進攻得斯東寨克之四月賊乘霧雨於山坡立兩碉海蘭察率兵毀之五月於喇穆喇穆山後築柵賊屢自林中來犯與額森特合擊賊披靡走六月攻色淜普岡賊設大碉六互相應額森特克左兩碉烏什哈達克右一碉海蘭察獨克中三碉及附近卡寨七月抵色淜普南崖石壁陡滑督兵手足攀援上殲東西峯守碉賊殆盡又自喇穆喇穆山麓乘勝攻日則了口取碉卡百餘賊堅守該布達什諾木城師循山溝海蘭察出其左額森特出其右官達色出中路三道並進遂逼遜克爾宗上嘉海蘭察爲諸將倡屢克險要賜號綽爾和羅科巴圖魯並賚白金三百八月偕額森特自遜克爾宗峯脊分左右翼仰攻登碉頂縱火燬碉卡二百餘又旁出遜克爾宗西逼賊寨督兵踴躍進賊穴地匿不敢出九月取遜克爾宗水碉斷賊汲道乘勝攻官寨賊鎗石如雨督兵奮進額森特取其右第一寨海蘭察左頰傷裹創力戰克第二寨軍中目賊巢所居大寨爲官寨亦曰正寨示與他碉卡別也上以海蘭察傷甫平即督兵攻奪堅碉手敕嘉獎十月克默格爾山梁及密拉噶拉木得大寨一石碉四山後凱立葉官寨亦下復授參贊大臣又自默格爾西進攻布拉克森及格思巴爾焚寨落數百於是凱立葉附近碉卡皆盡命在御前侍衞上行走十一月夜度山溝進格魯克古了口崖礀壁立督兵猱登天明登者六百人賊并力拒奪二碉循山梁下攻桑噶斯瑪特別遣兵自陡烏當噶山進克沙木拉渠什爾德諸寨復督兵攻克革什戎岡及作岡頂賊寨橫越諸山下溝上梁鼓勇徑度盡克諸碉寨與丹壩軍合十二月抵桑噶斯瑪特山賊於碉外設木城爲護師自柵隙發矢或拔柵木擁之城立毀四十年正月自康薩爾分路進剿據山溝碉寨二月克甲爾納沿河諸寨進攻勒吉博寨海蘭察克山麓碉二賊自噶爾丹寺來援擊敗之四月將軍阿桂令往宜喜會明亮調兵入道約期合攻上賜緞二端尋分兵千人偕福康安赴宜喜先取甲索賊碉進攻得楞山岡皆下焚薩克薩谷大小寨落數百西北兩路兵合五月攻上下巴木通大碉並克色爾外安吉達佳布諸寨焚噶爾丹寺六月自榮噶爾博山梁攻巴古寨落賊恃險拒攻未下紆道繞舍圖枉卡以入海蘭察督兵進據昆色爾山梁克果克多碉進至拉枯喇嘛寺再進經菑則大海又攻章噶上下十餘寨盡克之合諸路兵逼勒烏圍海蘭察自托古魯踰溝直上山梁八月取隆斯得寨三分地設伏遂克勒烏圍九月整軍進攻噶拉依初自達思里正路入廬賊防密改自達烏達圍進海蘭察繞至莫魯古上連奪噶克底綽爾丹諸寨又克西里山梁並科布曲諸碉十月攻達噶自中路入分兵張兩翼出旁徑克兩堅碉下攻雅瑪朋寨閏十月據黃草坪寨柵斷賊援賊起木城海蘭察督兵陟山自上壓下克之十一月分道攻奔布魯木夜迫山下焚賊木城遂據西里正寨又克舍勒固租魯寨四進攻雅瑪朋正寨從中路設伏偕普爾普等盡克附近寨落十二月克勒隈勒木通石碉築柵至科布曲海蘭察冒鎗石進乘勝克索隆古得木巴爾們都斯諸寨賊又於布哈爾下積木設伏拒師海蘭察分兵三道並進立時攻破遂取奇石礮又遣兵悉收庫爾納額木里多諸寨及巴斯科官寨四十一年正月克舍齊雍中兩寺海蘭察屯兵噶拉依河岸扼要隘尋偕福康安普爾普等截噶拉依右路克大石卡移礮進擊扎木什克寨二月大金川酋索諾木就縛金川平封海蘭察一等超勇侯賜雙眼花翎師還郊勞賜御用鞍轡馬一飲至賜緞二十端白金千圖形紫光閣列前五十功臣授領侍衞內大臣補公中佐領四十六年三月甘肅撒拉爾回蘇四十三爭立新教爲亂破河州據華林山命大學士阿桂視師疏請以海蘭察自佐上已命爲領隊馳驛詣軍前四月抵蘭州督兵攻龍尾山賊伏穴中守阿桂至令海蘭察盡護諸軍五月偕明亮額森特等分左右翼陟山殺賊復踰水磨溝猝上華林山賊駭傾穴出師陽退賊來逐還兵擊之殲賊甚衆賊被創鉅望見海蘭察乘馬出陣輒先驚竄閏五月將阿拉山馬兵繞出華林山江南潛伏候賊至突出濠殺賊又督屯練兵取賊卡四步戰中鎗傷上閔其勞諭阿桂撫慰賊據大卡負嵎海蘭察單騎至五泉山審度還向華林山暫伏濠中詗賊還急起猛攻遂克之入賊營焚所居板屋賊退保華林寺督兵逼寺立柵殲賊衆藏渠傳示各回民賊平上諭獎海蘭察功官其子安祿三等侍衞四十九年四月甘肅回復私起新教聚衆滋事命尚書福康安視師授海蘭察參贊大臣賊屯靜甯底店海蘭察督巴圖魯侍衞等進逼賊巢設伏痛殲之遂破石峯堡禽賊渠張文慶等擢安祿二等侍衞予騎都尉世職五十二年臺灣林爽文爲亂命將軍福康安視師仍授海蘭察參贊大臣十月渡鹿仔港登岸後三日率巴圖魯二十人至彰化八卦山察地勢賊方於山上築卡海蘭察躍馬登賊擁至發箭殪數賊餘驚遁上以其能用少擊足論獎之十一月自笨港開道同福康安援嘉義分隊五沿途搜勦自崙仔頂崙仔尾逼至牛稠山賊萬餘阻溪守海蘭察越溪徑上山梁攻克賊柵賊遁追至大排竹盡焚賊寮嘉義圍解上嘉海蘭察身先士卒勇略過人進二等超勇公賜紅寶石頂四團龍補褂十二月勦城西大崙莊及海岸賊又焚城東興化店員林賊莊督兵直勦北路時賊屯中林尤剽悍海蘭察冒鎗石馳剿克之大埔林大埔尾諸莊賊俱潰收斗六門抵水沙連賊已遁尋蹤搜捕見賊渠方乘馬執幟射殪馬獲以歸進攻大里杙林爽文起事地也殲賊目數十賊黨二百林爽文逃入番社卽自內山平磘仔逐賊至集集埔賊砦前阻大溪海蘭察策馬逕渡盡殲砦中賊追十餘里至浩淮角焚草寮千進勦小半天山寨海蘭察徧歷東勢角山峯獅子頭打鐵寮蝦骨合歡諸社至極北炭窰捕治餘賊五十三年正月得爽文於老衢崎檻送京師上念海蘭察功解佩囊賜之二月還兵至南路自枋寮社至極南瑯嶠執賊渠莊大田磔於市臺灣平賜紫韁金黃辮珊瑚朝珠再圖形紫光閣五十六年廓爾喀侵後藏仍以福康安爲將軍海蘭察爲參贊大臣率巴圖魯侍衞及索倫兵千人往討出西甯明年三月抵後藏閏四月抵第哩浪古與福康安分徇絨轄聶拉木察地勢定策自濟嚨進兵海蘭察偕阿滿泰出中路賊兩碉前後相輔師奪前碉賊守後碉不出督兵毀旁垣入短兵接殺賊目三賊兵二百進屯擦木乘勝克瑪噶爾轄爾甲山梁賊渠率衆陟山我兵暫伏賊至山半橫擊之賊且戰且退海蘭察疾馳下擊賊斬賊渠七賊二百餘俘三十海蘭察馬足中鎗上聞戒以接仗時宜持重毋輕冒險師進攻濟嚨官寨海蘭察與台斐英阿督索倫兵往來衝擊自丑至亥克之斬賊六百俘二百自濟嚨進至索喇拉山山下有石卡師直攻之賊棄卡奔逐至熱索橋賊撤橋攻之不及海蘭察密令阿滿泰等東越峨綠山自上流潛渡賊駭奔墜河者甚衆師悉渡遂據熱索橋進至密哩頂越崇山數重抵旺噶爾深入八百七十里不見賊旺噶爾西南有大川橫亘北曰旺堆南曰協布魯迤東爲克堆寨賊各築卡以守師至旺堆賊扼河抵禦不得渡乃留兵牽賊密從上游縛木以濟出賊不意直薄克堆寨大敗之六月督兵自協布魯進由噶多東南越雅爾賽拉山晝夜行至博爾東拉前山賊築木城三石卡七據要隘乃轉從山巔下臨賊卡與阿滿泰上下夾擊諸城卡盡下乘勝逐賊至瑪木拉殺伏賊百餘人師屯雍雅山廓爾喀乞降拒不許七月進攻噶勒拉山三道皆勝逐賊至堆補木山奪其卡山下爲帕朗古橫河賊扼橋以拒官兵奪橋渡馳上甲爾古拉山別兵從上游潛渡抵集木集山合軍賊來侵往來迎擊戰兩日夜越大山二克木城四大小石卡十一戮賊目十三斃賊六百俘十七廓爾喀渠畏懼力請降詔許之進海蘭察一等公五十八年三月卒謚武壯復圖形紫光閣甫成上製贊嗟惜諭曰海蘭察以病卒例不入昭忠祠念其在軍奮勉嘗受多傷加恩入祀子安祿襲公爵授頭等侍衞嘉慶四年佐經略勒保征四川教匪戰屢有功賊渠苟文明等竄開縣安祿與總兵朱射斗合軍涿勦賊不敢東竄十一月與射斗逐賊枯草坪乘雨登汪家山殺賊賊多墜崖死安祿望見數十賊匿山溝率數騎逐之賊潰散獨策馬從其後數賊自林中出安祿倉卒中矛死謚壯毅賜白金千治喪加騎都尉世職合前賜騎都尉爲三等輕車騎尉是時奎林子惠倫亦戰沒上以二人皆名將子與烏合亂民戰沒於行陳深致惜焉

奎林字直方富察氏滿洲鑲黃旗人承恩公傅文子也自拜唐阿襲雲騎尉擢

雲麾使襲承恩公爵授御前侍衞累遷鑲白旗護軍統領管理健銳營三十七年授領隊大臣從副將軍阿桂征金川與侍衞和隆武攻納圍山梁攻當噶爾拉木果木師潰命阿桂爲定西將軍召奎林入咨軍事旋命佐副將軍明亮出南路自墨壟溝進攻得里賊築碉山嶺奎林率兵晝伏夜行至其側突擊破之攻拉約夜渡河鼓譟克賊壘遂抵僧格宗連破石碉獲軍糧火藥時阿桂復美諾明亮遣奎林往會師復從明亮攻斯第奎林率第一隊兵先占班得古水泉與賊持兩晝夜涉險鏖戰飛石傷脊兩賊提利刃突前侍衞珠勒格德射之殪餘賊驚逸上諭嘉奎林勇猛攻達爾圖賊碉綿亘數里奎林冒雨先登立拔第一碉官軍乘勢疾擊克碉十五俘賊目八獲糧械無算復自木克什山梁進克賊碉一中鎗傷頂上諭曰奎林平日戰甚力今頂傷中要害時富德軍於馬爾邦令奎林代防御以富德佐明亮擊賊旋授鑲紅旗漢軍都統傷愈復從明亮攻宜喜阿桂遣領侍衞內大臣海蘭察會奎林度地勢約兩軍隔河夾擊直擣勒烏圍勒烏圍噶拉依兩金川巢所居地也奎林分攻甲索又自薩克薩谷攻得楞賊棄碉竄乘勝追躡墮崖死者相枕藉攻基木斯丹當噶奪碉二卡九又奪茹寨麥田十餘里賜綳武巴圖魯名號復趨噶西喇嘛寺拔沙爾尼溝碉卡阿桂破勒烏圍奎林偕明亮和隆武等攻扎烏古山未克請益兵上諭奎林和隆武毋以勇往好勝愧激輕進雖云不入虎穴焉得虎子亦當審度機要權利害而行不可冒昧自旋什扎古進兵偕和隆武自山溝潛行登其巔碉內賊無一脫者上諭明亮奎林和隆武宜黽勉立勳毋讓西路專美但當度利害不可但知輕進進克扎烏古山梁再進據納木迪斯底棄安奪三十餘寨又自耳得谷下擊碉賊卡斃賊百餘復自礮占進攻達撒谷拔碉卡三十斃賊百趨獨古木思得賊潰平山上下八十餘寨師經乃當降其渠攻甲雜俘賊酋降其衆千餘克卡拉爾抵舍斯滿賊出降奎林繞山巔行三百里至底角河沿撫定寨落數百遂與阿桂軍合圍噶拉依上加奎林一等男命其子崇倫承襲並賜雙眼花翎遂俘金川酋索諾木師還凱旋上郊勞賜文綺十二銀五百御用鞍轡馬一圖形紫光閣列前五十功臣授右翼前鋒統領擢理藩院尙書四十五年出爲烏魯木齊都統驍騎校常福杖斃披甲多羅奎林論劾上以多羅不孝罪當死責奎林誤劾改授烏里雅蘇臺將軍坐在烏魯木齊失察各州縣浮報糧值命以公爵畀其叔傳玉承襲復授烏魯木齊都統遷伊犁將軍奎林貴戚有軍功嗜酒躁急五十二年參贊海祿疏劾上命烏魯木齊都統永鐸勘奏逮至京師命諸皇子軍機大臣會刑部按治獄成奎林坐擅殺罪人擬杖海祿所劾不盡實亦有罪坐誣告死罪未決擬流帝以奎林孝賢皇后姪而海祿所論劾不盡虛擬罪乃反重失平命俱奪職在上虞備用處拜唐阿上効力旋授奎林藍翎侍衞再遷臺灣鎭總兵時林爽文亂甫平多盜爲民害上欲嚴懲之諭奎林勿拘泥勿姑息有犯必懲奎林屢捕治劇盜復論誅裨將坐贓及營兵之爲盜者稱上旨加提督銜五十六年擢福建水師提督師征廓爾喀改授成都將軍參贊大臣帥師入藏五十七年行至江卡疽發於頂遂卒謚武毅珠勒格德鈕祜祿氏滿洲正白旗人以三等侍衞從軍其救奎林也上命擢一等侍衞賜號扎克博巴圖魯戰於木克什據水卡斷賊汲道設伏以待賊乘霧分道來犯守碉兵禦之伏起賊復自山下援珠勒格德突入陣刃三人大敗之遂克木克什山下碉復與都統和隆武等襲取日旁山後碉十餘日旁近勒烏圍賊碉寨相望後路必爭地也授正紅旗蒙古副都統奎林攻什扎古珠勒格德與和隆武設伏琅谷奎林兵至夾擊破木城進攻扎烏古克賊碉四卡八自日新滿至巴扎木賊碉林立珠勒格德與和隆武分兵進連克賊碉十七金川平圖形紫光閣御製贊猶及救奎林事尋卒

和隆武馬佳氏滿洲正黃旗人甯夏將軍和起子也初隸鑲藍旗以和隆武功高宗命以本佐領擡入正黃旗凡擡旗或以功或以恩或以佐領或以族或以支皆出特命和隆武襲一等子爵授三等侍衞三十七年從護軍統領明亮征金川自墨壟溝攻甲爾木山梁師分道而進和隆武爲領隊侍衞明亮攻美諾喇嘛寺和隆武傍水夾攻賊潰而復聚盡殲之夜克美諾諸碉寨復分攻納圍正面山梁敗賊於鳩寨奪碉五十餘遷鑲藍旗蒙古副都統旋收僧克宗從富德攻克絨布寨北沃什山摩格孟格里格穆圖德宗進攻卡角從奎林第取斯第賊迎戰和隆武麾衆濃決矢盡以矛鬥被創賜玉搬指荷包進攻克木什克第一碉賜黃馬褂師攻日旁和隆武自周叟繞出其後突入碉賊驚潰槍石不及施短刀相搏循山逐賊碉十餘墮二百餘日旁賊殲焉復偕珠勒格德攻谷爾堤諸地碉寨盡克之上屢詔嘉獎授正藍旗蒙古都統進攻得楞以南碉卡又進攻勒爾替山梁殺賊甚衆石據頭貢噶和隆武與奎林乘勝運礮軍甚囂分隊突出攻據之賊奔潰四十年七月阿桂師逼勒烏圍而和隆武與明亮奎林合軍出北路自扎烏古山進語已具奎林傳四十一年金川平進和隆武三等果勇侯賜雙眼花翎師還賜御用鞍轡一馬並賚銀幣圖形紫光閣列前五十功臣出爲甯夏將軍移吉林將軍卒謚壯毅

額森特台褚勒氏滿洲正白旗人以前鋒馬甲從征伊犁右部哈薩克與塔什罕相攻參贊大臣富德使額森特諭哈薩克內附使入覲額森特護至京師擢藍翎侍衞遷二等侍衞乾隆三十四年從經略大學士傅恒征緬甸攻老官屯賊出戰額森特率索倫兵擊敗之三十六年從定邊右副將軍溫福征小金川攻巴朗拉奪其東山峯毀碉賜號丹巴巴圖魯師取達木巴宗額森特由別道出山北連破碉卡至資哩合師奪北山賊乘夜築卡將兵邀擊賊數百踵至三郤三進額森特中鎗力擊敗之遂克資哩復策取普爾瑪寨攻東瑪連戰敗賊擢頭等侍衞賊分兩道出戰伏兵逆擊賊大敗薄其碉身被創大呼殺賊遂克東瑪進克美美卡拔路頂宗山碉授鑲黃旗蒙古副都統至博爾根奪山巔大寨夜渡水仰攻納拉覺山克碉十二卡十五擊格實迪破公雅山踰木爾古山麓取溝內寨卡據嘉巴山授領隊大臣小金川平復從將軍溫福至功噶爾拉山功噶爾拉者兩金川接壤要隘也峯陡絕積雪封徑賊碉阨險額森特督兵直上副都統烏什哈達繼之漸克旁碉戰于固木卜爾山敗賊從溫福移營木果木會攻昔嶺賊碉密布與海蘭察合攻冰雪中相持數十日木果木軍潰副將軍阿桂在當噶爾拉全師撤駐翁古爾壟上命阿桂爲定邊將軍再進額森特與總兵海祿奪北山橋卡總兵成德至三路合攻阿喀木雅山乘勝取木蘭壩平鄂克什官寨師至路頂宗額森特越山攀躍入刃賊數十墮崖死進攻郭明宗遂復美諾授正紅旗護軍統領賜御用黑狐冠偕海蘭察至谷噶山下有橫梁曰喇穆峯勢峻險海蘭察與侍衞公保甯從旁進額森特當其前夜乘雪影穿箐越險直前奮擊轉戰至黎明已二十餘里始見高峯列大碉九綫石牆俄雪又作乘晦抵碉趾賊不敢出乃攻取其左右山梁及附近價巴拉克山峯夜擊梁東色依谷山與海蘭察兵合海蘭察據登古山與羅博瓦山相對險特甚共率兵由石罅躍登林中礮石如雨及第三峯麓賊數百分隊迎擊卒敗之攻克第二峯碉上獎其奮勉授散秩大臣進勦得斯東寨斫寨門縱火賊出殺之雪夜賊劫副將常祿保營額森特聞鎗聲赴援賊敗走賊乘雨霧建二碉於羅博瓦山額森特與海蘭察率兵八百夜雨中薄碉毀牆入賊驚竄平其碉賊夜劫烏什哈達營追擊敗之賊於羅博瓦峯下色淜普大岡置大碉六左右相應援海蘭察克其中三碉額森特克其左二烏什哈達克其右一山砦皆平上嘉之製詩紀事額森特於大雨中攻色淜普左偏砍柵進克二木城遙見該布達什諾各砦烟起知海蘭察兵至遂乘機奪筆耶納克該筆達烏諸砦改墨爾根巴圖魯賜白金二百師圍遜克爾宗額森特與海蘭察燬平房碉卡二百餘克水碉攻官寨自叢木中躡過寨墉賊死戰額森特傷鼻及足撲第三寨賊舉鎗折其弓弰傷指易弓連斃數賊上以額森特被傷能易弓射賊手詔嘉獎賜貂冠猞猁猻掛攻默格爾山與海蘭察共攻克密拉噶拉木碉及凱立葉官寨敗勒烏圍援賊殲百餘授參贊大臣乘勝取布拉克森及格斯巴爾二山燬山下羅卜克鄂博溝口七碉於是凱立葉上下及附近寨落皆平上獎其奮勉超擢命在乾清門行走復與海蘭察分隊乘月黑度山溝入格普古了口得碉卡十二抵桑噶斯瑪特破石城木柵奪擦庸尋尼二寨攻上下巴木通克之下寨落百餘賊不敢復拒至直古腦山頂與福康安兵合直趨勒烏圍賊巢賊負高阻深力戰克之額森特負傷不能乘馬上命駐守勒烏圍額森特隔河見明亮兵攻阿爾古發礮助之上聞曰額森特不分畛域無愧爲參贊額森特望見攻西里官兵得捷率保甯常祿保等攻西里山麓克其木城勒烏圍前山曰克爾古什拉斯者取噶拉依正道也賊於山上城碉密布額森特攻克之乘勝取格隆古師將逼賊巢賊恃布哈爾則朗噶克爲門戶斫木塞道額森特率諸將烏爾納邢木扎彰龔等進攻賊伏積木中發鎗如雨額森特乘柵以登設伏兵夾擊賊遂驚潰進克喀爾巴山後燈附近寨落遂薄噶拉依上嘉額森特勇封一等嫺勇男世襲金川平賜御用鞍馬緞二十端白金千圖形紫光閣列前五十功臣四十六年循化回蘇四十三因爭立新教爲亂破河州命從大學士阿桂討之額森特與海蘭察明亮等分攻華林山力戰被傷賊平進三等子四十七年卒

普爾普額爾特肯氏蒙古正黃旗人父巴圖濟爾噶爾本額魯特杜爾伯特部宰桑來降隸蒙古正黃旗從征準噶爾討霍集占皆有功官至內大臣賜騎都尉世職圖形紫光閣普爾普自閑散再遷三等侍衞從征緬甸擢御前侍衞授公中佐領乾隆三十七年命率額魯特兵詣金川從定邊右將軍溫福進討師攻達克蘇普爾普奪賊卡斷賊來路從參贊大臣豐昇額攻明郭宗命爲領隊侍衞偕巴雅爾取明郭宗南寨加副都統銜進攻噶爾拉經了口盡得賊卡寨

偕副都統海蘭察攻昔嶺克要路碉二普爾普與海蘭察額森特巴雅爾烏什哈達馬全阿爾納素戰尤力復與諸將攻斯達克拉阿喀爾布里碩藏噶爾山梁克之進攻色布色爾山梁得賊碉十餘羅博瓦者金川渠所恃爲門戶者也師進悉據其諸峯授散秩大臣賊刦副將常祿保援擊敗之與海蘭察合攻喇穆喇穆射殺紅衣賊渠又拔該布達什諾木城二賜御用黑狐冠賊劫我軍所置卡與烏什哈達赴援賊潰攻遜克爾宗中創復攻舍圖旺斷遜克爾宗去路偕台斐英阿等攻章噶得賊寨二十餘又克隆斯得寨賊貯鉛丸火藥處也遂偕台斐英阿等克勒烏圍賜什勒瑪咳巴圖魯名號進攻阿穰曲強達巴克大碉三木城四仰攻西里山峰賊越碉竄普爾普逐捕所殺傷過當攻舍勒固租魯得碉一攻開布智章得寨一又克薩爾歪阿結占賊寨據勒隈勒木通科布曲山梁斬獲甚衆四十一年正月合諸軍圍噶拉依普爾普出其右與海蘭察築壘逼賊巢遂克之金川平封三等奮勇男世襲圖形紫光閣列前五十功臣師還上郊勞賜御用鞍轡馬一授正紅旗護軍統領正白旗滿洲副都統賜雙眼花翎四十三年扈蹕謁泰東陵離營住宿坐奪雙眼花翎林爽文之亂授領隊大臣命從將軍福康安赴台灣援嘉義解圍克大里杙爽文逃小半天山頂同海蘭察進攻賊拒戰山路險惡普爾普率廣東兵及屯練降番攀木柵先登賊潰遂擒爽文進軍瑯嶠追勦賊目莊大田賊來劫營普爾普於大武壠隘口衝殺敗之諭於嘉義建生祠事見福康安傳大田就擒臺灣平再圖形紫光閣晉封二等男襲一次以三等男世襲五十五年卒

論曰海蘭察勇而有智略每戰微服策馬覘敵察其瑕集兵攻之轍勝平生惟服阿桂知兵福康安禮先焉乃爲盡力師所向有功奎林亦孝賢皇后諸姪剛而不撓勳名與羣從並和隆武額森特普爾普皆以克敵功最受封爵乾隆中多將材此尤其魁傑也

清史稿　列傳一百十九

富勒渾 文綬　劉秉恬 查禮
鄂寶 顏希深　徐績
覺羅圖思德 弟寶　陳步瀛
徐嗣曾　孫永清
郭世勳　畢沅

富勒渾章佳氏初自舉人授內閣中書累遷戶部郎中乾隆二十八年授山西冀甯道遷山東按察使以在冀甯道失察陽曲知縣段成功虧帑左授山西雁平道再遷浙江布政使三十五年署巡撫奏劾總督崔應階僕役指錢塘民爲賊擅刑致斃論罪如律三十七年調陝西尋擢湖廣總督入覲賜孔雀翎四川總督阿爾泰坐貪黷玩縱得罪上命富勒渾如四川偕總督文綬按治阿爾泰縱子明德布與布政使劉益相結受賕明德布在京師上令軍機大臣傳訊自承富勒渾奏論益立斬上以爲過重改監候獄速署布政使李本富勒渾奏本罪當奪職枷示不足蔽辜請留軍効力上責其名重實寬意存取巧命枷示期滿留軍効力三十八年師征金川四川總督劉秉恬出駐美諾命富勒渾留署四川總督總理各路軍需秉恬奏揀發往川省各員視軍營爲畏途惟恐出口辦差不通聞問上以責富勒渾富勒渾奏陳司道公議新到各員出口辦差未免竭蹶請以現任各員調赴而令新到者分別署理上責富勒渾玩公沽譽令劾倡議者富勒渾奏司道公議並無倡始上益不懌謂富勒渾竟敢以罰不及衆嚇朕下吏部奪官命寬之木果木師潰底木達被陷富勒渾率新至貴州兵馳赴蒙固橋防守事聞上嘉之旋奪秉恬官卽以富勒渾實授令駐美諾以欽差大臣關防督餉時美諾亦被陷富勒渾屯明郭宗河口據山梁設卡防守復發兵分駐路頂宗巴朗拉將軍阿桂進攻小金川上命富勒渾與提督王進泰統兵策應師克美諾上令富勒渾進泰嚴守美諾並分兵駐僧格宗明郭宗阿桂奏富勒渾王進泰過愼而怠於山川形勢行軍機要均未能悉請令副都統成果雲南提督常青駐守後路上從之諭戒富勒渾等勿存畛域奏新開楸底至色利溝運道軍糧由此路運送瑪爾當明郭宗諸地存米借防兵一月糧餘俱運軍前請撤前設臺站又奏分兵駐防大板昭及梭格泊古諸地四十年奏阿桂等督兵進擣賊巢應用糧餉軍火銅片礮料儲備充裕並造皮船濟師又奏調梭格泊古瑪爾當兵分防沙壩三松坪以護餉道皆稱旨上命富勒渾駐布朗郭宗富勒渾奏阿桂明亮合攻甲索山梁布朗郭宗距軍五百餘里慮難於策應上諭曰阿桂進攻勒烏圍自應隨軍督餉兵事移步換形不必泥前旨也師克勒烏圍奏請撤前設卓克采一路臺站四十一年復授湖廣總督命師還上官金川平議叙四十二年授禮部尚書四十三年調工部授鑲藍旗蒙古都統四十四年復授湖廣總督四十五年調閩浙上南巡迎謁時李侍堯以貪縱得罪富勒渾入對上諭及之富勒渾對侍堯實心體國爲督撫中所罕見及上命各督撫議罪又請行誅上責其前後歧異浙江巡撫王亶望丁憂留辦塘工攜家居杭州亶望得罪上又責富勒渾未劾大學士阿桂赴浙江閱海塘疏劾杭嘉湖道王燧又責富勒渾徇庇奪孔雀翎降三品頂帶授河南巡撫河溢萬錦灘富勒渾親赴防護又溢青龍岡四十七年工竟還現任頂帶復授閩浙總督臺灣漳泉民械鬬劾總兵金蟾桂知府蘇泰等並奪官五十年三月入京與千叟宴調兩廣粵海關監督穆騰額入覲上詢富勒渾操守對未敢深信及命軍機大臣詰之又發富勒渾縱僕殷士俊納賕狀下巡撫孫士毅按治士俊常熟人並令江蘇織造四德等籍其家貲累萬士毅奏亦發富勒渾與士俊等關通納賄事實上奪富勒渾官遣尚書舒常如廣東會訊大學士阿桂方按事浙江又命士毅逮富勒渾監送阿桂鞫治論斬下刑部獄五十二年詔釋之五十三年坐在閩浙失察總兵柴大紀貪劣復下刑部論絞仍釋之五十四年羅源盜發上追論富勒渾廢弛玩誤戍伊犂五十五年釋囘六十一年又發熱河是年卽釋囘卒

文綬富察氏滿洲鑲白旗人雍正十三年自監生授內閣中書再遷禮部員外郎改內閣侍讀乾隆十一年授甘肅涼州知府累遷轉山西布政使三十一年坐迎合巡撫和其衷徇陽曲知縣段成功虧帑奪官戍軍臺旋授道銜往哈密辦事三十三年授河南巡撫未上官調陝西三十六年署陝西總督土爾扈特內附命赴齊齊哈爾犒勞授四川總督未行仍調授陝甘師征金川奏陝甘發兵三千延綏鎮總兵書明阿以千人赴維州與漢總兵張大經以二千人入四川從征文綬如鞏昌安定視師行三十七年疏言巴里坤烏魯木齊年來日繁盛招民墾地戶給三十畝並農具籽種視新疆例六年陞科瑪納斯城南可二萬餘畝瑚圖壁城西北可六千餘畝巴里坤城外及傍近諸地五千九百餘畝玉門酒泉敦煌三縣可五千餘畝往時嘉峪關恆閉過者候譏察今關外已同內地請令辰開酉閉兼開烏魯木齊城南七達色巴山梁以利行旅又酌定收捐監糧籌備巴里坤移駐滿洲兵糧料並於巴里坤山灣設廠牧羊令滿洲兵子弟取乳剪毛以廣生計均如所請行三十七年調四川總督前政阿爾泰坐誤軍與又縱其子明德布婪索得罪上命文綬察明德布婪索狀文綬言明德布侍阿爾泰日久與屬吏往還尚無婪索事而明德布在京師上命軍機大臣按鞫具服乃責文綬袒護奪官往伊犂効力三十八年木果木師潰總督富勒渾奏報金川侵攻明郭宗河口上授文綬頭等侍衞佐富勒渾治軍未幾授湖廣總督仍署四川總督偕富勒渾奏言增兵需餉請令商民願自湖廣運糧入四川者視乾隆十三年范毓馪助餉加銜例穀一石當銀九錢授以貢監職銜並議行四十一年實授四十四年入覲子國泰官山東巡撫召詣京師相見四十五年疏言雲南昭通東川諸屬改食川鹽應於川滇交界隘口設稽察上可其奏並諭雲貴總督福康安一律嚴防四十六年詔停打箭爐收稅部員由總督委員管理因條奏裁改諸事從之四川多盜民間號嘓嚕子闌入鄰近諸省湖廣總督舒常湖南巡撫劉墉貴州巡撫李本先後疏言盜自四川入境遣將吏捕治文綬奏後入上責其玩縱降三品頂帶尚書周煌復陳盜爲民害將吏置不問甚或州縣吏胥身爲盜擾民上以文綬因循貽患奪官往伊犂效力四十八年釋囘四十九年卒子國泰自有傳

劉秉恬字德引山西洪洞人乾隆二十一年舉人二十六年明通榜授內閣中書充軍機處章京再遷郎中三十二年考選福建道御史轉吏科給事中大學士傅恆督師討緬甸以秉恬從擢鴻臚寺少卿師還超擢左副都御史遷刑部侍郎調工部再調倉場三十七年師征金川大學士溫福出西路總督桂林出南路授秉恬欽差大臣督西路糧運尋以南路徑僻站長輓運尤艱命改赴南路秉恬以西路需餉急請暫留料理上韙之又奏南路運糧人俱畏其艱臣非敢言易然天下無必不可辦之事上諭令勉爲之尋奏師自甲爾木進攻小金川道路險阻唯羊可陟乃招蠻民販羊至軍以六羊當米一石又奏師攻克僧格宗距達烏圍六十餘里臣往勘擬於策爾丹色木設站其地有喇嘛寺糧至卽貯寺以蔽風雨旋赴美諾督運上嘉秉恬不辭勞瘁賜孔雀翎授四川總督仍留美諾督運三十八年師克小金川溫福督兵進攻昔嶺上命秉恬將美以溝曾頭溝兩路酌量形勢分別駐守赴木果木及功噶爾拉兩地察勘秉恬奏至與上諭正合深嘉之諭謂勤勞軍務與統兵督戰無異命交部照軍功議敍秉恬途中得綽斯甲布土司遣頭人投稟許綽斯甲布與金川親暱雖從征未嘗盡力並請歸金川所侵噶爾瑪六宗諸地秉恬諭師討金川斷不中止噶爾瑪六宗諸地事平後當有公斷爾土司從征未得一地且縱金川人在境內爲

盜所謂盡力者安在頭人語塞奉檄而去疏聞上嘉秉恬甚合機宜秉恬至木果木復奏臣自崇德抵功噶爾拉地氣極寒四山皆雪甫經設站以氈席支棚使人畜暫有棲止至簇拉角克爲布朗郭宗運糧要道兩口東西相距六十七里開修土路通至木波卽合帛噶爾角克碉及布朗郭宗大道又自功噶爾拉至木果木路陡雪滑已飭修路鑿冰不致少誤糧道報聞加太子少保木果木師潰以提督董天弼失守底木達布朗郭宗責秉恬不先奏劾奪官予按察使銜留軍旋幷削銜命佐按察使郝碩督西路運糧三十九年奏斛覼米易取攜已由四川採辦十數萬斤又奏修整楸坻至司爾拉薩拉驛道並與總督富勒渾議以北路軍餉歸西路遞運上並嘉納四十年以督運無誤授兵部郎中仍賜孔雀翎以欽差關防督餉未幾擢吏部侍郎以母病召還京師旋丁憂未幾起署陝西巡撫四十五年召入覲調署雲南巡撫四十六年署雲貴總督安南國王以內地人民出邊居住脅制土民欠稅且勳稱內地差委徵索租賦大爲民擾咨請防禁秉恬擬照會略謂內地百姓緣爾國需用貨物特准開關通市爲爾國利賴本非在外墾田種地無應納租賦爲有脅制土民欠稅之理如滋生事端惟有責令爾國察出送回內地究治奏聞上嘉其得體仍令軍機大臣刪改寄秉恬具咨累年以運銅妥速議叙五十一年召授兵部侍郎五十二年調倉場嘉慶四年復調兵部五年卒查禮字恂叔順天宛平人少劬學乾隆元年應博學鴻詞科報罷入貲授戶部主事揀發廣西補慶遠同知擧卓異上命督撫擧堪任知府者巡撫定長李錫秦先後以禮薦十八年擢太平知府母憂去服闋補四川甯遠三十三年擢川北道三十四年調松茂道小金川用兵總督阿爾泰檄禮治餉將軍溫福師進巴朗阿大營以禮從令修建汶川桃關索橋逾月工竟上嘉之命專司督運西路糧餉三雜谷土司爲小金川煽惑頗懷疑懼禮諭以利害衆感服時溫福出雜谷腦道提督董天弼分兵自間道出曾頭溝軍需局以儲米半運雜谷腦曾頭溝軍糧不足禮坐奪官仍留軍效力師克美諾溫福令禮與天弼淸察戶口地糧總兵五福自美諾移軍丹壩總督劉秉恬奏禮雖文員頗强幹諳番情命署松茂道代五福駐美諾撫降番三十八年木果木師潰禮偕遊擊穆克登阿赴援至蒙固橋聞喇嘛寺糧站陷士卒狼顧會松茂總兵福昌至遂復進遇伏禮率督兵擊之擒砦首餘寇驚遁美諾已陷賊阿桂馳援以達圍乘路檄禮駐守尋命員除三十九年阿桂師再進令禮專任臥龍關路糧餉阿桂秉上旨以南路陰翳設疑兵牽綴奇兵自北山入禮請自楸坻至薩拉站開日爾拉山山高五十里冰雪六七尺故無行徑禮登高相度以火融積凍鑿石爲磴不匝月通路二百餘里自楸坻達西北兩路軍營視故道皆近十餘站省運費月以鉅萬計特旨嘉奬郭羅克掠蒙古軍牲畜殺青海公里塔爾富勒渾令禮及遊擊輿學聖捕治得盜二還牛馬五百餘盜渠未獲富勒渾以禮行後糧運漸遲誤奏促禮還十一年金川平禮留辦兵屯撫循降番叙功賜孔雀翎上遣理藩院郎中阿林知府倭什布參將李天貴出黃勝關捕郭羅克盜渠未得皆坐奪官仍令禮往捕禮調三雜谷土兵四千先令裹糧疾進禮至宣布上意郭羅克酋瑪克蘇爾袞布來謁問盜渠所在諉不知禮執送內地責其弟索朗勒爾務捕盜四十三年瑪克蘇爾袞布病死上責禮失撫馭番夷之道四十四年擢按察使瞻對番劫裏塘熱砦麻塘寺禮往按得盜寘於法四十五年遷布政使尋擢湖南巡撫入覲四十六年卒於京師子淳大理寺少卿

鄂寶諾託氏滿洲鑲黃旗人父西柱官西安將軍鄂寶自官學生授內閣中書再遷戶部員外郎乾隆十六年授奉天府尹二十年署廣西巡撫二十六年總督李侍堯劾陸川知縣應斯鳴等縱賊害民鄂寶奏前後相歧奪官以三品銜往庫車辦事三十一年召還署左副都御史仍授巡撫歷湖北貴州福建廣西山西諸省內遷刑部侍郎金川用兵三十七年七月命侍郎劉秉恬及鄂寶督餉秉恬主西路鄂寶及散秩大臣阿爾泰主南路尋命改主西路鄂寶議人負米五斗日行一站騾負米石日行可二三站改以騾運軍糈得無闕賜孔雀翎三十八年仍授山西巡撫督餉如故溫福師自功噶爾拉入阿桂自當噶爾拉入豐昇額自綽斯甲布入鄂寶駐大板昭主餽溫福軍秉恬駐底木達主餽阿桂軍而豐昇額軍出綽斯甲布南路自打箭爐往秉恬兼任之西路自三雜谷丹壩往鄂寶兼任之木果木師潰底木達大板昭皆陷賊上命阿桂整兵復進鄂寶仍駐覺木交督餉旋進翁古爾壟疏調副將董果護後路上又命原任江西布政使顏希深馳驛往佐之副將軍明亮等又請令鄂寶駐丹東上念鄂寶兵少命以湖廣續調兵千人屬鄂寶阿桂又疏請桂林率李世傑主南路令鄂寶主西路丹壩至綽斯甲布糧運鄂寶請以丹東屬桂林兼領旋詔丹壩置台站副將軍豐昇額自凱立葉進兵鄂寶請自三雜谷棱磨卓克采轉輸凱立葉較丹壩道爲近豐昇額進攻谷噶鄂寶請自棱落柏古轉輸色木多凱立葉留少兵卽裁站夫省糜費會明亮自宜喜進兵旣克達爾圖兩路軍合師沙壩克勒烏圍鄂寶請將西路台站以次裁撤四十一年金川平軍功加一級七月調湖南巡撫仍留辦軍需奏銷十月授漕運總督四十四年大學士于敏中等議報銷四川軍需不符請令鄂寶等分償得旨豁免四十八年授盛京戶部侍郎兼奉天府尹五十二年卒子文通官內閣侍讀學士兼公中佐領顏希深字若愚廣東連平州人入貲授山西太原同知累遷山東泰安知府建考棚書院清察徵漕浮收諸弊高宗東巡召對褒以他時可大用二十七年授四川按察使入覲上以希深母老尙欲隨任希深亦不敢奏請改補近地母子知大義命調希深江西二十八年遷福建布政使三十二年調江西丁母憂去三十四年仍授江西布政使又丁父憂去三十八年詣京師命赴金川軍佐鄂寶治餉授河南布政使仍留軍疏言糧台設木池因限於山與軍營相隔將山地開平安營臣與黃巖總兵李時擴督兵防護時令將弁操演不但技藝熟練而槍聲遠近相聞亦可牽綴賊勢又言覺木交深林密箐賊易以藏身臣督兵斬伐林木使附近賊碉有徑可通處絕無遮蔽藉免竊發皆稱旨賜孔雀翎木池站焚燬火藥希深請與時擴分償師深入山重雪積希深擢督拊循恆終夜露宿四十二年擢湖南巡撫旋入爲兵部侍郎四十五年復出署貴州巡撫調雲南卒

徐績漢軍正藍旗人乾隆十二年擧人入貲授山東兗州泉河通判累遷山東濟東泰武道三十四年擢按察使丁父憂命以按察使銜往哈密辦事賜孔雀翎三十五年擢工部侍郎烏魯木齊辦事大臣三十六年奏瑪納斯在伊犂塔爾巴哈臺之間請駐兵使聲勢聯絡從之授山東巡撫三十八年上幸天津迎謁賜黃馬褂三十九年壽張民王倫爲亂績率兵捕治次臨淸城南爲倫所圍總兵惟一赴援戰敗上遣左都御史阿思哈率兵援績並命大學士舒赫德視師諭曰績爲巡撫地方有此奸民不早覺察不爲無罪但以民亂將巡撫治罪適足長其刁頑事定功過自不能掩尋事定命解任責捕倫餘黨捕得倫弟柱林等二十餘人上嘉績黽勉授河南巡撫仍繳進孔雀翎示儆四十二年奏按察使趙銓健忘上責績於銓應否去留不置一辭下吏議奪官命寬之召授禮部侍郎四十七年坐雩祭禮器誤奪官以三品頂帶往和闐辦事召授正黃旗漢軍副都統遷正紅旗漢軍都統六十年上詢前政弘旿在官事績奏不實奪官以六品頂帶往和闐辦事嘉慶元年授三等侍衛烏什辦事大臣召授大理寺少卿還孔雀翎再遷宗人府府丞十年以病乞休十二年重與鹿鳴宴賜二品銜十六年績子錕授建甯總兵入覲上以績年逾八十調錕直隸正定總兵俾就養卒錕官至直隸提督

覺羅圖思德滿洲鑲黃旗人初自諸生授光祿寺筆帖式累遷戶部員外郎外授江南常鎭道再遷貴州布政使乾隆三十七年擢巡撫疏言貴州威甯瑪姑柞子廠水城福集廠產黑白鉛歲供京局及各省鼓鑄廠員營私滯運請立條欵嚴處分並下部議行三十九年署雲貴總督上令出駐永昌並諭以防邊事重視前政彰寶舊日章程益加奮勉抵任後疏言淸釐彰寶移交文牘永昌軍需造銷牽混應請各歸各款以淸眉目造解京箭各鎭協稱現多損壞與彰寶原奏不符又有批准保山等廳縣添買倉穀亦滋疑義尋劾保山知縣王錫永平知縣沈文亨侵虧倉穀請奪官鞫治上命侍郎袁守侗馳驛往按錫言彰寶勒索供應四萬餘致虧短兵糧上震怒逮彰寶治罪圖思德以箭二十萬解四川軍營上嘉之十一月兼署雲南巡撫自傅恆征緬甸還師緬甸貢使久不至閉關絕市年久圖思德奏言偵知緬民亟盼開關緬酋亦窘迫有投誠意惟風聞難信但當簡練軍實使聞風生畏上韙之及兼署巡撫自永昌還會城令提督錦山等董理邊防疏報拂上意嚴旨促仍赴永昌督辦邊防四十一年復奏偵知緬酋懵駁已死子贅角牙嗣立方幼頭人得魯蘊將遣使叩關納貢上以緬甸初無悔罪輸誠之意諭勿輕聽尋奏得魯蘊遣使投稟願送還內地官人貢象乞開關已飭龍州將吏與以回文上以圖思德示緬甸有遷就結案之意斥爲大謬四十二年又奏得魯蘊欲將所留楊重英蘇爾相多朝相等送還並叩關納貢上念受降事重圖思德不能勝其任命大學士阿桂赴雲南主持調李侍堯雲貴總督圖思德回貴州巡撫任四十四年擢湖廣總督卒賜祭葬諡恭慤彰寶鄂謨託氏滿洲鑲黃旗人乾隆十三年自繙繹擧人授內閣中書十八年授江蘇淮安海防同知累遷江甯布政使三十年授山西巡撫陽曲知縣段成功虧帑事發具得巡撫和其衷畀銀五百爲彌補及布政使文綬等知情狀奏聞上遣侍郎四達會鞫得實其衷成功論斬文綬等戍軍臺安邑知縣馮兆觀揭河東鹽政達色累商及受贄禮門包又遣四達會鞫並得河東運使吳雲從因被四達糾參嗾兆觀揭發狀達色論死雲從兆觀治罪如律三十二年調江蘇兩淮鹽政尤拔世奏繳本年提引徵銀上以此項歷年均未奏明自乾

隆十一年起應有千餘萬命彰寶會同詳察前任鹽政高恒普福運使盧見曾均坐是得罪又發前任監掣同知楊守英詐取商銀並論如律三十四年命馳驛往雲南署巡撫師征緬甸署雲貴總督命出駐老官屯督饟加太子太保三十五年奏永昌沿邊千餘里山深徑僻應於蠻宋關緬箐山隴川龍陵姚關及順寧篾笆橋設卡駐兵上令實力督率又奏貴州調至兵間有老弱現加甄汰上責彰寶現爲總督兩省皆所轄何不劾奏三十七年劾雲南巡撫諾木親才識不能勝任召還又奏車里宣慰土司刀維屏逃匿請裁土缺設專營上從其議定營名曰普安尋實授雲貴總督三十九年以病請解任王錫事發奪官逮京師論斬四十二年卒於獄

徐嗣曾字宛東實楊氏出爲徐氏後浙江海甯人乾隆二十八年進士授戶部主事再遷郎中四十年授雲南迤東道累遷福建布政使五十年擢巡撫五十二年臺灣民林爽文爲亂調浙江兵經延平吉溪塘兵有溺者嗣曾坐不能督察下吏議亂既定五十三年命赴臺灣勘建城垣因命偕福康安李侍堯按柴大紀貪劣狀上責嗣曾平日緘默不言尋疏言大紀廢弛行伍貪婪營私事迹昭著又奏撫恤被難流民給銀折米福建舊例石準銀二兩今以米貴請改爲三兩上以福康安奏晴雨及時歲可豐收仍令視舊例偕福康安等奏清察積弊籌酌善後諸事均得旨允行嘗以臺灣吏治廢弛不能早行覺察自劾上原之命臺灣建福康安海蘭察生祠以嗣曾並列尋奏臺灣海疆刁悍治亂用嚴民爲盜及殺人者役殃民兵冒糧及助戰守義民或挾嫌害良皆立置典刑以是稱上旨嘉嗣曾不負任使事物定命內渡尋又命偕總兵奎林往乃行莊大田者與爽文同亂坐誅嗣曾捕得其子天畏及用事者黃天養送京師又得海盜立誅之五十四年賜孔雀翎大小荷包圖象紫光閣請入覲未行安南阮光平擄黎城福康安督兵赴廣西嗣曾署總督福康安瀕行奏福建文武廢弛宜大加懲創上諭嗣曾振刷整頓嗣曾奏許琉球市大黃限三五百斤諭不可因噎廢食又奏福建民多聚族而居有爲盜責族正舉首教約有方給頂帶盜但附從行劫未殺人拒捕自首擬斬監候三年發遣免死上諭曰捕盜責在將吏令族正舉首設將吏何用族正皆士豪假以事權將何所不爲福建多盜當嚴治若行劫後尚許自首免死何以示儆二條俱屬錯謬五十五年高宗八旬萬壽臺灣生番頭人請赴京祝嘏嗣曾以聞命率詣熱河行在瞻覲十一月回任次山東臺莊病作遂卒

陳步瀛字麟洲江南江甯人乾隆二十六年會試第一選庶吉士改兵部主事累擢郎中外授河南陳州知府再遷山西按察使尋以山西獄訟繁多改命長麟仍留步瀛蘭州道旋授甘肅按察使薩拉爾回蘇四十三亂既定四十九年鹽茶廳回田五復據石峯堡爲亂總督李侍堯率兵討之以步瀛從捕治諸亂回家屬旋奏令赴安定會甯督饟行次隆德聞副都統明善戰死高廟山步瀛以靜甯隆德平涼諸州縣當下隴要衝靜甯駐兵三百請益兵步瀛調固原兵五百赴平涼隆德守爲犄角復往甯靜收明善餘兵守隘上獎許之尋諭步瀛兵事徑行陳奏不必拘體制步瀛奏臣收明善兵尚存九百有奇石峯堡回越隆德犯靜甯平涼知府王立柱督兵民禦之回退據翠屏山靜甯距省五百餘里中間會甯安定爲糧運要道盧回自靜甯南竄襲我師之後已稟督臣發重兵防護旋疏報靜甯圍解並籌濟南西二路官軍糧饟藥彈稱上旨上命大學士阿桂視師以福康安代侍堯爲總督上諭以軍事諮步瀛擢布政使福康安奏步明瀛白誠實督饟甚力但才具不如浦霖命調安徽布政使事定論功賜孔雀翎江淮大饑民聚劫奪步瀛行縣督吏賑卹而捕治其不法者自夏迄秋事漸定步瀛以勞瘁致疾五十四年擢貴州巡撫疾大作卒

孫永清字宏度江南金匱人乾隆三十三年舉人授內閣中書永清未入官嘗佐廣東布政使胡文伯幕土司以爭襲相訐驗文牒皆明印大吏欲以私造符信罪之永清具稿請文伯力陳得免者二百餘人旋充軍機處章京撰擬精當事至輒倚以辦遷侍讀四十二年雲南總督圖思德奏緬甸將遣使入貢上遣大學士阿桂往莅以永清從緬甸使不至阿桂令永清撰檄諭之送所留守備蘇爾相還四十四年授刑部郎中考選江西道監察御史四十五年超授左副都御史授貴州布政使奏言柞子廠產黑鉛課餘三十餘萬斤請以十萬斤運廣四十九年署巡撫又奏柞子廠黑鉛例於四川永甯設局收發課餘三百萬斤請歲以五十萬運存永甯五十年擢廣西巡撫劾新甯知州金坦等逋稅按察使杜琮鹽道周延俊等並坐奪官五十二年臺灣民林爽文爲亂徵廣西兵永清奏兵出征在例馬兵賞借銀各十兩步兵賞借銀各六兩請於借銀留三兩爲製衣命議敍五十三年籐縣獄繫盜梁美煥謀穴墻逃捕得永清令立誅之奏聞上諭曰獄囚反獄刦獄當立誅若鑽穴越墻祇求苟免不得與此同科今之督撫皆好殺弄權永清失之太過安南阮惠爲亂國王黎維祁出亡其臣阮輝宿護維祁母妻宗族至龍州永清及總督孫士毅疏聞上士毅尋發兵討惠永清出駐湖甯奏太平設軍需局以福建延建邵道陸有仁桂林知府查淳董其事五十四年維祁復國使迎其母妻宗族永清爲具行李並傳上旨賚錦緞綢布及白金四百諭獎永清自駐南甯彈壓邊關籌辦饟糈措置得宜賜孔雀翎士毅師敗還福康安代爲總督永清與福康安奏安南用兵關內外支放銀百萬米八萬餘逐款詳覈例可用而未用或用不及數者以實用之數具報如有軍行緊急略有變通與例不符者仍如例覈減上諭令以實爲之秋以廣西秋審冊自緩決改情實凡三案論責永清寬縱東蘭州安置臺灣降人鄭管陳廷乘舟走追捕以溺水報上命奪知州黃圖等官逮訊永清坐降調命留任是時阮惠更名光平上封爲安南國王請以來年詣京師祝萬壽使阮宏匡等叩關入貢永清令在太平候旨疏聞上令光平使臣於來年燈節前至京師與外藩蒙古等一體入宴責永清拘泥永清旋奏光平使臣自桂林北行上察廣西學政潘曾起不稱職以諮永清永清言曾起性情褊急未愜士心上責永清不先奏劾以方料理安南內附光平將入覲不遽易人罰養廉二年五十五年春光平又以新賜印並御製詩使叩關入貢永清疏以應否令光平使詣京師請旨上諭曰光平遣使陳貢自應令詣京師何必奏請永清又奏太平南甯鎭安三府與安南接壤請屯兵防隘立柵開濠分隸龍憑隘蠡二營管轄報聞四月光平入關以其子光垂臣吳文楚從奏聞上嘉之尋卒弟藩監生以四庫館議敍授中書科中書官至安徽布政使子爾準自有傳

郭世勳漢軍正紅旗人初自筆帖式擢吏部主事遷福建龍巖知州五遷湖南布政使乾隆五十四年擢貴州巡撫調廣東上諭曰廣東有洋商鹽務爲腥羶之地世勳操守廉潔治事勤實務愼持素履監臨鄉試奏額送科舉多取數百名經費由督撫捐貲備辦諭國家無此政體不允奏禁大黃出洋西洋各國歲不過五百斤瓊州臺灣亦如之暹羅安南貢船至亦五百斤五十五年總督福康安入覲命世勳署兩廣總督劾雷瓊鎭總兵葉至剛誤民爲匪左江鎭總兵普吉保濫刑斃命皆論罪如律參將錢邦彥巡洋崖州遇盜被戕上以福康安詣京師後世勳不能整飭嚴斥之暹羅國王鄭華咨乾隆三十一年被烏圖搆兵圍城國君被陷其父昭克復舊基十僅五六舊有丹著氏麻叨埊坯三城仍被佔據請代奏令烏圖割還三城烏圖卽緬甸世勳以其非禮妄干留其使廣東奏聞上命軍機大臣擬檄略謂故緬甸酋懵駮與暹羅詔氏搆兵非今國王孟隕事暹羅又係異姓繼立不宜追問詔氏已失疆土天朝撫馭萬國緬甸固新封暹羅亦至華嗣掌國始加封爵宜釋嫌修好共沐寵榮不得以非分干求妄行瀆命世勳與福康安聯銜照會並告來使但云扎商福康安未經代奏五十六年世勳奏洋船准攜礮內地商船不准攜礮上諭之曰商船出洋攜礮禦盜不特各國來船未便禁止卽內地商船遇盜不能禦豈有束手待斃之理祇令海口將吏察驗不可因噎廢食上以廣東多械鬬論世勳稽察化導有步文斌者以罪配德慶州傳習邪教世勳捕得四十餘人送京師上諭以其渠送京師餘令世勳繫獄候刑部擬罪五十七年安南國王阮光平咨言國境高陵等七州毗連雲南開化莫氏舊人黃公瓚父子據守貪緣內附籲懇代奏詳察使至龍州龍州通判王撫棠以所請非分發書駁還世勳奏聞上嘉撫棠賜大緞獎之光平又以黎維祁弟維祇結土酋農福縉爲亂遣兵勦滅具表獻捷表內並言維祇爲亂因維祁從人丁迓衡等爲維祁通消息請按治維祁罪世勳以光平所言臆度無憑對揚失體照會令將表文刪節繕正奏聞上已先得巡撫陳用敷奏令諭光平具確據並通消息者何人送京師按治命世勳遵前旨照會光平五十八年暹羅安南貢使至世勳遣吏伴送詣京師上以所派職卑才庸慮爲外藩所輕降旨申飭潮州總兵託爾歡請覲例具清字摺硃批令來見世勳奏委署總兵譯漢文爲俚語上賜荷包愧之英吉利遣使入貢請遣人留京居住上不許慮英吉利貢使還經廣東復多所陳乞時已授長麟兩廣總督命與世勳和衷商榷尋奏英吉利貢使請在黃埔蓋房居住已嚴行拒絕並禁內地奸民指引勾結上賜荷包獎之五十九年入覲遂次病作至京師卒賜祭葬

畢沅字纕蘅江南鎭洋人乾隆十八年舉人授內閣中書充軍機處章京二十五年一甲一名進士授修撰再遷庶子三十一年授甘肅鞏秦階道從總督明山出關勘屯田調安肅道擢陝西按察使上東巡覲行在備言甘肅旱論治賑並免逋賦四百萬擢布政使屢護巡撫師征金川遣沅督餉軍無匱授巡撫河洛渭並漲朝邑被水治賑全活甚衆募民墾興平盩厔扶風武功荒地得田八十餘頃濬涇陽龍洞渠溉民田嘉峪關外鎭西迪化士子赴鄉會試者奏請給驛馬置姬氏經五博士奉祀文武成康四王及周公陵墓修華嶽廟暨漢唐以

來名蹟收碑碣儲學宮歷署總督四十一年賜孔雀翎四十四年丁母憂去官四十五年陝西巡撫缺員諭沅在西安久守制將一年命往署理非開在任守制例也四十六年甘肅撒拉爾回蘇四十三爲亂沅會西安將軍伍彌泰提督馬彪發兵討之事平論功賜一品頂帶甘肅冒賑事發御史錢灃劾沅瞻降三品頂戴四十八年復還原品尋實授巡撫四十九年甘肅鹽茶廳回田五復亂沅遣兵分道搜勦上命大學士阿桂視師沅治軍需及驛傳供億屢得旨獎勵沅先後撫陝西十年嘗奏足民之要農田爲上關右大川如涇渭灞滻灃滈潦潏河洛漆沮汧汭諸水流長源遠若能就近疏引築堰開渠以時蓄洩自無水旱之虞古來雲中北地五原上郡諸處畜牧爲天下饒若酌籌閒款市牛羊駝馬爲畀民試牧俟有孳生交還官項餘則畀其人以爲資本耕作與畜牧相兼實爲邊土無窮之利議未行五十年調河南巡撫奏河北諸府患旱各屬倉儲蠲緩賑卹所存無多請留漕糧二十萬備賑既又請緩徵民欠錢糧並展賑上溫諭嘉之命詣胎簪山求淮水眞源御製淮源記以賜五十一年賜黃馬褂授湖廣總督伊陽盜秦國棟戕官上責沅捕治未得命仍回巡撫五十三年復授湖廣總督江決荊州發帑百萬治工沅奏江自松滋下至荊州萬城堤折而東北流南過窖金洲水至無所宣洩請築對岸楊林洲土壩雞嘴石壩逼溜南趨刷洲沙無致壅遏又請修襄陽老龍堤常德石櫃隄潛江仙人堤黎四川湖北大江險灘便雲南銅運五十九年陝西安康四川大甯邪教並起稱傳自湖北沅赴襄陽鄖陽按治降授山東巡撫上以明年歸政令督撫察民欠錢糧豁免奏蠲山東積逋四百八十七萬常平社倉米穀五十萬四千餘石六十年仍授湖廣總督湖南苗石三保等爲亂命赴荊州常德督餉以運輸周妥賜孔雀翎嘉慶元年枝江民聶人傑等挾邪教爲亂破保康來鳳竹山圍襄陽沅自辰洲至枝江捕治當陽又陷復移駐荊州上命解沅總督旋克當陽獲亂渠張正謨等復命沅爲總督如故予二等輕車都尉世職尋奏亂渠石三保吳半生吳八月等皆就獲惟石柳鄧未獲請撤各省兵留二三萬分駐苗疆要隘上諭曰撤兵所顧但平隴未克石柳鄧未獲豈能遽議及此尋獲石柳鄧上命沅馳赴湖南鎭撫疏言樊城爲漢南一都會請建甎城以工代賑二年請以提督移辰州增設總兵駐花園汛尋報疾作手足不仁賜活絡丸旋卒贈太子太保四年追論沅教匪初起失察貽誤濫用軍需帑項奪世職籍其家沅以文學起愛才下士職事修舉然不長於治軍又易爲屬吏所蔽功名遂不終

論曰富勒渾秉恬鄂寶餫金川之軍績當臨清之亂閻思德招緬甸之使步瀛禦石峯堡之變嗣曾肅臺灣之政永清受安南之降世勳卻暹羅安南干請若英吉利入貢中外交涉於此萌芽川楚教匪沅當其始久而後定諸人者皆身膺艱寄與兵事相表裏功罪不同賞罰或異欲求其事始末固不可略爲故類而錄之

清史稿

列傳一百二十

五岱	五福
海祿	成德
馬彪	常青
官達色 烏什哈達 瑚尼勒圖	敖成
圖欽保	木塔爾
岱森保	翁果爾海
珠爾杭阿	哲森保

五岱瓜爾佳氏黑龍江人乾隆十八年命隸滿洲正黃旗初以前鋒從征準噶爾授三等侍衛賜墨爾根巴圖魯名號戰葉爾羌復遷二等侍衛霍罕使者至命往宣諭授正黃旗漢軍副都統賜騎都尉世職三十六年從將軍溫福討金川授參贊大臣攻巴朗拉克之授正黃旗蒙古都統京旗目吉林黑龍江諸部人爲烏拉齊鄙之不與爲伍溫福以是輕五岱五岱密疏言溫福在軍好安逸不親督戰自以爲是寒將士之心溫福亦劾五岱剛愎自用自成都至軍途中奪驛馬騷擾方攻巴朗拉綠營兵驚退五岱不能禁詐言被創昏暈上命豐昇額色布騰巴勒珠爾詣軍中按治色布騰巴勒珠爾等疏言鞫五岱俱不承請奪其職留軍前自効上責色布騰巴勒珠爾等所論列不得要領復疏言溫福輕五岱致起釁溫福疏辨謂五岱與色布騰巴勒珠爾朋比謀傾陷上命色布騰巴勒珠爾等逮五岱詣熱河行在是時尚書福隆安奉使如四川疏言五岱無奪驛馬及攻巴朗拉詐言被創事色布騰巴勒珠爾亦未嘗袒五岱五岱至熱河軍機大臣廷鞫戍伊犁居數月授藍翎侍衛命從阿桂出南路聽差遣阿桂令率土兵赴美諾明郭宗諸地相機夾擊尋授頭等侍衛木果木師潰阿桂駐宜喜命五岱爲領隊侍衛率貴州兵防後路阿桂爲定西將軍授五岱正藍旗蒙古副都統復爲參贊大臣從副將軍豐昇額自丹壩進攻凱立葉山峻未深入上命豐昇額佐阿桂合軍進而以五岱駐凱立葉率賊勢賊屢來攻屢擊敗之五岱疏言軍中護軍校等缺當擇應升人員請上命上以參贊佐將軍治軍事不得自專責五岱非是阿桂豐伸額自日爾巴當噶進攻五岱自凱立葉督兵夾擊進逼勒烏圍阿桂令五岱移駐日則了口尋率兵協攻珠寨及噶朗噶各寨師攻勒烏圍五岱率所部自東北入合攻克之金川平圖形紫光閣列後五十功臣出爲塔爾巴哈台領隊大臣四十九年自塔爾巴哈台詣京師至蘭州聞石峯堡回爲亂請從軍上諭陝甘總督李侍堯以五岱嘗從征金川知軍事令率兵進攻侍堯令偕副都統永安提督剛塔討賊自馬家堡逐賊至鹿鹿山大霧駐軍數日詗賊出後山分軍捕治命署固原提督戰伏羌城外殺賊三百餘賊遁入山遣兵搜捕俘二百三十餘復逐賊至秦安縣擬進攻底店上命尚書福康安視師五岱從克底店進攻石峯堡率兵搜捕黑圪塔白楊嶺餘匪毀牀子灘禮拜寺回亂平上以五岱自塔爾巴哈台班滿還京道聞回亂自請從軍福康安未至轉戰擊賊奮勉予騎都尉世職尋擢鑲藍旗蒙古都統充上書房總諳達授領侍衛內大臣卒

五福富察氏滿洲鑲白旗人自世襲佐領累遷四川維州協副將乾隆三十五年小金川土司澤旺與鄂克什土司色達克拉搆兵五福請於總督阿爾泰檄澤旺責使服罪澤旺子僧格桑尤桀驁漸侵明正土司乃令五福將五百人屯梭磨界樸頭擢松潘鎭總兵如美諾護糧道小金川平偕松茂道查禮按行邊徼屯練及新附汗牛十四寨時僧格桑竄大金川大金川土司索諾木與同爲亂上慮兩酋逃往鄂羅克命五福駐丹壩丹瑪往鄂羅克道所必經也賊襲攻底木達及大板昭師自登春入五福自後路會攻尋請以副將西德布率兵還丹壩而躬巡梭磨土婦卓爾瑪初附加以駕馭上命五福事畢仍還屯丹瑪五福旋自丹瑪進攻穆爾津山再戰陟其岡燬賊碉敗援賊師進攻五福以三百六十人爲應令官兵作攻撲狀綴賊土兵伏作固頂水卡旁賊至伏發殪其頭人遂進攻山半賊碉五福督兵斫碉門殺賊將軍阿桂等師克格魯克古了口將達丹壩五福隔山見師至卽督兵攻菁龍籠瑪護諸碉同時盡燬於作固頂以下傍水設營卡師進攻勒烏圍五福自陡烏當噶夾攻斃賊甚衆進攻榮噶爾博燬賊碉一師屯巴克圖仰木山巔五福克薩木卡爾山下諸碉卡與大軍會自達烏達圍進攻五福同總兵常祿保等爲應旣克黃草坪賊自山後出五福夾擊敗之師自奔布魯木進攻爲三隊五福與副都統烏什哈達率第三隊圍賊碉賊越碉竄與第一二隊合至西里正寨賊潰遁分攻瓦爾占舍勒固租魯夜移礮轟燬之進攻薩爾歪賊寨復爲三隊五福與都統海蘭察自中路進賊棄寨竄復繞出寨後殲賊甚衆賊寨皆下金川平圖形紫光閣列後五十功臣師旣還以兩金川地勢家闊命五福將三千人屯美諾尋擢廣西提督卒

海祿齊普齊特氏蒙古正藍旗人以前鋒從征伊犁定邊右副將軍兆惠屯濟爾哈朗副將軍富德攻葉爾羌攻伊西洱庫爾淖爾海祿皆在軍中賜花翎並號噶卜什海巴圖魯又以邊功擢二等侍衛從溫福討金川海祿將四百人攻斑斕山及斯當安攻日耳東瑪美美諸寨及固卜濟山梁又克路頂宗喀木色爾諸寨破明郭宗溝內碉卡自前鋒參領擢陝西固原鎭總兵溫福師敗績海祿自美諾退巴朗拉定西將軍阿桂論劾當奪職命寬之師自資理南山入得阿喀木雅山上碉一至路頂宗山陡峻夜半潛入賊壘殲賊三十餘墜崖死者相枕籍遂拔路頂宗卽督兵進攻明郭宗克之直抵美諾賊驚潰獲大礮十餘米糧百餘石擢固原鎭總兵從阿桂自薩爾赤鄂羅山攻克登古碉卡復自喇穆喇穆迤西進得石卡一攻得斯東寨色淜普喇穆喇穆山梁屯日則了口要路又攻該布達什諾木城連克碉寨攻遜克爾宗賊出伏兵擊之潰旋偕副都統富興進至沙爾達朗克大碉五並克伊格爾瑪迪等碉卡再進偕副都統烏什哈達奪羅卜克鄂博溝內碉寨攻克格魯克古山梁再進攻康薩爾督兵躍濠入賊寨再進攻克勒吉爾博山梁乘勝沿河擊賊大破之師攻木思工噶克了口海祿以兵應殲賊甚衆攻克邁過爾山梁復偕烏什哈達攻了口左木城石碉拔之又自舍圖枉卡分攻巴占攀藤扶石自山腰斜上遂奪據昆色爾進攻章噶大碉克之並奪木城一偕襄陽鎭總兵官達色攻黃草坪占其地移直隸天津鎭總兵旋率土兵奪兜窩碉卡復奪取莎羅奔甲爾瓦沃雜爾所居之拉布咱占又偕副都統書麟等攻則朗噶克焚噶爾噶木勒烏果木得克磊烏諸賊寨金川平圖形紫光閣賜騎都尉世職擢雲南提督四十六年入覲至湖南

開薩拉爾回蘇四十三叛，請從軍。賊佔華林山，海祿從海蘭察攻之，多所斬獲。旋進至華林寺，燬賊巢，殲焉。授烏魯木齊都統。海祿劾嚴吏事，在邊禁古城迤北湖圖斯金廠，重定新疆屯田徵租功過視舊例為苛，追論文武吏上剝下營私狀，領隊大臣圖思義、提督彭廷棟以下皆坐譴。又請裁汰經費，視內地編保甲，臺灣民坐械鬥戍邊入烏魯木齊鐵廠輸作，予巴里坤諸地戍兵為奴，皆議行。復疏請自哈密至精河設臺車三百五十，烏魯木齊設臺車一百五十，定值視雇商車減三之二。烏什辦事大臣綽克托、塔爾巴哈台辦事大臣惠齡、陝甘總督福康安皆言車值過薄，福康安並力陳設臺車不若雇商車便，上為罷海祿議。造臺車糜帑，令賠償。伊犂將軍伊勒圖又疏請罷海祿所議屯田徵租功過及戍邊入鐵廠例。左授伊犂領隊大臣。五十三年，劾將軍奎林毀佛像，辱職官，折罪人手足，擲水中，得遣戍罪人賄，又於哈薩克以羊易布私其羨金。上奪奎林職，令海祿並詣京師，命諸皇子、軍機大臣會刑部廷鞫。奎林承毀佛像、殺罪人，餘事皆無據，上命並奪海祿職，在上虞備用處拜唐阿上效力行走。尋授藍翎侍衞，累遷至福建陸路提督。卒。

成德，鈕祜祿氏，滿洲正紅旗人。初入健銳營，充前鋒，從征準噶爾、葉爾羌，俱有功。征緬甸，從將軍明瑞自錫箔進兵，攻賊舊小蒲城，中槍傷，戰猛拜、天生橋、猛城諸地。從副將軍阿里袞攻頓拐，燬其寨。從經略大學士傅恆渡戛鳩江，自猛拱、猛養進兵，敗賊於新街。定邊右副將軍溫福征小金川，成德從攻斯當安，裹創力戰，進攻巴朗拉。再進，克資哩、古布濟、八角寨諸地，復被創，自空卡昔嶺進兵，屢捷，累遷四川川北鎮總兵。木果木大營陷，溫福死之，成德時將別軍駐美諾，亦陷於賊，命奪官，仍留任。將軍阿桂令自南山攻取阿喀木雅，會領隊大臣額森特、總兵海祿三道並進，擊東溝賊，碉殲賊甚衆，路通宗明郭宗諸營卡，皆下。復美諾，賜黑狐冠。小金川平，復官。師自谷噶入大金川，抵羅博瓦山，成德偕總兵特成額等分兵綴賊，復會克色淜普山，奪堅碉數十，進攻喇穆喇穆東面山碉。賊分兩路襲師後，擊敗之。偕散秩大臣普爾普等奪石碉四，又偕總兵官達色攻克該布達什諾木城，會內大臣海蘭察進圍遜克爾宗，賜號賽尙阿巴圖魯。進攻甲爾納寨，圍急，賊潛以皮船渡，成德擊破之。賊據赤布寨，其北為得思古寨，循溝下有噶朗噶噶爾噶諸寺碉，寨繁密，師循溝進，破最東冰碉，成德乘勝奪大碉五、木城二，直抵瀕河噶爾丹寺，賊奔潰，師克舍圖枉卡，成德潛師至日則了口，與遊擊普吉保上下合擊，破石碉八、木城四，遂克遜克爾宗。賊退勒烏圍，復進，會師破之，進克甘都瓦爾、黃草坪等處，遂克噶拉依。金川平，圖形紫光閣，列前五十功臣，署四川提督。三暗巴番渠安錯煽亂，督兵捕治，命眞除。五十三年，廓爾喀侵後藏，命成德為參贊大臣，督兵偕總督鄂輝、駐藏大臣侍郎巴忠會剿。巴忠授意噶布倫丹津班珠爾與廓爾喀議歲費，還侵地，成德爭不獲，即以此議入奏。師還，授成都將軍。後藏不如約斬歲費，不與，廓爾喀復來犯。巴忠自經死，上命鄂輝、成德督兵定藏自贖，復以濡滯失機，奪將軍，予副都統銜，以領隊大臣屬將軍福康安調遣，攻擦拉木與穆克登阿，夜督兵進，成德攻寨西北，穆克登阿出西南，擲火彈殺賊，破寨，盡殲守寨賊，無一得脫者。福康安自濟嚨進兵，令成德等分道進。屯德親鼎山，克敵卡，自俄瑪措山進，迭克果薩喇嘛寺，乘夜取札木鐵索橋，又自江各波邁山梁趨隴岡，與彥吉保會，逐賊至利底，與福康安師會，所向克捷。廓爾喀乞降，師還，命成德以副都統銜充駐藏幫辦大臣。圖形紫光閣，前十五功臣以成德為殿。尋命署杭州將軍。仁宗即位，移署荊州將軍。教匪起，成德偕總督惠齡攻賊宜都灌灣腦山，擒賊首張正謨。尋以縱賊竄逸，奪勇號。四年，致仕。卒。以曾孫女配宣宗為孝全皇后，追封三等承恩公，諡威恪。子穆克登布，自有傳。

馬彪，甘肅西甯人。以行伍從軍，累遷至四川川北鎮總兵。高臺縣丞邱天寵私伐巴彥濟魯薩林木，貝勒羅卜藏達爾札訴於上，詞連彪，奪職，尋賜遊擊銜，駐雅爾。復起，除雲南昭通鎮總兵。乾隆三十六年，師征金川，將軍溫福以彪屢出師，勇往，令將貴州兵三千以從，克巴朗拉碉卡，賜花翎。師自達木巴宗分三道趨資理，彪偕侍衞額森特等自北山進，奪賊碉卡，斬馘百餘，與師會。彪以貴州兵二千駐資理北山梁東西，距三十餘里，賊夜犯，都司黃壯略、守備王廷玉營，彪與侍衞巴三泰馳援，敗賊，失礮三。上以彪戰甚力，不之罪。嗣都司徐大勇等守色布巴爾，賊屯十里外高峯，參贊五岱檄彪赴援，未至，副將色倫泰戰沒。五岱劾彪逗遛，當奪職，上命留任。尋自噶藏噶爾進駐色布色爾，阿桂軍次喇卜楚克山麓，偪木蘭壩，令彪伏兵東崖下，克其水碉，進攻色爾渠，彪從參贊豐昇額等擊東瑪砦，克之，乘勝攻哲木克郭羅郭羅、美羅喇嘛寺諸寨，皆下，奪碉五，俘馘數十。攻美美卡，彪率二百人自山梁小徑入，賊來援，力戰破之。美美卡至日喀爾橋有小徑曰兜烏，賊毀橋築卡以拒，彪伐木為橋濟兵，賊棄卡走。又與提督哈國興合克喀木色爾、穆拉斯郭寨，遂據兜烏。尋自達克蘇山後攻明郭宗，彪將千人自格實迪下攻，賊棄碉竄。授西安提督，復偕侍衞烏爾圖納遜攻達爾圖大碉，斃竄賊甚多，遂偕領隊大臣華善等以六千人駐宜喜，賊來犯，擊之，斬賊三十餘人。以三千五百人攻達爾圖碉，未下，賊自沙壩三道襲宜喜軍，又別遣賊夜撲達爾圖軍，擊走之。師克乃當，至獨松，彪與賊戰中巴布里、下巴布里及瑪雅岡角木，賊皆棄寨遁，旋與副將欽保克爾瑪及扎烏古山梁，與總兵敖成克甲索。金川平，赴西安任。圖形紫光閣，列前五十功臣。移湖廣提督。卒，贈太子太保，諡勤襄，予雲騎尉世職。

常青，蘇木克氏，滿洲鑲白旗人。自前鋒累遷護軍參領，外擢雲南曲尋鎮總兵。從將軍明瑞討緬甸，戰於蠻結，明瑞將中軍，常青與領隊大臣觀音保踞西山梁，賊突至，常青等奮擊，馘二百餘，賊敗竄，又馘二千餘，俘三十四。再戰天生橋、宋寨、黃土岡諸地，屢敗賊。明瑞軍敗績，上召常青入對，命仍還雲南，從副將軍阿里袞出萬仞關，經略大學士傅恆令詣野牛壩督造戰船，率兵赴新街殺賊，奪寨，獲敵舟及糧械。旋自新街進攻老官屯，克毛西寨。師還，授雲南提督。乾隆三十八年，師征金川，令率雲南兵二千赴打箭爐，佐將軍阿桂出西路，偕都統海蘭察攻斯達克拉、阿噶爾布里、碩藏噶爾諸山梁，克之。留屯美諾，師攻布朗郭宗，阿桂奏請常青策應。常青遣遊擊福敏泰駐木波，遊擊保甯駐噶魯什呢，守備張啓貴駐美臥溝，而與副都統富興率兵為布朗郭宗聲援。西藏語謂為盜曰夾壩，常青與富興督綠營兵捕盜，焚其林。阿桂師進攻勒烏圍，常青與富勒渾護餉道自明郭宗至大板昭，兵卒巡視，分守小沙壩、沙壩、三松坪諸地。自間道出功噶爾拉，擊賊，上嘉之，諭以此路官軍久未進攻，今自間道出奇，足以綴賊，惟地勢險峻，仍戒其輕舉。金川平，圖形紫光閣，列後五十功臣。移古北口提督，而以海祿代之。疏言緬甸方議撫，請暫留張鳳街，與海祿相機籌辦。上以夷性多疑，文檄仍用常青舊銜，俟事定赴新任。歷浙江、江南、直隸、福建陸路提督，又繼海祿為烏魯木齊都統，移西安將軍。卒，諡莊毅。

官達色，瓜爾佳氏，滿洲正黃旗人。以前鋒從征準噶爾，將軍兆惠自鄂壘扎拉圖轉戰至特訥格爾，上方南巡，遣官達色及副護軍校兆坦齋疏詣行在召對，授藍翎侍衞。準噶爾平，予雲騎尉世職，迭遷副參領，外擢雲南順雲營參將。自陳不通漢文，乞還京師。經略大學士傅恆討緬甸，以官達色監鑄礮，令從軍，旋授健銳營前鋒參領。乾隆三十六年，將軍溫福征金川，令將成都駐防兵四百人從攻巴朗拉山梁，與烏什哈達督兵自山右登，奪卡六。再戰，官達色發礮毀賊碉，戰三晝夜，克之，賜號巴爾丹巴圖魯，畀白金百。師逾達木巴宗，至斯底葉安，賊力拒，官達色發礮隳其碉樓。命署四川松潘鎮總兵。師乘雪擊賊，賊引退，官達色逐賊，賊亂流渡，竄阿哈木雅。移軍逼賊寨，官達色發礮擊之，寨垂破，賊夜遁。溫福督師攻南山，官達色與總兵牛天畀合軍，天畀取第一碉，官達色取第二碉。復命署湖北襄陽鎮總兵，師攻達爾圖，賊藏碉為固，官達色發礮擊之，日斃賊數十，師進，破碉一，拔柵，殲賊甚衆。副將軍豐昇額攻谷噶，官達色與侍衞普濟保等以四千人往會，旋以將軍阿桂檄，從參贊海蘭察攻喇穆喇穆，奪卡三，逼碉下，擲火彈，以雨不然，暫引退，復以六百人直陟高峯，峯有大碉二，夜半，援石壁，蟻附登，伏碉旁，黎明突起，遂破二碉。進攻該布達什諾，賊為大碉倚濠，輔以木城。官達色督兵冒槍石躍濠以度，剗碉址成遂，援以上，賊退保木城，阿桂令海蘭察出城後，官達色當其前，力戰克之。再進攻默格爾山梁，官達色與額森特等合軍取碉三，旋與海蘭察、額森特分道裹糧深入，攻格魯克了口，克當噶海寨及陡烏當噶大碉，焚沙木拉渠寨，循格魯格克古山梁以下，賊傍箐置卡，督兵攻之。下，眞除襄陽鎮總兵。再進攻勒吉爾博，戰於山麓，破賊碉。再進攻榮克爾博克甚麓木城，督兵陟山巔，與普爾普踰溝，拔木柵二十六，自舍圖拉卡循混色爾山梁攻據雅木則碉，取果克山諸碉寨，圖拉枯喇嘛寺，盡殲之。再進，與海蘭察等同攻章噶，賊緣碉鑿深溝，設柵其上，官達色督兵拔柵以覆溝，援附至碉巔，下攻，賊驚竄，遂克之。與海蘭察合軍向勒烏圍，分攻隆斯得，其地有三寨，克其二，遂潛破後寨，寨內蓄鉛子積地二尺許，火藥百餘簍，悉收以佐軍。設礮臺偪轉經樓，與保甯彰霱合軍，克之。勒烏圍亦下，與海蘭察等攻達烏，連破諸碉寨，進攻西里，賊四出力禦，官達色踰溝與戰，賊穿林逃，攻黃草坪。海蘭察當其前，官達色與海祿拔溝北柵為應，攻奔布魯木峯木城，亦與海蘭察偕攻瓦喇占，發礮破其碉，循瓦喇占而下，曰薩爾歪，有寨三，海蘭察當其前，官達色與烏什哈達左右合擊，賊棄寨走，邀殲之。攻科布曲木城，又與海蘭察偕，官達色冒槍石先登，攻朗阿古，海蘭察自山腰險徑度兵，官達色與烏什哈達出其左，攻雍中喇嘛寺，官達色與普爾普等自右入，皆力戰，殺賊，遂破噶拉依。金川平，圖形紫光閣，列前五十功臣，予一等輕車都尉世職，移山西大同鎮總兵，再移直隸宣化總鎮兵。卒。烏什哈達，吉林滿洲正黃旗人。師征緬甸，以前鋒校從有功賜號法福哩巴圖魯師征金川以三等侍衞從其與官達色同克巴朗拉也賊攻據所駐山復力戰破賊奪其山還事聞上以功過足相當宥之戰屢有功累擢正藍旗蒙古副都統師還圖形紫光閣列前五十功臣予騎都尉兼雲騎尉世職外授和闐領隊大臣訐辦事大臣德風受賂按治不盡實奪職師征臺灣以頭等侍衞從與普爾普自茅港轉戰通嘉義道壽將水師至瑯嶠獲莊大田還前所賜勇號再圖形紫光閣列後三十功臣師征廓爾喀以鑲紅旗蒙古副都統從先行治道躓而傷師還賞不及入見以爲言上責其巧佞奪職戍伊犁嘉慶初教匪師征川楚教匪以頭等侍衞從賊渠王三槐擁衆渡江烏什哈達與戰死之予輕車都尉世職瑚尼勒圖鄂訥氏黑龍江人以護軍入滿洲鑲黃旗累遷護軍參領從征金川亦與巴朗拉之役賜號多卜丹巴圖魯攻資理南山戰自喇卜楚克山梁繞登高峯奪賊卡二遂陟其巔又奪賊卡二復從海蘭察等攻羅博瓦前山賊二百餘自其右緣山梁斜上瑚尼勒圖擊殺十餘人賊遁走進攻布達什諾克之加副都統銜復進攻遜克爾宗焚賊寨十餘賊來援卻之師攻勒烏圍遣瑚尼勒圖奪據默格爾山進占日爾巴當噶爾之西危峯突起海蘭察等更出其西自密拉噶拉木山顚下擊遂克凱立葉諭嘉獎乘勝攻克日爾巴當噶山陽左右五碉又從海蘭察等攻取桑噶斯瑪特山寨與福康安督兵將出箐見賊碉二奮勇躍入殺賊賊潰擢鑲藍旗蒙古副都統師攻達佳布安吉諸碉督兵自山腰賊碉間攀越而過先入碉皆克之進攻木思工噶克令瑚尼勒圖攻了口潛師而入遊擊梁朝桂等爲繼了口峰左右碉十有四同時皆破師次桑噶爾博有山梁曰巴占爲勒烏圍門戶賊守禦甚力諸將議自舍圖枉卡間道入而使瑚尼勒圖屯巴占分賊勢師克章噶瑚尼勒圖亦取巴占分攻隆斯得寨以斧破寨門獲所儲鉛藥遂攻下勒烏圍復攻西里山梁瑚尼勒圖與烏什哈達督兵徑陟克大碉三木城四師攻西里正寨與福康安以火攻破寨又與海蘭察取朗阿古攻克得拉古碉卡復自巴薩沙進取奇什磯官寨與福康安等克雍中喇嘛寺金川平圖形紫光閣列前五十功臣轉鑲紅旗蒙古副都統尋授散秩大臣管理健銳營卒

敖成字丹九陝西長安人入伍從征瞻對金川庫車戰喀喇烏蘇河攻葉爾羌俱有功乾隆三十八年師再征金川成以廣西右江鎭總兵入覲上詢知成嘗出師瞻對金川賜花翎並畀白金百給驛詣軍前旋移甘肅寧夏鎭以將軍阿桂請復移貴州鎭遠鎭師三道進副將軍明亮出南路請以成駐僧格宗防後路上慮成未足當一面命從明亮軍進討桂林疏言南路當自塔克撒至宜喜諸地設防成自薩穆果穆渡河經美諾至塔克撒駐軍明亮移軍宜喜攻達爾圖山梁使成偕副都統舒景安率師攻日旁奪賊卡二破碉寨四百餘殲賊甚衆諸軍攻宜喜圍合詷甲索守賊皆老弱當攻其瑕成偕副將常泰等率土淶兵二千五百分三道進破其要隘先後奪碉十一上嘉其勇賜號僧格巴圖魯復自達爾圖山梁進攻噶爾丹直薄巴布里山脊值夜大雪潛師出碉後奮擊連克防隘賊卡四守碉賊驚潰追斬無算復偕常泰攻克礮占偕提督馬彪率師至甲雜官砦賊棄寨潰竄師三路畢會遂克噶喇依金川平圖形紫光閣列前五十功臣御製贊以乘雪取巴布里比諸李愬之入蔡州擢貴州提督入覲賜黃馬褂卒贈太子太保諡勇愍予雲騎尉世職

圖欽保瓜勒佳氏滿洲鑲黃旗人以前鋒校從將軍明瑞征緬甸有功授三等侍衞賜號法福禮巴圖魯遷健銳營副前鋒參領乾隆三十七年從將軍阿桂征金川以皮船濟師襲烏達西山碉卡圖欽保與總兵王萬邦自其左進攻克其碉復與侍衞三寶等合兵至邦甲山梁緣溝以登盡取諸碉卡自山下夾攻賊潰師至納圍納札木副將軍明亮等分兵三道並進圖欽保與游擊谷生炎攻山坡碉卡賊力拒復與侍衞德赫布三面合圍壘石卡逼賊賊棄碉夜遁師進至僧格宗圖欽保自河西科多渡橋攻河東至喀咱木籠山梁抵奪壟賊奔美諾復與參領拉布棟阿以五百人取馬奈擢湖南長沙協副將師復進至薩克薩谷其北曰茹寨麥方熟賊設碉以衞圖欽保力攻克之焚沿河各寨賊竄出中矢被鎗及墜河死者無算麥田十餘里皆爲我兵所據事聞上手詔獎勉復攻石眞噶山下木城燬賊寨再進攻扎烏古山梁功最擢陝西固原鎭總兵事定圖形紫光閣與德赫布並列前五十功臣四十六年撒拉爾回叛圖欽保將五百人助戰賊退踞八蜡廟水磨溝諸地圖欽保從都統海蘭察率兵越水磨溝自山梁進逼賊巢賊自山坡逆上圖欽保持刀奮戰馬蹶墜山下被創卒賜白金七百

木塔爾小金川人乾隆三十七年小金川頭人僧格桑爲亂拒我師木塔爾率親屬及所部降將軍溫福令從軍即率土兵奪八角碉降千餘人復官寨攻木果木面中石傷克達撒谷山梁槍傷額累擢三等侍衞賜孔雀翎僧格桑竄大金川大金川頭人索諾木匿之與同亂將軍阿桂令木塔爾偵路約內應遂克阿不里招其叔朗納降金川山徑歧互阿桂令木塔爾指蹤繪圖呈覽又以功噶爾拉賊守堅諸木塔爾木塔爾言谷噶山路崎嶇樹木深密若密遣精兵晝伏夜行出賊不意亦一策也從之戰有功官兵護台站遇賊稍卻阿桂令木塔爾偕降人度噶率土兵截擊禽頭人木稜工阿攻庫魯什尼後山及登春諸地禽頭人拉爾甲創僧格爾爾結以功賜緞賊遣別斯滿尼僧布蒲僞降私詗木塔爾軍事木塔爾密以聞上嘉其誠累擢頭等侍衞師攻噶拉衣索諾木等出降賜號贊巴巴圖魯圖形紫光閣列後五十功臣授八角碉屯守備督帛噶爾角克乃薩納木雅諸地降人屯田四十六年甘肅撒拉爾回蘇四十三攻陷蘭州上命從領侍衞內大臣海蘭察軍討之木塔爾從中槍傷賜銀緞復攻華林寺再受傷賜二品銜以四川管理降番副將題補四十九年甘肅固原回田五等餘黨踞石峯堡上命成都將軍保甯討之木塔爾從力疾赴調賜散秩大臣銜至石峯堡屢有斬獲被石傷五十三年從征臺灣偕侍衞博斌等生擒首逆莊大田於瑯嶠臺灣平復圖形紫光閣列前二十功臣五十六年廓爾喀爲亂攻陷聶拉木木塔爾從成德守木薩橋獲頭人格哵達喀噪哈等加副都統銜師攻濟嚨木塔爾偕侍衞哲森保先攻克東南山梁移兵逐賊復濟嚨殲賊數百殪賊目七師攻雅爾賽拉博爾東拉木塔爾率兵自噶多普紆道渡河奪石卡木城廓爾喀平再圖形紫光閣列後十五功臣上特召慰勞賜酒賚銀緞六十年從征苗匪賊居下石花土空等處循沿河山坡築城卡阻我師總督福康安遣木塔爾於下游河岸設伏賊出卡搶掠突出擊之奪其渡船師進迫之賊不能禦連克城卡進攻土空偕總兵花連布等連戰三晝夜破之賜荷包以病還師至資陽道卒賜白金百

岱森保庫雅拉關綽里氏滿洲正紅旗人以黏竿處拜唐阿從征緬甸移師征金川與攻路頂宗喀木色爾授藍翎侍衞戰於昔嶺賊乘高而下以火器奮擊賊潰授三等侍衞戰於博羅瓦殲賊數十復奪取喀木喇瑪山碉擢二等侍衞賜號布隆巴圖魯攻勒吉爾博山梁拔鹿角躍濠以火彈擲碉巔破之從將軍阿桂攻勒烏圍發礮斷其橋隧以入柵克木城與諸軍合攻勒烏圍遂下授頭等侍衞師還圖形紫光閣列後五十功臣四十四年以護軍參領從征臺灣與侍衞烏什哈達等擊賊沙陎進至蔦松殲賊二百餘擊賊中州發巨礮殺賊進擊賊南潭賊潰焚賊寮數百再進擊賊三坎店奪賊中礮械尋從閩浙總督常青等援諸羅出鹽水港戰賊屢勝賜副都統銜福康安視師岱森保攻賊牛莊賊阻溪爲固督兵踰溪擊之俘斬甚衆乘銳抵南潭遂俘莊大田等師旋再圖形紫光閣列後三十功臣擢正黃旗蒙古副都統出爲伊犁領隊大臣廓爾喀爲亂上命岱森保將索倫達呼爾兵千人偕參贊大臣海蘭察自京師道青海入西藏佐福康安等討之既至福康安令偕成都將軍成德將三千人向聶拉木綴賊分兵自措克沙木間道入自率兵趨親鼎山破賊卡賊敗竄旋偕侍衞永德道哈那滾木山克扎木復偕成德敗賊多洛卡追躡至俄綽巴分兵兩路深入廓爾喀酋降復圖形紫光閣列後十五功臣嘉慶初教匪起命岱森保討賊陝甘張漢潮侵五郎自盩厔出大建溝擾洵陽偕總兵長春副都統緜布春隨所在禦之上責肅清甘肅境與西安巡撫台布選能戰兵四千有奇逐賊轉戰屢有克捷五年秋擊賊汚縣以兵寡未獲窮追還軍駐長寨疾作行至漢中卒

翁果爾海噶巴喀氏滿洲鑲黃旗人初充親軍遷藍翎侍衞乾隆五十二年從福康安征臺灣擊賊八卦山斬馘無算賜號額騰額巴圖魯累遷二等侍衞林爽文遁老衢崎義民高振以告翁果爾海與追擊獲之臺灣平予騎都尉世職五十六年廓爾喀侵後藏從將軍福康安參贊海蘭察往討之賊據擦木其地兩山夾峙惟一徑可通夜雨翁果爾海分兵潛進越山直上山梁與師會薄賊寨踰牆入殲賊數百克其碉賊奪據濟嚨官寨師圍之翁果爾海直攻東南山梁賊恃碉拒師督兵緣碉上殲賊六百餘擢頭等侍衞賊據熱索橋師自擺馬奈撒入與夾河相持翁果爾海自峨綠山紆道出上游斫木編筏潛濟自間道疾馳攻賊寨師悉渡賜副都統銜賊竄協布魯負水築卡爲守師不得即渡暮雨伏兵林中夜將半援木涉水進擊師繞出對山併力下攻賊潰走追斬三百餘焚寨五遂進攻東覺道噶多翁果爾海從海蘭察爲前鋒紆道出雅爾賽拉博爾東拉穿林越箐潛師步行賊爲木城三石卡七守甚堅翁果爾海督兵踰險攻之右臂創甚劇援兵至奮勇轉戰殪頭人二餘賊二百有奇賊乃遁悉隳其城卡賜白金五十廓爾喀平圖形紫光閣列後十五功臣授鑲黃旗蒙古副都統嘉慶初卒

珠爾杭阿顏拉扎氏滿洲正黃旗人自前鋒累擢二等侍衞從征甘肅石峯堡亂回賜號錫利巴圖魯五十六年廓爾喀侵後藏上命鄂輝成德討之命珠爾

杭阿佐軍鄂輝以第理浪窩浪卡兩地當衝要令珠爾杭阿察形勢督兵屯守壽偕侍衞永德攻克盐木折木寨賜大緞復偕將軍福康安自宗喀攻擦木與參贊大臣海蘭察合軍自正路攻賊寨克之賜大小荷包復同頭等侍衞阿滿泰等克濟嚨邊頭等侍衞復從海蘭察攻雅爾賽拉博爾東拉毀木城石卡殲賊甚衆又破賊於瑪木拉加副都統銜進攻噶勒拉堆補木大山分兵三路珠爾杭阿偕三等侍衞阿哈保等自右路夾擊焚賊卡復自橫河上游修橋渡攻集木集克之壽命爲領隊廓爾喀頭人拉特納巴都爾降福康安令珠爾杭阿護貢使詣京師圖形紫光閣列後十五功臣累遷御前侍衞正白旗護軍統領神武門獲爲逆者陳德賜騎都尉世職授鑲藍旗滿洲副都統卒

哲森保薩克達氏滿洲鑲藍旗人初充吉林烏拉馬甲征緬甸偕侍衞阿爾蘇拉擊賊新街從副都統明亮擊賊老官屯從討王倫侍衞音濟圖擒賊將就縛突有賊持械出拒哲森保射殺之從討蘇四十三攻華林山鎗殪賊渠哲森保亦被創賜號法福里巴圖魯累擢二等侍衞乾清門行走再出討石峯堡亂回中石傷擢頭等侍衞授公中佐領從征廓爾喀攻擦木哲森保與翁果爾海各將一隊自東西兩山分進克之攻濟嚨首奪東南山梁師繼進遂克濟嚨官寨賊斷熱索橋哲森保與阿滿泰出間道越峨綠山自上游砍樹結筏潛渡驟攻賊卡賊駭愕奔竄師得濟賜副都統銜至博爾東拉與賊力戰左膝中槍賜白金百令還濟嚨休養至協布魯創發卒廓爾喀平圖形紫光閣列後十五功臣祀昭忠祠賜騎都尉世職子富永亦在軍以戰功累擢三等侍衞襲職官至鑲黃旗蒙古副都統卒

論曰金川地小而險懸厓絕壁壘石爲碉師至不能下高宗讀太宗實錄知其時攻城用雲梯命斆其制督八旗子弟習焉師再出攻碉賴是以濟諸將有勞者五福將四川兵彪將貴州兵常青將雲南兵戍將綠營木塔爾將士兵餘皆率禁旅而官達色督礮兵圖欽保佐健銳營尤專主攻碉摧堅決險非豫不爲功成德岱森保及木塔爾復從征廓爾喀有功翁果爾海等未與金川之役而屢從征伐轉戰立勳名亦裨佐之良也

清史稿 列傳一百二十一

馬全 牛天畀 阿爾素納 蘇大經　曹順 敖住 烏爾納
科瑪 佛倫泰 達蘭泰 薩爾吉岱　常祿保 瑪爾占 庫勒德 穆哈納 圖欽保 巴西薩
扎拉豐阿 觀音保 李全 王玉廷 珠魯納　許世亨 子文謨 尚維昇 張朝龍 李化龍 邢敦行
台斐英阿 阿滿泰　花連布 明安圖

馬全字具堂山西陽曲人初名塤乾隆十七年一甲三名進士自二等侍衞出爲福建撫標右營遊擊與同官爭言奪職更名寄籍大興二十五年會試再中式上御紫光閣校閱見全識之問曰爾馬塤耶全叩頭謝罪遂成一甲一名進士授頭等侍衞二十七年扈上南巡命署江西南昌鎮總兵賜孔雀翎疏陳校閱各營操練赴禁山隘口巡查防奸民闌入上褒其奮勉授江蘇蘇松鎮總兵擢江南提督請改歸原籍調甘肅提督陛見賜黑狐褂三十八年命從征金川爲領隊大臣將軍溫福駐軍木果木全偕都統海蘭察分攻昔嶺奪碉二賊大至鏖戰冰雪中一晝夜卒敗賊會日暮撤兵賊後尾追爲伏擊敗之搜山箐逸賊建柵數十爲聲援木果木大營潰全殿後戰竟夜死之事聞上曰提督馬全乃國家出力有用之人今力戰死事實堪軫惜謚壯節予騎都尉兼雲騎尉世職同時死事諸將有戰績者牛天畀阿爾素納張大經天畀山西太谷人以武進士授藍翎侍衞累遷四川川北鎮總兵征金川天畀率兵赴木坪佐提督董天弼進剿師自達木巴宗分三道趨資理天畀偕侍衞阿爾素納擊賊于瑪爾瓦爾濟山巔戰三晝夜克卡十與大軍會賜孔雀翎師圍資理天畀攻南山參贊五岱攻北山未下上以阿喀木雅地當孔道得此可破資理手敕諭諸將天畀偕侍衞烏什哈達將四百人覓路伏箐中誘阿喀木雅守賊出寨擊之賊敗匿天畀列兵山麓截賊援賊四百餘突出寨援賊二百自得爾蘇山至天畀擊之斬五十餘級參贊大臣阿桂代五岱攻北山賊不支天畀自南山夾擊遂克資理阿喀木雅得爾蘇賊皆潰天畀捕治餘賊巖洞箐林搜戮殆盡自得爾蘇山巔下至河岸訖北山麓皆屬我師攻喇卜楚克山巔賊守甚密副都統富勒渾出山後奪卡四天畀自前登奪卡一賊自林中出天畀督兵冒槍石縱火焚賊卡又偕章京德保等進攻布郎郭宗取德木達碉寨三石卡七與大軍會遂克之進取底木達俘澤旺三十八年師攻功噶爾拉天畀與副都統烏什哈達總兵張大經冒雪陟山前二峯奪其碉賊自山後至擊之走定邊將軍溫福疏陳天畀戰功請署貴州提督木果木大營潰天畀力戰死之謚毅節予騎都尉兼雲騎尉世職子敬一自陳文生不習弓馬賜舉人阿爾素納蘇葉勒氏吉林滿洲鑲黃旗人乾隆時以前鋒隨征西域緬甸累遷二等侍衞賜號額騰伊巴圖魯金川叛從征攻巴朗拉與侍衞額森特先登攻資理阿喀木雅美美卡兜烏諸地均有功擢一等侍衞加副都統銜授領隊大臣隨大軍移營木果木屢克碉卡授鑲白旗蒙古副都統大營陷率滿洲兵退行至大壩溝遇賊力戰死賜都統銜予騎都尉兼雲騎尉世職大經山西鳳台人乾隆時由武進士歷官陝西興漢鎮總兵三十六年率西甯陝西兵各千人從征金川師圍資理大經出中路進攻兜烏大經以兵千駐阿喀木雅旋移駐木闌壩鄂克什舊寨從攻明郭宗克之復從攻底木達俘澤旺三十八年溫福進駐木果木大經將五百人分駐簇拉角克上以其地在功噶爾拉了口之北形勢險要諭增兵協防四月偕烏什哈達等攻達扎克角山擊敗伏箐賊沿山下攻得斯東寨賊棄寨遁木果木大營潰參贊大臣海蘭察檄大經撤兵出遇賊於乾海子路險不能騎徒步力戰死予騎都尉世職諸將死事皆祀昭忠祠全天畀阿爾素納並圖形紫光閣全列前五十功臣天畀阿爾素納皆列後五十功臣

曹順四川閬中人入伍從將軍溫福征金川師攻固卜濟山梁賊爲柵阻木蘭壩路匿柵內發槍石其渠啓柵門出順斬之奪門入焚柵殲柵內賊賜孔雀翎從攻明郭宗自木雅山至木爾古魯山麓奪賊寨卡進克嘉巴賜號扎親巴圖魯順與頭等侍衞烏什哈達督兵至功噶爾拉攻昔嶺又與司轡托爾托保率瓦寺鄂克什土兵先逼卡殺賊數十賜緞二匹攻昔嶺第五碉與副都統巴朗普爾普等分兵攀登溝內伏賊起迎擊斬其渠順面中石傷先後敘功遷湖南衡州協副將阿桂策督諸軍攻宜喜先攻木思工噶克及得式梯緫賊使不相應令書麟等攻了口碉卡賊赴援順功峰右碉克之師自康薩爾進據了口山峰賊悉力拒退復進者七順與侍衞穆哈納等迎擊賊悉殪遂克擦牌碉寨師分道斷賊後路順督士兵縱火與參贊大臣豐昇額爲犄角並進賊不能支穴寨後竄順奮擊迫賊墜箐死取石碉十二遂克遜克爾宗擢甘肅肅州鎮總兵四十年閏十月攻西里山麓黃草坪順踰木柵指麾賊於暗中發槍被創沒於陳金川平與福建建甯鎮總兵敖住陝西延綏鎮總兵烏爾納並祀昭忠祠圖形紫光閣同列前五十功臣敖住瓜爾佳氏滿洲正黃旗人昭勳公圖賴四世孫圖賴曾孫馬爾薩事聖祖自佐領擢至本旗都統雍正初授內大臣佐靖邊大將軍傅爾丹駐和通呼爾哈諾爾賊來克馬爾薩力戰殺千餘人大風雨渡哈爾噶河戰沒予騎都尉兼雲騎尉世職敖住其從子也乾隆初襲職累遷頭等侍衞從征金川三十九年令署總兵攻宜喜冒雨克達爾圖俄坡諸碉十一月攻日旁自木克什進短兵搏戰沒於陳烏爾納納喇氏滿洲鑲藍旗人自護軍累遷至甘肅蘭州城守營參將從征金川克沙壩山賜孔雀翎攻遜克爾宗攻甲爾納皆力戰中槍攻榮噶爾敗援賊再遷總兵復克邁過爾進屯凱立葉從攻木思工噶克勒吉爾博得式梯諸地累有功師攻勒烏圍烏爾納從攻轉經樓盡下諸城寨師征大金川攻西里烏爾納督兵造甲爾日礄浮橋賊至擊敗之力戰至科布曲率前隊渡河克其第四碉四十一年從攻噶喇依二月噶喇依既克喇嘛寺火起延及火藥房烏爾納往救藥轟石躍中傷死上以烏爾納轉戰甚力功成身殞深嗟惜爲議卹順予世職騎都尉兼雲騎尉敖住進世職三等輕車都尉烏爾納官其子都司

科瑪敖拉氏滿洲正黃旗人以三等侍衞從征金川師攻克邦甲山梁科瑪自翁克爾壟力戰至美諾奪碉寨賜號納親巴圖魯攻當噶爾拉山梁科瑪督兵斧斫柵過碉毀其垣以入殺賊從克美諾拉約將六百人取卡卡角繞出山後仰攻殲守賊副將軍明亮攻斯第科瑪將三百人陟西岡又克達爾岡第六碉累擢頭等侍衞授領隊大臣將六百人攻谷爾提獲頭人索爾甲木達爾甲等督兵攻沙壩擲火彈爇賊寨二百餘加副都統銜四十年四月自得楞力戰至基木斯丹當噶深入賊陣中槍死佛倫泰庫雅拉氏滿洲正白旗人亦以三等侍衞從師克巴朗拉賜號扎勒丹巴圖魯攻資理衝入石卡殺賊四十餘俘十二遂克之將五百人取咱贊及溝東諸寨攻美美卡佛倫泰自西山下多斬獲從攻路頂宗底木達達爾圖日旁凱立葉皆有功攻遜克爾宗兩目受石傷攻康薩爾克其碉加副都統銜授領隊大臣四十年四月師攻基木斯丹當噶科瑪戰死佛倫泰自薩克薩谷進至榮噶爾力戰亦沒於陳達蘭泰薩克達氏滿洲鑲藍旗人以護軍從征緬甸戰新街老官屯有勞征金川命選年壯得力將士達蘭泰與焉攻明郭宗昔嶺奪據達扎克角泉水師攻羅博瓦山賊來援達蘭泰迎擊賊潰督兵殺賊上駐軍山峰賜號穎依巴爾巴圖魯累擢二等侍衞攻甲爾納來珠寨賊出我軍後自山梁下達蘭泰設伏射賊賊負創遁四十年五月擊賊達撒谷被數創卒薩爾吉岱博和爾氏齊齊哈爾鑲紅旗人以藍翎侍衞從克馬奈日旁再進攻該布達什諾色淜普薩爾吉岱衝入賊陳力戰盡克其碉卡賜號善巴巴圖魯從克默格爾凱立葉授三等侍衞攻格魯克古了口賊負險據寨槍石並發薩爾吉岱奮登了口射賊殪賊引退我師從之越山

潾五奪碉五十寨卡三百餘攻達瑪噶朗陟山梁克其碉師臨勒烏圍分道攻轉經樓賊來援薩爾吉岱伏兵橫擊賊潰師自達烏達圍向當噶克底薩爾吉岱爲前鋒冒雨拔柵以發擊守碉賊盡殪四十年閏十月擊賊阿穰曲魔士卒倚柵射賊中槍死金川平科瑪佛倫泰達蘭泰薩爾吉岱並圖形紫光閣列前五十功臣

常祿保赫舍哩氏滿州鑲藍旗人其先有德祿者以軍功予騎尉世職常祿保襲職自三等侍衞屢遷四川提標左營遊擊從征金川擢成都城守營參將副都統海蘭察等攻得拉密色欽山梁賊潛伏林內常祿保往來搜擊進攻明郭宗取旁近山梁師進攻路頂宗所屬喀木色爾寨常祿保從海蘭察自南山大凋潛越山頂克之復進取博爾根山仰攻克木城受石傷溫福等上其功賜孔雀翎又從副都統阿爾素納等分路進攻昔嶺大碉賊百餘從旁衝出常祿保督兵橫擊敗之進駐日龍旋擢甘肅河州協副將定西將軍阿桂等攻克羅博瓦常祿保駐山巔賊九百餘乘雪夜分兩隊劫營四面環攻勢甚迫常祿保督兵力戰禦之被鎗石傷賊竄入卡內者皆殲焉副都統烏什哈達等先後赴援常祿保督兵夾攻賊敗竄賜號西爾努恩巴圖魯白金百尋擢廣東高廉鎭總兵分攻舊則大海諸碉賊掘濠排松簽鹿角備禦甚嚴常祿保分兵出賊後合攻各碉卡同時皆下又偕總兵官達色合攻雅木則碉克之三十八年十一月師攻科布曲山梁賊死拒鎗石交下常祿保被創歿於陣事平祿死事諸將圖形紫光閣功稍次者爲後五十功臣常祿保及侍衞瑪爾占庫勒德穆哈納參將國興佐領巴西薩皆與焉瑪爾占巴爾汗氏察哈爾正白旗人自準噶爾來降以三等侍衞從軍攻日旁馬鞍傷仍請從軍擢二等侍衞命創愈仍從軍攻凱立葉力戰賜號拉布巴爾巴圖魯遷頭等侍衞授領隊大臣攻克該布達什諸木城及色淜普前碉先登又被創予副都統銜三十九年攻康薩爾大碉戰沒庫勒德沃埒氏滿洲正藍旗人以藍翎侍衞從軍攻昔嶺及達扎克角木柵累遷二等侍衞攻克默格爾山梁賜號朗親巴圖魯攻遜克爾宗康薩爾被創四十年四月攻木思工噶戰死穆哈納瓜爾佳氏以護軍校從軍攻克默格爾山梁及凱立葉碉寨遷三等侍衞攻木思工噶克了口直前奪其碉賊潰攻巴木通正濃霧督兵分道擊賊賊伏深箐中皆殲焉盡克其碉卡賜號巴爾丹巴圖魯四十年八月攻勒烏圍力戰死國興貴州大定人以千總從貴州威甯鎭總兵王萬邦征金川攻巴朗拉溫福疏言貴州綠營將士功多攻資北山興爲前鋒進攻曇寨潾甲爾木再進攻東瑪我師爲木卡興將三百人爲守賊夜至興滅火以待賊逼卡發槍斃賊盡殪又從阿桂攻勒烏圍賜孔雀翎號圖多布巴圖魯累遷朗洞營參將四十年四月攻木思工噶克興持斧斫木城率衆擁入克其碉賊來攻興督兵射賊賊散復聚者七卒不能陷興負創越日卒巴西薩布拉穆氏索倫正紅旗人以佐領從軍攻羅博瓦山甚峻巴西薩督兵攀登射賊殪遂取山梁諸碉卡皆下賜孔雀翎號塔爾濟巴圖魯四十年攻康薩爾攻碉迫懸崖賊無路殊死戰巴西薩死焉

扎拉豐阿赫舍里氏滿洲正黃旗人前鋒統領定壽孫襲二等輕車都尉授三等侍衞累遷御前侍衞從討霍集占師次湯阿里克扎拉豐阿將五百人捉生俘三十餘師還賜西朗阿巴圖魯名號進一等輕車都尉圖形紫光閣擢正白旗漢軍副都統出爲烏里雅蘇台參贊大臣旋令赴科布多經理屯田定邊左副將軍成袞札布入覲命署將軍印召還京以正白旗護軍統領從明瑞出師授領隊大臣次蠻結戰破賊加都統銜賊圍小猛育中槍死諡昭節進封一等男子春甯襲爵官至綏遠城將軍觀音保瓜爾佳氏滿洲正黃旗人初授健銳營前鋒藍翎長再遷前鋒參領從副將軍兆惠戰濟爾哈朗從參贊大臣雅爾哈善攻庫車戰甚力擢正白旗蒙古副都統予騎都尉世職圖形紫光閣出爲伊犂領隊大臣從明瑞攻烏什負創奮進克其城賜錫卓里克圖巴圖魯名號遷鑲藍旗護軍統領署雲南楚雄鎭總兵從明瑞出師爲領隊大臣戰於蠻結日昳大霧賊出林中札拉豐阿率衆薄賊壘觀音保當賊衝殺賊二百餘乘霧深入破木寨師至小猛育賊圍急觀音保發數矢輒殪賊僅餘一矢欲復射騾策馬向草深處以其鏃射喉死予二等輕車都尉李全山西陽曲人自行伍拔山西撫標把總累遷雲南永昌鎭總兵從征戰蠻結與扎拉豐阿據東山梁張犄角破象陳至天生橋乘霧破賊壘至蠻化賊大至中槍數日卒王玉廷甘肅武威人自行伍累遷雲南臨元鎭總兵從征攻老官屯賊據木城拒守玉廷親發砲乘霧督攻中槍傷股戰益力賊敗匿不出復自力督戰創發卒諡勤義玉廷初從討達瓦齊援將軍兆惠黑水營之圍佐雅爾哈善圍庫車又從兆惠攻喀什噶爾皆有戰功至是與全同予騎都尉又一雲騎尉世職珠魯訥那爾氏滿洲鑲白旗人繙譯舉人授筆帖式充軍機處章京再遷戶部顏料庫員外郎出爲荊州副都統入授禮部侍郎調工部兼署兵部明瑞出師授參贊大臣駐雅爾移軍木邦土司甕團降請於清水河招商復業遣兵監焉擺夷猓歈等五十獲僞降斬以徇奏設木邦至阿瓦臺站凡五分兵防衞上嘉之緬甸兵自東西二山來犯遣裨將分禦俄賊焚游擊福珠營夜圍珠魯訥珠魯訥具遺奏遣筆帖式福祿突圍出遂自戕上責珠魯訥怯懦以其情亦可憫賜祭葬祀昭忠祠

許世亨四川新都人先世出回部初爲騎兵從征金川西藏並有勞旋以武舉授把總累遷守備復從征金川從四川總督阿爾泰攻約咱東西山梁進攻扎口阿仰格藏達烏諸地連拔碉寨復攻甲爾木山梁及岳魯登達諸地拔木城石卡又克多功山坡及日木城碉寨進擊古魯碉賊夜劫營世亨率兵百餘禦戰至曙賊且去開壁奮呼追擊殺賊無算遂克古魯碉寨賜孔雀翎加勁勇巴圖魯尋累擢參將從參贊大臣副都統明亮攻當噶拉山梁拔第五碉又從參贊大臣富德自墨壟溝進兵克甲爾木日赤爾丹思俯格宗諸寨又從定邊將軍明亮自底旺至馬奈克拉窠絨布根扎葛木卡卡角思底喀咱普諸碉寨又從明亮自宜喜攻達爾圖山梁擒頭人丹巴阿太奪俄坡木克什格木勺洛諸碉卡又從領隊大臣奎林攻木克什西南山寨又從副都統三寶攻西郭洛進駐得爾巴克山梁又從明亮攻得楞山梁拔數碉進擊基木及思丹當噶薩谷諸山梁燬其碉俘馘無算克額爾替第一碉殺賊四十餘又克第二碉又克石頁噶沙爾尼琅谷烏岳斯當安諸碉寨凡七戰皆勝進攻扎烏古時賊踞山巔碉卡連亘世亨冒石矢率兵直上拔數碉卡又克碾占山阿爾古山及平壩諸寨又克達撤谷大山梁燬其碉寨又克獨古木上下寨進踞布吉魯達那兩道山梁又克甲雜官寨獨松隘口奪獲大小寨落數十並獲賊渠雍中旺爾結遂西至噶拉依與南路馬爾邦軍會四十一年金川平擢雲南騰越鎭總兵四十九年甘肅回亂世亨奉命往安定捕逸回獲二百餘事竣補貴州威甯鎭總兵五十二年臺灣林爽文叛世亨率黔兵二千餘赴勦攻克集集埔俘斬甚衆獲僞印器械旗幟進攻小半天賊奔潰追襲至老衢崎俘爽文並頭人何有志又從參贊成都將軍鄂輝自大武隴進攻南路水底寮手殺頭人一時莊大田等敗竄瑯嶠衆尚數千世亨率黔兵與諸軍分隊水陸合攻擒大田並諸賊目臺灣平改賜堅勇巴圖魯名號圖形紫光閣列前二十功臣五十三年二月擢浙江提督未至調廣西提督安南有大酋曰阮惠攻其國都逐其君黎維祁兩廣總督孫士毅主用兵世亨諫不聽師行將兩廣綠旗兵八千人與總兵尚維昇張朝龍等從出關入安南境至其國都有大川三北曰壽昌江南曰市球江又南曰富良江十一月辛未師渡壽昌江甲戌師次市球江惠兵據南岸山守甚固朝龍兵自上游渡世亨亦力戰殺賊數千賜御用玉搬指小大荷包越三日丁丑黎明師次富良江南岸卽黎城黎城者安南國都以王姓名其城也惠兵盡伐濱江竹木斂舟泊對岸循江岸得小舟載兵百餘夜分至江心奪惠軍舟世亨等親率二百餘人先渡復掠小舟三十餘更番渡兵分擣惠軍惠軍潰焚其舟十餘俘其將數十戊寅日師畢濟黎氏宗族及安南民出迎世亨從士毅入城安撫求維祁承制立爲王捷聞封一等子疏辭弗許阮惠有分地曰廣南去黎城二千餘里方議進討請益兵籌饟上欲罷兵世亨亦謂士毅曰我兵深入重地惠未戰遽退事叵測及時振旅入關上計也士毅不納五十四年正月戊午朔士毅召諸將置酒高會己未維祁告惠兵至士毅若皇奪闌出渡富良江浮橋斷世亨與維昇朝龍率數百人戰橋南陣沒士毅初奏言惠兵至臣與世亨督兵決戰賊衆圍合臣與世亨不相見乃奪圍出上猶冀世亨全師而還既聞其戰死命予卹副將慶成自軍中還見上言當惠兵攻黎城士毅與世亨退據富良江拒惠士毅欲渡江與惠戰不利以身殉世亨力諫以大臣繫國重輕不可輕入令慶成護士毅還師又命千總薛忠挽士毅馬以退世亨督諸將渡江陷陳力戰死上愍世亨知大體進封三等壯烈伯祀昭忠祠諡昭毅福康安師至惠更名光平乞降立祠黎城祀死事諸將世亨居首列子文謨自武舉襲爵命在頭等侍衞上行走期滿以湖廣參將用並賜孔雀翎嘉慶元年枝江教匪聶人傑爲亂湖北巡撫惠齡令文謨捕治有勞賜繼勇巴圖魯名號擢副將賊黨鄧之學詐降詷知之俟其入壘將半文謨突起擒斬從總兵慶溥防賊黃柏山又從副都統德楞泰擊冉文儔等大神山遷四川建昌鎭總兵又與總兵德齡副將褚大榮擊賊陳家場德齡戰敗文謨馳救殺賊二百餘又戰大竹梁山忠州屢敗賊擒其渠陳隴光等四十餘防嘉陵江遏賊不令渡加提督銜復督兵捕治川北餘匪擢廣東提督尋調福建水師提督海盜蔡牽爲亂文謨渡海討之並焚燬竹園尾太史宮莊諸賊巢再調浙江提督卒諡壯勇尚維昇漢軍鑲藍旗人平南王可喜四世孫自官學生授鑾儀衞整儀尉五遷廣西右江鎭總兵五十三年隨兩廣總督孫士毅出師十一月辛未維昇與副將慶

成以兵千餘至壽昌江阮惠軍保南岸我兵乘之浮橋斷皆超筏直上惠軍霧中自相格殺我任逐盡渡大破賊渡市球江乘筏奪橋奮勇直進賜孔雀翎渡富良江斬獲甚衆從士毅入黎城士毅敗退維昇戰死謚直烈張朝龍山西大同人寄籍貴州以馬兵從征緬甸戰老官屯鎗傷左額又從征金川攻阿喀爾布里布朗郭宗又從參贊大臣海蘭察自大板昭進勦克喇穆喇穆色淜普朝龍先登攻遜克爾宗復先登被槍傷攻康薩爾山戰勒吉爾博攻達佳布喀吉告有功又從攻勒烏圍克之賜藍翎攻西里阿穰曲克木城十餘又攻雅瑪朋格隆古索隆古諸地碉寨克之金川平敘功賜孔雀翎累擢廣東撫標中軍參將五十二年臺灣林爽文爲亂朝龍率廣東兵進勦多所斬獲賜誠勇巴圖魯名號進攻大里杙鎗傷右肩爽文就擒朝龍復與諸軍合攻莊大田于瑯嶠擒之臺灣平圖形紫光閣列後三十功臣擢福建南澳鎮總兵五十三年從討安南師渡壽昌江朝龍以別軍破阮惠軍於柱石進臨市球江江寬南岸羣山綿亘惠軍據險列礮我師不能結筏諸將督兵陽運竹木造浮橋示且渡而朝龍以兵二千循上游二十里求得流緩處小舟宵濟諸將乘筏薄南岸方與惠軍相持朝龍自上游繞出惠軍後乘高下擊惠軍潰復進薄富良江奪艦渡河入黎城士毅敗退朝龍戰死謚壯果李化龍山東齊東人自武進士授藍翎侍衞擢貴州銅仁協都司從大學士傅恒討緬甸師次老官屯化龍以大礮殺賊又從將軍溫福討金川克固卜濟瑪爾迪克諸碉卡嗣進攻路頂宗明郭宗等處化龍皆力戰有功明年三月師次昔嶺化龍射賊渠殪征小金川克阿爾克布里別斯滿諸地從都統海蘭察克兜烏山梁復連克路頂宗明郭宗諸地旋收美諾征大金川從海蘭察攻克喇穆喇穆諸地被石傷賜綿甲先後攻克遜克爾宗格魯古臯尼木思工噶克諸地山梁被槍傷賜孔雀翎金川平累遷廣東左翼總兵林爽文爲亂率廣東兵赴勦至鹿仔港總兵普吉保令化龍留守爽文攻諸羅急化龍密令游擊穆騰額率兵自番仔溝至不肚溪爲疑兵而親率游擊起裴鰲等自八卦山抵柴坑賊聚拒化龍督兵力戰賊潰五十三年從討安南師渡市球江阮惠軍拒戰化龍督兵發礮擊賊造浮橋與張朝龍等率兵徑渡入黎城士毅敗退至市球江令化龍先渡度浮橋落水死邢敦行直隸安州人乾隆四十三年一甲一名進士自頭等侍衞累遷廣東三江口協副將阮惠攻黎城戰死敦行事母孝將出戰解衣付其僕使歸告母予䘏維昇朝龍三等輕車都尉化龍敦行騎都尉諸裨將同時死者二十一人師還經富良江惠軍追至戰死者九人又有參將鄧永亮都司盧文魁以出師時戰死

台斐英阿庫雅拉氏滿洲正白旗人自護軍補司轡長授乾清門藍翎侍衞乾隆三十九年從征金川命爲領隊與內大臣海蘭察等攻喇穆喇穆山梁破碉燬木城復循山梁逐賊至其巢進攻該布達什諾奪賊碉再進圍遜克爾宗燬碉二百餘再進克默格爾以西及凱立葉前山梁諸碉卡擢三等侍衞復自羅卜克鄂博踰濠攻格魯克古了口破沙木拉渠革什式岡諸寨復從領隊大臣福康安攻勒吉爾博山脊克兩碉進攻薩克薩谷山梁及舍圖枉卡再進攻克覺拉喇嘛寺及所屬卦爾沙巴等寨賜號拉布凱巴圖魯又偕海蘭察攻章噶山峯進攻托古爲潛師自山嶺涉險攀援而上盡破之再進遂克勒烏圍師自達烏達圍攻達思里海蘭察分兵七隊台斐英阿領其一自懸崖下夜半抵達烏達圍奪碉一及日至當噶克底乘霧薄碉賊衆皆就戮從攻阿穰曲克大碉木城各二進攻奔魯木山峰連克舍勒固租魯瓦喇占薩爾克爾古什拉斯等諸寨又從福康安攻雍中喇嘛寺盡降其喇嘛擢二等侍衞金川平圖形紫光閣列前五十功臣四十六年從剿撒拉爾叛回敗賊龍尾山梁登華林山殲賊無算賊平擢頭等侍衞從勦甘肅石峯堡叛回以功加副都統銜補公中佐領擢御前侍衞旋授正藍旗滿洲副都統擢正紅旗護軍統領調鑲黃旗五十六年征廓爾喀從福康安分攻擦木克之進攻濟嚨率索倫勁騎衝擊轉戰至東覺山克賊寨十一礮殪賊目二俘七十有六加都統銜授散秩大臣進逼甲爾古拉山賊三道來犯台斐英阿射斃紅衣賊目二突中槍卒於陣謚果肅賜白金千廓爾喀平再圖形紫光閣列前十五功臣予騎都尉又一雲騎尉世職阿滿泰郭佳氏滿洲正白旗人本黑龍江達呼爾披甲從征回疆攻喀什噶爾城逐賊自阿拉楚爾至巴達克山獲其渠令入旗充護軍三十八年授藍翎侍衞從征金川攻當噶爾拉山梁賊自庚額特山出阿滿泰與前鋒參領巴克坦布據險要殪賊攻達爾旺山梁克之攻格木勺藏甲索賊來路與侍衞阿蘭保等攻科拉木達撲碉勝援賊擢三等侍衞賜號扎努恩巴圖魯攻扎烏孤山梁加雜肚絨布巴魯扭諸處皆有功金川平圖形紫光閣列後五十功臣擢副護軍參領蘭州回爲亂從軍攻華林山殲賊百餘身被創擢護軍參領攻石峰堡偵賊底店奪卡擢頭等侍衞從征廓爾喀自中路被擦木隘口出濟嚨破其官寨進破賊熱索橋渡河至雅爾賽登博爾東拉山巔破木城三石卡七授鑲紅旗蒙古副都統進至堆補木自帕朗古攻橫河大橋我師臨北岸賊據南岸禦阿滿泰先登師從之度橋阿滿泰中槍落水死水深戰方急求其尸不可得賜騎都尉世職祀昭忠祠廓爾喀平再圖形紫光閣列前十五功臣

花連布額爾德特氏蒙古鑲黃旗人性質直少讀書習論語左傳充健銳營前鋒累遷火器營委署鳥鎗護軍參領以參將發湖廣授武昌城守營參將累遷貴州南籠鎮總兵乾隆六十年福康安征貴州亂苗令將精兵三千爲前驅通松桃銅仁兩路饟道援永綏釋正大營圍賜孔雀翎軍自啞喇塘經阿寨營安靜關轉戰而入經巖板橋收諸碉寨又經上下麻洲高陂塘上下長坪自嗅腦至松桃平緣道苗卡埋坑谷過大軍上以花連布奮勇賜號剛安巴圖魯賚白金百又戰卡落塘擊梁帽寨且戰且前時永綏被圍已八十餘日花連布軍至方戰圍始解苗皆烏合未見大敵相驚爲神兵花連布著豹皮戰裙督戰因呼爲花老虎又擊賊小排吾攻巴茅汛鴨酉黃瓜諸寨自滾牛坡循岸下攻臘夷寨槍傷左腋上手詔獎其勇問創已愈未復自茄廬坪攻克黨堨三家廟諸寨焚上下竹排再進破掌子坳屯軍古哨營小梁上錄花連布功授貴州提督福康安軍至令結壘大營前悉以兵事屬之日置酒高會苗詷知福康安持重不戰一日數至花連布力禦之晝夜徼循苗屢敗頗畏憚福康安益易視之苗益掠焚無忌頭人吳半生集羣苗拒戰花連布與額勒登保會總兵那丹珠等合軍攻爆木林克苗寨十餘深入自成光寨至上下狗腦坡山峻險冒矢石援藤葛直陟山巔苗漸卻分兵下攻福康安焚附坡諸苗寨花連布督兵伐竹木爇窒大小巖洞死者枕藉又自猫頭進克茶林碉上下麻衝諸寨下黃毛山坡過苗兵數千額勒登保迎戰花連布出賊後夾擊大破之再進克馬腦豬革殺苗坪竹子諸寨分兵攻巖板井讓水沱溪頭綠樹衝關鑲坪諸隘皆下吳半生亡匿高多寨與諸軍分道入環攻之生得半生又有頭人吳八月據平隴自稱吳三桂後糾黨轉盛福康安令花連布引兵攻鴉洛等二十四寨皆下進攻龍角峒奮戰自辰至酉乃克之附近諸苗寨皆降又克大坡腦等三十餘卡攻鴨保去平隴七十里時已昏風大作山木動搖崖高溝窄花連布督兵攀越縱火痛擊破木城七石卡五旁收垂藤董羅諸寨遂禽八月其子廷禮廷義猶據險乘勝克大中大三天星寨再進取黃衝口等十三寨得盤木營兩山梁歲暮雨雪進圍地良坡收八荆桃花諸寨轉戰經連雲山猴子山蛇退嶺壁多山高吉陀下貴消嶺等四十餘卡抵長吉山圍石城未至平隴三十里所詔責復乾州廳時福康安感瘴卒和琳代將令花連布率兵攻全壁嶺自馬鞍山入山蔽廳城下瞰大河將濟懼苗涉水相襲花連布分兵勦旁近諸寨襲大軍遂復乾州會和琳亦卒上諭湖南巡撫姜晟以軍事諮花連布貴州清溪民高承德以邪術糾衆爲亂戕縣吏花連布督軍捕治克槐花坪四寨進攻小竹山破其寨殲承德及戕縣吏賊再進攻大小鬼岧戮餘賊嘉慶元年九月丁卯日加已賊攻夏家衝花連布令副將海格參將施縉張兩翼擊賊賊數千拒戰花連布出其中逐賊賊見攻急據坡擲石花連布方上坡中石自巖墮深澗罵賊賊欲鉤出之自力轉入巖下頸折死諸將爭殺賊賊卻出花連布尸顱骨寸寸折失一臂上愍其死事烈加太子少保賜騎都尉兼雲騎尉世職賚白金八百謚壯節明安圖博爾濟吉特氏蒙古正紅旗人以雲騎尉授三等侍衞累遷湖南保靖營游擊從征金川大小戰五十有四敘功累遷鎮篁鎮總兵貴州湖北苗石柳鄧石三保等糾衆爲亂明安圖督兵禦戰永綏協副將伊薩納赴援同戰死苗攻滾牛坡劫我軍饋餉雲南鶴麗鎮中軍游擊永舒四川阜和協左營都司班第共擊之沒於陣

論曰師再征金川歷四年大小數百戰將士夷傷衆矣全順等平時力戰功最死事尤凜凜扎拉豐阿等死緬甸與明瑞並烈世亨等死安南以全孫士毅賞尤厚台斐英阿死廓爾喀福康安因以受降還師花連布善戰死不欲爲羣苗得靡軀矢節其狀視諸死事者尤慘烈矣哉

清史稿　列傳一百二十二

富僧阿　伊勒圖
胡貴　兪金鼇 尹德禧
剛塔

富僧阿，舒穆祿氏，滿洲正黃旗人。雍正初，授拜唐阿，累遷頭等侍衞，出爲副都統，歷成都、三姓、寧古塔諸地，擢將軍，自荊州移黑龍江。黑龍江北鄰俄羅斯，康熙二十九年與定界，歲久，將吏憚行邊，道里不能詳。富僧阿遣副都統瑚爾起等分探諸水源，皆至興堪山還報，乃上疏言：「副都統瑚爾起探格爾畢齊河源，自黑龍江至格爾畢齊河口，水程一千六百九十七里，自河口行陸路二百四十七里至興堪山，其間無人迹。協領納林布探精奇哩江源，自黑龍江入精奇哩江，北行至托克河口，水程一千五百八十七里，自河口行陸路二百四十里至興堪山，地苦寒，無水草禽獸。協領偉保探西里木第河源，自黑龍江經精奇哩江入西里木第河口，復過英肯河，水程一千三百五里，自英肯河口行陸路一百八十里至興堪山，地苦寒，無水草禽獸。協領阿迪木保探鈕曼河源，自黑龍江入鈕曼河，復經西里木第河入烏默勒河口，水程一千六百十五里，自河口行陸路四百五十六里至興堪山。諸地俱無俄羅斯偷越。臣按呼倫貝爾有額爾古納河，西爲俄羅斯界，東屬我國，自此至珠爾特處處設卡。今復自珠爾特至莫哩勒克河口設卡二，索博爾罕增立鄂博，逐日巡查，俄羅斯鼐瑪爾斷難偷越。黑龍江與俄羅斯接壤，興堪山延亘至海，嗣後請飭打牲總管每歲六月遣章京驍騎校兵丁自水路與捕貂人同至托克、英肯兩河口及鄂勒希、西里木第兩河間巡察，還報。三年遣副總管佐領驍騎校於冰解後自水路至興堪山巡察，還報。黑龍江官兵每歲巡察格爾畢齊河口，三年亦至興堪山巡察，還報，歲終報部。」上從之。富僧阿治事嚴，嘗疏請罪人予官兵爲奴，并其妻子皆令爲奴。又以遣犯脫走出巡，並將校禁卒皆請逮送刑部，上不許。移西安將軍。西安甯夏移駐滿洲兵，復分駐巴里坤，富僧阿議定規制，皆如所請。乾隆四十年三月，卒官。

伊勒圖，納喇氏，滿洲正白旗人。乾隆初，以世管佐領授三等侍衞，累遷鑲紅旗蒙古副都統，出駐烏魯木齊，移阿克蘇。三十二年，授伊犂參贊大臣，移喀什噶爾，內擢理藩院尚書，外授伊犂將軍。三十四年，師征緬甸，授副將軍，從經略大學士傅恆分道進軍。緬甸人拒戛鳩江築寨，伊勒圖偕參贊大臣阿里袞與戰，奪寨三，殺賊五千餘。師還，授兵部尚書，復外授伊犂將軍。土爾扈特汗渥巴錫台吉策伯克多爾濟等率所部三萬餘戶來歸，先期使至伊犂具書通欵。伊勒圖以聞，高宗命加意撫綏，俾得所。於是土爾扈特部悉內附，哈薩克、布魯特兩部厄魯特降者日衆，伊勒圖請增置佐領俾領其衆。從之。三十六年，左授參贊大臣，駐烏什，移塔爾巴哈台。三十八年，復授伊犂將軍。兵部議禁烏鎗，伊勒圖以土爾扈特部新歸附，牧馬禦豺虎恃烏鎗，不當一體收禁。四十八年，加太子太保，賜雙眼花翎。五十年七月，卒，謚襄武，封一等伯，祀賢良祠，發帑金千，遣侍衞豐伸濟倫如伊犂賜奠。伊勒圖在邊二十餘年，諸所經畫縝密垂久遠。其在塔爾巴哈台受代去，上諭繼任參贊大臣慶桂循其規制。鎮伊犂尤久，伊犂屯田，請兵得攜妻子。於塔爾奇溝口外烏可爾博蘇克、東察罕烏蘇、霍爾果斯、巴彥岱諸地築城堡，水足地厚，俾得久屯。設寶伊局鑄錢，採哈爾哈圖銅鑛，三年得九千餘斤，令加鑄於烏什。鑄普爾，烏什及庫車、哈喇沙爾諸城與伊犂錢並用。普爾，回錢名也。又於峌郭羅鄂博諸地採煤，聽商人充窰戶，徵其稅。都統海祿請令遣犯皆入鐵廠，與罪人畀官兵爲奴者同例。伊勒圖請仍如舊制，使遣犯與爲奴者有別。其卒，上稱其鎮靜安協，各部落皆心服，卹特厚。

胡貴，字爾恆，福建同安人。少有智略，入伍，稍遷水師提標右營千總。雍正六年，齎奏入都，世宗召入見。再遷後營游擊，監修戰艦，出巡海，坐誤工，吏議當左授，上特宥之。累遷江南蘇松鎮總兵，督運漕糧十萬轉海賑福建，道溫州鳳凰洋，颶作，損米五百餘，請出私財以償。高宗諭曰：「冒險已可嘉，豈有復令出私財償米之理？」命罷勿償。旋坐廢弛，當奪職，復特宥之。疏言：「本鎮春秋兩哨，中營游擊司糧餉，奇兵營游擊職城守，例不出巡。惟既任水師，當知海道，應從衆出巡。陸路將士願改水師者，先令出海演試，如有膽略，量爲改補。」並從所請。崇明海漲，沒民廬，召縣吏議賑。吏言當待請，貴曰：「民死在頃刻，豈能俟報？有譴吾任之。」即發倉以賑，令所屬爲助，衆有難色，貴曰：「設官非以衞民乎？賑不周，生它變，豈能免患？」疏請發帑金十八萬、倉穀二十八萬，並留漕米續賑，上深嘉之。歷廣東潮州、瓊州諸鎮，擢提督。增城民王亮臣爲亂，貴勒兵馳赴，分遣所屬防隘扼賊走路。總督阿里袞軍亦至，分道捕治，諸賊皆就禽。以失察自劾，貸勿問，仍敘勞。入覲，賜花翎，移福建水師提督，復自浙江還廣東。二十五年，卒，謚勤愨。子振聲，附李長庚傳。

兪金鼇，字厚菴，直隸天津人。乾隆七年武進士，授藍翎侍衞，以守備發山東，累遷甘肅肅州鎮總兵。命如伊犂董理屯田，歲豐，伊犂將軍伊勒圖奏綠營兵二千二百名人穫米二十八石有奇，得旨敘勞。移巴里坤總兵，擢烏魯木齊提督，仍領屯田事。奏請移沙州副將駐安西，巴里坤迤西至瑪納斯擇有水草地設墩塘，皆議行。時令移軍戍烏魯木齊及瑪納斯得挈妻子以往，謂之眷兵，金鼇請具一歲糧，亦從其請。歷江南、福建陸路、甘肅諸省。固原回田五糾衆爲亂，攻靖遠，金鼇與涼州副都統圖桑阿合軍討之，逐賊馬營街，固原提督剛塔亦以師來會，多所斬獲。土司楊金業以土兵助戰，賊憑山設拒，土兵敗走，金鼇擊賊退，夜走石峯堡，糾會甯諸回，勢復張，副都統明善戰死。金鼇進次烏家坪，擊賊，斃頭人三，禽二十有九，轉戰至秦安土鼓山，賊敗竄蓮花城。師從之至於雙峴，從總督李侍堯自中路進攻，敗之。福康安督兵剿石峯堡，令金鼇防底店，護餉道。回亂定，移湖廣，復移直隸，未行，鳳凰廳苗石滿宜糾衆爲亂，金鼇聞報馳赴，令鎮筸鎮總兵尹德禧督軍破賊寨，生致其渠。上以金鼇習苗疆事，命仍留湖廣。臺灣林爽文爲亂，命德禧將湖北兵二千以往，金鼇出駐鳳凰廳，鎮苗疆。旋入覲，命在乾清門行走，賜紫禁城騎馬。引疾乞罷，上以金鼇有勞，下總督畢沅察病狀，乃加左都督，允解官歸。旋卒。金鼇嘗預千叟宴，高宗賜之酒，命賦詩紀事，金鼇辭不能詩，上顧笑曰：「汝爲香樹妻弟，又從受業，豈不能詩者？」香樹，錢陳羣字也。官湖廣，和珅已柄政，欲納交焉，金鼇謝不可。

尹德禧，鑲黃旗包衣人，初名色哷通額，以領催從征伊犂，遷至防禦，開戶出旗，更姓名，改籍直隸密雲縣。從征金川，復六遷至總兵。石滿宜據句補砦爲亂，德禧破砦，獲滿宜，賜花翎。上詰德禧當苗亂何不專摺奏，德禧請罪，命貸之。搜捕滿宜餘黨，苗疆悉定。其出師臺灣，師至，爽文已就俘，福康安令德禧屯竹仔港防賊逸。臺灣定，召入見，命署湖南提督。卒，遺言請還旗籍，復隸鑲黃旗包衣。

剛塔，烏濟克忒氏，滿洲正藍旗人。初充前鋒，從征準噶爾，授雲騎尉世職。三遷直隸泰甯鎮中營游擊，從克臨清，山東巡撫楊景素奏留山東。四遷直隸提督，兼領馬蘭鎮總兵，移陝西固原提督。乾隆四十九年，鹽茶廳小山回田五糾衆爲亂，攻破安西州，剛塔督兵逐賊，殺賊數十，射殪乘馬賊渠，賜上用玉韘、大小荷包。復逐賊至浪山，田五戰被創，自殺，其徒竄據馬家堡，剛塔督兵合圍，賊夜出堡，踰山遁，環壘樹木，桿懸衣帽其上，給官軍。官軍逼壘，乃知賊已走。剛塔督兵逐賊，戰於馬家灣，剛塔中矢，復進至馬營街，殺賊數十，得級二十五。賊攻陷通渭，其徒分據石峯堡、西安，副都統明善攻之，沒於陳。上以師無功，令大學士阿桂、尚書福康安出視師。上謂馬營街、石峯堡皆通渭地，剛塔方逐賊馬營街，通渭陷不赴援，明善又以攻石峯堡戰死，詔詰責。剛塔疏言獲賊，言將自通渭道伏羌、秦州攻瀘關，上責剛塔信賊妄語，搖軍心，令福康安傳諭奪剛塔職，逮送京師。上方幸熱河，留京王大臣等讞，當斬。上以剛塔殲賊渠田五，戰馬家灣，身被創，貸死，戍伊犂，卒。

論曰：富僧阿鎭黑龍江，察國界，定巡徼之制。伊勒圖鎭伊犂，徠屬部，著拊循之績，建威銷萌，邊帥之職舉矣。貴定增城，金鼇、剛塔攻石峯堡，名位顯晦殊，要不可謂無功也，故類次焉。

清史稿　列傳一百二十三

葉士寬 陳夢說　介錫周
方浩　金溶
張維寅　顧光旭
沈善富　方昂
唐侍陛 張坤之

葉士寬，字映庭，江蘇吳縣人。康熙五十九年舉人，授山西定襄知縣。求民隱，滌煩苛，不假胥吏，事辦而民不擾。雍正八年，擢沁州知州，署潞安知府，除無名諸稅，復四門集，以便商民。歷署平陽、太原，治行爲山西最。十二年，舉卓異，擢浙江紹興知府。有惰民格殺士人，衆譁，將罷試，士寬方勘三江閘，馳歸，數言諭解之。風潮陷海塘，躬任堵築，三月而工完。乾隆初，調金華。東陽饑，民求賑者以萬計。士寬曰：「按册施賑，是賑册，非賑民也。」乃召饑者前，注名於册，而斥二人，衆乃定。二人者，一婦人嘗以訟至官，服華服，至是易敝衣乞賑，士寬識之，令褫其敝衣內華服如故一男子容甚澤令飲礬荚汁嘔出酒肉衆駭服冒賑者潛散去在金華三年多善政郡人爲立生祠擢杭嘉湖道調金衢嚴道衢州地高西安龍游諸縣素築壩蓄水溉田木商入山者私開壩水日涸士寬嚴禁之民皆稱便八年調寧紹台道紹興大水蕭山諸暨民多挾衆詣縣求食巡撫惡之不欲賑士寬曰某來時民饑幾欲死何忍坐視其悉塡溝壑耶繼以泣請乃得上聞給賑士寬以待饑而賑常不及議濬紹興之鑑湖甯波之廣惠湖會去官未果著浙東水利書冀後有行之者父憂歸遂不出陳夢說字曉巖山西絳縣人乾隆十三年進士授刑部主事讞決執法不阿上官兼提牢役不能爲奸累遷禮部郎中出爲浙江甯紹台道台州素獷悍甯海梅村民拒捕提督將以兵往旁村皆驚竄夢說輕騎臨縣縣令已縲繫竄者數十人盡釋之曰吾來捕梅姓數人而已獲誅拒捕者而釋其少子一人台人感之謠其事爲存孤記修鄞縣錢湖隄值上南巡召見褒知其在刑部有能名賜綺貂尋以失察屬吏不職罪議仍以道員用授督糧道却餽金濟政肅然時訛言妖人翦髮蕭山捕僧了凡等四人誣服夢說平反之後或言事由浙兒解京訊治無驗抵妄捕者罪以夢說輕比降秩修餘杭南湖隄署嘉興嚴州處州湖州諸府復原官夢說官浙十二年所至有聲尋乞歸

介錫周字鼎卜山西解州人康熙六十年進士雍正初授貴州畢節知縣烏蒙土司叛督運軍糧遇逆苗徒役欲棄糧走錫周厲聲曰失糧法當死犯苗亦死死法毋甯死賊策馬徑前千夫擁糧而進逆苗眙愕鳥獸散遷平遠知州烏蒙猓夷復叛川滇苗猓應之錫周先往撫大定苗平遠得無患十三年擢大定知府古州苗亂陷黃平清平驛路俱梗塘兵妄報土酋安國賢通古州苗剋期犯貴陽大吏發川兵將至國賢轄地九百里衆惶駭錫周甫蒞郡立召國賢至諭以禍福國賢伏地陳無交通古州狀錫周曰汝率衆苗就撫我以百口保汝不死且止川兵時丹江亦被圍乃請以川兵往援丹江圍解而大定安堵南籠民王祖先素無籍以書符惑衆播爲逆詞又粵西獞人王阿耳爲寨長王文甲所執竄入苗寨誣文甲將糾合册亨諸寨叛二獄同時起株連千餘人南籠獄不能容滇粵錯壤寨苗多逃錫周奉檄往會鞫蔽罪悉當釋文甲及繫累者逃亡並歸邊境以靖擢貴東道筦糧運時軍興歲餽餉金二百四十餘萬兩米八十餘萬石調馬三千夫五千牌集鎭遠漫無紀夫糜廩食馬累里戶復於上游南籠諸府役民夫加運九站下游銅仁諸府則增雇調二千人助役錫周畫三策以馬設遞站運凱里丹江諸路夫按期日運台拱諸路楚粵米皆由水運分清江及古州都江兩路輓輸迅速糧乃集上游之加運下游之調夫皆止之省帑數十萬民間亦減勞費之累補貴西道調糧道兵米折色不收餘羨兵民交頌之乾隆中擢按察使錫周在黔中久吏治風土民苗疾苦皆熟習莅之以誠愼刑獄興教化性素耿介不諧於時以老乞休上念其勞勩召入覲授太僕寺少卿閱三年告歸

方浩字孟亭安徽桐城人雍正八年進士授山西太原知縣嘗知隰平定二州隰民有茹素號爲大乘教者浩召至庭啖以酒肉人莫知其故其後逮捕大乘教人連數郡而隰民獨免平定旱奸民煽譁呶求糶捕渠魁一人置之法餘悉不問遷潞安知府會上西巡取道澤潞吏平道及道旁民田浩以鑾輿未出而民廢耕作非上愛民之意令耕如平時民得收穫而事亦治擢江西廣饒九南道按察副使兼攝九江府事歲旱米商未至他郡縣乏食大吏檄運倉糧往濟浩以郡民咸待食而移粟他往恐生事請獨輸九江倉而屬縣停運違大吏意未幾安仁以阻運成大獄大吏以此重浩旋調吉南贛道奸民據險爲亂馳詣捕紺比大吏至謀主已就擒其敏捷如此坐事罷循例復職方需次吏部以疾卒

金溶字廣蘊順天大興人雍正八年進士以刑部員外郎擢山東道監察御史高宗卽位詔求直言溶上疏言安民五事一曰開墾之地緩其升科二曰帶徵之項宜加豁免三曰關稅正額之外免報盈餘四曰州縣殿最首重民事不以辦差爲能五曰巡狩之地崇尚樸素不以紛華取媚當是時上命翰詹科道各進經史摺子溶又上疏曰頭會箕歛以裕囊櫝者匹夫之富也輕徭薄稅使四海咸甯者天子之富也易卦損下益上上益矣而反名損損上益下上損矣而反名益蓋謂百姓足君孰與不足百姓不足君孰與足聖人制卦之意可深長思也乾隆九年湖廣總督孫嘉淦因徇巡撫許容奪職命修順義城溶上疏論曰賞罰者人主御世之大權臣工有罪有罰鐫一例因其素非廉吏使天下曉然知所得者終不能爲子孫計留也孫嘉淦操守不苟久在聖明洞鑒之中而罰令出貲効力恐天下督撫聞之謂以嘉淦之操守尚不免於議罰或一不得當而罰卽相隨勢必墮廉隅預爲受罰之地是罰行而貪風起不可不愼也臣爲嘉淦所取士不敢避師生之嫌而隱默不言奏上部議奪職未幾特起爲福建漳州知府漳俗強悍胥吏千餘交結大吏家奴勢力出長官上有吳成者設局誘博擒治之民稱快華葑村距縣治二百里康熙時嘗議設縣丞以不便於胥吏格不行溶復以請布政使文不下府而直行縣溶大怒嚴訊縣胥得其交通狀乃詳請治罪而設官其父老歎曰微金公吾儕奔馳道路死矣乾隆十三年春閩省旱斗米千錢大府檄溶平糶溶勸富家出糶給印紙令商人赴糴又請寬臺灣米入內地之禁民情帖然其他脩文廟樂器增書院膏火皆次第舉行遷臺灣道補陝西鹽驛道署布按兩司事調浙江糧道與巡撫陳學驄牴牾學驄論溶迂緩不任事原品休致卒年七十三

張維寅字子畏直隸南皮人乾隆元年進士授戶部江南司主事江南賦役甲天下支銷留解端緒毛椳維寅綜覈精密猾吏不能欺遷吏部員外郎考選監察御史補掌貴州道劾奏閩督誘人受賕而坐之罪失政體上是之爲通行飭戒簡雲南迤東道至改補驛鹽滇鹽無成法維寅一一調之使井官煎戶運夫鋪商無偏累滇人稱便歲節縮歸公銀七千兩以前官累左遷知府於時東川官設牛馬站通百色銅往鹽返謂可省費既奏行而路險阻車摧折牛馬多死銅鹽耗失維寅奉勘得實以事不可已請夷路用車險雇夫役賫出鑪息無溢費且不擾民從之獲濟署鶴慶永北補臨安調首郡兼楚雄值地震爲災躬勘鶴慶劍川浪穹麗江昌門賑活災氓每數萬計遷督糧道整頓銅廠代償前官虧帑待罪得脫調浙江鹽道未數月調福建汀漳龍道閩俗獷悍痛懲以法擒巨猾散黠黨健訟鬭狠之風爲息察冤決疑人稱神明舉卓異入覲上奬慰甚至復之官病卒

顧光旭字晴沙江蘇無錫人乾隆十八年進士授戶部主事晉員外郎主鹽筴兩淮解銀轍挂欠百之十五光旭謂各省庫平皆部較頒何獨兩淮歷久如是是銀庫多索也白於長官除免之擢御史二十四年直隸山東大水次年春疏曰上年兩省災祲濟發帑加賑近見流民扶老攜幼入京春來尤甚五城米廠飯廠人倍增詢之近京數百里毀屋伐樹賣男鬻女老弱踣頓不可勝記耳目所及如此其外可知伏思救荒無奇策惟督撫及有司親民之官實心實力方克有濟各州縣未嘗不施賑或委任佐貳或假手胥吏或設廠遠離村鎭窮民奔走待食或得或不得良法美意一入俗吏之手沾實惠者十不及五一二賢有司撫循周至則他境流民聞風畢集轉難措手此督撫不能眞實愛民下亦以應付塞責一切皆屬具文請勅下隨地撫綏無致流移失所疏導積水以工代賑借給牛種以資耕作有流民有曠土卽重治督撫州縣之罪來京饑民已領廠賑一年之計在於東作無力自回者給資遣送其本籍無倚賴者歸大興宛平安輯勿令棲流無著又每遇水旱司道府親勘先以供應煩州縣所委佐貳亦滋擾累請嚴參重處奏入上善之命赴京畿察勘疏消文安大城積水樂亭民擁閧縣門撫定之馳章請加賑歷寶坻灤州盧龍兩月竣事遷給事中尋出爲甘肅甯夏知府調平涼三十五年大旱請賑初爲上官所格光旭親察災戶亟發銀米煮粥以賑隣縣饑者率就之時災黎鬻妻子道殣相望光旭巡視山僻賦詩曰輪蹄鳥道羊腸路溝壑鳩形鵠面人又曰產破妻孥賤腸枯草木甘誦者感動自夏至次年三月始雨平涼隆德固原靜甯各設粥廠二饑民日增慮入夏疫作給每口兩月糧遣使歸耕時已擢涼莊道總督文綬任以河東賑事一切錢糧聽支取知府以下聽調遣分八路比戶清勘刋發三連票備考覈發姦摘伏官吏傷息竟事無中飽民獲更生三十七年金川用兵文綬調四川總督疏請光旭隨往司三路餽餉署按察使蜀民失業無賴者多習拳勇號飲博寖至刼殺號爲嘓嚕子至是發衆嚴捕治之改悔者發爲運丁類收其用以秋審失出罷職留治糧餉四十年金川平駐西路臥龍關經理凱旋兵十餘萬帖然無擾事竣乞病歸年未五十里居遇災助賑一如在官時主東林書院數十年聚生徒講論道義繼其鄉顧憲成高攀龍之緒著響泉集

沈善富字既堂江蘇高郵人乾隆十九年進士選庶吉士授編修典江西山西鄉試撰制誥辦院事纂修國史續文獻通考勤於其職出爲安徽太平知府在官十有六年尤盡心災賑三十四年大水坐浴盆經行村落得賑者五十萬口當塗官圩決密勸富家出糶禁轉掠使各村自保有告某家不糶者笞之曰汝奉何明令使富家出粟耶民乃定三十六年泗州水大吏檄善富往賑之釐戶口之弊民受其惠值大疫設局施藥施槥絕葷祈禳前後課屬縣種栁數百萬株官路成陰埋暴露十餘萬棺時傳妖人割髮捜捕令下諸郡騷然獨太平不妄捕一人兄弟訟察其詞出一手杖主訟者兄弟悔悟如初師弟互訐陰事取案前文卷盈尺火之曰爾詞必有稿可上控郡騷守焚案不汝斬兩造皆泣訟乃息貴池有爭地訟於部者祕舊牘得成化二十年閏四月官契念愚民安知閏檢明史七卿表得是年閏四月文據以定讞四十六年擢河東鹽運使鹽池

受淡水歉產商運蒙古鹽多勞費及鹽產復盛弊多商困善富曰鹽池自古爲利不當廢革若聽民自販必致蒙鹽內侵商人之力不患寡患不均其弊有三奸商棄瘠據肥一也費浮地遠伏攫其利二也僉代之期貧富倒置三也乃總三省引地爲三等均之復以道路遠近順配爲五十六路鬮分籤掣之於是路絕弊清後乾隆末廢商運蒙鹽果內侵至嘉慶十一年仍復舊制皆如所預計所至興學愛士人文蔚起以母老乞終養居鄉多善舉著鐙味齋詩文字

方昂字坳堂山東歷城人乾隆三十六年進士授刑部主事累晉郎中會秋讞更新例凡金刃殺人概爲情實昂分別其輕重固爭不得後高宗特旨改正坐是爲同僚所忌淹滯十年又數上書與長官爭長官慍之卒重其人以薦出爲江西饒州知府安南阮光平入覲驛傳所經多飾供帳昂曰國家以威德服四夷非誇以靡麗戒所屬勿與擢江蘇蘇松道已受代將行營弁緝鹽波及良善衆洶洶不平營弁以民變告且徵兵昂曰新守與民未習民勿信自出曉諭捕倡首者寘法申請上官褫營弁職事卽定至任有尼之者遂謝病去官病痊復出署松太道閩廣洋盜竄入吳淞總督巡撫提督會師於寶山昂建議曰衢山與大小羊山汀浙之分界港汊叢雜盜船隨處可寄椗一得風潮之便倏忽出沒猝不及防當其乘風而來迎擊之時彼順而我逆及其趁潮而退追擊之則我後而彼先是使盜常遯勝勢也請於要隘多設伏俟其至則縱使過而躡其後遇其退則扼不使前以待後隊之追剿盜雖黠無能爲也從其議盜果大摧補江甯鹽巡道緝訟卹剔衙蠹戢強暴弭盜賊尤以砥礪風俗爲先屏絕酬酢同官聞其風采咸重之嘉慶三年擢貴州按察使八閱月遷江甯布政使未久以病乞歸昂剛勁勤職其歸也上曰此人可惜尋卒

唐侍陛字贊宸江蘇江都人巡撫綏祖孫乾隆中以廕生授南河山盱通判歷任宿虹銅沛裏河外河同知以治河績考最擢湖北鄖陽知府母憂去官四十七年服闋會河決清龍岡屢築屢圮大學士阿桂督治以侍陛習河事疏調赴工阿桂方與總河議改河之策決計於侍陛侍陛曰今全河下注非土埽所能當欲逆挽歸正道難矣但於南岸上游百里外開引河則不與急流爭其全勢易擊以逸待勞此上策也於是定計開蘭陽引河至商邱歸正河以侍陛總其事工成被詔嘉獎擢開歸道時新引河隄初成溜逼甚險復於儀封十六堡增開引河夏汛水至果分爲二派一由新引河一由儀封舊城之南達所增引河又於毛家寨增築月隄睢汛七堡建挑水壩水勢乃暢下無潰決五十三年署彰衞懷道測河勢將有變請於銅瓦廂大隄後增築撐隄總河蘭錫第以無故興大工難之固請乃可次年夏銅瓦工內塌勢岌岌總河李奉翰新至視河曰奈何侍陛曰待其塌多必大決今當於隄之下口新築撐隄內掘開數丈使水迴溜而入入必淤淤則大隄撐隄合爲一河直注之力已殺隄乃可保從之隄合險平錫第曰君之出奇制勝者在前之預築撐隄也侍陛前官銅沛時亦用放淤平險之法又在宿虹時夏家馬路黃運交漲裏河淤淺水將沒隄效黃河清水龍法疏其淤而隄安於徐州城外增築石工石礮嘴增爛石城乃無患衞河水弱漕艘不利掘地引沁挾濟以助衞其應變弭患多類此嘗論治河之道曰河行挾沙治法宜激之使怒而直以暢其勢曲以殺其威無廢工而不可偪無爭土而不可讓守此岸則慮彼岸治上游則慮下游世以爲名言尋補山東運河道調兗沂曹濟道以失察左遷遂乞病歸侍陛歷官皆有聲有功於河淮者爲多先是南汝光道張沖之亦以治河著沖之字道淵順天宛平人雍正初以諸生舉孝廉方正授工部主事遇事奮厲於總理果親王前持議無避忌各行省奏追虧帑積數千萬牘冗無實請分別豁免之尋以事被謫乾隆初復原官改刑部累遷戶部郎中治事平恕二十六年擢河南南汝光道是年秋河決楊橋大學士劉統勳兆惠奉命往塞之調沖之襄河事時徵稾秸價騰至一莖兩錢既大集河員猶以多備請官吏在事者羣附和之沖之曰計工需料若干萬今已贏矣災民搜括脂髓來供用忍復乘以爲利耶亟白使臣請及時機塞期以某日合龍當有餘料若干萬力持其議卒聽沖之減徵秫稭六千萬麻六百萬卽責沖之董其役果如期合龍仍有餘料殫數給還以紓民力巡撫胡寶瑔喜曰吾爲國家得一良總河矣在官三年治羅山獄活誣服者四人修城工務覈實有司不得緣爲蠹民德之以商城獄坐徇庇奪職効力軍臺逾年放歸

論曰諸道本以佐布政按察二使分領郡縣乾隆中罷參政參議副使僉事道始爲專官士寬等皆航航能舉其職侍陛尤以治河著觀其所設施益於國澤於民雖古循吏不是過也

清史稿　列傳一百二十四

盧焯　圖爾炳阿

阿思哈　宮兆麟

楊景素　閔鶚元

盧焯字光植漢軍鑲黃旗人入貲授直隸武邑知縣縣舊有均徭錢供差費遇差仍按里派夫焯革除之又歸火耗於公捕盜尤力雍正六年解餉詣京師世宗特召對遷江南亳州知州禁械鬭再遷山東東昌知府總督田文鏡遣官弁四出訪事東昌民逮下獄甚衆焯至悉判遣之會有水災焯疏運河築護城長堤動帑賑恤上遣大臣閱視獨東昌得完九年遷督糧道移河南南汝道十年授按察使十一年遷布政使十二年擢福建巡撫賜孔雀翎十三年高宗卽位焯疏言被水州縣不成災上諭曰被水雖不成災仍須加意賑恤毋使小民失所乾隆元年請查丈建陽民田上諭曰小民畏查丈如水火汝初爲加賦起見今又以豁除掩非一存覬望之心所謂無一而可也尋奏減邵武永安所虛浦福寧衞屯田徵米科則豁閩侯官諸縣額缺田地又以平和永安淸流諸縣田少丁多請減免攤餘丁銀又奏教民蠶績疏濬省會城河三年調浙江巡撫兼鹽政奏請停仁和海寧二縣草塘歲修銀減嘉興屬七縣銀米十之二又奏陳鹽政諸事請禁商人短秤飭州縣捕私鹽毋擾民毋捕肩挑小販鹽場徵課不得刑比上諭曰所奏各條皆是汝先過刻茲乃事事以寬沽名過猶不及汝其識之尋請裁鹽場協辦鹽大使改海寧草塘爲石塘既又請濬備塘河運石五年上諭曰盧焯至浙江沽名邀譽舉鄉賢名宦絡繹不絕海塘外已漲沙數十里焯既請停草塘歲修又請改建石塘心無定見惟事揣摩已彰明較著矣六年左都御史劉吳龍劾焯營私受賄上解焯任命總督德沛副都統旺札爾按治事皆實請奪官刑訊事連嘉湖道呂守曾嘉興知府楊景震守曾已擢山西布政使逮至浙江自殺杭州民數百爲焯訟冤毀副都統廳前鼓亭德沛等以聞上諭責辦理不妥七年讞上焯景震皆坐不枉法贓擬絞八年焯以完贓減等戍軍臺十六年上南巡閱海塘念焯勞召還二十年授鴻臚寺少卿署陝西西安巡撫二十一年調署湖北以陳宏謀代焯宏謀未至上命發歸化城米運金川餉軍急驛諭宏謀焯發視奏言歸化城雖產米路遠費重西安有貯米先發以餉軍仍請擅行罪上嘉焯知大體合機宜實授湖北巡撫二十二年西安布政使劉藻入覲言焯在西安入貢方物但量給薄值及調任湖北欲借庫帑未應付上責焯負恩奪官戍巴里坤二十六年召還三十二年卒

圖爾炳阿佟佳氏滿洲正白旗人初授吏部筆帖式累遷郎中乾隆三年授陝西甘肅道累遷雲南布政使十二年擢巡撫十五年永嘉知縣楊茂虧銀米圖爾炳阿令後政彌補結案總督碩色論劾上責圖爾炳阿欺隱徇庇奪官逮京師下刑部治罪坐監守自盜擬斬監候十七年上以圖爾炳阿贓未入已釋出獄授吏部員外郞未幾授河南布政使調山東又復還河南二十年擢巡撫二十二年上南巡江蘇布政使夏邑彭家屏以病告家居覲徐州行在入對言鄉縣被水上詰圖爾炳阿圖爾炳阿奏收成至九分上責圖爾炳阿文過圖爾炳阿又奏去歲被水尙未成災上斥爲怙惡不悛遣員外郞觀音保密察災狀得實上奪圖爾炳阿官發烏里雅蘇臺効力上發徐州夏邑民張欽劉元德詣行在訴知縣孫默諱災及治賑不實上親鞫元德言諸生段昌緒指使上復遣侍衞成林會圖爾炳阿至夏邑按治於昌緒家得傳鈔吳三桂檄上諭曰圖爾炳阿察出逆檄糾邪之功大諱災之罪小且以如此梗不知化之民而治其司牧者以罪是不益長澆風乎免圖爾炳阿罪仍留巡撫任治賑圖爾炳阿若因有前此罪斥之旨心存成見或不釋然於災民則是自取罪戾亦不能逃朕洞鑒彭家屏亦以藏禁書罪至死圖爾炳阿仍以匿災下吏議奪官命留任逾數月召詣京師命往烏里雅蘇臺治餉二十八年授貴州巡撫二十九年調湖南三十年病作遺醫往視卒

阿思哈薩克達氏滿洲正黃旗人自官學生考授內閣中書累遷刑部郞中充軍機處章京乾隆十年擢甘肅布政使十四年擢江西巡撫疏言各營操演槍礮須實子彈營馬應令騎兵自飼技藝以純熟得用爲要步法架勢不必朝更夕改上嘉其言得要旋調山西十六年平陽旱未親往撫䘏詔責之十七年蒲

解等處復災請以平陽富民捐款解河東道庫加賑上諭之曰賑濟鰥寡重者數百萬少亦數十萬悉動正帑從無顧惜富戶所捐幾何貯庫助賑殊非體制此端一開則偏災之地貧民既苦艱食富戶又令出貲國家撫卹災黎何忍出此責阿思哈卑鄙錯謬不勝巡撫任召還奪官尋授吏部員外郎二十年命以布政使銜往準噶爾軍前經理糧運擢內閣學士二十二年命署江西巡撫滋任清理屯田尋眞除學政謝溶生劾阿思哈婪賄派累命尚書劉統勳侍郎常鈞等按鞫得實擬絞二十六年詔免罪以三品頂戴發烏魯木齊效力二十八年命往伊犂協同辦事二十九年授廣東巡撫調河南三十年疏言衞河運道淺阻濬縣三官廟老鸛嘴諸地砂礓挺據河心重載尤艱浮送向於上下游淺處建築草壩以束水勢詳考河形夏秋水盛無須草壩冬令源澀草壩亦屬無益不如於上游先期蓄水臨時開放飭府縣督河員於九月望後起至漕船出境止暫閉外河以上民渠使水歸官渠重運自可疏通鑿去砂礓並集夫疏濬浮沙以利漕運又請借司庫閒款委員分購河工料物以除沿河州縣按畝派累均報聞三十四年擢雲貴總督師征緬甸阿思哈出銅壁關至蠻暮軍中奏軍中糧馬不敷上責其畏難解任以副都統銜在領隊大臣上行走旋召爲吏部侍郎入對失上指奪官戍伊犂三十九年釋回仍充軍機章京擢左都御史大學士舒赫德師討王倫命阿思哈偕額駙拉旺多爾濟率健銳火營兩營以往事定拉旺多爾濟言城北搜剿王倫餘黨阿思哈未同往下吏部奪官命留任四十一年署吏部尚書旋授漕運總督卒賜祭葬謚莊恪阿思哈初撫江西上眷之獨厚廣西巡撫衞哲治入覲上問各省督撫孰爲最劣哲治引罪上謂姑置汝哲治舉阿思哈對時以爲難能

宮兆麟字伯厚江南懷遠人自貢生授湖北安陸通判累遷至山東糧道乾隆三十一年授湖南按察使桂陽州民侯七郎毆殺從兄嶽添賄其兄學添自承知州張宏燧讞上巡撫李因培疑之令兆麟詳鞫得實因培調福建去巡撫常鈞庇宏燧以七郎呼冤劾兆麟兆麟亦入奏上遣侍郎期成額會總督定長按治如兆麟讞兆麟又發宏燧買金行賄狀期成額等奏聞逮訊買金非行賄乃迎合因培及湖北布政使赫昇額意指代武陵知縣馮其柘補虧空因培赫昇額常鈞宏燧皆坐譴三十二年兆麟調雲南按察使三十三年遷布政使擢廣西巡撫雲南軍營需硝敕兆麟籌畫兆麟以廣西舊存硝七萬七千餘斤運剿緬復撥通省營貯火藥二十萬斤繼運得旨嘉許調湖南三十五年又調貴州桐梓縣民爲亂命速赴任會湖廣總督吳達善捕治亂定古州黨堆寨苗香要等爲亂復偕吳達善督兵捕誅之兆麟奏黨堆寨苗老的以阻香要亂被殺令即寨立廟以祀良苗並將死義被旌及香要等叛逆伏誅狀譯苗語榜廟門俾令警戒並請移駐將吏建下江營土城駐兵鎭撫是夏兆麟奏請於鄰省湖南四川廣西買米運貴州糶濟至秋豐收復奏請停運上斥其冒昧勗令詳愼兆麟復奏請簡發知府三員赴貴州上以此端一開各省效尤妨吏部選法且開倖進之門下旨嚴飭會貴州布政使覲音保入覲訐兆麟蠹率喜自誇口給便捷人號爲鐵嘴上曰覲音保人已蠹率今尚以兆麟爲蠹率則蠹率更甚可知諭兆麟猛省痛改尋詔詣京師降補甘肅按察使三十六年坐貴州任內失察廒員虧欠鉛斤奪官四十一年東巡兆麟迎駕詔與三品銜四十六年卒

楊景素字樸園江南甘泉人提督捷孫父鑄古北口總兵景素孱弱不好章句貧不能自給入貲授縣丞發直隸河工效力乾隆三年補蠡縣縣丞累遷保定知府十八年授福建汀漳龍道道漳浦民蔡榮祖欲爲亂景素率營卒禽斬之調臺灣道釐定漢民墾種地並生熟番界址革游民爲通譯而不法者代以熟番又禁入山採木借修造戰船材料爲名累諸番三十三年授河南按察使三十五年擢甘肅布政使調直隸命從尚書裘曰修勘察堤埝各工坐失察雄縣知縣胡錫瑛侵蝕災賑下吏議奪官命留任俟八年無過方准開復三十九年壽張民王倫爲亂大學士舒赫德督兵討之上命景素具車馬濟師令分守河西賊以糧艘結浮橋欲渡景素與總兵萬朝興副將瑪爾當阿等督兵禦之董勤回民助師夜焚橋賊不得渡事旋定擢山東巡撫疏請編查保甲四十年疏請選京師健銳火器營禆佐發山東司營伍教演四十一年上東巡臨視臨清燬橋斷道及亂民竄據所在景素述當時戰狀上嘉其勞賜黃馬褂汶上宋家窪舊渠淤墊潴水淹民田四十二年景素奏請濬舊渠並開支河二令仍趨南陽昭陽二湖下部議行擢兩廣總督四十三年調閩浙疏言浙西歉收總督楊廷璋請撥臺灣倉穀十萬接濟北風盛發未能即到請於福州福寧興化泉州四府屬撥倉穀十萬聽商運赴嘉湖出糶仍飭臺灣運歸四府補倉得旨嘉獎四十四年調直隸薦于易簡爲布政使上以易簡爲大學士敏中弟責景素十二月卒贈太子太保賜卹如例四十五年兩廣總督巴延三奏景素操守不謹並發官兵得贓縱盜狀兩江總督薩載勘有河隄城垣工程罰景素家屬承修福康安又奏景素在兩廣婪索商捐六萬餘責景素子炤限年繳還五十四年以福建吏治廢弛追咎景素戍炤伊犂五十九年釋回

閔鶚元字少儀浙江歸安人乾隆十年進士授刑部主事再遷郎中督山東學政二十七年自學政授山東按察使調安徽遷湖北布政使調廣西江寧四十一年遷安徽巡撫四十四年雲貴總督李侍堯以贓敗罪至斬下大學士九卿議請從重立決復下各省督撫議咸請如大學士九卿議鶚元窺上指欲寬侍堯獨奏言侍堯歷任封疆勤幹有爲中外推服請用議勤議能例稍寬一線上從之侍堯得復起四十五年調江蘇四十六年甘肅布政使王亶望坐僞災冒賑得罪事連鶚元弟同知鵷元上責鶚元隱忍瞻徇知其事而不舉降三品頂戴停廉俸四十八年還原品頂戴支廉俸如故五十年江南旱五月鶚元奏淮徐海三府如得雨二三寸猶可種雜糧上諭曰得雨二三寸未爲霑足焉能種雜糧地方雨水民瘼攸關鶚元何得含混入告尋奏請截漕十萬石淮徐海三府州被災較重碾米治賑如所議行五十五年高郵巡檢陳倚道察知書吏僞印重徵知州吳瑍置不問牒上鶚元亦置不問揭報戶部上詰鶚元鶚元猶庇瑍不以實陳乃遣尚書慶桂侍郎王昶按治責鶚元欺罔奪官逮鶚元等下刑部治罪巡撫福崧劾鶚元得句容知縣王光陞牒發糧書侵挪錢糧但令江寧府察覈上責鶚元玩視民瘼徇情骫法命置重典獄具擬斬立決命改監候五十六年釋還里嘉慶二年卒

論曰法者所以持天下之平人君馭羣臣既知其不肖乃以一日之愛憎喜怒屈法以從之此非細故也婞阿思哈景素坐貪皆勘實猶尙復起圖爾炳阿匿災至面謾反誅告者兆麟口給鶚元迎上指至不勝疆政而始去之高宗常謂朕非甚懦弱姑息之主不能執法執法固難自克其愛憎喜怒尤不易言也

清史稿　列傳一百二十五

塞楞額 周學健　鄂昌 鄂樂舜

彭家屏　李因培

常安　福崧

塞楞額瓜爾佳氏滿洲正白旗人康熙四十八年進士授內閣中書擢翰林院侍講四遷至侍郎歷刑兵禮諸部雍正二年出署山東巡撫入爲戶部侍郎如廣東按將軍李杕縱部兵毀米廠閩巡撫署事竟仍署山東巡撫疏請以東平州安山湖官地分畀窮民栽柳捕魚爲業上許之並令發耗羨備用銀爲建屋製船又疏請浚柳長河開引河二疏積水復入爲工部侍郎緣事奪官乾隆元年賜副都統銜如索倫巴爾虎練兵尋授鑲藍旗漢軍副都統出爲陝西巡撫移江西疏請築豐城石隄封廣信府銅塘山均許之再移山東十一年擢湖廣總督十三年孝賢皇后崩故事遇國恤諸臣當於百日後薙髮錦州知府金文醇違制被劾逮下刑部擬斬候上以爲不當責尙書盛安沽譽予重譴江蘇巡撫安甯舉江南河南總督周學健薙髮如文醇上並命逮治因詔諸直省察屬吏中有違制薙髮者不必治其罪但令以名聞是時塞楞額亦薙髮湖北巡撫彭樹葵湖南巡撫楊錫紱及諸屬吏皆從之得詔塞楞額具疏自陳上命還京師待罪諭謂文醇已擬斬決豈知督撫中有周學健則無怪於文醇豈知滿洲大臣中有塞楞額又無怪於學健因釋文醇寬學健皆發直隸以修城自贖樹葵錫紱誤從塞楞額錫紱並劾塞楞額檢舉皆貸罪令樹葵分任修城示薄罰塞楞額至刑部論斬決上謂祖宗定制君臣大義而違蔑至此萬無可恕以尙爲舊臣令宣諭賜自盡學健江西新建人雍正元年進士改庶吉士散館授編修五遷至戶部侍郎命如山東按事兩詣上下江會督撫治災振水利出署福建巡撫浙閩總督加太子少保授江南河道總督坐違制薙髮奪官命江西巡撫開泰籍其家開泰發其往來私書中有丁憂兗沂曹道吳同仁行賕學健乞舉以自代上爲罷陳舉自代例詔曰朕令大臣舉可以自代之人凡以拔茅茹顯俊乂之意也今同仁屬學健許以兩千朕不解爲問之錢陳羣始知爲賕夫

考績雖陟何可爲莅茲之門豈朕若渴之誠尚未喩於二三大臣耶朕甚恧焉其罷之別詔又謂學健卞急剛愎不料其不勵名檢竟至於此下兩江總督策楞覆勘其得學健營私受賕縱戚屬奴僕骫法狀刑部引塞楞額及前步軍統領鄂善例論斬決上謂學健違制罪已貫婪贓虧破薦舉事視鄂善尤重賜自盡

鄂昌西林覺羅氏滿洲鑲藍旗人大學士鄂爾泰從子也雍正六年以舉人授戶部主事七年超擢陝西甯夏道十年遷甘肅布政使十一年署陝西巡撫旋授四川巡撫酉陽州土司冉元齡老病子廣烜襲土民苦其貪暴鄂昌奏請改土歸流十三年總督黃廷桂劾鄂昌貪縱命奪職以楊馝代之遣刑部侍郎申珠渾會馝按治得鄂昌枷斃罪人及受屬吏銀瓶諸狀命逮下刑部論杖徒遇赦免乾隆元年命在批本處行走二年授直隸口北道遷甘肅按察使山西民梁玥等在高臺遇盜死知縣伍昇堂捕良民煆煉論罪鄂昌雪其冤得眞盜置之法巡撫黃廷桂疏陳鄂昌平反狀旨嘉獎九年遷廣西布政使十一年署廣西巡撫疏請以鄂爾泰祀廣西名宦上責其私不許十二年疏自陳舉布政使李錫秦自代上復責其朋庇因命督撫不得舉本省藩臬自代著爲例遂移江蘇四川甘肅諸省署甘肅提督陝甘總督復移江西巡撫時傳播偽書孫嘉淦疏稿有訕謗語命諸行省究所從來鄂昌以坐廣饒九南道施廷翰子奕度逮下刑部鞫無據雪其枉召鄂昌詣京師待命獄定誅千總盧魯生責鄂昌誤讞下刑部論杖徒命貸罪發往軍臺效力十九年閏四月命以甘肅貯官茶發北路軍備用命鄂昌董其事旋授甘肅巡撫理軍需內閣學士胡中藻著堅磨生集文辭險怪上指詩中語訕上坐悖逆誅中藻故鄂爾泰門人鄂昌與唱和上命奪職逮至京師下獄大學士九卿會鞫籍其家得所著塞上吟語怨望又與鄂容安從軍輒云奈何奈何上責以失滿洲蹤蹟行師舊俗又得與大學士史貽直書稿知貽直爲其子奕簪請託上爲罷貽直諭鄂昌負恩黨逆罪當肆市但尚能知罪又於貽直請託狀直承無諱朕得以明正官常從寬賜自盡中藻江西新建人乾隆元年進士上舉其詩有曰又降一世曰亦天之子曰與一世爭在醜夷無慮數十事語悖慢又有西林第一門語斥其攀援門戶恬不知恥因及鄂爾泰及張廷玉秉政各有引援朋分角立謂如鄂爾泰猶在當治其植黨之罪命罷賢良祠祀鄂樂舜亦鄂爾泰從子初名鄂敏雍正八年進士改庶吉士授編修秋讞侍班刑部侍郎王國棟放縱懈儀上命之退鄂敏未引去因以責鄂敏奪官逾年復編修出爲江西瑞州知府累遷湖北布政使命更名鄂樂舜遷甘肅巡撫請疏泉引備安西五衛積貯移浙江修海塘皆議行尋移安徽又移山東未行浙江按察使富勒渾密劾鄂樂舜在浙江時布政使同德爲婪索鹽商銀八千命侍郎劉綸浙閩總督喀爾吉善按治綸等言鄂樂舜實假公使銀上又命兩江總督尹繼善會鞫得婪索鹽商狀如富勒渾言但無與同德事鄂樂舜論絞富勒渾亦坐誣治罪上以定擬失當擢富勒渾布政使逮鄂樂舜至京師賜自盡時後鄂昌死未一年也

彭家屏字樂君河南夏邑人康熙六十年進士授刑部主事累遷郎中考選山西道御史外授直隸清河道三遷江西布政使移雲南再移江蘇以病乞罷乾隆二十二年春高宗南巡家屏迎謁上諮歲事家屏奏夏邑及鄰縣永城上年被水災獨重河南巡撫圖爾炳阿朝行在上以家屏語詰之猶言水未爲災上命偕家屏往勘又以問河東河道總督張師載師載奏如家屏言上謂師載篤實語當不誣飭圖爾炳阿秉公勘奏毋更迴護上幸徐州見飢民困苦狀念夏邑永城壤相接被災狀亦當同密令步軍統領衙門員外郞觀音保微服往視上北還發徐州夏邑民張欽遮道言縣吏諱災上申命圖爾炳阿詳勘次鄰縣夏邑民劉元德復訴縣吏施賑不實上不懌詰主使元德舉諸生段昌緒命侍衞成林監元德還夏邑按其事而觀音保還奏夏邑永城虞城商邱四縣災甚重積水久田不可耕災民鬻子女人不過錢二三百觀音保收災民子二以其券呈上上爲動容詔舉其事謂爲吾赤子而使骨肉不相顧至此事不忍言因奪圖爾炳阿職戍烏里雅蘇台諸縣吏皆坐罪成林至夏邑與知縣孫默召昌緒不至捕諸家於臥室得傳鈔吳三桂檄以聞上上遂怒貸圖爾炳阿遣戍及諸縣吏罪令直隸總督方觀承覆按召家屏詣京師問其家有無三桂傳鈔檄及他禁書家屏言有明季野史數種未嘗檢閱上責其辭遁命奪職下刑部使侍衞三泰按驗家屏子傳笏慮得罪焚其書命逮昌緒傳笏下刑部誅昌緒家屏傳笏亦坐斬籍其家分田予貧民圖爾炳阿又以家屏族譜上譜號大彭統記御名皆直書不闕筆上益怒責家屏狂悖無君卽獄中賜自盡秋讞刑部入傳笏情實上以子爲父隱貸其死上既譴家屏等召圖爾炳阿還京師逮默下刑部命觀音保以通判知夏邑手詔戒敕謂刁頑既除良懦可憫當善爲撫綏毋俾災民失所也

李因培雲南晉甯人乾隆十年進士改庶吉士散館授編修十三年特擢翰林院侍講學士督山東學政十四年再擢內閣學士十八年署刑部侍郎兼順天府尹蝗起因培劾通永道王楷等不力捕皆奪職又劾涿州知州李鍾俾虧倉穀論罪如律衡水知縣劉士玉因培鄉人也以賄敗爲直隸總督方觀承論劾冀州知州誇喀謁因培因培稱士玉寃誇喀因爲申布政按察兩司十九年直隸布政使玉麟以其事聞因培坐奪職甫三月起光祿寺卿復督山東學政二十一年移江蘇二十四年遷內閣學士學政任滿移浙江二十七年任又滿復移江蘇上三巡撫賦詩以賜二十八年授禮部侍郎尋改倉場侍郎皆留督學二十九年授湖北巡撫皆上諭湖廣總督吳達善曰因培能治事學問亦優但未免恃才好居人上令初任民事汝當留意治事有不當善規之不聽卽以聞朕久未擢用亦欲折鍊其氣質今似勝於前但恐志滿易盈負朕造就耳旋移湖南三十一年又移福建將行常德被水上令速予災民一月糧詔未至因培令秋後勘災如故事上責因培以將受代五日京兆不恤民瘼下部議當降調甫兩月授四川按察使因培在湖南日常德知府錫爾達發武陵知縣馮其柘虧庫帑二萬餘時因培報通省倉穀無虧慮以歧誤得罪示意布政使赫昇額令桂陽知州張宏燧代其柘償萬餘不足仍疏劾會宏燧讞縣民侯獄添被殺誤指罪人爲按察使宮兆麟所糾因培及繼任巡撫常鈞覆讞不能決上命侍郞期成額卽訊因得宏燧營私虧帑及承因培指代其柘償金諸狀以聞上命奪因培官逮送湖北對簿具服諭曰諸直省倉庫虧缺最爲錮弊皆皇考嚴加重戒飭批諭旨不啻三令五申人亦不敢輕犯朕御極三十餘年有犯必懲乃近年營私骫法屢有發覺豈因稽查稍疏故態復作朕自愧誠不能感人若再不能執法則朕亦非甚懦弱姑息之主也期成額奏至因培下刑部論斬決上命改監候秋讞入情實賜自盡

常安字履坦納喇氏滿洲鑲紅旗人以諸生授筆帖式自刑部改隸山西巡撫署雍正初擢太原理事通判世宗時庶僚皆得上章言事常安疏請裁驛站館夫及諸官署鐙夫省科派從之尋擢冀甯道遷廣西按察使移雲南就遷布政使移貴州疏言苗疆多事由於兵役擾累嗣後有擾累事罪該管文武官下雲貴廣西總督議行遷江西巡撫十三年以母喪去官乾隆元年還京師舟經仲家淺其僕迫閘官非時啓閘栿渡高宗聞之諭謂皇考臨御時所未嘗有徙以初政崇尚寬大常安封疆大吏乃爲此市井跋扈之舉目無功令下東河總督白鍾山按治奪官下刑部論罪當枷號鞭責命貸之往北路軍營董糧餉四年授盛京兵部侍郎內移刑部侍郎外授漕運總督內閣學士雅爾呼達請增遣滿洲兵駐防口外直隸總督孫嘉淦疏請於獨石口張家口外擇可耕地屯兵招墾常安以爲侵蒙古游牧地疏請寢其事六年移浙江巡撫謝上因言屬吏賢否視上司爲表率惟有身先砥礪共勵清操上諭曰廉固人臣之本然封疆大臣非僅廉所能勝任爲國家計安全爲生民謀衣食其事正多觀汝有終身誦廉之意則非矣上念浙江海塘爲民保障詔詢近時狀並命閩浙總督那蘇圖杭州將軍傳森會常安詳勘常安等議海甯至仁和原有柴塘塘外臨水仿河工絡壩之法用竹簍盛碎石層層排築外捍潮汐內護塘基水去沙停漸有淤灘再用左都御史劉統勳議改建石塘別疏又言塘工可大可小大則終年興工亦難保其無虞小則應興則興應停則停惟期免於衝決是在因時損益不宜惜費亦不宜糜費乾隆四五年間所修石塘竭力督催明歲可望全完各塘不無闊狹高低必須整齊堅固臣諭督塘兵培補鑲墊俾塘有堅工兵無閒曠海甯塘後舊有土塘以備泛溢令民間栽柳根株盤結塘身枝幹藉資工用八年石工乃成常安在浙江久有惠政嘗用保甲法編太湖漁舟清盜源釐兩浙鹺政諸弊蘇商困以溫處二府貧瘠鮮蓋藏招商轉江蘇米自海道至佐民食江蘇巡撫陳大受疏論常安輕開海禁常安疏辨謂蘇視溫處彼此雖殊兩地皆皇上赤子大受不當過分畛域上諭曰汝等以此而矛盾皆爲民耳出於不得已以後豐年可不須若需穀孔亟當視此行耳常安巡視甯波沿海諸地泛海至鎭海又至定海疏陳內外洋諸島嶼狀謂內洋宜招民廣墾外洋宜封禁上嘉其衝冒風濤勤於王事嘉湖二府奸民迷誘民間子女常安督吏捕治悉獲諸奸民上令視採生折割例從重定擬飭常安寬縱尋上疏言州縣親民吏必於轄境事無繁簡地無遠近莫不深知而後有實政以及於民應飭於齋戒停刑暇日親歷鄉村以次而徧引其父老詢以疾苦於地方利弊了然胸中且籍以周知戶口如遇災賑董理易爲力上深然之錢塘江入海處近蕭山爲南大亹近海甯爲北大亹蜀山南別有中小亹舊爲江海匯流處漸淤塞水趨南大亹逼海甯九年尙書訥親莅視議復中小亹故道常安令就沙嘴爲溝四引潮刷沙歷數年沙漸去十一年疏言春伏兩汛已過南沙坍卸殆盡蜀山已

在水中倘秋汛不復淤沙大溜竟行中小亹矣上諭曰此言豈可輕出亦俟三五年後如何耳如能全行中小亹果可喜事也十二年閩浙總督喀爾吉善劾常安多得屬吏金婪索及於鹽政承差海關胥吏縱僕取市肆珍貴物不予値凡十數事上命解任以顧琮代之令大學士高斌會顧琮按治常安亦疏劾布政使居綏祖徇私狂悖上爲下高斌等併按高斌等按常安婪贓納賄狀皆不實惟縱僕得賕常安劾綏祖事盡虛疏請奪常安官上命大學士訥親覆按未至高斌等又言常安歲易鹽政承差有婪索狀訥親至又言常安嘗以公使錢自私按律擬絞下刑部卒於獄常安少受業於尙書韓菼工文辭有所論著多譏切時事其坐讞多舉細故遽從重比時論疑其中蜚語以死非其罪也

福崧烏雅氏滿洲正黃旗人湖廣總督碩色孫也乾隆中授內閣中書遷侍讀外授四川川北道遷甘肅按察使再遷福建布政使未行蘇四十三亂作從總督勒爾謹討賊即移甘肅事定賜花翎勒爾謹坐冒賑得罪命福崧從總督李侍堯察通省倉庫虧銀八十八萬糧七十四萬有奇立例清償無力者以責上官福崧亦應分償上特免之四十七年遷浙江巡撫上以王亶望陳輝祖相繼撫浙江皆貪吏復命察通省倉庫虧銀一百三十萬有奇立例清償如甘肅桐鄉縣徵漕不如律民衆鬨福崧令捕治因疏陳嚴除漕弊條四事下部議行四十九年上南巡兩浙鹽商輸銀六十萬以海甯范公塘改柴爲石福崧爲請上允之五十一年福崧以諸屬吏清償倉庫虧銀未能如期疏請展限並言於正歲集司道以下等官設誓共砥廉隅上以期已三四年乃復請展限非是且設誓亦非政體命尙書曹文埴侍郎姜晟伊齡阿如浙江按治會福崧請籌柴塘修費上疑新建石塘無益勞民傷財令文埴等併按召福崧還京師待命文埴等疏陳浙江倉庫實虧數爲定善後章程別疏言柴塘坦水爲石塘保障宜有歲修上允其請察福崧無敗檢事失但在柔懦命署山西巡撫旋以浙江學政竇光鼐劾平陽知縣黃梅貪黷論如律責福崧未能發左授二等侍衞充和闐幫辦大臣五十二年移阿克蘇辦事大臣五十四年再移葉爾羌參贊大臣五十五年授江蘇巡撫署兩江總督還授浙江巡撫五十七年疏請補修海塘石工與前巡撫琅玕改築柴塘異議上命江蘇巡撫長麟往按請如福崧議浙江鹽道柴楨遷兩淮鹽運使虧帑私移兩淮鹽課二十二萬補之兩淮鹽政全德疏劾上以福崧領兩浙鹽政廩有染奪官以長麟代之命尙書慶桂會鞫謂福崧嘗索楨賕十一萬又侵公使錢六萬有奇獄具論斬逮致京師待命即途中行法福崧飲酖卒福崧爲巡撫治事明決御屬吏有法度民頌其治行其得罪死頗謂其忤和珅爲所陷尤慮至京師廷鞫或發其陰私故以蜚語激上怒迫之死云

論曰居喪不沐浴百日薙髮亦其遺意也塞楞額坐是中危法學健雖以他事誅然得罪仍在初獄鄂昌以門戶生恩怨家屏以搢紳言利病皆足以援禍羅織文字其借爲者也因培起邊遠受峻擢屢躓屢起乃以欺罔傳重比常安福崧死於賕然封疆有政聲論者以爲冤事或然歟

清史稿 列傳一百二十六

恒文 郭一裕 楊灝 蔣洲　高恒 子高樸

王亶望 勒爾謹 鄭源璹 陳輝祖　國泰

良卿 方世儁　錢度

覺羅伍拉納 浦霖

恒文烏佳氏滿洲正黃旗人雍正初以諸生授筆帖式四遷兵科給事中外授甘肅平慶道再遷貴州布政使乾隆初方用兵金川恒文奏言兵貴神速臣官甘肅平慶道時見提督以下諸營或三之一或四之一擇勇健者名爲援勦兵將備預定旗幟器械及獎賚諸項亦預存貴州乃無此例本年四川調兵二千運至六日方得起程請倣甘肅例預爲計提督駐安順設重兵請於府庫貯銀五千待用既又疏上行軍諸節目上嘉其能治事移直隸十六年擢湖北巡撫疏請採漢銅廣鼓鑄增築武昌近城石隄請停估變省城道倉空廒備貯協濟鄰省米石均得旨允行十八年署湖廣總督移山西巡撫二十一年擢雲貴總督二十二年三月疏劾貴州糧道沈遷婪索屬吏鞫實論斬恒文與雲南巡撫郭一裕議製金爐上貢恒文令屬吏市金減其値吏民怨咨一裕乃疏劾恒文貪污敗檢列欵以上上命刑部尙書劉統勳會貴州巡撫定長即訊得恒文令屬吏市金減金値及巡察營伍縱僕婪索諸事逮送京師上責恒文爲大臣以進獻爲名私飽己橐蠹蝕不飭負恩罪大遣侍衞三泰扎拉豐阿乘傳就恒文所至宣諭賜自盡郭一裕湖北漢陽人雍正初入貲爲知縣除江南清河知縣稍遷山西太原知府乾隆中累擢雲南巡撫恒文對簿具言貢金爐議發自一裕統勳等察知一裕亦令屬吏市金見恒文以減値斂怨乃先發爲掩覆計事聞上謂一裕本庸鄙前爲山東巡撫嘗請進萬金上供在官惟以殖產營運爲事但上不至如恒文之狼籍命奪職發軍臺効力手詔謂恒文及一裕罪輕重一歸允當毋謂一裕以漢吏劾滿洲終兩敗也一裕呈部請輸金贖罪會蔣洲楊灝皆以婪索屬吏坐誅洲獄具得同官朋比狀上因謂恒文事發自一裕尙彼勝於此特許其納贖居數年予三品銜授河南按察使以老罷卒蔣洲江南常熟人大學士廷錫子自主事累擢至山西布政使二十二年就遷巡撫旋移山東以塔永甯代塔永甯劾洲貪縱虧庫帑鉅萬將行令冀甯道楊龍文太原知府七賚扎諸屬吏納賕彌所虧統勳自雲南還上命馳往會塔永甯按治解洲任逮送山西嚴鞫得實誅洲並及龍文七賚論絞候諸屬吏虧帑文職知州朱廷揚等武職守備武璉等皆論罪如律陝西巡撫明德以前官山西嘗取洲及諸屬吏賕亦論絞候上命發甘肅交黃廷桂聽差遣楊灝直隸曲陽人乾隆中官湖南布政使時以湖南倉穀濟江南當糴補灝發穀値百取一二得金三千有奇巡撫陳宏謀疏劾讞實坐斬二十二年秋讞巡撫蔣炳以灝限內完贓擬入緩決上怒命誅灝奪炳官逮京師論罪坐斬上以炳意在沽譽尙未嘗受賄改戍軍臺按察使夔舒亦坐是奪職

高恒字立齋滿洲鑲黃旗人大學士高斌子也乾隆初以廕生授戶部主事再遷郎中出監山海關淮安張家口榷稅署長蘆鹽政天津總兵二十二年授兩淮鹽政江蘇巡撫陳宏謀疏言海州產鹽盛請令河東買運配引赴陝西引地行銷淮北鹽賤並令淮南商買運適中之地作常平倉鹽備缺額補配命高恒會兩江總督尹繼善覆議尋疏陳海州產鹽盛衰視天時晴雨難定成數距陝西三千餘里黃河逆流而上斷難輓運自海州出場經淮徐海各屬皆淮北食鹽口岸徐州以上又係長蘆引地恐沿途挾私淮南額引多鹽場廣有盈無絀即淮北鹽價稍賤加以脚費折耗亦相等若令淮南銷淮北餘鹽尤非商情所便縱發官帑與之收買亦難強其領運疏入上從之湖廣總督李侍堯疏言湖北鹽騰貴請飭淮商減價命高恒赴湖北會議定湖北鹽價視淮商成本每包以二錢三分一釐爲制二十九年授上駟院卿仍領兩淮鹽政三十年以從兄高晉爲兩江總督當迴避召署戶部侍郎疏陳整頓綱課定分季運淸獎勵之制命以告後政普福尋授總管內務府大臣三十二年署吏部侍郎是時上屢南巡兩淮鹽商迎蹕治行宮揚州上臨幸輒留數日乃去費不貲頻歲上貢稍華侈高恒爲鹽政陳請預提綱引歲二十萬至四十萬得旨允行復令諸商每引輸銀三兩爲公使錢因以自私事皆未報部三十三年兩淮鹽政尤拔世發其弊上奪高恒官命江蘇巡撫彰寶會尤拔世按治諸鹽商具言頻歲上貢及備南巡差共用銀四百六十七萬餘諸鹽政雖在官久尙無寄商生息事上責其未詳盡下刑部鞫實高恒嘗受鹽商金坐誅普福及鹽運使盧見曾等罪有差子高樸初授武備院員外郎累遷給事中巡山東漕政三十七年超擢都察院左副都御史値月食救護未至上諭謂高樸年少奮勉是以加恩擢用非他人比乃在朕前有意見長退後輒圖安逸豈足副朕造就裁成之意吏議奪職命寬之遷兵部右侍郎上錄諸直省道府姓名密記治行優絀謂之道府記載太監高雲從偶泄於外廷左都御史觀保侍郎蔣檙吳壇倪承寬嘗因侍班私論其事高樸聞具疏劾上怒下刑部鞫治尋命誅雲從貸觀保等不竟其事詔謂雲從以賤役無忌憚豈可不亟爲整飭以肅紀綱但不屑因此興大獄故不復窮治諸大臣豈無見聞獨高樸爲之陳奏內省應自慚若因此圖傾高樸則是自取其死高樸若沾沾自喜不知謹懷轉致妄爲則高雲從即其前車朕亦不能曲貸也四十一年命往葉爾羌辦事距葉爾羌四百餘里有密爾岱山產玉舊封禁高樸疏請開採歲一次四十三年阿奇木伯克色提巴勒底訴高樸役回民三千採玉婪索金寶並盜鬻官玉烏什辦事大臣永貴以聞上命奪官嚴鞫籍其家得寄還金玉永貴又言葉爾羌存銀一萬六千餘金五百餘高樸坐誅方上誅高恒大學士傅恒從容言乞推慧賢皇貴妃恩貸其死上曰如皇后兄弟犯法當奈何傅恒戰栗不敢言至是諭曰高樸貪婪無忌罔顧法紀較其父高恒尤甚不能念爲慧賢皇貴妃姪而稍矜宥也

王亶望山西臨汾人江蘇巡撫師子自舉人捐納知縣發甘肅知山丹臯蘭諸縣選授雲南武定知府引見命仍往甘肅待闕除甯夏知府累遷浙江布政使暫署巡撫乾隆三十八年上幸天津亶望貢方物範金爲如意飾以珠上拒弗納三十九年移甘肅布政使甘肅舊例令民輸豆麥予國子監生得應試入官謂之監糧上令罷之既復令肅州安西收捐如舊例亶望至申總督勒爾謹以內地倉儲未實爲辭爲疏請諸州縣皆得收捐既又請於勒爾謹令民改輸銀歲虛報旱災妄言以粟治賑而私其銀自總督以下皆有分亶望多取焉議初

行方半載，亶望疏報收捐一萬九千名，得豆麥八十二萬。上謂甘肅民貧地瘠，安得有二萬人捐監？又安得有如許餘糧？今半年已得八十二萬，年復一年，經久陳紅，又將安用？卽云每歲借給民間，何如留於閭閻，聽其自爲流轉？因發四不可解詰勒爾謹，勒爾謹飾辭具覆。上諭曰：「爾等既身任其事，勉力妥爲之可也。」四十二年，擢浙江巡撫。四十五年，上南巡，亶望治供張甚侈。上謂省方問俗，非爲游觀計，今乃添建屋宇，點綴鐙彩，華縟繁費，朕實所不取，戒毋更如是。亶望旋居母喪，疏請治喪百日後留塘工自效，上許之。浙江巡撫李質穎入覲，奏陳海塘事，因及亶望意見不相合，遂言亶望不遣妻孥還里行喪。上降旨責其忘親越禮，奪官，仍留塘工自効。四十六年，命大學士阿桂如浙江勘工。阿桂疏發杭嘉湖道王燧貪縱，故嘉興知府陳虞盛浮冒狀。上諭曰：「朕上年南巡入浙江境，卽見其侈靡，詰亶望，言虞盛所爲。令燧等借大差爲名貪縱浮冒，必亶望爲之庇護。」命逮燧嚴鞫。會河州回蘇四十三爲亂，勒爾謹師屢敗，亦被逮。大學士阿桂出視師，未卽至，命尚書和珅先焉。和珅疏言入境卽遇雨，阿桂報師行亦屢言雨。上因疑甘肅頻歲報旱不實，諭阿桂及總督李侍堯令具實以聞。阿桂、侍堯疏發亶望等令監糧改輸銀及虛銷賑粟自私諸狀，上怒甚，遣侍郎楊魁如浙江，會巡撫陳輝祖召亶望嚴鞫，籍其家，得金銀逾百萬。上幸熱河，逮亶望、勒爾謹及甘肅布政使王廷贊赴行在，令諸大臣會鞫，亶望具服發議監糧改輸銀，令蘭州知府將全迪示意諸州縣僞報旱災，迫所轄道府具結申轉，在官尙奢侈，臯蘭知縣程棟爲支應，諸州縣餽賂率以千萬計。獄定，上命斬亶望，賜勒爾謹自裁，廷贊論絞，併命卽蘭州斬全迪。遂令阿桂按治諸州縣冒賑至二萬以上皆死，於是坐斬者棟等二十二人，餘讞黜有差。上謂此二十二人之死，皆亶望導之使陷於法，與亶望殺之何異？令奪亶望子裘等官，發伊犂；幼子逮下刑部獄，年至十二，卽次第遣發；逃者斬。陝甘總督李侍堯續發得賕諸吏，又誅閔鵷元等十一人，罪黃熙等六人。五十九年，上將歸政，國史館進師傳，上覽其治蹟，乃赦亶望子還，幼者罷勿遣，謂勿令師絕嗣也。勒爾謹，宜特墨氏，滿洲鑲白旗人。乾隆初，以繙譯進士授刑部主事，遷員外郎。外授直隸天津道，累遷陝甘總督。四十二年，河州回黃國其、王伏林爲亂，馳往捕治，誅國其、伏林及其徒四百餘人。四十六年，循化回蘇四十三復起，勒爾謹令蘭州知府楊士璣、河州協副將新柱率二百人往捕，爲所戕，遂破河州。勒爾謹赴援，聞賊將自小道徑攻蘭州，引還城守。上責勒爾謹觀望失機，奪官，下刑部論斬，上命改監候。卒坐亶望獄死。陳輝祖又以籍亶望家匿金玉器讞誅。輝祖，湖南祁陽人，兩廣總督大受子也。以廕生授戶部員外郎，遷郎中。外授河南陳州知府，累遷閩浙總督，兼領浙江巡撫。亶望獄起，輝祖弟嚴祖爲甘肅知縣，獄辭連染。上以輝祖當知狀，詰之，不敢言。詔嚴切，乃具陳平日實有所聞，懼嚴祖且得罪，隱忍未聞。上因請罪，降三品頂戴留任。時安徽巡撫閔鶚元亦坐其弟鵷元，與輝祖同讞。既，布政使盛住疏言檢校亶望家入官物與原册有異同，命大學士阿桂按治，具得輝祖隱匿私易狀，論斬。上曰：「輝祖罪固無可逭，然與亶望較終不同。傳云：『與其有聚斂之臣，寧有盜臣。』輝祖盜臣耳。」亦命改監候。四十七年，浙江巡撫福崧奏桐鄉民因微濟衆，衆鬨縣庭，輝祖寬其罪，次年乃復鬨。浙閩總督富勒琿奏兩省諸州縣虧倉穀，福建水師提督黃仕簡奏臺灣民互鬬，於是上罪輝祖牟利營私，兩省庶政皆廢弛，貽誤罪無異亶望，賜自裁。五十三年，又以湖北吏治闒茸，弊始輝祖爲巡撫時，戍其子伊犂。乾隆季，諸貪吏首亶望，次則鄭源璹。源璹，直隸豐潤人。以貢生授戶部主事，累遷湖南布政使。仁宗既誅和珅，有言源璹貪黷狀，下巡撫姜晟按治。源璹具服收發庫項加扣平餘數逾八萬，署內眷屬幾三百人，自蓄優伶，服官奢侈。上宣示源璹罪狀，因言諸直省大吏宴會酒食，率以屬首縣，首縣復斂於諸州縣，率皆朘小民之脂膏，供大吏之娛樂，展轉苛派，受害仍在吾民。通諭諸直省令悛改積習。尋命斬源璹。

國泰，富察氏，滿洲鑲白旗人，四川總督文綬子也。國泰初授刑部主事，再遷郎中。外擢山東按察使，遷布政使。三十八年，文綬官陝甘總督，奉命按前四川總督阿爾泰縱子明德布婪索屬吏，徇不以實陳，戍伊犂。國泰具疏謝，請從父戍所贖父罪。上諭曰：「汝無罪，何必惶懼。」四十二年，遷巡撫。國泰紈袴子，早貴，遇屬吏不以禮，小不當意，輒呵斥。布政使于易簡事之謟，至長跪白事。易簡，江蘇金壇人，大學士敏中弟也。大學士阿桂等以國泰乖張，請改京朝官。四十六年，上爲召易簡詣京師問狀，易簡爲國泰力辨。上降旨戒國泰馭屬吏當寬嚴得中，令警惕改悔。會文綬復官四川總督，以嘓匪爲亂，再戍伊犂。國泰未具疏謝，居月餘，疏謝賜鹿肉。上詰責，國泰請納養廉爲父贖罪，乞治罪，上寬之。四十七年，御史錢灃劾國泰及易簡貪縱營私，徵賂諸州縣，諸州縣倉庫皆虧缺。上命尙書和珅、左都御史劉墉按治，並令灃與俱。和珅故袒國泰，墉持正，以國泰虐其鄉，右灃。驗歷城庫銀，銀色不一，得借市充庫狀，語互詳灃傳。國泰具服婪索諸屬吏，數輒至千萬。易簡謟國泰，上詰，不敢以實對。獄定，皆論斬，上命改監候，逮繫刑部獄。巡撫明興疏言通察諸州縣倉庫虧二百萬有奇，皆國泰、易簡在官時事。上命卽獄中詰國泰等，國泰等言因王倫亂，諸州縣以公使錢佐軍興，乃虧及倉庫。上以王倫亂起滅不過一月，卽謂軍興事急，何多至二百萬？卽有之，當具疏以實聞。國泰、易簡罔上行私，視諸屬吏虧帑恝置不問，罪與王亶望等，均命卽獄中賜自裁。郝碩，漢軍鑲黃旗人，父郝玉麟，官兩江總督。郝碩襲騎都尉世職，授戶部員外郎，直軍機處，遷郎中。外授山東登萊靑道，三遷江西巡撫。將朝京師，以行李不具，徵屬吏納賕。四十九年，兩江總督薩載論劾，逮京師鞫實。上謂郝碩罪同國泰，小有才，地方事尙知料理。郝碩嘗朝行在，問以地方事，不知所對。不意復貪婪若是，且郝碩託辭求賂，正國泰事敗時，乃明知故蹈，無復忌憚，卽視國泰例賜自裁。因通諭諸直省督撫當持名節、畏憲典，以國泰、郝碩爲戒。良卿，富察氏，滿洲正白旗人。乾隆七年進士，授戶部主事，遷郎中。外授直隸通永道，累遷貴州布政使。三十二年，命署巡撫。師征緬甸，良卿董臺站。上諭良卿師行供頓有資民力者，覈實奏聞。良卿疏言此項多鄉保措辦，銀數多寡參差，無從覈算。上謂師行供頓有資民力，亦當官爲檢覈，若以鄉保措辦遂置不問，民瘼何所仰賴？且吏役因以爲姦，又何所不至耶？良卿以布政使署巡撫，何得諉爲不知？下吏議，當降調，命改奪官，仍留任。既，上發帑佐軍需，良卿請確查散給。上詰良卿既言無從覈算，何能確查散給？命留供續發官軍。良卿又疏良陳貴州兵極能走險耐瘴，請募五千人習槍礮籐牌備徵發，上嘉其盡心，賜孔雀翎。尋移廣東，以募兵事未竟，仍留貴州。貴州產鉛，歲採運供鑄錢，以糧道主其事。三十四年，良卿疏劾威甯知州劉標運鉛不如額，並虧工本運値，奪標職，令良卿詳讞。良卿疏陳標虧項，併劾糧道永泰，請簡大臣會鞫。上爲遣內閣學士富察善如貴州，會良卿按治。永泰揭戶部，陳標虧項由長官婪索，因及良卿及按察使高積貪黷狀。上解良卿職，復命刑部侍郎錢維城、湖廣總督吳達善卽訊。故事，奏摺置黃木匣，外護以黃綾袱，至御前始啓。上發副將軍阿桂軍中奏，於袱內得普安民吳倎訴官吏士目私派累民狀，命吳達善密勘。而劉標亦遣人詣戶部訴上官婪索，呈簿記。上申命吳達善嚴鞫。吳達善先後疏言標積年虧帑至二十四萬有奇，良卿意在彌補掩覆，見事不可掩，乃以訪聞奏劾，及追繳銀六千有奇，令留抵私塡公項，不入查封，始終隱飾；又及高積鬻儲庫水銀，良卿有袒庇狀；良卿長支養廉，爲前布政使張逢堯及積署布政使時支放；普安州民吳國治訴知州陳昶籍軍興私派累民，良卿卽令昶會鞫，不竟其事，乃致倎賄驛吏附奏事達御。上乃責良卿負恩欺罔，罪不止於骫法婪贓，命卽貴州省城處斬，銷旗籍，以其子富多、富永發伊犂，畀厄魯特爲奴。積、逢堯、標皆坐讞。方世儁，字鹹川，安徽桐城人。乾隆四年進士，授戶部主事，累遷太僕寺少卿。外授陝西布政使。二十九年，擢貴州巡撫。三十二年，調湖南巡撫。劉標訐發上官婪索，言世儁得銀六千有奇，上命奪官，逮送貴州。其僕承世儁得銀千。獄成，械致刑部，論絞決，上命改監候，秋讞入情實，伏法。

錢度，字希裴，江南武進人。乾隆元年進士，授吏部主事，累遷廣西道監察御史。外授安徽徽州知府，累擢至方面。其爲江安督糧道、河庫道，皆再任，歷十餘年。上嘉其久任奮勉。二十九年，授雲南布政使。三十三年，遷廣東巡撫。師方征緬甸，度主餽軍，命以巡撫銜領布政使。未幾，移廣西巡撫。乃之官，賀縣囚越獄，度請寬知縣鄭之卿罪，上命奪之卿職，責度寬縱。學政梅立本按試鬱林，索供應，民衆鬨。上命度定學政供應夫船事例，度擬從寬，備失。上指仍左授雲南布政使。三十七年，監銅廠。宜良知縣朱一深揭戶部，告度貪婪，勒屬吏市金玉。上命刑部侍郎袁守侗如雲南，會總督彰寶、巡撫李湖按治。貴州巡撫圖思得奏獲度僕持金玉諸器自京師將往雲南，値銀五千以上；江西巡撫海明奏獲度僕攜銀二萬九千有奇，自雲南將往江南，並得度寄子酆書，令爲複壁藏金爲永久計；兩江總督高晉籍度家，得窖藏銀二萬七千，又寄頓金二千。守侗等訊得度剋扣銅本平餘及勒屬吏市金玉得値，具服，逮送京師，命軍機大臣會刑部覆讞。以度侵欺勒索，贓私具實，罪當斬，命卽行法。子酆亦論絞，上爲改緩決。尋遇赦，仍不令應試出仕。嘉慶五年，弛其禁。

覺羅伍拉納，滿洲正黃旗人。初授戶部筆帖式，外除張家口理事同知，累遷福建布政使。林爽文之亂，伍拉納主餽軍，往來蚶江、廈門。事定，賜花翎，遷河南巡撫。五十四年，授閩浙總督。上以福建民情獷悍，戒伍拉納當與巡撫徐嗣曾商榷整飭。伍拉納督屬吏捕盜，先後所誅殺百數十人。以內地民多渡海至臺灣，疏請海口設官渡，便稽察。時定往臺灣者出蚶江，民舟或自廈門渡，亦令至蚶江報驗。疏請罷其例，俾得逕出廈門。言者以海中島嶼多流民散處，爲盜藪，當燬其廬，徙其民，毋使滋蔓。下濱海諸直省議。伍拉納疏言福建海中諸島嶼流民散處凡已編甲輸糧者當不在例中上命諸島嶼非例當封禁皆任其居處浙江嘉善縣民訴縣吏徵漕浮收下伍拉納按治論如律伍拉納治尙嚴疏劾金門鎭總兵羅英笈巡洋兵船遇盜不以實報英笈坐譴又論邵武營守備余朝武等侵餉營吏黃國材等冒餉黃巖右營守備葉起發屬兵遇盜不以實報外委陳學明避盜僞爲被創營兵柯大斌誣告營官皆傅重比五十七年同安民陳蘇老詒江民陳滋等爲亂設靝黫會編黫字妄造以代天地伍拉納率按察使戚蓼生赴泉州捕得蘇老等誅一百五十八人戍六十九人五十九年義烏民何世來宣平民王元樓德新等爲亂立邪教伍拉納率按察使錢受椿赴金華浙江巡撫吉慶已捕誅世來德新伍拉納覆讞諸脅從復誅鮑茂山吳阿成等還福建至浦城捕得元誅之六十年臺灣盜陳周全爲亂陷彰化伍拉納出駐泉州發兵合署陸路提督烏蘭保海壇鎭總兵特克什布赴勦彰化民楊仲舍等擊破周全亂已定是歲漳泉被水饑伍拉納至民閧集乞賑未以聞上促伍拉納赴臺灣累詔詰責伍拉納自泉州往福州將軍魁倫疏言伍拉納性急按察使錢受椿等迎合治獄多未協漳泉被水米値昂民貧巡撫浦霖等不爲之所多入海爲盜虎門近在省會亦有盜舟出沒上爲罷伍拉納浦霖命兩廣總督覺羅長麟署總督魁倫署巡撫伍拉納至臺灣勦鹿仔港巡檢朱繼功以喪去官賊起即携眷內渡請奪官戍新疆上諭曰伍拉納爲總督臺灣賊起陷城戕官屢旨嚴飭始行繼功丁憂巡檢轉責其携眷內渡加以遠戍伍拉納畏葸遷延乃欲以此自掩何其不知恥也伍拉納浦霖貪縱婪索諸屬吏州縣倉庫多虧缺伍拉納嘗疏陳清査諸州縣倉庫虧穀六十四萬有奇銀三十六萬有奇限三年責諸主者償納至是魁倫疏論諸州縣倉庫虧缺伍拉納所奏非實數上命伍拉納浦霖及布政使伊轍布按察使錢受椿皆奪官交長麟魁倫按讞長麟魁倫劾布政司庫吏周經侵庫帑八萬有奇具獄辭以上上疑長麟等意將歸獄於經斥其徇隱長麟等疏發伍拉納受鹽商賕十五萬霖亦受二萬別疏發受椿讞長泰械鬬獄獄斃至十人得賕銷案籍伍拉納家得銀四十萬有奇如意至一百餘柄上比之元載胡椒八百斛籍霖家得窖藏金七百銀二十八萬田舍値六萬有奇他服物稱是逮京師廷鞫服罪命立斬伊轍布亦逮京師道死受椿監送還福建夾二次重笞四十乃集在省諸官吏處斬又以長麟主寬貸奪官召還以魁倫代之遂興大獄諸州縣虧帑一萬以上皆斬誅李堂等十人餘讞擬有差霖浙江嘉善人乾隆三十一年進士授戶部主事再遷郎中外授湖北安襄鄖道累遷福建巡撫移湖南復還福建及得罪上謂伍拉納未嘗學問或不知潔己奉公之義霖以科目進起自寒素擢任封疆乃貪黷無厭罔顧廉恥尙得謂有人心者乎霖及伍拉納伊轍布受椿諸子皆用王亶望例戍伊犁嘉慶四年赦還

論曰高宗譴諸貪吏身大辟家籍沒僇及於子孫凡所連染窮治不稍貸可謂嚴矣乃營私骫法前後相望豈以執政者尙貪侈源濁流不能清歟抑以坐苞苴敗者亦或論才宥罪執法未嘗無撓歟然觀其所誅殛要可以鑑矣

清史稿　列傳一百二十七

王杰　董誥　朱珪

王杰字偉人陝西韓城人以拔貢考銓藍田教諭未任遭父喪貧甚爲書記以養母歷佐兩江總督尹繼善江蘇巡撫陳宏謀幕皆重之初從武功孫景烈游講濂洛關閩之學及見宏謀學益進自謂生平行己居官得力於此乾隆二十六年成進士殿試進呈卷列第三高宗熟視字體如素識以昔爲尹繼善繕疏曾邀宸賞詢知人品即拔置第一及引見風度凝然上益喜又以陝人入本朝百餘年無大魁者時値西陲戡定魁選適得西人御製詩以紀其事尋直南書房屢司文柄五遷至內閣學士三十九年授刑部侍郎調吏部擢左都御史四十八年丁母憂即家擢兵部尙書車駕南巡杰赴行在謝上曰汝來甚好君臣久別應知朕念汝然汝儒者不欲奪汝情歸終制可也服闋還朝五十一年命爲軍機大臣上書房總師傅次年拜東閣大學士管理禮部臺灣廓爾喀先後平兩次圖形紫光閣加太子太保杰在樞廷十餘年事有可否未嘗不委曲陳奏和珅勢方赫事多擅決同列隱忍不言杰遇有不可輒力爭上知之深和珅雖厭之而不能去杰每議政畢默然獨坐一日和珅執其手戲曰何柔荑乃爾杰正色曰王杰手雖好但不能要錢耳和珅赧然嘉慶元年以足疾乞免軍機書房及管理部事允之有大事上必諮詢杰亦不時入告時教匪方熾杰疏言賊匪勦滅稽遲由被賊災民窮無倚賴地方官不能勞來安輯以致脅從日衆兵力日單而賊燄日熾此時當安良民以解從賊之心撫官兵以勵行間之氣三年之內川楚秦豫四省殺傷不下數百萬其幸存而不從賊者亦皆鋒鏑之餘男不暇耕女不暇織若再計畝徵輸甚至分外加派胥吏因緣勒索艱苦情形無由上達聖主之前祈將被賊地方錢糧蠲免不令官吏舞弊重徵有來歸者概勿窮治賊勢或可漸孤矣至於用兵三載未即成功實由將帥有所依恃怠玩因循非盡士卒之不用命也乞頒發諭旨曲加憐恤有驕惰不馴者令經略概行撤回或就近更調召募申明紀律鼓行勵戎庶幾人有挾纊之懽衆有成城之志又言教匪之蔓延其弊有二一由統領之有名無實勦保雖爲統領而統兵大員名位相等人人得專摺奏事於是賊至則畏避不前賊去則揑稱得勝即如前歲賊竄興安領兵大員有匪已渡江五日地方官並不稟報之奏撫臣一無設施探知賊去已遠然後虛張聲勢名爲追賊實未見賊近聞張漢潮蔓延商雒高均德屯據洋縣往來衝突如入無人之境秦省如此川省可知實由統領不專賞罰不明之所致也一由領兵大員專恃鄉勇鄉勇陣亡無庸報部人數可以虛揑藉鄉勇爲前陣既可免官兵之傷亡又可爲異日之開銷此所以耗國帑而無可稽核也臣以爲軍務緊要莫急於去鄉勇之名而爲召募之實蓋有五利一民窮無依多半從賊苟延性命募而爲兵即有口糧多一爲兵之人即少一從賊之人一隔省徵調曠日持久就近召募則旬日可得一徵兵遠來筋力已疲召募之人不須跋涉一隔省之兵水土不習路徑不諳就近之人則不慮此一鄉勇勢不能敵則逃散無從懲治召募之兵退避則有軍法具此五利何不增募一鼓而殲賊如謂兵多費多獨不思一萬兵食十月之糧與十萬兵食一月之糧其費相等而功可早奏也疏入並被採用二年復召直軍機隨扈熱河未幾因腿疾詔毋庸入直先行回京三年秋川匪王三槐就擒封賞樞臣詔杰見雖未直軍機軍興曾有贊畫功並予優敍洎仁宗親政杰爲首輔遇事持大體竭誠進諫上優禮之五年以衰病乞休溫詔慰留許扶杖入朝七年固請致仕晉太子太傅在籍食俸八年春瀕行上疏略謂各省虧空之弊起於乾隆四十年以後州縣營求餽送以國帑爲夤緣上司受其挾制彌補無期至嘉慶四年以後大吏知尙廉節州縣仍形拮据由於苦樂不均賢否不分宜求整飭之法又舊制驛丞專司驛站無可誅求自裁歸州縣濫支苛派官民俱病宜先清驛站以杜虧空今當軍務告竣朝廷勤求治理無大於此二者請容裁獨斷以挽積重之勢所言切中時弊上嘉納之陛辭日賜高宗御用玉鳩杖御製詩二章以寵其行有云直道一身立廟廊淸風兩袖返韓城時論謂足盡其生平既歸歲時頒賞不絕每有陳奏上輒親批答語如家人九年杰與妻程並年八十命巡撫方維甸齎御製詩額珍物於生日就賜其家杰詣闕謝明年正月卒於京邸上悼惜賜金治喪贈太子太師祀賢良祠謚文端杰體不踰中人和藹近情而持守剛正歷事兩朝以忠直結主知當致仕未行會有陳德於禁城驚犯乘輿急趨朝請對曰德庖廚賤役安敢妄蓄逆謀此必有元奸大憝主使行明張差之事當除肘腋之患至十八年林淸逆黨之變上思其言特賜祭焉孫篤道光二年進士歷編修御史出爲汀州知府廣東督糧道署鹽運使時林則徐爲按察使治海防甚倚之募廣州游手精壯者備守禦以機敏稱擢山東布政使署巡撫失察家人屬官受賂連降罷職歸襄理西安城工卒贈布政使銜

董誥字蔗林浙江富陽人尙書邦達子乾隆二十八年進士殿試進呈卷列第三高宗因大臣子改二甲第一選庶吉士即預修國史三通皇朝禮器圖散館授編修三十二年命入懋勤殿寫金字經爲皇太后祝嘏次年大考翰詹因寫經未與試特加一級尋擢中允丁父憂三十六年服闋入直南書房初邦達善畫受高宗知誥承家學繼爲侍從書畫亦被宸賞尤以奉職恪勤爲上所眷注累遷內閣學士四十年擢工部侍郎調戶部歷署吏刑兩部侍郎兼管樂部充四庫館副總裁接辦全書薈要命輯滿洲源流考四十四年命爲軍機大臣五十二年加太子少保擢戶部尙書臺灣廓爾喀先後底定並列功臣圖形紫光閣嘉慶元年授受禮成詔朱珪來京將畀以閣務仁宗賀以詩屬稿未竟和珅取白高宗曰嗣皇帝欲市恩於師傅高宗色動顧誥曰汝在軍機刑部久是於律意云何誥叩頭曰聖主無過言高宗默然良久曰汝大臣也善爲朕輔導之乃以他事罷珪之召時大學士懸缺久難其人高宗謂劉墉紀昀彭元瑞三人皆資深墉遇事模棱元瑞以不檢獲愆昀讀書多而不明理惟誥在直勤勉超拜東閣大學士明詔宣示俾三人加愧勵焉命總理禮部仍兼管戶部事二年丁生母憂特賜陀羅經被遣御前侍衞額駙豐紳殷德奠醊誥旣以喪歸川楚兵事方亟高宗欲召之每見大臣數問誥何時來逾年葬母畢詣京師和珅匿不上聞會誥出謁於道旁謝恩高宗見之喜甚命暫署刑部尙書素服視事

不預典禮專辦秋讞及軍營紀略且曰誥守制已逾小祥不得已用人之苦心衆當共諒尋以王三槐就擒與軍機大臣同被議敘四年春高宗崩和珅伏誅命誥復直軍機晉太子太保既服闋授文華殿大學士兼刑部尚書如故高宗山陵禮成命題神主晉太子太傅七年三省教匪平予騎都尉世職十二年高宗實錄告成詔以誥在館八年始終其事特加優獎賜其父邦達入祀賢良祠十四年萬壽慶典晉太子太師充上書房總師傅十七年晉太保十八年扈從秋獮林清逆黨突入禁城時回鑾中途聞變有議俟調大兵成列而後進者誥曰是滋亂也獄俘者行至矣即日扈駕進次人心乃定窮治邪教誥謂燒香祈福愚民無知率所常有惟從逆者不可貸凡論上皆以是定讞林清既誅滑縣逆匪尋平論功迭被優敘賜子滈爲郎中二十年因病請致政溫詔慰留改管兵部未幾復命管刑部二十三年再疏乞休許致仕食全俸是年十月卒贈太傅上親奠入祀賢良祠賜金治喪御製詩輓之嘉其父子歷事三朝未嘗增置一畝之田一椽之屋命刻詩於墓以彰忠藎謚文恭誥直軍機先後四十年熟於朝章故事有以諮者無不悉凡所獻納皆面陳未嘗用奏牘當和珅用事與王杰搘柱其間獨居深念行處幾失常度卒贊仁宗殲除大憝及林清之變獨持鎭定尤爲時稱云

朱珪字石君順天大興人先世居蕭山自父文炳始遷籍文炳官盩厔知縣曾受經於大學士朱軾珪少傳軾學與兄筠同鄉舉並負時譽乾隆十三年成進士年甫十八選庶吉士散館授編修數遇典禮撰進文册高宗重其學行累遷侍讀學士二十五年出爲福建糧驛道擢按察使治獄平恕以父憂去三十二年補湖北按察使會緬甸用兵以部署驛務詳愼被褒獎調山西就遷布政使署巡撫疏請歸化綏遠二城穀二萬餘石搭放兵糧以省採買免紅朽又免土默特蒙古私墾罪以所墾牧地三千餘頃許附近兵民認耕納租歲六千餘兩增官兵公費又太僕寺牧地苦寒改徵折色以便民除弊皆下部議行珪方正爲同寮所不便按察使黃檢奏劾讀書廢事四十年召入覲改授侍講學士直上書房侍仁宗學四十四年典福建鄉試次年督福建學政瀕行上五箴於仁宗曰養心曰敬身曰勤業曰虛己曰致誠仁宗力行之後親政嘗置左右五十一年擢禮部侍郎典江南鄉試督浙江學政還朝調兵部五十五年典會試出爲安徽巡撫皖北水災馳驛往振攜僕數人與村民同舟渡振宿州泗州碭山靈璧五河盱眙餘災輕者貸以糧種築決隄展春振並躬莅其事民無流亡五十九年調廣東尋署兩廣總督授左都御史兵部尚書仍留巡撫任嘉慶元年授總督兼署巡撫珪初以文學受知洎出任疆寄負時望將大用和珅忌之授受禮成珪進頌册因加指摘高宗曰陳善納誨師傅之職宜爾非汝所知也會大學士缺詔召珪卒爲和珅所沮以廣東艇匪擾劫閩浙責珪不能緝捕寢前命左遷安徽巡撫皖北復災親治振官吏無侵蝕三省教匪起安徽亦多伏莽珪曰疑而索之是激之變親駐界上籌防禦徧莅潁亳所屬集鄉老教誡之民感化境內迄無事明年授兵部尚書調吏部仍留巡撫任四年正月高宗崩仁宗即馳驛召珪聞命奔赴途中上疏略曰天子之孝以繼志述事爲大親政伊始遠聽近瞻默運乾綱濬施渙號陽剛之氣如日重光惻怛之仁無幽不洽修身則嚴誠欺之界觀人則辨義利之防君心正而四維張朝廷清而九牧肅身先節儉崇奬清廉自然盜賊不足平財用不足阜惟願皇上無忘堯舜自任之心臣敢不勉仁義事君之道至京哭臨上執珪手哭失聲命直南書房管戶部三庫加太子少保賜第西華門外時召獨對用人行政悉以諮之珪造膝密陳不關白軍機大臣不沽恩市直上傾心一聽初政之美多出贊助尋充上書房總師傅調戶部尚書詔清漕政禁浮收疆吏以運丁苦累仰給州縣州縣不得不取諸民於是安徽加贈銀江蘇加耗米珪謂小民未見清漕之益先受其害力爭罷之令曹司凡事近加賦者皆議駁長蘆鹽政請加增鹽價駁曰蘆東因錢價賤已三加價矣且免積欠三百六十萬兩餘欠展三年商力已寬無庸再議加價廣東請濱海沙地升賦駁曰海沙淤地坍漲靡常故照下則減半賦之今視上中田增賦是與民計微利非政體且民苦加賦別有漲地將不敢報墾不可行倉場請預納錢糧四五十倍準作義監生駁曰國家正供有常經名實關體要於名不正實必傷斷不可行凡駁議每自屬稿奏上皆韙之五年兼署吏部尚書先是彭元瑞於西華門內墜馬珪呼其輿入舁之爲御史周栻所劾尋有珪輿人毆傷禁門兵忌者嗾護軍統領訐之詔珪素恪謹造次不檢特申戒坐褫宮銜解三庫事鐫級留任七年協辦大學士復太子少保尋兼翰林院掌院學士晉太子少傅九年上幸翰林院聯句賜宴御書天祿儲才額刻懸院中以墨書賜珪家十年拜體仁閣大學士管理工部上以是命遵高宗諭遺詔裕陵謝逾歲年七十六以老乞休溫詔慰留賜玉鳩杖命天寒間二三日入直未幾召對乾清宮眩暈扶歸第數日卒上親奠哭之慟贈太傅祀賢良祠賜金治喪詔珪自爲師傅凡所陳說無非唐虞三代之言稍涉時趨者不出諸口啟沃至多按諸諡法足當正字而無愧特諡文正又見其門庭卑隘清寒之況不減儒素命內府備殮遣皇子加奠啟殯日遣廣郡王永璘祖奠目送逾年上謁西陵珪墓近蹕路遣官賜奠高宗實錄成特賜祭擢長子錫經爲四品京堂二十年復因謁陵回鑾親奠其墓恩禮始終無與比珪文章奧博取士重經策銳意求才嘉慶四年典會試阮元佐之一時名流搜拔殆盡爲士林宗仰者數十年學無不通亦喜道家嘗曰朱子注參同契非空言也

論曰君子小人消長之機國運繫焉王杰董誥朱珪皆高宗拔擢信任之臣和珅一再間沮卒不屈撓一旦共驩伏法衆正盈朝攄其忠誠啟沃新主殄寇息民苞桑永固天留數人弼成仁宗初政之盛可謂大臣矣

清史稿 列傳一百二十八

慶桂 劉權之
戴衢亨 戴均元
托津 章煦
盧蔭溥

慶桂字樹齋章佳氏滿洲鑲黃旗人大學士尹繼善子以廕生授戶部員外郎充軍機章京超擢內閣學士乾隆三十二年充庫倫辦事大臣遷理藩院侍郎三十六年授軍機大臣居二載出爲伊犂參贊大臣調塔爾巴哈台哈薩克巴布克詭稱阿布勒畢斯授爲哈拉克齊偕阿布勒畢斯之子博普來貢馬慶桂以博普未至巴布克狡詐不可信斥之上嘉其有識曰尹繼善之子能如此朕又得一能事大臣矣四十二年授吏部侍郎調烏里雅蘇台將軍授正黃旗漢軍都統以病回京逾年授盛京將軍調吉林再調福州四十九年入覲授工部尚書仍直軍機調兵部逾年署黑龍江將軍時陝甘總督福康安赴阿克蘇安輯回衆上以慶桂練邊事命帶欽差關防馳往甘肅暫署總督尋授塔爾巴哈台參贊大臣五十一年召授兵部尚書歷署盛京吉林烏里雅蘇台將軍五十七年廓爾喀平予議敘圖形紫光閣上親製贊兩淮鹽運使柴楨私挪課銀彌補浙江鹽道庫藏命偕長麟赴浙按治得巡撫福崧婪索侵蝕狀讞上福崧楨俱伏法尋授荊州將軍逾年召授正紅旗蒙古都統命勘南河高家堰石工嘉慶四年授刑部尚書協辦大學士復直軍機授內大臣監修高宗實錄加太子太保拜文淵閣大學士總理刑部裕陵奉安禮成晉太子太傅管理吏部理藩院戶部三庫事七年三省教匪平以贊畫功予騎都尉世職賜雙眼花翎九年授領侍衞內大臣高宗實錄成賞紫韁晉太子太師十六年扈蹕熱河以臂疾免從行爾予假回京十七年晉太保上念其年老罷直軍機處仍授內大臣慶桂性和平居樞廷數十年初無過失舉趾不離跬寸時咸稱其風度逾年命以原品休致給予全俸二十一年諡卒文恪

劉權之字雲房湖南長沙人乾隆二十五年進士選庶吉士授編修累擢司經局洗馬四十三年督安徽學政預修四庫全書在事最久及總目提要告成以勞擢侍講五十年大考二等逾年擢大理寺卿遷左副都御史疏言大挑舉人多夤緣請於事前一日簡派王大臣聞命即宿朝房以杜弊竇於是命在午門莅事御史監視護軍巡察步軍五城一體嚴查著爲令尋督山東學政五十六年擢禮部侍郎六十年典江南鄉試留學政嘉慶二年調吏部四年擢左都御史典會試疏言買補倉穀地方官奉行不善在本境採買不論市價長賤發銀四五錢花戶不願納穀惟求繳還原銀加倍交價富戶賄吏飛灑零戶轉得少派善良貧民深受其累官以折價入己仍無存米遇協濟鄰省令米商倉猝購辦發價剋扣起運勒措請飭遇應買補向豐稔鄰縣公平採辦不得於本縣苛派嚴禁胥吏舞弊又言社倉大半借端挪移管理首事與胥吏從中侵盜至歉歲顆粒無存以致殷實之戶不樂捐輸老成之士不願承辦請一律查禁詔韙之飭各直省嚴禁民得免累湖湘間尤稱頌焉編修洪亮吉上書王大臣言事戇直成親王徑以上達權之與朱珪未即呈奏有旨詰問自請嚴議上以權之

人品端正平時陳奏不欺寬其處分尋遷吏部尚書五年典順天鄉試六年命爲軍機大臣越一歲會川楚陝教匪戡定權之入直未久上嘉其素日陳奏時有所見錄予褒敘在吏部久疏通淹滯銓政號平九年失察書吏盧選舞弊因兼直樞廷薄譴之調兵部十年以禮部尚書協辦大學士加太子少保軍機章京中書袁煦者故大學士紀昀女夫也入直已邀恩敘權之於昀有舊恩至是復欲以袁煦列薦同官英和議不合已中止英和密請晏見面劾權之瞻徇上不悅兩人同罷直下廷議革職念權之前勞降編修未幾擢侍讀遷光祿寺卿歷遷兵部尚書十五年協辦大學士典順天鄉試是年帝以秋獮幸熱河明年幸五臺並命留京辦事拜體仁閣大學士管理工部復加太子少保十八年目疾乞假遣御醫診視會逆匪林清爲變事定朝臣衰病者多罷退詔以原品休致回籍給半俸二十三年卒於家年八十諡文恪

戴衢亨字蓮士江西大庾人父第元由編修官太僕寺卿衢亨年十七舉於鄉乾隆四十一年召試授內閣中書充軍機章京四十三年成一甲一名進士授翰林院修撰典試湖北叔父均元兄心亨並居館職迭任文衡稱西江四戴尋命仍直軍機秋獮扈蹕射麔以獻高宗賜詩美之累典江南湖南鄉試督山西廣東學政歷遷侍講學士嘉慶元年授受禮成凡大典撰擬文字皆出其手二年命隨軍機大臣學習行走以秩卑特加三品卿銜累遷禮部侍郎調戶部四年仁宗始親政衢亨以病乞假滿兼署吏部侍郎六年擢兵部尚書兼管順天府尹戶部三庫川楚陝教匪以次削平以贊畫功屢荷優褒七年大功戡定詔嘉其知無不言言無不盡克盡忠悃加太子少保予雲騎尉世職九年失察順天府書吏盜印罷兼尹十年調戶部兼直南書房典會試十二年協辦大學士兼翰林院掌院學士典順天鄉試十三年偕大學士長麟視南河時河事日敝帝銳意整頓中外臣工議不一特命查勘籌議衢亨叔均元方以總河謝病家居許便道省視遂與長麟三疏陳治河要義斟酌緩急停修毛城鋪滾水壩復天然閘東山縴閘壩以減黃濟運於王營減壩西增築滾壩石壩普培沿河大隄以淮揚境內爲尤急雲梯關外八灘以上接築雁翅隄以束水勢高堰山盱石隄加築後戧土坡爲暫救目前之計徐辦碎石坦坡以護石工智禮二壩加高石基四尺以制宣洩疏上帝深韙之命嗣後考覈河工以爲標準十四年萬壽慶典晉太子少師衢亨性清通無聲色之好朝退延接士大夫言人人殊不置可否而朝廷設施有見之數月數年之後者柄政既久仁宗推心任之給事中花杰疏論長蘆欠課衢亨方筦戶部議下鹽政嚴辦杰乃劾衢亨與鹽商查有圻姻親餽送往來助營第宅不免徇庇又廷試閱卷援引洪瑩爲一甲一名有交通情狀薦周系英王以銜席煜姚元之入南書房與英和陰附結黨衢亨疏辨下廷臣察詢命二阿哥監視洪瑩覆寫試策無誤迭詔爲衢亨湔雪惟斥其令部員劉承澍在園寓具稿致招物議予薄譴鐫級留任坐杰汚衊承澍漏洩降黜有差因調衢亨工部復以凡部臣有直軍機者遇交議同官每向探意旨事後輒相推諉特諭申儆焉十五年拜體仁閣大學士管理工部兼掌翰林院如故十六年春扈蹕五臺至正定病先回京尋卒年五十有七溫詔優䘏稱其謹飭清慎實爲國家得力大臣親臨賜奠贈太子太師入祀賢良祠諡文端子嘉端年甫十一賜舉人襲雲騎尉

戴均元字修原乾隆四十年進士選庶吉士授編修遷御史迭典江南湖北鄉試督四川安徽學政嘉慶三年由安徽任滿還京兄子衢亨先已超授軍機大臣故事大臣親屬任科道者對品迴避均元例改六部員外郎特命以鴻臚寺少卿候補累擢工部侍郎八年偕侍郎貢楚克扎布察視張秋運河及衡家樓決口工程歷戶部吏部侍郎十年南河黃流奪運高堰石工壞特命馳視籌度明年詔以湖河異漲高堰隄工賴先築子堰保衞無虞清水暢注河口積淤刷滌已復三分入運七分入黃舊制爲河事一大轉機嘉均元盡心宣防特復正副總河舊制授南河總督以舊督徐端副之在任三年堵合黃河周家堡郭家坊王營減壩陳家浦及運河二堡壯原墩築高堰義字壩拆修惠濟閘以減壩合龍加太子少保病乞解任尋愈因事降三品京堂授左副都御史督順天學政未幾遷倉場侍郎十八年秋河決睢州出爲東河總督詔以均元曾任南河許便宜調用工員責速堵合明年春以吏部侍郎內召途次擢左都御史尋遷禮部尚書調吏部二十年協辦大學士逾年授軍機大臣充上書房總師傅二十三年拜文淵閣大學士晉太子太保管理刑部二十四年河決武陟馬營壩自秋徂冬尚未啓工奉命馳視還報購料未集詔嚴斥在事諸臣以示儆二十五年七月從扈熱河甫駐蹕帝不豫嚮夕大漸均元與大學士托津督內侍檢御篋得小金盒啓鐍宣示御書立宣宗爲皇太子奉嗣尊位然後發喪洎還京因撰擬遺詔有高宗降生於避暑山莊之語誤引御製詩注樞臣皆被譴鐫級均元與托津並罷直道光二年裕陵隆恩殿柱蠹朽距修建甫二十年承辦工員俱獲罪均元以在事未久從寬罷管部務奪宮銜責同賠修工畢復之漳水北徙命均元馳視次年因漳水下流潰直隸元城紅花隄塞之則元城北境水無所洩不塞則山東館陶受其害復命均元往視議展寬舊有引河俾積水穿隄入衞水別就隄下新刷水溝挑成河道分流洩入館陶境築隄防溢復偕巡撫程祖洛勘上游議漳水自乾隆五十一年南徙合洹水後衞水爲所格阻頻年衝決由於合則爲患今漳水北徙與洹水分流入衞當因勢利導各完隄防使漳洹不再合疏上詔從之四年予告回籍食全俸先是建萬年吉地於寶華峪均元相度選定帝敦崇儉樸命偕莊親王緜課協辦大學士英和監修面戒規制一從節減迨七年孝穆皇后梓宮奉安帝親視嘉其工程堅固晉均元太子太師及是地宮有浸水上震怒嚴譴在事諸臣褫均元職逮京治罪擬重辟念其耄老免罪釋歸均元歷官五十餘年叔姪繼爲樞相家門鼎盛自在翰林數司文柄及躋卿貳典順天鄉試一典會試三晚歲獲咎家居世猶推爲耆宿二十年卒年九十有五

托津字知亭富察氏滿洲鑲黃旗人尚書博清額子乾隆中授都察院筆帖式充軍機章京累遷銀庫郎中改御史遷給事中嘉慶元年命解餉銀赴達州五年授副都統留治四川軍需疏請軍餉先一月預撥忤旨召回及至京於餉數軍事無所陳告褫職予頭等侍衞充葉爾羌辦事大臣七年調喀什噶爾參贊大臣復授副都統八年召爲倉場侍郎十年吏調部命在軍機大臣上行走偕直隸總督吳熊光往湖北按訊鹽法道失察岸商擡價及錢局鼓鑄偷減治如律時總督百齡被訐在廣東索供應造非刑命托津偕總督瑚圖禮治其獄請褫百齡職十一年調戶部偕侍郎廣興按東河總督李亨特勒派廳員奪亨特職道戍十二年偕侍郎英和按訊熱河副都統慶傑貪婪褫職遣戍十三年偕尚書吳璥勘南河先是雲梯關外陳家浦漫決由射陽湖旁趨海口疆臣河臣請改河道徑由射陽湖入海托津等疏言馬港口張家莊漫水西漾數十里始折歸北潮河如果地勢建瓴何以轉向西流北潮河已匯流數月水未消涸顯見去路不暢改道斷不可行請仍修故道接築雲梯關外大隄收束水勢較爲得力又言河口高堰各工因運河西岸堵築漫缺頭二壩門口較寬不能擎托暢注請速補築皆如所議行十四年往江南讞獄金山寺僧志學與王兆良爭墾沙地械鬬斃多人依律治罪請以蔣家沙洲歸公佃種歲給寶晉書院及金山寺租銀各千兩倉場書吏高添鳳舞弊通州中西二倉虧缺命偕福慶勘訊坐以姦吏骫法罪既而部鞫添鳳復得私出黑檔領米狀托津亦以久任倉場譴責分賠浙江學政劉鳳誥代辦鄉試監臨有聯號弊偕侍郎周兆基少卿盧蔭溥往按得實論鳳誥遣戍山西署布政使劉大觀劾前任巡撫初彭齡任性乖張偕侍郎穆克登額往按彭齡大觀俱被嚴議十五年擢工部尚書調戶部兼都統偕盧蔭溥往四川按事總督勒保寢匿名揭帖據實上聞罷勒保大學士職又偕府尹初彭齡往南河清查工帑十六年春兩江總督松筠調任命托津暫代尋回京加太子少保兼內大臣十八年扈蹕熱河教匪林清逆黨闌入禁城命托津回京察治林清就獲詔優獎授協辦大學士時匪黨李文成據河南滑縣山東直隸皆震動那彥成督師遷延未進托津往代既而那彥成連戰皆捷命托津赴開州大名督率提督馬瑜勦匪十九年授正白旗領侍衞內大臣拜東閣大學士管理戶部晉太子太保侍郎初彭齡劾兩江總督百齡江蘇巡撫張師誠受餽送布政使陳桂生冊報蒙混命偕尚書景安往按彭齡坐劾未實被譴二十一年那彥成前在陝甘總督任與布政使陳祁挪賑事覺命托津往按那彥成逮京邸代署直隸總督尋回京仁宗綜覈庶政知托津樸誠於行省有重事大獄率以任之無一歲不奉使命二十二年管理理藩院二十四年萬壽慶典賜雙眼花翎紫韁二十五年仁宗崩於熱河避暑山莊事出倉猝托津偕大學士戴均元手啓寶盒奉宣宗即位尋因遺詔引事舛誤詔切責托津均元並以年老罷軍機大臣降四級留任道光元年命題仁宗神主晉太子太傅二年與玉瀾堂十五老臣宴繪像御製詩有立朝正色之褒調管刑部以子婦乘轎入神武門中門坐治家不嚴奪紫韁雙眼花翎尋復之十一年致仕食全俸十五年卒年八十有一帝親奠賜金治喪贈太子太師祀賢良祠諡文定

章煦字曜青浙江錢塘人乾隆三十七年進士授內閣中書充軍機章京累遷刑部員外郎屢典鄉試督陝甘學政任滿仍留刑部改御史嘉慶六年擢太僕寺少卿詔以軍事方殷煦習機務仍留直七年三省教匪平始罷直供本職偕侍郎那彥寶往雲南按布政使陳孝昇等冒銷軍需治如律歷太僕寺卿順天府尹十年出爲湖北布政使逾年擢巡撫十三年召爲刑部侍郎偕侍郎穆克登額往雲南按事貢生任澍宇訐官吏冒銷軍需不實論反坐授貴州巡撫

未至調雲南署雲南總督十四年調江蘇巡撫署兩江總督時議行海運下煦籌議疏陳不便寢之十七年入覲乞改京秩授刑部侍郎偕侍郎景安往直隸讞獄十八年河南教匪起直隸總督溫承惠赴剿命煦代攝尋擢工部尚書調吏部仍留署職捕教匪馮克善械送京師加太子少保十九年回京典會試山東金鄉縣賊聚衆拒捕巡撫同興以邪教餘黨聞煦偕那彥寶往鞫得狀依律論罪知州袁潔誣報褫其職上知山東吏治廢弛命煦等嚴察以聞遂劾同興玩泄以致地方凋敝倉庫空虛及布政使朱錫爵徇私廢公狀並褫職命煦署巡撫清查虧空尋以陳大文調任同治其事責煦議定章程疏言嘉慶十四年清查原奏虧銀一百七十九萬有奇今查十四年以前實虧三百四十一萬有奇十四年以後又續虧三百三十四萬有奇擬請清釐藩庫嚴交代定徵解分數以杜新虧立追繳及分賠限期催徵民欠以懲延宕嚴減提款確查無著之虧以示體恤嚴攤捐案據估變流抵產物扣抵先儘正項倉庫一律籌補軍需墊解查明方許列抵以防朦混凡十四條下部議行二十年偕侍郎熙昌往湖北廣東江蘇安徽讞獄襄陽人吳煥章誣告易成元易朝登等勾結謀逆反坐論罪襄陽知縣查以焯濫押斃命遣戍雷州府經歷李棠誣訐兩廣總督蔣攸銛遣戍雷瓊道胡大成苛派屬員褫職貴縣知縣吳遇坤刊書抵毀上官遣戍洋商盧觀恒濫祀鄉賢黜之江蘇知縣王保澄誣訐上官諱匿邪書遣戍阜陽捻匪糾搶殺人論如律二十一年調禮部尚書授軍機大臣調刑部管理禮部二十二年病免尋授兵部尚書協辦大學士兼管順天府尹事二十三年拜東閣大學士管理刑部萬壽慶典晉太子太保二十五年以足疾累疏乞休予告致仕食全俸居家久之道光四年卒諡文簡煦久任樞曹練習政事勩歷中外數治大獄晚始參樞務未久病去再起管部以盡心刑事京察特被獎敍焉

盧蔭溥字南石山東德州人祖見曾康熙六十年進士官至兩淮鹽運使父謙漢黃德道見曾起家知縣歷官有聲爲兩淮鹽運使以罪遣戍復起至原官當乾隆中葉淮鹺方盛見曾擅吏才愛古好事延接文士風流文采世謂繼王士禎在揚州時屬値南巡大典歷年就鹽商提引支銷冒濫官商並有侵蝕至三十三年事發自鹽政以下多罹大辟見曾已去官逮問論絞死於獄中籍沒家產子孫連坐謙謫戍軍臺蔭溥甫九歲貧困隨母歸依婦翁讀書長山越三年大學士劉統勳爲見曾剖雪乞恩赦謙歸授廣平府同知蔭溥刻苦勵學至是始得應科舉乾隆四十六年成進士選庶吉士授編修阿桂爲掌院激賞其才五十六年大考降禮部主事阿桂言蔭溥能事改部可惜帝曰使爲部曹正以治事也累司文柄典山西鄉試督河南學政嘉慶五年充軍機章京川楚軍事多所贊畫八年孝淑睿皇后奉安山陵故事皇后葬禮無成式禮臣所議未當蔭溥回直儀曹攷定禮文草撰大儀奏上如議行數隨大臣赴各省按事累擢光祿寺少卿十六年大學士戴衢亨卒仁宗以蔭溥諳習樞務數奉使有勞加四品卿銜命在軍機大臣上行走歷通政司副使光祿寺卿內閣學士十八年擢兵部侍郎調戶部扈從熱河會教匪起滑縣林清入犯禁城夜半聞報至行在面進機宜越日從駕還京事平優敍賜子本舉人二十二年擢禮部尚書調兵部上以蔭溥實心任事特加太子少保尋調戶部兼署刑吏兩部尚書二十三年館臣撰進明鑑未合上意命蔭溥偕托津章煦英和和瑛爲總裁遴擇翰林才識兼長者重加核改書成詔褒之工部主事潘恭辰監督琉璃窰不受漏規取吏嚴吏誣訐侵冒下獄恭辰貧而無援文書證據不得直罪且不測輿論憤之上微聞命蔭溥詳鞫得其狀釋恭辰寘吏於法後恭辰至雲南布政使以清操名二十五年典會試會元陳繼昌故大學士宏謀元孫也鄉試殿試皆第一有清一代科舉得三元者惟乾隆中錢棨及繼昌兩人上製詩命蔭溥等賡和以紀盛事是年秋帝崩因撰擬遺詔不愼降五級留任尋調工部道光元年調吏部兼管順天府尹罷軍機大臣次年猶以直軍機久調任後亦能盡心加恩予優敍七年協辦大學士十年拜體仁閣大學士管理刑部十三年以疾乞休加太子太保食全俸十九年重宴鹿鳴晉太子太傅尋卒年八十贈太子太師諡文肅

論曰仁宗綜覈名實樞臣中戴衢亨最被信用衢亨亦竭誠贊襄時號賢相晚遭彈劾而睠注不移均元繼之卒以顧命嫌疑不安於位豈盈滿之不易居耶慶桂劉權之並以老成雍容密勿托津章煦盧蔭溥則奉使出入數按事決獄寄股肱耳目之任因人倚畀蓋各有所專焉

清史稿　　列傳一百二十九

保甯　松筠子熙昌

富俊貢心傳　博啟圖

保甯圖伯特氏蒙古正白旗人靖逆將軍納穆札勒子乾隆中納穆札勒殉節回疆錫封三等公保甯由親軍襲爵授乾清門侍衞從征金川力戰迭克要隘將軍阿桂薦其才擢陝西興漢鎭總兵金川平繪像紫光閣御製贊褒其膽勇持重少年如宿將尋調河南南陽鎭直隸馬蘭鎭兼總管內務府大臣擢江南提督四十九年授成都將軍甘肅石峰堡回叛命選屯練番兵赴鞏昌安定助勦平之五十一年授四川總督保甯謹愼有操守盡心邊事邊夷上下孟董九子等寨生齒日繁請增設營員以屯練有勞績者拔補改修打箭爐城扼要築卡駐兵捍衞改梁黃大定白雞白鹿等八寨熟苗編入民戶並協機宜次年調伊犂將軍兼內大臣籌備倉儲疏言伊犂一年支糧十六萬六千餘石不敷二萬三千石歷就舊儲五十餘萬石內塡補現賸三十餘萬石雖尚可敷十餘年之用地處極邊若不補籌餘糧偶遇歉收或有需糧之事慮難接濟請撥兵丁七百名增開七屯自來年耕種歲可收糧一萬九千餘石永遠備貯從之又奏添設惠遠城烏槍步甲四百名五十五年入覲途次命赴四川暫署總督事次年回任加太子少保授御前大臣惠遠城創立三十餘年戶口日繁於城東展築擴舊城四分之一伊犂無通曉俄羅斯語言者請於京師俄館選派一人來教習官兵子弟五年期滿試最優者充筆帖式俄屬烏梁海潛往哈屯河外汗山地方游牧帝慮其滋事命保甯察覈疏言烏梁海居住甚安戢不必驅逐飭邊卡防範無庸添兵察哈爾兵丁及土爾扈特私竊哈薩克馬匹緝獲寘之法帝嘉保甯無偏袒得外藩心予議敍六十年召授吏部尚書兼鑲黃旗漢軍都統甫數月復出爲伊犂將軍嘉慶二年協辦大學士尋拜武英殿大學士加太子太保任邊事如故土爾扈特家奴三吉汚主母孀婦伯克木庫殉命特詔予伯克木庫旌表保甯疏陳駐防孀婦守節未舉旌表之典請照內地一體辦理於是採訪各城請旌者凡七十人後著爲令七年召還京授領侍衞內大臣管理兵部兼管三庫八年因孝淑皇后山陵典禮會疏措詞不經褫銜鐫級留任保甯兩鎭伊犂歷十餘年西陲無事藩部悅服既去任朝廷遇邊疆興革每諮決焉十一年以疾乞休命在家食公爵全俸逾兩年卒賜金優卹諡文端祠祀伊犂子慶祥嗣爵殉回疆之難自有傳次子慶惠由廕生授侍衞歷官侍郎三以罪黜復起道光中官至熱河都統以疾歸卒諡勤僖

松筠字湘浦瑪拉特氏蒙古正藍旗人繙譯生員考授理藩院筆帖式充軍機章京能任事爲高宗所知累遷銀庫員外郎乾隆四十八年超擢內閣學士兼副都統五十年命往庫倫治俄羅斯貿易事先是俄屬布哩雅特人刼掠庫倫商貨俄官不依例交犯僅罰償流之遠地檄問未聽命詔停恰克圖貿易松筠至尋充辦事大臣閉關後邊禁嚴而不擾遇俄人皆開誠待之擢戶部侍郎俄羅斯以貿易久停有悔意撤舊官屢請開市未許卡倫兵出巡復爲布哩雅特人所殺松筠曰舊事未了又生旁支然亦了事之機也檄俄官縛送三人親訊於界上斬其二流其一請兩案併結詔斥專擅褫職仍留庫倫效力會西路土爾扈特喇嘛薩邁林者迷路入哈薩克歸攜書信訛言俄人誘致土爾扈特謀亂下松筠察狀疏言俄羅斯實恭順無可疑俄人亦自陳證薩邁林書信出僞造詔寘薩邁林於法許復開市五十七年召俄官會議定約親莅俄帳宴飮諭以恩信大悅服事歷八年然後定召還京授御前侍衞內務府大臣軍機大臣命護送英吉利貢使回廣東凡所要索皆嚴拒五十九年署吉林將軍尋命往荊州察稅務道出衞輝大水環城率守令開倉賑卹詔嘉獎授工部尚書兼都統充駐藏大臣撫番多惠政和珅用事松筠不爲屈遂久留邊地在藏凡五年嘉慶四年春召爲戶部尚書尋授陝甘總督加太子少保時教匪張漢潮及藍號白號諸黨擾陝甘松筠至駐漢中治糧餉給諸軍自軍興給陝西餉銀一千一百萬兩至是續撥一百五十萬設局清釐按旬咨部命陝諸將優劣密疏言明亮知兵而罔實效恒瑞前戰湖北功最年近六旬精力大減慶成有勇無謀永保無謀無勇不能治兵並不能治民惟額勒登保德楞泰能辦賊仁宗深嘉納之明亮劾永保慶成避賊下松筠逮治永保亦與荊州將軍興肇訐明亮誣

報軍功，詔並褫職，逮尚書那彥成赴陝會鞫會明亮已擊斃張漢潮松筠請緩其獄又請留撒拉爾回兵令慶成率以協勦帝不允既而那彥成勦恆瑞棄藍號垂盡之賊折回陝西由松筠所誤詔褫松筠宮銜侍衞仍留總督任川匪犯南鄭復分犯西鄉沔縣略陽松筠素謂匪多脅從可諭降欲單騎赴之副將韓嘉業固諫曰諭之不從而喪總督大損國威爲天下笑請先往嘉業果被害賊竄徽縣兩當五年春額勒登保那彥成會勦乃分路遁於是命長麟代爲陝甘總督授松筠伊犂將軍未之任暫署湖廣總督自請入覲面陳軍事先在陝上疏言賊不患不平而患在將平之時既平之後請弛私鹽私鑄之禁俾餘匪散勇有所謀生帝以其言迂闊置之至京復以爲請忤旨降副都統銜充伊犂領隊大臣七年擢伊犂將軍乾隆中屢詔伊犂屯田皆以灌溉乏水未大興松筠力任其事預計安插官兵惠遠城需八萬畝惠甯城需四萬畝乃於伊犂河北引水開渠逶迤數十里又於城西北導水泉凡兩城有水之地皆開渠授田爲世業給穀種田器馬牛然旗人多驕逸或殺食所給牛鬻田器棄不耕反覆曉諭始悉命比去任凡墾田六萬四千畝甯遠叛兵蒲大芳等謫戍塔爾巴哈台其黨馬友元等分戍南路諸城十三年冬大芳復謀逆捕其黨五十餘人誅之次年檄調馬友元等百餘人赴伊犂種地悉斬於途詔斥未鞫而殺失政體降喀什噶爾參贊大臣復授陝甘總督調兩江總督南河自馬港口漫陷黃水倒漾淤運阻漕偕河督吳璥察勘海口請復故道製疏沙器具試之河口果驗又造撥船千艘改小運船親駐河干督趲渡黃回空皆迅速迭疏論河務宜引沁入衞可利漕運又謂吳璥於黃泥嘴俞家灘逢灣取直以致停淤爲璥等論駁復密陳吳璥徐端所論不實工程虛揑自請調任總河察其弊又薦將攸銛孫玉庭可任帝以松筠忠實治河非所長用攸銛爲河督責令相助爲理特兼署河督事十六年調兩廣總督協辦大學士兼內大臣召爲吏部尚書十七年命往盛京會勘陵工兼籌移駐宗室事疏請小東門外建屋七十所居閒散宗室七十戶戶給田三十六畝又言西廠大淩河東有可耕地三千頃可移駐二千餘戶東廠周數百里地多積水其水自北山柳條邊來若相地開河可涸出沃壤又東柳河溝亦多積水若自北山東橫開大渠可得沃壤數千頃續勘彰武臺邊門外迤西牧廠閒地橫三四十里縱六七十里並可移駐請於大淩河西廠東界先試墾種詔並允行而試墾事爲將軍晉昌奏罷論者惜之回京授軍機大臣未幾罷改授御前大臣十八年復出爲伊犂將軍拜東閣大學士改武英殿大學士以平定滑縣教匪敍功加太子太保詔偕參贊長齡通籌新疆南北諸城出納量減內地餉運疏言北路塔爾巴哈台歲需內地銀四萬數千兩南路回疆八城歲需內地銀五萬數千兩地方貢賦皆入經費之內無庸議減伊犂歲需內地經費銀六十萬兩可撙節者無幾惟烏魯木齊爲新疆腹地歲需銀一百一十餘萬兩宜裁減請復屯田廣墾蘆灘荒地開採銅鉛各礦抽收迪化州土魯番木稅又議綠營糧餉凡倉儲充裕處改給銀米各半並復乾隆四十六年以前捐監之例使邊地就近納粟所議或行或不行於內地歲輸卒未大減喀什噶爾阿奇木伯克玉努斯聽其妻色奇納言多不法私與浩罕酋愛瑪爾交通愛瑪爾欲使尊爲汗遣使請自設哈子伯克用浩罕稅例徵安集延商十九年松筠巡視回疆誅色奇納械玉努斯禁錮伊犂拒浩罕之請斥去其使二十年喀什噶爾回人仔牙敦作亂親往治之仔牙敦就獲與布魯特比圖爾第邁莫特並寘極刑詔斥松筠不待命削宮銜召還京松筠初任時築四堡於伊犂河北議移置八旗散丁事未竟而去再至乃築室堡中堡置百戶戶授田三四十畝三時務農冬則肄武規畫粗備以屬代者而代者不置意田遂荒二十二年詔來年幸盛京抗疏諫阻罷大學士出爲察哈爾都統署綏遠城將軍踰年子熙昌殁帝憐之召還爲正白旗漢軍都統尋授禮部尚書調兵部復御前兼職未幾出爲盛京將軍松筠素以忠諒見重在朝時凡燕游贊御之事乘間直言無避既屢忤旨二十五年以兵部遺失行印追論降山海關副都統復以事迭降爲驍騎校是年秋仁宗崩於熱河梓宮回京宣宗步行於班寮中見之扶而哭翌日授副都御史擢左都御史其復起也甚負時望然卒不安於位未一月出爲熱河都統道光元年召授兵部尚書調吏部復爲軍機大臣二年暫署直隸總督以代改理藩院奏稿忤尚書禧恩被劾降六部員外郎尋授光祿寺卿遷左都御史又出爲盛京將軍調吉林數年之中兩召還朝爲左都御史禮部尚書迭出署烏里雅蘇台將軍熱河都統直隸總督九年調兵部尚書往科布多鞫獄十年往山西按巡撫徐炘被控事回疆方用兵密疏有所論列詔令陳善後方略多被採納是年秋自以衰病請罷數日復請任使詔斥進退自由負優禮大臣之意又以前赴科布多屬道員徐寅代購什物罷職予三品頂戴休致至十二年浩罕遣使進表松筠曾言浩罕通商邊境可靖帝思其言復頭品頂戴署正黃旗漢軍副都統命赴歸化城勘達爾漢茂明安土默特三部爭地據乾隆朝圖記判定三部皆悅服還授理藩院侍郎調工部進正藍旗蒙古都統十四年以都統銜休致逾年卒年八十有二贈太子太保依尙書例賜䘏諡文淸祀伊犂名宦祠松筠廉直坦易脫略文法不隨時俯仰屢起屢蹶晚年益多挫折剛果不克如前實心爲國未嘗改也服膺宋儒亦喜談禪尤施惠貧民名滿海內要以治邊功最多子熙昌以廕生官至刑工兩部侍郎署熱河都統兼護軍統領數奉使赴各省按事亦被信用嘉慶二十三年卒於長沙帝深惜之贈都統諡敬慎

富俊字松巖卓特氏蒙古正黃旗人繙譯進士授禮部主事歷郎中累遷內閣蒙古侍讀學士內閣學士兼副都統嘉慶元年擢兵部侍郎充科布多參贊大臣四年授烏魯木齊都統調喀什噶爾參贊大臣歷葉爾羌辦事大臣烏里雅蘇台參贊大臣召署鑲紅旗漢軍都統兵部侍郎八年出爲吉林將軍調盛京滿治民典旗地限年首官不首者治罪追典價租息入官富俊疏言一年之內一千六百餘案應追繳者不下萬人年久轉典株連繁多旗民多窮苦既獲罪又追追呼情實可憫請悉寬免允之十二年考覈軍政以潔己奉公邊陲安輯特詔褒美予議敍十五年因採蔘積弊受屬員蔽褫職遣往吉林効力既而言官論關東三省賭博風熾仁宗念富俊在官時曾嚴禁即起授盛京工部侍郎兼管奉天府尹及六邊邊門事務十八年授黑龍江將軍疏請內外臣工三年更調及禁奢講武數事詔以更調非可限年餘並嘉納又以東三省官兵技藝優嫺每屆五年挑送京營著爲令十九年調吉林將軍先是議籌八旗生計詔勘吉林荒地開墾移駐京旗將軍賽沖阿言拉林近地閒荒可墾未有規畫富俊至疏言乾隆中移駐京旗建屋墾地多藉吉林兵力墾而不種酌留數人教耕一年後裁汰京旗蘇拉不能耕作始而雇覓流民久之田爲民有殊失國家愛育旗人之意今籌試墾莫若先辦屯田請發吉林閒散旗人一千名爲屯丁每丁給銀二十五兩籽種二石官置牛具人給荒地三十晌墾種二十晌留荒十晌四年徵糧每晌一石十年後移駐京旗人給熟地十五晌荒五晌餘十晌荒熟各半給原駐屯丁爲恆產免徵其租因利而利糜帑無多將來京旗移到得種熟地與本處旗屯犬牙相錯學耕夥種實爲有益並詳列屯墾出納設官經理事宜詔如議行二十年富俊親駐雙城子地在拉林河西北橫一百三十里縱七十餘里沃衍宜耕遣員履丈分撥伐木於拉林河上游建立屯屋分五屯設協領一佐領二分左右翼統治之即名屯地曰雙城堡於二十一年一律開墾是年霜早歉收屯丁僅足餬口又挈妻子者不敷居住間有逃亡乃展緩徵糧一年添蓋窩棚借給籽種心始安二十二年調盛京疏陳雙城堡餘荒尙多續發盛京吉林旗丁各千名往墾分左右二屯舊屯名爲中屯遂復調富俊吉林任其事二十四年先到屯丁千名盛京旗人多有親族借來自願入屯惟隸甯古塔者因近地亦可耕荒不願輕離鄉土聽其還以空額二百名改撥盛京二十五年復續到千名富俊巡歷三屯疏陳比屋環居安土樂業有井田遺風中屯開墾在先麥苗暢發男耕婦饁俱極勤勞仁宗大悅報曰滿洲故里佃田宅宅洵善事也續議三屯應增事宜詔嘉實心任事予議敍道光元年疏言三屯開墾九萬數千晌已著成效可移駐京旗三千戶請自道光四年始每歲移駐二百戶給資裝車馬分起送屯官給房屋牛具報可二年召授理藩院尙書與玉瀾堂十五老臣宴御製詩有勤勞三省不凋松柏之褒四年復出爲吉林將軍方雙城堡之興屯也富俊欲推其法於伯都訥闈場以旗戶往往賴佃丁助耕不如逕招民墾前後疏六七上爲廷議所格至是復言伯都訥闈場荒地二十餘萬晌募民屯墾較雙城堡費半功倍始允之五年丈地分屯中畫經界名曰新城屯分八旗爲兩翼每翼初立二十五屯後定爲十五屯每屯三十戶以治本於農務滋稼穡八字爲號以次撥地同時並墾至七年陸續認佃三千六百戶總爲一百二十屯與雙城堡相爲表裏初議京旗每歲二百戶移駐雙城堡至六年僅陸續移到二百七十戶七年續移八十五戶而地利頓興自此雙城堡伯都訥兩地號邊方繁庶之區焉墾事既定復召爲理藩院尙書協辦大學士兼鑲黃旗漢軍都統次年京察以在吉林宣勞予議敍疏言京外競尙浮奢官民服飾及冠昏喪祭任意踰制有關風俗人心請依會典儀制刊布規條宣諭民間詔下有司議行時富俊年逾八旬屢被優禮遇常朝免其入直迭讞獄盛京吉林俱稱旨十年調工部拜東閣大學士管理理藩院十二年復請禁僭用服色犯者拿捕詔斥徒滋擾累寢其議尋以天時亢旱自稱奉職無狀引年乞罷不許授內大臣疏言科舉保薦並認師生餽遺關通成爲陋習請嚴禁以端仕進詔嘉納申誡臣工務除積習十四年卒帝悼惜稱其清慎公勤克盡厥職贈太子太傅親臨奠醊諡文誠入祀賢良祠富俊尙廉節好禮賢士在吉林時請調黑龍江戍員馬瑞辰掌教白山書院且被嚴斥其治屯墾專任

賫心傳卒以成功心傳山西人以進士官奉天寧海知縣坐東巡治御道有誤罷職富俊知其才辟佐墾務規畫悉出手定始終在事以勞復官世比諸陳潢之佐靳輔治河博啓圖一等誠嘉毅勇公明瑞孫嘉慶初襲爵授頭等侍衛歷兵部侍郎察哈爾都統道光七年調吉林將軍繼富俊之後守其成規治邊有法富俊請以屯墾專任之時京旗以邊地早寒又助耕乏人願往者少博啓圖疏請減戶增田許其買僕代耕統居中屯改建住屋俾便禦寒雖得請尋召授工部尚書兼領侍衛內大臣繼任者不果行其議故移駐卒未如額十四年卒贈太子太保諡敬僖

論曰保寧松筠富俊並出自藩族久膺邊寄晉綸扉稱名相伊犂吉林屯田利在百世然限於事勢收效未盡如所規畫甚矣締造之艱也松筠在吉林請開小綏芬屯墾富時以不急之務沮之至咸同間其地竟劃歸俄界苟早經營奚致輕棄實邊之計顧可忽哉

清史稿 列傳一百三十

書麟 弟廣厚 覺羅吉慶

覺羅長麟 費淳

百齡 伯麟

書麟字紱齋高佳氏滿洲鑲黃旗人大學士高晉子初授鑾儀衛整儀尉累遷冠軍使擢西安副都統乾隆三十八年大軍征金川命爲領隊大臣從參贊大臣豐昇額力戰輒先登克堅碉數十功最金川平加等議敘圖形紫光閣授廣西巡撫以父憂去起署兵部侍郎四十九年出爲安徽巡撫歲旱請留漕糧五萬石關稅銀三十五萬兩賑之阜陽有荒地六千餘頃疏請寬限清釐民間交易用官弓丈量以杜欺隱期於漸復舊額帝以書麟盡心民瘼予優敘黃運兩河漫溢帝因兩江總督李世傑未諳河工命書麟佐之與世傑及河督李奉翰議漫口有四惟司家莊湯家莊兩處分溜急與工堵築又奏桃園境內河流因順黃壩生有淤灘水勢紆折不暢於卞皇閘下挑引河俾黃流東注會清以資宣洩五十二年擢兩江總督書麟素行清謹出巡屬邑輕騎減從民不擾累特詔嘉之和珅柄政書麟與之忤未幾有高郵巡檢陳倚道揭報書吏假印重徵事遣重臣鞫實坐書麟瞻徇下部嚴議又失察句容書吏侵用錢糧褫職遣戍伊犂尋起爲山西巡撫內閣學士尹壯圖論州縣虧空由於派累疆臣中惟李世傑書麟獨善其身和珅尤忌之命壯圖赴各省清查倉庫自山西始壯圖因獲譴五十六年仍授兩江總督兩淮鹽政巴寧阿交結商人坐書麟徇庇復奪職予三等侍衛赴新疆効力嘉慶四年和珅敗召授吏部尚書兼正紅旗漢軍都統加太子少保尋協辦大學士授閩浙總督弟廣興以首發和珅奸擢官既得官多所彈擊書麟不善所爲嘗於帝前言之至是廣興以掌四川軍需獲咎書麟請嚴治且自引罪詔宥之調雲貴鞫前督富綱得其貪婪狀論如律又按問雲南巡撫江蘭諱災得實褫江蘭職時猓夷不靖疏陳江蘭所奏不實辦理草率帝嘉其公正遂親赴黃草壩督兵分路進勦擒賊首李文明等遣降猓入箐招諭曉以利害夷衆五十二寨悔罪輸誠以土司苛派擾夷立牌申禁優詔褒賚加太子太保五年調湖廣督師勦襄陽青藍黃三號教匪會長齡等已敗賊瓦房口書麟以東川保豐爲糧運要路親往截勦帝念其年逾七旬奔馳山谷間賊情詭詐戒毋冒險輕試六年由竹山房縣進勦徐天德禽斬甚衆疏言勦賊之法以固心民培民氣爲要撫輯得宜賊即是民任其失所民即是賊帝僉之川匪苟文明等由陝西平利越老林闖房縣偕長齡明亮進擊遇賊獅子崖大敗之復分兵伏佘家溝高尖山天德等來襲卻之疏請於襄陽添設提督移協鎭於鄖陽竹山二處天德等屯聚茅倫山令孫清元等分隊破之因病乞解職遣侍衛率御醫馳視未幾卒於軍帝深惜之贈太子太傅封一等男爵以子吉郎阿嗣諡文勤尋以倭什布治餉遲誤詔斥書麟知而不舉念其清廉公正治軍成勞奠醊恩禮仍有加焉弟廣厚乾隆四十三年進士由工部主事歷御史出爲江西吉南贛寧道遷甘肅按察使嘉慶初偕總兵吉蘭泰擊教匪張映祥楊天柱於鞏昌秦州進躡諸白水江殲焉遷江西布政使調甘肅賊出沒於岷州禮縣間廣厚督兵由岷州遮羊鋪遏其衝保完善之地境內乂安調廣東坐與總督那彥成游宴解職予三等侍衛爲庫車辦事大臣調哈喇沙爾官至安徽湖南巡撫卒

覺羅吉慶隸正白旗父萬福騎都尉官江寧將軍兼散秩大臣吉慶由官學生補內閣中書遷侍讀歷御史乾隆五十年嗣世職擢鑲白旗蒙古副都統累遷兵部侍郎命赴山東湖南湖北河南讞獄均稱旨調戶部五十六年出爲山東巡撫歲祲截留漕米三十萬石撥豫東軍船運米振飢調浙江閩海漁船赴浙洋剽掠吉慶於島嶴編保甲禁米出洋嚴緝代賣盜贓兼署提督獲海盜陳言等及臨海邪匪李鶴皐寘之法鹽政岳謙執拗病民劾罷之遂兼鹽政嘉慶元年擢兩廣總督劾水師提督路超吉不勝任貶超吉秩二年廣西西隆亞稿寨苗匪句結貴州狆苗竄踞八渡率提督彭承堯進勦克其要隘黔苗潛渡百樂寬泗城令副將德昌等分路攻撲毀苗砦十有九進攻亞稿至憂雄遇賊大敗之永豐百樂等苗目渡江降給酒食令回寨招撫亞稿山路陡峻選精卒由間道潛襲克其巢斬首千級以功加太子太保賜雙眼花翎亞稿之捷投誠者千餘寨惟附近那地小河廣平蒙里等寨猶恃險抗拒會雲南兵至會勦盡克之賊首龍運登父子乞降粵境悉平六年命協辦大學士總督如故吉慶居官廉而察吏疏博羅縣重犯越獄司府循隱又通省贓罰銀按縣派徵爲臬司漏規事並上聞詔斥其因循陳爛展四者於博羅山中糾衆爲添弟會知府伊秉綬請發兵往捕吉慶爲提督孫全謀所蔽未許七年陳爛展四果剽掠作亂擾及數縣遣師擒斬之餘黨曾鬼六復勾結永安諸賊相繼起吉慶馳往勦捕請調江西兵二千爲助詔斥其張皇始疑之尋敗賊於義容墟曾清浩率衆四千餘人繳械降全謀禽賊渠薛文勝暨匪衆四百餘悉誅之事聞帝以吉慶奏報前後不符措置失當罷協辦大學士留總督任命那彥成往按吉慶復奏永安降匪多請留兵防範詔斥顢頇結局解任聽勦巡撫瑚圖禮素與有隙既奉密諭調察遂疏劾其疲輭不職那彥成猶未至獨鞫之據高坐設囚具隸卒故加訶辱吉慶恚曰某雖不肖曾備位政府不可受辱傷國體因自戕帝聞命那彥成陳狀尋以吉慶素廉潔治匪有功無故輕生詔免追論子壽喜仍襲世職坐事黜以弟常喜嗣

覺羅長麟字牧庵隸正藍旗乾隆四十年進士授刑部主事貌奇偉明敏有口辯居曹有聲歷郎中出爲福建興泉永道累遷江蘇布政使五十一年召授刑部侍郎二年授山東巡撫責所屬濬河道修四十一州縣城工捕鉅野汶上劇盜田玉堂等寘之法詔嘉獎劾萊州知府徐大榕治平度州民羅有良獄誤擬大榕訴於京刑部尙書胡季堂等往鞫不直長麟帝以防河有勞特寬之復以審擬濱州舉人薛對元罪失實褫職留修城工未幾授江蘇巡撫嘗私行市井間訪察民隱擒治強暴禁革奢俗清漕政斥貪吏爲時所稱五十七年調山西入覲時有市人董二誣告逆匪王倫潛匿山西某家和珅於宮門前言務坐以逆黨長麟至官訪悉某實董仇家故傾陷慨然曰吾髮垂白奈何滅人族以媚權相終反坐董二和珅大忤調浙江擢兩廣總督加太子少保整頓水師禽獲海盜六十年調署閩浙會將軍魁倫劾總督伍拉納巡撫浦霖貪縱並閩省庫藏虧缺事命長麟按治未得實詔切責乃奏婪索納賄狀伍拉納故和珅姻戚帝疑長麟瞻徇並斥其平日沽名取巧奪職予副都統銜赴葉爾羌辦事尋授庫倫喀拉烏蘇領隊大臣調喀什噶爾參贊大臣奏減回子王公年班進京行李以恤驛站罷回民土貢有邊警請調兵堵勦詔以張皇斥之嘉慶四年授雲貴總督調閩浙五年調陝甘時教匪未靖勸民築堡團練令川陝豫楚交界處一體仿行募精壯難民入伍督師敗伍金柱於唐家河又擊於傅家鎭將軍富成來援戰沒復偕固原提督慶成擊賊於汧陽乾溝河六年迭敗高天德馬學禮於鐵鑪川舊州鋪綱廠武關擒襄陽賊首馬應祥詔嘉獎尋以副將蕭福祿搜捕汧陽悄悄會匪濫殺邀功仁宗疑之調察得實斥長麟徇庇停其議敘又以傅家鎭之戰漫無籌措致富成陣亡七年召回京降署吏部侍郎遷禮部尙書兼都統復命督兩廣以母老留京八年授兵部尙書調刑部兼管戶部三庫十年兼翰林院掌院學士十三年命偕尙書戴衢亨察視南河長麟至清江浦聞安徽諸生包世臣習河事親訪之同視海口實不高仰用其說罷改道之議與衢亨通籌河工具得要領帝嘉之復偕衢亨清查兩淮鹽務責鹽政每年雜費悉報部覈銷以息浮議十五年以目眚久在告特詔解職逾年卒諡文敏

費淳字筠浦浙江錢塘人乾隆二十八年進士授刑部主事歷郎中充軍機章京出爲江蘇常州知府父憂去服闋補山西太原擢冀寧道累遷雲南布政使有惠政以母老乞終養喪除起故官六十年擢安徽巡撫調江蘇嘉慶二年疏言淮徐揚三府屬被水窪地責州縣勸植蘆葦以收地利應納錢糧即照蘆課改折徵輸詔議行調福建復還江蘇四年擢兩江總督淳歷官廉謹爲帝所重兩淮鹽政徵瑞與淳爲姻家免其迴避時南河比歲漫溢淳以江督事繁自陳未諳河務乞免兼管允之命淳與總河詳議河務工程應行分辦事具聞帝密詢漕督蔣兆奎等優劣諭曰安民首在任賢除弊必先去貪汝操守雖優察吏過寬去一貪吏萬姓蒙福進一賢臣一方受惠其悉心訪聞愼勿迎合朕意顚倒是非淳具以實聞有匿名訐告常州知府胡觀瀾者下淳按治疏糾觀瀾與江陰知縣楊世綬勒派累民得實請嚴譴詔斥不先劾以平日廉潔覆奏無徇

隱寬之尋劾鹽巡道彭翼蒙奢侈糜費褫翼蒙職復劾漕運總督富綱私受衞弁餽銀時富綱已調雲貴總督命吉慶嚴鞫實諸法漕運旗丁苦累屢議加徵調劑偕漕督鐵保疏陳原徵隨漕項下有款可撥以裨運丁又旗丁月米令州縣改給折色應領運費責糧道放給以免層層剝削如所請行五年邵家壩河工合龍加太子少保六年以足疾乞歸醫治允之命毋解職尋稱足疾已痊若遵旨回籍轉涉欺蒙詔嘉其得大臣體賜內府藥餌七年宿州土匪王潮名糾衆戕官檄鎭將勦捕事定請於宿之南平集設撫民同知裁甯國府同知移駐其地並調設營汛從之八年召授兵部尚書時河決河南衡家樓橫溢張秋以南由鹽河入海有妨漕運命澢往勘治於張秋西岸加寬裏頭東岸加高長堤以防溜勢北掣南口趁汶水北注之勢引歸河身北口自大溜迤北分導餘流以資挽運並仿南河刷沙法製混江龍鐵篦船以疏淤明年糧運過張秋無阻降詔褒賚調吏部尚書協辦大學士十一年偕尚書長麟按問直隸藩司書吏侵冒錢糧獄鞫實論如律十二年拜體仁閣大學士管理工部兼管戶部三庫十四年以庫銀被竊鐫秩留任已復坐失察工部書吏冒領三庫銀詔切責削宮銜左遷侍郎調兵部逾年復授工部尚書十六年卒復大學士諡文恪祀雲南名宦

百齡字菊溪張氏漢軍正黃旗人乾隆三十七年進士選庶吉士授編修掌院阿桂重之曰公輔器也督山西學政改御史歷奉天順天府丞百齡負才自守不干進遭迴閒職十餘年仁宗親政後始加拔擢嘉慶五年出爲湖南按察使調浙江歷貴州雲南布政使八年擢廣西巡撫武緣縣有冤獄諸生黃萬鎰等爲知縣孫廷標誣擬大辟百齡下車劾廷標逮問帝嘉之賜花翎洎定讞特加太子少保十年調廣東南海番禺兩縣蠹役私設班館羈留無辜爲民害重懲之劾罷縱容之知縣王軾趙興巖申禁令詔予優敘尋擢湖廣總督兩湖多盜下令禽捕行以便宜江湖晏然未幾王軾訐百齡在粵用非刑斃命逼勒供應臨行用運夫二千餘名總督那彥成疏劾並及到湖北後截留廣東會奏批摺命吳熊光等按鞫議褫職遣戍帝原之命効力實錄館尋予六品頂戴赴福建治糧餉事竣授汀漳龍道擢湖南按察使調江蘇以病歸病痊授鴻臚寺卿歷山東按察使就擢巡撫十四年擢兩廣總督粵洋久不靖巨寇張保挾衆數萬勢甚張百齡至撤沿海商船改鹽運由陸禁銷贓接濟水米諸弊籌餉練水師懲貪去懦水師提督孫全謀失機劾逮治罪每一檄下耳目震新巡哨周嚴遇盜輒擊之沈海艘奪魁氣始有投誠意張保妻鄭尤黠悍遣朱爾賡額溫承志往諭以利害遂勸保降要制府親臨乃聽命百齡曰粵人苦盜久矣不坦懷待之海氛何由息遂單舸出虎門從者十數人保率艦數百轟礮如雷環船跪迓立撫其衆許奏乞貸死旬日解散二萬餘人繳礮船四百餘號復令誘烏石二至雷州斬之釋其餘黨粵洋肅清帝愈嘉異之復太子少保賜雙眼花翎予輕車都尉世職十六年再乞病回京授刑部尚書改左都御史兼都統未幾授兩江總督時河決王家營上游緜山拐李家樓並漫溢論者謂河患在雲梯關海口不暢多主改由馬港新河入海百齡親勘下游疏言海口無高仰形迹亦無攔門沙隄其受病在上年挑河二段內積淤三千餘丈又親至馬港口以下見淤沙挑費更鉅入海路窄二者相較仍以修濬正河爲便並請加挑竈工尾以下河身兩岸接築新隄於七套增建減水壩修復王營減壩重建磨盤埽詔如議百齡年逾六旬始生子值帝萬壽日聞之賜名扎拉芬以示寵異勉其盡心治河次年春諸工先後竣漕運渡黃較早迭加優賚賜其子六品廕生洪湖連年水漲五壩壞其四詔責急修百齡以禮壩之決由於河督陳鳳翔急開遲閉以致棘手奏劾之鳳翔被嚴譴訴道廳請開禮壩時百齡同批允又訐淮陽道朱爾賡額爲百齡所倚司薹蕩營有弊言官吳雲馬履泰並論其舉劾失當命松筠初彭齡往按帝意方嚮用議上專坐朱爾賡額罪以塞衆謗十八年命協辦大學士總督如故十九年初彭齡奉命赴江蘇同查虧絡議不合彭齡爲所掣恚甚遂劾百齡受鹽場稅關餽遺按之未得實彭齡坐誣被譴會鹽運使廖寅捕逆犯劉第五部鞫爲僞百齡亦坐失入褫宮銜罷協辦大學士江南莠民散布逆詞連及百齡嚴詔責捕二十年獲首從方榮升等百五十人並抵法復宮銜封三等男爵兼署安徽巡撫是年冬病甚命松筠往代卒於江甯帝聞悼惜詔復協辦大學士遣侍衞賜奠許柩入城治喪將遣皇子奠醊既而以江北灾民未能撫䘏停其奠醊仍賜祭葬如例諡文敏子扎拉芬襲男爵

伯麟字玉亭瑚錫哈哩氏滿洲正黃旗人由繙譯舉人授兵部筆帖式擢右春坊右贊善累遷內閣學士乾隆五十七年授盛京兵部侍郎尋授山西巡撫九年擢雲貴總督十年緬甸與暹羅屬夷戛于臘構釁求助於孟連土司刀派功援往遇害失其印伯麟以刀派功禍由自取惟責暹羅繳所得印十一年緬甸請豫期納貢伯麟知其與暹羅搆兵爲求助地卻之後緬甸爲戛于臘所敗果來乞援伯麟拒勿應戛于臘旋亦敗走緬兵次車里土司界嚴兵守邊移檄訓戒緬兵遂退迤南江外猓匪入邊刦掠遣普洱鎭總兵那林泰勦平之十三年緬甸四大萬頭目來請十三板納地伯麟責其冒昧諭以十三板納爲九江土司所轄俱屬內地毋生覬覦詔嘉其得體十四年入覲賜花翎十七年騰越邊外野寨頭目拉幹出擾遣兵禽之緬甯騰越要隘舊設土練一千六百名久廢規復其制給曠土耕種僧銅金從猓夷李文明爲亂已悔罪投誠更姓名爲張輔國充南興土目至是復勾結猓衆侵擾伯麟赴緬甯督土司會勦十八年正月進逼南興破其巢輔國就戮邊境肅清增設騰越鎭馬鹿塘大壩二汛二十二年臨安邊外夷人高羅衣自稱窩泥王僞署官職糾衆萬餘攻殺土目龍定國擾瓦渣溪處兩土司境渡江窺伺內地伯麟親往勦平之議定善後條規使各土司綏靖夷民以安反側敘功加太子少保尋命協辦大學士仍留總督任二十三年羅衣從姪高老五竄籐條江外復爲亂擾及郡城督師勦禽之餘黨悉殲增設臨安江內東西兩路要隘塘汛官兵以江外煙瘴最盛降夷就撫裁撤留防兵練二十五年召授兵部尚書兼都統復疏陳滇黔邊務六事如議行道光元年拜體仁閣大學士管理兵部尋以年老休致仍充實錄館總裁三年萬壽節與十五老臣宴逾年卒諡文愼伯麟任邊圻凡十六年廉潔愛民士林尤感戴之還朝後以旗人生計爲憂疏陳調劑事宜深中利弊論者謂有名臣風

論曰仁宗倚畀疆臣膺重寄者多參揆席書麟吉慶並勤勞軍事而盡瘁辱身有幸不幸焉長麟費淳先後治吳一嚴一寬才德互有優絀百齡號能臣之冠機牙鋒鋭淩轢一時晚節乃招物議如伯麟之安邊坐鎭遺愛不湮識量豈易及哉

清史稿 列傳一百三十一

勒保 額勒登保 胡時顯 德楞泰

勒保字宜軒費莫氏滿洲鑲紅旗人大學士溫福子由中書科筆帖式充軍機章京乾隆三十四年出爲歸化城理事同知坐事當褫職高宗以溫福方征金川特原之授兵部主事仍直軍機處累遷郎中出爲江西贛南道調安徽廬鳳道以母憂去官命爲庫倫辦事章京四十五年充辦事大臣累擢兵部侍郎仍留庫倫五十年內召未幾授山西巡撫五十二年署陝甘總督尋實授五十六年大軍征廓爾喀治西路駝馬裝糧臺站加太子太保初安徽奸民劉松以習混元教戍甘肅復倡白蓮教與其黨湖北樊學明齊林陝西韓龍四川謝添繡等謀不軌五十九年勒保捕劉松誅之而松黨劉之協宋之清傳教於河南安徽以鹿邑王氏子曰發生者詭明裔朱姓煽動愚民事覺被捕詔誅首惡赦餘黨發生以童幼免死戍新疆之協遠颺不獲各省大索官吏奉行不善頗爲民擾武昌府同知常丹葵在荆州宜昌株連數千人川楚民方以苗事困軍興無賴者又因禁私鹽私鑄失業發仇官亂機四伏矣六十年勒保調雲貴總督湖南貴州苗疆不靖福康安督師進討勒保赴軍安撫正大銅仁鎭遠降苗並治軍需雲南威遠猓匪擾邊勒保將赴勦會猓匪即平福康安和琳相繼卒於軍命偕明亮鄂輝接辦軍務未至而湖北教匪熾蔓延川陝林之華覃加耀踞長陽黃柏山福甯攻之不克勒保往會剿嘉慶二年春連戰敗之方乘勝薄其巢而貴州南籠狆苗王囊仙等叛詔勒保督師討之王囊仙者洞灑寨苗婦當丈寨韋七綹鬚以囊仙有幻術推爲首分遣其黨大王公李阿六王抱羊圍南籠府及府屬之永豐黃草壩捧鮓新城册亨安順府屬之永甯歸化諸城肥亭陷滇黔道梗三月勒保至令總兵德英額札郎阿袁敏分守東西北三路其南際滇粵咨兩廣總督吉慶雲南巡撫江蘭防之自率按察使常明副將施縉進克關嶺抵永甯副將巴圖什里已解其圍都司周廷翰援歸化圍亦解會提督珠隆阿擊永豐自率總兵張玉龍七格解新城圍進至南籠圍始解詔嘉南籠固

守賜名興義遣當明施縉解黃草壩圍賊悉衆圍捧鮓永豐益急分兵援之先解捧鮓圍自率常明施縉攻洞灑當丈賊巢賊縱火自焚都司王宏信千總洪保冒烈燄入禽王囊仙韋七綹鬚旋解永豐圍吉慶亦自廣西至復册亨六月狆苗平詔改永豐曰貞豐錫封勒保一等侯爵號曰威勤九月調湖廣總督時川楚賊氛愈熾立靑黃藍白線等號又設掌櫃元帥先鋒總兵等僞稱先命永保總統諸軍易以惠齡又易以宜緜皆不辦至是宜緜薦勒保以自代允之三年正月至四川梁山賊曾柳起石壩山而白號王三槐靑號徐天德藍號林亮工諸賊聚開縣勒保先破石壩山斬曾柳詔嘉爲入川第一功調授四川總督三槐走達州與藍號冉文儔合惟亮工仍在開縣之開州坪勒保令副都統六十七總兵富森布剿之親追三槐九戰皆捷賊走巴州掠閬中蒼溪而西追之急復東入儀隴勒保以賊蹤靡定所至裹脅乃畫堅壁淸野策令民依山險築寨屯糧團練鄉勇自衞賊由儀隴趨孫家梁欲與白號羅其淸合偕惠齡恆瑞截剿三槐南竄渠縣文儔遁入其淸寨勒保留惠齡恆瑞剿孫家梁仍親躡三槐五月三槐犯大竹分竄梁山墊江新甯東奔開縣亮工出爲犄角擊走之斬其黨林定相天德來援敗之禽其黨張洪鈞天德奔新甯三槐與冷天祿踞雲陽安樂坪進圍之七月誘三槐降禽之檻送京師詔晉封公爵天祿盡有三槐之衆負嵎抗拒圍攻久不下黃號龍紹周龔建樊人傑來援擊却之十月天祿糧盡詭請降夜突營大爲所挫尋走新甯四年正月天德爲額勒登保所敗亦竄新甯仁市壩與黃號王光祖合偕額勒登保夾擊天德走墊江天祿走忠州勒保令額勒登保截擊天德總兵百祥追天祿自率大軍策應仁宗以前此諸軍事權不一特授勒保經略大臣節制川楚陝甘豫五省軍務明亮額勒登保爲參贊勒保以賊勢重在四川請暫駐梁山大竹等處督師尋破天德天祿分竄隣水長壽復敗之天祿爲額勒登保所殲二月移駐達州疏言築寨團練行之四川有效請通行於湖北陝西河南又言安民即以散賊請各省被賊之區蠲免今歲應徵錢糧並如議行四月追剿天德紹周建人傑及張子聰等賊遁開縣東鄉旋分竄竹谿關渡口塲意圖入陝五月子聰勾合藍號冉天元北竄遣額勒登保兜擊逼回川境子聰竄通江藍號包正洪竄雲陽靑號王登廷竄東鄉天德紹周建人傑及線號龔文玉白號張天倫竄大甯老林勒保檄調諸軍分剿六月總兵朱射斗殲正洪於雲陽七月德楞泰禽文玉於大甯八月提督七十五禽建人傑於開縣賊勢寖衰矣會治餉大臣福甯劾勒保月餉十二萬兩視他路爲多所辦賊有增無減而天德復由大甯闌入湖北境總督倭什布飛章告警詔褫職命尚書魁倫赴川勘問以額勒登保代爲經略勒保能得軍心而八旗兵素驕稍裁抑之遂騰蜚語及就逮所部將士爲之訟寃魁倫窺帝怒不測未以上聞稍爲申辨縻饟縱賊罪卒坐以明亮恆瑞不聽調度副都統訥音布兵譁閧不據實參奏又賊犯楚境不即馳報玩視軍務論大辟帝念前功改爲斬候解部監禁五年春額勒登保等勦賊陝西魁倫專任川事而將士不用命天元子聰合黃號徐萬富靑號汪瀛線號陳得俸渡嘉陵江魁倫退守潼河事聞起勒保赴川三月至賊已越潼河赴中江截勦連敗之詔逮魁倫授勒保四川提督兼署總督時德楞泰已大破賊於馬蹄岡冉天元陳得俸雷世旺先後殄滅合勦汪瀛於嘉陵江口禽之四月擊敗高天升馬學禮賊遁甘肅番境五月復犯龍安罷提督專任總督六月賊北走甘肅遣副都統阿哈保追之自率兵勦川東川北諸賊七月與德楞泰合擊白號苟文明鮮大川於岳池新場敗之大川走死實授總督八月白號賊與靑號趙麻花合進擊殲其黨湯思舉麻花復合王珊向陝境欲迎天德入川勒保截之於江口斃麻花珊亦爲德楞泰所誅十二月藍號李彬白號楊開第黃號齊開謨自巴州竄儀隴德楞泰擊斃開謨勒保亦斬開第獨彬遁走六年正月移師川東敗藍號楊步靑於大甯而樊人傑徐萬富合藍號王士虎冉天士擾廣元蒼溪遣阿哈保往援賊僞向儀隴陰沿嘉陵江南下欲潛渡馳至南部與阿哈保合擊殲萬富二月藍號張士龍竄巴州遣七十五擊斬之自擊藍號陳朝觀白號魏學盛敗之巫山雲陽間賊北竄入陝楚界追至竹山六月賊回竄東鄉擊敗之禽靑號何子魁殲藍號苟文通鮮俸先七月又禽徐天壽王登高八月白號高見奇合魏學盛竄廣元邀擊之追至通江適藍號冉學勝自老林至與合乘夜攻之禽學勝詔封三等男九月見奇學盛分竄南江及陝西西鄉勒保抵南江聞李彬方掠巴州蒼溪恐踰嘉陵江亟往賊已東竄通江乃移兵大竹勦湯思蛟劉朝選追至太平禽其黨蕭焜是冬偕額勒登保德楞泰疏言勦匪大局已定請酌撤官兵詔以巨賊未盡除遽思將就了事嚴斥之七年正月復疏言川省自築寨練團賊勢十去其九擬分段駐兵率團協力搜捕餘匪遣熟諳軍事之道府正佐各員分專責成兵力所不到民力助之民力所不支兵力助之庶賊無所匿詔如議行是月禽靑號何贇於忠州二月李彬竄南江爲建昌道劉淸所禽三月張天倫魏學盛擾川北遣總兵田朝貴往勦不利親率羅思舉等繼進大敗賊於巴州天倫學盛並就殲五月遣羅聲皐達斯呼勒岱勦禽白號度向瑤總兵張績勦靑號禽徐天培田朝貴勦藍號殲楊步靑七月劉朝選糾靑藍黃號殘匪竄大甯勒保遣將擊之羅思舉禽朝選達斯呼勒岱殲賴飛隴詔晉一等男十月羅思舉禽張簡而湯思蛟敗竄亦就獲十一月思舉禽黃號唐明萬時川中著名逆首率就禽殲餘匪竄老林不復成股在陝楚者亦多爲額勒登保德楞泰所殲十二月合疏馳奏蒇功晉封一等伯爵仍以威勤爲號八月搜捕餘匪禽白號苟文富宋國品張順靑號王靑招降黃號王國賢偕額勒登保德楞泰會奏肅淸未幾陝西南山餘孽復起至九年八月始平十年入覲詔曰自嘉慶三年勒保在川省令鄉民分結寨落匪始無由焚刦且助官軍擊賊其後陝楚仿行賊勢乃促今三省閭閻安堵實得力此策爲多加太子太保雙眼花翎回鎭四川與民休息時解散鄉勇令入伍爲兵十一年秋陝西甯遠鎭新兵倡亂遣總兵唐文淑往援勦叛將蒲大芳縛首逆乞降德楞泰受之勒保奏劾叛兵罪重於逆匪率以納降不知畏威安能悔罪他兵從而生心益驕難制帝韙其言命赴陝西會治善後事宜尋聞四川綏定新兵亦叛桂涵捕禽首逆磔之餘黨並論如律十三年凉山夷匪擾馬邊廳勦平之十四年拜武英殿大學士仍留總督任十五年召來京供職坐在四川隱匿名揭帖未奏降授工部尚書調刑部十六年出爲兩江總督尋內召復授武英殿大學士管理吏部改兵部授領侍衞內大臣十八年充軍機大臣兼管理藩院十九年以病乞休食威勤伯全俸二十四年卒詔贈一等侯諡文襄勒保短小精悍多智數知其父金川之役以剛愎敗一反所爲寄心膂於諸將帥優禮寮屬俾各盡其長卒成大功晚入閣益斂鋒芒結同朝之歡而內分涇渭旣罷相帝眷注不衰命皇四子瑞親王娶其女以恩禮終子九長英惠科布多參贊大臣襲三等威勤侯卒孫文厚嗣爵第四子英綬工部侍郎孫文俊江西巡撫

額勒登保字珠軒瓜爾佳氏滿洲正黃旗人世爲吉林珠戶隸打牲總管乾隆中以馬甲從征緬甸大小金川累擢三等侍衞賜號和隆阿巴圖魯乾淸門行走四十九年勦甘肅石峯堡回匪五十二年平臺灣疊遷御前侍衞五十六年從福康安征廓爾喀攝駐藏大臣攻克擦木賊寨七戰七勝抵帕古朗河班師殿後加副都統銜論臺灣廓爾喀功兩次圖形紫光閣尋授副都統兼護軍統領擢都統六十年貴州松桃苗石柳鄧湖南永綏苗石三保相繼叛陷乾州福康安視師請額勒登保偕護軍統領德楞泰率巴圖魯侍衞赴軍至則松桃圍已解石柳鄧逸入石三保黃瓜寨中額勒登保由松桃進攻解永綏圍克黃瓜寨攻賊首吳半生於蘇麻寨克西梁半生遁高多寨禽之授內大臣又獲乾州賊目吳八月餘黨據平隴進抵長吉山敗之嘉慶元年福康安卒和琳代時石三保就禽石柳鄧在平隴乃進兵復乾州賜花翎署領侍衞內大臣秋和琳卒於軍統兵者惟額勒登保德楞泰及湖南巡撫姜晟三人詔將軍明亮提督鄂輝往會勦十月克平隴石柳鄧遁踞養牛塘山梁分兵克之十二月斬石柳鄧苗縛吳八月子廷義以獻軍事告竣詔嘉其功最錫封威勇侯賜雙眼花翎二年移師勦湖北教匪時林之華覃加耀踞長陽黃柏山地險糧足總督福甯攻之久不下三月額勒登保至克四方臺賊遁鶴峯芭葉山其險隘曰大埬口六月克之賊竄宣恩建始分兵三路進十月斃之華於大茅田而加耀遁施南山中尋竄長樂朱里寨三面懸崖惟東南一徑十二月遣死士縋登掘地窖火藥轟之賊爭走墜崖坑谷皆滿惟加耀偕賊二百遁踞歸州終報寨詔斥額勒登保縱賊降三等伯爵三年春加耀始就禽仍以蕆事緩奪爵職花翎予副都統銜命赴陝西協勦襄匪高均德姚之富齊王氏等會李全自盩厔至藍田欲與諸賊合擊走之姚之富齊王氏失援遂爲明亮德楞泰所殲進勦均德於兩岔河賊分竄商州鎭安四月赴荆州會勦張漢潮敗之竹山躡追由陝西入四川九月擊漢潮於廣元禽其子正潮與德楞泰等合勦川匪羅其淸其淸踞營山之箕山已爲德楞泰所破竄大鵬寨額勒登保與德楞泰惠齡恆瑞四路進攻十月合圍其淸突走靑觀山樹柵距險額勒登保鑒於黃柏山芭葉山頓兵之失議主急攻親逼柵前席地坐令楊遇春督兵囊土立營且戰且築諸軍繼之攻擊七晝夜賊不支竄渡巴河踞遂風寨廢堡德楞泰同至圍之數重勢垂克薄暮忽傳令撤圍賊傾巢夜潰遲至黎明始馳逸賊四路逃竄至方山坪已散盡獲其淸於石穴逸匪數日內並爲民兵禽獻是役賊趨絕地無外援開網縱之饑疲就縛士卒不損竟全功焉復花翎十二月追徐天德冷天祿於合州四年春詔以勒保爲經略大臣額勒登保與明亮同授副都統爲參贊三月追冷天祿於大竹聞蕭占國張長庚由閬州竄營山回軍迎擊賊踞黃土坪臨江負山令總兵朱射斗繞出雞猴寨截其西自率楊遇春由東襲攻城隍廟賊西走

為射斗所扼夾擊殲其半越山竄走尚數千乘夜鬭擊於譚家山隕厓死及生禽幾盡斬占國長庚有冒難民逃出者投冷天祿迷兵威天祿曰我曾於安樂坪破經略兵數萬何懼此乎時踞岳池距大軍不遠天祿遣大隊先行自率悍黨八百殿後額勒登保冒雨由間道進至廣安令穆克登布據人頭堰以待楊遇春潛出賊後自將索倫勁騎衝之賊死鬭天祿斃於箭次日迫其大隊於石筍河斬溺過半先渡者追殲之旬日間連殄三劇賊疊詔嘉賚先封二等男爵晉一等四月追勦白號張子聰於雲陽子聰糾合黃號樊人傑綫號蕭焜卜三聘等疊敗之寒水壩賊稍散五月子聰復合冉天元竄陝境扼禦之子聰竄通江追敗之於苟家坪又敗天元於木老壩七月天元竄鐵龍關欲與王登廷合登廷屯馬鞍寨擊走之窮追至大竹東鄉援賊驟至分兵進擊禽斬甚衆仍躡登廷額勒登保戰績為諸軍最湖北道員胡齊崙治餉餽送諸將事發獨無所受詔嘉其忠勇公清為東三省人傑八月勒保以罪逮命代為經略授領侍衛內大臣補都統疏陳軍事曰臣前數年止領一路偏師今任經略當籌全局教匪本屬編氓宜招撫以散其衆然必能勦而後可撫必能堵而後可勦從前湖北教匪多脅從少四川教匪少脅從多今楚賊盡逼入川其與川東巫山大甯接壤者有界嶺可扼是湖北重在堵而不在勦川陝交界自廣元至太平千餘里隨處可通陝攻急則入川川攻急則入陝是漢江南北勦堵並重川東川北有嘉陵江以限其西南餘皆崇山峻嶺居民近皆扼險築寨團練守禦而川北形勢更便於川東若能驅各路之賊偪川北必可聚而殲旃是四川重在勦而不在堵但使所至堡寨羅布兵隨其後遇賊迎截夾擊以堵為勦事半功倍此則三省所同臣已行知陝楚曉諭修築並定賞格以期兵民同心蹙賊至從征官兵日行百十里旬月尚可耐勞若閱四五年之久驟馬尚且蹄穿何況於人續調新募者不習勞苦更不如舊兵臣一軍尚能得力者以兵士所到之處亦臣所到之處兵士不得食息臣亦不得食息自將弁以及士卒無不一心一力而各路不能盡然近日不得已將臣兵與各提鎮互相更調以期人人精銳又言軍中出力人員應隨時鼓勵令各路領兵大員自行保奏以免吝遝遲延帝韙之時徐天德敗於湖北折回川東漸衰弱而王登廷與冉天元苟文明合阮正漋竄廣元賊勢重在川北九月率楊遇春殲正漋於雲霧山十一月登廷天德天元及樊人傑會合抗拒疊戰於巴州何家垸東君壩禽賊目賈正舉王國安追至蒼溪貓兒埡額勒登保以天元善戰令楊遇春穆克登布合左右翼力擊穆克登布輕進為天元所乘傷亡甚衆賊萃攻經略中營血戰竟夜賊始退次日登廷在南江為鄉團所禽額勒登保以實聞詔嘉其不諱敗不攘功不媿大臣天元竄開縣額勒登保病留太平遣楊遇春穆克登布追之將與德楞泰夾擊而楊開甲辛聰王廷詔高天升馬學禮諸賊以川北守禦嚴無所掠乘間由老林竄陝西城固南鄭提督王文雄不能禦前路賊且入甘肅額勒登保疏請以川事付魁倫德楞泰自力疾赴陝而德楞泰先已西行赴援不及回軍五年春天元糾脅日衆乘魁倫初受事遂奪渡嘉陵江朱射斗戰死未幾潼河復失守川中震動詔逮魁倫起勒保與德楞泰同辦川賊責額勒登保與那彥成專勦陝賊時那彥成破南山餘賊於隴山伏羌德楞泰追王廷詔楊開甲於成縣額勒登保亦至乃令德楞泰回川西自與那彥成分三路遏賊入川及北竄之路楊遇春穆克登布破張天倫於岷州慶成等破張世龍於洮河廷詔開甲合犯大營擊走之分兵追賊大軍移勦高天升馬學禮迭敗之賊踰渭北竄尋要之於鞏昌又要廷詔開甲於岷州諸賊並逼回渭南而張世龍等走秦州將趨北棧留那彥成追高馬二賊自率楊遇春岱森保回陝令王文雄及總兵索費英阿等分扼南北棧張漢潮已為明亮所殲餘黨留陝者糾合復衆張世龍張天倫為大兵所驅竄滇安皆注漢北山中東向商雒賊復蔓延嚴詔詰責召那彥成回京閏四月額勒登保率楊遇春連敗賊於商雒兩岔河令遇春扼龍駒寨使不得犯河南賊乃回竄留後隊綴官軍連破之洵陽大小中溪設伏溪口禽斬三千餘斃藍號劉允恭劉開玉於是漢潮餘黨略盡晉封三等子楊開甲辛聰張世龍張天倫伍金柱戴仕傑等皆西竄五月令楊遇春等追擊金柱等於漢陰手扳厓陣斃賊目龐洪勝等進攻楊開甲等於洋縣茅坪賊踞山巔誘之出戰伏兵繞賊後夾擊陣斬開甲六月賊竄甘肅徽縣兩當藍號陳傑偷越棧道禽之八月遇春斬伍金柱於成縣斃宋麻子於兩當賊復回竄陝境疏陳軍事略謂賊蹤飄忽時分時合隨殺隨增東西回竄官軍受其牽綴稍不慎即墮術中堵勦均無速效自請治罪又言地廣兵單請將防兵悉為勦兵防堵責鄉勇促築陝楚寨堡以絕擄掠溫詔慰勞以勦捕責諸將防堵責疆吏分專其任會賊逼武關截擊走之六年春奏設甯陝鎮為南山屏障如議行二月楊遇春禽王廷詔於川陝交界鞍子溝禽高天德馬學禮於甯羌龍洞溪三賊皆最悍詔晉二等子復雙眼花翎時賊之著者陝西冉學勝伍懷志湖北徐天德苟文明四川樊人傑冉天泗王士虎等尚不下十餘股四月勦學勝於渭河南岸叉蹙之於漢南賊遁平利張天倫糾合五路屯洵陽高嶺劉家河令楊遇春擊走之五月穆克登布禽伍懷志於秦嶺七月遇春禽冉天泗王士虎於通江報曉埡徐天德冉學勝並為他師所殲而姚之富子馨佐及白號高見奇辛斗等方擾甯羌督諸將進勦逼入川北九月總兵楊芳等禽辛斗於通江十月豐紳桑吉斯爾禽高見奇於達州於是賊首李元受老教首闕天明等各率衆降賊勢窮蹙條上搜捕事宜詔嘉獎晉封三等伯十一月苟文明合各路殘匪竄階州裹脅復衆回竄廣元通江十二月敗之於瓦山溪文明竄開縣大甯七年正月斬黃號辛聰於南江文明由西鄉偷渡漢江額勒登保自請罪降一等男詔以川匪責德楞泰勒保等額勒登保兼西安將軍仍專辦陝賊二月文明竄入南山與宋應伏劉永受合督師入山搜勦六月殲其衆於龔家灣文明僅以身免劉永明潛遁為鄉民所殲七月殲文明於甯陝花石巖晉一等伯疏陳軍事將竣請撤東三省及直隸兩廣兵遠地鄉勇分別遣留遂窮搜南山餘匪八月禽苟文舉斃張芳赴平利與德楞泰會勦楚匪五戰禽斬過半十月斃青號熊方青於達州盡殲竹溪股匪十一月令穆克登布追賊通江鐵鐙壩禽景英蒲添青賴大祥及湖北老教首崔建樂晉三等侯著名匪首率就殲零匪散竄老林十二月疏告蕆功詔嘉額勒登保運籌決策悉中機宜躬親行陣與士卒同甘苦厥功最偉晉封一等侯世襲罔替授御前大臣加太子太保賜用紫韁餘論封行賞有差八年春留陝搜捕禽姚馨佐陳文海宋應伏等於紫陽穆克登布遇伏戰歿六月移師入川禽熊老八趙金友於大甯熊老八即戕穆克登布者疏陳善後事宜各省酌留本省兵勇四川一萬二千湖北一萬陝西一萬五千分布要地隨征鄉勇有業歸籍無業補兵分駐大員統率七月馳奏肅清命暫留四川經理善後編閱陝楚營卡事竣振旅還京十二月至行抱見禮於養心殿獎賚有加命謁裕陵九年春因前遭母憂不獲守制補持服尋命赴四川偕德楞泰殲餘孽十年回京總理行營充方略總裁八月上幸盛京額勒登保以病不克從謁陵禮成特詔加恩晉三等公爵是月卒於京師年五十八上聞震悼回鑾親奠御製述悲詩一章於地安門外建專祠曰褒忠謚忠毅命吉林將軍修其祖墓立碑焉額勒登保初隸海蘭察部下海蘭察謂曰子將才宜略知古兵法以清文三國演義授之由是曉暢戰事天性嚴毅諸將白事莫敢仰視然有功必拊循戰勝親餉酒肉賞巨萬不吝人樂為用嘗謂諸將曰兵條條生路惟舍命進戰是一死路賊條條死路惟舍命進戰是一生路惟有出其不意攻其不備之一法追賊必窮所向不使休息師行整伍倉卒遇賊即擊每宿四路偵探臨敵矢石從眉耳過勿動於同列不忌功亦不伐己功尤嚴操守凱旋過蘆溝橋他將輜重纍纍獨行李蕭然數騎而已歿時子謨爾賡額生甫數月帝臨奠抱置膝上命襲侯爵尋殤以姪哈郎阿嗣承襲一等威勇侯自有傳額勒登保不識漢文軍中章奏文牘悉倚胡時顯時顯字行楷江蘇武進人少困科舉乾隆中侍郎劉秉恬治金川糧餉從司文牘獨勤薦授兵部主事充軍機章京累遷郎中和珅用事數與抗出為廣東雷州知府以親老乞留京從福康安征苗有功賜花翎洎額勒登保勦教匪從贊軍務剛直無所徇額勒登保能容之每日跨馬與諸將偕或有逗留輒叱之遇賊務當其衝諸將無敢卻者回營後凡戰地曲折夷險糧運斷續器仗敝壞兵卒勞饑及賊出沒情狀諸將功過一一言之軍中敬畏時顯與經略等陳奏戰事必以實上嘉經略並嘉時顯貓兒埡之戰及禽王登廷章奏不欺特賜三品卿銜在軍凡五年累擢內閣侍讀學士鴻臚寺卿以勞卒於興安軍次贈光祿寺卿賜祭葬

德楞泰字惇堂伍彌特氏正黃旗蒙古人乾隆中以前鋒藍翎長從征金川石峯堡臺灣皆有功累遷參領賜號繼勇巴圖魯五十七年從福康安征廓爾喀冒雨涉險攻克熱索橋賊寨加副都統銜圖形紫光閣尋授副都統遷護軍統領六十年率巴圖魯侍衛從福康安征湖南苗與額勒登保並為軍鋒福康安既解松桃永綏圍高宗悅將待以不次之賞於是德楞泰建議深入苗地為犂庭埽穴計苗酋吳半生踞大烏草河以抗大兵連克沿河諸寨渡河抵盤華哨苗於山半立木城堅甚斷其汲路火攻克之又克古文坪進攻摩手寨由間道出寨後奪據石城遂偕額勒登保禽半生授內大臣進攻鴨保山克木城石卡三十餘又克天星寨木城七石堡五禽賊目吳八月嘉慶元年福康安和琳相繼卒於軍先克乾州又從將軍明亮克平隴擢御前侍衛署領侍衛內大臣克險隘養牛塘山梁賊首石柳鄧就殲苗疆略定錫封二等子爵賜雙眼花翎二年命偕明亮移軍四川勦教匪時賊首徐天德王三槐踞重石子香爐坪南曰分水嶺北曰火石嶺賊卡林立進戰奪嶺三槐撲營受創逸五月破重石子明亮亦破香爐坪追殲教首孫士鳳會襄陽賊齊王氏姚之富樊人傑等竄入四

川與徐王二匪合屯開縣南天洞擊破之賊分走雲陽萬縣雲陽教首高名貴欲與天德合以計禽之盡殲其衆於陳家山七月齊王氏等由奉節巫山東走湖北與明亮繞出宜昌迎勦賊南趨留明亮屯宜昌自赴荊州解遠安圍八月賊犯荊門宜城往援之會總督景安以索倫勁騎至合勦大捷二城得全賊欲北竄河南扼要隘斬賊目袁萬和等截回湖北賜紫韁九月殲賊於房縣竹谿竹山賊走陝西平利圖入川東敗之樹河口賊北走紫陽又合白號高均德西走漢中十一月竄渡漢江令副都統烏爾納圖遜突擊於江濱竄入川境三年正月均德復擾陝西褒城與明亮夾擊連敗之於洋縣城固洵陽齊王氏姚之富方竄廣元甯羌山中乘虛由石泉渡漢與均德合東走漢陰詔斥明亮戰不力褫其職嘉德楞泰每戰在前責速勦三月與明亮追齊王二匪由山陽至鄖西日行百七十里連破之於石河甘溝鄉勇遏其前賊無去路踞三岔河左右兩山盡銳鬭攻悉殲之齊王氏姚之富投崖死傳首三省均德由鎭安竄雒南敗之兩岔河餘賊與李全張天倫合五月又敗之五郎關均德走甯羌廣元合龍紹周冉文儔踞渠縣大神山有衆二萬詔斥縱賊奪爵職留副都統銜七月偕惠齡恒瑞攻克大神山賊竄營山甑之黃渡河均德中鎗逸入箕山坪與羅其清合箕山關逕百餘里三面陡絕惟東南有路可通徐天德王登廷樊人傑踞鳳凰寺阻糧道與爲犄角八月克鳳凰寺賊奔箕山負固不下十月分三路進攻克之其清退踞大鵬寨額勒登保自閬州來會勦十一月賊被攻急乘夜雨撲營德楞泰偵知之潛伏賊寨南門梯而登火其寨額勒登保等亦襲破西門殲其清父從國合兵窮追禽其清於巴州方山坪復花翎冉文儔竄踞東鄉麻壩乘除夕大破之於通江四年元旦生禽文儔盡殲其衆予一等輕車都尉經略勒保疏陳諸將惟額勒登保德楞泰尤知兵得士心詔德楞泰專勦徐天德天德與冷天祿竄涪州冒難民入鶴田寨擊走之又敗之於開縣三月天德自大甯北趨追及於太平又遇龍紹周唐大信等迭擊之賊不得犯陝境旣而天德入大甯老林與紹周大信及樊人傑龔建卜三聘張天倫辛聰等合率綴大軍天德建竄太平山籌令賽沖阿分兵擊之自擊人傑紹周大信天倫於安康紫陽連破之驅入川東遂犯湖北七月線號龔文玉亦自夔州至分兵追勦禽文玉三聘於竹谿加予騎都尉世職八月命額勒登保爲經略德楞泰爲參贊赴興山截擊天德逼回川東躡追天倫及聰等入陝十月高均德改名郝以智率賊萬踞高家營欲由白河竄渡漢紹周及冉天元竄放馬場欲趨紫陽率賽沖阿溫春回援先破放馬場進攻高家營禽均德檻送京師晉封二等男爵十一月進兵川北殲白號張金魁於通江禽其黨符日明等於廣元十二月追鮮大川苟文明至川東賊聯大兵俱在川境遂先後竄陝甘五年正月偕額勒登保分路抵秦州而冉天元糾合徐萬富汪瀛陳得俸張子聰雷世旺衆五萬遽乘間渡嘉陵江分擾南部西充魁倫不能制詔促德楞泰回援二月天元踞江油新店子乃由間道進勦賊分四路迎戰銳甚賽沖阿溫春深入被圍自馳援夾擊竟日殺傷相當禽得俸斬冉天恒皆悍賊也轉戰連奪險隘三月天元屯馬蹄岡伏萬人火石埡後德楞泰令賽沖阿攻包家溝阿哈保攻火石埡溫春攻龍子觀自率大隊趨馬蹄岡過賊伏數重始覺伏起八路來攻人持束竹溼絮禦箭銃鏖鬭三晝夜賊更番迭進數路皆挫敗德楞泰率親兵數十下馬據山巔誓必死天元督衆登山直取德楞泰德楞泰單騎衝賊中堅將士隨之大呼奮擊天元馬中矢蹶禽之賊遂瓦解鄉勇亦自山後至逐北二十餘里禽斬無算天元雄黠冠川賊專用伏以陷官軍至是五日四戰致死決勝負血戰破之羣賊奪氣詔晉三等子是月復大破賊於劍州又破張子聰雷世旺於蓬溪斬世旺晉二等子授成都將軍魁倫以失守潼河逮問起勒保代爲總督與德楞泰合兵勦賊四月賊分擾遂甯安岳逼中江欲趨成都與勒保夾擊連破之邀擊於嘉陵江口俘斬溺斃者數千餘賊渡江爲達州鄉勇所敗禽汪瀛潼河兩岸肅清自此德楞泰威震川中諸將往往假其旗幟賊望見輒走閏四月追賊至達州新甯殲劉君聘苟文富而白號苟文明鮮大川樊人傑等復由陝入川五月移師川北賊走營山渠縣六月敗之恩陽河又與勒保合擊殲苟文禮於岳池七月大川爲民寨誘斬文明遁八月追勦白號賊於東鄉殲湯思舉餘賊與趙麻花王珊合九月與勒保夾擊於雲陽麻花珊先後斃十月湖北黃白藍線四號賊合犯夔巫龍紹周由太平通江北竄兵至賊去兵去賊至樊人傑冉學勝王士虎遂由川入陝徐天德由陝入楚詔斥德楞泰堵勦不力降一等男十二月李彬楊開第李國讓合竄嘉陵江與勒保合擊連敗之於渠縣安仁河儀隴觀音河斃開第國讓晉三等子六年正月白號高天升自洵陽偷渡漢江圖竄河南追及於山陽乾溝破之追殲之於野豬坪復一等子二月擊龍紹周於興安逼入川境連敗之於大甯長壩二郎壩紹周竄湖北竹山房縣復敗之走太平復雙眼花翎四月徐天德樊人傑合曾芝秀陳朝觀竄陝西白河分擾民寨遣兵直攻其巢禽朝觀五月大破賊於西鄉天德竄紫陽率賽沖阿溫春甑之仁和新灘大雨水漲天德溺斃紹周乘虛闌入房縣竹谿截擊之復回太平禽其黨陳文明八月追至巫山巴東禽王鵬李天棟九月紹周遁平利令賽沖阿等追殲之晉封二等繼勇伯仍用巴圖魯舊號也十二月苟文明西擾甯羌與額勒登保夾擊賊竄川北大敗之於通江走開縣遣兵追之自率輕騎赴大甯斷其入楚之路七年正月文明復入陝北竄老林至秋乃爲陝軍所殲川東零匪猶四擾詔德楞泰仍專辦川賊二月破線號餘匪於奉節又破白號張長靑於雲陽時樊人傑及崔宗和胡明遠戴仕傑蒲天寶等麕聚湖北境四月率精兵間道抵東湖繞出賊前夾攻雞公山賊巢天寶別屯當陽河五月冒雨進擊天寶負創走又敗之於穆家溝分兵留勦自移師東趨直取人傑冒雨入馬鹿坪山中出賊不意痛殲之人傑竄竹山投水死人傑倡亂最久諸賊聽指揮與冉天元埒至是伏誅晉三等侯七月天寶乘間奪踞興山房縣交界飽家山死守抗拒以大軍綴其前令總兵色爾滾蒲尙佐率精兵出深箐攻賊巢截其去路禽斬殆盡天寶遁至竹谿墜崖死時巴東興山尙有餘匪皆百戰之餘悉官軍號令及老林路逕屢合圍輒乘霧溜崖突竄分軍遇之則不利大隊趨之則兎脫所餘無幾而三省不能解嚴與額勒登保吳熊光會於竹谿議搜勦額勒登保專任陝境德楞泰專任楚境先後殲戴仕傑趙鑑崔連洛崔宗和陳仕學熊翠諸賊迨十一月捕斬略盡優詔晉封一等侯加太子太保命其子蘇沖阿賚珍賚至軍宣慰八年駐巫山大甯捕逸匪曾芝秀冉璠張士虎趙聰等先後禽殲至冬事竣入覲熱河行在帝大悅御製詩賜之恩賚優渥尋以陝西南山餘孽擾及川境命回鎭成都遣將招降數爲賊害坐降二等侯九年偕額勒登保窮搜老林斬首逆苟文潤餘匪悉平復一等侯十年召授領侍衞內大臣充方略館總裁總理行營事務管理兵部十一年甯陝鎭新兵陳達順東先倫等作亂命馳往勦治叛將蒲大芳等乞降縛獻達順等磔之大芳等遣戍回疆議以降衆歸伍詔斥寬縱奪職尋授西安將軍十三年勦定瓦石坪叛匪十四年晉三等公尋卒柩至京師帝親奠御製詩輓之謚壯果詔四川建立專祠入祀京師昭忠祠德楞泰英勇超倫戰必身先陷陣名與額勒登保相亞馬蹄岡之戰轉敗爲勝時稱奇績旣卒奉詔褒卹特舉是役保障川西數十萬生靈厥功最偉在軍俘獲必詳訊省釋未嘗妄殺良民婦女保全甚衆蜀民尤感頌焉子蘇沖阿一品蔭生授侍衞每德楞泰戰勝輒擢其官累遷至盛京副都統署黑龍江將軍襲一等侯孫倭什訥杭州將軍曾孫希元吉林將軍並嗣爵次孫花沙納官至吏部尙書自有傳

論曰仁宗親政以三省久未定卜於宮中繇曰三人同心乃奏膚功後事平敘勞額勒登保第一德楞泰次之勒保又次之論戰績勒保未足與二人比然當德楞泰偕明亮由楚入陝見民苦虜掠陳堅壁淸野策廷議以築堡重勞未之許也勒保至四川始力行之推之三省賊竟由是破滅三人者相得益彰未容有所優劣勒保寬能容衆額勒登保忠廉忘私德楞泰仁及俘虜識量並有過人爲國方召延世侯封豈偶然哉

清史稿　　列傳一百三十二

永保　惠齡

宜緜 子聯柔通阿　英善

福甯　景安

秦承恩

永保費莫氏滿洲鑲紅旗人勒保之弟也以官學生考授內閣中書充軍機章京遷侍讀乾隆三十七年父溫福征金川永保齎送定邊將軍印遂隨軍明年溫福戰歿木果木永保冒矢石奪回父尸襲輕車都尉遷吏部郎中洎金川平追論木果木之敗咎在溫福奪世職仍留永保原官出爲直隸口北道歷霸昌清河兩道遷布政使調江蘇四十九年擢貴州巡撫歷江西陝西五十一年署陝甘總督尋授塔爾巴哈台參贊大臣五十六年哈薩克汗斡里素勒坦遣子入覲詔嘉永保撫綏有方授內大臣賞雙眼花翎五十八年調喀什噶爾參贊大臣授戶部侍郎留駐新疆六十年調烏魯木齊都統嘉慶元年春湖北教匪

起永保奉詔入京行抵西安命偕將軍恆瑞率駐防兵二千調陝西廣西山東兵五千會勦三月至湖北總督畢沅疏陳各路勦殺不下數萬而賊起益熾詔分專責成永保恆瑞任竹山保康一路畢沅舒亮任當陽遠安東湖一路惠齡富志那任枝江一路鄂輝任襄陽穀城均州光化一路孫士毅任酉陽來鳳一路永保偕恆瑞復竹山進房縣禽賊首祁中耀餘賊遁保康白雲寺山復敗之禽賊目曾世興等永保疏言襄陽賊數萬最猖獗賊首姚之富齊王氏劉之協皆在其中爲四方諸賊領袖破之則流賊自瓦解宜俟諸軍大集合力分攻帝韙之五月永保等馳赴襄陽自樊城進取鄧桃湖會軍呂堰賊退屯雙溝分軍五路夾擊殲賊二千餘賊分竄孝感距漢陽百餘里幸爲潦阻武昌戒嚴時畢沅圍當陽數月不下惠齡勦枝江賊亦無功詔命永保總統湖北諸軍先靖襄陽而後分攻孝感當陽兩路參將傅成明等擊孝感賊遇伏敗歿永保令明亮馳救復請調苗疆防兵助勦六月永保渡滾河破梁家岡張家壋賊營二十餘座賊竄棗陽滑蹤隨州之梓山青潭連破之復偕恆瑞慶成破賊於紅土山禽賊渠黃玉貴於是襄陽呂堰迤東百數十里及棗陽隨州宜城無賊氛孝感之賊亦爲明亮所殲詔嘉永保調度協宜加太子太保先是命署湖廣總督及畢沅復當陽永保請寢前命允之八月移勦鍾祥明亮以師來會賊自溫洪口至千弓壋依山結營亙數十里永保率大軍由西北進擊繪圖陳奏帝方以東南空虛慮賊逃竄適明亮疏言鍾祥爲賊巢穴宜四面夾攻以防漏網令永保以九千餘兵由西北追壓而東南要截之兵僅三千餘地闊兵單難杜竄逸帝以永保擁衆自衞切責之明亮敗賊土門冲永保不能夾擊賊轉而北永保偕明亮追至襄陽雙溝賊分兩路竄河南東由棗陽趨唐縣西由呂堰趨鄧州官軍躡西路敗諸呂堰獲姚之富母媳及孫而東路賊已入唐縣滹沱鎭疏言追賊經月兵力疲孅難以痛殲請增兵助勦詔斥其無能調山東直隸兵四千復簡健銳火器營各軍赴之十一月新兵既至攻破唐縣賊屯十一姚之富已遁犯棗陽復渡滾河而西踩呂堰向光化穀城圖景安於鄧州魏家集越二日援兵始至帝怒永保擁勁旅萬餘徒尾追不迎擊致賊東西橫蹦無忌褫職逮京下獄籍其家並褫其子侍衞甯志甯怡職發往熱河三年以兄勒保禽川賊王三槐功推恩宥釋勒保請將永保發軍營效力不許四年勒保爲經略大臣予永保藍翎侍衞齎經略印赴軍尋擢頭等侍衞署陝西巡撫與明亮會勦張漢潮於終南華林山中遇伏敗績復與明亮不協互攻訐詔逮問併坐前在湖北勦賊事六年充參贊大臣七年授雲南巡撫八年威遠思茅猓匪擾邊永保赴普洱偕提督烏士經進討肇亂土弁刁永和聞風遁威遠猓匪亦退禽思茅猓酋扎安波賽罔餘匪奔逸南興土司張輔國屢與孟連土司爭界搆釁至是勘定之永保疏陳善後事內地雜居夷人不法按律懲治土司夷境滋事但遣兵防範不使內竄詔嘉得大體弭邊釁賞花翎十三年兼署貴州巡撫調廣東尋擢兩廣總督未至卒於途贈內大臣詔念前勞曾籍沒家無餘貲賜銀千兩治喪諡恪敏孫文慶咸豐中官大學士自有傳

惠齡字椿亭薩爾克圖氏蒙古正白旗人父納延泰乾隆中官理藩院尚書軍機大臣加太子少保因喀爾喀台吉沁爾多濟規避軍事不劾奏罷職復起用終於理藩院侍郎惠齡由繙譯官補戶部筆帖式充軍機章京累遷員外郎緣事奪職起戶部主事仍直軍機乾隆四十年予副都統銜充西甯辦事大臣調伊犂領隊大臣擢工部侍郎調吏部充塔爾巴哈台參贊大臣五十年回京署正黃旗滿洲副都統授湖北巡撫調山東五十六年擢四川總督征廓爾喀命爲參贊赴西藏會勦督治糧運事平圖形紫光閣列前十五功臣中五十八年授山東巡撫調湖北再調安徽六十年授戶部侍郎苗疆用兵留署湖北巡撫治糧餉嘉慶元年正月教匪聶傑人張正謨等倡亂於枝江宜都率師往勦總兵富志那禽首逆聶傑人而襄鄖宜施諸郡賊並起命惠齡專勦枝江宜都一路自春徂夏無功以大雨爲解嚴詔切責八月克灌腦灣賊寨禽張正謨等加太子少保署工部尚書予二等輕車都尉世職進攻涼山搗其巢禽首逆覃士潮宜都枝江悉平移軍長陽黃柏山會勦十一月襄陽賊姚之富自黃龍壋偷渡滾河竄河南黜總統永保以惠齡代之馳赴襄陽疏言襄鄧平衍無險可扼賊習地勢必不自趨絕地惟有嚴防漢江潛渡並堰唐河白河移難民於河西守岸團練以蹙賊會之富折回湖北境惠齡迎擊遏其西軼敗之茅茨畈分兵五路兜勦二年二月敗賊於鮑家畈禽賊首劉起榮復敗賊於曾家店鏖戰於鄭家河殲獲甚衆賞雙眼花翎擢理藩院尚書兼鑲白旗蒙古都統惠齡偕恆瑞慶成勦襄陽賊屢破之餘衆僅數千勢甚蹙分路竄河南境官軍疲於尾追不易得一戰先後並入陝西遂復猖獗五月李全王廷詔姚之富合爲一路由紫陽白馬石竄渡漢江後五日惠齡始至奪宮銜世職花翎易宜緜總統軍務降惠齡爲領隊聽節制賊既分竄入川十月王廷詔高均德復北犯寬渡漢江惠齡邀擊敗之斬賊二千詔嘉其僅兵二千當賊二萬以少擊衆復雙眼花翎十一月齊王氏張漢潮姚之富高均德合入漢中南山自黃官嶺至新集連營二十里欲渡漢惠齡軍北岸蹙其半濟賊走甯羌追敗之折竄漢中因移兵扼漢南賊不得北竄復分道入川惠齡繞由西鄉太平赴大甯夔州兜勦時川匪王三槐徐天德竄梁山羅其清冉文儔分屯營山儀隴三年陝襄諸賊在川境者俱會於文儔而三槐天德自太平走與合勢張甚詔總統勒保會諸將分路進勦惠齡與德楞泰爲一路夾攻羅冉二賊五月擊文儔於儀隴其清及阮正通先後來援皆敗之賊屯大神山連營數十里六月與德楞泰合攻破之斬賊甚衆文儔走箕山龍鳳坪與其清相犄角阮正通等又與合帝以首逆稽誅屢詔嚴責於是德楞泰破賊箕山其清奔天鵬寨惠齡分路進攻十二月其清就禽檻送京師四年正月文儔就禽予一等輕車都尉世職丁母憂會其清讞詞稱惠齡一軍較弱帝斥其爲賊所輕命回京守制降兵部侍郎尋授山東巡撫六年擢陝甘總督專勦南山餘匪復以勦賊遲緩降二品頂戴七年教匪平復頭品頂戴花翎九年卒贈太子少保封二等男諡勤襄子桂斌官和闐幫辦大臣

宜緜初名倘安鄂濟氏滿洲正白旗人由兵部筆帖式充軍機章京累遷員外郎從征金川進郎中乾隆四十三年出爲直隸口北道擢陝西布政使四十七年擢廣東巡撫以鹽商沈冀川獄瞻徇褫職戍新疆尋予四品銜充吐魯番領隊大臣石峯堡回亂駐守平涼歷庫車喀什噶爾辦事大臣烏魯木齊都統五十九年入覲道經固關値水災飭官吏賑撫高宗嘉之命改名宜緜六十年授陝甘總督嘉慶元年教匪起湖北陝西戒嚴宜緜駐軍商州令副將百祥勦鄖陽鄖西賊克孤山大寨賊首王全禮伏誅漢江以北安堵加太子太保賞雙眼花翎甘肅歲祲命宜緜回蘭州賑撫是年冬四川教匪起由太平入陝境擾安康平利紫陽諸縣宜緜督軍馳勦賊逼興安分踞城南安嶺城北將軍山進攻克之禽其渠王可秀馮得士等復殲漢江北岸大小米溪賊偕提督柯藩總兵索費英阿移攻漢南洞河汝河諸賊賊併五雲寨乘雪夜火其寨殲藏甚衆詔宜緜進勦達州二年春攻太平賊於通天觀高家寨南津關連敗之川匪最悍者達州徐天德東鄉王三槐冷天祿巴州羅其清通江冉文儔天德三槐等合陷東鄉踞張家觀其清踞方山坪文儔竄王家寨圖據周家河梗運道且乘間與張家觀合宜緜遣兵攻王家寨分襲張家觀自率隊夜焚曾家山賊柵天德分援兩路遂乘虛下張家觀復東鄉餘賊奔清溪塲金峨寺據險抗拒四月官軍分五路進克之天德等竄重石子香爐坪將與巴州賊合宜緜潛攻王家寨賊走方山坪天德來援敗之知縣劉清素得民心令招諭諸賊三槐率衆詭降陰圖襲營宜緜覺其詐設伏擊退五月達州賊傾巢出犯有備不得逞宜緜駐軍大成寨遣將襲三槐於毛坪三槐中槍跳免時襄賊由漢江北渡入陝署總督陸有仁以罪逮乃調英善督陝甘黜惠齡總統命宜緜代之兼攝四川總督於是令明亮攻重石子德楞泰與鄉勇羅思舉夾擊敗之分二路竄追殲孫士鳳於麇子墦士鳳爲四川教首三槐等皆其徒也至是爲德楞泰所誅餘賊西走徐家山乘霧夜遁其方山坪賊爲百祥所截舒亮圍賊林亮工於巴州白匣山觀成劉君輔破大甯賊圍之於老木園川賊漸蹙而襄陽賊李全王廷詔姚之富等由陝分道入川與之響應勢復熾雲陽賊伏陳家山與襄賊約犯官軍爲羅思舉所殲李全等踞開縣南天洞火焰壩旋奔雲安塲開萬諸匪應之謀犯夔州附近賊蠭起詔責宜緜專勦七月駐軍寶山關開縣東鄉交界地也川賊分立名號羅其清稱白號冉文儔稱藍號踞方山坪王三槐稱白號徐天德稱青號踞尖山坪劉清率鄉勇與百祥朱射斗會勦方山坪賊潰圍竄通江巴州與天德合既而天德等竄青杠渡圍巴州其清文儔欲從儀隴南部分犯保甯奪官軍饟道百祥扼其前退走黃渡河旁掠儀隴宜緜扼之官渡口三槐等竄渠縣其清文儔走巴州三槐復分攻鄰水陷長壽東趨重慶時齊王氏姚之富已竄湖北李全高均德先後分竄陝西宜緜疏言惠齡恆瑞明亮德楞泰皆入陝惟臣一人在川諸賊齊擾川東北運道嘉陵江防孔亟欲親赴保甯則川東千里無人調度請別簡總督治理地方而已親督師專一辦賊帝亦以宜緜年老十月命勒保總統軍務宜緜以總督兼理軍需又疏言軍興以來四川調兵一萬九千有奇陝甘合調二萬有奇兩湖更無餘兵可調各省募補者雜備攻勦州縣團勇各衞村莊尤難責其長驅赴敵目前賊勢明亮德楞泰至襄陽則鄖賊竄興安宜昌賊回夔巫況雲陽奉節伏莽尙多兵力日分日薄請敕添練備戰之兵四川陝甘湖北各五千至隨營鄉勇費與兵等賞過則驕威過則散究非紀律之師不若選充營伍賊平即補營額費不虛糜而驍悍有所約

東詔行之三年春調勒保四川總督宜綿回任陝甘駐陝境辦賊未幾高均德齊王氏竄漢陰褫明亮職命宜綿赴軍督勦而齊王氏姚之富已爲德楞泰明亮所殲阮正通張漢潮先後犯陝境川賊劉成棟走與合宜綿自鎭安分路截勦漢潮折向通江巴州正通竄城固李全與高均德合屯五郎鎭安山陽間宜綿偕明亮要之雒南鏖戰兩河口均德竄秦嶺正通折入川五月賊分股北出鳳縣掠兩當闌入甘境詔斥宜綿疏防旣而明亮敗賊於略陽成棟漢潮復由竹谿竄平利命宜綿與額勒登保爲一路專勦平利之賊尋敗之於孟石嶺賊遁入川責宜綿嚴遏回竄八月徐天德冉文儔高均德由儀隴竄廣元漢潮北入南江欲還湖北官軍蹙之上游不得渡宜綿檄兵扼甯羌沔縣漢潮竄太平於是川楚匪多流入陝境其魁樊人傑龍紹周李澍阮正漋各擁衆數千迭擾安康平利紫陽諸縣四年漢潮竄五郎詔斥宜綿畏葸避賊命解任來京在散秩大臣上行走旣至復斥其辨飾降三等侍衛赴烏里雅蘇臺辦事五年追論軍需冒濫褫職遣戍伊犂罰銀二萬兩助餉逾兩年釋回及三省教匪平以員外郎用後帝閱方略宜綿曾論鄉勇切中時弊追念前勞擢大理寺卿病免十七年卒子瑚素通阿初名瑚圖靈阿乾隆五十二年進士由刑部員外郎改翰林院侍講累遷左副都御史嘉慶初疏陳關稅鹽課積弊又請却貢獻停捐納居官有聲擢盛京刑部侍郎宜綿遣戍瑚素通阿以父老請代行未允在盛京劾將軍琳甯寬縱番役及私蔭官吏分肥事侍郎寶源查辦不實寶源琳甯並黜罷內調刑部侍郎赴河南讞獄漏洩密封降筆帖式後起用終刑部侍郎

英善哈爾察氏滿洲鑲藍旗人由親軍補侍衛處筆帖式累遷刑部郎中改御史除甘肅蘭州道以親老留京職乾隆五十年出爲直隸按察使遷湖南布政使調江蘇丁母憂歸命署廣西布政使調補四川五十六年護理總督尋擢貴州巡撫調湖北以治西藏軍需未之任嘉慶元年調廣東旋召授刑部侍郎而四川教匪起仍留攝總督初四川白金川木果木之敗逃兵與失業夫役無賴游民散匿剽掠號爲嘓匪官捕急則入白蓮教爲逋逃藪及湖北襄陽敗匪竄入川一日揭竿戰闘如素習至是達州奸民徐天德等激於胥役之虐與太平東鄉賊王三槐冷天祿等並起英善率兵五百馳勦復調成都駐防兵副都統勒禮善佛住率以往連破賊巢禽賊目何三元等賊竄橫山子據險負嵎遣總兵袁國璜何元卿分路進攻戰三日國璜元卿並歿於陣尋克馬鞍山賊寨禽賊首徐天富而王三槐徐天德等合陷東鄉佛住戰死賊熾兵單詔責英善固守毋輕進命宜綿赴達州督師二年二月宜綿至英善連破賊於貫子山羅江口通周家河連路偕宜綿克張家觀復東鄉五月命赴甘肅攝總督王三槐等由通江巴州分犯保甯英善赴慶元迎勦偕總兵富爾賽朱射斗擊之於儀隴閬中多所斬獲賊逼蒼溪設伏敗之遂遁三年命與福甯赴達州治四川糧運四年調兵部侍郎充駐藏大臣調吏部駐藏如故五年帝以教匪久未平追論始事諸臣玩寇罪褫職以四品頂戴仍留駐藏七年召授頭等侍衛擢刑部侍郎遷左都御史兼正黃旗漢軍都統十一年以駐藏時於福甯私挪庫款徇隱未舉降太常寺卿十四年卒

福甯伊爾根覺羅氏初隸貝子永冏包衣由兵部筆帖式洊擢工部郎中乾隆三十三年出爲甘肅平慶道累遷陝西布政使五十五年擢湖北巡撫抬入鑲藍旗滿洲調山東治衞河運務稱旨五十九年漳衞二河溢疏消積水撫恤災黎曹單漫水下流爲豐碭壩堰所阻馳往會勘酌開壩堰以洩水並協機宜調河南尋擢湖廣總督駐襄陽捕治教匪獲首逆宋之清等寘諸法六十年調兩江會黔苗石柳鄧勾結楚苗石三保焚掠辰州命留湖北會勦福甯至鎭筸防後路嘉慶元年湖北教匪攻來鳳甚急福甯馳抵龍山擊敗之賊屯旗鼓寨偕四川總督孫士毅合勦士毅卒於軍福甯代之偕將軍觀成總兵諸神保進攻破其寨禽賊首胡正中餘衆窮促乞降誘入龍山城駢誅二千餘人以臨陣殲戮奏加太子少保移軍勦林之華覃加耀於長陽巴東賊竄黃柏山偕觀成惠齡會勦未下惠齡赴襄陽觀成入川二年命額勒登保移師黃柏山福甯以兵隸之地形天險閱攻數月賊竄鶴峰芭葉山繼竄大墟口又竄建始宣恩十一月始殲之華於長陽加耀遁歸州以勦賊不力奪宮銜三年禽加耀於終報寨帝猶斥諸將遷延貽誤福甯有地方之責咎尤重褫職罰銀四萬兩充餉予副都統銜偕英善駐達州治四川軍需四年英善調駐西藏福甯遂專任其事時軍營支用冒濫統兵大員奢靡無度兵勇口糧反多遲延幾致枵腹四川餉數更多於湖北數倍屢詔訓戒福甯不能綜覈以奏報浮泛被詰又奏賊數有增無減勒保疏辨命魁倫赴達州察覈覆陳賊數實減而大股分爲小股賊名反多得福甯理餉含混狀詔褫副都統銜留達州候命尋以旗鼓寨殺降事覺帝方以勦撫責諸路而川賊高均德被禽言賊黨恐投降仍遭誅戮故多觀望詔斥福甯此舉失人心而傷天理逮治論罪遣戍新疆尋原之命赴額勒登保軍前効力會賊竄渡嘉陵江由於福甯裁撤鄉勇所致仍戍伊犂五年予三等侍衞赴西藏辦事九年召還授正白旗蒙古都統十一年以三品銜休致十九年追論在西藏擅借庫帑及湖廣任內濫用軍需久不完繳下獄尋卒

景安鈕祜祿氏滿洲鑲紅旗人和珅族孫也由官學生授內閣中書洊擢戶部郎中出爲山西河東道累遷甘肅河南按察使河南山西甘肅布政使乾隆五十六年征廓爾喀命治西甯至藏臺站留藏督饟運事平以親老歸未幾擢工部侍郎歷倉場戶部六十年授河南巡撫嘉慶元年湖北教匪北犯景安駐軍南陽以籌濟恒瑞軍餉加太子少保十二月姚之富犯鄧州圍景安於魏家集恒瑞援至始解二年淅川教匪王佐臣謀應賊布政使完顏岱捕斬之景安欲攘功躡兵戮難民以捷聞賞雙眼花翎封三等伯時襄陽賊屢爲惠齡慶成等所破窺北面可乘遂分三路犯河南王廷詔出北路竄葉縣焚保安驛圍官軍於裕州總兵王文雄兵至乃引去景安尾追至南召聞桐柏有警馳回防禦李全出西路竄信陽確山羅山淅川趨盧氏出武關慶成追之姚之富齊王氏出中路竄南陽掠嵩縣山陽惠齡追之賊入河南後擄脅日衆不迎戰不走平原忽合忽分以牽兵勢先後並入陝西復合景安頓兵內鄉賊入陝後二十餘日始追至盧氏賊尤輕之號爲迎送伯三年春擢湖廣總督四月率師次荊門州劉成棟來犯與布政使高杞分路擊走之六月賊由竹谿竄入陝詔切責四年張漢潮擾陝西五郎洋縣景安屯鄖陽遣總兵王凱扼鄖西漢潮已分路自安康折竄鎭安景安疏稱赴鄖西迎勦詔斥其不實時仁宗初親政以景安堵勦不力撫治失當解職命治四川軍需尋奪伯爵戍伊犂是年冬帝召見惠齡論其恇怯縱寇及淅川冒功事逮京讞擬大辟緩刑禁錮七年教匪平得釋發熱河充披甲逾年宥還以六部筆帖式用効力河南河工衡家樓工竣晉秩員外郎授直隸承德知府擢山西按察使陝西布政使十一年授江西巡撫調湖南召爲內閣學士累遷戶部尚書加太子少保二十五年授領侍衞內大臣守護昌陵二十七年休致尋卒景安初附和珅稽於軍事然居官廉當其逮京値朱珪入見帝曰景安至矣軍事久不定欲去一人以警衆如何珪曰臣聞景安不要錢帝曰若乃知操守耶竟以是獲免後復用之

秦承恩字芝軒江蘇江甯人乾隆二十六年進士選庶吉士授編修擢侍講出爲江西廣饒九南道累遷直隸布政使五十四年擢陝西巡撫嘉慶元年教匪起荊襄承恩率師赴興安籌防至冬四川達州教匪自太平入陝犯興安承恩偕總督宜綿迭擊敗之十二月會勦洞河汝河諸賊二年正月擊安康賊於光頭山首逆劉王氏伏誅陝境略平宜綿進勦川匪承恩專任陝防三月襄匪由河南盧氏竄商南勾結陝匪紛起應之承恩移軍商州偕恒瑞殲山陽西牛槽賊雒南石板溝奸民起總兵富爾賽捕斬之姚之富由商州犯孝義窺西安承恩扼之於秦嶺惠齡等追擊賊走鎭安與李全王廷詔合掠洵陽安康時陝西兵力僅有鄉勇萬餘人提督柯藩守興安府城兵止二百無力攻勦惠齡恒瑞合擊賊於黃龍鋪賊分竄復合六月由漢陰至紫陽渡漢江詔斥承恩疏防奪翎頂賊走漢南與川匪合八月復入陝竄白河石槽溝承恩率鄉勇扼安康要隘賊分路來犯禦之於平利金堂寺旣而賊逼興安偕惠齡擊走之以功復翎頂三年春丁母憂軍事方亟奪情視事二月高均德齊王氏合竄漢陰觀音河糾李全王廷詔分道由城固南鄭北出寶雞合攻郿縣掠盩厔將犯西安承恩恇懼率師回防總兵王文雄力戰敗賊於焦家鎭圪子村大創之賊復分竄三月文雄復破李全餘衆於翔峪灃峪四月李全糾阮正通折回鎭安西擾漢陰石泉高均德踰秦嶺走老林承恩與文雄扼子午峪旣而均德仍與徐天倫合爲一路正通由石泉洋縣西竄均德等尋竄入川承恩進兵漢中八月川匪徐天德冉文儔樊人傑張漢潮先後並入陝境承恩師久無功四年命解職回籍守制會勦張漢潮於鳳翔承恩遣游擊蘇維龍扼東路戰失利漢潮突闌遁褫承恩職逮京論大辟詔以承恩書生未嫺軍事宥歸尋遣戍伊犂七年釋還起主事纂修會典出爲直隸通永道擢江西巡撫遷左都御史仍署巡撫事十一年召授工部尚書調刑部署直隸總督十三年以治宗室敏學獄瞻徇降編修効力文穎館遷司經局洗馬晉秩三品卿十四年卒

論曰方教匪之初起也苗疆軍事未蕆楚蜀空虛草澤么麼燎原莫制永保惠齡號曰總統局於襄陽一隅景安秦承恩不諳軍旅賊遂蹈瑕蔓延豫陝宜綿受事僅顧蜀疆及勁兵移陝束手求退矣英善福甯並皆庸材三年之中防勦無要領如治絲而益紛仁宗親政赫然震怒諸臣相繼罷譴士氣一新事機乃轉廟堂戰勝固有其本哉

清史稿

列傳一百三十三

恒瑞 慶成 七十五 富志那 亮祿

恒瑞宗室隸正白旗吉林將軍薩喇善子乾隆中授侍衞赴西藏辦事擢熱河都統遷福州將軍五十二年臺灣林爽文作亂命率駐防兵往勦參贊軍務偕總督常青赴南路鳳山賊勢方熾高宗知常青恒瑞不可恃命福康安督師賊圍總兵柴大紀於諸羅恒瑞駐軍鹽水港逗留不進詔解任福康安至屢爲疏陳戰績帝益怒斥其徇護逮恒瑞論罪事平減死戍伊犂尋予副都統銜充伊犂參贊大臣歷定邊左副將軍綏遠城將軍調西安嘉慶元年命率駐防兵三千偕都統永保會勦湖北教匪三月與總兵文圖破賊竹山永保至合師由房縣進勦文圖分勦三里坪喇叭洞諸賊悉盪而恒瑞追賊至保康未大創之賊首姚之富踞襄陽勢甚熾命恒瑞進勦五月偕明亮進次呂堰擊賊岳家溝劉家集禽斬二千餘賊圍棗陽設伏王家岡誘賊敗之又敗之於蔣家壋曲家灣棗陽圍解賊僞降潛襲官軍後路急以後隊爲前隊擊退之賊走丫兒山與張家壋賊相犄角奮擊一晝夜破賊營十餘殲賊甚衆被獎賚七月破賊隨州龍門山與永保會攻鍾祥賊巢連破之鄧家河黑沙河雙溝賊乃分竄唐縣呂堰追至滹沱鎮復竄倉臺尋之富渡滾河圍景安於鄧州詔斥諸將玩誤逮永保責恒瑞戴罪立功二年正月偕惠齡等勦襄陽賊賊首劉起榮就禽又與慶成敗賊鄭家河禽賊目李潮進勦泰山寺龍鳳溝禽賊目姚爽等賜花翎於是賊分竄由河南入陝恒瑞追賊至山陽遇王廷詔李全等擊走之五月追賊陝南與惠齡夾攻於黃龍壋殲賊三千餘廷詔全復與賊之富合趨紫陽渡漢江恒瑞坐縱賊奪花翎賊遂分路入川廷詔竄開縣雲陽萬縣犯夔州西與大甯賊響應恒瑞追及連敗之乃竄太平八月當陽逸匪掠白河洵陽命馳赴興安扼勦偕慶成擊賊於張家灘由牛蹏嶺繞出賊前奪賊營九廷詔等奔紫陽與惠齡夾擊敗之恒瑞率師還漢中敗賊西鄉又敗之褒城黃沙鋪十一月之富等西奔將渡漢北竄偕慶成邀諸牛渡賊西趨甯汚師進遇高均德於桑樹灣乃議四面設伏恒瑞令撤拉爾回兵假鄉勇旗幟誘之自由山梁馳下慶成等分路夾擊俘斬甚衆捷聞被優賚十二月破王廷詔於保甯進解營山圍三年川匪羅其清犯順慶偕慶成往援因賊勢蔓延請勅保宜綿道兵會勦賊竄蓬州潛結冉文儔擾儀隴恒瑞扼磨盤寨與惠齡等合擊之文儔敗走陝匪龍紹周與合敗之楊柳寨六月與德楞泰夾擊高均德於石人河復偕惠齡攻老林場賊卡進逼大神山均德文儔踞險死拒分路進攻賊奔箕山而徐天德樊人傑爲將軍富成追擊窮蹙亦入焉惠齡德楞泰攻其前恒瑞攻其後盡破山寨先後斬馘近萬其清李全王廷詔奔大鵬山進圍十一月克之命赴陝與宜綿等會勦張漢潮未幾李全樊人傑竄西鄉帝以恒瑞未迎擊嚴斥之四年署陝甘總督赴甯羌擊藍白兩號賊張應祥等竄秦州兩當又擊走張漢潮冉學勝股匪五月解署任勦白號賊於白馬關地與川西龍安接壤遣將冒雨掩擊賊竄西和禮縣令布政使廣厚總兵吉蘭泰截勦自趨賈家店黑馬關鈔擊藍號賊敗之於老柏樹復花翎賊竄川北至秋折回陝境擊走之乃赴城固洋縣會明亮勦張漢潮破之東西又河賊殺馬壍道遁老林要之於清水溝復乘霧雨徐渡三渡水帝疑諸將縱賊又以恒瑞前勦藍號賊垂盡捨之回陝下尚書那彥成察劾那彥成恒瑞之壻也覆陳回師出總督松筠意得免罪尋明亮殲漢潮恒瑞自五郎追擊餘黨李得士等由大建溝入老林趨秦嶺與那彥成會勦冉學勝等賊奔滂谷扼兩岔河追擊於山陽東溝敗之五年川匪二萬餘由略陽寇兩當徽縣恒瑞自褒城入棧賊竄隴州清水秦安偕那彥成追至汪家山大敗之總兵甯德戰歿秦安恒瑞赴援復偕那彥成敗賊於龍泉溝深都堡總兵多爾濟札普戰歿洵陽詔促恒瑞赴鎮安五郎勦賊三月抵唐藏楊開甲高均德方擾南星留總兵觀祥駐守自赴商州帝疑其趨避累詔詰責乃赴鎮安勦冉文勝等敗之於大中溪會額勒登保破開甲於輝峪恒瑞自龍駒寨鈔截開甲逸走圍副將李天林於漫川關馳援斬賊目羅貴等賊乃分路西竄叙功予雲騎尉世職六月率總兵德忠駐守太棠唐藏時伍金柱高天德馬學禮犯西鄉提督王文雄戰歿乃進兵大石川賊奔灘口爲楊遇春所破恒瑞自教匪起久在行間以偏師數臨大敵至是老病久無顯功帝慮其不任戰詢額勒登保上其狀命回鎮西安逾年卒

慶成孫氏漢軍正白旗人提督思克曾孫都統五福孫也由鑾儀衞整儀尉累遷廣東督標副將乾隆五十三年從總督孫士毅征安南屢禽敵有功賜花翎郎阿巴圖魯勇號內擢正白旗漢軍副都統戶部侍郎御前侍衞正紅旗護軍統領五十七年出爲古北口提督嘉慶元年率兵赴南陽襄陽勦教匪偕恒瑞迭敗姚之富劉之協於雙溝張家集賊屯棗陽丫兒山分踞張家壋連營十餘里遮官軍慶成先進襲其寨大破之禽宋廷貴陳正五追敗餘匪於紅土山禽黃玉貴加太子少保之富竄鍾祥合劉起榮張富國等衆五六萬偕永保等冒雨攻克之晉太子太保賊遁雙溝擾唐縣滹沱鎮慶成等以久戰兵疲不能圍勦詔嚴斥之賊竄棗陽太平鎮四路合攻斬數千級慶成受矛傷被優賚十一月潛渡滾河北竄與永保等並被嚴譴盡奪宮衞花翎勇號易惠齡爲總統尋偕惠齡連破賊於王家城梓山二年正月大戰興隆集斬二千餘級分路追賊慶成射中賊首劉起榮禽之在諸將中戰最力高宗以慶成爲五福孫不次擢用自縱賊滾河慮其少年自用不能服衆命惠齡察奏至是詔免前罪二月擊賊曾家店胸中矛裹創而戰賊敗竄河南境分數路慶成追李全連破之確山五里川盧氏火燄溝四月李全王廷詔合陷鄖西馳復其城賊不戰分遁未幾之富竄渡漢江降二品頂戴暫留提督任襄匪竄開州偕惠齡追敗之南天峒火燄壩復花翎賊趨大甯與川匪合慶成與川軍會勦九月偕恒瑞截擊湖北回竄之賊於洵陽而李全王廷詔沿漢東走慶成登舟下漢以要其前惠齡恒瑞從陸躡其後至紫陽夾攻之賊竄興安慶成一晝夜追及大破之司渡河川匪王三槐擾保甯羅其清冉文儔分掠川東命移兵赴川與宜綿合勦三年截擊其清骽中槍創甚解任回旗就醫四年創愈仍在御前侍衞行走尋授成都將軍命赴陝西與永保協勦張漢潮會明亮訐奏永保慶成失機命那彥成松筠按治褫職逮問又以在湖北受軍需饋遺籍其家漢潮既殲宥罪戍伊犂未行五年正月命仍赴陝軍効力額勒登保檄勦高天德馬學禮連敗之禮辛鎮何家衝禽斬數千予三等侍衞協勦伍金柱曾柳授陝安鎮總兵七月金柱與冉學勝張天倫合犯陝扼之渭河賊分竄追天倫於教場壩麻池溝殲其黨宋麻子又敗金柱餘黨曾芝秀於南山兼署固原提督時經略赴川陝甘兵三萬餘皆歸慶成節制川匪冉天元冉學勝樊人傑先後渡漢江詔斥慶成疏防責戴罪立功六年徐天德樊人傑復至江岸欲偷渡鄖西擊卻之賞授提督擊楊開甲餘匪於廣元獲其子麟生加頭品頂戴苟文明潛入甘肅境擊走之復勇號追川匪辛聰等於甯汚禽其黨曾顯章張添潮七年敗張天倫餘黨於鳳縣兩當禽張喜魏洪升賊竄紫柏山老林裹糧入捕悉殄其衆復太子太保先是慶成父歿軍事方亟不得去至是南山匪漸少乃許回旗守制尋署湖北提督服闋實授遷成都將軍十一年入覲帝睹其勞問曾戴雙眼花翎否慶成對征安南蒙賜和珅禁勿用獲劉起榮先帝欲賜復爲和珅所阻命軍機處檢檔無之遂以欺罔褫職戍黑龍江逾年授圍場總管歷馬蘭鎮總兵湖北提督福州將軍十七年卒謚襄恪

七十五瓜爾佳氏滿洲正黃旗人乾隆中以護軍從征緬甸繼赴金川戰輒力累遷護軍參領授貴州大定協副將總督福康安薦其才四十九年擢宜昌鎮總兵父憂去官坐事降秩起爲健銳營前鋒統領五十七年從征廓爾喀克濟隴又克熱索橋追賊東覺山雍雅山攻甲爾古拉並有功擢翼長嘉慶元年赴湖北勦教匪二年四月追賊入陝敗之山陽周家河授西安右翼副都統兼領健銳營其冬王三槐回竄四川追擊於達州厓峯尖傷右臂踰日賊復至裹創力戰斬獲甚衆三年擢四川提督敗賊巴州七月戰廣木山克險隘受傷被優賚九月擊冷天祿於木瓜坪右股中槍創甚就夔州療治四年始瘳六月連破賊於寶塔蓮花池扼其入楚之路會卜三聘竄大甯追敗之八月禽龔建於開縣火峯寨十月與穆克登布夾擊樊人傑於通江巴州界上賊走太平他賊自湖北回竄偕朱射斗迎擊於雲陽遂追賊川東時賊聚賊北而東路久無軍報適侍郎廣興疏言七十五駐兵夔州仁宗疑其逗留下經略察狀七十五方以攻麇子坪受重傷額勒登保爲疏辯得白五年二月鮮大川擾鱅蝗坪創發不能騎舁至軍前督戰冉天元擁衆渡嘉陵江重慶戒嚴魁倫檄令回守病不能軍遣李紹祖率兵赴川西自就醫順慶帝疑其飾辭詔解任命松筠勒保察驗得實以提督銜留營差遣五月高天德馬學禮由陝犯川折入番地偕阿哈保夾擊於舊關摩天嶺克新寨進圍鐵鎗寨賊乘雨宵遁追擊之賊棄牲畜仗械驚竄山谷由草泥土司地走岷州又走秦州七月兵經新甯偵馬驛溝有賊設伏敗之仍授四川提督賊勢趨重川境德楞泰勒保方進勦七十五分擊之至冬諸賊相繼竄漢江德楞泰議擊之南岸而以七十五出廣元三家壩攻其西北七十五不聽調曰兵深入將逼賊入陝非計也帝聞切責之六年正月率子武隆阿由廣元趨南江擊張世龍於三臺山後河嶺北溪河陣斬世龍禽其黨趙建功李大維又追賊至太平華尖山禽邱天富周一洪被優叙三月攻竹園坪五月賊分竄陝楚七十五追冉天士至平利大渝河間道濾後山偪其出隘伏起邀擊禽斬二千餘特詔嘉賚乘勝追賊入湖北境六月破湯思蛟劉朝選於羊耳河又敗之於保康殲賊首王鎮賢遂與德楞泰追龍紹周入川七月偕

李紹祖敗樊人傑於鄰水追至開縣復遇思蛟朝選連敗之於馬家亭桑樹坪由通城進勦苟文懷禽之餘賊與苟文明合將竄陝八月擊之於大甯山殲禽及半文明僅身免俘其家屬是年冬留防川北敗賊於南江又與德楞泰合擊於廣元蒼溪進搜老林賊多散匿百十爲羣時有斬獲十二月苟文明糾各路餘匪二千餘人乘間西奔七十五與勒保不合追賊入山饟牛載不至兵飢疲就糧太平六日賊已渡嘉陵江上游直趨階州亟偕慶成馳擊額勒登保德楞泰先後劾其頓兵縱寇未幾賊復自廣元渡江入甘肅帝益怒嚴詔褫職逮問七十五故宿將勇而訥臨陣輒死鬭身被重創十五次將弁畏其苦戰不樂相隨自領偏師當艱險數以軍報後時遭譴至是復失機就逮一軍皆慟哭額勒登保等爲疏陳戰狀乞恩許留營自贖七年勦張長庚陳自得殘匪於夔州留防川東舊創發予護軍校還京逾年卒賻副都統銜賜邺如例子武隆阿自有傳

富志那赫舍哩氏滿洲正紅旗人起健銳營前鋒從征葉爾羌緬甸金川授副前鋒參領出爲湖南永綏協副將乾隆六十年苗叛駐守永綏苗踞張坪亞保阻糧運悉衆來犯富志那擊卻之追至獅子山詗知有伏預爲戒備夾攻多所斬獲越日苗復以數千人撲營殊死戰簡精銳迎擊大敗之賜花翎永綏被圍久糧窮且盡居民隨官軍晝夜登陴城賴以固大軍至圍迺解從福康安克高多寨吳半生就禽福康安薦其老成明幹苗民咸畏攝總兵迭攻高斗山禽頭坡吉寨皆捷賜蟒衣一襲嘉慶元年湖北教匪聶傑人張正謨於枝江宜都倡亂巡撫惠齡駐軍太和山富志那馳赴之進擊鳳凰山禽傑人餘賊乘雨撲營擊卻之又敗之於楊白堰正謨踞灌灣腦四面環山富志那自茶家坡進冒雨奪卡而伏隊於深箐賊至左右夾擊多墜巖澗死山前設疑兵別由徑道深入出不意擊之大捷賜號法福禮巴圖魯迭克雞公山王母洞進攻胥箕壋正謨勢蹙四出求救富志那與副都統成德分路設伏僞樹白幟爲援兵誘賊出大破之遂克胥箕壋乘勝取灌灣腦禽正謨枝江宜都悉平命回苗疆治善後二年議闢永綏北路留兵二萬分防黔楚授富志那爲總兵駐鎮筸與提督分領其軍苗疆自同知傅鼐築碉屯田邊備漸嚴而苗未遽服搆衆抗阻大吏諉過於鼐將劾之富志那力爭迺止移軍需助其建設後屯田利興苗患遂息人稱鼐功兼頌富志那不置云五年鎮筸曬金塘黑苗出掠與鼐併力禦擊又要擊苗黨於狗耆苗焚其寨苗懼乞降八年永綏苗龍六生擾動禽之署湖南提督調授貴州提督軍政肅然時稱名將十五年卒於官

亮祿伊爾根覺羅氏滿洲正紅旗人襲輕車都尉世職授雲南協領嘉慶初以參將發河南署游擊五年教匪竄河南巡撫吳熊光駐防盧氏兵多他調寶豐郟縣賊起掠汝州布政使馬慧裕不嫻軍事亮祿曰兵貴神速今賊初起烏合易滅請兼程往勦賊屯寶豐翟家集東阻大溝恃險不退亮祿聲言京兵且至樹八旗大纛鞭馬腹俾騰踔嘶號聲震數里賊懼夜吹角而進躍馬蹂壕火其寨一鼓殲之禽其渠李岳等奏入仁宗大悅立擢副將累遷雲南開化鎮總兵七年卒帝甚惜之

論曰恒瑞慶成勦力襄陽勦匪最久後皆獨當一面功過不掩故仁宗始終保全七十五孤軍苦戰徒以失懽羣帥未奏膚功論者惜之富志那獨平枝江宜都一路移鎮苗疆與傅鼐和衷弭亂有足稱焉

清史稿　列傳一百三十四

楊遇春字時齋四川崇慶人以武舉効用督標爲福康安所識拔從征甘肅石峯堡臺灣廓爾喀咸有功累擢守備六十年調赴苗疆力戰解嗅腦圍進援松桃獨取道樟桂溪山險寨密率敢死四十人爲前鋒由間道縱馬入賊屯呼曰大兵至矣降者免死賊相顧錯愕復呼曰降者跪於是跪者數千人直抵城下圍遂解賜花翎復解永綏圍賜號勁勇巴圖魯首逆吳半生就禽擢游擊額勒登保攻茶山爲賊所圍遇春率壯士衝擊奪據對山縱橫決盪當者輒靡福康安望之驚歎立擢參將復乾州擢廣東羅定協副將苗平而教匪起嘉慶二年從額勒登保赴湖北剿覃加耀林之華破芭葉山連敗之長陽宣恩建始恩施加耀竄終報寨峭巖陡絕夜縋而登禽加耀及其黨張正潮三年從額勒登保赴陝敗李全於藍田又敗高均德於紫溪嶺五月還湖北張漢潮竄穀城兜擊大敗之又敗之竹山菩提河追躡入陝敗之於平利孟石嶺九月敗高均德李全於廣元吳家河丁父憂賜金治喪命墨絰隨征迭破羅其清於觀音坪大鵬寨青觀山其清就禽擢甘肅西甯鎮總兵四年從額勒登保斬蕭占國張長庚獲王光祖冷天祿功皆最威震川陝婦孺皆知其名追勦張子聰自夏徂秋迭敗之於渠山雲陽太平開縣通江間子聰被追急數與樊人傑龔建冉天元合最後欲合王登廷登廷踞馬鞍溝進攻克之躡追迭擊禽其黨斬有年於土丫子斬阮正潞於廣元雲霧山至冬登廷由陝入川與冉天元合額勒登保率遇春與穆克登布會擊之於蒼溪貓兒埡穆克登布違約先期進挫敗遇春據廢壘力拒燃草炬擲山下戰徹夜幸得全師迭擊皆獲勝登廷子身至南江爲鄉團禽獻斬之五年擢甘州提督偕穆克登布破張天倫於兩當又從額勒登保追楊開甲於商雒扼龍駒寨殲張漢潮餘黨劉允恭劉開玉予雲騎尉世職遇春與穆克登布爲經略左右翼長議每不合自蒼溪戰後益不相能額勒登保等疏言諸將中惟遇春謀勇兼優可當一面請益所部兵與經略參贊分路勦賊遂以提督別領偏師沿渭西上勦汧隴之賊五月擊伍金柱於漢陰手扳巖及銅錢窖戰方酣楊開甲從間道突至腹背受敵自午至酉鬭愈急有白袍賊手大旗直犯遇春相去咫尺忽墜馬則爲後隊護槍所斃乃金柱悍黨龐洪勝也賊驚潰額勒登保兵亦會追賊至洋縣茅坪斬開甲又禽陳傑於大石坂八月斬金柱於成縣峽溝斬宋麻子於鳳縣潘家溝六年破冉學勝於石泉石塔寺高天德馬學禮王廷詔爲大軍所驅竄五郎壩遇春方追學勝偵知之乘夜掩擊天德等分竄乃由斜峪關躡擊阻其入甘肅之路復破賊於鋼鋪廠一晝夜馳四百里追及廷詔於川陝界鞍子溝禽之天德學禮竄禪家巖遇春料賊由甯羌奔逸急由斜谷趨二郎壩設伏龍洞溪賊果至俘斬殆盡二賊就禽晉騎都尉世職是役釋降衆健者八百人編爲一隊皆願效死會經略檄合勦冉學勝獲諜得賊虛實謂降衆曰汝等立功贖罪此其時矣至紫陽天池山賊於伏莽中突起八百人力戰衝賊爲數段遂大捷張天倫糾五路賊聚洵陽學勝復與合大破之於孫家坡追賊入川禽冉天泗王士虎於通江報曉埡士虎故劇盜專劫寨峒避大軍遇春夜往捕適賊由他路襲營遇春不回救伏巢外候賊歸禽斬無遺賊中有名號者勦除殆盡餘匪以老林爲藪遇春專任搜勦以遲緩嚴詔切責七年秋殲苟文明調固原提督尋以大功戡定詔遇春功尤著殲首逆獨多晉二等輕車都尉八年丁母憂賜金給假四十日苟文明餘黨苟文潤集千餘人皆獷悍蹂躪漢江左右諸軍久役不振遇春至乃奮連戰紅山寺平溪河殲之賊氛漸清十年凱撤詔許回籍補持母服百日假滿入覲會甯陝鎮兵變鎮兵新設入伍者多鄉勇降賊不易制總兵楊芳赴固原攝提督因停給鹽米銀發包穀充糧遂戕副將游擊刼庫獄以叛遇春行至西安聞變偕巡撫方維甸馳往詔德楞泰赴陝治其事命遇春拖方柴關賊銳甚兵交數失利賊首蒲大芳望見遇春下馬遙跪哭訴營官蝕饟狀遇春曉以順逆知可以義動與楊芳謀同往撫諸帥尚猶豫遇春按兵緩攻令芳單騎入賊營諭之越數日大芳竟縛倡逆之陳達順陳先倫詣遇春降遂率大芳邀擊餘賊於江口斬其渠朱先貴德楞泰疏陳叛兵窮蹙乞命請釋歸伍詔斥縱叛廢法降遇春甯陝鎮總兵大芳等二百餘人皆戍新疆十三年入覲命兼乾清門侍衞仍授固原提督十八年天理教匪李文成據滑縣命陝甘總督那彥成討之以遇春爲參贊賊萃精銳道口鎮遇春率親兵八十人沿運河西進覘之遇賊數千即突擊賊辟易追渡河禽斬二百收隊少二人復衝入賊陣奪二屍還賊爲喪氣遂斷浮橋焚渡船進攻賊望見輒靡尋克道口復擊走桃源輝縣援賊合圍滑城用地隧轟破之文成自焚死十二月滑縣平封二等男爵賜黃馬褂陝西南山賊萬五倡亂十九年正月移師往討斬萬五及其黨凡兩越月蕆事晉一等男陛見仁宗慰勞有加命至膝前執其手曰朕與卿同歲年力尚強將來如有軍務卿須爲朕獨當一面手賜珍物見遇春長髯稱美者再時遇春弟逢春爲曹州鎮總兵命繞道覲所練兵宣宗即位加太子少保賜雙眼花翎道光五年署陝甘總督六年回酋張格爾叛詔遇春率陝甘兵五千馳赴哈密尋命大學士長齡爲揚威將軍遇春爲參贊會兵阿克蘇進勦七年二月連敗賊于洋阿巴特沙布都爾阿瓦巴特禽斬數萬追至渾河距喀什噶爾十餘里賊悉衆

抗拒列陣二十餘里會大風霾前隊迷道未即至將軍欲退屯十餘里須霽而進遇春不可曰天贊我也賊不知我兵多少又虞我即渡時不可失且客軍利速戰難持久乃遣千騎繞趨下游牽賊勢自率大兵乘晦霧驟渡上游礮聲與風沙相併乘勢衝入賊陣賊大奔三月朔遂復喀什噶爾甫旬日英吉沙爾葉爾羌和闐以次復加太子太保張格爾遠遁詔遇春先入關八年正月楊芳禽張格爾於鐵蓋山遇春入覲捷音適至帝大悅賜紫韁賞授陝甘總督圖形紫光閣遇春坐鎭陝甘凡十年務持大體不輕更張討蒐軍實鎭馭邊疆皆有法十五年以老予告歸召至京陛辭晉封一等昭勇侯食全俸御製詩書扇賜之十七年卒於家贈太子太傅兵部尚書賜金治喪入祀賢良祠鄉賢祠諡忠武遇春結髮從戎大小數百戰皆陷陣冒矢石未嘗受豪髮傷仁宗詢及歎為福將治軍善於訓練疲卒歸部下即膽壯或精銳改隸他人仍不用命將戰步伐從容雖猝遇伏不至失措俘虜必入賊三月以外始誅老稚皆赦免馭降衆有恩尤得其死力操守廉潔治家嚴整子弟皆謹守其家風弟逢春久隨軍中積功授重慶鎭標游擊後從賽沖阿平陝西洋縣匪累擢山東曹州鎭總兵調兗州鎭子國佐四川茂州營都司加副將銜國楨字海梁以舉人入貲為戶部郎中出任穎州知府累擢河南布政使洎回疆底定宣宗推恩就擢巡撫疏請留其父部將訓練河南兵武臣父子同時膺疆寄與趙良棟岳鍾琪兩家比盛焉遇春歿襲侯爵服闋授山西巡撫歷官皆有聲道光二十一年擢閩浙總督尋以發疾乞歸在籍食俸數年卒遇春尤知人獎拔如不及識楊芳於卒伍中力薦之卒為大將勳名與之埒天下稱二楊自有傳部曲多洊至專閫著者曰吳廷剛祝廷彪游棟雲廷剛四川成都人由行伍征苗擢守備從遇春勦教匪善偵敵嘉慶四年破王登廷於青龍坪擢都司五年勦楊開甲辛聰於龍駒寨偕道掩襲敗賊輝峪峒伍金柱踞手扳巖輕騎往探獲賊諜馳報得大捷追張天倫至馬桑壩高天升戴仕傑由箭桿山突出迎擊大敗之擢游擊六年孫家坡之戰分追餘賊至關埡奪據山頂賊多墜厓死擢參將追高見奇姚馨佐至通江山徑紆險棄馬行見賊數十人奪路走禽其酋乃辛斗也通江賊李彬夜竄熊家灣廷剛先至橫衝賊為二後賊回竄與大軍夾擊大破之禽魏中均苟朝萬王士元七年迭擊辛聰劉永受於老君嶺茶子坪太平峒燕子巖賊四竄偕祝廷彪徒步入山追賊田峪將歸隊過桃川沙壩見山樹紅旗疑之偵知賊首苟文明冒官軍奮擊敗之分路要截禽斬數百文明將入川追至花石巖見山上炊烟起麾兵仰攻文明知不能脫擲跳巖下就斬之又禽殲苟七麻子吳廷詔張芳等八年搜勦南山餘匪往來老林九年賊衆川陝邊界廷剛至桃木坪賊乘霧衝撲受矛傷窮追越楚境迭敗之石渣河元喜坡進攻馬鞍山賊伏陡厓徑馳上禽賈燦華苟文華王振謝尚等賊遁老山偕祝廷彪選健卒持乾糒輕騎躡勦徧歷險僻至十年禽斬殆盡擢甘肅涼州鎭總兵調漢中鎭十八年勦三才峽匪萬五別賊起古子溝分兵克之萬五乘間連踞碉寨敗之於袁家莊平木山梁分兵鈔襲設伏沙壩禽其黨周在庭周之順萬五窮蹙竄盩厔山中為他軍所禽進勦餘黨禽尹朝貴劉功十九年事平詔廷剛首先進勦功最加提督銜尋擢廣東陸路提督未至卒詔念前勞予優卹諡壯勤廷彪四川雙流人由行伍征苗擢守備嘉慶五年從遇春殲劉元恭劉開玉擢都司六年禽王廷詔擢游擊七年勦賊平安寨設伏長溝乘夜掩擊中矛傷裹創力戰斃苟文清於陣偕吳廷剛殲苟文明於花石巖禽苟文齊於鐺鍋山擢參將又破張世雲於北溝口八年迭擊賊於老林小岔溝白果園禽冉璠九年偕羅思舉追賊入界嶺老林攻望都觀賊巢從遇春擊賊鳳凰寨壩口馬鞍山並多斬獲十一年擢漢中協副將值甯陝兵變赴南山截勦甫定瓦石坪周士貴復起偕羅思舉合擊禽之賜號迅勇巴圖魯十四年擢甘肅甯夏鎭總兵調陝西西安鎭十九年勦三才峽匪萬五餘黨偕吳廷剛禽尹朝貴於木瓜園分路勦賊黃草坪燬其巢追入手扳巖老林賊詭降設伏禽其渠陳四擢湖南提督道光三年內召授頭等侍衞仍兼提督銜以熟悉南山情形未幾復授西安鎭總兵在任凡十年擢貴州提督調浙江提督二十年英吉利兵陷定海守招寶山吏議褫職詔留任尋以年老休致歸卒於家廷彪果敢力戰善撫士卒當時降衆多生事所部帖然世稱之棟雲四川巫山人寄籍華陽以武舉補把總從征廓爾喀苗疆積功累擢甯羌營游擊從額勒登保勦教匪與遇春偕後乃為其部將攻終報寨先登功最嘉慶三年從遇春追張漢潮詹世爵李槐等由漢中入川境諸軍合勦於隘口棟雲據高俯擊斷槐手箭貫世爵胸皆斃漢潮竄梅子關迎擊敗之又連敗之巴東及陝境兩河關設伏王家河賊至痛殲之窮追至河南盧氏漢潮遁四年春敗賊涼沁河兵僅五百斬獲三百餘級賊走龍駒寨屯康家河棟雲躡之忽山坳突出悍賊中矛傷戰愈力射殪執旗者賊乃卻事聞特詔嘉獎四月漢潮踞紅門寺冒雨出間道擊走之扼之黑龍口與明亮興肇為犄角谿水漲潛涉上游襲擊賊大潰又冒雨克欒家河八月敗賊犂澤坪竄石峽子棟雲設伏野雞溝與大兵夾擊漢潮窮蹙入老林分路追勦禽李潮於張家坪而漢潮已為明亮擊斃至是獲其屍擢甘肅提標參將五年擢安慶協副將敗冉學勝於沔陽連擊高天德馬學禮於獅子梁櫻桃埡六年春復破之於五郎坪鳳凰山天德學禮為遇春所禽餘黨踞八斗坪棟雲分隊襲之禽羅鳳友又破伍金柱餘黨於三岔坪至七年春所部凱撤擢狼山鎭總兵父憂去官十一年授河州鎭西甯番族出擾棟雲專勦貴德一路破賊甘壩山連敗之六哈國河什尖里幹汪科合山遂克沙卜浪賊巢進至紅露井番僧昂賢率十二族降焚其巢番境悉平以母憂去起補陝安鎭調甯夏鎭十八年從遇春勦南山匪數戰於隴州沔陽禽賊渠二十三年標弁江芝誣訐棟雲侵餉下總督察治得白抵芝罪棟雲坐私役兵丁褫職詔赴遇春軍委用道光初署鹽茶都司乞病歸卒

羅思舉字天鵬四川東鄉人少有膽略蹻捷踰屋如飛貧困為盜秦豫川楚間結客報仇數殺不義者遭阨幸不死久之自悔教匪起充鄉勇誓殺賊立功名王三槐踞東鄉豐城為巢衆數萬官軍莫敢擊出掠羅家壩團勇不習戰思舉見賊前鋒數百詭呼曰數十人耳衆氣倍擊走之游擊羅定國使偵豐城還報請率死士夜擣之官兵外應可一舉滅定國以為狂思舉憤獨攜火藥往乘烈風燔之賊黑夜相蹂殺走巔巖踣死無算遂奔南壩場是役一夫走賊數萬聲震川東總督英善給七品軍功隸副都統佛住川賊以羅其清冉文儔徐天德王三槐為最強徐王二賊合窺東鄉思舉請佛住嚴備勿聽乃為知縣劉清說其清降知其詐馳歸則賊已陷東鄉戕佛住清亦拔營去時嘉慶二年正月也調苗疆凱旋兵猶未至總兵索費音阿率甘肅兵來援用思舉策紮營大團堡開壕樹柵埋火藥誘賊入轟之遂奪金峨寺賊巢復東鄉賊竄重石子香爐坪德楞泰明亮並以兵會思舉請仍如破豐城事德楞泰壯之隻身夜入賊營會大雨火藥不燃賊覺懼而遁自是常將鄉勇分路為奇兵與官軍犄角或為前鋒殲孫士鳳於淨土庵又敗賊於峨城山皆以火攻劫營獲捷時川賊與襄陽賊齊王氏等合雲陽教黨亦起應獲諜知王三槐將赴陳家山即假所獲賊旗夜馳往聲言白號賊至賊下山迎悉誘殲之禽賊首高名貴其黨張長庚覺而奔追斬甚衆擢千總三年總督勒保誘禽三槐其黨冷天祿踞安樂坪環攻不下召思舉往夜率死士焚其巢將明殿旅出大呼曰我豐城劫寨羅思舉也賊膽落潰圍走思舉戰績至是始上聞擢守備德楞泰圍羅其清等於箕山後召思舉問計思舉相地勢曰賊各隘皆壘石守惟山後縣削數十丈必恃險乏備若官軍攻於前使不暇他顧我率勇敢者梯而上可擣也如其言夾擊大破之餘賊四逸思舉料其必走方山坪率鄉勇先往伏坪後越數日賊為官軍追擊果至禽斬幾盡遂獲其清四年其清餘黨踞東鄉四季坪從提督七十五破之秋敗賊巴州豆眞坡又援田朝貴於鐵爐山五年春德楞泰勦冉天元於川西檄思舉率鄉勇三千赴軍戰青龍口賊踞山險選精銳九十人夜薄賊巢破之賊分趨晨安將入陝思舉獻計請致書額勒登保約守陽平關易裝潛入賊卡殺二賊衆追捕乃棄所賚書逸出賊果不敢前回竄江油思舉先驅深入伏起奮鬭而賊以擋牌禦矢銃困德楞泰於馬蹄岡急趨救使鄉勇人取石亂擊毀擋牌會冉天元馬蹶就禽賊瓦解假賊旗追逐餘匪斬雷士旺攻鮮大川於天寨子山險不能上德楞泰遣箭手五百助之令伏巖下先以鄉勇誘賊俟擂石且盡仰射箭落如雨賊退避遂克之思舉手禽賊六十餘人德楞泰詗其輕生聲色俱厲思舉跪謝良久出則冠上已換花翎由是深感德楞泰樂為盡力尋從勒保防嘉陵江七十五以桂涵新敗調思舉代領所部鄉勇擢都司六年殲張士龍於鐵溪河擊援賊陳天奇陣斬之賜號蘇勒芳巴圖魯擢游擊自是轉戰老林餽不時至煑馬韉啗賊肉以追賊七十五下急屢為賊所窘輒賴思舉援救得捷既而七十五坐事逮德楞泰攻苟文明於瓦山溪賊踞楠木坪三戰不克召思舉率鄉勇至皆衣狗皮躡草屨人笑為匄兵夜越後山伏一戰破之殲苟朝獻苟文舉衆詫曰匄兵破賊矣始補給餉製衣履擢參將七年迭敗度向瑤於風峒子萬古樓破齊國點於通江殲張天倫魏學盛於巴州秋擊劉朝選於仙女溪遁鞋底山禽之又偕羅聲皋禽張簡羅道榮於巴州冬唐明萬竄大甯追至石柱坪賊方食奮擊大潰禽明萬仁宗以明萬劇賊久稽誅特詔嘉賚諸賊漸就殲除搜捕南山餘孽兩年始清擢太平協副將十年德楞泰勦甯陝叛兵檄思舉赴軍尋就撫盡釋歸伍思舉曰兵變殺將陷城破官軍亂無大於此者反賞是勸叛也何以懲後請誅首逆以申國法諸將不可後川陝兵果數叛十一年思舉攻西鄉叛兵斬首逆於陣風稍息署川北鎭擢涼州鎭總兵未之任調重慶鎭二十年中瞻對番酋洛布七力叛夾河築碉總兵羅聲皋不

能克許其降以專擅遣戍命思舉進勦克四砦洛布七力就殲請分其地以賞上下瞻對諸出力頭目事乃定道光元年擢貴州提督歷四川雲南湖北提督十二年湖南江華錦田寨猺趙金龍爲亂與長甯趙福才糾合九沖猺肆掠提督海淩阿戰死勢益熾詔總督盧坤偕思舉討之至永州議遏賊南竄斷其西道州零陵祁陽山徑進兵兜擊於是驅諸猺出山皆東竄常甯洋泉鎭檄各路進遏合圍四月大破之金龍中鎗死禽其妻子及死黨數十賜雙眼花翎予一等輕車都尉世職時命尚書禧恩督師未至軍先三日奏捷禧恩方貴寵用事怒其不待盛氣陵之思舉曰諸公貴人多顧忌思舉一無賴受國厚恩至提督惟以死報不知其他禧恩無如何則詰金龍死狀虛實思舉獲其屍及所佩印劍木偶爲證乃止二十年卒於官賜太子太保諡壯勇子本鎭襲世職思舉既貴嘗與人言少時事不少諱檄川陝湖北各州縣云所捕盜羅思舉今爲國宣勞可銷案矣再入覲仁宗問何省兵精曰將良兵自精宣宗問賞罰何由明曰進一步賞退一步罰皆稱旨晚年自述年譜川中殄諸劇寇多賴其力功爲人掩軍中與二楊並稱楊芳於諸將少許可獨至思舉以爲烈丈夫嘗酒酣袒身示人戰創班班爲父母封股痕凡七其忠孝蓋出天性云同時起鄉勇者桂涵名與之亞包相卿較後出亦至專閫涵亦東鄉人少恃勇橫行鄉里亡命出走繼歸與思舉同應募爲鄉勇父天聰聚族黨屯礧子山賊數爲涵所窘欲報之萬衆來攻涵率壯士伏隘誘賊入空寨痛殲之嘉慶二年從朱射斗攻金峨寺賊突出圍涵於山峒火熏水灌皆不傷反多斃賊賊乃走尋戰淨土庵偕思舉陷陣大破之徐天德黨衆幾盡殲同里聞其屢捷爭來投効德楞泰明亮特編涵字營使涵領之擢千總由是知名三年大軍圍安樂坪冷天祿詐降出走涵偵知之伏兵於方家壩魚鱗口賊至伏發禽斬甚衆擢守備四年從德楞泰追賊入陝每由間道出賊前與官軍夾擊數捷又從朱射斗殲包正洪於雲陽盧花嶺從七十五破龔建於開縣火峯寨手禽建以獻擢都司五年復從射斗破賊雲陽禽其渠李甲縱歸招出黨衆數百人自是降者日至既而改隸勒保軍始與思舉分路轉戰川東西所至有功累擢游擊六年從阿哈保追湯思蛟於墊江賊夜走涵謂窮寇且死鬭請先伏魏家溝俟其至突擊大破之又從薛大烈追李彬冉天士於通江至小中河大雪賊不爲備涵率鄉勇夜半薄賊壘與官軍四面乘之賊奔曠野勁騎衝踏盡殲焉彬遁未幾爲劉清所獲自七年後復偕思舉徧歷老林搜勦匿匪累遷夔州協副將九年秋從經略參贊圍餘匪於太平火燒梁山峻無路涵議守此相持雖數月無如賊何山下小溪通民峒賊久困必出刼峒糧請以步卒伏山後賊果以驍銳千餘潛出諸將皆死戰半日殲之前山自潰遂殄滅淨盡川陝肅清十一年冬綏定兵叛涵在梁山聞變虛本部兵與通單騎馳入郡城聲言越兩日出兵密令弟吉出募鄉勇舊部爲一隊約期合攻時賊踞景市廟將往麻柳塲涵至令急赴景市廟中途改趨麻柳塲距賊數里止隊入深箐諜報賊踰千且至叱曰安得有此衆戒毋輕進毋漏言涵至既而賊自山衝下三進三退乃突起擊賊而弟吉已率五百人據山頂賊大潰禽首逆王德先叛兵起事甫五日一鼓平之賜號健勇巴圖魯十三年署重慶鎭尋授川北鎭總兵十九年擊三才峽匪黨吳抓抓等於浤縣走之川北獲安道光二年擢四川提督果洛克番匪劫西藏堪布貢物命勦禽首逆曲俊父子被優賚在任十載遇番夷蠢動兵至輒定十三年討越巂夷匪連戰皆捷忽遘疾卒於軍優卹贈太子太保諡壯勇子三人並晉官秩相卿鄰水人嘉慶六年以鄉勇隸松潘鎭標常從思舉擊陳朝觀於通江龍鳳埡追賊受矛傷裹創力戰七年破張天倫於巴州金子寺相卿斬天倫𣪊子山下給藍翎八品頂戴又殲張簡唐明萬功皆最十年思舉偵襄賊王世貴謝應洪匿太平老林檄相卿躡捕殲之授千總十二年勦瓦石坪叛兵擢守備累遷廣元營游擊十三年調征臺灣會峨邊越巂猓夷叛命回川從提督楊芳赴勦攻克嘓嚕匪夷踞曲曲烏烏斯坡相卿梯絕壁牽挽負礮而上破之進燬巴姑賊寨擢參將十五年猓夷復叛攻克峨邊十三支夷巢破越巂沈嗟夷抵濫田壩兩廳叛夷悉降累遷懋功協副將勦馬邊夷禽其渠加總兵銜再署建昌鎭總兵總督鄂山寶興皆以邊事倚之十九年病歸卒

論曰川楚之役竭宇內之兵力而後定之材武驍猛萃於行間然攻無不勝攻無不取者厥惟二楊及羅思舉爲之冠遇春謀勇俱絕劇寇半爲所殲思舉習於賊情地勢險阨強梁非其莫克至於忠誠忘私身名俱泰遇春際遇之隆固爲稀覯而思舉以藪澤梟傑終保令名煥於旂常矣鄉兵出平鉅寇亦自其爲始云

清史稿 列傳一百三十五

賽沖阿 溫春 蘇爾慎 色爾滾 阿哈保　札克塔爾 桑吉斯塔爾
綸布春 格布舍　薛大烈 羅聲皋 薛陛
馬瑜 蒲尚佐

賽沖阿赫舍里氏滿洲正黃旗人襲雲騎尉世職充十五善射授健鋒營參領征臺灣力戰賜號斐雲額巴圖魯圖形紫光閣歷吉林三姓副都統嘉慶二年率吉林兵赴四川始終隸德楞泰麾下張漢潮等竄平利敗之澍河口又敗之大甯黑虎廟追齊王氏姚之富入甯羌山中要之羅村壩以勁騎橫衝賊陣往來擊射大破之三年春破高均德於洋縣金水鋪躡追至安子溝賊夜突營偕總兵達音泰躍壘而出斬賊千餘齊姚二賊復與均德合擾安康師次判官嶺賊隱深林遣數百人誘戰賽沖阿鼓勇先入敗之賊走山陽截擊於壩店遂與明亮德楞泰三路進逼大破之於鄖西三岔河齊姚二賊投崖死敘功被珍賚四月分勦均德於華州連敗之洋縣茅坪關西溝均德合諸賊奔渠縣大神山會諸軍克之自秋徂冬迭克箕山大鵬寨青觀山遂禽羅其清冉文儔功皆最四年夏敗徐天德於開縣旗桿山敗張天倫於太平修溪壩秋襲文玉踞夔州八石坪從德楞泰進攻破賊寨追敗之竹谿大禾田禽文玉冬擊高均德於大市川遂破高家營禽均德進兵川北殲張金魁於通江空水河禽符日明等於廣元野人村復移軍川北迭敗苟文明鮮大川於貓兒梁馬家營五年春從德楞泰由陝回川西擊冉天元於江油新店子又大戰馬蹄岡並深入遇伏先挫後勝天元就擒詳德楞泰傳乘勝破賊劍州李家坪石門寨俄而張子聰雷世旺犯蓬溪圍成谷太和仁和仁義四寨偕溫春往援斬世旺破冉天泗王士虎於南江長池壩破鮮大川苟文明於岳池新場擢固原提督命赴陝專勦高天德馬學禮諸賊德楞泰素倚吉林馬隊賽沖阿尤得衆心士卒聞其將去環跪乞留累疏陳狀請權緩急暫留川允之秋從德楞泰擊趙麻花王珊於雲陽寒池壩濫泥溝並殲之冬敗楊開第李彬齊國謨於觀音河六年春破高天升於鎭安野雞坪殲之又破唐明萬等於和岡溪進至黃花廟賊夜犯營奮擊潰走夏從德楞泰擊徐天德樊人傑等於白河黃石坡禽陳朝觀偕溫春破天德於甯陝兩河口蹙之於紫陽仁和新灘天德赴水死授西安將軍諜報龍紹周由川入楚率勁騎躡擊先俘其妻子復殲其兄紹華弟紹海至平利岳家坪冒雨雪縱兵衝踏陣斬紹周併蕭四餘匪盡殲之予騎都尉世職冬迭破劉朝選於東鄉土黃壩奉節大甯邊境七年春又大破之潘家槽禽斬殆盡朝選僅以千餘人逸敗宋國品於梁山柏林槽禽席尚文於東鄉袁家壩與勒保部將夾擊陳自得於大竹鄰山大破之調甯夏將軍夏從德楞泰赴楚勦樊人傑人傑與蒲天寶相犄角迭敗人傑於雞公山譚家廟又克天寶於大埡口人傑竄平口河腦自黃茅埡進逼之無去路人傑投河死額勒登保檄赴陝駐太平河截勦川楚竄匪是冬大功戡定詔論諸將戰績以賽沖阿與楊遇春居最予輕車都尉世職九年調西安將軍命偕德楞泰檢捕南山殘匪隨同奏事尋以遲延降騎都尉賊平還舊職調廣州將軍十一年春海盜蔡牽犯臺灣命副德楞泰往討會牽爲李長庚擊走乃專任賽沖阿爲欽差大臣提督以下受節制尋責專辦陸路至則鳳山已復南北兩路僅餘零匪請停調兩粵福州駐防兵水師責成李長庚陸路責成許文謨詔嘉其曉事調福州將軍秋牽復入鹿耳門檄鎭將擊沈賊艦十一獲船十禽賊目林略等十二年蔡牽朱濆皆竄蹙乃赴本官十四年調西安尋調吉林十六年入覲途見岫巖復州流民奏下副都統松箖安撫會松箖疏請驅逐流民出境詔斥其誤命如賽沖阿所議行十七年調成都將軍二十年勦陝西南山匪連破之木竹壩太陽灘進薄漢北凡兩月肅清封二等男爵賜雙眼花翎二十一年廓爾喀與披楞搆兵互請援命賽沖阿行邊防之而已誤會上旨馳檄諭詰復請越境脅以兵威詔斥貪功搆釁奪雙眼花翎降二品頂戴尋以兩國言和復之二十二年召爲正白旗漢軍都統御前大臣領侍衞內大臣尋授盛京將軍二十四年復召爲理藩院尚書兼御前諸職如故宣宗即位加太子太保賜紫韁管理咸安宮蒙古唐古忒托忒諸學道光元年出爲西安將軍三年入覲萬壽賜宴玉瀾堂列十五老臣繪像御製詩褒之四年召授內大臣鑲藍旗蒙古都統充總諳達六年以疾乞休尋卒贈太

子太師，命皇子賜奠，諡襄勤。子額圖渾，三等侍衛。孫特克愼，襲男爵，坐事除名。曾孫清福，襲官四等侍衛。溫春，默爾丹氏，滿洲正黃旗人。由拜唐阿累擢三等侍衛，從征廓爾喀。乾隆五十九年，高宗幸南苑行圍，以殺虎超擢頭等侍衛。明年，從征苗疆，連克蘇麻寨、大烏草河，賜號克勑巴圖魯。大戰尖雲山，與總兵達音泰分將左右軍，晝夜鏖鬭，遂復乾州。苗平，從德楞泰赴四川。嘉慶二年，敗賊東鄉馬耳溝，又敗齊王氏、姚之富於夔州白帝城，加副都統銜，充領隊大臣，駐守竹谿、平利。賊來犯，並卻之。李潮、張世虎餘黨走渡漢，率索倫騎兵蹴之於中流，殲賊千。三年，破高均德，殲齊王氏、姚之富，破羅其清、冉文儔。四年，破張天倫，禽龔文玉，禽高均德，諸役皆與賽沖阿同為軍鋒，名績相埒。方高家營之未破也，賊扼大市川倚險抗拒，鼓勇先登，馬蹶，易騎而上，殺賊獨多，詔特嘉之。五年，授正紅旗蒙古副都統。江油新店子及馬蹄岡之戰，並分當一路，瀕危克捷。冉天元餘黨與張子聰、庹向瑤等合竄潼河西岸，追及渡口，殲其後隊千餘，迭敗賊於蓬溪、中江。秋，偕賽沖阿擊鮮大川於新場，偕薛大烈擊湯思蛟於倒流水，從勒保擊庹向瑤於長壩，皆捷。六年，偕賽沖阿殲徐天德。其秋，擊龍紹周於湖北境。紹周合衆萬餘，已進和岡溪，後隊攻天平寨，誘戰而伏千賊截官軍後。賽沖阿擊攻寨者，溫春扼溪口以要伏賊，遂入峽攻其中堅，大敗之，追斬紹周於岳家坪，予雲騎尉世職。七年，偕賽沖阿敗劉朝選於土黃壩，分兵破庹久正於潘家槽，禽之。又偕賽沖阿破樊人傑於平河口腦，陣斬其弟人禮及二子，人傑走死。是年功蕆，被優賚。凱旋，授虎槍長、正紅旗護軍統領。十一年，甯陝兵變，赴陝協勦。十五年，充烏里雅蘇台參贊大臣，行抵烏蘭博木圖，病卒。帝憫之，命其子護喪歸，予祭葬。子烏凝，襲世職，官至護軍參領。色爾滾，莫爾丹氏，黑龍江正黃旗人。由打牲兵襲佐領，從征廓爾喀，以功賜號托默歡巴圖魯，遷副總管。嘉慶二年，從德楞泰勦教匪。三年，殲齊王氏、姚之富於鄖西，受槍傷，擢協領。合攻箕山，破賊於順水寺、郭家廟、廖家碥。及賊由青觀山敗竄，要擊於濛子灘，禽羅其清。又敗冉文儔於麻壩寨。四年春，擢總管。從德楞泰入陝，破高均德於大市川，禽之。色爾滾戰功居最。五年，從戰馬蹄岡，冉天元負創逸，追至包家溝，天元就禽。又敗賊於石門寨、風如井、鐵山關，加副都統銜。夏，截擊劉朝選於東鄉茨竹林，躡擊張子聰等於九亭場，進擣通江長池壩、冉天士賊巢，皆敗之。秋，勦鮮大川、苟文明於巴州元口鎭，沿江兜截，與大軍合擊，斬賊渠吳耀國、鮮文炳，禽苟文禮。又擊湯思蛟、趙麻花於茅坪、倒流水。冬，殲麻花於大禾田，被獎敍。六年，從德楞泰入陝，禽龔如一、高天升，合擊龍紹周、徐天德，先後禽殲。冬，擊苟文明於槽子溝，陷陣被創。七年，從德楞泰追樊人傑入楚，馳三百里繞其前，又偕蒲尙佐破蒲天寶於鮑家山，徒步入賊巢，天寶走死。詔嘉其奮勇，命在乾清門侍衛行走。又殲戴仕傑於興山施家溝。八年，搜勦餘匪肅清，被優敍。歷阿勒楚克副都統、伊犂領隊大臣。十四年，叛兵蒲大芳等在戍所煽亂，將軍松筠令色爾滾往誅之，詔嘉所使得人。召京，授鑲藍旗蒙古副都統，歷伯都訥、阿勒楚克副都統。十八年，命協勦滑縣教匪。李文成遁，設伏白土岡敗之。賊固守司寨，毀垣入，登樓殺賊，文成自焚死。加都統銜，予雲騎尉世職。歷黑龍江副都統、呼倫貝爾辦事大臣。道光七年，乞病，給全俸。十三年，卒，賜金治喪，諡壯勇。子明晉，孫濟克扎布，襲佐領兼雲騎尉。蘇爾愼，蘇都里氏，滿洲正黃旗人。黑龍江馬甲，從征廓爾喀。嘉慶初，從德楞泰勦教匪，積功授三等侍衛，改隸京旗。五年，馬蹄岡之戰，初不利，德楞泰踰山上，賊至，馳下奮擊。蘇爾愼射冉天元，馬應弦倒，天元就禽，賊遂大潰。論功最，擢二等侍衛、乾清門行走。其冬，攻大埡口，陷陣被創，賜號西林巴圖魯。六年，戰紅花堖、鯽魚埡，追賊至陝境黃石坂，首先躍馬衝入賊陣，禽賊渠龐士應、方文魁。尋殲徐天德、樊人傑、苟朝獻，戰皆力。七年，破鳳皇山、鷄公梁、桂林坪，先登奪隘，軍中號為勇敢。凱旋，擢頭等侍衛。十八年，林清黨犯禁城，聞警入，首先殺賊，加副都統銜，命為領隊大臣，率巴圖魯侍衛赴山東勦教匪。詔稱其材武出衆，可當百人，愛惜之，戒勿步戰。破曹州、武定賊巢。十一復偕提督馬瑜破賊於滑縣潘章村，禽賊目郭明山。事定，回京，授鑲紅旗蒙古副都統，充上書房諳達。二十四年，上幸熱河，乘馬蹶，蘇爾愼控止之，擢鑲藍旗蒙古都統。道光元年，隨扈昌陵，馬逸突乘輿，降藍翎侍衛。逾年，以二等侍衛休致。未幾，卒，賻副都統銜。阿哈保，鄂拉氏，滿洲正黃旗人。由司轡護軍授侍衛。從征臺灣，解諸羅圍，禽林爽文，賜號錫特洪阿巴圖魯，圖形紫光閣。繼從征廓爾喀，擢二等侍衛。苗疆事起，轉戰最力，論功居上等，迭擢頭等侍衛、正黃旗蒙古副都統。嘉慶二年，命率吉林兵赴襄陽，偕景安勦教匪，擊賊於獨樹塘、楓樹埡，禽斬甚衆。三年，追賊入川，合攻大神山，分克插旗山卡，賊盡殲之。四年，合擊徐天德於渠河，又破之於譚家壩，賊大潰。冬，設伏白水碉，殲賊千餘，被獎敍。五年，冉天元等犯川西，禦之場院，失利，責領新到貴州兵戴罪立功。從德楞泰擊天元，獨當火石埡一路，先敗後勝。冬，偕薛大烈擊楊開第於安仁溪山梁，追越大山數重，至兩台山，所過賊寨皆下，開第伏誅。被優賚，擢御前侍衛。六年秋，復偕大烈擊青、黃、藍三號賊於巴州石埂山，分路設伏，夜襲之，殲戮二千餘。授正紅旗護軍統領，並賜其子阿顏托克托為藍翎侍衛。搜勦老林，禽老教首鄧金祥，予雲騎尉世職。尋合擊高見奇等於大茅坪。因病赴達州醫療。七年，召回京。逾歲，以扈駕神武門，陳德突御輿，失於防護，褫職，予副都統銜，在乾清門行走。歷正白旗蒙古副都統、正紅旗護軍統領。十年，病，加都統銜，遂卒，依都統例賜䘏。子阿顏托克托，襲世職，兼三等侍衛。

綸布春，羅佳氏，滿洲鑲白旗人。以黑龍江學團駐京，授司轡。從征廓爾喀、苗疆，賜號色默爾亨巴圖魯，累擢二等侍衛。嘉慶元年，裹創克驟馬岡險隘，加副都統銜。平隴賊寨尤固，綸布春從獅子坡入，囊土壝壕，毀墻柵，出間道擣其背，大軍進薄石隆，遂禽石柳鄧。二年，苗平。從額勒登保勦湖北教匪，破林之華於芭葉山，追賊紅土溪、鐵鑛坡、羅錫圈，迭敗之。授鑲藍旗蒙古副都統。三年，禽覃加耀於終報寨。移軍入川，敗高均德於野猪坪，擊李全等於紫溪嶺。賊走湖北，額勒登保自漢江下襄陽，令綸布春將騎兵由陸出平利，遇張漢潮於南漳，敗之於苦提河、孟石嶺，殲賊數千。尋漢潮與詹世爵、李槐合衆可二萬，偕明亮扼之清池子山口。漢潮先遁，世爵、槐於隘口抗拒，綸布春以勁騎截擊，木石並發，賊窘，多觸厓死，世爵、槐並殲焉。秋，從額勒登保擊高均德於吳家河口，賊自林中出，矛傷左脇，力戰敗之。進攻張公橋，禽漢潮子正濟及劉朝佐等。四年春，械送諸賊至京，命偕侍衛十八人解饟回川，坐報侍衛等患病失實，降黜。未幾，敗漢潮於黃牛鋪，諸軍合擊之張家坪，漢潮就殲，綸布春獲其屍，擢乾清門侍衛。迭破餘賊於教場壩、藥壩、茨溝、板房子，那彥成疏陳戰績超衆，屢詔褒賚。五年，隨那彥成出寶雞，遏白號賊北犯，破之於龍山鎭，授鑲黃旗蒙古副都統。黃號賊分巾連營十餘里，綸布春潛師先破八里灣，回擊牛蹶嶺。賊傍秀金山列隊以拒，徑衝入陣，手刃數賊，遽卻。進援狼卡寨，扼石峽口，夾擊，大敗之。夏，偕穆克登布擊楊開甲於七盤溝，而高天德、馬學禮犯漢中，提督王文雄戰死，詔責綸布春專勦，敗之於白溪。俄冉學勝渡漢北，將與伍懷志合，偕總兵汪啟邀擊於留壩，又會諸軍敗之於太吉河、魚洞河。六年春，以追勦學勝久無功，被劾褫職，以馬甲留營効力。從穆克登布擊伍懷志於五郎鐵鎖橋，率三十人先驅衝敵，殺賊數十。賊據山拒鬭，躍登橫擊，賊衆披靡，追擊於紅水河，徒步奮戰，奪山梁。詔嘉其愧奮，授藍翎侍衛。復偕穆克登布躡賊，偵知潛匿老林一層啓，地險絕，督兵猱升而上，懷志與黨六七人惶急投厓下，為綸布春所獲，授二等侍衛，復巴圖魯。其冬，病卒於漢中，依頭等侍衛議䘏。格布舍，鈕祜祿氏，滿洲正白旗人。父薩克丹布，以吉林新滿洲留京為前鋒。乾隆中，從海蘭察征石峯堡、臺灣，有功，累擢三等侍衛，賜號伯奇巴圖魯，圖形紫光閣。又從額勒登保征苗疆，擢二等侍衛。遂從勦教匪，破芭葉山，其大金坪、抱窩山兩戰尤力。以病解軍事，久之始卒。臨歿，仁宗念前勞，加副都統銜。格布舍亦起前鋒，累遷三等侍衛。隨父赴苗疆，平隴之役，從額勒登保克巖人坡、大壩角諸寨，賜號庫奇特巴圖魯。及赴湖北黃柏山，戰頻有功，又殲逃賊於巫山。嘉慶四年，殲冷天祿，奏諸將功，格布舍第一。上夙知其將門子，善用鳥槍，特嘉經略所列公允，加副都統銜。五年，偕楊芳夾擊楊開甲於兩岔河，陷陣被創，墜馬躍上再戰，追斬甚衆，予恩騎尉世職。又偕楊遇春殲伍金柱、宋幗富。六年，禽王廷詔及高天德、馬學禮，功皆最，晉雲騎尉世職。其冬，擊辛斗於黑龍洞。七年，從額勒登保追勦苟文明，冒雨深入老林，文明就殲。留川陝邊界檢捕殘匪。凱旋，授正黃旗漢軍副都統、乾清門行走。十二年，出為伊犂領隊大臣，尋授甯夏副都統。召還，授鑲紅旗漢軍副都統。十八年，命往河南勦教匪，將行，値匪犯禁城，急入捕賊，被優獎。命充領隊大臣，率火器營赴軍，迭敗賊於道口，進圍滑縣，敗援賊於城北。掘東門隧道，為賊覺。復据西南隅，穴成火發，格布舍仍攻東門，以雲梯先登，獲賊目徐安國於地窖。擢御前侍衛，予騎都尉世職，遷正藍旗護軍統領。坐失察部下私攜俘獲子女，議褫職，帝曰：「格布舍出兵時，聞警由德勝門奔赴大內，朕不忍負之。」改留任，予副都統銜頭等侍衛，在大門行走。既而直乾清門，帝閱步射，中三矢，賞黃馬褂。擢甯夏將軍。道光初，回疆軍事起，命駐哈密為聲援。調烏里雅蘇台將軍，移師守吐魯番。八年，召為正白旗蒙古都統，復出為甯夏將軍。十年，卒，諡昭武。子秀倫，襲騎都尉。

札克塔爾，張氏，滿洲正黃旗人。初，金川土番也。父為索諾木所殺。年未二十，密獻入番路徑於將軍阿桂，隨征，洊擢守備。高宗憐之，命隸內務府旗籍，擢二等侍衛、乾清門行走，兼正白旗蒙古副都統。嘉慶四年，從尙書那彥成赴陝軍，擊高天德、馬學禮於灰峪林，又擊川匪於龍草坪。五年，偕綸布春夾擊白號賊於秦安龍山鎭，禽賊渠余禮等，賜號瑚爾察巴圖魯。又偕擊王廷詔、楊開甲於牛踞鎭由山梁馳下馬蹶復起力戰大破之遷鑲白旗護軍統領那彥成破張天倫於岷州林家鋪轉戰鞏昌文縣賊據河岸且擊且濟逼賊郭家山自中路仰攻禽高天德子狗兒又偕綸布春破伍金柱楊開甲於分水嶺是年夏召那彥成還京札克塔爾留總額勒登保節制每戰猛銳無前軍中號曰苗張楊開甲等竄湖北間道邀擊於鄖西黃營鋪禽斬千餘予恩騎尉世職偕楊遇春破伍金柱於手扳崖銅錢窖殲楊開甲於茅坪詔以是役得其分擊之力優予賚敍諸賊循渭東竄札克塔爾邀擊於寬灘乃折趨棧道帝廑陝事急趣其還軍乃偕慶成駐褒城西鄉兼顧川楚竄匪高天德馬學禮窺渡漢從額勒登保鈔截屢敗之六年元旦破賊五郎坪踣伍懷志餘黨於瓦子溝禽教首彭九皋遇賊南鄭狼渡磏躍馬衝賊爲二禽其渠王凌高夏追冉學勝於棧東夜襲黃安壩賊營破之偕楊遇春夾擊於天池山突占山梁禽其黨陳學文追敗之竹谿草鞋峽賊竄陝又偕遇春夾擊姚馨佐曾芝秀於南唐嶺劉家河口諸賊尋與學勝合又敗之孫家坡渭子池與遇春同被褒賚七年從額勒登保追勦苟文明賊匿太白山老林瞭於山巔軍至即遁札克塔爾以圍捕非計撤辛峪口兵誘之果出晝夜追奔掩其三面偕楊遇春夾擊於鎭安石門溝賊復竄老林屢出屢入詔斥曠日持久褫職留任歷數月獲文明妻子始復之八年凱旋充奏事處領班扈駕回宮入神武門有男子陳德突犯御輿札克塔爾手禽之封三等男爵十一年甯陝兵變從德楞泰往勦戰於方柴關不利既叛兵就撫德楞泰以震懾乞降奏上召札克塔爾詢狀斥其隱飾褫職留男爵回四川以副將用尋予副都統銜充科布多參贊大臣十三年召還授護軍統領兼武備院卿十七年卒賜金治喪子常安襲爵桑吉斯塔爾滿洲正黃旗人亦四川土番應募征金川歷石峯堡廓爾喀之役賜號察爾丹巴圖魯累擢頭等侍衛改隸內務府滿洲嘉慶四年與札克塔爾同赴陝軍迭敗張漢潮於黃牛鋪二郎壩洵陽壩追漢潮就殲加副都統銜連擊教場壩大壩韭菜坪並下之五年隴山鎭林江鋪郭家山諸戰皆與札克塔爾俱又殲劉允恭於陝境大中溪敗伍金柱於鎭安手扳崖被優敍尋金柱爲楊遇春所殲其餘黨西走要其去路躡追自文縣甯羌至龍安擊之賊竄打箭鑪寨山徑險隘棄馬徒步及於窄口子痛殲之分兵擊木蘭溝伏賊僅存二百餘人遁三岔河與冉學勝合詔斥遲留額勒登保爲疏辯得白六年偕札克塔爾迭敗賊於狼渡磏天池山孫家坡賊自孫家坡敗竄桑吉斯塔爾設伏楊柏坡以待禽斬幾盡高見奇就誅被獎敍是冬召回京八年偕札克塔爾捕陳德予騎都尉世職十一年率巴圖魯侍衞赴甯陝勦叛兵及還坐召對遲到降頭等侍衛尋授正藍旗漢軍副都統十八年率火器營赴滑縣勦賊以火攻克城先登復在御前行走坐軍中攜俘童當黜原之又坐事褫副都統仍以頭等侍衞乾清門行走二十三年卒賜金優䘏子策楞訥爾三等侍衛襲騎都尉請葬父於近京允之賜葬賚焉

馬瑜甘肅張掖人祖良柱官四川松潘鎭總兵遂寄籍華陽瑜少以武生入伍從征廓爾喀苗疆累遷游擊嘉慶元年赴達州勦教匪戰大園堡安子坪數有功賜號達春巴圖魯三年從德楞泰殲齊王氏姚之富於鄖西瑜間諜功居多擢參將擊高均德於雒南鐵釘埡賊奔就冉文儔合踞大神山諸軍合擊瑜攻其東克之及攻大鵬寨瑜冒雨燬其南門四年春文儔就禽授四川督標副將從德楞泰入楚禽高均德尋赴援陝甘五年春復從德楞泰回川西擊冉天元戰江油新店子進攻重華堰深入火石埡瑜分路助擊有功追賊石門寨開封廟至嘉陵江岸迭敗之又設伏敗藍號匪於七孔溪克長池壩賊巢擢貴州安義鎭總兵調重慶鎭瑜祖故溫福部將勒保與有舊甚倚之又久從德楞泰爲翼長軍事多所贊畫八月白號庹向瑤竄長壩將渡河瑜率步騎掩至蹙之向瑤赴水逸六年春徐天德自洵陽北竄留後隊於峪河口前隊奪渡漢江追及乾溝禽斬千餘賊奔鎭安雪夜間道出野豬坪要之時龍紹周分黨入太平老林自率大隊赴楚欲與天德合蹙之竹山官渡河夜聞追騎聲爭赴水漂溺泰半夏從德楞泰追天德破之黃石坂進逼昆河鋪賊勢瓦解天德竄死河灘遂偕賽沖阿等追紹周入川戰菜子埡雲霧溪皆捷賊西趨陝冬殲紹周於平利岳家坪於是黃號略盡又敗賊於通江劉家壩俘獲甚衆七年春師次巫山十二峯檢捕線號殘匪夏擊樊人傑等於東湖鷄公山梁又敗蒲景於大埡口人傑走死冬追賊老山施家溝山徑險隘徒步而入禽其渠趙鑑殲餘匪於中子洋偵巴巫界上有匿匪月夜擣其巢悉殲之被獎賚時賊勢窮蹙瑜自巫山向北搜勦八年禽王三魁於馬家壩三槐之弟也會楚匪復逼入川偕色爾滾破之鐙盞窩餘匪殆盡三省設防瑜駐川界徐家壩擊陝境逸匪殲之九年擢江南提督調雲南皆未之任留辦善後殲湖北竄匪苟文華等被優賚尋坐添紫城疏防奪巴圖魯花翎率兵二千入老林追賊攻克鳳凰寨禽斬數百既而苟文潤就殲復花翎勇號十年赴本官歷江南直隸提督十八年從車駕幸熱河校射中三矢賜黃馬褂其秋滑縣賊起命偕總督溫承惠進勦破南湖北湖賊進擊道口尋赴開州搜捕燬潘章李家莊袁家莊諸賊巢事平優敍十九年調江南坐事左遷徐州鎭總兵調兗州鎭二十四年復任江南提督未幾卒以前勞優䘏諡壯勤蒲尚佐四川松潘人由行伍拔補千總從征苗疆累擢游擊嘉慶二年從德楞泰殲齊王氏姚之富於鄖西賜號勁勇巴圖魯克箕山有功擢參將五年偕馬瑜合擊藍號賊於陡坎子山大破之擢四川維州協副將圍趙麻花於石虎林賊夜突圍者三皆擊却次日盡殲焉被獎敍六年從德楞泰破高天升於洵陽江岸追至二峪河雪夜出山徑進攻天升就誅擢雲南鶴麗鎭總兵敗龍紹周於茅壩迭敗徐天德於廟坪黃石坂又追擊於川陝境上每戰輒殪數百逐躡入楚沿路搜勦及紹周爲賽沖阿等所殲其餘黨竄竹山圍勦殲戮無遺七年從德楞泰轉戰川楚諜知樊人傑屯杉木嶺蒲天寶屯代峰別有賊屯雞公山爲聲援先破之人傑走霧露河尚佐迎擊轉戰七晝夜斬獲無算天寶走當陽偕色爾滾偵蹤追擊賊收殘衆屯興山桂連坪襲破之賊走踞鮑家山德楞泰銜其前尚佐等攀危崖繞出賊巢上痛殲之餘賊狂奔出山僅數百人竄入老林天寶被追急墜崖死被優賚兼乾清門侍衛又偕副都統富僧德殲戴仕傑於興山禽崔連樂崔宗和於房縣斬陳仕學於巴東八年青號劉渣鬍子與黃號陳大貴踞老鴉寨尚佐乘霧雨襲之賊棄寨循當陽河走遇富僧德伏兵爭赴水死禽大貴駐巫山搜捕餘匪賊氛遂淨十三年擢湖南提督調甘肅二十年以病解職歸卒

薛大烈甘肅皋蘭人由行伍從征臺灣廓爾喀累遷都司嘉慶二年從總督宜緜勦教匪由陝入川數有功擢游擊三年迭克賊於白沙河蘭場時王三槐踞東鄉安樂坪勒保令劉清招降清遣劉星渠偕二武員往留爲質三槐偕至大營星渠密請禽之大烈爭曰舍守備千總二員易一賊褻國體失軍心乃止越數日三槐復自來遂羈留而以陣禽上聞勒保受上賞大烈亦賜號健勇巴圖魯擢參將未幾擢四川提標副將充翼長善伺勒保意預諸將黜陟軍中屬目爲五年擢川北鎭總兵勒保以罪逮魁倫代之諸將不用命賊益猖遂連渡嘉陵江潼河大烈偕阿哈保等禦之尋復起勒保督師從勦賊於保甯別賊自開封廟藏大軍後路大烈擊却之偕阿哈保扼嘉陵江賊不得渡被獎敍夏連敗白號賊於龍安鐵籠堡竹子山遂從勒保擊苟文明解高寺寨圍追賊循嘉陵江至石板坨德楞泰躡其後勒保繞其前賊分遁大烈掩擊餘匪於飛龍場盡殲之九月敗賊下八廟進扼倒流水會賽沖阿溫春兵至夾擊大破之殲湯思舉冬偕阿哈保破楊開第於渠縣安仁追奔百餘里至巴州兩臺山禽斬二千餘開第逸入營山柏林場亂矛斃之六年春勦楊步青於大甯金竹坪乘雪進擊連敗之白馬廟大蓋頂樊人傑徐萬富屯儀隴碑寺寨偕阿哈保夜襲之殲萬富賊奔川東追及之人傑跳匿遁散竄老林大烈進勦楊開第張漢潮餘黨拔九杵寨追擊於沙貨灣禽賊目李尊賢藍號曹世倫竄南江九嶺子偕田朝貴合擊殲之夏青藍兩號賊竄東鄉犯仁和永興二寨師分三路入大烈由右蹙之華尖壩河濱殲苟文通鮮俸先又擊賊巴州石雙山遣兵伏龍鳳埡自與阿哈保奮擊禽賊渠徐天壽王登高等詔獎賚授其子千總白號高見奇魏學盛合竄棧道大烈要之於大茅坪山半偕阿哈保夾擊勒保督諸將自山頂下壓賊大潰見奇竄空山壩與冉學勝合屯南江盧家灣乘不備擊之禽學勝予雲騎尉世職冬敗白號賊於達州盧硐寺又追敗之開縣禽黎朝順賊竄西鄉漁渡壩大烈裹糧追躡由陝入川敗之於通江羅村復偕羅聲皋等尾擊之師次八臺山別賊圍趙家寨卹掩擊敗之又殲黃號餘賊於太平激仙厓乘勝破八卦山殪賊渠李顯林七年搜勦老林連敗苟文明於雙河口圓嶺山禽其黨姚青雲額勒登保檄回勦川賊大烈乞病解職回籍九年病痊命在乾清門行走扈從墜馬遣蒙古醫療治給頭等侍衛歲俸尋授天津鎭總兵擢直隸提督賞黃馬褂十一年從德楞泰赴甯陝勦撫叛兵調固原提督明年偕楊遇春平瓦石坪之亂予優敍調江南復調直隸坐爲子娶所屬守備女降天津鎭總兵尋授廣東提督復坐動用馬乾銀再降漢中鎭總兵調河北鎭二十年以睢工出力加提督銜卒於官錄前勞依提督例賜䘏諡襄恪羅聲皋四川雙流人由行伍授把總從孫士毅赴湖北勦匪克旗鼓寨芭葉山擢守備嘉慶三年勒保調回四川四年從額勒登保破徐天德冷天祿累擢游擊五年授提標中軍參將破冉天士於南江長池壩賜花翎六年偕薛大烈殲曹世倫追湯思蛟劉朝選入楚敗之於竹山柳林店青藍號賊擾東鄉偕大烈敗之又偕擊賊石雙山徐天壽就禽賜號濟特庫勒特依巴圖魯遂合擊高見奇禽冉學勝冬偕張績禽蕭焜於太平黃號餘賊屯茨竹溝聲皋自花角園進攻大軍繼之禽葛士寬等七年遷督標中軍副將充翼長張簡與湯思蛟合擾東鄉敗之於老生園

楊家壩偕田朝貴兵合擊蹙之河濱賊爭赴水禽思蛟弟思武追禽汪貴於太平梧桐坪度向瑤竄東鄉鳳皇山偕達思呼勒岱合圍殲其衆禽向瑤川匪漸淸楚匪被勦急多竄川境偕達思呼勒岱合擊殲賴飛龍於雲陽閻王碥又偕羅思舉追賊巴州分兩路遁思舉禽簡聲皋獲思蛟於東鄉村店八年搜勦餘匪禽靑號張朝隴李明學軍事大定赴達州辦理凱撤兵勇事宜十三年從勒保勦馬邊涼山夷匪克曲曲烏夷寨擢重慶鎭總兵調松潘鎭二十年勦中瞻對叛番克滄龍溝番酋洛布七力守險未大創乞降受之以專擅褫職戍伊犂逾三年赦歸卒於家薛陞貴州畢節人以鄉勇勦狆苗授把總嘉慶三年從勒保赴四川軍偕羅思舉攻安樂坪擊援絕壘入賊營斬馘多進攻祖師觀夜伏手把巖下拔柵而登又從薛大烈設伏破撲營賊嘗爲軍鋒擢守備四年殲龔文玉包正洪陞皆從戰有功賜花翎五年兜勦川東竄匪陞率兵分駐黃草壩尋擊賊八石坪追至東鄉南壩場敗之軍駐蘆花嶺賊夜撲營先伏兵山洞伺擊賊大潰擢都司偕桂涵破猴兒巖賊巢禽唐大魁六年從薛大烈擊賊巴州石鏤山分路要截多有斬獲禽徐天壽於王家坪擢游擊七年從勒保殲張天倫遂從田朝貴防川陝邊界禽徐天培於徐羅壩殲楊呂淸於白巖峒八年入山搜捕擊走苟朝九股匪於八百谿擢雲南新嶍營參將軍事蕆赴本官歷東川尋遷參將十八年調勦滑縣敎匪攻克南門擢副將尋回雲南二十三年從勦臨安夷匪授永昌協副將道光元年勦大姚夷匪擢鶴麗鎭總兵歷陝西河州鎭直隸大名鎭擢直隸提督調湖南十六年新甯猺生藍正樽習敎拒捕犯武岡城鎭筸兵滋事褫官事皆旋定吏議鐫級留任陞年已七十總督林則徐疏論其老於軍事而無振作未幾以楊芳代之調陞廣西提督二十二年英吉利犯廣東赴潯梧治防因病乞假歸尋休致以舊勞予食全俸咸豐元年卒諡勤勇

論曰額勒登保以楊遇春穆克登布爲翼長德楞泰以賽沖阿馬瑜爲翼長勒保以薛大烈羅聲皋爲翼長觀偏裨之人材其成功可知矣是諸人者其後多膺軍寄二楊而外亦無赫赫功豈非材器有所限哉勒保部將差弱蓋賴羅思舉桂涵等鄉勇之力爲多焉

清史稿　列傳一百三十六

王文雄　朱射斗 子樹

穆克登布　富成 慶溥

施縉 李紹祖 宋延清　袁國璜 阿元穆謙神保達三泰 德齡保興蘇德

多爾濟扎布 王凱 王懋賞

惠倫 安祿 佛住 西津泰 穆特布 阿爾薩納 烏什哈達 和興額

王文雄字叔師貴州玉屛人由行伍從征緬甸金川擢至游擊洊升直隸通州協副將嘉慶元年調勦襄陽敎匪從慶成戰劉家集梁家岡張家壋賜號法佛禮巴圖魯秋賊闖鍾祥進擊破之擢南陽鎭總兵冬賊分竄河南命率兵二千回境防禦二年春敗賊禹山又敗之鄭家河追勦至裕州四里店値他軍與賊戰夾擊敗之夏息縣姦民張雲路倡亂馳勦卽平秋仍赴襄陽時姚之富等逼南漳文雄駐軍五盤山扼其衝擊賊於白虎頭峽口聞賊竄陸坪分兵擊之追至羊角山斬其渠賊乃以數百人綴官軍潛趨南漳城文雄伏兵百步梯火之賊多墜厓死遂赴陝西河南界禦賊且防興安江岸三年春高均德自甯羌渡漢齊王氏姚之富乘官軍往勦偕李全自西鄉洋縣分道踵渡掠郿縣盩厔西安戒嚴文雄馳援敗賊焦家鎭追至屹子村猝遇賊萬餘文雄兵不滿二千張兩翼待賊亦分左右來犯爲火器擊退復分四路至又敗之遂悉馬步圍官軍數重文雄爲圓陣外向賊以千餘騎猛撲令籐牌兵大呼躍出賊馬驚返奔追殺數千人斃其黨王士奇自是賊不敢北犯省城獲安詔以文雄當數倍之賊五戰所殺過當深嘉之立擢固原提督追敗賊於尹家沖其分竄翔峪灃峪者盡殲焉夏敗高均德於盩厔又敗阮正通於南鄭秋張漢潮由南鄭東南竄文雄冒雨疾馳兩晝夜追及於廉水壩賊踞山以礮仰擊之乃分馬步隊潛來鈔截三路迎擊斃賊千餘正通竄西鄉西流河而設伏於銅廠山梁文雄分兵破其伏自攻中堅禽張金等四年命與恒瑞分領總督宜緜所部兵專勦陝境竄匪秋敗苟文明於倒水洞連敗冉天元於沙田壩景山坪皮貨鋪川賊龍紹周竄篠池壩欲應天元扼之貫子山別賊冒齊家營者來犯悉殲之黃號伍義蘭藍號冒六兒踞老鷹厓分兵進擊禽其黨李智花等餘賊遁入川冬樊人傑唐大信竄西鄉文雄積勞嘔血力疾督戰溫詔慰勞尋黃號諸賊復自川入陝令游擊梁渙擊之遇伏幾殆馳救解其圍疾復作而賊之匿老林者潛出犯南鄭沔縣略陽欲渡嘉陵江詔斥疏防當治罪以病原之五年夏敗楊開甲於土門關唐大信踞西鄉節草壩大祥壩夜襲克之龍紹周與大信合敗之魏家寨又連敗之黑山萬曲灣大石埡山王廟賊遁入川未幾高天德馬學禮及戴家營賊竄西鄉堰口窺縣城迎擊敗之偵賊衆潛屯法寶山夜偕副將鮑貴等分三路進賊擲石以拒文雄督衆仰攻突有騎賊從溝中出截其後山上賊出間道撲鮑貴隊急趨救賊乘勢悉衆下山鏖戰至午圍益急文雄被創十餘猶力鬭左臂斷墜馬伏地北向呼曰不能仰報君恩矣遂卒仁宗震悼封三等子爵祀昭忠祠謚壯節諭慰其母賜銀千兩逾年獲戕文雄之賊馬應祥命傳首就其家致祭子開雲襲子爵官至山東鹽運使

朱射斗字文光貴州貴筑人幼讀書入伍從征緬甸金川功多累擢至都司果毅善戰爲將軍阿桂所激賞洊升貴州平遠協副將乾隆五十年擢湖南鎭筸鎭總兵調雲南普洱鎭民苗雜處綏撫得宜邊氓翕服從征廓爾喀歷福建福甯鎭四川川北鎭苗疆事起率本鎭兵赴勦迭克險隘平隴之戰潛師襲後山貫魚坡賊乃潰偕額勒登保攻石隆寨伏溝下蓦入斷其要路賊來爭奮擊盡殲遂斬賊魁石柳鄧賜號幹勇巴圖魯嘉慶二年春凱撤回川北王三槐踞金峩寺合攻克之連破王家寨茨菇梁富成寨要擊於黃家山三槐中槍墜馬跳免合攻重石子香爐坪賊巢擊秋波梁竄匪殲之偕總兵百祥攻羅其淸冉文儔於方山坪敗走巴州射斗駐保甯詔以本鎭轄地責嚴守三槐撲天華山營力戰卻之又合徐天德分撲風門鋪角山茶店馳擊賊遁走三年其淸竄儀隴雙路塲偕穆克登布追勦斬七百餘級其淸等踞大鵬寨諸軍合攻射斗與恒瑞當其北賊冒雨突營出其後夾擊賊竄伏深溝悉禽之及賊由青觀山逸出追至方山坪奮擊大潰其淸旋就禽四年春從德楞泰破賊麻壩寨獲文儔旣而蕭占國張長庚竄營山額勒登保迎擊黃土坪令射斗扼其西占國長庚就殲夏包正洪潛匿鱗水連敗之唐家坪趙家塲追至開縣九龍山痛殲之窮追及毛坪賊踞山以火槍仰擊斃正洪予騎都尉世職秋破卜三聘於八石坪又截擊高天德馬學禮禽其黨潘受榮五年春張世龍竄南江迭敗之竹壩草廟會額勒登保德楞泰先後赴陝冉天元糾羣賊乘虛入川總督魁倫初任軍事諸將中惟射斗忠勇可恃所部兵僅二千至達州賊已渡嘉陵江乃自順慶渡河迎擊於西充文井場殲賊後隊乘勝至蓬溪高院場賊踞山下撲衆數倍官軍遂被圍魁倫初約自率兵繼進而不至射斗力戰隊伍衝斷手刃十餘人遇坎墜馬歿於陣仁宗悼惜晉二等輕車都尉世職依提督例賜卹謚勇烈入祀昭忠祠後獲賊李自剛戕射斗者詔磔之設射斗靈致祭復傳首祭墓射斗從軍三十四年受高宗知仁宗尤以宿將重之額勒登保入川數大捷皆倚射斗及楊遇春如左右手賊畏之號曰朱虎在軍得士心尤恤難民前後拯濟不下萬人歿後兵民胥流涕賊旣退收遺骸遺左足川民於戰處得之瘞於潼川鳳皇山仙人掌建祠以祀子樹襲世職授戶部主事道光中累官漕運總督休致歸咸豐中命治本籍團練捐輸事宜同治初卒

穆克登布鈕祜祿氏滿州正紅旗人將軍成德子乾隆中成德駐西藏入覲高宗詢知穆克登布嘗從征金川授藍翎侍衞累擢直隸提標游擊嘉慶元年從勦湖北敎匪以功賞花翎遷山東參將遂轉戰川陝四年春從惠齡克麻壩寨加總兵銜擢貴州淸江協副將從額勒登保殲闞中賊蕭占國張長庚乘勝進勦冷天祿於岳池令穆克登布先據人頭堰與楊遇春夾擊大破賊衆殲天祿賜號濟特庫勒特依巴圖魯於是額勒登保軍威大振遂任經略穆克登布與楊遇春爲左右翼長常爲軍鋒冬與七十五夾擊樊人傑於通江敗之擢山西太原鎭總兵時川賊徐天德王登廷冉天元合擾官軍阻饟道額勒登保以賊皆勁悍集師合擊於蒼溪貓兒埡議與穆克登布楊遇春分三路進攻穆克登布恃勇先期往爲賊所乘腹背受敵傷亡副將以下二十四人士卒數百及遇春至據險與賊相持經略中軍亦被攻血戰竟夜黎明賊始郤登廷旋就禽偕遇春追天元至開縣與德楞泰會師夾擊賊勢乃蹙五年從經略入陝夏與楊

遇春合擊伍金柱於手扳崖銅錢窖追殲楊開甲於茅坪秋要擊張天倫於兩當剪子巖追殺數十里賊折奔階州遇於佛堂寺擊敗之斬其渠曾印六年春冉學勝將入陝雪夜率勁騎衝之賊潰又敗伍懷志於五郎江口擢乾清門侍衞夏伍懷志糾黨由漢北東竄分兵晝夜窮追及之於秦嶺擒懷志餘黨盡殲予雲騎尉世職七年調湖南永州鎮擢甘肅提督馳勦川東湖北竄匪破王國賢於平利追入川迭敗賊於青岡坪太平坡擒景英是年軍事將蕆錄諸將功擢御前侍衞晉騎都尉世職八年春搜捕餘匪由巴峪關深入擒宋應伏又擒姚馨佐等於南江宋應伏最悍馨佐乃之富子皆賊之著名者應伏黨尚存焉天保余佐斌熊老八並百戰猾賊熊老八年二十餘死黨百餘皆壯悍矯捷所用矛長數丈出沒老林傷將士甚衆至是誘官軍入林設伏狙伺穆克登布卞急輕敵勁卒又為他將分調倉猝中矛歿於陣加予輕車都尉世職併為二等男爵謚剛烈嚴詔捕熊老八期必獲武弁陳弼賄降俘取賊屍僞冒以獻立擢弼參將傳首祭穆克登布墓逾年羅思舉始捕得老八磔之軍中不敢上聞子頤齡襲爵二等侍衞孝全成皇后之父也道光十四年册立皇后禮成追封一等承恩侯擡入鑲黃旗謚榮僖以孫瑚圖哩兼襲兩爵三十年文宗即位晉封三等承恩公以長子文壽襲次子文瑞襲男爵

富成石莫勒氏滿洲鑲黃旗人起健銳營前鋒從征烏什大小金川積勞至參領歷火器營營總出為廣西直隸副將擢山西太原鎮總兵坐失察盜馬賊入邊降京營游擊復擢山東兗州鎮總兵嘉慶元年教匪起率本鎮兵赴河南協勦先清鄧州賊巢進勦呂堰驛隨州紅土山黃玉書就禽敘功以提督升用又連敗賊於鍾祥鄧家岡香花園南線畈命兼領直隸吉林新調兵二年進攻梁家集總統惠齡與賊戰槐樹岡富成聞礮聲馳往夾擊大敗之偕慶成合擊劉起榮又敗賊於溫峽口襄匪由河南竄入陝境總督宜緜疏調富成赴西安率甘肅兵二千回兵二千助勦夏分兵五路圍賊於大涼山下殲賊千餘禽其渠李天德等又連敗賊於雙河口青莊坪放牛坡大石川擢江南提督赴漢中甯羌扼川賊入竄之路循漢南而西與明亮夾攻賊距江近佯引兵入山圖潛渡富成繞出賊後兜擊之斬獲甚衆被獎賚三年春赴達州擊退犯城賊通新甯運道又連敗賊於寶山關木竹坪白山寺擢成都將軍命勦徐天德屢詔責戰甚急冬戰清涼寺殲賊數百四年張映祥竄廣元甯羌擊之毛家山又與恆瑞夾擊於略陽階州經略勒保疏言其兵力不足未能制賊褫職逮問會富成連敗賊於黃家坪大水溝黨家坪將家坪詔免治罪以披甲留營効力駐鎮安防勦五年夏總督長麟追勦冉學勝伍金柱等而高天德馬學禮亦來犯富成馳援徽縣賊襲長麟營官軍敗績於架子山富成力戰被重創遂歿於陣上初以勦張映祥久無功故加重譴至是惜之命入祀昭忠祠予雲騎尉世職子三等侍衞普亮襲時軍事久不定兵多或事剽掠鄉勇尤甚人目為紅蓮教富成與總兵穆維馭下較嚴為時所稱云維直隸清苑人隸督標乾隆中山東王倫倡亂以陣斬賊渠楊壘功擢千總賊闖京兵南下掠糧艘造浮橋圖西竄維直搏獲賊砲二焚其橋賜號奮勇巴圖魯累擢膠州協副將嘉慶元年偕富成赴襄陽恆瑞攻劉家集維率騎兵橫貫賊營大軍躡其後獲大捷師次滾河賊屯對岸董家岡梁家坳維偕王文雄選精兵夜濳渡破賊營二年擢登州鎮總兵冬高均德王廷詔分擾班鳩關寬渡漢江偕副都統六十七連敗之雙河塘土門埡被優獎三年春赴四川從勒保敗王三槐徐天德於石墻山偕富成要賊竹峪關洪口諸隘又敗冉文儔於黑馬山夏賊出李家山西逸要之大完山以砲俯擊賊退他將乘勢追擊維直搗李華寺破賊巢勞甚致疾卒於軍詔視陣亡例賜䘏

施縉陝西定邊人由行伍從征緬甸累擢雲貴督標都司苗疆事起應調隨征屢有功賜號毅勇巴圖魯累擢湖南參將嘉慶二年從總督勒保勦貴州狆苗三月連克關嶺巴隴諸要隘進逼永甯克下山墺賊寨解新城圍五月與總兵張玉龍分兩翼進克望城坡碧峯山賊寨攻羊腸山追賊至新店禽其渠梁阿站等擢副將六月從勒保攻克水煙坪偕按察使常明設伏八角洞坡進攻阿捧毀寨十一大軍進卡子河縉分克納賴坡雞灣寨攻普坪渡河解南籠圍進攻九頭山禽賊渠陸寶貴焚其巢克馬鞭田山寨七月破韋七綹鬚於普磨禽其孥闔阿召山梁李景寨設伏破援賊擢臨元鎮總兵偕常明攻安有大寨率勇士攀藤上克之禽賊渠賀阿豆吳阿降九月從勒保洞克灑賊巢禽首逆韋七綹鬚十一月搜勦上下羅障直達關嶺前後克寨二十調貴州安義鎮十二月偕總兵七格等搜勦各路乘勝擊壩郁嶆峒諸寨自捧鮓至黃草壩賊皆潛盡松林紅巖石門坎香爐箐諸苗尚負固抗拒要擊破之焚寨十九特詔嘉獎予優敘三年復從總督鄂輝進勦兩辟巖師趙屯諸苗克寨五十苗境遂平五年春四川教匪復熾起用勒保會貴州巡撫常明薦縉率貴州兵往協勦仁宗知縉勦狆苗奮勇冠軍為勒保舊部兵將相習命所領自為一軍又慮地利賊情未悉聽德楞泰節制三月至潼川連破賊於大雙墩潼河岸四月高天德馬學禮由甘肅竄農安從勒保迎擊盤龍驛遊河口敗之偕阿哈保迎擊於黃連埡白號藍號衆賊竄合江口奪渡嘉陵江偕阿哈保分四路進擊大敗之詔以嘉陵江西肅清貴州兵新到屢捷特予褒敘時高馬二賊欲與藍白諸號合屯竹子山勒保以龍安西北兩面俱通番地議分三路兜勦自率一軍出東北一軍出西北而以縉軍由南進甫抵山南賊乘高下壓縉揮軍迎擊奮力急戰賊來益衆猝受矛傷殞於陣縉最為勒保所倚至川以不習地勢致敗優詔依提督例賜䘏稱為驍將予騎都尉兼雲騎尉世職子登襲騎都尉占科襲雲騎尉

李紹祖順天大興人以武進士授三等侍衞出為山東武定營游擊累遷臨清協副將嘉慶元年赴襄陽數擊賊有功賞花翎二年從恆瑞赴四川迭敗賊於田家壩大甯山梁金子梁三年擢甘肅巴里坤總兵秋合攻打石城插旗山古戰坪皆捷冬從惠齡克馬鞍山賊巢四年夏從德楞泰擊賊於王家壩川埡子秋偕七十五破樊人傑於開縣又敗之臨江市五年春冉天元等渡嘉陵江總督魁倫調七十五往援會其病以兵付紹祖率赴川西進擊鹽亭南部德楞泰擊賊於江油白家壩檄紹祖馳赴賊踞箐林口宵犯紹祖營擊卻之賊諜詭稱難民詣營獻計誘官軍往德楞泰知其詐率紹祖掩擊之大捷追敗之於包家溝進戰火石埡以功被優敘詔以川西略定命紹祖率貴州兵赴陝額勒登保疏請仍留川遂從德楞泰擊張子聰於中江黃鹿山朱家坪禽斬甚衆調四川松潘鎮旋調廣東高廉鎮仍留軍夏敗張子聰庹向瑤於達州土主河又擊劉朝選於七孔溪山大破之追餘匪至大竹遇苟文明屢夜來撲營擊却之八月徐萬富竄房縣追敗之兩河口賊竄木瓜鋪偪近遠安縣城紹祖扼之牛鹿坡賊分二隊一犯縣城一薄紹祖營紹祖力拒賊佯敗走匹馬追之遇伏被害依提督例賜䘏諡果壯予騎都尉兼雲騎尉世職子霖襲宋延清山東招遠人乾隆四十六年武進士授藍翎侍衞出為貴州都司遷游擊從征苗疆迭克嶍棗從額勒登保攻鴨保山率健卒奪賊卡夜大風攀崖縱火克之賜號蹻勇巴圖魯擢參將狆苗之役勒保調回貴州率兵為左翼克關嶺碧峰山諸隘破洞灑當丈賊巢論功居最擢大定協副將嘉慶三年從勒保赴四川擊賊董谿口大元山皆力戰斬馘多乘勝追賊至楊家壩中槍歿於陣延清驍勇出衆勒保常置左右勦狆苗時每戰歸持刀負首級纍纍衣盡赤勒保輒手酌酒慰勞至川未逾月即戰歿深惜之加等賜䘏予騎都尉世職

袁國璜四川成都人由行伍從征金川屢克堅碉擢守備復草布什咱全境及達爾圖功皆最洊升游擊金川平擢江南狼山鎮總兵五十三年從征臺灣克大埔尾斗六門水沙連大里杙賜號博齊巴圖魯及林爽文竄匿東勢角山徑深險徒步搜捕生擒於老衢崎被優敘病歸起署四川建昌鎮尋授重慶鎮總兵從征廓爾喀克象巴宗山甲爾古拉卡兩次論功再圖像紫光閣六十年從總督孫士毅由川境進勦苗疆數有功被褒賞嘉慶元年四川教匪蜂起蔓延數縣川兵多赴苗疆署總督英善倉猝借副都統勒禮善佛住馳往兵僅數千檄國璜及總兵何元卿進勦達州賊屯天星橋國璜奮擊斬馘千餘賊竄橫山子偕元卿焚其卡奪據山梁賊自東鄉糾黨數千來犯徼擊之退次日復衆來迎擊斃賊數百而來者愈衆國璜苦戰三日力竭陣亡依提督例䘏予騎都尉兼雲騎尉世職子起襲何元卿四川華陽人從征金川廓爾喀苗疆積勞擢副將嘉慶元年從福甯克旗鼓寨擢陝西興漢鎮總兵達州橫山子之戰與國璜同遇害予騎都尉兼雲騎尉世職孫勝先襲官至湖南沅州協副將諸神保馬佳氏滿洲正紅旗人起護軍校出為四川游擊駐西藏累擢重慶鎮總兵廓爾喀之役守絨轄要隘賞花翎調建昌鎮從征苗疆嘉慶元年赴湖北勦教匪從福甯破賊來鳳克旗鼓寨賜號略勒春巴圖魯二年從額勒登保圍攻芭葉山賊夜突營由諸神保汛地逸出坐褫職留營自贖尋擊賊紅土溪被創墜馬陣亡依參將例賜䘏予雲騎尉世職達三泰原名達音泰呢瑪奇氏滿洲鑲黃旗人由烏槍藍翎長累遷副護軍參領從征石峯堡授陝西循化營參將歷甘肅永固協副將署西甯鎮從征廓爾喀有功賜號常勇巴圖魯授四川松潘鎮總兵乾隆六十年湖南苗犯西陽率屯土兵擊之克砲木山石花諸寨偕提督花連布進解永綏圍又偕阿哈保寨囊額攻納共山攀縋而上斬獲甚衆克貴道嶺馬鞍山追賊黃土坡被創力戰大捷特賜𩨨服又破貫魚坡苗疆平嘉慶二年移軍湖北勦教匪遂赴四川齊王氏姚之富趨達州欲與王三槐等合達三泰先據白帝城連戰却之進援巫山巴東要擊之小河口又追敗之均州竹溪賊復由陝入川與明亮合擊於黃壩驛三年從大軍逼賊三岔河齊王二賊就殲被優賚尋擊高均德於山陽合圍大神山設伏誘賊敗之略鄴

邊寺禽斬其衆會諸軍克箕山擢甘肅提督勒保調赴川東助勦冷天祿攻手把巖奪魚鱗口賊卡遇伏被害優䘏諡壯節予騎都尉兼雲騎尉世職子呢瑪善襲呢瑪善從父軍中以戰功授藍翎侍衞父歿轉戰三省累擢頭等侍衞授河北鎭總兵歷鄖衞州南陽諸鎭道光初擢成都將軍平果洛克番匪卒諡勤襄德齡納喇氏滿洲鑲白旗人由拜唐阿累擢鑾輿衞冠軍使出爲直隸副將擢山西太原鎭總兵調赴襄陽勦教匪從慶成等轉戰以功賜花翎嘉慶二年駐防夔州三年偕觀成合攻老木園賊旣殲勦鐵瓦寺餘匪四年秋擊張金魁於岳池場安家山敗之追至萬縣陳家坡後隊爲賊所襲馳馬回戰歿於陣予騎都尉世職保興承吉氏滿洲鑲白旗人鳥槍護軍隊長從征緬甸金川累遷參領出爲陝西神木協副將丁憂回旗甘肅撒拉爾回叛起署河州協兵事初定撫綏有法軍民安之調督標中軍擢直隸宣化鎭總兵歷陝西興漢鎭甘肅河州鎭嘉慶二年赴川陝勦教匪偕朱射斗擊賊營山又敗之小埡口王三槐擾大竹廣安要擊之隣水被圍知縣楊爲龍堅守馳援賊始退被優賚偕朱射斗破賊天華山乘勝進奪要隘三年攻彈子壩殲賊渠時王三槐犯開縣羅其清冉文儔合踞東鄉後河將竄陝保興繞出賊前與楊秀夾擊敗賊於固軍壩賞花翎賊自陝回擾達州保興要擊於龍鳳埡又戰石梯坎徑路紛歧會大風雨賊壓而陣遂遇害予騎都尉世職河州民爲立祠凝德烏雅氏滿洲正黃旗人尚書官保子授藍翎侍衞歷鑾輿衞治儀正冠軍使出爲直隸獨石口副將調督標中軍嘉慶元年赴湖北軍從破黃玉貴於紅土山賞花翎二年赴孤山沖防勦尋入川王三槐擾渠縣扼守紅春壩四年擢甘肅巴里坤總兵從恒瑞勦賊甘肅駐守三曹河賊北走追敗之老柏樹牟家壩兩河口五年辛聰餘黨竄秦安訛言伏羌被圍凝德率兵四百赴援未至四十里遇賊衆寡不敵拒戰被害予騎都尉世職多爾濟扎布巴魯特氏蒙古鑲黃旗人由藍翎侍衞累擢湖北鄖陽參將從勦鎭筸苗遷副將嘉慶元年檄防竹山竹谿三年署宜昌鎭總兵從擊張漢潮於山中躡蹤窮追被嘉奬五年授廣東碣石鎭總兵二月勦陝匪於洵陽三岔山乘勝深入賊分隊繞襲後路四面受敵揮軍殺賊百餘日暮力盡被害予騎都尉世職王凱貴州貴筑人從征金川積勞至游擊累擢浙江定海鎭總兵嘉慶二年以不諳水師降副將命赴貴州從勒保勦狆苗補都勻協三年授宜昌鎭總兵駐守鄖縣敗賊於黃龍灘率兵二千分守鄖西巴州防張漢潮四年賊竄房縣擊走之五年復來犯大敗其衆又破賊於東湖夏徐天德竄襄鄖兵單犯當陽遠安踞馬鞍山合諸軍環攻凱傍左麓進賊走馬家營師分三路入賊張左右翼拒戰別遣步隊鈔截後路凱奮擊賊稍卻兵進遇伏賊自林中出猝被害優䘏諡壯勇予騎都尉世職王懋賞山東福山人乾隆四十一年一甲一名武進士授頭等侍衞出爲雲南景蒙營游擊累遷廣西潯州協副將從征苗疆克結石岡破尖雲山復乾州皆有功嘉慶二年以勦西隆匪回廣西五年調赴湖北軍六年敗賊余家河茅倫山賞花翎攻鵝坪坡秦家坪擢湖南永州鎭總兵駐守興州房縣大竹防川陝竄賊七年冒家秀等竄保康偕道窮追賊踞馬鬃嶺拒戰懋賞先登中矛歿於陣予騎都尉世職

惠倫富察氏滿洲鑲黃旗人一等承恩公奎林子出嗣伯父一等誠嘉毅勇公明瑞襲爵擢頭等侍衞尙茶正鑲藍旗護軍統領授奉宸苑卿嘉慶二年命偕副都統阿哈保率東三省兵赴湖北勦教匪時賊氛方熾詔惠倫迅往襄陽如明亮德楞泰猶在賊後即會同王文雄攻勦聽景安調度惠倫至襄陽擊賊小河口偕阿哈保追殺二十餘里大兵適自荆州至乘機夾擊賊大敗竄入南漳山中優詔奬賚又偕德楞泰擊賊耗子溝賊衆猛撲達三泰連射賊惠倫揮軍突進衝入賊陣會明亮自楓樹埡夾攻斬獲甚多賊竄花石嶺總兵長春誘之下山達三泰設伏山半惠倫以勁騎橫擊賊敗竄黃龍灘欲分走鄖陽斗河無船可渡追及草甸賊五路迎拒官軍亦分五隊明亮等據山梁賊上撲擊敗之別賊突出援惠倫等又敗之乃奔陳家山梁乘霧圖遁惠倫渡澗追擊見一賊執旗指揮知爲渠魁追至長坪射之應弦倒餘賊競集連射斃數賊猝中槍歿於陣高宗震悼詔惠倫父子效命疆場實爲可憫從優議䘏賜內帑三千兩治喪以子博啟圖襲公爵在御前侍衞行走博啟圖自有傳安祿多拉爾氏滿洲鑲黃旗人一等超勇公海蘭察子以海蘭察平石峯堡功推恩授二等侍衞乾清門行走並予騎都尉世職從征廓爾喀賜號哈什巴巴圖魯五十八年承襲公爵擢頭等侍衞嘉慶四年命解餉赴四川遂從額勒登保軍時徐天德敗竄雞公梁額勒登保乘夜追之黎明賊復拒戰安祿偕格布舍以左翼衝賊陣賊竄城隍廟右翼楊遇春伏起前後夾擊殲戮無算又敗王登廷追至西鄉魚渡壩王登明與齊家營股匪合踞青岡嶺安祿等三路競進賊大潰鮮大川苟文明竄開縣偕朱射斗敗之於枯草坡乘霧奪汪家山餘賊數千奔下山溝安祿率五六騎大呼馳擊賊衆披靡突林中數矛攢刺遂歿於陣事聞優䘏賜內帑一千兩諡壯毅加予騎都尉世職仁宗深惜之詔以惠倫安祿皆名將子膺五等之封爲蕘民所戕國威大損戒統兵大臣以滿洲東三省兵自爲一隊及鋒而用勿致疏虞子恩特賀莫札拉芬襲公爵兼騎都尉尋議又加騎都尉併爲三等輕車都尉以安祿弟安成襲佛住瓜爾佳氏滿洲正白旗人侍郎三泰子三泰殉難葉爾羌封三等伯佛住襲爵爲散秩大臣世管佐領充阿克蘇領隊大臣授成都副都統嘉慶元年充哈密辦事大臣行抵西安聞達州教匪起自請偕英善往勦允之時賊樸東山廟與豐城賊合佛住與副都統勒禮善分路進攻冒雪由山路破賊卡扼東山隘口賊自大東林潛渡河率協領塔克愼知縣劉清隔岸砲擊之又偕英善勒禮善禽徐天富被優賚二年正月豐城賊傾巢出游擊范梆守備楊成陣亡賊遂逼東鄉別賊復自張家觀來犯佛住率衆力戰歿於陣詔佛住已調哈密自請回川勦賊今在東鄉捐軀其父三泰亦係陣亡尤爲可憫從優議䘏應給世職併爲一等子爵加一雲騎尉子瑞齡襲西津泰和色里氏滿洲鑲黃旗人前鋒侍衞從征臺灣累戰皆捷賜號法爾沙台巴圖魯圖像紫光閣擢護軍參領從征苗疆克鄉木陀山大坪山雷公灘木烏草河圍高多寨復連破賊於大坡腦得勝山克垂藤董羅諸寨焚大小天星寨進克馬鞍山擢頭等侍衞加副都統銜從額勒登保克石隆賊巢石柳鄧就殲予優敍嘉慶二年赴四川破王三槐於冉家埡金峩寺從宜緜擊賊於花潭子又克香鑪坪賊巢迭被優賚進擊安子坪賊退精忠寺圍之傾巢出犯西津泰衝入賊陣手刃十餘賊身受重創陣亡予騎都尉兼雲騎尉世職豐伸布唐古忒氏蒙古鑲紅旗人福州駐防由馬甲累擢協領從征臺灣擢西安右翼副都統嘉慶元年率軍駐興安防湖北教匪二年移防商雒要隘賊犯雙樹卡又間道攻縣城連卻之賞花翎進駐竹谿遏賊入陝賊掠近地屢擊走高天升大股踞石槽溝率兵千自竹山進勦關廟河要隘也冒雨進扼之賊來爭豐伸布先據山梁賊分兩路猛撲殺傷相當而賊益坌集短兵相接豐伸布受創甚至暮大雨息軍山巔以傷殞優䘏諡壯勇予騎都尉兼雲騎尉世職六年高天升就禽傳首祭墓無子以姪阿克當阿襲職阿爾薩朗賴奇忒氏蒙古鑲白旗人以副前鋒參領從征金川迭克山寨堅碉破札古功尤著戰達撒谷受創特詔慰問累擢正紅旗蒙古副都統賜號阿爾杭巴圖魯金川平圖像紫光閣歷喀什噶爾伊犂領隊大臣召回京會甘肅石峯堡回叛自請從勦連破賊於雲霧山田家山進圍石峯堡攻其西北以火攻克之斬虜特多授護軍統領調正藍旗滿洲副都統嘉慶元年率健銳火器營從永保勦教匪轉戰河南湖北屢破賊二年五月駐兵王家坪營壘未定賊自山溝出襲阿爾薩朗力戰猝中槍歿於陣賜䘏予騎都尉世職及高天升傳首京師命祭其墓烏什哈達伊爾根覺羅氏滿洲正黃旗人以前鋒從征緬甸有功賜號法福哩巴圖魯授三等侍衞從征金川屢克堅碉擢二等侍衞正白旗蒙古副都統予騎都尉加一雲騎尉世職充和闐領隊大臣坐與辦事大臣德風互訐褫職効力烏什邊卡尋復起授頭等侍衞虎槍營營長健銳營翼長從征臺灣率水師禽賊渠莊大田於瑯嶠復勇號世職授吉林副都統調鑲紅旗蒙古副都統從征廓爾喀烏什哈達臨陣勇敢論功輒最三次圖像紫光閣召對自伐戰績高宗惡之褫職戍伊犂嘉慶元年赦歸請赴湖北軍勦匪自效偕副都統鄂輝敗賊襄陽進戰鍾祥二年駐守宜城西岸賊竄古河口擊走之移防四川石砫攻白巖山克賊卡三年王三槐由梁山墊江竄渠口與白巖山賊潛結引之渡江烏什哈達兵少不敵力戰遇害予輕車都尉世職子圖爾弼善襲和興額葛濟勒氏滿洲鑲白旗人以鳥槍護軍從征緬甸金川撒拉爾石峯堡賜號佛爾欽巴圖魯累擢廣州右翼副都統坐事降調授頭等侍衞充巴里坤領隊大臣復授廣州左翼副都統嘉慶二年狆苗擾及廣西西隆從總督吉慶赴勦敗賊於戞雄苗屯亞稿設伏山徑由深箐繞出夾擊殲之進攻那地西隆肅清圍巖塲寨連敗之紅水江板蛘板階解册亨圍狆苗平調甘肅涼州副都統五年赴陝西防勦冉學勝等由辛峪竄出和興額不能禦奪勇號花翎降爲防禦隨營効力尋破賊汧縣乾溝河授佐領六年樊人傑由黑河西竄和興額扼之於五丁關禽斬甚衆擢協領冉學勝屯大壩偕總兵楊奎猷擊之和興額先進遇伏歿於陣依副都統例賜䘏予騎都尉兼雲騎尉世職子福格襲

論曰教匪之役首尾十年國史忠義傳所載副參以下戰歿至四百餘員其專閫提鎭及羽林宿衞階列一二品者且二十餘人王文雄朱射斗一時名將穆克登布施縉亦號驍勇惠倫安祿並貴胄雋才倉猝摧仆三軍氣熸當宁爲之震惻旌䘏特示優異餘雖功過相參要皆竭忠行間隕身不顧嗚呼烈已當日巖疆悍寇軍事艱難蓋可見云

李長庚 子廷鈺 胡振聲　　王得祿
邱良功 陳步雲　　許松年
黃標 林國良 許廷桂

李長庚，字西巖，福建同安人。乾隆三十六年武進士，授藍翎侍衞，出為浙江衢州營都司，累遷樂清協副將。五十二年，署福建海壇鎮總兵。鄰海有盜，誤指所轄界，坐褫職。罄家財募鄉勇捕獲巨盜，起用補海壇游擊，遷銅山參將。自乾隆季年，安南內亂，招瀕海亡命劫內洋以濟饟，為患粵東。土盜鳳尾、水澳兩幫附之，遂猖肆。五十九年，夷艇始犯福建三澎。長庚擊走之。嘉慶二年，遷澎湖協副將，擢浙江定海鎮總兵。三年，迭擊洋匪於衢港及普陀。四年，鳳尾幫引夷艇入溫州，洋敗之，賜花翎。五年夏，夷艇合水澳、鳳尾百餘艘萃於浙，洋逼台州。巡撫阮元奏以長庚總統三鎮水師擊之，會師海門。賊泊松門山下，相持。颶風大作，覆溺幾盡，其泊岸及附敗舟者，皆就俘，獲安南偽侯倫貴利等四總兵，磔之，以敕印擲還其國。是年，擢福建水師提督，尋調浙江。安南烏艚船百餘號，總兵十二人，分前中後三隊，所獲四總兵其後隊也。未幾，安南新阮內附，受封守約束，艇匪無所巢穴，其在閩者皆為漳盜蔡牽所并，有艇百餘，粵盜朱濆亦得數十艘。牽，同安人，奸猾善用眾，既得夷艇，凡水澳、鳳尾諸黨悉歸之，遂猖獗。阮元與長庚議，夷艇高大，水師戰艦不能制，乃集捐十餘萬金付長庚赴閩造大艦三十，名曰「霆船」，鑄大礮四百餘配之，連敗牽等於海上，軍威大振。八年，牽竄定海，進香普陀山，長庚掩至，牽僅以身免，窮追至閩洋。賊船糧盡帆壞，偽乞降於總督玉德，遣興泉永道慶徠赴三沙招撫。玉德遽檄浙師收港，牽得以其間修船揚帆去。浙師追擊於三沙及溫州，毀其船六。牽畏霆船，賄閩商造大艇高於霆船，出洋，以被劫報。牽得之，渡橫洋，劫臺灣米以饟朱濆，遂與之合。九年夏，連艅八十餘入閩，戕總兵胡振聲。詔治閩將不援罪，長庚總統兩省水師。秋，牽、濆共犯浙，長庚合諸鎮兵擊之於定海北洋，衝賊為二，自當牽，急擊，逐至盡山。牽以大艇得遁，委敗朱濆，濆怒，於是復分。十年夏，調福建提督，牽聞長庚至，遂竄浙，追敗之青龍港，又敗之於台州斗米洋，復調浙江提督。十一年正月，牽合百餘艘犯臺灣，結土匪萬餘攻府城，自號鎮海王，沈舟鹿耳門，阻援兵。長庚至，不得入，諜知南汕、北汕大港門可通小舟，遣總兵許松年、副將王得祿繞道入，攻洲仔尾，連敗之。二月，松年登洲仔尾，焚其寮，牽反救，長庚遣兵出南汕與松年夾擊，大敗之。牽無去路，困守北汕，會風潮驟漲，沈舟漂起，乃奪鹿耳門逸去。詔奪花翎頂戴。四月，蔡牽、朱濆同犯福甯外洋，擊敗之，追至台州斗米洋，禽其黨李按等。長庚疏言：「蔡逆未能殲禽者，實由兵船不得力，接濟未斷絕，所致。臣所乘之船較各鎮為最大，及逼近牽船，尚低五六尺。曾與三鎮總兵願預支養廉捐造大船十五號，而督臣以造船需數月之久，借帑四五萬之多，不肯具奏。且海賊無兩年不修之船，亦無一年不壞之桅料，桅柁折則船為虛器，風篷爛則寸步難行，乃逆賊在鹿耳門竄出，僅餘船三十，篷朽硝缺，一回閩地，裝篷燂洗，煥然一新，糧藥充足。賊何日可滅？」詔逮治玉德，以阿林保代。既至，福建諸文武吏以未協勦未斷岸奸接濟，懼得罪，交譖長庚。阿林保密劾其逗留，章三上，詔密詢浙江巡撫清安泰。清安泰疏言：「長庚熟海島形勢，風雲沙線，每戰自持柁，老於操舟者不及。兩年在軍，過門不入，以捐造船械，傾其家貲。所俘獲，盡以賞功，士爭效死。八月中，戰漁山，圍攻蔡逆，火器瓦石雨下，身受多創，將士傷百四十人，鏖戰不退。賊中語曰：『不畏千萬兵，只畏李長庚。』實水師諸將之冠。」且備陳海戰之難，非兩省合力不能成功狀。時同戰諸鎮亦交章言長庚實非逗留。仁宗震怒，切責阿林保，謂：「朕若輕信其言，豈不自失良將？嗣後勦賊專倚長庚。倘阿林保從中掣肘，玉德即前車之鑒。」並飭造大同安梭船三十，未成，以前先雇商船備勦。長庚聞之益感奮。是年秋，擊賊於漁山，受傷，事聞，復還翎頂。十二年春，擊敗牽於粵洋大星嶼。十一月，又擊敗於閩洋浮鷹山。十二月，遂偕福建提督張見陞追牽入澳，窮其所向，至黑水洋。牽僅存三艇，皆百戰之寇，以死拒。長庚自以火攻船挂其艇尾，欲躍登，忽礮中喉，移時而殞。時戰艦數十倍於賊，見陞庸懦，遙見總統船亂，遽退，牽乃遁入安南外洋。上震悼，褒卹，初擬侯，寇平錫以伯爵，乃追封三等壯烈伯，諡忠毅，於原籍建專祠。長庚治軍嚴，信賞必罰，自偏裨下至隊長水手，耳目心志如一人，人皆可用。與阮元同心整厲水師，數建功，為玉德所忌，及阿林保之至閩也，置酒款長庚，謂曰：「大海捕魚，何時入網？海外事無左證，公但斬一酋，以牽首報，我飛章告捷，以餘賊歸善後辦理，公受上賞，我亦邀次功，孰與窮年冒風濤，僥倖萬一哉？」長庚謝曰：「吾何能為此？久視海船如廬舍，誓與賊同死，不與同生。」阿林保不懌，既屢劾不得逞，則飛檄趣戰，長庚緘所落齒寄其妻，志以身殉國。既殁，詔部將王得祿、邱良功嗣任，勉以同心敵愾，為長庚雪讐。二人遵其部勒，卒滅蔡牽，竟全功焉。長庚無子，養同姓子廷鈺為嗣，襲伯爵，授二等侍衞。道光中，出為南昌副將，累擢浙江提督，因病不能巡洋，奪職。家居，咸豐初，治本籍團練，迭克廈門、金島仙游，授福建提督，尋以誤報軍情解任，仍會辦團練。十一年，卒，孫經寶襲爵。胡振聲，亦同安人。提督貴子。起行伍，累擢至溫州鎮總兵，從長庚大破夷艇於台州松門洋，自是屢從長庚擊賊海上。九年六月，率二十六艘運舟材赴福建，至浮鷹洋遇賊，與總兵孫大剛夾攻，殲賊甚眾。而舟為礮焚，閩師不能救，遂被害。優卹，諡武壯，予騎都尉兼雲騎尉世職。

王得祿，字玉峯，福建嘉義人。林爽文倡亂，陷縣城，得祿家素豐，捐資募鄉勇助官軍復之，授把總。明年，賊復圍城，從總兵柴大紀固守，及圍解，率鄉勇搜捕大坪頂等處餘匪，焚琅嶠賊巢，賊渠莊大田就禽，臺灣平，賜花翎五品頂戴。遷千總。嘉慶元年，巡洋至獺窟，遇賊，得祿先登，禽吳興信等。歷年出洋捕海盜，號勇敢，累擢金門營游擊。七年，從李長庚擊蔡牽於東涵洋，禽賊目徐業等百餘人，又禽呂送於崇武洋，被獎敘。九年，從總兵羅仁太擊賊於虎頭山洋，面獲船械甚多。十年，擊蔡牽於虎井洋，敗之，署澎湖協副將。九月，遇牽於水澳，焚其舟，禽殲朱列等百餘人。十一年春，牽入臺灣，圍府城，李長庚令得祿與許松年駕小舟自安平港入偵之，帆檣彌望，夜縱火焚賊舟，遂入屯柴頭港。明日，賊自洲仔尾攻府城北門，得祿率兵躡其後，大呼以前，賊驚卻，城內軍出夾攻，大敗之。乘勝至洲仔尾，破其營，賊乃遁。五月，牽復竄鹿耳門，得祿首先衝擊，獲船十，沈船十一，敘功加總兵銜，尋擢福甯鎮總兵。十二年，調南澳鎮。七月，敗朱濆於雞籠洋，獲船十四。十一月，又敗其黨於古雷洋，射殪賊目朱金，禽張所，被獎敘。未幾，李長庚戰歿，命得祿與邱良功繼任軍事。十三年，擢浙江提督，既而調福建，邱良功代之。時阮元再任浙江巡撫，張師誠為福建巡撫，兩省合力，得祿與良功同心滅賊。十四年八月，同擊蔡牽於定海漁山，敗之，牽東南走，追至黑水洋，合擊累日。良功以浙舟駢列賊舟東，得祿率閩舟列浙舟東，戰酣，良功舟傷暫退，得祿舟進，附牽舟，諸賊黨隔不得援。牽鉛丸盡，以番銀代，得祿額腕皆傷，擲火焚牽舟尾樓，復衝斷其柁。牽知不免，舉礮自裂其舟沈於海。詔以牽肆逆十有四年，渠魁就殲，厥功甚偉，錫封得祿二等子爵，賜雙眼花翎，餘黨千二百人後皆降，海盜遂息。得祿為福建提督歷十載，屢疏陳緝捕事宜，改定水師船制，皆如議行。二十五年，調浙江提督。道光元年，乞病歸。十二年，臺灣張丙作亂，得祿率家屬禽賊目張紅頭等，加太子少保。十八年，臺匪沈和肆掠，輸糧助守，晉太子太保。二十一年，英吉利犯廈門，命駐守澎湖。次年，卒，贈伯爵，諡果毅。次子朝綸襲子爵，官戶部員外郎。

邱良功，福建同安人。起行伍，屢以獲盜功洊擢閩安協副將。嘉慶十年，偕許松年會勦蔡牽，追至小琉球。見臺灣師船二為賊圍，赴援，松年舉旗招之，未至，以違調遣被劾，褫職逮訊，得白，復原官，署臺灣副將。十一年春，從李長庚擊蔡牽，破洲仔尾賊巢。牽乘間逸，奪頂戴。五月，破牽於鹿耳門，賜花翎。十二年，朱濆犯淡水，偕王得祿追至雞籠洋，連敗之，禽殲甚眾，被優敘。十三年，擢浙江定海鎮總兵。十四年，擢浙江提督，偕王得祿合擊蔡牽於漁山外洋。乘上風逼之，夜半浪急，不得進。明日，復要截環攻，牽且戰且走，傍午逾黑水洋，見綠水，良功恐日暮賊遁，大呼突進，以己舟逼牽舟，兩篷相結，賊以椗衝船，陷入死鬭，良功胻被矛傷。毀賊椗得脫出，閩師繼之，牽遂裂舟自沈。論功錫封三等男爵，次於王得祿。或為之不平，良功曰：「海疆肅清，已為快事，名位軒輊何足計？」二十二年，入覲，卒於途，賜卹，諡剛勇。子聯恩，襲男爵，官直隸河間協副將。陳步雲，浙江瑞安人。入伍隸水師，數獲盜，以勇力稱，授溫州營把總。從良功追蔡牽。步雲以四十人駕舟徑逼牽艦，鏖鬭，舟小不相當，見兩提督至，亟投火礶焚賊艦，以長戟鉤牽，率數卒躍登，短兵相搏，殲牽妻及其黨。賊艦已壞，牽猶持利刃踞柁樓，顧欲取之。良功隔船疾呼，船與水平，速去。放長繩水中，援之起，而牽船沒突，步雲身被十數創。兩提督皆臨慰視。事聞，賜獎武銀牌，擢千總，累遷閩安副將。總督孫爾準欲裁減師船，步雲言：「李提督所造船高大堅緻，其利遠勝同安夾板、快駒諸船，裁之，緝匪無具，有事不能制敵。」議乃寢，爾準薦其才可勝專閫，入覲，宣宗曰：「汝即隨邱、王兩提督攻沈蔡牽之陳步雲耶？」詢戰功甚悉，遂擢定海鎮總兵，歷瓊州、福甯、金門、海壇諸鎮。道光十九年，以傷發乞解職。三十年，卒。

許松年，字蓉雋，浙江瑞安人。以武舉効力水師，從李長庚積功至提標參將。嘉慶十年，護理金門鎮總兵，擊蔡牽於小琉球，又擊朱濆、烏石二於宮仔洋，從李長庚追敗之於閩粵交界甲子洋，又迭擊牽於青龍港、斗米洋。十一年，偕王得祿敗牽於臺灣洲仔尾，蹴海水而登，焚溺無算。是年夏，李長庚攻牽於鹿耳門，松年扼張坑返埕洋，面獲賊船一，沈船三，又於水澳禽蔡三來等。李長庚論水師將材，舉松年可獨當一面。總督阿林保以疏鬭十二年從長庚擊蔡牽於大星嶼浮鷹洋松年躡入賊船獲之被優敘十三年朱濆潛匿東涌外洋命松年孫勦遂移師入粵追至長山尾瞭見賊船四十餘知其最巨者爲濆所乘併力鬬攻濆受礮傷未幾斃詔嘉松年奮勇克殲渠魁賜花翎予雲騎尉世職粵匪張保仔竄閩洋金門廈門松年遣漁船誘之以舟師圍擊獲船七沈船六被優敘十五年傷發回籍尋丁母憂十九年授甘肅西甯鎮總兵歷延綏漳州天津碣石諸鎮道光元年擢廣東陸路提督調福建水師提督六年臺灣械鬬松年方閱兵彈壓解散總督孫爾準與之不協尋以治理輕縱被議褫職留臺効力乞病歸卒於家子錫麟襲世職

黃標字殿豪廣東潮州人由行伍拔補千總擢守備乾隆五十五年艇匪肆掠總督福康安議練水師募奇才異能者領之標技勇過人生長海壖習知水道險易能久伏水底覘物歷歷可數特被識拔以捕獲龍門洋盜及狗頭山匪功擢都司署游擊嘉慶元年勦匪於南澎外洋獲李超勝等三十餘名仁宗素知其名詔嘉其捕勦能擢參將二年俘洋盜胡三勝等復擊斃安南匪首盡獲其衆被優敘三年遷澄海副將未幾擢廣東左翼鎮總兵命總統巡洋水師責以肅清海盜四年勦匪大放雞山及雙魚桅夾門外洋殲獲甚衆賜花翎命繪像以進尋以盜刼鹽艘被劾詔原之六年復擊賊於南澎外洋獲田亞猛等七年偕提督孫全謀勦博羅會匪連破羊矢坑羅溪營要隘擣其巢事平優敘並被珍賚自將水師飲食寢處與士卒共先後獲匪六百餘名粵海倚爲保障八年偕孫全謀出海捕賊賊遁廣州灣標議合兵守隘俟賊糧盡可盡殲全謀慮持久有風濤患乃分兵賊得突圍逸出標歎曰此機一失海警未已憤懣成疾尋坐師久無功吏議奪職留任未幾卒自安南夷艇散後餘黨留粵者分五幫曰林阿發曰總兵保曰郭學顯曰烏石二曰鄭乙提督錢夢虎孫全謀皆庸材不能辦賊標歿後益無良將惟林國良許廷桂以死事聞國良福建澄海人世襲騎都尉授廣東碣石鎮標游擊累遷澄海副將繼標爲左翼鎮總兵十三年追勦烏石二於了洲洋擊沈數艘賊艦續至益多國良以傷殞優卹謚果壯廷桂廣東歸善人由行伍擢千總乾隆中從征臺灣累遷海門營參將國良歿護理左翼鎮總兵十四年擊殲匪首總兵保於外洋圍其餘黨張保仔率大隊來援衆寡不敵廷桂死之賜卹予雲騎尉世職洎蔡牽既滅惟粵匪存於是百齡爲兩廣總督乃斷接濟整軍紀越一年勦撫以次定東南海氛始靖

論曰東南海寇之擾始末十有餘年惟浙師李長庚一人能辦賊以閩師牽掣而阻成功然長庚忠誠勇略聞於海內上結主知廟算旣孚乃專倚畀洎閩浙合力賊勢寖衰不幸長庚中殞而王得祿邱良功等以部將承其遺志卒殲渠魁粵將惟黃標可用而未盡其才百齡乘閩浙殄賊之後勦撫兼施遂如摧枯拉朽要之海戰惟恃船堅礮利與斷接濟而已循之則勝違之則敗得失之林故無倖哉

沈初　金士松
鄒炳泰　戴聯奎
王懿修 子宗誠　黃鉞

沈初字景初浙江平湖人少有異稟讀書目數行下同郡錢陳羣稱爲異才乾隆二十七年南巡召試賜舉人授內閣中書明年成一甲第二名進士授編修三十二年直懋勤殿命寫經爲皇太后祝釐逾年大考翰詹以直內廷未與試詔褒初學問優美特晉一秩擢侍講三十六年直南書房督河南學政未赴任丁祖母承重憂服闋遷右庶子累擢禮部侍郎督福建學政遭本生父憂服闋起兵部侍郎尋以母病乞歸終養後起故官督順天學政調江蘇任滿回京調吏部又督江西學政初以文學受知歷充四庫全書館三通館副總裁續編石渠寶笈秘殿珠林校勘太學石經嘉慶元年與千叟宴充會試知貢舉擢左都御史授軍機大臣遷兵部尙書歷吏戶二部四年以老罷樞務免直內廷充實錄館副總裁未幾卒謚文恪祀賢良祠

金士松字亭立江蘇吳江人寄籍宛平舉順天鄉試改歸原籍乾隆二十五年成進士選庶吉士授編修遷侍讀直懋勤殿寫經典福建鄉試督廣東學政直南書房累遷詹事以生母憂歸服闋會高宗南巡迎鑾道左回京督順天學政以寄籍辭詔免迴避聯任凡七年累擢禮部侍郎調兵部五十年帝御乾清宮賜千叟宴士松年五十七未得與特命試詩賞賚同一品調吏部直講經筵校勘石經遷左都御史嘉慶元年再與千叟宴遷禮部尙書二年調兵部罷直書房五年扈蹕謁裕陵途次嬰疾遣御醫診視還京卒謚文簡祀賢良祠

鄒炳泰字仲文江蘇無錫人乾隆三十七年進士選庶吉士授編修纂修四庫全書遷國子監司業國學因元明舊未立辟雍炳泰援古制疏請四十八年高宗釋奠禮成因下詔增建辟雍逾兩年始舉臨雍禮稱盛典焉尋超擢炳泰爲祭酒累遷內閣學士歷山東江西學政嘉慶四年授禮部侍郎調倉場剔除積弊坐糧廳顏培天不職劾去之六年京察特予議敘軍船交糧掛欠已許抵補後至者復然炳泰慮年年積欠與同官達慶意不合自具疏奏詔斥其偏執使氣鐫級留任又奏監督輪値宿倉倉役出入滋弊宜令於倉外官房居住從之十年擢左都御史遷兵部尙書兼署工部管理戶部三庫十一年兼管順天府尹事十二年調吏部十四年加太子少保倉吏高添鳳盜米事覺坐久任倉場無所覺察褫宮銜降二品頂戴革職留任久乃復之十六年署戶部尙書尋以吏部尙書協辦大學士炳泰在吏部久尤愼銓政十八年銓選兵部主事有誤同官瑚圖禮徇司員議迴護堅執炳泰力爭曰吾年已衰何戀戀祿位不可使朝廷法自我壞自具疏白其故上韙其言卒罷瑚圖禮旣而有降革官捐復者二人準駮不當侍郎初彭齡論與不合疏聞上斥炳泰無定見鐫級留任又盜劫兵部主事姚埜於昌平八仙莊詔以地近京畿官吏闒茸不能治盜罷炳泰兼管府尹事及教匪林清變起逆黨多居固安及黃村追論炳泰在官不能覺察以中允贊善降補尋休致歸二十五年卒炳泰自初登第不登權要之門浮沈館職久之始躋卿貳屢掌文衡稱得士立朝不苟仁宗重之而終黜

戴聯奎字紫垣江蘇如皋人乾隆四十年進士選庶吉士授編修聯奎少從邵晉涵受經學旣通籍以淸節自厲在翰林久不遷大學士嵇璜掌院事將保送御史列聯奎名滿掌院學士曰吾未識其人何以論其才否璜以語聯奎使往見聯奎漫應之不往及京察舉一等又列聯奎名復言如前終不得與璜乃益重之和珅爲掌院訪時望傳其子豐紳殷德或薦晉涵及聯奎晉涵移病歸聯奎亦堅辭循資累遷至內閣學士嘉慶九年遷兵部侍郎歷禮部兵部吏部二十一年擢左都御史逾年擢禮部尙書調兵部二十五年失行印坐降三品京堂補太常寺卿督浙江學政道光元年擢禮部侍郎又擢兵部尙書召還京未至卒

王懿修字仲美安徽靑陽人乾隆三十一年進士選庶吉士授編修入直上書房授慶郡王永璘讀典陝西廣東江西鄉試督廣西湖北學政洊擢少詹事五十四年引病歸終父母喪始出復乞病在告嘉慶元年舉行千叟宴懿修與焉被御製詩刻玉鳩杖文綺之賜七年起授通政司副使歷光祿寺卿內閣學士八年擢禮部侍郎督順天學政十年擢左都御史回京供職尋擢禮部尙書管戶部三庫事十二年充上書房總師傅十四年萬壽慶典加太子少保典會試懿修持躬端謹制作雅正甚被仁宗眷遇十八年以老致仕逾二年年八十賜壽詣宮門謝適上出御經筵親解佩囊賜之二十一年卒謚文僖子宗誠字廉甫乾隆五十五年一甲三名進士授編修嘉慶中歷典雲南四川陝西鄉試督河南山東江西學政洊擢禮部侍郎歷工部兵部典會試道光二年擢兵部尙書歷署禮部工部尙書兼管順天府尹當懿修爲侍郎時宗誠已官學士尋隨父扈蹕東巡侍宴翰林院父子同席高宗實錄成賜宴禮部懿修以尙書主席懿修致仕後宗誠繼直上書房海內推爲榮遇上亦以其兩世官禁近皆能淸愼特優眷焉道光十七年卒

黃鉞字左田安徽當塗人乾隆五十五年進士授戶部主事時和珅管部務鉞不欲趨附乞假歸不出嘉慶四年仁宗親政朱珪薦之召來京入見上曰朕居藩邸時知汝名久矣何以假歸不出鉞以實對荷溫諭尋直懋勤殿九年改贊善入直南書房未補官命與考試差典山東鄉試十年督山西學政累遷庶子十五年差滿仍直南書房遷侍講學士十八年復典山東鄉試留學政擢內閣學士是年滑縣教匪起蔓延山東劾罷失察武生習教之荷澤訓導宋璇請卹擊匪陣歿之曹州學錄孔毓俊生員孔毓仲奬勵手禽賊渠之金鄉生員李九標十九年召回京仍內直擢戶部侍郎尋調禮部充秘殿珠林石渠寶笈續編總閱全唐文館總裁書成並邀賞賚復調戶部二十四年擢禮部尙書加太子少保二十五年命爲軍機大臣尋調戶部尙書鉞受仁宗特達之知久直內廷書畫並被宸賞習於掌故持議詳愼宣宗卽位始畀樞務甚優禮之四年以年老罷直軍機累疏乞休六年始許致仕在籍食半俸二十一年卒年九十二贈太子太保謚勤敏

論曰國家優禮詞臣迴翔禁近坐致公卿沈初金士松高宗舊臣獲恩禮終王懿修父子同朝尤稱盛事黃鉞以不附和珅特邀殊遇改授館職驟參機務鄒炳泰戴聯奎皆有耿介之操晚節枯菀乃殊要不失爲端人焉

姜晟 金光悌 祖之望 韓崶

姜晟字光宇，江蘇元和人。乾隆三十一年進士，授刑部主事，累遷郎中，擢光祿寺少卿，轉太僕寺，仍兼刑部行走。四十四年，出爲江西按察使。逾年，超擢刑部侍郎，屢命赴各省按事讞獄。五十二年，授湖北巡撫。時大軍征台灣，晟運米十萬石濟餉需，上嘉之，予議敘。五十三年，荊州江隄潰，命大學士阿桂等往勘，以晟未能疏濬上游漲沙，並坐屬吏婪索淮鹽匣費，褫頂帶。尋召授刑部侍郎。五十六年，復出爲湖南巡撫。莅江境，失饟，緝久不獲，晟捕首犯置之法。洞庭湖盜董舒友等積年爲商旅害，邏獲之，傳首湖干，盜風以靖。六十年，黔苗石柳鄧叛，永綏苗石三保應之，晟偕總督畢沅往勦。尋雲貴總督福康安來督師，晟駐辰州治軍需，分兵屯諸要隘，緝獲奸匪百戶楊國安父子解京，詔嘉其治軍鎭靜，下部議敘。三月，赴鎭筸查輯邊備，並撫難民。上以辰州要衝，命仍回駐。首逆吳半生就獲，予優敘。嘉慶元年，湖北枝江、來鳳邪匪起，遣副將慶溥擊賊於龍山，走之，湖南境內獲安。是年福康安、和琳先後卒於軍，晟偕額勒登保、德楞泰等勦撫，加總督銜。苗疆漸平，駐辰州治善後事宜。二年，兼署總督。三年，京察，予議敘。布政使鄭源璹掊和珅以貪著，需索屬吏，必多金始得赴任，屬吏藉胥役爲幹辦，縱令嚇詐浮收，苦累百姓。四年，和珅敗，爲言官論劾，詔晟平日居官猶能自守，因畏和珅不敢參劾，尚非通同舞弊。命逮訊源璹，籍其貲財，澈底根究，具得源璹加扣平餘、蓄養優伶、眷屬多至三百人諸罪狀，論大辟。晟坐失察，當革職留任，上特寬之。冬，鎭筸苗吳陳受倡亂，晟督師守隘，同知傅鼐以計禽斬之，加太子少保。五年，實授總督，尋調直隸。六年，畿輔久雨，永定河決，坐奏報遲延，褫職逮問，發河工効力。工竣，予主事銜，刑部行走。七年，授刑部侍郎。晟自爲曹郎，以治獄明愼受知高宗，歷中外，至是凡三入佐刑部。仁宗尤重刑事，晟讞鞫務得其平，多平反者。江西巡撫張誠基勦義甯州匪，飾稱自率兵臨陣，爲屬吏所訐，命晟往按，得實，逮誠基，遂暫署巡撫。尋回京。九年，兼署戶部侍郎。命赴南河查勘清口運道，疏言河身淤墊，黃水增高，致清水不能暢注，宜啟祥符、五瑞等閘以減黃，增運口蓋壩以蓄清，如議行。擢刑部尚書。十一年，以老疾乞休，溫詔慰留，以刑部事繁，特調工部。章再上，乃命解職，在京養痾。尋以前在直隸失察藩庫虛收事，降四品京堂。歸，卒於家。

金光悌，字蘭畦，安徽英山人。由舉人授內閣中書。乾隆四十五年，成進士，轉宗人府主事，遷刑部員外郎，歷郎中。截取京察，並當外任，仍留部。五十五年，部臣奏請以四品京堂用，允之。江西舉人彭良舜爲子賄買吏員執照，光悌與爲姻親，御史初彭齡劾光悌瞻徇，坐降調，仍補刑部員外郎，留部辦秋審。御史張鵬展復劾之，詔光悌在部久，平日毀多譽少，停其兼部。尋兼內閣侍讀學士。嘉慶七年，授山東按察使，晉布政使。十年，召授刑部侍郎。數奉使赴山東、直隸、天津、熱河勘獄，並得實以報。十一年，授江西巡撫。疏言江西積案繁多，請設局清釐。十四年，擢刑部尚書。光悌自居郎曹，爲長官所倚，至是益自力。以當時讞獄多以寬厚爲福，往往稍減罪狀上之部，臣懸千里推鞫，苟引律當，毋更議，故遇事必持律不得減比，人咸以光悌用法嚴，然亦有從寬者。舊例，監守自盜限內完贓者減等，乾隆二十六年改重不減等，光悌奏復舊例。後阿克蘇錢局章京盜官錢，計贓五百兩以上，主者引平人竊盜律當絞情實。光悌曰：「盜官錢當擬斬監追，不決；絞情實則決矣，不得引竊盜律。」奏平之。仁宗覽奏曰：「官盜較私盜反薄耶？」對曰：「與其有聚斂之臣，甯有盜臣，律意如是。」卒如其議。光悌練習律例，議必堅執，同列無以奪之，然屢被彈劾，時論亦不盡以爲平允。十七年，卒於官，詔依尚書例賜卹。

祖之望，字舫齋，福建浦城人。乾隆四十三年進士，選庶吉士，散館授刑部主事，洊升郎中。俸滿，當截取外任，以諳悉部務，留之。京察一等，以四五品京堂用，歷通政司參議、太常寺少卿，仍兼部務。五十八年，出爲山西按察使。摘律例民間易犯罪名條列之，曰三尺須知錄，刊布於衆，俾民無誤罹法。六十年，遷雲南布政使，上以之望親老，調湖北，俾便迎養。嘉慶元年，教匪起荊襄，蔓延鄖、宜、施南諸郡，總督、巡撫皆統師出，之望一人留武昌治事。訛言數作，時獲賊諜僞檄，徧通衢，之望靜定不驚，防禦要隘，城鄉市鎭設保甲互稽，民心帖然。賊犯孝感，調師勦滅，下游五郡皆安堵。詔以之望雖未與賊戰，坐鎭根本，武漢無虞，嘉其功，賜花翎。二年，丁父憂，命留任，素服治事。四年，安襄鄖道胡齊崙侵餉事發，命之望察治。齊崙侵蝕餽送，轇轕猝不易究，上切責之，命解任來京。及讞定，之望坐徇庇，降調。上知之望無染指，居官有聲，素諳刑名，以按察使降補。踰月，授刑部侍郎，予假葬父省母。五年，授湖南巡撫。鎭筸黑苗出峒焚掠，蔓延三廳，遣兵擊平之。親勘常德隄園私墾洲地百數十處，造册立案，永息爭端。尋復召爲刑部侍郎。至京，面陳永綏廳孤懸苗境，不足資控制，請移廳治花園，移協營茶洞，沿邊徧設碉卡，以永綏舊城爲汛地，使苗弁駐劄約束諸苗，案下所司議行。六年，偕侍郎那彥寶勘近畿水災，又偕侍郎高杞監疏長辛店河道。七年，命赴山東按皂役之孫冒考，巡撫和瑛誣斷事，和瑛譴罷，即授之望巡撫。尋調陝西。大軍勦南山餘孽，之望籌備軍食，安插鄉勇，撫卹災黎，偕總督惠齡奏籌善後事宜甚悉。調廣東，乞假省親。九年，仍授刑部侍郎。逾一年，以母老乞養歸。十四年，仁宗五旬萬壽，之望入都祝嘏，其母年八十有三，上垂問褒嘉，賚予有加。尋丁母憂，服闋，擢刑部尚書。十八年，以病解職，尋卒。

韓崶，字桂舲，江蘇元和人。父是升，客游京師，授經諸王邸，以名德稱。崶少慧，能文。由拔貢授刑部七品小京官，累擢郎中。乾隆五十四年，出爲河南彰德知府，遷廣東高廉道。坐失察吳川知縣庇縱私鹽事，降刑部主事，復洊遷郎中。嘉慶六年，授湖南岳常澧道，遷按察使，調福建，署布政使。蔡牽方擾臺灣，海疆多事，崶籌軍備，杜接濟，甚力。遷湖南布政使。十一年，召爲刑部侍郎。十二年，命赴荊州按將軍積拉堪與知府交結事，又命勘南河。十三年，宗室敏學恃勢不法，讞擬輕比，詔斥部臣屈法縱奸，譴責有差。崶方奉使河間讞獄，未與畫諾，上以崶先於召對面陳意存開脫，且部事素由崶先覈定，迹近專擅，降授廣東按察使。未幾，擢巡撫。時英吉利兵船占澳門礮台，入黃埔，久之始退。總督吳熊光不即遣兵驅逐，以罪罷，命崶兼署總督。十四年，崶查閱澳門，夷民安堵。因疏陳西洋人於其地舊設礮台六，請自伽思蘭礮台迤南加築女墻二百餘丈，於前山寨駐專營，蓮花莖增關牐石垣，新涌山口築礮臺，塡蕉門海口，以資控制。如議行。又密陳粵海形勢，沿海村落處處可通外洋，盜匪易生窺伺，必先固內而後可禦外。凡屬扼要礮台，宜簡練精銳，嚴密防守，並令沿海紳衿耆董督率丁壯互相捍護，自衞身家，較爲得力。百齡繼爲總督，會奏華洋交易章程：外國兵船停泊外洋，澳內華洋人分別稽覈，各國商買止許暫留司事之人經理債務，餘俱飭依期回國，不得在澳逗留；洋船引水人責令澳門同知給發牌照；買辦等華人責成地方有司愼選承充，隨時稽察；洋船起貨時，不許洋商私自分撥。下軍機大臣採擇議行。逾年，海盜張保仔就撫，烏石二、東海霸以次誅降，賜花翎。十六年，復署總督。疏請免米稅以通商販，裕民食。又疏陳潮州多械鬭，而營員無協緝之責，請令文武會拏；距省遠，請軍流以下就近由巡道覆覈。又言懲治悍匪，請如四川例，初犯械繫限一年，改行積兩限，如故即治以棍徒屢次滋擾律。皆允行。十八年，入覲，授刑部書尚。崶父是升年八十，給假三月歸爲壽。二十一年，丁父憂。服闋，以一品銜署刑部侍郎，尋補刑部尚書。道光四年，平反山西榆次縣民閻思虎獄，被議敘。初，思虎強姦趙二姑，知縣呂錫齡受賕逼認和姦，趙二姑忿而自盡。親屬京控，命巡撫親提，仍以和姦擬結。御史梁中靖疏劾，提解刑部，審得實情是強非和，並原審各官賄屬徇縱迴護諸弊狀。思虎論斬，趙二姑旌表，巡撫邱樹棠、按察使盧元偉及府縣各官降革遣戍有差。詔嘉刑部堂司各官秉公申雪，並予議敘；梁中靖參奏得實，亦加四品銜。會有官犯侯際清擬流，呈請贖罪，部議因際清犯罪情重，仍以可否並請，詔斥含混取巧，命大學士托津等查訊，侍郎恩銘、常英，司員恩德等皆有賄屬情事，崶亦解任就質，坐失察司員得賄、嗣子知情、親屬撞騙，議奪職遣戍，因年老，從寬命効力萬年地吉地工程處。逾歲，召署刑部侍郎。六年，以病乞歸。十四年，卒。

論曰：有清一代，於刑部用人最愼。凡總辦秋審，必擇司員明愼習故事者爲之。或出爲監司，數年稍迴翔疆圻，入掌邦憲，輒終其身，故多能盡職。仁宗尤留意刑獄，往往親裁，所用部臣，斯其選也。姜晟、祖之望歷中外，並有政績；金光悌、韓崶皆稔部務最久，光悌治事尤厲鋒鍔，號刻深云。

達椿 子薩彬圖 鐵保 弟玉保 和瑛 覺羅桂芳

達椿，字香圃，烏蘇氏，滿洲鑲白旗人。乾隆二十五年進士，選庶吉士，散館授戶部主事，遷員外郎，歷翰林院侍講、侍讀，國子監祭酒，詹事府詹事，大理寺卿。二十九年，入直上書房，充四庫全書總閱。累擢禮部侍郎，兼副都統。四十五年，坐會同四譯館屋壞斃朝鮮使臣，革職留任。五十四年，左遷內閣學士。達椿直內廷，不附和珅，數媒孽其短，以曠直褫職，仍留上書房効力行走。尋授翰林院侍講學士，復迭以大考降黜，授檢討。仁宗知其屈抑，至嘉慶四年，詔：「達椿因曠班被譴，其過輕。當時劉墉亦緣此降官，今劉墉已爲大學士，達椿尚未遷擢，加恩補授內閣學士，兼副都統。子薩彬圖時亦同官，命達椿班次列薩彬圖之前。」歷禮部、吏部侍郎，兼翰林院掌院學士，擢左都御史，兼都統，遷禮部尚書。六年，典會試。七年，卒。薩彬圖，乾隆四十五年進士，授戶部主事，遷員外郎，典貴州鄉試改歷翰詹累遷內閣學士兼副都統和珅旣伏法仁宗不欲株連興獄而薩彬圖屢疏言和珅財產多寄頓隱匿有嘗管金銀使女四名請獨至愼刑司訊鞫詔嚴斥之命從王大臣訊不得實議革職予七品筆帖式効力萬年吉地尋以其父年老召還京授戶部主事累擢倉場侍郎十二年出爲漕運總督逾三歲京倉虧缺事覺降光祿寺卿遷盛京戶部侍郎十六年坐奉天災民流徙出邊褫職尋卒

鐵保字冶亭棟鄂氏滿洲正黃旗人先世姓覺羅稱爲趙宋之裔後改今氏父誠泰泰寧鎭總兵世爲將家鐵保折節讀書年二十一成乾隆三十七年進士授吏部主事襲恩騎尉世職於曹司中介然孤立意有不可爭辯勿撓大學士阿桂屢薦之遷郎中擢少詹事因事罷尋補戶部員外郎調吏部擢翰林院侍講學士仍兼吏部行走歷侍讀學士內閣學士五十四年遷禮部侍郎兼副都統梭射中的賜花翎調吏部嘉慶四年奏劾司員帝責其過當左遷內閣學士轉盛京兵部刑部侍郎兼奉天府尹尋復召爲吏部侍郎出爲漕運總督五年値車駕將幸盛京疏請御道因舊址勿闢新道裁革餽送扈從官員上儀禁從官妄拿車馬上嘉納之七年遷廣東巡撫調山東河決衡家樓詔預籌運道九年二月漕運迅速加太子少保尋以水淺船遲革職留任十年擢兩江總督命覆鞫安徽壽州武舉張大有姦毒斃族姪獄蘇州知府周鍔受賄輕縱及初彭齡爲安徽巡撫勘實法鐵保坐失察褫宮銜降二品頂戴尋復之十二年疏請八旗兵米酌給二成折色詔斥妄改舊章革職留任先後疏論治河請改建王營減壩培築高堰山盱隄後土坡及河岸大隄修復雲梯關外海口遣大臣勘議並採其說施行十四年運河屢壞隄荷花塘決口合而復潰鐵保留任山陽知縣王伸漢冒賑酖殺委員李毓昌至是事覺詔斥鐵保偏聽固執河工日壞吏治日弛釀成重獄褫職遣戍烏魯木齊逾年給三等侍衛充葉爾羌辦事大臣尋授翰林院侍講學士調喀什噶爾參贊大臣授浙江巡撫未之任改吏部侍郎擢禮部尚書調吏部請芟吏兵兩部苛例條陳時政多見施行林淸之變召對極言內監通賊有據因窮治逆黨內監多銜恨偏騰謗言會伊犂將軍松筠劾鐵保前在喀什噶爾治叛裔玉素普之獄誤聽人言枉殺回民毛拉素皮艾四人上怒追念江南李毓昌之獄斥其屢蹈重咎褫職發往吉林効力二十三年召爲司經局洗馬道光初以疾乞休賜三品卿銜四年卒鐵保慷慨論事高宗謂其有大臣風及居外任自欲有所表見倨傲意爲愛憎屢以措施失當被黜然優於文學詞翰並美兩典禮闈及山東順天鄉試皆得人留心文獻爲八旗通志總裁多得開國以來滿洲蒙古漢軍遺集先成白山詩介五十卷復增輯改編得一百三十四卷進御仁宗製序賜名熙朝雅頌集自著曰懷淸齋集弟玉保字閬峯乾隆四十六年進士入翰林有才名高宗親試八旗翰詹與兄鐵保並被擢時比以郊祁軾轍官至兵部侍郎究心兵家言川楚教匪起嘗願自効行間會上欲用爲巡撫爲和珅所阻鬱鬱卒年甫四十

和瑛原名和寧避宣宗諱改字太葊額勒德特氏蒙古鑲黃旗人乾隆三十六年進士授戶部主事歷員外郎出爲安徽太平知府調潁州五十二年擢廬鳳道歷四川按察使安徽四川陝西布政使五十八年予副都統銜充西藏辦事大臣尋授內閣學士仍留藏辦事和瑛在藏八年著西藏賦博採地形民俗物產自爲之注嘉慶五年召爲理藩院侍郎歷工部戶部出爲山東巡撫七年金鄕邑役之孫張敬禮冒考被控知縣汪廷楷置不問學政劉鳳誥以聞下和瑛提鞫誤聽濟南知府德生言誣斷爲給事中汪鏞所糾上以和瑛日事文墨廢弛政務即解職命鏞從侍郎祖之望往按得實褫和瑛職又以匿蝗災事覺譴戍烏魯木齊尋予藍翎侍衛充葉爾羌幫辦大臣調喀什噶爾參贊大臣九年授理藩院侍郎仍留邊任疏言喀什噶爾英吉沙爾倉儲足供軍食請減運伊犂布疋改徵雜糧四千石減價出糶且請嗣後折收制錢以免運費允之劾喀喇沙爾歷任辦事大臣私以庫款貸與軍民及土爾扈特回子取息錢入己降革治罪有差十一年召還京爲吏部侍郎調倉場未幾復出爲烏魯木齊都統十三年塔爾巴哈台參贊大臣愛星阿欲調瑪納斯戍兵四百人番上屯田和瑛謂瑪納斯處極邊戍兵專事操防不諳耕作咨駁以聞上韙之十四年授陝甘總督坐前在倉場失察盜米降大理寺少卿十六年遷盛京刑部侍郎復州甯海岫巖饑將軍觀明以匿災罷免授和瑛爲將軍廉得邊門章京塔清阿等承觀明意諱災不報降革有差尋以誤捕屯民張建讀爲盜鍛鍊成獄刑部覆訊雪其冤議革和瑛職詔寬之留任調熱河都統未上召爲禮部尚書調兵部坐失察盛京宗室裕瑞強娶有夫民婦爲妾降盛京副都統遷熱河都統二十一年授工部尚書命赴甘肅按倉庫虧缺得總督先福徇庇及貪縱狀治如律二十二年調兵部加太子少保歷禮部兵部二十三年授軍機大臣領侍衛內大臣充上書房總諳達文穎館總裁逾一歲調刑部罷內直道光元年卒贈太子太保諡簡勤和瑛嫺習掌故優於文學著書多不傳久任邊職有惠政後其子璧昌治回疆回部猶歸心焉璧昌自有傳

覺羅桂芳字香東隸鑲藍旗總督圖思德孫嘉慶四年進士選庶吉士授檢討嘗召對仁宗曰奇才也不數年累擢內閣學士十一年入直上書房遷禮部侍郎歷吏部戶部侍郎兼副都統總管內務府大臣翰林院掌院學士迭典順天江南鄕試兼直南書房桂芳家素貧有門生餽納曰執贄禮甚古某忝佐司農俸入粗給無藉乎此封還之大學士祿康輿夫聚博命偕侍郎英和按治無所徇上嘉其不避嫌怨十八年教匪林淸逆黨攔入禁城桂芳方直內廷偕諸王大臣率兵殲捕敘勞加二級上遇變修省詔誡臣工頒御製文七篇示內廷諸臣命各抒所見書以進御桂芳書罪己詔後曰皇上臨御以來承列聖深仁厚澤日以愛民爲政四海之內莫不聞視今茲事變豈不怪異而臣竊以爲此未足爲聖德之累昔孔子論仁至於濟衆論敬至於安百姓皆曰堯舜其猶病諸豈眞以堯舜之聖爲未至哉夫天下之大萬民之衆而決其無一夫之梗者蓋自古其難之然而揆之人事則實有未盡者夫林淸先以習教被繫既釋歸轉徙煽亂數年之間往來糾結於曹衛齊魯之間其黨至數千人閹寺職官竟有與其謀者而未事之先曾無一人抉發是吏無政也藏利刃懷白幟度越門關飲於都市無詗而知者是邏者門者無禁也禁兵千計賊不及百闔門而擊之俄頃可盡乃兩日一夜始悉禽戮是軍無律也夫吏惰卒驕文武並弛而法制禁令爲虛器則事之可憂豈獨在賊我皇上觀微知著洞悉天下之故詔曰方今大弊在因循怠玩至哉言乎臣敬繹之蓋因循怠玩亦有所由無才與識則有因循而已無志與氣則有怠玩而已是故得人而任之則因循怠玩之習不患不除儻非其人徵獨不能除其習而已就令除之不因循而且爲煩苛不怠玩而且爲躁競其無裨於治則均耳是在皇上詢事考言循名責實器使之以奏其能專任之以收其効因小失而棄不棄業在陛下一旋轉間耳書行實政論後曰實心者何忠是也忠者一於爲國而不亟亟於求上之知其所以急於公者如急於己一政而便於民其行之而恐不及也一政而不便於民其去之恐不速也不以避疑謗而易其是非之公不以處疏遠而違其夙夜之志故其於政也籌之至審而不爲旦夕之謀行之務當而不揣詔旨之合惟力是視不必其事之諒於人惟善之從不必其謀之出於已若是者謂之實政夫爲臣之道疇不當忠然而忠之實蓋如此非然者初無寸勞而已爲見功之地未必加譴而已存巧避之心取容於唯諾而不以國事爲憂快意於愛憎而不以人才爲惜如斯人者雖我皇上日討而訓之尚望其能行實政乎夫政者上所以治天下之具然而行之以實乃能有功不則文具而已官無實政民乃不治非細故也皇上震動恪恭求實納諫勅中外諸臣改慮易志稍有人心者疇敢不勉而臣所欲言者則又在陛下之心矣臣昨歲恭錄乾隆朝臣孫嘉淦三習一弊疏於御製養心殿記冊末伏願萬幾之暇時賜觀覽用其說以考諸臣之政因以識諸臣之心則賢才不患其不思奮庶績不患其不咸熙敕臣管蠡之見似更有助於高深焉又論致變之源由於民窮民窮由於幣輕幣輕則國與民交病論刑用重典而不得其平則不能格姦定亂論民惑邪教由士大夫好言因果利益有以導之因事納規所言多切中時弊於是復條陳時事或見之謂其未必盡合上意桂芳慨然曰此何時尙以迎合爲言耶及上嘉納之命暫在軍機處學習行走未幾授軍機大臣十九年軍事竣以贊畫功賜桂芳子炳奎七品小京官尋命往廣西按事授漕運總督未至廣西於武昌途次病疫卒上以桂芳明愼直爽方需用至是優詔褒䘏歎爲良才難得贈太子少保加尙書銜復以嘗授三阿哥讀書喪至京師命三阿哥往奠御製詩悼之諡文敏著有經進稾敬儀堂詩存才華豐贍爲時所稱

論曰承平既久八旗人士起甲科列侍從者亦多以文字被恩眷達椿忤權相晚乃見用其守正有足稱鐵保和瑛並器識淵雅述作斐然桂芳通達政體建言諤諤最爲一時雋才年命不永未竟其用惜哉

萬承風　周系英　錢樾　秦瀛　李宗瀚　韓鼎晉　朱方增

萬承風，字和圃，江西義寧人。乾隆四十六年進士，選庶吉士，授檢討，直上書房，侍宣宗讀。六十年，典試雲南。時仁宗在潛邸，賜詩寵行。累遷翰林院侍讀。嘉慶三年，大考降檢討。四年，督廣東學政。瓊州海寇猝發，承風以聞，命總督吉慶按治，總兵西密揚阿等以恇怯置吏議。累遷侍講學士。任滿還京，直上書房，擢詹事。督山東學政，整厲士習，扶持善類，洊擢禮部侍郎。命還京。十二年，督學江蘇，以清江浦荷花塘河工取勢太直，屢築屢圮，奏請復舊，詔如議行。調兵部。十四年，上五旬萬壽，陳請解任還京祝嘏，詔嚴斥，左遷內閣學士，調安徽學政。定遠士子與鳳陽胥役有隙，至試期輒修怨，當事者庇胥役，士益憤。承風疏請下巡撫嚴治胥役，寘諸法。擢兵部侍郎，還京，仍直上書房，充經筵講官。十七年，引疾歸，尋卒，入祀鄉賢祠。宣宗即位，追念舊學，贈禮部尚書銜，諡文恪。道光十二年，晉贈太傅，子方楙等加恩有差。

周系英，字孟才，湖南湘潭人。乾隆五十八年進士，選庶吉士，授編修。累遷侍講。嘉慶十年，督四川學政。十四年，入直南書房，擢太常寺卿，尋改直上書房，授三阿哥讀。上諭不但授讀講習詩文，當教阿哥為人居心以忠厚為本。系英請加授資治通鑑，以知古今治亂興衰之故，悉民間疾苦。上韙之，轉光祿寺卿。督山西學政。任滿回京，仍直上書房。十九年，擢兵部右侍郎。母憂去，服闋，補吏部侍郎。二十四年，湘潭民與江西客民鬨，相殺傷。巡撫吳邦慶亦籍江西，陳奏偏袒。系英詢齎奏人得事始末，於召對時面陳，乃調邦慶福建，詔以獄事畀總督察治。系英素以樸直被眷遇，邦慶初與善，約地方事有見聞必告。至是，手書言其曲直。系英子汝楨亦致書在籍給事中石承藻詢獄事，書並為邦慶得，先後以兩書上聞。上怒系英庇鄉人，部議革職，猶命以編修用，繼以汝楨致書事褫職回籍。道光初，以四品京堂召用，歷翰林院侍讀學士、內閣學士。二年，遷工部侍郎，督江西學政。尋調江蘇，許密摺言地方利病、人才臧否。會瀕江大水，學政駐江陰，系英目擊災狀，貽書督撫留官吏素得民者治賑務，假庫帑三萬兩購米平糶，民感之。四年，調戶部左侍郎，卒於任。

錢樾，字黼棠，浙江嘉善人。乾隆三十七年進士，選庶吉士，授編修。典陝西鄉試，督四川學政，直上書房，兩典江西鄉試，督廣西學政。累擢少詹事。嘉慶四年，還京，仍入直。驟遷內閣學士、禮部侍郎，督江蘇學政。時吳縣令甄輔廷治諸生糾控罪過當，學政平恕曲徇所請，斥革生員二十五人。上聞之，解平恕任，以樾代。至則先復諸生名，僅坐首事者三人，士民稱慶。方其赴任，途中見行船有大書內廷南府者，因上疏劾奸吏詭託，上累聖明，詔飭關津禁絕，嚴罪所司。時南河邵壩決口，瓜儀私梟充斥，為閭閻害，命樾密訪以聞。疏陳：「黃河自豫東界至桃宿以上，水緩沙停，致河高堤淺，所在防潰，請於霜降後鳩工疏正河，並增築堤防，先務所急。」又以私梟為患，皆由官鹽價貴，民利食私，若稍平鹽價，則私梟自絕。疏入，俱報可。尋調吏部。任滿回京，調戶部，兼管錢法堂事務。奏請申禁改漕折色，以清弊端。復調吏部。九年，坐失察書吏舞弊，以告病治中趙日濂虛選運同，降內閣學士。樾上疏置辯，議革職，加恩賜編修。十年，擢鴻臚寺少卿，督山東學政，累遷大理寺少卿、內閣學士。母憂歸，服闋，引疾不出。二十年，卒。

秦瀛，字淩滄，江蘇無錫人，諭德松齡元孫也。乾隆四十一年，以舉人召試山東行在，授內閣中書，充軍機章京，洊遷郎中。五十八年，出為浙江溫處道，有惠政。嘉慶五年，擢按察使。甯紹台三府水災，有司匿不報，瀛力言於巡撫，乃得賑。調湖南。衡州歲歉，有司匿不報，方議派濟陝西兵米，瀛復力言於巡撫，留米平糶。七年，以病歸。逾兩年，起授廣東按察使，督郡縣治盜，禽著盜粱修平、吳鰲喜，寘諸法。撫瓊州黎匪，嚴禁賭博白鴿票。十年，遷浙江布政使，入覲，乞內用，授光祿寺卿，轉太常寺卿。疏陳廣東治盜事宜，略曰：「海盜始在高廉，近則攔入廣州大股，如鄭一、烏石二、總兵寶、朱濆等，聲勢甚張。內地順德、香山、新會三縣，連有肆劫，以馬觀李英芳為之魁，與海盜勾結，捕急則遁入海中。統將出海，藉詞遷延，不能盡力勦捕。提督孫全謀而魏大斌，即為之續。臣愚以為勦捕之法：一曰討軍實。水師廢弛，則胥餉虛糜，洋商鹽商捐輸，寬裕經手之員，尚有侵漁，遣委之將，仍復驕惰，非立法痛懲，徒貲耗費。一曰樹聲威。盜善偵探，非先聲讋人，盜已輕我。兵行之日，督撫宜舉觴歡飲，有功而歸，開轅行賞，不用命者殺無赦。一曰戒虛飾。禽盜豈能皆真？一念邀功，讞多失實，偶有平反，不復深咎，嗣後總期弋獲真盜，毋縱毋枉。至守禦之法，尤宜急講。礮臺防守口岸，口岸多而汛兵少，盜船乘間直入。巡船復少，不能禦盜，且為盜資。保甲僅屬虛名，縱役訛索，反成厲政。欲行保甲團練，先須百姓服從，臣以為嚴防守必先澄清吏治，澄吏治必先固民心。一曰清獄訟。粵民好訟，大小案件諭旨嚴飭，尚多沈擱，殆由案之初起遲延不辦，土棍訟師從而把持，遂至供情屢易，莫可窮究。惟有督飭州縣，有一案即清一案，務洗慵惰偏私之習。一曰抑冗濫。六計尚廉，近海州縣有緝捕解犯之責，尤宜撙節，庶不虧倉庫而累閭閻。一令到任，幕友長隨多人坐食，勢不能復為廉吏。雜職武弁，惟利是圖，稍授以權，即挾制文吏。雜職差委過多，亦滋擾累。一曰懲蠹役。胥役熟習地方情形，串同官親家屬肆為民害。廣東胥役每有暗通盜匪、收受陋規，此尤不可不嚴行懲創也。三者既舉而吏治澄，吏治澄而民心固，於以舉行保甲團練，無不可使之民，即無不可行之法矣。」疏上，詔下疆吏採行。遷順天府尹。十二年，擢刑部侍郎，以宗室敏學獄會擬輕縱，議褫職，詔原之，左遷光祿寺卿。歷左副都御史、倉場侍郎。詔整頓倉場，慮瀛齒衰，以二品頂戴調左副都御史。尋授兵部侍郎，復調刑部。瀛治獄平慎，在浙辨定海難民十二人非盜，及海盜誣攀族人已入告，卒更正省釋。在部治運丁盜米，訐者謂以藥置米中，立溢，試之不驗。仁宗親試，明其枉，尤為時稱。十五年，以病解任。道光元年，卒。瀛工文章，與姚鼐相推重，體亦相近云。

李宗瀚，字春湖，江西臨川人。乾隆五十八年進士，選庶吉士，授編修。嘉慶三年，大考二等，擢左贊善。累遷侍講學士，充日講起居注官。五年，典福建鄉試。母憂歸，服闋，補原官，轉侍讀學士。十九年，督湖南學政，歷太僕寺卿、宗人府丞、左副都御史。二十年，丁本生母憂，服闋，在籍奏請終生祖母養，允之。道光三年，遭祖母喪。先是禮臣建議，為父後者為生祖母終三年喪，宗瀚幸奉功令，既而部議仍改期服。宗瀚本生父秉禮已老，而有子四人，以出繼不得終養。五年，入都召見，詢家世宦甚悉。宗瀚具陳終養始末，宣宗為之嗟歎，遂補原官。八年，擢工部侍郎，典浙江鄉試，留學政。十一年，丁本生父憂，哀毀扶病奔喪，卒於衢州，以衰服殮，年六十三。宗瀚孝謹恬退，中歲以養親居林下十年。書法尤為世重。

韓鼎晉，字樹屏，四川長壽人。乾隆六十年進士，選庶吉士，授檢討。嘉慶九年，改御史。疏言天主教流傳之害，請申禁以絕根株。從之。以母老請終養。十六年，服闋，補原官。疏陳四川積弊六事：曰禁科派以安閭閻，除嘓匪以防積漸，查卡房以全民命，禁拐騙以警貪頑，嚴攤捐以養廉潔，嚴戎政以歸實效。又言京師賭風大熾，多屬王公大臣輿夫設局，倚勢歆法。帝命指實，下詔嚴治，驗日獲賭案，三大學士、步軍統領祿康輿夫為之魁，親貴近臣莫不悚息。巡視山東漕務，轉工科給事中、光祿寺少卿，督陝甘學政。疏言：「榆綏諸州縣倉貯空虛，宜設法籌補。其地資蒙古糧食接濟，今腹裏邊外俱荒，當分別安置撫恤。」又言：「南山善後事宜，宜行堅壁清野之法。山內流民雜處，最為姦藪，當嚴行保甲，使奸宄無所匿。軍中擄脅難民子女，請嚴禁。南山附近及豫東並經兵燹，宜慎選牧令，以蘇民氣。川北荒歉，與陝甘毘連，鹽梟嘓匪多出其中，請先事豫防。」並下疆吏如所請行。歷鴻臚寺卿、通政司副使、太常寺卿、左副都御史。二十四年，命察視近畿水災，督黃村賑務。督福建學政，疏言閩中吏治久窳，請不限資格用廉幹吏，補汀、漳、泉三郡要缺，久其任以專責成。漳、泉營伍通盜，請責提鎮立予重典，勿稍袒庇。道光六年，遷倉場侍郎，以病罷。起補工部侍郎，京察原品休致。卒於家，祀鄉賢祠。

朱方增，字虹舫，浙江海鹽人。嘉慶六年進士，選庶吉士，授編修。典雲南鄉試。遷國子監司業。十八年，教匪之變，方增劾直隸總督溫承惠貽誤地方，黜之。應詔陳言，論用人理財，略曰：「近今大臣中罕有以進賢為務者，蓋薦舉之事易於循私黨援，交結不得不防，而大臣亦遂引嫌自避。夫大臣避徇私之名而忘以人事君之責，所謂因噎廢食，非公忠體國者所宜有也。至於任用之方，則無過於考言詢事。皇上博訪周諮，徐為印證，於召對時各就所長諭使面陳，果能洞悉原委，又當試之以事，以觀其能踐與否。如或敷奏並無條理，則其人固不足用，而大臣之識見優絀、心地公私，亦可見矣。抑臣思臣工居職，苟非闒茸齷齪者流，孰不思自效？況蒙皇上訓飭至再至三，而猶故習相仍，騃難振拔者，良有數端：條例過繁，文案瑣屑，雖有強敏之吏，而精神疲於具文，其實關於政治民生轉致不能詳覈，一也。差務絡繹，公私賠累，身家之恤不遑，民物之懷漸怠，二也。訐告之風，至今益甚，嘗有以田土門毆細故而叩閽京控者，有司畏其挾制，不得不姑息委蛇，雖有急公自好者，其尋常瑣屑之事，豈皆一一可達聖聽？甚至匿名揭帖，無主名之可指，蠹吏猾胥、奸民惡僕，求謀不遂，懲治過嚴，皆可造作飛語，訐及陰私，足使任事之心不寒而栗，委曲隱忍，奸宄橫行，大都由此，三也。今皇上欲整飭因循積習，臣愚以為必先除此三者之弊，庶廓然無所疑畏，而得專精實政矣。經國之方，理財尤要。古者以三十年之通制國用，斟酌盈虛，量入為出，用能經常不匱。今戶部歲入歲出年一彙奏，惟中外未合為一，條緒繁隨極難釐剔且凡撥解即謂之出並未實計所用新舊牽涵淩雜益甚而出納諸欵又因有無定之欵盈朒參差以故一歲之中所出幾何覈之所入贏餘若干不能得其實數請旨敕下戶部歲入歲出宜合中外為一核計贏餘總數仍取前一二歲所贏餘確實比較然後審其輕重緩急舉一切例內例外諸用欵有可裁省停緩者酌加撙節庶合於古人通年制用之法而度支充裕矣二十年入直懋勤殿編纂石渠寶笈秘殿珠林尋督廣西學政累遷翰林院侍讀學士道光四年大考第一擢內閣學士典山東鄉試七年督江蘇學政十年卒方增熟諳朝章典故輯國史名臣事蹟為從政觀法錄行於世

論曰萬承風周系英錢樾以侍從之臣軺車所至建白卓然秦瀛之治績李宗瀚之孝行非僅以文藻稱韓鼎晉朱方增侃侃獻納言有體要皆風采著於朝列矣

清史稿　列傳一百四十二

魁倫　廣興

初彭齡

魁倫完顏氏滿洲正黃旗人副將軍查弼納孫也襲世管佐領兼輕車都尉授四川漳臘營參將累擢建昌鎮總兵晉入覲高宗詢家世魁倫陳戰功甚悉乾隆五十三年擢福州將軍喜聲伎制行不謹總督伍拉納欲劾之伍拉納故貪遢勒屬吏財賄復縱洋盜盜艇集五虎門外不問魁倫遂疊疏劾閩省吏治廢弛伍拉納及巡撫浦霖溺職按察使錢受椿等迎合助虐上怒褫伍拉納等職逮問命長麟署總督偕魁倫鞫訊得伍拉納等貪婪及庫藏虧絀狀俱伏法伍拉納為和珅姻戚當按治時上切責長麟瞻徇罷去以事由魁倫舉發特寬之代署總督嚴捕海盜屢獲其魁嘉慶元年實授總督三年巨盜林發枝投首海患稍戢以母憂歸自治閩獄以伉直聞於時仁宗尤眷之四年起署吏部尚書魁倫屢於上前自稱昔治四川嘓匪功謂賊不難辦請赴軍前時上督責諸將平賊甚急經略勒保未稱帝意命魁倫赴四川逮勒保治罪即代署總督駐達州治軍饟勒保獲譴由蜚語既就逮所部訴其冤乞代奏魁倫稍稍為置辯終以玩誤軍務讞擬重辟軍心因之渙散不為用額勒登保繼為經略與德楞泰先後赴甘肅勦賊匪魁倫專任四川軍事五年春冉天元糾數路殘匪潛匿大竹魁倫遣巡未發賊脅眾數萬由定遠渡嘉陵江闖擾川西魁倫繞道鄰水自順慶追勦檄總兵七十五還守重慶上以數年來賊氛皆在川東北惟川西完善地為軍饟所出斥魁倫疏防革職留任賊尋渡江掠蓬溪諸將獨總兵朱射斗力戰而兵少魁倫約為接應復不至射斗戰死魁倫退屯潼川降三品頂戴詔責嚴守潼河曰此爾生死關頭也復起勒保為四川提督偕德楞泰進勦川西川北四月賊伺川西備嚴乘間竄渡潼河焚太和逼成都上怒魁倫屢失機縱賊褫職逮問命勒保代署總督侍郎周興岱往會鞫尋逮京賜死子扎拉芬戍伊犂魁倫居官廉自為尚書時詔寬減閩關賠繳銀六千兩至是籍家產不足償上念憐之給還宅一區俾其妻有所棲止又因其孫幼稚命扎拉芬到戍三年釋歸宣諭廷臣使知法戒焉

廣興字賡虞滿州鑲黃旗人大學士高晉第十二子入貲為主事補官禮部敏於任事背誦案牘如瀉水大學士王杰器其才累遷給事中嘉慶四年首劾和珅罪狀擢副都御史命赴四川治軍需綜覈精嚴月節靡費數十萬金為時所忌以騷擾驛傳被劾上優容之復屢與總督魁倫互劾召還左遷通政副使九年擢兵部侍郎兼副都統總管內務府大臣署刑部侍郎同寮輕其於刑名非素習廣興引證律例屢正誤讞眾乃服十一年奏劾御前大臣定親王綿恩揀選官缺專擅違例廷臣察詢不直所言降三品京堂罷兼職尋補奉宸苑卿擢刑部侍郎復兼內務府大臣上方倚任廣興亦慷慨直言召對每逾晷刻上曰汝與初彭齡皆朕信任之人何外廷怨恨乃爾廣興頓首謝數奉使赴山東河南按事益作威福中外側目內監鄂羅哩者自乾隆中充近侍年七十餘嘗至朝廊與廣興坐語以長者自居廣興艴然曰汝輩閹人當敬謹侍立安得與大臣論世誼乎鄂羅哩恨次骨思以中之十三年冬內庫給宮中紬段不如數且窳敗鄂羅哩言由廣興尅減上即命傳諭出而漫言之廣興不知為上旨坐而與辯鄂羅哩入奏其坐聽諭旨上怒一日面詰廣興廣興言總管太監孫進忠與庫官勾通欲交外省織造藉遂需索規費之計上以其不能指實庫官何人挾詐而欺下廷臣議罪尋寬之罷職家居於是與廣興不協者蠭起媒孽其短上密諭山東河南兩省巡撫察奏遂交章劾其奉使時任意作威苛求供頓收納餽遺諸罪狀下獄議絞上親廷訊尚欲緩其獄廣興未省上意抗辯無引罪語而贓私有實據上益怒遂置之法籍其家子蘊秀戍吉林並罪兩省官吏及山東言官各有差廣興伉爽無城府疾惡嚴喜訐人陰私既得志驕奢日甚縱情聲色不能約束奴僕終及於禍

初彭齡字頤園山東萊陽人乾隆三十六年巡幸山東召試賜舉人四十五年成進士選庶吉士授編修五十四年遷江南道御史劾協辦大學士彭元瑞徇私為婿姪營事元瑞被黜又江西巡撫陳淮以貪著劾罷之風采振一時累遷兵部侍郎嘉慶四年出為雲南巡撫時總督富綱請罷官鹽改歸民運民銷詔下彭齡議疏上略曰滇鹽向例官督竈煎分井定額按月完納省倉行銷之法按州縣戶口多寡定額地方官備價運銷交課其始竈戶所領官給薪本敷裕交足額鹽之外尚有餘鹽官售額鹽扣還腳價之外尚有餘課行之日久不肖州縣勾通井官私買額外餘鹽行銷肥己竈戶利於賣私益滋偷漏前巡撫劉秉恬遂令州縣額銷十萬斤者加銷一二萬以資辦公竈戶薪本不敷無力加煎攙和灰土州縣滯銷因有派累之事乾隆五十六年鹽道蔣繼勳以官銀盡買安甯等井私煎之鹽幷發州縣銷售欲以彌縫虧空額鹽積壓愈多於是州縣又有計口授鹽短秤加課之弊煙戶無論男女老幼皆應交課窮困已極迤西一帶遂至聚眾抗官甕差焚屋前年威遠猓夷滋擾即有此等姦民祿豐一案亦由鹽務起釁江蘭並匿情不奏富綱到滇實見有不得不改章以甦民困者竊思滇鹽官運官銷積弊雖返應如督臣所奏改為就井收課聽民自便於是損益原奏令竈戶自煎自賣商販領照聽其所之試行二三年再定各井歲額下部議行又籌置堡田免徭役加派滇民感之劾前撫江蘭匿抱母恩耕二井水災不奏蘭因黜罷六年自陳親老乞改京職允之以貴州巡撫伊桑阿代途次劾伊桑阿驕奢乖戾苛派屬員勦石峴苗飾詞冒功遣使勘實責伊桑阿於法回京授刑部侍郎七年偕副都統富尼善往貴州按事劾巡撫常明餽廠之弊褫職治罪即代署巡撫尋調署雲南巡撫劾布政使陳孝昇迤西道薩榮安以維西軍務冒銷治如律八年偕侍郎額勒布清查陝西軍需自巡撫秦承恩以下黜罰有差調工部侍郎又調戶部九年誤聽湖北巡撫高杞言劾湖廣總督吳熊光受賄不得實後復以獨對時密諭私告杞事覺下廷臣議罪以大辟上仁宗知彭齡無他不欲因言事加重譴詔斥諸臣所擬過當有意杜言事者之口又念彭齡親老免遠謫罷職家居逾年起授右庶子驟遷內閣學士十一年偕侍郎英和往陝西讞獄途經山西命察議河東鹽務尋授安徽巡撫壽州武舉張大有因妒姦毒斃族姪張倫及雇工人總督鐵保徇蘇州知府周鍔以自中蛇毒定讞彭齡推鞫得實詔嘉之特予議敘鐵保等降黜有差父憂歸十四年奪情授貴州巡撫固辭不起服闋署山西巡撫遂實授劾前巡撫成齡需索供應又劾布政使劉清署按察使張曾獻及府州縣多人尋調陝西河東道劉大觀揭劾初彭齡任性乖張命回山西聽勘以怒斥前撫金應琦及瞻徇知府朱錫庚部議革職詔寬之降補鴻臚寺卿遷順天府尹十六年偕尚書托津清查南河工帑劾罷廳營四十八員復偕尚書崇祿往福建讞獄遷工部侍郎署浙江巡撫尋命往兩湖按訊湖北按察使周季堂及湖南學政徐松季堂無貪跡惟袒庇屬員褫職免治罪松需索陋規出題割裂聖經褫職遣戍十七年調戶部侍郎時兩江總督百齡劾南河總督陳鳳翔誤啟智禮兩壩鳳翔已被譴自訴辯又訐百齡信任鹽巡道朱爾賡額督辦葦蕩失當命彭齡松筠往按百齡於啟壩時實同畫諾遂請薄懲百齡而朱爾賡額被重譴語詳百齡等傳署南河總督尋調倉場侍郎十九年命往廣西按訊巡撫成林以恣意聲色用度多靡褫成林職籍其家擢兵部尚書特命署江蘇巡撫清查虧空疏言虧空應立時懲辦而各省督撫往往密奏僅使分限完繳始則屬官玩法任意侵欺繼則上司市恩設法掩蓋是以清查為續虧出路密奏為緩辦良圖請飭禁帝韙之劾江甯布政使陳桂生江蘇布政使常格催徵不力並褫職尋巡撫張師誠回任仍命彭齡會同清查彭齡與百齡師誠意不合各擬章程上詔斥其不能和衷既而疏劾百齡師誠受屬道鹽員餽銀又劾陳桂生弊混命大學士托津尚書景安往按至則百齡師誠嗾屬員多方沮格所劾並不得實上以彭齡性褊急嫉惡過嚴斥其輕躁降內閣學士召回京茅豫者以部員隨赴廣西因留江蘇佐理改知府至是彭齡疏陳豫兩耳重聽代為乞假詔斥越職專擅再降以翰林院侍讀侍講候補百齡復劾彭齡沈湎於酒事一委茅豫文致陳桂生之罪私拆批摺挾怨誣參且豫實非耳聾亦徇欺上怒褫彭齡職停其母九旬恩賚令閉門思過二十一年起為工部主事丁母憂未歸請改注籍順天服闋以員外郎用道光元年授禮部侍郎尋擢兵部尚書三年萬壽節與十五老臣宴繪圖於萬壽山玉瀾堂御製詩稱其耿介優賚珍物四年以年老休致食半俸五年卒詔優䘏

論曰甚矣直臣之不易為也赤心為國犯顏批鱗而人主諒之苟有排巽已市

盛名之心借徑梯榮衆矢集焉況身罹負乘或加之貪婪乎魁倫廣興之所以不得其死也初彭齡雖亦褊躁然實政清操蹶而復起克保令名宜哉

清史稿　列傳一百四十三

洪亮吉 管世銘　谷際岐

李仲昭　石承藻

洪亮吉字稚存江蘇陽湖人少孤貧力學孝事寡母初佐安徽學政朱筠校文繼入陝西巡撫畢沅幕爲校刊古書詞章考據著於一時尤精輿地乾隆五十五年成一甲第二名進士授翰林院編修年已四十有五長身火色性豪邁喜論當世事未散館分校順天鄉試督貴州學政以古學教士地僻無書籍購經史通典文選置各府書院黔士始治經史爲詩古文有法任滿還京入直上書房授皇曾孫奕純讀嘉慶三年大考翰詹試征邪教疏亮吉力陳內外弊政數千言爲時所忌以弟喪陳情歸四年高宗崩仁宗始親政大學士朱珪書起之供職與修高宗實錄第一次稿本成意有不樂將告歸上書軍機王大臣言事略曰今天子求治之心急矣天下望治之心孔迫矣而機局未轉者推原其故蓋有數端亮吉以爲勵精圖治當一法祖宗初政之勤而尚未盡法也用人行政當一改權臣當國之時而尚未盡改也風俗則日趨卑下賞罰則仍不嚴明言路則似通而未通吏治則欲肅而未肅何以言勵精圖治尚未盡法也自三四月以來視朝稍晏竊恐退朝之後俳優近習之人熒惑聖聽者不少此親臣大臣啟沃君心者之過也蓋犯顏極諫雖非親臣大臣之事然不可使國家無嚴憚之人乾隆初年純皇帝宵旰不遑勤求至治其時如鄂文端朱文端張文和孫文定等皆侃侃以老成師傅自居亮吉恭修實錄見一日中硃筆細書折成方寸或詢張鄂或詢孫朱曰某人賢否某事當否日或十餘次諸臣亦皆隨時隨事奏片質語直陳是上下無隱情純皇帝固聖不可及而亦衆正盈朝前後左右皆嚴憚之人故也今一則處事太緩自乾隆五十五年以後權私蒙蔽事事不得其平者不知凡幾矣千百中無有一二能上達者即能上達未必即能見之施行也如江南洋盜一案參將楊天相有功駢戮洋盜某漏網安居皆由署總督蘇淩阿昏憒糊塗貪贓玩法舉世知其冤而洋盜公然上岸無所顧忌皆此一事釀成況蘇淩阿權相私人朝廷必無所顧惜而至今尚擁巨貲厚自頤養江南查辦此案始則有心爲承審官開釋繼則並聞以不冤覆奏夫以聖天子赫然獨斷欲平反一事而尚如此則此外沈冤何自而雪乎一則集思廣益之法未備堯舜之主亦必詢四岳詢羣牧蓋恐一人之聰明有限必博收衆采庶無失事請自今凡召見大小臣工必詢問人材詢問利弊所言可采則存檔册以記之倘所舉非人所言失實則治其失言之罪然寄耳目於左右近習不可也詢人之功過於其黨類亦不可也蓋人材至今日銷磨殆盡矣以模稜爲曉事以軟弱爲良圖以鑽營爲取進之階以苟且爲服官之計由此道者無不各得其所欲而去衣鉢相承牢結而不可解夫此模稜軟弱鑽營苟且之人國家無事以之備班列可也適有緩急而欲望其奮身爲國不顧利害不計夷險不瞻徇情面不顧惜身家不可得也至於利弊之不講又非一日在內部院諸臣事本不多而常若猝猝不暇汲汲顧影皆云多一事不如少一事在外督撫諸臣其賢者斤斤自守不肖者亟亟營私國計民生非所計也救目前而已官方吏治非所急也保本任而已慮久遠者以爲過憂事興革者以爲生事此又豈國家求治之本意乎二則進賢退不肖似尚游移夫邪教之起由於激變原任達州知州戴如煌罪不容逭矣幸有一衆口交譽之劉清百姓服之教匪亦服之此時正當用明效大驗之人聞劉清尚爲州牧僅從司道之後辦事似不足盡其長矣某以爲川省多事經略縱極嚴明勦賊匪用之撫難民用之整飭官方辦理地方之事又用之此不能分身者也何如擇此方賢吏如劉清者崇其官爵假以事權使之一意招徠撫綏以分督撫之權以蕆國家之事有明中葉以來鄖陽多事則別設鄖陽巡撫偏沅多事則別設偏沅巡撫事竣則撤之此不可拘拘於成例者也夫設官以待賢能人果賢能似不必過循資格如劉清者進而尚未進也戴如煌雖以別案解任然尚安處川中聞教匪甘心欲食其肉知其所在即極力焚劫是以數月必移一處教匪亦必隨而迹之近在川東與一道員聯姻恃以無恐是救一有罪之人反殺千百無罪之人其理尚可恕乎純皇帝大事之時即明發諭旨數和珅之罪並一一指其私人天下快心乃未幾而又起吳省蘭矣召見之時又聞其爲吳省欽辨冤矣夫二吳之爲和珅私人與之交通貨賄人人所知故曹錫寶之糾和珅家人劉全也以同鄉素好先以摺稿示二吳二吳即袖其稿走權門藉爲進身之地今二吳可雪不幾與褒贈曹錫寶之明旨相戾乎夫吳省欽之傾險秉文衡尹京兆無不聲名狼藉則革職不足蔽辜矣吳省蘭先爲和珅教習師後反稱和珅爲老師大考則第一矣視學典試不絕矣非和珅之力而誰力乎則降官亦不足蔽辜矣是退而尚未退也何以言用人行政未盡改也蓋其人雖已致法而十餘年來其更變祖宗成例汲引一已私人猶未嘗平心討論內閣六部各衙門何爲國家之成法何爲和珅所更張誰爲國家自用之人誰爲和珅所引進以及隨同受賄舞弊之人皇上縱極仁慈縱欲寬脅從又因人數甚廣不能一切屏除然竊以爲實有眞知灼見者自不究其從前亦當籍其姓名於升遷調補之時微示以善惡勸懲之法使人人知聖天子雖不爲已甚而是非邪正之辨未嘗不洞悉未嘗不區別如是而夙昔之爲私人者尚可革面革心而爲國家之人否則朝廷常若今日淸明可也萬一他日復有效權臣所爲者而諸臣又羣起而集其門矣何以言風俗日趨卑下也士大夫漸不顧廉恥百姓則不顧綱常然此不當責之百姓仍當責之士大夫也以亮吉所見十餘年來有尚書侍郎甘爲宰相屈膝者矣有大學士七卿之長且年長以倍而求拜門生求爲私人者矣有交宰相之僮隸並與樂抗禮者矣太學三館風氣之所由出也今則有昏夜乞憐以求署祭酒者矣有人前長跪以求講官者矣翰林大考國家所據以陞黜詞臣者也今則有先走軍機章京之門求認師生以探取御製詩韻者矣行賄於門闌侍衛以求傳遞代倩藏卷而去製就而入者矣及人人各得所欲則居然自以爲得計夫大考如此何以責鄉會試之懷挾替代士大夫之行如此何以責小民之誇詐貪緣輦轂之下如此何以責四海九州之營私舞弊純皇帝因內閣學士許玉猷爲同姓石工護喪諭廷臣曰諸臣縱不自愛如國體何是知國體之尊在諸臣各知廉恥夫下之化上猶影響也士氣必待在上者振作之風節必待在上者獎成之舉一廉樸之吏則貪欺者庶可自愧矣進一恬退之流則奔競者庶可稍改矣拔一特立獨行敦品勵節之士則如脂如韋依附朋比之風或可漸革矣而亮吉更有所慮者前之所言皆士大夫之不務名節者耳幸有矯矯自好者類皆惑於因果遁入虛無以蔬食爲家規以談禪爲國政一二人倡於前千百人和於後甚有出則官服入則僧衣惑智驚愚駭人觀聽亮吉前在內廷執事曾告之曰某等親王十人施齋戒殺者已十居六七羊豕鵝鴨皆不入門及此回入都而士大夫持齋戒殺又十居六七矣深恐西晉祖尚元虛之習復見於今則所關世道人心非小也何以言賞罰仍不嚴明也自征苗匪教匪以來福康安和琳孫士毅則蒙蔽欺妄於前宜緜惠齡福甯則喪師失律於後又益以景安秦承恩之因循畏葸而川陝楚豫之民遭劫者不知幾百萬矣已死諸臣姑置勿論其現在者未嘗不議罪也然重者不過新疆換班輕者不過大營轉餉甚至挐解來京之秦承恩則又給還家產有意復用矣屢奉嚴旨之惠齡則又起補侍郎夫蒙蔽欺妄之殺人與喪師失律以及因循畏葸之殺人無異也而猶邀寬典異數亦從前所未有也故近日經略以下領隊以上類皆不以賊匪之多寡地方之蹂躪挂懷彼其心未始不自計曰即使萬不可解而新疆換班大營轉餉亦尚有成例可援退步可守國法之寬及諸臣之不畏國法未有如今日之甚者純皇帝用之兵金川緬甸訥親僨事則殺訥親額爾登額僨事則殺額爾登額將軍提鎭之類伏失律之誅不知凡幾是以萬里之外得一廷寄皆震懼失色則馭軍之道得也今自乙卯以迄己未首尾五年僨事者屢矣提鎭副都統偏裨之將有一膺失律之誅者乎而欲諸臣之不玩寇不殃民得乎夫以純皇帝之聖武又豈見不及此蓋以歸政在即欲留待皇上涖政之初神武獨斷一新天下之耳目耳倘邊平倘無期日而國帑日見銷磨萬一支絀偶形司農告匱言念及此可爲寒心此尤宜急加之意者也何以言言路似通而未通也九卿臺諫之臣類皆毛舉細故不切政要否則發人之陰私快己之恩怨十件之中幸有一二可行者發部議矣而部臣與建言諸臣又各存意見無不議駁並無不通駁則又豈國家詢及芻蕘詢及瞽史之初意乎然或因其所言瑣碎或輕重失倫或虛實不審而一概留中則又不可其法莫如隨閱隨發面諭廷臣或特頒諭旨皆隨其事之可行

不可行明白曉示之即或彈劾不避權貴在諸臣一心爲國本不必避嫌怨以近事論錢灃初彭齡皆常彈及大僚矣未聞大僚敢與之爲仇也若其不知國體不識政要冒昧立言或攻發人之陰私則亦不妨使衆共知之以著其非而懲其後蓋諸臣既敢挾私而不爲國吏可無煩君上之迴護矣何以言吏治欲肅而未肅也夫欲吏治之肅則督撫藩臬其標準矣十餘年來督撫藩臬之貪欺害政比比皆是幸而皇上親政以來李奉翰已自斃鄭元璹已被糾富綱已遭憂江蘭已內改此外官大省據方面者如故也出巡則有站規有門包常時則有節禮生日禮按年則又有幇費升遷調補之私相餽謝者尚未在此數也以上諸項無不取之於州縣州縣則無不取之於民錢糧漕米前數年尚不過加倍近則加倍不止督撫藩臬以及所屬之道府無不明知故縱否則門包站規節禮生日禮幇費無所出也州縣明言於人曰我之所以加倍加數倍者實層層衙門用度日甚一日年甚一年究之州縣亦恃督撫藩臬道府之威勢以取於民上司得其半州縣之入己者亦半初行尚有畏忌至一年二年則成爲舊例牢不可破矣訴之督撫藩臬道府皆不問也千萬人中或有不甘冤抑赴京控告者不過發督撫審究而已派欽差就訊而已試思百姓告官之案千百中有一二得直者乎即欽差上司稍有良心者不過設爲調停之法使兩無所大損而已若欽差一出則又必派及通省派及百姓必使之滿載而歸而心始安而可以無後患是以州縣亦熟知百姓之技倆不過如此百姓亦習知上控必不能自直是以往往至於激變湖北之當陽四川之達州其明效大驗也亮吉以爲今日皇上當法憲皇帝之嚴明使吏治肅而民樂生然後法仁皇帝之寬仁以轉移風俗則文武一張一弛之道也書達成親王以上聞上怒其語戇落職下廷臣會鞫面諭勿加刑亮吉感泣引罪擬大辟免死遣戍伊犂明年京師旱上禱雨未應命清獄囚釋久戍未及期詔曰罪亮吉後言事者日少即有亦論官吏常事於君德民隱休戚相關之實絕無一言者豈非因亮吉獲罪鉗口不復敢言朕不聞過下情復壅爲害甚鉅亮吉所論實足啟沃朕心故銘諸座右時常觀覽勤政遠佞警省朕躬今特宣示亮吉原書使內外諸臣知朕非拒諫飾非之主實爲可與言之君諸臣遇可與言之君而不與言負朕求治苦心即傳諭伊犂將軍釋亮吉回籍詔下而雨御製詩紀事注謂本日親書諭旨夜子時甘霖大沛天鑒捷於呼吸益可感畏亮吉至戍甫百日而赦還自號更生居士後十年卒於家所著書多行世管世銘字緘若與亮吉同里乾隆四十三年進士授戶部主事累遷郎中充軍機章京深通律令凡讞牘多世銘主奏屢從大臣赴浙江湖北吉林山東按事大學士阿桂尤善之倚如左右手時和珅用事世銘憂憤與同官論前代輔臣賢否語譏切無所避會遷御史則大喜夜起傍徨草疏將劾之詔仍留軍機處故事御史留直者儀注仍視郎官不得專達封事世銘自言愧負此官阿桂慰之曰報稱有日何必急以言自見蓋留直阿桂所請隱全之使有待嘉慶三年卒

谷際岐字西阿雲南趙州人乾隆四十年進士選庶吉士授編修與校四庫全書充會試同考官所拔多知名士乞養歸主講五華書院教士有法連丁父母憂服闋起原官嘉慶三年遷御史時教匪擾數省師久無功際岐徧訪人士來京者具得其狀四年春上疏略曰竊見三年以來先帝頒師征討邪教川陝責之總督宜緜巡撫惠齡秦承恩楚北責之總督畢沅巡撫汪新諸臣釀釁於先藏身於後止以重兵自衞裨弁奮勇者無調度接應由是兵無鬬志川楚傳言云賊來不見官兵面賊去官兵才出現又云賊去兵無影兵來賊沒蹤可憐兵與賊何日得相逢前年總督勒保至川大張告示痛責前任之失是其明證畢沅汪新相繼殂逝景安繼爲總督今宜緜惠齡秦承恩縱慢於左景安怯玩於右勒保縱能實力勦捕陝楚賊多起滅無時則勒保終將掣肘欽惟先帝昔征緬甸見楊應琚挑釁掩覆之罪立予拿問今宜緜等曠玩三年之久幸荷寬典而轉益懷安任賊越入河南盧氏魯山等縣景安雖無吞餉聲名而罔昧自甘近亦有賊焚掠襄光各境均爲法所不容況今軍營副封私札商同軍機大臣改壓軍報供據已破雖由內臣聲勢而彼等掩覆僨事情更顯然請旨懲究另選能臣與勒保會同各清本境則軍令風行賊必授首比年發餉至數千萬軍中子女玉帛奇寶錯陳而兵食反致有虧載贓而歸風盈道路嚇之者有與其請餉不如書會票之語先帝嚴究軍需局察出四川漢州知州與德楞泰互爭報銷及湖北道員胡齊崙侵餉數十萬一則追賠一則拿究他屬類此者必多尤宜急易新手清釐則侵盜之跡必能破露不但兵餉與善後事宜均得充裕銷算亦不敢牽混矣閒又上疏曰教匪滋擾始於湖北宜都聶傑人實自武昌府同知常丹葵苛虐逼迫而起當教匪齊麟等正法於襄陽匪徒各皆斂輯常丹葵素以虐民喜事爲能乾隆六十年委查宜都縣境嚇詐富家無算赤貧者按名取結納錢釋放少得供據立與慘刑至以鐵釘釘人壁上或鐵錘排擊多人情介疑似則解省城每船載一二百人飢寒就斃浮屍於江殞獄中者亦無棺斂聶傑人號首富屢索不厭村黨結連拒捕宜昌鎮總兵突入遇害由是宜都枝江兩縣同變襄陽之齊王氏姚之富長陽之覃加耀張正謨等聞風並起遂延及河南陝西此臣所聞官逼民反之最先最甚者也臣思教匪之在今日自應盡黨梟磔而其始猶是百數十年安居樂業人民何求何憾甘心棄身家捐性命挺而走險耶臣聞賊當流竄時猶哭念皇帝天恩殊一無言怨及朝廷向使地方官仰體皇仁察教於平日撫弭於臨時何至如此臣爲此奏固爲官吏指事聲罪亦欲使萬禩子孫知我朝無叛民而後見恩德入人天道人心協應長久昭昭不爽也常丹葵逞虐一時上壓聖仁下殃良善罪豈容誅應請飭經略勒保嚴察奏辦又現奉恩旨凡受撫來歸者令勒保傳喚同知劉清同川省素有清名之州縣妥議安插楚地曾經滋擾者亦應安集臣聞被擾州縣逃故各戶之田廬婦女多歸官吏壓賣分肥是始不顧其反終不顧其歸不知民何負於官而效尤靦忍至於此極若得懲一儆衆自可羣知洗濯宣奉德意所關於國家苞桑之計匪細也兩疏上仁宗並嘉納施行尋遷給事中稽察南新倉巡視中城雲南鹽法官運官銷日久因緣爲奸按口比銷民不堪命又威遠調取民夫按名折銀折後又徵實夫迤西道屬數十州縣同時鬨變解散後不以實聞官吏骫法如故際岐上疏痛陳其害下雲南督撫察治總督富綱請改鹽法以便民巡撫江蘭方內召欲沮其事際岐復疏爭初彭齡繼爲巡撫際岐門下士也熟聞其事始疏請鹽由竈煎竈賣民運民銷一祛積弊民大便語詳鹽法志蔡永淸者總督陳輝祖家奴擁厚貲居京師以助賑敘五品職銜出入輿馬揖讓公卿間際岐疏劾自大學士慶桂朱珪以下多所指斥下刑部鞫訊褫永淸職銜際岐坐論奏未盡實降授刑部主事累遷郎中以老乞休貧不能歸主講揚州孝廉堂垂十年卒自乾隆末雲南之官於朝以直言著者尹壯圖錢灃時以際岐並稱焉

李仲昭字次卿廣東嘉應人嘉慶七年進士選庶吉士授編修遷御史長蘆鹽商僞造加重法馬每引浮百斤捐課滯銷商人查有圻家鉅富交通朝貴自給事中花杰劾蘆鹽加價連及大學士戴衢亨不得直且被譴遂無敢言者仲昭疏劾之戶部猶袒商或騰蜚語謂仲昭索賄不遂仁宗方幸熱河命留京王大臣同鞫得舞弊狀有圻論如律在事降革有差人咸側目仲昭又劾吏部京察不公亦鞫實既而赴戶部點卯杖責書吏戶部摭其事奏劾下吏部議羣欲以傾仲昭侍郎初彭齡號剛正以妻喪在告語人曰諸人欲報怨加以莫須有之罪李御史有言臚臺中何可無此人部員聞彭齡言遂議降四級甫兩日而奏上仲昭竟黜

石承藻字黼庭湖南湘潭人嘉慶十三年一甲三名進士授編修遷御史給事中敢言有聲王樹勳者江都人乾隆末入京應試不售乃於廣惠寺爲僧名曰明心開堂說法假扶乩卜筮探刺士大夫陰私揚言於外人益崇信達官顯宦每有皈依受戒爲弟子者朱珪正人負重望亦與交接時和珅爲步軍統領訪捕治罪以賄得末減勒令還俗遂游蕩江湖值川楚匪亂投効松筠軍中以議禪投所好使易裝入賊寨說降奬予七品官銜洊擢襄陽知府數年入覲京師不改故態刑部尙書金光悌延醫子病怵以禍福光悌長跪請命爲時所嗤嘉慶二十年承藻疏請澄清流品劾樹勳下刑部鞫實褫職枷號兩月發黑龍江充當苦差仁宗奬承藻曰眞御史也詔斥被惑諸臣有玷官箴其已故者免議侍郎蔣予蒲宋鎔以下黜降有差二十四年湘潭有土客械鬬之獄侍郎周系英與巡撫吳邦慶互劾承藻適在籍系英子汝楨致書承藻詢其事爲邦慶所發承藻牽連降秩久之不復遷終光祿寺署正

論曰仁宗詔求直言下至末吏平民皆得封章上達言路大開科道中竭誠獻納如衞謀論福康安貪婪不宜配享太廟馬履泰論景安畏縮偷安老師糜餉及教匪宜除難民宜撫又論百齡舉劾失當張鵬展論金光悌專擅刑部戀司職不去周栻論顯臣參劾屬員不舉劣迹恐悃愊無華者以失歡被劾又論朱珪以肩輿擅入禁門無無君之心而有無君之迹沈琨論宜興庇護屬員致興之患游光繹論大臣未盡和衷武備未盡整飭願效魏元成十思疏以裨治化其素不可因保舉遽加升用又論督撫壅蔽之習及士民捐輸之累州縣折收株累諸生大獄又諫阻東巡蕭芝之論端正風俗宜崇醕樸王甯煒論用人宜習諸人所言雖有用有不用當時皆推讜直又龔鏜當松筠因諫東巡獲罪密疏復陳自庀身後事而後上卒蒙寬宥其章疏多不傳稽之史牒旁見紀載謇諤盈廷稱盛事焉洪亮吉諸人身雖遭黜言多見採可以無憾或猶以時方清明目亮吉之效痛哭流涕者爲多事過矣

吳熊光　汪志伊
陳大文　熊枚
裘行簡　方維甸
董教增

吳熊光字槐江江蘇昭文人舉順天鄉試乾隆三十七年登中正榜授內閣中書充軍機章京累遷刑部郎中改御史當罷直大學士阿桂素倚之請留直如故阿桂屢奉使出勘匪治河閱海塘讞獄熊光輒從累遷通政司參議嘉慶二年高宗幸熱河夜宣軍機大臣未至命召章京熊光入對稱旨欲擢任軍機大臣和珅稱熊光官五品不符體制因薦學士戴衢亨官四品在軍機久用熊光不如用衢亨詔同加三品卿銜入直居政府六閱月和珅忌之出為直隸布政使四年高宗崩仁宗親政和珅伏誅熊光言和珅管理各部日久多變舊章以營私大憝雖除猾吏仍可因緣為奸亟宜更正上韙之擢河南巡撫教匪逼境熊光駐防盧氏張漢潮竄商州分掠藍田疏請截留山東兵赴明亮軍協勦復以張天倫竄近鄖陽江岸謀犯豫南調直隸正定標兵備勦上以所見與合詔嘉獎尋漢潮趨雒南遣總兵張文奇田永桐擊走之令南汝光道陳鍾琛扼襄河要隘糧道完顏岱率滿營兵協防撥壽春鎮兵五百駐樊城請召募練兵五千並以開封練勇千名改為撫標新兵從之五年楚匪自均州鄖縣竄渡襄河賴預防擊退上念河南兵單命直隸山西遣兵赴援又命添募鄉勇熊光疏言河南盧浙一帶原有鄉勇萬餘而賊竄自如凡游民應募賊至先逃反搖兵心是以上年撤勇添兵賊未敢肆此兵勝於勇之明驗今有直隸等省官兵擇要駐守已足策應無庸募勇七月殲寶豐郟縣潰匪於彭山教首劉之協遁葉縣就禽予議敘六年擢湖廣總督途遇協防陝西兵二百餘人逃回本營廉得其缺饟狀杖首謀者二人餘釋不問房縣鄉勇糾搶民寨縛送三十餘人立誅之提督長齡巡撫全保率師防勦迭敗湯思蛟劉朝選等川匪擾興山竹谿房縣分兵追勦殲獲甚衆平樊人傑餘匪俘賊首崔宗和上以熊光調度供支迭詔褒獎新設湖北提督改移鄖陽鎮協添兵三千五百名即以無業鄉勇充之又奏定稽查寨勇章程略言寨勇習於戰鬭輕視官兵流弊不可不慮今將寨堡戶口器械逐一登記陽資其力以助此日之軍威默絜其綱以弭將來之民患上韙其言七年三省匪平加太子太保遣撤鄉勇以叛產變價給賞詔嘉其撙節九年劾湖南巡撫高杞違例調補知縣杞坐降調未幾侍郎初彭齡劾熊光受沔陽知州秦泰金及兩淮匣費上詰彭齡以得自高杞對命巡撫全保按驗無迹彭齡杞俱獲譴傳諭熊光返躬自省平心辦事戒勿躁妄十年調直隸時兩廣總督那彥成與湖廣總督百齡互訐命侍郎托津赴湖北按之百齡被訐事有迹方鞫治未定讞那彥成亦以倡撫洋盜逮京調熊光兩廣總督會直隸官吏勾通侵帑事發歷任總督藩司俱獲譴上以熊光任藩司無虛收任總督無失察特詔嘉之十三年八月英吉利兵船十三艘泊香山雞頸洋其酋率兵三百擅入澳門占踞礮臺兵艦駛進黃埔熊光以英人志在貿易其兵費出於商稅惟封關足以制其死命若輕率用兵彼船礮勝我數倍戰必不敵而東南沿海將受其害意主持重逾月始上聞言已令停止開艙俟退出澳門方準貿易上以熊光未即調兵故示弱嚴詔切責洋船遷延至十月始陸續去下吏議褫職効力南河百齡代其任疏言熊光葸懦上益怒遣戍伊犂逾年召還授兵部主事引疾歸道光八年重與鹿鳴宴加四品卿銜十三年卒于家年八十四熊光嘗曰刑賞者聖主之大權而以其柄寄於封圻大吏若以有司援案比例求免駁斥之術處之舛矣刑一人賞一人而有益於世道人心雖不符於例所必及也不得請必再三爭乃為不負若憂嫌畏譏隨波逐流其咎不止溺職而已嘗調直隸入覲上曰教匪淨盡天下自此太平熊光曰督撫率郡縣加意撫循提鎮率將弁加意訓練百姓有恩可懷有威可畏太平自不難致若稍懈則伏戎於莽吳起所謂舟中皆敵國也及東巡返迎駕夷齊廟與董誥戴衢亨同對上曰道路風景甚佳熊光越次言曰皇上此行欲稽祖宗創業艱難之迹為萬世子孫法風景何足言耶上有頃又曰汝蘇州人朕少扈蹕過之其風景誠無匹熊光曰皇上所見乃剪綵為花蘇州惟虎邱稱名勝實一墳堆之大者城中河道逼仄糞船擁擠何足言風景上又曰如汝言皇考何為六度至彼熊光叩頭曰皇上至孝臣從前侍皇上謁太上皇帝蒙諭朕臨御六十年並無失德惟六次南巡勞民傷財作無益害有益將來皇帝如南巡而汝不阻止必無以對朕仁聖之所悔言猶在耳同列皆震悚壯其敢言後熊光告人墳堆糞船兩語乃乾隆初故相訥親奏疏所言重述之耳熊光晚年著伊江筆錄春明補錄葑溪筆錄三書紀所聞名臣言行多可法云

汪志伊字稼門安徽桐城人乾隆三十六年舉人充四庫館校對議敘授山西靈石知縣除徵糧擾累刻木為皀隸書里分糧數以次傳遞民遵輸納調榆次遷霍州直隸州知州代州民孟木成殺人已定讞情實其弟代呼冤巡撫勒保檄志伊往按平反之承審者護前失不決命大臣臨鞫重違衆議志伊堅執與爭孟木成竟得免死志伊以此負強項名擢江蘇鎮江知府調蘇州連擢蘇松糧道按察使乾隆五十八年遷甘肅布政使調浙江江浙漕重積弊由官吏規費多志伊歷任皆先除規費之在官者然後以次裁革嚴設科條嘉慶元年以杭州乍浦駐防營養贍錢三月未放被劾議降二級調用詔以志伊平日操守尚好加恩授江西按察使二年遷福建布政使未數月就擢巡撫時海盜方張仁宗於閩事特加意志伊屢疏陳水師人材難得請寬疏防處分變通選補章程副參以上兼用本省之人以下兩省通融撥用又州縣徵糧處分過嚴升調要缺難得合例請人地相需者不拘俸滿參罰皆允行詔飭嚴懲會匪及械鬭惡習五年疏報漳泉一帶匪徒節經勦捕均知斂迹諭曰滋事不法有犯必懲不可無事滋擾責以鎮靜不可姑息養奸亦不可持之太甚尋奏龍溪詔安馬巷海澄四廳縣遴員治理民不械鬭諭曰一經良有司整飭改除積習是小民不難化導要在親民之官得人當於平日遴選賢員俾實心任事為正本清源之道志伊薦閩縣知縣王紹蘭上素知其人詔嘉志伊能留心察吏既而偕總督玉德疏請泉州知府錢學彬改京職上斥疏語矛盾尋究得學彬任聽家人舞弊婪贓坐察吏不明議革任特寬之六年病請解職八年起署副都御史刑部侍郎授江蘇巡撫給事中蕭芝請就產米之鄉採買由海運京下議志伊言其不便罷之九年清江浦淤淺糧船停滯上慮京倉缺米詔志伊預籌請碾常平倉穀三千石備撥以新漕減運命酌量採買志伊疏言安徽民田有一歲兩收者各令七月完納漕糧九十月可運通江西湖廣亦如之上以一歲兩徵近加賦且來歲仍屬短絀斥為迂繆尋奏採米十二萬石搭運報聞時江北淮揚水災徐海苦旱志伊手編荒政輯要頒屬吏為賑濟之法蘇州人文薈萃增設正誼書院課士奏請頒御製詩文集於江南各書院上勿許曰朕之政治即文章何必以文字炫長耶十一年擢工部尚書未幾授湖廣總督川楚餘匪散匿洞庭湖環湖數府州多盜志伊多選幹吏偵訪檄下分捕盜無所匿濱江地自乾隆末大水淹沒民田未復親駕小舟歷勘疏塞建二閘於第江口福田寺以時啟閉十六年調閩浙總督先是湖北應山民喻春謀殺人其母以刑求誣服控於京命志伊提鞫同知劉曜唐等誘供翻案以無辜之葉秀承兇而無左證巡撫同興為之平反奏劾至是入覲召對為劉曜唐等剖辯願代認處分上斥其偏執嚴議革職改留任捕誅海盜黃治其黨吳屬乞降時降盜多授官志伊曰是獎盜也仍依律遣戍舊有天地等會匪熊毛者創立仁義會授張顯魯傳煽事覺顯魯伏誅毛遁募甯化生員李玉衡捕殺之奏賜玉衡舉人布政使李賡芸廉吏也為志伊所薦舉至監司會龍溪知縣朱履中以不職劾因訐賡芸婪索遂劾訊履中已自承誣告志伊固執駁詰福州知府涂以輈迎合逼供賡芸自經死輿論大譁二十二年命侍郎熙昌副都御史王引之往按得其狀詔斥志伊衰邁謬誤褫職永不敘用志逾年卒伊矯廉好名自峻厓岸仁宗初甚嚮用時論毀譽參半焉卒以偏執獲咎

陳大文河南杞縣人原籍浙江會稽乾隆三十七年進士授吏部主事典廣東鄉試累遷郎中四十八年出為廣西南甯知府擢雲南迤東道歷貴州安徽按察使江甯布政使皆有聲父憂歸服闋補廣東布政使總督朱珪薦大文操守廉潔化其偏僻可倚用詔人才難得命珪加以勸迪俾成有用才嘉慶二年擢巡撫海盜方熾大文以運鹽為名集商船載鄉勇出洋擊沈盜船六斬獲二百餘人賜花翎屬縣不職者列案劾治詔嘉其捕盜察吏皆有實心予議敘尋兼署總督四年調山東巡撫濟曹兩府水災興工代賑州縣玩視者立劾有拙於催科而輿情愛戴者疏請留任禁漕幫旂丁陋規五年丁母憂乾隆末山東大吏多不得人吏治日弛大文性深嚴見屬吏溫顏相對使盡言然後正色戒之曰汝某事賄若干吾悉知不速改彈章已具矣人莫不畏之尤銳剔漕弊杜浮收官吏被告發劾治者三十餘人及去任時其摘印在繫未經奏劾者尚七八人事上聞詔布政使分別省釋六年畿輔大水大文服將闋特召署直隸總督疏請大賑提早一月以救災黎劾查災開賑遲緩之縣令二人以儆其餘逾年因病自乞京職歷署吏部侍郎工部尚書八年授兩江總督劾按察使朱隆阿喜事株累士民多怨調朱隆阿內用江蘇昭文浮收漕糧江西樂平勒折重徵縣民並走訴於京先後下大文鞫實劾府縣官褫職究治詔嘉大文秉公不徇庇屬員使小民含冤得白奸胥猾吏不致倖逃法網訓責各督撫力改積習九年召授左都御史未至擢兵部尚書大文赴京病於途詔遣侍衛率醫往視久不痊賜尚書銜回籍既而因在直隸失察屬吏侵挪部議革職詔俟病痊

以四品京堂用遂不出二十年卒於家

熊枚字存甫江西鉛山人乾隆三十五年舉鄉試第一次年成進士授刑部主事斷獄平左翼護軍給餉誤用白片懺責私補印其長當以盜印罪枚謂知誤更正與盜用異改綏宜城縣吏毆斃社長賄改病死擬緩枚謂鬭毆情輕舞文情重改實在部八年多所持議遷員外郎尚書英廉薦其才出爲甘肅平涼知府母憂去服闋補河南汝甯府汝陽有殺人獄已得實控不止枚訊鞫時忽熟視旁吏曰此汝所教也吏色變刑之則稱將嫁禍某富家咸以爲神丁生母憂代者未至米價騰長枚於喪次諭縣令治居奇者運米接濟民乃安服闋補直隸順德府擢山東泰武臨道五十八年遷江蘇按察使逮治博徒馬修章及竹堂寺僧恒一皆稔惡歛法者吳江太湖瀆涇祠三郎神奸民所祀其黨結胥吏擾民枚廉知値賽祠舟集爲胠湖衖捕得三十八人或以誣良訴尾其舟得盜贓并逮劇盜九人毀三郎像火之盜遂息教匪劉之協傳彌勒教入教者給命根錢安徽民任梓家供彌勒像有簿記六十人奉錢數官吏捕得指爲匪巡撫已上聞逮至江南枚親訊六十人皆任梓戚友賀昏嫁者乃得釋六十年遷雲南布政使以治劉河工未竣留署蘇江布政使開蘇州城河集銀六萬兩擇郡紳董其役不使縣令與工事嘉慶二年調安徽尋擢刑部侍郎六年直隸大水總督姜晟以辦賑延緩免命枚署總督截留漕糧六十萬石儲天津北倉枚請分儲鄭家口泊頭諸水次便災區輓運條上賑卹事宜災戶仿保甲造册省覆查杜刁控酌量變通賑期捐賑者分別旌賞各學貧生給口糧綠營兵丁給修房價修災縣監獄以工代賑並如議行偕侍郎那彥寶築永定河決口既而調陳大文爲總督詔枚受代後專任查賑巡閱數十州縣舉者五人劾四人玉田令倪爲德清而黷枚初至怒之明日詰賑事指畫悉中即首薦上嘉枚勤事擢左都御史時有劾枚擾驛需索供應者命陳大文察訪白其誣且言枚盡心賑務特詔褒之七年回京典會試復署直隸總督授刑部尚書調左都御史管理三庫十年授工部尚書復命署直隸總督率布政使裘行簡清查虧空部議各省販鐵官爲定額疏上枚面陳鐵爲民間日用所需不能預定多寡官爲查辦恐滋流弊上俞其說而斥枚隨同書諾召對忽有異詞年老重聽不宜部務復調左都御史未幾有山東民婦京控應奏枚意未決副都御史陳嗣龍劾枚模棱且言枚聲名平常詔斥嗣龍見枚左遷擠測妄劾終以枚不能和衷鐫級留任直隸藩司書吏僞印虛收庫銀事覺坐失察議褫職詔以四品京堂用補順天府丞次年充鄉試提調官册券遲誤降五品職銜休致十三年卒

裘行簡字敬之江西新建人尚書曰修子乾隆四十年賜舉人授內閣中書充軍機章京遷侍讀四十九年從大學士阿桂勘甘肅石峰堡回匪復從察治河南睢州河工五十年出爲山西甯武知府調平陽因親老自請改京秩補戶部員外郎仍直軍機累遷太僕寺少卿嘉慶六年命赴陝西犒軍時經略額勒登保駐略陽行簡疏言川陝兵宜扼衝嚴守使陝匪不入川川匪不入陝然後逼使東竄經略以大兵蹙之可計日梟縛又言自寶雞至褒城棧道卡兵宜復設且於要害設大營隔賊路通糧運又以額勒登保方引嫌自請舉劾止及於麾下行簡疏請五路將士皆聽舉劾移書川督勒保陳廉藺相下之義兩帥大和途次進太僕寺卿賜花翎尋出爲河南布政使丁母憂服闋補福建布政使自乾隆末授受禮成恩免廢員各州縣錢穀出入益滋糾葛行簡銳事清釐司册目十有一創增子目支解毫黍皆見吏不能欺九年入覲會仁宗欲清釐直隸倉庫嘉其成效特以調任行簡澈底清覈逐條覆奏略曰直隸州縣動以皇差爲名藉口賠累自乾隆十五年至三十年四舉南巡兩幸五臺六次差務何以並無虧空四十五年至五十七年兩舉南巡三幸五臺差務較少而虧空日增由於地方大吏貪黷營私結交餽送非差務之踵事增華實上司之借端需索近年一不加察任其藉詞影射相習成風試令州縣捫心自問其捐官肥己之錢究從何處此臣不敢代爲寬解者也分年彌補則有二難直隸驛務繁多所有優缺祇可調劑衝途又別無陋規可提此爲難一也現任虧空革留勒限彼必愛惜官職賣田鬻產亦思全完若責以代前任按年彌補焉肯解囊勢必取給倉庫前欠未清後虧復至此爲難二也州縣虧項無著例應道府分賠道府賠項無著例應院司攤賠今直隸未申明定例請於兩次清查應行監追者再限一年如財產實屬盡絕著落上司分別賠繳嘉慶十年以後交代虧缺惟有執法從事不得混入清查致有寬縱疏入上嘉其明晰下部議行尋命以兵部侍郎銜署直隸總督十一年察出藩司書吏假印虛收解欵二十八萬有奇遣使按訊歷任總督布政使議譴有差行簡任內虛收之數少詔以事由行簡立法清查始得發覺寬之是年秋赴永定河勘工途次感疾卒上深惜之優詔賜卹依一品例謚恭勤賜子元善舉人

方維甸字南耦安徽桐城人總督觀承子觀承年逾六十始生維甸高宗命抱至御前解佩囊賜之乾隆四十一年帝巡幸山東維甸以貢生迎駕授內閣中書充軍機章京四十六年成進士授吏部主事歷郎中五十二年從福康安征台灣賜花翎遷御史累擢太常寺少卿又從福康安征廓爾喀歷光祿寺卿太常寺卿授長蘆鹽政嘉慶元年坐事奪職吏議遣戍軍台詔寬免降刑部員外郎仍直軍機遷內閣侍讀學士從尚書那彥成治陝西軍務五年授山東按察使遷河南布政使時川楚教匪未靖維甸率兵六千防守江岸疏言大功將蕆裁撤鄉勇最爲要務宜在撤兵之前預爲籌議俟陝西餘匪殄盡酌移河南防兵以易勇可節省勇糧上韙之八年調陝西就擢巡撫督捕南山零匪籌撤鄉勇嚴治糧餽並協機宜復賜花翎十一年甯陝新兵叛維甸亟令總兵楊芳馳回偕提督楊遇春進山督勦會德楞泰奉命視師賊竄兩河將趨石泉維甸遣總兵王兆夢擊之勸民修寨自衞賊無所掠未幾叛兵乞降德楞泰請以蒲大芳等二百餘人仍歸原伍上責其寬縱命維甸按治疏陳善後六事如議行十四年擢閩浙總督蔡牽甫殲朱濆乞降遣散餘衆臺灣嘉義彰化二縣械鬭命往按治獲犯林聰等論如律疏言臺灣屯務廢弛派員查勘恤番丁苦累申明班兵舊制及歸併營汛地以便操防約束臺民械鬭設約長族長令管本莊本族嚴禁隸役黨護把持又商船貿易口岸牌照不符定三口通行章程杜丁役句串舞弊詔皆允行以臺俗民悍命總督將軍每二年親赴巡查一次著爲例十五年入覲以母老乞終養允之會浙江巡撫蔣攸銛疏劾鹽政弊混命維甸按治明年召授軍機大臣維甸疏陳母病請寢前命允其留籍侍養十八年丁母憂還江甯將軍奐酗未幾教匪林清謀逆李文成據滑縣奪情起署直隸總督維甸自請馳赴軍營勦賊會那彥成督師奏捷允維甸回籍守制二十年卒於家上以維甸忠誠清慎深惜之贈太子少保謚勤襄賜其子傳穆進士

董教增字益甫江蘇上元人乾隆四十五年南巡召試舉人內閣中書五十一年成一甲三名進士授編修散館改吏部主事累遷郎中嘉慶四年以道員發四川明年授按察使峩眉雷波二廳銅鉛各廠毗連夷地姦民與爭界焚夷巢猓夷糾涼山生番爲變教增率兵往議者多主勦教增不可廉得漢姦搆釁者十一人夷匪首事者六人集衆誅之夷情帖然仁宗以教增不煩兵力而遠夷心服諭獎有加尋調貴州九年遷四川布政使十二年擢安徽巡撫甯國池州廣德各屬舊有棚民植雜糧爲業戶部廳妨民田議遣回籍教增言棚民既立室家難復遷徙且所種多隙壤於民田無損於民食有益第約束之而已從之又言徽甯等府巨室向有世僕出戶已久告訐頻仍請嚴杜妄訟凡世僕以見在是否服役爲斷其出戶及百年者雖有據亦開豁爲良得旨允行著爲例十五年調陝西興安七屬舊食河東引鹽乾隆間課攤地丁其後復歸商運地介川楚土鹽侵礙運鹽費重引課多虧教增請循鳳翔例改食花馬池鹽引歸民運課按丁攤以恤商力又榆林綏德吳堡米脂四州縣向食土鹽官給票銷售前撫方維甸請用部引以二百斤爲率凡萬一千三百餘引民力難勝教增規復其舊由州縣頒發小票每票五十斤民皆便之時南山善後倚漢中知府嚴如熤能盡其才不拘文法歲歉請賑逾限破例上陳得允十八年調廣東先是百齡銳意滅海寇嘗貽教增詩云嶺南一事君堪羨殺賊歸來啖荔支既而張保仔就撫教增報書曰詩應改一字爲降賊歸來也百齡媿之至是承其後諸降人桀驁爲閭閻害懲治甚力然未嘗妄殺廣州府有死囚値赦減等改軍而逃獲之論重辟按察使持之堅教增以律不當死斷斷與辯此囚卒免死二十二年擢閩浙總督先是海寇未平禁商民造船高不得逾一丈八尺小不任重載難涉風濤沿海多失業教增以寇平已久請免立禁限以從民便允之福清武生林彌高者健訟包糧阻衆不納邑令躬緝爲其黨邀奪官役並傷令文武往捕獲彌高賊其黨劫持通縣抗徵教增親鞫得彌高罪狀立斬以徇諸郡慴懼強宗悍族抗欠者皆輸納如額奏入詔嘉其能臨海民糾衆毆差致釀大獄巡撫楊護坐褫職命教增兼權浙撫鞫治之漳泉兩郡多械鬭殺人官吏往往不能制龍溪令姚瑩捕渠魁五人杖斃之巡撫疑其違制教增曰刑亂國宜用重典優容之悍俗稍戢張保仔就撫後改名寶官至澎湖副將時論猶指斥教增責令捕盜奔走海上盜平而寶亦死二十五年入覲乞病未允道光元年乃得請歸二年卒賜卹謚文恪教增有識量彊毅不阿官四川時力矯豪奢崇節儉宴集不設劇總督勒保以春酒召聞樂而返亟撤樂乃至盡歡嘗言刻於己爲儉儉於人爲刻時歎爲名言

論曰吳熊光忠讜任重有大臣風汪志伊陳大文矜尚廉厲或矯或偏枚熊勤於民事晚詒模棱名位雖皆不終要爲當時俊彥裘行簡方維甸名父之子特被恩知董教增有爲有守建樹閎達蓋無間然

馮光熊　陸有仁
覺羅琅玕 烏大經　清安泰
常明　溫承惠
顏檢

馮光熊字太占浙江嘉興人乾隆十二年舉人考授中書充軍機章京累擢戶部郎中三十二年從明瑞赴雲南授鹽驛道母憂歸坐失察屬吏科派奪職服闋以員外郎起用仍官戶部直軍機遷郎中從尚書福隆安赴金川軍授廣西右江道署按察使兼鹽驛道歷江西按察使甘肅布政使四十九年石峰堡回民作亂籌畫戰守儲設餼需具備以前江西巡撫郝碩迫索屬吏事覺同官多獲譴光熊亦緣坐奪官留營効力事平用福康安薦起為安徽按察使洊擢湖南巡撫調山西時議河東鹽課改歸地丁光熊疏言河東鹽行山陝河南三省商力積疲易商加價俱無所濟若課歸地丁聽民販運無官課雜費兵役盤詰關津留難較為便宜山西州縣半領引行鹽半食土鹽蒙古鹽仍納引稅其間或引多而地丁少或引少而地丁多徵之三省皆然請將課額四十八萬餘兩通計均攤允之五十七年上幸五臺各疆吏先後奏陳自鹽課改革後價頓減落民便安之詔嘉光熊調劑得宜賜花翎黃馬褂署工部侍郎未幾授貴州巡撫調雲南五十九年署雲南總督明年大塘苗石柳鄧叛擾銅仁光熊赴松桃防禦以思州田壩坪鎮遠四十八溪思南大坪密邇楚苗且扼銅仁後路分兵屯守苗匪急攻松桃正大不得遏旋赴銅仁治餉需偕總督福康安治軍設防規畫稱旨命留貴州巡撫任嘉慶二年事平奏請銅仁正大改建石城以資捍衛從之會狆苗又起偕總督勒保督率鎮將聯合滇黔楚粵諸軍勦撫事具勒保傳光熊分檄將吏解歸化廳園蕭清播東播西兩路降安順廣順所屬苗寨狆苗平偕勒保奏上善後四事請隨征武舉武生及鄉勇就近補充弁兵餘丁給難民棲止牛具費用儲糧備兵民就食清釐田畝靖苗漢之爭自軍興以來凡所措置多邀嘉許勒保移師入川善後專任光熊三年春復疏請申禁漢民典賣苗田及重債盤剝驅役苗佃禁客民差役居攝苗寨酌裁把事土舍亭長定夫徭工價以利窮苗酌設苗弁以資管束悉報可五年詔光熊治理有聲年近八旬召授兵部侍郎尋擢左都御史六年卒上念前勞賜祭一壇

陸有仁浙江錢塘人乾隆三十四年進士授刑部主事累遷郎中四十六年出為廣西梧州知府調太平五十二年安南內訌夷眷來奔有仁處置得宜會擢福建延建邵道總督孫士毅請留防邊尋調督糧道歷山東按察使直隸布政使五十七年坐在山東讞獄草率降甘肅按察使嘉慶元年擢刑部侍郎留治甘肅賑務宜緜赴陝勦教匪命攝陝甘總督二年匪由河南竄朱陽關逼雒南疏請偕西甯鎮總兵富爾賽馳赴潼商又調甘涼鎮兵會勦詔軍務責巡撫有仁應駐甘肅親身赴陝跡涉張皇命回蘭州停止所調鎮兵時宜緜檄調撒拉爾回兵二千赴興安有仁并令暫停上以漢中兵單待回兵截勦乃致匪竄漢陰而回兵尚滯循化斥有仁一經申飭于應援之兵亦屢催罔顧詔褫職鞫訊尋原之發四川効力授陝西按察使遷布政使三年襄陽賊高均德犯陝西敘防堵功賜花翎四年擢廣東巡撫五年召為工部侍郎調刑部授陝西巡撫先是那彥成在陝勸民築寨堡計藍田鄠寶雞商州鎮安商南孝義五郎共五百四十一處台布為巡撫復議漢中二棧為軍餉要道於寶雞鳳縣留壩褒城甯羌各驛築堡以周三里為度徙民屯糧至是尚未盡實行嚴詔切責有仁疏言川陝情形不同四川地居天險如大成寨大團包方山坪等寨每處可容數萬人小者亦數千人賊據之可抗官兵民守之亦可拒賊如南山內層巒疊嶂無寬敞環抱之所止能於陡險山巔就勢結搆每寨止容數百人至千餘人蜀山多膏腴稻田民居稠密其勢易合陝西老林惟棚民流寓零星墾種隔十里數十里始有民居十數戶若糾合數村共築一堡則南村之人欲近南北村之人欲近北惟秦隴以西人皆土著無不踴躍興工秋間賊入西棧每約彼此各不相犯而寨民必乘間截其尾隊奪其牲畜不使晏然空過其西安同州鳳翔三府與漢南毗近川省之區皆多土著審利害每邑結有堡寨或百餘或數百其漢北山內近亦一律興工又恐結寨後民丁但知守寨而於賊出入要隘轉無堵禦復令於寨堡之外每寨撥數百數十人合力守卡以杜窺伺請分區責成各道刻期完竣疏入報聞有仁與額勒登保規畫築堡團練著有成效撫輯難民無歸者以安康白河等處叛產及南山客民荒田量給安插六年分撥兵勇防守總要隘口奏請於五郎孝義等處專派大員團練堵勦以專責成川匪逼黑河遣總兵齊郎阿通判維昂截擊餘匪東竄牛尾河副將韓自昌殲之被優敘有仁治陝三年經理餼需先事綢繆撙節不濫搜捕餘匪甚力屢詔褒嘉七年卒優卹官其子繼祖主事

覺羅琅玕隸正藍旗捐納筆帖式累遷刑部郎中超擢內閣學士出為江蘇按察使乾隆五十年召授刑部侍郎逾年授浙江巡撫五十二年大兵勦臺灣林爽文琅玕儲穀二十萬石於乍浦甯波溫州由海道輸運高宗嘉之坐審擬海鹽失當吏議當革職詔寬免自請罰銀三萬兩嘉善縣吏浮收按問得實上以浙漕積弊琅玕不勝任命解職予頭等侍衛赴哈密辦事五十六年坐監修浙江海塘工程損壞琅玕在任未親勘詔責賠修應銀二十二萬七千有奇免其半歷葉爾羌辦事大臣喀什噶爾參贊大臣坐家人販玉解任回京尋予郎中銜為熱河避暑山莊總管嘉慶二年以三等侍衛充古城領隊大臣召授刑部侍郎五年授貴州巡撫勦禽廣順等寨苗楊文泰等詔嘉獎加總督銜未幾就擢雲貴總督六年貴州石峴苗叛巡撫伊桑阿赴銅仁勦治未即平詔琅玕往督師而調伊桑阿雲南伊桑阿因按察使常明攻克石峴有所禽獲遂謊奏覬往督戰苗皆歸伏軍事已竣及琅玕至難民攔道訴其誣遂督兵進勦攻克上潮下潮諸寨始蕭清會初彭齡劾伊桑阿貪劣下琅玕鞫實上尤罪其欺罔誅之詔斥琅玕於伊桑阿未親往石峴避嫌瞻徇降二品頂帶七年維西夷恒乍綳與其黨臘者布作亂禿樹出亨附之琅玕率總兵張玉龍入山勦捕克阿喃多賊寨進攻諸別古山獲禿樹玉龍克小維西夷人縛臘者布獻軍前磔之進攻康普恒乍綳遁瀾滄江外獲其孥分兵攻吉尾樹苗琅玕駐劍川斷賊後路敗之於通甸小川克迴龍廠尋園勦上江山箐賊殲其渠餘衆乞降琅玕以恒乍綳勢蹙疏請撤兵提督烏大經率兵二千駐防賊詗官軍已退乘水涸潛渡糾江內降猓復肆劫掠琅玕馳抵劍川恒乍綳遁走八年上以首逆未獲命永保接辦軍務琅玕已禽斬漢奸張有斌臨江紮筏聲言渡兵江外猓猓震悚詣軍門乞降琅玕令誘導諸寨禽賊自效九月恒乍綳潛匿山箐官軍搜獲之餘黨盡殲事平予議敘琅玕以維西僻處邊隅各夷雜居江內外稽察難周疏請於維西麗江等五路設頭人給頂帶約束夷衆又以維西南北路及鶴麗鎮劍川諸汛皆要地請裁馬為步添兵八百分布要隘邊境遂安九年卒諡恪勤烏大經陝西長安人由武進士授三等侍衛出為山東德州營參將三十九年王倫倡亂大經助守臨清力戰保危城功最多高宗特獎之立擢臨清副將歷江西南贛貴州古州鎮總兵廣西提督調雲南五十三年冬率雲南兵從孫士毅征安南至則士毅已克其都城明年春大軍為阮惠所襲敗賴大經所部得嚮導全師而返尋母憂去職起為甘肅提督復調雲南嘉慶四年偕銅金與孟連土司攜離句結野猓墓延猛猛及緬甯內地大經偕總兵蘇爾相進勦克緬屬南柯三節石昔木臘南那招霧籠上中下寨安臘東困賽等地破南洒河賊卡肅清緬邊署按察使屠述濂由猛猛一路會勦連克大蚌山南元寨五年春總督書麟視師用大經計分兩路進攻猛白山箐大經由南路連戰渡黑河焚賊寨首逆尋就禽夷衆受撫七年春入覲會維西事起命大經馳回從琅玕進勦大經偕總兵書成先清威遠猓匪乃會兵維西克康普上意不欲窮兵命大經留防及匪復肆掠進勦獨村坪及康普小維西連克之八年春與琅玕分駐石鼓橋頭沿江督勦至十月恒乍綳就禽乃班師九年卒

清安泰費莫氏滿洲鑲黃旗人乾隆四十六年進士授刑部主事擢員外郎出為甘肅涼州知府調署蘭州擢湖南衡永桂郴道六十年苗疆事起奉檄赴保靖撫輯降苗以治餉功賜花翎嘉慶元年械送首逆吳半生石三保至京擢按察使遷廣西布政使七年署巡撫八年調浙江布政使十年擢江西巡撫調浙江十一年海寇蔡牽犯浙洋赴溫台防勦嚴杜接濟賊樵汲俱窮竄去詔褒之總督阿林保劾提督李長庚因循玩寇下清安泰密察疏言長庚忠勇冠諸將身先士卒屢冒危險為賊所畏惟海艘越兩三旬若不燂洗則苔黏蠔結駕駛不靈其收港非逗留且海中勦賊全憑風力風勢不順雖隔數十里猶數千里旬日尚不能到是故海上之兵無風不戰大風不戰大雨不戰逆風逆潮不戰陰雲蒙霧不戰日晚夜黑不戰颶期將至沙路不熟賊衆我寡前無泊地皆不戰及其戰也勇力無所施全以大礮轟擊船身簸蕩中者幾何我順風而逐賊亦順風而逃無伏可設無險可扼必以鉤鐮去其皮網以大礮壞其舵身篷胎使船傷行遲我師環而攻之賊窮投海然後獲其一二船而餘船已飄然遠矣賊往來三省數千里皆沿海內洋其外洋瀰瀚則無船可掠無嶴可依從不敢往惟遇勦急時始間為逋逃之地倘日色西沉賊直竄外洋我師冒險無益勢必迴帆收港而賊又遁誅矣且船在大海之中浪起如升天落如墜地一物不固即有覆溺之虞每遇大風一舟折舵全軍失色雖賊在垂獲亦必舍而收泊易桅竣工賊已遠遁數日追及桅壞復然故常屢月不獲一戰夫船者官兵之城郭營壘車馬也船誠得力以戰則勇以守則固以追則速以衞則堅今浙省兵船皆長庚督造頗能如式惟兵船有定制而閩省商船無定制一報被劫則

商船即爲賊船愈高大多礮多糧則愈足資寇近日長庚勦賊使諸鎭之兵隔斷賊黨之船但以隔斷爲功不以禽獲爲功而長庚自以己兵專注蔡逆坐船圍攻賊行與行賊止與止無如賊船愈大礮愈多是以兵士明知盜船貨財充積而不能爲禽賊禽王之計且水陸兵餉例止發三月海洋路遠往反稽時而事機之來間不容髮遲之一日雖勞費經年不足追其前效此皆已往之積弊也非盡矯從前之失不能收將來之效非使賊盡失其所長亦無由攻其所短則岸奸濟賊之禁必宜兩省合力乃可期效奏上詔嘉其公正由是益嚮用長庚清安泰之力也尋又條上防海事宜沿海居民編造保甲稽覈商販以斷米糧出口禁製火爆防火藥透漏斷絕探捕以杜奸宄瀾迹並如議行十二年冬蔡牽子至普陀寺未獲被譴責尋以阮元代之調河南巡撫十四年卒

常明佟佳氏滿洲鑲紅旗人由筆帖式授步軍統領主事出爲湖南桂陽知州擢雲南曲靖知府乾隆六十年從總督福康安征苗躳率兵屢克賊巢賜花翎鎭筸苗吳半生據蘇麻寨白構皮寨進擊敗之復破西梁賊勞擢貴州貴東道掩擊半生於板登寨獲其弟吳老正等半生復來犯設伏大破之乘勝奪賊卡五尋由西梁進攻燬其寨賊糾夯柳苗爲援殲戮甚衆乞降拒不受復大挫之擢按察使賜號智勇巴圖魯詔以苗匪每遇敗乞降叵測雖信飭各路將領以常明爲法進勦老烏廠斬賊目隴老香與總兵珠隆阿合勦大烏草河迤西苗連克魚井豆田三十餘寨會大軍於古丈坪半生適至常明冒雨進攻殲賊千餘分兵克烏龍岩茶它山諸寨卡進圍高多寨半生降乘銳克鴨保寨嘉慶元年勦下半隴苗於葫蘆坪母憂留營偕副將海格破小竹山賊於隆河坡俘賊目楊通等上嘉常明奮勉仍命署按察使二年春貴州狆苗起從總督勒保討之與施縉並爲軍鋒同破賊關嶺復夾攻連拔賊寨八解新城圍再敗之望城坡賊匿岩洞以拒設伏殲賊千餘環攻於卡子河賊大潰解南籠圍加布政使銜時黃草壩被圍久滇黔道梗常明援之克九頭山獲僞將軍陸寶貴燬馬鞭田賊柵俘李阿六等連戰皆捷圍乃解尋克馬鞍山繞擊洞洒賊巢連攻三晝夜禽賊酋吳抱仙於三隴口授布政使進克安有山擣當丈賊巢獲逆首韋七綹鬚又擒賊目黃阿金梁國珍等於補納山三年連拔兩辭巖等十八寨苗境悉平服闋始蒞布政使任是年冬署巡撫疏薦總兵施縉率貴州兵赴四川勦教匪五年因縉戰歿貴州兵不能救常明坐褫翎頂秋入覲詔念前勞予三品頂帶留巡撫署任題銷軍需詔詰貴陽賊蹤未至募鄉勇多至五萬餘名用銀十九萬餘兩命總督琅玕察覈尋奏常明雖無冒銷處置失宜責賠繳賞恤銀九萬餘兩六年石峴苗與湖南苗句結爲亂巡撫伊桑阿檄常明率師攻克之復原銜花翎尋授巡撫七年以挪用鉛廠銀及失察幕僚私售鉛丸抽匿案卷事褫職籍沒家產既而予藍翎侍衛充伊犂領隊大臣調庫車辦事大臣十年授湖北鹽法道累遷湖北巡撫上念常明久於軍事以四川民夷雜處控制不易十五年特擢爲總督詔勉其盡職減免賠項銀萬五千兩甯遠府屬夷地多募漢人充佃自教匪之亂川民避入者增至數十萬人爭端漸起十七年常明疏請漢民移居夷地及佃種者編查入册不追既往此後嚴禁夷人招佃與漢民轉佃並編保甲以資約束增文員以便彈壓移營汛以利控制報可又請川省鹽課改歸地丁聽民興販詔斥其妨礙淮綱不顧鄰省利害降二級留任十八年署成都將軍二十年中瞻對番酋洛布七力爲亂偕提督多隆阿總兵羅思舉往勦自裏塘進攻破之擣熱籠賊巢洛布七力舉家焚斃詔以未生得逆首不予議敍二十一年成都革兵謀變悉捕之置於法詔嘉其鎭靜二十二年甯越夷擾邊遣將平之尋卒贈太子少保優卹諡襄恪

溫承惠字景僑山西太谷人乾隆四十二年拔貢朝考首擢除七品小京官分吏部拔貢內用自是始累遷郎中五十四年出爲陝西督糧道母憂歸高宗巡幸五臺迎鑾召對嘉其才服闋補延榆綏道嘉慶元年川陝楚軍事急承惠奉檄治興安漢中團防遭父憂留軍仍攝道事賊犯平利承惠馳勦山水猝漲壓水遇救得免趨扼險隘獲捷服闋命以按察使銜仍補原官五年擢陝西按察使疏言賊擾陝境已歷數年兵爲牽綴運餉往往不及則駐兵以待賊得乘間遠逸三省邊境綿長宜扼要駐兵以逸待勞上韙之殲匪首王金柱於安康復破賊洵陽賑撫流亡民心漸定遷布政使仍留防賊屢犯境輒擊却之守禦興漢先後凡六年事定優敍八年調河南修伊洛舊渠十年擢江西巡撫十一年調福建兼署總督海寇蔡牽犯臺灣鹿耳門檄總兵許松年赴海壇竿塘與提督李長庚會勦三沙爲蔡牽鄉里增兵駐守禁沿海接濟詔嘉之尋調署直隸總督十二年上閱古北口兵獎其嫻整命實授濬黑龍溫榆北運潞陽諸河十三年上幸天津賞黃馬掛尋以巡幸點景科派爲肥鄉令所揭褫花翎黃馬掛旋復之十七年正月以歲除得雪加太子少保鉅鹿縣民孫維儉等傳習大乘教灤州民蕭懷信傳習金丹八卦教先後發覺失察輕縱褫宮銜花翎黃馬掛革職留任復以他事數被譴責十八年河南滑縣教匪起命偕提督馬瑜往勦數戰滑縣近地破賊于道口尋命陝甘總督那彥成總統軍務承惠爲參贊時匪首林清在京師起事擾及宮禁詔以林清傳教八年承惠不能先事查緝及勦匪逗留罪褫職留治糧餉十九年命以員外郎赴河南睢工效力工竣遷郎中隨尚書戴均元襄理永定河工二十三年授山東按察使承惠前官畿輔不孚衆望及復起頗思晚蓋山東故多盜偵知東平人廣平知府王兆奎三世窩盜密捕治之期年積案一清掊擊貪酷蘇困起敝吏治爲之一變特詔褒獎然卒不安其位先是盜夜劫泰安富民徐文誥家戕其傭柏永柱縣以誤殺爲文誥罪實疑獄也按察使程國仁入其言鍛鍊定讞承惠至固疑不實於他獄盜供得其情銳意平反巡撫和舜武惑於浮言尼之及偵獲盜首王壯於吉林具承搶殺永柱狀時國仁已擢巡撫舊與承惠有嫌且護前不欲承惠竟是獄檄勘隄工承惠辭乃劾承惠自以曾官總督橫肆不受節制褫職薦前兗沂道童槐繼爲按察使槐復劾承惠濫禁無辜以罪人充捕擾民譴戍伊犂其去也國仁送於候館居民洶洶詈之不及送而歸既而文誥訴於京命尚書文孚往鞫未至槐倉卒定讞釋文誥二十五年起承惠爲湖北布政使逾年以衰老降戶部郎中尋引疾歸卒於家

顏檢字惺甫廣東連平人巡撫希深子拔貢乾隆四十二年授禮部七品小京官洊升郎中五十八年出爲江西吉安知府擢雲南鹽法道調迤南嘉慶二年勦威遠猓匪禽匪首札秋擢江西按察使歷河南直隸布政使五年護直隸總督東明縣民李車因姦砍傷七歲幼童從重擬絞決永年縣民梁自新勒斃繼妻及媳訊因繼妻唐待前妻子有幅縱媳與人通姦同謀毒斃有幅自新忿將妻媳致死從輕擬杖流兩獄並爲仁宗嘉許特旨依議梁自新加恩再減杖徒先是直隸回贖旗地租銀積欠至十三萬兩前總督胡季堂汪承霈屢議調劑未有善策檢疏請復旗租原額以紓民力積欠得全減免焉六年擢河南巡撫七年詔檢前護直督有治績命以兵部侍郎銜署理直隸總督尋實授賜黃馬掛九年京察予議敍檢歷官畿輔頗爲仁宗所信任尋以束鹿縣民王洪中與張父觀關毆被傷上控承審官偏聽王洪中受責自縊獄經部鞫詔斥檢玩視重案下部議革職改留任又因他獄屢被詰責檢具疏陳謝諭曰方今中外吏治貪墨者少疲玩者多因循觀望大臣不肯實心惟恐朕斥其專擅小官從而效尤僅知自保身家此實國家之隱憂不可不加整頓卿係朕腹心之臣其勉之十年坐易州知州陳渼虧空逾十萬查辦不力降調革任予主事銜効力吉地工程處會永定河隄壞責隨築賠修又以刑部秋審直隸省由緩改實者十四起革主事銜仍留工次事竣予五品銜發南河委用未幾復因直隸官吏勾通侵帑事覺革職遣戍烏魯木齊十三年釋回十四年命以主事充西倉及大通橋監督十五年授湖南岳常澧道遷雲南按察使十六年擢貴州巡撫尋召來京坐前在直隸失察灤州民董懷信等傳習邪教降二級以京員用又坐涿州知州徐用交代朦混降補工部郎中十九年授山東鹽運使命以三品頂戴爲浙江巡撫奏濬西湖興水利上素稱檢操守才幹而病其不能猛以濟寬屢加訓戒二十年武平民劉奎養聽糾人滌弟會傳習徒衆論斬詔斥檢未究編造逆書之人下部議復因西湖胥棍被盜言官劾其讞擬輕縱命侍郎成格等往按坐正犯由賄屬誣認詔切責褫職二十四年祝嘏予官補刑部員外郎逾年授福建巡撫道光元年疏陳歲進荔支樹桊心蘭採運艱難詔永遠停貢並嘉檢之直二年復擢直隸總督先是藩司屠之申奏請直隸差徭每地一畝攤徵銀一分以示公平詔俟檢到任定議檢力言其不可行請仍舊制三年以年老內召授戶部侍郎調倉場復出爲漕運總督五年坐河淤滯運降三品銜休致尋復以疏請截留漕糧忤旨降五品銜十二年卒

論曰馮光熊治苗疆善後陸有仁興陝境寨堡團練琅玕定石峴苗維西夷清安泰保全良將李長庚常明佐勒保平狆苗晚任蜀疆鎭撫番夷皆一時疆臣之能舉其職者溫承惠治畿輔無異績陳臬山東則治盜清獄有聲卒以平反寃獄遭傾陷可謂能晚蓋矣顏檢明於吏事治尚安靜而屢以寬縱獲譴焉

岳起　荊道乾
謝啟昆　李殿圖
張師誠 王紹蘭　李奕疇
錢楷　和舜武

岳起，鄂濟氏，滿洲鑲白旗人。乾隆三十六年舉人，議敍筆帖式，累擢戶部員外郎、翰林院侍講學士、詹事府少詹事。五十六年，遷奉天府尹。前官貪黷，岳起至，屋宇器用偏洗滌之，曰：「勿染其汙迹也。」與將軍忤，逾年擢內閣學士，尋出為江西布政使，殫心民事。値水災，行勘圩隄，落水致疾。詔嘉其勤，許解任養痾。嘉慶四年，特起授山東布政使，未幾，擢江蘇巡撫。清介自矢，僮僕僅數人，出屏騶從，禁遊船聲伎，無事不許讌賓演劇，吳下奢俗為之一變。疏陳漕弊，略曰：「京漕積習相因，惟弊是營。米數之盈絀，米色之純雜，竟置不問。旗丁領運，無處不以米為挾制，即無處不以賄為通融。推原其故，沿途之抑勒由旗丁之有幫費，旗丁之索幫費由州縣之浮收。除弊當絕其源，嚴禁浮收，實絕弊源之首。請下有漕各省，列款指明，嚴行禁革，俾旗丁及漕運倉場無從更生覬望冀倖之心。」詔嘉其實心除弊。常州知府胡觀瀾結交鹽政徵瑞，長隨高柏林派捐修葺江陰廣福寺，岳起疏請觀瀾、柏林雖罷逐，尚不足服眾心，請將錢二萬餘串責二人分償，以修蘇州官塘橋路。丹徒知縣黎誕登諷士紳臚其政績保留，實不職，劾罷之。五年，署兩江總督，劾南河工員莊剛、劉普等侵漁舞弊，莫澐於任所設店肆運貨至工，居奇網利，並治如律。揚州關溢額稅銀不入私，盡以報解，嚴減兩淮司耗羨，關欵實存銀數報部，並下部議行。六年，疏請濬築毛城鋪以下河道隄岸，上游永城洪河下游蕭碭境內河堰，並借帑舉工，分五年計畝徵還，允之。八年，入覲，以疾留京，署禮部侍郎。會孝淑皇后奉移山陵，坐會疏措語不經，革職留任。尋命解署職。遂卒，帝深惜之，贈太子少保，賜卹如例。無子，詔問其家產，僅屋四間、田七十六畝。故事，旗員歿無嗣者，產入官，以岳起家清貧，留贍其妻。妻歿，官為管業，以為祭掃修墳之資。異數也。妻亦嚴正，岳起為巡撫時，一日親往籍畢沅家，暮歸，飲酒微醺。妻正色曰：「畢公耽於酒色，不保其家，君方畏戒之不暇，乃復效彼耶？」岳起謝之。及至京，居無邸舍，病歿於僧寺。妻紡績以終。吳民尤思其德，呼曰「岳青天」，演為歌謠，謂可繼湯斌云。

荊道乾，字健中，山西臨晉人。乾隆二十四年舉人，大挑知縣，官湖南，歷麻陽、龍山、東安、永順、慈利、靖州，所至有惠政，屏陋規，平冤獄。在靖州賑飢，尤多全活。屢膺上考。四十七年，遷甘肅甯夏同知。入覲，大學士劉墉督官湖南，巡撫稱之曰：「第一清官也。」名始著。尋署石峯堡同知。時方用兵，治事不廢，修復水利。復薦卓異，記名。五十四年，擢安徽池州知府，屢署徽甯池太道、蕪湖關。贏餘不入己，以充賑恤，調安慶。朱珪為巡撫，尤信任之，疏薦擢山東登萊青道，攝布政使，以激濁揚清為己任，薦廉吏崔映淮、李如珩等，而劾不飭者。嘉慶二年，遷按察使。四年，遷江蘇布政使。先是州縣存留俸薪役食及驛站經費，改解藩庫，俟奏銷後請支，始則防吏侵挪，久之解有浮費，發有短平，或勒抵前官虧空，佐雜教官不能得俸，驛傳領於臬司，或苛駁案牘，因索餽遺，郵政日弛廢。道乾入覲時，面陳其弊，請悉依定章，於州縣徵收時開支，省解領之繁。仁宗俞可，至是疏上，施行天下便之。上方欲整飭漕政，以巡撫岳起及道乾皆有清名，責其肅清諸弊。到官三閱月，擢安徽巡撫，疏請禁徵漕浮收，舊耗米一斗給運丁五升，加給二升。運丁所得有據可考，其所用沿途浮費，採訪知之，應禁革。詔下所奏於有漕各省永禁。又言屯田所以贍運，每丁派田若干及應得租籽，新僉旗丁不能瞭然，令糧道刊刻木榜，俾僉丁認田收租，運船領欵刻易知單，由丁正身親領，以杜包領欺壓之弊。田冊歸糧道收管，另造副冊發各衞，以備查驗。並允行。宿州、靈壁、泗州水災，道乾親往監視賑廠。六年，以病乞罷，詔許解任調理，俟病痊來京候簡。次年三月，詔詢道乾病狀，已先卒於安慶，帝悼惜，賜祭，賜其孫炆舉人。道乾由監司不三年擢至巡撫，求治益急，不避嫌怨，自處刻苦。臨歿，呼舊僚至寢所，指床下金示之曰：「吾受重恩，積養廉數千兩，足以歸喪。諸君素愛我，勿為斂賻。」又呼其兄曰：「兄仁弱，勿聽人聳甬受賻，違吾意。」兄如其言。

謝啟昆，字蘊山，江西南康人。乾隆二十六年進士，朝考第一，選庶吉士，授編修。典河南鄉試，分校禮闈，均得士。三十七年，出為江蘇鎮江知府，調揚州。明於吏事，所持堅正，上官異意，不為奪。治東臺徐述夔詩詞悖逆獄，遲緩褫職，戍軍臺。尋捐復原官，留江南。父憂，奪情，署安徽甯國知府。復遭母憂，服闋，稱病久不出。五十五年，特擢江南河庫道，遷浙江按察使。六十年，遷山西布政使。州縣倉庫積虧八十餘萬，不一歲，悉補完。高宗異其才，以浙江財賦地，虧尤多，特調任。歷三歲，亦彌補十之五。嘉慶四年，擢廣西巡撫，上疏略曰：「各省倉庫積弊有三變：始則大吏貪婪者利州縣之餽賂，僨事者資州縣之攤賠，州縣匿其私橐，以公帑應之，離任則虧空累累；大吏既餌其資助，不得不抑勒後任接收，此虧空之緣起也。繼則大吏庸闇者任其欺蒙，姑息者又懼興大獄，以敢接虧空為能員，以稟揭虧空為多事，州縣且有藉多虧挾制上司，升遷美缺者，此虧空之濫觴也。近年不職督撫相繼敗露，諸大吏共相濯磨，州縣亦爭先彌補，但彌補之法，寬則生玩，胥吏因緣為奸；急則張皇，百姓先受其累。各省貧富不同，難易迥別，一法立即一弊生，惟在因地制宜，率定章程，又多窒礙。請飭下各省先查實虧之數，原虧之人，如律論治，其無著者，詳記檔案，使猾吏無可影射，多分年限，使後任量力補苴，不必展轉株求，亦不必程功旦夕，責成督撫裁陋規，以清其源；倡節儉，以絕其流；講求愛民之術，以培元氣；獎擢清廉之員，以勵官常。日計不足，月計有餘，不數年間，休養生息，不徒倉庫充盈，吏治民生亦蒸蒸日上。廣西自孫士毅經營安南，軍需供億，所費不貲，米銀裝械毀棄關外，令州縣分賠，遂致通省皆虧，本非州縣侵蝕，且人已去任，接收者正在補苴，一經參追，難保不勸捐派累，惟率司道府省衣節食，革去一切陋規，俾州縣從容彌補，進廉去貪，無累百姓，計三年之內，庫項必可補足。惟是數十人補之而不足，一二人敗之而有餘，是又在知人善任。大法小廉，不愛逢迎，不存姑息，庶不致後有續虧之患。」又言：「彌補虧空，初不為一身免累之計，乃有實際。臣前歷山西、浙江，皆未咨部，亦未咨追原籍。蓋當日之員，大半死亡，遺戍子孫，貧乏者多，咨追徒滋紛擾，如數完繳者，實無二三。現任反置身事外。廣西庫項未完者三十九州縣，覈其廉數多寡，分限三年，按月交庫，於交代時有不足者，即以虧空論劾。」疏入，仁宗嘉納焉。時詔買補倉穀，取諸豐稔鄰縣，禁於本境採買。啟昆言：「廣西跬步皆山，轉運不減於穀價，恐不肖者因採買之難，或為勒派。請仍聽本境買補便。」詔如所議。廣西土司四十有六，生計日絀，貸於客民，輒以田產準折。啟昆請禁重利盤剝，違者治罪，田產給還土司。其無力回贖者，俟收田租滿一本一利，田歸原主。五年為斷。其不禁客民入苗地者，廉土民馴愚，物產稀少，藉販運以通有無也。仿浙江海塘竹簍囊石之法，修築興安陡河石隄，以除水患。河流深通，舊銅船過陡河必一月，至是三日而畢。七年，卒於官。詔嘉其廉潔，於所節省潯梧兩關盈餘項下賜銀三千兩治喪。廣西士民請祀名宦祠。啟昆少以文學名，博聞強識，尤善為詩，著樹經堂集、西魏書、小學考，晚成廣西通志，為世所稱。

李殿圖，字桓符，直隸高陽人。乾隆三十一年進士，選庶吉士，授編修。典湖南鄉試，遷御史，督廣西學政，遷給事中。四十九年，甘肅回亂，從阿桂、福康安赴軍治糧餉臺站，授鞏秦階道。軍事初竣，民回相讎，焚掠報復，訛言時起。殿圖處以鎮靜，叛黨緣坐婦稚，量情釋宥，罹害戶口，隨宜賑恤，流亡漸安。卓泥土司與四川松潘漳臘各番爭噶噶固山界，殿圖輕騎履勘，歷小洮河、丈八嶺、鸚哥口，皆人蹟罕到，羣番導行，片語判決，立石達魚山頂而還。高宗幾餘考涇渭清濁源流，命殿圖親勘，自秦州溯流至鳥鼠崆峒，繪圖附說以進，詔嘉其詳實。六十年，遷福建按察使。嘉慶三年，就遷布政使，疏言：「乾隆中業農家必畜騾馬三四以任耕種，嗣後官吏借用，應差漸形滋擾，應嚴行革除。獄訟必速為審結，開釋無辜，小民始得安業。常平倉穀積久弊生，民未受益，官倉已受其虧，無災之年，不宜貸假。吏役例有定額，近則人思託足，藉免役徭。關津稅口，官署長隨呼朋引類，並為奸藪，宜并禁止。」詔下直省一體察禁。閩俗售田，田面田根糾纏不決，蠹吏影射，佃戶頑抗，錢糧日多脫欠，徵收不敷，每以虛出通關而致虧缺。殿圖奏請嚴治，在任逾年，庫儲大增。擢安徽巡撫。七年，調福建。有林、陳、藍、胡諸大姓糾眾械鬭，治如律。治海盜三腳虎及蔡牽羽黨，請祀海洋陣亡官兵，緝匪死事者，一體入祀。從之。十一年，蔡牽久未平，仁宗以臺灣勦捕事殷，殿圖操守尚好，軍務未嫻，調江西巡撫。尋詔斥殿圖於軍事無所陳奏，又不能禁止海口偷漏水米火藥，降四五品京堂。又以所屬久羈案犯，以中允贊善降補，尋遷翰林院侍講。引病歸。十七年，卒。光緒初，閩浙總督文煜疏陳殿圖前任福建政績昭著，諡文肅。

張師誠，字蘭渚，浙江歸安人。乾隆中，南巡召試，賜舉人，授內閣中書，充軍機章京。遷吏部主事。忤和珅，緣事降中書。得應會試，五十五年，成進士，改庶吉士，授編修。嘉慶元年，出為山西蒲州知府，歷雁平道、河南、江蘇按察使，遷山西布政使。州縣倉庫多虧，師誠知清查有名無實，特嚴於交代之際，有虧必完，在任三年，庫儲充裕。十一年，擢江西巡撫，以兼提督，賜花翎，遂著為令。尋調福建。清治淹牘，疏陳整頓積弊事宜，詔嘉勉。時海盜蔡牽、朱濆方猖獗，總督玉德廢弛，劾去，阿林保繼任，復與提督李長庚不協，師誠至，始嚴防海口，杜岸奸接濟，籌備船械，長庚得盡力勦捕。是年冬，長庚追蔡牽於粵洋，以傷殞。牽犯臺灣後山噶仔蘭，為生番擊退，請收其地入版籍，免為賊踞。十三年，朱濆與牽有隙，獨竄閩洋，總兵許松年擊斃之。其弟渥勢蹙，思投首。會道員德華由臺灣內渡，遇牽黨閩劫洋救之籍以通款尋復拒敵粵師不果降十四年阿林保調兩江師誠暫署總督聞蔡牽竄浙洋親駐廈門提督王得祿邱良功合勦毀盜舟牽墮海死朱渥尋率三千餘人歸誠赦其罪海壖以安閩人刊石烏石山以紀功海寇稽誅久由閩浙不能合力自師誠治閩而阮元復莅浙始告成功仁宗嘉其嚴斷接濟爲殄寇之本京察特予獎敘十九年調江蘇百齡爲總督諸巡撫皆承望風旨師誠獨舉其職初彭齡奉命同查虧帑意與百齡師誠不合遂劾兩人皆受餽遺而不得實詔原之會百齡窮治逆書獄閭閻悚息巡撫所主五府州得無擾川沙民有燒香傳徒者有司密捕解江甯師誠道標弁要於途交按察司依律勘治免辜磔者數十人時以稱之二十一年父病篤不俟代回籍被嚴議褫職尋予編修服闋遷中允歷江西安徽布政使道光元年擢廣東巡撫調安徽繼母憂去官復歷山西江蘇巡撫六年召授倉場侍郎以病乞歸卒於家師誠警敏綜覈在當時疆吏中有能名治福建最著繼之者爲王紹蘭紹蘭字南陔浙江蕭山人乾隆五十八年進士授福建南屏知縣調閩縣巡撫汪志伊薦其治行仁宗曰王紹蘭好官朕早聞其名召入見以知州用擢泉州知府漳泉兩郡多械鬭自紹蘭治泉州民俗漸馴而漳州守令以械鬭獄獲罪詔舉紹蘭以爲法擢興泉永道捕獲蔡牽養子蔡三及其黨蔡昌等予議敘遷按察使母憂去服闋起故官就遷布政使嘉慶十九年擢巡撫始終未出福建尋汪志伊來爲總督與布政使李賡芸不合因訐告受賂劾治屬吏希指羅織賡芸憤而自縊志伊獲譴紹蘭坐不能匡正牽連罷職少嗜學究經史大義去官後一意著述以許慎鄭康成爲宗於儀禮說文致力尤深著書皆可傳

李奕疇字書年河南夏邑人乾隆四十五年進士選庶吉士授檢討大考改禮部主事典貴州鄉試洊遷郎中五十七年出爲山西甯武知府調平陽有政聲歷江蘇糧道山東按察使嘉慶十一年坐巡撫保薦屬吏違例牽連被議左遷江南河庫道十三年遷安徽按察使治獄明慎多平反霍邱民范受之者贅於顧氏與妻反目外出久不歸縣令誤聽訛言謂其妻私於鄰楊三鍛鍊成獄當顧氏楊三謀殺罪其母與弟及傭工某加功實無左證五人者不勝刑皆誣服奕疇閱供詞疑之驟詰曰爾曹言骨已被焚然尚有臟腑腸胃棄之何所四不能對惟伏地哭奕疇慨然曰是有冤使幹吏偵之至陳姓家言正月十五夜受之曾過宿而讖曰被殺在十三日乃緩繫諸囚嚴紺受之久之受之忽自歸則以負博遠避不敢使家人知所在今始聞大獄起乃歸投案也事得白奕疇故無子獄既解乃生子銘皖民間傳頌至演爲劇曲就遷布政使十八年擢浙江巡撫時近畿教匪未靖或言嚴衢兩郡匪徒傳習天罡會詔奕疇嚴治奕疇逮訊葉機姚漢樹等實止愚民相聚誦經祈福無逆跡坐罪首犯數人株連皆省釋安徽江西游民來浙租山墾種者日衆言官請禁奕疇疏陳勢難遽逐請分年遣令回籍上悟曰茲事不易言游民皆無恆產驅之此省又轉徙他省斷不能復歸鄉里命徐謀教養俾流亡者變爲土著乃得安尋授漕運總督在任五年運務無誤奕疇固長者待下寬坐濫委運弁降四級命以吏禮二部郎中用復以運弁縱容幫丁索費被劾降主事二十五年宣宗即位命奕疇以尚書守護昌陵道光二年原品休致十九年重宴鹿鳴加太子少保明年會榜重逢予銘皖適登第同與恩榮宴稱盛事焉二十四年卒年九十有一

錢楷字裴山浙江嘉興人乾隆五十四年進士選翰林院庶吉士散館改戶部主事充軍機章京嘉慶三年典四川鄉試督廣西學政回京仍直軍機遷禮部郎中調刑部甚被眷遇截取京察當外用予升銜留任十一年詔嘉楷久直勤勉以四五品京堂用歷太常寺少卿光祿寺卿十二年京師旱疏請循漢書求雨閉陽縱陰之說停止正陽門外石路工程詔修省在實政無事傅會五行罷其奏迭命往河南山西鞫獄次第奏結無枉縱授河南布政使十四年護理巡撫暫署河東河道總督擢授廣西巡撫尋調湖北十六年疏言外洋鴉片煙入中國奸商巧爲夾帶凡粵東西兩省匪類糾結多由於此以致盜風益熾請飭閩粵各關監督並近海督撫嚴督關員盤檢按律加等究辦內地貨賣一經發覺窮究買自何人來從何處不得含糊搪塞將失察偷漏監督委員及地方官一體參處務使來蹤盡絕流弊自除乃清理匪源之一端也詔下沿海督撫認眞察辦授戶部侍郎兼管錢法堂事奏陳湖北地方事宜應酌辦者四端請附近荊州糧米供支滿營兵食餘俱改歸北漕沿江契買洲地准其耕種納糧無契者作爲官地召佃承種新設提督移駐襄陽府城楚北均食淮鹽襄陽宜昌等府籌議減價下所司會議惟沿江洲地一事照行餘以窒礙置之復出署河南巡撫匪徒王腭子句結南陽飢民滋事成大獄楷至任疏言前任巡撫恩長於南陽匪從一案前後具奏情節與原報不符辦理過當府州縣等緝犯並未廢弛平日聲名尚好現擬絞候之二十餘犯明年秋審均應情實不敢知而不言詔以句決與否臨時自有權衡非臣下所可豫定地方官咎有應得豈能開復斥楷數陳未當近於喜事調補工部侍郎尋授安徽巡撫以欽縣監生張良璧採生斃命楷親訊讞擬未依凌遲律失於輕比部議降一級調用改降二級留任十七年卒詔以楷直樞曹久有勞自簡封圻治理安靜母程年逾七旬嗣子尚幼深憫之特賜卹

和舜武伊拉里氏滿洲鑲藍旗人官學生考授太常寺筆帖式累遷步軍統領衙門員外郎以治獄明獲議敘遷兵部郎中兼公中佐領嘉慶十五年出爲江蘇鹽法道累遷山東布政使整飭吏治輿論歸之二十二年擢山西巡撫調河南會布政使吳邦慶疏請於漳衛合流之處建閘壩和順武謂漳河盛漲湍悍非一閘所能禦越閘旁趨且停蓄泥沙塞衛水宣洩之路疏請罷之仍舊章每年挑濬寶公河以資鹽運如所議行逾年調山東仁宗聞其前爲布政使有聲故有此授山東民俗好訟又近畿輒走訴京師和舜武再莅訟頓減特詔褒勉疏請清理京控積案責巡撫藩臬分提鞫訊月定課程各自陳奏又請酌改竊盜窩匪條例加重定擬俟盜風稍戢復舊並從之至年終審結積案千餘起予優敘京察復予議敘二十四年卒上甚惜之優詔賜卹贈總督銜諡恭愼

論曰仁宗初政特重廉吏岳起荊道乾清操實政爲之冠謝啓昆張師誠才猷建樹卓越一時並專圻碩望矣李殿圖李奕疇錢楷亦各以明愼慈惠見稱和舜武課最薄書遂邀易名曠典王紹蘭一眚坐廢晚成經學殆有幸有不幸哉

司馬騶　王秉韜 嵇承志
康基田　吳璥
徐端　陳鳳翔
黎世序

司馬騶字雲皋江蘇江甯人乾隆中大學士高晉爲兩江總督辟佐幕司章奏習河事以從九品留工効用授山陽主簿累遷淮安同知仍兼幕職從晉塞河屢有功薩載繼任總督亦倚之五十年奏擢江南河庫道道庫歲修六十萬溢額則俟上閘遇險工廳員借帑久輒因緣爲弊騶從容籌補公私具舉五十五年遷江西按察使在官七年巡撫簠簋不飭被劾多所牽連騶以謹愼獲免嘉慶元年遷山西布政使二年調山東兼管河務是年秋曹州河溢命騶偕兩江總督李奉翰南河總督康基田前山東巡撫伊江阿同任堵塞冬擢河東河道總督曹工尋合龍三年春西堤蟄革職留任疏言豫東兩岸隄工卑薄請擇要增高以禦汛漲詔以下游不能深通徒事加隄斥其不揣本而齊末曹工之蟄由於堵築不堅罰騶等賠修奪翎頂所議工事仍允行九月睢州河溢詔免治罪責速塞四年正月工竣復頂戴議敘免其代賠帑銀尋卒於工次賜卹

王秉韜字含谿漢軍鑲紅旗人由舉人授陝西三原知縣累遷河南光州直隸州知州緣事降浙江按察司經歷改雲南知縣累遷山西保德知州有政聲五十五年擢安徽潁州知府因讞獄遲延罷職詔以原官發江蘇補淮安嘉慶二年復調潁州會教匪犯河南去潁州甚近秉韜慨然曰同爲守土臣豈可以畛域遺害乎與壽春鎮總兵定柱團結鄉勇數千勵以忠義助糧餉戰於境上破賊走之時大學士朱珪爲安徽巡撫器其才未幾擢廣西左江道復以在潁州失察逸犯罣議鐫級去官留治江南豐碭河工尋署廬鳳道洎仁宗親政朱珪薦之擢奉天府尹遷河南布政使五年擢河東河道總督秉韜老於吏事治河主節費隄埽單薄者擇要修築不以不急之工擾民河北道羅正墀信用劣幕舞弊曹考通判徐鼒張皇糜費並劾治之薪料如額採買河員濫報輒駁斥使多積土以備異漲於是浮冒者不便其所爲言官遽論劾詔慰勉戒勿偏於節省七年防汛卒於工次秉韜性方正不沽名時疆吏中長麟汪志伊並以廉著秉韜不愜其爲人嘗曰長三汪六皆名過其實奚足貴繼其任者爲嵇承志承志大學士璜子由舉人官內閣中書累遷長蘆鹽運使五十九年天津海河溢築隄守禦高宗以承志無守土責能盡力特詔嘉之尋病歸嘉慶六年從侍郎那彥寶治永定河復授長蘆鹽運使七年署河東河道總督承志年已老上特以其家世習河事故任之八年河決封邱衡家樓次年塞決工竣召還京授大理寺少卿十年遷順天府尹尋卒

康基田字茂園山西興縣人乾隆二十二年進士授江蘇新陽知縣調昭文爲令幾十年遷廣東潮州通判以獲盜功晉秩同知累遷河南河北道調江南淮徐道治河有聲五十二年擢江蘇按察使命每年大汛赴淮徐襄河務六月河南睢州河溢基田奉檄馳往堵築次年遷江甯布政使兼河務如故五十四年署江南河道總督尋回任六月基田防汛睢南值周家樓河溢上游魏家莊大

埽翻陷基田歷爲援救得生詔嘉其奮勉特加恩賚五十五年護理安徽巡撫以高郵糧胥僞造印串巡撫閔鶚元被嚴譴褫基田頂戴復以陳奏不實革職逮問遣戍伊犂尋許贖罪以南河同知用五十六年仍授淮徐道五十九年力守豐汛曲家莊隄特詔褒獎擢江蘇按察使調山東仍兼黃運兩河事嘉慶六年南河豐汛河溢基田赴工襄治遷布政使命回山東疏消漫水撫卹災民基田遂往來其間次年春豐工竣賜花翎擢江蘇巡撫秋河溢碭山楊家壩命馳視山東曹縣河亦溢復命往襄同堵築授河東河道總督尋調南河三年曹工合而復蟄部議革職詔寬免疏言口門深逾十丈擬就二壩前河勢灣處開引河別築一壩即以舊西壩改作挑水壩俟秋後興工詔責其延玩褫翎頂尋命專任下游挑河事九月河南睢州河復溢水入渦灘諸河正河斷流大工旋合次年春睢工亦竣河歸故道引河通暢復翎頂時有條奏治海口及復舊制混江龍者基田疏言治河之法首在束水攻沙自曹工漫溢溜或旁趨遂致正河淤墊因上決而下淤非先淤而後決今睢工曹工既竣連年黃水漫衍所在停沙比至清江會淮已成清水海口刷滌寬三百數十丈毋庸疏濬混江龍助水之力甚微不若束水攻沙以水治水之力大而功倍仁宗嘉納之秋河溢邵家壩十二月堵合未旬日壩復蟄滲水責基田賠帑五年正月壩工失火積料盡焚革職留工効力基田馭下素嚴督率將卒守隄動以軍法從事稽延者杖枷不貸人多怨之又官吏積弊懼揭陰縱火以掩其跡帝亦知基田性剛守潔惟責其苛細仍命隨辦要工欲復用之及邵家壩工竣以知州用補江蘇太倉直隸州逾年擢廣東布政使調江西又調江甯十一年因貴州鉛船運滯降調授戶部郎中十三年從協辦大學士長麟戴衢亨察視南河基田請修復天然閘迤東十八里屯二石閘靳輔所建也足以減黃濟運且山石夾峙無奪溜沖決之患據以入告帝嘉其留心河務加道銜賜花翎尋予太僕寺少卿職銜稽核南河要工錢糧十六年以年逾八旬乞休允之命來京就養以示優卹後議改建山盱五壩特命與議基田疏陳舊制盡善不宜輕改今仁義禮三壩石底損壞跌成深塘不得已爲變通之計請將仁義二壩先改其一俟大汛果見順利再議添所建擬禮壩先築草壩非湖水大漲不可輕放奏入報聞十八年鄉舉重逢賜三品卿銜與鹿鳴宴尋卒

吳璥字式如浙江錢塘人吏部侍郎嗣爵子乾隆四十三年進士選庶吉士授編修大考擢侍講學士典陝西鄉試五十四年督安徽學政召見高宗因其父嘗爲總河詢以河務所對稱旨即日授河南開歸陳許道累遷布政使五十九年巡撫出視賑璥充鄉試監臨聞河水暴漲即出闈馳防帝嘉之六十年署巡撫嘉慶二年楚匪齊王氏犯河南擊走之復勦息縣匪賜花翎母憂留任四年署河東河道總督尋實授請增河工料價歸地糧攤徵詔斥其病民革職留任五年調南河堵合邵家壩漫口加太子少保八年秋河決衡家樓命豫籌來年漕運請疏邳州宿遷諸閘於宿遷桃源交界築束水草壩濬淤淺依議行又言徐州一帶河水寬深而未消落乃海口壅塞所致詔相度治之尋疏陳雲梯關海口暗灘尚非全被阻遏請於黃泥嘴開引河並挑吉家浦于家港倪家灘宋家尖諸灘允之九年秋洪湖水漲未消請緩築仁智兩壩以保堰盱隄工時東河衡工甫合清江浦河口水淺阻粮船上謂清水力弱由啟放仁智等壩所致命侍郎姜晟往會籌蓄黃濟運璥與合疏請堵二壩及惠濟閘之鉗口壩使湖水全力東注刷通河口並啟李工口門減掣黃水從之上終以璥多病治河不力雖宥其罪命解職十年授兵部侍郎調倉場侍郎十一年復授河東河道總督因料物例價不敷請依南河按時價折銷允之復請歲料需價歸地糧攤徵被嚴斥革職留任尋又以隄堰工需併入衡工善後題銷上切責之十三年召回京授刑部尚書命偕侍郎托津赴江蘇鞫獄幷勘議海口改道請仍復故道接築雲梯關外大隄從之復授江南河道總督十四年疏陳海口應濬而大隄不堅旁洩必淤蓄清爲要而隄壩不復遇漲必潰今開壩無減黃之路五壩無節宣之方皆宜急爲救治詔韙之令盡心經理是冬以海口挑復正河費用浩繁不及於次年挑汛前舉工請權宜仍濬北潮河以通去路十五年春偕兩江總督松筠合疏請修復正河詔允行而斥璥無定見前後矛盾責其認眞督治不得以事由松筠主持爲推諉之地尋因病乞假詔解職俟病痊以六部尚書用璥既去任松筠疏論河工積弊謂璥與徐端治理失宜用人不當墊欵九十餘萬恐有冒揑又兩淮鹽政阿克當阿劾揚河通判繆元淳浮冒工欵稱璥路過揚州與言廳員營弁不肖者多往往虛報工程且有無工借支前在任六七年用帑一千餘萬今此數年竟至三四千萬詔斥璥知而不奏命尚書托津等往南河按之劾璥失察誤工又濬淮北鹽河未經奏陳濬後復淤詔切責降四級調用與徐端分賠鹽河工欵命璥赴南河襄辦王營減壩及李家樓漫口十七年補光祿寺卿累遷吏部侍郎十八年睢州河溢命赴南河察勘湖河十九年授河東河道總督督治睢工次年遷兵部尚書工竣回京歷刑部吏部協辦大學士上以璥練習河務無歲不奉使出勘河二十一年協防東河秋汛二十二年勘睢工及山東運河南河蕭南民堰清江浦禦黃東清諸壩二十三年築沁河漫口二十四年築河南蘭陽儀封及武涉馬營壩決口二十五年勘南河東清禦黃諸壩及洩水事宜其間再署河南巡撫一署河東河道總督道光元年以病免二年因侍郎那彥寶治河不職降黜追論璥與同罪雖已致仕家居褫其翎頂尋卒

徐端字肇之浙江德清人父振甲官江蘇清河知縣端少隨任習於河事入貲爲通判乾隆中河決青龍岡振甲知涉縣分挑引河端佐役大學士阿桂督工見而器之留東河任用授蘭儀通判尋升缺爲同知調睢甯又調開封下南河嘉慶三年署山東沂曹道睢州河決端預築曹州隄得無害四年擢江西饒州知府未之任調江蘇淮安七年擢淮徐道丁父憂與假治喪仍回任九年加三品頂戴護理東河河道總督時衡家樓甫塞決詔以前官王秉韜惜費嵇承志年衰修防多疏責端通籌全河爲未雨綢繆之計端疏陳臨河埽工固緊要無工之地尤須愼防仁宗韙之冬清口水淺阻漕船端偕尚書姜晟等往視請展引河啟祥符五瑞壩分河水入洪湖助清敵黃清口乃通尋授江南河道總督十年請疏治雲梯關沙淤培築桃源以下隄工又請移建河口束清壩於迤南湖水匯出之處以資節制挑清壩外築束清東壩對岸張家莊增築西壩留口門二十丈視湖水大小爲束展詔允行秋築義壩時命侍郎戴均元會籌蓄黃濟運端與合疏請濬王營減壩以下鹽河遇盛漲相機啟放庶黃減淮強湖水暢出堰工亦免著重從之十一年洪湖異漲高堰賴新築子堰抵禦不爲害俄黃水並漲決鹽河民堰運河東岸荷花塘亦決以功過相抵免議舊制南河設正副總河後裁其副至是授戴均元爲河道總督端副之秋河決周家樓上游郭家房隄蟄命端專治郭家房堵口四閱月工竣時黃水由減壩六塘河入海正河斷流羣議改道上頒示御製黃河改道記命端視察海口尋以六塘河下游水勢散漫難施工作復頒示御製治舊河記命端專駐減壩督工十二年春工竣河循故道加太子少保秋海潮上漾河由陳家浦旁溢入射陽湖歸海請於黃泥嘴建壩擇要疏淤俾仍故道十三年署正總河先是端屢言河淤由於海口流緩宜接築雲梯關外長隄束水攻沙未及舉至是兩江總督鐵保疏申前議並請培高堰土坡修補智禮二壩以備湖漲復毛城鋪石隄王營減壩以節宣黃水端贊其議命協辦大學士長麟戴衢亨察視惟毛城鋪壩工改建徐州十八里屯雙閘餘依原議行夏湖水漲端啟智信二壩不敷宣洩壞磚工百餘丈褫翎頂降三級留任尋堵合復之時黃水由馬港口分流經灌河口歸海命尚書吳璥侍郎托津會勘以荷花塘壩工垂成復蟄降端爲副總河十五年復授河道總督裁副總河端始終主復舊海口堵馬港命尚書馬慧裕會同督治兩江總督松筠劾端於河流逢灣取直以致停淤上不直其奏端疏辨詔松筠無預河務責端與慧裕速施工勿游移尋以洪湖風汛壞高堰山盱兩廳工甚鉅革職留任松筠復密陳端祇知工程不曉機宜糜帑千萬迄無成功且恐有浮冒之弊詔斥端不勝河督之任革職留工專任堵築義壩十六年命以通判用復命治李家樓引河十七年工甫竣病卒端治南河七年熟諳工作葦柳積隄一過測其多少與夫役同勞苦廉不妄取河工積弊端知之憚於輕發欲入覲面陳而終不得以至於敗繼之者爲陳鳳翔河事遂益敝

陳鳳翔字竹香江西崇仁人謄錄議敍縣丞發直隸河工累遷永定河道嘉慶六年畿輔大水河決者四鳳翔從侍郎那彥寶塞決爲仁宗所知逾年丁父憂賜金治喪後復授永定河道十四年擢河東河道總督逾年調南河時南河敝壞已久河湖受病日深詔以蓄清敵黃爲急務其要在修復高堰之堤責鳳翔尅期程工尤以借黃濟運爲戒十六年疏陳急治河口及運河各工高堰二堤亦次第興辦尋偕兩江總督勒保奏報堵合禦黃鉗口兩壩疏末微言海口北岸無人烟之地面面皆水俟秋間水落相機辦理上以上年堵築馬港兩岸皆新堤北岸地勢尤高明是新決諱飾責令據實奏聞適王營減壩士隄又決詔切責革職留任尋奏王營減壩旁注由海口逼緊水無他路致有漫溢請俟水落修築減壩海口但保南岸勿築北岸以免水逼援引高宗諭旨雲梯關外勿與水爭地詔以從前瀕海沙灘無居民今則馬港口外現有村落非昔可比且水勢散漫河緩沙停弊不勝言又鳳翔等所繪海口圖無村落地名與十三年吳璥所呈圖說不同河形曲直亦異斥鳳翔意存朦混恃才妄作前稱雲梯關外溜勢暢達未挑處刷深至十餘丈可見海口非高仰鳳翔既未身歷其境今因北岸漫溢束手無策反言從前挑築皆屬非計以相抵塞特簡百齡爲兩江總督與鳳翔同勘海口鳳翔謂海口不能暢下壅故上潰諉爲淮海道黎世序

所言而世序實謂下壅在倪家灘新隄上下非在海口及百齡至親勘海口深通惟中段淤成平陸乃去歲挑河積土河灘春水漫刷仍歸河內又攔潮埽放水時埽根起除未淨阻水停淤世序屢請籌辦鳳翔視爲緩圖詔斥因循貽誤會上游緜山拐李家樓兩處漫口革職留任十七年春禮壩又決百齡劾鳳翔急開遲閉壩下衝動不早親勘堵築用帑二十七萬兩有奇而壩工未竣清水大洩下河成災嚴詔斥鳳翔貽誤革職罰賠銀十萬兩荷校兩月遣戍烏魯木齊尋鳳翔訴辨命大學士松筠府尹初彭齡按訊得百齡與鳳翔同時批準開壩狀鳳翔又訐百齡信任鹽巡道朱爾賡額督辦葦蕩柴料揑報邀功譴百齡等鳳翔免枷仍赴戍未行病歿

黎世序初名承惠字湛溪河南羅山人嘉慶元年進士授江西星子知縣調南昌擢江蘇鎭江知府十六年遷淮海道與河督陳鳳翔爭堵倪家灘漫口由是知名十七年調淮陽道尋鳳翔黜詔加世序三品頂戴署南河河道總督俟三年後果稱職始實授疏言自上年大潦千里長河王營減壩及李家樓漫口堵合雲梯關外水深二三丈至四五丈爲近年所未有而清江浦至雲梯關一帶較之河底深通時尙高八九尺此非人力所能猝辦計惟竭力收蓄湖水以期暢出敵黃蓄清之法在堰盱二隄有旨緩辦今年禮壩跌損宣洩路少二隄尤應急築以資捍衞允之十八年以仁義禮三壩基壞請於蔣家壩附近山岡移建三壩挑引河三道詔令詳議並飭塡實舊壩尋如議行因全漕渡黃較早議敍疏請加高徐州護城石工添築越隄於清江浦汰黃隄外加重隄又於駱馬湖尾閭五壩迤下添碎石滾壩並允之先是百齡擬於清江浦石馬頭築圈隄其灣處對王營上起禦黃壩下屆貼心壩河寬千餘丈至此陡束爲二百丈論者以爲不便得不行世序卒成之是年秋睢南薛家樓桃北丁家莊漫水壞隄世序躡入河者再會上游河南睢州決口奪溜河水陸落睢桃兩工得補築無事詔以世序不能先事預防降一級留任睢州決口久未合黃水全入洪湖世序力籌宣洩濬順清河於清口淤窄處自東清壩起至禦黃壩止挑引河三束清壩鉗口各壩一律闢展智仁兩壩及蔣壩以南新挑仁義兩壩引河並爲分減之路至十九年霜降安瀾詔嘉世序修防得宜加二品頂戴二十年疏言徐州十八里屯舊有東西兩閘金門寬三丈五尺不足減水其西南虎山腰兩山對峙凹處寬二十餘丈山根石腳相連可作天然滾壩北面臨河即十八里屯山岡淤於土中剷平山頂改作臨河滾壩以虎山腰爲重門擎托可期穩固允之夏洪湖盛漲拆展束清禦黃兩壩啓山盱引河滾壩清水暢出會黃東注刷河益深特詔嘉獎賜花翎世序治河力舉束水對壩課種柳株驗土埽稽垛牛減清規例價行之既久灘柳茂密土料如林工修河暢南河歲修三百萬兩爲率每年必節省二三十萬碎石坦坡自靳輔始用之於高堰後蘭第錫吳璥徐端偶一用之世序始用之於通工謗言四起世序力持卒獲其效二十一年京察議敍二十二年因禦黃壩刷深不能施工東清壩掣溜太急亦難穩立請於舊二壩水淺處添築重壩又於東清壩外添建一壩以爲重門鉗束於是比歲安瀾奏減料價一成道光元年入覲宣宗嘉其勞勣加太子少保開復一切處分賜詩以寵之二年京察復予議敍四年卒於官優詔褒卹加尙書銜贈太子太保諡襄勤入祀賢良祠江南請祀名宦建專祠帝追念前勞御製詩一章命勒石於墓賜其子學湝主事學淵舉人學澄副榜貢生自乾隆季年河官習爲奢侈帑多中飽浸至無歲不決又以漕運牽掣當其事者無不蹶敗世序澹泊寧靜一湔靡俗任事十三年獨以恩禮終爲幕僚鄒汝翼無錫人世序倚如左右手欲援陳潢故事薦之於朝力而辭止涇縣包世臣號知河事世序多用其說惟築圈堰一事論不合及創虎山腰滾壩世臣阻之曰河以無溜爲至險攻大埽不與焉湖以淤底爲至險掣石工不與焉公謂減黃入湖爲化險爲平黃緩湖高吾坐見其積平成險也兩險交至其禍甚烈公意在及身然以憂患貽後世已世序初奏亦謂壩成過不得已乃啟然後實無歲不啟洎二十五年上游河南睢州馬營兩口既合閱歲大汛至清河安東阜甯三縣境內河水常平隄而中泓無溜世序心知其害憂瘁而卒後數月高堰竟決

論曰仁宗銳意治河用人其慎然承積弊之後求治愈殷竄穴於弊者轉益譸張以爲嘗試海口改道之說起紛紜數載而後定康基田徐端等皆諳習河事程功亦僅至黎世序宣勤久任南河乃安而減黃病湖遂遺隱患得失之故具於斯焉

清史稿　列傳一百四十八

劉清　傅鼐

嚴如熤 子正基

劉清字天一貴州廣順人由拔貢議敍授四川冕甯縣丞擢南充知縣政聲爲一省之冠嘉慶元年教匪起清得民心募鄉勇五百人擊賊人樂爲用賊自爲民時知其名遇輒避之繼從總督英善勦達州匪徐天德數捷率鄉勇羅思舉赴賊營諭降羅其清未得要領而徐天德與王三槐冷天祿合陷東鄉二年春始復之遂署東鄉進克清谿場禽賊黨王學禮天德之舅也言天德與王三槐皆有歸順意總督宜緜令清往招三槐徧歷諸賊壘迎送奉酒食甚謹宣示招撫皆聽命夜宿其帳中三槐隨至大營約期率所部出降然實藉覘虛實非眞意屆期三槐詭稱於雙廟投降伏匪爲掩襲計官軍預設備擊敗之時羅其清冉文儔併衆方山坪清偕總兵百祥奪多福山賊壘會諸路兵攻方山坪克之賊竄通江巴州徐天德王三槐合清所部鄉勇增至千餘人桂涵李子青等皆驍勇善戰偕諸軍擊賊殪有殲獲羅冉二匪漸蹙三年署廣元縣事總督勒保攻王三槐於安樂坪未下復令清往招撫三槐恃前此出入大營無忌留隨人劉星渠等爲質三槐遂詣軍門勒保奏報大捷俘三槐至京廷訊時言官逼民反仁宗詰之曰四川一省官皆不善耶對曰惟有劉青天一人劉青天者川民以呼清也帝深嘉之特諭曰朕聞劉清官聲甚好每率衆禦敵賊以其廉吏往往退避引去如果始終奮勇民情愛戴著勒保據實保奏尋以清治績戰功奏上晉秩同知直隸州賜花翎於是劉青天之名聞天下四年補忠州加知府銜參贊額勒登保破冉天元張子聰於竹峪關令清於通江巴州招撫餘匪自王三槐被誘諸賊首皆疑懼不敢出然感清無他不忍加害每至賊營必留宿盡禮其脅從者先後投出二萬餘人遣散歸農以功加道銜命隨副都御史廣興駐達州治軍儲擢建昌道五年冉天元等合諸路賊渡嘉陵江總督魁倫退守鹽亭鳳凰山令清集民團守潼河上下三百餘里多淺灘盡撤防兵清爭之不可賊果於太和鎭上游王家嘴偷渡委罪於清奪職命以知縣用留營効力既而德楞泰破賊天元伏誅諸路竄賊旁皇通巴之間勒保以清去歲招降成效責籌安撫時川匪父子兄弟一家中不盡習教爲賊而奔竄往來過鄉里輒歸視清屯要隘且勦且撫遣人存問賊首家屬有歸誠之意者潛令關之展轉相引賊遂瓦解藍號鮮大川巴州人號爲狡悍其族人文炳路保及黨楊似山清皆厚恤其家感恩願效死乃使文炳勸大川降不可且與似山謀殺文炳似山乘間殺大川與文炳路保同降巴州匪遂滅六年以功復原官仍授建昌道七年春破賊於南江五方坪禽賊首李彬及辛文等加按察使銜尋授四川按察使敗藍號齊國典餘匪於兩河口追禽其黨苟成勝諸匪以次平大功告蕆下部議敍清在軍七年先後招降三萬餘人有業者歸鄉里無業及有業願從者爲鄉勇後立戰功者三十餘人其中苟崇勳苟文耀李彬辛文李世玉趙文相皆賊魁也崇勳即苟文通已奏報殲斃而改名及軍事竣當遣清以諸人田廬焚蕩驟散將復爲賊臨行重犒之自向富室巨商貸金人感其誠多響應事畢積逋負至十萬八年陝西餘匪自南山竄出棧道清馳扼廣元遣卒招撫被戕詔斥輕信縱賊以前功免罪命理糧餉及搜捕餘匪裁撤鄉勇十年事竣入覲賜御製詩有曰循吏清名遐邇傳蜀民何幸見青天誠心到處能和衆本性從來不愛錢時以異數榮之丁繼母憂去官服闋授山西按察使遷布政使忤巡撫初彭齡劾其袒護屬吏降四級以從四品京堂用清亦自陳不勝藩司之任詔斥冒昧降補刑部員外郎熱河新設理刑司員以清往邊方草創多持大體斷獄平允蒙民亦以青天呼之十七年授山東鹽運使十八年河南教匪起山東賊黨朱成良等應之陷定陶曹縣巡撫同興恇懼清自請將兵承平久兵習晏安清躡草屩先之以五百人敗賊於𡶶山復定陶又敗之於韓家廟殪賊二千進攻扈家集縱火焚柵賊突出皆死誅賊首朱成良王奇山自滑縣奔至者並殲焉兩閱月而事平賊初起時煽惑甚衆清先解散其脅從成良勢孤不得逞故得速定上嘉其以文職身先士卒特詔褒獎加布政使銜尋授雲南布政使仍留舊任清性坦率厭苛禮不合於上官又不耐簿書錢穀遂乞病上亦知之改授山東登州鎭總兵調曹州鎭道光二年以老休致命在籍食全俸八年

卒，賜祭葬祀山東名宦官其孫熾昌爲兵部主事瑩舉人

傅鼐字重庵順天宛平人原籍浙江山陰由吏員入貲爲府經歷發雲南擢甯洱知縣乾隆末福康安征苗疆調赴湖南軍營司饟運晉秩同知直隸州賜花翎嘉慶元年授鳳凰廳同知治當苗衝會大軍移征湖北教匪降苗要求苗地歸苗當事議允之鼐知愈撫且愈驕乃招流亡團丁壯於要害築碉堡防苗出沒苗以死力來攻且戰且修閱三年而碉堡成有哨臺以守望礮臺以禦敵邊牆相接百餘里每警哨臺舉銃角婦女牲畜立歸堡環數十里皆戒嚴四年禽苗酋吳陳受加知府銜巡撫姜晟疏薦鼐能勝艱鉅方治鎭筸一帶荒田均給丁壯請俟事竣送部時鎭筸左右營黑苗最爲邊患五年踰金塘苗出掠瀘溪偕總兵富志那夜分三路擣其巢伏兵隘路苟𥡴嚴要擊痛殲之斃首逆吳尙保苗始奪氣詔嘉獎命在任食知府俸六年貴州苗復亂湖南環苗地東南北三面七百餘里其西二百餘里接貴州未設備石峴苗煽十四寨糾湖南苗叛鼐率鄉勇千五百馳赴銅仁貴州巡撫伊桑阿以招撫戡定上聞各寨寔尙沸然檢械未繳總督琅玕至急檄鼐會勦崖屯溝黔兵攻其前鼐夜由山徑入連破五巢上下湖山峽尤險夜分兵圍攻至次日克之火其寨三日中盡破諸寨殲苗二千有奇倣湖南法建碉堡守之伊桑阿因冒功誤邊伏法錄鼐功加道銜總理邊務並命以苗疆道員用七年丁父憂詔鼐辦理邊防善後民苗悅服難易生手命留任初鼐建議遷永綏城於花園副將營於茶洞而貴州方藉永綏爲聲援尼其事至是詔琅玕察奏乃赴銅仁而陳永綏孤懸苗中形如釜底有二難三可慮并請移湖南守備於貴州邊境螺螄堡以爲犄角乃決議移之既而羣苗率衆來爭鼐率鄉勇深入苗大集環之數重以奇計突圍出尋議勸繳槍械苗酋石宗四等抗命並阻丈田十年與其黨石貴銀糾衆數千來犯敗之夯都河追至孟陽岡殲賊甚衆生擒石宗四石貴銀是役因賊戕良苗故得用苗兵深入戰月餘破寨十六餘皆乞降永綏苗遂平廳屬高都兩頭羊二寨皆震慴無敢抗事聞予優敍擢辰沅永靖道鼐治苗專用鵰勦法大小百戰所用僅鄉勇數千苗人於穹山峭壁懸趆如平地無部伍行列伏箐中從暗擊明銃銳且長隨山起伏多命中鼐因苗地用苗技訓練士卒囊沙輕走習籐牌閃躍狹路則用短兵每戰後輒嚴汰數年始得精卒千號飛隊風雨不亂行列遣資道路無反顧甘苦與共是以能致死先是議興屯田上書巡撫高杞曰防邊之道兵民相輔湖南苗疆環以鳳凰永綏乾州古丈坪保靖五廳犬牙相錯營汛相距各數里元年班師後苗擾如故鼐竭心籌之制勝無如碉堡募丁壯數千與苗從事來則痛擊去則修邊前戈矛後邪許得險即守寸步而前然後苗銳挫望絕湖南自乙卯二載用兵耗帑七百餘萬國家經費有常頑苗叛服無定募勇不得不散則碉堡不得不虛後患不得不慮則自圖不得不亟通力合作且耕且戰所以招亡拯患也均田屯丁自養自衛所以一勞永逸也相其距苗遠近碉堡疏密爲屯田多少鳳凰廳碉堡八百需丁四千輪守並留千人備戰需田三萬餘畝乾州廳碉堡九十餘守丁八百屯田三千餘畝保靖縣碉堡四十餘守丁三百屯田千五百餘畝古丈坪廳苗馴止設碉堡十餘守丁百屯田五百餘畝永綏廳新建碉堡百餘留勇丁二千亦屯田萬畝而後邊無餘隙環苗以成圈圍之勢峻國防省國計也異族逼處非碉堡無以固碉堡非勇丁無以守勇丁非屯田無以贍邊民瀕近鋒鏑固願割世業而保身家後路同資屛蔽亦樂捐有餘以補不足所募土丁非其子弟即其親族距邊稍遠者仍佃本戶輸租視古來屯戍以客卒羈遠勢燕越矣與其一旦散數千驍健無業子弟流爲盜賊何如收駕輕就熟之用而不費大帑一錢惟執事圖之於是收叛產分給無業窮苗佃種自擒石宗四餘匪願返侵地永綏得萬餘畝乾州鳳凰二廳次之乃續墾沿邊隙地二萬畝曰官墾田贖苗質民田萬餘畝曰官贖田以廩屯官授屯長給老幼籌補助備犒賞歲修城堡神祠學校育嬰養濟諸費復以兵威勒交苗占民田三萬五千餘畝苗自獻田七千餘畝其經費田則佃租變價屯丁田則增碉躬耕訓練講武設屯田守備掌之轄於兵備道屯政舉使兵農爲一以相衞民苗爲二以相安與官及兵民約曰毋擅入苗寨毋稍役苗夫與苗約曰毋巫鬼椎牛羣飲以糜財毋挾槍矛尋匪眦釀衅請乾鳳永保四廳編立邊字號廣鄉試中額一名苗生編立田字號加中額一名苗益感奮十三年屯務竣入覲詔曰傅鼐任苗疆十餘年勦撫安良興利除弊建碉堡千有餘所屯田十二萬餘畝收卹難民十餘萬戶練兵八千人收繳苗寨兵器四萬餘件又多方化導設書院六義學百近日苗民向學革面革心朕久聞其任勞任怨不顧身家今召見果安詳誥練明白誠實洵爲傑出之才堪爲巖疆保障其加按察使銜以風有位十四年擢湖南按察使苗人籲留命每年秋一赴苗疆撫慰邊人鼐在苗疆設木匭於門訴者投牒其中夜出閱之黎明起視事剖決立盡兵民白事直至榻前及爲按察使一如同知時下無壅情事無不舉十五年兼署布政使十六年卒於官仁宗深悼惜詔謂倚畀方隆正欲簡任疆寄加恩贈巡撫銜照贈官賜卹賜祭一壇苗疆建專祠祀湖南名宦光緒中追諡壯肅初鼐排衆議以事攻勦爲大吏所甚將中以開邊釁罪監司阿意旁擊其肘鎭筸總兵富志那獨保全之富志那從征金川習知山碉設險之利鼐寔從受之卒以成功鼐歿後二妾寡居飦粥不給其廉操尤著云

嚴如熤字炳文湖南漵浦人年十三補諸生舉優貢研究輿圖兵法星卜之書尤留心兵事乾隆六十年貴州苗亂湖南巡撫姜晟辟佐幕上平苗議十二事言宜急復乾州進永綏與保靖松桃鎭筸聲勢可通攻乾州道瀘溪必先得大小章大小章者故土司遺民名曰犵狫驍健與苗世仇如熤募能犵狫語者往開示利害挾其酋六人出推誠與同臥起乃送質率其屬陽投乾州爲內應約一舉破賊因黔師牽掣未果次年卒賴其衆救兩鎭兵於河溪後復平隴戰花園皆爲軍鋒大小章於大府檄或不受必得如熤手書始行云嘉慶五年舉孝廉方正廷試平定川楚陝三省方略策如熤對幾萬言略謂軍興數載師老財匱以數萬罷憊之衆與猾賊追逐數千里長林深谷中投誠之賊無地安置則已降復亂流離之民生活無資則良亦從亂鄉勇戍卒多游手募充虛一旦兵撤餉停則反思延亂如此則亂何由弭臣愚以爲莫若倣古屯田之法三省自遭蹂躪叛亡各產不下億萬畝舉流民降賊之無歸鄉勇戍卒之無業者悉編入屯團練捍衞計可養勝兵數十萬餉省而兵增化盜爲民計無逾此仁宗親擢第一次日召詣軍機處詢屯政復條上十二事召見以知縣發陝西下其疏於三省大吏令採行六年補洵陽縣在萬山中與湖北邊界相錯兵賊往來如織時方厲行堅壁淸野如熤於築堡練團措置尤力賊至無可掠去則抄其尾又擇堅寨當衝者儲糧供給官軍徐天德樊人傑敗於張家坪因馬鞍寨阻其前故不得竄楊遇春破張天倫亦賴太平寨夾擊之力以功加知州銜賜花翎八年擊湖北逸匪於蜀河口斬王祥擒方孝德晉秩同知直隸州新設定遠廳即以如熤補授九年建新城復於西南百餘里黎壩漁渡壩築二石城爲犄角治團如洵陽賊至輒殲先後禽陳心元馮世周丁母憂大吏議留任辭不可服闋十三年補潼關廳尋擢漢中知府兵燹後民困兵驕散勇逸匪心猶未革如熤聯營伍立保甲治堡寨問民疾苦興勸農事行區田法教紡織使務本計修復褒城山河堰及城固五門楊塡二堰各灌田數萬畝他小堰百餘皆履勘濬治水利普興復漢中書院親臨講授於華州渭南開諭悍回縛獻亡命數十人於甯羌解散湖北流民於城固擒教首陳恒義皆治渠魁寬脅從令行禁止人心帖服南山遂大定道光元年擢陝安道會廷議川楚陝邊防建設事宜下三省察勘以如熤任其事周歷相度析官移治增營改汛建城口白河甎坪太平佛坪五廳移駐文武奏上報可如熤嘗言山內州縣距省遠多推諉牽掣宜倣古梁州自爲一道及明鄖陽巡撫之制專設大員鎭撫割三省州縣以附益之庶勢專權一可百世無患以更張重大未竟其議三年宣宗以如熤在陝年久熟於南山情形任事以來地方安靖特詔嘉獎加按察使銜以示旌異巡撫盧坤尤重之採其議增廳治於盩厔洋縣界增營汛於商州及略陽檄勘全秦水利於灃涇遙渭諸川鄭白龍首諸渠規畫俱備社倉義學亦以次推行五年擢貴州按察使未到官六年入覲仍調陝西抵任數日而卒贈布政使陝民請比朱邑桐鄉故事留葬南山勿得乃請祀名宦湖南亦祀鄉賢如熤自爲縣令至臬司皆出特擢在漢中十餘年不調得成其鎭撫南山之功宣宗每論疆吏才必首及之將大用已不及待爲人性豪邁去邊幅洎榮利視之如田夫野老於輿地險要如聚米畫沙所規畫常在數十年外措施略見所著書嘗佐那彥成籌海寇有洋防備覽佐姜晟籌苗疆有苗防備覽佐傅鼐籌屯田有屯防書又有三省邊防備覽漢江南北三省山內各圖漢中府志及樂園詩文集子正基原名芝字山舫副貢生少隨父練習吏事道光中官河南知縣有聲擢鄭州知州治賈魯河息水患河決開封正基佐守護治河兵獄雪其冤得河兵死力城賴以完母憂歸服闋補奉天復州與屯練捕盜有法民殺盜者勿論奉天治吏素弛府尹下所屬以正基爲法盜風爲輯引疾去江南大吏疏調擢常州知府二十九年大水勘災勸至郡人感之輸錢二十餘萬助賑全活甚衆累署淮陽道按察使咸豐初侍郎曾國藩呂賢基交章薦之命赴廣西治軍需授右江道擢河南布政使留廣西時粵匪披猖將帥齟齬師久無功正基曲爲調和疏論其事謂師克在和事期共濟統兵大帥與地方大吏宜定紛更不齊之勢聯疏闊離合之情布德信以服人心明功罪以揚士氣勿因賊盛而生推諉勿因兵單而務自救勿以小忿而不爲應援勿以偶挫而坐觀成敗庶逆氣可殄大功可成時以爲讜言二年桂林圍解賜花翎尋隨大軍赴湖北時武昌初復命馳往撫卹難民署湖北布政使調廣東復赴廣西淸駁軍需內召授通政副使

遷通政使七年引疾歸卒

論曰亂之所由起與亂之所由平亦在民之能治否耳教匪起於官逼民叛其間獨一得民心之劉清卒賴以招撫助誅勦之成功征苗頻煩大兵而未杜亂源傅鼐乃以一廳一道之力勦撫兼施嚴疆綏定南山善後嚴如熤始終其事化榛莽為桑麻此其功皆在一時節鉞之上光於史策矣

清史稿　　列傳一百四十九

方積　朱爾漢
楊護　廖寅
陳昌齊　朱爾賡額
查崇華

方積字有堂安徽定遠人拔貢生以州判發四川補閬中知縣署梁山達州東鄉賊起梁山當其衝賊犯縣境賽白兎山守兵潰積以一百人據小山為疑兵賊不敢進築砦二百餘所令人自為守他縣流民依集者三十餘萬人賊至無所掠食屢出奇兵擊走之堅壁清野之法蓋自梁山始既而萬縣雲寶寺賊起越境勦平之又助大兵殲伍文相於石埡山卻林亮功於望牛埡斃亮功弟廷相賜花翎擢甯遠知府仍留駐梁山凡四年至嘉慶六年諸路賊漸平調夔州繼劉清為建昌道涼山生番叛率師討平之未幾裏塘正土司索諾木根登殺副寺奪其印副將德甯兵為所困積單騎往密授舊頭目希拉工布方略以其衆破之歷川北道鹽茶道擢按察使馬邊峨眉嶺諸夷結梁山生番盜邊積偕提督豐紳由馬邊三河口鑿山深入克六拔夷巢遂出赤夷間道進攻嶺夷十二地浹旬之間每戰皆捷曲曲烏助逆死拒潛師出其後殄之遷布政使積官四川二十餘年馳驅殆徧山川風土瞭然於胸用兵輒獨當一面及任藩司僚屬多故交一無瞻徇清節自勵尤為時稱卒於官祀名宦

朱爾漢字麗江順天大興人少為戶部吏乾隆中官甘肅靖遠典史母憂去官服闋待次時平涼回酋田五作亂爾漢與通判吳廷芳知縣黃家駒守靖遠城賊來攻靖遠回豪哈得成等期夜半為內應爾漢得其情令守者悉登城不得下至哈得成家陽科其穀餽軍因拘之分遣人誘禽城下賊賊之雜守者在城上已數十人縣役鐵克保最為劇賊猝禽之角聲起掩城上賊無脫者外賊覺遂引去由是以知兵聞擢隆德知縣徙底店砦降回擢涇州直隸州知州擒教匪劉松井擢鞏昌知府嘉慶元年教匪起蔓延三省二年四川賊尤熾總統宜緜駐達州檄爾漢參軍事是時王三槐踞方山坪白岩山者地險固賊巢林亮功樊人傑屯山上與方山坪為聲援將軍舒亮提督穆克登布屯山前之韓彭坳爾漢兵三百鄉勇三千屯山後之排啞口排啞口之下曰金鳳觀曰草店曰鴨坪一日盡攻克之復進有木柵當隘不見賊惟以犬守兵躍攀柵賊自厓旁斫傷之鳴鑼擊旗左右賊大至爾漢慮斷後路退師先是與韓彭坳諸師為期中道而止賊得專力山後故不克既而奉節賊千餘來援敗之禽賊渠邱廣福岩賊久困欲走傾巢來犯戰一晝夜不得路仍退爾漢攻之三閱月搏戰被創乃回鞏昌三年運麥十萬石餽軍行至成縣賊渠高胡德來奪敗之於格樓壩禽其黨李德勝四年張漢潮犯秦州爾漢赴成縣會勦鞏昌警至馳還賊已據城東鶯鷥河夜掠賊卡而入城守始固以功擢鞏秦階道生番鐵布者居西傾山中衆十餘萬乘教匪猖獗時出盜內地爾漢以鐵布未叛亂且地險一搆兵非數年不能平鐵布奉回教乃召其阿渾諭之於是來首者踵至一日書姓名一紙曰此鐵布黨也又出一圖曰盜巢及要隘盡於此分遣百餘人捕之悉就擒鐵布遂定六年川楚陝賊漸殲餘賊多竄甘肅率兵扼勦凡數十戰皆捷八年甘肅匪平上功最賜花翎爾漢有識斷能得人死力奴客悉以兵法部之自出仕即在行間後遂與教匪相終始用兵有法所用鄉勇侯達海侍衞李榮華武舉劉養鵬千總鄒坤桂攀桂皆操剌勇健善戰故所至有功尋調廣東肇羅道擢廣西按察使署布政使十二年卒於官

楊護字邁功江西金谿人乾隆四十九年進士授刑部主事總辦秋審執法平內監訟其弟妻護按律杖贖守夫墓和珅方總刑部意有所徇駮詰之護面爭和珅叱曰司員敢爾護厲聲曰司員主稿知為刑獄得其平耳何叱為和珅不能奪及珅敗擢員外郎仁宗召見嘉其有守命解餉四十萬兩赴四川濟軍川陝大吏交章論薦授陝西延榆綏道時三省清釐叛產撫䘏難民事方殷詔責疆吏慎選公正大員如護及劉清者任其事護周歷田野綜覈不苟民漸復業巡撫秦承恩檄府縣募民補伍護曰農工商賈各有其業若預選送營曠日失業與抽丁何殊議乃寢調甘肅平慶涇固鹽法道九年擢安徽按察使捕六安州匪劉成巨寘諸法十三年遷江甯布政使淮揚大水乘舴艋歷災區訪問疾苦渡湖幾覆災黎感之尋以失察山陽知縣王仲漢冒賑坐褫職詔護查賑認眞平日實心辦事留河工効力復起用歷淮海道浙江按察使江蘇布政使二十二年擢浙江巡撫未幾坐臨海民毆差釀大獄降四品京堂復不俟代去任降禮部郎中引疾歸道光五年重宴鹿鳴加四品卿銜卒年八十五

廖寅字亮工四川鄰水人乾隆四十四年舉人家貧不能常試禮部十二年中僅再至都以大挑知縣官河南署葉縣時教匪方熾葉當衝寅撫民不擾民有從逆者捕其魁乃定長子思芳有武略省父至葉任以守衞事詔捕教首劉之協久不獲一日思芳巡歷近郊見二人縶馬坐樹下語異之歸戒門者伺狀俄二人入城飲肆中有識之者其一即之協寅趣思芳往與雜坐出不意縛之鞫得實械至都伏法特擢江蘇鎭江知府濬丹陽九曲河築牐以時啟閉民便之擢江西吉南贛道兼筦關榷正稅外無多取吏胥奉法會南昌煽亂捕首惡寘法安遠復亂單騎往諭解散黨與耆民等縛其魁以獻事遂平歷署布政使按察使嘉慶十六年遷兩淮鹽運使鄒竈丁治私梟鹽課漸增河北滑縣教匪起總督百齡檄寅往徐州協守禦會捕逆匪劉第五誤繫同姓名者坐失察降調上念其禽劉之協功許捐復原職以老病歸遂卒思芳少時居鄉治團練從軍數有功官至江蘇候補道在葉手禽劉之協名聞天下後以捕劉第五獲罪下獄尋赦之

陳昌齊字賓臣廣東海康人乾隆三十六年進士選庶吉士授編修累遷中允大學士和珅欲羅致之昌齊以非掌院無晉謁禮不往大考左遷編修尋授御史遷給事中昌齊生海邦習洋盜情狀上疏論勦捕事略曰洋匪上岸率不過一二百人陸居會匪助兇行劫沿海居民皆採捕為生習拳勇諳水勢匪以利誘往往從匪可以為盜即可用以捕盜宜令地方官明示有能出洋勦捕或遇匪上岸殲擒送官驗寔者船物一概充賞被誘從匪者能擒盜連船投首免罪則兵力所未及丁壯亦必圖賞力捕仍令地方各官稽戶口編保甲以清其源於各埠訪拏濟匪糧物各市鎭嚴緝代匪銷贓俾絕水陸勾通之路庶幾洋面肅清地方甯謐嘉慶九年出為浙江溫處道時海寇蔡牽肆擾昌齊修戰艦簡軍伍募人出海繪圖閩浙海洋全圖纖悉備具每牒報賊情及道里遠近稍有虛妄必指斥之與提督李長庚深相結納俾無掣肘鞫海盜必詳盡得其情德楞泰奉命按閩浙議申海禁謂不數月盜可盡斃昌齊曰環海居民耕而食者十之五餘皆捕魚為業若禁其下海數萬漁戶無以為生激變之咎誰任之德楞泰改容稱善在任五年以鞫獄遲延部議鐫級江南福建大吏辟調皆不往歸里主雷陽粵秀講席修通志考據詳覈著書終老焉

朱爾賡額原名友桂字白泉漢軍正紅旗人裔出明代王父孝純工詩古文有異才由四川知縣歷官至兩淮鹽運使朱爾賡額納貲為兵部主事充軍機章京累遷郎中出為江安糧道兩江總督蘇凌阿閩人為和珅舊奴恣睢用事賡額得其狀白而逐之從總督赴安徽察治劉之協逆黨株連數百人多所省釋署安徽布政使引疾歸以母老乞改京秩授戶部郎中和珅奴劉全之婿號檳榔蔣者倚勢奪民產訟於部刑責不稍貸西賈利旗產賕言官疏陳使得與漢民通售買下部議啖以重賄卻之持不可大學士朱珪管部聞而重之故事自告改京官不外用珪薦其才守可大受復出為廣東潮州知府海盜方張朱濆尤黠悍乃親歷海壖治鄉團調鎭兵千守沿海斷內奸接濟濆糧絕屢敗走臺灣潮盜膽落因其窮蹙解散之盜魁黃茂高許雲湘王騰魁楊勝廣黃德東關兆李受撫選其強幹者編入練勇會匪李崇玉踞惠潮山谷中時游奕海上使降人招之自首朱濆部衆亦有來投者會以母憂去未竟其事服闋補雲南曲靖嘉慶十四年百齡為兩廣總督疏請調朱爾賡額廣東擢高廉道署督糧道勦匪事一以倚之勘海口礮臺舊在山上發礮輒從桅頂過悉改建於山麓屢碎盜艦挫其鋒暫改運鹽由陸撤紅單船入內港以杜接濟戒沿海郡縣嚴斷水米如在潮州時匪勢漸蹙用舊降人招郭學顯就撫未幾鄭一妻與張保仔率衆逾萬泊虎門要總督親至海口面議文武懾莫敢決朱爾賡額獨進曰保仔自知罪大衆多無糧拂其請將死鬭請撤兵衞單舟還詔諭以恩威必可集事先遣南海番禺兩令往傳命使熟籌而志堅翌晨從百齡登舟行四十里見列艦數百夾水如衞舉礮迎聲震城中請總督過舟叱之曰保仔當泥首乞命如

仍驕肆遲疑無死所矣迨晡保登舟請留三千人招西路賊烏石二不聽則擒之以自贖許之給米千石慰遣保仔乃使餘衆登岸受撫自起椗出洋挐謂其所散皆罷弱自留精銳得米將不可制笑應之曰此不必以口舌爭至期保仔果誘烏石二至高州誅之海盜悉平以功獲優叙賜花翎尋調署南韶道十六年河決李家樓特命百齡爲兩江總督治河事調朱爾賡額爲江南鹽巡道至則佐百齡定計接築洪澤湖口束清壩逼溜刷深太平河使水有所歸次年李家樓決口合龍新築格隄遏水與大隄平初當事主守格隄奉嚴旨失守者從軍法至是見事危急請改守大隄聽河溜穿格隄而下免旁洩之險又新築減壩受水攻展側上游築斜壩挑水數日壩根掛淤乃穩固所籌措工事悉合機宜葦蕩營久爲弊藪樵兵空額無人營員領帑臨時雇募并目專其利又爲灘棍所持蕩料歸灘棍者十五六歸弁目者十二三歸工用者十一二歲僅得葦十數萬束百齡檄朱爾賡額督治其事乃請以蕩地不產柴者給樵兵人四十畝給牛具籽種建棚廠以居蕩始有兵濬溝渠便筏出入採運始及遠建衙署俾營員常年駐蕩民挾制偷竊者有禁蕩始有官受事之年採足正額二百四十萬束於是灘棍之利盡失廳員得料抵價少所沾潤皆不便之適有船兵中途改束斤重不敷八廳藉欲撼搖全局百齡悉其奸偕河督察訊朱爾賡額往勘定十七年新葦每束籤口以二尺八寸爲率增舊三寸估右營得葦八百萬束會署江甯布政使未及估左營時河督陳鳳翔爲百齡所劾自訴於朝命尚書松筠侍郎初彭齡按訊牽及葦蕩事廳員熒說唆驗尾幫舟載餘葦九百束據其重率以衡已收三百萬束之數斥爲不足遂被劾虛縻錢糧苦累樵兵遣戍伊犂時論寃之朱爾賡額因百齡前劾鳳翔詞不盡實獄無結正願以身任遂不辯在戍六年放還久之卒

查崇華字九峯安徽涇縣人少孤游福建備書久之福州將軍魁倫辟佐幕甚見信任魁倫劾總督伍拉納巡撫浦霖即命署總督治其獄閩地瘠苦歷任大吏責供張無藝所屬羅織大戶勒賄民不堪命至是貪酷之吏悉伏辜崇華名聞於時納貲爲通判留福建嘉慶十四年海盜蔡牽平以功賜花翎朱渥欲歸誠未決崇華隻身至海舶諭以禍福遂受降十七年署臺灣淡水同知高媽達妖言惑衆捕獲訊得劉林祝現謀以次年閏八月望在京師舉事四方起應之崇華牒請奏聞大吏以其語不經置之僅以傳教罪誅高媽達至十八年九月十五日果有林清祝現之變劉林者即林清別名也自高媽達伏法福建匪黨已解散得無事尋以道員調選授河南南汝光道教匪鉅魁劉松久在逃懸緝十餘載偵知潛匿安徽宿州傳教捕獲之母憂去官道光二年補陝西鳳邠道值大軍征張格爾調駐嘉峪關治軍需自川楚軍興將吏習於縻費崇華一主覈實以內地馬駝出關不耐寒苦關外有臺站應付長雇徒縻芻秣悉罷之節帑甚鉅凡三署按察使治獄明慎以老乞歸卒

論曰勦平教匪不獨賴將帥戮力一時守土之吏與有勞焉最顯者爲四川劉清而方積亦倡行堅壁清野保障一方後復屢定番亂蜀人與清並稱他如朱爾漢之保鞏昌楊護之清叛產撫難民廖寅之禽劉之協皆卓有建樹陳昌齊朱爾賡額於治海寇並具謀略而朱爾賡額功尤顯矣查崇華預發林清逆謀爲疆臣所格及箎西征軍需以撙節稱故同著於篇

清史稿

列傳一百五十

曹振鏞　文孚
英和　王鼎
穆彰阿　潘世恩

曹振鏞字儷笙安徽歙縣人尚書文埴子乾隆四十六年進士選庶吉士授編修大考三等高宗以振鏞大臣子才可用特擢侍講累遷侍讀學士嘉慶三年大考二等遷少詹事父憂歸服闋授通政使歷內閣學士工部吏部侍郎十一年擢工部尚書高宗實錄成加太子少保調戶部兼翰林院掌院學士十八年調吏部尚書協辦大學士尋拜體仁閣大學士管理工部晉太子太保二十五年仁宗崩樞臣撰遺詔稱高宗誕生於避暑山莊編修劉鳳誥知其誤告振鏞振鏞召對陳之宣宗怒譴罷樞臣尋命振鏞爲軍機大臣宣宗治尚恭儉振鏞小心謹慎一守文法最被倚任道光元年晉太子太傅武英殿大學士三年萬壽節幸萬壽山玉瀾堂賜宴十五老臣振鏞年齒居末特命與宴繪像四年充上書房總師傅六年入直南書房七年回疆平晉太子太師八年張格爾就禽晉太傅賜紫韁圖形紫光閣列功臣中振鏞具疏固辭詔凡軍機大臣別給一圖以遂讓功之心而彰輔弼之效御製贊曰親政之始先進正人密勿之地心腹之臣問學淵博獻替精醇克勤克慎首掌絲綸親書以賜之十一年以萬壽慶典賜雙眼花翎十五年卒年八十有一自繕遺疏附摺至十餘事上震悼詔曰大學士曹振鏞人品端方自授軍機大臣以來靖恭正直歷久不渝凡所陳奏務得大體前大學士劉統勳朱珪於乾隆嘉慶中蒙皇祖皇考鑒其品節賜謚文正曹振鏞實心任事外貌呐然而獻替不避嫌怨朕深倚賴而人不知援諸謚法足以當正字而無媿其予謚文正入祀賢良祠擢次子恩濚四品卿振鏞歷事三朝凡爲學政者三典鄉會試者各四衡文惟遵功令不取淹博才華之士殿廷御試必預校閱嚴於疵累忌諱遂成風氣凡纂修會典兩朝實錄河工方略明鑑皇朝文穎全唐文皆爲總裁駕謁諸陵及秋獮木蘭每命留京辦事臨雍視學命充直講恩眷之隆時無與比數請停罷不急工程撙節糜費世以鹽筴起家及改行淮北票法舊商受損振鏞曰爲有餓死之宰相家卒贊成世特以稱之

文孚字秋潭博爾濟吉特氏滿洲鑲黃旗人由監生考授內閣中書充軍機章京嘉慶四年從那彥成赴陝西治軍需八年隨扈秋獮校射中四矢賜花翎十一年以在直勤擢四五品京堂授內閣侍讀學士歷鴻臚寺卿通政司副使命履勘綏遠城渾津黑河牌地改徵及大青山牧廠餘地招墾事十三年予副都統銜充西甯辦事大臣疏言青海蒙番重利輕命自來命盜諸案一經罰服怨仇消釋若必按律懲辦不第犯事之家仇隙相尋被害者心反觖望相習成風不可化誨溯蒙番內附以來雍正十一年大學士鄂爾泰等議纂番例頒行嗣明倏五年後始依內地律例辦理乾隆年間疊經展限茲復奉命詳議臣以爲番民糾結滋擾或情同叛逆或關繫邊陲大局自應從嚴懲辦若其自相殘殺及盜竊之案向以罰服完結相安已久必繩以內地法律轉恐愚昧野番羣疑滋懼非綏服邊氓之道疏入下軍機大臣議行十六年召回京授鑲白旗滿洲副都統偕內閣學士阮元勘議山西鹽務疏請停止吉蘭泰鹽官運改併潞商引額以潞引之有餘補吉課之不足吉鹽許民撈販限制水運至皇甫川而止下部議行尋授內閣學士遷刑部侍郎十八年緣事降調予二等侍衛命赴山東治軍需復授內閣學士歷山海關副都統馬蘭鎮總兵錦州副都統二十年召授刑部侍郎二十四年命在軍機大臣上學習行走偕侍郎帥承瀛赴山東鞫獄並勘蘭儀決口督濬引河次年春竣工予議叙調戶部又調工部擢左都御史宣宗即位以樞臣撰擬遺詔不愼先後罷直文孚獨留道光二年命往陝西按鞫渭南縣民柳文璧毆斃人命獄論知縣徐潤受人屬託疏脫正兇事後得贓枷號兩月遣戍伊犂升任西安知府鄧廷楨偏執枉縱訊無貪酷革職免發遣巡撫朱勳失察議革職降四五品京堂四年仁宗實錄成加太子太保南河阻運詔責減黃蓄清至十一月洪湖水多啟壩而高堰山盱石工潰決命文孚偕尚書汪廷珍馳往按治奏劾河督張文浩於禦黃壩應閉不閉五壩應開不開湖水過多致石工掣塌萬餘丈請遣戍伊犂兩江總督孫玉庭徇隱回護交部嚴議議於禦黃壩外添建三壩鉗束黃流壩內外及束清運口各壩兩岸築縴道多作土壩挑濬長河幫培隄身以利漕行速挑引河引清入運堵閉束清壩杜黃入湖又議覆侍郎朱士彥條陳五事由河臣勘辦疏上並依議行命文孚等回京責嚴烺魏元煜辦理而引黃濟運仍不得要領河漕交困八年回疆底定首逆就禽晉太子太傅賜紫韁繪像紫光閣御製贊有和而不同公正以清之褒十一年以吏部尚書協辦大學士十四年拜東閣大學士管理吏部十五年轉文淵閣大學士以疾請解職優詔慰諭許罷直軍機十六年致仕二十一年卒贈太保謚文敬

英和字煦齋索綽絡氏滿洲正白旗人尚書德保子少有雋才和珅欲妻以女德保不可乾隆五十八年成進士選庶吉士授編修累遷侍讀嘉慶三年大考二等擢侍讀學士洎仁宗親政知其拒婚事嘉焉遂嚮用累遷內閣學士五年授禮部侍郎兼副都統六年充內務府大臣調戶部以不到旗署爲儀親王所糾罷副都統七年直南書房扈蹕木蘭射鹿以獻賜黃馬褂授翰林院掌院學

士九年帝幸翰林院賜一品服加太子少保命在軍機大臣上學習行走時詔稽巡幸五臺典禮英和疏言教匪甫平民未蘇息請俟數年後再議上嘉納之尋自請獨對論大學士劉權之徇情欲保薦軍機章京袁煦上不悅兩斥之遂罷直書房軍機降太僕寺卿歷內閣學士理藩院工部侍郎數奉使出按事河東鹽課歸入地丁而蒙古鹽侵越內地命偕內閣學士初彭齡往會巡撫察議疏言非禁水運不能限制蒙鹽非設官商不能杜絕私販請阿拉善鹽祇由陸路行銷河東鹽仍改商運吉蘭泰鹽池所產亦招商運辦事詳鹽法志兼左翼總兵復爲內務府大臣十二年偕侍郎蔣予蒲查南河料物加價議准增添仍示限制從之復直南書房十三年命暫在軍機大臣上行走調戶部武英殿進高宗聖訓廟號有誤坐降調內閣學士尋遷禮部侍郎十八年隨扈熱河會林清逆黨爲變命先回京署步軍統領禽林清於黃村西宋家莊實授步軍統領工部尚書滑縣平復太子少保十九年將開捐例廷議不一偕大學士曹振鏞等覆議獨上疏曰理財之道不外開源節流大捐爲權宜之計本朝屢經舉行但觀前事即知此次未必大效竊以開捐不如節用開捐暫時取給節用歲有所餘請嗣後謁陵或三年五年一舉行民力可紓木蘭秋獮爲我朝家法然蒙古迥非昔比亦請間歲一行於外藩生計所全實大各處工程奉旨停止每歲可省數十萬至百餘萬不等天下無名之費甚多苟於國體無傷不得任其糜費即如裁撤武職名糧未必能禁武官不役兵丁而驟增養廉百餘萬應請敕下部臣詳查正項經費外歷年增出各款可裁則裁可減則減積久行之國計日裕至開源之計不得以事涉言利概行斥駁新疆歲支兵餉百數十萬爲內地之累其地金銀礦久經封閉開之而礦苗旺盛足敷兵餉各省礦廠亦應詳查興辦又戶部入官地畝請嚴催升科於國用亦有裨益疏入詔以名糧已飭覈辦開礦流弊滋多仍依衆議豫工事例遂開是歲調吏部復命暫在軍機大臣上行走二十五年宣宗即位命爲軍機大臣調戶部宣宗方銳意求治英和竭誠獻替面陳各省府州縣養廉不敷辦公莫不取給陋規請查明分別存革示以限制上採其言下疆吏詳議而中外臣工多言其不可詔停其議遂罷直軍機專任部務道光二年以戶部尚書協辦大學士兼翰林院掌院學士四年仁宗實錄成加太子太保五年洪澤湖決阻運道河漕交敝詔籌海運疆臣率拘牽成例以爲不可英和奏陳海運折漕二事爲救時之計越日復上疏略謂河漕不能兼顧惟有暫停河運以治河雇募海船以利運而任事諸臣未敢議行者一則慮商船到津難以交卸一則慮海運既行漕運員弁旗丁水手難以安插因陳防弊處置之策甚悉詔下各省妥議仍多諉爲未便惟江蘇巡撫陶澍力行之撥蘇松常鎭太五屬漕米以河船分次海運六年八月悉數抵天津上大悅詔嘉英和創議予議敍特賜紫韁以旌異之張格爾犯回疆英和疏陳進兵方略籌備軍需並舉長齡武隆阿可任事多被採用七年奏商人請於易州開採銀礦詔斥其冒昧調理藩院罷南書房內務府大臣未幾坐家人增租擾累出爲熱河都統八年命勘南河工程回京平復太子少保授甯夏將軍以病請解職允之初營萬年吉地於寶華峪命英和監修嘗從容言漢文帝薄葬事上稱善議於舊制有所裁省工竣孝穆皇后奉安優予獎敍至是地宮浸水譴責在事諸臣詔以英和始終其事責尤重奪職籍其家逮訊得開工時見有石母滲水僅以土攔議設龍鬚溝出水英和未允狀讞擬大辟會太后爲上言不欲以家事誅大臣乃解發黑龍江充當苦差子孫並褫職十一年釋回復予子孫官二十年卒贈三品卿銜英和通達政體遇事有爲而數以罪黜屢掌文衡愛才好士自其父及兩子一孫皆以詞林起家爲八旗士族之冠子奎照嘉慶十九年進士歷官至禮部尚書軍機大臣緣事奪職復起爲左都御史奎耀嘉慶十六年進士官至通政使後爲南河同知奎照子錫祉道光十五年進士歷翰林院侍講學士後官長蘆鹽運使

王鼎字定九陝西蒲城人少貧力學尚氣節赴禮部試至京大學士王杰與同族欲致之不就杰曰觀子品概他日名位必繼吾後嘉慶元年成進士選庶吉士丁母憂服除授編修兩以大考升擢累遷內閣學士十九年授工部侍郎仁宗諭曰朕向不知汝亦無人保薦因閱大考考差文字知汝學問屢次召見奏對知汝品行汝是朕特達之知調吏部兼署戶部刑部二十三年兼管順天府尹事復諭曰朕初意授汝督撫今管順天府尹猶外任也且留汝在京以備差往各省查辦事件自是數奉使出按事鞫獄二十四年調刑部又調戶部道光二年河南儀工奏銷不實解巡撫姚祖同任命鼎偕侍郎玉麟往按暫署巡撫疏陳儀工用款至辦奏銷與部例成規不符乃以歷辦物料土方價值合之豫省成規互相增減於楷料引河等款增銷一百三十萬夫工麻斤各款減銷一百三十萬雖有通融銀數仍歸實用惟八子錢一款以銀易錢多於舊價每兩提八十文充入經費而於各員應繳之銀一併扣算實違定制疏入命覈實報銷而薄譴祖同是年擢左都御史父憂歸五年服闋以一品銜署戶部侍郎授軍機大臣浙江德清徐倪氏因姦謀斃徐蔡氏獄三年不決按察使王維詢因自盡巡撫程含章與按察使祁墳鞫之甫得情而犯婦在監自縊宣宗特命鼎典鄉試就治其獄廉得徐故富家以獄破其產官吏多受賕勾結朦庇致獄情譸幻悉發其覆實之法浙人稱頌焉六年授戶部尚書八年回疆平以贊畫功加太子太保繪像紫光閣蘆鹽積疲商累日重命鼎偕侍郎敬徵察辦議以鹽務首重年清年款先將節年帶徵釐剔見年正款不難按數清完道光二年以前未完銀九百餘萬爲舊欠三年以後未完銀爲新欠緩舊徵新請以堰工加價二文半解部充公半抵完商欠新欠抵完續抵舊欠蘆商生息帑本內直隸水利趙北口兩項非經費歲需請停利三年限滿加一倍利本息同徵舊有拔繳水利帑本一百十七萬兩請停徵三年自道光十一年起歲徵十萬兩五萬完舊本五萬完新本以恤商力近年商力疲乏不能預買生鹽存坨新鹽多滷耗請每包加鹽十三斤俾資貼補從此款目既清庶經久可行又請免繳嘉慶十七年加價交官半文未完銀一百八十四萬餘兩疏入並允行十年蘆商呈請調劑復命鼎及侍郎寶興往按鼎以前次清查傳集各商詳詢定議皆稱可免虧累積壓雖因銀價漸昂尚不致遽形虧折遂議駁時淮鹽尤敝兩江總督陶澍疏陳積弊情形命鼎偕寶興會同籌議中外論鹽事者多主就場徵稅疏言詳覈淮綱全局若改課歸場竈尚多窒礙惟有就舊章大加釐剔使射利者無可借端欠課者無可藉口似較有往轍可循擬定章程十五條曰裁浮費減窩價刪繁文愼出納裁商總覈滯銷緩積欠恤竈丁給船價究淹銷疏運道濬岸店散輪規飭紀綱收竈鹽又請裁撤兩淮鹽政改歸總督辦理以一事權並詔允行陶澍得銳意興革淮綱自此漸振鼎之力也十一年署直隸總督十二年管理刑部事務十五年協辦大學士仍管刑部直上書房十八年拜東閣大學士二十年加太子太保二十一年夏河決祥符命偕侍郎慧成往治之尋署河督議者以水勢方張不宜遽塞請遷省城以避其衝鼎持不可疏言河灌歸德陳州及安徽亳潁合淮東注洪澤湖湖底日受淤墊一宣洩不及高堰危淮揚成巨浸民其魚矣無論舍舊址築新隄數千里工費不貲且自古無任黃水橫流之理請飭戶部速具帑期以冬春之交集事不效願執其咎具陳民情安土重遷省垣可守狀初至汴城四面皆水旦夕且圮躬率吏卒巡護獲無恙洎工興親駐工次倦則寢肩輿中次年二月工竣用帑六百萬有奇前此馬營工用一千二百餘萬儀封工用四百七十五萬原議以儀工爲率及蕆事加增百餘萬然事艱於前微鼎用節工速不能如是敘功晉太子太師積勞成疾命緩程回京自禁烟事起英吉利兵犯沿海鼎力主戰至和議將成林則徐以罪譴鼎憤甚還朝爭之力宣宗慰勞之命休沐養疴越數日自草遺疏劾大學士穆彰阿誤國閉戶自縊冀以尸諫軍機章京陳孚恩穆彰阿黨也滅其疏別具以聞上疑其卒暴命取原稾不得於是優詔憫惜贈太保謚文恪祀賢良祠後陝西巡撫請祀鄉賢特詔允之鼎清操絕俗生平不受請託亦不請託於人卒之日家無餘貲子沆道光二十年進士翰林院編修

穆彰阿字鶴舫郭佳氏滿洲鑲藍旗人父廣泰嘉慶中官內閣學士遷右翼總兵坐自請兼兵部侍郎銜奪職穆彰阿嘉慶十年進士選庶吉士授檢討大考擢少詹事累遷禮部侍郎二十年署刑部侍郎因一日進立決本二十餘件詔斥因循積壓堂司各員並下嚴議降光祿寺卿歷兵部刑部工部戶部侍郎道光初充內務府大臣擢左都御史理藩院尚書以漕船滯運兩次命署漕運總督召授工部尚書偕大學士蔣攸銛查勘南河泊試行海運命赴天津監收漕糧予優敘七年命在軍機大臣上學習行走逾年張格爾就禽加太子少保授軍機大臣罷內務府大臣直南書房尋兼翰林院掌院學士歷兵部戶部尚書十四年協辦大學士承修龍泉峪萬年吉地工竣晉太子太保賜紫韁十六年充上書房總師傅拜武英殿大學士管理工部十八年晉文華殿大學士時禁烟議起宣宗意銳甚特命林則徐爲欽差大臣赴廣東查辦英吉利領事義律初不聽約束繼因停止貿易始繳烟盡焚之責永不販運入境強令具結不從兵釁遂開則徐防禦嚴不得逞於廣東改犯閩浙沿海騷然英艦抵天津投書總督琦善言由則徐啟釁穆彰阿窺帝意移乃贊和議罷則徐以琦善代之琦善一徇敵意不設備所要求者亦不盡得請兵釁復起先後命奕山奕經督師廣東浙江皆挫敗英兵且由海入江林則徐及閩浙總督鄧廷楨臺灣總兵達洪阿臺灣道姚瑩以戰守爲敵所忌並被嚴譴命伊里布耆英牛鑑議款二十二年和議成償幣通商各國相繼立約國威既損更喪國權外患自此始穆彰阿當國主和議爲海內所叢詬上既厭兵從其策終道光朝恩眷不衰自嘉慶以來典鄉試三典會試五凡覆試殿試朝考教習庶吉士散館考差大考翰詹

無歲不與衡文之役國史玉牒實錄諸館皆爲總裁門生故吏徧於中外知名之士多被援引一時號曰穆黨文宗自在潛邸深惡之既即位十閱月特詔數其罪曰穆彰阿身任大學士受累朝知遇之恩保位貪榮妨賢病國小忠小信陰柔以售其姦僞學僞才揣摩以逢主意從前夷務之興傾排異己深堪痛恨如達洪阿姚瑩之盡忠盡力有礙於己必欲陷之耆英之無恥喪良同惡相濟盡力全之固寵竊權不可枚舉我皇考大公至正惟以誠心待人穆彰阿得肆行無忌若使聖明早燭其奸必寘重典斷不姑容穆彰阿恃恩益縱始終不悛自朕親政之初遇事模棱緘口不言迨數月後漸施其伎倆英船至天津猶欲引耆英爲腹心以遂其謀欲使天下羣黎復遭荼毒其心陰險實不可問潘世恩等保林則徐屢言其柔弱病軀不堪錄用及命林則徐赴粵西勦匪又言未知能去否僞言熒惑使朕不知外事罪實在此若不立申國法何以肅綱紀而正人心又何以不負皇考付託之重第念三朝舊臣一旦寘之重法朕心實有不忍從寬革職永不敍用其罔上行私天下共見朕不爲已甚姑不深問朕熟思審處計之久矣不得已之苦衷諸臣其共諒之詔下天下稱快咸豐三年捐軍餉予五品頂戴六年卒子薩廉光緒五年進士由翰林官至禮部侍郎

潘世恩字芝軒江蘇吳縣人乾隆五十八年一甲一名進士授修撰嘉慶二年大考一等擢侍讀和珅以其靑年上第有才望欲招致之世恩謝不與通以次當遷和珅抑題本六閱月不上仁宗親政乃擢侍講學士一歲三遷至內閣學士歷禮部兵部戶部吏部侍郎督雲南浙江江西學政十七年擢工部尚書調戶部母憂歸服除以父老乞養會其子登鄉舉具疏謝坐未親詣京降侍郎帝鑒其孝思仍允終養居家十載道光七年父喪服闋補吏部侍郎遷左都御史再授工部尚書調吏部十三年超拜體仁閣大學士管理戶部尋命爲軍機大臣兼翰林院掌院學士晉東閣大學士調管工部充上書房總師傅加太子太保十八年晉武英殿大學士二十八年以八十壽晉太傅賜紫韁其明年引疾迭疏乞休溫詔慰留僅解機務三十年文宗即位復三疏始得予告食全俸留其子京邸咸豐二年鄉舉重逢詔就近與順天鹿鳴宴次年復與恩榮宴四年卒遺疏上賜醊入祀賢良祠謚文恭世恩歷事四朝迭掌文衡備叨恩遇筦部務安靜持大體黑龍江將軍請增都爾特六屯議地當游牧開墾非計不可許言官奏山東鹽課請歸地丁議山東場竈半毗連淮境一歸地丁聽民自運自銷必爲兩淮引課之累不可行在樞廷凡十七年益愼密有所論列終不告人海疆事起林則徐所論奏廷議多贊之及穆彰阿主撫世恩心以爲非不能顯與立異迨咸豐初詔舉人才世恩已在告疏言林則徐歷任封疆有體有用請徵召來京備用並薦前任臺灣道姚瑩文宗韙之於罪穆彰阿時猶舉其言次子曾瑩道光二十一年進士由編修官至吏部侍郎孫祖蔭自有傳

論曰守成之世治尚綜覈而振敝舉衰非拘守繩墨者所克任也況運會平陂相乘非常之變往往當承平既久萌蘖蠢兆於其間馭之無術措置張皇而庸佞之輩轉以彌縫迎合售其欺其召亂可倖免哉宣宗初政一倚曹振鏞兢兢文法及穆彰阿柄用和戰游移遂成外患一代安危斯其關鍵已英和才不竟用王鼎忠貞致身文孚潘世恩皆恪恭保位者耳

阮元 汪廷珍 湯金釗

阮元字伯元江蘇儀徵人祖玉堂官湖南參將從征苗活降苗數千人有陰德元乾隆五十四年進士選庶吉士散館第一授編修逾年大考高宗親擢第一超擢少詹事召對上喜曰不意朕八旬外復得一人直南書房懋勤殿遷詹事五十八年督山東學政任滿調浙江歷兵部禮部戶部侍郎嘉慶四年署浙江巡撫尋實授海寇擾浙歷數年安南夷艇最強鳳尾水澳籌黃諸幫附之沿海土匪勾結爲患元徵集羣議爲弭盜之策造船礮練陸師杜接濟五年春令黃巖鎭總兵岳璽擊籌黃幫滅之夏寇大至元赴台州督勦請以定海鎭總兵李長庚總統三鎭水師並調粵閩兵會勦六月夷艇糾鳳尾水澳等賊共百餘艘屯松門山下遣諜間水澳賊先退會颶風大作盜艇覆溺無算餘衆登山檄陸師搜捕擒八百餘人安南四總兵溺斃者三黃巖知縣孫鳳鳴獲其一曰倫利貴磔之九月總兵岳璽胡振聲會擊水澳幫禽殲殆盡土匪亦次第殲撫浙洋漸淸而餘盜爲蔡牽所倂閩師不能制勢益熾復時犯浙李長庚已擢提督元集貲與造霆船成配巨礮數破牽於海上八年奏建昭忠祠以歷年捕海盜傷亡將士從祀盜首黃葵集舟數十號新興幫令總兵岳璽張成等追勦逾年乃平之偕總督玉德奏請以李長庚總督兩省水師數逐蔡牽幾獲而玉德遇事仍掣肘十年元丁父憂去職長庚益無助復與總督阿林保不協久無成功遂戰歿十一年詔起元署福建巡撫以病辭十二年服闋署戶部侍郎赴河南按事授兵部侍郎復命爲浙江巡撫暫署河南巡撫十三年乃至浙詔責其防海殄寇秋蔡牽朱濆合犯定海親駐甯波督三鎭擊走之牽復遁閩洋時用長庚部將王得祿邱良功爲兩省提督協力勦賊元議海戰分兵隔賊船之策專攻蔡牽十四年秋合擊於漁山外洋竟殄牽詳得祿等傳元兩治浙多惠政平寇功尤著云方督師甯波時奏請學政劉鳳誥代辦鄉試監臨有聯號弊爲言官論劾遣使鞫實詔斥徇庇褫職予編修在文穎館行走累遷內閣學士命赴山西河南按事遷工部侍郎出爲漕運總督十九年調江西巡撫以捕治逆匪胡秉耀加太子少保賜花翎二十一年調河南擢湖廣總督修武昌江隄建江陵范家隄沔陽龍王廟石閘二十二年調兩廣總督先一年英吉利貢使入京未成禮而回遂漸跋扈元增建大黃滘大虎山兩礮臺分兵駐守迭疏陳預防夷患略曰英吉利恃強桀驁性復貪利宜鎭以威不可盡以德綏彼之船堅礮利技長於水短於陸定例外國貨船不許擅入內洋儻違例禁即宜隨機應變量加懲創各國知彼犯我禁非我輕啓釁也詔勗以德威相濟勿孟浪勿葸懦道光元年兼署粵海關監督洋船夾帶鴉片煙劾褫行商頂帶二年英吉利護貨兵船泊伶丁外洋與民鬬互有傷斃嚴飭交犯英人揚言罷市歸國即停其貿易久之拆閱多託言兵船已歸俟復來如命乃暫許貿易與約船來不交犯乃停止終元任兵船不至元在粵九年兼署巡撫凡六次六年調雲貴總督滇鹽久敝歲絀課十餘萬元劾罷蠹吏力杜漏私騐井衰旺不齊調劑抵補逾年課有溢銷酌撥邊用騰越邊外野人時入內地劫掠西保山等處邊夷曰猓猓以墾山射獵爲生可用乃募猓猓三百戶屯種山地以禦野人即以溢課充費歲有擴充野人畏威漸有降附者十二年協辦大學士仍留總督任車里土司刀繩武與叔太康爭鬬脅官求助檄鎭道擊走之另擇承襲乃安越南保樂州土官農文雲內鬨嚴邊防勿使竄入亦不越境生事尋文雲走死詔嘉其鎭靜得大體十五年召拜體仁閣大學士管理刑部調兵部十八年以老病請致仕許之給半俸瀕行加太子太保二十六年鄉舉重逢晉太傅與鹿鳴宴二十九年卒年八十有六優詔賜䘏謚文達入祀鄉賢祠浙江名宦祠元博學淹通早被知遇敕編石渠寶笈校勘石經再入翰林刱編國史儒林文苑傳至爲浙江巡撫始手成之集四庫未收書一百七十二種撰提要進御補中祕之闕嘉慶四年偕大學士朱珪典會試一時樸學高才搜羅殆盡道光十三年由雲南入覲特命典試時稱異數與大學士曹振鏞共事意不合元歎然以前次得人之盛不可復繼歷官所至振興文教在浙江立詁經精舍祀許愼鄭康成選高才肄業在粵立學海堂亦如之並延攬通儒造士有家法人才蔚起撰十三經校勘記經籍籑詁皇淸經解百八十餘種專宗漢學治經者奉爲科律集淸代天文律算諸家作疇人傳以章絕學重修浙江通志廣東通志編輯山左金石志兩浙金石志積古齋鐘鼎欵識兩浙輶軒錄淮海英靈集刊當代名宿著述數十家爲文選樓叢書自著曰揅經室集他紀事談蓺諸編並爲世重身歷乾嘉文物鼎盛之時主持風會數十年海內學者奉爲山斗焉

汪廷珍字瑟庵江蘇山陽人少孤母程撫之成立家中落歲凶饘粥或不給不令人知母曰吾非恥貧恥言貧疑有求於人也力學困諸生十年始舉於鄉成乾隆五十四年一甲二名進士授編修大考擢侍讀未幾遷祭酒六十年以事忤旨降侍讀嘉慶元年直上書房大考擢侍讀學士母憂歸服闋補原官七年督安徽學政任滿復督江西學政累遷侍讀學士太僕寺卿內閣學士皆留任廷珍學有根柢初爲祭酒以師道自居選成均課士錄教學者立言以義法力戒摹擬剽竊之習及官學政爲學約五則以訓士曰辨塗曰端本曰敬業曰裁僞曰自立與士語諄諄如父兄之於子弟所刻試牘取易修辭之旨曰立誠編士風爲之一變萬載棚民入籍舊分學額後裁之土客訐訟久不決廷珍請復分額爭端乃息十六年授禮部侍郎復直上書房侍宣宗學十八年典浙江鄉試留學政任滿回京二十二年署翰林院掌院學士擢左都御史充上書房總師傅二十三年遷禮部尚書二十四年仁宗六旬萬壽慶賀期內遇孝慈高皇后祭辰部臣未援故事疏請服色坐率忽降侍郎逾年復授禮部尚書道光二年典會試教習庶吉士車駕謁陵命留京辦事三年宣宗釋奠文廟禮成臨幸辟雍詔曰禮部尚書汪廷珍蒙皇考簡用上書房師傅與朕朝夕講論非法不道使朕通經義辨邪正受益良多朕親政後畀以尚書之任盡心厥職於師道臣道可謂兼備今値臨雍眷懷舊學加太子太保子報原以員外郎即補用示崇儒重道之意四年仁宗實錄成賜子報閏主事孫承佑舉人南河高堰潰決阻運上以廷珍生長淮揚命偕尚書文孚往勘劾河督張文浩總督孫玉庭譴黜有差疏籌修濬事宜交河督辦理五年回京協辦大學士七年卒上震悼優詔賜䘏贈太子太師入祀賢良祠命大阿哥賜奠賜銀千兩治喪謚文端江蘇

請祀鄉賢特詔允之廷珍風裁嚴峻立朝無所親附出入內廷寮寀見之莫不肅然自言生平力戒刻薄凡貪冒諂諛有不忍爲皆守母教大學士阮元服其多聞淵博勸著書廷珍曰六經之奧昔人先我言之更何以長語相溷讀書所以析義要歸於中有所主而已服用樸儉或以公孫宏擬之笑曰大丈夫不以曲學阿世爲恥而徒畏布被之譏乎後進以文謁言不宗道曰異日恐喪所守屬官有例送御史者持不可曰斯人華而不實何以立朝後皆如所言人服其精鑒

湯金釗字敦甫浙江蕭山人嘉慶四年進士選庶吉士授編修十三年入直上書房金釗端謹自持宣宗在潛邸甚敬禮之母憂服闋擢侍講督湖南學政累遷內閣學士二十一年復直上書房典江南鄉試留學政詔勉以訓士不患無才務培德經學爲本才藻次之金釗闡揚詔旨通誡士子會匪以禍福煽惑鄉愚金釗著福善辨刊發曉諭徐州俗悍武生不馴者繩之以法遷禮部侍郎任滿仍直上書房宣宗即位調吏部益嚮用時用尚書英和議命各省查州縣陋規明定限制金釗疏言陋規皆出於民地方官未敢公然苛索者畏上知之治其罪也今若明定章程即爲例所應得勢必明目張膽求多於例外雖有嚴旨不能禁矣況名目碎雜所在不同檢察難得眞確轉滋紛擾無論不當明定章程亦不能妥立章程也吏治貴在得人得其人雖取於民而民愛戴之不害其爲清非其人雖不取於民而民嫉讐之何論其爲清有治人無治法惟在督撫舉錯公明而非立法所能限制會中外大臣亦多言其不便金釗疏入上手批答曰朝有諍臣使朕胸中黑白分明無傷於政體不勝欣悅予議叙道光元年兼署戶部侍郎兩江總督孫玉庭以南漕浮收不能盡去議請八折徵收學政姚文田御史王家相皆奏言不可金釗既同部臣議覆復疏爭曰康熙中奉永不加賦之明詔此大清億萬年培養國脈之至計也前有議加耗米及公費銀者戶部以事近加賦議駁今准其略有浮收不肖者益無顧忌而浮收且多於往日雖告以收逾八折即予嚴參然前此逾額者何嘗不干嚴譴卒不聞爲之減少獨於新定之額恪遵而不敢踰此臣之所不敢信也在督撫奏定之後不慮控告浮收在州縣縱有發覺又將巧脫其罪是限制仍同虛設徒爲盛朝開加賦之端臣竊惜之疏入下江浙督撫妥議事乃寢尋以吏部事繁罷直書房典江南鄉試道經銅山見運河支渠爲黃流淤塞歲苦潦回京奏請疏濬如議行二年典會試調戶部父憂歸六年服闋署禮工二部及倉場侍郎仍直上書房授皇長子奕緯讀實授戶部侍郎七年連擢左都御史禮部尚書上方倚畀迭命赴山西直隸四川湖北福建鞫獄按事四年之中凡奉使五次所至持法明愼悉當上意充上書房總師傅調吏部尚書十一年皇長子遘疾不起忌者因以激上怒罷總師傅降兵部侍郎踰兩年復自左都御史授工部尚書轉吏部連典江南順天鄉試十六年陝西巡撫楊名颺被劾命偕侍郎文慶往按暫署巡撫又往四川按事名颺復與臬司互訐得其冒工庇屬狀劾罷會京察以奉使公明予議叙又赴張家口太原鞫獄十八年以戶部尚書協辦大學士仍調吏部十九年命按事安徽江蘇浙江自禁烟議起海疆久不靖林則徐既罷琦善主撫復不得要領金釗素不附和議與穆彰阿等意齟齬一日召對上從容問廣東事可付諸何人金釗以林則徐對上不悅至二十一年事且益棘詔予則徐四品卿銜赴浙江軍營亦未果用之未幾有吏部司員陳起詩規避倉差金釗還其呈牘禁勿遞爲所訐坐降四級調用逾年授光祿寺卿以衰老乞罷住京養疴許以二品頂戴致仕久之上仍眷念二十九年皇太后之喪具疏上慰賜頭品頂戴咸豐四年重宴鹿鳴加太子太保六年卒詔以尚書例賜䘏諡文端金釗自爲翰林布衣脫粟後常不改當官廉察負一時清望雖被排擠卒以恩禮終子修通政司副使

論曰阮元由詞臣出膺疆寄竟殄海寇開府粵滇綏邊之績並有足稱晚登宰輔與樞臣曹振鏞異趣惟以文學裁成後進世推耆碩汪廷珍湯金釗正色立朝清節並著金釗雖以直言被擯宣宗終鑒其忠誠易名曰端胥無愧焉

清史稿　列傳一百五十二

覺羅寶興　宗室敬徵　宗室禧恩　陳官俊　卓秉恬

覺羅寶興字獻山隸鑲黃旗嘉慶十五年進士選庶吉士授編修累遷少詹事入直上書房十八年仁宗幸熱河林清逆黨突入禁城寶興散直至東華門與賊遇急入告警宣宗方在上書房聞警戒備賊不得逞上還京擢寶興內閣學士十九年授禮部侍郎以事忤旨詔斥寶興不學降大理寺卿罷直書房復坐部刊科場條例誤高宗爲高祖降二級調用尋予三等侍衛充吐魯番領隊大臣道光二年召爲大理寺少卿復因事降通政司參議歷左副都御史兵部侍郎出爲泰甯鎭總兵八年授理藩院侍郎調兵部迭命偕戶部尚書王鼎察治長蘆兩淮鹽務籌議整頓詳王鼎傳十年出爲吉林將軍疏言松花江西岸輝發河北岸舊例封禁其餘閒曠山場均設卡倫惟許兵丁打捕牲畜以備貢品民人無照私出挖蔘斫木者查拏治罪又言伯都訥珠爾山荒田先後開墾五千二百六十二晌其租息請自道光十五年爲始以其半分賞兵丁半存備報修工程此外尚有可墾荒地五萬六千餘晌作爲官荒將來奏請招佃徵租烏拉涼水泉已墾七萬三千九百餘晌請撥二道河東二萬晌以七成給烏拉總管衙門三成給協領衙門資爲津貼餘未墾地五萬三千餘晌亦作官荒並從之調盛京又調成都十七年署四川總督逾年實授時馬邊越嶲邊外夷匪數出爲患十九年疏言禦邊之策不外勦撫防三者撫之之道在施於平時斷無失利之後轉而就撫之理比來勞師糜餉迄無成功爲今計者以修邊防爲急務陳防邊五事一增兵額請於馬邊增兵千二百雷波普安安阜越嶲甯越各增兵八百峨邊屏山各增兵四百一改營制請以綏定協副將移駐馬邊廳城遊擊都司以下各增設移駐有差一築碉堡飭各廳縣因地制宜多修堡寨責令各集團練官給擡礮督率教演擇要隘築礮臺增設大礮一定期巡閱歲春夏之交建昌道赴越嶲峨邊永甯道赴馬邊雷波屏山周歷巡閱各一次秋冬責成提督與建昌總兵分赴巡行察勘邊隘一優獎邊吏馬邊越嶲兩廳同知請三年俸滿以題調選缺知府升補疏下議行言官論奏四川提督應如湖南例半年駐越嶲等處寶興議馬邊越嶲相距遼遠請於春秋夷匪出沒之時提督往駐馬邊峨邊雷波三廳建昌總兵往駐越嶲甯越又言越嶲邊防以大路爲重麥子營利濟站均應增駐弁兵乾溝諸汛應酌量移撤分設於馬日楨諸處越嶲甯越兩營相距頗遠聲勢不能相及前請以建昌左營遊擊移駐大菩薩地遠在甯越之東而越嶲營參將復與遊擊不相統屬請越嶲甯越適中之界牌樓以建昌鎭右營都司移駐專管麥子營利濟站兩汛並從之先是寶興以馬邊諸廳縣增設防兵籌議邊防經費請按糧津貼計可徵銀百萬兩以三十萬爲初設防兵之需每歲經費即以餘銀七十萬兩生息置田供支上以津貼病民撥部帑銀百萬翰林院侍讀學士王炳瀛奏四川前買義田偏及百餘州縣若更以數十萬帑銀於各州縣買田收租胥吏將盡歸公產請限於四廳近邊地收買安置屯防下寶興妥議疏言邊防完竣用銀二十二萬兩有奇以三十七萬發鹽茶各商歲得息三萬七千餘兩足敷增設練勇餉械之需餘銀四十萬聽部撥別用遂罷買田議二十一年拜文淵閣大學士留四川總督任時大學士琦善協辦大學士伊里布相繼罷在朝滿洲大臣鮮當上意故有是授二十六年入覲命留京管理刑部充上書房總師傅兼翰林院掌院學士二十八年元旦加恩年老諸臣加太保十月卒年七十二諡文莊

宗室敬徵隸鑲白旗肅親王永錫子嘉慶十年封輔國公授頭等侍衛兼委散秩大臣副都統十九年授內閣學士兼鑾儀使充總族長二十二年失察宗室海康等習紅陽教褫職論居盛京尋予四等侍衛乾清門行走道光初累遷工部侍郎授內務府大臣調戶部八年偕尚書王鼎察治長蘆鹽務奏定歸補帑課章程詳王鼎傳十二年南河奸民陳堂等盜決于家灣官隄命偕尚書朱士彥往勘疏陳諸口已合壩下尚未閉氣間有墊陷陳堂等聽從逸犯陳端糾衆以爲從問擬疏防各官遣戍通判張懋祖賠修壩工不實罰賠枷號覆勘湖河各工請擇要興修高堰山盱卑矮石工分年改砌碎石信壩補還石工智壩仁河義河改修石底裏河福興閘塌卸急築揚河西岸加高磚工改拋碎石並從之又會同兩江總督陶澍議定淮鹽票引兼行言官所論官票運私侵礙暢岸爭占馬頭三者皆可無慮詔如原議行十四年授左都御史偕侍郎吳椿勘浙江海塘疏言念里亭至尖山柴工尚資禦溜石塘仍當修整鎭海及戴家橋汛議改竹簍塊石不如條石坦水舊法爲堅實烏龍廟以東冬工暫緩回京擢兵部尚書調工部十五年以孝穆皇后孝愼皇后梓宮奉安龍泉峪諏日不愼罷尚書都統仍充內務府大臣十六年署戶部侍郎累遷工部尚書兼都統東河總督栗毓美多用甎工御史李蒓言其不便命敬徵偕蒓往勘疏陳已辦甎工尚屬整齊輿論謂保灘護厓可資其力水深溜急之處不及埽工鞏固搶辦險工未可深恃請停止燒甎改辦碎石從之十八年調戶部二十二年南河揚河漫口水由灌河入海有議即改新河河督麟慶以河流未定遽難決議命敬徵偕尚書廖鴻荃往勘疏言改河之議在因勢利導今查灌河海口至蕭莊口門三百六十餘里新河正溜由六塘出達灌口其下游東北一百十里滔滔直注

惟當潮長時黃水相逼壅閼不前而上游自口門至響水口二百餘里支流忽分忽合必須兩岸築隄束水方免汎濫計工長三百餘里經費難籌且中河運道爲黃流橫截不得不移塘灌運清水本弱仍恃借黃以濟空船引輓需時重運更形艱滯是移塘乃權宜之計常年行之恐妨運道舊黃河自蕭莊迄舊海口四百二十餘里尾閭寬暢自漫口斷流河身益淤若挽歸故道堵口挑河共費五六百萬較改河築隄撙節實多請定明歲春融興工俟軍船回空後築壩合龍詔如議行尋以戶部尚書協辦大學士二十三年偕侍郎何汝霖赴南河勘工又赴河南察視中河廳漫口疏陳築壩挑河工費需銀五百十八萬兩較祥符工費爲節省允之二十五年奏河南下北河廳廟工乃北岸七廳適中之所河臣宜常年駐此便於控制詔河督每於伏汎前移駐廟工立冬後仍回濟甯尋坐濫保駐藏大臣孟保降內閣學士未幾復授工部尚書又坐濫保科布多參贊大臣果勒明阿褫職三十年署正白旗滿洲副都統咸豐元年卒詔念前勞予一品銜依尚書例賜卹諡文愨子恒恩左副都御史孫盛昱自有傳

宗室禧恩字仲蕃隸正藍旗睿親王淳穎子嘉慶六年賜頭品頂戴授頭等侍衞乾清門行走十年晉御前侍衞兼副都統鑾儀使上駟院卿轉奉宸院卿遷內閣學士十八年擢理藩院侍郎二十年授內務府大臣調戶部侍郎二十五年仁宗崩於熱河避暑山莊事出倉猝禧恩以內廷扈從建議宣宗有定亂勳當繼位樞臣托津戴均元等猶豫禧恩抗論衆不能奪會得秘匣硃諭乃偕諸臣奉宣宗即位命在御前大臣領侍衞大臣上行走道光二年擢理藩院尚書時哈薩克部衆潛聚烏梁海議遷徙安置增設卡倫吏部尚書松筠諳習邊事上每垂詢禧恩因以諮之松筠素坦率遂代删改疏稿禧恩怒以上聞松筠坐越職干預被譴尋調工部仍兼署理藩院尚書六年調戶部八年加太子少保署吏部尚書九年隨扈盛京詔念睿親王多爾袞數定大勳加恩後裔賜禧恩雙眼花翎十二年湖南江華猺趙金龍作亂命禧恩偕盛京將軍瑚松額督師未至總督盧坤提督羅思舉已平之殲金龍禧恩素貴倨奉命視師意氣甚盛嗾諸將不待而告捷謂金龍死未可信思舉以金龍焚骸及佩物爲證議始息廣東猺匪趙仔青竄入湖南率提督余步雲總兵曾勝追勦之偕巡撫吳榮光疏陳善後事湖南既定而兩廣總督李鴻賓勦連山猺閱半年軍屢挫詔逮鴻賓以禧恩署總督由湖南進兵遣步雲勝等先後破賊禽首逆鄧三盤文理燈其巢甫一月諸猺乞降詔嘉其奏功迅速賜三眼花翎封不入八分輔國公班師途次丁母憂溫諭慰之十三年孝愼皇后薨命理喪儀坐議禮徵引違制褫御前大臣戶部尚書內務府大臣尋復授理藩院尚書以生日受屬員饋送爲御史趙敦詩所劾疏辯得直敦詩坐譴十四年因相度龍泉峪萬年吉地加太子太保調兵部尚書兼署禮部戶部十八年詔以南苑牲畜不蕃禧恩久管奉宸苑廢弛疏懈罷其兼領尋得員司積弊狀盡罷諸兼職降內閣學士二十二年署盛京將軍授理藩院侍郎留將軍署任英吉利內犯海疆戒嚴命治盛京防務既而和議成疏陳善後十事並巡洋章程如議行二十五年以病解職坐失察內地民人越朝鮮界墾地削公爵降二等輔國將軍三十年起署馬蘭鎭總兵密雲副都統咸豐元年召授戶部侍郎二年擢戶部尚書協辦大學士管理藩院事尋卒贈太子太保諡文莊禧恩自道光初被恩眷及孝全皇后被選入宮家故寒素賴其資助遂益用事徧膺禁近要職兼攝諸部淩轢同列人皆側目后晚寵衰禧恩亦數獲譴罷斥文宗即位乃復起不兩年登協揆焉

陳官俊字偉堂山東濰縣人嘉慶十三年進士選庶吉士授編修遷贊善二十一年入直上書房大考二等擢洗馬累遷右庶子典陝西鄉試督山西學政道光元年命各省明定陋規中外臣工多言窒礙官俊亦疏陳不可行詔嘉之予議敘會密諭留心察訪官吏賢否政治得失官俊恃曾直內廷爲宣宗所眷意氣甚張尋遷侍講學士命回京仍直上書房山西巡撫成格追劾官俊在學政任毆差買妾妄作威福大開奔競上以官俊於毆差買妾已自承不諱曾薦舉魏元烺邱名泰人材尚不繆惟所述太監往河東查訪鹽務控案事出無稽解職就質命長齡道出山西傳旨面詰成格亦以不能指實引咎遂兩斥之官俊降編修罷直上書房連典貴州江西鄉試歷中允祭酒侍講學士內閣學士十六年授禮部侍郎調吏部十九年擢工部尚書東陵郎中慶玉侵帑籍沒主事全孚預告多所寄頓事覺語由官俊閒談漏洩回奏復諱飾詔斥失大臣體褫職二十一年起爲通政使歷戶部吏部侍郎管理三庫擢禮部尚書調工部二十四年以吏部尚書協辦大學士官俊再起歷典鄉會試殿廷御試每與衡校充上書房總師傅編修童福承素無行直上書房授皇子讀給事中陳壇劾之語及福承爲官俊妻作祭文措詞過當福承譴黜詔斥官俊容隱不奏罷總師傅議降三級調用從寬留任二十九年卒優詔賜卹稱其心田坦白贈太子太保入祀賢良祠諡文愨賜其孫厚鍾厚滋並爲舉人官俊初直上書房授宣宗長子奕緯讀宣宗嘉其訓迪有方後皇長子逾冠而薨上深以爲惆故遇官俊特厚屢獲咎而恩禮始終不衰子介祺道光二十五年進士官編修咸豐中助軍餉加侍講學士銜後在籍治團練守城賑飢賜二品頂戴介祺結學好古所藏鐘鼎彝器金石爲近代之冠

卓秉恬字靜遠四川華陽人嘉慶七年進士選庶吉士年甫逾冠授檢討典陝西鄉試十八年改御史歷給事中章疏凡數十上論盜風未息由捕役與盜賊因緣爲姦捕役藉盜賊以漁利盜賊仗捕役爲護符民間控告官不爲理盜賊結恨又召茶毒直隸之大名滄州河南之衞輝陳州山東之曹州東昌武定江蘇之徐州最甚請飭實力禁懲巡漕山東履勘泰安兗州各屬探濬新泉四十三處定名勒石歷鴻臚寺少卿順天府丞二十五年疏言由陝西略陽迄東至湖北鄖西謂之南山老林由陝西甯羌迄南而東經四川境至湖北保康謂之巴山老林地皆磽瘠耩褥極微無業游民給地主錢數千即租種數溝數嶺歲薄不收則徙去謂之棚民良莠莫辨攘奪時聞一遇旱潦一二姦民爲之倡即蟻附蠭起州縣以地方遼闊莫能追捕遂至互相容隱迨釀成大案即加參劾事已無濟且事連三省大吏往返咨商州縣奉文辦理恒在數月之後與其即一隅而專謀之何如合三省而共議之請於扼要之地專設大員控制宣宗深韙之詔下三省會議未果行僅將邊境文武酌就要地改駐添設道光四年調奉天府丞丁父憂去服闋歷太僕寺大理寺少卿太僕寺卿宗人府丞內閣學士典江南鄉試十五年遷禮部侍郎調吏部督浙江學政擢左都御史召還京兼管順天府尹事歷兵部戶部吏部尚書協辦大學士二十四年拜文淵閣大學士晉武英殿歷管兵部戶部工部賜花翎咸豐五年卒年七十四贈太子太保諡文端秉恬兼管京尹最久凡十有八年時九卿會議一二王公樞相主之餘率占位畫諾秉恬在列時有辯論不爲用事者所喜子樸道光二年進士官至吏部侍郎

論曰自設軍機處閣臣不預樞務始猶取名德較著者表望中朝繼則旅進旅退之流且以年資眷睞驟躋鼎鉉矣寶興號嫻吏事而簠簋不飭之聲敬徵數視河工差著勞勩禧恩陳官俊並恃恩私蹶而復起卓秉恬以言官進視緘默自安者稍表異焉

清史稿 列傳一百五十三

孫玉庭 李鴻賓 蔣攸銛

孫玉庭字寄圃山東濟甯人乾隆四十年進士選庶吉士授檢討五十一年出爲山西河東道父憂去服闋補廣西鹽法道嘉慶初就遷按察使歷湖南安徽湖北布政使舉發道員胡齊崙侵冒軍需詔嘉之七年擢廣西巡撫調廣東安南國王阮光纘爲農耐阮福映所逼叩關乞內避命玉庭馳赴廣西察辦福映已滅光纘遣使納欵玉庭疏陳其恭順請受之尋福映請改國名曰南越仁宗疑之玉庭言不可以語言文字阻外夷嚮化之心其先有古越裳地繼併安南若改號越南亦與中國南粵舊名有別乃報可廣東海盜日橫玉庭議防急於勦請增兵嚴守口岸禁淡水米糧出海以制之尋調廣西十年復調廣東時總督那彥成專意招撫玉庭意不合疏陳其弊謂盜非悔罪特爲貪利而來官吏貪功不惜重金爲市陽避盜名陰擾盜實廢法斂怨莫此爲尤上韙其言那彥成由是獲罪十三年英吉利兵船入澳門總督吳熊光但停貿易未遣兵驅逐上斥畏葸罷熊光調玉庭貴州尋百齡至粵追論熊光且劾玉庭不以實入告坐罷歸已而予官編修在文穎館行走十五年授雲南巡撫兼署雲貴總督調浙江二十年英吉利貢使不願行跪拜禮廷議以其倔強遣之會玉庭入覲面奏馭夷之道妄有干求當折以天朝之法度歸心恪順不責以中國之儀文反覆開陳上意乃解二十一年擢湖廣總督未幾調兩江漕鹽河爲江南要政日臻疲累玉庭久任封圻治尚安靜整頓江西湖北引岸緝私籌款生息津貼屯丁減省漕委隨事爲補苴之計稍稍相安宣宗即位特加太子少保銜時用尚書英和言清查直省陋規立以限制下疆臣議久遠之法玉庭疏言自古有治人無治法果督撫兩司皆得人則大法小廉自不虞所屬苛取病民非然者雖立限制仍同虛設弊且滋甚各省陋規本干例禁語云作法於涼其弊猶貪禁人之取猶不能不取若許之取勢必益無顧忌迨發覺治罪民已大受其累府廳州縣祿入無多向來不能不藉陋規爲辦公之需然未聞準其加取於民乖

爲令甲者誠以自古無此制祿之經也伏乞停止查辦天下幸甚疏入詔褒其不媿大臣之言道光元年授協辦大學士仍留總督任是年入覲與玉瀾堂十五老臣宴帝詢淮鹽疏銷之策玉庭言漢口爲淮南售鹽總岸向來船到隨時交易是以暢銷自乾隆中立封輪法挨次輪售私鹽乘間侵越因臚陳六害請復舊章從之又言漕糧浮收不能禁革不如明與八折爲便御史王家相奏言事類加賦侍郎姚文田湯金釗亦論之事遂寢然州縣困於丁費浮收仍難禁絕胥吏上下其手專累良懦因玉庭議不行疆臣不敢復請至同治初始定漕耗卒如玉庭議四年拜體仁閣大學士留任如故會高家堰決河督張文浩遣戍部議玉庭革職詔念前勞寬之留任尋復以借黃濟運無效褫職予編修休致戶部復劾其不行海運而河病運阻責償滯漕剝運費十之七命留濬運河工竣回籍十四年重宴鹿鳴加四品頂戴尋卒年八十有三子善寶以舉人廕生授刑部員外郎官至江蘇巡撫瑞珍道光三年進士由翰林官至戶部尚書諡文定孫毓湛道光二十四年一甲一名進士官至浙江按察使毓汶亦以一甲二名進士官至兵部尚書自有傳曾孫楫咸豐二年進士翰林院庶吉士官至順天府尹四世並歷清要家門之盛北方士族無與埒焉

蔣攸銛字礪堂漢軍鑲紅旗人先世由浙江遷遼東從入關居寶坻乾隆四十九年成進士年甫十九選庶吉士授編修嘉慶初遷御史敢言有聲受仁宗知五年出爲江西吉南贛道署按察使八年廣昌齋匪廖幹周作亂攸銛率兵平之疆臣上其功會丁母憂去十年特起署廣東惠潮嘉道歷江西按察使雲南布政使十四年調江蘇就擢巡撫調浙江擢江南河道總督以不諳河務辭詔回原任十六年擢兩廣總督嚴於治盜遴勤幹文武大員駐廣肇韶連諸郡居中之地分路搜截飭州縣官赴鄉勸導耆老使境內不得藏奸舉劾嚴明吏皆用命歷禽匪盜七百餘名自首者許自新特詔褒獎十八年應詔陳言略曰我朝累代功德在民而亂民愍不畏法變出意外此皆由於吏治不修所致臣觀近日道府州縣貪酷者少而委靡者多夫闒冗之釀患與貪酷等竊以爲方今急務莫先於察吏而欲振積習必用破格之勸懲凡貪酷者固應嚴參平庸者亦隨時勸休改用勿俟大計始行覈辦其有勤能者即請旨優獎果道府州縣得人則禍亂之萌自息次年又上疏曰道府由牧令起家者十之二三由部員外擢者十之七八閒近來司員少卓著之才由於滿洲之廕生太易漢員之捐班太多請飭部臣隨時考覈其不宜於部務者以同知通判分發各省使練民事部曹亦可疏通今之人才沈於下位者多矣請飭大臣薦達擇其名實相副者擢用抑臣更有請者任事之與專擅有義利之分若任事而以專擅罪之人皆推諉以自全矣協恭之與黨援有公私之別如協恭而以黨援目之人且立異以遠嫌矣此近今之積習爲大臣者當力除之至翰林儒臣務在崇正學黜浮華養成明體達用之才不必以文章課殿最科道爲耳目之官數陳能否得體糾劾是否爲公詢事考言雖逃洞鑒其有卓越清正者當由京堂而擢卿貳與翰詹參用用人之道因才因地因時臣下無可市之恩君上有特操之鑒人無求備政在集思此之謂也疏入上嘉納之英吉利兵船入內洋攸銛飭停貿易乃聽命引去請禁民人爲洋人服役洋行不許建洋式房屋鋪商不得用洋字店號清查商欠不準無身家者濫充洋商及內地人私往洋館並如議行商人負暹羅國貨價以官錢代償既而貢使來繳還攸銛以奉旨頒給乃示懷柔不得復收回却之詔嘉其得體二十二年調四川總督四川兵故驕縱一裁以法民多帶刀劍禁鄉村設鑪製兵刃城市編牌取結有犯連坐以義倉租息助灌縣都江堰歲修禁派捐累民重修文翁石室興學造士言官請禁非刑飭屬銷毀違法刑具而嚴戒縱匪不得博寬厚虛名貽閭閻害二十四年率土司頭目入都覲賞賚有加時因慶典普免天下積欠錢糧獨四川無欠可免詔嘉其撫綏有方予優敘二十五年仁宗崩入謁梓宮宣宗諭褒爲守兼優加太子少保道光二年召授刑部尚書尋授直隸總督值水災請截南漕四十萬石賑款先後二百萬兩踰年賑事竣時方治畿輔水利命侍郎張文浩莅其事尋以程含章代之攸銛與合疏言東西兩淀大清永定子牙南北運五河及天津海口千里隄不可緩之工請部撥銀一百二十萬兩又疏陳千里隄章程規復兩淀垡船裁夫移改管河員弁駐所添建巡防堡房並如議行命協辦大學士仍留總督任五年拜體仁閣大學士充軍機大臣管理刑部以回疆平加太子太保七年授兩江總督疏言總督於河務非專責與河臣同治徒掣其肘請毋庸駐清江浦從之時清水不能敵黃漕運屢阻攸銛初在浙不主海運至是見河漕交困試行海運便利遂請續行並預儲銀六十萬兩備河運盤壩之用廷議方主倒塘濟運法且疑其畏難便私不許攸銛疏辯極言倒塘之不足恃上終不以爲然姑許海運而禁言盤壩未幾海運亦罷以張格爾就禽追論贊畫功晉太子太傅黃玉林者鹽梟巨魁以儀徵老虎頸爲窟穴長江千里呼吸皆通詔責嚴捕玉林投首乞捕私自劾十年攸銛病乞假假滿召回京供職而玉林復圖販私攸銛疏請嚴治發遣新疆尋復慮其潛回滋事密請處絞詔誅玉林切責攸銛苟且從事嚴議褫職加恩降兵部侍郎未至京卒於途優詔軫惜依尚書例賜卹攸銛精敏強識與人一面一言閱數十年記憶不爽勇於任事不唯阿尤長於察吏薦賢如不及所舉後多以事功名節著子霨遠官至貴州巡撫自有傳

李鴻賓字鹿苹江西德化人嘉慶六年進士選庶吉士授檢討遷御史給事中十八年巡視東漕會林清之變數疏陳時政利弊又以山東河南直隸毗連之地頻年遭兵條上善後事始受仁宗知命偕河督吳璥巡撫同興按河督李亨特貪劣不職狀得實以聞十九年超授東河副總河時微山湖蓄水盡涸運河淤塞鴻賓自巡漕時講求疏泉濟運之策至是疏論上游湖水通暢濬蓄充盈漕運無阻被褒獎命赴睢工會同吳璥塞河二十年擢河東河道總督由諫官不三年而膺方面爲時所罕尋丁母憂賜金治喪予諭祭異數也服闋署禮部兵部侍郎命赴河南山東讞獄並察黃河運河湖水情形二十三年署廣東巡撫二十四年授漕運總督復調河東河道總督河決蘭陽儀封命偕尚書吳璥治之鴻賓專駐儀封會北岸馬營壩復決合疏言馬營土質沙鬆河溜尚勁未能遽定壩基被詰責遂自陳不勝河督之任詔斥其見吳璥辦工遲緩處同獲咎預爲地步褫職予郎中銜留河南專司大工錢糧二十五年命營山東運河事務兼署山東巡撫專駐張秋籌備趲運事尋授安徽巡撫道光元年調漕運總督二年擢湖廣總督初湖廣行銷淮鹽用封輪法大商壟斷小商向隅甫改開輪又有跌價爭售之害鴻賓請設公司僉商經理無論鹽船到岸先後小商隨到隨售大商按所到各家計引均銷試行兩月後販運踴躍著爲令時議折漕以資治河鴻賓疏言徵收折色弊竇叢生莫若令民間完交本色由州縣買米易銀轉解河工詔以易啟抑勒揑價加收平色諸弊未允行調兩廣總督廣東通商久號爲利藪自嘉慶以來英吉利國勢日強漸跋扈故事十三行洋商有缺十二家聯保承充虧帑則攤償英領事類地知洋行獲利厚欲以洋厮容阿華充商諸商不允乃賄鴻賓得之類地曰吾以爲總督若何嚴重詎消數萬金便營私耶於是始輕中國官吏容阿華尋以淫侈耗資逃匿官帑無著不能責諸商代償乃以抽分法爲彌補衆商藉以漁利夷情不服日益多事鴉片流行日廣漏銀外洋鴻賓屢疏陳查禁之法及禁種罌粟並增築虎門大角礮臺以資控御而奉行具文未有實效十年協辦大學士仍留總督任十一年崖州黎匪亂鴻賓駐雷州令提督劉榮慶總兵孫得發勦平之給事中劉光三奏廣東匪徒立會滋擾鴻賓疏陳無三點會名目惟搶劫打單勒索民財根株未絕隨時訪拿準自首免罪請廣湖肇嘉諸府州山塲荒地令無業游民報墾永不升科庶衣食有資免流匪僻如議行入覲賜花翎十二年春湖南猺趙金龍倡亂廣東連州猺聞風蠢動遣兵防勦五月鴻賓赴連州三路進兵雖有斬獲兵弁傷亡多疏請俟湖南事竣進勦詔斥任賊蔓延提督劉榮慶衰庸不早糾劾嚴議革職改留任命尚書禧恩等由湖南移師赴粵勦辦禧恩言粵兵多食鴉片不耐山險鴻賓陳奏不實褫職逮治遣戍烏魯木齊十四年釋還予編修家居久之二十年卒

論曰宣宗初政勵精求治孫玉庭蔣攸銛並以老成膺分陝之寄大事多以諮決其時鹽河漕皆積困玉庭持重晚稍模棱攸銛直行己意眷注遂衰然其汲引人才識量遠矣李鴻賓初以建言驟起後乃簠簋不飭貽海疆隱患三人皆不能以功名終公私之殊不可概論也

清史稿　列傳一百五十四

長齡
那彥成 子容安 容照
玉麟 特依順保

長齡字懋亭薩爾圖克氏蒙古正白旗人尚書納延泰子惠齡之弟也乾隆中由繙譯生員補工部筆帖式充軍機章京擢理藩院主事從征甘肅臺灣廓爾喀累擢內閣學士兼副都統嘉慶四年授右翼總兵五年赴湖北勦教匪爲領隊大臣數敗高天升馬學禮於川楚交界授宜昌鎮總兵又敗徐德苟文明等六年擢湖北提督署總督七年敗樊人傑曾芝秀等予雲騎尉世職以病回京歷左翼總兵出爲古北口提督九年授安徽巡撫禽蒙城教匪余連十年調山東十二年擢陝甘總督討平西甯叛番十三年坐在山東供應欽差侍郎廣興動用庫帑褫職戍伊犂尋予藍翎侍衛充科布多參贊大臣十六年授河南巡撫十八年復授陝甘總督勦禽南山匪首萬五等晉騎都尉世職二十一年予都統銜充伊犂參贊大臣命察治回匪圖爾邁善獄劾罷將軍松筠遂代之二

十二年，復授陝甘總督。道光元年，加太子少保，協辦大學士，留總督任。二年，署直隸總督。會青海野番滋事，命回陝甘，遣總兵穆爾泰、馬騰龍討平之，賜雙眼花翎。拜文華殿大學士，管理藩院事，召還京。尋以青海奏凱後野番復渡河劫掠，奪雙眼花翎。三年，授軍機大臣，管理戶部三庫，充總諳達。四年，出爲雲貴總督。五年，調陝甘，改授伊犂將軍。初，回疆自乾隆中戡定後，歲徵貢稅頗約。旋懲於烏什之亂由辦事大臣縱肆激變，益愼選邊臣，回民賴以休息。久之，法漸弛，莅其任者往往苛索伯克，伯克又斂之回民。嘉慶末，參贊大臣斌靜尤淫虐失衆心。張格爾者，回酋大和卓木博羅尼都之孫也。博羅尼都當乾隆中以叛誅，至是張格爾因衆怨，糾安集延、布魯特寇邊。道光二年，逮治斌靜，代以永芹，亦未能撫馭。四年秋、五年夏，兩次犯邊，領隊大臣巴彥圖敗績，遂益猖獗。六年六月，張格爾大舉入卡，陷喀什噶爾、英吉沙爾、葉爾羌、和闐四城。命陝甘總督楊遇春駐哈密督兵進勦。長齡疏言：「逆酋已踞巢穴，全局蠢動。喀城距阿克蘇二千里，四面回村，中多戈壁，非伊犂、烏魯木齊六千援兵所能克。請速發大兵四萬，以萬五千分護糧臺，以二萬五千進戰。」詔授長齡揚威將軍，遇春及山東巡撫武隆阿爲參贊，率諸軍討之。十月，師抵阿克蘇。時提督達凌阿等已敗賊渾巴什河，張格爾以衆三千踞柯爾坪，令提督楊芳襲破之。大雪封山，兵止未進。疏言：「前奉旨兵分二路，正兵由中路臺站，奇兵由烏什草地繞出喀城，斷其竄遁。惟烏什卡倫外直抵巴爾昌山溝險狹，戈壁數百里，所經布魯特部落半爲賊煽，未可孤軍深入。且留防阿克蘇、烏什、庫車兵八千餘，其延綏、四川兵尚未到，進勦之步騎止二萬二千，兩路相距二十餘站，聲息不通。喀城賊衆不下數十萬，非全軍直搗，反正爲奇，難期無失。喀城邊外凡十卡，皆接外夷，恐賊敗遁，已諭黑回約衆邀截。」七年二月，師至巴爾楚軍臺，爲喀、葉二城分道處，復留兵三千以防繞襲。進次大河拐，賊屯阿爾巴特，夜來犯營，卻之。遂由中路進，殲賊萬餘，禽五千。越三日，張格爾拒戰於沙布都爾，多樹葦，決水成沮洳，賊數萬臨渠橫列。乃令步卒越渠鏖鬭，騎兵繞左右橫截入陣，賊潰，追踰渾水河，禽斬萬計。又越二日，進勦阿瓦巴特，分三路掩殺，俘斬二萬有奇。追至洋達瑪河，距喀城僅十餘里，賊悉衆十餘萬背城阻河而陣，亙二十餘里。選死士夜擾其營，會大風霾，用楊遇春策，遣索倫千騎繞趨下游牽賊勢，大兵驟渡上游蹙之，賊陣亂，乃大奔。乘勝抵喀什噶爾，克之，時三月朔日也。張格爾已先遁，獲其姪與甥及安集延酋推立汗薩木汗。分兵令遇春下英吉沙爾、葉爾羌，芳下和闐，於是四城皆復。上以元惡漏網，嚴詔詰責，限速捕獲。六月，遇春、芳率兵八千出塞窮追，遇春屯色勒庫，芳屯阿賴，諭各部落禽獻。浩罕遣諜誘官軍入伏，鏖戰幾殆，僅得出險。詔斥諸將老師糜餉，留兵八千餘，命遇春率兵入關，芳代爲參贊。當大軍之出，密詔詢將軍、參贊事平後西四城可否仿土司分封。至是長齡疏言：「愚回崇信和卓，猶西番崇信達賴，即使張逆就禽，尚有兄弟之子在浩罕，終留後患。八千留防之兵，難制百萬犬羊之衆。博羅尼都之子阿布都里尚羈在京師，惟有赦歸，令總轄西四城，可以服內夷，制外患。」武隆阿亦以爲言。上切責其請釋逆裔之謬，並革職留任，命那彥成爲欽差大臣，代長齡籌善後。張格爾傳食諸部落，日窮蹙。長齡等遣黑回誘之，率步騎五百欲乘歲除襲喀城。芳嚴兵以待，賊覺而奔，追至喀爾鐵蓋山，擊斬殆盡。張格爾僅餘三十人，棄騎登山，副將胡超、都司段永福等禽之。八年正月，捷聞，上大悅，錫封長齡二等威勇公，世襲罔替，賜寶石頂、四團龍補服、紫韁，授御前大臣，諸將封賞有差。五月，檻送張格爾於京師，上御午門受俘，磔於市。晉長齡太保，賜三眼花翎，圖形紫光閣。尋回京，命親王大臣迎勞，行抱見禮於勤政殿，授閱兵大臣，管理藩院及戶部三庫。正大光明殿賜凱宴，賜銀幣，授領侍衞內大臣。恩禮優渥，並用乾隆朝故事，時稱盛焉。十年秋，浩罕以內地安集延被驅逐，貲產皆鈔沒，積怨憤，遂挾張格爾之兄玉素普及其黨博巴克等復入邊，圍喀什噶爾、英吉沙爾二城，且犯葉爾羌。復命長齡爲揚威將軍，往督師。會葉爾羌辦事大臣璧昌連破賊，長齡令參贊哈哴阿、提督胡超分路進援喀、英二城，賊聞風解圍遁出塞。於是偕伊犂將軍玉麟合疏陳善後事，略曰：「此次入寇與張格爾不同，不過烏合夷衆，挾驅逐鈔沒之憾，虜掠取償，無志於土地人民。各自回畏賊騷掠，助順守禦，亦非上年甘心從逆之比。此時戰緩而守急，惟兵未至而賊已先逃，兵久駐而賊無一獲，戰守俱無長策。諸臣條奏增兵廣屯以省徵調，言之似易，行之實難，即收效亦在數十年之後。若仿土司以西四城付阿奇木伯克，回性懦弱，非浩罕敵，苟無官兵守禦，賊至必如無人之境。臣等再四籌商，統兵之人宜立不敗之地，斯能制人而不爲人制。惟有移參贊大臣於葉爾羌，其地本回疆都會，距喀什噶爾六站，在不遠不近之間。再移和闐領隊大臣備調遣，喀什噶爾留換防總兵一，與英吉沙爾領隊爲犄角；巴楚克駐守總兵一，爲樹窩子咽喉鎖鑰。六城相距均不過數百里，於西四城額兵六千之外，留伊犂騎兵三千、陝甘綠營兵四千，量分駐守，而以重兵隨參贊居中調度。新兵糧餉，請於各省綠營兵額內裁百分之二，歲省三十餘萬，以爲回疆兵餉。俟屯田有效，即以回疆兵食守回疆，仍撤回內地餉額。」又疏請招民開墾西四城閒地，以供兵糈。又請添設同知二、巡檢五，由陝甘選勤能之員任之。並下廷議，往復再三，罷設文員，減滿漢兵二千五百名，新增餉需不過十萬兩，各城額徵糧科可敷供支，乃允行。以璧昌爲參贊大臣，各城總節制，其辦事、領隊各大臣命長齡等保奏任用。浩罕懼大軍出討，乞援俄羅斯，俄人拒之，乃遣頭人詣軍求通商。長齡責縛獻賊目，釋還兵民。來報願還俘虜，復乞免稅，並給還所沒貲財。上方欲示以寬大，且謂獻犯亦不足信，一切允之。浩罕喜過望，進表納貢，通商如故，邊境乃安。長齡駐回疆凡兩載，十二年，回京，晉太傅，管理兵部，調戶部，賜四開禊袍。十七年，以病乞休，上親視其疾，溫詔慰留。以八十壽，晉一等公爵。次年，卒，上震悼，親奠，賜金治喪，入祀賢良祠、伊犂名宦祠，諡文襄。十九年，命每次謁陵後賜奠其墓。子桂輪，襲公爵，官至烏里雅蘇臺將軍。

那彥成，字繹堂，章佳氏，滿洲正白旗人，大學士阿桂孫。乾隆五十四年進士，選庶吉士，授編修，直南書房。四遷爲內閣學士。嘉慶三年，命在軍機大臣上行走。遷工部侍郎，調戶部，兼翰林院掌院學士，擢工部尚書，兼都統、內務府大臣。那彥成三歲而孤，母那拉氏守志撫之成立，至是三十載，仁宗御書「勵節教忠」額表其門。時教匪張漢潮久擾陝西，參贊大臣明亮及將軍慶成、巡撫永保同勦之，互有隙，師行不相顧。是年秋，命那彥成爲欽差大臣，督明亮軍，褫慶成、永保職逮治。那彥成以樞臣出膺軍寄，意銳甚，明亮聞其將至，急擊賊敗之，漢潮伏誅。帝嘉其先聲奪人，特詔褒美。漢潮黨冉學勝亦狡悍，猶在陝，冬，敗之五郎，竄秦嶺老林，又迭敗之高關峪、夾嶺、鳳皇山。賊乘間逸入湖北、河南境。五年春，進兵漢中，遂入棧勦川匪，追出棧，大破之隴州隴山鎮，俘斬甚衆，授參贊大臣。會經略額勒登保病，上以那彥成隴山捷後軍威已振，命兼督各路兵。高天升、馬學禮陷文縣，踞卡郎寨，乘夜渡河破之。賊南竄趨松番、岷州，額勒登保病起，合擊敗之。餘賊將竄川境，即陰平入蜀道也，那彥成以地險不利騎兵，檄總兵百祥迎擊於農安，自率師回陝。初，那彥成西行，以南山餘賊付巡撫台布，繼而川賊五家營至，與合欲東犯，台布遣將掩之，賊趨鎮安。張世龍、張天倫爲經略大兵所驅，亦奔鎮安，羣賊皆注漢北山內。額勒登保追入老林，賊向商雒，爲楊遇春所破，始不敢東。那彥成與會師鎮安，商雒賊折犯楚境。上以軍事不得要領，召回京面詢方略。而高、馬二賊入川後益張，總兵施縉戰歿，詔斥那彥成縱賊，罷軍機、書房一切差使。及至，召對忤旨，再斥在陝漫無布置，面詢兵事餉事，惟諉諸劫數未盡，且有忌額勒登保戰功意，褫尙書、講官、花翎，降翰林院侍講。歷少詹事、內閣學士。七年，赴江西按巡撫張師誠被劾事，未定讞。兩廣總督吉慶以勦會匪被譴自戕，命往鞫。八年，率提督孫全謀平會匪，條上善後。署吏部侍郎，擢禮部尙書。九年，復授軍機大臣。赴河南鞫獄，未畢，命署陝甘總督，治捜捕餘匪善後事宜。手詔戒之曰：「汝誠柱石之臣，有爲有守，惟自恃聰明，不求謙益，務資兼聽並觀之益，勿存五日京兆之見。」未幾，調授兩廣總督。廣東土匪勾結海寇爲患，久不靖，那彥成以兵不足用，乃招撫盜首黃正嵩、李崇玉先後降者五千餘人，奬以千總、外委銜及銀幣有差。巡撫孫玉庭劾其賞盜，降藍翎侍衞，充伊犂領隊大臣。既而李崇玉檻送京師，訊得與正嵩皆受四品銜守備劄，褫職戍伊犂。十二年，復予二等侍衞，充領隊，調喀喇沙爾辦事大臣，又調西寧，平叛番。擢南河副總河，以荷花塘漫口合而復決，降二等侍衞。歷喀喇沙爾、葉爾羌辦事大臣，喀什噶爾參贊大臣。十四年，復授陝甘總督。十八年，河南天理會教匪李文成等倡亂，陷滑縣，直隸、山東皆響應，林清糾黨犯禁門。初命總督溫承惠往勦，清既誅，乃發京兵，授那彥成欽差大臣，加都統銜督師，率楊遇春、楊芳等討之。迭詔責戰甚急，那彥成以小醜不足平，惟慮逋入太行，勢且蔓延。十月，至衞輝，合師而後進。賊踞桃源集、道口，與滑縣爲犄角，連敗之於新鎭、丁欒集。遇春擊破道口，殲賊萬餘，焚其巢，尋破桃源集，追道口餘賊抵滑縣。文成遁輝縣司寨，楊芳、德英阿追破之，文成自焚死。親督遇春等圍滑城，數旬，以地雷攻拔之，獲首虜二萬餘，山東賊亦平。捷聞，加太子少保，封三等子爵，賜雙眼花翎，授直隸總督，賜祭其祖阿桂墓。二十一年，坐前在陝甘移賑銀津貼腳價，褫職逮問，論大辟，繳完賠銀，改戍伊犂。會丁母憂，詔援滑縣功免發遣。二十三年，授翰林院侍講，歷理藩院、吏部、刑部尚書，授內大臣。道光二年，青海野番肆掠，復擾，命那彥成往按，遂授陝甘總督。驅私住河北番族回河南原牧，嚴定約束，緝治漢奸，乃漸平。五年，調直隸。七年，回疆四城既復，命爲欽差大臣，往治善後事，先後奏定章程，革各城積弊。諸領隊、辦事大臣歲終受考覈於參贊大臣，又總考覈於伊犂將軍，互相糾察。增其廉俸，許其攜眷，久其任期。印房章京由京揀選不用駐防除伯克賄補之弊嚴制賚格保舉迴避五城叛產歸官收租歲糧五萬六千餘石支兵餉外餘萬八千石爲酌增各官養廉鹽米銀之用有餘則變價解阿克蘇採買儲倉改建城垣增卡堡練戍兵浩罕爲逋逃藪所屬八城安集延即其一嚴禁茶葉大黃出卡盡逐內地流夷收撫各布魯特待其欵關求貢然後撫之詔悉允行張格爾既誅加太子太保賜紫韁雙眼花翎繪像紫光閣列功臣之末浩罕匿張格爾妻孥詐使人投書伺隙那彥成禁不使與內地交接絕其貿易九年使人出卡搜求逆屬上慮其邀功生事召還京仍回直隸總督任未及兩歲西陲復不靖論者謂那彥成驅內地安集延沒貲產絕貿易所致十一年詔斥誤國肇釁褫職十三年卒宣宗追念平教匪功賜尚書銜依例賜卹諡文毅那彥成遇事有爲工文翰好士雖屢起屢躓中外想望風采子容安容照容安廕戶部主事襲子爵歷侍衞副都統從長齡征回疆有功歷伊犁參贊大臣亂事再起容安率兵四千五百赴援抵阿克蘇遷延不進由和闐繞道又分兵烏什致喀英二城圍久不解褫職逮治讞大辟尋以以二城未失從寬改監候罰繳和闐軍需貸死戍吉林父喪釋還數年卒容照以大臣子予侍衞累擢內閣學士亦從征回疆隨父治善後擢理藩院侍郎容安既獲罪襲子爵繼因那彥成被譴同褫職起歷馬蘭鎭總兵治獄失入復褫爵職以侍衞從揚威將軍奕經防廣東充庫倫辦事大臣復爲馬蘭鎭總兵咸豐中從尙書恩華勦捻匪有功加副都統銜以疾回京卒賜卹孫鄂素襲爵

玉麟字子振哈達納喇氏滿洲正黃旗人乾隆六十年進士選庶吉士授編修嘉慶初三遷爲祭酒歷詹事內閣學士纂修實錄久特詔充總纂奏事列名總裁後入直上書房歷禮部吏部侍郎典會試奉使鞫安徽壽州獄及湖北官銀匠侵蝕錢糧事大吏並被嚴譴後歷赴湖南江西直隸河南按事時稱公正十二年督安徽學政調江蘇十六年兼右翼總兵坐吏部銓序有誤奪職未幾授內閣學士兼護軍統領左翼總兵遷戶部侍郎十八年八月車駕自熱河回蹕迎至白澗先還京會林清逆黨犯禁門率所部擊捕坐門禁懈弛褫職十九年予三等侍衞赴葉爾羌辦事二十三年加副都統銜充駐藏大臣歷左翼總兵鑲白旗漢軍副都統遷左都御史禮部吏部兵部尙書道光四年命在軍機大臣上行走六年回疆亂起西四城皆陷阿克蘇辦事大臣長清獨能固守卻賊先由玉麟論薦詔特嘉之賜花翎七年兼翰林院掌院學士充上書房總師傅加太子少保八年回疆既定晉太子太保繪像紫光閣上方厪顧西陲以玉麟悉邊務九年特命出爲伊犁將軍疏言浩罕將作不靖請緩南路換防阿坦台汰劣克屢請投順包藏禍心添巡邊兵以備禦伊薩克忠勇能事責令乘機謀之近夷布呼等愛曼恭順重賞以固其心則卡外動靜俱悉詔如議行並令喀什噶爾參贊大臣札隆阿爲之備札隆阿誤信汰劣克等不之疑也十年秋安集延果引浩罕內犯喀什噶爾幫辦大臣塔斯哈率兵出禦遇伏陷歿札隆阿將棄城退守阿克蘇玉麟急疏聞請責長清等速籌糧儲哈豐阿速進攻發伊犁兵四千五百名令容安率之赴援容安至阿克蘇與長清議中途有桑蘭回子梗阻令哈豐阿孝順岱由和闐草地進兵玉麟疏劾曰喀英兩城被困兩月賊勢尙單易於援勦由大路直赴葉爾羌二城之圍自解迂道和闐須一月方至賊勢漸厚哈豐阿軍未必得力阿克蘇現集兵不下萬人僅以三千人繞路進發留兵坐糜餉糧實屬非計札催十數次該大臣等始以糧運遷延後又稱蒙兵民遣皆不足恃計程裹糧二十日足用後路轉運已源源而來前年克復四城民遣得力渾什巴河之捷土爾扈特出力較多近日璧昌以少勝衆豈沿邊零匪轉不能就地殲除請將長清等嚴行申飭上韙其言仍促哈豐阿進兵及長齡督楊芳胡超等大兵至喀英二城賊已遠遁玉麟疏言賊勢渙散現調官兵不止四萬月需糧萬五千石運費十餘萬兩請停止續調四川陝甘兵並飭回疆各城採買糧餉較之戈壁轉輸節省不止倍蓰從之初張格爾之就禽也回子郡王銜貝子伊薩克實誘致諸夷忌之亂起兵民謀刧掠事洩誅首犯逐流民怨者譌言伊薩克通賊遂圍刧其家並殺避亂回衆二百餘人札隆阿不能制反坿和劾因之玉麟以伊薩克身膺王封助亂得不償失子孫在阿克蘇家業在庫車豈無顧慮疏陳其可疑命偕長齡會鞫得札隆阿懼罪欲殺之以掩迹及委員章京等揑奏迎合誣證狀札隆阿以下坐罪有差復伊薩克爵職回衆大服時諸臣議回疆事宜玉麟上疏曰閱固原提督楊芳添兵招佃奏稿稱四川總督鄂山有請西四城改照土司之議伏思回疆自入版圖設官駐兵不惟西四城爲東道藩籬南八城爲西陲保障即前後藏及西北沿邊蒙古番子部落皆賴以鞏固若西四城不設官兵僅令回人守土誠恐回性無恒又最畏布魯特強橫轉瞬即爲外夷所有則阿克蘇又將爲極邊矣其迤東之庫車喀喇沙爾土魯番哈密等城必至漸不安堵以形勢論脣亡則齒寒以地利論喀什噶爾葉爾羌和闐三處爲回疆殷實之區捨沃壤而守瘠土是藉寇兵而齎盜糧也楊芳所謂守善於棄實不易之論至請將喀什噶爾參贊移遷阿克蘇殊非善計該處幅員狹隘不足爲重鎭且距喀城二千里有鞭長不及之患其所陳招佃通商各條則爲治邊良法請用之於是詔發長齡密陳十條及中外奏議交玉麟悉心籌畫十一年偕長齡會疏上定以參贊大臣移駐葉爾羌暨善後諸政具詳長齡傳十二年事定回伊犁調劑番戍官兵以均勞逸惠遠城南瀕河定歲修之例以待種之地租給回民收租充兵食並爲贍孤寡備差操請用拓敬業官學學舍創建文廟宣宗特頒扁額以重其事邊徼士風漸蒸蒸焉十三年命回京以特依順保代之行至陝西卒於途次上聞震悼優詔賜卹晉太保入祀賢良祠柩至京親臨賜奠諡文恭伊犁請祠祀允之特依順保鈕祜祿氏滿洲正白旗人由吉林前鋒長從征廓爾喀有功嘉慶中從長齡勦教匪屢破高天升馬學禮賜號安成額巴圖魯累擢甘肅西甯鎭總兵十八年從那彥成討滑縣教匪力戰數破賊克司寨殲首逆李文成克滑縣執賊渠予雲騎尉世職移勦陝西三才峽匪事平擢黑龍江將軍調烏里雅蘇臺將軍塔爾巴哈台參贊大臣葉爾羌辦事大臣召授正白旗蒙古都統張格爾之亂命赴阿克蘇尋署甘肅提督兼西甯辦事大臣歷綏遠城黑龍江甯夏西安將軍調伊犁承玉麟之後休息邊氓撫馭夷部巴爾楚克諸地屯田漸興酌撤防兵在任五年邊疆無事道光十八年入覲詔嘉其治邊措施悉當加太子太保授內大臣留京供職尋授領侍衞內大臣二十年病請解職未幾卒賜卹如例

論曰回疆之役剏平易而善後難長齡持重於始老成之謀那彥成力袪積弊善矣而操切肇釁未竟厥功玉麟以樞臣自請治邊補救綢繆西陲乃得乂安無事紫閣銘勳蓋非倖已

清史稿　列傳一百五十五

楊芳（胡超　齊慎　郭繼昌　段永福）　武隆阿（哈哴阿　巴哈布　達凌阿　哈豐阿　長清）　慶祥（舒爾哈善　烏凌阿　穆克登布　多隆武）　璧昌（恒敬）

楊芳字誠齋貴州松桃人少有幹略讀書通大義應試不售入伍充書識楊遇春一見奇之薦補把總從征苗疆戰輒摧鋒洊擢台拱營守備嘉慶二年從額勒登保勦教匪敗張漢潮於南漳賜花翎轉戰川陝常充偵騎深入得賊情地勢額勒登保連破劇寇賴其嚮導之力四年殲冷天祿於人頭堰大軍追餘賊芳以九騎前行至石笱河見賊數千爭渡後逼陡崖左右無路芳遣二騎回報自將七騎大呼馳下賊驚潰陷淺洲中其先渡者無由回救五舟離岸羣賊蟻附舟重每發一矢覆一舟五發五覆俄楊遇春穆克登布至浮馬渡追擊賊盡軍中稱爲奇捷遷擢平遠營都司下江營游擊兩廣督標參將五年楊開甲張天倫趨雒南芳以千騎扼東路繞出賊前賊折而西黎明追及見馬蹟中積水猶潰急馳之甫轉山灣見賊擁塞平川芳率數十騎衝突後騎至乘勢蹂躪賊倉卒奔潰禽斬無算賜號誠勇巴圖魯擢廣西新泰協副將尋從穆克登布擊伍懷志連敗之成縣階州賊渡白水河窺四川龍安旁入老林冒雨追擊及之於磨刀石手刃十餘賊傷足墜馬徒步殺賊復傷臂射傷伍懷志大軍乘之大破賊衆仁宗聞而嘉之詔問傷狀六年冉學勝趨甘肅偕札克塔爾要擊於固原賊反奔芳輕騎攔其後隊又敗之於漢江南岸賊由平利走洵陽時張天倫踞高唐嶺芳破之餘賊與學勝合東出楊柏坡芳先至設伏敗之而李彬苟文明高見奇姚馨佐合竄平利彬走南江天倫隨之見奇馨佐入甯羌額勒登保自追之屬芳以南江之賊擊天倫禽其黨張良祖馬德清劉奇復破見奇馨佐於桂門關追及黑洞溝禽其黨辛斗擢陝西甯遠鎭總兵又敗李彬於太平賊棄老弱逸獲彬妻及其悍黨冉天璜七年苟文明犯甯陝其黨劉永受宋應伏分布秦嶺北芳由五郎口進殲應伏之衆過半永受遁爲寨民所殺文明尋亦

授首。額勒登保入楚，檄芳勦陝境餘匪，先後禽郭士嘉、荀文學等，賊黨潰散。八年，總督惠齡檄芳還勦南山賊，芳由洵陽壩深入，冒雨捫厓攀葛，獮薙無遺。遂大搜秦嶺南北，陝西賊垂盡。忽有李彪者自太白山突出，合苟文潤擾洋縣，芳截勦勿及，坐奪翎頂。賊逼川境，德楞泰至，令芳歸防山內。苟文明餘黨自竹谿竄陝，芳嚴守漢江卻之，復翎頂。是年秋，三省悉平，凱撤諸軍。甯陝鎮標皆選鄉勇精銳充伍，凡五千人，號新兵，芳馭之素寬。十一年，芳代楊遇春署固原提督，去鎮，副將楊之震攝，以包穀充糧，又鹽米銀未時給，衆鼓譟。營卒陳達順、陳先倫遂倡亂，戕之震。其黨蒲大芳護芳家屬出，而復從賊。芳聞變，馳赴石泉。詔德楞泰率楊遇春等討之。秋，賊大掠洋縣、留壩，脅衆盈萬，推大芳爲魁，攻孝義，窺子午谷，圍鄠縣急。芳馳救，鏖戰終夜，傷臂。旦日，賊辨爲芳，自引去。遇春督諸軍戰於方柴關，不利。芳與遇春計，賊尙感舊恩，可勸諭，單騎入賊，曉以順逆利害。猶倔強，與語數年共生死情，聲淚俱下，衆感泣願降，遂宿賊壘。大芳縛達順、先倫以獻，復率大芳追斬不聽命者朱貴等數百人，乃定。德楞泰疏請降兵歸伍，大芳等二百餘人免死伊戍犁。芳坐馭兵姑息，亦褫職遣戍。明年，釋還，以守備千總用。十五年，授廣東右翼鎮總兵，調陝西西安鎮。母憂去官。十八年，服闋入都，至河南，會教匪李文成踞滑縣，總統那彥成留之勦賊，授河北鎮總兵。偕楊遇春克道口，進薄滑縣。巡撫高杞有兵六千，與總統不協，戰不力，芳說杞盡領其衆。文成走踞輝縣司寨，偕特依順保追擊之，賊死鬬，芳手刃退卒，大捷，以火攻破碉樓，文成自焚死。予雲騎尉世職。大兵隧地攻滑城，賊多方禦之，歷四十日不得下。芳復於西南隅穿穴深入，九日而成，地雷發，城圮，殄賊二萬餘。藏功優敍，調西安鎮。移師勦平三才峽匪，復勇號，調漢中鎮。二十年，擢甘肅提督。道光初，歷直隸、湖南、固原提督。六年，回疆軍事急，芳自請從征，許之。十月，會軍阿克蘇。柯爾坪爲要衝，芳先進，一鼓破之，焚回莊，斬賊酋伊瞞及安集延僞帥約勒達什，大軍無阻。七年二月，偕參贊楊遇春、武隆阿進師，三戰皆捷，抵喀什噶爾渾河北，合擊大破之，遂復其城。率兵六千趨和闐，三月，戰於毘拉滿，分軍繞賊後夾擊，禽賊酋噶爾勒，復和闐。加騎都尉世職，授乾清門侍衞。張格爾已遁，命楊遇春偕芳出卡掩捕。芳軍阿賴，檄諸夷部縛獻。芳言賊遁愈遠，道險餉艱，諸夷貪賞妄報，不足信。至秋，詔班師。會芳追博巴克達之衆，入險遇伏，數戰始拔全軍出，協領都清阿死之。遇春先入關，芳代爲參贊，遣黑回用間，言大兵全退。張格爾俟歲將除，率五百騎來襲，中途覺而反奔。芳急馳一晝夜，追及於喀爾鐵蓋山，殲其從騎殆盡。餘賊擁張格爾登山，棄騎走，芳率胡超、段永福等禽之。錫封三等果勇侯，賜紫韁、雙眼花翎，晉御前侍衞，賜其子承注舉人。張格爾械京伏誅，加太子太保。九年，入覲，晉二等侯，加太子少傅。十年，浩罕、安集延復擾喀什噶爾、葉爾羌等城，偕長齡往勦，仍爲參贊。兵至，賊已遁，疏言移城屯田事，下長齡等議行。尋回鎮。十三年，四川清溪、越嶲、峩邊諸夷叛，提督桂涵卒於軍，以芳代之。至則清溪、越嶲皆平，進攻峩邊賊巢，斬其酋，十二姓熟夷皆降，山內猓夷亦就撫。與按察使花杰籌治善後。晉一等侯。逾年，諸夷復時出擾，降二等侯，褫御前侍衞，以甘肅總兵候補。引疾歸。十六年，起爲湖南鎮筸總兵，撫定變兵。歷廣西、湖南提督。二十年，海疆事起，定海既陷，琦善赴廣東議撫，英吉利要挾，攻奪礮臺。二十一年春，命奕山爲靖逆將軍，芳及隆文爲參贊，率師防勦。奕山等不知兵，惟倚芳。先至廣州，英兵入犯虎門、烏涌，提督關天培戰死，敵兵逼省城。嚴備守禦，芳見兵不可恃，而洋商久停貿易，亦願休戰，美利堅商人居間請通商，詔不許。又偕巡撫怡良疏請准港腳商船貿易，詔斥有意阻撓，怠慢軍心，嚴議奪職，改留任。奕山至，戰亦不利。四月，英艦退，收復礮臺。弈山等遂請班師。芳以老病乞解職，溫諭慰之，命回湖南本任。二十三年，許致仕。在籍食全俸。二十六年，卒於家。詔念前勞，賜金治喪，依例賜卹，予其諸孫官有差，諡勤勇。子承注，先卒。孫恩科，襲侯爵。芳自勦三省教匪，勳名亞於楊遇春。至回疆之役，以生禽首逆先封侯，繪像紫光閣，論功超列遇春上。漢臣同列者凡九人：署固原提督胡超、貴州提督余步雲、直隸提督齊愼、安徽壽春鎮總兵郭繼昌、陝西西固營都司段永福、陝西馬兵升甘肅甯遠堡守備楊發、陝西馬兵升撫標左營守備田大武。發、大武並從禽張格爾，以伍卒躋列，異數也。胡超，四川長壽人。初讀書應試不售，入伍從征苗疆，有功。嘉慶中，川、楚、陝教匪起，率鄉勇轉戰，屢殲悍賊，以勇健名，累擢都司。坐事奪職，入都，考充國史館供事。十八年，林清逆黨犯禁城，手殺數賊。大學士勒保薦赴河南軍營，從楊遇春勦賊，單騎入賊壘，與數十賊搏戰，殲其二，搴旗而出。又敗賊於中市，率勁騎前驅，克道口，復原官。克滑城，禽賊首，上功居最。十九年，從遇春平三才峽匪，殪賊目麻大旂、劉二，禽龔貴等，賜號勁勇巴圖魯。累擢陝西循化營參將。道光元年，從征叛番，戰博洛托亥、烏蘭哈達，皆捷，夜襲凍雪嶺賊帳，擢甘肅永昌協副將，駐防西甯。六年，回疆事起，楊遇春檄赴軍，從楊芳攻柯爾坪，先破賊於和色爾湖。次日，攻北莊，持矛步戰，殺賊過半，陣斬賊首伊瞞，加總兵銜。七年，連戰皆捷，抵渾河，賊夜來襲，擊敗之，遂渡河薄賊壘，賊大潰。四城既復，追和闐逸賊出卡，至瑪雜，敗之，截擊於新地溝，盡殲其衆。擢四川重慶鎮總兵。是年冬，追張格爾至喀爾鐵蓋山，舍騎步躡山巔，張格爾窮蹙欲自剄，超與段永福奪其刀，生縛之。予騎都尉世職，授乾清門侍衞，與功臣宴，御製贊有「雄勇超羣，名實克稱」之褒。歷署古北口、固原提督，授甘肅提督。十年，浩罕、安集延復犯邊，超率兵四千馳勦，至英吉沙爾，賊已遁，遂解喀什噶爾圍，分兵追薩漢莊竄匪，俘戮殆盡。凱旋，調固原提督。十六年，入覲，命在御前行走。二十一年，命率兵二千赴山海關駐防。尋以浙江海防急，授參贊大臣赴援，未行，留防天津，從郡王僧格林沁視直隸、山東海口防務。逾年，撤防歸伍。尋調甘肅提督。二十六年，以西甯番叛調援不力，褫職，仍留騎都尉。乞病歸，食半俸。二十九年，卒。齊愼，河南新野人。以武生率鄉團擊教匪，入伍，隸慶成部下，轉戰三省，以勇聞。比教匪平，洊擢至陝安鎮右營游擊，楊遇春甚器之。嘉慶十八年，滑縣亂，檄愼從征。賊踞道口，遇春初至，直前搏戰，愼從之，賊氣奪，入巢。明日，愼獨破賊於衞河西岸。賊掠中市，率騎斷其歸路，夾擊，毀浮橋，遂克道口。破桃源集援賊，進薄滑縣。駐營未定，賊萬餘由西北門出來犯，力戰相持竟夜。遲明，城賊二千餘復出，愼躍馬衝賊陣，中斷，乃大潰。又破賊新鄉牛市。首逆李文成走踞司寨，愼由淇縣大廟山右進，鏖戰白土岡，會攻司寨，克之。自道口至此凡十三戰，敍功最，賜號健勇巴圖魯。克滑城，先登受傷，擢副將。遂從遇春平三才峽匪，授神木協副將，歷西安、陝安兩鎮總兵。道光元年，擢甘肅提督。二年，西甯插帳番擾河北，愼率本標兵迭戰於烏蘭哈達、哈錫山、落它灘，禽斬數百，番衆乞降，放還河南。詔褒獎，被珍賚。六年，從征回疆，長齡令充翼長，駐守阿克蘇。父喪，留軍。特奇里克、愛曼布魯特助逆擾烏什，愼戰屢捷，禽其酋庫圖魯克。七年，出哈蘭德卡倫，駐倭胡素魯，遏賊內犯。事平，調古北口提督，改號強謙巴圖魯。十二年，病歸。起授甘肅提督，調四川。十七年，平雷波叛夷。調雲南，復調四川。二十一年，命率川兵五百赴廣東，參贊靖逆將軍奕山軍務，守佛山鎮。楊芳病，移守省城。會罷戰。二十二年，赴湖北勦崇陽亂民，未至已定。命赴浙江會辦揚威將軍奕經軍務，駐上虞，扼曹娥江。移防江蘇鎮江，英兵來犯，力戰卻敵。城卒陷，退守新豐。奕山、奕經先後被譴，愼奪職留任。回四川。二十四年，出閱伍，卒於馬邊。贈太子太保，諡勇毅。郭繼昌，直隸正定人。以行伍從慶成勦教匪於襄陽，繼從恒瑞入川，擊羅其清、冉文儔等於龍鳳坪，殲冉文富於馬鞍山，功皆最。又赴陝甘勦張漢潮，擢龍固營都司。累遷陝西宜君營參將。道光元年，赴喀什噶爾換防，授定邊協副將，調安西協。六年，換防葉爾羌，抵阿克蘇，値亂起，駐守托什罕，擊敗渡河賊。協領都倫布被圍，繼昌兵少不能救，借調額爾古倫騎隊三百，夜率馳往，突賊營，殲其酋庫爾班素皮，追及河上，禽斬千餘。擢總兵，賜號幹勇巴圖魯。七年，從大軍戰大河拐，夜襲賊營，破之。從復喀什噶爾城，追賊至塔里克達坂，分兵繞山後狙擊，賊驚潰。授壽春鎮總兵，調陝西延楡綏鎮。十年，再赴喀什噶爾勦餘孽。還署固原提督。十七年，調廣東陸路提督。洎海防急，往來廣、惠間籌守禦。二十一年，以勞卒。段永福，陝西長安人，原籍四川。以鄉勇從征教匪，積功至千總。嘉慶十八年，滑縣教匪起，從楊遇春轉戰直隸、河南，克道口、司寨，復滑縣，皆有功。復從遇春勦陝西郿縣賊，率騎兵追至柏楊嶺，殲賊目麻大旂、劉二於陣。累擢甘肅張義營都司。道光七年，從楊芳征回疆，洋阿爾巴特、沙布都爾、阿瓦巴特三戰皆力，賜號利勇巴圖魯。張格爾就禽於喀爾鐵蓋山，永福從胡超步上山嶺，直前奪其刀，手縛之。予騎都尉世職，擢參將。歷甘肅永固協副將、陝西甯夏鎮總兵，調貴州安義鎮。二十年，命赴廣東防海。英吉利兵艦初至，永福扼虎門，礮擊退之。二十二年，命赴浙江佐揚威將軍奕經軍。寧波、鎮海已陷，令永福分路往攻，漏師期，他路先挫，永福師不得進，遂無功。擢廣西提督，未赴，調浙江。未幾，卒，諡勇毅。

武隆阿，瓜爾佳氏，滿洲正黃旗人，提督七十五子。嘉慶初，以健銳營前鋒從征湖北教匪，後隨父勦賊四川，功多，累擢副都統。七十五以病去，武隆阿代領所部留川，爲勒保所忌。父喪，乃還京。十年，授廣州潮州鎮總兵。時海盜充斥，仁宗以武隆阿勇敢，故使治之。既而總督那彥成招降盜首李崇玉，予四品銜守備銜，而以武隆阿捕獲聞，事覺，坐降二等侍衞，赴臺灣軍營効力。十一年，偕王得祿等擊蔡牽於鹿耳門，敗之，遷頭等侍衞，授臺灣鎮總兵。二十五年，母憂回旗。尋充喀什噶爾參贊大臣。道光元年，疏陳八旗生計，請以綠營兵半爲旗額，由駐防子弟挑補。詔斥紊言亂政，降二等侍衞，調西甯辦事大臣。三年，召還，授內閣學士。出爲直隸提督，授江西巡撫，調山東。六年，臺灣奸民張丙作亂，詔武隆阿往督師，未行而回疆亂急，授欽差大臣，與楊遇春同參贊揚威將軍長齡軍務，率吉林、黑龍江騎兵三千出關。七年二月，戰於洋阿巴特，武隆阿將右軍扼其前賊敗走追至排子巴特叉敗之進克沙布都爾回莊乘勝至渾水河悍賊數千來援迎擊破之斬其酋色提巴爾第等進次阿瓦巴特賊伏精銳以待道羸師挑戰佯敗武隆阿整隊進以連環槍衆擊別遣藤牌軍由山谷間道衝出賊馬驚却走伏賊自林中出不復成列縱擊之殪賊萬餘斬其酋阿瓦子邁底那爾巴特阿渾等捷聞加太子少保賊壘踞渾河南岸列大礮山穴死守以拒武隆阿軍至不得進日暮偕楊遇春乘風潛渡上游襲賊後賊數進數退卒不支始潰走遂復喀什噶爾城張格爾聞敗先遁詔斥將軍參贊不能生致首逆並褫讀奪武隆阿宮銜責擒張格爾以自贖武隆阿病留喀城授喀什噶爾參贊大臣詔詢善後方略長齡請以逆裔阿布都哈里管西四城回部事武隆阿亦疏言留兵少則不敷戰守留兵多則難繼度支前此大兵進勦幸克捷迅速奸謀始息臣以爲西四城環逼外夷處處受敵地不足守人不足臣非如東四城爲中路不可少之保障與其糜有用兵餉於無用之地不如歸幷東四城省兵費之半即可鞏如金甌似無需更守此漏卮詔切責其附和長齡會諜報張格爾潛居達爾瓦武隆阿率師往擊之侍衞色克精阿等歿於陣上愈怒議革職從寬留任尋以病亟請解職允之命在喀城調理病愈仍署原官八年張格爾就擒免前後吏議尋實授喀什噶爾參贊大臣奏招撫歸順部落額提格訥布魯特安置依劣克達坂地詔以受降易安撫難勉之召回京九年陝甘兵凱撤給鹽糧銀依內地防軍舊例軍士意不滿譁噪那彥成疏言武隆阿戰陣勇敢而多疑少斷未洽人心陝軍囂爭實其意存節省拘泥成例所致慮不勝參贊任及至京召對語復掩飾降頭等侍衞尋充和闐辦事大臣十年召還逾年卒武隆阿回疆戰功與二楊相埒以言棄地獲譴未膺優賞宣宗念前勞仍列功臣繪像紫光閣八旗諸將同列者都統威勇侯哈哴阿護軍統領阿勒罕保庫爾烏蘇領隊大臣副都統巴哈布副都統蘇清阿阿克蘇辦事大臣副都統長清塔爾巴哈台參贊大臣達淩阿察哈爾都統安福頭等侍衞巴清德吉林副都統吉勒通阿喀什噶爾幫辦大臣副都統銜額爾古倫頭等侍衞塔爾巴哈台辦事大臣德勒格爾桑頭等侍衞華山泰甯夏副都統伊勒通阿吉林協領壽昌黑龍江協領鄂爾克彥金淩阿黑龍江總管副都統銜舒淩阿伊犂察哈爾總管烏齊拉爾三等侍衞得勝額吉林佐領烏淩額德成額黑龍江佐領占布阿勒吉訥伊犂錫伯佐領德克精阿伊犂索倫副總管哈丹保伊犂錫伯馬甲防禦銜驍騎校訥松阿舒興阿而回子郡王伊薩克亦與焉哈哴阿瓜爾佳氏滿洲正黃旗人由世襲雲騎尉爲伯父額勒登保嗣襲一等威勇侯授頭等侍衞乾清門行走嘉慶十八年從勦滑縣教匪有功賜號繼勇巴圖魯二十一年晉御前侍衞兼副都統武備院卿歷護軍前鋒統領道光六年從長齡赴回疆充領隊大臣將騎兵連戰洋阿爾巴特沙布都爾阿瓦巴特擒安集延頭目阿瓦子邁瑪底等復喀什噶爾擒逆屬及從逆伯克阿布都拉安集延頭目推立汗從楊芳破玉努斯於毘拉滿復和闐擢鑲紅旗蒙古都統八年檻送張格爾至京獻俘闕下禮成賜蟒袍大緞十年喀什噶爾復被圍授參贊大臣從長齡視師至則賊已遁命偕楊芳察各城戰守及回衆助逆者捕誅百餘人被劾免罪獎賞有功並如議行留回疆駐守訓練屯兵十二年浩罕遣使進表送還所掠回民率貿易人進卡哈哴阿受之宣示通商免稅恩詔賜予筵宴事畢還京臺灣匪起授參贊大臣偕將軍瑚松額往勦未至事平旋師十五年命赴山陝閱兵擢領侍衞內大臣尋以閱兵不慎降二等侍衞累遷都統二十一年海疆戒嚴駐防山海關復授參贊大臣偕奕經赴浙江防勦未幾仍回山海關防守和議成回京授領侍衞內大臣二十五年以病請解職食侯爵全俸二十九年卒贈太子少保諡剛格子那銘孫榮全襲爵榮全官至副都統自有傳巴哈布伍彌特氏蒙古正黃旗人以健銳營前鋒藍翎長從征教匪又赴臺灣勦賊累遷前鋒參領以克滑縣功授右翼翼長擢鑲藍旗蒙古副都統道光五年出爲哈喇沙爾辦事大臣六年率土爾扈特和碩特蒙古兵援阿克蘇賊潛渡渾巴什河犯阿城迎擊殲其渠庫爾班素皮被優敘偕提督達淩阿援烏什敗賊於沙坡樹窩尋撤蒙古兵自請留軍前七年和闐回衆縛賊酋乞降往撫之洋阿巴特之戰偕哈哴阿率勁騎進擊所向披靡沙布都爾阿瓦巴特連戰皆力署葉爾羌幫辦大臣凱旋予雲騎尉世職九年授塔爾巴哈台參贊大臣十二年召還京尋擢江甯將軍治軍有聲十七年卒於官優卹諡勤勇長清鈕祜祿氏滿洲鑲紅旗人內大臣策楞孫副都統特成額子也以廕生入貲銓授兵部主事累遷郎中嘉慶二十四年出爲廣西左江道母憂去官仍爲兵部郎中道光五年加副都統銜充阿克蘇辦事大臣六年張格爾入寇西四城相繼陷長清截留各城換防又發銅廠錢局官兵扼渾巴什河參將王鴻儀戰歿於都齊特賊糾衆五六千自葉爾羌來犯屢撲渡皆擊退距城百餘里波斯圖拉哈爾塔兩地多粲蘭回莊附逆抗拒分兵進勦賊復由托什罕渡河偪城二十里長清令數十騎馳騁揚塵鼓噪東來賊疑大軍至退走河南乃進軍渡河結營賊來攻連敗之禽斬千餘賊始不敢窺河北阿克蘇城小擴關廂開濠築壘爲外郭民回安堵遣兵五百助守烏什爲犄角東四城恃以無恐宣宗初慮長清未諳軍事命特依順保往領其職而長清副之猶未至至是詔嘉長清防勦深合機宜賜花翎予優敘遂寢前命大軍進討滿漢兵三萬數千皆集阿克蘇長清置局供支餉輸鑄錢增驛規畫甚備授鑲白旗蒙古副都統仍留任七年四城復詔長清於大軍未到力捍孤城厥功甚偉予雲騎尉世職擢其子富春爲主事八年疏言長齡議於阿克蘇添兵一千柯爾坪添兵五百柯爾坪距阿城三百里回衆數萬兵少無益請歸幷阿克蘇練成勁旅可以總治兩路所屬乃塔爾達巴罕及阿爾通霍什皆有小路可通伊犂請並封禁從之張格爾就禽械送至京予優敘十年喀什噶爾諸城復告警容安率伊犂兵赴援命至阿克蘇與長清會商進兵疏請分兵和闐烏什待哈豐阿胡超兩路兵至進勦詔斥容安畏葸長清並下嚴議尋原之降二等侍衞仍留任十二年加提督銜充葉爾羌辦事大臣馭夷開屯措施並稱職十四年授烏魯木齊都統逾年召回京尋授福州將軍加太子太保十七年卒晉太子太傅賜金治喪諡勤毅達淩阿佟佳氏滿洲鑲黃旗人以健銳營前鋒從永保勦湖北教匪繼隨楊遇春戰川陝數有功累擢靜甯協副將署西安鎭總兵三才峽匪起率兵四百禦之澇峪八里坪大敗其衆追尤九餘黨至黑水峪攻克之又敗之傅家河擊萬五於辛峪口連敗之萬五率殘卒遁尋就禽加總兵銜擢巴里坤總兵調西安鎭道光二年擢烏魯木齊提督六年率兵四千援阿克蘇軍次庫車遣錫伯兵扼柯爾坪分守庫車烏什九月與賊夾渾巴什河而軍持數日賊分走烏什偕巴哈布迎擊敗之於阿拉爾追至沙坡樹窩破伏賊其自托什罕渡河者方圍協領都倫布營遇副將郭繼昌援路達淩阿還軍馳救奮擊敗之賊爭渡死者相藉河水爲之不流迨長齡至河北已無賊被優敘七年從大軍三戰復喀城駐守葉爾羌署辦事大臣予雲騎尉世職是年秋聞邊警調防烏什張格爾就禽回本鎭歷塔爾巴哈台參贊大臣西安將軍十年卒優卹諡武壯哈豐阿富察氏滿洲鑲黃旗人嘉慶初以健銳營前鋒從勦襄陽教匪轉戰川陝累遷前鋒侍衞搜捕南山餘匪甚力事平授貴州定廣協副將擢威甯鎭總兵歷浙江處州陝甘涼州漢中諸鎭道光八年擢烏魯木齊提督十年回疆復警命馳赴阿克蘇偕長清防勦十一月進攻葉爾羌賊營賊潰潛伏哈拉布扎什軍臺分道要擊破之進圍黑色爾禽其酋巴拉特乘勝至英吉沙爾喀什噶爾圍亦解予雲騎尉世職賜號進勇巴圖魯初詔哈豐阿偕道馳援葉爾羌聽容安計繞道和闐失期議奪職原之責償軍費十之二仍留任擢廣州將軍疏請鑄巨礮百選精銳五百人嚴守望以重海防十四年英吉利兵船二號稱護商入廣州海口縱礮擊之船停黃浦調兵建閘制其出入英酋謝罪事迺解調黑龍江將軍舉發御前大臣高克鼐屬託私書詔獎其持正授內大臣加太子少保請添練馬隊增置官吏補助布特哈生計並允行調西安將軍二十年卒諡慤勤

慶祥圖博特氏蒙古正白旗人大學士保甯子授藍翎侍衞嘉慶十三年襲三等公爵授散秩大臣鑲白旗蒙古副都統兼正藍旗護軍參領尋授理藩院侍郎調工部十八年率京營兵從那彥成勦滑縣教匪凱旋擢正黃旗漢軍都統歷熱河烏魯木齊都統二十五年授伊犂將軍八月逆回張格爾擾喀什噶爾官軍勦捕乃引去參贊大臣斌靜以聞不言釁由宣宗疑之命慶祥往勘得斌靜縱容家奴淩辱伯克交通姦利狀褫逮論罪疏陳善後六事又密請羈縻浩罕部落許遣使入覲以安夷心詔僉之道光五年夏張格爾復擾邊內地回戶多與通幫辦大臣巴彥巴圖率兵出塞掩之不遇即縱殺游牧布魯特而還其酋汰列克追覆官軍於山谷賊遂猖獗褫參贊大臣永芹職命慶祥代之慶祥至誅信奸回阿布都拉反爲賊耳目六年夏張格爾遣其黨赫爾巴什潛赴納勒薩雅克愛曼糾合夷衆復令奇比勒迪至巴雅爾開渠占地遣兵禽斬之張格爾率衆五百由開齊山路突至回城拜其先和卓木之墓回人所謂瑪雜也慶祥令幫辦大臣舒爾哈善及領隊大臣烏淩阿往勦夜雷雨張格爾潰圍走白帽回衆紛起應之張格爾復由大河沿合衆數萬進犯喀城慶祥盡調各營卡兵爲三營令烏淩阿穆克登布分率之迎戰先後沒於陣先是張格爾求助於浩罕約四城破分所掠且割喀城以報及見官軍無援悔欲背約浩罕酋怒自以所部攻城未下尋引去張格爾追擊之收其降衆數千遂益強八月圍喀城凡七十日城陷慶祥自經死事聞贈太子太保晉封一等公兼雲騎尉世職以子文煇嗣諡壯直祀昭忠祠逾年回疆平詔於喀什噶爾建昭忠祠祀之舒爾哈善烏淩阿穆克登布俱從祀御製憫忠詩勒諸石八年張格爾伏誅命其子文煇看視行刑摘心於墓前致祭舒哈爾善葛哲勒氏滿洲鑲白旗人以驍

騎校從征川陝教匪有功予巴圖魯勇號累擢布特海烏拉協領克滑縣加副都統銜坐事褫職道光初予三等侍衞充庫爾喀喇烏蘇領隊大臣六年張格爾入犯調喀什噶爾幫辦大臣與賊戰身先士卒受槍傷仍麾兵前進殺數百人城陷被戕予騎都尉世職烏凌阿瓜爾佳氏滿洲鑲白旗人由前鋒從征教匪累擢頭等侍衞道光三年授伊犂領隊大臣正紅旗蒙古副都統六年賊逼喀城慶祥檄令回援遇賊於渾河力戰至晡沒於陣贈都統銜諡莊武予騎都尉兼雲騎尉世職穆克登布李氏滿洲鑲紅旗人伊犂駐防由委前鋒校累擢協領道光元年慶祥密令誘捕張格爾於托雲山內獲其黨蒙達拉克等予議敘二年充庫爾喀喇烏蘇領隊大臣調伊犂五年率兵至喀什噶爾駐防圖舒克塔什卡倫張格爾犯喀城撤兵回戰於七里河死之贈都統銜諡壯節予騎都尉兼雲騎尉世職多隆武烏素爾氏滿洲鑲白旗人由筆帖式補驍騎校累擢協領道光四年加副都統銜充葉爾羌幫辦大臣六年喀什噶爾被圍急遣兵赴援賊由阿色爾布依岳坡爾湖而南分兵防禦奸回阿布都拉等潛通賊多隆武盡誅之喀英兩城相繼陷賊趨葉爾羌參將吳亨佑扼單板橋戰歿遂由黑子鋪入防師盡殲回兵半爲賊脅伊犂道梗不能救葉城乃陷多隆武死之依都統例賜卹於葉爾羌建專祠予騎都尉兼雲騎尉世職葉爾羌辦事大臣印登英吉沙爾領隊大臣蘇倫保和闐領隊大臣奕湄幫辦大臣桂斌同殉難追論死事諸臣並贈卹有差惟喀什噶爾幫辦大臣巴彥巴圖坐濫殺陷師奪其卹典

璧昌字東垣額勒德特氏蒙古鑲黃旗人尚書和瑛子由工部筆帖式銓選河南陽武知縣改直隸棗強擢大名知府道光七年從那彥成赴回疆佐理善後璧昌有吏才以父久官西陲熟諳情勢事多倚辦九年擢頭等侍衞充葉爾羌辦事大臣璧昌至官於奏定事宜復有變通淸出私墾地畝新糧萬九千餘石改徵折色撥補阿克蘇烏什喀喇沙爾俸餉餘留葉城充經費以存倉二萬石定爲額貯歲出陳易新於是倉庫兩益葉爾羌喀拉布札什軍臺西至英吉沙爾察木倫軍臺中隔戈壁百數十里相地改驛於黑色熱巴特增建軍臺開渠水種苜蓿士馬大便所屬塔塔爾及和沙瓦特兩地新墾荒田皆回戶承種奏免第一年田賦以恤窮氓新建漢城始與回城隔別百貨輻輳倍於往時以回城官房易新城南門外曠土葺屋設肆商民便之訪問疾苦聯絡漢回人心益定十年八月浩罕糾諸部寇邊圍喀什噶爾英吉沙爾兩城遂犯葉爾羌容安率援師遷延不至璧昌撫諭回衆同心守禦分扼科熱巴特亮噶爾諸要隘賊萬餘撲城迎戰於東門外擊破之賊宵遁詔嘉其援師未至之先即獲全勝加副都統銜尋授鑲黃旗漢軍副都統自九月至十一月賊復三次來犯迭擊敗走之最後賊攻城相持五日而哈豐阿援兵至賊望風遁追破之於哈拉布札什越數日進兵英吉沙爾而喀什噶爾之賊已飽颺出塞大軍至則無賊矣璧昌素得回衆心是役尤得阿克木伯克阿布都滿之助賴以戰守事定奏請仍襲其祖郡王封爵長齡玉麟奉命會籌善後事盡諮於璧昌十一年擢參贊大臣改駐葉爾羌遂專回疆全局與喀拉赫依屯田招練民戶五百人修渠築壩以牌博爲界不侵回地凡墾屯地二萬二百四十畝十二年和闐回民塔瓦克戕伯克多拉特依斯瑪伊勒等爲亂捕其黨盡寘諸法疏言長齡等奏增南路防兵三千屯巴爾楚克因其地築城未竣遂以二千人分屯葉喀二城二城形勝較巴爾楚克尤要請以暫時分屯之兵永爲定額喀城更增綠營兵三千五百分屯七里河爲犄角葉城增烏魯木齊滿洲兵五百綠營兵一千詔從之十三年召還京十四年復出爲烏什辦事大臣歷涼州副都統阿克蘇辦事大臣察哈爾都統緣事降調充伊犂參贊大臣授陝西巡撫擢福州將軍二十三年署兩江總督尋實授英吉利和議初成璧昌奏設福山鎭水師總兵沿江形勢扼險設防請於五龍北固兩山及圌山關鵝鼻嘴修築礮臺礮隄是爲籌江防之始言官請團練鄉兵以窒礙無益奏寢其議淮北已改票鹽御史劉良駒疏請推廣於淮南試行疏言其不便略謂淮南地廣引多價昂課重行銷之不齊堵緝之難易與淮北迥別竈戶成本不能驟減至三四倍民販更非一時可集而課項皆常年要需如改票議行應納課銀孰肯再繳應追積欠亦當豁除此後攤帶錢糧亦將盡停利猶未見害已先形爲今之計但能肅淸場竈以杜偷漏之源整飭口岸以廣行銷之路嚴禁浮濫以除在官之蠹顧惜成本以冀商力之紓庶淮鹺漸有起色疏入如所請二十七年入覲留京授內大臣復出爲福州將軍數月以疾請回旗咸豐三年粵匪北犯逼近畿命爲巡防大臣四年卒贈太子太保諡勤襄子恒福直隸總督孫錫珍同治七年進士由翰林院編修歷官吏部尚書當璧昌初涖葉爾羌實繼恒敬之後恒敬原名恒敏伊爾根覺羅氏滿洲正藍旗人嘉慶初爲四川打箭鑪同知治軍需糧餉有功擢綏定知府累遷江寧布政使道光初授光祿寺卿充哈密辦事大臣大軍征張格爾命督辦轉運鑄錢購糧增設臺站供軍無缺七年調烏什辦事大臣命赴喀什噶爾幫辦善後授葉爾羌辦事大臣遷建新城於罕那里克勘墾官荒田歲增糧供防兵二千口食復於西北隅蹟荒地一百餘里水土肥饒疏請試墾璧昌至始墾成八年乞病歸尋授正白旗漢軍副都統出爲西寗辦事大臣十二年卒

論曰平定回疆多用川楚陝舊將百戰之餘以臨犬羊烏合摧枯拉朽旬月而告功成何其易哉及後海疆事起授鉞分麾莫能禦侮蓋所當堅脆不同而勝之不可以狃也楊芳一時名將之冠差知彼己晚伍庸帥依違召譏其以恩禮終猶爲幸焉慶祥心知危局身殉孤城璧昌力捍寇氛卒安邊徼回疆安危之所繫也並著於篇

林則徐 鄧廷楨 達洪阿

林則徐字少穆福建侯官人少警敏有異才年二十舉鄉試巡撫張師誠辟佐幕嘉慶十六年進士選庶吉士授編修歷典江西雲南鄉試分校會試遷御史疏論福建閩安副將張保以海盜投誠宜示裁抑以防驕蹇被嘉納未幾出爲杭嘉湖道修海塘興水利道光元年聞父病引疾歸二年起授淮海道未之任署浙江鹽運使遷江蘇按察使治獄嚴明四年大水署布政使治賑尋丁母憂命赴南河修高家堰隄工事竣回籍六年命署兩淮鹽政以未終制辭服闋補陝西按察使遷江寗布政使父憂歸十年補湖北布政使調河南又調江寗十一年擢河東河道總督疏陳稭料爲河工第一弊親赴各廳察驗又言碎石實足爲埽工之輔應隨宜施用十二年調江蘇巡撫吳中洊饑奏免逋賦籌撫卹前在藩司任議定賑務章程行之有效至是仍其法宿弊一淸賑竣乃籌積穀備荒淸釐交代盡結京控諸獄考覈屬吏疏言察吏莫先於自察必將各屬大小政務逐一求盡於心然後能以驗羣吏之盡心與否如大吏之心先未貫徹何從察其情僞臣惟持此不敢不盡之心事事與僚屬求實際詔嘉之勉以力行先是總督陶澍奏濬三江則徐方爲臬司綜理其事旋以憂去至是黃浦吳淞工已竣則徐力任未竟者劉河工最要撥帑十六萬五千有奇白茆次要官紳集捐十一萬兩同時開濬以工代賑兩河舊皆通海易淤且鑿河工鉅改爲淸水長河與黃浦吳淞交匯通流各於近海修閘建壩潮汐泥沙不能壅入內河漲則由壩洩出歸海復就原河逢灣取直節省工費三萬餘兩用濬坿近劉河之七浦河及坿近白茆之徐六涇東西護塘諸河又濬丹徒丹陽運河寶帶橋泖澱諸工以次興舉爲吳中數十年之利兩署兩江總督十七年擢湖廣總督荆襄歲罹水災大修隄工其患遂弭整頓鹽課以減價敵私無成效專嚴緝私之禁銷數大增湖南鎭筸兵悍數肇釁巡閱撫馭密薦總兵楊芳擢爲提督移駐辰州愼固苗疆屯防十八年鴻臚寺卿黃爵滋請禁鴉片烟下中外大臣議則徐請用重典言此禍不除十年之後不惟無可籌之餉且無可用之兵宣宗深韙之命入覲召對十九次授欽差大臣赴廣東查辦十九年春至總督鄧廷楨已嚴申禁令捕挐烟犯洋商查頓先避回國則徐知水師提督關天培忠勇可用令整兵嚴備檄諭英國領事義律查繳烟土驅逐躉船呈出烟土二萬餘箱親蒞虎門驗收焚於海濱四十餘日始盡請定洋商夾帶鴉片罪名依化外有犯之例人即正法貨物入官責具甘結他國皆聽命獨義律枝梧未從於是閱視沿海礮臺以虎門爲第一門戶橫檔山武山爲第二門戶大小虎山爲第三門戶海道至橫檔分爲二支右多暗沙左經武山前水深洋船由之出入關天培創議於此設木排鐵鍊二重又增築虎門之河角礮臺英國商船後至者不敢入義律請令赴澳門載貨冀圖烟私販嚴斥拒之潛泊尖沙嘴外洋會有英人毆斃華民抗不交犯遂斷其食物撤買辦工人以困之七月義律藉索食爲名以貨船載兵犯九龍山礮臺參將賴恩爵擊走之疏聞帝喜悅報曰既有此舉不可再示柔弱不患卿等孟浪但戒卿等畏葸御史步際桐言出結

徒虛文則徐以彼國重然諾不肯出結愈不能不向索取持之益堅尋義律浼澳門洋酋轉圜願令載烟之船回國貨船聽官查驗九月商船已具結進口義律遣兵船阻之開礮來攻關天培率游擊麥廷章奮擊敗之十月又犯虎門官涌官軍分五路進攻六戰皆捷詔停止貿易宣示罪狀飭福建浙江江蘇嚴防海口先已授則徐兩江總督至是調補兩廣府尹曾望顏請罷各國通商禁漁船出洋則徐疏言自斷英國貿易他國喜此盈彼絀正可以夷制夷如概與之絕轉恐聯爲一氣粵民以海爲生概禁出洋其勢不可終日時英船寄碇外洋以利誘奸民接濟銷烟二十年春令關天培密裝礮械雇漁船蛋戶出洋設伏候夜順風縱火焚燬附夷匪船接濟始斷五月再焚夷船於磨刀洋諜知新來敵船揚帆北嚮疏請沿海各省戒嚴又言夷情詭譎若逕赴天津求通貿易請優示懷柔依嘉慶年間成例將遞詞人由內地送粵六月英船至厦門爲閩浙總督鄧廷楨所拒其犯浙者陷定海掠甯波則徐上疏自請治罪密陳兵事不可中止略曰英夷所憾在粵而滋擾於浙雖變動出於意外其窮蹙實在意中惟其虛憍性成愈窮蹙時愈欲顯其桀驁試其恫喝甚且別生秘計冀售其奸一切不得行仍必帖耳俛伏第恐議者以爲內地船礮非外夷之敵與其曠日持久不如設法羈縻抑知夷情無厭得步進步威不能克患無已時他國紛紛效尤不可不慮因請戴罪赴浙隨營自効七月義律至天津投書總督琦善言廣東燒烟之釁起自則徐及鄧廷楨二人索價不與又遭詬逐故越境呈訴琦善據以上聞上意始動時英船在粵窺伺復連敗之蓮花峯下及龍穴洲捷書未上九月詔曰鴉片流毒內地特遣林則徐會同鄧廷楨查辦原期肅清內地斷絕來源隨地隨時妥爲辦理乃自查辦以來內而奸民犯法不能淨盡外而興販來源並未斷絕沿海各省紛紛徵調糜餉勞師皆林則徐等辦理不善之所致下則徐等嚴議飭即來京以琦善代之尋議革職命仍回廣東備查問差委琦善至義律要求賠償烟價厦門福州開埠通商上怒復命備戰二十一年春予則徐四品卿銜赴浙江鎭海協防時琦善雖以擅與香港逮治和戰仍無定局五月詔斥則徐在粵不能德威並用褫卿銜遣戍伊犁會河決開封中途奉命襄辦塞決二十二年工竣仍赴戍而浙江江南師屢敗是年秋和議遂成二十四年新疆興治屯田將軍布彥泰請以則徐綜其事周歷南八城濬水源闢溝渠墾田三萬七千餘頃請給回民耕種改屯兵爲操防如議行二十五年召還以四五品京堂候補尋署陝甘總督二十六年授陝西巡撫留甘肅偕布彥泰治叛番禽其酋二十七年授雲貴總督雲南漢回互鬬焚殺歷十數年會保山回民控於京漢民奪犯燬官署拆瀾滄江橋以拒鎭道不能制則徐主止分良莠不分漢回二十八年親督師往勦途中聞彌渡客回滋亂移兵破其巢殲匪數百保山民聞風股栗縛犯迎師誅其首要散其脅從召漢回父老諭以恩信遂搜捕永昌順甯雲州姚州歷年戕官諸重犯威德震洽邊境乃安加太子太保賜花翎二十九年騰越邊外野夷滋擾遣兵平之以病乞歸逾年文宗嗣位叠詔宣召未至以廣西逆首洪秀全稔亂授欽差大臣督師進勦並署廣西巡撫行次潮州病卒則徐威惠久著南服賊聞其出皆震悚中道遽歿天下惜之遺疏上優詔賜䘏贈太子太傅謚文忠雲南江蘇並祀名宦陝西請建專祠則徐才識過人而待下虛衷人樂爲用所莅治績皆卓越道光之季東南困於漕運宣宗密詢利弊疏陳補救本原諸策上畿輔水利議文宗欲命籌辦而未果海疆事起時以英吉利最強爲憂則徐獨曰爲中國患者其俄羅斯乎後其言果驗

鄧廷楨字嶰筠江蘇江甯人嘉慶六年進士選庶吉士授編修屢分校鄉會試稱得士十五年授臺灣遺缺知府浙江巡撫蔣攸銛請留浙補甯波母憂歸服闋補陝西延安府歷榆林西安以善折獄稱平反韓城南鄭冤獄又全同州獲婦母子陝民歌頌傳播京師二十五年超擢湖北按察使權布政使沿江民田歷年沈沒而賦額仍在爲民累悉請免之道光元年遷江西布政使以前在西安失察渭南令故出縣民柳全璧殺人罪罣誤奪職議戍軍臺宣宗知其無私特免遣戍予七品銜發直隸委用尋授通永道四年擢陝西按察使遷布政使六年擢安徽巡撫自嘉慶時安徽多大獄鳳潁兩郡俗尤悍常以兵定責繳兵械私藏尙多廷楨乃立限責成保長逾限及私造者置之法任吏皆得人刁悍之風稍戢舊例潁州屬三人以上凶器傷人者極邊烟瘴充軍僉妻發配廷楨疏言悍俗誠宜重懲婦女顧名節多自殘求免或自盡傷生情在可矜請停其例遇水災親乘舟勘賑修復安豐塘芍陂水門濬鳳陽沫河加築隄閘嚴緝捕屢獲劇盜以獲南河掘隄首犯陳端詔嘉獎治皖十載政尙安靜境內大和十五年擢兩廣總督鴉片烟方盛行漏銀出洋爲大患十六年英吉利商人以躉船載烟廷楨禁止不許進口猶泊外洋嚴旨驅逐沿海奸民勾結禁令猝難斷絕廷楨與提督關天培整備海防迭於大嶼山口急水洋獲蟹艇載銀鉅萬盡數充賞破獲闌煙私販十八年英船載屬番男婦五百餘人赴澳門居住驅令回國詔下禁烟議疏言法行於豪貴則小民易從令嚴於中土則外貨自絀十九年林則徐奉命至廣東廷楨與之同心協力盡獲躉船積烟焚之嚴私販之之罪臨以兵威屢戰皆捷事詳則徐傳奸民因失業偏騰蜚語廷楨疏陳略曰臣緝懲鴉片三載於茲豪猾之徒刑僇逋逃身家既失怨讟遂興查檢爲希旨掩捕爲貪功偵伺爲詭謀推鞫爲酷罰訶以納賄目以營私譏建議爲急於理財訾新例爲輕於改律狂悖紛樊無非爲烟匪洩憤詔慰勉之調兩江雲貴皆未赴閩防方急遂調閩浙總督賜洋礮十四運閩以閩洋無內港臺礮建於海灘沙浮不固奏改爲礮墩囊沙堆築外護以船募水勇飾商船出洋巡緝二十年三月英船窺厦門遣提督程恩高等迎敵於梅林澳擊走之奸民勾通出洋運烟分責水陸師嚴緝遇即攻擊迭有殲禽六年敵船駛入厦門求通貿易阻之遂開礮來撲礮臺參將陳勝元守備陳光福奮擊斃其前隊數人發礮傷敵甚衆乃遁其分犯浙洋者陷定海廷楨率師赴勦行次清風嶺詔以閩防緊要止其赴浙遂駐兵泉州招募練勇疏言英船二十餘艘聚泊定海內地師船恐難躁近必改造堅大之船多配礮火間道而進方能制勝九月詔以廷楨等在粵辦理不善轉滋事端與林則徐同奪職二十一年琦善撤沿海兵備虎門失守復追論廷楨久任兩廣廢弛營務與則徐同戍伊犁二十三年釋還尋予三品頂戴授甘肅布政使議清查荒地親往歷勘由銀州東盡洮隴西極酒泉得田一萬九千四百餘頃又番貢地一千五百餘頃甯夏馬廠地歸公一百餘頃熟地升科荒者招墾詔嘉其勤復二品頂戴二十五年擢陝西巡撫署陝甘總督番匪擾蒙部遣兵邀擊於硫磺溝平之尋回任二十六年卒於官廷楨治行早爲時稱屢躓屢起宣宗知之深故卒用之績學好士幕府多名流論學不輟尤精於音韻之學所著筆記詩詞並行世子爾恆亦官至陝西巡撫自有傳當廷楨之去福建也逾年英兵復至陷厦門遂窺臺灣總兵達洪阿偕臺灣道姚瑩屢却之及和議成同獲譴達洪阿字厚菴富察氏滿洲鑲黃旗人由護軍洊擢總兵道光十五年調臺灣鎭十八年勦嘉義縣匪沈和等賜花翎加提督銜二十一年八月英兵船至雞籠海口達洪阿與姚瑩督兵禦之副將邱鎭功燃巨礮折其桅敵船衝礁破碎擒斬甚衆賜雙眼花翎九月敵船再至雞籠三沙灣復郤之勦平嘉義鳳山土匪予騎都尉世職二十二年敵船犯淡水彰化間之大安港欲入口達洪阿謀於姚瑩瑩曰此未可與海上爭鋒必以計殲之乃募漁舟投敵任鄉導誘令從土地公港入擱淺中流伏發大破之落水死者無算其竄入漁舟者擊斬殆盡詔嘉臺灣三次破敵達洪阿等智勇兼施大揚國威賜號阿克達春巴圖魯加太子太保銜敵船游奕外洋乘間掩擊迭有俘獲遂不復至既而英師再陷定海浙江江蘇軍屢挫乃議和英將濮鼎查訴稱臺灣所戮皆遭風難民達洪阿等冒功捏奏命總督怡良赴臺灣查辦至即傳旨革職逮問兵民不服勢洶洶達洪阿等撫慰乃散至京下刑部獄尋釋之予三等侍衛充哈密辦事大臣歷伊犁參贊大臣西甯辦事大臣二十六年偕陝甘總督布彥泰勦平黑錯寺番匪三十年授副都統咸豐元年從大學士賽尙阿勦賊廣西破紫金山西南礮臺以病回京三年粵匪犯畿輔率八旗兵赴臨洺關進勦從欽差大臣勝保擊賊靜海四戰皆捷追至下西河副都統佟鑑天津知縣謝子澄陣亡詔斥達洪阿先退革職留營効力四年敗賊獻縣復原官尋追賊阜城受傷卒於軍贈都統銜予騎都尉兼一雲騎尉世職謚壯武姚瑩自有傳

論曰林則徐才略冠時禁烟一役承宣宗嚴切之旨操之過急及敵氛蹈瑕他犯遂遭讒屏斥論者謂粵事始終倚之加之操縱潰裂當不致此則徐瀕謫疏陳自道光元年以來粵關徵銀三千餘萬兩收其利必防其害使以關稅十分之一製礮造船制夷已可裕如誠爲讜論惟當時內治廢弛外情隔膜言和言戰皆昧機宜其禍豈能倖免哉鄧廷楨與則徐同心禦侮克保嚴疆若達洪阿姚瑩郤敵臺灣固由守禦有方亦因敵非專注朝廷皆不得已而罪之諸人卒皆復起而名節播宇內煥史册矣

琦善 伊里布

宗室耆英

琦善字靜庵博爾濟吉特氏滿洲正黃旗人父成德熱河都統以先世格得理爾率屬歸附世襲一等侯爵琦善由廕生授刑部員外郎累遷通政司副使嘉慶十九年出爲河南按察使歷江甯河南布政使二十四年擢河南巡撫河決馬營壩偕尚書吳璥督工未塞而儀封南岸又決奪職予主事銜留工尋授河南按察使調山東道光元年就擢巡撫父憂奪情任事襲侯爵捕治臨清教匪馬進忠又籌濟高家堰工費八十萬五年京察詔嘉其明幹有爲能任勞怨加總督銜尋擢兩江總督兼署漕運總督時高堰屢決淤運阻漕琦善請用盤運法並暫行海運如議行七年議啟王家營減壩大濬正河尋以減壩塔合黃水倒灌復閉禦黃壩漕船倒塘灌放詔斥失機議革職寬之降授內閣學士尋復授山東巡撫九年擢四川總督十一年調直隸十六年協辦大學士十八年拜文淵閣大學士仍留總督任琦善久膺疆寄爲宣宗所倚任二十年海疆事急駐天津籌辦防務八月英兵船至海口投書乞通商訴林則徐鄧廷楨等燒烟啟釁琦善招宴英領事義律及兵官許以代奏遂入覲面陳授欽差大臣赴廣東查辦諭沿海疆吏但防要隘遇英船毋開礮義律乃率船回粵尋罷則徐廷楨命琦善署兩廣總督兼粵海關監督密疏臚陳粵事略曰林則徐示令繳烟許以賞犒洋人頗存奢望迨後每烟一箱僅給茶葉五斤所得不及本銀百分之一又勒具再販船貨入官人即正法甘結迄未遵依此釁所由起也當義律具稟繳烟距撤退買辦五日非出情願時義律僅止孤身設有黨援未必降心俯首英吉利國王無給林則徐文書之事惟呂宋國王曾有來文或因此誤傳林則徐稱定海陰溼洋人病死甚多查洋人米穀牲畜尚充疫癘病斃者多水手舵工頭目死者不過數人從前外洋來信祇言貿易自林則徐欲悉外情多方購求漁利之人造作播傳眞僞互見此時紛紛查探適墮術中林則徐奏各國憤英人阻其貿易美利堅法蘭西將遣船來與理論訪問各國曾有此說然迄未見兵船來粵前有美國二船乘英人不備進口至今未敢駛出畏葸如斯縱力足頡頏恐未肯傷其同類虎門燒烟時洋人觀者撰文數千言紀事事誠有之語多含譏刺非心服林則徐稱具結之後查驗他國來船絕無鴉片如指上年而言事屬以往船貨無憑若指本年而言來船尚未進口不能知其有亦安能信其無並言將軍阿精阿請團練水勇及林則徐請鼓勵員弁俟事定再議疏入報聞則徐以是獲罪時廣東撤水師歸營猝被敵轟擊掠去米艇兵丁巡撫怡良以聞琦善又陳英人回粵詞氣傲慢義律託疾將回國且兵船日增得旨仍暫停貿易一面與議一面籌防義律堅持索還烟價並增廈門福州通商嚴旨拒不許十二月義律見防禦漸撤數遣挑戰琦善諭止之義律曰戰後再議未爲遲也乃犯虎門外沙角大角兩礮臺副將陳連陞力戰死之遂陷提督關天培守靖遠礮臺總兵李廷鈺守威遠礮臺並請援琦善不敢明發兵夜遣二百人往二十一年正月事聞上震怒下琦善嚴議命御前大臣貝子奕山爲靖逆將軍戶部尚書隆文湖南提督楊芳副之率師赴粵協勦義律數索香港志在必得琦善當事急佯許之而不敢上聞至是義律獻出所踞礮臺並願繳還定海以易香港全島別議通商章程琦善親與相見蓮花城定議往返傳語由差遣之鮑鵬將事同城將軍巡撫皆不預知及英人占踞香港出示安民巡撫怡良奏聞琦善方疏陳地勢無可扼軍械無可恃兵力不固民情不堅如與交鋒實無把握不如暫事羈縻上益怒詔斥琦善擅予香港擅許通商之罪褫職逮治籍沒家產英兵遂奪虎門靖遠礮臺提督關天培死之奕山等至戰復不利廣州危急許以烟價六百萬兩圍始解而福建浙江復被擾琦善逮京讞論大辟尋釋之命赴浙江軍營效力未至改發軍臺二十二年浙師復敗吳淞不守英兵遂入江江甯戒嚴於是耆英伊里布等定和議海內莫不以罷戰言和歸咎於琦善爲作俑之始矣是年秋予四等侍衞充葉爾羌幫辦大臣二十三年以三品頂戴授熱河都統御史陳慶鏞疏論僨事諸臣罪狀上重違清議再褫琦善職意仍嚮用未幾予三等侍衞充駐藏大臣二十六年授四川總督二十八年詔嘉其治蜀於吏治營伍實心整頓復頭品頂戴尋協辦大學士留總督任以平瞻對野番功被議敘二十九年調陝甘總督兼署青海辦事大臣勦雍沙番及黑城撒拉回匪既而言官劾其妄殺命都統薩迎阿往按革職逮問咸豐二年定讞發吉林効力贖罪尋釋回時粵匪已犯湖南勢日熾屢易帥皆不能制起琦善署河南巡撫駐防楚豫界上以捐餉加都統銜授欽差大臣專辦防務湖北省城失守觀望不能救三年春賊遂連陷安徽江甯省城分擾鎭江揚州命琦善偕直隸提督陳金綬防江北三月連敗賊於浦口雷塘進勦揚州分屯寶塔山司徒廟五戰皆捷秋破浦口援賊合圍揚州十二月賊突圍出竄瓜洲以收復揚州入告詔斥勇潰縱賊責令進勦瓜洲儀徵儀徵克復四年夏連戰金山瓜洲三汊河屢奏斬獲自琦善與向榮分主大江南北軍事攻戰年餘鎭江瓜洲迄未克復無得力水師不能扼賊琦善雖議增水師亦未果是年秋卒於軍贈太子太保協辦大學士依總督例賜卹謚文勤子恭鏜黑龍江將軍孫瑞洵烏里雅蘇臺參贊大臣瑞澂兩湖總督瑞澂自有傳

伊里布字莘農鑲黃旗紅帶子嘉慶六年進士授國子監學正改補典籍出爲雲南府南關通判署澂江知府遷騰越知州二十四年總督伯麟薦其熟練邊務能馭土司治緬匪有功以應升用道光元年從總督慶保勦平永北大姚夷匪賜花翎署永昌知府擢安徽太平知府歷山西冀甯道浙江按察使湖北浙江布政使五年擢陝西巡撫調山東丁父憂署雲南巡撫服闋乃實授時阮元爲總督伊里布和而廉有政聲回疆兵事起自請從軍詔斥不諳回情妄行陳奏奪職留任尋復之十三年擢雲貴總督京察以久任邊疆鎭撫得宜被議敘十八年協辦大學士留總督任四川綦江奸民穆繼賢仇殺貴州仁懷武生趙應彩遂糾衆踞方家溝爲亂伊里布率提督余步雲布政使慶祿等破其巢斬獲千餘誅賊首穆繼賢謝法眞等餘匪悉平賜雙眼花翎十九年調兩江總督二十年秋英兵陷定海命爲欽差大臣赴浙江查辦時已有論致寇由斷絕貿易燒烟起釁者密諭察訪確情毋迴護尋以琦善代林則徐命沿海遇敵勿擊伊里布初至浙駐鎭海籌防疏報擊沈敵船有所擒獲命慰諭英人攻擊出於誤會促令退兵交地俘虜俟敵退釋還伊里布遣家丁張喜偕員弁赴定海犒師英人亦答餽奏聞諭卻勿受請增調安徽兩湖兵允之裕謙方代署兩江總督疏言各省皆可議守獨浙江必應速戰且言定海西境岑港爲第一險要應以精兵先據之下伊里布體察辦理既而琦善在粵議款不得要領兵端又開二十一年正月詔促伊里布進兵規復定海二月義律既踞香港盡調英船赴粵以交還定海告詔斥坿和琦善以兵礮未集藉詞緩攻致敵船遁去褫協辦大學士雙眼花翎暫留兩江總督任以裕謙代爲欽差大臣督浙師裕謙論劾伊里布遣家丁赴敵船事命解任帶張喜來京下刑部訊鞫褫職遣戍軍臺未幾定海鎭海甯波相繼陷裕謙殉之二十二年春揚威將軍奕經援浙復挫敗巡撫劉韻珂疏陳浙事危急薦伊里布無急功近名之心爲一時僅見請發軍營効力贖罪於是予七品頂戴隨杭州將軍耆英赴浙密諭相機辦理及英兵犯乍浦耆英遣往設計退兵五月署乍浦副都統復令張喜傳語英兵遂去乍浦犯吳淞由海入江鎭江失守伊里布奉命偕耆英赴江甯議和事詳耆英傳和議既成英兵退約於廣東議稅則命偕耆英詳愼酌商授廣州將軍欽差大臣辦理善後事宜二十三年至粵見民心不服夷情狡橫憂悴逾月病卒贈太子太保謚文敏

宗室耆英字介春隸正藍旗父祿康嘉慶間官東閣大學士耆英以廕生授宗人府主事遷理事官累擢內閣學士兼副都統護軍統領道光二年遷理藩院侍郎調兵部四年送宗室閒散移駐雙城堡五年授內務府大臣歷工部戶部七年授步軍統領九年擢禮部尚書管理太常寺鴻臚寺太醫院兼都統十二年畿輔旱疏請察吏省刑嘉納之授內大臣十四年以管理步軍統領勤事被議敘歷工部戶部尚書十五年以相度龍泉峪萬年吉地加太子少保命赴廣東江西按事十七年內監張道忠犯賭博耆英瞻徇釋放事覺降兵部侍郎尋出爲熱河都統十八年授盛京將軍詔嚴禁鴉片無論宗室覺羅按律懲治疏請旗民十家聯保以憑稽察二十年海疆戒嚴疏請旅順口爲水路衝衢當扼要籌備英船入奉天洋面先後游弋山海關秦皇島等處錦州山海關皆設防二十二年正月粵事急琦善既黜調耆英廣州將軍授欽差大臣督辦浙江洋務因御史蘇廷魁奏英吉利爲鄰國所破詔促耆英赴廣州本任乘機進勦尋知其訛傳仍留浙江五月吳淞失守命偕伊里布赴江蘇相機籌辦英兵已入江越圌山關陷鎭江踞瓜州耆英與揚威將軍奕經先後奏請羈縻招撫七月英兵薄江甯下關伊里布先至英人索烟價商欠戰費共二千一百萬兩廣州福州廈門甯波上海五港通商英官與中國官員用平行禮及劃抵關稅釋放漢奸等款越三日耆英至稍稍駁詰之英兵突張紅旗置礮鍾山上臨城急止之遣侍衞咸齡江甯布政使恩彤甯紹台道鹿澤良偕伊里布家丁張喜詣英舟許據情奏聞宣宗憤甚大學士穆彰阿以糜餉勞師無效勦與撫費亦相等爲言乃允之耆英等與英將濮鼎查馬利遜會盟於儀鳳門外靜海寺同簽條約先予六百萬餘分三年給和議遂成九月英兵盡數駛出吳淞授兩江總督命籌辦通商及浙江福建因地制宜之策二十三年授欽差大臣赴廣東議通商章程就粵海關稅則分別增減各口按新例一體開關臚列整頓稅務條款下廷議施行又奏美利堅法蘭西等國一體通商允之美國請入京瞻覲卻不

許二十四年調授兩廣總督兼辦通商事宜二十五年協辦大學士留總督任比利時丹麥等國請通商命體察約束二十六年京察以殫心竭慮坐鎭海疆被議敍疏上練兵事宜繕呈唐臣陸贄守備事宜狀請下各將軍督撫置諸座右英國請於西藏定界通商諭耆英堅守成約毋爲搖惑故事廣東洋商居住澳門貿易有定界赴洋行發貨不得擅入省城自江甯和議有省城設立棧房及領事入城之約粵民猶持舊例愬於大吏不省乃舉團練衆議洶洶不受官吏約束二十三年濮鼎查將入城粵民不可遂巡去二十五年英船復至耆英遣廣州知府余保純詣商粵民鼓噪安撫乃罷英人以登岸每遭窘辱貽書大吏詰讓群情憤激不可曉諭至二十七年英船突入省河要求益堅耆英謾許兩年後踐約始退自請議處諭嚴爲防備務出萬全耆英知終必有釁二十八年請入覲留京供職賜雙眼花翎管理禮部兵部兼都統尋拜文淵閣大學士命赴山東查辦鹽務校閱浙江營伍三十年文宗即位應詔陳言略曰求治莫先於用人理財行政諸大端用人之道明試以功人有剛柔才有長短用違其才君子亦恐誤事用得其當小人亦能濟事設官分職非爲衆人藏身之地實心任事者雖小人當保全不肯任怨者雖君子當委置行政在於得人迂腐之說無裨時務泥古之論難合機宜財非人不理今賦額四千餘萬支用有餘不能如額以致短絀致絀之由非探本窮源不能通盤清釐與其正賦外別費經營不如於正賦中覈實籌畫疏入特諭曰身爲端揆一言一動舉朝所矜式耆英率意敷陳持論過偏顯違古訓流弊曷可勝言傳旨申飭耆英不自安屢稱病是年十月上手詔揭示穆彰阿及耆英罪狀斥耆英在廣東抑民奉夷謾許入城幾致不測之變數面陳夷情可畏應事周旋但圖常保祿位穆彰阿暗而難明耆英顯而易見貽害國家其罪則一猶念其迫於時勢從寬降爲部屬尋補工部員外郎三年粵匪北犯耆英子馬蘭鎭總兵慶錫奏請父子兄弟同赴軍前命耆英隨巡防王大臣效力以捐餉予四品頂戴五年慶錫向屬員借貸被劾耆英坐私告革職圈禁八年英人糾合法美俄諸國兵船犯天津爭改條約命大學士桂良尚書花沙納馳往查辦巡防王大臣薦耆英熟悉情形召對自陳願力任其難予侍郎銜赴天津協議初耆英之在廣東也五口通商事多由裁決一意遷就七年冬廣州陷檔案爲英人所得譯出耆英章奏多掩飾不實深惡之及至天津英人拒不見惶恐求去不俟旨回通州於是欺謾之迹益彰爲王大臣論劾嚴詔逮治賜自盡

論曰罷戰言和始發於琦善去備媚敵致敗之由伊里布有忍辱負重之心無安危定傾之略且廟謨未定廷議紛紜至江甯城下之盟乃與耆英結束和議損威喪權貽害莫挽耆英獨任善後留廣州入城之隙兵釁再開寖致庚申之禍三人者同受惡名而耆英不保其身命宜哉

清史稿

列傳一百五十八

顏伯燾 怡良

祁𡎴 黃冕 彤 劉韻珂

牛鑑

顏伯燾字魯輿廣東連平人巡撫希深孫總督檢子嘉慶十九年進士選庶吉士授編修道光二年出爲陝西延榆綏道督糧道歷陝西按察使甘肅直隸布政使大軍征回疆以轉運勞賜花翎署陝西巡撫十七年授雲南巡撫改建滇池石牐農田賴之兼署雲貴總督伯燾累世膺疆寄嫻習吏治所至有聲二十年擢閩浙總督時定海已陷伯燾至劾水師提督陳階平於英兵前次攻廈門告病規避又論琦善主款僨事及林則徐守粵功罪二十一年奏請餉銀二百萬造船募新兵及水勇八千以備出洋禦敵復疏陳廣東兵事略曰閩粵互爲脣齒呼吸相通自正月虎門不守粵事幾不可問四月內夷船駛泊省西泥城防勇望風潰遁兵船被焚礮臺棄去當事者以洋銀六百萬元令知府余保純重啗敵人始允罷戰猶報勝仗指爲就撫以欺朝廷夫撫非不可然必痛勦之後始能帖伏今逆勢方張資之庫藏何不以養士卒如謂曲徇商民所請何不於誓師之始申效死之義與之同守粵民非不可用前有蕭關三元里等鄉數千人困義律乃余保純出城彈壓始漸散去保純以議撫之後不應妄生枝節是謂六百萬之資可以求安也奕山隆文已遠避數十里楊芳齊慎亦退入城奕山隆文等閱歷未深楊芳年老耳聾皆不足當重任斯時惟有特簡親信重臣督造船礮用本省之人作本省之兵懸以重賞未有不堪一用者臣移駐廈門督修戰具但使船礮稍備即當奮力攻擊不敢老師靡餉以取咎戾又薦裕謙林則徐可任粵事伯燾主戰甚力欲一當敵七月英兵三十餘艘犯廈門投書索爲外埠即駛入攻擊接戰毀敵輪船一兵艇五敵遂聚攻礮臺總兵江繼芸游擊淩志都司張然守備王世俊皆死之伯燾所募水勇以節餉議遣未有安置當戰時呼噪應敵英兵登岸以臺礮回擊廈門官署街市並燬伯燾退保同安英人得廈門不之守越數日移船赴浙惟留數艘泊鼓浪嶼詔斥不能豫防倉猝失事以廈門收復免其治罪議革職從寬降三品頂戴留任尋命侍郎端華至閩察勘坐未能進勦罷職時論仍右之咸豐三年召來京將起用道梗不得至尋病卒子鍾驥宣統初官至浙江布政使

怡良瓜爾佳氏滿洲正紅旗人由刑部筆帖式洊升員外郎道光八年出爲廣東高州知府調廣西南甯歷雲南鹽法道山東鹽運使安徽江蘇按察使江西江蘇布政使十八年擢廣東巡撫禁烟事起林則徐鄧廷楨主之怡良偕預其事二十年兼署粵海關監督及琦善至撤防議撫疏請暫示羈縻怡良及將軍阿精阿皆不列銜二十一年正月沙角大角礮臺既失琦善私許通商並給香港義律行文大鵬協撤回營汛怡良疏陳曰自琦善到粵以後辦理洋務未經知會忽聞傳說義律已在香港出示令民人歸順彼國提臣移咨副將鈔呈僞示臣不勝駭異大西洋自前明寄居澳門相沿已久均歸中國同知縣丞管轄議者猶以爲非計今英人竟占踞全島去虎門甚近片帆可到沿海之地防不勝防犯法之徒必以爲藏納之藪地方因之不靖法律有所不行更恐洋情反覆要求不遂之時仍以非禮相向雖欲追悔其何可及聖慮周詳無遠不照何待臣鰓鰓過計但忽聞海疆要地外人公然主掌天朝百姓稱爲英國之民臣實不勝憤恨一切駕馭機宜臣無從悉其顚末惟上年十二月二十八日欽奉諭旨調集兵丁預備進勦並令琦善同林則徐鄧廷楨妥辦均經宣示臣等請添募兵勇固守虎門防堵要隘今英人窺伺多端實有措手莫及之勢不敢緘默謹以上聞於是詔斥琦善專擅之罪褫職逮治怡良兼署總督英兵尋陷虎門命怡良會同參贊大臣楊芳進勦合疏請許英屬港脚商船貿易詔斥怠慢軍心奪職留任是年秋授欽差大臣會辦福建軍務署閩浙總督尋實授時英兵已去廈門其留泊鼓浪嶼者僅數艘及和議成福州廈門皆開口岸命偕巡撫劉鴻翱議善後事宜籌辦通商兼署福州將軍先是臺灣鎭道禦敵迭有禽斬英人追訴其妄殺冒功命怡良渡臺灣查辦總兵達洪阿道員姚瑩逮京當和議初定怡良不能爲之剖雪爲時論所譏二十三年乞病歸咸豐二年起授福州將軍偕協辦大學士杜受田治山東賑務三年授兩江總督江甯鎭江已陷暫駐常州粵匪方熾兵事由欽差大臣琦善向榮主之分駐大江南北上海逆匪劉麗川踞城連陷川沙青浦南匯嘉定寶山麗川粵人商於滬初起冒用洋行公司鈐記出示衆論洶洶疑有通洋情事怡良疏請閩浙江西絲茶暫行停運使洋商失自然之利急望克復自能嚴斷濟賊巡撫吉爾杭阿率兵進勦踰年乃平時各國因在廣東爭入城與總督葉名琛齟齬每赴上海有所陳議諭怡良隨時妥辦勿徇要求五年粵匪攻金壇遣總兵傅振邦虎嵩林會西安將軍福興漳州鎭總兵張國樑進勦連捷解圍國樑進克東壩福興與之不洽詔怡良密察以聞奏言國樑勇戰福興所不及人皆重張輕福因有芥蒂請分調以免貽誤尋命福興赴江西勦賊大軍圍江甯久無功賊勢益蔓七年以病請解允之同治六年卒

祁𡎴字竹軒山西高平人嘉慶元年進士授刑部主事遷員外郎督廣西學政任滿補原官以承審宗室敏學獄不實褫職尋予刑部七品小京官累遷郎中道光四年出爲河南糧鹽道遷浙江按察使覆檢德清徐倪氏獄得官吏受賄蒙蔽狀尚書王鼎覆訊如𡎴議遷貴州布政使九年召授刑部侍郎尋出爲廣西巡撫十二年湖南廣東搖匪並起𡎴遣兵防富川恭城賀縣搜捕竄匪追擊於芳林渡斬禽千餘擒平加太子少保疏陳善後策扼要移駐文武稽查化導如所議行十三年調廣東巡撫時盧坤爲總督和衷撫馭籌修海防十五年代坤兼署總督十八年召爲刑部尚書宣宗知𡎴習練法律故有此授京察被議敍二十一年靖逆將軍奕山督師廣東命𡎴往治餉琦善既黜授兩廣總督時英兵踞虎門省城遷避過半𡎴示以鎭靜稍稍安集參贊大臣楊芳主持重勿浪戰奕山爲其下所聳商之𡎴𡎴以敵方恣恫喝大軍新至乘銳而用冀挫其燄未阻止遂突攻英艦於省河敵猝未備義律夜遁遲明英兵大至逼礮台守兵潰英兵進踞城北耆定臺高瞰城中𡎴與巡撫怡良亟守西南兩門城外市屋盡燬客兵皆撤入城商民知兵不足恃環請爲目前計款議遂決予洋銀六百萬元英艦退出虎門而耆定臺兵未去船泊泥城登岸侵擾其兵目伯麥闖入三元里民憤礫之義律馳救受圍遣廣州知府余保純護之出令率衆盡

退虎門外於是鄉團日盛紳士黃培芳余廷槐等合南海番禺諸鄉立七社萬人一呼而集儲穀十餘萬石不動官帑𡊨用林則徐堵塞省河之法以資守禦是年夏英人交還虎門礮臺偕奕山疏陳見練水陸義勇三萬六千餘名並各鄉丁壯分成團練前調各省官兵遵旨陸續分撤詔促規復香港責𡊨與奕山各抒所見𡊨奏欲收復香港必先修虎門礮臺然非設險省河虎門亦難興工先於獅子洋蚺蛇洞諸要隘築堡守戍疏上報聞是時粵師實無力進勦英人既得賂而去兵勢趨重江浙得以苟安奕山屢被嚴詰麾下招誘海盜獻計襲攻敵艦奕山又爲所動𡊨勸寢其議二十二年和議成英商開市益驕民怨益深焚其館攫貨於衢濮鼎查責言𡊨撫慰之得無事二十三年虎門礮臺工竣疏言舊式礮臺僅可禦海盜今仿洋法以三合土築人字形礮牆量宜增移改建又請就海壖闢沙成田一百六十餘頃可給屯丁二千人且耕且守防要隘並陳粵民義舊團練可用狀諭責事期經久俾濟實用以病乞休累疏乃得請二十四年卒優詔依尚書例賜卹諡文恪

黃恩彤字石琴山東寧陽人道光六年進士授刑部主事治獄數有平反充提牢以疏防越獄降調尋復之充熱河理刑司員卻翁牛特蒙古公賄黜其爵累遷郎中二十年出爲江南鹽巡道遷按察使署江甯布政使英兵犯江甯耆英伊里布令恩彤偕侍衞咸齡赴敵艦議款隨同定約事竣復隨伊里布赴廣東籌議通商改番舶互市歸官辦增減稅則稽查偷漏悉由恩彤與粵海關監督文豐商定調廣東按察使遷布政使美利堅人顧盛請入京恩彤赴澳門辯折止其行賜花翎二十五年就擢巡撫恩彤疏陳洋務略曰欲靖外侮先防內變粵民性情剽悍雖與爭鋒亦難與持久未可因三元里一戰遽信爲民足禦侮也該夷見雖釋怨就撫而一切駕馭之方與防備之具不可一日不講但當示以恩信妥爲羈縻一面愼固海防簡練軍實尤必撫柔我民所欲與聚所惡勿施以固人心而維邦本庶在我有隱然之威因以折彼囂淩之氣疏入上韙之尋屆京察與耆英並被議敘籌備海防裁虎門屯丁以沙田租稅充戰船礮臺歲修之費二十六年英人爭入城議久不決粵民憤不可諭恩彤前疏不爲時論所與被劾會監臨文武鄉試疏請年老武生給予武職虛銜詔斥其違例褫職交耆英差遣尋以同知銓選二十九年告養歸咸豐初在籍治團練天津議和命隨耆英往恩彤至則款議已定仍請終養同治中以禦捻匪功予三品封典光緒七年鄉舉重逢加二品銜尋卒

劉韻珂字玉坡山東汶上人由拔貢授刑部七品小京官洊遷郎中道光八年出爲安徽徽州知府調安慶歷雲南鹽法道浙江廣西按察使四川布政使二十年擢浙江巡撫定海已陷韻珂於甯波收撫難民沿海設防欽差大臣伊里布駐鎭海督師琦善方議以香港易還定海韻珂疏言定海爲通洋適中之地英人已築礮臺開河道經營一切彼或餌漁盜爲羽翼其患非小浙江爲財賦之區甯波又爲浙省菁華所在宜預杜覬覦尋詔斥伊里布坿和琦善罷去以裕謙代之命韻珂偕提督余步雲治鎭海防務二十一年英兵退出定海仍游奕浙洋裕謙督師赴勦定海再陷鎭海甯波相繼失守裕謙死之韻珂檄在籍布政使鄭祖琛率師扼曹娥江總兵李廷揚按察使蔣文慶道員鹿澤良駐防紹興募勇二萬人守省城庀守具清內奸撫沙匪十麻子投誠效用人心以安英艦窺錢塘江尋退去揚威將軍奕經援浙二十二年春規復甯波不克擾及奉化慈谿戰數不利命韻珂偕欽差大臣耆英籌辦防務韻珂疏言浙事有十可慮皆必然之患無可解之憂若不早爲籌畫國家大事豈容屢誤見在奕經赴海甯查看海口文蔚留駐紹興調置前路防守究竟此後作何籌辦奕經等亦無定見臣若不直陳後日倘省垣不守粉身碎骨難蓋前愆伏乞俯念浙省危急獨操乾斷飭令將軍等隨機應變俾浙省危而復安天下胥受其福又力薦伊里布不貪功不好名爲洋人所感戴其家人張喜亦可用儻令來浙或英伊里布往說英人退兵於是改犯吳淞入大江乃於江甯定和議韻珂貽書耆英伊里布等曰撫局既定後患頗多有不能不鰓鰓過慮者英船散處粵閩浙蘇較多其中有他國糾約前來者粵東又有新到倘退兵之後或有他出效尤或即英人託名復出別肆要求變幻莫測此不可不慮者一也洋人在粵曾經就撫迨給銀後滋擾不休反覆性成前車可鑒或復稱國主之言謂馬郭辦理不善撤回本國別生枝節此不可不慮者二也上所獲之郭逆義子陳祿皆云雖給銀割地決不肯不往天津而現索馬頭不及天津殊爲可疑能杜其北上之心方免事後之悔此不可不慮者三也通商既定自必明立章程各省關口應輸稅課萬一洋人仍向商船攔阻勢不能聽其病商擾課一經阻止又啟釁端此不可不慮者四也民人與洋人獄訟應聽有司訊斷萬一抗不交犯又如粵東林如美之案何以戢外暴而定民心此不可不慮者五也罷兵之後各處海口仍須設防修造戰船礮臺添設兵伍營卡倘洋人猜疑阻擾以致海防不能整頓此不可不慮者六也今日漢奸盡爲彼用一經通商須治奸民內地民人投往者應令全數交出聽候安插否則介夫洋漢之間勢必恃洋犯法不逞之徒又將投入官法難施必尋釁隙此不可不慮者七也既定馬頭除通商地面不容泊岸倘有任意闖入取掠牲畜婦女民人不平糾合抗拒彼必歸咎於官而興問罪之師此不可不慮者八也名曰通商本非割地而定海拆毀城垣建造洋樓挈眷居住倘各省均如此恐非通商體制腹內之地舉以畀人轉瞬即非我有此不可不慮者九也中國凋敝由於漏銀出洋今各省有洋船漏銀更甚大利之源勢將立竭曾子交子之弊政將行國用民用之生計已絕此不可不慮者十也至於議給之款各省分攤浙省自軍興以來商民捐輸賑災甯波菁華爲洋人搜括歲事歉收責以賠敵之款勢必不應若如四川之議增糧賦江浙萬不能行故勦敵之款可捐賠敵之款不可捐他省完善之地可捐浙省殘破之餘不可捐惟亮鑒之所言並切利害韻珂機警多智數見浙兵不可恃以戰事委之裕謙奕經專固省防浙人德之及事急再創調停之說而慮成議於浙爲天下詬移禍於江蘇然世多議其巧於趨避二十三年擢閩浙總督疏言浙江舊未與外洋交易與廣東情事不同應於耆英等所議章程稍加變通先申要約又籌海疆善後事宜二十四則下議行二十四年疏報廈門開市鼓浪嶼尚有英兵棲止恐久假不歸請諭禁與領事面訂預杜偷漏稽查洋眾條款又奏天主教流弊請稽查傳教之地不令藏奸或有藉端滋事據事懲辦不牽及習教俾無藉口二十四年英人始至福州請於南臺及城內烏石山建洋樓韻珂難之士紳見廣東爭議久不決亦援以拒英人訴諸耆英謂不踐原約則鼓浪嶼且不退還往復辯論卒不能阻而閩人歸咎於韻珂三十年文宗即位以病乞假特旨罷職回籍咸豐二年坐泉州經歷何士邠犯贓逃逸追論寬縱褫職同治初召來京以三品京堂候補復乞病歸卒於家

牛鑑字鏡堂甘肅武威人嘉慶十九年進士選庶吉士授編修遷御史給事中道光十一年出爲雲南糧儲道歷山東按察使順天府尹陝西布政使與巡撫不合乞病歸十八年起授江蘇布政使署巡撫十九年擢河南巡撫整頓吏治停分發止攤捐籌銀二十萬兩津貼疲累十五縣築沁河隄濬衞河甚有政聲二十一年六月河決祥符水圍省城鑑率吏民葺城以守規地勢洩水賑撫災黎時水分二流一環城西南一由東南行均注歸德陳州入江南境鑑以正河斷流決口難遽塞議急衞省城水漲不已西北隅尤當衝城垣坍陷十餘處拋磚石成壩絙鉅舟以禦之奇險迭出晝夜臨陴民感其誠同心守護有不受雇值者當事急河督文沖奏省城卑溼不可復居請擇地遷移鑑疏言一月以來困守危城幸保無虞者實由人心維繫若一聞遷徙各自逃生誰與防守恐遷徙未及水已灌城變生俄頃奸民乘機搶掠法令不行情狀不堪設想節交白露水將漸消惟有殫竭血誠堅忍守禦但得料物應手自可化險爲平命大學士王鼎侍郎慧成往勘鑑與合疏言省城可守不可遷決口可堵不可漫並劾文沖膜視延誤狀於是褫文沖職稭料大集繕治隄壩水亦漸退守城凡六十餘日而卒完命偕王鼎等興工塞決會英兵犯浙江裕謙殉於甯波命鑑代署兩江總督尋實授十月至蘇州受事閱海口偕提督陳化成治防繕臺增礮沿海以土塘爲蔽駐四營居中策應二十二年四月英兵既陷乍浦遂窺吳淞口五月敵艦七十餘艘來攻鑑偕化成督戰擊沈賊船三西礮臺及戰艦皆被燬敵以小舟載兵由小沙背登陸徐州鎭總兵王志元兵先潰化成死之鑑退嘉定而寶山上海相繼陷又退崑山收集潰兵壽春鎭總兵尤渤守松江敵兩次來犯皆擊卻之英艦聚泊吳淞口外揚言將北犯天津六月突入江乘潮上駛直越圌山關鑑由京口退保江甯提督齊愼劉允孝迎戰京口不利退守新豐鎭江陷副都統海齡死之敵艦分薄瓜洲揚州震動鹽運使但明倫聽商人江壽民計賂以六十萬金遂犯江甯艦泊下關鑑初專防海口倚陳化成沿江鵝鼻嘴圌山關諸要隘倉猝調兵益無足恃化成既死事鑑知不能復戰連疏請議撫耆英伊里布先後奉命至英人索五處通商及償款諸臣未敢遽允敵兵遂登岸置大礮臨城乃悉許之合疏以保全民命爲請略曰江甯危急呼吸可虞根本一搖鄰近皖贛鄂湘皆可航溯彼所請雖無厭而通市外無他圖與其結兵禍而毒生靈曷若捐鉅帑以全大局廈門敵軍雖退尚未收復香港鼓浪嶼定海招寶山仍未退還使任其久踞遊巡不如歸我土地既願循例輸稅即爲悔禍嚮風此後彼因自護租岸我即以捍蔽海疆未始非國家之福所請平禮虛文不妨假借事定之後亦應釋俘囚以堅和好寬脅從以安反側併將詳條目以聞八月和議成英兵悉退出海洋尋以貽誤封疆罪褫職逮問讞大辟二十四年釋之命赴河南中牟河工效力工竣予七品頂戴以六部主事用回

籍咸豐三年粵匪北擾予五品頂戴署河南按察使四年命卽任勸捐募勇赴陳州偕徐廣縉勦捻匪破潁州賊李士林於阜陽方家集焚其巢加按察使銜五年又破之於霍邱三河士林尋於湖北就撫鑑深得河南民心前勸捐中牟大工得錢二百萬緡至是集軍餉復及百萬敘功加二品頂戴以病乞歸八年卒

論曰顏伯燾懷抱忠憤而無克敵致果之具怡良不附和琦善亦無建樹祁𡎴依違和戰之間苟全而已劉韻珂以術馭人陰主和議牛鑑以循吏處危疆身敗名裂要之籌邊大計朝廷無成算則膺封圻之寄者爲益難況人事之未盡乎嗚呼論世者當觀其微也

清史稿　列傳一百五十九

裕謙 謝朝恩 重祥　關天培 陳連陞 江繼芸 祥福
陳化成 海齡　葛雲飛 王錫朋 朱貴 鄭國鴻

裕謙原名裕泰字魯山博羅武氏蒙古鑲黃旗人一等誠勇公班第曾孫綏遠城將軍巴祿孫父慶麟京口副都統裕謙嘉慶二十二年進士選庶吉士散館改禮部主事遷員外郞道光六年出爲湖北荊州知府始改今名調武昌歷荊宜施道江蘇按察使十九年就遷布政使署巡撫尋實授二十年英兵陷定海伊里布奉命往勦裕謙代署兩江總督時英艦游弈海門外洋江南戒嚴裕謙赴寶山上海籌防檄徐州鎭總兵王志元佐提督陳化成防海口疏陳規復定海之策可無慮者四難緩待者六謂各省皆可言守浙江必應議戰且應速戰又疏劾琦善五罪略曰英人至天津僅五船耳琦善大張其事遞稱機礮遂謂處處可虞後來之艦倘多勢將徧擾南北冀聳聽聞以掩其武備廢弛之咎張皇欺飾其罪一英自回粵以來驕桀日甚琦善惟責兵將謝過別未設籌將士解體軍心沮喪彼軍乘敝遂輕我師我船礮縱不如彼兵數何啻十倍琦善不防後路事敗委過前人試思琦善未至粵時未聞失機其又何說弛備損威其罪二沙角大角礮臺既失自應迅駐虎門乃其奏中不及勦堵事惟以覆書緩兵爲詞且屬浙省勿進兵旋以給香港卽日通商定議不俟交還定海後奏允奉行違例擅權其罪三既畀香港換出定海而英人仍欲通商甯波銷售鴉片何以不在粵翦斷葛藤將就苟且其罪四義律僅外商首領向來呈牘自稱遠商遠職上年在天津浙江僭稱公使大臣琦善不之詰假以稱號失體招釁其罪五琦善已爲英人藐玩各國輕視不宜久於其任疏上宣宗憤琦善受紿斥伊里布附和信裕謙忠直可恃二十一年春罷伊里布以裕謙代之裕謙至鎭海英艦已去定海渡海往治善後事宜尋實授兩江總督以浙事付巡撫劉韻珂提督余步雲自回江南部署防務初英兵在定海殘虐人民既退猶四出游奕裕謙捕獲兵目剝皮抽筋而懸之又掘敵屍焚於通衢英人遂藉口復讐大舉再犯浙洋裕謙率江甯駐防及徐州鎭兵千馳至鎭海督戰令總兵葛雲飛鄭國鴻王錫朋率兵五千守定海手緘密諭付臨陣敢視退者立斬八月敵艦二十九艘兵三萬來攻分三路並進血戰六晝夜三鎭並死之定海陷越數日敵由蛟門島進犯鎭海招寶山爲要衝余步雲守之別遣總兵謝朝恩守金雞嶺爲犄角裕謙疑步雲懷兩端乃集將士祭關帝天后與衆約毋以退守爲詞離城一步亦毋以保全民命爲詞受洋人片紙不用命者明正典刑幽遭神殛步雲知其意不預盟誓及戰裕謙登城手援枹鼓步雲詣請遣外委陳志剛赴敵艦暫示羈縻裕謙不許有頃敵登招寶山步雲不戰而退敵復分兵攻金雞嶺謝朝恩中礮殞兩山同陷鎭海守兵望風而潰裕謙先誓必死一日經學宮前見泮池石鐫流芳二字曰他日於此收吾尸也吾曾祖於乾隆二十一年八月殉難今値道光二十一年八月非佳兆預檢硃批寄諭奏稿送嘉興行館處分家事甚悉臨戰揮幕客先去曰勝爲我草露布敗則代辦後事至是果投泮池副將豐伸泰等拯之出輿至府城昏憊不省人事敵且至以小舟載往餘姚卒於途遂至西興劉韻珂等視其斂事聞贈太子太保予騎都尉兼一雲騎尉世職祔祀京師昭忠祠於鎭海建立專祠謚靖節柩至京遣成郡王載銳奠醊當初敗余步雲疏報鎭海大營先潰裕謙不知所往韻珂等奏至上始釋疑予優卹幕客陳若木從兵間代裕謙妻草狀詣闕訟寃逮步雲論治伏法嗣子德峻襲世職以主事用官至山東候補知府謝朝恩四川華陽人由行伍從將軍德楞泰勦教匪積功至都司累擢閩浙督標副將從平臺灣張丙亂道光十四年擢狼山鎭總兵從伊里布防鎭海充翼長裕謙令守金雞嶺力戰禦敵敵別出一隊由沙蟹嶺繞出山後夾攻遙見招寶山威遠城已爲敵踞兵遂潰朝恩扼礮臺中敵礮墮海尸不獲浙人有親見其死者歌詠傳其事與葛雲飛等同稱四鎭云賜卹予騎都尉世職重祥張氏漢軍正黃旗人世襲一等輕車都尉金華協副將從葛雲飛戰定海受傷復佐守金雞嶺力戰死之處州營游擊托雲保卞氏亦漢軍旗人偕重祥同殞於陣並予雲騎尉世職

關天培字滋圃江南山陽人由行伍洊升太湖營水師副將道光六年初行海運督護百四十餘艘抵天津被優敘七年擢蘇松鎭總兵十三年署江南提督十四年授廣東水師提督時英吉利通商漸萌跋扈兵船闌入內河前提督李增階以疏防黜天培代之至則親歷海洋阨塞增修虎門南山橫檔諸礮臺鑄六千斤大礮四十座請籌操練犒賞經費十八年英人馬他倫至澳門託言稽察商務投函不如制天培卻之禁烟事起偕總督鄧廷楨偵緝甚力十九年林則徐莅廣東檄天培勒躉船繳烟二萬餘箱焚之於是嚴海防橫檔山前海面較狹可扼鑄巨鐵鍊橫亙之二重阻敵舟不能逕過礮臺乃得以伺擊則徐倚天培如左右手常駐沙角督本標及陽江碣石兩鎭師船排日操練七月英艦突犯九龍山口爲參將賴恩爵擊退九月二艦至穿鼻洋阻商船進口挑戰天培身立桅前拔刀督陣退者立斬有擊中敵船一礮者立予重賞發礮破敵船頭鼻敵紛紛落海乃遁敵艦久泊尖沙嘴踞爲巢穴逼北山梁曰官涌俯視衆泊之所攻擊最便天培增礮駐營敵屢乘隙來爭不得逞十月敵以大艦正面來攻小舟載兵從側乘潮撲岸殲之於山岡復於逼東胡椒角窺伺礮擊走之乃調集水陸兵守山梁參將陳連陞賴恩爵張斌游擊伍通標德連等爲五路合同進攻敵乘夜來犯五路大礮齊擊敵舟自撞燈火皆滅侵曉瞭望逃者過半僅存十餘舟遠泊次日復有二敵艦潛進隨者十數復諸路合擊毀其頭船遂散泊外洋捷聞詔嘉奬賜號法福靈阿巴圖魯二十年春英艦雖不敢復進猶招奸民分路載烟私售天培沿海搜捕一日數起復飾漁船蟹艇乘間焚毀敵舟英人始改計他犯及林則徐罷琦善代之一意主撫至粵先撤沿海防禦僅留水師制兵三分之一募勇盡散而英人要索甚奢久無定議戰釁復起十二月英船攻虎門外沙角礮臺副將陳連陞死之大角礮臺隨陷並爲敵踞虎門危急天培與總兵李廷鈺分守靖遠威遠兩礮臺請援琦善僅遣兵二百二十一年正月敵進攻守臺兵僅數百遣將慟哭請益師無應者天培度衆寡不敵乃決以死守出私財餉將士率游擊麥廷章晝夜督戰敵入三門口衝斷樁鍊奮擊甫退南風大作敵船大隊闖橫檔永安兩礮臺遂陷進攻虎門自巳至酉殺傷相當而礮門透水不得發敵自臺後攢擊身被數十創事急以印投僕孫長慶令去行未遠回顧天培已殞絕於地廷章亦同死礮臺遂陷長慶縋厓出繳印於總督復往尋天培尸半體焦焉負以出優卹予騎都尉兼一雲騎尉世職謚忠節入祀昭忠祠建立專祠母吳年逾八十命地方官存問給銀米以養餘年子從龍襲世職官安徽候補同知陳連陞湖北鶴峯人由行伍從征川楚陝教匪湖南廣東逆猺數有功累擢增城營參將道光十九年破英兵於官涌擢三江口副將調守沙角礮臺及英艦來犯連陞率子武舉長鵬以兵六百當敵數千發地雷扛礮斃敵數百卒無援歿於陣長鵬赴水死敵以連陞戰最猛臠其尸事聞詔嘉其父子忠孝兩全入祀昭忠祠並建專祠加等依總兵例賜卹予騎都尉世職子展鵬襲起鵬賜舉人祥福瑪佳氏滿洲正黃旗人由親軍累擢冠軍使出爲湖南寶慶協副將從提督羅思舉平江華猺有功歷綏靖甯夏鎭筸諸鎭總兵二十年率本鎭兵援廣東二十一年守烏涌礮臺與虎門同時陷祥福死之予騎都尉世職祀昭忠祠尋詔與關天培同建專祠子喜溎襲世職天培等皆以琦善不欲戰無援故敗海內傷之而福建總兵江繼芸又以顏伯燾促戰而亡繼芸福建福淸人由行伍拔補千總道光六年臺灣張丙之亂戰枋樹窩小雞籠以禽賊功擢守備累遷臺灣副將二十年署南澳鎭總兵總督鄧廷楨薦其才尋擢海壇鎭總兵調金門鎭從顏伯燾守廈門二十一年廣東方議款英艦游弈閩洋伯燾素主戰庀船礮備出擊而新裁水勇未散軍心不堅繼芸以爲言伯燾不聽七月英艦泊鼓浪嶼集水陸師禦諸嶼口礮毀敵舟而敵已撲礮臺登岸陸師先潰繼芸急赴援中礮落海死護理延平協副將淩志淮口都司王世俊同殉淩志富察氏滿洲鑲黃旗人

陳化成字蓮峯福建同安人由行伍授水師把總嘉慶中從提督李長庚擊蔡牽數有功以勇聞累擢烽火門參將總督董教增薦其久歷閩粵水師手禽巨盜四百八十餘人勤勞最著請補澎湖副將以籍隸本省格不行遷瑞安協副將道光元年乃調澎湖歷碣石金門兩鎭總兵十年擢福建水師提督十二年英吉利船駛入閩浙江南山東洋面命化成督師巡邏以備不虞同安潘塗官潯柏頭諸鄉素爲盜藪掩捕悉平之二十年英艦犯閩化成率師船擊之於梅林洋尋退去調江南提督江南水師素怯懦化成還閩中親軍教練士氣稍振

籌備吳淞防務修寨鑄礮沿海塘築二十六堡化成枕戈海上凡二年與士卒同勞苦風雨寒暑不避總督裕謙牛鑑皆倚爲長城當定海三總兵戰歿裕謙亦殉化成哭之慟謂所部曰武臣死於疆場幸也汝曹勉之吳淞口以東西礮臺爲犄角化成率參將周世榮守西臺參將崔吉瑞游擊董永清守東臺而徐州鎭王志元守小沙背以防繞襲二十二年五月敵來犯泊外洋以汽舟二列木人兩艘繞小沙背猶西臺欲試我礮力化成知之不發敵舟旋去以水牌浮書約戰牛鑑方駐寶山慮敵鋒不可當化成曰吾經歷海洋四十餘年在礮彈中入死出生難以數計今見敵勿擊是畏敵也奉命討賊有進無退扼險可勝公勿怖鑑乃以化成心如鐵石士卒用命民情固結入告詔特嘉之越數日敵艦銜尾進化成麾旗發礮燬敵艦三殲斃甚衆鑑聞師得力親至校場督戰敵以桅礮注擊毀演武廳鑑遁退敵攻壞土塘由小沙背登岸徐州兵先奔東臺亦潰萃攻西臺部將守備韋印福千總錢金玉許攀桂外委徐大華等皆戰死尸積於前化成猶掬子藥親發礮俄中彈噴血而殞礮臺既失寶山上海相繼陷越八日鄉民始負其尸出殮於嘉定事聞宣宗震悼特詔優邮賜銀一千兩治喪予騎都尉兼一雲騎尉世職謚忠愍於殉難處所及原籍並建專祠子廷芳襲世職廷棻賜舉人海齡郭洛羅氏滿洲鑲白旗人由驍騎校授張家口守備累擢大名正定兩鎭總兵以事降二等侍衛充古城領隊大臣歷西安江甯京口副都統英兵既陷吳淞由海入江六月犯鎭江提督齊愼劉承孝敗退遂攻城海齡率駐防兵死守二日敵以雲梯入城屠旗民海齡與全家殉焉予騎都尉兼一雲騎尉世職謚昭節入祀昭忠祠並建祠鎭江妻及次孫祔祀當城破時海齡禁居民不得出常鎭道周頊棄城走事後訐海齡妄殺良民爲衆所戕言官亦論奏下疆吏究勘得白詔以闔門死難大節無虧仍照都統例賜邮治頊罪如律子宜蘭泰襲世職

葛雲飛字雨田浙江山陰人道光三年武進士授守備隸浙江水師勤於緝捕常微服巡洋屢獲劇盜有名洊擢瑞安協副將十一年署定海鎭總兵尋實授以父憂歸二十年英兵犯定海總兵張朝發戰敗失守巡撫烏爾恭額提督祝廷彪強起雲飛墨絰從軍總督鄧廷楨亦薦其可倚署定海鎭雲飛議先守後戰扼招寶金雞兩山列礮江岸築土城集失伍舊兵訓練軍氣始振英人安突得出測量形勢以計禽之敵始有戒心雲飛乘機圖恢復未果二十一年廣東議款以香港易定海欽差大臣伊里布令雲飛率所部渡海收地然後釋俘以二鎭師偕往二鎭者壽春鎭王錫朋處州鎭鄭國鴻也既而裕謙代伊里布改議戰守雲飛以定海三面皆山前臨海無蔽請於衜頭築土城竹山曉峯嶺增礮臺而衜頭南五奎山吉祥門毛港悉置防爲犄角裕謙以費鉅未盡許則請借三年廉俸與築益忤裕謙尋至定海見雲飛青布帕首短衣草履奔走烈日中又聞其巡洋捕盜傷臂奪盜刃刺之始服其忠勇迨英兵復來犯礮擊敵艦於竹山門東港浦迭卻之加提督銜於是雲飛屯衜頭土城錫朋國鴻分防曉峯竹山雲飛獨當敵衝敵連檣進突登五奎山礮擊紅衣夷目乃退次日敵敵山後發礮仰擊亦隔山應之夜敵乘霧至直逼土城礮中載藥敵船轟燬甚衆越日乃肉薄來奪曉峯嶺分攻竹山門錫朋國鴻皆戰歿縣城遂陷敵萃攻土城雲飛知不可爲出敕印付營弁率親兵二百持刀步入敵中轉鬭二里許格殺無算至竹山麓頭面右手被斫猶血戰身受四十餘創礮洞胸背植立崖石而死定海義勇徐保夜負其尸浮舟渡海是役連戰六晝夜斃敵千餘卒以衆寡不敵三鎭同殉事聞宣宗揮淚下詔賜金治喪邮典依提督例予騎都尉兼一雲騎尉世職謚壯節賜兩子文武舉人以簡襲世職官至甘肅階州知州以敦官守備雲飛兼能文著有名將錄製械製藥要言水師緝捕管見浙海險要圖說及詩文集事母孝母亦知大義喪歸一慟而止曰吾有子矣錫朋字樵備順天甯河人以武舉授兵部差官遷固原游擊從陝甘總督楊遇春征回疆大河拐洋阿巴特沙布都爾渾河諸戰並有功賜花翎擢湖南臨武營參將十二年從勦江華猺趙金龍賜號銳勇巴圖魯擢寶慶協副將又平廣東連州猺功最擢汀州鎭總兵以憂歸十八年起授壽春鎭總兵二十年偕提督陳化成防吳淞伊里布調援甯波尋偕葛雲飛等守定海敵至錫朋初守九山門爲諸軍應援數獲勝及敵乘霧登曉峯嶺以無巨礮不能禦率兵奮擊並分援竹山所部裨弁朱廣源呂林環劉桂五夏紋忠張魁甲先後陣歿衆且盡錫朋手刃數人遂遇害久之始得其尸而如生耳際有創巡撫劉韻珂驗實爲改殮邮典加等予騎都尉兼一雲騎尉世職謚剛節子承泗承瀚並賜文舉人承泗襲世職官山西溫州知州承瀚工部主事國鴻字雪堂湖南鳳凰廳人父朝桂貴州副將伯父廷松鎭筸千總殉苗難無子以國鴻嗣襲雲騎尉從傅鼐勦苗授永綏屯守備洊擢寶慶副將道光二十年擢處州鎭總兵調防鎭海充翼長定海既還移兵分守要隘敵艦初犯竹山門國鴻發巨礮斷其桅遂以竹山爲分汛地戰連日久雨往來泥淖及敵分三路同時來撲國鴻奮擊槍礮皆熱不可用短兵拒戰而土寇導敵奪曉峯嶺險要盡失國鴻單騎衝陣被數十創而殞依總兵賜邮予騎都尉世職追謚忠節子鼎聲已歿賜其孫鍔銛並爲舉人鍔襲騎都尉七品小京官銛襲雲騎尉出繼之子鼎臣批驗大使從軍中揚威將軍奕經令募水勇攻敵海山港賜花翎四品頂戴三鎭死事最烈並入昭忠祠定海收復建立專祠合祀雲飛錫朋併許原籍各建專祠當定海之初陷也總兵張朝發戰於港口兵敗身受礮傷知縣姚懷祥典史全福皆死之時咎朝發不專守陸路巡撫烏爾恭額疏劾逮治朝發已以傷殞邮典不及焉浙中戰事以定海爲最力後揚威將軍奕經督師將帥多闒茸戰事如兒戲惟金華協副將朱貴稱忠勇貴字黻堂甘肅河州人以武生入伍從征川陝教匪勦藍號賊於虞家灣賊渠冉學勝伏密箐中以長矛刺傷主將貴奪其矛而禽之勇冠軍中滑縣三才峽諸役皆在事有功累擢涼州守備道光初從楊遇春戰回疆擢游擊歷陝西西安參將署察漢托洛亥副將二十一年擢浙江金華協副將揚威將軍奕經督師貴率陝甘兵九百以從時兵多新募惟貴所部最號勁旅二十二年春奕經規復甯波鎭海令貴當鎭海一路行未至甯波已失利止勿進調赴長谿嶺大營遂屯慈谿城西大寶山敵乘勝以二千人自大西壩登岸貴率所部迎擊斃敵四百餘人再卻再進自辰至中軍中不得食猶酣戰鄉勇忽亂隊敵由山後鈔襲增者幾倍又三艦自丈亭江直逼山下長谿大營驚潰貴腹背被攻怒馬斫陣中槍馬倒躍起奪敵矛奮鬭傷要害乃踣子武生昭南以身障父同時陣亡部下游擊黃泰守備徐宦陳芝蘭浙江候補知縣顏履敬等兵卒三百餘人同死詔嘉其忠勇依總兵例賜邮予騎都尉世職子廷瑞襲昭南予雲騎尉世職子綱甫四歲命及歲襲職阿木穰世襲土司大金河千總加副將銜巴圖魯勇號哈克里瓦寺土守備率金川屯練赴軍皆趫捷奮勇戰輒爭先冠虎形奕經占有虎頭之兆令赴前敵從提督段永福攻甯波敵已爲備至則城門不閉阿木穰率土司兵先入中地雷同歿哈克里攻奪招寶山揉升而上搶入威遠城敵艦自金雞山翦江至用礮仰擊遂不支而退後亦殉難浙人哀之自朱貴大寶山之戰敵受創甚鉅遂戒深入慈谿縣城獲完士民思其功爲建祠報賽阿木穰哈克里亦祔祀焉

論曰海疆戰事起既絀於兵械又昧於敵情又牽掣於和戰之無定畏葸者敗忠勇者亦敗專閫之臣忘身殉國義不返踵亦各求其心之所安耳嗚呼烈已偏裨授命者祔著於篇

清史稿　列傳一百六十

宗室奕山 隆文　宗室奕經 文蔚 余步雲 特依順

宗室奕山恂郡王允禵四世孫隸鑲藍旗授乾清門侍衛道光七年從征喀什噶爾擢頭等侍衛御前行走歷伊犂領隊大臣參贊大臣十八年授伊犂將軍二十年偕副都統關保赴塔什圖畢治墾務闢田十六萬四千餘畝奏請留回千戶及五品伯克以下官名授正白旗領侍衛內大臣御前大臣二十一年命爲靖逆將軍督師廣東尚書隆文提督楊芳爲參贊副之時英兵已陷虎門芳先至聽美利堅人居間乞許通商被嚴斥促奕山速赴軍三月抵廣州英艦橫亘省河奕山問計於林則徐則徐議先遣洋商設法羈縻俾英艦暫退塞河道積沙囊於岸以禦礮然後以守爲攻奕山不能用且自琦善撤防舊儲木樁鉅石皆爲敵移去時以杉板小船游弋以誘我師楊芳主持重以募勇未集不欲浪戰奕山初亦然之既而惑於左右言欲僥倖一試芳止之不可夜進兵襲風燬七艘報捷詰旦乃知誤焚民舟而英兵大至連舟抵城下禦於河南互有殺傷遂閉城敵以輪船襲泥城副將岱昌等聞礮先遁燬師船六十有奇城外東西礮臺並陷英兵進踞後山四方礮臺奕山居貢院礮火及焉軍民惶懼乃遣廣州知府余保純出城見義律議息兵義律索烟價千二百萬美商居間減其半並許給香港全島英兵乃退奕山偕隆文先退屯距城六十里小金山詭敗爲勝疏言義律窮蹙乞撫照舊通商改償費爲追交商欠由粵海關及藩運兩庫給之宣宗覽奏以夷情恭順詔允所請閩浙總督顏伯燾迭疏劾其欺罔下廣西巡撫梁章鉅察奏乃得其狀報聞英人既得賂於粵移兵犯閩浙奕山等始收回大黃滘獵德虎門諸礮臺塡塞省河鄉民於義律未退時困之三元里余保純趨救始得出於是團練日盛中外皆言粵民可用遂撤客軍改募練勇迭詔趣奕山等規復香港實不能戰惟屢疏陳颶風漂沒敵船毀香港蓬寮藉修礮臺未竣造船未就爲詞以塞嚴詔二十二年英人撤義律回國以璞鼎查代之大舉犯浙江江蘇詔斥奕山陳奏欺詐嚴議褫御前大臣領侍衛內大臣左都御史仍留漢軍都統任及和議定追論援粵失機褫職治罪論大辟圜

禁宗人府空室二十三年釋之予二等侍衞充和闐辦事大臣調伊犂參贊大臣署將軍二十七年調葉爾羌參贊大臣安集延布魯特回匪入邊圍喀什噶爾英吉沙爾命陝甘總督布彥泰督師討之奕山爲副連破賊於科科熱依瓦特瓦及蘇噶特布拉克賊遁走論功封二等鎭國將軍賜雙眼花翎尋授內閣學士調伊犂參贊大臣兼鑲黃旗蒙古都統二十九年授伊犂將軍俄羅斯遣使至伊犂請於伊犂塔爾巴哈台喀什噶爾三處通商詔允其二惟喀什噶爾不許咸豐元年俄人復固請仍拒之偕參贊布彥泰與定伊塔通商章程十七條祭酒勝保疏論當仿恰克圖通商舊例限以時日人數奕山議撫馭外夷以信爲主既已議定章程旋改必有藉口如所請行累授內大臣御前大臣仍留將軍任五年調黑龍江將軍時俄羅斯以分界爲名欲得黑龍江松花江左岸地遣艦入精奇里江建屋於霍爾托庫岡勒密布雅里奕山疏陳陽撫陰防之策七年俄使請入京拒不許八年俄人偕英法美三國合兵犯天津三國窺商利而俄志在邊地於是俄使木里裴岳福至愛琿堅請畫界奕山允自額爾古納河口循黑龍江至松花江左岸之地盡屬之俄俄使知奕山昧於地勢駐兵黑龍江口復索綏芬河烏蘇里江地奕山懾其兵威勿能抗疏稱未許然已告俄使可比照海口等處辦理踰年與俄使會於愛琿定約三條鐫滿蒙漢三體字爲界碑大理寺少卿殷兆鏞劾奕山以邊地五千餘里藉稱閒曠不候諭旨拱手授人始既輕諾繼復受人所制無能轉圜詔切責之革職留任又以縱俄艦往黑龍江不之阻褫御前大臣召回京十一年聯軍在京定約因奕山前議自烏蘇里江口而南踰興凱湖至綏芬河瑚布圖河口復沿琿春河達圖們江口以東盡與俄人語具邦交志尋復御前大臣補正紅旗蒙古都統同治中封一等鎭國將軍授內大臣以疾罷光緒四年卒諡莊簡子載鷟理藩院侍郎載鷟子溥瀚鑲黃旗蒙古副都統孫毓照一等奉國將軍隆文伊爾根覺羅氏滿洲正紅旗人嘉慶十三年進士選庶吉士散館改刑部主事坐事罷職捐復授翰林院侍講累擢內閣學士道光中充駐藏大臣歷吏部戶部侍郎左都御史刑部兵部尙書軍機大臣屢奉使出讞獄偕奕山督師廣東意不相合甫至病憂憤而卒諡端毅

宗室奕經成親王永瑆孫貝勒綿懃子承繼循郡王允璋後隸鑲紅旗授乾淸門侍衞歷奉宸院卿內閣學士兼副都統護軍統領道光三年坐失察惇親王肩輿擅入神武中門褫兼職留內閣學士任五年遷兵部侍郎十年從征喀什噶爾回匪事平回京歷吏部戶部侍郎十四年出爲黑龍江將軍十六年召授吏部尙書兼步軍統領二十一年協辦大學士英兵犯浙江定海鎭海及甯波府城相繼陷裕謙死事命爲揚威將軍督師往勦都統哈哴阿提督胡超爲參贊侍郎文蔚都統特依順副之陛辭日宣宗御勤政殿訓示方略特詔申明軍紀凡失守各城逃將逃兵軍法從事發交內庫花翎等件有功者立予懋賞勉以恩威並用整飭戎行大學士穆彰阿奏請釋琦善出獄隨赴軍前効力奕經卻之奕經分屬懿親素謹厚爲上所倚重奉命專征頗欲有爲而不更事尤昧兵略奏調陝甘川黔兵一萬人請撥部餉一萬兩倉猝未集駐蘇州以待上以諸將少可恃者命凡文武員弁及士民商賈有奇材異能一藝可取者許詣軍前投効奕經渡江後於營門設木匭納名即延見且許密陳得失於是獻策者四百餘人投効者一百四十餘人而軍中所辟僚佐多闒冗京員投効者亦無異才惟宿遷舉人臧紆靑自負氣節爲言議撫徒損國威始決主戰又勸劾斬失律提督余步雲以立威奕疏具而旋寢以浙兵屢潰不堪臨陣召募山東河南安徽義勇浙事日亟巡撫劉韻珂促援運不至遂相惡久駐江蘇以供應之累官吏亦厭之餉需文報皆延擱不時應十二月始抵杭州前泗州知州張應雲獻策規復甯波奕經文蔚皆然之遂令總理前敵營務應雲以重貲購甯波府吏陸心蘭爲內應日報機密多虛誑奕經禱於西湖關廟占得虎頭之兆乃議於二十二年正月寅日寅時進兵屢遣諜爲敵所獲漏師期初英兵踞府城僅二三百人艦泊定海至是濮鼎查率十九艘兵二千散泊江岸早爲之備矣奕經由紹興進曹娥江而慈谿敵兵退應雲請急進遂駐慈谿東關文蔚分屯長谿嶺令提督段永福余步雲等趨甯波游擊劉天保趨鎭海副將朱貴駐大寶山而應雲率所募義勇駐駱駝橋爲諸軍策應約於正月晦數路並舉而敵已勾結應雲部勇勢且生變不及待期先一日輕軍分襲不携槍礮永福等入甯波南門中地雷天保甫及鎭海城下爲敵礮擊退皆大敗越日應雲所具火攻船爲敵所焚軍中自驚奔大寶山朱貴收集潰兵圖進攻敵兵已至力戰竟日殺傷相當無援貴死之文蔚聞敗亦退軍資器械棄失殆盡奕經留軍紹興回駐杭州自請嚴議詔原之英艦乘勝由海窺錢塘江以尖山海口淺阻尋退去鄭鼎臣者殉難總兵國鴻子曾從父軍奕經予二十四萬金令募水勇規復定海聞甯鎭之敗遂巡海上奕經督之嚴乃報三月三日敗敵於定海十六門洋面燬船數十殲斃數百劉韻珂以爲欺罔奕經遣侍衞容照等出洋查勘得焚燬船木及壞械回報乃疏聞賜奕經雙眼花翎鼎臣亦被獎時甯波英兵忽退留艦招寶山海口改犯乍浦陷之奕經不能赴援而以收復甯波奏詔斥不先事預防革職留任既而英兵犯江南陷鎭江逼江甯命奕經赴援尋命駐王江涇防禦奕經自甯波慈谿之敗軍心渙散不能復用益爲劉韻珂所揶揄議守議撫一不使聞及和議成撤師詔布奕經等勞師糜餉誤國殃民罪狀逮京論大辟圈禁踰年與琦善同起用予四等侍衞充葉爾羌幫辦大臣爲御史陳慶鏞論劾仍褫職未幾復予二等侍衞充葉爾羌參贊大臣調伊犂領隊大臣坐審鞫英吉沙爾領隊大臣齊淸額誣捕良回獄不當褫職發黑龍江三十年釋回咸豐初歷伊犂英吉沙爾領隊大臣二年召授工部侍郎調刑部兼副都統三年命率密雲駐防赴山東防粵匪卒於徐州軍次依侍郎例賜卹文蔚費莫氏滿洲正藍旗人嘉慶二十年進士授翰林院檢討累擢至兵部工部侍郎兼副都統內務府大臣方其駐長谿嶺也聞諸路軍皆不利欲移營走避難民潰兵猝至焚燬營帳乃奔曹娥江收集潰兵退保紹興欲渡錢塘江爲劉韻珂所阻尋以定海報捷加頭品頂戴軍事竣追論失機褫職下獄踰年釋出予三等侍衞充古城領隊大臣復褫職咸豐初歷喀喇沙爾哈密辦事大臣駐藏大臣奉天府尹五年卒特依順他塔喇氏滿洲正藍旗人福州駐防累遷協領道光十三年從平臺灣張丙亂擢荊州副都統歷騰越鎭總兵密雲副都統甯夏將軍二十一年予都統銜授參贊大臣督師廣東尋命改赴浙江辦理軍務駐守省城署杭州將軍遂實授乍浦陷坐革職留任和議成命籌辦浙江善後事宜二十六年調烏里雅蘇台將軍二十九年卒余步雲四川廣安人嘉慶中以鄉勇從勦教匪積功至游擊平瞻對叛番累擢重慶鎭總兵道光七年率本鎭兵從楊遇春征回疆破賊洋阿爾巴特莊偕楊芳擊賊於毘拉滿大敗之復和闐追禽賊酋玉努斯授乾清門侍衞擢貴州提督調湖南十二年率貴州兵勦江華猺趙金龍偕提督羅思舉破賊巢金龍就殲加太子少保復破粵猺於永州藍山禽其渠從尙書禧恩赴廣東勦連州猺平之賜雙眼花翎予一等輕車都尉世職歷四川雲南提督復調貴州十八年禽仁懷匪首謝法眞加太子太保調福建提督二十年英兵初陷定海率師赴援調浙江提督二十一年定海既收還步雲駐防鎭海裕謙來督師疏言步雲不可恃未及易而英兵猝至復陷定海三鎭戰歿步雲屯招寶山總兵謝朝恩分守金雞嶺步雲號宿將實巧猾無戰志又嗛裕謙剛愎將戰裕謙召與盟神誓師託疾不赴且獻緩敵之策敵攻其前而以小舟載兵由石洞攀援登後山步雲遽棄礮臺走敵乃據招寶山俯擊鎭海城金雞嶺及縣城先後陷步雲退甯波敵掩至墜馬傷足僅免府城遂陷步雲疏聞委敗於裕謙裕謙既歿其妻赴京訟之二十二年從奕經規復甯波不克褫步雲職逮京命軍機大臣會刑部訊鞫廷臣爭劾其罪亦有原之者獄久延尙書李振祜堅持讞乃定詔曰余步雲膺海疆重寄未陣獲一賊身受一傷首先退縮以致將士效尤奔潰棄城直同兒戲儻不寘之法不惟無以肅軍政而振人心且何以慰死節諸臣於地下步雲遂棄市

論曰奕山奕經天潢貴胄不諳軍旅先後棄師如出一轍事乃益不可爲其人皆庸闒不足責當時廷臣不能預計畺吏不能匡救可謂國無人焉奕山後復棄東北邊地其貽患尤深余步雲庸懦巧猾卒膺顯戮宣宗於僨事諸人皆從寬典伸軍律者僅步雲一人耳

清史稿　列傳一百六十一

姚文田　戴敦元

朱士彥　何淩漢

李振祜　宗室恩桂

姚文田字秋農浙江歸安人乾隆五十九年高宗幸天津召試第一授內閣中書充軍機章京嘉慶四年一甲一名進士授修撰迭典廣東福建鄉試督廣東河南學政累遷祭酒十八年入直南書房會因林清之變下詔求言文田疏陳略謂堯舜三代之治不越教養兩端爲民正趨向之路知有長上自不干左道之誅爲民廣衣食之源各保身家自不致有爲惡之意近日南方患賦重北方患徭多民困官貧急宜省事久督撫任期則州縣供億少寬州縣例議則人才保全多次年復上疏言上之於下不患其不畏而患其不愛漢文吏治蒸蒸不至於姦愛故也秦顓法律衡石程書一夫夜呼亂者四起畏故也自數年來開上控之端刁民得逞其奸大吏畏其京控遇案親提訐訴不過一人牽涉常至

數十農商廢業中道奔波受胥吏折辱甚至瘐死道斃國家慎刑之意亦曰有寃抑耳從前馬譚氏一案至今未有正兇無辜致斃者累累是一寃未雪而含寃者且數十人承審官刑撻橫加以期得實其中寃抑正復不少欲召天和其可得乎頃者林淸搆逆搜捕四出至今未已小人意圖見長不能無殃及無辜奉旨嚴禁仰見皇上如天之仁臣以爲事愈多則擾愈衆莠民易逞機謀良善惟增苦累應令大小官吏可結速結無多株引庶上下相愛暴亂不作矣至所謂養民之政不外於農桑本務大江以南地不如中原之廣每歲漕儲止供爲京畿所仰給者無他人力盡也兗州以北古稱沃衍河南一省皆殷周畿內燕趙之間亦夙稱富國今則地成曠土人盡惰民安得不窮困而爲盜賊歲一歉收先請緩征稍甚則加蠲貸又其甚則截漕發粟以賑之所以耗國帑者何可算也運河屢淤東南漕未可恃設有意外何以處此臣見歷來保薦州縣必首列勸課農桑其實盡屬虛談從無過問大吏奏報糧價有市價至四五千錢僅報二兩內外其於收成又虛加分數相習成風但使董勸有方行之一方而收利自然爭起相效田野皆闢水旱有資豈必盡資官帑善政乃行哉民之犯刑由於不率教其不率教由於衣食缺乏而廉恥不興其次第如此故養民爲首務也奏入仁宗嘉納之特詔飭各省以勸課農桑爲亟速淸訟獄嚴懲誣枉二十年擢兵部侍郎歷戶部禮部二十二年典會試二十四年督江蘇學政道光元年江浙督撫孫玉庭等議禁漕務浮收明定八折許其加二文田疏陳積弊曰乾隆三十年以前並無所謂浮收厥後生齒日繁物價踴貴官民交困然猶止就斛面浮取而已未幾而有折扣之舉始每石不過折耗數升繼乃至五折六折不等小民終歲勤動事畜不贍勢必與官抗官即從而制之所舉以爲民罪者三曰抗糧曰包完曰掜交醜米民間零星小戶貧苦之家拖欠勢所必有若家有數十百畝之產竟置官賦於不問實事所絕無今之所謂抗糧者如業戶應完若干石多齎一二成以備折收書吏等先以淋尖踢腳灑散多方糜耗是已不敷再以折扣計算如準作七折便須再加三四成業戶必至爭執間有原米運回州縣即指爲抗欠此其由也包完者寡弱之戶轉交有力者代爲輸納然官吏果甚公正何庸託人可不煩言而自破民間運米進倉男婦老幼進城守待陰雨淫露猶百計保護恐米色變傷謂其特以醜米掜交殆非人情惟年歲不齊米色不能盡一亦間有之然官吏非執此三者不能相制生監暫革齊民拘禁俟其補交然後請釋不知此皆良民非莠民也此小民不能上達之實情也然州縣亦有不能不爾者自開倉訖兌運修整倉廒蘆席竹木繩索油燭百需幕丁胥役脩飯工食加以運丁需索津貼滋甚至其平日廉俸公項不能敷用無論大小公事一到即須出錢料理即如辦一徒罪之犯自初詳至結案約須百數十金案愈巨則費愈多遞解人犯運送糧鞘事事皆需費用若不取之於民謹厚者奉身而退貪婪者非向詞訟生發不可吏治更不可問彼思他弊獲咎愈重不若浮收爲上下咸知故甘受民怨而不惜其藉以自肥者固多而迫於不獲已者蓋亦不少言事者動稱不肖州縣州縣亦人耳何至一行作吏便行同苟賤此又州縣不能上達之實情也州縣受掊克之名而運丁陰受其益然亦有不能不然者昔時運道深通運丁或藉來往攜貨售賣以贍用後因黃河屢經倒灌運道受害慮其船重難行嚴禁多帶貨物又從前回空帶鹽不甚搜查近因鹽商力絀未免算及瑣屑而各丁出息遂盡加以運道日淺反多添夫撥淺之費此費不出之州縣更無所出此又運丁不能上達之實情也數年前因津貼日增於是定例只准給三百兩運丁實不濟用則重船不能開州縣必獲咎戾不免私自增給是所謂三百兩者虛名耳頃又以浮收過甚嚴禁收漕不得過八折州縣入不敷出則強者不敢與較弱者仍肆朘削是所謂八折者亦虛名耳然民間執詞抗官官必設法箝制而事端因以滋生皆出於民心之不服若將此不靖之民盡法懲處則既困浮收復陷法網民心恐愈不平若一味姑容隱忍則小民開犯上之風將致不必收漕而亦目無官長其於紀綱法度所關實爲匪細疏入下部議時在廷諸臣多以爲言文田持議切中時弊最得其平詔禁浮收裁革運丁陋規八折之議遂寢四年擢左都御史七年遷禮部尚書尋卒依尚書例賜卹諡文僖文田持己方嚴數督學政革除陋例斥僞體拔眞才典試號得士論學尊宋儒所著書則宗漢學博綜羣籍兼諳天文占驗林淸之變未起彗入紫微垣道光初彗見南斗下主外夷兵事文田皆先事言之

戴敦元字金溪浙江開化人幼有異稟過外家一月盡讀其室中書十歲舉神童學政彭元瑞試以文如老宿面問經義荅如流歎曰子異日必爲國器年十五舉鄉試乾隆五十五年成進士選庶吉士散館改禮部主事銓授刑部主事典山西鄉試累遷郎中嘉慶二十四年出爲廣東高廉道道光元年擢江西按察使敦元初外任以情形非素習蘇州多粵商過訪風土利弊久之始去盡得要領至江西無幕客延屬吏諳刑名者以助數月淸積牘四千餘事二年遷山西布政使單車之任輿夫舘人莫知爲達官藩署有陋規曰鹽頭銀上下取給敦元革之曰官有養廉僕御官所豢何贏餘之有調湖南護理巡撫三年召授刑部侍郎自此歷十年未遷他部專治刑獄剖析律意於條例有罅漏及因時制宜者數奏請更定每日部事畢歸坐一室謝絕賓客十二年擢刑部尚書典會試十四年卒優詔賜卹稱其淸介自持克盡職守贈太子太保諡簡恪敦元博聞強識目近視覯書與面相磨過輒不忘每至一官積牘覽一過他日吏偶誤輒摘正之無敢欺者奏對有所諮詢援引律例誦故牘一字無舛誤宣宗深重之至老或問僻事指某書某卷百不一爽嘗曰書籍浩如烟海人生豈能盡閱天下惟此義理古今人所談往往雷同當世以爲獨得者大抵昔人唾餘罕自爲文僅傳詩數卷喜天文律算討論有年亦未自立一說卒之日笥無餘衣囷無餘粟叱其貲不及百金廉潔蓋性成云

朱士彥字修承江蘇寶應人父彬績學通經見儒林傳士彥承家學成嘉慶七年一甲三名進士授編修纂國史河渠志諳習河事大考擢贊善督湖北學政累遷侍讀學士入直上書房歷少詹事內閣學士道光二年擢兵部侍郎四年以南河高堰壞疏陳河工事宜論高堰石工宜切實估修堰內二隄宜培補黃河盛漲宜兩岸分洩山盱五壩宜相機開放黃河下游無隄之處宜接築下勘河大臣文孚籌議酌行尋督浙江學政奏禁諸生包漕鬧漕以端士習御史錢儀吉劾士彥任性詔嘉士彥能任勞怨惟斥其父彬就養閱卷及命題割裂淺譴之九年典會試督安徽學政尋擢左都御史召還京十一年遷工部尚書是秋江蘇大水河淮湖同時漲溢命偕尚書穆彰阿往勘穆彰阿先回京遂偕左都御史白鎔察視江蘇安徽水災賑務疏言揚河廳掣卸石工及縴隄耳閘應令工員賠修又以淮揚地方官多調署情形未熟請飭江甯布政使林則徐常鎭通海道張岳崧總司江北賑務從之尋奏續查下河積潦之區被災尤重浮開戶口爲辦賑積弊應令委員查明後即於本鄉榜示放賑時州縣官據委員原查總發一榜總查抽查憑以核辦又奏山盱廳屬添建滾水石壩本年啟放過水現已無從查驗工員面稱啟放時石底間有衝裂壩下灰土亦損請俟水落責修完固堰盱兩廳淮湖石工掣卸二百餘丈固限未滿應令賠修其石後甎工灰工間有殘缺應令補築又盱堰大隄加幫土工間有蟄低浮鬆之處應培補責成河兵種柳護隄其已估未辦之高堰頭二兩堡未估之智信兩壩應即興辦此項與黃河險要不同向來保固一年請嗣後各廳土隄及運河堤岸均改保固三年運河埽工於經歷一年後再加保固二年驗明堅整始准埽汛修防安徽無爲州江壩及銅陵縣壩工程緊要均應借款興修並下所司議行又劾鹽城宿松靑陽等縣報災遲延遺漏請懲處捐賑紳民應給議敍禁胥吏婪索挑剔並從之十二年事竣回京南河于家灣奸民陳端等盜挖官隄掣動河流復偕穆彰阿往勘疏言九月初旬淸口出水二尺有餘高堰長水二丈一尺勢至危險其時吳城七堡未開洪湖吃重此時既開放湖水分減現交冬令一月後即難興工湖多積水風烈堪虞請加緊趕辦尋命復偕侍郎敬徵往勘十三年奏于家灣正壩雖合龍請飭加鑲進壓以免出險覆訊挖隄諸犯治如律又偕敬徵覆勘河湖各工請分別緩急以次辦理父憂歸十六年服闋署吏部尚書偕尚書耆英赴廣東江西鞫獄十七年授兵部尚書查勘浙江海塘遂赴南河驗料垛工程盤查倉庫以庫存與卷冊不符劾河庫道李湘茝褫職又赴安徽河南按事疏陳常平倉糶買章程請各省囚糧遞糧作正開銷毋動倉穀平糶必市價在八錢以上始准出糶採買須俟年豐穀賤且必在出糶二三年後以紓民力而祛宿弊如議行十八年兼管順天府尹事典會試調吏部尚書士彥以綜覈爲宣宗所知奉使按事皆稱旨尋卒詔嘉其性情直爽辦事公正贈太子太保賜其四子舉人副榜貢生有差諡文定

何凌漢字仙槎湖南道州人拔貢考授吏部七品小京官嘉慶十年一甲三名進士授編修大考二等擢司業累遷右庶子典廣東福建鄉試留福建學政命諸生自注誦習何經據以考校所取拔貢多樸學道光六年授順天府尹京畿獄訟繁多自立簿籍每月按簿催結無留獄遷大理寺卿仍署府尹在任凡五年歷左副都御史工部侍郎典浙江鄉試留學政命偕總督程祖洛按訊山陰會稽紳幕書役包結舞弊覈實請褫在籍按察使李澐職餘犯軍流有差任滿調吏部侍郎召回京兼管順天府尹事調戶部復調吏部仍兼署戶部侍郎御史那斯洪阿條陳地方官有錢糧處分不准升調及變通雜稅下部議凌漢兼吏戶兩部駁之謂理煩治劇每難其人若格以因公處分必至以中平無過者遷就升調且吏治與催科本非兩事未有因循良而帑藏空虛者亦未有因貪濁而倉庫充盈者是在督撫爲缺擇人不爲人擇缺正不必徒事更張轉滋

窒礙又謂地方各稅有落地雜稅及房屋典當等稅已極周密至京師九門外有鋪稅天津新疆沿濠鋪面有房租因係官地官房也今欲盡天下之府廳州縣倣照定稅則布帛菽粟民生日用所需市儈將加價而取諸民以輸官水脚火耗官又將取之於民且閉歇無常稅額難定有斂怨之名無裕國之實前議遂寢十四年擢左都御史遷工部尚書仍兼管府尹如故累署吏部尚書十七年吏部因京察一等人員有先由御史改官者議駁淩漢以不勝御史非不勝外任者比如此背繩有妨言路御史改部之員例準截取至京察雖無明文從前有御史降調保送員外郎者援以請旨因而奏現任大員花杰吳榮光皆曾由御史改降遂奉俞允十九年調戶部尚書四川總督寶興請按糧津貼防邊經費議駁之略謂川省地丁額徵六十六萬田賦之輕甲於天下現議按糧一兩加津貼二兩百畝之家不過出銀三兩即得百萬兩小民未必即苦輸將然較原課幾增兩倍非藏富於民之義軍需藉資民力尤不可率以爲常請於各省秋撥項下借撥百萬兩以三十萬爲初設邊防經費餘或發商或置田所獲息以四萬爲常年經費二萬提還借款於防邊恤民兩有裨益詔允行是年典順天鄉試子紹基亦典試福建父子同持文柄時人榮之二十年卒贈太子太保謚文安紹基官編修見文苑傳

李振祜字錫名安徽太湖人嘉慶六年進士授內閣中書典廣西雲南鄉試遷宗人府主事調兵部遷員外郎典陝甘鄉試改御史給事中巡視淮安漕務劾戶部郎中錢學彬係不勝外任之員違例截取知府詔譴吏戶二部堂官予振祜議敘又劾都察院京察給事中色成額先經列入六法自赴公堂辯論干求改列三等反覆視若兒戲都御史被嚴議色成額仍列有疾累遷內閣侍讀學士督山東學政應詔密陳山東積弊四事略曰吏事叢脞莫甚於官民不相安也詞訟之繁始由於官吏不辦今又變而不敢辦欲結一案輒慮翻控欲用一刑輒慮反噬鞫案之時有倚老逞刁者有恃婦女肆潑者有當堂憤起者有抗不畫供者總由官吏恩信不結於平時明決不著於臨事以畏葸之才識治刁悍之民風殆於鑿枘不相入矣案牘纏滯半由外府不辦事也各府州案件動輒提省委交首府其中有不必提而輕提者亦有各府州畏難而稟請提省者濟南府統轄十六州縣自治不暇而舍己芸人勢必兩廢各府州畏難之事輒以一稟提省卸責轉得遂其取巧偷安之計且疑難案件本地問見較眞遠提至省則茫無頭緒必致訟師盤踞省城遇事挑唆一事株連數十人一案壓擱一二載是欲辦案而轉以延案欲弭訟而適以滋訟矣緝捕無策則盜賊充斥也東省盜賊結黨剽掠處處有之護賊行強雖小竊而情同大盜分肥窺法雖士類亦甘作窩家刼去馬牛定價勒贖明目張膽毫不畏官總緣捕役悉與勾連平日分贓臨時送信甚至失事者以訴懇官捕爲累以備價私贖爲便州縣既吝養捕之資又不講緝捕之法既無獲盜之責又不嚴通盜之誅兼以自顧處分動思諱飾化大爲小成所不免緝捕之弊如此錢糧不清則虧空難杜也東省州縣正雜錢糧新舊挪掩習爲故常其弊由於交代不清自三四任以至十餘任輾轉不清者比比皆是官虧而外更有書虧查書虧情弊或串通幕丁朦混本官私雕假印僞造串票有滿其私橐而遠颺者有挾制本官而自供不諱者州縣回護處分隱忍代認而奸書遂益以侵蝕爲得計錢糧之弊如此疏入上嘉納之又劾泰安知府延璐東昌知府熊方受請飭交撫臣查察嚴參又劾東昌知府王果陵辱生員褫王果職又察出假印試卷勾結舞弊之人奏請懲辦道光二年遷太僕寺少卿父憂去官服闋補順天府丞歷通政司副使光祿寺卿太常寺卿宗人府丞十五年署順天府尹累遷內閣學士十八年授工部侍郎調吏部兼署倉場侍郎二十一年擢刑部尚書浙江提督余步雲海疆僨事逮問治罪廷臣猶有爲議輕比者振祜堅持得伸法二十八年元日加恩年老諸臣加太子太保二十九年因病乞休許之三十年卒年七十四謚莊肅

宗室恩桂字小山隸鑲藍旗道光二年進士選庶吉士授編修九遷至內閣學士兼副都統十五年授盛京工部侍郎尋召爲兵部侍郎調吏部因曠文職六班降內閣學士歷工部吏部侍郎管理國子監事兼護軍統領左右翼總兵十九年典順天鄉試偕大理寺卿何汝霖往浙江按學政李國杞被劾事遂查勘南河東河料垛奏劾虛缺浮用者議譴有差二十年充內務府大臣管理上駟院議增圓明園丁四百名命偕尚書賽尚阿督率訓練二十一年授理藩院尚書兼署左都御史劾太常寺丞豐伸及查倉御史廣祜不職並罷之署步軍統領奏言京城巡捕五營槍兵一千名不足以資捍衛增設一千裁撤籐牌弓箭等兵改爲槍兵不敷者於各營兵丁內揀選足額輪派二百名打靶操演陣式詔議行二十二年調禮部尚書又調吏部實授步軍統領上御閱武樓親閱圓明園兵丁槍操步式整齊施放有準嘉恩桂督率有方賜花翎時議節冗費恩桂先已奏裁上駟院馬六百餘匹又奏言南苑六圈請裁其二並裁各圈及京圈馬二百餘匹上駟院司鞍司轡蒙古醫生舊支馬乾銀均減半給如議行以兼攝事繁罷管內務府二十五年復之恩桂在吏部嚴杜冒濫兼步軍統領衙門最久先後逾十年綜覈整頓釐定章程訓練兵卒皆有實效宣宗甚倚之二十六年京察特予議敘又幸南苑見草木牲畜蕃盛嘉恩桂經理得宜加一秩迭奉命治倉胥舞弊及戶部捐納房書吏賄充司員收受陋規諸獄並持正不撓法二十八年卒於官上深悼惜稱其任勞任怨殫竭血誠贈太保賜金治喪謚文肅

論曰姚文田建言切中時弊戴敦元清介幹事其風概越流俗矣朱士彥之治河何淩漢之掌計李振祜之執法並號稱職恩桂奏績金吾肅清輦轂一時稱矯矯焉

清史稿 列傳一百六十二

白鎔 保恆　史致儼

那淸安　昇寅

李宗昉　姚元之

何汝霖　季芝昌

白鎔字小山順天通州人嘉慶四年進士選庶吉士授編修典福建鄉試十八年大考二等擢贊善督安徽學政詔密詢地方利弊疏言安徽錢糧惟鳳陽泗州遭湖河之害積逋較巨遇豐稔之年循例帶徵舊額在小民以一年而輸數年之賦雖樂歲不免拮据而官吏懼譴規避多方積重難返與其存徵之名致小民日受追呼國計依然無補何如核徵之實使官吏從容措理舊額尚可漸清請嗣後二屬錢糧每年祇帶徵一年儻遇歉收再行遞緩民力漸紓催科者自顧考成行之必有效詔允行青陽有孝子曰徐守仁幼孤事母孝母沒廬墓三年鎔造廬瞻賻題請旌表訪求明臣左光斗遺裔取列縣庠按試所至集士人講學以正人心厚風俗爲本累遷少詹事道光元年督廣東學政歷詹事內閣學士七年擢工部侍郎調吏部九年偕尚書松筠赴直隸按外委白勤被誣寃斃獄護理總督屠之申以下降黜有差督江蘇學政尋偕侍郎寶興勘視南河垛料舉實以聞十一年擢左都御史召還京未至命查勘江南災賑時尚書穆彰阿朱士彥亦奉命勘湖河汛溢狀穆彰阿先回京鎔遂偕士彥履勘沿河閘壩工程與總督陶澍定議以工代賑赴安徽周歷太平甯國池州安慶廬州各郡先後疏劾飾災侵賑諸弊次年回京署翰林院掌院學士典順天鄉試十三年擢工部尚書典武會試故事武闈雙好不足額始取單好是科雙好不盡取中坐降大理寺卿十九年乞病歸卒於家年七十四鎔事母孝教子弟嚴宣宗嘗嘉其家法之善以勉朝臣云孫桓字建侯同治二年進士授吏部主事累遷郎中掌選清嚴愼密吏不能欺爲時所稱光緒中洊擢兵部侍郎綜覈一如爲司官時十七年因病乞休尋卒

史致儼字容莊江蘇江都人家酷貧甫冠爲諸生學政謝墉器其才給膏火居尊經閣讀書薦預召試未與選嘉慶四年成進士選庶吉士授編修督四川學政累遷右庶子二十一年督河南學政自滑縣匪平猶有伏莽密詔偵察疏陳彰衞二郡民間習邪教猶聚州縣編查保甲有名無實撰敦俗篇刊布以化導之商邱廩生陳忠錦以不濫保被毆知府經歷受賕反加斥責忿而自經疏劾譴罷有差道光元年典湖北鄉試累遷內閣學士三年擢刑部侍郎調禮部五年督福建學政奏分臺灣舉人中額增所屬四縣學額漳泉諸郡習械鬬諸生與者屏不與試悍風稍息九年偕侍郎鍾昌赴山西鞫獄平定知州故出人罪鞫實論如律褫知州恆杰職調刑部歷左都御史遷禮部尚書兩典順天鄉試調工部又調刑部勤於其職竟日坐堂上閱案牘孳析論難視司員如弟子任刑部凡四年京察以刑名詳愼被議敘十八年乞解職尋卒年七十九贈太子太保祀鄉賢及名宦祠

那淸安字竹汀葉赫納喇氏滿洲正白旗人嘉慶十年進士授戶部主事遷翰林院侍講累遷內閣學士二十四年授禮部侍郎歷刑部工部道光元年命赴

直隸讞獄擢左都御史管光祿寺事兼都統尋遷兵部尚書調刑部四年出為熱河都統偕左都御史松筠等赴土默特讞獄事竣疏言蒙古惡習常有移屍訛詐為害滋甚蒙古律例凡軍流徒犯罪止折枷情重法輕請嗣後遇有假捏人命詐財者所擬軍流徒罪即行實發不準折枷以懲刁惡下所司議行六年召授左都御史逾年復任熱河都統召對詢知其母年老命仍還左都御史任十一年復授兵部尚書典順天鄉試及會試十四年以疾乞解職允之尋卒贈太子太保謚恭勤那清安工為館體應制詩時皆誦習因與穆彰阿同榜成進士晚乃受宣宗知迭秉文衡既卒會兵部以慶廉送武會試有殘疾為監試御史所劾先是那清安為監射大臣曾以慶廉殘疾扣除上追念其持正予其子全慶加二級全慶光緒初官大學士自有傳

昇寅字賓旭馬佳氏滿洲鑲黃旗人拔貢考授禮部七品小京官舉嘉慶五年鄉試累遷員外郎改御史疏言學校為人才根本請嚴課程務實用戒奢靡又疏陳防禁考試八旗生懷挾冒替諸弊從之改右庶子累遷副都御史二十一年授盛京禮部侍郎署盛京將軍調刑部召為工部侍郎又調刑部六年出為熱河都統以蒙古各旗招內地游民開採煤礦往往生事械鬬疏請諭禁從之八年命赴甘肅偕總督鄂山按甯夏將軍慶山副都統噶普唐阿互劾事罷慶山即以昇寅代之歷成都綏遠城將軍命鞫鄂爾多斯京控獄奏言蒙古京控日繁請自後各部落封禁地樹立界牌以杜私墾蒙古阿勒巴圖禁止餽贈以息爭端扎薩克王貝勒等毋用內地書吏以免教唆各旗協理台吉會同盟長選舉以昭慎重盟長會盟需用烏拉應明定限制以免浮索庶積弊清而獄訟息十一年召授左都御史兼都統十二年署工部尚書京畿旱疏請發米設十廠煮粥以濟災民從之十三年偕侍郎鄂順安按西安將軍徐錕貪縱得實議褫職十四年命閱兵山東河南就鞫桐柏知縣甯飛濱故出人罪治如律命赴廣東湖南按事授禮部尚書未至卒於途優詔賜卹稱其老成清介贈太子太保謚勤直子寶琳直隸保定知府濬定州洿澤有治績寶珣同治中官兵部侍郎山海關副都統孫紹祺咸豐六年進士由編修官至理藩院尚書紹誠光緒中山西布政使從治鄭州河工終駐藏大臣紹英宣統初度支部侍郎內務府大臣

李宗昉字芝齡江蘇山陽人嘉慶七年一甲二名進士授編修典陝甘鄉試大考二等擢贊善督貴州學政累遷侍讀學士督浙江學政歷詹事內閣學士道光元年授禮部侍郎次年典會試又典江西鄉試留學政值大水歲饑與巡撫籌賑務多所全活調戶部侍郎初宗昉督學貴州時巡撫議丈全省田為增賦計民情惶駭會檄學官徵集圖書得御史包承祚奏疏乾隆初學政鄒一桂請丈田而承祚奏駁之極言黔中山多平地少民每處占不毛之地胥吏高下其手以丈高下不可準之田賦未必增民受其害部議停止宗昉持以示巡撫曰此事學臣嘗奏之被駁今必解其所駁乃可巡撫亦悟事得寢至是官戶部署巡撫麟慶因復奏上其事部援故事詳覆之乃定議不行歷工部吏部侍郎兼管國子監順天府尹事自七年至十年典順天鄉試二會試一浙江鄉試一得士稱盛擢左都御史禮部尚書二十四年以疾乞休二十六年卒依例賜卹

姚元之字伯昂安徽桐城人嘉慶十年進士選庶吉士授編修典陝甘鄉試入直南書房給事中花杰劾戴衢亨英和援引詔元之文字本佳斥杰誣訐尋亦罷元之入直十七年大考一等擢侍講復以武英殿刊刻聖訓有誤仍降編修十九年督河南學政疏禁坊刻類典等書以杜勦襲又密陳河南與安徽湖北交界地多捻匪陳州汝甯鹽運迥殊土匪把持並嘉納之累遷內閣學士道光十三年授工部侍郎疏陳臺灣營務積弊窩倡聚賭械鬬殺人操演雇人替代詔下閩督嚴察整頓調戶部又調刑部迭典順天江西鄉試督浙江學政未滿十八年擢左都御史召回京尋以南昌知府張寅為江西巡撫裕泰劾罷元之為寅疏辯臚陳政績請查辦詔斥冒昧降二級調用二十一年海防方亟疏陳廣東形勢豫籌戰守下靖逆將軍奕山等採行授內閣學士二十三年京察以年衰休致元之學於族祖鼐文章爾雅書畫並工習於掌故館閣推為祭酒愛士好事穆彰阿素重之後以論洋務不合乃被黜咸豐二年卒

何汝霖字雨人江蘇江甯人拔貢考授工部七品小京官中式道光五年舉人充軍機章京累遷郎中歷內閣侍讀學士大理寺少卿偕侍郎恩桂按事浙江查勘南河料垛命在軍機大臣上行走歷宗人府丞副都御史二十二年授兵部侍郎調戶部偕大學士敬徵勘東河工程二十五年擢兵部尚書值太后七旬萬壽汝霖母丁年九十五世同堂賜御書扁額尋以母憂歸江蘇大水命在籍襄治賑務先是總督陶澍於江甯立豐備倉以備荒縣令虧挪穀價大吏許以他款抵汝霖曰倉穀以備凶今荒象如此汝霖不敢欺朝廷當各為奏上乃以給賑用服闋命以一品頂戴署禮部侍郎尋署戶部尚書仍直軍機處授禮部尚書汝霖久襄樞務賚勞已深尚書陳孚恩由章京躋大臣驟用事厭汝霖居其前汝霖年逾七十一日在直觸火爐幾仆孚恩笑曰人當避爐豈能避人汝霖知其諷己咸豐二年以足疾乞罷直許之未幾卒謚恪慎祀鄉賢子兆瀛浙江鹽運使

季芝昌字仙九江蘇江陰人父麟直隸鉅鹿知縣居官慈惠嘉慶十八年捕邪教焚其籍免株連數千人坐捕匪不力戍伊犂芝昌年逾四十成道光十二年一甲三名進士授編修散館第一未幾大考第三擢侍讀督山東學政十九年大考復第三擢少詹事晉詹事典江西鄉試督浙江學政母憂歸服闋擢內閣學士二十三年授禮部侍郎督安徽學政調吏部又調倉場二十八年命偕定郡王載銓籌辦長蘆鹽務清查天津倉庫疏陳蘆鹽積累各商憚於承運懸岸至四十餘處請將河南二十四州縣倣淮南例改票鹽先課後引直隸二十四州縣限半年招商招販無商販即責成州縣領運或由鹽政遴員官運支銷浮費及官役陋規永遠裁汰每年應完帑利攤及通綱額引與正課一律征收其協濟補欠充公等項加價名目概行革除並於各引鹽加斤免課每斤准其減價敵私詔依議行二十九年偕大學士耆英赴浙江閱兵並清查倉庫籌辦鹽務途經東河南河查詢節浮費裁冗員事宜奏減東河正款二十萬兩裁泉河通判歸河通判南河每年用款以三百萬兩為率減省五六十萬兩併揚運通判於江防廳改為江運同知裁丹陽縣丞靈璧主簿呂梁洪巡檢從之耆英病留清江浦芝昌獨赴浙江疏陳變通鹽務章程七事杭嘉紹三所引鹽分別加斤止令完交正課松所引鹽酌裁科則虛懸口岸選商接辦並籌款收鹽緝私責成官商由運司審覈緝獲私鹽分別充賞及補課作正配銷禁革引地陋規覈裁巡驗浮費尋查州縣倉庫統計實虧之數多至三百九十餘萬請將虧數最多之員革職勒追不足則由原任上司按成分賠或由本省各官分成提補其有欠在胥吏者尤嚴補追毋任倖免並從之授山西巡撫未一月召署吏部侍郎命在軍機大臣上行走尋授戶部侍郎三十年擢左都御史咸豐元年出為閩浙總督艇匪在浙洋劫掠山東兵船被勦遁閩洋遣水師截擊賊衆畏罪投誠安置二年兼署福州將軍疏請停罷捐納舉人附生之例又奏禁鹽商代銷官運以杜取巧並從之尋以疾乞休芝昌以文字受宣宗特達之知嘗曰汝為文行所無事譬之於射五矢無一失及查辦長蘆兩浙鹽務稱旨遂驟進膺樞務甫數月宣宗崩文宗猶欲用之畀以外任未一歲謝職歸久之卒於家未予卹典光緒初署浙閩總督文煜奏陳政績追謚文敏子念詒道光三十年進士官編修孫邦楨同治十二年進士官至福建布政使

論曰承平士大夫平進而致列卿或以恪謹稱或以文學顯固不能盡有所建樹或餘澤延世子孫復繼簪纓若白鎔那清安昇寅諸人是也季芝昌晚遭殊遇已值宣宗倦勤之年暫任兼圻奉身而退其見幾知止者耶

清史稿

列傳一百六十三

辛從益 張鱗
顧皋 沈維鐈
朱為弼 程恩澤
吳傑

辛從益字謙受江西萬載人乾隆五十五年進士選庶吉士授編修遷御史以母老陳請終養嘉慶十七年起復補原官會京畿多雨詔發廩平糶從益在事釐剔弊端實惠及民時稱之疏請飭督撫詳慎甄別以澄吏治略曰外省甄別與京員不同京師耳目甚密稍有徇私難逃聖明洞鑒外省督撫權勢既尊操縱甚易豈知州縣有當切責之處亦有當體恤之處偏私則是非倒置刻覈則下情不通臣以為大吏必持廉法之大綱略趨承之末節務幹事之勤能責安民之實效揣時勢之難易量才分之優絀而又常存敬畏之心然後能愛惜人才澄清吏治遷給事中十八年滑縣匪平軍中多擄養難民子女從益疏請遣

送歸家如議行並譴領兵大員又面奏正教昌明邪說自息小民不識大義故易爲邪教煽惑而選人得官不問風俗淳澆祇計缺分肥瘠何以教民欲厚風俗宜先責成牧令歷光祿寺少卿通政司參議內閣侍讀學士光祿寺卿太常寺卿道光初山西學政陳官俊鐫級回京仍直上書房從益疏劾曰上書房爲教胄論德之地視學政爲尤重宜慎選德行敦厚器識宏達之儒臣使皇子有所觀法薰陶養其德性陳官俊在學政任不能遠色避嫌懲忿窒欲性行之駮器識之褊不宜仍居授讀之任二年遷內閣學士宣宗溫諭曰爾甚樸忠無所希冀亦無所揣摩有所聞見直言無隱朕無忌諱也命偕尚書文孚赴陝西讞獄渭南富民柳全璧殺其傭朱錫沐賄知縣徐潤得免死巡撫朱勳庇之獄久不決從益等鞫得其狀論如法覆命陝西馬政之害地方官春秋計里買馬實則民不得直而官亦不需馬第指馬索賕以爲民病請禁革三年擢禮部侍郎督江蘇學政於是巡撫陶澍奏禁紳衿包漕橫索漕規下學政稽查懲治從益上疏曰江蘇漕額本重豈堪浮收無節州縣自應調劑潤閒尤宜體恤久懸定額倘肆苛求明語浮收必滋流弊撫臣之意謂控漕之人即包漕之人臣以爲未必盡然官之收漕必用吏役吏役貪狠必圖肥己官既浮收吏又朘削不特小民受害即循謹生監亦被其累激而上控此中固有不得已者撫臣又稱生監需索漕規地方官費無所出乃取償於純謹小民臣伏思吏役貪得無厭縱生監悉循循守法而小民追呼徵比之煩亦斷不能爲之少減吏役倚官府爲城社倘違例浮收無人控訴將何術以治之夫劣衿律所不宥苛政亦法所必裁矯枉勢必過正創法宜防流弊管見所及不敢不以上聞從益廉靜坦白遇非理必爭不爲權要詘八年卒於學政任所著有奏疏詩文內外集公孫龍子注

張鱗字小軒浙江長興人嘉慶四年進士選庶吉士習國書授檢討仁宗臨幸翰林院鱗獻詩冊被恩賚十七年大考二等遷贊善歷侍講庶子二十年選翰林官入直懋勤殿纂輯秘殿珠林石渠寶笈鱗與焉歷侍講學士國子監祭酒二十四年典江西鄉試尋以齋戒未至齋所降授太常寺少卿遷通政使司副使太僕寺卿道光元年命偕太常寺少卿明安泰赴楊村挑驗剝船遂赴東光盧龍兩縣訊鞫京控獄各論如律並劾承審官濫刑巡道徇庇褫黜有差三年轉太常寺卿督安徽學政擢內閣學士七年以繼母憂歸服闋補原官擢兵部侍郎督福建學政十三年補戶部又調吏部福建縣丞秦師韓控訐總督程祖洛侍郎趙盛奎偕鱗同案鞫白其誣師韓遣戍鱗清廉儉素杜絕干謁兩爲學政卻陋規拔寒畯閩人尤頌之衡文力矯通榜之習十五年典會試以校閱勞致疾出闈卒福建士民請祀名宦祠

顧皋字敼齋江蘇無錫人嘉慶六年一甲一名進士授修撰九年督貴州學政釐剔弊竇奏改黎平開泰學額士林頌之超擢國子監司業二十一年直懋勤殿編輯秘殿珠林石渠寶笈歷翰林院侍讀左右庶子侍講學士侍讀學士典陝甘鄉試二十四年入直上書房甚被仁宗眷注二十五年扈蹕熱河上升遐之日御筆擢皋詹事次日宣宗即位執皋手大慟道光元年遷內閣學士擢工部侍郎兼管錢法堂二年調戶部運典順天浙江鄉試管理國子監事務皋在戶部不爲激亢之行考覈利病慎稽出納不可干以私嘗曰學期見諸實用吾久迴翔於文學侍從及任經世理物之責未能壹志專慮以求稱職爲自愧耳八年以病乞歸十一年卒

沈維鐈字子彝浙江嘉興人嘉慶七年進士選庶吉士授編修歷司業洗馬與修全唐文西巡盛典一統志入直懋勤殿纂輯秘殿珠林石渠寶笈二十一年督湖北學政禁習邪教以端士風累遷侍讀學士道光二年典福建鄉試留學政疏陳州縣私設班館之弊請飭嚴禁並禁監生充緝捕催科諸役四年遷大理寺少卿八年督順天學政轉太僕寺卿任滿遷宗人府丞署副都御史尋實授十二年督安徽學政奏請增建壽州考棚與鳳陽分試瀕江水災偕鹽吏會籌賑撫士民頌之維鐈居官廉厲視學所至弊絕風清振拔多知名士宣宗知之期滿連任擢工部侍郎十七年請回籍營葬詔予假三月毋庸開缺事竣回京十八年以耳疾許免職命病痊以聞逾年卒於家維鐈學以宋儒爲歸謂典章制度與夫聲音訓詁當宗漢人而道理則備於程朱務爲身心有用之學校刊宋儒諸書以教士時稱其醕謹焉祀鄉賢祠

朱爲弼字右甫浙江平湖人嘉慶十年進士授兵部主事遷員外郎道光元年授御史遷給事中疏請整頓京師緝捕劾倉場覆奏海運倉豆石黴變情形不實命大臣按鞫侍郎和桂張映漢並被譴又疏陳江蘇海口壅塞浙江上游均受其害請疏濬太湖下游劉河吳淞諸水爲一勞永逸之計如所議行四年擢順天府府丞遷府尹有蝗孽單騎馳視郤屬官供張曰吾爲蝗來乃以我爲蝗耶六年復降授府丞歷通政司副使太常寺卿宗人府府丞都察院左副都御史十三年擢兵部侍郎權倉場侍郎尋實授十四年出爲漕運總督時漕船水手恣橫廬州幫在東昌械鬥傷斃多命下爲弼查辦疏言漕督例隨幫尾在前者無從遙制請責成押運官弁會同地方官拏辦並定頭柁十家聯保舉發徇隱賞懲之法奏陳剔弊速漕章程八事下所司議行十五年以病乞免允之二十年卒爲弼精擘金石之學佐阮元纂鐘鼎彝器款識所著有蕉聲館詩文集

程恩澤字春海安徽歙縣人父昌期乾隆四十五年一甲三名進士累官至侍講學士直上書房恩澤勤學嗜奇受經於江都凌廷堪廷堪勗之曰學必天人並至博而能精所成乃大嘉慶十六年成進士選庶吉士授編修道光元年入直南書房宣宗曰汝父蘭翹先生昔年在上書房朕敬其品學汝之聲名亦所深悉宜更守素行典試四川三年督貴州學政勸民育栗蠶其利大行重刊岳珂五經以訓士鄭珍有異才特優異之餉以學卒爲碩儒六年調湖南學政任滿回京洊擢國子監祭酒命充春秋左傳纂修官推本賈服不守杜氏一家之言母憂歸十一年服闋仍直南書房未補官特命典試廣東知南海曾釗名冀得之釗未與試榜發大失望所得多知名士改直上書房授惠親王讀遷內閣學士十四年授工部侍郎調戶部以部務繁罷直書房十七年卒上甚惜之優詔䘏賜其子德威舉人恩澤博聞强識於六藝九流皆深思心知其意天象地輿壬遁太乙脈經莫不窮究謂近人治算由九章以通四元可謂發明絕學而儀器則罕傳欲修復古儀器而未果詩古文辭皆深雅時乾嘉宿儒多徂謝惟大學士阮元爲士林尊仰恩澤名位亞於元爲足繼之所欲著書多未成惟國策地名考二十卷詩文集十卷傳於世

吳傑字梅梁浙江會稽人少能文爲阮元所知以拔貢生應天津召試一等充文穎館謄錄書成授昌化教諭十九年成進士選庶吉士授編修遷御史道光二年督四川學政疏請以唐陸贄從祀文廟下部議行遷給事中出爲湖南岳常澧道歷貴州按察使順天府丞十三年川南叛夷犯邊師久無功傑疏言川夷作亂提督桂涵連戰克捷生禽首逆淸溪近邊遂無夷蹤楊芳繼任用兵之區僅峨邊一處夷寇不過數部落當易獲勝惟夷巢距步皆山夏令河水盛漲徒涉尤難楊芳自抵峨邊頓兵三月臣思其故必逆夷退伏老巢水潦既降不易深入楊芳不敢以軍情入告但稱督兵進勦實皆游移觀望之辭曠日持久邊事所關非細請敕總督鄂山體察確奏毋得徇隱又疏言馭夷長策當先勦後撫未勦遽撫良莠不分兵至相率歸誠兵退復出焚掠層巒疊嶂我師轉運爲艱夷族因利伺隙倏起倏伏使我猝不及防國家既厚集兵力自當掃穴犂庭除惡務盡使諸夷望風震懾一勞永逸自古馭夷之法討伐易而安撫難善後之舉至要者二一曰除內奸游手無業之徒潛居夷地爲之謀主教以掠人勒贖聚衆焚殺及避火器敵官軍之策夷悍而愚得之乃如虎傅翼必應名捕盡法懲治良民亦驅使回籍毋任逗留異域宜諭土司不得容留漢民營伍羅詰絕其潛入之路則奸人無緣構扇矣一曰分疆界夷族愚惰不諳農事漢民租地耕作有年既漸闢磽鹵爲膏腴羣夷涎其收穫復思奪歸搆衅之原不外於此今當勘丈清釐凡漢民屯種夷地强占者勒令退還佃種者悉令贖歸無主之田墾荒已久聚成村落未便遷移畫爲漢界禁其再行侵占庶爭端永息又奏越巂廳設撫民通判止治漢民而熟夷皆受治土司通判無專責且營伍非其所轄呼應不靈每以細故釀爲大衅請改爲撫夷通判千把總以下皆受節制疏上下鄂山議行遷內閣學士十五年擢工部侍郎運典順天鄉試及會試十六年卒

論曰宣宗最重文學廉謹之臣辛從益直言獻納張鱗廉介絕俗沈維鐈服膺理學程恩澤博物冠時皆負清望顧皋朱爲弼吳傑並以雅材迴翔卿貳亦足紀焉

清史稿 列傳一百六十四

鮑桂星 顧蒓
吳孝銘 陳鴻
鄂木順額 徐法績

鮑桂星字雙五安徽歙縣人嘉慶四年進士選庶吉士授編修遷中允九年典試河南留學政十三年典試江西十五年督湖北學政累遷至內閣學士十八年任滿既受代聞林清之變疏陳十事急馳至京仁宗嘉之曰汝所奏已次第施行矣擢工部侍郎充武英殿總裁桂星性質直勇於任事十九年疏陳刊書及校勘事宜又劾提調劉榮黼等不職命王大臣按之榮黼面訐桂星曾言滿總裁熙昌所校不過偏旁點畫修改徒延時日且言近日有旨旗人不足恃故督撫多用漢人上聞之怒命傳詢桂星對聞自侍郎周兆基且言在部與滿員共事多有徇私背公而兆基不承又指同官熙昌及慶溥屬託部事兩人亦不承以任性妄言下部嚴議詔斥桂星指訐慶溥熙昌屬託無據其咎小妄言朝廷輕滿洲重漢人亂政之大者革職不准回籍令在京閉門思過責五城御史嚴察如私著詩文有怨望誹謗之詞從重治罪越五年上意解復官編修宣宗即位召對諭曰汝昔所劾今已罷斥擢侍講又擢通政司副使意頗嚮用道光四年擢詹事未幾卒桂星少從同縣吳定學後師姚鼐詩古文並有法著有進奉文及詩集又嘗用司空圖說輯唐詩品

顧蒓字南雅江蘇吳縣人嘉慶七年進士選庶吉士授編修十七年大考一等擢侍讀督雲南學政道經河南見吏多貪墨奸民充斥密疏陳謂不早根治恐釀巨患仁宗問樞臣樞臣微其事不以爲意明年遂有滑縣之亂在雲南課士嚴而有恩以正心術端行誼爲首次治經史辨文體按試所至聞賢士必禮遇之士風丕振任滿充日講官二十五年遷侍講學士值宣宗初政疏請停捐例再疏陳崇君德正人心飭官方三事上召對嘉納其言故事大臣子弟不得充軍機章京時值考選許一體與試蒓謂貴介不宜與聞樞要請收回成命事尋止左都御史松筠出爲熱河都統蒓上疏謂松筠正人宜留置左右失上意降編修九歲不調先是嘉慶中蒓在史館撰和珅傳及進御經他人竄改和珅昏數因事被高宗詰責並未載入傳仁宗怒其失實嚴詔詰問大臣以蒓原稿進仁宗深是之而奪竄改者官宣宗一日閱實錄至此事嘉蒓直筆因言前保留松筠必非阿私特擢蒓右中允未一歲復侍講學士原職時回疆張格爾亂甫定蒓疏請於喀什噶爾沿邊增重兵以控制安集延杜回入窺伺又其地密邇英吉沙爾葉爾羌和闐皆有水草可耕牧宜募民屯田爲戰守備更請慎選大臣無分滿漢務得讀書知大體有方略者任之而以廉靜明信能拊循民回者爲之佐庶可永永無事道光十一年遷通政司副使湖南北江南江西浙江大水蒓疏言饑民與鹽梟糾合易生事鹽梟不盡去終爲巨患緩治之則養禍深急治之則召禍速欲禁其妄行必先謀其生路見兩淮鹽場漂沒三江兩湖勢必仰給滇粵之鹽宜聽民往販隨時納課收課後不問所之俟鹽產盛丁力紓即令課歸丁不限疆域事下所司格未行蒓性嚴正尚氣節晚益負時望從游者衆類能砥勵自立滇士尤歸之其秀異者至京師多就問業焉十三年卒

吳孝銘字伯新江蘇陽湖人嘉慶十四年進士選庶吉士散館授工部主事充軍機章京十八年林清之亂甫定大軍會攻滑縣孝銘從大臣行參軍事累遷郎中道光中回疆用兵首逆張格爾潛逋未獲議者欲以克復四城分封回部酋長孝銘密言於樞臣曰是可行於乾隆時不可行於今日行之邊患且益甚議中止張格爾旋就俘賜花翎瀕年大水江浙兩湖被災尤數承回疆兵事後度支大絀戶部擬議宗室日以蕃衍衣食悉仰之官耗財之大者請自系出世祖以上子孫皆改爲覺羅爲覺羅者以次遞革孝銘曰茲事當密陳不宜顯言法當緩更不宜驟易宗室久受恩養一旦降爵減糧令下即大困因而呼籲朝廷不得已將必復之是良法美意終於不行也部臣是其言即使草奏上之歷鴻臚寺少卿光祿寺少卿通政司參議順天府丞仍留直軍機處十四年擢太僕寺卿再遷宗人府丞孝銘前後在樞廷二十餘年練於掌故持議悉合機宜屢膺文衡有公明稱毋憂以毀致疾服闋至京尋乞病歸卒於家

陳鴻字午橋浙江錢塘人嘉慶十四年進士選庶吉士授編修遷御史剛直有聲典試山西還力陳驛站煩擾請申定例肅郵政二十五年疏陳浙江水利略曰杭城地當省會用上下兩塘之水溉仁和錢塘海寧之田數萬餘頃源出西湖近廢不治水淤葑積塘河津耗夏旱少雨上塘枯涸苗害尤劇海寧長安鎮號產米之鄉許村黃灣場爲產鹽之地杭嘉湖甯紹諸郡賴是挽運擬請仿江蘇浚吳淞例歸民間按畝出貲並飭疆臣躬履屬境凡隄塘牐壩悉復舊制俾農田旱潦有備又請北省多闢水田兼收秔稻之利庶使畿輔爲沃野無凶年皆被採納道光初年疏陳浙鹺不綱請裁鹽政歸巡撫兼理令整頓緝私嚴禁掣規重斤科派供應諸弊如議行糾劾工部弊竇最多不避權貴遷給事中二年奉命稽察銀庫其妻固賢明曰今而後可送妾輩歸矣驚問之曰銀庫美差也茍爲所染昵君者屬至禍且不測妾不忍見君棄市也鴻指天自誓禁絕路遺中庭已列花數盆急揮去墮地盆碎中有藏鏹益聳懼遂奏庫衡年久鐵陷請敕工部選精鐵易之送庫日責成管庫大臣率科道庫員較驗然後啟用禁挪壓鑲銀空白出納及劈鞘諸弊庫吏百計餂之不動復請戶部逐月移送收銀總簿別立放銀簿鈐用印信以資考覈先是御史趙佩湘馭吏嚴其死也論者疑其中毒鴻莅庫勺水不敢飲出督雲南學政奏革陋規嚴束書吏弊風頓革遷通政司參議卒於官

鄂木順額字復亭鈕祜祿氏滿洲正藍旗人父明安泰江蘇按察使鄂木順額嘉慶二十五年進士選庶吉士授編修累遷右庶子道光四年大考一等擢翰林院侍講學士遷少詹事扈從東巡命分視御道內監前驅者多率意馳踐鄂木順額執而鞭之則愬於御前召問鄂木順額對曰關外地與關內異先驅蹂踐則路壞慮驚乘輿且御道非大駕不得行臣不敢不執法上韙之命爲湖南學政以在母憂引禮力辭服闋督安徽學政遷光祿寺卿十一年大雨江溢學政駐當塗鄂木順額捐廉以賑督守令勸捐士民踴躍知縣趙汝和盡心民事而戇直忤大吏調爲鄉試同考官鄂木順額堅留治賑事得辦後上聞宣宗以爲賢期滿留任遷大理寺卿十二年鄉試往江寧考錄遺才卒於試院鄂木順額以氣節自勵在滿洲京僚中稱最大學士松筠尤重之曰君光明挺直行且大用願自愛爲英和門下士在翰林非有故不通謁及英和謫戍獨送至數十里外英和太息曰吾愧不知人平日何曾好待君耶嘗謁掌院學士玉麟閽人弗爲通怒叱曰英相國獲罪即若曹爲之奈何猶不知儆翼日玉麟自往謝

徐法績字熙庵陝西涇陽人嘉慶二十二年進士選庶吉士授編修以親老歸養家居十年道光九年遷御史謂諫臣當識大體不宜毛舉細故瀆上聽致久寢生厭疏陳求人才捐文法重守令繩貪墨四事會直隸河南地震成災劾能監司不職者二人遷給事中稽察銀庫無所染十二年分校會試同官與吏乘隙爲姦匿雲南餉銀法績出闈亟按之謀始沮典試湖南其副病歿獨專校閱徧搜遺卷拔取多知名士而得於遺卷者六人大學士左宗棠其首也以薦赴東河學習河工周歷兩岸詳詢利弊著錄爲東河要略一篇十四年遷太常寺少卿尋以病乞歸踰二年卒

論曰鮑桂星顧蒓以鯁直獲譴卒見諒於明主蒓之建白尤卓卓矣吳孝銘通達政體鄂木順額樸誠持正陳鴻徐法績清操相繼冀挽頹風而庫藏大獄卒發於十數年之間甚矣實心除弊之罕覯其人也

清史稿 列傳一百六十五

黃爵滋 金應麟
陳慶鏞 蘇廷魁
朱琦

黃爵滋字樹齋江西宜黃人道光三年進士選庶吉士授編修遷御史給事中以直諫負時望遇事鋒發無所回避言屢被採納十五年特擢鴻臚寺卿詔以爵滋及科道中馮贊勳金應麟曾望顏諸人均敢言故特加擢任風勵言官開忠諫之路勉其勿因驟得升階即圖保位並以誥誡臣工焉尋疏陳察天道廣言路儲將才制匪民整飭京城營衛申嚴外夷防禁六事又陳漕河積弊均下行時英吉利船艦屢至閩浙江南山東洋面游奕測繪山川地圖爵滋疏言外國不可盡以恩撫而沿海無備可危十八年上禁烟議疏曰竊見近年銀價遞增每銀一兩易制錢一千六百有零非耗銀於內地實漏銀於外洋也蓋自鴉片流入中國道光三年以前每歲漏銀數百萬兩其初不過紈袴子弟習爲浮

糜爛後上自官府搢紳下至工商優隸以及婦女僧道隨在吸食粵省奸商勾通兵弁用扒龍快蟹等船運銀出洋運烟入口故自道光三年至十一年歲漏銀一千七八百萬兩十一年至十四年歲漏銀二千餘萬兩十四年至今漸漏至三千萬之多福建浙江山東天津各海口合之亦數千萬兩以中土有用之財塡海外無窮之壑易此害人之物漸成病國之憂年復一年不知伊於胡底各省州縣地丁錢糧徵錢爲多及辦奏銷以錢易銀前此多有贏餘今則無不賠貼各省鹽商賣鹽得錢交課用銀昔之爭爲利藪者今則視爲畏途若再數年銀價愈貴奏銷如何能辦積課如何能淸設有不測之用又如何能支今天下皆知漏卮在鴉片而未知所以禁也夫耗銀之多由於販烟之盛販烟之盛由於食烟之衆無吸食自無興販無興販則外洋之烟自不來矣宜先重治吸食臣請皇上準給一年期限戒烟雖至深之癮未有不能斷絕者至一年仍然服食是不奉法之亂民加之重刑不足恤舊例吸烟罪止枷杖其不指出興販者罪止杖一百徒三年俱係活罪斷癮之苦甚於枷杖與徒故不肯斷絕若罪以死論臨刑之慘急苦於斷癮之苟延臣知其願死於家而不願死於市況我皇上雷霆之威赫然震怒雖愚頑沈溺之久自足以發聾振聵皇上之旨嚴則奉法之吏肅犯法之人畏一年之內尙未用刑十已戒其八九已食者藉國法以保餘生未食者因烟戒以全身命止辟之大權卽好生之盛德也伏請飭諭各督撫嚴行淸查保甲初先曉諭定於一年後取具五家互結准令舉發給予優獎倘有容隱本犯照新例處死互結之家照例治罪通都大邑往來客商責成店鋪如有容留食烟之人照窩藏匪類治罪文武大小各官照常人加等子孫不准考試官親幕友家丁除本犯治罪外本管官嚴加議處滿漢官兵照地方官保甲辦理管轄失察之人照地方官辦理庶幾軍民一體上下肅淸漏卮可塞銀價不至再昂然後講求理財之方誠天下萬世臣民之福也疏上上深韙之下疆臣各抒所見速議章程先是太常寺少卿許乃濟疏言烟禁雖嚴閉關不可徒法不行請仍用舊制納稅以貨易貨不得用銀購買吸食罪名專重官員士子兵丁時皆謂非政體爵滋劾乃濟罷其職連擢爵滋大理寺少卿通政使禮部侍郎調刑部十九年廷臣議定販烟吸烟罪名新例略如爵滋所請林則徐至粵盡焚躉船存烟議外國人販烟罪英領事義律不就約束兵釁遂開二十年命爵滋偕左都御史祁寯藻赴福建查辦禁烟與總督鄧廷楨籌備海防洎英兵來犯廷楨屢挫敵於廈門上疑之爵滋與寯藻方至浙江按事復命赴福建察奏疏陳廷楨所奏不誣定海不可不速復水師有專門之技宜破格用人具言戰守方略又言浙江爲閩粵之心腹與江蘇爲脣齒請飭伊里布不可偏聽琦善信敵必退及回京復極言英人勞師襲遠不足慮宜竟與絕市募兵節餉爲持久計以海防闖進既而琦善在粵議撫不得要領連歲命將出師廣東浙江皆不利二十二年英兵由海入江乃定和議於江甯烟禁自此弛矣尋丁父憂去官爵滋爲御史時稽察戶部銀庫嘗疏言庫丁輕收虧帑之弊二十三年銀庫虧空九百萬兩事發追論管庫查庫諸臣罪皆褫職責賠賠旣足次第予官爵滋以員外郎候補病足家居上猶時問其何在三十年至京會上崩遂不出逾三年卒爵滋以詩名喜交游每夜閉閤草奏日騎出徧視諸故人名士飲酒賦詩意氣豪甚及創議禁烟始終主戰一時以爲淸流眉目所著奏議詩文集行於世

金應麟字亞伯浙江錢塘人以舉人入貲爲中書道光六年成進士授刑部主事總辦秋審先後從大臣讞獄四川湖北山西累擢郎中改御史遷給事中疏請修改刑例於鬭毆報盜劫囚誣告私鑄服舍違式斷罪引律奴婢毆主故禁故勘平人應捕人追捕罪人犯罪存留養親官司出入人罪徒流遷徙地方外省駐防逃人逐條論列多被採取改定又論銅船恣橫不法及驛站擾累諸弊並下各省督撫禁革先後封事數十上劾疆臣琦善河臣吳邦慶尤爲時稱宣宗嘉其敢言擢太常寺少卿遭憂歸服闋授鴻臚寺卿疏論水師廢弛漕政頹紊十九年出爲直隸按察使鞫護理長蘆鹽運使楊成業等得贓獄論遣戍前運使陳崇禮等並罣議尋召爲大理寺少卿二十二年疏言海疆諸臣欺罔其故由於爵祿之念重而趨避之計工欲破其欺是在乾斷資格不可拘嫌疑不必避舊過不妨宥重賞不宜惜近頃長江海口鎭兵足守而敵船深入逃潰時聞竭億萬氓庶之脂膏保一二庸臣之軀命議者諉謂無人無兵無餉無械竊以無人當求無兵當練無餉械亦當計度固有多則持重少則用謀作三軍之氣定邊疆之危在皇上假以事權與任事者運用一心而已復疏進預計度支圖火器圖籌海戰方略甚悉二十三年以親老乞歸省不復出著有鷹華堂奏議及騈體文

陳慶鏞字頌南福建晉江人道光十二年進士選庶吉士散館授戶部主事遷員外郎授御史二十三年海疆僨事獲罪諸臣寖復起用慶鏞上疏論刑賞失措曰行政之要莫大於刑賞刑賞之權操之於君喻之於民所以示天下之大公也大學論平天下之道在於絜矩絜矩者何民之好惡是已海疆多事以來自總督將軍以至州縣丞倅禽駭獸奔皇上赫然震怒失律之罪法有莫逭於是辱國之將軍奕山奕經參贊文蔚總督牛鑑提督余步雲先後就逮步雲伏法血氣之倫罔不拊手稱快謂國法前雖未伸於琦善今猶伸於余步雲乃未幾起琦善爲葉爾羌幫辦大臣邸報旣傳人情震駭猶解之曰古聖王之待罪人有投四裔以禦魑魅者皇上之於琦善殆其類是而今且以三品頂戴用爲熱河都統矣且用奕經爲葉爾羌幫辦大臣文蔚爲古城領隊大臣矣琦善於戰事方始首先示弱以惰軍心海內糜爛至於此極旣罷斥終身不齒猶恐不足饜民心而作士氣奕經之罪雖較琦善稍減文蔚之罪較奕經又減然皇上命將出師若何愼重奕經頓兵半載曾未身歷行間騁其虛憍之氣自詭一鼓而復三城卒之機事不密貽笑敵人覆軍殺將一敗不支此不待別科騷擾供億招權納賄之罪而已不可勝誅臣亦知奕經爲高宗純皇帝之裔皇上親親睦族不忍遽加顯戮然卽幸邀寬典亦當禁錮終身無爲天潢宗室羞豈圖收禁未及三月輒復棄瑕錄用且此數人者皇上特未知其見惡於民之深耳倘俯采輿論孰不切齒琦善爲罪魁誰不疾首於奕山奕經牛鑑文蔚而以爲投畀之不容緩此非臣一人之私言也側聞琦善意侈體汰跋扈如常葉爾羌之行本屬怏怏今果未及出關卽蒙召還熱河密邇神京有識無識莫不撫膺太息以爲皇上嚮用琦善之意尙不止此萬一有事則熒惑聖聽者必仍係斯人履霜堅冰深可懍懼頃者御試翰詹以京阿封卽墨命題而今茲刑賞顚倒如此臣未知皇上所謂阿者何人卽墨者何人假如聖意高深偶或差忒而以卽墨爲阿阿爲卽墨將毋譽之毀之者有以淆亂是非耶所望皇上立奮天威收回成命體大學絜矩之旨鑒盈廷毀譽之眞國法稍伸民心可慰疏上宣宗嘉之諭曰朕無知人之明以致琦善奕經文蔚諸人喪師失律惟有返躬自責不欲諉罪臣工今該御史請收回成命朕非文過飾非之君豈肯回護復革琦善等職令閉門思過於是直聲震海內二十五年遷給事中巡視東城以事詿吏議左遷光祿寺署正二十六年乞歸文宗卽位以大學士朱鳳標薦復授御史蹶而再起氣不少撓疊上疏多關大計自粵匪起福建羣盜蠭動蔓延泉漳與永諸郡咸豐三年慶鏞疏陳利害命回籍治團練惠安妖婦邱氏煽亂偵獲置諸法賜花翎俄以病請開缺七年逆匪林俊糾莆陽仙遊永春南安羣賊犯泉州慶鏞激厲士民固守賊攻圍數日而退論功以道員候選八年卒於泉州贈光祿寺卿賜祭葬廕一子知縣祀鄉賢祠慶鏞精研漢學而制行則服膺宋儒文辭樸茂著有籀經堂文集三家詩考說文釋古籀考等書

蘇廷魁字賡堂廣東高要人道光十五年進士選庶吉士授編修二十二年遷御史海疆兵事方亟迭上疏論列請修築虎門礮臺及燕塘墟大沙河龜岡諸要隘以防敵回擾粵旣而和議成二十三年春有白氣自天西南隅直掃參旗因災異上疏數千言極論時政乖迕歸罪樞臣穆彰阿等請立罷黜並下罪己詔開直諫之路語多指斥宣宗覽奏動容嘉其切直朝野傾望丰采遭憂去官服闋還給事中咸豐元年上諡始疏請求宏濟之道執勞謙之義防驕泰之萌推誠任賢愼始圖治選擇翰詹爲講官嚴取孝廉方正備採用文宗嘉納之賽尙阿出督師援引內閣侍讀穆蔭擢五品京堂在軍機大臣上學習行走廷魁疏劾其壞舊制用私親超擢太驟易啟倖進之門請俟賽尙阿還令回章京本任詔斥擅預黜陟猶以素行端方不之罪上先隱其名出疏示賽尙阿賽尙阿退飲臺垣酒問誰實彈我廷魁出席曰公負國某不敢負公再以憂歸咸豐四年廣東紅巾匪起將犯省城或獻議借外兵以鋪捐爲餉精力爭罷其議八年英法聯軍踞廣州廷魁與侍郎羅惇衍等倡設團防局嚴淸野絕漢奸招募東莞及三元里佛山練勇得數萬人誓言戒期攻城敵師出擊斬百餘級敵始有戒心稍戢迨艘北犯旣而天津議和廣東敵兵未退民益憤廷魁等請留練局以防土寇敵謂旣媾和何復募勇且以懸金購領事巴夏禮爲責言議和大臣桂良慮撓成議奏請撤局初粵匪擾廣甯圍四會肇慶兵疲糧竭或勸之去廷魁曰予團防大臣也誓與城爲存亡會提督崑壽克梧州以兵來援城得完疆臣屢欲上其功皆固辭同治初以中外大臣薦授河南開歸陳許道歷布政使擢東河總督七年河決滎澤未奪溜革職留任閱三月工竣復之踰年內召去官稱疾歸光緒四年卒

朱琦字伯韓廣西臨桂人父鳳森嘉慶六年進士官河南濬縣知縣有政聲滑縣教匪起率團練禦之屢破賊城守卒完遷河南府通判歿祀名宦琦舉鄉試第一道光十五年成進士選庶吉士授編修慕同里陳宏謀之爲人以氣節自勵遷御史値海疆事定禍機四伏而上下復習委靡言路多容默深以爲憂著

名實說略曰天下有鄉曲之行有大人之行鄉曲大人其名也攷之其行而察其有用與否其實也世之稱者曰謹厚曰廉靜曰退讓三者名之至美也而不知此鄉曲之行也非所謂大人者也大人之職在於經國家安社稷有剛毅之大節爲人主畏憚有深謀遠慮爲天下長計合則留不合以義去身之便安不暇計也世之指擿不敢逃也今也不然曰吾爲天下長計則天下之釁必集於我吾爲人主畏憚則不能久於其位不如謹厚廉靜退讓此三者可以安坐而無患而名又至美也夫無患而可久於其位又有天下美名士何憚而不爭趨於此故近世所稱公卿之賢者此三者爲多矣當其峩冠襜褣從容正步趨於廊廟之間上之人不疑而非議不加其沈深不可測也一旦遇大利害搶攘無措鉗口撟舌而莫敢言而所謂謹厚廉靜退讓至此舉無可用於是始思向之爲人主畏憚而有深謀遠慮者不可得矣且謹厚廉靜退讓三者非果無用也古有負蓋世之功而思持其後挾震主之威而唯恐不終未嘗不斤斤於此故又以鎭薄俗保晚節後世無其才而冒其位安其樂而避其患假於名之至美偶然自以爲足是藏身之固莫便此三者孔子之所謂鄙夫也其究鄉愿也是張禹胡廣趙戒之類也甚矣其恥也於是數上疏切論時務皆留中不報時咸推其抗直稱爲名御史琦以言既不見用二十六年告歸越數年廣西羣賊蠭起其言皆驗家居治團練助守禦賊中梟傑張家祥者悔罪投誠當事猶疑之琦知其忠勇可用以全家保之乃受降改名國樑卒爲名將琦以守城勞議敘以道員候選咸豐六年再至京師居兩歲從欽差大臣桂良至江蘇無所遇王有齡獨重之有齡撫浙辟贊軍事咸豐十一年粵匪犯杭州總理團練局守清波門城陷死之贈太常寺卿予騎都尉世職祀昭忠祠琦學宗程朱詩古文皆有法著有怡志堂集壹垣奏議

論曰禁烟之議創自黃爵滋行之操切而邊釁遂開繼之游移而國威愈隕誠不可以此歸咎始議之人然謀國萬全決勝千里非恃意氣爲也行固維艱言亦豈易易哉金應麟同被拔擢亦始終主戰陳慶鏞蘇廷魁朱琦時稱三直合之應麟又稱四虎所言有用有不用凜凜然有生氣要足以砭頑振懦矣

清史稿　列傳一百六十六

趙愼畛　盧坤 曾勝

陶澍

趙愼畛字笛樓湖南武陵人爲諸生時學政錢灃器之曰人英也嘉慶元年成進士選庶吉士授編修遷御史給事中條上川楚善後屯田保甲事宜巡通州漕革陋規廉得楊村通判科索剝船奏褫其職湖南學政徐松矜愎失士心欲附愼畛自固常列其弟子優等愼畛列款糾劾罷之兩廣總督蔣攸銛薦其才可大用十七年出爲廣東惠潮嘉道嚴治械鬬捕南澳澄海潮陽盜甚衆沿海民寮居爲逋逃藪悉編入保甲踰年擢廣西按察使天地會匪結黨擾亂脅有貲者入其中愼畛惟嚴罪匪首被脅者不坐廣東洋匪投誠後漸入廣西爲盜設水路巡船以護商旅督守令以捕盜多少爲殿最遠郡招解重囚煩費吏因諱盜省文法嚴舉劾緝捕始力二十年遷廣東布政使州縣多積虧展轉相承悉心鉤稽除其糾轕庫儲頓增南海高要瀕河隄防多圮民苦水患籌款生息貲歲修屯田五千餘頃賦重爲累請減糧額攤抵於沙坦輕則之地粵俗奢靡刊發陳宏謀行政訓俗遺規躬行節儉以示勸二十三年擢廣西巡撫習知粵西地勢如建瓴旬月不雨即旱竭勸民修陂塘造龍骨車開陰井設井筒架皆頒式俾倣行地連黔楚羣盜出沒宜山會匪廖五桂藍耀青分踞新舊兩城糾衆分黨僞立名目勒索殷戶爭利相擾親往捕誅之飭屬行保甲置望樓練民壯互相守望縣建卡房數十座府各督屬會營巡緝柳州至省千餘里設水汛四十三所終任凡獲盜千七百餘人盜多出於流匪編客民籍嚴其單身遊蕩者礦廠窯榨傭丁皆立册有保者留否則逐故事梧潯二關巡撫例得動用盈餘愼畛曰吾家衣食纔足身爲大臣取盈將安用之當爲國家布仁澤耳乃於桂林設預備倉增設書院柳州慶遠思恩三府皆創設之繕城濬河廣置棲流所並取給焉道光二年入覲宣宗嘉其誠實不欺溫諭褒勉擢閩浙總督嚴申軍律課諸鎭營汛勤訓練浙江提督沈添華玩縱劾罷之責水師緝海盜盜多斂擒上游四府多山客民租山立廠游匪羣聚遣兵搜山捕誅其魁閩安所轄有琅琦島居民多爲奸利擒治之移駐水師建礮臺遂爲省城門戶臺灣自來多亂動煩大兵愼畛尤以爲慮精選賢能以治鳳山莠民楊良斌煽衆起事檄巡道孔昭虔知府孔傳稷勦治未一月而定不煩一兵渡海瑤瑪蘭初設治部議賦則較重奏減之民入山伐木歲供道廠船料匠首苛斂激變捕誅首亂更定採木章程乃相安戍兵萬四千更代時皆赴廈門由提督點驗遠者千里改由各提鎭分驗兵困以蘇臺灣產米漳泉數郡仰給商運江浙天津民無蓋藏米貴輒生亂於海口稽米船出數酌豐歉爲限制常留有餘疏請漳浦明儒黃道周從祀文廟下廷臣議行侯官謝金鑾德化鄭兼才皆以學行著綦所敎禮歿而舉祀鄉賢又旌表義烈以振風俗五年調雲貴總督銅鑛鹽務積疲疏陳變通整頓之法以邊防莫便於屯田方考訪形勢利便未及議行而疾作病中拜疏劾貪黷不職者數十人未幾遂卒代者急遞追回原疏滇人惜之遺疏上優詔賜卹贈太子少保諡文恪祀名宦鄉賢祠愼畛服膺儒先凡有益身心可致用者皆身體力行好善嫉惡體恤屬僚訓戒懇切如師之於弟子所至於文武官吏常能識別其才否人亦樂爲之用所著奏議從征錄載年錄讀書日記惜日筆記等書及詩文集凡數十卷

盧坤字厚山順天涿州人嘉慶四年進士選庶吉士散館授兵部主事洊遷郎中扈隨木蘭校射賜花翎十八年出爲湖南糧儲道丁本生父母憂服闋歷廣東惠潮嘉道山東兗沂曹濟道湖北按察使甘肅布政使道光元年護理陝西巡撫二年擢廣東巡撫未之任調陝西議者謂南山老林易藪奸不宜開墾坤歷陳漢蜀唐宋史事及漢李翕郙閣頌以徵墾治之利專任嚴如熤假以便宜墾務大興勸修南山各屬城工漢江隄岸築壩濬淤審度形勢移駐文武增改官制又修復咸甯長安涇陽盩厔岐山寶雞華州楡林河渠水利籌補楡林綏德兩屬常平倉穀勸民捐建社倉疏陳察吏之要不獨親民官貪廉爲民身家所係其勤惰明昧寬嚴皆關民生休戚宣宗深韙之五年以母憂去官六年回疆用兵特起駐肅州偕總督鄂山治轉餉以托古遜爲運糧首站自烏魯木齊至阿克蘇置三十二站大兵五萬餘日需糧五百石每站備駝五百有奇由山西陝西採購又蒙古阿拉善部進駝千烏里雅蘇台調撥官駝四千疏請軍需從寬籌備兵丁量增口糧給皮衣皮帽以禦寒出口駝馬芻秣時給買補缺額營馬預備續調監造軍械務期堅實撥運陝省制錢平市價添設台站夫馬雇用車輛定例價招募護台民丁後路糧台亦添兵守護凡十一事並如議行回疆平加太子少保及張格爾就擒賜頭品頂戴服闋授山東巡撫調山西八年裁撤肅州軍局始抵任尋調廣東巡撫十年又調江蘇未至擢湖廣總督兩湖鹺務狃於封輪之例道光初議散輪七年復因加價仍改封輪引滯商疲坤至疏請實行散輪建鹽倉於漢岸俾商船源源攬運尋量減售價以銷楚岸積鹽設塘角總卡按船編號以杜內私外私之弊復湖南永興粵鹽定額以保淮綱湖北水災請免米稅借帑十萬兩購川米平糶疏調前兩淮鹽運使王鳳生綜理水利擇要疏濬河道修築隄堰皆以次舉行十二年湖南江華猺趙金龍作亂粵猺應之湖南提督海陵阿及副將游擊等皆戰歿坤親往督師密陳湖北提督羅思舉能辦賊時桂陽常德諸猺蠢起應賊常德水師荆州駐防兵皆不習山戰坤至悉罷之改調鎭筸苗疆兵分屯要隘堅壁淸野與賊相持俟兩湖兵大集貴州提督余步雲雲南副將曾勝亦率軍至乘雷雨襲擊洋泉街羅思舉督諸將晝夜環攻斃賊數千破其巢擒金龍子女及頭目數百人金龍承間逸爲亂軍所殲獲其屍及劍印木偶諸物捷聞賜雙眼花翎世襲一等輕車都尉尙書禧恩將軍瑚松額方奉命視師未至賊已平粵猺趙仔青糾衆數千入楚界聲言爲金龍復仇連敗之於濠江銀江擒仔青磔於市廣東連山黃瓜寨猺猶猖獗兩廣總督李鴻賓勦治不力以罪逮調坤代之偕禧恩等先後往督諸將進勦猺疆悉平合疏陳兩省善後事宜改移文武官制駐所並允行十三年越南盜陳加海結逸地游民嘯聚狗頭山潛入內洋遣水師擊沈八船擒加海誅之尋越南內訌愼固邊防拒其請兵詔嘉得大體英吉利兵船擅入海口要乞推廣通商坤依故事停其貿易領事律勞卑挾二船入虎門礮擊不退且以礮拒進泊黃埔坤設方略扼其歸路斷其接濟集水陸師臨以兵威律勞卑窮蹙引罪求去澳門洋商代請命坤持之良久乃驅之出口疏聞詔嘉獎先奪宮銜花翎並復之於是嚴海防勤訓練自南山至大虎分三段與沙角大角相聯絡省河中流沙地增建礮台以資保障夷情斂懾坤久任封圻所莅皆有名績宣宗深倚之十五年卒贈太子太師兵部尙書從優卹諡文肅子端黼襲世職

曾勝廣西馬平人以行伍從勦湖南苗匪川楚教匪積功至都司累遷雲南參將以計擒梟渠徐黑二及宣威小梁山匪首爲時稱遷維西協副將猺匪趙金龍之亂率師會勦擢湖南永州鎭總兵殲金龍及擒粵猺趙仔青戰皆力尋猺平論功最加提督銜賜號瑚爾察圖巴圖魯予雲騎尉世職調南韶連鎭擢赴廣東勦連山猺迭戰大橫橋分水嶺礮台山火燒坪軍猿里大庄沖上泜園廣東陸路提督當英吉利兵船入內河水師提督李增堦不能阻勝獻策以巨船載石沈塞海口老洲岡險道聚草船數百橫內河備火攻勝率兵臨之英領事律勞卑悚懼聽命事乃定十七年卒於官諡勤勇

陶澍字雲汀湖南安化人嘉慶七年進士選庶吉士授編修遷御史給事中疏劾吏部重籤河工冒濫及外省吏治積弊巡中城決滯獄八百有奇巡南漕革

陋規請濬京口運河二十四年出爲川東道日坐堂皇剖決獄訟如流請減鹽價私絕課增總督蔣攸銛薦其治行爲四川第一歷山西按察使安徽布政使道光三年就擢巡撫安徽庫款五次清査未得要領澍自爲藩司時鉤覈檔案分別應劾應償應豁於是三十餘年之糾轕豁然一清嚴交代禁流攤裁捐款至是奏定章程俾有司釋累得專力治民瀕江水災購米十萬石勸捐數十萬金賑務覈實災民賴之無失所治壽州城西湖鳳臺焦岡湖鳳陽花源湖又懷遠新漲沙洲阻水並開引河導之入淮淮水所經勸民修隄束水保障農田各縣設豐備倉於鄉村令民秋收後量力分捐不經吏役不減糶不出易不假貸歲歉備賑樂歲再捐略如社倉法而去其弊刱輯安徽通志旌表忠孝節烈以勵風俗五年調江蘇先是洪澤湖決漕運梗阻協辦大學士英和陳海運策而中外紛議撓之澍毅然以身任奏請蘇松常鎭太五府州漕糧百六十餘萬石歸海運親赴上海雇商船體恤商艱羣情踴躍六年春開兌至夏全抵天津無一漂損者驗米色率瑩潔過河運數倍商船回空載豆而南兩次得値船餘耗米十餘萬石發部帑收買由漕項協濟天津通倉之用及調劑旗丁尙節省銀米各十餘萬事竣優詔褒美賜花翎明年遂偕總督蔣攸銛合疏陳海運章程八條冀垂令甲永紓漕累格於部議未果行又以紳衿包完漕米橫索陋規爲漕務之害奏請懲辦學政辛從益意不合爭之澍復疏言陋規日增勢必取償小民若預計有司不減浮收置陋規於不問非釜底抽薪之計仍執前議治包抗從嚴爲江蘇頻遭水患由太湖水洩不暢疏言太湖尾閭在吳淞江及劉河白茆河而以吳淞江爲最要治吳淞以通海口爲最要於是以海運節省銀二十餘萬興工擇賢任事至八年工竣又以江以南運道徒陽運河最易淤阻而練湖爲其上游孟瀆爲其旁支澍自巡漕時條奏利害至是先濬徒陽河將以次舉劉河白茆練湖孟瀆諸工後在總督任與巡撫林則徐合力悉加疏濬吳中稱爲數十年之利語詳則徐傳十年以捕獲戶部私造假照要犯加太子少保銜署兩江總督尋實授時淮鹽敗壞商困課絀岌岌不可終日澍疏陳積弊請大刪浮費以爲補救議者多主改法課歸場竈命尙書王鼎侍郞寶興赴江南査議澍謂除弊卽以興利無事輕改舊制偕鼎等合疏臚陳利害條上十五事鼎等復請裁鹽政歸總督管理報可澍受事繳還鹽政養廉五千兩裁減衙門陋規十六萬兩有奇凡淮南之窩價淮北之壩槓兩淮之岸費分別減除歲計數百萬兩分設內外二庫正款貯內庫雜項貯外庫杜絕挪墊革總商以除把持散輪規以免淹滯禁糧船回空帶蘆鹽及商船借官行私令行禁止弊風肅清淮北尤疲累先借款官督商運繼倣山東浙江票引兼行之法於海州所屬中正板浦臨興三場擇要隘設局給票注明斤數運地無票越境以私論仍留暢銷之岸江運八州縣湖運十一州縣歸商運十二年奏準開辦越半歲溢銷逾額復推廣於江運湖運各岸減價裁費商販爭趨而窩商蠹吏壩夫岸胥一旦盡失其中飽需索之利羣議沸騰言官摭浮言廣事彈劾賴宣宗鑒其忠誠倚畀愈專屢請復鹽政專職皆不許澍益感奮力排衆議毅然持之卒獲成效道光元年至十年淮南行六綱淮北僅行三綱澍承極弊之後自十一年至十七年淮南已完六綱有餘淮北率一歲行兩綱之鹽盡完從前帶欠且剩淮南懸引兩淮共完正雜銀二千六百四十餘萬兩庫貯實存三百餘萬兩兩屆京察並被褒獎優敘晚年將推淮北之法於淮南已病風痺未竟其施然天下皆知票鹽減價敵私爲正本淸源之計後咸豐中乃卒行之十八年卒遺疏上優詔軫惜稱其實心任事不避嫌怨晉贈太子太保依尙書例賜卹賜其子桄主事諡文毅祀名宦祠於海州建專祠澍見義勇爲胸無城府用人能盡其長所拔取多至方面節鉞有名在江南治河治漕治鹽並賴王鳳生俞德淵姚瑩黃冕諸人之力左宗棠胡林翼皆識之未遇結爲婚姻後俱爲名臣所著奏議詩文集蜀輶日記陶桓公年譜陶淵明詩輯注並行世

論曰趙愼畛學有本源察吏治民嚴而能恕所至政無不舉盧坤治回疆軍需平湖南猺䝤廣東夷商皆有殊績陶澍治水利漕運鹽政垂百年之利爲屏爲翰庶無媿焉道光中年後海內多事諸臣並已徂謝遂無以紓朝廷南顧之憂人之云亡邦國殄瘁其信然哉

清史稿　列傳一百六十七

陳若霖　戴三錫
孫爾準　程祖洛 馬濟勝
裕泰　賀長齡

陳若霖字宗覲福建閩縣人乾隆五十二年進士選庶吉士散館授刑部主事累遷郎中東鹿縣民王洪中爲人聚毆訟不得直自經死若霖鞫得其實被議敘秩滿當外用仍留部數從大臣赴各省讞獄以寬恕稱嘉慶十三年出爲四川鹽茶道擢山東按察使調廣東署布政使以佐總督百齡平海盜賜花翎調湖北復調四川就遷布政使二十年擢雲南巡撫水尾土州目黃金珠結內地奸民殺副州目李文政掠其家鞫實寘於法歷廣東河南浙江巡撫浙省南北新關科罰無度限以半正額爲止恤商而課裕修蕭山新廟隄建盤頭以禦潮次年新林塘圮親往勘疏言新林塘舊爲險工今距海日遠塘以外爲竈地外復爲牧地中有馬塘足爲新林屏蔽宜補築以遏潮汐疏通竈地各溝洫引入牧地之莫家等瀆以排洩之卽以竈地之土培護新林隄基西築橫塘以禦江水責令竈牧各戶及蕭山山陰會稽三縣分別修築又奏修會稽上虞等縣塘隄並如議行二十四年擢湖廣總督湖南鳳凰等廳屯丁額多爲官佔失業者衆悉淸釐發還徵租官入苗寨多婪索或冒名詐財嚴禁之又以屯地磽瘠租額重爲奏減苗租二萬餘石免逋賦七萬餘石苗民感之道光二年調四川中江覃萬典犍爲道士蕭來修等假神惑衆捕誅首犯不坐株連九姓長官司不諳吏治奏請考試獄訟別由瀘州及州判兼理四年召授工部尙書調刑部兼管順天府尹事文安縣地形如釜底自道光初隄防衝決積水不能耕種議請急行修築七年命勘湖北京江黃家陵隄工疏言下游災民籲請修治潰隄上游居民謂口門下游乃襄河故道復請廢之河流經行二百餘年舍此不由而別尋二百年以前故道其說殊謬潛江天門漢川俱屬下游而天門漢川尤當衝要何忍委之巨浸惟有開通江流堵合口門因勢利導胡家灣沙洲當下游之衝以四十餘丈之地束全江之水下壅上潰理有必然今洲已衝潰乘勢挑濬新灘展寬水道使江流無衝突之患然後增築京江鍾祥口門堤壩再於潰口築石壩二以護隄攻沙庶可經久報可十二年乞休歸卒於途賜卹

戴三錫順天大興人原籍江蘇丹徒乾隆五十八年進士授山西臨縣知縣連丁父母憂嘉慶六年服闋發四川補南充歷馬邊義邊兩廳通判署資州眉州邛州並有政聲邛州民黃子賢以治病爲名倡立鴻鈞教捕治之事聞仁宗命送部引見擢茂州直隸州知州歷甯遠知府建昌道四川按察使道光二年遷江甯布政使迴避本籍仍調四川三年署總督五年實授兼署成都將軍三錫自牧令洊陟封疆二十餘年未離蜀地盡心民事興復通省書院增設義學三千餘所四川舊有義田積儲備賑穀多則變價添置良田三錫以歲久將膏腴多成官產留穀太多又虞霉變虧挪差定三千至萬石爲額溢額者出糶價存司庫以備凶歲賑卹之用又以蜀地惟成都附近俱平疇沃野餘多山谷磽瘠遇水衝塞膏腴轉爲砂石因地制宜多設渠堰以資捍衞宣洩新都奸民楊守一倡立邪教造妖書惑衆論誅之越巂生番劫奪商旅掠漢民婦女捕驅黠者數十人寘之法救出被掠男婦給資安撫屢被詔褒獎九年因年老召來京署工部侍郞尋致仕未幾卒詔嘉其宣力有年官聲素好贈尙書銜依贈銜賜卹

孫爾準字平叔江蘇金匱人廣西巡撫永淸子嘉慶十年進士選庶吉士授編修十九年出爲福建汀州知府甯化民歛錢集會大吏將治以叛逆爾準訊無他狀論誅首要鮮所株連歷鹽法道江西按察使調福建就遷布政使道光元年調廣東布政使擢安徽巡撫河南邪匪邢名章等糾衆竄潁州檄按察使惠顯率兵馳勦格殺名章殲其餘黨蠲緩被災各屬災甚者賑卹之先是有言賑務積弊毋得以銀折錢爾準疏其弗便仍循舊章三年調福建巡撫延建各屬山徑叢錯多盜劫以萬金爲緝捕費連獲賊首寘之法盜風衰息巡閱臺灣疏言臺灣南北袤延千餘里初祇鹿耳門可行舟楫嗣增設鹿仔港而淺狹多沙內山溪水赴海別開港在嘉彰間曰五條港頗利商船又噶瑪蘭山峻路險負戴難行其地有烏石港加禮遠港可通五六百石小舟皆宜設爲正口五年擢閩浙總督奏請噶瑪蘭收入版籍設官治理彰化匪徒械鬬焚劫旁近蠭起全臺震動檄水師提督許松年勦捕副將邵永福等趨艋舺阻其北竄總兵陳化成以兵渡鹿仔防其入海爾準親駐廈門遣副將佟樞等分往彰化淡水搜山圍捕詗知賊黨煽誘日衆移陸路提督馬濟勝守廈門自渡海駐彰化督勦賊首李通逍捕得伏誅令各莊舉首事緝餘匪閩人捕閩人粵人捕粵人以免誣累臺人有與生番貿易遂娶番婦者俗名番割其魁黃斗乃等久踞三灣潛出爲盜當亂起時誘生番出山助鬬遣參將黃其漢等分路偵擊番竄後山士卒攀藤躡葛而登禽黃斗乃等二十一人斬以徇爾準疏陳匪徒起事由於造謠焚掠非叛逆當以強盜論淡水以北分黨報復當以械鬬論焚殺有據者始坐辟餘俱末減其脅從旋解散者多所保全又奏臺灣北路至艋舺幾五百里僅有守備一員巡防難周調南路游擊一員駐竹塹並於大甲銅鑼灣斗換坪諸處添駐營汛改建淡水土城頭道溪爲生番出入總路亦建土城以屯丁駐守事平加太子少保七年入覲宣宗嘉其治臺灣匪亂悉合機宜迅速蕆功賜其子慧翼官主事木蘭陂者創自宋熙甯間溉民田四十萬畝築石隄千一百餘

丈以禦海潮歲久傾壞爾準道經莆田親勘修復工蕆以宋長樂室女錢創陂實功首建祠列入祀典爾準治閩最久諳悉其風土人情吏民皆相習政從寬大體人安之九年坐失察家僕收賄鐫二級留任十一年以病乞休逾年卒贈太子太師賜子慧惇進士慧翼員外郎謚文靖祀福建名宦及鄉賢祠

程祖洛安徽歙縣人嘉慶四年進士授刑部主事洊遷郎中諳練刑名爲仁宗所知京察記名道府久未外簡以截取銓授甘肅平涼知府部臣請留詔斥規避遷遠撤銷記名留部永不外用久之擢內閣學士尋授江西按察使遷湖南布政使調山東道光二年擢陝西巡撫調河南教匪朱麻子由新蔡竄安徽阜陽捕獲賞之法與直隸山東安徽湖北毗連諸縣素多盜撥庫帑五萬兩生息爲緝捕經費漳水決安陽樊馬坊河流北徙命大學士戴均元往會勘祖洛周歷上下游合疏言漳水自乾隆五十九年南徙合洹以來衞水爲所遏每致潰溢今河流既分不可使復合議於樊馬坊上下距洹水最近處及南岸衝決成溝並築土壩使二河分流冀減漫溢之勢至四年春積水消涸地形顯露田市之北漫水與溝隔斷不能引歸正河乃就其上游龍家莊窪地抽溝啟放復於內黃馬家窪開引河添築田家營大壩使溜勢南趨自是漳衞合併之患遂息虞城橫河惠民溝夏邑巴淸河永城減水溝舊爲豫東宣洩潦水要區迭經黃河漫淤濬河連歲被災並疏濬之初河南安徽治捻匪從重典嗣部議有所減改祖洛疏言匪徒結捻倡劫黨衆一呼而集其豫謀早在結捻之時新例以是否豫謀分別輕重諸多窒礙請復舊例並論匪徒拒捕及捕人治罪各條又言獲盜究出舊案免究從前失察處分請遵嘉慶間諭旨俾除瞻顧並從之七年丁母憂服闋署工部侍郎尋署湖南巡撫調江蘇十二年擢閩浙總督命查辦浙江鹽務嚴定裁汰浮費章程下部議行臺灣奸民張丙陳辦等倡亂命將軍瑚松額督兵進勦祖洛專治後路軍需十三年提督馬濟勝破賊張丙等就禽赴臺灣籌辦善後事宜劾戰守不力之都司周道龍等褫黜有差改營制增防守優敘賜花翎疏陳福建吏治略曰安民必先懲蠹不可以迴護瞻顧而曲縱奸惡閩省吏治無子惠之政而務寬大之名始因官之庸劣釀成頑梗之風今又因民之譸張遂有疲難之勢官曰民刁民曰吏虐互相傳播漸失其眞官不執法幕不守法因而愚民犯法書役弄法棍徒玩法必先懲不執法之官然後能治犯法弄法玩法之人於是連劾官吏不職者略無假貸吏治始肅已革縣丞秦師韓京控提督馬濟勝矇奏邀功並訐祖洛偏袒欺蒙命侍郎趙盛奎偕學政張鱗按鞫白其誣師韓遣戍新疆十五年疏陳閩洋形勢以漳州之南澳銅山爲藩離泉之廈門金門爲門戶興化之海壇爲右翼閩安爲省會咽喉福甯之銅山爲後戶巡緝守禦全賴槳城礮臺就最要者四十四處由官民捐資修築十六年丁父憂去官服闋引疾不出二十八年卒宣宗甚惜之贈太子太保謚簡敬馬濟勝山東菏澤人以武生入伍從勦川陝教匪積功累擢江蘇撫標參將嘉慶十八年會勦山東教匪擢河北鎮總兵道光初擢浙江提督調福建陸路提督張丙等倡亂嘉義臺灣鎮總兵劉廷斌困守孤城濟勝率兵二千渡海赴援戰於嘉義城下大破賊追至莽港尾禽斬甚衆進屯鹽水港分兵搜勦張丙及其悍黨先後就禽時命將軍瑚松額督師猶未至詔褒成功迅速賜雙眼花翎餘匪萬餘復來犯偵其怠擊之大潰禽頭目賴滿等追勦盡毀其巢賊遂平宣宗深嘉其謀勇錫封二等男爵又以馭兵安靖御書忠勇廉明四字賜之召入覲年逾七旬猶壯健溫詔褒獎晉二等子爵在御前侍衞上行走十六年卒於官贈太子太保謚昭武四子皆予官

裕泰滿洲正紅旗人由官學生考授內閣中書遷侍讀嘉慶末出爲四川成綿龍茂道歷四川湖南安徽按察使湖南陝西安徽布政使道光十一年擢盛京刑部侍郎調工部兼管奉天府尹事查勘科爾沁蒙旗荒地奏禁私墾十三年召授刑部侍郎尋出爲貴州巡撫十六年古州黎平土匪起禽其渠徐玉貴等誅之調湖南巡撫鎮筸標兵滋事劾總兵向遐化辰沅道常慶不職罷之疏言苗疆屯田嘉慶中道員傅鼐所經營寓兵於農籌邊良策治安日久諸弊叢生今鎮筸標兵因借餉倡亂苗人遂生覬望重以苗官苛刻屯長侵欺後患堪虞急應清釐損益妥定章程俾將弁兵練咸知經費有常絕其覬覦仍責成鎮道實力整飭恩威並行尋議定苗疆兵勇不準客民充補預借銀穀限以定制拔補備弁屯長嚴絕苞苴辰沅道缺以湖南知府題陞並如所議行十七年調江西復調湖南二十年擢湖廣總督二十一年湖北崇陽逆匪鍾人杰作亂踞縣城陷通城裕泰馳駐咸甯檄按察使郭熊飛率都司玉貴等進勦崇陽在萬山中賊盡塞孔道築砦抗拒選精銳出賊後夾攻分股犯蒲圻連爲官軍所敗踞崇陽西嶺爲負嵎計提督劉允孝迭敗之石盤山黑橋進毀其巢禽人杰及其黨陳寶銘汪敦族等尋復通城盡俘其孥事平加太子太保賜雙眼花翎時英吉利兵由海入江詔募勇習水戰裕泰倣粵艇造大船六快船四簡漢陽水師每船百人按旬操練裁舊有巡船以節經費荊州駐防每出營滋事奏請飭地方官拘拿報將軍秉公嚴懲乾州苗竄擾勦撫解散二十九年李沅發倡亂新甯踞城戕官巡撫馮德馨提督英俊往勦復縣城妄傳沅發已死而賊竄山中勾結黔粵交界伏莽勢益蔓延馮德馨逮治專任裕泰往督師與黔粵諸軍合擊數捷三十年春搜勦山內禽殲多名賊竄永福草鞵塘四面抄圍漸窮蹙裕泰度賊不南趨廣西全州即入新甯猺峝令提督向榮由武岡進屯廣西懷遠遇賊擊破之賊退踞金峯嶺分三路進擊於深箐陡石間斬獲殆盡沅發就禽晉太子太傅尋調閩浙總督咸豐元年調陝甘入覲卒優詔以尚書例賜卹謚莊毅子長善廣州將軍長敘侍郎

賀長齡字耦耕湖南善化人原籍浙江會稽高祖上振官湖南司獄卹囚有隱德貧未能歸遂家湖南長齡嘉慶十三年進士選庶吉士授編修遷贊善道光元年出爲江西南昌知府歷山東兗沂曹濟道江蘇按察使就遷布政使佐巡撫陶澍創行海運調山東七年署巡撫臨淸州教匪馬進忠爲逆伏誅復有揭帖僞立名號刻期舉事臚列旁州縣民名數百長齡曰謀不軌詎以姓名月日告此移禍也詗知果出邀功者欲藉興大獄遂置不問調江甯布政使乞歸養親十五年母喪服闋補福建布政使調直隸十六年擢貴州巡撫黔民苦訟累而多盜以聽斷緝捕課吏設旬報爲考覈十八年仁懷奸民穆繼賢糾四川綦江匪肆劫遣兵與川軍會勦焚其巢首從並就殲禽郎岱普安淸鎮諸縣多種罌粟拔除申禁勸民種木棉玉屏婺川皆有成效黔省安置流犯三千餘人與苗民錯處釁隙易生疏請改發新疆又以鎮遠黎平都勻古州苗俗桀驁以盜爲生州縣差役緝捕難周疏請綠營每百名內精選數名分隸府廳州縣文員管轄勤加訓練專司捕盜並下部議行長齡治黔九載振興文教貴陽銅仁安順石阡四府普安八寨郎岱松桃四廳黃平普定天柱永從甕安淸平興義普安諸州縣皆建書院義學省會書院分上內外三舍親試考覈刊刻經籍頒行州縣二十五年擢雲貴總督兼署雲南巡撫漢回連歲互鬭永昌回變戕退後復圖攻城城回謀內應迤西道羅天池悉捕誅之長齡親往督勦擊走叛回以肅淸入告二十六年回衆藉口善良不別復叛自請議處撤銷獎敘赴大理永昌督勦匪尋竄散請免投誠張富罪軍犯王芝異團練出力亦請釋回詔斥其庸懦降補河南布政使二十七年乞病歸滇回復擾雲州多屬永昌遺孽且得羅天池濫殺狀追論長齡褫職逾年卒

論曰陳若霖臧三錫盡心民事而三錫久任蜀疆治效較多孫爾準程祖洛先後治閩有聲寬嚴殊途其相濟之道乎裕泰兩殄楚寇勛施爛然賀長齡儒而不武不足以奠巖疆也

清史稿　列傳一百六十八

帥承瀛 孫遠燡 弟承瀚　左輔

姚祖同　程含章

康紹鏞　朱桂楨

陳鑾　吳其濬

張澧中　張日晸

帥承瀛字仙舟湖北黃梅人嘉慶元年一甲三名進士授編修累遷國子監祭酒先後督廣西山東學政歷太僕寺卿通政使副都御史署倉場侍郎授禮部侍郎調工部吏部丁母憂服闋補原官調刑部論劾郎中寶齡婪賄狀仁宗以承瀛到官浹月釐剔宿弊予議敘奉命按山西雁平道福海陝甘總督先福龍之又按山東徐文誥寃獄得平反劾承審官吏降黜有差十五年授浙江巡撫浙鹽疲敝議裁浙江鹽政歸巡撫兼理詔責承瀛整頓疏言浙江運庫尚無虧挪惟多移墊擬以報存餘價追補須足額後撥解至收支數目務劃淸綱款即

有急務不再以內款墊支每年加價應許停輸向例灘帶鹽引豫估年額愈積愈多請並停止以紓商力又酌改章程十事定鹽務官制裁鹽政養廉革陋規供應蠲課由場徵解銷引先正後餘引目通融行銷收支力杜弊混梟私商私並禁掣驗改復兩季甲商酌裁節費下部議行浙鹺自此漸有起色甯波溫台諸府濱海土盜出沒令兵船巡緝以遏其外嚴詷口岸以防其內洋面漸安兩江總督孫玉庭上八折收漕之議廷臣多言其不可下疆臣覆議承瀛疏言漕弊始由州縣浮收以致幫丁需索而幫丁沿途用費亦因以漸增迨幫丁用費愈大需索愈多州縣迫於幫費有難循舊例徵收之勢其究耗費歸之小民由此包戶倚漁刁衿挾制積弊至不可回八折之議原以去其太甚補救目前無如因弊立法而弊即因法以生誠有如廷臣所議惟嚴禁官役需索沿途之規費除卽幫丁之用費省而州縣浮收勒折之弊亦力絕其萌庶愛民恤丁兩有裨益疏上前議遂寢清釐倉庫虧缺奏請先就現任各官次第彌補又以浙西頻遭水患應與江蘇合力疏濬察勘形勢偕孫玉庭等疏陳兩省水道原委實共一流請專任大員綜攬全局詔韙之尋去官後陶澍至江蘇乃先治吳淞江爲承瀛治浙數年以廉勤著陸名揚者歸安鄉民以抗浮收得一鄉心久爲官吏所嫉請兵掩捕鄉民集衆抗拒而名揚逸巡撫陳若霖遽以入告遣兵往治久之名揚始就獲承瀛初至浙誅名揚後乃知由於官吏之釀變深悔之四年丁父艱服闋至京以目疾久不愈乃乞歸二十一年卒於家優詔軫惜依總督例加䘏賜其孫遠燡舉人尋祀浙江名宦祠遠燡成道光二十七年進士官編修咸豐初上書言軍事納貲爲道員奏留江西勸辦捐輸七年總兵李定爲粵匪困於東鄉遠燡募勇往援戰歿予騎都尉世職建專祠謚文毅承瀛弟承瀚嘉慶十年進士由翰林院檢討歷官至副都御史方正負時譽名亞於承瀛歿祀鄉賢

左輔字仲甫江蘇陽湖人乾隆五十八年進士授安徽南陵知縣調霍邱勤政愛民坐催科不力免官嘉慶四年復之補合肥復以緝私役爲鹽販毆斃獄坐奪職尋初彭齡爲安徽巡撫薦輔人才可用仁宗亦素知輔循名能得民心送部引見復職仍發安徽補懷甯遷泗州直隸州知州河決州境被災輔躬親賑撫民無失所總督百齡疏保潔己奉公政聲爲一時最以應升升用擢潁州知府十八年盱眙民孫國柱誣周永泰謀逆疆吏以聞詔那彥成偕滑縣匪平移師會勦檄輔先率兵往輔力言泗州屬縣無邪教單騎往按之得國柱誣告狀大獄以息尋捕誅阜陽教匪李珠王三保等予議敍擢廣東雷瓊道遷浙江按察使湖南布政使二十五年就擢巡撫苗疆稅重又苦官役苛擾侍郎張映漢陳其弊命輔偕總督程若霖察治奏減租穀二萬餘石籌款買補倉儲六萬餘石免民苗積逋租穀七萬餘石復挑補兵勇裁撤委員禁差役不得入苗寨聽苗食川鹽民苗便之長沙妙高峯有宋儒張栻城南書院舊址康熙中移建城內已圯規復重建課通省士子疏請御書扁額以示嘉惠士林詔嘉許焉輔官安徽最久時稱循吏晚被拔擢數年中至封圻年已老三年召來京原品休致十三年卒於家

姚祖同字亮甫浙江錢塘人乾隆四十九年南巡召試賜舉人授內閣中書充軍機章京累遷兵部郎中以纂輯勦平教匪方略擢四五品京堂補鴻臚寺少卿歷通政司參議內閣侍讀學士鴻臚寺卿二十年出爲河南布政使請限制河工提款清釐州縣交代庫儲頓充二十一年調山西又調直隸嚴查虧空令州縣自報虧數凡新任不得私受前任舊虧其新虧者勒停升補倉穀自經畿輔兼軍需支領蕩然無餘祖同飭各屬糴補數十萬石雄縣安州高陽諸縣水道淤阻連年漫溢並遴員治理相機疏濬二十二年畿輔旱災重者二十有九州縣先令停征截漕備賑徧歷災區劾屬吏辦振不實者發米買園積數十萬石責令平糶民賴以濟二十三年仁宗東巡潮河漲溢祖同督造橋工成賜花翎面諭曰是非爲橋工因汝能實心辦事耳二十四年擢安徽巡撫會河南大水灌入渦河下游諸縣被災祖同乘小舟巡視賑䘏二十五年調河南時儀封大工未竣黃沁並漲漫及馬營工壩尾祖同相機堵禦疏陳政務雖多河工爲重學習河務以履勘爲先宣宗初卽位命祖同每屆旬以大工進占丈尺奏聞及冬口門漸狹而大河冰堅祖同親乘小舟督工鑿冰歲杪大工始告蕆道光元年祖同疏陳河南情形略曰河工之敝壞顯而易見民生之凋瘵隱而難治河工加價自常賦三百六十餘萬外逾額攤徵衡工未已睢工繼之睢工未已馬工儀工又相繼接徵此外復有各處隄工隨時攤徵之款民力其何以堪請概停緩三年以紓積困從之開封護城大堤河溢時半圯請繕完以資保障二年河督嚴烺奏請馬營壩工拋護碎石已奉俞允復命祖同籌度祖同言時當大隄放淤遏其奔衝既非順水之性伏秋盛漲壩西水勢加高上游隄埝愈險則河北可虞且慮攔沁轉致攔黃於實事爲未便乃下烺覆議卒如祖同言初儀工經費自祖同嚴覈弊竇省帑金甚鉅迨工員報銷截長補短斷合成例言官以浮冒入奏二年命左都御史玉麟王鼎按之事得白而以八子錢五萬六千餘緡責祖同償補八子錢者工員以雜用不敷議以銀易錢銀一兩加扣八十文祖同置弗問卒以呈議降補太常寺少卿五年授陝西按察使請建流芳祠以祀關中士女之死節義者六年詔來京另候簡用七年授廣東按察使尋偕尚書陳若霖赴湖北察勘京山王家營隄工未幾召授通政司副使累遷左副都御史十八年以年老重聽原品休致二十二年卒

程含章雲南景東人其先佐官吏捕殺土寇懼禍改姓羅乾隆五十七年舉人嘉慶初大挑知縣分廣東署封川坐迴護前令諱盜革職投効海疆屢殲獲劇盜擢知州署雷州府同知率鄉勇破海盜烏石大遷南雄直隸州又坐失察屬縣虧空革職尋復官以勘丈南雄州屬田畝總督蔣攸銛疏薦擢知府補惠州歷山東兗沂曹道按察使河南布政使道光二年疏言欲治河南必以治河爲先務正本清源之道在河員大法小廉實心修築加意隄防自能久安長治宣宗韙其言命每屆汛期赴工稽查工料及工員才否擢廣東巡撫入覲面奏請復姓許之調山東又調江西修築德化諸縣被水圩隄設義倉行平糶四年召署工部侍郎治直隸水利上疏略曰雍正乾隆間四次興大工皆歷數年蕆事費帑數百萬自此畿內無水患者數十年迨嘉慶六年後河道漸淤道光二三兩年淫雨被水者多至百餘州縣治水如治病必先明病之源流急則治標緩則治本循古人經驗之良方參今時變遷之證候然後疾可得而治也天津爲衆水出海孔道諸減河皆所以洩水入海東淀迴環數百里大清子牙永定南運北運五大川流貫其中西淀容納順天保定河間三府二十餘河之水南北兩泊容納正定順德廣平三十餘河之水各有河道爲傳送之區今則消洩之尾閭無不阻塞停蓄之腹部無不淺溢流貫之腸無不壅滯收納之脾胃無不平淺傳送之機軸無不淤積吐納之咽喉無不塡閼流通之血脈無不凝滯加以隄埝閘壩橋梁無不殘缺蠹潦一至輒虞泛溢此畿輔水道受病之情形也伏思直隸河渠淀泊前代不聞大患自康熙三十九年以後乃恆苦水潦則永定子牙二濁河築堤之所致耳孫嘉淦有言永定子牙向皆無隄泥塗得流行田間而水不淤淀自永定築隄束水而勝芳三角淀皆淤自子牙築隄束水而臺頭等淀亦淤淀口既淤河身日高則田水入河之道阻於是淀病而全局皆病卽永定一河亦已不勝其弊總因濁水入淀溜散泥沈以致斯疾此又畿輔水道致病之根原也永定河自築隄以來於今百有餘年河身高出平地一丈有餘既不能挑之使平又不能廢堤不用明知痼疾所在無術可治亦惟見病治病多開閘壩以分其勢高築隄埝以禦其衝使不致潰決爲害而已至通省全局工段繁多自不能同時並舉惟有用治標之法先將各河淀挑挖寬深取出之土卽以築隄使積水悉得下注然後廓清中部俟大端就理乃用治本之策諸州縣支港溝渠逐一疏通俾民間灌漑有資旱潦有備三五年後元氣漸復此又辦理之先後次第也造端宏大倍於乾隆時與其緩辦費多不如速辦費少計非一二百萬所能成事請飭部寬籌經費庶不致有始無終又疏陳應修各工略謂治水在一導字欲治上游先治下游欲治旁流先治中流挑賈家口以洩永定子牙北運大清四河之水挑西隄頭引河以洩塌河淀之水挑邢家坨以洩七里海之水另開北岸一河以分罾口之勢修復減河以宣白楡之源挑濬三河頭水道添建草壩爲東淀之扼要挑濬馬道河趙北口水道爲西淀之扼要十二連橋橫亙淀中亟應興修以利往來修復增河分白溝上游之勢修復窯河分白溝下游之勢則水得就下之性支派旁流乃可次第導引疏上並被嘉納實授工部侍郎尋調倉場侍郎五年授浙江巡撫六年以病辭職上以含章精力未衰不許調山東七年因浙江巡撫劉彬士治鹽操切密疏劾其不職命總督孫爾準按治不實詔斥含章聽不根之言無端入告解職嚴議彬士亦劾含章提用商綱銀額外濫支漏追餘款等事含章疏辨命總督琦善學政朱士彥按之詔以提用綱銀歸還捐墊俱屬見小而先發妄奏之咎重念其居官尙好降補刑部員外郎八年授福建布政使以病乞歸十二年卒

康紹鏞字蘭皋山西興縣人江西廣信知府基淵子嘉慶四年進士授兵部主事充軍機章京累遷郎中擢鴻臚寺少卿十八年滑縣教匪起紹鏞隨扈以畿輔山東河南地形險易將帥賢否各鎭兵籍列册進御受仁宗知會有大名民人司敬武等十餘人傭工熱河錦州聞畿南寇起驅歸過山海關關吏執之誣其預聞逆謀命紹鏞偕內閣學士文孚往鞫白其誣釋之劾副都統以下論如律歷通政司參議大理寺少卿十九年出爲安徽布政使値大水被災者四十餘州縣倉穀缺乏庫儲不給勸紳商輸貲各恤其鄉與官賑並舉災民賴之二十三年就擢巡撫宿州靈璧以睢河隄堰崩圯比年患水紹鏞親往相視奏請

修復又築無爲州黃絲灘臨江隄千二百餘丈先後捕獲鳳潁等府土匪五十餘人寘諸法二十四年調廣東巡撫道光元年詔各直省清查陋規雜稅紹鏞疏陳略曰廣東州縣所資辦公專在兵米折價因產穀少民間皆願折納相沿已久在馴謹良民向依舊規完納而刁生劣監不能無抗欠有於正數之內絲毫無餘者更有於正賦之內收不足數者州縣往往以贏補絀自行償補今若定爲折收額數則所浮之價悉爲應輸之額其挂欠代償恐較前益甚況貪官汙吏視所加者爲分內應得之數以所未加者爲設法巧取之數雍正時將地丁火耗酌給養廉議者謂正賦之外又加正賦將來恐耗羨之外又加耗羨八九十年以來錢糧火耗視昔有加不出前人所慮兵米折價與之事實相近即能明察暗訪堅持於數年之間斷難遠慮周防遙制於數十年之後至雜稅及舟車行戶監當規禮等欵名目不一或此有而彼無或此多而彼寡願者減其數以求悅黠者浮其數以取贏究之浮者即浮數已定而難改減者非減事甫過而仍加此時豪髮未盡之遺即將來積重難返之漸其中更有强狡之徒向不完納平餘致餽規禮今以案經奏定在有司視爲當然在小民視爲非舊兩相脅制互爲告訐既不能指爲官吏分外婪索予以糾彈又不能因民間不繳陋規懲以官法寬嚴兩窮是雜稅諸項之難於清釐較兵米折價尤甚且各項所入既名陋規遂欵臚列上瀆聖聽於國家體制亦殊未協事有窒礙不敢不據實密陳疏入與兩江總督孫玉庭所議同其事遂寢二年召署禮部侍郞丁母憂歸服闋授廣西巡撫禁土司科派擾累懲士民刁訟者緝治逸匪邊境稍安五年調湖南編查洞庭湖漁船以軍法部伍之盜無所容澧州諸湖上承涔水下洩洞庭兩岸悉垸田地低下洩水不暢檄道府率屬履勘疏濬得可耕田萬四千餘畝奏蠲淤田賦萬一千餘畝從之九年入覲面陳苗疆設立苗弁額數過多倚勢虐使苗人易激事端請酌其可併省者缺出不補總督意不合格不行十年召授光祿寺卿尋値京察以在湖南任內廢弛降四品頂戴休致十四年卒

朱桂楨字幹臣江蘇上元人嘉慶四年進士授吏部主事累擢郎中遷御史二十一年出爲貴州鎭遠知府鎭遠民苗雜居無紡績之利募工教織於是始有苗布大旱民饑急發庫藏平糶施粥郡無殍人事畢自請擅動庫帑之罪民感其惠次年歲稔爭釀金還庫黃平州有盜或告變單騎臨之呼衆縛爲首者出不戮一人戍五人而已興義苗鬧大吏已勒兵桂楨曰此苗忿民欺保不爲變使人開諭果服在任三年治行稱最擢陝西潼商道歷浙江按察使甘肅山東布政使道光三年擢山西巡撫丁父憂服闋署禮部侍郞授倉場侍郞嚴治花戶侵漁初行海運奏定漕糧到天津起卸撥運收貯章程綦嚴於到壩之先愼重於入倉之後著爲令九年遷漕運總督疏言漕政之艱困由於旗丁疲累而水手多係無業游民性成强悍無以恤其力而服其心寬猛皆無當欲其不滋事甚難惟密詗於未然而重繩其既往請責成督運官弁遇有滋事者立時拿辦者免議日久無獲者重處時漕弊已深桂楨力加整頓必究弊源不爲苛刻羣情翕服十一年調廣東巡撫却洋行陋規遇事執法外商獨嚴憚之每有勾捕不動聲色臨事集官弁曰往某所閭里不擾秀民歛迹以儉素率屬一日微服勘災歸至西關見千總與從甚盛叱止之千總叩頭請罪乃已惠潮兩郡多械鬭數興大獄痛繩以法稍輯創議諸郡山場荒地援雷瓊例給照聽民墾種設鄉約義塾教養兼施以弭匪僻誡僚屬愼刑獄治民以無寃濫始每屆秋讞多所平反十三年以病乞歸宣宗時時詢其病狀冀其出二十年卒詔嘉居官清正勤政愛民依總督例優卹賜其子鎭舉人謚莊恪祀鎭遠名宦祠

陳鑾字芝楣湖北江夏人嘉慶二十五年一甲三名進士授編修道光五年出爲江蘇松江知府創行海運鑾駐上海多所贊助署江寧值下河諸縣水災流民劫掠預設防禁設賑廠郊外議宜散不宜聚分各縣留養大縣二千人小縣千人賑畢資遣竟事無譁調蘇州歷蘇松太道江西糧道蘇松糧道廣東鹽運使浙江按察使署布政使水災治賑親勘災湖州諏訪士人知湖高於田溇港宣洩不暢規建隄防修築垸岸以保田疇十二年遷江西布政使調江蘇護理巡撫鑾自爲諸生時兩江總督百齡辟佐幕歷官江蘇最久周知利病會陶澍林則徐先後爲督撫百廢俱舉凡治漕治運濬吳淞江劉河白茆河修寶山華亭海塘鑾並在事澍則徐皆倚如左右手十六年擢江西巡撫明年復調江蘇十九年陶澍以病解職代署兩江總督方嚴烟禁籌海防甚被倚畀疏言自嘉慶以來鄉曲細民多受邪教誘脅爲風俗人心之害由於正教不明請敕儒臣闡明聖諭廣訓黜異端之旨撰爲韻言布之鄉塾俾士民童年誦習以收潛移默化之效特詔允之是年冬卒於官贈太子少保依尙書例優卹賜其子慶涵舉人子慶滋光緒中官至江西按察使

吳其濬字瀹齋河南固始人父烜兄其彥並由翰林官至侍郞屢司文柄其濬初以舉人納貲爲內閣中書嘉慶二十二年成一甲一名進士授修撰二十四年典試廣東其彥亦督順天學政詞林稱盛事道光初直南書房督湖北學政歷洗馬鴻臚寺卿通政司副使超遷內閣學士十八年擢兵部侍郞督江西學政調戶部二十年偕侍郞麟魁赴湖北按事總督周天爵嫉惡嚴用候補知縣楚鏞充督署讞員製非刑逼供囚多死爲言官論劾大冶知縣孔廣義列狀訐之訊鞫皆實復得楚鏞權鹽稅貪酷及天爵子光岳援引外委韓雲邦爲巡捕事天爵論褫職戍伊犂革光岳舉人鏞荷校期滿發烏嚕木齊充苦役巡撫伍長華以下降黜有差命其濬署湖廣總督尋授湖南巡撫二十二年崇陽逆匪鍾人杰作亂進窺巴陵其濬偕署提督台湧赴岳州防勦檄鎭筸兵分布臨湘平江諸隘其濬移駐湘陰賊襲平江擊卻之及人杰就禽餘黨竄湖南者以次捕誅被優敍部議裁冗兵其濬疏言湖南地逼苗疆人情易擾裁者無多徒生驕卒之疑而啟苗猺之伺總督裕泰尋定議苗疆近地並仍舊額二十三年調浙江未行武岡匪徒聚衆阻米出境戕知州捕治如律奏請於洪崖洞設巡卡編保甲以靖禍萌尋調雲南巡撫署雲貴總督二十五年調福建又調山西兼管鹽政奏裁公費一萬兩嚴捕烟販時稱其清勤二十六年乞病歸尋卒贈太子太保照例賜卹尋復以其濬在山西裁革鹽規潔己奉公特加恩子孫以彰清節子元禧主事崇恩知縣榮禧通判皆即選又賜其子承恩洪恩及孫樽讓舉人

張澧中字蘭沚陝西潼關人嘉慶二十二年進士授刑部主事充提牢廳累遷郎中執法明允數從大臣讞獄黑龍江奉天江南山東道光十二年出爲直隸大順廣道奸民倡無生教惑衆澧中率兵役探其巢穴得圖卷及名册悉焚之歸正者概不株連署按察使遷福建按察使署布政使授直隸布政使未之任調山西署巡撫二十年擢雲南巡撫於刑獄尤矜愼二十三年召署刑部侍郞尋實授二十七年河南洊饑頒庫帑百萬命澧中偕尙書文慶治賑務至即飭查造丁口按册抽查戶口調取藩庫戥抽查賑銀令州縣按旬具報錢價以備考覈劾冒賑之考城令及造報舛錯各員尋授山東巡撫淸查交代定追賠章程考察鎭道等官失察盜案多寡分別劾議嚴責捕盜先後獲匪盜七百餘名治如律疏言山東地廣民稠一遇歉歲曹州之捻匪沂州之捩匪幅匪武定臨淸屬之梟匪聚衆每至百餘人隨地裹脅蔓延不已羣匪多起於曹沂而兗濟受害爲尤甚地方官輾轉稽延不能即正典刑匪徒遂無顧忌惟官不以盜爲事民始敢與盜通聲氣殲厥渠魁脅從自散即牧令中亦非無長於緝捕勇敢任事之員惟大法則小廉人存則政舉凶匪之橫行咎在牧令牧令之不職責在上司詔嘉勉之尋卒依侍郞例賜卹

張日晸貴州貴筑人嘉慶二十二年進士選庶吉士授編修道光九年出爲四川敘州知府調成都日晸勤於吏職刻樹桑百益書以勸民蠶創勵節堂以贍節婦貞女之無依者政暇招諸生於署講析經義語錄郡屬馬邊屏山等廳縣毗連猓夷令附近居民建修碉堡編聯保甲民賴以安擢建昌道十九年越嶲峩邊夷匪滋事偕總兵包相卿督兵平之招復逃亡編集練勇修築碉堡於要隘建城以資保障遷浙江鹽運使再遷湖北按察使調四川治獄平恕不以平反矜能遇有疑竇飭另緝改辦告戒屬吏以哀矜爲重遷河南布政使河決中牟値祥符工甫竣兩次災區二十五州縣附省災尤重每馳詣賑所監視於郊外隙地捐俸搆屋安戢災黎遂成村聚二十六年擢雲南巡撫未之任丁母憂服闋仍授雲南巡撫勤於察吏免銅廠民欠工本銀六千餘兩在任一年卒祀四川雲南名宦祠及鄉賢祠

論曰宣宗以恭儉爲治一時疆臣多淸勤之選帥承瀛等或由卿寺受知或以守令拔擢雖間有旋僨旋起晚置閒散者其猷爲要並可觀焉朱桂楨實心實政治績稱最獨膺易名之典蓋非倖云

瑚松額　布彥泰
薩迎阿

瑚松額，巴岳忒氏，滿洲正黃旗人，西安駐防。嘉慶初，以前鋒從將軍恒瑞剿湖北教匪，後隸那彥成、德楞泰部下，積功擢協領。十八年，滑縣教匪起，瑚松額率馬隊從副都統富僧德戰道口及滑縣城下，屢有功，賜花翎。二十三年，擢福州副都統，署福州將軍。道光三年，授察哈爾都統。五年，擢成都將軍。乾隆中，西甯玉舒巴彥囊謙千戶分三百戶與其弟索諾木旺爾吉為小囊謙，由德爾格忒土司居間調處，辦事大臣斷定。既而索諾木旺爾吉之子諾爾布不能服其屬戶，大囊謙欲兼并之，諾爾布訴於德爾格忒土司，大囊謙復以土司有欺凌小囊謙情事，互控不已。下瑚松額按之，奏請仍遵原斷，大囊謙不得覬覦屬戶，德爾格忒土司亦毋預鄰封事，以杜爭端，事乃定。七年，署四川總督。九年，調吉林將軍。會宣宗東巡，扈蹕校射，中三矢，賜黃馬褂。十年，母憂回旗，尋署盛京將軍。十二年，命偕尚書禧恩督師剿湖南猺匪趙金龍，至則金龍已就戮，其黨趙青仔率餘匪竄廣東、湖北境，督兵剿平之。廣東連山排猺亦叛，率提督余步雲等進勦，擒匪首鄧三盤、文理等，猺衆投誠，全境肅清，賜雙眼花翎，予一等輕車都尉世職。命署福州將軍。臺灣土匪張丙等作亂，授為欽差大臣，偕參贊哈哴阿赴勦。及抵福建，提督馬濟勝已擒匪首，臺灣略定。十三年春，命仍渡臺搜捕餘黨，擒各路匪首二十餘人，賊黨三百餘人，分別寘之法，械送張丙、陳辦、詹通、陳連至京誅之，加太子太保，復調成都將軍。十四年，峩邊、馬邊夷匪勾結焚掠，提督楊芳擊斃夷目，以肅清入奏，既而夷復滋擾，瑚松額以芳辦理未善，劾罷之，自請議處，降一級留任。十五年，授陝西總督，疏陳兵丁驕縱，應加意訓練駕馭，又密陳吏治情形，優詔嘉納。十七年，京察，詔嘉其不露鋒鋩，細心任事，予議敘。西藏堪布入貢，為四川番匪刦掠，瑚松額捕賊數十人，得贓物，奏請貢道改由柴達木，由青海大臣遣兵護送；又以野馬川地逋野番，請於大通河北岸立柵山，匪築設墩卡，派兵防守；提標前後二營廠馬合并，以厚兵力：並允行。二十一年，因病請開缺，尋致仕，許食全俸。二十七年，卒，贈太子太傅，賜卹，謚果毅。

布彥泰，顏扎氏，滿洲正黃旗人。父珠爾杭阿，嘉慶初官鑲黃旗滿洲副都統，以軍功予騎都尉世職。布彥泰由廕生授藍翎侍衛，襲世職，洊升二等侍衛。二十三年，充伊犁領隊大臣。道光初，擢頭等侍衛，歷喀什噶爾參贊大臣、辦事大臣，伊犁領隊大臣，烏什辦事大臣。九年，授喀什噶爾總兵，病歸。十年，予副都統銜、乾清門行走，充哈密辦事大臣，調西甯辦事大臣。將軍玉麟薦其習邊事，調伊犁參贊大臣，再調塔爾巴哈台參贊大臣。十四年，復以病歸。十八年，署正藍旗漢軍副都統，擢察哈爾都統。二十年，授伊犁將軍，入覲，命在御前行走。及赴任，授鑲黃旗蒙古都統。二十二年，疏陳開墾事宜，略言：「惠遠城三棵樹地方可墾地三萬餘畝，請就本地民戶承種輪糧。阿勒卜斯地方可墾十七萬餘畝，請責成阿奇木伯克等籌計戶口，酌量勻撥。」至二十四年，疏報塔什圖畢等處開墾疊著成效，詔嘉其忠誠為國，督率有方，加太子太保。又命會勘烏魯木齊未墾之地及各城曠地，一律興辦。尋疏言：「惠遠城東阿齊烏蘇廢地，前任將軍松筠奏撥八旗餘丁耕種，因乏水不久廢棄。今欲墾復，必逐漸開渠，極東且須引哈什河水，方可用之不竭。經營浩費，較前次各案不啻數倍，見委員勘估。」又以：「伊犁歷屆捐墾成案，皆係收工而非收銀。蓋辦工以工為主，計銀不如計工之直捷，亦不如計工之嚴覈。此次用夫匠五十三萬四千工，實墾得地三棵樹、紅柳灣三萬三千三百五十畝，阿勒卜斯十六萬一千餘畝。荒地之開墾成田，由於渠工之開通水利，故不能劃出某頃某畝為某員所捐辦者，仍請免其造册報銷。」從之。時前兩廣總督林則徐在戍所，布彥泰於墾事一以諮之，阿齊烏蘇卽由則徐捐辦。事既上聞，命布彥泰傳諭則徐赴南路阿克蘇、烏什、和闐周勘。布彥泰疏留喀喇沙爾辦事大臣全慶暫緩更換，與則徐會勘，凡歷兩年，得田六十餘萬畝。事具全慶傳。二十五年，授陝甘總督。青海番匪連年肆擾，自二十三年總督富呢揚阿奏報進勦驅回河南，實僅邀番僧賚撫，約不北犯。次年復擾河北，掠涼州營馬匹，戕守備，富呢揚阿諉稱匪乃四川果克黑番，大雪封山難勦。而西甯鎮總兵慶和出口會哨，又遇賊被戕。惠吉繼任總督，檄提督胡超進勦，肅州兵不聽調，譁噪，胡超不能制。惠吉辦未有緒，歿於任，乃以布彥泰代之。未至，命林則徐先署總督，並授達洪阿西甯辦事大臣，同治其事。二十六年，布彥泰抵任，奏劾胡超畏葸，罷之；又論總兵站住攻勦不力，褫職遣戍。達洪阿率兵勦平番莊、惟黑錯寺匪衆抗拒，攻下之，又破果岔賊巢，拉布楞等寺僧收合四溝散番乞降，事乃定。布彥泰以調度有方，被優敘。親巡邊隘，疏陳西甯地勢因河為固，扼險設備，請於哈拉庫圖爾之南山根、南川營之青石坡移建營堡，黃河北岸頭岱、東信、忙多各渡口設卡；又奏復防河舊章，安置營汛：並如議行。二十七年，安集延、布魯特糾合回子圍喀什噶爾、英吉沙爾，詔布彥泰率兵赴肅州，授為定西將軍，奕山為參贊大臣，將大舉出師。會奕山率邊兵戰捷，賊退，二城解圍，軍事告竣，布彥泰回任。二十九年，因病請罷，許之。時為固原知州徐采饒等所訐，命協辦大學士祁寯藻往會總督琦善按之，坐關防不密，清查歧誤，及失察家人，議降調，革任。尋予二等侍衛，充葉爾羌幫辦大臣，調伊犁參贊大臣，偕將軍奕山會議俄羅斯通商事宜，語詳奕山傳。咸豐二年，授正白旗漢軍副都統，仍留邊任。四年，回京，命赴王慶坨軍營，以疾未行，請開缺。光緒六年，卒，年九十，詔念前勞，依都統例賜卹。

薩迎阿，字湘林，鈕祜祿氏，滿洲鑲黃旗人。嘉慶十三年舉人，兵部筆帖式，擢禮部主事，洊升郎中。道光三年，出為湖南永州知府，調長沙，歷山東兗沂曹道、甘肅蘭州道。七年，就遷按察使。以治回疆軍需，賜花翎。六年，擢河南布政使，未任，予副都統銜，充哈密辦事大臣，調喀喇沙爾辦事大臣。十年，安集延擾喀什噶爾邊卡，薩迎阿赴土爾扈特、霍碩特召兵赴援，又襄治南路糧運。授盛京工部侍郎，兼管奉天府尹事。十一年，留京，署鑲白旗漢軍副都統，充烏什辦事大臣，歷哈密辦事大臣、葉爾羌幫辦大臣，仍調哈密辦事大臣。十五年，授盛京禮部侍郎，兼管府尹事，調戶部。二十年，召授禮部侍郎，兼鑲紅旗漢軍副都統，調戶部，兼管錢法堂。二十三年，擢熱河都統。二十五年，授伊犁將軍。烏魯木齊興辦喀喇沙爾渠道隄壩，下薩迎阿籌議，疏言：「喀喇沙爾城西開都河，道光十七年築護隄，有屯田頭工、二工兩渠。自裁屯安戶後，又於上游大河開一大渠，嗣頭、二工又各添新渠，共有五渠。上年大水，各渠口衝塌，護隄亦壞。今擬挑濬北大渠，接長二千三百丈，共長九千丈，修築龍口石工，外設木閘。自龍口至坡心灘砦，築碎石長壩四十餘丈，中設洩水閘，隨時啓閉。接長舊隄三十餘里，至北大渠口為止。其餘諸渠挑濬深通，庶期經久。」又言：「吐魯番掘井取泉，由地中連環導引，澆灌高田，以備渠水所不及，名曰闇井。舊有三十餘處，見因伊拉里克戶民無力，飭屬捐錢籌辦，可得六十餘處，共成百處。」尋以開墾挑渠辦有成效，薩迎阿屢勘籌議招種升科，疏言：「墾地在渠水充盈，用有餘裕，升科不必求急，期實有裨益，行之久長。新疆水利，泉水少而雪水多，雪水之遲早無定，收穫之豐歉難齊，請援鎭迪舊例，減半升科。」下部議行。英吉沙爾領隊大臣齊清額誤聽伯克言，誣指回子胡完為張格爾逆裔，薩迎阿平反之，詔嘉其詳愼。二十七年，安集延、布魯特回衆入卡，圍喀什噶爾、英吉沙爾二城，薩迎阿檄調諸城兵往勦。葉爾羌參贊大臣奕山率諸軍由巴爾楚克進，三戰皆捷，薩迎阿別遣兵扼樹窩子，二城圍尋解。時方命陝甘總督布彥泰督師，未出關而事平。咸豐元年，召授正白旗滿洲都統。會陝甘總督琦善勦青海番匪，言官劾其妄殺，命薩迎阿赴西甯按之。奏調刑部司員棐照、奎椿、武汝清隨同鞫訊，得番子十四名無辜誣服狀，疏陳琦善勦辦黑城撒拉回子及黃喀洼番賊，尙非無故興師，惟將雍沙番族殺斃多名，實係妄加誅戮，並及文武妄拿刑求逼供。詔褫琦善職，逮京訊治，命薩迎阿暫署陝甘總督。甘肅營務廢弛，雖議整頓，而番匪時復出擾。新授福建巡撫王懿德途經金縣，士民呈控，奏下薩迎阿察治，屢被詰責。二年，解任回京。自琦善之逮治也，刑部尙書恒春以薩迎阿論劾過當，欲令原訊司員對簿，獨侍郎曾國藩持不可。及廷臣會訊，讞上，琦善遣戍吉林，司道以下文武論罪有差，被誣番子免罪，略如原讞。薩迎阿坐未取應議各員供詞，遽行擬罪，又因子書紳與司員同坐問供，下部議，書紳降三級調用，薩迎阿降四級留任。歷署鑲藍旗、正紅旗蒙古都統。六年，出署西安將軍。逾歲，卒，詔念回疆軍務曾著勞績，賜卹，謚恪僖。

論曰：瑚松額川陝舊將，屢任專征，雖無赫赫功，尙持大體，晚膺疆寄，稱厥職焉。布彥泰新疆開墾，西甯平番，胥賴林則徐之擘畫。薩迎阿平反番獄，持正不阿，而治番亦無良策。蓋番族生計無資，營伍廢弛已久，議剿議撫，補苴一時。林則徐謂治番自古無一勞永逸之計，亦慨乎其言之也。

張文浩 嚴烜
張井 吳邦慶
栗毓美 麟慶
潘錫恩 子駿文

張文浩順天大興人入貲爲布政司經歷投效東河工竣發南河嘉慶十年授山清外河同知屢以河溢奪職尋復之補外河南岸同知十九年河督吳璥奏調赴睢工委用擢署淮海道二十四年河溢儀封復決武陟馬營壩調辦馬營壩工工竣賜花翎儀封決口猶未塞仁宗以吳璥年老命文浩署河東河道總督專駐工次疏陳築壩挑河估銀四百五十萬報可工竣晉二品頂戴兼兵部侍郎銜道光元年春欽天監奏彗星出東壁分野在衞地占主大水敕文浩防範侍郎吳烜請加高河隄文浩疏言河灘高下不齊長隄千餘里未能一律增高請加子堰二三尺從之實授河道總督三年丁母憂服未闋以畿輔連年水患召署工部侍郎借三品卿繼昌勘南北運河及永定河漫溢詔繼昌還文浩駐工會辦工竣與總督蔣攸銛合疏陳直隸河道漫水未涸無從查勘考詢各處隄埝無不塌塞殘廢每年二月方可動工五月即須停止工繁時促斷難同時興作請於來歲春融周歷履勘分別緩急估辦又言永定河爲患固由下口不能暢流亦由上游無所宣洩請修築重門閘添設減水壩又近年河流每多側注北岸宜添築越隄以爲重障四年春授江南河道總督其秋糧艘回空黃河高於清水停阻河北者數月詔切責降三品頂戴命設法蓄清以資浮送十一月始全數渡黃會洪澤湖漲水未消高堰十三堡隄潰萬一千餘丈山盱周橋悉浪菴亦過水八九尺各壩漫溢宣宗怒褫文浩職命尚書文孚汪廷珍馳勘劾文浩禦黃壩應閉不閉五壩應開不開蓄清過旺以致潰決命於工次枷號一月遣戍新疆回疆軍事起隨營効力事平請釋回不許十六年卒於戍所

嚴烜字小農浙江仁和人嘉慶中入貲爲通判發南河累擢徐州道丁母憂道光元年服闋授河南河北道尋命以三品頂戴署河東河道總督三汛安瀾乃實授汶水漫決既塞疏言運河北路以蓄汶敵衞爲最要機宜必使汶水層層擡高然後能敵衞水請加高臨清口磚閘資收蓄從之初黎世序治南河多用碎石乃奏請敕東河仿行烜取其說請於馬營北岸挑壩仿南河拋護碎石估工需銀十萬兩布政使程含章巡撫姚祖同先後言其不便而馬營既放淤壩前水勢已緩烜仍請於壩尾沁水灌注之所拋護碎石從之四年南河高家堰潰決調烜江南河道總督五年與尚書文孚汪廷珍合疏陳蓄清敵黃爲河務第一關鍵蓄清全賴湖隄隄潰則清水洩枯重運經臨無以資浮送擬遵古人成法借黃濟運所慮運河窄小黃流湍悍多則不能容納少則必致膠淺議於禦黃壩外建壩三道鉗束黃流俾有節制又添築縴道以資束水行縴裏揚兩廳長河挑挖淤淺幫培隄身並豫儲料物隨時築壩逼溜刷淤禦黃壩未啓則先挑高堰引河導清水入運將啓則嚴堵束清杜黃水入湖至修復湖隄必乘天寒水涸取土較易擬就近採料限大汛前砌高十層備湖水漸長共需帑銀三百萬又議覆侍郎朱士彥條上南河事宜大要拆修高家堰壩工先築越壩以便工作並於石隄外拋碎石坦坡可期永無塌卸又於王家壩減壩內隘河加築隄埽及仁義禮智壩處所添建石滾壩以防異漲並如議行於是偕孫玉庭等會辦重運至五月禦黃壩啓放後河道仍淺滯漕船不能通行就近盤壩剝運雖繼玉庭被重譴烜亦鐫級留任烜既因濟運事不敢擅離不能巡河勘工兩江總督琦善以爲言乃命烜周歷履勘仍諭蓄足清水爲來年敵黃濟運之計烜疏言從前黃河底深湖水收至數尺即可外注隄身不甚喫重今則湖水必蓄至二丈始可建瓴而刷黃以四百里浩瀚之湖水恃一綫單隄爲之護西風衝擊勢必潰決擬仿成法於隄外築碎石坦坡護隄既固則湖水可蓄又偕琦善奏陳刷黃必須湖水收至二丈上年湖水丈七寸餘即致失事刻下清水萬難蓄足惟有蓄清減黃二法並行碎石護隄所以蓄清改移海口所以減黃詔妥籌具奏尋又會陳由王營減壩至灌河口可導黃入海查灌河口外海灘高仰轉無把握惟拋碎石坦坡可漸收蓄清刷黃之益需費六百餘萬應分年辦理六年洪湖石工既竣烜知工未堅固實不足恃遂堅主碎石之工每年拋石三十萬方八年始能告成宣宗怒斥烜調任以來一籌莫展禦黃壩至今不能啓放辦理不善念在東河修守尚無貽誤降三品頂戴署河東河道總督七年實授復二品頂戴以蘭陽柴壩西北頂衝前拋碎石已著成效遇伏秋汛漲仍形喫重請加寬坦坡八年請續拋下北蘭儀兩廳碎石並於中河祥河險工儲石備防十一年命侍郎鍾昌等抽查東河料垛祥河曹考兩廳料垛虛鬆殘朽烜坐失察降三品頂戴鐫四級留任尋以病請開缺十三年病痊到京疏陳浙江海塘事宜十四年命偕侍郎趙盛奎往勘請分別緩急改修柴埽以護塘根歲撥銀五萬備修費從之尋命毋庸在工督辦復以病乞歸十五年河東河道總督吳邦慶劾烜虛拋碎石並收受紅封盤費以運同降補二十年卒

張井字芥航陝西膚施人嘉慶六年進士以內閣中書用改知縣銓授廣東樂會引見特命改河南正陽調祥符遷許州直隸州知州襄辦馬營壩大工加知府銜署汝甯知府道光四年擢開歸陳許道尋以三品頂戴署河東河道總督五年秋汛安瀾乃實受增培黃河兩岸隄工並修泉河隄濬各湖斗門引渠疏陳河工久遠大計略曰今日之黃河有防無治每遇伏秋大汛司河各官奔走搶救竭蹶情形惟日不足及至水落霜清則以目前可保無虞不復求疏刷河身之策漸致河底墊高清水不能暢出並誤漕運又增盤壩起剝及海運等費皆數十年來斤斤於築隄鑲埽以防爲治而未深求治之之要有以致之也當此河底未能疏濬之時惟仍守舊規以隄束水而水不能攻沙河身日形淤墊必得有刷深之方始可遂就下之性宣宗韙其言命偕兩江總督琦善南河總督嚴烜河南巡撫程祖洛籌議遂赴南河會勘六年疏言黃河病在中滿淤墊過甚自應因勢利導擬仿前大學士阿桂改河避險之法導使繞越高淤於安東東門之北別築新隄以北隄改作南隄中間抽挑引河傍舊河而行至絲網濱以下仍歸海口無淤灘阻隔似可暢順東趨去路既暢上淤必掣深得黃與清平立啓禦黃壩挑逼清水暢出刷黃自有建瓴之勢詔嘉其有識調江南河道總督與總督琦善及副總河潘錫恩會議以改河避淤口門有碎石阻遏諸多窒礙請開放王營減壩以期減落黃水刷滌河身從之既而給事中楊煊奏啓放減壩黃流湍急隘河勢難容納恐滋流弊援嘉慶間減壩兩次漫口情形爲證復下詳議井言煊稽考成案於今昔情形似未周知昔年開壩漫口時在五月本年啓放定在霜後來源無慮續漲惟現據委員稟稱去路未見通暢是煊所奏不爲無見因思啓壩時水勢或可暢達堵合後全河仍必抬高恐徒深四邑之災無補全河之病請仍改河避淤上斥井持論游移不許是秋開放減壩如期堵合被褒敍七年春汛黃水倒漾仍高於清水禦壩難啓放漕船倒塘灌運自請治罪降三品頂戴命大學士蔣攸銛尚書穆彰阿往勘會黃水低落啓禦壩運船幸得全渡詔斥井急於求功泥於師古革職留任以觀後效八年疏陳要工四事黃河接築海口長隄並於下游多築埽壩以資刷掣洪澤湖添建滾壩加寬湖隄南運河移建昭關壩加幫兩岸縴隄北運河修復劉老澗石滾壩補還南岸縴隄命都統英和會同蔣攸銛查勘以添築埽壩不能疏通積淤海口築隄可從緩辦餘如議行九年以兩屆安瀾復二品頂戴諭相機規復河湖舊制疏言南河利害全係清江必清水暢出助黃刷淤則河與漕兩治惟黃水積淤必清高於黃數尺又必啓壩時多閉壩時少乃能暢出滌刷現在清水能出僅免倒灌不誤漕行殊未易收刷滌之効十二年桃源縣民聚衆私掘官隄掣溜致成決口革職暫留任効力御史鮑文淳宗人府府丞潘錫恩並言黃水入湖恐妨運道命穆彰阿陶澍會勘籌議疏陳黃水入湖後即由吳城七堡仍入黃河僅淤沿隄不及湖中未入束清壩不致病及運河正河乾涸正可將桃南桃北兩廳間大加挑濬除去中滿之患十三年于家灣合龍予四品頂戴尋引疾歸十五年卒於家井任兩河凡十年初治南河銳意任事洎興大工糜帑三百餘萬而無成效仍爲補苴之計用灌塘法較勝借黃之險勤於修守世稱其亞於黎世序云

吳邦慶字霽峯順天霸州人以拔貢官昌黎訓導嘉慶元年成進士選庶吉士授編修遷御史巡視東漕奏請重浚運河並復山東春兌春開舊制數論河漕事多被採用十九年擢鴻臚寺少卿命偕內閣學士穆彰阿督濬北運河累遷內閣侍讀學士二十年出爲山西布政使調河南護理巡撫二十三年擢湖南巡撫調福建未之任湘潭土客民羣鬭死傷甚衆侍郎周系英面陳與邦慶疏奏有異命總督慶保往按邦慶亦發系英私書系英獲譴邦慶鐫級以三品京堂用補通政使二十五年擢兵部侍郎調刑部尋授安徽巡撫黃水注淮鳳潁被災而皖南苦旱親赴災區振撫涇縣民徐飛瀧傷斃邦慶誤聽承審官謂由於徐孝芳揑傷圖賴奏捕之激衆拒捕命兩江總督孫玉庭鞫治得其狀詔斥邦慶幾釀寃獄部議革職予編修累遷少詹事十年授貴州按察使未之任予三品卿銜署漕運總督尋實授禁糧船裝載蘆鹽請緝拿沿河窩頓十一年調江西巡撫十二年授河東河道總督以不諳河務辭不許初嚴烜在東河多用碎石拋護歷年歲料未有節省詔飭嚴減邦慶疏請酌改舊章每年防料經費四成辦稭六成辦石蘭儀商虞下北三廳現工險要仍專案請辦碎石所議六成之石積儲數年使各廳皆存二千方緩急可恃則專案之石亦可逐年遞減從之武涉攔黃堰民築民修嗣歸廳管工段歲增十三年奏定畫界立石官民分守如有新生埽工先借帑辦理按河北三府攤徵歸款以山東運河全賴泉

源灌注請復設泉河通判以專責成蕩東汛滾水壩外舊有土堰爲蓄汶敵衛以利漕運大水鄉民私開釀事奏立誌樁濟運之水以七尺爲度重運過竣啟堰以利農田如議行初邦慶著畿輔水利叢書後在官考河南通省志乘所載有水田處臚列其水之衰旺溉田多寡之數爲渠田說修防之暇率道廳捐資造水車就馬營壩北及蔡家樓大窪積水地七千餘畝試行墾治先是邦慶因碎石工劾嚴烺能之既而給事中金應麟亦劾邦慶保舉過濫動撥過多十五年命大學士文孚山東巡撫鍾祥按之坐違例調地方人員改歸河工及以屬員爲幕僚廳員饋銀不奏參褫職詔復斥其參劾嚴烺遲至三年之久亦屬取巧念在任三屆安瀾加恩復予編修年已七十遂告歸二十八年卒

栗毓美字樸園山西渾源人嘉慶中以拔貢考授知縣發河南歷署溫孟安陽河內西華補甯陵所至著績父憂歸道光初服闋補武陟遷光州直隸州知州擢汝甯知府調開封歷糧鹽道開歸陳許道湖北按察使河南布政使護理巡撫十五年擢河東河道總督毓美自爲令時於黃沁隄工馬營壩工皆親其事勤求河務時串溝久爲河患串溝者在隄河之間始僅斷港積水久而溝首受河又久而溝尾入河於是串溝遂成支河而遠隄十餘里之河變爲切近隄身往往潰隄毓美莅任乘小舟周歷南北兩岸時北岸原武汛串溝受水已三百丈行四十餘里至陽武溝尾復灌入大河又合沁河及武陟滎澤諸灘水畢注隄下兩汛素無工無稭石隄南北皆水不能取土築壩毓美乃收買民甎拋成甎壩數十所工甫就而風雨大至支河首尾皆決數十丈而隄不傷於是始知甎之可用疏陳辦理情形以圖說進尋又疏言王屋莊進水之口較前更寬百餘丈由中泓大灘益向南淤溜勢南緩而北緊南股正河成爲迂道北股之溜勢轉建瓴其故由廣武山前老灘坍千餘丈溜趨山根爲山所遏折回東北中泆挺生淤灘水口既日見刷寬從省估計約需銀十餘萬兩至原陽兩岸隄根因沿隄試拋甎塊深資保護月石壩堵合加高幫寬迤下楊封邱二汛灘水已停淤壩下七十餘村莊居民安堵惟串溝分溜關繫北岸全局不能緩至來年興工已借撥銀兩估辦允之是役支河危險賴甎工化險爲平尋偕巡撫桂良勘奏老河分溜已有六分王屋莊口寬勢順甎土各壩未可深恃原武十六堡當其頂衝並有秦家廠鹽店莊各灘水串溝分注十七堡當支河尾閭皆險要請購料豫防如議行十六年擇要挑濬修築魚臺汛隄岸改民堰歸運河廳十八年旱濟運阻滯濬泉源及各湖進水渠道嚴諸閘啟閉又濬曹州濟甯河渠十九年奏定微山湖收納運水章程但計水存丈二尺以內卽築壩蓄水加高戴村壩以防旁洩初毓美以甎工屢著成效奏請設窰燒造御史李蒓疏言其不便命尚書敬徵往勘仍請改辦碎石停止設窰毓美上疏爭之曰豫省歷次失事皆在無工處所隄長千里未能處處籌備一旦河勢變遷驟遇風雨輒倉皇失措幸而搶護平穩埽工費已不貲鑲埽引溜生工久爲河工所戒昧者輒謂非此別無良策查北岸爲運道所關往者原陽分溜幾掣動全河若非用甎拋護費何可數計今祥符下汛陳留一汛灘水串注隄根形勢正與北岸同濱河士民多有呈請用甎者誠有見於甎工得力爲保田廬情至切也夫事之有利於民者斷無不利於國特事近於創難免浮言前南河用石之始衆議紛如良由工程平穩用料減少販戶不能居奇工簡務閒游客幕友不能幫辦謀住是以妄生浮議賴聖明獨斷敕下東河試辦至今永慶平成惟自用碎石請銀幾七十餘萬嗣改辦六成碎石然因購石不易埽段愈深愈多經費仍未能節省自試辦甎壩三年未生一新工較前三年節省銀三十六萬蓋豫省情形與江南不同產石祇濟源鞏縣采運維艱甎則沿河民窰不下數十座隨地隨時無悞事機且石性滑入水流轉甎性澀入土卽黏卸成坦坡自能挑溜每方甎塊直六兩石價則五六兩至十餘兩不等碎石大小不一堆垛半屬空虛尺甎十塊爲一方平鋪計數堆垛均實每方石重五六千斤而甎重九千餘斤是一方石價購甎兩方而拋甎一方可當石兩方之用也或謂甎塊入土易損裂不知甎得水更堅拋成甎壩一經淤泥卽已凝結或謂拋築甎壩近於與水爭地不知隄前之地尺寸在所必爭自來鑲埽之法隄前必先築土壩數十丈然後用埽鑲設甎壩則無須乎埽師土壩之意不泥其法拋作坦坡大溜自然外移未有可築土壩而不可築甎壩者上年盛漲較二年及十二年尤猛迅甎壩均屹立不移儀睢中河兩廳河水下卸塌灘滙壩搶鑲埽段旋卽走失用甎拋護均能穩定是用甎搶辦險工較鑲埽更爲便捷昔衡工失事因灘陷不能鑲埽馬工失事因補隄不能得碎石使知用埽不如用甎運甎易於運石則費省而工已固見在各廳無工之處串溝隱患必應未雨綢繆若於黃沁下南豫儲甎塊則可有備無患應儲之甎仍令向民間採買不必廳員燒造此外別無流弊卒如所議行遂請以四成辦稭之款改辦甎塊又疏言從前治河用捲埽法並有竹絡木囷甎石柳葦自用料鑲埽以稭料爲正宗而險無定所亦無一勞永逸之計緣鑲埽陡立易激水怒其始水深不過數尺鑲埽數段引溜愈深動輒數丈無工變爲險工溜勢上提必須添鑲溜勢下坐必須接鑲片段愈長防守愈難新工既生益形勞費埽工無法減少不得已而減土工少購碎石皆爲苟且因循之計自試拋甎壩或用以杜新工或用以護舊工無不著有成效且甎工不特資經久而堆儲亦無風火堪虞從此工固瀾安益復培增土工專用力於根本之地既可免漫溢之患亦保無衝決之虞宣宗深嘉納之巡撫牛鑑入覲論以毓美治河得手遇事毋掣其肘二十年京察特予議敍尋卒優詔褒惜贈太子太保依總督例賜卹賜其子燿進士諡恭勤祀名宦祠毓美治河風雨危險必躬親河道曲折高下嚮背皆所隱度每日水將抵某所急備之或以爲迂且勞費毓美曰能知費之爲省乃眞能費者也水至乃大服在任五年河不爲患歿後吏民思慕廟祀以爲神數著靈應加封號列入祀典

麟慶字見亭完顏氏滿洲鑲黃旗人嘉慶十四年進士授內閣中書遷兵部主事改中允道光三年出爲安徽徽州知府調潁州擢河南開歸陳許道歷河南按察使貴州布政使護理巡撫十三年擢湖北巡撫尋授江南河道總督丁母憂改署理服闋乃寔授疏陳籌辦南河情形略曰近年河湖交敝欲復舊制不外蓄清刷黃古人引導清水三分濟運七分刷黃得力在磨盤埽自廢棄後河務漸壞擬規復磨盤埽舊制洪澤湖水甚寬高家堰工絕險各壩多封柴土蓄水盛漲啟放輒壞壩底糜費不貲應仿滾水壩成法抬高石底至蓄水尺寸爲度山圩五壩暨下游楊河境內車邏等壩一邐奏定丈尺啟放水定卽行堵合至黃河各工當體察平險節可緩之埽段辦緊要之土工一切疏浚器具祇備運河挑挖若黃河底淤非人力所能強刷惟儲備料工遇險卽搶以防爲治而其要全在得人又以蘆葦爲工程必需右營蕩地荒廢產蘆不足請築圩蓄水以資灌溉疏入詔嘉其言正當勖慎勉從事十四年以洪澤湖老子山西北挑砌石壩東西沙路加築碎石高出湖面以便水師巡哨及商民停泊疏請淮海常鎮等道另案用銀詔以南河連歲安瀾而工用日增切責之十九年修惠濟正閘福興越閘會河湖並漲險工疊生請例外撥銀五十萬詔允之戒嗣後不得援例署兩江總督二十一年河決祥符黃水匯注洪澤湖南河無事詔嘉其化險爲夷予議敍二十二年英吉利兵艦入江命籌淮揚防務以保運道請以鹽運使但明倫備防揚州以清江爲後路策應捕內匪陳三虎等誅之秋河決桃北崔鎭汛值漕船回空改由中河灌塘通行無誤詔念防務及濟運勞革職免罪二十三年發東河中牟工效力工竣以四品京堂候補尋予二等侍衛充庫倫辦事大臣乞病未行病痊仍改四品京堂尋卒著有黃運河口古今圖說河工器具圖說子崇實崇厚並自有傳

潘錫恩字芸閣安徽涇縣人嘉慶十六年進士選庶吉士授編修大考第一超擢侍讀道光四年復大考一等擢侍讀學士時河患急錫恩上疏條陳河務略曰蓄清敵黃爲相傳成法大汛將至急堵禦黃壩使黃水全力東趨今年漕艘早渡因禦黃壩遲堵以致倒灌停淤釀成大患且欲籌減洩當在下游乃輒開祥符閘減黃入湖壩口已灌於下閘口復灌於上黃水俱無出路湖底淤墊極高若更引黃入運河道淤滿處處壅溢恐有決口之患宣宗韙其議五年命以道員發往南河補淮揚道六年加三品頂戴授南河副總河九年母憂去官服闋授光祿寺卿歷宗人府府丞左副都御史督順天學政擢兵部侍郎調吏部仍留學政十九年內監狄文學以捌考試被黜至錫恩私宅言所取錄多出請託挾制詐錫恩疏聞特詔論文學大辟二十二年疏言黃河自桃北崔鎭汛蕭家莊北決口穿運河壞遙隄歸入六塘河東注正河自揚工以下斷流去清口約有六七十里之遠回空漕船阻於宿遷以上臣前任淮揚道時詳辦犀水通船之法行之十餘年幸無貽誤今若於中河西口外築箝口壩添設草閘以爲黃水啓閉之用卽將楊家壩作攔清堰以爲清水啟閉之用就中河運道爲一大塘道里長則容船衆兩次啟閉漕船可以全渡惟黃水先已灌入運河中泓淤墊兩岸縴隄亦恐有衝缺趕緊修濬計需費亦不甚多此時果可回空來年卽可出重則蕭莊決口不妨從緩堵築儻此法趕辦不及祇有竟用引黃濟運之法其臨黃箝口壩草閘照式築作引黃水入壩送船沿途多築對頭小壩以偪溜刷深庶免淤滯之患迨出楊莊匯入清河之水卽可牽挽南行蓋南岸不可借黃者恐其淤湖淤運今所引黃水一出楊莊口仍歸舊河自可用清口之水以刷滌之應無流弊並以圖說進下河督麟慶議行麟慶亦主用灌塘法與錫恩言合尋代麟慶爲江南河道總督時揚工漫溢尙書敬徵等查勘堵築決口開挖引河接挑長河淤墊估銀五百七十萬兩有奇御史雷以諴奏決口無庸堵合祇須改舊河爲支河以通運道而節糜費下錫恩會議錫恩奏覆灌口非可行河之地北岸無可改河之理請仍堵築決口漕船回空仍由中河灌

塽命侍郎成剛府尹李僡赴工會同錫恩督辦二十三年夫工以下挑河四萬一百九十餘丈工竣啓除界壩放水通暢會河南中牟河決黃水注湖請放山盱各壩宣洩湖水並將夫工導出湖水引入中河暫濟鹽柴轉運復以上游河水陡落間有淤墊請改估廂工以下未挑之工並挑築大隄單薄卑矮處是秋湖水接長掣卸高堰石工四千餘丈搶護未決二十四年黃流未復故道急籌濟運並宣洩湖水請啟放外南廳屬順清河導引入河歸海軍船抵壩即由其處放渡並於外南之北攔黃壩址築鉗口土壩以資停蓄尋奏黃河上游六月間陡長水丈餘山盱林家西壩舊義河直壩及仁義河中間攔堰間有掣塌補修完密裏河揚三廳承受洪湖之水兩岸縴隄舊有護埽者致多刷墊亦擇要加鑲二十五年中牟工始合龍南河連年無險二十八年以病乞歸咸豐中命在籍治捐輸團練八年前江西巡撫張芾劾其勸捐無狀褫職同治三年捐京倉米折復原銜命赴安徽廬州會辦勸捐守禦事五年鄉舉重逢加太子少保六年卒漕運總督張之萬疏陳錫恩治績賜祭葬謚文愼入祀鄉賢祠子駿文入貲爲刑部郎中改山東知府咸豐末捻匪犯省城駿文率兵團迎擊於段家店卻之署青州平淄川鳳皇山土匪擢道員同治中巡撫閻敬銘丁寶楨皆倚之從寶楨會勦捻匪塞河侯家林功尤多授兗沂曹道光緒中遷按察使坐事降調以諳習河事仍留山東歷治上下游要工調河南鄭工專任西壩以合龍愆期革職留工工竣復原官授山西按察使護理巡撫遷福建布政使十九年卒於官山東士民以其治河功請建專祠

論曰河患至道光朝而愈亟南河爲漕運所累愈治愈壞自張文浩蓄清肇禍高堰決而運道阻嚴烜畏首畏尾湖河並不能治張井創議改河而不敢執咎迄於無成灌塘濟運賴以彌縫麟慶潘錫恩循其成法幸無大敗而已吳邦慶講求水利而治河未有顯績栗毓美實心實力卓爲當時河臣之冠不獨磚工創法爲可紀也東河自毓美後朱襄鍾祥文沖繼之祥符中牟迭決東河遂益棘矣

清史稿 列傳一百七十一

林培厚 李象鵾 李宗傳
王鳳生 黃冕 俞德淵
姚瑩

林培厚字敏齋浙江瑞安人嘉慶十三年進士選庶吉士授編修出爲四川重慶知府嘓匪帶刀異常製禁鍛者毋製賣有犯則坐沿江渡船爲盜資籍而稽其出入刻姓名船側盜爲衰息民習天主教搜其書批抉繆妄聞者多悔悟署川東道所屬雷波廳民夷忿爭或覬覦邀功請發兵培厚不應立縛治其魁餘悉貸遣總督蔣攸銛器之稱爲蜀中良吏之最母憂歸服闋授直隸天津府畿輔大水天津地窪下災尤劇培厚徧行屬縣賑活饑民七萬有奇奉天臺灣商米先後抵海口議以官錢收買委曲劑量商民交利而官不費時蔣攸銛移督直隸詔舉賢吏遂薦之不旬日擢大順廣道畿南澇後大興水利培厚先在天津治淀河至大名治新衛河洺河浚築悉中程度培厚數以時事利病屬吏賢否語攸銛爲布政使屠之申所忌及攸銛入相那彥成代之坐河北旱荒施賑不如法解培厚任宣宗夙知其能改授湖北糧儲道時河患淺涸漕舟數阻攸銛以大學士出督兩江期八省漕以首夏畢渡河乘清水盛漲浮渡遄利培厚所部尤速達爲嘉慶以來數十年所未有攸銛特疏陳給敘歷三運無誤上意方嚮用以勞卒於通州運次

李象鵾字雲皐湖南長沙人嘉慶十六年進士選庶吉士授編修道光二年出爲直隸宣化知府歲饑禁姦販安屯戶煮粥以賑民無失所課士有法一變邊郡弇陋之習調正定再調保定蔣攸銛那彥成先後爲總督皆倚如左右手象鵾持正無撓擢通永道調河南鹽糧道治漕嚴弁丁懔懔禁胥役藉雇剝船擾民請潞鹽仍歸商運民便之丁父艱歸服闋補江西吉南贛寧道轄境與粵東犬牙相錯多伏莽屬縣僻瘠幾不可治象鵾掃除積弊境內秩然擢江蘇按察使署江寧布政使時陶澍爲總督賴其佐理焉調貴州按察使仁懷奸民爲亂株連衆治之無枉縱擢布政使禁漢奸盤剝苗民多惠政二十四年以假去職洎入覲詔以三品京堂候補未幾乞歸

李宗傳字孝曾安徽桐城人嘉慶三年舉人授浙江上虞知縣先攝麗水平湖瑞安建德平陽所至求民隱鋤豪强平反冤獄在麗水斷積案七百餘事捐資河工敘知府擢浙江督糧道道光三年杭嘉湖三府大水宗傳建議浙西諸水尾閭下由江蘇入海必宜江浙兩省通籌疏濬大吏用其言疏請合治坐事左遷巡撫程含章薦之以知府用授湖南永州葺濂溪書院崇節義勸種植擢四川成綿龍茂道累攝鹽道布政使十三年峩邊屬猓夷降復叛勢甚張總督鄂山既奏劾提督楊芳檄宗傳往察治宗傳上言四廳夷環山爲巢嗜利頑鈍愈撫愈驕去年添兵設防夷轉四出焚掠攻壘窺城略無忌憚雖援一廳實四廳安危所繫不可姑息貽患乃建三路進剿之策倡助軍需治兵選士聲威大振三路大軍猶未至宗傳先以計誘降十三支夷勢之勸還所掠人口有業者復之無業者給資縱俘歸使諭威德夷猶豫未決大軍由冷蹟關逼老林巢數大破之於石門坎擒斬數百毀賊寨二百餘所夷落悉平論功最擢山東按察使捕大盜劉二鞍子寅之法尋盜遠遁遷湖北布政使年逾七十引疾歸宗傳征叛夷出奇有功然居恒時以計取傷仁意不自慊嘗從同縣姚鼐遊能文章

王鳳生字竹嶼安徽婺源人父友亮乾隆四十六年進士由中書充軍機章京累遷刑部郎中精究法律治獄矜愼改御史巡城巡漕官至通政司副使有清直聲以詩名鳳生嘉慶中入貲爲浙江通判屢攝知縣事任蘭溪僅數月清積案七百餘事任平湖有民數百戶誦經茹素傳授邪教鳳生憫其愚惑開諭利害治爲首數人罪餘釋之補嘉興府通判道光初浙江清查倉庫以鳳生總其事署嘉興知府遷玉環廳同知會浙西大水江浙兩省議合治調鳳生乍浦同知勘水道乃由天目山歷湖州嘉興沿太湖以達松江計畫甫就事未行值淮南高堰潰決江南大吏疏調鳳生赴南河未幾擢河南歸德知府濬虞城下邑永城二縣溝渠尋擢彰衞懷道道屬河工五廳歲修糜費春秋防汛虛應故事鳳生力矯積習事必躬親以歲修有定例另案無定例在任三年力刪另案以杜弊尋以疾乞歸九年兩江總督蔣攸銛薦起原官署兩淮鹽運使鳳生以淮鹽極敝條上十八事攸銛採其議改竈鹽節浮費濬河道增屯船緝場私隣私之出入禁江船漕船之夾帶及淸查庫款督運淮北諸條疏陳待施行會詔捕鹽梟巨魁黃玉林鳳生計招出首責緝私贖罪攸銛已入告旋因告訐置之獄又得玉林所寄其黨私書意反復密疏請處以重法上以前後岐異譴攸銛鳳生亦降調陶澍繼督兩江與尚書王鼎寶興會籌鹽法合疏留鳳生襄議於是大有興革略與鳳生初議相出入又奏以鳳生察湖廣銷引勘議淮北改票事鳳生雖去官仍與鹽事終始十二年湖北大潦總督盧坤疏留鳳生治江漢隄工袤亙數百里半載告竣秋水至新隄有潰者鳳生引咎乞疾歸尋淮北票鹽大暢陶澍以鳳生首議功上聞促之出未行而卒鳳生以仕爲學尤篤好圖志成浙西水利圖說備考河北采風錄江淮河運圖漢江紀程江漢宣防備考淮南北場河運鹽走私道路圖每吏一方必能指畫其形勢與所宜興革四方大吏爭相疏調少竟其用惟治淮鹽尤爲陶澍所倚藉焉

黃冕字服周湖南長沙人年二十官兩淮鹽大使治淮揚賑有聲初行海運巡撫陶澍使赴上海集沙船與議盡得要領授江都知縣歷元和上海署太倉州擢蘇州府同知晉秩知府署常州鎭江有大興作大吏悉倚以辦疏治劉河海口上海蒲匯塘常州芙蓉江孟河冕皆躬任之海疆兵事起從總督裕謙赴浙江裕謙死難冕牽連遣戍伊犂既而林則徐亦至戍議興屯田冕佐治水利有功赦還江蘇巡撫陸建瀛復調冕治海運革漕費歲省銀數十萬爲忌者所中劾罷歸咸豐初粵匪圍長沙冕建守禦策及曾國藩治兵討賊冕創釐稅興茶鹽之利軍餉取給焉又開東征局專餉曾國藩一軍起授江西吉安知府復以事劾免歸仍以餉事自任湘軍賴以成功尋授雲南迤西道辭病不赴卒於家冕仕宦初爲陶澍林則徐所知晚在籍爲駱秉章所倚任時稱其幹濟被謗亦甚云

俞德淵字陶泉甘肅平羅人嘉慶二十二年進士選庶吉士散館授江蘇荊溪知縣始至遞訴者百十輩逾年前訴者又易名來控一見即識之羣驚爲神調長洲甚得民心遷蘇州督糧同知道光六年初行海運以德淵董其役章程皆出手定以憂去八年服闋擢常州知府調江甯十年宣宗以兩淮鹽法大壞授陶澍爲兩江總督命尚書王鼎侍郎寶興赴江南會議改革時議者多主罷官商鹽歸場竈科稅以德淵有心計使與議德淵具議數千言略謂鹽歸場竈其法有三一曰歸竈丁按鍬起科然其中有難行者三一在竈丁之逋欠一在鍬鏾之私煎一在災祲之藉口二曰歸場官給單收稅難行者亦有三一在額數之難定一在稽查之難周一在官吏之難恃三曰歸場商認鍬納課難行者亦有三一在疲商之鑽充一在殷戶之規避一在垣外之私售以上三法共有九難知就三者兼權之則招商認鍬猶爲此善於彼苟得其人或可講求盡善顧事關圖始果欲行之則宜先定章程清竈僉商改官易制諸事非三年不能就緒此三年中額課未可長懸也場鹽未可停售也各岸食鹽未可久缺也新舊接替之時非熟思審處何能變通盡利乎向來捆鹽之夫淮北永豐有萬餘人淮南老虎頸不下數萬人皆無賴遊民以此爲事業一旦失所此數萬衆將安往其患又不止私梟拒捕已也議上陶澍深然之乃與朝使定議不歸場竈仍用官商如故惟奏罷鹽政裁浮費減窩價凡積弊皆除之薦德淵超擢兩淮鹽運使德淵精會計又知人善任諸滯岸商憚往運改以官督辦千里行鹽稽覈

價用瑣屑悉當每運恆有餘利盡以充庫無私取兩淮本脂膏地運使多以財結權貴及四方遊客餘贍給寒畯取聲譽皆出商資德淵謹守莞鑰失望者衆言者時相攻訐不顧也在任五年力崇節儉妻子常衣布素揚州華侈之俗爲之一變尙書黃鉞子中民爲場大使欲得美職德淵曰美職以待有功中民無功不可得堅不與陶澍益賢之薦其才可大用以循良久在鹽官可惜上亦嘉之未及擢用而卒

姚瑩字石甫安徽桐城人嘉慶十三年進士授福建平和知縣調龍溪俗健悍械鬭仇殺無虛日瑩禽巨惡立斃之收豪猾爲用予以自新親巡問疾苦使侵奪者各還舊業誓解仇讐擇强力者爲家長約束族衆籍壯丁爲鄉勇逐捕盜賊有犯責家長縛送械鬭平盜賊亦輯治行爲閩中第一調臺灣著海防同知噶瑪蘭同知坐事落職尋以噶瑪蘭獲盜功復官父憂歸服闋改發江蘇歷金壇元和武進還高郵知州擢兩淮監掣同知護鹽運使先後疆吏趙愼畛陶澍林則徐皆薦其可大用道光十年特擢臺灣道及海疆戒嚴瑩與總兵達洪阿預爲戰守計達洪阿性剛與同官鮮合瑩推誠相接一日謂謝曰武人不學爲子所容久矣自今聽子而行二十一年秋英兵兩犯雞籠海口明年正月又犯大安港瑩設方略與達洪阿督兵連卻之大有斬獲收前所失甯波廈門礮械甚多敵構奸民煽亂海寇亦竊發皆即捕戮一方屹然詔嘉獎加二品銜予雲騎尉世職洎江甯議款求息事遂有臺灣鎭道冒功之獄故事臺灣以懸隔海外加兵備道按察使銜得與鎭臣專奏事鷄籠大安之捷飛章入告總督怡良心不平英兵留駐鼓浪嶼前獲俘欲解內地勢不能達奏請便宜誅之以絕內患已報可怡良仍令解省瑩與達洪阿謀曰大府意欲市德藉以退鼓浪嶼之兵兵不可退徒示弱不如殺之怡良愈怒諸帥並忌之欵議既成交還敵俘以妄殺被劾逮問瑩與達洪阿約義不與俘虜質即自引咎宣宗心知臺灣功入獄六日特旨以同知直隸州知州發往四川効用至則復爲總督寶興所忌會西藏兩呼圖克圖相爭檄往平之瑩謂夷人難以德化失職下僚子身往徒損國威不聽及至乍雅果不得要領而返總督劾其畏難規避責再往事竣補蓬州在州二年引疾歸文宗即位黜大學士穆彰阿詔宣示中外並及瑩與達洪阿被陷狀於是復起用授湖北武昌鹽法道未行擢廣西按察使命參大學士賽尙阿軍事時廣西寇漸熾諸將不合師久無功瑩至任爲翼長大軍圍賊紫金山瑩言流賊如水必環攻以斷其逸不聽賊遂竄永安又上書請斬僨事將復不聽永安城小都統烏蘭泰軍西南提督向榮軍東北合滇黔楚蜀兵四萬餘人賊數千壁險死鬭水竇者永安東北之隘也緣山徑可達桂林瑩與烏蘭泰皆主擊水竇絕賊外援向榮不從自由龍寮嶺進而敗乃議開水竇一路縱賊逸尾追擊之瑩力辯其失賽尙阿仍用向榮策賊果突圍出犯桂林烏蘭泰戰死賽尙阿逮問賊勢益熾連陷興安全州犯湖南遂不可制瑩隨軍至湖南巡撫張亮基奏署按察使憂憤致疾卒於官瑩師事從祖鼐不好經生章句務通大意見諸施行文章善持論指陳時事利害慷慨深切所著東溟文集奏稿後湘詩集東槎紀略康輶紀行及雜著諸書爲中復堂全集行於世子濬昌能繼家學曾國藩以名家子留佐幕官江西安福湖北竹山知縣工詩有五瑞堂集

論曰林培厚救荒治河有實績而以察吏招忌李宗傳便宜平夷功在邊方王鳳生兪德淵佐陶澍治淮鹽尤濟時之才姚瑩保嚴疆挫强敵反遭讒譴然朝廷未嘗不諒其忠勤海內引領望其再用亦不可謂不遇矣

清史稿　列傳一百七十二

杜受田 子翰　祁寯藻 子世長

翁心存　彭蘊章

杜受田字芝農山東濱州人父堮嘉慶六年進士由翰林院編修累官禮部侍郎重宴鹿鳴加太子少保卒贈太傅諡文端受田道光三年進士會試第一殿試二甲第一選庶吉士授編修大考擢中允遷洗馬督山西學政十五年特召還京直上書房授文宗讀四遷內閣學士命專心授讀毋庸到閣批本十八年擢工部侍郎調戶部二十四年連擢左都御史工部尙書尋充上書房總師傅文宗自六歲入學受田朝夕納誨必以正道歷十餘年至宣宗晚年以文宗長且賢欲付大業猶未決會校獵南苑諸皇子皆從恭親王奕訢獲禽最多文宗未發一矢問之對曰時方春鳥獸孳育不忍傷生以干天和宣宗大悅曰此眞帝者之言立儲遂密定受田輔導之力也三十年文宗即位加太子太傅兼署吏部尙書調刑部尙書協辦大學士受田雖未入樞廷國家大政及進退大臣上必諮而後行廣西軍事亟受田數陳方略薦林則徐周天爵先後起用提督向榮老於軍事以同列不和被謗力陳輿論數保全之咸豐元年調管禮部二年因河決豐北久未塞山東江北被災重命偕福州將軍怡良往治賑務疏言災廣民衆賑恤不可緩尤在得人薦山東布政使劉源灝江甯布政使祁宿藻皆持正有爲責成專任請截留江廣漕米六十萬石分給兩省詔並允行受田自侍文宗學未嘗離左右當陛辭不覺感戀流涕在途觸暑染疫力疾治事與源灝宿藻等嚴定施賑章程疏陳而不言病至淸江浦遽卒遺疏念賊氛未靖河患未平尤以敬天法祖勤政愛民崇節儉愼好惡平賞罰爲言文宗震悼贈太師大學士入祀賢良祠賜金五千兩治喪遣近臣慰視其父堮擢其子檢討翰爲庶子孫三人並賜舉人復特詔曰杜受田品端學粹正色立朝皇考深加倚重特簡爲朕師傅懷在書齋凡所陳說悉本唐虞三代聖聖相傳之旨實能發明蘊奧體用兼賅朕即位後周諮時政利弊民生疾苦盡心獻替啟沃良多援嘉慶朝大學士朱珪故事特諡文正謂其公忠正直足當正字而無愧柩至京上親奠撫棺哭甚哀晉其父堮禮部尙書銜明年上臨雍講學復詔褒受田曩日講貫之功即家賜祭一壇及柩歸命恭親王奕訢送遣官到籍致祭飾終之典一時無與比子翰由翰林院編修累官戶部侍郎督辦山東團練翰字繼園道光二十四年進士選庶吉士授檢討咸豐三年降服闋補庶子文宗念受田舊勞數月間迭擢工部侍郎命在軍機大臣上行走辦理京城巡防事宜翰勇於任事甚被倚任十年隨扈熱河以勞賜花翎上崩於行在穆宗即位御史董元醇疏請兩宮皇太后垂簾聽政載垣端華肅順等持不可翰附之抗言甚力遂黜元醇議肅順曰君誠不愧杜文正之子也既而載垣等以竊奪政柄被罪翰連坐議革職戍新疆詔原之褫職免其發遣同治五年卒

祁寯藻字春圃山西壽陽人父韻士官戶部郎中以事繫獄寯藻方幼隨侍讀書不輟賦春草詩以見志嘉慶十九年成進士選庶吉士授編修道光元年直南書房督湖南學政累遷庶子十年以母病陳情歸養宣宗不許予假省親逾年回京補原官遷侍講學士尋復予假省母不開缺歷通政司副使光祿寺卿內閣學士母憂歸十六年將屆服闋預授兵部侍郎督江蘇學政歷戶部吏部侍郎留學政任未滿十九年命偕侍郎黃樹滋視福建海防及禁烟事連擢左都御史兵部尙書迭疏陳總督宜駐泉州治防務改海口礮臺爲墩查禁烟販捕治漢奸並禁漳泉兩府行使夷錢夾帶私鑄者治罪嚴懲械鬬並得旨允行在閩半載還經浙江按台溫兩府私種罌粟劾罷台州知府潘盛又劾溫州知府劉煜試行票鹽不善被議自呈枉屈戍新疆時鄧廷楨奏擊英吉利兵船於廈門走之忌者謂其不實命寯藻復往按具陳戰勝狀回京仍直南書房二十一年調戶部命爲軍機大臣二十六年偕尙書文慶按長蘆鹽運使陳鑑挪撥鹽課彌補加價褫其職歷任鹽政運司議譴有差二十九年以戶部尙書協辦大學士命赴甘肅偕琦善按前任總督布彥泰清查舛誤縱容家丁下嚴議回京請便道省墓途次聞宣宗崩過里門不入文宗即位拜體仁閣大學士仍管戶部寯藻自道光中論洋務與穆彰阿不合至是文宗銳意圖治罷穆彰阿寯藻遂領樞務開言路起用舊臣寯藻實左右之咸豐元年調管工部兼管戶部三庫事務二年復調戶部廣西匪日熾出湖南遂不可制湖北江南數省先後淪陷軍興財匱議者試行鈔法又鑄當百當五百大錢皆行之未久而滋弊尙書肅順同掌戶部事尙苛刻又湘軍初起肅順力言其可用上嚮之寯藻皆意與齟齬屢稱病請罷溫詔慰留四年冬復堅以爲請乃允致仕十年英法聯軍犯天津車駕將幸熱河寯藻密疏切諫又言關中形勝可建都釐捐病民北省尤宜急停並報聞十一年穆宗即位特詔起用疏陳時政六事曰保護聖躬以崇帝學曰綏輯民心以清盜源曰重守令以固民心曰開制科以收人才曰速剿山東河南賊匪嚴防山西陝西要隘以衞畿輔曰敦崇節儉以培元氣言甚切摯並被嘉納次第施行命以大學士銜授禮部尙書同治元年穆宗入學命直弘德殿偕翁心存倭仁李鴻藻同授讀摘錄經史二帙進呈上讀大學舉寯藻具疏推陳爲人君止於仁之義略曰大學一書皇上已成誦凡制治保邦之道用人行政之源胥在於是爲人君之道止於仁而已治國平天下兩章言仁者六終之以未有上好仁而下不好義蓋仁者必以仁親爲寶故能愛人能惡

人不好仁則好人之所惡惡人之所好仁者必以貪爲戒故忠信以得之不仁者則驕泰以失之矣仁者以義爲利不以利爲利故以財發身不仁者則以身發財菑害並至矣千古治亂之機判於義利而義利之判則由於上之好仁不好仁也如近日所講帝鑑圖說下車泣罪解網施恩澤及枯骨等事斯即帝王仁心所見端也若納諫求賢尊儒遠佞則仁親爲寶能好能惡之說也露臺罷工裘馬郤獻則以義爲利不以利爲利之說也帝鑑圖說講畢請進講輿地以會典諸圖簡明易於指畫又耕織圖及內府石刻宋馬遠豳風圖爲農桑衣食之原皇上讀書之暇隨時講求庶知稼穡之艱難懍守成之不易也二年上服除雋藻偕倭仁李鴻藻上疏曰皇上冲齡踐祚智慧漸開當此釋服之初吉禮舉行聖心之敬肆於此分風會之轉移即於此始則玩好之漸可慮也游觀之漸可慮也興作之漸可慮也嗜好之端一開不惟分誦讀之心海內之窺意旨者且將從風而靡安危治亂之機其端甚微所關甚鉅可無愼乎方今軍務未平生民塗炭正君臣交儆之時非上下恬熙之日伏願皇上恪遵慈訓時時以憂勤惕厲爲心以逸樂便安爲戒凡內廷服御一切用項稍涉浮靡概從裁減向例所有不妨量爲撙節如是則外務之紛華不接於耳目詩書之啓迪益歛夫心思聖學日新聖德日固而去奢崇儉之風自不令而行矣疏上優詔褒答

爲雋藻提倡樸學延納寒素士林歸之疏言通經之學義理與訓詁不可偏重後學不察以訓詁專屬漢儒義理專屬宋儒使畫分界限學術日歧因舉素所知寒士端木埰鄭珍莫友芝閻汝弼王軒楊寶臣經明行修堪資器使又疏言軍興以來不講吏治請下中外大臣保舉循吏及伏處潛修之士以備任用自舉原任同知劉大紳按察使李文耕大順廣道劉煦請宣付史館入循吏傳又薦直隸知縣張光藻陳崇砥王蘭廣山東知縣蔣慶第山西知縣程豫吳輝祖及江南優貢端木埰山西舉人秦東來並嘉納允行屢以病乞休三年詔許致仕食全俸五年卒晉贈太保祀賢良祠命鍾郡王奠醊謚文端擢其子編修世長以侍讀用世長字子禾咸豐十年進士十三年侍父江蘇學政任幕客僉正燮張穆苗夔諸人並樸學通儒世長濡染有素尤篤守宋儒義理之說同治九年服闋補侍讀累遷內閣學士光緒初連督安徽順天浙江學政清勤愛士一守雋藻舊規歷禮部吏部侍郎擢左都御史十年命偕尚書延煦勘山東河工疏言非疏海口不能洩盛漲修防以民埝爲第一層屏障守民埝即以守大隄巡撫陳士杰築修民埝多在大隄既決之後殊爲失計請乘時興修從之迭疏陳時務多持正議十六年遷工部尚書兼管順天府尹兩典會試皆得士世長清操自勵累世官卿貳家如寒素時以稱焉十八年卒優詔賜䘏謚文恪賜其孫師曾員外郎子友業主事

翁心存字二銘江蘇常熟人父咸封官海州學正知州唐仲冕見心存有異才奇之授之學道光二年成進士選庶吉士授編修大考擢中允督江西學政任滿入直上書房授惠郡王讀尋督江西學政累遷大理寺少卿十七年復直上書房授六阿哥讀逾年以母老乞養家居十年終母喪會子同書督貴州學政陛辭宣宗命傳諭促之來二十九年至京仍入直授八阿哥讀補祭酒歷內閣學士工部侍郎調戶部江蘇巡撫請蘇州松江太倉漕米改徵折色心存謂三屬額徵米一百十四萬餘石一旦改折慮京倉不敷支放州縣假折色抑勒倍徵便民適以累民王駿議事乃寢咸豐元年擢工部尚書三年江甯陷心存疏陳兵事請乘賊勢未定飭向榮渡江陳金綬進屯浦口以上海水師溯流銜其前江忠源鄧紹良之師掩其後四路進攻增重兵守江淮杜北竄急清兗豫鳳潁諗匪毋令與粵寇合勢並嚴軍需恤災黎籌京倉積貯整飭紀綱以維根本疏上多被採用又薦湖北按察使江忠源請畀統帥重任尋卽擢爲巡撫調刑部再調工部兼管順天府尹粵匪北犯心存疏言賊氛逼近請扼河而守畿南宜駐重兵河南山西陝西各要隘併力堵截速調駐熱河綏遠之蒙古馬隊進口內衞京畿京師九門嚴緝奸宄運通倉存糧入城並敕琦善鄧紹良規復揚州鎭江爲會勦江甯之計又疏陳順天防務畫分汛地舉行團練府屬各營舊隸總督管轄請旨暫歸調遣未幾賊犯天津僧格林沁率師進勦命順天府設糧臺心存請發內帑三十二萬兩京倉米二千六百石以給軍食添製軍需火藥又偕團防大臣會議京城防守事宜舉光祿寺卿宋晉太僕寺卿王茂蔭綜理其事並詔允行時議行鈔幣心存疏言軍營搭放票鈔諸多窒礙鈔幣之法施行當有次第此時甫經頒發並未試用勢難驟用之軍營詔斥爲阻撓卽責籌次第施行之法俾無阻滯會言官論通州捕役勾結土匪行劫命刑部侍郎文瑞鞫得實心存以徇庇革職四年起授吏部侍郎調戶部擢兵部尚書調吏部六年疏陳江南軍事略曰蘇松常太三府一州及浙之杭嘉湖三府久爲賊所窺伺今甯國先陷逼近宜興向榮近守丹陽溧水句容相繼失守宜責向榮嚴扼丹陽令張國樑率精兵駐宜興扼東壩別簡水師駐太湖庶蘇常兩郡可保無事又近有按畝捐輸失政體竭民財請查明停止是年冬兼翰林院掌院學士以吏部尚書協辦大學士尋調戶部八年充上書房總師傅英法聯軍北犯天津戒嚴心存疏請聖駕還宮以定衆志力言京師重地不可駐外國領事長江形勢不可失綏芬邊地不可捐兵費不可再償傳教不可推廣和議難成宜速進剿湖北巡撫胡林翼奏除漕務中飽之弊請改徵折色心存力贊其議由部定章程五事滿漢兵糧折價支給上下衙門一切陋規概行裁革焉拜體仁閣大學士管理戶部與肅順同官不相能屢乞病不許九年復固請乃予告去職十年戶部迭興大獄肅順主之多所羅織怡親王載垣等會鞫謂司員忠麟王熙震以短號鈔兌換長號曾面啟心存心存回奏部院事非一二人所能專政斷無立談數語改舊章之理載垣等遂請褫頂帶歸案訊質文宗鑒其誣僅以失察議處免傳訊議降五級改侯補官革職留任復以五字商號添支經費心存駁令議減未陳奏司員卽列入奏銷下嚴議革職留任是年秋車駕將幸熱河心存上疏切諫十一年文宗崩於行在梓宮還京心存偕諸臣迎謁特詔起用以大學士銜管理工部疏舉人材詔嘉其不失以人事君之義又疏言東南之民嚮義甚堅各郡縣陷後流亡渡江者日夜思招練義勇克復鄉里請敕曾國藩擇能辦賊者馳赴通州東臺收拾將散之人心激勵方興之義旅進擣蘇常退保下河上海一隅賦稅所出宜取江海關無窮之利以供曾國藩有用之兵疏上被嘉納同治元年入直弘德殿偕祁寯藻等授穆宗讀兩宮皇太后愼重師傅之選倚畀彌篤是年冬寢疾子安徽巡撫同書方緣事繫獄詔暫釋侍疾尋卒優詔賜䘏稱其品端學粹守正不阿贈太保入祀賢良祠謚文端賜其孫曾源進士曾榮舉人曾純曾桂並以原官卽用曾翰賜內閣中書逾年文宗實錄告成以心存曾充監修總裁賜祭一壇子同書同龢自有傳同爵官湖北巡撫

彭蘊章字詠莪江蘇長洲人尚書啓豐曾孫由舉人入貲爲內閣中書充軍機章京道光十五年成進士授工部主事仍留直軍機處累遷郎中歷鴻臚寺少卿光祿寺少卿順天府丞通政司副使宗人府丞督福建學政遷左副都御史二十八年疏言漕船衞官需索旗丁日益增多沿途委員及漕運衙門倉場花戶皆有費欲減旗丁幫費宜探本窮源又州縣辦漕應令督撫察其潔己愛民者每歲酌保一二員辦理不善者劾一二員運漕官及坐糧廳如能潔己剔弊准漕督倉場保奏不稱職者劾罷下部議行擢工部侍郎仍留學政任咸豐元年命在軍機大臣上行走四年調禮部尋擢工部尚書五年協辦大學士六年拜文淵閣大學士管理工部及戶部三庫事務充上書房總師傅八年京師旱糧價踴貴旗民生計益艱蘊章奏請撥款採米允之復疏言自改用大錢城中米貴疊荷加恩賑濟又加米折然民生疾苦未見轉機臣聞兵丁所領止有實米二成其餘折色定價每石京錢四千至三千不等大米一石市價京錢三十千持此折價買米不過升斗民生之蹙不獨在無銀並在無米本年海運多於上年可將兵米酌量加增又各營養育兵及鰥寡孤獨小口米不過四萬餘名每名歲支一石六斗擬請此項酌給米毋庸折色自前年以來有提存部庫採買銀又存四川山東山西河南陝西解京米價銀共有四十七萬餘兩堪以採買米石加放兵米又有河南停運節省運脚銀二萬兩堪爲轉運之用伏飭乞部採買以資搭放實於旗兵生計大有裨益疏入下部議行蘊章久直樞廷廉謹小心每與會議必持詳愼鈔票科場諸大獄婉辭調護與肅順等意忤兩江總督何桂清素以才敏自負蘊章誤信之數於上前稱薦十年江甯大營潰蘊章猶言桂清可恃未幾蘇常相繼陷桂清逮治文宗以蘊章無知人鑒眷注寖衰適有足疾扶掖入直命毋庸在軍機大臣上行走以示體恤尋奏乞罷職出都就醫詔曰卿久任樞垣備悉時事見在軍務如有見及並採訪輿論民情隨時具疏交地方官大吏代遞蘊章密陳時務六則報聞十一年病痊署兵部尚書尋兼署左都御史同治元年復以病乞休未幾卒依大學士例賜䘏謚文敬子祖賢官至湖北巡撫

論曰文宗初政杜受田以師傅最被信任贊畫獨多祁寯藻彭蘊章皆久領樞務翁心存數論軍事久筦度支三人者並與肅順不協先後去位同治初元聯翩復起寯藻心存三朝耆碩輔導沖主一時清望所歸焉

清史稿

列傳一百七十三

文慶　文祥
寶鋆

文慶字孔修費莫氏滿洲鑲紅旗人兩廣總督永保之孫也道光二年進士選庶吉士授編修五遷至詹事歷通政使左副都御史內閣學士十二年授禮部侍郎兼副都統十三年總理孝慎皇后喪儀會奏軍民薙髮及停止宴會期限疏中誤引百姓如喪考妣四海遏密八音語下諸臣嚴議宣宗以文慶翰林出身隨聲附和獨重譴褫副都統降三品頂戴尋復之歷吏部戶部侍郎十六年偕尚書湯金釗赴陝西四川按劾巡撫楊名颺布政使李羲文並下嚴議尋復按名颺被訐事褫其職金釗留署陝西巡撫文慶又按河南武陟知縣趙銘彝貪婪狀劾褫職調戶部侍郎十七年命在軍機大臣上學習行走兼右翼總兵命赴熱河偕都統耆英按歷任總管虧短庫款褫職追繳十九年以查辦熱河虧空案內擬罪未晰召問奏對失實下部議罷直軍機二十年典江南鄉試以上下江中額有誤又私攜湖南舉人熊少牧入闈閱卷議褫職二十二年予三等侍衞充庫倫辦事大臣二十三年召授吏部侍郎內務府大臣連擢左都御史兵部尚書二十五年命赴四川偕總督將軍按前任駐藏大臣孟保鍾芳等濫提官物劾罷之二十七年復命為軍機大臣解內務府事務尋署陝甘總督道經河南命察賑務劾玩誤之知縣四人二十八年召授吏部尚書兼步軍統領內務府大臣罷直軍機處兼翰林院掌院學士三十年充內大臣薛執中者甘肅河州人以符咒惑衆至京師藉術醫病朝貴多與往來遂妄議時政談休咎行蹤詭祕為巡城御史曹楙堅捕治中外大臣牽連被譴者衆文慶曾延治病文宗斥其身為步軍統領不能立時捕究有乖職守褫職咸豐元年予五品頂戴辦理昌陵工程二年起授內閣學士尋擢戶部尚書復為內大臣翰林院掌院學士五年復為軍機大臣協辦大學士題孝靜皇后神主加太子太保拜文淵閣大學士晉武英殿大學士管理戶部充上書房總師傅文慶醰謹持大體宣宗文宗知之深屢躓屢起眷倚不衰時海內多故粵匪猖熾欽差大臣賽尚阿訥爾經額先後以失律被譴文慶言當重用漢臣彼多從田間來知民疾苦熟諳情偽豈若吾輩未出國門懵然於大計者乎常密請破除滿漢畛域之見不拘資格以用人曾國藩初任軍事屢戰失利忌者沮抑之文慶獨言國藩負時望能殺賊終當建非常之功胡林翼同典試深知其才略屢密薦由貴州道員一歲之間擢至湖北巡撫凡所奏請無不從者又薦袁甲三駱秉章之才請久任勿他調以觀厥成在戶部閻敬銘方為主事嘗採用其議非所司者亦諮之後卒得諸人力以戡定大難端華肅順漸進用事皆敬憚其嚴正焉六年卒遺疏言各省督撫如慶端福濟崇恩瑛棨等皆不能勝任不早罷恐誤封疆文宗深惜之優詔賜卹嘉其人品端粹器量淵深辦事精勤通達治體贈太保賜金治喪及親奠見其遺孤幼穉時詔加恩入祀賢良祠命其子善聯俟及歲引見弟文玉以罪遣戍即釋回予謚文端善聯官至福州將軍

文祥字博川瓜爾佳氏滿洲正紅旗人世居盛京道光二十五年進士授工部主事累遷郎中咸豐六年京察記名道府因親老乞留京職歷太僕寺少卿詹事內閣學士署刑部侍郎八年命在軍機大臣上行走授禮部侍郎歷吏部戶部工部侍郎兼副都統左翼總兵十年英法聯軍犯天津僧格林沁密疏請幸熱河文祥以搖動人心有關大局且塞外無險可扼力持不可偕廷臣言之復請獨對退偕同直侍郎匡源杜翰具疏請罷所調車馬明詔宣示中外八月敵氛益熾車駕遂行命文祥署步軍統領留守從恭親王奕訢議和出入敵營於非分之求侃侃直言折之以理尋以步軍統領難兼顧疏辭改署正藍旗護軍統領十月和議成疏請回鑾以定人心偕恭親王等通籌全局疏上善後事宜於是設立總理各國事務衙門恭親王領之滿漢大臣數人文祥任事最專時和局甫定髮捻猶熾兵疲餉竭近畿空虛文祥密疏請選練八旗兵丁添置槍礮於是始立神機營尋命管理營務又疏言僧格林沁兵力單薄勝保所部新募未經行陣既恃僧格林沁保障畿輔必得良將勁卒為贊助薦副都統富明阿總兵成明隸其軍又薦江西九江道沈葆楨湖北候補知縣劉蓉堪大用疏上並嘉納焉十一年文宗崩於熱河行在穆宗即位肅順等專政文祥請解樞務不許十月回鑾偕王大臣疏請兩宮皇太后垂簾聽政同治元年連擢左都御史工部尚書兼署兵部尚書為內務府大臣兼都統二年管理藩院事務東南軍事以次戡定江蘇浙江省城克復議加恩樞臣固辭三年江甯復首逆就殲捷至加太子太保予姪凱肇員外郎四年署戶部尚書辭內務府大臣允之是年秋馬賊入喜峰口命文祥率神機營兵防護東陵督諸軍進勦賊遁灤陽疏陳地方官豢賊釀患請除積弊清盜源馬賊巢穴多在奉天昌圖廳八面城熱河八溝哈達等處請購線偵察調兵掩捕庶絕根株事定回京文宗奉安山陵賜其子熙聯員外郎尋以母病請假三月回旗迎養奉天馬賊方熾命率神機營兵往勦增調直隸洋槍隊出關約東三盟蒙古王公由北路夾擊破賊於錦州東井子諜知賊將劫奉天獄約期攻城兼程馳援賊退踞城東南圍撫順令總兵劉景芳夜擊破之賊遁出邊遣軍趨吉林五年春解長春廳圍追賊至昌圖朝陽坡分三路進擊十數戰皆捷擒斬三千餘賊首馬傻子窮蹙乞降磔之留兵餉授將軍都興阿俾清餘孽請蠲奉天地丁銀米停鋪捐回京調吏部尚書文宗實錄成賜子熙治員外郎八年丁母憂特賜諭祭百日假滿病未出天津教案起力疾還朝十年以吏部尚書協辦大學士十一年拜體仁閣大學士文祥自同治初年偕恭親王同心輔政總理各國事務以一身負其責洋情譎幻朝論紛紜一以忠信持之無誘御洎穆宗親政臚陳歷年洋務情形因應機宜甚備冀有啟悟既而恭親王以阻圓明園工程忤旨斥罷文祥涕泣偕同列力諫幾同譴恭親王尋復職而自屢遭挫折後任事不能如初文祥正色立朝為中外所嚴憚朝局賴以維持不致驟變十三年病久不瘉在告會日本窺臺灣強出籌戰守疏請敕下戶部內務府寬籌餉需裁減浮用停不急之工作謀至急之海防俾部臣疆臣皆得專力圖維皇上憂勤惕厲斯內外臣工不敢蹈玩泄之習否則狃以為安不思變計恐中外解體人心動搖其患有不可勝言者言甚切至是年冬穆宗崩德宗繼統即位晉武英殿大學士以久病請罷溫詔慰留解諸兼職專任軍機大臣及總理各國事務時國家漸多故文祥深憂之密陳大計疏曰洋人為患中國愈久愈深而其窺伺中國之間亦愈熟愈密從前屢戰屢和迄無定局因在事諸臣操縱未宜及庚申定約設立衙門專司其事以至於今未見決裂就事論事固當相機盡心辦理而揣洋人之用心求馭外之大本則不係於此所係者在人心而已矣溯自嘉慶年間洋人漸形強悍始而海島繼而口岸再及內地蓄力厲精習機器以待中國之間一逞其欲道光年間肆掠江浙自江甯換約以後覬覦觀望直至粵匪滋事以為中國有此犯上作亂之事人心不一得其間矣於是其謀遂洩闖入津門雖經小挫而其意愈堅致有庚申之警然其時勢局固危民心未二勤王之師雖非勁旅而聞警偕來奸細之徒雖被誘脅而公憤同具以是得受羈縻成此和局十餘年來仰賴皇太后皇上勵精圖治宵旰勤勞無間隙之可尋在事諸臣始得遇事維持未至啟釁偶有干求尚能往返爭持不至太甚非洋務之順手及在事者折衝之力皆我皇太后皇上朝乾夕惕事事期符民隱人心固結有以折外族之心而杜未形之患也然而各國火器技藝之講求益進彼此相結之勢益固使臣久駐京師闚我一政之當則憂一或不當則喜其探測愈精俄人逼於西疆法人計占越南緊接滇粵英人謀由印度入藏及蜀蠢蠢欲動之勢益不可遏所伺者中國之間耳所甚者中國大本之未搖而人心之難違耳說者謂各國性近犬羊未知政治然其國中偶有動作必由其國主付上議院議之所謂謀及卿士也付下議院議之所謂謀及庶人也議之可行則行否則止事必合乎民情而後決然行之自治其國以此其覘他國之廢興成敗亦以此儻其國一切政治皆與民情相背則各國始逞所欲為取之恐後矣如土耳其希臘等國勢極弱小而得以久存各大國之間者其人心固也強大如法國而德國得以勝之者以法王窮侈任性負國債之多不可復計雖日益額餉以要結兵心而民心已去始有以乘其間也夫人必自侮而後人侮之物必先自腐而後蟲生焉理之所在勢所必至中國之有外國猶人身之有疾病病者必相證用藥而培元氣為尤要外國無日不察我民心之向背中國必求無事不愜於民心之是非中國天澤分嚴外國上議院下議院之設勢有難行而義可采取凡我用人行政一舉一動揆之至理度之民情非人心所共愜則急止勿為事係人心所共快則務期於成崇節儉以裕帑需遇事始能有備納諫諍以開言路下情藉以上通總期人心永結大本永固當各外國環伺之時而使之無一間可乘庶彼謀不能即遂而在我亦堪自立此為目前猶可及之計亦為此時不能稍緩之圖若待其間之既開而欲為斡旋補苴之法則和與戰俱不可恃即使仍可苟安而大局已不堪復問則何如預防其間之為計也咸豐六年王茂蔭奏陳夷務謂海外諸國日起爭雄自人視之雖有中外之分自天視之殆無彼此之意引書言皇天無親惟德是輔及大學平天下章三言得失首人心次天命而終以君心為證何其言之危且切歟欲戢夷心莫要於順民心能順民心斯足以承天心固不待蓍蔡而昭然若睹耳臣受恩最重辦理洋務最久實有見於洋人居心積慮之處而現時尤為迫切緊要之關外國之求間在此中國之彌間亦在此在事諸臣僅謀其末我皇上實操其本用敢直陳伏乞俯鑒芻言將此摺時置左右力求端本之治以迴隱患之萌天下幸甚先是當臺灣事平文祥即偕恭親王議興海防條上六事曰練兵曰簡器曰造船曰籌

偷日用人日持久各具條目敕下中外大臣會議至光緒二年疆臣覆奏將復下廷議文祥已病不能出自知且不起乃密疏上曰馭外之端爲國家第一要務現籌自強之計爲安危全局一大關鍵臣衰病侵尋心長智短知不能永效犬馬以報主知恐一旦塡溝壑則平生欲言未言之隱無以上達宸聰下賚會議何以對陛下此心耿耿有非總理衙門原奏所能盡者敢竭誠吐赤爲我皇上敬陳之夫敵國外患無代無之然未有如今日之局之奇患之深爲我敵者之多且狡也果因此患而衡慮困心自立不敗原足作我精神惺我心志厲我志氣所謂生於憂患者正在於此至此而復因循泄沓一聽諸數而莫爲之籌卽偶一籌念而移時輒忘或有名無實大局將不堪設想而其幾不待智者而決矣從前夷患之熾由於中外之情相隔和戰之見無定疆吏又遇事粉飾其情形不能上達於朝廷坐是三失而其患遂日久日深無所底止泰西各國官商一氣政教並行各商船遠涉重洋初至中華處處受我侮抑事事被我阻塞其情鬱而不能不發者勢也繼而見中國官之阻之者可以通抑之者可以伸必不可破之格或取勝於兵力之相迫而卒無不破此中國之爲所輕而各國漸敢恣肆之機也迨至立約通商已有成議而在內無深知洋務之大臣在外無究心撫馭之疆吏一切奏牘之陳類多敷衍諱飾敵人方桀驁而稱爲恭順洋情方怨毒而號爲懽忭遂至激成事端忽和忽戰甚且彼省之和局甫成此省之戰事又起賠款朝給捷書暮陳乘遭風之船以爲勝仗執送信之酋以爲擒渠果至兩軍相交仍復一敗不可收拾於是夷情愈驕約欵愈肆中外大臣皆視辦理洋務爲畏途而庚申衅起幾至無可措手自設立總理衙門其事始有責成情形漸能熟悉在事諸臣亦無敢推諉然其事非在事諸臣之事而國家切要之事也既爲國家切要之事則凡爲大清臣子者無人不應一心謀畫以維大局況和局之本在自強自強之要在武備亦非總理衙門所能操其權盡其用也使武備果有實際則於外族要求之端持之易力在彼有顧忌覬覦亦可潛消事不盡屬總理衙門而無事不息息相關也乃十數年來遇有重大之端安危呼吸之際事外諸臣以袖手爲得計事甫就緒異議復生或轉託於成事不說不問事之難易情形若何一歸咎於任事之人是從前之誤以無專責而仔肩乏人今日之事又以有專屬而藉口有自設在事諸臣亦同存此心爭相諉謝必至如唐臣杜甫詩中所謂獨使至尊憂社稷矣夫能戰始能守能守始能和宜人人知之今日之敵非得其所長斷難與抗稍識時務者亦詎勿知乃至緊要關鍵意見頓相背往往陳義甚高鄙洋務爲不足言抑或苟安爲計覺和局之深可恃是以歷來練兵造船習器天文算學諸事每興一議而阻之者多卽就一事而爲之者非其實至於無成則不咎其阻撓之故而責創議之人甚至局外紛紛論說以國家經營自立之計而指爲敷衍洋人所見之誤竟至於此今日本擾臺之役業經議結日本尙非法英俄美之比此事本屬無名之師已幾幾震動全局費盡筆舌戰始就範圍若泰西强大各國環而相伺得中國一無理之端藉爲名義構兵而來更不知如何要挾如何挽回之念及此眞有食不下咽者則自强之計尙可須臾緩哉此總理衙門奏請飭令會議諸條實爲緊要關繫不可不及早切實籌辦者也今計各疆吏遵旨籌議指日將依限上陳如飭下廷議非向來會議事件可比應由各王大臣期定數日詳細籌商將事之本末始終一律貫澈利害之輕重條議之行止辦法切實折中定見無蹈從前會議故習如今日議之行之而異日不能同心堅持則不如不辦如事雖議行而名是實非徒爲開銷帑需增益各省人員差使名目亦不如不辦度勢揆時料敵審己實有萬萬不能不辦之勢亦實有萬萬不可再誤之機一誤卽不能復更不辦卽不堪設想總理衙門摺內所謂必須上下一心內外一心局中局外一心且歷久永遠一心卽此意也而大本所在尤望我皇上切念而健行之總理衙門承辦之事能否維持全視實力之能否深恃必確有可戰可守之實庶可握不戰之勝惟我皇上念茲在茲則在事諸臣之苦心自能上邀宸鑒凡百臣工亦人人有求知此事共籌此事之心其才識智力必有百倍於臣者否則支持既難變更不免變而復合痛心之端必且百倍今日非臣之所忍言矣疏上未幾卒溫詔賜䘏稱其淸正持躬精詳謀國忠純亮直誠懇公明爲國家股肱心膂之臣贈太傅予騎都尉世職入祀賢良祠賜銀三千兩治喪遣貝勒載澂奠醊諡文忠歸葬盛京命將軍崇實往賜祭十五年皇太后歸政追念前勞賜祭一壇文祥忠勤爲中興樞臣之冠淸操絕人家如寒素謀國深遠當新疆軍事漸定與俄國議交還伊犂大學士左宗棠引以自任文祥力主之奏請專任文祥既歿後乃遣侍郎崇厚赴俄國爲所迫脅擅允條款朝論譁然譴罪崇厚易以曾紀澤往久之乃定議幸免大釁法越事起和戰屢更以海防疏不能大創敵遷就結局及興海軍未能竭全力以成之卒挫於日本皆如文祥所慮而朝局數變日以多事矣子熙治以員外郎襲騎都尉世職

寶鋆字佩蘅索綽絡氏滿洲鑲白旗人世居吉林道光十八年進士授禮部主事擢中允三遷侍讀學士咸豐二年粵匪竄兩湖寶鋆疏請鄰近諸省力行堅壁清野之策四年命往三音諾顏部賜奠謝絕餽贐外藩敬之擢內閣學士五年遷禮部侍郎兼正紅旗蒙古副都統調戶部八年典浙江鄉試以廣額加中官生一名坐違制鐫一級留任文宗諭寶鋆素以果敢自命亦同瞻徇特嚴斥爲十年命赴天津驗收海運漕糧復赴通州察視迭疏請定杜弊章程並劾監督貽誤如所請行任總管內務府大臣署理戶部三庫事務會辦京城巡防時英法聯軍內犯車駕幸熱河既至命提庫帑二十萬兩修葺行宮寶鋆以國用方亟持不可上怒欲加嚴譴會所管三山被掠詔切責降五品頂戴踰月後以巡防勞勩復之兼鑲紅旗護軍統領復兼署正紅旗漢軍都統左翼前鋒統領十一年文宗崩於行在十月穆宗回京命在軍機大臣上行走並充總理各國事務大臣同治元年擢戶部尙書二年奏劾壽莊公主府首領太監張玉蒼出言無狀嚴旨逮訊玉蒼治如律三年命大臣輪班進講治平寶鑑寶鋆與焉江甯克復以翊贊功加太子少保賜花翎四年命佩帶內務府印鑰尋以樞務事繁請解內務府大臣職允之自設立總理各國事務衙門始求通知外國語言文字置同文館肄習西學廷臣每以爲非六年都察院代奏職員楊廷熙上書請撤同文館語涉恭親王及寶鋆等專擅挾持於是寶鋆偕恭親王請罷直候查辦溫詔慰留勉以不避嫌怨勿因浮言推諉七年直東捻匪肅淸加軍功二級十一年調吏部穆宗大婚禮成加太子太保十二年兼翰林院掌院學士以吏部尙書協辦大學士尋調兵部拜體仁閣大學士管理吏部光緒三年晉武英殿大學士四年回疆肅清被優敍寶鋆自同治初年預樞務偕文祥和衷翊贊通達政體知人讓善恭親王資其襄助至是朝列漸分戶門文祥既歿議論益紛編修何金壽因旱災劾樞臣不職請加訓責詔斥恭親王寶鋆等目擊時艱毫無補救嚴議革職加恩改留任五年以題穆宗神主加太子太傅復以實錄告成推恩其子景澧晉秩郎中姪景星賜舉人七年庶子陳寶琛以星變陳言專劾寶鋆請仿漢災異策免三公故事立予罷斥詔曰寶鋆在軍機大臣上行走有年尙無過失陳寶琛謂其畏難巧卸瞻徇情面亦不能確有所指惟既有此奏自平時與王大臣等議事未能和衷共濟致啓人言該大學士受恩深重精力尙健自當恪矢公忠勉圖報稱務宜殫精竭慮力戒因循積習用副委任十年三月軍機大臣自恭親王以下同日斥罷詔寶鋆入直最久責備宜嚴姑念年老特錄前勞全其末路以原品休致十二年皇太后懿旨加恩改以大學士致仕賞食半俸寶鋆退休後時偕恭親王居西山游覽唱和年逾八十恩賚猶及十七年卒遺疏入詔褒其忠清亮直練達老成贈太保祀賢良祠擢子景澧四品京堂賜孫蔭桓舉人遣貝勒載瀅奠醊飾終之典視在位無所減諡文靖子景澧官至廣州將軍卒諡誠愼孫蔭桓光緒二十四年進士歷官國子監司業改乾淸門頭等侍衛

論曰咸同之間內憂外患岌岌不可終日文慶倡言重用漢臣俾曾國藩胡林翼等得展經猷以建中興之業其功甚偉文祥寶鋆襄贊恭親王和輯邦交削平寇亂文祥尤力任艱鉅公而忘私爲中外所倚賴而朝議未一猶不能盡其規略晩年密陳大計於數十年馭外得失洞如觀火一代興亡之龜鑑也寶鋆明達同之貞毅不及遂無以鎭紛囂而持國是如文祥者洵社稷臣哉

清史稿 列傳一百七十四

宗室肅順 穆蔭 匡源 焦祐瀛

陳孚恩

宗室肅順字雨亭鄭親王烏爾恭阿第六子也道光中考封三等輔國將軍授委散秩大臣奉宸苑卿文宗卽位擢內閣學士兼副都統護軍統領鑾儀使以其敢任事漸嚮用咸豐四年授御前侍衛遷工部侍郎歷禮部戶部七年擢左都御史理藩院尙書兼都統時寇亂方熾外患日深文宗憂勤要政多下廷議肅順恃恩眷其兄鄭親王端華及怡親王載垣相爲附和擠排異己廷臣咸側目八年調禮部尙書仍管理藩院事又調戶部會英法聯軍犯天津起前大學士耆英隨欽差大臣桂良花沙納往議約耆英不候旨回京下獄議罪擬絞監候肅順獨具疏請立予正法上雖斥其言過當卽賜耆英自盡大學士柏葰典順天鄉試以縱容家人靳祥舞弊命肅順會同刑部鞫訊讞大辟上念柏葰舊臣獄情可原欲寬之肅順力爭遂命斬戶部因軍興財匱行鈔置寶鈔處行大

錢置官錢總局分領其事又設官號招商佐出納號乾字者四字字者五鈔幣大錢無信用以法令强行之官民交累徒滋弊竇肅順察寶鈔處所列字字五號欠款與官錢總局存檔不符奏請究治得騰混狀褫司員台斐音等職與商人併論罪籍沒者數十家又劾官票所官吏交通褫關防員外郎景雯等職籍沒官吏亦數十家大學士祁寯藻翁心存皆因與意見不合齮齕不安於位而去心存且幾被重罪肅順日益驕橫睥睨一切而喜延攬名流朝士如郭嵩燾尹耕雲及舉人王闓運高心夔輩皆出入其門采取言論密以上陳於勦匪主用湘軍曾國藩胡林翼每有陳奏多得報可長江上游以次收復左宗棠爲官文所劾賴其調護免罪且破格擢用文宗之信任久而益專自八年桂良等在天津與各國議和廷議於遣使入京一條堅不欲行迄未換約九年乃有大沽之戰敵却退十年英法聯軍又來犯僧格林沁拒戰屢失利復遣桂良等議和敵軍近逼通州乃改命怡親王載垣尚書穆蔭往議誘禽英官巴夏禮置之獄而我軍屢敗之餘不能戰車駕倉猝幸熱河廷臣爭之不可事多出肅順所贊畫遂扈從洎敵軍入京師恭親王留京主和議議即定敵軍漸退留京王大臣籲請回鑾肅順謂敵情叵測力阻而罷肅順先已授御前大臣內務府大臣至是以戶部尚書協辦大學士署領侍衞內大臣行在事一以委之十一年七月上疾大漸召肅順及御前大臣載垣端華景壽軍機大臣穆蔭匡源杜翰焦祐瀛入見受顧命上已不能御硃筆諸臣承寫焉穆宗即位肅順等以贊襄政務多專擅御史董元醇疏請皇太后垂簾聽政肅順等梗其議擬旨駁斥非兩宮意抑不下載垣端華等負氣不視事相持逾日卒如所擬又屢阻回鑾恭親王至行在乃密定計九月車駕還京至即宣示肅順載垣端華等不法狀下王大臣議罪肅順方護文宗梓宮在途命睿親王仁壽醇郡王奕譞往逮遇諸密雲夜就行館捕之咆哮不服械繫下宗人府獄見載垣端華已先在叱曰早從吾言何至今日載垣咎肅順曰吾罪皆聽汝言成之也讞上罪皆淩遲詔謂擅政阻皇太后垂簾三人同罪而肅順擅坐御位進內廷出入自由擅用行宮御用器物傳收應用物件抗違不遵並自請分見兩宮皇太后詞氣抑揚意在構釁其悖逆狂謬較載垣端華罪尤重賜載垣端華自盡斬肅順於市肅順攬權立威數興大獄輿論久不平奏減八旗俸餉尤府怨就刑時道旁觀者爭擲瓦礫都人稱快肅順既伏法詔逮所與交結之內監杜雙奎袁添喜等寘重典其被威脅者概免株連耆英子慶錫呈訴其父爲肅順所陷請昭雪詔以耆英罪當死肅順奏過當文宗已斥之特錮肅順子不得入仕以示戒

穆蔭字清軒托和絡氏滿洲正白旗人官學生考授內閣中書充軍機章京遷侍讀咸豐元年命以五品京堂候補在軍機大臣上學習行走尋除國子監祭酒故事非科甲不與斯職部臣執奏特旨仍授之歷光祿寺卿內閣學士兼副都統三年粵匪擾河南直隸京師戒嚴命偕僧格林沁花沙納達洪阿辦理京旗各營巡防事宜遷禮部侍郎署左翼總兵尋調刑部八年擢理藩院尚書兼都統調兵部十年命偕怡親王載垣赴通州與英法聯軍議和解桂良等欽差大臣關防授之議不諧命禽諸酋獲巴夏禮送京敵軍益逼詔斥穆蔭等辦理不善撤回扈從熱河丁父憂予假十四日命俟回京補行持服十一年文宗崩偕肅順等同受顧命贊襄政務十月肅順載垣端華等伏法穆蔭與匡源杜翰焦祐瀛並罷直軍機議罪及議上詔曰穆蔭等於載垣等竊奪政柄不能力爭均屬辜恩溺職穆蔭在軍機大臣上行走最久班次在前情節尤重王大臣等擬請將穆蔭革職發往新疆效力贖罪咎有應得惟以載垣等兇燄方張受其箝制均有難與爭衡之勢其不能振作尚有可原著即革職加恩改發軍臺效力贖罪匡源杜翰焦祐瀛皆革職免其遣戍穆蔭詣戍三年論贖歸歿於家杜翰附其父受田傳匡源字鶴泉山東膠州人道光二十年進士選庶吉士授編修累官吏部侍郎咸豐八年入直軍機謙退無所建白罷官後清貧主講濟南濼源書院以終焦祐瀛字桂樵直隸天津人道光十九年舉人考授內閣中書充軍機章京累遷光祿寺少卿十年命赴天津靜海諸縣治團練召回從幸熱河命在軍機大臣上學習行走遷太僕寺卿祐瀛尤諳事肅順等諸詔旨多出其手爲時所指目故同敗

陳孚恩字子鶴江西新城人道光五年拔貢授吏部七品小京官升主事充軍機章京累遷郎中大學士穆彰阿領樞務深倚之歷太僕寺少卿通政司副使太僕寺卿皆留直遷大理寺卿左副都御史兼署順天府尹工部侍郎攝倉場侍郎二十七年調署兵部侍郎在軍機大臣上行走偕侍郎柏葰赴山東按事劾巡撫崇恩庫款虧缺捕務廢弛罷之暫署山東巡撫授刑部侍郎回京面陳在署任不受公費詔嘉之特加頭品頂帶紫禁城騎馬賜扁額曰清正良臣皆異數二十九年偕侍郎福濟赴山西按巡撫王兆琛貪婪事得實褫兆琛職逮京治罪調工部署刑部尚書尋實授三十年宣宗崩遺命罷配郊祔廟下王大臣議文宗召對孚恩與怡親王載垣等爭論於上前載垣等以失儀自劾詔原其小節予薄譴而斥孚恩乖謬降三級留任孚恩尋以母老乞養回籍允之咸豐元年命在籍幫辦團練三年九江陷巡撫張芾出督師孚恩與司道守省城既而賊由安徽回竄上游命偕芾籌防賊犯南昌孚恩偕芾困守江忠源援師至力戰相持九十餘日賊始引去以守城功賜花翎七年母喪畢到京未有除授八年御史錢桂森疏言孚恩才練識明在外數年多所閱歷儻仍入直樞廷或使治洋務必能有濟詔斥朋比黜桂森言職回原衙門久之命孚恩以頭品頂戴署兵部侍郎又署禮部尚書授兵部尚書會鞫順天鄉試關節獄牽涉其子景彥自請嚴議並迴避得旨褫景彥職除涉景彥者仍責會訊僅議失察降一級准抵銷尋兼署刑部戶部尚書調授吏部尚書初孚恩以議禮忤載垣端華肅順等及再起乃暱附諸人冀固位肅順等既敗少詹事許彭壽疏請治黨援論形迹最著莫如孚恩最密莫如侍郎劉崑黃宗漢平日所薦舉者則有侍郎成琦太僕寺少卿德克津太候補京堂富績等於是諸臣盡黜詔謂孚恩當大行皇帝行幸熱河命諸臣議可否孚恩有竊負而逃遵海濱而處之語意在迎合載垣等大行皇帝上賓留京諸大臣中獨召孚恩一人赴行在足證爲載垣等心腹革職永不敘用時廷臣議郊壇配位孚恩言前議宣宗配位時大行皇帝有定爲三祖六宗之諭出於大學士杜受田所擬非大行皇帝意王大臣等用其言仍請文宗配祀許彭壽復引據文宗御製詩有以後無須變更之句請下廷臣再議議不配祀詔斥孚恩謬妄又以籍肅順家得孚恩私書有暗昧不明語乃逮孚恩下獄籍其家追繳宣宗賜額遣戍新疆居數年伊犂被兵將軍常清等奏孚恩籌餉治軍有勞命免戍留助理兵餉同治五年伊犂陷孚恩及妾黃子景和媳徐孫小連同殉難事聞但卹其家屬孚恩不與焉

論曰文宗厭廷臣習於因循乏匡濟之略而肅順以宗潢疏屬特見倚用治事嚴刻其尤負謗者殺耆英柏葰及戶部諸獄以執法論諸人罪固應得第持之者不免有私嫌於其間耳其贊畫軍事所見實出在廷諸臣上削平寇亂於此肇基功不可沒也自庚申議和後恭親王爲中外所繫望肅順等不圖和衷共濟而數阻返蹕文宗既崩冀怙權位於一時以此罹罪赫赫爰書其能逭乎穆蔭諸人或以愿謹取容或以附和希進終皆不免於斥逐如陳孚恩者鄙夫患失反覆靡常淪絕域而不返宜哉

清史稿　列傳一百七十五

桂良　瑞麟 子懷塔布

官文　文煜

桂良字燕山瓜爾佳氏滿洲正紅旗人閩浙總督玉德子入貲爲禮部主事曾員外郎出爲四川順慶知府調成都歷建昌道河南按察使四川廣東江西布政使道光十四年擢河南巡撫嘉慶中林清李文成等以八卦教倡亂既誅而汲縣潞州屯墳塔猶祀其神曰無生老母習教者猶衆御史黃樹滋以爲言命桂良察治毀其墳廟廉得河南境內無生廟二十九所並毀之地方官失察譴黜有差十九年擢湖廣總督調閩浙又調雲貴二十年兼署雲南巡撫滇省多盜奏定緝捕章程又請迤南迤西迤東各標營官兵責成巡道就近稽察時貴州諸苗蠢動鎮遠黎平都勻古州苗尤悍州縣不能制疏請遴勁兵專主勦捕二十五年入覲留京署兵部尚書兼正白旗漢軍都統尋出爲熱河都統二十八年召來京以其女妻皇六子奕訢授鑲紅旗漢軍都統咸豐元年署吏部尚書出爲福州將軍二年召授兵部尚書三年粵匪陷江甯京師戒嚴桂良疏請各城門稽查增派八旗章京兵丁補葺城上兵房從之未幾粵匪竄河北直隸總督訥爾經額出省防勦命桂良駐保定爲後路聲援兼防西路要隘望都唐縣土匪起捕誅之是年秋賊由山西犯畿南訥爾經額師潰於臨洺關隆平柏鄉相繼陷訥爾經額褫職逮治授桂良直隸總督詔責偕都統勝保速籌防勦布政使張集馨出兵遷延劾罷之賊竄正定定州深州河間天津勢剽甚於是桂良率提督張鼎元守保定科爾沁郡王僧格林沁統大兵駐通州衞京師勝保督師進勦四年大捷於獨流鎮賊走踞阜城又走連鎮僧格林沁勝保會攻賊分竄山東勝保追擊之桂良遣張鼎元赴武邑防堵勦散秩大臣穆蔭健銳營翼長雙僖縱兵傷官擾民議譴秋英吉利美利堅兩國兵船至大沽時賊氛未靖詔戒張皇命桂良相機辦理尋以前任鹽政崇綸歸調遣令赴天津會議英酋咆哮要索十六條欲遣官駐京及踐廣州入城之約中外官平禮接見通商稅則變通舊約美酋麥蓮則僅言通商一端崇綸等嚴拒其駐京餘事令赴

廣東聽總督查辦屢議無要領咆哈等尋去五年僧格林沁連大破賊賊首林鳳祥李開方先後就禽伏誅畿輔肅清七年召拜東閣大學士管理刑部兼正藍旗蒙古都統八年春英法俄美四國聯軍北犯燬大沽礮臺泊天津城下聲言將犯京師倉猝援軍未集命桂良偕尚書花沙納往議敵情猖肆要求益多以遣官駐京內江通商內地游行兵費賠償後始交還廣東省城四事廷議不允復起故大學士耆英同與議英人尤不悅拒之耆英以擅回京獲罪桂良等議久不決廷臣多主戰實不足恃而敵日以進兵爲恐嚇俄美兩國調停其間卒徇所請定議而通商稅則俟於上海詳定之五月簽約退兵遂命桂良偕花沙納赴上海武備院卿明善刑部員外郎段承實副之會同兩江總督何桂清議稅則文宗憤和約之成出於不得已或獻策許全免入口稅以市惠冀改易駐京諸條密授桂良等機宜八月至上海晉文華殿大學士授內大臣桂清力言免稅之不可改約之難成桂良亦贊其議上甚怒必責其補救一二端而各國因廣東民團仍與爲難且出示僞載諭旨堅欲罷兩廣總督黃宗漢停撤民團桂良等疏聞乃解宗漢通商大臣改授桂清桂良等噤不敢言罷駐京諸事先議稅則十二月英使額羅金遽率兵船赴廣東遂罷議九年回京僅美利堅一國遵換通商之約英軍復犯大沽僧格林沁預設備兵至擊退之十年英法聯軍大舉來犯我師失利七月復命桂良赴天津議和要增兵費入京換約嚴詔拒絕敵陷天津進逼京師上幸熱河恭親王奕訢留守主撫議桂良與焉九月於禮部換約視八年原議益增條款事具邦交志尋命督辦各國通商事務十一年穆宗即位回京命在軍機大臣上行走同治元年卒優卹贈太傅祀賢良祠謚文端

瑞麟字澄泉葉赫那喇氏滿洲正藍旗人由文生充太常寺讀祝官補贊禮郎道光二十七年祫祭太廟讀祝洪亮宣宗嘉之賜五品頂戴花翎二十八年超擢太常寺少卿又擢內閣學士兼管太常寺三十年擢禮部侍郎咸豐元年兼鑲藍旗滿洲副都統正黃旗護軍統領三年調戶部命在軍機大臣上行走時粵匪竄畿輔踞靜海縣及獨流鎮命瑞麟率兵從僧格林沁防勦會攻獨流克之靜海賊竄陷阜城又分竄連鎮及山東高唐州瑞麟合擊屢有禽斬五年克連鎮賊首林鳳祥就禽加都統銜賜號巴達琅阿巴圖魯授西安將軍未幾擢禮部尚書兼鑲白旗蒙古都統八年英兵犯天津命馳赴楊村籌防泊撫議定敵退文宗知和不可恃亟治海防命瑞麟赴天津修築大沽礮臺尋署直隸總督增建雙港礮臺調福建遊船戰船增募水師僧格林沁移師天津分駐要隘瑞麟回京調戶部尚書拜文淵閣大學士兼管禮部鴻臚寺太常寺九年管理戶部十年充殿試讀卷官授內大臣六月英法聯軍復犯天津命率京兵萬人守通州僧格林沁屢戰失利敵軍進通州瑞麟偕勝保禦之八里橋左右夾擊勝保傷礮墜馬軍潰敵遂逼京師瑞麟迎戰安定門外敗績褫職車駕幸熱河命扈從行在是年冬和議成予侍郎銜隨僧格林沁勦山東捻匪攻鉅野羊山集賊巢失利馬蹶被傷退軍濟甯復褫職召回京十一年授鑲黃旗漢軍都統管神機營事同治元年出爲熱河都統疏請招佃闢邊荒地八千頃充練餉允之二年調廣州將軍四年兼署兩廣總督信宜化州土匪起遣兵平之粵匪汪海洋由福建竄廣東大埔遣副將方耀擊走之入閩會勦復詔安和平賊復竄廣東境連敗之於長樂鎮平時賊蹤往來於福建廣東江西界上瑞麟偕左宗棠疏請三省會勦詔提督鮑超由江西來援四面環攻十二月殲僞偕王譚體元於黃沙嶂禽首逆汪海洋誅之餘賊肅清捷聞優詔嘉獎五年實授兩廣總督廣東素多盜伏莽時起時巡撫蔣益澧號知兵瑞麟部將方耀鄭紹忠皆能戰先後破斬五坑客匪曹溪赤坑及新安東莞諸匪潮州瓊州洋盜土匪九年兼署巡撫十年復拜文淵閣大學士仍留總督任十三年卒詔嘉其勞贈太保祀賢良祠謚文莊子懷塔布由廕生授刑部主事晉員外郎以父卹典擢四品京堂累遷禮部尚書充內務府大臣光緒二十四年主事王照上書言事久之始代奏坐違旨抑格褫職未幾太后訓政起授左都御史復充內務府大臣遷理藩院尚書二十六年卒贈太子少保謚恪勤

官文字秀峯王佳氏滿洲正白旗人先隸內務府正白旗漢軍由拜唐阿補藍翎侍衛累擢頭等侍衛道光二十一年出爲廣州漢軍副都統調荊州右翼副都統粵匪既陷漢陽將犯荊州咸豐三年將軍台湧駐防德安命官文專統荊州防兵四年擢荊州將軍賊陷安陸荊門宜昌時荊州兵多調赴武昌分屯要隘城中兵僅二千監利又陷官文遣軍復之連復宜昌石首華容於是荊州稍安而武昌被圍急官文遣將沿漢下援六月武昌復失守命官文統籌全局規復武漢因疏言賊情詭譎軍情隨時變幻武漢之賊一日不盡荊州不得安枕賊踞漢陽倚江爲險絕我糧道阻我援軍今欲復武昌必先攻漢陽奪賊所恃之險而後武昌可圖也總兵雙保自潛江進勦兵力過單臣已令羅遵殿以戰船百艘自仙桃鎮蔡店巡邏漢陽與撫臣楊霈分道夾攻又檄總兵福炘往助雙保知縣吳振鏞進復沔陽以通餉道惟賊踞岳州南北援軍均受牽制尤應先勦岳州之賊曾國藩方統礮船駐湘陰塔齊布之師已入岳州境臣已促其速進分兵阻江路復派同知銜李光榮等率川勇防調絃口張子銘防監利尺八口都司宗維清沿江接應荊州僅賸旗兵分守要隘隨時接應庶幾可進可退不致有顧此失彼之虞疏入報聞尋曾國藩克岳州賊艘悉出大江官文遣涼州副都統魁玉總兵楊昌泗赴螺山防江殲賊甚多八月武昌漢陽相繼復論功被優敘五年總督楊霈師潰德安漢陽漢口復陷德安隨州繼之詔褫霈職授官文湖廣總督師次安陸疏言賊自隨州退踞德安兇鋒暫挫惟天門京山道路四通儻竄襄河勾連仙桃鎮以下股匪不獨荊襄在在堪虞上游各處均可北竄見遣兵一由天門皁市進勦一往京山防守臣駐安陸爲兩路應援咨固原提督孔廣順伺隙進取署提臣訥欽爲後應俟欽差大臣西凌阿入楚即統兵從襄河兩岸水路並進由漢川攻漢陽秋西凌阿戰德安失利乃命官文代爲欽差大臣馳援德安賊棄城走躡追之直擣漢陽十二月督兵薄西門橋迭敗賊於龜山尾湖隄五顯廟破賊卡燬東西土城六年賊造浮橋從西門分隊來犯擊卻之分兵河口斷其糧道令副都統都興阿攻團風闈焚積聚賊勢漸蹙秋破漢陽城外賊營連戰皆捷巡撫胡林翼規復武昌十一月約同日水陸大舉分攻武漢官文督軍分路進水師擊漢陽東門破五顯廟賊卡李孟羣又敗龜山援賊王國才楊昌泗由西門攻入遂復漢陽俘僞將軍等五百餘人林翼亦復武昌詔嘉獎賜花翎七年偕林翼疏言湖北爲長江上游要害武漢尤九省通衢自來東南有事必爭之地三次失陷力攻兩載而後克之目前相機防勦不令賊乘間上竄蹈從前覆轍業派李續賓由南岸都興阿孔廣順王國才由北岸楊載福率水師由江路分道進勦見北岸黃州至黃梅南岸武昌至興國均已肅清崇通一帶搜捕殆盡李續賓抵九江與曾國藩會合進攻楊載福燬城外賊營惟小池口賊壘未拔派鮑超助攻安徽之英山太湖宿松望江接壤湖北皆爲賊藪有窺伺上犯之心飭王國才駐黃梅之大河鋪界嶺嚴孔廣順駐蘄水之孔隴驛巴揚阿率馬隊爲各路應援以固楚北門戶道士洑水闊溜急田家鎮兩山對峙水師皆難久駐酌留各營游巡江面足備鎮馭通籌大局我軍已據水陸上游實蓄破竹建瓴之勢所慮江西七府未平武昌尙有肘腋之患賊若由通城崇陽興國竄逼武昌反出江西各軍之上自當固守武昌以爲後路根本相機籌畫節節進取仍步步嚴防庶軍情無返顧掣肘之虞轉餉有源源不竭之利疏入報聞初官文由荊州將軍調總督凡上游荊宜襄鄖諸郡兵事餉事悉主之林翼以巡撫駐金口凡下游武漢黃德諸郡兵事餉事悉主之南北軍各領分地徵兵調餉每有違言武昌既復林翼威望日起官文自知不及思假以爲重林翼益推誠相結納於是吏治財政軍事悉聽林翼主持官文晝諾而已不數年足食足兵東南大局隱然以湖北爲之樞八年四月復九江論功加太子少保皖賊陷麻城黃安圍蘄州先後破走之七月胡林翼丁母憂官文疏請留林翼治軍改爲署理從之命官文暫行兼署巡撫尋以湖廣總督協辦大學士李續賓戰歿三河皖鄂震動官文分兵扼蘄州廣濟麻城諸隘固守九江彭澤水師嚴防江面人心始定九年賊竄湖南圍寶慶檄荊宜施道李續宜赴援大破之寶慶圍解十二月復太湖被優敘十一年拜文淵閣大學士仍留總督任時大軍圍安慶急陳玉成李秀成先後分兵犯湖北境冀掣動局勢遣將迭破之所陷諸郡縣皆復八月克安慶加太子太保是年胡林翼病歿嚴樹森代之降捻苗沛霖踞安徽壽州詔疆臣議勦撫之策官文疏陳沛霖包藏禍心罪大惡極請伸天討同治元年遣副將周鳳山等勦捻於河南信陽羅山敗之又破黃梅捻巢收復十餘寨晉文華殿大學士髮捻合擾楚豫之交勢甚熾荊州將軍多隆阿方督師赴陝西官文以楚兵不敷分布奏調回援九月多隆阿至屢戰皆捷襄河以北賊皆遠遁三年劾巡撫嚴樹森把持剛愎黜之六月克復江甯曾國藩奏捷推官文列名疏首詔嘉官文徵兵籌餉推賢讓能接濟東征不分畛域錫封一等伯爵號果威世襲罔替升入正白旗滿洲賜雙眼花翎蓋褒其能與胡林翼和衷卒成大功也四年僧格林沁勦捻戰歿於山東詔追論前年髮捻擾湖北官文不能就地殲除僅驅出境以致蔓延益熾下嚴議降三級調用改革職留任褫宮銜花翎五年偕曾國藩奏設長江水師如議行湖北巡撫曾國荃劾官文貪庸驕蹇命尙書緜森侍郎譚廷襄往按坐動用捐款議革職詔念前勞原其尙非貪汚欺罔優與保全解總督仍留大學士伯爵罰伯俸十年召還京管理刑部兼正白旗蒙古都統尋出署直隸總督七年捻匪張總愚由西路竄擾畿輔下嚴議尋李鴻章左宗棠等入援七月捻匪平復宮銜花翎八年回京管理戶部三庫授內大臣十年卒優

詔賜卹贈太保賜金治喪遣惠郡王奠醊祀賢良祠謚文恭尋以疆臣請合祀湖北胡林翼專祠當官文之在湖北事事聽林翼所爲惟馭下不嚴用財不節林翼憂之閻敬銘方佐治餉一日林翼與言恐誤疆事敬銘曰公誤矣本朝不輕以漢大臣專兵柄今滿漢並用而聲績炳著者多屬漢人此聖明大公剗除畛域之效然湖北居天下要衝朝廷甯肯不以親信大臣臨之夫督撫相劾無論未必勝即勝能保後來者必賢耶且繼者或廉清操勤庶務而不明遠略未必不顓己自是豈甘事事讓人官文心無成見兼隸旗籍每有大事正可借其言以伸所請其失僅在私費奢豪誠於事有濟歲糜十萬金供之未爲失計至一二私人可容容之不可則以事劾去之彼意氣素平必無忤也林翼大悟及林翼歿督撫不相能官文劾嚴樹森去之而曾國荃又劾官文去之官文晚節建樹不能如曩時然林翼非官文之虛己推誠亦無以成大功世故兩賢之孫興恩襲伯爵

文煜字星巖費莫氏滿洲正藍旗人由官學生授太常寺庫使累遷刑部郎中出爲直隸霸昌道四川按察使咸豐三年遷江甯布政使時江甯已陷賊文煜從琦善江北大營四年琦善歿於揚州所部練勇及江北糧臺事宜命文煜接辦五年春粵匪由瓜洲東竄沙頭港文煜遣勇擊之賊由對岸紮筏爭渡借水師以大礮合擊賊退瓜洲文煜以沙頭港爲裏下河門戶賊所必爭築土城礮臺疏請添募練勇守禦從之既而賊踞揚州竄裏下河文煜擊之於萬安橋大有斬獲賊勢乃挫七年調江蘇布政使治江南大營糧臺以支給撙節爲軍中所不便提督和春劾其拘泥命來京候另簡用尋授直隸布政使九年英兵犯大沽爲僧格林沁擊退戰後將議撫命文煜從總督恒福赴北塘相機辦理尋擢山東巡撫捻匪闌曹縣分竄擾安陵檄曹州鎮總兵郝上庠合師內外夾擊解曹州圍安陵賊亦退十年捻匪又竄單縣分擾嶧縣得勝閘遣將擊走之英法聯軍踞烟臺文煜遣兵扼利津自駐濰縣韓亭以防陸路北犯尋敵船北駛犯北塘文煜分軍入衞駐通州自率衆赴濟甯勦捻匪十一年署直隸總督尋實授時和議既成穆宗回鑾畿輔馬賊四起久未淨絕屢詔責文煜搜捕同治元年坐山東降賊張錫珠等擾畿南督勦不力褫職戍軍臺二年僧格林沁奏調赴營差遣尋授鑲黃旗蒙古副都統三年命赴甘肅慶陽督辦糧臺以病請解職回旗七年起授正藍旗漢軍都統尋出爲福州將軍十年兼署閩浙總督十三年日本兵船窺伺臺灣偕總督李鶴年船政大臣疏陳防務光緒三年入覲留京授內大臣鑲白旗漢軍都統左都御史擢刑部尚書七年協辦大學士九年充總管內務府大臣十年拜武英殿大學士以病乞罷尋卒贈太子少保謚文達兩江總督曾國荃等奏文煜咸豐中孤軍捍賊保全裏下河請於揚州建專祠允之子志顏理藩院侍郎

論曰桂良以帝室懿親與聞軍國數膺議和之使無所折衝瑞麟從僧格林沁勦賊防夷曾著勞勩文煜亦處兵間無功可錄官文雖無過人之才推賢讓能奠安江漢與曾國藩胡林翼和衷規畫竟完戡定之功茅土同膺旂常並煥豈諸人所可並語哉

清史稿　列傳一百七十六

柏葰　瑞常　麟魁　全慶

柏葰原名松葰字靜濤巴魯特氏蒙古正藍旗人道光六年進士選庶吉士授編修累遷內閣學士兼正紅旗漢軍副都統十八年出爲盛京工部侍郎調刑部兼管奉天府尹二十年召授刑部侍郎調吏部又調戶部二十三年充諭祭朝鮮正使例有餽贐奏却之二十五年充總管內務府大臣二十六年典江南鄉試疏言徵漕大戶短欠取償小戶劣紳挾制官吏大戶包攬小戶畸輕畸重旗丁需索加增津貼諸弊請嚴禁如議行尋偕倉場侍郎陳孚恩盤查山東藩庫劾布政使王篤濫用幕友及地方官縱盜巡撫崇恩以下譴謫有差二十六年擢左都御史三十年遷兵部尚書授內大臣尋調吏部管理三庫兼翰林院掌院學士咸豐三年命偕侍郎善燾赴盛京按協領塔芬布輕聽謠言調兵護宅幾至激變得實論遣戍將軍奕興坐袒護革任尋以前在鑲白旗蒙古都統任揀選承襲有誤罷內務府大臣降授左副都御史未幾出爲馬蘭鎮總兵五年擢熱河都統搜捕山匪疏言熱河將惰兵疲州縣不諳吏治行使大錢民皆罷市礦匪占踞山場委員侵蝕商欠詔嚴切查辦召授戶部尚書兼正黃旗漢軍都統六年命在軍機大臣上行走兼翰林院掌院學士尋以戶部尚書協辦大學士八年典順天鄉試拜文淵閣大學士柏葰素持正自登樞府與載垣端華肅順等不協會御史孟傳金疏劾本科士論未孚命覆勘試卷應議者五十卷文宗震怒褫柏葰等職命載垣等會鞫得柏葰聽信家人靳祥言取中羅鴻繹情事靳祥斃於獄九年讞上上猶有矜全之意爲肅順等所持乃召見王大臣等諭曰科場爲掄才大典交通舞弊定例綦嚴自來典試諸臣從無敢以身試法者不意柏葰以一品大員辜恩藐法至於如是柏葰身任大臣且係科甲進士出身豈不知科場定例竟以家人干請輒即撤換試卷若使靳祥尚在加以夾訊何難盡情吐露既有成憲可循即不爲已甚就所供各節情雖可原法難寬宥言念及此不禁垂淚柏葰遂伏法十一年穆宗即位肅順等既收御史任兆堅疏請昭雪下禮刑兩部詳議議上詔曰柏葰聽受囑託罪無可辭惟載垣端華肅順等因律無僅關囑託明文比照買關節之例擬以斬決由載垣等平日與柏葰挾有私讐欲因擅作威福竟以牽連蒙混之詞致罹重辟皇考聖諭有不禁垂淚之語仰見不爲已甚之心今兩宮皇太后政令維新事事務從寬大平允柏葰不能謂無罪該御史措詞失當念柏葰受恩兩朝內廷行走多年平日勤愼雖已置重典當推皇考法外之仁於是錄其子候選員外郎鍾濂賜四品卿銜以六部郎中遇缺即選鍾濂後官盛京兵部侍郎

麟魁字梅谷索綽羅氏滿洲鑲白旗人道光六年二甲一名進士選庶吉士散館改刑部主事遷中允歷庶子侍講學士詹事通政使左副都御史十七年出爲盛京刑部侍郎十八年召授刑部侍郎兼鑲紅旗漢軍副都統二十年署倉場侍郎命偕侍郎吳其濬赴湖北按事劾總督周天爵酷刑罷之其濬留署總督麟魁復往江西鞫閻漕京控之獄及江蘇邳州知州賈輝被劾濫用非刑等事並治如律調戶部又調吏部充總管內務府大臣二十二年出署山東巡撫英兵犯江南疏陳登州突出黃渤二面環海敵兵船礮堅利計難與爭請移兵扼陸路險要尋偕侍郎王植赴湖南鞫獄並勘湖南江蘇山東水災奏請蠲緩如所請行二十三年擢禮部尚書管理太常寺鴻臚寺河決中牟命偕尚書廖鴻荃往督工東西兩壩成而屢蟄褫職予七品頂戴仍留工以料缺水增請緩復褫頂戴召還予三等侍衞充葉爾羌參贊大臣調烏里雅蘇臺參贊大臣二十七年召授禮部侍郎調刑部二十八年復授禮部尚書兼翰林院掌院學士以前在山東收受陋規降三級調用予副都統銜充烏什辦事大臣咸豐元年疏陳時事略曰廣西逆匪勞師糜餉其始不過星星之火當時牧令苟安畏事諱盜不言久之蔓延養成巨患請飭封疆大吏嚴查地方如有教匪土匪聚衆以及搶劫隨時查拏視緝捕之勤惰以爲勸懲近開捐例實朝廷萬不得已之舉各省清查屢經申令宜飭部臣按時詳覈徵解多寡實行賞罰章程俾生愧奮否則名託清查事仍敷衍國儲不裕官紀益荒甚非朝廷澄清吏治之意奏入下所司議行授察哈爾都統召爲戶部侍郎二年命在軍機大臣上行走擢工部尚書三年調禮部充總管內務府大臣罷直軍機調刑部八年復調禮部補內大臣十年因謝恩摺失檢降授刑部侍郎是年秋車駕幸熱河命署右翼總兵充巡防大臣英法兵入京師麟魁部勒僚屬戒都人守望相助令家人閉戶積薪曰事急即燔自宿於巡防廨中相持數月和議成赴行在籲請回鑾爲載垣端華肅順等所阻十一年遷左都御史兼正白旗蒙古都統尋授兵部尚書同治元年協辦大學士時方奉命偕尚書沈兆霖赴甘肅按事至蘭州數日遽卒詔依大學士例賜卹賜其子恩壽舉人謚文端恩壽同治十三年進士官至陝西巡撫

瑞常字芝生石爾德特氏蒙古鑲紅旗人杭州駐防道光十二年進士選庶吉士授編修大考二等六遷至少詹事二十四年連擢光祿寺卿內閣學士二十五年遷兵部侍郎兼鑲紅旗漢軍副都統二十九年充册封朝鮮正使調吏部歷兼左右翼總兵咸豐元年典江南鄉試就勘徐州豐北河決疏陳災情賑務漕務請飭地方官嚴防匪徒蠢擾報聞定郡王載銓管步軍統領越次題升主事瑞常力爭不得尋解左翼總兵職七年擢左都御史八年遷理藩院尚書兼正藍旗漢軍都統署步軍統領調刑部尚書十年寶源局監督張仁政因侵蝕畏罪自盡命瑞常偕尚書沈兆霖按之得前任監督奎麟瑞琇贓私狀並論大辟追贓後遣戍文宗幸熱河留京辦事督辦巡防十一年調工部又調戶部同治元年以吏部尚書協辦大學士皇太后命南書房上書房翰林纂輯史事以昭法戒書成賜名治平寶鑑遴擇大臣輪班進講瑞常與焉四年充總管內務府大臣時陝西巡撫劉蓉驟起膺疆寄爲編修蔡壽祺所劾蓉自陳辨疏中引及胡林翼密薦之詞又倚任布政使林壽圖爲人所忌言官遂劾壽圖湎酒廢事舉劾不公並訐蓉濫洩之罪於是命瑞常偕尚書羅惇衍往按之疏白其無罪惟坐壽圖演戲及蓉陳奏失當並予薄譴定陵奉安禮成題神主加太子少保歷工部刑部尚書兼翰林院掌院學士管理戶部三庫六年赴天津驗收漕糧復命盤查北新倉得虧米六萬餘石狀論所司罪如律十年拜文淵閣大學士管理刑部瑞常歷事三朝端謹無過累司文柄時稱耆碩十一年卒贈太保

祀賢良祠諡文端子文暉官至盛京禮部侍郎

全慶字小汀葉赫納喇氏滿洲正白旗人尙書那淸安子道光九年進士選庶吉士授編修累遷侍講大考二等擢侍讀學士歷少詹事詹事大理寺卿以誤班鐫級二十一年予頭等侍衞充古城領隊大臣調喀喇沙爾辦事大臣召還未行會回疆興墾伊犁將軍布彥泰疏留全慶偕林則徐往勘二十五年至葉爾羌疏言和爾罕地膏腴哈拉木扎什水渠可資灌溉又巴爾楚克爲回疆扼要之地道光十二年已奏開墾屯田未種者尙多應先儘安插民戶俾成重鎭詔如所請行先是全慶疏陳喀喇沙爾環城荒地及庫爾勒北山根可墾田萬餘畝命辦事大臣常淸籌辦至是復偕則徐詳勘疏言庫爾勒應於此大渠南岸接開中渠引入新墾之地分開支渠二其北山根展寬開都河龍口別開大渠與舊渠並行再分支渠四別開退水渠一又疏言伊拉里克在吐魯番托克遜軍臺西地平土潤土人謂之板土戈壁其西爲沙石戈壁有大小阿拉渾兩水滙爲一河此次引水自西而東鑿成大渠復多開支渠以資灌溉伊拉里克西南沿山爲蒙古出入之路墾地在滿卡南附近東西兩面以人壽年豐四字分號各設正副戶長一鄉約四擇誠實農民充之承領耕種又吐魯番爲南北樞紐應安置內地民戶戶領地五十畝農田以水利爲首務此次開渠自龍口至黑山頭地勢高低碎石夾沙渠身易淤酌定經久修治章程並如所請行自是回疆南路凡墾田六十餘萬畝回京擢內閣學士兼正紅旗漢軍副都統歷刑部吏部戶部倉場侍郎咸豐四年擢工部尙書兼正紅旗漢軍都統七年調兵部九年命赴天津驗收漕糧時英兵犯大沽僧格林沁擊却之全慶疏陳兵事略謂敵軍戰敗之後不進不退心實叵測竊恐別有舉動未必從此就撫而去我之精銳盡萃大沽旁無應援後無擁護雙港之旅已調前敵津門之備但賚土練北塘一帶又頗空虛應請速簡重臣發勁旅嚴近畿海口之備爲僧格林沁之援令廣東義勇擣香港以牽其援兵登州水師合旅順以截其歸路然後國威可振撫局可成疏入被嘉納調吏部尙書十年授內大臣兼翰林院掌院學士十一年充總管內務府大臣同治元年追論大學士柏葰科場之獄原讞未允全慶坐附和定讞鐫四級降授大理寺卿歷內閣學士工部侍郎左都御史五年授禮部尙書調刑部十一年協辦大學士兼翰林院掌院學士十二年典順天鄉試以中式舉人徐景春試卷疵謬鐫二級去職全慶歷淸要累掌文衡更閱四朝雖屢躓尋即錄用光緖元年授內閣學士復歷禮部侍郎左都御史刑部尙書協辦大學士五年鄉舉重逢加太子少保六年拜體仁閣大學士七年致仕食全俸八年卒晉贈太子太保祀賢良祠諡文恪

論曰自道光以來科場請託習爲故常寒門才士爲之抑遏柏葰立朝正直且所不免其罹大辟也出於肅順等之搆陷然自此司文衡者懍懍畏法科場淸肅歷三十年至光緖中始漸弛弊竇復滋終未至如前此之甚者實文宗用重典之效足以挽回風氣也麟魁瑞常全慶皆起家文學洊陟綸扉其建白猶有可紀焉

賈楨 周祖培

朱鳳標 單懋謙

賈楨字筠堂山東黃縣人父允升乾隆六十年進士由檢討歷官兵部侍郎楨道光六年一甲二名進士授編修十三年大考一等擢侍講十六年入直上書房授皇六子讀累擢侍講學士十九年大考翰詹命免試歷少詹事內閣學士二十一年遷工部侍郎調戶部二十七年連擢左都御史禮部尙書調吏部咸豐二年協辦大學士三年疏請山東籌辦團練從之題孝和睿皇后神主禮成加太子太保充上書房總師傅兼管順天府尹四年兼翰林院掌院學士順天府書吏范鶴等與戶部井田科銀庫書吏交結營私以鈔票抵庫銀楨察舉其弊讞定議失察諸官有差楨以發覺察議拜體仁閣大學士管理戶部五年兼管工部晉武英殿大學士六年丁母憂命暫開缺給假六月回籍治喪假滿來京楨疏言臣兄弟五人諸昆疊故臣幸僅存今不能爲母守制是臣母有子而如無子臣何以爲子力求終制時御史鄒焌杰亦疏請準其開缺守制詔允之八年服闋以大學士銜補吏部尙書仍充上書房總師傅尋復授體仁閣大學士管理兵部兼翰林院掌院學士十年充京城團防大臣是年秋英法聯軍犯京師車駕幸熱河命楨留守日危坐天安門阻外軍不令入及與會議慷慨不屈十一年復晉武英殿大學士以病請開缺不許穆宗回鑾偕大學士周祖培尙書沈兆霖趙光上疏曰我朝從無皇太后垂簾聽政之典前因御史董元醇條奏特降諭旨甚明臣等復有何異詞惟是權不可下移移則日替禮不可稍渝渝則弊生皇上沖齡踐阼欽奉先帝遺命派怡親王載垣等八人贊襄政務兩月以來用人行政皆經該王大臣擬定諭旨每日明發均用御賞同道堂圖章共見共聞內外咸相欽奉惟臣等詳愼思之似非久遠萬全之策不能謂日後之決無流弊尋繹贊襄之義乃佐助而非主持若事無鉅細皆由該王大臣先行定議是名爲佐助而實則主持日久相沿中外能無疑慮爲今日計正宜皇太后親操出治威權庶臣工有所稟承命令有所咨決不居垂簾之虛名而收聽政之實效準法前朝憲章近代不難折衷至當伏查漢和熹鄧皇后順烈梁皇后晉康獻褚皇后遼睿智蕭皇后皆以太后臨朝史册稱美至如宋之章獻劉皇后有今世任姒之稱宣仁高太后有女中堯舜之譽明穆宗皇后神宗嫡母上尊號曰仁聖皇太后穆宗貴妃神宗生母上尊號曰慈聖皇太后惟時神宗十歲政事皆由兩宮決擇命大臣施行亦未嘗居垂簾之名也我皇上天亶聰明不數年即可親政而此數年間外而寇難未平內而洋人偪處何以拯時艱何以飭法紀端以固結人心最爲緊要倘大權無所專屬以致人心惶惑是則大可憂者請敕下廷臣會議皇太后召見臣工禮節及一切辦事章程或仍循向來軍機大臣承旨脣制量爲變通條列請旨酌定以示遵守疏入命廷臣集議允行同治元年安徽降賊苗沛霖謀分兵一由淸江一渡潁而西聲稱赴陝西勝保軍營助勦實有異圖楨上疏言苗沛霖窮而就撫仍復擁兵觀望反覆無常所部素無紀律倘長驅入陝何異引狼入室由潁趨豫尙爲道所必經繞道淸江則去之愈遠意存窺伺西犯山左則北路門戶大開固爲腹心之患東犯裏下河淮揚通海在在可虞請飭下勝保嚴阻又疏言皖省軍情緊急署撫臣李續宜回籍葬親請勿拘百日定制迅飭回任以固疆圉並嘉納之三年文宗實錄聖訓告成以監修勞賜花翎六年楨年七十賜壽恩禮甚渥尋以病乞休不許七年乃允致仕食全俸仍充團練大臣十三年卒詔稱其持躬端謹學問優長依大學士例賜卹晉贈太保入祀賢良祠諡文端子致恩官至浙江布政使

周祖培字芝臺河南商城人父鉞嘉慶六年進士歷官鴻臚寺少卿祖培嘉慶二十四年進士選庶吉士授編修五遷至侍講學士道光十七年督陝甘學政歷侍讀學士詹事內閣學士二十三年擢禮部侍郎調工部又調刑部二十六年偕尙書賽尙阿查勘江南江防善後事宜校閱江蘇安徽江西營伍三十年文宗即位疏言我朝立政之要用人之法備載列聖實錄請隨時披閱利害所關今昔同轍容有昔之所利不盡利於今者未有昔之所害不爲害於今者容有昔所欲除之害至今猶未盡除者未有昔所應防之害至今轉可不防者惟皇上成法在胸以應幾務庶利害瞭如指掌而興廢可決於一心並請責成大吏力戒欺飾考察屬吏其徇隱庇護者經言官彈劾即嚴懲督撫整頓營伍責令捕盜勿任推諉疏入被嘉納特詔飭行咸豐元年擢刑部尙書二年疏言戶部籌餉二十餘條所議之欵緩不濟急請照道光二十一年河南河工城工捐輸章程變通辦理又謂按戶派捐先斂怨於民請飭各督撫確查巨富之家勸諭激發忠愛力圖報效從之三年要犯劉秋貴死於獄承審官未得實情祖培坐降三級調用授左副都御史疏言賊匪滋事以來屢諭各省辦團練築寨浚濠仿嘉慶年間堅壁清野之法行無實效賊竄突靡定各州縣毫無豫備賊至卽潰請嚴飭督撫責成賢能有司會紳速辦有怠玩從事反滋擾累者予參處從之歷工部吏部侍郎四年連擢左都御史兵部尙書兼管順天府尹六年宣宗實錄聖訓成加太子太保調吏部八年會辦五城團防以吏部尙書協辦大學士兼署戶部九年調戶部兼署吏部京師戒嚴疏陳團防章程六條曰查戶口以別良莠勸保衛以聯衆志任官紳以專責成協營汛以聯臂指設水會以備不虞增幫辦以資助理車駕幸熱河命留京辦事拜體仁閣大學士管理戶部十一年文宗崩命總理喪儀兼辦定陵平安峪工程及穆宗奉兩宮回鑾祖培疏言怡親王載垣等擬定祺祥年號意義重複請更正詔嘉其關心典禮又言近畿各處抗糧拒捕成風由於州縣不得其人諭各督撫秉公遴選毋稍徇隱同治元年調管刑部四年山陵告成賜花翎五年文宗實錄聖訓成賜其子文龠員外郎文令舉人六年卒年七十五優卹諡文勤

朱鳳標字桐軒浙江蕭山人道光十二年一甲二名進士授編修十九年大考二等賜文綺直上書房尋督湖北學政歷司業侍講庶子侍講學士侍讀學士二十五年授皇七子讀連擢內閣學士兵部侍郎調戶部二十八年命赴天津驗收漕糧尋偕大學士耆英查辦山東鹽務疏劾歷任巡撫運司收受程儀節壽論譴有差又言山東鹽政疲敝甚於他省若求裕課暢銷惟除弊緝私最爲先務會議變通成法請先課後鹽以重帑項下部議行又查運庫出借銀七萬餘兩責賠繳藩庫積存減平及扣還軍需行裝等欵三十萬兩撥解部庫通省

倉庫正雜未完銀四十一萬兩穀三十七萬石命限八個月彌補咸豐元年擢左都御史歷署工部刑部戶部尚書三年粵匪陷江甯復陷揚州漕督楊殿邦退保淮安廷議調山西陝西兵七千赴援鳳標與尚書文慶侍郎全慶王慶雲合疏言淮安賊所必爭萬一賊衆渡河則河南山東民情震動撲滅愈難請命山東巡撫李僡親往淮安扼賊北竄並請敕直隸總督迅派布政使張集馨率兵扼要駐守以爲京師屛蔽疏入如所請行五月賊陷河南歸德鳳標與大學士賈楨尚書翁心存等條擬防勦六事多被采擇未幾悍賊林鳳祥等竄畿輔復偕楨心存等奏陳預籌守城事宜疏入報聞四年授刑部尚書六年宣宗實錄聖訓告成加太子少保尋調兵部復調戶部八年典順天鄉試因中式舉人平齡硃墨不符爲言官論劾與大學士柏葰論大辟鳳標亦解任聽勘文宗原其無私從寬坐失察革職逾數月命以翰林院侍講學士銜仍直上書房授醇郡王讀如故歷大理寺少卿通政使左副都御史署刑部侍郎隨扈熱河復擢兵部尚書十一年獲送文宗梓宮回京追錄扈從勞加二級調吏部充上書房總師傅同治七年以吏部尚書協辦大學士兼翰林院掌院學士未幾拜體仁閣大學士管理吏部十一年以病乞休命以大學士致仕食全俸十二年卒於家贈太子太保諡文端子其煊工部郎中官至山東布政使

單懋謙字地山湖北襄陽人道光十二年進士選庶吉士授編修十七年入直南書房十九年大考二等以贊善升用尋授司業遷洗馬二十年督廣東學政歷侍讀庶子以病歸父喪服闋請終母養咸豐三年粵匪擾湖北懋謙方居母憂命在籍治團練六年回京仍直南書房補原官七年督江西學政歷侍讀學士少詹事內閣學士工部侍郎均留學政任十一年巡撫毓科布政使慶廉爲言官論劾命懋謙按之疏言毓科非應變之才適當賊擾省防尤重本境兵勇不敷調遣辦理未能悉合機宜見雖全境肅清善後急宜妥辦籌備浙防接濟皖餉大局攸關恐未能措理裕如慶廉見未到任無事蹟可考未敢妄陳疏入報聞任滿回京充實錄館副總裁同治二年調吏部擢左都御史三年偕大學士瑞常等進講治平寶鑑授工部尚書四年命赴盛京偕侍郎志和等承修太廟昭陵工程時奉天馬賊猖獗命懋謙就近查察劾將軍玉明府尹德椿下部議處回京疏陳馬賊難防請籌兵餉出邊會勦以弭盜源又請飭奉天所屬各州縣查勘市鎭鄉村應修堡寨之處勸民作速興築摘錄嘉慶年間龔景瀚所著堅壁清野議刊發各州縣令遵照團練守禦之法量爲辦理疏入均得旨議行六年管戶部三庫事務七年調吏部十年管國子監事務十一年以吏部尚書協辦大學士尋拜文淵閣大學士兼管兵部十三年因久病請解職回籍允之光緒五年卒於家詔依例賜卹有學問優長持躬端謹之褒贈太子太保諡文恪

論曰自咸豐初軍事起四郊多壘廟堂旰食京師舉辦團防閣部重臣領之賈楨周祖培朱鳳標皆預其事其時用人猶循舊格揆席多由資進至穆宗踐阼底定東南漢閣臣多取勳望六官中大拜者尠惟單懋謙獨由正卿入閣時以爲榮遇焉

清史稿　列傳一百七十八

倭仁　李棠階

吳廷棟

倭仁字艮峯烏齊格里氏蒙古正紅旗人河南駐防道光九年進士選庶吉士授編修歷中允侍講侍讀庶子侍講學士侍讀學士二十二年擢詹事二十四年遷大理寺卿文宗卽位應詔陳言略曰行政莫先於用人用人莫先於君子小人之辨夫君子小人藏於心術者難知發於事蹟者易見大抵君子訥拙小人佞巧君子澹定小人躁競君子愛惜人才小人排擠異類君子圖遠大以國家元氣爲先小人計目前以聚歛刻薄爲務剛正不撓無所阿嚮者君子也依違兩可工於趨避者小人也諫諍匡弼進憂危之議動人主之警心者君子也喜言氣數不畏天變長人君之逸志者小人也公私邪正相反如此皇上天亶聰明孰賢孰否必能洞知第恐一人之心思耳目揣摩者衆混淆者多幾微莫辨情僞滋紛愛憎稍涉偏私取舍必至失當知人則哲豈有他術在皇上好學勤求使聖志益明聖德日固而已宋程顥云古者人君必有誦訓箴諫之臣請命老成之儒講論道義又擇天下賢俊陪侍法從我朝康熙間熊賜履上疏亦以延訪眞儒爲說二臣所言皆修養身心之要用人行政之源也天下治亂繫宰相君德成就責講筵惟君德成就而後輔弼得人輔弼得人而後天下可治疏入上稱其切直因諭大小臣工進言以倭仁爲法未幾禮部侍郎曾國藩奏用人三策上復憶倭仁言手詔同褒勉焉尋予副都統銜充葉爾羌幫辦大臣大理寺少卿田雨公疏言倭仁用違其才上曰邊疆要任非投閒置散也若以外任皆左遷豈國家文武兼資內外並重之意乎咸豐二年倭仁復上敬陳治本一疏上謂其意在責難陳善尚無不合惟僅泛語治道因戒以留心邊務勿託空言候補道何桂珍上封事言倭仁秉性忠貞見理明決生平言行不負所學請任以艱鉅未許三年倭仁劾葉爾羌回部郡王阿奇木伯克愛瑪特攤派路費及護衞索賍等罪詔斥未經確訊率行參奏下部議降三級調用四年侍郎王茂蔭等請命會同籌辦京師團練上以軍務非所長寢其議尋命以侍講候補入直上書房授惇郡王讀五年擢侍講學士歷光祿寺卿盛京禮部侍郎七年調戶部管奉天府尹事劾罷盛京副都統增慶兵部侍郎富呢雅杭阿及頒詔中外命充朝鮮正使召回京授都察院左都御史同治元年擢工部尚書兩宮皇太后以倭仁老成端謹學問優長命授穆宗讀倭仁輯古帝王事蹟及古今名臣奏議附說進之賜名啓心金鑑置弘德殿資講肄倭仁素嚴正穆宗尤敬憚焉尋兼翰林院掌院學士調工部尚書協辦大學士疏言河南自咸豐三年以後粵捻焚掠蓋藏已空州縣誅求仍復無厭朝廷不能盡擇州縣則必愼擇督撫督撫不取之屬員則屬員自無可挾以爲恣睢之地今日河南積習祇曰民刁詐不曰官貪庸祇狃於愚民之抗官不思所以致抗之由惟在朝廷愼察大吏力挽積習寇亂之源庶幾可弭是年秋拜文淵閣大學士疏劾新授廣東巡撫黃贊湯貪詐解其職六年同文館議考選正途五品以下京外官入館肄習天文算學聘西人爲教習倭仁謂根本之圖在人心不在技藝尤以西人教習爲不可且謂必習天文算學應求中國能精其法者上疏請罷議於是詔倭仁保薦別設一館即由倭仁督率講求復奏意中並無其人不敢妄保尋命在總理各國事務衙門行走倭仁屢疏辭不允因稱疾篤乞休命解兼職仍在弘德殿行走八年疏言大婚典禮宜崇節儉及武英殿災復偕徐桐翁同龢疏請勤修聖德停罷一切工程以弭災變並嘉納之十年晉文華殿大學士以疾再乞休尋卒贈太保入祀賢良祠諡文端光緒八年河南巡撫李鶴年奏建專祠於開封尤之初曾國藩官京師與倭仁李棠階吳廷棟何桂珍竇垿講求宋儒之學其後國藩出平大難爲中興名臣冠倭仁作帝師正色不阿棠階廷棟亦卓然有以自見爲倭仁著有遺書十三卷子福咸江蘇鹽法道署安徽徽甯池太廣道咸豐十年殉難甯國贈太僕寺卿騎都尉世職福裕奉天府府尹從子福潤安徽巡撫光緒二十六年外國兵入京師闔家死焉

李棠階字文園河南河內人道光二年進士選庶吉士授編修五遷至侍讀二十二年督廣東學政擢太常寺少卿會巡撫黃恩彤奏請予鄉試年老武生職銜嚴旨責讓棠階亦因違例送考議降三級調用遂引疾家居文宗卽位復日講曾國藩薦棠階醇正堪備講官召來京旣而日講中輟棠階以病未赴咸豐三年粵匪北犯河北土寇蜂起用尚書周祖培薦命治河北團練棠階聯絡村鎭名曰友助社賊踞溫縣東河灘柳林四出焚掠棠階督團練擊之村民未習戰且無火器殺賊數十人卒不敵會山東巡撫李僡率兵至賊引去賊自渡黃河始知民間有備稍稍率綴洎河北肅清敘勞加四品卿銜賜花翎同治元年詔起用舊臣棠階應召至上疏言用人行政惟在治心治心之要莫先克己請於師保匡弼之餘豫杜左右近習之漸暇時進講通鑑大學衍義諸書以收物格意誠之效又言紀綱之飭在於嚴明賞罰凡朝廷通諭諸事務飭疆臣實力奉行庶中外情志可通而禍亂可弭兩宮嘉納爲授大理寺卿先是兩江總督何桂清僨事逮治部議從重擬斬決廷臣有右之者言部臣有意畸重仍從本律監候棠階疏謂桂清貽誤封疆罪大不當輕比非公論後桂清卒伏法遷擢禮部侍郎左都御史署戶部尚書召對言治天下惟在安民安民必先察吏今日之盜賊卽昔日之良民皆地方有司貪虐激之成變爲今日平亂計非輕徭薄賦不能治本然非擇大吏則守令不得其人亦終不能收令行禁止之效因極言河南亂事及諸行省利病甚悉命爲軍機大臣具疏力辭弗許二年授工部尚書三年江甯克復論功加太子少保大憝旣平上諭中外臣工以兢業交勉棠階語恭親王及同直諸大臣謂當設誠致行久而不懈勿徒以空言相文飾王深然之翼日召對王反復陳君臣交儆之義棠階與同僚繼言之兩宮改容嘉納尋調禮部尚書太后命南書房上書房諸臣纂輯前史事蹟賜名治平寶鑑命諸大臣進講棠階因講漢文帝卻千里馬事反復推言人主不宜有所嗜好以啟窺伺之端自是每進講必原本經義極論史事歸於責難陳善四年恭親王被劾退出軍機棠階謂王有定難功時方多故不當輕棄親賢入對力言王非有心之失會惇醇兩王亦奏言奕訢不可遽罷乃復命入直僧格林沁戰歿曹州棠階以朝廷賞多罰少疆臣每存藐玩上疏極言其弊於是有申飭直省督撫之諭棠階自入直樞廷軍書旁午一事稍有未安輒憂形於色積勞致疾十一月卒年六十八上震悼遣貝勒載治奠醊賜金治喪贈太子太保諡

文清棠階初入翰林即潛心理學嘗手鈔湯斌遺書以自勗會通程朱陸王學說無所偏主要以克己復禮身體實行爲歸日記自省畢生不懈家故貧既貴儉約無改嘗曰憂患者生之門吾終身不敢忘忍饑待米時也

吳廷棟字竹如安徽霍山人道光五年拔貢授刑部七品小京官洊遷郎中廷棟少好宋儒之學入官益植節厲行蹇蹇自靖咸豐二年京察一等時侍郎書元兼崇文門副監督獲販私醎者三十六人承審者以漏稅擬滿杖已而覆訊得書元家人詐贓狀部臣據以入奏文宗疑書元孤立降旨切責會廷棟召對上詢是獄廷棟從容敷奏且詳陳治道之要言利之害君子小人之辨上首肯獄竟得解因詢廷棟讀何書廷棟以程朱對上曰學程朱者每多迂拘對曰此不善學之過程朱以明德爲體新民爲用天下未有有體而無用者皇上讀書窮理以裕知人之識清心寡欲以養坐照之明痌瘝求賢內外得人天下何憂不治上韙之尋出爲直隸河間知府粵匪北犯畿輔廷棟練民兵巡防民倚以爲固內閣學士勝保督師至河間責供張甚急知縣王灴迫於應付自刎不殊廷棟詣大營陳其事勝保瞿然飭部下聽命連擢永定河道直隸按察使以河間京師門戶廷棟善守禦得民心仍留知府任四年軍事定乃之按察使任六年遷山東布政使時部臣奏請畿內賦稅兼收大錢鈔票各三成上下交病總督譚廷襄不敢言會廷棟入覲面奏大錢鈔票實不流通立法必先便於民方可行必先信於民方能久今條科太多朝夕更改國家先不能自信何以取信於民上首肯者再既而廷襄入朝遂奏能前議山東吏治久窳廷棟獎廉懲貪方議海口立局收貨捐持不可八年坐奏銷遲誤降補直隸按察使十一年復調山東同治二年入爲大理寺卿尋擢刑部侍郎三年江南平廷棟上疏略曰萬方之治亂在朝政百工之敬肆視君心事不貴文貴其實下不從令從所好夫治亂決於敬肆敬肆根於喜懼自古功成志遂人主喜心一生而驕心已伏宦寺有乘其喜而貢諂媚者矣左右有乘其喜而肆蒙蔽者矣容悅之臣有因此而工諛佞者矣屛逐之奸有因此而巧夤緣者矣諂媚貢則柄暗竊蒙蔽肆則權下移諛佞工則主志惑夤緣巧則宵小升於是受蠱惑塞聰明遠老成惡忠鯁從前戒懼之念一喜敗之此後侈縱之行一喜開之方且矜予智樂莫違逞獨斷快從欲一人肆於上羣小肩於下流毒蒼生貽禍社稷稽諸史冊後先一轍推原其端祇一念由喜入驕而已軍興以來十數省億萬生靈慘遭鋒鏑即倡亂之奸民何一非朝廷赤子大兵所加盡被誅夷皇太后皇上體上天好生之心必有哀矜不忍喜者況旗兵之食根本空虛新疆缺餉邊陲搖動兼之强鄰偪處邪教肆行豈惟不可喜而實屬可懼假使萬幾之餘或有一念之肆臣工效之視彰癉爲故事輕告戒爲具文積習相沿工爲粉飾將仍成爲叢脞怠荒之局矣是非堅定刻苦持之以恆積數十年恭儉憂勤有未易培國脈復元氣者夫上行必下效內治則外安而其道莫大於敬其幾必始於懼懼天命無常則不敢恃天懼民嵓可畏則不敢玩民懼者敬之始敬者懼之終大智愈明神武愈彰紹祖宗富有之大業開子孫無疆之丕基是皆由皇心之懼始而敬成也易曰危者使平易者使傾懼以終始其要無咎詩曰敬之敬之天維顯思可弗以爲永鑒歟疏上優詔嘉納命存其疏於弘德殿以備省覽皇太后召對時諭曰皇帝沖齡踐祚國家大事汝宜直言無隱以無負先帝知遇廷棟感激出涕五年以衰病乞休許之歸寓江寧十二年卒年八十有一遺疏入詔褒其廉靜自持賜卹如例直隸山東皆祀名宦祠廷棟學以不欺爲本官臬司時畿輔連有逆倫獄總督盧一月頻入奏干上怒廷棟曰此吾儕不能教化之過待罪不暇敢欺飾耶及去官僑居清貧不受餽遺著有拙修集十卷

論曰倭仁晚爲兩宮所敬禮際會中興輔導沖主兢兢於君心敬肆之間當時舉朝嚴憚風氣賴以維持惟未達世變於自强要政鄙夷不屑言後轉爲異論者所藉口李棠階吳廷棟正色立朝不負所學翕然笙磬同音而棠階尤平實持大體可謂體用兼備矣

清史稿　列傳一百七十九

賽尚阿　訥爾經額

賽尚阿字鶴汀阿魯特氏蒙古正藍旗人嘉慶十一年繙譯舉人授理藩院筆帖式充軍機章京宣宗命樞臣甄別所屬賽尚阿列一等予優敍洊遷郎中道光十一年擢內閣侍讀學士偕將軍富俊按吉林將軍福克精阿剋扣兵餉得實劾罷之予頭等侍衛充哈密辦事大臣擢內閣學士丁父憂回旗留京遷理藩院侍郎兼副都統調工部迭赴盛京廣東察哈爾按事十五年命在軍機大臣上學習行走調戶部擢理藩院尚書兼都統調工部二十一年海疆戒嚴詔赴天津山海關勘築礮臺復偕御前大臣僧格林沁查閱海口二十二年命爲欽差大臣赴天津治防和議成撤防回京初京師添設槍隊命賽尚阿偕左都御史恩桂司訓練至是上閱武槍隊獨整嘉其督率有方賜花翎二十四年命覆訊通州民婦康王氏勒斃親姑獄白其冤論坊官逼供罪如律調戶部尚書赴江南查閱江防善後事宜三十年兼步軍統領協辦大學士咸豐元年拜文華殿大學士管理戶部時廣西匪亂方熾巡撫周天爵提督向榮會勦不能制賊起用林則徐未至道卒李星沅督師諸將不用命亦無功文宗深憂之以賽尚阿親信近臣命爲欽差大臣赴湖南防堵將以代星沅也特賜遏必隆刀給庫帑二百萬兩備軍餉副都統巴清德達洪阿率京軍隨行姚瑩嚴正基參軍事又調湖南在籍知縣江忠源赴營未幾星沅卒於軍趣賽尚阿馳往督師授內大臣六月至廣西疏陳汰兵勇明紀律購間諜散脅從斷接濟五事詔嘉其能通籌全局周天爵與向榮不協解其任以鄒鳴鶴代之又疏陳賊勢略言粵西股匪繁多馮雲山洪秀全淩十八等倡奉天主教凶很稱最來往於金田東鄉廟旺中坪官兵壁上環觀有無可如何之勢宜先用全力攻勦大股一經得手則分兵勦辦方免顧此失彼之虞省垣兵少暫居中調遣分派巴清德達洪阿進勦於是向榮連破賊於中坪及桂平新墟烏蘭泰設伏殲賊甚衆賊竄踞紫荊山以新墟雙髻隘爲門戶達洪阿烏蘭泰攻雙髻燬其巢賊自焚新墟而逸官軍失利遂陷永安州賽尚阿坐失機降四級留任詔責諸軍併力進攻永賓爲永安要隘烏蘭泰攻拔之乃合圍向榮任北路烏蘭泰任南路永安城小而堅環攻四閱月不能下嚴詔趣戰二年正月賽尚阿親往督之用向榮策開城北一隅不置兵縱其出因而擊之烏蘭泰爭之不得素與榮不協至是益相水火二月賊果由此路突出官軍不能禦僅獲洪大全檻送京師以收復永安上聞而賊遽犯桂林向榮走間道入城守禦烏蘭泰尾追至將軍橋猝被礮傷旋殞於軍總兵長瑞長壽董光甲邵鶴齡亦戰歿賽尚阿自請治罪詔責戴罪以圖補救命兩廣總督徐廣縉率師赴援賊見桂林守具已完援師漸集解圍北竄連陷興安全州賽尚阿始入駐省城遣提督余萬清總兵劉長清進攻全州江忠源破賊於蓑衣渡斃悍賊馮雲山賊遂入湖南連陷道州江華永明嘉禾藍山桂陽賽尚阿尾之抵衡陽賊由郴州分竄醴陵攸縣尋犯長沙勢益熾張湖南巡撫羅繞典以聞文宗震怒詔斥賽尚阿調度無方號令不明賞罰失當以致勞師糜餉日久無功褫職逮京治罪命大學士等會鞫賽尚阿伏地流涕自言不忍殺人辜負聖恩論大辟籍其家三子並褫職未幾釋出獄發往直隸交訥爾經額差遣調京隨辦巡防五年遣戍軍臺尋釋之命練察哈爾蒙古兵十年回京總統左翼巡城事宜予侍郎銜授正紅旗蒙古副都統以病免光緒元年卒子崇綺自有傳

訥爾經額字近堂費莫氏滿洲正白旗人嘉慶八年繙譯進士授妃園寢禮部主事調工部洊升郎中道光元年出爲山東兗沂曹道遷湖南按察使丁憂去職三年起署山東按察使尋實授承鞫教匪馬進忠獄得實賜花翎就遷布政使六年擢漕運總督九年調山東巡撫十二年擢湖廣總督十六年湖南新寧猺生藍正樽習教傳徒聚衆數千攻武岡州城爲官兵擊退捕獲黨羽而正樽逃逸詔責訥爾經額嚴緝久不獲革職留任十七年京察考績詔斥訥爾經額玩泄無能降湖南巡撫限一年捕正樽尋以正樽已被鄉勇毆斃奏下繼任總督林則徐確查虛實則徐疏言鄉勇毆斃三賊有正樽在內以衣物爲證詔斥衣物出於事後早驗不足信褫訥爾經額職予三等侍衛充駐藏辦事大臣逾年晉頭等侍衛調西甯辦事大臣二十年擢熱河都統俄授陝甘總督未之任命署直隸總督尋實授二十一年英吉利兵船遊弋秦王島命訥爾經額移駐天津籌防加太子太保時漸多事財政支絀疆臣猶因習承平舊制憚於興革廷議興屯墾及畿輔水利訥爾經額疏言屯田不能行於畿輔先朝試行水利屢興屢廢良由南北異宜民多未便寢其議又言官請長蘆懸岸懸額如河南山東改歸官辦訥爾經額言懸岸由於私充引滯但使梟販斂迹民販亦可持久諸商不招自至不必務官辦之虛名徒事更張無裨實用咸豐二年以直隸總督協辦大學士尋拜文淵閣大學士仍留總督任三年粵匪既踞江甯分黨由安徽入河南歸德睢州甯陵蘭封相繼陷河南巡撫陸應穀敗績賊竄開封命訥爾經額防守大名遏賊北竄令總兵花里雅遜布屯延津防河雙祿守彰德爲後繼而賊會林鳳祥李開芳已自汜水渡河陷溫縣犯懷慶訥爾經額檄總兵董占元赴援自駐臨洺關請增調盛京吉林步騎詔授訥爾經額爲欽差大臣節制河南北諸軍賊圍懷慶久知府余炳燾率紳民固守賊周樹木柵爲久困計援軍四集惟都統勝保將軍托明阿軍戰最力花里雅遜布董占元等

陽丹水駐軍畏賊不敢進勝保屢以爲言詔促訥爾經額進師夾擊並防賊竄入山西乃進駐清化鎭八月諸軍五路合擊破賊柵賊大潰圍乃解文宗大悅賜訥爾經額雙眼花翎黃馬褂賚擢諸將有差賊之敗竄也諸軍以久戰疲罷未能力追山西兵多調援設防不密賊遂由濟源入太行山連陷垣曲陽城曲沃犯平陽府擾及洪洞並失守追軍皆落後惟勝保先進戰於平陽挫之繞前拒賊北路賊乃東趨訥爾經額回駐臨洺關素不知兵束手無措或告潞城黎城間有孔道循太行東出武安密邇臨洺然險隘可扼訥爾經額以非直隸轄境吝山西巡撫守禦既而賊果破黎潞猶謂賊不能遽至忽有冒欽差大臣旗幟責州縣供張者蓋賊之前驅已出山矣俄而膺至官軍出不意驚潰訥爾經額以數十人走保廣平府城關防令箭軍書資械委棄皆盡事聞褫職留於直隸隨同辦理軍務賊遂大熾畿輔半被蹂躪京師震動命惠親王綿愉爲大將軍科爾沁郡王僧格林沁副之勝保督師前敵追勦於是逮訥爾經額下獄論監斬候逾年始殄賊先後禽首逆林鳳祥李開芳伏誅畿輔肅清赦訥爾經額出獄遣戍軍臺逾年釋回予六品頂戴命守慕陵尋以四五品京堂候補七年卒子蘊秀銜秀並官內閣學士

論曰清沿故事有大軍事輒以滿洲重臣督師乾嘉時如阿桂福康安勒保額勒登保等皆胸有韜略功在旂常道光以來惟長齡平定回疆差堪繼武其後禧恩之征猺奕山奕經之防海或以驕侈召謗或以輕率僨事至粵匪初起李星沅不勝任易以賽尚阿馭將無方遂致寇不可制訥爾經額庸懦同之畿甸震驚自是朝廷始知其弊惟僧格林沁猶以勳望膺其任不復輕以中樞閣部出任師干即有時親藩遙領亦居其名不行其實蓋人材時會使然固不可與國初入關時並論也

清史稿

列傳一百八十

李星沅 周天爵 勞崇光

李星沅字石梧湖南湘陰人道光十二年進士選庶吉士授編修十五年督廣東學政粵士多健訟檄通省籍諸生之干訟者牒報詞治之士風以肅任滿授陝西漢中知府歷河南糧道陝西四川江蘇按察使在川陝嚴治刀匪嘓匪屢禽其魁寘之法遷江西布政使調江蘇二十二年擢陝西巡撫署陝甘總督二十五年調江蘇巡撫二十六年擢雲貴總督兼署雲南巡撫先是永昌回亂迤西道羅天池濫殺不分良莠衆回益擾總督賀長齡提督張必祿急於主撫降者輒復叛至是緬甸匪首馬國海被勦亡走潛結雲州回馬登霄海連升等復起事迤西大震星沅追論釁亂之由長齡天池等並獲譴二十七年遣兵進勦解散被脅回衆首逆就殲餘匪肅清詔嘉其功加太子太保銜賜花翎尋調兩江總督星沅未第時客陶澍幕中爲掌章奏又歷官江南習於鹽漕河諸利弊時度支告匱廷臣主南漕改徵折色解部於北省採買星沅謂折多徵收不易折少採買不敷穀賤銀貴民間展轉虧折且州縣藉端浮勒胥吏高下其手防之皆難迭疏論列議遂寢淮鹽自陶澍整頓之後歷年又多積欠星沅疏陳引鹽壅積課款支絀情形揆厥所由官以畏難而因仍商以畏難而取巧成本增於雜費行銷滯於售私年復一年幾同痼疾先當以內清場私外敵鄰私爲急則治標之計本年回空糧私奏請查禁其川私粵私潞私浙私均咨行堵緝又引船夾帶爲害最鉅扼要搜查於揚州仙女廟及江甯下關緝獲百餘萬斤提省審辦他如慎出納提緩課派縣引刪繁文配運殘引提售新鹽裁浮巡費禁捏報淹銷酌議章程八條以圖整理疏入下部議行舊制總督兼管河務自道光二十二年後停止至是復命兼管會兼署河督疏請嚴禁聽員衆處清江飭各歸工次奏籌外海水師事宜曰磨厲人才曰變通營巡曰覈實會哨曰扼要堵緝曰配兵足數又請添造戰船勸捐給獎並允行俄羅斯通商舊由陸路忽有商船至上海執約拒之在任兩年宣宗甚加倚任因久病請解職回籍允之三十年宣宗崩赴京謁梓宮復以母老陳請歸養會廣西匪亂方熾起林則徐督師卒於途命星沅代爲欽差大臣是年十二月抵廣西駐柳州時左右江匪氛蔓延諸賊尤以桂平金田洪秀全爲最悍巡撫鄭祖琛提督閔正鳳皆以貽誤黜去周天爵向榮繼爲巡撫提督二人者並有重名負意氣議輒相左星沅調和之仍不協軍事多牽掣咸豐元年春向榮進勦賊由大黃江牛排嶺竄新墟紫荊山星沅檄總兵秦定三李能臣率滇黔兵追躡賊復竄武宣榮天爵各進擊賊踞東鄉兩軍攻之不克星沅以事權不一奏請特簡總統將軍督勦詔斥其推諉尋命大學士賽尚阿率總兵達洪阿都統巴清赴湖南防堵將以代之賽尚阿至湖南遂授欽差大臣赴廣西督師命星沅回湖南治防四月星沅力疾赴武宣前敵督戰至則已憊甚數日卒於軍遺疏言賊不能平不忠養不能終不孝歿後斂以常服用彰臣咎文宗覽而哀之依總督例賜卹賜金治喪存問其母子二人命俟服闋引見諡文恭子桓官至江西布政使

周天爵字敬修山東東阿人嘉慶十六年進士歸班銓選道光四年授安徽懷遠知縣調阜陽天爵少以堅苦自立篤信王守仁之學及爲令盡心民事廉介絕俗皖北盜賊橫恣與胥吏通天爵極刑痛懲之有劾其殘酷者總督蔣攸銛奏言天爵愛民如子嫉惡如仇古良吏也由是受宣宗之知諭曰不避嫌怨之員最爲難得小過可宥之連擢宿州知州廬州知府廬鳳穎泗道所至捕盜魁無漏網者十五年擢江西按察使仍調安徽遷陝西布政使十七年署漕運總督尋實授時漕務積弊運丁水手尤恣悍特用天爵嚴馭之劾衛官十二員以儆衆詔褒勉之十八年調署湖廣總督尋授河南巡撫擢閩浙總督皆未行調授湖廣總督漢口鎭爲商船所聚苦盜川匪充鉛船水手每行劫殺人陝楚交界奸徒掠販婦女並爲民害天爵捕治如律劾失察有司及承審縱延者悉褫其職荊州沿江舊於冬季委員巡緝盜賊天爵謂屬具文罷之遴幹吏暗偵與地方官掩捕以獲盜多寡定功過襄陽匪徒傳習牛八邪教又有天主十字各教捕誅數十人每有疏陳宣宗輒手詔褒嘉連年水災濱江濱漢隄垸多壞疏請依治黃河法遇險立挑壩並以草護隄飭治河州縣有大工解任專治立限保工限內失事者罰紳董亦如之漢水多灣曲立磚石斗門以備蓄洩並如議行天爵馭吏嚴多怨者二十年已革大冶知縣孔廣義揭訐多款天爵置不問事上聞嚴斥之議革職留任尋言官劾天爵酷刑與廣義言略同命侍郎麟魁吳其濬往按得天爵信任候補知縣楚鏞用非刑外委黃雲邦誣執良民諸狀上震怒褫天爵職戍伊犂二十一年命赴廣東交靖逆將軍奕山差遣尋免罪留粵効力二十二年予四品頂戴以知府候補調江蘇辦理清江防務海防事竣留治淮揚善後事宜尋予二品頂戴署漕運總督兼署南河總督二十三年因濫刑及失察漕書私鑄關防連被吏議疏請去職命以二品頂戴休致久之廣西賊起日益熾文宗御極求知兵大臣尚書杜受田以天爵對遂起廣西巡撫偕欽差大臣李星沅辦賊咸豐元年春親率兵與向榮會勦金田匪洪秀全等賊竄武宣東鄉合擊於東嶺村力戰兵有退者天爵手刃之援桴鼓而前賊始卻時懷集賀縣及都康下雷土司淩雲東蘭橫州博白並有匪踞檄各屬力行團練合力防勦詔加天爵總督銜專辦軍務以布政使勞崇光攝巡撫事天爵年近八旬每戰親臨前敵惟與李星沅向榮皆不協星沅既疏請特簡總統督師尋病歿命天爵暫署欽差大臣賊由武宣竄象州詔斥天爵等相持日久不能制賊褫總督銜解軍務回省暫署巡撫洎賽尚阿至軍議復不合自陳衰病詔命來京既至連召對十一次極言軍事文宗爲之動容然方倚賽尚阿亦未盡用其言二年粵匪擾及兩湖天爵僑居宿州命偕安徽巡撫蔣文慶治防務三年疏陳廬鳳爲江淮要區赴正陽關撫舊捻張鳳山等一千二百人用之請江蘇山東安徽河南舉行團練未幾安慶陷文慶死之命天爵署安徽巡撫尋實授江甯亦陷天爵請扼黃河杜賊北竄辭巡撫專任兵事命以兵部侍郎銜督師勦宿州懷遠水城靈壁捻匪北路漸清進規廬鳳禽定遠捻首陸遐齡散其衆四千餘被褒賚疏論廬州知府胡元煒劣迹請革職逮治巡撫李嘉端置不問元煒通賊內應廬州陷江忠源死之粵匪踞臨淮關天爵外遏來賊內清土匪孤軍支拄方奉命往援廬州以疾卒於軍上震悼詔嘉其秉性忠直勇敢有爲心地品行迥超流俗追贈尚書銜依贈官賜卹特諡文忠不由內閣擬上擢其子光碧都司賜光岳舉人

勞崇光字辛陔湖南善化人道光十二年進士選庶吉士授編修二十一年出爲山西平陽知府調太原擢冀甯道遷廣西按察使二十八年奉使赴越南冊封事竣入關値匪亂駐思恩南甯督軍進勦二十九年遷湖北布政使未行而湖南賊李沅發起新甯仍留廣西治防沅發平敘功賜花翎三十年就授廣西布政使慶遠賊竄武緣賓州崇光偕提督向榮會勦禽賊首陳勝又平上林遷江竄匪設方略解散匪黨凡數十起撫張家祥收隸部下改名國樑後以戰功顯尋署巡撫副將伊克坦布戰歿於桂平檄總兵周鳳岐赴援時命李星沅督師周天爵爲巡撫專治軍崇光仍攝巡撫事會辦軍務咸豐元年大學士賽尚阿代星沅而鄒鳴鶴繼爲巡撫崇光會辦如故平西林博白懷集竄賊廣東賊顏品瑤擾南甯太平崇光駐兵南邕與廣東軍合擊屢戰皆捷品瑤就殲又平貴縣賊被優敘偕左江鎭總兵谷韞燦平白山賊舉行南太泗鎭四府團練殲顏品瑤餘黨於靈山加頭品頂戴二年駐梧州會廣東軍勦艇匪尋金田賊洪

秀全等永安突圍出犯桂林，命崇光回援，至則賊已北竄，連陷興安全州，偕總兵和春追擊之，賊遂入湖南。會雲貴總督吳文鎔疏稱崇光有膽略血性，請重其事權，就擢巡撫。上疏略曰桂林雖解圍，賊氛不遠，羣情尙復驚疑，增兵置防皆非倉卒能辦，惟就現有兵力布置，省標調赴各處者次第撤回，駐防城內，遴選練丁分扼城外要隘，激勵團練以作民氣，招撫流亡以復民力，訓練兵勇以肅軍紀，搜緝土匪以靖內奸，各屬游匪土匪不時蠢動，額兵不敷分撥，鼓舞團練以資捍衛而備援勦。時賽尙阿既黜，崇光專任廣西軍務，詔以匪雖已出粵境，舊巢穴處渠魁踞之，爲回竄地步，責以搜捕黨羽。三年，洪秀全等既踞江寧，分黨北犯中原，兵事日棘，朝廷不暇顧及邊遠，廣西伏莽時起，旋滅旋萌，餉絀兵單，惟恃團練，不能大創賊，崇光且勦且撫，支拄數載。洎英人踞廣州後，廣東賊氛復熾，艇匪竄擾廣西，潯州柳州慶遠梧州南寧相繼陷，近地土匪益起，屢逼桂林，軍中多降將，心皆叵測。崇光乞師於湖南，七年，駱秉章令將益澧率湘軍赴援，屢破賊，復興安靈川，入屯省城，乃誅反側，易守軍，桂林始安。八年，奏留益澧在廣西勦賊，連擊艇匪於平樂令公渡五塘，大破之，斬馘萬餘，由是艇匪始衰，慶遠柳州相繼復。九年，調廣東巡撫，兼署兩廣總督。英軍猶踞省城，前任總督黃宗漢巡撫耆齡等皆駐外縣不敢入，崇光至，坦然入城，與敵軍狎居。尋實授總督，迭遣將禦湖南江西竄匪，擊走之，本境土寇時起，皆不久撲滅，與廣西軍會勦艇匪，梧州潯州賊匪漸清。至十一年，英法聯軍犯京師，和議成，廣州敵軍始退。同治元年，以失察都司陶昌培知縣許慶鎔營私納賄，降三級調用，命仍以一品頂戴赴貴州按事。前巡撫耆齡御史華祝三復劾崇光任用非人，調度乖方，詔命自陳，下署總督晏端書提督崑壽察按，得免議。尋授雲貴總督。雲南自總督潘鐸被戕，巡撫徐之銘結回酋以自保，張凱嵩繼署總督，久不至，以規避黜，命崇光代之。崇光至貴州，會粵匪石達開餘黨陷綏陽，督兵擊走之，遂駐貴陽。三年春，土匪苗匪屢來犯，偕巡撫張亮基勒兵固守，賊敗退。時雲南叛回猶雜處省城，議者皆言不可遽往，崇光遂行，軍民父老喜迎於郊，回衆始稍斂。逆首馬榮馬連升踞曲靖爲巢穴，崇光知候補道岑毓英降回總兵馬如龍可用，四年春，令參將馮世興與二人合師攻克曲靖，擒榮連升等，斬以徇，遂收馬龍尋甸，迤東肅清。遣提督趙德光克平江外賊巢，復廣順，進克貴州黔西大定。五年，復普洱及思茅，雲南軍事漸利。六年，卒，優詔賜卹，嘉其沈毅有爲，歷官兩廣雲貴，皆不避艱險，俾地方日有起色，贈太子太保，諡文毅。廣西請建專祠，雲貴祀名宦祠。

論曰：粵匪之起也，始由疆臣玩誤，繼復將帥不和。李星沅周天爵皆素以忠勤著，文宗採時譽而付以重任，於軍事皆不得要領，及易以賽尙阿而敗壞益甚，虎兕出柙，遂不可制矣。勞崇光久在兵間，洪秀全北竄後已不顧舊巢，然伏莽四起，終賴湘軍之力，數年而後克定。其於廣東雲南，皆受事於萬難措置之時，屢虎不咥，權略有足稱焉。

清史稿 列傳一百八十一

徐廣縉 黃宗漢 葉名琛

徐廣縉，字仲升，河南鹿邑人。嘉慶二十五年進士，選庶吉士，授編修，遷御史。道光十三年，出爲陝西榆林知府，歷安徽徽甯池太道、江西督糧道、福建按察使，擢順天府尹，尋出爲四川布政使。丁母憂，服闋，補江甯布政使。二十六年，擢雲南巡撫，調廣東。二十八年，擢兩廣總督，兼通商大臣。自江甯定約五口通商，許廣州省城設立棧房，領事入城以平禮相待，粵民堅執洋人不准入城舊制，聚衆以抗，官不能解。總督耆英既與英人議緩俟二年之後，尋內召，廣縉繼任。會黃竹岐鄉民毆殺英人六，領事德庇時要挾賠償保護，廣縉治殺人者罪而拒其非理之求，戒諭人民毋暴動，事得解。德庇時回國，文翰代爲領事，初至，請謁廣縉，赴虎門閱礮臺，延見之，遂登其舟，示以坦白。二十九年，文翰以兩年入城之期已屆，要踐約，廣縉諭以耆英所許乃姑爲權宜之計，民情憤激，衆怒難犯，非官所能禁止。文翰則堅持成約，且以他省入城相詰，雖揚言將駕兵船至天津訴諸京師，相持不下。廣縉疏聞，自請嚴議，密詔許暫入城一次，以踐前言，不得習以爲常。廣縉復疏言入城萬不可行，廣東民情剽悍，與閩浙江蘇不同，阻其入城而有事，則衆志成城，尚有爪牙之可恃，許其入城而有事，則人心瓦解，必至內外之交訌，明知有害無利，詎敢輕於一試，卒堅拒之。英人乃集兵船三於香港，放小艇至海口各港測水探路，示恫喝。廣縉增兵守諸礮臺及要隘，嚴備以待。時民團號十萬，聲勢甚張，華商會議暫停各國貿易，密告美法兩國領事，啟釁實由英人，於是諸洋商慮受擾累，將以損失歸領事負責，士紳聯名致文翰，爲反覆陳利害甚切，文翰內受牽制，乃罷入城之議，乞照舊通商，與要約停市開市皆非由官令，不進城即通商，後有反覆，仍行停止。事既定，廣縉疏聞，宣宗大悅，詔曰：「洋務之興將十年矣，沿海擾累，糜餉勞師，近雖略臻安謐，而馭之之法剛柔未得其平，流弊因而愈出，朕恐瀕海居民或遭蹂躪，一切隱忍待之。昨英酋復伸入城之請，徐廣縉等悉心措理，動合機宜，入城議寢，依舊通商，不折一兵，不發一矢，中外綏靖，可以久安，實深嘉悅。」於是錫封廣縉一等子爵，賜雙眼花翎。是役商民一心，尤得紳士許祥光伍崇曜之力爲多，二人並被優擢。逾數月，文翰復言國王以進城未能如約爲人所輕，似覺赧顏，請爲轉奏，廣縉以罷議進城之後，貿易始復，豈可再申前說，拒之。三十年，文翰又遺書大學士穆彰阿耆英，遣人至上海天津投遞，文翰尋自赴上海，欲有所陳請，先後卻之，乃回香港，蓋覘釁未已也。時兩廣盜賊蜂起，以廣西金田洪秀全爲最悍，巡撫鄭祖琛柔懦縱賊，廣縉疏劾其養癰貽患，罷之。廣東韶州廉州匪亦蔓延，廣縉遣軍扼梧州肇慶。詔廣縉赴廣西勦辦，尋起林則徐督師，命廣縉勦捕廣東游匪。咸豐元年，出駐高州，匪首淩十八陳二吳三何若科踞羅鏡圩及信宜，與洪秀全聲勢相倚，廣縉遣兵進擊，殲吳三，追何若科至貴縣，禽之，又破廉州賊顏品瑤，禽李士青。二年春，乘勝進攻羅鏡圩，禽淩十八，捷聞，加太子太保，命馳赴梧州。而洪秀全大股已犯桂林，竄入湖南，賽尚阿以罪黜，授廣縉欽差大臣，署理湖廣總督。十月，至衡州，賊攻長沙甚急，駱秉章張亮基力守，屢挫賊，乃下竄岳州。廣縉始抵長沙，未幾，岳州亦陷，直犯武昌，廣縉進駐岳州，而漢陽武昌相繼陷。詔斥廣縉遷延不進，調度失機，株守岳州，擁兵自衞，褫職逮問，籍其家，論大辟。三年夏，粵匪入河南境，釋廣縉交巡撫陸應穀差遣，責令帶罪自効，率兵駐歸德，防勦捻匪有功。八年，命赴勝保軍營，尋予四品卿銜，留鳳陽從袁甲三勦捻匪，未幾，卒。

葉名琛，字崑臣，湖北漢陽人。道光十五年進士，選庶吉士，授編修。十八年，出爲陝西興安知府，歷山西雁平道、江西鹽道、雲南按察使，湖南、甘肅、廣東布政使。二十八年，擢廣東巡撫。二十九年，英人欲踐入城之約，名琛偕總督徐廣縉堅執勿許，聯合民團嚴爲戒備，華商自停貿易以制之，英人始寢前議。論功封一等男爵，賜花翎。三十年，平英德土匪，被優敘。咸豐元年，殲羅鏡會匪吳三，加太子少保。二年，廣縉赴廣西督師，命名琛接辦羅鏡勦捕事宜，出駐高州。是年秋，羅鏡匪首淩十八就殲，加總督銜，署總督，赴南韶一帶督勦，尋實授兩廣總督，兼通商大臣。時廣東盜賊蠭起，四年，廣州羣匪擾及省城，遣將分路進勦，連戰皆捷。近省之佛山、龍門、從化、東莞、陽山、河源、增城、封川，韶州之海豐、開建，潮州之惠來，肇慶府城及德慶並陷，先後克復。隣省軍務方亟，糧餉器械多藉廣東接濟，名琛籌供無缺，益得時譽。五年，以總督協辦大學士。六年，拜體仁閣大學士，仍留總督任。名琛性木彊，勤吏事，屬僚憚其威重。初以偕徐廣縉拒英人入城被殊眷，因狃於前事，頗自負，好大言，遇中外交涉事，略書數字答之，或竟不答。會匪之逼廣州，或議借外國兵禦賊者，斥之。退匪既平，按察使沈棣輝功最多，列上官紳兵練出力者請奬，格不奏，兵練皆解體。又嚴治通匪餘黨，或藉捕匪仇殺，從賊逃不敢歸，其黠者投香港，勸英人攻廣州。會水師千總巡河，遇划艇張英國旗，搜獲十三人，拔其旗。英領事巴夏禮索之不得，貽書名琛責問，謂捕匪當移取，不當擅執，毀旗尤非禮。名琛令送十三人於領事，不受，必欲併索千總，遂置之。未幾，遣通事來告，越日日中不如約，即攻城。至期，英兵果奪臘得中流礮臺，名琛曰：「彼當自走。」令水師勿與戰，於是鳳皇山海珠諸礮臺皆被踞，發礮擊省城。十月朔，毀城，既入復出。遣廣州知府往詰用兵之故，英人曰兩國官不晤，情不親，誤聽傳言，屢乖和好，請入城面議，名琛勿許；請於城外會議，亦不許。兵練數萬來援，怵敵火器，不能力戰，民憤甚，焚英法美三國居室，凡昔十三行皆燼。英兵亦焚民居數千家，退泊大黃滘，各報其國。英遣額羅金來粵，索兵澳門香港，始書索償款，名琛以其言狂悖，不答。法美兩國領事亦索賠償，且告英兵已決計攻城，願居間排解，名琛慮其合以脅我，亦不聽，且不設備。七年，英兵攻東莞，總兵萬開慶與戰，軍潰。額羅金遣艇遞照會，名琛答以通商而外，概不能從。累疏言英國主厭兵，粵事皆額羅金等所爲，臣始終堅持，彼窮當自伏。密詔戒勿輕視，猶信其事有把握，仍褒勉之。九月，英兵驟至，法美兵皆從，將軍司道商戰守，名琛惟恃通事張雲同爲內應，待敵窮蹙。民間見其夷然不驚，事皆秘不宣示，轉疑其陽拒陰撫，人心益渙。十一月，敵張榜城外，限二十四時破城，勸商民遷避，礮擊總督署，延燒市廛，城遂陷。巡撫柏貴偕紳士伍崇曜等議和，名琛猶持不許入城之議，夜避左都統署，英人大索得之，舁登舟。將軍巡撫以聞，詔斥名琛剛愎自用，辦理乖謬，褫其職。英人遂踞省城，禁巡撫等官不毋出責以安民民各集團練設總局於佛山相持數年各國聯師赴天津事乃益棘矣名琛既被虜英人挾至印度孟加拉居之鎮海樓上猶時作書畫自署曰海上蘇武賦詩見志日誦呂祖經不輟九年卒乃歸其尸粵人憾其誤國爲之語曰不戰不和不守不死不降不走相臣度量疆臣抱負古之所無今之罕有

黃宗漢字壽臣福建晉江人道光十五年進士選庶吉士散館改兵部主事充軍機章京歷員外郎郎中遷御史給事中二十五年出爲廣東督糧道調雷瓊道歷山東浙江按察使咸豐初巡撫吳文鎔薦宗漢可重用遷甘肅布政使二年擢雲南巡撫未之任調浙江值試辦海運湖郡漕船淺滯改留變價虧銀三十餘萬兩布政使椿壽情急自縊宗漢疏請原米隨新漕運京允之三年粵匪犯江甯調浙江兵二千名赴援江甯尋陷宗漢赴嘉興湖州籌防疏言不可僅於本境晝疆而守於是分兵赴江蘇安徽境內協防詔嘉其妥協尋上海匪起陷城請海運改於劉河受兌時江南大營需餉甚鉅宗漢貽書向榮通盤籌算請於江蘇浙江江西三省確定每月額數榮據以上聞文宗韙之四年特詔褒宗漢辦理防務海運及本境治匪察吏精詳無瞻顧深堪嘉尚特賜御書忠勤正直扁額勉其愼終如始以成一代良臣擢四川總督給事中張修育疏言宗漢治浙布置合宜未可更易詔不允會因數月未奏事降旨詢問以疾爲言詔斥之議降三級調用加恩降二品頂戴仍留總督任五年馬邊夷匪爲亂平之遵旨遣松潘鎮總兵德恩以兵二千援荊州又調兵四千赴貴州勦苗並協餉十萬兩六年復因久無奏報命將軍樂斌查奏以痰疾聞下部議降調命來京另候簡用補內閣學士兼署刑部侍郎順天府尹廣東軍事起葉名琛被虜授宗漢兩廣總督兼通商大臣時廣州爲英人所踞巡撫柏貴在城中爲所脅制民團四起文宗因徐廣縉等前拒英人入城賴紳民之力欲復用之命在籍侍郎羅惇衍京卿龍元僖給事中蘇廷魁治團練惇衍等號召鄉團得數萬人戒期攻城卒無功又禁華人不得受雇爲洋人服役以困之八年春各國遣人赴江蘇投書致京師大學士訴粵事請遣大臣至上海會議且言逾期即赴天津詔仍回廣東候宗漢查辦而英俄兩國兵船已泊吳淞宗漢過江蘇總督何桂清堅留在上海開議宗漢不可遽去取道浙閩調兵不可得及至廣東敵兵已犯天津宗漢駐惠州惟恃聯絡民團出示空言激勵爲英人所禁格不能徧及旣而天津和約成俟償款六百萬兩分年交畢始退出廣州粵民愈憤英領事宣布和議新安鎭鄉勇殺其張示者數人遂發兵陷新安民團大舉攻城初勝終挫懸賞格購洋官首亦僅時伺隱僻有所殺傷而已宗漢外怵強敵內畏民嵒不能有所措施洎大學士桂良等至上海議稅則及換約事宜將與商交還廣州向宗漢詢近狀輒不答而英人以旣議和民團復相仇殺來相詰問且揭團紳告示載諭旨有異必欲去宗漢及三團紳桂良等疏聞詔責宗漢捕僞造諭旨之人罷其通商大臣改授何桂清英使額羅金猶不慊遽率艦赴廣東九年遂復有天津之役尋調宗漢四川總督召至京改以侍郎候補十年署吏部侍郎尋實授四川京官呈請飭赴四川督辦團練不許宗漢與載垣端華肅順等交結十一年穆宗卽位載垣等獲罪少詹事許彭壽疏劾宗漢與陳孚恩劉崑並黨肅順等蹤迹最密詔曰黃宗漢本年春赴熱河危詞力阻迴鑾追皇考梓宮將回京又以京城可慮徧告於人希冀阻止其意存迎合載垣等衆所共知聲名品行如此若任其濫厠卿貳何以表率屬僚革職永不敘用以爲大僚輕媚者戒並追奪前賜御書忠勤正直扁額同治三年卒

論曰當道咸之間海禁大開然昧於外情朝野一也粵民身創夷患之深目擊國威之隳憤懼交乘遂因拒入城一事釀成大釁朝廷誤信民氣可用而不知虛聲之不足恃也徐廣縉操縱有術倖安一時葉名琛狃於前事驕愎致敗宜哉黃宗漢依違貽誤終以依附權要被譴廣縉在粵東勦平羅鏡匪有功及代賽尙阿督師軍事已壞旁皇失措咎無可辭焉

清史稿　列傳一百八十二

常大淳 雙福 常祿 王錦繡 王壽同　蔣文慶

陶恩培 多山　吉爾杭阿 劉存厚 周兆熊 [illegible]

羅遵殿 王友端 繆梓　徐有壬

王有齡

常大淳字蘭陔湖南衡陽人道光三年進士選庶吉士授編修遷御史湖南鎮筸兵變戕營官鎮道莫敢誰何大淳疏劾之出爲福建督糧道署按察使晉江縣獲洋盜三百八十餘人總督欲駢誅之大淳力爭全活脅從者近三百人司獄囚滿大淳曰囚不皆死罪獄無隙地疫作且死乃分別定擬遣釋囹圄一清歷浙江鹽運使安徽按察使母憂歸服闋授湖北按察使遷陝西湖北布政使三十年擢浙江巡撫咸豐元年海盜布興肆擾疏劾黃巖溫州乍浦三鎮總兵應調遲延親赴甯波與提督會勸降其渠凡五月事定二年調湖北粵匪犯長沙土匪蜂起或議停文武鄉試大淳不可終事無譁尋調山西未行時總督程矞采駐防湖南失機獲罪徐廣縉代之駐湖南督師而賊勢益張兩湖集兵長沙防岳州者僅千人大淳奏調陝甘兵未至岳州土匪王萬里等踞桃林檄防兵討之萬里遁而粵匪已走甯鄉破益陽出臨資口先是大淳檄巴陵紳士吳士邁練漁勇防水路拖土星港設柵千人守之商賈民船萬餘皆阻柵不得行及賊至漁勇潰船悉爲賊有水陸並下提督博勒恭武守岳州不戰而走城遂陷武漢大震兵不滿五千奏留江南提督雙福募勇繕城爲守禦計而兩司以下亦少應變才大淳性仁柔但以好語拊循士卒莫能得其死力賊至先陷漢陽作浮橋攻武昌提督向榮自湖南來援距城十餘里阻賊不得前十二月賊由江岸穴地轟城遂陷大淳死之妻劉子集松子婦馬孫女淑英並殉詔贈總督謚文節祀昭忠祠並於湖北建立專祠同城文武被難者提督雙福學政光祿寺卿馮培元布政使梁星源按察使瑞元道員王壽同王東槐林恩熙知府明善董振鐸同知周祖衔知縣繡麟而總兵王錦繡常祿皆以援師入城助守同殉焉馮培元王東槐自有傳雙福他塔拉氏滿洲正白旗人由護軍從征喀什噶爾洊升參領出爲湖北副將勦崇陽匪鍾人杰功最賜號烏爾瑪斯巴圖魯累擢河北古州兩鎭總兵江南提督大淳疏請留防改授湖北提督城陷死之子德齡同遇害予騎都尉兼雲騎尉世職謚武烈王錦繡廣西馬平人由行伍累擢雲南曲尋協副將率滇兵赴廣西勦匪擢鄖陽鎭總兵常祿富察氏滿洲鑲白旗人由護軍校洊擢雲南副將勦廣西匪擢河北鎭總兵賜號強謙巴圖魯錦繡常祿轉戰廣西湖南皆有功績及湖北告警偕同赴援戰於蒲圻獲勝遂入武昌嬰城固守城陷巷戰同死之並優卹予騎都尉兼雲騎尉世職錦繡謚壯節常祿謚剛節王壽同江蘇高郵人尙書引之子捐納刑部郎中道光二十四年進士用原官遷御史出爲貴州黎平知府擢湖北漢黃德道在黃州募勇令子恩曾訓練得精銳四百人武昌被圍壽同率以赴援衝賊營縋城入任戰守屢擊斬攻城賊以甕聽法知賊由江岸穴地道方鑿穴出擊地雷發壽同率恩曾巷戰同遇害予騎都尉世職祀京師昭忠祠與子恩曾同於本籍建忠孝祠賜兩子恩錫恩炳並爲舉人後左都御史單懋謙疏陳壽同治績追謚忠介

蔣文慶字蔚亭漢軍正白旗人嘉慶十九年進士授吏部主事遷員外郎出爲雲南曲靖知府調雲南府道光十二年擢甘肅甯夏道在邊十年濬渠興水利遷浙江按察使護理巡撫遷安徽布政使文宗卽位下詔求賢巡撫王植薦之咸豐元年就擢巡撫奏請鳳潁所屬宜練團與保甲並行二年粵匪犯長沙命遣安徽兵一千赴援湖北總督陸建瀛慮賊窺吉安請所調兵改赴江西文慶疏言安慶潛山等營已起程者毋庸北還其未出境之徽甯二營改赴江西仍各募足千人俾資援應惟安徽兵僅六千各有分防汛地省垣單危潁鳳民團強勁臣擬增募二千如賊氛益熾請調江蘇兵三千統計庫帑撥解甘肅河工及本省兵餉銀五十五萬兩近又以十餘萬解楚實已無餘乞將續收地丁契雜及蕪鳳兩關稅入截留備用建瀛以文慶張皇漸生異議及賊至岳州復申募勇留餉前議始奉總理安徽防勦之命遣按察使張熙宇游擊賡音布扼小孤山自與壽春鎭總兵恩長籌守禦三年正月賊已陷武昌陸建瀛督師迎勦令福山鎭總兵王鵬飛以二千人防安慶而調恩長爲行營翼長鵬飛駐兵北門外以客將馭新兵安慶勢益危文慶毋年八十餘久病送之登舟建瀛方溯江而上見之大怒將具疏劾之語頗聞及至文慶稱病不出曰我旦夕且得罪去耳建瀛至黃州賊連舟蔽江下恩長戰歿兵潰於武穴建瀛遂返過安慶文慶要入城計事已不及熙宇鵬飛皆棄防地走漕督周天爵奉命助守安慶方留勦鳳潁土匪書抵文慶畫退守廬州之策文慶奏上其書賊遽至城北兵潰而城中譁言將退廬州紛紛縋城下斬之不可止文慶呑金不死飲藥悶絕家人輿之出遇賊於門遂被害從僕以席覆尸赴桐城呈報漏言自裁事賊既去子長綬集僚屬耆老集視然後殮詔詰遺疏與呈報不符向榮疏陳本末乃賜卹如例予騎都尉世職入祀昭忠祠安慶建專祠謚忠愍

陶恩培字益之浙江山陰人道光十五年進士選庶吉士授編修遷御史出爲湖南衡州知府咸豐元年廣西賊起衡州奸民左家發謀響應捕誅之晉秩道員二年春粵匪犯衡陽總督程矞采方駐郡聞警遽欲退保省城恩培曰衡州

楚之門戶棄則全楚震矣勿聽乃與約毋撤糧臺得便宜行事恩培誅鋤內奸撫循兵士賊知有備由他道竄陷道州犯長沙所至皆破惟衡州獨完御史黎吉雲以狀聞文宗嘉之三年超擢湖南按察使勦平衡山安仁瀏陽醴陵土匪遷山西布政使巡撫駱秉章以恩培在湖南久疏留襄辦防務允之尋調任江蘇四年擢湖北巡撫時武漢再復城郭殘破旁近皆賊蹤總督楊霈擁兵廣濟按察使胡林翼出省防勦或說恩培曰省城不可守宜遷治他郡恩培斥其非兼程進歲將盡涖任文武員弁不足三十兵不盈千餉不逾萬恩培馳書曾國藩乞援檄胡林翼回保省城會楊霈敗走蘄州次於德安五年正月漢陽漢口並爲賊踞興國通山嘉魚土匪應之武昌益孤恩培盡焚沿江木植盡驅諸船故賊未得渡而道員李孟群知府彭玉麐以水師至胡林翼以陸師至聲勢稍壯賊城沙坡堆恩培欲先發制之令林翼統諸軍冒雪出不意三路攻賊士卒畏寒不欲戰渡江營沌口師期頗洩賊得爲備林翼虛兵力分併爲一路舟師先薄小龜山陸師繼進賊出馬步數千從漢口鈔我軍復敗退大軍山賊舟大集晝夜攻城楊霈約三路來援以火爲號林翼孟群整軍以待屢見火起爲所紿而霈軍不至二月賊由興國通山來助攻林翼兵隔江爲賊所綴不能渡城中出兵連戰於青山望江樓皆挫直逼大小東門恩培自當之令武昌知府多山守西北城方戰忽報漢陽門破多山戰死至暮賊麕集士卒死傷略盡恩培投蛇山紫陽塘殉焉詔優卹予騎都尉兼雲騎尉世職諡文節祀昭忠祠後在湖北與吳文鎔合建一祠多山赫舍里氏滿洲鑲藍旗人道光十四年舉人刑部郎中出爲襄陽知府舉行團練勦賊有功晉秩道員調武昌府署按察使時司道多駐城外督戰惟多山助城守城陷力戰死之予騎都尉世職諡忠節

吉爾杭阿字雨山奇特拉氏滿洲鑲黃旗人由工部筆帖式洊遷郎中充坐糧廳監督咸豐三年以孝和睿皇后奉安山陵晉秩道員揀發江蘇補常鎮道署按察使粵匪已踞江寧鎮江會匪劉麗川陷上海巡撫許乃釗檄吉爾杭阿偕總兵虎嵩林參將秦如虎合師進勦劉麗川者廣東香山人貿易上海習於洋商與蘇松太道吳健彰有舊素行不法見粵匪勢盛遂倡亂糾客籍粵閩江右會黨二千人於三年秋襲上海城戕知縣袁祖悳劫道庫吳健彰遁入領事署鄰境亂民紛起應之寶山嘉定青浦南匯川沙五城連陷蘇紳捐募川勇千人刑部主事劉存厚領之隸於吉爾杭阿爲軍鋒連克青浦嘉定諸軍至五城以次復合圍上海分南北兩營四年春存厚穴地轟城以援兵不繼退賊由北門出犯吉爾杭阿親燃礮擊卻之賊又劫北營虎嵩林兵挫吉爾杭阿固守得不潰復擊退西門撲營之賊超擢布政使賜花翎尋擢巡撫復於南門掘地道火發副將清長先登沒於陣兵又退地鄰租界匪人暗濟餉械久不下乃於洋涇浜築墻塞濠斷其糧道賊始困負嵎已經年洋商貿易不便吉爾杭阿開誠曉以利害於是法國兵官請助勦英美領事允讓地設防築土墻於陳家木橋移營進逼下令投誠免死縋城出者日以千計賊襲陳家木橋擊敗之禽斬悍黨僞將軍林阿朋除夕乘賊不備地雷發督兵躍城入麗川縱火逸追禽伏誅餘賊盡殲捷聞文宗嘉其功加頭品頂戴賜號法施善巴圖魯五年命率得勝之兵馳往向榮大營幫辦軍務專任鎮江一路鎮江賊酋吳汝孝最桀黠恃金山爲犄角銀山寶蓋山並有伏賊是年秋迭攻鎮江西門南門堵截金山瓜州沿江援賊累戰皆捷虎嵩林克寶蓋山吉爾杭阿駐營其上乘黃山發巨礮轟城賊卡盡燬江甯賊集大股由北岸渡江來援吉爾杭阿策高資鎮爲賊糧道遣兵截擊賊退棲霞石埠橋偕總兵德安扼勦留劉存厚率三營守高資烟墩山六年春賊糾悍黨陳玉成李秀成等來援提督張國樑禦之於倉頭鎮賊潛由小港出江順流下城賊突出於應官軍爲所乘賊遂長驅進金雞嶺逼寶蓋山大營吉爾杭阿拒賊未得逞乃渡江犯儀徵揚州五月賊數萬復犯高資存厚告急大營兵僅八千或謂賊衆且銳不可當姑舍高資徐圖大舉爲便吉爾杭阿奮然曰一戰絕賊糧道鎮江旦夕且下吾甯以死報國耳遂馳抵烟墩被圍鏖戰五晝夜親執旗指麾猝中礮殞存厚護屍突圍出爲賊所要截歿於陣並遺骸失之副都統繃闊投江死鎮江軍亦潰副將周兆熊死之事聞文宗震悼追贈吉爾杭阿總督予一等輕車都尉世職諡勇烈於殉難地方建專祠上海亦建專祠子文鈺襲世職賜員外郎存厚字仲山四川榮縣人捐納刑部主事好談兵侍郎王茂蔭疏薦命赴江南大營向榮命率勇擊賊輒勝上海之役始自領一軍吉爾杭阿甚倚之克青浦冒矢石先登洊保知府及攻上海誤殺洋婦洋人憤將發兵相攻存厚單騎往曰此不足啟邊釁請以一身償若欲戰雖死不相下也卒議償卹而定圍攻凡數月方略多出存厚既克以首功頒賞荷囊授江甯知府記名道員從攻鎮江奪銀山破瓜洲援賊爭金雞嶺皆功最吉爾杭阿以存厚有謀略故令守高資及赴援戰歿存厚大慟力戰突圍欲返其屍中道遇伏殺賊數百人馬陷淖被戕予騎都尉世職諡剛愍繃闊戴佳氏滿洲正白旗人官頭等侍衞從僧格林沁勦林鳳祥戰連鎮高唐馮官屯積功授蒙古正紅旗副都統調京口偕吉爾杭阿援高資軍潰墮水中從人拯之曰吾與吉公偕吉公死吾不獨生復投江死諡勇節兆熊四川成都人官副將從攻鎮江駐甯城南破子岡當賊衝吉爾杭阿既歿破子岡爲賊困汲道斷兆熊固守時以計誘擊賊殺傷甚多乞援於張國樑未至圍益逼素得士心無一逃者營破燃火藥自焚一軍同死諡果愍

羅遵殿字澹村安徽宿松人道光十五年進士直隸即用知縣歷南樂唐山清苑諸縣冀州直隸州皆有聲績擢浙江湖州知府調杭州擢湖北安襄鄖荊道遵殿在浙以捕盜名至湖北檄所屬治團練楚北民團自此始咸豐二年粵匪陷武昌土匪郭大安謀應賊捕斬之三年署按察使會捻匪竄襄樊遵殿還襄陽籌防總督張亮基疏陳遵殿得民心請提標歸其調遣四年武昌再陷皖賊竄德安安陸荊門遵殿率五千人出屯王家河遏賊衝克潛江賜花翎尋破賊於京山復其城屢遣襄勇助總督楊霈防勦五年春武昌復陷襄陽有備賊不犯境六年遷兩淮鹽運使留湖北治糧臺游勇煽饑民爲亂蔓延荊襄鄖宜四郡遵殿固守待援兵至大破之是年秋武漢克復遵殿力固上游以盜賊起於饑寒勸置義倉七十餘所以稅餘銀修老龍隄捍水患就遷湖北按察使八年遷布政使時胡林翼爲巡撫百廢具舉重遵殿清德吏事悉倚之九年擢福建巡撫未之任調浙江自賊踞江甯皖南軍事餉事悉隸浙江屯兵甯國恃爲屏蔽及胡興仁爲巡撫不欲餉鄰軍又劾統將鄭魁士他調去賊竄浙益急遵殿到官痛吏習浮競乃嚴舉劾察營伍或不使其所爲多毀之省垣獨總兵李定太軍六千人知不足恃與胡林翼商調楚軍倉猝難應賊已由甯國竄入浙境遣李定太出防湖州而廣德已陷十年二月賊由獨松關逼杭州湖南道蕭翰慶李元度兩軍來援翰慶戰死元度道阻不得前賊壁城南山上下臨城中乞師江南未至兵少實不能戰浙西初經寇亂人不知兵議戰議守紛紜不定會久雨遵殿徒步泥淖中守浹旬城陷仰藥死妻女同殉詔予優卹尋以御史高延祜奏劾遵殿不能禦賊罷其卹典遵殿任外吏二十年廉介絕俗家僅土屋數椽胡林翼集賻乃克歸喪同治初詔允曾國藩之請念其歷官有聲到浙未久追贈右都御史予騎都尉世職諡壯節城陷時署布政使王友端署按察使繆梓杭嘉湖道葉堃甯紹台道仲孫懋署杭州知府馬昂霄署仁和知縣李福謙同殉節友端安徽婺源人道光二十七年進士戶部主事遷郎中出爲浙江糧道署布政使當粵匪之竄浙也言於遵殿曰皖邊軍弱湖州空虛請速備廣德遵殿至事急始遣軍已無及賊遂長驅至城下友端復請列塹湧金清波兩門爲犄角亦不用其言賊穴道攻城友端懸金三千募死士縋擊遇雨火器不燃而敗臨死自書浙江布政使王友端八字於衿上予騎都尉世職諡貞介梓江蘇溧陽人道光八年舉人大挑知縣歷署仙居石門奉化諸縣罣誤去官值清查倉庫水災籌賑奉檄佐理皆得其力準捐輸復官晉同知咸豐二年河決阻漕獻策行海運即以任之蕆事擢知府上海爲賊陷率兵助勦復創議疏濬劉河海口以通漕運歷甯波杭州知府署杭嘉湖道兼鹽運使六年署按察使粵匪由江西竄浙梓統軍駐常山防之授金衢嚴道八年粵匪陷江山犯衢州偕總兵李定太合擊走之再署按察使當賊圍杭州梓署鹽運使兼按察使管營務處城守事專任之臨時調集兵不滿四千城大不敷守堞人心惶懼動輒譁譟或以閉城爲張皇繼又謂戰緩爲退縮梓奔走籌守禦兩次縋城攻賊皆失利城紳促戰急而民與兵相仇梓知不可爲以死自誓守清波門雲居山偵賊掘地道急開內濠未竣地雷猝發城圮軍潰身被數十創死之事聞賜卹巡撫王有齡追論梓創議株守奪卹典及杭州再復舉人趙之謙訴於京下巡撫左宗棠確查疏言梓居官廉幹臨難慘烈請還卹典後巡撫李瀚章楊昌濬屢爲疏請贈太常寺卿祀昭忠祠並建專祠予騎都尉世職諡武烈

徐有壬字鈞卿順天宛平人原籍浙江烏程道光九年進士授戶部主事洊升郎中出爲四川成綿龍道署按察使治嘓匪禽其魁餘黨解散遷廣東鹽運使署按察使清遠土匪戕官馳勦平之遷四川按察使文宗即位下詔求言司道率引嫌罕所陳奏有壬獨密疏論事切直遷雲南布政使調湖南咸豐五年以母憂回原籍浙江巡撫何桂清奏起有壬治團防粵匪由甯國竄湖州有壬扼長興設伏敗之賊去八年服闋命筦江蘇糧臺擢江蘇巡撫槍船匪首程鵬士擾嘉興湖州地方官不能制潛至蘇州偵獲之寘諸法有壬之起由何桂清所薦及同官江蘇無所阿附十年春粵匪復犯湖州有壬咨商桂清遣游擊曾秉忠率舟師往援水陸夾擊賊被創退尋復出東壩溧陽間道徑趨杭州急請調提督張玉良馳援杭州甫陷旋復桂清奏捷惟言藩司王有齡功得優擢有壬僅予議敘未幾和春等師潰退守丹陽有壬急運糧械濟之而張國樑和春先

後戰歿何桂清棄常州不守四月賊遂長驅犯蘇州有壬移檄責讓桂清抗疏劾之張玉良自請助守城令屯葑門外忽夜遁明日有壬巡城廣勇通賊開門納賊短兵巷戰賊矛刺有壬冠抗聲罵賊遇害子震翼與妾女同死詔優卹予騎都尉世職謚壯愍蘇州建專祠有壬幼時嘗覽族譜得遠祖應鑣闔門殉節事慨然曰吾他日當如此至是果驗八歲解勾股術父死依叔父於京師師事姚學塽學必求有用尤精秝算著有務民義齋算學行世

王有齡字雪軒福建侯官人道光中捐納浙江鹽大使改知縣歷慈谿定海鄞仁和皆有聲以勞晉秩知府咸豐五年授杭州知府巡撫何桂清器其幹略迭署鹽運使按察使擢雲南糧儲道仍留浙治防桂清總督兩江奏調赴上海議通商稅則七年擢江蘇按察使遷布政使有齡長於理財桂清素信之深一切倚畀益得發舒事皆專斷巡撫受成而已十年粵匪陷杭州將以掣動江南全局故援兵至賊即不戰而走桂清推功於有齡遂擢浙江巡撫詔趣率兵速赴會辦軍務及善後事宜而賊已回撲江南大營和春等軍潰常州蘇州相繼陷進逼嘉興提督張玉良迎擊敗績杭州戒嚴有齡率閩兵屯北新關外遏撫標兵要賊於賣魚橋夾擊敗之賊乃卻設捐輸局奏請派在籍前左副都御史王履謙前漕運總督邵燦督同辦理賊衆十餘萬由徽州入浙陷嚴州合嘉興廣德兩路分撲省城有齡偕將軍瑞昌調兵迎擊走之圍得解復餘杭加頭品頂戴尋復嚴州十一年復江山常山富陽遂安海甯臨安等縣賊擾太湖東山總兵王之敬戰失利至夏賊復陷江山常山長興金華遂昌松陽處州永康義烏革職留任張玉良扼要隘爲諸軍應援兵先潰賊勢益橫檄諸將往援無應者處州鎭總兵文瑞率江西援兵三千有齡待之素厚乃自請行進駐金華孝順街聞蘭谿兵敗遽潰退守浦江賊躡之檄師往援半途復潰浦江嚴州相繼陷總兵劉季三副將劉芳戰死於富陽諸將見賊多走不任戰惟要索軍食富民捐輸已倦而有司持之急於是團練大臣王履謙劾有齡虐捐遇事多齟齬上疏互訐十月蕭山諸暨及紹興府皆陷餉源遂絕時援軍多不足恃有齡復奏用李元度爲按察使募湘勇八千入浙至龍游阻不得前賊酋李秀成悉衆圍杭州城副將楊金榜敗死張玉良攻克羅木營賊壘亦中飛礮死城中奪氣且食盡飢民死者枕籍十二月賊梯城入兵潰有齡服毒不死縊於閣秀成見之爲具棺殮爲事聞言官顏宗儀高延祜朱潮先後疏劾勸捐斂怨下曾國藩按奏言有齡在浙官紳不和不能馭兵以致僨事仍以糧盡援絕見危授命大節無虧詔依例賜卹謚壯愍入祀昭忠祠浙江福建建專祠同殉者學政張錫庚提督饒廷選總兵文瑞署布政使麟趾按察使甯曾綸督糧道邁福仁和知縣吳保豐錫庚廷選文瑞並自有傳

論曰粵匪自陷岳州勢不可遏及犯武昌援兵雖至無能爲力安慶倉猝籌防益無措手矣武昌凡三陷湖北兵不可用曾國藩言之痛切杭州初陷由於無兵後則蘇常已失脣亡齒寒蘇州素倚江南大軍爲屏蔽大軍潰則勢難倖全常大淳蔣文慶陶恩培羅遵殿徐有壬諸人皆不失爲承平良吏短於應變或因受事於已危莫能挽救王有齡素負才略以掊克失人心措施亦未盡當焉吉爾杭阿治兵有法克上海爲全功朝廷倚以規復鎭江使非中道而殞必有成效其建樹非諸人所可同語也

清史稿

列傳一百八十三

吳文鎔 潘鐸 鄧爾恆

吳文鎔字甄甫江蘇儀徵人嘉慶二十四年進士選庶吉士授編修屢擢文衡稱得士六遷爲翰林院侍讀學士督順天學政剔弊清嚴在任累擢詹事內閣學士召回京署禮部侍郎尋實授調刑部兼署戶部侍郎迭命偕大學士湯金釗赴安徽浙江江蘇及南河按事十九年出爲福建巡撫時方嚴烟禁英吉利窺伺沿海偕總督鄧廷楨籌防敵兵至不得逞二十年調湖北巡撫未行暫護閩浙總督明年入覲改江西巡撫値歲祲力籌撫卹裁減漕丁陋規在江西數年舉廉懲貪吏治清明捕教匪戴理釗等及南安贛州會匪並寘諸法二十八年調浙江巡撫入境過衢州廉得游擊薛思齊貪劣劾戍新疆又劾不職縣令五人因官多調攝徒煩交代政無考成奏革其弊風氣爲之一變以嚴辦清查本省官吏不可信請簡派戶部司員來佐理詔不許未幾命偕侍郎季芝昌清查浙江鹽務奏籌變通章程以專責成除浮費爲要務鹽課日有起色浙東漁山島爲盜藪檄水師捕獲百餘人燬其巢二十九年大水文鎔以遇災恐懼上疏自劾請罷詔以其言近迂嚴斥之文鎔親赴嘉湖諸屬察災輕重力行賑撫秀水令江忠源勤廉稱最治賑治盜及塘工皆倚辦以憂去文鎔歎曰賢如江令可令其無以歸葬乎自支養廉五百兩畀之奏辦賑功以忠源首列三十年海塘運決文鎔馳勘落水幾殆自劾疏防革職留任塘工竣復職擢雲貴總督咸豐元年入覲文宗甚重之嘉其忠誠勇於任事勗以察情僞惜身體文鎔益感奮永昌邊外夷匪肆掠久不靖文鎔至檄土守備左大雄深入搜捕禽斬數百匪遁雪山外粵匪日熾文鎔疏論提督向榮冒功託病恐誤軍事詔選將才奏保游擊巴揚阿等九人貴州黎平知府胡林翼治團練勦土匪令得便宜從事疏薦之江忠源在廣西軍中文鎔致書曰永安賊不滅若竄湖南不可制矣二年調閩浙總督未行而粵匪果由湖南北竄破武昌三年春遂踞江甯東南大震雲南永昌回匪亦蠢動文鎔調兵扼險親駐尋甸督勦尋調湖廣總督粵匪方自下游上竄連陷黃州漢陽文鎔九月抵任是日田家鎭諸軍失利武昌戒嚴城晝閉居民一夕數驚巡撫崇綸欲移營城外爲自脫計文鎔誓與城存亡約死守待援議不合賊已逼城文鎔坐城上激厲將士守數旬圍解崇綸轉以閉城坐守奏劾詔促進復黃州文鎔方調胡林翼率黔勇來會剿又約曾國藩水師夾攻擬俟兩軍至大舉滅賊崇綸屢訿之趣戰益急文鎔憤甚曰吾受國恩厚豈惜死以將卒宜選練且冀黔湘軍至收夾擊之效今不及待矣四年正月督師進薄黃州屯堵城大雪日行泥淖拊循士卒而輜糧不時至賊分路來犯都司劉成富擊卻之賊復大至文鎔揮軍力戰後營火起衆潰投塘水死之崇綸奏稱失蹤署總督台湧至乃得實以聞詔依總督陣亡例賜卹予騎都尉兼雲騎尉世職謚文節祀京師昭忠祠逾數月曾國藩進兵黃州訪詢居民備言戰歿狀皆流涕於是疏陳當時無水師不能制賊文鎔籌置之難爲崇綸傾陷牽掣以至於敗且諱死狀欲以誣之文宗震怒逮崇綸治罪文鎔志節乃大白同治中湖北請建專祠

潘鐸字木君江蘇江甯人道光十二年進士選庶吉士散館改兵部主事充軍機章京洊升郎中遷御史二十年出爲湖北荊州知府擢江西督糧道歷廣東鹽運使四川按察使山西布政使署巡撫二十八年擢河南巡撫時議漕糧酌改折色鐸疏言戶部有南漕折價交河南等省採買之議是他省且須在河南採買若將本省額徵之米分別改徵折色於政體兩歧於倉儲有損無益河南歷年辦運踴躍一經改徵轉滋流弊循舊章爲便議遂寢賈魯河經祥符朱仙鎭爲商賈舟楫所集自黃河決於中牟賈魯河淤塞責工員賠濬久未復鐸勘鎭街南北淤最甚議大濬請率屬捐銀五萬兩興辦又奏擇要增培沁河民隄以資捍禦並如所請行咸豐元年坐所薦陳州知府黃慶安犯贓降二級調用授山西按察使二年遷湖南布政使粵匪方由湖南北竄漢陽武昌相繼陷巡撫張亮基擢署總督以鐸暫代之命赴岳州督防三年巡撫駱秉章至乃以病乞罷許之直隸總督訥爾經額疏薦詔赴山西會辦防勦事宜尋因前在湖南布政使任內岳州等城失守下部議俟補官日降二級調用復以病乞退居山西久之十一年予二品頂戴起署雲貴總督雲南回漢相仇稔亂已久巡撫徐之銘傾險挾回自重總督張亮基爲所齮齕去布政使鄧爾恒擢陝西巡撫行至曲靖之銘嗾副將何有保遣黨戕害以盜殺聞命鐸往治之亮基亦被命赴滇督辦軍務時之銘已爲回衆所挾持所陳奏多夸誕莫可究詰鐸亮基先後取道四川與駱秉章籌商冀資其兵力以規進取四川亂亦未平遽不得要領滇將林自清爲亮基舊部與回衆不協率所部入川之銘慮亮基至於己不利嗾回衆揚言拒之亮基益觀望鐸秉性忠正詔屢敦促命赴貴州按事遂由黔入滇僅從僕數人在途或以危詞相怵不之顧同治元年九月抵任治鄧有恒被戕之獄何有保已前死捕兇犯誅之見撫局初定省城稍安屢密疏陳徐之銘尚能撫回被劾各款請俟張亮基到後會同查辦又云馬如龍求撫出於誠心岑毓英鯁直有戰功加以閱歷乃有用之材鐸意欲因勢利導徐圖補救於是詔亮基移署貴州巡撫滇事專責鐸與之銘蓋羈縻之也回人掌教馬德新之銘所諂事初見鐸貌爲恭順後漸跋扈武職多越級僭用翎頂之銘所擅賞鐸面斥之元新營參將梁士美乃臨安土豪不與回教聯和馬如龍誓欲勦滅

鐸不可強出師與岑毓英同敗歸欲添調兵練鐸復阻之回紳田慶餘議設公局通省糧賦稅釐悉歸之文武職官亦由公舉鐸以非政體斥止由是馬如龍等皆不悅馬榮者迤西回酋杜文秀之黨之銘檄署武定營參將二年正月榮忽率二千人至省城踞五華書院鐸令出遷延三日乃親往諭遣榮抗恣不聽其所部回練遽揕刺鐸臨殞罵不絕口雲南知府黃培林昆明知縣翟怡曾同被害榮遂縱兵大掠官衙民居悉徧惟岑毓英勒兵守藩署之銘遁往潛匿越兩日毓英始殮鐸尸回衆擁馬德新爲總督馬如龍在臨安聞警馳至馬榮已率衆攜所掠散去如龍殺餘匪數十人及附亂者百餘謂馬德新不當爲總督取關防授之銘兼署之銘以巡撫讓如龍如龍不受遂令署提督一切拱手聽之事聞詔嘉鐸萬里赴滇不避艱險見危授命大節懍然依總督陣亡例賜卹贈太子太保予騎都尉兼雲騎尉世職入祀雲南昭忠祠諡忠毅子四人並錄授京職當鐸之親諭馬榮也約之銘同往竟不至事定疏奏諉爲杜文秀勾結武定匪犯省城又諱匿馬榮委署參將事論者謂榮之爲亂之銘實與知之於是褫之銘職聽候治罪授勞崇光總督賈洪詔巡撫皆不能至雲南軍事分隸於馬如龍岑毓英崇光駐貴陽遙制之至五年始入滇履任馬榮已先爲如龍等勦除之銘亦死迄未就逮云鄧爾恆字子久江蘇江寧人總督廷楨子道光十三年進士選庶吉士授編修出爲湖南辰州府知府父憂服闋補雲南曲靖府平彝句叛回馬二花彌勒土匪吳美朱順招撫昆陽回匪甚有聲績擢鹽法道累遷按察使布政使咸豐十一年擢貴州巡撫未行調陝西徐之銘袒回營將多與通副將何有保者之銘私人尤不法慮爾恆入覲發其罪諷有保害之以滅口爾恆行次曲靖宿於知府署有保使其黨史榮戴玉棠僞爲盜狀之掠其行橐有保索所劫物不得執拷二人玉棠潛逸糾黨攻殺有保鐸至禽二人誅之詔爾恆依陣亡例賜卹予騎都尉世職諡文懃

論曰吳文鎔由卿貳出膺疆寄凡十餘年風采嚴峻時推其治行亞於林則徐潘鐸亦負端人之望二人者晚任艱危並受事於岌岌之日守正不阿盡瘁完節不可復以成敗苛論矣其死也皆由同官所搆陷國家於嚴疆要地督撫同駐豈非以資鈐制備不虞哉然推諉牽掣因之而生甚且傾軋成釁貽禍封疆楚滇覆轍蓋其昭著者也至光緒中其制始改焉

清史稿

列傳一百八十四

陸建瀛 楊文定　青麐 崇綸

何桂清

陸建瀛字立夫湖北沔陽人道光二年進士選庶吉士授編修直上書房洊遷中允大考擢侍講轉侍讀二十年出爲直隸天津道累擢布政使時英吉利擾浙江沿海戒嚴徵西北兵衆畿輔建瀛供防軍處善後皆應機宜所歷有名績二十六年擢雲南巡撫俄調江蘇先是南漕缺額部議設局江蘇官民捐米運京以裕倉儲當陶澍撫蘇即以漕河費巨病國議行海運官吏爭撓之暫行輒罷至是建瀛與兩江總督璧昌主海運甚力合言其便議蘇州松江太倉白糧改由海運從之後復推至常鎭諸府二十九年廷臣會議南漕改折建瀛與總督李星沅極言其窒礙事遂不行擢兩江總督值大水民饑招徠米商籌議撫卹並疏消積水請籌撥帑一百五十萬備賑吳城六堡河決阻運命偕侍郎福濟往勘疏陳通籌湖河大勢添塘避牖對埽逼溜攻刷海口各事宜並如議行淮鹽積敝自陶澍創改淮北爲票鹽稍稍蘇息而淮南擅鹽利久官吏衣食於鹽商無肯議改者建瀛悉其弊會淮南鹽大火於武昌官商折閱數百萬課大虧引滯庫絀三十年乃疏請立限清查運庫並統籌淮南大局改訂新章十條務在以輕本敵私力裁繁文浮費鴻臚寺少卿劉良駒亦請變通淮南舊章仿淮北行票法與建瀛所議同方施行矣而給事中曹履泰奏請復根窩舊制御史周炳鑑言淮南改票不便併下建瀛議覆疏辨駁詳至文宗韙之詔綜核全局除弊興利以裨國計建瀛議於揚州設局收納以清運署需索之源於九江等處驗發以清楚西岸費之源正雜錢糧並納則課額不虧新舊商販一體則引額無缺竈私塲私專責江南江私鄰私兼責各省而以徠商販積帑賦自總其成由是奪官吏中飽歲百餘萬甚謗叢作建瀛銳自發舒不之恤朝廷信任益專命有掣肘撓法者罪之湖北鹽道郯之玉沿用整輪江西鹽道慶雲強索月給湖北同知勞光泰作移岸三論刊板傳播並劾罷之咸豐元年河決豐北命建瀛往勘奏請以工代賑偕南河總督楊以增督工二年以盛漲停工降四品頂戴是年秋粵匪洪秀全犯湖南越洞庭而北勢張甚建瀛猶在豐工疏上戰守事宜文宗嘉之諭以審度軍情如須親往可速籌方略不必遙制既而漢陽武昌相繼陷十二月復建瀛頭品頂戴授欽差大臣督師赴九江上游扼守建瀛由工次還江寧徵調倉猝三年正月賊棄武昌蔽江東下建瀛欲行或謂賊鋒銳難驟當建瀛尙輕之檄壽春鎭總兵恩長爲翼長領標兵二千當前鋒自率兵千餘進次九江恩長猝與賊遇戰死江中師大潰建瀛途逢潰卒白敗狀從兵盡駭江西巡撫張芾壁九江亦引軍退走賊遂陷九江建瀛駕小舟經小孤山不敢留過安慶巡撫蔣文慶邀之不入徑回江寧收蕪湖太平兵屯東西梁山閉城爲守禦計布政使祁宿藻故不滿建瀛面責之將軍祥厚兵防內城無任戰守者建瀛大窘稱疾謝客者三日於是祥厚宿藻等疏劾建瀛棄險失機進退無據並及江蘇巡撫楊文定違旨去江寧上大怒諭曰陸建瀛一戰兵潰不知收合餘燼與向榮大軍協力攻擊並不力守小孤山扼賊入皖之路又不親督兵據守東西梁山以障金陵倉皇遁歸一籌莫展以致會垣驚擾士民播遷楊文定藉詞出省張皇自全罪均難逭建瀛已革職交祥厚拿問解刑部治罪尋籍其家革其子刑部員外郎鍾漢職時建瀛收兵乘城閱十三日城破遇害事聞詔建瀛尙不失城亡與亡之義復總督銜如例議卹並還其家產御史方俊論之乃撤卹典建瀛才敏任事喜賓禮名流又善事要津多爲延譽由是聞望焱起朝寄日隆乃昧於軍旅略無宿備一敗失措名城陷爲賊窟靡爛東南遂獨攖天下之重咎云子鍾漢後官江蘇知府咸豐十年在軍治糧餉遇賊江陰死之贈太僕寺卿楊文定安徽定遠人道光十三年進士由刑部主事洊升郎中出爲廣東惠潮嘉道累擢江蘇巡撫咸豐三年文定奏江南兵力柔脆節經徵調城內兵單請濟師命山東兵二千赴援未至奉命守江寧聞建瀛兵敗退守鎭江江甯陷賊分黨犯鎭江副都統文藝集兵七百守陸路文定自率艇船八舢板十二泊江中賊至不能禦鎭江復陷退江陰詔革職逮治論大辟六年減死遣戍軍臺尋歿

青麐字墨卿圖們氏滿洲正白旗人道光二十一年進士選庶吉士授編修遷中允大考二等擢侍講五遷至內閣學士督江蘇學政有聲咸豐二年擢戶部侍郎學政任滿命督催豐北塞決工程三年回京復出督湖北學政調禮部侍郎時粵匪由江西回竄湖北青麐按試德安聞警停試督率知府易容之募鄉勇籌防守府城獲全疏陳軍事請湖北江西安徽三省合勦以期得力四年授湖北巡撫城中兵僅千人荊州將軍台湧署總督未至而賊由黃州進至漢陽漢口渡江欲撲武昌青麐督總兵楊昌泗游擊侯鳳岐與副都統魁玉水陸合擊却之復敗之豹子海魯家港毀賊壘五已而賊撲塘角鮎魚套逼攻省城青麐出武勝門督戰城中忽火起土匪內應兵盡潰遂失守青麐將自經衆擁之趨長沙折赴荊州初文宗聞其出家貲犒軍甚嘉之至是憤武昌屢失棄城越境罪尤重詔曰青麐簡任封圻正當賊匪充斥武昌兵單餉匱朕以其任學政時保守德安念其勤勞畀以重任省垣布置屢次擊賊獲勝八十餘日之中困苦艱難所奏原無虛假朕方嚴催援兵接應六月初間魁玉楊昌泗等連破賊營但能激厲力戰何致遽陷嬰城固守解圍有日猶將宥過論功縱力盡捐軀褒忠有典豈不心迹光明乃倉皇遠避徑赴長沙直是棄城而逃長沙非所轄之地越境偷生何詞以解若再加寬典是疆臣守土之責幾成具文何以對死事諸臣耶朕賞罰一秉大公豈能以前此微勞稍從末減俟到荊州時交官文傳旨正法遂棄市逾數月曾國藩復武昌奏命查歷任督撫功罪疏言武昌再陷實因崇綸台湧多方貽誤百姓恨之極稱吳文鎔忠勤愛國於青麐亦多恕辭查文鎔既沒青麐幫辦軍務崇綸百端齟齬求弁兵以護衛不與請銀兩以製械不與或軍務不使聞知或經旬不得相見自賊踞漢陽漢口縱橫蹂躪廬舍蕩然百姓尙恃有青麐督兵驅逐出示憐民崇綸則並此無之矣疏入乃斥罷台湧論崇綸罪崇綸喜塔臘氏滿洲正黃旗人由內閣貼寫中書充軍機章京洊升侍讀出爲陝西鳳邠道調直隸永定河道歷雲南按察使廣東布政使咸豐二年擢湖北巡撫時武昌方爲賊踞次年春賊棄武漢東下分擾江南江西崇綸始抵任既而賊復上竄陷興國州田家鎭進黃州崇綸疏言武漢民遷市絕餉乏兵單請移內就外以勦爲先未幾賊犯漢陽窺武昌總督吳文鎔初

至與崇綸意相迕及賊退崇綸遂以閉城株守劾之文宗慮兩人不能和衷且僨事命文鎔出剿而責崇綸防守文鎔率師薄黃州崇綸運輸餉械不以時惟促速戰四年正月文鎔兵敗死之崇綸自請出剿謀脫身走避文宗燭其隱不許會丁憂青麐代之仍命崇綸留湖北協防又以病乞罷上怒褫其職六月武昌陷崇綸先一日出走徑往陝西及曾國藩論劾命逮治服毒自盡以病故聞

何桂清字根雲雲南昆明人道光十五年進士選庶吉士授編修遷贊善直南書房五遷至內閣學士二十八年擢兵部侍郞以憂去服闋補原官調戶部咸豐二年督江蘇學政粵匪擾江南桂清疏陳兵事劾疆吏畏葸僨事侃侃無所避文宗奇之四年調倉場侍郞旋授浙江巡撫自賊踞江寧東南震動安徽徽州寧國二府爲浙江屛蔽桂清嚴防要隘別遣一軍屯守黃池扼蘇浙之衝賊來犯會提督鄧紹良擊卻之五年檄道員徐榮剿賊黟縣石埭戰頗利賊衆大至徽勇潰走榮衆寡不敵遂戰歿桂清因言徽浙唇齒宜主客一心事乃濟疏入諭戒地方官吏不分畛域時賊陷徽州各屬桂清檄知府石景芬副將魁齡等攻復徽州府城及休寧分布所部於昌化於潛湻安杜賊來路安徽巡撫時移駐廬州徽寧二郡懸絕江南不能遙制命桂清兼轄之江西賊侵入浙境陷開化犯遂安桂清檄鄧紹良等合擊之賊退徽境周天受石景芬等連復黟縣石埭桂清疏請添改鎭道員缺俾專責成以石景芬爲徽寧池太道豫祺爲總兵不得力復以江長貴易之又用桂清議命前侍郞張芾駐皖南治團練督辦徽寧防務尋命兼顧浙江衢嚴兩郡與桂清協力制賊六年檄鄧紹良秦如虎都興阿等合攻寧國別遣江長貴擊敗竄賊之襲太平者連徒克寧國府城朝廷益嘉桂清思大用之杭州知府王有齡最爲桂清倚用擢權運臬兩篆爲通判徐徵許控桂清覆奏辭悻悻被詰責遂以病乞罷詔慰留之會兩江總督怡良解職文宗以籌餉事重難其人大學士彭蘊章薦桂清餉徽軍無闕可勝任七年春命以二品頂戴署兩江總督尋實授力薦王有齡擢任江蘇布政使專倚餉事江寧久爲賊窟總督駐常州軍事由將軍和春主之而提督張國樑爲習辦前督怡良但任餉饋而已桂清屢疏陳方略稱旨諭飭和春和衷商酌是年冬克鎭江以濟餉功加太子少保十年春又因克九洑洲晉太子太保桂清意氣發舒倚畀益重甚負時望大軍屢捷合圍江寧賊勢窘蹙四出求援僞忠王李秀成乃謀竄浙分大軍之勢由安徽廣德徑趨杭州倉猝城陷惟將軍瑞昌守駐防內城未下詔促桂清和春遣軍速援於是檄提督張玉良率兵馳赴至則內外夾擊賊遽走臨安孝豐安吉諸城相繼復詔嘉桂清功予優敍時賊已圍金壇陷江陰遣總兵馬得昭熊天喜曾秉忠副將劉成元水陸分路禦賊兵分益單賊乃合衆十餘萬出建平東壩一由東壩趨江寧一由溧陽窺常州桂清聞之幾失所措會馬得昭周天孚分援蘇常賊已趨金壇陷句容句容爲大營後路自此隔絕張玉良回軍抵常州和春飛檄調援大營桂清留勿遣復調馬得昭亦莫之應王有齡已擢浙江巡撫貽書桂清戒勿離常州一步且曰事棘時危身爲大臣萬目睽睽視以動止一舉足則人心瓦解矣蓋規之也會大雨雪大營兵凍餒索餉不得乃譁亂相率盡潰和春張國樑退守丹陽桂清疏陳丹陽以上軍務和春張國樑主之常州軍務臣與張玉良主之部署稍定卽進規溧陽而賊已逕犯丹陽國樑死之和春奔常州桂清大驚總理糧臺查文經等希其意請退保蘇州桂清卽疏陳軍事付和春自駐蘇州籌餉將行常州紳民塞道請留從者槍擊死十餘人始得脫張玉良留守尋亦走士民登陴數日城陷屠焉桂清至蘇州巡撫徐有壬拒勿納疏劾其棄城喪師狀和春退至無錫傷殞桂清託言借外兵遂之上海蘇州亦陷有壬殉之遺疏再劾桂清詔褫職逮京治罪會各國聯軍犯京師車駕幸熱河遷延兩年王有齡及江蘇巡撫薛煥皆其故吏疊疏爲乞恩不許言官數劾奏同治元年始就逮下獄讞擬斬監候大學士祁寯藻等十七人上疏論救尙書李棠階力爭讞乃定桂清援司道稟牘爲詞下曾國藩察奏國藩疏言疆吏以城守爲大節不宜以僚屬一言爲進止大臣以心迹定罪不必以公稟有無爲權衡是冬遂棄市桂清由侍從出任疆事才識明敏在兩江值英吉利搆釁迭陳應付之策偕大學士桂良等議稅則多中肯綮亦不能盡用其言晚節敗裂誤國殄民雖廷議多有袒之者卒難挽公論云

論曰陸建瀛何桂清皆以才敏負一時之望膺江表重寄建瀛當軍事初起不能預有規畫臨事倉皇桂清無料敵之明又失效死之節二人者身名俱隕罪實難辭青麐受事於危急之秋艱難支拄終以越境被誅論者猶有恕詞焉

清史稿 列傳一百八十五

宗室祥厚 霍隆武 福珠洪阿 恩長 陳勝元 祁宿藻 陳克讓 劉同纓

瑞昌 傑純 錫齡阿

宗室祥厚隸鑲紅旗襲騎都尉世職授鑾儀衛整儀尉累擢鑲紅旗蒙古副都統歷山海關熊岳金州副都統道光二十八年擢江寧將軍咸豐三年正月粵匪既陷武昌兩江總督陸建瀛赴上游督師祥厚偕江蘇巡撫楊文定留守江寧賊已蔽江而下壽春鎭總兵恩長戰歿建瀛遽退文定亦不候旨逕赴鎭江祥厚偕副都統霍隆武提督福珠洪阿布政使祁宿藻疏言督臣藉口江寧喫緊趕回布置沿途險要並不屯紮上駛師船一概撤回專守水路之東西梁山蕪湖爲江蘇門戶亦不設防十八日隻身抵省遂致闔城驚擾臣等函勸速統舟師迎擊乃督臣晏坐衙齋三日不覆撫臣執意移駐鎭江挽留不顧民情加倍驚惶自今固結民心尙恐緩急難恃若任其紛紛遷徙土匪因而竊發奸細尤易勾結是未禦外侮將成內變見在督撫臣首鼠兩端進退無據以致省城震動雖有旗兵志切同仇無如兵力太單賊船順流下竄朝發夕至守禦萬分緊迫督同道府等官及八旗協領激勵官兵安慰居民竭盡血誠認眞辦理請飭琦善陳金綬迅速繞出賊前協力堵剿以固省城根本維持南北大局疏入詔逮建瀛治罪命祥厚兼署總督與霍隆武福珠洪阿祁宿藻悉心防禦以在籍前廣西巡撫鄒鳴鶴熟悉賊情命同籌辦江寧城周九十六里合旗漢兵僅五千城外江寧鎭龍江關上河分駐鄉勇不及三千臨時召募皆不足恃賊過蕪湖福山鎭總兵陳勝元率舟師戰歿遂無禦者長驅直抵城下四面環攻守逾旬賊於儀鳳門穴地轟城傾十餘丈復由水西門旱西門南門緣梯而登城遂陷祥厚偕霍隆武斂兵守駐防城婦女皆助戰逾日亦陷祥厚手刃數賊身被數十創死之事聞贈太子太保予二等輕車都尉世職諡忠勇入祀京師昭忠祠於江寧建專祠死事者附祀焉霍隆武鈕祜祿氏滿洲鑲黃旗人福州駐防由武舉前鋒校歷官福建水師旗營協領咸豐元年擢江寧副都統賊圍城偕祥厚登陴固守歷十餘晝夜外城陷同守內城策馬督戰受傷墮力竭陣亡贈都統予騎都尉兼雲騎尉世職諡果毅當時駐防旗兵戰最力錫齡額者事母孝將軍本智異之擢爲參領曰求忠臣必於孝子之門事急戒其妻國家豢養無所報脫不利當闔門死自守城卽不返家舉室皆殉炳元官佐領勇力冠軍儀鳳門之陷率死士奮鬬賊爲之卻忽有狙擊者殞於陣賊破內城屠戮尤慘男婦幾無孑遺福珠洪阿蘇完瓜爾佳氏滿洲正黃旗人副都統佛安子由鑾儀衛整儀尉累擢總兵歷鎭筸伊犂西甯天津諸鎭道光末授江南提督調陝西粵匪起江南籌防仍調回舊任駐守省城所部兵僅數百人地雷發迎擊於城缺斬悍賊而諸門先後破賊四面至往來巷戰死之贈太子少保予二等輕車都尉世職諡壯敏恩長赫舍里氏滿洲鑲紅旗人由親軍十五善射累遷安徽甯國營副將道光中治江防被獎累擢壽春鎭總兵初率兵守安慶陸建瀛赴九江上游調充翼長爲軍鋒與賊戰江中燬賊船三十餘艘衆寡不敵死之贈提督予騎都尉兼雲騎尉世職諡武壯陳勝元福建同安人由行伍歷官福建參將捕洋盜有功累擢江南福山鎭總兵率水師防江賊至太平四合山迎擊追至蕪湖中礮落水死之贈提督予騎都尉世職諡剛勇祁宿藻字幼章山西壽陽人大學士寯藻弟也道光十八年進士選庶吉士授編修以召對受宣宗知特簡授湖北黃州知府調武昌連年大水城幾沒堵禦獲全治急賑煮粥施錢及衣棺藥餌全活災民甚衆政聲最超擢廣東鹽運使遷按察使又遷湖南布政使會韶州數縣土匪起詔留宿藻督兵往剿七戰皆捷匪首就禽事平賜花翎調江甯布政使咸豐元年河決豐北山東江北皆被水大學士杜受田奉命臨賑疏請以宿藻督辦江北賑務章程出其手定奏頒兩省行之及粵匪將東下宿藻馳返江甯括庫儲治軍械盡移兵糈及南門外商市囤米入城號召義勇之士備戰守見督撫倉皇失措各存意見勸諫不聽乃偕祥厚等密疏上聞建瀛既被罪失衆心宿藻獨任事賊至力疾登陴指揮歷三晝夜城大兵單援師不至知事不可爲在城上嘔血數升卒文宗悼惜加等優卹贈右都御史廕一子以知州用同治初江南平兄寯藻遣尋其遺櫬得之城北僻地曾國藩以聞請附祀祥厚專祠追諡文節當城陷時署布政使鹽巡道涂文鈞江

安糧道陳克讓江甯知府魏亨逵同知承恩通判程文榮上元知縣劉同綏江甯知縣張行澍同死之克讓奉天承德人道光三年進士吏部主事累擢四川綏遠知府調成都咸豐元年擢江安糧道居官清正賊將至或勸以督運出克讓曰江甯東南都會失則大局危去將焉往又請徙其孥其妻泣曰去爲民望不如死宿藻死而不瞑克讓撫之曰庫尙有儲金當募死士以成君志克讓守清涼山督兵戰殞於陣弟克誠子松恩同遇害妻李自經死賜卹予騎都尉世職本籍請建專祠追諡忠節同綏江西石城人拔貢歷官鹽城泰興江浦上元六合江甯諸縣皆有聲江甯治防儲糧練團胥賴其力賊初至假向榮書請入城同綏察其詐卻之礮裂城率死士禦擊復完及城陷賦絕命詞投水死卹典加等贈道銜諡武烈

瑞昌字雲閣鈕祜祿氏滿洲鑲黃旗人六世祖敖德以軍功予騎都尉世職瑞昌由拜唐阿授鑾儀衞整儀尉累遷冠軍使道光二十九年擢正白旗漢軍副都統歷金州吉林副都統咸豐三年擢杭州將軍未之任率盛京兵赴淮徐專辦山東防剿尋從僧格林沁勝保剿賊畿輔四年連戰靜海河間東光五年會攻連鎮挖河西毀賊巢木城賊首林鳳祥就禽被詔嘉獎命赴本任十年二月粵匪由廣德入浙境省城兵單分防湖州孝豐踰杭賊分股突犯杭州瑞昌令副都統來存出武林門禦之自守錢塘門偕巡撫羅遵殿布置甫定賊已圍至縱火撲城越十日地雷發城陷瑞昌率旗兵迎擊於湧金門殺傷相當退守駐防子城賊屢攻力拒卻之相持六日會張玉良率援兵至夾擊賊棄城走遂復杭州特詔嘉獎賜黃馬褂予二等輕車都尉世職既而江南大營潰常蘇兩郡陷張玉良以罪黜命瑞昌總統江南諸軍江長貴副之規復蘇州而賊已陷長興武康復諭先顧杭城再圖進取嘉興尋爲賊踞命瑞昌督張玉良往攻亦未果十月賊陷富陽餘杭復撲杭州瑞昌親督副都統傑純副將吳再升擊走之十一年賊勢益張由嘉興進陷石門湖州亦被圍浙東諸郡相繼失守自紹興爲賊踞杭州愈危遂被圍瑞昌偕巡撫王有齡嬰城固守逾兩月張玉良戰城下傷殞軍心益渙外援不至糧道皆絕瑞昌憂憤成疾旗兵精壯多傷亡乃集將校誓死報國家給火藥及城陷瑞昌先舉火自焚闔營次第火起同死者杭州副都統關福及江蘇糧儲道赫特赫納以下男婦四千餘人事聞詔優卹贈太子太保晉一等輕車都尉世職諡忠壯入祀京師昭忠祠杭州建專祠死事者附祀焉同治三年杭州復左宗棠奏瑞昌妾吳於城破時挈兩幼子緒成緒恩出走失散事定尋得緒恩護送回京詔念瑞昌忠烈命本旗傳交其長子內閣中書緒光收養飭宗棠購訪緒成下落迄未得後以兩世職併爲三等子爵

傑純布庫魯氏蒙古正白旗人杭州駐防由驍騎校累遷協領忠勇得士心爲瑞昌所倚杭州初破瑞昌欲自剄傑純與副都統來存言賊以偏師疾至未有後繼猶可力保駐防城以待外援瑞昌從之乃登陴守禦傑純當武林門日與賊戰長子前鋒校納蘇鏗陣亡不之顧殮其屍不哭曰汝先得所歸矣及援兵至怒馬突出賊披靡追擊出城十里外以復城功賜花翎擢甯夏副都統留浙協同團練大臣統率練勇出省復富陽是年冬賊復犯杭州迎剿於觀音橋手刃數賊率西湖水勇截擊斬馘甚衆又連破撲城之賊追至留下進克餘杭賜號額騰伊巴圖魯調授乍浦副都統仍留防省城十一年城再陷傑純戰一晝夜所部傷亡略盡遣次子出避以存宗祀闔門自焚獨策馬入賊陣死之詔嘉其一門忠烈依都統例賜卹予騎都尉兼雲騎尉世職杭州乍浦並建專祠子婦孫僕皆附祀後復加恩入祀京師昭忠祠諡果毅擢次子固魯鏗知府改歸京旗錫齡阿扎哈蘇氏蒙古正白旗人荆州駐防以佐領率兵從戰沔陽監利潛江應城漢陽宜昌積功累擢福州副都統調乍浦副都統十一年賊來犯督兵出戰城中內應起折回巷戰全軍皆沒與兩子榮輝榮耀同殞於陣贈都統銜予騎都尉兼雲騎尉世職諡武烈入祀京師昭忠祠祠以荆州紳民感念保境功請建專祠子榮輝榮耀並予雲騎尉世職

論曰清制行省要區置旗兵駐防其尤重都會兵額多者以將軍領之蓋監制疆臣備不虞也承平恬嬉非復國初勁旅小有變動可資鎮懾鉅寇燎原力不足以禦之江南之失誤於陸建瀛不預設防祥厚倉猝專任以孤城當方張之寇甯有倖焉杭州初陷賊僅偏師故瑞昌能守內城以待援及蘇常既失輔車無依終不能保大勢然也然二人者皆能以忠義激勵城亡與亡婦嬰皆知效死烈已祁宿藻孤忠盡瘁傑純智勇能軍並一時傑出之才炎岡同燼世尤惜之

清史稿　列傳一百八十六

呂賢基　鄒鳴鶴
戴熙 湯貽汾　張芾
黃琮 陶廷杰　馮培元
孫銘恩　沈炳垣
張錫庚

呂賢基字鶴田安徽旌德人道光十五年進士選庶吉士授編修遷御史給事中持正敢言數論時政得失多所採用文宗即位應詔上封事請懋聖學正人心育人才恤民隱尤被嘉納遷鴻臚寺卿咸豐元年超擢工部侍郎二年以時事可危疏請下詔求言略曰粵西會匪滋事二年以來命將出師尙無成效甚至圍攻省城大肆猖獗南河豐工未能合龍重運阻滯災民屯聚在在堪虞河工費五百萬軍需費一千餘萬部臣束手無措必致掊尅朘削邦本愈搖今日事勢譬之於病元氣血脈枯竭已甚外邪又熾若再諱疾忌醫愈難爲救惟有開通喉舌廣覓良方庶可補救萬一請特旨令大小臣工悉去忌諱一改泄沓之故習各抒所見以期集思廣益疏入諭部院大臣九卿科道有言責者各據見聞直言無隱三年正月命賢基馳赴安徽會同巡撫蔣文慶及周天爵辦理防勦事宜賢基疏言江甯以東西梁山爲要隘必先扼守廬州爲江淮門戶宜令重臣駐紮巢湖出江當梁山上游地方匪徒宜招撫免爲賊用且可與梁山爲犄角上嘉納不及施行而安慶江甯先後陷奏調給事中袁甲三知府趙畇幫辦團練防勦又調編修李鴻章等襄軍事偕周天爵疏言事當分任團練專令殲除土匪牧令守本境統帥勦賊不得遠駐百里之外以免推諉上韙之安徽境內無大枝勁旅團練亦散漫無可恃七月湖北敗賊竄陷英山擾太湖分犯洪家埠賢基檄游擊賡音太伍登庸擊走之八月賊復自江西竄踞安慶賢基赴舒城桐城勸募團練爲官軍聲援賡音太伍登庸戰歿於集賢關賊犯桐城紳士馬三俊率練勇迎戰失利遂失守已革按察使張熙宇退駐大關賢基抗疏劾之時方駐舒城或告以無守土責未轄一兵賊鋒甚銳可退守以圖再舉賢基曰奉命治鄉兵殺賊當以死報國敢避寇倖免乎十月賊至登陴守禦城陷死之文宗初聞舒城失守即曰賢基素懷忠義必能大節無虧及奏上深悼惜之贈尙書銜加恩於舒城建專祠擢其子編修錦文以侍讀用賜銀三千兩命錦文即日回籍治喪予騎都尉世職祀京師及本籍府城昭忠祠後安徽請祀鄉賢特諭賢基品行端正居官忠直名副其實即報可

鄒鳴鶴字鍾泉江蘇無錫人道光二年進士雲南即用知縣親老告近改發河南署新鄭補羅山有惠政母喪去官巡撫程祖洛疏陳鳴鶴政績羅山紳民籲請保留河南特旨允俟服闋以南汝陳光四府州所屬酌補選缺異數也尋補光山調祥符擢蘭儀廳河工同知護開歸陳許道以治河勞晉秩知府歷衞輝陳州開封道光二十一年河決祥符水圍省城鳴鶴露宿城上盡力堵禦有議遷省城於洛陽者鳴鶴上議有六不可欽差大臣王鼎等據以疏陳乃決議堅守凡歷七十餘日水退城安論功晉秩道員二十三年河決中牟褫職留工工竣復原官仍在工效力丁生母憂服闋署彰衞懷道尋授江西督糧道文宗即位詔舉賢才戶部侍郎侯桐兩江總督陸建瀛交章以鳴鶴薦擢順天府尹咸豐元年擢廣西巡撫匪亂方熾大學士賽尙阿督軍事鳴鶴課吏治治團練撫恤被兵災民二年賊由永安突犯桂林城中兵僅千人倉猝防禦提督向榮馳援民心始定總兵秦定三等續至鳴鶴以諸軍無所統屬自請督戰分遣諸將擊賊相持月餘賊百計攻城屢卻賊遂分竄賽尙阿促向榮追擊鳴鶴堅留防賊回竄互疏爭賊尋陷興安全州入湖南詔褫鳴鶴職以守城功免治罪洎回籍賊已陷武昌三年正月陸建瀛赴九江督師疏請起鳴鶴籌辦沿江防務已病或沮其行曰此吾補過報國之日也建瀛旋退江甯獲罪命鳴鶴與將軍祥厚等籌商守禦建瀛見其病甚欲爲奏請還家養痾鳴鶴不可及江甯陷書絕命詞曰臣力雖圖報稱臣心仰答九重三次守城盡節庶幾全始全終遣人持付其子自率隊出至三山街賊見識之曰此守桂林之鄒巡撫也呼其名詬之鳴鶴亦罵不絕口被支解而死事聞贈道銜賜卹同治初江南既平曾國藩疏陳鳴鶴生平政績及殉節狀請加恩優卹御史朱震言鳴鶴罷民居遇害非臨

陣指揮者比請龍之編修朱福基等復以鳴鶴被難聞見各殊呈請下兩江總督馬新貽確查新貽覆奏紳耆咸稱鳴鶴協同防守誓以身殉罵賊被戕無避匿民居之事詔依巡撫例議卹予騎都尉兼雲騎尉世職諡壯節後祀河南名宦祠

戴熙字醇士浙江錢塘人道光十二年進士選庶吉士授編修大考二等擢贊善遷中允十八年入直南書房督廣東學政任滿請終養二十五年服闋未補官復督廣東學政累遷內閣學士二十八年授兵部侍郎仍直南學房先是廣東因士民阻英人入城相持者數年至二十九年英人懾於民怒暫罷議宣宗嘉悅以爲奇功錫封總督徐廣縉子爵巡撫葉名琛男爵會熙召對論及之熙言廣東民風素所諳悉督撫所奏恐涉鋪張非可終恃上不懌尋命書扇有帖體字傳旨申飭越日命南書房書扁額內監傳諭指派同直張錫庚戒勿交寫誤字之戴熙未幾罷其入直熙知眷衰稱病請開缺上益怒降三品京堂休致咸豐初詔舉人才尙書孫瑞珍以熙薦召來京候簡用因病未至粵匪踞江甯浙江戒嚴熙偕官紳勸諭捐輸舉行團練八年粵匪由江西擾浙東熙助巡撫晏端書籌調兵食乞援鄰境援師至賊未得逞漸退以治團練勞加二品頂戴杭州初有民兵八百人又選鋒數百事緩以資絀減少半十年粵匪由安徽廣德入浙連陷數縣犯湖州武康熙以所部練勇付按察使段光清會旗兵防獨松千秋等關賊至斂兵入城守熙謂用兵無獨守孤城之理宜分營城外相犄角又議乘賊初至迎擊皆未行熙與弟燾助守西北隅礮斃黃衣賊一人賊遽退匿山後衆謂賊且遁熙料其詐偵之果轉赴西南晝夜環攻久雨兵疲賊於宋鎮湖門故址穴地轟城遂陷熙赴水死之弟煦媳金及甥王朝榮同殉事聞贈尙書銜建專祠予騎都尉兼雲騎尉世職諡文節弟煦精算學自有傳熙雅尙絕俗尤善畫嘗視學廣東陛辭宣宗諭曰古人之作畫須行萬里路此行徧歷山川畫當益進其見重如此後以直言黜及殉節遂益爲世重同時湯貽汾畫負盛名與熙相匹亦殉江甯之難同以忠義顯世稱戴湯云貽汾字雨生江蘇武進人祖大奎官福建鳳山知縣守城殉節父荀業同死見忠義傳貽汾少有雋才家貧以難蔭襲世職授守備累擢浙江樂清協副將歷官治軍捕盜有聲尙氣節工詩畫政績文章爲時重晚辭官僑居江甯及粵匪熾貽汾見時事日亟語人曰吾年七十有七家世忠孝脫有不幸惟當致命遂志以見先人江甯籌防大吏每有咨詢盡言贊畫城陷從容賦絕命詞赴水死事聞文宗以其三世死事特詔優卹加一雲騎尉諡貞愍

張芾字小浦陝西涇陽人道光十五年進士選庶吉士授編修累遷庶子直南書房大考一等擢少詹事超遷內閣學士督江蘇學政二十五年授工部侍郎任滿回京仍直南書房調吏部二十九年督江西學政文宗即位應詔陳言請明黜陟寬出納禁靡費重海防上嘉納命按巡撫陳阡被劾各款得實罷之阡亦訐芾收受陋規詔免議咸豐二年調刑部侍郎任滿留署江西巡撫尋實授時粵匪方圍長沙詔芾偕在籍尙書陳孚恩籌防未幾岳州陷芾駐守九江三年正月總督陸建瀛至九江芾移守瑞昌賊來犯擊走之而九江遂陷革職留任退守南昌賊旣踞江甯分股泝江而上芾奏調湖北按察使江忠源來援甫至而賊船直抵城下芾率官紳嬰城固守賊穴道轟城壞而復完總兵馬濟美戰歿城外賴江忠源迭戰卻賊被圍凡三閱月賊乃東走由九江超安徽芾以守城勞復原官奏獎將吏猥多部議裁減芾疏爭嚴旨切責會因截留滇黔銅鉛銀又陳孚恩被劾芾爲申辨上怒褫芾職芾旣罷道梗不得歸僑居紹興賊窺徽甯急巡撫駐廬州不能兼顧侍郎王茂蔭薦芾乃命交和春福濟差遣芾至練團勸捐以千人守徽州提督鄧紹良總兵江長貴分扼要隘五年復休甯石埭予六品頂戴六年賊擾婺源祁門連破之於七里橋屯溪口徽境得安加五品頂戴是年冬賊復出江西竄踞休甯擊走之母喪奪情留軍命俟服闋後以三品京堂候補七年鄧紹良戰歿灣沚祁門婺源皆告急遣參將王慶麟破賊於清華街又擊走祁門賊九年復婺源賊西竄授芾通政使尋遷左副都御史太平石埭連戰皆捷詔皖南四府一州軍務歸芾督辦十年賊復陷涇縣旌德由績溪進犯徽郡芾督江長貴及知府蘇式敬道員蕭翰慶連克太平旌德石埭涇縣而賊由江蘇浙江回竄復連陷建平廣德涇縣芾先以失機自劾暫行革職留軍至是復自請治罪遂命以皖南軍事畀兩江總督曾國藩召芾還京請回籍補持服允之十一年粵匪捻匪合擾關中起芾助治團練禦賊事甫平而回匪亂作連破數州縣逼省城詔芾督辦陝西團練會同巡撫瑛棨防剿瑛棨巽懦計無所出謂芾大臣有鄉望諭之宜可解芾慨然率數騎往歷高陵臨潼至渭南倉頭鎭曉以利害回衆頗感動其酋任老五懼搖衆心嗾黨擁出折辱之芾據地大罵不絕口遂被支解時同治元年五月十三日也子師劬往覓遺骸僅得骨數節事聞予騎都尉兼雲騎尉世職諡文毅命於省城倉頭鎭並建專祠隨行遇害之臨潼知縣繆樹本山西知縣蔣若訥及家屬在涇陽被害者五十二人從死僕人金榜等六人並附祀賜師劬舉人江西徽州並建專祠後祀江西名宦

黃琮雲南昆明人道光六年進士選庶吉士授編修累擢兵部侍郎以親老乞養回籍咸豐七年雲南回亂方熾命琮偕在籍御史竇垿治團練時餉絀兵單疆臣主且勦且撫而漢回仇隙素深團練驕悍不聽約束往往撫局將成練勇擅殺降回益紛擾總督吳振棫劾琮及竇垿辦理失當皆褫職事稍定振棫疏陳縱容練勇諸事皆出竇垿主持琮當省城被圍時登陴固守有勞又勸捐出力詔復原官同治二年逆回馬榮詐降入城戕總督潘鐸肆殺掠琮遇害贈右都御史光緒中巡撫潘鼎新爲請予諡文潔陶廷杰貴州都勻人嘉慶十九年進士由編修遷御史給事中道光中出爲江蘇蘇松糧儲道歷甘肅按察使陝西布政使署巡撫二十五年休致咸豐三年貴州土匪起命廷杰在籍會同地方官辦理團練六年古州黃平都勻先後陷廷杰率團練禦賊死之予騎都尉世職諡文節

馮培元字因伯浙江仁和人道光二十四年一甲三名進士授編修入直南書房咸豐元年改直上書房授惇郡王奕誴讀二年大考二等擢侍講尋督湖北學政數月中迭擢侍講學士光祿寺卿時粵匪已犯長沙人情洶懼培元幼孤家貧母何賢明苦節撫之成立及至湖北將迎養聞岳州陷馳書止母行母報曰如果有變見危授命大節不可奪其遵吾教培元奉書涕泣自矢賊至攻城培元偕在城文武登陴同守城陷投井死三年正月賊去向榮率兵入城有以告者始出而殮之尸如生事聞文宗以武昌之陷闔城文武殉難卹典特優贈侍郎建專祠予騎都尉世職諡文介後兩子學瀚學澧皆賜舉人

孫銘恩字蘭檢江蘇通州人道光十五年進士選庶吉士授編修累遷詹事咸豐二年典試廣東還京道出九江粵匪已由岳州東下陷漢陽銘恩疏上江防十二事下江南督撫施行三年連擢內閣學士兵部侍郎督安徽學政時安慶已爲賊踞故事學政駐太平府銘恩激勵紳民舉行團練捐廉爲倡潰兵時至侮官封市銘恩諭以大義稍定四年以父病請開缺省視會有旨命偕在籍前南河總督潘錫恩防守徽甯銘恩未之知也疏入文宗疑其規避嚴旨切責允其回籍俟假滿以三四品京堂降補未踰月賊犯太平從者請避之銘恩曰城亡與亡以明吾心城陷賊至衣冠坐堂上抗罵被執囚於江甯僕范源從銘恩不食賊脅源勸降源叱之斷其舌同遇害詔嘉其抗節不屈遇害甚慘贈內閣學士入祀京師及安徽江蘇昭忠祠予騎都尉世職諡文節范源同議卹

沈炳垣字紫卿浙江海鹽人道光二十五年進士選庶吉士授編修遷中允咸豐四年督廣西學政廣西自洪秀全北犯後羣匪迭起炳垣至與巡撫勞崇光議戰守策崇光深器之七年春按試南甯畢警報日至居民洶洶驚避炳垣倡言城險可保條列守禦法捐俸濟餉守三晝夜賊知有備引去潯州陷江路梗塞間道至梧州艇匪陳開等衆數萬突來犯炳垣率知府陳瑞枝等嬰城固守凡三閱月糧盡援絕官吏以炳垣無守土責遣兵衛之出炳垣不可八月城陷仰藥未死賊擁去厚遇之炳垣罵賊求死不得久之乘間爲書致巡撫劉長佑請出兵襲城密約城內民夾擊事洩賊恨甚磔而焚之有老卒睹炳垣慘死狀走省城首於官贈內閣學士諡文節建專祠桂林

張錫庚字星白江蘇丹徒人大學士玉書裔孫道光十六年二甲一名進士選庶吉士授編修遷御史擢順天府丞丁父憂服闋補原官疏論綠營冒濫頂名及緝捕諸弊詔下其疏於各直省實力整頓又疏言殿試貢士不限字數聽其發抒刪去頌辭下部議行歷太僕寺卿左副都御史咸豐八年督浙江學政擢刑部侍郎仍留學政任十年杭州陷而旋復錫庚助城守其子恩然率家屬自焚錫庚以聞予旌卹團練大臣王履謙劾巡撫王有齡籌餉按缺派捐命錫庚訪按錫庚以有齡一月內更易州縣二十餘員非政體請予處分從之十一年任滿代者未至杭州復被圍錫庚同守城城陷或勸之去錫庚曰吾大臣也不可辱遂自縊賊稱其忠爲具棺斂贈尙書銜予騎都尉兼雲騎尉世職祀浙江昭忠祠諡文貞

論曰呂賢基以忠鯁受主知其治兵安徽也志欲大有所爲當殘破之餘驟無藉手倉猝殞身文宗惜之鄒鳴鶴久著循聲戴熙亦負清望張芾守江西防皖南雖無偉績備歷艱難三人以在籍搢紳治團籌防雖久暫不同皆事權不屬或以城亡與亡或以犯難遇害黃琮初因措置失宜獲咎繼亦原之而終不免於難馮培元孫銘恩沈炳垣張錫庚文學之臣職非守土死皆慘烈朝廷卹忠之典悉從優渥固不以成敗論已

何桂珍　徐豐玉（張汝瀛　金雲門　唐樹義　岳興阿　易容之）

溫紹原　金光筋

李孟羣　趙景賢

何桂珍，字丹畦，雲南師宗人。道光十八年進士，選庶吉士。年甫冠，乞假歸娶。散館授編修，督貴州學政。入直上書房，授孚郡王讀。文宗在潛邸，即受知桂珍。鄉試出倭仁門，與唐鑑、曾國藩為師友，學以宋儒為宗。及文宗即位，以所撰大學衍義芻言奏進，優詔嘉納。數上疏論時政得失，言琦善、牛鑑僨軍之將不宜任兵事。咸豐三年，出為福建興泉永道。巡防大臣賈楨等奏請開缺，留京隨辦城守事宜。四年，畿輔解嚴，授安徽徽寧池太廣道。安慶久陷，巡撫福濟駐廬州之店埠。桂珍所治在江南，阻於賊，遂留江北，檄募勇從征，餉無所出。久之，得二百人。至霍山，號召鄉團，增為三千人，激以忠義，破捻匪李兆受於霍城，追擊至麻埠，進逼流波疃，檄商城、固始鄉團截其北，金寨練勇拒其東，自率所部遏其西。兆受大懼，與其黨馬超江等同降。解散脅從萬計，民懽呼載道，饋糗糧不絕。福濟令桂珍援廬江，檄至，城已陷，馳救不及，劾罷職。四年，曾國藩破賊田家鎮，進圍九江。桂珍通牒言戰狀，國藩以聞。袁甲三軍臨淮，欲資桂珍兵，西與楚師會。至蘄水，而九江軍失利，武昌再陷，國藩入江西，文報不相聞。桂珍乃提孤軍轉戰潛、霍間。五年春，克蘄水、英山，殲賊首田金爵。和春上其功，予六品頂戴，留駐英山。自桂珍受事，至是八閱月，僅支餉銀三百兩，民團相從者踵至，益以李兆受降衆，餓不得食。五月，師遂潰。兆受之降也，桂珍請福濟羈以官，不聽，不能無觖望。未幾，馬超江被殺，兆受乞拘仇弗獲，則大恚，議為超江復仇，設位受弔，捻黨大集。於是安徽、河南皆以兆受復叛入告。兆受詣桂珍自陳，撫慰之，稍定。會福濟密書屬先發絕其患，書由驛遞，為兆受所得，謂桂珍賣己。十月，陽置酒伏兵英山小南門外，桂珍遂遇害，左右四十餘人皆從死。事聞，依道員陣亡例，賜卹，贈光祿寺卿，予雲騎尉世職。同治初，江南平，曾國藩疏言桂珍率鄉團勦賊，饑餓艱難，歷人間未有之苦，機事不密，為叛人所戕，天下冤之。詔晉世職為騎都尉，予謚文貞，建祠英山縣。

徐豐玉，字石民，安徽桐城人。父鏞，嘉慶十四年進士，官至太僕寺卿。豐玉少應科舉不遇，捐納銓授貴州平遠知州，署威寧，捕斬大盜，總督林則徐嘉異之。調黃平。苗寨盜魁日保禾聚衆剽掠，豐玉清保甲，理屯軍，請兵會勦，巡撫喬用遷慮激變，不許。既而苗益恣，從知府胡林翼往勦，保禾遁。時廣西匪起，蔓及貴州境，豐玉練民兵入山搜捕，多得盜魁誅之。雲南巡撫張亮基過黃平，悉其狀，密疏薦。遷郎岱同知，署思州府。咸豐二年，擢湖北黃州知府。甫蒞任，而張亮基調湖南，奏調豐玉往襄軍事，助守長沙。尋從總督徐廣縉赴岳州。武昌已陷，豐玉請廣縉速移鎮黃州，截賊下竄。廣縉不能用，得罪去，張亮基代之。三年，擢湖北督糧道，署漢黃德道。廣濟民變，戕縣令，黃州知府邵綸及新令鮑開運往撫，均遇害。豐玉偕按察使江忠源往勦，捕斬數百人，乃定。會粵匪由江寧分竄上游，忠源率師援江西，亮基令豐玉統湖北防軍駐田家鎮。鎮當江北岸，後有大山曰黃金塔，小山曰磨盤，下有河直入江中，與南岸半壁山接。山塹水湍，舟行必循湍繞河乃得過，最據形勢。豐玉列營諸山，於河上聯筏作城，列礮以守。半壁山背倚湖，湖通興國，入湖處曰富池口。豐玉欲分營半壁山上，而兵單，僅遣兵弁瞭望而已。九月，賊由南昌退九江，遂上犯田家鎮。豐玉偕總兵楊昌泗憑墻礮擊，沈賊船，又斃陸路撲營賊，乘勝追歷，乃退。次日，賊船擁至，分三路迎擊，斃賊甚衆，燬其大船。賊由富池口分船數百犯興國，會江忠源由江西回援，賊復由興國會於富池口。荊門知州李槱輕軍襲之，豐玉遣兵夾擊，敗挫，槱陣歿。忠源聞田家鎮危急，調九江兵馳援，未達。忠源獨挈親兵數十人至，見賊衆兵單，驚曰：「不可守矣。」次晨，大風作，賊連檣驟至，環撲我營。豐玉偕漢黃德道張汝瀛督戰，筏城被焚，營壘皆不守。豐玉手佩刀殺賊，遂自剄，汝瀛同殉焉。忠源親隨僅存數人，收集餘衆，退駐廣濟。事聞，予騎都尉世職。光緒中，大學士李鴻章疏陳豐玉政績死事狀，予謚勇烈，建專祠。張汝瀛，山東樂陵人。道光元年舉人，官廣西知縣，歷貴縣、蒼梧，以勦匪功洊升知府，亦為張亮基所薦拔。咸豐三年，擢漢黃德道，甫抵任，偕豐玉同守田家鎮，歿於陣，予騎都尉世職，追謚勇節。金雲門，安徽休甯人。道光十三年進士，官浙江雲和知縣，改湖北，歷天門、崇陽、隨州，以禽崇陽匪首鍾人杰功，晉知州，洊擢安陸知府，署糧儲道，護按察使，調署黃州。自田家鎮失利，賊遂進陷黃州，雲門死之，贈太僕寺卿，予騎都尉世職。後京山士民以政績卓越，請建祠，謚果毅。唐樹義，貴州遵義人。嘉慶二十一年舉人，官湖北咸豐、監利、江夏知縣，洊擢湖北布政使，以病歸，在籍辦團練。張亮基奏調湖北，署按察使。及田家鎮軍事亟，率兵防江北陸路，駐廣濟。既而黃州、漢陽相繼陷，樹義勦賊德安，進軍灄口。四年，戰失利，褫職留任。率舟師禦賊金口，船破，死之。予騎都尉世職，謚威恪。岳興阿，博爾濟吉特氏，滿洲正藍旗人。考授內閣中書，出為河南南陽知府，洊擢湖北布政使。四年，武昌陷，死之，予騎都尉世職，謚剛節。易容之，廣東鶴山人。捐納銓授湖北德安知府。四年，德安陷，罵賊死之，予騎都尉世職。李槱自有傳。

溫紹原，字北屏，湖北江夏人。少負奇略，入貲為兩淮鹽運司經歷，改知縣。咸豐二年，署六合，減賦役，蠲苛法，民戴之。粵匪陷武昌東下，紹原以六合為南北要衝，勸民積穀儲羣，保修城垣，治守具，團練四鄉，合為一氣，別募壯勇訓練。三年春，江甯陷，賊游騎至境，輒殲之。既而大至，禦於龍池，以兵單失利，練總徐琳、達成榮戰死，紹原退保南關。會日暮，賊營火，乘亂攻之，斬僞丞相一、僞統制四，餘衆殲焉。紹原益增守要隘，浚品字坑，伏地雷，守備秦淮陽、千總夏定邦、王家幹皆能戰，賊屢至，隨機禦之，每禽斬過當，賊懼之，不敢逼。欽差大臣向榮、總督怡良先後上其功，以知府升用，賜花翎。特詔嘉獎，並以紳民深明大義，蠲免六合一年丁漕，增廣學額，以示旌異。四年，賊屯九洑洲，結簰置礮，翼以戰艦，順流下至八卦洲。紹原夜以小舟襲之，縱火焚簰幾盡。偕總兵武慶、江浦知縣曾勉禮分路進攻九洑洲，天大霧，架浮橋襲賊營，大破之，平其壘。被議敘。五年，署江甯知府，在縣設治，督辦府屬團練事宜。賊屢糾悍黨自浦口來撲，皆不得逞。六年，大軍攻鎮江、瓜洲急，賊數路來援，其自蕪湖來者，紹原要之於江，七戰皆捷，進剿南岸七里洲賊壘，燬其舟。賊乃出陸路竄踞高資港、下蜀街。巡撫吉爾杭阿檄紹原赴援，紹原令其弟溫綸率千人往，戰數有功。江北托明阿軍潰，揚州陷，紹原由儀徵往援，而賊陷江浦，犯浦口，踞六合葛塘集。偕張國樑馳擊於龍池，大破之，又破之於盤城集，連復江浦、浦口。捷聞，擢道員。未幾，賊再陷江浦，進犯六合，紹原合水陸擊走之。時軍事分隸江南、江北兩大營，六合地居江北，紹原以孤城為保障，且數出境渡江助大軍攻剿立功，向榮深推重，令充南軍翼長，德興阿督北軍，意嗛之。七年，天長、來安土匪起，遣兵破之，列上所部戰績，德興阿謂越境邀功，置勿錄。紹原力爭，遂以干預保舉，疏劾褫職，仍留六合帶勇防堵。尋有旨命兼管江甯、江浦團練。總督何桂清疏言：「紹原以一縣倡募水陸各勇，激厲紳團，屢殲賊衆，出奇制勝，且餘力上援江浦，下救儀徵，北援來安，江北大營得免西顧之憂。自來安至廬州，尚有一綫運道可通者，亦惟紹原是賴。才足匡時如紹原者，實不多見，請復原官，以維繫衆心。」詔允開復知府。八年，從大軍克來安，加鹽運使銜。悍酋李秀成、陳玉成大舉援江甯，先陷江浦，德興阿退六合，三戰皆敗，又退揚州。賊久憾紹原，合力圍攻。文宗恐其有失，詔促德興阿、勝保速援，皆不至。紹原堅守幾及一月，力竭城陷，死之。張國樑既克揚州，即日馳赴，於城陷次日始至，聞者莫不嗟悼。詔嘉紹原六載守城，久為江北重鎮，援師未集，力竭捐軀，深為憫惜，贈布政使銜，予騎都尉世職，於六合建專祠，謚壯勇。夏定邦，六合人，王家幹，睢甯人，從紹原守禦，及八卦洲、九洑洲、江浦諸戰皆有殊績，並擢官都司，城陷同死難。

金光筋，字濂石，直隸天津人。捐納通判，分甘肅，署巴燕戎格廳，改安徽，知縣青陽。民因歲荒抗徵，幾釀變，光筋奉檄單騎諭解之。補建平，調定遠。定遠多盜，巡緝無間，捕土匪陳小喚子寘之法。又調壽州。咸豐三年春，粵匪連陷安慶、江甯，皖北盜蠭起，光筋集民團備戰守。陸遐齡者，定遠巨猾，繫安慶獄，城陷，賊令歸結黨為北路應，擾定遠、壽州、合肥，勢甚張。巡撫周天爵兵少，不能制，令光筋圖之。先布間諜散其黨羽，然後進攻莊木橋。光筋設奇計，親率勇士禽遐齡父子及其黨四十餘人，戮之。天爵特疏薦，晉秩知府，賜花翎。四月，賊由江甯、揚州分股北竄，臨淮擾及鳳陽、懷遠。光筋於兩河口立水營，八公山維張旗幟為疑兵，列礮要隘，獲賊諜逃兵，並斬之以徇，壽州獲安。五月，賊復由六合撲正陽關，光筋調練勇千屯三十里鋪及兩河口，迎擊，殲賊二百餘人，乃引去。招降附近土匪談家寶、張茂等黨衆數千，皆效用。是年冬，粵匪陷廬州。四年，六安繼陷，北路捻匪日猖獗，和春督大軍規廬州，不暇北顧；袁甲三剿捻，徬徨於皖、豫之交。正陽為要衝，距州城六十里，光筋扼關以禦，捻黨數來犯，五戰皆捷。季學盛踞于家圍，而馬四、馬五、王亮彩、鄧三虎等諸捻黨出沒州境，先後平之。廬州大軍無後顧憂者，光筋之力也。五年，大軍克廬州，光筋署知府，撫流亡，嚴斥候，數殲伏匪。六年，遂實授。尋巡撫福濟疏列其治行上聞，以道員記名，署廬鳳道。時和春移督江南大軍，袁甲三再起，軍臨淮，捻勢南趨。光筋甫出兵，捻首張洛行已破周鎮王莊，犯三十里鋪。光筋背水為陣，令曰：「有進無退。」分三路擊之，以八百人破賊數萬。七年春，捻匪龔德等掠正陽關，光筋偕副都統德勒格爾渡河襲擊，斃賊八百餘，追七十里，將搗其巢。聞六安復為粵匪所陷，回保壽州。粵匪驟至圍城，破其地雷，夜乘霧出城，分三路襲賊營，鄉團應之，賊驚潰，追擊，斃賊千餘，圍立解。捷入，加按察使銜。乘勝合水陸進剿，毀賊營四十餘處，克正陽關，賜號鏗色巴圖魯閏五月捻匪復踞正陽關欽差大臣勝保率兵至八里垜光筯請夾擊於沫河口建浮橋先渡馬隊賊忽由後路鈔來光筯立船頭督戰左骽中槍猶指揮進擊纜斷溜急舟覆沒於河詔贈布政使銜依贈官賜卹予騎都尉世職諡剛愍於壽州建專祠光筯吏治戰績爲安徽第一嘗言大兵宜攻不宜守郡縣吏宜守四境不宜守孤城皖北倚爲保障及其歿後捻氛乃益熾人尤思之云

李孟羣字鶴人河南光州人父卿穀道光二年舉人四川長甯知縣累擢湖北督糧道署按察使咸豐四年粵匪陷武昌巡撫青麐走湖南卿穀守城殉難贈布政使予騎都尉世職諡愍肅孟羣道光二十七年進士廣西即用知縣歷署雲川桂平以剿匪功擢南甯同知咸豐元年匪首洪秀全犯盤龍河孟羣手執籐牌督戰殺賊屢戰連日賊不得渡擢知府調赴永安軍營二年授泗城知府賊犯桂林孟羣赴援連戰北門外及古牛山五里墟夾山口陸鄰村迭挫賊鋒圍解加道銜進平潯州艇匪擢道員署潯州知府三年調江西九江府仍留廣西剿賊四年曾國藩在籍治水師聞孟羣名奏調率千人往偕楊載福彭玉麐東下攻拔城陵磯克岳州調廣西平樂府賊陷武昌孟羣聞父殉難誓滅賊復仇仍請終制詔留軍國藩屯金口塔奇布進扼洪山定三路攻城邑之策孟羣偕載福玉麐中流直下艦分二隊前隊衝鹽關出賊背後隊自上擊下燬賊船二百餘艘會諸軍剗沿江木柵破漢關及金沙洲白沙洲抵鮎魚套西渡攻漢陽朝宗門賊揚帆下竄屍蔽江燬晴川閣下木柵大別山下木壘武昌漢陽同日收復孟羣奔赴父死所慟哭收殮一軍感動捷聞加按察使銜賜號珠爾杭阿巴圖魯於是國藩進規江西孟羣率水師抵九江戰兩岸及湖口皆捷五年春師挫於湖口賊泝江上犯陷漢陽武昌大震孟羣回援偕彭玉麐敗賊漢陽署湖北按察使以在憂辭詔不允武昌尋爲賊陷從胡林翼屯金口改統陸師五月合擊賊四戰皆捷七月賊糾黨撲金口孟羣拒戰失利陸營潰詔以衆寡不敵原之命攻漢陽六年從總督官文迭進攻十一月孟羣據龜山俯擊總兵王國才攻西南各門城中賊亂遂克漢陽加布政使銜以布政使遇缺提奏七年安徽北路捻匪方熾粵匪自桐城進陷六安英山霍山廬州危急巡撫福濟請援孟羣率陸師二千五百人赴之途次授安徽布政使進兵克英山霍山攻獨山駐軍麻埠霍山復爲賊陷尋復之八年粵匪由潛山太湖竄擾河南固始孟羣自六安赴援偕勝保力戰解圍被獎敘剿商城匪黨平之回軍克六安七月福濟卒於軍暫攝巡撫未十日廬州爲粵匪所陷褫職留軍効力收集潰軍駐廬州西官亭長城一帶皖北赤地千里協餉不至所部號四千飢疲已甚湘軍李續賓方克桐城舒城飛書乞援而續賓戰歿於三河勢益孤危九年二月六安復陷賊六七萬過長城營壘被圍死守十餘日壘破手刃數賊受傷被執擁至廬州賊首陳玉成優禮之絕糧不食賦詩四章書於絹付人使出報大營遂死之勝保等先已疏陳孟羣殺賊陣亡詔復原官賜卹諡武愍十年巡撫翁同書以尋獲遺骸入奏命送回籍袁甲三復奏孟羣死事實蹟詔於廬州建專祠依巡撫例優卹予騎都尉兼雲騎尉世職穆宗即位以孟羣父子殉節忠烈萃於一門與賜祭死事諸臣之列焉

趙景賢字竹生浙江歸安人父炳言嘉慶二十二年進士刑部主事歷官湖南巡撫景賢道光二十四年舉人誤註烏程籍被黜捐復授宣平教諭改內閣中書豪邁有大略咸豐三年在籍倡團練以勸捐鉅款晉秩知府分發甘肅未往十年尚書許乃普薦之命從團練大臣邵燦治事聞粵匪陷廣德自蘇州馳歸籌布守城總兵李定太參將周天孚先後來援失利景賢收集潰兵爲戰守計偵知江南援軍至出城夾擊禽斬數千立解城圍從張玉良復杭州克長興德清武康既而賊擾嘉興景賢分兵屯南潯扼其衝四月賊由太湖夾浦犯湖州道員蕭翰慶來援戰歿招其潰兵入伍出北門擊賊血戰數晝夜賊遁五月率礮船進攻平望鎭與楚軍合擊克之會賊酋陳玉成由溧水竄浙境景賢回救合民團要擊走之賜號額德木巴圖魯以道員用六月進復廣德交軍機處記名簡放十月賊犯杭州景賢馳援湖州告警速回師賊已至南門外峴山副將劉仁福率廣勇來援有通賊狀誘禽仁福斬之以徇賊奪氣分擾四鄉旋犯西門合水陸擊退盡破附近諸山賊壘圍復解加按察使銜十一年復長興尋賊踞洞庭東西兩山長興不能守郡北七十二漊時被擾景賢於大錢口增駐水師聯絡民團分顧各路屢戰皆捷五月賊踞菱湖鎭率水師進攻燬賊舟又破之於溆山溪九月賊又逼郡城屢戰五晝夜追奔出境時杭州久被困景賢率兵滾營前進連破賊卡二十餘處賊復乘虛襲大錢口景賢且戰且退掩擊之賊遁聞杭州再陷歎曰湖郡孤注惟當效死弗去以報國恩耳是年冬授福建督糧道同治元年春詔念景賢殺賊守城於團練中功稱最特加布政使銜自賊氛逼城僅大錢口可通太湖糧道會大雪湖凍賊由洞庭東山履冰來犯大錢遂爲所踞賊以屢戰傷亡多恨景賢次骨掘其父墓戒不與戰但斷絕糧道以困之景賢迭出戰不利密寄帛書至上海與其叔炳麟訣誓以死守朝廷惜其才命曾國藩左宗棠設法傳諭輕裝出赴任景賢益感奮選壯士三千人分出斫賊營奪其糧而還被圍既久兵日給米二合五勺官民皆食粥糜道殣相望五月城陷景賢冠帶見賊曰速殺我勿傷百姓賊首譚紹洸曰亦不殺汝拔刀自刎爲所奪執至蘇州誘脅百端皆不屈羈之逾半載李秀成必欲降之致書相勸景賢復書略曰某受國恩萬勿他說張睢陽慷慨成仁文信國從容取義私心竊向往之若懸節一時貽笑萬世雖甚不才斷不爲此也來書引及洪承疇錢謙益馮銓輩當日已爲士林所不齒清議所不容純皇帝御定貳臣傳名在首列此等人何足比數哉國家定制失城者斬死於法何若死於忠泰山鴻毛審之久矣左右果然見愛則歸我者之知己不如殺我者尤爲知己也秀成赴江北戒紹洸勿殺景賢計欲伺隙手刃秀成秀成去日惟危坐飲酒二年三月紹洸聞太倉敗賊言景賢通官軍將襲蘇州召詰之景賢謾罵爲槍擊而殞自湖州陷屢有旨問景賢下落至是死事上聞詔稱其勁節孤忠可嘉可憫加恩依巡撫例優卹於湖州建專祠宣付史館爲立特傳予騎都尉世職諡忠節長子深彥年十二在湖南聞湖州陷即自戕死先被旌附祀景賢祠次子濱彥賜官主事溱彥淶彥皆以通判用

論曰何桂珍儒臣出爲監司以忠義激厲饑軍竟撫悍寇誤於庸帥倉猝殞身徐豐玉才裕匡濟兵單致敗溫紹原守六合金光筯守壽州並以彈丸一邑出奇制勝砥柱狂瀾其有關於江淮全局者大矣李孟羣戰功卓著至皖北兵食俱絀卒不復振父子繼死國事爲世所哀趙景賢以鄉紳任戰守殺敵致果繼以忠貞當時團練徧行省自湖湘之外收效者斯爲僅見諸人不幸以節烈終未竟其勳略惜哉

清史稿

列傳一百八十八

向榮　和春

張國樑

向榮字欣然四川大甯人寄籍甘肅固原以行伍隸提標爲提督楊遇春所識拔從征滑縣青海回疆常爲選鋒積功擢至甘肅鎭羌營游擊道光十三年直隸總督琦善知其才調司教練累遷開州協副將海疆戒嚴率兵駐防山海關擢正定鎭總兵調通永鎭二十七年擢四川提督三十年調湖南平李沅發之亂調固原廣西匪起巡撫鄭祖琛不能制榮於舊將中最負時望文宗特調爲廣西提督倚以辦賊是秋至軍由柳州慶遠進勦以達宜山象州連破賊於索潭墟八旺陶鄧墟猶山等處賊氛稍輯惟洪秀全等踞桂平金田狡悍爲諸賊冠榮移兵往勦賊以大黃江牛排嶺爲犄角咸豐元年春攻大黃江賊分出誘戰率總兵李能臣周鳳岐合擊大破之殲千數百人賜號霍欽巴圖魯水陸合攻牛排嶺擣其巢又追擊於新墟紫金山賊乃竄踞武宣東鄉時周天爵爲巡撫與榮同勦賊議不合數戰未得利廣州副都統烏蘭泰率兵來會四月賊突圍竄象州榮被譴褫花翎降三級留任天爵亦罷軍事大學士賽尚阿代李星沅督師命榮與烏蘭泰節制鎭將以下迭詔戒榮同心協力以贖前愆賊踞象州中坪其要路東曰桐木西曰羅秀榮與烏蘭泰分扼之六月榮由桐木進兵偕烏蘭泰合勦迭敗賊於馬鞍山及架村黃瓜嶺西安村遂回竄桂平新墟紫金山恃險負嵎榮偕烏蘭泰等迭奪豬仔峽雙髻山要隘進破風門坳八月賊冒雨竄逸官軍失利於官村遂陷永安州坐褫職留營十一月合攻永安獲勝復原官初榮所部湖南兵因榮子繼雄用事軍心不服故武宣象州之役戰不力皆歸咎之文宗排衆議仍加倚任而調四川兵以易湖南兵賽尚阿不知兵專倚榮與烏蘭泰二人復不協圍永安久不下榮建議缺北隅勿攻伺賊逸擊之二年二月天大雨賊由北突出逕犯桂林榮由間道馳援先賊至賊冒榮旗幟襲城擊走之偕巡撫鄒鳴鶴急治守具屢出奇兵擊賊城下俘斬甚衆經月餘援軍集賊乃解圍北竄詔嘉其保城功已奪職復之予議敍賊由興安全州

入湖南。榮頓兵桂林，爲總督徐廣縉論劾，褫職戍新疆。賽尙阿疏請暫緩發遣，令援湖南。九月，至長沙，破賊瀏陽門外，又破之於見家河、漁網洲、嶽麓山，至冬圍乃解。賊北竄陷岳州，入湖北，進犯漢陽、武昌，官軍遙尾之，莫敢擊。賽尙阿、徐廣縉先後能黜，諸將無一能軍，詔以榮屢保危城，緩急尙欲恃之，予提督銜，幫辦軍務，責援武昌。尋復授廣西提督。榮至，數奏捷，而武昌尋陷，褫職，仍留軍，調署湖北提督，未幾實授，命爲欽差大臣，專辦軍務。賊既踞武昌，勢益熾，不可復制矣。三年正月，大舉東犯，連舟蔽江，棄城而去。榮以克復聞，詔促躡追。榮所部兵多疲弱，遣撤六千餘名，料簡精銳，率總兵和春、李瑞、秦定三、玉山、福興沿江躡賊，令提督蘇布通阿率川兵、總兵晉德布率滇兵來會。至九江，無舟，留半月。賊已掠安慶，陷江寧，爲久踞計。榮至江寧，屯孝陵衞。時鎭江、揚州皆爲賊踞，詔琦善勦江北，榮勦江南，分任軍事。榮所部一萬七千餘人，攻通濟門外及七橋甕賊壘，連破之，進屯紫金山，結營十八座，賜黃馬褂。江寧城內士民謀結合內應，屢爽期，迄無成功。賊已分股由安徽北擾河南，而鎭江、揚州南北互應，大江上下游賊勢相首尾。榮遣提督鄧紹良率兵八千規鎭江，總兵和春以舟師伺便夾擊，屢戰，進壁城下。六月，紹良軍爲賊所襲，退守丹徒鎭，榮令和春往援，遂代領其軍。賊注意蘇、常諸郡，以和春軍相持不得進，乃欲取道東壩。十月，賊船入蕪湖，陷高淳，遣兵擊走之，令鄧紹良駐防。既而皖北賊熾，和春赴援，榮請以提督余萬淸代督鎭江軍。四年七月，賊犯東壩，遣副將傅振邦等協勦，賊退，高淳進復其城。賊乘江寧大營空虛，大舉來撲，率諸軍拒之，禽僞丞相譚應桂，侉斬三千餘。總兵葉長春、吳全美以水師克下關水柵礮臺，殪僞燕王秦日綱，進扼三山營江路。上游賊聚太平府，與江寧相應，張國樑連克賊壘，乘勝復太平，殲賊首韋得眞等。江寧賊出營於上方橋，三路來撲，又撲七橋甕，分擊敗之，三戰殪賊二萬餘。八月，燬上方橋賊壘，進逼雨花臺，擣其巢，追奔至城下。賊復由觀音門出趨栖霞，令總兵德安追擊，敗之於高資汛，又與余萬淸合擊於夾江，禽斬殆盡。萬淸亦屢敗賊於鎭江。五年春，湖北竄賊入蕪湖，鄧紹良禦之於黃池。瓜洲賊出鮎魚套犯高資，擊走之。五月，賊由蕪湖犯灣沚，却之。吳全美率水師破賊於東梁山，德安、明安泰率陸師進攻蕪湖，會鄧紹良大破安慶援賊，遂復蕪湖。餘賊猶濱江結壘，以廣福磯、弋磯爲犄角，數路死力來援，紹良、全美等水陸苦戰，迭敗之，而不能克也。時巡撫吉爾杭阿既克上海，詔幫辦軍務，專任鎭江一路，督攻甚急。江寧賊百計赴援。十一月，榮督總兵德安、張國樑、秦如虎等迭擊之於燕子磯、觀音門、甘家港、栖霞街、石埠橋等處，賊竄回江寧，令德安駐軍東陽鎭扼之。十二月，上游蕪湖、兩梁山、金柱關及江北瓜洲、金山、廬州、三河諸賊同趨江寧，約城中悍賊衝出，一由神策門至仙鶴門抄綴大營，一由觀音門沿江至栖霞直趨鎭江，一由南路秣陵關來犯。榮令張國樑、秦如虎迎擊於仙鶴門，大捷，回擊石埠橋，賊亦退，又敗之於龍脖子及元山、板橋等處。檄鄧紹良自蕪湖回援，余萬淸自鎭江移駐龍潭、下蜀街。六年春，賊踞倉頭，爲往來要道，余萬淸、張國樑迭擊不退。鄧紹良至，令統前敵諸軍，屢戰不利，賊日增多，蔓延炭渚、橋頭。改以張國樑爲總統，國樑力戰，連破橋頭、下蜀街、三汊河、張楊村諸壘，賊始竄走，復合鎭江賊入瓜洲，將軍托明阿軍潰，江北大震。榮令紹良援揚州，偕德興阿復其城，國樑援六合，進克江浦、浦口，江北稍定。四月，寧國告陷，蘇、浙戒嚴，令紹良馳禦之，江長貴亦退守黃池，而鎭江軍事復急。國樑進攻小丹陽未下，吉爾杭阿戰歿於烟墩山，鎭江京峴山營壘皆失。榮令余萬淸代領其軍，明安泰扼小丹陽，福興、張國樑率兵防勦，以固蘇、常門戶。國樑破賊於丹徒鎭，進扼馬陵，而賊已陷溧水，由高資、下蜀街趨江寧，分屯太平、神策門外。五月，上游賊麕至，屯城北，榮大營兵僅數千，急促國樑回援。賊分十餘路來撲，營壘盡失，退守淳化鎭，再退丹陽，自請治罪，詔原之，褫職，仍留欽差大臣督辦軍務。丹陽當鎭江、江寧兩路要衝，榮率張國樑、虎嵩林扼守，令西林防句容，明安泰攻溧水，江長貴扼溧陽，張國樑仍總統諸軍。賊更番至，恃國樑力禦却之。疏請增兵，未至，榮憂憤成病，七月，卒於軍。遺疏上，文宗震悼，詔嘉其忠勤，雖未恢復堅城，數年保障蘇、常，盡心竭力，復原官，依例賜卹，予一等輕車都尉世職，諡忠武，命建專祠，又入祀江蘇名宦祠。克復江寧後，賜祭一壇，入昭忠祠。子繼雄，候選道，襲世職。

和春，字雨亭，赫舍里氏，滿洲正黃旗人。由前鋒藍翎長授整儀尉，累遷副護軍參領。出爲湖南提標中軍參將，擢永綏協副將。咸豐元年，從向榮赴廣西勦匪，戰武宣東鄉，賜花翎。破賊於中坪，進攻紫金山，奪雙髻山、豬仔峽要隘，功最，賜號鏗色巴圖魯。又奪風門坳，克古調村賊巢，擢綏靖鎭總兵。二年，援桂林，力戰解圍，加提督銜。追賊至全州，敗之。賊入湖南，迭戰於道州、桂陽，遂犯長沙，和春從向榮赴援，數出奇破賊。賊去陷岳州，坐追勦遲延，褫職留軍。三年春，會攻武昌，賊棄城東下，追至九江，遇賊襲擊之。從向榮抵江寧，分軍攻通濟門外賊壘。尋偕總兵葉長春、吳全美等率舟師攻鎭江，破賊甘露寺下，駐金山扼江路，又掠鮎魚套，擊敗賊船。偕總兵瞿騰龍攻太平門，塡壕逼城，殲賊甚衆。六月，提督鄧紹良師潰於鎭江，詔和春署江南提督，率所部廣東、湖南兵馳援，移軍丹徒鎭，進復京峴山舊壘。賊數千來爭，殲戮殆盡，賊銳稍挫，兩軍相持，蘇、常得無事。尋實授提督。是年冬，安徽軍事急，命和春分兵移防徐州，遂進援廬州。巡撫江忠源困守危城，陝甘總督舒興阿率援軍至，不敢戰。忠源疏言和春忠勇可恃，請命總督援軍，詔允之，而所部僅千人，請舒興阿分兵，不聽。未幾，廬州陷，忠源殉，軍事專屬和春，福濟繼任巡撫，爲之副。四年，疏言：「皖省軍情重大，兵勇雖有萬餘，多未經戰陣，請調鎭江舊部湖南兵，並撥金陵得力官兵三千，交總兵秦定三、鄭魁士率之來助勦。」時廬州屬縣皆陷，與安慶踞賊連絡一氣，城大賊衆。和春駐軍三里岡，屢率鄭魁士等進勦，賊抗拒不下，乃沿河築壘搆橋，分三路更番攻擊。夏，知州茅念劬率民團克六安，秦定三破賊於三連橋，進攻舒城。賊由霍山撲六安，擊走之。紮筏載大礮轟廬州城，賊分出拒戰，迭敗之。別遣軍復英山、廬江，而和州、含山一路賊時窺伺，疏請飭袁甲三嚴防烏江，以斷賊援。冬，臧紆靑、劉玉豹由廬南規桐城，連奪大關等隘，逼城下，而紆靑戰歿，玉豹退保六安。和春爲賊牽制，不能救，秦定三攻舒城亦久不下，迭詔切責。初，和春專勦廬州，袁甲三扼臨淮，軍事多相關，而意不合。五年，偕福濟疏劾甲三，罷之，命和春遣員接統其軍。夏秋連擊敗援賊，督諸軍急攻廬州，至十月，克之，城陷將兩年矣。詔嘉和春功能補過，賜黃馬褂，予騎都尉世職。六年，復舒城，大破賊於三河，克之。再復廬江。會向榮卒於軍，命和春代爲欽差大臣，督辦江南軍務。自向榮兵挫，退守丹陽，江甯賊益驕，內鬨，自相殘殺，故榮歿後張國樑等得以撫輯餘軍，規復東壩、高淳。和春至，餉械並絀，詔下各省接濟月餉四十萬兩。江蘇糧臺不能時給，疏劾總督怡良、巡撫趙德轍，詔勉其和衷。溧水、句容爲賊精銳所聚，力攻數月，七年夏，先後克之，加太子少保。圍攻鎭江，賊數糾悍黨來援，督諸將迭破之。十一月，克鎭江，賜雙眼花翎。將軍德興阿督江北諸軍攻瓜洲，同日克復，軍聲大振。進攻江寧東北路，奪太平、神策兩門外賊壘。八年春，賊迭出城力鬭，却之。合水陸諸軍克秣陵關，加太子太保。又破賊三汊河，奪要隘，江寧之圍漸合。賊由皖南犯浙境，用以牽掣大軍，詔和春兼辦浙江軍務，先遣兵二千往援，命親往督師，以病未行，尋浙事緩，罷其行。賊復沿江來援，擊走，築長圍困之。七月，賊大舉出撲，張國樑破之城下。八月，陳玉成糾合捻匪犯江浦、浦口，德興阿兵潰，儀徵、揚州、六合先後陷。和春遣馮子材渡江赴援，復失利，張國樑繼往力戰，復揚州、儀徵。九月，和春援江寧將軍。江寧賊乘間出撲，溧水亦陷，急調國樑回援，十月，復溧水。而上游賊犯黃池、灣沚，鄧紹良戰歿。九年春，招降捻首薛之元，獻江浦城，復約李世忠破賊，復浦口。因劾德興阿縱寇狀，詔罷德興阿，江北不復置帥，諸軍併歸和春節制。提督鄭魁士亦克灣沚、黃池，進規蕪湖，軍事轉利。疏言：「揆察現勢，先盡力於金陵一路，絕其根株，則枝葉自萎。欲破金陵，必先斷浦口，請添募精銳萬人，由張國樑統率，一面力攻，一面進紮營壘，斷賊糧路，兼却外援。臣當相度事機，剋期蕆功。」詔允之。是年冬，陳玉成由六合犯揚州，分黨渡江窺秣陵關，欲抄大營後路，東壩、溧水皆告警。尋大舉犯江浦，提督周天培死之，遂陷浦口。張國樑、馮子材援勦獲勝，揚州解嚴，浦口仍爲賊踞。十年春，國樑督水陸軍攻九洑洲，大捷，破其老巢。九洑洲爲江寧水陸咽喉，既得，已成合圍之勢，而賊復由皖南犯浙，遽陷杭州，蘇、常震動。詔和春仍兼辦浙江軍務，先後分兵萬餘，提督張玉良總統赴援。甫至，賊即棄杭州，閏三月，由廣德分犯建平、東壩、溧陽，遂窺常州。急調張玉良回援，賊已分路逕趨江甯。時賊酋陳玉成、李秀成、李侍賢、楊輔靑糾諸路衆十餘萬，力破長圍，城賊應之，大營軍心不固，惟恃張國樑力禦，戰數晝夜。諸營同時火起，總兵黃靖、馬登富、吳天爵陣亡，全軍大潰，退守鎭江。和春坐褫職留軍，又退丹陽。賊踵至，張國樑死之。和春奪圍走常州，督兵迎敵，被重創，退至無錫，卒於軍。總督何桂淸棄城走常州，蘇州相繼陷。江南軍自向榮始任，凡歷七年，至是熸焉，蘇、浙遂糜爛。事聞，詔念和春前功，雖兵機屢挫，尙能血戰捐軀，復原官，依例賜卹，予騎都尉兼雲騎尉，合前世職，併爲二等男爵，諡忠壯，附祀江甯昭忠祠。子霍順武，候選參將，襲爵。

張國樑，字殿臣，廣東高要人。初名嘉祥，少材武任俠，爲里豪所辱，毀其家，走山澤爲盜，不妄殺。流入越南，後歸鎭南關。按察使勞崇光聞其名，招降，勦匪多得其力。咸豐元年，破劇賊顏品瑤，斬於陣，盡殲其黨，積功擢守備。繼隸向榮軍。二年，從解桂林圍，復全州、永興，擢都司。赴援湖南，迭破賊於醴陵、益陽、湘陰。援武昌，戰於洪山，皆爲軍鋒。三年，至江寧，逼城而軍，國樑屯七橋甕，攻鍾山賊壘，先登受傷，溫旨垂問，益感奮，遇艱險，一往直前。擢湖南永州營游擊。雨花臺爲近城要地，屢力攻，幾克之，賜號霍羅琦巴圖魯。四年夏，復太平，在江寧上游賊踞之以通糧運府城三面阻水惟東路通陸賊衆千艘結四壘設防甚密國樑分三隊進設伏縱火自率精銳四百人突賊營一戰克之時稱奇捷擢廣西三江協副將又攻雨花臺平賊壘毀礮臺勦南路竄賊追入秣陵關殲戮殆盡五年擢福建漳州鎮總兵大軍急攻鎮江瓜洲江甯賊時出窺伺江北賊亦乘隙進圖牽制國樑隨方截擊奔命不遑六年賊衆倉頭炭渚下蜀街以斷鎮江江甯之師國樑總統諸軍合擊旬日之間殺賊萬餘賊不得逞乃渡江犯瓜洲江北諸軍皆潰又陷江浦浦口國樑馳援連破賊於毛許墩葛塘復江浦浦口特詔嘉獎加提督銜未幾巡撫吉爾杭阿戰歿鎮江告急溧水被陷國樑回軍克之而賊數路趨江甯夾攻大營向榮不能禦急調國樑回援血戰累日左足被槍傷偕榮退保丹陽時大江南北諸軍賊所尤畏者惟國樑一人賊勢忽南忽北多方肆我皆牽制國樑之計果爲所敗榮既病軍事一倚之將軍福興與國樑不協詔福興移軍江西以國樑幫辦江南軍務賊屢至皆挫之榮卒於軍命和春代將未至國樑激厲將士解金壇圍復東壩高淳進攻句容七年擢湖南提督克句容賜黃馬褂督諸軍規復鎮江高資爲鎮江江甯要衝兩路悍賊麕衆力爭連營二十餘里國樑大破之斬僞安王洪仁等又連破之於龍潭援賊盡殲鎮江糧盡援絕遂克其城城陷賊已歷五年捷聞文宗大悅詔嘉國樑謀勇超羣予騎都尉世職於是偕和春進規江甯八年克秣陵關賜雙眼花翎復薄江甯城下自春徂夏迭戰破賊築長圍至秋乃成皖賊大舉來援江浦浦口儀徵揚州六合先後陷國樑渡江援勦復揚州儀徵調江南提督晉三等輕車都尉然賊仍踵故智國樑兵至則走去則復來九年提督周天培戰死江浦國樑坐褫世職十年合水陸諸軍克九洑洲沿江賊爭投款約期攻上下兩關招撫五千餘人軍中方謂堅城旦夕可下而浙江告警兵分益單饋運不繼和春用翼長王浚策兵餉三分留一約待克城後補給士卒皆怨國樑力諫不聽閏三月賊猝大至四路受敵大營不守偕和春退丹陽國樑以馮子材在鎮江未敗進謀扼守尋率師援丹陽遇賊城外兵忽潰策馬渡河沒於水事聞文宗震悼猶冀其不死命軍中偵訪不得踰數月乃下詔優卹追贈太子太保祀昭忠祠諡忠武予騎都尉兼一雲騎尉世職國樑驍勇無敵江南恃爲長城其歿也數郡遂淪陷士民哀思私立廟祀傳述戰績與古名將同稱往往附會過實然益見威烈入人之深同治三年江甯克復僞忠王李秀成就禽言賊中咸重國樑禮葬於丹陽尹公橋塔下乃得遺骸爲詔加給三等輕車都尉合前世職併爲一等男爵祀江甯忠義祠復與向榮合建專祠子蔭清襲男爵

論曰粵匪初起向榮與諸帥不和致無成功援桂林長沙爲時所稱故文宗終用之其規江南也近未破鎮江瓜洲犄角之勢遠未清長江上游無以制賊死命數年支拄暫保吳疆固昧遠猷亦限兵力和春繼克鎮江又以援浙分兵垂成之敗禍更烈焉張國樑一時健者使盡其用功不止此善夫胡林翼之言曰未扼賊吭江甯原難遽復觀湘軍之所以成功與向榮和春等之所以蹉跌兵事固無倖焉者矣

烏蘭泰 長瑞 長壽 董光甲 邵鶴齡　鄧紹良 石玉龍
周天受 弟天培 天孚　饒廷選 文瑞 彭斯舉
張玉良 魯占鰲 劉季三　雙來
瞿騰龍　王國才
虎坤元　戴文英

烏蘭泰字遠芳滿洲正紅旗人由火器營鳥槍護軍從征回疆有功升藍翎長累擢護軍參領營總翼長軍政卓異道光二十七年擢廣東副都統善訓練講求火器咸豐元年廣西匪熾詔烏蘭泰幫辦軍務選帶適用器械及得力章京兵丁赴軍以廣東綠營精兵五百人隸之四月偕向榮秦定三等圍賊於武宣賊竄象州自請治罪詔以其初至免議命偕向榮節制鎮將時軍中將帥不和文宗憂之密諭烏蘭泰實陳勿隱上疏略曰周天爵奏向榮曲徇其子致失衆心不爲無因武宣之役秦定三周鳳岐張敬修連營防禦其堵勦不利追賊遲延咎當同任天爵劾定三鳳岐不及敬修人心不服向榮將官傅春和春失利天爵責定三不併力後訪知實非退縮諉爲向榮推卸之言因之天爵榮定三皆有隙天爵年老直強耳輭其子光岳干預致失人心又言向榮初勦賊屢捷未免輕賊及其子招嫌楚兵籍口遂多諉卸然在軍鎮將無及榮者更易其兵仍可立功上下其疏命賽尚阿覈奏賽尚阿請不咎既往令烏蘭泰與向榮分任軍事以專責成賊踞象州中坪烏蘭泰督貴州三鎮兵由羅秀進梁山村逼近賊巢賊乘駐營未定猛撲連擊敗之殪賊千餘是年秋賊竄桂平新墟烏蘭泰分四路進攻破伏賊於莫村一日七戰皆捷斬級數千賜花翎賊屯紫荆山新墟爲山前門戶雙髻山豬仔峽爲山後要隘負隅死拒向榮偕巴清德連奪雙髻山豬仔峽合攻風門坳破之進逼新墟迭攻不下其附近村落埽蕩幾盡閏八月賊編木牌欲渡河烏蘭泰迭擊大敗之詔嘉獎加都統銜於是賊棄新墟他竄向榮等追至平南敗績賊遂陷永安州烏蘭泰追至戰於水竇團嶺皆大捷賜黃馬褂永安地險賊皆死黨固結惟烏蘭泰一軍久戰已疲故不能制之向榮自平南敗後被譴託病逗留梧州平樂者兩月有餘至冬始抵永安攻北路烏蘭泰攻南路毀水竇賊巢向榮亦進奪稜嶺要隘合擊迭挫賊賽尚阿親莅督戰期在必克江忠源號知兵隸烏蘭泰軍倚其贊助每言賊兇悍久蔓將不可制必聚而殲之烏蘭泰主鎖圍困賊向榮謂圍城缺一面乃古法宜縱賊出擊兩人意不合會榮克城西礮臺二年元日同詣賽尚阿賀歲賽尚阿遇榮特優烏蘭泰憤甚忠源解之然益不相能忠源以母憂辭歸時嚴詔促戰春雨連旬士卒疲困二月賊棄城冒雨夜走北犯桂林烏蘭泰率兵急追至昭平山中路險雨滑爲賊所乘敗績總兵長瑞長壽董光甲邵鶴齡死之向榮徑收州城由間道趨桂林先賊至烏蘭泰踵賊後戰於南門外爭將軍橋礮中右骹創甚退屯陽朔越二十日卒於軍烏蘭泰忠勇爲諸將冠文宗深惜之賜銀一千兩治喪予輕車都尉世職諡武壯長瑞長壽瓜爾佳氏滿洲正白旗人父塔思哈道光初官喀什噶爾幫辦大臣叛回張格爾作亂殉難予騎都尉世職長肅涼州鎮總兵並從賽尚阿赴廣西勦匪同領湖南兵長瑞戰風門坳有功新墟禦賊失利奪職留營及賊由永安出竄從烏蘭泰躡追至龍寮嶺地險左右止勿進長瑞曰軍令孰敢違者死耳勿復言以母老令長壽毋相從長壽泣曰貪生忘國非孝也卒偕行值大霧賊以巨礮扼山間軍士兩日不得食爲賊衝潰踐踏死無算長壽墜馬長瑞挺矛救之身被數十創同遇害文宗以其父子兄弟皆死難深惜之並贈提督予騎都尉兼雲騎尉世職存問其母賜銀三百兩長瑞諡武壯長壽諡勤勇於永安建祠曰雙忠同死者附祀焉董光甲直隸河間人嘉慶十四年武進士授守備累擢河南河北鎮總兵從向榮攻永安奪稜嶺摩天嶺天鵝嶺諸要隘追賊至昭平迭擊賊於古束龍寮嶺次黃茆嶺賊反撲力戰死之贈提督予騎都尉兼雲騎尉世職諡勇烈邵鶴齡山東招遠人嘉慶二十五年進士三等侍衞累擢湖北鄖陽鎮總兵偕長瑞等同追賊龍寮嶺隕於陣予騎都尉兼雲騎尉世職諡威確

鄧紹良字臣若湖南乾州廳人由屯弁累擢守備從勦崇陽土匪李沅發率五百人破賊金峯嶺禽沅發擢都司賜花翎揚勇巴圖魯名號遂從向榮赴廣西勦賊潯州牛排嶺之戰以精騎張左右翼擊兩路賊皆挫之又戰象州永安州皆有功咸豐元年授楚雄協副將二年援桂林屯西門力戰卻賊追賊入湖南援長沙入任城守地雷發持刀屹立礮洞左臂不動殪先登賊賊退城復完軍中稱其勇洎賊解圍竄湖北巴陵土匪晏仲武勾結肆掠紹良偕總兵阿勒經阿勦平之三年擢安徽壽春鎮總兵詔率所部從向榮援江南廷臣多薦紹良者尋擢江南提督榮令分勦鎮江踞賊進擊觀音山合攻瓜洲皆捷逼城而軍賊設伏北固山下而自城突出撲營火四起官軍不能禦退守丹陽褫職議罪仍隸向榮軍帶罪自効賊兩次窺伺東壩榮令紹良擊走之四年克太平紹良移軍駐守又破賊采石向榮疏陳戰功爲乞免罪允之時賊由蕪湖窺徽州甯國紹良屯黃池賊酋石國宗糾各路賊萬餘來犯紹良兵少設伏山溝多張疑兵誘賊入痛殲之五年春賊復乘夜撲營伏槍礮俟近驟發殲賊無算詔嘉紹良力遏賊鋒保全甚大予三品頂戴復花翎賊既退歸復圖襲徽甯以窺浙境紹良奉命馳往統各路援兵至則簡精銳伏要隘伺擊屢破賊克婺源黟石埭諸縣復提督銜賊聚於蕪湖窺南陵黃池紹良出灣沚進勦連破賊焚其舟遂克蕪湖授陝西提督六年春江甯賊上竄踞倉頭鎮勢甚熾向榮令紹良往督戰而諸將意不愜轉不盡力於是戰不利紹良受傷坐褫花翎德興阿軍潰揚州陷詔紹良渡江赴援幫辦江北軍務破藥王廟賊壘環攻揚州六晝夜克之又追破賊於三汊河會甯國告陷復命幫辦皖南軍務移軍赴援扼金河橋大破賊於東溪橋又迭擊賊於涇縣挫之調浙江提督賊糾黨數萬來援敗之於楊柳舖副將周天受遇賊夏家渡戰未利紹良乘隙縱擊賊大潰遂督諸軍連奪夏家渡團山諸賊壘破七里岡賊巢進攻甯國十二月克之七年丁母憂奪情留軍紹良以甯國爲浙之屏蔽而涇縣爲咽喉要衝屯軍扼之賊屢犯不得逞既而大軍復鎮江瓜洲急攻江甯賊圖牽掣大舉犯南陵紹良擊走之八年進屯灣沚賊合捻匪踞黃池紹良回援出賊不意大破其衆復黃池會浙江軍

攻灣沚營壘總兵戴文英由江甯來援戰歿遂合圍軍中餉絀食盡紹良舉火自燔其營率親兵血戰死之事聞詔念紹良桂林長沙保城前功轉戰徽甯之間凡歷五載力竭捐軀深致憫惜贈太子少保予騎都尉兼雲騎尉世職諡忠武於殉難地方建專祠並賜其父白金四百兩子亨先候銓用尋以遺骸不得文宗尤憫之賜亨先員外郎銜後湖南巡撫駱秉章疏請附祀表忠祠允之石玉龍湖南鳳凰廳人以練勇從征隸向榮鄧紹良軍積功至游擊咸豐六年總兵秦如虎駐防涇縣以憂去代者難其人紹良薦玉龍以游擊充統將玉龍感奮遇戰益力從紹良復灣沚黃池又破賊萬級嶺累擢副將九年冬賊大舉犯涇縣迎擊於藍山嶺初勝賊至益衆圍之數重身被十餘創而殞贈總兵加提督銜諡剛介

周天受字百祿四川巴縣人咸豐初從向榮剿賊廣西轉戰湖南湖北江南積功至游擊賜號沙拉嗎依巴圖魯五年皖南軍事亟前江西巡撫張芾治徽甯兩郡防務乞援於向榮乃令天受率川兵赴援偕諸軍克婺源休甯石埭六年援太平連破賊於花橋西溪進規涇縣大敗賊於雙坑寺復其城擢副將會休甯復爲賊踞官軍戰不利張芾檄天受助勦連捷進燬石嶺萬安街賊壘會攻休甯再復之以總兵記名七年再復婺源授福建漳州鎭總兵賊踞陵陽鎭値中秋令節夜半出不意縱火攻之盡燬賊營復破賊於祁門五里牌擣其巢禽斬甚衆八年援浙江將軍福興令守衢州天受以浙西完善地不可爲賊擾主扼樟樹潭賊竄龍游天受留軍守壘自率千人邀湯溪宣平賊引去和春疏言天受知兵能占先著而力單遣其弟天培往助之詔加提督銜督辦浙江防剿事宜天受嚴守金華令天培復武義又會江南軍復永康張芾劾其驕縱縱兵搶掠詔罷總統仍責剿賊天受方連克縉雲宣平溫州於是浙江巡撫晏端書疏陳援浙功爲白被劾之枉詔以浙事漸平命偕弟天培及總兵饒廷選等進援福建連戰皆捷復浦城而賊回竄江西復犯皖南命署湖南提督回軍防徽州節制諸軍從張芾之請也九年進軍甯國賊犯石埭太平涇縣皆遣將擊走之十年春官軍連捷於涇縣旌德賊復入浙境坐防勦不力褫勇號革職留任時江南大營再潰軍事愈棘張芾疏言甯防將弁大半籍隸湖南皆鄧紹良舊部習氣甚深天受雖力求整頓輒滋疑謗請歸曾國藩節制國藩亦言其兵不可用別調募新軍倉猝不能至天受偕江長貴再復涇縣而賊糾大股犯甯國勢甚張天受激勵饑軍力禦既而徽州陷餉道梗絕遣去城中居民萬餘誓以身殉八月兵敗於廟埠天受督隊守北門大雨火器不燃城陷巷戰死之詔復天受原官予騎都尉兼雲騎尉世職諡忠壯以其弟天培天孚先皆殉節命於四川省城及本縣合建專祠天培由行伍從征廣西累擢守備隸向榮軍咸豐六年從破高資蔡家窰及壩西賊壘賜號衛勇巴圖魯七年克東壩平實堰賊巢連戰於鄖山尖山克溧水又破賊於鎭江虎頭山累擢貴州定廣協副將克瓜洲以總兵記名八年授雲南鶴麗鎭總兵先後偕張國樑破賊秣陵關及江甯南門外功皆最和春知其善戰令赴浙江援其兄天受迭克武義龍泉追賊入閩克浦城會江南北軍事急天培回援九年春賊分六路攻浦口張國樑督諸軍禦戰天培首先躍馬衝陣各軍乘之殲賊無算賊築壘於雙陽蕭家圩別由九洑洲出悍衆來撲天培分兵擊之三戰三捷功出諸將上擢湖北提督遂駐防浦口是年冬匪首陳玉成糾衆十餘萬犯江浦天培乘其初至痛殲之既而賊麕集後路爲所抄襲裹創血戰力竭陣亡優詔賜䘏贈太子少保予騎都尉兼雲騎尉世職諡武壯天孚從兄天受軍轉戰以功洊保參將留江蘇補用咸豐九年賊犯皖南副將石玉龍戰死涇縣南山嶺天孚屯灣沚馳百里往援要擊於章家渡大破之由是以驍勇名尋援金壇會諸軍連戰解其圍十年江甯大營潰閏三月賊首李世賢大舉復圍金壇天孚偕總兵蕭知音參將艾得勝知縣李淮同守之淮素得人心兵民合力屢却賊時江南軍事大壞孤城援絕天孚馳書兄天受始疏聞屢詔促鎭江副都統巴棟阿偕總兵馮子材赴援卒不至凡守百四十餘日糧盡軍無固志知音等願率兵民突圍走鎭江淮不可誓死守乃中止屢獲賊內應斬之城陷先一日偵知將有變竟夜登陴至旦分半隊休息値大霧叛兵遽起先戕天孚賊乃梯登知音得勝突圍出淮死之事聞贈天孚總兵予騎都尉世職諡威毅

饒廷選字枚臣福建侯官人以行伍洊升千總道光中從剿臺灣有功擢守備從水師提督竇振彪出洋禽海盜擢漳州營都司遷游擊治匪無株連得民心咸豐三年奉檄赴詔安治械鬭而潮州會匪襲漳州伏兵於城中突起鎭道皆遇害廷選聞變間道馳還號召鄉民千餘城民應之賊遁旋復大至廷選率鄉團固守迭戰破賊禽賊首謝厚等遂署漳州鎭總兵外剿內撫期年始平總督王懿德薦其才可大用四年授貴州安義鎭總兵留署福建陸路提督五年粵匪陷廣信浙江戒嚴廷選赴援扼衢州尋楚軍克廣信賊知浙境有備走徽州六年賊酋楊輔清復圖廣信以擾浙廣信兵僅數百知府沈葆楨馳書告急廷選方駐甲玉山曰賊得廣信則玉山不守而浙危矣値大雨水漲駛舟急行抵廣信賊已至城西太平橋初諜城中無兵及見旌旗賊爲奪氣廷選所部僅千餘人屢出奇擊賊既而賊大至部將畢廷邦賴高翔皆勇敢獻計曰今賊不知我虛實以我能戰後路必有大兵若稍退賊追我且立盡當速決死戰廷選用其言明日開城奮擊自晨至日暮毀其長圍軍聲大振越二日賊引去賜號西林巴圖魯閩浙大吏與江西督防者不慊檄廷選速回師保浙廷選待援防兵至始行廣信民感其義七年調衢州鎭總兵會皖軍克婺源八年賊首石達開大舉犯浙廷選分軍援廣豐自守衢州賊鑿穴地攻城城圮者三皆擊却之守七十餘日巡撫晏端書劾其久未解圍又失江山常山開化三縣奪職未幾圍解三縣皆復授南贛鎭總兵王懿德檄召回援閩境以病未行遽劾革職留營八年會克連城龍巖仍補南贛鎭曾國藩奏以代沈葆楨守廣信從民望也十年粵匪復犯浙廷選赴援復淳安擢浙江提督十一年秋攻克嚴州進規浦江賊大至不敵退保諸暨而杭州被圍急巡撫王有齡促回援廷選舊部僅漳勇數百楚軍二千事急收集江南潰卒皆不任戰徒激忠義勉以當賊賊於城外海潮寺鳳凰山爲堅壁隔絕內外困守七十餘日糧盡士卒饑餓十一月城陷巷戰死之贈太子少保予騎都尉兼雲騎尉世職諡果壯入祀昭忠祠於杭州建專祠兄廷杰弟廷夔同戰死附祀焉既而曾國藩沈葆楨以廷選守廣信功奏請建祠廣信以副將畢定邦賴高翔附祀文瑞克什克特恩氏蒙古鑲藍旗人荊州駐防由驍騎校從軍轉戰湖北安徽累擢江西撫標中軍參將咸豐十年赴援浙江克餘杭以總兵記名解湖州圍賜號唐木濟特依巴圖魯授處州鎭總兵進剿金華賊圍浦江文瑞嬰城固守屢出奇破賊營逾月乃陷詔免其處分回援杭州入城助守城陷死之予騎都尉兼雲騎尉世職諡果毅彭思舉湖南平江人以團練剿賊從李元度爲平江軍營官戰湖口東鄉貴溪安仁玉山積功晉秩知府元度能去留所部五營隸斯舉始獨將一軍會攻景德鎭饒廷選見而器之調援浙江破賊於淳安復其城擢道員留浙補用駐守千秋關賊大至搏戰竟日潰圍出移防海甯會攻嚴州下之進援廣信而所部留駐常山者索餉譁潰斯舉率親兵赴杭州乞解軍事回籍巡撫王有齡留管營務處斯舉建議省城米糧來自甯紹錢塘江距城三里當築甬道兵護之運道乃無虞未及行而賊至城中竟以絕糧陷斯舉分守湧金門死之

張玉良字璧田四川巴縣人咸豐初由行伍從征廣西積功至千總四年從向榮至江南戰江甯城外屢有功累擢永州左營游擊六年敗賊於丹陽金壇賜號毘勇巴圖魯又敗賊於溧水西門燬其礮臺擢處州營參將七年克句容加總兵銜擢三江口協副將破鎭江援賊於江濱克鎭江敘功以總兵記名八年大破江甯援賊擢甘肅巴里坤總兵攻太平金川諸門賊衆突出痛殲之馳援溧水毀紅藍埠賊壘克其城斬賊千餘級加提督銜九月會攻浦口大捷而九洑洲之賊來援玉良率後隊截擊賊大潰十年春遂乘勝克九洑洲詔遇提督缺出題奏尋調肅州鎭總兵江南大營諸將善戰者向榮舊部多蜀將張國樑所部多粵將以虎坤元爲首周天培及玉良次之時浙江軍事亟議分軍赴援咸屬望於張國樑而圍攻江甯功在垂成國樑爲全軍所繫不克行坤元天培已前歿乃命玉良總統援浙諸軍專辦浙江軍務未至而杭州陷將軍瑞昌獨堅守駐防內城與賊相持玉良率六百人馳至出賊不意燬武林錢塘諸門外賊壘梯城而上遂復杭州捷聞詔嘉爲奇功賜黃馬褂予騎都尉世職擢廣西提督賊之擾浙也原以牽制江南軍故見玉良至則不戰遽去由廣德分路趨江甯總督何桂清駐常州檄玉良回援而賊別隊已侵江甯大營後路桂清留玉良於常州以自衞未幾江甯兵潰張國樑和春先後殉詔玉良代節制其軍常州陷禦賊於無錫高橋賊由間道出九龍山襲無錫玉良前後受敵退保蘇州入城計守禦未定潰兵應賊蘇州亦陷玉良奔杭州褫職隸瑞昌軍瑞昌令規復嚴州繼克常山復原官十一年復遂安而嚴州又陷玉良自江南敗衂後兵心已渙不能復振賊再攻杭州馳援軍不用命自知事不可爲戰杭州城下輒身臨前敵力鬭中飛礮歿於軍贈太子少保予騎都尉兼雲騎尉世職祀本籍昭忠祠諡忠壯魯占鼇四川成都人由行伍官平番營守備從向榮剿賊廣西江南繼從吉爾杭阿克上海攻鎭江戰皆力累擢川北鎭總兵調建昌鎭蘇州陷爲賊所執罵賊被臠割死之贈提督銜予騎都尉兼雲騎尉世職劉季三廣西武宣人以武舉從右江道張敬修戰桂林全州授左江鎭標守備從向榮至江南積功至副將賜號直勇巴圖魯咸豐八年大兵攻秣陵關季三於葛塘寺設伏出賊不意斬關入火之又破六郎橋賊巢功皆最擢直隸通永鎭總兵十年張國樑督諸軍攻江甯季三任上關一路壽德洲守賊秦禮國獻壘

內應破上關拔出難民千餘解散脅從五千餘人從張玉良援浙江克餘杭臨安進秩提督是年秋賊陷嚴州掠富陽季三孤軍往援戰竟日死之予騎都尉兼雲騎尉世職諡忠毅

雙來徐氏漢軍正白旗人由拜唐阿累遷鑾儀衞治儀正出爲甘肅礮伯營都司擢秦州營游擊道光二十七年赴援回疆行至黑孜布依遇賊兵少被圍相持十餘日援至合力破賊方圍急賊塞水源以斷汲路越日泉湧盈塹宣宗聞之嘉歎曰此將士忠義所感也命以參將用賜花翎法福哩巴圖魯勇號尋敗賊於駱駝脖子加副將銜歷靈州營參將永固協副將咸豐二年調赴欽差大臣琦善軍擢肅州鎮總兵三年從琦善攻揚州勇銳爲一軍之冠戰輒手執大旗以先迭破賊毀西北隅土城悉奪其營壘賊遁入城死守圍攻兩閱月雙來發礮壞城垣丈餘作桴渡河逼城布雲梯鼓勇先登縱火賊於城上苦鬭槍彈如雨雙來傷頰折二齒暈跌扶下從卒多傷亡以無繼援而退特詔褒獎加提督銜他將覩望者並被譴越旬日雙來復督隊攻城力戰逾時中礮洞穿右股猶大呼登城殺賊翌日創甚卒於軍文宗素知其勇事聞震悼手批其疏曰雙來何如是不幸朕隕涕覽奏不勝悲憤然視彼貪生退縮者奚啻霄壤詔依提督例優卹賜銀一千兩命柩歸時專奏入城治喪予騎都尉兼雲騎尉世職諡忠毅後都統德興阿疏言雙來與總兵瞿騰龍戰績尤異先後於江北陣亡請在揚州建雙忠祠合祀詔允之

瞿騰龍字在田湖南善化人由行伍補千總剿猺匪趙金龍及乾州苗有功累擢古丈坪營都司署鎮筸鎮標游擊咸豐元年率標兵赴廣西剿匪迭破賊於武宣桐木馬鞍山永安古排塘二年援桂林以巨礮擊賊於文昌門殲斃甚衆賜號莽阿巴圖魯擢永綏協副將追賊入湖南迭戰於甯遠東陽永興安仁賊圍攻長沙騰龍率苗兵千人赴援偕鄧紹良破南門外賊柵賊以地雷轟城圮十餘丈騰龍守城缺力禦斬悍賊三百餘人城復完加總兵銜三年從向榮戰武昌遂尾賊東下擢湖北鄖陽鎮總兵抵江甯賊已分黨北犯命率所部馳赴山東河南防勦行至高郵琦善疏留其軍會攻揚州騰龍身先士卒與總兵雙來並號軍鋒既而雙來以傷殞遂兼領其軍充翼長琦善甚倚之揚州久不克而賊之踞瓜洲者盡力來援騰龍扼三汊河賊至十倍我軍騰龍下令有進無退回顧者斬下馬持大刀鬭入陣士卒皆喋血戰賊退夜乘雷雨突之賊不辨衆寡自相踐殺及曉屍骸狼藉斃賊二千有奇尋賊揚帆逕趨揚州南門登東岸復馳擊走之於是樹巨樁以阻河路城賊屢突圍擊退十一月賊全隊衝出併入瓜洲乃復郡城初向榮疏調騰龍回軍江甯不許至是詔率兵援安慶琦善奏三汊河要衝恃騰龍力守仍請留賊於運河南岸築數壘以逼三汊河進攻破之四年正月進攻瓜洲設伏誘賊出伏起大破之二月復進攻乘夜雪襲賊連破二壘深入賊傾巢出鈔官軍後圍數重戰竟日被傷下馬步戰力竭死之年六十有四贈提督予騎都尉兼雲騎尉世職諡威壯

王國才字錦堂原姓羅氏雲南昆明人以武舉效力督標洊升守備道光末勦彌渡回匪禽賊首海老陝賜號勝勇巴圖魯擢都司從勦廣西賊轉戰大黃江永安州有功尋撤滇軍歸伍咸豐二年平尋甸回匪擢山東靑州參將三年吳文鎔移督兩湖疏調率所部赴湖北行至天門遇賊以親兵七十人擊走之會文鎔戰殁黃梅國才將返滇過荆州將軍官文留之予兵千二百練勇五百守城北龍會橋賊萬餘猝至軍士氣沮國才曰賊如潮湧不進何以求生親以鳥槍斃執旗賊大呼陷陣賊披靡墜河無算追至馬湟山賊敗竄軍中稱其勇官文令整飭諸縣團練荆州獲安賜花翎以副將升用四年署督標中軍副將從總督楊霈防德安會湘軍規大治國才當右路連破賊克蘄州楊霈以川練千人益其軍進攻九江五年率部將畢金科戰城下數捷會楊霈師潰國才回援武昌夜至城已陷未知也先驅入城始覺賊由漢陽悉衆來拒國才突圍出駐金口進大軍山尋屯沌口偕水師合攻漢陽設伏誘賊出殲之賊屢襲金口沌口皆擊退破大別山賊壘援竹山協副將署鄖陽鎮總兵總督官文進逼漢陽國才屢從破賊六年諸軍合攻國才越濠逼城下一擁而入巷戰殺賊甚衆加總兵銜記名簡放復黃梅守之改隸將軍都興阿七年賊由太湖來犯以空城誘賊入斬獲無算追至九江對岸連破賊段窰楓樹坳狗山鎮雲南回匪熾調回援官文胡林翼疏留不遣黃梅城僻隘國才謂不足屏蔽請守雙林驛都興阿不許乃屯城西分副將石清吉守城賊屢犯却之授貴州安義鎮總兵六月皖賊陳玉成糾賊數十萬上犯國才被圍力戰殁於陣贈提督予騎都尉兼雲騎尉世職建專祠諡剛介

虎坤元字子厚四川成都人父嵩林咸豐初以湖南游擊調廣西剿匪從向榮戰紫金山攻永安解桂林長沙圍並有功從至江南累擢湖北宜昌鎮總兵偕巡撫吉爾杭阿克上海遂從攻鎭江屢破賊於寶蓋山倉頭下蜀街高資在江南軍中稱宿將坤元年十七從父軍勇力過人戰輒先登軍中號曰小虎初至江甯奪鍾山賊壘功最擢守備四年克高淳太平賜花翎鼓勇巴圖魯勇號擢川北鎮標都司五年援灣沚焚賊舟乘勝取蕪湖坤元躍登城殺守陴賊遂克之六年江甯賊出援鎭江坤元元日馳至三汊河擊敗之又戰於下蜀街破賊壘追賊直至仙鶴門擢建昌鎭標游擊從總兵秦如虎援浙江而甯國告陷遇賊於宣城紅林橋設伏身率數騎誘賊敗之進攻甯國未下回援鎭江嵩林爲賊所困馳入重圍掖之出會江甯大營潰向榮等退守丹陽賊踵至勢甚張坤元偕張國樑力戰却之遂從嵩林移駐珥陵扼賊犯常州之路未幾國樑戰五里牌傷膀急召坤元夜至簡精銳未曉即出踰簡瀆河東攻黃土臺賊壘躍上壘牆毀其柵大隊擁入勁騎鈔截賊無脫者連破五壘國樑亦破河西賊壘賊勢始挫坤元以是名出諸將上乘勝進兵踰月遂解金壇之圍擢參將進攻東壩墳濠登城負創力戰手斬悍賊復之又克高淳以副將儘先升用七年會攻溧水賊屢來援與城賊夾攻官軍坤元迭破之於郞山拓塘博望天里山小茅山凡十餘戰殲戮無算禽僞逕天侯陳士章鏖鬬城下四晝夜躍登南門復溧水授貴州定廣協副將又敗賊於高陽橋克湖墅龍都張國樑攻句容賊堅守未下檄坤元往助值賊出撲率數十騎突之進逼南門縱火焚城樓大軍繼之遂克句容敘功以總兵記名簡放從國樑規鎭江時賊由江甯來援蟻聚七星觀倉頭坤元以輕騎誘敵入伏中大敗之追擊立破三壘賊退至三汊河伏兵又起無去路坤元大呼棄戈者免死殺賊首者賞降者數百人是役斬馘及淹斃者三千有奇生禽三百尋敗賊於西堰岡援賊復於倉頭顧家壩築壘坤元於山後樹幟爲疑兵自率小隊衝鋒殪悍賊而賊以大隊來拒諸軍環擊乘勢全毀賊營鎭江守賊遂遁追至龍潭痛殲之坤元甫授直隸通永鎭總兵文宗手批其謝恩疏曰聞汝父子在軍營甚爲奮勇汝年未三十已膺閫秩務自勉勵以副朕望至是復下部優敘尋丁母憂奪情留軍八年攻秣陵關逼賊巢爲壘賊出鬭敗之窮追單騎獨前惟游擊劉萬清從疑有伏止之勿聽進至石橋中槍而殞萬清奪其屍還和春疏聞言坤元從軍八載忠勇性成善以少擊衆自爲都守父子所入之資悉以養勇士故旍旗所指無不披靡歷經頒給御賜金牌六次受二等傷四次頭等傷十二次灼頸落指瀕死者屢矣既殁大江南北同聲悼惜詔從優卹於溧水湖墅及死事地方建專祠諡忠壯予騎都尉兼雲騎尉世職未娶無子以弟坤岡襲是年其父嵩林守溧水爲賊陷坐褫職以坤元陣亡故獲免治罪嵩林回籍助勦滇匪命襄治團練尋卒於家

戴文英廣東羅定人由行伍從勦羅鏡淩十八有功擢千總咸豐三年從向榮援江甯初至進攻文英偕張國樑穿越深林叢葦十餘處潛襲雨花臺賊營後大敗之賜號色固巴圖魯四年勦賊七橋甕往來衝鋒又偕總兵德安破賊營五年戰高資皆以勇銳稱累擢惠州營都司六年攻鎭江戰於京峴山馳馬入賊陣槍斃悍賊甚多擢南韶營游擊從張國樑援金壇率精銳過河奮擊解金壇之圍兩江總督怡良薦舉將才文英與其選大兵克東壩賊壘平寶堰賊巢文英率茅村團練獨當一路斬獲多擢淮安營參將七年從張國樑攻鎭江駐紅花山賊衆來撲文英衝入賊中手刺殺悍酋數人賊大敗擢江南督標中軍副將是年冬攻克鎭江府城記名總兵八年克秣陵關授直隸通永鎭總兵時江甯長圍漸合賊百計潰圍屢出衝突文英從張國樑四面兜勦直抵外濠焚燬望樓皖北援賊陷溧水文英偕張玉良馳赴會勦分攻紅藍埠逼河礮擊乘夜渡河踏平賊壘遂復溧水而賊復自西路來援文英自督前隊以劈山礮迎擊騎兵包抄斃賊無算會提督鄧紹良在甯國爲賊所困文英馳援遇賊於灣沚連戰皆捷而賊至愈衆力竭殁於陣文英在軍中以善戰名爲張國樑所倚甫擢專閫而殞文宗惜之優詔賜卹稱其所向有功克溧水破援賊功爲尤著予騎都尉世職諡武烈

論曰烏蘭泰忠勇冠軍與向榮不合致無成功時論多右之鄧紹良周天受老於軍事保障皖南軍律不嚴終不能保全浙境張玉良後起號驍健江南師潰之後竟不復振諸人皆當一面以死勤事其成敗有足鑑者雙來瞿騰龍王國才虎坤元戴文英並以善戰名志決身殲時論惜焉

勝保
德興阿
托明阿 陳金綬

勝保字克齋蘇完瓜爾佳氏滿洲鑲白旗人道光二十年舉人考授順天府教授遷贊善大考二等擢侍講累遷祭酒屢上疏言事甚著風采歷光祿寺卿內閣學士咸豐二年因天變上疏論時政言甚切直略謂廣西賊勢猖獗廣東湖南皆可憂賽尙阿督師無功請明賞罰以振紀綱河決不治河員之罪刑輕盜風日熾應明敕法以肅典常臣工奏摺多留中恐滋流弊一切事務硃批多而諭旨少市井細民時或私論聖德疏入下樞臣傳問疏末兩端令直言無隱覆奏曰硃批因事垂訓臣工奉到遵行他人不與聞非若諭旨頒示天下近日諸臣條奏雖依議而原奏之人不知交部重案覆奏依議外人並不知作何發落古者象魏懸書俾衆屬目似宜通行宣示以昭朝廷之命甲而杜胥吏之蔽欺至愚賤私議或謂皇上勵精之心不如初政或謂勤儉之德不及先皇今遊觀之所煥然一新釋服之後必將有適性陶情之事見在內府已有採辦梨園服飾以備進御者夫鼓樂田獵何損聖德然自古帝王必先天下之憂而憂後天下之樂而樂書曰無于水監當于民監誠不可不察也文宗不懌明諭指駁以其意存諷諫不之罪也尋因自行撤回封奏降四品京堂會粵匪犯武昌勝保疏陳辦賊方略命馳往河南交欽差大臣琦善差遣三年春偕提督陳金綬率兵援湖北安徽而江甯告急至則城已陷駐兵江浦勝保疏陳軍事稱旨命以內閣學士會辦軍務克浦口而賊陷揚州偕陳金綬進剿擊賊鎭海寺南破之薄揚州城下賜花翎又連破賊於天甯廣儲門外奉命赴安徽剿賊而賊已入河南渡河圍懷慶勝保會諸軍進擊將軍托明阿軍其東勝保軍其南時督師大學士訥爾經額逗駐臨洺關援軍數路久頓城下惟二軍戰較力命勝保幫辦河北軍務七月分三路進攻賊壘大破之懷慶圍解加都統銜賜黃馬褂予霍鑾巴圖魯名號賊竄山西連陷數縣諸軍遷延惟勝保率善祿西淩阿兵四千尾追一破之封門山口再破之平陽繞出賊前扼韓侯嶺尋復洪洞平陽劾逗留諸將托雲保董占元烏勒欣泰等罪之詔嘉勝保果勇有爲授欽差大臣代訥爾經額督師節制各路特賜康熙朝安親王所進神雀刀凡貽誤軍情者副將以下立斬以聞賊既不得北竄轉而南由澤潞間道入直隸境訥爾經額師潰於臨洺關賊復猖獗竄順德趙州正定勝保由井陘一路迎截坐追賊不力鐫二級命惠親王綿愉爲大將軍科爾沁郡王僧格林沁爲參贊大臣駐軍涿州直隸軍務仍責勝保專任而以西淩阿善祿副之賊東竄由深州河間竄天津勝保轉戰追賊至靜海賊由獨流分踞楊柳青迭擊之遂聚於靜海獨流負嵎久踞詔僧格林沁進軍合剿四年春賊突圍走阜城追擊殲賊數千陣斃悍酋吉文光而援賊由江北偷渡黃河擾山東命勝保移兵往剿臨清失守坐褫職戴罪自效尋破賊克臨清餘賊南走追擊迭破之解散甚衆及竄入豐縣僅千餘人殲之河岸悉數殲除捷聞復職加太子少保僧格林沁圍林鳳祥李開方於連鎭久未下命勝保回軍會剿開方突出分股竄山東勝保親率輕騎追之賊陷高唐踞守閱之數月不能克迭詔詰責褫職逮京治罪遣戍新疆直隸山東賊既平予藍翎侍衞充伊犂領隊大臣六年召還發往安徽軍營差遣七年予副都統銜幫辦河南軍務捻匪方熾勝保至連破之方家集烏龍集柳溝集克三河尖老巢又克河關復霍邱大捷於正陽關斬捻首魏藍奇等加頭品頂戴八年平鄧家集喬家廟趙屯諸捻巢粵匪大股圍固始擊破之殲賊萬餘斬僞顯天侯卜占魁等固始圍解詔嘉謀勇兼優遇都統缺出提奏復黃馬褂巴圖魯免其弟庶保遣戍罪粵匪陳玉成李侍賢合陷廬州鳳陽授勝保鑲黃旗蒙古都統命爲欽差大臣督辦安徽軍務連破賊於定遠池河高橋督軍抵三河賊遁走捻首李兆受久踞江淮間與粵匪勾結及見粵匪屢挫漸持兩端勝保親至清流關密招之許歸誠後免罪授官兆受以其部下家屬在江甯請緩發至是進攻天長兆受內應克之遂獻滁州奏授參將職改名世忠安置降衆自爲一軍九年克六安捻首張元龍以鳳陽降復臨淮關進克霍山盱眙破賊清水鎭斬其酋吳加孝遂克懷遠而廬州定遠久未下賊仍蔓延丁母憂奪情留軍十年罷欽差大臣命赴河南剿匪御史林之望論劾降授鑲藍旗漢軍副都統復坐剿匪不力降授光祿寺卿召回京甫至會英法聯軍內犯命率八旗禁軍駐定福莊偕僧格林沁瑞麟進戰通州八里橋敗績勝保受傷退保京師停戰議和勝保收集各路潰軍及勤王師續至者共萬餘人疏陳京兵亟應訓練擬議章程以進命兼管圓明園八旗內務府包衣三旗親督操練是爲改練京兵之始十一年擢兵部侍郎捻匪擾山東詔分所部五千人畀僧格林沁往剿尋命勝保赴直東交界治防連克邱縣館陶冠縣莘縣破賊老巢招降捻首宋景詩率衆隨軍復朝城觀城命督辦河南安徽剿匪事宜河北肅清予優敍是年七月文宗崩於行在穆宗嗣位肅順載垣端華等輔政專擅勝保昌言將入清君側肅順等頗忌憚之洎回鑾上疏曰政柄操之自上非臣下所得專皇上沖齡嗣位輔政得人方足以資治理怡親王載垣鄭親王端華等非不宣力有年赫赫師尹民具爾瞻今竟攬君國大權以臣僕而代綸音挾至尊而令天下實無以副寄託之望而饜四海之心該王等以承寫硃諭爲辭居之不疑不知皇上纘承大統天與人歸原不以硃諭之有無爲重至贊襄政務當以親親尊賢爲斷不當專以承寫爲憑先皇帝彌留之際近支親王多不在側仰窺顧命苦衷所以未留親筆硃諭者未必非以輔政之難得其人待皇上自擇而任之以成未竟之志也嗣聖既未親政皇太后又不臨朝是政柄盡付之該王等數人其託諸擬籤簡放鈐用符信圖章以此取信於人無如人皆不信民碞可畏天下難欺近如御史董元醇條陳極有關繫應准應駁惟當斷自聖裁廣集廷議以定行止乃徑行擬旨駁斥已開矯竊之端大失臣民之望道路之人皆曰此非吾君之言也非母后聖母之意也一切發號施令眞僞難分衆情洶洶咸懷不服夫天下者宣宗成皇帝之天下傳之文宗顯皇帝以付之我皇上者也昔我文皇后雖無垂簾之明文而有聽政之實用爲今之計非皇太后親理萬幾召對羣臣無以通下情而正國體非特簡近支親王佐理庶政盡心匡弼無以振紀綱而順人心惟有籲懇皇上俯察芻蕘即奉皇太后權宜聽政而於近支親王擇賢而任仍秉命而行以成郅治奏上會大學士周祖培等亦以爲言下廷議從之肅順等並伏法尋授鑲黃旗滿洲都統兼正藍旗護軍統領時捻匪肆擾皖豫間以張洛行爲最強苗沛霖自踞壽州逼走巡撫翁同書後佯稱就撫陰與粵匪陳玉成勾結署巡撫賈臻被圍於潁州久不解楚軍已克安慶陳玉成退踞廬州朝廷本意安徽軍事屬之李續宜用爲巡撫沛霖舊隸勝保部下心憚楚軍揚言勝保來始薙髮賈臻以聞詔促勝保援潁州同治元年遣軍先進爲賊所挫三月勝保至擊破賊壘圍乃解加兵部尙書銜多隆阿等克廬州陳玉成遁走沛霖誘擒之獻於勝保軍詔於軍前誅玉成赦沛霖罪許立功後復官沛霖擁衆號十萬所屬二百餘圩與張洛行勢敵相仇自請剿之心實叵測詔詢曾國藩官文李續宜袁甲三等皆主剿獨勝保一意主撫上疏言事權不一身爲客軍地方掣肘請以安徽河南兩巡撫幫辦軍務允之迭詔訓飭褒其才略戒其驕愎卒不悛力言沛霖無他而爲李續宜所疑恐激變續宜奉旨進駐潁州亦迄不至會陝西回亂熾多隆阿援軍阻隔不能遽達遂授勝保欽差大臣督辦陝西軍務八月轉戰至西安解其圍降捻宋景詩中途率衆叛走東路同州朝邑猶爲回踞詔責勝保專剿東路命多隆阿進軍分任西路勝保力不能制賊而忌多隆阿擅調苗沛霖率兵赴陝嚴詔斥阻不聽命僧格林沁大軍監制乃止於是中外交章劾勝保驕縱貪淫冒餉納賄擁兵縱寇欺罔貽誤下僧格林沁及山西巡撫英桂西安副都統德興阿察實奏上密詔多隆阿率師至陝傳旨宣布勝保罪狀褫職逮京交刑部治罪籍其家二年王大臣會鞫勝保僅自承攜妾隨營呈訴參劾諸人誣告之罪詔斥其貪汚欺罔天下共知苗沛霖已戕官踞城宋景詩反覆背叛皆其養癰貽患不得謂無挾制朝廷之意念其戰功足錄從寬賜自盡並逮其從官論罪有差當其被逮也降捻李世忠已擢至提督請黜己官爲之贖罪不許御史吳台壽疏言勝保有克敵禦侮之功無失地喪師之罪請從末減台壽兄台朗在勝保軍中詔斥黨附褫台壽職

托明阿鄂棟氏滿洲正紅旗人由侍衞擢護軍參領出爲山東兗州營游擊從巡撫武隆阿征回疆以功賜花翎累擢曹州鎭總兵調四川松潘重慶二鎭道光二十四年擢四川提督以病去職二十七年起授烏魯木齊提督調陝西擢綏遠城將軍整飭戎政勤於訓練咸豐三年粵匪林鳳祥等陷揚州逼淮徐命率所部赴江南山東交界防堵進屯清江浦賊竄滁州托明阿赴援與周天爵會剿遂追賊至河南迭戰於睢州杞縣陳留中牟進克汜水殲賊千餘被珍賚命襄辦軍務賊竄河北圍懷慶乃渡河會諸軍分路進攻迭有斬獲賊築土城樹木柵以拒合攻破之禽斬數千賊始遁懷慶圍解論功賜黃馬褂予西林巴圖魯名號追賊山西詔以勝保督師命托明阿襄辦賊竄入直隸境坐降五級留任尋以傷劇解職回旗四年春病痊命赴直隸仍幫辦僧格林沁勝保軍務賊方踞阜城堅守不出諸軍圍之托明阿屯東北賊來撲輒擊退突由東南隅竄出踞連鎭夾運河托明阿與都統西淩阿軍東西兩岸圍復合會琦善督師揚州卒於軍命托明阿爲欽差大臣馳往代之授江甯將軍自賊踞江甯鎭江揚州皆陷南北梗阻大軍分兩路向榮軍江南琦善軍江北江北軍攻揚州不能克賊棄城去聚於瓜州與南岸鎭江相犄角江甯賊時乘鉅艓順流而下陸師不能扼水師力薄亦不能制賊上游浦口最當衝要賊於沙洲結營時圖進

竄侍總兵武慶一軍及道員溫紹原六合練勇爲屏蔽亦不能進取托明阿至軍令副將輸殿華毀運河鐵鍊提督陳金綬循東岸進攻小有斬獲又截擊賊艕斃僞丞相黃起芽自督舟師渡江略北固山金山而還五年瓜洲鎭江賊合犯儀徵令副都統德興阿總兵李志和擊退又進軍三汊河誘賊敗之托明阿見僧格林沁於連鎭馮官屯皆以圍墻制賊議仿其法於瓜洲築長圍以困之然瓜洲濱大江江路不斷且地勢袤長不易守實無足恃圍成屢偕陳金綬進攻無大勝利江寧賊踞江浦石磯橋武慶西昌阿等馳擊克之巡撫吉爾杭阿督師攻鎭江甚急於是議南北同時進勦六年二月江寧賊大舉援鎭江未得逞渡江與瓜洲賊合突越土圍四出縱火官軍戰土橋竟日傷亡多托明阿營壘被燬退三汊河又退秦家橋幾不能軍陳金綬雷以誠等亦退走揚州遂陷諸營潰散惟德興阿猶整軍力戰向榮遣鄧紹良渡江來援越十日復揚州而江浦亦爲賊踞詔褫托明阿職留營効力尋以病歸八年予頭等侍衞率兵駐揚村防英兵內犯授直隸提督遷西安將軍同治元年以傷病乞休四年卒陳金綬四川岳池人從勦教匪授把總積功至都司道光初從征回疆破賊於佳噶賴功最賜號逸勇巴圖魯擢留壩營游擊十三年直隸總督琦善調司教練累擢督標中軍副將琦善倚之以堪勝總兵薦擢天津鎭二十二年擢直隸提督及琦善督師勦粵匪率所部三千以從詔金綬爲楊遇春舊部命幫辦軍務率兵先發又以其不諳文字命勝保偕行咸豐三年春趨援江寧偕勝保克浦口詔責專防江北揚州陷由六合儀徵趨援琦善大軍始至合攻揚州琦善軍其北金綬勝保軍其西累戰皆捷賊堅守數月不下而瓜洲一路通江兵少不能合圍賊分犯浦口踞之進陷滁州遂北竄勝保率兵赴安徽援應迭詔以孤城久抗責攻益急總兵雙來奮進緣梯登城金綬策應兵不聽命雙來以無援負創退尋歿於軍自此不敢力攻而賊時由瓜洲窺伺來援屢却之十一月賊陷儀徵兩路同時來犯參將馮景尼守楊子橋先潰諸軍多失利城賊擁輜重突出趨瓜洲琦善金綬不能截擊並坐褫職留軍揚州雖復賊久踞瓜洲四年春琦善卒於軍金綬暫署關防托明阿至偕金綬進攻瓜洲毀賊礮臺尋攻新橋賊壘金綬之姪能義及游擊海明歿於陣江北軍多疲玩金綬年老文宗以其謹愿姑容之閱時輙報小捷屢以虛飾被斥至托明阿兵潰土橋金綬及雷以誠駐萬福橋望風而走事後飾辭自辨又奏隨同克復揚州爲德興阿論劾應治罪金綬已先歿於軍矣

德興阿喬佳氏滿洲正黃旗人黑龍江駐防道光末由駐京前鋒授藍翎侍衞乾淸門行走累擢頭等侍衞以善騎射受文宗知曾手禽奔馬賜黃馬褂咸豐二年命率黑龍江兵赴琦善軍三年從攻揚州屯蔣家廟爲通儀徵要路城賊竄出奮擊敗之瓜洲援賊進踞虹橋與守備毛三元夾擊於三汊河德興阿單騎陷陣射殪其酋大破賊加副都統銜別賊破儀徵分兩路來犯德興阿急趨東石人頭毀賊浮橋而瓜洲賊又進築土城於西河偪三汊河與儀徵賊相犄角德興阿偕總兵瞿騰龍渡河毀賊營賊乃不能西進是年冬賊棄揚州城退踞瓜洲官軍進復儀徵授正白旗漢軍副都統四年偕瞿騰龍進攻瓜洲騰龍深入爲賊所襲殞於陣德興阿率勁騎馳援賊敗走軍賴以全賜號博奇巴圖魯尋復敗賊三汊河賊埋地雷誘官軍德興阿偵知揮軍繞路而前賊伏壘不出遂分軍兩路夾攻斬馘過當奪獲大礮地雷捷聞晉御前侍衞五年迭攻瓜洲賊壘又截擊竄賊於虹橋八江口等處皆獲勝六年托明阿兵敗於土橋揚州復陷諸軍渙散獨德興阿軍未動詔黜托明阿以德興阿爲欽差大臣加都統銜敗賊薛家樓進規郡城賊萬人迎敵德興阿身先士卒斬賊酋一諸軍乘之賊大潰乘勝復揚州同時江浦浦口並爲賊踞令總兵武慶攻克之德興阿戰功素爲江北諸軍冠惟不曉漢文命少詹事翁同書爲幫辦添調新兵軍聲稍振進規瓜洲七年參將富明阿破賊於土橋四里鋪水師又擊沈賊船斬僞將軍陳磊是年夏合水陸諸軍進攻毀賊艦及礮臺德興阿親督戰更番進逼至十一月大破之復瓜洲賊負嵎歷四年至是始克詔嘉調度有方賜雙眼花翎予騎都尉世職乘勝逼金山勦平新河口龍王廟等處餘匪江南軍亦同日克鎭江專力進攻江寧八年春德興阿進軍江浦獲勝江寧賊勢日蹙悍黨陳玉成等由安徽糾衆來援德興阿兵敗於浦口退保六合褫雙眼花翎革職留任賊連陷江浦天長儀徵德興阿不能救揚州亦陷褫世職尋張國樑率兵渡江復揚州而德興阿擁兵邵伯觀望不前嚴旨斥責溫紹原守六合歷數年爲江北屏蔽至是亦以援絕被陷紹原死之翌日而張國樑馳至已無及國樑以江寧軍事急移軍渡江詔責德興阿規復六合軍已不振迄無功何桂淸疏劾德興阿乖性粗率初賴翁同書相助得克瓜洲自同書調任安徽巡撫去後左右無人毫無謀略貽誤軍事和春亦劾其舉動乖謬難以圖功文宗猶念其前勞未遽加譴九年以圍攻六合久不下革任召還自此江北不置帥軍務統歸和春節制尋予六品頂戴交僧格林沁差遣十一年署密雲副都統同治初授西安右翼副都統留辦山西防務又移駐陝西同朝一帶防勦五年充塔爾巴哈臺參贊大臣授正紅旗漢軍副都統幫辦新疆北路軍務六年丁母憂回旗尋卒依都統例賜卹諡威恪

論曰勝保初以直諫稱及出治軍膽略機警數著功績然負氣凌人雖僧格林沁不相下自餘疆臣共事無不齟齬互劾文宗嚴馭之屢躓屢起蓋惜其才也始終以客軍辦賊無自練之兵無治餉之權撫用悍寇而紊紀律濫收廢員而通賄賂又縱淫侈不自檢束卒因袒庇苗沛霖與楚軍不相能朝廷苦心調和而不之喻遂致獲罪功過固莫掩也托明阿德興阿皆戰將非獨當一面之才負乘僨事宜哉斯又不足與勝保並論矣

清史稿　列傳一百九十一

僧格林沁 舒通額 恆齡 蘇克金 何建鼇 全順 史榮椿 樂善

僧格林沁博爾濟吉特氏蒙古科爾沁旗人本生父畢啓四等台吉追封貝勒族父索特納木多布齋尚仁宗女公主無出宣宗爲選於族衆見僧格林沁儀表非常立爲嗣道光五年襲封科爾沁札薩克多羅郡王十四年授御前大臣補正白旗領侍衞內大臣正藍旗蒙古都統總理行營調鑲白旗滿洲都統出入禁闥最被恩眷咸豐三年粵匪林鳳祥李開方等北犯命僧格林沁偕左都御史花沙納等專辦京師團防八月欽差大臣訥爾經額師潰臨洺關賊竄正定詔授惠親王綿愉爲奉命大將軍僧格林沁爲參贊大臣上御乾清宮親頒關防賜納庫素光刀命率京兵駐防涿州十月賊陷靜海窺天津兵進永清又進王家口賊不得前乃踞獨流鎭四年正月僧格林沁會欽差大臣勝保乘夜越濠燔其壘賊西南逸追擊之子牙鎭南禽斬甚衆賜號湍多巴圖魯復連敗賊於河間東城村獻縣單家橋交河富莊驛賊竄踞阜城縣城附城郵堡皆爲賊屯僧格林沁偕勝保率副都統達洪阿侍郎瑞麟將軍善祿等諸軍圍擊毀堆村連村杜塲諸賊屯礮殪悍酋吉文元賊猶頑抗攻之累月不下粵匪復自江北豐縣渡河擾山東浸近直隸境欲以牽掣大軍勝保及善祿先後分兵迎勦迭詔責僧格林沁速攻阜城於是穴地爲重濠長圍困之四月賊乘風突圍出竄東光連鎭連鎭跨運河分東西兩鎭村落相錯賊悉踞之僧格林沁自率西淩阿屯河東令托明阿屯河西別遣馬隊扼桑園會勝保已破賊山東回軍合攻連鎭五月賊酋李開方以馬隊二千餘由連鎭東突出趨山東勝保率騎兵追之遂竄踞高唐州詔斥僧格林沁疏防責速攻連鎭自贖會霖雨河漲賊衆高阜官軍屯窪地勢甚棘於是議開濠築隄以水灌賊營隄成蓄水勢如建瓴賊大困屢出撲皆擊退九月東西鎭各出賊數千欲突圍而竄爲官軍所扼糧盡勢蹙附近村莊皆收復合力急攻凡數十戰十二月斃僞檢點黃某悍黨詹啓綸出降焚西連鎭賊巢僅餘死黨二千餘人以大礮環擊五年正月破東連鎭木城賊冒死衝突盡殲之禽林鳳祥檻送京師誅之畿輔肅清錫封僧格林沁爲博多勒噶台親王擢其子二等侍衞伯彥訥謨祜御前行走敕移師赴高唐州督辦軍務先是勝保圍攻高唐久不下密詔僧格林沁查辦至即劾罷之賊聞連鎭既下喪膽欲遁大軍數日即至故疏其防賊果乘隙夜走親率五百騎追奔五十里至茌平馮官屯賊踞以守合軍圍攻四面礮擊賊掘地爲濠盤旋三帀穴堀潛藏穿孔伺擊攻者傷亡甚多復議用水攻挑河築壩引徒駭河水灌之賊屢衝突皆擊退四月水入賊窖紛紛出降禽李開方及其死黨黃懿端等八名檻送京師誅之北路蕩平文宗大悅加恩世襲親王罔替五月凱撤回京上御養心殿行抱見禮賜朝珠及四團龍補褂又御乾清宮恭繳參贊大臣關防賜宴勤政殿從征將士文武大臣並預焉林鳳祥李開方爲粵匪悍黨狡很善戰兩年之中大小數百戰全數殄滅無一漏網僧格林沁威名震於海內時英吉利在粵東開釁乘東南軍事方棘多所要挾每思北犯故近畿肅清後命西淩阿分得勝之師赴援湖北而僧格林沁遂留京師六年丁本生母憂予假百日在京持服尋調正黃旗領侍衞內大臣七年四月英吉利兵

船至天津海口命僧格林沁爲欽差大臣督辦軍務駐通州托明阿屯楊村督前路倉猝徵調兵難驟集敵兵已佔海口礮臺闖入內河議掘南北運河洩水以阻陸路別遣議和大臣桂良花沙納赴天津與議條約五月議粗定英兵退未盡事宜桂良等赴上海詳議於是籌議海防命僧格林沁赴天津勘築雙港大沽礮臺增設水師以瑞麟爲直隸總督襄理其事奏請提督每年二月至十月駐大沽自天津至山海關海口北塘蘆臺澗河口蒲河口秦皇島石河口各礮臺一律興修九年桂良等在上海議不得要領五月英法兵船犯天津毀海口防具駛至雞心灘轟擊礮臺提督史榮椿中礮死別以步隊登岸僧格林沁督軍力戰大挫之毀敵船入內河者十三艘持數日敵船引去九年六月英法俄美四國兵百餘艘復來犯知大沽防禦嚴固別於北塘登岸我軍失利敵以馬步萬人分撲新河軍糧城進陷唐兒沽僧格林沁力扼大沽兩岸文宗手諭曰天下根本在京師當迅守津郡萬不可寄身命於礮臺若不念大局只了一身之計有負朕心蓋知其忠憤慮以身殉也尋於右岸迎戰失利礮臺被陷提督樂善死之僧格林沁退守通州奪三眼花翎褫領侍衞內大臣及都統迭命大臣議和不就敵兵日進迎擊獲英人巴夏禮送京師戰於通州八里橋敗績瑞麟又敗於安定門外聯軍遂入京文宗先幸熱河圓明園被燬詔褫僧格林沁爵職仍留欽差大臣九月和議成命遣撤殘軍馳赴行在未行會畿南土匪蜂起山東捻匪猖肆復僧格林沁郡王爵命偕瑞麟往剿師至河間匪多解散詔促赴濟甯兗州督師十一月至濟甯賊已他竄回巢疏陳軍事略曰捻首張洛行龔瞎子孫葵心等各衆匪黨無數此外大小頭目人數不少每年數次出巢打糧輒向無兵處所迨官兵往剿業經飽掠而歸所至搶擄貲財糧米村舍燒爲赤地殺害老弱裹脅少壯不從逆亦無家可歸故出巢一次即增添人數無算此捻匪衆多之情形也匪巢四面一二百里外村莊焚燒無存井亦填塞官兵裹糧帶水何能與之久持一經撤退匪踪緊躡往往因之失利此各路官兵僅能堵禦不能進攻之情形也每次出巢馬步數十萬列隊百餘里兵賊衆寡懸殊任其猖獗無可如何前此粵捻各樹旗幟近年彼此相通聯爲一氣官兵在北粵匪在南捻匪居中以爲粵匪屏蔽若厚集兵力分投進剿捻匪一經受創粵匪蠢動非竭力相助即另圖北犯以分我兵勢此剿捻不易之情形也臣原帶馬步六千續調陝甘山東綠營及青州旗兵共一萬二千餘人擬俟齊集會合傅振邦德楞泰二軍相機直擣老巢疏入詔捻匪正圖北犯應坐鎭山東以杜窺伺毋輕舉以誤全局尋捻匪由徐州北竄迎擊於鉅野羊山親率西淩阿國瑞當其東瑞麟及副都統格綳額當其西殺賊甚衆而格綳額陣亡瑞麟傷退劾能之薦西淩阿國瑞幫辦軍務又劾團練大臣杜翻不能禦賊供應擾民罷其任團練歸巡撫督辦鄒縣教匪宋紹明集衆數千戕官令國瑞西淩阿擊剿解散十一年捻匪五旗並出僧格林沁率諸將由金鄉迎剿遇賊於菏澤李家莊戰失利察哈爾總管伊什旺布陣亡回師駐唐家口二月令西淩阿馳赴汶上會都統伊興額總兵滕家勝追賊至楊柳集戰歿僧格林沁親駐汶上令西淩阿回守濟甯賊由沙溝渡運河盤踞東平汶上德楞額追擊於小汶河北岸破之賊始東竄四月令舒通額進剿解滕縣圍德楞額克沙溝營臨城驛賊分兩路奔竄其入曹州境者勾結長槍會匪擾鄆城鉅野令知府趙康侯集諸縣鄉團禦之教匪宋繼明復糾衆踞鄒縣鳳凰山令國瑞德楞額攻之連破賊圩繼明尋遁走乞撫六月親赴曹州進剿會匪連破之於曹縣安陵集濮州田潭禽其渠李燦祥陳懷五等八月捻匪渡運河犯泰安濟南僧格林沁親率大軍追躡敗之於孫家鎭賊走青州九月襲擊於臨朐縣南沿諸城至沂水黑旗捻黨跨河抗拒分兵擊之追及蘭山蘭溪鎭殲焉捷聞復御前大臣賞還黃韁授正紅旗漢軍都統管理奉宸苑穆宗即位特詔嘉其勤勞復博多勒噶台親王爵是年冬會東軍攻曹郡會匪破濮州紅川口賊圩搜斬無遺毀劉家橋郭家唐房賊巢又破定陶賊於大張寺復范縣西淩阿等攻捻匪於鉅野境大捷定陶踞匪聞風遁走會匪郭秉鈞自河西來犯連擊之於崔家壩至黃河南岸屢挫賊鋒曹郡漸清疏陳軍事略曰捻匪老巢多在宿州蒙城亳州境內其北來每由歸德之虞永夏徐州之豐沛蕭碭直入山東之曹單魚臺或由宿徐北至韓莊八閘今領重兵進駐亳州偏於西南一隅北至徐州三百餘里再東更處鞭長莫及如派隊輪轉由西路進攻賊圩即使得手距亳州尚遠東路捻衆豈能坐待勢必由豐碭韓莊鈔襲我軍之後我軍不得不回顧北路一經移動則亳東之賊尾隨受其牽掣故屯兵亳州之議在豫省爲良策若欲衞東省兼顧北路藩籬則未可行也臣擬俟曹屬肅清移營單縣覘皖捻動靜剿撫兼施鄒縣教匪踞險難攻暫准投誠以示羈縻留兵鎭壓待南捻稍鬆相機辦理滕嶧之匪德楞額招安劉雙印牛際堂等若有反側仍應往剿河北教捻各匪本年兩次鴟張衆不過一二萬臣令西淩阿國瑞兩次會剿勝保等方能得手勝保於此匪尚不能獨力剿除豈能當十餘萬之捻衆壽張及曹屬一帶臣已辦理就緒毋須勝保前來會剿疏上詔從之同治元年正月捻匪二萬餘出江北豐縣犯金鄉魚臺令翼長蘇克金擊走之二月亳捻張洛行合長槍會匪西竄勢甚張僧格林沁率馬隊追至河南杞縣許岡賊列隊橫亙十餘里蘇克金等奮擊斃賊二千餘西路援賊至豫軍亦來會剿嬰城而守連日鏖戰以馬隊伏濠邊伺賊懈城中突出勁騎衝賊營伏赴夾擊毀賊壘七斬馘千餘越日余際昌率步隊至與蘇克金合擊衝賊爲兩追殺二千餘於是先破趙圩賊寨合攻焦寨援賊數至皆擊卻賊宵遁是役三路合剿殲匪萬餘捷聞特詔褒獎僧格林沁督率諸將窮追竄匪破之於尉氏東賊踞民寨堅守圍攻之旋虛東面誘之出至樊家樓盡殲焉五月補正黃旗領侍衞內大臣長槍匪黨董智信竄東明蘇克金馳剿受降營總富和破坦頭集捻巢招撫被脅數十圩寨恒齡破焦桂昌於曹州乞降誅之六月進攻商邱金樓寨教匪郝姚氏及金鳴亭久踞金樓其黨尤本立常立身尤兇悍官軍屢攻不克僧格林沁先遣諜用間諭令投誠金鳴亭潛允降而不出其子線駒居郭家老寨密捕之會有賊黨通教匪以鳴亭禀詞示常立身立身遂殺鳴亭賊中自相疑忌至是合兵進攻游擊許得等率降人爲導先攻入大軍繼之巷戰斬郝姚氏及其兩子常立身尤本立楊玉聰同授首餘賊盡殲夷其寨乘勢連破援賊於邢家圩吳家廟營廓集前鋒直抵亳州境僧格林沁移駐夏邑疏陳將帥市恩麾下督撫見好屬員保舉冗濫吏治廢弛州縣揑災私徵軍餉不足言甚切至詔嘉其公忠命統轄山東河南軍務並直隸山西四省督撫提鎭統兵大員均歸節制八月令恒齡卓明阿等追捻匪姜台淩至裕州博望驛大破之餘衆遁入山別股李城趙浩然等乘大軍分隊西行糾衆擾永城復由碭山北竄副都統色爾固喜追至魚臺羅家屯戰不利僧格林沁促恒齡等回援親督進戰於鉅野滿家洞令馬隊誘賊深入回擊之恒齡國瑞分合衝突斃賊數千復連敗之於子山集賊東南竄亳北白旗捻首李廷彥以邢大莊爲老巢附近賊圩互相首尾九月僧格林沁自攻盧廟令國瑞恒齡攻邢大莊及張大莊廷彥見事急詐稱投誠誘出誅之黨羽多乞降惟孫老莊匪首孫彩蘭不肯出令降匪李懇奇爲導攻入寨禽斬彩蘭諸寨皆下亳東黑旗捻首宋喜沅因與蘇添柏相仇殺諸悍黨攻破王大莊劉大莊兩寨來降諸小寨頭目聞風歸順亳北肅清於是諸捻懾震兵威多思反正二年正月馬林橋唐家寨張家瓦房孟家樓童溝集諸賊巢先後剿平著名捻首魏喜元蘇添才趙浩然李大箇子田現李城等或降或遁張洛行爲巨憝首惡見勢敗時思竄逸會孫魏劉大劉二楊二等由鹿邑西竄令舒通額蘇克金等追之戰於魏橋殲戮甚衆洛行欲由宿州趨徐州爲知州英翰所截又聞西路諸匪被創洛行遂潛回雉河集老巢尹家溝白龍廟與雉河集爲犄角二月令舒通額等進攻尹家溝賊出撲擊潰遂攻雉河集洛行夜遁追至淝河北岸拒戰殲賊過千禽斬捻首韓四萬等逸匪多潛匿各莊寨分軍駐索西洋寨捻首李勤邦投誠誘禽張洛行及其子張憙以獻磔之捻匪自蒙亳創亂已歷十年至是掃除詔嘉僧格林沁謀勇兼備加恩仍以親王世襲罔替並准服用上賜章服以示優異時北路竄捻與教會各匪句結肆擾僧格林沁回師令恒齡蘇克金馳赴直東交界會剿自剿淄川踞匪劉德培六月賊傾巢出撲追敗之於田莊遂克縣城德培遁大白山禽斬之進攻鄒縣白蓮池匪首宋繼明屢降屢叛擁衆二萬餘恃險抗拒令總兵陳國瑞郭寶昌猛攻破其山寨敗竄紅山死守經月糧盡欲遁令舒通額等設伏嶺下陳國瑞於山北攻上焚其寨殺賊過半其竄山下者伏起並殲禽匪首李九獲宋繼明屍及其家屬留國瑞暫駐搜緝餘匪即日令陳國瑞赴皖剿苗沛霖沛霖倔強淮北當張洛行伏誅懼請散練歸農及僧格林沁北行又襲攻蚌埠懷遠壽州圍蒙城皖軍不能制至是僧格林沁督軍討之陳國瑞先至連戰皆捷匪黨喪膽十月大軍進亳州連克蔣集楊家寨與陳國瑞合攻絕其糧道破蔡家圩淮河兩岸賊壘悉盡沛霖昏夜越濠出竄爲其黨刺殺總兵王萬清斬首以獻逆黨苗景開等均伏法尋破西洋集禽匪首葛春元穎亳壽境圩寨悉定淮甸漸清時捻匪張洛行之姪總愚擾河南令蘇克金率馬隊往會剿而降捻李世忠官至江南提督素跋扈盤踞淮南將爲隱患詔曾國藩密爲處置命僧格林沁駐軍鎭懾三年春世忠自請解兵柄會漢南粵捻諸匪糾合下竄與張總愚相應接將圖南犯爲江甯踞賊聲援僧格林沁乃督師赴許州進南陽與河南湖北諸軍會剿迭破賊於信陽應山鄖陽之間六月江甯克復大賚諸軍詔嘉僧格林沁轉戰勤勩加一貝勒命其子伯彥訥謨祜受封復以所部蒙古馬隊最得力保舉素無冒濫命擇尤奏獎賞兵丁銀一萬兩七月粵捻諸匪麕聚麻城令蘇克金張曜英翰等分路進擊破賊壘數十捻首陳得才以萬衆來撲戰於紅石堰蘇克金力

戰殲賊甚衆濂病賜卒以成保代之賊竄麻城南境閔家集結壘爲固成保攻破之總兵郭寶昌克蔡家畈賊竄河南光山羅山僧格林沁親督馬隊追擊戰於蕭家河援賊大至稻隴地狹馬隊失利自翼長舒通額以下陣亡將領十二人八月復戰於光山柳林寨先勝中伏爲賊所圍力戰始退總兵巴揚阿死之九月張總愚東竄與上巴河蘄州之賊勾合踞風火山僧格林沁會鄂軍進剿連戰破之賊趨安徽境分竄潛山太湖英山十月連破之於土漠河樂兒嶺陶家河匪目黃中庸率千人來降追至黑石渡令黃中庸爲前鋒襲賊營大軍繼之衝賊爲兩段賊目溫其玉等率九千餘人投械乞降偵知賊分三路遁兵分剿捻首馬融和率黨七萬人投誠願爲前敵賊黨甘懷德誘禽僞端王藍成春出獻磔於軍前餘黨汪傳第吳青泉吳青泰范立川等各率衆乞撫先後受降十數萬人著名匪首僅存數人陳得才尋亦窮蹙自盡惟張總愚陳大喜西竄河南湖北境復猖獗十一月僧格林沁督軍追剿敗之於光山境進至棗陽粵匪賴汶洸邱元才捻匪牛洛紅任柱李允等竄踞襄陽黃龍壋峪山官軍進擊小挫而張總愚陳大喜乘間與合圖犯樊城大軍追擊於鄧州唐坡賊傾巢出撲兩面包鈔官軍失利傷亡甚多僧格林沁自請嚴議詔寬之乃駐軍南陽十二月賊由南召犇山竄踞寶豐張八橋大軍進逼令郭寶昌何建鼇分南北兩路恆齡成保以馬隊護之北路逼賊而營賊來撲成保橫出鈔襲乘勝歷過山岡南路誘賊深入從旁更番進擊兩路皆捷合軍追擊直抵張八橋賊夜遁入山北趨河洛僧格林沁督軍由洛陽取道宜陽駐韓城鎭四年正月賊折而南犯魯山大軍追及戰於城下前鋒得利窮追後路爲賊鈔襲翼長恆齡等陣亡舒倫保常順馬隊接應陳國瑞橫突掩橋上始得全師退而舒倫保常順亦以傷殞賊遂竄葉縣襄城陳國瑞乘雪夜襲攻縱火焚之賊東北竄新鄭尉氏追及於雙溪河翼長諸林不勤等擊走之賊南趨由臨潁郾城擾西平裹脅愈衆遂犯汝寧二月僧格林沁進抵汝寧賊由息縣羅山竄信陽大軍抵信陽賊又北竄追至確山陳國瑞等步隊亦到令與全順何建鼇常星阿成保數路合擊郭寶昌設伏山口僧格林沁登山督戰諸悍賊齊集合力死鬭國瑞鏖戰最力寶昌伏起衝突賊大敗屍橫徧野由遂平西平郾城許州扶溝直走睢州官軍追至又奔入山東境渡運河至甯陽折向曲阜官軍馳追亘月日行百里往返三千餘里馬力久疲自蘇克金舒通額恆齡等歿後得力戰將漸稀朝命先調湘淮軍著名兵將多觀望不至僧格林沁亦不願用之至是匪蹤飄忽盤旋於兗沂曹濟之間由汶上竄鄆城水套句結伏莽衆至數萬僧格林沁督師猛進再戰再捷至曹州北高莊賊拒戰軍分三路合擊皆挫敗退紮荒莊遂被圍兵不得食夜半突圍亂戰昏黑不辨行至吳家店從騎半沒僧格林沁抽佩刀當賊馬蹶遇害時四月二十四日也內閣學士全順總兵何建鼇同殉於陣事聞兩宮震悼詔嘉其忠勇性成視國事如家事飾終典禮視親王從優議卹命侍衞馳驛迎櫬至京上奉兩宮皇太后親奠賜金治喪祀昭忠祠於立功地方建專祠配享太廟諡曰忠預繪像紫光閣七年捻平遣官賜祭一壇光緒十五年皇太后歸政敕於京師安定門內建專祠祠曰顯忠子伯彥訥謨祜襲親王爵孫那爾蘇襲封貝勒次孫溫都蘇封輔國公僧格林沁所部騎兵最號勁旅驍將以舒通額恆齡蘇克金爲最均先殞及從難僅全順何建鼇二人兩次治海防倚提督史榮椿樂善先後死事爲其將勇營者陳國瑞郭寶昌最有名並自有傳舒通額蘇里氏滿洲鑲白旗人齊齊哈爾達呼爾咸豐三年以領催從軍江北隸德興阿部下攻江浦矢殪黃衣執纛賊迭著戰功洊升協領賜號圖薩泰巴圖魯九年僧格林沁督師天津調充馬隊營總十年冬從赴山東勦捻匪捻首趙浩然犯濟甯舒通額敗之羊山十一年春戰於菏澤李家莊分三路進擊不利舒通額將右翼獨殺賊多全師而退擢充翼長敗賊於泰安甯陽解滕縣圍捻竄豐沛阻於水復折而西分竄鉅野合長槍會匪甚張舒通額破之斬馘數千擊會匪郭秉鈞劉占考於城武柳林集復破賊徐官莊偕協領色爾固善敗捻匪於郯城紅花埠馬陵山禽賊首李燦漳於曹州安陵集復破郭秉鈞田潭老巢追剿捻匪於青沂之間累功記名副都統加頭品頂戴賜黃馬褂敗捻匪劉添祥於滕縣岡山敗會匪劉占考於范縣又破劉添祥於曹州袁家園同治元年授阿勒楚喀副都統從剿商邱金樓寨教匪克之偕恆齡平亳州張大莊捻巢偕蘇克金敗捻魁張洛行於張橋二年捻匪劉狗孫醜犯鹿邑復與蘇克金要擊於魏橋破尹家溝雉河集賊巢張洛行就禽六月捻首張守義陷淄川他軍戰不利舒通額突擊之衝賊爲四守義棄城遁入鳳凰山白蓮池寨與李成宋繼明劉雙印合衆二萬餘負嵎抗拒舒通額攻其北奪西寨門裹圍諸險總兵陳國瑞由東南登山縱火焚之繼明自殺餘賊奔潰舒通額獲諸山下俘斬數千擢正黃旗漢軍都統從剿苗沛霖平之三年粵捻諸匪合擾豫皖楚三省間八月追至羅山賊退蕭家河舒通額躡其後悍黨四面至援軍阻絕騎兵不得馳驟舒通額下馬持短刀搏鬭突圍不出遂戰死優卹予騎都尉兼雲騎尉世職諡威毅恆齡郭貝爾氏滿洲鑲黃旗人呼倫貝爾達呼爾咸豐九年以佐領從提督傅振邦剿捻匪破賊於夏邑李家窪勇冠軍擢協領十年振邦遣率兵千五百人入衞京畿尋從巡撫文煜折回山東剿捻解濟甯圍遂從僧格林沁充營總十一年迭敗賊於東昌青州沂州積功記名副都統賜黃馬褂達春巴圖魯名號是年冬會匪劉占考竄范縣副都統舒明阿戰死恆齡突擊走之援賊至賊返鬭恆齡與舒通額夾擊追至簸箕營舒通額攻其圩恆齡逐逸賊至范縣西斬千餘級同治元年敗長槍會匪於曹州楊家集殲焦桂昌侍郎國瑞攻亳州邢大莊不下恆齡夜襲克之二年偕舒通額破捻匪於鹿邑魏橋偕侍衞卓明阿敗賊於杞縣許岡圍其寨賊三路來援偕蘇克金卓明阿分擊斬馘二千又追敗之於博望驛賊走山東恆齡回援大戰於鉅野大義集賊翻山遁偕國瑞逐北殲五千人駐軍永城撫定亳北諸圩寨偕舒通額蘇克金毀渦河南北捻巢躡追至肥河北張洛行就禽伏誅時降捻張錫珠宋景詩復叛擾畿南恆齡偕蘇克金率馬隊馳援署直隸提督擊散張錫珠黨衆進剿宋景詩於堂邑三路合擊景詩遁走畿輔解嚴從僧格林沁剿苗沛霖奏充翼長會諸軍克蔡圩沛霖就殲三年從剿粵捻諸匪於河南湖北邊境破賊於隨州授正黃旗護軍統領迭戰麻城羅山間賊北趨恆齡與何建鼇等敗之張八橋四年三月追賊抵魯山城下賊潮至恆齡將右翼與常星阿成保合擊賊賊踰沙河走恆齡追之反鬭伏起殞於陣予騎都尉兼雲騎尉世職諡壯烈蘇克金倭勒氏滿洲正黃旗人愛琿駐防咸豐初以驍騎校從僧格林沁剿粵匪克連鎭馮官屯積功擢佐領五年從都統西淩阿剿賊湖北克德安七年從副都統德楞額剿穎上捻匪轉戰河南蕭清河陝汝三郡擢協領加副都統銜八年阜陽教匪王廷楨擾洛陽新蔡蘇克金破西爐賊巢斃王廷楨於陣會德楞額疾代領所部追賊秦河集陳家阪盡殲之賜號伊固木圖巴圖魯邀擊捻匪於夏邑甯陵走之尋又自亳州竄入河南境敗之鄧六莊坐赴援周家口失期革職留營尋破賊虞城復原官九年克睢州十年僧格林沁調充天津行營翼長遂從剿捻山東十一年從攻紅川口殲賊渠劉占考梁繼海賜黃馬褂記名副都統同治元年從剿張洛行於河南杞縣尉氏屢敗之攻金樓寨教匪先登斬郝姚氏及其二子授福州副都統二年偕舒通額敗捻匪於鹿邑魏橋破尹家溝賊巢禽捻首韓四萬陳二坎蒙亳悉平加頭品頂戴偕恆齡赴援畿輔駐防河間時河北多伏莽鄉團跋扈蘇克金謂疆吏姑息所致言於僧格林沁劾之從剿苗沛霖克淮南北各圩寨餘捻走河南張總愚最狡悍三年僧格林沁督師進剿令蘇克金先驅扼魯山賊畏大軍馬隊盤旋山地蘇克金在諸將中號持重審地勢持數月未戰詔屢促之會張總愚出鄧州急起追擊連破之赤眉城雙橋安春寨總愚負傷遁而粵匪陳得才藍成春等由漢中回竄麻集麻城蘇克金偕皖豫諸軍進攻力戰兼旬毀賊壘數十七月戰於紅石堰蘇克金指揮列陣忽中暍疾作墜馬舁歸遽卒詔依都統例賜卹諡壯介何建鼇漢軍鑲紅旗人由武舉補京營把總初從達洪阿赴廣西勦匪繼從僧格林沁戰阜城連鎭馮官屯積功擢守備回京營供職咸豐七年調赴河南從剿角子山捻匪阜陽教匪洊升游擊九年調守天津大沽擊退英國兵艦加副將銜及從剿捻匪轉戰山東江北以破曹州紅川口會匪擢副將殲亳州捻首李廷彥記名總兵平張洛行賜號雄勇巴圖魯授中營副將歷從剿捻豫楚之交常爲軍鋒曹州之敗兵分三路建鼇當其西中路失利賊萃於建鼇士卒多死退從僧格林沁守空堡短刀殺賊歿於陣詔嘉其至死不離主帥依提督例優卹予騎都尉兼雲騎尉世職諡果毅全順薩爾圖拉氏蒙古正藍旗人咸豐六年繙譯進士歷官中允十年僧格林沁治防天津疏調從軍累遷翰林院侍讀學士在軍充翼長從剿商邱金樓寨亳州邢大莊及平張洛行並著戰績賜黃馬褂擢內閣學士授西安左翼副都統從僧格林沁陣亡卹典加等依尙書例予騎都尉兼雲騎尉世職諡忠壯舒通額恆齡蘇克金何建鼇全順並附祀僧格林沁專祠史榮椿順天大興人由行伍洊升京營參將歷從揚威將軍奕經大學士賽尙阿軍中繼從都統勝保剿粵匪攻獨流賊壘戰阜城破賊堆村賜號治希巴圖魯僧格林沁薦其堪膺專閫咸豐五年擢大名鎭總兵洎近畿軍事平都統西淩阿率師移剿湖北留馬隊千五百人隸榮椿防畿輔尋赴援河南安徽連破捻匪於鹿邑歸德調徐州鎭破捻匪於宿州又平亳州捻巢八年破捻匪於渦河南賊首劉狗乞降誅之擢直隸提督從僧格林沁治天津海防九年英國兵艦犯海口榮椿偕大沽協副將龍汝元力戰中礮同歿於陣予騎都尉兼雲騎尉世職建專祠諡忠壯樂善伊勒忒氏蒙古正白旗人由拜唐阿洊升雲麾使揀發陝甘參將剿番匪有功從勝保剿粵匪戰獨流阜城賜號巴克敦巴

圖尋咸豐六年率馬隊剿捻匪河南連破賊於鹿邑潁川七年擢河北鎮總兵克方家集捻巢從勝保克正陽關解固始圍賜黃馬褂九年命赴僧格林沁天津軍營擢直隸提督英兵闖入海口樂善扼擊敵不得逞尋退去論功最被優敘十年七月英兵復至大沽礮臺陷樂善力戰死之贈太子少保予騎都尉兼雲騎尉世職於海口建專祠謚威毅尋封二等男爵子成友襲

論曰僧格林沁忠勇樸誠出於天性名震寰宇朝廷倚為長城治軍公廉無私部曲誠服勞而不怨其殄寇也惟以殺敵致果無畏難趨避之心剿捻凡五年犂穴禽渠餘孽遂為流寇困獸之鬬勢更棘焉繼事者變通戰略以持重蔵功則僧格林沁所未暇計及者也然燕齊皖豫之間謳思久而不沫於以見功德入人之深有清藩部建大勳者惟僧格林沁及策淩二人同膺侑廟曠典後先輝映旂常增色矣

清史稿 列傳一百九十二

曾國藩

曾國藩初名子城字滌生湖南湘鄉人家世農祖玉屏始慕嚮學父麟書為縣學生以孝聞國藩道光十八年進士二十三年以檢討典試四川再轉侍讀累遷內閣學士禮部侍郎署兵部時太常寺卿唐鑑講學京師國藩與倭仁吳廷棟何桂珍嚴事之治義理之學兼友梅曾亮及邵懿辰劉傳瑩諸人為詞章考據尤留心天下人材咸豐初廣西兵事起詔羣臣言得失奏陳今日急務首在用人人才有轉移之道有培養之方有考察之法上稱其剴切明辨尋疏薦李棠階吳廷棟王慶雲嚴正基江忠源五人寇氛益熾復上言國用不足兵伍不精二者為天下大患於歲入常額外誠不可別求搜刮之術增一分則民受一分之害至歲出之數兵餉為鉅綠營兵額六十四萬常虛六七萬以資給軍用自乾隆中增兵議起歲糜帑二百餘萬其時大學士阿桂即憂其難繼嘉道間兩次議裁不及十之四仍宜汰五萬復舊額自古開國之初兵少而國強其後兵愈多則力愈弱餉愈多則國愈貧應請皇上注意將才但使七十一鎮中有十餘鎮足為心腹則緩急可恃矣又深痛內外臣工諂諛欺飾無陳善責難之風因上敬陳聖德預防流弊一疏切指帝躬有人所難言者上優詔答之歷署刑部吏部侍郎二年典試江西中途丁母憂歸三年粵寇破江甯據為偽都分黨北犯河南直隸天下騷動而國藩已前奉旨辦團練於長沙初國藩欲疏請終制郭嵩燾曰公素具澄清之抱今不乘時自効如君父何且墨絰從戎古制也遂不復辭取明戚繼光遺法募農民樸實壯健者朝夕訓練之將領率用諸生統衆數不逾五百號湘勇騰書遐邇雖卑賤與鈞禮山野材智之士感其誠莫不往見人人皆以曾公可與言事四境土匪發聞警即以湘勇往立三等法不以煩府縣獄旬月中莠民猾胥便宜捕斬二百餘人謗讟四起自巡撫司道下皆心誹之至以盛暑練操為虐士然見所奏輒得褒答受主知未有以難也一日標兵與湘勇鬨至闌入國藩行臺國藩親訴諸巡撫巡撫漫謝之不為理即日移營城外避標兵或曰曷以聞國藩歎曰大難未已吾人敢以私憤瀆君父乎嘗與嵩燾忠源論東南形勢多阻水欲剿賊非治水師不可乃奏請造戰艦於衡州匠卒無曉船制者短橈長槳出自精思以人力勝風水遂成大小二百四十艦募水陸萬人水軍以褚汝航楊載福彭玉麟領之陸軍以塔齊布羅澤南領之賊自江西上竄再陷九江安慶忠源戰歿廬州吳文鎔督師黃州亦敗死漢陽失武昌戒嚴賊復乘勢擾湖南國藩銳欲討賊率水陸軍東下舟師初出湖大風損數十艘陸師至岳州前隊潰退引還長沙賊陷湘潭邀擊靖港又敗國藩憤投水幕下士章壽麟掖起之得不死而同時塔齊布大破賊湘潭國藩營長沙高峰寺重整軍實人人揶揄之或請增兵國藩曰吾水陸萬人非不多而遇賊即潰岳州之敗水師拒戰者惟載福一營湘潭之戰陸師塔齊布水師載福各兩營以此知兵貴精不貴多故諸葛敗祁山且謀減兵損食勤求己過非虛言也且古人用兵先明功罪賞罰今世亂賢人君子皆潛伏吾以義聲倡導同履危亡諸公之初從我非以利動也故於法亦有難施其致敗由此諸將聞之皆服陸師既克湘潭巡撫提督上功而國藩請罪上詰責提督鮑起豹免其官以塔齊布代之受印日士民聚觀歎詫國藩為知人而天子能明見萬里也賊自岳州陷常德旋北走武昌再失國藩引兵趨岳州斬賊梟將曾天養連戰下城陵磯會師金口謀取武昌澤南沿江東岸攻花園寇屯塔齊布伏兵洪山載福舟師深入寇屯士皆露立不避鉛丸武昌漢陽賊望見官軍膽寒遁遂復二郡國藩以前靖港敗自請奪官至是奏上詔署湖北巡撫尋加兵部侍郎銜解署任命督師東下當是時水師奮厲無前大破賊田家鎮斃賊數萬至於九江前鋒薄湖口攻梅家洲賊壘不下駛入鄱湖賊築壘湖口斷其後舟不得出於是外江內湖阻絕外江戰船無小艇賊乘舴艋夜襲營擲火燒坐船國藩跳而免水師遂大亂上疏請罪詔旨寬免謂於大局無傷也五年賊再陷武漢擾荊襄國藩遣胡林翼等軍還援湖北塔齊布留攻九江而躬至南昌撫定水師之困內湖者澤南從征江西復弋陽拔廣信破義甯而塔齊布卒於軍國藩在江西與巡撫陳啟邁不相能澤南奔命往來上書國藩言東南大勢在武昌請率所部援鄂國藩從之幕客劉蓉諫曰公所恃者塔羅今塔將軍亡羅又遠行脫有急誰堪使者國藩曰吾計之熟矣東南大局宜如是俱困於此無為也嵩燾祖餞澤南曰曾公兵單奈何澤南曰天苟不亡本朝公必不死九月補授兵部侍郎六年賊酋石達開由湖北竄江西連陷八府一州九江賊踞自如湖南北聲息不相聞國藩困南昌遣將分屯要地羽檄交馳不廢吟誦作水陸師得勝歌教軍士戰守技藝結營布陳之法歌者咸感奮以殺賊敢死為榮顧衆寡終不能大挫賊議者爭請調澤南軍上以武漢功垂成不可棄澤南督戰益急卒死於軍玉麟聞江西警芒鞋走千里穿賊中至南昌助守林翼已為湖北巡撫國藩弟國華國葆用父命乞師林翼將五千人攻瑞州湖南巡撫駱秉章亦資國荃兵援吉安兄弟皆會行間而國藩前所遣援湖北諸軍久之再克武漢直下九江李續賓八千人軍城東續賓者與弟續宜皆澤南高第弟子也載福戰船四百泊江兩岸江甯將軍都興阿馬隊鮑超步隊駐小池口凡數萬人國藩本以憂懼治軍自南昌迎勞見軍容甚盛益申儆告誡之而是時江南大營潰督師向榮退守丹陽卒和春為欽差大臣張國樑總統諸軍攻江甯

七年二月國藩聞父憂逕歸給三月假治喪堅請終制允開侍郎缺林翼既定湖北進圍九江破湖口水師絕數年復合載福連拔望江東流揚颺過安慶克銅陵泥汊與江南軍通由是湘軍水師名天下林翼以此軍創始國藩楊彭皆其舊部請起國藩視師會九江克復石達開竄浙江浸及福建分股復犯江西朝旨詔國藩出辦浙江軍務國藩至江西屯建昌又詔援閩國藩以閩賊不足慮而景德地衝要遣將援贛南攻景德國荃追賊至浮梁江西列城次第復時石達開復竄湖南圍寶慶上慮四川且有變林翼亦以湖北餉倚川鹽而國藩又久治兵無疆寄乃與官文合疏請國藩援蜀會賊竄廣西上游兵事解而陳玉成再破廬州續賓戰歿三河林翼以羣盜蔓廬壽間終為楚患乃改議留國藩合謀皖軍分三道各萬人國藩由宿松石牌規安慶多隆阿鮑超出太湖取桐城林翼自英山嚮舒六多隆阿等既大破賊小池復太湖潛山遂軍桐城國荃率諸軍圍安慶與桐城軍相犄角安慶未及下而皖南賊陷廣德襲破杭州李秀成大會羣賊建平分道援江甯江南大營復潰常州蘇州相繼失咸豐十年閏三月也左宗棠聞而歎曰此勝敗之轉機也江南諸軍將蹇兵疲久矣滌而清之庶幾後來可藉手乎或問誰可當者林翼曰朝廷以江南事付曾公天下不足平也於是天子慎選帥就加國藩兵部尚書銜署理兩江總督旋即眞授欽差大臣是時江浙賊氛熾或請撤安慶圍先所急國藩曰安慶一軍為克金陵張本不可動也遂南渡江駐祁門江浙官紳告急書日數十至援蘇援滬援皖援鎮江詔書亦疊下國藩至祁門未數日賊陷甯國陷徽州東南方困兵革而英吉利復失好以兵至僧格林沁敗績天津文宗狩熱河國藩聞警請提兵北上會和議成乃止其冬大為賊困一出祁門東陷婺源一出祁門西陷景德一入羊棧嶺攻大營軍報絕不通將吏慄然有憂色固請移營江干就水師國藩曰無故退軍兵家所忌卒不從使人間行檄鮑超張運蘭亟引兵會身在軍中意氣自如時與賓佐酌酒論文自官京朝即日記所言行後履危困無稍閒國藩駐祁門本資餉江西及景德失議者爭言取徽州通浙米乃自將大軍次休甯值天雨八營皆潰草遺屬寄家誓死守休甯適宗棠大破賊樂平運道通移駐東流多隆阿連敗賊桐城鮑超一軍游擊無定居林翼復遣將助之十一年八月國荃遂克安慶捷聞而文宗崩林翼亦卒穆宗即位太后垂簾聽政加國藩太子少保銜命節制江蘇安徽江西浙江四省國藩惶懼疏辭不允朝有大政咨而後行當是時偽天王洪秀全僭號踞金陵偽忠王李秀成等犯蘇滬偽侍王李世賢等陷浙杭偽輔王楊輔清等屯甯國偽康王汪海洋窺江西偽英王陳玉成屯廬州捻首苗霈霖出入潁壽與玉成合圖竄山東河南衆皆號數十萬國藩與國荃策進取國荃曰急擣金陵則寇必以全力護巢穴而後蘇杭可圖也國藩然之乃以江甯事付國荃以浙江事付宗棠而以江蘇事付李鴻章鴻章故出國藩門以編修為幕僚改道員至是令從淮上募勇八千選良將付之號淮軍同治元年拜協辦大學士督諸軍進討於是國荃有擣金陵之師鴻章有征蘇滬之師載福玉麟有肅清下游之師大江以北多隆阿有取廬州之師續宜有援潁州之師大江以南鮑超有攻甯國之師運蘭有防剿徽州之師宗棠有規復全浙之師十道並出皆受成於國藩賊之都金陵也堅築

壕壘餉械足猝不可拔疾疫大作將士死亡山積幾不能軍國藩自以德薄請簡大臣馳赴軍俾分己責上優詔慰勉之謂天災流行豈卿一人之咎意者朝廷政多缺失我君臣當勉圖禳救爲民請命且環顧中外才力氣量無逾卿者時勢艱難無稍懈也國藩讀詔感泣時洪秀全被圍久召李秀成蘇州李世賢浙江悉衆來援號六十萬圍雨花臺軍國荃拒戰六十四日解去三年五月水師克九洑洲江寧城合圍十月鴻章克蘇州四年二月宗棠克杭州國藩以江寧久不下請鴻章來會師未發國荃攻益急克之江寧平天子褒功加太子太傅封一等毅勇侯賞雙眼翎開國以來文臣封侯自是始朝野稱賀而國藩功成不居粥粥如畏穆宗每簡督撫輒密詢其人未敢指缺疏薦以謂疆臣既專征伐不當更分黜陟之柄外重內輕之漸不可不防初官軍積習深勝不讓敗不救國藩練湘軍謂必萬衆一心乃可辦賊故以忠誠倡天下其後又謂淮上風氣勁宜別立一軍湘勇利山徑馳騁平原非所長且用武十年氣亦稍衰矣故欲練淮士爲湘勇之繼至是東南大定裁湘軍進淮軍而捻匪事起捻匪者始於山東游民相聚其後剽掠光固潁亳淮徐之間捻紙然脂故謂之捻有衆數十萬馬數萬蹂躪數千里分合不常捻首四人曰張總愚任柱牛洪賴文光自洪寇苗練嘗糾捻與官軍戰益悉攻鬬勝保袁甲三不能禦僧格林沁征討數年亦未能大創之國藩聞僧軍輕騎追賊一日夜三百餘里曰此於兵法必蹶上將軍未幾而王果戰歿曹州上聞大驚詔國藩速赴山東剿捻節制直隸山東河南三省而鴻章代爲總督廷旨日促出師國藩上言楚軍裁撤殆盡今調劉松山一軍及劉銘傳淮勇尚不足當更募徐州勇以楚軍之規模開齊兗之風氣又增募馬隊及黃河水師皆非旦夕可就直隸宜自籌防兵分守河岸不宜令河南之兵兼顧河北僧格林沁嘗周歷五省臣不能也如以徐州爲老營則山東之兗沂曹濟河南之歸陳江蘇之淮徐海安徽之廬鳳潁泗此十三府州責之臣而以其餘責各督撫汛地有專屬則軍務乃漸有歸宿又奏扼要駐軍臨淮關周家口濟甯徐州爲四鎮一處有急三處往援今賊已成流寇若賊流而我與之俱流必致疲於奔命故臣堅持初議以有定之兵制無定之寇重迎剿不重尾追然督師年餘捻馳突如故將士皆謂不苦戰而苦奔逐乃起張秋抵清江築長牆馮運河禦之未成而捻竄襄鄧間因移而西修沙河賈魯河開壕置守分地甫定而捻衝河南汛地復突而東時議頗咎國藩計迂闊然亦無他術可制捻也山東河南民習見僧格林沁戰皆怪國藩以督兵大臣安坐徐州謗議盈路國藩在軍久益慎用兵初立駐軍四鎮之議次設扼守黃運河之策既數爲言路所劾亦自以防河無效朝廷方起用國荃乃奏請鴻章以江督出駐徐州與魯撫會辦東路國荃以鄂撫出駐襄陽與豫撫會辦西路而自駐周家口策應之或又劾其驕妄於是國藩念權位不可久處益有憂讒畏譏之心矣匄病假數月繼請開缺以散員留軍効力又請削封爵皆不許五年冬還任江南而鴻章代督軍時牛洪死張總愚竄陝西任柱賴文光竄湖北自是有東西捻之號六年就補大學士留治所東捻由河南竄登萊青李鴻章劉長佑建議合四省兵力堵運河賊復引而西越膠萊河南入海州官軍陣斬任柱賴文光走死揚州以東捻平加國藩雲騎尉世職西捻入陝後爲松山所敗乘堅冰渡河竄山西入直隸犯保定天津松山繞出賊前破之於獻縣諸帥勤王師大至賊越運河竄東昌武定鴻章移師德州河水盛漲扼河以困之國藩遣黃翼升領水師助剿大破賊于茌平張總愚赴水死而西捻平凡防河之策皆國藩本謀也是年授武英殿大學士調直隸總督國藩爲政務持大體規全勢其策西事議先清隴寇而後出關籌滇黔議以蜀湘二省爲根本皆初立一議後數年卒如其說自西人入中國交涉事日繁金陵未下俄美英法皆請以兵助國藩婉拒之及廷議購機輪置船械則力贊其成復建議選學童習藝歐洲每定約章輒詔問可許不可許國藩以爲爭彼我之虛儀者可許其奪吾民生計者勿許也既至直隸以練兵飭吏治河三端爲要務次第興革設清訟局禮賢館政教大行九年四月天津民擊殺法領事豐大業燬教堂傷教民數十人通商大臣崇厚議嚴懲之民不服國藩方病目詔速赴津乃務持平保和局殺十七人又遣戍府縣吏國藩之初至也津民謂必反崇厚所爲備兵以抗法然當是時海內初定湘軍已散遣天津咫尺京畿民教相鬨此小事不足啟兵端而津民爭怨之平生故舊持高論者日移書譙讓省館至毀所署楹帖而國藩深維中外兵勢強弱和戰利害惟自引咎不一辯也丁日昌因上奏曰自古局外議論不諒局中艱苦一唱百和亦足以熒上聽撓大計卒之事勢決裂國家受無窮之累而局外不與其禍反得力持清議之名臣實痛之國藩既負重謗疾益劇乃召鴻章治其獄逾月事定如初議會兩江缺出遂調補江南而以鴻章督直隸江南人聞其至焚香以迎以亂後經籍就燬設官書局印行校刊皆精審禮聘名儒爲書院山長其幕府亦極一時之選江南文化遂比隆盛時國藩爲人威重美鬚髯目三角有稜每對客注視移時不語見者竦然退則記其優劣無或爽者天性好文治之終身不厭有家法而不囿於一師其論學兼綜漢宋以謂先王治世之道經緯萬端一貫之以禮惜秦蕙田五禮通考闕食貨乃輯補鹽課海運錢法河堤爲六卷又慨古禮殘闕無軍禮軍禮要自有專篇如戚敬元所紀者論者謂國藩所訂營制營規其於軍禮庶幾近之晚年頗以清靜化民俸入悉以養士老儒宿學羣歸依之尤知人善任使所成就薦拔者不可勝數一見輒品目其材悉當時舉先世耕讀之訓教戒其家遇將卒僚吏若子弟然故雖嚴憚之而樂爲之用居江南久功德最盛同治十三年薨于位年六十二百姓巷哭繪像祀之事聞震悼輟朝三日贈太傅諡文正祀京師昭忠賢良祠各省建立專祠子紀澤嗣爵官至侍郎自有傳紀鴻賜舉人精算見疇人傳

論曰國藩事功本於學問善以禮運公誠之心尤足格衆其治軍行政務求蹈實凡規畫天下事久無不驗世皆稱之至謂漢之諸葛亮唐之裴度明之王守仁殆無以過何其盛歟國藩又嘗取古今聖哲三十三人畫象贊記以爲師資其平志學大端具見於此至功成名立汲汲以薦舉人才爲己任疆臣閫帥幾徧海內以人事君皆能不負所知嗚呼中興以來一人而已

清史稿 列傳一百九十三

駱秉章 胡林翼

駱秉章原名俊以字行改字籲門廣東花縣人道光十二年進士選庶吉士授編修遷御史稽察銀庫卻陋規嚴檢閱吏不便其所爲欲齮齕去之會發其奸不得逞歷給事中鴻臚寺少卿奉天府丞兼學政二十三年銀庫虧帑事發坐失察褫職罰分賠及讞定宣宗知秉章獨持正無私特旨以庶子用尋丁母憂服闋補右庶子先後命赴山東河南江蘇按事詞臣奉使出異數所治獄悉稱旨二十八年擢侍講學士出爲湖北按察使遷貴州布政使調雲南三十年擢湖南巡撫咸豐元年廣西匪熾詔湖廣總督程矞采赴湖南督辦防務秉章及提督余萬清副之大學士賽尚阿督師過境以供張薄有嫌密奏湖南吏治廢弛二年詔秉章開缺來京而粵匪已由桂林北竄入湖南矞采聞警由衡州退長沙尋復往駐萬清守道州被賊陷江華嘉禾桂陽郴州攸縣相繼失萬清逮治秉章坐未能預防革職留任先議修長沙城甫畢工而賊由醴陵突犯長沙秉章嬰城固守悍賊蕭朝貴預詗城壞故以輕軍來襲未得逞尋斃於礮副將鄧紹良赴援最先至入城任戰守賊屢以地雷壞城皆擊卻之新授巡撫張亮基至秉章奉旨暫留同守城及賊首洪秀全大舉來攻援軍向榮和春張國樑等亦並集且守且戰歷八十餘日賊引去陷岳州趨湖北賽尚阿程矞采並坐失機罷譴秉章以守城功免議召來京尋命留湖北襄辦防守事宜未至而武昌陷三年春官軍收復武昌暫署湖北巡撫詔赴徐州筦糧臺未行復署湖南巡撫尋實授在籍侍郎曾國藩奉命治團練始立湘軍秉章力贊成之又延湘陰舉人左宗棠襄理戎幕廣羅英俊之士練勇助剿軍威漸振先清境內遣軍分路破江西賊於桂陽破廣西賊於永明零陵江華破廣東賊於興甯又破江西賊於茶陵而常甯永興土匪皆平賊由湖北進陷岳州令王鑫曾國葆水陸截擊敗之岳州遂復令貴州道員胡林翼率黔勇追賊通界口四年總督吳文鎔師潰黃州漢陽復陷曾國藩水師成進援湖北前敵失利岳州復陷賊犯靖港及樟樹鎮距長沙數十里並陷甯鄉湘潭秉章調撫標兵益塔齊布軍令偕楊岳斌彭玉麐同援湘潭國藩親率水師戰靖港復失利布政使徐有壬按察使陶恩培請奏劾罷其軍秉章曰曾公謀國之忠不可以一時勝敗論也會次日塔齊布等大破賊於湘潭復其城靖港賊亦遁走長沙獲安賊繞西湖陷華容龍陽常德令胡林翼專剿此路塔齊布羅澤南進規岳州崇陽通城未幾各城皆復而武昌再陷國藩整軍東征餉械悉力資之無缺十月遂克武昌湘軍之名自此顯五年武昌三陷胡林翼署巡撫飛書告急秉章令鮑超率水師先赴彭玉麐募勇繼之起楊岳斌於家統其衆以固北路而南路廣東廣西羣賊擾境土匪紛起應之令田興恕禦東路王鑫剿西路先清土匪克東安斬廣西賊首胡有祿餘賊復擾永明江華擊走之克桂陽永興茶陵郴州宜章斃廣東賊首何祿貴州苗犯晃州沅州麻陽並擊走之南路遂定當武昌陷後總督楊霈奏飭胡林翼渡江上扼漢川以固荊襄秉章上疏爭之略曰楊霈始終堅執

禦上竄襄陽之路其於荆州並無輕重若賊水陸並進荆州門戶其孰當之未解者二也水陸兩軍相爲依附胡林翼旣駐漢川則水軍非退守監利即移泊岳州爲湖南門戶計尙未爲失然武漢門戶豈能度外置之乎未解者三也若謂賊衆兵單不思廣濟失利之初以總督萬餘之兵不能當千餘之賊乃退守黃州未一日卽退漢川由此而德安而隨州今又退至棗陽北竄者賊也引之北竄者誰歟未解者四也扼賊北竄必固荆襄欲保荆襄必守武漢一定之局漢陽未復不能繞至漢川況武漢均爲賊屯胡林翼縱至漢川以孤軍駐四面皆賊之地又能爲荆襄門戶計乎未解者五也霈之專防北竄原出迎合上意疏入詔斥所誣霈者過當然上意開悟未久罷霈以官文代之與胡林翼合規武漢秉章悉力資給林翼軍如所以助曾國藩者洎林翼與羅澤南破石達開於咸寧達開折入江西連陷瑞州臨江而吉安撫州建昌屬城多被擾國藩自上年九江之挫久留南昌孤軍雖進展秉章至是銳意東援令江忠濟出通城以固岳州令劉長佑蕭啟江率軍分路入江西六年劉長佑等連克萍鄉萬載進攻袁州江忠濟戰歿通城以王鑫代之連克通城崇陽蒲圻通山諸縣至冬長佑克袁州分宜新喻趙煥聯自茶陵收永寧余星元自酃縣收永新蓮花廳初議規江西分三路北路出瑞州中路出袁州南路出吉安劉長佑袁州一路兵逾九千餉難再籌至是始令周鳳山曾國荃各募勇二千合趨吉安詔嘉秉章不分畛域越境殄寇賜花翎七年武漢旣復下游無警湘軍乃四出以蔣益澧率永州軍援廣西以王鑫軍增援江西以兆琛等軍援貴州需餉益鉅湖南自軍興停漕運米賤而徵折猶沿舊價民困賦絀秉章減浮折嚴中飽民減納而賦增倣揚州例抽收鹽貨釐金歲入百數十萬給軍無缺王鑫戰江西屢破悍寇克樂安尋卒於軍以張運蘭及鑫弟開化分統其衆劉長佑攻臨江至十二月克之八年京察敍功加頭品頂戴劉長佑以疾歸以劉坤一代領其軍進規撫州建昌先後克復八月諸軍齊集克吉安石達開敗竄浙江江西略定秉章以兵合不易應乘勝進取疏請起曾國藩督師援浙留蕭啟江張運蘭兩軍隨征餘軍盡撤蓋自五年援江西糜湖南餉凡二百六十萬協濟之數不預焉石達開由浙入閩粵徘徊五嶺之上九年春復由江西入湖南秉章調魏喻義陳士杰扼歸河起劉長佑於家令與劉坤一募勇四萬備迎擊調蕭啟江張運蘭於江西調田興恕於貴州未集而賊至陷桂陽宜章興寧窺衡州爲歸河之軍所扼回竄嘉禾新田臨武寧遠達開大隊竄與永以據上游劉長佑出祁陽與之相持回犯東安新寧劉坤一再挫之乃趨寶慶衆號三十萬多爲合秉章下免死令散數萬人時趙煥聯田興恕等軍先至營城外賊營環二百里包諸軍於中胡林翼遣李續宜率軍赴援秉章令劉長佑劉嶽昭何紹彩分三路進六月戰寶慶城下內外夾擊賊入衆乏食再戰再敗遂東竄蕭啟江軍遇於永州又擊敗之乃由全州竄廣西啟江尾追劉長佑繼進敗之於大榕口又敗之桂林賊竄慶遠秉章令長佑留鎭廣西田興恕回貴州蕭啟江出沅江兼顧川黔時廣東賊又擾邊境令張運蘭黃淳熙分擊於江華宜章並殲之十年命赴四川督辦軍務時左宗棠已奉命募勇援浙聘湘鄉劉蓉贊軍事湘軍名將多從曾國藩胡林翼惟劉嶽昭黃淳熙在湖南調兩軍隨行受代將發石達開復由廣東犯湖南境吏民乞留遣嶽昭淳熙會剿賊尋引去十一年正月始啟行抵宜昌聞陳玉成犯湖北分遣嶽昭赴援自率五千人入川四川之亂始於咸豐九年滇匪藍大順又名朝柱李短搭又名永和結黨私販鴉片其黨被捕聚衆陷宜賓攻敍州擾嘉定衆號十餘萬羣盜遂四起總督有鳳曾望顏等不能制徵兵湖南先遣蕭啟江一軍赴之啟江尋病歿詔曾國藩赴川督師中止未行成都將軍崇實署總督秉章奉命後慮客軍易遭齮齕猶觀望崇實馳書促行開誠迎候發夔關稅以給軍軍至乃出望外時賊首李永和卯得興踞青神藍朝柱圍綿州張第才何國樑圍順慶蹂躪四十餘縣將逼成都秉章至萬縣卽令黃淳熙援順慶戰於定遠陣斬何國樑賊大敗追至潼川二郎場中伏淳熙陣亡然賊驚湘軍勇銳引去秉章由順慶進駐潼川令胡中和蕭慶何必勝率蕭啟江舊部曾傳理代領黃淳熙之衆劉德謙率親軍唐友耕率川軍合萬九千人援綿州別以他軍繳青神分扼東北會穆宗卽位擢授秉章四川總督八月師會綿州城下連破賊十餘壘賊敗退渡涪水屯守官軍作五浮橋以濟又擊敗之賊遁走由什邡崇慶趨丹棱秉章始入成都莅任奏劾布政使祥奎中軍副將張定川不職罷之薦劉蓉詔超擢署布政使軍事吏治振刷一新於是分剿諸賊急攻藍李二股令唐友耕扼眉州洪堰斷青神之援胡中和等諸軍圍丹棱作長濠木城節節進逼賊棄城走追斃藍朝鼎於陣餘賊分路逃散爲民團汎兵截殺幾盡藍朝柱率二百人遁入山尋出合諸匪陷新寧復爲官軍擊散其後陝西盩厔匪潰走興安爲民團所獲有自稱爲藍大順及弟三順至九順並戮之李永和見丹棱已克亦遁走分軍追擊圍之於鐵山同治元年京察詔嘉秉章殄寇迅速整頓地方加太子少保尋克青神李永和卯得興由鐵山遁走追至宜賓擒之道員張由庚克新寧賊分竄張第才遁陝西曹燦章入老林總兵周達武解涪州圍追擒周紹湧於大竹又擒郭刀刀於巴州周騈騈由雲南入岳池合州新寧張由庚擊走之諸城皆復至冬川南北一律肅清詔嘉調度有方予優敍石達開見川中兵事方殷屢由黔楚窺伺來犯是年春陷石柱擾涪州爲劉嶽昭軍所阻竄黔境尋又入敍永攻江安陷長寧分擾珙高慶符劉嶽昭曾傳理等擊敗之退滇境分竄筠連高縣官軍扼金沙江以守賊謀三路入川秉章調諸將及土司兵分防二年正月賴裕新自寧遠犯冕寧至越雋爲卭部土司嶺承恩擊斃餘賊散擾川西十餘縣多爲官軍民團截殺盡殲於平武山谷中三月石達開渡金沙江爲唐友耕等軍所扼由小徑趨土司紫打地大渡河水漲官軍伺半濟擊之退攖松林小河又爲土司王應元所扼嶺承恩夜襲破馬鞍山賊營斷其糧道復連攖兩河皆不得渡糧盡殺馬採樹葉而食唐友耕等漢土官兵合擊焚其巢墮巖落水無數餘七八千人奔老鴉漩復爲土兵所阻達開率一子及其黨三人乞降解散四千人餘黨盡誅之五月檻送達開至成都磔於市捷聞詔深嘉之加太子太保將士獎擢有差李幅猷爲達開死黨初約由黔入川令劉嶽昭與黔軍合剿尋於黔境就殲達開餘孽遂盡粵匪擾陝西圍漢中秉章令道員易佩紳率軍解其圍張由庚駐防川境至是復令蕭慶高何必勝赴剿詔擢劉蓉爲陝西巡撫督諸軍秉章病目請告命力疾視事三年江寧克復詔錄前後功予一等輕車都尉世職賜雙眼花翎四年陝西粵匪爲諸軍擊敗竄甘肅階州令周達武會剿平之回剿南坪番匪匪首歐利哇降又剿馬邊禽匪首宋士傑邊境悉平令劉嶽昭援黔由敍陽抵遵義道路始通後由黔規滇皆秉章遺策也六年夏疾愈視事命以四川總督協辦大學士十一月卒於官優詔賜䘏稱其公忠誠亮清正勤明贈太子太傅入祀賢良祠四川湖南建專祠賜其子天保郎中天詔舉人孫並賜官謚文忠秉章晚年愈負重望朝廷要政多諮決西南軍事倚之所論薦人才悉被任用著勳名川民感其削平寇亂出於水火及其歿巷哭罷市遺愛之深世與漢諸葛亮唐韋皋並稱云

胡林翼字潤之湖南益陽人父達源嘉慶二十四年一甲三名進士官至少詹事學宗宋儒林翼少時卽授以性理諸書而林翼負才不羈娶總督陶澍女習聞緒論有經世志道光十六年成進士選庶吉士授編修二十年充江南副考官坐失察正考官文慶攜舉人熊少牧入闈降一級調用丁父憂服闋捐納內閣中書改貴州知府署安順鎭遠皆盜藪用明戚紀光法練勇士搜捕林箐身與同甘苦屢禽劇盜靖苗氛以功賜花翎又因防剿新寧匪李沅發以道員用總督吳文鎔巡撫喬用遷並薦堪大用咸豐元年補黎平實行保甲團練千五百餘寨建碉樓四百餘座嚴扼要隘儲穀備城守地鄰湘桂匪輒而民安三年勦襲安鄉匪誅其魁湖南巡撫張亮基駱秉章兩次奏調以貴州留不行御史王發桂疏薦林翼剿匪成效詔赴湖北委用四年擢貴東道率黔勇千人行次通城而總督吳文鎔戰歿黃州遂進援武昌賊尋犯湖南駱秉章調林翼回防平安化土匪擢四川按察使尋調湖北曾國藩旣克武昌檄林翼與羅澤南會攻九江屯湖口破賊梅家洲五年春擢湖北布政使總督楊霈師潰黃梅林翼率所部回援武昌別以副將王國才一軍隸之未至漢陽陷會攻不克屯沌口武昌復陷潛師渡江規武昌爲賊所圍兵少食盡退金口詔林翼署理湖北巡撫楊霈奏令上扼漢川林翼疏陳形勢宜急攻武漢方能內固荆襄上命之時武漢黃德四郡皆爲賊踞後路崇陽通城多伏莽公私赤立兵餉皆絀林翼馳書四出乞貸發家穀給軍添募兵勇兼顧南北兩路凡數十戰時有克捷亦屢瀕於危七月攻克漢口鎭奪大別山賊卡未幾援賊由漢川至焚漢口崇通匪句結武昌城賊撲金口大營詔念林翼素善用兵勉以重整散卒尋退麥山餉絕兵潰下部議處林翼移營大軍山收集潰兵駐新隄嘉魚水陸合萬人半由新募賊至常數萬軍中奪氣林翼鎭靜相持以忠義激厲將士始漸定奏調羅澤南由江西來援連克通城崇陽林翼自往迎之於蒲圻合破援賊韋俊石達開於咸寧復其城乘勝進攻武昌自率所部普承堯唐訓方軍由中路羅澤南當西路楊岳斌以水師會金口總督官文亦令都興阿率騎兵駐北岸林翼和輯諸將軍勢遂日振屢戰皆捷六年三月羅澤南急攻城傷於礮驟卒以李續賓代領其軍攻戰不少輟石達開自咸寧敗後竄江西連陷數郡曾國藩屢調羅澤南回援不克往林翼分遣劉騰鴻普承堯兩軍赴之詔以武漢久不克督戰急林翼疏陳略曰臣頓兵城下五月餘矣血肉之軀日當礮石傷亡水陸卒三千餘喪將領羅澤南周得魁百餘人李續賓中丸墮馬者數矣夫兵易募而將難求臣觀前史李左車告韓信以頓兵城下情見事絀爲戒戰易攻難自

昔已然故臣自四月後乃禁仰攻分兵咸甯以取義甯四戰皆捷分水師以清下游直逵九江臣自率兵五千扼武昌南路李續賓率六千三百扼洪山東分勦北路水師六營下駐沙口賊由九江興國分路來援臣豫撥三千餘人戰於百里之外微臣之志誓與兵事相終始萬一變生意外決不敢退怯苟且自取羞辱文宗覽奏特慰勉之五月賊於武昌城外豹子澥等處增壘掘濠林翼抽調諸軍擊之遂於要隘掘濠困賊賊屢撲皆擊退諜知九江賊古隆賢來援已至樊口先遣黨數千進踞葛店令將益澧率精銳迎擊戰於葛店大破賊焚其舟追至樊口楊載福水師亦至合擊斃賊數千攻克武昌縣城遂渡江攻黃州而石達開由江西竄江甯復糾衆上犯分數路七月急調黃州軍回援賊由金牛趨葛店古隆賢亦起應之林翼督水陸軍分禦連戰於油坊嶺魯家港姚家嶺窯灣沙子嶺小龜山旬日內二十餘捷禽斬無算解散脅從萬餘追奔百餘里至華容賊悉遁九月楊岳斌追賊至蘄州焚其舟直抵田家鎮賊援既絕添募陸勇五千水師六營爲長圍計十一月咨會官文剋期大舉楊岳斌斷攔江鐵鎖焚賊船盡賊傾城出撲鏖戰三時大敗狂奔諸軍逐之遂復武昌禽賊酋古文新等駢誅數百人生降四千同日官文亦克漢陽詔實授林翼湖北巡撫加頭品頂戴遂分兵收復武昌縣黃州府及興國大冶蘄水蘄州黃梅令李續賓乘勝規九江都興阿楊岳斌鮑超屯小池口自駐武昌籌全局上疏論軍事吏治略曰湖北軍務不飭已久無論賊之多寡強弱聞警先驚接仗即潰上下相蒙恬不知恥誤於使貪使詐而實爲貪詐所使川楚河南勇目招合無賴投効以一報十冒領口糧交綏即敗又顧之他掠項至艱徒飽無賴慾壑遣散不得其方又相聚爲盜近年湖北募勇之大患綠營則怯懦若性正額虛浮軍政營制蕩然無存此爲兵事急應整頓之要自古用武之地荊襄爲南北關鍵武漢爲荊襄咽喉武漢有警則鄰疆皆震四年之中武昌三陷漢陽四陷東南數省受害惟武漢爲甚夫善鬭者必扼其吭善兵者必審其勢今於武漢設重鎮則水陸東征之師恃爲根本軍火米糧委輸不絕傷痍疾病休養得所平吳之策必先保鄂明矣保鄂必先固漢陽湖北之失在漢陽無備下游小挫賊遂長驅直入應請於武漢設陸師八千水師二千日夜訓練平時有藜藿不採之威臨事有千里折衝之勢且東征之師孤軍下剿苦戰必傷久役必疲傷病之人留於軍中不但誤戰亦且誤餉若以武漢之防兵更番迭代則士氣常新軍行必利此武漢宜急設防練之要湖北莠民從賊者多兵勇搜捕徒滋擾害惟有保甲清釐族戶細獻分別斬釋然牧令不得其人則法不能行官吏之舉動爲士民所趨向紳士之舉動又爲愚民所趨向未有不養士而能致民不察吏而能安民者五年大熟州縣乃或報災六年大饑州縣轉或徵賦以豐爲歉是病國計以歉爲豐是害民生而終害於國計歉歲官吏私收蠲緩實惠不及於民有所謂挖徵急公等名目無一非蠹國病民凡下與上交接之事諉之幕友官與民交接之事諉之門丁詞訟案牘病在積壓盜賊姦宄弊在因循州縣之小事即百姓之大事今日之小賊即異日之大賊厝火積薪隱憂方大又如捐輸則有蹤堂贄見之費牙帖則有勒索之費釐金則有私設之費臣受事以來迭次特參在國自有刑章在臣甘爲怨府惟思劾貪非難求才爲難前者劾去後者踵事而巧避其名弊將不可勝言臣愚以爲必嚴禁官場應酬陋習與羣吏更始崇尚敎樸屏退浮華行之數年庶可改觀目下州縣懸缺待人請敕下部臣暫勿拘臣文法資格此吏治急應整飭之要武漢甫經收復人或以爲已治已安臣竊憂之如以爲治安則前收復已二次矣況江西七府俱淪於賊旁軼橫出不僅九江安慶爲足慮也未收復之前事勢極難文武尙有懼心收復之後布置尙易而特恐文武均萌肆志外省粉飾之習久在聖明洞鑒不揣愚昧用以直陳疏入上嘉納焉於是裁浮勇練新軍蠲四十六州縣田賦以蘇民困設清查局稽核全省倉庫盈虛之數設節義局表彰死難官紳士女設軍需局以備東征餉械嚴課吏治糾劾文武數十人推廉尙能手書戒勉將吏如子弟初將吏頗構督撫異同下令曰敢再言北岸兵事吏事長短者以造言論罪官文亦開誠相與無掣肘軍政吏治皆林翼主稿林翼推美任過督撫大和湖北振興實基於此襄陽土匪猖獗擾及河南境令唐訓方等剿之七年春禽匪首高先二等陳玉成由皖北上犯諸軍不能禦林翼赴黃州督師賊衆十餘萬環踞巴河東會水漲林翼令毀三台河石橋扼河而守潛師出迴龍山遏賊上竄調李續宜率湖勇馳至督諸軍合擊於徐家嘴馬家河月山賊大敗遁走都興阿李續賓亦連破賊於黃梅宿松楚北肅清遂視師九江定合圍方略而還八年四月李續賓等攻九江克之磔賊首林啟榮詔嘉林翼調度有方加太子少保林翼乃急規安慶楊岳斌率水師出九江都興阿出宿松望江逼安慶爲圍師李續賓規復太湖潛山桐城與都軍爲犄角五月丁母憂詔予假百日治喪假滿仍署巡撫七月廬州陷李續賓輕軍赴援戰歿三河林翼方奉母柩回籍詔急起視師林翼聞命病哭起行逕次黃州軍心始定九年進屯上巴河與李續宜整飭部伍日夜訓練謀大舉會石達開由江西犯湖南圍寶慶林翼令李續宜率所部赴援舒保馬隊助之又以水師分扼河道寶慶圍得解於是與曾國藩合力圖復安徽國藩循江而下爲第一路多隆阿鮑超攻取潛山太湖爲第二路林翼自出英山霍山爲第三路李續宜由松子關出商城固始爲第四路十月由黃州移營英山陳玉成在賊中最狡悍見太湖圍急糾合捻匪張洛行龔瞎子衆數十萬來援林翼集諸軍精銳全力備戰欲一鼓殲之與曾國藩部署諸將指揮戰略謀前敵總統以多隆阿謀勇兼優而鮑超素不相下手書勸勉十數往復始定議又備意外令金國琛余際昌以八千人出潛山天堂拊賊背十二月賊至鮑超營小池驛當其衝賊衆攻之多隆阿慮分兵擊全勢遲不救調唐訓方往助事且急金國琛等由山中鼓行而出賊乃奪氣十年正月多隆阿攻羅山衝爲西路鮑超出小池驛爲東路朱品隆蔣凝學唐訓方等合擊金國琛等亦同時並進大破賊殲斃先後二萬餘遂克太湖潛山亦復是役爲僅見之大捷安慶之勢遂孤既而江南大軍潰蘇常盡陷曾國藩授兩江總督督師林翼爲畫分路大舉之策國藩不盡用率鮑超等次祁門爲規復江南計以其弟國荃圍安慶林翼令多隆阿圍桐城李續宜屯青草塥爲兩軍援都興阿別出師江北分兵濟餉林翼悉任之十月多隆阿李續宜大破賊於桐城掛車河林翼進駐太湖度賊援安慶不利必深入湖北腹地以分我軍勢令余際昌屯霍山樂兒嶺成大吉屯羅田松子關戒賊至勿浪戰堅守待援十一年春賊果合捻匪西犯成大吉破之松子關殲捻渠龔瞎子霍山守者違節度爲賊所敗遂進陷黃州德安孝感隨州林翼令李續宜回援賊復分股回略蘄黃趨安慶約城賊夾擊櫬成大吉下援鮑超亦由南岸至破賊於集賢關擒斬數千磔其渠劉瑲林多隆阿亦破援賊於桐城賊計不得逞城中糧將盡勢益蹙南岸之賊復由江西犯興國大冶南及崇通武漢震動林翼方病咯血自率師回援而圍攻安慶益急及抵湖北賊已聞風遁八月朔遂克安慶曾國藩推林翼爲首功詔加太子太保予騎都尉世職桐城廬江舒城以次復黃州德安之賊先後禽斬楚境悉平林翼久病聞文宗崩於熱河行在大慟嘔血八月卒詔贈總督祀賢良祠湖北湖南並建專祠賜其子子勛舉人諡文忠同治元年復詔林翼未竟全功遽就湮逝蹟其功勛卓越名播寰區至今江鄂士民稱頌命於原籍家祠賜祭一壇洎江南平加予一等輕車都尉世職子子勛襲後併兩世職爲男爵光緒中以孫祖蔭襲官郵傳部參議林翼貌英偉目巖巖威棱懾人事至立斷無留難尤長綜覈釐正湖北漕糧積弊以部定漕折爲率因地量加輕重民歲減錢百餘萬緡歲增帑回十餘萬兩提存節省銀亦三十餘萬兩兩湖自淮鹽阻絕率食川鹽於宜昌沙市武穴老河口設局徵稅視舊課增至倍蓰時東南各省皆抽釐助餉惟湖北多用士人司榷覈實無弊其治軍務明紀律手訂營制留意將才嘗曰兵之譽者無不罷將之貪者無不怯觀將知兵觀兵知將爲統將必明大體知進退緩急機宜其次知陣法臨敵決勝又其次勇敢此大小之分也取將以誠因材而造就之多以功名顯察吏嚴而不沒一善手書褒美受者榮於薦剡故文武皆樂爲之用士有志節才名不樂仕進者千里招致於武昌立寶善堂居之以示坊表嘗曰國之需才猶魚之需水鳥之需林人之需氣草木之需土得之則生不得則死才者無求於天下天下當自求之薦舉不盡相識無一失人曾國藩稱其薦賢滿天下非虛語嘗自以開道晚刻自繩檢欲然常若不足家有田數百畝初筮仕誓先墓不以官俸自益父著弟子箴言行世承其志爲箴言書院教人務實學病革曰吾死請君賻吾惟修書院無賻吾家所著讀史兵略奏議書牘皆經世精言

論曰駱秉章休休有[illegible]人爲善胡林翼綜覈名實幹濟冠時論其治事之寬嚴疏密若不相侔而皆以長駕遠馭驅策羣材用能丕樹偉績所莅者千里方圻規畫勛關軍事全局使無其人則曾國藩左宗棠諸人失所匡扶憑藉其成功且較難緬懷中興之業二人所關繫者豈不鉅哉

江忠源 弟忠濟 族弟忠信　羅澤南

江忠源字岷樵湖南新甯人道光十七年舉人究心經世之學伉爽尚義公車入京初謁曾國藩國藩曰吾生平未見如此人當立名天下然終以節烈死大挑教職回籍察教匪亂將作陰以兵法部勒鄉里子弟既而黃背峝盜雷再浩果勾結廣西莠民爲亂一戰破其巢禽再浩戮之以功擢知縣揀發浙江秀水災奉檄往賑遂權縣事賑務畢舉禽劇盜十數邑大治巡撫吳文鎔待以國士補麗水檄治海塘文宗即位曾國藩應詔薦其才送部引見尋以父憂去官咸豐元年大學士賽尚阿督師勦粵匪調赴軍前副都統烏蘭泰深倚重事必諮而行忠源招舊所練鄉兵五百人使弟忠濬率以往號楚勇賊氛方熾官兵莫攖其鋒忠源勇始至偪賊而壘賊輕其少且新集急犯之堅壁不出逼近始馳突斬級數百一軍皆驚累功賜花翎擢同知直隸州賊衆永安向榮與烏蘭泰不協忠源調和勿聽知必敗引疾回籍二年春賊果突圍出犯桂林忠源聞警增募千人偕劉長佑兼程赴援未至烏蘭泰傷殁於軍自是獨領一軍進扼桂林城外鸕鷀洲三戰皆捷圍尋解擢知府賊竄全州將趨湖南忠源偕諸軍進擊賊陷城不守復出竄悉載輜重舟中期水陸並下忠源發樹塞河截賊蓑衣渡鏖戰兩晝夜悍酋馮雲山中礮死賊棄舟夜遁盡獲其輜重忠源先請扼東岸未用其策賊由東竄入湖南陷道州又議賊衆不滿萬虛日久裹脅衆分防不如合勦遠堵不如近攻於是諸軍合攻道州賊堅壁意在久踞購城中內應約期襲之賊走藍山嘉禾犯桂陽陷郴州忠源謂後路進勦愈急前路攻陷愈多請仍申合勦之議當事不省賊益張徑犯長沙忠源偕總兵和春馳援至則賊已踞城南窟穴民廛攻城甚急忠源望見天心閣地勢高賊柵其上驚曰賊據此長沙危矣率死士爭之賊敗退趣移壘逼賊共汲一井擊柝相聞忠源弟忠濟自郴州尾賊至約夾擊爲伏賊所傷縋入城商方略因語衆曰官軍四面集惟河西一路空虛賊奪民舟渡江掠食食盡將他竄宜重兵扼迴龍塘巡撫張亮基韙之而諸將逡巡莫前時賽尚阿罷徐廣縉代之未至城內外巡撫三提督二總兵十莫相統攝忠源赴湘潭請於廣縉不省賊卒由迴龍塘竄陷岳州遂破武昌忠源痛謀不見用不欲東張亮基奏留守湖南勦平巴陵土匪調赴瀏陽勦徵義堂會匪周國虞斬馘七百解散萬人瀏陽平擢道員三年正月授湖北按察使張亮基署總督兵事悉倚之勦平通城崇陽嘉魚蒲圻諸匪禽其渠劉立簡陳百斗熊開宇等文宗知忠源忠勇可恃命率所部赴向榮軍尋命幫辦江南軍務瀕行上疏切論軍事略曰粵寇之亂用兵數年糜餉二千萬人無固志地罕堅城臣出入鋒鏑於今三年謹策其大端惟聖明裁察一曰嚴軍法將不行法是謂無將兵不用法是爲無兵全州以失援陷而左次相仍道州以棄城陷而潰逃踵接岳州設防而不能爲旦夕之守九江列艦而不能遏水陸之衝豈有他哉畏賊之念中之也賊嘗致死於我而我不能致死於賊賊之戰也驅新附於前以故黨乘其後卻則擊殺故賊退必死而進乃生我退必生而進則死不待戰陣而勝負分爲已誠欲反怯爲強莫若易寬爲猛皇上執法以馭將帥將帥執法以馭偏裨偏裨執法以馭兵士避寇者誅不援者誅未令而退者誅法令既嚴軍聲自壯此討賊之大端也一曰撤提鎭承平既久宿將凋亡提鎭大臣積資可待位尊則意爲趨避偏裨不敢與爭權重則法難隳加督撫不能擅決人情當齒壯官卑之日輒思發奮爲雄位高則進取念衰必不能踔厲以赴時會且軍興數載饋餉滋艱提鎭所需較副參懸絕裁一提鎭養精兵二百而有餘矣取以有限脂膏奉此無益之提鎭誠擇一深明將略者統制其間餘則悉歸休致副將以下量擢其才此整軍之要道也一曰汰冗兵選兵膽氣爲上堅樸次之技藝又次之質實耐苦之人令進則進令退則退其身聽命於將而不知它浮怯之徒無事則趨蹌觀美臨陣則退縮旁徨論功則鋒刺以圖美官遇敗則推諉以逃咎戾宜汰者一也征調頻煩或羸老備籍坐耗資糧或部曲散亡驚魂甫定當此餉糈匱絀豈容更益虛糜宜汰者二也誠敕各營將領討部曲而嚴察之氣充膽壯者備攻勦樸實堅苦者備屯防舍此二端盡歸釐汰此致強之急務也一曰明賞罰有賞有罰亘古不變之常經也顧勝有賞而賞非勝則不如無賞敗有罰而罰非敗則不如無罰無賞無罰人猶冀賞罰之時賞非其功罰非其罪則懲勸之用乖怨讟之聲作而軍事不可爲矣今戰勝有功固當賞錄左右侍從獎敘尤多且未嘗行一失律之誅按一縱寇之罪勝敗本兵家之常主兵者每言勝而諱敗功過本無妨互見主兵者輒匿過而言功治承平天下且不可況危亂之世哉夫軍中賞罰未可一概論勝固當賞或旅進取斬級以冒功或追擊貪貨財而得小則當罰敗固當罰或邁勇先驅後援不繼或大軍已卻一將獨前則當賞今大帥據營將之言營將恃左右之口功罪之實非採訪所可知好惡之心因毀譽而多舛求是非治乎人心難矣自非親歷行陣開誠布公何以慰軍士之心而振波靡之習此風氣不可不急爲振拔者也一曰戒浪戰用兵之道能守而後能戰能制人而後不制於人能避賊之長而後可用吾之短臣自廣西以來深觀賊勢結營則因地築壘環以深濠置陣則正兵敵前奇兵旁襲止則徧購徒黨伺吾虛實行則遙壯聲威乘吾張皇故嘗以爲賊止則當扼要以斷其饋濟嚴兵以截其奔逃賊行則當逆擊以遏其鋒設伏以撓其勢乃我之圍賊不嚴守而攻堅追賊不截歸而尾擊小有挫失士氣先頹此兵法不可不變計者也一曰察地勢地勢者非圖史所載山川一定之險也視賊出入之途先爲之防察賊分合之機迭爲之制則漸車之澮數仞之岡苟形勢在所必爭即事機不容或失全州蓑衣渡之戰寇焰已摧宜速壁河東斷其右臂道州之役寇鋒已挫宜分屯七里橋扼其東趨長沙將解圍則宜堅壁迴龍潭土橋頭使賊不得西犯它若道州蓮花池蓮濤灣死地六十里而縱之使生湘陰臨資口岳州城陵磯皆必爭之區而縱之使遁禍機在咫尺之間流毒遂在千里之外此敗轍之不可不深鑒者也一曰嚴約束殺賊所以安民安民乃可殺賊粵寇慘虐不可勝言然擇肥而噬窮黎不暇搜求或僞結民心多償市直兵則攫取姦汚窮戶且難倖免故於賊且有恕詞於兵能無怨毒且長夫估客游蕩無常託僞營裝恣行淫掠鄉民畏懼莫敢誰何應敕諸營首嚴防制備冊時稽犯則軍法按行絕其牙孽此結民心毖後患之要圖也一曰寬脅從粵寇徒黨喪亡實多煨燼之餘類多附脅平昔會徒盜賊寬典相蒙監禁軍流乘時放逸命爲前導尤所甘心凡此無可逭自爾獲焉必殺至若良民驅迫骨肉縻爛此中進退維谷之忱艱苦顚連之狀每一念及輒用隱傷宜敕各營刊示射達臨陣建免死之旗令其倒戈以赴曲賜保全既可探賊情復以携賊黨此尤好生盛德討賊機宜之大權也行此八者破格以攬奇才便宜以畀賢帥擇良吏以固根本嚴綜覈以裕餉源如此而盜賊不滅盛治不興願斬臣首以謝天下疏入上嘉納之行至九江聞南昌被圍方有旨促援鳳陽疏請先援江西率兵千三百人三晝夜馳抵南昌巡撫張芾舉王命旗牌授忠源戰守事悉聽指揮忠源火城外廛廬斬逃者謂章江門最受敵自當之日登城督戰賊穴地轟城崩數十丈刃斃先登賊囊土塡缺數突門出戰夜遣死士縋下焚賊營詔嘉獎被珍賚尋湖南援師至分軍扼樟樹鎭遣羅澤南勦平泰和萬安安福土匪賊壘沈賊船乘風縱火賊乃遁詔嘉其功加二品頂戴賊退據九江分擾湖北興國逕犯田家鎭忠源赴援部兵二千途阻不能遽達先挈親兵數十人抵田家鎭甫一日賊舟乘風大至道員徐豐玉等死之忠源自劾詔原之降四級留任尋擢安徽巡撫賊已陷黃州漢陽圍武昌沿江擊賊敗之武昌解嚴疏請增兵萬人當淮南一路而湖北留其兵不盡遣僅率兵二千冒雨行將士疲頓忠源亦遘疾至六安賊已陷桐城舒城吏民遮留不可留千人守六安舁疾抵廬州部署未定賊已大至城中合援兵團勇僅三千人忠源力疾守陴迭挫撲城之賊地道轟城屢圮皆奮擊卻之詔嘉忠源力保危城躬馳戰陣賜號霍隆武巴圖魯時陝甘總督舒興阿兵萬餘畏葸不進忠源弟忠濬偕劉長佑來援駐城外五里墩阻不得前被圍月餘廬州知府胡元煒陰通賊賊知城中食乏軍火將盡攻益急水西門圮且戰且修築賊突自南門緣梯入忠源掣刀自刎左右持之一僕負之行忠源奮脫轉戰至水閘橋身受七創投古塘死之布政使劉裕鉁池州知府陳源兗同知鄒漢勳胡子雝縣丞興福艾延輝副將松安參將馬良戴文瀾同時殉難胡元煒竟降賊忠濬募人求其屍後八日部卒周昌迹得之負出面如生事聞文宗震悼贈總督予騎都尉兼雲騎尉世職入祀昭忠祠諡忠烈同治初江南平追念前功予三等輕車都尉世職湖南江西並建專祠湖北省城與羅澤南合祀三忠祠忠源歿逾年湖南有寇警弟忠淑奉檄募勇助勦母陳出私財助餉並懸重賞以勵衆事定巡撫駱秉章以聞特旨予忠源父母三代一品封典忠源弟三人忠濬忠濟忠淑族弟忠義忠信皆自忠源初起即從軍中忠濬忠義自有傳忠濟從守長沙城壞堵缺口殺登城賊數十以勇名三年忠源赴湖北以舊部千人付忠濟留長沙忠源勦賊通城兵單不利忠濟倍道赴援戰於桂口斬賊首陳申子於陣又破何田俊等焚其巢及援南昌兩塞城缺斬賊之先登者巡撫張芾疏稱其精敏勇敢軍中畏服累功擢候選知府江西解嚴後忠濟回籍侍母忠源既歿有旨仍用忠濟及忠濬率兵勦賊忠濬方赴援廬州從和春攻勦忠濟爲駱秉章調赴藍山甯遠勦土匪連破賊解圍擢道員五年駐防岳州胡林翼攻武昌未下賊勾結崇陽通城土匪忠濟遣兵復通城遂留駐六年春江西賊由義甯竄至忠濟進擊連破賊壘而悍黨集數萬爲所圍力戰三日營陷死之贈按察使銜予騎都尉世職諡壯節忠信少跅弛不羈年十六從忠源赴廣西軍犯軍令忠源將斬之衆爲乞免

及遇賊驍捷敢戰常爲軍鋒累加擢千總聞忠源被圍廬州從忠濬赴援比至壁西門外五里墩不得進忠信夜率壯士十餘人潛越賊營縋入城告以援至留城中屢完城缺縋出攻賊壘殺賊擢守備賜花翎及城陷忠源揮之去五年從忠濬復廬州功多擢游擊賜號毅勇巴圖魯忠濬假歸代統其衆六年從和春克三河巢縣累擢副將從秦定三規桐城建議出奇兵夾擊連破賊營十有六進逼城下賊大出迎擊進至東門外躍馬越濠禽賊將礮丸中左脅隕於陣予雲騎尉世職諡忠節忠濟忠信並附祀忠源專祠

羅澤南字仲嶽湖南湘鄉人諸生講學鄉里從游甚衆咸豐元年舉孝廉方正二年粵匪犯長沙澤南在籍倡辦團練三年以勞敘訓導曾國藩奉命督鄉兵檄勦平桂東土匪擢知縣江忠源援江西乞師於國藩乃令澤南率以往所部多起書生初臨行陣戰南昌城下爭奮搏死者數人國藩聞之喜曰湘軍果可用及圍解勦安福土匪以三百人破賊數千擢同知直隸州歸湖南勦平永興土匪所部增至千人屯衡州與國藩簡軍實更營制教練歷半載四年六月偕塔齊布進攻岳州以大橋爲賊所必爭堅扼不動伺便突出擊之三戰皆捷殲賊千閏七月破高橋賊壘九賊退踞城陵磯偕塔齊布乘勝進擊連破賊營賊遂遁走擢知府賜花翎自是湘軍名始播以澤南與塔齊布並稱轉戰而東復崇陽擊走咸甯賊再敗之金牛進駐紫坊曾國藩會諸將於金口議攻武昌澤南繪圖獻方略謂由紫坊出武昌有二道請以塔齊布扼洪山而自攻花園賊萬餘踞花園築堅壘一枕大江一瀕青林湖一跨長隄深溝重柵峙江東岸與蝦蟆磯對壘列巨礮向江內外分阻水陸兩路澤南率隊直趨花園賊憑木城發礮士卒蛇行而進三伏三起已逼賊壘分兵奪賊舟舟賊退營賊亦亂三壘同下翊日又破鮎魚套賊營其竄洪山者爲塔齊布所扼賊夜棄城走武昌漢陽皆復距會議僅七日捷聞以道員記名尋授浙江甯紹台道國藩請仍留軍賊據興國分陷大冶澤南馳克興國塔齊布亦克武昌大冶乃規取田家鎭賊以鐵鎖截水師而踞半壁山爲犄角夾江而守澤南進駐馬嶺坳距半壁山三里許賊數千突來犯而由田鎭渡江來援者近萬人澤南兵僅二千令堅伏度賊懈奮擊賊大潰後路爲我軍所阻墜匯死者數千遂奪半壁山水師斷橫江鐵鎖燔賊舟克田家鎭賜號普鏗額巴圖魯加按察使銜時議水陸軍分三路進勦總督楊霈督江北岸軍澤南偕塔齊布攻其南曾國藩督水師循江下霈不能軍賊復北趨乃偕塔齊布改北渡江復廣濟黃梅賊退踞孔隴驛小池口澤南約諸軍會攻渡江未半賊來犯軍少卻澤南傷臂仍指揮衝突分兵破街口賊壘賊酋羅大綱引去是役也五千人破賊二萬賊乃盡撤沿江諸營併守九江塔齊布圍攻之澤南別勦盔山逼湖口援賊會水師入鄱陽湖爲賊所襲輜重皆失國藩馳入澤南營而水師阻湖口不得出五年湖北官軍屢敗武昌復陷澤南從國藩入南昌赴援饒州戰於陳家山大松林大破賊復弋陽又援廣信破賊於城西烏石山復之連復興安德興浮梁進勦義甯敗賊於梁口谿嶺復義甯加布政使銜澤南見江西軍事不得要領上書國藩略曰九江逼近江甯兼牽制武昌故賊以全力爭之犯弋陽援廣信從信水下彭蠡抄我師之右據義甯守梅嶺從修水下彭蠡抄我師之左今兩處平定九江門戶漸固惟湖北通城等處羣盜如毛江西之義甯武甯湖南之平江巴陵終無安枕之日欲制九江之命宜從武昌而下如解武昌之圍宜從崇通而入爲今之計當以湖口水師九江陸師截賊船之上下更選勁旅埽崇通以進武昌由武昌以規九江東南全局庶有轉機國藩據以上聞遂命澤南移師湖北會勦以塔齊布舊將彭三元普承堯所部寶勇隸之凡五千人九月至通城賊號數萬皆烏合一戰而潰進奪桂口要隘克崇陽駐軍羊樓峒悍賊韋俊石達開合黨二萬餘自蒲圻來犯截擊走之胡林翼來勞師合攻蒲圻復其城乘霧進克咸甯自是武昌以南無賊蹤十一月師抵紫坊與林翼議進取次第澤南屯洪山林翼屯城南隄上水師駐金口賊於城外築堅壘十三與城埒初戰賊二萬出十字街林翼與交綏數卻數進澤南與李續賓分兩路潛抄賊壘破十字街營盡毀城東南諸壘八步街口爲我軍通江要路塘角爲賊糧運所出先後攻破之焚其船廠環西北賊壘亦盡賊又由望山門外賓石壘二揮軍塌平之又迭於窯灣塘角逐賊殲戮數千賊遂閉城不出石達開自崇陽敗後竄入江西勢復張曾國藩檄澤南回援澤南以武漢爲南北樞紐若湘勇驟撤胡林翼一軍不能獨立見在賊糧將盡功在垂成舍之非計其父年八十貽書軍中勗以忠義林翼以聞六年二月詔特予澤南祖父母父母二品封典以示旌異三月賊開門出撲澤南親督戰援賊大隊繼至我軍自洪山馳下奮擊追逐直抵城下飛礮中澤南左額血流被面駐馬一時許歸洪山猶危坐營外指畫戰狀翊日卒於軍

文宗震悼詔依巡撫例議卹賜其父嘉旦頭品頂戴子兆作兆升皆舉人予騎都尉世職入祀昭忠祠本籍湖北江西建立專祠諡忠節及江南平穆宗追念前勞加一雲騎尉世職澤南所著有小學韻語西銘講義周易附說人極衍義姚江學辨方輿要覽諸書體用兼備一宗程朱學者稱羅山先生嘗論兵略謂大學首章知止數語盡之左傳再衰三竭之言其注脚也弟子從軍多成名將最著者李續賓李續宜王鑫劉騰鴻蔣益澧皆自有傳其早死兵事名未顯者有鍾近衡少事澤南以克己自勵日記言動有過立起自責澤南語劉蓉曰吾門爲己之學鍾生其庶幾乎從平郴桂土匪敍從九品咸豐四年粵匪由江甯上竄犯岳州偕弟近濂各將五百人從王鑫破賊於靖港追至蒲圻羊樓司戰失利死之王鑫退保岳州賊又大至近濂亦戰歿易良幹謝邦翰並戰死南昌城下邦翰死後李續賓代領其衆所稱湘右營者是也諸人皆湘鄉人後並附祀澤南專祠

論曰湖南募勇出境勦賊自江忠源始曾國藩立湘軍則羅澤南實左右之樸誠勇敢之風皆二人所提倡也忠源受知於文宗已大用而遽殞澤南定力爭上游之策功未竟而身殲天下惜之忠源言兵事一疏澤南籌援鄂一書爲大局成敗所關並列之以存龜鑑此大將風規不第爲楚材之弁冕已

李續賓 丁銳義 曾國華　李續宜
王鑫 弟開化　劉騰鴻 弟騰鶴
蔣益澧

李續賓字迪庵湖南湘鄉人諸生膂力過人善騎射羅澤南講學里中折節受書咸豐初澤南募鄉勇殺賊續賓奉父命往佐之從平桂東土匪三年援江西令將右營澤南每戰續賓皆從歸湖南屯衡州復永興四年夏從澤南規岳州湘軍僅千人戰於大橋續賓率數騎馳山岡賊至不動俟兵漸集親搏戰馳斬賊目奪其旗追北十餘里次日塔齊布至戰地服其勇由是知名連旬與賊戰續賓曰賊不得擄掠今且盡可乘機薄其壘塔齊布從之會風雨奮擊連破賊壘賊乃棄岳州而遁論功累擢知縣從澤南克崇陽咸甯規武昌大戰於花園及破鮎魚套賊營功皆最武漢復擢直隸州知州賜花翎進攻田家鎭賊水陸數萬塔齊布阻於富池口湘軍合寶勇僅二千六百人咸色沮續賓手刃逃者三人軍心始固大戰於半壁山殺賊數千焚其巢遂平田家鎭擢知府賜號擊勇巴圖魯尋授安慶知府於是從羅澤南塔齊布連復廣濟黃梅破賊於濯港孔壠每戰率爲軍鋒進規九江九江城堅賊所聚合攻不能下議分兵勦湖口梅家洲從澤南屯盔山十二月水師失利入彭蠡湖爲賊所扼續賓憤甚請於曾國藩自率千人渡江攻小池口塔齊布率二十人偕行塔齊布與續賓皆恃勇每合戰逼賊席地坐槍彈如雨不顧忽躍起突陣橫厲無前習以爲常至是衆寡懸絕戰竟日不能克暮收隊而塔齊布失蹤欲再渡江入賊壘覓之塔齊布旋自返五年春粵匪由江甯大股上犯武昌再陷曾國藩頓兵江西續賓偕澤南從之尋分赴贛東攻勦連復弋陽廣信德興義甯記名以道員用是年秋回援湖北克通城崇陽分兵趨羊樓峒策賊遠道赴援利速戰堅守俟之明日賊至相持至暮瞰其怠突擊之大潰蒲圻咸甯相繼復加鹽運使銜十一月進攻武昌破塘角賊壘又敗賊於窯灣屢戰皆捷蹋平城外賊壘六年二月羅澤南以礮傷卒於軍軍中新失帥人情洶洶賊復增壘抗拒巡撫胡林翼奏以續賓代領其衆軍勢復振盡鏟平城外新壘連於賽湖隄小龜山雙鳳山破城中出竄之賊七月石達開糾江南江西各路賊七八萬來援城賊將應之續賓禦之魯家港旬日內大小二十餘戰解散脅從萬餘破賊二十餘壘加布政使銜賊閉城不出乃開壕引江水灌入爲長圍困之十一月克武昌記名以按察使用渡江克黃州連復大冶興國直薄九江城下九江賊首林啟榮堅守苦戰續賓復用攻武昌法濬長壕三十里七年三月壕成湖口安慶賊迭來援皆擊走之六月賊犯蘄州黃梅續賓渡江迎擊於廣濟童司牌大破之合水師進攻小池口毀其城策九江賊恃湖口爲犄角不拔湖口九江不可得九月令弟續宜攻梅家洲自率師揚言往宿松潛伏湖口後山水師並至分攻賊方悉銳以拒續賓率士卒攀蘿至山椒破空下賊大駭盡殲其衆立克湖口縣城梅家洲賊亦遁乘勝克彭澤及小姑洑捷聞授浙江布政使於是賊援遂絕八年四月以地雷轟城百餘丈梯而登殄賊萬餘禽林啟榮及李興隆等磔之九江平加巡撫銜賜黃馬褂許專摺奏事續賓既下九江請假省親抵湖北陳玉成陷麻城

黃安移兵擊走之時續賓威望冠諸軍浙人官京師者合疏請飭援浙江胡林翼議大舉進規安徽詔將軍都興阿總兵鮑超由宿松趨安慶續賓由英山趨太湖續賓乃留弟續宜屯武昌自率八千人行會起曾國藩視師續賓復分所部千人與之至太湖而署巡撫李孟羣師潰廬州改道赴援八月至九月克楓香鋪小池驛梅心驛復太湖潛山桐城舒城賊望風潰走軍無留行進規廬州賊於三河鎭築城外列九壘恐河設險我軍非得三河不能進續賓克桐城舒城後各留守兵所率臨敵僅五千人十月分三路攻賊九壘皆下殺賊七千餘我軍傷亡亦逾千人趨後軍未至而陳玉成李世賢糾合捻匪來援衆十萬連營十餘里諸將議退守桐城續賓不可夜半部勒各營且日迎擊至樊家渡天大霧賊分隊包抄我軍驚潰副將劉祜山參將彭友勝游擊胡廷槐鄒玉堂杜廷光皆戰死續賓衝盪苦戰賊集愈多營壘皆破或勸突圍出圖再振續賓曰軍興十年皆以退走損國威吾前後數百戰出隊即不望生還今日必死不願從者自爲計諸將士日皆願從公死日暮上馬開壁擊殺數百人總兵李續燾副將彭祥瑞越壘衝出賊踞其壘決河隄斷去路續賓具衣冠望闕叩首取所奉廷旨及批摺焚之曰不可使宸翰汚賊手躍馬馳入賊陣死之同知曾國華知府何忠駿知州王揆一同知董容方知縣楊德閶從九品李續藹張溥萬皆殉焉道員孫守信運同丁銳義猶守中右營越三日營陷同死之是役文武官弁死者數百人士卒數千人時方有旨命會辦安徽軍務及死事上聞文宗流涕手敕曰惜我良將不克令終尚冀忠靈不昧他年生申甫以佐予也贈總督入祀昭忠祠立功地建專祠諡忠武賜其父一品封典子光久光令並賜舉人予騎都尉世職續賓旣歿曾國藩疏上其生平戰績略曰續賓隨羅澤南征剿循循不自表異岳州之戰所將白旗號爲無敵田家鎭以少勝衆九江之敗士卒多逃獨所部依依不去衆稱其能得士心軍中人人以氣節相高獨默然深毅然忠果之色見於眉宇遠近上下皆信其大節不苟臣所立湘勇營制行之既久各營時有變更獨續賓守法始終不變歷年節省餉項及廉俸不寄家自肥概留備軍中非常之需量力濟人不忍他軍飢而己軍獨飽厩下極寬而弁勇有罪往往揮淚手刃之至於臨陣專以救敗爲勝遇賊則讓人禦其弱者自當其悍者分兵則以强者予人而携弱者自隨弱者漸强又易新營軍中每言肯携帶弱兵肯臨陣救人者前惟塔齊布後惟續賓三河之敗亦由分兵所致此軍民所由感泣不忘者也於是特詔嘉其有古名將風以國藩疏宣付史館用示褒異洎江南平軫念前勞加一等輕車都尉併爲男爵子光久襲丁銳義字伯冕長沙人治鄉團有聲咸豐四年從胡林翼援湖北募壯士百人後增至千人號義字營戰武漢以勇聞六年羅澤南傷殞賊酋古隆賢率衆犯官軍後路諸將以新失帥皆主堅守銳義曰我軍頓城下六閱月求戰不得今賊來乘我出其不意可一鼓滅林翼壯之令與唐訓方蔣益澧孫守信等夜出掩擊大破賊於豹子海又戰葛店華容蓉樊口賊舟克武昌縣圍黃州會大水退軍屯青山武漢復擢知縣駐防蘄黃間屢與鄉團却敵八年破黃泥畈靑天畈賊壘擢同知又破賊於南陽河阿彌鎭擢運同遂從李續賓進剿安徽破石牌賊壘連下數縣將進攻三河銳義諫曰孤軍深入留兵四城分力之半死傷復多士罷將驕賊援將集而貪進不已此所謂強弩之末也使賊斷絕我餉道舒桐潛太兵少見勝則怠見敗必潰四城將幷覆乃令退師桐城休息待援僅可不敗耳續賓不聽銳義乃馳書湖北請援續賓讓之曰君嘗以千人破賊數萬乃何怯耶及續賓軍敗銳義率所部急救身被數創續賓突圍戰死銳義偕孫守信堅守其壘三日壘破死之銳義耳聾喜論兵戰每孤軍勇進獨三河之役主持重而說不見用䘏贈鹽運使加太常寺卿騎都尉世職孫守信亦長沙人由內閣供事敍從九品官湖北從軍積功累擢道員未嘗獨將與銳義爲友臨危不去同及於難贈按察使加太常寺卿騎都尉世職曾國華字溫甫國藩弟咸豐五年國藩兵困於江西國華請於父赴湖北乞師胡林翼令劉騰鴻吳坤修普承堯率五千人往援以國華領其軍攻克咸甯蒲圻通城新昌上高以達瑞州騰鴻戰城南國華偕承堯戰城西北屢破賊國藩至乃合圍掘塹周三十里斷賊接濟會丁父憂偕國藩奔喪去軍與李續賓姻家招佐軍事當連克四縣軍勢銳甚國華以常勝軍家所忌時與續賓深語並書告國藩及軍敗從續賓力戰死贈道銜予騎都尉世職諡愍烈

李續宜字希庵續賓弟同事羅澤南以文童從軍援江西湖北積功累擢同知賜花翎武昌漢陽復胡林翼疏陳續宜功多爲續賓所掩詔以知府選用從續賓攻九江賊由安徽上犯蘄黃以牽我師咸豐七年續宜率兵千七百人回援湖北戰於黃州嵎崎山分三路進毁賊壘次蘄水黃岡界上馬家河火石港郴柳灣賊壘林立傾巢出撲續宜伏兵山下驟起突擊賊大亂譟乘之破壘四十移屯蘄水遏援賊於月山誘至山角發礮擊之潰直擣其巢焚屯聚數十處破僞城五會克小池口以道員用賜號伊勒達巴圖魯由是續宜之名與其兄相頡頏回軍江西會攻梅家洲克湖口十月賊酋韋俊率衆二萬復犯湖口續宜駐蝦蚔山分兵三路一出馬影橋一出流澌橋一扼勞家渡賊來擊卻之而賊由西洋橋排龍口二賢寺直趨蝦蚔山續宜麾諸路奮擊斬獲千餘馳抵磨盤山設伏破泰坪關援賊賊乃遁八年九江既克陳玉成由安徽竄蘄黃陷黃安續宜馳援不利續賓繼至合擊續宜攻北門破其壘賊夜遁復黃安進至麻城賊不戰引去續賓出師規安徽胡林翼疏請留續宜固楚疆洎三河師熸續賓戰歿續宜在黃州收輯殘部思鄉者遣歸願留者歸伍差汰罪將簡用其良申儆訓練經歲軍氣始復振九年授荆宜施道石達開由江西竄入湖南衆號三十萬圍寶慶府城胡林翼檄續宜率兵五千馳援諸援軍悉歸統屬時援軍三萬餘城被圍兩月賊衆食且盡野掠無所得聞續宜至攻愈急續宜渡資江而軍與劉長佑軍當賊衝四戰而圍解賊竄廣西境詔嘉續宜赴援迅速加布政使銜十年遷安徽按察使曾國荃方圍安慶多隆阿攻桐城續宜率萬人屯靑草塥在安慶桐城之間陳玉成以十萬衆來援續宜與多隆阿夾擊於挂車河盡破棠梨山尊上庵香鋪街望鶴墩賊壘斬馘無算追奔二十餘里玉成走廬江捷聞賜二品頂戴十一年擢安徽巡撫疏言陳玉成圖解安慶之圍悉銳西竄以攻我之所必救湖北爲衆軍根本臣宜提師回援不能遠任皖撫之事比抵武昌賊已陷黃州德安兩府五縣乃會彭玉麐水師夾攻孝感乘夜縱火復其城進攻德安穴地道克之武昌通城咸甯蒲圻諸縣相繼皆下賜黃馬褂胡林翼病歿詔授續宜湖北巡撫駐黃州督師捻匪犯光化穀城均州及棗陽襄陽皆擊走之調安徽巡撫同治元年命幫辦欽差大臣勝保軍務時苗沛霖叛服無常勝保袒之詔密詢續宜剿撫機宜覆疏略謂苗沛霖官至道員公犯不韙圍撫臣於壽州陷其城屠其衆乃復詭言求撫此豈足信不過假稱反正號召近縣養成羽翼若正彼叛逆之名人人得而誅之寬其黨羽使爲我用彼勢孤終成禽耳上韙之續宜駐臨淮令提督成大吉總兵蕭慶衍渡淮援潁州破捻匪張洛行於大橋集潁州圍解又令將凝學克霍邱撫綏各圩解散逆黨沛霖懾湘軍兵威請討捻自贖而勝保終欲養沛霖以自重轉嫉湘軍勢不相下會袁甲三以病請去命續宜代爲欽差大臣督辦安徽全省軍務續宜旋丁母憂奪情留軍三疏陳謝舉唐訓方自代允假百日回籍病咯血六次詔促起視師不能赴二年十一月卒於家詔加恩依總督軍營病故例賜䘏立功地方及原籍建專祠諡勇毅賜其父人蔘四兩地方官以時存問子光英予官直隸州知州續宜治軍嚴整與兄續賓同負重名曾國藩嘗論其昆弟爲人續賓好蓋覆人過續宜則嫉惡稍嚴續賓戰必身先驍果縝密續宜則規畫大計不校一戰之利及其成功一也

王鑫字璞山湖南湘鄉人諸生從羅澤南學任俠好奇咸豐二年粵匪犯長沙上書縣令朱孫詒請練鄉兵從澤南教練屯馬圫埔以團防勞敘縣丞剿桂東土匪有功廣東邊境匪犯興甯率死士百人馳擊殪賊甚多累擢同知直隸州三年羅澤南援江西初戰多死傷鑫請於曾國藩增募三千人將往援會南昌圍解國藩議裁汰其軍巡撫駱秉章見所募勇可用留二千四百人防湖南鑫精於訓練令士卒縛鐵瓦習超距自以意爲陣法進退變動異於諸軍四年粵匪踞岳州鑫由湘陰進攻敗賊於杉木橋乘勝克岳州曾國藩率水陸軍並至鑫出境進剿遇賊羊樓峒失利賊躡其後岳州復陷鑫所部死者千人坐輕進奪職留營効力既而羅澤南從國藩東征鑫收集散衆留未遣駱秉章令率五百人徇郴州時兩廣交界土匪蠭起朱連英胡有祿最强各擁萬人稱王號時時擾湖南邊境鑫與參將周雲耀協防江華數擊走之援道州解其圍策賊必乘虛襲江華日馳百餘里先至待賊至迎擊大破之進擣桃川出龍虎關破恭城賊於栗木街回軍解甯遠藍山圍別賊掠零陵周雲耀困於隘鑫率數十人馳進令曰寇衆退且死據險夾擊逐北數十里轉戰深入九疑山賊氛漸清復原官賜花翎五年土匪何賤苟勾結朱連英陷富川江華進犯永明鑫偕周雲耀往剿迭敗之連州匪自龍虎關來犯勢甚張疾趨迎擊殪賊二千擢知府餘賊走陷灌陽復由全州襲陷東安鑫會廣西軍克灌陽馳至東安城下環攻兩月始克之賊竄出合胡有祿將入四明山分路抄襲禽有祿焚山中賊巢餘黨悉盡時別賊何祿踞郴州陳義和踞桂陽分擾永興茶陵耒陽窺衡州鑫增募至千五百人分兵守耒陽自率千人攻桂陽再戰克之賊聚糧於瓦蜜坪火其屯出奇兵攻郴州賊遁走尙萬餘合鄉團邀擊於黃沙堡追至兩廣墟賊方食縱擊殲之乘勝破永明江華踞賊窮追至連州朱連英僅以身跳免六年春又破賊於陽山賊遁英德駱秉章上其功迭詔嘉獎予四品封典以道員即選鑫專辦南防凡二年湘粵間諸匪誅殄幾盡軍士死亡亦多請假將還會羅澤南

卒於武昌李續賓代將其軍粵匪石達開自江西窺湖北續賓招鑫助剿遂進屯岳州轉戰崇陽通城通山蒲圻復四縣殲賊首張康忠陳華玉等興國大冶匪衆亦解散武昌尋克復加按察使銜以湖北道員記名簡放仍駐軍岳州七年調援江西五月抵吉安先是官軍水陸合圍吉安其攻臨江者亦掘長壕困賊賊渠胡壽階何秉權率衆數萬來援據水東與城賊夾江相望鑫沿贛江而南自三曲灘濟結營水東東南山上賊鼓噪乘之鑫登望樓令士卒築壘示暇毋許仰視賊疑不進俄山後一軍出賊背鼓聲起築壘者投畚大呼馳擊左右伏起陣斬秉權殲賊衆於水餘走水東軍中方具餐鑫曰不克水東不遑食揮軍擣賊壘都司易普照勇士也先登中礮殞衆憤爭入壘殺賊數千壽階遁鑫渡江壁藤田壽階自甯都沙溪挾援衆來犯鑫分兵擊其左自率百人擣其右賊崩潰蹙之瑤嶺禽壽階斬馘數千是役悍賊俘斬殆盡閱月援賊復自甯都出永豐鑫以千二百人迎擊之追至甯都之釣峯賊背水以拒既敗盡沒於水斬賊首蕭復勝等拔難民萬餘六月再破新城賊於東山壩斬賊首張宗相等時悍賊楊輔清憤屢敗糾衆十萬踞廣昌頭陂誓決死戰鑫笑曰賊衆此可一鼓殲也勒兵大戰先馳馬陷陣衆從之賊大潰逐北六十里斬馘無算捷聞詔嘉獎稱其以寡敵衆殲除鉅憝賜號給什蘭巴圖魯方拔樂安進規撫建兩郡會周鳳山兵潰吉安乞援鑫令鄉團張已幟趨建昌而潛返藤田規吉水楊輔清聞鑫去以七萬衆圍樂安鑫夜入城誘賊至城下痛殲之輔清屯林頭鑫進擊賊以馬隊數千突陣令火箭射之藤牌兵俛首砍馬足劉松山易開俊左右合擊自率精銳貫賊陣斬級數千獲馬三百匹俘八百人輔清遁走鑫感疾返樂安九月卒於軍年僅三十有三詔嘉鑫紀律嚴明身經數百戰前後殺賊十餘萬克復城池二十餘處厥功甚偉贈布政使銜依二品從優議卹予騎都尉世職江西湖南建專祠謚壯武鑫貌不逾中人膽力沈鷙用兵好出奇制勝馭衆嚴而有恩所著有練勇芻言陣法新編皆出心得劉松山爲湘軍後起名將胥隸部下後其軍皆用鑫法鑫既歿所部歸其弟開化及張運蘭分統之開化年十七從鑫軍中南防剿匪功最多累擢知縣及援江西甯都釣峯之戰率伏兵潛襲賊營遂大捷無戰不與駱秉章疏陳其功擢知府遂令分統鑫軍偕張運蘭攻吉安連戰皆捷八年克樂安宜黃崇仁南豐建昌擢道員加按察使銜病歸里十年左宗棠初出治軍開化從之戰鄱陽樂平皆有功及宗棠大破李世賢於樂平開化與劉典各當一路是役官軍不及萬破賊十萬稱奇捷加布政使銜江西既平從宗棠援皖南十一年卒於軍開化在軍先後八年勇毅亞於其兄詔優卹予騎都尉世職謚貞介

劉騰鴻字峙衡湖南湘鄉人少讀書未遇服賈江湖間咸豐三年夜泊湘江遇潰卒數十輩行掠誘至湘潭白縣令捕之由是知名五年巴陵土匪起巡撫駱秉章令率五百人往戰於毛田禽賊渠又敗之於三林坳散其黨遂駐岳州從羅澤南攻通城攀堞登城克之參將彭三元等戰歿崇陽澤南調騰鴻往而石達開驅悍賊二萬來撲騰鴻與游擊普承堯夾擊破之蒲圻賊壘臨河騰鴻由寶塔山截渡河賊直抵城下與普承堯循環攻擊克蒲圻進下咸甯抵武昌騰鴻偕蔣益澧爲後隊搜伏賊殲斃甚衆論功以從九品選用羅澤南愛其才令增募五百人當前敵騰鴻遂師事澤南列弟子籍攻克十字街塘角賊壘毀其船廠進據小龜山賊七八千由塘角沿湖而下澤南自率中營出洪山西令騰鴻出洪山東夾擊斃賊無算蕩平賊壘胡林翼奏騰鴻身先陷陣七戰皆在諸軍前超擢知縣六年春賊踞賽湖以阻官軍騰鴻與戰於隄上追及長虹橋遇伏賊七倍我奮擊殺賊五六百羅澤南欲扼竄瀆賊出爭大戰於小龜山斬級六百遂偕李續賓同駐其地騰鴻所將號湘後營樹黑幟賊望見輒走會江西軍事棘胡林翼令騰鴻率所部千人從曾國華赴援瑞州道爲賊梗轉戰而前連捷於羊樓峒分水坳禽斬僞總制三十餘人克上高新昌七月進攻瑞州郡治有南北二城中貫一河聯以長橋先拔南城賊酋韋昌輝自臨江來援軍容甚盛騰鴻曰是羊質虎皮不久見鄰宜乘其敝攻之相持旬日賊氣衰乃從北岸渡兵抄其後與南城兵夾擊大敗之僞指揮黃姓來援列陣山岡兩軍對峙別賊馳截我後路圖夾攻俟其近發劈山礮擊之再至皆擊退追奔三十里石達開適自九江來勒賊復還築五壘於東北騰鴻曰不急破之壘成則難制矣令楚軍防城賊江軍進剿自率死士三百督戰賊見兵少先犯之三百人植立無聲伺近乃發礮凡衝突六次不爲動賊氣沮諸營併力猛攻賊大敗盡平其壘捷聞擢直隸州知州歸江西補用賜號衝勇巴圖魯自克南城後賊萃於北城騰鴻欲斷其接濟取南城磚石築壘造橋賊來爭且戰且築又於北岸石封嶺築新城以逼之七年春曾國藩巡視瑞州用騰鴻議爲長濠三十里絕賊餉道國藩尋以喪返湖南囑騰鴻主南路軍事先後敗賊於馬鞍嶺陰岡嶺戰皆捷於是會諸軍克袁州分宜上高新喻劉長佑與賊戰於羅防不利騰鴻往援擊敗之七月回攻瑞州時李續賓進兵九江胡林翼疏調騰鴻回湖北騰鴻以功在垂成先分兵應之而攻城益力奪南門礮臺復撲東門毀其城樓身自督戰中槍子五仆不能起次日裹創舁往城垂克忽中礮洞穿左脅移時殞語弟騰鶴曰城不下無斂我一軍皆泣冒礮火登城斬殺悍賊過半即夕克瑞州迎騰鴻尸入城治喪事聞卹典加等依道員例予騎都尉世職於瑞州建專祠予其父母正四品封典洎江南平曾國藩追論前功詔嘉其忠勇邁倫加恩予謚武烈弟騰鶴隨軍將中營先數月因攻城傷左臂創甚騰鴻命歸不可及騰鴻殞於陣騰鶴號泣督戰克竟厥功遂代將其軍進援臨江復峽江會攻吉安當西南路掘長濠久困之八年秋賊乘江漲突圍出兩次皆擊退尋拔其城率所部窮追斬馘過半調防九江屯彭澤九年二月戰牯牛嶺進攻建德風雲嶺賊巢破其二壘賊大至被圍力戰死之年二十有八官候選知府詔依道員例賜卹予騎都尉世職附祀兄祠

蔣益澧字薌泉湖南湘鄉人少不羈不諧於鄉里客游四方湖南軍事起從王鑫攻岳州以功敘從九品復隸羅澤南部下勇敢常先人澤南異之許列弟子籍從克黃梅擢縣丞進剿九江連敗賊於白水港小池口咸豐五年進攻廣信大軍駐城西烏石山益澧屯山右賊覘其壘未成來攻益澧堅壁不動伺懈縱擊斬賊首於陣進逼城下諸軍蟻附而登復其城進攻義甯澤南潛師進趨嶺令益澧分駐乾坑賊來爭分數千人抄官軍後益澧曰今以數百人當大敵不死戰將殞揮兵直薄之當者披靡遂會師趨嶺乘勝復義甯擢知縣從澤南回援武昌在軍與李續賓論事不相下及澤南歿續賓代將益澧屯魯港賊攻之急請援續賓置之益澧大恚懣壘死守賊旋引去益澧遂告歸不待報而行駱武漢克復仍論前功擢知府賜花翎益澧家居悒悒不得志會廣西匪熾乞援於湖南湖南宿將盡出征駱秉章顧左右無可屬者益澧請行乃令率千六百人赴之七年五月連破賊於寶珠嶺唐家市復興安靈川艇匪踞平樂二塘墟沙子街進破之焚賊艇蕩平樂克之擢道員賜號額哲爾克巴圖魯加按察使銜巡撫勞崇光疏請留於廣西補用八年入屯桂林時廣西兵食並絀率藉招撫馭盜兵賊相糅橫行無忌疆吏不能制益澧至乘兵威悉按誅桀黠者易置守軍人心始定駱秉章奏助益澧軍月餉二萬造船六十艘募水師以益其軍省城既固進規右江賊踞柳州連結洞砦恃水師不能至益澧具舟修仁令軍士舁舢板陸行九十里置洛靑水中載礮而下遇賊洛垢墟火賊舟次日賊水陸並集力戰斬賊數千進瞰鴣山攻柳州克之加布政使銜偕右江道張凱嵩會剿慶遠掘長濠斷賊出入賊渡河竄邀擊敗之慶遠平以按察使記名九年石達開竄湖南前隊掠全州益澧分兵守柳州自回援省城授按察使尋遷布政使出剿恭城土匪扼平樂粵匪石國宗由全州興安窺桂林勢甚張學政李載熙劾益澧失機及冒餉忌功等事詔念益澧前勞降道員留廣西並下疆臣察奏會湖南遣劉長佑蕭啓江率師來援益澧與合剿解桂林圍駱秉章曹澍鍾並爲疏辨得白十年賀縣匪分擾昭平平樂益澧擊走之進破賊首陳金剛於大灣嶺焚沙田賊棄復布政使原銜又會廣東援師破賊於竹洞嶺十一年復授廣西按察使進駐平南偕總兵李揚陞復潯州復布政使原官益澧年少戇急曾國藩胡林翼素不滿之而左宗棠特器重至是宗棠規浙江疏請以益澧爲助同治元年調浙江布政使自湖南增募八千人道廣東總督勞崇光資以餉械九月至衢州分兵復壽昌賊酋李世賢屯裘家堰按察使劉典兵先進益澧繼之降賊李世詳爲內應襲破之悉毀賊壘三年克湯溪被珍賚優敘宗棠進屯嚴州規富陽援賊躡至益澧渡江築壘新橋分三路迎擊大敗之會游擊徐文秀等攻鷄籠山益澧自督戰盡破十餘壘八月克富陽自杭州至餘杭賊營連數十里益澧沿江下逼清波鳳山兩門據十里街六和塔萬松嶺俯瞰城中自駐東嶽廟賊屢出犯皆擊退分兵會道員楊昌濬總兵黃少春攻餘杭敗賊城下匿不出又破鳳山門清泰門賊壘由錢江入西湖奪賊舟平湖乍浦海鹽皆下海甯守賊蔡元吉桐鄉守賊何紹章先後投誠劾用三年令紹章扼烏鎭元吉會蘇師復嘉興賊勢日蹙二月饅頭山地雷發壞城垣諸軍擁入戰竟日悍賊多斃餘夜遁遂復杭州餘杭亦下詔嘉其功賜黃馬褂予雲騎尉世職分軍克德淸石門進攻湖州蔡元吉深入爲賊所圍益澧自往援之轉戰而前距元吉營隔一河未達時僞幼王洪福瑱遁入湖州悍酋黃汝金衆尚十餘萬七月作浮橋通元吉營出湖趺漾襲賊後降賊譚侍友出太湖攻袁家匯賊棄城走邀擊之解散數萬人浙境肅清晉騎都尉世職左宗棠追賊赴福建益澧護理巡撫疏陳善後事宜籌閩餉濬湖汊築海塘捕槍匪又嚴減漕糧酌裁關稅商農相率來歸增書院膏火建經生講舍設義學興善堂百廢具舉東南諸省善後之政以浙江爲最逾歲乃回本任五年擢廣東巡撫奏裁太平關稅

陋規四萬兩斥革丁胥改由巡撫委員徵收五坑客匪投誠分別安插高廉各府另編客籍設學額並如議行六年以病乞休尋爲總督瑞麟疏劾下閩浙總督吳棠按奏坐任性不依例案部議降四級改降二級以按察使候補命赴左宗棠軍營差委尋授廣西按察使以病回籍十三年日本窺臺灣召至京未及任用病卒太常寺卿周瑞清疏陳益澧廣西政績詔復原官依巡撫例賜卹浙江巡撫楊昌濬梅啟照先後疏言平浙功尤鉅詔允建祠謚果敏

論曰李續賓果毅仁廉治軍一守羅澤南遺法戡定武昌九江戰績爲一時之冠李續宜獨以持重稱殆鑒於其兄之銳進不終而然耶王鑫劉騰鴻皆出奇制勝驍利無敵惜早殞未竟其功蔣益澧經挫折而奮起平浙治浙並著顯績信乎能自樹立諸人並湘軍之傑不以名位論高下也

清史稿 列傳一百九十六

塔齊布 畢金科　多隆阿 舒保

鮑超 宋國永 婁雲慶 譚勝達 唐仁廉　劉松山

塔齊布字智亭陶佳氏滿洲鑲黃旗人由火器營鳥槍護軍擢三等侍衛咸豐初揀發湖南以都司用署撫標左營守備以長沙守城功擢游擊署中軍參將侍郎曾國藩在籍治鄉兵月調官兵會操每校閱塔齊布從侍國藩與語奇之試所轄兵特精整爲副將清德所忌嗾提督鮑起豹將加摧辱國藩劾罷清德薦塔齊布忠勇可大用如將來出戰不力甘與同罪加副將銜兼領練軍巡撫張亮基亦特薦之以副將用三年剿平茶陵安化土匪賜花翎四年率所部進剿粵匪至湖北通城崇陽賊由岳州上犯奉檄援寧鄉未至湘潭亦陷賊勢甚張遂改援湘潭長驅至高嶺猝遇賊塔齊布手持大旗陷陣麾軍縱擊斬其酋數人逐北數里至城下明日賊大出塔齊布伏兵山左右賊近伏殪百餘人伏起夾擊僵仆枕藉燔城外賊柵皆盡水師會戰焚賊舟浮屍蔽江賊棄城走六日而湘潭平時曾國藩師挫於靖港長沙震動賴此一戰破賊人心始定捷聞加總兵銜賜號喀屯巴圖魯詔斥鮑起豹畏葸不出戰罷之即超擢塔齊布署提督尋實授初所部辰勇與標兵私鬬有釁鮑起豹頻齮齕之至是代其位徧賞提標兵示無修怨意標兵大讙衆見其由都司不二年立功驟膺專閫莫不讋服軍氣頓振賊自湘潭敗後退走岳州分黨陷常澧塔齊布馳抵新墻爲援進與羅澤南合軍會水師攻岳州七月克其城賊退泊城陵磯勢猶盛水陸夾擊屢挫之曾國藩親率新募水師至戰失利越日賊由城陵磯舍舟登陸踞險三路來撲塔齊布分路迎擊匹馬陷陣士卒皆猛進破其中路賊復包鈔愈戰愈奮賊敗走追至擂鼓臺斬馘八百落水者無數迭偕羅澤南合力攻賊旬日三捷水師乘隙進剿賊勢始衰岳州危而不失閏七月偕羅澤南李續賓進高橋賊出二萬人抗拒塔齊布首先衝入諸軍繼之會大雨賊礮不然踰溝入壘連破賊營十三座殲斃及逃散者數千水師亦分路剿殺賊遁走追擊二百餘里破之於羊樓峒又破之於崇陽克其城咸寧亦復曾國藩師抵金口令羅澤南攻花園塔齊布趨洪山八月武昌賊遁走塔齊布預設伏賊至要擊左右夾湖無去路殲戮溺斃八九千人武漢同時克復進攻大冶克之十月與羅澤南會攻田家鎮澤南攻半壁山塔齊布屯富池口中隔小河作浮橋以通兩軍之路賊以萬人來爭澤南率李續賓奮戰塔齊布隔港對擊浮橋成賊復由田家鎮渡江撲富池口營壘迎擊敗之遂與水師約大舉楊岳斌彭玉麐分隊毀其橫江鐵鎖陸師從半壁山擁下鏖戰一晝夜鐵鎖盡燬賊舟盡焚賊棄壘而遁克田家鎮蘄州亦復賜黃馬褂予騎都尉世職偕羅澤南渡江至蓮花橋遇伏前隊少卻塔齊布手刃賊目追奔五十里遂克廣濟悍酋秦日綱陳玉成羅大綱併力守黃梅以數萬賊布小池口孔壠驛而大河埔龍頭寨皆立堅壘軍抵雙城驛賊突來襲堅持不動旋突起憑高下擊斬其渠賊奔大河埔糾黨返鬬連擊敗之殪三千餘進攻黃梅肉薄而登塔齊布被石擊流血被面督戰益力克其城賊屯聚孔壠驛三面築土城塔齊布從西南進累肩爲梯卓矛而躍大破之賊悉竄小池口分黨奔湖口與九江之賊相犄角曾國藩率水師抵九江塔齊布偕羅澤南渡江會攻詔嘉諸將轉戰直前同心勠力特頒珍賚十二月攻九江西南門不克驍將童添元死之會水師爲賊所襲喪失輜重羅澤南攻小池口塔齊布親率勇士二十人往督戰衆寡不敵且戰且退匹馬衝突爲諸營扞蔽有黃衣賊酋三來犯塔齊布以套馬竿圈一酋斬之奪其馬餘賊皆靡侯大隊沿江上始單騎渡江回營已除夕三鼓五年正月城賊出犯斬獲二百餘又伏地雷誘賊來撲斃之戰屢捷而城不下三月總督楊霈師潰武昌復陷塔齊布分兵遣將回援時水師半頓鄱陽湖半回湖北陸師留攻九江力甚單賊益堅拒六月與曾國藩會於青山議軍事國藩謂宜移師東渡剿湖口東流建德塔齊布誓攻九江七月方傳令薄城遽氣脫卒於軍年三十有九事聞文宗震悼詔依將軍例賜卹湖南省城建專祠謚忠武同治三年江南平加三等輕車都尉世職入祀昭忠祠塔齊布忠勇絕倫自擢提督涅忠心報國四字於左臂每戰匹馬當先不使士卒出己前他軍被圍輒馳救背負槍挾弓矢二卒持長矛套馬竿從皆精絕無虛發每逼賊壘覘形勢瀕危輒免賊驚爲神而從容謙退未嘗自伐其能在岳州率四騎覘擂鼓臺忽有悍酋獰髯睅目持槊來犯健卒黃明魁矛刺酋墜馬塔齊布手刃殪之獲其旗知爲偽丞相曾天養驍桀稱最羣賊奪氣尋皆引去先是水師燬天養坐船已報殲斃塔齊布不欲爭功終不上聞軍中與下卒同甘苦嘗共中夜絮語家事念及老母泣下其卒也軍民皆慟湘潭岳州兩捷關係湘軍大局曾國藩尤痛惜焉畢金科字應侯雲南臨沅人以征開化苗功敘外委從王國才赴湖北破賊荊州龍會橋大門丁司橋累擢都司曾國藩奇其才令從攻九江改隸塔齊布部下及塔齊布歿石達開擾江西金科每戰陷陣驍勇爲諸軍冠五年冬破賊樟樹鎮而周鳳山軍敗尋失之六年破賊章田渡未幾饒州陷又失之金科憤爲他部所累募死士攻取饒州誓曰今日上岸不破賊吾不復歸舟一鼓克其城賜號呼察爾巴圖魯補臨沅鎮都司以游擊升用名大振而忌者衆軍食不繼金科鬱鬱思立奇功江西大吏責其破景德鎮始給餉七年正月驟往攻之入市不見一人率十卒搜捕賊蜂起傷其七亡其三隻身縱橫擊刺踐血而出賊以噴筒環攻於王家洲殞焉曾國藩爲勒碑紀事稱其勇與塔齊布相埒洎江南平疏請優卹贈總兵銜謚剛毅立祠景德鎮

多隆阿字禮堂呼爾拉特氏滿洲正白旗人黑龍江駐防由前鋒補驍騎校咸豐三年從勝保剿粵匪解懷慶圍及賊擾畿輔僧格林沁督師徵兵黑龍江多隆阿率二起馬隊從克連鎮馮官屯擢佐領五年調援湖北隸將軍都興阿部下破賊黃州新洲從克廣濟六年克武昌漢陽加副都統銜補協領充行營翼長進剿蘄州敗賊於曹家河復廣濟次孔壠賊復來犯廣濟擊走之時湘軍圍攻九江賊於對岸小池口築土城環以堅壘附近數十里內段窯楓樹坳獨山鎮等處賊壘凡數十七年三月都興阿與鮑超攻小池口令多隆阿趨段窯甫至賊數千來拒一戰破之毀其壘揚言攻獨山鎮而暗襲楓家坳賊三路分拒分擊之別遣隊繞山南襲賊營賊陣亂紛竄進殪三千餘乘勝疾趨獨山鎮四鼓至月明如晝見賊壘浚深壕木樁竹籤環之不易攻以輕騎誘賊出散隊設伏伺賊至以勁騎衝突又分隊潛越壕縱火賊大奔追殺至曉斃賊五千生禽數百自是賊畏其軍見旗輒走陳玉成率悍黨踞黃梅連營百里官軍屢挫六月多隆阿偕鮑超赴援戰於黃梅十里鋪分兵潛攻西路億生寺賊壘賊出不意駭奔而十里鋪之賊亦大敗水師進毀童司牌賊壘湘軍自九江來援合擊大破賊於黃蠟山平賊壘凡百餘逐北至宿松城下遂克黃梅以副都統記名賊尋棄宿松而去多隆阿率馬隊駐守鮑超以步隊屯二郎河九月賊陷太湖分路來犯偕鮑超合擊於涼亭河破之又合擊於楓香驛賊死抗鏖戰逾時盡破其壘乃遁太湖八年春賊由渡船口等處上犯將綴官軍以緩九江之攻多隆阿伺其初至急擊走之四月九江克復多隆阿從都興阿進規安慶石牌爲要衝賊據山阻水爲堅壘水陸重兵守之多隆阿攻上石牌鮑超攻下石牌同時並下餘壘驚竄馬步截殺及落水溺斃者六千餘人其酋以數十騎逃入安慶遂進軍逼安慶破城外九壘城賊屢出戰皆擊敗之會李續賓戰歿三河桐舒潛太諸縣皆不守安慶圍師牽動多隆阿退保宿松次日賊麕至值大霧多隆阿驅勁騎陷陣敢死士隨之斫殺無算鮑超軍夾擊呼聲震天賊驚潰自相踐踏陳玉成精銳損失過半自三河失利後得此捷軍聲復震是年冬都興阿以病離營奏多隆阿素當前敵請所部悉令統帶詔責成督率將士就近聽胡林翼調度九年春進逼太湖諸將猶謂賊銳宜稍避多隆阿曰不入虎穴焉得虎子賊憑城出鬬力戰挫之營壘乃就胡林翼遣唐訓方會攻而石牌復爲賊踞攻太湖城連月不克多隆阿謂必先取石牌而後太湖可下乃選精銳自茶婆嶺進兵用火攻困之賊由潛山安慶兩路來援分馬隊擊卻之九月復猛攻焚其壘殲賊酋霍天燕石廷玉等遂克石牌令部將雷正綰駐守之時湘軍圍安慶陳玉成糾合捻匪衆十餘萬來援太湖當其衝胡林翼調集諸將爲備多隆阿已授福州副都統戰略威望最著遂令前敵諸軍並受節制歲將盡賊分三路至鮑超屯小池驛蔣凝學屯龍家凉亭多隆阿自以馬步各隊駐新倉朱品隆與唐訓方合軍仍圍太湖初戰中賊伏頗有傷亡賊勢專趨小池驛鮑軍爲所困多隆阿慮牽動局勢僅分隊爲護餉道會金國琛等軍出潛山高橫嶺仰天庵密約夾攻十年正月賊移壘羅山衝白沙畈與城賊互應多隆阿定計

以大圍包裹援賊以伏兵橫截城賊令步隊誘敵馬隊驟起圍擊唐訓方鈔其後朱品隆扼其右鮑超遏其前自率馬步衝突陷陣賊大敗次日分軍三路鮑超等東出小池驛朱品隆等西趨羅山衝多隆阿自居中路見賊屯褒廣二十餘里陳玉成踞羅山衝尤爲悍賊所聚列隊進攻爲賊陣所壓遂督中西兩路併力攻山衝呼直上賊始敗竄鮑超亦由小池驛連破四路之賊合隊追奔同攻賊壘乘風縱火賊柵賊館頃刻延燒大小營壘百餘一律平毀金國琛等沿山兜擊賊前後受敵奪路狂竄連夜追剿禽斬無算城賊開敗宵遁伏兵四起截殺未逸者盡數殲之即日克復太湖乘勝追賊至潛山城下亦克之是役時稱奇捷推多隆阿首功詔加頭品頂戴賊既敗回踞桐城增壘爲固七月多隆阿率軍進逼城西晝夜環攻其西北山岡曰毛狗洞賊壘最據形勢攻下之俯瞰全城掘隧道轟之未克陳玉成復糾捻匪自舒城來援十月於挂車河隔河而陣連戰敗之復與李續宜約期合攻裏賊於中戰酣以馬隊鈔擊賊大敗殲殪近萬解散脅從萬餘賊棄壘夜遁賜黃馬褂陳玉成屢爲多隆阿所挫知不敵乃謀犯湖北是年冬又糾衆繞英霍陷蘄水掠黃州德安十一年春折回趨安慶經挂車河耀兵而過多隆阿曰此示假道不欲戰也設伏山隘令賊過呼噪勿擊而以輕騎躡之斬馘甚衆玉成入安慶築壘集賢關多隆阿進駐高路埔桐城廬江諸賊二萬餘將與玉成聯合多隆阿分五路進擊迭敗之於練潭橫山堡金神墩新安渡餘賊遁回桐城未幾悍賊黃汶金糾衆二萬餘踞天林莊擊走之陳玉成留悍黨守集賢關自率馬步五六千竄馬踏石欲與桐城諸賊會合多隆阿要擊於河岸卻之四月玉成復率諸酋合粵捻三萬餘人圖上犯以解安慶之圍多隆阿分路設伏扼之於挂車河左右往來衝擊伏發四面夾攻殲斃八九千追剿五戰皆捷賊仍退桐城安慶之援遂絕官文胡林翼疏陳多隆阿樸誠忠勇智略冠軍爲衆所悅服於是奉督辦軍務之命八月安慶克復急令穆圖善攻桐城即日克之數日中連克宿松黃梅而舒城賊亦棄城走廬州予雲騎尉世職擢正紅旗蒙古都統又擢荊州將軍進規廬州同治元年春連破賊絕其運道賊黨相率投誠散遣千餘人四月大破援賊陳玉成戰敗不敢入城竄走遂克廬州令穆圖善雷正綰追玉成玉成奔壽州爲練總苗沛霖禽獻勝保營誅之捷聞優詔褒嘉加予騎都尉世職尋命督辦陝西軍務率所部西征時粵匪陳得才合捻匪姜台淩張洛行衆二十萬三路窺陝多隆阿令雷正綰陶茂林率三千人前驅大軍繼之七月抵商南陳得才踞後路圖截餉道乃率穆圖善回軍掩擊大破賊於荊子關賊夜遁令馬隊追賊步隊休息自携數十人入商南姜台淩大隊突薄城下調衛隊四營猶未至陽示鎮靜設伏城外親率百餘人開城衝出伏兵齊應賊不知衆寡倉皇退竄次日復出城誘戰正與相持總兵朱希廣率四營由間道來援連日力戰禽斬二千餘賊乃西竄檄溫德勒克西馬隊要截王萬年步隊躡追金順守荊子關陶茂林遏武關自率親軍於提馬溝築壘賊夜來襲俟其近排槍礮擊之穆圖善自外夾攻斃賊無算至曉見賊蟻聚亙數十里令降俘指認賊旗居中之紅邊白旗爲姜台淩先集攻之戰方酣自率穆圖善從山側繞擊賊敗如山倒斫殺萬計追至三角池截其尾隊姜台淩僅以身免張洛行聞風亦遁詔嘉其旬日內剿除巨寇頒賜黃馬褂及江綢刀鞬以示優異時勝保入陝督師移多隆阿赴南陽防剿連敗賊於樊城唐縣尋復命赴陝十一月入潼關勝保以罪逮詔授多隆阿欽差大臣督辦軍務回匪方熾偪擾東西北三路陝南則爲粵捻川匪所出沒多隆阿令雷正綰任西路自剿東路克韓村背城諸賊營同州解圍二年春督軍併攻王閣村羌白鎮破之回匪自倡亂至是始被痛創遂進攻倉頭鎮多隆阿積勞致病將士亦多染疫遣將分攻龐谷雷化喬千孝義諸鎮皆克惟倉頭爲老巢負嵎未下四月移營進逼揮軍縱擊破其土城賊大奔追殺無算東路肅清令曹克忠一軍赴西安護運道自率穆圖善等攻高陵分路夾擊八月克之埽蕩附近賊巢關輔略定而渭南諸賊紛擾川匪藍朝柱近踞盩厔三年春親督兵力攻城小而固多隆阿憤甚臨高指揮督戰城已垂破忽中槍傷頭目將士攻城益力旋克之事聞溫詔慰勞賜上方藥遣其子馳驛省視尋命督辦陝甘兩省軍務四月創甚卒於軍贈太子太保予一等輕車都尉世職入祀京師昭忠祠立功地建專祠謚忠勇未幾江寧復加一雲騎尉併爲一等男爵子雙全襲官頭等侍衛孫壽長光緒中官滿洲正黃旗副都統奉天仁字軍因事革職二十六年俄兵入邊壽長力請戰召回京未行爲俄人所執不屈死

鮑超字春霆四川奉節人咸豐初以行伍從提督向榮廣西剿匪尋入湖南協標四年曾國藩治水師調充哨長勇銳過人每以單舸衝賊隊當者辟易從克岳州武昌漢陽破賊田家鎮武穴積功擢守備賜花翎五年武昌復陷赴援胡林翼拔充營官擊賊於漢陽小河口鮎魚套屯沌口破宗關賊壘擢都司會金口陸軍潰賊聚攻胡林翼於高廟超飛棹往救力戰卻之德安應城之賊復由涓口來犯火其舟拔林翼於重圍進擣賊營右肋中礮裹創而戰復金口論功最擢游擊賜號壯勇巴圖魯六年林翼疏薦超勇敢冠軍曉暢兵略以水師總兵記名夏會攻漢陽扼沙口斷賊往來江面肅清擢參將武昌既復林翼令赴長沙募勇三千創立霆字五營改領陸軍七年補陝西宜君營參將攻小池口破賊於孔壠援黃梅時總兵王國才戰歿濯港賊甚張衆議水陸暫扼守超不可主速戰多隆阿贊之以騎兵助攻億生寺賊壘戰一日夜傷左膝右臂不退遂破黃蠟山賊巢生擒賊渠斬馘五千有奇擢副將加總兵銜乘勝焚黃梅後山進屯宿松二郎河平涼亭祝家塝賊壘陳玉成擁衆數萬踞楓香驛連破之奪其十三壘八年援麻城克黃安偕多隆阿進規太湖超攻北門燒賊火藥庫破雷公埠石牌賊營斬馘萬餘授湖南綏靖鎮總兵進攻安慶省城而三河軍敗陳玉成糾捻衆上犯都興阿令超退守二郎河遏賊衝超偕多隆阿大破賊於宿松東北花涼亭斬僞成天侯韋廣新以下渠目三百餘殲賊八千散脅從數萬捷聞優敘九年會諸軍圍太湖陳玉成糾衆十餘萬來援多隆阿總統諸軍撤圍分屯備大戰超壁小池驛十二月賊至壓超軍而壘凡百餘座超破其十餘壘賊悉銳更番環逼晝夜力禦柵帳皆爲礮裂士卒傷痍糧道將斷超志氣彌奮相持二十餘日十年正月援軍自潛山天堂出諸軍乃約期夾擊超空壁而出賊闔之數重爲方陣拒戰四路賊皆破合諸軍盡焚賊壘斬馘無算遂克太湖官文等奏捷謂非超勇鷙堅强以二千人獨禦前敵血戰兼旬則援應各師必有緩不濟急之勢詔加提督銜超與多隆阿不相下爲胡林翼故勉屈聽節制臨危多隆阿復不力救雖成功頗觖望林翼慰解之遂乞假省親去軍曾國藩方規皖南奏令超增募萬人以從未至悍賊黃文金由浙入贛李秀成亦由蕪湖上犯取包圍遠勢詔促超赴軍而寧國陷礮勇號責圖克復賊已直犯祁門大營國藩兵單誓死守超至休寧聞警日馳百餘里連戰皆捷驅賊出嶺國藩亦不意超軍遽至也詔嘉其神速賜號博通額巴圖魯進援江西景德鎮與左宗棠會剿因雨遲至宗棠假霆軍旗幟賊見之卻走復回踞洋塘謝家灘十一年正月超至大戰破之黃文金負創遁追敗之黃麥鋪復建德曾國藩奏請以超軍爲江皖游擊之師陳玉成與安慶城賊夾攻官軍頗爲所困超渡江援之大破賊於赤岡嶺生禽悍黨劉瑲琳既而李秀成犯江西連陷二十餘城超破之於樟樹鎮斬馘萬餘被珍賚又進解撫州圍調援江北至南昌聞安慶已克復回軍戰於貴溪雙港湖坊河口大破賊遂克鉛山解廣信圍李秀成遁走命遇提督缺出儘先題奏規取青陽敗援賊盡毀城外賊壘同治元年詔推恩諸將嘉超屢著戰功賜黃馬褂授浙江提督時賊衆皖南東連蘇浙西瀕江上自建德東流下至銅陵蕪湖超東西策應解銅陵圍克青陽石埭太平涇縣大破楊輔清於寧國復其城予雲騎尉世職賊首洪容海張遇春先後投誠受降編其衆爲啓化營春字營從戰皆有功是年冬丁母憂請終制詔奪情留軍二年戰涇縣賊設伏來誘超亦潛伏山坳以伺斷賊後路夾擊大破之遂克西河灣沚黃文金竄鄱陽方欲赴援李秀成又陷江浦浦口超馳救破賊青溪鎮連克巢縣含山和州江浦浦口北岸肅清遂會水師克九洑洲而青陽又被圍馳至賊遁追破之於曹埠進攻東壩賊巢克之賊酋先後率衆降者數萬建平溧水皆復曾國藩奏以東壩爲重隘令超駐守以備游擊三年春克句容金壇時蘇浙敗賊聚於江西命超馳援破賊於豐城會江寧克復論功予一等輕車都尉世職七月破許灣賊巢連克崇仁宜黃東鄉奎谿南豐賊酋陳炳之以六萬人降受之追賊嶺南解寧都圍殲賊萬計賜雙眼花翎賊酋汪海洋遺黨詐降整軍以待驟擊之潰入瑞金城下屍積爲阜城賊亦遁追至福建境洪秀全幼子福瑱爲贛軍所禽詔錫封超一等子爵先是超請回籍葬親賜銀五百兩命俟江皖肅清後予假是年冬申前請允之復命假滿率舊部出關援新疆所部多南人畏遠征疆臣多以爲言請留剿粵匪餘孽曾國藩亦請先留甘肅內地超已令部將宋國永率八千人先發四年春至湖北金口軍潰詔急起超於家免其出關改赴福建命沿途招撫潰勇潰勇多降衆仍由江西趨粵與匪合超由贛州進剿時粵匪餘黨衆踞嘉應州汪海洋已爲閩軍所殲賊中推譚體元爲首十二月戰於平成鋪賊踞嶺而陣超合閩粵諸軍大破之追至城下宵遁預設伏於黃沙障及北溪白沙壩五路兜擊譚體元中槍墜厓死諸酋禽斬無漏網者獲叛勇歐陽輝黃矮子等磔之粵匪蕩平加一雲騎尉世職五年仍授浙江提督命移師剿捻追逐於湖北河南陝西界上賊望風輒走疆臣爭欲得其兵爲助以西安戒嚴詔飭赴陝六年正月抵樊城聞捻匪至與淮軍將劉銘傳約期於安陸永隆河夾擊銘傳先至爲賊所敗夷傷頗重超至擊賊背大破之任柱賴文光遁走俘其妻孥奪回所失軍裝超久爲名將銘傳後起與之埒是役超自以轉敗爲勝有功而銘傳咎其後至李鴻章右銘傳超大憤稱

病迭詔慰勉曾國藩及鴻章馳書相繼超終乞能去軍所部三十營令部將宋國永唐仁廉分領詔婁雲慶代將皆慮其軍難制遣散過半焉超既歸屢赦問病狀十三年召來京因病未復仍續假光緒六年起授湖南提督募軍駐樂亭防俄羅斯事定回任八年復以病請解職十一年法越戰起命率師駐雲南馬白關外和議成撤防回籍十二年卒贈太子少保賜銀三千兩治喪立功地建專祠諡忠壯子祖齡襲爵官浙江金衢嚴道超治軍信賞必罰不事苛細得士卒死力進戰疾如風雨賊望而披靡棄械跪馬前即不殺以此服其威信所部多驍將宋國永婁雲慶最爲所倚譚勝達唐仁廉亦並至專閫國永四川人由軍功補千總初從鮑超隸水師以戰金口功擢守備破賊童司牌黃蠟山克麻城黃安累擢參將霆軍初立爲營官咸豐十年曾國藩調霆軍赴皖南鮑超方假歸國永暫統其軍及超至從攻休寧分兵復黟縣連破賊於羊棧嶺盧村洋塘黃麥鋪功皆最超擢以總兵記名十一年補廣西梧州協副將從援江西破賊樟樹鎮加提督銜克鉛山解撫州廣信圍以提督記名同治元年克青陽寧國授直隸宣化鎮總兵時楊輔清仍踞寧國附近圖返攻國永屯老祖山迭破來犯之賊二年進克西河灣沚賜黃馬褂三年江南平鮑超回籍國永與婁雲慶分領其軍調赴福建未行四年鮑超將赴新疆國永率所部由江西先發軍中索餉鼓譟撫定之道經湖北復譁潰於金口坐不能約束褫職留營從克嘉應州復原官從剿捻匪自永隆河破賊後鮑超乞病軍中事一倚國永及超去軍國永先請散遣己所部衆餘付婁雲慶統之八年授雲南鶴麗鎮總兵李鴻章疏陳國永戰績稱爲膽識兼優不可多得之才留於兩江委用駐防鎮江光緒初調赴福建四年卒詔念前功允祀四川湖北霆軍昭忠祠雲慶湖南長沙人初入水師累功至都司尋充霆軍營官十年小池驛之戰功最擢參將從戰皖南會鮑超赴援江西留雲慶率四營扼漁亭賊聞大軍遠出突來犯擊走之追至岩廳斃賊酋黃世坳等復擊敗上溪口賊十一年會克休寧既而攻徽州諸軍失利雲慶仍挫賊全軍而退尋會張運蘭戰盧村遂克徽州以總兵記名從鮑超轉戰江西數破賊功最授直隸正定鎮總兵同治元年從克青陽乘勝攻石埭雲慶率士卒負板薄城蟻附而登克之時霆軍威名益著營隊日增曾國藩令雲慶與宋國永爲其軍分統克寧國以提督記名賜黃馬褂三年分兵克金壇及江寧既下調援江西既而鮑超奉命西征分兵令宋國永赴陝甘雲慶率萬人援福建國永軍再譁潰雲慶軍不遠役又得餉未爲搖動尋從鮑超滅賊於嘉應始赴正定鎮本任六年鮑超病歸衆慮霆軍難制曾國藩薦雲慶才能應變詔飭接統遂裁撤全軍改募五千人號曰霆峻營駐防湖北明年捻平雲慶請歸養光緒初復起授正定鎮總兵十七年擢湖南提督三十年以老乞歸卒於家勝達湖南長沙人咸豐中投効霆軍無役不從石牌羊棧嶺洋塘赤岡嶺諸戰功皆最累擢至副將從戰雙港克鉛山賜號協勇巴圖魯同治元年赴援銅陵戰橫塘斬賊酋於陣進攻城外賊壘勝達偕唐仁廉冒礮烟踰濠奪其一壘餘壘皆下賊夜遁復銅陵以總兵記名又戰於寒亭勝達橫衝賊隊截爲四不能成伍大破之復寧國加提督銜二年分兵解涇縣圍連奪西河灣沚要隘詔遇總兵缺先行簡放三年克句容以提督記名鮑超以東壩爲重隘令勝達守之賊至蔽山谷勝達陷陣刺殺其酋賊大潰踐屍追擊殲斃數千尋赴援江西克新城解寧都圍四年霆軍以索餉毆傷糧道段起勝達坐褫職尋復之及嘉應殄滅粵匪賜黃馬褂授直隸正定鎮總兵八年始赴任練軍捕盜濬河修隄頗著勞勩光緒元年卒於官賜卹諡勇慤唐仁廉湖南東安人初隸楊岳斌部下粵匪韋志俊以池州降仁廉從彭玉麐往受之賊黨忽變仁廉手刃其悍者數人岳斌嘉其勇令選降衆立仁字營咸豐十年改隸霆軍從戰太平石埭間擢守備克黟縣建德擢游擊賜號壯勇巴圖魯破安慶援賊於赤岡嶺戰豐城克鉛山累擢副將同治元年克青陽以總兵記名三年克金壇以提督記名四年戰嘉應粵匪蕩平賜黃馬褂五年從剿捻匪率馬隊逐賊於鄂豫之交六年大破賊於永隆河連敗之於鍾祥池河棗陽平林店鮑超解軍事仁廉分統其衆從李鴻章剿匪東捻平論功遇提督儘先簡放西捻張總愚犯畿輔仁廉追賊於直隸河南三省之間連敗之濬縣大伾山海豐郝家寨商河李家坊又偕郭松林合擊於沙河總愚中槍遁再敗之於高唐盧寨西捻平以一等軍功議敘九年從李鴻章援陝西平北山土匪尋調防畿輔駐靑縣馬廠十三年授通永鎮總兵光緒十年擢廣東水師提督二十年皇太后萬壽恩詔加尙書銜日本犯遼東時以唐仁廉爲霆軍舊將召至京仁廉舊發陳方略請募二十營當前敵允之及成軍出關和議旋定遂還二十一年卒賜卹

劉松山字壽卿湖南湘鄉人初應募入湘營隸王鑫部下從平永州郴桂諸匪以功擢千總咸豐七年克崇陽通山擢守備始領一營從援江西克廣昌樂安擢都司王鑫卒張運蘭分領其軍松山從戰克建昌擢游擊賊由福建回竄江西陷安仁松山從破賊於青山鋪進攻安仁攀堞先登克之擢參將會剿廣東連州踞賊禽其酋折回江西九年轉戰至徽州屯祁門賊自盧村來犯突擊敗之會諸軍克景德鎮追至浮梁爭渡橋賊返鬭城賊出助松山據橋血戰軍賴以全遂克浮梁擢副將十年追敘連州功加總兵銜賜號志勇巴圖魯十一年克建德黟縣進攻徽州賊夜劫營諸營皆潰松山列隊月下不少動賊不敢逼遲諸將曰我第四旗劉松山也戒勿奔衆始定曾國藩自是待之以國士賊再入黟縣再克之毀樟嶺盧村賊壘賊棄徽州遁進克休寧以總兵記名楊輔清復糾黨圍徽州松山四戰皆捷援軍至會擊於巖市賊引去同治元年克旌德張運蘭以病歸松山與總兵易開俊分領其衆守寧國大疫士卒多病松山加意撫循力疾戰守二年援涇縣破賊於金村李村而賊乘虛襲寧國松山馳還設伏敬亭山伺賊至分三路鼓譟而進伏起夾擊伏屍塞途殲餘賊水濱多死三年大軍克江寧松山收降潰賊四千人皖境肅清署皖南鎮總兵四年授甘肅肅州鎮總兵仍調皖南鎮曾國藩督師剿捻匪奏以松山獨統湘軍從征屯臨淮時湘將久役思歸又不習北方水土皆不願從惟松山投袂而起立率所部渡江有譁餉者誅數人而定五年敗捻首張總愚牛洛紅於湖團又敗之於徐州西追剿入河南張總愚踞西華牛洛紅踞上蔡設伏萬金寨圖鈔襲官軍松山與總兵李祥和擊破之進攻雙廟大破之又敗之郾城南陽新野總愚挾衆竄陝西自此與任柱等分不復合號爲西捻時議遣援剿之師因陝境殘破諸將皆觀望惟松山毅然自任率師西行曾國藩尤重之六年擢廣東陸路提督張總愚與回匪合踞鄜縣進擊走之轉戰扶風岐山間於涇陽要擊竄賊殲斃數千追至富平破其壘而陝軍戰灞橋失利賊犯同州朝邑松山疾趨及賊於曾成堡姜彥村張兩翼擊之賊敗走追至許家莊復返鬭血戰四時大破之同朝圍解被珍賚賊勢猶張渡渭犯西安松山會戰於城南斬馘數千解散萬人六月左宗棠莅陝督師張總愚復結回匪窺同州朝邑分黨踞流曲鎮王寮鎮以阻師松山連拔二鎮繞北山趨朝邑截賊前賊走高陵復渡涇而東松山據涇濬濠築牆而守賊鋌走入北山陷綏德州十一月松山偕郭寶昌擊敗之賊棄綏德城踐冰渡河入山西陷吉州鄉寧松山偕郭寶昌追剿克二城解河津稷山之圍又追敗之洪洞賊由垣曲入河南境七年正月遄犯畿輔松山間道踰太行冒雪日行百數十里先諸軍抵保定特詔嘉獎優敘敗賊於獻縣商家林又敗之深州博野偕郭寶昌張曜宋慶合擊於深澤大破之賊渡滹沱南竄畿輔解嚴賞號達桑阿巴圖魯迭追擊於河南延津封邱山東海豐直隸長垣慶雲滄州吳橋大小數十戰與淮楚諸軍長圍困賊六月張總愚赴水死捻匪平賜黃馬褂予三等輕車都尉世職從左宗棠還陝剿回松山在軍十餘年僅因募勇一歸里聘婦二十年未娶至是婦家待於洛陽成禮旬日即行冬抵陝議先平土匪乃可專力剿回次綏德分軍攻懷遠大理川回巢自督攻小理川店子寺周家嵡悉拔之破定邊回酋馬萬得馬棘子衆數萬八年部卒合會匪叛踞綏德松山馳捕首逆百餘人而定自請重處革職留任進剿西北路諸堡收降董福祥等衆凡十七萬人檄延綏鄜四郡皆肅清秋度隴規靈州破李旺堡黑城子回寨數百克靈州開復處分敗匪乞撫察其詐擊之平大小堡寨數十進攻金積堡堡酋馬化漋悍狡爲諸回之最黨衆糧足負嵎已久官軍屢爲所挫松山先籌糧運敗其黨援大舉穩進西寧河州臨洮靖遠諸回皆震其威不敢來救先平堡北諸莊寨九年正月賊在秦渠南踞石家莊及馬五馬七馬八諸寨負嵎抗拒松山先破石家莊督攻馬五寨破其援賊毀外卡縱火焚寨門垂克礮中左乳墜馬諸將來視叱令整隊速攻毋亂行列遂破馬五寨松山創甚顧諸將曰我受國恩未報即死毋遽歸我屍當爲厲鬼殺賊遂卒年三十有八事聞詔嘉其謀勇兼優無愧名將贈太子少保加騎都尉兼一雲騎尉入祀京師昭忠祠立功地建專祠諡忠壯松山既歿兄子錦棠代領其衆留其柩未歸以繫軍心次年克金積堡特詔賜祭一壇十二年甘回悉平追論前功加一等輕車都尉併世職爲二等子爵嗣子鼐襲官至山西按察使

論曰曾國藩湘軍初起賴塔齊布爲助及規江寧清江皖後路則鮑超之力爲多胡林翼由鄂規皖悉倚多隆阿鮑超二人塔齊布不幸早歿多隆阿才略冠時朝廷倚以剿回中道而殞未竟其用鮑超攻戰無敵動招衆忌功成身退亦以保全之劉松山後起忠誠獨著左宗棠平捻平回胥資其力使獲永年其建樹未可量也

清史稿

列傳一百九十七

彭玉麟　楊岳斌（王明山 孫昌凱 楊明海 謝濟金）

彭玉麟字雪琴湖南衡陽人父鳴九官安徽合肥梁園巡檢玉麟年十六父卒族人奪其田產避居郡城爲協標書識以養母知府高人鑑見其文奇之招入署讀書爲附生新寧匪亂從協標剿捕敘功大吏誤以爲武生拔補臨武營外委不就至耒陽佐當商理事粵匪至罄所有資助縣令募勇籌防賊知有備不來攻城獲全玉麟不願敘功但乞償所假錢以是知名咸豐三年曾國藩治水師成十營辟領一營其九營多武員白事悉倚玉麟隱主全軍草創規制多所贊畫四年初出師規岳州不利退長沙玉麟偕楊岳斌援湘潭會塔齊布陸師夾攻賊舟連檣十里分三隊合擊同時縱火焚其輜重皆盡賊棄城走復湘潭敘功以知縣選用六月再進岳州賊據南津以拒玉麟伏君山岳斌伏雷公湖遣小舟挑戰賊舟爭出兩翼鈔之燬百餘艘賊來迭敗之進攻擂鼓臺賊舟多於官軍十倍玉麟偕岳斌各乘舢板冒礮烟衝入燒其坐船賊還救陣亂大破之玉麟傷指血染襟袖軍中推二人勇略爲冠既而總兵陳輝龍至率新軍出戰軍容甚盛玉麟偕諸營從觀戰拕罟廖淺爲賊所乘急往救水急風利陷賊屯中遂大敗輝龍等戰歿玉麟單舸退自是水師專任彭楊時陸軍累捷賊退走水師並進八月屯沌口規武昌玉麟與諸軍議請渡江先破城外賊屯賊自塘角至青山緣岸列礮丸發如雨將士皆露立舢板槳船徐進無一俯側避礮者賊望見奪氣沿江賊屯盡潰悉燒屯壘及其舟武昌漢陽同日皆復論功擢同知羣賊麕聚田家鎭夾江爲五屯依半壁山連舟斷江纜以鐵索布竹木爲大筏施大礮筏外護以舟後列輜重望之如大城武昌既克水師欲下攻而爲蘄州江岸賊所撓玉麟掠江直下十月進逼田家鎭與楊岳斌議分四隊約陸師同時合擊頭隊皆小船具鑪鞴椎斧融炭以待順流急趨至筏下斷鎖纜得隙擠而過後者從之大呼曰鐵鎖開矣賊驚譟爭走相踐墮水玉麟率二隊順流而下岳斌率三隊乘風而上風起火烈燒毀賊舟四千餘艘奪獲五百餘艘玉麟慮軍士互爭盡焚之捷入以知府記名詔采其戰法頒下江南北諸水軍遂會諸軍進攻九江連破賊於小池口湖口賊於九江夜襲水師大營師舟被燔曾國藩移駐陸軍玉麟部將蕭捷三追賊入鄱陽湖賊斷湖口玉麟往救不剋乃還新隄籌濟師五年武漢復陷玉麟更募士造船立新軍合三千人與楊岳斌分統之胡林翼約同攻漢口玉麟自金口進敗賊鮎魚套北岸陸軍爲賊所挫玉麟率衆登岸截擊破之攻塘角焚賊船二百餘授浙江金華知府七月自沌口進拔蔡店及南北兩岸石城五顯廟者賊堅巢也阻湖而屯玉麟攻之不下曰已入虎穴非血戰不能成功張兩翼急槳而進衝賊船尾摧其卡奪其船復督隊徑越賊船循兩岸包鈔出襄河口斷鐵鎖浮橋毀北岸火藥庫仍入襄河乘夜搜漢陽禽賊酋蕭朝富吳會元麾軍攻拔五顯廟毀晴川閣木城又破之葉家洲燒賊船二百餘初由沙口移軍沌口過經賊壘礮如雨下所乘船桅折覆水玉麟援橫枚漂江中流楊岳斌舟掠過掉舢板拯之還胡林翼疏陳稱其忠勇冠軍膽識沈毅詔以道員記名時曾國藩在江西水軍頻挫迭召往助玉麟乞假回長沙急赴之袁瑞兩郡並陷賊水陸道絕易衣裝爲賈客徒步數百里達南昌重整內湖水師爲十營船六百艘六年擢廣東惠湖嘉道敗賊樟樹鎭又連破之於臨江吳城涂家埠克南康七年國藩還籍治父喪玉麟與楊岳斌同領其軍其秋武漢再克水陸並下圍九江玉麟約岳斌夾攻湖口賊扼石鐘山梅花洲力遏內湖軍不得出玉麟分軍爲三以進賊穴山腹置巨礮直船衝舢板先出前鋒中礮後船繼進傷十餘艘玉麟憤曰此險不破萬不令將士獨死亦不使怯者獨生鼓檝急赴賊礮忽裂船銜尾下與外江水師合歡聲雷動陸軍由城背山下應之賊大奔乘勝奪小孤山加按察使銜八年連破樅陽大通銅陵峽口賊屯合圍九江克之晉布政使銜楊岳斌進軍黃石磯自九江至武昌置十二屯十二年玉麟移營與合屯賊復上犯彭澤湖口分兵赴援克都昌十一年授廣東按察使賊犯蘄黃德安玉麟會陸軍克孝感天門應城黃州德安擢安徽巡撫命幫辦袁甲三軍務穎壽各軍悉歸調遣累疏固辭謂久居戰艦草衣短笠日與水勇舵工馳逐於巨風惡浪之中一旦身膺疆寄進退百僚問錢穀不知問刑名不知勉强負荷貽誤國家又謂從軍八年專帶水師棄舟而陸無一旅一將供其指揮倉猝召募必致僨事詔嘉其不欺以李續宜代之改職水師提督同治元年授兵部右侍郎節制鎭將軍中重文輕武玉麟與楊岳斌威望久埒一旦名位超越而相處終始無閒論者謂其苦心協和不可及別立太湖水師十營併歸統轄曾國荃由安慶進規江寧水師助之克銅城閘復巢縣含山和州襲破雍家鎭裕溪口奪東西梁山進攻采石又克金柱關諸將銜鋒玉麟每乘小船督戰以紅旗爲識或前或後將士皆惴惴盡力間入陸軍察戰狀往來飄忽無定蹤所經行軍民莫敢爲奸宄二年與楊岳斌合兵攻九洑洲賊於洲築壘數十外作大城衆舟環之與江寧相犄角而攔江磯草鞋峽七里洲燕子磯中關下關皆賊屯玉麟列舟上流南隊向下關北隊向草鞋峽岳斌攻燕子磯破之陸軍亦分三隊搠洲埂攻中關舢板環洲而陣賊以槍礮相持不能進玉麟督諸軍更番夜攻下令曰洲不破不收隊還死士從火叢登岸譟曰洲破矣諸軍歡呼騰踔而上立破洲邊屯舟賊爭潰走自田家鎭以來是戰爲最烈於是賊黨由江西犯池州謀撓官軍玉麟還救青陽解其圍復高淳克東壩併論九洑洲功賜黃馬褂會楊岳斌赴江西督師自是玉麟專統水師三年江寧復論功以創立水師爲首加太子少保予一等輕車都尉世職四年命署漕運總督再疏辭允之命籌商水師善後事宜七年會同曾國藩奏定長江水師營制自荊州至崇明五千餘里設提督一員總兵五員以六標分汛營哨官七百九十八員兵丁一萬二千人歲餉六十餘萬兩以長江釐稅供支不煩戶部初軍事未定軍餉奇絀而淮鹽積滯玉麟議定抽鹽自賣供水師月餉及江路大通曾國藩設三省督銷局招商領票水師鹽票大小數百至是軍餉有額支的欵餘銀及票本巨萬玉麟一不私取以五之一取息助水師公費且備外患倉猝之需餘分解雲貴助餉二十萬甘肅助餉二十萬以十萬廣本縣學額而以鹽票犒諸將有大功者事既竣疏請回籍補行終制略曰臣墨絰從戎創立水師治軍十餘年未嘗營一瓦之覆一畝之殖受傷積勞未嘗請一日之假終年風濤矢石之中未嘗移居岸上求一日之安誠以親服未終而出從戎旅既雖免不孝之罪豈敢復爲身家之圖乎臣嘗聞士大夫出處進退關繫風俗之盛衰臣之從戎志在滅賊賊已滅而不歸近於貪位長江既設提鎭臣猶在軍近於戀權改易初心貪戀權位則前此辭官疑是作僞三年之制賢愚所同軍事已終仍不補行終制久留於外涉於忘親四者有一皆足以傷風敗俗夫天下之亂不徒在盜賊之未平而在士大夫之進無禮退無義伏惟皇上中興大業正宜扶樹名教整肅紀綱以振起人心況人之才力聰明用久則竭若不善藏其短必致轉失所長古來臣子往往初年頗有建樹而晚節末路隕越錯謬固由才庸亦其精氣竭也臣每讀史至此竊歎其人不能善藏其短又惜當日朝廷不知善全其長知進而不知退聖人於易深戒之固有由矣臣本無經濟之學而性情褊躁思慮憂傷月積年累怔忡眴暈精力日衰心氣日耗若再不調理必致貽誤國事懇請天恩開臣兵部侍郎本缺回籍補行終制報國之日正長斷不敢永圖安逸也優詔從之八年春還衡陽作草樓三重布衣青鞋時往母墓廬居三年不出自設長江水師東南無事將士漸耽安逸事多廢弛十一年詔起玉麟簡閱疏陳整頓事宜薦提督黃翼升自退薦李成謀彭楚漢二人即以成謀代之劾罷營哨官百數十人入覲命署兵部侍郎復陳請開缺仍命巡閱長江專摺奏事別飭兩江湖廣爲籌經費玉麟力辭不受自築別業於杭州西湖曰退省庵每巡閱下游事畢居之自是水師皆整肅沿江盜蹤斂輯安堵者數十年朝廷有大政及疆吏重案輒諮詢命按治光緒七年命署兩江總督再疏力辭乃以左宗棠代之留督江海防如故言者議長江提督宜駐吳淞口外玉麟疏言江南提督責在海防請多畀兵輪使立一軍於海上長江提督責在江防請仍由臣督同巡閱改駐吳淞會操兵輪以通江海九年擢兵部尚書以衰病辭會法越搆兵命赴廣東會籌防務玉麟募四千人從行駐大黃滘遣部將王之春黃得勝等防瓊州欽州靈山婁雲慶王永章等駐沙角大角與粵軍聯合增兵設壘編沙戶漁舟分守內沙港汊法兵竟不至十一年春粵軍大捷於鎭南關進攻諒山和議旋成停戰撤兵玉麟疏請嚴備戰守以毖後患陳海防善後六事是秋以病乞休溫詔慰留十四年扶病巡閱至安慶巡撫陳彝見其病篤以聞詔允開缺回籍仍留巡閱差使十六年卒年七十五贈太子太保依尚書例賜卹建專祠立功地諡剛直玉麟剛介絕俗素厭文法治事輒得法外意不通權貴而坦易直亮無傾軋倨傲之心歷奉命按重臣疆吏被劾者於左宗棠劉坤一涂宗瀛張樹聲等皆主持公道務存大體亦不爲谿刻每出巡偵官吏不法輒劾懲甚者以軍法斬之然後聞故所至官吏皆危慄民有枉往往盼彭公來朝廷傾心聽之不居位而京察歷加褒敘倘畀蓋過於疆吏生平奏牘皆手裁每出爲世傳誦好畫梅詩書皆超俗文采風流亦不沬云

楊岳斌原名載福字厚庵湖南善化人原籍乾州祖勝德乾隆末從剿苗戰歿永綏父秀貴以廕官至直隸獨石口副將岳斌幼嫺騎射補湘陰外委從剿新寧匪咸豐二年守湘陰有功擢宜章營千總三年曾國藩創立水師拔爲營官戰岳州水陸皆潰獨岳斌一營力拒不敗四年戰湘潭焚賊舟數百復其城擢守備賜花翎國藩重整水師進規岳州岳斌與彭玉麟爲前鋒伏船雷公湖誘賊舟至夾擊連戰皆捷賊再至沿東岸斜擊之手挺矛刺殺賊酋汪得勝奪其

舟賊無還者擢都司賜號彪勇巴圖魯進戰擂鼓臺乘舢板衝賊屯縱火賊陣亂大破之克岳州擢游擊總兵陳輝龍率後隊至狃前勝欲乘風攻城陵磯岳斌曰順風難收隊不可行也不從遇賊伏竟敗輝龍及知府褚汝航同知夏鑾游擊沙鎭邦皆戰死岳斌軍獨完既而賊爲陸師所敗將遁要擊之平兩岸磯臺搜螺山倒口賊舟尋夜襲嘉魚黃蓋湖岳斌先入被火傷舟覆落水躍上別船大呼陷陣焚賊舟數十遂會湖北軍進屯金口破漢陽屬賊營攻塘角至青山焚其壘賊遁焚其輜重武昌漢陽皆復擢參將授湖南常德營副將諸軍進規田家鎭岳斌由中路先發克黃州及武昌縣破援賊於蘄州逼田家鎭偕彭玉麐分隊燬橫江鐵鎖焚賊船四千餘皆盡漂屍數萬遂拔田家鎭蘄州賊亦遁去岳斌晝夜進戰積勞嘔血詔嘉其勞勩最著加總兵銜五年水陸會攻九江岳斌以疾留武穴尋假歸水師恃勝銳進前隊舢板入鄱陽湖賊樹柵湖口扼之不得出而留九江者亦屢爲賊所襲岳斌聞敗馳救不及賊復上犯武漢再陷曾國藩分水師回援令岳斌回岳州增募爲十營會屯金口屢敗賊秋退屯新隄修船汰疲卒十之三簡練以圖大舉自武漢爲賊踞長江商旅皆絕及水師駐新隄流亡歸之市廛始興漸爲重鎭授鄖陽鎭總兵署湖北提督六年進屯沙口距武昌三十里岳斌念賊舟往來長江停則依壘行皆乘風恆避戰難得大創乃謀襲燒之募壯士駕千石大船實硝黃蘆荻施火綫約日近賊而發急登舢板退應募者三百人懸重賞夜逼賊舟於南岸嘴縱火於是賊舟能戰者多燼前軍直至黃州旬日間轉戰數百里擊燬賊舟六百餘奪其資糧火藥哨船掠巴河蘄州耀兵九江城下而還武漢水路援絕乃益困十一月與李續賓陸師合攻值大風揚沙波濤洶湧水師上下環擊賊大潰敗走二城同日克復擢加提督銜進規九江曾國藩以憂歸薦岳斌接統其軍彭玉麐副之分兵扼蘄州破援賊秋會陸軍克小池口密與彭玉麐約期會攻湖口克之於是內湖外江水師始復合乘勝奪小孤山克彭澤留軍屯之自率前鋒至望江賊望風遁遂復東流過安慶攻樅陽大通賊壘克之復銅陵至蕪湖魯港與江南師船會詔嘉其轉戰千里謀略過人尋授福建陸路提督許專摺奏事八年四月與李續賓會攻九江岳斌當北門臨江地雷發奮呼齊登禽賊首林啟榮逸出之賊盡爲水師所殲賜黃馬褂詔促東下疏言楚境肅清後始能會師遂移屯黃石磯連攻安慶樅陽大通奪其壘分兵復建德調福建水師提督九月會都興阿克集賢關賊自池州來援迎擊於樅陽破之時李續賓三河師潰賊復謀上犯湖北岳斌遣兵分扼龍坪鄖穴田家鎭九年督剿南北兩岸援賊時出隊薄安慶城以牽賊勢十二月賊酋韋志俊以池州降令攻蕪湖其部下有叛者還陷池州岳斌察志俊無異志分別遣留得精銳二千五百人令率以助戰陳玉成李侍賢率衆分竄楚皖水師移屯觀音洲以備之十年四月大破賊於蟂磯令韋志俊拔殷家滙進攻池州毀城外石壘潛襲樅陽拔其城秋遣將攻池州奪青溪關李秀成循江岸上竄連敗之三山光穴子橋白茅觜運漕鎭分兵入內湖攻神廟山鎭山斷松林口浮橋冬由魯港潛行百里解南陵圍拔出總兵陳大富一軍及難民十餘萬被珍賚十一年合攻安慶偕陸軍破赤岡嶺援賊戰無爲州神塘河平其壘焚賊船劉蔆湖兩岸賊屯集攻安慶東門乘勝拔城北諸壘城賊窮蹙八月克安慶遣總兵王明山黃翼升克池州桐城予雲騎尉世職岳斌屢乞假省親至是始歸同治元年以母病請展假不允五月至軍移屯烏江進攻金柱關戰龍山橋殲賊萬餘賊尋復來犯陣斬賊酋陳緒寶破獲駕墩石埂賊壘自是江寧大營後路始固二年春從曾國藩赴前敵大勝關雨花臺察視與曾國荃定合圍之策三月克黃池悉收內河三里埂伏龍橋花津護駕墩諸隘以通寧國蕪湖之路五月克巢縣含山和州及江浦浦口破下關草鞋峽燕子磯趨九洑洲力戰拔之自是長江無賊舟十月克高淳寧國建平溧水奪東壩要隘江寧遂合圍岳斌因親病請歸養詔賜其父母人葠四兩慰留之三年命督辦江西皖南軍務授軍悉歸節制尋授陝甘總督命俟江皖賊氛淨盡後赴任江寧平加太子少保予一等輕車都尉世職六月岳斌抵南昌遣諸將克崇仁東鄉金谿宜黃南豐解寧都圍秋赴贛州克瀘溪新城雲都先後收降賊十餘萬防境肅清復疏陳傷病親老請開缺不允乃回籍募兵四年率彭楚漢等新軍十營從行抵西安會僧格林沁戰歿曹州詔岳斌移兵入衛京畿自請開缺專任剿匪不許仍命速赴甘肅六月履任時甘回方熾通省糜爛雷正綰曹克忠新敗於金積堡都興阿穆圖善攻寧夏未下且奏命將出關本省兵皆疲弱疏調各省援兵無一至者僅自率新募之數千人叉因兵荒耕作久廢饋運道塞庫空如洗岳斌迭疏乞協餉僅川陝鄰省稍稍接濟無以徧給議進軍先擣靈州繼規河狄未幾陶茂林雷正綰兩軍相繼潰變五年春岳斌親赴涇州慶陽視師蘭州標兵遽變圍署戕官逼迫布政使林之望上疏言糧餉獨厚楚軍衆心不服岳斌聞警先令曹克忠移師鎭撫尋自回省城按誅首犯百餘人餘不問以在途拆閱林之望奏摺自請議處革職留任降三品頂戴迭疏請罷詔以左宗棠代之未至六年春復陳病劇乃命穆圖善暫署總督許岳斌回籍光緒元年命偕彭玉麐巡閱長江整頓水師屢以親病請罷五年始允之九年法越戰事起詔岳斌會辦福建軍務未至復命赴江南幫辦軍務十一年率十二營赴援臺灣和議成仍乞養歸十六年卒於家贈太子太保照總督例賜䘏建專祠謚勇慤岳斌與玉麐始終長江軍事所部以功獎擢至提鎭者不可勝數實膺專閫者亦數十人王明山湘潭人初隸岳斌營積功至守備彭玉麐調領一營戰鸚鵡洲登陸破賊攻金口先登累擢游擊咸豐六年補乾州協都司攻漢陽焚東南門賊船連破賊於黃州樊口富池口戰武穴伏蘆洲伺賊登岸突擊殲之回擊武昌援賊累捷擢參將戰蘄州焚賊舟七十餘登岸誘敵賊聚攻別隊乘虛襲城克之擢副將賜號拔勇巴圖魯進克黃州會攻九江八年授浙江金華協副將克東流薄安慶燬城外賊壘以總兵記名九年乞假回籍會石達開犯湖南率隊自衡州趨祁陽要擊之破賊於毛家埠十年授安徽壽春鎭總兵破賊蕪湖蝎磯義橋十一年破賊練譚鎭斬其渠襲天福復會陸師克赤岡嶺遂下安慶楊岳斌假歸令明山代統其軍連復池州銅陵破泥汊口神塘河諸壘克無爲州別遣將遏巢湖口克運漕鎭進拔東關同治元年擢福建陸路提督克銅城牐復和州含山巢縣殲逸賊於木橋沙洲又破之江心洲西梁山尋以傷病乞假歸明山在軍十餘年屢當大敵江南平遂不出光緒中圖功臣像於紫光閣明山與焉十六年卒於家賜䘏孫昌凱淸泉人入水師積功擢千總昌凱舊業鐵工田家鎭之戰領小舟爲頭隊冒槍礮鼓鞴斷鐵鎖纜開大呼猛進筏上賊潰走後隊縱火賊舟盡焚功最擢守備五年破賊漢口擢都司六年從攻武昌焚賊舟授廣東陸路提標游擊七年從平蘄黃賊巢克小池口湖口擢參將克九江加副將銜補兩廣督標參將九年回援湖南防祁陽衡州擢惠州協副將以母病乞養開缺光緒中彭玉麐疏薦昌凱誠實篤毅驍果善戰授浙江海門鎭總兵丁母憂改署任留襄海防事定請終制後仍補原官調署處州鎭二十一年卒賜䘏附祀彭玉麐祠楊明海長沙人入水師洊擢守備咸豐十年戰樅陽殷家滙池州蝎磯迭破賊擢都司十一年克南陵擢游擊克安慶擢副將同治元年從攻東梁山金柱關裹創血戰功最以總兵記名賜號忱勇巴圖魯二年大捷於九洑洲以提督記名戰江寧小沙口先登陷陣礮子穿右股率哨船渡江從陸軍進剿蘇州授山東兗州鎭總兵蘇州復遂留防三年楊岳斌赴甘肅調明海偕彭楚漢率所募兵從行破回匪於金縣夏官營晉號格洪額巴圖魯軍食久乏明海奉檄治糧運八年赴兗州鎭本任光緒元年母憂去官七年授狼山鎭總兵十一年卒賜䘏謝濬畬原名得勝長沙人充水師哨長進攻武昌濬畬自請爲前鋒突隘關賊壘薄鸚鵡洲與陸師夾擊克武漢戰蘄州田家鎭累功擢守備克九江擢都司破賊赤岡嶺擢游擊同治元年從彭玉麐克太平及金柱關東梁山秣陵關九洑洲諸要隘擢副將江寧平以總兵記名授提標中軍副將光緒十八年擢瓜州鎭總兵兼署水師提督調署漢陽鎭二十七年卒於官賜䘏附祀彭玉麐祠

論曰彭玉麐楊岳斌佐曾國藩創立水師爲滅賊根本兩人勛績頡頏相並岳斌後爲朝旨强促西征用違其才僨事損望玉麐終身不任官職巡閱長江爲國家紓東顧之憂其疏論古人晚節之失由於不能自藏其短且惜朝廷不善全其長洵至言也後盛昱劾其辭尙書之命乃謂抗詔鳴高殆淺之乎測玉麐矣

清史稿　列傳一百九十八

李鴻章

李鴻章字少荃安徽合肥人父文安刑部郎中其先本許姓鴻章道光二十七年進士改庶吉士授編修從曾國藩游講求經世之學洪秀全據金陵侍郎呂賢基爲安徽團練大臣奏鴻章自助咸豐三年廬州陷鴻章建議先取含山巢縣圖規復巡撫福濟授以兵連克二縣逾年復廬州累功用道員賞花翎久之以將兵淮甸遭衆忌無所就乃棄去從國藩於江西授福建延建邵道仍留軍十一年國藩既克安慶謀大舉東伐會江蘇闕帥奏薦鴻章可大用江浙士紳亦來乞師同治元年遂命鴻章召募淮勇七千人率舊部將劉銘傳周盛波張樹聲吳長慶會軍將程學啓湘軍將郭松林霆軍將楊鼎勳以行又奏調舉人潘鼎新編修劉秉璋檄弟鶴章總全軍營務時沿江賊屯林立乃賃西國汽舟八穿賊道二千餘里抵上海特起一軍是爲淮軍外國人見其衣裝樸陋輒笑之鴻章曰軍貴能戰非徒飾觀美迨吾一試笑未晚也旋詔署江蘇巡撫是時

上海有英法二國軍美國華爾募洋兵數千攻克松江嘉定青浦奉賢號南路軍學啟等將湘淮人攻南匯號北路軍四月賊悉衆戰敗南路軍嘉定奉賢再陷華爾棄青浦走保松江學啟將千五百人屯新橋賊圍之數十重踐尸進學啟開壁突擊賊驟卻鴻章親督軍來援賊大奔乘勝攻泗涇解松江圍外國軍見其戰皆驚歎自此湘淮軍威始振詔促移師鎭江鴻章請先固滬而後出江旣定浦東廳縣僞慕王譚紹洸來援敗之北新涇賊走嘉定九月進克其城譚紹洸率數十萬衆連營江口犯黃渡諸將分攻簡精卒踰濠伏而前斃數人賊陣動學啟乘之裹創噪而進賊大潰捷入授江蘇巡撫初美人華爾所將兵名常勝軍慈谿之役歿於陣其副白齊文懷異志閉松江城索餉鴻章裁其軍易以英將戈登常勝軍始復聽節制命出海攻福山不克而還二年正月兼署五口通商大臣初常熟守賊駱國忠董正勤舉城降福山諸海口俱下僞忠王李秀成悉衆圍常熟江陰援賊復陷福山鴻章諜諭國忠固守待援而檄鼎新銘傳攻福山奪石城國忠知援至開城猛擊俘斬殆盡遂解常熟圍進復太倉昆山因疏陳賊情地勢建三路進軍之策學啟由昆山攻蘇州鶴章銘傳由江陰進無錫淮揚水軍輔之太湖水軍將李朝斌由吳江進太湖鼎新等分屯松江常勝軍屯昆山爲前軍援李秀成糾合僞納王郜雲官等水陸十萬偪大橋角而營鶴章擊之敗走九月復集連營互進鶴章立八營於大橋角與之持鴻章以賊屬集西路志在保無錫援蘇州乃令鶴章銘傳守後路抽銳卒會學啟合破賊屯蘇錫之賊皆大困賊陷江甯蘇杭爲三大窟而蘇則其脊脅也故李秀成百計援之譚紹洸尤凶狡誓死守附城築長牆石壘堅不可猝拔十月鴻章親視師以礮毀之城賊爭權相猜謀反正刺殺譚紹洸開門納軍時降酋八人皆擁重兵號十萬歃血誓共生死要顯秩學啟言不殺八人後必爲患鴻章意難之學啟拂衣出鴻章笑語爲解明日八人出城受賞留飲即坐上數其罪斬之學啟入城諭定其衆搜殺悍黨二千餘人捷聞賞太子太保銜黃馬褂十一月鶴章等復無錫進攻常州以應江甯圍軍學啟出太湖圖嘉興以應浙軍鼎新等軍先入浙收平湖海鹽賊爭應官軍所至輒下三年二月學啟急攻嘉興親搏戰登城克之中彈死四月克常州禽斬僞護王陳坤書賞騎都尉世職常勝軍慙無功戈登辭歸國乃撤其軍廷議江甯久未下促鴻章會攻鴻章以金陵破在旦夕託辭延師六月曾軍克江甯捷書至鴻章遂分軍令銘傳盛波由東壩取廣德鼎新秉璋由松江攻湖州松林鼎勳由滬航海援閩賊平封一等肅毅伯賞戴雙眼花翎四年四月科爾沁親王僧格林沁戰歿曹州以曾國藩爲欽差大臣督其軍鴻章署兩江總督命率所部駐防豫西兼備勦京東馬賊甘肅回匪鴻章言兵勢不能遠分且籌餉造械臣離江南皆無可委託爲今日計必先固捻而後圖回赴豫之師必須多練馬隊廣置車騾非可猝辦詔寢其行時曾國藩督軍勦捻久無功命回兩江而以鴻章署欽差代之敗東捻任柱賴文洸於湖北六年正月授湖廣總督賊竄河南渡運河濟南戒嚴初曾國藩議憑河築牆遏賊奔竄鴻章守其策而注重運西飭豫軍提督宋慶張曜及周盛波劉秉璋分守山東東平以上自靳口至濟甯楊鼎勳分守趙村石佛至南陽湖李昭慶分守攤上黃林莊至韓莊八牌皖軍黃秉鈞等分守宿遷運河上下游互爲策應使賊不得出運六月抵濟甯賊由濰縣趨竄登萊鴻章復議倡入海隅聚殲之乃創膠萊河防策令銘傳鼎新築長牆二百八十餘里會合豫軍東軍分汛設守時賊集萊陽即墨間屢撲堤牆不得出七月賊由海神廟潛渡濰河山東守將王心安不及禦膠萊防潰朝旨切責將能防鴻章抗疏言運河東南北三面賊氛蹂躪其受害者不過數府州縣若驅過運西則江皖東豫楚數省之地流毒無窮乃堅持前議嚴扼運防令銘傳松林鼎勳三軍往來躡擊十月追至贛榆降酋潘貴升斃任柱於陣捻勢漸衰賴文洸挈衆竄山東戰屢敗遁入海濱官軍圍擊之斬獲三萬賴文洸走死揚州東捻平賞加一騎都尉世職七年正月西捻張總愚由山右渡河北竄定州京師大震詔奪職鴻章督軍入直疏言勦辦流寇以堅壁清野爲上策東捻流竄豫東淮北所至民築圩寨深溝高壘以禦之賊往往不得一飽故其畏圩寨甚於畏兵河北平原千里無險可守設此則竄彼迎左則趨右縱橫馳突無處不流且自渡黃入晉沿途擄獲騾馬愈衆步賊多改爲騎趨避捷肆擾尤易自古辦賊必以彼此強弱飢飽爲定衡賊未必強於官軍但彼騎多而我騎少今欲絕賊糧斷賊騎惟有嚴諭紳民堅築圩寨一聞警信即收糧草牲畜老弱壯丁於內賊至無所掠食兵至轉可買食賊雖流而其計漸窮或可剋期撲滅也二月鴻章督軍進德州敗賊安平饒陽三月賊竄晉州渡滹沱河南入豫復折竄直隸撲山東東昌四月趨茌平德平出德州西奔吳橋東光偪天津下部議處命總統北路軍務限一月殄滅鴻章以捻騎久成流寇非就地圈圍終不足制賊之命三口通商大臣崇厚及左宗棠皆以爲言而直隸地平曠無可圈圍欲就東海南河形勢必先扼西北運河尤以東北至津沽西南至東昌張秋爲鎖鑰乃掘倉州迤南捷地壩洩運水入減河河東築長牆斷賊竄津之路東昌運防則淮軍自城南守至張秋東皖諸軍自城北守至臨清並集民團協防閏四月以勦賊逾限予嚴議時賊爲官軍所偪奔突不常以北路軍勢重銳意南行迴翔陵縣臨邑間旁擾茌平德平犯臨清運防鴻章慮久晴河涸民團不可恃且晝夜追奔疲士卒議乘黃河伏汛縮地紮圈以運河爲外圍以馬頰河爲裏圈其時官軍大敗賊於德州揚丁莊又追敗之商河張總愚率悍黨遁濟陽沿河北出德州犯運防上竄鹽山滄州官軍扼截之不得出轉趨博平清平適黃運暨徒駭交漲東昌臨清張秋牐河水深不可越河西北岸長牆緜亙賊竄地迫狹勢益困鴻章增調劉銘傳軍期會前敵分屯茌平之桃橋南鎭至博平東昌圈賊徒駭黃運之內而令馬隊週迴兜逐賊無一生者張總愚投水死西捻平詔復原官加太子太保銜以湖廣總督協辦大學士八月入覲賜紫禁城內騎馬八年二月兼署湖北巡撫十二月詔援黔未行改援陝九年七月勦平北山土匪值天津教堂滋事命移軍北上案結調直隸總督兼北洋通商事務大臣十月日本請通商授全權大臣與定約十二年五月授大學士仍留總督任六月授武英殿大學士十三年調文華殿大學士國家舊制相權在樞府鴻章與國藩爲相皆總督兼官非眞相然中外繫望聲出政府上政府亦倚以爲重其所經畫皆防海交鄰大計思以西國新法導中國以求自強先急兵備尤加意育才初與國藩合疏選幼童送往美國就學歲百二十人期以二十年學成歲歸爲國效用乃未及終學而中輟鴻章爭之不能得隨分遣生徒至英德法諸國留學及建海軍將校盡取才諸生中初在上海奏設外國學館及涖天津奏設武備海陸軍又各立學堂是爲中國講求兵學之始嘗議製造輪船疏言西人專恃其礮輪之精利橫行中土於此而曰攘夷固虛妄之論即欲保和局守疆土亦非無具而能保守之也士大夫囿於章句之學苟安目前遂有停止輪船之議臣愚以爲國家諸費皆可省惟養兵設防練習槍礮製造兵輪之費萬不可省求省費則必屏除一切國無與立終無自強之一日矣光緒元年臺灣事變王大臣奏籌善後海防六策鴻章議曰歷代備邊多在西北其強弱之事主客之形皆適相埒且猶有中外界限今則東南海疆萬餘里各國通商傳教往來自如陽託和好陰懷吞噬一國生事諸國構煽實爲數千年來未有之變局輪船電報瞬息千里軍火機器工力百倍又爲數千年來未有之強敵而環顧當世餉力人才實有未逮雖欲振奮而莫由易曰窮則變變則通蓋不變通則戰守皆不足恃而和亦不可久也近時拘謹之儒多以交涉洋務爲恥巧者又以引避自便若非朝廷力開風氣破拘攣之故習求制勝之實際天下危局終不可支日後乏才且有甚於今日者以中國之大而無自強自立之時非惟可憂抑亦可恥鴻章持國事力排衆議在畿疆三十年晏然無事獨究討外國政學法制兵備財用工商藝業聞歐美出一新器必百方營購以備不虞嘗設廣方言館機器製造局輪船招商局開磁州開平煤鐵礦漠河金礦廣建鐵路電綫及織布局醫學堂購鐵甲兵艦築大沽旅順威海船塢臺壘遴武弁送德國學水陸軍械技藝籌通商日本派員往駐創設公司船赴英貿易凡所營造皆前此所未有也初鴻章辦海防政府歲給四百萬其後不能照撥而戶部又奏立限制不令購船械鴻章雖屢言而事權不屬蓋終不能竟厥功焉三年晉豫旱災鴻章力籌振濟時直隸亦患水永定河居五大河之一累年漫決害尤甚鴻章修復金門牐及南上北三灰壩蘆溝橋以下二百餘里改河築堤綏其溜勢別濬大清河滹沱河北運河減河以資宣洩自是水患稍紓五年命題穆宗毅皇帝孝哲毅皇后神主賞加太子太傅銜六年巴西通商以全權大臣定約八年丁母憂諭俟百日後以大學士署理直隸總督鴻章累辭始開缺仍駐天津督練各軍並署通商大臣朝鮮內亂鴻章時在籍趣赴天津代督張樹聲飭提督吳長慶率淮軍定其亂鴻章策定朝鮮善後事宜九年復命署總督累乞終制不允十年法越搆兵雲貴總督岑毓英督師援越法乃自請講解鴻章與法總兵福祿諾議訂條款旣竣而法人伺隙陷越諒山薄鎭南關兵艦馳入南洋分擾閩浙臺灣邊事大棘北洋口岸南始烟臺北迄山海關延袤幾三千里而旅順口實爲首衝乃檄提督宋慶水師統領提督丁汝昌守旅順副將羅榮光守大沽提督唐仁廉守北塘提督曹克忠總兵葉志超守山海關內外總兵全祖凱守烟臺首尾聯絡海疆屹然十一年法大敗於諒山計窮復尋成授全權大臣與法使巴德納增減前約事平下部議敘是年朝鮮亂黨入王宮戕執政大臣六人提督吳兆有以兵入護誅亂黨傷及日本兵日人要索議統將罪鴻章嚴拒之而允以撤兵寢其事九月命會同醇親王辦理海軍十二年以全權大臣定法國通商滇粵邊界章程十三年會訂葡萄牙通商約十四年海軍成船二十八艘

飭海軍提督丁汝昌統率全隊周歷南北印度各海而習風濤練陣技歲率爲常十五年太后歸政賞用紫韁十七年平熱河教匪議敍十九年正月鴻章年七十兩宮賜壽二十年賞戴三眼花翎而日朝變起初鴻章籌海防十餘年練軍簡器外人震其名謂非用師逾十萬不能攻旅順取天津威海故俄法之釁皆知有備而退至是中興諸臣及湘淮軍名將皆老死鮮有存者鴻章深知將士多不可恃器械缺乏不應用方設謀解紛難而國人以爲北洋海軍信可恃爭起言戰廷議遂銳意用兵初敗於牙山繼敗於平壤日本乘勝內侵連陷九連鳳凰諸城大連旅順相繼失復據威海衞劉公島奪我兵艦海軍覆喪殆盡於是議者交咎鴻章褫其職以王文韶代督直隸命鴻章往日本議和二十一年二月抵馬關與日本全權大臣伊藤博文陸奧宗光議多要挾鴻章遇刺傷面創甚而言論自若氣不少衰日皇遣使慰問謝罪卒以此結約解兵會訂條款十二割臺灣畀之日本悉交還侵地七月回京入閣辦事十二月俄皇加冕充專使致賀兼聘德法英美諸國二十二年正月陛辭上念垂老遠行命其子經方經述侍行外人夙仰鴻章威望所至禮遇逾等至稱爲東方畢士馬克與俄議新約由俄使經總署訂定世傳中俄密約七閏月回京復命兩宮召見慰勞有加命直總理各國事務衙門二十三年充武英殿總裁二十四年命往山東查勘黃河工程疏稱遷民築堤成工匪易惟擇要加修兩岸隄埝疏通海口尾閭爲救急治標之策下其奏核議施行十月出督兩廣二十六年賞用方龍補服拳匪肇亂八國聯軍入京兩宮西狩詔鴻章入朝充議和全權大臣兼督直隸有此行爲安危存亡所係勉爲其難之語鴻章聞警兼程進先以兵勦畿甸匪孑身入京左右前後皆敵軍日與其使臣將帥爭盟約卒定和約十二款二十七年七月講成相率退軍大亂之後公私蕩然鴻章奏陳善後諸務開市肆通有無施粥散米中外帖然並奉詔行新政設政務處充督辦大臣旋署總理外務部事積勞嘔血薨年七十有九事聞兩宮震悼賜祭葬贈太傅晉封一等侯諡文忠入祀賢良祠安徽浙江江蘇上海江寧天津各建祠以祀並命於京師特建專祠漢臣祀京師蓋異數也鴻章長軀疏髯性恢廓處榮悴顯晦及事之成敗不易常度時以詼笑解紛難尤善外交陰陽開闔風采凜然外國與共事者皆一時偉人及八國定盟其使臣大將多後進視鴻章皆丈人行也故兵雖勝未敢輕中國聞其薨咸集弔唁曰公所定約不敢渝其任事持大體不爲小廉曲謹自壯至老未嘗一日言退嘗以曾國藩晚年求退爲無益之請受國大任死而後已馬關定約還論者未已或勸之歸鴻章則言於國實有不能恝然之誼今事敗求退更誰覬乎其忠勤皆類此居恆好整以暇案上置宋搨蘭亭日臨摹百字飲食起居皆有恆晷長於奏牘時以曾李並稱云鴻章初以兄子經方爲子後生子經述賞四品京堂襲侯爵經邁侍郎

論曰中興名臣與兵事相終始其勳業往往爲武功所掩鴻章既平大難獨主國事數十年內政外交常以一身當其衝國家倚爲重輕名滿全球中外震仰近世所未有也生平以天下爲己任忍辱負重庶不愧社稷之臣惟才氣自喜好以利祿驅衆志節之士多不樂爲用緩急莫恃卒致敗誤疑謗之起抑豈無因哉

左宗棠

左宗棠字季高湖南湘陰人父觀瀾廩生有學行宗棠道光十二年舉人三試禮部不第遂絕意仕進究心輿地兵法喜爲壯語驚衆名在公卿間嘗以諸葛亮自比人目其狂也胡林翼亟稱之謂橫覽九州更無才出其右者年且四十顧謂所親曰非夢卜敻求殆無幸矣咸豐初廣西盜起張亮基巡撫湖南禮辟不就林翼敦勸之乃出敍守長沙功由知縣擢同知直隸州亮基移撫山東宗棠歸隱梓木洞駱秉章至湖南復以計劫之出佐軍幕倚之如左右手僚屬白事輒問季高先生云何由是忌者日衆謗議四起而名日聞同里郭嵩燾官編修一日文宗召問若識舉人左宗棠乎何久不出也年幾何矣過此精力已衰汝可爲書諭吾意當及時出爲吾辦賊林翼聞而喜曰夢卜敻求時至矣六年曾國藩克武昌奏陳宗棠濟師濟餉功詔以兵部郎中用俄加四品卿銜會秉章劾罷總兵樊燮燮構於總督官文爲蜚語上聞召宗棠對簿武昌秉章疏爭之不得林翼國藩皆言宗棠無罪且薦其才可大用肅順潘祖蔭亦誦言總督惑於浮辭故得不逮俄而朝旨下命以四品京堂從國藩治軍初國藩創立湘軍諸軍遵其營制獨王鑫不用宗棠募五千人參用鑫法號曰楚軍十年八月宗棠既成軍而東僞翼王石達開竄四川詔移師討蜀國藩林翼以江皖事急合疏留之時國藩進兵皖南駐祁門僞侍王李世賢忠王李秀成糾衆數十萬圍祁門宗棠率楚軍道江西轉戰而前遂克德興婺源賊趨浮梁景德鎭斷祁門餉道宗棠還師擊之大戰於樂平鄱陽僵尸十餘萬世賢易服逃而徽州賊亦遁浙江自是江皖軍勢始振十一年詔授太常寺卿襄辦江南軍務乃率楚軍八千人東援浙朝命國藩節制浙江國藩薦宗棠足任浙事宗棠部將名者劉典王開來王文瑞王沐數軍單薄不足資戰守乃奏調蔣益澧於廣西劉培元魏喻義於湖南皆未至而宗棠以數千人策應七百餘里指揮若定國藩服其整暇已而杭州陷復疏薦之遂授浙江巡撫時浙地唯湖衢二州未陷賊國藩與宗棠計以保徽州固饒廣爲根本奏以三府屬縣賦供其軍設婺源景德河口三稅局裨之三府防軍悉隸宗棠賊大舉犯婺源親督軍敗之同治元年正月詔促自衢規浙宗棠奏言行軍之法必避長圍防後路臣軍入衢則徽婺疎虞又成糧盡援絕之勢今由婺源攻開化分軍扼華埠收遂安使饒廣相庇以安然後可以制賊而不爲賊制二月克遂安世賢自金華犯衢州連擊敗之而皖南賊復陷寧國遣文瑞往援克績溪十一月喻義克嚴州二年正月益澧及高連陞熊建益王德榜余佩玉等克金華紹興浙東諸郡縣皆定杭州賊震怖悉衆拒富陽時諸軍爭議乘勝取杭城宗棠不喜攻堅謂皖南賊勢猶盛治寇以殄滅爲期勿貪近功乃自金華進軍嚴州令劉典將八千人會文瑞防徽州以培元德榜駐淳安開化而益澧攻富陽劾罷道府及失守將吏十七人舉浙士吳觀禮等振荒招墾足裕軍食四月授浙閩總督兼巡撫事劉典軍既至皖南遂留屯益澧攻富陽軍僅萬餘人皆病疫宗棠亦患瘧困憊富陽圍久不下乃簡練舊浙軍兼募外國軍助之攻七月李鴻章江蘇軍入浙攻嘉善嘉興寇北援於是水陸大舉攻富陽克之益澧等長驅擣杭州魏喻義康國器攻餘杭宗棠以杭賊恃餘杭爲犄角非先下餘杭收海寧不能斷嘉湖援濟餉至餘杭視師是時皖賊古隆賢反正官軍連下建平高淳諸邑金陵賊呼秀成入謀他竄獨世賢踞溧陽與廣德賊比中梗官軍鴻章既克嘉善上言當益軍攻嘉興會浙師取常州而廣德賊已由寧國竄浙宗棠慮賊分擾江西福建乃檄張運蘭率所部趨福建召劉典防江西海寧賊蔡元隆以城降更名元吉後遂爲驍將三年二月元吉會江蘇軍克嘉興杭州賊陳炳文勢蹙約降猶慮計中變乘雨急攻之夜啟門遁杭州復餘杭賊汪海洋亦東走捷聞加太子少保銜賜黃馬褂移駐省城申軍禁招商開市停杭關稅減杭嘉湖稅三之一益澧爲布政使亦輕財致士一時翕然稱之羣賊衆湖州乃移軍合圍先攻菱湖三月江蘇軍克常州賊敗竄徽婺趨江西世賢踞崇仁海洋踞東鄉宗棠以賊入江西爲腹心患奏請楊岳斌督江西皖南軍以劉典副從之六月曾國荃克江寧洪秀全子福瑱奔湖州俄復潰走獲於南昌七月克湖州蕆定浙地論功封一等恪靖伯餘賊散走徽甯江西廣東折入汀州福建大震乃奏請之總督任以益澧護巡撫增調德榜軍至閩四年三月江蘇軍郭松林來會師賊棄漳州出大埔五月進攻永定世賢海洋既屢敗傷精銳過半歸誠者三萬宗棠進屯漳州踰賊武平於是賊竄廣東之鎭平而福建亦定乃檄康國器關鎭平兩軍入粵王開琳一軍入贛防江西劉典軍趨南安防湖南留高連陞黃少春軍武平伺賊進退六月賊大舉犯武平力戰卻之世賢投海洋爲所戕賊黨益猜貳詔以宗棠節制三省諸軍十月賊陷嘉應宗棠移屯和平琯溪德榜慮帥屯孤懸自請當中路劉典聞德榜軍趨前亦引軍疾進猝遇賊敗賊追典掠德榜屯而過槍環擊之輒反走是夜降者逾四萬言海洋中礮死矣士氣愈奮時鮑超軍亦至賊出拒又大敗之合閩浙江粵軍圍嘉應十二月賊開城遁扼諸屯不得走跪乞免者六萬餘俘斬賊將七百三十四首級可計數者萬六千詔錫雙眼花翎五年正月凱旋宗棠以粵寇既平首議減兵併餉加給練兵又以海禁開非製備船械不能圖自強乃創船廠馬尾山下薦起沈葆楨主其事會王師征西陲回亂久無功詔宗棠移督陝甘十月簡所部三千人西發令劉典別募三千人期會漢口中途以西捻張總愚竄陝西命先入秦剿賊陝甘回衆數至百萬與捻合宗棠行次武昌上奏曰臣維東南戰事利在舟西北戰事利在馬捻回馬隊馳騁平原官軍以步隊當之必無幸矣以馬力言西產不若北產之健捻馬多北產故捻之戰悍於回臣軍止六千今擬購口北良馬習練馬隊兼製雙輪礮車由襄鄧出紫荊關徑商州以赴陝西經營屯田爲久遠之規是故進兵陝西必先清關外之賊進兵甘肅必先清陝西之賊駐兵蘭州必先清各路之賊然後餽餉常通師行無阻至於進止久速隨機赴勢伏乞假臣便宜寬其歲月俾得從容規畫以要其成六年春提兵萬二千以西議以礮車制賊馬而以馬隊當步賊捻倏見礮車皆不戰狂奔時陝西巡撫劉蓉已解任總督楊岳斌請歸益急詔寗夏將軍穆圖善署總督宗棠以欽差大臣督軍務分軍三道入關而皖南鎭總兵劉松山率老湘軍九千人援陝山西按察使陳湜主河防其軍皆屬焉松山既屢敗捻又合蜀軍將黃鼎皖軍將郭寶昌大破之富平捻掠三原沿渭北東趨回則分黨西犯廧集北山宗棠以捻强於回當先制捻檄諸

軍趨河結營期蹙而殲之涇洛間捻乘軍未集又折而西渡涇渭竄豫鄂已而大軍進逼勢不復能南乃趨白水乘大風雨鏟走入北山宗棠防捻回合勢且北山荒瘠師行糧不繼因急扼耀州十月捻敗走宜川別黨果竄耀州合回匪攻同官留防軍不能禦典連陞軍馳救大破之諸軍將雖屢敗捻終率於回師行滯而捻大衆在宜川者益北擾延長掠綏德趨葭州回亦自延安出陷綏德宗棠自以延綏迭失上書請罪部議革職時北山及扶岐汧隴邠鳳諸回所在響應捻自南而北千有餘里回自西而東亦千有餘里陝西主客軍能戰者不及五萬然回當之輒敗松山等克綏德回走米脂捻復分道南竄於是劉厚基出東北追回松山等循西岸要捻師抵宜川回大出遮官軍留戰一日破之而捻遂取間道逾山至壺口乘冰橋渡河宗棠奉朝旨山右毗連畿輔令自率五千人赴援以劉典代督陝甘軍六年十二月捻自垣曲入河南益北趨定州游騎犯保定京師戒嚴詔切責督兵大臣自宗棠鴻章及河南巡撫李鶴年直隸總督官文皆奪職宗棠至保定松山等連破賊深祁饒晉當是時捻馳騖數百里間由直隸竄河南山東已復渡運越吳橋犯天津鴻章議築長圍制賊宗棠謂當且防且勦西岸固守必東路有追勦之師乃可掣其狂奔之勢上兩從其議於是勤王師大集宗棠駐軍吳橋捻徘徊陵邑濟陽合淮豫軍迭敗之總愚走河濱以死西捻平入覲天語褒嘉且詢西陲師期宗棠對以五年後卒如其言爲七年十月率師還陝抵西安時東北土寇董福祥等衆十餘萬擾延安綏德西南陝回白彥虎等號二十萬踞甘肅董志原松山至破土寇降福祥而回益四出勦掠其西南竄出者並力擾秦川黃鼎破之宗棠進軍乾州諜報回巢將從金積堡分軍擊之遂下董志原連復鎮原慶陽回死者至三萬督丁壯耕作教以區田代田法擇斂荒地發帑金巨萬悉取所收饑民及降衆十七萬居焉遂以八年五月進駐涇州甘回最著者西曰馬朵三踞西寧南曰馬占鰲踞河州北曰馬化隆踞甯夏靈州化隆以金積堡爲老巢堡當秦漢兩渠間扼黃河之險擅鹽馬茶大利環堡五百餘寨黨衆嘯聚掠取漢民產業子女陝回時時與通市相爲首尾化隆以新教煽回民購馬造軍械而陽輸誠紿穆圖善董志原既平陝回竄靈州化隆上書爲陝回乞撫宗棠察其詐備三月糧先攻金積堡以爲收功全隴之基及松山追陝回至靈州扼永靈洞化隆懼仍代陝回乞撫謀緩兵穆圖善信之日言撫綏遠城將軍至劾松山濫殺激變然化隆實無意降也密召諸回並出抗軍餉十一月宗棠進駐平涼九年松山陣歿以其兄子錦棠代之戰屢捷而中路南路軍亦所向有功陝回受撫者數千人及奪秦壩關化隆益窘詣軍門乞降誅之夷其城堡遷甘回固原平涼陝回化平而編管鈐束之甯靈悉定奏言進規河湟而是時有伊犂之變詔宗棠分兵屯肅州乃遣徐占彪將六千人往十年七月自率大軍由平涼移駐靜寧八月至安定寇衆河州其東出必繞洮河三甲集集西太子寺再西大東鄉皆險要諸將分擊悉破平之時回酋朵三已死占鰲見官軍深入西寧回已覊順去路絕遂亦受撫河州平十一年七月移駐蘭州占彪前以伊犂之變率師而西也於時肅州阻亂回酋馬文祿先已就撫聞關外兵事急復據城叛及占彪軍至乃嬰城固守而乞援西寧陝回白彥虎禹得彥亦潛應文祿會錦棠率軍至西寧土回及陝回俱變推馬本源爲元帥西甯東北阻湟水兩山對峙古所稱湟中也賊據險而屯俄敗走遺棄馬騾滿山谷竄巴燕戎格大通都司馬壽復嗾向陽堡回殺漢民以叛十二年正月錦棠攻向陽堡奪門入斬馬壽遂破大通擣燕巴戎格誅本源河東西諸回堡皆降文祿踞肅州詭詞求撫益招致邊外回助城守連攻未能下八月宗棠來視師文祿登城見帥旗奪氣請出關討賊自效不許金順錦棠軍大集文祿窮蹙出降磔之白彥虎竄遁關外肅州平以陝甘總督協辦大學士加一等輕車都尉奏請甘肅分闈鄉試設學政十三年晉東閣大學士留治所自咸豐初天下大亂粵盜最劇次者捻逆次者回宗棠既手戡定之至是陝甘悉靖而塞外平回朝廷尤矜寵焉塞外回酋曰帕夏本安集延部之和碩克伯也安集延故屬敖罕敖罕爲俄羅斯所滅安集延獨存帕夏畏俄逼闌入邊據喀什噶爾稍蠶食南八城又攻敗烏魯木齊所踞回妥明妥明者西甯回也初以新教游關外同治初乘陝甘漢回搆變倡亂據烏城帕夏既攻敗妥明降之遂併有北路伊犂諸城收其賦入妥明旋被逐走死而白彥虎竄處烏城仍隸帕夏帕夏能屬役回衆通使結援英俄購兵械自備英人陰助之欲令別立爲國用捍蔽俄當是時俄以回數擾其邊境遽引兵逐回取伊犂且言將代取烏魯木齊光緒元年宗棠既平關隴將出關而海防議起論者多言自高宗定新疆歲糜數百萬此漏卮也今至竭天下力贍西軍無以待不虞尤失計宜徇英人議許帕夏自立爲國稱藩罷西征專力海防鴻章言之尤力宗棠曰關隴新平不及時規還國家舊所沒地而割棄使別爲國此坐自遺患萬一帕夏不能有不西爲英併即北折而入俄耳吾地坐縮邊要盡失防邊兵不可減糜餉自若無益海防而挫國威且長亂此必不可軍機大臣文祥獨善宗棠議遂決策出塞不罷兵授宗棠欽差大臣督軍事金順副之二年三月次肅州五月錦棠北逾天山會金順軍先攻烏魯木齊克之白彥虎遁走托克遜九月克瑪納斯南城北路平乃規南路令曰回部爲安酋驅迫厭亂久矣大軍所至勿淫掠勿殘殺王者之師如時雨此其時也三年三月錦棠攻克達坂城悉釋所禽纏回縱之歸南路恟懼翼日收托克遜城而占彪及孫金彪兩軍亦連破諸城隘合羅長祜等軍收吐魯番降纏回萬餘帕夏飲藥死其子伯克胡里殺其弟走喀什噶爾白彥虎走開都河宗棠欲遂禽之奏未上適庫倫大臣上言西事宜畫定疆界而廷臣亦謂西征費鉅今烏城吐魯番既得可休兵宗棠歎曰今時有可乘乃爲畫地縮守之策乎抗疏爭之上以爲然時俄方與土耳其戰金順請乘虛襲伊犂宗棠曰不可師不以正彼有辭矣八月錦棠會師曲會遂由大道向開都河爲正兵余虎恩等奇兵出庫爾白彥虎走庫車趨阿克蘇錦棠邀擊之轉逼喀什噶爾大軍還定烏什遂收南疆東四城何步雲以喀什漢城降伯克胡里既納白彥虎乃幷力攻漢城大軍至復遁走俄西四城相繼下宗棠露布以聞詔晉二等侯布魯特十四部爭內附十四年正月條上新疆建行省事宜幷請與俄議還伊犂交叛人二事詔遣全權大臣崇厚使俄俄以通商分界償欵三端相要崇厚遽定約爲朝士所糾議久不決宗棠奏曰自俄踞伊犂蠶食不已新疆乃有日蹙百里之勢俄視伊犂爲外府及我索地則索償盧布五百萬元是俄還伊犂於俄無損我得伊犂僅一荒郊今崇厚又議界俄陬爾果斯河及帖爾斯河是劃伊犂西南之地歸俄也武事不競之秋有割地求和者矣茲一矢未加遽捐要地此界務之不可許者也俄商志在貿易其政府即廣設領事欲藉通商深入腹地此商務之不可許者也臣維俄人包藏禍心妄忖吾國或厭用兵遂以全權之使臣牽制疆臣爲今之計當先之以議論委婉而用機次決之以戰陳堅忍而求勝臣雖衰慵無似敢不勉旃上壯其言嘉許之崇厚得罪去命曾紀澤使俄更前約於是宗棠乃自請出屯哈密規復伊犂以金順出精河爲東路張曜沿特克斯河爲中路錦棠經布魯特游牧爲西路而分遣譚上連等分屯喀什噶爾阿克蘇哈密爲後路聲援合馬步卒四萬餘人六年四月宗棠輿櫬發肅州五月抵哈密俄聞王師大出增兵守伊犂納林河別以兵船翔海上用震撼京師同時天津奉天山東皆警七月詔宗棠入都備顧問以錦棠代之而俄亦懾我兵威恐事遂決裂明年正月和議成交還伊犂防海軍皆罷宗棠用兵善審機不常其方略籌西事尤以節兵裕餉爲本謀始西征慮各行省協助餉不時至請一借貸外國沈葆楨尼其議詔曰宗棠以西事自任國家何惜千萬金爲撥款五百萬敕自借外國債五百萬出塞凡二十月而新疆南北城盡復者饋餉饒給之力也初議西事主興屯田聞者迂之及觀宗棠奏論關內外舊屯之弊以謂挂名兵籍不得更事農宜畫兵農爲二簡精壯爲兵散愿弱使屯墾然後人服其老謀既入覲賜紫禁城騎馬使內侍二人扶掖上殿授軍機大臣兼值譯署國家承平久武備弛不振而海外諸國爭言富強雖中國屢平大難彼猶私議以爲脆弱也及宗棠平帕夏外國乃稍稍傳說之其初入京師內城有教堂高樓俯瞰宮殿民間讙言左侯至樓即燬矣爲示諭曉乃止其威望在人如此然值軍機譯署同列頗厭苦之宗棠亦自不樂居內引疾乞退九月出爲兩江總督南洋通商大臣嘗出巡吳淞過上海西人爲建龍旗聲礮迎導之維謹九年法人攻越南自請赴滇督師檄故吏王德榜募軍永州號恪靖定邊軍法旋議和止其行十年滇越邊軍潰召入都再直軍機法大舉內犯詔宗棠視師福建檄王鑫子詩正潛軍渡臺灣號恪靖援臺軍詩正至臺南爲法兵所阻而德榜會諸軍大捷於諒山和議成再引疾乞退七月卒於福州年七十三贈太傅諡文襄祀京師昭忠祠賢良祠並建專祠於湖南及立功諸省宗棠爲人多智略內行甚篤剛峻自天性穆宗嘗戒其褊衷始未出與國藩林翼交氣陵二人出其上中興諸將帥大率國藩所薦起雖貴皆尊事國藩宗棠獨與抗行不少屈趣舍時合時不合國藩以學問自歛抑議外交常持和節宗棠鋒穎凜凜向敵矣士論以此益附之然好自矜伐故出其門者成德達材不及國藩之盛云子四人孝威舉人以廕爲主事先卒旌表孝行孝寬郎中孝勛兵部主事孝同江蘇提法使孫念謙襲侯爵通政司副使

論曰宗棠事功著矣其志行忠介亦有過人廉不言貧勤不言勞待將士以誠信相感善於治民每克一地招徠撫綏衆至如歸論者謂宗棠有霸才而治民則以王道行之信哉宗棠初出治軍胡林翼爲書告湖南曰左公不顧家請歲籌三百六十金以贍其私曾國藩見其所居幕陋小爲別製二幕貽之其廉儉若此初與國藩論事不治及聞其薨乃曰謀國之忠知人之明自媿不如志益

遠矣

清史稿　　　　列傳二百

曾國荃 弟貞幹　沈葆楨

劉坤一

曾國荃，字沅甫，湖南湘鄉人，大學士國藩之弟也。少負奇氣，從國藩受學京師。咸豐二年，舉優貢。六年，粵匪石達開犯江西，國藩兵不利，國荃欲赴兄急，與新授吉安知府黃冕議，請於湖南巡撫駱秉章，使募勇三千人，別以周鳳山一軍合六千人，同援江西。十一月，克安福，連破賊於大汾河、千金坡，進攻吉安，下旁數縣。七年春，丁父憂回籍。夏，賊麕聚吉安，周鳳山軍敗潰，時王鑫、劉騰鴻皆喪亡，士氣衰沮。江西巡撫耆齡奏起國荃統吉安諸軍，軍復振。冬，敗石達開於三曲灘，吉安圍始合。八年春，克吉水、萬安。八月，督水師毀白鷺洲賊船，破城外堅壘，遂克吉安，禽賊首李雅鳳。以功累擢知府。撤軍還長沙。九年，復赴江西，率朱品隆等軍五千餘人援剿景德鎭。時諸軍與賊相持數月，莫肯先進，國荃至，乃合力敗援賊於浮梁南，三戰皆捷，火鎭市，追殲賊及半，克浮梁，擢道員。江西肅清，國藩出九江至黃州，與胡林翼議分路圖皖，國荃留軍巴河，自還湖南增募爲萬人。多隆阿、鮑超等既大破賊於太湖、潛山，十年閏三月，國荃乃進軍集賢關，規攻安慶。陳玉成來援，擊走之。十一年，陳玉成復糾捻衆至於菱湖兩岸築堅壘，與城賊更番來犯。國荃調水師入湖，令弟貞幹築壘湖東以禦之。會陳玉成在桐城爲多隆阿所敗，還趨集賢關，迎擊破之。玉成由馬踏石遁走，仍留黨踞赤岡嶺，與菱湖賊壘犄角。國荃困以長濠，鮑超來合攻，悉破其壘，禽斬萬餘。進破安慶城外賊營，燬東門月城。惟北門三石壘堅不可下，令降將程學啟選死士緣礮穴入，拔之。陳玉成屢爲多隆阿所創，收餘衆，糾合捻匪，復屯集賢關，襲官軍後路，城賊葉芸來亦傾巢出撲。國荃憑濠而戰，屢擊卻，仍復進，增築新壘，遣貞幹合水師扼菱湖，絕賊糧路。八月，以地雷轟城，克之，殲賊萬餘，俘數千。捷聞，以按察使記名，加布政使銜，賜黃馬褂；尋以追殄餘賊，賜號偉勇巴圖魯。

於是國藩進駐安慶，國荃率師東下，規江甯，克無爲州，破運漕鎭，拔東關，加頭品頂戴。分兵守諸隘，自回湖南增募勇營。同治元年，授浙江按察使，遷江蘇布政使。詔以軍務緊要，毋庸與兄國藩迴避同省。三月，率新募六千人至軍，自循江北岸，令弟貞幹循南岸，彭玉麐等率水師同進，拔銅城牐、雍家鎭諸隘，復巢縣、含山、和州，克裕溪口、西梁山，渡江會攻金柱關，乘間襲太平，克之；回克金柱關，貞幹亦克蕪湖。令彭毓橘截敗賊於薛鎭渡口，大破之。五月，連奪秣陵關、大勝關要隘，水師進扼江甯護城河口，陸師逕抵城南雨花臺駐屯，賊來爭，皆擊卻之。國藩猶以孤軍深入爲慮，國荃謂舍老巢勿攻，浪戰無益，逼城足以致敵，雖危事有可爲。會秋疫大作，士卒病者半。賊酋李秀成自蘇州糾衆數十萬來援，結二百餘壘。國荃於要隘增壘，輔以水師，先固糧道。賊環攻六晝夜，彭毓橘等乘其乏出擊，破賊營四。賊悉向東路塡濠而進，前仆後繼，國荃督軍抵禦，礮傷頰，裹創力戰，賊始退。李世賢又自浙江率十萬衆至，與秀成合攻，屢掘地道來襲，燬營牆，百計攻犯，皆未得逞。蕪湖守將王可陞率援師至，國荃簡精銳分出，焚賊數壘，餘棄壘走，進擊，大破之，先後殲賊數萬，圍乃解，秀成、世賢引去。是役以病餘之卒苦戰四十餘日，卒保危局，詔嘉獎，頒珍賚。議者欲令乘勝退保蕪湖，國荃以賊雖衆，烏合不足畏，不肯退。二年春，國藩親至視師，見圍屯堅定，始決止退軍之議。詔擢浙江巡撫，仍統前敵之軍，規取江甯。四月，攻雨花臺及聚寶門外石壘，克之。九洑洲爲江甯犄角，賊衆守最堅，國荃偕彭玉麐、楊岳斌往覘形勢，合水陸軍血戰，克之，江面遂清。連克上方橋、江東橋，近城之中和橋、雙橋門、七甕橋，稍遠之方山、土山、上方門、高橋門、秣陵關、博望城諸賊壘以次並下。國荃初至，合各路兵僅二萬，至是募圍師至五萬人。十月，分軍扼孝陵衛。李鴻章克蘇州，李秀成率敗衆分布丹陽、句容，自入江甯，勸洪秀全同走，不聽，遂留同城守。三年春，克鍾山天保城，城圍始合。賊糧匱，城中種麥濟饑。國荃迭令掘地道數十處，賊築月圍以拒，士卒多傷亡。會詔李鴻章移師會攻，諸將以城計日可破，恥借力於人，攻益力，鴻章亦不至。國荃慮師老生變，督李臣典等當賊礮密處開地道，既成，懸重賞募死士，李臣典、朱洪章、伍維壽、武明良、譚國泰、劉連捷、沈鴻賓、張詩日、羅雨春誓先登者九人。六月十六日，日加午，地道火發，城崩二十餘丈，李臣典、朱洪章等蟻附爭登，賊傾火藥轟燒，彭毓橘、蕭孚泗手刃退卒數人，遂擁入。朱洪章、沈鴻賓、羅雨春攻中路，向僞天王府；劉連捷、張詩日、譚國泰攻右路，趨神策門，朱南桂等梯城入，合取儀鳳門；其左路彭毓橘由內城至通濟門，蕭孚泗等奪朝陽、洪武門，羅逢元等從聚寶門入，李金洲從通濟門入，陳湜、易良虎從旱西、水西門入。於是江甯九門皆破，守陴賊誅殺殆盡，猶保子城。夜半，自縱火焚僞王府，突圍走，要截，斬數百人，追及湖熟，俘斬亦數百。洪秀全已前一月死，獲其屍於僞宮。其子洪福瑱年十五六，訛言已自焚死，餘黨挾之走廣德。國荃令閉城救火，搜殺餘賊，獲秀全兄洪仁達及李秀成，伏誅。凡僞王主將大小酋目三千餘皆死亂兵，斃賊十餘萬，拔難民數十萬。捷聞，詔嘉國荃堅忍成功，加太子少保，封一等伯爵，錫名威毅，賜雙眼花翎。國荃功高多謗，初奏洪福瑱已斃，既而奔竄浙江、江西，仍爲諸賊所擁，言者以爲口實，遂引疾求退，遣撤部下諸軍。溫詔慰留，再疏始允開缺回籍。四年，起授山西巡撫，辭不就。調湖北巡撫，命幫辦軍務，調舊部剿捻匪。五年，抵任，汰湖北冗軍，增湘軍六千，以彭毓橘、郭松林分統之。時捻匪往來鄂豫之交，國荃檄鮑超由棗陽趨浙川、內鄉，防西路；郭松林由桐柏、唐縣出東路；劉維楨向新野爲聲援。賊折而北竄，詔郭松林越境會剿。是年冬，敗賊於信陽、孝感。賊竄雲夢、應城、德安，郭松林擊走之，克應城、雲夢，又敗之皂河、楊澤。松林追賊臼口，中伏受重傷，其弟芳鉁戰死。彭毓橘破賊於沙口，又敗之安陸。國荃以賊多騎，難與追逐，欲困之山地，毓橘偕劉維楨屢戰，不能大創，賊竄去。總督官文與不協，國荃疏劾其貪庸驕蹇，詔解官文總督任。六年春，賊復犯德安，爲劉銘傳、鮑超所敗，遁入河南，擾及山東。詔斥諸疆吏防剿日久無功，國荃摘頂，下部議處。尋以病請開缺，允之。光緒九年，起授陝西巡撫，遷河東河道總督。二年，復調山西巡撫。比年大旱，災連數省，國荃力行賑卹，官帑之外，告貸諸行省，勸捐協濟，分別災情輕重、賑期久暫，先後賑銀一千三百萬兩、米二百萬石，活饑民六百萬，善後蠲徭役，歲省民錢鉅萬。同時荒政，山西爲各省之冠，民德之，爲立生祠。六年，以疾乞能，慰留。尋召來京。七年，授陝甘總督，命赴山海關治防，復乞病歸。八年，署兩廣總督。九年，內召。十年，署禮部尚書，調署兩江總督兼通商大臣，尋實授。時法蘭西兵犯沿海，中朝和戰兩議相持，國荃修江海防務，知上海關繫諸國商務，法兵不能驟至，敺以鎭靜。詔遣文臣分赴海疆會辦，福建疆吏遂不能主兵。國荃言權不可分，朝廷亦以其老於軍事，專倚之。命遣兵輪援臺灣，原議五實遣其三，坐下部議，革職留任。兵輪終不得達，其二折至浙洋，助戰鎭海有功。和議尋定。十一年，京察，以國荃夙著勳勤，開復處分。十五年，皇太后歸政，推恩加太子太保。國荃治兩江凡六年，總攬宏綱，不苛細故，軍民相安。十六年，卒於官，贈太傅，賜金治喪，命江甯將軍致祭，特謚忠襄，入祀昭忠祠、賢良祠，建專祠。孫廣漢，襲伯爵，官至左副都御史。

國荃弟貞幹，原名國葆，諸生。從兄國藩剿平常德、甯鄉土匪。時楊岳斌爲把總，彭玉麐爲諸生，貞幹亟稱於國藩，謂二人英毅非常，同辟領水師。初敗於岳州，貞幹自引咎，言諸將無罪。國藩東征，貞幹家居未從。及其兄國華戰歿三河，貞幹誓殺賊復仇，胡林翼使領千人，自黃州轉戰潛山、太湖，從國荃攻安慶，設計招降賊將程學啟，克城之功，學啟爲多。同治元年，與國荃分路沿江進師，破魯港，克繁昌、南陵、蕪湖，會軍雨花臺。尋染疫，將假歸，援賊至，被圍，強起任戰守，圍解而病劇，卒於軍。初以功敘訓導，加國子監學正銜，賜號迅勇巴圖魯；既破援賊，擢知府，命下而貞幹已歿。事聞，贈按察使。李鴻章爲陳戰績，詔依二品議卹，贈內閣學士，予騎都尉世職，建專祠，謚靖毅。

沈葆楨，字幼丹，福建侯官人。道光二十七年進士，選庶吉士，授編修，遷御史。數上疏論兵事，爲文宗所知。咸豐五年，出爲江西九江知府，九江已陷賊，從曾國藩筦營務。六年，署廣信府。賊酋楊輔清連陷貴溪、弋陽，將逼廣信，葆楨方赴河口籌餉，聞警馳回，郡官吏軍民多避走，妻林先刺血書乞援於浙軍總兵饒廷選，會大雨，賊滯興安，廷選先入城，賊至，七戰皆捷，解圍去。曾國藩上其城守狀，詔嘉獎，以道員用。七年，擢廣饒九南道，留筦廣信防務，數假客軍擊走竄賊，平弋陽土匪，誅安仁抗糧奸民，加按察使銜。以伉直忤大吏，乞養親去官。十年，起授吉贛南道，以親老辭，未出，命留原籍治團練。曾國藩屢薦其才，十一年，詔赴安慶大營委用。未幾，超擢江西巡撫，諭曰：「朕久聞沈葆楨德望冠時，才堪應變以其家有老親，擇江西近省授以疆寄，便其迎養，且爲曾經仕宦之區，將來樹建殊勳，光榮門戶，足承親歡。如此體恤，如此委任，諒不再以養親瀆請。葆楨奉詔感泣赴官。時浙江淪陷，左宗棠由江西進軍規復，賊酋楊輔清、李世賢合擾江西，冀斷皖浙餉道。同治元年，葆楨親赴廣信籌防，令士民築堡自衞，堅壁清野，倚用湘將王德榜、段起及席寶田、江忠義諸人，客軍並聽指揮，賊至輒擊退。二年，破黃文金於小路口，又破之於祁門，會浙軍克黟縣。賊由太平、石埭、建德擾江西，督軍進擊走之。是年秋，因病請假。初，曾國藩軍餉多倚江西，葆楨以本省軍事方殷，奏留自給。江寧前敵需餉亟，而江西協解不至，國藩疏爭。御史華祝三亦疏言兩人齟齬，慮誤大局，詔兩解之，命各分其半，別以江海關撥款濟江南軍。三年，大軍圍江寧急，賊衆擾江西，圖牽後路，詔楊岳斌移師督剿，命葆楨會商機宜。既而江甯、杭州相繼復，黃文金擁洪福瑱由浙皖竄江西爲入粵計，葆楨令席寶田追剿至石城，大破之，陣禽洪仁玕、洪仁政、黃文英等，搜獲洪福瑱於荒谷中，皆伏誅。以禽首逆功，予一等輕車都尉世職，加頭品頂戴。葆楨推功諸將，疏辭，詔嘉其開誠布公，將士用命，且江西吏治民風日有起色，宜膺殊賞，不允所請。尋乞歸養，溫詔慰留。四年，以親病請假省視，因防務急未行。丁母憂，命治喪百日，假滿仍回任，堅請終制，乃允之。六年，命爲總理船政大臣。初，左宗棠創議於福州馬尾山麓濒江設船廠，未及興工，宗棠調陝甘，疏言非葆楨莫能任。葆楨釋服始出任事，造船隖及機器諸廠，聘洋員日意格、德克碑爲監督，月由海關撥經費五萬兩，期以五年告成，附設藝童學堂，預募水勇習練駕駛，事皆創立。船材來自外國，煤炭亦購諸南洋，採辦尤易侵漁。葆楨堅明約束，一無瞻徇。布政使周開錫爲提調，延平知府李慶霖佐局事，皆爲總督所不喜，齮齕欲去之，葆楨疏爭得留。潘著吏玩抗，以軍法斬之，衆咸驚服。九年，丁父憂，仍請終制，暫解事，服闋始出。當其居憂，內閣學士宋晉疏請暫停船工，詔下酌議。葆楨上疏略謂：「自强之道，與好大喜功不同，不可以浮言搖動。且洋員合同不能廢，機廠經營不可棄，不特不能即時裁撤，五年期滿亦不可停。」推論利害切至，詔嘉納之。十一年，再莅事，先後造成兵艦二十艘，分布各海口。尋以匠徒藝成，議酌改船式，督令自造，不用洋員監督。疏陳善後事宜，並如議行。十三年，日本因商船避風泊臺灣，又爲生番所戕，藉詞調兵，覘覦番社地，詔葆楨巡視，兼辦各國通商事務。日兵已登岸結營，葆楨據理詰之，曉諭番族遵約束，修城築壘爲戰備，提督唐定奎亦率淮軍至，日人如約撤兵。乃議善後事宜，疏陳福建巡撫宜移駐臺灣，吏治軍政方能整頓，詔如所請。甫內渡，獅頭社番戕官滋事。光緒元年，復往督唐定奎等伐山開道，攻破內外獅頭等社，燬其巢，脅從者次第就撫，中路、北路亦分軍深入，諸番皆聽約束。先於琅琊增設恆春縣，至是奏設臺北府，淡水、新竹、宜蘭三縣隸之，噶瑪蘭通判移駐雞籠山，臺灣府同知移駐卑南，鹿港同知移駐水沙連。疏陳營伍積弊，請歸巡撫節制。購機器開臺北煤礦。爲明遺臣鄭成功請予謚建祠，以作臺民忠義之氣，並報可。遂撤軍內渡。事竣，擢兩江總督兼通商大臣。江南自軍事定後，已踰十年，疆吏習爲寬大。葆楨精覈吏事，治尚嚴肅，屬吏懍懍奉職，宿將驕蹇者繩以法，不稍假借。尤嚴治盜，莅任三月，誅戮近百人，莠民屏迹。皖南教案，華教士誣良民重罪，親訊得其受枉狀，反坐教士，立誅之，然後奏聞，洋人亦屈伏。淮南引地以次歸復。濬河積穀，捕蝗，禁種罌粟，諸政並實力施行。數以病乞退。五年，入覲，皇太后溫諭勉以共濟時艱，毋萌退志，自此遂不言病。是年十一月，卒於位，贈太子太保，祀賢良祠，立功各省建專祠，謚文肅。子瑋慶，賜舉人，襲一等輕車都尉世職；瑜慶，恩廕主事，官至貴州巡撫。

劉坤一，字峴莊，湖南新寧人。廩生。咸豐五年，領團練從官軍克茶陵、郴州、桂陽、宜章，敘功以教諭即選。六年，駱秉章遣劉長佑率師援江西，坤一爲長佑族叔，而年少，師事之，從軍中自領一營。長佑既克萍鄉，令進戰蘆溪、宣風鎭，連破賊，逼袁州，招降賊目李能通，於是降者相繼，守城賊何益發夜啓西門，坤一先入，復袁州，累擢直隸州知州，賜花翎。七年，克臨江，擢知府。八年，長佑以病歸，坤一代將其軍，偕蕭啓江渡贛江規撫州，克崇仁。啓江在上頓渡爲賊所困，往援，大破賊，遂復撫州，連克建昌，擢道員。九年，石達開犯湖南，坤一回援，解永州、新甯之圍，加鹽運使銜。賊竄廣西，從劉長佑追躡，復柳州。長佑擢撫廣西，令坤一駐柳州，淸餘匪悉平之，加布政使銜。進攻潯州，十一年七月，拔其城，以按察使記名。石達開回趨川楚，坤一扼之融縣，掩擊敗之，賊潰走入黔。授廣東按察使。同治元年，遷廣西布政使。劉長佑赴兩廣總督任，命坤一接統其軍，赴潯州進剿。貴縣匪首黃鼎鳳在諸匪中最狡悍，屢議剿撫不能下。二年，坤一破之於登龍橋，遂駐守之。鼎鳳老巢曰平天寨，倚山險，樹重柵，守以巨礮，覃墟相距十餘里爲犄角。坤一陽議撫，撤軍回貴縣，潛師夜襲覃墟，遂圍平天寨，復橫州。鼎鳳勢蹙，三年四月，禽鼎鳳及其黨誅之，潯州平，賜號碩勇巴圖魯。四年，剿平思恩、南甯土匪，復永湻。擢江西巡撫，令席寶田、黃少春會剿粵匪餘黨於閩邊。五年，聚殲於廣東嘉應州，加頭品頂戴。軍事既定，坤一治尚安靜，因整頓丁漕，不便於紳戶。十一年，左都御史胡家玉疏劾之，坤一奏家玉積欠漕糧，又屢貽書干預地方事，詔兩斥之。家玉獲譴，坤一亦坐先不上聞，部議降三級調用，加恩改革職留任，降三品頂戴，尋復之。命署兩江總督。光緒元年，擢兩廣總督。廣東號爲富穰，庫儲實空，出入不能相抵，議者請加鹽釐及洋藥稅。坤一以加鹽釐則官引愈滯，但嚴緝私販以暢銷路，又援成案籌款收買餘鹽，發商交運，官民交便。藥釐抽收各地輕重不同，改歸一律，無加稅之名，歲增鉅萬。吏治重在久任，令實缺各歸本任，不輕更調。禁賭以絕盜源。水陸緝捕各營分定地段，以專責成，盜發輒獲。二年，調授兩江總督。六年，俄羅斯以交還伊犂藉端要挾，詔籌防務。坤一上疏略謂：「東三省無久經戰陣之宿將勁旅，急宜綢繆。西北既戒嚴，東南不可復生波折，日本琉球之事宜早結束，勿使與俄人合以謀我。英、德諸國與俄猜忌日深，應如何結爲聲援，以伺俄人之後。凡此皆賴廟謨廣運，神而明之。」九年，法越搆釁，邊事戒嚴，坤一疏請由廣東、廣西遴派明幹大員統勁旅出關，駐紮諒山等處，以助剿土匪爲名，密與越南共籌防禦，並令越南招太原、宣光黑旗賊衆，免爲法人誘用。雲南據險設奇，以資犄角，法人知我有備，其謀自沮。雲南方擬加重越南貨稅，決不可行，重稅能施之越人，不能施之法人，越人倘因此轉嫉，法人入滇通商，得以依託假冒，如沿海奸商故智，不可不慮。越南如果與法別立新約，中國縱不能禁，亦應使其慎重，或即指示機宜，免致再誤。越南積弱，若不早爲扶持，覆亡立待，滇粵藩籬盡失，逼處堪虞。與其補救於後，曷若愼防於先，此不可不明目張膽以提挈者也。疏入，多被採納。十二年，丁繼母憂。十六年，仍授兩江總督。十七年，命幫辦海軍事務。二十年，皇太后萬壽，賜雙眼花翎。日本犯邊，東九連城、鳳凰城、金州、旅順悉陷，北洋海陸軍皆失利，召坤一至京，命爲欽差大臣，督關內外防剿諸軍。坤一謂兵未集，械未備，不能輕試，詔促之出關。時已遣使議和，坤一以兩宮意見未洽爲憂，瀕行，語師傅翁同龢曰：「公調和之責，比余軍事爲重也。」二十一年春，前敵宋慶、吳大澂等復屢敗，新募諸軍實不能任戰，日本議和要挾彌甚，下坤一與直隸總督王文韶決和戰之策。坤一以身任軍事，仍主戰而不堅執。未幾，和議成，回任。坤一素多病，以治江南事持大體，言者論其左右用事，詔誡其不可偏信，振刷精神，以任艱鉅。坤一屢疏陳情乞退，不許。二十五年，立溥儁爲穆宗嗣子，朝野洶洶，謂將有廢立事。坤一致書大學士榮祿曰：「君臣之分久定，中外之口宜防。」坤一所以報國在此，所以報公亦在此。二十六年，値德宗萬壽，加太子太保。拳匪亂起，坤一偕李鴻章、張之洞創議會東南疆吏與各國領事訂約，互爲保護，人心始定。車駕西幸，議者或請遷都西安，坤一復偕各督撫力陳其不可，籲請回鑾。二十七年，偕張之洞會議請變法，以興學爲首務，中法之應整頓變通者十二事，西法之應兼采並用者十一事，聯銜分三疏上之，詔下政務處議行，是爲實行變法之始。洎回鑾，施恩疆吏，加太子太保。二十八年，卒，優詔賜䘏，嘉其秉性公忠，才猷宏遠，保障東南，厥功尤著，追封一等男爵，贈太傅，賜金治喪，命江甯將軍致祭，特謚忠誠，祀賢良祠，原籍立功省建專祠，賜其子能紀四品京堂，諸孫並予官。張之洞疏陳坤一居官廉靜寬厚，不求赫赫之名，而身際艱危，維持大局，毅然擔當，從不推諉，其忠定明決，能斷大事，有古名臣風，世以所言爲允。

論曰：曾國荃當蘇浙未復，孤軍直擣金陵，在兵事爲危機，其成功由於堅忍，其本根則枝葉自絕，信不世之勛也。屢退復起，朝廷倚爲保障，以功名終。沈葆楨淸望冠時，力任艱鉅，兵略吏治並卓然，其手創船政，精果一時無耦，後來不能充拓，且聽廢棄，豈非因任事之難其人哉？劉坤一起家軍旅，謀國獨見其大，晚年勛望巍然，同儕房杜謀斷之功，不與襄鄂並論矣。

李臣典　蕭孚泗
朱洪章　劉連捷
彭毓橘　張詩日（伍維壽　李祥和　朱南桂　趙清言　羅逢元　吳宗國）

李臣典字祥雲湖南邵陽人年十八從軍初隸王鑫部下後從曾國荃援江西隸吉字營咸豐八年戰吉安南門外國荃受重創臣典大呼挺矛進追殺至永豐新淦國荃奇其勇超擢寶慶營守備克景德鎮復浮梁皆為軍鋒十年從戰小池驛晉都司賜花翎進規安慶戰菱湖逼賊屯阸其北國荃傷股墜馬臣典馳救以歸偕張勝祿張詩日戰樅陽破援賊水師得以進屯十一年攻安慶西門賊壘陳玉成糾楊輔清數萬人圍官軍數重戰至日中未決馳告諸將曰事急矣成敗在此舉臣典橫槊前驅與諸營合力決盪賊大奔斬首數千級遂拔安慶擢參將賜號剛勇巴圖魯同治元年從國荃乘勝下沿江各城隘進軍江甯臣典會取丹陽鎮奪秣陵關以總兵記名軍中疫作李秀成大舉來援逼壘鏖戰國荃督陣礮傷頰臣典與副將倪桂節力衛之桂節陣亡賊方攻西路急臣典曰此虛聲也請備東路既而賊果萃東路參將劉玉春死之礮彈穿壁牆如雨注臣典死守卒不能入圍解加提督銜二年偕趙三元夜襲雨花臺石城束草填壕緣梯將上賊驚覺然礮轟擊軍少卻臣典搴旗大呼躍而上諸軍繼之擲火彈毀敵樓城立拔以提督記名尋授河南歸德鎮總兵偕蕭孚泗張詩日等攻奪紫金山又敗諸校場連克近城諸壘三年克天保城江甯之圍始合五月克地保城六月諸軍晝休進攻賊死拒殺傷相當臣典偵知賊糧未盡諸軍苦戰力漸疲謂國荃曰師老矣不急克日久且生變請於龍脖子重掘地道願獨任之遂率副將吳宗國等日夜穴城十五日地道成臣典與九將同列誓狀翼日地雷發臣典等蟻附入城諸軍畢入下令見長髮者新薙髮者皆殺於是殺賊十餘萬人臣典遘病恃壯不休息未幾卒於軍年二十七捷上列臣典功第一錫封一等子爵賜黃馬褂雙眼花翎命未至而臣典已歿詔加贈太子少保諡忠壯吉安安慶江甯各建專祠

蕭孚泗湖南湘鄉人咸豐三年入湘軍從羅澤南轉戰江西湖北洊擢守備六年從曾國荃援江西克安福吉水萬安諸縣七年克峽江擢游擊賜花翎八年從攻吉安賊出撲孚泗營開壁奮擊斃悍賊多名旋克吉安擢參將九年江西肅清擢副將會攻太湖十年春大戰小池驛復太湖孚泗功多賜號勤勇巴圖魯進攻安慶戰菱湖孚泗於東路橫濠倚水築新營會擊屢破賊分道攻安慶城外諸壘賊援迭至與城賊相應更番撲官軍營壘孚泗等且戰且築壘賊不得逞又偕水師副將蔡國祥截獲賊糧八月以地雷壞城復安慶以總兵記名加提督銜授河南歸德鎮總兵同治元年國荃循江東下孚泗為前鋒攻拔西梁山會水師克太平蕪湖破金柱關東梁山進克秣陵關江心洲乘勝逼江甯以提督記名李秀成來援分黨趨江心洲截運道孚泗等逆擊敗之賊攻孚泗後營礮壘相持十餘日賊以地雷毀營牆孚泗以火藥數十桶擲轟賊不得入伺賊疲孚泗與彭毓橘突出夾擊踏平賊壘數十賜黃馬褂二年偕總兵李臣典襲克雨花臺石城追至上方橋斬馘數千又破秣陵關賊卡夜襲上方橋結筏渡河扼雙橋門連破賊隘偕彭毓橘縱火焚其橋襲賊屯擢福建陸軍提督三年既克天保城孚泗出鍾山北於太平門築三壘守之絕賊糧道六月進占龍脖子山石城孚泗與李臣典築礮臺山上距城僅十餘丈積沙草高與城齊作偽攻狀潛於其下鑿地道賊宵攻毀礮臺副將陳萬勝戰死明日會師逼城下總兵郭鵬程王紹羲復中礮死及地道成火發城圮將士爭登賊擲火藥抵拒死仆相繼孚泗手刃退者數人士氣乃奮盡從缺口入李秀成匿民舍孚泗索獲之並禽洪仁達論功賜封一等男爵賜雙眼花翎尋丁父憂歸光緒十年卒於家優卹諡壯肅

朱洪章字煥之貴州黎平人咸豐初應募為鄉勇從黎平知府胡林翼剿新甯竄匪又剿黃平榔匪禽匪首劉瞎歷以功獎外委四年從林翼援湖北會克岳州從塔齊布攻武昌破賊洪山遂隸塔齊布軍戰大冶半壁山田家鎮孔壠小池口攻九江無役不從以勇名塔齊布卒從周鳳山鳳山敗隸畢金科六年克饒州擢千總金科戰歿代領其軍江西不給餉張芾倚皖南資之軍始不散又以會攻四十里街他將敗績被劾降把總九年從曾國荃復景德鎮復官以守備補用遂從國荃部下戰績始著十年從攻太湖解小池驛之圍晉都司進攻安慶爭濠奪壘斬刈甚多十一年克安慶超擢參將賜號勤勇巴圖魯從國荃由皖東下連奪沿江要隘擢副將進屯雨花臺江甯城賊出撲屢擊破之及援賊至大營被圍迭以地雷毀營牆悍賊擁入口銜利刃匍匐而進洪章督隊發槍礮擲火焚燒斃賊無算傷亡士卒甚多久之始解洪章先以迭克城隘以總兵記名至是加提督銜同治三年攻江甯久不拔及開地道於龍脖子山甫告成議推前鋒國荃召諸將署名具軍令狀洪章署第一武明良第二劉連捷第三其他以次署畢共得九人發火城崩洪章率所部長勝煥字三營千五百人從倒口首先衝入賊倉猝從城頭擲火藥傾盆下士卒死四百餘人洪章入城後結圓陣與賊排擊諸將畢入乃分軍為三洪章趨中路直攻天王府之北短兵巷戰一日夜搜斬逆酋尤衆賜黃馬褂予騎都尉世職無論提鎮缺出僅先題奏初敘入城功李臣典以決策居第一洪章列第三衆為不平洪章曰吾一介武夫由行伍擢至總鎮今幸東南底定百戰餘生荷天寵錫已叨非分又何求焉四年授湖南永州鎮總兵光緒二年調雲南鶴麗鎮署昭通臨安騰越諸鎮鶴麗地卑下水潦常沒民田有新河洩水通塞無常洪章在鎮躬率士卒開濬數次水患為紓民感之十四年因病乞開缺病痊曾國荃調留兩江洪章憑弔龍脖子山祭死士瘞所國荃為樹碑紀事十五年署狼山鎮總兵二十年張之洞檄募十營防金沙衛二十一年卒於軍之洞疏陳戰績稱其收復江甯功實第一詔宣付史館從優議卹諡武慎附祀曾國藩國荃胡林翼專祠

劉連捷字南雲湖南湘鄉人以外委隸同族劉騰鴻湘後營轉戰湖北羅澤南薦諸巡撫胡林翼檄領副後營擢千總咸豐六年從騰鴻援江西戰瑞州騰鴻中礮殞連捷率所部攻城拔之為曾國藩所重薦改文職以知縣留江西補用從曾國荃克吉安擢同知赴安徽助剿十年大捷於小池驛擢知府由集賢關攻安慶破援賊十一年復破援賊於集賢關克安慶擢道員賜號果勇巴圖魯同治元年攻巢縣東關賊立石牆於羅星山連捷率死士夜渡河縱火燒賊營進克西梁山濡須口渡江克太平府金柱關蕪湖乘勝進軍江甯連捷軍屯顏行李秀成李世賢糾大衆來攻以炸礮破營壁連捷築橫牆拒之常乘賊懈夜出破賊壘及賊退以按察使記名加布政使銜大營恃無為州通餉道連捷率三千人往守營城外石澗阜二年李秀成困以長圍軍糧垂盡彭玉麐勸突圍出連捷誓死守彭毓橘來援合擊賊走之再復巢縣含山和州賜黃馬褂偕水師進攻九洑洲下關三年龍脖子山地道成偕諸軍衝入城江甯平以布政使記名加頭品頂戴予騎都尉世職湘軍凱撤曾國藩留連捷軍三千人駐守舒城桐城防捻匪會霆營叛卒擾江西連捷督軍追剿駐防吉安贛州會剿粵匪餘黨於廣東嘉應州盡殲之連捷以傷病歸家居十載光緒中曾國荃撫山西奏起連捷練軍包頭從國荃移屯山海關又從至江南治江防十三年卒賜卹贈內閣學士建專祠諡勇介

彭毓橘字杏南湖南湘鄉人從曾國荃援江西積功敘縣丞及進安徽小池驛菱湖諸戰皆有功又屢破援賊累功擢知府會諸軍下沿江諸要隘渡江克太平府金柱關蕪湖擢道員賜號毅勇巴圖魯大軍逼江甯毓橘與諸將分路取丹陽鎮秣陵關諸要隘夷賊壘數十進攻雨花臺石城賊死拒未下李秀成率衆來援大營被圍毓橘方染疫力疾禦戰伺懈出擊破賊壘解圍後毓橘與劉連捷援江北合水師連復江浦和州含山巢縣四城江北大定削平江甯附近諸賊壘毓橘功為多龍脖子地道火發督軍銜入手刃退者論功最以布政使記名予一等輕車都尉世職尋授福建汀漳龍兵備道未之任曾國荃疏調毓橘統湘軍赴湖北捻匪竄擾黃州安陸毓橘進剿戰比有功同治六年師次蘄水毓橘率小隊數百周覽地勢至麒麟凹賊大至被圍搏戰死傷殆盡毓橘馬陷泥淖被執罵賊被害事聞詔視布政使陣亡例議卹建專祠贈內閣學士諡忠壯加騎都尉世職併為三等男爵

張詩日湖南湘鄉人咸豐五年以外委隨羅澤南戰江西克義甯六年改隸曾國荃軍克安福戰吉安八年復萬安吉水超擢守備九年以克吉安及景德鎮浮梁累擢游擊十年援小池驛復太湖潛山晉參將從攻安慶率三營破援賊於樅陽十一年克安慶擢副將加總兵銜賜號幹勇巴圖魯同治元年從克沿江要隘及抵江甯力守大營破援賊累擢以提督記名二年屢破江甯城外賊壘賜黃馬褂三年克天保地保兩城方開掘龍脖子地道李秀成夜自太平門突出來犯又詐為官軍別從朝陽門東隅出偪營縱火詩日偕諸將力戰卻之地道火發城崩詩日率士卒登龍廣山奪太平門復循神策門轉戰至獅子山奪儀鳳門論功最予一等輕車都尉世職四年授直隸宣化鎮總兵五年從曾國藩剿捻破張總愚牛洛紅於西平又敗之萬金寨進攻雙廟賊巢賊以馬隊襲官軍後詩日分軍回擊追敗之洪河又敗之郾城召陵因傷發回籍六年卒曾國藩疏陳詩日克復江甯當西北一路論功在李臣典劉連捷蕭孚泗之次優卹諡勤武伍維壽湖南長沙人從曾國荃援江西攻安慶克沿江要隘擢副將奪雨花臺聚寶門外石壘累擢記名總兵賜號毅勇巴圖魯偕朱南桂破神策門入城率馬隊追逸賊至湖熟鎮禽斬賊酋李萬材等以提督記名賜黃馬褂予騎都尉世職六年授陝西漢中鎮總兵調甘肅甯夏鎮光緒元年卒朱南

桂湖南長沙人羅澤南舊部轉戰兩湖積功至副將賜號勛勇巴圖魯同治元年解金柱關圍二年克薛鎮博望鎮以總兵記名及克江甯南桂先破神策門月城梯而入賜黃馬褂予雲騎尉世職尋授河南歸德鎮總兵五年卒賜卹諡勤勇羅逢元湖南湘潭人由武生入伍從劉廣西曾國藩治水師充營官轉戰湖北江西累擢副將繼從曾國荃克安慶以總兵記名賜號展勇巴圖魯進克沿江要隘抵江甯還守太平屯金柱關賊酋陳坤書大舉來犯逢元堅守屢戰以少擊衆禽斬逾萬以提督記名及克江甯由南門舊陷口梯登賜黃馬褂予雲騎尉世職以傷發假歸光緒四年卒賜卹李祥和湖南湘鄉人初從羅澤南積功至游擊嗣從曾國荃克吉安復安慶累擢副將賜號著勇巴圖魯同治元年從大軍進江甯力守大營破援賊以提督記名三年攻克地保城先登築礮臺俯擊城中地道始成論功賜黃馬褂予雲騎尉世職四年授安徽壽春鎮總兵從劉松山赴陝西剿捻匪六年戰洛川大賢村中礮陣亡賜卹諡武壯蕭慶衍湖南湘鄉人應募入湘軍右營轉戰江西湖北積功至副將克太湖潛山以總兵記名賜號剛勇巴圖魯同治二年援江浦復含山巢縣和州加頭品頂戴三年渡江會攻江甯克上方橋進鍾山築三壘太平門外城破於缺口衝入奪朝陽洪武二門賜黃馬褂予雲騎尉世職吳宗國湖南長沙人以勇目從勦湖北累擢守備同治元年從曾國荃沿江東下迭克要隘功多累擢參將賜號賚勇巴圖魯二年破聚寶門外上方橋江東橋各賊壘會水師破九洑洲印子山賊巢擢副將從李臣典重開地道城賊防益嚴礮彈雨下宗國手籐牌持長繩冒礮彈狙行而前抵城下測丈而返始興工開掘大功克成以提督記名予一品封典五年告提督郭松林剿捻德安戰羅家集中伏歿於陣依提督例賜卹予騎都尉世職

論曰洪秀全踞江甯十有餘年曾國荃於蘇浙未定之先孤軍直擣城大援衆事勢綦難及援賊既破困獸之鬬人人致死歷兩年之久竟蕆大功固由指揮素定而在事諸將同心勠力奮不顧身其勇毅之烈紀太常而光紫閣無愧色焉綴其尤者著於篇

清史稿　列傳二百二

黃翼升 王吉 吳家榜 丁義方　李成謀

李朝斌 江福山　劉培元

黃翼升字昌岐湖南長沙人少孤育於鄧氏冒其姓入長沙協標充隊長咸豐初從征廣西曾國藩創水師調爲哨長四年從楊岳斌下岳州敘千總戰於城陵磯賊以十餘舟來誘翼升知其詐追至擂鼓臺荆河腦伏賊突出翼升駕舢板奮擊後隊繼之賊大敗轉戰至金口值賊下游被圍力戰卻之積功擢守備克武漢後進攻蘄州翼升自蒜花墷出戰敗賊焚其舟擢都司復蘄州拔充營官攻湖口燬賊船十餘艘衝入內湖賊塞隘口不得退泊姑塘迭戰於都昌縣河雞公湖焚賊舟時水師在內湖者無大船既與外江阻絕曾國藩令添造並撥江西長龍快蟹諸船以翼升及蕭捷三分領之各爲一軍五年屢會諸軍攻湖口未克蕭捷三戰死翼升大憤衝入賊卡盡燬下鍾巖賊船夜出奇兵數驚賊賊不出仍駐軍姑塘六年賊犯撫州南昌戒嚴翼升奉檄泊吳城鎮衛省城湖口之賊尾至結土匪窺吳城翼升分兵由前河包鈔自赴後河擊陸路之賊走之會彭玉麐至軍令翼升專攻陸路敗賊於涂家埠毀浮橋二船百餘賊復冒民船來犯翼升合軍圍擊敗之追至德河口遂會攻南康直薄城下火賊船城賊遁走七年授直隸提標左營游擊楊岳斌師至九江彭玉麐與約夾攻湖口軍分六隊翼升率內湖右營當其衝轉鬬而前礮丸冒船過他營失利賊逐之翼升待其還縱擊斬殺過當賊復乘夜刼營滅炬待之殲賊無算盡燬梅花洲賊船東岸諸軍亦斷湖口鐵鎖遂克湖口內外水師復合越日進奪彭澤賊舟破小孤山擢副將九年池州守城章志俊投誠彭玉麐令翼升往受降賊酋古隆賢楊輔淸等來爭擊卻之旋有奸入內應池州復陷十年曾國藩規江南奏設淮陽水師薦翼升領之即授淮陽鎮總兵十一年破賊於黃盆鎮又敗之方村進攻銅陵決城東北隄從決口入據之又進攻無爲州毀泥汊口神塘河賊壘無爲銅陵同復賜號剛勇巴圖魯偕王明山循沿江郡縣克池州銅陵亦失而復得漕運鎮濱江通湖賊踞之以通接濟翼升進擊諸軍乘之焚賊舟賊遁銅城牐又偕陳湜攻東關克之加提督銜同治元年追賊入巢湖賊聚湖口以遏歸路翼升掘隄岸引船出反撫賊背夾擊大敗之城賊遁進克含山和州四月會攻金柱關李朝斌臨上游翼升等遏下游賊牽於水師不暇內顧曾國荃襲克太平並趨金柱關合攻翼升夜督隊踰濠縱火焚西門賊突出揮士卒登岸短兵接立克金柱關襲東梁山一鼓下之移師攻蕪湖賊棄城走又擊賊清水河俘馘千計以提督記名五月克秣陵關江心洲諸隘血戰奪九洑洲軍聲大振時李鴻章至上海規蘇常翼升移師會剿詔署江南水師提督松江上海諸水軍悉歸節制翼升所部十營分二營駐浦口四營駐揚州親率四營六月抵松江就上海增造舢板飛划諸船移守青浦賊酋譚紹洸合嘉湖蘇崑諸賊圖犯上海屢撲青浦翼升與陸軍合擊走之賊繞犯北新涇大營又走吳淞翼升馳往相持至夜燬賊營七賊犯嘉定及青浦張堰分隊往援且戰且進至白鶴江毀橋而還翼升兵少調揚州駐營來會剿鴻章約合攻黃渡翼升由趙屯橋截擊追至三江口盡平沿岸橋壘十月破賊蘆墟尤家莊汾湖三官塘進距蘇州三十里常熟守賊駱國忠以城降譚紹洸來爭陷福山翼升赴援進攻河西白茅徐六涇諸口二年正月翼升會常勝軍克福山駱國忠見西山火起突圍出圍乃解楊舍汛爲沿江衝要賊守之以蔽江陰翼升沿江兜剿迭破援賊克之乃會攻江陰迭破蠡口陳市賊酋陳坤書來援翼升扼江干誘賊出戰與郭松林劉銘傳合擊大破之克江陰賜黃馬褂九月由無錫進攻蘇州詔翼升赴臨淮會剿苗沛霖鴻章疏留勿遣諸軍合圍蘇州薄城下當齊門閶門之間截賊竄路城賊乞降予雲騎尉世職是年冬再克無錫率五營赴臨淮苗沛霖尋走死餘黨瓦解翼升仍回江蘇三年陳坤書犯常熟偕郭松林等合擊賊敗走遣部將王東華等助攻常州克之被優敘詔授江南水師提督曾國藩奏江南額設提督一員兼轄水陸翼升所授當是新設請敕部鑄頒新印從之會楊岳斌督師江西翼升接統外江水師江甯復加一等輕車都尉世職四年詔翼升赴淸江浦防捻匪至則賊已敗竄山東進駐邳宿之間會僧格林沁戰歿捻氛益熾犯雉河翼升馳援賊又走五年回駐江甯六年調守淸江東捻賴文洸敗竄淮安翼升督諸軍追擊文洸爲道員吳毓蘭所禽東捻平論功被珍賚七年西捻張總愚竄畿輔諸軍爲長圍困之鴻章調翼升率師船入運河設防六月乘伏汛入張秋口至德州張總愚奔至冒官軍喚渡翼升部將徐道奎察其僞轟擊之大軍環集總愚溺水死西捻平加雲騎尉世職合併爲三等男爵長江水師營制定仍以翼升爲提督彭玉麐終制回籍長江事宜悉付翼升主之十一年詔起玉麐巡閱劾不職將弁百餘人翼升以傷病請代奏乞退詔斥馭軍不嚴濫收候補將弁二百餘人之多念前功從寬免議許其開缺回籍養痾光緒十五年皇太后歸政以翼升舊勛予議敘繪像紫光閣十八年復授長江水師提督入覲賜紫禁城騎馬二十年皇太后萬壽慶典加尚書銜日本兵事起翼升由岳州赴江甯籌江防卒於軍賜卹諡武靖立功地建專祠子宗炎襲男爵官廣西桂平梧鹽法道丁義方湖南益陽人入水師隸彭玉麐部下積功至守備咸豐八年克九江擢都司十年克建德賜花翎尋建德復陷賊數萬上犯湖口勢甚張義方收建德潰兵簡精壯五百人分布守禦自率水師駐西北門賊乘銳攻城義方登陴躬自搏戰會副將成發翔來援賊引去曾國藩疏言義方膽識過人部署迅速詔超擢參將加副將銜十一年駐防小池口賊自興國來犯擊卻之馳援都昌解其圍同治元年從彭玉麐迭克沿江諸隘擢副將二年要擊都昌敗賊毀其舟尋解青陽圍以總兵記名賜號壯勇巴圖魯七年授湖口鎮總兵光緒十九年卒王吉湖南衡陽人由馬兵累擢守備咸豐九年入水師隸彭玉麐部下從屯黃石磯擊蕪湖賊戰蟂磯殷家匯樅陽皆有功擢都司十一年從克孝感戰最力擢游擊賜號猛勇巴圖魯克德安黃州累擢副將同治元年金柱關之戰吉率隊蛇行而進躡上隄埂破賊壘以總兵記名尋賊復由太平來犯多方窺伺吉駕飛划入湖迎擊又登岸馳逐經月餘賊蹤始淨援無爲州率水勇登陸會諸軍夾擊敗賊破銅城牐水卡結小划船爲橋以濟陸師復破陶家甯大甲村岷山岡賊壘二年曾國藩彭玉麐合疏薦吉勇敢誠樸堪勝總兵之任授狼山鎮總兵從克江浦浦口奪下關草鞋峽燕子磯諸隘進拔九洑洲以提督記名八年水師凱撤乞假修墓乃赴狼山鎮任光緒七年卒賜卹吳家榜湖南益陽人入水師初隸楊岳斌營咸豐十年從黃翼升破賊殷家匯樅陽遂歸其部下菱湖銅陵泥汊口運漕鎮東關諸戰皆有功累擢守備同治元年從攻金柱關東梁山蕪湖擢都司從黃翼升援上海迭破賊北新涇四江口敗援賊於江陰賜號敢勇巴圖魯領淮陽水師前營克無錫擢副將三年江甯復錄功以總兵記名四年追敘克宜興荆溪溧陽功以提督記名七年從黃翼升赴直隸防運河捻匪平晉號訥恩登額巴圖魯授瓜州鎮總兵光緒二年兼署長江水師提督十八年卒附祀彭玉麐祠

李成謀字與吾湖南芷江人咸豐四年投効水師充哨長從楊岳斌克湘潭岳州敘千總轉戰湖北敗賊於倒口拔沿江木柵燬鹽關賊船克武漢擢守備從克田家鎮成謀追賊上至武穴下至龍坪往來擊賊殲斃甚衆擢都司五年從戰塘角焚賊舟二百餘乘風夜抵武昌城下礮擊賊船擢游擊攻金口循北岸進拔賊壘又連破賊於壇角鮎魚套擢參將賜號銳勇巴圖魯成謀身長八尺力能一手豎大桅素爲胡林翼所器重至是薦其每戰衝鋒廉明愛士堪勝水

陸方鎭之任詔記名侯軍事稍閒送部引見六年扼沙口斷賊糧道破賊小河口靑山燔其輜重轉戰蘄州黃州廣濟武穴下至九江燬賊舟數百獲糧械以資軍用武漢復擢副將七年會攻九江追賊至湖口前隊銳進失利成謀突入陣中奪回所失四艘尋授江蘇太湖協副將既克湖口從楊岳斌順流而下登陸克望江東流疾趨安慶復銅陵會江南水師於峽口紅單船方攻泥汊賊壘不能下岳斌令成謀急櫂薄壘擲火焚其火藥庫賊遁走獲其糧械船艦胡林翼奏薦淸江而成謀之功爲最平日事親孝特給二品封典八年擢福建漳州鎭總兵十年進攻池州拔殷家匯毀城外賊壘破樅陽僞城加提督銜十一年陳玉成圍樅陽擊卻之同治元年會陸師拔巢縣雍家鎭薄西梁山斷橫江鐵鎖奪回要隘以提督記名破賊於魯港柔石磯克金柱關蕪湖賜黃馬褂三年援湖北破捻匪於羅田五年署福建水師提督尋實授時軍事漸定整頓營制會奏裁金門鎭總兵改爲水師副將裁左營游擊移右營駐湄州歸提標統轄徙前營游擊駐澄口後營游擊駐鎦門變通巡哨章程十一年彭玉麐整頓長江水師罷提督黃翼升薦成謀樸誠堪膺重任卽以代之光緖二年丁母憂奪情留任兩江總督曾國荃奏請江南兵輪悉歸成謀統轄十六年萬壽推恩加太子少保十八年以病乞歸尋卒詔嘉其在任十餘年馭軍有法江面乂安賜邮建專祠賜勇恪

李朝斌字質堂湖南善化人由行伍隸長沙協標咸豐四年曾國藩調充水師中營哨官從楊岳斌克武昌田家鎭各城隘累功擢至參將六年會內湖水師攻克湖口及梅家洲從楊岳斌乘勝循下游埽蕩江面擢副將八年會攻九江朝斌以水師登陸助戰克之復從楊岳斌進攻安慶拔樅陽銅陵賊壘賜號固勇巴圖魯十年冬間道援南陵回軍攻克東流十一年下茯苓洲白茅觜賊壘會陸軍克無爲州以總兵記名再復銅陵迭克泥汊神塘河運漕鎭東關加提督銜授湖北竹山協副將同治元年擢浙江處州鎭總兵彭玉麐督水師會陸軍進規沿江要隘令朝斌率所部游奕上下游兜剿環攻連克金柱關蕪湖東梁山以提督記名曾國藩奏設太湖水師以朝斌將令赴湖南造船募勇二年成軍東下會諸軍克江浦浦口連破草鞋峽燕子磯賊屯戰九洑洲功最賜黃馬褂朝斌一師原爲規復江浙而設九洑洲旣克會黃翼升淮揚水師同援上海由長江直下與總兵程學啓會師夾浦督水師百艘攻沿湖賊壘下之進破澱湖賊壘直逼蘇州破盤門外賊壘賊酋李秀成率衆七八萬奪寶帶橋朝斌會陸師合擊血戰挫之賊始退破援賊於葉澤湖截竄賊於覓渡橋會克五龍橋賊壘分攻葑門閶門晝夜轟擊李秀成先逸餘黨以城降李鴻章奏捷言朝斌迭次苦戰謀勇兼優予雲騎尉世職是年冬會陸師剿賊江浙之交克平望鎭又破賊九里橋署江南提督三年偕程學啓會攻嘉興朝斌水師由官塘進破其七壘湖州援賊圖竄盛澤以牽圍師爲朝斌所扼不得逞遂克嘉興實授江南提督進規湖州由夾浦逼長興賊衆數萬依山築壘楊鼎勳劉士奇等與之相持朝斌督水師登陸襲賊後夾擊之盡燬西北沿水賊壘乘勝克長興復湖州被珍賚五年移駐蘇州軍事甫平江浙湖蕩盜多出沒捕著匪卜小二誅之轄境晏然八年請設經制水師著爲成例移駐松江光緖四年兩江總督沈葆楨疏請以外洋兵輪統歸朝斌節制允之十二年以病乞歸二十年卒於家賜邮建專祠朝斌本姓王氏父正儒生子四朝斌最幼襁褓育於李氏朝斌官江南提督時牒請歸宗曾國藩引金史張詩事謂朝斌所處相同定例出嗣之子亦視所繼父母有無子嗣爲斷今若準歸宗王氏不過於三子外又增一子李氏竟至斬焉不祀參考古禮今律朝斌應於李氏別立一宗於王氏不通婚姻一以報顧復之恩一以別族屬之義王氏本生父母由朝斌奉養殘年庶爲兩全之道詔如議行江福山湖南淸泉人咸豐五年應募入水師積功敍把總十一克赤岡嶺菱湖賊壘安慶復累擢游擊同治元年改隸太湖水師從李朝斌回籍造船領前營浦口下關草鞋峽燕子磯九洑洲諸戰皆有功擢參將從援上海破賊於楓涇烏涇塘蘇州復擢副將賜號强勇巴圖魯三年從攻嘉興礮穿左臂裹創而進克郡城禽賊酋以總兵記名攻太湖夾浦鎭礮斷左手指奮擊破之進攻湖州久不下郡東晟舍賊壘最堅請以偏師往攻使賊互救然後大軍乘之福山首先躍濠而入諸軍繼進悉燬賊壘援賊大至福山摧鋒直前中礮洞腹歿於陣事聞詔視提督例賜邮死事地建專祠入祀京師昭忠祠予騎都尉兼雲騎尉世職諡武烈

劉培元湖南長沙人咸豐初以武生入水師從克湘潭岳州敍千總戰金口沈賊船登岸縱擊斬賊酋一人克嘉魚蒲圻擢守備戰田家鎭培元率十舟窮追四十餘里燬賊船擢都司會攻湖口斧斷鎖筏燬湖口賊船五年回援武漢擊賊鮎魚套又會鮑超攻小河口毀賊舟二百有奇六年改陸軍領長字營從劉長佑援江西由瀏陽攻萬載破賊荆樹鋪栗樹坳駐大橋賊潛來襲培元出奇兵擊之斬級八百又破援賊於高城竹埠克萬載營西門外賊數路來爭多於官軍數倍培元開壁大戰斬級千計擢游擊進攻袁州破南門嶺上賊壘會蕭啓江破吉安臨江援賊城賊遁走克袁州以參將留湖南補用七年會攻吉安偕曾國荃迎擊援賊於三曲灘追至朱山槽賊援復集夾擊破之擢副將八年水陸合攻吉安賊結大筏衝官軍浮橋培元督師船截擊礮傷胸裹創血戰盡毀其筏尋克吉安以總兵記名是年冬軍中大疫培元病回籍九年石達開犯湖南培元率千人扼桂陽衆寡不敵桂陽遂陷尋率師船溯資水進援寶慶會諸軍扼河而戰數破賊寶慶圍解授浙江處州鎭總兵仍留湖南領水師十一年左宗棠進規浙江立衢州水師疏薦培元熟諳水陸軍事請以署衢州鎭募勇三千赴浙同治元年培元率安武水陸全軍駐常山控衢州北路進江山破大洲賊營賊竄龍游會攻之賊酋李侍賢大股來援培元與諸軍合擊賊敗走二年克陽溪龍游斃賊酋陳廷秀加提督銜賜號銳勇巴圖魯迭克桐廬富陽會攻杭州破賊於萬松嶺攻淸泰門外觀音堂平其壘城賊出戰敗之舁舢板入西湖礮擊杭城左宗棠以衢州後路要衝令培元返鎭其所部水師留攻杭州三年杭州復培元丁母憂歸遂不出光緖十七年卒湖南巡撫陳寶箴疏陳培元戰蹟賜邮

論曰自湘軍水師興而後得平寇要領後又設淮揚太湖兩水師平吳及浙西賴其力黃翼升李朝斌當其任其後設長江水師爲經制翼升與李成謀迭相更代爲東南重鎭平浙東專在陸師故水師僅有衢州一軍劉培元亦彭楊舊部戰績可稱用並列之

清史稿 列傳二百三

程學啓 何安泰 鄭國魁　劉銘傳
張樹珊 樹屏　周盛波
周盛傳　潘鼎新
吳長慶

程學啓字方忠安徽桐城人初陷賊中陳玉成奇其勇使佐葉芸來守安慶咸豐十一年率三百人自拔來歸曾國荃使領一營戰輒請先安慶北門石壘三最堅學啓力攻拔之絕賊糧道未幾遂克安慶學啓功最擢游擊賜花翎從國荃克無爲銅陵諸城擢參將同治元年李鴻章率淮軍規江蘇請於曾國藩以學啓隸麾下瀕行國藩勉之曰江南人譽張國樑不去口汝好爲之亦一國樑也三月抵上海立開字營凡千人最爲勁旅屯虹橋賊猝至敗之次日又至擊退追至七里堡大破之會諸軍克南鎭橋五月從鴻章援松江軍於泗涇賊酋陳炳文糾悍黨突營分股繞攻上海學啓營被圍力禦斃賊無算仍不退學啓開壁衝突賊披靡與諸軍夾攻乃大潰松江圍解擢副將賜號勃勇巴圖魯進破賊於靑浦東北復其城八月賊酋譚紹洸由蘇州來犯敗之七寶鎭進戰北新涇平其壘數十以總兵記名九月紹洸復大舉窺上海闔水陸各營於四江口學啓會諸軍進擊賊扼橋布陣學啓陷陣截斷賊隊胸受礮傷裹創疾鬭賊卻走未渡河者悉殲之三路圍擊殲斃落水者數萬盡毀賊營以總兵記名加提督銜授江西南贛鎭總兵自虹橋泗涇四江口三捷皆以少擊衆於是增軍至三千人二年進規蘇州偕鴻章弟鶴章及英將戈登克太倉賊酋蔡元隆詐降擊殲之鴻章令學啓總統諸軍學啓曰崑山三面阻水一面陸路達蘇州先斷其陸乃可克偕郭松林破蘇州援賊於正義鎭遂克崑山以提督記名予一品封典連拔花涇同里克吳江賊憑太湖結寨學啓扼飛虹橋殲其酋徐尙友乘勝破湖賊悉平洞庭東山諸壘七月直抵蘇州婁門外永定橋駐軍蘇州城大四面阻水寶帶橋爲太湖鎖鑰賊死力爭拒合水陸軍大破之平其壘親督軍扼守李秀成自江寧率衆來援大戰竟日擊走之城賊數萬復來爭亦擊退

進破五龍橋賊壘留營駐守分兵破嘉湖援賊於百龍橋八坼逐北至平望十月李秀成糾李侍賢同踞無錫以爲援爲劉銘傳李鶴章所綴學啟督戰益急連破賊於蠡口黃埭攻破滸墅關及十里亭虎邱賊壘於是蘇州之圍遂合賊自盤門至婁門連壘十餘里號曰長城亦悉破秀成知不可爲又江寧被圍急遂以城守付其黨譚紹洸自出走賊酋郜雲官與副將鄭國魁舊識密介通款學啟與國魁及戈登單舸見雲官於洋澄湖令斬紹洸爲信秀成行三日紹洸會諸酋議事雲官即座上殺之開齊門降明日學啟入城賊酋列名者八人雲官外曰伍貴文汪安均周文佳范啟發張大洲汪懷武汪有爲皆歃血爲誓然未薙髮乞總兵副將官職署其衆爲二十營劃半城爲屯學啟佯許密請李鴻章誅之鴻章謂殺降不祥且堅他賊死拒心未決學啟曰今賊衆尚不下二十萬多吾軍數倍徒以戰敗畏死乞降心故未服分城而處變在肘腋何以善其後鴻章乃許之次日諸酋出城謁鴻章留宴軍中酒半健卒百餘挺矛入刺八人皆死學啟嚴陣入城以雲官等首示衆曰八人反側已伏誅矣賊黨驚擾殺其悍者數百人餘不問分別遣留皆帖服蘇州平乘勝偕李朝斌水師克平望復嘉善三年春進規嘉興薄城下破西門北門賊壘七分兵克秋涇吳涇合歡橋諸賊壘過賊築礮臺賊自盛澤新塍來援皆擊走之圍攻匝月毀賊礮臺二十餘發地雷裂城百丈揮軍肉薄而登忽中槍貫腦踣而復起部將劉士奇繼之遂克嘉興捷聞詔嘉其身受重傷攻拔堅城命安心醫治頒賞珍品尋以創重卒於軍李鴻章疏陳其兩年之間復江浙名城十數克蘇州爲東南第一戰功優詔賜䘏稱其謀勇兼優贈太子太保特遣員賜祭一壇安慶蘇州嘉興建專祠謚忠烈予騎都尉兼雲騎尉世職又加恩予三等輕車都尉世職併爲三等男爵初學啟投誠時妻子皆爲賊殺以弟子建勳嗣襲爵何安泰安徽舒城人少爲傭陷賊從學啟來歸轉戰無役不從積功至記名總兵加提督銜從攻嘉興履冰薄城躍登中槍死之贈太子少保予騎都尉世職嘉興人哀之爲祠以祀鄭國魁安徽合肥人咸豐十年兩江總督何桂清令募勇屯無錫高橋桂清棄軍走國魁從提督曾秉忠於上海初李鴻章督師江蘇檄領親兵水師後營四江口崑山寶帶橋諸戰功皆最累擢至副將蘇州既合圍郜雲官與譚紹洸不協國魁遣人說之降從程學啟會雲官許雲官等二品武職折箭誓不殺降雲官如約獻城國魁先往宣諭次日大軍始入既而雲官等駢誅國魁涕泣不食自謂負約辭不居功仍以總兵記名賜號勃勇巴圖魯從克嘉興江陰常州予一品封典同治五年從剿東捻駐防山東嶧縣捻平以提督記名光緒中署天津鎮總兵卒附祀學啟專祠蘇州士民思其功建祠祀之

劉銘傳字省三安徽合肥人少有大志咸豐四年粵匪陷廬州鄉團築堡自衞其父惠世爲他堡豪者所辱銘傳年十八追數里殺之自是爲諸團所推重從官軍克六安援壽州獎敍千總同治元年李鴻章募淮軍援江蘇銘傳率練勇從至上海號銘字營招撫南滙降賊吳建瀛劉玉林衆四千人簡精銳隸其軍賊由川沙來犯擊敗之連克奉賢金山衞累功擢參將賜號驃勇巴圖魯又破賊野雞墩四江口擢副將常熟守賊以城降被圍二年春銘傳會諸軍克福山大破賊解常熟圍以總兵記名進規江陰楊厙爲沿江要衝悍賊堅守銘傳會黃翼升水師進攻賊由無錫江陰兩路來援迭受創退李秀成糾衆十餘萬分水陸復來援銘傳力戰敗之七月乘勝攻江陰禽斬二萬克其城以提督記名尋復無錫加頭品頂戴是年冬進攻常州敗賊於奔牛鎮賊目邵小雙降令扼丹陽援賊以輪舟至犯奔牛以擊圍城之師奮擊破三十餘壘毀其舟三年春合圍破闉而入禽斬賊首陳坤書克常州賜黃馬褂進屯句容江寧尋下餘黨擁洪福瑱踞廣德會諸軍擊走之四年曾國藩督師剿捻匪主用淮軍淮軍自程學啟歿後銘傳爲諸將冠調駐濟寧尋分重兵爲四鎮銘傳移駐周家口迭破賊瓦店南頓扶溝改爲移擊之師擢直隸提督援湖北克黃陂追賊至潁州大敗之銘傳建議平原追賊不能制其死命乃築長隄自河南至山東運河驅賊沙河以南蹙之工甫竣豫軍防地爲賊所破乃分軍追勦破之於鉅野捻酋張總愚竄陝西任柱賴文光留山東自此分爲東西李鴻章代國藩督師銘傳專剿東捻東至鄆城西至京山大小數十戰六年春賊走尹隆河與鮑超約期會擊銘傳先期至戰失利部將唐殿魁死之休屯信陽整軍復進追賊至山東復議自運河至膠萊長圍困賊杜其西趨時兵賊俱疲朝命督戰益急鴻章專倚銘傳八月解沭陽圍戰贛榆賺降賊內應槍斃任柱於陣賊大潰邀擊濰縣壽光薄之洋河瀰河之間殲賊幾盡賴文光走揚州就禽東捻遂平國藩鴻章奏捷論銘傳爲首功予三等輕車都尉世職以積勞致疾乞假去軍七年春張總愚突犯畿輔急起銘傳赴援以遲緩被譴責及至東昌會諸軍進剿鹽山滄州德平仍用長圍策蹙之運河東縱橫合擊殲賊殆盡總愚走茌平陷水死西捻平錫封一等男爵詔屯張秋九月命督辦陝西軍務率唐定奎滕學義黃桂蘭等搜剿北山回匪疏陳大勢引病乞罷歸里光緒六年俄羅斯議還伊犂有違言急備邊召銘傳至京疏陳兵事略謂練兵造器固宜次第舉行其機括則在鐵路鐵路之利不可殫述於用兵尤爲急不可緩中國幅員遼闊防不勝防鐵路一開南北東西呼吸相通無徵調倉皇之慮無轉輸艱阻之虞從此裁兵節餉併成勁旅一兵可得十兵之用權操自上不爲疆臣所牽制立自強之基礎杜外人之覬覦胥在於此疏上雖格未行中國鐵路之興實自銘傳發之十一年法蘭西兵擾粵閩詔起銘傳加巡撫銜督臺灣軍務條上海防武備十事多被採行抵臺灣未一月法兵至燬基隆礮臺銘傳以無兵艦不能海戰伺登陸戰於山後殲敵百餘人斃其三酋復基隆而終不能守扼滬尾調江南兵艦阻不得達敵三犯滬尾又犯月眉山皆擊退殲敵千餘相持八閱月十一年和議成法兵始退初授福建巡撫尋改臺灣爲行省改臺灣巡撫增改郡廳州縣改澎湖協爲鎮檄將吏入山剿撫南中北三路前後山生番薙髮歸化丈田清賦溢舊額三十六萬兩有奇增茶鹽金煤林木諸稅始至歲入九十餘萬後增至三百萬築礮臺興造鐵路電綫防務差具加太子少保十六年加兵部尚書銜命幫辦海軍事務屢因病陳請乞罷久始允之二十一年朝鮮兵事起屢召以病未出尋卒詔念前功贈太子太保賜䘏建專祠謚壯肅

張樹珊字海柯安徽合肥人咸豐三年粵匪入安徽樹珊與兄樹聲練鄉兵自衞淮軍之興自張氏始五年擊賊巢湖率壯士數十人敗賊禽斬賊目五人進破巢縣賊營敍外委六年復來安隨官軍克無爲州擢千總又克潛山至太湖遇賊數萬樹珊僅五百人軍糧火藥皆盡賊屯隄上樹珊選死士緣隄下蛇行入賊中大呼擊殺賊驚潰七年敗捻首張洛行於官亭粵匪方與捻相句結皖北幾無完區獨合肥西鄉以團練築堡差安時出境從剿賊九年克霍山十年兩解六安圍十一年赴援壽州克三河擢都司賜花翎同治元年從李鴻章赴上海名其軍曰樹字營李秀成犯上海會諸軍夾擊走之七年會克靑浦賊圍北新涇樹珊偕程學啟力戰旬餘賊始遁擢游擊進克嘉定賊大舉圍四江口樹珊偪賊而營會諸軍奮擊連破二十餘壘遂解圍擢參將賜號悍勇巴圖魯是年冬常熟及福山賊以城降而福山賊復叛圍常熟二年正月樹珊率軍航海抵福山西洋港風潮作飄舟近賊巢潮退不得行樹珊曰兵法危地則戰登岸結壘未就賊大至樹珊疾擣中堅槍傷左肘不少卻拔出諸營之被圍者進解常熟之圍擢副將會諸軍進攻江陰樹珊扼南門斷賊去路城復賊無得脫者以總兵記名進攻無錫悍酋陳坤書李世賢方以十萬衆圍大橋角樹珊助剿火賊輪船二礮船十殲斃甚衆解其圍李秀成復率衆數萬至連營數十里樹珊與諸軍夾擊賊大潰會蘇州已下秀成率死黨入太湖結常州賊水陸分進援無錫時銘傳專擊外援賊樹珊與諸軍合圍十一月拔之以提督記名偕兄樹聲及劉銘傳進攻常州三年四月克之予一品封典授廣西右江鎮總兵四年曾國藩督師勦捻駐徐州以樹珊所部爲親軍令援山東破賊於魚臺議設四鎮陳州之周家口爲最要初以劉銘傳駐之既改銘傳爲游擊之師乃令樹珊移駐五年三月擊賊沙河賊竄撲周家口回軍夾擊敗之五月又敗賊於沙河東樹珊以賊騎飄忽靡常恥株守請改爲游擊之師九月馳解許州之圍十月逐賊山東境連敗之豐南定陶曹縣十一月回軍周家口賊竄湖北偕總兵周盛波追剿會郭松林敗績於臼口賊燄愈熾樹珊自黃岡追至棗陽賊竄黃州德安樹珊馳援諸將皆言賊悍且衆宜持重樹珊率親軍二百人窮追抵新家牐賊橫走抄官軍後樹珊力戰陷陣至夜半馬立積屍中不能行下馬鬭而死後隊據鄉莊發槍礮拒賊賊亦尋退全軍未敗事聞詔惜其忠勇從優議䘏予騎都尉兼一雲騎尉世職建專祠謚勇烈七年捻平加贈太子少保弟樹屏從諸兄治團練積勞至千總從樹珊至江蘇轉戰松江蘇州常州屢有功累擢副將從剿捻匪迭破賊於豐縣沛縣魚臺及樹珊戰歿德安樹屏分領樹字三營駐周家口東捻平論功以提督記名賜號額勝額巴圖魯同治六年山西巡撫李宗羲奏調令募新軍六營分駐大寧吉州壺口防回匪十二年兼統水陸駐河津分防歸化包頭光緒二年甘肅流賊犯河套後山督軍追擊連敗之禽其渠曹洪照事平加頭品頂戴四年授太原鎮總兵值旱災樹屏捐運賑糧出軍食之餘平糶濟饑民六年移防包頭九年調大同鎮十三年因傷病乞罷十七年卒以前勞賜䘏

周盛波字海舲安徽合肥人咸豐三年粵匪陷安慶皖北土匪紛起盛波兄弟六人團練鄉勇保衞鄉里屢出殺賊兄盛華及弟三人皆死事惟存盛波與弟盛傳以勇名陳玉成陳得才等屢擾境盛波等以練丁二千隨方迎敵相持數年遂越境出剿近縣餉械皆所自備累獎守備同治元年李鴻章募淮軍援江蘇令盛波就所部選募成軍曰盛字營從至上海破賊於北新涇擢游擊又大

破賊於四江口賜號卓勇巴圖魯二年克太倉進崑山拔雙鳳橋復縣城破麥市橋賊壘擢副將進攻江陰擊敗援賊會克縣城以總兵記名會攻無錫燬賊船百餘破惠山石卡禽賊酋黃子潋以提督記名予一品封典二年合圍常州盛波由小南門攻入賊首就禽以總兵儘先題奏時江甯已復餘黨黃文英走踞廣德盛波追之至橫山文英遁走城賊拒戰敗之復廣德進至甯國境而還賜黃馬褂四年從曾國藩剿捻匪張總愚圍雉河集盛波赴援循渦河岸破賊英翰軍突圍夾擊圍始解授甘肅涼州鎮總兵敗捻匪於甯陵五年拔菏澤游莊寨方埠賊巢被珍賚牛洛紅竄亳州截擊於白龍王廟大破之是年冬追賊雲夢連敗之於兩河口沙河胡家店六年躡追任柱至信陽與弟盛傳分路蹙之台子畈山中賊舍騎四竄追及談家河禽賊目汪老魁等賴文光來援復擊敗之九月破沭陽程寨賊又敗之於石榴寨高家寨追至海州阿胡鎮殲悍黨趙天幅東捻尋平七年西捻張總愚竄畿輔盛波追至陵縣土橋馬步合擊賊潰走五月盛波駐毛家莊賊由吳橋來犯設伏痛擊斬級數千襲賊於楊丁莊陣斬總愚之姪張三彪六月會擊於茌平總愚走死西捻平晉號碩齡阿巴圖魯軍事定以母老陳請回籍終養尋以前年所部攻破河南唐縣民寨慘斃多命爲巡撫李鶴年所劾褫職交李鴻章按治以盛波身在前敵免其科罪九年鴻章疏陳盛波功多復原官十年命在淮北選募精壯十營赴天津備防責司訓練丁母憂奏許弟盛傳回籍治喪盛波仍留營盛傳尋卒所遺湖南提督即以盛波代署疏辭不允服闋實授十四年卒李鴻章疏陳戰績謂其治軍嚴而不苛人樂爲用善察地勢審賊情部曲經其指授輒有家法防海以來所部爲淮軍最大之軍諸軍助望無出其右詔優卹建專祠諡剛敏

周盛傳字薪如盛波之弟盛傳偕諸兄集丁壯團練咸豐三年粵匪擾合肥率百餘人擊敗之禽賊目馬千祿五年兄盛華陣亡盛傳與盛波分領團衆防戰數有功獎敘把總十一年赴援壽州擢千總同治元年盛波從李鴻章援江蘇盛傳充親兵營哨官從克嘉定及戰四江口累擢游擊三年回籍增募勇丁會攻太倉賊酋蔡元隆詐降設伏狙擊官軍盛傳獨嚴備不爲所挫越數日偕諸軍一鼓克之駐軍雙鳳鎮爲賊所圍連戰三晝夜破之克崑山賜號勳勇巴圖魯攻江陰毀東門賊營城復擢參將迭戰東亭鎮興隆橋鴨城橋西倉遂克無錫功尤多超擢以總兵記名進攻常州三年進逼郡城南門賊突出拒盛傳且戰且築營賊屢抄後路皆擊退登石橋督戰橋斷墮水又受礮傷絕而復甦越數日裹創會攻擊城先登克常州詔以總兵遇缺先行題奏加提督銜以撫標親兵三營改爲傳字營盛傳始獨領一軍移防溧陽尋會銘軍克廣德州四年調剿捻匪偕兄盛波援雉河集自睢甯宿州轉戰而前將至捻酋任柱以馬隊突犯盛傳堅陣不動出奇兵抄賊後賊始卻會諸軍夾擊賊潰走以提督記名移防歸德五年春迭敗賊於考城鉅野城武菏澤詔嘉盛傳兄弟苦戰同被珍賚五月偕盛波破牛洛紅於亳州洛紅被創夜遁道死追賊扶溝鄢陵許州扼防周家口時以長圍困賊盛傳築賈魯河長牆檄調爲游擊之師解析城維山圍六年授廣西右江鎮總兵偕盛波蹙賊信陽譚富河斬馘逾萬追賊入山東至江北海州捻匪大衰是年冬任柱賴文光均就殲七年春偕盛波渡河會剿張總愚敗賊於山東直隸之間守運河長牆盛傳伏炸礮於吳橋毛家莊合馬步逼賊入伏礮發賊屍蔽野既而茌平合圍總愚走死賜黃馬褂盛波乞假養親盛傳代統全軍從李鴻章移師湖北九年從鴻章赴陝西剿回匪賊踞宜川山中督軍進剿破之於河兒川孔巖寨分兵於宜洛鄜延之間以遠勢兜圍先後禽賊酋馬志龍戴得勝北山悉平是年秋鴻章移督直隸疏調盛傳率所部屯衛畿輔十年移屯青縣馬廠十二年興修大沽北塘礮臺築內外土城各一大礮臺三環置小礮七十有一兵房藥庫倉廒義塾及城外溝河橋梁悉備以所部任其役捐盛軍欠餉以濟工費十三年九月工竣詔遇提督缺出先行簡放時鴻章奏興復京畿水利盛傳任事津沽屯田事屢勘天津東南縱橫百餘里沮洳蕪廢議疏濬河渠引淡滌鹹以變斥鹵光緒二年調天津鎮移屯興工開南運減河自靳官屯抵大沽海口減河兩岸各開支河一橫河六溝澮河渠悉如法建橋牐五十餘處備蓄洩使淡水鹹水不相滲混成稻田六萬餘畝濱河斥鹵地沾水利可墾以億計至六年工竣八年擢湖南提督仍留鎮訓練士卒悉用西法著操槍章程十二篇軍中以爲法式十年丁母憂命改署理予假回籍治喪盛傳事親孝未幾以哀毀傷發卒詔優卹諡武壯建專祠

潘鼎新字琴軒安徽廬江人道光二十九年舉人議敘知縣咸豐七年投効安徽軍營從克霍山擢同知十一年父璞領鄉團助剿被執不屈死鼎新誓殺賊復仇請分兵攻三河鎮克之負父骸歸曾國藩聞而壯之時方創淮軍令募勇立鼎字營同治元年從李鴻章援上海連克奉賢川沙南滙以知府用克金山又破賊虹橋擢道員二年攻福山鎮鼎新以開花礮炸賊壘克之解常熟圍授江蘇常鎮通海道以父喪未除改署任連破賊於楓涇及嘉善西塘加按察使銜克平湖乍浦海鹽獲賊銀三十餘萬兩充餉破賊於璜城沈蕩新豐三年會克嘉興戰吳漊南潯會攻湖州賊拒守晟舍攻兩晝夜傷脅破昇山九壘奪三里橋直抵城下克湖州加布政使銜賜號敢勇巴圖魯蘇浙既定賜黃馬褂駐屯松江四年僧格林沁戰歿捻匪益熾畿輔震動詔徵勁旅入衞李鴻章遣鼎新率礮隊航海赴天津尋命所部十一營移駐濟甯擢山東按察使擊敗捻酋賴文光於豐縣陳家莊又追敗之於沛縣魚臺定陶五年敗賊於鉅野解鄆城圍築運河沿岸長牆開黑風口淤河引泗水灌之賊屢敗於西華太康竄至汕坊閘鼎新夾擊殪其酋又追賊鄆城菏澤曹縣東明竄入河南境追擊於杞縣柿園嘉祥臥龍山六年遷山東布政使築新河濰河長牆會諸軍守之賊由東軍汛地偷渡濰河衝出南竄都司董金勝率馬隊尾追敗之莒州沭陽鼎新追至海州石榴橋據山下擊時賊尚五六萬連戰於馬陵山臥龍寨賊張兩翼來犯鼎新爲圓陣賊不能撼伺懈突擊斬馘甚衆追敗之剡城柴戶店海州上莊斬級千餘殪賊目楊天燕陳天福其酋李宗世等乞降加頭品頂戴捻首任柱賴文光先後就殲禽七年馳援畿輔鼎新至饒陽賊趨保定繞其前迎擊敗之尋破賊於滄州郭橋柳橋殪其酋羅六又戰高唐吳橋於捷地開減河築長牆抵東昌迭蹙賊於德平陽信商河與諸軍合擊西捻平予雲騎尉世職晉一等輕車都尉尋命從左宗棠剿回匪鼎新請開缺省親九年丁母憂服闋李鴻章奏留辦天津海防十三年授雲南布政使光緒二年就擢巡撫與總督劉長佑不合三年命來京另候簡用乞假歸五年召天津隨辦防務七年回籍十年法越兵事起起署湖南巡撫調授廣西巡撫時徐延旭出關兵挫故以鼎新代之命按治提督黃桂蘭等失律罪讞擬輕縱嚴旨斥責命督軍進諒山扼屯梅谷松堅牢諸隘鼎新奏請諸軍歸雲貴總督岑毓英節制自爲之副不允又私謂終歸和局以節餉爲主不得士心初戰船頭紙作社奏捷十二月法兵大舉來犯諒山陷師退自請治罪詔帶罪立功十一年正月鎮南關失守總兵楊玉科戰死喪提督劉恩河以次十餘員鼎新傷肘墜馬倉皇失措退至龍州詔奪職法兵由艽封窺龍州賴馮子材蘇元春王德榜諸軍力戰大破之復鎮南關追躡連捷克諒山和議旋成鼎新乃解任回籍十四年卒於家李鴻章疏陳前功乞恩復原官

吳長慶字筱軒安徽廬江人父廷香在籍治團練咸豐四年殉寇難卹予雲騎尉世職見忠義傳長慶襲世職繼父領鄉團先後從官軍克廬江舒城擢守備十一年會攻克三河淮軍始創領五百人曰慶字營同治元年從李鴻章至上海破賊於虹橋克奉賢南滙川沙又破寶山竄賊超擢游擊二年回籍募勇會李秀成糾衆圍廬江長慶登陴固守出擊賊走之事定率新募五營赴上海進攻楓涇西塘克之毀千窯賊巢擢副將規嘉善破張涇滙賊壘三年會攻嘉興左臂中槍督士卒緣城上克之以總兵記名賜號力勇巴圖魯自是分兵援浙閩迭克郡縣五年追敘以提督總兵儘先題奏七年從李鴻章剿捻匪轉戰河南內黃滑濬山東臨邑德州直隸甯津捻平賜黃馬褂晉號瑚敦巴圖魯調防江北駐軍徐州八年鼎軍譁變長慶扼截斬其倡亂者衆懼服分別資遣數千人旬日而定事聞予議敘九年移駐揚州丁母憂予百日假仍留軍濬鹽河興水利尋復移屯江浦江陰十三年增募四營築江陰江甯礮臺光緒元年授直隸正定鎮總兵仍留防江南六合鄉民因漕重聚衆譁著長慶馳至諭散爲請奏減漕額甯國教民白會清不法激變燬教堂構訟建平人何渚被杖長慶往按得實爲白於總督沈葆楨平反之率士卒濬江浦黑水河四泉河玉帶河兩年始畢工六年擢浙江提督尋調廣東水師提督未之任會法越軍事起命幫辦山東軍務四鎮皆歸節制率所部屯登州八年朝鮮內亂禁軍犯王宮殺大臣王妃失蹤燔日本使館日本且發兵命長慶率兵艦三往按治先日兵至廉知事由朝鮮王父大院君李昰應所主至則昰應尚踞王宮來謁留語及暮遣隊擁赴海口令兵艦致之天津次日擊散亂黨迎復王妃日本初欲藉故多所要挾見事已定氣爲之沮詔嘉其功予三等輕車都尉世職遂留鎮漢城長慶在朝鮮兩年修治道塗救災卹民示以恩信國人感之十年命移防金州尋卒詔優卹建專祠諡壯武予其次子保初主事保初後官刑部上書言時政辭職歸長慶好讀書愛士時稱儒將保初亦文雅有父風

論曰李鴻章創立淮軍一時人材蔚起程學啟實爲之魁功成身殞開軍遂微銘軍最稱勁旅樹軍盛軍鼎軍亦各驂靳粵寇平而捻匪熾曾國藩欲全湘軍末路主專用淮軍平捻多賴其力其後北洋籌防全倚淮軍而以盛軍爲之中堅劉銘傳才氣無雙不居人下故易退難進守臺治臺自有建樹二張二周治軍皆有家法潘鼎新防邊失律不保令名吳長慶戰績雖亞諸人朝鮮定亂能

弭大變及甲午邊釁起宿將彫零衛汝貴葉志超等庸才僨事爲全軍之玷後起僅一聶自成庚子殉難淮軍遂熸四十年中盛衰得失於此見焉

清史稿 列傳二百四

都興阿 西淩阿 福興　富明阿
舒保　伊興額 蘇家瑞
關保

都興阿字直夫郭爾貝氏滿洲正白旗人內大臣阿那保孫父博多歡正黃旗蒙古都統都興阿由廕生授三等侍衞晉二等咸豐三年從僧格林沁赴天津剿粵匪破之於杜家嘴擢頭等侍衞四年克獨流追賊阜城破運河濱賊壘五年克連鎭賊首林鳳祥就禽加副都統銜乾清門行走尋授京口副都統弟西淩阿督師湖北都興阿率馬隊往助勳復德安從總督官文進規武漢時官文軍北岸趨漢陽巡撫胡林翼軍南岸攻武昌都興阿率騎兵護水師敗賊沙口蒲漢陽西門六年賊由金鋪山上竄都興阿揮步隊迎擊分馬隊抄其後斬馘甚衆焚閔風鎭屯糧斬其酋林甃燔漢陽城外賊艇賊登岸遁都興阿以馬隊遮殲之擢江寧將軍襄樊土匪方熾都興阿馳援襄陽解其圍進圍武昌賊糧盡援絕棄城遁復武昌漢陽乘勝克黃州興國大冶蘄水蘄州廣濟黃梅諸城賜號霍欽巴圖魯大軍進規九江南路李續賓主之北路都興阿主之七年賊由太湖竄窺黃梅都興阿空城誘之盡殲騎賊千餘其由獨山鎭來襲者馬步合擊禽斬數千進攻小池口令多隆阿等破段窯楓樹坳獨山鎭賊巢陳玉成大舉圍至都興阿令多隆阿出黃梅鮑超屯孔壠自督馬步攻渡河橋平二十餘壘俘斬數千會合楊岳斌李續賓水陸軍攻童司牌盡平賊壘進克黃蠟山先後殲賊萬餘玉成遁走詔都興阿稍遜官文軍務攻小池口燔其城遂會克湖口破賊彭澤下望江東流八年會克九江被優敘復黃安麻城分軍破賊彌陀鎭南陽河復太湖偕李續賓軍會攻石牌克之授荊州將軍會水師進規安慶奪集賢關薄安慶北門破賊壘環攻而李續賓戰歿三河桐城舒城再失都興阿率軍退保宿松多隆阿偕鮑超大破賊於花涼亭楚師復振九年曾國藩奏請於安徽上游北岸添馬步三萬人以都興阿領其軍會病足薦多隆阿自代詔赴荊州本任十年江南大營潰上命都興阿帥馬步援江北而以曾國藩總督兩江時英聯軍犯京師都興阿備北援馳抵壽州和議成命赴揚州督辦江北軍務十一年令總兵吳全美率師船攻和州江下關毀賊壘破內江口賊船都興阿樂用楚軍胡林翼分其軍以畀國藩揚州兵單留徐州鎭總兵詹啟綸從剿令提督黃開榜焚三河賊船賊由儀徵犯揚州都興阿遣總兵王萬清防湖西自率三百騎出覘賊賊衆萬餘列陣待都興阿令騎皆下自席地坐賊疑有伏不敢逼後軍至奮擊破之賊又糾蘇州句容悍黨分犯瓜州鎭江都興阿乘其壘未成令營總杜嘎爾率馬步軍衝擊自督隊繼之賊大潰詹啟綸乘勢躡毀甘泉山賊壘鎭江圍解調江寧將軍仍駐揚州督江北軍文武悉聽調度令副都統海全等破後石橋賊營賊由常州竄鎭江總兵黃彬統水師擊敗之都興阿馳抵天長城下平其壘卡賊酋喻長春遁走沿途截殺殆盡黃彬等破賊船小河口太平港平瓜埠賊巢尋會江南提督李世忠收降六合天長二城同治元年江浦浦口復陷賊進犯揚州北營甘泉山南互樸樹灣都興阿親督諸軍連擊敗走之時上游諸軍連克沿江要隘進薄江寧都興阿令總兵李起高馳至浦口襲攻觀音門燕子磯爲聲援曾國荃大營爲援賊所圍遣副將楊心純率二千五百人赴援入濠助守又令黃彬率水師援九洑洲二年賊謀入裏下河都興阿遏之不得逞別遣副將梁正源會江南軍焚中關下關賊舟李起高會收江陰三年江寧合圍江北無警而陝甘回亂益熾詔都興阿赴綏遠城督防時甘肅寧夏漢城陷於賊滿城待援召都興阿入覲調西安將軍督辦甘肅軍務署陝甘總督江寧克復論功予騎都尉世職六月都興阿至定邊奏言回酋馬化瀧起雲州金積堡占踞城堡蔓延千里定邊距離尚遠宜進兵花馬池三路合攻方期得力令杜嘎爾等由草地繞石嵜山渡河攻克姜家村紅柳溝賊巢追至寶豐賊二路出撲擊敗之復寶豐解平羅圍軍進渠公堡都興阿慮深入無繼奏調荊州將軍穆圖善會勦賊首馬叱吽踞通成堡突出戰爲杜嘎爾等所敗退踞清水堡都興阿移營進逼絕其糧道攻克之進金貴堡王格莊去寧夏城二十里敗西路援賊城賊抄官軍後都興阿督諸軍迎擊賊大潰四年列陣城東誘賊出擊敗之扱南路賊圩鹽池固原竄匪踞安化元城鎭窺寧條梁糧路都興阿遣軍分防花馬池定邊寧條梁而靖遠南山賊焚堡據壩修堰將決渠困官軍乃移屯城東南賊又踞隄築壘斷水道並擊退不得逞都興阿親督隊敗賊於金貴堡分軍屯定邊花馬池賊由固原趨平羅寶豐截擊於金貴堡敗之杜嘎爾擊賊於磴口斃其酋馬生顏花馬池定邊兩路同捷馘賊首孫義和寧夏賊勢漸蹙詭辭乞撫計緩兵而潛決西河水灌官軍都興阿拒其降益修戰備進解滿城圍克城東賊圩敗之西門橋分軍擊走大水坑吳中堡踞賊斬回酋馬有富軍威頗振會奉天馬賊猖獗調都興阿盛京將軍移勦而以穆圖善代之穆圖善主撫寧夏賊尋降納礮械縛渠以獻五年穆圖善劾都興阿受降入城仍戮回酋章保立部下殺掠詔斥都興阿勦撫無定見下議褫職改留任都興阿至奉天馬賊漸平奏定緝捕章程搜勦餘匪尋定七年西捻張總愚竄畿輔李鴻章左宗棠率兵入衞賊流竄直隸河南山東數月未定詔召都興阿入京管理神機營授欽差大臣以副都統春壽提督張曜宋慶侍衞陳國瑞四軍隸之列名在鴻章宗棠上視師天津捻匪尋蕩平仍回本任光緒元年卒於官賜卹贈太子太保諡清愨奉天士民請與大學士文祥將軍崇實合建三賢祠揚州亦請與將軍富明阿合祠

西淩阿都興阿弟由拜唐阿授侍衞道光中從揚威將軍奕經援浙江迭晉頭等侍衞累擢察哈爾都統咸豐三年率黑龍江騎兵從琦善防浦口因不能阻粵匪北竄褫職留營責令追賊偕將軍托明阿等馳解開封圍又敗之氾水賊渡河圍懷慶援軍會集西淩阿戰最力圍解復原官追賊迭戰王屋邵原平陽洪洞由山西入直隸命幫辦勝保軍務至靜海賊蹤始定會軍圍攻四年春賊走阜城西淩阿追至後康莊破之從僧格林沁連破城外賊屯賊走踞東光連鎭攻戰數月西淩阿常爲軍鋒五年正月克之禽賊首林鳳祥予二等輕車都尉世職賜號伊精阿巴圖魯又從僧格林沁克馮官屯俘李開芳錫封三等男爵授欽差大臣督辦湖北軍務初至隨州戰不利命其兄都興阿往助尋褫職以官文代督師從復德安府城復原官留駐以固北防六年僧格林沁薦之率馬隊赴河南勦捻匪七年復以屢挫褫職留任破張洛行白龍王廟老巢復之八年命駐防山海關十年授鑲藍旗蒙古都統從僧格林沁赴山東勦捻匪尋命幫辦軍務十一年戰菏澤失利下部嚴議破賊於東昌焚賊巢克七級鎭進克張秋又破曹州紅川口匪圩進敗賊於劉家橋大張寺同治元年以餒疾回京授鑲藍旗漢軍都統五年卒賜卹諡勇毅

福興穆爾察氏滿洲正白旗人都統穆克登布曾孫以一品廕生授三等侍衞出爲直隸懷安路都司累擢督標中軍副將咸豐元年擢廣東高州鎭總兵二年平羅鏡匪凌十八及鬱林博白土匪賜號剛安巴圖魯擢廣西提督命援湖南偕向榮分路追賊湖北以遷延奪職留營三年從援江寧屯朝陽門外屢擊賊予三品頂戴充翼長偕提督鄧紹良破賊東壩復高淳會克太平回軍江寧迭擊賊於高橋門上方橋通濟門雨花臺晉二品頂戴署江寧將軍母憂奪情留軍六年授西安將軍幫辦向榮軍務偕張國樑援鎭江敗賊丁卯橋江寧大營潰向榮退保丹陽上切責諸將福興革職留任榮病卒命偕張國樑同任防勦上聞福興與國樑不和諭怡良察之遂命福興赴江西正月福興至弋陽賊來犯福興兵少多爲疑兵賊不敢偪擊走之竄浙江福興進屯衢州東關賊迭來撲皆擊退回駐玉山防賊復竄廣信尋又赴衢州攻東關賊營福興右股受傷尋以傷重乞假召回京十一年署鑲紅旗漢軍都統同治四年從尚書文祥會勦奉天馬賊戰大淩河北井子禽斬甚衆進援吉林迭破賊於張登望城岡署盛京將軍五年禽賊首馬傻仔於黃旗堡誅之事平凱旋授察哈爾都統調綏遠城將軍六年以舊傷發乞休光緒四年卒賜卹諡莊愨

富明阿字治安袁氏漢軍正白旗人明兵部尚書崇煥裔孫崇煥冤死家流寓汝寧有子文弼從軍有功編入寧古塔漢軍五傳至富明阿以馬甲從征喀什噶爾授驍騎校洊升參領咸豐三年從欽差大臣琦善軍揚州戰於洞清鋪受槍傷裹創奮鬭斬馘數十擢協領特賜玉韘四年破賊瓜洲賜花翎管帶寧古塔兵五年戰虹橋戒所部距賊二十步始發矢射斃賊酋分兩翼搜伏賊賊潰走加副都統銜六年授寧古塔副都統迭敗賊於徐家集硯臺山攻瓜洲又率

隊及六合練勇攻江浦敗賊於十里橋賜號車齊博巴圖魯又敗賊於樸樹灣土橋五新橋七年會攻瓜洲連敗賊富家井白廟以副都統記名是年冬克瓜洲詔以副都統儘先題奏充江北軍翼長進攻江浦八年春迭破援賊復其城進屯六合攻滁州克來安加頭品頂戴八月德興阿兵敗浦口富明阿馳援失利傷亡幾半退儀徵收集散卒復成軍扼萬福橋破賊於運河東授寧古塔副都統偕張國樑克揚州儀徵又破賊於冶鋪橋九年德興阿以失律罷黜江北軍不置統帥命歸和春節制別選謀勇可當一面者和春以富明阿薦詔幫辦和春軍務時六合浦口皆未復富明阿督軍進攻迭戰百龍廟李家營及六合城外既而賊數萬撲營分股繞襲後路遂大挫富明阿身被十二創詔許開缺回旗醫治傷已成殘命以原品休致食全俸十一年召至京命訓練京營同治元年授正紅旗漢軍都統管理神機營尋命赴揚州幫辦都興阿軍務江北裏下河十餘縣未被賊擾鹽場之利如故偕都興阿疏請運鹽濟餉軍用得給長江下游南北岸要口四十餘處排樁駐船分撥水師扼要駐防疏陳部署情形詔特嘉其諳悉地勢賊屢糾捻匪窺伺江北迭擊走之分軍渡江助馮子材守鎭江是年秋親率精銳援臨淮會僧格林沁剿苗沛霖詔幫辦軍務令部將詹啓綸克蒙額會陳國瑞等進攻連破賊沛霖伏誅傷發請假就醫清淮疏陳皖北圩練之弊詔下僧格林沁曾國藩議加整頓三年春都興阿赴陝甘剿回詔促富明阿回揚州坐鎭署江寧將軍尋實授遣詹啓綸率兵渡江助剿克丹陽賜黃馬褂江寧克復予騎都尉世職仍督所部水陸諸軍留防江北於是裁撤紅單船由提督吳全美率回廣東酌裁陸軍數千疏言江寧駐防亂後僅存男婦六百餘人現設官二十七員兵二百五十八名稍存營制京口駐防尙存四千餘人官兵挑補足額俸餉不能全支房屋均已焚毀請飭撥餉修蓋房屋使有依歸從之四年因瘢傷未痊請開缺予假赴京醫治許坐肩輿至京仍命管理神機營傷病久不愈詔允回旗五年起授吉林將軍督剿馬賊力疾進搜山險遣將分捕數月肅淸招撫金匪開闢閒田至數萬頃不及十年遂開建郡縣爲在任四年復以傷病陳情乞罷允之仍在家食全俸光緒八年卒優卹諡威勤吉林揚州請建祠子壽山官至黑龍江將軍光緒中俄羅斯犯邊殉難永山官三等侍衛亦於鳳皇城拒日本力戰死事皆自有傳

舒保字輔廷舒穆魯氏滿洲正黃旗人由護軍累擢護軍參領咸豐四年從僧格林沁剿粵匪攻圍連鎭賊乘大風出竄舒保截殲之五年竄踞馮官屯引水灌之功最賊渠俘獲加副都統銜荊州將軍綿洵奏調赴湖北率馬隊破賊德安六年迭破黃州李先集團風賊壘胡林翼之圍武昌也官文令舒保率馬隊三百渡江助戰城賊援賊分八路來犯舒保以勁騎馳突賊大奔平魯家港賊壘又敗之沙子嶺小龜山雙鳳山旬日之間大小二十八戰胡林翼奏稱舒保馬隊之力特多賜號倭什洪額巴圖魯偕知府唐訓方合剿襄陽土匪迭敗之黃龍橋余山店解襄陽圍克樊城老河口賊巢復光化房竹山三城雪夜禽匪首高二張家集誅之襄陽平餘匪遁入河南境陷內鄉七年舒保躡至會豫軍殲之八年授鑲黃旗漢軍副都統舒保方駐防商城而賊由六安進犯湖北陷麻城急回軍趨黃州南勇敗於望天畈爲賊追逼舒保迎擊戰一晝夜賊始退又偕李續宜破諸蘄水時欽差大臣勝保援固始兵未利而商城又告警勝保嚴檄舒保助剿胡林翼疏言舒保樸訥忠勇在楚有年洪山之戰襄陽之役蘄黃之捷實能爲人所難爲從無就易避難之意今以特簡二品大員勝保乃嚴札驅迫加以苛辭師克在和古有明訓束縛馳驟必誤戎機挾權任術毆不肖之將或可取快一時若忠良之士不煩督率而自奮也臣謂舒保一軍應審楚豫各路賊勢相機進勦毋庸强歸鄰省節制調遣上命舒保仍回羅田麻城勦賊固始圍解陳玉成復犯湖北舒保偕續宜破之麻城李續賓既克九江會師攻黃安下之既而續賓戰歿三河楚邊大震舒保以所部四百騎自武昌東下林翼次黃州增舒保軍千人以新補西丹游牧蘄水上巴河而令率舊部赴太湖爲多隆阿聲援會別賊又陷德安黃州孝感諸府縣將軍都興阿檄調舒保未至奏劾其觀望下部議十一年偕道員金國琛會攻德安先克孝感復會水陸軍圍攻德安克之加都統銜同治元年授護軍統領粵捻諸匪分兩路竄湖北總兵穆正春擊其西路舒保擊其東路連敗之於黃陂廣濟應山賊竄回豫境賜黃馬褂賊復回應山撲孝感城舒保啓南門奮擊賊已卻突別賊數千潛由北城入副都統德克登額署知縣韓體震等死之舒保還戰城中賊復敗遁追殺三十餘里二年賊由應城圖襲漢口爲官軍所卻轉撲孝感舒保迭戰李家灣倉子埠陣斬老捻千餘遂引去被珍賚三年擊捻匪於德安西追抵壽山日暮層岡深澗不利騎戰賊來益衆舒保陷重圍中越坎落馬力竭陣亡贈太子少保予騎都尉兼雲騎尉世職入祀昭忠祠湖北建專祠諡貞恪

伊興額原名伊淸阿字松坪何圖哩氏蒙古正白旗人吉林駐防從征喀什噶爾除驍騎校選授侍衛入京召對宣宗以原名不合淸語命改名伊興額道光十九年擢三等侍衛改隸滿洲咸豐三年自請從軍發揚州大營琦善令援江浦初至示弱不戰斫賊營大敗之柳樹壩破九洑洲累擢頭等侍衛賊圍和州急伊興額不待令督軍進擊解其圍駐江浦三年六年剿捻匪夏白任仲勉於澮河北岸殲賊二千餘仲勉斃於陣夏白糾雉河賊黨圍宿州伊興額率千騎往援四戰皆捷解其圍分軍防徐州宿州張洛行來犯偕總兵傅振邦擊走之時潁亳蒙宿諸捻蜂起徐宿百里內宴然耕穫不輟賊首王廣愛梁振貴衆數萬聚張七家樓圖北竄伊興額選精銳數百疾馳掩入賊壘禽王梁二賊賊黨來援擊走之以副都統記名賜花翎七年招降王家壚捻黨陳保元五千人斬其渠李月賜號額圖渾巴圖魯因病回徐州勝保劾其不遵調度報捷不實褫翎頂尋率馬隊攻喬家廟禽斬捻首梁思住夜進攻鄧家壚誅賊渠劉大淵偕總兵史榮椿破賊趙家屯渦河兩岸肅淸復翎頂八年授正紅旗蒙古副都統破捻匪於紀家莊解蒙城圍攻薛家湖賊巢殲傷股裹創力戰毀其壚加頭品頂戴尋捻首劉添祥由六安北竄衆號數萬伊興額以孤軍無援退屯蕭縣賊陷豐縣坐奪職九年春起佐傅振邦剿捻接統袁甲三所部兵詔復職督辦河南軍事伊興額率騎千三百赴援躡賊商水老湖坡賊衆數倍列車陣拒戰潛分兵繞賊後夾擊之賊潰走窮追三晝夜歷沈邱項城至太和孫家圩先後斃賊二萬餘被旨嘉獎時總兵邱聯恩戰歿舞陽舞陽去商水二百里及戰勝舞陽賊聞風遁勝保復奏劾伊興額性情乖僻商水之役僅擊退別股並未迎剿舞陽賊衆僅六千而疏報輒稱二萬三千詔奪頭品頂戴交勝保差遣所請獎老湖坡戰勝員弁下著漕督袁甲三察奏伊興額遂謝病回徐州距復起僅三月尋詔飭赴甲三營剿賊稱疾不赴蕭縣民鄭立本等以伊興額去賊復熾叩閽請還鎭德楞額復代奏徐州紳民以伊興額在徐養病請飭就近治軍先後諭詢伊興額病狀伊興額固以篤疾辭上怒褫職勒令回旗都察院奏上安徽監生張鴻文呈言伊興額前功懇令總辦討賊事宜不報十年僧格林沁疏薦予六品頂戴尋加三品敕辦徐宿團練伊興額再起其舊部多不隸麾下所請五百騎未及訓練以賊竄曹州僧格林沁趣援十一年春偕徐州鎭總兵滕家勝率騎二千馳往擊賊於東平汶上累捷追至臥虎岡風霾忽作急退楊柳集伏起家勝馬躓歿於陣伊興額揮百餘騎衝入賊中索之不得突圍出從騎僅隨者十餘人賊圍之數帀力竭死之詔復原官予騎都尉世職諡壯愍建祠徐州汶上宿州永城滕家勝湖南乾州廳人由行伍從江忠源剿賊湖北累擢游擊繼從袁甲三勦捻於皖豫之間擢參將賜號伊博格巴圖魯勝保薦其少年勇敢超授四川川北鎭總兵調徐州鎭幫辦徐宿軍務家勝舊隸伊興額部下至是同戰歿贈提督予騎都尉並雲騎尉世職諡武烈

關保烏扎拉氏滿洲正黃旗人吉林駐防道光初從征喀什噶爾有功洊升三姓佐領咸豐三年隨侍郎恩華勦粵匪解懷慶圍追敗之平陽屯正定勝保檄充營總勦賊於深州靜海攻獨流鎭擢協領四年從僧格林沁戰阜城三里莊槍傷額奮擊破賊賜號年昌阿巴圖魯從勝保援臨淸追賊至豐縣殲之以總管升用五年從僧格林沁克馮官屯從西凌阿赴湖北尋調河南又調安徽從和春克廬州加二品銜六年偕副都統麟瑞破賊五河斃黃衣賊目二人殲賊千餘敗邳州援賊解壽州圍擊賊潁上五戰皆捷所部馬隊各省爭欲得之助勦尋隸河南巡撫英桂軍敗賊馬村橋進亳州雙溝遇賊姬橋殲之又連敗賊三丈口舊縣集安徽巡撫福濟疏調赴蒙城英桂仍請留河南詔令和衷商榷先赴所急其冬率軍趨懷遠越境敗捻匪於徐州漕運總督邵燦疏請留徐州報允七年偕總兵史榮椿攻永城岳家集捻首李月先遁焚其巢尋以病歸八年命率吉林黑龍江察哈爾兵千八百赴袁甲三徐州營九年會攻澮北捻首曹金斗破其圩乘勝擊捻首張寶全破之張洛行陷泗州踞草溝民寨關保率民團奪圩外礮臺燬其寨賊分竄自相踐踏餘賊竄五河雙渡口奪船爭渡追殪過半禽賊目張起等以副都統記名命幫辦傅振邦三省勦匪事斬捻首張添福進擣任乾畢圩圩民內應斬乾餘黨盡殲接統伊興額軍命督辦河南防務佐振邦勦匪三省如故授黑龍江副都統破亳州竄匪捻首孫葵心衆黨永城圖分竄詔勿令闌入山東邊境飭關保截賊西路逼之歸巢已而賊衆二萬分擾商邱柘城圍睢州開封戒嚴上命由鹿邑赴援賊趨蘭儀分擾通許尉氏關保馳抵陳留合諸軍夾擊賊南走馳援許州遣副將王鳳翔率騎兵敗賊洪河北岸又敗之臨潁城下陣禽葵心親屬孫套夜簡精騎劫賊營斬馘無算拔難民千餘賊東奔偵別賊竄扶溝太康要擊之王隆集沿途搜捕豫境肅淸十年命勝保督辦河南軍務關保仍副之賊擾虞夏邑鹿邑遣將擊走之俄又大至逼近省垣詔詰責尋轉戰汝寧確山皆捷分兵破賊鹿邑劉集解邱集圍賊

復糾黨來攻擊走之傷發予假調理同治元年赴黑龍江任八年卒

論曰都興阿雅量寬閎知兵容衆胡林翼稱其有豐鎬故家遺風當時滿洲諸名將半出部下舒保亦以樸勇爲林翼所倚重及林翼歿無人善用倉卒殞寇世咸惜之富明阿始終江北軍事其勛勞出托明阿德興阿之上晚膺邊寄亦稱賢帥伊興額勤捻盡瘁最得民心爲驕帥齮齕未竟其用關保善將騎羣帥爭相引重其遭際爲獨幸焉

清史稿　列傳二百五

袁甲三 子保恆　毛昶熙

袁甲三字午橋河南項城人道光十五年進士授禮部主事充軍機章京累遷郎中三十年遷御史給事中疏劾廣西巡撫鄭祖琛慈柔釀亂又劾江西巡撫陳阡賄賂交通皆能之戶部復捐例疏請收回成命咸豐元年粵匪起南河豐北決口上疏極論時事皆切中利弊二年粵匪竄湖南疏言總督程矞采爲守土之臣責無旁貸若復令賽尚阿持節移軍誠恐諉過爭功互相掣肘請命賽尚阿回京專責程矞采便宜行事如有疎虞按律定罪並言湖北巡撫龔裕闒賊入境託疾乞休尤宜嚴懲以昭炯戒又列欵奏劾定郡王載銓竇弄權勢擅作威福及刑部侍郎書元貪鄙險詐諂事載銓狀詔詰載銓所收門生實據疏請飭呈出所繪息肩圖事皆得實載銓坐罰王俸奪領侍衞大臣兼官書元及尚書恆春降調題圖者降謫罰俸有差於是直聲震中外三年命赴安徽佐侍郎呂賢基軍務粵匪陷鳳陽府踞明淮關煽動土匪連陷蒙城懷遠甲三至軍疏言賊勢未遽北犯請飭諸臣勿涉張皇急圖剿賊命權廬鳳道漢回相閧闔潁州遣兵解散誅首亂事即定會漕運總督周天爵卒於亳州命代領其軍時土匪合五十八捻爲一勢甚張甲三至王市集收散勇整民團擊賊高公廟破之加三品卿銜命署布政使疏辭不赴請專治兵事允之命專勦捻匪破賊標里鋪禽其渠鄧大俊鄉團先後禽獻者二千餘悉置之法十月粵匪由安慶竄踞桐城尋陷舒城呂賢基死之上命移軍桐城甲三疏言捻首張茂踞懷蒙間窺廬郡請先赴蒙亳爲諸郡聲援時捻匪爲衆雉河集甲三令縣丞徐曉峯擊破之禽賊渠孫重倫分兵擊敗臨湖鋪竄匪禽賊渠宮步雲馬九並其目數十人令遊擊錢朝舉知縣米鏡攻懷遠大破之張茂負傷遁十二月賊陷廬州巡撫江忠源戰歿甲三劾陝甘總督舒興阿擁兵坐視褫其職並請撥兵防壽州六安以杜旁擾四年二月粵匪陷六安竄蒙城甲三進擣蒙城賊走永城甲三恐其趨宿徐阻糧道急躡之賊已濟河不及而還賊尋復南竄連敗之潁州正陽關餘賊退六安還軍蒙亳剿捻匪擣臨湖鋪進偪雉河集賊巢誘官軍甲三偵知盡泊船南岸令知州張家駒陣河干參將朱連泰李成虎敗賊馬家樓迫之渦河殲賊殆盡遂破義門集捻首張捷三遁去甲三移屯臨淮地數被兵比戶凋敝既至討軍實撫殘黎衆皆樂爲之用超擢左副都御史疏言皖軍以克復廬州爲急宜出偏師赴南路斷賊接濟尋以賊陷和州窺江浦將北竄分遣將扼關山赴滁河鳩團練爲聲援十月北路捻匪復熾令張家駒朱連泰率軍破之於寺覺集粵匪踞烏江令廬鳳道張吉第擊敗之賊夜結五壘於駐馬河乘其初至薄之殲禽甚衆令參將劉玉豹舉人臧紆青規桐城連奪大小關擊走廬江援賊紆青戰甚銳進攻桐城西門賊由安慶潛山來援城賊出應之紆青戰死玉豹收餘衆退保六安五年疏陳軍事略曰北路以臨淮爲要正陽次之臣駐臨淮牛鑑扼正陽以防賊北渡廬州爲中路和春福濟師老力疲久攻不下西路蘄黃無處非賊兵力過單東路沿江鍼魚嘴西梁山賊船壘來去無常張光第等分軍進攻然無水師夾擊終難收效目下悍賊力爭江路羣衆上游廬州有機可乘請益厚兵力分扼廬城東南或增兵並勦舒巢俾其應接不暇庶可一鼓而下時淮北官吏甲三欲有更調和春福濟意不合甲三專奏詔仍飭會銜於是和春福濟疏劾甲三堅執己見並劾其株守臨淮粉飾軍情擅裁餉銀冒銷肥己召回京部議褫職甲三呈訴被誣下兩江總督按治事得白甲三在淮北得軍民心其去也軍民泣留者塞道未幾捻首張洛行勾結皖豫諸捻勢益熾懷遠民胡文忠鬻子女徒步京師控都察院求以甲三回鎮格不達懷狀自經言官孫觀曹登庸宗稷辰先後疏請起用疆臣怡良吉爾杭阿何桂清亦交章論薦六年二月命隨同英桂勦捻河南甲三赴歸德招集舊部三戰三捷進解亳州之圍毀白龍王廟砦破燕家小樓賊數萬直擣雉河集禽蘇天幅洛行僅身免特詔嘉奬命以三品京堂候補洛行尋復糾黨犯潁州擊走之又踞雉河集七年平王鄧宋姚諸圩誅捻渠李寅等百餘人授太僕寺卿賜花翎勝保督師攻張洛行於正陽關久不下奏請甲三合剿令部將朱連泰史榮椿攻韓圩克之八年偕勝保解固始之圍復六安史榮椿破捻匪於銅山斬其渠孫大旺移軍宿州襲賊王家圩誅賊首王紹堂等乘勝復七圩七月命代勝保督辦三省勦匪事宜張洛行方踞陳家莊擊走之分兵復豐縣未幾蒙亳諸捻入歸德窺周家口甲三令子保恆偕總兵傅振邦馳援賊遽趨西北偪開封振邦追賊及之太和李興集保恆集團勇扼橋口馬步合擊大破之殲斃數千逐賊出河南境賜號伊勒圖巴圖魯疏言兵分則勢孤合則勢盛捻匪踞地千餘里臣兵不過數千不能制賊死命請敕各督撫合力大舉爲掃穴禽渠之計九年正月擊張洛行於草溝破其巢追至沱河多溺水死復擊之雙渡口洛行泅水免勝保與甲三意不合屢疏詆之詔斥甲三督剿半載但防徐宿不擣賊巢日久無效召回京入覲面陳軍事四月命署漕運總督尋勝保以母憂歸命署欽差大臣督辦安徽軍務實授漕運總督進攻臨淮關軍南岸斷其糧道降捻內應斬關而入生禽賊首顧大隴等遂克之十年進規鳳陽屢戰皆捷鄧正明以府城乞降張元隆猶據縣城誘出誅之並誅悍賊三百餘人未匝月拔兩城詔嘉調度有方賜黃馬褂命其子保恆赴軍差遣捻匪陷清江浦窺淮安令道員張學醇擊走之乘勝復全椒粵匪陳玉成來援分擾滁州令李世忠夾擊走之是時江北無統帥揚州叛將薛成良擁衆剽掠亟發舟師扼高寶諸湖成良走依李世忠甲三責以大義即縛獻成良斬之以徇令保恆合總兵張得勝副都統花尙阿各軍圍定遠陳玉成糾衆來援會合捻匪撲鳳陽據九華諸山連營數十里城中食且盡甲三令參將黃國瑞潛率銳卒四百夜薄九華山躍入壘城上發礮應之賊大亂棄營走圍乃解是年秋英法聯軍入京師車駕幸熱河甲三請率兵入衞詔以臨淮爲南北筦鑰止勿行和議定條上四事曰愼采納節糜費精訓練選將才下所司議行復疏請還京泰西諸國欲助兵討賊甲三力陳非策皆報聞十一年張洛行屯衆渦河北令李世忠擊走之練總苗沛霖者鳳臺諸生健猾爲閭里雄以團練功累擢川北道加布政使銜然不冠服令其下稱先生所平賊圩輒置長收其田租緣道設關隘壟斷公私渦河澮潁之間跋扈自恣甲三屢羈縻之用以牽制捻匪勝保尤信用沛霖沛霖亦深與結納內懷反側憚威不敢猝發至是藉口其練勇被害據懷遠鬭壽州巡撫翁同書爲所劫持殺壽州團練徐立壯囚孫家泰亦自盡而壽州之圍仍不撤遣其黨苟懷開犯河南受粵匪封職令練衆蓄髮四出擾掠於是詔褫沛霖職命甲三會諸軍進剿同書能去賈臻代署巡撫復於潁州被圍會張洛行大舉渡淮甲三移軍擊之洛行敗走甲三屯長淮衞解散沛霖屬圩二百餘處十一月保恆偕總兵張得勝等克定遠粵匪遁走進拔六合天長同治元年會克江浦浦口移軍會多隆阿軍攻廬州克之陳玉成走壽州投苗沛霖執送勝保軍誅之於是勝保爲沛霖乞恩免罪責剿捻自効佯奉命而倔僵如故甲三策沛霖終爲患疏陳大勢先剿羣捻次沛霖薦李續宜撫皖而自移師會僧格林沁軍擊捻匪上報可尋以病劇乞罷允之前因壽州失陷部議革職特詔寬免既受代行至歸德疏陳四事請崇聖學議政親臣專心國事用人宜審聽言宜斷上嘉納之復奏苗練終難就撫二年春沛霖復叛圍蒙城羣捻助之詔甲三在籍會籌防剿臨淮軍苦飢乞甲三奉命急籌接濟乃倡捐募敢死士出間道運至蒙城捻匪兩犯陳州甲三病已亟猶前授將吏方略擊走之尋卒優詔賜卹諡端敏擢其子保恆侍講學士保齡內閣中書陳州臨淮淮安幷建專祠後淮安請祀名宦河南請祀鄉賢子保恆字小午道光三十年進士選庶吉士授編修從父軍中咸豐五年詔允留軍差遣七年從解亳州圍拔白龍王廟寺兒集雉河集賊壘進攻三圩戰最力勝保以聞加侍講銜賜花翎八年會攻懷遠捻首李大濬奪其輜重又大破孫葵心劉狗於太和賜號伊勒圖巴圖魯九年甲三罷軍事保恆回京供職十年復命保恆赴甲三軍破賊定遠幫辦軍務穆騰阿上其功甲三力辭上諭甲三不必引嫌十一年破苗沛霖黨張士端於懷遠會克定遠同治元年連擢侍講侍讀庶子甲三以病解職命保恆仍留軍尋丁繼母憂歸二年從甲三督治陝州團防甲三尋卒卹典推恩命保恆以侍講學士即補淮北初平保恆疏陳善後八策請以逆產絕產募民屯墾整頓兩淮鹽務以濟屯田經費又密陳李世忠驕恣難制請加裁抑三年保恆以屯田議未即行請詣京與廷臣面議詔斥不諳體制下部議降一級以鴻臚寺少卿候補服闋赴京廷臣交薦其才七年捻匪犯畿輔保恆自請効力戎行命赴李鴻章軍委用捻平加三品銜授侍講學士從陝甘總督左宗棠赴陝西八年

命莞西征糧臺許專摺奏事十一年遷詹事肅州克復加頭品頂戴十三年連擢內閣學士戶部侍郎保恒督餉凡五載諸軍欠餉糾轕騰挪無缺及大軍出關詔襄辦左宗棠轉饟事進駐肅州保恆請入覲未許光緒元年召回京兼署吏部侍郎二年調刑部侍郎保恆久歷兵間審於世變屢上疏論時事請辨人材厲士氣收人心言甚切直又言歷觀各國情形惟俄爲最強最狡往往不動聲色布局於十數年以前肆毒於十數年以後履霜有象桑土宜先伏願特簡久經戰陣熟習韜略之治兵重臣專辦東三省練兵事務凡屬兵馬饟糈邊防之事悉以屬之重以事權寬以歲月無事則可消覬覦之萌有事則可爲撻伐之助用以拱衞神京懾服他族根本至計未可委之一二不相統轄之武臣謂可威強鄰而弭外患也福建之臺灣僻處海澨物產豐饒民番逼處非專駐大臣鎭以重兵爭以威信舉民風吏治營制鄉團事事實力整頓未易爲功若以福建巡撫每歲半載駐臺恐閩中全省之政務道路懸隔而轉就拋荒臺灣甫定之規模去住無常而終爲具文請改福建巡撫爲臺灣巡撫駐臺灣而以總督辦福建全省事各專責成疏入下部議行三年河南大旱命保恆襄辦賑務既至疏陳沿途流民狀先令州縣停徵四年奏請截留江南漕糧九萬石不許請借直隸平糶餘米三萬石許之又請借用江蘇義倉積穀及臺灣捐修鐵路洋銀五十萬圜下部議令籌歸還之法保恆請緩禁川鹽行楚加抽鹽釐備抵賑需爲兩全之計疏入仍下部議保恆查賑所至屏絕供張服食粗糲刊賑章二十二則頒行就孔道設粥廠就食省城者凡十餘萬人栖息得所時親視察感疫病卒優詔賜䘏謚文誠河南省城建專祠附祀陳州臨淮甲三祠

毛昶熙字旭初河南武涉人父樹棠官至戶部侍郎昶熙道光二十五年進士選庶吉士授檢討咸豐五年遷御史轉給事中屢上疏論軍事吏治劾步軍統領聯順徇私廢法能之甚負清望八年授順天府丞胡林翼密疏薦之十年加左副都御史銜命督辦河南團練至則規畫全局定條規十二事築堡寨扼要隘擇首事選團丁籌公費互救援定約束申號令公賞罰詰奸宄旌忠義而終之以實力奉行并疏陳調練民勇苦累之弊亟宜改辦鄉團以紓民力尋命督辦剿匪事宜駐軍歸德亳州捻匪犯鹿邑督練勇擊走之分路馳剿九戰皆捷十一年疏言捻騎逾萬官軍馬隊過單皖豫交界之區皆平原曠野步隊無以制賊死命令豫境修築寨堡已有成效應責令寨長各選壯丁一名馬一匹投效來營歸陳兩屬約可得馬隊三四百名上命推廣其法行之捻匪偪省城圍通許昶熙檄軍援之圍立解因疏言軍令不一將士無所適從宜會合撫臣以一事權上命巡撫嚴樹森督辦河南剿匪事宜昶熙副之仍兼辦團練三月克唐縣捻匪趙國良犯兗州陳大喜犯汝陽幷擊走之尋以誤用逃犯李占標降三級調用暫免開缺大河以南府廳州縣團練皆成立屢敗賊詔開復處分連擢順天府尹太僕寺卿內閣學士仍留軍穆宗即位昶熙請諭文宗梓宮面陳機要未許命以軍事密疏入告疏上制捻要策略曰年來剿捻未得要領其誤有二一在專言防堵潁徐歸陳平原千里無險可扼捻數路同發分而愈多官軍分堵則兵單合堵則力疏猶之院無牆垣徒守門戶不能遏盜也一在無成算而輕戰賊衆數倍於我馬則十倍過之我無必勝之術僥倖一戰一旦敗潰賊燄愈張至會師擣老巢實爲平賊要策皖捻雖以張洛行爲主而陳宋潁壽淮徐方數百里無處非賊巢即無處無賊首官軍即能次第掃除勢難刻期淨盡若繞過小捻徑擣大捻老巢舍近攻遠而近賊襲我於後我必不支此會擣老巢之難遽奏效也然捻匪與粵匪不同粵匪盤屯蟻聚其勢合捻匪散處各圩其勢分其出竄也必須裝旗糾合各圩賊目約期會舉常十餘日始得出其竄山東者每會於保安山龍山竄汴梁者會於小奈集大寺集竄陳州者會於南十字河張倍溜地皆偪近亳州亳州者賊之吭也計莫若擇重臣素有威望者統步隊數萬馬隊數千屯軍於此用伍員多方誤楚之法分所部爲數起此歸彼出此出彼歸循環馳突於各捻賊圩之間使大捻無從句結小捻聲息不通惴惴焉日防官兵之至自不能裝旗出竄四出打糧俟其飢困然後以重兵次第圍剿賊無外援則小股膽落大股易平招撫兼施立可解散不必盡煩兵力矣夫防賊於既出之後何如遏賊於未出之先剿賊於既聚之餘何如蹙賊以難聚之勢而又無勞師襲遠之危輕進損威之失所謂不戰而屈人之兵者是也今日大計以衞畿輔固根本爲先豫東者畿輔之門戶也亳州者豫東之賊源也亳州之賊不除則豫東之匪難絕卽畿輔之地不安重兵駐豫不能兼顧東省駐東亦不能兼顧豫防惟亳爲諸捻匯處之區拔本塞源實在於此且蒙亳百姓祇以偪處賊巢呼訴無門不得不苟全性命非盡甘心爲逆也若官軍聲勢一振隨撫隨剿不但忠義良民同心殺賊卽附賊之堡寨亦相率就撫輔助官兵彼久經兵革之地人習戰爭附賊則爲悍賊反正則爲勁兵奪賊燄而益軍威計無便於此者前勝保袁甲三累獲大勝皆由屯駐亳州扼其要害幷賴關保德楞額馬隊之力是以所向有功前事不遠可爲券證奏入上韙之時粵捻合擾潁州命昶熙出境會剿昶熙兵僅五千且無馬隊疏請調總兵李續燾等募精壯六千來豫以厚兵力如所請行上復敕西安將軍托明阿選西安馬隊一千赴豫同治元年春亳捻劉大淵糾黨趨河南昶熙在省聞警馳至杞縣賊已圍城會僧格林沁軍自山東進至敗賊許圍昶熙會所部合擊之克復所占民圩斬馘逾萬餘賊引去檄諸路團勇截殺之還駐歸德扼賊歸路四月會同僧軍合擊金樓教匪楊玉驄盡殲其衆授禮部侍郎仍命督團剿賊歸僧格林沁節制赴汝甯督兵團剿陳大喜諸匪克正陽收寨圩多處二年誅賊首張鳳林張福林克邢集尙店賊巢陳大喜竄湖北汝甯陳州所屬踞賊殲除殆盡調吏部亳捻犯陳州爲官軍所扼擊四竄昶熙屯鹿邑盡平亳北賊寨是年冬苗沛霖伏誅淮北肅清詔昶熙部勇原助兵力所不足今兵力足敷應用飭散遣歸農命昶熙回京供職會陳大喜勾結苗練餘黨趨汝南陷正陽信陽新蔡息縣各民寨乃暫留剿賊三年進屯息縣禽誅捻首趙國良徐文田十餘名盡復諸寨十一月僧格林沁敗陳大喜張總愚於光山賊西竄偪南陽昶熙調張曜回屯唐縣知府湯聘珍扼宛南四年僧格林沁戰歿曹州諸軍幷被譴坐革職留任詔回京六年調戶部七年擢左都御史兼署工部尙書時捻匪戡定疏陳軍務漸平宜益思寅畏略曰功成而喜者常人之同情功成而懼者聖人之遠慮今日巨寇甫平兵戈未息滇黔秦隴烽火驚心皖豫直東瘡痍滿目戡亂安民一一尙煩宸慮敬肆之機間不容髮萬一大捷之餘偶忘乾惕則患機之萌恐有伏於無形者今之所急一在勤聖學皇上春秋鼎盛典學日新但恐親師講學爲時無多還宮之後左右近習或以功業日盛問進諛詞意氣漸盈懋修或懈昔宋莊獻皇后臨朝仁宗聽內侍之言欲觀寶玩莊獻太后爲言祖宗創業之艱臣亦伏願皇太后於皇上還宮之餘殷殷以時事艱難勤加啟迪至於近侍尤宜擇老成有識之人服事起居將見養正之功日臻堅定矣一在崇節儉今寇氛雖平而流離之民未盡歸農荒蕪之田尙多未墾非力加撙節不足以廣積儲而備緩急臣前管三庫事務見內務府借撥部庫銀兩逐歲加增竊恐中原底定踵事增華財源未開財流不節度支告匱爲患匪輕伏願皇太后皇上崇尙節儉爲天下先一切不急之務可罷則罷之可緩則緩之庶國用可充而風俗亦漸歸質厚矣一在飭吏治髮捻之禍實由不肖州縣所激而成正供之外百計誅求私派私罰自營囊橐以致民氣不伸釀成巨患用兵以來此風尤甚卽如釐金一項奉行不善百弊叢生病商病民莫此爲甚今日之封疆大吏以地方多事喜用精明強幹之員而不求愷悌循良之吏斯民元氣剝削愈甚其禍遂不可勝言今東南初定畿甸甫清兵燹遺黎不堪再擾應令各省督撫愼選良吏與民休息以復富庶之舊一在固根本陝西回逆土匪麕聚北山見聞大軍乘勝西征恐至窮而思竄其或由晉省撲河或由草地北擾宣大畿輔兵單地廣在在須防直隸提督劉銘傳謀勇兼優應令迅回本任並帶所部萬人留直屯守以壯聲威並將綠營兵丁練成勁旅庶諸賊不敢萌心北擾而諸將亦得專意西征矣疏入上嘉其言剴切優詔答之八年授工部尙書命在總理各國事務衙門行走九年天津民教搆釁命偕直隸總督曾國藩按治暫署三口通商大臣事定回京請裁歸總督兼理從之十一年調吏部十二年上謁東陵命留京辦事十三年兼翰林院掌院學士光緒四年丁母憂服闋命仍在總理各國事務衙門行走兼翰林院掌院學士八年授兵部尙書尋卒優詔賜䘏贈太子少保謚文達昶熙屢掌文衡兩典會試凡朝殿考試閱卷歷二十餘次士論歸之

論曰袁甲三毛昶熙並以謇諤著聲出膺軍寄甲三孤軍支拄淮壖與捻事相終始驕帥傾排狡寇反覆卒能保障嚴疆其堅毅不可及也昶熙事權未專同時疆吏非辦賊才補苴之功亦不可沒所陳平捻方略具得要領賊平之後懃懃以寅畏納諫老成謀國於斯見之保恒濟美戎行立朝侃侃家英國幹鬱有風規已

劉長佑　劉嶽昭

岑毓英 弟毓寶

劉長佑字印渠湖南新甯人道光二十九年拔貢與同縣江忠源友咸豐二年忠源率鄉勇赴廣西助剿長佑從粵匪自桂林走湖南忠源破之於蓑衣渡長佑有贊畫功獎叙教諭又從破瀏陽徵義堂會匪擢知縣三年平衡山土匪擢同知直隸州忠源援湖北遇賊崇通間長佑自長沙馳援戰於通城大破之自是獨領一軍忠源守南昌長佑偕羅澤南赴援解吉安圍分兵克泰和擢知府忠源殉廬州長佑偕忠源弟忠濬率千人馳援弗及大憤誓滅賊五年江忠淑勦東安賊不利駱秉章以長佑兼統其衆所部始盛克東安追破之新甯六年復彬州擢道員江西賊方熾秉章奏以長佑率蕭啟江等諸軍赴援克萍鄉加按察使銜遣啟江復萬載進圍袁州屢擊敗援賊十一月降賊李能通爲內應克袁州七年二月進屯太平墟賊由吉安大舉來襲列陣二十餘里以驍騎衝突將士多死亡全軍敗潰長佑下馬引佩刀欲自裁營務處劉坤一擁之上馬退保分宜近縣士民爭運糧械濟之潰卒皆來歸軍勢復振進規臨江八月石達開自撫州率二十萬衆來援總兵普承堯戰峽江不利賊薄太平墟長佑乘其營壘未定約蕭啟江田興恕合戰江忠義李明惠先陷陣盧秀峰繞其後縱擊大破之遂圍郡城捷聞詔嘉其奮勇賜號齊普巴圖魯十二月克臨江殲賊酋張發紀加布政使銜八年長佑病歸以劉坤一代統其衆蕭啟江自爲一軍合克新淦崇仁進克撫州是年夏長佑復至軍屯建昌迭敗賊於新城金谿賊入福建界江西邊境肅清記名遇江西道員缺簡放九年回軍湖南剿郴桂賊解永州圍記名以按察使題奏石達開圍寶慶長佑與李續宜分扼東西兩路賊敗走長佑追破之九峯橋白楊埔大臨橋盧洪司遂竄廣西陷興安靈州直撲桂林長佑倍道赴援賊不虞其驟至走慶遠追擊之所向皆捷授廣西按察使逾月擢布政使攻柳州拔之十年擢廣西巡撫四月克慶遠破達開於思恩又破之興安乃遁竄時廣西土匪猶蔓延大者踞郡縣小者千百爲羣倏兵倏賊長佑蒞任整飭吏治興練水師匪氛漸輯商貨流通稅釐增倍軍事餉事差能自固不盡仰資鄰省十一年遣劉坤一剿柳州土匪斬其渠伍聲揚餘黨就撫調水陸軍剿潯州艇匪克府城斬其渠陳開貴州匪首黃金義投誠復叛禽斬之同治元年長佑親赴潯州督防分軍進剿迭克要隘尋擢兩廣總督以所部楚軍付劉坤一接統留勦廣西諸匪未幾調直隸總督時降捻張錫珠宋景詩先後叛畿輔騷動二年春長佑航海至天津即赴衡水督師三月破賊東鹿殲張錫珠命督辦直隸山東河南三省交界剿匪事宜宋景詩踞劉貫寨甘官屯合山東軍攻之以遲延降級留任九月破賊張秋鎭殲賊目楊殿一景詩逸走乃罷軍四年僧格林沁戰歿曹州捻匪益熾畿南戒嚴長佑遣兵自開州至張秋扼河防奉天馬賊入喜峰口坐疏防議處八月捻匪竄山東濮范南岸長佑馳赴大名擊走之疏請直隸分練六軍議定營制加練二軍下部議行六年滄州梟匪張六等劫慶雲鹽山甯津南皮四縣鹽場山東教匪應之保定天津河間三府屬皆騷動長佑檄前藩司唐訓方屯齊河臬司張樹聲屯張秋防捻自率兵剿捕鹽梟賊乘虛北走過滹沱河衆增至千餘竄擾涿州固安永清霸州逼近京師詔褫長佑職以大學士官文代之命下數日而梟匪平予三品頂戴率所部回籍尋東捻平詔念前勞曾二品頂戴十年起授廣東巡撫尋調廣西初奸民出關劫掠越南官兵不能制悍酋吳終伏誅而蘇國漢復起九年廣西提督馮子材進軍龍州國漢旋乞撫於兩廣總督瑞麟仍招納亡命匪首鄧建新曾亞日分路肆擾至是總兵劉玉成禽亞日於上林社誅之復會廣東軍攻克舊街乘勝抵海甯匪多散亡國漢奔東興亦就禽長佑奏言論越南大局則宜直擣河陽一勞永逸然河陽距關二千餘里窮兵勞費討捕爲難今擬芟蕩海陽太原即回師列戍以固藩籬庶可分助越之衆協剿黔苗抽出關之兵先清土莽十月副將陳得貴遊擊李揚才克越南從化府遂會劉玉成克通化白通破瓊山北山匪巢十一年正月復敗匪於三星山禽其酋何三等餘黨悉平長佑檄劉玉成暫屯鎭撫省越南國王遣兵換防久之不至又以營弁滋事暴兵非計七月乃撤入關內搜捕沿邊伏匪時匪酋黃崇英猶踞越南河陽結白苗攻保樂擾我鎭安邊十二年春長佑檄關內外軍擊走之密奏越南貧弱版章日蹙法國蠶食於濱海黎裔虎視於橫山桶岡則白苗跳梁崗奔則黃酋雄踞近聞其國君臣輸欵法人黃崇英受職黎裔雖係道聽之言亦係意中之事臣竊謂黎裔爲患越南受之法國爲患不僅越南受之今欲拯敝扶衰必須大舉深入若合兩粵之力寬以數年之期步步設防節節進剿庶交夷可期復振而他族不至生心否則惟有愼固邊防嚴杜勾結而已是時防越諸軍尙八千人長佑檄劉玉成引軍北還以六營屯關外諸隘四營屯歸順龍州令覃遠璡八營分駐關內十月法人攻陷河內黃崇英等乘機襲太原潛與之通山西奸民響應北甯戒嚴越南乞援乃令劉玉成統十營進太原爲左軍道員趙沃統十營分部鎭安爲右軍法人尋與越南議和黃崇英爲越將劉永福所敗潛伏河陽遺黨陳亞水攻保樂十月長佑閱兵南甯令趙沃劉玉成進軍光緒元年二月趙沃右軍由龍關渡河克同文白苗棄巢遁沃撫之爲助遂攻底定襄安皆克之劉玉成左軍敗賊白通陣斬鄧志雄崇英聞師至嗾周建新拒左軍陳亞水守猛法自當右軍憑險拒守五月沃軍克淰台直薄河陽崇英敗走右軍復敗陸之平援衆進攻猛法陳亞水惶懼乞爲內應河陽安邊同日降崇英遁走捕獲誅之劉玉成左軍亦克通化白通斬周建新合攻者巖克之陸之平遁宣光金沙江上下肅清凱撤入關擢雲貴總督二年抵任先是滇邊野番殺英人馬加理爲交涉鉅案及議定允於雲南設埠通商詔下其議長佑疏言雲南山川深阻種人獷悍成性剽掠行旅本地紳練恃衆橫行挾制官長上下猜忌法令不行萬一防護不及致有同於前案或更甚於前案其有害於雲南一隅猶小其有撓於中夏全局甚大且洋人知前案難辦有免其既往之議知後患難防有保其將來之議臣恐滇省官民於已往者不以爲倖免而以爲得計將來者不引爲前鑒或敢於效尤洋人通商意在圖利亦斷無不思遠害之理應俟三五年內外官民稍稍安定遣員商辦長佑以滇事漸定屢疏引病乞罷優詔慰留四年騰越徼外土目耿榮高等攻陷耿馬長佑遣將討之榮高降又剿平臨安開化廣南土匪初騰越蘇關先之亂其黨劉寶玉逃之野山野山在滇緬之交其夷自爲君長不隸羈屬劉寶玉糾野貫十三種及盞達猓夷伏羅坤山時出劫掠會緬甸遣官詣騰越持圖說約由野山通道列戍長佑檄熊昭鏡赴騰越召諸土司野貫中禁約誘誅寶玉於千崖諸野夷皆解散七年法兵窺越南東京詔滇粵備邊長佑疏言法人自據嘉定以來越南四境皆有商埠教堂脅其君臣漁其財力取越與否非有甚異其所以處心積慮乃在通商雲南與其既失越境爲守邊之計不若乘其始動爲弭釁之謀滇粵三省與越接壤東西幾二千里要害與共勞費殊甚若自三江口以至海陽東西僅數百里以中國兵力爲之禦敵兵聚而力省以視防守滇粵邊境勞逸懸殊請以廣西兵二萬爲中路廣東雲南各以萬人相犄角廣東之兵自欽速而入雲南之兵出洮江而東別以輪船守廣東順化港口斷其首尾法人必無自全之理又力言劉永福可禦敵請密諭越王給其兵食疏入詔下廷議八年法兵陷東京越匪紛起廣西援兵至太原長佑檄道員沈壽榕率軍出關與爲聲援長佑屢以病乞罷慰留未許八月入覲予假兩月九年乃許開缺回籍尋坐雲南報銷失察降三級十三年卒於家詔念前功嘉其端謹老成開復處分仍依總督例議卹諡武慎廣西雲南湖南並立專祠

劉嶽昭字藎臣湖南湘鄉人以文童投効湘軍咸豐六年從蕭啟江援江西轉戰積功累擢以知縣用啟江器其才使領果後營七年破賊高安鶯哥嶺連拔彭家村賊巢進攻臨江擊敗援賊於太平墟尋克臨江府城擢同知八年從勦撫州賊大捷於何家村香溪諸處崇仁賊踞白陂墟又破之由上頓渡進偪撫州賊開東門逸復其城擢知府賜花翎九年援南康克新城墟進擣池江前軍潰嶽昭殿後斃賊甚衆克南安援信豐解其圍加道員銜石達開由江西擁衆犯湖南嶽昭移軍茶陵備之而賊已趨寶慶奉檄馳援至柳家橋遏東路賊六萬餘撲營嶽昭偕副將余星元楊恒升等鏖戰三日斃賊數千援軍大集賊解圍而遁是役嶽昭戰最力名始顯十年屯江華賊酋陳金剛踞廣西賀縣阻山爲固嶽昭招降其黨進拔蓮塘縣破河東街賊屯合蔣益澧軍克縣城以道員記名加按察使銜是年冬連破竄匪於道州宜章湘境肅清賜號鼓勇巴圖魯十一年駱秉章赴四川督師疏請嶽昭率所部從行中途聞粵匪陳玉成犯湖北陷隨州秉章令嶽昭回軍赴援會諸軍克之以按察使記名石達開由龍山犯宣恩窺伺施南嶽昭迎擊走之而黔匪陷來鳳同治元年春嶽昭進軍克其城分軍截剿迭捷於散毛河白蘭壩兩河口抵黑洞斬馘尤多石達開竄四川圍涪州嶽昭會知府唐炯副將唐有耕破之仰天窩渡江重慶截擊解涪州圍賊敗踞長甯攻克之復追敗之先市寨得用壩丁子場賊尋踞敘州雙龍場約降賊郭集益內應破其營殪賊近二萬貴州巡撫張亮基疏薦其才請擢用二年授雲南按察使三年遷布政使皆未之任留四川治軍駱秉章奏遣援黔九月克仁懷連敗馬躧灘踞匪四年克正安追賊至清溪河斬其渠五年擢雲南巡撫進規綏陽天台山最爲城北險隘列陣綴其前從山後攻入平其壘投誠者三百餘寨綏陽城賊吳元彪乞降黔西北路始通由溫水進勦平蔡竹山老巢收降鐵匠坪九倉壩及被脅巖洞二十餘處六年破沙窩踞賊解大定圍拔大屯朶壩賊壘會滇軍平豬拱箐苗又拔平遠牛場埨苗巢黔西肅清七年疏

陳雲南軍事，命赴本任。尋擢雲貴總督，駐軍曲靖，進攻尋甸，破七星橋木城，扼文筆山法鼓山要衝，剷平附近村莊賊壘，收復果馬，疊捷於塘子張徐灣諸處。援賊大至，圍攻果馬，各營皆陷，革職留任。八年，解馬龍圍，進逼尋甸，賊首馬天順李芳園乞撫，遂復其城。雲南捻亂已久，各軍惟布政使岑毓英所部最強，而毓英素尚意氣，嶽昭開誠專任，調發進止悉聽之。毓英尋擢巡撫，和衷無牽制，軍事日有起色。九年，克麗江，復威遠姚州，復永北鶴慶鎮南鄧川浪穹，拔鳳羽白米莊賊巢，平彌勒縣竹園踞匪。十年，平永善蠻匪，拔賓州賊巢，平香爐山槓匪，連克河西之大東溝小東溝及臨安之五山夷寨。十一年，復貴州興義新城。先後克永平雲南及趙州蒙化廳各城，攻大理上下兩關，復大理府城，誅大酋杜文秀，詔復原職。十二年，滇省肅清，賜黃馬褂。疏請陛見。光緒元年，以入覲遷延，御史李廷簫劾其規避，下部議褫職。九年，卒。署湖南巡撫龐際雲疏陳嶽昭統兵十餘年，建功之地黔屬為多，任事之艱雲南為最，請復原官，詔允之。嶽昭之規尋甸也，杜文秀遣黨萬餘，戰不利，從弟嶽晙請嶽昭速還曲靖以固根本，賊果分黨往襲，以有備不得逞。嶽晙守馬龍，賊圍之，伺隙出擊，走之，固守數月，練兵得三千人，會攻尋甸，破七星橋要隘。賊蹙乞降，猶懷反側，嶽晙率三十人入城，示以坦白，人心始定。次日毓英兵亦至，服其膽略。嶽晙先以積功擢至道員。嶽昭至滇後，專任毓英滇軍，其舊部多遣去云。

岑毓英，字彥卿，廣西西林人。諸生。治鄉團，擊土匪，以功敘縣丞。咸豐六年，率勇赴雲南迤西助勦回匪。九年，克宜良，權縣事。十年，克路南，署州事，擢同知直隸州。進攻澂江，兼署知府。十一年，克徵江賊壘，破昆陽海口賊。迤西回匪連陷楚雄廣通祿豐，省城戒嚴，毓英赴援。同治元年，破賊大樹營。時總督張亮基引疾去，巡撫徐之銘主撫，回酋馬如龍通款，毓英往諭順逆，如龍獻所踞新興等八城。之銘奏以毓英攝布政使，尋以安撫功加按察使銜，賜花翎。二年，回弁馬榮叛，戕總督潘鐸。毓英率所部粵勇一千，與弟毓寶等守潘署。之銘微服詣毓英，司道皆集，分兵守東南門，密召馬如龍入援。如龍至，誅亂黨，馬榮跳走南甯，合馬聯陞踞曲靖八屬。詔嘉毓英守城功，擢道員。率師西勦，復富民安甯羅次高明祿豐武定祿勸廣通陸涼南安諸城及黑元永三鹽井，進擣楚雄。會東路有警，之銘檄回省，分兵克霑益平彝，赴楚雄督攻，克其城，進復大姚雲南趙州賓川鄧川浪穹鶴慶，分道進規大理上下關。三年，克定遠，圍攻鎮南，大破援賊於普棚。馬聯陞復陷霑益，犯馬龍，回軍破之於天生關，進攻曲靖，復馬龍霑益，進克尋甸，禽馬榮馬興才，克曲靖，禽馬聯陞，並誅之。尚書趙光疏呈滇紳公啟，言毓英所向有功，特詔嘉勉，下總督勞崇光據實保奏。四年，肅清迤東，加布政使銜，賜號勉勇巴圖魯。西路自毓英軍移去，所克諸城多復陷，僅存楚雄未失。毓英駐軍曲靖，護省城運道。五年，命署布政使。勞崇光至是始至滇受事，奏以提督馬如龍專辦西路，令毓英督剿豬拱箐苗。豬拱箐隸貴州威甯州，與海馬姑相犄角，山溪阻深，苗酋陶新春陶三春分據之，糾衆苗教諸匪及粵匪石達開餘黨凡十數萬人，迭擾滇之鎮雄彝良大關昭通、黔之大定黔西威甯畢節，且及川疆，三省會勦，久無功。毓英上書駱秉章，謂權不一則軍不用命，願率滇軍獨任，期百二十日覆其巢。授迤西道，署布政使如故。六年，擢布政使。二月，師抵豬拱箐，令張保和林守懷領二千人由大溜口出二龍關後掩襲吳家屯，自督三千人攻關。賊傾巢出戰，關後礮發，賊回救，毓英揮軍夾擊，三隘皆下，遂奪吳家屯，禽斬數千。賊自海馬姑來援，截擊之，斬其酋，餘賊反奔。令蔡標劉重慶分軍圍勦海馬姑，克紅巖尖山，賊援乃斷，遂逼豬拱箐老巢。賊以巨石自山顛墜下，驅牛馬突營，將士多傷亡。毓英督軍搏戰，斬悍酋，賊始卻。於營前掘深坎，賊所發石盡陷坎內。誘降猓人，得賊虛實，選敢死士二千塡濠以進，連破木城二，直擣其巢，縱火焚之，斬馘二萬，禽陶新春及其死黨磔之，拔出男婦四萬餘人。乘勝合攻海馬姑，伏兵山前，後進毀賊壘三十餘，以噴筒環燒，禽陶三春及悍酋二百餘人，皆斬之，賊悉平。計自進兵至是，僅逾期四日。加頭品頂戴。馬如龍勦迤西，屢失利，勞崇光病歿，杜文秀大舉東犯，連陷二十餘城，省垣告急。是年冬，毓英自豬拱箐凱旋曲靖，先遣弟毓寶助省防。七年春，揚言師出陸涼，而取道宜涼七甸，連破大小石壩小板橋古庭庵金馬寺賊壘，進屯大樹營，馬如龍來會，人心始定。昆陽匪首楊震鵬夜渡昆明池襲省城，毓寶擊敗之，震鵬負創遁。進攻楊林，毓英鼻受槍傷，回軍省城，連破石虎關賊壘，禽賊渠李洪勳。擢授巡撫。附省賊壘猶繁，與之相持。總督劉嶽昭初至滇，由馬龍進勦尋甸，失利，賊勢復熾。毓英疏陳軍事餉事，略曰：「杜文秀竊踞迤西十有三載，根深蒂固。今擬三路進兵：一出迤南，牽賊勢；一出三姚永北，斷賊援；大軍由楚雄鎮南直擣中堅，使賊面面受敵，不能兼顧。臣選精銳六萬，更番戰守，既無停兵之時，亦免師老之患。兵勇無須外募，以本省兵勦本省賊，既習地利，復熟賊情。見在滇省兵勇鄉團已調集八萬有奇，擬俟附省逆壘肅清，認眞裁汰，選定精銳，以資得力。滇省綠營額設馬步兵三萬七千數百名，承平日久，訓練多疏，將不知兵，兵不知戰，倉卒有事，則募勇以代兵，餉需支絀，不能不後兵而先勇，於是兵丁愈困，營務益弛，通省營兵所存不及十一。臣擬即此六萬人中擇補營額，目前仍令隨征，事竣再飭歸伍，既有常業，自有恒心，責以成功，收效必速。滇省近年用兵，多藉鄉勇之力，擬按州縣之大小，定徵調之多寡，共編鄉勇四十營，分兩班隨營征討，餉銀仍由各地籌捐，兩年之內，迤西肅清，即可裁撤歸農。滇省兵勇向於餉銀之外，每名月支米三斗，見擬用兵六萬，每年共需米二十餘萬石，為數甚鉅。歷年皆按成熟田畝酌抽釐穀，十分取其一二，資助軍食，與川之津貼、黔之義穀，名異實同。今請照舊抽收，並將近年可徵地丁抽糧全數改徵糧米，如不敷用，再行籌價採買接濟，一俟軍事肅清，分別裁止。滇省綠營官兵俸餉，有閏之年需銀七十萬兩有奇，無閏需銀六十四萬數千兩。見既易勇為兵，則餉銀較勇糧稍厚，倘因籌餉維艱，每月先給半餉，加以賞需軍火各費，約共需銀八萬兩，鹽課地丁釐稅之外，每月所短不過三四萬兩，應由外省協撥，較之向例協餉有減無增；若發全餉，則每月應由外省撥銀六萬，較常例所增亦屬無幾。見在部臣指撥各省協滇軍餉，如浙江廣東江西，距滇較遠，籌撥起解，往返經年，緩難濟急，請飭改作京餉，另由川楚等省應解京餉改撥濟滇，兩無窒礙。至於選任鎮將，宜不拘資格，不惜情面，凡有能將三千兵以上才當一面者，雖其名位尚卑，亦宜委署要職；其謀勇平常，僅止熟習營務，縱係實缺，另予差遣，勿使倖位。」疏入，下部如所議行。八年春，賊酋楊榮率衆數萬踞楊林長坡，分黨踞小偏橋十里鋪羊芳凹牛街興福寺，省城大震。毓英督諸軍分勦，奪回小偏橋諸處，復連敗之於蕭家山鸚鵡山，禽斬逾萬，剿除省東賊壘百餘。西北兩方賊仍負隅拒守，毓英令副將楊玉科總兵李維述等規迤西，與騰越義兵約期並進。於是副將張保和等克富民昆陽，總兵馬忠等克呈貢晉寧易門澂江祿豐，玉科等克武定祿勸元謀，維述等克廣通楚雄南安及黑琅元水諸井，凡悍酋劇匪禽斬殆盡，省城解嚴，被詔嘉獎。九年，澂江回復叛，踞府城，毓英率軍往勦，圍其郛。十年二月，克之，並拔竹園江那諸賊巢。迤西軍亦克麗江劍川永北鶴慶賓川姚州鎮南諸城。疏言：「滇省前事之誤，東南未定，遽議西征，屢致喪師失地。今通籌全局，必先掃蕩東南兩迤，然後全軍西上，方無後顧之憂。」十一年，迤東迤西兩路悉平。西軍亦先後克永昌鄧川浪穹趙州雲南永平蒙化及上下兩關，而大理賊猶堅守，恃騰越順寧互為應援。十一月，毓英親往督戰，先斷賊援，直薄城下，掘隧道陷城垣數十丈，奪東南門入。賊守內城，晝夜環攻，守陴賊多死。杜文秀窮蹙服毒，其黨舁之出城詐降，斬首傳示，勦繳軍械。賊黨猶請緩期，毓英令楊玉科率壯士二百人入城受降，布重兵城外夾擊之，斬酋目三百餘名，生禽楊榮蔡廷棟馬仲山，磔於市，大理肅清。賜黃馬褂，予騎都尉世職。十二年，順甯雲州騰越皆下，全滇底定，加太子少保，晉一等輕車都尉世職。十三年，兼署雲貴總督。光緒二年，丁繼母憂。二年，服闋，授貴州巡撫，加兵部尚書銜。七年，調福建，督辦臺灣防務，開山撫番，濬大甲溪，築臺北城。八年，署雲貴總督。九年，實授。法越兵事起，自請出關赴前敵，屯興化。十年，命節制關外粵楚各軍。會廣西軍潰於北甯太原，毓英全師退屯保勝，以未奉命，降二級留任。七月，命進軍決戰，連復越南館司鎮安清波夏和諸縣，屯館司關，規取河內諸省。令丁槐何秀林攻宣光，以地雷毀其城，禽斬甚衆。十一年，京察，開復降級處分。令覃修綱攻克緬旺清水山，法兵援宣光，掘地營延袤十餘里扼之。破法兵於臨洮府，奪梅枝關，連克不拔廣威永祥，進擣山西河內。廣西軍亦收復諒山，越南興安甯平南定興化太原各省聞風響應。會和議成，詔班師。五月，回駐邊關。十二年，會勘邊界，兼署巡撫。十三年，剿順甯猓黑夷匪張登發，平之。十四年，京察議敘。十五年，皇太后歸政，晉太子太保。尋卒，贈太子太傅，入祀賢良祠，雲南貴州建專祠，諡襄勤。子春煊，官至四川總督。弟毓寶，毓英轉戰雲南，功最著，累擢道員，賜號額圖琿巴圖魯。光緒十年，出關援勦宣光臨洮，旋克廣威府不拔縣梅枝關，賜黃馬褂。十四年，授福建鹽法道，擢雲南按察使，權布政使，護巡撫，兼護總督。二十一年，調貴州布政使，未行，復調雲南。毓寶勇於戰陣，不諳文法。御史溥松劾其護總督時任用私人，政刑失當，坐奪職，卒於家。雲貴總督崧蕃疏陳毓寶戰功，詔復原官。

論曰：劉長佑樸誠廉毅，老於軍事，時病其失之慈柔，自言於是非邪正不自欺以欺人，非飾辭也。滇粵籌邊，尤有遠見。劉嶽昭治滇，能屈己以聽岑毓英。毓英與滇事相終始，跋扈霸才，竟成戡定偉績，信乎識時之傑能自樹立者已。

清史稿

列傳二百七

韓超　田興恕　曾璧光　席寶田

韓超字南溪直隸昌黎人道光十四年副貢二十二年天津治海防超詣軍門獻策事平獎敘州判尋以府經歷揀發貴州歷署三角屯州同獨山知州獨山多盜號難治超募勇訓練用土民爲鄉導禽其渠胡林翼守黎平深倚重之言之巡撫蔣霨遠超由是知名咸豐元年烏沙苗倡亂超從林翼進勦馳風雪中先後斬獲數百人餘黨悉平論功以知縣用二年署清江通判知黔將亂捐俸募勇士八十人練成勁卒四年獨山土匪結粵匪內犯超率兵練迎擊分軍出賊後攻其不備禽賊首楊元保復深入廣西南丹州境擊諸匪平之加同知銜賜花翎桐梓匪楊鳳竄永寧合黔西匪王三扎巴連陷數城圍遵義超馳至敗賊南關陣斬王三扎巴立解城圍復追敗諸葛章司河禽楊鳳斬之餘黨殲擢知府五年苗亂蔓延超馳援台拱解黃平平越圍轉戰至施秉鎮遠賊踞山斷道以阻官軍超以孤軍馳突其間大小數十戰補石阡知府超性剛直有膽略每與上官爭執是非上官責以勦賊而靳其餉饟師轉戰往往求協助於鄰省四川總督駱秉章湖北巡撫胡林翼交章論薦侍郎王茂蔭亦疏薦之詔下巡撫問狀以道員記名九年授貴州糧儲道時苗教各匪連陷諸郡縣駐軍卭水汛扼其中使苗教不得合且遏其下竄湖南之路賊出全力撲之超約楚軍夾擊賊大潰勦思州響鼓坪施秉土地坪鎮遠金凸寨鋒巖寨唐家營壘諸賊巢禽賊目張東山歐光義等鎮遠所屬皆平民團舊以十戶養一莊丁超因其意稍變通之官募士而民輸糧又籍叛產分授降衆流人以田代餉行之二年得兵三千人自爲軍與協餉不至地方官吏爭抽取釐金以爲補助超建議釐金統一抽之後不復再抽商無滯累餉用差給十年命幫辦貴州勦匪事十一年署按察使提督田興恕疏陳超前後戰功加布政使銜賜號武勇巴圖魯詔予二品頂戴署貴州巡撫田興恕方以欽差大臣督辦軍務超久在行間亦以肅清全黔爲己任同治元年田興恕罷乃命超辦理防勦事宜時尚大坪玉華山兩處爲賊巢遵義安順思南大定銅仁石阡諸府所在皆賊五月回匪陷興義雲南叛回潰勇擾境粵匪亦由川竄至正陽廟堂韮桐梓松坎諸地超令總兵吳安康進勦用內應夜縱火攻破賊巢禽匪首倪老幗斬之出難民二千餘人六月閔家場踞賊糾集苗教諸黨偪江口天柱匪首亦糾合土匪攻陷縣城分股竄湖南晃州廳高灤陷卭水青谿兩城謀截楚軍糧道超令總兵羅孝連道員趙國澍進攻安順狆匪夷其壘禽斬賊酋韋登鳳等尚大坪賊復約苗教分掠江內超令孝連斷其歸路國澍等馳軍迎擊復令副將趙德元出冷水河梯子巖進襲尚大坪立破之卭水汎城同時克復進平玉華山賊巢攻拔瓦寨復天柱縣城特詔嘉獎道員鄧爾巽總兵李有恆破王家苗寨夾馬洞諸賊巢獲其酋李玉榮等黃白號教匪竄遵義知府李德莪擊破之於三臺山奪五里坎諸隘口副將周宏順進攻石阡毀老王寨賊巢諸寨就撫石阡銅仁苗匪攻毀鎮遠營壘卭水戍軍亦潰遂南掠松桃北攻天柱湖南援師至賊始引去詔斥超專恃援軍有負疆寄雲南方議撫回巡撫徐之銘咨會停勦而回匪益恣竄陷安南興義分擾郎岱永寧歸化詔原其誤信撫議免議處石達開自川回竄分三路一走遵義一走黔西一走桐梓遵沈宏富李有恒余祖凱擊之田興恕以教案獲譴去官黔軍益單二年乞病回籍光緒四年卒於家年七十有九詔念前功賜卹諡果靖貴州請建專祠並附祀胡林翼祠

田興恕字忠普湖南鎮筸人年十六充行伍隸鎮筸鎮標咸豐二年從守長沙賊屯湘江西岸軍中募敢死士夜襲賊營興恕請行夜浮小舟往潛燔賊營賊驚數百追之泅水免巡撫駱秉章奇之委充哨官五年從克郴州六年領五百人號虎威營從蕭啟江援江西克萬載袁州七年戰上高英岡嶺深入被圍左手受創亡馬步戰他將馳救救得免是役以少擊衆斃賊千數進攻臨江掘地道轟城先登再被創賊死拒未下援賊大至啟江議暫退興恕不可曰兵在精不在多願爲前鋒率所部直貫賊陣賊張左右翼圍之後軍望見興恕旗指東壓西賊皆披靡夾擊賊大敗竄走遂復臨江八年克崇仁樂安宜黃南豐積功至副將加總兵銜賜號尚勇巴圖魯貴州苗教匪熾黎平府被圍久興恕奉檄赴援至即攻破賊營連戰三日而圍解進克古州永從署古州鎮總兵九年石達開圍寶慶興恕率四千五百人赴援扼九鞏橋無日不戰歷月餘糧藥將罄選死士欲以一戰決勝負會李續宜援軍至內外夾擊燬附城營二連日攻下勢如破竹達開竄廣西遂移軍靖州防黔邊命署貴州提督督辦貴州軍務增軍盈二萬十年道銅仁取卭江分軍略思南石阡進克貓貓山賊巢石達開由廣西入貴州連陷數縣省城大震巡撫劉源灝趣赴援興恕奏言黔省上游道路分歧賊若以一軍擾黔一軍入蜀道遠兵單斷難兼顧已檄韓超防鎮遠沈宏富守湄潭劉義方進松桃臣駐石阡居中調度賊如上竄則親會川軍以攻之窺楚即馳還靖州時興恕已實授提督詔授欽差大臣命援省城師至部署省防督軍赴定番迎勦賊棄城而走十一年兼署巡撫時回狆苗教諸匪分擾上下游幾無完土興恕分兵援勦戰屢捷招撫匪首唐天佑賈樞保陳大六柳天成等克復歸化荔波定番廣順獨山諸城疏通驛路軍威漸振興恕年甫二十有四驟膺疆寄恃功而驕又不諳文法左右用事屢被論劾乃罷兼職以韓超代之同治元年罷欽差大臣會法國教士文乃爾傳教入黔因事齟齬興恕惡其偪殺之坐褫職赴四川聽候查辦經遵義旺草值雲貴總督勞崇光爲賊所困興恕驟馬衝入大呼田某在此賊驚潰翼崇光出尋論罪遣戍新疆行至甘肅總督左宗棠奏請留防秦州十二年釋歸光緒三年卒於家

曾璧光字樞垣四川洪雅人道光三十年進士選庶吉士授編修記名御史入直上書房授恭親王奕訢醇郡王奕譞讀咸豐九年出爲貴州鎮遠知府同治元年署貴東道二年剿平銅仁踞賊蕭文魁賜花翎雲貴總督勞崇光薦其才迭署糧道按察使布政使六年予二品頂戴署貴州巡撫七年實授貴州地瘠亂久北境接四川東境接湖南軍事悉倚鄰援本省餉既艱窘將多驕蹇總兵林自清劾罷後戕興義縣令率所部萬人擾川境八年璧光密遣提督陳希祥擒斬之令吳宗蘭勦青山餘匪克普安安南時席寶田軍已由東路進規台拱省城附近諸匪糅雜出沒無常九年周達武調任貴州提督率川軍至貴陽漸次勘定自軍興鄉試久停至是年始補行人心益定與達武議增兵扼要駐守令道員蹇誾破遵義賊擒其酋吳三令提督劉士奇克都勻殪其酋吳章十年令提督鍾有思等進勦上游克永寧威寧下游諸軍擒悍賊潘得洪收復八寨等城又收復上江下江三脚各城平上游鎮寧歸化賊巢殪永城踞賊侯大五斬郎岱金家硐踞賊金大七盤江北岸肅清又破畢節威寧諸匪清八寨三角餘賊毀其巢令總兵何世華擊斬安南賊酋潘幺進克貞豐西路悉平十一年周達武率所部會楚軍定苗疆詔嘉調度有方予優敘十二年會滇軍克新城老巢全省肅清加太子少保頭品頂戴予雲騎尉世職尋新城防軍索餉譁變匪首何玉亭攻新城遣其黨黎正關攻興義分軍馳勦捕誅其渠事旋定光緒元年卒於官追贈太子太保依總督例賜卹諡文誠四川貴州請建專祠

席寶田字硏薌湖南東安人諸生咸豐二年率鄉團殺賊復縣城獎敘訓導六年劉長佑援江西招參軍事遂從轉戰積功累擢同知直隸州九年石達開由廣西犯湖南寶田從解寶慶圍擢知府十年駱秉章令募千人號精毅營防湖南邊廣東賊犯郴州桂陽擊走之同治元年石達開復由廣西入境連敗之於黔陽克來鳳以道員記名加按察使銜二年粵匪黃文金大舉犯江西命提督江忠義赴援寶田副之戰饒州桃溪渡大破之又迭破之於湖口洋塘石門青山橋賊引去犯池州圍青陽寶田襲石嶺破賊卡分軍遮其前合水陸夾擊文金遁走遂解青陽圍累功賜號業鏗額巴圖魯加布政使銜江忠義卒於軍寶田代領其衆留防江西三年李世賢黃文金復合犯江西將以遙擊江寧之師寶田逆擊白沙關奪梘橋要隘鈔擊於大濟關泥嶺關賊竄山谷復金谿以按察使記名授雲南按察使時楊岳斌初至江西督辦軍務檄寶田援南豐坐遷延被劾降知府留軍會大軍克江寧羣賊擁洪秀全子福瑱逸出由開化犯玉山走瀘溪寶田邀擊於新城進至石城楊家牌禽洪仁玕洪仁政黃文英等福瑱匿山谷中捕得之檻送南昌伏誅詔復寶田原官予雲騎尉世職賜黃馬褂授貴州按察使時餘賊汪海洋等走廣東四年寶田自平遠邀擊降萬餘人又扼鐵石嶺降者二萬諸軍合擊於嘉應州全數蕩平論功江西軍以寶田爲第一詔以布政使記名遇缺題奏軍事既定請回籍終養允之貴州苗教諸匪構亂十有餘年東路素倚湖南援軍自粵匪平後議大舉勦平先是授兆琛爲貴州布政使偕總兵周洪印率師往積歲無功李元度圍荊竹園亦久不下巡撫李瀚章劉崐先後劾罷兆琛洪印元度亦鐫級薦起寶田招集舊部萬人入貴州總統東路諸軍六年冬進軍石阡荊竹園爲教匪老巢寶田審視地勢高峻匪砦環列惟北面平夷可掩入七年元旦進攻部將黃元果先登諸將肉薄壘下一日平十八砦克荊竹園禽斬匪首蕭桂盛何瑞堂其旁三十六砦相繼攻下捷聞被珍賚夏進規寨頭寨頭爲苗疆門戶諸苗挐蹌資糧所萃連拔東西三屯陣斬苗酋桂金保破援賊張臭迷攻下台箕丁耙塘諸砦遂克寨頭分軍克天柱斬其酋陳大六會丁繼母憂回籍治喪提督榮維善暫領其衆尋詔奪情趣赴軍進攻台拱台拱苗最強踞清江鎮遠二城爲犄角寶田請增兵萬人按察使黃潤昌道員鄧子垣領之出晃州爲北路寶田自當南路令榮維善用鵰勦法轉戰山谷間破諸苗砦漸近鎮遠潤昌子垣由思州進攻鎮遠府城克之八年二月維善連破董敖公鵝兩隘遂克清江廳城兩軍合趨黃飄山地狹

峻人行頂趾相接遇伏維善軍疾行先出險潤昌軍誤以爲陷伏中爭道相擠爲賊所乘潤昌子垣皆戰歿維善聞變率二百人馳救被圍爲苗所禽遇害於是苗氛復熾張秀眉犯巴冶寶田親督軍擊走之進克稿米令龔繼昌蘇元春破苗寨擊走張臭迷等分軍守鎭遠施秉時以寶田軍苦戰年餘尙未深入議罷其軍劉崐仍主專任復增兵萬人分三路進九年會攻施洞克之苗走九股河白洗苗來援擊敗之進攻台拱破革夷諸砦薄台拱城下苗棄城走克之加頭品頂戴進軍九股河分別勦撫凡平黑苗砦二百餘所雞講丹江苗皆請歸化十年進攻凱里一鼓而下苗潰走雷公山陷衆六七萬人黃茅嶺雷口坪九眼塘燕子窩諸寨皆絕險寶田督諸軍冒暑入山合擊張臭迷斬馘三萬燔其廬舍勦洗一空駐軍施洞口寶田遽病風痺乞假醫療命部將龔繼昌蘇元春唐本有謝蘭階分統其軍軍事進止機宜仍稟命於寶田十一年三路進兵凱北以北悉定合攻烏雅坡諸酋皆在以長圍困之迭戰斬九大白巖大五於陣先後降者數萬四月禽張秀眉楊大六金大五等檻送長沙伏誅張臭迷先逸捕得戮之諸酋或降或斬無脫者苗疆平詔晉寶田騎都尉世職家居養疴光緒十二年詔以寶田前禽洪福瑱功命曾國荃繪其像以進十五年卒贈太子少保優卹原籍及江西貴州建專祠

論曰貴州之匪總名有六曰苗匪教匪曰黃號白號其小者曰楨匪狆匪其他濫綠游勇逆回悍夷揭竿蹶起不可悉數始於咸豐四年無兵無餉不能制也韓超有辦賊之才久屈下僚事權不屬田興恕入黔兵威始振超亦驟起未久相繼去張亮基治黔數年亦僅補苴中原大定曾國藩乃議以湖南兵力餉力爲平黔根平而駱秉章亦令劉嶽昭勦黔北以保川邊後專倚席寶田戡定苗疆自周達武以川兵川餉濟黔之不及曾璧光賴之以竟全功蓋閱二十年而後大定古云蠻夷之人先叛後服蓋以地勢使然然使若韓超者早膺疆寄其延禍或不致如是之甚弭亂之道在得其人用人之道必盡其才固古今不爽者爾

清史稿　列傳二百八

沈兆霖　曹毓瑛
許乃普　趙光
朱嶟　李菡
張祥河　羅惇衍
鄭敦謹　龐鍾璐

沈兆霖字朗亭浙江錢塘人道光十六年進士選庶吉士授編修十九年大考二等二十五年遷司業二十六年遷侍講入直上書房授惇郡王讀二十九年遷侍講學士直南書房歷詹事內閣學士咸豐二年擢吏部侍郎督江西學政三年粵匪自武昌下九江兆霖請速援南昌上諮以軍事兆霖奏言江西會城雖暫可無虞賊擾外府省兵不能兼顧外府各有團練如肯齊心協力何藉分兵即如撫州鄉團不下數萬皆留保本村官兵祇三百已調赴會城如團練不能合力賊至何以禦之其故皆因堅壁淸野舊議祇守本村並不出戰不知事與嘉慶間川楚教匪不同川楚教匪刦掠村莊自以堅守堡寨爲是今賊專攻省會郡縣城池城既破鄉勇亦相與解散矣撫州如此各省各府亦必皆然乞飭直省當於練勇中精選十之二三聯爲鄉兵統以練達有位望之人遇本縣有警互相救援其外府外縣仍不得調往以免擾累得旨允行尋以病乞罷五年病痊署吏部侍郎仍直南書房兆霖疏言安徽各郡江北安廬和江南池太皆爲賊踞巡撫駐廬州東北徽甯廣三屬幾爲巡撫號令所不及事急則向浙江請餉事平則泄沓如前不加整飭旋收旋失糜餉殃民臣察徽甯二府山川險固地皆可守民亦健奮欲休甯二縣尤多富民宜於皖南設大員專轄四府一州庶以飭吏治固民心度險設防皖撫得專心於江北浙撫亦不至牽制於皖南疏下廷議改池太道爲皖南道得專摺奏事如福建臺灣道例從之尋兼署工兵二部六年授吏部侍郎調工部復調戶部八年命往通州察覈通濟庫奏請如戶部三庫例以倉場侍郎兼管佩印鑰著爲令九年擢左都御史十年署戶部尚書七月英吉利法蘭西兵內犯兆霖疏請專講守禦勿汲汲言撫九月授兵部尚書撫議既定上猶駐熱河兆霖與諸大臣奏請回鑾上命待明年兆霖復奏請明年春融即啟蹕還京尋調戶部十一年穆宗迴鑾即位命充軍機大臣甘肅西甯撒回爲亂總督樂斌遣提督成瑞率兵討之逗撓不進樂斌用西甯辦事大臣多慧議招撫亂久未定上命兆霖偕尚書麟魁往按盡發樂斌等瞻徇貽誤狀樂斌戍新疆成瑞多慧逮京治罪同治元年命兆霖署陝甘總督親督兵自碾伯進擊撒回屢敗之撒回乞降七月師還次平番二道嶺溝雨雹山水驟發兆霖及從行兵役並沒水退得兆霖尸猶端坐輿中布政使恩麟以聞上深惜之賜卹贈太子太保諡文忠

曹毓瑛字琢如江蘇江陰人道光十七年拔貢授兵部七品小京官遷主事充軍機章京二十三年舉順天鄉試再遷郎中咸豐十年擢鴻臚寺少卿時江南大營潰總督何桂淸棄常州蘇常相繼陷毓瑛疏陳軍事略曰拯溺救焚其事宜急而不宜緩擣虛批亢其事宜合而不宜分臣前讀都興阿奏擬自英山由豫境繞赴徐宿以達江北而曾國藩通籌方略擬分三路進剿俟八月大舉竊謂都興阿由豫境以達江北程途紆遠非兩月不能到浙江自蕭翰慶陣亡江長貴自平望退守銳氣盡消以屢潰之孱兵禦剽悍之勍賊待至八月松太杭嘉湖諸郡勢將瓦解蔓延愈廣規復愈難爲今計者都興阿宜自英霍取道臨鳳以抵江北不過旬日即由通泰渡江直抵江陰進攻常州無錫爲一路而以周沐潤所募沙勇副之鎭江見有兵萬餘巴棟阿馮子材向奎進規丹陽爲一路薛煥在上海增募勇丁萬人由嘉定太倉崑山進攻蘇州爲一路而命張玉良出嘉興平望以副之曾國藩率楚師由甯國取道廣德進抵嘉湖爲一路策應諸軍而令米興朝攻宜興溧陽周天受攻高淳東壩曾秉忠督長龍船入太湖以副之攻賊之所必救據賊之所必爭俟曾國藩新募勇至然後分路進剿庶於事有濟英法兩國合兵犯京師上幸熱河軍書旁午樞臣未全從上命擇章京資深才優者佐諸大臣辦事毓瑛在直久諸大臣欲舉以應固辭遂越次用焦祐瀛十一年穆宗即位諸大臣皆譴罷乃命毓瑛在軍機大臣上學習行走遷順天府丞同治元年遷大理寺卿授軍機大臣二年擢工部侍郎調兵部三年江南平加頭品頂戴賜花翎署兵部尚書四年擢左都御史尋授兵部尚書五年卒贈太子少保諡恭愨方端華肅順擅政毓瑛獨不附及佐樞政廉愼勿懈每謂軍旅大事患在信任不專事權不一古來良將率以掣肘不能成功時以爲名言云

許乃普字滇生浙江錢塘人拔貢考授七品小京官充軍機章京嘉慶二十五年成一甲二名進士授編修道光三年直南書房四年大考二等擢洗馬五年督貴州學政任滿回京仍直南書房累遷侍讀十三年復以大考二等擢侍講學士督江西學政三遷內閣學士十八年擢刑部侍郎罷直南書房專治部事調吏部又調戶部二十一年擢兵部尚書二十五年坐事鐫五級補太常寺少卿遷光祿寺卿三十年文宗御極命仍直南書房詔求言乃普疏言方今先務莫急於正君心培聖德請勅館臣合列朝聖訓依類分門排日進呈庶政奉以爲宗恩詔各省保舉孝廉方正請敕下各直省學政考覈學官學官得人所舉庶幾可恃刑部於致死胞伯叔及胞兄之案以事關服制往往夾籤聲明並非有心干犯巧爲開脫請敕下刑部斟情酌理俾無枉縱各省綠營弁兵平時宜加意訓練武職到京兵部驗看時當令兼演火器疏上得旨下所司議奏復申諭刑部及各督撫服制案罪名務得實情咸豐二年授內閣學士乃普疏論軍營奏報欺飾得旨令各路統兵大臣及各督撫力除積習嚴爲稽察其蒙混掩飾者據實嚴參擢兵部侍郎三年粵匪陷九江擾皖北覬覦北竄而廬鳳守禦單弱乃普疏請調黑龍江兵道山東江南徑赴安徽遠可張蘇浙之聲援近可固廬鳳之門戶調刑部尋擢工部尚書調刑部國子監司業崇福奏請豫徵山西咸豐四年錢糧軍機大臣等會議推及陝西四川兩省乃普偕侍郎何彤雲奏言各省情形不一應由各督撫體察情形山西被賊各州縣及陝西之延安榆林綏德興安四川之甯遠各府地瘠民貧均請免其借徵至畸零小戶有田數畝或數十畝僅足餬口仍令照常例完納庶民力不至重困又奏言時直嚴寒用兵尤宜撫卹聞通永鎭兵四百名去賊最近而強半尙衣秋衣重以行營所在百物昂貴無錢者往往須取於民以致負販裹足兵士轉不免於饑寒請飭統兵大臣悉心籌度從之又言江南大營老師糜餉皆由琦善等意見不和舒興阿自陝赴皖所在稽留沿途需索今命與江忠源會剿不獨難以和衷且恐因之掣肘又方今餉需艱難軍務一日未蕆即度支一日不敷惟在大師剋日奏功以紓天下之困請皇上嚴加督責信賞必罰以振暮氣疏上嘉納之四年刑部主事王式言坐承審命案聽授請託失入絞罪事聞上命裕誠等按治乃普以式言本門生奏請迴避弗許既而裕誠等讞式言僕受賕上責乃普迴護降補內閣學士罷直南書房尋遷禮部侍郎擢左都御史六年遷工部尚書八年命督五城團防九年調吏部十年文宗三旬慶辰加太子太保九月以病乞罷同治五年卒諡文恪子彭壽字仁山道光二十七年進士選庶吉士授編修累遷少詹事咸豐十一年文宗崩命議郊配禮彭壽偕大理寺少卿潘祖蔭奏言臣讀大行皇帝聖製甲寅孟夏齋宮即事詩末句以後無須再變更注云天壇配享三祖五宗爲定永不增配位恐後代無知故違則儀文太繁臣等仰瞻聖藻躬懸齋宮言法行則非博謙讓虛名弓劍未寒不忍頓生異議禮遂定

時肅順等獲罪彭壽請察治黨援旨令指實奏言侍郎成琦太僕寺卿德克津泰候補京堂富績侍郎劉崐黃宗漢得旨糾彈諸事於早有聞特懲一儆百力挽頹靡此後不咎既往諸臣亦毋以黨援陳奏致啓訐陷于是孚恩等譴黜有差彭壽又以載垣等隨事刻深戶部五宇官錢案請再清釐從之同治初再遷內閣學士署禮部左侍郎五年卒

趙光字蓉舫雲南昆明人嘉慶二十五年進士選庶吉士授編修遷御史給事中轉光祿寺少卿五遷內閣學士擢兵部侍郎調戶部文宗即位奏陳時務略言安民先察吏州縣爲親民之官秩卑責重捐例屢開仕塗益雜幕友招搖書役播弄賄屬請託靡所不至正供則那移侵虧訟案則株連擱壓偶或參劾輒籌抵制大吏慮其噬臍曲予寬容同僚相率效尤成爲習慣應請飭令督撫司道嚴行舉錯以肅官方國家糜餉養兵冀收實用近日營伍將弁虛文操演廝役士卒養尊處優空名漁利器械不修槍礮無準而水師尤爲窳敝往往居岸自適風沙水綫都未研習洋面不靖盜刼頻聞前者海疆有事船遠距而彈施敵近前而藥罄束手無策栗體先逃凡諸軍備轉爲寇齎甚至軌律蕩隳沿途坐索長官乞哀乃始進行軍威不肅一至於此夫練兵必先練將材藝邁衆忠勇無前如昔時楊遇春輩渺不可得緩急何恃應請飭令將軍督撫提鎮整齊營伍鼓勵人才以修武備詰姦除暴莫如保甲近來直隸山東盜賊日衆至河南之捻匪四川之嘓匪廣東之土匪貴州之苗匪雲南之回匪肆意强橫目無法紀邪教尤斥名目紛繁煽誘既衆蹂躪彌多地方文武恐滋事端惟務姑息胥差既豢賊縱容兵弁復得規徇隱幹吏嚴拘則聲息潛通奪犯戕官釀成巨患其愚懦者但期文過諱盜爲竊避重就輕以至匪徒益無忌憚禍不勝言應請飭令各直省督撫認眞整頓奉行保甲緝捕勤能據實獎勵疲玩者撤參重處以輯盜風直省倉庫錢糧各有定額州縣官如果儘數徵解交代淸晰何至虧空盈千累萬其致此之由厥有數端或紈絝而登仕版習尙奢華或庸闒而昵親隨開銷浮濫或負累已深官項償其私債或交游太廣正款供其應酬寅支卯糧東挪西掩有漕者藉口于幫丁之需索解庫者歸咎于糧價之增昂道府察知往往礙于情面曲意彌縫後任慮招重怨而不敢發上司恐興大獄而不敢參即使查抄終歸無著是以州縣交代有歷數任而未算結者有合數十州縣而未盤查者前者欽差大臣會同各督撫清查整理嚴定章程虧短各案業已分別攤賠第恐舊虧未完新虧已續應請敕令各直省督撫督同司道各官詳細查覈交代未淸者停其委署升補虧那者嚴參以淸積弊疏入優詔嘉納三年擢工部尙書調刑部八年命偕尙書周祖培等督五城團防事宜歷兼署工部兵部戶部吏部尙書四年卒諡文恪

朱嶟字致堂雲南通海人嘉慶二十四年進士選庶吉士授檢討遷御史道光十二年畿輔災廣東副貢生潘仕成捐貲助賑賜舉人有援案以請者嶟疏言仕成本副貢去舉人一間賜以舉人於破格之中仍寓量才之意厥後葉元堃黃立誠次第援請若因此遂成定例生富人徼倖阻寒士進修於事不便應請旨飭各督撫水旱偏災捐輸應獎不得援引前案上嘉納之五遷至內閣學士十七年擢兵部侍郎迭兼署吏戶二部坐事鐫五秩二十六年補內閣侍讀學士御史劉良駒條奏銀錢畫一上命各省督撫議奏嶟疏言泉布之實國專其利故定賦以粟而平貨以錢物賤由乎錢少少則重重則加鑄而散之使輕物貴由乎錢多多則輕輕則作法而斂之使重一輕一重張弛在官而權操於上今出納以銀錢幾置諸無用雖國寶流通然流於下而不轉於上於是富商市儈得乘其乏操其贏而任意以爲輕重若使官爲定價且必格而不行要在因其便使人易從通其變使人不怨行其權使人不疑方今鹽務疲敝皆以銀貴錢賤爲詞以鹽賣錢而不賣銀也賣錢即解錢人必樂從長蘆鹽價可解京充餉請於東西城建庫藏錢以戶工左右侍郎掌之按時價搭放各旗就近赴庫請領以免其轉運并嚴禁尅扣短陌攙雜諸弊兩淮鹽價解備河工歲修淮上全工水路皆通輓運較易工次雇夫購料俱係用錢此兩便之道也農民以錢輸賦天下十居七八地方官收錢解銀每致賠累江西撫臣吳文鎔前奏本省坐支之項收錢放錢解部候撥之款徵銀解銀兵餉役食請照時價改折其言不爲無見惟全行收錢往返般運倍增勞費通省絕無銀幣亦未免偏枯擬請州縣徵收向來徵銀解銀者留置無論但照見在收錢者量錢糧多少視附近地方兵役衆寡酌減應解銀數以紓其困除易銀解司之外即以錢抵銀每銀一兩折錢若干酌定數目按照時價支放兵餉役食應有耗羨平餘仍行提出解司而本管同城之官俸本州縣之書工役食祭祀驛站本地方分汛之兵餉俱准坐支餘則視道路之遠近解存道府藩各庫以放兵餉時價則視省垣爲準以開徵前十日爲定由藩司通飭遵照半年一更餉銀每兩折錢多不過千七百少不過千二百取爲定則不得再減至文武官廉俸無可坐支者兵丁屯駐之區附近州縣無收錢者皆發銀如故官局錢搭放向有成例者亦如故如是則雖變而實因不至糾紛窒礙至如百姓出粟米麻絲易錢輸賦久已習爲故常向收若干今折若干凡自封投櫃者不遽改折是於民無擾也兵丁領銀仍須易錢然後適用每至兵領餉時不准舖戶抑價今照定價放給滿錢此於兵無虧也先時銀多則官以收錢漁利今時錢賤則官以易錢賠累多用錢則少解銀即累亦因而減迨銀價平時又復可獲羨餘此於官有益也或謂錢收于上則廛市一空恐致錢荒不知兵役領錢仍行於市地方官除存庫外尙有大半必須易銀解司則其錢亦行於市且今日之弊不在錢荒而在錢濫欲救其弊莫利於收錢尤莫利於停鑄當此錢賤之時暫停鼓鑄以工本之銀發出易錢實收上庫薄小者汰之則私鑄難行而官錢日多錢價可平而制錢一千准銀一兩之例可得而行矣是知停鑄者用錢之轉關平價者絕私之微權也將欲平價非使銀錢相埒不可爲平價而暫停鑄迨價平而復開爐所謂欲贏先縮一張一弛之道也夫損上必期益下今錢值日賤物價日貴泉府費兩錢而成一錢官兵領一錢則僅當半錢無益於民有損於國孰得孰失必有能辨之者總之可用錢則用錢必須用銀則仍用銀附近則用錢致遠則用銀子母相權贏縮有制補偏救弊無踰于此惟各省情形不一因地制宜隨時變通當責各督撫體察酌議盡善疏入上命軍機大臣會同戶部議行歷通政副使內閣學士二十九年授倉場侍郎咸豐四年病乞罷五年病痊復授戶部侍郎六年擢左都御史迭署兵禮二部尙書十一年又以病乞罷同治元年卒諡文端

李菡字豐垣順天寶坻人道光二年進士選庶吉士授編修再遷侍講大考二等擢侍講學士二十一年遷少詹事督安徽學政累遷通政使二十五年擢左副都御史咸豐元年署禮部侍郎應詔上疏請戒飭諸臣一曰振因循積習相仍中外一轍用兵無可退之理乃引疾歸田抽身保位則因循在軍旅矣治水爲難緩之功乃自冬徂夏漫口未合則因循在河防矣雍沙番案琦善以總督大員猶復語多狡飾以至往返鞫訊則因循在刑法矣順天武清縣逃犯竟敢窩藏匪徒浙江奉化縣刁民並敢迫脅官長則因循又在郡縣矣伏願皇上乾綱獨振力挽頹風聞嘉謨則立見施行覩弊政則悉除支蔓惰者責之勇者奬之勤者進之昏者黜之庶舊庸熙載百廢俱修矣一曰除欺飾粵西逆匪萌蘖在十數年之前使撫臣早爲奏聞何難根株立絕乃養癰成患諱莫如深比及有人指陳勢已不可撲滅年來勞師糜餉迄無成功禍首罪魁實由欺始夫獻可替否宰相之責也拾遺補闕諫官之職也伏望皇上開誠布公虛懷善納導之使言言之使盡執兩用中歸於至當至科道職司言責尤朝廷耳目之官風聞偶誤小過可容庶讜直得效其愚妄非莫行其罔而宸聽四達矣一曰屏偏私人之氣質不能無偏意見少有參差議論遂多齟齬相持不下教令紛更屬員旣無所適從羣小遂從而譏揣嫌隙日深乖氣致戾刑部越獄一事非其明驗乎夫師克在和不在衆兩粵會勦湖南防堵將帥不應有諉罪爭功之見督撫不可存此疆爾界之私同德同心羣策羣力苟無隙之可乘定膚功之克奏河漕本屬一體未有河不治而漕治者從前督臣漕臣曾因參劾廳員各執己見見在漫口不能合龍漕船何由利濟億萬姓饑民待賑數百萬帑項虛糜正大臣憂患與共之時此即屏除嫌怨共秉公忠猶恐難以濟時屯而紓民患倘仍芥蒂未化籌畫分歧不和政龐咎將誰執伏讀仁宗御製和同論諄諄以臣下偏私爲戒願皇上一德交孚與百僚共襄上理焉一曰防玩法見今軍務河工貽誤諸臣厥咎匪細仰蒙寬典僅予薄懲恕其旣往之愆責其將來之報而且失伍之將弁准其帶罪立功潰防之河員許其留工効力恢宏大度格外矜全天下皆曉然於聖人不得已之苦心與夫通變權宜之計該大臣等久蒙倚任渥荷優容自無不激厲圖功竭忠矢志第恐奔走禦侮難得賢員倖澤恃恩復萌故智始猶懼罪之不可逭一旦獲宥遂謂罪有可原矣初猶慮法之不能逃幸而苟免遂謂法止于是矣伏願皇上奮天錫之勇播神武之風寬大之詔能發而即能收希冀之恩可一而不可再則德威惟畏玩縱之萌不戢自止矣以上四條皆臣道之防實切時之弊而其本由於得人進英銳則因循者退矣取誠篤則欺飾者鮮矣惟在皇上任賢勿疑用材器使俾朝無倖位莫不圖易思艱庶可挽天災民變之窮而上副引咎納言之至意疏入上嘉納之三年授兵部侍郎署倉場侍郎廉得奸人把持倉務寘於法十年調工部復調吏部同治元年擢工部尙書二年卒諡文恪

張祥河字詩舲江蘇婁縣人嘉慶二十五年進士授內閣中書充軍機章京遷戶部主事累轉郎中十一年出爲山東督糧道十七年擢河南按察使以父憂去官服除仍授河南按察使署布政使二十二年祥符決口合龍賜花翎詔以河南迭被水災始終克勤其事予優叙二十四年遷廣西布政使擢陝西巡撫

西安同州有刀匪擾害閭閻祥河飭嚴捕百餘人置諸法詔嘉之三十年文宗即位應詔陳言請述祖德守成法勵官方卹民欠疏入報聞祥河優於文事治尙安靜不擾民言者劾其性耽詩酒咸豐二年東南軍事日棘祥河奏言陝西興安等地毗連楚境應舉行團練擇要防堵惟鄉勇良莠不齊易聚難散不如力行保甲爲緝奸良法三年召還京四年授內閣學士尋遷吏部侍郎督順天學政六年以病罷病痊仍授吏部侍郎八年擢左都御史遷工部尙書十年加太子太保十一年以病乞罷同治元年卒諡溫和

羅惇衍字椒生廣東順德人道光十五年進士選庶吉士授編修十七年督四川學政召對上以惇衍年少語多土音留不遣二十三年大考一等擢侍講累遷侍讀學士轉通政副使太僕寺卿二十六年督安徽學政遷通政使三十年文宗即位應詔陳言略言古帝王治天下根源祇在一心要在覽載籍勤省察居敬窮理以檢攝此心聖祖仁皇帝御纂性理精義於存養省察致知力行以及人倫性命皆有程途階級其論君道尤極詳備惟在皇上講習討論身體力行世宗憲皇帝硃批諭旨於臣工奏摺指示得失明見萬里皇上幾暇日閱一二事凡督撫陳奏如能深謀遠慮措置得宜即予以褒答若有飾詐懷私亦爲之指示庶大吏皆知警戒他若御纂資政要覽庭訓格言諸書皆本心出治一以貫之伏願皇上法祖以修己推而知人安民皆得其道又請諭部院大臣各舉所知備京卿及講讀之任敕直省督撫提鎭學政皆得犯顏直諫指陳利病無所忌諱藩臬亦許密封由督撫代爲呈奏疏入上嘉納之咸豐元年疏陳風俗侈靡民生日困請崇儉禁奢以畜物力二年署吏部侍郎授左副都御史三年擢刑部侍郎仍兼權吏部時軍需孔亟戶部令京師商民以賃舍金一月納公家惇衍以爲非政體疏乞明定限制又疏荐廣東在籍給事中蘇廷魁等任籌軍餉江甯既陷寇氛復瀕江上犯惇衍疏請敕曾國藩練楚勇自湖南移駐武昌杜賊窺伺荆襄蘇廷魁募粵勇援江西袁甲三回河南防捻匪並會同已革兩廣總督徐廣縉募新兵堵禦鳳穎遏賊北竄諸路多被採納命隨同惠親王巡防京師調戶部五年以父憂歸七年英吉利兵攻陷廣州八年正月命惇衍及在籍太常寺卿龍元僖給事中蘇廷魁爲團練大臣十年款議定十一年召來京擢左都御史同治元年兩廣總督勞崇光被劾任用非人調度乖方命惇衍偕廣州將軍穆克德訥按治崇光坐罷遷戶部尙書疏言吏治日壞當獎廉懲貪四川總督駱秉章湖北巡撫嚴樹森山西布政使鄭敦謹山東按察使吳廷棟清操較著請獎之以勵其餘又疏言皇上求賢若渴應詔者寥寥即有登諸薦牘者或出他省督撫保舉必待本省給咨始能赴部非所以示虛懷延攬之道且但令封疆大吏保舉而未及京卿恐馴致外重內輕不可不防其漸內閣六部九卿等朝廷重臣素所親信必俾其各舉所知衆正盈廷然後可反危爲安轉亂爲治請不必限以時日拘以人數但有操守廉潔才猷卓越者即許隨時疏薦倘所舉之人將來或犯貪汚罪其舉主二年兼署左都御史四年兼管三庫署翰林院掌院學士伊犂參贊大臣聯捷御史陳廷經先後論劾陝西布政使林壽圖沉湎於酒巡撫劉蓉未諳公事舉劾悉聽壽圖及蓉疏奏失體漏洩密保命偕協辦大學士瑞常赴陝西按治惇衍等爲疏辨僅以微過議處吏議壽圖遷調蓉革職留任尋蓉復以他事罷陝民爲蓉壽圖訟冤總督楊岳斌以聞惇衍等已回京復命覆奏遂合疏言劉蓉秉性樸直辦理甘肅潰勇不動聲色悉臻妥善甘肅亂回竄擾遣兵分布要隘陝民以安林壽圖身任勞怨勤奮有爲惟參劾屬員間有輕重失當致謗毀紛興而其廉潔之操究不能稍加訾議詔蓉仍署巡撫壽圖來京候簡用六年兼署工部八年以母憂歸十三年卒諡文恪惇衍學宗宋儒立朝正色抗論時事章凡數十上無所顧避著有集義編百法百戒庸言孔子集語等書

鄭敦謹字小山湖南長沙人道光十五年進士選庶吉士散館授刑部主事再遷郎中出爲山東登州知府擢河南南汝光道咸豐元年泌陽土匪喬建德踞角子山敦謹與南陽鎭總兵圖塔布督兵捕獲之被議敘署布政使二年授廣東布政使仍留署任粵匪入湖北命赴信陽會南陽鎭總兵柏山扼要設防三年命河南巡撫陸應穀統兵駐南陽會城及信陽有事許敦謹專摺馳奏欽差大臣琦善督師援安徽檄敦謹總理信陽糧臺及師屯江北糧臺移設徐州仍令敦謹往任其事尋調授河南布政使留筦糧臺如故四年光州陳州捻匪起巡撫英桂出駐汝陽詔敦謹赴本任省城戒嚴敦謹督率官紳倡捐經費興團練皖捻犯永城夏邑增調兵勇防黃河各渡口斷寇北竄尋命暫署巡撫五年坐欠解甘肅兩年協餉降調召還京以四品京堂候補授太常寺少卿八年督山東學政累遷大理寺卿同治元年署戶部侍郎復出爲山西布政使調署陝西布政使調授直隸布政使擢河東河道總督四年授湖北巡撫尋召授戶部侍郎五年調刑部六年擢左都御史捻匪渡河入山西境巡撫趙長齡按察使陳湜疏防被劾詔敦謹往按長齡湜並坐罷即命敦謹署山西巡撫七年出省治防移軍駐澤州欄車鎭爲各路策應授工部尙書仍留署巡撫回匪入河套近邊震動敦謹移駐甯武督防別遣兵守榆林保德下游各隘增募皦勇補葺河曲邊牆回匪竄包頭鎭沿河堵禦會綏遠將軍定安遣隊迎勦總兵張曜自河曲截擊破走之八年調兵部尙書回京九年調刑部兩江總督馬新貽被刺獲兇犯張汶祥江甯將軍魁玉漕運總督張之萬會讞言汶祥爲洪秀全餘黨其戕新貽別無主謀者命敦謹往會鞫仍以初讞上論極刑十年春敦謹還京至淸江浦上疏以病乞罷光緒十一年卒諡恪愼

龐鍾璐字寶生江蘇常熟人道光二十七年一甲三名進士授編修咸豐二年大考一等擢庶子遷侍講學士署祭酒明年授光祿寺卿八年擢內閣學士署工部侍郎以父憂歸十年江南大營潰蘇常淪陷督團勇防禦上命鍾璐陳奏軍事鍾璐疏言常昭三面皆賊惟恃民團抵禦器械不精紀律不明若大兵不速至恐裹脅愈多愈難措手請飭督臣曾國藩迅由祁門統師南下常昭庫欵無存惟賴捐輸充餉軍需浩穰捐戶搜括無遺並請飭督臣於就近完善之區籌資接濟又奏江北惟通州最完善與常昭有脣齒之依在籍布政使徐宗幹廉能素著請飭令督辦通泰一路捐輸並會籌常昭防勦從之尋命督辦江南團練賊由江陰東竄偪常熟鍾璐率團勇數戰亡其精銳奏請江北諸軍速援上以水陸各軍勢難兼顧溫詔慰勉八月賊陷常熟鍾璐奏自劾並請飭荆州將軍都興阿統楚師兼程進駐通州防北竄上責令規復鍾璐自崇明赴上海設局勸捐集團守禦薦上海知縣劉郇膏循聲卓著爲江南州縣之冠報聞又以軍需餉急奏請令失守地方官罰鍰免治罪諭有捐輸巨款募勇殺賊隨官兵克復城池者得據實聲明請旨尋奏言賊所脅之衆數百萬人何一非皇上赤子若非設法解散窮無所歸必鋌而走險請明降諭旨予以自新釋兵歸降者勿殺薙髮投順者勿殺又陷賊州縣多設立僞官迫索錢米以減輕田賦播動人心歷來被兵州縣錢糧均奉恩旨蠲免此次蘇省被賊戶口散亡收復之後無從徵收不如施恩於未復之先使愚民不爲所惑詔如所請十一年春賊自平湖乍浦窺金山鍾璐督團勇進擊斬馘甚衆新埭賊擾大泖港楓涇賊窺角鈎彎復會官兵破之是年冬以蘇常淪陷吳民待援有逾飢渴復疏請勅督國藩分兵急取蘇常與江蘇諸士紳貽書國藩言上海餉源重地請以奇兵萬人一勇將統之倍道而來可當十萬之用國藩乃遣李鴻章率師浮江而東俄法兩國請助兵討寇鍾璐奏言中國平內亂原無待藉手外人而値賊勢蔓延兵力單薄不能不爲從權之計惟外人助攻爲通商而起必先自有把握方裨大局諭江蘇巡撫薛煥妥籌酌行尋裁各省團練大臣召還京再授內閣學士同治元年遷禮部侍郎迭署工吏諸部督順天學政四年呈所纂文廟祀典考六年夏畿輔亢旱疏陳荒政十事下部議行命偕大學士賈楨等督五城團防歷戶兵吏諸部九年擢左都御史署工部尙書十年授刑部尙書丁母憂歸光緒二年卒諡文恪子鴻文光緒二年進士鴻書光緒六年進士同官翰林院編修鴻文至通政司副使鴻書至貴州巡撫

論曰同治初政沈兆霖曹毓瑛入贊樞府兆霖暫領陝督督師定西甯以死勤事毓瑛愼密練達克副簡拔許乃普等皆以淸謹負時望鄭敦謹尤敭歷有名績江甯之獄論者多謂未盡得其情敦謹未覆命遽解官以去其亦有所未慊於衷歟

清史稿　列傳二百九

王茂蔭　宋晉
袁希祖　文瑞
徐繼畬　王發桂
龐兆綸　雷以誠
陶樑　吳存義
殷兆鏞

王茂蔭字椿年安徽歙縣人道光十二年進士授戶部主事升員外郎咸豐元年遷御史疏請振獎人才鄉會事務覈實殿試朝考重文義造就宗室八旗人才以有裨實用爲貴戶部議開捐納舉人生員例茂蔭疏爭且言籌餉之法不徒在開源而在於善用委諸盜賊之手糜諸老弱之兵銷諸不肖之員弁雖日言推廣捐輸何濟又極論銀票虧商銀號虧國經國謀猷下同商賈體至褻而利實至微初時虧不能見及虧折已甚雖重治其罪亦復奚補其言皆驗二年

粵匪自長沙趨岳州，茂蔭疏言安徽防務以宿松爲要衝小孤山爲鎖鑰設險非難得人爲難請起前署廣西巡撫周天爵督辦防堵扼要駐守陸路令府縣勸諭紳民團練守助用明金聲禦流賊保鄉里之法最爲簡易武昌既陷茂蔭又疏言賊勢猖獗宜急收人心籌儲積講訓練求人才三年戶部奏試行鈔法上命左都御史花沙納與茂蔭會議奏行簡要章程並繪鈔式以進疏言皖北蒙亳捻匪蠢起萬一粵賊勾結更爲心腹巨患夫欲平盜賊尤在守令得人廬鳳穎諸郡守令貪鄙者實繁有徒請嚴飭大吏從嚴劾汰以治賊之源又曰兩湖江皖處處言防而處處不守請嚴飭各督撫專主勦辦一處賊平則他處之賊不敢復起鄰省賊滅則本省之賊無自而來是不言防而防自固也三月揚州陷茂蔭疏言寇氛將偪山東巡撫以勦賊出省藩臬漫無布置城內團丁不滿七百乞特簡重臣防守以固畿南屏蔽又言陝西設防兵爲民害請諭飭按治茂蔭屢上疏言事侃侃文宗頗嚮用擢太常寺卿遷太僕寺卿粵匪犯畿輔參贊大臣科爾沁親王僧格林沁駐師涿州諸軍咸觀望不肯前茂蔭疏言賊既渡滹沱而北迴翔於深晉之郊而不遽北犯者懼吾兵出也吾兵出而遷延不進賊有以知我之勇怯矣臣竊謂賊自桂林北竄諸師喪師左次皆爲一守字所誤賊屯一日可資休息我屯一日銳氣日隳賊所過刦掠行不裹糧我軍坐食縣官日需鉅餉相持數月餉絕兵匱不待交綏而勝負已判請密飭王大臣等明發號令按兵拒守而陰選健將率死士數千潛師出彼不意麾兵急擊一鼓可殲如此則大河以南諸賊心怵膽落不敢復圖北犯矣尋命會辦京城團防保甲擢戶部侍郎兼管錢法堂戶部奏鑄當十當五十大錢王大臣又請增鑄當百當千謂之四項大錢當千者以二兩爲率餘遞減茂蔭上疏爭之曰大錢之鑄意在節省由漢迄明行之屢矣不久即廢未能有經久者今行大錢頗見便利蓋喜新厭故人情一概及不旋踵棄如敝屣稽諸往事莫非如定錢法過繁市肆必擾折當過重廢罷必速此人事物理之自然論者謂國家此制當十則十當千則千孰敢有違不知官能定錢直而不能定物直錢當千民不敢以爲百物直百民不難以爲千自來大錢之廢多由私鑄繁興物價騰踊宋沈畸之言曰當十錢鑄召禍導奸游手之徒爭先私鑄無故而有數倍之息雖日斬之勢不可遏張方平之議曰奸人盜鑄大錢之用日輕比年以來虛高物估增直於下取償於上有折當之虛名罹虧損之實害大觀錢鑄自蔡京而其子脩作國史補敘始之得息流通繼之盜鑄多弊終之改當折閱事皆目睹尤爲詳盡古所不能行而謂可通行於今乎信者國之寶大錢鈔票皆屬權宜之計全在持之以信庶可冀數年之利今大錢輕重程式甫經頒行未及數月忽盡更變商民惶恐羣疑朝廷爲不可信此非細故也或慮銅短停鑄故須及時變通願變通欲其能行不行則亦與不鑄等逆賊一平不患無銅若賊不能平銅不能運雖儘見有之銅悉鑄當千恐亦無濟可慮者不僅停鑄而已上命王大臣及戶部秉公定議王大臣終執原議四年戶部會奏推廣大錢辦法茂蔭復疏爭曰臣疏陳大錢利弊未奉諭旨臣職司錢法夙夜思維實覺難行當百以上大錢與原行當五十者無甚分別此何以貴彼何以賤難一以易市物則難分折以易制錢莫與兌換難二大錢雖準交官項然準交五成者已有實鈔官票大錢何能並搭難三此猶其小者耳最大之患莫如私鑄奸人以銅四兩鑄大錢兩枚即抵交官銀一兩是病國也蓋行制錢每千重百二十兩鎔之可得六十兩以鑄當十錢可得三十千設奸人日銷制錢以鑄大錢民間將無制錢可用是病民也實鈔官票其省遠過大錢果能推行盡利裨益亦非淺尠大錢之行似可已也疏入仍不報其後大錢終廢如茂蔭言又疏論鈔法利病略曰上年初用銀鈔雖未暢行亦未滋累及臘月行錢鈔至今已發百數十萬爲累頗多向來鈔法唐宋之飛錢交子會子皆有實以運之元廢銀錢不用而專用鈔上下通行爲能以虛運實明專以虛責民以實歸上勢遂不行臣元年所奏皆以實運虛之法今時勢所迫前法不行議者雖專於收鈔時設法然京師放多收少軍營有放無收直省州縣有收無放非有商人運於其間則皆不行非與商人以可運之方能運之利亦仍不能行因擬上四事務在通商情利轉運奏入上斥其爲商人指使不關心於國是命恭親王奕訢定郡王載銓覈議議上謂茂蔭所論窒礙難行嚴旨切責尋調兵部粵匪踞池州太平皖南隔絕茂蔭奏請以徽州暫歸浙江統轄上命浙江巡撫黃宗漢體察酌行初茂蔭疏言賊脅良民驅爲前鋒請特降諭旨自拔來歸均從寬貸殺賊來獻均加爵賞京師久不雨上命清釐庶獄減免情節可矜者茂蔭又疏言可矜者莫如賊中逃出之難民各處捕獲難民指爲形迹可疑嚴訊楚毒此輩於法不爲無罪於情實有可矜請敕暫緩定擬皇上御極以來屢詔求言言或無當奉旨明斥斥其無當非禁使不言也然言者即因以見少即如諸路憤軍失地之將帥未敗之始其措置乖方人言藉藉而無敢爲皇上言者或慮無實據也或雖有實據而慮查辦時化爲子虛也或慮不用而徒招怨也或謂聖心自有權衡也是以皆不敢言至用人進退之際臣子每不敢盡言淺者懼干聖怒而見斥深者懼激上意而難回皇上披覽奏章纖悉必邀批示勤亦至矣臣以爲精神貴於不紛願務其遠者大者舍其近者小者明主勞於求賢而逸於任人今天下人才不足此誠可憂雖然非無才也如羅澤南人無不知爲將材矣初不過一貢生耳湖南一省既有江忠源兄弟又有羅澤南諸人則他省可知惟賢知賢惟才愛才是在聖心之誠求耳方今武昌未下江西又復危急兩省之民向也與賊爲仇今乃竟有從逆者此中轉移之故宜深思也列聖仁漸德被人心斷不能忘然此時不亟維繫使賊得徐出假仁假義以爲市恐民心將爲所搖而難挽矣奏入上嘉納之八年病免十一年穆宗即位以茂蔭忠直命俟病痊聽候簡用同治元年上疏陳時政言天象示警宜屢修省議政王責任重大宜專心機務餘事綜其大綱言官宜加優容順天府事繁府尹石贊清不宜兼部各國通商事務衙門司員甫及一年即得優保恐各衙門人員皆以營求保送爲得計宜防其漸署左副都御史命偕兵部尚書愛仁往山西按事授工部侍郎二年調吏部丁繼母憂歸四年卒於家

宋晉字錫蕃江蘇溧陽人道光二十四年進士選庶吉士授編修二十七年大考二等擢中允二十九年典河南鄉試因命題錯誤議處諭不得更與考試差咸豐二年大考二等擢侍讀學士遷光祿寺卿三年命會辦京城團防保甲署禮部侍郎四年正月疏言去冬圜丘大祭適值聖體違和禮臣以登降繁縟於親詣壇位及奠帛後諸儀節更加酌定奏請允行旋以遣親王恭代而止惟詳稽典禮祀天鉅典尤爲慎重偶遇服色不宜輿居未適有遣代無議減見値祈年大祀伏願皇上飭停新議仍遵成憲五年遷宗人府丞六年疏言自江甯失陷上自九江下及鎮江瓜洲寇勢水陸相援見聞向榮兵力不支情形危急今即分路赴援仍恐緩不濟事請飭江督浙撫雇用輪船載兵由圌山關入江焚攻金焦賊船再由儀徵瀏浦口與六合諸軍相爲犄角則江甯鎮江對岸之賊節節防我必不敢離巢東竄是不特解江南之急即江北亦愈甯謐又聞廣東新至紅單船二十餘艘請飭德興阿向榮將紅單船幷歸一處力扼蕪湖江面如能克復蕪湖則擣賊之背甯國不攻自下薦道員繆梓楊裕深金安清通達治體洞悉夷情請以雇船籌費諸事責成辦理疏上諭兩江總督怡良與向榮德興阿酌行宣宗實錄告成敘勞擢內閣學士迭署戶工二部侍郎八年授工部侍郎文宗頻歲抱病未能親行祀典十年晉疏言近年郊壇大祀聖躬以步履失常偶綴親行而於遣恭代外仍先期躬詣皇乾殿拈香仰見寅畏深衷惟每屆大祀皇上於前一日辰巳間躬詣拈香即在齋宮祗宿今則先期即如臨事請於前一日寅卯間先行詣殿拈香然後還宮辦事臣尤願愼攝聖躬養元氣節嗜代之味復健行之常於下屆郊祀大典照常親行上嘉納之十一年疏言江甯失陷已將十載總督曾國藩經營防剿與官文胡林翼會合攻復安慶惟所部不足二萬人若合四川湖北湖南江西安徽五省歲入養兵勇十三萬人以七萬分駐防剿六萬大舉東征餉足兵增庶可一舉集事又言江西首當賊衝巡撫毓科布政使慶善皆失人望請以太常寺卿左宗棠簡署巡撫而於督糧道李桓前廣饒道沈葆楨浙江道員史致謨三人中簡擇擢授藩司又請以曾國藩總統四川湖北湖南江西安徽五省督辦東征軍務上以所籌不爲無見下官文國藩等議奏又疏言慕陵規制儉約樸實萬世可法定陵工程請仿行勿改格於部議不行同治元年調倉場侍郎南漕初改海運歲額三百萬石自天津運京倉偷漏飛灑歲損米綦鉅迨軍興江浙郡邑淪陷南漕起運纔二十餘萬石而偷漏飛灑如故十年以來侍郎及監督官凡數易皆受事深悉其弊因循未奏舉六年事發左遷內閣學士償米二萬石十二年遷戶部侍郎十三年卒

袁希祖字荀陔湖北漢陽人原籍浙江上虞道光二十七年進士選庶吉士授編修咸豐二年大考二等擢侍講三遷侍講學士八年超擢內閣學士迭署禮工刑諸部侍郎九年疏言咸豐初以道梗銅少改鑄大錢未幾當百當五皆不行惟當十行之始直制錢三五近則以十當一銀直增貴百物騰踊民間重困旗餉月三兩改折錢十五千致無以自活向日制錢重一錢二分大錢重四錢八分以之當十贏五錢四分今以十當一是反以四錢八分銅作一錢二分用也民間私鎔改鑄百弊叢生今天下皆用制錢獨京師一隅用大錢事不畫一請悉復舊規俾小民易於得食盜源亦以稍弭十年疏言軍事略謂數年以來地方軍事所謂失守無所爲守也但聽其失即坐以罪僅革職留營而已所謂收復不見其收自然而復俟賊自去即虛報克捷上狀列保以樹植私人似此用兵安有成功之一日臣愚以爲今雖敗裂機倘可轉賊竊蘇常久一旦得之

子女玉帛其意已饜不特金陵老賊全股爭趨即天長六合之賊亦涎其利宜乘彼勢方散綏請特選重臣駐清淮要地統籌全局頃諭旨令曾國藩赴兩江署任規復蘇常自當國進兵前後受敵非萬全之計莫如令胡林翼自江北進攻牽制安慶令楊載福以水師直下大江互相策應令李若珠力攻天長六合以出江浦遙立聲援密飭國藩潛引銳兵倍道以取金陵方爲上策今日勞師糜餉勢無窮已兼各路統帥散而無紀其賢者往往深入援絕血戰隕身其不肖者坐擁厚兵遇敵輒避必得重臣領兵統馭積弊既除精神乃奮此轉移之機也尋署戶部侍郎時各直省行團練分遣大臣督辦希祖疏言團者一時可集練非經久不能即云團練非五六千人不可計口授食費已不貲即使練成而此五六千人制敵不足騷動有餘坐食貲糧終虞譁潰且遴往大臣萬一與有司齟齬必至互爲水火轉貽大局之憂請頒明諭使知團練乃以自衞鄉閭並不以此科歛亦不必日給口糧坐守困耗否則用多費溢正供無可挹注不得不取諸民輕則累衆重則返戈大可慮也英法俄美四國合軍內犯天津不守希祖請暫就和議遷延旬日俾部署得以周詳僧格林沁獲英官巴夏里希祖疏請殺之未幾敵軍深入上巡幸熱河希祖屢疏諫不報屢北望痛哭遂得疾已而和議成兼署兵部侍郎尋卒

文瑞字叔安烏蘇氏滿洲鑲紅旗人道光二十一年進士選庶吉士授編修擢侍講五遷至左副都御史文宗即位求言文瑞疏陳四事請選賢才明賞罰廣聽納謹調攝並錄乾隆元年左都御史孫家淦三習一弊疏以進上嘉之咸豐三年粵匪陷武昌東下疏請於上海鎭江雇用廣東紅單船擇員統帶以防江面並密察京師流言以消逆萌靖畿輔上命諸大臣集議增兵籌餉文瑞疏言兵餉爲國家大政遵旨會議乃大學士等絕無一語及公言笑晏晏不知內閣何地不詢會議何事臣臚舉搘持之策尚書孫瑞珍竟閑辭支吾自述家私形同市井大臣如此深堪悼嘆又言二月朔爲頒俸定期戶部欵絀早應籌畫乃於是日清晨請旨冀以停俸上諉朝廷又議行鈔法並徵鋪稅商民驚懼請發帑三十萬支放春俸暫可流通俾商民安業鈔法鋪稅暫從緩議從之又疏言鈔法之弊放多收少半爲廢紙放少收多民間鈔無從得若收放必均是與之甲而取之乙徒擾無益非易銀鈔爲錢票不可擬就道光年間所設官號錢鋪五處分儲戶工兩局卯錢京師俸餉照公費發票之案按數支給以錢代銀並具條目六事疏入議行尋兼署大理寺卿以天變奏請修省上嘉納之刑部罪人劉秋賞死於獄文瑞奏秋賞無病一夕而死刑部後四日入奏改易日期塗飾操縱請嚴飭根究山西崞縣民婦王劉氏拒姦死罪人從輕比刑部題駁文瑞復奏原擬知州失出請飭山西巡撫嚴劾上並從之粵匪入山西境陷平陽等處文瑞奏請飭督兵大臣嚴防入直隸要路尋自臨洺關竄過天津命文瑞率兵駐通州奏言通州城垣樓櫓損壞請集款建復諭此守土之責統兵大臣不必兼轄擢刑部右侍郎四年以病乞罷先是文瑞偕克勤郡王慶惠請捐銅鑄四項大錢濟兵餉上從其請及還京病痊命仍與慶惠董其事設局開爐上命尚書阿靈阿御史范承典往銅廠查驗文瑞奏劾阿靈阿等擅開爐房恐有偷漏上斥其負氣任性降二級調用同治元年卒

毓祿字曉山舒穆魯氏滿洲正白旗人道光二十一年進士授刑部主事累升郎中遷御史軍興安徽江蘇山東諸省皆暫停秋審毓祿奏言寇蹤所至每先釋獄囚脫其死而置之生自必願爲賊用雖有投首減罪之例而愚頑類多不知大義聞直隸近因賊擾將秋審諸囚酌覈情罪其謀故凶盜拒捕殺人重囚立即正法其情有可矜及例應緩決諸囚即予減等發配誠爲權宜變通之道見有軍務省分應令一體遵辦京師行用大錢當百當五十二種壅滯不行毓祿疏請商民應納旗租地丁關稅於例定收鈔五成數內專收當百當五十大錢二成部收捐項應交錢票亦一律納大錢七年擢工科給事中歷內閣侍讀學士太僕寺少卿通政司副使內閣學士同治三年擢工侍郎兼管錢法堂五年奏言寶源局鑄當十錢向係滇省解銅以銅七鉛三配鑄近因滇銅久未解局市銅低雜致錢文輕小例定每錢應重三錢二分請每屆收錢以三錢爲率不及者即飭改鑄上斥寶泉寶源二局不職之兩侍郎監督並下吏議

徐繼畬字松龕山西五臺人道光六年進士選庶吉士授編修遷御史迭疏劾忻州知州史夢蛟保德知州林樹雲嘗求升遷登州知府英文諱災催徵滎河知縣武履中藉事科歛又疏請除大臣迴護調停積習又疏陳政體宜崇簡要略謂皇上廣開言路諸臣條奏苟有可取無不通行訓諭惟是積習疲玩已久煌煌聖諭漠不經意輕褻甚矣臣以爲諸臣條奏或非大體所關或非時務所急原不必悉見明文若事關切要聖慮折中期於必行者即降諭旨宜重考成度其事之難易限年興革如仍前玩視於本案外重治以違旨之罪此敎令之宜簡也六部則例日增律不足求之例例不足求之案陳陳相因棼亂如絲論者謂六部之權全歸書吏非書吏之有權條例之煩多使然也臣以爲當就現行事例精審詳定取切於事理者事省十之五文省十之七名曰簡明事例使當事各官得以知其梗概庶不至聽命於書吏此則例之宜簡也考功職方議功議過使百僚知勸懲也現行之條苦於太繁太密不得大體嘗見各直省州縣有莅任不及一年而罰俸至數年十數年者左牽右掣動輒得咎且議處愈增愈密規避亦愈出愈奇彼此相遁上下相詭非所以清治道也臣以爲各官處分凡關於國計民生官箴品行不妨從重從嚴其事涉細微無關治體與夫苛責太深情勢所難者當準情酌理大加刪削此處分之宜簡也疏入上嘉納旋召入對論時事至爲流涕十六年出爲廣西潯州知府擢福建延邵道調署汀漳龍道海疆事起敵艦聚廈門與漳州隔一水居民日數驚繼畬處以鎭定民賴以安二十二年遷兩廣鹽運使旬日擢廣東按察使二十三年遷福建布政使二十六年授廣西巡撫未赴官調福建閩浙總督劉韻珂以病乞假繼畬暫兼署總督福州初通商英吉利人僦居會城烏石山神光寺士民大譁言路以入告上命韻珂繼畬令其遷徙久之乃移居道山觀士民以繼畬初不力拒終不慊言者屢論劾繼畬初入覲宣宗詢各國風土形勢奏對甚悉退遂編次爲書曰瀛寰志略未進呈而宣宗崩言者抨擊及之咸豐元年文宗召繼畬還京召對稱其樸實尋授太僕寺少卿詔求言繼畬上疏略謂國家崇尚儉樸大內宮殿一仍明舊惟圓明園爲三時聽政之地避暑山莊爲秋獮駐蹕之地兩處規模至乾隆間而備宣宗皇帝暫停秋獮熱河工程一切報罷惟自正月至十月恆駐圓明園然三十年中未嘗增一堵一椽游觀不及諸坐落或報應修輒令撤去以故內帑發出外庫前後凡千數百萬數年以來園亭久曠或謂先朝堂構不應坐聽彫殘方今軍務未完河工未畢亦料無暇及此將來兩事告蕆內庫稍充保無以營繕之說嘗試者伏望皇上堅持苟非萬不得已之工程一切停能至於裝修陳設珍奇玩好可省則省無取鋪張此土木之漸宜防也孔子刪詩以關雎爲首義取摯而有別匡衡之說有曰情欲之感無介於容儀宴安之私不形於動靜其言有別可謂深切著明第以事涉宮闈絕於聽覩非臣子之所敢言雖有折檻之忠牽裾之直止能言得失於殿廷豈能爭是非於宮壼故聖帝明王即以是爲修省最切之地皇上至剛無慾邇者釋服禮成將備周官九御之制衍大雅百男之祥竊以爲聖德日新肇基於此此晏安之漸宜防也自古壅蔽之患由於言路不通然亦有言路既通而壅蔽轉生於不覺者皇上御極之初即以開言路爲務自倭仁一疏手詔褒嘉言事者紛紛而起邇因天旱求言又復諄諄獎誘舉空言塞責受人指揮激直沽名三弊爲戒臣庶大半中材臣以爲空言塞責事出庸愚一覽擲之無關輕重激直沽名由於器小皇上予以優容適足以見聖度至受人指揮事涉營私果其確有可憑必當明正其罪總之羣言淆亂衷諸聖人亦在皇上權衡酌量而已臣竊計在京言事者約分三等以章奏陳者曰九卿科道以章奏陳兼得面陳者曰部院大臣不以章奏陳而時得面陳者曰內廷王公此三者各有所優亦各有所蔽九卿科道爵秩未崇少迴翔之意聞見較廣多採訪之途以風節相磨以彈劾爲職此其所優也其所蔽則前之三弊是也部院大臣久在朝列受恩效忠明習時事此其所優也然階級既崇天顏日接顧忌矜愼胸臆所存莫能傾吐其十一此則其所蔽也內廷王公國家肺腑外無私交黨援之患內無希倖爵賞之心此其所優也然法制森嚴例不與外人交接廷評輿論所不盡聞此則其所蔽也皇上明目達聰幽隱畢照而臣乃鰓鰓過慮者誠恐言事者限於才識未能仰副淵衷致皇上察納虛懷不免憪然而思返此壅蔽之漸宜防也昔唐臣魏徵有十漸之疏太宗嘉納千古以爲美談夫漸者已然之詞也正之於已然何如防之於未然臣謹師其意衍爲三防之說極知迂陋無補高深伏冀幾餘採納上優詔報之咸豐二年吏部追論繼畬在巡撫任遽送罪人遲誤請議處乃罷歸尋丁母憂粵匪北犯攻懷慶山西巡撫哈芬檄太原總兵烏勒欣泰率兵防澤州遷延未即赴賊渡河陷垣曲哈芬出駐陽城布政使郭夢齡疏乞援繼畬亦具疏借布政使印馳奏上爲罷哈芬巡撫以王慶雲代之繼畬條舉防守諸事以告尋奏請令繼畬督辦防堵事定居數年回捻交亂又命督率官紳總辦各府州團防繼畬駐潞安年餘親歷遼州上黨陽城諸要隘措置詳備署巡撫沈桂芬甚重之同治二年召詣京師命在總理各國事務衙門行走尋授太僕寺卿加二品頂戴五年以老疾乞歸繼畬父潤第治陸王之學繼畬承其敎務博覽通時事在閩粵久熟外情務持重以恩信約束在官廉謹罷歸主平遙書院以自給尋卒

王發桂字笑山直隸清苑人道光十六年進士授禮部主事充軍機章京累遷郎中咸豐三年上疏言軍事被嘉納尋遷御史洪秀全既踞江甯分兵北犯發

桂疏言順德正定地當衝要請屯兵扼隘並條列六事曰謹偵報嚴催儹愼查勘明曉諭廣撫卹籌協濟又疏薦貴州道員胡林翼知兵能勝重任請超擢俾任軍旅上命林翼留湖北襄軍事迭疏請令各省汰弱伍練新兵設鄉團値有事則新軍進戰鄉團設防以明戚繼光紀效新書練兵實紀訓練將士賊渡河偪近畿輔疏請蒐簡軍實選精銳爲後備並蠲貧民房稅撫流亡以安人心下所司議行疏言軍興以來大臣獲罪多以從軍自效位崇性驕不可任使坐耗糧糈無裨軍政且主將曲庇輒請起用有罪幾同無罪圖功適以冒功頃副都統達洪阿退縮失律致知縣謝子澄副都統佟鑑同時死寇欽差大臣勝保賜以神雀刀原令便宜行事乃自入直境未戮一人而於獲戾大臣多所論薦以私廢公抑阻士氣請按治達洪阿以下行軍法紀律既嚴軍威自振並被採納累遷給事中鴻臚寺卿八年復疏論時事言宜上廉恥重訓練以求將帥之才李續賓唐訓方起自未僚能自張一軍轉戰千里敦樸廉潔勇往任事之人隨地而有請飭督撫採訪奏聞物力艱窘莫甚於湖南軍餉糜費莫甚於江蘇自湖南得左宗棠江蘇得王有齡而餉源日裕夫興利莫如去蠹今司計者曰言捐餉而鹽漕糧稅凡國家自然之利一任廢弛請下所司議整飭兩廣總督黃宗漢赴粵遷延六月遲不之官城淪於敵巡撫柏貴莫知爲計城東居民殺敵數百柏貴輒爲懸賞緝殺人者貴州巡撫蔣霨遠當叛苗敎匪日久鴟張未聞有所措施此皆才力不逮遂使一方塗炭聖主恩威並用尤所仰望歷太僕寺卿通政使左副都御史同治二年署工部侍郎疏薦戶部郎中王正誼守潔才優以忤肅順得罪請復其官報可授禮部侍郎調刑部又調工部五年以疾乞免九年卒

廉兆綸初名師敏字葆醇順天甯河人道光二十年進士選庶吉士授編修宣宗知其賢將擢用以父憂歸遺命諸臣可大用者兆綸與焉咸豐元年服除二年大考二等三年直南書房四年授右贊善超擢翰林院侍講學士督江西學政轉侍讀學士再擢內閣學士五年授工部侍郎時粵匪石達開擾江西侍郎曾國藩率師禦之寇張甚陷州縣五十餘逼會城上命兆綸幫辦廣信饒州防剿兆綸奏言江西通省募勇計一萬五六千人各不相統屬地方有警勝則互訐以競功敗則爭潰而不相救甚且擾民冒餉乘便營私其弊不勝枚舉今賊勢日張瑞州臨江相繼失守設有倉卒以此散而無紀者當之何恃不恐惟有將所募之勇裁去一切名號併爲三四軍每軍得四五千人統以監司方面素有威望者庶可責成功六年三月兆綸按試廣信賊陷吉安撫州進據安仁兆綸上疏請援並以練勇千守貴溪賊竄德興陷建昌廣信勢益孤兆綸督諸生集鄉團與廣信知府沈葆楨上饒知縣楊昇籌防禦遣上饒諸生郭守謙率鄉勇三百夜襲金谿諸生曾守誠奮勇先入城賊不虞兵至奪西南門逸克其城乘勝會攻建昌而饒州又陷官軍敗績廣信益危兆綸與國藩等合疏請截留閩兵一千六百專攻建昌分檄守謙與在籍道員石景芬防剿六月國藩遣督司畢金科復饒州兆綸飭景芬守謙等馳攻撫州會賊連陷廣昌南豐新城瀘溪四縣八月守謙軍撫州張家橋三接皆捷窮追遇伏力戰死時兆綸方赴鉛山道梗咨衢州鎮總兵饒廷選乞援廷選率兵二千一百至兆綸冒雨穿敵壘復入廣信共謀守禦寇屢攻不下凡七戰捕斬其渠六斬六千餘級廷選與游擊穆隆阿都司賴高翔等又屢擊破之賊走玉山廣信始解嚴兆綸防守危城盡出俸銀餽軍貧困至不能自給尋以病告歸七年病痊仍直南書房署工部侍郎八年授戶部侍郎調倉場侍郎時軍事方急兆綸疏請責成督撫辦賊略曰今於督撫外另設統兵大員其本省督撫雖有會剿之名其實專爲籌餉之事統兵者往往以呼應不靈餽糈不給漸至遷延而督撫又往往以事權不一供億不資各生意見及至城池失守統兵者無地方之責或邀寬大之恩而並未帶兵之督撫轉受其咎名實不符事多掣肘賊氛之熾職此之由臣惟督撫大吏類皆朝廷簡拔之人設其人未嫻知兵不妨擇統兵大員畀以督撫之任使之各清各省而責其成功方今川黔閩廣並未另派統兵大員而本境漸就肅清湖南北之專任督撫討賊者轉有餘力助勦鄰境至於江蘇一省統兵者不一而足而潰敗糜爛至今平心而論統兵大員中豈乏公忠體國之臣所以然者抑其所處之地不同用情亦異此其故不可不深長思也淸淮一帶實爲南北要衝漕運總督不兼管地方宜此時權設江北巡撫抑或將漕運總督權改斯缺所有江北各路軍務悉歸統制庶可控扼江淮聲援汝潁不惟江南羣逆絕其覬覦之心即豫東會捻各匪出沒之區亦可斷其一臂矣疏上不報九年英吉利兵北犯疏請以戰爲和十年英兵掠豐益倉兆綸疏自劾上寬之又疏言軍興以來各省兵不足因招募鄉勇比來兵日少勇日增不可不預爲之計此後勇丁如有技藝精嫻戰陳得力者請令統兵督撫大臣即於存營缺額挑選充補軍事既定願歸農者遣散願效力者分隸各標序補額兵上韙之兆綸以交河糧商囤積穀秕遣勇目捕治糧商訴勇目索詐辭連兆綸事上聞命刑部逮問同治元年京察休致二年諭責兆綸在任用人不當奪職銜兆綸感知遇遇事敢言以是多齟齬罷官歸讓產諸弟主問津書院以修脯自給六年卒

雷以誠字鶴皋湖北咸甯人道光三年進士授刑部主事洊升郎中遷御史給事中擢內閣侍讀學士三遷奉天府府丞咸豐元年應詔陳言請任賢能覈名實二年復授太常寺少卿屢上疏陳軍事三年遷左副都御史命會同河道總督楊以增巡視黃河口岸迭疏請撫卹茌平東平東阿汶上饑民撤山東防河兵省各渡口冗費皆報可粵匪陷揚州以誠自請討賊募勇屯萬福橋扼揚州東南賊竄裏下河以誠屢擊走之通泰十餘城賴以保全授刑部侍郎幫辦軍務與琦善陳金綬會攻揚州以誠分兵駐守要隘焚浦口賊舟屢會諸軍擊賊而揚州久攻不能下諸將以總兵瞿騰龍最勇敢足恃詔命援安徽以誠疏言臨陣易將兵家所忌琦善亦以爲言乃留勿遣其冬賊陷儀徵偪運河西岸官軍屢擊走之以誠與浙閩總督慧成合駐軍灣頭六牐未幾賊援至鄉勇潰散琦善奏劾奪官留軍自効嗣琦善請移灣頭大營以誠與慧成力爭琦善復劾以誠諉飾上責琦善諉過飭以誠仍守灣頭及萬福橋諸隘賊既自揚州退瓜洲時來攻以誠與陳金綬合擊敗之加三品頂戴尋授江蘇布政使屢督礮船渡江會勦攻北固山破其土城乘勝逐至金山敗之六年托明阿兵潰瓜洲揚州復陷詔責以誠等擁兵不援又疏辨冒功爲德興阿所劾褫職戍新疆以誠在戍所呈請將軍扎拉芬代奏言江北軍事尋赦還賜四品頂戴授陝西按察使遷布政使入爲光祿寺卿同治元年京察休致光緒五年以重宴鹿鳴還原銜八年又以重宴恩榮加頭品頂戴十年卒年七十九以誠在江北用幕客錢江策創收釐捐錢江者浙江長興諸生嘗以策干揚威將軍奕經不能用林則徐戍伊犂從之出關以是知名謁以誠於邵伯留佐幕餉絀江獻策遣官吏分駐水陸要衝設局卡行商經過視貨值高下定稅率千取其一名曰釐捐亦並徵坐賈歲得錢數千萬緡江與同幕五人赴下河督勸不從者脅以兵民間目爲五虎江自以爲功累保獎至道員氣矜益盛以誠不能堪會飲江使酒罵坐以誠執而殺之以跋扈狂肆謀不軌聞後各省皆倣其例以濟軍需爲歲入大宗焉

陶樑字鳧薌江蘇長洲人嘉慶十三年進士選庶吉士授編修纂修皇淸文穎十九年林淸之變逆黨闌入禁城樑方在館修書其僕駱昇聞聲匿樑於書櫥自當戶立賊刃之仆越日事定樑出救之甦仁宗回鑾聞之召樑問狀曰義僕也賜之金二十一年以知府發直隸補永平調正定道光四年擢淸河道署按察使新城縣失過境餉鞘歸罪外委白勤逮訊死於刑上遣尙書松筠侍郎白鎔按治察其枉樑坐降四級捐復知府留直隸十二年補大名知府十八年遷湖北荆宜施道萬城隄決樑復坐降調捐復二十二年補湖南糧儲道調湖北漢黃德道二十八年遷甘肅按察使調山西二十九年遷江西布政使入覲授太常寺卿文宗即位樑疏言宣宗成皇帝天錫智勇嘉慶十九年八月之變當時但傳發槍斃賊不知首逆林淸姓名地址亦由宮中訊得立時遣捕故渠魁不致遠颺餘孽不致滋蔓請勅載入實錄以揚聖武上從之咸豐二年擢內閣學士四年遷禮部侍郎六年以病乞罷七年卒年八十六樑早有文名嘗從侍郎王昶助其纂述歷官所至提倡風雅賓接才俊輯畿輔詩傳行世晚登朝右時値軍興耆舊凋落其猶見乾嘉文物之盛者惟大學士祁寯藻與樑二人爲士林所歸仰云

吳存義字和甫江蘇泰興人道光十八年進士選庶吉士授編修二十二年督雲南學政邊徼士風敦樸存義力爲提倡文風改觀回民煽亂存義按試永昌竟出郭數里城中火起待學使去而始發也二十八年丁母憂歸會江北大水洊饑存義議振粥諭富室勸捐多感其誠出貲購米穀存義櫂小舟散給饑民全活甚衆服闋直南書房擢侍講咸豐五年典試雲南復留督學政士益親之回亂益棘圍會城城中兵閧掠官署民居獨未入學政廨民間婦孺匿考院避難者千人存義在雲南久習知民情比復命奏對陳變亂始末甚詳累遷侍讀學士署順天府丞十年英法聯軍入京師上幸熱河京朝官多挈家出走存義屬疾語家人毋隨人妄動事定敘城守勞將入存義名存義聞之力疾起署職曰府丞吳存義抱病家居于撫詰姦皆無與今病未愈不敢冒受賞未幾擢太僕寺卿遷通政使署禮部侍郎存義以文廟從祀位次多舛奏請審定繪圖頒行又以諸儒增祀既繁漸失世用其書垂諸國冑之義奏飭中外臣工不得濫請署刑部侍郎同治二年署工部侍郎迭署禮戶二部出督浙江學政軍事甫定人士離散初歸存義寬大拊循歲考既周秀良者始奮於學乃導以經史小

學文風復興三年調吏部留學政任六年任滿以病乞歸七年卒
殷兆鏞字譜經江蘇吳江人道光二十年進士選庶吉士授編修咸豐四年遷侍講直上書房授惠親王子奕詳等讀擢侍講學士命授孚郡王奕譓讀累遷大理寺少卿八年英吉利兵犯天津兆鏞力主戰疏請黜邪謀決大計詆斥主和諸臣甚力擢詹事九年署兵部侍郎詔江蘇諸省治團練兆鏞疏言其弊舉四害言甚切上海欲借英法人助戰兆鏞亦以爲不可十一年丁本生母憂同治元年服除仍直上書房疏言江皖軍威既震大局漸有轉機臣來自災區敢就見聞眞切關繫重大者爲皇上陳之一宜飭戎行上海兵勇號稱四萬皆不堪用何以今年經英法人管帶便成勁旅華爾親兵六百盡中國人戰無不勝無他挑選愼約束嚴器械精賞罰信耳請敕將帥講求武備漸事安攘提鎭中如曾秉忠水師通賊焚掠馬德昭掠蘇州上海李定泰掠湖州嘉興向奎每戰輒敗敗輒行劫馮日坤部兵掠婦女李恒嵩兵不行劫已共推良將竊謂行師首禁焚掠克城先謀戍守否則旋得旋失民間無孑遺矣一宜澄吏治上海諸官吏惟劉郇膏得民心已蒙特簡薛煥統馭無能吳煦精心計在上海設銀號繳捐者非所出銀票不收新授糧儲道楊坊由洋行擔水夫致巨富爲洋人所昵浙江布政使林福祥杭州破後降賊送王有齡張錫庚柩至上海臣意此等悖員宜分別懲創稍申憲典一宜清釐餉款上海左近官卡賊卡槍船卡林立卡稅之外釐捐月捐船捐畝捐房捐日增月益臣聞官吏紳商皆云日可收銀二萬月得六十萬兵勇四萬人日餉三錢月止三十六萬而當局猶入不敷出請勅曾國藩李鴻章嚴密清釐蘇松嘉湖賦額甲天下近三十年年年蠲緩官民交欠賦成虛額見經大亂田荒戶絕可否俟軍務大定敕督撫嚴計酌留商稅核減農賦以羨補不足勿踰定則一宜撫卹遺民江浙交界莠民設槍船所至焚掠此輩視官兵盛衰以爲向背克復時必爲內應請敕督撫從宜處置或令歸農或籍爲兵勿貽後患至失守郡縣陷賊士民商賈苟非出自甘心僅止偷生畏死可否援脅從罔治之義乞恩原宥一宜防維外人上海孤城克保不得謂非外人之力自經助勦所向無前或云實出義舉或云欲通商販或云日後恃功索償臣俱不敢逆億各處通商尊奉外人太過猶幸我國新政清明未萌覬覦日久相習利權盡歸人情益附而謂狼子必無野心實難深信撫御得體尤在博知外情請敕各口通商衙門譯述各國新聞有關時事者書記大則奏聞藉資豫備上以所陳不爲無見下國藩鴻章等籌畫並將福祥等察劾按治尋授詹事遷內閣學士迭署兵禮諸部侍郎四年編修蔡壽祺疏劾恭親王命大學士倭仁等察奏兆鏞與左都御史潘祖蔭疏言恭親王輔政以來功過久蒙睿照重臣進退關繫安危倘祈持平用中熟思審處察其悔過予以轉圜庶無紊黜陟大綱滋天下後世之惑上納其言六年督安徽學政七年授禮部侍郎任滿仍直上書房迭署兵工二部侍郎尋授吏部侍郎調戶部再調禮部七年以病乞罷九年卒

論曰咸豐中四方多故文宗悒悒抱疾京師用不足大錢鈔票法立弊滋王茂蔭屢進讜言均中利害清直爲一時之最宋晉亦其次也袁希祖文瑞皆有所論列而徐繼畬直箴君德所舉三防陳義尤高發桂言軍事亦有識廉兆綸助守江西雷以誠分防江北並著事功陶樑爲文學老宿吳存義殷兆鏞並侍從清望存義視學滇浙能得士心兆鏞慨慷論事於鄉邦疾苦冀有補苴何言之深也

清史稿 列傳二百十

宗稷辰 尹耕雲
王拯 穆緝香阿
游百川 沈淮

宗稷辰字滌甫浙江會稽人道光元年舉人授內閣中書充軍機章京遷起居注主事再遷戶部員外郎咸豐元年遷御史疏請飭各省實行保甲略言州縣宜久任時日宜寬假塡寫門牌當詳細核對董事胥役毋派費累民酌用丞簿以爲襄助先編巨族以爲聯屬並可申明讀法之典兼收團練社倉之益詔下直省督撫各就地體察參酌行之又疏言通籌出入宜崇實去僞舉清查報效生息三端又疏請酌改經徵處分令州縣戴罪嚴催並下戶部嚴議五年聞上將謁陵未有旨戒行稷辰疏言畿南州縣被水連歲用兵民氣甫行休息籲請展緩一年上諭曰每歲謁陵事同典禮如果畿輔民力未逮亦必權衡時勢暫緩舉行今茲並未降旨何日謁陵宗稷辰揣度陳奏徒博敢諫之名而無其實此風不可長下部議處尋又奏言自粵匪竄據長江數年以來文臣武將能戰者希如烏蘭泰塔齊布江忠源皆難得之將而多不盡其用以死且殉如勝保張亮基袁甲三皆勇於任事而亦未盡其用以罪罷去近日支持兩湖賴有一二書生如胡林翼羅澤南能以練膽爲士卒先此二人者實曾國藩有以開之此時若開文武兼資一科誠足濟當時之急而臣工多不敢薦舉者一恐其才疏而得過一恐其遇蹇而罔功處愁眉焚頂之時守蹈常習故之轍見有敗衂動以餉匱爲辭餉固不可不籌試思用兵之人雖斂金百萬棄如土苴終歸無用臣聞見隘陋非能盡識天下之才所知湖南有左宗棠通權達變爲疆吏所倚重若使獨當一面必不下於林翼澤南其屢經論薦難進易退肝膽經術實可取材者有若湖州之姚承輿其策議深沉才識過人者有若常州之周騰虎管晏桂林之唐啟華皆關心時務今尚鬱鬱伏處田間誠能破格招賢連茹並進則得一人可以平數州得數人可以清一路長江雖阻當不難分道建功剋日平定伏乞皇上命內外臣工各舉所知無論已仕未仕果能文武兼資者許徵起必可網羅而盡得之疏入下各督撫命以宗棠等加考送部引見宗棠自此膺簡拔論者謂其知人遷給事中時京師行大錢商民苦之稷辰上疏請復用制錢號曰祖錢而大錢改純用鐵鑄兼行並用下部議格不行又以畿輔水患疏請急振從之尋授山東運河道捻匪入境於濟甯牛頭河濱築牆北岸六千三百丈南岸八千六百丈賴以守禦以功加鹽運使銜同治六年引疾歸尋卒稷辰父霈正官湖南陵零知縣廉無餘資稷辰事母孝爲學宗王守仁劉宗周罷官後主餘姚龍山書院山陰蕺山書院官京朝請祀總兵葛雲飛本籍官山東請修方孝孺祠並刻正學集其振勵風教多類此

尹耕雲字杏農江蘇桃源人道光三十年進士授禮部主事再遷郎中咸豐五年粵匪犯畿輔惠親王綿愉爲大將軍僧格林沁參贊軍務辟耕雲佐幕府上書論防務爲文宗所知八年授湖廣道監察御史署戶科給事中時方多事封章月數上直隸總督訥爾經額坐貽誤封疆罷復起耕雲疏言訥爾經額之罪天下共聞共見未喻其復行起用之故方今江淮楚豫軍務未靖秉鉞之臣星羅棋布所以奮不顧身必欲滅此朝食者固由篤於忠義亦以國家信賞必罰有以畏服其心萬一效尤解體患何可言昔宣宗起用琦善以陳慶鏞之言而罷伏願紹述心傳收回成命時粵匪復窺武漢耕雲疏言武漢地踞上游北窺關陝南脅湖湘東撼吳越西制巴蜀自古南北用兵皆出死力爭之今賊窺伺楚北分擾廣濟黃岡逼近省城撫臣胡林翼兵勇數千衆寡懸絕江路緜遠首尾不能兼顧侍郎曾國藩忠勇樸誠應請授爲欽差大臣率其所部援湖北較諸他臣事半功倍粵匪陷定遠耕雲疏言定遠失守粵捻新合必謀北竄恃山東爲之屏蔽撫臣崇恩幸其不戕官據城於賊退後虛報勝仗內則巧爲彌縫掩一人耳目外則恣其朘削竭萬姓脂膏惟懇俯念藩籬重地立予罷斥簡大員往代於洪湖多募水師兼飭傅振邦全軍移駐固鎭靈璧冀收皖北以固山東及廬州失守又疏言昔人建省安慶與九江江甯爲犄角控扼長江上年徙治廬州已失形勝茲並廬州亦不能守胡林翼等自武漢進逼九江而安徽之賊或自英霍走湖北牽我上游或自徽歙擾浙西窺我腹地我軍分道救援罷於奔命賊有四達之路我無三面之圍雖日克一城何益撫臣福濟屢挫損威候補京堂袁甲三素得民心如以爲巡撫必奮身圖報及國藩進師疏言軍興以來征調半天下糜餉數千萬卒未能掃穴擒渠則以屢後時而數失機也今曾國藩蓄養精銳所向克捷陳玉成張洛行率悍賊數十萬齊向灊山太湖抗拒衆寡之數十倍於我一有疏虞關繫甚重此時廬鳳六合賊勢必單請袁甲三張國樑剋期擣其巢穴逼令反顧或令間道爲楚師聲援亦足褫其狂魄別疏劾河道總督庚長請以甲三兼攝又論雲南回匪不宜專意主撫又陳京師本計平糶採買賙恤蓄積諸事宜並舉又言錢法積弊諸疏多見採納英法合軍犯天津耕雲專疏者七會疏者二力主決戰上命王大臣集議與鄭親王端華等議不合耕雲抗辨痛哭而罷耕雲初在禮部肅順頗重之及是爲所憎九年科場獄起以科道失糾下吏議而耕雲以充內監試譴獨重鐫二級調用十年京師戒嚴上將幸熱河耕雲代團防大臣草疏諫阻復自以書抵肅順卒不聽侍郎文祥提督九門遇耕雲東城相持哭因爲規畫留守諸事胡林翼疏薦

耕雲胸有權略請起用會副都御史毛昶熙治河南團練疏調從軍同治元年率部卒五千從僧格林沁平金樓寨教匪又偕提督張曜克張岡捻巢以道員記名賜花翎三年署河陝汝道西征軍購糧陝州市斛小責屬縣償其不足凡數百萬斤耕雲悉請能之客軍有不法者斬以徇境多刀匪請得節制河陝兵饋餉以時兵咸用命四年張總愚犯畿輔耕雲從巡撫李鶴年進軍磁州建策築長圍斷賊歸路兩署糧儲鹽法道佐治善後事濬惠濟河塞河決敘勞加布政使銜十三年補河陝汝道河陝徭役重亞於常賦耕雲立定制嚴稽覈民困稍甦光緒三年大旱條上救荒七事未及行卒於官耕雲在言路著直聲出任監司巡撫張之萬李鶴年皆倚重之軍事多所贊畫卒後巡撫李慶翺以災荒被劾奉及冒領兵餉事辭連耕雲後終得白云

王拯初名錫振字定甫廣西馬平人道光二十一年進士授戶部主事充軍機章京大學士賽尚阿視師廣西以拯從拯感時多難慷慨思有所建白咸豐間自郎中累遷大理寺少卿同治二年降捻宋景詩由陝西還擾直隸山東拯奏言景詩岡屯甎圩儼然嵎固自陝逃回其黨不過數百崇厚等一再養癰裹脅逾萬近復於昌邑莘聊城臨淸四州縣令村莊將所獲麥與佃戶平分運送岡屯是其名爲降伏心迹轉益凶悖請密敕直隸督臣劉長佑計調來營暴其罪而誅之若抗違不至直隸官軍猶能越境近剿景詩既除如楊蓬嶺程順書等首惡皆可駢誅以除巨慝以安畿輔疏入未行其後景詩卒以叛誅軍事未定曾國藩議於廣東籌餉勞崇光創辦釐金諸弊叢起拯疏言兩粵爲肇亂之區岑溪容縣數載皆爲賊踞信宜陳金釭尤爲巨慝羣賊相爲一氣滋蔓難圖勞崇光舉辦釐金率令紳商包充苛繳然眉剜肉事何可常及崇光去任徵收減少近乃有釐務委員或爲衆所毆傷或爲民間枷號雖民情頑獷而官吏惡劣亦可概見以積年久亂之地有負嵎圜視之賊當一切利孔百方搜剔之時臣竊恐利未十而害已百萬一兩粵復糜爛吏不知何所措手足豈惟釐金不能辦而已因薦廣東道員唐啟蔭兩淮運使郭嵩燾浙江運使成孫詒旋用嵩燾督廣東釐金自拯疏發之也三年遷太常寺卿署左副都御史疏論總理各國事務大臣侍郎崇綸恆祺董恂薛煥委瑣齷齪通國皆知竊恐外邦輕侮以爲中朝卿貳之班大都不過如若曹等未免爲中朝恥辱就令人材難得或於總理衙門位置爲宜上應量爲裁抑或處以散職或畀以虛銜庶外邦服我旌別之嚴四方聞之亦釋然於朝廷宥納羣倫甄陶彼族之意尋遷通政使仍署左副都御史疏言近日蘇杭迭克直東肅清臣觀從來將興之業垂成之功未有不矢以小心而始能底定者金陵賊窟雖計於三四月間可拔而丹陽與常州犄角百戰悍賊如李秀成等麇集死守杭嘉既克餘黨歸併湖州其自皖南竄越江西之賊蔓延玉山鉛山金谿建昌二三百里衆號八九萬並有闖入福建境者又聞李世賢自率巨股由淳安遂安接踵而至曾國藩左宗棠等用兵日久前此屢陳不亟求功旦夕同一老謀深計獨於皖浙毗境豫作防維之策則國藩意在徽甯各飭所部分防宗棠以爲不若併力取廣德扼賊竄路兩議未及定賊已由皖竄贛賊又草竊已久人數太衆勢多不能聚殲而弗使一賊他遁臣則以此賊人多勢劇一意奔突前股未痛勦後股又踵接萬一深入江西腹地燼餘復熾又至燎原且由贛踰閩可以直走汀潮爲數年來竄匪熟路黃文金由此而來石達開由此而去前事可爲深警疊蒙諭旨曾國藩左宗棠李鴻章沈葆楨及閩粵各督撫諄諄戒備當此大功將竟惟當併力一心互籌戰守務將分竄諸賊前截後追必使所至創夷日就衰殘零落不得喙息以成巨患臣尤有請者皖浙諸軍與賊相持不爲不久所需餉項國藩宗棠等各於江楚等省自爲籌畫國藩奏於江省設立總臺以一省捐釐之數爲皖軍十萬養命之源浙軍固不能分撥即國藩所部月餉傳聞亦祇放數成不得已而籌及廣東釐捐乃又不能遽辦夫民之不能見遠而各爲其私者情也廣東有之江西豈獨不然日前沈葆楨奏請將江西茶稅牙釐等款歸本省任收旋用部議允留其半在國藩等斷不至觖望惟軍前將卒當枕戈喋血切望成功之時忽聞軍餉來源將減衆心或生疑懼何以得飽騰而資鼓舞擬請飭贛皖楚粵各疆臣值此事機至緊無論如何變通爲難總當殫竭血誠同心共濟甘肅回氛未戢中州餘捻尚存汝南陳大喜等竄逸湖北自隨棗過襄樊張總愚自南台山中出竄內淅時虞合併漢中之賊全竄甯陝商州一路聞將會齊襲樊回援金陵誠亦未可輕忽日前陝省軍務政出多門李雲麟追賊商於忽捲旆而西其在興安未能遏賊竄逸其在漢陰遇賊避匿縱勇淫掠宜量加裁抑劉蓉素嘗學問懷負非常漢中之賊本所專辦而竄擾四出尤當誓志盪除方爲不負多隆阿聲望最優衆口爭傳爲第一名將乃近日聲望漸損宜申聖諭訓飭雷正綸所向克捷諒足當一面之寄顧全甘官吏未有一二正人之持其間現聞蘭州與慶陽隔絕恩麟權督印不過使令便辟之材識見陋劣熙麟坐守慶陽甯夏一區又爲慶昀種種紕繆所誤臣愚以爲亟宜遴簡公正有爲之大臣鎭撫整飭今之天下何易遽言率土奠安而南北軍務漸定西事再能就緒亦卽爲大致之澄清朝廷者天下之本宮府清明嚴肅與疆場奮迅振拔之氣相感而自通天下大勢日轉而亦正多難鉅之事或遽以爲時局清明事機暢遂若已治已安者然人情大抵喜新狃常畏難而務獶獨有當幾至誠君子爲能深察而切戒之昔諸葛亮爲三代下一人史獨稱之以謹愼朱子進戒宋孝宗曰使宴安酖毒之害日滋而日長將臥薪嘗膽之志日遠而日忘臣不勝私憂過計冒昧瀝陳疏入報聞尋告歸卒

穆緝香阿字居南滿洲鑲紅旗人由工部主事再遷郎中同治四年授山東道監察御史疏請愼擇官寺略言皇上沖齡御極聖學日新知識日開左右侍從之輩宜豫加愼選勿使將來蠱惑聖聰溯自漢末及前明朝政之失半由宦寺蓋宦寺出身之始每以小忠小信便捷逢迎無非售其固寵邀恩之計及黨與已成則驕肆專橫而箝制其上雖英明之主竟有百計不能除之者當時臣民切齒痛恨終歸無可如何我朝列聖相承遠邁前代不但不準此輩干預政事雖應對進退閒亦不假以辭色使無由讒諂面諛浸潤膚受是以二百餘年從不爲患雖然如此嚴防尙有防不勝防之慮嘉慶癸酉之變猶有通賊者是此輩反覆已有明徵也今皇太后垂簾聽政洞悉其弊杜漸防微有鑑於前不使宵小蒙蔽所以知人善任朝政肅清即數年後皇上親政亦斷不致寵任此輩貽誤事機何待臣下鰓鰓過慮然獻曝之忱有不能已者當此之時正聖學攢充之際雖臣工皆能盡心輔佐而宦寺尤宜加意斟酌臣以爲宦寺之設無非效奔走供指使而已萬不可使年輕敏捷之人常侍左右請皇太后選忠正老成者爲我皇上朝夕侍從庶將來親政必不致受其欺蒙蠱惑而無疆之聖德基於此矣五年疏論大學士曾國藩督師討捻日久無功請量加譴責上以國藩迭疏引咎特命回任專辦餉糈雖未蕆全功非貽誤軍情者可比斥所奏過當寘不議出爲山西蒲州知府尋卒穆緝香阿通知國故家藏邸報自國初以來幾備

游百川字匯東山東濱州人同治元年進士選庶吉士授編修六年遷御史巡西城宗室寬和等所行多不法奏劾懲治一時貴近斂跡七年捻匪自山東竄直隸百川奏請飭統兵大臣迅速勦辦又請嚴禁各省栽種罌粟上皆採納疏論內外官胥吏積弊詔通飭嚴禁復言除吏弊在肅官方尤在揚士氣請飭部院堂官於每司中擇賢隽數員付以事權專其責任察有胥吏舞弊據實上陳仍以勤惰定功過賞罰既明人才自奮至外省地方官本有懲治胥吏之權嚴飭各督撫爲地擇人毋以人試地舉賢劾不肖再簡廉正大員以時巡察遇有貪官蠹吏列狀奏聞黃河北徙山東郡邑屢被水百川疏請賑䘏河督文彬巡撫丁寶楨請仍挽復淮徐故道命廷臣集議百川疏言黃水宜南宜北必將折衷一是如議挽復故道論工程經費引黃濟運有未可遽定者三端如卽以大淸河爲黃水經流奪道斷不能容河面必須加寬民間田廬如何移徙如何安置則度地宜審也且卽河面加寬仍恐萬難容納別開支河勢不容已徒駭馬頰鉤盤鬲津猶可指名可否開行有無貽害則分水宜權也黃水北行其事爲創萬一不善料理人情騷動物議沸騰則相機宜愼也請特派大臣履行上下游詳勘然後定策十二年上親政命葺治圓明園奉皇太后駐蹕御史沈淮疏請暫緩修理上特諭宣示孝養兩宮之意專修安佑宮供奉列聖御容暨皇太后駐蹕之所治事之地量從節儉不事華靡此外均不必興修百川繼疏申諫上召入詰責百川侃侃正言無所撓上爲動容一時敢諫之名動朝野尋以憂歸服除補官遷給事中光緒五年出爲湖南衡永郴桂道遷四川按察使擢順天府尹遷倉場侍郎九年山東河決被災者數十州縣命百川往會巡撫陳士杰治工賑百川輕騎周歷河南北岸上下游先散急賑會奏請築兩岸隄隄復於其內築縷隄使黃水不致泛濫又奏請濬小淸河分黃水入海如議行還京以倉廒被火罷歸居數年卒淮字東川浙江鄞縣人道光二十九年舉人授內閣中書充軍機章京咸豐十年文宗狩熱河淮不及從慟哭欲投井家人守之不得死遷刑部主事進員外郎授陝西道監察御史疏劾戶部主事楊鴻典攬權納賄下刑部逮治僅以小過議鐫級及閻敬銘爲尙書始奏劾譴黜園工興淮疏首上當時與百川齊名光緒元年充順天鄉試監試力疾從事出闈旋卒家固中人產宦京師斥賣殆盡人尤服其清節

論曰用兵之際事機千變京朝官以傳聞有所論列往往不能切中宗稷辰歸重得人尹耕雲論諸將帥罪王拯請調和疆吏一意辦賊爲能見其大拯所言尤詳盡蓋直樞廷見軍報較得諸傳聞者異矣穆緝香阿請愼選官寺游百川等阻修圓明園謇謇負直諫名良不虛也

吳振棫　張亮基
毛鴻賓　張凱嵩

吳振棫，字仲雲，浙江錢塘人。嘉慶十九年進士，選庶吉士，授編修。道光二年，出為雲南大理知府，歷山東登州、沂州、濟南、安徽鳳陽知府，山東登萊青道、貴州糧儲道、貴州按察使、山西四川布政使。咸豐二年，擢雲南巡撫，尋何東川回匪蠢動，粵匪由廣西闌入開化、廣南境，偕總督吳文鎔先後遣將擊平之。四年，調陝西巡撫，未行，署雲貴總督。貴州興義、普安匪起，檄安義鎮總兵金剛保等勦之，遵義亦被匪，會合滇黔兵力迭戰獲勝，禽匪首楊鳳先於石阡葛莊司。五年秋，始抵陝西任。匪首陳通明受粵匪指揮，於潼關糾衆謀響應，以計禽之，並獲其黨張順、羅吉祥等，置諸法。被詔嘉獎。鹽課攤歸地丁，數倍於昔，奏請改行招販先課後鹽，民便之。未幾，擢四川總督。七年，調雲貴總督。雲南漢回積仇，自中原兵事亟，協餉不至，回亂愈恣，團練跋扈，動相殺掠，省城戒嚴。前任總督恒春不能制，夫婦同縊。巡撫舒興阿亦以病求去，惟布政使桑春榮困守危城。文宗知振棫熟悉滇省情形，故以代之。命選川兵三千，攜餉五萬，馳往。調前山東巡撫張亮基幫辦軍務以副之。振棫至，先駐宣威，進次曲靖，疏言：「先勦後撫，勢順而易，不待智者而知。兵盛餉足，必應如是。前督臣林則徐勦永昌回匪，兵練萬餘，本省有餉可籌，彌渡獲勝，匪旋受撫，其地祇迤西一隅中之一隅。此次匪徧三迤，情形迥不相同，非數千之兵、十數萬之餉所能蔵事。如率意巡行，徒損國威，於事無補。臣初到滇，於漢回兩無嫌怨，惟憑藉兵威，結以恩信，有所申訴，處以公平。省城為根本重地，省回解散，此外漸次籌辦。其負嵎抗拒者，仍當力勦。匪勢漸孤，較易得手。否則不自量度而急乘之，更無轉圜地步，禍更烈矣。見在兵無可調，餉無可籌，宵旰焦勞，事非一省。臣為雲南一省計，並當為天下全局計，豈容再有貽誤，致令徵調無休？故未言勦先言撫，有萬不得已之苦衷，雖成敗利鈍，難以逆料，舍此亦別無良策也。」又奏：「在籍侍郎黃琮、御史竇垿、總兵周鳳岐奉命團練，設總局於省城。周鳳岐意見不合，引嫌不肯與聞。黃琮、竇垿聯銜出示，專主痛勦，民間紛紛集練，回衆疑忌日深。地方官苦心解散，漢民往往鬨堂塞署，逼官殺回，故團練在他省為要務，在滇省竟為大患。黃琮等每言省團可得六十萬人，無虞寇警。回匪初至，城外不及千人，團丁招之不來，來即奔潰。近日省練一萬餘人，月需餉數萬，經費不敷，練頭自行管帶，不盡官派。回衆有求撫之意，梗議者忽用練往勦，妄殺邀功，致可撫者終不能撫。黃琮、竇垿係特派人員，非臣力所能制，請旨定奪。臣已咨桑春榮嚴毅守城之練，裁汰冗濫，以節糜費，練歸官統，如不奉調派，自行出隊，即按軍法從事。庶一事權而免掣肘。」疏入，詔褫黃琮、竇垿職，許回民悔悟自新，其負固不服者，痛加勦辦。漢民借團練為名，肆行殺掠者，以軍法從事。於是振棫遣漢回委員赴省城曉諭漢回，解釋猜嫌，分畫所居街道，撥抵難民遺產，議定章程，遣散歸業，先後勦平霑益回匪，殲咸寧土匪李廣沅。八年四月，撫局粗定，入駐省城，偕張亮基籌辦迤西勦撫事宜。臨安回匪攻府城，遣兵擊走之，又敗之於阿迷州，解河西縣之圍。是年冬，以病乞罷。因子春杰官雁平道，就養山西。同治元年，命會同巡撫英桂防河。尋命赴陝西會辦軍務。十年，卒，詔依例賜卹。

張亮基，字石卿，江蘇銅山人。道光十四年舉人，入貲為內閣中書，從大學士王鼎赴河南治河，督築西壩，工竣，賜花翎，擢侍讀。二十六年，出為雲南臨安知府。總督林則徐曾與共事河工，知其才，密薦可大用，調署永昌。邊夷滋擾，亮基用土弁左大雄禽匪首，事乃定。超擢雲南按察使，就遷布政使。三十年，擢雲南巡撫，兼署雲貴總督。粵匪漸熾，嘗密疏論軍事，文宗韙之。咸豐二年，調湖南巡撫，在途聞賊圍長沙，疏請駐守常德，詔趣進解省城之圍。至則梯城而入，屢出隊與城外援軍夾擊，賊解圍去，破岳州，入湖北，漢陽、武昌相繼陷。湖廣總督徐廣縉以罪罷，命亮基代之。規進勦，亮基疏言宜防賊回竄，意在專顧湖南，詔趣速進。三年春，賊棄武漢東下，亮基抵湖北，籌辦收復撫卹事宜，通城、崇陽、嘉魚、廣濟土匪起，平之。賊自下游分竄江西，亮基督師扼道士洑、黃石港，分兵赴援。秋，賊之分竄河南者由羅山入湖北黃安、麻城境，水陸夾擊殲之。調山東巡撫，未行，江西賊由九江來犯，令道員徐豐玉禦之於田家鎮，戰失利，豐玉陣亡，亮基坐降四級留任。時粵匪李開芳等犯畿輔，踞靜海，亮基至山東，奉命扼德州，防其南逸。南路賊欲由淮徐窺伺北犯為應援，令按察使厲恩官率兵駐宿遷之北以防之。四年，賊入山東境，亮基馳扼濟寧，杜其北竄。尋陷鄆城，擾范縣、壽張、東平，繞出賊前截擊，敗之於臨清黑家莊。既奏捷，幫辦軍務大臣勝保劾其取巧冒功，詔斥亮基欺罔，並追論初赴湖南不急趨長沙，及去湖北時但求自全，居心狡詐，褫職，遣戍軍臺。逾年，給事中毛鴻賓言臨清之役勝保妄劾，御史宗稷辰亦言亮基能任事，未盡其用，乃釋回。發東河差遣，尋命往安徽隨辦軍務。七年，予五品頂戴，命赴雲南幫辦勦匪事宜。湖南回匪方熾，團練橫行省會。總督吳振棫初至，駐曲靖，裁抑練勇，招撫回衆。霑益回最悍，集衆犯宣威，亮基督按察使徐之銘等率兵擊走之。八年春，又敗之於袁家屯，殲賊甚衆，餘黨就撫。詔嘉之，授雲南巡撫。既而振棫乞罷，擢雲貴總督，亮基薦徐之銘代為巡撫。臨安回匪攻城，擾及阿迷，勦平之。九年，省回就撫後，踞碧雞關，劫奪近郊，分勦乃散。又勦平彝、安寧、緬寧、楚雄諸匪，武定、羅次、富民、祿豐、祿勸諸州縣先後克復。然回練互相猜忌，亂機時起。徐之銘既為巡撫，貪縱險狠，與亮基陰不相能，時搆煽其間。十年秋，回人掌教馬德新、徐元吉、武生馬現率各屬回民來省乞撫，住城外江右館。亮基約之銘同詣撫諭，之銘陰嗾已散練丁擁至督署阻撓。諭之不可，殺通海知縣雷焱於門，遂逼殺招撫委員紳士馬椿齡、孫鈞。亮基為所脅持，不敢入告，以病乞罷，命劉源灝代之。源灝久不至，亮基遂去。十一年，至湖北，乃疏陳滇事，劾之銘不法。會布政使鄧爾恒升任陝西巡撫，去滇，之銘嗾匪戕於路。於是罷源灝，以潘鐸署總督，命亮基赴滇查辦督師勦匪。亮基疏請發部照募捐充餉，募勇千人，然後行，與潘鐸先後至四川，欲資其餉力兵力。四川兵事未定，無以濟之。林自清者，亮基之舊部，方署雲南提督，與之銘及馬如龍等皆不協，回人仇之。聞亮基在四川，擅率所部號萬人入川求效用，阻之不聽。詔亮基撫諭解散，而之銘嗾馬如龍等聲言拒亮基，不使入境，相持久之。同治元年，潘鐸先抵任，請暫留之銘以畢撫局，遂改命亮基以總督銜署貴州巡撫。未幾，之銘復陰嗾回衆為變，鐸被戕，而雲南之亂愈亟矣。二年，亮基至貴州。黃號、白號、苗教諸匪並熾，上下游徧地皆賊。亮基令總兵沈宏富等攻遵義螺螄堰，破之，殲餘匪於上稽場。令總兵劉義方等勦思南教匪，復普安、安南，又連破苗匪於桐梓、鼎城及水城廳，馬龍勝禽匪首何潤科等於黔西，降萬人。三年，倘大坪匪犯省城，督沈宏富等戰於郊，殲賊千計，復修文。總兵林自清、趙德昌克龍里，又復興義，解清鎮之圍，收復定番、廣順、長寨諸城，破龍泉、湄潭、黃白號匪老巢，克滇西衛城。四年，克黔西、石阡、永寧、荔波。貴州地瘠財匱，饑軍索餉，時虞譁譟。亮基撫馭防勦，僅得粗安，而所部諸將多驕蹇，輿論不協，為侍讀學士景其濬論劾。亮基乃劾總兵林自清、劉有勳、副將池有蓮等劫掠扣餉，不聽調度，請嚴治。詔布政使嚴樹森察奏。亮基復具疏自陳，言樹森規避貴州，安坐鄰省，不親至。於是亮基、樹森並褫職。十年，卒。湖南巡撫王文韶、貴州巡撫曾璧光先後請復原銜，各建專祠。光緒三十四年，湖南、貴州京官合詞臚陳功德在民，追謚惠肅。

毛鴻賓，字翊雲，山東歷城人。道光十八年進士，選庶吉士，授編修，遷御史、給事中。數上封事論軍務。咸豐三年，以尚書孫瑞珍薦，命回籍治團練。四年，劾幫辦軍務大臣勝保罪狀，請嚴旨查辦。五年，授湖北荊宜施道，調安襄鄖荊道，歷安徽按察使、江蘇布政使。十一年，署湖南巡撫，尋實授。疏言：「湖南地居僻遠，向非富強。自前撫臣張亮基、駱秉章等於吏治民風實力講求，用能削平寇盜，屹為上游重鎮，用人之效有明徵矣。臣以為名將不過收戰陣之功，得賢督撫斯能造封疆之福。如左宗棠識略過人，其才力不在曾國藩、胡林翼之下，今但使之帶勇，殊不足以盡其長。倘畀以封疆重任，必能保境安民，兼顧大局。前任雲貴總督張亮基果決有為，雲南壤接邊陲，餉糈不給，漢回仇釁相尋，即令經營盡善，亦僅有益一隅，似不若任以要地，俾展所長。但使東南日有轉機，則雲貴游氛無難迅掃。此輕重之機，宜審者也。」時湘軍所至有功，各省多徃召募，鴻賓疏陳招勇流弊，請慎選將領，以收實效，並被嘉納。石達開竄湖北，鴻賓遣知府席寶田、副將周達武、總兵趙福元分路進擊，解會同、黔陽之圍。同治元年，進復來鳳。貴州提督田興恕兼署巡撫，軍報不實，信用左右，鴻賓疏劾之。遣兵越境勦貴州竄匪，復天柱縣城，又勦銅仁張家寨匪首蕭文魁，率衆降，克大小青兩堡。江藍廳同知椿齡指團紳為土匪，鴻賓廉知椿齡有酷刑逼借事，劾罷之。椿齡京控，訐鴻賓借貸不遂，鴻賓自請查辦，下總督官文鞫訊，得白，擢兩廣總督。英德土匪起，令按察使張運蘭勦平之。偕巡撫郭嵩燾奏定變通緝捕章程，獲大盜者予優擢，允之。三年，江南既復，浙贛餘氛未靖，鴻賓疏言：「江西南路之防猶有未備，閩粵交界均無防兵，慮賊上竄，以粵東為尾閭。江西當四衝之地，宜合數省兵力，乘大勝餘威，聚而殲之。已咨曾國藩調撥勁旅，繞越寧都、石城一帶，扼賊南竄之路；臣派一軍於閩粵交界會同進勦。」並請敕曾國藩嚴守南贛，俾毋竄越。四年，坐前在湖南道員胡鏞請咨引見繳回咨文，委署道缺，降一級調用。回籍。七年，卒。宣統初，山東巡撫袁樹勛疏陳鴻賓功績，復原官，祀鄉賢祠。

張凱嵩，字雲卿，湖北江夏人。道光二十五年進士，廣西即用知縣，歷宣化、懷集、臨桂知縣。李星沅、勞崇光並薦其能。咸豐五年，擢慶遠知府，勦平土匪王得勝等，擢左江道，調署右江道。慶遠失守，革職留任。八年，偕按察使蔣益澧破賊，克慶遠復原官署按察使尋實授遷布政使同治元年巡撫劉長佑赴潯州籌勦撫留凱嵩經畫後路荔浦張皋友陷陽朔遣兵敗賊於鷓鴣巖復其城就擢巡撫諸匪中黃鼎鳳張皋友最猖獗分陷貴縣陽朔脅集大鹿灘馬瀨檄總兵李明惠提督江忠義先勦馬瀨進規貴縣破之於桂嶺殲擒賊首張皋友陳士養二年檄布政使劉坤一攻黃鼎鳳於登龍橋賊走覃塘進圍之信都賊陳金剛等來援道員蔣澤春逆擊敗之進克容縣坤一克覃塘三年克天平寨擒黃鼎鳳貴縣平加頭品頂戴疏陳左右江積匪未清議三路進兵以劉坤一統七營留防潯州易元泰統十一營由賓州遷江達思恩李士恩統水陸八營由橫州達南寧節節進勦四年坤一攻克大廟江口平墈斬賊首梁安邦南寧河道始通元泰勦上林平之坤一擢江西巡撫去以同知劉培一代領其軍將親赴南寧督戰會僞康王汪海洋竄粵將入廣西詔凱嵩駐防潯州五年凱嵩至南寧進攻山澤督諸軍穴地轟城奪山入擒僞平章蘇仲熙等孫仁廣單騎走旺隴追斬之山澤爲賊所踞十餘年至此悉平六年擢雲貴總督自潘鐸被戕滇事益紛行至巴東稱病三疏請能坐規避褫職光緒六年以五品京堂起用授通政使參議遷內閣侍讀學士署順天府尹授貴州巡撫十年調雲南請於省城設開採五金總局以興礦利偕內閣學士周德潤勘越南界務十二年卒於官廣西巡撫李秉衡疏陳凱嵩政績請建專祠廣西京官論其不當罷之子仲炘光緒三年進士由翰林御史官至通政司參議敢言有聲

論曰雲南地居邊遠回漢積仇中原多故之秋幾爲王靈所不及吳振棫兼籌勦撫實體中朝措置之難張亮基才足有爲誤用徐之銘受其排擠遂至不可收拾自潘鐸被戕之後無人敢任其艱危毛鴻賓疏言內地寇平邊方自靖誠爲確論張凱嵩因規避黜後仍以舊勞起用朝廷固鑒其情已

清史稿　列傳二百十二

李僡　吳棠　英翰　劉嶅　喬松年　錢鼎銘　吳元炳

李僡字惠人陝西華陰人道光二年進士直隸即用知縣補撫甯調靑縣舉卓異歷滄州深州擢大名知府調保定擢大順廣道遷按察使二十一年擢順天府尹二十三年南河決命偕侍郎成剛馳往督工二十六年出爲江蘇布政使以病歸三十年起授甘肅布政使咸豐元年擢河南巡撫長蘆鹽政疲敝言官請變通懸岸僡偕直隸總督訥爾經額議改直豫懸岸分別官辦商販二年調山東粵匪由武昌東下趨江甯僡遣精兵二千馳援親赴兗沂曹諸府察形勢分兵扼隘防守履行河隄令黃河渡船悉歸曹縣劉家口單縣董家口斷他口私渡檄候補道慶凱等駐兵要隘搜捕捻匪三年江甯陷徐州捻梟諸匪蠭起僡再赴兗沂曹諸府督防未幾揚州陷僡令防軍分三路遊擊王鳳祥等駐郯縣紅花埠爲東南路總兵百勝等駐嶧縣韓莊閘及陰平爲中路總兵三星保巡劉家董家二口遏賊北竄爲西南路僡駐宿遷遙北與百勝等犄角四月賊自浦口北竄安徽陷滁州逼鳳陽臨淮關僡進駐宿遷慮徐州守兵弱請移山西陝西綏遠諸路援兵策應五月賊自亳州經米家集竄河南陷歸德擾劉家口僡命防軍進擊民團繼之燬北岸船賊不得渡有由曹河駛入者乘半渡擊沈之賊敗退尋自河南汜水北渡溫縣西路告警僡自曹州分兵馳援督師繼之比賊圍懷慶僡會諸軍力戰解其圍捻匪擾歸德境毗連曹單僡留陝甘兵九百會剿自引師回防東路自粵匪起所至各行省皆瓦解疆吏能禦賊不使入境且出境勦賊者惟僡一人文宗深嘉之屢欲擢任總督以山東爲畿輔屏蔽倚僡爲重故未果尋卒於官優詔悼惜贈總督太子少保諡恭毅子啓詔署湖南桂陽州殉難贈道銜

吳棠字仲宣安徽盱眙人道光十五年舉人大挑知縣分南河補桃源調清河署邳州山東捻匪入境率團勇擊走之還淸河咸豐三年粵匪陷揚州時圖北竄棠招集鄉勇分設七十二局合數萬人聯絡鄰近十餘縣合力防禦有聲江淮間丁母憂士民挐留河道總督楊以增疏請令治喪百日後仍署淸河太常寺少卿王茂蔭疏薦詔詢以增亦以治績上特命以同知直隸州即補賜花翎六年丁父憂仍留江蘇以勦匪功累擢以道員即補十年補淮徐道命督辦江北團練皖北捻匪出入以徐宿爲孔道山東土匪時相勾結一歲數擾棠督軍屢擊走之十一年擢江甯布政使署漕運總督督辦江北糧臺轄江北鎮道以下令總兵滕耀倫等破賊於阜甯山陽解安東圍漕督駐淮安府城棠以淸江浦地當衝要築土城駐之捻匪大舉來撲督軍力戰擊退賊踞衆興集相持令驍將陳國瑞進攻戰十日大破之賊遁泗州督屬縣築圩寨堅壁淸野收撫海州贛榆土匪先後遣將擊捻匪擒李麻子於曹八集斬何申元於洞裏莊殲卜里於半截樓又破山東幅匪於郯城徐家圩鹽陽集長城等處二年實授漕運總督令陳國瑞進剿沂州迭殲渠魁國瑞遂隸僧格林沁軍苗沛霖叛陷壽州棠令總兵姚慶武黃開榜水陸赴援疏言欲拯臨淮之急必須一軍由宿蒙直擣懷遠使苗逆急於回顧臨淮始可保全剿平之策尤須數道進兵方能制其死命又密陳皖北隱患淮北鹽務疲敝悉由李世忠盤踞把持其勇隊在懷壽一方盤踞六年焚掠甚於盜賊苗平而淮北粗安李存而淮南仍困請早爲之計詔下僧格林沁等籌辦三年加頭品頂戴署江蘇巡撫四年調署兩廣總督棠疏陳江境尚未全平請收回成命專辦淸淮防勦詔嘉其不避難就易仍留漕督任軍事初定即籌復河運署兩江總督未幾回任五年調閩浙總督六年調四川總督時蜀中軍事久定養兵尙多而協濟秦隴滇黔歲餉不貲棠令道員唐炯剿貴州龍井苗匪復麻哈州道員張文玉等克黃平州疏請遣周達武一軍入黔助勦即調達武貴州提督餉仍由四川任之平苗之役賴其力爲八年雲貴總督劉嶽昭劾棠赴川時僕從需索屬員饋送言官亦劾道員鍾峻等包攬招搖命湖廣總督李鴻章往按鴻章覆奏川省習尙鑽營棠遇事整頓猾吏造言騰謗詔責棠力加整飭勿稍瞻顧斥嶽昭率奏失實惟坐失察鍾峻等薄譴十年署成都將軍奏撥捐輸銀二十萬兩賑饑民十三年雲南貴州軍事先後肅清以協餉功被優敘灌縣山匪作亂令提督李有恆勦平之斬其渠余其燦疏言部章新班遇缺先人員補官較易服官川省者報捐不惜重利借貸其中即有可用之才夙累既重心有所分官債雖清民生必困請敕部另議變通俾試用甄別年滿歷練較久諸員得有敘補之期實於吏治有益光緒元年勦敘永廳匪及雷波叛蠻平之以病乞罷二年卒詔優卹諡勤惠

英翰字西林薩爾圖氏滿洲正紅旗人道光二十九年舉人咸豐四年揀發安徽以知縣用九年署合肥粵匪擾皖北督鄉團擊敗之又破賊華子岡小河灣擢同知十一年署宿州同治元年捻匪來犯英翰偕總兵田在田克高黃山寨進破湖溝擢知府賜花翎二年捻首張洛行爲僧格林沁大軍所敗回老巢英翰擊敗之於靑疃會攻克雉河集英翰授策降人擒洛行送僧格林沁大營誅之授潁州知府巡撫唐訓方及袁甲三交章薦英翰沈勇有謀剿滄北匪圩功多苗沛霖復叛攻蒙城壽州英翰督兵攻克蒙城附近賊圩又擊敗沛霖所遣攻壽州兵會總兵姚廣武破韓村賊寨攻狼山賊棄壘遁蒙城糧道始通署廬鳳道擢按察使復督兵援蒙城攻蔡家圩斷賊糧道遣參將程文炳等四出截擊夷賊壘數十僧格林沁富明阿諸軍先後至大破賊沛霖就殲附沛霖諸圩盡克賜號格洪額巴圖魯三年粵匪合捻匪由陝南竄湖北將趨爲江甯聲援其鋒甚銳僧格林沁調英翰赴援賊方圍麻城擊破柏子塔賊屯賊渠陳得才等自白杲走閻家河英翰督軍迎戰破之尋以請獎冒濫奪勇號降五級留任賊自松子關竄皖境巡撫喬松年奏調英翰回援克金家寨賊竄六安靑山會諸軍擊走之羣賊屬衆英山霍山連破之於樂兒嶺土門黑石渡時江甯已下僧格林沁大軍進逼賊皆携貳陳得才仰藥死馬融和有衆數萬英翰令郭寶招致之賊首藍成春亦降餘小頭目紛紛求撫僧格林沁以成春乃粵中老賊斬之以徇未至者遂散走而張總愚牛洛江任柱賴文光等勾結復熾論功英翰復賜號鏗僧額巴圖魯擢安徽布政使四年捻匪自河南竄山東僧格林沁戰歿遂大舉犯安徽覬復踞蒙宿舊巢英翰屯雉河集爲賊所圍道員史念祖佐英翰且戰且守凡四十五日援軍至突圍夾擊大破之賊乃解圍引去晉號達春巴圖魯五年就擢巡撫前撫喬松年調陝西剿西捻張總愚以皖軍郭寶昌從行其餉仍由英翰籌供東捻由固始犯皖境皖軍扼之復竄麻城英翰率軍防六安六年賊復由楚豫入山東方議就運河築長圍圍賊英翰分撥皖軍令黃秉鈞扼宿遷張得勝扼貓兒窩灘程文炳以騎兵備游擊余承先率水師由洪湖入運河捻勢漸蹙英翰丁父憂予假一月治喪改署任是年冬捻首任柱爲淮軍所殲餘黨散撲運河皖軍截擊收降數千人賴文光走揚州就禽東捻平論功予三等輕車都尉世職再疏請終制報可而西捻渡河北犯七年春畿輔戒嚴英翰率軍馳援命駐河南英翰奏以所部交河南巡撫李鶴年調遣請回旗守制詔慰留之遂會諸軍圍賊於運河東捻衆悉殲加太子少保辭不許八年回旗營葬請留京予假兩月期滿仍回任十年於亳州捕叛捻宋景詩誅之十三年擢兩廣總督粵匪悍酋楊輔淸敗逸後猶潛匿福建晉江令降將馬融和等往捕至是始就擒奏請誅之光緒元年入覲晉二等輕車都尉世職

廣東闈姓奉旨嚴禁英翰奏請弛禁助餉又因隨員招搖爲廣州將軍長善等所劾召還京被議褫職未幾命還世職以二品頂戴署烏魯木齊都統二年實授尋卒贈太子太保復勇號賜卹諡果敏安徽省城及鳳陽壽州宿州阜陽蒙城渦陽並立專祠賜其母銀二千兩人葠六兩無嗣弟英壽襲世職

劉蓉字霞仙湖南湘鄉人諸生少有志節與曾國藩羅澤南講學軍事起佐澤南治團練咸豐四年從國藩軍中既克武昌轉戰江西五年澤南由江西回援湖北蓉從之領左營弟蕃戰歿於蒲圻蓉送其喪歸遂辭軍事尋丁父憂胡林翼奏徵之不出十一年駱秉章督師四川聘參軍事疏薦其才詔以知府加三品頂戴署四川布政使尋實授秉章於軍事吏治悉倚蓉贊助亦時出視師藍李諸匪以次削平事詳秉章傳同治元年石達開由滇黔邊境入四川預調諸軍羅布以待秉章令蓉赴前敵督戰達開不得逞徘徊於土司地窮蹙就禽蓉親往受俘檻送成都誅之被旨嘉獎時粵捻諸匪藍成春陳得才等竄擾陝南踞漢中城固等城川匪餘孽亦入陝蔓延勢方熾多隆阿督師關中注重北路回匪於南路未能兼顧官文疏薦蓉堪當一面於是命蓉督辦陝南軍務擢陝西巡撫秉章分兵四千授蓉總兵蕭慶高何勝必兩軍先赴援亦隸之又遣將赴湖南增募萬人蓉於十月進屯廣元三年春漢中粵捻諸匪因江寧被圍急促其回援遂自退趨湖北蓉入漢中部署屯防清餘匪多隆阿圍盩厔久未下聞蓉將至督攻益急克之而多隆阿受重傷三月蓉抵省城多隆阿尋卒於軍其所部雷正綰陶茂林諸軍剿西路回匪入甘肅穆圖善一軍議令赴援湖北五月川匪合粵捻由鎮安孝義突犯省城蓉集諸軍擊之於陸鄠盩厔之間尋偕穆圖善會擊於鄠縣賊西走略陽入甘肅陷階州令何勝必等會川軍周達武攻之四年克階州川匪餘孽悉平雷正綰軍譁變其部將胡士貴率叛兵回擾涇州蓉遣軍扼隘散其脅從誅士貴會編修蔡壽祺疏劾恭親王奕訢牽及蓉指爲貪緣詔詰蓉令自陳蓉奏辨自言薦舉本末並訐壽祺前在四川招搖撞募兵勇爲蓉所阻挾嫌搆陷復爲內閣侍讀學士陳廷經所劾命大學士瑞常尚書羅惇衍按究坐漏洩密摺降調革任陝甘總督楊岳斌疏言陝西士民爲訴枉乞留詔蓉仍署巡撫五年奏薦賢能牧令襲衡齡等請予升階下部議駮蓉疏言近來登進之途多出於從軍而究心民瘼者仍潦倒於下吏陝西瘡痍未起急應旌舉賢能以爲之勸上特允之先是蓉任鳳邵道黃輔辰經理回民叛產設法墾治歲獲穀數百萬斛成效甚著因奏陝西兵後荒蕪以招徠開墾爲急務應視兵災輕重荒地多少以招墾成數爲州官吏勸懲報可尋以病乞開缺上允其請以喬松年代之仍留陝西治軍捻匪張總愚入陝逼省城蓉與松年議不合所部楚軍三十營統將無專主士無戰心屯灞橋爲賊所乘大潰詔斥蓉貽誤奪職回籍十二年卒湖南巡撫王文韶疏陳命復官陝西請祀名宦祠

喬松年字鶴儕山西徐溝人道光十五年進士授工部主事再遷郎中咸豐三年以知府發江蘇除松江調蘇州會匪劉麗川據上海省城湖勇潛與通松年偵知之白上官誅其爲首者丁父憂總督怡良奏留從克上海授常鎮通海道擢道員賜花翎六年從怡良駐常州署兩淮鹽運使八年丁本生父憂總督何桂清復奏留九年授兩淮鹽運使兼辦江北糧臺十年奏劾南河河道總督庚長擅提淮北存鹽變價充餉又截留山西解江北糧臺餉銀復劾庚長在清江聞警猶演劇設宴迨寇急倉皇退守命侍郎文俊往按得實庚長褫職逮問又疏論用勇不如用兵請發京師護軍營暨北五省綠營赴江北防剿英吉利法蘭西兵入犯京師戒嚴松年請赴畿輔督兵禦敵諭止之十一年設江南北兩糧臺仍命松年辦理敘勞以按察使記名同治二年擢江寧布政使仍留辦糧臺擢安徽巡撫三年抵任駐防臨淮時苗匪已平李世忠亦解兵柄捻匪竄河南湖北松年增募勇千人就潁宿間設防奏請雉河集地處交衝當建縣設官從之又奏苗沛霖餘黨自非積惡請予寬貸李世忠散遣勇丁恐流爲盜飭州縣整頓捕務粵捻諸匪自湖北麻城羅田東竄入皖境松年移軍壽州急調英翰自湖北回援令朱淮森屯正陽關蔣凝學迎擊於英山克金家寨英翰等敗賊於陶家河黑石渡僧格林沁大軍追至合擊諸賊窮蹙紛紛乞降先後凡十餘萬賊首陳得才後至爲蔣凝學擊敗服毒死獲其屍上飭英翰等移軍進剿松年請留英翰防皖境郭寶昌援河南蔣凝學赴湖北四年僧格林沁戰歿上命曾國藩督師山東松年奏國藩久治軍務氣體較遜於前李鴻章才識亞於國藩而年力正強如以代國藩督師山東必能迅奏蕩平疏上報聞時捻匪大舉犯皖北圍英翰於雉河集國藩遣援軍至乃擊走之五年調陝西巡撫前任巡撫劉蓉奉命留陝辦理軍務時捻匪張總愚竄入陝境松年初至與蓉意見不合奏劾蓉軍政廢壞留陝無益蓉亦劾松年掣肘貪利徇私十二月賊逼省城蓉軍潰於灞橋六年正月提督劉松山援軍至破賊兩花寨連戰皆捷省城始安迭奏請師鮑超軍援陝迄不至皖軍郭寶昌應調來援偕劉松山轉戰涇渭之間屢捷總愚竄同州欲渡河未得逞趨陝北六月總督左宗棠至陝軍事始有統轄松山寶昌等連破賊於北路至冬總愚由垣曲渡河循太行東趨松山寶昌尾追七年春宗棠率師入衛畿輔陝西自捻匪出境西路回氛仍未靖松年以病乞假歸九年病痊授倉場侍郎十年授河東河道總督奏言今日言治河不外兩策一則堵銅瓦廂決口復歸清江浦故道一則就黃水見到處築隄束之俾不至橫流至利津入海權衡輕重以就東境築堤束黃爲順水之性事半功倍前數年大溜全趨張秋後又決胡堰洪川口霍家橋新興屯諸地黃流穿運節節梗阻惟有盡堵旁洩之路自張秋西南沙河迤北就舊堤修補爲黃河北堤又自張志門起至沈家口馬山頭築新隄一百八十餘里爲黃河南堤俾仍全趨張秋借以濟運下廷臣議行十三年奏請裁東河總督以巡撫兼領河工下部議格不行光緒元年卒諡勤恪

錢鼎銘字調甫江蘇太倉人父寶琛湖北巡撫鼎銘道光二十六年舉人從寶琛治團練會匪劉麗川據上海青浦周立春起應之陷嘉定鼎銘與嘉定舉人吳林募勇從官軍復其城授贛榆訓導入貲爲戶部主事丁父憂歸江南大營再潰諸郡縣淪陷巡撫薛煥退保上海一隅曾國藩既克安慶團練大臣龐鍾璐等議乞援道路梗阻鼎銘奮然請行乘洋商輪船溯江上至安慶謁國藩陳吳中百姓阽危上海中外互市榷稅所入足餉兵數萬不宜棄之資賊策畫數千言繼以痛哭國藩遂決策濟師時薛煥遣將至湖商募勇萬一千國藩知所募皆各軍汰遣不可用令鼎銘往解散過諸漢口鼎銘簡留精壯九百人餘悉罷歸無譁者還上海籌餉十八萬租船五復率赴安慶迎師於是國藩奏令延建邵道李鴻章率淮勇五千人赴之同治元年三月至上海鴻章尋署江蘇巡撫奏請以鼎銘參軍事多所贊畫積功擢道員賜花翎加布政使銜五年鴻章代國藩督師勦捻匪令鼎銘駐清江浦主轉運糧餉軍仗訖捻匪滅始終無絀誤鴻章與漕運總督張之萬累疏薦國藩移督直隸奏調以從八年授大順廣道就遷按察使又遷布政使十年擢河南巡撫十一年捻匪餘孽蠢動鼎銘令總兵崔廷桂剿平之用直接練軍制就河南三鎮額兵簡其精壯抽練馬步各三營重其額餉擇駐衝要地訓練期年成軍修水利濬賈魯河故道南自周家口北至朱仙鎮又西北至鄭州京水寨疏積沙補殘隄俾上游無水潦下游通舟楫復濬勺金河丈八溝餘濟河永豐渠以資灌溉令諸州縣勸民按畝出穀就鄉分倉擇公正紳耆董其事毋假手胥吏通省積穀九十餘萬石提督張曜一軍出關剿回全軍餉由河南供給無缺光緒元年卒賜卹諡敏肅

吳元炳字子建河南固始人咸豐十年進士選庶吉士從團練大臣毛昶熙回籍治團練從解固始圍擊退息縣竄匪擒捻首陳得一十一年汝寧捻首陳大喜竄居霍莊寨元炳偕道員張曜攻克之同治元年巡撫嚴樹森奏元炳驍捷善戰所向有功軍中最得力請散館後仍令回河南命免散館授檢討仍留河南委用大喜負固平輿其黨踞李旗屯元炳偕張曜先平伊莊陳莊劉樓賊壘乘勝下李旗屯進攻楊樓破之旋克平輿殲捻首張鳳林二年克張岡賊巢汝南肅清擢侍講尋攻息縣鮑家寨克之三年拔譚家圩附近賊寨次第削平丁母憂回籍巡撫張之萬奏起赴軍四年以汝光諸地稍定請終制允之六年補原官九年超擢侍講學士十年命署湖南布政使十二年擢湖北巡撫調安徽再調江蘇光緒二年疏陳銀捐新例新班遇缺先及遇缺兩項得缺最速流弊亦多於政體大有關繫不可不嚴防其弊請明定章程變通辦理下部議行山東安徽比歲飢民流及淮揚元炳截漕撫恤並疏高寶河鹽運河以工代賑署兩江總督者三兼署江蘇學政者一七年丁本生母憂去官十年入覲命察山東河工海防授漕運總督十一年調安徽巡撫十二年卒賜卹河南巡撫倪文蔚疏陳元炳戰功遺愛在民請於汝寧建專祠

論曰李僡守山東吳棠保江淮當時皆負時望英翰剿捻戰績最多及任皖疆甚得民心劉蓉抱負非常佐駱秉章平蜀優於謀略而短於專將治陝不竟其功喬松年在皖倚用英翰而奏績在陝不能與劉蓉和衷徒促僨事錢鼎銘慷慨乞師爲平吳之引導治豫亦有聲吳元炳以詞林事軍旅其際遇特異焉

清史稿　　列傳二百十三

王慶雲　　譚廷襄
馬新貽　　李宗羲
徐宗幹　　王凱泰
郭柏蔭

王慶雲，字雁汀，福建閩縣人。道光九年進士，選庶吉士，授編修。二十七年，大考一等，擢侍讀學士，遷通政副使。慶雲通知時事，尤究心財政，窮其利病，稽其出入。文宗即位，求言，慶雲疏請通言路、省例案、寬民力、重國計。其言重國計，略謂：今歲入四千四五百萬，歲出在四千萬以下，田賦實徵近止二千八百萬。夫旱潦事出偶然，而歲歲輪流請緩，鹽課歲額七百四十餘萬，實徵常不及五百萬。生齒日增而銷鹽日絀，南河經費嘉慶時止百餘萬，邇來遞增至三百五六十萬，入少出多，置之不問，思為一切苟且之計，何如取自有之財，詳細講求？地丁何以歲歲請緩，鹽課何以處處絀銷，河工何以年年報險，必得弊之所在而革除之。奏入，上深韙焉。時命中外大臣保薦人材，禮部侍郎曾國藩舉慶雲，以應詔。擢詹事，署順天府尹。咸豐元年，授戶部侍郎，仍署府尹。內務府議令莊頭增租，佃戶不應則勒限退地，慶雲偕直隸總督訥爾經額援乾隆間停設莊頭、嘉慶間奏禁增租奪佃兩案，奏請敕內務府不得任意加租。戶部請改河東鹽政章程，並清查山西州縣虧空，命慶雲偕浙江布政使聯英往按，尋奏定清查虧空章程，並會山西巡撫那蘇圖奏言：「晉商賠累，一在鹽本鉅，一在浮費多，一在運脚重。官鹽既貴，私販遂乘間蔓延。從前鹽價每石三五十兩，自坐商困積居奇，畦地、錠票、租典靡常，一業數主，人人牟利，一石之鹽貴至三四十兩，運商安得不困？河東鹽行三省，酬應繁多，總商分派者號為應攤，散商自送者歲有常例，統計二十六萬餘兩，幾達歲課之半，加以石鹽脚費多至百兩，因其定價難增，遂至相率為偽，攙沙短秤，民食愈艱。臣等公同商酌，輕鹽本必先定池價，革浮費必先行票法，減運脚必先分口岸，將緝私之法并寓其中。蓋鹽有專商，票無定販，大要在留商招販，先課後鹽，而後引目不致虛懸，課額無虞短絀。向來坐商昂價，總以缺產為詞，臣親赴鹽池，面寬廣，滷氣醲厚，即雨暘不齊，裒多益寡，足敷五千六百餘石之額，鹽貴不在缺產而在售私。擬定白鹽一石，貴止六十兩，青鹽遞減，坐商工本外有贏餘，令各商立法互稽，但使鹽不旁流，商鹽自富。錠票銷價亦復刪芟，畦地租典先儘運商，總期減輕成本。禁衛課官吏浮費，別籌公用，每票徵銀七分有奇，隨課收發，此外需索坐贓科罪。其領票招販、掣驗截角諸事，悉倣兩淮成例，微為變通，以歸簡易。河東鹽行河南引地，自嘉慶二十四年改為商運民銷，以會興鎮為發鹽口岸，商民稱便，擬將陝西、山西、會興鎮分為三路，不許攙越。鹽到發販，隨銷亦聽商人自運，兼防夾私，力杜作偽。統計河東全綱，比較昔價，裁浮改岸，年省七十餘萬，得人守法，商力不疲，即間有歉業，或運商歸併坐，或商承充，永絕舉商保商諸弊。」下部議行。慶雲既明習計政，上部事，先後奏請清釐江寧、蘇州、安徽三布政司例應入撥延未造報各款，自道光三年至咸豐元年，凡千五十九款，九百三十六萬兩；又奏言江南賦甲他省，額徵五百二十九萬，道光十六年豁欠五百六十餘萬，計十年蠲一年之額；二十六年豁欠一千餘萬，計十年蠲兩年；及咸豐二年豁欠一千三百餘萬，十年幾蠲三年。請飭江蘇督撫，熟田未完不得混入次年緩徵。又奏覆閩浙總督季芝昌等以閩鹺疲累請展緩勻代額課，言閩鹺所以疲累，病在私鹽充斥，浮費繁重。芝昌等議停勻代課六萬餘，派認續例課二萬餘，五年之後勻代起徵，例課仍納，朝三暮四，恐無此辦法。又言芝昌等但陳料理之難，未籌補救之法，或就場徵課，或按包抽稅，應令擇一可行之策，另議具奏。又奏覆江西巡撫張芾請撥粵鹽濟銷，言江西借撥粵鹽，前明總制陳南金、巡撫王守仁嘗行之，所謂不加賦而財足，不擾民而事辦，其法至善，應令速籌遵辦。又奏滇黔解運銅鉛道遠阻兵，應令於提鎮駐紮重兵之處籌鑄制錢，並於附近水次兼鑄大錢，運四川、兩湖易銀，並派民間交納地丁稅課。又奏新疆南北兩路駐兵四萬，歲需經費一百三四十萬，垂及百年，為數萬萬，請停陝省官兵換防喀什噶爾等八城，即由伊犂、烏嚕木齊滿綠營飭撥，五年更換，可歲省數十萬。又奏請裁東河河督、南河河庫道並兩河廳員，修防經費南河不得過百萬，東河不得過七八十萬，並裁漕督，歸南河總督兼管。各疏多如所議行。尋授陝西巡撫。四年，粵匪擾河南，慶雲赴潼關，與提督豐紳、將軍扎拉芬籌防禦。又自潼關赴商南，徧歷各隘。上命豐紳率兵駐襄陽。粵匪陷武昌，慶雲請以湖北會城暫移襄陽，山西、四川協籌軍餉，保全大局。尋調山西巡撫。五年，奏言潞鹽行銷山西、陝西、河南三省，陝患鹽多，晉苦值貴，擬將陝引勻銷晉省三百七十石，晉引則就地遠近，公平定價。惟河南官運已覺暢行，擬兼行民運，以廣招徠。禁止吉蘭泰、花馬池鹽侵銷。又言陝省課歸地丁輪納不前，請倣河南招販民運，於河東、河西擇地設局稽查。又奏言：「軍興以來，各軍營用銀出納，易錢買糧，歲豐銀裕，何便如之。今用兵之地賦稅不全，仰給鄰省，完善之區正供不足，佐以捐輸，當此穀貴錢荒，以銀易錢，以錢易糧，耗折大半，往時兵飢得銀可飽，恐此後以銀亦不可飽，況銀且不可常繼。擬令州縣碾動倉穀，解餉兼用制錢，舟楫可通，宜無不便。」均如所請。又奏山西前明逼近三邊，郡縣率民築堡自衞，一縣十餘堡至數百十堡，星羅棋布。今惟雲中、代、朔堡寨相連，省南各屬則多殘闕，當令繕完，定社規，立義學，化導少壯惰游，合祭賽以聯其情，相守望以齊其力，有事則衆守，無事則散居，於無形中寓堅壁清野之法。又以河南南陽諸地旱蝗，請飭發倉籌賑，俾災民不為土匪勾脅，以救災即以弭患。捻匪擾南陽，慶雲密陳省南分三路遣兵巡防。擢四川總督。貴州思南教匪為亂，慶雲遣兵防酉陽、秀山，請飭總兵蔣玉龍自鎮遠規復思南。尋奏四川舊有嘓匪，盜案多於他省，飭各屬行保甲，立限捕盜。又奏於酉陽設屯田，設屯分兵駐防城鄉要隘。又奏川省差役捕盜，傳證起贓，輒糾多人持械搜掠，名曰「掃通」，此與強盜無異，請照強盜律，不分首從皆斬，兵丁有犯同之。均下部議行。尋以黔匪焚掠，漸近綦南，遣兵出境攻層巒山、飛梯巖諸隘，又破胡家坪賊巢。九年，兼署成都將軍，調兩廣總督，行次漢陽，以病乞罷，許之。旋召詣京師，病未即行。十一年，穆宗即位，授左都御史，擢工部尚書。同治元年三月，慶雲將力疾赴召，前一日，病劇卒，謚文勤。孫仁堪，循吏有傳。

譚廷襄，字竹崖，浙江山陰人。道光十三年進士，選庶吉士，散館授刑部主事，再遷郎中，出為直隸永平知府，調保定，遷順天府尹，擢刑部侍郎。咸豐六年，出為陝西巡撫。直省採米運京倉，廷襄疏言陝西產米少，轉輸不便，請改折解款，由部召糴，費節而事集。七年，署直隸總督。是時英、法、俄、美四國合軍陷廣東省城，廷襄疏請封貨閉關，恩威並用。上以海運在途，激之生變，虛聲無實，不允。八年四月，英兵北犯，占大沽礮臺，窺內河。大沽口外積沙，海舟不能直入，敵舟至數，以小汽船探測。時方議款，不為備，不虞其驟發。欽差大臣僧格林沁劾廷襄，奪官，戍軍臺。九年，以三品頂戴署陝西巡撫。上命直省禁習天主教，廷襄疏言天主教流行中國二百餘年，到處窮搜，轉滋騷擾，惟有密飭官吏稽查保甲，列冊密記，乘機啟導。時款議未定，或請內巡，偕總督樂斌疏陳三便三難，議乃寢。十一年，授山東巡撫。頻歲軍興，山東諸郡縣羣盜蠭起，皖捻入境，勾結土匪，滋擾幾徧。僧格林沁大軍駐山東，督勦，廷襄率兵出省協助，並督各郡縣團練防勦，兼施具詳僧格林沁傳。同治元年，兼署河東河道總督。三年，入為刑部侍郎，調工部，又調戶部。五年，湖北巡撫曾國荃疏劾總督官文貪庸驕蹇，並以公使錢餽四川考官胡家玉、張晉裕等。上命尚書緜森及廷襄往按，並詰家玉。家玉言自四川還京，道湖北，官文等餽贐，以道梗改水程，無州縣支應，乃受以充費。廷襄等至湖北，疏言：「丁漕、鹽釐、關稅、捐輸，實用實支，並無浮濫。惟漢陽竹木捐零星不請獎敘者，凡因公動用例不報銷之項，由此動支，官文餽家玉等事實。」上為罷官文，即令廷襄署總督，家玉等並下吏議。御史佛爾國春劾國荃言國荃亦以竹木稅治公廨，嚴責廷襄蒙蔽。廷襄等復疏陳國荃上官未久，無以竹木稅治公廨事，因言湖北三次陷賊，百端草創，不循例案，諸廢具舉，隨事設施，今以動用官款加以處分，亦足示警，若更罪及所受之人，路遠給貲，親喪承賻，皆睪吏議，王道本人情，瑣屑煩苛，似非政體。於是諸受餽者皆置不問。六年，上用前事奪官文總督。是冬，國荃亦以病乞罷。廷襄還京，署吏部侍郎，遷左都御史，再遷刑部尚書，兼署吏部。九年，卒，贈太子少保，謚端恪。

馬新貽，字穀山，山東菏澤人。道光二十七年進士，安徽即用知縣，除建平，署合肥，以勤明稱。咸豐三年，粵匪擾安徽，淮南北羣盜並起，新貽常在兵間。五年，從攻廬州巢湖，新貽擊敗援賊，迭破賊盛家橋、三河鎮、柘皋諸賊屯，尋克廬州，積功累擢知府，賜花翎，補廬州。七年，捻匪、粵匪合陷桃鎮，分擾上下派河，新貽破賊舒城，記名以道員用。八年，署按察使。賊犯廬州，新貽率練勇出城迎擊，賊間道入城，新貽軍潰，失印，下吏議，革職留任。九年，丁母憂，巡撫翁同書奏請留署。十年，欽差大臣袁甲三為奏請復官。十一年，同書復奏薦，命以道員候補。丁父憂，甲三復奏請留軍。同治元年，從克廬州，敗賊壽州吳山廟，加按察使銜，署布政使。苗沛霖叛，從署巡撫唐訓方守蒙城，屢破賊。二年，授按察使，尋遷布政使。三年，擢浙江巡撫。浙江新定，民困未蘇，新貽至，奏蠲逋賦。四年，復奏減杭、嘉、湖、金、衢、嚴、處七府浮收錢漕，又請罷漕運諸無名之費，上從之。命勸石永禁築海甯石塘、紹興東塘，濬三江口。岐海為盜賊窟穴，遣兵捕治，禽其魁。厚於待士，令城諸書院皆興復，士羣至肄業，新貽皆視若子弟，優以資用獎勵之。嚴州、紹興被水，蠲賑覈實，災不為害。台州民悍，輒羣聚械鬭，新貽奏地方官憚吏議，瞻顧消弭，請嗣後有諱匿不報者，參處僅止失察，皆寬貸，仍責令捕治，下部議行。象山寗海有禁界地曰南田方數百里環海土寇邱財青等處窟其中遣兵捕得財青置之法南田乃安黃巖總兵剛安泰出海捕盜爲所戕檄副將張其光等擊殺盜五十餘上以新貽未能豫防下吏議嘉興湖州北與蘇州界皆水鄉方亂時民自衞置槍於船謂之槍船久之聚博行刼爲民害新貽會江蘇巡撫郭柏蔭督兵擒斬其渠及悍黨數十槍船害始除擢閩浙總督七年調兩江總督兼通商大臣奏言標兵虛弱無以壯根本請選各營兵二千五百人屯江寗親加訓練編爲五營令總兵劉啓發督率緝捕盜爲衰止宿遷設水旱兩關淮關於蔣壩設分關並爲商民擾累新貽奏蔣壩爲安徽鳳陽關轄境淮關遠隔洪澤湖不應設爲子口當令淮關監督申明舊例嚴禁需索宿遷旱關非舊例徵數徵請裁撤專收水關從之幅匪高歸等在山東江蘇交界佔民圩行刼新貽捕誅其渠九年七月新貽赴署西偏箭道閱射事畢步還署甫及門有張汶祥者突出僞若陳狀抽刀擊新貽傷脇次日卒將軍魁玉以聞上震悼賜卹贈太子太保予騎都尉兼雲騎尉世職謚端愍命魁玉署總督嚴鞫汶祥詞反覆屢變給事中王書瑞奏請根究主使命漕運總督張之萬會訊之萬等以獄辭上略言汶祥嘗從粵匪復通海盜新貽撫浙江捕殺南田海盜其黨多被戮妻爲人所略新貽閱兵至寗波呈訴不准以是挾仇無他人指使請以大逆定罪復命刑部尚書鄭敦謹馳往會總督曾國藩覆訊仍如原讞汶祥極刑幷戮其子上從之新貽官安徽浙江皆得民心治兩江繼曾國藩後長於綜覈鎭定不擾江寗安慶杭州海塘並建專祠

李宗羲字雨亭四川開縣人道光二十七年進士安徽即用知縣歷英山婺源太平咸豐三年粵匪陷安慶宗羲奉檄詣廬州軍督糧械積功累擢知府八年曾國藩進規安徽調充營務處九年署安慶知府以疾去官同治元年河南巡撫嚴樹森疏薦命送部引見樹森旋撫湖北又疏調從軍三年曾國藩督兩江調赴兩江筦江北釐金總局裁定沿江釐捐科則江寗克復以道員歸兩江補用四年署兩淮鹽運使自軍興淮南鹽艘改道泰興宗羲於瓜州東別濬新河避長江風濤之險商民便之遷安徽按察使再遷江寗布政使五年清水潭決被災者七州縣宗羲工賑並行活民甚衆定招墾荒田酌緩升科限制章程及江寗七屬民衞丁漕折徵等次民皆稱便八年擢山西巡撫劾布政使胡大任廢弛因循罷之令按察使李慶翺等率兵分地駐防陝回乘河冰來犯三戰皆捷屢自延川韓城東竄並擊走之丁母憂去官十二年服闋擢兩江總督日本方構釁宗羲治江防增築沿江烏龍山江陰都天廟象山焦山下關礮臺又於吳淞口及江陰北岸瀏閘沙烏龍山北岸沙洲圩次第添築使江海相犄角時詔修圓明園宗羲疏言外侮內患天時人事皆有可慮請省營繕減服御十三年又疏言星變屢見外患方熾上年御史沈淮奏請停止園工臣亦冒貢愚忱茲復有不能已於言者時局艱難度支短絀特一端耳今外人入處肘腋圓明園距京城數十里既無堅城營鑰之固復少大枝護衞之兵頻年以來每遇民教爭鬭外人動挾兵船要求天津朝警則海淀夕驚皇上奉皇太后於此此臣所萬分不安者也如蒙皇上乾綱立斷速諭停工天下臣民知皇上有臥薪嘗膽之思必共振敵愾同仇之氣人主居崇高之位持威福之柄苟無敬畏之念則驕肆之心生苟無忠謇之臣則讒諂之人至近日大學士文祥引疾侍郎桂清外調道路頗有惜詞臣竊謂老成憂國者宜留之左右以輔成聖德忠直敢諫者宜誘之使言以恢張聖聽疏入上嘉納之總理各國事務衙門籌議海防六事下各督撫詳議宗羲上疏曰萬事根本以用人爲要而就海防言尤以求將才爲要宋臣楊萬里有言相不厭舊將不厭新蓋言用兵忌暮氣宜年壯氣銳素有遠志未建大功之人至宿將勳臣帝心簡在固無俟臣下之論列也古有海防無海戰今練兵仍以水陸兼練爲主水師戰艦不及輪船輪船又不及鐵甲而船之得力與否仍視乎駕駛之人今戰艦即不能一時盡易應就弁兵中挑赴輪船學習仍歸水師提督節制更招集沿海熟習沙綫能耐勞苦之人參用西法加以訓練然沿海地廣勢不能徧設輪船若敵乘無備舍舟登陸則我船礮皆無所用故不可不急練陸兵同治十年曾國藩議沿海奉天直隸山東江蘇浙江福建廣東七省練陸兵九萬沿江安徽江西湖北三省練陸兵三萬合成十二萬以陸兵爲禦敵之資以輪船爲調兵之用海道雖極遼遠血脈皆可貫通今誠踵其議而力行之各省分定數目各專責成貴精不貴多宜聚不宜散從前缺額之兵不必再補見在已募之勇更加精練是在平時之實力講求矣西洋火器日新月異疊出不窮今日所謂巧即後日所謂拙論中國自強之策決非專恃火器所能制勝然風會所趨有不能不相隨轉移者各國新出之礮見在上海機器局已能如式製造惟火器不難於用而難於不用有事試演尚可經久無事閣置立形銹壞以後購造槍礮應於操演之後時時磨洗不許銹壞違者罪之是珍惜巨帑之要義臣聞自古覘國勢者在人材之盛衰不在財用之贏絀在政事之得失不在兵力之強弱未聞以器械爲重輕也且西人之所以強者其心志和而齊其法制簡而嚴其取人必課實用其任事者無欺詐侵漁之習其選兵甚精故臨陣勇敢而不畏死不察其所以強而徒效其器械豈足恃哉自福建創設機器局上海繼之江寗天津又繼之皆由槍礮而推及輪船臣愚以爲大沽吳淞直東閩廣等口如能各得鐵甲一二蚊子船三四佐以兵輪安配重大擊遠之礮與礮臺相輔亦足屹成重鎭稍戢戎心惟泰西各國輪船以百數十計鐵甲船以數十計大礮以千計小礮以數千計即使中國歲籌巨款多方製造亦必不能如彼之多且精也臣謂船礮當量力徐圖而仍以修政事造人材爲本使各國嚮風慕義或外侮可以稍紓近年勸捐收釐津貼無法不備民力竭矣煤鐵乃中國自然之利若一一開採不獨造船造礮取之裕如且可以致富強見在磁州業已奏明試辦而湖南福建江西山西等省已成之煤鐵廠擴而行之果能有效何必舍近求遠取給外國爲目前權宜計將各口洋稅通提六成專供海防之用五年爲限當可集事若夫節流之法更非難行節之必自朝廷始誠能罷土木之工省傳辦之費減宮中之用則一歲所省何啻百萬各省督撫盡裁不急之費錢漕稅釐實力稽察勿使乾沒則一歲所增何啻百萬請敕下戶部統籌全局分別出入於綜覈各項之外指定籌防專欵應用若干俾中外上下曉然於經費之有限財用之有制力求撙節不必言利而度支可裕矣以上皆就原奏四事推廣言之要必得人而後可以言持久臣周諮博採事之可行者尚有三端沿海各島大都土瘠產薄惟臺灣形勢雄勝與廈門相犄角東南俯瞰噶囉巴呂宋西南遙制越南暹羅緬甸新加坡實爲中國第一門戶其地產有山木可採以成舟航有煤鐵可開以資製造其客民多漳泉潮嘉剛猛耐苦之人足備水師之選如得幹略大員假以便宜俾之輯和民番兼用西人機器以取煤鐵山木之利數年後可開製造局練海師爲沿海各省聲援絕東西各國窺伺此中國防海之要略事之可行者一也海外新嘉坡檳榔嶼舊金山新金山各埠均有閩廣人在彼貿易每處不下數萬人其爲首領者必有幹濟之才足以提倡全埠如派領事出洋物色人才不論官階文武大小有能任此事者給以虛銜令前往各埠結納首領婉轉勸導由各省督撫奏給職官派爲練首令其團練壯丁隨時操演約計經費有限而獲益無窮事之可行者二也見在通商各口外人星羅碁布中國情事無一不周知而彼都情形中國則皆未深悉自斌椿志剛孫家穀出使後至今無續往之人竊謂宜選有才略而明大體者隨時遣使設有交涉可辨論者與之辨論可豫防者密爲設防且於彼國有用之人才新造之精器均可隨時採訪以爲招致購買之地事之可行者三也尋乞病罷歸光緒四年東鄉民亂命宗羲按讞宗羲以知縣孫定揚浮收激變冒昧請兵提督李有恒妄殺平民千餘據實入告獄獲平反六年召詣京師以病未愈疏請乞緩行十年卒賜祭葬子方本舉人兵部郎中有幹濟總督鹿傳霖錫良先後令董商務學務川東旱災治賑被疾卒贈太僕寺卿

徐宗幹字樹人江蘇通州人嘉慶二十五年進士山東即用知縣除武城調泰安在任十年有政聲遷高唐知州道光十七年濰縣教匪馬剛等作亂從巡撫經額布剿擒之議解省下獄候命宗幹請於巡撫即其地誅之衆心以定遷濟寗直隸州金鄉民濬彭河下游諸屯民聚衆沮之毆官傷胥役勢洶洶宗幹馳往諭使解散屯民出自首大吏欲置重典宗幹以爲民畏水患非與官敵衆衆本沮工毆官非本意力爭戍爲首者七人署兗州知府修滋陽河隄二十二年擢四川保寗知府兼署川北道擢福建汀漳龍道屬縣有械鬭案久不結宗幹率壯勇數十人直入其村集兩造剖其曲直令同酒食以解之令獻犯懲治事遂解一時梟悍皆斂跡總督劉韻珂密薦二十五年丁母憂去官服闋起授福建臺灣道咸豐三年臺灣匪洪恭等陷鳳山兩縣復擾噶瑪蘭廳宗幹督兵平之四年擢按察使爲巡撫王懿德所劾解任旋召來京命赴河南幫辦剿匪六年復命赴安徽七年授浙江按察使遷布政使以短解甘餉降調十年江蘇團練大臣龐鍾璐請以宗幹辦理通泰諸州縣團練同治元年擢福建巡撫三年粵匪李世賢汪海洋等由廣東入閩境過漳州龍巖雲霄武平永定南靖平和相繼陷宗幹偕閩浙總督左宗棠以次剿平五年卒宗棠偕將軍英桂奏宗幹循良著聞居官廉惠得民所至有聲優詔褒䘏謚清惠祀福建名宦

王凱泰初名敦敏字補帆江蘇寶應人道光三十年進士選庶吉士授編修十年以母喪歸粵匪分犯江北上命大理寺卿晏端書治江北團練大學士彭蘊章薦凱泰使佐理敘勞累加四品卿銜同治二年從巡撫李鴻章軍幕四年浙江巡撫馬新貽薦調命以道員發浙江署糧道曾國藩李鴻章馬新貽交章薦舉五年擢浙江按察使紹興三江閘洩山陰會稽蕭山三縣水入江歲久沙積

三縣民請濬治凱泰履勘濬治復舊利六年遷廣東布政使裁陋規省差徭嚴釐捐弋沙田濬城中六脈渠增建應元書院七年擢福建巡撫課吏興學禁械鬥火葬溺女淫祀舊俗奏請撥釐金糴米二十萬石實常平倉充鄉試監臨奏請整飭科場積弊臺灣獄訟淹滯奏請勒限清釐十二年應詔陳言略謂宜變通者六事一停捐例自捐奉減折百餘金得佐雜千餘金得正印即道府亦不過三四千金家非素豐人思躁進以本求利其弊何可勝言今日應以停捐爲急務以江西湖南北四川廣東福建六省釐捐年提數萬又於海關洋稅關撥數萬似可彌京銅局捐項至外省籌捐雖難周知而福建自十年至今收銀不過數萬他省可以類推以涓滴之微而害吏治得不償失請下部嚴議一汰冗員捐納軍功二途入官者衆部寺額外司員少者數十多則數百補缺無期徒耗旅食各省候補人員較京中倍蓰按例各省試用佐貳雜職視各項缺數多寡酌留十之二請援照大挑知縣名次在後暫令回籍候咨之例辦理一限保舉軍興後保案層疊名器極濫捷徑良多請下部嚴議此後保舉只准得應升之階及應升之銜其餘班次概予刪除至一品封典二三品加銜皆不得濫請一復廉俸自咸豐間軍用浩繁京外俸廉分別減成京員困苦知縣疲累早荷聖明鑒及今欲砥礪廉隅似廉俸復額亦其一端福建文職廉額年支十三四萬兩計見年徵起錢糧羨耗支抵尙屬有贏道府以下各員似可照額全支請中外俸廉改復舊額或加成支放一重學額近年鼓勵捐輸有加廣中額學額之制中額三年一試無慮濫竽至一州一縣士風本有不齊乃以文理淺陋者濫厠其間甫得一衿包攬詞訟武斷鄉曲流弊不堪指數請嗣後各省捐輸只加中額不加學額並敕各省學臣酌嚴如有不能足額奏明立案俟文風日上再行如額取進一立練營營兵皆招自本籍月餉不足贍八口勢必另習手藝兼營負販每逢操演不過奉行故事設有征調兼旬累月始克成行兵與將不相習兵與兵亦不相識人各一心安能制勝近年削平禍亂全賴湘淮各勇國家養兵糜餉歲數千百萬竟不得其用其弊實由於此往年江甯克復臣函商曾國藩備言江甯綠營應稍變通以見存得勝之勇改充額兵設營分部一洗舊習國藩未及議行旋調直隸即設練軍蓋亦采用臣說左宗棠在閩浙任內奏准減兵加餉就餉練兵洵爲救時良策請敕下各省督撫照減兵加餉之說而以所減之餉加於戰兵按湘楚營制五百人爲一營擇地分紮隨時互調俾卒伍皆離原籍不致散處市廛餉不另增兵有實用庶化兵爲勇而武備可恃疏入命下部議十三年入覲行至蘇州疾作乞罷予假治疾日本窺臺灣命凱泰力疾回任光緒元年移駐臺灣病劇還福州卒贈太子少保謚文勤

郭柏蔭字遠堂福建侯官人道光十二年進士選庶吉士授編修遷御史給事中出爲甘肅甘涼道二十三年戶部銀庫虧帑事發柏蔭爲御史稽察未糾發奪官分償旋授主事咸豐三年會辦本省團練以克廈門防延平功擢郎中同治元年引見交欽差大臣曾國藩差委二年授江蘇糧道擢按察使遷布政使護理巡撫六年擢廣西巡撫調湖北仍留署江蘇巡撫方亂時江浙交界槍船聚衆爲匪柏蔭與浙江會捕獲其首卜小二寘之法禁槍船設牌甲稽查約束六年赴湖北任署湖廣總督各省遣散營勇會匪蕭朝翥約黨分布黃梅武穴龍坪各水次阻截散勇偪令從爲亂柏蔭遣兵往捕其黨殺朝翥以降諸縣教匪京山吳世英蘄水馮和義沔陽劉維義次第擒誅七年奏言漢口鎭華洋雜處散勇游匪厠其間每遇撤營散布謠言句結入會業經懲辦在武漢襄樊地方分設遣勇局凡有在鄂散勇均令赴局報名雇船押送回籍酌給川資庶無業之徒可歸鄉里不至流而爲匪又奏言淮南鹽引楚岸爲大宗自長江被擾運道梗阻改用淮北票私暫濟民食淮南銷路遂滯請復淮南引地禁淮北票私停北鹽抽課襄鄖德三府前此兼銷潞鹽亦一律禁止八年多雨大水柏蔭遣吏分道治賑九年再署湖廣總督十年湖南會匪陷益陽龍陽柏蔭分兵防守進剿獲其渠十二年以病乞罷光緒十年卒子式昌舉人從軍積功以知府發浙江巡撫蔣益澧調赴廣東署肇慶益澧罷式昌還浙江補台州劇盜黃金滿以官吏貪酷煽亂式昌扼要隘令民自守以嚴法繩蠹吏斥苛斂金滿乃詣彭玉麐請降光緒二十六年衢州民殺教士戕西安知縣吳德潚擢式昌金衢嚴道諭士民安堵得亂首誅之三十一年署按察使卒式昌子曾炘官至禮部侍郎

論曰王慶雲譚廷襄並剔歷中外慶雲綜覈精密治防井井尤爲可稱馬新貽李宗羲皆以循吏贊畫軍事擢任大藩治績卓著宗羲諫園工籌海防建言遠大徐宗幹王凱泰清節惠政皆有時望郭柏蔭久任疆圻澤施於後焉

清史稿

列傳二百十四

王懿德　曾望顏

覺羅耆齡　福濟

翁同書　嚴樹森

王懿德字紹甫河南祥符人道光三年進士授禮部主事再遷郎中出爲湖北襄陽知府擢山東兗沂曹濟道歷山東鹽運使浙江按察使調山東三十年擢陝西布政使咸豐元年護巡撫奏請豁免積年民欠常平倉糧八萬餘石擢福建巡撫二年奏言漢患錢乏造幣贍國宋有交引錢引交鈔元明制鈔法或直千文五百不等我朝準歲入爲出因民利而利帑項夙充奚庸過慮自海防多事餉費漸增粵西軍務河工撥款不下千數百萬目前已艱善後何術捐輸雖殷僅同勺水督催稍迫且礙閭閻與其籌畫多銀不若改行鈔引歷考畿輔山左以及關東多用錢票即福建各屬銀錢番票參互行使便於攜取視同見金商民亦操紙幣信用況天下之主國庫之重飭造寶鈔尤易流轉惟鈔式宜簡一兩爲率頒發藩庫通喻四民准完丁糧關稅自無窒滯或疑庫銀溢出悉成鈔引銀日以少鈔日以賤豈知朝廷不蓄爲實以天下之財供天下之用能收能發自能左右逢原也疏入諭軍機大臣同戶部議行兼署閩浙總督三年奏福建匪徒糾結滋擾請寬地方官失察處分俾獲盜自贖允之時會匪四起突入海澄縣刼獄戕官又掠同安安溪遣兵會剿漳州猝爲匪陷鎭道皆遇害游擊饒廷選方率兵他出聞警回援近城鄉民及城中紳士密約啟廷選入禽匪首謝厚等殲匪數百復其城延平亦被匪攻副將李壽春擊走之大田德化有匪闌入紳士率鄉團殺賊數百永春爲匪所踞游擊恩霈等督勇破賊禽其渠餘黨遁走被詔嘉獎臺灣南路亦有匪擾懿德奏陳防剿情形諭曰福建紳練素諳大義前同安縣義民殺賊泉州在籍副將呂大陞等自願募勇渡臺是其明驗務當激揚士氣滅此羣醜尋以海澄同安廈門安溪仙游相繼陷疏請治罪下吏議令參將李煌都司顧飛熊破賊尤溪縣城失而旋復水師提督施得高金門鎭總兵孫鼎鼇擊賊於金門破之廈門仙游皆復四年上游以次定賊首林俊尙焚燬實授閩浙總督戶部議限制行鈔奏言鈔之能行不在於發而在於收內自部庫以及各關稅務外則丁耗錢糧鹽典契紙各稅果能悉收鈔票不限成數且示以非鈔不用則百姓爭相買鈔有銀之家以鈔輕而易藏納課之氓以率定而無損貿遷之商以利運而省費部臣見未及此惟恐解鈔而不解銀故限以成數夫以爲無用則鈔銀均非可食可衣以爲有用則鈔銀不能畸輕畸重今於領鈔之時區以一省由部知照方能行用已不自信人豈可強徒開藉端漁利之門請飭部臣及各省督撫以此發即以此收無論各項度支示天下非鈔不用新收買鈔銀兩積於部庫藩庫以爲母金行鈔不分畛域則銀日豐而本源厚疏入下部議格不行五年因病請改京職不許七年粵匪自江西竄入境陷光澤汀州尋先後克復遣總兵饒廷選進援浙江江西八年京察詔以懿德撫外安內布置咸宜予議敘粵匪復自江西竄陷浦城松溪政和等縣邵武光澤連城亦被賊擾周天培軍赴援賊復回竄江西諸城皆復十年以病乞罷十一年卒謚靖毅

曾望顏字瞻孔廣東香山人道光二年進士選庶吉士授編修遷御史十五年條奏整飭科場凡十四事皆如所請行遷給事中再遷光祿寺少卿上以望顏遇事敢言褒勉之轉太常寺少卿十六年擢順天府尹二十年出爲福建布政使二十三年戶部銀庫虧帑事發望顏嘗以御史察庫未糾發坐奪官分償旋授主事咸豐三年命以五品京堂候補補通政司參議六年復授順天府尹擢陝西巡撫七年粵匪自湖北竹山擾陝西平利望顏遣游擊常有等會湖北軍克竹山賊竄均州武當山又遣總兵龍澤厚會湖北軍進剿殲賊殆盡八年粵匪入雞頭關侵商南遣兵擊走之九年署四川總督粵匪入四川攻敘州尋引去滇匪藍朝柱李永和倡亂與敘州土匪勾結肆擾望顏遣兵進攻斬賊目李祖貴等十年遣提督孔廣順等攻大嚴尖山賊寨獲其渠王帶周滇匪攻犍爲自箭板場竄至河口將縛筏以渡提督皁陞督兵水陸夾擊走之望顏又慮賊渡河犯嘉定遣總兵占泰等截擊賊據觀音場師自黃閣寺進攻戰於羅城舖敗之賊竄踞貢井天池寺諸地爲壘數十飭占泰等剿之黔匪李志高等據長

阡埔諸寨遣兵攻燬長阡埔總兵虎嵩林自程家埸進攻貢井又遣兵攻灌水賊獲其渠賀世恩等諸路雖有斬獲而滇匪勢日熾藍朝柱擾青神邛州李永和攻嘉定省城戒嚴詔斥望顏不能制賊下吏議給事中李培祜疏劾任性妄爲濫保洊銷縱子干預命陝甘總督樂斌偕署巡撫譚廷襄按治覆奏望顏尙無贓私惟舉劾屬吏多粗率謬誤不能約束子弟僕隸部議褫職命暫留署任復爲知府翁祖烈所訐下將軍崇實按治辭復連子捷魁及其僕乃命解任仍留四川十一年命回籍同治元年召詣京師以四品京堂候補五年補內閣侍讀學士九年卒

覺羅耆齡字九峯正黃旗人初授工部筆帖式中式道光十七年舉人升刑部主事累遷郎中出爲江西廣信知府調南安歷署建昌撫州吉安袁州諸府咸豐三年調赴省城筦官團局粵匪攻南昌耆齡佐守禦賜花翎尋補贛州知府五年擢吉南贛寧道賊竄義寧耆齡率兵赴援六年擢布政使命駐防饒州偕畢金科等分屯扼守賊二路來犯金科乘勝追賊而贛軍營壘被襲城遂陷旋即合攻破賊復之奉檄移軍南昌侍郎曾國藩奏耆齡在饒州聯絡鄉團屛障東北今九江重兵已盡赴省城耆齡宜仍駐饒州毋庸移調時江西司道多統軍曾國藩及學政廉兆綸皆以耆齡爲善而與議巡撫文俊七年詔罷文俊擢耆齡爲巡撫江西郡縣半淪於賊存者惟南昌廣信饒州贛州數郡戰事多倚湘軍未幾曾國藩偕弟國荃以奔喪歸湖南圍吉安久不下國荃去後軍無所統益疲耆齡奏起國荃仍督吉安軍乃復振七月劉騰鴻克瑞州十二月劉長銘克臨江八年四月李續賓克九江蕭啓江劉坤一克撫州八月曾國荃克吉安詔起曾國藩督師規浙江於九月至南昌國藩前於五年初至江西兵餉俱困地方官吏狎侮掣肘事多艱阻至是耆齡奉令惟謹主客大和軍事日有起色九年三月克南安六月克景德鎭江西全境皆告肅清九月調廣東巡撫粵匪翟明開自南雄攻江西安遠耆齡遣兵越境解圍十一年賊自安遠敗竄平遠入福建陷武平耆齡分兵收復同治元年命督軍入福建援浙江擢閩浙總督粵匪陷處州耆齡遣總兵秦如虎等分道進攻直偪城下賊竄縉雲遂克處州進收縉雲再進復奉化二年進復克湯溪永康武義龍游蘭谿諸縣及金華府城浙東略定調福州將軍尋卒賜卹諡恪愼

福濟字元修必祿氏滿洲鑲白旗人道光十三年進士選庶吉士授編修擢侍講四遷少詹事大考二等復三遷兵部侍郎兼鑲白旗蒙古副都統總管內務府大臣調工部復調吏部兼右翼總兵二十八年命偕右庶子駱秉章往河南江蘇山東按事歸德知府胡希周貪劣鞫實論如律河南賈魯河工糜費虛報工竣河復淤巡撫鄂順安以下皆坐譴蘇州知府鍾殿選等濫刑諱盜鞫實論如律又按山東鹽運使革德成訐巡撫崇恩勒令開缺請交刑部逮治復調戶部二十九年授正白旗護軍統領命偕刑部侍郎陳孚恩按山西巡撫王兆琛贓汚兆琛坐譴三十年轉左翼總兵醫士薛執中坐妖言得罪事牽福濟奪官尋予四品頂戴署山西按察使授山東按察使咸豐二年授奉天府尹擢南河河道總督三年調漕運總督命暫行督辦淮北鹽務時粵匪踞江寧擾江北福濟會琦善敗賊揚州授安徽巡撫福濟調漕河標兵六百自臨淮關赴廬州疏請飭琦善撥精兵二千扼關山澗溪防賊北竄又請仍兼督淮北鹽課藉濟安徽軍餉皆允之四年至廬州土匪陷六安下部議處福濟奏言抵廬後統計調兵約二萬餘月餉不下十五六萬請飭浙魯秦晉各撫臣協濟復請以前江南河道總督潘錫恩安徽學政孫銘恩會辦徽州甯國廣德三府州防勦俱從之提督和春以欽差大臣督辦軍務福濟與會師克六安收英山霍山五年十月克廬州加太子少保頭品頂戴於是廬江巢縣無爲相繼克復被優敘賜御用棉袍翎管搬指荷包十一月移軍桐城七年無爲廬州附近各縣復爲賊陷桐城被圍屢擊却之二月賊大至福濟率兵潰圍出還駐廬州詔斥調度無方下部議處未幾六安復陷福濟因病請開巡撫缺專辦軍務不許時安徽本省無兵軍務實主於和春賊踞安慶皖南數郡縣隔遊轉於浙江淮北捻匪蔓延袁甲三任之巡撫號令所及僅十餘縣兵後荒蕪賦稅無出餉絀兵譁遺失巡撫關防自請嚴議上原之薄譴而已會江南大營潰和春移赴督師惟總兵秦定三鄭魁士兩軍仍留倚以戰守粵匪大股由湖北入皖捻匪縱橫於皖豫之交省爭調定三魁士二人奏上皆報可福濟依違無可否定三久攻桐城未下魁士亦奉命而至兩軍爭餉生嫌賊乘隙撲營遂致大潰八年滁州來安鳳陽懷遠相繼失陷福濟以病乞假詔斥日久無功褫宮銜頭品頂戴命來京尋授內閣學士予副都統銜充西甯辦事大臣九年以安插投誠野番功還頭品頂戴十年授工部侍郎署陝甘總督兼正黃旗漢軍都統十一年授成都將軍調雲貴總督文宗崩福濟奏請謁梓宮不許詔斥規避滇黔軍務褫職予四品頂戴仍赴雲南交署總督潘鐸差遣同治元年予副都統銜赴西藏查辦事件道梗未往四年還京六年授科布多幫辦大臣調布倫托海辦事大臣八年授烏里雅蘇台將軍九年回匪陷烏里雅蘇台褫職十二年捐銀助賑直隸總督李鴻章爲陳在安徽前勞還原銜光緒元年卒依巡撫例賜卹

翁同書字藥房江蘇常熟人大學士心存子道光二十年進士選庶吉士授編修大考屢列二等擢中允咸豐元年應詔陳四事請撫恤失業良民察舉潔已愛民守令與修江浙湖廣水利訓練嶺海水師三年命赴江南佐欽差大臣琦善軍事擢侍講學士轉侍讀學士遷少詹事六年自軍中奏言安民先足兵足兵先理財雲南運銅道梗請於滇中設局鼓鑄運錢至荊州充軍需及河工之用沿江戒嚴淮南鹽引不行請以浙鹽行江西而以蘇常鎭太四府州改食淮鹽江浙漕米改由海運數不及全漕之半請分米雇民船仍由運河行轉般之法馬政廢弛請令營馬量減數成牧馬除借營用令變價解庫各省營兵應調赴戰請飭將傷病撤回空糧闕伍實力整頓軍與各省州縣倉穀或遭蹂躪或備供億實存甚少請令地方官勸富民納粟入倉量予獎勵又疏陳江防五事曰扼要津聯陸路斷岸奸議火攻增小船並下部議行琦善卒托明阿爲欽差大臣同書仍留佐軍事粵匪再陷揚州托明阿坐罷德興阿代之詔同書幫辦軍務德興阿連復揚州浦口進規瓜州鎭江軍事日有起色多出同書贊畫克瓜州命以侍郎候補賜黃馬褂八年六月授安徽巡撫時廬州再陷粵匪捻匪相勾結淮南北蹂躪殆徧上命同書幫辦欽差大臣勝保軍務安徽境各軍均歸節制同書移軍定遠賊自天長犯三河集擊破之復天長捻匪擾定遠粵匪亦來犯同書督兵擊卻之九年捻匪大舉陷六安攻定遠同書與勝保夾擊大破之復六安捻匪復合粵匪數萬人來犯定遠陷同書移軍壽州下吏議革職留任同書奏近來可用之兵莫如楚師諜聞楚師順江而下已破石牌偏別遣勁旅間道急趨英霍徐圖懷定此上策也如楚師轉戰未能深入用苗沛霖輔以官軍先拔懷遠此中策也若二者皆不能行則以勝保攻明光李世忠踰清流關以保東路臣守壽州與傅振邦關保相應援制孫葵心劉添幅二巨捻以保西路此下策也葵心攻潁州同書遣兵擊之敗走復霍山十年遣兵攻鑪橋焚賊壘進擊舒城援賊破王家圩賊圩勝保議招葵心上諮同書同書言師方攻程家圩賊巢不必曲意招撫俄拔程家圩英法聯軍犯京師勝保請召苗沛霖練勇入援命同書傳旨同書亦自請開巡撫缺率之同行尋併諭止之粵匪陳玉成攻壽州同書力禦尋退苗沛霖本懷反側見時方多故益猖恣因與壽州團練徐立壯孫家泰等有嫌會其所部數人爲立壯所殺遂圍攻壽州同書密疏陳沛霖跋扈詔飭會袁甲三查辦沛霖抗不聽命圍攻益急縱兵四擾立壯所部多舊捻素騷擾爲民怨十一年坐其通捻殺之又下孫家泰於獄家泰自殺以蒙時中付沛霖沛霖仍不息兵召同書還京以賈臻代署巡撫同書令署布政使張學醇勸諭沛霖始撤圍奏言沛霖過猶知改請量加撫慰責勦捻贖罪俾袁甲三賈臻籌辦善後事宜同治元年曾國藩奏劾同書於定遠失守時棄城走壽州復不能妥辦致紳練有讎殺之事迨壽州城陷奏報情形前後矛盾命褫職逮問王大臣會鞫擬大辟父心存病篤暫釋侍湯藥心存卒復命持服百日仍入獄二年改戍新疆三年都興阿請留甘肅軍營效力以花馬池戰捷獲賊渠孫義保賜四品頂戴尋卒復原官贈右都御史諡文勤

嚴樹森初名澍森字渭春四川新繁人原籍陝西渭南道光二十年舉人入貲爲內閣中書改知縣銓授湖北東湖擢升同知以防勦功晉秩知府署武昌府巡撫胡林翼薦之八年擢荊宜施道遷按察使十年遷布政使擢河南巡撫時皖捻縱橫於河南境內又有汝甯土匪陳大喜金樓教匪郜永清皆猖獗十一年正月捻匪姜台淩自歸德犯省城援軍集遂南趨陷唐縣攻南陽府城圍鄧州裕州三月始回巢孫葵心犯光州陳州亦至三月始出境苗沛霖黨勾結陳大喜等擾陳州汝甯邊境五月雷彥等圍鹿邑經月始回巢七月劉狗大股分黑白花三旗擾歸德結金樓教匪攻馬牧寨樹森出駐陳州督勦八月劉狗竄朱仙鎭犯省城樹森率兵回援賊竄汜水鞏縣掠黑石關回竄鄭州仍由歸德回巢姜台淩亦犯沈邱裕州越樊城復入荊子關擾南汝兩郡由柘城鹿邑回巢十月劉狗復大舉援金樓寨爲官軍所阻未得逞時苗沛霖復叛結張洛行與汝甯正陽息縣諸匪連絡將犯河南樹森偕團練大臣毛昶熙合疏請調宜昌鎭總兵李續燾及鮑超部將陳由立各募楚勇三千赴豫又調吉林馬隊一千以資防勦請增兵之後山西陝西月協銀各二萬兩允之樹森老於吏事在湖北從胡林翼治兵久堅愎自是與毛昶熙不合事相掣肘治河南年餘剿賊雖有擒斬軍事不得要領迄無起色調湖北巡撫同治元年粵匪陳得才自南陽趨陝邊捻匪竄永甯延及雒南樹森疏言當今賊勢不患其併力南趨特慮其潛竄陝境西同鳳三府爲全陝菁華所萃宜急驅出關會合夾擊以保完善

之區五月賊犯鄖西令總兵何紹彩敗之何家店會道員金國琛赴鄖策應令周鳳山分兵剿正陽羅山破賊巢克邢家集龍井陡溝明港粵捻諸匪合陷隨州陳大喜陷京山馬融和陷德安令舒保擊敗德安賊穆正春復京山應城襄北稍定因星變奏劾欽差大臣勝保又奏言藩臬任重不得以軍功擅請記名標兵缺額請以戰勇充補陣亡卹賞欠發許作子孫捐項敘給官階職銜貢監京官五品以下官俸實發不折下部分別議行二年捻匪竄麻城樹森赴黃州視師督舒保穆正春等擊走之三年粵捻諸匪由陝南合趨湖北詔總督官文出省督師樹森留防省城官文奏劾樹森把持兵柄舊營悉改隸撫標上斥其任意妄爲降道員四年授廣西按察使貴州巡撫張亮基被劾玩兵侵餉縱暴殃民諸款命樹森馳往查奏五年授貴州布政使樹森逗遛不進未至即奏覆參案六年疏請開缺詔斥其規避取巧褫職發往雲南差遣委用十一年予四品頂戴署廣西按察使光緒元年遷布政使就擢巡撫二年卒賜卹

論曰王懿德治閩悍寇未深入鎮輯萑苻尚能保境曾望顏在言路有聲治兵無術蜀亂遂成耆齡輯睦湘軍因人成事安徽兵餉俱絀四郊多壘福濟固一籌莫展翁同書亦據疾終凶嚴樹森恃才器小效胡林翼而適得其反者也

清史稿

列傳二百十五

秦定三　郝光甲　鄭魁士

傅振邦　邱聯恩

黃開榜　陳國瑞

郭寶昌

秦定三字竹坡湖北興國人道光六年武進士授二等侍衞出爲廣西桂林營游擊洊擢貴州鎮遠鎮總兵三十年平湖南李沅發之亂賜號毅勇巴圖魯咸豐元年率貴州雲南兵赴廣西剿匪克武宣三里墟賊營進剿象州以賊竄逸坐褫花翎降二級留任尋連破賊馬鞍山竹園村復之偕副都統烏蘭泰破賊新墟又奪雙髻山豬仔峽要隘被嘉獎又擊賊於永安州力戰受傷二年破水竇賊巢賊棄永安潰圍走禽賊首洪大泉賊趨桂林定三偕烏蘭泰追之急不暇結營而戰定三止之勿聽烏蘭泰以傷殁定三代將其軍克花橋桂林尋解圍以保守省城被優敘追賊入湖南破賊於道州桃花井五里亭龍安橋進援長沙總兵和春營妙高峰爲賊所圍定三分兵襲賊營得解尋賊竄岳州定三坐不能遏賊革職留任進援武昌戰於洪山三年賊浮江東下向榮率大軍由陸路追之令和春及定三爲前鋒甫至九江而江寧已陷踰月大軍始至迭戰城下賊堅壁以拒四年賊分黨陷廬州和春疏調定三及鄭魁士率所部往助剿時廬州久爲賊踞旁縣並陷定三連戰破賊復六安屯三角井會江寧賊分黨入安徽圖北犯以援幾南竄匪道經舒城賊首羅大綱石達開胡以晄秦日昌等合衆數萬四路來撲定三所部僅二千堅守十餘日陣斬羅大綱賊始挫引去定三集團勇攻舒城悉破城外賊壘又伺賊出截擊連破之圍之數月六年賊營火藥自焚乘其亂薄城舊攻梯而登遂復舒城殲賊四千餘予騎都尉世職進屯軍鋪賊自廬江桐城分路來犯定三往來馳擊大破之復五河廬江二縣進規桐城奪小關下關白河嶺諸險屯陳家鋪是年冬賊由安慶來援定三血戰十八日賊乃退又破賊於桐城北門外燬其城樓捻匪擾河南詔定三赴蒙城亳州會剿以鄭魁士代任桐城軍事巡撫福濟疏言定三圍攻方得手留之改以魁士援北路而魁士軍已至定三初與魁士同列及和春赴江南督師魁士會辦安徽軍務權位出定三上又因爭餉定三心不平上疏劾之福濟所恃惟兩軍雖左右袒軍飢且渙七年春賊又陷廬江進犯桐城官軍爲所圍不戰而潰坐褫翎頂文宗知定三頻年苦戰敗非其罪原之故薄譴命赴江南大營隸和春軍屯句容大軍方攻鎮江令移駐溧水以遏援賊尋卒於軍詔念前勞依例賜卹諡恭武

郝光甲直隸任邱人道光十八年一甲一名武進士授頭等侍衞出爲山東撫標中軍參將巡撫李僡薦之超擢陝安鎮總兵咸豐三年率陝甘兵援山東從解懷慶圍追賊至山西破之於平陽賊入畿輔光甲從勝保追勦陝甘總督舒興阿勦賊河南互相爭調光甲以擅自移營褫職尋隨舒興阿援安徽其軍改隸秦定三戰舒城迭破賊詔予三品頂戴署陝安鎮總兵從克廬州復舒城復總兵頂戴賜花翎尋調赴河南勦捻誤往徐州被劾革職留營擊潁州捻匪於江集禽捻首王鳳林復以調赴蒙城遲延降二級七年援桐城兵敗殁於陣詔復原官依總兵賜卹予騎都尉世職諡武節

鄭魁士直隸萬全人由行伍洊擢湖南提標守備道光三十年平李沅發之亂擢鎮筸鎮標都司從提督向榮赴廣西勦匪屢捷賜花翎擢湖南九谿營游擊以參將升用咸豐二年守桂林援長沙擢副將賜號沙拉瑪巴圖魯援武昌遂從向榮追賊沿江東下以違軍令被劾褫職留營尋戰江寧有功給都司翎頂四年提督和春調率所部赴廬州進攻屢捷復其職尋署安徽壽春鎮總兵廬州數縣皆陷府城賊衆糧足殊死守和春一軍倚魁士及秦定三二人定三分兵攻舒城而廬州軍事專恃魁士圍攻歷年餘安慶江寧援賊屢來援皆擊走至五年冬攻愈急魁士潛至城下以雲梯登城克之被優敘加提督銜六年春追賊至三河焚其巢而捻匪日熾魁士率兵赴宿州擊破之乃分路竄入河南境巡撫英桂疏請魁士赴援永城和春方倚辦皖賊疏留令往來策應於是迭擊捻匪於懷遠茅塘集河溜等處禽其酋褚漋等四十餘人又破之於蒙城焚其積聚駐守懷遠賊分隊來犯魁士祇團力戰身被二十餘創卒破賊解圍去詔嘉其勇賜黃馬褂又督團練敗賊於太和會和春督師江南詔安徽軍務以魁士繼任會同巡撫福濟督辦實授壽春鎮總兵迭克舒城廬江無爲下部優敘頒賜御用衣服及珍物又以魁士躬冒鋒鏑被創甚劇特詔嘉獎賜藥調治先後分兵復和州潛山先是秦定三攻桐城賊堅守不下魁士往會剿迭戰並擊退援賊時悍賊石達開往來桐城安慶勢甚張又勾通捻匪蔓延皖豫之間詔秦定三移兵蒙城勦捻尋又留攻桐城以魁士代之會同河南巡撫英桂節制三省剿捻之兵而桐城兵事方棘福濟復疏留不遣值歲荒餉匱定三軍原取給地方捐給魁士兵至悉取轉供定三疏爭福濟一無措置兩軍遂成水火詔促魁士速赴蒙城亦迄未行七年春廬江潛山連陷賊由安慶大舉來犯城賊突出官軍飢疲不相顧不戰潰圍而走於是詔褫魁士翎頂罷其剿捻會辦歸福濟節制退保廬州粵捻各匪會合來犯魁士迎擊挫之復翎頂尋克桃鎮派河進拖全椒滁州以杜北竄八年調赴江南大營授浙江提督督辦寧國軍務九年克灣沚進剿貴池南陵尋命駐防高淳東壩十年以傷病乞假詔斥屢次退却以總兵降補從漕運總督袁甲三剿賊授甘肅寧夏鎮總兵十一年以病罷尋召來京候簡同治五年捻匪北犯命赴直隸東路協剿六年署直隸提督八年乞病歸十二年卒大學士李鴻章疏陳魁士久於軍事堅苦剛毅叠受重傷詔依例賜卹諡忠烈

傅振邦山東昌邑人道光十六年武進士授三等侍衞二十三年出爲湖南長沙協中軍都司署鎮筸游擊三十年從平新寧土匪李沅發受槍傷賜花翎實授游擊咸豐二年赴援桂林三年從向榮追賊抵江南擢湖南撫標中軍參將以圍攻江寧功賜號綽克托巴圖魯四年擢貴州定廣協副將署江蘇徐州鎮總兵賊由蕪湖犯東壩陷高淳向榮令迎擊敗之復其城又偕鄧紹良克太平府偪秣陵關破賊於采石磯六年蒞徐州署任捻酋張洛行夏白任乾圍宿州振邦敗之夾溝浮離解城圍再敗張洛行於瓦子口毀其巢擊退蒙城賊於灘口又偕伊興額破捻酋紀學中王得六於永城鐵佛寺毀柳集臨渙集賊巢禽紀學中實授徐州鎮總兵會江南大營失利命振邦馳援偕總兵明安泰泰如虎破賊東壩進攻溧水七年克之又破賊湖墅追至龍都偕張國樑克句容加提督銜八年援寧國拔灣沚黃池郡城解嚴四月回軍徐州命幫辦袁甲三軍務時捻匪蠭起振邦馳逐江北皖豫之間禽石得珍於山套獲李大喜於符離暨孫葵心於茨河歸德陳州均肅清以提督記名九年命代袁甲三督辦三省勦匪事副都統伊興額副之尋復命幫辦欽差大臣勝保軍仍留督辦三省勦匪事澮北捻渠劉添福糾衆三萬圍團練苗沛霖營振邦馳救毀賊壘二十四乘勝攻澮南陣斬賊酋任乾夷其圩授雲南提督蒙城王家圩諸圩聞任乾死俱乞降獨澠南板橋集賊陸連科負隅久抗振邦設計招降黃家圩李華東爲內應禽陸連科誅之澠南北六十餘圩悉就撫六月賊陷定遠振邦馳援破賊於宿州賊竄固鎮破之於方家坎渡口孫葵心竄唐家寨窺濟寧截擊之賊退走十年詔袁甲三代勝保爲欽差大臣振邦專任徐宿剿匪事捻匪屢窺徐宿其老巢袁徐兩圩跨澮南河北振邦進剿連破其衝要臨渙韓村趙家海張圩餘多自拔就撫遂渡澮河攻袁圩捻酋劉添福自豫回竄擊敗之再破之褚莊邱家圩檀城五戰皆捷殲賊六千有奇禽其酋任護任大牛東路捻匪擾宿遷

睢甯振邦戰於苗村大破之閏三月偕田在田克閻圩禽任虎鄧三麼等誅之復破援賊禽李大喜四月進克滄南解溝五溝任圩賊巢斬賊目李四喜任友得三十餘名收撫童亭萮池四十二圩五月會攻袁圩捻酋劉添祥等大舉來援分軍擊之而永城捻萬餘直趨童亭窺孫疃大營振邦令副將龔耀倫擊敗其衆禽捻首趙學煥等七月拔蒙城西洋集賊圩十四穎亳捻首姜台淩等北竄滄南扼險截擊禽賊目百餘尋因傷發請假回籍醫治允之十一年命督練民團防堵登萊青三府振邦病未已疏辭防堵請專任團練報可是年冬命來京候簡同治元年勝保奏調振邦幫辦皖豫軍爲山東所留不果行二年僧格林沁調統前軍從攻淄川白蓮池援蒙城三年從破捻酋張總愚爲湖北隨州四年以疾告歸未幾疾愈留督軍青萊移扼張秋河防六年會剿直隸梟匪賊降復叛褫翎頂尋破賊夏津復之五年西捻平補直隸提督光緒六年調湖北九年以傷發回籍未幾卒於家賜䘏諡剛勇

邱聯恩字偉堂福建同安人浙江提督良功子襲男爵授乾清門侍衛道光二十三年出爲直隸通州協副將調河間協咸豐四年從勝保剿粵匪於靜海李家莊擊敗之又破梁頭孫家莊賊營擢南陽鎭總兵剿光州捻匪禽其渠丁心田賜花翎五年捻首李世林敗死其黨易添富糾汝陽息縣諸匪戕烏龍集州判陷息縣據光山聯恩督兵圍攻賊宵遁追擊大破之斃賊千餘禽斬王黨黃五雷等六年皖捻首張洛行襲睢子等擾歸德聯恩間道赴援甫至賊三路來撲擊走之尋以進勦遲延革職留營連破賊於穀熟集界溝集殲斃甚衆進剿亳州五馬溝大破之殲賊千餘禽賊目三十餘人復原官其冬襄樊土匪起入河南陷鄧州內鄉聯恩馳擊復其城殲賊渠朱中立等轄境得安七年春張洛行擁衆掠光州固始分據洪河南北勝保大軍扼北岸聯恩率兵千餘擊南岸進攻方家集賊巢五月諸軍合擊聯恩直擣賊壘破圩而入乘勝追殺焚洪河橋兩岸賊皆潰殲斃三千餘是役功最賜號圖薩蘭巴圖魯九月剿角子山捻匪都統德楞阿敗賊確山聯恩乘勝躡擊賊竄泌陽嵩縣諸山中搜捕數月賊氛始清八年回軍援固始圍尋解粵匪犯湖北陷麻城聯恩扼沙窩坊虎頭關防光山商城一路十月捻首孫葵心竄周家口聯恩破之槐店九年春張洛行與睢子復擾歸德聯恩馳援連破之追至五溝營賊分爲二其東竄者分兵擊潰於商水南而自躡其西孤軍獨進巡撫恒福劾其追賊遲延革職留營賊犯西華進擊解其圍追至舞陽北舞渡日已暮人馬皆未食遇賊奮戰進至殺虎橋賊騎四面兜圍聯恩身被重創馬仆步戰手殺十餘賊力竭死之詔復原官依提督陣亡例優䘏予騎都尉兼一雲騎尉世職諡武烈南陽同安並建專祠無子以族子嗣炳忠襲男爵炳義襲世職

黃開榜湖北施南人初入湘軍從塔齊布戰武漢蘄黃間累擢至都司咸豐七年從勝保剿捻匪克正陽關擢遊擊八年偕副都統穆騰阿戰馬頭開榜失利褫職頂復六安加副將銜九年正月會豫軍毀穎上南照集賊巢率水師攻蚌埠長淮衞戰七晝夜獲賊船百餘斃賊千餘又焚賊舟糧破懷遠水路諸卡毀文昌閣賊壘殺賊甚衆賜號勳勇巴圖魯合諸軍擊退援賊直抵懷遠城下先登復懷遠擢副將十年袁甲三圍鳳陽開榜會攻爐橋捻首張洛行來援會諸軍夾擊破之賊酋鄧正明潛乞降覘府城虛實開榜請衆師城外示以兵威總兵張得勝誘禽賊首張隆令縛獻賊酋悍黨十四人磔於市開榜梟張隆首示城賊賊衆縛獻其酋乞降誅悍者三百餘人餘遣散歸業功最以總兵記名偕總兵田在田等破賊王家營復淸江浦遂駐防江甯大營潰降賊薛成良叛入邵伯湖開榜偕副將劉成元等燬賊船三百餘殲賊殆盡成良赴水死加提督銜授江西九江鎭總兵十一年攻天長甓平賊壘同治元年捻匪竄寶應開榜督礮船擊走之又敗賊於山陽汊河偕道員張富年破賊宿州觀音寺仁和集禽賊酋王春玉於邳州拔貓兒窩賊柵僧格林沁劾開榜飾詞冒功下漕運總督吳棠按究得白爲統徐宿軍兼節制水師二年攻長城賊堡克之收撫附近諸墟破郜家花園孫疃賊巢以提督記名粵匪渡江北犯開榜扼高郵賊掠船渡湖犯天長開榜往援焚賊筏軍於隄上賊列陣以拒開榜令副將龔雲福由陸路迎擊參將陳淩家率礮划潛出小河口轉戰而前與長城兵夾擊破賊於三汊河天長圍解提督楊岳斌復江浦浦口開榜破七里洲賊壘焚船六十餘艘助攻九洑洲拔之開榜奉調赴臨淮偕總兵普承堯平七里河岸賊壘三年率所部師船防通州江甯平四年赴九江鎭任十年卒諡剛愍

陳國瑞字慶雲湖北應城人年十餘歲陷賊中出投總兵黃開榜收爲義子冒姓黃氏在軍每戰衝鋒咸豐九年從攻懷遠率七人夜渡河攀堞先登擲火燔譙樓斬悍賊十餘人師畢登遂克懷遠自是以勇聞欽差大臣袁甲三進圍定遠捻首李光等來援國瑞陷陣脅中槍裹創力戰賊辟易乘勝破二圩賜號技勇巴圖魯奉檄援壽州中途聞賊犯鳳陽回軍夜往連破賊壘立解圍超擢游擊十一年江皖賊合衆窺揚州國瑞馳勦湖西屢破賊加副將銜同治元年春捻匪犯淮安國瑞率五百人繞出賊後與總兵龔耀倫夾擊賊驚潰馬賊悉遁步賊萬餘回拒國瑞偕總兵王萬淸合戰破之再破賊黨李城於版牐賊由衆興集撲淸江浦擊走之以礮船三十過運河夜襲桃源北岸破賊圩四直取衆興拔十餘壘擢副將三月率步卒八百敗賊於涇河轉戰至新河賊逼隄而陣國瑞麾隊猛進手然礮殪執旗賊目斬級千餘以總兵記名進勦泗州捻首韓老萬敗之四月戰於邳州新村捻衆亘三十里國瑞分三路迎擊斬賊渠王春玉擲其首賊陣中賊駭亂夜冒雨襲破其三營別賊趨救昏暗不辨自相殺乘勢蹙之殲數千捻勢遂衰時山東棍幅各匪嘯集鄒城漕運總督吳棠檄國瑞進剿連克數圩斃悍酋孫化詳餘黨多就撫五月會攻兗州鳳凰山約副將郭寶昌參將康錫文分路設伏躬率小隊抵白蓮池誘賊出伏發截賊隊爲二禽悍匪劉雙印緣垣先登諸軍繼之克鳳凰山戮逆首宋維鵬等賜黃馬褂頭品頂戴國瑞呈請歸宗復陳姓會苗沛霖叛僧格林沁移剿檄國瑞先發漕運總督吳棠奏請國瑞幫辦軍務國瑞至蒙城先襲破紅里賊圩以通糧道繼克王圩越重濠進逼賊巢皖軍總兵宋慶會攻國瑞以賊壘連屬不易下密令郭寶昌自全家集鼂水支浮橋宋慶守之親引軍渡河焚賊糧屯連破數壘沛霖夜遁爲人所殺淮甸平以提督記名三年授浙江處州鎭總兵屯正陽關僧格林沁剿捻湖北不利檄國瑞赴援坐遷延降三級調用奪所部隸郭寶昌國瑞觖望人言其將反八月國瑞率千餘人謁僧格林沁於光山請爲前鋒偕翼長成保等勦柳林大小諸寨深入失利國瑞力戰兩晝夜始突圍出追賊蘄水蘄州羅田廣濟屢挫賊竄英山霍山合諸軍戰於土漢河殲斃數千生禽數百時羣賊因江甯已克降散過半敘功復原官四年正月翼長恆齡追賊至魯山遇伏與副都統舒倫保等同日陣亡國瑞力扼橋口餘衆得還賊犯襄城國瑞乘夜大雪出賊不意火其壘賊潰走時賊被剿急來往飄忽僧格林沁率騎軍窮追國瑞步隊從其後三月遇賊於確山與諸軍合擊大破之賊僅餘馬隊由遂平西平直走睢州過舊黃河入山東境僧格林沁以國瑞與郭寶昌戰最力奏賞所部軍士各銀五千兩又請獎寶昌遏提督簡放詔謂國瑞確山之戰最出力命酌量保奏賊從亳莊渡運河遂趨江北國瑞躡之屯沭陽四月賊復折入山東僧格林沁戰於曹州兵挫遇害詔罪諸將不能救護國瑞以受傷免議素恃功桀驁自僧格林沁外罕聽節制曾國藩奉命督師諭戒甚切飭赴援歸德至濟甯與劉銘傳交惡縱兵爭鬬殺傷甚多踞長溝相持不下詔嚴斥之亦未加之罪國藩疏論曹州之役國瑞與郭寶昌分統左右兩翼寶昌革職拏問國瑞不應倖免遂撤去幫辦軍務褫黃馬褂暫留處州鎭戴罪立功尋養病淮安益縱恣不法欲殺義子振邦漕運總督吳棠劾其病癲褫職押送回籍收其鹽本田產充公存銀二萬五千兩儲湖北官庫分年付資生計毋令失所俟其病痊奏聞既而病痊疊吏張之萬譚廷襄等交章論薦召至京予頭等侍衞六年春捻匪張總愚猝犯畿南命率師迎擊國瑞兩晝夜馳抵保定詔嘉之數敗賊追至河南境行軍輒自由不聽節制所部尤無紀律屢被彈劾擊賊於濟陽德平皆捷洎捻平悉復原職黃馬褂勇號予雲騎尉世職以傷發乞假居揚州李世忠與有嫌相鬬世忠縛諸舟將斃之曾國藩劾世忠革職國瑞降都司勒令回籍國瑞復潛至揚州因總兵詹啓綸毆斃胡士禮獄牽連論罪戍黑龍江逾數年朝廷猶念舊功以詢大學士李鴻章鴻章謂其情性未改精力已衰遂不復用光緒八年歿於戍所給事中鄧承修山東巡撫福潤安徽巡撫沈秉成湖廣總督張之洞先後疏陳戰績詔允復官並於立功諸省建專祠

郭寶昌安徽鳳陽人投效臨淮軍中從戰數有功尋改隸陳國瑞楚勝軍咸豐十一年國瑞擊捻匪於高郵寶應寶昌率驍健十八人爲前鋒陷陣得捷又率兵三百破賊於天長龍崗擢守備賜花翎同治元年正月捻酋李成任柱等犯淸江浦楚勝軍禦之戰車橋鎭賊分衆劫淮關寶昌追截奪還所劫稅銀數萬兩賊奔還衆興集寶昌潛師夜襲連破二十餘壘賊引去擢游擊賜號卓勇巴圖魯捻黨劉添福等糾餘匪擾泗州山東棍匪亦響應寶昌連破之汊河沙浦莊匪勢漸衰二年匪首孫化祥就禽積功洊擢副將楚勝軍名益著僧格林沁調令助剿白蓮池鳳凰山從陳國瑞迭出奇兵力戰生禽賊首劉雙印斬其黨劉金春等於陣任杜糾棍匪教匪諸黨來援並擊走之白蓮池平論功以總兵記名移軍剿苗沛霖寶昌偕陳國瑞先至攻破王家圩渡河築三壘與賊對峙斷其餽運賊悉銳來爭擊卻之賊氣奪大軍至諸圩以次下沛霖走死加提督銜三年調援湖北與陳國瑞分軍名曰卓勝營始獨當一面八月粵捻諸匪由湖北入安徽至英山東北寶昌合諸軍敗之黑石渡賊首馬融和擁衆十萬議投誠未決寶昌單騎入其營曉譬禍福融和即日降事聞賜黃馬褂四年從僧

格林沁轉戰楚豫之交功多特奏保提督記名壽以曹州之敗詔斥不能救護主將革職遣戍新疆五年曾國藩喬松年奏請免發遣留營效力六年從喬松年赴陝西偕提督劉松山剿回匪於臨平克之捻魁張總愚率衆萬餘犯富平寶昌縱間伺隙出奇襲之令部將宋朝儒等設伏村堡自率親軍挑戰伏起夾擊斬馘數千又敗賊於大荔大濠復原官勇號進復綏德州授安徽壽春鎭總兵七年春捻匪由山西河南直犯畿輔寶昌馳援日行百餘里抄出賊前抵保定賊至見官軍盛引去晉號法凌阿巴圖魯賊入河南敗之封邱黃河套張總愚匿村舍中寶昌單騎獨出突遇賊受傷墮馬部將宋朝儒翼之出事聞予假兩月調理賜御方珍藥未幾捻匪平復黃馬褂以提督簡放予騎都尉世職命從左宗棠赴陝西剿回匪八年傷愈西行破賊於宜川平綏德州叛卒回匪東趨命赴山西防河九年河西土匪起寶昌渡河擊破其衆奉檄搜捕北山土匪悉平十年赴壽春鎭任十一年霍邱蔡家集土匪李六倡亂率輕騎百人往勦誅渠魁而還事定加頭品頂戴光緒二年平永城渦陽土匪被優敘寶昌勦捻功最多鎭壽春先後二十年淮北恃爲保障調廣東南韶鎭未任尋還故官俄羅斯法蘭西日本三次開兵釁調防南北事定仍回本任二十六年卒於官賜䘏

論曰秦定三鄭魁士並向榮得力之將和春克廬州悉賴二人遂與皖事終始桐城之潰由於爭餉不和亦疆臣無調度之方以致之傳振邦老於軍事持重無失邱聯恩名將之子在豫軍中最號忠勇陳國瑞勇足冠軍剽悍不受繩尺不能以功名終郭寶昌戰績亦與並稱材武不及而器量差勝焉

清史稿 列傳二百十六

江忠義 周寬世
石清吉 余際昌
林文察 趙德光
張文德

江忠義字味根湖南新甯人忠源從弟咸豐二年忠源率楚勇援長沙忠義年十八從軍轉戰湖北江西忠源殉難廬州遂分將其軍五年從提督和春復廬州擢知縣七年劉長佑援江西攻臨江不利時忠義在籍巡撫駱秉章檄率新練勇千人往助之至則破石達開於平墟臨江既克擢知府賞花翎八年克崇仁進攻新城五戰皆捷加道銜江西肅清凱歸九年石達開犯永州忠義赴援連戰破之擢道員又敗賊新甯麻阿嶺扼武岡賊圍寶慶忠義進援會諸軍迭戰解圍賜號額爾德木巴圖魯十年駐守綏靖母病歸賊遂陷綏甯城步圍武岡忠義聞警分軍守新甯自援武岡破其衆新甯之賊走踞東安一戰克之加按察使銜又破賊於甯遠四广橋十一年春連破賊於全州白芒營宜章栗源堡還軍屯新甯遣參將江忠朝扼全州賊目余成義斬其酋以降加二品頂戴特擢署貴州巡撫石達開復自粵竄楚衆號十萬忠義以三千人扼會同大破之賊糾湖北來鳳賊黨肆擾擊走之遂克來鳳達開走入四川十二月丁母憂請終制詔允開署缺仍在湖南剿賊同治元年移師援黔克天柱改授貴州提督調援廣西克修仁殪賊渠張高友皖南賊熾曾國藩疏調援皖廣西巡撫劉長佑請留不遣命署廣西提督二年江西廣東皆調援先後報可忠義以廣東兵有餘糧他將足辦賊江西饟絀兵單賊數十萬萬一不支東南全局瓦解乃奏請力援江西檄道員席寶田率前部先發會剿陶家渡自將攻湖口逼賊營屢出奇兵抄擊斷文橋攻太平關賊酋黃文金受重創遁去賜黃馬褂進援青陽分三路進戰破賊壘圍解太平石埭甯國諸城賊次第出降詔嘉獎予優敘會疾作返就醫南昌未至卒於吳城年甫三十優詔悼惜依總督例賜䘏贈尙書銜諡誠恪立功地建專祠光緒十一年加贈太子少保從弟忠珀記名提督同治八年剿貴州苗攻克鎭遠府衛二城中礮亡諡武愍

周寬世字厚齋湖南湘鄉人咸豐初從湘軍隸李續賓部下戰城陵磯花園半壁山皆有功擢千總從援江西攻廣信戰烏石山寬世出左路突陣爲諸軍先復其城擢守備破賊義甯擢都司回援武漢戰通城寬世馳斬馬賊三生禽七以遊擊補用從攻武昌六年李續賓夜出偵賊還之雙鳳山突戰寬世潛繞山趾橫擊之賊敗奔又戰鷹觜受礮傷假歸累功擢參將賜花翎既而羅澤南卒於軍續賓代將召寬世回營迭破賊於雙鳳山魯家港小龜山克武漢復大冶興國擢副將七年從攻九江破援賊於童司牌毀其壘賜號義勇巴圖魯破小池口賊屯會克湖口復彭澤賊由臨江犯興國寬世率千六百人擊走之八年回援湖北戰麻城西南斗坡山賊設伏以馬隊誘戰寬世待其近突擊之遂破其伏軍進克黃安而麻城亦下大軍克九江論功以總兵記名從李續賓進軍安徽戰楓香鋪小池驛克太湖潛山搗舒城寬世皆爲軍鋒十月進攻三河續賓戰沒寬世斂餘衆守二日彈丸俱盡夜率親卒突圍受重傷是年冬授湖南永州鎭總兵九年石達開犯湖南巡撫駱秉章令寬世募新軍二千援祁陽破賊長慶橋又敗之長葉嶺進援寶慶屯城東連敗賊長沖口五里牌李續宜援師至會諸軍內外夾擊賊解圍走回剿永州土匪平之十一年擢湖南提督同治元年赴安徽助勦駐守桐城二年捻匪馬融和犯桐城擊走之移防六安皖北漸定調守安慶三年赴援江西克東鄉四年破遷軍叛勇追賊入廣東會諸軍殲賊於嘉應五年回湖南提督任傷發乞休光緒十三年卒

石清吉字祥瑞直隸沙河人道光二十一年武進士官三等侍衛咸豐初出爲湖北鄖陽鎭守備從剿黃陂崇陽應城累擢參將克安陸京山皆有功以勇稱所統曰飛虎軍尋隸將軍都興阿軍常從多隆阿轉戰七年援蘄州拔太湖攻安慶八年由安慶退保宿松大戰破賊九年攻太湖十年大戰小池克太湖功皆最十一年安慶既下會諸軍克桐城同治元年從攻廬州清吉屯城西北破賊壘禽斬數千進毀賊柵樹雲梯攻城賊方死拒而陳玉成兵敗遯去遂出西門攻入克廬州清吉累以戰功賜號幹勇巴圖魯擢總兵加提督銜多隆阿督師赴陝西以清吉統五千人留守廬州二年苗沛霖復叛廬壽間土匪蜂起清吉悉剿平之粵捻諸匪合擾豫楚之交清吉赴援湖北屯孝感黃岡拔難民近萬三年九月匪酋陳得才馬融和合犯蘄水圍副都統富森保於關口清吉率軍馳援會大霧賊馬步數萬麕集清吉進至樂山賊渡河抄後路圍數重截其四營爲二自辰至午血戰被九創隕於陣從戰歿者副將江星南谷明發游擊曾占彪段會元事聞詔視提督陣亡例賜䘏入祀京師昭忠祠予騎都尉世職諡威毅建專祠

余際昌湖北穀城人咸豐初入伍勦匪積功至守備署撫標右營遊擊爲巡撫胡林翼所識拔七年從戰黃梅廣濟八年陳玉成自太湖竄蘄州際昌奉檄防皖楚之交敗賊南陽河毀賊壘三十餘禽賊目賊走英山追躡之復其城擢遊擊又破賊彌陀寺晉參將李續賓軍覆三河潛山太湖復陷際昌屯英山遏潛太之衝九年進拔天堂賊大舉來爭際昌敗諸王婆坳追至雞冠嶺而還再敗賊槎水畈斬馘千餘時大軍圍太湖急陳玉成糾黨十餘萬相持小池驛十年正月際昌偕金國琛由間道出高橫嶺與諸軍夾擊大破之遂復太湖乘勝會攻克潛山擢副將署湖北督標中軍副將陳玉成自六安回援安慶霍山復陷際昌偕總兵成大吉擊破之復霍山加總兵銜十一年陳玉成入霍山自黑石渡撲樂兒嶺際昌軍潰賊上竄黃州革職留營尋從克黃州率新募昌勝五營援河南同治元年屯陳留捻匪麕集杞縣際昌馳擊大破之進拔焦趙二寨復原官賜號偉勇巴圖魯十月攻捻於汝甯破平輿寨生禽賊酋陳文詔以總兵記名僧格林沁嘉其勇令充翼長從勦渦河斬賊渠楊興太等二年春追破陳大喜於阜陽吳老莊捻首張總愚竄侯集際昌會張曜夜襲之禽其黨獨角虎周馬授河北鎭總兵夏逐賊楚豫間敗之麻城躡至方家寨中伏力戰受三十餘創死之贈提督予騎都尉世職諡威毅

林文察字子明福建臺灣人咸豐八年從剿臺灣淡水土匪捐餉助軍以遊擊留福建補用十年九龍山匪郭萬淙掠建甯邵武間汀州龍巖匪胡熊擾甯洋永安文察隨軍進剿禽其黨百餘人郭萬淙遁據邵武上山坊文察合軍蹙之降其衆復破胡熊於東板土寨禽之擢參將賜號固勇巴圖魯十一年援浙克江山晉副將晉號烏訥思齊巴圖魯汀州連城相繼陷文察回援破賊金雞嶺設伏敗之江防遂拔連城乘勝克汀州以總兵記名冬杭州既陷調援浙文察領臺勇二千人駐衢州同治元年破處州賊屯而遂昌陷文察進軍逼之李世賢自江山來援文察設伏大柘大麻及石練山之前後賊至擊走之夜賊來劫營復爲伏兵所敗復遂昌進克松陽會總兵秦如虎攻處州賊棄城遁並克縉雲授福甯鎭總兵尋擢福建提督二年臺灣不靖總督左宗棠令渡臺號召舊部統領諸軍文察分軍攻彰化及斗六克之諭降諸莊賊渠戴萬生林戇晟遁走三年破樵溪口賊莊斬其酋林傳毀張厝莊四塊厝賊巢戴萬生林戇晟並伏誅粵匪李世賢汪海洋合陷漳州文察倉猝率二百人內渡遇賊萬松關歿於陣贈太子少保予騎都尉世職諡剛愍本籍及漳州建專祠子朝棟光緒中法兵犯臺灣陷基隆朝棟率家兵助戰有功捐鉅貲賜四品京堂有聲於時

趙德光原姓張貴州郎岱人從副將趙德昌轉戰雲南德昌弟畜之故冒姓趙

氏拔補千總擢都司咸豐十年自領一軍戰獨山屢敗賊擢遊擊十一年賊竄省城德光擊走之又敗之羊場平寨設伏於主戎山麓殪賊無算擢參將賜號豪勇巴圖魯教匪踞玉華倘大坪以王卞爲屏蔽德光率所部攻破楊義司郭家莊馬籠口賊營斷其援又破腰蘿溪新寨嚴要隘進偪王卞德光先登賊大潰救出男婦數千人擢副將同治二年壩芒匪首潘明杰由龍里竄伺省城德光迎擊三江橋賊敗走進攻甲秀閣賊巢遂克龍里舊縣補都勻協副將以總兵記名三年倘大坪匪撲省城德光與布政使嚴自閑等固守賊尋退加提督銜署古州鎮總兵旋解清鎮圍克龍里廣順定番長寨以提督記名四年匪首何二久踞開州倘大坪擾近省州縣無甯歲德光選精銳過清水江勦之賊糾集苗匪教匪沿江以拒乘間過江攻開州德光固守十餘日殺賊八九百人乘勝追擊克沿江獅子坉鎮江坉三龍營賊屯進克濫江賊巢斬馘二千餘何二棄倘大坪而遁被優敘署安義鎮總兵五年署貴州提督攻克永甯解安順圍六年援定番乘雷雨破賊斬賊首許八十等平花山賊屯拔底季賊巢皆號博奇巴圖魯壽剿賊安平黨荻哨深入賊伏中鎗陣亡詔依提督陣亡賜卹贈太子太保予騎都尉兼一雲騎尉世職諡剛節建專祠遺腹生子秉鈞襲世職復姓張氏

張文德湖南鳳凰廳人幼育於文氏從姓文名龍德入行伍隸鎮筸營咸豐初從剿江甯廬州敘把總六年從提督和春攻三河賊壘不下文德請獨身持檄諭賊降投誠者相繼至遂克三河七年從復鎮江擢都司八年從援福建下浦城松溪政和崇安賜花翎九年敘援浙江功晉遊擊十年從張國樑解鎮江圍援賊復至文德扼水柵七晝夜賊引去擢副將自是從將軍巴棟阿提督馮子材守鎮江十一年補廣東羅定協副將同治元年賊屢攻鎮江皆擊退馮子材奏言文德力挫賊鋒重圍疊解實爲特出之材授貴州鎮遠鎮總兵賜號翼勇巴圖魯文德以生父年七十無子養父文氏有二子陳請復姓更名文德二年連破賊牧馬口薛村克柏林村賊壘加提督銜賊由東路來犯文德禦諸駁溪誅壁腹中礮腸出裹創而戰援軍至賊乃退又破之博洛村攻丹陽毀賊壘禽賊目三年克白埂鎮及寶堰賊黨紛紛來降會鮑超攻丹陽招賊酋蔣鑑爲內應克其城斬賊酋陳時永禽賴桂芳以提督記名江南平予一品封典命赴鎮遠鎮本任四年總督勞崇光令募楚勇規荔波獨山丁父憂解職六年署貴州提督七年克開州破鼎照山賊砦克龍里貴定斬賊酋潘名桀餘賊多降被珍賚進攻平越禽金大五連克麻哈都勻賜黃馬褂晉號達桑阿巴圖魯請假歸葬親文德既去賊復熾八年回貴州以糧匱軍潰都勻復陷詔原之免議署古州鎮十年授威甯鎮總兵督軍剿古州苗由九甲五臺山扁擔山及古州丹江分路雕剿年餘苗渠先後伏誅十三年全黔肅清予雲騎尉世職光緒元年加頭品頂帶擢貴州提督剿平黎平洞匪七年卒賜卹貴陽建專祠

論曰江忠源諸弟並從治軍忠義最爲傑出將大用而早沒時論惜之周寬世爲李續賓所倚無役不從及自將亦未著奇績石清吉余際昌陳大富林文察趙德光等皆久歷行間以死勤事張文德佐馮子材守鎮江功最著底定黔疆與有勞焉

雷正綰 陶茂林 曹克忠 胡中和 何勝必 楊復東 蕭慶高 周達武 李輝武 唐友耕

雷正綰字偉堂四川中江人由把總從軍湖北積功至游擊賜號直勇巴圖魯咸豐八年從多隆阿援安徽石牌潛山太湖桐城諸戰皆功最累擢副將以總記兵名十一年敗黃文金於將家山項家河江家河麻子嶺一月五捷授陝安鎮總兵同治元年克廬州以提督記名從多隆阿援陝西詔正綰先赴本任未至擢陝西提督幫辦軍務駐西安二年多隆阿既克東路令正綰規三原屢破賊會解鳳翔圍進援甘肅連戰靈臺鎮原皆捷三年破賊崇仁新城進逼平原會多隆阿卒於軍都興阿繼督師甘肅正綰仍奉命爲副克平涼斬賊首鐵西羽輕林賜黃馬褂於是固原賊悉竄龍山鎮追擊敗之賊回竄又陷固原正綰疾趨蓮花城欲襲其巢穴遇伏受矛傷部下亡千餘人裹創攻蓮花城克之詔嘉其勇四年春克固原進攻黑城子斬賊首黑虎克官橋李旺二堡禽賊首木根等乘勝薄預望城破下馬關半角城賊壘進規靈州分兵解安定圍七月偕曹克忠攻金積堡軍餉不繼爲賊所圍饑潰正綰自劾褫勇號黃馬褂黜幫辦歸總督楊岳斌節制正綰弟總兵雷恒及副將李高啓等以主將失職煽亂犯涇州正綰不能制止憤欲自裁詔念前功不加罪責令整軍勦賊圖自贖命巡撫趙長齡會楊岳斌按訊正綰縛送雷恒等置之法當事變初起謠諑紛淆詔斥劉蓉張皇妄奏許正綰專摺奏事以慰之所部招集增募僅三千人五年蘭州兵變回匪竄伺正綰支拄於平涼固原之間破賊於橫河川克平涼復黃馬褂勇號六年左宗棠入陝督師正綰率軍助剿援慶陽七年兩破賊於長武克黃家堡八年會攻董志原克之晉號達春巴圖魯又破白彥虎於李旺堡會攻金積堡當西路屢克要隘合圍及馬化漋伏誅被優敘光緒十年法越兵事起命率甘軍駐鳳凰城固邊防事定回任兩遇萬壽慶典加太子少保尚書銜二十一年循化撒回倡亂督剿無功革職留任二十三年罷卒於家仍以前勞賜卹

陶茂林湖南長沙人以武童入湘軍轉戰湖北江西積功至游擊咸豐八年胡林翼調爲楚軍營官扼黃州破賊霍山舒城克建德擢參將十年從多隆阿破賊於桐城挂車河擢副將十一年破賊施家山禽其渠及克安慶賜號鍾勇巴圖魯克廬州先登以總兵記名遂從多隆阿西征破賊於武關從剿回匪解同州圍克羌白鎮王閣村賊巢功皆最授漢中鎮總兵鳳翔被圍久茂林率三千人往援連戰解圍擢甘肅提督粵匪出寶雞山口擾郿縣盩厔茂林要擊雨門鎮二嶺關迭敗之進克汧陽隴州遂會雷正綰分道規平涼陣斬賊首木仲沅訥三等克之賜黃馬褂進拔張家川賊巢破龍山鎮蓮花城援賊解安定圍克金縣破賊惠城禽其渠黑牙古四年克黑城賊巢解靖遠圍進攻會寧所部索餉譁潰五營賊乘之六營皆陷茂林調後路四營來援突圍出退駐安定巡撫劉蓉疏陳甘軍積弊論茂林不職茂林亦以兵潰自劾詔斥廢法營私以致兵潰而叛遂罷職歸十年貴州巡撫曾璧光調茂林赴黔協剿復新城克安順賊巢平古州丹仁苗復原官光緒二年收復下江永從各城破六峝賊巢加頭品頂戴晉號愛星阿巴圖魯十六年署古州鎮總兵卒於官

曹克忠直隸天津人初投効湘軍嗣從多隆阿積功至都司咸豐十年令募五百人爲忠字營大破援賊於潛山太湖游擢參將賜號悍勇巴圖魯挂車河之捷擢副將克桐城宿松諸城以總兵記名同治元年克廬州後從多隆阿西征武關同州諸戰皆從二年攻羌白鎮克忠單騎往諭賊賊請降察其詐潛師會攻下之乘勝奪王閣村予一品封典尋率烏拉馬隊及楚勇七營屯長安鄠縣之間光泰廟爲入省要衝賊踞之以扼糧路克忠擊走之分隊清西路餘匪省城始安以提督記名授河州鎮總兵渡渭連破賊於白起營馬家埠白吉原邠州平陝回西趨三年平麟遊諸匪會援甘肅連破賊於西河口黑水峪赴河州本任克秦安解秦州圍賜黃馬褂四年攻蕭何城及馬定嘴將臺隆德諸堡悉平克海城回匪併竄李旺堡同心城攻下之偕雷正綰規取金積堡屯强家沙窩數有斬獲輕進爲賊所包鈔正綰軍先潰克忠亦退因前功免罪授甘肅提督時陶茂林雷正綰軍相繼譁變回氛益熾自楊岳斌楚軍外僅克忠一軍與之相持克忠援鞏昌賊敗走又毀董家堡賊巢五年援洮州次李岐山回目馬芳乞降誅其酋丁重選等而還蘭州標兵變楊岳斌令克忠移軍鎮懾克忠至人心稍定然糧餉俱竭乞病回籍十年詔起赴陝接統淮軍專防肅州十一年所部有結會匪者甘軍馬世俊騎兵亦變降捻多叛應克忠遣兵平之復乞病解軍事十一年署甘肅提督尋解職歸光緒九年命募六營防山海關十年授廣東水師提督十一年病罷食全俸二十年命治天津團練統津勝軍二十二年卒賜卹

胡中和字元廷湖南湘鄉人咸豐初從湘軍勦粵匪積功擢把總六年從蕭啓江援江西復袁州超擢都司賜花翎七年從克臨安中礮傷以游擊留湖南補用八年破賊上屯渡乘勝復撫州擢參將九年復南安擢副將石達開由寶慶竄廣西陷興安遣黨攻桂林自率悍賊屯大溶江中和從蕭啓江往援大破賊於大溶江賊竄貴州境加總兵銜賜號伊德克勒巴圖魯十年蕭啓江率軍援四川中和從之啓江卒於軍中和偕何勝必蕭慶高等分領其衆剿滇匪李永和於井研連戰皆捷賊解圍遁以總兵記名尋授四川建昌鎮總兵十一年永和竄踞富順牛腹渡兩岸築堅壘背水而陣中和選銳卒沿河設伏自率羸師誘之賊大出伏發截其歸路俘斬無算賊壘盡夷進解大邑之圍予二品封典駱秉章督師莅蜀檄中和偕諸軍援綿州滇匪藍朝柱在諸賊中最狡悍圍綿州日久軍至連破之圍始解又敗之西山觀朝柱竄丹棱與李永和合攻眉州中和馳援賊分路來撲中和突陣矛傷顯血殷衣不顧奮擊破之解眉州圍進攻丹棱朝柱遁走復其城以提督記名同治元年擢雲南提督李永和自眉州敗後竄踞青神諸軍進剿數敗之永和遁犍爲龍窕場負嵎死抗中和圍之壘石牆編木柵外浚深濠密布梅花樁賊知必死突攻蕭慶高營中和截擊敗退連戰七日賊伏不出乃使降賊譚仁曲持書約降期會於豬市坡預伏兵賊巢旁永和與其黨卯得興數十騎來會伏起分攻焚其巢永和得興駭奔追禽之

降其衆五千詔嘉中和運籌決勝生擒渠魁賜黃馬褂石達開擾蜀邊中和偕蕭慶高何勝必合擊於橫江走之二年春達開復分路犯蜀自率大隊數萬由米糧壩渡金沙江中和督軍扼化林坪瀘定橋擊破之賊走邛部土司山中達開旋就禽調四川提督三年破滇匪於敘永廳初李永和既誅餘黨竄陝西至是入甘肅陷階州四年中和偕總兵周薳武往勦毀龍王廟三官殿賊壘逼階州城下掘地道轟城克之斬賊酋蔡昌齡燕殲其黨階州平被珍賚冬勦苗匪於建武腰中彈傷力戰敗之五年勦屏山賊解馬邊廳圍誅賊酋宋任杰等餘匪悉平十三年調雲南提督光緒二年抵任三年平騰越夷匪七年丁母憂歸里九年卒賜卹何勝必湖南湘鄉人咸豐中勝必應募入湘軍從蕭啟江轉戰江西廣西積功至副將從入蜀分統湘果右軍破李永和於井研又破之於資州陣斬賊酋王二官賜號鐸勇巴圖魯十一年會破滇匪藍朝柱於西山觀又敗諸青衣壩解眉州圍追至青神禽斬甚衆授甘肅肅州鎮總兵同治元年會諸軍克青神追賊宜賓禽賊目周廷光偕胡中和誘禽李永和於犍爲龍孔場二年偕蕭慶高援漢中戰油坊街不利漢中城固相繼陷革職留軍三年會攻法慈院賊壘再敗之牟家壩乘勝薄漢中城下捦渠陳得才遁走克漢中復原官又破陳得才於上元觀克城固進規階州四年卒於軍賜卹諡威愍蕭慶高湖南湘鄉人隸楚軍積功至副將蕭啟江援蜀調從軍以井研之捷賜號果勇巴圖魯破李永和於資州以總兵記名會勦藍朝柱解綿州圍同治二年偕何勝必援漢中油坊街之戰勝必先敗慶高赴援不及同革職留軍三年克漢中同復官追賊至城固梯城而入賊潰走四年進攻洋縣道死士入城爲內應克之賊酋曹燦章走踞八里坪夾攻破之燦章就禽授漢中鎮總兵五年卒諡武毅楊復東湖南瀏陽人咸豐十年從胡中和援蜀十一年戰富順牛腹渡解大邑圍擢守備敗藍朝柱於綿州擢都司又破朝柱於崇慶燬石羊場焚賊巢擢游擊同治元年復丹稜擢參將克青神平鐵山賊壘禽李永和擢副將五年總督駱秉章疏陳復東歷年防勦滇黔諸賊功多以總兵記名七年授四川川北鎮總兵光緒二年調雲南開化鎮六年卒

周達武字夢熊湖南甯鄉人咸豐四年應募入李續賓營從克岳州武昌累功擢守備戰湖口晉都司達武每戰陷陣手大旗盪決續賓異之使領百人曰信字營常爲軍鋒八年克黃安擢游擊賜花翎從續賓攻舒城達武率死士先登左耳受槍傷克城後留守俄續賓歿軍三河舒城守軍亦潰達武以創重回湖南九年石達開圍寶慶巡撫駱秉章令達武募五百人號曰章武軍從知府劉嶽昭援寶慶守東關屢拒戰破賊圍解擢參將十年援廣西克富川平古城連塘賊壘復賀縣擢副將加總兵銜石達開分黨犯永明柘牌連戰破之擢總兵十一年會諸軍克會同賊走湖北陷來鳳同治元年春從劉嶽昭攻克之予二品封典駱秉章督師四川調達武從勦抵涪州會賊酋周紹勇由大甯竄陝西達武扼之牽子口地當兩山間令部將李輝武踰險而入賊潰走追至大竹安吉場禽紹勇及其黨吳崇禮等檻送成都斬之賜號質勇巴圖魯又破郭刀刀於儀隴大儀寨陣斬其弟占彪及悍黨馬玉音追奔至巴州鼎山鋪禽刀刀餘黨皆降紹勇與刀刀並爲蜀中劇賊至是悉平授四川建昌鎮總兵加提督銜二年護理提督粵匪陳得才圍漢中衆號十萬石達開亦由高縣走甯遠全蜀大震達武增募軍四千人往來遊擊三年得才之黨梁福成合川匪蔡昌齡由漢中竄甘肅階州達武議以勦爲防率師越境攻克江東水嚴家灣賊壘進攻階州自將台山穴地達城根地雷發城崩選鋒四百人先入大軍繼之遂克階州斬福成昌齡以提督記名並頒珍賚尋平松潘叛番授貴州提督仍留防重慶備滇邊三年勦平馬邊廳教匪斬匪首宋仕傑熊文才六年捦匪竄陝西左宗棠咨調會勦令部將李輝武率三千赴陝七年破越嶲猓夷於普雄進克西昌交腳夷巢斬級數千諸夷悉降賜黃馬褂晉號博奇巴圖魯九年詔赴貴州提督任率所部六千人行沿途平苗砦先是貴州勦寇仰客軍出省城百里即莫能制馭達武與巡撫議增募至三萬人分任戰守由龍里進凱渡截上下游賊爲二復都勻分軍破賊永甯威甯十年遣鍾開蘭攻克麻哈州之高水塘等地數十砦遣何世華破粵賊李文彩苗酋李高腳於都勻獨山收復八寨三腳諸城並克鎮甯歸化及吳秀河班竹園諸苗砦復清平黃平二城始與楚軍席寶田合十一年會席軍攻苗酋張臭迷之黨於茶牛坡斬馘甚衆降者數萬追至冷水溝生禽賊酋餘黨李高腳李文彩竄荊蓬坎分三路追擊盡殄之旋破羣苗於清平香爐山寶田禽張臭迷苗疆平予騎都尉世職光緒元年乞病歸三年授甘肅提督十年肅州妖民王林倡亂高臺討平之斬王林十九年萬壽慶典加尚書銜二十年卒官賜卹建專祠弟康祿從達武勦賊廣西湖南歷保知縣同治元年從赴蜀破周紹勇擢知州四年從克階州擢知府從至貴州總理營務十一年下游肅清擢道員駐軍普安新城招撫流亡十二年會匪煽亂康祿督親軍百人往討衆寡不敵死之贈內閣學士予騎都尉世職諡壯節

李輝武湖南衡山人周達武部將咸豐中從勦粵匪洊擢游擊十一年從入西川勦涪川鶴遊坪踞賊禽賊酋周紹勇郭刀刀輝武功爲多擢副將賜號武勇巴圖魯同治三年從援階州輝武由伍家坪進軍扼州城外北山條竹埡四年攻破橋頭里賊壘又破賊於孟家莊殲城外賊殆盡穴地破城輝武先登禽賊目蔡四巡部以總兵記名從討松潘叛番拔其巢尋攻黑河番焚芝蔴第五寨餘寨皆降乘勝連破大松樹及竹自三寨以提督記名六年捦匪竄陝西輝武率步隊五營赴援勦破汧陽隴州寶鷄諸賊西路肅清八年勦董志原竄匪斃賊目王明章晉號福凌阿巴圖魯授漢中鎮總兵九年偕提督劉端冕分擊北山回匪破翟三禹得彥於縣頭鎮陳村十一年擢甘肅提督仍留防漢中光緒四年卒賜卹輝武在漢中久軍民相安疏濬府城東河道達漢川旁引溝渠以資灌溉民食其利又修復褒斜棧道商旅便焉沒後士民籲請建祠從之

唐友耕雲南大關廳人咸豐中滇匪起陷賊至四川敘州自拔來歸從戰有功授千總署通江營守備賊擾鹽井廠從戰擊走之擢守備十年戰峨眉索橋受傷破賊雙福場進平天全茅山賊壘擢都司賜號額勒莫克依巴圖魯十一年援瀘川破賊解圍擢副將駱秉章督師至蜀檄友耕會諸軍援綿州令自石橋鋪進攻友耕觀望不前被劾褫職留營旣而會援眉州友耕軍先至戰比有功圍解復原官戰青神陣斬賊目張興身被二傷裹創力戰賊大敗同治元年破石達開黨賴裕新於邛州三月達開圍涪州友耕馳援解其圍授四川重慶鎮總兵會諸軍復長甯賊引去是年冬達開屯敘州雙龍場分黨屯橫江友耕攻破江岸賊壘二年春賊由橫江竄新灘溪與屏山隔一水友耕慮賊乘間偷渡乃濟江設伏誘賊深入敗之六月達開謀渡金沙江官軍扼之不得進改趨天全土司地友耕擊沈賊筏達開奔老鴉漩復爲土兵所遏遂就禽友耕擢雲南提督留屯川南四年丁母憂詔改署提督友耕請終制許之七年服闋署四川總督崇實奏綏陛見令募勇防川北八年調赴雲南招降回寇李本忠等賜黃馬褂光緒六年署四川提督八年卒

論曰雷正綰陶茂林曹克忠皆多隆阿部下戰將多隆阿歿後甘肅軍事實倚三人以餉匱兵變遂難成功克忠較有謀略其軍獨全終以病引退後猶稱爲宿將胡中和周達武等皆以楚軍平蜀寇唐友耕以蜀軍頡頏其間並隮專閫達武晚任貴州軍事與席寶田同定苗疆建樹較閎遂爲

清史稿　列傳二百十八

郭松林　李長樂
楊鼎勳　唐殿魁
唐定奎　滕嗣武
駱國忠

郭松林字子美湖南湘潭人咸豐六年隸曾國荃軍從援江西克安福從勦永新太和萬安蓮花廳龍泉敍獎把總進圍吉安府城七年石達開率悍黨來援邀擊於吉水三曲灘松林首陷陣多斬獲收復新喻峽江吉水八年隨克吉安擢守備九年克景德浮梁賜花翎十年圍安慶會勦陳玉成於小池驛進壁集賢關每戰皆捷十一年克安慶擢遊擊賜號奮勇巴圖魯克廬江無爲運漕鎮下沿江要隘擢參將同治元年李鴻章率淮軍八千赴上海松林從與僞忠王李秀成僞慕王譚紹洸破賊泗涇會攻太倉礮擊城墮士卒爭進浮橋斷賊乘之死數百人松林力禦始得收軍二年克太倉松林敗賊茜涇支塘會克崑山新陽以總兵用李秀成合水陸數十萬援江陰犯常熟劉銘傳謀乘賊未定擊之賊北自北漍南至張涇橋東自陳市西至長壽縱橫六七十里築壘瀕河勢大熾銘傳進北漍攻其左松林進南漍攻其右周盛波等進麥市橋爲中路黃翼升以水師助之松林敗賊陳市越南漍趨張涇揮刀盪決血染衣盡赤賊大潰走銘傳盛波等同破賊自顧山以西皆盡以總兵記名尋克江陰以提督記名又破賊貅山梅村麻塘橋松林受矛傷旣而蘇州無錫皆復加頭品頂戴三年克宜興荊溪敗賊建渚毀賊壘收溧陽解常熟圍授福山鎮總兵大破三河口賊營賊爭道六浮橋盡斷尸塞河水爲不流克常州進勦浙西克長興復湖州功皆最賊走廣德徽州合江寧杭州賊自江西竄閩四年李鴻章檄松林率五千人航海赴援克漳州漳浦雲霄詔安賊竄廣東嘉應遂破滅五年曾國荃調松林率新募湘軍勦捻匪於德安克應城雲夢復敗之皂河楊澤追至臼口中伏松林傷足臥地不能起將卒不見松林復闖入陣負而出之弟芳鈐戰死松林以創重假歸六年創愈李鴻章令統萬人號武毅軍時東捻任柱已斃餘

黨走壽光松林要擊破之杞城賊沿海南走阻濰河捻酋牛喜子麾白旗賊犯劉銘傳軍賴文光麾藍旗賊犯松林軍兩軍縱擊賊大潰壽光民圩皆出助殺賊赴濰河死浮尸二萬餘俘萬餘人奪獲贏馬二萬匹賊酋徐昌先范汝增任定皆伏誅賴文光鳧水南奔松林疾馳六百里追至清江文光死奔至揚州瓦窯鋪爲吳毓蘭所禽東捻平七年春西捻犯畿輔松林敗之安平再破之茌平自臨邑築長圍至馬頰河松林偕潘鼎新王心安守之敗賊於海豐追至德州歷十六晝夜斬捕過半六月松林會潘鼎新大破之沙河俘斬四千捻走黃運徒駭河間松林與銘傳縱橫要擊張總愚赴水死西捻平賜黃馬褂予輕車都尉世職授湖北提督調直隸光緒六年卒於官優卹建專祠諡武壯

李長樂字漢春安徽盱眙人同治元年以外委從郭松林隸淮軍充營官克柘林奉賢南匯川沙金山解松江圍復青浦擢千總戰四江口松林軍方泰鎭長樂率所部深入近賊壘夜半趣軍士起曰今陷賊中旦明賊覺無得脫者盍出奇計劫之遂投火賊幕鼓角乘之賊驚擾長樂復呼進大破之又設伏黃渡擊之半濟又敗之吳淞江南四江口圍解擢都司賜花翎二年進屯常熟王莊援賊踞陳市阻官軍進路從松林自南澗攻賊右連破賊營直趨長涇長樂陷陣傷脛裹創力戰敗賊擢參將賜號侃勇巴圖魯詩克江陰規無錫出新塘橋賊恐壘鳴礮俯擊長樂濡絮裹身越溝進敗之逐奔至亭子橋刺賊酋黃子隆中肩又設伏兵敗援賊李秀成圍大橋角營從松林往援奪其舟賊退走盡平梅村諸壘會諸軍圍攻無錫率輕騎掩至梯城入黃子隆就禽長樂獲其子德懋尋坐失察部勇褫職留軍進規常州援總兵唐殿魁於奔牛解其圍三年敗賊上湖橋克宜興復官移軍溧陽金壇戰皆捷回援常熟解其圍連破賊於楊舍華墅周莊三河口會攻常州四月合圍長樂先登賊酋陳坤書黃和錦就禽復常州擢副將賜號尚勇巴圖魯從松林進克浙江長興以總兵記名進湖州破呂山賊攻賊酋黃文金於尹隆橋官軍不利長樂率三營別屯李家港保糧道賊傾巢來爭長樂偕易用剛夾擊之斬賊酋黃十四破尹隆橋遂復湖州四年春從松林援福建戰於海澄赤嶺松林分兵爲八隊長樂居中當賊首李世賢破走之復漳州長樂進屯古田據山東形勝賊悉銳力爭擊卻之復漳浦雲霄南趨詔安破之梅村復其城加提督銜福建平旋師江蘇屯鎭江曾國藩督師勦捻匪松林已歸長樂代將其衆以從兼統忠樸三營爲遊擊之師轉戰河南山東閒六年李鴻章代國藩督師松林復至軍增松林軍至二十餘營號武毅軍長樂所部曰武毅軍前軍破任柱於贛榆要賴文光於濰縣長樂等併力奮擊賊鳧水東走蹴至余家寨賊受創甚鉅復要之壽光南北洋河巨濰河間禽斬三萬文光竄揚州被禽賜黃馬褂七年從勦西捻戰安平馬軍失利長樂等以步卒馳援賊大潰追至饒陽楊家村又要之深州李家村破其馬隊斬獲無算三月敗賊大坏山援提督陳振邦於大河村解其圍追剿之茌平滄州援副都統春壽於海豐郝家寨六月追至樂陵禽總愚子正江弟得華戰商河槍傷總愚西捻平以提督總兵遇缺題奏皆博奇巴圖魯十年署湖北提督尋實授光緒五年調湖南六年調直隸近畿海防重要奏令長樂駐蘆臺扼大沽北塘門戶十五年卒官優卹諡勤勇

楊鼎勳字少銘四川華陽人咸豐二年應募從軍初隸湖北按察使李孟羣克漢陽擢把總七年隸提督鮑超軍八年戰湖口擢千總十年鮑超與陳玉成大戰小池驛鼎勳見玉成立陣中指揮獨從壯士十數人突前擊之玉成駭走復太湖潛山兩城敘功賜花翎李秀成踞黟縣鼎勳擊賊城下奪門入大軍繼之復其城十一年復建德擢都司破安慶赤岡嶺賊壘擢遊擊初小池驛之戰鮑超嘉其功令將五百人所向有功諸將嫉之譖於超同治元年李鴻章督師上海遂去超從淮軍虹橋四江口諸戰有功累擢副將募淮勇千人號勳字軍屯金山張堰扼平湖乍浦要衝習西洋槍隊每戰輒爲軍鋒二年破新昌賊壘連克楓涇斬賊四千生禽五百再戰西塘裹創奮擊大敗之擢總兵賜號鋒勇巴圖魯從程學啟規蘇州鼎勳攻下城外堅壘蘇州復加提督銜三年會克宜興荆溪溧陽解常熟無錫圍攻常州賊因蘇州之殺降惟死守鼎勳以蜀人將淮勇懼諸將輕己每戰輒先晝夜環攻盡毀城外賊壘血戰三日造浮橋率死士先登城礮彈洞胸遂背左右扶之絕而復蘇遂克常州以提督記名簡放創愈進克浦口復長興招降湖州賊黨會克其城追賊至皖境克廣德四年偕郭松林援福建攻烏頭門賊壘復漳州援江蘇蘇松鎭總兵五年調赴河南勦捻匪敗賊朱仙鎭踹擊至定陶睢甯六年破賊於黃陂孝感擢浙江提督調湖南十月破賊於山東濰縣追至夏灣賊酋陳懷忠乞降分軍出周家寨襲賊大破之追擊於諸城膠州東捻平論功予騎都尉世職七年馳援畿輔破捻匪於安平追至楊家村降賊酋張志清偕郭松林擊賊濬縣大邳山又敗之衞輝陣斬賊酋王建瀛熊八禽悍賊何士喜周久於龍王廟賊竄山東自德州趨天津鼎勳守運河修牆浚濠賊來犯輒擊走之會舊傷發遽卒數日而西捻平李鴻章疏聞贈太子少保諡忠勤建專祠

唐殿魁字蓋臣安徽合肥人咸豐十年巡撫翁同書檄率鄉團援壽州力解城圍又從克合肥三河汎解六安圍敘千總同治元年李鴻章率淮軍援上海殿魁從隸劉銘傳克南匯川沙奉賢金山衞柘林五城積功累擢都司賜花翎二年克江陰楊舍汎城擢遊擊賜號振勇巴圖魯復江陰縣城擢參將尋克無錫以總兵記名從劉銘傳攻常州銘傳受重傷令殿魁偕副將黃桂蘭督兵進甫至奔牛鎭而常州丹陽兩路賊麕至圍之殿魁據石營依河岸壁壘悉爲賊轟毀堅守二十餘日銘傳裹創往救殿魁從內夾擊苦戰數日圍始解三年克常州生禽賊首陳坤書以提督記名四年增募所部至三千人從劉銘傳渡淮勦捻匪破張寨賊壘五年授浙江衢州鎭總兵追賊至湖北克黃陂捻匪自山東回竄銘傳督兵追至烏官屯殿魁繼進殺賊五百餘六年調廣西右江鎭捻首張總愚竄安陸銘傳與鮑超約會戰於永隆河銘傳欲先出殿魁請少待不從超未至銘軍先遇賊部將田履安李錫增戰沒殿魁戰小挫受重傷及聞霆軍大捷復裹創力戰遂殞於陣贈太子少保予騎都尉兼雲騎尉世職諡忠壯建專祠

唐定奎字俊侯殿魁弟偕兄轉戰江蘇從劉銘傳勦捻於山東河南安徽湖北積功累擢副將賜花翎同治六年殿魁戰歿永隆河定奎方省母回里奔赴軍誓殺賊復讐遂代領兄舊部轉戰河南山東六年殄任柱於贛榆破賴文光於壽光所部殺賊最多東捻平以提督記名七年從勦西捻於直隸山東賜號呼敦巴圖魯銘軍凱旋告歸終養九年丁母憂劉銘傳赴陝西勦回匪調定奎接統銘武軍定奎請終制命俟陝西軍事平回籍終制十年定奎回防徐州十三年日本擾臺灣生番滋事船政大臣沈葆楨奏請援師李鴻章薦定奎率所部往七月至臺灣駐鳳山擇險分屯龜紋番社引日兵與刺桐腳莊民尋仇相鬭定奎示以兵威日人引去時疫流行士卒先後死千餘人定奎附循周至兵氣不衰賜黃馬褂楓港獅頭諸社番屢出戕害良民光緒元年遊擊王開俊進勦中伏死內外番社結黨刦殺各社就撫皆懷觀望定奎分遣七營屯東港南勢湖自率四營當其衝葆楨檄諸軍並聽節制定奎上書陳兵事略曰逆番晝伏莽中夜燎山頂精於標鎗伺間輒發專恃深林密箐狙擊我師我進彼隱我退彼見今欲掃其巢穴必先翦其荆棘宜增募土勇導引兵丁隨山刊木務絕根株然後分道進兵草薙禽獮其有奸民接濟鹽米火藥者按軍法庶幾一舉可以成功葆楨據以入告於是開山進兵攻克萃山竹坑本武諸社獅頭社猶負險抗拒定奎令諸將得險即守自勦獅頭兩社別遣師扼斷外援遂攻下之移營駐守被脅十餘社皆歸命給衣履酒食譯示朝廷威德咸受約束設招撫局酋充諸社總目赦其脅從臺南大定詔褒獎命內渡休養士卒授直隸正定鎭總兵尋擢福建陸路提督沈葆楨調兩江總督奏統所部駐防江陰九年傷發乞休不允法越用兵事起海防戒嚴詔促力疾赴防十一年和議定病請開缺允之十三年卒優卹諡果介

滕嗣武湖南麻陽人咸豐初從軍湖北十年小池驛之戰功多超擢都司從攻安慶嗣武率所部扼要築礮壘壘未成賊突出萬餘來爭嗣武力擊破之十一年克安慶敘功擢參將同治元年改隸淮軍從李鴻章至上海解松江圍賜號偉勇巴圖魯屯北斡山扼賊衝賊犯寶山與諸軍夾擊破之進拔南匯以總兵記名二年偕程學啟規蘇州敗賊於正義鎭地當要衝以嗣武守之輔以水師分軍伏橋口伺賊崑山賊勢蹙啟西門遁汱起水師以巨礮環擊賊大潰立復其城移軍會攻江陰賊自無錫來援連營數十柵壘碁布軍分三路進嗣武率八營當中路攻麥市橋以輕兵伏河隄燃礮毀賊壘賊潰走追及之三巴橋殲戮殆盡進次無錫城下賊首李世賢以全軍拒戰嗣武身先士卒怒馬突陣敗之謝家橋又敗之蕩口賊退據朱王橋堅守嗣武出奇兵襲擊禽斬千餘加提督銜既而克無錫以提督記名三年會攻常州破援賊於奔牛鎭攻下宜興荆溪嗣武傷右股四月會圍常州嗣武當南門礮毀城垣克之七年從李鴻章勦捻畿輔事平八年授湖北鄖陽鎭總兵十一年卒賜卹諡武愼

駱國忠安徽鳳陽人初陷於粵匪授僞職知賊必敗陰圖反正常熟久爲賊踞福山與狼山夾江對峙賊設屯以扼後路國忠任城守同治元年李鴻章蒞江蘇兵威日振國忠因水師遊擊周興隆舉城薙髮降鴻章令興隆國忠選驍健萬人分守水陸要衝以防蘇州竄賊福山守賊胡經元江勝海原約俱降國忠遣人召之比至福山不得入國忠夜率兵往令其弟國孝攻其南自與興隆攻其北斷賊登舟之路槍殪賊將侯得龍賊舟師遁走經元勝海殺賊渠數人率

所部出與國忠合國孝越重濠毀賊壘興隆等分兵盡拔許浦白茅徐涇諸壘賊將錢壽仁亦自太倉率所部二千詣鴻章降總兵鞠耀乾率師船泊徐涇千總袁光政入城助守十二月李秀成等以衆數萬自蘇州來攻連營十餘里國忠乞濟師常勝軍五百人自海道往援而賊由江陰再陷福山聲援隔絕鴻章令潘鼎新劉銘傳張樹珊以三千人趨福山與黃翼升水師並進福山城小而堅攻之不下常熟被圍愈亟國忠斂兵入城興隆屯城西虞山相特角爲死守計同治二年賊以礮壞城東垣國忠力拒不得入樹雲梯緣城亦擊卻之賊增壘堀隧數道並進城危甚會鼎新銘傳諸軍急攻福山賊分兵赴援留者僅數千國忠乃開城出戰毀賊壘禽其渠朱衣點福山既克諸軍來會城圍始解捷聞優詔嘉獎擢授國忠副將加總兵銜編降衆爲忠字八營會攻江陰戰甚力既克賜號勁勇巴圖魯署京口水師副將留守江陰三年破丹陽援賊以總兵記名尋克常州以積勞傷發乞假歸五年從劉銘傳剿捻匪轉戰湖北河南山東所嚮有功六年東捻平以提督記名賜黃馬褂九年銘傳督辦陝西軍務調國忠從行十二年卒於乾州軍中賜卹諡勇肅

論曰郭松林李長樂楊鼎勳滕嗣武皆由湘楚舊部改隸淮軍平吳平捻卓著聲績唐殿魁淮軍驍將惜未竟功定奎席兄餘光名位轉出其上固有幸有不幸哉駱國忠智勇堅毅識時爲傑當時名滿江南成績可紀也

清史稿　列傳二百十九

蕭啓江　張運蘭
唐訓方　蔣凝學
陳湜　李元度

蕭啓江字濬川湖南湘鄉人少賈於蜀後始折節讀書咸豐三年入塔齊布軍四年從平岳州克武昌漢陽興國大冶蘄州敘縣丞晉秩州同五年廣東賊犯湖南湘撫駱秉章檄啓江募兵協剿曰果字營自是獨將一軍攻茶陵踞匪率壯士數十人薄南門賊自民廛躍出攢矛環刺啓江手禽數賊賊莫敢逼尋會克其城賊走江西陷弋陽興安啓江偕羅澤南復兩城進收廣信賜花翎擢同知六年劉長佑援江西總統諸軍啓江屬焉駐師瀏陽賊陷萬載啓江大破之樹潭大橋竹阜遂復萬載而崇通賊復犯瀏陽援賊大至撲營啓江鏖戰敗之躡至八角亭毀其壘會曾國華馳至偕由洪塘新昌上高擣瑞州前軍至登龍橋擊退袁州賊進攻新昌上高拔之擢知府進攻袁州啓江與長佑分地扼賊長佑攻西南啓江攻東北盡平城外賊屯城賊惶懼啓江策臨吉賊必來援設伏敗之盡奪其輜重尋破賊合山克分宜加道銜進攻臨江七年正月大捷陰岡嶺斬其酋賊勢以孤乃潛約撫建新淦援賊趨太平墟犯長佑營長佑戰失利營陷賊乘勢回犯陰岡嶺部將田興恕楊恒升突陣斬悍酋數人師從之賊崩潰夷其壘四十七城賊窮蹙乞降而賊首仍負嵎死拒乃誘其出戰啓江揮軍疾進薄城而登遂克之擢道員加按察使銜長佑尋以病歸劉坤一代之啓江與進攻撫州連下宜黃崇仁撫州賊屯樟樹鎮將伺官軍渡贛襲臨江啓江與坤一回擊大破之進次上頓距撫州十五里築壘甫畢賊至迎擊敗之進攻高橋賊棄城遁追斬千七百有奇撫州復加布政使銜九年賊陷南安糾衆數萬犯贛州踞新城墟及池江諸地時曾國藩督援浙軍啓江率所部從檄援贛州啓江遣田勇三千誘賊賊爭出赴利啓江摧鋒直進斬級數千田勇者江西募農夫防賊貪鹵獲倚湘軍無所畏集者四萬啓江曰衆而不整必敗禁之不可遇伏果潰湘軍爲少卻部將胡中和力戰斷後復進敗之平新城墟池江小溪鳳凰城諸賊壘賊退入南安南安故有二城夾水賊分屯相犄軍至皆棄而走啓江進屯城外靑龍黃龍結壘自固令曰入城者斬有頃賊果還南城攻之敗走啓江曰賊狡而弱吾直驅之耳攀堞以登賊奪西門走追殺數十里賜號額埒斯圖巴圖魯進信豐會總兵遮克敦布攻吳家嶺啓江率中營進賊萬餘來撲擊敗之破先溪橋賊壘城兵出而夾擊立解其圍時江西郡縣皆復石達開由崇義竄湖南郴桂所屬皆告警啓江馳防賊已由永州竄圍寶慶啓江自臨藍趨永州扼東安屯白牙市劉長佑李續宜解寶慶圍追至白牙啓江會軍夾擊禽其酋楊家廷馬繼昌於陣賊竄入廣西陷興安盡集悍黨大溶江遏追師遣別賊直犯桂林啓江由全州趨興安復其城攻大溶江大捷解桂林圍以按察使記名移軍回湖南四川軍事急命啓江率師往援十年春甫至以疾卒於軍詔贈巡撫從優賜卹諡壯果湖南江西並建專祠其所部留四川駱秉章用以平賊焉

張運蘭字凱章湖南湘鄉人咸豐初從王鑫轉戰衡永郴桂積功擢同知六年戰通城運蘭設三伏營前斬賊酋張庸忠禽魯三元克通城又大破賊于崇陽白蜆橋賜花翎七年從王鑫援江西迭捷於臨江吉安樂安新城廣昌功皆最王鑫卒于軍運蘭與王開化分領其衆吉安賊竄永豐運蘭屢敗之擢知府又破賊於峽江橋阜灘獅子山移軍吉水扼賊三曲灘相持數日血戰十數次斬賊渠黃錫崑渡贛江破石達開於朱山橋達開焚屯而遁遂解永豐圍擢道員八年略定樂安宜黃逼建昌敗賊于厚坪破水南賊巢分勦南源裏塔墟劉家坑直擣謝坑毀賊壘斬其酋廖雄滔等復南豐建昌之圍始合五月克之加按察使銜賊復犯南豐擊走之追及新城杭山降賊衆數千時詔起曾國藩督師規浙江國藩行次江西賊已入閩疏調運蘭及蕭啓江率所部從會賊陷安仁別將失利運蘭進擊大破之殲賊數千克安仁賜號克圖格爾依巴圖魯由杉關進勦破賊順昌回援景德鎮戰於李村斬馘二千餘解散千計九年援饒州敗賊于栗樹山克浮梁加布政使銜是年秋粵匪犯湖南寶慶運蘭回援疊破賊於宜章星子市禾洞追至廣東連州破九陂石塘白虎墟賊巢殄賊逾萬授開歸陳許道十年曾國藩軍祁門運蘭偕鮑超破賊黟歙十一年克休寧擢福建按察使再復黟縣盡夷賊壘時運蘭統五千人防徽州尋移防寧國值大疫悍賊麕集與疫軍力拒之同治元年拔旌德二年命援廣東擣陽山石坣賊巢降其衆三千禽巨酋李復猷于連州三年赴福建按察使任時江浙逸賊衆猶十餘萬由江西入閩踩汀漳二郡運蘭率五百人趨武平遇賊衆寡不敵總兵賀世楨王明高副將雷照雄皆戰歿運蘭被執罵賊支解之事聞贈巡撫予騎都尉世職諡忠毅武平及湖南廣東建專祠

唐訓方字義渠湖南常甯人道光二十年舉人大挑教諭咸豐三年曾國藩創水師訓方領副右營嗣改入陸軍從羅澤南克蒲圻復武昌又從攻興國金牛堡國藩命募常甯勇五百人統之曰訓字營從克田家鎮蘄州廣濟拔黃梅進軍灌港敗悍酋羅大綱是夕賊謀襲大營訓方巡營驚覺賊退走明日攻孔壠街口訓方率壯士踏肩陟高墉諸軍乘之遂破孔壠五年從澤南援江西克弋陽興安廣信德興浮梁援義甯賊屯城外雞鳴鳳凰二山與城犄角訓方逼雞鳴山下督隊先登賊驚潰乘勝拔其城從澤南援武漢克蒲圻進攻武昌累擢知府賜花翎六年正月率三百人夜出鮎魚套至藕塘奪二壘又破援賊於豹子海會襄陽土匪高二倡亂圍府城巡撫胡林翼令訓方偕舒保馬隊往剿破賊於峪山援賊至又敗之進克樊城追至呂堰驛斬女賊宋氏援宜昌破賊於南漳權襄陽知府七年二月川匪劉尙義犯宜城揚言趨荊門而使南漳賊襲府城訓方備之急扼武安堰賊奔據武安城進攻之會都統巴揚阿來招降訓方進勦高二於璟灣乘雪夜進攻禽之而巴揚阿所撫賊復叛掠鄖房保山竹山竹谿保康興山訓方會陝西軍連破之武當山金頂斬其渠餘賊降襄鄖悉定先以克武漢論功以道員記名至是加按察使銜授湖北督糧道陳玉成合捻匪犯蘄黃訓方自襄陽赴援連戰敗賊進屯張家塝胡林翼令於蘄州境內建礟卡訓方以二千人守之賊迭來攻皆擊退賜號奇齊葉勒特依巴圖魯調援臨淮尋以李續賓軍覆三河回防湖北屯陳德園九年會攻太湖賊圍鮑超於小池驛多隆阿不能救令訓方移軍近鮑營爲接應甫至築壘未就爲賊所乘乃退屯新倉十年解軍事赴糧道任未幾遷擢湖北布政使十一年胡林翼駐軍英山病甚賊上犯黃州抵滠口武昌震動訛言繁興訓方處以鎮靜誅亂民數人人心始定滠口賊亦擊退同治元年安徽巡撫李續宜因母喪奪情請假回籍舉訓方自代命暫行署理苗沛霖反側久遂叛安徽諸軍皆不能制二年僧格林沁大軍至始平之撫循降圩收其兵械奏移鳳臺治下蔡雉河集增立渦陽縣都統富明阿奏劾訓方降調三年署湖北按察使尋署巡撫授直隸布政使兼統練軍出省防勦七年西捻平請開缺省墓光緒三年卒于家湖北請祀名宦祠

蔣凝學字之純湖南湘鄉人咸豐初在籍治鄉團五年從羅澤南克武昌獎國子監典簿六年率湘左兩營從巡撫胡林翼攻武昌屯賽湖堤引江水入湖合長圍進薄城下平賊壘十餘武昌復論功擢知縣從克黃州大冶興國逼九江七年分統三營屯北岸陸家嶺攻小池口屢戰皆捷都興阿檄攻童司牌童司牌背江據湖通黃梅要隘賊五六萬踞之至則賊數搏戰凝學堅持不退尋陳

玉成來援衆議退兵凝學曰童司牌不克水師往來失所據九江之師亦掣肘勢所必爭請增兵千人宵濟合水師連日鏖戰破之平賊壘數十進克黃梅擢同知八年會攻九江府城凝學穴地道迤東而南地雷發壞城垣百餘丈從缺口入殲賊甚衆擢知府賜花翎連復麻城黃安擢道員十月李續賓三河軍覆官文檄凝學間道還剿會多隆阿鮑超擊賊於宿松花亭子破之賊退太湖潛山凝學駐防荊橋九年移屯黃州羅田會攻太湖十二月陳玉成大舉來援凝學移軍龍家涼亭與鮑超小池驛之軍爲犄角留四營遏太湖東門城賊出擊退之十年正月鮑營被圍急凝學進援甫拔營賊大隊來抄凝學揮軍截擊多隆阿率馬隊應之戰竟日禽斬二千餘乘勝攻羅山衝賊壘諸軍合擊賊大潰加鹽運使銜十一年陳玉成復犯湖北凝學回援武昌縣敗賊赤壁山下復其城會總兵成大吉等攻黃州數月不下招降賊目劉維楨復蘄州選出衆五百人爲忠義營使維楨詐稱援軍誘城賊出擊之遂克黃州以道員記名加布政使銜苗沛霖叛陷壽州凝學進屯六安克霍邱增募水陸軍苗黨姚有志潘壇等乞降各圩多反正授甘肅安肅道同治元年移屯潁州二年粵匪李世賢北竄凝學移軍舒城擊敗之又追敗之六安賊引去苗沛霖復圍壽州凝學回援破賊於牛尾岡壽州尋陷凝學坐救援不力褫布政使銜仍駐防潁州會僧格林沁督師剿沛霖凝學克霍邱各圩水師分駐三河尖臨淮關進破黃梁集克潁上收附近城各圩斬賊黨苗呆和苗呆花復懷遠沛霖勢日蹙遂走死三年粵匪陳得才等糾衆三十萬自陝西回竄圖救江甯凝學屯英山遏賊金家鋪敗之賊復自麻城犯霍山凝學退石家嶺與按察使英翰相犄角伺賊過狙擊殪千餘人拔出難民數千英山解嚴復布政使銜進援湖北收復羅田蘄水麻城三縣解蔡家河圍賊復竄安徽凝學躡追沿途襲擊繞出賊前遏之霍山長嶺庵路險賊不虞兵猝至多墜澗死降者三四萬賊首陳得才仰藥死簡降衆爲步隊五營馬隊三營餘悉遣散是年冬陝甘總督楊岳斌奏調凝學赴甘肅行次樊城會霆軍譁變凝學所部亦以欠餉不靖請於巡撫鄭敦謹借款資遣湘左八營留忠義營於湖北自請回籍養病命兩月假滿仍赴甘肅五年募湘勇二千號安字營至西安巡撫劉蓉奏請凝學屯涇州兼顧關隴六月敗回匪於華亭與提督雷正綰總兵張在山等約夾擊深入被圍士卒死傷七百餘人總兵周太和周清貴副將黃德太等均歿於陣凝學潰圍出屯平涼轉戰而前至省城署蘭州道六年八月回匪犯蘭州守城兵僅凝學所部千餘人登陴固守屢出奇兵焚賊壘賊尋退以按察使記名八年署按察使九年復署蘭州道擢山西按察使光緒元年遷陝西布政使四年以病解官未行而卒賜䘏內閣學士

陳湜字舫仙湖南湘鄉人咸豐六年曾國荃赴援江西招湜襄軍事從克安福萬安七年進圍吉安國荃奔喪去軍湜代領其衆尋以父憂歸八年從蔣益澧援廣西克平樂賊趨桂林湜率四營遏之於大灣車埠敗之乘勝剿蘇橋壘從攻柳州克潯州九年石達開圍寶慶湜募千人出祁陽赴援與李續宜夾擊破之十年曾國荃圍安慶使湜總軍事湜規地形請堨樅陽口蓄水阻援賊力扼集賢關從之賊酋陳玉成來援阻水趨集賢關擊破之十一年克安慶自是獨領一軍循江而東會克諸城監累擢至道員同治元年從國荃攻江甯建議先併力九洑洲斷江北接濟先後會諸軍擊走李秀成李世賢援衆二年城圍合湜當西路克江東橋七甕橋紫金山諸隘賜號著勇巴圖魯三年六月克江甯湜入旱西門遇李秀成率死黨出走逆擊反奔尋爲他軍所禽以按察使記名四年授陝西按察使調山西捻匪方熾陝籌防五策建水師於龍門砥柱間五年捻酋張總愚謀渡渭湜令水師焚三河口浮橋督民團備渭北賊不得逞六年命湜駐汾州節制文武冬總愚乘河冰合竄入山西七年春犯畿輔湜以疏防褫職譴戍新疆巡撫鄭敦謹疏請留防冬陝回將乘隙渡河屢擊走之詔免發遣左宗棠西征檄湜率五營出固原斷漢伯堡賊南趨河州之道殲余彥祿餘黨於羅家嶮九年金積堡平復原官十年進規河州宗棠令湜盡護諸將渡洮進攻連克陳家山楊家山董家山諸回堡逼攻太子寺老巢破其外濠十一年提督傅先宗等戰歿賊乘勝來攻湜陽置酒高會密令總兵沈玉遂急擣之馬占鼇窮蹙乞降縛悍酋狗齒牙子等以獻河州平十二年叛酋馬桂源馬本源踞巴燕戎格湜率軍進討二酋敗遁湜善視其孥遂因占鼇來降數其罪誅之並斬馬五麻諸悍目賜號奇車伯巴圖魯四月逾河收循化循化撒拉回素獷悍恃險擾邊湜深入其阻羣回縛悍目馬十八沈五十七等二十餘人獻軍前繳械受約束湜規地勢修城設官分營扼駐與西甯碾伯河州聲息相通焉尋謝軍事回籍光緒八年兩江總督曾國荃奏調統水陸諸軍兼治海防駐軍吳淞以私行游讌被劾歸十二年復出統南洋兵輪總湘淮諸軍營務授江蘇按察使二十年遼東兵事起詔集舊部防山海關移屯關外鞍山站二十一年春進駐大高嶺遣將援遼陽和議成擢江西布政使命剿甘肅叛回未行復駐山海關二十二年卒贈太子少保湜從曾國荃最久後屢蹶仕久不進世稱爲宿將光緒中命繪中興功臣於紫光閣徵集諸將之像湜與焉

李元度字次青湖南平江人以舉人官黔陽教諭曾國藩在籍治團練元度上書數千言言兵事國藩壯之招入幕五年國藩移軍江西令元度募勇三千屯湖口六年移屯撫州偕江軍林源恩合防與賊相持久之餉絀分軍克宜黃崇仁而賊自景德來援撫州賊出攻江軍營林源恩死之元度突圍出移屯貴溪防廣信七年賊二萬來襲玉山守卒僅七百人元度迎戰斷賊浮梁賊以步隊綴軍騎賊趨上游跳水渡乃回城拒守被攻兩晝夜元度立埤堄間彈中左頰賊忽罷攻鉦鐃雜作知其穴地道乃掘濠以防伺其穿隧及濠殪之賊技窮引去伏兵邀擊安仁弋陽廣信皆平元度先已累擢知府以道員記名至是加按察使銜賜號色爾楞巴圖魯八年率所部平江軍援浙江敗賊玉山子午口會克常山江山授浙江溫處道十年曾國藩督師皖南調元度安徽甯池太道防徽州至甫三日賊由旌德糾合土匪散軍入績溪叢山關遣同知童梅華都司單級福率千人往援敗挫賊趨郡城元度退走國藩奏劾褫職逮治會浙江巡撫王有齡奏調援浙元度不待命回籍募勇八千號安越軍將行粵匪犯湖南巡撫文格留其軍守瀏陽偕諸軍破賊請按察使銜並加布政使銜會杭州陷王有齡死詔左宗棠代之元度率軍入浙與李定太守衢州授浙江鹽運使署布政使國藩以元度罪未定不聽勘遽回籍復劾革職交左宗棠差遣言官再論劾命國藩宗棠按治國藩奏徽州之失元度甫至情有可原宗棠疏言杭州失陷非因其逗留所致惟落職後求去索餉不顧大局論遣戍沈葆楨李鴻章彭玉麟鮑超等交章薦其才代繳臺費免罪歸同治初貴州巡撫張亮基奏起剿教匪以功復原官擢雲南按察使光緒八年丁母憂服闋補貴州按察使遷布政使十三年卒于官元度擅文章好言兵然自將屢僨事所著先正事略天岳山館文集並行世

論曰蕭啟江張運蘭功在江西在湘軍中資勞最深中道而殞故䘏典特隆唐訓方蔣凝學轉戰功多舊部散亡再出遂不競陳湜李元度皆蹶而復起元度文學之士所行不逮其言軍中猶以宿望推之爾

清史稿　列傳二百二十

金國琛　黃淳熙

吳坤修　康國器

李鶴章 弟昭慶　吳毓蘭

金國琛字逸亭江蘇江陰人咸豐中以諸生謁羅澤南於江西使參軍事每出戰部伍嚴整倉猝犯之屹然不亂轉戰弋陽廣信武昌黃州累功擢知縣七年李續賓代澤南使總理營務率師會襲湖口克之進復彭澤小姑洑泰坪關擊退援賊晉秩同知直隸州八年從克九江窺安徽下太湖潛山桐城續賓戰歿三河國琛與其弟續宜招集散亡勞徠撫慰重申紀律軍勢復振九年秋石達開犯湖南圍寶慶國琛從續宜赴援毀田家渡賊壘又敗賊賀家坳斬悍賊胡德孝賊走廣西擢知府其冬胡林翼曾國藩規皖精兵猛將萃於潛山太湖陳玉成糾衆數十萬結捻匪龔瞎子圍鮑超於小池驛救兵迭失利先是林翼以國琛行軍善規地勢令率十四營冒雪趨天堂備援至事急乃出高橫嶺屯仰天庵俯視賊營皆在目中賊驟見旗幟大驚十年正月賊乘霧登山來犯國琛揮軍突起蹴之合山下軍奮擊斬馘逾萬乘勝克潛山太湖林翼疏陳非鮑軍之堅忍不能久持非國琛之出奇制勝不能轉危爲安論功擢道員十一年粵匪復犯湖北國琛馳援武昌連復孝感雲夢進攻德安賊酋馬融和死鬭卒以長圍克之加布政使銜尋授湖北安襄鄖荊道仍兼治軍樊城地衝要商賈所集督軍士築土城不煩民力賴爲保障時捻匪西擾關中命國琛率師赴援以鄖西戒嚴留未行同治元年馬融和以衆六萬圍南陽國琛越境往援力戰解城圍拔出難民數萬巡撫嚴樹森忌之劾其不遵調度以同知降補二年曾國藩調統義從營擊賊徽州屢捷於豹嶺佛嶺黃備口小溪皖南肅清復原官補甘肅鞏秦階道以母老假歸光緒元年起復廣東督糧道擢按察使五年卒于官國琛以儒生治軍十餘年堅苦踔厲號爲名將居官亦有政聲

黃淳熙字子春江西鄱陽人道光二十七年進士湖南即用知縣歷署綏甯會同剛直爲時所忌引疾閒居咸豐三年巡撫駱秉章廉知其賢使强起之咸豐

七年署湘鄉有異政尋丁父憂郴陽方陷賊移家於湘鄉曾國藩方起督浙江軍辟參軍事不就九年石達開犯湖南秉章檄淳熙募勇千六百人防省城時出勦賊達開由寶慶竄踞嶺東分黨犯江華淳熙破之於挂勾嶺遂夜襲嶺東賊營躡至江藍殲殪甚衆進勦賊黨賴裕新乘霧敗之破杉木根黃馬寨而還十年達開黨棼四出淳熙轉戰於永道綏靖諸州復宜章桂陽前後三十餘戰皆捷累擢知府以道員記名所部曰果毅營增至三千人駱秉章奉命赴四川督師湘軍名將勁兵多從曾國藩胡林翼劉蓉薦淳熙兵精善戰秉章遂以淳熙與劉嶽昭從行至荆州嶽昭復留獨淳熙以所部當軍鋒分道泝峽上次萬縣聞順慶被圍率師赴援五月至賊走定遠追之距定遠二十里望賊屯城西南連十餘里城東北江水環繞賊方造浮橋渡水淳熙分三路進遇賊即前搏之擲火焚其屯賊大亂爭走二十餘壘悉潰禽斬數千殲首賊何國樑解散脅從萬餘人賊黨彭紹福率衆千餘屯東岸收集潰賊竄二郎場淳熙銳進欲一戰平之二郎場在山中羊腸曲逕通遂甯兩路均爲涪江阻別賊朱甲衆數千由青岡壩至四路設伏淳熙遣偵不見賊五鼓師行還賊燕子窠擊走之逼二郎場賊分兩路遶山麓上淳熙知有伏令諸營左右搜捕自率中軍策應兵分伏賊起徧布山岡官軍走田塍泥深輒陷淳熙率親卒拒戰被圍策馬突陣陷淖中棄馬手刃十餘賊中矛仆擁至場支解燔之賊懾其軍勇猛不復追餘部整隊還賊亦遁走淳熙雖戰歿湘軍之威因之頓振詔贈布政使賜邮加贈內閣學士謚忠壯

吳坤修字竹莊江西新建人捐納從九分發湖南道光二十九年振湘陰水災勤於事從勦李沅發以府經歷縣丞補用咸豐二年粵匪犯長沙以守城功擢知縣曾國藩創立水師坤修司軍械四年水師攻九江入鄱陽湖爲賊所阻不得出令坤修單騎往南康導往吳城南昌五年率舟師防瑞豐以父憂歸既而武昌復陷坤修從羅澤南援湖北復咸甯蒲圻崇陽通城累擢同知賜花翎進規武昌六年江西軍事不利胡林翼令坤修領新募軍曰彪字營會湘軍援江西復新昌上高由新昌取道羅坊攻奉新梯城而登賊死守不能拔乃先下安義靖安後萃軍奉新時江西餉絀坤修傾家貲并勸族里富人出銀米饟軍又籌銀四萬兩解省垣收集平江潰勇七年春克奉新累擢道員尋授廣東南韶連道仍留軍克瑞州是年冬東鄉師潰被劾褫職九年駐師撫州江西巡撫耆齡檄督辦撫建甯三屬團練始立團防營駐貴溪移德興出援徽州十年克建德秋徽防軍潰坤修方假歸其弟修數攝軍事守嶺外郭郡調回江西曾國藩令守湖口而巡撫毓科檄援建昌賊由金谿竄東鄉坤修自撫州迎擊於鄧家埠大破之賊復出貴溪竄安仁遏之不得渡河乃竄德興萬年將擾景德鎮坤修由饒州馳援景德以固祁門大軍後路會賊由建德上犯國藩令援湖口坤修且戰且進先賊至城恃以完加鹽運使銜同治元年李秀成自蘇州援江甯分犯蕪湖會軍擊卻之又會克金保圩高淳溧水及溧陽東壩各要隘遣散降衆數萬三年加布政使銜江甯克復以按察使記名四年署徽甯池太廣道授安徽按察使五年署布政使六年巡撫英翰駐潁州出境勦捻坤修轉輸餉餫未嘗遲乏七年署巡撫實授布政使東捻平請假回籍補終父母喪九年回任十一年卒巡撫英翰疏陳其戰功政績賜邮贈內閣學士

康國器初名以泰字交修廣東南海人少爲吏員道光末從軍以勞授江西贛縣桂源司巡檢咸豐初粵匪犯江西土寇蠭起國器募死士三百贛南道周玉衡檄擊賊烏兜良口克萬安造船三十艘習水戰六年從克饒州累擢知縣署南城石達開陷瑞撫臨吉四郡國器從克樟樹鎮連戰瑞州臨江鉛山安仁擢同知十一年廣東巡撫耆齡檄勦陽山賊賊踞藍山地阻絕負隅十餘年國器緣崖歷礀出賊後破石柵九奪礮臺毀其老巢遣子熊飛單騎說降劇賊練四虎其魁梁柱走豬頭寨穴山攻獲之進軍赫巖禽賊渠周裕等藍山平擢知府同治元年援浙從蔣益澧圖湯溪明年春克之擢道員三年克餘杭功最多授福建延建邵道始專統一軍粵匪汪海洋犯閩陷武平永平李世賢踞漳州龍巖與之合旁郡縣多沒於賊左宗棠議三路進兵國器自請當龍巖進軍雁石令熊飛擊鐵石洋三戰薄城下破其衆數萬並敗古田援賊四年正月遂克龍巖賊走永定分踞苦竹奎洋勢猶熾國器進擊苦竹乘夜大霧火賊營破二十餘壘海洋以悍黨來援敗之於東阮又敗之大溪乃竄廣東大浦境未幾海洋復犯永定國器馳燬羅灘橋賊分七路來撲海洋自陣獅龍嶺所部皆死黨旗幟徧巖谷國器曰賊精銳盡萃於此若摧之餘衆必奔乃堅壁深溝伺怠出擊先破其伏分道猛進斬馘數千盡獲其軍實海洋跳而免時漳州亦下李世賢西遁遇國器於塔下縱兵擊之降其衆二萬人海洋走廣東踞鎭平國器進壁鎭平東南高思塘分軍扼程官埠賊數來犯卻之國器知海洋將襲高思而虛攻程官埠乃戒程官軍勿爲動設伏兩山間海洋果率悍黨來撲誘入伏突起槍斃其梟汪大力黃十四海洋傷腕陣斃及墮巖礀死者無數胡瞎子攻程官亦敗走尋克鎭平十二月會諸軍擊賊嘉應海洋伏誅餘孽悉平五年擢按察使七年遷廣西布政使十年護理巡撫十一年內召以疾歸光緒十年卒左宗棠疏陳戰績請邮格於吏議特詔允之國器治軍能以少擊衆常傷足而跛軍中號康拐子悍賊皆畏之子熊飛積功至浙江候補道勇而有謀常爲軍鋒國器數獲奇捷實賚其力云

李鶴章字季荃安徽合肥人大學士鴻章弟諸生從父兄治本籍團練屢出戰有功以州同用咸豐十一年從克菱湖賊壘復安慶擢知縣賜花翎同治元年從鴻章援江蘇常率親兵佐督戰北新涇四江口諸役功皆最又攻枝福山許浦海口賊壘招降常熟踞賊錢森仁鴻章引嫌奏捷不敘其勞特旨詢問命一體議敘以知州用加四品銜二年會克太倉規蘇州分諸軍爲兩路其進崑山之南澱北澱顧山毀賊壘破援賊會克江陰擢知府進攻無錫踞賊黃子漋死守李秀成屢來援及蘇州既克潰賊亦嚮聚鶴章督水陸諸軍力戰克之以道員記名簡放詔嘉鶴章能與兄同心戮力爲國宣勤此次未行破格之獎爲鴻章功不自私俾得報勞將士鼓舞衆心指日常州金陵次第奏捷克成全功更當與郭松林劉銘傳等同膺懋賞鶴章進趨常州與劉銘傳會攻破援賊解奔牛之圍三年四月克常州賜黃馬褂授甘肅甘涼道是年冬曾國藩調其軍赴湖北四年以甘肅回亂棘命赴本任鶴章以傷發未行尋疾甚國藩爲奏請開缺留襄營務未久乞病歸遂不出以捐助山西賑金加二品銜光緒六年卒於家曾國荃疏陳李鴻章平江蘇鶴章與程學啟各分統一路請將戰績宣付史館於立功地建專祠允之子經義官至雲貴總督弟昭慶初從曾國藩軍淮軍既立國藩留五營令昭慶領之駐防無爲廬江同治元年從鴻章至上海解常熟圍克嘉興常州皆在事有功四年國藩督師勦捻匪昭慶總理營務統武毅忠樸等軍及鴻章代國藩令赴前敵擊賊馳逐鄂皖東豫之間累擢至記名鹽運使捻匪平留防江淮十二年卒贈太常寺卿

吳毓蘭安徽合肥人咸豐十年粵捻合擾皖北毓蘭以從九品偕兄毓芬集團練助勦鳳潁間從解壽州圍擢縣丞同治元年李鴻章率師援上海毓蘭從軍東下克柘林奉賢南匯川沙青浦金山皆與有功擢知縣二年克嘉定解北新涇四江口之圍加同知銜領華字副營擊賊吳江八斥牛尾墩同里等處進克平望黎里調守嘉善三年率所部從總兵程學啟攻嘉興戰於合歡橋毓蘭率槍船冒險渡河先破賊卡繞出賊營後立拔之進抵城下賊以巨礮拒河口學啟被傷毓蘭率先鋒攻益厲掘河口架橋濟師晝夜環攻轟陷城垣百餘丈賊死抗不下賊酋黃文金自湖州來援力擊走之遂克嘉興毓蘭緣梯先登擢直隸州知州賜花翎調守溧陽降賊屯城中勢岌岌突有金壇賊至毓蘭與兄毓芬議乘賊初至破之設伏以誘賊敗走烏鵶嶺毓蘭與毓芬兩路夾擊禽斬無算窮追至建平境陣斬賊目林得英黃有才禽黃金龍溧陽既定調守長興時大軍已破湖州毓蘭偵賊將竄泗安鎭與毓芬夜率健卒八百冒雨疾走潛渡觀音橋賊不意兵至棄糧械而走追至泗安降者數千敘功擢知府四年調守揚州移廬州五年回屯揚州追論平浙西功以道員選用六年捻匪賴文光敗竄至揚州爲毓蘭所獲以道員記名簡放七年尋加布政使銜十年李鴻章調充海防營務處筦天津機器局光緒六年授天津河間兵備道濱海多盜毓蘭按名捕置諸法修南運河子牙河隄及千里隄瀦靜海軍糧城河道興水利八年卒優邮附祀曾國藩天津專祠揚州建專祠

論曰金國琛爲羅李舊部黃淳熙後起獨立一幟雖非楚籍並爲湘軍名將淳熙戰勝隕身國琛遭忌鎩羽皆未盡其才吳坤修康國器起於令尉功施爛然李鶴章才績出衆堪膺大用後竟不出吳毓蘭以禽獲巨憝顯名功名之際遭際固難測哉

清史稿 列傳二百二十一

沈棣輝 鄧仁堃
余炳燾 栗燿
朱孫詒 史致諤
劉郇膏 朱善張子之榛
黃輔辰子彭年

沈棣輝，字奏莀，浙江歸安人。少游淮上，爲河督麟慶司章奏。道光中納貲爲廣東通判，補廣州永寧通判，擢黃岡同知，以功晉知府，補韶州。咸豐二年調署廉州。時嶺嶠羣盜並起，李士奎、顏品瑤、黃春晚等分踞欽州之那彭、靈山之林墟，衆數十萬。棣輝至，出賊不意，率兵二千掩入那彭殲之，急分千人趨林墟。賊空壁出鬬，棣輝已由間道入其巢，遂連克旁近諸賊壘。博白賊劉八伺隙襲廉州，馳還迎賊五里亭，令列陣以待。賊疑有伏，稍引去，呼噪乘之，賊大潰。休兵十日而進，又殲賊靈山旱禾涌，追至廣西橫州，斬劉八，廉州平。總督徐廣縉駐梧州勦鬆匪，檄棣輝出鬱林援潯州。賊舟數百圍城攻甚急，遣卒梯而入，約期會戰，伏兵兩岸縱火焚賊舟，與城兵夾擊，大破之。督諸軍窮追，梧州水師邀擊，沈賊舟無脫者。論功加按察使銜。時廣西賊竄湖南，徐廣縉督師移剿，棣輝隨參軍事。廣縉罷，葉名琛督兩廣，調棣輝回廣東治軍需。先已授廣西左江道，至是調肇羅道。四年，署廣東鹽運使。陳開者，廣州匪首，倡亂踞佛山，羣賊何子海、豆皮春、李文茂等應之，踞石門、金官窰爲犄角，連陷數十州縣，環省皆賊壘。賊渠陳洸瀧屯河南岸，何博奮海艇千餘踞省河，道路梗塞，外援皆絕。名琛悉以軍事付棣輝，選精銳四千人，以二千駐流橋西山廟爲兩翼，以千人伏城中，出小西門分布要害，多張旗幟爲疑兵。賊四面薄城，城內發礮中賊，陣亂，縱兵擊之，斬級千，賊自是不敢近城。至十一月圍未解，棣輝謀於衆曰：「今外無援兵，內無積儲，聞賊中因爭食內鬨，急擊不可失。」乃自將千人出攻小港橋賊壘，日晡未下，忽見賊營火起，大呼曰：「賊破矣！」士卒皆奮，克之。乘勝進攻佛山，值大霧，賊不虞其至，連戰皆捷，遂復佛山。聞東莞水賊由石門犯省城，還軍救之，至黃竹岐，賊船數千，官軍僅數百艘，又居下風，勢甚危。棣輝禱於南海神，俄而反風，令裨將何高淡駕艨艟衝入賊陣，碎其乘舟，大破之，殺賊萬餘，俘數千，溺死者無算，危城獲全。又分兵殲賊酋黃福於譚州。五年，復順德、清遠、英德。賊圍韶州城已年餘，至是聞援兵至，遁，南北路悉平。擢按察使。六年，擢貴州布政使，未之任，卒。賜卹，蔭內閣學士。棣輝以文吏治軍，明賞罰，均甘苦，尤能知人。剿劉八時招撫瑪子材，後立大功爲名將。何高淡乃賊何博奮之弟，推誠馭之，賴以成省河之功。廉州、潯州、廣州三戰，皆履險犯難，卒得大捷，尤爲時稱云。

鄧仁堃，字厚甫，湖南武岡人。道光五年拔貢，以知縣用，發四川，歷署梁山、江油、洪雅，補綦江，調富順，薦卓異。以憂歸，服闋，入貲爲知府，補江西南安，調署廣信，所至皆有政聲。署督糧道。咸豐二年，粵匪趨湖南，仁堃請修省城，籌守禦。三年春，賊由武漢蔽江下，九江不守，巡撫出防，民爭遷徙，仁堃諭令安堵。上守江議，請增兵扼湖口，又條上城守事宜。實授督糧道。五月，賊犯江西，會江忠源師抵九江，仁堃請巡撫疏調，且遣使迎其師。忠源至，入任城守，與仁堃諳合。巡撫張芾傾心倚任，曰：「戰問江君，守問鄧君。」地雷屢發壞城，皆以力戰獲完。仁堃欲出奇計焚賊舟，以鄱陽知縣沈衍慶忠果有謀，令率所部千人備草船藏火藥，約期襲賊，議阻未果。仁堃改糧船數十艘爲礮艇，募卒扼守進賢門，以保饟道。自夏徂秋，乃引去。仁堃曰：「賊未受大創，去禍未已也。」亟請大修城以備，乃督工建礮城、礮臺，城上官房、營棚、軍器庫、硝磺庫、瞭臺、望樓皆備，浚環城濠深廣各三丈，築臨濠礮臺，甃石爲隄閘，用銀十四萬有奇，守禦之具可恃。五年，賊自湖北犯義寧，仁堃令道勇五百人往援。會贛州知府率勇二千至，仁堃請令駐義寧，巡撫陳其邁令防饒州。仁堃曰：「義寧扼三省要衝，官民頻年固守，團防爲江省最，若棄不救，後將不能責官以守城、責民以團練。」力請改援，不許，僅以二百五十人往助守，中道遇賊潰，義寧尋陷。未幾，羅澤南師至，仁堃固請往攻義寧，爲措餉十萬濟之，澤南尋克其城。十月，賊陷瑞州、臨江，圍吉安，下游賊復萃九江、湖口，南昌大震。仁堃添募捍衛保衛軍，城備益嚴。曾國藩令副將周鳳山率三千五百人規臨江、瑞州，戰勝樟樹鎮。時按察使周玉衡孤軍守吉安，仁堃請檄鳳山乘勝援吉安，衆議倚鳳山蔽省城。仁堃爭曰：「賊知城高池深，難卒攻，必爲翦枝及本之計，先擾郡縣，使省城孤立，然後大舉而攻之。若懸賞二萬金，周軍必賈勇以解吉安圍，瑞、臨皆可復。吉安失，則撫、建必相繼不保，馴至全省糜爛，會垣且坐困矣。」終不聽。六年正月，吉安陷，周玉衡死之，鳳山軍潰於樟樹鎮，撫州、建昌亦陷，南昌屬縣並爲賊躪。仁堃兼署按察使、布政使，子輔綸偕同知林源恩同率平江勇三千餘人，益以實勇志同軍，進規撫州，復進賢。國藩亦檄李元度率勇四千自湖口移師會之，復東鄉，兩軍合破賊河東灣，攻撫州久不下。援賊驟至，營陷，林源恩死之。學政廉兆綸劾輔綸臬司子不應與兵事，並劾仁堃辦城工不實，事下國藩及巡撫文俊按治，坐修城時未先請勘估，降五級調用。國藩疏言仁堃所承修爲南數省第一名城，七郡並陷，省垣終保，不爲無功。仁堃既歸，輸穀三千石助軍。十年，協守武岡，以功議敘。同治五年，卒。

余炳燾，字吟香，浙江會稽人。道光元年舉人，充景山官學教習，期滿以知縣用，分發陝西，補清澗，調盩厔，又調渭南。回人馬得全等謀不軌，親入其巢捕之，寘諸法。擢河南懷慶知府。咸豐三年，粵匪北犯，竄開封，遂渡河圍懷慶。時郡城兵僅三百，炳燾選團勇三千人登陴固守，募敢死士縋城下砍賊營，又潛毒城外汲道，使自斃。賊以地雷墮城者三，皆擊退。一日雷雨中，礮火蝟集，危甚，天忽反風，賊燔死者衆，勢頓沮。賊於近城樹木柵以斷內外，爲久困計。山東巡撫李僡先赴援，既而援軍四集，詔大學士訥爾經額督師。圍久，城中糧漸不支，炳燾素得民心，激以忠義，括糧節食，人心不渙。屢詔促戰，都統勝保、將軍托明阿等迭敗賊，賊始入山西竄。凡被圍五十八日乃解。特詔褒獎，賜花翎，以道員用。擢陝西鳳邠道，尋改授河南南汝光道，未幾就遷按察使。大河南北以防匪倡聯莊會，遇警相救；及賊去，衆而不散，莠民恃衆抗官。四年，禹州、鄭州、密縣叠擊燹團，城焚署，縱囚，掠紳民。巡撫英桂出防信陽，咸請兩司奏聞待命。炳燾曰：「賊雖衆，皆烏合，志在剽掠，無紀律，速臨以兵，必驚潰解散，其黨不久，魁渠可縛也。若請朝命，遲將蔓延。」遂親率兵七百、勇五百馳往，勦撫兼施，事即定。尋署布政使。捻首張落刑擾歸德，命炳燾往勦，攻雉河集，解亳州圍，又潛入永城，擊走之。既而歸德又有警，炳燾馳救，而他軍遞退，賊遂東逸。炳燾染病，特旨予假治理，不開缺。七年，卒。懷慶請祀名宦祠。

栗燿，字仲然，山西渾源人，東河總督毓美子。道光十五年舉人，以父廕特賜進士。咸豐三年，授湖北漢陽知府，至則漢陽再陷，行者未復，督撫皆寄治軍中，委燿綜理營務。四年，從大軍復武漢，未幾，賊大至，城復陷。六年始復，敘功晉秩道員。燿以廉幹爲巡撫胡林翼所器，令莞釐稅糧臺，旋署荊宜施道，尋加按察使銜，授武昌道，仍留署任，兼督鈔關。軍餉皆仰資鹽榷，燿綜核嚴密，稅入羨餘悉籍入公，修戰艦，增軍屯，水陸戰守皆有備。十一年，賊過施南，燿請重兵復集民團守山險。賊合川匪分掠宣、咸諸縣，施南協副將禦之，遇伏，一軍盡沒。會劉嶽昭軍至，與郡兵夾擊，賊大創，竄歸。松滋人馬鉦者挾左道惑人，衆至數千，密通賊，官軍禽斬之。燿料賊不知鉦死，必復至，集水陸軍密爲備。賊果趨夔州，遇官軍輒敗，及知馬鉦已誅，遂大潰，水陸合擊，俘斬萬餘。自是川匪無敢犯楚境。會大雨，荊江暴漲，齧攻萬城隄，燿督兵民備畚搶築，土石立泥淖間，躬親板築，信宿隄上，事定乃還。在荊州四年，政教大行。署按察使，兼攝布政使，甫踰月，授湖北按察使。燿以其父毓美曾任是職，乃顏其堂曰「誦芬」。同治元年，擢布政使，未任，卒。

朱孫詒，字石翹，江西清江人。入貲爲刑部主事，改知縣，發湖南，歷署寧鄉、長沙，皆有聲。三十年，署湘鄉。漕務積弊，屢釀巨獄。孫詒莅任，鄉民方聚集謀譁，孫詒令曰：「新漕限迫，驟改章弗及，來年當爲若剔除剝削弊政，煽動浮言者罪之。」會匪切近災也，亟縛獻，衆唯唯散。疊捕盜魁陳勝祥、劉福田等，寘之法。稔知邑士之賢者，舉羅澤南孝廉方正，縣試拔劉蓉冠其曹，延王鑫襄幕，於康景暉、李續賓、續宜皆獎勗之。廣西匪熾，孫詒集衆曰：「賊勢未易殄，北窺湖南，當其衝，衛閭里非團練鄉兵不可。」王鑫等曰：「謹奉令。」總督程矞采防衡州，孫詒以策干之，不省。會匪歐起，偕劉蓉、康景暉往捕，孫詒中彈，裹創戰於湖洞，擒賊目王祥二、熊聰一。王鑫復捕賊百餘，檻致總督行營，前後七百餘人。咸豐二年，洪秀全連陷道州、江華、永明、桂陽、郴州，孫詒集團丁分三營，以羅澤南領中營，易良幹副之；王鑫領左營，楊虎臣、王開化、張運蘭隸焉；康景暉領右營，羅信南、鍾近衡、謝邦翰治兵械，推古人陣法，制爲起伏分合，湘軍紀律自此始。長沙圍未解，王鑫、康景暉、趙煥聯分駐要隘，羅澤南、易良幹防縣城，伏莽蠢動，即時捕滅，境肅然。三年，巡撫張亮基調湘鄉團丁名調防省城，孫詒令王鑫、羅澤南、羅信南、劉蓉率之往。四年，孫詒率團破安化藍田賊，擢郴州直隸州。江忠源奉命辦軍務，之命與曾國藩議援江西，令孫詒率湘軍赴之，羅澤南領中營，易良幹領前營，謝邦翰領右營，康景暉領左營，楊虎臣領後營，羅信南領親兵營，共三千人。至南昌，戰永定門外，大破賊。謝邦翰、易良幹、羅信南隕陣，追被，孫詒哭之慟。以李續賓代領右營，羅信南兼領前營。吉安土匪鄒恩隆應賊，孫詒援樟樹，分軍令澤南、續賓及劉長佑剿平之。南昌圍解，凱旋，加知府銜，擢寶慶知府。才俊，嚴保甲，懲積匪，一如治湘鄉時。捐寺觀資產，製旗械，募戰士千人，發義倉常平儲穀充餉，親歷各鄉訓練，捕新寧山門團匪誅之。五年，粵匪陷東安，千人偕副將聯霈馳扼五峯鋪，賊不敢犯衡陽。土匪起，出境平之。六年，駱秉章疏薦人才記名以湖南道員簡放尋以治防功被優敘八年勞崇光調赴廣西假滿未出降一級調用仍治湘實團防十年會劉長佑克廣西柳州開復處分賜花翎加按察使銜駱秉章赴四川督師奏調孫貽總理營務同治元年擢授浙江鹽運使秉章奏治川省團練孫貽與秉章左右議不合引疾請罷命力疾赴陝西佐理多隆阿營務以病辭終不復出光緒五年卒

史致諤字士良順天宛平人原籍江蘇溧陽道光十八年進士選庶吉士授編修道光末出爲江西廣信知府咸豐元年署南昌三年粵匪犯江南九江戒嚴南昌訛言四起城門晝閉致諤請開城以安人心尋回廣信任賊陷饒州致諤募勇號信新軍因險設防與浙軍爲犄角四年調南昌江西諸郡行淮鹽惟廣信行浙鹽軍興淮鹽不至致諤議借銷浙引以餘息充餉名曰餉鹽從之即以致諤襄其事年餘銷引逾常額江楚及浙皆利之賊陷武寗致諤率信新軍赴勦迭挫賊於紫鹿嶺巾口火爐坪箬田復武寗是年冬南昌戒嚴援師大集主客軍不相下致諤協和將吏客軍一卒持刀攫質庫立斬以徇五年兼署鹽法道尋以母憂去官留襄軍事九年服闋命赴浙江交巡撫王有齡差遣同治元年署寗紹台道寗波自前歲陷於賊資洋兵之力復城方謀畫曹娥江而守尋以法總兵馬籌思所部與廣勇互鬬廣勇潰賊乘間竄慈谿奉化致諤至慈谿已陷激厲民團登陴固守與英總兵呿樂克稅務司法人日意格推誠相結以美兵官華爾忠勇可用介以相見令攻慈谿以駐餘姚之洋兵及同知謝采璋團勇應之慈谿賊分擾鄞縣境及半浦而嵊縣新昌賊復大舉犯陳公嶺華爾克慈谿中礮歿於軍陳公嶺不守奉化復陷郡城又警致諤乞餉於上海令都司楊應龍募忠勇軍紳士李諤招大嵐山義勇又以廣勇潰散慮爲賊用招之回令洋將布興有布良舉守備張其光分統之部署甫定賊由間道犯郡城天雨陰霾勒兵以待伺賊懈出擊之分兵兜勦連捷於橫溪石橋進薄奉化楊應龍率死士以梯登城下之時致諤已實授甯紹台道奉化竄賊復勾結上虞賊分道犯慈谿餘姚致諤以賊衆兵寡分援則力弱議直擣上虞賊必還救因出師漸遠郡城餉事不能兼顧乃請巡撫疏免前署道張景渠罪責其專任兵事連復上虞嵊縣新昌增軍萬人進規紹興二年復之進克蕭山與大軍會於錢塘江浙東以平巡撫左宗棠奏減杭嘉湖三府漕賦致諤上書言蠲賦惠政減正額尤當革浮收各縣情形各異當擇大者奏咨餘並著爲省例以盡通變之宜三年以籌餉功加按察使銜賜花翎先以衰老乞歸未允至是原品休致卒於家

劉郇膏字松巖河南太康人道光二十七年進士江蘇即用知縣咸豐元年署婁縣有政聲三年粵匪陷江寗揚州鎮江相繼失守會匪劉麗川倡亂踞上海附近川沙南滙嘉定寶山青浦諸廳縣並陷巡撫吉爾杭阿檄郇膏隨營勦賊郇膏率漕勇三百復嘉定權知縣事選丁壯嚴守堅稽保甲籍游民民心大定敘功加同知銜賜花翎補青浦八年調上海租界華洋雜處數構釁郇膏爭執是非不爲撓屈有招工誘逼出洋者親登舟搜獲並追回已去者民感之洋人亦帖服蘇杭既陷上海孤懸賊中郇膏練民兵四鄉設二十局以資保衛賊首李秀成陷松江進犯上海登陴堅守十餘日賊不得逞而去時大吏萃居上海或議他徙郇膏曰滬城據海口爲餽源所自出異日規復全省必自此始奈何舍而去之十一年冬賊復陷浦東諸廳縣大吏檄郇膏往援郇膏曰賊勢張甚宜守不宜戰弗聽率練勇鄉團出戰果敗乃專議守治行上聞加道銜以知府用擢海防同知超署按察使尋實授命署布政使異數也李鴻章督師至命總理營務饋餉無缺兼協濟江寗大營兩軍月餽二十萬悉取給於上海濬吳淞江以通運道招集流亡通商惠工善後諸事次第舉行尋命護理巡撫丁母憂同治五年卒贈右都御史上海建專祠祀蘇州名宦

朱善張字子弓浙江平湖人諸生授桃南通判升裏河同知咸豐九年擢淮徐揚梅海道粵匪捻匪時擾江北姦民乘時蠭起善張常在行間勦幅匪於海州沭陽殲其渠賜花翎加鹽運使銜捻首張隆據浮山令水師伏臨淮焚其舟又卻之小溪粵匪陷天長撲蔣壩善張馳援殪其酋賜號庫木勒濟特依巴圖魯善張方駐揚州陳玉成來犯攻城發巨礮擊之賊結堅壘爲久困計援師集敗之七里店追越儀徵以西揚州獲安尋賊復麕至連營至司徒廟善張晝夜守陴時出殺賊賊卒不得逞引去十年捻匪陷清江浦率師克之築圩寨爲善後計同治元年調徐州道兼筦糧臺用堅壁清野法防捻匪從僧格林沁攻孫疃老巢破之棗溝二年苗沛霖叛陷壽州圍蒙城善張知蒙城餽絕輸粟助之苗沛霖伏誅湖團之亂起湖團者始議招流民開微山湖自沛縣至魚臺戶數萬爭利亡命遷跡其中三年新團斎匪殺掠沛縣劉民寨圩善張會兵勦之未竟疽發背卒贈右都御史賜卹予之榛以廕授官補蘇州府總捕同知歷以海運敘勞晉秩道員官江蘇凡四十年筦鹺務最久精於綜覈以剔除中飽爲職志地方利病無不洞悉署督糧道歷署按察使十二次布政使二次大吏倚之忌者衆屢被彈劾按治皆得白光緒二十五年清釐田賦歲增漕糧十五萬石丁銀二十萬兩二十六年海防戒嚴省城獄囚謀變之榛方署臬篆出情實者駢誅之事乃定宣統元年授淮揚道未任卒

黃輔辰字琴隝貴州貴筑人原籍湖南醴陵道光十五年進士授吏部主事累遷郎中遇事侃侃持正論屢忤上官不少屈時稱硬黃咸豐初以知府分山西會貴州亂作遽歸倡團練修碉堡積穀省城二萬餘石撫清水江諸苗平巴香亂以功晉道員尋赴山西署冀甯道餉絀議加釐捐輔辰謂晉人皆賈於外山多地瘠非他行省比不宜病民爭之不得則請蠲苛細取大宗及不切民生日用者戶部設寶泉分局於平定州就鑄鐵錢滯不行則令分銷諸郡縣歲收息銀三萬解部輔辰謂京師用鐵錢以濟銅幣之乏山西勿便也今行各縣議令交納錢糧以三萬之微利妨數百萬之正供利一而害百即專行平定一州日積日滯其患滋大議上遂罷之九年調赴直隸軍營察海口形勢請以重兵扼北塘當事迂其言不用尋乞假去至四川依總督駱秉章陝西自回亂地多荒蕪巡撫劉蓉議興營田輔辰書陳方略采官私書爲營田輯要三卷大旨在用民而不用兵與民興利不與民牟利蓉疏薦之五年授陝西鳳邠鹽法道任以西安同州鳳翔延安乾州邠州鄜州七屬營田事輔辰建議謂關中土曠人少非招徠客民事未由濟然耕牛籽種農具棚舍官不能給民不樂趨也莫若即以地界之薄收其租畝二斗爲差六年後給券使世其業虛田無限制賦無定則吏得以意高下爲民患當先正經界略如古井田法量地百畝爲區編列次第書賦額於券視土肥瘠別等則上下授之凡領懇者以先後爲次十區爲甲十甲爲里置長爲里長總十甲租課歲輸之官凡移徙更替事皆責之別授田六畝俾食其入爲庶人在官者之祿而官總其成令下民皆便之復定考課舉劾法策奉行不力者朞年凡墾田十八萬餘畝時軍事急賴所入租麥以餉之又撥產給書院義學養濟院育嬰堂種痘局及灞岸隄工渠工諸廢皆舉尋卒祀名宦子彭年字子壽舉道光二十五年會試逾兩年改庶吉士授編修咸豐初隨父在籍治團練後入駱秉章四川戎幕數有贊畫功不受保薦同治初劉蓉延主關中書院久之李鴻章聘修畿輔通志兼主蓮池書院光緒中法俄邊事迭起侍從近臣多慷慨建言彭年雖不在朝負時望中外大臣密薦之八年擢授湖北襄鄖荊道遷按察使屏餽遺禁胥吏需索年餘結京控案四十餘起平反大獄十數調陝西署布政使十一年遷江蘇布政使連歲水旱米踊貴屬縣請加漕折巡撫欲許之彭年謂定例漕糧一石隨徵水脚錢一千所費僅數百獨不可以有餘補不足耶今增漕折民間多出二十萬緡與國計無關盡歸中飽持不可十五年護理巡撫請以賑餘三十萬緡濬吳淞江白茆河蘊藻浜工未及舉十六年調湖北布政使總督張之洞尤倚重之然守正不阿遇庫款出入斷斷以爭雖忤其意勿顧也未幾卒彭年廉明剛毅博學多通所至以陶成士類爲國儲才爲己任主講蓮池及在吳時設學古堂成就尤衆著有陶樓詩文集三省邊防考略金沙江考略歷代關隘津梁考存銅運考略子國瑾光緒二年進士官編修嗜學能文甚有時譽父喪以毀卒

論曰軍興以來監司賢者保障一方其功與疆吏等軍政財政各行省多有專任之人沈棣輝平廣匪余炳燾守懷慶其最著也鄧仁堃殫心籌防不盡見用朱孫貽提倡團練振興人材實爲湘軍肇基劉郇膏主守上海以待援軍皆以一縣令有裨大局史致諤用外兵定甯波朱善張保障淮揚功皆可紀粟耀筦湖北稅釐黃輔辰興陝西營田並爲兵食根本黃彭年名父之子久負時望晚達未盡其用時論惜之

清史稿　列傳二百二十二

華爾（勒伯勒東　法爾第福）　戈登

日意格（德克碑）　赫德（帛黎）

華爾美國紐約人嘗爲其國將弁以罪廢來上海國人欲執之會粵匪陷蘇州上海籌防謀練精兵蘇松太道吳煦識其才言於美領事獲免以是德之願效力俾領印度兵既撤自陳願隸中國咸豐十年粵匪陷松江煦令募西兵數十爲前驅華人數百半西服半常裝從其後華爾誡曰有進無止止者斬賊迎戰槍礮雨下令伏無一傷者俄突起轟擊之百二十槍齊發凡三發斃賊數百賊敗入城躡之同入巷戰斬黃衣賊數人賊遁走遂復松江華爾亦被創先是煦與華爾約城克罄賊所有以予至是入賊館空無所得以五千金酬之令守松江又募練洋槍隊五百服裝器械步伐皆效西人同治元年賊又犯松江富林塘橋衆數萬直偪城下華爾以五百人禦之被圍迺分其衆爲數圓陣陳五重人四嚮最內者平立以次遞俯槍皆外指華爾居中吹角一響衆應三發死賊

數百逐北辰山再被創力疾與戰賊始退遂會諸軍擣敵營殺守門者爭先入毀之是役也以寡敵衆稱奇捷時浦東賊據高橋偪上海華爾約英法兵守海濱而自率所部進擊賊大敗加四品銜頂會李鴻章帥師至滬迺隸戲下令立常勝軍益募兵三千俾教練參將李恒嵩副之餉倍發賊據王家寺與英提督何伯等合攻華爾賈勇先入大斬虜首進偪南翔賊亦悉衆轟拒何伯負傷華爾冒烟直進立毀其營生獲八百餘人遂復嘉定規取青浦華爾略東門城潰英法兵自西入華爾爲承賊奔爭赴水死攻奉賢法提督卜羅德遇害詔賞貂皮綵緞卹其家時恒嵩扼趙屯港四江口屢失利嘉青復危華爾方議直擣金山衛聞敗還守青浦而富林泗涇又相繼失迺棄青浦簡壯士五百襲天馬山破之入城挈守軍出併力守松江登陴轟擊兩晝夜不絕賊宵遁圍解官軍圖青浦華爾攻南門駕輪船入濠燬城十餘丈麾衆登堞賊鬭且走追敗之白鶴江黃渡復其城晉副將銜降敕褒賞僞慕王譚紹洸復來犯薄西門與總兵黃翼升各軍擊之賊潰奔北岸華爾毀其七營踰月會西兵再復嘉定其秋賊十萬復犯上海華爾自松江倍道應赴與諸軍擊卻之時甯波戒嚴巡道史致諤乞援鴻章遣華爾偕往値廣艇與法兵搆衅引賊寇新城從姚北紆道犯慈谿華爾約西兵駕輪船三一泊灌浦一泊赭山一自丈亭駛入太平橋餘姚四門鎭而自率軍數百至半浦平日薄城方以遠鏡憭敵忽槍丸洞胸遽踣地舁回舟餘衆悉力奮攻賊啟北門走華爾至郡城猶能叱其下恤軍事越二日始卒以中國章服斂從其志也鴻章請於朝優卹之予甯波松江建祠初喪歸煦檢其篋得金陵城圖賊所居處及城垣丈尺方位纖悉畢具論者頗稱其機密云勒伯勒東德加理尼阿爾伯依都額爾法國加爾禨多人初爲本國水師參將咸豐十一年來上海時寇據甯波西人惡之益兵戍守遣勒伯勒東乘輪泊三江口同治元年從官軍克府城募壯丁千五百爲洋槍隊自陳愿隸明年權授浙江總兵受巡撫甯波道節度時上虞賊犯泗門馬渚勒伯勒東軍餘姚以待尋與同知衛謝采嶂直擣賊屯賊赴水死者千餘乘銳毀其卡薄城先登擊殺守陴悍賊餘賊宵遁城克赴蟶浦略紹興以賊遺土礮往巡道張景渠止之不聽未幾礮果裂負傷而死賜優卹以法參將法爾第福爲江蘇副將領其軍退守百官法爾第福又名買忒勒頗讀華書後攻紹興焚西郭門次日復戰潰十餘丈麾衆登城賊殊死鬭別有黑種人數十助之遂遇害優卹之

戈登英國人同治二年李鴻章檄領常勝軍二千攻常州福山營別遣呂宋兵乘小舟薄賊壘支木橋伏死士城牆下日中港東西賊營皆破緣牆入痛殲之遂奪福山石城圍解權授江蘇總兵進攻太倉毀南門賊卡戈登轟潰二石壘官軍繼進克之規取崑山與總兵程學啟度地勢以環崑多水惟西南通進義策先斷其歸路遂與駕輪船以偪師繞而西賊不虞其至也即時敗奔奪其四壘譚紹洸搆悍賊來爭與諸軍大破之薄崑城偕李恆嵩夾擊賊酋僞朝將先期逸去踰月學啟攻東城戈登自果浦河奄至扼守西路分道疾攻賊奪西門走阻水殲焉遂留駐崑城策應各路移師攻花涇港知賊必不誠率衆擊北門毀城外賊壘次日賊降收吳江震澤而還以事謁鴻章於上海先是白齊文閉松城索餉既撤潛通賊領二百人入蘇州戈登詗知之亟返崑山爲備旋攻蘇城率軍三千與學啟俱力爭要害稍剪城外賊壘僞忠王李秀成聞警赴援屢敗而紹洸所部每戰猶致死自僞納王郜雲官以下皆萌貳志詣營乞降迺與學啟乘單舸會雲官等於洋澄湖令斬秀成紹洸以獻學啟與誓戈登證之未幾秀成遁雲官殺紹洸開齊門迎降賞頭等功牌銀幣並犒其軍助攻宜興溧陽並擊退楊舍賊進規常州轟破南門合諸軍掘濠築墻以敗之敘功賞黃馬褂花翎賜提督品級章服初戈登與學啟爲昆弟交每戰必偕及誅降酋頗不直其所爲捧雲官首而哭誓不與見鬭閒學啟卒悲不自勝乞其戰時大旗二攜歸國爲遺念戈登歸後埃及亂督師討之遇害朝廷遣使往弔焉戈登嘗言中國人民耐勞易使果能教練可轉弱爲强又曰中國海軍利於守船礮之制大不如小當時稱其將略云

日意格法國人嘗爲其國參將駐防上海同治元年改調稅務司徙甯波復郡城與有功官軍攻慈谿遣法兵馳往策應會餘姚四門鎭陷遂與前護提督陳世章勒兵往討踰月直擣上虞賊緣道築卡樹柵悉奪毀之薄城併力轟擊賊殊死戰賈勇直前被創衆軍繼進斬級千賊始渡曹娥江去進攻奉化與諸軍克之攻安吉思溪雙福橋駕小輪船赴荻港燬袁家匯賊壘浙平左宗棠令與德克碑討測西邦製造仿造小輪船試行五年宗棠剏福州船政局充正監督度地募工殫心所事復籌設繪事院小鐵廠七年加提督銜賞花翎十三年以船政教導勞賞銀幣光緒年卒德克碑法參將初助攻奉化有功旋奉其公使檄將受代歸謁左宗棠撫諭之德克碑慼服願易服色受節度令駐守蕭山蔣益灃攻杭城檄助戰游擊何文秀攻雞籠山德克碑從寶塔嶺登岸攻倚城賊壘會天大霧賊搆嘉興援賊自萬松嶺偪都司張志公營勢張甚德克碑率衆助擊敗之益灃督水陸軍並進連破九壘令總兵高連陞據其五德克碑據其二屯饅頭山轟潰城數丈燬鳳山門官軍爲承城遂復賊潰奔湖州攻安吉思溪德克碑率所部助之轟擊雙福橋不克駕小舟泊河汊火八角亭支木橋以濟賊阻兵中流不得進德克碑賈勇偪岸所部遇伏卻走改趨荻港越濠入克三壘事甯撤兵還上海五年充船政局副監督七年馬尾設船廠督役與工賞花翎九年宗棠平回亂檄調甘肅隸麾下十三年錄經始船政勞膺獎賞後卒

赫德字鷺賓英國倍爾發司人咸豐四年來中國充甯波領事署繙譯官調廣州又充香港督署書記官九年改任粵海關副稅務司十一年總稅務司李泰國奉令購戰艦以赫德權代之赴長江新開各口岸置新關同治二年李泰國去職赫德實授徙駐上海三年置台灣南北新關還駐京加按察使銜八年晉布政使銜赴緣海各地度置鐙樓塔表光緒二年佐定烟台條約十年赴金陵與法使議越南案會巡船置鐙樓台灣洋爲法虜迺遣駐英稅務司金登幹赴巴黎申理乘機與議停戰草約還未幾其國授爲清韓駐使不就踰年賞花翎雙龍二等第一寶星十二年赴香港澳門條議洋藥稅釐併征並置關九龍拱北十三年葡使來華與訂澳門草約十五年藏兵寇哲孟雄英兵乘勢闌入赫德遣其弟稅務司赫政馳往與駐藏大臣會籌劃界諸事十九年賞三代一品封典二十五年與德使籌置膠海新關明年各國聯軍入京贊襄和議晉太子少保二十八年召入覲賜福字三十一年與德使更議膠關章程改行無稅區地法尋與日使籌置大連灣新關征榷一如膠海三十三年東三省度地置關踰年謝病歸詔許之加尚書銜赫德官中國垂五十年頗與士大夫往還嘗教其子習制藝文擬應試未許總署嘗擬請授總海防司道員薛福成以其陰鷙專利常內西人而外中國上書鴻章力爭之議始寢辛亥後病卒賜優卹帛黎法國人同治八年來中國充福州船政學校教員十二年賞五品銜予雙龍獎牌明年調充江海關稅務幫辦歷鎭江北海甌海臨海粵海諸關光緒十九年晉三品銜調北京遷稅務司二十二年朝議行郵政以赫德兼領其事帛黎實參治之凡都會省城通商口岸漸次置局命曰大清郵政尋徙拱北二十六年還京明年遷郵政總辦晉二品銜置代辦局於蕪湖二十九年河南山東山西貴州復置副總局自是內地城鄉村鎭街郵徧設時尚未入萬國郵政公會即已與日本及英屬印度香港聯約試行三十年賞雙龍二等第一寶星與法德及英屬那達商定聯郵章程先後成郵政六百餘局代辦四千二百餘所宣統三年改隸郵傳部設總局尚書盛宣懷疏薦之遂被命爲總辦郵局置官自此始越二年乞病歸未幾卒

論曰華爾戈登先後領常勝軍立功江浙世稱洋將時傳其戰略日意格初亦參防戰繼以船政著勞赫德久總稅務兼司郵政頗與聞交涉號曰客卿皆能不負所事玆數人者受官職易冠服或願隸國籍食其祿者忠其事實有足多故並著於篇

清史稿　列傳二百二十三

沈桂芬　李鴻藻

翁同龢　孫毓汶

沈桂芬字經笙順天宛平人本籍江蘇吳江道光二十七年進士選庶吉士授編修咸豐二年大考一等擢庶子累遷內閣學士先後典浙江廣東鄉試督陝甘學政充會試副總裁八年丁父憂服闋補原官晉禮部左侍郎同治二年出署山西巡撫明年實授連上移屯練兵諸疏並稱旨桂芬以山西民食不敷自洋藥弛禁栽種罌粟糧價踴增於是刊發條約飭屬嚴禁疏陳見辦情形上韙之頒行各省著爲令旋丁母憂六年起禮部右侍郎充經筵講官命爲軍機大臣歷戶部吏部擢都察院左都御史兼總理各國事務大臣遷兵部尚書加太子少保光緒元年以本官協辦大學士京畿旱編修何金壽援漢代天災策免三公爲言請責斥樞臣諭交部議桂芬坐革職特旨改爲革職留任旋復原官充翰林院掌院學士晉太子太保桂芬遇事持重自文祥逝後以諳究外情稱

日本之滅琉球也廷論多主戰桂芬獨言勞師海上易損國威力持不可及與俄人議還伊犂崇厚擅訂約朝議紛然桂芬委曲斡旋易使往議改約始定而言者猶激論不已桂芬久臥病六年卒年六十有四贈太子太傅諡文定桂芬躬行謹飭爲軍機大臣十餘年自奉若寒素所處極湫隘而未嘗以清節自矜人以爲難云

李鴻藻字蘭孫直隸高陽人咸豐二年進士選庶吉士授編修典山西鄉試督河南學政十年上擇儒臣爲皇子師大學士彭蘊章以鴻藻應召來京明年特詔授大阿哥讀穆宗登極皇太后懿旨命直弘德殿同治元年擢侍講累遷內閣學士署戶部左侍郎四年命直軍機五年授禮部右侍郎遭母憂皇太后懿旨援雍正乾隆年大臣孫嘉淦等故事命鴻藻開缺守孝百日後仍授讀兼參機務並諭移孝作忠勿以守禮固辭鴻藻懇終制不允倭仁等亦代爲陳請仍命恭親王傳諭慰勉鴻藻連疏稱疾遂得賜告卒終制始出七年捻擾畿疆鴻藻方里居以各路統兵大員事權不一疏請特派親王爲大將軍坐鎮京師以固北路左宗棠李鴻章爲參贊大臣分紮保定河間東西兩路各率所部兵勇相機勦辦陳國瑞爲幫辦軍務專統一軍爲游擊之師直隸總督官文專顧省城籌備諸軍餉需以資接濟丁寶楨駐紮直東交界防賊東竄李鶴年駐紮直豫交界防賊南竄直晉交界由左宗棠等分撥勁旅扼要駐紮並請敕下各該大臣和衷商辦迅奏膚功奏入上遂命各路統兵大臣均歸恭親王節制旋起禮部左侍郎仍直弘德殿及軍機如故十年擢都察院左都御史加太子少保時有修葺圓明園之旨朝臣同起力爭鴻藻亦言粵捻初平回氛方熾宜培養元氣以固根本不應虛縻帑糈爲此不急之務乃止十三年上有疾命代批答章奏旋崩自劾輔導無狀罷弘德殿行走光緒二年命兼總理各國事務衙門尋丁本生母憂服闋起故官以兵部尚書協辦大學士調吏部時崇厚與俄擅定伊犂約鴻藻堅持不可爭於廷卒治崇厚罪議改約及法越啟釁言路愈奮發劾罷樞臣鴻藻謫遷內閣學士後復累遷禮部尚書十三年河決鄭州上命鴻藻馳往督辦先是河道總督李鶴年河南巡撫倪文蔚議於西壩興工鴻藻至仍之又續興東壩工幾遇奇險皆力爲守固會伏秋汛至西壩失事請暫停工上以鴻藻督率無方革職留任並奪李鶴年河道總督命鴻藻暫行署理尋回京復以禮部具奏典禮漏繕籤改日期再議革職上特寬免大婚禮成復原官二十年日韓事棘命鴻藻商辦軍務再授軍機大臣與翁同龢皆主戰並爭和約卒不能阻旋以禮部尚書協辦大學士調吏部歷蒙頒賞書畫及諸上方珍物充鄉試會試殿試等閱卷大臣二十三年以病乞假疾篤賞給藥餌命御醫往視卒年七十有八遺疏入上震悼予諡文正贈太子太傅子焜瀛煜瀛均賞給郎中鴻藻性至孝爲學守程朱務實踐持躬儉約傅穆宗十餘年盡心啟沃一日穆宗學書故爲戲筆鴻藻立前捧上手曰皇上心不靜請少息穆宗改容謝之其在樞府獨守正持大體御史王鵬運諫止修頤和園幾獲重譴鴻藻力解之得免德宗間日一往頤和園侍起居時留駐蹕言官有言其不便者太后大怒欲黜之鴻藻謂如此必失天下臣民之望乃止所薦引多端士朝列有清望者率倚以爲重然亦不免被劫持云

翁同龢字叔平江蘇常熟人大學士心存子咸豐六年一甲一名進士授修撰八年典試陝甘旋授陝西學政乞病回京同治元年擢贊善典山西試父憂歸服闋轉中允命在弘德殿行走五日一進講於簾前說治平寶鑑兩宮皇太后嘉之累遷內閣學士母憂服闋起故官同龢居講席每以憂勤惕厲啟沃聖心當八年武英殿之災也恭錄康熙嘉慶兩次遇災修省聖訓進御疏言變不虛生遇災而懼宜停不急之工惜無名之費開直臣忠諫之路杜小人倖進之門上覽奏動容又圓明園方興工商人李光昭朦報木價爲李鴻章所劾論罪廷臣多執此入諫恭親王等尤力諍上不懌同龢面陳江南輿論中外人心惶惑請聖意先定待時與修乃議定停園工並有停工程能浮費求直言之諭光緒元年署刑部右侍郎明年四月上典學毓慶宮命授讀再辭不允旋遷戶部充經筵講官晉都察院左都御史遷刑部尚書調工部六年廷臣爭俄約久不決懿旨派惇親王醇親王及同龢與潘祖蔭每日在南書房看摺件電報擬片進呈取進止至俄約改定始止八年命充軍機大臣十年法越事起同龢主一面進兵一面與議庶有所備又言劉永福不足恃非增重兵出關不可旋與軍機王大臣同罷仍直毓慶宮前後充會試總裁順天鄉試攷官兩蒙賜壽加太子太保賜雙眼花翎紫韁嘗請假修墓傳旨海上風險命馳驛回京恩眷甚篤二十年再授軍機大臣懿旨命撤講上請如故同龢善伺上意得遇事進言上親政久英爽非復常度剖決精當每事必問同龢眷倚尤重時日韓起釁同龢與李鴻藻主戰孫毓汶徐用儀主和會海陸軍皆敗懿旨命赴天津傳諭李鴻章詰責之同龢並言太后意決不即和歸薦唐仁廉忠赤可用請設巡防處籌辦團防於是命恭親王督辦軍務同龢鴻藻等會商辦理上嘗問諸臣時事至此和戰皆無可恃言及宗社聲淚並發及和議起同龢與鴻藻力爭改約稿並陳甯增賠款必不可割地上曰臺灣去則人心皆去朕何以爲天下主毓汶以前敵屢敗對上責以賞罰不嚴故至于此諸臣皆引咎上以和約事徘徊不能決天顏憔悴同龢以俄英德三國謀阻割地請展期換約以待轉圜與毓汶等執爭終不可挽和約遂定明年兼總理各國事務大臣二十三年以戶部尚書協辦大學士二十四年上初召用主事康有爲議行新政四月硃諭協辦大學士翁同龢近來辦事多不允協以致衆論不服屢經有人參奏且每於召對時諮詢事件任意可否喜怒見於詞色漸露攬權狂悖情狀斷難勝樞機之任本應查明究辦予以重懲姑念其在毓慶宮行走有年不忍遽加嚴譴翁同龢著即開缺回籍以示保全八月政變作太后復訓政十月又奉硃諭翁同龢授讀以來輔導無方往往巧藉事端刺探朕意至甲午年中東之役信口侈陳任意慫恿辦理諸務種種乖謬以致不可收拾今春力陳變法濫保非人罪無可逭事後追維深堪痛恨前令其開缺回籍實不足以蔽辜翁同龢著革職永不敍用交地方官嚴加管束三十年卒於家年七十有五宣統元年詔復原官後追諡文恭同龢久侍講幃參機務遇事專斷與左右時有爭執衆責怙權晚遭讒沮幾獲不測遂斥逐以終著有瓶廬詩稿八卷文稿二十卷其書法自成一家尤爲世所宗云

孫毓汶字萊山山東濟甯州人尚書瑞珍子咸豐六年以一甲二名進士授編修八年丁父憂十年以在籍辦團抗捐被劾革職遣戍恭親王以毓汶世受國恩首抗捐餉深惡之同治元年以輸餉復原官五年大考一等一名擢侍講學士先後典四川鄉試督福建學政光緒元年丁母憂服闋起故官尋遷詹事視學安徽擢內閣學士授工部左侍郎十年命赴江南等省按事時法越事起毓汶以習於醇親王漸與聞機要適奉硃諭盡罷軍機王大臣毓汶遂命入直軍機兼總理各國事務大臣時當國益厭言路紛囂出張佩綸等會辦南北洋閩海軍務餘亦因事先後去之風氣爲之一變十五年擢刑部尚書尋調兵部加太子少保歷典會試順天鄉試賞黃馬褂雙眼花翎紫韁二十年中日媾和李鴻章遣人齎約至廷臣章奏凡百上皆斥和非計翁同龢李鴻藻主緩俄法德三國亦請毋遽換約毓汶素與鴻章相結納力言戰不可恃亟請署上爲流涕書之和約遂成明年稱疾乞休二十五年卒予諡文恪毓汶權奇饒智略直軍機逾十年初醇親王以尊親參機密不常入直疏牘日送邸閱謂之過府諭旨陳奏皆毓汶爲傳達同列或不得預聞故其權特重云

論曰光緒初元復逢訓政勵精圖治宰輔多賢頗有振興之象首輔文祥既逝沈桂芬等承其遺風以忠懇結主知遇事能持之以正雖無老成尙有典型及甲申法越甲午日韓外患內憂國家多故慈聖倦勤經營園囿稍事游幸而政紀亦漸弛矣鴻藻久參樞密眷遇獨隆桂芬以持重見賞同龢以專斷致嫌毓汶奔走其間勤勞亦著大體彌縫賴以無事然以政見異同門戶之爭牽及朝局至數十年而未已賢者之責亦不能免焉

清史稿　列傳二百二十四

榮祿　王文韶

張之洞　瞿鴻禨

榮祿字仲華瓜爾佳氏滿洲正白旗人祖喀什噶爾幫辦大臣塔斯塔父總兵長壽均見忠義傳榮祿以廕生賞主事繇工部員外郎出爲直隸候補道同治初設神機營賞五品京堂充翼長兼專操大臣再遷左翼總兵用大學士文祥薦改工部侍郎調戶部兼總管內務府大臣穆宗崩德宗嗣統榮祿言於恭親王乃請頒詔俟嗣皇帝有子承繼穆宗其後始定以紹統者爲嗣光緒元年兼步軍統領遷左都御史擢工部尚書慈禧皇太后嘗欲自選宮監榮祿奏非祖制忤旨會學士寶廷奏言滿大臣兼差多乃解尚書及內務府差又以被劾納賄降二級旋開復出爲西安將軍二十年祝嘏留京再授步軍統領日本搆釁恭親王慶親王督辦軍務榮祿參其事和議成疏薦溫處道袁世凱練新軍是日新建陸軍授兵部尚書協辦大學士疏請益練新軍而調甘肅提督董福

祥軍入衛京師二十四年晉大學士命爲直隸總督是時上擢用主事康有爲及知府譚嗣同等參預新政議變法斥舊臣召直隸按察使袁世凱入覲超授侍郎統練兵榮祿不自安御史楊崇伊奏請太后再垂簾於是太后復臨朝訓政召榮祿爲軍機大臣以世凱代之命查拿康有爲斬譚嗣同等六人於市以上有疾詔徵醫復命榮祿管兵部仍節制北洋海陸各軍榮祿乃奏設武衛軍以聶士成駐蘆臺爲前軍董福祥駐薊州爲後軍宋慶駐山海關爲左軍世凱駐小站爲右軍而自募萬人爲中軍駐南苑時太后議廢帝立端王載漪子溥儁爲穆宗嗣患外人爲梗用榮祿言改稱大阿哥二十六年拳匪亂作載漪等稱其術太后信之欲倚以排外人福祥率甘軍攻使館月餘不下榮祿不能阻載漪等益橫京師大亂駢戮忠諫大臣榮祿踉蹌入言太后厲色斥之聯軍入京兩宮西幸駐蹕太原榮祿請赴行在不許命爲留京辦事大臣已而詔詣西安既至寵禮有加賞黃馬褂賜雙眼花翎紫韁隨扈還京加太子太保轉文華殿大學士二十九年卒贈太傅諡文忠晉一等男爵榮祿久直內廷得太后信仗眷顧之隆一時無比事無鉅細常待一言決焉

王文韶字夔石浙江仁和人咸豐二年進士銓戶部主事累遷郎中出爲湖北安襄鄖荊道左宗棠李鴻章皆薦其才擢按察使遷湖南布政使同治十年署巡撫黔苗亂熾桂東淪寇域文韶條上援黔防境機宜以兵事屬按察使席寶田督其部將蘇元春與龔繼甯等進勦斬首逆張秀眉烏鴉坡黔境平文韶繪苗疆要塞圖上之朝十一年除真甯遠莠民倡亂朱鴻英復妄稱明裔搆衆先後檄道員陳寶箴討平之光緒元年遣總兵謝晉鈞平新化衡永土寇撫湘六年內治稱靜謐焉入權兵部侍郎直軍機會歲旱各省籲災中旨罪己文韶亦自陳無狀詔革職留任旋除禮部侍郎兼總理衙門行走八年御史洪良品鄧承修劾雲南軍需案文韶坐失察奪二級乞養歸終母喪還前除十五年授雲貴總督武定會匪陷富民祿勸人心恫懼文韶斬獲叛將三日而定無何鎮邊夷亂起檄迤南道劉春霖分道進攻拓地三百里徙建廳城於猛朗募勇屯墾改臨安猛丁歸流移府經歷駐其地其餘寇亂及土族叛服不常皆隨時殄滅初英法并緬越後西南緣邊防務益棘文韶綏靖各路土司令自爲守會日韓啟釁詔入都詢方略既至奉幫辦北洋之命鴻章赴日議和文韶權直隸總督北洋大臣和議成實授時關內外主客軍四百餘營酌留湘淮豫三十營餘悉散遣士卒帖然建議籌修旅大礮臺謂旅順舊臺密於防前疏於防後敵自大連灣入遂失所恃大連舊臺專顧防海未及防陸敵自金州登岸遂不能支今重整海防必彌其罅隙又請加意水師武備各學堂以儲將才嫻武幹俟財力稍足徐圖擴充又陳河運漕糧積弊請蘇漕統歸海運他若勘吉林三姓金礦磁州煤礦踵鴻章後次第成之而京漢鐵路亦興築於是時矣又奏設北洋大學堂鐵路學堂育才館俄文館造就甚衆二十四年入贊軍機以戶部尚書協辦大學士二十六年拳匪仇教文韶力言外衅不可啟不見納宮車既出三日始追及懷來自聯軍犯京事急兩宮召軍機惟文韶一人入見諭必侍行至是立召對泣慰之遂隨扈自晉入秦晉體仁閣大學士明年改外務部會辦大臣旋賞黃馬褂署全權大臣命先還京佐辦中俄條約交還東三省及關外鐵路事甯賞雙眼花翎充政務處大臣督辦路礦總局轉文淵閣晉武英殿三十一年免直軍機明年稱疾乞休文韶歷官中外詳練吏職究識大體然更事久明於趨避亦往往被口語三十四年鄉舉重逢賜太子太保其冬卒年七十九晉贈太保諡文勤

張之洞字香濤直隸南皮人少有大略務博覽爲詞章記誦絕人年十六舉鄉試第一同治二年成進士廷對策不循常式用一甲三名授編修六年充浙江鄉試副考官旋督湖北學政十二年典試四川就授學政所取士多雋才游其門者皆私自喜得爲學塗徑光緒初擢司業再遷洗馬之洞以文儒致清要遇事敢爲大言俄人議歸伊犁與使俄大臣崇厚訂新約十八條之洞論奏其失請斬崇厚毀俄約疏上乃褫崇厚職治罪以侍郎曾紀澤爲使俄大臣議改約六年授侍講再遷庶子復論紀澤定約執成見但論界務不爭商務並附陳設防練兵之策疏凡七八上往者詞臣率雍容養望自之洞喜言事同時寶廷陳寶琛張佩綸輩鋒起糾彈時政號爲清流七年由侍講學士擢閣學俄授山西巡撫當大祲後首劾布政使葆亨冀甯道王定安等贖貨舉廉明吏五人條上治晉要務未及行移督兩廣八年法越事起建議當速遣師赴援示以戰意乃可居間調解因薦唐炯徐延旭張曜材任將帥十年春入覲四月兩廣總督張樹聲解任專治軍遂以之洞代當是時雲貴總督岑毓英廣西巡撫潘鼎新皆出督師尚書彭玉麐治兵廣東越將劉永福者故中國人素驍勇與法抗法攻越未能下復分兵攻臺灣其後遂據基隆朝議和戰久不決之洞至言戰事氣自倍以玉麐夙著威望虛己聽從之奏請主事唐景崧募健卒出關與永福相犄角朝旨因就加永福提督景崧五品卿銜炯延旭亦皆已至巡撫當前敵被劾得罪去並坐舉者之洞獨以籌餉械勞免議廣西軍既敗於越朝旨免鼎新以提督蘇元春統其軍而之洞復奏遣提督馮子材總兵王孝祺等皆宿將於是滇越兩軍合扼鎮南關殊死戰遂克諒山會法提督孤拔攻閩浙礮毀其坐船孤拔殪而我軍不知法顧停戰廷議許焉授李鴻章全權大臣定約以北圻爲界敘克諒山功賞花翎之洞恥言和則陰自圖強設廣東水陸師學堂創槍礮廠開礦務局疏請大治水師歲提專款購兵艦復立廣雅書院武備文事並舉十二年兼署巡撫於兩粵邊防控制之宜輒多更置著沿海險要圖說上之在粵六年調補兩湖會海軍衙門奏請修京通鐵路臺諫爭陳鐵路之害請停辦翁同龢等請試修邊地便用兵徐會灃請改修德州濟甯路利漕運之洞議曰修路之利以通土貨厚民生爲最大徵兵轉餉次之今宜自京外蘆溝橋起經河南以達湖北漢口鎮此幹路樞紐中國大利所萃也河北路成則三晉之轍接於井陘關隴之驂交於洛口自河以南則東引淮吳南通湘蜀萬里聲息刻期可通其便利有數端內處腹地無慮引敵利一原野廣漠墳廬易避利二廠盛站多役夫賈客可舍舊圖新利三以一路控八九省之衝人貨輻輳足裕餉源利四近畿有事淮楚精兵崇朝可集利五太原旺煤鐵運行便則開採必多利六海上用兵漕運無梗利七有此七利分段分年成之北路責之直隸總督南路責之湖廣總督副以河南巡撫得旨報可遂有移楚之命大冶產鐵江西萍鄉產煤之洞乃奏開鍊鋼廠漢陽大別山下資路用兼設槍礮鋼藥專廠又以荆襄宜桑棉麻枲而饒皮革設織布紡紗繅絲製麻革諸局佐之堤工通之以幣政由是湖北財賦稱饒土木工作亦日興矣二十一年中東事棘代劉坤一督兩江至則巡閱江防購新出後膛礮改築西式礮臺設專將專兵領之募德人教練名曰江南自強軍采東西規制廣立武備農工商鐵路方言軍醫諸學堂尋還任湖北時國威新挫朝士日議變法廢時文改試策論之洞言廢時文非廢五經四書也故文體必正命題之意必嚴否則國家重教之旨不顯必致不讀經文背道忘本非細故也今宜首場試史論及本朝政法二場試時務三場以經義終焉各隨場去留而層遞取之庶少流弊又言武科宜罷騎射刀石專試火器欲挽重文輕武之習必使兵皆識字勵行伍以科舉二十四年政變作之洞先著勸學篇以見意得免議二十六年京師拳亂時坤一督兩江鴻章督兩廣袁世凱撫山東要請之洞同與外國領事定保護東南之約及聯軍內犯兩宮西幸而東南幸無事明年和議成兩宮回鑾論功加太子太保以兵事粗定乃與坤一合上變法三疏其論中國積弱不振之故宜變通者十二事宜采西法者十一事於是停捐納去書吏考差役恤刑獄籌八旗生計裁屯衛汰綠營定礦律商律路律交涉律行銀圓取印花稅擴郵政其尤要者則設學堂停科舉獎游學皆次第行焉二十八年充督辦商務大臣再署兩江總督有道員私獻商人金二十萬爲壽請開礦海州立劾罷之考鹽法利弊設兵輪緝私歲有贏課明年入覲充經濟特科閱卷大臣釐定大學堂章程畢仍命還任陛辭奏請化除滿漢畛域以彰聖德遏亂萌上爲動容旋裁巡撫以之洞兼之三十二年晉協辦大學士未幾內召擢體仁閣大學士授軍機大臣兼筦學部三十四年督辦粵漢鐵路德宗暨慈禧皇太后相繼崩醇親王載灃監國攝政之洞以顧命重臣晉太子太保逾年親貴寖用事通私謁議立海軍之洞言海軍費絀可緩立爭之不得移疾遂卒年七十三朝野震悼贈太保諡文襄之洞短身巨髯風儀峻整蒞官所至必有興作務宏大不問費多寡愛才好客名流文士爭趨之任疆寄數十年及卒家不增一畝云

瞿鴻禨字子玖湖南善化人同治十年進士授編修光緒元年大考一等擢侍講學士久乃遷詹事晉內閣學士先後典福建廣西鄉試督河南浙江四川學政所行皆本功令律下尤嚴朝鮮戰事起我師出平壤鴻禨上四路進兵之策請兼募沿海漁人蜑戶編爲舟師使敵備多力分庶可制勝及和議成鴻禨方自蜀還復奏言秦中地形險要請豫建陪都日本增兵遼東鴻禨以敵情叵測請敕劉坤一王文韶簡練勁旅不可專任淮軍適坤一奏劾山西將賀星明侵餉革職鴻禨言刑賞治天下之大柄軍紀廢弛已久宜嚴懲以儆其餘又葉志超龔照璵等敗軍辱國罪當死和約既定勢不能與勾宜籍其財產或令巨款捐贖然後貸其一死皆不報旋遷禮部侍郎出督江蘇學政請罷武科兩宮西狩鴻禨差竣詣行在道授左都御史晉工部尚書仍以西安陪都爲言既至命直軍機兼充政務處大臣請以策論試士開經濟特科汰書吏悉允行改總理各國事務衙門爲外務部班六部上以鴻禨爲尚書時方與各國議和鴻禨治事明敏諳究外交承旨擬諭語中窾要頗當上意爲扈蹕回鑾賞黃馬褂加太子太保自新政議起興學通商勸工諸政有司多借端巧取鴻禨請降旨禁革

苛派任民間自辦又請旨以戶部正雜諸款供地方正用宮中歲費遵先朝定例量入爲出不便自戶部增撥裁汰內務府冗員用節糜費充中日議約全權大臣是時中外咸以立憲爲請朝廷下詔豫備憲政始基勗天下以忠君尊孔尙公尙武尙實用鴻禨言也三十二年協辦大學士特旨派議改官制大臣鴻禨以樞廷事冗辭旋命與大學士孫家鼐復核頗有裁正焉鴻禨持躬清刻以儒臣驟登政地銳於任事素善岑春煊春煊入朝留長郵傳部密疏劾慶親王奕劻奕劻惡春煊遂及鴻禨會鴻禨因直言忤太后旨侍講學士惲毓鼎劾以攬權恣縱遂罷斥歸里辛亥湘變起流寓上海旋卒後追謚文愼

論曰德宗親政憤於外侮思變法自強乃以輔導無人戊戌黨禍庚子匪亂遂相繼而作太后再出垂簾初堅復舊繼勉圖新宣統改元議行憲政政體既變國本遂搖而大勢不可問矣榮祿屢參大變文韶久達世務鴻禨後起參議立憲終以失寵太后不免放斥唯之洞一時稱賢而監國攝政親貴用事欲挽救而未能遂以憂死人之云亡邦國殄瘁尙何言哉

清史稿 列傳二百二十五

閻敬銘 張之萬

鹿傳霖 林紹年

閻敬銘字丹初陝西朝邑人道光二十五年進士選庶吉士散館改戶部主事咸豐九年湖北巡撫胡林翼奏調赴鄂總司糧臺營務累遷郎中擢四品京堂林翼請病復疏薦敬銘才授湖北按察使同治元年嚴樹森繼爲巡撫亦推敬銘湖北賢能第一署布政使以丁本生父憂歸命治喪畢赴軍未行詔署山東鹽運使擢署巡撫疏乞終制不許時山東教匪入新泰捻幅各匪犯鄒曲阜降衆竄陽穀聊城敬銘既受任檄總兵保德等進勦而自督軍規淄川克之巳革參將宋景詩引降衆屯東昌復叛飭按察使丁寶楨討之景詩竄莘敬銘檄軍防運河令之曰使一匪潛渡者殺無赦而自移軍博平已而保德寶楨連敗賊唐邑馬橋克王家海別軍克甘官屯賊遁開州事平再請終制仍不許三年服除實授奏言抽調綠營兵練騎隊朝旨允行令即遣散募勇敬銘言東省變故頻仍亂甫定降衆未必革心綠營廢弛已久驟裁勇易啓戎心臣不敢爲節嗇餉項浮詞遺後患又言兵之能強端恃將領將領之材亦資汲引如胡林翼曾國藩左宗棠倡率鄉里楚將之名遂著前者僧格林沁奏稱不宜專用南勇啓輕視朝廷之漸老成謀國瞻言百里自古名將北人爲多臣北人也恥不知兵以在軍久見諸軍之成敗利鈍必求其所以然之故深知不求將而言兵有兵與無兵等今北方雖所在募勇皆烏合耳爲將者貪婪欺飾不知尊君親上爲何事使握兵符民變兵譁後患滋大故欲強兵必先儲將北人之智勇兼備者推多隆阿請飭多隆阿募北方將士教之戰陣擇其忠勇者補授提鎭參游俾綠營均成勁旅何必更募勇丁時捻患熾臺臣議行團練敬銘言斂鄉里之財以爲饟集耕種之民以爲兵於事有害無益不如力行堅壁清野之法事遂寢四年僧格林沁戰歿曹州賊勢張益趨張秋南將犯省城敬銘督師東昌還軍禦之增設礮划防河賊折而東移軍兗州賊竄豐沛乃檄總兵楊飛熊間道趨滕防賊還竄賊果入湖濱以飛熊扼運河不得逞竄徐州明年賊入鉅野游擊王心安失利敬銘方臥疾強起視師東平兗沂曹濟道文彬督團勇擊賊賊引去敬銘赴濟寧會曾國藩商定分扼黃運之議賊復大股趨鉅野金鄉分擾運西遣知府王成謙等要擊而自督軍巡河露宿四晝夜賊連敗始西遁有張積中者結寨肥城黃崖集衆自保以不受撫夷之六年移疾歸居久之以工部侍郎召不起光緒三年山西大飢奉命察視賑務奏劾侵蝕知州段鼎耀寘之法請裁減山陝諸省差徭並追彈尙書恩承童華前奉使四川過境擾累狀均下吏議八年起戶部尙書甫視事以廣東布政使姚覲元荆宜施道董儁漢賄結前任司員骩法咸劾罷之兼署兵部疏陳興辦新疆屯田明年充軍機大臣總理衙門行走晉協辦大學士十一年授東閣大學士仍筦戶部賜黃馬褂自陳衰老辭軍機大臣時上意將修圓明園而敬銘論治以節用爲本會廷議錢法失太后旨因革職留任十三年復職遂乞休章四上乃得請十八年卒贈太子少保謚文介敬銘質樸以潔廉自矯厲雖貴望之若老儒善理財在鄂治軍需足食足兵佐平大難及長戶部精核財賦立科條令出期必行初直樞廷太后頗信仗之終以戇直早退云

張之萬字子青直隸南皮人道光二十七年以一甲一名進士授修撰咸豐二年出督河南學政粵賊破歸德近偪開封之萬條上防勦事宜多允行俄召還授鍾郡王讀由侍讀累遷內閣學士同治元年擢禮部侍郎兼署工部嘗被詔偕太常寺卿許彭壽等彙輯前代帝王及垂簾事蹟可法戒者上之錫名治平寶鑑會河南州縣以苛派擅殺爲御史劉毓楠奏劾命之萬往按得實巡撫鄭元善以下降黜有差即以之萬署巡撫事疏陳軍興財匱請仿湖北變通漕折言汴漕一石舊折銀四兩今請令州縣留辦公費七錢實解司庫三兩三錢以二兩購米實倉餘一兩充汴餉其三錢爲通省公費允行捻酋陳大喜犯南陽之萬親赴汝州督師大喜竄阜陽勾結皖捻一由岳城趨楊莊偪雷堰一入張岡總兵張曜毗擊破之團練大臣毛昶熙諸軍相繼至連戰皆捷斬逆酋張鳳舞汝南肅清之萬駐軍許州既分遣諸將設防自引軍還省而亳捻乘虛襲許陷兩寨坐降二級留任西捻張總愚竄鄧州藍大順走西坪謀與合張曜既敗總愚重陽店乘勝襲西坪大順亦敗走之萬復進汝州三年移屯南陽賊犯開封還軍擊走之四年遷河道總督僧格林沁戰歿曹州督兵大臣皆獲咎之萬亦革職留任以助防省城功給二品頂戴五年移督漕運捻入徐州之萬以裏下河爲財賦所出嚴防淸淮及六塘河諸要地六年淮軍獲賴文光於揚州東捻平捷聞賜之萬花翎頭品頂戴七年會勦西捻總愚溺死東南大定之萬疏陳江北善後事宜九年調江蘇巡撫遷浙閩總督以母老乞養歸光緒八年起兵部尙書調刑部十年入軍機兼署吏部充上書房總師傅協辦大學士十五年授體仁閣大學士轉東閣賜雙眼翎紫韁二十年免直軍機之萬入直凡十年領樞密者爲禮親王世鐸治尙安靜故得無事及日韓事棘之萬乃先罷退又二年以病致仕卒年八十七贈太傅謚文達

鹿傳霖字滋軒直隸定興人父丕宗官都勻知府死寇難謚壯節傳霖其第五子也當丕宗守都勻時叛苗偪衆城下傳霖方率健卒迎餉聞警馳還助城守相持十閱月援絕城陷傳霖投總督告父死狀大兵攻復都勻奉父母遺骸歸葬時年甫二十由是知名以舉人從欽差大臣勝保征捻授同知同治元年成進士選庶吉士散館改廣西知縣以督勦柳雒土匪功賜孔雀翎擢桂林知府光緒四年調廉州時李揚才將叛擾越南急捕之立散其黨旋升惠潮嘉道擢福建按察使調四川遷布政使九年授河南巡撫淸釐州縣納糧積弊歲增三十餘萬十一年調陝西引疾歸十五年再出撫陝值黃河西嚙將與洛通傳霖增築石壩三十餘座得無患中日搆衅遣兵入衛命兼攝西安將軍二十一年擢四川總督蜀故多盜特立一軍捕治之夔萬大飢發上游積穀又採湖北糧米平糶是時英俄交窺西藏藏番恃俄援梗英畫界英嗾廓爾喀與藏搆兵而瞻對土民苦藏官苛虐思內附傳霖以瞻對爲蜀門戶瞻不化服無以威藏番藏番不聽命則界無時定而英之忌俄者益急圖藏藏亡瞻必隨亡行且及於蜀會朱窩章谷土司爭襲事起傳霖檄知府羅以禮知縣穆秉文往諭以提督周萬順統防邊各軍進駐打箭鑪瞻酋仔仲則忠札覇以兵侵章谷抗我軍傳霖乘機進發迭克諸要害各土司讋服率兵聽調渡雅龍江抵瞻巢斬藏過當盡收三瞻地乃請歸流改漢條陳善後之策疏十數上會成都將軍恭壽駐藏辦事大臣文海交章言其不便達賴復疏訴於朝廷議中變傳霖解職去二十四年召授廣東巡撫旋移江蘇攝兩江總督二十六年拳匪亂作傳霖募三營入衛奔及乘輿於大同至太原授兩廣總督旋命入直軍機從幸長安擢左都御史遷禮部尙書兼署工部明年回蹕兼督辦政務大臣凡疏陳加賦括財損民以益上者傳霖率擯勿用而務汰冗費去中飽並奏罷不急之工均報可有詔自後宮內供需皆取給內務府戶部專供軍國大計實傳霖發之也三十年轉吏部三十二年新官制成乃退直專治部事尋仍入直解部務以尙書協辦大學士命查辦歸化城墾務大臣貽穀論遣戍參劾不職者數十人宣統嗣立與攝政醇親王同受遺詔加太子少保晉太子太保歷拜體仁閣東閣大學士兼經筵講官二年春疾作章四上皆溫諭慰留七月卒年七十五贈太保謚文端傳霖起外吏知民疾苦所至廉約率下尤惡貪吏雖貴勢不稍貰其在軍機凡事不苟同喜扶持善類晚病重聽屢乞休不獲居恒鬱鬱云

林紹年字贊虞福建閩縣人同治十三年進士以編修歷充鄉會試同考官光緒十四年改御史時議修頤和園先是疆吏籌設海軍經費輸存北洋及園工興陰移其費以助工號爲進獻紹年極陳生民疲敝當以儉化天下使督撫愛養百姓若誅求進獻未足以言忠請即下詔停輸還所進奉得旨嚴飭會以憂去服除補山西監察御史疏嚴門禁杜宦寺交通之漸十九年陝西考官丁維禔貪內監得試差復疏論之俄授雲南昭通府知府邊瘠雜治土目祿爾泰橫暴睚眦殺人莫敢訴猝捕戮之衆懾而定期年劾罷文武吏不職者五人調攝雲南府甫受事安甯州盜刼貨戕人於塗州牧以總督崧蕃怒緝捕不力妄繫平民二十餘紹年覆按疑其枉謁總督廷爭卒獲正犯出二十餘人者於死崧蕃愧謝密疏薦紹年可大用擢迤南道未之任擢貴州按察使二十六年遷雲南布政使就擢巡撫兼署雲貴總督廣西游匪侵滇邊遣將擊卻之招撫八達河村民之陷匪者以斷賊接濟益大出兵合勦滇境既清乃以全力赴援廣西而蒙自土匪乘閒復發連陷臨安石屏紹年會商總督丁振鐸檄按察使劉春

霖扼通海廣南軍踞其後不兩月事平疏言督撫同城任事非便自請裁缺從之移撫貴州而湖北廣東兩巡撫旋亦議裁印江團首呂志禮楊鑫不相能積十餘載相殘殺紹年至以兵脅之降仍擁衆不散遂案誅之紹年默察大勢非立憲不足以救亡請預定政體以繫人心不報三十一年移廣西明年內召以侍郎充軍機大臣兼署郵傳部尚書授度支部侍郎時黑龍江新設行省驟擢道員段芝貴為巡撫紹年言芝貴望輕不稱邊帥任御史趙啓霖劾芝貴因及慶親王奕劻子載振納賄漁色事命大臣按驗所劾稱無證左褫啓霖職而芝貴亦由是罷紹年言御史風聞言事啓霖無罪爭之不得遂稱疾出為河南巡撫以州縣吏罄貲遠宦入地不習無益於杜弊請援漢唐故事免避本籍部議自縣丞以下如所請行益飭吏治得朝貴請託書輒焚之兩疏糾彈百餘人調倉場侍郎宣統元年徙民政部侍郎時奕劻握政柄陝西巡撫恩壽與有連總督升允劾其贓私不報俄解升允職紹年召對論其事以為賞罰不當則是非不明退復具疏言之不省二年充經筵講官署學部侍郎改弼德院顧問大臣以病請告卒年六十八謚文直

論曰同光以後世稱軍機權重然特領班王大臣主其事耳次者僅乃得參機務光宣之際政既失馭柄乃益紛雖當國無以為治焉敬銘質樸之萬練達傳霖廉約紹年勁直其任封疆治軍旅多有績而立朝不復有所建樹敬銘初欲得君專國政為勢所限終不能行其志世尤惜之

清史稿　　列傳二百二十六

景廉　額勒和布

許庚身　錢應溥

廖壽恒　榮慶

那桐　戴鴻慈

景廉字秋坪顏札氏隸滿洲正黃旗父彥德官綏遠城將軍景廉咸豐二年進士由編修五遷至內閣學士典福建鄉試擢工部侍郎賜奠朝鮮八年授伊犁參贊大臣故事哈薩克貿易訖即行後以貨滯鬻許二三人守以度歲漸成聚落周二里許景廉謂禍伏肘腋毀之便將軍憚不敢發會將軍卒景廉攝任疏陳利害請以便宜從事卒毀之詔下如所請塔爾巴哈臺參贊大臣英秀阿克蘇辦事大臣綿性葉爾羌參贊大臣英蘊先後以貪暴被劾皆命景廉往鞫得實降革有差十一年調葉爾羌參贊大臣其城為南路八城之首漢回雜處安集延常擾邊俄人復於西南徼往來窺伺哈薩克各部落多貳於俄景廉籌餉練兵持以鎮靜八城以安嚴禁綠營兵以重利侵奪回民資產人心大悅同治二年坐事落職男婦數千哭於札爾瑪札爾瑪者回部棲神之所意欲禱神阻其行也景廉既去官遣往甯夏軍營効力將軍都興阿檄參戎幕適安徽巡撫翁同書卒於軍復檄景廉代領其衆防勦後路五年授頭等侍衛充哈密幫辦大臣募勇千餘騎不滿百糧乏冰雪中僵仆相屬景廉勉以忠義夜支單帳然馬矢席地坐時出撫循以是兵心固結肅州賊沿南山西竄景廉遣總兵張玉春敗之黃花營賊擾安西州又大敗之景廉以安西玉門為新疆門戶巴里坤雖天險可守然力單不足恃疏請駐安西布置防務輓運得旨報可賊撲敦煌景廉陽令副將蔣富山邀擊南乾溝而伏勁旅橋灣三水梁賊果取道三水梁南戈壁伏起追擊敗之捷聞得旨嘉獎賊復撲安西景廉戒守將堅壁毋浪戰伺其懈擊之而設伏要其歸路賊大創遁景廉謂敦煌重鎮當守以重兵因移鎮敦煌留兵安西玉門相犄角建堅壁清野之計完城浚濠擇要區築空心墩臺守具畢備復以商團民練輔翼官兵隱寓保甲之法賊擄掠之計遂沮招徠土著三千六百餘戶勸募雜糧二萬餘石立轉運局馬蓮井官民咸稱便為時烏魯木齊回酋妥得璘勾結漢回纏頭萬八千餘東犯潛約哈密回子郡王為內應王素騃其母福晉邁哩巴紐賢明有才略以逆書呈官軍誓衆力守景廉遣使獎慰復令富山率兵會辦事大臣文麟裨將孔才擊賊連戰六晝夜大敗之論功升擢有差旋授烏魯木齊都統時古牧地偽元帥馬明屢詐言降復假貿易分布逆黨於濟木薩木壘河景廉偵知密檄孔才金永清等一夕殲之俄人挾蒙古哈薩克入境求通商景廉言地方未靖不任保護以兵衛之出自是終景廉任俄人不言通商事穆宗親政景廉以為政治在乎始基上崇正學開言路慎牧令簡軍實重農桑弭異端六事移軍古城疏請以副都統吉爾洪額領隊大臣沙克都林札布任軍事陝回白彥虎糾西甯回萬餘將奔烏魯木齊賊勢梟悍破哈密回城游騎越天山擾巴里坤兩城告急會妥得璘死安集延酋帕夏合烏魯木齊古牧地等漢回撲沙山子遙應白彥虎景廉急檄孔才嚴備齊木薩各要隘黑龍江營總依勒和布援沙山子吉爾洪額等援哈密而景廉坐鎮古城飲酒習射若無事然依勒和布與遊擊徐學功率騎五百敗賊沙棗園禽斬無算帕夏遁歸吐魯番遂解沙山子之圍吉爾洪額等抵巴里坤連戰皆捷遂度天山敗賊哈密泥基頭城中聞援軍至大呼突出賊敗巴里坤肅清是役也論者謂新疆治亂一大關鍵也白彥虎竄唐朝渠將入瑪納斯學功偵得賊口號選精騎四百偽為瑪納斯人迎之甕家灘握手慰勞賊不之疑益前進前臨大河官軍從後起賊大驚白彥虎引四十餘騎逸去餘盡殲焉學功者烏魯木齊農家子沈勇多智略軍興集鄉勇自衛或離合於妥得璘帕夏之間為以賊攻賊之計景廉招之來推誠待之遂願効死至是果得其力奏請破格錄用報可景廉以憂勤致疾再乞解職溫旨慰留十三年授欽差大臣督辦新疆軍務於是景廉奏請通籌全局命伊犁將軍金順取道古牧地提督張曜由天山南取吐魯番領隊大臣沙克都林札布錫綸由沙山子取瑪納斯三路齊舉使賊不相顧奇台古城為哈密巴里坤屏蔽命副都統額爾慶額孝順福珠哩駐西湖防賊逸入北路烏魯木齊之南俗呼搭板城者實通吐魯番要路賊以重兵守之宜潛師攻擾以搤其吭并請飭陝甘總督左宗棠總司後路糧臺移甘肅民千戶實奇台古城屯田購蒙古駝數千隻借撥部款六十萬兩疏上悉蒙嘉納而忌者尼之未竟所施改正白旗漢軍都統俄召回京遷左都御史光緒二年命入軍機兼總理各國大臣授工部尚書調戶部坐事降二級仍留軍機補內閣學士再遷兵部尚書時言路尚激烈或不平景廉曰政府如射之有的言者期其中耳於我輩何憾且詆政府者率無罪未必非大臣之福也人服其量新疆勘定將軍金順上言景廉前勞請獎勵景廉謂邊帥推功樞臣恐開迎合之漸請勿許時論與之十年硃諭景廉循分供職經濟非所長降二級調用明年補內閣學士八月卒於官年六十二子治麟國子監司業見孝友傳

額勒和布字筱山覺爾察氏滿洲鑲藍旗人咸豐二年繙譯進士改庶吉士用戶部主事累遷理藩院侍郎同治三年熱河土默特貝勒旗老頭滋事額勒和布奉命查辦得實請將貝勒議處其佐領章京等降革有差事遂定由蒙古副都統調補滿洲旗授盛京戶部侍郎兼奉天府府尹直隸總督劉長佑率師防剿熱河及奉天馬賊額勒和布籌給軍食賊酋周榮糾黨回竄擾及昌圖所在告警額勒和布遣將率馬隊迎擊開原而以步隊扼其後賊遂潰散六年請酌抽鹽釐充練兵經費增設海防同知駐營口均議行於賑務尤盡力捐募署盛京將軍調察哈爾都統新疆用兵額勒和布經紀糧運並調八旗官兵助剿擢烏里雅蘇臺將軍屢卻悍賊光緒三年因病乞休六年起鑲白旗漢軍都統調蒙古熱河都統理藩院尚書戶部尚書內務府大臣十年命直軍機協辦大學士奏請允開滇越邊界礦務又奏光緒四年以前直省錢漕積欠者請予蠲免司業潘衍桐建言特開藝學科以額勒和布持不可寢其議十一年授體仁閣大學士轉武英殿歷充閱卷大臣等差二十年免直軍機二十二年致仕逾四年卒於家謚文恭額勒和布木訥寡言時同列漸攬權納賄獨廉潔自守時頗稱之

許庚身字星叔浙江仁和人咸豐初由舉人考取內閣中書嘗代同官夜直一夕票二百籤署名牘背文宗閱本心識之以詢侍郎許乃普乃普為其諸父行也遂命充軍機章京故事大臣子弟不得入直是命蓋異數云十年車駕獮木蘭召赴行在是時肅順方怙權勢數侵軍機事高坐直廬有所撰擬輒趣章京往屬草庚身以非制不許使者十數至卒弗應肅順慙且懟欲中以危法未得間穆宗纘業特賜金以旌其風節命隨大臣入直同治元年成進士自請就本官補侍讀累遷鴻臚寺少卿母憂歸服竟遷內閣侍讀學士入直如故進春秋屬辭被嘉獎補光祿寺卿典試貴州督江西學政頗以天算輿地諸學試士光緒四年授太常寺卿擢禮部侍郎調戶部刑部十年法越事起充軍機大臣兼總理各國事務晉頭品服時樞府孫毓汶最被眄遇庚身以應對敏練太后亦信仗之十四年晉兵部尚書十九年卒謚恭慎庚身自郎曹至尚侍直樞垣垂三十年與兵事相終始為最久云

錢應溥字子密浙江嘉興人拔貢生朝考一等用七品小京官分吏部直軍機咸豐十年粵寇連陷浙東西郡縣應溥父海甯州學訓導泰吉質行樸學老儒

也時已罷官州人留主講書院應溥聞警亟請歸奉親轉徙經年鬢髮爲白曾國藩治兵安慶招入幕工爲文檄敏捷如夙搆國藩屢欲特薦皆力辭同治三年奏加五品卿銜大軍征捻駐周家口捻宵至守卒僅千人衆駭懼應溥鎮靜若無事然於是國藩堅臥不起捻卒不敢犯晉四品卿銜國藩深倚重之其督兩江有大興革上奏辭皆屬應溥具草光緒初養親事畢乃入都重直軍機擢員外郎恭忠親王醇賢親王相繼秉政皆嘉其諳練每承旨繕詔頃刻千言曲當上意累遷禮部侍郎偕尚書崑岡按事河南自巡撫裕寬以下降黜有差朝鮮事起廷議主戰應溥造膝數陳多人所不敢言旋任軍機大臣再遷工部尚書謝病歸二十八年卒謚恭勤子駿祥翰林院侍讀

廖壽恆字仲山江蘇嘉定人同治二年進士授編修出督湖南學政光緒二年再擢侍講近畿旱災壽恆應詔陳言以爲吏治壞則民情鬱以其愁苦之氣薄陰陽之和而災祲生應天以實不以文願皇上審敬怠明是非覈功罪信賞罰勿徒視爲具文語甚切至尋以內務府開支失實請嚴飭以爲浮濫者戒再督河南學政累遷內閣學士仍留視學坐疏察生員欠考下部議處九年法人侵據越南安定壽恆疏言法以傳教爲事今乃思闢商務取徑越南越固我藩屬萬無棄而不顧之理臣愚以謂今日有必戰之勢而後有可和之局李鴻章威望最隆北洋勁旅非他人所能統御宜飭鴻章仍回北洋大臣本任坐鎭天津以衛畿輔而飭署督張樹聲還督兩廣樹聲忠勇宿將必能相機進討以伸保護屬國之義兩督臣各還本任事屬尋常可不啓外人之疑而進戰退守能發能收彼若悔禍自可轉圜若必併吞越南則是兵端自彼而開不得謂爲不修鄰好法越和議成壽恆復上疏言風聞法使至天津稱越南既議款因以分界撤兵事要約李鴻章鴻章拒不允擬即來都磋商譯署論者謂當虛與委蛇不知法據越南去我之屬國逐黑旗撤我之藩籬通紅江奪我滇江之大利先機已失不可不圖挽回爲今之計直宜以欺陵小弱之罪布告列邦折以公法令改劃所立條約河內安定一律讓還然後緩議法越通商之約見聞津海防務已飭備嚴整軍容改觀臣謂仍當選派知兵大員率兵輪駛赴越都以觀動靜又飛檄廣西防軍援助劉永福增兵裹械迅拔河內以扼敵衝河內既下北圻乃安蓋我不與法搆兵永福不能不爲越守土故邇來陰助黑旗屢戰皆捷法人不得已乃託言保護永福忿懣填胸苟奉詔書無不一以當百如此則滇粵之邊患稍紓越法之兵端可戢壽恆又以根本之計責在宸躬跬步不離正人乃可蒸陶德性擬請皇太后皇上御前太監務取厚重樸實之人其有年紀太輕性情浮動者屏勿使近並請懿旨時加訓飭凡一切淺俗委瑣之言勿許達於宸聽庶幾深宮居息無往非崇德之端或可補毓慶宮課程所不及至於宮廷土木之工內府傳辦之件事屬尋常最易導引侈念伏願皇太后崇儉黜奢時以民生爲念俾皇上知稼穡之艱難目染耳濡聖功自懋如是則慈闈教育更勝於典樂命夔疏入上爲之動容十年行走總理衙門遷兵部侍郎調禮部戶部吏部侍郎屢典試事偕都御史裕德查辦四川鹽務劾罷鹽茶道蔡逢年讞成二十三年遷左都御史入軍機明年調禮部尚書太后訓政命出軍機以疾乞休二十九年卒

榮慶字華卿鄂卓爾氏蒙古正黃旗人光緒九年會試中式十二年成進士以編修充鑲藍旗官學官累遷至侍讀學士蒙古學士遷轉遲滯榮慶當引見或諷以乞假謝曰窮達命也欺君可乎居三年擢鴻臚卿轉通政副使簡山東學政丁母憂二十七年擢大理卿署倉場侍郎以剝船盜米改由火車運併倉厫增經費杜領米弊端裁稽查倉務御史皆如所請行和議成奉命會辦善後事宜兼政務處提調二十八年授刑部尚書大學堂之創立也命榮慶副張百熙爲管學大臣百熙一意更新榮慶時以舊學調濟之尋充會試副考官經濟特科閱卷大臣調禮部尚書復調戶部拜軍機大臣政務大臣榮慶既入政地尤汲汲於厲人才厚風俗嘗疏陳國家取才滿漢並重請飭下閣部將所屬滿員嚴加考試設館課之一掌故之學二吏治之學三時務之學尤以御製勸善要言人臣儆心錄性理精義上諭八旗諸書爲居官立身之大本均令分門學習劄記大綱以覘其才識疏入報聞三十一年協辦大學士是冬改學部尚書明年充修訂官制大臣尋罷軍機專理部務德宗上賓充恭辦喪禮大臣宣統元年以疾乞休溫旨慰留調禮部尚書孝欽后奉安充隨入地宮大臣恭點神牌晉太子少保三年裁禮部改爲弼德院副院長旋充顧問大臣德宗實錄館總裁國變後避居天津卒年五十八謚文恪榮慶持躬謹慎故事軍機大臣無公費率取給餽贐榮慶始入直深以爲病語同列合辭上請乃得支養廉銀二千而御前諸臣亦援例增給有差

那桐字琴軒葉赫那拉氏內務府滿洲鑲黃旗人光緒十一年舉人由戶部主事歷保四品京堂授鴻臚寺卿遷內閣學士二十六年兼直總理各國事務衙門晉理藩院侍郎拳匪肇釁各國聯兵來犯令赴豐台禦之外兵入京誤以東壖爲匪窟欲屠之力解乃免兩宮西巡命充留京辦事大臣隨李鴻章議和約成專使日本謝罪又派赴日觀博覽會二十九年擢戶部尚書調外務部兼步軍統領管工巡局事創警務繕路政平反王維勤寃獄商民頌之三十一年晉大學士仍充外務部會辦大臣歷兼釐訂官制參預政務變通旗制署民政部尚書宣統元年命爲軍機大臣丁母憂請終制不許出署直隸總督請撥部款修鳳河尋還直三年改官制授內閣協理大臣旋辭充弼德院顧問大臣國變後久臥病卒年六十有九

戴鴻慈字少懷廣東南海人光緒二年進士改庶吉士以編修督學山東父憂歸服除督學雲南後復充雲南鄉試正考官二十一年大考一等擢庶子日韓啟釁我軍屢挫鴻慈連疏劾李鴻章調遣乖方遷延貽誤始終倚任丁汝昌請予嚴懲並責令速解汝昌到部治罪以肅軍紀均不報和議成鴻慈奏善後十二策一審敵情以固邦交二增陪都以資拱衛三設軍屯以實邊儲四築鐵道以省漕運五開煤鐵以收利權六稅煙酒以佐度支七行抽練以簡軍實八廣鑄造以精器械九簡使才以備折衝十重牧令以資治理十一召對羣僚以勵交修十二變通考試以求實用遷侍講學士督學福建再遷內閣學士學政報滿假歸省墓擢刑部侍郎赴西安行在上陳治本疏又請建兩都分六鎭以總督兼經略大臣得辟幕僚巡撫以下咸受節制是年冬隨扈還京轉戶部侍郎時各省教案滋多鴻慈請設宣諭化導使以學政兼充編輯外交成案頒發宣講又請就翰林院創立報局各省遍設官報議格不行時設會議政務處有奉旨交議事件三品京堂以上與議鴻慈請推行閣部九卿翰林科道皆得各抒所見屬官則呈堂代遞可以收羣策勵人才下政務處採擇三十一年命五大臣出使各國考求政治鴻慈與焉將發黨人挾炸藥登車狙擊從者或被創人情惶懼鴻慈從容詣宮門取進止兩宮慰諭至泣下遂行歷十五邦凡八閱月歸國與載澤端方尙其亨李盛鐸等裒輯列國政要百三十三卷歐美政治要義十八章會同進呈並奏言各國治理大略以爲觀其政體美爲合衆而專重民權德本聯邦而實爲君主奧匈同盟仍各用其制度法義同族不免偏於集權唯英人循秩序而不好激進其憲法出於自然之發達行之百年而無弊反乎此者有憲法不聯合之國如瑞典挪威則分離矣有憲法不完全之國如土耳其埃及則衰弱矣有憲法不平允之國如俄羅斯則擾亂無已時矣種因既殊結果亦異故有雖革改而適以召亂者此政體之不同也覘其國力陸軍之強莫如德海軍之強莫如英國民之富莫如美此國力之不同也覘其政略則俄法同盟德奧義同盟既互相倚助以求國勢之穩固德法摩洛哥之會議英俄東亞之協商其對於中國者德美海軍之擴張美法屯軍之增額又各審利害以爲商業之競爭蓋列強對峙之中無有一國孤立可以圖存者勢使然也況人民生殖日繁智識日開內力亦愈以澎漲故各國政策或因殖民而造西伯利亞之鐵路或因商務而開巴拿馬之運河或因國富而投資本於世界均有深意存焉此政略之不同也驗其民氣俄民志偉大而少秩序其國失之無教法民好美術而流晏逸其國失之過奢德民性倔強而尙武勇其國失之太驕美民喜自由而多放任其國失之複雜義民尙功利而近貪詐其國失之困貧惟英人富於自治自營之精神有獨立不羈之氣象人格之高風俗之厚爲各國所不及此民氣之不同也臣等觀於各國之大勢既如此又參綜比較窮其得失之源實不外君臣一心上下相維然後可收舉國一致之益否則名實相懸有可以斷其無效者約有三端一曰無開誠之心者國必危西班牙苛待殖民致有斐律賓古巴之敗英鑒於美民反抗而於澳洲坎拿大兩域予人民以自治之權致有今日之強盛開誠故也俄滅波蘭而用嚴法以禁其語言今揭竿而起要求權利者即波蘭人也又於興學練兵皆以專制爲目的今滿洲之役不戰先潰莫斯科聖彼得堡之暴動即出於軍人與學生也防之愈密而禍即伏於所防之中患更發於所防之外不開誠故也二曰無慮遠之識者國必弱俄以交通之不便而用中央集權故其地方之自治日以不整美以疆域之大而用地方分權故其中央與地方之機關同時進步治大國與治小國固不侔也德以日爾曼法系趨於地方分權雖爲君主之國而人民有參與政治之資格法以羅馬法系趨於中央集權雖爲民主之國而政務操之官吏之手人民反無自治之能力兩相比較法弱於德有由來矣三曰無同化之力者國必擾美以共和政體重視人民權利雖人種複雜而同化力甚強故能上下相安於無事土耳其一國之中分十數種族語言宗教各不相同又無統一之機關致有今日之衰弱俄則種族尤雜不下百數語言亦分四十餘種其政府又多歧視之意見致有今日之紛亂奧匈兩國雖同戴一君主而兩族之容貌習

尙語言性情迴殊故時起事端將來恐不免分離之患蓋法制不一畛域不化顯然標其名爲兩種族之國未有能享和平臻富强者矣此考察各國所得之實在情形也竊惟學問以相摩而益善國勢以相競而益强中國地處亞東又爲數千年文化之古國不免挾尊己卑人之見未嘗取世界列國之變遷而比較之甲午以前南北洋海陸軍製造各廠同時而興聲勢一振例之各省差占優勝矣然未嘗取列國之情狀而比較之也故比較對於內則滿盈自阻之心日長比較對於外則爭存進取之志益堅然則謀國者亦善用其比較而已又奏臣等曠觀世界大勢深察中國近情非定國是無以安大計國是之要約有六事一曰舉國臣民立於同等法制之下以破除一切畛域二曰國是深決於公論三曰集中外之所長以謀國家與人民之安全發達四曰明宮府之體制五曰定中央與地方之權限六曰公布國用及諸政務以上六事擬請明降諭旨宣天下以定國是約於十五年或二十年頒布憲法召集國會實行一切立憲制度又奏實行立憲旣請明定期限則此十數年間若不先籌預備轉瞬屆期必至茫無所措今欲廓清積弊明定責成必先從官制入手擬請參酌中外統籌大局改定全國官制爲立憲之預備均奉兪旨採納遂定立憲之議先是鴻慈奉使在途已擢禮部尙書及還充釐定官制大臣轉法部尙書充經筵講官參預政務大臣時法部初設與大理院畫分權責往復爭議又併部中職掌於是京外各級審判廳次第設矣又採英美制創立京師模範監獄三十四年疾作乞解職溫旨慰留兩宮升遐力疾視事宣統元年賞一等第三寶星充報聘俄國專使大臣禮成返國奏言道經東三省目擊日俄二國之經營殖民地不遺餘力非急籌抵制無以固邊圉非振興實業擴其自然之利無以圖富强請速辦墾殖森林二端俟財力稍裕再籌興學路礦兵屯各事以資捍衛臚陳辦法得旨下所司議行是年八月命入軍機晉協辦大學士二年卒加太子少保諡文誠

論曰樞臣入對序次有定後列者非特詢不得越言晚近領以尊親勢尤禁隔旅進旅退而已景廉多戰績額勒和布有清操庚身應溥通達諳練壽恒有責難之言鴻慈負知新之譽榮慶謹愼持躬那桐和敏解事皆庶幾大臣之選者歟

英桂　宗室載齡

恩承　宗室福錕

崇禮　裕德

英桂字香巖赫舍哩氏滿洲正藍旗人道光元年舉人以中書充軍機章京晉侍讀授山東青州知府遷登萊青道擢山西按察使調山東署布政使咸豐三年擢河南巡撫粵匪擾湖北英桂抵南陽籌防匪踞安徽六安州馳防汝甯捻首張洛行竄踞雉河集命英桂督三省軍務疊敗賊於三河尖穎上捕獲教匪陳汰安王庭貞遷山西巡撫同治元年欽差勝保被逮多隆阿代領其軍多所裁撤部將宋景詩復叛英桂奏言勝保舊部雖多烏合降衆久經戰陣多隆阿到營旬日遣歸七起未免操之過急窮無所歸乘機走險應遵前諭如能隨同立功仍准一體保奏以安衆心報聞遷福州將軍七年署閩浙總督奏言前督左宗棠議減兵者爲增餉也議增餉者爲練兵也應就地勢情形以定經久之制浙省依山阻海馬步水陸額兵三萬七千五十九名而駐於杭嘉湖甯溫紹台海濱七府者三萬餘名分駐湖金衢嚴處五府者七千餘名海疆偏重形勢瞭然加餉爲人情所願減兵又爲人情所難各屬形勢不同參以變通庶臻妥善今擬分別減兵增餉以本省應裁之餉加本省應存之兵至練兵擬照楚湘兵制整器械精技藝庶兵氣可揚水師戰船寬籌經費期復舊模又言輪船之設利於巨洋駕駛之法迥異長江並擬定外海礮艇章程十二條上均嘉納召爲內大臣十一年授兵部尙書兼總管內務府大臣調吏部兼步軍統領光緒元年協辦大學士三年授體仁閣大學士四年以病乞休五年卒贈太子太保諡文勤

宗室載齡字鶴峯隸鑲藍旗誠隱郡王允祉五世孫道光二十一年進士改庶吉士授檢討遷洗馬累至內閣學士以題定郡王載銓息肩圖稱門生違例鐫三級除光祿寺卿咸豐三年擢都察院副都御史授工部左侍郎粵匪北竄踞河間阜城命載齡督防固安匪南竄撤防會川督裕瑞被劾命載齡往勘因疏陳山西陝西四川捐輸欵項侵蝕濫銷諸弊請敕各督撫嚴查參辦並條上章程五則議行時黔匪偪近蜀境詔載齡嚴飭地方勸諭鄉團助聲勢尋署陝西巡撫調刑部侍郎仍留陝五年疏言前撫臣王慶雲請准遣戍新疆官犯捐輸改發內地捐數無多何裨國計此端一開行險徼倖之徒將肆意妄爲絕無忌憚所得小而所失大請停止以儆官邪上韙之尋詔回京授泰甯鎭總兵兼總管內務府大臣以病乞休病痊署禮部侍郎授刑部調吏部同治元年擢都察院左都御史遷兵部尙書九年丁父憂襲輔國公光緒三年調吏部協辦大學士明年授體仁閣大學士六年因病屢疏乞休允之九年卒贈太子太保諡文恪

恩承字露圃葉赫那拉氏滿洲正白旗人以筆帖式歷禮部郎中隨僧格林沁勦賊賞四品京堂授侍讀學士仍留營充翼長解山東滕縣圍克沙溝營臨城驛破賊曹州又敗之臨朐縣南晉三品京堂授太常寺卿同治二年捻首張洛行伏誅賞黃馬褂擢內閣學士授鑲紅旗蒙古副都統以僧格林沁遇害坐革職旌以勦奉天馬賊復原官授理藩院侍郎七年捻匪張總愚北竄恩承總統神機營馬步兵往雄霸扼防捻平還京歷調工部禮部刑部吏部光緒元年兼總管內務大臣擢都察院左都御史正藍旗漢軍都統遷禮部尙書命與侍郎童華往四川查辦總督丁寶楨等被劾案復奏寶楨交部議恩承言從古言利之臣咸以不加賦而財用足爲動人聽聞之具溯自軍興以來川省釐捐兩項協撥餉需以千百萬計苟非國家深仁厚澤何以人樂輸將方今軍務肅清民氣未復乃川省設立官運局所徵正欵已暗寓加釐所收雜款吏巧爲攤派下與小民爭利而司道兩庫懸欠百萬有奇正款反形支絀似於國計民生兩無裨益疏入敕部嚴覆復命赴雲南查辦事件以侍郎閻敬銘劾恩承入川時失察家人需索部議革職留任回京授步軍統領十年遷刑部尙書調吏部協辦大學士明年授體仁閣大學士十三年命赴廣西湖南河南按事十五年轉東閣十八年卒諡文恪

宗室福錕字箴庭隸鑲藍旗理密親王允礽六世孫咸豐九年進士授吏部主事晉員外郎光緒四年授右庶子遷侍讀學士擢太僕寺卿六年賞副都統充西甯辦事大臣八年召授兵部侍郎歷調刑部戶部十年擢工部尙書兼步軍統領命在總理各國事務衙門行走兼管內務府大臣調戶部協辦大學士以部駁機器鼓鑄福錕議革職改留任旋復官十五年加太子太保詹事府右庶子崇文疏劾大學士張之萬交納外官命福錕偕尙書潘祖蔭勘之奏言之萬住居湫隘門無雜賓樞臣接見外僚藉以考覈人才不得以因公謁見謂爲接納營私惟僧鄂洲以方外浮屠往來仕宦之家易招物議請驅逐回籍報可十七年授體仁閣大學士二十年皇太后萬壽賞雙眼花翎時京師盜風甚熾福錕初禁步軍訊盜用嚴刑盜益肆至是奏請變通緝捕章程允之二十一年疏請乞休卒諡文愼

崇禮字受之姜氏內務府漢軍正白旗人咸豐年以拜唐阿爲淸漪園苑丞文宗巡幸嘗詢以事奏對稱旨嘉獎之由員外郎歷內務府卿加內務府大臣光緒元年授山海關副都統乞病歸五年歷遷內閣學士命在總理各國事務衙門行走補禮部右侍郎坐事議革職改降三級九年授光祿寺卿歷理藩院侍郎轉兵部戶部二十年加太子少保賞黃馬褂旋擢理藩院尙書出爲熱河都統再乞病二十四年授刑部尙書兼步軍統領崇禮勤於職事太后念先帝識拔頗推恩遇及政變起太后復訓政參預新政楊銳等獲罪崇禮以案情重大請欽派大學士軍機大臣會同審訊始命軍機會刑部都察院嚴審已又傳旨卽行正法二十六年調戶部協辦大學士二十九年授東閣大學士轉文淵閣三十一年以病乞罷又二年卒諡文恪

裕德字壽田喜塔臘氏滿洲正白旗人湖北巡撫崇綸子光緒二年進士改庶吉士授編修累遷侍讀八年充咸安宮總裁偕詹事府少詹事寶昌等疏請整頓咸安宮官學凡六事下部議行五轉至內閣學士督山東學政十六年擢工部侍郎調刑部二十年授都察院左都御史命偕侍郎廖壽恒赴四川按事二十四年遷理藩院尙書調兵部二十八年赴哲里木盟查辦事件因條上領荒招墾事宜如所議行二十九年協辦大學士授體仁閣大學士三十年充會試

總裁明年改東閣卒謚文愼裕德持躬謙謹禮賢下士有一得之長譽之不容口時皆稱之

論曰大學士滿漢並重非有資望不輕予大拜內閣不兼軍機者不參機務相業無聞焉英桂諸人或起軍功或承世蔭或嫻文學或優政事雖未能顯有名績而耆德老成雍容台鼎亦不愧宰相之器者歟

清史稿 列傳二百二十八

潘祖蔭 李文田
孫詒經 夏同善
張家驤 張英麟
張仁黼 張亨嘉

潘祖蔭字伯寅江蘇吳縣人大學士世恩孫咸豐二年一甲三名進士授編修遷侍讀入直南書房充日講起居注官累遷侍讀學士除大理寺少卿左宗棠被劾召對簿罪不測祖蔭上疏營救且密薦其能獄解乃起獨領一軍十一年詔求直言祖蔭念車駕還都首斥奸佞綱紀一新爲上勤聖學求人才整軍務裕倉儲四事並請免賦以蘇民困汰釐以紓民力嚴軍律以拯民生廣中額以收民心纚纚數千言稱旨遷光祿寺卿與修治平寶鑑書成被賞賚先後糾彈官吏不職狀書凡數上文若欽差勝保直隸總督文煜陝西巡撫英棨布政使毛震壽甘肅布政使恩麟道員田在田諸人武若提督孔廣順總兵闕不敘副將張維義諸人繇是直聲震朝端同治三年授左副都御史坐會議何桂清罪未列銜絓吏議明年恭親王奕訢獲譴下羣臣議祖蔭念重臣進退關繫安危疏請持平用中酌予轉圜袪世人惑補工部侍郎七年調戶部充經筵講官坐失部印褫職留任典順天鄉試再坐中式舉人徐景春文理荒謬鐫二級十三年特旨賞編修仍入直錄輸饑功釋處分光緒改元授大理寺卿補禮部右侍郎數遷工部尚書加太子少保五年主事吳可讀以死請爲穆宗立嗣祖蔭被命集議與徐桐等請申不建儲彝訓疏存毓慶宮明年偕惇親王奕誴等辦中俄交涉約既成籌善後條列練兵簡器開鑛備饑四事進命入直軍機父憂歸服闋起權兵部尚書調補工部兼管順天府尹事大婚禮成晉太子太保十六年卒贈太子太傅謚文勤寶坻士紳感其救災勤勞籲建專祠報可祖蔭嗜學通經史好收藏儲金石甚富先後數掌文衡典會試二鄉試三所得多貢士時與翁同龢並稱翁潘云

李文田字芍農廣東順德人咸豐九年一甲三名進士授編修入直南書房充日講起居注官同治五年大考晉中允九年督江西學政累遷侍讀學士秩滿其母年已七十有七矣將乞終養會朝廷議修圓明園遂入都覆命既至謁軍機大臣寶鋆告以東南事可危李光昭姦猥無行責其不能匡救寶鋆曰居南齋亦可言矣必責樞府文田曰正爲是來耳疏上不報踰歲上停止園工封事略言巴夏禮等焚毀圓明園其人尙存昔既焚之而不懼安能禁其後之不復爲常人之家偶被盜劫猶必固其門牆愼其管鑰未聞有揮金誇富於盜前者今彗星見天象譴告而猶忍而出此此必內府諸臣及左右憸人導皇上以朘削窮民之舉使朘削而果無他患則唐至元明將至今存大清何以有天下乎皇上亦思圓明園之所以興乎其時高宗西北拓地數千里東西諸國讋憚天威府庫充盈物力豐盛園工取之內帑而民不知故皆樂園之成今皆反是聖明在上此不待思而決者矣疏入上爲動容俄乞假歸光緒八年遭母憂服竟起故官入直如故數遷至禮部侍郎充經筵講官領閣事二十年疏請起用恭親王奕訢及前布政使游智開依行明年卒卹如制謚文誠文田學識淹通述作有體尤諳究西北輿地屢典試事類能識拔積學士皆稱之

孫詒經字子授浙江錢塘人咸豐十年進士選庶吉士聞杭州城陷乞假歸奉親辟居定海參甯紹台道張景渠軍平浙東有功還授檢討以倭仁薦入直南書房同治四年擢司業上言弭災在恤刑治獄先平法本律盜案不分首從聖祖世宗加以區別自頃盜風充斥槩用重典行十餘年案不減少則知弭盜之術不在用法之嚴請敕刑部改成例復祖制議行會上將侍太后幸惇親王府既與夏同善諫罷未幾復將詣恭親王府祀神詒經再上疏言聖學方新宸修宜懋經帷屢曠則神志難專法駕時勤則見聞易惑一日行幸一日已荒念典之功今日行禮異日或啟遊觀之漸士論歸之遭父憂去服除仍原官入直如故十年遷侍講五月朔日食詒經以天道感應本諸人事於是有遇災修省之請十三年夏彗星見越數日太白經天人心惶駭詒經復有廣開言路及罷圓明園工程之請遷侍讀學士德宗纘業大考一等擢詹事召對命直抒所見連上澄吏治愼海防機宜甚悉光緒六年俄衅啟東西海陸邊防亟詒經言能戰然後能和兵力專顧海口北塘覆轍可鑒請調勁旅守東路並津永舉辦民團再遷刑部侍郎明年調戶部會左宗棠請修畿輔水利迺疏薦張之洞張佩綸資治理並以山東河患河員專治河隄不講修導建議購泰西機船及時修濬十一年入直毓慶宮山東河工領部銀百萬詒經廉得書吏史恩溥苛索狀嚴責繳還將懲治章未上而御史王彥榮等輒劾以輕縱上令明白回奏覆奏入卒陷吏議並罷直有勸引退者詒讓曰吾被恩遇久皇敢佚吾身邪於是專治部事佐度支凡十年時議設銀行造鐵路慮利權外溢斷斷持異議詒讓持躬清正思以儒術救時敝不阿權要爲同列所忌卒不得行其志先後數司文柄深惡末學餖飣積習擯之惟恐不盡所得多知名士生平論學不分漢宋謂經學即理學又曰學所以厲行也博學而薄行學奚足尙一時爲學者所宗十六年卒優詔賜卹謚文愨

夏同善字子松浙江仁和人咸豐六年進士選庶吉士授編修累遷右庶子充日講起居注官十年粵寇陷江南諸軍無所統請屬之曾國藩又以北塘之役僧格林沁軍退頓通州桂良再就議款同善建言敵情叵測宜專任僧格林沁備戰守敕並依行父憂歸服闋起故官同治六年遷少詹事其時傳言車駕將幸惇親王府召集梨園同善聞之與孫詒經合疏諫止略言皇上沖齡敬天未至南郊游幸先臨府第未安者一聖學端資養正耳目玩好偶有所娛恐疏而不密未安者二近頃軍事未寧遊觀之事傳播四方曷以慰臣民望未安者三英俄人士雜處京畿稍示以懈何能帖伏未安者四夫孝以禮爲歸禮以時爲大非時不舉古有明箴乞能止以彰聖德出督江蘇學政遭繼母喪去職起詹事十年遷兵部右侍郎秋患霪雨奉其狀以上乞申虔禱實行敦節儉廣賑濟開言路清庶獄諸政語至剴切十三年偕尙書廣壽詣四川按事奏請撤永川等兵差局綿竹等夫馬局光緒元年命直毓慶宮授讀固辭不獲益屏家事勿問退唯默坐觀書思所以爲獻納地先後累言盜案刑例宜復舊制分首從畿輔旱請鑿井灌田蘇之晉豫飢請移海防關稅經費恤之四年復命視學江蘇陛辭日力陳捐納有礙民生無裨國用稱旨明年被命巡視山東黃河條上治下游三事曰濬海口曰直河灣曰通支河請移機器局經費治之其秋閱緣江礮臺又歷陳三不可恃請合數省力助守江口已築者毋廢未築者毋增上然其言嘗劃俸濬江陰城河植松五萬餘於君山民德之六年卒德宗聞之遽泣其忠誠荷主知如此遺疏入賜卹如例謚文敬子庚復主事敦復御史

張家驤字子騰浙江鄞縣人同治元年進士選庶吉士授編修督山東學政調山西遭父憂解職服除起故官遷侍講入直南書房光緒元年轉侍讀充日講起居注官五年命直毓慶宮遷侍講學士明年劉銘傳奏召入都疏請籌造清江浦鐵路下李鴻章等議家驤念典學方新講求上理萬一言利之臣隨聲附和一言僨事關繫匪輕迺力陳三弊阻止之疏入仍令鴻章覈覆鴻章力主銘傳策然自是御史洪良品陳五害侍講張楷陳九不利並隨家驤而上諫書矣事竟寢數遷內閣學士充經筵講官九年授工部右侍郎調吏部家驤純謹好學一謝時趨莅官端愼授帝讀朝夕納誨頗能盡心所職十年卒上悼惜賜祭葬如制謚文莊

張英麟字振卿山東歷城人同治四年進士選庶吉士授編修十三年命偕檢討王慶祺在弘德殿行走英麟甫入直即乞假歸省未幾穆宗崩慶祺以有罪褫職衆皆稱其志節歷典福建雲南鄉試累遷祭酒充經筵講官光緒十七年以詹事授奉天府丞兼學政奉省士民樸素隨軺所至力加獎勸學風興起晉內閣學士簡順天學政擢吏部侍郎二十六年通州試竣回京兩宮西狩官吏遷避英麟獨守學政關防待交替明年召赴行在應詔上疏請力崇節儉乘輿回鑾議變法英麟言祖宗法制可整飭不可遽更張二十九年充會試副總裁借闈河南改試策論經義英麟嚴衡校多取績學會改官制英麟以侍郎遷副都統漢員授旗官自此始旋晉都統三十四年授都御史時議行憲政許士民上書英麟必詳審爲代達御史江春霖直劾親貴斥回原衙門英麟率全臺合疏留之宣統改元攝政監國復舉輪講之典英麟撰資治通鑑講章以進皆發明精義比附近情冀以誠意相感動章上但循故事留覽而已三年武昌變起內閣改制飭都察院及凡有言責者皆停奏事英麟歎息以爲奇變遜位詔下

遂乞能歸德宗永遠奉安猶奔赴崇陵謁送重宴瓊林加太子太保乙丑冬卒年八十有八

張仁黼字劭予河南固始人光緒二年進士選庶吉士授編修入直上書房出督湖北學政以朱子小學近思錄訓士累遷洗馬充日講起居注官補侍講二十年日本衅起樞臣被劾迺與李文田等請起用恭親王奕訢稱旨遷鴻臚寺卿典試四川除奉天府府丞父憂未之官二十六年拳亂作奉命在籍治團練服闋赴行在時財匱議加丁口稅仁黼謂今日國勢極危而人心未去者良由世祖除明季三餉聖祖詔丁口以五十年爲率嗣後滋生永不加賦深仁厚澤民不能忘今議加丁稅違祖制拂民情必不可事遂寢還京擢順天府府尹再遷兵部侍郎典試江西歷學部法部三十三年補大理院正卿奏請敕部院大臣會訂法律略言法律主要在乎組織立法機關而所以成之者有三曰定法律宗旨辨法律性質編法律成典中國數千年來禮陶樂淑人人皆知尊君親上此迺國粹所在必宜保存用各國之法以補其不足尤須造就法律人才治法治人相因爲用然後可收實效又言立法之要規模不可不閎推行必宜有漸否則未嘗於人心而貿然以試誠恐外國屬人主義勢力日益擴張而吾國屬地主義處理愈形棼糾有司奉行不善反使外人得以藉口爲患甚大疏入多議行俄授吏部侍郎充經筵講官三十四年丁母憂未幾卒仁黼內行修不自標異嘗被命治河卻例饋節省金同官懼謂將興大獄仁黼忽索取金衆始安然頗怪其失操已而河南巡撫上言紳士助學校金不受獎敘數與之同朝士益服其清不絕物云

張亨嘉字燮鈞福建侯官人光緒九年進士選庶吉士授編修十四年視學湖南念儒官爲士模範不激濁揚清曷以勵風教疏薦文行交修者數人士習爲一變二十三年入直南書房越二年除司業頻轉太常寺少卿一歲五遷殊數也二十六年夏親貴大臣信拳民有神術能攘外飾詞入告上疑之命亨嘉察視亨嘉知其不可恃條上弭釁機宜甚悉疏甫入而亂作西狩還獨先賜用徙大理寺卿明年出督浙江學政頗採西國政教命題試士多得通材尙書張百熙榮慶既爲學務大臣別置大學總監督亨嘉遂被命任校事仍不離內廷職大學中更寇亂肄業生不盈百迺闢學舍廣集高材生類別學科禮聘儒宿及東西邦學人專門教授書籍儀器粲然具備兼攝進士館監督進士習法政自此始歷光祿寺卿左副都御史兵部侍郎逾歲疏辭校職轉禮部侍郎充經筵講官亨嘉爲人敦實嗜古精鑒賞事母孝母黃氏壽百歲同列奏麻瑞中興後命婦享高耄者與詹事袁褒恆祖母郭氏二人而已上聞之歎異加恩賜予三十四年遭喪去終服仍入直宣統二年卒賜祭葬諡文厚

論曰同光典學內直諸臣每兼授讀體制較隆而文學侍從亦多選績學時備顧問稱榮幸焉祖蔭好賢勤事文田學識淹雅同以通博稱詒經重實學同善崇聖德家驥盡心誨納英麟早勵風節並無愧師儒仁黼亨嘉尤惓惓於明法修學後先相望其風采皆隱然可見焉

清史稿

列傳二百二十九

徐樹銘 薛允升

宗室延煦 子會章 汪鳴鑾

周家楣 周德潤

胡燏棻 張蔭桓

徐樹銘字壽蘅湖南長沙人道光二十七年進士選庶吉士授編修典四川鄉試咸豐二年遷中允簡山東學政累遷內閣學士授兵部右侍郎督學福建按試興泉適莆田同安呂黃二氏械鬬勢洶洶樹銘喻以大義手書勸諭文付二氏躬祭鬬死者而哀之二氏愧悔復爲立型仁講讓二塾訓其子弟二氏愈益和秩滿乞歸養同治五年起署禮部左侍郎明年督學浙江以薦舉人才中列已能編修俞樾嚴旨付吏議謫遷太常寺少卿光緒初除鴻臚寺卿遭父憂終喪起授通政司副使十年晉太常寺卿永定河決詔樹銘往勘既至奏罷河工酌用民力及折價交土章程民德之法越事急念海道梗阻迺疏請漕糧改歸河運敕直隸總督治南運全河十二年補左副都御史時議廢當十錢復制錢民心惶惑樹銘言於戶部尙書閻敬銘請發倉廩俾民以當十錢購粟糶平而錢不廢民迺安十五年授工部右侍郎歷充順天浙江鄉試正副考官會試總裁二十年中東搆釁樹銘數十封事皆不報旋遷左都御史充經筵講官疏請行蠶政敕督撫令有司營辦以從違爲舉劾上嘉納下其疏各省二十五年拜工部尙書旋病卒予優卹樹銘幼穎異問學於何桂珍曾國藩倭仁唐鑑諸人生平無私蓄惟嗜鐘鼎書畫藏書數十萬卷雖耄猶勤學不倦云

薛允升字雲階陝西長安人咸豐六年進士授刑部主事累遷郎中出知江西饒州府光緒三年授四川成綿龍茂道調署建昌明年遷山西按察使值大祲治振綜覈出入民獲甦又明年晉山東布政使權漕運總督淮上患劇盜久未獲允升詗得其巢遣吏士往捕歲除夕盜方飲酒未誡備悉就執六年召爲刑部侍郎歷禮兵工三部而佐兵部爲久念國家養兵勇糜餉糈因條列練兵裁勇機宜上嘉納十九年授刑部尙書初允升觀政刑曹以刑名關民命窮年討測律例遇滯義筆諸册久之有所得或以律書求解輒爲開導而其爲用壹歸廉平凡所定讞案法隨科人莫能增損一字長官信仗之有大獄輒以相屬其鞫囚如與家人語務使隱情畢達枉則爲之平反始以治王宏罄獄顯名蓋民有墮水死者團防局勇已不勝榜掠承矣允升覆訊事白厥後江甯民周五殺朱彪遁參將胡金傳欲邀功捕僧紹棕曲學如論死侍讀學士陳寶琛糾彈之上命允升往按廉得實承審官皆懲辦如律二十二年太監李萇材張受山搆衆擊殺捕者嚴旨付部議允升擬援光棍例治之而總管太監李蓮英爲乞恩太后以例有傷人致死按律問擬一語敕再議允升言李萇材等一案既非謀故鬬殺不得援此語爲附合且我朝家法嚴宦寺倍治罪此次從嚴懲治不能仰體哀矜之意已愧於心倘復遷就定讞並置初奉諭旨於不顧則負疚益深夫立法本以懲惡而法外亦可施仁皇上果欲肅清輦轂裁抑奄宦則仍依原奏辦理若以爲過嚴或誅首而宥從自在皇上權衡至當非臣等所敢定擬也疏上仍敕部議罪其時蓮英偏屬要人求末減允升不爲動復奏請處斬張受山至李萇材傷人未死量減爲斬監候從之二十三年其從子濟關說通賄御史張仲炘給事中蔣式芬先後論劾允升坐不遠嫌鐫三級貶授宗人府府丞次年謝病歸二十六年拳禍作兩宮幸西安允升赴行在復起用刑部侍郎尋授尙書以老辭不允二十七年回鑾從駕至河南病卒卹如制著有漢律輯存六卷漢律決事比四卷唐明律合編四十卷服制備攷四卷讀例存疑五十四卷子浚光緒六年進士官禮部郎中

宗室延煦字樹南隸正藍旗直隸總督慶祺子以任子官禮部主事咸豐六年成進士選庶吉士授編修十三年車駕北狩錄城防功擢四品京堂明年授贊善累遷內閣學士除盛京兵部侍郎同治六年調戶部數勘辦展邊墾地十一年移督倉場與漢侍郎畢道遠疏請漕糧起運本色濟兵食議行光緒二年出爲熱河都統以圍場曠莽易叢奸宄請增置營汛資守禦有土寇王致岡者搆衆擾平泉赤峰建昌諸處積爲民患官軍莫能捕至是遣守備松恩勦平之尋移疾去九年授左都御史念會典事例自嘉慶間續修中更六十餘年典章制度視昔彌劇及今不修恐文獻無徵難免舛漏疏請敕廷臣集議開館限年修明憲典得旨報可十年晉理藩院尙書調禮部萬壽聖節大學士左宗棠未隨班叩祝延煦上疏論劾略謂左宗棠職居首列鴻臚引班時竟步出乾清門不勝駭詫國家優禮大臣宗棠被恩尤重縱捐頂踵未報萬一迺躬履尊嚴之地絕無誠敬之心如曰遘疾曷弗請假而必故亂班聯害禮負恩莫或斯等疏上下宗棠吏議以延煦語過當詔革職留任會山東民埝決口言者劾巡撫陳士杰諉工狀命延煦偕祁世長往按白其誣而言其失計又以遵旨巡察海防具圖說以上謂煙臺旅順對峙海面至此一束兩岸同心阨守要隘津沽得有鎖鑰防守之法應如何測淺深審沙綫備船礮設水師募諳海戰之人必有制勝之策上韙其議特宣示還京再移疾不允十二年兩宮祇謁東陵詣孝貞顯皇后陵寢慈禧皇太后不欲行拜跪禮延煦持不可面爭數四方是時太后怒甚禮部長官咸失色延煦從容無少變太后卒無以難不得已跪拜如儀延煦起家貴介以文詞受主知而立朝大節侃侃無所撓士論偉之明年卒子會章光緒二年進士歷官理藩院侍郎戊戌政變漢京朝官罹法網者衆會章獨奏論刑獄貴持其平不當以滿漢分畛域言人所不敢言論者謂其伉直有父風

汪鳴鑾字柳門浙江錢塘人少劬學同治四年成進士選庶吉士授編修遷司業益覃研經學謂聖道垂諸六經經學非訓詁不明訓詁非文字不著治經當從許書入手嘗疏請以許愼從祀文廟歷督陝甘江西山東廣東學政典河南江西山東鄉試顯重實學號得士光緒三年父憂歸服闋起故官歷遷內閣學士晉工部侍郎兼筦戶部三庫十六年赴吉林按事與尙書敬信俱二十年主禮部試時日韓衅起朝議紛呶詔行走總理各國事務衙門充五城團防大臣調吏部右侍郎兼貳刑部踰年和議成日人堅索臺灣鳴鑾力陳不可稱上意時上久親政數召見朝臣鳴鑾奏對尤切直忌者達之太后故抑揚其語太后信之上不自安其冬遂下詔曰朕侍奉皇太后仰蒙慈訓大而軍國機宜小而起居服御體恤朕躬無微不至迺有不學無術之徒妄事揣摩輒於召對時語氣抑揚罔知輕重如侍郎汪鳴鑾長麟上年屢次召見信口妄言迹近離間本

欲即行治罪因軍務方棘隱忍未發今特曉諭諸臣知所儆惕汪鳴鑾長麟並革職永不敍用嗣後內外大小臣工有敢巧言嘗試者朕必治以重罪既罷歸主講杭州詁經精舍敷文書院三十二年卒長麟滿洲鑲藍旗人光緒六年繙譯進士授編修累至戶部右侍郎

周家楣字小棠江蘇宜興人咸豐九年進士選庶吉士散館改禮部主事充總理各國事務衙門章京其時教氛棘四川總督駱秉章夙持正外人以將軍崇實易與遇事輒就決之數興大獄至殺平民二百人勿之問家楣上書執政極言其害請教案歸總督裁決卒如所言各國相繼換約交涉益劇枋事者多依違家楣苦心經畫凡議覲禮遣使臣護僑民皆委曲歷久而后定泊日本闚臺灣海防亟迺爲策先謀足以制日者於是大學士文祥舉立海軍造船艦築礮臺製槍械采煤鐵招僑商及用人籌餉諸端折衷衆說屬草議上之累遷郎中擢五品京堂光緒改元除太僕寺少卿典四川鄉試越二載遷順天府府尹兼總理各國事務大臣遭憂去服闋署左副都御史直總署如故八年再授順天府府尹時吏治日弛家楣自初涖即奏增經費劾汚吏練捕盜營親決獄訟設通州良鄉官車局近畿教養義塾善堂留養局增貢院號舍擴金臺書院製孔廟祭器樂器及再任益有興革郡中一切皆治辦九年霪雨河溢州邑顚菑亟疏請蠲復募集銀百餘萬會關東大熟勸募雜糧亦獲數萬石卹飢困明年春大舉工賑濬京南鳳河京東北運河武清寶坻兩減河宛平龐谷莊百二十村溝洫通州涿州霸州保定堤埽決口分助直魯工賑皆鉅萬僉謂京畿捄荒之政爲百年所未有云家楣方負時望累兼署禮戶兵三部侍郎上意嚮用既而恭親王奕訢罷政朝局一變法越事起朝士激昂多主戰家楣以法彊盛不可輕敵迺自具疏略謂法人肆擾海疆臺灣亟於戰禦餽械阻絕敵以兵船十數游弋海口伺隙抵巇各國且潛濟之臺灣雖勝與內地隔越南得手得一地留一師亦恐分兵致弱今調停之說發之自彼權之在我不得不別具深謀欲禽先縱至中國實能自强轉無戰之可言此大局之樞紐也疏上自知其言不協時曰吾終不以附和誤國給事中孔憲瑴劾張蔭桓洩漏機密語連家楣及吳廷芬等乃能直總署轉通政使十三年卒順天士民感其遺惠請建通州專祠詔允之

周德潤字生霖廣西臨桂人同治六年進士選庶吉士授編修遷司業歷侍讀學士充日講起居注官光緒八年除少詹事星變陳言上修理政刑六事再遷內閣學士十年大學士左宗棠稱疾請解職德潤力言宗棠不宜去位請旨責其引退之非示以致身之義稱旨當是時言路發攄德潤先後劾巡撫李文敏倪文蔚不職狀有直聲法越搆兵倡救越議數請力保藩封速定戰計條列亟務十端可危者八不可和者五宜用兵者七又以防務不可歲月計復請亟籌强邊積穀以老敵師操勝算疏凡十餘上上數召見嘉其諳邊情命行走總理各國事務衙門兩次請敕廷臣集議未幾和議起法人勒退兵益索償費議者欲與之德潤持不可謂苟傷國體即一介不可與請定志毋退縮已議欵事棘德潤獨具疏略言藩封可棄猶謂非域中也邊界可分猶謂非腹地也商可通兵可徹猶謂守約非背約也五條外橫生枝節若猶遷就其何能國請嚴拒之並陳和戰機宜甚悉上以單銜入告乖和衷詆罷直總署及明詔與法宣戰德潤遵旨覆陳臺越戰計力駁德璀琳盛宣懷所擬和約條列救臺復越六策力主先戰後和復上安徽釐稅梧州關稅積弊狀先後命大臣廉得實設法整飭之歲課贏數十萬明年和議將成德潤臚舉九事進曰習勤苦責疆吏清內宄募銳卒杜中飽會辦北洋大臣宜分駐奉天海口南北宜聯一氣滇粵宜籌善後雲南宜設機器局上嘉焉時法使浦理燮等赴越勘命德潤詣滇治界務德潤率道員葉廷眷等出關勘都竜南丹古林箐綠南溪河至河口保勝蠻耗十二年與法使狄隆等論界綫以綠邊二千餘里議分五段執志乘與爭吏正沒入越地三十餘里險要地四十里復大賭呪河外苗塘子諸地數百里踰歲還除刑部侍郎督順天學政十八年卒予優卹

胡燏棻字芸楣安徽泗州人本籍浙江蕭山同治十三年進士選庶吉士散館改知廣西靈川縣未上納貲爲道員銓直隸總督李鴻章俾筦北洋軍糈補天津道光緒十四年鴻章將出閱海軍有巨猾覬爲變流言胥動各國領事詰鴻章鴻章以其事屬燏棻越三月捕治之民迺定海舟應徭自奉天運米豆輸天津充戶長者歲出金三萬往往破家燏棻廉得狀上鴻章奏罷之十六年大水民數萬止城上燏棻擴北倉西沽粥廠徙居之鴻章用其言募集銀三百數十萬復督塞南北運河諸溢流凡八十餘處民猶及種麥十七年遷廣西按察使賜頭品服逾歲到官多所平反兩權布政使建遜業堂教士下臨桂知縣督諸囚習藝二十年入覲會中東事起命治糈臺師挫鴻章東渡行成諸軍西入關燏棻疏請貰遣之將希夷軍幾潰燏棻單騎宣諭卒解遣無敢譁者朝廷惘喪師知募兵不足恃命燏棻主練兵成十營頓小站號定武軍小站練兵自此始燏棻上疏言變法自强條列十事曰開鐵路自漢口至京爲幹路其分支南自光山固始出六安自應城京山安陸出荊門當陽西自懷慶出軹關逕蒲解達關隴東自開封歸德過宿泗抵清江曰造鈔幣銀幣毋使各國壟市利曰製機器國家用槍礮船械令民廠自造可塞漏卮曰開礦產築路需煤鐵鑄幣需金銀銅製機器需五金擇良吏主其事曰折南漕官祿軍糈並易以銀仍就津市米儲通州備緩急曰減兵額汰老弱簡精壯化無用爲有用曰創郵政取其貲佐度支驛站提塘皆可廢曰練陸軍將知學問械求畫一兵取良家厚將領月糈嚴戒侵蝕曰整海軍置帥總領緣海七省隸中樞不受疆吏節度曰設學堂農商工礦醫有顓家水師陸軍女子盲啞有教法朝廷爲定制甄而用之又言停武科練旗兵器械營制餉章並從西式次第皆采用是歲定議造鐵路自蘆溝至津命燏棻充督辦尋授順天府府尹疏請展京西支路首蘆溝訖門頭溝便煤運已充總理各國事務大臣時董福祥軍駐南苑斫傷鐵路西國工程師各公使訴於朝請罷董軍燏棻力爭始留駐近畿然卒以此罷直總署燏棻夙以談洋務著稱次年拳匪入京指爲通敵欲殺之逸而免膺會辦關內外鐵路之命路爲聯軍占歲餘始與英使訂約接收復歸於我遷刑部右侍郎三十二年轉禮部尋轉郵傳部卒卹如制予天津建祠

張蔭桓字樵野廣東南海人性通侻納貲爲知縣銓山東巡撫閻敬銘丁寶楨先後器異之數薦至道員光緒二年權登萊青道時英國請闢煙臺租界議倡馬頭捐以斂厚貲蔭桓持不可又義冢一區爲人盜售有司已鈐契矣復與力爭卒返其地七年授安徽徽甯池太廣道抉蕪湖關痼弊稅驟進會久霪雨江流衍溢州邑顚菑出俸錢振之明年遷按察使徵還賞三品京堂命直總理各國事務衙門十年除太常寺少卿蔭桓精敏號知外務驟躋巍官務攬權爲同列所忌給事中孔憲瑴摭其致蘇松太道邵友濂私函爲洩朝旨劾之詔出總署又以語連同官並罷周家楣等朝列益銜之左遷直隸大順廣道十一年命充出使美日秘三國大臣踰歲赴美舟抵金山稅司黑假索觀國書蔭桓謂非關吏所得預峻拒之電詰美外部黑假踧踖懇謝至伊士頓地近洛士丙冷華民簞食相迎初華民之傭其地也爲美工嫉殺數至二百餘人前使鄭藻如索償所毀財產久不得直至是皆待命蔭桓蔭桓既達美都即與其外部辨論凡償墨西哥銀十四萬七千有奇金山華民故好械鬭嘗爲文風諭之未幾美設苛例欲禁遏華工蔭桓曰與其繫命它族毋寧斬勿與通也於是倡自禁華工議繼迺徇衆請不果行其它烏盧公司澳路非奴姑阿路美的欽巴新舊槐花園諸案亦多所斡旋又與日廷爭論小呂宋設官事卒如所議是歲除太常寺卿轉通政司副使十三年奏設古巴學堂並籌建金山學堂醫院後三年還國仍直總署歷遷戶部左侍郎二十年中日議和命偕友濂爲全權大臣東渡日人弗納次年復命與日使林董廣議商約蔭桓力爭優待利益徵收稅則二事成通商行船二十九欵語具邦交志二十三年奉使賀英上以其領度支熟知外情命就彼國兼議加稅堅拒免釐蔭桓歷英美法德俄而還條具聞見累疏以陳大指謂宜屏外援籌固圉爲箴膏起廢策二十四年京師設礦務鐵路總局被命主其事數言修內政以戢民志治團練以裕兵力敕並依行先是變法議起主事康有爲與往還甚密有爲獲譴遂褫蔭桓職讁戍新疆越二年拳亂作用事者矯詔僇異己蔭桓論斬戍所二十七年復故官

論曰光緒朝部院大臣多負物望其兼直總署者時方重交涉權比樞廷樹銘允升通經明律家楣德潤議約論戰燏棻熟時務蔭桓諳外交皆各有建白一時理亂實繫之鳴鑾以妄言罷斥論者疑非其罪延煦爭謁陵拜跪劾朝賀亂班侃侃尤無愧禮臣云

孫家鼐　張百熙
唐景崇　于式枚
沈家本

孫家鼐字燮臣安徽壽州人咸豐九年一甲一名進士授修撰歷侍讀入直上書房光緒四年命在毓慶宮行走與尚書翁同龢授上讀累遷內閣學士擢工部侍郎江西學政陳寶琛疏請以先儒黃宗羲顧炎武從祀文廟議者多以為未可家鼐與潘祖蔭翁同龢孫詒經等再請始議准十六年授都察院左都御史工部尚書兼順天府尹二十年中日事起朝議主戰家鼐力言釁不可啟二十四年以吏部尚書協辦大學士命為管學大臣時方議變法廢科舉興學校設報編書皆特交核覆家鼐一裁以正嘗疏謂國家廣集卿士以資議政聽言固不厭求詳然執兩用中精擇審處尤賴聖知其所建議類能持大體及議廢立家鼐獨持不可旋以病乞罷二十六年乘輿西狩召赴行在起禮部尚書還京拜體仁閣大學士歷轉東閣文淵閣晉武英殿充學務大臣裁度規章折衷中外嚴定宗旨一以敦行實學為主學風為之一靖議改官制命與慶親王奕劻軍機大臣瞿鴻禨總司核定御史趙啟霖劾奕劻及其子貝子載振受賄納優命醇親王載灃與家鼐往案啟霖坐污衊褫職而載振尋亦乞罷兼官資政院立命貝子溥倫及家鼐為總裁一持正議不阿時詔諸臣輪班進講家鼐撰尚書四子書講義以進三十四年二月以鄉舉重逢賞太子太傅歷蒙賜壽頒賞御書及諸珍品賜紫韁紫禁城內坐二人暖輪恩遇優渥宣統元年再疏乞病溫詔慰留尋卒年八十有二贈太傅謚文正家鼐簡約斂退生平無疾言遽色雖貴與諸生鈞禮閉門齋居雜賓遠跡推避權勢若怯嘗督湖北學政典山西試再典順天試總裁會試屢充閱卷大臣獨無所私嘗拔一卷厠二甲同列意不可即屏退之其讓不喜競類此器量尤廣庚子外人請懲禍首戮大臣編修劉廷琛謂失國體責宰輔不能爭家鼐揖而引過其後詔舉御史家鼐獨保廷琛謂以大義見責知忠鯁必不負國世皆稱之

張百熙字埜秋長沙人同治十三年進士授編修督山東學政典試四川命直南書房再遷侍讀光緒二十年朝鮮釁起朝議多主戰百熙疏劾李鴻章陽作戰備陰實主和左寶貴聶士成皆勇敢善戰之將以餽械不繼遂致敗績咎在鴻章又劾禮親王世鐸竞樞務招納權賄戰事起一倚鴻章貽誤兵機皆不報時值太后萬壽承辦典禮者猶競尚華飾百熙奏罷之復偕侍講學士陸寶忠等合彈樞臣朋比誤國十大罪未幾孫毓汶引疾歸恭親王奕訢復入軍機而百熙亦出督廣東學政累遷內閣學士二十四年坐濫舉康有為革職留任二十六年授禮部侍郎擢左都御史充頭等專使大臣拳匪亂定下詔求言百熙抗疏陳大計請改官制理財政變科舉建學堂設報館明年遷工部尚書調刑部充管學大臣京師之有大學堂也始於中日戰後侍郎李端棻奏請立學中旨報可而樞府厭言新政請緩行迄戊戌乃奉嚴旨促擬學章命孫家鼐為管學大臣及政變惟大學以萌芽早得不廢許景澄繼管學坐論義和團被誅兩宮西幸百熙詣行在以人望被斯任於是海內欣然望興學矣百熙奏加冀州知州吳汝綸五品卿銜總教大學汝綸辭不應百熙具衣冠拜之汝綸請赴日本察視學務大學教職員皆自聘又薪金優厚忌嫉者衆蜚語浸聞汝綸返國未至京卒而百熙所倚以辦學者門人沈兆祉亦受譏排大學既負時謗言官奏稱本朝定制部官大率滿漢相維請更設滿大臣主教事乃增命榮慶為管學大臣旋別設學務處以張亨嘉為大學總監督百熙權益分始議分建七科大學又選派諸生游學東西洋榮慶意不謂可而百熙持之堅親至站送諸生登車各省之派官費生自此始值張之洞入覲命改定學章及還鎮復命家鼐為管學大臣凡三管學百熙位第三矣百熙擬建分科大學以絀於貲而止惟創醫學及譯學館實業館遂謝學務賞黃馬褂紫禁城騎馬後歷禮部戶部郵傳部尚書政務學務編纂官制諸大臣卒贈太子少保謚文達

唐景崇字春卿廣西灌陽人父懋功舉人有學行景崇同治十年進士授編修山侍讀四遷至內閣學士二十年典試廣東明年主會試歷兵部禮部侍郎權左都御史出督浙江學政母憂歸拳禍起命督辦廣西團練二十九年以工部侍郎典試浙江督江蘇學政三十一年詔罷科歲試學政專司考校學務景崇條上十事明年罷學政還京供職疏陳立憲大要四事時兩廣疆臣建議廣西省會移治南甯京朝官皆持異議景崇奏陳遷省之議以越南逼近龍州法人時蓄狡謀桂林距離遼遠聲氣難通不若改建南甯之便臣謂不然今我兵力尚不能經營邕州扼北海水陸衝要徒慮張聲勢招外人疑忌何為且遷徙緜造之費桂林善後之費練兵設防之費皆非巨欵不辦方今俄居西陲英窺南徼蒙藏川滇勢均岌岌非獨一法人之可畏以大局論決不能竭全力事廣西之一隅以廣西論亦不能竭全力事南甯之一隅明矣故為今之計誠能簡重臣駐龍州於對汛邊地二千里相度土宜興辦樹藝屯墾畜牧開礦諸端俟地利漸興人齒漸繁再以兵法部勒此上策也至目前應變之方莫如迅設龍州電綫移提督駐南甯增募十營暫停廣西應解賠款飭各省欠解廣西協饟分年攤解用抵賠款一轉移間饟足則兵強可紓朝廷南顧之憂若遷省之舉勞民費財無益於治事得寢調吏部侍郎充經筵講官景崇以績學端品受主知屢司文柄迨科舉罷廷試游學畢業生皆倚景崇校閱宣統元年戴鴻慈卒遺疏薦景崇堪大用二年擢學部尚書明年詔設內閣改學務大臣是時學說紛歧景崇力謀溝通新舊慎擇教科書兼任弼德院顧問大臣武昌變起袁世凱總理內閣仍命掌學務引疾去越三年卒謚文簡景崇博覽羣書通天文算術尤喜治史自為編修時取新唐書為作注大例有三曰糾繆曰補闕曰疏解甄采書逾數百種家故貧得秘籍精本輒典質購之殫精畢世唯缺地理志內羈縻州及藝文志餘均脫稿

于式枚字晦若賀縣人博聞強記善屬文光緒六年進士以庶吉士散館用兵部主事李鴻章疏調北洋差遣歷十餘年奏牘多出其手性不樂為外吏又格於例不得保升京秩久之不遷二十二年鴻章賀俄皇加冕因歷聘德法英美諸國式枚充隨員俄選授禮部主事由員外郎授御史遷給事中贊辛丑和約賞五品京堂充政務處幫提調大學堂總辦譯學館監督三十一年以鴻臚寺少卿督廣東學政改提學使疏辭命總理廣西鐵路三十三年擢郵傳部侍郎當是時政潮激烈有詔預備立憲舉朝競言西法無敢持異議者於是式枚奉命出使德國充考察憲政大臣瀕行疏言憲政必以本國為根據采取他國以輔益之在求其實不徒震其名我朝道監百王科條詳備行政皆守部章風聞亦許言事刑賞予奪曾不自私有大政事大興革內則集廷臣之議外或待疆吏之章勤求民隱博采公論與立憲之制無不符合上有教誡無約誓下有遵守無要求至日久官吏失職或有奉行之不善海國開通又有事例之所無自可因時損益並非變法更張惟人心趨向各異告以堯舜周孔之道則以為不足法告以英德法美之制度而日本所模仿者則心悅誠服以為當行攷日本維新之初即宣言立憲之意後十四年始發布開設國會之敕諭二十年乃頒行憲法蓋預備詳密遲慎如此今橫議者自謂國民衆衆者輒云團體數年之中內治外交用人行政皆有干預之想動以立憲為詞紛馳電函上廑宸慮蓋以立憲為新奇可喜不知吾國所自有其關於學術者固貽譏荒陋以立憲為即可施行不審東洋之近事關於政術者尤有害治安惟在朝廷本一定之指歸齊萬衆之心志循序漸近先設京師議院以定從違舉辦地方自治以植根本尤要在廣興教育儲備人才凡與憲政相輔而行者均當先事綢繆者也臣前隨李鴻章至柏林略觀大概今承特簡謹當參合中西同異歸極於皇朝典章庶言皆有本而事屬可行是臣區區之至願明年調禮部侍郎時新黨要求實行立憲召集國會日亟式枚上言臣徧考東西歷史參校同異大抵中法定自上而下奉行西法則定自下而上遵守惟日本憲法則纂自日臣伊藤博文雖西國之名詞仍東洋之性質其采取則普魯士為多其本原則德君臣所定名為欽定憲法夫國所以立曰政政所以行曰權權所歸即利所在定於一則無非分之想散於衆則有競進之心行之而善則為日本之維新行之不善則為法國之革命法國當屢世苛虐之後民困已深欲以立憲救亡而適促其亂日本當尊王傾幕之時本由民力故以立憲為報而猶緩其期中國名義最重政治最寬國體尊嚴人情安習既無法國之怨毒又非日本之改造皇上俯順輿情迭降諭旨分定年期自宜互相奮勉靜待推行豈容欲速等於取償求治同於論債至敢言監督朝廷推倒政府胥動浮言幾同亂黨欲圖補救之策惟在朝廷舉錯一秉至公不稍予以指摘之端自無從為煽惑之計至東南各省疆吏當慎擇有風力知大體者鎮懾之當十年預備之期為大局安危所繫日皇所謂組織權限為朕親裁德相所謂法定於君非民可解故必正名定分然後措正施行臣濫膺考察斷不敢附會時趨貽誤國家得罪名教章下所司尋調吏部侍郎上海政聞社法部主事陳景仁等電請定三年內開國會罷式枚謝天下嚴旨申飭褫景仁職式枚復奏言德皇接受國書答言憲政紛繁慮未必合中國用選舉法尤未易行又昔英儒斯賓塞爾亦甚言憲法流弊謂美國憲法本人民平等行之久而治權握於政黨平民不勝其苦蓋歐人言憲法其難其慎如此今橫議偏於國中上則詆政府固權下則罵國民失職專以爭競相勸導此正斯賓塞爾所云政黨者流與平民固無與也伊藤博文論君臣相與先道德而後科條君民何獨不然果能誠信相接則普與日本以欽定憲法行之至今如其不然則法蘭西固民約憲法何以革命者再三改法者數十

而猶未定臣愚以爲中國立憲應以日本仿照普德士之例爲權衡以畢士麥由君主用人民意見制定及伊藤博文先道德後科條之言爲標準則憲法大綱立矣章下所司又以各省諮議局章程與普國地方議會制度不符大指謂改革未定之時中央政權唯恐少統一堅強之力而國民識政體知法意者極少驟以此龐大政權之地方議會橫亘政府與國民之間縱使被選者不皆營私武斷而一國政權落於最少數人之手劫持中外大臣後患何可勝言因證以普制逐條駁議先後譯奏普魯士憲法全文官制位號等級暨兩議院新舊選舉法式枚以三十三年冬行宣統元年六月返國以疾乞假張之洞遺疏薦式枚堪大用轉吏部侍郎改學部侍郎總理禮學館事修訂法律大臣國史館副總裁國變後僑居青島未幾卒年六十三謚文和式枚生而隱宦精力絕人夜倚枕坐如枯僧內介而外和易論事謇諤頗有聲公卿間云

沈家本字子惇浙江歸安人少讀書好深湛之思於周官多創獲初援例以郎中分刑部博稽掌故多所纂述光緒九年成進士仍留部補官後充主稿兼秋審處自此遂專心法律之學爲尚書潘祖蔭所稱賞十九年出知天津府治尚寬大姦民易之聚衆鬨於市即擒斬四人無敢復犯者調劇保定甘軍毀法國教堂當路懾於外勢償五萬金以道署舊址建新堂侵及府署東偏家本據府志力爭得直拳匪亂作家本已擢通永道山西按察使未及行兩宮西幸聯軍入保定教士銜前隙誣以助拳匪卒無左驗而解因馳赴行在授光祿卿擢刑部侍郎自各國互市以來內地許傳教而中外用律輕重懸殊民教日齟齬官畏事則務抑民民不能堪則激而一逞往往焚戮成巨禍家本以謂治今日之民當令官吏普通法律然中律不變而欲收回領事審判權終不可得會變法議起袁世凱奏設修訂法律館命家本偕伍廷芳總其事別設法律學堂畢業者近千人一時稱盛補大理卿旋改法部侍郎充修訂法律大臣宣統元年兼資政院副總裁仍日與館員商訂諸法草案先後告成未嘗以事繁自解其所著書有讀律校勘記秋讞須知刑案匯覽刺字集律例偶箋歷代刑官考歷代刑法考漢律摭遺明大誥竣令考明律目箋他所著非刑律者又二十餘種都二百餘卷卒年七十四

論曰自變法議興凡新政特設大臣領之百熙管學務家本修法律並邀時譽景崇之主教育謀溝通新舊式枚之論憲政務因時損益而大勢所趨已莫能挽救家鼐儒厚廉謹常以資望領新政每參大計獨持正不阿賢哉不媿古大臣矣

清史稿

列傳二百三十一

黃體芳字漱蘭浙江瑞安人同治二年進士選庶吉士授編修日探討掌故慨然有經世志累遷侍讀學士頻上書言時政得失嘗豫飢請籌急賑整吏治清庶獄稱旨時議禁燒鍋裕民食戶部駁體芳謂燒鍋領帖部獲歲銀三萬因上董恂奸邪狀坐鐫級光緒五年三月惠陵禮成主事吳可讀爲定大統以尸諫詔言同治十三年十二月初五日降旨嗣後皇帝生有皇子即承繼大行皇帝爲嗣吳可讀所奏前旨即是此意於是下羣臣議體芳略言即是此意一語止有悠遵更有何議迺激烈者盛氣力爭巽畏者囁嚅不吐或忠或謹皆人臣盛節而惜其未明今日事勢也譬諸士民之家長子次子各有孫而自祖父母視之則無異然襲爵職必歸之長房者嫡長與嫡次之別也又如大宗無子次宗止一嫡子然小宗以嫡子繼大宗不聞有所吝者以仍得兼承本宗故也唯君與民微有不同民間以嫡子繼大宗則大宗爲主本宗爲兼天潢以嫡子繼帝系則帝系爲主本宗可得而兼親不可得而兼若人君以嫡子繼長支則固以繼長支爲主而本宗亦不能不兼蓋人君無小宗即稱謂加以區別亦於本宗恩義無傷此兩宮意在嗣子承統慈愛穆宗亦即所以慈愛皇上之說也今非合兩統爲一統以不定爲豫定就將來承繼者以爲承嗣似亦無策以處之矣試思此時即不專爲穆宗計既正名爲先帝嗣子豈有僅封一王貝勒者乎即不專爲皇上計古來天子之嗣子豈有以不主神器之諸皇子當之者乎即僅爲穆宗計皇上可如民間出繼之子乎即僅爲皇上計穆宗可如前明稱爲皇伯考乎夫奉祖訓稟懿旨體聖意非僭先帝今上皆無不宜非悖明其統而非其人非擅論統系辨宗法正足見國家億萬年無疆之庥非干犯忌諱此固無意氣可逞亦無功罪可言也疏入詔存毓慶宮自是劾尚書賀壽慈飾奏俄使崇厚誤國洪鈞譯地圖舛謬美使崔國英赴賽會失體皆人所難言直聲震中外七年遷內閣學士督江蘇學政明年授兵部左侍郎中法事起建索還琉球經畫越南議十一年還京劾李鴻章治兵無效請敕曾紀澤遄歸練師忤旨左遷通政使兩署左副都御史奏言自強之本在內治又歷陳中外交涉得失後卒如所言十七年乞休二十五年卒子紹箕紹第並能承家學而紹箕尤贍雅紹箕字仲弢光緒六年進士以編修典試湖北晉侍講擢庶子京師立大學堂充總辦究心東西邦學制手訂章條遷侍讀學士歷充編書局譯書局監督出爲湖北提學使東渡日本與其邦人士論孔教輒心折歸未幾卒

宗室寶廷字竹坡隸滿洲鑲藍旗鄭獻親王濟爾哈朗八世孫同治七年進士選庶吉士授編修累遷侍讀光緒改元疏請選師保以崇聖德嚴宦寺以杜干預覈實內務府以節糜費訓練神機營以備緩急懿旨嘉納大考三等降中允尋授司業是時朝廷方銳意求治詔詢吏治民生用人行政寶廷力抉其弊謂數百言至切直晉豫飢應詔陳言請罪己并責臣工條上救荒四事曰察釐稅開糧捐購洋米增糶局復以災廣賑劇請行分貸法畿輔旱日色赤市言訛譌建議內嚴防範外示鎮定以安人心歷遷侍講學士以六事進曰明黜陟專責任詳考詢嚴程限去欺蒙慎赦宥稱旨五年轉侍讀學士初德宗繼統嗣文宗懿旨謂將來生有皇子即繼穆宗爲嗣內閣侍讀學士廣安請頒鐵券被訶責至是穆宗奉安惠陵主事吳可讀堅請爲其立後以尸諫下廷臣議寶廷謂恭繹懿旨之意蓋言穆宗未有儲貳即以皇上所生之子爲嗣非言生皇子即時承繼也言嗣而統賅焉矣引伸之蓋言將來即以皇上傳統之皇子繼穆宗爲嗣也因皇上甫承大統故渾涵其詞留待親政日自下明詔此皇太后不忍歧視之慈心欲以孝弟仁讓之休歸之皇上也廣安不能喻故生爭於前吳可讀不能喻故死爭於後竊痛可讀殉死之忠而又惜其遺摺之言不盡意也可讀未喻懿旨言外之意而其遺摺未達之意皇太后早鑒及之故曰前降旨時即是此意也而可讀猶以忠佞不齊爲慮誠過慮也宋太宗背杜太后明景帝廢太子見深雖因佞臣妄進邪說究由二君有自私之心迺者兩宮懿旨懸於上孤臣遺疏存於下傳之九州載之國史皇上天生聖人必能以皇太后之心爲心請將前後懿旨恭呈御覽明降諭旨宣示中外俾天下後世咸知我皇太后至慈皇上至孝至弟至仁至讓且以見穆宗至聖至明付託得人也如是則綱紀正名分定天理順人情安矣因赴內閣集議意微不合謹以上聞又奏廷臣謂穆宗繼統之議已賅於皇太后前降懿旨之中將來神器所歸皇上自能斟酌盡善固也然懿旨意深詞簡不及此引伸明晳異日皇上生有皇子將繼穆宗爲嗣乎抑不即繼乎不即繼似違懿旨即繼又嫌迹近建儲就令僅言繼嗣不標繼統之名而臣民亦隱以儲貳視之是不建之建也而此皇子賢也固宗社福如其不賢將來仍傳繼統乎抑舍而別傳乎別傳之皇子仍繼穆宗爲嗣乎抑不繼乎即使仍繼穆宗是亦不廢立之廢立也豈太平盛事乎至此時即欲皇上斟酌盡善不亦難乎廷議之意或以皇上親政皇子應尚未生不難豫酌一盡善之規然國君十五而生子皇子誕育如在徹簾之前又何以處之乎與其留此兩難之局以待皇上何如及今斟酌盡善乎且懿旨非皇上可改此時不引伸明晳將來皇上雖斟酌盡善何敢自爲變通乎此未安者一也廷議又謂繼統與建儲文義似殊而事體則一似也然列聖垂訓原言嗣統之常今則事屬創局可讀意在存穆宗之統與無故擅請建儲者有閒文義之殊不待言矣今廷議不分別詞意漫謂我朝家法未能深知則曰前懿旨即是此意之謂何臣民不更滋疑乎此未安者又一也疏入詔藏毓慶宮其他俄使來議約朝鮮請通商均有所獻納七年授內閣學士出典福建鄉試既蕆事還朝以在途納妾自劾罷築室西山往居之是冬皇太后萬壽祝嘏賞三品秩十六年卒子壽富庶吉士庚子拳匪亂殉難自有傳

宗室盛昱字伯熙隸滿洲鑲白旗肅武親王豪格七世孫祖敬徵協辦大學士父恆恩左副都御史盛昱少慧十歲時作詩用特勤字據唐闕特勤碑證新唐書突厥傳特勒爲特勤之誤繇是顯名光緒二年進士既授編修益厲學討測經史輿地及本朝掌故皆能詳其沿革累遷右庶子充日講起居注官閩浙總督何璟巡撫劉秉璋收降台匪黃金滿盛昱劾璟等長惡養奸請下吏嚴議發金滿黑龍江新疆安置尚書彭玉麟數辭官不受職劾其自便身圖啟功臣驕

蹇之漸浙江按察使陳寶箴陛見未行追論官河南聽獄不愼罷免佩綸劾其留京干進寶箴疏辯盛昱言其曉曉失大臣體請再下吏議朝鮮之亂也提督吳長慶奉北洋大臣張樹聲檄率師入朝執大院君李昰應以歸時詫爲奇勳盛昱言出自誘刼不足言功徒令屬國寒心友邦騰笑宜嚴予處分俾中外知非朝廷本意爲講官未半載數言事士論推爲謇諤十年遷祭酒法越搆釁徐延旭唐炯坐失地逮問盛昱言逮問疆臣而不明降諭旨二百年來無此政體幷劾樞臣怠職太后怒罷恭親王奕訢等而詔醇親王奕譞入樞府盛昱復言醇親王分地綦崇不宜嬰以政務其夏命廷臣會議和戰大局盛昱主速戰力陳七利謂再失事機噬臍無及盛昱爲祭酒與司業治麟究心教士之法大治學舍加膏火定積分日程懲游惰獎樸學士習爲之一變十四年典試山東明年引疾歸盛昱家居有清譽承學之士以得接言論風采爲幸二十五年卒

張佩綸字幼樵直隸豐潤人父印塘官安徽按察使卒於軍佩綸成同治十年進士以編修大考擢侍講充日講起居注官時外侮亟累疏陳經國大政請敕新疆東三省臺灣嚴戒備杜日俄窺伺晉豫飢畿輔旱迺引祖宗成訓請上下交儆條四目以進曰誠祈曰集議曰恤民曰省刑恭親王奕訢遭譏搆復請責王竭誠負重上嘉納之通政使黃體芳繼陳災狀語稍激絓吏議佩綸力爭被宥尋丁憂服竟起故官時琉球已亡法圖越南亟佩綸曰亡琉球則朝鮮可危棄越南則緬甸必失因請建置南北海防設水師四大鎭又薦道員徐延旭唐炯知兵堪任邊事並招致劉永福黑旗兵爲己用是時吳大澂陳寶琛好論時政與寶廷鄧承修輩號清流黨而佩綸尤以糾彈大臣著一時如侍郎賀壽慈尚書萬靑藜董恂皆被劾去光緒八年雲南報銷案起王文韶以樞臣掌戶部嘗諫爭上其受賕狀上方意任隆密迺援乾隆朝梁詩正還家侍父事請令引嫌乞養不報又兩疏劾之遂罷文韶而擢佩綸署左副都御史晉侍講學士明年法越搆釁佩綸章十數上朝廷始遣兵征土寇綴敵勢法人不便其所爲佯議和而陰使人攻略南定佩綸請乘法兵未集救粵督遣水師護越都而樞臣狃和局慮佩綸梗議令往陝西按事已而法果襲順化脅越與盟越事益壞使歸命在總理各國事務衙門行走十年法人聲內犯佩綸謂越難未已黑旗猶存萬無分兵東來理請毋罷成啟戎心上韙之詔就鴻章議遂決戰令以三品卿銜會辦福建海疆事佩綸至船廠環十一艘自衞各管帶白非計斥之法艦集戰書至衆聞警謁佩綸亟請備仍叱出比見法艦升火始大怖遺學生魏瀚往乞緩未至而礮聲作所部五營潰其三營殲焉佩綸遁鼓山麓鄉人拒之曰我會辦大臣也拒如初翼日逃至彭田鄉猶飾詞入告朝旨發帑犒之命兼船政嗣聞馬尾敗止奪卿銜下吏議閩人憤甚於是編修潘炳年給事中萬培因等先後上其罪狀時已坐薦唐炯徐延旭褫職至是再論戍居邊釋還鴻章再延入幕以女妻之甲午戰事起御史端良劾其干預公事命逐回籍庚子議和鴻章薦其諳交涉詔以編修佐辦和約既成擢四五品京堂稱疾不出三十四年卒何如璋字子峩籍廣東大埔同治七年進士選庶吉士授編修以侍讀出使日本歸授少詹事出督船政承鴻章旨狃和議敵至猶嚴諭各艦毋妄動及敗藉口押銀出奔所如勿納不得已往就佩綸彭田鄉佩綸慮敵蹤跡及之紿如璋出士論謂閩事之壞佩綸爲罪魁如璋次之如璋亦遣戍後卒於家

鄧承修字鐵香廣東歸善人舉咸豐十一年鄉試入貲爲郎分刑部轉御史遭憂歸光緒初服闋起故官與張佩綸等主持清議多彈擊號曰鐵漢先後疏論閩姓賭捐大乖政體關稅侵蝕嬰害庫帑以考場積弊陳七事糾正之吏治積弊陳八事肅澄之又劾總督李瀚章失政左副都御史崇勳無行侍郎長敘等違制學政吳寶恕葉大焯布政使方大湜鹽運使周星譽諸不職狀會邊警糾彈舉朝慢弛請召還左宗棠柄國政邇歲彗星見則又言宗棠莅事數月未見設施而因推及寶鋆王文韶之昏眊請罷斥回天意是時文韶方嚮用權任轉重會雲南報銷案起又嚴劾之仍不允久之遷給事中時朝鮮亂平琉球案未結上言簡知兵大臣駐烟臺厚集南北洋戰艦番巡留吳長慶軍戍朝互犄角越南亂作法人襲順化復請詔百官廷議定國是皆不報十年越事益壞首劾徐延旭唐炯失地喪師趙沃黃桂蘭擁兵僨事宜肅國憲其夏法人願媾和承修聯合臺諫上書極言和議難恃旋與司業潘衍桐密上間敵五策並劾李鴻章定和之疏嫉劉永福敢戰言之憤絕亡何法果敗盟侵臺灣雞籠樞臣議和戰未決於是承修再陳三策法所恃爲援者西京東貢我若師分三路亟攻越南彼將自救不暇策之上也分兵爲守敵至則戰敵退不追老師糜餉利害共之策之中也若慮饟誳運阻不敢言戰則其禍不勝言矣是謂無策補鴻臚寺卿充總理各國事務大臣自此陳說兵事章凡十三上多見採納偏以中允樊恭煦獲譴上疏營救坐鐫秩明年赴天津佐鴻章與法使巴特納商和約定新約十款還乞歸省未出都命赴廣西與法使會勘中越分界至則單騎出關會法使浦理燮浦理燮欲先勘原界承修據約先欲改正界限不相下乃陽以文淵保樂海甯歸我而陰電其駐京使臣詆承修違約爭執謂非先勘原界勢將能議朝廷不獲已許之承修遂有三難二害之電奏略言附界居民不愿隸法先勘原界慮滋事變難一保樂牧馬游勇獷盛道路梗阻難二原界碑折十有存五巉崗聳巘瘴雨炎翳人馬不前難三且原界既勘彼必颺去新界奚論驅驢文淵俱不可得閉門失險戰守兩難害一文淵既失北無寸地關內通商勢將迫脅越既不存粵將焉保害二疏入不省十二年法人別遣狄隆狄塞爾來會適法官達魯倪思海至者蘭爲越人擊殺狄使懼又恥而諱其事堅請按圖畫界朝旨報可於是首議江平黃竹白龍尾各地劃隸越承修指圖籍抗爭狄使不能屈欲分白龍尾半之左歸我而右歸越承修以其地爲欽海外戶法得之則內偪防城外斷東興思勒是無欽廉也議久之暫與定約三條猶未決而狄使竟以兵力驅江平黃竹居民內徙朝廷慮啟邊衅命先勘欽西至桂省全界承修遂與訂定清約語詳邦交志十三年具約本末以上復官十四年謝病歸主講豐湖書院讀書養母十七年卒於惠州

徐致祥字季和江蘇嘉定人咸豐十年進士選庶吉士授編修晉中允典試山東累遷內閣學士督順天學政遭憂去服闋起故官光緒十年法越搆兵德璀琳以和議進朝旨未決致祥上三策謂決戰宜速任將宜專軍勢宜聯閩事棘言何璟張兆棟無幹濟才而薦楊岳斌張佩綸堪重任頗嘉納時議築鐵路致祥聞而惡之痛陳八害並請力闢邪說亟修河工上責其誕妄鐫三級越二年鐵路議再起又再阻止之先後封事十數上而惓惓於抑奄寺治河工爲時論所美歷典福建廣東鄉試十八年授大理寺卿連劾樞臣禮親王世鐸山西巡撫阿克達春而糾彈張之洞尤不遺餘力尋命視學浙江有嚴名中日之役我師敗績上奕劻李鴻章誤國狀請逮葉志超衞汝貴等寘之法而畀馮子材劉永福以征討名號庶可振國威作士氣會山東教案起德使海靖勒能李秉衡職致祥曰昔歲罷劉秉璋今茲罷李秉衡是朝廷黜陟之大權操之敵人也爲請顧全國體毋懾敵私念國是不振亂未有已迺援引聖祖篤信朱子垂爲家法往事請舉行經筵以輔聖德皆不報秩滿還朝遷兵部右侍郎二十四年上違豫衆情驚疑復以輔導君德之說進是時國家多故聖嗣尙虛致祥爲重國本計略言昔宋眞宗取宗室子養之宮中逮仁宗既生即遣歸邸厥後仁宗高宗理宗皆踵行之有子而遣養子歸邸者眞宗是也無子而即以養子傳授神器者仁宗之於英宗高宗之於孝宗理宗之於度宗是也今以宗社繫託之重臣民屬望之切深維至計取則前朝愼選近支宗室兄弟之子數人擇親擇賢入侍禁中止以爲子不以爲儲恪遵家法既可默察其賢否徐以俟皇子之生則皇上未有子而有子皇太后未有孫而有孫而穆宗付託之大業亦繼承有屬矣迺未幾果有立溥儁爲大阿哥事二十五年卒

論曰體芳寶廷佩綸與張之洞時稱翰林四諫有大政事必具疏論是非與同時好言事者又號清流黨然體芳寶廷議承大統惓惓忠愛非佩綸等所能及也承脩以搏擊爲能致祥以誕妄受責君子譏之唯盛昱言不妄發潔身早退庶超然無負清譽歟

清史稿 列傳二百三十二

吳可讀 潘敦儼 朱一新

屠仁守 吳兆泰 何金壽 安維峻

文悌 江春霖

吳可讀字柳堂甘肅皋蘭人初以舉人官伏羌訓導道光三十年成進士授刑部主事晉員外郎遭憂去主講蘭山書院會撤拉番蠢動被命佐團練服闋起故官遷吏部郎中轉御史各國使臣請覲議禮久未決可讀請免拜跪時論韙之烏魯木齊提督成祿誣民爲逆擊殺多人虛飾勝狀爲左宗棠所劾可讀繼陳其罪有可斬者十不可緩者五尋逮問讞上論斬廷臣請改監候可讀憤甚復疏爭請斬成祿以謝甘民再斬臣以謝成祿語過戇直被訶責鐫三級歸復掌教蘭山踰年穆宗崩德宗纘業起吏部主事五年穆宗奉安惠陵自請隨赴襄禮還次薊州宿廢寺自縊未絕仰藥死於懷中得遺疏則請爲穆宗立嗣也其言曰罪臣聞治不諱亂安不忘危危亂而可諱忘則進苦口於堯舜爲無疾

呻吟陳隱患於聖明爲不祥舉動罪臣前因言事獲譴蒙我先皇帝曲賜矜全免臣以斬而死以囚而死以傳訊觸忌而死犯三死而未死不求生而再生則今日罪臣未盡之餘年皆我先皇帝數年前所賜也欽奉兩宮皇太后懿旨以醇親王之子承繼文宗顯皇帝爲子入承大統爲嗣皇帝俟嗣皇帝生有皇子即承繼大行皇帝爲嗣我皇上仁孝性成承我兩宮皇太后授以寶位將來千秋萬歲時必能以我兩宮皇太后今日之心爲心而在廷之忠佞不齊即衆論之異同不一以宋初宰相趙普之賢而猶首背杜太后以明大學士王直之爲舊臣而猶以黃竑請立景帝太子一疏不出我輩爲愧賢者如此遑問不肖舊人如此奚責新進名位已定者如此況在未定惟有仰求我兩宮皇太后再降諭旨將來大統仍歸大行皇帝嗣子嗣皇帝雖百斯男中外臣工均不得以異言進如此則猶是本朝子以傳子之家法而我大行皇帝未有子而有子即我兩宮皇太后未有孫而有孫異日繩繩揖揖相引於萬代者皆我兩宮皇太后所自出而不可移易者也彼時罪臣即欲有言繼思降調不得越職言事今逢我大行皇帝奉安山陵恐積久漸忘則罪臣昔日所留以有待者今則迫不及待矣謹以我先皇帝所賜餘年爲我先皇帝上乞數行懿旨惟望我兩宮皇太后我皇上憐其哀鳴勿以爲無疾呻吟不祥舉動則罪臣雖死無憾尤願我兩宮皇太后我皇上體聖祖世宗之心調劑寬猛養忠厚和平之福任用老成毋爭外國之所獨爭爲中華留不盡毋創祖宗之所未創爲子孫留有餘罪臣言畢於斯命畢於斯謹以大統所繫上聞吏部奏諸朝詔憫其忠予優䘏下羣臣議遂定以繼德宗之統爲穆宗之子無異論可讀臨歿遺書與其子之桓謂出薊州一步即非死所之桓遂成其遺志葬薊州都人即所居城南舊宅祠祀之有潘敦儼者字溥畏籍江甯總督鐸子以任子官工部郎中遷御史默念穆宗嗣統未有定議孝哲毅皇后又仰藥殉遂疏請表揚穆后潛德更諡號並解醇親王奕譞職任詔嚴斥奪職歸隱於酒閱二十餘年卒

朱一新字蓉生浙江義烏人鄉舉對策語觸時忌主司李文田特拔之入貲爲內閣中書光緒二年成進士選庶吉士授編修法越事起數上書主戰又嘗畫海防策語至切要典湖北鄉試稱得士十一年轉御史連上封事言論侃侃不避貴戚內侍李蓮英漸著聲勢適歲醇親王奕譞閱海軍蓮英從一新憂之而適値山東患河燕晉蜀閩患水遂以遇災修省爲言略曰我朝家法嚴馭宦寺世祖宮中立鐵牌更億萬年昭爲法守聖母垂簾安得海假采辦出京立寘重典皇上登極張得喜等情罪尤重謫配爲奴是以綱紀肅然罔敢恣肆迺今夏巡閱海軍之役太監李蓮英隨至天津道路譁傳士庶駭愕意深宮或別有不得已苦衷匪外廷所能喻然宗藩至戚閱軍大典而令刑餘之輩厠乎其間其將何以詰戎兵崇體制況作法於涼其弊猶貪唐之監軍豈其本意積漸者然也聖朝法制修明萬無慮此而涓涓弗塞流弊難言杜漸防微亦宜垂意從古閹宦巧於逢迎而昧於大義引援黨類播弄語言使宮闈之內疑貳漸生而彼得售其小忠小信之爲以陰竊夫作福作威之柄我皇太后皇上明目達聰豈有跬步之地而或敢售其欺顧事每忽於細微情易溺於近習侍御僕從罔非正人辨之宜早辨也疏上太后怒詰責疏言苦衷何指一新曰臣所謂不得已苦衷者意以親藩遠涉內侍隨行藉以示體恤昭慎重也顧在朝廷爲曲體在臣庶則爲創見風聞北洋大臣以座船迎醇親王王弗受而太監隨乘之至駭人觀聽一不謹愼流弊遂已至斯臣所爲不能已於言也詔切責降主事乞終養歸張之洞督粵建廣雅書院延爲主講一新博極羣書洞知兩漢及宋明諸儒家法務通經以致用諸生有聰穎尙新奇者必導而返諸篤實正大語具所著無邪堂答問中卒年四十有九

屠仁守字梅君湖北孝感人同治十三年進士選庶吉士授編修光緒中轉御史時政出多門仁守因天變請修政治條上六事曰杜諉卸開壅蔽愼動作抑近習軫民瘼重國計而歸本於大公至正敬天勤民疏上不省又以海軍報効雜進無次僥倖日多仁守痛陳五弊賫敘不計弊一名器冒濫弊二勸懲倒置弊三求益得損財計轉虧弊四驅倫朋僥莫可究詰弊五五弊既滋迺生三患患病民患妨賢患隳紀綱法度特以自海軍衙門達之奉懿旨行之母或敢貿然入告遂使謗黷銜路而朝廷不聞患伏隱微而朝廷不知羣小得志寵賂滋張若不停止即承平無事猶或召亂況時局孔艱乎疏入詔從之權貴益側目十五年太后歸政仁守慮僉人讒搆兩宮易生嫌隙疏請依高宗訓政往事凡部院題本尋常奏事如常例外省密摺廷臣封奏仍書皇太后皇上聖鑒俟慈覽後施行並請太后居慈甯宮節游觀詔嚴責革職永不敘用既歸主講山西令德堂二十六年兩宮西狩起用五品京堂授光祿寺少卿尋卒吳兆泰字星階籍麻城與仁守友善互相厲以道義光緒二年進士閱十年以編修考授御史時國防廢弛海軍尤不振朝廷迺移其費修頤和園兆泰上疏力爭略謂畿輔奇災嗷鴻徧野偃仆載塗此正朝廷減膳徹樂之時非土木興作之日乞罷園工以慰民望以光繼列祖列宗儉德太后怒飭其官歸里後歷主龍泉經心書院講席充學務公所議長宣統二年卒其先有何金壽者字鐵生籍江夏同治元年一甲二名進士授編修出督河南學政還充日講起居注官光緒二年晉饑上儲糧平糶策越二年畿輔旱金壽曰此樞臣可盡彈也迺援漢代天災策免三公爲言請罷樞臣回天意越日命下恭親王奕訢等五人並褫職留任直聲震一時五年復瀝陳時弊斥言中外臣工皆瞻徇侃侃不撓上以所奏爲祛積習特宣示忤當軸意出知江蘇揚州府未出都會崇厚與俄定約救下廷臣議金壽引西國上下議例請資衆論折強敵邀歲到官錄築隄功賜三品服八年秋禱雨中暍病卒貧不能歸葬總督左宗棠等上其事於朝謂有古循吏風云

安維峻字曉峯甘肅秦安人初以拔貢朝考用七品小京官光緒六年成進士改庶吉士授編修十九年轉御史未一年先後上六十餘疏日韓釁起時上雖親政遇事必請太后意旨和戰不能獨決及戰屢敗世皆歸咎李鴻章主欵于是維峻上言李鴻章平日挾外洋以自重固不欲戰有言戰者動遭呵斥淮軍將領望風希旨未見賊先退避偶見賊即驚潰我不能激勵將士決計一戰乃俯首聽命于賊然則此舉非議和也直納款耳不但誤國而且賣國中外臣民無不切齒痛恨而又謂和議出自皇太后太監李蓮英實左右之臣未敢深信何者皇太后既歸政若仍遇事牽制將何以上對祖宗下對天下臣民至李蓮英是何人斯敢干政事乎如果屬實律以祖宗法制豈復可容唯是朝廷受李鴻章恫喝不及詳審而樞臣中或係私黨甘心左袒或恐決裂姑事調停李鴻章事事挾制朝廷抗違諭旨唯冀皇上赫然震怒明正其罪布告天下如是而將士有不奮興賊人有不破滅者即請斬臣以正妄言之罪疏入上諭軍國要事仰承懿訓遵行天下共諒乃安維峻封奏託諸傳聞竟有皇太后遇事牽制之語妄言無忌恐開離間之端命革職發軍臺維峻以言獲罪直聲震中外人多榮之訪問者萃于門餞送者塞于道或贈以言或資以贐車馬飲食衆皆爲供應抵戍所都統以下皆敬以客禮聘主講掄才書院二十五年釋還遂歸里三十四年起授內閣侍讀充京師大學總教習宣統三年復辭歸越十有五年卒維峻崇樸實尙踐履不喜爲博辨尤嚴義利之分歸後退隱柏崖杜門著書隱然以名教綱常爲己任每談及世變輙憂形於色卒抑鬱以終著有四書講義詩文集

文悌字仲恭瓜爾佳氏滿洲正黃旗人以筆帖式歷戶部郎中出爲河南知府改御史光緒二十四年變法詔下禮部主事王照應詔上言尙書許應騤不爲代奏御史宋伯魯楊深秀聯名劾以守舊迂謬阻撓新政諭應騤明白回奏復奏稱珍惜名器物色通才並辭連工部主事康有爲請罷斥驅逐奏上以抑格言路首違詔旨禮部尙書侍郎皆革職賞照四品京堂文悌以言官爲人指使黨庇報復紊亂朝政遂上疏言康有爲向不相識忽踵門求謁送以所著書籍閱其著作以變法爲宗而尤堪駭詫者託辭孔子改制謂孔子作春秋西狩獲麟爲受命之符以春秋變周爲孔子當一代王者明似推崇孔子實則自申其改制之義乃知康有爲之學術正如漢書嚴助所謂以春秋爲蘇秦縱橫者耳及聆其談治術則專主西學以師法日本爲良策如近來時務知新等報所論尊俠力伸民權興黨會改制度甚則欲去拜跪之禮儀廢滿漢之文字平君臣之尊卑改男女之外內直似只須中國一變而爲外洋政教風俗卽可立致富強而不知其勢小則羣起鬬爭立可召亂大則各便私利賣國何難曾以此言戒勸康有爲乃不思省改且更私聚數百人在輦轂之下立爲保國會日執途人而號之曰中國必亡必亡以致士夫惶駭庶衆搖惑設使四民解體大盜生心藉此以集衆匪徒招誘黨羽因而犯上作亂未知康有爲又何以善其後曾令其將忠君愛國合爲一事勿徒欲保中國而置我大淸於度外康有爲亦似悔之又曾手書御史名單一紙欲臣倡首鼓動衆人伏闕痛哭力請變法當告以言官結黨爲國朝大禁此事萬不可爲以康有爲一人在京城任意妄爲徧結言官把持國事已足駭人聽聞而宋伯魯楊深秀身爲臺諫公然聯名庇黨誣參朝廷大臣此風何可長也伏思國家變法原爲整頓國事非欲敗壞國事譬如屋宇年久失修自應招工依法改造若任三五喜事之徒曳之傾倒而曰非此不能從速恐梁棟毀折且將傷人康有爲之變法何以異是此所以不敢已於言也疏上斥回原衙門行走太后復訓政賞文悌知府旋授河南知府二十六年兩宮西狩文悌迎駕擢貴西道乞病歸卒

江春霖字杏村福建莆田人光緒二十年進士選庶吉士授檢討二十九年轉御史首論都御史陸寶忠干烟禁不宜爲臺長劾親貴及樞臣疆臣章凡數十

上德宗季葉袁世凱出督畿輔入贊樞廷權勢傾一時春霖獨論列十二事謂洪範有言臣之有作威作福其害於爾家凶於爾國左氏傳云受君之祿是以聚黨有黨而爭命罪孰大焉今世凱所爲其心即使無他其跡要難共諒歷攷史冊所載權臣大者貽憂君國小者禍及身家覬覦神器之徒姑置勿論即功在社稷如霍光李德裕張居正亦以權寵太盛傾覆相尋今不獨爲國家計宜加裁抑即欲使世凱子孫長守富貴亦不可無善處之法嗣是糾彈世凱及慶親王奕劻父子連上八疏皆不報然朝貴頗嚴憚之宣統改元醇親王載灃既攝政其弟載洵載濤分長軍諮海軍頗用事春霖謂古者鄭寵共叔失教旋譏漢驕厲王不容終病載在史冊爲萬世戒二王性成英敏休戚相關料不至蹈覆轍而慎終於始要宜杜漸防微又謂景皇帝以神器付之皇上沖齡踐阼軍國重事監國攝政王主之治同其樂亂同其憂國之不保家於何寄篇末又言監國歲未及週物議沸騰至於此極臣不禁爲祖宗三百年國祚效賈生痛哭流涕長太息矣明年又劾江西巡撫馮汝騤謾欺狀效宋臣包拯七上彈章末復言是非不明請將前後章奏明詔宣示敕部平議語至戇直被訶責復劾奕劻老奸竊位多引匪人非特簡忠良不足以贊大猷挽危局詞連尚書徐世昌侍郎楊士琦沈雲沛總督陳夔龍張人駿巡撫寶棻恩壽等十數人朝旨再責之令回原衙門行走春霖遂稱疾歸越八年卒

論曰有清列帝家法最嚴迨至季世創制垂簾於是閹寺漸肆而親貴權要亦聲勢日著雖有直言敢諫之士無補危亡亦盡其心焉而已可讀尸諫幸鑒孤忠一新仁守維峻先後直言皆以語侵太后獲罪文悌言攻結黨實啟黨爭而春霖連劾權貴言尤痛切當國者終於不悟又有太監寇連才上書泣諫請太后歸政廢頤和園且言不爲祖宗天下計獨不自爲計終以違制被刑以死建言又何得以閹官少之類無可歸故附見於此

清史稿　列傳二百三十三

郭嵩燾　崇厚

曾紀澤　薛福成

黎庶昌馬建忠　李鳳苞

洪鈞　劉瑞芬

徐壽朋　楊儒

郭嵩燾字筠仙湖南湘陰人道光二十七年進士選庶吉士遭憂歸會粵寇犯長沙曾國藩奉詔治軍嵩燾力贊之出贛事亟江忠源乞師國藩國藩遣之往從忠源守章門是時寇艘集饒瑞分泊長江因獻編練水師議忠源韙之令具疏請敕湖南北四川製戰艦百餘艘嗣以贛被圍久船非可刻期造迺先造巨筏列礮其上與陸師夾擊寇引去厥後用以塞湖口者即此筏也湘軍名大顯論功授編修還朝入直上書房咸豐九年英人犯津沽僧格林沁撤北塘備嵩燾力爭之議不合辭去同治改元起授蘇松糧儲道遷兩淮鹽運使庫儲竭諸軍仰餉淮鹺者數十萬嵩燾躬自擘驗配置各營提督李世忠擁重兵行私鹺亡誰何益遣人捕治之運政迺理明年署廣東巡撫寇偪陽山亟使張運蘭擊卻之詔安陷饒平大埔警與總督瑞麟遣將防邊追入詔安城殺數千人軍稍振是時金陵克罷釐捐議起嵩燾陳說利害凡千餘言事遂寢僞森王侯玉山避匿香港恃英爲護符官吏莫能捕嵩燾援公法與爭執以歸論斬而瑞麟遂張其功以率兵往捕聞嵩燾力止之不可英人大恚數移牒詰責初毛鴻賓督粵事皆決於幕寮徐灝瑞麟繼至灝益橫嵩燾銜之上疏論軍情數誤劾逐灝並自請能斥事下左宗棠宗棠言其迹近負氣被訶責左郭本姻家宗棠先厄於官文罪不測嵩燾爲求解肅順並言於同列潘祖蔭白無他始獲免至是宗棠竟不爲疏辨嵩燾念事皆緣督撫同城所誤逾歲解職遂上疏極論其弊不報光緒元年授福建按察使未上命直總署擢兵部侍郎出使英國大臣兼使法英人馬加理入滇邊遇害嵩燾疏劾岑毓英意在朝廷自能其職藉箝外人口也而一時士論大譁謂嵩燾媚外嵩燾言既不用英使威妥瑪出都邦交幾裂嵩燾又欲以身任之上言交涉之方不外理勢勢者人與我共可者與不可者拒理者所以自處勢足而理直固不可違勢不足而別無可恃尤恃理以折因條列四事以進而郎中劉錫鴻者方謀隨嵩燾出使慮疏上觸忌遏之比嵩燾覺始補上而事已無及既莅英錫鴻爲副使益事事齮齕之嵩燾不能堪乞病歸主講城南書院未幾而俄事棘崇厚以辱國論死羣臣多主戰徵調騷然嵩燾於是條上六事曰收還伊犂歸甘督嚴議曰遣使議還伊犂當赴伊會辦曰直截議駁暫聽俄人駐師曰駐英法公使不宜遣使俄曰議定崇厚罪名當稍準萬國公法曰廷臣主戰止一隅見當斟酌情理之平上嘉其見確已而召曾紀澤使俄卒改約嵩燾雖家居然頗關心君國朝鮮亂作法越釁開皆有所論列逮馬江敗恭親王奕訢等去位言路持政府益亟嵩燾獨憂之嘗言宋以來士夫好名致誤人家國事託攘外美名圖不次峻擢洎事任屬變故興遷就倉皇周章失措生心害政莫斯爲甚是疏傳於外時議咸斥之及庚子禍作其言始大驗而嵩燾已於十七年卒矣著有禮記質疑四十九卷大學中庸質疑三卷訂正家禮六卷周易釋例四卷毛詩約義二卷綏邊徵實二十四卷詩文集若干卷其弟崑燾字意城以舉人參張亮基戎幕與宗棠俱李開方擾湖北自懷慶折而南武昌夜半得報亟調師會鵝公頸驟遇寇寇出不意大擾亂遂斬開方殲其軍報至亮基始知之崑燾恒以是自喜駱秉章撫湘崑燾從國藩東征宗棠援浙軍資並倚之由國子監助教歷加四品卿後劉崐討黔苗崑燾久引疾歸力起贊軍事苗將平又辭去光緒八年卒

崇厚字地山完顏氏內務府鑲黃旗人河督麟慶子道光二十九年舉人選知階州歷遷長蘆鹽運使咸豐十年署鹽政疏請停領餘引代銷滯引依永平低價會僧格林沁治畿輔水田又勸墾葛沽鹽水沽沃鹵地四千二百餘畝明年充三口通商大臣又明年遷大理寺卿仍留津與英法重修租界條約同治改元以兵部侍郎參直隸軍事尋署總督時葡萄牙遣使入京乞換約崇厚牒請總署擯勿受法使哥士耆緩頰始莅津朝命崇厚承其事次年諭遏冀州竄匪坐失機被責已而丹使踵葡例拒如初復命爲全權大臣訂約五十五條通商章程九款自是而荷而日而比而意而奧皆遣使求取並爲延款語具邦交志復建議設北洋機器局城南分局城堞礮臺與郡城遙相峙五年貸款墾海河北岸首邢家沽訖臥河村中洩爲渠閘稻田可五百頃手訂試墾章程於是兩岸爲沃野九年津郡民教失和被議事寧朝廷遣使修好命充出使法國大臣是爲專使一國之始然事畢即返歷署戶部吏部侍郎光緒二年署奉天將軍疏請擇地設官置寬甸懷仁通化三縣增邊關兵備道升昌圖爲府改八家鎮爲縣徙經歷駐康家屯改梨樹城爲廳徙照磨駐八面城其通判知縣並加理事同知銜兼治蒙民議行先後疏論吉林積弊請辦馬賊懲賭博清積訟嚴荒地除金匪又以私墾圍場者衆爲懇寬其既往已墾者量丈升科未墾者擇地安插仍留隙地以講武稱旨四年俄界回寇擾邊與其外部格爾斯合力禁止其秋授出使俄國大臣加內大臣銜晉左都御史明年赴俄初左宗棠進兵伊犂乘俄土戰爭要俄人退去庫爾札俄人多所挾求至是崇厚抵利伐第亞謁俄皇達使命貿然與訂和約一自嘉峪關逕西安漢中達漢口俄有通商權一自松花江至伯都訥貿易自由一自蒙古及天山南北輸入商品不課稅金一自西伯利亞至張家口歸俄敷設鐵道一自陝甘至漢口既榷常稅其雜稅槪免一嘉峪關科布多哈密吐魯番烏魯木齊庫車置領事官一凡俄國臣民旅華許攜銃器一伊犂城及旁近地凡俄所有土地及建築物不在還付例約成朝野譁然於是修撰王仁堪洗馬張之洞等交章論劾上大怒下崇厚獄定斬監候以徇俄人請貸死仍羈禁更遣曾紀澤往俄更約爭回伊犂南路七百餘里嘉峪關諸地緩置官十年崇厚輸銀三十萬濟軍釋歸遇太后五旬萬壽隨班祝嘏朝旨依原官降二級賞給職銜十九年卒年六十有七

曾紀澤字劼剛大學士國藩子少負雋才以蔭補戶部員外郎父憂服除襲侯爵光緒四年充出使英法大臣補太常寺少卿轉大理寺六年使俄大臣崇厚獲罪去以紀澤兼之先是俄乘我內亂據伊犂及回部平迺舉以還我議定界通商崇厚不請旨遽署押所定約多失權利因詔紀澤兼使俄議改前約俄以崇厚罷大辟怫甚紀澤慮礙交涉請貸崇厚死上許之論監禁紀澤迺疏言伊犂一役辦法有三曰戰守和言戰者謂左宗棠等席全勝之勢不難一戰臣竊謂伊犂地形嚴險俄爲強敵非西陲比兵戎一啟後患滋長東三省與俄毘連根本重地防不勝防或欲游說歐邦使相牽制是特戰國之陳言耳各邦雖外和內忌而協以謀我則同孰肯出而相助言守者則謂伊犂邊境若多糜巨帑以獲之是爲荒遠潰腹心也不如棄而勿收不知開國以來經營西域者至矣聖祖世宗不憚勤天下力以征討之至乾隆二十二年伊犂底定腹地始得安枕今若棄之如新疆何說者謂姑紓吾力以俟後圖不知左宗棠等軍將召之使還乎則經界未明緩急何以應變抑任其逍遙境上則難於轉餉銳氣坐銷是今日之事戰守皆不足恃仍不外言和和亦有辦法三曰分界通商償款其小者也即通商亦較分界爲輕何以言之西國定約之例有常守不渝者亦有隨時修改者不渝者分界是也此益則彼損是以定約之時其難其慎修改者通商是也若干年修改一次條文之不善商務之受損正賴此修改之年可以換約固非彼族所得專也俄約經崇厚議定俄君署押今欲全數更換勢所不

能臣愚以爲分界既屬常守之局必當堅持力爭若通商各條惟當去其太甚其餘從權應允俟諸異日之修改庶和局可終保全不然事機決裂必須聲罪致討此戰之說也廟堂勝算固非使臣所敢議也不然暫置伊犁勿論此守之說也是邊界不可稍讓而全境轉可盡捐臣亦未敢以爲是也再不然姑先爲駁議俟不得已時酌量允之此和之說也是迺市井售物嘗試之術非所以敦信義馭遠人也蓋準駁貴有一定之計勿致後日迫於事勢復有後允之條今臣至俄都但言兩國和好自應遣使通誠至辨論公事傳達語言係使臣職分俟接奉本國文牘再行商議如此立言庶不至見拒鄰邦貽國羞辱臣駑下唯有懍遵聖訓不激不隨冀收得尺得寸之功稍維大局及至俄日與俄外部及駐華公使布策等反復辨論凡數十萬言十閱月而議始定崇厚原約僅得伊犁之半嚴險屬俄如故紀澤爭回南境之烏宗島山帖克斯川要隘然後伊犁拱宸諸城足以自守且得與喀什噶爾阿克蘇諸城通行無阻其他分界及通商條文亦多所釐正焉七年遷宗人府府丞左副都御史秩滿留任三載法越搆衅紀澤與法抗辯不稍屈疏陳備禦六策十年晉兵部侍郎與英人議定洋藥稅釐歲增銀六百餘萬明年還朝轉入總理各國事務衙門調戶部兼署刑部吏部各侍郎十六年卒加太子少保諡惠敏子廣鑾左副都御史廣銓兵部員外郎

薛福成字叔耘江蘇無錫人以副貢生參曾國藩戎幕積勞至直隸州知州光緒初元下詔求言福成上治平六策又密議海防十事時總稅務司赫德喜言事總署議授爲總海防司福成上書力爭迺止八年朝鮮亂張樹聲代李鴻章督畿輔聞變將牒總署奏請發兵福成慮緩則蹈琉球覆轍請速發軍艦東渡援之亂定以功遷道員十年授甯紹台道法蘭西敗盟搆兵越南詔緣海戒嚴甯波故浙東要衝也方是時提督歐陽利見頓金雞山楊岐珍頓招寶山總兵錢玉興分守要隘諸將故等夷不相統攝巡撫劉秉璋檄福成綜營務調護諸將築長墻釘叢樁造電綫清間諜絕嚮導與窺伺其南洋援臺三艦爲法人追襲駛入鎮海口復令其合力守禦謀甫定而寇氛逼矣再至再卻之卒不得逞而去十四年除湖南按察使明年改三品京堂出使英法義比四國大臣歷光祿太常大理寺卿留使如故未幾坎巨提來乞師坎故隸廓回部自英滅克什米爾遂爲所屬近且築路貫其境坎拒之戰弗勝迺求援朝旨使福成詰其故福成晤英外部沙力斯伯里詗知其防俄心切遂與訂定會立坎酋以釋嫌怨因具選立本末以上並陳英俄互爭帕米爾狀請趣俄分界冀英隱助已而被命集議滇緬界綫商務先是曾紀澤使英謀將南掌撣人諸土司盡爲我屬議未決而歸至是福成繼之始變前規稍拓邊界訂定條約二十款語具邦交志福成任使事數年惓惓於保商疏請除舊禁廣招徠其爭設南洋各島領事官尤持正義英人終亦從之又以英法教案牽涉既廣條列治本治標機宜甚悉其將歸也復撮舉見聞上疏以陳大恉謂宜厲人才整戎備濬利源重使職爲棄短集長之策二十二年歸至上海病卒優詔賜䘏卒後半載而中英訂附款致將福成收回各地割棄泰半論者惜之福成好爲古文辭演迤平易曲盡事理尤長於論事紀載著有庸盦文編筆記海外文編出使英法義比日記浙東籌防錄

黎庶昌字蒓齋貴州遵義人少嗜讀從鄭珍游講求經世學同治初元星變應詔上書論時政條舉利病甚悉上嘉之以廩貢生授知縣交曾國藩差序國藩素重鄭氏接庶昌延入幕歷署吳江青浦諸邑兩筦榷關稅縣進光緒二年郭嵩燾出使英國調充參贊歷比瑞葡奧諸邦箸書以撮所聞見成西洋雜誌晉道員七年命充出使日本大臣値議琉球案及華商雜居事其外部井上馨持甚堅庶昌翻復辨論卒如所議明年日本將襲朝鮮庶昌電請速出援師爲先發制人計師至日艦知有備還言歸於好中國古籍經戎燼後多散佚日藩族弆藏富庶昌擇其足翼經史者刊古逸叢書二十六種中法易約條列七事進尋遭憂歸服闋仍故官十七年除川東道川俗故闇儳既莅事設學堂倡實業建病院整武恤商百廢具舉中東事起庶昌曰日本蓄謀久矣朝鮮猶其外府也戰固難勝讓亦啟侮迺倡布告列邦議以維持屬國愿東渡排難當事者弗納及戰事殷財詘庶昌首輸萬金請按職列等差亦不報二十一年詔陛見駐渝法領事聞其將去留辦教案代者多方困之遘疾遂去官未幾卒川東民建祠瀘郡祀之馬建忠字眉叔江蘇丹徒人少好學通經史憤外患日深乃專究西學派赴西洋各國使館學習洋務歷上書言借款造路挀設海軍通商開礦興學儲材北洋大臣李鴻章頗稱賞之所議多採行累保道員光緒七年鴻章遣建忠赴南洋與英人議鴉片專售事建忠以鴉片流毒中外臚謗當寓禁於征不可專重稅收時英人持正議者亦以强開煙禁責其政府引以爲恥聞建忠言雖未能遽許皆稱其公八年朝鮮始與美國議約鴻章奏派建忠往涖盟約成英法先後遣使至建忠介之皆如美例成約日本駐朝公使屢詗結約事建忠祕不使預聞日人滋不悅建忠歸而朝鮮亂作庶昌以聞時鴻章以憂去張樹聲權北洋大臣令建忠偕海軍提督丁汝昌率兵艦東渡覘變建忠抵仁川日本海軍已先至建忠設辭緩之而亟請速濟師代定亂朝命提督吳長慶率三千人東援建忠先定誘執首亂之策偕長慶汝昌往候大院君李昰應減騶從示坦率及昰應來報謁建忠遂執之强納諸輿交長慶夜達兵輪而汝昌護送至天津復擒亂黨援朝鮮國王復其位日使雖有言而亂已定亦無如何皆建忠謀也於是長慶統軍留駐其隨員袁世凱始來佐營務及建忠歸而維新黨之亂又作日軍先入交涉屢失機其後卒致全敗建忠憤後繼失人初謀盡毀諜東行錄以記其事建忠博學善古文辭尤精歐文自英法現行文字以至希臘拉丁古文無不兼通以泰西各國皆有學文程式之書中文經籍雖皆有規矩隱寓其中特無有爲之比儗而揭示之遂使學者論文困於句解知其然而不能知其所以然乃發憤𢿙爲文通一書因西文已有之規矩於經籍中求其所同所不同者曲證繁引以確知中文義例之所在務令學者明所區別而後施之於文各得其當不唯執筆學爲古文詞有左宜右有之妙即學泰西古今一切文學亦不難精求而會通焉書出學者皆稱其精推爲古今特𢿙之作又著有適可齋記言記行等書

李鳳苞字丹厓少聰慧究心歷算之學精測繪丁日昌撫吳知其才資以貲爲道員歷辦江南製造局吳淞炮臺工程局繪地球全圖並譯西洋諸書日昌爲船政大臣調充總考工朝議遣生徒出洋加三品卿派爲監督光緒三年率赴英法兩國分置肄業明年賜二品頂戴充出使德國大臣旋兼使奧義荷三國往來數千里周旋各國間聯絡邦交時建議與海軍並命督造戰艦十年法越搆釁暫署法使法事決裂遂奉命回國歸過澳門澳門自明中葉久爲葡萄牙人稅居及是葡人私議欲攘爲己有鳳苞寓書部臣乞請旨與葡人定約免後患部臣懼生事寢其議後一年葡人遂據其地論者惜之既復命有旨發往直隸交李鴻章差遣令總辦營務處兼管水師學堂未幾以在德造艦報銷不實被議革職十三年卒著有四裔編年表西國政聞彙編文藻齋詩文集等其他音韻地理數學皆有論著未成

洪鈞字文卿江蘇吳縣人同治七年一甲一名進士授修撰出督湖北學政歷典陝西山東鄉試遷侍讀視學江西光緒七年歷遷內閣學士母老乞終養嗣丁憂服闋起故官出使俄德奧比四國大臣晉兵部左侍郎初喀什噶爾續勘西邊界約中國圖學未精乏善本鈞莅俄以俄人所訂中俄界圖紅綫均與界約符私慮英先發迺譯成漢字備不虞十六年使成攜之歸命直總理各國事務衙門値帕米爾爭界事起大理寺少卿延茂謂鈞所譯地圖畫蘇滿諸卡置界外致邊事日棘迺痛劾其貽誤狀事下總署察覆總署同列諸臣以鈞所譯圖本以備考覈非以爲左證且非專爲中俄交涉而設安得歸咎於此圖專白而言者猶未息右庶子準良建議帕地圖說紛紜宜求精確於是鈞等具疏論列謂內府輿圖一統志圖紀載漏略總署歷辦此案證以李鴻章譯寄英圖與許景澄集成英俄德法全圖無大紕繆而覈諸準良所奏則歧異甚多欽定西域圖志叙霍爾干諸地則總結之曰屬喀什噶爾叙喇楚勒葉什勒庫勒諸地則總結之曰屬喀什噶爾西境外文義明顯原奏迺謂其曰境外者大小和卓木舊境外也曰屬者屬今喀什噶爾國家自關之壤地也語近穿鑿喀地正北東北毘俄七河正西倚俄費爾干其西南錯居者帕也後藏極西曰阿里西北循雪山逕挪格爾坎巨提訖印度克什米爾無待北涉帕地設俄欲躡喀英欲偪阿里不患無路原奏迺謂二國侵奪拔達克山安集延而終莫得通斯於邊情不亦闇乎中俄分界起科布多塔爾巴哈臺伊犂訖喀西南烏仔別里山口止並自東北以達西南原奏迺謂當日勘界自俄屬薩馬干而東實以烏仔別里西口爲界今斷以東口大乖情勢案各城約無薩馬干地名惟浩罕安集延極西有薩馬爾干明史作撒馬兒罕久隸俄與我疆無涉當日勘界並非自西而東亦無東西二口之說不知原奏何以傳訛若此謹繪許景澄所寄地圖以進並陳扼守葱嶺及爭蘇滿有礙約章狀先是坎巨提之役彼此爭甚其間我是以有退兵徹卡之舉英乘隙而使阿富汗據蘇滿至是俄西隊出與阿戰東隊且駸駸偪邊境總署復具籌辦西南邊外本末以上鈞附言自譯中俄界圖知烏仔別里以南東西橫亘皆是帕地喀約所謂中國界綫應介乎其間今日俄人爭帕早種因喀城定約之年劉錦棠添設蘇卡意在拓邊無如喀約具在成事難說唯依界圖南北經度斜綫自烏仔別里徑南尚可得帕地少半尋按故址已稍廓張俄阿交鬨揣阿必潰俟俄退兵可與議界當更與疆臣合力經營爭得一分即獲一分之益上皆嘉納十九年卒予優䘏鈞嗜學通經史嘗

譔元史釋文證補取材域外時論稱之

劉瑞芬字芝田安徽貴池人以諸生從李鴻章軍援上海檄主水陸軍械轉運時初用西式槍礮沓購自外洋瑞芬考驗精審應時解濟淮軍遂以善用西洋利器名累保道員督辦松滬釐捐光緒二年權兩淮鹽運使淮北荐饑流民就食揚州瑞芬築圩城外搆棚分宿計口授食所全活六萬餘人旋授蘇松太道租界以黃浦南北分華洋船埠洋人時侵南岸瑞芬丈量南北中分爲界設水利局委員董其事洋人亦就範爲擢江西按察使遷布政使十一年改三品京堂命充出使英俄等國大臣授太常寺卿遷大理仍留使改駐英法義比初俄人覬覦漠河金礦瑞芬亟達總理衙門飛議先自開辦英既占緬甸罷其朝貢瑞芬執故事與爭乃如舊英復侵西藏瑞芬力爭於其外部追還印度入藏之師乃別議藏印條約事具邦交志瑞芬久事外交有遠見朝鮮亂初起即上書言朝鮮毗連東三省關係甚重中國能收其全土改行省上策也次則當約英美諸國共議保護庶免强鄰獨占存藩屬以固邊陲總署寢其議不行其後果如所言十五年召授廣東巡撫十八年卒䘏如制子三世珩字聚卿光緒二十年舉人累至道員歷辦江南商務官報學務工程湖北造幣等事旋擢度支部參議加三品卿條議幣制中外稱其精確未及行而辛亥變起遂歸寓上海丙寅年卒嗜古富藏書校刋古籍尤精有聚學軒叢書貴池先哲遺書玉海堂宋元槧本叢書及曲譜曲品等

徐壽朋字進齋直隸清苑人本籍浙江紹興以廩貢生納貲爲主事諳習外情佐津海關辦交涉光緒二年以道員充美日使館二等參贊時華人傭於洛士丙冷者多被虐殺壽朋佐使臣鄭藻如索償詞錚義屈未竟會開秘魯使館移充駐秘參贊攝行公使事秘故虐遇華工益苛其例壽朋與秘廷辨論多所補救駐外久辦理交涉常服遠人晉二品秩還國適李鴻章督畿輔辟居幕府疏薦其練吏治熟邦交召見奏對稱旨二十四年授安徽徽甯池太廣道遷按察使未半載徵還命以三品京堂充韓國全權議約大臣既至與其外部朴齊純議定商約十三條語具邦交志初韓本爲我屬國貢獻不絕自馬關定約認爲獨立自主遂以壽朋膺使命是爲中韓立約之始其秋除太僕寺卿約成改充出使韓國大臣奏設漢城總領事惠保僑民始復自治權二十六年聯軍入京鴻章被命議和奏調壽朋佐議壽朋習西國語言文字徐起應付卒能不失鴻章本意逾歲議定和約十二款復力請回鑾遷外務部左侍郎尋病卒予優䘏

楊儒字子通漢軍正紅旗人以監生納貲爲員外郎銓兵部舉同治六年鄉試久之出爲常鎭道母憂服闋除溫處道調徽甯池太道光緒十八年改四品卿出使美日秘三國大臣補太常寺少卿與英外部葛禮山續定華工條約歷通政使副使左副都御史留使如故二十二年調使俄奧和三國越二年晉工部侍郎仍駐俄二十六年拳亂作聯軍入津沽電命儒遞國書乞俄調解京師陷車駕幸西安俄佯議徹兵而潛使人詣關東掠吉林黑龍江地達營口北儒至黑海行宮與婉商俄允還地而不允徹保路兵將軍增祺遽與訂密約九款多失權利上責其謬妄下嚴旨仍令儒與俄議儒與商更約俄堅拒儒正色曰既言保我自主何兵權利權命官權而不予畀既稱不利土地何以東三省不爲中國版圖俄窮於應始允別立正約上聞而嘉之授爲全權大臣逾歲俄交草約十二款趣畫押東南士民甚激昂各國亦騰口舌朝旨命再商改儒責其外部食言語激切俄人勉爲改數事而仍未平準儒數往謁拒不見見則第趣畫諾語竟即起不容儒致一詞儒憤出及階踣傷右足乞假赴德奧療治俄留之且因其病篤命駐華公使戢耳詩與李鴻章在京協定儒復請代不許調戶部明年正月卒予優䘏

論曰中國遣使始於光緒初嵩燾首膺其選論交涉獨具遠識崇厚擅定俄約誤國甚矣紀澤繼之抗議改正其時國勢猶足自申焉至儒爭密約竟以憤死終不能挽救公理尚可恃乎福成庶昌諸人並嫺文學各有著述討論修飾皆美使才也馬建忠定亂濟變策奇制勝亦有足多故並附於篇

清史稿　列傳二百三十四

丁寶楨　李瀚章
楊昌濬　張樹聲
衞榮光　劉秉璋
陳士杰　陶模
李興銳　史念祖

丁寶楨字稚璜貴州平遠人咸豐三年進士選庶吉士母喪里居遵義楊隆喜反斥家財募壯士八百捍鄉里戰始不利繼獲大勝服闋會苗教蠭起巡撫蔣霨遠奏留軍特旨授編修增募至四千人復平越獨山諸城十年除知岳州府始能遣所募兵虧餉巨萬迺陳五百金案上語衆曰與諸君共事久今庫儲詘徒手歸奈何衆泣曰公毀家紓難我等敢他求乎遂去越歲調長沙有客軍數千以無主將譁變立請大府貸發三萬斬五人事遂定同治二年擢山東按察使會僧格林沁治兵魯豫間令擊河北宋景詩旋劾其擅議招撫部議降三級又明年遷布政使僧格林沁戰歿曹州坐法再干議皆得恩旨留任於是言者復摭他款彈之事下曾國藩國藩白其無罪巡撫閻敬銘夙高其能至是乞休舉以自代遂拜巡撫之命時捻趨海澨李鴻章建議築牆膠萊河寶楨會軍蹙之六年東捻走濰河東軍王心安築壘方成而隄牆未竣捻長驅渡河寶楨以聞上怒鴻章交部議寶楨亦褫職留任先是東軍守濰河本皖將潘鼎新汛地皖軍甫南移而北路遽失詔斬心安寶楨抗辯迺宥心安而責鴻章寶楨復屢疏相詆於是上益責鴻章忌刻縱寇矣明年西捻趨定州近畿震動寶楨聞警即馳至東昌率騎旅千精卒三千齎五日糧倍道北援捻遂南潰是役也朝廷遣宿衞之旅出國門備寇統兵諸將帥皆獲譴讓而上獨以寶楨一軍猝出寇前轉戰雄任深祁高肅間復饒陽功最盛數降敕褒嘉加太子少保寶楨治軍善乘勢不主畫疆自守以故諸軍會集東西二渠率皆就殲山東而其誅安得海事尤著人口安得海者以奄人侍慈禧太后頗用事八年秋乘樓船緣運河南下旗繒殊異稱有密遣所過招納權賄無敢發者至泰安寶楨先已入告使騎捕而守之安得海猶大言謂汝輩自速辜耳傳送濟南寶楨曰宦豎私出非制且大臣未聞有命必詐無疑奏上遂正法河決鄆城侯家林運道梗河臣議次年興工寶楨謂宜及水涸時力疾請自任水齧隄植立不退費半功倍又塞銅瓦廂決口駐賈莊聞日本搆釁遂密陳海防計請築山東烟臺威海登州礮臺設濼口製造機器局從之光緒二年代吳棠署四川總督至即嚴劾貪墨吏澄肅官方建機器局修都江隄裁夫馬以恤民革陋規以恤吏又改鹽法官運商銷置總局瀘州其井竈分置廠局鹽岸分置岸局歲增帑金百餘萬而猾商奸吏不便所爲爭中以蜚語於是臺諫交章糾奏寶楨已坐隄毀鐫秩矣而言者復劾停機器局褫監工成綿龍茂道丁士彬灌縣令陸葆德職而尤斷斷爭鹽務上以川鹽有成效勿爲動已而成都將軍恆訓覈覆隄工亦撫及鹽運病商民流弊大寶楨抗辯上慮寶楨惑浮言敕勿易初念尋予實授寶楨彌自警勵益興積穀嚴督捕治蜀凡十年初莅事時郭內月有盜劫至是誅匪幾盡咸爲道不拾遺十一年卒官贈太子太保諡文誠予山東四川貴州建祠寶楨嚴剛有威其初至山東也僧格林沁方蹙捻淄川頗貴倨見司道官不設坐寶楨投謁告材官啓王坐則見否則罷左右皆大驚王服其强爲改容加禮敬銘聞之大稱異至之日親迓於郊自是事無大小皆咨寶楨而後行至今言吏治者常與沈葆楨並稱尤勵清操喪歸僚屬集賻始克成行云子五人體常尤著名官廣東布政使

李瀚章字筱泉安徽合肥人大學士鴻章兄也瀚章以拔貢生爲知縣銓湖南署永定調益陽改善化曾國藩出治軍檄主饟餉累至江西吉南贛甯道調廣東督糧道就遷按察使布政使同治四年擢湖南巡撫時粵逆李世賢等竄福建分犯贛南窺兩楚貴州苗匪教匪又闌入楚界而霆軍潰卒復竄湖湘三路告警瀚章至則遣前江蘇按察使陳士杰壁郴州防閩賊前雲南按察使趙煥聯壁岳州防叛卒闖賊旋引去叛卒犯江西不得逞則折入湘犯攸縣陷安仁興甯副將張義貴擊走之士杰率軍會剿遁入粵卒就殲焉先是瀚章遣總兵周洪印敗黔匪於邊界又越境解銅仁圍因奏言懸軍深入兵家所忌請敕新任貴州布政使兆琛緩赴任專治軍事與楚軍合從之遂遣已革知府李元度進剿思南石阡教匪兆琛洪印進剿清江台拱苗匪所向克捷苗教復蟻結連竄晃州鳳凰廳各軍躡擊皆大破之黔匪遂不敢窺楚境自盜起國藩及胡林翼治師不主畫疆自守瀚章久習楚軍既受任即出境討賊亦其風類也六年調撫江蘇未至署湖廣總督七年調浙江再署湖廣總督旋實授光緒元年調四川明年還督湖廣瀚章性簡靜吏事久習知民情僞務與休息其督湖廣最久前後四至皆與弟鴻章更迭受代其母累年不移武昌官所人以爲榮尋遭憂去官家居六年再起授漕運總督未幾移督兩廣粵俗舊有闈姓捐四成助餉巡撫馬丕瑤議革之會日本搆衅瀚章請循舊收繳備海防時論大譁遂以疾歸又數年卒諡勤恪子十人經畬翰林院侍講

楊昌濬字石泉湖南湘鄉人粵寇亂以諸生從羅澤南治團練出援湖北連復廣濟黃梅敘訓導從征贛皖戰楓樹嶺下德興戰高沙下婺源頻有功遷知縣同治元年從左宗棠入浙規江山與劉典劉璈分三路攻石門破寇卡數重進

取花園港縱火燔其棚會天雨止其秋規龍游昌濬禦寇蓮塘破之又敗之孟塘寇逸李世賢聞警遣悍黨赴救中路寇方攻劉培元營昌濬自山下擊寇大潰遷知衢州府明年師偪龍游城南築三壘寇夜奔昌濬躡之湯溪城拔授糧儲道與蔣益澧合兵萬三千戰餘杭城西北寇益浚濠樹壘拒師昌濬攻北門寇出戰會諸軍擊之寇卻昌濬連夷五卡次日攻林清塘去城北十里汪海洋老巢也昌濬覘寇壘阻水慮日暮爲寇乘迺退師又明年規武康復其城進略湖州寇竄泗安梅溪昌濬自箏頭進桐嶺扼之北攻安吉追寇至孝豐遇湖州敗寇復與璈合攻之降者七千餘人輒解散浙西平遷鹽運使累擢布政使九年除巡撫巡視瀕海海口條具見聞陳大恉謂宜師敵伎鍊勁旅修築礮臺上嘉納之是時朝廷方銳意求治詔舉賢才昌濬以糧道如山四人應力薦甘肅知縣陶模才器遠大卒如所言坐餘杭葛畢氏案褫職光緒四年起佐新疆軍事數遷至漕運總督十年法人擾海疆朝旨以閩事亟命宗棠爲欽差大臣主軍務昌濬與穆圖善佐之張佩綸則會辦也閩浙總督何璟自以不諳兵事請解職遂命昌濬代之昌濬未至軍而佩綸已遁事下宗棠昌濬覆奏入上責其袒護移督陝甘加太子太保昌濬性和巽而務爲姑息督甘日左右通回匪莫能制槍械反資寇遂釀成湟中河狄亂昌濬檄各路募士勇助戰守電令提督雷正綰往河州鎭懾張永清往西寗策應蘇員嶼往巴燕戎甘都堂駐防並具起事顚末以上事聞嚴旨責其庸闇迺罷官二十三年卒釋處分詔以魏光燾請予甘肅建祠

張樹聲字振軒安徽合肥人粵寇擾皖北以廩生與其弟樹珊樹屏治團殺賊復越境出擊連下含山六安英山霍山潛山無爲而太湖一役以五百人陷陣擊退陳玉成衆數萬功尤盛復力行堅壘清野法其時劉銘傳周盛波潘鼎新輩皆相繼築堡聯爲一氣皖北破碎獨合肥西鄉差全曾國藩檄守蕪湖調無爲遷知府同治元年從李鴻章援上海鴻章立淮軍與銘傳等分領其衆從克江陰晉道員鴻章親視婁門程學啟軍遣樹聲援蕩口破謝家橋逐北至齊門又敗之黃埭學啟遂偪城而軍於是婁門寇道始絕二年攻無錫金匱擊寇芙蓉山大破之奪獲戰艦器械不可稱計賜號卓勇巴圖魯予三品服樹聲乘勝趨常州逾歲攻河干二十餘營盡破之城拔進復浙江湖州詔以按察使記名四年署江蘇徐海道尋授直隸按察使赴大名督防務九年調補山西越二年擢漕運總督署江蘇巡撫十三年實授遭繼母憂歸光緒三年起授貴州巡撫適廣東總兵李揚才據靈山擕匪擾越南朝旨調樹聲撫廣西治之事甯擢總督先後剿平西林苗匪武宣積匪八年鴻章喪母歸葬樹聲攝直督任値朝鮮亂作日使花房義質將兵五百入王京迫朝議約樹聲飛檄吳長慶等赴之遂成約尋盟而還於是長慶等宵攻亂黨悉殲其渠亂迺定樹聲奏令長慶暫戍朝上嘉其能加太子少保明年還督兩廣會法越搆兵即以法人侵逼狀上聞逮北甯陷自請解總督職專治軍報可復坐按事不實革職留任未幾病卒諡靖達予直隸江蘇及本籍建祠樹珊自有傳樹屏以收復江蘇各州縣積勛至副將從征捻匪周家口戰數捷捻平擢提督賜號額騰額巴圖魯赴晉防河光緒二年徙守河曲保德會皖軍赴援烏魯木齊甘肅流賊曹洪照竄後山樹屏適奉檄詣省聞警乘大雪追擊之事定賜頭品服授太原鎭總兵移防包頭調大同十三年乞休既歿鴻章狀其績以上予優卹太原建祠

衞榮光字靜瀾河南新鄉人咸豐二年進士選庶吉士授編修九年湖北巡撫胡林翼奏調赴軍隨荊州將軍多隆阿攻剿黃州各郡轉戰入安徽平賊壘百餘克太湖潛山捷入以侍講待簡林翼督師勦賊榮光從常以少擊衆林翼卒乃還京供職道經新鄉適山東竄匪入境遂與知縣丁士選集團捍衞同治元年入都補翰林院侍講明年擢侍講學士疏陳剿匪防河事宜是年授濟東泰武臨道署山東鹽運使按察使四年捻首賴文光張總愚竄山東巡撫閻敬銘奏委榮光督辦河防榮光以賊無見糧利速戰堅諭各軍嚴守困賊賊乘夜偷渡榮光然礮擊之諸軍繼進賊大敗六年卸運使任仍兼署按察時賊勢復振巡撫丁寶楨督師出境省城兵單饟竭榮光募民團助守賊屢逼城下卒不能犯旋以父憂歸十二年起江安糧道署按察使光緒元年授安徽按察使遷浙江布政使護理巡撫母憂歸服闋授山西巡撫八年調江蘇臺灣道劉璈被重劾詔刑部尚書錫珍往按復命榮光赴臺會鞫榮光言璈總營務開支浮冒罪當死然其治事疏節闊目政頗便民故臺地番民至今有尸祝者請從寬典其持法嚴而能恕皆此類十二年調浙江巡撫再調山西以疾乞休十六年卒於家

劉秉璋字仲良安徽廬江人參欽差張芾軍敘知縣咸豐十年成進士選庶吉士授編修同治元年李鴻章治兵上海調赴營洋將戈登所練常勝軍故駐滬滋驕淮軍初至服陋械絀西弁或侮笑之秉璋語衆曰此不足病也顧吾曹能戰否耳明年從克常熟太倉鴻章使別募一軍圖嘉善分寇勢遂提兵五千赴難克楓涇西塘遷侍講進攻張涇匯約水師夾擊彈丸貫腑下不少卻卒克之規平湖其酋陳殿選降於是乍浦海鹽澉浦皆反正又明年與程學啟攻嘉興秉璋入東門燔藥庫寇駭亂衆軍乘之城拔進取湖州攻吳溇南潯所向摧靡浙西平賜號振勇巴圖魯歷遷侍講學士四年授江蘇按察使從曾國藩討捻時捻騎飆疾國藩與鴻章皆主圈制策秉璋力贊之破捻豐沛宿遷南追至倉家集捻大潰又敗之淮南長驅蒙城捻西走自此捻分東西國藩令秉璋軍豫西專剿東捻與提督劉鼎勳俱其冬追入鄂六年除山西布政使未上捻自孝感小河溪竄河口鎭與鼎勳軍追之勳軍前鋒遇伏總兵張遵道戰死勢益熾秉璋橫截之始奔豫七年鴻章代國藩督師議扼運隄捻海隅秉璋駐運西捻撲濰河將自沂莒窺江淮秉璋亟渡河詣桃源會浙軍扼清江亡何賴酋率殘騎數千至追破之淮城事甯被賞賚父憂歸服闋起江西布政使光緒元年擢巡撫以母老再乞終養六年遭喪至九年再起撫浙會法越搆釁緣海戒嚴秉璋躬履鎭海令緣岸築長牆置地雷悉所有兵輪五艘輔以紅單師船據險設防十一年法艦入蛟門令守備吳杰轟拒之傷其三艘越數日復入虎蹲山北再敗之法將迷祿中礮死然猶浮小舟潛窺南岸復令總兵錢玉興隱卒清泉嶺下突擊之敵兵多赴水死逾歲擢四川總督川境鶩遠外接番夷內叢奸宄秉璋曰盜賊蠻夷何代蔑有以重兵臨之幸而勝不爲武不幸而不勝饟械輸資寇是眞不可爲矣故督蜀八年歷平萬縣茂州川北秀山土寇其大小涼山拉布浪瞻對各夷畔服靡恆則用趙營平屯田法數月間皆懾伏加太子少保御史鍾德祥劾提督錢玉興及道員葉毓榮不職狀事下湖北巡撫譚繼洵廉得實秉璋坐濫舉罪罷初丁寶楨督蜀稱弊絕風淸秉璋承其後難爲繼故世多病之未受代而民教相鬨重慶先有教案秉璋初至捕教民羅元義亂民石匯等寘之法至是各屬繼起教堂被燬者數十教士忿牒總署指名奪秉璋職朝廷不獲已許之秉璋遂歸三十一年卒總督周馥及蘇紳惲彥彬等先後上其功復官予優卹建祠

陳士杰字雋丞湖南桂陽州人以拔貢考取小京官銓戶部與閻敬銘同曹司並以贛樸稱遭父憂歸值粵寇亂土匪竊發集團勇得百餘人平之俄白水奸民陷永桂新田告急衆議拒之士杰曰援新田迺所以自保也越境擊卻之曾國藩治軍衡州辟參戎幕鮑超時爲小校坐法當斬力請釋之從援湖北壁岳州城外王鑫軍次蒲圻違國藩誡敗退入空城死守國藩憤甚將士莫敢爲言士杰獨請赴救弗應固請之曰救之如何曰寇無戰船宜遣水師傍岸舉礮爲聲援鑫因獲免於難厥後鮑王並爲名將岳州既敗寇遂略湘陰陸走甯鄉水斷靖港進陷湘潭據之國藩水師頓湘川去甯鄉靖港皆數十里或請守省城或請絕津逕奪寇艎議未決士杰謂宜援湘潭即不利猶得保衡永圖再舉國藩如其言果大捷論功遷主事尋歸省復出佐糧餉咸豐五年永桂土匪起聞亂單舸泝江歸專治團練亡何連州匪搆嶺南北奸民衆十萬陷郴州與鑫會師擊之復其城遂以南防屬之留州賦充饟改團爲營號廣武軍永郴桂陽邊地千里廣武當其衝數挫寇鋒而以捍石達開功爲盛達開故黠猾麾下號百萬分七部能檢勒之使毋擾九年春自贛而西至桂陽穿城北走時廣武軍軍花園砦有橋跨鍾水曰斗下渡其南兩山相峯一逕中達東西北皆環水士杰遣一裨將領百人扼橋寇夜至大驚不敢前後來者欲退則隘塞欲旁出則無路平明士杰率師轟擊之自相蹈藉墜死無算是役也士杰以數百人敗寇數十萬衆達開襲省之計卒無所施上嘉之擢知府嗣錄援藍山嘉禾甯遠功晉道員同治元年三吳軍事棘以國藩薦超授江蘇按察使士杰慮石黨往來郴永貽母憂乞終養以防遏上游爲己任數卻寇四年論功加布政使銜時江南既定而遣軍所降寇復叛自湖北金田入郴數千里無與逆戰者士杰要擊之寇大潰賜號剛勇巴圖魯十年母喪服闋除山東按察使光緒元年到官多所平反晉福建布政使未上會巡撫文格被劾詞連士杰能免尋以臺灣軍務命署福建按察使六年遷布政使明年擢撫浙江巡海口增築鎭海笠山港及定海乍浦礮臺八年移山東緣海設防吳大澂會辦北洋防務至登州烟臺見廣武軍壁壘頗采其法而增損之奏請頒行各海口而忌者中以蜚語至劾其海防草率事下尚書延煦左都御史祁世長得白海防軍罷而士杰亦病矣數請乞休始允十八年卒於家予省城及本籍建祠

陶模字方之浙江秀水人同治七年進士改庶吉士散館授甘肅文縣知縣調皋蘭左宗棠爲總督方征回又創建貢院兵工諸役並作模躬自料量民不知擾遷秦州直隸州歲旱流徙饑民數十萬屬集出積俸並劄公使銀四萬餘金設粥廠不足貸金益之修養濟院增義田恤嫠婦州南耤水齧城堧模爲築隄

沼三百五十丈植芙蕖楊柳蓄鱗介取其利以時繕完署甘州府知府罷屬縣供億宗棠奏模治行第一調補迪化州編修廖壽豐薦模器識宏遠堪備閫寄時回久亂民戶寥落模和輯漢回耕者復聚時議定賦則模謂經畫窮塞當通周官一易再易之義令民以二畝當一畝徵其六綏其四宗棠采其議邊民始有久居志歷署蘭州府蘭州道按察使調直隸按察使陝西布政使護巡撫光緒十七年授甘肅新疆巡撫當葱嶺西有地曰帕米爾乾隆間爲我軍鋒所及高宗嘗勒銘焉葱嶺東南有小部落曰坎巨提歲納貢於我模未至新疆俄侵帕米爾謀通印度英攻破坎巨提中外方議戰模謂將士能戡土匪未能禦強敵軍資百物運自內地數月乃達俄英鐵軌瞬息可至新疆與俄相接幾五千里增兵十倍未足固當民窮財匱之時不可輕言戰惟當購機礮擴電綫飭邊將嚴爲備飭坎巨提故酋無令北走而撫其流民與駐俄英使臣合爭議未定俄曰防英英曰防俄莫可究詰明年二國兵益進將吏咸憤激請戰終不許於是奏請廢黜坎巨提故酋會英人亦立其弟買賣提艾孜木令鎭撫部民歲納貢如故事坎巨提事乃定而俄兵在帕米爾意叵測模以邊防無效自請罷斥不允廷議將以帕米爾爲三國甌脫英垂諾俄猶不可陳兵相持模取德意志兵法練邊軍選幼童百餘課以測算諸法將徐推之各軍見將佐必以惜勞苦實槍彈爲戒初俄人借巴爾魯克山以處所屬哈薩克期十年山饒水泉林木當塔城西北廣袤數百里至是期滿無還意模爭之逾年乃如約俄商及附英諸部至新疆皆不稅模曰是獨苦吾民爲奏請普免焉纏回文字語言不相通漢民愚之貸金輒取重息至賣鬻妻子以償模爲之規定章條令讀書習漢語於是回族欣欣向化矣羅布卓爾古蒲昌海也荒沙無垠亘新疆中部模議闢徑路自新疆之南青海西藏之北噶斯烏蘭達布遜阿耨達托古茲尼蟒依諸大雪山之陰迂回出入分道測繪得金鐵煤諸礦數十百計欲開採利民以紬於貲工不克舉乃於羅布淖爾北四百餘里築蒲昌城南百四十里設屯防局回民徙居成村落其後設置營縣實自模開之二十年日本略朝鮮朝議決戰師屢敗甘肅提督董福祥先以覲暇在京募兵備戰河湟回族聞亂思蠢動二十一年春撒拉河州西寧大通諸回先後反西寧回酋劉四伏尤悍模遣將援巴燕戎格與總督楊昌濬合疏請命福祥帥師西援夏平番回亦變河西諸府東不能通省會則西乞援新疆模奏陳回亂曰亟部遣諸將羅平安戍哈密牛允誠守安西玉門趙有正屯肅州而於哈密置東防營務處以道員潘效蘇護諸將諸亂回遣其徒出關煽新疆回部九月綏來回發難以有備旋定迪化回應之模詗知募民與牙役密相結捕斬六人而亂弭十月回過甘州上罷昌濬以模署陝甘總督命入關剿撫時福祥將甘軍渡洮魏光燾將湘軍臨湟水模策東路兵大集回且西竄乃遣兵分駐天山北迪化鎭西爲中權而繕完防禦天山以南諸要隘後路既設備乃將馬步八營馳入關道經沙漠至吐魯番城回王瑪木特來會勗以大義至哈密校閱各軍令纏回與焉模以有正兵寡戒毋輕出有正嘗功出攻察漢俄博永安二城皆下二十二年元夕薄北大通營敗歸模遣涼州戍軍赴援二月入關羣回斂衆山南模至蘭州視事令效蘇督諸將略北大通營破所領十大莊堡戮其酋殲數千人諸回氣奪會光燾亦定西寧諸回自水口峽西竄青海模令效蘇等出塞陳兵玉門諸山徑毋縱賊出平地青海蒙古積弱久怵回悍告急朝議令光燾福祥二軍追逐模以師行絕域糧芻車駄重爲民累內地空虛爲禍滋大奏寢其議新疆將吏慮回更西竄亦告急朝議令提督鄧增出青海張俊防北路模策賊非至玉門敦煌掠食不能遠犯新疆復請罷移軍議而令增屯肅州爲聲援光燾將湘軍還陝西以與福祥不相能也賊自青海犯玉門允誠等擊卻之模令玉門軍赴西安五月賊大至劉四伏奪路求食諸將力戰金蘭益匹馬陷陣大敗賊於牛橋降斬各數千人飢凍死磧中者過半四伏以千數騎遁中道伏發就禽於是徙降回塔里木河濱計口授田關內外悉平論功實授總督方日事之初起也和戰議不決模言國強弱視人才人才不足和戰皆不足恃即戰勝亦無益因言天下事當變通者非一如減中額停捐例汰冗員令京官升遷不出本部司員分類治事刪棄舊案破除旗兵積習禁士大夫食鴉片分設算學藝學科目廢武科變操法擇勳舊子弟游學各國培植工藝尤願皇上鑒天災之屢警念民困之莫蘇懍內政之宜修知外患之難弭毋始勤終怠毋狃目前而忘遠慮時中外諸臣條奏多言變法祛積習模言推行宜漸根本宜急衆闒茸嗜利之輩以期富強止於舊法外增一法不得謂之變法於積習外增一習不得謂之祛積習欲求富強當先崇節儉廣教化恤農商其指意大率類此模督陝甘數年銳欲開礦製械興學廣教皆以用不足不能盡舉累疏乞罷二十六年述職入覲道疾留陝西俄調補兩廣總督兩宮西幸迎謁蒲州再乞休不允乃力疾上官二十七年疏請裁減宦官略言宦官干政史不絕書我朝家法嚴明從未有內監預聞政事然除弊如除莠留其芽蘖終恐發生宜大加裁汰內廷差使悉可改用士人定宮府一體之制永不再選內監非唯一時盛事實亦千古美談別疏言變通政治宜務本原本原在朝廷必朝廷實能愛國愛民乃能以愛國愛民責百官必朝廷先無自私自利乃能以不自私不自利望天下轉移之道一曰除壅蔽一曰去畛域一曰務遠大朝廷當以身作則克己勝私否則雖日言變通無由獲變通之效粵故多盜模定清鄉章程信賞必罰凡練軍分屯許所在州縣節制一歲中捕斬名盜千餘人欽廉肇羅諸屬盜藪皆次第削平模謂民貧思亂非殺可止令府縣設勸工廠囚不至死者令入廠教養廣東名饒富然取諸民者已重於他行省歲不足五百餘萬則取之賭規仍不足則貸之外人模睹民力已屈追呼不得寬欲有所興革皆坐中沮迭疏請疾甫受代九月卒於廣州贈太子少保諡勤肅模自爲諸生食貧力學與平湖優貢生顧廣譽震澤諸生陳壽熊吳江舉人沈曰富以道義相勗既通籍大學士閻敬銘總督楊昌濬皆嘗論薦不以告模模亦不謝也儉約自將不立崖岸恂恂卑下將吏爭爲用而無敢以私干者卒後蘭州迪化皆允建專祠

李興銳字勉林湖南瀏陽人粵寇亂以諸生治鄉團曾國藩治軍東下檄主軍糈駐祁門江南飢民就食者萬計興銳慮爲寇乘先期結筏以濟獲安全敘知縣數薦知府同治四年唐義訓金國琛兩軍嘩徽州索餉譁變興銳聞之單騎叩其壁諭之曰若輩不遠千里從軍討賊爲富貴計耳奈何自戕爲使寇知之而躡吾後吾無噍類矣餉不給咎在亶期以三日逾期請殺我衆曰唯命迺潛訪主謀者三人白國藩僇之事定金陵既克儲平餘銀四十餘萬目擊戎燼後僵屍蔽野因出所餘購義冢一區聚暴骨瘞之八年調直隸補大名府游陞道員乞終養國藩再督兩江檄綜營務與彭玉麐規訂水師營制國藩卒李宗羲代督亦頗信仗之時日本窺臺灣江海戒嚴興銳言於宗羲躬履江陰狼山吳淞崇明擇險設守始倡緣海築礮臺議光緒改元綜辦上海機器製造局博采西國新器增建鐵船礮廠鳩工庀材閱十稔規模略備遭母喪去官服竟命以鴻臚寺卿鄧承修往勘中越邊界十二年充出使日本大臣會遘疾未上居三年補天津道旋調山東東海關道威海爲日人所據居民惶恐興銳建議勘地分界主客互守閭市獲安堵其辦交涉獨條理精整事可許者一諾輒立辦過所不可則抗辯廣坐常服遠人遷長蘆鹽運使歷福建按察使布政使二十六年擢江西拳匪衅作頑民相率不靖旬日間毀教堂數十掠教民財產積案二千餘興銳劾罷疏防官十餘人限三月定讞議償邺費八十餘萬唯節餉以彌罅漏和議成償款累百萬仍以節餉資挹注猶不足則取之土藥鹽權絕不累民間毫末署南贛鎭申道發統軍驕蹇不奉法首劾罷之軍紀始肅興銳事國藩久論治壹循軌跡重實行是時上方鄉新政迺以十事上曰開特科整學校課官吏設銀行鑄銀幣維圜法立保險修農政講武備而歸本於用人爲安內攘外之策言至深切旋移撫廣東二十九年署閩浙總督閩自軍興局所林立有善後濟用勸捐稽覈稅釐諸目叢弊益甚興銳受事裁諸局所併爲財政局事權始一於是釐定常備軍制汰庸冗節浮費而閩事稍稍振矣踰歲調署兩江旋病卒諡勤恪

史念祖字繩之江蘇江都人刑部尚書致儼孫念祖幼穎異好讀兵家言踰冠入貲爲通判從喬松年軍解蒙城圍有功僧格林沁戰歿曹州捻益熾皖北糜沸念祖率師復英山克高圩雉河集者張洛行老巢也英翰守之陷重圍誓必死念祖計出之而自駐其地期以二十日相見城下迺爲均糧法數卻寇嘗坐堞上彈琵琶教士卒歌寇出視皆驚歎一日聞槍礮聲知援至與寇戰迺令居民登陴守別選銳卒四千分道夾擊縱橫衝盪寇大潰謁英翰止踰二日云數保道員同治六年移師鳳陽時捻酋李允謀窺廬鳳詣五河就李世忠念祖詗知之計說世忠縛以獻鏁送壽州寘之法晉按察使援滕縣既捷師還寇踰萬躡其後迺掘深溝布機械陰徙去追騎多墜死人服其智略直東平賜號捷勇巴圖魯八年除山西按察使年未及三十也上慮其資名輕與直隸按察使張樹聲易官令曾國藩察覆稱念祖明爽磨厲當成大器宜稍緩任事遂解職留直差序十年左遷甘肅安肅道主關內外糧餉給食不乏征西軍倚以集事頗見賞於左宗棠光緒四年晉按察使多所平反理僉應鈞等殺降回讞忤宗棠意再被劾去十年起雲南按察使歷貴州調補雲南布政使時總督岑毓英督師出關需餉亟而巡撫張凱嵩與有郄念祖爲陳公私利害請以地丁錢漕受巡撫指麾釐金雜稅供總督兵餉復爲貸商款備糧械毓英德之密薦其賢二十一年授廣西巡撫桂故多匪至則選卒逐捕痛繩以法匪皆斂跡坐失察贓罪罷免三十一年賞加副都統銜命赴奉天隨將軍趙爾巽治賑尋督三省鹽務及財政局奉省吏治不飭冒憲黷貨弊風相踵念祖佐爾巽力抉其弊錮苛

息煩歲入倍蓰昔年奏績上嘉之晉記名副都統爾巽移蜀徐世昌代之又劾罷宣統二年卒爾巽先後上其功復巡撫原官卹如制

論曰寇亂初平安民保土自以吏治爲先然非負文武幹用如寶楨諸人亦不易言効也寶楨政尚威猛瀚章治參清靜而昌濬則不免于姑息樹聲有智略秉璋稱綜覈榮光士杰皆善于用兵而疏于行政興銳重實效念祖好行權模獨識議宏遠能見本原此十人中雖治績不必盡同其賢者至今猶絓人口庶幾不失曾左之遺風歟

清史稿

列傳二百三十五

丁日昌　卞寶第

涂宗瀛　黎培敬

崧駿　崧蕃

邊寶泉　于蔭霖

饒應祺　惲祖翼

丁日昌字禹生廣東豐順人以廩貢生治鄉團數卻潮州寇選瓊州府學訓導錄功敘知縣補江西萬安善折獄坐吉安不守罷免參曾國藩戎幕復官李鴻章治軍上海檄主機器局積勛至知府江寗既下除蘇松太道鴻章倚以辦外交事有鉤棘徐起應付率皆就範調兩淮鹽運使淮鹽故弊藪至則禁私販糾貪吏圖運道歲入驟增同治六年擢布政使授巡撫江南戎燼後庶政不緝日昌集流亡除豪猾設月報詞訟册定錢漕科則下其法各省又以州縣爲親民官疏請設局編刻牧令諸書八年奉敕訓勉臣工日昌條上六事曰舉賢才汰虛冗益廉俸選書吏輸漕粟變武科言合旨要遭憂歸光緒元年起授福建巡撫兼督船政辭不允既莅事會臺兩城內水逾丈躬散賑口煦手拊卵翼備至全濟災民數十萬衆感泣僉曰活我者丁中丞也時臺灣生番未靖遂力疾渡臺自北而南所至扶服蟻伏惟鳳山轄境悉芒社及獅頭龜紋諸社素梗化遣兵討平之爲立善後章程皆遵約束中路水埔六社不諳樹藝雇漢民代耕謂之租贌復令有司計口給銀米教之耕作廣設義學教之識字又罷臺屬漁戶税擬築鐵路開礦產移關税釐榷造船械臺民漸喁喁望治矣還閩移疾去吏民啼泣遮道四年疾稍閒被命赴福州理烏石山教案先是道光間英人就山築室傳教疆吏不能爭以山在城外飾詞入告厥後占地愈廣閩人忿幾釀變日昌撫閩與力爭議易以城外電局空地未及行遽解職英人占如故閩人不能忍聚衆燬教堂英使責難亟至是命日昌往按鉤稽舊案獲教士侵地左證與英領事往復詰辯卒徙教堂城外閩人鑱石刊績爲逾歲還里明年詔加總督銜令駐南洋會辦海防水師統歸節度復命充兼理各國事務大臣以疾辭不許八年卒卹如制日昌性孝友撫吳日母黃年九十矣迎養署中孺慕如兒時兄寢疾藥餌躬侍兄止之則引李勣焚鬚事爲喻好藏書成持靜齋書目五卷世比之范氏天一閣黃氏百宋一廛云子五人惠康最著好學多泛覽有丁徵君遺集

卞寶第字頌臣江蘇儀徵人咸豐元年舉人入貲爲刑部主事累遷郎中浙江道監察御史軍興官吏多避罪冒功奏請檢視各省兵糧數目攻守要害及失陷收復時日功罪以資稽覈其有獲罪之員藉事開復保升宜嚴定限制又言苗沛霖王來鳳乍服乍叛宜專意主剿上皆韙之同治元年遷禮科給事中劾江北水師總統黃彬侵蝕通賊督辦軍務侍郎勝保貪蹇提督成明擁兵同州葸無戰志一時推爲敢言擢順天府丞遷府尹捕巨盜王景灊等五年乞開缺養親不允出爲河南布政使擢福建巡撫時粵寇初平游勇土匪肆掠疏請就地正法報可九年再乞終養許之光緒八年起湖南巡撫平江方雪璈龍陽曹小湖安鄉周萬益張景來皆盜魁也陰結徒黨號哥老會寶第悉寘之法署湖廣總督法人侵越南詔偕巡撫彭祖賢治江防築礮臺田家鎮南北岸各三座繪具圖說上之時議建樊口石閘寶第以謂樊口內有梁子諸湖袤延八百里水皆無源江入其中瀦爲巨浸以民情論重在堵江水之入不在洩內水之出以地勢論江水驟失此渟瀦八百里地則下游隄防必致沖決請緩建石閘而漸除樊口內窪田額賦得旨允行十一年還湖南巡撫任法人款成寶第上言各國通商因利乘便須具臥薪嘗膽之志爲苞桑陰雨之謀因條上求才裕餉船政器械四事又言國家財用歲出大宗莫如兵勇並設直省旗綠各營兵額七十七萬每年薪糧銀一千數百萬兩養兵既多費餉尤巨兵多則力弱餉巨則國貧粵逆初起金田僅二千人廣西額兵二萬三千土兵一萬四千乃以三萬七千之兵不能擊二千之賊廣西兵不可用他省可推其後髮捻田苗等匪悉賴湘淮營勇勘定綠營戰績無聞大亂甫夷伏莽未盡兵不得力勇難驟撤于是歲支勇糧一千餘萬賦入有常豈能堪此耗費查綠營馬兵每月一兩九錢戰兵一兩四錢守兵九錢零月餉無多必謀別業遂弛專操軍情瞬變調發遷延臣擬請裁額併糧以兩額挑養一兵如額兵一萬半爲駐守半赴巡防互相遞戍共習辛勤常則計日操演變則隨時援應副參任營官都守充哨弁室家無累而後紀律可嚴此宜變通營制者一也兵擬減額原設將弁亦應核減綠營將弁歲領廉俸雜項職大者可抵百兵數十兵小者亦抵十餘兵自來積弊隱匿空糧攤扣月餉左右役使無非額兵裁汰之議自非將弁所樂擬請先裁將弁以併營營兵必多乃漸裁兵老弱事故缺出停補俟空千名即補精壯五百綠營不足簡擬營勇作爲綠軍不啓兵衆之疑自無阻撓之慮此宜逐漸辦理者又一也目前兵尚未練勇已議裁若欲節餉則裁勇不足資緩急裁兵爲有備而無患下部議行十四年擢閩浙總督兼管福建船政十八年以疾解職卒於家寶第有威重不爲小謹騶從甚盛所至誅鋤姦猾扶植良愿民尤感之子緒昌戶部七品小京官

涂宗瀛號朗軒安徽六安人以舉人銓江蘇知縣曾國藩督兩江檄主軍糈累保授江甯知府同治九年擢蘇松太道明年遷湖南按察使湘民故健訟都察院歲所下獄輒逾百數宗瀛爲立條教允首悔懲訟告並嚴定審理功過章程弊乃稍革晉布政使仿朱子社倉法建立長沙府倉光緒三年拜廣西巡撫苗猺猓玀獷悍梗化檄所屬廣建學塾刊孝經小學諸書使之誦習又自撰歌詞以勸戒之時晉豫大旱移撫河南割取俸餘萬二千金助振招流亡給籽種老稚無依者設廠收養強有力者任工作世與曾國荃振晉並稱云七年調湖南巡撫撫標兵譁變懲四人而事定及擢總督又有武漢教匪之亂捕誅數十人亦遂安堵言官先後糾彈事下彭玉麟坐才力竭蹶純吏議無何御史陳啓泰劾宗瀛務封殖仍下玉麟按覆玉麟復白其誣時左宗棠督江南欲規復淮鹽滅川引宗瀛以減川增淮關川省數十萬鹽丁運夫生計因抗疏力爭言按年減運則未運者將盡化爲私縱使湖北置兵徼循而巫峽流急鹽船下駛瞬息百里兵少力不能制多恐滋生事端且鄂餉無著下拂輿情上虧國帑辭愷切未幾稱疾乞休歸初宗瀛從廷棟講學爲刊遺集以理學稱家居十餘載以徐延旭獲譴追坐舉主下部察議二十年卒年八十三

黎培敬字簡堂湖南湘潭人咸豐十年進士選庶吉士授編修同治三年出督貴州學政阻寇弗能進迺從劉嶽昭借軍數十竟達貴陽時總督勞崇光巡撫張亮基不相協軍事益壞培敬上書言狀朝廷始獲聞邊事黔苗俶擾謳誦寂寥培敬曰士氣不伸人心所繇不靖也於是出入寇氛按試州縣雖危棘不綴期貴州士民始復知文教道黔西晤道員岑毓英與語知其諳戎事遂請以滇中軍屬之培敬秩滿以太常寺卿石贊清薦命權布政使其時寇患方亟賊酋潘名傑守龍里久不下培敬曰今附郭百里倉廩猶實不因以爲資若轉藉寇吾屬必爲所虜矣因說提督出城取龍里逾歲克之旋復貴定名傑遁去黔軍克捷自此始詔嘉之予實授繇是東定都勻北靖開修南平陳喬生西除林自清莅黔數載境內悉平光緒改元擢巡撫繼曾璧光後益嚴吏治以上疏請釋前總督賀長齡處分並予謚建祠鐫秩罷歸五年起四川按察使時丁寶楨督蜀課吏嚴培敬至寶楨出郊迎曰此吾貴州賢使君也培敬以巡撫降官絕無悁意孜孜治事寶楨數薦其賢六年擢漕運總督漕督雖閒職然膴仕培敬誓不以自汙公費所餘以之修驛館建兵房增書院餐錢與釋奠禮器官煤利濟諸局亦賡續告成人無敢干以私七年授江蘇巡撫未上疾作遂告歸明年卒優詔賜卹謚文肅予貴陽清江浦建祠

崧駿字鎭青瓜爾佳氏滿洲鑲藍旗人咸豐八年舉人由兵部筆帖式累遷郎中同治六年出知廣東高州府以憂解服除起授山東沂州府歷廣西按察使直隸布政使漕運總督光緒十二年巡撫江蘇調浙江所至興利除弊以南糧改折色吏民交困並減旗營民糧織造匠糧令州縣糶價以供漕弊乃革十五年浙患水祲奏請免漕發帑振之而於京協諸餉仍從容籌解復集貲購米實倉儲杭嘉湖三府暨蘇松常太諸水源出於潛天目山附近苕溪南北二湖爲分洩地歲久淤塞用工賑法招集流民疏濬之其杭嘉湖紹諸塘岸堰牐靡不次第修治民賴其利十七年卒於官崧駿以清廉自矢於國計民生服念不忘撫江浙績尤著民請祠之得旨兪允子昆敬戶部郎中

崧蕃字錫侯崧駿弟也咸豐五年舉人初入貲爲吏部郎中光緒五年京察一

等簡四川鹽茶道歷署按察使保薦卓異十一年授湖南按察使遷四川布政使十七年擢貴州巡撫廣西寇陸亞溎煽亂西林與貴州接壤崧蕃遣將扼册亨要隘邊患遂平調雲南巡撫擢雲貴總督檢視防營缺額積弊劾副將雷家春並自請議處革職留任二十六年奏請陛見値拳匪肇亂命留京會辦城防事旋扈駕至太原飭還本任行次調陝甘總督於城南建立大學堂分兩齋東齋考文西齋講武而修濬甯夏七星渠尤爲民所利賴寧郡隄工創自乾隆時魚鹽之利甲通省後漸湮廢中衞縣令王樹枏素講求水利崧蕃檄令勘工自七星渠上接白馬通灘疏濬通深百八十餘里灌田六萬餘畝磽确變爲沃壤逃亡復業又以渠水分自黃河勢洶湧春夏山水驟發與黃流渾合泥沙雜下旋濬旋塞乃倣古人暗洞激水法凡傍山之渠架油松成洞覆以石板山水流石上而渠水潛行洞中又度地勢築高隄導山水使入黃河並於渠口築進水退水兩墻使黃流曲折入渠不致冲漫工竣數經暴水卒不圮設農務局招墾荒地如平羅渭源諸縣先後報墾數百千畝舊有機器局漸次擴張凡興作實事求是不惟其名三十一年調閩浙總督未上以疾卒追贈太子少保子外務部主事豫敬以員外郎補用

邊寶泉字潤民漢軍鑲紅旗人同治二年進士授編修十一年補浙江道監察御史大學士李鴻章總督直隸奏請苑麥秀兩歧寶泉疏論之曰祥瑞之說盛世不言臣來自田間麥有兩歧常所親見地氣偏厚偶然致此何足爲異漢章之時以嘉穀芝草改元章和何敞猶據經義而折宋由袁安至馬端臨文獻通考乃舉歷代祥瑞統曰物異夫祥且爲異今以無異之物而謂之祥可乎上年畿輔水災甚鉅迄今沒水田廬猶未盡出永定河甫經蕆工北岸又潰邊軍未撤民困未蘇鴻章身膺重寄威望素隆當效何敞之公忠懲宋由袁安之導媚皇上御極之初庶吉士嚴辰散館考試曲意頌揚奉旨嚴飭今鴻章爲督撫大吏非草茅新進可比乃亦務爲粉飾於治道人心關繫尤鉅應請降旨訓飭是時鴻章又以永定河合龍奏獎工員勞勩奏上而河復決寶泉又疏請撤銷保案鴻章新建大功寶泉再疏彈之鴻章亦不以爲忤天下兩賢之遷戶科給事中先是都御史胡家玉疏陳丁漕積弊語侵巡撫劉坤一坤一覆奏家玉逋賦未完且私書屬託公事寶泉復劾坤一籍詞箝制地方長吏此端一開啟天下輕視朝廷之漸疏入坤一下部議處光緒三年出爲廣西督糧道再遷布政使九年擢陝西巡撫尙書閻敬銘議陝西收放糧米改徵折色寶泉持不可以謂穀數有定今改折色所收必有減於昔而民始樂從所放必加多於前而兵乃足用入不敷出一時強爲彌補後將何所取償昔歲大饑終賴道倉儲粟多所全活今並此而去之恐饑饉洊臻益無可恃上韙其議十二年調河南巡撫移疾歸二十年即家起閩浙總督閩鹽逋課積八十餘萬前任奏報率皆飛灑他項爲挹注寶泉至盡發其覆乃有停徵補課之奏船政舊設大臣後以總督兼之寶泉特疏請復故制且條上造船購料延教師籌經費四事而不私其權人嘉其廉讓二十四年卒於官贈太子少保

于蔭霖字次棠吉林伯都納廳人咸豐九年進士改庶吉士授編修從大學士倭仁問學光緒初俄羅斯議還伊犁蔭霖疏劾崇厚擅許天山界地數百里及崇厚被逮有爲之游說者復嚴疏劾之且劾樞臣畏葸欺罔六年授贊善累遷中允八年出爲湖北荆宜施道是秋淫雨漢水溢檄所屬開倉振濟又濬紫貝淵上游改閘爲墻疏支流洩積潦水患始息新荆州書院設經義治事兩齋生徒雲集講舍至不能容禽斬盜魁李人奴等餘黨屏息宜昌民教搆訟法領事袒教民挾兵艦至蔭霖不爲動後卒無事英商漏宜昌關稅旣覺乃納賕請免不許請補稅許之英商歎其廉十一年擢廣東按察使廣東素多盜至白晝劫掠衢市蔭霖言於總督張之洞奏請就地正法報可順德廩生簡明亮有學行緣事繫獄察其枉立出之十二年遷雲南布政使丁母憂服闋改授台灣布政使未行會弟編修鍾霖以前在籍與蔭霖同辦賑務爲姦商湯連魁誣控獲譴蔭霖具疏辨詔遣大臣即訊頗得連魁行賄狀然蔭霖猶坐是落職廢居京師二十年日本戰事起命往奉天襄依克唐阿軍請募兵二萬自效詔許募萬人分四軍與民團相應援明年和議成總督張之洞山東巡撫李秉衡交章論薦詔賞三品頂戴署安徽布政使至則清釐田賦杜絕欺隱增墾田萬八千餘畝撙節庫儲至二百萬金二十三年德人索膠州灣又脅朝廷罷李秉衡蔭霖奮然曰是尙可爲國乎上疏極論王大臣不職因附陳修省五事不報二十四年擢湖北巡撫之洞爲總督頗主泰西新法蔭霖斷斷爭議以爲救時之計在正人心辨學術若用夷變夏恐異日之憂愈大之洞意迕之然仗其清正使治吏事湖北財賦倚釐金蔭霖精心綜核以舉劾爲激揚歲入驟增數十萬二十七年調撫河南時兩宮西狩德法兵日謀南下而河北莠民往往仇殺教民蔭霖檄彰衞懷道馮光元捕誅首惡數人德法兵至順德聞教案已結乃還二十八年調湖北會詔裁缺改廣西廷議蔭霖不善外交復降旨開缺假居南陽三十年卒蔭霖晚歲益潛心儒先性理書雖已貴服食不改儒素朱子書不離案側時皆稱之

饒應祺字子維湖北恩施人幼穎悟好學試作渾天儀旋轉合度年十二入邑庠益究心經世學咸豐九年粵寇石達開自湘鄂犯蜀道恩施應祺率鄉團助城守由候選訓導議敘國子監學正同治元年舉於鄉揀選知縣援例爲主事分刑部父卒廬墓側服闋陝甘總督左宗棠檄參軍幕以克金積堡巴燕戎格諸處功擢知府光緒三年署同州知府時秦晉亢旱赤地千里饑民洶洶遮道不得前應祺諭之曰此來賑汝饑耳譁變者殺無赦乃捐俸錢爲官紳倡弛重糶禁旬日得糧七十餘萬石又截留他省糧運以助不繼復爲招流亡定墾章給牛種蠲雜稅歲稍轉教民興水利勸樹植設義倉行保甲又規復豐登書院創修府志文化蔚興士民爲立生祠左宗棠疏薦應祺守絕一塵才堪肆應請以道府簡補十年授甘州知府陝西自軍興兵差旁午設里局董之凡四十一廳州縣大困上命巡撫邊寶泉赴陝查辦疏留應祺理其事應祺量道路衝僻定收支之數分別兵流掃浮汰冗歲省數十萬兩是年冬抵甘州任賑饑勸學設織紡局孤嫠所革徵草之弊復七觔一束舊章十一年遷蘭州道瀕行士民攀轅留行多泣下者旋署按察使嚴搶孀爲婚之禁禽督署差弁及鄉人楊營弁置之法手訂清理庶獄章程以詔羣吏視其功過而黜陟之十五年調新疆喀什噶爾道改鎭迪道兼按察使銜十七年署新疆布政使十九年實授新疆兵燹後民物凋弊地多荒棄伊犂故腴壤回屯舊八千戶四不存一應祺建議伊犂將軍給新裁錫伯索倫兵牛糧使之屯種給新裁察哈爾厄魯特兵羊馬使牧放並招致關內災民按丁授地實行寓兵於農之法羅布淖爾者舊史所稱星宿海也漢爲且末尉犂婼羌諸國地東西廣千六百餘里南北袤千里或數百里自陽關道梗其地遂成甌脫應祺建議巡撫築蒲昌城設英格可力善後局卡克里克屯防局招徠漢回容纏通道置驛建堡濬渠教以耕織又請改防軍爲標營定額征粮石每年折色之法畫一錢法俄領事原議駐吐魯番後求移駐省垣將軍巡撫難之應祺謂此不必爭我所應爭者洋商稅則須與華商一律同時議定新省毘連英俄陸路進口地不一北道伊犂南道喀什應設關各以本道爲監督塔城烏什葉爾羌應設分卡歸各道兼轄均如議行南路初設領署應祺貽書伊塔喀什兩道曰交鄰之道莫先於自治我之用人行政使彼族聞而敬服則遇事不至以非禮相要此爲折衝禦侮第一要義飲食往還平時貴以情誼相聯至華洋訴訟必先得華民是非曲直實情而後與之爭庶可關其口而奪之氣一詞稍僞彼將執以相例而全案皆虛矣情以籥之理以盾之又其次也新疆向受協餉每苦欵絀應祺開源節流數年庫儲逾百萬二十一年河煌回煽亂蔓延甘涼諸郡其別股萬餘謀西竄上命應祺署新疆巡撫應祺檄提督牛允誠防安西玉門諸處拒寇境外回酋劉四伏果竄玉門之昌馬遇允誠軍戰數不利盡棄輜重踰雪山西逸應祺遣參將李金良要之紅柳峽生禽劉四伏降其衆八千安置於羅布淖爾設軍鎭撫同時庫車回謀起事審遠回亦以爭新教相仇殺洶洶思變應祺皆先期撲滅故四伏無內應卒就殲上嘉其功實授巡撫應祺以新疆僻處國西北隅密邇強俄士卒衆而器械窳生齒繁而司牧少不足以固吾圉乃購快槍萬枝於德國而設機器廠製造子彈奏設左右翼馬隊爲游擊師又開辦於闐塔城金礦墾荒田開渠井廣興實業凡有利於民生者皆次第舉自是地利盡闢兵備有資較初建行省時迥異矣拳匪亂起俄兵自薩馬進逼邊卡應祺會總督魏光燾伊犂將軍長庚仿東南各省與各領事結互相保護之約俄兵乃退講成應祺應詔陳言略謂古今中外治法務在求實舊章非無可守守之不以實成法亦具文新法非不可行行之不以實良法亦虛飾心之實不實宜於行事之實不實驗之逾年設詔武備學堂編立常備續備巡警各軍應祺主操練用新法器械用新式人惟求舊必樸實勤奮久於戰陣者方可入選上疏極論之並謂中國習洋操三十年一敗於日本再敗於聯軍爲務虛名而貽實禍之證所言皆切中時弊而尤斷斷於界約不少遷就帕米爾高原國境也有高宗御製平寇碑立於蘇滿英俄交覬其地而俄人先竊據之應祺官布政使時商之巡撫以理退俄兵遣軍戍焉俄人悔失計日聒於總署要我撤兵應祺持不可謂我自守門戶其理直我退則英必至英來則俄又必爭是息事而益多事也後竟如應祺言坎人求租種莎車屬喇斯庫穆荒地應祺謂坎本我屬宜示懷柔其在玉河卡倫外者可允其租墾納賦比於華人其在玉河東北屬邊內者宜卻之防後患總署與英使議界約以坎部讓與印度而塔墩巴什帕米爾及喇斯庫穆全境皆讓與中國應祺抗言喇本我地不得謂之讓而俄人轉謂中國以喇地讓與英人

利益宜均以兵威相脅應祺飭屬嚴備邊而以議租原委及議約界限詳諭之俄人始無辭應祺官西疆久闢地安民屢請建官設治以資鎮撫二十八年復疏言新疆自光緒四年改建行省土地日闢戶口日繁原設州縣轄境遼遠非增設府廳不足治理西四城喀什噶爾道疏勒州爲極邊重要請升爲府距府百八十里之排素巴特地屬伽師城改爲伽師縣莎車地廣而腴英商麕集請升爲府府南爲澤勒普善河增設澤普縣府西南色勒庫爾爲古蒲犂國實坎巨提出入要路又與英俄接壤請設蒲犂分防通判距于闐縣四百里之洛浦莊增設洛浦縣嗎喇巴什廳爲古巴爾楚地改爲巴楚州東四城阿克蘇道溫宿州爲南疆要衝請升爲府舊城巡檢升爲溫宿縣距縣四百八十里之柯爾坪增設柯坪縣丞焉耆府南六百三十里布告爾分防巡檢爲古之輪台請分設輪台縣卡克里克縣丞其地爲古婼羌國改設婼羌縣庫車廳土地廣沃請改爲州州南沙爾雅增設沙雅縣北路阜康縣之濟木薩縣丞富庶逾於縣舊驛名孚遠升爲孚遠縣距吐魯番二百四十里之闢展巡檢地爲古鄯善國升爲鄯善縣昌吉縣所屬之呼圖壁巡檢向收錢糧請改爲縣丞計升設府三改直隸州二增通判一縣九縣丞二又奏增設鄉試中額二名會試中額一名暨各府學官學額先後皆議行是年調安徽巡撫行抵哈密病卒賜䘏如例

惲祖翼字叔謀江蘇湖陽人同治三年舉人以知縣累至道員再擢武昌道教匪王覺一約期起事祖翼時筦營務乘夜率親兵掩捕之總督涂宗瀛疏保祖翼有濟變才光緒十五年授督糧道調漢黃德道兼江漢關監督以襄河漲發易壞舟創設襄樊報水電樹牌鳴鉦各船備禦水至遂無患晉按察使擢浙江布政使祖翼以州縣徵糧照舊折價近年錢貴銀賤民力不支乃重定銀價設櫃徵收不得假手書役人稱其惠尤盡心水利於嘉興開濬河疏港建閘以資蓄洩於杭州浚上塘河臨平喬司等處農田三十餘萬畝皆獲灌溉之利上虞南塘舊以土築水至輒決釆衆議改建石塘千一百丈始免水患二十六年北京拳亂報至祖翼獨起抑剛匪陷江山常山衢民復毀教戕官英國欲以兵艦赴浙祖翼與遴員馳往鎮撫獲首犯抵償潛消兵衅會兩江湖廣總督與各國訂約保護南疆電詢浙省巡撫劉樹棠方臥病祖翼即覆電以浙省附約人心以安旋擢巡撫以浙省防練各營積弊疏請整飭略言浙省水陸防練各營數逾制兵陸續添募餉實不敷而統領各營哨不顧操練緝捕爲何事汲汲爲唯浮冒剋減食弊自肥術愈出而愈奇勇日雜而日弱盜日防而日多今將盪滌宿垢而作新之立法自上責在督撫臣任事即遴飭各營與之更始以後如有貪劣將弁仍敢浮冒剋減決不姑容擬先勵其廉恥而兼課其材武一面飭州縣查保甲辦團練以輔制兵之不逮一面遴委廉幹道府酌帶哨勇分往浙東西抽點名糧認眞校閱遇有大股盜匪督率營縣搜拿務絕根株總期合散爲聚化惰爲勤堪備一日之緩急雖然營衞小疾疏解足矣受病既深斷非猛劑不治天下之病無一不根於利統領營哨習見已慣謂夫督撫所能操以繩其下者撤之而已參之而已撤之則又顧而之他參之則已飽颺而去且未幾而又賁緣開復矣未幾而以將才調用矣惟督以峻法務去泰甚庶有以振暮氣而戢貪風或震於各國一時之强幾謂全恃火器不知其本原仍在臨財廉與士卒同甘苦否則未戰先潰火器徒以齎寇直自伐耳可否請旨飭下兵刑各部采臣治亂用重之議嗣遇將弁贓證確鑿者分別輕重嚴定參革追繳倍罰斬絞之例庶軍心一振於時局或有裨益疏入詔飭各省著爲令未幾丁母憂歸卒䘏如例浙人請立祠祀之

論曰疆吏當承平時民生吏治要在因地制宜而已日昌實第皆以尙嚴著績效宗瀛蔭霖飾之以儒術亦後先稱治培敬有爲有守崧駿兄弟所至盡職實泉勵清操祖翼能濟變並有可稱至應祺官隴新疆垂四十年邊地初闢治蹟爛然實心實政其勞亦不可沒云

清史稿　列傳二百三十六

錫良　周馥

陸元鼎　張曾敭

楊士驤　馮煦

錫良字清弼巴岳特氏蒙古鑲藍旗人同治十三年進士用山西知縣歷任州縣有惠政光緒初晉大旱錫良歷辦振務戶必清查款必實放民皆德之二十年山東巡撫李秉衡奏調補沂州知府擢兗沂曹濟道抵任値單縣大刀會滋事亟率隊往張示諭衆祇擒首要搜獲盟單當衆焚之匪黨感畏皆散調山西冀甯道晉按察使調湖南擢布政使二十六年拳亂召禍京師危急錫良以湖廣總督湖北湖南巡撫會委統率鄂湘軍隊入衞迎駕山西立授巡撫時和議未定洋兵闌入晉邊錫良念兩宮幸陝和局因應兼顧而保晉衞秦亦不容忽乃通令各軍嚴行防守別遣委員出境犒師相機因應幸保無事和約定晉始弛防調湖北巡撫復開缺旋授河南河道總督以事簡奏請裁歸巡撫兼理詔允行調補河南巡撫兼管河工豫省吏治久隳劾去道府以次數十人政紀肅然泌陽教案事起立派兵馳捕首犯被擾難民無分民教一律撫恤調熱河都統熱河本就蒙地設治向沿舊習不講吏事尤患多盜錫良首請改制設立求治局綜理吏治財政開辦圍塲荒地以興墾務整飭巡防專意緝捕匪風始戢又以熱境地廣官少奏請升朝陽縣爲府並增設阜新建平隆化三縣熱河自此始有吏治二十九年擢閩浙總督調署四川時方議借外款修川路錫良力主自辦集紳會議奏設專局招商股籌公股復就通省田租歲抽百分之三名爲租股數年積至千萬以上股款之多爲中國自辦鐵路最二十九年廷議整飭藏事藏人疑懼駐藏幫辦鳳全被戕錫良飛檄提督馬維騏督兵進勦並令建昌道趙爾豐率師繼進遂克巴塘仍飭爾豐進討裏塘裏屬桑披寺築碉謀抗拒爾豐以長圍困守六閱月斷其汲道始克攻破桑寺既平諸番慴服於是自打箭爐以外直至察木多巴裏鄉城德格等處均改縣治擴地至數千餘里且興墾開礦設學廣教番人漸知向化矣三十三年調雲貴總督滇省軍政久廢器械尤缺乃創練陸軍設講武堂添購槍炮舊有防營一律改編自是滇省始有新軍滇多煙產土稅爲收入大宗錫良毅然奏請禁種各省煙禁之嚴唯滇爲最滇南蓮越越匪竄入河口戕官擾境立飭出隊分路截勦數日而定滇西土司以數十計日漸恣橫宣慰使刁安仁曾遊東洋外人稱以王爵尤驕妄聞有改土歸流之議亟思蠢動錫良先派員詢察曉以利害並令應襲各土司迅辦承襲以安其心刁安仁聞而畏威遣其弟至痛哭自陳改悔邊境得以無事宣統元年授欽差大臣調東三省總督東省自日俄戰罷俄佔北邊日踞南境局勢日危錫良涖任即疏陳東三省逼邇京畿關係大局遼東租借之約十三年即滿期請朝廷主持上下一心以天下全力赴之以贖回遼東半島爲歸否則枝枝節節爲之恐其不能及也疏入不省錫良又以東三省兩鄰分據非修大支幹路不足以貫串脈絡因擬修錦州至璦琿鐵路顧須橫貫南滿東清必非日俄所願尤非密借强國外款不能取均勢而策進行適美國財團代表遊歷來奉遂與密訂借款包修草約三日議定電奏請旨速正式簽定即日俄再爭已落後着乃部議梗緩復機事不密事竟報罷及日俄協約東事益急錫良以救亡興政均非款莫辦再請商借二千萬兩以千萬設銀行其餘半以移民興墾半以開礦築路仍不省錫良慮東省危急情形朝廷尙未深悉乃請入覲面陳時醇親王監國攝政籌備立憲廷議方注重集權錫良先疏請實行憲法歷陳立憲精神在貴賤上下胥受治於法律先革其自私自利之心若敷衍掊克似是而非財力凋敝人心渙漓九年立憲終恐爲波斯之續又以近年重臣親貴出洋考察徒飾觀聽見輕外人疏請停派並慎選親貴實行留學再疏諫中央集權以爲朝廷分寄事權於督撫猶督撫分寄事權於州縣無州縣即督撫不能治一省如必欲以數部臣之心思才力統治二十二行省則疆吏咸爲贅旒風氣所趨軍民解體設有緩急中央既耳目不及外省則呼應不靈爲患實大均不報至是入都而陳監國語尤切直不省如故告能又不允其時朝鮮爲日併錫良以事勢益迫欲固民心先厚民力當以防匪爲名設立清鄉局籌備預備巡警部以兵法實即民兵奉人慮患思痛爭先應募期年得數萬人全省皆兵未幾防疫事起疫起俄境沿東清鐵路逐處傳染未浹旬蔓延奉吉黑三省俄日羣思干涉錫良以防疫純屬內政嚴起防治三月而疫絕十一國醫士來奉考察開萬國鼠疫研究會於省署錫良主議咸起頌之錫良督東嚴吏治肅軍制清理財政整頓鹽務籌辦八旗生計頗著成績唯目睹內憂外患日危一日顧所以爲東邊計者旣多未如志而朝政日非民心日去又無以挽救屢稱病乞罷三年始允解任調理武昌變作召入覲廷議本以錫良赴山陝督師並請獨領一軍衞京畿顧有人惎之乃改授熱河都統力疾赴任遜位詔下以病勢難支乞罷允之臥病六年堅拒醫藥卒年六十有六謚文誠錫良性清剛自官牧令即挺立無所倚嫉惡嚴所莅止遇不職官吏劾治不少恤非義之財一介不取於權貴尤一無饋遺故遇事動相牽制云

周馥字玉山安徽建德人初侍李鴻章司文牘累保道員光緒三年署永定河道初天津頻患水馥迭治津沽入海金鐘河北運隄港減河及通州潮白河設文武汛官資防守並言天津爲九河故道不浚則水患莫瘳請就上游闢減河

而開屯田南運下游分水勢部議格不行後提督周盛傳開興濟減河屯田小站實本馥議丁艱服除署津海關道朝鮮初通商馥與美提督薛裴爾議草商約保衛之首稱朝鮮爲中國屬邦固以防侵奪也而樞府刪之馥私歎曰分義不著禍始此矣九年兼署天津兵備道假歸除津海關道中法事起鴻章命赴海口編民船立團防鴻章之督畿輔也先後垂三十年創立海軍自東三省山東諸要塞皆屬焉用西法製造械器輪電路礦萬端並舉尤加意海陸軍學校北洋新政稱盛一時馥贊畫爲多醇親王校閱海軍嘉其勞擢按察使再署布政使築永定河北岸石堤衛京師濬濤南減水石壩工尤鉅自是河不溢中日開釁馥任前敵營務處跋涉安東遼陽摩天嶺之間調護諸將收集散亡糧以不匱和議成乃自免歸鴻章疏薦之授四川布政使至則課吏績廣銀幣積粮儲慮教案易生爨撰安輯民教示頒郡縣未幾拳亂作八國聯兵內犯鴻章爲議和大臣總督直隸馥亦調直隸布政使先隨鴻章入都理京畿教案數月事稍定始赴保定受布政使印先是法兵至保定戕前布政使廷雍遂踞司署及聞馥來列隊郊迎入署久之觀其設施無閒言乃徐引去鴻章卒遂護直督俄擢山東巡撫詔留議津楡路事時和議雖成外國兵壁天津踞津楡鐵道設都統治民政屢爭莫能得至是馥竟以片言解之馥撫山東値河決利津薄莊議徙民居不塞薄莊俾河流直瀉抵海沿河設電局備石工訖十餘年河不爲災德踞膠州灣築鐵道達省治因佔路側礦山馥奏開濟南周村商埠相犄制德人意沮自撤膠濟路兵還五礦馥旣膺疆寄則益欲大有爲凡所以阜民財瀹民智者次第興舉天子嘉之擢署兩江總督移督兩廣三十三年請告歸越十四年卒諡慤慎直隸山東江南士民皆祠祀之

陸元鼎字春江浙江仁和人同治十三年進士以知縣即用分山西改江蘇光緒二年權知山陽有姦豪民交通胥役略人口行鬻捕輒先遁元鼎黎明起盛儀從謁客中道折至民家破門入縛治其豪取出所略女婦數十人各放歸雖聲雷動補江寧以憂歸服除坐補原缺調上海法蘭西人擊殺縣人沈兆龍傷隱不見法領事不承擊殺元鼎曰時計表墜地有鋼條內斷而磁面未損者與此何以異領事語塞如皋焚教堂檄元鼎往視教士聲言議不諧當以兵戎見元鼎曰如皋非軍艦所能至也不爲動抗議十餘日乃定償銀四千無他求是時江南北焚教堂十餘所次第定議悉視如皋移知泰州城河久淤轢歲旱民苦無水元鼎濬治之又移徙市廛迫河滸者蹙巨室無所徇下河斜豐港故有隄在泰州境者六十里入東臺境隄庳水至勿能禦元鼎增高至十丈廣如之而豐其下以倍工竟按察使檄東臺治隄與泰州接元鼎又助工十有一里自是兩境無水患尋調上元援例以道員候選兩江總督劉坤一疏薦元鼎才任方面二十一年授惠潮嘉道調江蘇糧道遷按察使陛見溫語移時論及前歲日本搆戰我軍槍彈多與口徑不合以故敗帝因諭樞臣戒督撫審軍實且曰毋謂語由元鼎使督撫生芥蒂也江陰焚教堂縣吏捕首事者上之按察上海領事謂逮捕者非首犯駐京公使言於總署令領事往會鞫元鼎曰會鞫有專官按察使署非會鞫所領事言不會鞫當觀讞也元鼎持不可領事曰其如總署指揮何元鼎曰愼守國憲官可辭法不可撓領事怏怏去樞臣聞而嘉之曰不爾又爲故事矣尋署布政使護巡撫二十九年遷漕運總督調湖南巡撫時方在告廣西匪起竄湖南貴州匪逼靖州元鼎力疾赴官籌邊防與總督張之洞會奏以堵爲防不如以勦爲防於是募勇令提督劉光才防西路令衡永道莊賡良入貴州而道員黃忠浩佐之賡良攻下龍貫峒忠浩亦大敗悍賊於同樂又令提督張慶雲助擊廣西四十八峒亂徐定朝命雲南布政使劉春霖移湖南率所部滇軍助湘防元鼎言滇軍不可用已而後營果叛醴陵會匪謀叛事洩自承革命語連日本留學生元鼎誅二人囚一人他無所株連人心大定徵兵之議起也元鼎已調撫江蘇上言南人柔脆其應徵者多市井無籍不勝兵當專選江北淮徐諸府不當限區域部議格不行其後逃亡相屬如元鼎言二十九年京察開缺另簡明年召入京奏對語及江浙爭滬杭鐵道事元鼎力言士民忠愛無他心上爲動容命以三品京堂候補佐辦資政院事俄乞歸宣統二年卒於家

張曾敭字小帆直隸南皮人同治七年進士以編修出知湖南永順府地屬苗疆號難治斥貲募勇戢盜悉寘之法吏之尤貪汚者彈劾之徙知廣東肇慶府有惠愛督撫交章論薦光緒二十年除福建鹽法道閩鹽踊貴私運遝起爲嚴立規約奏免傘鹽以恤商而正課亦饒遷按察使歲餘病免越三年再起召見奏對稱旨皇太后獎其明愼即日授四川按察使未到官遷福建布政使調廣西桂故瘠區又分任庚子賠款益不支曾敭改鹽章嚴比較裁冗費罷不急官吏用以不絀二十九年拜山西巡撫日俄衅作日軍進駐遼南曾敭建議闢要地爲商埠別與日本密訂協守同盟之約聲明不干內治所慮者俄爲日敗必將取償於我伊犁隣近藩封亦漸外嚮故亟宜籌餉練兵有備無患而庫張鐵路可緩辦以伐其謀言頗扼要馬賊劉天祐等擾後套曾敭調集各軍討平之三十一年調撫浙江時浙西鹽梟熾嘉湖統將吳家玉陰與梟通都司范榮華尤不法曾敭使道之官或勸以兵從曰是速之叛也遂輕騎巡嘉郡召家玉入謁諭以禍福家玉不敢動徐檄他將領其衆而羈之甬東僇榮華等梟漸斂迹浙路交涉久未決草約逾定期英領事猶堅執之曾敭據約立爭事乃定三十三年頒下法律大臣沈家本試行訴訟法曾敭言中國禮教功用遠在法律上是以尊親之義載於禮經漢儒說論語亦謂綱常爲在所因此各省所同浙不能異者也浙西梟匪出涉浙東寇盜潛滋治亂國用重典猶懼不勝驟改從輕何以爲治此他省或可行而浙獨難行者也於是逐條駁議之是年秋瑾案起秋瑾者浙江女生言革命者也留學日本歸爲紹興大通學校教師陰謀亂曾敭遣兵至校捕之得其左驗論重辟黨人大譁調撫江蘇俄調山西稱疾歸家居十四年卒年七十九

楊士驤字蓮府安徽泗州人光緒十二年進士選庶吉士授編修保道員補直隸通永道擢按察使遷江西布政使復調直隸三十一年署山東巡撫河貫東省千餘里淤高而堤薄歲漫決爲巨害士驤以爲河所以歲決者河工員吏利興修又因以遷擢也乃定章程歲安瀾官奏敘弁兵支款如例河決官嚴參不得留工効力弁兵依律論斬身巡河堤厲賞罰自是數年山東無河患曹州多盜行淸鄉法嚴督捕德兵違約屯膠高久不撤數月盜少戢會各國撤京津兵士驤與德官議遂盡撤駐路德兵三十三年代袁世凱爲直隸總督世凱爲政首練軍籌款尤多興革務樹威信北洋大臣遂爲中外所屬目士驤承其後一切奉行罔有違財政日竭難乎爲繼而周旋因應常若有餘時頗稱之明年入覲時議修永定河士驤閱河工疏言全河受病一由下口高仰宣洩不暢一由減壩失修分消無路蘆溝橋以下舊有減壩年久淤閉宜折修并挑減河因請撥帑四十六萬餘兩詔下部議宣統元年德宗梓宮奉移西陵詔所需不得攤派民間士驤慨然思革百年之弊疏曰國初因明季加派紛繁民生彫敝屢降旨申禁科累近畿繁劇供億多不能盡革故田賦較各省輕而歲出差徭逾於糧銀之數新政迭興學堂巡警諸費無不取給於民諭納之艱日以加甚擬官紳合查常年應官差徭實係公用者酌定數目折交州縣自辦不得濫派折錢胥役書差官給津貼庶積弊一淸上下交益疏入優詔答之五月卒贈太子少保諡文敬士驤少孤露起家幕僚至於專閫與人無迕衆皆稱其通敏云

馮煦字夢華江蘇金壇人光緒十二年一甲三名進士授編修疊上疏代奏請圖自強敦大本行實政德宗嘉納典湖南鄉試稱得士二十一年以京察一等授安徽鳳陽知府鳳屬連年水澇煦單騎按部逐一履勘以被災之重輕定給振之多寡人霑實惠並屢平反疑獄總督劉坤一以心存利濟政切先勞疏保兩攝鳳穎六泗道二十七年遷山西按察使調四川廣安州有聚衆謀毀學堂者獲四人擬照土匪例正法煦白大府請按而後誅以去就爭至免冠抵几不得請不止旋署布政使復調安徽兼署提學使三十三年擢巡撫時國是日非海內外黨人昌言革命巡撫恩銘被刺衆情惶惑煦繼任處以鎭靜治其獄不株連一人主散脅從示寬大人心始安復疏言今者黨禍已亟民生不聊中外大臣不思引咎自責合力圖強乃粉飾因循苟安旦夕貽悞將來大局阽危日甚一日挽救之方唯以覈名實明賞罰爲第一義而其要則在民爲邦本一言有尊主庇民之臣用之勿疑有誤國殃民之臣刑之毋赦政府能使天下自治則天下莫能亂政府能使天下舉安則天下莫能危根本大計實係於此疏入大臣權倖多忌嫉之明年遂罷宣統二年江皖大水復起爲查振大臣出入災區規定辦法施及豫東未一年凡振三十九州縣放款至三百餘萬後復立義振會連年水旱兼有兵災遠而推至京直魯豫湘浙無歲不災無災不振蓋自涖官訖致仕逮於耄老與荒政相終始衆稱善人聞國變痛哭失聲越十有五年卒年八十五煦居官廉而好施平素講學以有恥爲的重躬行實踐文章爾雅晚境至鬻文自給云

論曰光緒初督撫權重及其末年中央集權復多設法令以牽制之吏治不可言矣錫良彊直負重安內攘外頗有建樹馥諳練士驤通敏元鼎辦交涉曾敭論法律並能持正煦善治振與荒政相終始民爲邦本善哉言乎錫良初疏諫集權樞廷轉相犄制及事變起大勢所趨皆一如所言世尤服其先見云

清史稿　　列傳二百三十七

李鶴年　文彬　任道鎔　許振禕　吳大澂

李鶴年字子和奉天義州人道光二十五年進士由編修改御史轉給事中父憂歸服除命赴河南襄辦軍務同治元年授常鎮通海道署河南按察使調直隸授布政使四年擢湖北巡撫調河南時捻匪由山東南竄鶴年以爲十餘年來賊屢擾歸陳南汝間即去而他竄必假道於豫乃增募兩軍各萬餘人一曰毅軍宋慶統之一曰嵩武軍張曜統之更以馬隊屬善慶與兩軍爲犄角於是宋慶等軍大破張總愚睢州鶴年親赴陳留杞督戰任賴各逆復乘虛北擾鶴年以賊蹤無定防河尤急賊果犯中牟以有備不得逞乃於省治西決隄引水南流擾及長垣鶴年飛檄水陸各軍沿隄剿堵賊西走湖北麻城黃岡詔飭宋慶一軍越境會剿殲賊無算鶴年自駐許州策應賊竄裕州慶擊敗之善慶及淮軍劉銘傳大敗賊贛榆任柱被戕死賜鶴年頭品頂戴七年奉命督師出境馳抵磁州捻犯近畿更由滑濬等處沿河東趨坐防堵不力再議處豫軍告捷賞還頂戴總愚溺死捻匪平照一等軍功議敘十年擢閩浙總督明年陛見賜紫禁城騎馬旋署福州將軍兼署巡撫詔詢海防事宜覆奏言海防之策莫重於練兵籌餉製器用人四端四者之中以用人爲急務而尤在專其責成沿海疆臣固責無旁貸第無統率大員仍恐意見紛歧臨事推諉上韙其議光緒元年調河東河道總督兼署河南巡撫七年授河南巡撫仍兼河督十年坐審辦盜犯胡體洝連疏抗辨部議革職以祝嘏恩賞降二級職銜十三年署河督疏言黃河分流自宋時河決澶州分爲二派明築黃陵岡始合爲一河性上漫則下淤今兩路皆淤急宜疏支河以預籌宣洩報可逾年鄭工復決發軍臺效力未幾釋歸並賞三品銜十六年卒宣統元年開復原官鶴年有知人鑒少與文祥同學相淬厲及居言職嚴疏劾肅順跋扈而奏起曾國藩於家謂必能辦賊拔宋慶張曜統豫軍後皆爲名將治豫久多善政豫人刻石頌之始任河督黑岡隄潰不絕如縷鶴年親督工二十餘晝夜險工克濟德宗嘗詢李鴻藻以善治河者鴻藻舉鶴年上亦識前事之枉也故再任河督其卒也豫民有流涕者三子葆恂博學多文尤知名

文彬字質夫納喇氏內務府滿洲正白旗人咸豐二年進士授戶部主事十年以員外郎隨扈幸熱河明年遷郎中出知山東沂州府捻匪逼府城會師攻拔賊巢禽匪首孫化祥等敘功以道員用同治四年隨布政使丁寶楨敗賊滕縣臨城驛吏綫赴東平防賊北竄補兗沂曹濟道擢按察使收復海豐擢布政使十年署巡撫補漕運總督再署巡撫旋還任光緒五年督漕北上因請陛見並與河督李鶴年巡撫周恆祺會商運河事宜通籌河道寬深改設運口導引衛河設立隄埽繪具圖說以進略謂現時北運口在張秋南八里廟與南運口斜對相距二十餘里黃流至此雖收束而溜勢散漫歧汊甚多大抵溜勢近南則北口淤墊近北則南口淺阻故漕船出南運口入黃後必東北行二十里至黃溜滙一之史家橋再南行二十里至八里廟北運口汛水大漲方能入運今擬移北運口於史家橋北六里黃河西岸由阿城牐東隄開河一道至陶長堡爲出黃入運口門築埽灌塘則黃水不至奪溜可免牽挽之難黃運之間自賈工合龍後每伏秋大雨水無所洩民間低地有積水數年不得耕種者若將陂水引歸一塘不惟蓄水濟運又可涸復民田運口既定即可導引衛河自直隸元城集東三里衛河曲處鑿新河一道經直隸之南樂山東之朝城至張秋南之蕭口涵洞入運計衛高于運九丈餘長百五十餘里導以濟運勢如建瓴更有大小二丹水亦可由衛濟運凡建四牐二埽及挑河築隄估銀七十六萬較之借黃濟運旋挑旋淤者相去遠矣又嘗借兩江總督吳元炳奏復淮流故道略謂淮水滙四十餘河瀦於洪澤湖楊莊以下雲梯關爲入海故道餘波入運濟漕遇旱復蓄淮流由運河分入淮揚各牐洞以溉民田自洪澤湖不能瀦水張福引河又不通暢每遇盛漲運河一綫東隄其勢岌岌儻竟衝溢不至以裏下河爲壑不止論者謂必設法束水然與其上游議堵何如下游深通因條上疏濬楊莊以下舊河入海故道未幾卒有詔褒錫兩江總督劉坤一以文彬遺愛在民請建專祠清江浦允之子延煜舉人四川鹽茶道延熙舉人九江知府延燮進士武昌知縣延照舉人禮部員外郎

任道鎔字筱沅江蘇宜興人拔貢考授教職咸豐中在籍襄辦團練除奉賢訓導以籌餉勞晉秩知縣銓當陽多善政調江夏同治二年擢知順德府畿南匪起行堅壁清野法修治城堡屢擊賊於沙河平鄉間會捻衆北犯道鎔率練勇守沙河夜與賊遇揮衆奮擊矛傷及身不退賊徐引去晉秩道員洺河自廣平入久淤塞道鎔與鄰郡合濬又濬郡北響水河復民田萬餘頃總督曾國藩李鴻章迭薦之十一年調保定尋擢開歸陳許道剔河工積弊驗工料必以實嘗冒風雨搶護中河險工四晝夜始定光緒元年署按察使授江西按察使省獄羈囚四百餘人道鎔便宜訊決三月而清四年遷浙江布政使調直隸直隸自軍興州縣報銷未清又數值謁陵大差交代糾葛道鎔分別新舊案定限清結裁革州縣攤捐實發養廉銀以郵吏勸屬縣積穀備荒七年擢山東巡撫疏陳營務廢弛易置統將以綠營額餉練新軍責郡縣勤緝捕泰山沂水之間驛路崎嶇發卒開治平坦行旅便之旋以保奬已革知府潘駿羣被議又以失察編修林國柱預報起復被劾褫職降道員家居久之二十一年起河道總督故事河督開封濟甯並設行署自咸豐時常駐開封山東河事由巡撫專治至是復改議河督駐濟甯而河南巡撫兼治河道道鎔言官吏不相屬則令難行不如仍舊便報可時河患多在下游河督專司上游事簡道鎔務節費歲以餘帑還司庫二十六年拳匪起河南姦民乘機煽亂道鎔處以鎮靜練河標三營助省防次年調浙江巡撫承國威新挫後民教相閧案多未結持平訊決之籌集償款衡其緩急民不重困二十八年乞病歸逾三年卒於家年八十三

許振禕字仙屏江西奉新人咸豐初以拔貢生參曾國藩戎幕迨楚軍困於江西都邑相繼陷振禕偕內閣中書鄧輔綸募鄉兵擊賊進賢東鄉旋復吉安敘功以同知銓選同治二年成進士授職編修出督陝甘學政時河州降回復叛而西甯諸郡回漢民亦日相仇殺試事久停不舉振禕始按試各郡多錄降人子弟補行八次歲科試入學者數千人回民大服建味經書院於涇陽廣置書籍以化其獷俗又請陝甘分闈鄉試各設學政允之總督左宗棠以謂邊氓長治久安之效胥基於此父憂歸光緒二年起故官八年授彰衛懷道減屬縣差徭費歲二十餘萬豫修裏河隄防淮海各鹽區得免水患十六年擢河東河道總督築滎澤大堤胡家屯米童寨各石壩河賴以無患其要尤在嚴稽察不私財權令七廳徑赴司庫支領故積弊除而工堅十一年遷廣東巡撫禁賭闈姓粵民利賴之二十四年裁廣東雲南湖北三巡撫缺振禕調內用乞假歸逾年卒附祀江蘇河南曾國藩祠

吳大澂字清卿江蘇吳縣人同治元年秋彗星見西北詔求直言大澂方爲諸生入都應京兆試上書言致治之本在興儉舉廉不言理財而財自裕若專務剖克罔恤民艱其國必敝後六年成進士授編修穆宗大婚典禮隆縟疏請裁減繁費直聲震朝右出爲陝甘學政奏以倉頡列祀典允之又薦諸生賀瑞麟楊樹椿篤志正學給瑞麟國子監學正銜樹椿翰林院待詔銜士風爲之一變時詔修頤和園大澂復言時事艱難請停止工作疏入留中光緒三年山陝大饑奉命襄辦賑務躬履災區查勘全活甚衆左宗棠曾國荃李鴻章等交章論薦四年授河北道時比歲荐饑貧民減價鬻田十不得一巡撫涂宗瀛飭荒歲賤價之田准取贖然往往爲勢家所持以故失業者衆惟大澂能判決如巡撫指六年詔給三品卿銜隨吉林將軍銘安辦理西北邊防大澂周歷要隘始知琿春黑頂子地久爲俄人侵占因請頒舊界圖將定期與俄官抗議未得旨時有韓效忠者登州人傭於復州佟氏負博進逃往吉林夾皮溝地產金在甯古塔三姓東萬山環繞廣袤七八百里流亡嘯聚其中亡慮四五萬咸受效忠約束效忠嚴而不擾衆服其公允屢抗大軍不出大澂單騎抵其巢留宿三日勸效忠出效忠猶豫意難之大澂曰我不疑若若乃疑我耶對曰非敢疑公某負罪久萬一主兵者執前事爲罪某死不恨辜公意奈何大澂挺以自任遂與效忠出奏給五品頂戴子七品孫登舉有平寇功授參將七年授太僕寺卿法越事起會辦北洋軍務駐防樂亭昌黎十年遷左副都御史俄命使朝鮮定其內亂隨運使續昌副之至則日本使臣井上馨避不肯見而挾朝鮮左議政金宏集於議政院索償兵費三十萬大澂謂續昌曰是蔑我也立率兵至議政院排闥入責數宏集柄國敗壞國事今定約稍不慎便滋異日紛非所以靖國也宏集唯唯井上馨亦氣懾減索兵費十一萬而去十一年詔赴吉林會同副都統伊克唐阿與俄使勘侵界即所侵琿春黑頂子地也遂援咸豐十一年舊界圖立碑五座建銅柱自篆銘曰疆域有表國有維此柱可立不可移於是侵界復歸中國而船之出入圖們江者亦卒以通航無阻十二年擢廣東巡撫葡萄牙侵界至澳門香山總署與立約通商畫澳門歸葡轄大澂持不可條上駁議不報十四年鄭州河再決上震怒褫河督李鶴年職以大澂代之是年冬河工合龍大澂力居多大澂盛負時譽會海軍議起以醇親王奕譞爲總理大澂素與王善治河功成實授河道總督加頭品頂戴大澂遂疏請尊崇醇親王稱號禮節疏入孝欽顯皇后震怒出醇親王元年所上預杜妄論疏頒示天下大澂幾得嚴譴以母喪歸乃已十八年授湖南巡撫朝鮮東學黨之亂也日本與中國開釁朝議皆主戰大澂因自請率湘軍赴前敵優詔允之二十一年出關會諸

軍規復海城而日本由間道取牛莊魏光燾往禦戰不利李光久馳救之亦敗僅以數騎免大澂憤湘軍盡覆拔劍欲自裁王同愈在側格阻之同愈以編修參大澂軍事也光燾請申軍法大澂歎曰余實不能軍當自請嚴議退入關奏革職留任之旨乃還湖南尋命開缺二十四年復降旨革職永不敍用二十八年卒年六十八大澂善篆籀罷官後貧甚售書畫古銅器自給著有古籀補古玉圖攷權衡度量攷恆軒古金錄愙齋詩文集

論曰河患日棘而河臣但歲慶安瀾即爲奇績久未鬭統全局而防永患求治難矣鶴年以善治河稱文彬論治河改運口復淮流亦頗有識道鎔剔河工積弊務節減振禕督工嚴盡革中飽尤以勤廉著皆足收一時之效然徒治標非治本計也大澂治河有名而好言兵才氣自喜卒以虛憍敗惜哉

清史稿　列傳二百三十八

李朝儀　段起
丁壽昌　曾紀鳳 儲裕立
鐵珊　桂中行
劉含芳 陳燮龍　游智開
李用清 李希蓮　李金鏞
金福曾 熊其英　謝家福　童兆蓉

李朝儀字藻舟貴州貴筑人道光二十年進士授直隸平谷縣歷署饒陽三河咸豐初遷大興京縣署南路同知補東路同知皆有治聲時海防戒嚴築甯河北塘大沽諸礮臺工堅費核平餘銀鉅萬悉以入官晉秩知府十年署順德捻匪北竄朝儀率鄉勇出禦嚴陣以待礮折大旗迄不動捻使游騎左右馳突爲疑兵賊來則擊之退則寂守久之賊引去同治四年署廣平敗賊馬疃橋悉收難民入城料賊必復至儲糧械爲城守備已而賊衆數萬果逼城不敢犯城獲全五年補大名馬學孟者故捻黨也善戰有勇力既投誠充團總濬滑內黃數縣民多附之其黨有殺人者遠近因傳學孟叛矣朝儀馳入其居曉譬利害學孟悟而泣願繳械請罪遂夷其寨赦勿問後朝儀與賊戰得學孟死力故不敗八年授永定河道署按察使先後任河道八年勤於職守痛革河工積弊課兵種柳資工用焉遷山東鹽運使尋擢順天府尹京畿瘠薄朝儀廉勤率之捕劇盜抑豪強絕請託期年風習一變光緒七年卒官朝儀治河績尤著民立祠固安祀之

段起字小湖湖南清泉人初入貲助饟敍道員咸豐初佐廣西左江道王晉相幕數陳兵事晉相薦諸巡撫勞崇光俾將百人從解全州圍別寇鄧正高乘虛襲永州窺衡州起單騎馳諭降其衆貴州叛苗犯懷遠起討平之奉檄率所部援江西謁曾國藩於軍中國藩未之奇也時賊踞建昌久不下起夜率四百人撲其壘克之乘勝復德安國藩乃納其軍七年從劉騰鴻李續宜攻瑞州騰鴻戰死起亦被重創卒克之八年援浙解衢州圍還攻景德浮梁並克之明年陳玉成犯景德起扼其衝賊不得逞出家財募勇遣別將率以援浙數有功巡撫王有齡疏調起赴浙將水陸軍會以前功加鹽運使銜留江西以道員補用十一年李秀成犯廣豐遂圍廣信起嬰城固守伺間出擊賊敗之賊遂引去加布政使銜同治元年授江西督糧道仍留治軍二年克鄱陽彭澤給瑚松額巴圖魯名號三年始赴任時軍事漸定議撤兵起條上兵弁安置之策巡撫沈葆楨疏請頒行武職借補及收標考課著爲令四年餉絀軍索饟譁潰起聞變馳視遇前隊傷頤有識者大呼曰段糧道也皆棄兵拜起反覆開譬變乃定尋兼署按察使江西閩浙之交有山綿亘千里故爲盜藪久封禁賊未平時民往往入山避亂久之生息日繁至是或頗言粵寇餘孽竄穴其中詔三省會剿起疑之輕騎周歷詢訪悉其狀牒大吏疏請弛禁民德之立生祠祀焉六年以疾歸邑大饑傾貲振贍全活逾萬家光緒二年再授江西督糧道調江南徐州道六年兩廣總督張樹聲調治海防擢廣東鹽運使八年卒於官

丁壽昌字樂山安徽合肥人少爲里塾師粵寇擾淮南遂集里中子弟勸以兵法築寨自保同治初率偏師從李鴻章東征轉戰蘇松間由知縣晉秩知府隨潘鼎新攻浙江克乍浦攝乍浦同知又隨克嘉興晉道員進攻湖州戰於晟舍鎮賊憑河爲險壽昌鳧水破其兩壘諸軍隨擊立克之湖州賊遂不振論功加按察使銜六年率師從劉銘傳剿捻迭敗之黃安鄧州賊南竄沭陽霖雨平地水數尺捻酋任化邦竄渡沭水而西壽昌先解衣率將士徒涉伐木爲梁濟軍既濟乃斷梁衆知無退路奮擊破賊追斬化邦贛榆城下詔以道員簡放加布政使銜又戰濰縣禽捻酋李芸等給西林巴圖魯勇號記名按察使八年天津民教搆釁命壽昌率銘軍四千馳赴津沽備非常遂署天津道尋實授時人情洶懼謠言繁興壽昌處以鎮靜扶良詰姦屬境安堵救火會董積憤西教適大火相約不救教堂壽昌聞警奔赴略無畛域會董感其誠乃施救梁家園河隄將圮壽昌親執畚立水中衆益奮築隄獲全設廠以賑流民盧龍灤潮悉有程式會遭父喪士民奔走籲留者萬人堅請終制服除詔赴天津綜理營務兼充海防翼長光緒四年署津海關道擢按察使署布政使以勤慎稱六年卒官賜卹贈太常卿於天津建立專祠

曾紀鳳字摯民湖南邵陽人以諸生從軍洊保知縣駱秉章督四川調領湘果後營同治元年石達開竄踞敘州雙龍場分軍陷高縣紀鳳從按察使劉嶽昭赴援戰城下克之又迭敗之弔黃樓羅家坳涉水先驅奪賊壘達開連營三十與橫江爲犄角紀鳳燬橫江西岸賊巢遂薄雙龍場計招賊黨爲內應而潛軍襲其後達開奔燕子灘邀於橫河半渡擊之遂竄滇境三年從克正安進圍綏陽屢戰有功晉知府尋調廣東又調貴州並任軍事十年與總兵鄧千勝克麻哈禽楊阿保晉道員十一年會諸軍剿平苗民之梗化者貴州下游東西驛道苗在其南漢民在其北自咸豐時行旅阻隔垂二十年至是始通紀鳳辦理善後自黃平以上歷清平平越麻哈貴定二百餘里建碉七十分立四屯各設屯官戍卒六百分守之墾荒供饟責以巡緝姦宄無所容流民聞風踵至十二年古州苗叛擾清江旁寨響應紀鳳率碉兵會諸軍進剿禽其酋長撫良苗百數十寨黔疆略定賜黃馬褂光緒元年授貴西道巡撫黎培敬深倚之薦可大用擢按察使晉布政使十三年調雲南布政使剿猓黑及大戞寨夷加頭品頂戴因請以其地改土歸流邊隅以安十五年乞養歸尋卒儲裕立字鶴樵湖南靖州人從軍貴州累保知縣同治初苗亂熾迭克天柱清江晉知府十年署古州同知兵後凋敝孽苗伺釁出沒裕立修戰備撫遺黎民氣漸復仍統軍先後收復台拱丹江凱里諸城擢道員光緒三年下游肅清論功賞黃馬褂督治善後築城堡百二十七建義塾百三十九八年思南災裕立往賑徧歷災區日稽錢粟出入無假借實惠及民時遵義焚教堂民情洶洶裕立馳往撫諭與法人往復詰難事得解尋署貴西道再歷貴東糧儲二十一年卒賜卹如例

鐵珊字紹裴徐氏漢軍正白旗人咸豐中由筆帖式議敍知縣從欽差大臣勝保討捻山東單騎入賊壘招降捻匪劉占考散其黨數萬敍功以直隸州選用同治初發甘肅署通渭值回亂一歲九被圍嬰城固守卒得全日供軍糧萬斤民不堪命鐵珊規減其半民感德及去任攀轅不得行迭攝平番皋蘭中衛諸邑所至輒輕賦役緝流亡修城堡除蠹胥總督上其治狀擢甯夏知府未之任調蘭州議建貢院與陝西分試自光緒紀元始是年署甘涼道武威永昌鎮番三邑共一渠民爭水械鬬久不決鐵珊爲開支渠別子母水設牐刊石立均水約輪日灌溉民大悅爲立祠渠上地宜牧因畜羊三千頭歲以蕃息用給貧民無告者十三年擢河陝汝道禽巨盜李復岐等寘諸法建陝州書院以課士文風始振閿鄉城北濱河南臨澗水歲屢圮議築石壩殺水勢艱於鑿運竟得石閿底鎮激湍中工遂成十六年夏淫雨河漲陝城不沒者數版民謂官能捍患恃以不恐鐵珊復築石堤四月畢工身親其役竟以勞卒士民請建專祠詔賜卹

桂中行字履眞江西臨川人先世賈貴州遂占籍鎮遠爲諸生咸同間積軍功爲知縣安徽署合肥蒙城阜陽曾國藩率師征捻檄中行察勘蒙城圩寨蒙城故捻藪也中行單騎赴諸圩曉以利害擇良善者爲圩長堅壁清野寇無所掠禮接耆老賢士從詢方略得通捻姦民嚴詗之誅其魁桀數十人豪猾斂迹歲餘威化大行民陷賊及遠徙者相率還歸以功晉知府調江蘇筦揚州正陽鹽榷光緒元年署徐州以祖母憂去官二年宣城建平民教鬨焚毀教堂總督沈葆楨强起中行往治中行謂民倡亂當治如律然民所以亂由教堂侵其地今當令民償教堂財而教堂還民地持數月卒如中行議內艱歸服闋檄治皖南墾務皖南兵燹後客民占墾不輸賦至是清丈田畝無問主客客民譟捕斬其魁乃聽命三歲事竣增賦鉅萬九年補徐州值水災興工賑修隄埝二百餘丈濬邳州艾山河築宿遷六塘埝水患除民以不饑治徐十二年課農勸士盜賊衰息擢岳常澧道數月遷廣西按察使復調湖南二十年卒中行所至有聲官江南最久民尤愛戴之附祀徐州曾國藩祠

劉含芳字薌林安徽貴池人同治初李鴻章率師東征從克蘇州司運糧械後隨征捻積功至道員鴻章督直隸命含芳治軍械天津得西洋利器省覽機括久之悉通其意鴻章方拓北洋軍備於西沽建武庫廣收博儲以肄將士擴充機器製造兩局募工倣搆創設電氣水雷學堂編立水雷營皆以含芳董其役光緒七年詔求人才以鴻章薦交軍機處存記時海軍初立造船塢旅順含芳

兼領沿海水陸營務處十四年署津海關道授甘肅安肅道留治海防尋調山東登萊青道監督東海關十九年始之任含芳自隨鴻章至天津凡十四載屯旅順十一載至是雖領一道猶隸於北洋二十年遼東兵事起海陸軍屢挫旅順威海相繼陷登萊青道駐煙臺敵軍日逼俄報軍艦沒於劉公島甯海亦陷敵前鋒距煙臺十餘里時巡撫李秉衡亦駐師烟臺西國諸領事言巡撫在則敵攻之急於租地不便巡撫乃退萊州領事復言含芳含芳曰巡撫大臣也可去某守土吏去何之今死此矣因置鴆二盂案上與其妻郝冠服坐待意氣堅定民恃無恐有潰卒數千持兵譟呼求食含芳單騎馳諭處以空營重爲編伍不願留者厚給道之皆出私財初西人聞潰兵甚戒嚴俄而散遣殊出不意咸稱道之和議成奏派渡海勘收還地始威海旅順大連灣皆荒島含芳瘁心力營搆十餘年所成險塞至是見盡毀矣因憤慨流涕以疾乞歸卒贈內閣學士

陳鑾舉字序賓安徽石埭人少從其鄉陳艾游以諸生爲曾國藩所識拔李鴻章督師令主辦行營支應或謂大軍轉餉關天下往者輙命大臣今以諸生任耶卒用不疑自粵亂作海內困軍餉鑾舉曰餉糜則斂重戰久則餉竭兵不潰民且寇矣乃釐訂條欵杜絕冒濫軍行數載餉節民和平捻之功實基此鴻章移直隸籌海防凡炮臺船塢製造電報及疏河屯田諸役需費尤鉅皆倚之以辦先後綜軍糈二十餘年一介不苟將吏服其廉潔雖被裁抑無怨言直晉大災兼籌振務廢寢忘食稽核勤摯人不忍欺以私欵歸實濟全活以億萬計衆皆德之旋以積勞病卒初由訓導累功至知府詔贈道員與含芳同附祀鴻章祠入祀淮軍昭忠祠並祀鄉賢鑾舉子惟彥亦見重於鴻章命綜司軍計由大理寺丞累保知府官貴州歷開州婺川調守黎平首革票差催糧遏龍世渭逆謀破鴨販彭三等血案遠近驚爲神明鄰邑有訟往往越境就訴興學育才並捐立體仁堂養老恤孤勸工習藝政聲頗著巡撫疏爲良吏第一以道員改江蘇總釐捐任督銷去弊化私以廉直稱旋授湖南財政監理官復委辦兩淮鹽政捌設淮南公所歲增至二百萬歸臾弟惟壬於縣境修巨橋跨舒溪亙六十餘丈便行旅邑人私謚曰慈惠

游智開字子代湖南新化人咸豐元年舉人揀選知縣同治初李續宜巡撫安徽調司釐榷以廉平稱四年署和州知州日坐堂皇決事又時出巡四境延見父老問其疾苦親爲諸生考校文藝剖析經旨教以孝弟廉讓期年治化大行州舊由胥吏輸完糧賦最爲民病禁絕之築瀕江隄防自督工役費節而堤堅免水患補無爲州署泗州治盜尤嚴曾國藩稱其治行爲江南第一移督直隸調智開署深州興義學減浮征民大悅補灤州民苦兵車爲別籌輪送免擾累俗健訟姦民居間交搆痛懲之其風漸息十一年擢知永平府一車一蓋周歷下邑得其情僞遇有事牧令未及報輙已聞知一日侵晨馳至遷安獄獄吏方私縶囚求賂即拘吏至縣庭笞之令始驚起謝葺書院築城垣修郡志皆事舉無濫費瀕海産鹽貧民賫爲衣食部牒禁私販疏官引智開上言民間少一私販即地方多一馬賊鹽本宜行官引惟永平則仍舊爲便事得寢有巨室以析産搆訟久不決智開坐便室呼兩造至不加研鞫自咎治郡無狀變起骨肉望族如此況齊民乎訟者流涕請罷李鴻章疏陳智開清勤端嚴足勵末俗光緒六年擢永定河道河患夙稱難治智開每當搶護險工立河干親指揮日周巡兩岸以爲常員弁無敢離工次者左宗棠議將永定河南岸改北岸以紓水患智開以上下游數百里城市廬墓遷徙不便力爭而止兩以三汛安瀾邀優獎十一年擢四川按察使携一僕乘從輿入蜀密訪吏治得失民情愛惡督屬清釐積案常躬自訊結獄訟爲清兩權布政使十二年護理總督重慶教案起智開奏言是案當以根究起釁之由先收險要及預定欵目爲關鍵非贖回險要無以服渝民之心非嚴誅首犯無以制洋人之口非議賠銀兩無以爲結案之具諭知教首羅元義激成衆怒幾釀大變飛檄拘之入省民閧始散又以元義身雖入教仍是中國子民自應治以中國法律請勅總理衙門據理與爭勿許公使干預時中外皆恐以肇釁端智開持之益力卒置元義於法薄給賠償而案遂結十四年遷廣東布政使署理巡撫劾貪墨吏不避權要嚴賭禁卻闈姓例餽三十萬金僧寺匿匪廢改義塾十六年以老乞休二十一年起廣西布政使爲政務持大體事有不可行力持不變痛除官場積習僚屬化之靈川閧糧省令發兵勦辦智開以事由激變辦理不善責歸縣令民獲保全又念粵西地瘠向鮮蓋藏捐廉儲糧石通飭各屬積穀備荒凡廉俸所入悉以辦公益無自私閱三年因病罷歸卒於家所至各省俱請祀名宦祠

李用清字澄齋山西平定州人同治四年進士改庶吉士出大學士倭仁門散館授編修安貧厲節日研四子書朱子小學旁稽掌故於物力豐猗尤所留意大婚禮成加侍讀銜十二年丁父憂徒步扶櫬返葬服闋入都仍課生徒自給光緒三年記名御史會山西奇荒巡撫曾國荃欽差大臣閻敬銘奏調用清襄賑務騎一驢周歷全境無間寒暑一僕荷裝從凡災情輕重食糧轉輸要道悉紀之册深窮病源以爲晉省罌粟花田彌望無際必改花田而種五穀然後生聚有期元氣可復上書國荃詳論之國荃疑晉新荒禁烟效緩且全國未禁徒斂怨說竟不行賑竣鄧保奬還京傳補御史引見有日矣法越事萌芽張樹聲以廣西邊防奏調樹聲督兩廣復調廣東任海防釐榷洗手奉職七年授惠州知府境故多盜喜博喜私鬭用清推誠化之俗乃稍革八年遷貴州貴西道明年超擢布政使署巡撫實倉儲興農利裁冗員劾缺額之提鎮禽剪匪莫夢弼等寘諸法巡閱所至召士子講說經傳將吏環聽相與動容黔地土瘠多種罌粟暢行湘鄂贛粵諸省用清奏陳禁種之法分區限年時自出巡刈剷煙苗言者疑其操之過急十一年秋有旨來京候簡召對猶痛陳罌粟疚國殃民狀冀可挽回萬一旋命署陝西布政使荒獘之後休養生息仍嚴煙禁十四年復命來京候簡遂以疾歸主講晉陽書院凡十年用清嚴於自治勇於奉公蒞黔時庫儲六萬年餘存十六萬陝庫三十萬再期六十餘萬矣所至尤措意桑棉織組嘗濬三源縣龍渠溉田千餘畝俸入不以自潤於黔以購粟六千石於陝購萬石備不虞鄭州河決捐工需二萬兩二十四年卒子貴陽扶櫬歸以毀殤同縣李希蓮字亦青咸豐十年進士授戶部主事再遷郎中性節儉官京曹三十年車馬羸敝不顧訕譏英法兵入都曹司多走避希蓮昕夕詣署無間以忤肅順乞假歸同治元年起原官時軍興餽紲希蓮條陳開源節流數端恭親王奕訢韙之雲南報銷案發同僚有褫職遣戍者希蓮獨無所染光緒中出爲江西廣饒道除濫稅復徵額擢山東鹽運使調長蘆累遷貴州按察使陝西布政使戊戌政變希蓮頗憂大亂將起與總督陶模議籌建陪都及兩宮西幸人始服其先見云

李金鏞字秋亭江蘇無錫人少爲賈以試用同知投効淮軍光緒二年淮徐災與浙人胡光鏞集十餘萬金往賑爲義賑之始後遂賑直隸山東皆躬其役五年晉秩知府調直隸修西淀隄吳大澂督防吉林金鏞任琿春招墾事界外蘇城溝墾戶數千苦俄人侵略相率來歸咸得奠居海參威既通商俄人援例要請東三省要地設領事嚴拒之又力爭八道河民被俄焚掠抵俄官於法將軍銘安以爲才疏留吉林任用中俄界約自瑚布河口循琿春河至圖門江口以海中之嶺爲界嶺以西屬中國距江口二十餘里立土字碑界倫疎略致嶺西之罕奇毛琛歲等鹽場置綫外俄復於黑頂子地私設卡倫距江口幾百里矣大澂使金鏞會勘據約爭還侵地重立界碑署吉林知府整錢法開溝洫攤丁於地以蘇民困九年署長春廳通判廳境爲蒙古郭爾羅斯地初招流民領墾納租久之隸邊所領謂之夾荒民懼增稅因出錢免丈量刻石紀之至是蒙旗復牒理藩院請丈金鏞挾碑文謁將軍爲民請命曰誠知清丈則公與某各有所得然如民何將軍聞之愕然奏罷其事創建書院厚其廩餼購書數千卷貲學者誦習捕斬劇盜苗青山等境內乂安不時巡歷鄉僻呼召父老爲講孝弟力田金鏞性坦易口操南音所至民愛而憚之以功晉道員俄侵佔精奇里河四十八旗屯地在黑龍江岸東金鏞爭還補丁屯至老瓜林百七十餘里劃河定界漠河者在愛琿西二面界俄地產金俄人覬覦之北洋大臣李鴻章議自開採以金鏞任其事陸路由墨爾根入水運由松花江入各行千餘里僻遠無人披斬荊棘於萬山中設三廠兩年得金三萬事事與俄關涉艱阻百端又開廠於黑龍江南岸札伊河旁之觀音山皆爲北徼名礦集商貲立公司流亡遠歸商販漸集收實邊之利焉十六年病卒工所贈內閣學士予漠河建祠

金福曾字苕人浙江秀水人以諸生從軍先侍祖父衍宗溫州教授任籌團練助城守旋隨官兵肅清金處協守獨松關解杭州圍李鴻章器其才克蘇州檄辦善後捻事起往贊徐州道張樹聲軍務捻衆北竄出防大名丁憂歸福曾積功已至知縣服闋赴江蘇歷署婁南滙吳江諸邑所至興學校課農桑理寃獄禁溺女勸墾沙田開濬河道多善政民有去思光緒初河南山西大祲吳人謝家福等倡義賑集四十餘萬金推福曾董其事四年秋至河南分賑洛陽等十二州縣新安澠池災尤重福曾創立善堂恤嫠掩骼收贖子女購車馬若干輛代疲民應役開渠澗製龍骨車興水利又濬洛陽宜陽廢渠貫通伊洛灌田二萬頃五年賑山西虞鄉等十縣事竣移賑直隸時直隸水患方急持以工代賑之策七年疏大清河濬中亭河培千里隄福曾先援例以道員候選至是鴻章督直隸奏留總辦籌賑局福曾以淀地淤塞爲清河受病之源清丈東淀無糧地釐定葦租規復垡船八年濬東淀河道修築天津三河頭隄九年築子牙河隄展寬正河又別開支河王家口以洩盛漲十年畿東大水福曾疏青龍灣減河入七里海疏筐兒港減河入塌河淀並出北塘海口又開瀝水各河以洩武清寶坻窪區積水十一年濬饒陽滹沱河十三年濬四女寺南運減河兩署永

定河道塞決口於下口別闢新道又就大清河合流處別濬新河永定河水始直達天津海河山東河決數爲災鴻章輒檄福曾往助工賑親至蘇浙募貲會浙西大水巡撫崧駿復疏留福曾治工賑于是杭嘉湖三府各河次第疏瀹會廷議濬餘杭南湖以福曾董其役明年工竣直隸又告災福曾已臥病猶力疾籌賑濟十八年卒鴻章等疏請優卹贈內閣學士福曾廉公好義歷辦工賑十餘年無日不勞身焦思治行卓然及其歿士民同聲惜之熊其英字純叔江蘇青浦人以貢生就訓導家福集金賑河南其英請行始事濟源濟源山僻小縣也災尤劇多方補葺次第以及他邑其英親履窮僻稽察戶口不避風雪食惟麥粥麪餅菜羹與飢民同苦初頭病瘍足病濕醫少愈仍從事不肯休遂卒於衛輝巡撫上聞詔許被賑各州縣立祠祀之家福字綏之吳縣人世以行善爲事聞豫晉災呼籲尤切義聲傾動聞者風起自上海蘇揚及杭湖願助賑者衆日費錢至家福門或千金或數千金不一年得銀四十三萬有奇凡賑二十七州縣其英往者七十四人家福才識爲時重於創辦電報及推廣招商輪船局事多所策畫李鴻章尤賞之嘗疏薦稱有物與民胞之量體國經野之才金福曾亦聞而歎許爲家福歷保至直隸州知州卒不仕時又有吳江紳富沈中堅鬻田三十頃親往山西賑災亦義行之尤著者

童兆蓉字少芙湖南甯鄉人同治六年舉人從軍陝西積功晉知府光緒三年署榆林歲祲便宜發倉復運粟於包頭甯夏單騎臨賑既而大疫延榆綏道及榆林令皆遘歿代者不至兆蓉一身兼攝三官比戶存問爲具醫藥全活甚衆六年署延榆綏道屬郡荒僻士僿民貧爲拓學舍購書勸課教民樹藝畜牧治榆溪河開渠溉田民利之八年授興安知府汰胥役禁私錢總兵余虎恩販錢爲利獲而燬之稅胥索賈人金榜治幾死民間婚娶苟簡爲定禮制禁淫祀葺昭忠節孝祠以正民志安康令徵糧苛急民衆而譁兆蓉往撫諭總兵及釐局挾前嫌誣爲激變遂解任尋得白署漢中逾年還本任川匪擾境擒斬其渠賊潰走調西安攝督糧道定徵糧改折上下稱便二十六年擢浙江溫處道先署杭嘉湖明年乃之任值拳匪亂後瑞安民楊茂奶與教堂積釁浙東法國主教趙保祿尤橫挾兵船至溫州必欲殺楊兆蓉力爭曰彼法不當死我不能殺人以媚人卒拒之以此名聞颶風爲災賑糶並舉民不乏食三十一年卒於官

論曰光緒初各省重吏治監司大吏下逮守令皆一時之選朝儀以下諸人或禦亂保民或治盜清訟或興學勸業或救災恤患莫不以民生爲重承兵燹後辛苦凋殘之人得生存以至今日者實賴於此民亦勞止汔可小休惠此中國以爲民逑誠知本哉

洪汝奎　楊宗濂

史樸 史克寬　沈保靖

朱其昂 弟其詔　宗源瀚

徐慶璋 徐珍　蒯光典

陳遹聲　潘民表 嚴作霖

唐錫晉　婁春蕃

洪汝奎字琴西湖北漢陽人道光二十四年舉人咸豐初考取官學教習期滿以知縣用參曾國藩軍事同治初洊保至江南道員總理糧臺供應防軍及他省協餉又籌還西征洋債出入逾二千萬綜核名實不避嫌忌光緒中沈葆楨爲兩江總督尤倚任之葆楨治尚威猛因疾在告輒疏請汝奎代治事聲望益起會詔求人才大臣交章論薦五年特擢廣東鹽運使調兩淮裁冗費建義倉濬揚州城河方欲大有爲而江甯三牌樓之獄起先是有棄尸三牌樓竹園旁汝奎令參將胡金傳偵獲僧紹宗等仇殺謝姓男子又稱薛姓名亦屢易汝奎請覆訊葆楨以會匪自相殘卹置大辟逾三年得眞盜周五沈鮑洪等殺朱彪事時地悉合事聞命尚書麟書侍郎薛允升往江南即訊金傳坐濫刑失入治如律汝奎失察褫職遣戍葆楨以前卒免議於是朝旨申戒各行省愼重刑獄並禁嗣後武員毋庸會鞫汝奎至戍所未幾赦歸遘病卒宣統初總督端方疏陳其治行復原官

楊宗濂字藝芳江蘇無錫人咸豐末以戶部員外郎在籍治團練時錢鼎銘乞師於曾國藩宗濂偕行及李鴻章以援師東下宗濂率舊部爲軍導屢著戰績劉銘傳進剿江陰宗濂率濂字營守楊舍賊來犯宗濂領沙團擊卻之沙團者起於江岸集衆自衞以技勇名賊皆畏之攻無錫宗濂任前鋒與賊酣黃子澄壘戰夜奪北門入拔其城合攻常州宗濂督戰西門架浮橋獨騎先進馬驚逸墮河躍起易騎再進揮兵肉薄登遂擒陳坤書江南平隨鴻章移師勦捻總理營務處軍興所至索官車吏民交困宗濂創立車營行軍所需預爲儲峙隨時無不備諸軍仿其制皆稱便積功擢道員同治十一年權湖北荊宜施道被劾罷鴻章創北洋武備學堂奏起宗濂總其事成材甚衆光緒十六年授直隸通永道時畿輔大潦宗濂主振事假便宜發緡粟復大治水利修潮白青龍薊運北運通惠永清各河疏渠樹防闢膏腴數萬頃士民刊碑頌德以憂歸再起爲山西河東道歷權布政使按察使遷長蘆鹽運使二十六年聯軍犯天津宗濂督鹽勇登陴固守飛丸裂左脛血流如瀋猶裹創治軍城陷巷戰又傷右股命駐保定督糧臺旋隨鴻章入都議和事定賞三品京堂未幾以病乞休卒

史樸字蘭畦直隸遵化州人以進士用知縣分廣東歷惠來乳源南海等縣所至有威惠潮陽盜鄭段基殺前令樸蒞任立捕誅之晉羅定知州留省捕劇盜劉亞才及餘盜九百並置諸法粵省海盜久爲患樸航海往勦降盜魁張十五仔等盡散其黨數千有不受撫者勦平之擢知府勦英德土匪遇伏佛岡沒深澗罣木得不死賊踵至睨之曰史公也爭引出跪進飲食樸責以大義數且詈誓絕粒賊益敬畏羅拜感泣願縛渠自效會救至舁之歸詔革職仍令自効匪

平復故官粵東匪起省城戒嚴守獵德礮臺連破沙灣茭塘新窰各賊巢賞孔雀翎知肇慶府梧州被圍督兵往援拔其衆還軍封川且戰且守會英人陷廣州大府不遑西顧樸與賊相持五閱月大小數十戰殺賊數千人其後賊大至會提督崑壽水陸並進大戰封川江口連捷殲賊軍遂復梧州晉道員再權肇羅道同治二年移廣州攝按察使旋署糧儲道樸在粵前後垂四十年善治盜尤善用人南海隸爲盜誣特出之後督捕得其死力撫頊盜易名入伍多死敵省閩乏餉出勸募立集百萬金賊初起獨主撫及踞梧則主勦皆得其機宜光緒二年以籌解西征協餉加鹽運使銜舉重逢賞二品服四年卒史克寬字生原安徽六合人咸豐年與兄克諧辦鄉團禦賊太湖陷克諧殉克寬從克太湖宿松解六合圍以國子監典簿保知縣同治初劉銘傳勦捻移征西回皆挾克寬與俱爲司饋運及營務處敘功擢知府光緒中李鴻章督畿輔檄董工程局掌河事治滹沱於獻縣朱家口闢減河三十里循子牙河故道入海鴻章上其績狀因奏任清河道民立石頌其德旋以他事被劾奪職遂歸

沈保靖字仲維江蘇江陰人咸豐八年舉人父燿鋆湖北通判武昌陷罵賊被害保靖出入賊中覓遺骸三載始得死事狀得賜卹立祠李鴻章督師上海招參幕事積功至道員同治十一年授江西廣饒九南道時英使訂約燕台議於江西湖口輪舟停泊起卸貨物保靖以有礙九江關稅務力爭之總署卒廢約擢按察使攝布政使光緒七年遷福建布政使法越事起方事急城閉錢米歇業居民洶洶將爲亂保靖出諭發庫款三十萬以濟市面人心始定以他事被劾奪職旋復官遂不復出所著有讀孟集說韓非子錄要怡雲堂內外編等

朱其昂字雲甫江蘇寶山人同治初從軍攻南滙城賊願降要一人入盟無敢往者其昂毅然請入受其降城始下旋納貲爲通判累至道員北洋大臣李鴻章頗奇其才福州船政造軍艦不適用奏改商船其昂與其弟其詔稟議官商合辦請設輪船招商局鴻章上其事遂檄爲總辦御史董儁翰劾以力小任重下鴻章查覆仍力贊其成於是官商合力開局集股並收併外人所設旗昌輪船公司以保航權數年成效大著光緒初直晉災其昂輸私財力任賑撫以勞致疾鴻章特委權津海關道越三日卒詔優卹贈光祿寺卿其詔字翼甫納貲爲知縣累至道員歷充江浙漕運事輪船招商局既成復請以額定漕運貲給輪船代爲海運局基始固再權永定河道時出巡河堤上下務盡其利弊遇伏汛暴漲嘗三晝夜不交睫親督弁兵搶護始免潰決民皆德之擴充天津電報學堂成材益廣時方議辦海軍醫學堂其詔復捐自置天津法租界地四十畝爲校址以成之其急公好義類如此未幾卒贈內閣學士

宗源瀚字湘文江蘇上元人少佐幕洊保至知府光緒初官浙江歷署衢州湖州嘉興府事敏於吏事判牘輒千言在湖州濬碧浪湖興水利時太湖漊港淤塞前守楊榮緒疏濬無功會有疏陳治法者下郡源瀚乃議大興工役所規畫甚備榮緒回任卒成之補嚴州兵後凋敝多溫台客民寄墾習於剽劫廉治其魁遣散歸者六千人治嚴五載煦嫗山民穿渠灌田引東西湖以洩新安江之暴漲旱潦不害每巡行田野勸民力穡調甯波通商事繁有戈鯤者素豪猾爲英國領事主文牘積爲姦利病民源瀚發其罪狀牒上大吏及南北洋大臣逐

鯤海外法國兵船犯浙洋，源瀚從甯紹台道薛福辰籌海防，多所贊畫，敍有功，晉道員，署杭嘉湖道。二十年，日本搆兵，調溫處道。沿海戒嚴，處以鎭靜，淸內匪，捕誅盜渠十餘人，疆圉晏然。又三年，卒於官。源瀚優文學，尤精輿地，所繪浙江輿圖，世稱之。

徐慶璋，字璵齋，浙江山陰縣人。初佐都興阿戎幕，累保知縣，歷任奉天寬甸、蓋平、義州，晉興京同知。所歷多善政，常微行市中，遇有訟爭者，輒爲剖其曲直而遣之。倡修養濟院，收養貧民。興俗春耕遲，慶璋集村氓語以農事不可違時之義，衆承其訓，有早種一天早收十天之諺，至今誦之。光緒二十年，由鳳凰廳調遼陽知州。値中日戰亟，省東南各縣相繼淪陷，僅遼陽爲盛京門戶，賴先事籌備，募餉練兵，號鎭東軍，沿邊設防。自遼陽而岫巖、海城、復縣三千六百村，士民編團數萬人，以遼南岾峒徐珍爲練長，勒以兵法。日兵至，慶璋語衆曰：「敵迫矣，援師未集，汝等自爲計，毋與我偕亡。我死，分也。」衆感奮，皆請殺敵，遂迭敗日兵，俘百數十。八戰，守歷五越月。長順、依克唐阿方督戰，皆倚以爲重，屢詔嘉獎。是時州西連年水災，復募欵捐濟，全活無算。慶璋才而負氣，其平日爲政寬猛兼施，衆畏之如秋霜，愛之如冬日，有徐青天之稱。和議成，擢甘肅慶陽知府，遷甘涼道。積勞致病，卒於官。徐珍，字聘卿，遼陽人。剛正多勇略。日軍犯遼，珍獨率民團守吉洞峪，扼險堅持，敵不得逞。慶璋既屬以練長，會將兵者忌之，飭散團衆，防務遂弛，而吉洞峪鄉團之名乃着于中外。事定，以抗敵出力保用縣主簿。拳匪亂作，珍復辦民團，聯數百村，有匪卽剿捕，不分畛域。匪攻臘鰲堡及荒溝，先後剿平之。日俄之戰，珍嚴守中立，不稍假藉。總督趙爾巽嘉珍功，以辦團成績上，有「上不支官款，下不取民財，徒以忠義之故，護衛鄉閭，保全無算」之語。歷保至知府。武昌變起，土匪假革命名嘯聚煽亂，爾巽知珍義勇，委充巡防營帮統，分防遼陽、海城、岫巖、本溪四城地方，賴以安謐。尋以巡防改編陸軍，遂辭職。卒後，州人建專祠祀之。

蒯光典，字禮卿，安徽合肥人。父德模，見循吏傳。光典幼慧，八歲能詩。隨父官江南，所師友多當代名儒，聞見日擴，名亦日起。其論學務明羣經大義，而以六書九數爲樞紐。治六書則必求義類，以旁通諸學；識雙聲以明假借。性强記，有口辯，尤熟於目錄掌故，有所論辯，援據該洽，莫能窮也。光緒九年進士，授檢討。典貴州鄉試，與其副不相下，以狂倨見譏，然榜發稱得士。充會典館圖繪總纂，精密勝於舊。中東兵起，發憤上書，不報，遂乞假歸。總督劉坤一聘主尊經書院講席。光典念國勢弱，在列諸人惟鄂督張之洞有大略，又嘗所從受業師也，因往說之洞愼選才俊，習武備，爲異日革新庶政之用。之洞韙之，卒不果，而聘爲兩湖書院監督。二十四年，敍會典舘勞，以道員發江南，創辦江寧高等學堂。大學士剛毅按事江南，司道百餘人同詣謁，獨延光典密室縱談，圖事語切直，剛毅大憾，卽議裁高等學堂。光典力爭不能得，拂衣去。坤一兩解之，檄赴鹽城丈樵地。樵地者，故鹽場葦蕩也。年餘，得可耕之地七萬五千頃，收入荒價亦鉅萬。眡正陽關督銷局，歲增銷官引百數十萬。會之洞代坤一爲總督，以江南財匱用不足，議增貨釐。光典謂增新釐則病商，毋甯整齊鹽課。之洞因奏陳兩淮鹽事衰旺，謂北鹽視正陽銷數，南鹽視儀棧出數，光典爲江南治鹽第一，督正陽既有績，請使主儀棧，期三年成效必可覩。詔允之。光典既莅事，以輪船駐大江三要區，首金焦，次三江口，次沙漫洲，輔以兵艇，私梟斂迹。始儀棧出數不足四十萬引，比三年，增引十餘萬，歲益課釐銀百五十餘萬。乃益增募緝私兵隊，日夕訓練成勁旅。又於十二圩設學堂，建工廠，遂隱然爲江防重鎭。三十二年，授淮揚海道，加按察使銜。寶應饑民刦米，令潛逃，適光典舟至，剴切諭解之。而揚州亦以饑民刦米告，詷知猾胥陰煽衆，卽禽治胥。大吏怒，將窮其獄，以光典言得免。運河盛漲，光典先分檄河員增修隄，而自泊舟高郵守視，壩險工迭出。大吏以故事視節候測水檄啟壩，不爲動。歷月餘，啓二壩，七月杪乃啓三壩，下河六縣獲有秋。建言淮海災區廣，宜寬籌賑金，不宜設粥廠，使災民麕集，費不貲且生事。與布政使繼昌議不合。會奉檄入都，參議改定官制，遂去任。後江北賑事欵絀而費糜，一如光典言。三十四年，命赴歐洲監督留學生，諸生不樂受約束，輒相訾謷，歲餘謝職歸。詔以四品京堂候補，充京師督學局長。宣統二年，赴南洋提調勸業會，卒於江甯。

陳遹聲，字蓉曙，浙江諸暨人。光緒十二年進士，改庶吉士，授編修。出爲松江知府。鹽梟久爲患，遹聲到官，密致其黨爲導，帥健卒策疾騎踔百餘里，掩其魁捕之，寘諸法。松窪下，數苦潦，濬支河三十餘，並籌歲修費數萬金，以澤農。以憂歸。拳禍起，暨俗素强，與教仇，不逞者輙相煽惑，衆至千餘，城鄉約期將爲亂。遹聲獨命輿往喻之，塗與衆遻，勢洶洶，斫輿前衡深寸許。正告之曰：「吾楓橋陳某也，來活爾。」爲指陳利害，衆悟且泣，皆羅拜，爭棄械而走。而城中莠民忽蠭起，遹聲促官守閉城，捕其魁五人，斬以徇，事立平。縣北江藻村，賭窟也，每歲十月，吳越賭徒紛集，一擲累千金，破家者無算。遹聲請於大吏，屆時縣官涖鄉坐禁，著爲例。數百年敝俗，至此而革。服除，以勞遷道員，入參政務、練兵、稅務諸政。三十三年，授川東道。川東盜藪也，涖任未浹旬，開縣寇萬餘躪旁縣，立平之。次年，黔中盜魁劉天成結蜀邊逋寇擾川南，防軍數爲所敗，省檄練軍七營勦之，寇至，委械去。遹聲立募精勇數百人，部以兵法，疾馳赴援，未匝月，生縛天成歸。江北廳產煤，礦脈綿延數百里，至合州。奸民私售龍王洞於英商，外務部與訂租約，胥江北廳礦產授之，復要展拓至石牛溝，且蔓及兩川。川人憤，將與英商角。遹聲力爭之英領事，並密撝川人收石牛溝左右地，英商以無佗地可得，得溝與洞猶石田也，恫喝百端，不爲動，卒以賤値贖回。治渝兩載，大吏交章論薦，遽引疾歸。當軸數招之，謝不出。著有明逸民詩、畸廬稗說及詩集等。

潘民表，字振聲，江蘇陽湖人。同治十二年舉人。光緒初，數募金賑直隸、河南、山西諸行省。十五年，山東河決，凡賑歷城、齊河、臨邑、齊東、濟陽、惠民、商河、青城、濱、霑化、海豐、陽信、蒲臺十三州縣，閱四年始竣。災民無歸者衆，民表於歷城臥牛山建屋五百間、窩棚千間居之，使植桑麻，興耕織，疾病婚嫁皆有資助。別建工廠百間，義塾八所，設教養局董之。因其規畫，歷十年之久，多有藝成自給者。乃以經費改設蒙養學堂。十九年，賑山西大同邊外豐鎭諸廳，亦倣臥牛山成法，收集教養之。尋以州同就職山東，署恩縣，補平度，擢泰安知府。二十八年，河決利津，詔頒內帑十萬，大吏檄民表去任專賑事。晉道員，發陝西，莞農工商礦局。民表諗同官縣土質宜磁，建磁窰同官，興大利，資竭將中輟，請兼盩厔釐榷，以羨餘助磁業，仍不給，且虧稅，計無所出，竟仰藥死，時論惜之。民表瘁於賑務二十餘年，每遇災祲，呼籲奔走，置身家不顧，敝衣草履，躑躅泥塗，面目黧黑，非人所堪。貲斧悉自貸，及服官，俸入悉以償賑債、充賑用。自義賑風起，或從事數年，由寒儒而致素豐，如民表之始終無染，歿無餘貲者，蓋不數覯。嚴作霖，字佑之，丹徒人。以儒生奮起司賑事，自光緒二年始，至三十年，歷賑山東、河南、山西、安徽、江蘇、直隸、廣西、奉天、陝西數行省，每兼濬河修隄，以工代賑。作霖性强毅，赴事勇決，綜覈無靡費，久而爲人所信，故樂輸者衆。其施賑不拘成法，隨時地而取其宜。當時疆吏以義賑可矯官吏拘牽延緩積習，樂倚以集事。作霖不求仕進，輒辭薦剡，僅受國子監助教銜，數被溫詔嘉焉。積賑餘貲，興揚州、鎭江兩郡善舉。及歿，子良沛出二十餘萬金爲恤嫠、保節、備荒等用，成其遺志云。

唐錫晉，字桐卿，無錫人。父文源，闔門殉粵難，積尸滿井。亂平，錫晉拾親骨，瀝血取驗，誓奉遺訓，力行善。光緒初，聞豫、晉災，始募義振。十四年，以恩貢授安東縣教諭。時淮、徐、海大水，錫晉棹小舟往賑，憂勞甚，鬢髮爲白。明年，安東澇，益募金振之。冬，復振山東沿海諸郡災，爲置常平倉。二十六年，兩宮西狩，關中大饑，人相食，錫晉醵金四十萬往振，歷二州八縣，艱困不少阻。災區廣，振款且匱，乃單車詣行在，請於大學士王文韶，得二十萬金益之。事竣，返安東，坐劾安東知縣貪殘，同落職。兩江總督端方等奏復錫晉官，改銓長洲，後以輸金助振，保道員。三十二年，湘中災，官紳復以振事屬。秋，淮浦被水，流氓數十萬，洶洶喩遣勿散，咸曰：「有司行振不足恃，必得唐公。」時錫晉臥病，猶强扶而至，衆見其來，驩曰：「吾生矣。」乃各還歸待振，遂以無事。宣統三年，方籌振江、皖，而武昌變起，錫晉憂憤，病日劇，越歲卒。錫晉治振，自乙亥至辛亥，凡三十有七年。其振地爲行省八：山西、河南、江蘇、山東以及陝西、湖南，東至吉林，西至甘肅。其振款過百萬以上。義振之遠且久，無過錫晉。歿後，衆思其德，受振各省咸請立祠祀之。

婁春蕃，字椒生，浙江紹興人。以貢生納貲爲同知，歷保道員。久參北洋幕府，李鴻章尤重之，常倚以治繁劇。春蕃熟諳直隸水利，永定河常歲決，思患預防，以時消息之，河不數病。長蘆鹽商久困增釐，春蕃務爲寬大，課裕而商不撓。尤精刑律，審嚴維愼，直省遂無冤獄。拳亂作，力主勦辦，爲總督裕祿草奏，痛陳邪術萬不可信，戰衅萬不可開，以一服八，決無倖理。裕祿初頗信之，不能堅持，卒致敗裂。匪以通敵誣紳富，請搜殺，春蕃力阻，多保全。事亟，春蕃首請召鴻章北上停戰議和。及聯軍猝至，同僚皆走，春蕃獨留不去，艱苦撐拄，至一月之久。鴻章至，復參和議。約成，辭優保。辛亥事起，人心惶惑，春蕃夙夜籌慮，獨爲地方謀保安，焦勞益甚，猝病卒。春蕃敦節操，有經濟才，自鴻章延入直幕，先後垂三十年，歷任總督如王文韶、榮祿、袁世凱、楊士驤、端方、陳夔龍等，皆敬禮之。雖不樂仕進，未親吏治，而論治佐政，留意民生，各郡縣皆奉爲圭臬。歿後，直人思其德，公請附祀鴻章祠。

論曰：各省監司能著聲績者，大抵多起於守令，蓋親民之效爲。及兵事興而有軍功、幕職，捐例開而有輸餉、助振，雖其初不必盡親吏治，而以實心行實政，流愛於人民，人民之感之亦豈有異？自汝奎、宗濂以至錫晉、春蕃諸人，德惠在人，後人稱之至今不可敬哉！

清史稿　列傳二百四十

榮全 喜昌　升泰
善慶 柏梁　恩澤
銘安　恭鏜
慶裕　長庚
文海　鳳全
增祺　貽穀 信勤

榮全闔佳氏滿洲正黃旗人一等威勇侯那銘嗣子咸豐元年襲爵授二等侍衞從征山東以功遷頭等還直乾淸門十一年出爲塔爾巴哈臺領隊大臣歷喀喇沙爾辦事大臣伊犂參贊大臣同治五年以鑲紅旗蒙古副都統署伊犂將軍明年調烏里雅蘇臺參贊大臣時纏回襲陷伊犂俄乘機遣兵入藉口代爲收復榮全內籌守禦外示羈縻又以索倫蒙古被兵民多亡入俄境爲請擇地安插分部護之八年朝旨以新疆各城多與俄接壤命榮全會俄官依三年勘辦西北記約建設烏屬界牌鄂博先是塔城和約兩國分界自恰克圖西北驗烏梁海首沙濱達巴哈訖浩罕邊界繪畫地圖識以紅綫至是集議烏克克卡倫仍依舊界惟自東北沙濱達巴哈至西南賽留格木山柏郭蘇克壩補牌博八明定界限所謂烏里雅蘇臺界約是也九年坐烏魯木齊城陷褫職留任十年俄遣柯福滿將軍占領庫爾札聲收烏魯木齊詔榮全赴伊犂收回城池榮全遂自烏城西進至崔博克賽里直抵塔爾巴哈臺會天大雪止舍踰歲與俄官布呼策勒傳斯奇集議色爾賀鄂魯勒榮全向之索還俄官陽言請命本國而陰遣兵襲取瑪納斯駸駸欲東犯榮全不獲已返塔城是時俄人據伊犂可千餘人滋驕橫索倫錫伯苦之十二年錫伯窘益甚榮全濟以銀俄官反出阻之榮全曰爲我屬地我自濟之與俄奚涉焉牒駁之俄官詞屈上聞而嘉之會回擣安集延擾動上命榮全進攻瑪納斯綏寇勢遂復其官十三年白彥虎犯上馬橋榮全遣軍敗之沙子山光緖二年帥克瑪納斯南北二城榮全數有功尋召入京歷兼護軍統領右翼前鋒統領五年卒恤如制喜昌字桂亭葛濟勒氏滿洲鑲白旗人世居吉林亦以防俄著初從軍征捻累功至協領河內之役以少勝衆功尤盛晉副都統西捻平賜頭品秩充西寧辦事大臣光緖六年調烏里雅蘇臺參贊大臣時中俄有違言俄軍窺吉林邊壤朝命喜昌佐防務因上言琿春爲兵衝要地宜練馬隊二千步隊八千資守禦踰歲抵琿春相度地勢迺專屬伊克唐阿防守事而自率所部頓磨夷石陀雙城紅土巖來路上蹕之和議成授庫倫辦事大臣條上邊防六事尋謝病歸十七年卒予易州建祠

升泰字竹珊卓特氏蒙古正黃旗人入貲爲員外郎銓戶部出知山西汾州府有政聲回寇擾境錄守城功晉道員除河東道歷浙江按察使雲南布政使光緖七年賞副都統銜充伊犂參贊大臣尋授內閣學士明年署烏魯木齊都統與俄羅斯定阿爾泰山邊界俄人遇事齟齬升泰執原議不稍讓始受約束十[illegible]改充駐藏幫辦大臣時藏人築卡隆阿爲印度所敗上命辦事大臣文碩令[illegible]、徹卡文碩謂爲藏地無可徹嚴旨責焉以升泰代之而藏人誓復仇頓兵帕克里將痛擊印軍升泰搜集乾隆五十三年舊檔哲孟雄受偪廓爾喀達賴以日納宗給之以雅拉木支兩山爲界持示藏人藏人曰地雖予哲今哲通英宜收回升泰數止之不從英使愿婞和朝旨令升泰赴邊界與印官議約十四年印軍收哲全境藏兵又敗咱利亞東朗熱並失隙愈深羣思報復升泰數嚴止之仍不從會天寒印官趣升泰赴議而藏人請代索哲孟雄布魯克巴侵地否則傾衆一戰升泰仍百計諭藏僧戒藏番毋妄動及至邊布部長遣兵千七百人護衞升泰慮爲英口實謝去幷乞印綬封典升泰允代請諸朝既與英政務司保爾會於納蕩索藏償兵費升泰曰哲爲藏屬索費無名英人又在布境及後藏干壩修路藏人益大震英官要求甚奢升泰力折之藏人漸就範升泰數要英徹兵英不可升泰以大雪封山運糧無所退駐仁進岡英人既掠哲地復竊其部長土朵朗思置之噶倫緬招印度廓爾喀游民墾荒廷議以哲事無從挽救慮梗藏議諭升泰勿問藏哲舊界本在雅拉支木後商人往來咱利爲新闢捷徑升泰議以咱利山分藏哲界以符前案其印哲界在日喜曲河擬約中註明哲部長母挈兩孫赴升泰營泣訴乞中朝作主升泰無如何英人又欲易置其部長升泰力阻之土朵朗思謂愿棄此居春丕升泰弗許慮英責言也十五年春藏兵徹退升泰請總署達英使電印督速徹逮既徹而英人猶久不訂約升泰上疏略謂聞藏人言與有仇之英議和不若與無仇之俄通好設藏番果與通款英俄必互相猜忌後患方長乞告英使電趣印督速定藏約又言與英初次會議英人欲至藏貿易告以番情疑詐始許退至江孜力言再四又許退至帕隘臣力諭藏番通商萬不能免始出結遵辦今英慮他國援以爲請忽議中止在藏人固所深願在俄人亦不能有所干求惟日後防範宜嚴未可再涉疏懈入夏至今曠日持久請敕總署牒英使速議結十六年以升泰爲全權大臣與印督定約八款自布坦交界支莫摯山起至廓爾喀邊界止分藏哲界哲境歸英保護所謂藏印條款是也語詳邦交志十八年卒於仁進岡事聞優詔賜䘏

善慶張佳氏滿洲正黃旗人黑龍江駐防初從勝保征捻積勳至協領賜號濟特固勒忒依巴圖魯克鳳陽擢副都統論復定遠功晉頭品服同治元年追捻至靈壁平宿州寇壘創發乞病去踰歲朝旨以捻事棘命還吉林黑龍江騎旅赴皖軍抵河南張之萬疏留連敗粵寇於南陽及湖北陽邳灘鮮花鎮坐所部兵馬疲瘠褫職仍留軍四年授吉林雙城堡總管以戰功復故官即於軍前除杭州副都統再坐營馬侵踏民田褫職追擊竄賊大同集被宥六年與劉銘傳勦東捻敗之濰縣松樹山捻奔贛榆追及之銘傳自當賴文光而令善慶當任柱任柱殊死鬭善慶令騎旅下馬結陣疾擊之尸山積猶進不止會大霧窈冥不見人銘傳分軍襲其後善慶率隊大呼衝殺槍礮雨墜降人潘貴升斬任酋於陣善慶乘勢追擊斬馘千餘級論功賞黃馬褂賴酋勢益蹙阻瀰河弗能達迺據壽光王胡城銘傳等分左右進善慶與溫德勒克西拒之追至鳳凰臺爲他將所敗就縛於揚州予騎都尉世職七年西捻平張總愚自沈於河餘匪爲善慶等所殲晉二等輕車都尉赴本官擢杭州將軍杭州駐防自克復後崑壽規復營制連成重建營墻善慶至籌設漸備光緖改元調綏遠城歷寧夏江寧召還授正紅旗漢軍副都統駐師通州十一年充御前侍衞佐海軍事務十三年出爲福州將軍次年卒予建祠諡勤敏柏梁字研香瓜爾佳氏滿洲正白旗人杭州駐防父麟瑞咸豐末陣亡乍浦見忠義傳柏梁少從其叔父鳳瑞出隸李鴻章軍轉戰江浙攻太倉州柏梁自南門先登復攻蘇州戰於黃天蕩陣斬悍目攻嘉興宜興江陰金壇柏梁皆有功改隸勝保軍戰江北屢捷累保至協領賞花翎杭州克復調歸駐防補協領承歷任將軍辦理營務善慶尤倚任之光緖中駐防初設洋槍隊以柏梁充全營翼長兼掌兵司規畫營制均照新軍式訓練紀律肅然敘勞以副都統記名入覲奏對稱旨以曉暢戎機訓練出力賞頭品服駐防舊有旗倉久爲兵燹柏梁請撥款重建旋授乍浦副都統乍浦駐防營燬於粵亂副都統駐杭州柏梁莅任歲至乍浦巡視海防以勞卒賜䘏如制

恩澤字雨三噶奇特氏蒙古鑲藍旗人荊州駐防光緖初以佐領從金順出關克黃田復烏魯木齊諸城擢協領其秋回寇奔呼圖壁追擊之大潰又阨之頭屯河白彥虎益窘進攻瑪納斯轟潰城垣數丈恩澤先登諸軍繼之城拔晉副都統歷權巴里坤烏魯木齊領隊大臣以劉錦棠薦除吉林副都統移琿春二十年日本敗盟與將軍長順籌戰守迺治團練築臺壘設疑兵敵知有備引兵去尋署將軍其時東山馬賊猖獗伯都訥烏拉教匪乘機竊發竄擾官街白旗屯恩澤聞警率師分擊之夷其堅堡又遣提督雲春等搜東山逸匪明年調黑龍江督邊防先後疏請改練洋操招墾荒地賑恤窮乏俄而窮匪據觀音山南北圍謀劫金廠恩澤諷知之嚴備以待已寇果至營官王槐林等迎擊大敗之別遣將大搜山林自是首觀音山訖烏蘇里滿卡千餘里無寇蹤又以撓力溝素窟匪留兵鎮攝之上以爲能降敕褒嘉二十五年卒於官予黑龍江及立功省分建祠

銘安字鼎臣葉赫那拉氏內務府滿洲鑲黃旗人咸豐六年進士選庶吉士授編修除贊善累遷內閣學士歷泰陵總兵倉場侍郎同治十三年調盛京刑部德宗纘業充頒詔朝鮮正使光緖二年勘事吉林條上四事曰剿馬賊禁賭博設民官稽荒地上韙之命署將軍吉省武備久弛寇盜充斥銘安莅任嚴治盜復募獵戶爲礮勇號吉勝營先後檄統領穆隆阿協領金福分道追剿斬馘甚衆益練西丹步隊八百入山窮搜寇勢漸蹙已復捕治東山逸匪禽誅金廠黨魁軍威大振默念吉省幅幀四五千里斷非十數委員能濟事且旗員未諳民治請破積習調用漢官部臣尼之銘安抗疏力爭始俞允五年實授又言盜賊雖平餘孽未靖亟宜增置民官畫疆分治先後奏改伯都訥同知長春通判理事爲撫民置知府巡道各一賓州五常同知二雙城通判伊通知州敦化知縣各一並請無分滿漢又奏弛秧蔘禁免山獸貢增各旗義學士民利賴之東北與俄接壤舊設卡倫無兵駐守迺遣將分阨要塞並築營伯力紅土崖雙城子守以重兵因上安內攘外方略稱旨長春號難治銘安稔知鍾彥才奏請除通判部臣以違例請下吏議銘安盛氣抗辯上兩解之然銘安終不自安引疾去尋坐失察屬吏受賄降三級二十三年上以治吉有功部民感念復故官明年鄉舉重逢加太子太保宣統三年卒年八十四詔優䘏諡文肅

恭鏜字振魁博爾濟吉特氏滿洲正黃旗人大學士琦善子以任子授吏部主事累遷郎中兼內務府銀庫員外郎充總理各國事務衙門章京出爲湖北荊宜施道論捕獲江陵教匪功加按察使銜同治十年擢奉天府府尹坐事降光緒三年賞二等侍衞充烏魯木齊領隊大臣越二年遷都統先是陝回阿渾妥明客參將索煥章家煥章者前甘州提督索文子也素蓄異志戍卒朱小桂告變提督業普沖惑煥章言誣斬小桂及煥章反烏城陷業普沖被害至是恭鏜廉得實請予平反奪索文榮典分別䘏小桂業普沖及赴援殉難諸臣人心稱快賜頭品秩九年除西安將軍病免十二年署黑龍江將軍疏請舉辦漠河金礦杜俄人覬覦又建議墾荒十利曰儲國帑濟民食嚴保衞便耕穫裕經費富徵收集商賈益釐稅廣生聚實邊備詔不許十四年實授明年移杭州入覲道卒天津詔優䘏子瑞澂自有傳

慶裕字蘭圃喜塔臘氏滿洲正白旗人以繙譯生員考取內閣中書充軍機章京兼總理各國事務衙門行走從文祥赴奉天剿匪還補侍讀出知湖北鄖陽府追錄平捻功晉道員光緒元年擢奉天府府尹歷遷至漕運總督調河東河道九年除盛京將軍明年法越搆釁慶裕巡視沒溝營旅順口大連灣諭示居民曰有能殺敵立功禽獲奸細者賞又遵旨增練蘇拉千人食餉旗兵五百上言整頓旗營兼顧海防今日多一兵即有一兵之用異日補旗兵即可裁客兵之餉所費者少所繫者重詔嘉許之朝鮮亂作檄提督黃仕林等阨隘口以營口爲兵衝要地運石塞海口設電綫達省城建議籌邊籌餉機宜附陳宜變通者三事一道府年終加考一推廣薦舉卓異一崇府尹品秩行巡撫事議行十一年安東十二州縣告災慶裕籌賑撫䘏民獲甦是秋霪雨遼河大淩河暴長田禾被淹發倉以濟設粥廠牛莊田莊臺收養之明年金州蝗旱魃爲虐又明年興京水祲賑如初十九年授熱河都統道孫河牛壁店上流民被災就食狀並請變通盜案稅額章程又使吏捕平泉黑役爲害鄉里者頗著政聲二十年調福州將軍閩海關沿襲舊規吏胥因緣爲奸上敕其整理既至鉤稽糾剔蠲苛息煩弊風盡革其秋卒於官䘏如制

長庚字少白伊爾根覺羅氏滿洲正黃旗人以縣丞保知縣伊犂將軍榮全調充翼長時白彥虎糾西寧回匪寇烏垣進圖哈密安集延酋帕夏並僞元帥馬明梁合烏魯木齊古牧地昌吉瑪納斯呼圖壁漢回撲犯沙山子與爲遙應勢張甚長庚奉榮全檄領練勇赴援而烏魯木齊都統景廉所遣黑龍江營總伊勒和布兵亦至兩軍夾擊殲擒殆盡卒解沙山子圍旋贊都統金順戎幕總理營務積勳至道員光緒六年授巴彥岱領隊大臣未幾丁母憂服闋入覲上召見垂詢西北情形長庚手繪輿圖奏陳邊事以阿爾泰山宜設防守伊犂邊防宜籌布置纏金等境宜開屯田漠北草地宜善撫綏及哈薩克應仿例編爲佐領等條以對遷伊犂副都統十四年命充駐藏大臣行次裏塘值瞻對番族叛長庚暫住碩般多廉知釁由番官肆虐釀成邊釁授以機宜調集漢土官兵聲罪致討殲渠宥脅嚴懲藏官事乃就緒議者遂欲收其地仍歸川轄長庚以瞻對自乾隆以來叛服靡常勞師糜餉同治初年西藏底定奉旨將瞻對劃歸達賴喇嘛派堪布管理今若蹊田奪牛使朝廷失信於衞藏恐所得小而所失大乃爲詳定善後章程與將軍岐元川督劉秉璋等同上藏亂遂定擢伊犂將軍時伊犂當大亂後萬端待理長庚至多所規畫葱嶺西有帕米爾者即唐之波謎羅也東距疏勒約一千四百里乾隆二十四年將軍富德窮追回酋一至其地立碑記焉然稱之爲葉什勒庫爾未明言帕米爾三字嘉道以來久未顧問碑亦湮沒咸同後俄人遽以哈薩右中各部與浩罕八部設土耳其斯坦斜米七河費爾干等省甚至塔城西之舊雅爾城阿克蘇之察林河卡倫同就淪胥葱嶺東有坎巨提者一名乾竺特其都城曰棍雜與哪咯耳隔水相望在莎車州西南約二千里其西北可通帕米爾坎民貧而多盜其酋縱掠鄰部英人責言牒告我政府坎酋又交通俄人英使臣以劃分帕地請政府恐啟俄爭拒弗許時英俄各以兵壓境長庚致書新疆巡撫陶模謂屬地當爭邊地當守兵釁萬不可開況能戡土匪之將士未足以禦強敵軍中所資仰給內地及濱江海各省數月乃達而俄境鐵軌已至薩瑪爾干英屬鐵軌已至北印度之勞爾遲速迥殊又新疆南北路與俄地犬牙相錯者幾五千餘里雖兵倍加不敷防守且俄若以輕兵由齊桑斯克走布倫托海犯鎮西哈密即可梗我咽喉當此民窮財匱之時尤不可輕戰只能備豫不虞徐圖轉圜毋以小忿遂起大釁增兵徙增民困陶模以爲然卒如長庚議又伊塔之間有巴爾魯克山者西連俄界南逼精河西南與博羅塔拉接壤爲伊塔要道泉甘土沃久爲俄人垂涎自借與俄後俄人視爲己有先是北路劫盜多竄此山擾行旅前副都統額爾慶額請租借期滿索回總署以俄使有續借之請函詢情形長庚詳陳利弊謂此山關係重大急應收回隨遣員赴塔城與俄領事會商堅持人隨地歸之約卒收回二十年甘回作亂官軍兜勦賊不能得志於甘欲循白彥虎故事西竄新疆由伊犂通俄境長庚諜知遣兵扼守珠勒都斯等地賊不能越遂就禽於羅布淖爾二十二年命兼鑲藍旗漢軍都統二十六年拳匪肇亂俄人調兵入伊長庚與俄領事交涉凡教堂及俄人財產力任保護諭令退兵人心乃定調成都將軍未之任奉電旨飭赴阿爾泰山查勘界址旋內召授兵部尚書三十一年復授伊犂將軍疏陳伊犂應辦事宜並言籌餉練兵必合新疆全省籌畫將軍事權不屬莫若裁去新疆巡撫伊犂將軍增設總督兼管巡撫事宜庶呼應靈而事權一又籌擬北方興屯置省事宜請築西安至蘭州歸化至包頭包頭至古城各鐵路皆不果行宣統元年遷陝甘總督三年武昌事起西安等處繼之前陝甘總督升允奉命督辦軍務事略定遜位旨下長庚乃將總督印交布政使趙惟熙而去越四年卒諡恭厚

文海字仲瀛費莫氏滿洲鑲紅旗人以繙譯舉人考取內閣中書充軍機章京遷侍讀光緒九年轉御史建言培養人才宜令中外大臣杜徇情勵廉恥以植其本上嘉納焉十二年巡視北城以兄文治授詹事依例迴避調戶部郎中十四年出知貴州安順府調貴陽所蒞有聲二十二年數遷至按察使尋加副都統充駐藏辦事大臣既至即上言叛番雖靖餘孽猶存兵未可罷願自任剿辦二十五年呼圖克圖第穆搆巴康剌麻用邪術咒詛達賴文海曰此關風化不可不有以懲之也迺奏請奪其名號已而野番出掠博窩地爲川藏孔道行旅苦之官軍入昂多往捕彼即阨縮隆岡來路崛強莫能制文海率衆進擊別遣通番語者繞道叩其壁宣播朝威反覆開喻於是上博窩業魯第巴宿木宗中博窩雨茹寺下博窩蒲隆瓊多諸寺皆相率乞款附數月而事定賜頭品服未幾遘疾請入川療治卒於塗依尚書例賜䘏予入城治喪

鳳全字茀堂滿洲鑲黃旗人荊州駐防以舉人入貲爲知縣銓四川光緒二年權知開縣至則使吏捕仇開正開正故無賴痛以重法繩之卒改爲善李氏爲邑豪族其族人倚勢所爲多不法鳳全直法行治雖豪必夷以故人人惴恐歷成都綿竹補蒲江署崇慶州一如治開舉治行第一擢邛州直隸州二十三年調資州大足縣余蠻子亂起其黨唐翠屏等搆衆入境鳳全迺治城防設間諜練鄉勇聯客軍謀定寇至亟遣軍間道襲擊戰太平場捕斬略盡復越境搜治餘黨不兩月而事寧州屬患水祲民多失業設法賑濟之全活甚衆再以治行聞調署瀘州二十八年權知嘉定府緣江會匪嘯聚既蒞事舉團練嚴治通匪土豪居民莫敢玩法無何拳匪延入蜀嘉定當水陸衝郡中一夕數驚鳳全內固人心外嚴拒守嘗提一旅師四出游弋匪不敢近故鄰境多破碎惟嘉郡差全各國僑民多樂就之繇是名大著岑春煊性嚴厲喜彈劾屬吏鮮當意獨亟賞鳳全一再論薦遷成綿龍茂道特加副都統三十年充駐藏幫辦大臣行抵巴塘見土司侵細民剌麻尤橫恣久蔑視大臣鳳全以爲縱之則滋驕後且嬰患因是有暫停剃度限定人數之議剌麻銜之深遂潛通土司嗾番匪播流言阻墾務漸至戕營勇燔教堂勢洶洶鳳全率衞兵五百人往至紅亭子伏突起戰良久被害事聞予建祠諡威愍繼室李佳氏留成都聞變率子忠順馳入打箭爐辨遺骸隨喪歸省垣祠既成迺觴將軍總督以下官及文武士紳告靈主慨然曰吾可以見先夫於地下矣事畢夜赴荷池死獲附祀鳳全清操峻特號剛直然性忭急少權變不能與番衆委蛇故終及難云

增祺字瑞堂伊拉里氏滿洲鑲白旗人密雲駐防以佐領調黑龍江佐練兵事歷至齊齊哈爾副都統光緒二十年署將軍二十四年擢福州將軍充船政大臣兼署閩浙總督旋遷盛京將軍奉天自中日戰後副都統榮和壽長編練仁字育字兩軍營務廢弛增祺奏請派員查辦上命李秉衡往查奪二人職交部治罪軍制肅然二十六年拳匪亂作副都統晉昌率衆附和增祺不能阻遂啟戰釁奉省自日還遼南旅順大連既轉歸俄租復築鐵道沿路皆駐俄兵戰累挫蓋平熊岳先後失守增祺先以敵強兵脆大局不支電上達並照會旅順俄水師提督營口俄領事磋商停戰不果俄兵遂抵省城諸軍皆潰增祺奏請恭奉盛京大內尊藏聖容太廟冊寶出城俄兵至招增祺還商議善後增祺往旅順與俄議訂奉天交地暫約九條以荒謬交嚴議詔革職尋仍留任諭楊儒向俄外部商改以吏治兵權不失自主爲要二十八年交收東三省條約始成俄兵駐奉數年遇事強橫無復公理增祺隱忍周旋憂勞備至至是駐兵始退未幾復有俄日之戰朝旨守中立增祺嚴飭文武官吏堅明約束並告兩國主兵者勿得犯中立日兵迫省亟勸俄兵先退日兵官始入城省城幸免戰禍三十年冬諭增祺賑撫東三省難民並發內帑三十萬賑之明年懿旨復發內帑三十萬賑恤增祺招集流亡商民復業頗留意吏治先後增設洮南海龍遼源開通靖安西豐等府縣凡牧廠圍場及蒙荒遂漸放墾奉省財政素絀徵

榷一切向無定章咸豐後始辦貨釐光緒初始辦鹽釐增祺銳意清理籌辦糧酒烟藥各稅明定規章變通鹽法就廠徵稅歲入漸增尤嚴治盜以增官設治為弭盜清源之本三十一年以憂免三十三年授寧夏將軍改正白旗蒙古都統宣統元年遷廣州將軍兼署兩廣總督三年調京仍授都統兼弼德院顧問大臣旋去職越八年卒諡簡慤

貽穀字藹人烏雅氏滿洲鑲黃旗人光緒元年舉人以主事分兵部晉員外郎十八年成進士選庶吉士授編修累遷內閣學士兩宮西幸貽穀聞警步行追及宣化流涕入對隨扈西安授兵部左侍郎屢召詢時政直言無隱上皆嘉納明年扈駕還京兵部公署已燬假柏林寺為廨舍貽穀昕夕涖事如在行在時是冬山西巡撫岑春煊奏晉邊察哈爾左右翼及西北烏蘭察布伊克昭兩盟荒地甚多請及時開墾派大員督辦詔以貽穀為督辦蒙旗墾務大臣貽穀有經濟才艱貞自勵既奉命銳以籌邊殖民為己任其督墾地界綿延直晉秦隴長城河套凡數千里統籌全局擬陳開墾大綱規畫至詳疏入報可並加理藩部尙書銜節制秦晉隴沿邊各廳州縣旋復授綏遠城將軍事權始一貽穀首重官墾立墾務局設東路公司官商合辦初辦察哈爾右翼改舊設押荒局為豐寧墾務局旋分為豐鎭寧遠兩局清查舊墾招闢生荒派員丈勘繪圖酌留蒙員隨缺地畝及公共牧廠其餘乃悉開放之牛羊羣地錯處左右翼間直隸山西民戶頻年互爭貽穀親往勘之由固爾班諾爾中分界址其爭始息繼放察哈爾左翼地為留牧廠隨缺與右翼同移正黃旗牛羊兩羣於商都牧羣又移騸馬羣於騍馬羣籌撥直晉邊廳學田烏蘭察布伊克昭兩盟夾河套為部落烏拉特三公杭錦達拉特數旗尤逼近套其地恃河渠灌之自元明以還渠盡湮廢或並古道不存貽穀躬涖其地相度修通長濟永濟兩大幹渠又疏濬塔布河五加河老郭諸渠增鑿枝渠數十子渠三百餘道水利始興先後六年始自察哈爾兩翼八旗而推之二盟十三旗以及土默特綏遠右衛與駐防馬廠各地凡墾放逾十萬頃東西二千餘里絕塞大漠蔚成村落衆皆稱之復以時創設陸軍置槍礮器械築營壘興警察立武備陸軍學校及中小蒙學校數十所創工藝局婦女工廠資送綏遠學生出洋或就北洋學堂肄業建設興和陶林武川五原東勝五廳練巡防馬步十營修繕綏遠城垣濬城外溝渠建築蒙地郵屯植樹造林勸課園圃果實蔬菜暇輒就田間耕夫婦問疾苦或策單騎馳營壘召士卒申儆之教之以習勤崇儉戒嗜好勤勤如訓子弟不率者乃罰謫之方其治河套墾地蒙人時起抗阻台吉丹丕爾擾其旗主地戕文武官吏貽穀請於朝誅之衆始帖伏三十四年貽穀劾歸化城副都統文哲琿侵吞庫款而文哲琿先以敗壞邊局蒙民怨恨劾貽穀朝命軍機大臣鹿傳霖等往查傳霖以已革布政使樊增祥等為隨員奏復褫貽穀職逮京下法部勘問三年不能決卒坐誅丹丕爾事讁戍川邊宣統三年赴戍方經鄂武昌變起直隸總督陳夔龍奏請進止詔改易州安置國變後嘗自歎曰昔姜瓖讁戍宣城衛自號宣城老兵吾其終此矣即死必葬於是丙寅年卒晉邊官紳念其德請昭雪釋處分遂葬易州白楊村成其志信勤字懷民鈕祜祿氏滿洲鑲黃旗人以蔭生累至浙江布政使署巡撫代貽穀為綏遠城將軍督辦墾務踵其遺規益勤遠略頗禮致賢才思有所建樹功未竟而遽罷辛亥後久病卒

論曰將軍都統職視專圻西北邊疆大臣與之並重非才足當一面者不能任也榮全升泰以下諸人或多戰績或著邊功或勤旂務或兼民治所至皆能盡其職多有可稱故並著於篇

清史稿　列傳二百四十一

劉錦棠　張曜

劉典 弟倬雲　金順 弟連順 果權 鄧增 劉宏發 托雲布 曹正興

穆圖善 杜嘎爾 額爾慶額 豐紳　文麟 明春 徐學功 富勒銘

劉錦棠字毅齋湖南湘鄉人松山從子也從松山討捻積勛至同知直隸州從入陝復同州朝邑釋省城圍擢巡守道同治七年左宗棠西征從克懷遠鎭邊還定綏德賜號法福凌阿巴圖魯進軍甘肅攻金積堡夷旁近七寨破靈州九年擊馬五寨松山戰死詔加三品卿銜接統其軍軍新敗偏裨自恃為宿將滋驕錦棠禮謝之喪懸吳忠堡或請徙它處錦棠不可曰櫬在軍可繫將士心宗棠貽書為列堅守退頓二策錦棠謂不力戰則靈州不保必勠力致死而後軍可全於是一戰禽馬五再戰破河狄軍復振是時馬化龍燄日熾三決水困我軍錦棠三拒之不獲逞糧且匱率其子耀邦乞款附錦棠曰諾令若先繳馬械不應再引馬連水入湖會大風從西北起濤齧堤岸勢洶涌錦棠囊土以禦化龍計益窘哀詞乞耕墾錦棠知其詐隱卒下橋永甯洞又敗去乘勢下蔡家橋克東關化龍度不得脫於是三踵軍門乞撫矣錦棠白宗棠請進止迺徙陝回化平川而分置甘回於靈州論功予雲騎尉世職賞黃馬褂十年誅化龍父子生致馬八條置喪所臠而祭之遂與喪歸明年度隴攻西甯次碾伯平戎驛先破小峽遣軍奪南北兩山圍解道員郭襄之率男婦二萬繈負來迎是役也提湘軍八十營阸攻九十里往往徹夜不休露立冰天雪窖中詔嘉之十二年克大通斬叛官馬壽遴陝回為旌善五旗餘徒平涼秦安清水白彥虎奔肅州方湘軍之定西甯也宗棠緣事責錦棠盛氣辨銜之以故徇肅州未下亦不召及錦棠至又大喜為夸其軍以厲衆錦棠計誅馬天祿殺土回客回立盡關隴平權西甯道明年破河州獲閔殿臣伏誅迺合諸將蹙回於賈家集郭家嘴殲焉光緒元年出關時彥虎走依安集延帕夏阿古柏助之勢復熾二年至阜康與金順計事議先攻古牧遣將分壁木壘河而自領軍軍九營街度戈壁乏水倅掘井以餉敵陰遣精騎襲奪黃田通汲道收古牧地錦棠策烏城寇必竄奔復自將精兵走之遂復烏魯木齊迪化予騎都尉世職三年春踰嶺西南攻達板寇引湖水衛城泥深及馬腹錦棠周城徼循誡各營警備列燧如白晝轟擊之彈落爆藥窖聲砉然人馬碎裂迺下令軍中曰能縛獻服異服者賞於是愛伊德爾呼里以下皆就俘愛伊德爾呼里猶華言大總管也且釋降回數千給貲糧縱歸或請其故曰俾歸為我宣播朝威也吾欲以不戰勝之自是破吐魯番托克遜南路門洞開阿古柏如失左右手亦被執飲藥死賞雙眼花翎已而彥虎據開都河西岸覘入俄師抵曲惠與余虎恩分擊彥虎亦決水以阻錦棠入喀喇沙爾城廬舍漂沒迺徙和碩特帳房河東數百戶實後路復庫爾勒會軍中患飢乏下令掘窖糧獲數千石以濟速下庫車拜城其南纏回苦安集延淫暴久重以彥虎奔擾益不堪命旦夕望我軍如時雨比至各城阿奇木伯克阿渾玉子巴什各攜銅酪持牛羊來犒師抵阿克蘇錦棠先入城受降華回皆扶服聞彥虎奔烏什亟遣旌善旗渡河復其城於是東四城俱下詔晉三品京卿值喀城守備何步雲告亟遂大舉出師令虎恩黃萬鵬分道進取而自率師徑擣葉爾羌並克之彥虎遁入俄錦棠進定英吉沙爾遣董福祥收和闐西四城亦下錫二等男四年錦棠既定喀城以次巡歷葉爾羌和闐凡西人僑居其地者英乳目阿喇伯十餘人印度溫都斯坦五千餘人咸服其勇略稱為飛將軍云方彥虎之入俄也俄人處之阿爾瑪圖錦棠猶致書圖爾齊斯坦總督請將入境搜捕宗棠勸止之俄復徙之托呼瑪克其秋彥虎又遣黨犯烏什邊縣入格爾品錦棠扼之瑪喇爾巴什別遣將要其歸路大敗之未幾安集延入又破之玉都巴什是歲補太常寺卿轉通政使五年安夷復搆布魯特內犯戰烏帕爾捕斬二千餘級自是邊寇頗息警維時俄據伊犁宗棠疏請崇其秩資鎭撫詔佐軍事俄益增兵守納林河已宗棠入都上以此專屬任錦棠關外事命署欽差大臣徙頓哈密益治軍逾歲除眞八年和議成錦棠策善後請設新疆行省省置巡撫布政使加鎭迪道按察使銜道府州縣視內地立城垣壇廟學校驛傳又廣屯田興水利南疆歲徵賦至二十餘萬石九年擢兵部右侍郎加尙書銜旋除新疆巡撫仍行欽差事十一年進駐烏魯木齊奏省參贊大臣改置都統設喀什噶爾阿克蘇巴里坤提鎭各營復增道府廳縣徙分防官駐要塞南北郡縣之制始定先是錦棠以祖母老病累疏乞歸省不許十三年申前請始俞允錦棠悉召諸部酋長大酺遂發所過黃童白叟望風相攜負以迎往往擁車數日不得走十五年加太子少保銜明年晉太子太保二十年晉錫一等男會弟鼐以山西按察使入覲垂詢近狀欲強起之適中日有違言電旨趣召未行而病作朝廷書問日數至疾革時猶喃喃呼舊校指述邊事未幾卒年五十一事聞震悼諡襄勤予建祠

張曜字朗齋其先上虞人改籍大興既復隸錢塘生有神力幼嘗持竿結陳部勒羣兒無敢譁者少長依舊姻蒯賀蓀宰固始適豫捻起集團勇三百屬之捻欻至時已昏曜獻策謂伏軍城外彼不知衆寡可以計走也夜半捻縱掠轟擊退僧格林沁追捻亟遥見火光詢知為曜部召與語甚悅命從軍積勳為知縣權知固始皖捻來犯嬰城守寇屢屢西去亡何李秀成又搆捻入圍城三匝捍禦七十餘日城獲全上嘉其功賜號霍欽巴圖魯咸豐十年擢知府先後

遣燮仍留軍討皖捻屢捷晉道員明年除河南布政使是時陳大喜張鳳林各樹幟延擾數千里曜謂寇援斷師未能驟克寨中患飢乏多猜貳宜廣設購募閒其黨迺縱降者爲內應捻迺竄風諭各寨皆款服鳳林僞降計禽之同治元年御史劉毓楠劾其目不識丁詔改總兵二年大喜走阜陽戰秦宜寨皖捻復入曜虛華莊失亟歛兵退以銳師胥加之殲渠率時張總愚走鄢陵臨潁欲西曜拒之嵩山麓令不得西攻大金店援寇四起遣總兵保英略中路爲寇乘曜手刃退縮者士氣迺奮卒敗之攻太子寨久相持曜曰捻詭悍堅守山口阻我進兵坐爲所縻非策也間道出奇擊之總愚西北走鎮平追殺黑龍集犯南陽又戰郤之三年捻會宛南總愚赴盧氏嗾粵寇入豫曜扼之使不能合次橋川寇自西北至狙伏以擊寇奔楚曜浮渡丹江追越鄖西百四十里會陝楚軍至而還四年僧格林沁軍麻城騎失利曜赴難七戰皆克僧王既戰死臺臣劾其養寇遺患巡撫吳昌壽按覆事白曜假歸葬親踰年淮北捻益亟朝旨趣復出曜遂部合新舊選鋒號嵩武軍厥後軍氣大振論者謂爲湘淮軍後勁云六年出頓許州八里橋任柱等見曜大纛駴走梁山寇與合五日至鉅野渡運而東曜與總兵宋慶往蹴之當是時李鴻章議防運河北首安山訖沈家口曜等至令慶築長墻慶留副將蔣東才參將李承先二軍屬曜曜以沈家口黃運交滙調黃河水師入運助守守河防運自此始久之總愚陷陝綏德分擾米脂朝命防河北捻濟河入晉犯吉州鄉甯平蒲告警檄曜還豫而捻已自絳州曲沃入偪豫疆曜迺追敗之湯陰七年捻東走扼晉州西北路折而南諸將謀逐之曜謂賊勢未蹙遽南奔必有深謀迺卷甲北趨出其前二百里至饒陽果遇捻捻不敢擊錯愕去潛渡滹沱亟引兵至河干未渡者殲焉濟漳次清化捻伐木爲矛又擊破之長驅滄州劉松山軍運東曜自南夾擊捻披靡追至臨邑初李鴻章遣郭松林自臨邑築牆屬之馬頰河盧西南以餌敵逮曜馳至捻不肯深入走濟陽鴻章知計不售使曜趨武定遏捻於濱州始敗退會天大雨河暴漲諸將慮捻東逸謀扼徒駭河曜自博平守至東昌誘捻入河套與慶合擊之捻衆陷泥淖中死者枕藉自是總愚不復能軍逐北茌平殺其黨且盡騎能屬者十餘人耳總愚自度不得脫迺沈於河論功賞黃馬褂予騎都尉世職八年詔趣左宗棠赴涇州責金順以邊外事命曜自古城西進爲後路軍次關扇破回於察漢綽爾又敗之紅柳樹阿拉善圍解抵纏金詗知甯夏西岸自石嘴山至中衛陝回屬集遣將要擊之回遁走金順赴沙金托海與議進兵事方將鼓行而西而甯夏降回復叛圍郡城遂倍道應赴敗之城下俄而陝回入賀蘭山曜赴河北南破漢渠集閑納中閘拔其壘與金順夾渠而軍殲守賊殆盡會金積撫局成通昌通貴乞款附獨王家疃不下曜怒破其堡屠之攻刨納家寨河西無悍寇詔屯之兼顧阿拉善旗是爲甯郡河北之師九年授廣東提督仍留軍明年加雲騎尉世職白彥虎據肅州徐占彪攻弗克請益師宗棠檄曜頓金積助之上以爲勇賞雙眼花翎十三年彥虎亡命出嘉峪關竄烏魯木齊哈密城南北附之俄羅斯方擁伊犁巴里坤且岌岌朝命總防討亟援哈密曜剋日出關師行乏水草絕幕二千餘里餉餽艱阻於是議立屯田十三年出屯大興水利墾荒地二萬畝歲獲數萬石濟軍光緒二年師規南路西取七克臘木闢展魯及魯克沁臺勝金台哈拉和卓城降纏回萬餘遂復吐魯番明年拔烏魯木齊彥虎遁入俄俄歸伊犁宗棠疏薦堪重任六年詔贊軍事命移駐喀什噶爾兼轄西四城籌善後所至輒立義塾回夙獷噬至是頗聞絃誦聲十年入關防直北賞巡撫銜敍邊功晉秩頭品明年除廣西巡撫未行董所部治郡城河加尙書銜旋命赴山東勘河踰歲至壽張調撫山東東省河患日深曜蒞任首重河工以黃運並淤非總濬通海不爲功時王家圈等處先後漫口先議疏濬海口挑淤培埝並增築徒駭河兩岸隄工以防氾濫然後挑挖全河參用西法以機船疏運凡南北兩岸隄埝口門一律籌辦疏上皆從之又先後築王家圈姚家口張村殷河大寨西紙坊高家套各決口復改濬韓家垣以洩尾閭莫不身親其事計一歲中奔走河上幾三百日有言河務者雖布衣末僚皆延致諮詢唯恐失之民或遇災常籌粟賑濟復建海岱書院於青州葺洙泗書院於曲阜士民德之十四年被命襄辦海軍明年晉太子少保命會閱南北洋海軍至煙臺聞台灣巡撫劉銘傳稱疾去則抗章請行優詔答之十七年方駐河干督工疽發於背回省就醫遂卒疾革時猶貽書鴻章首言山東爲北洋門戶亟宜治礮臺備不虞次言新疆軍精部令裁營請籌緩不濟急恐失信外域貽君父憂遺疏入上震悼贈太子太保諡勤果予建祠曜魁梧倜儻自少從戎不廢書史字法撫顏平原書疏雅馴猶餘事嘗鐫目不識丁四字印佩以自厲甯夏平築樓面黃河對賀蘭山顏曰河聲嶽色日嘯詠其中人謂有羊叔子登峴風居官垂四十年不言治產事性尙義所得廉俸輒散盡尤禮賢下士士爭往歸之其修道路開廠局精製造凡有利於民者靡不畢舉死之日百姓巷哭失聲喪歸且傾城以送以兩世職併爲男爵子端本襲官南韶連道

劉典字克庵湖南甯鄉人少伏溈山與羅澤南友善以學相期許粵匪亂集衆保鄉邑叙訓導參左宗棠戎幕轉戰江西善察形勢嘗輕騎詗敵營夜率所部刼殺數獲奇捷李秀成欲以長圍困宗棠斷晉軍糧餉典敗浮梁又破之樂平婺源饒道始達祁門積勛至直隸州知州宗棠撫浙典以偏師討衢嚴同治改元破馬金街進克遂安遷知府擊花園港世賢遁超授浙江按察使世賢謀據金華分黨擾龍游湯溪蘭谿衆號數十萬典還軍援衢力據上游悉夷東南北寇壘明年收蘭谿諸軍亦下三城浙東告甯宗棠規杭州策江皖邊圉安方可一意進取迺令典將五千人道嚴出皖南當是時新復郡縣糧餽不屬典持印票空文向民間貸糧遇寇邀擊而屯溪而黟縣所莅風靡民望典軍如時雨以故壺漿塞塗沈葆楨謂其截擊寇衆功不在克省城下江皖既平賜號阿爾剛阿巴圖魯其秋父憂歸三年詔起督師典募新軍八千次貴溪世賢入閩陷漳州汪海洋亦陷龍巖勢復熾典進汀連號西路軍遇海洋新軍輕進敗績還保連城四年再戰斬寇萬餘進復龍巖南靖世賢爲高連陞所蹙奔粵宗棠麾下壯士驍從者八百餘人馳之典至南雄語其將黃少春曰尾寇而追非計也寇返奔亟必不久據嘉應當走粵閩邊左軍孤遇寇必不支迺持二旬糧取道大嶺脊晨夜馳赴抵大埔先宗棠一日遂會師復嘉應晉二品服予世職事甯乞歸省五年宗棠徙督陝甘起典甘肅按察使旋賜三品卿佐軍事典自紫荊關入值捻竄渭北迺駐潼關偪渭而軍扼其南渡七年詔署陝西巡撫初宗棠援晉以征回事屬典典以關中戎備寡調提督周達武壁隴汧顧後路至總前敵師千則舉蔣益澧自代朝旨弗許尋復有是命典遂進駐三原調度諸軍軍大振明年與宗棠定三路剿回策已復念民事重入省治善後集流亡舉屯牧恤艱阸革差徭又以其時濬鄭白舊渠關中漸喁喁望治矣惟銳然以減饟自任諸軍舊欠各饟十給其七士卒不無怨望云又明年再乞歸省光緒元年復命佐宗棠軍務典辭以疾詔能其行時譚鍾麟督西征饟事力言司左軍後路非典莫屬朝旨迺趣赴甘於是典三起討賊矣二年至蘭州宗棠以善後畀之凡整軍節饟以及生聚教誨有裨於民生久遠者咸殫心厥事至關外平定亦嘗指陳方略贊畫功多經營新疆凡三年卒於軍次詔視侍郎賜卹諡果敏予江浙陝甘建祠典秉性清嚴貴後自奉儉約楊昌濬嘗詣典環堵蕭然一如寒素寓書宗棠共稱之弟倬雲少隨典讀書長沙典主鄉團倬雲以廩生治軍書從援浙領偏軍戰常陷堅李汪二酋奔贛扼臨江使不得西敘知縣龍巖既復會糧罄軍士乏食爲貸鄰邑以濟民德之建生祠將軍庫克吉泰檄赴陝値連陞營哥匪謀變戕主帥倬雲馳入殲其渠餘衆悉定再遷知府時慶陽大飢人相食倬雲興屯政立賑局流民懷集假歸適會匪亂連下龍陽益陽詔用道員越法事起赴閩綜營務署按察使以捕海盜名晉二品秩授汀漳龍道興蠶桑建書院賜卹隄防諸政次第畢舉尋謝病歸二十九年卒卹如制

金順字和甫伊爾根覺羅氏滿洲鑲藍旗人世居吉林少孤貧事繼母孝初從征山東授驍騎校嗣從多隆阿援湖北復黃梅賜號圖爾格齊巴圖魯移師安徽克太湖歷遷協領挂車之役將騎旅直搗中堅當者輒靡同治二年從討陝回連下羌白王閣賜頭品秩復渡渭敗之零口三年漢南回奔鳳翔趨澧峪擊郤之授鑲黃旗漢軍副都統調西安時羣寇集陝南陝回導至澧河金順禦之斬虜多回入鄠傍山西走復率馬隊邀擊敗之四年攻甯夏南門奪其礮臺巳聞寇集黃河兩岸率師分路進陣斬其酋孫義保等寇稍郤明年調甯夏副都統七年復甯條渠閒榆林警遂迎擊五龍山大破之追至邊外禿尾河馬隊忍寒裸涉要之金雞灘回大潰復遣將破之葭州八年平綏德朝旨以邊外事屬之四月回犯花馬池遣部將富勒琿馳救回自烏拉爭渡奔札薩旗金順自將出邊回已遁迺率師道札薩郡王答拉旗自包頭遡西濟河而進會天酷暑暫頓什巴爾臺就水草與張曜期會沙金托海七月自中灘鼓行而西而甯夏回復叛迺兼程赴援敗之於城外無何甘回納萬元等迎戰漢渠復與曜從東繞擊回走納中閘追至龍王廟南悉拔其東南各壘殲守賊殆盡九年金積撫局成獨王家疃未下率其弟連順分兵迎擊數獲勝自是連順無役不從積勛至金州副都統金軍頗有聲明年克之賞黃馬褂又與曜破納家寨河西悍黨殲焉甯夏平擢烏里雅蘇臺將軍尋以赴鎮番未報褫職命即日赴肅州既至頓北崖頭奏調曜軍助擊時烏魯木齊提督成祿猶訴軍糧乏難赴哈密詔金順接統其軍十二年左宗棠至軍約期並進金順發地雷東北角城潰乘隙奪據其上自是老弱扶服者相繼城拔復故官烏魯木齊都統景廉駐古城與金順齟齬宗棠奏言金順寬和爲羣情所附詔率所部二十營赴之規烏城於是遂發出關數十里至瀚海吏士忽不行詢之則曰先鋒營駐有所議金順知有變

疾馳視手刃六人以徇曰敢留者視此軍以次行瀚海既過迺列六戶視之曰雜賦不飽佐以野蔬天下無若西軍苦此行度戈壁乏水草吾非不知但不忍汝六人如全軍何如國家何如關內生靈何聞其言者無不激揚道授正白旗漢軍都統明年至古城與景廉會師一日演礮漢回觀者數千百人景軍指敗堵烟筒爲的擊之再烟筒無恙所部礮隊總兵鄧增參將張玉林曰是何足擊請卷旗卓之爲的增先測視請於金順再測視既竟礮響旗飛若翦霞空際已而玉林亦爾觀者讙譟聲震遠近回聞之氣奪尋命佐新疆軍務光緒改元代景廉爲都統二年軍阜康劉錦棠赴軍所商進止議先攻古牧迺輕騎襲黃田通汲道克之連下烏魯木齊迪化昌吉呼圖壁諸城直偪瑪納斯斬其僞帥馬興南北二城以次皆下賞雙眼花翎予世職調伊犁將軍七年詔接收伊犁按圖劃界十一年二月軍標譁變五月再變並謀饟戕官伊地本極邊協饟乖時軍多疲饉金順馭衆寬將領營官相率蒙蔽而總督譚鍾麟劾其上下縱恣民怨沸騰爲陳籌饟易人之策於是上召來京以錫綸代之道肅州病卒身後不名一錢幾無以爲斂寮寀醵金喪始歸部伍縞素步行五千里至京者達二百人云事聞贈太子太保諡忠介予建祠妻託莫洛氏婚甫踰月屬事繼母撫諸弟遂出轉戰二十餘年至新疆迺遣使往迓謂使者曰太夫人老矣甯能涉萬里吾義不得獨行且彼處有姬侍宗祧不墜吾又何求竟不往時論賢之增字錦亭籍廣東新會年十七從軍積勛至游擊西征之役領開花礮隊平金積取河州並以善用礮知名方是時錦棠治兵西甯寇堅壁自守而牧馬湟水北岸增隔水轟擊寇駭愕踰山遁增馳之先以輕騎當寇乍戰佯北寇易之悉衆下山我師以巨礮環擊大潰俄援寇至壁平戎驛錦棠不與戰而使增據山上俯擊寇懾礮威退湟北增復隔河擊之皆走錦棠攻高寨急昇大礮列北山上使增測準寇壘發礮子六十餘壘壁皆裂賜號伊博德恩巴圖魯規肅州城高厚踰常制增築礮臺臨城關轟潰十餘丈繼復築礮臺街口裹創力戰卒擊退之晉總兵從金順出關以戰功擢提督金順舉將才稱增精究礮術除伊犁鎮調西甯光緒二十一年解循化圍回渡河趨巴燕戎格增追至亂思觀會札什巴陷分三路擊之城拔六月西甯回韓文秀等犯增營增分軍迎擊遇伏將卻增手刃先退者以徇衆皆躍馬陷陣寇潰時西甯南北西川大通碾伯丹噶爾皆叛增聞警馳歸守郡城八月哆吧寇來襲城薄小橋增將出拒或勸沮之增曰寇氛甚惡不力遏之是示弱也且主帥不出將士孰肯用命遂往短兵接人百其氣大敗之自此寇望見鄧軍旗幟輒不戰而遁明年克川北營城關內外平授固原提督既至會甘軍搜治海城叛回閱三年海城回田百連復叛遣將討平之拳亂作車駕西狩召赴行在回鑾節度隨扈諸軍晉頭品服旋回任三十一年卒於官詔附祀宗棠祠其時隨金順征回著績者又有托雲佈果權劉宏發曹正興托雲佈瓜爾佳氏滿洲鑲藍旗人初從軍勳髮捻賜號綽勒郭蘭闊巴圖魯攻甯夏釋平羅圍襲擊黃河兩岸數有功累遷協領坐事免金順請留軍自贖截擊竄寇於榆林復官進拔蘇家燒房納中閘晉副都統時寇據金積其旁堡砦並險固托雲佈充前鋒大小數十戰寇稍卻克王家疃賜頭品服平通昌各寨賞黃馬褂自是從出關迭克名城即於軍前授青州副都統瑪納斯之役血戰六十餘日天山以北告甯予雲騎尉世職光緒十一年創發乞歸賞食全俸十八年卒予優卹果權莫得里氏滿洲正藍旗人吉林駐防驍騎校從副都統福珠里出師伊犁以戰功累遷協領瑪納斯既復金順薦署伊犁錫伯營領隊大臣頓車拼子屯田詔念前勞晉副都統賜號志勇巴圖魯光緒十七年調充東三省練兵行營翼長校閱吉林邊練各軍二十七年授呼蘭副都統卒卹如制宏發黃陂人正興隕西人自同治初久從金順軍復肅州進新疆屢有功後皆官至提督而宏發軍過玉門安西官民尤翕頌贊置云

穆圖善字春巖那拉搭氏世居黑龍江齊齊哈爾隸滿洲鑲黃旗家貧事親孝初以驍騎校遷參領從征直魯晉豫所向有功援安徽迭克城隘賜號西林巴圖魯同治元年從多隆阿入陝道鄧州遇粵寇陳得才敗之紫荊關擢西安右翼副都統時回氛熾率步旅阨洛水北岸半修營半出擊寇寇始奔亡何捻酋姜泰林犯武關夜襲多軍穆圖善設伏敗之追羣寇入鄂境悉驅出西河口二年再入陝攻高陵先登裹創力戰下之賞黃馬褂寇渡涇據南岸穆圖善泅水而濟寇大潰三年多隆阿圍盩厔中礮病篤疏薦穆圖善賢遂命署欽差大臣其夏擢荊州將軍與劉蓉會辦陝事粵寇據樓觀黑水西駝峪蓉遣蕭慶高趨鄠穆圖善率師助擊戰店子頭敗績七月擊破大峪西堡進攻樓觀先是得才入鄂穆圖善遣二十八營赴援無統帥至是蓉奏請穆圖善往湖北詔勿許令移師赴甘既至與將軍都興阿議定先規甯夏十一月檄杜嘎爾額爾慶額等攻破清水堡踰歲詗知羣寇元日椎牛置酒必不誡穆圖善奪城南礮臺連燬其寨已復慮寇乘春漲決渠下灌分兵扼城東南尋調甯夏將軍主甘肅軍事嗣以甯夏諸軍久不得要領責之五年收靈州初回寇馬兆元攻陷州城馬朝清計誅之禁靈回無滋事逮甯夏失道且梗塞朝清者化龍也至是親詣穆圖善哀詞乞欵會州紳亦請置官乃使豐紳等往招撫州事定聞華亭回竄慶陽復遣軍擊走之城圍解明年署陝甘總督値歲大饑人相食迺馳書阿拉善王令運蒙糧至河北與軍民交易食迺濟是時米拉溝既下河洮狄道西甯回皆反正而南八營李得昌各部乞擇地安插上慮回情叵測敕穆圖善嚴備之穆圖善令降回繳械遣范銘赴洮張瑞珍赴蕭何城王得勝赴靜甯辦撫事自是頗惑撫議已復使曹熙等赴河州回闖之遺黨潛襲省城聲欵附穆圖善率輕騎往中伏奔還遂圍城五日楚軍將彭楚漢等破之而東鄉回崛負如故穆圖善親督諸軍敗之十一月攻州城弗克還蘭州會傅先宗敗回禮縣彭忠國敗回安定穆圖善迺令進規渭源而自從金縣進七年正月克之迺使諸將會攻狄道南北兩山相崟中有平川寨卡林立先宗等一鼓破之毀其寺軍威大振於是穆圖善赴前敵北莊牟佛提率男婦三千人乞降受之師旋復叛穆圖善再渡河直搗黑山頭太子寺寇斷我糧餉戰數失利不獲已退保狄道明年狄城糧盡又退至秦州寇乘之師潰朝旨令穆圖善甘軍受左宗棠節度初穆圖善狃撫議羣回叛服靡恒而所部百數十營皆徵糧民間清水守將敖天印以橫暴激民變逐防軍殺縣役提督黃金山率所部戰狄道康家巖敗潰北入皋蘭四出淫掠穆圖善迺遣潰勇屯甯夏而嘗報敖軍於朝敖軍亦力詆之於是宗棠調度諸軍先秦州固饟源遂赴涇州受總督印穆圖善既卸事猶日歷四鄉勸民修堡寨置軍械蘭人甚德之詔仍駐蘭州統西路軍化龍黨崔三擣河狄回出擾輒敗去十年河州賊襲陷皋蘭西古城再敗之長驅北山兎窩寇大潰其冬會左軍渡河連克要塞寇退扼大東鄉師衆而殲之論功予世職光緒元年召署正白旗漢軍都統會吉林馬賊竄巴彥蘇蘇命權將軍捕治之漸散其黨與明年道員舒之翰獲譴罪及舉主褫職又明年起授青州副都統擢察哈爾都統五年出爲福州將軍法人爭地越南分兵艦窺閩疆詔參宗棠軍事出駐長門誓師設伏擊沈法艦一艘既而防軍潰法人登岸搨戰伏起轉敗爲功以故閩事壞獨免議十一年詔授欽差大臣會辦東三省練兵事明年以積勞卒於軍諡果勇予黑龍江安徽甘肅建祠蘭民且樹碑誌德焉杜嘎爾哈勒斌氏滿洲正藍旗人黑龍江駐防初從都興阿征粵寇積勛至佐領賜號莽賚巴圖魯嗣以京口副都統從討甘回規甯靈頗能以少擊衆寇竄寶豐克張家村紅柳堡深入沙磧背水成軍旬日間城復攻甯郡斬虜多即於軍前調官甯夏甯城回增建寨柵首城南訖納家閘與金順誘城東寇出數敗之乘勝破護城隄清水堡尋隨都興阿赴奉天調補正藍旗蒙古副都統歷察哈爾坐事免光緒六年起授烏里雅蘇臺將軍撫士卒卹蒙部十四年創發乞休明年卒諡武靖額爾慶額字靄堂格何恩氏隸滿洲鑲白旗墨爾根城駐防以驍勇聞歷遷至委參領清水堡之役賜號法福靈阿巴圖魯會諸軍克狄道授黑龍江副總管剿金縣竄匪擢涼州副都統命佐關外軍事統領吉黑騎旅頓西湖令寇不得西烏城回自奎屯敗退安集海擊卻之光緒二年聞白彥虎搆瑪納斯南北二城回擾糧道與總兵馮桂增參將徐學功約期會師大河廠額馮二軍先行徑薄北城而南城回湧至桂增負傷墜馬寇昇入城額爾慶額憤甚先登陷陣斬寇無算因士卒傷亡多止戰屆期學功至距城十餘里見額爾慶額被創還逐率所部救之金順責其援不力宗棠曰額爾慶額等輕進貪功咎由自取且先夕進攻學功何能豫知耶歷古城領隊大臣科布多幫辦大臣命偕參贊大臣升泰勘界以奎峒山爲科塔兩城外蔽哈巴河南流入中國與俄官抗爭始得展地定界新疆底定晉頭品秩十二年調伊犁伊犁設副都統自此始莅任七年興辦屯田軍民輯睦十九年卒卹如制豐紳字漢文吳扎拉氏隸滿洲正白旗吉林駐防都興阿督江北軍檄守揚州以戰功歷遷至協領克寶豐取甯夏數獲勝穆圖善遣往靈州招撫馬化龍就撫穆圖善上其功晉副都統尋護甯夏將軍時伏莽未靖自甯城至靈州隘口數十爲商旅來往孔道豐紳詰奸禁暴行旅便之先後平陝匪西河橫城堡補官錦州擢黑龍江將軍坐事褫職光緒間起故官歷綏遠城江甯中日事起出駐通州事甯回任二十四年卒詔優卹予建祠御史彭述劾其侵冒奪卹典

文麟字瑞圃兀扎拉氏滿洲正藍旗人道光二十二年考取內閣中書遷侍讀咸豐八年出爲甘肅蘭州道調鎮迪同治四年回竄據古城文麟上防守奇臺狀上嘉其知大體濟木薩者回衆屯糧地也文麟潛遣練勇攻克之獲糧萬數千石索煥章竄瑪納斯分掠阜康吐魯番迪化文麟分兵扼三臺要隘上疏乞濟師詔令嚴守濟木薩援未至而哈密奇臺相繼淪失亟與巴里坤領隊大臣訥爾濟合兵進擊聞寇集東路使佐領恆昌先進敗於奎蘇而自請赴前敵上

怒訶責之下部議坐擅離職守降二級調用詔以藍翎侍衛充哈密辦事大臣文麟遂率所部收復城垣馬金貴白彥虎先後圍攻瀕危者數矣文麟拊循士卒卒能以饑軍驅強敵俾纏回轉危爲安五年遭母憂改署任明年肅州回竄玉門戰紅柳灣敗之回復大舉犯城闕文麟督軍嚴守伺間出擊圍解迺爲籌耕種葺廬舍訓練軍士且戰且屯服闋以頭等侍衛補本官益招哈密爾首孔才至以其練勇二百編入伍籍遣往古城興屯修堡復收徐學功散勇二千餘任耕戰於是古田濟木薩屯政大舉令充裨將自是數與妥明馬明白彥虎相攻殺所向皆捷十二年肅城回數出關犯哈密東山文麟令魏忠義出駐塔爾納沁堡分扼各隘剿撫馬賊擒回馬五十九旋魏軍大失利文麟飛章自劾被宥益感奮率所部進擊力保危城降敕褒嘉加副都統銜明年彥虎援肅州潰退安敦玉文麟使騎旅追之彥虎遁入山肅州平詔張曜等馳赴哈密會文麟進剿光緒二年卒文麟治軍數載囊無私蓄與士卒同甘苦故人皆願爲盡命及其沒也闔營慟哭失聲明春富勒銘額先後狀其績以上予褒卹附祀新疆哈密專祠明春巴羽特氏隸蒙古正紅旗初從勝保平河北補前鋒校征陝回隸多隆阿麾下以戰功數遷副都統搗肅州壓城爲壘與回相持者半載追藍得全被重創肅州回出掠安西玉門敦煌明春馳逐三城間三月圍悉解授哈密幫辦大臣光緒二年擢辦事大臣時南疆平肅纏民悉還故土明春爲晰地畝給貲糧勸使復業凡治道路繕隄防興水利有裨民生久遠者靡不具舉民德之至今猶虔祀云十二年卒卹如制富勒銘額佚其氏隸滿洲鑲白旗古城駐防烏魯木齊陷古城大恐富勒銘額出與寇戰數被創事亟如烏里雅蘇臺乞援弗應城破全家殉焉富勒銘額適在外得免於難憤詣文麟軍所願從殺賊紅柳灣之役以功擢防禦回擾安西設計抗禦斬虜多並搜治西山逸匪盡殲之解敦煌圍晉頭品秩賜號堅勇巴圖魯充古城協領西陲告甯置屯田修兵房以都統恭鏜薦光緒十四年授伊犁副都統時游勇搆哈薩克回寇邊富勒銘額遣軍捕其酋餘燼悉平十六年署將軍增卡倫整營制索倫錫伯察哈爾額魯特兵卒咸復游牧舊業十九年徙塔爾巴哈臺參贊大臣練軍與屯收還巴爾魯克山清界置卡其治復放伊犁屹然成重鎮二十三年乞歸二十九年卒卹如制學功烏魯木齊農家子好技擊值回亂結健兒數十掠回莊貲貨以自贍遇漢民力護之雖邊外悍回皆已憚之矣厥後附者益衆集五千人精鍊馬隊每戰突陣驟若風雨回見之輒走學功先後陣斬僞帥馬泰阿奇木馬仲仲子人得嬰僞職與妥明不相能妥明復以衆攻之安酋帕夏迺約學功破吐魯番進攻烏魯木齊下之妥明走綏來數日死帕夏遂據烏垣初帕夏以學功善戰故與交驩冀藉其力王哈密以南八城歸獻朝廷已知其無遠略且百戰未得一階益輕之令還綏來南山於是學功大恚屢攻烏城其民人時降學功時投人得輒轢屬役迄不得息同治七年俄人搆土回纏頭將襲烏垣聲赴綏來易市驅駝馬數千載貨鈔至石河去綏來八十里學功以騎旅截之僇數十人餘縱還自此俄人不敢東窺十二年彥虎率悍回數千分掠烏垣綏來學功復橫截之殺數百人奪橐駝五百彥虎勢益孤學功既任職但承大將風指巽於初起血戰時矣後與孔才並官至提督孔才哈密人

論曰從左宗棠立功西陲最名者湘軍中稱二劉豫軍中稱曜之數人者投袂攘雖不數月廓清萬里雖張騫班超奚多讓焉金順穆圖善提塞北健兒橫行玉門金嶺間其志尤壯文麟名出二人下而招徠興屯兼任畊戰不煩國家一兵遂定西邊其功亦足並傳云

清史稿　列傳二百四十二

董福祥 張俊 夏辛酉　金運昌

黃萬鵬　余虎恩

桂錫楨　方友升

董福祥字星五甘肅固原人同治初回亂作鳳邠汧隴寇氛殆遍福祥亦起安化與其州人張俊李雙良蹂躪陝甘十數州縣鷸據花馬池犯綏德窺榆林潰勇飢民附之衆常十餘萬嗣爲劉松山所敗其父世猷降福祥亦率衆乞歸款迺簡其精銳者編爲董字三營福祥居中營俊居左雙良居中從攻金積堡福祥襲卡後被創不少卻破其禮拜寺頓板橋寇來爭與蕭章開夾擊敗之金積堡平超授都司十一年從劉錦棠至礙伯趨峽口與陝回禹得彥崔三大戰破之進擊白彥虎於高家堡焚其壘而還已而僞知府高桂源搆彥虎圖西甯撲雙良營福祥又大敗之圍解遷游擊徙守向陽堡城復討平河州叛回積功至提督光緒元年從出關戰天山會大風晝晦吏士弗敢進福祥率衆先登一鼓殲之又破之木壘河古牧地進復烏魯木齊諸城及瑪納斯南城是時彥虎猶據開都河西岸覬入俄福祥自阿哈布拉綠塗置哨壘至曲惠而營士卒儲薪草潹井泉以俟錦棠軍至破之復喀喇沙爾是冬克和闐南疆西四城告甯繇是董軍名震西域論功賞黃馬褂世職賜號阿爾杭巴圖魯安夷既就撫布魯特酋阿布都勒哈璐之復入寇色勒庫爾北走庫倫福祥馳之抵空谷根滿步卒足重繭迺遴健者乘騾隊從騎旅及之木吉寇方解鞍秣馬驚起依山而陣俊敗之福祥縱兵搜捕復斬三百餘騎自此寇不敢犯邊授阿克蘇總兵駐防喀城未幾而所部索餉譁變戕營官胡登花或請擊之福祥曰營勇與叛勇有約如昏夜響應將奈何不如閉城守彼勢孤必自斃也越三日悉爲兵民禽獻乃分別誅宥之事定領俊及夏辛酉移駐葉爾羌和闐十六年擢喀什噶爾提督二十年加尚書銜會德攘膠澳命率甘軍入衛明年西甯碾伯又告警督師還抵狄道河州馬永林叛渡洮戰卻之連破高家集三甲集道始通事甯調甘肅福祥自請援西甯又明年克上下五莊乘勝復大通多巴朝命駐西甯專剿撫以魏光燾二十七營屬之會巴燕戎格劉四復奔關外福祥亟遣騎踵之拔卡爾岡先後夷海城治諸麻甘州南山寇堡關內外及青海悉平加太子少保二十三年入覲命領武衛後軍召對福祥曰臣無他能唯能殺外人耳榮祿顧信仗之拳亂起日本書記杉山彬出永定門福祥兵殺之於是董軍圍東交民巷攻月餘不下敵兵自廣渠門入福祥走彰儀門縱兵大掠而西兩宮西幸充隨扈大臣和議成外人堅欲誅福祥李鴻章曰彼縮西陲軍寄久慮激回變當緩圖之迺褫職錮於家榮祿在西安綜大政福祥移書讓之略謂辱隸麾旌任公指使命攻使館祥猶以殺使臣爲疑公言僇力攘外禍福同之祥本武夫恃公在上故敢効奔走今公執政而祥被罪祥死不足恤如軍士憤激何榮祿得書置不答三十四年卒其子天純輸銀四十萬濟帑復官俊字傑三金積堡之役與福祥並授都司規西甯余虎恩困峽口俊力戰解之連破小峽潤家溝從攻河州肅州以戰功歷遷至副將賜號倭興巴圖魯光緒初從征西陲復烏魯木齊擢總兵錦棠令入關募軍於是成定遠三營先後從克東西四城晉提督安夷復叛俊倡議主剿衆論譁起錦棠獨韙之寇竄庫倫俊追至木吉分三路入戰良久手刃執紅旂悍卒寇愕走進至卡拉阿提會日已入止舍天未曙整軍復進日午及之寇不能反拒槍矛所至屍相填藉抵黑子拉提達坂止餘數十騎踰山入俄境不復追是役四晝夜馳八百餘里凡禽愛伊德爾呼里二人安夷所謂大通哈也胖色提以下數十人猶華言營官賜頭品服黃馬褂授西甯鎮總兵調伊犁二十一年代福祥爲喀什噶爾提督尋還甘肅二十五年入都充武衛全軍翼長兼統中軍踰年卒諡壯勤予建祠俊好舞刀所部衣幟皆白色時稱雪張云辛酉字庚堂籍山東鄆城初從僧格林沁討捻宗棠西征從討陝回積勛至守備攻金積裹創力戰稱驍果規肅州充前鋒拔塔爾灣黃草壩關內大定數遷至游擊師出關下阜康襲黃田破古牧無役不從進規南路攻托克遜彥虎子小虎殊死守師行不得志獨辛酉率游軍數戰略有斬禽達坂之役與余虎恩輕騎先涉列城左山岡比回覺悉力轟拒師少卻辛酉斬先退者數人迺止卒大破之遷副將賜號振勇巴圖魯從錦棠復庫車至拜城屠冰抵上銅廠回出濕辛酉躡馬徑前生禽貂衣賊一人回驚走遂下阿克蘇是時帕夏奔葉爾羌彥虎奔烏什錦棠專力討彥虎令俊進擊辛酉自西會之濟胡馬納克河行戈壁八十里破寇什城東城拔擢總兵易勇號瞿伽春南疆平賞黃馬褂逸寇犯三臺辛酉隱勁騎冲亮羿山誘之出伏起短兵接斬其酋賽屹塔黑振江俄而安酋阿里達什寇邊從錦棠出屯玉都巴什辛酉率二百騎爲前驅怒馬陷陣斬執旂賊奪其旂以歸寇大潰追至畢勒套格殺其黨且盡西陲告甯乞歸養甲午之役率師鎭登州即於軍前授廣西右江鎭治軍如故尋徙鎭登州拳亂作充武衛軍先鋒左翼長從李秉衡禦敵未戰而潰後除雲南提督未到官卒卹如制

金運昌字景亭安徽盱眙人少孤遭寇亂總兵郭寶昌之母曹氏撫之從姓郭既長入貲爲守備從寶昌征髮捻積勛至游擊論河防功賜號勉勇巴圖魯平畿南擢總兵晉勇號鏗僧額西捻平遷提督復姓金氏從寶昌卓勝軍還陝同治八年寶昌創發運昌代領其衆調防綏德時湘軍已剿金積堡運昌自清澗

至分所部略其西北毀長牆馬化隆勢蹙遣黨擾北山冀斷湘軍糧餉一自河西道葉昇堡屬劉松山一自山西道花定屬運昌並達靈州回既陷定邊運昌所部多南人雜食青稞嘗梁患腹病左宗棠調寶昌來援以河防不能赴是時陝回陳林禹彥祿等十三營益以本地土回號稱十餘萬卓勝軍孤立其間幾無日不戰明年正月軍益飢疲至殺馬爲食回且決渠灌我壘會風濤大作運昌晝夜立水中激厲將士列桔槔土禦之回不得逞適劉錦棠等越渠橫出回大潰因議夾河築壘護饟道兩日壘成回至運昌戰卻之湘軍開濬築隄以防水運昌壁近褒園冰忽解回迺遏秦渠設卡運昌越渠擊之回收入堡越二日堡回悉衆出騎寇趟板橋步寇決渠水南下運昌軍阻水錦棠分三路泅水與合幷力轟潰其衆未幾回復運甎石築卡於北環以長隄欲引馬蓮水以困我運昌亟令軍士擕鉏鍤夷其卡而還四月陳林率衆出花定掠食運昌使提督王凮鳴禦之敗之甎井鎭同時葉昇保道亦通軍威復振七月克馬家兩寨值新麥熟運昌與錦棠分刈並麾栗剳之回來爭輒敗走遂築壘蔡家橋跨秦渠內設卡外障水馬化隆前所爲阻遏官軍者也至是決水反灌破壘三卡十有一乘勢下秦壩閼遏東關議掘濠築牆久困之與錦棠分段興工三日畢迺事遣兵分守之遂合金積闔日咯血數欠戰不少休陳林降運昌以西林河州未下宜稍示寬大强者編籍弱者就糧羣回多乞欵馬化隆勢蹙亦束首歸命於是甯靈悉定論功賞黃馬褂駐纏金平甘回馬勝禍亂晉頭品服徙駐包頭數請於宗棠願西征光緒二年宗棠請敕淮勇出關助剿報可明年夏行抵烏魯木齊命署提督越二年實授口外經喪亂後戶口減耗運昌興水利課農桑建橋梁皆割俸自任之其斥巨欵賑饑菑實秉義母郭曹氏命李鴻章爲請於朝特建坊旌異之十一年謝病歸逾年卒䘏如制入祀卓勝軍昭忠祠妾王氏馬氏張氏先後仰藥殉節皆獲旌

黃萬鵬字搏九湖南甯鄉人本籍善化初從曾國荃援贛皖積勛至都司從克江甯歷遷總兵賜號力勇巴圖魯捻入鄂犯德安萬鵬馳救大敗之又破之安陸會師新洲於是夾擊大破虜擢提督左宗棠西征調赴陝署漢中鎭總兵同治十一年從攻西甯抵碾伯戰硤口回潰走圍解明年從劉錦棠克向陽堡進圍大通降之還降衆立旌善五旗馬隊屬萬鵬領之隨攻肅州事甯賜頭品服十三年河州閔殿臣復叛萬鵬率崔偉等進擊敗之城南二十里鋪寇竄買家集官軍攻弗克萬鵬從姚家嶺馳下合攻燬其堡更勇號爲伯奇光緒二年出關時土回馬明據古牧白彥虎聞官軍至自紅廟子與合師夜襲黃田旦日聞古牧角聲起萬鵬與余虎恩馳擊寇騎卻之語詳余虎恩傳烏魯木齊諸城既復追至池墩而還捷入賞黃馬褂北路略定逸寇多亡匿東南山谷萬鵬復與虎恩取道大小鹽池墩至柴窩略有斬禽八月金順攻瑪納斯南城弗勝錦棠檄萬鵬助擊掘隧以攻寇死拒矢貫萬鵬臂拔之更疾戰與諸軍大破之三年攻克達坂乘勝取托克遜至小草湖遇伏圍萬鵬數匝萬鵬率隊盪決所向披靡錦棠軍繼至寇大潰詔予雲騎尉世職是役帕夏知不免飲藥死彥虎遂奔開都河西岸七月師至曲惠錦棠自向開都河而令萬鵬道烏沙塔拉傍博斯騰淖爾西行出庫爾勒之背彥虎懾軍威已先期遁詗知脅纏回走布告爾亟行四百里追及之戰良久大敗其衆九月馳抵托和奈再敗之收庫車進駐拜城履冰夜行至銅廠諸軍直搏之寇愕走萬鵬長驅察爾齊克臺西斬數千級越二日夜抵扎木臺稍憩卽引兵阿克蘇城未至城數里見西南塵埃坌起會諜報彥虎走烏什嗾安集延走葉爾羌結追師錦棠迺舍安夷而令萬鵬專追彥虎阻河漲不能濟時彥虎止隔河十里許造飯掩襲可禽也而我師遽返錦棠大怒責令復進於是萬鵬渡胡馬納克河行戈壁八十里獲其後隊馬有才進拔烏什而彥虎已走喀什矣東四城俱下詔改騎都尉世職當是時伯克胡里據喀什攻漢城彥虎至助之勢益張守備何步雲告急錦棠檄萬鵬道布魯特與虎恩期會喀城萬鵬倍道應赴緣雪山千餘里每以氊鋪地濟師十一月抵城北麻古木虎恩亦抵城東牌素特寇詗騎馳歸曰大軍至矣於是二巨酋走回城北進擣之則又宵遁萬鵬向西北追彥虎至愛岌槽與賊後隊遇生擒僞元帥馬元斬其副白彥龍次日追至恰哈瑪納爲布魯特人所阻彥虎遂奔俄新疆平改授二等輕車都尉四年凱旋乞歸省越二年仍赴新疆治軍南北山邊防敉平晉頭品秩歷權喀什回城協副將阿克蘇巴里坤各鎭總兵新疆提督又襲其叔登和世職併爲二等男爵二十四年徵入京創發卒於道予建祠子鉞道員襲爵

余虎恩湖南平江人少孤貧喜讀書初從曾國藩討粵寇積勛至副將同治初從劉松山征捻蹙之沙海西擢總兵賜號精勇巴圖魯張總愚與回匪合攻破金渠銀渠又敗之鄜縣晉提督寇自宜川渡河陷山西州縣又從劉軍追復之易勇號奇車博軍獲鹿適郭松林被圍虎恩銳身馳救圍解繞道長驅騎寇雖猋馳遇戰輒披靡上念陝事棘命左宗棠舉將才迺薦松山部將尤異者十數人虎恩與焉寵以頭品服令赴陝軍靈州既克松山進兵板橋蔡家橋有頃回敗走虎恩騎旅突之驟若風雨回不得歸下其村寨三十餘金積平假歸十一年命募軍赴甘劉錦棠攻西甯虎恩率軍至陝口周覽形勢寇出拒被困卒擊卻之錦棠覘回勢盛赴平戎驛造橋濟湟自督師築壘北岸令虎恩築南岸未成馬營灣寇突至虎恩轟擊之錦棠亦敗湟北寇於是西甯告甯論功賞黃馬褂隨攻肅州軍南門與諸將討平之除陝安鎭總兵光緒二年從出關宗棠慮戈壁糧餉艱岨虎恩請身任之迺絕幕而西抵哈密取餘糧踰天山遞送巴里坤古城邊既實襲黃田破其卡忽古牧寇壓師而陣虎恩亟自山馳下與寇騎戰良久會董福祥軍助擊中路寇大潰遂合圍帕夏遣悍黨來援虎恩率騎旅列山岡嚴陣以待復麾軍截其歸路斬關直入城拔度烏垣寇且他遁以次下烏魯木齊迪化及僞王城予雲騎尉世職明年踰嶺而南從錦棠趨柴窩去達坂二十里夜初鼓虎恩率騎旅九營銜枚疾走大通哈引湖水衛城泥深及骭虎恩所部掠淖進依山爲陣斬寇諜十餘騎回方臥未覺也平旦始大驚悉衆出據險轟拒師屹立不動海古拉援至虎恩又截之隘口援騎返奔追逐數里斬百餘級虎恩策城回盼援不至必遁預隱兵以待寇出悉就禽達坂復乘勢下托克遜予騎都尉世職踰月規南路師次曲惠虎恩取道烏沙塔拉入庫爾勒城地闃無人食且盡乃掘窖糧數萬石濟師遂與諸將下庫車凡六日馳九百里已而喀什噶爾告急錦棠令虎恩自巴爾楚取中路爲正兵黃萬鵬自烏什道布魯特爲奇兵仍歸虎恩節度師抵巴爾楚會天寒冰雪凝冽而喀城警報且日至迺兼程應赴軍士人人自奮各以俘白酋取首功爲利日中虎恩至城東牌素特夜半抵喀什漢城下左右止百餘騎從迺整兵以俟平明步兵至寇騎開城出盪虎恩率衆大戰剌殺回酋王元林會萬鵬亦至復其城虎恩西追伯克胡里令桂錫楨率騎旅自閒道疾馳而自率步旅繼之前後夾擊生禽余小虎馬元於陣繼復獲金相印父子相印者引安集延侵占南路也於是新疆南路平降敕褒嘉改予一等輕車都尉歷駐烏什葉爾羌和闐赴本官十一年謝病歸越六年出統湘軍駐岳州以能捕盜名併二世職爲二等男爵二十六年授喀什噶爾提督未上留統武衛中軍十營拳亂起諸將多崇奉之獨虎恩則否福祥攻使館虎恩與論事榮祿前謂偏覩諸軍實不足敵外人福祥大怒欲殺虎恩榮祿以身翼蔽之迺免令出防獲鹿未幾仍還湘三十一年創發卒於家䘏如制附祀宗棠松山祠

桂錫楨山東曲阜人從軍討捻數遷至游擊咸豐十一年張總愚領餘衆與陝大喜合勢張甚錫楨追至河間裹創力戰寇大敗錫楨名始著同治七年從左宗棠征陝回數獲勝檄守同官明年提督高連陞屯宜君親兵丁玉龍匪首也搆回爲亂夜圍營帳戕統帥錫楨聞警亟自同官馳援擊卻之復追剿金鎖關米子窩會楚軍將丁賢發等至拘玉龍誅之城獲全遷參將從克固原三營哲其酋楊文治進阨中衛四百戶回酋馬光明自固原東北入同心城復大敗之又降元城回海生春十年規河州錫楨自中衛靖遠南搜會甯游匪亡何肅州降回叛甘涼戒嚴錫楨遂還軍肅州明年略東關克其大卡一寇出拒擊退之先是肅回敗倚朱家堡黃草壩塔爾灣文殊山各堡互犄角誓死守徐占彪攻弗克至是誘之出錫楨隱卒深林俟寇過半橫截而出諸軍繼之寇大潰肅州西南墩堡悉平進屯沙子壩去肅城三里肅回啟南門出盪錫楨率騎旅突陣回奔入城諸軍銜殺蓮克四壩十一堡東面寇壘亦盡賜號精勇巴圖魯十二年從出關錫楨率四百騎歸額爾慶額節度進古城光緒二年攻阜康宗棠慮寇北竄令錫楨阨沙山馬橋備要擊壽會諸軍復烏魯木齊北路略定唯瑪納斯南城久未下宗棠以劉錦棠軍單檄錫楨助擊與諸軍轟潰之斬其酋韓金農更勇號業普肯擢總兵進規南路三年從錦棠攻克達坂乘勝復吐魯番晉提督規喀什噶爾錫楨統馬步二千餘人自阿克蘇取道巴爾楚克瑪納巴什直抵喀城東牌素特會黃萬鵬軍亦至麻古木彥虎與伯克胡里潰逃遂復西四城論功賞黃馬褂回疆告甯晉頭品秩加賜呢鏗額勇號五年乞歸葬親道陝創發踰歲卒宣統改元巡撫恩壽狀其績以上予優䘏

方友升湖南長沙人咸豐末從軍剿川寇積勛至守備克太平力戰礮彈洞脅繇是以饒勇名同治七年討陝回克鳳翔岐山嘗從行有所銜陷入關隴隸劉松山麾下金積堡之役師失利會友升購馬張家口逮歸無收馬者或勸之去弗聽驅馬數千入左宗棠軍宗棠大器之迺編所購馬爲西征靖營隊屬領之遣赴河州攻剿三甲集太子寺十一年會攻肅州其關城阻濠濠深三四丈古所謂酒泉也徐占彪乘回懈踰濠進攻友升先登諸軍蟻附上奪東關回入城死守占彪築城南二卡回來爭友升率騎旅下馬巷戰彈貫脛及脊骨創甚猶

大呼殺賊水漿不入者七日衆感奮克之捷入晉副將賜號哈豐阿巴圖魯十三年從克巴燕戎格署鎭夷營游擊自是別爲一軍幟色黃每戰從後擊殺當者輒靡寇見黃旗隊輒相戒無犯云光緒改元關隴平擢總兵從劉錦棠出關三年攻克達坂托克遜進復吐魯番晉提督以次下阿克蘇烏什庫車及天山南北二路論功賞黃馬褂賜頭品秩五年安集延布魯特寇邊徑抵烏魯克恰提友升先進烏帕爾覘虛實越數日報寇騎已入烏帕拉特獲寇諜訊知其乘夜襲營諸軍備往擊大破之友升與楊金龍分左右入軍士皆奮迅超躍寇不能成陣還遁俄羅斯八年入關遭母憂歸十年法越事起出頓憑祥進攻文淵陷重圍彈傷手斷筋親軍五百止存二十七騎卒潰圍出朝廷宥其敗且嘉勞之復諒山長慶予世職除廣東南韶連鎭總兵十三年入覲上視傷痕爲惻然尋解任中日失和領三千人北上守山海關拳亂作復率師入衞駐山西固關二十七年調浙江衢州鎭設講武堂以新法訓練其衆並修復柘水故道民德之三十二年創發卒卹如制

論曰初討陝回福祥以降軍効力名震西域何其悍也運昌統卓勝軍萬鵬領旌善營與虎恩錫楨友升轉戰寗肅皆以驍勇名各著奇績其勇略亦有可傳焉其後福祥終以驕妄敗助亂啟釁竟免顯戮豈非倖歟

清史稿　列傳二百四十三

馬如龍　和耀曾
楊玉科 李惟述　蔡標 段瑞梅
夏毓秀　何秀林
楊國發　張保和

馬如龍雲南建水人本名現回中世族以勇聞咸豐間滇回俶擾如龍以武生起澂江自立爲僞帥時杜文秀僭號大理如龍遣使與通授以僞職不受始有郡邑據有新興昆陽晉甯呈貢嵩明羅次易門富民入寇省城勢駭盛同治元年巡撫徐之銘復主撫議提督林自清臨陣宣播朝威招之歸款如龍自稱三世効忠願反正岑毓英單騎往諭如龍益心折與盟南門外悉反侵地朝旨破格授如龍總兵楊振鵬等分署六營武職是時臨安獨撓撫局如龍怒率師鼓行而南戰失利署臨元參將梁士美奪其旗鼓如龍被創仆左右負以奔總督潘鐸嚴檄其撤兵如龍阻於士美軍弗能達明年授鶴麗鎭會回弁馬榮據省城鐸被害如龍聞警即致書士美約共釋私仇雪公憤士美許諾期相見臨安城下如龍貽士美洋槍士美亦選勁勇助如龍迺星夜旋軍與毓英共擊之斬馬士嚳馬有才於陣榮宵遁遂代自清署提督武定陷如龍遣參將馬青雲等馳援守備夏毓秀先登克之連復十餘城文秀聞而忌之致書馬德新痛斥如龍自殊同教如龍亦遍馳書迤西回民歷數文秀狂悖及德新不諳大義勸勿爲所惑德新入省申割地媾和議如龍力止之事遂寢其秋攻克尋甸禽馬榮解省伏誅毓英攻曲靖回懼願執馬聯升以獻乞貸死如龍馳至軍前力爲請命許之剖榮尸祭鐸迤東平詔加提督銜賜號效勇巴圖魯五年命主迤西軍事圖大理以振鵬攻賓川副將李惟述攻鎭南昭通鎭總兵楊盛宗取道四川攻永北署騰越鎭田仲興攻蒙化護普洱鎭李錦文攻威遠並受如龍節度六年如龍軍次祿豐適大理回入前場關遣總兵合國安副將楊先芝大破之振鵬性陰鷙不甘爲如龍下至是聞勞崇光卒叛志遂決而國安先芝亦懷二心日與寇使往還軍心迺解體無何楚雄大姚相繼告警時如龍駐定遠軍數夜驚羣目或擁兵觀望或臨陣先奔或竟爲寇充鄉導如龍知勢已去迺稱疾還省自是文秀遂輕視如龍矣七年大舉犯省城如龍以回練不足恃迺專倚漢兵守城斥私財三萬金米三千石濟軍晨夜登陴守擊寇梁家河破之寇稍郤初振鵬之叛也約國安等爲內應至是國安謀刺如龍事覺誘誅之先芝等頗自危會如龍出大西門擊寇戰方酣先芝等遂倒戈回刃如龍幾不免亟馳入益兵禦守於是馬世德馬文照馬葵等相率叛歸文秀偪南城據江右館人心大震適惟述馬忠援師至勸其與毓英協力如龍然之踵軍門上謁毓英推誠慰勞勗以報國如龍益用命俄而文秀遣悍黨數萬出賓川如龍分部兵二千禦之武定附省回久閉門不戰突出奪大虹山二壘如龍親擊之拔其一毓英攻澂江馬自新率衆往援未至如龍詗知之遣馬興勤馳入澂分計斬自新外援頓絕澂江旣下又分兵攻城外賀家村小魚村下普坪並克之八年與毓英攻江右館寇轟拒洞穿如龍甲卒大破之先後連克武定羅次更勇號法什尚阿已而澂江再陷城外寇勢復熾毓英攻城南巨壘如龍方臥病聞槍礮聲力疾赴前敵攻克五花寺羊神廟乘勝偪江右館如龍先登彈中腹踣地舁之歸毓英上聞賜內府丹藥予實授復與毓英分軍攻安甯各隘阨寇歸路羣回益蹙其酋段成功蔡廷棟先獻款如龍扶病出城與毓英嚴兵以待成功等率五千人伏地請罪南關告甯遣兵攻克西塢時毓英克江右館俘虜多如龍躬詣寇營勸回自相斬獻省城圍始解餘匪併入土堆師攻昆陽亟回酋赴省乞撫振鵬畏誅猶崛負如龍渡滇池至遣將執悍目馬似良陰散其枝黨聲某日還振鵬出送捕治之昆陽平毓英攻土堆如龍率師來會縱火攻之省城外遂無遺寇九年如龍出督新興軍田仲興戰死如龍亦被創斷東溝困之拔其城遂統全軍赴河西擊東溝溝分大小二寨合國治馬成林分居之並背山面田勢險與險歲先攻小東溝盡遷河西壯勇助擊回懼縛國治乞降受而誅之進取大東溝如龍陷陣爲槍所中創甚越三月小差直抵龍門村奮擊破之全滇底定賞黃馬褂十三年調湖南光緒四年創發乞歸如龍性豪縱莞雲南提篆日惟娛聲色巡撫賈洪詔憚之置勿問旣閑廢徙居四川重慶益不自檢每宴客招妓侑酒琵琶聲中輒忼慨道少年時事云十七年卒卹如制

和耀曾雲南麗江人父鑑大理城守營都司咸豐二年太和回謀亂往覘之被殺詔贈雲騎尉世職耀曾嬰矢復仇毀家募士與賓川廩生董文蘭會師洱河兩克大理及鄧川上關以義勇著遠近爭歸附楊玉科張潤並隸麾下後皆爲名將總督吳振棫薦其才署中營守備十年權維西協左營都司明年大理回來犯敗之於橋頭已而祿豐昆陽陷復率把總高聯甲戰石鼓大破之乘勝攻克麗江留土弁王天爵駐守而自引兵規鶴慶寇乘隙再陷麗城耀曾軍失利退守石鼓同治元年再克之遷參將徙頓曲靖夷卡郎寇巢略昭通戰公雞山龍洞師弗勝與護昭通鎭楊盛宗往援斬其酋所朝陞遷副將徙守富平八年城陷褫職逮問尋以克楚雄祿豐貸勿治留軍自贖十年克澂江復官明年攻迤西連破蒙化趙州上下關於是大理藩籬盡失是冬穴地道轟其城拔之又明年取大小圍埂積勛晉記名總兵賜號達春巴圖魯自是與玉科定錫臘下順甯破雲州擢提督進克小猛統大吏以叛產予其殘廢部伍固辭弗獲迺斥家財遺之歸而以其地佐書院餐錢及賓興費並選開敏子弟集廨宇延師課讀又與李惟述克騰越全滇平賞黃馬褂檄署永昌協永昌自遭喪亂比戶凋殘耀曾至撫流亡除苛擾革姦暴教之治生民漸復業時烏索賊柳映蒼復叛奉檄與總兵徐聯魁等會擊十三年克之以次削平土司諸地光緒二年參將蘇開先誘練軍譁變據騰越王道士與合順雲豪奸悍卒乘機竊發永昌練目李朝應之掠施甸迤西大擾岑毓英以耀曾諳究邊情奏署騰越總兵耀曾爲固本計先赴永昌調團守隘率師追討擊潰李朝餘黨悉平總督劉長佑謂其不即至劾之鐫二級論克順雲功免議權漢中鎭總兵六年詔各省督撫舉將才毓英以耀曾應擢授鎭遠鎭居鎭十六年節虛糜贍儲積爲置營田建兵房製器械軍政大治復以其餘設義塾平道路勸農桑士議謂有儒將風二十三年卒民感其德請附祀毓英祠麗江亦建祠致祭焉

楊玉科字雲階寄籍麗江其先居湖南善化旣貴還本籍同治初從和耀曾討回岑毓英征曲靖識拔之命領百人爲前鋒積功至守備四年署維西協李祖裕叛殺把總陳聰毓英慮生變檄玉科代之玉科至刺殺祖裕宣諭部衆皆扶服遂克麗江鶴慶繇是顯名俄而杜文秀來援擁衆可二十萬玉科所部止數千人屢戰弗勝二城復陷玉科潰圍出走永北六年從克鎭雄長驅豬供箐海馬姑與有功敘游擊七年西寇環偪省城玉科繞四川會理間道襲元謀馬街規武祿抄其後克之進平羅次八年平柯渡可郎遷副將賜號勵勇巴圖魯乘勝規嵩明下尋甸毓英奏令主三姚軍事連復大姚浪鄧省城圍解擢總兵明年破姚州土城被巨創益開地道三十餘穴雷發北城陷遂拔禽僞將馬金保藍平貴三姚平擢提督易勇號瑚松額無何州西警復令主大理麗江軍事發全師速援賓鄧逐敗寇雲南驛其冬克長邑村進規鍊鐵禽僞都督楊占鵬於是大理北路定權開化鎭總兵十年春克賓川初永昌之陷也玉科爲僞將馬雙元所得見其人可用勸歸命與訂交屬異時得志相援手縱之歸至是約爲內應克之署提督攻大理小關邑寇詐降設座禮拜寺約玉科往比入心動命移座動如故命再移有間地雷發得不死玉科怒手刃四人雙元銳身護之出

竟復其地踰歲連下漾濞趙州進規大理其地東臨洱海西倚蒼山自文秀竊據內築土垣包僞禁城其中玉科掘隧以攻轟潰東南城諸軍蹈隙入寇死拒復窨地雷破之頓蓮花池益師五千環攻城文秀開壁出盪親擊之敗退飲毒不即死其黨蔡廷棟舁以獻氣息僅屬割其首解送省城毓英至廷棟佯乞歟陰埋地雷於行館迎玉科玉科詣之潛至僞府據礮樓大呼兵士爭血戰毓英隱卒城外度玉科已達乘夜梯登兩軍既合巷戰竟日寇披郤越數日奪門走克僞都獲文秀家屬及廷棟等百三十人捷入賞黃馬褂予騎都尉世職十二年克錫臘順甯移師協取雲州再予一騎都尉全滇告甯改一等輕車都尉明年入覲垂詢滇池戰狀視傷痕惻然光緒改元還署任賜頭品服晉錫二等男是時滇邊野夷殺英官馬嘉理英公使訴於朝朝旨趣捕急玉科搜獲而通回臘都等十五人鞣送省城伏誅讞定會鄧川羅洪昌謀亂襲州城遂移師馬甲邑克東山禽渠率二年移廣西右江鎭創發乞解職疏甫上適蘇開先陷騰越勢岌岌玉科力疾視師不百日悉平之被賞賚三年徙廣東高州鎭六年署陸路提督坐其姪汝楫仇殺知府孔昭鈖鐫三級尋復十年法越事起率師出關扼觀音橋法軍至設三伏敗之聞谷松警亟往援而敵已乘虛入數戰皆利明年法以重兵入關教民應於內玉科曰吾百戰餘生今得死所矣開關搦戰中礮亡諸軍皆潰至無人收其尸李秉衡莅關迺歸其喪妻牛氏殉焉追贈太子少保諡武愍予大理鎭南關建祠毓英所部多驍將玉科外首推李惟述惟述起錦江紳團嘗與和耀曾施方略謀所以綴寇故省城獲保無事逮馬榮敗回衆走城外猶留頓弗去毓英患之召惟述計誅其悍將悍將故暱惟述一日天欝明惟述率千人入其壁悍將方沐詰所來惟述曰奉上官檄討野夷不識路徑故來問悍將指畫以示惟述從其背擊殺之大呼曰爲兵者出前門從逆者出後門回衆驚散省城遂無寇蹤累助至都司補鶴麗鎭游擊克楚雄遷參將署維西協與經歷鍾念祖分攻廣通南安下之補順雲協署開化鎭總兵仍留駐其地無何寇涌至城再陷惟述慮殘民佯議和卒以計脫歸坐免是時省城復震馬如龍專倚漢兵守城惟述分領其衆內詰奸宄外禦強敵省城復安論功復故官從毓英攻楊林寇敗潰然猶堅守小偏橋十里鋪冀斷我糧餽惟述乘勝克一撮纓䔥家山又與岑毓寶攻克石虎岡舖道始達進平羅次復楚雄軍勢大振已而州西又告急毓英謂西軍弛律咎在諸將不和迺以大理麗江軍事屬玉科而屬惟述以雲蒙趙惟述遂攻克鎭南鎭南爲大理屏蔽寇以全力死守至是拔之寇益蹙上念其苦戰賜珍物迺西用兵頻歲飢嗛先是惟述遣軍攻雲南久弗克彌渡亦旋得旋失嗣與玉科謀迺檄諸軍毋浪戰期秋稜整軍屆期果大破雲南驛分兵略彌渡並克之又與玉科會軍蒙趙杜文秀者故永昌槧初匿大小圍埂其據大理也圍埂回實助之玉科圖取大理惟述亦統兵克大圍埂而小圍埂猶據壁自保踰歲轟克之檄署騰越鎭收其地進攻烏索未下遭憂歸不復出久之卒於家初玉科嘗殺仇持其首謁毓英意詰責即爲變毓英笑勿問且善撫之惟述性戇直業騾馬初不知希榮貴及奉上賞白玉搬指適與指合迺驚歎天子聖神益效忠無貳志所設市肆悉以巴圖魯號名之其榮幸朝命如此平滇楊李功爲多而玉科用兵則尤神於出沒云

蔡標字錦堂貴州威甯人家貧落魄無以自資入滇設湯餠肆宜良以膽略稱久之充練目從岑毓英軍克宜良路南補把總同治二年馬榮據省城毓英堅守藩署誓與城存亡標領死士數十人潛至叩門入毓英驚喜標問有軍械否曰有標曰寡不敵衆奈何當爲公募兵遂往宜良路南鳩集舊部得千人毓英賴以成軍藩署獲全標之力也及馬如龍至標率衆力戰榮敗走從征迤東西連下十餘城進規曲靖寇襲潘文元營標率三百人頓陶家屯阨後路張保和遯寇至海壩標分兵要之寇潰入城克曲靖遷守備賞花翎五年毓英西征標引兵從時鎭雄降寇復叛漆維新據硔子山李開甲據磺硔山毓英策先攻角奎令標爲前驅抵雄塊寇出拒大破之連拔二山斬二逆明年從攻豬供箐與諸將直擣中堅下之移師海馬姑奪紅巖尖山乘勝薄其柵標賈勇先登諸軍鼓譟繼進禽渠率凱旋擢游擊七年署鎭雄營參將會杜文秀偪省垣標出宜良湯池略七甸未幾武定祿勸連告警復與楊國發攻富民綴寇勢寇攻楊林亟標往援連破小街白龍橋巨壘甫得旋復失勢益熾標入自長坡寇殊死戰不可敗翼日自石子河踰文筆山而下佯北誘寇入攻克東山寺盡夷楊林寇壘八年春援師宗攻破洛紅甸豆溫鄉拔其城於是嵩明富民相繼收復省城始安明年威甯陳大桿據紅崖楊紹貴等據香爐山四出剽敓標越境助擊誘執陳酋鞣送州城吳奇忠亦破香爐山事甯擢標總兵十一年諸軍環攻大理僞城標略其南力戰一晝夜克之南門寇欲竄下關標復自城追出截擊之無倖免者晉提督十二年移攻雲州抵猛朗望見寇壁堅綴標曰此宜先絕外援也迺遣陸純綱等阨邦蓋內弄而自率師克猛朗殲其酋丁雁甲論功賞黃馬褂檄署鶴麗鎭總兵全師抵城下標攻北門段瑞梅等自東南梯而下轟擊之盡殪又先後平永北賓川妖匪騰越烏索降匪開化大窩子竄匪更勇號額爾克光緒二年入覲道貴州毓英留統威甯練軍阨守要隘已復平梵淨山餘匪桐梓會匪湖南董倒奏回匪七年毓英移撫福建標率滇軍渡臺詔補雲南開化鎭仍駐臺北踰歲赴本官十年法越事起標募舊部出關宣光臨洮數戰皆利其守富良江偏掘地營法礮不能中岑軍駐河內者遂不爲所窺著有地營圖說甚明晢十三年署雲南提督毓英檄治猓黑山軍事標率師前進併力合攻夷緣江百數十壘誅其魁張春發拓地千五百里二十年錄平永北夷匪廣南游匪功賞雙眼花翎頭品服越六年再入覲會兩宮西幸卽赴行在隨扈入陝抵西安廷旨命招舊部尋坐約束不嚴褫職詔念前功予留任明年還滇以所部罷弱解遣之釋處分三十一年徙廣東瓊州鎭次年卒附祀毓英祠予威甯建祠瑞梅字春堂籍劍川有勇略年十六從軍隸毓英麾下戰常陷堅攻豬供箐柯渡大理並冒險進歷龍陵營參將維西永昌協副將同治十三年入覲賞黃馬褂予雲騎尉世職擢記名提督尋署騰越鎭總兵光緒間以邊兵亂城陷隨復之後卒於官

夏毓秀字琅溪雲南昆明人少以義勇著滇回亂以堡長從軍充選鋒昆明被圍久糧餽阻絕道殣相望毓秀率團勇助擊餉道始通補千總師克路南祿豐積助至守備同治二年岑毓英引兵西遣毓秀略富民禽其酋馬富富馬榮弟也乘勝克嵩明陸涼武定署參將毓英慮元謀回撓後路使毓秀要之攻克附城巨壘偪攻縣城截其糧路寇患飢乏棄城走進復馬街三年回酋李芳園陷白井擊郤之規曲靖師屢失利毓秀至寇狃數勝易視之且登城作謾語毓秀憤甚率死士先登疾擊之寇大潰合兵下霑益馬龍明年補提標右營游擊統領四十八堡民兵七年西寇陷祿豐毓秀敗績退安甯分兵阨腰站祿脿踰歲寇涌至再敗毓秀退入省城坐免官已而寇大舉分道入馬如龍出大西門禦之參將楊先芝等倒戈相嚮毓秀被重創又明年攻楊林擊破十里鋪復官毓英規安甯毓秀自篦郎繞出碧雞關下潛師襲大小普坪克之進取獨樹鋪會岑毓寶復其城九年論克廣通南安功遷副將十年攻東溝寇出拒敗之師深入毓秀陷重圍迴路危陿棄馬步戰身受十數刃如龍馳救舁歸壁暈眩死有閒蘇將校環泣毓秀慨然曰丈夫以身許國馬革裹尸固大快事奚悲爲聞者莫不感奮創小差整軍復進卒夷寇壘擢總兵賜號利勇巴圖魯移攻雲州寇築碉環城誓死守師久攻不下毓秀先分兵奪碉孤城危棘寇無固志遂拔之以次復騰越及大小猛統十三年入覲上垂視傷痕慰勞備至益感激願用命會創發乞歸光緒二年赴四川統領省標十營七年松潘番蠢動數擾邊命署總兵治之既至禽首惡撫良懦番民以安其地固荒服設學額百餘年多爲他邑人所占謳誦益寂寥毓秀方夷大難即選聰穎子弟入署讀書斥私財建書院廣延名宿崇化厲賢至是始聞弦歌聲九年實授莅鎭十載培堤岸濬溝洫儲倉廩士民德之至建生祠以祀二十年朝鮮亂起日軍侵奉天毓秀自請赴前敵比入京而和議成會鹿傳霖出督四川奏毓秀自隨於是再莅松潘鎭任初甘肅循化番族拉布浪寺夙強悍數越界侵掠毓秀初莅鎭遣兵防守安撫餘衆而拉部擅命如故既復任遂率將士出關克碉十餘禽渠率斬以徇諸夷諸夷皆扶服莫敢惕息蜀邊甯靜擢提督巴塘西三巖野番數入邊商旅苦之號稱夾壩毓秀率衆入其部落招誘首領宣播朝威動以禍福利害諸番皆束首歸命晉頭品秩二十六年授貴州提督會拳亂作亟統兵入衞抵蒲州車駕西幸命率師駐韓侯嶺許專摺奏事明年調湖北命分所部留守太原毓秀以三子瑞符領六營詣防而自率全軍隨扈北上尋移廣西踰歲行次廣東總督陶模奏署陸路提督九月還湖北宣統二年創發卒於官諡勇恪毓秀性忠樸不治家人生產治軍數十年布衣蔬食見者不知其爲專閫云

何秀林雲南宜良人少從岑毓英軍攻羅川襲定遠略曲靖每戰必克累功至守備討豬供箐寇悉銳出圍攻姜飛龍前營毓英往援令秀林策應於是夾擊大破虜復進擣中堅禽其酋陶新春合師剿克海馬姑遷游擊同治七年西寇圍省城從毓英自宜良七甸破大小石壩麻苴新村進取大樹營餉道達移師呈貢敗晉甯昆陽援賊拔其城遷副將賜號效勇巴圖魯攻澂江迭克要隘直薄城下城寇遁毓英攻西北二門秀林助之張元林敗入城官軍梯而登馬忠入西門秀林入東門元林懼仰藥死澂江平與李廷標協守楊林八年寇犯邑市舊縣防軍告亟秀林赴之連破馬家冲前街邑市會廷標亦往援馬龍兩軍以無主將失和寇蹈瑕入楊林秀林聞警馳還厲衆堅守而都司楊桐等先潰秀林遂陷重圍李惟述援軍弗能至秀林力盡潰圍出被巨創退保宜良北屯楊林陷坐免秀林營員何裔韓儁重幾死猶攜文卷以行與秀林收集潰兵赴

省助戰大板橋之役與有力焉其秋攻易門與署知縣周廷獻克西門大小龍口及黃泥堆斷樵汲分兵佯攻西北誘寇出而遣將潛襲西南秀林督軍衝入寇惶恐僞乞撫秀林弗許卒大破之復故官無何粵寇陷祿豐秀林約練目丁同義反正同義倒戈以應秀林分軍奪門入禽渠率城遂復晉總兵九年師攻澂江秀林破城外五山巨壘寇掘地爲營師久無功秀林詐退隱卒誘之回酋馬敏功等墮其計並殞於陣館驛遂無遺寇進克漾兮擢提督明年補普洱鎮總兵光緒十年法越事起從毓英出關統三千六百人駐興化法軍退宣光勸兵而進丁槐軍西南秀林軍東南攻大寺大寨破之城內法軍開壁出盪秀林所部中彈數十人戰益力法軍馳入壁城外壘柵林立礮臺碁布秀林數攻城爲所絓迺開地道轟潰之於是攻城無所阻遂偪城而軍十一年法軍數萬來援劉永福軍潰秀林遣馬維騏往救堅守地營敵不得逞已而維騏亦被困秀林至法軍迺解去周視各營傷亡既衆不獲已退頓城下策敵必猛攻豫窖地雷以待敵果至雷發法軍死傷枕藉秀林迺從容集殘軍退保同安圖再舉和議成罷戍移臨元鎮十六年卒

楊國發雲南建水人討雲南貴州匪以戰功數遷至守備咸豐十年冬署提督中有謀攻富民國發長左翼諸生張執中導之出麥廠間道克黃土坡永安莊入城閫攻之寇棄城走遷都司賜號果勇巴圖魯明年進剿祿豐及廣通各井皆下之同治二年從岑毓英西征連下十餘城直趨楚雄國發先克古山寺雙橋巨壘飛炬焚之奪東門入城克會大姚告警國發領兵赴救破援賊桃花村合城圍知縣朱士達舉火應約期啓關大姚平移攻鎮南以寇援大至檄還省三年權元新營參將與諸軍拔曲靖並復霑益馬龍再遷至副將四年廣西州土寇嘯亂殺游擊陳萃知縣李瑞枝國發率師討之斬其酋張顯境賴以安越三年西寇圍楚雄亟國發從閒道入與守將李惟述日夜鏖戰經月餘攻不克糧盡援絕城陷國發冒圍出仍繞道還省七年寇分路大舉一自富民據城西北一自安甯據城西南毓英入援遣國發阨楊林俄而李芳園等悉衆來犯勢張甚國發告亟毓英使蔡標赴之與國發破小街白龍橋旋爲寇所乘地復失乘勢偪城下縛草束薪累積如堵牆列槍礮其上俯擊城中謂之柴碼兵將士損折過半國發不獲已再告亟請援師毓英自將兵破之檄國發署普洱鎮總兵頓師桃園接應諸路八年尋甸回圍馬龍國發至會諸軍戰郤之夜將半進掩賊營乘風縱火熛烟張天盡焚其壘圍解轉鬬逐北連破十里鋪小偏橋長坡六十餘里遷總兵規彌勒竹園村馬世德構朋廣回來援國發破之趙林寨十年攻雲南縣與惟述會軍普淜分道入國發迭克要害寇竄覰音寺國發麾兵擊之又毀七碉直薄城下與惟述軍合十一年轟裂城垣三十餘丈相繼而登巷戰一晝夜拔之留所部守其地秋徙鎮下關進圍榆城先後克大小圍埂擢提督賞黃馬褂更勇號綽勒歡十三年再權普洱鎮光緒七年毓英撫福建國發率師駐臺北明年還雲南十年從毓英援越南宣光臨洮每戰皆克予優敘二十六年卒附祀毓英祠予本籍建祠

張保和雲南師宗人初從岑毓英討回寇積功至守備同治六年越境討豬供箐屢獲勝寇竄海馬姑復與蔡標等合擊之攻大寨悍酋張項七死拒保和執矛以刺墮馬梟其首寇氣懾諸軍乘之大捷遷游擊明年西寇圍省城毓英入自曲靖遣保和爲前鋒攻克石虎岡馳救邵甸破之移師楊林迭克要害皆揮矛衝陣所向輒靡寇見保和旗幟即反奔無敢與抗者數負重傷裹創力戰氣不少沮先後攻克呈貢晉甯富民嵩明大小百餘戰未嘗一挫省圍解遷副將賜號揚勇巴圖魯署楚雄協規昆陽遣都司陳貴等自津徑取河西鄉而自率師攻仁和街越墻而入手刃悍寇數人一鼓克之河西亦平於是城圍合保和揆形勢謂宜先克海口因勸兵以進村民爭迎附二十餘寨皆下遂復州城署開化鎮總兵九年春攻彌勒竹園馬世德赴救保和迎擊之身先陷陣彈貫鼻及眼血盈面士卒憤激卒大破之連克上下壩竹園平赴本官更勇號曰剛安進取茂克戰數捷阿迷大莊望風讋憚奪後山增築礮臺俯瞰其寨日夜轟擊之汲路絕寇駭乞降保和許之收器械捕惡黨徙降回大莊十一年以次復田心日者鄉時趙發攻漊兮未下保和自開化馳剿直抵馬街破上下兩寨徙降回新興擢提督十二年論克騰越功賞黃馬褂授鶴麗鎮總兵十三年開化大窩子土夷復叛毓英收撫之檄保和再莅開化鎮任發兵二千責千總李瑤等戍其地瑤等縱兵淩虐於是土夷大憤踰歲光緒改元回酋馬河圖嗾與漢民鬨保和欲樹功與署知府姚嘉驥侈張其事請調兵數千發餉巨萬剋期大舉毓英廉得實斥之保和怒迺罷戍以失守鬨毓英遣何秀林進擊保和詷將至宵入燔數寨稱克復毓英迺罷保和明年調湖南永州鎮三年卒保和在滇將中以智勇著功亦盛其卒也年未四十時人惜之

論曰滇回初起勢頗盛自如龍反正其氣始衰然非有以善馭之勦撫兼施滇事亦未易定也耀曾善于結士玉科神于用兵標等皆善攻堅而毓秀忠樸兵後能崇儒興學尤稱知本民建生祠以祀之宜哉

清史稿　列傳二百四十四

蔣東才 劉廷 李承先　李南華 兄子得勝

董履高 張金勝　牛師韓

曹德慶　馬復震

程文炳　方耀 鄭紹忠 鄧安邦

蔣東才字軼衆安徽亳州人咸豐初捻酋張洛行圍城築礮臺高阜俯擊城中東才兄遇害憤甚迺創義團爲官軍前驅會城中糧盡東才殺馬饗士與同邑劉廷李承先夜縋城出襲燬之寇遁四年投豫軍英翰器其才俾充哨長戰亳北被巨創卒禽其渠南道團練大臣毛昶熙檄領東震營累勛至守備商邱寇之據金樓也東才築土爲山頓其上寇來襲輒敗去縱兵乘之遇伏礮石雨坌東才方解衣激戰寇突出襲我後東才回矛決盪大殲其衆寨拔同治二年規汝甯夜獲諜卒東才迺服寇裝效口號奪門入諸軍踵之夷巨壘乘勢下南陽息縣又敗之商邱大小集數遷至副將七年張總愚北犯東才攻以火燒寇千餘又截擊任柱等黃河徙駭間晉總兵賜號威勇巴圖魯從守運河捻平擢提督明年赴陝征甘肅竄匪並敗退波羅營以西馬賊更勇號額騰額十二年從克肅州賞黃馬褂事甯假歸光緒初統領豫軍先後疏浚賈魯河京師內外城河除甘肅涼州鎮總兵仍留豫十三年黃水暴長力護鄭州以下隄工救難民二千餘風雨罷勞遘疾困篤俄卒於工次優詔賜卹予開封亳州建祠廷既解亳圍旋奪西境兩河口補千總從宋慶駐守宋集同治間從攻懷遠平高邱積功至參將任柱等掘滎澤將圖北又從慶迎擊夜率壯士襲其營寇南走廷截之光州誅其酋張顯復破張總愚於饒陽臨邑擢總兵西捻平晉提督賜號額騰依巴圖魯八年入陝平綏德賜秩頭品甯夏既甯賞黃馬褂光緒四年卒於洛陽祀亳州承先字光前少英敏好讀明戚繼光書亳平赴歸德擊高州匪拔汝甯寨與有功同治間攻張岡匪首孫葵心來援圍承先數匝冒圍出裹創力戰敗之遷都司進解光州圍連敗之上蔡祥符守黃河降中牟寇馮增再遷副將張總愚竄畿南又從慶敗之饒陽賜號節勇巴圖魯長驅玉林鎮戰良久中矛浴血陷陣大捷逐北濟陽直趨之黃河晉號志勇擢總兵錄守運河功晉提督光緒十四年河工成遣散夫役近數萬爲奸民所惑嘯聚朱仙鎮提督董明禮被圍巡撫倪文蔚議勦承先止之曰用兵必有潰擾歸陳各屬不能安枕矣且河工夫役數十萬設有牽動患更大迺單騎往撫杖其前者數人餘皆愕錯受部勒十七年署河北鎮總兵自同治八年至是凡三攝矣尋補歸德鎮四月卒亳民感之建祠以祀

李南華字孟莊安徽蒙城人咸豐初粵寇陷江甯淮北捻蠭起南華治團衛鄉里擊捻數獲勝累勛至守備捻入境率死士百人拒之斬悍賊百餘進討羣捻七戰皆捷遷游擊賜號猛勇巴圖魯同治改元平澮北先是苗練沛霖跨有長淮既輸欵髮捻大誅練之異己者羣練帖伏獨南華與抗翦除其黨沛霖怒遣張建猷等圍蒙南華破之馬家店再至再敗之尋就撫明年復叛築壘蒙城東南斷我糧餉南華會總兵王才秀擊卻之沛霖深塹長濠謀久困南華誓死守數出戰負重創力疾攻之尸山積會糧絕令衆潛取之以爲食一夕皆盡寇大駴出奇兵夜襲之奪其輜重以歸斬馘不可稱計僧格林沁入城見家食人肉南華竟體創痕深欵異之唐訓方上其功超擢總兵未幾統全軍駐守懷遠三年徙臨淮壽州聞任柱入蒙境亟還軍而捻又竄豫巡撫喬松年移撫陝奏自隨張總愚擾關中率師馳擊之陝事定稱疾去久家居慷慨好義值歲飢嗁毀家紓難誦聲如沸焉光緒二十四年土寇牛世修倡亂渦陽南華聞警率練勇赴援會各軍擊退之明年巡撫鄧華熙疏薦其才令綜鳳潁六泗團練參皖北軍事數獲劇盜萑蒲歛跡調赴豫權河北鎮總兵尋補福建汀州鎮二十八年卒鄉人思其德籲建蒙城專祠報可其兄子得勝佐治鄉團亦頗力沛霖之亂戰常陷堅累遷參將賜號奮勇巴圖魯蒙圍解改練爲軍俾得勝領之轉戰直魯蘇豫潁有功克宿遷郯城擢總兵補安慶協副將直東平晉提督更勇號曰剛安移軍江甯平土寇胡志瑞亂仍歸於亳十七年卒卹如制附祀英翰祠

董履高字仰之安徽合肥人咸豐末粵寇亂治練衛鄉里同治元年春李鴻章治軍上海履高隸戲下從援北新涇四江口師攻常熟弗克履高率敢死士數

百先登拔之連克昭文歷遷至守備二年從克江陰無錫金匱移師浙江時寇踞集嘉善江浙道梗西塘勢險與寇據爲嘉善犄角殊死鬭履高率衆泅濟直薄壘下礮彈掠肩過弗少顧譟而上手刃數悍賊奪纛而舞氣百倍寇驚亂拔西塘旋克嘉善江浙師始相應四年師復宜興荆溪嘉定溧陽履高每戰必克追擊金壇寇斬馘數千餘黨星散五年援湖州破廣德晉游擊鴻章征捻檄履高出淮城次車橋鎮遇寇擊敗之寇截淮關稅銀一日夜馳數百里奪還時捻酋張總愚竄陝西任柱賴文光竄山東履高東西馳逐夷阬谷拔鹵莽當者輒靡捻集麻城光山固始間編木爲城實土其中然礮俯擊衆莫敢偪履高率千人夜掘隧曳木入衷擊之盡殲擢副將事甯假歸省親九年募淮軍赴晉防河以功晉總兵光緒三年蒙古草地馬賊鑑起移師防歸化包頭沙漠平衍寇騎飇疾日嘗數遇以寡擊衆月餘討平之母憂去五年起署潯州協副將鬱林大竹根故盜藪官軍莫能制履高至潛易裝詗其地選勁卒數百距寇巢十里外而軍佯示怯寇易之不誡備忽大風雨履高銳師宵加之擊殺數百人寇奔逭九年法越肇衅移頓南甯龍州備策應明年再署潯州協思恩革生莫夢獅搆苗匪廣黔各匪據五崗以叛五月深入苗疆禽夢獅誅之事遂定擢提督賜號奇車伯巴圖魯調署新太協仍駐龍州十月徙屯枚與法軍血戰數晝夜左足中礮幾斷當軸還易之諒山遂陷年餘創平除慶遠協尋謝病歸十五年補廣西左江鎮總兵嚴軍紀能捕劇盜鄉民感之爲立生祠焉二十五年調直隸正定時拳民始萌孽月朔望說法愚民履高督兵禽其渠繩以法餘皆股栗匪卒不敢入境明年畿輔大亂獨正定晏然歷江蘇淮揚鎮貴州安義鎮袁世凱疏留北洋練軍三十一年除壽春鎮淮流盛漲城不沒者數尺履高晨夜徼循修補救護城得無虞三十二年冬巡視泗州防營墜馬舊創發假歸越二年卒詔優卹予建祠董全勝字凱臣江蘇銅山人同治初以把總隸李鴻章軍充馬隊官攻無錫全勝率敢死士爲軍先擒僞潮王黃子隆城遂克復金匱宜興荆溪溧陽常州嘉興皆有功累擢守備移勦捻賊擾福山甯海諸地全勝分防吳家閘潛出賊背夾擊斃無算賊南竄復敗之莒州沭陽追抵海州境賊創亡略盡贛榆六塘河之戰斃賊尤夥東捻平擢遊擊賞花翎張總愚竄畿南全勝敗之安平賊偷渡滹沱河全勝追勦僞懷王邱得才一支殆盡賊趨天津全勝冒雨急馳繞截賊前賊回竄高唐南走陵縣臨邑適黃運漲賊既困於水又屢受巨創不能軍西捻肅清擢升參將駐津沽管練軍營率所部開濬陳家溝抵北塘鹹河百餘里歲溉稻田無數光緒十四年以塞永定河決口功升副將北運河紅廟漫口全勝率軍堵塞詔以總兵記名二十二年王文韶督直隸擢充天津練軍翼長兼帶中營礮隊二十五年卒年六十卹如例全勝治軍四十年與士卒同甘苦故臨陣咸爲效命又善以寡擊衆身經數百戰未嘗一挫敗鴻章恒稱之

牛師韓安徽渦陽人父斐然官知府在鄉治團練師韓隨父擊賊數挫之稱牛家團練營咸豐八年投皖軍破趙家海櫃城集收撫各圩十一年髮捻各寇竄擾睢甯師韓以少擊衆克周堂積勛至守備同治二年苗沛霖據鳳台與捻首張洛行互犄角數百里寇寨林立蒙城被圍久士卒無見糧城幾潰英翰方牧宿州亟赴援而悍黨斜趨西南將襲我後適師韓率騎旅至戰卻之又出奇兵通餉道已而英翰以鳳潁道統蒙亳諸軍與捻相持數月師韓常以騎兵摧寇鋒援師續至復選卒潰圍會援軍躪寇壘數十飛彈傷額裹創力戰寇黨殲焉圍解先是英翰計禽洛行及其子喜義子王宛兒夜獻僧格林沁軍先遣師韓單騎詣大營乞兵迎解穿寇壘而過比寇覺馳劫之不及張酋竟駢誅時師韓年甫冠也再遷至游擊嗣從英翰剿髮寇戰霍山黑石渡大敗之未幾陳得才藍長春等擁黨號十萬游弋英霍潛太間師韓請英翰剿撫兼施不及旬日降者踵接得才窮蹙自裁而長春猶倔負師韓苦戰嬰十餘創屹不動旋藍逆伏誅餘衆悉平張總愚合賴文光任柱窺蒙亳圍雉河集師韓聞警率師直薄寇營內外夾擊遂解重圍擢參將賜號信勇巴圖魯六年任柱竄山東截之於鄆城又擊退宿遷運河悍賊東捻平超擢總兵更勇號曰達春七年西捻竄直豫間英翰請馳兵汴梁入衛畿輔檄師韓率騎旅三千會援尋命駐黃河以南備守禦師韓日與豫捻鏖戰所向輒捷長驅山東境復與諸軍截之恩縣捻驚走踣至鹽山海豐馳四晝夜抵高唐捻涌至將犯運河會天大風師韓趨上風邀擊寇大潰西捻平賞黃馬褂英翰疏稱其好謀能斷堪勝提鎮任捻酋宋景詩逋誅復以計禽僇之晉提督賜秩頭品光緒元年授河南歸德鎮總兵十五年調河北鎮遭父憂去二十年日韓搆衅授甘肅甯夏鎮命入衛駐軍榆關事定還本官二十一年河湟回蠢動師韓赴之次西甯聞平戎驛被圍久亟入大峽距駐四十里悍回數千恃險負命師韓以四百人制之血戰竟日賊敗潰復大峽其小峽寇亦遁旋創發卒於軍當其赴援時陰雨彌旬山逕犖巇行帳無所用士卒有假居旅舍者提督董福祥劾之議奪職師韓未及知而已疾終事聞詔復故官總督周馥狀其績以上予原籍建祠

曹德慶安徽廬江人學寇蹂皖練團保境嗣從官軍克柘皋三河被重創改隸淮軍吳長慶麾下同治改元李鴻章督兵上海檄德慶探賊盡得其虛實大破賊新橋時總兵程學啟被圍復從長慶疾擊之圍解自是官軍連下十餘城德慶戰常陷堅積勛至守備水陸軍規蘇州德慶一軍爲游兵蘇城既下從克無錫金匱移師援浙助擊平湖乍浦海鹽據寇棄城走澉城寇來犯迎擊敗之彈貫右臂裹創克嘉善攻嘉興從劉銘傳克常州徇下宜荆溧太嘉諸邑晉參將再從郭松林援浙克湖州援閩克漳浦東捻平擢總兵防直東運河銘傳困西捻黃運間德慶領所部橫擊之西捻平晉提督賜號烈勇巴圖魯師旋駐守江蘇歷揚州徙浦口會大旱天長盱眙鹽梟扇亂禽其渠陳紅慶誅之解遣脅從數萬人發粟賑飢駐江陰建議築鵝鼻嘴及下關礮臺光緒二年統淮揚水師疏濬赤山湖埂蕩金陵諸河道十年法越衅起移軍防吳淞增築南石塘獅子林礮臺曾國荃疏薦其設防要隘不避艱險授狼山鎮總兵留防如故皖北飢輸巨金助賑詔旌之十六年罷戍赴本官時通海裏下河縱橫數百里梟寇出沒民苦之德慶盡法懲治姦宄寖息二十七年卒卹如制從祀長慶祠

馬復震字心楷安徽桐城人曾祖宗棟祖瑞辰父三俊均見儒林傳復震年十六襲雲騎尉以祖若父均死于賊誓欲殺寇投詩曾國藩行營國藩奇其才遂檄令增募兵號淮勇初國藩治團練長沙號湘勇李鴻章募兵皖北以淮勇繼之然初不稱淮勇淮勇之名實自復震始國藩困祁門復震扼祁門櫸根嶺次年會軍禦寇石門橋又從攻徽州拔統領唐義訓於重圍迭克黟縣徽郡又大捷屯溪嚴市以解徽州圍大捷孔靈以克績溪祁門復震性剛不能下人人或譏之國藩國藩稍稍戒飭之復震頗責望國藩謂不當用人言戒我迺不我知也會左宗棠率師征浙調復震從攻餘杭比戰皆捷餘杭既克追寇至遂安開化馬金湖州既克追寇至鉛山縣坊湖鎮常爲諸軍選鋒積功至副將宗棠奏其血性過人膽識堅定又好學知書請改文職格於例以總兵隨宗棠剿捻陝西復震自初入軍即誓死滅賊捻平年三十始歸娶事母孝友愛諸弟甚至生有奇委骯髒不平往往至於大醉泣下輒歌詩以自遣海疆日益多事朝廷圖自强創造火輪兵船鴻章任湖廣總督遂委復震管帶操江船則益研求西國水師兵法鴻章督直隸調巡北洋時國藩爲兩江總督仍令往來南北且合疏薦復震沈毅有爲足勝海疆專閫光緒三年簡授陽江鎮總兵已前卒月餘年未四十於是鴻章念其積勞久且興淮軍及海上兵船復震皆首其事迺奏請優卹著有莪園詩鈔又嘗從寇中攜父殘稿出展轉兵間卒請宗棠序而刊之爲馬徵君遺集

程文炳字從周安徽阜陽人初結鄉團自衞年十八投袁甲三軍領馬隊爲選鋒戰輒冠其曹洊升至守備從克定遠破湖濤寇圩補潛山營游擊同治二年率所部二千人駐蒙城會苗沛霖搆捻來犯相持八閱月大小百十戰數獲勝已而捻酋葛小年擁衆可數萬殊死鬭蒙圍益急與布政使英翰內外夾擊大敗之僧格林沁軍至誅沛霖文炳會諸軍擒小年等駢僇之皖北始稍靖四年夏任柱賴文光復入皖英翰頓雉河集與寇相持五十餘日饋糈不繼兵疲僅文炳邀擊之軍士戰稍卻語所部曰此生死呼吸之際汝輩尚不力耶軍令在不汝恕策馬陷陣將弁繼之呼聲振天寇披靡追戰至夜分左臂中矛傷裹創力戰寇憚之援至因大破虜論功擢總兵五年補貴州清江協副將駐軍皖北朝命英翰撫皖初文炳以軍事與英翰不相能至是稱疾不出英翰之母賢諸將自史念祖以下均母事之英翰以母命召文炳至則拜牀下誓捐前隙共生死比出即檄統前敵師于是時捻騎飄忽成流寇李鴻章既定圈河策文炳統皖軍萬五千人與總兵張得勝等進擊東捻勢蹙任柱死其黨四散大呼文炳名求降鴻章逮降卒問故僉曰昔皖北善後程公以身家保鄉人今我輩窮而乞憐必能拯我其信義孚人如此英翰上其功擢提督六年西捻張總愚北犯詔文炳率師入直會剿逾歲敗之滹沱河各軍至捻狂奔爭先渡河棄騾馬貲糧河干文炳下令軍中曰速濟追賊敢取物者斬於是皖軍先渡躡賊而南斬馘無算西捻平賞黃馬褂還駐亳十二年授江西九江鎮總兵光緒二年移疾去明年秦晉大饑捐巨貲佐袁保恆辦賑濟民獲甦五年起署壽春鎮旋補官南贛九年擢湖北提督綠營廢弛久文炳既受事實行加餉汰練法軍容一振莅官十載遭本生繼母憂終喪會中日戰事起詔趣赴京至則命統皖軍駐守張家灣尋授福建提督二十五年入覲假歸明年拳亂作詔福建江南浙江安徽江西勤王軍受節度赴彰衞懷備守禦又明年提督長江水師目睹船械窳敝迺牒商劉坤一張之洞改用快槍調師船二百編爲游擊備策應又以師船

舊礮不能擊遠與緣江各省籌易快礮增餉益師軍威始壯宣統二年卒年七十有七先是詔疆圉諸臣條陳時政文炳洞見新軍癥結具疏未上俄病篤命繕入遺摺中分編兵籍節餉精增額闢造器械變操法五事上嘉其老成謀國下所司行優詔褒䘏予本籍及立功省分建祠諡壯勤

方耀字照軒廣東普甯人咸豐初隨其父原治鄉團所部多悍勇嗣投官軍征土匪有功補把總自是連克淸遠廣甯德慶截擊連州竄匪總督黃宗漢疏薦謀勇冠軍敘都司賜號展勇巴圖魯九年髮寇陳四虎侵廣甯土匪四應耀入自英德會水師抵三峽沈賊船水路始通進解陽山圍擊退婆逕黃陂各匪匪奔韶州復大破之十年從克仁化南雄總督勞崇光倚以破賊令援贛連下安遠平遠十一年援閩疆下武平永定時僞輿王陳金缸陷信宜數犯高州耀還軍助擊大敗之同治二年肇羅寇氛熾客匪衆至十餘萬耀與副將卓興以所部八千人夾擊之迭破巨壘焚其屯糧其黨鄭金斬金缸以降鄭金即鄭紹忠也高州平晉副將三年赴平遠八尺墟坐縣城失守進兵遲誤暫褫職時髮寇丁太陽分據武平耀自平遠進逼奮擊退之又設伏誘敵乘勝徑斫賊營大潰城賊亦驚走遂克武平而丁賊猶據永定負固不下耀進圍之詗知賊將赴金砂隱卒以待賊至伏起賊返奔追襲之奪城外礮樓土壘俯瞰城中日夜下擊賊尸山積啓東門遁復故官四年僞康王汪海洋竄大埔耀還軍扼守遇僞侍王李世賢血戰三晝夜以少擊衆大敗之復與紹忠會師入閩連克平和詔安長樂鎭平而餘匪嘯聚和平者勢猶盛耀以無備再褫職旋收嘉應復官七年授南韶連鎭總兵調署潮州潮俗故悍械鬭奪敓以爲常甚且負嵎築寨拒兵抗糧耀以爲積匪不除民患不息迺創爲選舉清鄉法先辦陸豐門案明正其罪潮人始知有官法陳獨目結會戕官謝奉章恃險擅命並捕治之潮民遂按堵暇輒盤占產征逋賦丈沙田潮稅歲增鉅萬又禦水患以保農田建書院以育俊秀士民頌之總督瑞麟狀其績以上賞黃馬褂光緒三年調署陸路提督五年還本官治潮州南澳碣石軍事九年法越搆兵充海防全軍翼長改署水師提督越二年實授營率師出擣盜穴廣惠安謐十七年卒䘏如制耀身矯捷履山險若平地眼有異光暮夜擊檢靡弗中以故粵中諸匪咸憚之紹忠籍三水始隨金缸爲寇既自贖提督昆壽許領其衆爲一營號安勇克廣西岑溪賞都司銜始更名永定大埔之役與有功數遷至副將權羅定協寇據嘉應其黨譚光明等殊死戰紹忠扼守長沙墟寇至擊卻之城寇悉衆出併力追擊禽渠率城拔以次征肇慶思平諸匪賜號敢勇巴圖魯平五坑客匪更勇號額騰伊自是察匪所向捕之不二年擢提督補潮州鎭總兵光緒二年搜治欽州靈紹積匪晉秩頭品五年攻克瓊州儋臨賞黃馬褂十年權陸路提督粵故多匪山忠頗善治之攻剿偏粵境轉戰閩桂匪爲斂跡十五年授湖南提督十七年還綜廣東水師二十年加尙書銜越二年卒䘏如制鄧安邦廣東東莞人以勇目積功至守備同治三年從耀等克武平四年汪海洋陷鎭平圍平遠安邦赴援抵城下飢疲甚雜食薯芋卒解城圍再敗賊大柘超竹嘉應陷與諸軍截殲之晉游擊賜號銳勇巴圖魯遷參將光緒三年補淸遠營游擊明年匪首歐就起煽擾佛岡廳安邦約紹忠內外合攻復其城獲就起寘之法十二年授湖州鎭總兵十四年卒

論曰自髮捻起各省興團練淮皖爲盛實淮勇之始也東才以下諸人初皆起鄉團其後或隸豫軍或隸淮軍皆先後著戰績爲時所稱方耀以粵團歸官軍善戰兼謀勇尤善治盜民多感頌茲故並著之

清史稿　列傳二百四十五

徐延旭　唐炯

何璟　張兆棟

徐延旭字曉山山東臨淸人咸豐十年進士出知廣西容縣師克潯州與有功累晉知府同治九年除知梧州光緒三年遷安襄荆鄖道八年晉廣西布政使命督辦海防得專奏事時法人謀占全越巡撫張之洞侍讀張佩綸先後疏薦堪軍事會南定陷朝命出鎭南關與提督黃桂蘭道員趙沃籌防未行越官劉永福戰勝懷德府紙橋狀其績以上九年出關至北甯而還駐龍州被命爲巡撫敕趣永福規河內延旭上部署防守狀略云固廣西邊疆必守北甯固雲南邊疆必守山西左軍前鋒分駐北甯涌球去城止十二里一旦有事援之則無辭於法聽之則有愧於越不如徙軍入城城固我儲糧屯戍所也並簡銳阸浪泊湖北岸爲山西聲援別募勇百人扼月德江與陸軍相表裏附請吏部主事唐景崧留軍初法人犯順安越未敗遽乞和延旭奏言越人倉卒議和或謂因故君未葬冀緩須臾或謂因廢立嫌疑朋與黨禍越臣黃佐炎等錄寄和約越誠無以保社稷中國又何以固藩籬劉永福見駐山西法人擬益師往攻請無徽兵用警戒備越王阮福昇嗣位遣使告哀並懇允其詣闕乞封復具和約二十七條及黃佐炎稟上之樞府左宗棠檄前布政使王德榜募勇扼桂邊朝命受延旭節度其冬力疾再出關駐諒山趣軍進取分襲海陽嘉林綴敵勢並請撥船嚴扼海口斷其出入諭仍力守北甯於是令左軍黃桂蘭右軍趙沃協防其地適山西陷延旭猶慮兵力薄復遣使入關募勇通營五十餘營厚集於此隨令廣間諜安地營禁擾民嚴冒餽然沃等皆寡識桂蘭尤侈汰與越官張登壇日事宴樂登壇故通法嗣以有卻洩其事上命延旭罷登壇或囚而殺之延旭以力不能制而止日唯籌軍火濟師以爲兵力厚可恃以無恐桂蘭復希風指侈談部下能戰延旭益信之遂六上書請戰上不許敕保守未失陷地毋貪功十年法軍陷扶良三路攻北甯桂蘭潰奔太原李鴻章電奏失守延旭猶上言西蹤滇軍東防江口北甯斷無他虞上責其飾詞會岑毓英抵保勝部署邊外各軍遂命延旭軍屬之初延旭之任西撫也未及兩月亦知桂蘭等未可恃嗣以臨敵易將操之急易生變以故誥誡備至而桂蘭等且縱兵剽敓越民不堪命忿滋甚是役也羣反噬城迺陷延旭上其敗飾狀並自糾請治罪上怒詔革職留任法軍乘勝入芹驛關復命力扞之毋再失延旭以景崧護軍收殘兵更約束令駐屯梅時諒江朗山狼甲相繼屠潰諒山教民且蠢焉思動延旭鑒覆轍嚴禁防軍向越官索夫米有伐一草一木者斬越民仍不知感適德榜至勸延旭勉自支振圖再舉於是更嚴勒粵軍仿楚勇制力求後效而逮問之命下吏議斬監候改戍新疆追論舉主之洞佩綸均被訶責延旭未出都病卒子坊自有傳

唐炯字鄂生貴州遵義人道光二十九年舉人訓方子訓方督師金口炯馳數千里省視越夕難作倉皇奉遺疏謁曾國藩得代奏武昌復求遺骸歸葬桐梓亂民起治鄉團禦之服闋入貲爲知縣銓四川咸豐六年署南溪値滇寇李允和蠢動藍朝柱應之陷敘州吏士皆恐炯迺訓練兵壯晨夜儆循人心稍靖有爲寇所獲者縱之還曰爲我語唐青天決不犯南溪一草一木炯領兵偪弔黃樓單騎入營諭以利害朝柱款附允和改犯犍爲炯馳救壁不動俟其懈乘之寇狂奔自相轔藉旋與楚軍解成都圍八年檄署綿州事時郫彭軍事棘調還省防守炯謂得黑窩盜虛實請限八日畢迺事果如所言除知夔州未上踰月允和圍綿城炯掘壕登陴民助貲糧炯居城三月不下誓死守援至圍始解已而湘黔軍閧州署駱秉章劾罷之事白仍治軍同治改元統安定營會石達開圍涪州與劉嶽昭期會師擊走之其夏石黨竄綦江炯聞警馳援燔其壁寇潰大破之長甯以疾還成都秉章詢寇勢時寇退滇邊聲入黔炯曰此誘我軍東下耳彼必走夷地乘虛入川甯越宜警備俄而寇入紫地復請遣唐友耕軍大渡河扼之達開返西岸退爲倮夷所窘食盡乞降梟誅之明年權綏定府屬邑爲八路路若干場場若干寨置寨總行記善惡法月朔上其簿覈判之又立書院二社學八十餘境內稱治下其法他縣甚二年赴陝佐治營田捻首張總愚犯新豐大敗之六年四川總督崇實命率師入黔黔患貧瘠崇實先問以理財策炯曰理財莫若節用節用莫若裁勇裁勇莫若援黔崇實然其言遂以軍事屬之連破偏刀水上大平黃飄白堡禽斬王超凡劉儀順降潘人傑唐天佑皆積寇也又克平越甕安黃平清平麻哈遷道員賜號法克精阿巴圖魯嗣爲吳棠所劾還蜀光緒四年丁寶楨督四川令佐治鹽筴旋補建昌道六年署鹽茶道條上善後六事謂發引必先新後舊徵稅必先課後引收發鹽引責成鹽道改代引張責成州縣繳殘則嚴定限期辦公則優給公費議行凡百餘年引目渾殽款項轇轕諸弊至是盡革語具鹽法志八年張之洞張佩綸先後奏薦堪軍事於是擢雲南布政使炯率川軍千人駐關外滇軍悉歸節度既莅事裁夫馬治廠務併釐卡淸田糧民困少蘇法人奪我越南被命赴開化防守即於軍前除巡撫誤聞將議和亟還省履任上大怒褫職逮問刑部定讞斬監候久之上意解三歷秋審赦歸左宗棠臚其治行上於朝命戍雲南交岑毓英差序十三年賞巡撫銜督辦雲南礦務借日本礦師躬履昭通東川威甯銅鉛各廠疏陳變通章程又歷請減免貴州鉛課豁免雲南礦廠官欠民欠並報可惟經營

十五年僅歲解京銅百萬斤爲時論所譏三十一年謝病歸三十四年以鄉舉重逢賞太子少保銜歲卒年八十卹如制

何璟字小宋廣東香山人父曰愈見循吏傳璟道光二十七年進士選庶吉士授編修轉御史咸豐七年英人陷廣州總督葉名琛獲譴罷而巡撫柏貴等罪相埒譴弗及時論譁然璟迺分別上其謬誤狀明年英艦入津沽疏陳戰守要略先後抗論外務疏凡八上遷給事中十年出爲安徽廬鳳道同治二年遷按察使捻至與總兵喻吉三隨方應禦寇不得逞四年晉湖北布政使逾歲到官值黃陂飢嘆民就食江漢便宜發帑金濟之九年擢福建巡撫歷山西江蘇遭父憂服闋起閩浙總督光緒三年備日本議起治海防飭戎政其夏患水祲日坐城上督拯難民凡閱七晝夜醵金恤之水退濬洪塘江導支流入海後患稍殺五年兼署巡撫時日本議廢琉球數以兵艦浮閩遏璟以臺灣地當要衝基隆尤扼全臺形勝迺調集輪船增募兵勇建築礮臺備不虞九年法越事起海防戒嚴璟令總兵張得勝等分扼諸郡提督孫開華等分扼臺澎並檄楊在元署臺灣鎮助防守明年又上福廈臺營船募卒狀上皆勗厲之已而會辦軍務張佩綸至事皆專決視璟等若屬吏又嚴劾在元貪謬璟坐疏忽干吏議以是益畏事之不敢爲異同佩綸調舟師衞船局璟亦以礮布衞署自衞廷旨以閩事亟諄諄諭固守遠戰書至璟告佩綸曰明日法人將乘潮攻馬尾矣佩綸弗聽舟師大挫璟欲馳援而臨浦無舟可濟株守省城卒致閩事日壞然猶左袒廣勇雖逃不問頗爲時訾議迺飛章自劾而廷旨已先召還京尋御史亦劾其闒冗部議褫職十四年卒

張兆棟字友山山東濰縣人道光二十五年進士銓刑部主事累遷郎中出知陝西鳳翔府莅事三月而回寇竊發迺募鄉兵捍之無何城被圍寇且掘長濠圖久困兆棟晨夕登陴慰勞守者寇轟潰西南城蟻附上兆棟躬冒矢石戰甚力寇不得逞益固結紳民誓堅守閱十有六月援師至圍始解超授四川按察使咸豐四年調廣東遷布政使左宗棠治軍嘉應餽餉阻絕兆棟殫心籌畫給食不乏歷安徽江蘇皆稱職九年擢漕運總督時運河久廢不治兆棟慮海警阻漕爲上治河濟運狀稱旨十一年再調廣東粵俗嗜博闈姓害尤烈疏請禁止報可而總督英翰曲徇商人請弛其禁兆棟劾之落職遂兼攝總督事禁益嚴終其任粵吏無敢言闈姓者光緒四年母憂歸服闋起福建巡撫十年法越事起法艦窺臺閩張佩綸銜命會辦閩防軍務兆棟畏其鋒曲意事之日謁如衙參佩綸虛飾勝狀詔發萬金犒兆棟軍兆棟且疏劾大員謀遁意指何璟也朝旨令據實以聞已而事亟已亦微服匿民間數日略定復出任事璟罷兆棟兼總督朝廷論馬尾失守罪褫職十三年卒於閩宣統元年復官

論曰法越初搆釁號識時務者爭上書抗慨言戰未及旬時延旭敗退廣西炯棄關外新安行營何璟兆棟懾張佩綸之氣勢怯懦而無所主事急皆遁方其互相汲引不恤舉疆事以輕試及其敗也其黨益肆言熒聽而此數人者遂得保首領以沒朝廷固寬大亦失刑甚矣

清史稿 列傳二百四十六

馮子材 王孝祺 蔣宗漢 陳嘉　蘇元春 馬盛治
王德榜 張春發 蕭得龍　馬維騏 覃修綱 吳永安
孫開華 朱煥明 章高元 蘇得勝　歐陽利見

馮子材字翠亭廣東欽州人初從向榮討粵寇補千總平博白賜號色爾固楞巴圖魯改隸張國樑麾下從克鎮江丹陽嘗一日夷寇壘七十餘國樑拊其背曰子勇余愧弗如積勛至副將國樑歿代領其衆取溧水擢總兵同治初將三千人守鎮江時江北諸將多自置卡榷釐稅子材曰此何與武人事請曾國藩遣官司之所部可二萬饟恆詘無怨言莅鎮六載待士有紀綱士亦樂爲所用寇攻百餘次卒堅不可拔事甯擢廣西提督賞黃馬褂予世職赴粵平羅肅移師討黔苗克全茗感墟九年出鎮南關攻克安邊河陽凱旋再予世職光緒改元赴貴州提督任七年還廣西明年稱疾歸越二年法越事作張樹聲薦其治團練遣使往趣駕比至子材方短衣赤足攜童叱犢歸啟來意卻之已聞樹聲賢詣廣州適張之洞至禮事之請總前敵師干衞粵桂逾歲朝命佐廣西邊外軍事其時蘇元春爲督辦子材以其新進出己右恆悒悒聞諒山警亟赴鎮南關而法軍已焚關退龍州危棘子材以關前隘跨東西兩嶺備險奧迺令築長牆萃所部阨守遣王孝祺勤軍軍其後爲犄角敵聲某日攻關子材逆料其先期至迺決先發制敵潘鼎新止之羣議亦不欲戰子材力爭親率勤軍襲文淵於是三至關外矣宵薄敵壘斬虜多法悉衆分三路入子材語將士曰法軍再入關何顏見粵民必死拒之士氣皆奮法軍攻長牆亟次黑兵次教匪礮聲震山谷槍彈積陣前厚寸許與諸軍痛擊敵稍卻越日復涌至子材居中元春爲承孝祺將右陳嘉蔣宗漢將左子材指麾諸將使屹立遇退後者刃之自開壁持矛大呼率二子相榮相華躍出搏戰諸軍以子材年七十奮身陷陣皆感奮殊死鬭關外游勇客民亦助戰斬法將數十人追至關外二十里而還越二日克文淵被賞賚連復諒城長慶禽斬三畫五畫兵總各一乘勝規拉木悉返侵地越民苦法虐久聞馮軍至皆來迎爭相犒問子材招慰安集之定勦蕩北圻策越人爭立團樹馮軍幟願供糧餉作鄉導北甯河內海陽太原競響子材亦毅然自任於是率全軍攻郎甲分兵襲北甯而罷戰詔下子材憤請戰不報迺挈軍還去之日越人號泣遮道子材亦揮涕不能已入關至龍州軍民拜迎者三十里命督辦欽廉防務會辦廣西軍務晉太子少保改三等輕車都尉十三年討平瓊州黎匪降敕褒嘉調雲南提督稱疾暫留二十年加尚書銜值中日失和命募舊部至江南待調發和議成還防二十二年赴本官二十六年入省籌防會拳亂作請募勁旅入衞上嘉其忠勇止之逾歲調貴州二十八年病免明年廣西土寇蠭起岑春煊請其出治團防方募練成軍率二子以進而遘疾困篤未幾卒年八十六謚勇毅予建祠子材軀幹不逾中人而朱顏鶴髮健捷雖少壯弗如生平不解作欺人語發饟躬自監視偶稍短即罪司軍糈者治軍四十餘年寒素如故言及國樑輒涔涔淚下人皆稱爲良將云王孝祺本名得勝安徽合肥人初入淮軍以敢戰名從李鴻章規三吳積勛至守備又從張樹聲克常昭諸城釋平湖圍歷遷副將論克宜荊溧嘉常功擢總兵賜號壯勇巴圖魯從援浙連下湖州長興是時樹聲弟樹珊攻湖北德安陣亡坐失主將貶秩戰敗東捻復故官西捻平晉提督更勇號爲博奇旋赴山西防河大搜馬賊值晉飢斥家財以濟民德之賊所竄匿輒先詗以告事甯賜頭品秩光緒六年樹聲督兩廣奏自隨歷署潮州碣石總兵九年徙右江鎮主欽廉防務明年潘鼎新來乞師領勤軍赴龍州而鼎新已遁迺從子材詣鎮南關截潰勇宵襲文淵入街心馬蹄亟易騎率死士繞山後攀崖上破二壘俄而法軍分路入直攻關前隘復自後路仰擊敵稍卻李秉衡集諸將舉前敵主帥孝祺曰今無論湘粵淮軍宜並受馮公節度秉衡稱善右路者西嶺也其部將潘瀛袒臂裸體衝入敵陣故傷亡獨多至日暮孝祺擊敗之奪三壘而還攻諒城瀛執幟先登併力克之城復取太原予世職明年授北海鎮總兵二十年賞雙眼花翎逾歲謝病歸越四年卒卹如制陳嘉字慶餘籍廣西荔浦從蘇元春征黔苗累勛至副將賜號訥思欽巴圖魯平六硐擢總兵調赴湖南守寶慶鼎新撫廣東嘉引兵從抵思恩值土寇嘯亂計禽其魁莫思弼誅之法越之役率鎮南軍出關阨谷松敵至礮甚猛退頓堅老已而戰船頭陸岸皆捷法軍據紙作社師設伏誘之嘉出挑戰敵悉衆迎拒戰方酣元春隱兵起斬法將四人兵二百八十餘捷入賞黃馬褂授貴州安義鎮總兵未幾法軍大舉寇堅老壘戰數晝夜被重創仆地左右掖之去既覺麾刀叱退仍奮擊敗之逾歲法軍薄長墻左路即東嶺嘉爭其三壘宗漢繼之七上七下嘉被創者四氣不少沮孝祺自西來援合擊之遂奪還以次復文淵諒山進規谷松力疾赴前敵詔嘉之賜頭品秩予世職創發卒於軍年未五十謚勇烈蔣宗漢籍雲南鶴麗同治初回寇入境方居憂其酋馬金寶偪令受先鋒印佯以終制辭潛歸里至江干無舟可濟追騎將及仰天祝曰苟得留身報國當建此橋果得浮槎以免既貴成金龍橋亘數百丈行旅至今賴之初隸楊玉科麾下每戰輒爲先鋒從攻豬供箐其下有吳家屯爲寇儲糧地備與阻宗漢間道得大溜口率死士百縋幽鑿險忍飢抵壁下置藥桶設伏線潛出約師火發大敗之繇是知名又從玉科迭下各郡邑積勛至副將賜號著勇巴圖魯戰小圍埂勒馬挺矛當者輒靡岑毓英見而歎曰眞虎將也大理平擢提督賞黃馬褂攻錫臘順甯皆先據要險設伏敗敵人皆謂其善謀云事甯更勇號圖桑阿克雲州署騰越鎮總兵攻克烏索授順雲協副將光緒改元英繙譯官馬嘉理入滇邊抵戶宋河遇害坐疏防鐫秩付鞫明年復騰越起副將五年靖遠平復故官法越之役率廣武軍出關功與嘉埒和議成賜頭品秩除貴州遵義鎮總兵二十年賞雙眼花翎二十六年署提督調雲南越二年還貴州予實授明年卒予建祠

蘇元春字子熙廣西永安人父德保以廩生治鄉團禦寇被害州人建祠祀之元春誓復仇從湘軍同治初隨席寶田援贛皖粵累功至參將假歸六年領中軍征黔苗破荊竹園賜號健勇巴圖魯連克要隘更號銳勇八年統右路軍值思州苗犯鎮遠復擊卻之進復清江擢總兵黃飄之役黃潤昌戰死元春馳救亦敗退干吏議克施秉復故官九年攻施洞拔九股河又改法什尚阿勇號薄台拱苗遁走晉提督明年復丹江凱里軍威益振賞黃馬褂以次下黃飄白堡驛道始通逾歲循清水而南所至輒靡惟烏鴉坡猶負固復自東南破張秀眉

砦殘苗將北走黔軍遏之河干元春麾軍馳之截寇爲二斬數千級降三萬餘人苗砦悉平元春留頓其地撫降衆論功予雲騎尉全滇底定賜頭品秩光緒初平六硐及江華猺被賞賚十年和議中變法人大舉攻桂軍潘鼎新薦其才詔署提督遂率毅新軍駐谷松取陸岸壘戰五晝夜上嘉其勇命佐鼎新軍再予騎都尉規紙作社敵緣江築壘夜將半師設伏誘之其左樹木幽深元春隱兵其中敵至於是夾擊大破虜既而法人犯谷松師連戰失利敵燬鎭南關元春出隴窯禦之不克退幕府當是時自南寧至桂林居民大震鼎新罷免遂命主廣西軍事十一年法人寇西路元春趨艽封截之迺引去俄攻關前隘失三壘元春亟馳救詰朝助子材阸中路大捷語具子材傳長驅文淵元春踵至諒知敵據驅驢墟乘其未整列逐之敵奪門走進阸觀音橋而停戰詔下諸軍分頓關內元春駐憑祥居中調度和議成授提督晉三等輕車都尉又改額爾德蒙額勇號還龍州其南曰連城號天險建行臺其上暇輒取健兒練校之授以兵法西四十里即關崇山相峦一道中達元春相形勝築礮臺百三十所屬統將馬盛治鎭之鑿險徑闢市場民殖憧忭復自關外達龍州創建鐵路百餘里增兵勇設製造局屹然爲西南重鎭加太子少保晉二等輕車都尉二十五年入覲命赴廣州灣劃界前後鎭邊凡十九年閱時久師律漸弛兵與盜合而爲一蔓滋廣朝命岑春煊督兩粵治之御史周樹模劾元春兇饑縱寇敕春煊按覆春煊謂不斬元春無以嚴戎備詔奪職逮訊初湘軍舊制軍饑月資衣食外餘存主將所備緩急歲餘迺給之名曰存饑元春莅邊凡所設施不足移十二萬濟之刑部擬以斬監候獄急元春請以應領公款十六萬備抵償於是部再疏其狀謂其父死雖例得減詔戍新疆元春軀幹雄碩不治生產然輕財好士能得人死力嘗與法人接獨持大體金龍峝者安平土州地爲中越要隘法將據之與爭不決而游勇萬人恒出沒爲法患法莫能制其總督入關來求助元春悉召至賚遣之金龍七隘卒歸隸法商李約德爲寇所掠總署慮啟衅以屬元春元春簡驍從詣山下寇聞送之出時元春已積逋二十萬或勸其請諸朝元春欸曰吾任邊事致外人蹈絕險尙敢欺朝廷要重利乎卒不可法感其義贈寶星既入獄年已六十矣無子幕士董翻左右之法總統聞其狀急電公使端貴等謀緩頰翻齎具以告元春曰法吾仇也死則死耳藉仇以乞生是重辱也君爲我謝之居戍四年御史李灼華疏其冤事下張人駿廉得實請釋歸而已卒於迪化貧無歛新疆布政使王樹枏爲治其喪宣統改元復官子承賜戍所生馬盛治字仲平籍廣西永安以孝著初隨席寶田征黔苗積功至游擊賜號壯勇巴圖魯苗疆平更勇號哈豐阿遷副將從克六硐擢總兵越事急遂率師出關時宣光太原牧馬潰勇索饟譁變盛治輕騎往撫汰弱留強軍紀以肅逾歲法人悉銳至腹背受敵盛治具餱糧間道繞敵前與元春諸軍夾擊之遂復南關克文淵諒山長慶瀬有功賞黃馬褂光緒十二年除柳慶鎭總兵仍統邊軍佐元春築礮臺設厰市賞雙眼花翎二十一年會辦中越界務連破西林鬱林諸匪晉提督二十八年移署左江鎭南寧各屬故盜藪至即麾軍搜剿寇聞風遁遂檄所屬練團築卡堅壁淸野寇大困其酋黃和順等猶嵎負官軍攻隴賴遇伏槍彈雨墜盛治被重創衆掖之出旋卒盛治居邊十七年元春倚如左右手元春尙寬而盛治濟以嚴邊境賴以寧謐卒年五十八謚武烈予思恩南寧建祠

王德榜字朗靑湖南江華人咸豐初粵寇擾境與兄吉昌毀家起鄉兵戰數利五年援江西攻奉新吉昌戰死德榜領其衆誓復仇七年論克瑞州功敘經歷州同明年從將軍福興援浙復衢處各城擢知州又明年從援安徽克婺源遷直隸州知州援例加道員其夏殲賊浮梁景德鎭十年平廣信寇遁入浙徙防玉山歸左宗棠節度十一年李世賢李秀成先後來犯並擊卻之賜號銳勇巴圖魯同治改元所部譁變又不稟宗棠命私越境駐廣豐褫職留軍尋還浙世賢犯遂安出常山華埠截之會宗棠耀兵龍游令阮全旺世賢遺驍賊分道馳救德榜自右路夾擊皆愕走城寇猶未下逾歲偪城南築三壘寇夜遁復官移師浮梁連下崇光陽溪諸渡三年釋廣信圍其秋復東鄉長驅江山玉山廣豐鉛山所至皆下擢按察使是時世賢合汪海洋出入江廣邊連陷龍巖南靖漳州德榜將二千五百人馳援合劉典軍爲西路軍攻莒溪克之四年春授福建按察使復古田攻南陽師少卻俄而海洋率黃白號悍黨可二萬列田壠典先入德榜爲承奮擊之寇返西岸德榜追至下車海洋下馬痛哭其黨挾之走黃白號衣者海洋所蓄死士號無敵至是喪失過半矣四月邀擊世賢於安溪進攻烏頭門復漳城馳大埔郭揚維率四千人降乘勝克南靖易勇號曰達沖阿遷布政使十月援嘉應頓塔子坳與諸軍環偪之追寇寇返奔時宗棠軍大埔麾下止八百人勢岌岌亟召德榜阸三河壩地當潮州要衝皆山道絕澗德榜至察地勢度寇必不往且主帥軍孤懸寇直犯必不支迺請當中路卒與典軍出寇前遏之十二月復嘉應誅海洋捷入賞黃馬褂六年遭父憂歸十年八月宗棠征河州回德榜詣軍所綜營務時黑山壘林立勢張甚德榜率二千人自狄道渡洮以石鼓墩左拂黑山右阸邊家灣形便控駕迺築二壘其上與諸軍痛擊寇壘悉平進駐迺南三甲集率騎越山南下大破之剿東鄉抵陰窪泉遇伏下馬督戰寇潰迭克要害寇併入謝家坪十一年傅先宗戰歿新路坡德榜接統其軍申明紀律誅將弁先潰者六人士氣復新羌地曠夙患狼往往百十成羣夜入幕帳噬人德榜令將士習獵搜捕狼患減甘南既平撫降回十餘萬濬狄道河渠獲沃壤百餘萬畝降敕褒嘉賜頭品秩光緒元年母憂解職六年再赴新疆以舊部駐張家口七年入京教練火器健銳諸營兼興畿輔水利十年越南事亟率師赴難抵龍州募新軍八營號定邊軍單騎詣諒山謁徐延旭陳方略令提督張春發分兵駐朝陽山半隴山左右何秀淸等駐驅驢墟通餌道而自領兵赴鎭南關北寧陷權廣西提督戰豐谷敗蘇元春不往援德榜銜之以故元春敗於谷松亦不往救德榜自負湘中宿將與督師不洽潘鼎新責其戰不力劾罷之以所部屬元春九月復被命赴那陽進偪船頭戰數捷明年軍油隘法軍犯長墻出師夾擊據文淵對山壘戰數日殺傷略當越日陳嘉爭東嶺三壘德榜擊其背克之是日晨出甫谷敵援至衝截爲二部將蕭德龍及春發戰最勇殲法軍百餘人獲糧械無算敵被截大潰已復合諸軍攻諒城法軍阸驅驢墟地故有德榜舊壘堅且緻平明德榜殲其六畫兵總一諸軍繼之城復谷松敵勢仍悍又殲其三畫兵總一於是法人大潰悉返侵地復故官被賞賚尋移疾去十五年授貴州布政使十九年卒卹如制張春發字蘭陔江西新喻人初隸劉松山麾下充探騎瀕有功累遷至副將賜號傑勇巴圖魯從征陝回規甯靈戰常陷堅擢總兵金積堡寇決渠掩我師春發開溝築隄引流反灌破壘二百餘更勇號曰哲爾精阿復巴燕戎格及河州晉提督光緒二年從劉錦棠取迪化連克瑪納斯達坂托克遜賞黃馬褂進復西四城予世職五年安集延布魯特入寇春發度幕趨博斯塘特勒克搗其巢逐北至俄境法越肇衅從德榜奪東嶺法援大集彈入右額貫左頰裹創力戰大捷除廣西右江鎭總兵署廣東陸路提督賞雙眼花翎二十一年平永安長樂匪予實授二十六年調湖北逾歲徙雲南魏光燾劾其營務廢弛論戍三十二年張之洞白其誣復官綜兩江營務宣統三年病免旋卒春發治軍嚴嘗云兵佚則驕惰以故朝夕躬訓練暇輒使濬河流平道路然木訥寡文疏酬應同官先施者恒不答禮且往往氣淩其上卒以此叢忌焉得龍籍湖南藍山咸豐初從援贛浙積勛至提督調赴閩克南陽漳州攻嘉應寇遁追扼北溪大敗之賜號博奇巴圖魯光緒初移師甘肅克東鄉太子寺越事危棘與法人戰南關殺傷略相當奪東嶺三壘功最賞黃馬褂事甯署莊浪協副將創發卒於官予優卹

馬維騏字介堂雲南阿迷人少從岑毓英軍征回寇積功至都司捕盜尤有名越南事亟又從毓英出關以偏裨當一路法越之戰滇軍多有功而以維騏及覃修綱吳永安爲著師攻宣光垂克法援大集劉永福軍維騏銳身馳救鏖戰二晝夜擊卻之從攻臨洮功最遷副將賜號博多歡巴圖魯光緒十三年襲攻猓黑間道濟瀾滄江賊驚潰斬其酋張登發闢地千里晉總兵頻年越匪亂騷擾各州邑設方略治之邊境以安二十四年除廣東潮州鎭越四年擢四川提督仁壽彭山土寇起焚教堂殺教民勢洶洶岑春煊詆其嫺武略軍事一以屬之用兵數月以次戡定三十一年打箭爐關外泰凝寺喇嘛謀叛率師討平之會巴塘蠢動殺駐藏大臣鳳全川邊大震維騏剿撫兼施克要害禽渠率賜頭品秩黃馬褂趙爾巽督川改編巡防軍奏充翼長訓練士卒創設將弁學堂軍民綏戢宣統二年卒卹如制覃修綱籍廣西西林隸毓英麾下與維騏齊名征回有功累遷至參將賜號勁勇巴圖魯從克雲州晉副將更勇號曰隆武宣光之役修綱獨阸夏和淸波分兵取嘉喩關復招越民九千分頓要隘綴法軍綏旺前接山西興化後達十州三猛爲敵所據出不意襲克之次年永福戰失利軍潰退修綱仍堅持不動戰臨洮斬其二將夜半時率死士短兵搏擊法人大敗乘勝復各郡縣北圻諸省皆響應修綱出奇兵直搗越南中部而奉命罷戍事甯賞黃馬褂署川北鎭總兵仍留滇歷權普洱開化諸鎭坐事免光緒二十五年起甘肅西甯鎭留滇如故三十一年卒予建祠並毓英祠附祀修綱性忠勇官開化久有惠政士民感頌因寄籍文山云吳永安籍雲南廣西州毓英部將中稱驍果以征回功累遷至副將賜號尙勇巴圖魯從克澂江擢總兵平館驛晉提都更勇號曰額特和賞黃馬褂毓英撫福建奏署臺灣鎭未之官憂歸起治雲南邊防法人浮小舟渡沱江永安乘其半濟擊敗之趨宣光留三營阸守而自閒道還興化合岑軍既而諸軍攻宣光與修綱分阸要隘取家喩關攻臨洮戰益利予優敘和議成署昭通鎭討平武定夷匪補鶴麗鎭光緒十九

年卒附祀毓英祠

孫開華字賡堂湖南慈利人少從軍從鮑超援江西戰九江小池口傷右臂援湖北再被創池驛之役夾擊敗敵積勛至守備同治初轉戰皖贛間遷副將克句容金壇賜號擢勇巴圖魯以次攻金溪南豐新城甯都瑞金並下之晉總兵廣東嘉應亂敗賊黃沙嶂降者十餘萬擢提督五年除漳州鎮總兵仍北行追捻入楚其秋赴本官總督文煜累疏薦其才十三年總督李宗羲治江防設霆慶選匯諸營廈門與臺澎對峙勢險要開華以超舊將被命治廈門海防募勇成捷勝軍赴臺北蘇澳營辦開山詔署陸路提督光緒二年率師東渡頓基隆顧北路其時後山阿綿納納社番畔服靡恆開華領所部抵成廣澳量地勢察番情進駐水母丁悍番分路迎拒開華麾軍鏖戰陣斬數人餘敗潰師入高崁直搗其巢潰番併入阿綿其地水湍急聳巘崗礮臺錯列備與岨開華轟擊之縱以火箭復遶道攻其後番駭走遂克之禽其魁馬腰兵等梟於市九日三捷論功賞黃馬褂四年霆慶軍統將宋國永卒開華接統其衆會加禮宛巾老耶畔據鵲子城師攻不克總督何璟以軍事棘令開華進新城許便宜行事開華浮戰艦入自花蓮襲攻後山背四日悉夷諸社斬二百數十級番乞欵縛姑乳斗玩以獻寘之法臺北平被賞賚明年內渡再署提督秋復渡臺九年回任已復出辦臺北防務十年法人來犯時劉銘傳主軍事銘傳故淮軍宿將知開華幹略檄守滬尾初法艦八艘至開華度其必登岸令諸將分伏礮臺後露宿以待部署甫定而敵彈雨至烟燄蔽天偪臺而前開華見勢猛分路截擊自夜至午卻而復前者數四臺既燬短兵接戰開華銳身入手刃執旗卒奪其旗以歸諸軍士見之氣益奮斬馘二千餘級法人遁走歐洲諸國以失國旗爲至辱捷入予世職拜幫辦軍務之命和議成還本官旋予實授十九年卒諡壯武子道仁亦官福建提督同時守滬尾者朱煥明爲最著煥明籍安徽合肥初從銘軍征粵寇積功至游擊平東捻遷副將西捻犯畿疆踣之滄州德平戰數利晉總兵光緒元年臺灣生番騷動從唐定奎往討連破竹坑山內外獅頭擢提督法越之役法軍分道犯滬尾煥明當北路被重創戰益力開華直入擊退之旋移師臺北平番社軍嘉義鹿港土寇數千薄城煥明率三百人與戰殞於陣事聞附祀定奎祠蘇得勝亦籍合肥從銘軍討捻積功至游擊戰常陷堅賜號勵勇巴圖魯屢遷提督法艦寇臺灣從銘傳守臺北戰基隆大捷記名海疆總兵更勇號曰西林滬尾告警銘軍回援於是基隆再失逮滬尾既復得勝還駐六堵規基隆全軍會月眉山曹志忠將左劉朝祜將右得勝居中敵至左路擊卻之逾歲法益兵攻志忠營得勝領數百人往援戰失利提督梁善明陣亡右師亦潰月眉復不守而得勝已先營六堵築城十餘里諸軍獲安相持月餘和議成始開港旋補建甯鎮仍留防滬尾數勦生番感瘴成疾光緒十六年卒於軍妻徐氏絕食殉焉䘏如制妻獲旌章高元亦合肥人初入淮軍累至副將銘傳檄爲騎旅先鋒轉戰魯皖安邱之役以功擢總兵賜號奇車巴圖魯征臺灣晉提督法越事作署澎湖鎮總兵銘傳檄援滬尾滬尾基隆既復論功更勇號年昌阿除登萊青鎮中日失和詔赴前敵駐蓋平日軍來攻戰挫遂退德軍艦襲膠澳被幽旋脫歸稱疾罷拳亂作起署天津鎮徙重慶以病免卒年七十一

歐陽利見字賡堂湖南祁陽人咸豐初入長沙水師轉戰贛皖間積功至游擊同治改元偽護王陳坤書據太平以兵艦銜尾西上環泊花洋上駟渡期水陸並進利見領一軍爲前鋒兼程赴難坤書陽令陸路悍黨擊我師船而陰結筏自下游竊渡利見詗知之率所部長驅乘風浪衝其筏爲二寇大困倚河築壘矢堅守我師水陸分道進利見駛入花山擊其背遲明戰良久寇陣不少動援軍至始退利見進次馬吾街會水師將李朝斌偪花津而陣步騎助之寇潰翼日復戰陸師將周萬倬遇伏被創利見銳身馳救苦戰竟日焚象山寇舍而寇艎棸泊小丹歸護新市鎮利見進石臼湖轟擊之獲其船十二艘遷參將四年攻巢縣偪城東門而軍適彭毓橘軍至燔其筏毀浮橋寇入城利見先登克之遂與霆軍復含山四日連下三城功最賜號强勇巴圖魯調補狼山鎮游擊克嘉定遷副將下太倉崑山新陽晉總兵是時花涇港寇壘林立與吳江震澤寇相犄角利見率師破之毀其船二十艘城寇援絕乞降於是蘇浙路梗蘇寇無固志李鴻章督師合圍利見引兵從迭克要害寇宵遁城復晉提督三年攻嘉興利見率謝世彩等與陸師夾擊麾衆先登自城上發巨礮轟之城寇駴亂城遂拔以次下長興坤書據常州鴻章舉兵西使利見造浮橋渡濠四面環攻坤書就禽中吳大定除淮揚鎮總兵四年捻至曲阜東南走滕嶧渡運東北走蘭山南走郯趨贛榆靑口圖南下朝廷憂裏下河詔備淮揚防於是利見率礮艦四十艘泊清江兼治糈臺七年黃河暴漲利見乘流至德州運防迺固捻雖屢挫然渡運之謀未已盤旋河東上下利見復下駛援應與諸軍環擊捻益不支事甯賞黃馬褂更勇號曰奇車伯光緒六年調福山鎮明年擢浙江提督十年法艦寇福建浙江戒嚴鎮海爲浙東門戶利見以三千五百人頓金雞山防南岸提督楊岐珍以二千五百人頓招寶山防北岸總兵錢玉興以三千五百人爲游擊師威遠靖遠鎮遠三礮臺守備吳杰領之而元凱超武二兵艦泊海口備策應諸將皆受利見節度利見實以兵備道薛福成爲謀主迺量形勢設防禦蒐軍實淸間諜杜嚮導申紀律勵客將布利器部署甫定而敵氛已偪法人狃馬江之役頗輕浙防利見督臺艦兵縱礮擊之法主將坐船被傷數以魚雷突入皆被擊退法艦併力猛進又沈其一敵計窮相持月餘終不得逞事後知主將孤拔於是役殞焉上嘉其功賜頭品秩十五年病免二十一年劉坤一被命援奉天奏調利見赴軍力疾北行卒於道年七十一

論曰法越之役克鎮南復諒山實爲中西戰爭第一大捷摧强敵揚國光子材等之功也開華等復滬尾利見等守鎮海與維駷等偕劉永福之拔宣光並傳榮譽當時挾戰勝之威保臺復越亦尙有可爲獨怪當事者爲臺灣難保之說以自餒其氣致使關外雖利而越南終非我有罷戰詔下軍民解體至今聞者猶有恨焉

清史稿　列傳二百四十七

左寶貴（弟寶賢等）　永山

鄧世昌　劉步蟾（林泰曾等）

戴宗騫

左寶貴字冠廷山東費人咸豐初隸江南軍嘗令當前敵陣既接旗兵中礮殪寶貴持其幟衝鋒入大捷繇是知名獲苗沛霖克金陵頻有功後以游擊從僧格林沁討捻積勛至副將光緒初尚書崇實巡視奉天吉林奏自隨既至斬高希珍於土門誅宋三好於石砬子邊外東北廓清金宮四搆黨圖大舉復捕治之餘燼悉平賜號鏗色巴圖魯晉記名提督授高州鎮總兵仍留奉天平朝陽教匪賞黃馬褂雙眼花翎駐瀋陽二十年朝鮮亂起日本進兵朝議既決戰衛汝貴馬玉崑豐紳阿各率所部往禦之寶貴自奉天來會是爲四大軍虞海道梗迺繞道自遼東行渡鴨綠江入平壤是時葉志超虛飾戰勝狀電李鴻章入告遂拜總統諸軍命於是汝貴玉崑軍南門外大同江志超部將江自康軍北門外小山寶貴任城守未止舍日軍猝至寶貴與豐紳阿擊卻之敵退龍岡分道來攻又敗之志超迺棄全軍爲嬰城計時寶貴扼元武門日軍大隊至志超將潰圍北歸寶貴不從以兵守志超勿令逸寶貴狃於捕馬賊之功頗輕敵日軍舁礮散置山巔諜者以告若弗聞登城指麾中礮踣猶能言及城下始殞其部將負屍開城走遇日軍又棄之於是諸軍皆潰事聞贈太子少保諡忠壯予騎都尉兼一雲騎尉世職子國楫襲弟寶賢寶清先後於直隸奉天勦匪陣亡

永山袁氏漢軍正白旗人黑龍江駐防吉林將軍富明阿子黑龍江將軍壽山弟以蔭授侍衞歸東三省練軍中日戰起從將軍依克唐阿軍率黑龍江騎旅駐摩天嶺永山臨敵輒深入爲士卒先與日軍戰數有功連殲其將既克龍灣乘勝渡草河規鳳凰依克唐阿策襲其城檄永山爲軍鋒偕壽山分率馬步隊深入攻之抵一面山距城八里張左右翼各據一坡以待永山爲右翼尤得地勢敵作散隊伍伍什什冒死前復以大隊橫衝我左翼左翼潰右翼亦不支乃相繼退永山獨爲殿遇伏連受槍傷洞胸踣復强起督戰大呼殺賊而逝事聞諡壯愍予建祠奉天

鄧世昌字正卿廣東番禺人少有幹略嘗從西人習布算術既長入水師學堂精測量駕駛光緒初管海東雲艦徼循海口日本窺臺灣扼澎湖基隆諸隘補千總調管振威艦以捕海盜遷守備李鴻章治海軍高其能調北洋從丁汝昌赴英購鐵艦益詳練海戰術八年朝鮮內亂從汝昌泊仁川爲吳長慶陸軍後距事甯遷游擊賜號勃勇巴圖魯管揚威快艦往來天津朝鮮冬寒冰沍巡視臺廈海防尋充經遠致遠靖遠濟遠四船營務處兼致遠管帶十四年臺灣生番畔以副將從汝昌往討戰埤南毀其碉寨擢總兵時定海軍經制借補中軍副將而以汝昌爲提督其左右翼總兵則閩人林泰曾劉步蟾也汝昌故不習海戰威令不行獨世昌以粵人任管駕非時不登岸閩人咸嫉之二十年夏日侵朝絕海道鴻章令濟遠廣乙兩船赴牙山遇日艦先擊廣乙受殊傷轟濟遠都司沈壽昌守備楊建章黃承勳中礮死濟遠逃日艦追之管帶方柏謙豎白幟追益亟有水手發礮擊之折日艦瞭樓柏謙虛張勝狀退塞威海東西兩

口世昌憤欲進兵汝昌尼其行不果已而日艦集大連灣窺金州我國海軍迺大發泊鴨綠江大東溝以鐵艦十當敵艦十有二汝昌乘定遠居中列諸船左右張兩翼日艦魚貫進據上風汝昌令轟擊距遠不能中日艦小運掉靈倏分倏合彈雨坌集定遠被震大纛仆世昌見帥旗沒慮軍心搖亟取致遠纛豎之戰良久定遠擊沈其西京丸我之超勇燬焉世昌乘致遠最猛驁與日艦吉野浪速相當吉野日艦之中堅也戰既酣致遠彈將罄世昌誓死敵將士知大勢敗陣稍亂世昌大呼曰今日有死而已然雖死而海軍聲威弗替是即所以報國也衆迺定世昌遂鼓輪怒駛欲猛觸吉野與同盡中其魚雷鍋船裂沈世昌身環氣圈不沒汝昌及他將見之令馳救拒弗上縮臂出圈死之其副游擊陳金揆同殉全船二百五十人無逃者經遠管帶總兵林永升超勇管帶參將黃建寅揚威管帶參將林履中並殞於陣事聞世昌諡壯節餘皆優卹世昌既死諸船或沈或逃遂不復成軍世昌臨戰以忠義相激厲死狀尤烈世與左寶貴並稱雙忠云永升等忠義有傳

劉步蟾侯官人幼穎異肄業福建船政學堂卒業試第一隸建威船徼循南北洋資實練同治十一年會考閩廣駕駛生復冠其曹自是巡歷海岸河港所莅輒用西法測量臺灣地勢番部風土尤諳習爲圖說甚晰光緒改元赴歐學槍礮水雷諸技還留福建叙守備以丁寶楨李鴻章論薦擢游擊會辦北洋操防十一年赴德國購定遠艦維時海軍初立借才異地西人實爲管帶步蟾副之已而西人去頗能舉其職十四年以參將赴歐領四快船歸遷副將賜號强勇巴圖魯擢右翼總兵二十年中日戰起海軍浮泊大東溝日艦至督攝諸藝士禦之鏖戰三時許沈敵艦三艘運送銘軍八營得以乘閒登岸論功晉記名提督易其勇號曰格洪額明年戰威海中彈死步蟾通西學海軍規制多出其手顧喜引用鄉人視統帥丁汝昌蔑如也時論責其不能和衷致僨事然華人明海戰術步蟾爲最先雖敗挫殺敵甚衆上嘉其忠烈詔優卹其左翼總兵林泰曾亦籍侯官同爲船政學堂卒業生管鎭遠戰大東溝發礮敏捷士卒用命撲救火彈甚力機營礮位無少損賜號霍春助巴圖魯駛還威海艦觸礁受傷憤恨蹈海死副將左翼中營游擊楊用霖廣東大鵬協右營守備黃祖蓮並殉焉優卹各如制祖蓮等忠義有傳

戴宗騫字孝侯安徽壽州人少以廩生治鄉團捻酋苗沛霖敗陷州宗騫潛結各圩寨以攜貳其黨同治初謁李鴻章上平捻十策深器之遂留參戎幕積勛至知縣十一年治南運河隄工時畿輔興水利計臣慮僨議裁兵宗騫上書略謂津沽爲九河故道漳衛交匯水蓄衍溢宜闢減河洩其勢斯枝河分其漲俾淮練軍治之則兵農合一事半而功倍鴻章以其議上聞遂命董其役成稻田六萬餘畝箸海上屯田志紀其事光緒八年中俄失和吳大澂被命佐吉林邊務奏宗騫自隨大澂兼攝屯政宗騫爲治道路築礮臺設江防徙直東流民假予產業分部護之塞外灌莽千里馬賊爲民患宗騫曰此屯政蠹也率將士步馳八九百里獲渠率王林等駢誅之又以綠邊荒亘戶籍殘耗客民渙居不相顧因令屯聚一處略仿內地保甲杜絕姦宄復設製造局採金廠行之期年商民輻湊大澂上其績狀遷知府八年徙防洋蒲河兩海口遭母憂歸鴻章疏留宗騫請終制弗許時興海軍練水師闢軍港櫢防威海十三年詣軍所壁金綫頂山分鞏軍駐南岸綏軍駐北岸明年建兩岸海臺各三南曰趙北嘴鹿角嘴龍廟嘴北曰北山嘴黃泥崖祭祀臺後路分築陸臺四南岸口較闊更建日島地阱礮臺屹然爲東防重鎭十七年校閱海軍禮成論功晉道員威海地瘠士氣衰更斥貲立義塾延名師至是始聞謳誦聲二十年夏日艦來攻率師禦之傷其艦四艘再至再敗之既而旅順大連相繼淪沒威海勢益孤電請北洋山東益師久弗應其冬連失文登甯海時宗騫守北岸分統劉超佩守南岸宗騫與約寇至互相應歲除大風雪戰橋頭集綏軍大困銳身救之出踰歲日軍至輒敗去折而南宗騫往援而超佩蹌踉遁三臺拱手讓敵反訴巡撫李秉衡誣宗騫背約宗騫抗辯願復三臺贖罪迺募敢死士奪還二臺唯龍廟嘴未復日軍倏大集二臺仍不守宗騫退歸登祭祀臺所部卒譁變宗騫佯弗省行數武槍齊發材官追斬一人衆散走宗騫既登迺無一從者夜宿藥庫丁汝昌詣籌戰守策宗騫曰綏鞏軍已西去孤臺危棘恐資敵汝昌令燬臺強掖之下宗騫念南北各有地阱臺此其勢尚可爲迺詣劉公島就副將張德山德山無戰守志宗騫飲金死威海師遂熸鴻章以死事聞詔優卹復以秉衡請贈太常寺卿

論曰中東之戰陸軍皆遁寶貴獨死平壤海軍皆降世昌獨死東溝中外傳其壯節並稱雙忠及日兵入奉永山獨死鳳城敵遂長驅進矣旅大既失威海勢孤步蟾宗騫皆先後誓死士氣如此豈遂不可一戰此主兵者之責五人雖敗猶有榮焉

清史稿　　列傳二百四十八

宋慶 呂本元 徐邦道　馬玉崑

依克唐阿 榮和　長順

宋慶字祝三山東萊州人家貧落魄聞同里宮國勳知亳州往依爲奴亳捻孫之友僞就撫慶察其意叵測請擊之國勳壯其志署爲州練長之友降遂接統其衆號奇勝營薦授千總自是守宿州剿豫匪釋鳳陽圍保徐泗後路踰三歲擢至總兵賜號毅勇巴圖魯既貴過亳謁所主仍易僕廝服執事上禮益恭人傳爲美談同治改元唐訓方撫安徽裁臨淮軍而以三營屬慶毅軍自此始三年苗沛霖圍蒙城慶絕其饟道會僧格林沁軍至轟擊之寇宵遁苗酋死慶爲安撫餘衆自壽州正陽關所莅皆下兩淮告甯調赴豫時張曜爲翼長慶往訪詳詢地勢寇情曜喜曰諸將無問及此者君來豫之福也遂與交驩明年授南陽鎭總兵無何曹州賊勢熾慶被困鄧州刁河店會糧罄勢且不敵迺令部將馬玉崑率壯士三百潛出立營通饋餉軍氣復振寇迺解去已而張總愚決河圍北犯慶據隄迎擊敗之西走而任柱賴文光復竄豫湘軍將劉松山助慶軍盡驅入楚疆豫略平巡撫李鶴年因增練兩大軍令曜領嵩武軍而以毅軍專屬慶六年與曜扼黃河殲捻至山東衆而殲之論功賞黃馬褂更勇號格洪額時總愚南擾河津偪解州詔慶與曜分守河北踰歲捻竄畿疆慶率師入衛轉戰雄任祁高間與諸軍大破之總愚赴水死予二等輕車都尉授湖南提督八年左宗棠西征慶引兵從抵神木再戰再捷明年秋命參哈甯剿匪事旋移督西川皆在軍遙領十三年河狄撫回閔殿臣叛楚軍戰失利時慶駐涼州奉檄往援三日馳五百餘里抵沙泥站衆縛其渠以獻誅之事遂定光緒元年師還六年徙防旅順十餘年軍容稱盛醇賢親王奕譞被命巡閱歎爲諸軍冠親解袍服贈之兩宮眷遇優渥加太子少保尚書銜二十年中日失和慶統毅軍發於旅順與諸軍期會東邊九連城軍未集而平壤已失廷旨罷總統葉志超以慶代之慶與諸將行輩相若驟禀節度多不懌以故諸軍七十餘營散無有紀又坐守江北一月以待日軍過義州慶趣中路九連城嚴誡備日軍渡鴨綠江戰失利直趨鳳凰城退扼大高嶺旅順圍亟朝命聶士成守之敕慶往援頓蓋平廣據金州不得進而旅順已失慶退守熊岳自請治罪被宥未幾復州又失日軍西陷海城慶亟赴之擊敵感王寨前軍方勝後隊訛傳敵拊背駭潰復退守田莊臺遼陽益危慶凡五攻城弗能拔朝廷思倚湘軍命慶與吳大澂佐劉坤一軍慶率徐邦道馬玉崑兵萬二千人頓太平山戰卻之大澂敗入關慶方以三萬人駐營口聞警還扼遼河北岸而日軍盡以所獲礮列南岸猛攻慶軍潰而西於是遼河以東盡爲日有矣詔褫職留任二十四年徙守山海關入覲釋處分和議成留豫軍三十營屬之賜名武衛左軍駐錦州二十八年卒晉封三等男予建祠諡忠勤子天傑五品京堂襲爵慶從戎久年幾八十短衣帕首蹀躞氷雪中與士卒同甘苦人以爲難云呂本元安徽滁州人初隸李鴻章軍隨剿粵匪捻匪轉戰蘇皖魯豫各省援鄂援陝屢立功歷保總兵賞强勇巴圖魯勇號鴻章總督直隸調入直光緒初授四川重慶鎭仍留統盛軍馬步各營中日戰起檄本元統隊出關兼程至安州平壤失從宋軍退守大高嶺本元令各軍夜樹旂各要隘廣設疑兵互二百餘里敵至疑頓不前乘其疲襲擊之復與聶軍敗之分水嶺議成還直二十六年拳禍起署天津鎭擢直隸提督統淮練各軍剿匪受彈傷事平賞黃馬褂調浙江勤訓練尤嚴治盜常親督隊入山搜剿連斃匪首浙省議裁綠營本元贊畫始就緒宣統二年病乞罷尋卒徐邦道四川涪州人初從楚軍討粵寇積勛至參將還本籍籌防解城圍遷副將越境援陝西漢中賜號冠勇巴圖魯旋坐漢中失守褫職嗣從副將楊鼎勳援蘇再援浙閩以戰功釋處分同治六年從劉銘傳剿平東捻復官明年張總愚犯減河邦道嚴扼橋口大敗之更勇號鏗僧額遷總兵署江蘇徐州鎭光緒四年擢提督調駐天津軍糧城授正定鎭東事起慶以旅順守將赴防九連城李鴻章別令姜桂題等守旅順邦道助之日軍入貔子窩邦道語諸將曰金州若失則旅順不可守請分兵禦之諸將各不相統莫之應邦道自率所部趨大連灣是時銘軍分統趙懷益守其地邦道至固請兵迺分步旅隨邦道行日軍大集遂占金州進偪大連懷益奔旅順越十日日軍來爭旅順諸將相顧無措邦道

率殘卒至憤甚思自效請增兵不許請械許之迺率衆拒戰土城子挫之日軍大至迺退道員龔照嶼先一日遁諸將亦奪民船以濟蓋日軍未至而旅順已墟矣邦道奔復州依慶詔褫職慶令守蓋州邦道自牛莊移師還而蓋平亦已失合章高元擊之弗勝桂題往援邦道請夜擣蓋平桂題辭諸軍皆退營口邦道迺從慶擊敵太平山與玉崑力戰卻之俄仍敗潰復與湘軍將李光久攻海城亦弗克遂退踰歲卒復官予優卹

馬玉崑字景山安徽蒙城人以武童從宋慶攻捻積功至都司賜號振勇巴圖魯任柱等困慶登州玉崑銳身馳救圍立解繇是以驍果名捻平擢總兵剿秦隴回數獲勝更勇號曰博奇既克肅州賜頭品服嗣從金順出嘉峪關連下烏魯木齊昌克瑪納斯禽其渠黑瞎子天山南北告甯賞黃馬褂予世職玉崑居西域先後十餘年收復名城以十數暇輒使部下屯墾闢地利李鴻章疏薦將才謂可繼宋慶光緒間調赴直隸二十年補授山西太原鎭會日朝搆釁玉崑統毅軍赴援次平壤壁南門外大同江日軍來攻玉崑守東岸血戰久援至敵敗去已而元武門失葉志超令其速徹軍迺歸平壤日軍占蓋平諸將皆退營口玉崑從慶頓太平山日軍猛攻之玉崑戰最力擊退其衆無何日軍大集慶陷重圍墜馬負創玉崑扶闖入翼之出傷亡殊多轉戰田莊臺威立寨以千餘人抗强敵屹然自全二十五年擢浙江提督明年調還直隸適拳匪肇亂聯軍入寇玉崑統武衛左軍禦之初戰天津繼戰北倉相持月餘卒以無援退車駕西幸命隨扈又明年還京加太子少保二十八年朝陽土寇竊發玉崑倍道應赴破其卡生禽首惡鄧萊峯誅之三十四年病卒贈太子太保予二等輕車都尉諡忠武

依克唐阿字堯山扎拉里氏滿洲鑲黃旗人吉林駐防以馬甲從征江南移師討捻敗張落刑於大回村濉溪口屢著戰績積勳至佐領同治初馬賊陷伊通依克唐阿以少擊衆斬其酋劉果發等又破之昌圖攻克劉家店復長春廳還協領賜號法什尙阿巴圖魯搜捕殘匪獲白陵河焦西平晉副都統十一年補官黑龍江光緒五年移呼蘭呼蘭設副都統自此始明年母憂歸時俄人以議改伊犁條約有違言烏里雅蘇臺參贊喜昌夙諗依克唐阿諳戰術請救就近募獵戶守琿春會吉林戒嚴依克唐阿遂募兵五千擇隘分守而自率師駐其地琿春故重鎭其東南海參崴俄尤數窺伺廷議設副都統鎭之於是又改調琿春十年被命佐吉林軍事十五年擢黑龍江將軍二十年日朝戰起依克唐阿請率軍自効乃進戍鏡道繞赴漢城迎擊上嘉之左寶貴軍失利平壤日軍西進命移駐九連城尋以日軍渡江來攻復令徙上游禦之依克唐阿與戰於蒲石河連克蒲石河口古樓子宋慶退駐大高嶺依克唐阿孤軍不能獨守遂退寬甸宋軍南援旅大聶士成軍接防乃定夾攻之約依軍由寬甸繞進賽馬集迎擊日軍先戰縣羊磖子連勝之草嶺河通遠堡草河口日軍大集橫斷聶依兩軍士成亟趨分水嶺附其背依軍還擊之陣斬一中尉又西而東大戰於金家河軍稍挫日軍先已占鳳凰城依克唐阿謀襲之分左右翼以進戰一面山敵來爭左翼潰右翼統領永山遇伏死依克唐阿保餘軍退詔革職圖後効踰歲海城陷遼西危棘詔責長順守遼陽依克唐阿助之發帑金五十萬濟依軍既至議以攻爲守迺集諸將置酒取刀刺臂血攪而飲之相矢以死依軍遂進取海城軍騰鰲堡耿莊數戰弗勝會榮和至軍亟趨之出榮和先進北路奪三卡其左樹木幽深令隱兵備抄襲而自列陣曠野伏槍以待日軍據山巓轟擊我師彈落積雪中潰不發我師還擊仆者衆再發再仆衆爭傍山出伏槍具舉死以百數榮和所部募自寒邊外善避擊傷者恆少所謂東山獵戶也是役以千人抗日軍數千故依軍聲譽遠出諸軍上罷戰詔下日人將歸我遼東依克唐阿力請三路分兵鎭懾稱旨又條上練兵隊築礮臺造鐵路製槍械開礦產治團練六事朝旨以礦政尤要敕妥籌開採又明年晉頭品秩授鑲黃旗漢軍都統其秋出爲盛京將軍既莅事糾貪墨整營制晰分釐稅歲增饟銀數十萬復徹還金州奉軍杜俄人藉口境內稱治二十五年卒諡誠勇予建祠依克唐阿勇而有謀性仁厚不嗜殺每有俘獲不妄戮一人轉戰吳皖魯豫先後救出難民以十數萬計至今人戶祝之初與長順訂兄弟交長順兄事之及議遼陽戰守語不協依克唐阿毅然獨任其難曰孰使我爲兄也者其雅量如此榮和字育堂二等侍衛官至副都統戰後所部育字營多驕縱命李秉衡查辦革職治罪

長順字鶴汀達呼里勒貝爾氏隸滿洲正白旗世居布特哈起家藍翎侍衛隨文宗車駕狩熱河會馬賊陷朝陽從大學士文祥討平之嗣復從侍郎勝保征捻轉戰直魯皖豫以驍勇稱同治元年解潁州圍以功遷二等多隆阿主陝西軍事調赴軍至潼關大敗寇衆賜號恩特赫恩巴圖魯進攻咸陽馬家堡被巨創援至又大破之咸陽復晉頭等三年悍回馬化隆據甯夏分其黨駐清水堡成犄角師久攻不下長順曰不先翦其羽翼城未可克也迺自靈州襲清水堡乘勝取甯夏拔之晉副都統賜頭品服時長順年未四十而戰常陷堅每當兵潰時或抄襲其後或橫阻其前俾潰者得整列以是常轉敗爲勝其旗幟尙白寇望見之輒呼曰小長將軍至矣相與戒勿犯其爲寇所憚若此六年移師蘭州時省城戍備寡回衆數千突來犯長順率百人隱小溝出不意疾擊之寇愕走又敗之平番皋蘭狄道既復規取河州連破太子寺高家集被賞賚八年授鑲紅旗漢軍副都統越二年出署烏里雅蘇臺將軍坐事免光緒二年復官左宗棠調赴甘肅歷署巴里坤領隊大臣哈密幫辦大臣初新疆南路勘界議起當事者與俄使相持久不決至是長順陟巉巖披蒙茸獲見高宗御書界碑俄使始無異辭迺定明年假歸歷授正白旗漢軍都統內大臣十四年出爲吉林將軍既莅事賑菑荒維圜法均釐権澄吏治清盜源整旗務境內一切皆治辦又瓶修吉林通志書成上之二十年日軍陷海城遼陽危朝命長順往援節制奉天各軍並嚴詔遼陽有失唯長順是問時潰軍紛集遼城下署知州徐慶璋方閉城不令入軍大閧會長順領百騎至斬閧者一餘令還駐沙河先是長順被命以軍五千分隊應赴先至者令壁本溪湖自輕騎入遼陽亂既定日軍謀者亦不知其止百騎也篇譟言某將軍至日軍遂止弗前遼陽乃保已而進攻海城戰數日弗勝長順奏趣宋慶會師詔不許湘軍將陳湜至又請劉坤一令合攻亦未果及日軍繞道復攻遼陽適慶璋守𡶶峒峪長順與依克唐阿回援得無恙和議成請疾歸二十五年復起吉林將軍拳亂作俄羅斯內犯奉天黑龍江皆主戰長順獨持不可又上言拳匪不可恃東省鐵路隨地皆駐俄兵宜善爲羈縻甯嚴守以待戰毋先戰以啟釁上嘉其老成持重奉吉軍事悉屬之戰釁既開奉黑皆罹災而吉林安堵人服其先見日俄之戰守中立獨無所犯三十年卒贈太子少保予一等輕車都尉諡忠靖入祀賢良祠長順贊幹頎面鬚眉濯然富膽略恆持短矛單騎穿賊陣爲士卒先往往以少制衆以奇制勝衆謀勇一時稱良將云

論曰中日之戰淮軍既覆湘軍隨之唯豫軍强起支搘慶與玉崑先後失利亦不復能自振焉東三省練軍自成軍後終未當大敵而依克唐阿長順一奮其氣遂保遼陽而無失中外稱之喪師辱國者數矣此固差強人意者哉

清史稿　列傳二百四十九

丁汝昌　衛汝貴 弟汝成

葉志超

丁汝昌字禹廷安徽廬江人初隸長江水師從劉銘傳征捻積勳至參將捻平賜號協勇巴圖魯晉提督光緒初留北洋差序赴英國購兵艦歷法德各營壘廠局還綜水師八年朝鮮與美議互市請莅盟汝昌與道員馬建忠東渡監約既而朝軍譁變焚日使署遂率濟遠揚威二艦赴仁川漢城護商而日軍已先至汝昌還請益師隨統七艦以濟薄王京與吳長慶及建忠謁李應罡執以歸九年授天津鎭總兵會越南南定陷乘兵艦往江平及欽州白龍尾徼循海口賞黃馬褂十四年定海軍經制命爲海軍提督軍故多閩人汝昌以淮軍寄其上恆爲所制總兵以下多陸居軍士亦去船以嬉又值部議停購船械數請不獲蓋海軍廢弛久矣二十年賞加尙書銜朝亂再起汝昌欲至濟物浦先攻日艦將啓行總署電梶之逮日艦縱橫海上海軍始集大東溝鴨綠江口定遠爲汝昌座船戰既酣擊沈其西京丸一艘已致遠彈藥盡被擊總兵鄧世昌戰死自是喪五艦不復能軍汝昌猶立望樓督戰忽座船礮震暈而仆舁以下汝昌鑒世昌之死慮諸將以輕生爲烈因定海軍懲勸章程李鴻章上之著爲令旅順陷汝昌渡威海是時兩軍相去二百二十餘里朝士爭彈之褫職逮問鴻章請立功自贖然兵艦既弱坐守而已逾歲日軍陷榮城分道入衛汝昌亟以木簰塞東西兩口復慮南岸三臺不守礮資敵欲毀龍廟嘴臺礮陸軍統將戴宗騫電告鴻章責其通敵誤國不果毀待援師不至迺召各統領力戰解圍會日暮大風雪汝昌盡毀緣岸民船而南北岸已失日艦入東口猛攻定遠受重傷汝昌命駛東岸俄沈焉軍大震競向統帥乞生路汝昌弗顧自登靖遠巡海口日艦宵入口門擊沈來遠威遠衆益恐道員牛昶炳等相鬨泣集西員計議馬格欲以衆挾汝昌德人瑞迺爾潛告曰衆心已變不如沈船夷礮臺徒手降計較得汝昌從之令諸將同時沈船不應遂以船降而自飲藥死於是威海師熸焉事聞諸將皆被卹汝昌以獲譴與弗及宣統二年海軍部立舊將請賜卹

始復官

衛汝貴字達三安徽合肥人從劉銘傳征捻累遷至副將晉總兵事平授河州鎭李鴻章薦其樸誠忠勇留統北洋防軍歷授大同甯夏諸鎭均未之官統防軍如故光緒二十年日朝戰起率馬步六千餘人進平壤臨行鴻章誡以屏私見嚴軍紀至牙山退成歡與日軍相見壽復趨平壤合大軍與副都統豐紳阿頤守城南江岸平壤朝舊京也聞我軍至爭擔酒漿以獻而軍士多殘暴掠財物役丁壯淫婦女汝貴軍尤甚殺義定朝民衆滋忿復蝕軍糈八萬運家軍大譁連夕自亂互相蹈藉時馬玉崑血戰大同江浮舟往援敵稍卻元武門嶺失即竄走鴻章方據葉志超牒奏捷俄而安東鳳凰陷踉蹌走岫巖岫巖陷走奉天朝士交章糾其罪詔褫職逮問汝貴治淮軍久援朝時年已六十矣其妻貽以書戒勿當前敵汝貴遇敵輒避走敗遁後日人獲其牘嘗引以戒國人明年鐐送京師按實論死其弟汝成官至總兵授旅順六統帥不相轄汝成與趙懷益爭毆鴻章函責之逮日軍至姜桂題等猶力禦而汝成已先遁詔逮治未蹤獲迺籍其家後不知所終

葉志超字曙青安徽合肥人以淮軍末弁從劉銘傳討捻積功至總兵戰淮城被創仍奮擊卻之逐北天長又敗之汊河賜號額圖渾巴圖魯規南樂戰德平問瀕有功捻平留北洋光緒初署正定鎭總兵率練軍守新城爲大沽後路後徙防山海關李鴻章薦其優智略予實授十五年擢直隸提督越二年熱河教匪亂志超率師討之平建昌連克楡林沈家窩館貝子廟釋下長皋圍進攻烏丹城禽其渠李國珍磔之賞黃馬褂世職二十年朝鮮乞師鴻章令選練軍千五百率太原總兵聶士成頓牙山志超遲留不進鴻章責之不得已啓行而日軍已據王京要隘牙山兵甚單駐朝商務委員袁世凱數約志超電請北洋發戰艦赴仁山增陸軍駐馬坡鴻章始終欲據條約恐增兵爲彼藉口勿許並戒志超毋啓釁亡何高陞商輪運兵近豐島被擊沈士成謂志超曰海道既梗牙山絕地不可守公州背山面江勢便利戰而勝可據以待援不勝猶得繞道出也志超從之日軍偪成歡士成以無援敗趨公州就志超而志超已棄公州閒道出漢陽東士成追及之當是時大軍集平壤迺卷甲而趨之二日始至志超以成歡一役殺傷相當鋪張電鴻章鴻章以聞獲嘉獎賞銀二萬犒軍拜總統諸軍之命志超意甚滿日置酒高會徒築壘環礮爲守日軍調至大同江爲我軍逐去遂以屢捷入告時統帥居城中日軍夾江而陣兩岸相轟擊東南二路戰少利志超莫敢縱兵趨回城日軍乘間以濟據山阜左寶貴出禦之被巨創志超將私逸寶貴不從以兵監之寶貴自守元武門嶺矢必死登城指麾爲礮所中而殞志超亟樹白幟乞能戰日人議受降請帥兵歸弗許迺潛向北走朝兵銜之刺骨於其出城時檢擊之死者不可稱計日軍復要之山隘兵潰回旋不得出擠而死者相枕藉諸將盡委械而去於是朝境內無我軍矣志超奔安州士成謂安地備險奧可固守弗聽遷定州亦棄不守趨五百餘里渡鴨綠江入邊始止焉事聞奪志超職鴻章請留營効力弗許次年械送京師下刑部鞫實定斬監候二十六年赦歸歲餘卒

論曰甲午之役海陸軍盡覆辱莫大焉汝昌雖有罪而能以一死報國尙知畏法汝貴志超喪師失地遺臭隣邦靦然求活終不免於國典何其不知恥哉

清史稿　列傳二百五十

唐景崧　劉永福

唐景崧字維卿廣西灌陽人同治四年進士選庶吉士改吏部主事光緒八年法越事起自請出關招致劉永福廷旨交岑毓英差序景崧先至粵謁曾國荃述其議資之入越明年抵保勝見永福爲陳三策謂據保勝十州傳檄而定諸省請命中國假以名號事成則王此上策也次則提全師擊河內中國必助之餉若坐守保勝事敗而投中國策之下也永福從中策戰紙橋敵潰爲作檄文布告內外檄出遠近爭響應越嗣君爲法脅莫能自振景崧乘間勸內附永福意猶豫景崧曰子能存亡繼絕即所以報故主也且阮福時已薨無背主嫌永福意稍動於是廣招戎幕謀大舉上念景崧勞賞四品銜景崧上書言越南半載之內三易國王欲靖亂源莫如遣師直入順化扶翼其君以定人心若不爲藩服計不妨直取爲我有免歸法奪否則首鼠兩端未有不敗者也十年駐興化會北甯告急毓英令景崧導永福往援初桂軍黃桂蘭等方守北甯劉團被困山西坐視不救永福憾之深至是景崧力解之始往並勸桂蘭離城擇隘而守弗聽景崧輕騎入諒山與徐延旭量戰守適扶良警請還犒劉軍行至郎甲涌球陷阻弗達回諒謂延旭曰寇深矣亟宜收潰卒定人心備糗糧集軍械分兵守險以保茲土於是令綜前敵營務阮巴璘嶺敵再至再卻之廣軍氣稍振會張之洞令其募勇入關迺編立四營號景字軍爲規越廣軍之一朝廷賞加五品卿景崧遂取道牧馬行千二百里膂巒深岨多瘴厲人馬顚隕不可稱計既至數挫敵鋒毓英高其能復以潘德繼滇軍屬之兵力迺益厚進頓三江口逾月法人攻劉軍吳鳳典營景崧率談敬德馳救大捷敵既退遂先薄宣光城外地故荒服迺督軍開山斬道首龍州訖館司創設臺站滇桂道始達已而軍其南門敵闢壁出邀疾擊之逼城而壘槍彈雨至攻益力是時天霪雨餉饋絕吏士無人色逾歲滇軍丁槐攻城桂軍雖飢疲然猶據山巓轟擊法人殊死鬬不可敗毓英慮其斷後援令勿拚孤注於是退頓牧馬有旨罷戰遂入關論宣光獲勝功賞花翎賜號霍伽春巴圖魯晉二品秩除福建臺灣道十七年遷布政使二十年代邵友濂爲巡撫臺灣自設巡撫首任劉銘傳治臺七年頗有建設詳銘傳傳銘傳去友濂繼之丈地清賦改則啟徵迭平番亂建基隆礮臺及景崧涖任日韓啟釁亟起籌防永福方鎭南澳景崧自與永福共事積不相能迺徙永福軍臺南而自任守臺北未幾而李文奎變作文奎故直隸匪從淮軍渡臺居景崧麾下爲卒有副將余姓者緣事再革之文奎忿甚即撫署前斬其頭護勇內應爭發槍將入殺景崧景崧出叛卒見而怖之斂刃立並告無事景崧慰之翻令文奎充營官出駐基隆於是將領多離心兵浸驕不可制割臺議起主事邱逢甲建議自主臺民爭贊之迺建民國設議院推景崧爲總統和議成抗疏援贖遼先例請免割不報命內渡臺民憤迺決自主製藍旗上印綬於景崧鼓吹前導紳民數千人詣撫署景崧朝服出望闕謝罪旋北面受任大哭而入電告中外有逖奉正朔永作屏藩語置內部外部軍部以下各大臣命陳季同介法人求各國承認無應者無何日軍攻基隆分統李文忠敗潰景崧命黃義德頓八堵遽馳歸詭言獅球嶺已失八堵不能軍旦日人懸金六十萬購總統頭故還防內亂景崧不敢詰也是夜義德所部譁變平旦日軍果占獅球嶺潰兵爭入城城中大驚擾亂客勇土勇互仇殺尸遍地總統府火發景崧微服挈子遁附英輪至廈門時立國方七日也二十八年卒

劉永福字淵亭廣西上思人本名義幼無賴率三百人出關粵人何均昌據保勝即取而代之所部皆黑旗號黑旗軍同治末法人陷河內法將安鄴構越匪黃崇英謀占全越擁衆數萬號黃旗越王諭永福來歸永福遂繞馳河內與法人抗設伏以誘斬安鄴獲其全軍法人大舉入寇永福軍瀕挫越人懼迺行成而授永福爲三宣副提督轄宣光興化山西三省設局保勝權釐稅助餉有黃佐炎者越駙馬以大學士督師永福數著戰功匿不聞永福銜之越雖深國王責令佐炎發兵六調永福不至然越王始終恩用之光緒七年法人藉詞前約互市紅河脅越王逐永福越王佯調解而陰令勿徙法大怒逾歲入據河內永福憤請戰出駐山西迺諒山謁提督黃桂蘭乞援助會唐景崧至面陳三策永福曰微力不足當、策中策勉爲之朝旨賞十萬金犒軍永福入覲爲游擊戰懷德紙橋陣斬法將李威利越王封一等男既又敗之城下法人決隄掩其軍越人具舟拯之出退頓丹鳳與法人水陸相持苦戰三日部將黃守忠攻最力敵大創迺浮艦攻越都懸萬金購永福越乞降永福欲退保勝黑旗軍皆憤懣守忠自請以全師守山西功不居罪自坐永福迺不復言退無何聞法軍至遂出駐水田中而軍已罷困及戰大潰退保興化九年法人要議越事岑毓英力言土寇可驅永福斷不宜逐上韙之命永福相機規河內並濟以餉十年毓英次嘉喻關永福往謁毓英極優禮之編其軍爲十二營法人聞之改道犯北甯永福馳援迺永祥金英法教民梗阻擊卻之比至粵軍已大潰永福奪還扶朗猛球礮臺俄北甯失力不支再還興化復以糧餉艱阻改壁文盤洲大灘候進止毓英奏言永福爲越官守越地分所應爲若畀以職將來邊徼海澨皆可驅策於是擢提督賞花翎而李鴻章堅持和議猶責其騷動已和局中變上令永福軍先進法人擾宣光永福窖地雷待之連日隱卒以誘敵不敢出復徙營偪城三戰皆利敵援至毓英遣水師泝河而上永福夾流截擊奪其船二十餘艘斬馘數十級法人愕走逾月法艦入同章毓英遣將分伏河東西永福居中策應兩岸轟擊敗之復以全力阨河道十一年法軍攻左域守忠失同章不守諸軍敗挫永福退浪泊停戰詔已下未至猶大捷臨洮論勝宜臨功賜號依博德恩巴圖魯和議成法人要逐如故張之洞令永福駐思欽不肯行景崧危詞脅之乃勉歸於粵授南澳鎭總兵二十年中日衅起命守臺灣增募兵仍號黑旗景崧署巡撫徙其軍駐臺南及臺北陷景崧走臺民以總統印綬上永福永福不受仍稱幫辦日艦駛入安平口擊沈之攻新竹相持月餘兵疲糧絕永福使使如廈門告急並電緣海督撫乞助餉無應者而臺南土寇爲內間引日軍深入破新化陷雲林掇苗栗轟嘉義孤城危棘永福猶死守日臺灣總督樺山資紀貽書永福勸其去峻拒之日軍迺大攻城城陷永福亡匿德國商輪日軍大搜不獲內渡後詔仍守欽州邊境後卒於家永福骨瘦柴立而膽氣過人重信愛士故所部皆盡死力云

論曰清初平定臺灣用兵數十載始入版圖甲午議和遽許割讓天下莫不同憤焉臺民奮起擁景崧爲總統建號永清此實國民自主之始七日遽亡景崧初說永福王越乃自爲之竟不可以終日雖有知慧不如乘勢豈不然哉永福戰越名震中外談黑旗軍輒爲之變色及其渡臺已多暮氣景崧又不與和衷卒歸同敗此不僅一隅之失也惜哉

清史稿 列傳二百五十一

李端棻 徐致靖 子仁鑄

陳寶箴 黃遵憲 曾鉌

楊深秀 楊銳

劉光第 譚嗣同 唐才常

林旭 康廣仁

李端棻字苾園貴州貴筑人同治二年進士選庶吉士授編修爲大學士倭仁尚書羅敦衍所器十年出督雲南學政值回寇亂後荒服道亘前使者試未徧端棻始一一按臨文化漸振光緒五年轉御史以叔父朝儀官京尹迴避改故官累擢內閣學士十八年遷刑部侍郎越六年調倉場前後迭司文柄四爲鄉試考官一爲會試副總裁喜獎拔士類典試廣東賞梁啟超才以從妹妻之自是頗納啟超議娓娓道東西邦制度維時康有爲上書請變法兼及興學二十二年端棻遂疏請立京師大學凡各省府州縣徧設學堂分齋講習並建藏書樓儀器院譯書局廣立報館選派游歷生二十四年密薦康有爲及譚嗣同堪大用又以各衙門則例語涉紛歧疏請刪訂上尤善之詔趣各長官定限期革前敝擢禮部尚書未幾有爲等敗端棻自疏檢舉詔褫職戍新疆中道遘疾留甘州二十七年赦歸主講貴州經世學堂三十三年卒宣統元年從雲南貴州京朝官請復官

徐致靖字子靜江蘇宜興人寄籍宛平光緒二年進士選庶吉士授編修累遷侍讀學士父憂服闋二十三年起故官致靖嘗憂外患日迫思所以爲獻納計子仁鑄時以編修督湘學倡新學書告致靖舉康有爲致靖遂上言國是未定請申乾斷示從違藉以覘上意未幾詔果求通才於是致靖奏有爲堪大用並及梁啟超黃遵憲等又連上書請廢制藝改試策論省冗官酌置散卿復以邊患棘宜練重兵力薦袁世凱主軍事上皆然其言敕依行罷斥禮部尚書許應騤等阻遏言路遂命致靖權右侍郎八月太后復出訓政參預新政諸臣皆獲罪致靖褫職坐繫尋定永遠監禁仁鑄亦罷官庚子聯軍陷京師致靖始出獄待罪詔赦免卒年七十五

陳寶箴字右銘江西義甯人少負志節詩文皆有法度爲曾國藩所器以舉人隨父偉琳治鄉團禦粵寇已而走湖南參易佩紳戎幕軍來鳳龍山閒石達開來犯軍飢疲走永順募糧糧至不絕守益堅寇稍稍引去寶箴之江西爲席寶田畫策殲寇洪福瑱事甯敘知府超授河北道創致用精舍遴選三州學子延名師教之遷浙江按察使坐事免湖南巡撫王文韶薦其才光緒十六年召入都除湖北按察使署布政使二十年擢直隸布政使入對時中東戰亟見上形容憂悴請日讀聖祖御纂周易以期變不失常他所陳奏語甚多並稱旨上以爲忠命治糈臺專摺奏事馬關和約成泣曰殆不國矣明年以榮祿薦擢湖南巡撫撫幕有任驎者植黨私利至即重治之直隸布政使王廉爲關說據以上聞廉獲譴覆按史念祖被劾事盡暴其任用非人狀念祖遂褫職繇是有伉直聲湘俗故閉僿寶箴思以一隅致富強爲東南倡先後設電信置小輪建製造槍彈廠又立保衛局南學會時務學堂延梁啟超主湘學湘俗大變又疏請釐正學術及練兵籌款諸大端上皆嘉納敕令持定見毋爲浮言動並特旨褒厲之是時張之洞負盛名司道咸屏息以伺寶箴初綰鄂藩遇事不合獨與爭無私撓之洞雖不懌無如何也久之兩人深相結凡條上新政皆聯銜而鄂撫譚繼洵反不與會康有爲言事數見效寶箴素慕曾胡薦士因上言楊銳劉光第譚嗣同林旭佐新政上方詔求通變才遽擢京卿參新政於是四人上書論時事無顧忌寶箴又言四人雖才恐資望輕視事過易愿得厚重大臣如之洞者領之疏上而太后已出訓政誅四京卿罪及舉主寶箴去官其子主事三立亦革職並燬湘學所著學約界說劄記答問諸書初甯鄉已革道員周漢以張揭帖攻西教爲總督所治寶箴至漢復刊帖傳布寶箴令燬之漢毆燬帖者寶箴怒下之獄舊黨恨次骨然喜新之士亦以此翕然稱之寶箴既去諸所營搆便於民者雖效益已著皆廢毁無一存云卒年七十黃遵憲字公度嘉應州人以舉人入貲爲道員充使日參贊著日本國志上之朝旋移舊金山總領事美吏嘗藉口衛生逮華僑滿獄遵憲徑詣獄中令從者度其容積曰此處衛生顧右於僑居邪美吏謝遽釋之歷湖南長寶鹽法道署按察使時寶箴爲巡撫行新政遵憲首倡民治於衆曰亦自治其身自治其鄉而已由一鄉推之一縣一府一省以迄全國可以成共和之郅治臻大同之盛軌于是略仿西國巡警之制設保衛局凡興民利民瘼相麗而爲一方民力能舉者悉屬之領以民望而官輔其不及爲尋解職奉出使日本之命未行而黨禍起遂罷歸著有人境廬詩草等

曾鉌字懷淸喜塔臘氏滿洲正白旗人父慶昀甯夏將軍以任子爲工部主事累遷郎中充軍機章京轉御史光緒九年出爲陝西督糧道西同各屬農民納糧例繳省倉道塗艱遠多弊寶設法清釐之民稱便三輔士風樸僿農事苦窳延長安柏景偉咸陽劉光蕡主關中書院督課實學士論翕然又設蠶桑局聘織師教以煮湅織染法歲出絲帛埒齊豫十三年遷按察使明年母憂解職服除起故官俄遷甘肅布政使二十四年調直隸迴避留本任擢湖北巡撫慨然曰時艱至此猶可拘成法不變耶於是假陝甘總督印上陳補官掣簽度支訟獄四事宜變通成例厚植國本侍讀學士貽穀光祿寺少卿張仲炘彈其亂政詔褫職始曾鉌官京朝家綦貧僦居陋室及任外臺孜孜民事不顧問有無既聞廢出入皆徒步陝民恆歲醵金濟之後益困至斂衣鬻卜都市未幾卒宣統改元總督端方爲奏復原官

楊深秀字儀村本名毓秀山西聞喜人少穎敏諳中西算術同治初以舉人入貲爲刑部員外郎假歸值晉大饑閻敬銘銜命籌賑深秀條上改革差徭法困少蘇光緒十五年成進士就本官遷郎中轉御史嘗言時勢危迫不革舊無以圖新不變法無以圖存二十四年俄人脅割旅順大連灣深秀力請聯英日拒之詞甚切直時朝廷銳意行新政而大臣恆多異議深秀迺與徐致靖先後疏請定國是又以取士之法未善請參酌宋元明舊制釐正文體下其議於禮部尚書許應騤心非之未奏也會議經濟特科務減額於是深秀合宋伯魯彈其阻撓上令應騤自陳奏上劾康有爲夤緣要津請罷斥詞連深秀上不之詰也御史文悌劾深秀傳布有爲所立保國會並暴有爲交通內外狀德宗責以代人報復反獲咎深秀益感奮連上書請設譯書局派王公游歷各國並定游學日本章程皆報可又請試庶官日番二十人料簡貞實而汰其庸愚罷老不諳時務者繇是廷臣益側目湖南巡撫陳寶箴圖治甚急中蜚語深秀爲剖辨之上以特旨褒寶箴寶箴迺得行其志八月政變舉朝惴惴懼大誅至獨深秀抗疏請太后歸政方疏未上時其子黻田苦口諫止深秀厲聲叱之退俄被逮論棄市深秀性鯁直嘗面折人過以此叢忌官臺諫十閱月封事二十餘上稿不具存惟獄中詩三章流傳於世著有虛聲堂稿聞喜縣新志

楊銳字叔嶠四川綿竹人少儁慧督學張之洞奇其才招入幕肄業尊經書院年最少嘗冠其曹優貢朝考得知縣之洞督兩廣從赴粵光緒十一年舉順天鄉試考取內閣中書二十四年之洞薦應經濟特科又以陳寶箴薦與劉光第譚嗣同林旭並加四品卿充軍機章京參新政召見銳面陳興學練兵爲救亡策稱旨七月禮部主事王照上封事尚書許應騤等格不奏上聞震怒盡褫尚書侍郎六人革職朝臣皆不自安上手詔密諭銳云近日朕仰觀聖母意旨不

欲退此老謬昏庸大臣而進英勇通達之人亦不欲將法盡變朕豈不知中國積弱不振非力行新政不可然此時不惟朕權力所不及若強行之朕位且不能保爾與劉光第譚嗣同林旭等詳悉籌議必如何而後能進用英達使新政及時舉行又不致少拂聖意即具奏候朕審擇不勝焦慮之至銳復奏言太后親挈大位授之皇上皇上宜以孝先天下遇事將順變法宜有次第進退大臣不宜太驟上是之已而太后再訓政諸言新政者皆予重誅銳既下獄自揣實無罪謂即訊不難白次日遽詔與光第等同棄市宣統改元銳子慶昶繳手詔於都察院請代奏始傳於世

劉光第字裴村四川富順人光緒九年進士授刑部主事治事精嚴因讞獄忤長官遂退而閉戶勤學絕跡不詣署家素貧而性廉介非舊交雖禮饋弗受獨與楊銳善通周官禮及大小戴禮記其應召也亦以陳寶箴薦然非其素志將具疏辭川人官京朝者力勸之一日召見力陳時危民困外患日迫亟宜虛懷圖治上稱善惟時言路宏啟臣民奏事日數百計光第竟日批答簽識可否以待上裁退語所親曰吾終不任此行當亟假歸矣未一月而禍作光第自投獄臨刑協辦大學士剛毅監斬光第詫曰未訊而誅何哉令跪聽旨光第不可曰祖制雖盜賊臨刑呼冤當復訊吾輩縱不足惜如國體何剛毅默不應再詢之曰吾奉命監刑耳他何知獄卒強之跪光第崛立自如楊銳呼曰裴村跪跪遵旨而已迺跪就戮著有介白堂詩文集

譚嗣同字復生湖南瀏陽人父繼洵湖北巡撫嗣同少倜儻有大志為文奇肆其學以日新為主視倫常舊說若無足措意者繼洵素謹飭以是頗見惡嗣同迺游新疆劉錦棠幕以同知入貲為知府銓江蘇陳寶箴撫湖南嗣同還鄉佐新政梁啟超倡辦南學會嗣同為之長屆會期集者恆數百人聞嗣同慷慨論時事多感動二十四年召入都奏對稱旨擢四品卿軍機章京四人雖同被命每召對嗣同建議獨多上欲開懋勤殿設顧問官令嗣同擬旨必載明前朝故事將親詣頤和園請命太后嗣同退謂人曰今迺知上絕無權也時榮祿督畿輔袁世凱以監司練兵天津詔擢世凱侍郎召入覲嗣同夤夜詣世凱有所議明日世凱返天津越晨太后自頤和園還宮收政權啟超避匿日本使館嗣同往見之勸嗣同東遊嗣同曰不有行者無以圖將來不有死者無以酬聖主卒不去未幾斬於市著有仁學及莽蒼蒼齋詩集等唐才常字佛塵少與嗣同齊名稱瀏陽二生兩湖學堂高材生也聞嗣同死憂憤屢有所謀每言及德宗常泣下二十六年兩宮出狩才常陰結富有會謀舉事號勤王將攻武漢被獲慷慨言無所隱請就死遂殺之

林旭字暾谷福建侯官人年十九舉本省鄉試第一後試禮部值中日搆衅糾同試者上書論時事不報入貲為內閣中書時康有為倡言變法先於京師立粵學會以振厲士氣而蜀學浙學陝學閩學諸會繼之旭為閩學會領袖又充保國會會員榮祿先為福州將軍雅好閩士及至天津延旭入幕俄以奏保人才召見操土語上不盡解退繕摺上稱善遂命與譚嗣同等同參機務詔諭多旭起草及變起同戮於市年二十有四著有晚翠軒詩集妻沈葆楨孫女聞變仰藥不死以毀卒

康廣仁名有溥以字行有為弟少從兄學有為上書請改革廣仁謂當先變科舉廣人才可出其後罷鄉會試制藝而歲科試未變廣仁激厲言官抗疏論之得旨俞允於是廣仁語有為今科舉既廢宜且南歸興學專教育俟養成多數有用才數年後迺可云改革也有為不忍去及初聞變廣仁復趣有為歸有為走廣仁被逮在獄言笑自若臨刑猶言曰中國自強之機在此矣

論曰戊戌變法德宗發憤圖強用端棻等言召用新進百日維新中外震仰黨爭遽起激成政變銳光第嗣同旭及深秀廣仁同日被禍世稱六君子皆悲其志內爭不已牽及外交其後遂釀庚子排外之亂終致危亡此亦清代興衰一大關鍵也

清史稿　列傳二百五十二

徐桐 子承煜 豫師　剛毅

趙舒翹　啟秀

英年　裕祿 廷雍

毓賢 李廷簫

徐桐字蔭軒漢軍正藍旗人尚書澤醇子道光三十年進士選庶吉士授編修坐修改中卷干磨勘罷職咸豐十年特賞檢討協修文宗實錄同治初命在上書房行走奉懿旨番講治平寶鑑入直弘德殿累遷侍講學士先後疏請習政事勤修省成大學衍義體要以進數擢至禮部侍郎念外人猖集京師和議難恃宜壹意修攘圖自強因條上簡才能結民心裕度支修邊備四策光緒初授禮部尚書加太子少保主事吳可讀請豫定大統以尸諫桐與翁同龢等謂其未悉本朝家法當申明列聖不建儲彝訓俾知他日紹膺大寶之元良即為承繼穆宗之聖子援諸前諭則合準諸家法則符疏入詔存毓慶宮備覽時崇厚擅訂俄約下羣臣議迺條摘其不可行者曰伊塔各城定界曰新疆蒙古通商曰運貨逕至漢口曰行船直入伯都訥六年廷議徇俄人請將赦崇厚罪桐力持不可謂揆度機要在樞廷折衝俎豆在總署講信修睦在使臣赦之而彼就範猶裨國事若衅端仍不能弭反失刑政大權推原禍始宜肅國憲又言今日用人之道秉忠持正者為上宅心樸實者次之若以機權譎詐曉各國語言文字遽目為通才而責以鉅任未有不僨且蹶者不報歷充翰林院掌院學士上書房總師傅十五年以吏部尚書協辦大學士晉太子太保二十二年拜體仁閣大學士桐崇宋儒說守舊惡西學如讎門人言新政者屏不令入謁二十四年政變後太后以其耆臣碩望頗優禮朝請令近侍扶掖以寵之有豫師者字錫之內務府漢軍進士官至烏魯木齊都統以講學為桐所傾服方太后議廢帝立端王載漪子溥儁為大阿哥桐主之甚力實皆豫師本謀也既而桐被命照料登親載漪各國不慊載漪等所為漪恚甚圖報復二十六年義和拳起讐仇外載漪大喜導之入都桐謂中國當自此強矣至且親迓之然及其亂時仍被刦掠袁昶許景澄之死舉國稱冤而桐則曰是死且有餘辜時其子承煜監刑揚揚頗自得承煜字楠士拔貢以戶部小京官晉遷郎中累官刑部左侍郎已聯軍入桐倉皇失措承煜請曰父芘拳匪外人至必不免失大臣體盍殉國兒當從侍地下耳桐迺投繯死年八十有二矣而承煜遂亡走為日軍所拘置之順天府尹署與啟秀俱明年正月正法命下日軍官置酒為餞傳詔旨承煜色變口呼冤痛詆西人不已翼日備輿送至菜市監刑官出席禮之已昏不知人矣尋就戮和議成褫桐職奪卹典旋論棄市以先死議免

剛毅字子良滿洲鑲藍旗人以筆帖式累遷刑部郎中諳悉例案承審浙江餘杭縣民婦葛畢氏案獲平反按律定擬得旨嘉獎出為廣東惠潮嘉道遷江西按察使調直隸遷廣東布政使調雲南光緒十一年擢山西巡撫請設課吏館手輯牧令須知諸書分講習詔飭行各省治套外屯田建分段開渠設官三策明年移撫江蘇蘇患水祲先後濬蘊藻河吳淞江以工代賑民德之調廣東二十年召授軍機大臣補禮部侍郎二十四年以工部尚書協辦大學士疏陳實倉廩嚴保甲罷不急官二十五年按事江南及廣東諸省迭疏請籌長江防務籌餉練兵清理財政及整頓地方一切事宜詔皆飭行二十六年拳亂作命趙舒翹及剛毅馳往近畿一帶查辦解散及還京復命而宣戰詔已先下矣匪集都城肆焚殺時方稱義民亡敢誰何載漪等復疏言雪恥強國在此一舉又盛推拳民忠勇有神術可用太后愈信之因命剛毅載勛統之比於官軍然匪專殺自如勿能問且擾禁城日焚刦不止詔各軍營會拏正法盡拆所設神壇並諭責剛毅董福祥親自開導勸令解散卒不能阻各國聯軍入犯兩宮西狩剛毅扈行至太原車駕欲之西安又從道遘疾還至侯馬鎮死其後各國請懲禍首以先死免議追奪原官

趙舒翹字展如陝西長安人同治十三年進士授刑部主事遷員外郎讞河南王樹汶獄承旨研辯獲平反巡撫李鶴年以下讁譴有差居刑曹十年多所纂定其議服制及婦女離異諸條能傳古義為時所誦光緒十二年以郎中出知安徽鳳陽府皖北水祲割俸助賑課最擢浙江溫處道再遷布政使二十年擢江蘇巡撫捕治太湖匪酋葉子春餘黨股栗復為籌善後策弊風漸革明年改訂日本條約牒請總署重民生所言皆切中是時朝廷矜慎庶獄以舒翹諳律令召為刑部左侍郎二十四年晉尚書督辦礦務鐵路明年命入總理各國事務衙門充軍機大臣拳匪據涿州舒翹被命馳往解散匪衆堅請褫提督聶士成職剛毅踵至許之匪既入京攻使館聯軍至李秉衡兵敗太后乃令王文韶與舒翹詣使館通殷勤為議款計文韶以老辭舒翹曰臣望淺不如文韶卒不往旋隨扈至西安聯軍索辦罪魁乃褫職留任尋改斬監候次年各國索益亟西安士民集數百人為舒翹請命上聞賜自盡命岑春煊監視舒翹故不袒匪又痛老母九十餘見此慘禍頗自悔恨初飲金更飲以鴆久之乃絕其妻仰藥以殉

啟秀字穎之庫雅拉氏滿洲正白旗人以孝聞同治四年進士選庶吉士散館改刑部主事累遷內閣學士光緒五年授工部右侍郎調盛京刑部吉林將軍銘安被彈劾啟秀白其誣轉戶部論者以按銘安事多徇庇攻甚力命崇綺覆

按無左驗免議東省練新軍倚饟京師閻敬銘掌戶部方規節帑未應也啟秀力言始獲請歲發四十萬濟之二十年拜理藩院尚書中日和議成將換約啟秀疏請條約宜緩發先商諸各國杜後患不報敖漢王達木林達爾達克鑒朝陽覆轍自請增練蒙軍言者論其苛派蒙衆謀不軌啟秀爲訟其冤敖漢王雖奪扎薩克秩而其子獲嗣以故大得蒙衆心充總管內務府大臣二十四年授禮部尚書疏陳釐正文體倡明聖學命充軍機大臣兼總理各國事務衙門啟秀端謹有風操爲徐桐所賞自政變後桐最被盼遇欲引參機務乃舉啟秀自代已而拳亂作董福祥攻使館不下啟秀薦五臺僧普濟禦敵頗附和之逮兩宮狩西安啟秀以母病弗克從日本軍拘啟秀及徐承煜嚴守之承煜桐子也朝旨褫職而各國猶言罪魁不可縱明年正法命下日軍官置酒爲餞席次傳詔旨啟秀神色自若曰即此已邀聖恩矣肅衣冠赴菜市啟秀宅近日本權領地日官與語嘗善託其家第曰厚意可感他無復言遂就戮

英年字菊儕姓何氏隸內務府爲漢軍正白旗人以貢生考取筆帖式累遷郎中兼護軍參領光緒中歷奉宸苑卿左翼總兵正紅旗漢軍副都統工部右侍郎調戶部拳匪亂作以英年載瀾副載勛剛毅統之載勛等出示招致義民助攻使館英年弗能阻匪益橫任意戕殺官民聯軍既陷京師兩宮幸西安英年充行在查營大臣旋授左都御史行次猗氏知縣玉寶供張不備疏劾之款成各使議懲首禍英年褫職論斬繫西安獄尋賜自盡

裕祿字壽山喜塔臘氏滿洲正白旂人湖北巡撫崇綸子以刑部筆帖式歷官郎中出爲熱河兵備道累遷安徽布政使同治十三年擢巡撫年甫踰三十前江南提督李世忠本降寇罷職家居所爲橫恣裕祿疏請誅之會以事詣安慶召飲署中酒行出密旨麾衆縛斬之而仍郵其家人以是高其能光緒十三年遷湖廣總督調兩江復還鄂廷議修鐵路起盧溝訖漢口下羣臣議裕祿力陳不可忤旨十五年徙爲盛京將軍十七年熱河奸民騷動燬教堂殺蒙人裕祿會師朝陽擊平之予優敍二十年秋朝鮮亂起奉天戒嚴坐安東鳳凰失守數被議明年調福州改授四川總督二十四年召爲軍機大臣禮部尚書兼總理各國事務衙門會徵榮祿入樞廷遂代之督直隸義和拳起山東入直境初義和會源出八卦教乾坎二系衆黨直魯間爲臨清郜生文餘孽後稱團專仇教裕祿初頗持正論主剿捕其酋姚洛奇寘之法踰歲開州傳舉烽言匪復至禽渠率斬以徇居無何毓賢撫山東縱匪匪散入河間深冀而裕祿承風指忽主撫袁世凱方將武衞軍語裕祿盍不請嚴旨捕治裕祿曰拳民無他伎緩則自消激則生變且此委瑣事何煩瀆天聽邪已而毓賢去世凱代之自興兵疾擊以故匪不敢近山東而紛紛入畿疆矣吳橋知縣勞乃宣禁傳習爲書上裕祿格不行時直隸官吏多信拳布政使廷杰獨力主勦辦嚴定州縣查緝拳匪懲戒辦法遽奉詔開缺同京匪愈橫張德成居獨流稱舉國第一壇曹福田爲津匪魁二人者炫神術爲妄妖言相煽誘裕祿不之問已復致書請饟二十萬自任滅外人裕祿馳檄召之於是二人出入節署與裕祿亢禮當是時津城拳匪至可三萬人呼嘯周衢市又以紅燈照熒衆每入夜家家懸紅燈謂迎仙姑頃之各國兵艦大集匪猶羣聚督轅求槍礮裕祿命詣軍械所任自擇盡攫以去而聯軍絡繹登岸索大沽礮臺裕祿懼疏告急請敕董福祥來援聯軍索益堅提督羅榮光不允戰失利而裕祿且上天津團民殺敵狀於是朝廷以團民爲可恃宣戰詔書遂下而不知大沽已先數日失矣裕祿又報大捷盛張拳匪功發帑金十萬犒團吏薦德成福田於朝飾戰狀獲賞頭品秩花翎黃馬褂事急官軍戰車站敗績裕祿退保北倉閱三日城陷德成福田挾貲走卒繫而罪之裕祿飛章自劾詔革職留任踰月北倉失裕祿又退楊村遂自殺和議成奪職

廷雍字邵民滿洲正紅旗人以貢生累官直隸布政使裕祿死護總督聯軍入保定被執並及諸士紳各軍訊其事雍曰保紳夙從令可釋事皆由我今至此斧鉞由汝奚問爲遂見殺郡人尙多哀之

毓賢字佐臣內務府正黃旗漢軍監生以同知納貲爲山東知府光緒十四年署曹州善治盜不憚斬戮以巡撫張曜奏薦得實授累遷按察使權布政使二十四年調補湖南署江甯將軍裁革陋規萬餘兩上聞而嘉之是時李秉衡撫山東適有大刀會仇西教秉衡獎借之戕德國二教士廷議以毓賢官魯久諳河務擢代之既蒞事護大刀會尤力匪首朱紅燈搆亂倡言滅教毓賢令知府盧昌詒按問匪擊殺官軍數十人自稱義和拳毓賢爲更名曰團團建旗幟皆署毓字教士乞保護置勿問匪浸熾法使詰總署迺徵還至則謁端王載漪莊王載勛大學士剛毅盛言拳民忠勇得神助俄拜山西巡撫之命於是拳術漸被山西平陽府縣上書言匪事毓賢痛斥之匪益熾毓賢更命製鋼刀數百賜拳童令演習其酋出入撫署款若上賓居無何朝旨申命保教民毓賢陽遵旨行下各縣文書稠疊教士咸感悅未幾又命傳致教士駐省城曰縣中兵力薄防疏失也教士先後至者七十餘人迺局衆一室衞以兵時致蔬果一日毓賢忽冠服拜母泣不可止曰男勤國事不復能顧身家矣問之不語遽出坐堂皇呼七十餘人者至令自承悔教教民不肯承迺悉率出斬之婦孺就死呼號聲不忍聞聯軍既陷天津毓賢請勤王未及行朝旨趣之再兩宮已西幸毓賢遇諸塗遂隨扈行和議成聯軍指索罪魁中外大臣復交章論劾始褫職戍新疆十二月行抵甘肅而正法命下時李廷簫權甘督廷簫籍湖北黃安以進士累官山西布政使嘗附毓賢縱匪至是得旨持告毓賢毓賢曰死吾分也如執事何廷簫慮譴及元旦仰藥死蘭州士民爲毓賢呼冤將集衆代請命毓賢移書止之其母留太原年八十餘矣一妾從行令自裁踰數日伏誅未殊連呼求速死有僕助斷其頸爲斂而葬之

論曰戊戌政變後廢立議起患外人爲梗遂欲仇之而庚子拳匪之亂乘機作矣太后信其術思倚以勦敵而立威王公貴人各爲其私羣奉意旨不敢違大亂遂成及事敗各國議懲首禍徐桐等皆不能免逢君之惡孽由自作然刑賞聽命於人何以立國哉

清史稿　列傳二百五十三

徐用儀　許景澄
袁昶　立山
聯元

徐用儀字筱雲浙江海鹽人由副貢生入貲爲主事官刑部咸豐九年舉順天鄉試同治初充軍機章京兼直總理各國事務衙門累遷鴻臚寺少卿以憂歸光緒三年起太僕寺少卿遷大理寺卿直軍機如故擢工部侍郎始罷直旋充總理衙門大臣歷兵部吏部侍郎授軍機大臣二十年加太子少保日朝搆釁舉朝爭議和戰樞臣孫毓汶被劾罷翁同龢繼入主戰益力用儀論事與同龢忤遂出樞廷並解總署事二十四年皇太后再訓政復直總署迺密薦太常寺卿袁昶會許景澄奉使還被命同入署二十六年拳禍起先是上以行新政爲中外所推而儲嗣久虛載漪既用事陰謀廢立慮外人爲梗聞拳民有神勇仇西教欲倚以集事召入京遂縱恣不可制用儀請嚴禁遏不聽俄戕德使克林德用儀駭曰禍始此矣言於慶親王奕劻厚歛之各國兵艦至津沽詔廷臣集議和戰用儀景澄昶及尙書立山內閣學士聯元並言奸民不可縱外釁不可啟而載漪等主戰甚力在廷大臣率依違不決用儀以太后命詣使館議緩兵當事者益目爲奸邪景澄昶先被害用儀知不免意氣自如七月既望遽發拳匪捕之於家擁至莊王邸用儀不置辯第曰天降奇禍死固分耳遂與立山聯元同棄市越三日聯軍入京而兩宮西狩十二月詔湔雪復故官宣統元年追諡忠愍浙人祠之西湖與景澄昶並稱三忠

許景澄字竹篔嘉興人同治七年進士選庶吉士授編修明習時事大學士文祥以使才薦光緒六年詔使日本遭父憂未行服闋補侍講法越之役條上籌備事宜上褒納十年出使法德意和奧五國大臣兼攝比國使務時海軍初創從德國購造鐵艦未就景澄躬歷船廠鉤稽輯上外國師船表又言海軍宜定屯埠膠州灣設鐵甲礮船大沽口轉侍讀毋憂歸十六年充出使俄德奧和四國大臣累遷至內閣學士先是俄兵游獵常越界侵及帕米爾地景澄爭之俄援舊議定界起烏什別山自此而南屬中國其西南屬俄俄人則欲以薩雷闊勒爲界相持三載俄始允改議其帕界未定以前各不進兵以保和好因著帕米爾圖說西北邊界地名考證爲他日界約備擢工部侍郎是時俄德迫日人還遼東景澄曰俄謀自便德圖償報事故從此多矣疏請分遣兩使從之二十三年調充德國使臣會俄建西比利亞鐵道謀自黑龍江達海參崴朝議拒之迺更名商辦許中國投貲五百萬所謂東清鐵路公司也詔景澄綜其事力阻路綫南溢稽察運船毋漏稅已而俄人索租旅順充頭等公使會駐俄使臣楊儒定議俄都事竣移疾歸召授總理各國事務大臣兼禮部侍郎調吏部充大學堂總教習管學大臣意大利索我三門灣景澄抗言爭之事迺寢未幾拳禍作景澄召見時歷陳兵釁不可啟春秋之義不殺行人圍攻使館實背公法太后聞之動容而載漪等斥爲邪說聯軍偪近畿景澄等遂坐主和棄市宣統元年追諡文肅

袁昶字爽秋桐廬人從劉熙載讀博通掌故光緒二年進士授戶部主事充總

理各國事務衙門章京十八年以員外郎出任徽寧池太廣道誠竂厲抑胥吏多所興革擴中江書院齋舍課以實學建尊經閣購書數萬卷汰常關耗費歲萬八千金悉還諸公定專條納新關穀米出口稅歲羨數十萬督修蕪湖西南濱江圩隄自大關亭至魯港延袤十二里更穿築新縷隄三百七十丈自是蓄洩有資田廬完固民歌誦之膠州事起下詔求言昶條列時政二萬餘言以德突據膠灣其禍急而小俄自西北至東北與我壤地相錯蒙喀四十八部將折入異域其禍紆而大宜及今預練勁旅痛革吉奉華靡風習自頓兵力不能議戰要不可不議守我朝八旗初制文武不分途京外不分途人皆兵官皆將故人才盛國勢强承平日久文法繁密諸臣救過之不暇於是相率爲鄉愿而舉國之人才靡矣金田洪楊之亂其始一小民耳猶竭全國之力僅而克之況諸國互肆蠶食之心有不乘吾敝而攻吾之短者哉夫敵國外患爲殷憂啟聖之資苟得其人毋拘以文法則理財練兵防海交鄰之策可次第就理上覩書其綱要於冊下中外大臣議行二十四年遷陝西按察使未到官擢江甯布政使調直隸未幾內召以三品京堂在總理衙門行走授光祿寺卿轉太常寺卿時財用匱議整釐稅昶極言釐金病商實病民不可議增義和團起山東屠戮外國教士昶與許景澄相善廷詢時陳奏皆忼慨上執景澄手而泣昶連上二疏力言奸民不可縱使臣不宜殺皆不報復與景澄合上第三疏嚴劾釀亂大臣未及奏已被禍疏稿爲世稱誦追諡忠節江南人祠之蕪湖昶嘗慨士鮮實學輯農桑兵醫輿地治術掌故諸書爲漸西村叢刻

立山字豫甫土默特氏蒙古正黃旗人光緒五年以員外郎出監蘇州織造歷四任洊得代論修南苑工賜二品服累遷奉宸苑卿總管內務府大臣正白旗漢軍副都統戶部侍郎二十年加太子少保盜竊甯壽宮物坐失察鐫職留任二十六年擢戶部尚書立山久典內廷同列嫉其寵眷會拳禍起聯軍至天津廷臣集議御前載漪盛推拳民可用立山適在側太后謂汝言如何立山曰拳民雖無他然其術多不驗載漪怒曰用其心耳奚問術立山必與外人通請以立山退外兵立山曰首言戰者載漪也臣主和又不諳外事不足任載漪益仇之因其宅鄰教堂迺中以蜚語謂藏匿外人竟論死宣統元年追諡忠貞

聯元字仙蘅崔佳氏滿洲鑲紅旗人同治七年進士選庶吉士授檢討累遷侍講大考左遷中允再陟侍講以京察出知安徽太平府調安慶兩薦卓異署滁和道遷廣東惠潮嘉道汕頭者通商要衝也姦人倚英領事爲民暴聯元裁以法良善獲安二十四年擢安徽按察使入覲改三品京堂在總理衙門行走又明年補內閣學士拳民仇西教載漪剛毅助之勢益橫日夜圍攻使館不能下大臣負淸望者徐桐崇綺皆謂民氣可用聯元與崇綺爭論帝前謂民氣可用匪氣不可用聯軍既陷大沽載漪等猶壹意主戰聯元謂甲午之役一日本且不能勝況八强國乎儻戰而敗如宗廟何載漪斥其言不祥七月十七日斬西市昭雪後予諡文直順天府奏請立山聯元合祠宣武門外而聯元祖居實坻更於其地建專祠焉

論曰淸代優禮廷臣罕有誅僇拳禍既起忠諫大臣駢首就戮豈獨非帝意哉覩用儀諸人所論事勢利害昭昭如此迺終不能回當軸之聽何其昧爲世傳大節並號五忠不數日而遂昭雪允哉

清史稿 列傳二百五十四

李秉衡 王廷相　聶士成

羅榮光　壽山 族孫瑞昌

鳳翔 崇玉等

李秉衡字鑑堂奉天海城人初入貲爲縣丞遷知縣光緒五年除知冀州歲飢發倉粟不給州俗重紡織布賤爲醵金求遠邇易糧歸而裁其價以招民民獲甦越二年擢知永平府部議追論圾案貶秩李鴻章上其理狀請免議不獲時稱北直廉吏第一以張之洞薦超授浙江按察使未到官移廣西十年平峒寨亂晉二品秩明年法人假越事寇邊秉衡主龍州西運局是時財匱戰士不得餉蹂屍輿廝無人過問秉衡益節儉汰浮費無分主客軍給糧不絕戰卹功賞力從厚復捐設醫局治負傷軍士身自拊循之日數四雖末弁亦延見殷殷勗以殺敵報國護撫命下驩聲若雷勤與馮子材分任戰守諒山之捷彭玉麟等疏言兩臣忠直同得民心亦同功最盛予優敘重申前命爲護撫整營制舉賢能貲遣越南游衆越事漸告甯新任巡撫沈秉成莅官迺乞病去二十年東事棘召爲山東巡撫至則嚴紀律杜苞苴以威海旅順犄角北門遂率師駐煙臺聞旅順不守劾罷丁汝昌龔照嶼等以警威海守將既而日軍浮三艦窺登州秉衡悉萃精兵於西北而榮城以戎備寡爲日軍所誘而獲時論詬之其時大刀會起主仇教勢漸張二十三年會衆戕德國教士德使海靖要褫秉衡職編修王廷相力爭之徙督四川海靖請益堅迺罷免於是秉衡隱安陽居三年剛毅入樞廷薦之起入都廷相慕其名往訪遂訂交朝命秉衡詣奉天按事奏廷相自隨既至糾不職者數人皆廷相微服所詷知者還會御史彭述疏請整飭長江水師詔使秉衡往秉衡固辭太后責勉之遂行歲餘拳禍作枋事者矯詔趣戰電各省諸疆臣失措商之鴻章於是定畫保東南約秉衡與焉無何又請募師入衛至京入覲太后力主戰遂命統張春發陳澤霖夏辛酉萬本華四軍出屯楊村河西塢戰機合張萬二軍先潰澤霖自武淸移壁聞礟聲軍皆走秉衡不得已退通州疾書致各將領述諸軍畏葸狀飲金死事聞優詔賜邮諡忠節聯軍索罪魁請重治以先死免議詔褫職奪邮典廷相字梅岑直隸承德人本籍山東少劬學以孝稱光緒十三年進士以編修督山西學政口外七廳洊飢有司匿不聞爲上流民殘斃狀獲賑如腹地二十三年轉御史敢言事時宗室覺羅官學久廢不緝廷相謂培材宜自近始請依八旗官學新章求實際議行國用患不足計臣議加賦廷相力申李鴻藻議爲民請命事遂寢二十四年元旦日食疏請勤修省條上七事而尤以進賢退不肖爲國家治亂之源因劾張蔭桓媚外人交近侍並以浙江學政徐致祥秩滿調安徽外似優隆內實屏絕嚴旨下吏議敕還原衙門行走拳亂起秉衡出禦聯軍廷相從及敗尋秉衡不遇還至倉頭橋赴河死子履豐拯之不及從之遇救免贈五品卿予世職賞履豐主事

聶士成字功亭安徽合肥人初從袁甲三軍討捻補把總同治初改隸淮軍從劉銘傳分援江浙閩皖累遷至副將東捻敗賜號力勇巴圖魯擢總兵西捻平晉提督光緒十年法人據基隆率師渡臺灣屢戰卻敵還北洋統慶軍駐旅順十七年海軍大閱禮成晉頭品秩調統蘆臺淮練諸軍擊熱河朝陽教匪禽斬其酋楊悅春賞黃馬褂易勇號曰巴圖隆阿明年授山西太原鎭總兵仍留蘆臺治軍請單騎巡邊歷東三省俄羅斯東境朝鮮八道圖其山川阨塞著東游紀程踰歲日韓亂起隨提督葉志超軍牙山聞高陞兵艦燬語志超曰海道梗牙山不可守公州背山面江勢便利從之士成迺先諸軍發次成歡遇伏迷失道吏士無人色士成見二鶴立岡阜語衆曰彼處無隱兵也遂出險往就志超志超已棄公州行追及之士成議趨平壤合大軍而鴻章檄令內渡以故平壤陷得免議志超逮問宋慶接統諸軍遣士成守虎山未幾銘軍潰諸軍皆走士成猶悉力以禦日軍大集力不支退扼大高嶺是時遼西危棘士成請奇兵出敵後截其餉道諸帥不從迺自率師偪雪裏站而陣除夕置酒飲將士預設伏以待日軍果來襲大敗之分水嶺斬日將富剛三造優詔褒勉授直隸提督和議成還駐蘆臺北洋創立武衛軍改所部三十營爲前軍與宋慶董福祥袁世凱並爲統帥慶福祥用舊法訓練世凱軍仿日式士成軍則半仿德式是爲武衛四軍二十六年拳匪亂戕總兵楊福同命士成相機勦辦匪焚黃村郎坊鐵軌士成阻止之弗應擊殺數十人其黨大恨訴諸朝朝旨訶責士成時匪麕集天津可二萬遇武衛軍輒詬辱士成檢勒部下毋妄動榮祿慮激變馳書慰解之士成覆書曰匪害民必至害國身爲提督境有匪不能勦如職何迺鬱鬱駐楊村覩變會英法諸國聯軍至士成三分其軍一護鐵路一留蘆臺而自率兵守天津連奪陳家溝跑馬廠八里臺徑攻紫竹林喋血八晝夜敵來益衆燃毒烟礮我軍稍卻士成立橋上手刃退卒顧諸將曰此吾致命之所也踰此一步非夫矣遂殞於陣腸胃洞流詔賜邮閱二載以世凱言贈太子少保諡忠節建專祠

羅榮光湖南乾州人初隸曾國藩麾下補把總同治初李鴻章規三吳從西將華爾克青浦攻南橋鎭柘林直搗其巢大敗之乘勝復沙川金山遂守備又從西將戈登釋常昭圍以次下太倉崑山諸邑累擢參將攻常州先登城復遂副將賜號果勇巴圖魯除狼山鎭右營游擊蘇軍分援浙皖閩連克湖州長興廣

德漳州漳浦諸城與有功擢總兵六年東捻擾魯疆榮光以偏師游弋淮南北敗捻於運東捻回竄江淮分寇海沭邳宿並擊退之明年西捻竄滑濬我師躡之榮光戰數挫而勇氣彌厲鴻章謀困之黃運間緣河築長壘榮光壁當敵衝相持凡三閱月會霖雨寇多陷淖死榮光復躡之東北勢益蹙張總愚自沈於河事甯晉記名提督自是從防金陵武昌西安凡二年移駐天津補大沽協副將光緒七年創設水雷營遴各營將士演習兼授化電測量諸學既而北塘山海關相繼設皆受成於榮光醇親王閱北洋軍以其教練有方薦授天津鎮總兵位漸顯服食儉約若老兵然二十六年擢喀什噶爾提督未之官而拳亂起八國兵艦入寇榮光守大沽礮臺大沽水淺廣河道縈曲出有臺備險奧外兵懾其勢弗敢進榮光備益嚴迺佯就款使人言於裕祿謂第得四五艘入口護僑商無他意裕祿許之榮光聞而大驚力阻而敵艦已踵入將及臺遽出礮仰擊榮光再謁裕祿乞發戰令諜者已報臺燬榮光憤極歸拔刀殺眷屬曰毋令辱外人手遂出赴難一僕隨之不知所終他日得其尸臺下僕尸亦在焉沒三日而天津陷時年六十有七

壽山字眉峰袁氏漢軍正白旗人黑龍江駐防吉林將軍富明阿子以父任爲員外郎兼襲騎都尉世職遷郎中光緒二十年日軍犯奉天自請赴前敵充步隊統領弟永山領馬隊數與日軍戰復草河嶺克連山關進薄鳳凰城敵援至永山歿於陣壽山被重創以敢戰兼領鎮邊軍馬隊踰歲降敕褒嘉官軍既克海城壽山領七十騎詣遼南詗敵勢遇之湯岡子搏戰槍彈入右腹貫左臂出戰愈猛敵稍卻馳還壁血縷縷滿衣袴上嘉其勇遷知府賞花翎二十三年調充鎮邊軍左路統領徙駐黑龍江城越二年除知開封遺缺府未之官值東北邊防亟超改黑龍江副都統明年春入覲垂詢邊情甚悉命佐將軍恩澤治軍疏請增募十五營調諳邊事者十餘人躬詣上海購軍械自長崎海參崴伯利循海歸潛度形勢備戰守新軍成而恩澤卒於任朝命代之既莅事鏟奸弊明賞罰圖要塞手訂行陣操法頒之各將領使番上授以方略雖末弁亦接見籍記備器使二十六年夏拳亂作俄軍數千聲爲保護哈爾濱鐵軌紛集海蘭泡乞假道壽山曰敵偪我都我假敵道如大義何拒之遂檄愛琿副都統鳳翔禦北路呼倫貝爾副都統依興阿禦西路通肯副都統慶祺禦東路令各嚴誠備毋浪戰並牒俄勿進兵願負保路責而俄軍已分道進重以鐵路土工可十餘萬索值倡亂工揚言與俄爲難壽山亟下令軍中曰保鐵路護難民全睦誼違者殺無赦復使統領吉祥約富拉爾基監工蓋爾肯甫入城俾釋疑懼而蓋爾肯甫迺擊殺工人肯遁壽山猶強爲容忍也慎導俄民出境籍錄其財物備還然俄軍不爲止入寇愛琿及黑河屯華人被迫赴水者屍蔽江下三姓呼倫貝爾又紛紛告警壽山亟電吉林將軍長順會攻哈爾濱然猶屬其語俄總監工謂若能兵願以全家質當是時諸路軍皆潰敗北路統領崇玉營官德春瑞昌西路統領保全東路營官保林並陷陣死於是俄遂偪齊齊哈爾省城既而聞聯軍媾和迺遣同知程德全往商和議而自守軍覆則死之義命妻及子婦先裁手繕遺疏猶惓惓於變政並致書俄將領屬勿戕民閱日具衣冠飲金臥柩中不死呼其屬下材官擊以槍不忍手顫機動彈出中左脅猶不死更呼材官擊小腹仍不死呼益厲又擊之氣始絕先是詔責其開邊釁部議奪職後以總督徐世昌請復官予騎都尉兼雲騎尉世職附祀富明阿祠族孫瑞昌充此路營官俄陷黑河與統領崇玉同戰歿

鳳翔字集庭漢軍鑲黃旗人吉林駐防累官協領光緒二十一年中日事起將軍長順赴奉督師鳳翔任餽餉給食不乏尋擢愛琿副都統二十六年俄將固畢迺脫爾來假道壽山令愛琿誠備俄軍已自黑龍江下駛翼日俄官廓米薩爾名闊利士密德者浮軍艦至鳳翔遣軍拒之三道溝闊利士密德來謁申前請弗允憤怒去令舟師擊我而我師已先發殲其軍官二闊利士密德被重創奔還海蘭泡旋卒於是黑河軍與海蘭泡俄軍相轟擊者數日鳳翔令統領王仲良率騎旅三百渡江擊之始小挫繼獲大勝俄軍緣江遁師往馳之會其軍艦泊江岸載歸閱二日又渡江來擊卻之遲明又率步旅六千自五道河濟右路統領崇玉望見之其軍皆樹我幟衣我衣意爲漠河護礦兵也弗敢擊既登岸始覺而勢已不可遏我師敗績崇玉殞於陣愛琿陷壽山聞之亟令鳳翔回援弗及鳳翔駐兜溝子去愛琿七十里踰月俄軍復至槍彈雨下鳳翔以戰爲守相持累日黑龍江行軍故無棚帳戰罷露宿衆苦寒以是軍有怨聲鳳翔慮譁潰復以地勢平衍難扼守迺請壽山結陣徐退抵內興安嶺軍焉去兜溝子又百六十里未幾俄軍爭上嶺勢洶洶師失利仍扼嶺拒之敵攻益亟鳳翔悉甲出令曰有後者斬而自赴前敵督攝有材官稍卻立使飛騎斬之材官懼大呼陷陣俄軍少卻復進遂大敗署北路翼長恆玉斷一臂俄將卒死傷無算鳳翔戰既酣右臂左足兩受彈傷墜馬者二輒復躍上鏖戰不少休既還嘔血數升而死事聞優卹如制崇玉通肯正藍旗佐領時同死事者玉慶黑龍江城世管佐領城陷被執詈不絕口死最慘扎魯布黑龍江城水師四品官懷印以殉死後猶手握印不可脫又段國英宜黃人以縣丞榷鹽阿什河俄兵至令讓所處屯兵嚴詞拒之縛而去旋釋歸則俄兵已佔其地且懸俄幟國英大哭曰中國亡矣觸石頭裂死俄人觀者皆歎息

論曰秉衡清忠自矢受命危難大節凜然此不能以成敗論也聯軍之占津海也長驅而入唯士成阻之俄兵之侵龍江也乘隙以進唯壽山拒之固知必不能敵誓以一死報耳榮光爭大沽鳳翔守愛琿雖已無救於大局而至死不屈外人亦爲之奪氣何其壯哉

崇綺（子葆初　志鈞等）　延茂（弟延芝）
色普徵額　王懿榮（熙元）
宗室寶豐　宗室壽富（弟壽蕃等）
宋承庠（王鐵珊）

崇綺字文山阿魯特氏蒙古正藍旗人大學士賽尚阿子以穆后父貴升隸滿洲鑲黃旗初爲工部主事坐其父出師無功褫職咸豐四年粵寇謀犯畿輔充督練旗兵處文案事甯敘兵部七品筆帖式英吉利兵艦窺天津錄守內城功擢主事嗣遷員外郎同治三年將軍都興阿以崇綺諳兵事奏自隨兵部疏留是歲成一甲一名進士立國二百數十年滿蒙人試漢文獲授修撰者止崇綺一人士論榮之九年遷侍講出典河南鄉試充日講起居注官十一年詔冊其女爲皇后錫三等承恩公歷遷內閣學士戶部吏部侍郎光緒二年充會試副考官補鑲黃旗漢軍副都統會河南旱大吏匿不報爲言官所劾上命偕侍郎邵亨豫按問廉得實巡撫李慶翔以下皆獲罪四年吉林駐防侍衛倭興額被盜誣控詔與侍郎馮譽驥往讞尋命崇綺署將軍專治之倭興額控如故事下侍郎志和覈覆得誣告狀崇綺自劾被宥五年出爲熱河都統御史孔憲瑴疏稱其忠直宜留輔不許七年調盛京將軍九年謝病歸旋授戶部尚書再調吏部復乞休初穆宗崩孝哲皇后以身殉崇綺不自安故再引疾二十六年立溥儁爲大阿哥嗣穆宗迺起崇綺於家俾署翰林院掌院學士傅溥儁於是崇綺再出與徐桐比而言廢立甚得太后寵恩眷與桐埒義和團起朝貴崇奉者十之七八而崇綺亦信仰之事敗隨榮祿走保定居蓮池書院自縊死榮祿以聞賜奠醊入祀昭忠祠謚文節崇綺妻瓜爾佳氏先於京師陷時預掘深坑率子散秩大臣葆初及孫員外郎廉定筆帖式廉容廉密監生廉宏分別男女入坑生瘞闔門死難各獎卹有差二十七年命以曾孫法亮嗣廉定襲爵志鈞亦三等承恩公滿洲鑲黃旗人充散秩大臣聞警設醴祭先率妻子皆衣冠對縊於中堂卹如例謚貞愍

延茂杜氏內務府漢軍正白旗人同治二年進士銓禮部主事光緒八年歷遷至鴻臚寺少卿上言八旗官學廢弛宜變通章程再遷內閣侍讀學士中法搆釁疏言我國士夫多懵外勢請自今慎選使才令其考察彼國政治利弊圖其山川夷險隨時奏聞又言名將必知地利而後可行師廟堂必知地利而後可馭將今宜北起盛京南踰嶺廣合臺瓊爲一氣復自滇粵邊外訖越南全境分繪兩圖更令諸疆臣各繪所轄地圖上測緯度下準方斜俾知相距里數爲軍事之用上韙其議十三年除奉天府府丞越四年入爲大理寺少卿二十四年由駐藏辦事大臣擢吉林將軍以倉廩災上章自劾明年徵還再授黑龍江將軍未行而拳禍作聯軍入都偕弟延芝守安定門城陷闔室自焚死贈太子少保謚忠恪妻並諸娣姒女子子皆獲旌

色普徵額舒穆魯氏滿洲正白旗人咸豐十年賊竄畿疆以健銳營前鋒校從大學士瑞麟往討裹創力戰旋從僧格林沁勦捻斬馘甚衆同治初又從都統穆騰阿軍皖南光緒三年遷參領八年軍政課最授鑲紅旗漢軍副都統充神

機營專操大臣二十四年徙駐南苑二十六年擢寧夏將軍未行拳亂起命守正陽門晝夜儆循不少休聯軍攻城中礮死贈太子少保諡壯恪予騎都尉兼雲騎尉世職

王懿榮字正孺山東福山人祖兆琛山西巡撫父祖源四川成綿龍茂道懿榮少劬學不屑治經生藝以議敘銓戶部主事光緒六年成進士選庶吉士授編修益詳練經世之務數上書言事十二年父憂解職服闋出典河南鄉試二十年大考一等遷侍讀明年入直南書房署國子監祭酒會中東戰事起日軍據威海分陷榮城登州大震懿榮請歸練鄉團和議成還都特旨補祭酒越二年遭母憂終喪起故官蓋至是三爲祭酒矣前後凡七年諸生翕服二十六年聯軍入寇與侍郎李端遇同拜命充團練大臣懿榮面陳拳民不可恃當聯商民備守禦然事已不可爲七月聯軍攻東便門猶率勇拒之俄衆潰不復成軍迺歸語家人曰吾義不可苟生家人環跽泣勸厲斥之仰藥未即死題絕命詞壁上曰主憂臣辱主辱臣死於止知其所止此爲近之擲筆赴井死先是懿榮命浚井或問之笑曰此吾之止水也至是果與妻謝氏寡媳張氏同殉焉諸生王杜松等醵金瘞之事聞贈侍郎諡文敏懿榮泛涉書史嗜金石翁同龢潘祖蔭並稱其博學熙元直隸總督裕祿子光緒十五年進士由編修累遷至祭酒聯軍入方家居守制聞變偕嫂富察氏妻費莫氏仰藥以殉贈太常寺卿諡文貞越三年社松等以兩祭酒大節昭著籲請隆報饗得旨附祀監署唐韓愈祠

宗室寶豐字龢年隸正藍旗好讀書有淸尚光緒十五年進士選庶吉士授編修歷遷至侍講二十五年立溥儁爲大阿哥命直宏德殿並賞高賡恩四品京堂同授大阿哥讀明年兩宮西幸寶豐以隨扈不果憤甚誓死職自題絕命詞曰忠孝節廉本乎天性見利思義見危授命嗚呼寶豐不失其正飲金死贈太常寺卿

宗室壽富字伯茀隸正藍旗侍讀寶廷子泛覽羣籍尤諳周官禮太史公書旁逮外國史通算術工古文詩詞光緒十四年成進士選庶吉士嘗憤國勢不張八旗人才日衰著勸八旗官士文立知恥會大旨警頑傲厲以自強浙江巡撫廖壽豐疏薦壽富才學堪大用命赴日本考政治既還著日本風土志四卷獻上召見痛陳中國積弊及所宜興宜革者漏三下始退上器之政變作遂杜門壽富性故矜貴不通刺朝列及拳亂起迺上書榮祿言董福祥軍宜託故令離畿甸然後解散拳民謂董爲禍根拳其枝葉耳榮祿不省妻翁內閣學士聯元既以論拳匪誅家屬匿其宅衆以壽富重新學亦指爲袒外甚或勸之他往曰吾宗親也甯有去理耶城陷壽富自題絕命詞並貽書同官曰國破家亡萬無生理乞赴行在力爲表明侍已死於此地雖講西學未嘗降敵遂與弟右翼宗室副管壽蕃及一妹一婢並投繯死贈侍講學士壽富刻苦孤峭寶廷罷官早家貧甚性癖泉石壽富事父能委曲以適其意旨著有搏虎集

宋承庠字養初江蘇華亭人由拔貢考取小京官銓工部光緒四年舉於鄉遷主事八年充總理衙門章京遷員外郎轉御史二十六年巡視京城聯軍入逼望城內火光燭天自言主辱臣死義無可逃疾書一紙遺家人曰宗廟宮寢已付一炬敵人殘忍不共戴天讀聖賢書惟有捐軀報國而已我得死所妻子勿以我爲念時已仰藥口不能言越一日卒贈四品卿銜王鐵珊字伯唐安徽英山人光緒十五年進士銓兵部主事居久之母年老欲歸省會拳亂作知都城必危遂不去悉舉貲斧寄母獨留百金復分其半助邑館貧不能歸者其人謂盍不偕南曰時勢至此不能出力抗敵已負朝廷若更引身遠辟何以爲人且在京爲大淸官在籍踐大淸土國苟不保家將焉屬其人知其隱蓄死志強之行不可兩宮既西狩遂伏案作書寄弟略云身非武職恨不能執干戈衛社稷官非臺諫又不獲效忠言維國是如都城不保義不偷生所恨居官以來未能事母長負此不孝之罪耳書畢肅衣冠拜默坐室中聞內城陷自縊死遺書友人治後事謂某非死節不忍見國事敗壞耳事聞贈員外郎又追贈道員蔭一子入監讀書以知縣用

論曰國都既陷主辱臣死此大義也崇綺久著淸節終以一死自明延茂等見危授命義不苟生色普徵額等執干戈衛社稷死猶不瞑至今皆凜凜有生氣焉

清史稿 列傳二百五十六

恩銘 孚琦 鳳山　端方 弟端錦 赫成額 劉燧

松壽　趙爾豐

馮汝騤　陸鍾琦 子光熙等

恩銘字新甫于庫里氏滿洲鑲白旗人錦州駐防以舉人納貲爲知縣累至知府光緒十一年權知兗州晉道員二十一年改官山西二十六年署按察使拳匪擾晉恩銘請巡撫毓賢陰護遂教士出境弗聽兩宮西幸毓賢率師赴固關恩銘兼攝撫藩事車駕至太原召見奏對聲淚俱下補歸綏道先是口外七廳殺教士四十餘教民二千餘待撫者衆且亟到官後即發帑金倉粟濟之會聯軍至大同民駭走復令教士風諭並與執爭迺引兵去二十八年調直隸口北道時經拳亂後十三廳州縣教民洶洶圖報復宣化華教士且強逼民入教恩銘患之與西教士反覆辨論始允約束民教始安遷浙江鹽運使二十九年調兩淮晉江蘇按察使辦鹽務如故杜私販恤煎丁歲增國課三十萬時論欲請改場垣爲公司並創煤煎輪運議恩銘力陳其弊事迺寢授布政使錄山西協餉功晉頭品服三十二年署安徽巡撫修廣濟圩賑皖北水蓄民德之紅蓮會匪自贛入燬建德教堂同時楚民寄居霍山者亦與教堂啟釁匪黨乘之勢漸熾恩銘分軍援剿並劾有司之釀禍者地方以靖是時廷議行新政銳意興警察於是承上指整頓巡警學堂適王之春薦道員徐錫麟才遂畀以會辦復念政劇財匱援例淸丈緣江洲地按年收科墾牧與樹藝並舉朝旨又以民刑事訴訟法參用東西律下其議督撫恩銘慮皖北民悍爲擇其不便者六事具以報明年夏巡警學生卒業恩銘詣校試驗錫麟乘閒以槍擊之被重創知縣陸永頤銳身救護先殞錫麟令經歷顧松閉校門不從亦斃之從者負恩銘還署遂卒事聞贈太子少保諡忠愍予皖省建祠賞騎都尉兼一雲騎尉世職子咸麟襲恩銘既死錫麟亦被獲錫麟者浙江山陰人就學日本以貲爲道員志在謀縮軍隊便起事倉卒發難卒被禽僇閱數年復有孚琦鳳山被刺事孚琦字樸孫西林覺羅氏隸滿洲正藍旗以工部筆帖式充軍機章京累官郎中三遷至內閣學士光緒二十八年授刑部右侍郎三十三年出爲廣州副都統頗以興學爲己任嘗設八旗工藝學校整飭中小各學堂明年權將軍將軍事故簡孚琦慮即偷惰日必讀書臨池暇輒躬執勞役宣統二年再攝將軍篆明年春赴城東燕塘勘旗地兼閱試演軍用飛機有溫生才者隸革命黨專暗殺會日將暮伏道左俟其至轟擊之遂殞命生才被執論棄市事聞上閔惻諡恪愍命鳳山代之鳳山字禹門劉氏隸漢軍鑲白旗以繙譯舉人襲佐領充驍騎營翼長印務章京累遷參領總辦東安巡捕分局聯軍入京法人在其轄境刃傷商民縛致總局請毋少貸論如律擢副都統訓練近畿陸軍著聲績除西安將軍仍留治兵事宣統初改練軍歸部節度始解兵柄三年授廣州將軍未行而武昌事起香港爲粵民黨藪謀攻省城衆阻其勿往曰吾大臣也不可不奉詔遂毅然去將至時總督及布按以下官皆不敢出迓或勸宜微服先入城毋蹈孚將軍覆轍鳳山不可日午輿衛導行抵南城外黨人匿市廛簷際擲炸彈屋瓦摧壓從者死十餘人街石寸寸裂暮得鳳山屍焦爛無完膚事聞贈太子少保諡勤節予騎都尉世職

端方字午橋托忒克氏滿洲正白旗人由廕生中舉人入貲爲員外郎遷郎中光緒二十四年出爲直隸霸昌道京師創設農工商局徵還筦局務賞三品卿銜上勸善歌稱旨除陝西按察使晉布政使護巡撫兩宮西幸迎駕設行在調河南布政使擢湖北巡撫二十八年攝湖廣總督三十年調江蘇攝兩江總督尋調湖南頗志興學貲遣出洋學生甚衆逾歲召入覲擢閩浙總督未之官詔赴東西各國考政治既還成歐美政治要義獻上議改立憲自此始三十二年移督兩江設學堂辦警察造兵艦練陸軍定長江巡緝章程聲聞益著宣統改元調直隸孝欽皇后梓宮奉安端方輿從橫衝神路農工商部左丞李國杰劾之坐違制免既而御史胡思敬又彈其貪橫凡十罪事下張人駿覆奏入以不治崖檢被訶斥因已罷官貰勿問三年命以侍郎督辦川漢粵漢鐵路時部議路歸國有而收路章條湘川不一致川人大譁川鄂爲黨人所萃乘機竊發端方行次漢口亟入川並劾川督趙爾豐操切命率師往按尋詔代攝其事所過州縣輒召父老宣諭威德至資州所部鄂軍皆變軍官劉怡鳳率衆入室語不遜端方以不屈遇害端方性通侻不拘小節篤嗜金石書畫尤好客建節江鄂燕集無虛日一時文釆幾上希畢阮云弟端錦字叔絅河南知府赴東西各國考路政著日本鐵道紀要從兄入川變作以身蔽其兄極口詈軍士無良同被殺事聞贈端方太子太保諡忠敏端錦諡忠惠其時轉饟官劉燧荆州駐防舉人都司赫成額並赴水死

松壽字鶴齡滿洲正白旗人以廕生官工部筆帖式累遷郎中出爲陝西督糧道光緒二十一年晉山東按察使明年調江西晉江寧布政使二十四年擢江西巡撫越三載移撫江蘇歷河南加尚書銜所莅皆稱職二十八年召爲工部右侍郎兼正藍旗蒙古副都統尋授熱河都統疏陳續修礦章四條允行復以地控蒙部號難治條上吏治軍政興學理財方略甚悉又召還拜兵部尚書明年調工部又明年出爲察哈爾都統三十三年授閩浙總督居官垂二十年不務赫赫名然律己以廉臨下以寬爲時論所美宣統三年秋鄂湘江浙新軍踵

變閩軍乘之將舉事使人要松壽令繳駐防營軍械斥之遂決戰初獲勝繼迺大挫憤甚飲金以殉事聞贈太子少保予二等輕車都尉世職謚忠節

趙爾豐字季和漢軍正藍旗人以山西知縣累保道員四川總督錫良疏薦其才權永寧道剿匪嚴誅捕駐藏大臣鳳全遇害調建昌會克巴塘建議籌邊充川滇邊務大臣護總督改駐藏大臣以兵至打箭爐改設康定登科等府宣統元年仍專任邊務藏兵犯巴塘擊敗之乘勢收江卡等四部於是爾豐軍越丹山而西直抵江達達賴喇嘛逃入印度爾豐請一舉平藏革教易俗廷意不欲開釁阻之爾豐盡克三崖野番決收回瞻對三年署四川總督檄番官獻瞻對爾豐遂入瞻對設官治之進克波密並取白馬崗收明正等土司皆改流計所收邊地縱橫三四千里設治者三十餘區一時皆懾於兵力不敢抗會川亂起爾豐還省集司道聯名奏請變更收路辦法不允商民罷市全省騷動廷寄飭拏禍首捕蒲殿俊等拘之其黨圍攻省城督辦川路大臣端方劾爾豐操切詔仍回邊務大臣以岑春煊代總督武昌變作資政院議爾豐罷黜待罪而朝旨已不能達川重慶兵變會匪蠭起軍民環請獨立爾豐遂讓政權於殿俊殿俊自稱都督防軍復變殿俊走匿全城無主商民請爾豐出定亂因揭示撫輯變兵而標統尹昌衡率部入城自爲都督羅綸副之以兵攻督署擁爾豐至貢院爾豐罵不絕口遂被害

馮汝騤字星巖河南祥符人光緒九年進士選庶吉士散館授戶部主事充軍機章京累遷郎中出知四川順慶府遭母憂去服闋起山東青州知府調直隸大名三十一年遷湖北鹽法道明年調安徽徽寧池太道遷甘肅按察使未幾晉陝西布政使擢浙江巡撫三十四年移撫江西整稅務省不急官稱治辦朝議方厲行新政迺復察民情量財力從容施設士民安之宣統元年御史江春霖上其溺職徇私狀事下安徽巡撫朱家寶覆得白坐疏忽干吏議奪俸三月三年武昌變起下游皆震南昌軍相應和脅汝騤爲都督號獨立峻拒之贛人故感其賢導之出至九江迺仰藥以殉詔旨軫惜謚忠愍

陸鍾琦字申甫順天宛平人本籍浙江蕭山父春榮績學不遇祭酒盛昱其弟子也鍾琦少劬學以孝稱光緒十五年進士以編修辦直隸賑災徐桐亟賞之拳禍起桐惑焉鍾琦持異議弗聽聯軍入同年王懿榮熙元寶豐輩先後皆殉節鍾琦聞之泣闔戶自經遇救獲免二十九年除江蘇督糧道越五載遷江西按察使調湖南察吏嚴定州縣結案功過章條月計勘案數與其鞫訊狀限期報司繇是獄鮮積滯再移江蘇多平反宣統改元晉布政使三年擢山西巡撫到官未踰月而武昌難作鍾琦語次子敬熙曰大事不可爲矣省垣倘不測吾誓死職汝曹讀書明大義屆期毋效婦仁害我又曰生死之事父子不相強任汝曹自爲之但吾孫毋使同盡以斬宗祀敬熙知父意決入告母母曰汝父殉國吾惟從之而已敬熙以事亟赴京語其兄光熙偕還晉鍾琦馭新軍嚴至是調兩營赴南路時九月七日也夜發餉將以翼日行而遲明變作新軍突入撫署鍾琦出堂皇僕李慶雲從麾之弗去且挺身出先被戕鍾琦叱曰爾輩將反邪語未竟遽中鎗而殞光熙奔救亦被擊死叛軍入內室其妻唐氏抱雛孫起並遇害詔褒其忠孝節義萃於一門予謚文烈妻唐旌表光熙本名惠熙字亮臣少從盛昱游厲學鍾琦遘危疾嘗刲股和藥以進光緒三十年成進士選庶吉士東渡日本學陸軍卒業歸授編修擢侍講贈三品京堂謚文節

論曰恩銘遇刺實在辛亥之前蓋亂機已久兆矣武昌變起各行省大吏惴惴自危皆罔知所措其死封疆者唯松壽鍾琦等數人或慷慨捐軀或從容就義示天下以大節垂絕綱常庶幾恃以復振焉

清史稿 列傳二百五十七

志銳 劉從德 春勳　良弼

宗室載穆 萬選 德霈 同源　文瑞 承燕 克蒙額

恒齡 德溥等　樸壽

謝寶勝 姚鴻賓　黃忠浩 楊讓棃等

志銳字公穎他塔拉氏世居扎庫木隸滿洲正紅旗陝甘總督裕泰子父長敬四川綏定府知府志銳幼穎異光緒六年成進士選庶吉士授編修與黃體芳盛昱輩相厲以風節數上書言事累遷詹事擢禮部右侍郎中東事起上疏晝戰守策累萬言慮陪都警自請募勇設防稱旨命赴熱河練兵未踰月以其妹瑾珍兩妃貶貴人降授烏里雅蘇臺參贊大臣釋兵柄遂迂道出張家口策馬踰天山西絕幕所巡臺站輒周咨山川風俗宗教著詩記事居數年將軍長庚令赴邊外釐中俄積案凡六閱月結千餘起前後五上疏籌西北防務發強鄰狡謀中當軸忌左遷索倫領隊大臣領隊例不得專摺奏事居則鉤稽地形阸塞出則徵循鄂博卡倫冀得當以報又數年改授甯夏副都統疏請發帑二十萬濬城外故渠獲沃壤數千頃頻上疏多言人所不敢言宣統二年遷杭州將軍明年調伊犂將軍加尚書銜入覲條上弭邊患禦外侮機宜甚悉又力陳新政多縻費請省罷壹意練兵救危局並請邊地練兵費百萬部議止予二十萬抵新疆聞武昌變或勸少留不可踰月到官日討軍士而申儆之已蘭州軍譁變甯夏繼之伊犂協統楊纘緒以兵叛夜據南北軍器庫攻將軍署羣議舉志銳爲都督峻拒之迫詣商會亦弗從起發鎗擊之遂遇害其僕呂順奔走營棺斂撫尸號慟亦爲叛軍所戕又武巡捕官劉從德四川人教練官春勳京旗人並及於難事聞贈志銳太子少保謚文貞志銳夙負奇氣守邊庭踰十稔自號爲窮塞主工詩詞熟察邊情懼禍至無日其赴伊犂也以手書偏告戚友言以身許國不作生入玉門想其致命遂志蓋已定於拜疏出國門日云

良弼字賚臣紅帶子隸鑲黃旗大學士伊里布孫少孤事母孝劬學留學日本陸軍學校畢業歸入練兵處歷陸軍部軍學司監督副使補司長時新設禁衛軍任第一協統領兼鑲白旗都統遷軍諮府軍諮使平日以知兵名改軍制練新軍立軍學良弼皆主其謀尤留意人才自將帥以至軍士莫不延納思所有建樹頗爲時忌武昌亂起各省響應朝論紛呶王公貴人皆氣餒莫知所爲良弼獨與三數才傑朝夕規畫外聯羣帥內安當國思以立憲弭革命圖救大局上下皆恃以爲重時袁世凱來京方議國體人心不安甚矣一日良弼議事歸及門有人遽擲炸彈三日而卒事聞震悼優卹如例其後官紳請立祠於北京祀之良弼剛果有骨氣頗自負雖參軍務無可與謀常以不得行其志爲恨日有憂色及遇刺醫初謂可療忽有進以酒者遂死死未旬日而遜位詔下時皆悼之

宗室載穆字敬修隸滿洲鑲藍旗恂勤郡王允禵五世孫祖綿翔鎮國將軍父奕雲一等侍衛記名副都統載穆年二十除三等侍衛累遷頭等兼辦事章京以伉直忤上官意數歲不遷光緒二十六年拳亂起兩宮西幸痛哭自盡者再遇救獲免三十二年授太原城守尉明年有詔遞裁駐防分遣歸農迺倡農桑勸女工興學校比去晉旗民男婦務耕作嫻織紝者達二百人省城門有八舊閉其二阜城門當汾水衝河決土壅不能通車馬羣議閉之載穆曰此汾西數十村入城孔道也請於舊門南闢新門民稱便秩滿將入覲巡撫丁寶楨疏留之報可宣統三年簡京口副都統鄂難作緣江戒嚴載穆繕城郭犒軍士設練兵處定營防城守章條晝夜儆循旗漢民雜居者皆按堵已而新軍徙頓鐵道旁運槍械者絡屬載穆知有異遣使如江甯告急弗應江蘇巡撫程德全號獨立傳檄鎮江防營迺潛通蘇軍全城益怖懼於是官紳集議定滿漢聯合策約毋戰且要旗營繳軍械載穆知事不可爲罷會大慟語左右曰吾上負朝廷所欠止一死耳左右環跽請繫衆心維危局翼日鎮紳楊邦彥詣軍門趣繳械不許會新軍入據漢城旗營大譁迺進旗衆而語之曰駐防兵單糧儲竭吾戰死甘如飴顧糜吾民肝腦膏鋒刃吾奚忍若曹其徇衆議紓急禍吾身爲大臣且天潢親也宜効死是時驍騎校萬選力爭請毋止戰不見用頓足大哭印班德霈亦憤甚曰大局休矣吾甯死以報國載穆嘿不語迺繕遺疏手自緘印遣佐領良才賫至京師復草遺書致商會猶殷殷以七千人生命相屬隨行四僕皆遣歸有李順者去復返朝夕侍其側偶退休詰朝入寢室則已自經死矣郡人哀之殯斂如禮且爲置田安厝焉將軍鐵良上聞命覈覆死事江甯失鐵良走宗人府亦無奏報故褒贈之典弗及云萬選德霈並殉先是驍騎校同源以旗人將失所忍死爭旗產至是迺語家人曰吾可以從殉國諸公後矣沐浴整衣冠不食而死萬選字子昭蒙古敖漢氏著有易注筆諫金石賞心火龍攻戰略諸書德霈字雨田同源字子淸並蒙古人

文瑞鈕祜祿氏滿洲鑲紅旗人世襲男爵充頭等侍衛出爲馬蘭鎮總兵中日之役喜峰口迫近戰地策守禦遏內匪轄境以甯坐陵樹蟲災免頃之被宥除歸化城副都統兼署綏遠將軍拳匪亂延蒙旗蔓教案紛糾文瑞至與外人推誠商榷償款獨輕綏民德之調青州念旗民乏生計爲闢工廠興學校編制軍隊滿城一切皆治辦移成都未之官擢西安將軍興學勸工爲治復放青州議辦移墾授田法未及行而鄂變作西安新軍應之先據漢城緣塗縱火烟燄張

天疾趨南街遇新軍前驅戈什哈數人被擊死紆道歸與左翼副都統承燕右翼副都統克蒙額籌應變策遣軍士晝陣而守兩軍合戰自申及亥不少休翼日昧爽新軍分攻東南門旗兵多傷亡文瑞督攝益力未幾新軍請停戰會議遣協領保鈞往迄未得要領復貽書新軍反覆開喻亦不答而新軍又兩路夾攻旗營火器竭漸不支日方午東門破進滿城終夕巷戰旗兵死者二千餘人餘皆屠殺麾下壯士從者十餘及其子熙麟而已於是環請引避圖恢復文瑞慨然曰吾爲統兵大員有職守不能戡亂重負君恩惟有死耳迺口授遺疏趣熙麟書之命乘間達京師而自從容整衣冠赴井死幕僚秦鶴鳴斂之承燕同時投井死克蒙額字哲臣滿洲鑲藍旗人先請巡撫發新式軍械遲不應激戰三晝夜力竭陣亡

恆齡字錫九舒穆魯氏滿洲正藍旗人湖北荆州駐防恆齡少嗜學嫻武幹尤熟中外兵家言以附生官筆帖式遷驍騎校累擢佐領旗營久習窳惰罕知兵事迺創編新軍設講武堂教之拳匪亂作湘人旅荆者被煽動燔沙市釐船及稅關領事署外國僑民多逃避勢岌岌恆齡率二百人往鎮撫誅首要宥脅從外人避難者護持之事寧軍政課最將軍綽哈布疏綜營務恆齡條上四事曰設警察興學校釐財政練常備軍並奏行設八旗高等學堂陸軍小學堂俾任校事顧其時風氣闇僿款無所出遂走謁總督張之洞面陳規畫獲助萬金始成立猶不足省新軍陋規益之歲以爲常於是訂章條甄材穎走書聘海內名儒分科教授校風肅然學部曹司攷察稱荆州第一旋領振威新軍調督練處參議總辦陸軍小學將軍恩存總督陳夔龍交章論薦宣統改元調充熱河練軍統領汰老弱補闕額申嚴紀律凡兩閱月獲匪首葛蘭亭等推功將校二年授寧夏副都統朝陽紳民籲留夔龍上聞廷議以西陲邊要趣到官既莅事首嚴烟禁開渠屯田久無效設方略整飭之三年遭父憂令甲旗員百日服除即視事恆齡固請終制解職去奉父喪於萬縣抵宜昌鄂亂作道塗阻絕將軍連魁疏請參軍事上命署荆州左翼副都統恆齡援墨經從戎義慨然任城守而援絕饟匱兵人疲饉則譁變迺斥家財饟之流泣誓衆令毋擾沙市啟外衅時方患癰劇裹創策騎出晝夜徼循血痕猶濡縷然無何事益亟外城失恆齡晨起公服端坐堂上發手槍洞胸而殞家人得其與弟恆廣子裕文書曰吾家世受國恩宜竭力圖報今城既失義當死所憾者老母在堂忠孝不獲兩全第吾母有子能盡忠亦甚得我死汝曹能闔門殉節固善否則善事吾母以補吾不孝之罪毋以吾死狀令老人知也恆齡死數日連魁與右翼副都統松鶴開門納民軍荆州遂失事聞上震悼諡壯節參謀長德霈自經死恩霈亦自經家人救之憤不欲生後數日卒

樸壽字仁山滿洲鑲黃旗人光緒二十年舉人吏部主事累遷郎中拳亂起聯軍入城首與各國議保商民出爲山西歸綏道簡庫倫辦事大臣三十二年召授鑲藍旗滿洲副都統遷正黃旗漢軍都統明年除福州將軍整旗務嚴烟禁專志訓練得精卒四千人宣統三年省城民軍起率防軍與搏火器猛利民軍幾不支然民軍雖被創輒隨時募集防軍以猛鬭故傷亡多卒敗潰樸壽被執受挫辱不屈遂支解之棄尸山下其死狀爲最烈云事聞贈太子太保予二等輕車都尉世職諡忠肅

謝寶勝字子蘭安徽壽州人初隸金順麾下從征西陲嗣隨宋慶馬玉崑克肅州及關外諸城積勛至都司以事與玉崑左棄冠服走博克達山爲黃冠光緒十五年玉崑提督畿輔鳩集舊部獨偉視寶勝招之出敦促備至寶勝慨然曰玉崑知我者義不忍卻迺棄黃冠詣軍所獻方略二十一年朝鮮告警從出關與日軍數十戰勇敢躐倫等玉崑弟陷重圍銳身救之出和議成憤甚復爲道士裝蹤跡京師白雲觀如是者數年拳亂作柴洪山統武衛護軍榮祿檄領前路後營已留河南更名精銳軍領左營尋莞豫北軍忌者中以蜚語巡撫吳重憙疏辨其冤上卒優容之駐軍河陝汝最久將士積相畏服軍麾所指紀律肅然累遷至副將宣統改元授河北鎮總兵明年移南陽河陝汝軍仍受節度寶勝益感奮尤嚴治盜所莅毋擾民恆短衣執械先士卒或宵行數十百里僞爲小商詗虛實村民通匪者憚其至嘗置毒飲水處寶勝則自攜水罌懷麥餅食盡忍飢渴以爲常以是寇鮮漏網洛陽張黑子嵩縣王天縱汝州董萬川尤鷙悍張董並計禽之天縱懼不敢出豫西數十州縣皆按堵而南陽王八老虎猶嵎負寶勝至移書期決鬭會天大雪前期五日潛師薄其巢賊不誡據中庭轟拒寶勝奮身入衆繼之火其廬卒就縛寶之法自是南陽無遺寇寶勝短軀幹目光炯炯能懾人視盜如仇待士卒若子弟勞無慳賞遇喪亡賻卹尤厚餉饋無所受無兼衣餘食統兵十餘年而負責鉅萬巡撫寶棻上聞中旨敕司庫償九千餘金異數也三年移師嵩縣值鄂亂作亟還籌戰守其時襄樊已應和土寇處處飆起豫南與陝鄂壤地接市言訛誠日數至檢勒部曲日夕巡徼不少休支振數十日而襄樊軍闌入士民與通欵將內訌諸將意沮咸莫能奮惟都司姚靄雲慷慨願從戰無何新野陷大吏飛檄戒毋妄動寶勝憤激赴校場與衆誓死守而府縣官已委印綬去翌日元旦獨朝服詣萬壽宮行禮痛哭不能止俄傳南軍入烟饑翳天各營亦以食盡而潰不得已退頓裕州比至城皆樹白幟矣迺止舍至夕而遜位詔至召將卒厲以忠義麾之去夜半時屏僕從肅衣冠嘔血數升以槍自擊死平旦將卒趨視皆哭失聲以大纛裹屍舁至獨頭鎮斂之靄雲陝西人舊爲多隆阿部將後從寶勝軍隸營務處亦爲民軍所戕云

黃忠浩字澤生湖南黔陽人通經術嗜讀儒先性理書以優貢生入貲爲內閣中書主沅州講席銳意地方利弊建西路師範學堂勸民植桑育蠶尤顓志鑛業陳寶箴趙爾巽先後撫湘設鑛局及公司採平江金鑛常甯水口山鉛鑛至今稱厚利皆其謀也光緒二十一年以東事籌防募鄉勇五百人入鄂守田家鎭礮臺總督張之洞一見重之調領武靖營駐洪山二十三年治軍長沙統毅安軍軍故征苗舊旅日久窳敝不可用寶箴納其議別募威字新軍俾主之二十六年之洞檄募師勤王二十八年徙駐岳州緝新隄土寇平之再入貲爲道員赴日本參觀大操歸益詳練戰術知兵名大著明年爾巽檄綜湖南營務處統忠字旗五營其冬母憂去職踰歲廣西降匪陸亞發陷柳州湘邊大震起忠浩率所部援桂直擣梅寨用少擊衆寇大創降敕奬嘉寇奔福祿村村故猺地箐密深岨中有危塗垂綫纔容一人行忠浩迺短衣芒蹻徒步深入會天酷暑鬱爲瘴癘兵士死相繼忠浩亦遘膨疾然治軍勤如故寇卒不敢近捷上授狼山鎮總兵請終制改署任道員授總戎特例也是時岑春煊駐桂林檄與議軍事奏署右江鎮服闋予實授未幾乞假去再至湖北爾巽留綜營務處兼統全省防軍荆襄水師受節度宣統二年從爾巽入川署提督乞歸三年京師開全國教育會忠浩與爲爭鐵路國有爲非計議大濬洞庭湖紓湘菑議論侃侃無所撓還長沙值巡撫余誠格新莅官黨人謀日亟誠格慮新軍有異志以中路巡防十營屬之不就誠格下席揖請至再不獲已始受事甫三日鄂亂起九月朔新軍變將入城協統蕭良臣遁防軍爲內應忠浩方晨謁隨誠格出撫諭至再勢洶洶不可遏要誠格爲都督誠格從間道出召水師水師亦變誠格投江左右援之不得死忠浩猶留署火起護弁强之出及門遇亂兵被執脅降不從叱之走刃傷臂及股至小吳門城樓遂遇害家人奉喪歸葬緣塗設奠者數百里繼忠浩死者有楊讓梨讓梨字邵然籍湘鄉少與王鑫子詩正讓梨與友善詩正援臺灣戰失利嘗負之以免軍中咸壯之積勛至守備轉戰新疆河州西甯數有功累擢參將賜號鏗色巴圖魯既還長沙隸忠浩麾下宣統二年補鎮算鎮標中軍游擊明年武漢事起忠浩電調援長沙次辰州聞省城亂迺阨辰龍關誓死守算兵故悍銳爲民軍所憚時總兵周瑞龍持兩端其子瓚齎金至將以餌算兵哨弁李鳳鳴潛告讓梨得爲備瑞龍稱疾檄讓梨還代以他將讓梨迺上書責以大義滅親辭激昂且傳檄捕瓚瓚遁已而瑞龍降道府官委印綬去讓梨痛哭犒遣軍士獨權小舟至清浪灘踊身入水舟子泅出之讓梨恚甚曰奚活我爲瓚出代其軍遣人追縶讓梨及其子傳孔鑠送長沙道常德遇龍璋巡按西路勸之不屈遂斬之臨刑肅衣冠北嚮拜觀者萬餘人皆泣下傳孔舜還有陳其者讓梨從子壻也當讓梨被縛時其即奮起擊縛者仆一人攢刃交下傷其首斷一足並死之

論曰辛亥之變各省新軍既先發難防營不能獨支而京外旂兵久無軍備又多被殘困死行陣者自寥寥可數志鈞等權輕勢孤艱難搘柱思以一隅挽全局及事不可爲乃以死報志節皎然可敬亦可哀矣

盛宣懷　瑞澂

盛宣懷字杏蓀江蘇武進人以諸生納貲爲主事改官直隸州知州累至道員督辦輪船招商局開採湖北煤鐵礦李鴻章頗信任之英商擅築鐵軌自滬逕寶山訖吳淞上海道數阻弗聽宣懷與英官梅輝立折辯償銀二十八萬有奇始歸於我光緒五年署天津道時鴻章督畿輔方銳新政以鐵路電報事專屬宣懷宣懷以英丹所設水陸綫漸侵內地迺集貲設津滬陸綫建電報學堂並援萬國公例與爭始克嚴定條款會訂水綫相接合同於是與輪船招商同爲商辦兩大局八年英法德美議立萬國電報公司增造自滬至香港水綫壟利權宣懷復勸集華商自設緣海各口陸綫以絕覬覦十年署天津海關道會法越構釁海防急迺移金州礦貲治蘇浙閩粵電綫便軍事而部議指爲含混科以降級調用左宗棠爲言於上事下南洋大臣曾國荃等上其績狀始改留任十二年授山東登萊青道法領事林椿詣煙臺與訂越南北圻綫約朝旨既

報可矣而張之洞執言不可行宣懷曰今琿春海蘭泡欲接俄綫俄方有挾求法旣許接綫彼必易就範且英丹皆與約奚拒法總署然之果不數年而俄約成十八年除眞滬上織布局廠災宣懷籌設華盛總廠復任彌漢冶鐵廠虧耗於是之洞賞其才與王文韶交薦之遂擢四品京堂督辦鐵路總公司入覲奏言築路與練兵理財育才互爲用並請開銀行設達成館稱旨補太常寺少卿與比訂貸款草約二十四年詔趣造粵漢路宣懷建議貸美款歸自辦具改歸商辦本末以上而言者盛毀其所爲遲滯被詗責宣懷具報曲折上乃慰而勉之宣懷自請解職仍留京會議洋貨稅則已而徐桐劾兩局有中飽適剛毅按事南下銜命察覆宣懷具以實對奏上被溫旨二十六年拳禍作各國兵艦紛集江海各口宣懷倡互保議電粵江鄂閩諸疆吏獲同意遂與各領事訂定辦法九條世所稱東南保護約欵是也又電奏請下密詔平亂發國電國書懲禍首卹五忠所言動關大計事甯加太子少保除宗人府府丞明年充辦理商稅事務大臣以和約旣成償貲過鉅迺奏豫籌四策而注重加稅復以債款稱息負累劇請婉商各國分攤免息闢與各國商加稅免釐議垂成英忽中悔厥後宣懷數續議仍無效是歲奏設勘礦總公司越二年而有爭粵漢廢約事滬甯蘇杭甬踵之衆大譁詔禁宣懷干預命唐紹儀代督兩局宣懷遂奏罷鐵路總公司後四年浙路事益棘上終以宣懷諳路政復召見問籌策宣懷言旣借款不應令商造旣商造不應再借款民情可用不順用之恐激變上是之拜郵傳部右侍郎命甫下而浙路總理湯壽潛因言宣懷短請離路事壽潛獲嚴譴宣懷亦不復久居中仍命詣滬辦商約宣統改元奏言推廣中央銀行先齊幣制附陳辦法成式逾歲命充紅十字會會長先是日俄戰爭宣懷與呂海寰等謀加入瑞士總會中國有紅十字會自此始旣拜命入都時朝廷方整釐幣制遂敕還郵部本官參與度支部幣制事晉尚書數上封事凡收回郵政接晃驛站規畫官建各路展拓川藏電綫釐定全國軌制稱新政畢舉而以鐵路收爲國有致召大變世皆責之先是給事中石長信疏論各省商民集股造路公司弊害宜敕部臣將全國幹路定爲國有其餘枝路仍准各省紳商集股自修諭交部議宣懷復奏言中國幅員廣袤邊疆遼遠必有縱橫四境諸大幹路方足以利行政而握中樞從前規畫未善致路政錯亂紛歧不分枝幹不量民力一紙呈請輒准商辦乃數載以來粵則收股及半造路無多川則倒帳甚鉅參追無着湘鄂則開局多年徒供坐耗循是不已恐曠日彌久民累愈深上下交受其害應請定幹路均歸國有枝路任民自爲曉諭人民宣統三年以前各省分設公司集股商辦之幹路應即由國家收回亟圖修築悉廢以前批准之案川湘兩省租股並停罷之於是有鐵路國有之詔並起端方充督辦粵漢川漢鐵路大臣宣懷復與英德法美四國結借欵之約各省聞之羣情疑懼湘省首起抗阻川省繼之湘撫楊文鼎川督王人文先後以聞詔切責之諭嚴行禁止儻有匪徒從中煽惑意在作亂者照懲治亂黨例格殺勿論宣懷又會度支部奏收回辦法請收回粵川湘鄂四省公司股票由部特出國家鐵路股票換給粵路發六成湘鄂路照本發還川路宜昌實用工料之欵四百餘萬給國家保利股票其現存七百餘萬兩或仍入股或興實業悉聽其便詔飭行四川紳民羅綸等二千四百餘人以收路國有盛宣懷端方會度支部奏定辦法對待川民純用威力未爲持平不敢從命人文復以聞再切責之趙爾豐等復奏川民爭路激烈請仍歸商辦不許川亂遂成而鄂變亦起大勢不可問矣資政院以宣懷侵權違法罔上欺君塗附政策釀成禍亂實爲誤國首惡請罪之詔奪職遂歸後五年卒宣懷有智略尤善治振自咸豐季葉畿輔被水菑嗣是而晉邊而淮徐海而浙而鄂而江皖皆起募款籌振撫因討測受菑之故益究心水利其治小淸河利尤溥唯起家實業善畜藏稱富亦往往冒利被口語云

瑞澂字莘儒滿洲正黃旗人大學士琦善孫將軍恭鏜子以貢生官刑部筆帖式遷主事調陞戶部員外郎出爲九江道有治聲移上海道滬地交涉繁瑞澂應付縝密頗負持正名尤顯意警政建總局廓分區設學堂練馬巡中外交誦其能光緒三十三年授江西按察使遷江蘇布政使時江浙梟匪蠢動出沒滬杭孔道釀成巨案侍郎沈家本建議辦淸鄉朝命瑞澂主蘇松太杭嘉湖捕務六風文武受節度瑞澂添募水師購置兵輪仿各國海軍制編成聯隊禽獲巨魁夏竹林聲爲匪徒斂迹宣統改元稱疾乞解職溫旨慰留總督端方密薦其才遷巡撫旣莅事澄吏治肅軍紀嚴警政條具整飭本末以上上嘉納命署湖廣總督踰歲到官旋實授劾罷巡警道馮啟鈞勸業道鄒履和湘民飢變復糾彈前祭酒王先謙主事葉德輝道員孔憲穀阻撓新政狀中旨分別懲革緜是威望益著其時朝廷籌備立憲瑞澂希風指凡置警興學設諮議局立審檢廳一切皆治辦名流如張謇輩咸與交驩而懿親載澤方用事則又爲其姻婭聲勢煖煖出南北洋上三年七月被命會辦川漢粵漢鐵路居無何督辦端方上言鄂境鐵路收歸國有詔嘉之越月武昌變起先是黨人謀亂於武昌瑞澂初聞報憂懼失措漫不爲備惟懸賞告密得黨人名冊多列軍人名左右察知僞造請銷毀以安衆心瑞澂必欲按名捕之獲三十二人誅其三輒以平亂聞詔嘉其弭患初萌定亂俄頃命就擒獲諸人嚴鞫並緝逃亡於是軍心騷動翌日遂變瑞澂棄城走詔革職仍令權總督事戴罪圖功並令陸軍大臣蔭昌督師往討薩鎭冰率兵艦程允和率水師援之而瑞澂已乘兵艦由漢口而蕪湖而九江且至上海矣黨軍推陸軍第二十一混成協統領官黎元洪稱都督置軍政府旣占武昌復取漢陽據漢口乃起袁世凱爲湖廣總督督辦勦撫節制長江水陸各軍副都統王士珍副之召蔭昌還命軍諮使馮國璋總統第一軍江北提督段祺瑞總統第二軍俱受世凱節制國璋與黨軍戰於灄口水陸夾擊復漢口連克漢陽指日下武昌而世凱授總理內閣大臣遽令停攻復起魏光燾督湖廣士珍暫權段芝貴護又命祺瑞攝之時瑞澂已久遁上海始以失守武昌潛逃出省偷生喪恥詔逮京下法部治罪而瑞澂不顧也瑞澂居上海四年病卒

論曰辛亥革命亂機久伏特以鐵路國有爲發端耳宣懷實創斯議遂爲首惡鄂變猝起瑞澂遽棄城走當國優柔不能明正以法各省督撫遂先後皆不顧走者走變者變大勢乃不可問矣嗚呼如瑞澂者諡以罪首尙何辭哉

清史稿　列傳二百五十九

陸潤庠　世續

伊克坦　梁鼎芬（徐坊）

勞乃宣　沈曾植

陸潤庠字鳳石江蘇元和人父懋修精醫見藝術傳潤庠同治十三年一甲一名進士授修撰光緒初屢典試事湖南陝西皆再至入直南書房洊擢侍讀出督山東學政父憂服闋再遷祭酒典試江西以母疾乞養歸二十四年起補祭酒擢內閣學士署工部侍郎兩宮西巡奔赴行在授禮部侍郎充經筵講官擢左都御史管理醫局典順天鄉試充會試副總裁署工部尚書三十二年充釐訂官制大臣已而工部裁省以尚書兼領順天府尹事明年授吏部尚書參預政務大臣謂捐例開仕途雜膺民社者或不通曉文義因訂道府以下考試章程試不及格者停其分發設仕學館教習之潤庠爲陸贄後嘗奏進文集參以時事大意謂成規未可墨守而新法亦須斟酌行之若不硏求國內歷史以爲變通必至窒礙難行且有變本加厲之害宣統元年協辦大學士由體仁閣轉東閣大學士充弼德院院長皇帝典學充毓慶宮授讀兼顧問大臣疏陳曲阜篤生聖人之地今新建曲阜學堂必須闡明經術提倡正學若雜聘外人異言異服喧賓奪主將來聖教漸滅亦朝廷之憂又陳釐訂官制宜保存臺諫一職說者謂旣有國會不須復有言官豈知議員職在立法言官職在擊邪議院開會不過三月臺諫則隨時可以陳言行政裁判係定斷於事後言官則舉發於事前朝廷欲開通耳目則諫院不可裁諸臣欲鞏固君權則亦不可言裁即使他時國會成立亦宜使該院獨立勿爲邪說所淆又言游學諸生於實業等事學成而歸者寥寥可數而又用非所學其最多者惟法政一科法政各國歧異悉就其本國人情風俗以爲制今諸生根柢未深於前古聖賢經傳曾未誦習道德風尙概未聞知襲人皮毛妄言改革甚且包藏禍心倡民權革命之說判國家與君主爲兩途布其黨徒潛爲謀主各部院大臣以爲朝廷銳意變法非重用學生不足以稱上旨遂乃邪說詖行徧播中外久之必致根本動搖民生塗炭又疏陳財用枯竭請酌停新政謂今日之害先由於督撫無權漸而至於朝廷無權庫儲之困難寇賊之充斥猶其顯而易見者也鎭兵之設也所用皆未經歷練之學生韜略則紙上空談作用則徒取形式甚至持不擊同胞之謬說一旦有事督撫非但不能調遣甚且反戈相向其不可用明矣則莫如停辦鎭兵仍取巡防隊而整理之審判之立也所授皆未嘗聽訟之法官黑白混淆是非倒置舊時諳諫之老吏督撫不得用之散遣州縣捕役以緝盜責之巡警巡警無能也且不過省會及通商口岸有巡警豈能分布鄉閭將來必至徧地皆盜人民無可控訴則莫如停辦審判仍以聽斷緝捕歸之州縣諮議局之設也所舉皆不諳掌故之議員逞臆狂談箝制當道督撫莫能禁之於是借籌款之名魚肉鄉里竊自治之號私樹黨援上年資政院開議竟至戟手漫罵藐視朝廷以辦給爲通才以橫議爲輿論蜩螗沸羹莫可究詰則莫如停辦國會仍以言事責之諫院學堂之設也所聘皆未通經史之教員其沿用教科書僅足啓發顓蒙廢五經而不讀禍直等於秦焚暑假星期毫無拘束彼血氣未定者

豈不結黨爲非又膳學費百倍於前致使貧寒聰穎之士流進身無路則莫如停辦中小學堂仍用經策取士凡此皆於財政有關而禍不僅在財政使不早爲之所必至權柄下移大局不可收拾疏上多不報時建設立憲內閣宰輔擁虛名而已武昌兵變官軍既克漢陽武昌旦夕下而新內閣又成立總理大臣袁世凱議修和息戰禍取隆裕太后懿旨頒示天下改建國體於是遜位詔下矣潤庠以老瞶辭授讀差奉懿旨仍照料毓慶宮給月俸如故授太保越二年病卒年七十五贈太傅諡文端潤庠性和易接物無圭岸雖貴服用如爲諸生時遇變憂鬱內結於貿而外不露及病篤竟日危坐瞑目不言亦不食數日而逝

世續字伯軒索勒豁金氏隸內務府滿洲正黃旗光緒元年舉人以議叙主事歷內務府郎中擢武備院卿授內閣學士二十二年爲總管內務府大臣兼工部侍郎二十六年各國聯軍入京兩宮西狩適遭父喪命留京辦事即日縗墨詣聯軍請保護宮廷日爲宮中備飲饌並保壇廟署理藩院尚書調禮部兩宮回鑾賞黃馬褂轉吏部兼都統內務府三旗甲米向歸吏胥代領折價名曰米折所得甚微世續商之倉場飭旗丁自領衆感實惠纂呈四書圖說特旨褒嘉三十年以吏部尚書協辦大學士尋授體仁閣大學士三十二年命爲軍機大臣歷轉文華殿大學士充憲政編查館參預政務大臣念八旗生計日艱奏設工藝廠俾習工藝贍身家德宗崩議繼體世續獨言國事艱危宜立長君不能用宣統改元以疾乞休三年復起原官仍兼總管內務府大臣及議遜位世續首贊之太后令磋商優待條件授太保接修崇陵工程加太傅丁巳復辟憚禍及力阻之事變亟入宿衞並以殮服自隨頻年以經費拮据支持尤苦纂修德宗實錄始終其事及書成已病不能起矣辛酉年卒年六十九增太師諡文端

伊克坦字仲平瓜爾佳氏滿洲正白旗人西安駐防光緒十二年進士以編修歷至都察院副都御史充滿蒙文學堂監督有請達海從祀文廟者伊克坦以達海刱定國書繙譯經史有功聖教允宜附祀即爲代奏略言學官立於漢京而配享實始於唐代宋元以來迭有增祀大率以闡明聖學有功經訓爲斷漢儒許愼特因說文解字功在經籍專隆升祔我太祖高皇帝太宗文皇帝指授文臣創立國書傳譯經史宣布文教尤極千古未有之盛夫國書字體剏自文臣額爾德尼及噶蓋等而仰承聖意彙集大成詳定頒行者實唯儒臣達海達海以肇造貞元之佐擅閎通著述之才歷相兩朝贍言百里其初奉命詳定國書重加圈點發明音義又以國書漢字對音未全於十二字頭之外有所增加而國書之用乃廣復定兩字切音之法較之漢文切音更爲精當而國書之制乃備繙譯經典昭示羣倫功不在傳經諸儒下崇德十年既蒙賜諡文成康熙九年復奉賜文立碑隆德報功永受恩澤旋有學士阿理瑚奏請從祀文廟禮臣復奏以爲粗造國書一藝之長不當從祀未經議准查達海詳定國書字體實稟太宗指示而成作者爲聖述者爲明非唯羽翼六經抑且昭示百世部議謂僅一藝之長實未深知大體達海於聖經有表章之力於後學有津逮之功方今宗學旗學兼重國書並奉旨特設滿蒙文學堂於京師奉省亦經奏立八旗滿蒙文中學堂授諸古者釋奠祭師之誼達海應得附祀核與漢儒許愼從祀之例亦屬相符仰懇俯准達海附祀文廟並請敕建專祠於盛京以昭矜式查盛京東門外尙有達海塋墓榛莽荒蕪碣碑剝落並請敕下所司修治看護用示朝廷崇尙實學蓋念儒臣之至意又代陳典學事宜略言伏讀雍正三年世宗憲皇帝諭帝王御宇膺圖咸資典學我聖祖仁皇帝天亶聰明而好古敏求六十餘年孜孜不倦又嘉慶二十四年仁宗睿皇帝諭帝王之學在於貫徹天人明體達用以見諸施行與經生尋章索句者不同仰見列聖相承重視典學之至意我皇上睿哲性成聰明天縱沖齡踐祚洪業肇基當此春秋典學之時實爲聖敬日躋之始伏維監國攝政王薰陶德性輔養聖躬愼選侍從左右將護亦既淵冲翕受法戒靡遺唯是皇上一念之張弛係萬機之治忽一朝之規制係薄海之觀瞻有不得不愼之又愼者謹爲我皇上詳晰陳之一請崇聖學易端蒙養禮重師教書述遜敏詩頌緝熙聖學精微非尋常科學範圍之所能及宋儒有言帝王之學與儒生異尙與我仁宗睿皇帝典學之論用意正符今我皇上典學之初應定教學科目自應會通今古融貫中西不可拘於舊例伏乞簡派儒臣詳細籌訂鑒成憲酌時宜毋徒陳進講之空文毋虛循延英之故事庶足以開張聖聽裨益覃聰以立聖學聖治之基一請擇賢傅舊制師傅向以大臣選充期於老成典型成就君德然或入官從政講學非其所長老師大儒潛德隱而勿耀而教育精深尤非研究有素不能取益擬請敕下內外大臣各舉所知勿拘資格略仿乾隆十四年詔舉經學人員成例擇其品端學粹教育卓著成績者請旨召用隆以師傅之任分門講教而仍派大臣總司其成俾專日講於經筵不必更勞以職事其任彌專其責彌重其效彌速使天下曉然於尊師崇儒之意庶儒林有所矜式而聖德日進高明矣一請肅規制古者聖王教胄必選端方正直道術博聞之士與之居處是以習與智長化與心成我皇上毓德方新始基宜固舊制選派內監伴讀似不足以肅學制而廣箴規擬請改選王公大臣之賢子弟昕夕侍從斅學相長並參考學校制度建設講堂陳列圖書彝器觀摩肄習以收敬業樂羣之效以上三事僅舉大綱我皇上今日之言動起居罔有勿敬即異日之立政敷教罔有勿臧此尤根本之至計不可不謹之於漸而愼之於始者也伏念朝廷廣勵人才振興教育侁侁學子爭自濯磨皇上典學伊始益宜宏茲遠謨以慰天下士民之望宣統三年伊克坦與大學士陸潤庠及侍郎陳寶琛同奉命直毓慶宮朝夕入講遇事進言憂勤彌甚丁巳復辟潤庠已前卒寶琛爲議政大臣伊克坦一不爭權位日進講如故及事變誓臨危以身殉伊克坦忠直有遠識主開誠布公集思廣益而左右慮患深務趨避時復相左伊克坦憂鬱遂久病日寄於酒癸亥卒年五十有八諡文直

梁鼎芬字星海廣東番禺人光緒六年進士授編修法越事亟疏劾北洋大臣李鴻章不報旋又追論妄劾交部嚴議降五級調用張之洞督粵聘主廣雅書院講席調署兩江復聘主鍾山書院又隨還鄂皆參其幕府事之洞銳行新政學堂林立言學事惟鼎芬是任拳禍起兩宮西幸鼎芬首倡呈進方物之議初以端方薦起用直隸州知州之洞再薦詔赴行在所用知府發湖北署武昌補漢陽擢安襄鄖荊道按察使署布政使奏請化除滿漢界限三十二年入覲面劾慶親王奕劻通賕賄請月給銀三萬兩以養其廉又劾直隸總督袁世凱權謀遏衆城府阻深能諂人又能用人自得奕劻之助其權威遂爲我朝二百年來滿漢疆臣所未有引用私黨布滿要津我皇太后皇上或未盡知臣但有一日之官即盡一日之心言盡有淚淚盡有血奕劻世凱若仍不悛臣當隨時奏劾以報天恩詔訶責引疾乞退兩宮升遐奔赴哭臨越日即行時之洞在樞垣不一往謁也明年聞之洞喪親送葬南皮及武昌事起再入都用直隸總督陳夔龍薦以三品京堂候補旋奉廣東宣慰使之命粵中已大亂道梗不得達遂病嘔血兩至梁格莊叩謁景皇帝暫安之殿露宿寢殿旁瞻仰流涕及孝定景皇后升遐奉安崇陵恭送如禮自願留守陵寢遂命管理崇陵種樹事旋命在毓慶宮行走丁巳復辟已臥病強起周旋事變憂甚逾年卒諡文忠徐坊字梧生山東臨淸州人巡撫延旭子少納貲爲戶部主事光緒十年法陷諒山延旭逮問下刑部獄坊侍至京師入則慰母出則省延旭於獄橐饘之事皆自任之布衣蔬食言輒流涕延旭戍新疆未出都卒坊扶柩歸葬徒行泥淖中道路歎爲孝子二十六年奔赴西安行在明年扈駕返以尙書榮慶薦超擢國子丞鄂變起連上五封事俱不報遜位詔下遂棄官旋命行走毓慶宮坊已久病力疾入直未幾卒諡忠勤

勞乃宣字玉初浙江桐鄉人同治十年進士以知縣分直隸查淶水禮王府圈地力請減租蘇民困光緒五年初任臨榆日晨起坐堂皇治官書啓重門民有呼籲者立親訊之使閽者不能隔吏役吏役不能隔人民其後居官二十餘年皆如之曾國荃督師山海關檄司文案歷南皮等縣畿輔州縣過道差咸科於民有定額而官取其贏乃宣任蠡縣値謁陵事竣贏支應錢千餘緡儲庫備公用任完縣購書萬餘卷庋尊經閣任吳橋創里塾農事畢令民入塾授以弟子規小學內篇聖諭廣訓諸書歲盡始罷先是寧津奸民陳二糾黨爲州郡害土人稱曰黑團勢甚熾嘗至南皮劫殺乃宣會防營掩捕擒陳二及其黨數人磔於市黑團遂絕二十五年義和拳起山東蔓延於直東各境乃宣爲義和拳教門源流考張示曉諭且申請奏頒禁止不能行景州有節小廷者匪首也號能降神乃宣飭役捕治縱士民環觀既受笞號呼不能作神狀梟示之匪乃不敢入境明年拳黨入京乃宣知大亂將作適調吏部稽勳司主事遂請急南歸浙撫任道鎔延主浙江大學堂尋入江督李興銳幕端方周馥繼任咸禮重之周馥從乃宣議設簡字學堂於金陵初甯河王照造官話字母乃宣增其母韻聲號爲合聲簡字譜俾江浙語音相近處皆可通三十四年召入都以四品京堂候補充憲政編查館參議政務處提調宣統元年詔撰經史講義輪日進呈疏請造就保姆輔養聖德二年欽選資政院碩學通儒議員法律館奏進新刑律乃宣摘其妨於父子之倫長幼之序男女之別者數條提議修正之授江甯提學使三年召爲京師大學堂總監督兼學部副大臣遜位議定乞休去隱居淶水時士大夫多流寓青島德人尉禮賢立尊孔文社延乃宣主社事著共和正解丁巳復辟授法部尙書乃宣時居曲阜以衰老辭卒年七十有九乃宣誦服儒先踐履不苟而於古今政治四裔情勢靡弗洞達世目爲通儒著有遺安錄古籌算考釋約章纂要詩文稿

沈曾植字子培浙江嘉興人光緒六年進士用刑部主事事親孝母多疾醫藥必親嘗終歲未嘗解衣安臥遂通醫遷員外郎擢郎中居刑曹十八年專研古今律令書由大明律宋律統唐律上溯漢魏於是有漢律輯補晉書刑法志補之作曾植爲學兼綜漢宋而尤深於史學掌故後專治遼金元三史及西北輿地南洋貿遷沿革尋充總理衙門章京中日和議成曾植請自借英款創辦東三省鐵路時俄之章特西比利亞鐵路尙未建議也不果行母憂歸兩湖總督張之洞聘主兩湖書院講席拳亂啟釁曾植與盛宣懷等密商保護長江之策力疾走江鄂決大計於劉坤一張之洞而以李鴻章主其成所謂畫保東南約也旋還京調外交部出授江西廣信知府曾植爲政知民情僞而持之以忠恕故事治而民親歷署督糧道鹽法道擢安徽提學使赴日本攷察學務三十二年署布政使尋護巡撫值江鄂皖三省軍會操太湖而適遭國卹羣情恟恟民一日數驚城外礮馬兵又譁變曾植聞之登城守禦檄協統余大鴻馳入江防楚材兵艦擊燬東門外礮兵壁壘黃鳳岐奪回菱湖嘴火藥局一日而亂定曾植在皖五年重治人而尙禮治政無鉅細皆以身先其任學使廣教育設存古學堂又興實業創造紙諸廠會外人要我訂約開銅官山鑛曾植嚴拒之未幾貝子載振出皖境當道命藩庫支巨款供張曾植不允遂與當道忤宣統二年移病歸遜位詔下痛哭不能止丁巳復辟授學部尙書事變歸臥病海上壬戌冬卒年七十三著有海日樓文詩集

論曰辛壬之際世變推移莫之爲而爲其中蓋有天焉潤庠世續諸人非濟變才而鞠躬盡瘁始終如一亦爲人所難者也乃宣曾植皆碩學有遠識惓惓不忘卒憂傷憔悴以死嗚呼豈非天哉

清史稿 列傳二百六十

張勳 康有爲

張勳字少軒江西奉新人少孤貧投効廣西軍預法越之戰累保至參將日韓釁啟隨毅軍防守奉天袁世凱練兵小站充管帶拳匪亂作統巡防營防剿敘功擢副將賞壯勇巴圖魯兩宮回鑾隨扈至京諭留宿衞授建昌鎭總兵擢雲南提督改甘肅皆不赴日俄戰後調奉天充行營翼長節制三省防軍賞黃馬褂旋命總統江防各軍駐浦口調江南提督武昌變起蘇州獨立總督張人駿將軍鐵良方與衆籌戰守有持異議者勳直斥之翌日新軍變勳與戰於雨花臺大破之江浙軍合來攻糧援胥絕乃轉戰退而屯徐州完所部人駿鐵良走上海命勳爲江蘇巡撫攝兩江提督賞輕車都尉遜位詔下世凱遣使勞問勳答曰袁公之知不可負君臣之義不能忘袁公不負朝廷勳安敢負袁公世凱歷假勳定武上將軍江北鎭撫使長江巡閱使江蘇都督安徽督軍及建號勳首起抗阻並請優待皇室保衞宮廷世凱卒各省有所謀羣集徐州推勳主盟勳於是提兵北上叩謁宮門遂復辟連下詔令首頒復政諭云朕不幸以冲齡繼承大業煢煢在疚未堪多難辛亥變起我孝定景皇后至德深仁不忍生民塗炭毅然以祖宗創垂之重億兆生靈之命付託前閣臣袁世凱設臨時政府推讓政權公諸天下冀以息爭弭亂民得安居乃國體自改共和以來紛爭無已迭起干戈強劫暴斂賄賂公行歲入增至四萬萬而仍患不足外債增出十餘萬萬而有加無已海內囂然喪其樂生之氣使我孝定景皇后不得已遜政恤民之舉轉以重苦吾民此誠我孝定景皇后初衷所不及料在天之靈惻痛難安而朕深居宮禁日夜禱天徬徨飲泣不知所出者也今者復以黨爭激成兵禍天下洶洶久莫能定共和解體補救已窮據張勳等以國本動搖人心思舊合詞奏請復辟以拯生靈各等語覽奏情詞懇切實深痛懼既不敢以天下存亡之大責遂輕任於眇躬又不忍以一姓禍福之讆言置兆民於不顧權衡重輕天人交迫不得已允如所奏於宣統九年五月十三日臨朝聽政收回大權與民更始自今以往以綱常名教爲精神之憲法以禮義廉恥收潰決之人心上下以至誠相感不徒恃法守爲維繫之資政令以懲毖爲心不得以國本爲嘗試之具況當此萬象虛耗元氣垂竭存亡絕續之交朕臨深履薄固不敢有樂爲君稍有縱逸爾大小臣工尤當精白乃心滌除舊染息息以民瘼爲念爲民生留一分元氣即爲國家延一息命脈庶幾危亡可救感召天庥所有興復初政亟應興革諸大端條舉如下一欽遵德宗景皇帝諭旨大權統於朝廷庶政公諸輿論定爲大清帝國君主立憲政體一皇室經費仍照所定每年四百萬元數目按年撥用不得絲毫增加一懍遵本朝祖制親貴不得干預政事一實行融化滿漢畛域所有以前一切滿蒙官缺已經裁撤者概不復設至通婚易俗等事並著所司條議具奏一自宣統九年五月本日以前凡與東西各國正式簽定條約及已付債款合同一律繼續有效一民國所行印花稅一項應即廢止以紓民困其餘苛細雜捐並著各省督撫查明奏請分別裁撤一民國刑律不適國情應即廢除暫以宣統初年頒定現行刑律爲準一禁除黨派惡習其從前政治罪犯概予赦免儻有自棄於民而擾亂治安者朕不敢赦一凡我臣民無論已否剪髮應遵照宣統三年九月諭旨悉聽其便凡此九條誓共遵守皇天后土實鑒臨之次諭議立憲設內閣京外官暫照宣統初年官制辦理其現任文武大小官員均照常供職先後命官以勳及陳寶琛劉廷琛等爲內閣議政大臣次則內閣閣丞萬繩栻胡嗣瑗大學士爲瞿鴻禨升允顧問大臣趙爾巽陳夔龍張英麟馮煦等各部尙書梁敦彥張鎭芳雷震春沈曾植勞乃宣等侍郞李經邁李瑞清陳曾壽王乃徵陳毅顧瑗等丞參辜湯生章梫黎湛枝梁用弧等都御史張曾敭副都御史胡思敬溫肅並召鄭孝胥吳慶坻趙啟霖及陳邦瑞朱益藩等均來京又以勳兼直隸總督北洋大臣仍留京各省督撫提鎭皆就現任者改之命下各省多不應而馬廠師起稱討逆軍傳檄討勳勳自請罷斥及攻都城勳與戰以兵寡不支荷蘭公使以車迎入使館旋赴津居久之卒年七十謚忠武勳亢爽好客待士卒有恩所部數萬人無一斷髮者世指爲辮子軍臨戰盡納家屬妻妾子女別室不聽避蓋自誓負國誓骨肉俱殉及事亟外人破戶劫之始脫云

康有爲字廣廈號更生原名祖詒廣東南海人光緒二十一年進士用工部主事少從朱次琦遊博通經史好公羊家言言孔子改制倡以孔子紀年尊孔保教先聚徒講學入都上萬言書議變法給事中余聯沅劾以惑世誣民非聖無法請焚所著書中日議款有爲集各省公車上書請拒和遷都變法格不達復獨上書由都察院代遞上覽而善之命錄存備省覽再請誓羣臣以定國是開制度局以議新制別設法律等局以行新政均下總署議二十四年有爲立保國會於京師尙書李端棻學士徐致靖張百熙給事中高燮曾等先後疏薦有爲才至是始召對有爲極陳四夷交侵覆亡無日非維新變舊不能自強變法須統籌全局而行之徧及用人行政上歎曰奈掣肘何有爲曰就皇上現有之權行可變之事扼要以圖亦足救國唯大臣守舊當廣召小臣破格擢用並請下哀痛之詔收拾人心上皆韙之自辰入至日昃始退命在總理衙門章京上行走特許專摺言事旋召侍讀楊銳中書林旭主事劉光第知府譚嗣同參預新政有爲連條議以進於是詔定科舉新章罷四書文改試策論立京師大學堂譯書局興農學獎新書新器改各省書院爲學校許士民上書言事諭變法裁詹事府通政司大理光祿太僕鴻臚諸寺及各省與總督同城之巡撫河道總督糧道鹽道並議開懋勤殿定制度改元易服南巡遷都未及行以抑格言路首違詔旨盡奪禮部尙書侍郎職舊臣疑懼羣起指責有爲御史文悌復痛劾之上先命有爲督辦官報復促出京上雖親政遇事仍承太后意旨久感外侮思變法圖強用有爲言三月維新中外震仰唯新進驟起機事不密遂致害成時傳將以兵圍頤和園劫太后人心惶惑上硃諭銳等籌議調和有朕位且不能保之語語具銳傳於是太后復垂簾盡罷新政以有爲結黨營私莠言亂政褫職逮捕有爲先走免逮其弟廣仁及楊銳等下獄並處斬復以有爲大逆不道構煽陰謀頒硃諭宣示並籍其家懸賞購捕有爲已星夜出都航海南下英國兵艦迎至吳淞時傳上已幽廢且被弒有爲草遺言誓以身殉將蹈海英人告以訛傳有爲始脫走亡命日本流轉南洋遍遊歐美各國所至以尊皇保國相號召設會辦報集資謀再舉屢遇艱險不少阻嘗結富有會起事江漢皆爲官兵破獲誅其黨連詔大索毀所著書閱其報章者並罪之初太后議廢帝稱病徵醫久閉瀛台旦夕不測有爲聞之首發其謀清議爭阻外人亦起責言兩江總督劉坤一言君臣之分已定中外之口難防始能廢立拳匪起以滅洋人殺新黨爲號太后思用以立威遂肇大亂凡與有爲往還者輒以康黨得奇禍宣統三年鄂變作始開黨禁戊戌政變獲咎者悉原之於是有爲出亡十餘年矣始謀歸國時民軍決行共和廷議主立憲而有爲倡虛君共和之議以中國帝制行已數千年不可驟變而大清得國最正歷朝德澤淪浹人心存帝號以統五族弭亂息爭莫順於此內閣總理大臣袁世凱徇民軍請決改共和遂下遜位之詔有爲知空言不足挽阻思結握兵柄者以自重頗遊說當局數年無所就丁巳張勳復辟以有爲爲弼德院副院長勳議行君主立憲有爲仍主虛君共和事變有爲避美國使館旋脫歸上海甲子移宮事起修改優待條件有爲馳電以爭略曰優待條件係大清皇帝與民國臨時政府議定永久有効由英使保證並用正式公文通告各國以昭大信無異國際條約今政府擅改

條文強令簽認復敢挾兵搜宮侵犯皇帝侮逐后妃抄沒寶器不顧國信倉卒要盟則內而憲法外而條約皆可立廢尙能立國乎皇上天下爲公中外共仰豈屑與爭實爲民國羞也明年移蹕天津有爲來覲謁以進德修業親賢遠佞爲言丁卯有爲年七十賜壽手疏泣謝歷叙恩遇及一生艱險狀悲憤動人時有爲懷令感舊傷痛已甚哭笑無端自知將不起遂草遺書病卒於青島有爲天資瑰異古今學術無所不通堅於自信每有掀論常開風氣之先初言改制次論大同謂太平世必可坐致終悟天人一體之理述作甚多其著者有孔子改制考新學僞經考春秋董氏學春秋筆削大義微言考大同書物質救國論電通及康子內外篇長興學舍萬木草堂天遊廬講學記各國遊記暨文詩集

論曰光宣兩朝世變迭起中國可謂多故矣其事皆分見於紀傳斷代爲史辛亥以後例不能詳唯丁巳復辟甲子移宮實爲遜位後兩大案而勳與有爲又與清室相終始亦不可遂沒其人明末三王及諸遺臣史皆勿諱今仿其體並詳著於篇庶幾考有清一代之本末者有所鑒焉

清史稿　列傳二百六十一

吳三桂　耿精忠　孫延齡　尙之信

吳三桂字長伯江南高郵人籍遼東父襄明崇禎初官錦州總兵三桂以武舉承父蔭初授都督指揮襄坐失機下獄擢三桂總兵守甯遠洪承疇出督師合諸鎭兵三桂其一也師攻松山三桂戰敗夜引兵去松山破承疇降三桂坐鐫三秩收兵仍守甯遠三桂祖大壽甥也大壽旣降太宗令張存仁書招三桂不報順治元年李自成自西安東犯太原甯武大同皆陷又分兵破眞定莊烈帝封三桂平西伯並起襄提督京營徵三桂入衞甯遠兵號五十萬三桂簡閱步騎遣入關而留精銳自將爲殿三月甲辰入關戊申次豐潤而自成已以乙巳破明都遣降將唐通白廣恩將兵東攻灤州三桂擊破之降其兵八千引兵還保山海關自成脅襄以書招之令通以銀四萬犒師遣別將率二萬人代三桂守關三桂引兵西至灤州聞其妾陳爲自成將劉宗敏掠去怒還擊破自成所遣守關將遣副將楊坤游擊郭雲龍上書睿親王乞師王方西征次翁後三桂使至明日進次西拉塔拉報三桂書許之自成聞三桂兵起自將二十萬人以東執襄置軍中復遣所置兵政部尙書王則堯招三桂三桂留不遣越四日王進次連山三桂又遣雲龍齎書趣進兵師夜發踰甯遠次沙河明日距山海關十里三桂遣邏卒報自成將唐通出邊立營王遣兵攻之戰於一片石通敗走又明日師至關三桂出迎王命設儀仗吹螺偕三桂拜天畢三桂率部將謁王王令其兵以白布繫肩爲識前驅入關自成兵橫亙山海關列陣以待王令諸軍向自成兵而陳三桂兵列右翼之末陳定三桂先與自成兵戰力鬥數十合及午大風塵起咫尺莫能辨師噪風止武英郡王阿濟格豫郡王多鐸以二萬騎自三桂陳右突入騰躍摧陷自成方立馬高岡觀戰詫曰此滿洲兵也策馬下岡走自成兵奪氣奔潰逐北四十里即日王承制進三桂爵平西王分馬步兵各萬隸焉令前驅逐自成三桂執則堯送王所命斬之自成至永平殺襄走還明都屠襄家棄明都西走命三桂從阿濟格逐自成至慶都屢戰皆勝自成走山西乃還師世祖定京師授三桂平西王册印賜銀萬馬三明福王由崧稱帝南京使封三桂薊國公又遣沈廷揚自海道運米十萬銀五萬犒師三桂不受尋遣其侍郎左懋第都督陳洪範等使於我復齎銀幣勞三桂三桂仍辭不受尋命英親王阿濟格爲大將軍西討自成三桂率所部從自邊外趨綏德二年克延安鄜州進攻西安自成以數十萬人迎戰三桂督兵奮擊斬數萬級自成出武關南走師從之自襄陽下武昌自成走死師復東徇九江八月師還賜緞朝衣一襲馬二命進稱親王出鎭錦州所部分屯甯錦中右中後中前前屯諸地三桂疏言丁給地五晌各所房屋灰燼地土磽薄請增給並爲坤雲龍及諸將吳國貴高得捷等請世職屬吏童達行等乞優擢又以父襄母祖氏弟三輔並爲自成所殺疏乞賜䘏並如所請三桂辭親王下部議許之三年入覲賜銀二萬五年命與定西將軍墨爾根侍衞李國翰同鎭漢中六年明宗室朱森滏攻階州三桂與國翰督兵擊斬之有王永强者爲亂破延安榆林等十九州縣延綏巡撫王正志靖遠道夏時芳死之復陷同官定邊花馬池三桂督兵克宜君同官擊斬七千餘級進克蒲城宜川安塞清澗諸縣誅永强所置吏定邊榆林府谷皆下八年入覲賜金册印時明桂王由榔稱帝居南甯張獻忠將孫可望李定國等皆降於明率兵擾川北諸郡縣命三桂偕國翰率師討之九年七月三桂與國翰遣兵西撫漳臘松潘東拔重慶進攻成都明將劉文秀棄城走復進克嘉定駐軍綿州文秀及王復臣復自貴州向四川招猓玀爲助陷重慶進破敍州三桂屢戰不利文秀復臣圍巡按御史郝浴於保甯浴趣三桂等赴援擊斬復臣文秀引兵走浴疏劾三桂擁兵觀望狀三桂摘疏中親冒矢石語劾浴冒功浴坐謫徙三桂敍功歲增俸千子應熊尙主爲和碩額駙授三等精奇尼哈番加少保兼太子太保十四年可望反明攻由榔定國禦之可望敗走長沙來降詔授三桂平西大將軍與國翰率師徇貴州時大將軍羅託經略洪承疇等出湖南將軍卓布泰等出廣西三道並進三桂等發漢中道保甯順慶次合州破明兵收江中戰艦定國遣其將劉正國楊武守三坡紅關諸隘石壺關者尤險峻明兵阻關三桂令騎兵循山麓步兵陟其巓以礮發其伏明兵驚潰遂下遵義克開州會羅託等已克貴陽卓布泰亦自都匀安遠入信郡王多尼將禁旅至國翰還師遵義尋卒三桂馳與羅託等會於平越揚老堡議分道進兵三桂自遵義出天生橋間白文選據七星關遂繞出烏撒土司境次霑益多尼師進曲靖敗文選卓布泰師進羅平敗定國十六年正月由榔奔永昌二月三桂與尙善卓布泰合軍克雲南會城破文選玉龍關取永昌由榔走緬甸師渡潞江定國設伏磨盤山詷知之分八隊迎擊斬殺過半取騰越追至南甸乃振旅自永昌大理姚安還明將馬寶李如碧高啟隆劉之復塔新策王會劉偁馬惟興楊武楊威高應鳳狄三品等及景東蒙化麗江東川鎭雄諸土司先後來降多尼卓布泰等師還留固山額眞伊爾德卓羅等分軍駐守而詔三桂鎭雲南命總管軍民事諭吏兵二部雲南將吏聽三桂黜陟定國求出由榔緬甸軍孟艮元江土司那嵩與降將高應鳳舉兵應定國三桂督兵自石屏進圍元江逾月擊斬應鳳嵩自焚死收其地爲元江府十七年戶部疏言雲南俸餉歲九百餘萬議撤滿洲兵還京裁綠旗兵五之二三桂謂邊疆不甯不宜減兵力是時三桂已陰有異志其藩下副都統楊申說以先除由榔絕人望三桂乃疏言前者密陳進兵緬甸奉諭若勢有不可愼勿強務詳審斟酌而行臣籌畫再三竊謂渠魁不滅有三患二難李定國白文選等分住三宣六慰以擁戴爲名引潰衆肆擾其患在門戶土司反覆惟利是趨一被煽惑徧地烽起其患在肘腋投誠將士尙未革心萬一邊關有警若輩乘隙而起其患在腠理且兵糧取之民間無論各省餉運愆期即到滇召買民方懸磬米價日增公私交困措糧之難如此年年召買歲歲輸將民力旣盡勢必逃亡培養之難又如此惟及時進兵早收全局乃救時之計下議政王大臣會戶兵二部議令學士麻勒吉侍郎石圖如雲南諮三桂機宜乃決策進兵命內大臣愛星阿爲定西將軍率禁旅南征三桂所部五丁出一甲甲二百置佐領積數十佐領以吳應麒吳國貴爲左右都統分統之七月三桂疏請部勒降兵分置十營營千二百人以降將爲總兵馬寶李如碧高啟隆劉之復塔新策將忠勇五營王會劉偁馬惟興楊威吳子聖將義勇五營十月又疏請置援剿四鎭以馬甯沈應時王輔臣楊武爲總兵皆允之三桂請拊循南甸隴川千崖盞達車里諸土司頒敕印復檄緬甸令執由榔以獻定國文選屢攻緬甸求出由榔緬甸頻年被兵患苦之使告師破定國等請以由榔獻十八年三桂遣使緬甸刻師期令於猛卯迎師遣副都統何進忠及應時甯等率師出騰越道隴川三月至猛卯緬甸又與定國戰道阻旣緬甸使至迎師會瘴發進忠等引還三桂以馬乃土司龍吉兆稱兵應定國遣寶起隆及游擊趙良棟等討之攻七十餘日破其寨斬吉兆以其地爲普安縣九月瘴息三桂與愛星阿及前鋒統領白爾赫圖都統果爾欽遜塔等督兵攻大理復出騰越道南甸隴川至猛卯分兵二萬遣甯輔臣別取道姚關鎭康孟定又慮蠻暮猛密二土司助定國阻我師後留總兵張國柱將三千人屯南甸爲備十一月會師木邦文選毀錫箔江橋走茶山定國走景線三桂令甯等以偏師逐文選而與愛星阿趨緬甸復檄令執送由榔十二月師進次舊晚坡距緬甸都六十里緬甸使告請遣兵進次蘭鳩江濱扞衞乃遣白爾赫圖將百人以往緬甸遂執由榔及其母妻等送軍前甯等逐文選及於猛卯文選以數千人降師還康熙元年捷聞詔進三桂親王並命兼轄貴州召愛星阿率師還四月三桂執由榔及其子以弓絃絞殺之送其母妻詣京師道自殺定國尙往來邊上伺由榔消息三桂令提督張勇將萬餘人戍普洱沅江爲備未幾定國走死猛臘三桂招其子嗣興以千餘人降明亡二年遣會等攻隴納山蠻破巢斬渠三年遣之復及總兵李世耀率兵出大方烏蒙攻水西土司安坤烏撒土司安重聖並擊斬之以其地設府隴納曰平遠大方曰大定水西曰黔西烏撒曰威甯四年奏裁雲南綠旗兵五千有奇五年復遣兵攻土司祿昌賢於隴箐取其寨數十遂東悉定設府曰開化州曰永定三桂初以開關迎師位望出諸降將孔有德耿仲明尙可喜輩右有德專征定湖廣徇廣西李定國破桂林殉焉可喜與仲明子繼茂分兵定廣東福建而三桂功最高雲貴初定洪承疇疏用明黔國公沐英故事請以三桂世鎭雲南三桂復請敕雲南督撫受節制移總督駐貴陽提督駐大理據由榔所居五華山故宮爲藩府增華崇麗籍沐天波莊田七百頃爲藩莊假濬渠築城爲名重榷關市籠鹽井金銅鑛山之利厚自封殖通使達賴喇嘛互市北勝州遂東參四川黃連附子就

其地採運官爲之鬻收其直貨財充溢貸諸富賈謂之藩本權子母斥其羨以餌士大夫之無藉者擇諸將子弟四方賓客與肄武備謂以儲將帥之選部兵多李自成張獻忠百戰之餘勇健善鬥以時訓練所轄文武將吏選用自擅各省員缺時亦承制除授謂之西選又屢引京朝官各省將吏用以自佐御史楊素蘊疏論劾三桂摘疏中防微杜漸語請旨詰素蘊素蘊覆奏言防微杜漸古今通義事遂寢六年三桂疏言兩目昏瞀精力日減辭總管雲貴兩省事下部議如各省例歸督撫管理文吏由吏部題授雲貴總督卞三元雲南提督張國柱貴州提督李本深交章陳三桂勞績請敕仍總管得旨王以精力日減奏辭若仍令總管恐其過勞如邊疆遇有軍事王自應經理尋進應熊少傅兼太子太傅命赴雲南視疾仍還京師三桂益欲攬事權搆釁苗蠻藉事用兵私制中甸界諸番屯牧通商互市迨三元乞歸養甘文焜代爲總督不附三桂三桂詐稱邊寇檄赴勦比至又稱寇退檄使還藩屬將吏士卒糜俸餉鉅萬各省輸稅不足徵諸江南歲二千餘萬絀則連章入告贏不復請稽核是時可喜鎭廣東繼茂子精忠鎭福建與三桂並稱三藩而三桂驕恣尤甚十二年二月上遣侍衛吳丹屈塞立勞三桂賜御用貂帽團龍裘青蟒狐腋袍束帶亦遣使賚可喜可喜旋疏引疾乞歸老下部議請併移所部七月三桂亦疏請移藩並言所部繁衆昔自漢中移雲南閱三歲始畢今生齒彌增乞賜土地視世祖時分界錦州寧遠諸區倍廣庶安輯得所聖祖察三藩分鎭擅兵爲國患得三桂疏下議政王大臣會戶兵二部議奏諸王大臣度三桂疏非由衷遽議遷徙必致紛紜議移藩不便獨尙書米思翰明珠謂苗蠻既平三桂不宜久鎭議移藩便乃爲二議以上一議移三桂山海關外別遣滿洲兵戍雲南一議留三桂鎭雲南如故上曰三桂蓄異志久撤亦反不撤亦反不若及今先發猶可制也遂命允三桂請移藩並諭如當用滿洲兵仍俟三桂奏請遣發命侍郎折爾肯學士傅達禮齎詔諭三桂三桂初上疏度廷議未即許冀慰留久鎭九月詔使至三桂大失望與所部都統吳應麒吳國貴副都統高大節及其壻夏國相胡國柱謀爲亂部署腹心扼關隘聽入不聽出與使者期以十一月己丑發雲南先三日丙戌邀巡撫朱國治脅之叛不從榜殺之遂召諸總兵寶起隆之復足法會屛藩等舉兵反自號周王天下都招討兵馬大元帥蓄髮易衣冠幟色白步騎皆以白氈爲帽執折爾肯傅達禮按察使李興元知府高顯辰同知劉崑不爲三桂屈具楚毒徙置瘴地國柱及總兵杜輝柯鐸布政使崔之瑛等皆降三桂傳檄遠近並致書平南靖南二藩及貴州四川湖廣陝西諸將吏與相識者要約響應遣馬寶將兵前驅向貴陽李本深謀應之文焜馳書告川湖總督蔡毓榮並趣折爾肯傅達禮從官郎中黨務禮員外郎薩穆哈主事辛珠筆帖式薩爾圖速還京師告變三桂遣騎追之辛珠薩爾圖爲所殺文焜率數騎趨鎭遠鎭遠副將江義已得三桂檄以兵圍文焜文焜死之寶兵至巡撫曹申吉總兵王永清皆降十二月黨務禮薩穆哈至京師三桂反問聞上以荆州咽喉地即日遣前鋒統領碩岱率禁旅馳赴鎭守尋命順承郡王勒爾錦爲甯南靖寇大將軍率師討三桂分遣將軍赫業入四川副都統馬哈達擴爾坤駐軍兗州太原備調遣並停撤平南靖南二藩王大臣等請逮應熊治罪命暫行拘禁三桂兵陷清浪衛毓榮遣總兵崔世祿防沅州三桂兵至以城降復進陷辰州十三年正月三桂僭稱周王元年部署諸將楊寶應陷常德夏國相陷澧州張國柱陷衡州吳應麒陷岳州偏沅巡撫盧震棄長沙走副將黃正卿參將陳武衡以城降襄陽總兵楊來嘉舉兵叛鄖陽副將洪福舉兵攻提督佟國瑤擊破之走保山寨皆應三桂受署置三桂自雲南至常德具疏付哲爾肯傅達禮還奏語不遜上命誅應熊及其子世霖諸幼子貸死入官六月命貝勒尙善爲安遠靖寇大將軍與勒爾錦分道進兵是時雲南貴州湖南地皆入三桂通番市以茶易馬結猓玀助戰伐木造巨艦治舟師採銅鑄錢文曰利用所至掠庫金倉粟資軍用勒爾錦師次荆州三桂遣劉之復王會陶繼智等屢以舟師攻彝陵勒爾錦遣將屢擊敗之未即渡江尙善師次武昌以書諭三桂降置不答三桂傳檄所至反者四起提督鄭蛟麟總兵譚宏吳之茂反四川巡撫羅森降將軍孫延齡以有德舊部反廣西精忠反福建河北總兵蔡祿反彰德三桂勢益張又遣使與達賴喇嘛通好達賴喇嘛爲上書乞罷兵上弗許先後遣經略大學士莫洛大將軍康親王傑書貝勒董額等四出征撫將軍阿密達擒祿誅之上趣尙善攻岳州三桂使吳應麒廖進忠馬寶張國柱柯鐸高起隆等分道拒戰又遣兵寇江西循江達南康陷都昌復自長沙入袁州陷萍鄉安福上高新昌諸縣上命安親王岳樂爲定遠平寇大將軍徇江西簡親王喇布爲揚威大將軍鎭江南時王輔臣已爲陝甘提督復以寧羌叛應三桂莫洛死之三桂遣其將王屛藩入四川與吳之茂合軍助輔臣上復趣尙善速攻岳州尙善疏請益兵未即進十四年正月上命岳樂自袁州取長沙岳樂遣兵先後克上高新昌東鄉萬年安仁新城諸縣復進克廣信饒州夏國相堅守萍鄉攻之不下上以岳樂師向湖南命喇布移鎭南昌三桂遣將率兵七萬猓玀三千防醴陵築木城以守又於岳州城外掘濠三重環竹木爲岸於洞庭湖峽口植叢木爲樁阻舟師陸軍築壘皆設鹿角重疊阻騎兵乃自常德赴松滋駐舟師虎渡口截勒爾錦尙善兩軍使不相應揚言將渡江攻荆州決隄以灌城分岳州守兵據彝陵東北鎭荆山令王會楊來嘉洪福等合兵陷穀城執提督馬胡拜攻鄖陽均州南漳勒爾錦遣貝勒察尼守彝陵與都統宜理布等力禦之疏請益兵上責勒爾錦逗遛不許是歲察哈爾布爾尼叛上遣大將軍信親王鄂札副將軍大學士圖海擊破之十五年三桂遣兵侵廣東授之信招討大將軍時可喜已病篤之信遂降三桂別遣其將韓大任高大節將數萬人陷吉安上令喇布固守饒州岳樂攻萍鄉力戰破十二壘斬萬餘級國相引兵走乃克之師進復醴陵瀏陽復進攻長沙三桂遣胡國柱益兵以守馬寶高起隆自岳州以兵會三桂自松滋移屯嶽麓山爲長沙聲援又令大任大節自吉安分兵犯新淦屯泰和復陷萍鄉醴陵斷岳樂軍後上嚴趣喇布援岳樂乃自饒州進復餘干金谿攻吉安大節將四千人來拒戰於大覺寺以百騎陷陳師左次螺子山大節復以少兵力戰喇布及副將軍希爾根倉卒棄營走師敗績會大任與大節不相能大節怏怏死喇布遣兵復圍吉安大任不敢出戰勒爾錦以三桂去松滋率兵渡江取石首遣貝勒察尼攻太平街三桂兵壘師敗績退保荆州是歲大將軍大學士圖海代董額征陝西輔臣降上令將軍穆占將陝西兵赴荆州康親王傑書自浙江下福建精忠降之信亦遣使詣喇布降延齡聞亦願降三桂使從孫世琮襲桂林執而殺之掠柳州橫州平樂南寧十六年尙善分兵送馬三千益岳樂軍三桂邀奪於七里臺復遣兵援吉安與喇布軍相持穆占自岳州進與岳樂夾攻長沙克之三桂所遣援吉安諸軍皆引去大任棄城走吉安乃下三桂自嶽麓徙衡州分兵犯南安韶州並益世琮兵掠廣西十七年岳樂復平江湘陰三桂將林興珠率所將水師降穆占攻永興拔之並下茶陵攸酃安仁興寧郴宜章臨武藍山嘉禾桂陽桂東十二城喇布亦與江西總督董衞國率師逐大任及於甯都大任敗走福建詣傑書降三桂遣馬寶胡國柱等攻永興都統宜理布護軍統領哈克山出戰死穆占與碩岱等力守是歲三桂年六十有七兵興六年地日蹙援日寡思竊號自娛其下爭勸進遂以三月朔稱帝改元昭武以衡州爲定天府置百官大封諸將首國公次郡公亞以侯伯造新歷舉雲貴川湖鄉試號所居舍曰殿瓦不及易黃以漆髹之構廬舍萬間爲朝房築壇衡山行郊天卽位禮將吏入賀是日大風雨草草成禮而罷俄病噎八月又病下利噤不能語召其孫世璠於雲南未至乙酉三桂死寶國柱攻永興方急聞喪自焚其壘引軍還衡州世璠應熊庶子留雲南奔三桂之喪至桂陽其下擁稱帝改號洪化倚方光琛郭壯圖爲腹心光琛三桂所署大學士壯圖封國公三桂初起兵其下或言宜疾行渡江全師北向或言直下金陵扼長江絕南北運道或言宜出巴蜀據關中塞殽函自固三桂皆不能用屯松滋與勒爾錦夾江而軍相持皆不敢渡江決戰既還援長沙晚乃欲通閩粵道糾精忠之信復叛攻永興未下而死吳國貴復議舍湖南北向爭天下陸軍出荆襄趨河南水軍下武昌掠舟順流據江左諸將俱重棄滇黔馬寶首梗議乃罷上以勒爾錦頓兵荆州不進時尙善卒貝勒察尼代爲安遠靖寇大將軍攻岳州吳應麒守堅久未下詔將親征聞三桂死乃罷趣諸軍分道並進並敕招撫陷賊官民察尼屯君山不能斷湖道至是造鳥船百沙船四百餘配以兵三萬水師始成軍以貝勒鄂鼐統之用林興珠策以其半泊君山斷常德道以其半分泊扁山香爐峽布袋口諸地陸軍屯九貴山斷岳州衡州道水陸綿亘百里岳州饟竭援窮應麒與諸將江義巴養元杜輝駕巨艦二百乘風犯柳林嘴察尼令水師棹輕舟越敵艦發礮擊之毀過半兵皆入水死應麒復將五千人犯陸石將軍鄂訥前鋒統領杭奇率師擊之應麒敗走杜輝有子在師中通使約降事泄應麒殺輝諸將日搆隙陳華李超王度沖等以舟師降應麒收殘卒挾輜重潰圍奔長沙胡國柱亦棄城與俱走察尼率師自岳州進克華容安鄉湘潭衡山諸縣勒爾錦聞三桂死率師自荆州渡江三桂所部勒水師泊虎渡上游陸師屯鎭荆山皆潰走分兵定松滋枝江宜都石門慈利澧州進克常德喇布率師入衡州進取祁陽耒陽復進克寶慶是時吳國貴自衡州退屯武岡與馬寶俱吳應麒自岳州退屯辰州胡國柱自長沙退屯辰龍關相犄角力守穆占師進克永明江華東安道州復進取永州岳樂師自衡州復常寧攻武岡國貴以二萬人據楓木嶺拒戰岳樂令林興珠與提督趙國祚督兵奮擊國貴死兵潰貝子彰壽等逐至木瓜橋大破之武岡下上召岳樂還京師彰壽代爲定遠平寇大將軍令與穆占議進取是歲將軍莽依圖等師徇廣西世琮走死十九年春將

軍趙良棟自略陽破陽平關克成都王進寶自鳳縣破武關取漢中王屏藩走保甯師從之戰於錦屏山薄城屏藩自殺保甯下進克順慶將軍吳丹提督徐治都自巫山克夔州重慶楊來嘉譚宏先後降察尼攻辰龍關出間道襲破之克辰州楊寶蔭崔世祿皆降章泰師克沅州吳應麒胡國柱走貴陽上召勒爾錦察尼還京師趣彰壽與穆占蔡毓榮等自沅州喇布自南甯吳丹趙良棟自遵義三道並進世璠令應麒與王會高起隆夏國相合兵入四川掠瀘州敘州進陷永甯譚宏復叛陷夔州上復趣彰泰速下貴陽命賚塔爲平南大將軍盡護廣西諸軍吳丹坐不援永甯罷命趙良棟盡護四川諸軍仍三道入雲南世璠召會起隆國相自四川還援貴陽令馬寶胡國柱等掠四川十月彰泰師克鎭遠世璠將張足法等敗走復進取平越克新添龍里二衞薄貴陽世璠與應麒等奔還雲南貴陽與安順石阡都勻諸府並下世璠所署侍郞郭昌邱元總兵紱世遠齊聘金文臺等率將吏百數十人兵一千三百有奇詣彰泰軍降師復進世璠所署總兵蔡國昌平遠知府鄭開樞等以平遠降戰於永甯至雞公背世璠兵焚盤江鐵索橋走普安土司龍天祐永甯土司沙起龍禮廷試造浮橋濟師二十年春世璠以高起隆爲大將軍與夏國相王會王永淸張足法等將二萬人拒彰泰復陷平遠屯城西南山上穆占與提督趙賴進擊破之起隆等走會降復取平遠彰泰師進次安南衞世璠將線緎巴養元鄭旺李繼業以萬餘人屯盤江西坡爲象陳師初戰爲緎等所敗越二日彰泰令總兵白成功等進擊戰於沙子哨力鬥自午至酉師分隊奮進緎等夜走還都統蟒圖等逐之至臘茄坡再戰緎等退保交水城克新興所普安州黔西大定諸府皆下斬世璠所署巡撫張維堅賚塔師自田州進次西隆州世璠將何繼祖以萬人屯石門坎守隘賚塔督兵分隊進攻奪隘復安籠所繼祖退至新城所復與世璠將詹養王有功等合兵二萬人屯黃草壩爲象陳堅守賚塔督兵進力戰奪壘二十二獲養有功俘兵千餘復進破曲靖取交水城緎等復走遂克馬龍州易龍所揚林城彰泰師亦至兩軍會於嵩明二月進攻雲南會城屯歸化寺世璠遣將胡國柄等將萬人爲象陳拒戰彰泰賚塔督兵進擊大破之斬國柄及裨將九俘六百餘追之薄城世璠將張國柱李發美等先後降臨安姚安大理鶴慶麗江諸府悉下世璠召馬寶胡國柱夏國相等還救雲南上諭趙良棟等分兵邀擊寶等寶自尋甸至楚雄屯烏木兵潰與巴養元趙國祚鄭旺李繼業郞應璧等詣姚安降國柱自麗江鶴慶入雲龍州窮蹙自縊死夏國相自平越敗後走廣西總兵李國樑遣兵圍之亦與王永淸江義等出降世璠援絕趙良棟師自夾江克雅州復建昌渡金沙江次武定復進次縣竹九月進與彰泰賚塔諸軍合時圍城已數月未下良棟議斷昆明湖水道主速攻督兵薄城圍之數重線緎等謀執世璠及郭壯圖以降世璠與壯圖皆自殺十月戊申緎等以城降穆占與都統馬齊先入城籍賊黨執方光琛及其子學潛從子學範磔於軍前戮世璠尸傳首京師世璠所署將吏一千五百餘兵五千有奇皆降雲南貴州四川湖廣諸省悉平上令宣捷詔赦天下二十一年春從議政王大臣請析三桂骸傳示天下懸世璠首於市磔馬寶夏國相李本深王永淸江義親屬坐斬斬高啟隆張國柱巴養元鄭旺李繼業財產妻女入官三桂諸將馬寶王屏藩最驍勇善戰寶初爲流賊降明桂王由榔爲將桂王奔南甸寶降於三桂爲忠勇中營總兵三桂反率兵前驅盡陷貴州至湖廣南境諸郡縣封國公再入廣西一入四川敗走姚安詣希福軍降至是死屏藩亦三桂所倚任代高啟隆爲忠勇左營總兵三桂反令入四川爲王輔臣聲援自秦州退守保甯敗我師蟠龍山十九年師克保甯自殺諸專閫大將叛降三桂助亂者雲南提督張國柱貴州提督李本深總兵王永淸副將江義四川總兵譚宏吳之茂湖廣總兵楊來嘉廣東總兵祖澤淸而陝西提督王輔臣兵最強亂尤劇國柱明副將來降從續順公沈永忠下湖南又從可喜定廣東累遷至提督三桂反授以大將軍封國公陷衡州圍長沙戰岳州皆國柱力師圍世璠乃自大理出降本深明總兵高傑甥傑死以提督代將降於豫親王多鐸授三等精奇尼哈番累遷至提督三桂反授以將軍彰泰師克貴陽出降永淸以黔西鎭義以鎭遠協戕文焜先後附三桂至是同死洪初以明將降累遷至總兵三桂反與四川提督鄭蛟麟總兵吳之茂合謀叛蛟麟明都司自松山降三桂使犯漢中戰敗復出降洪獨力戰屢攻鄖陽三桂授以將軍封國公洪死子天祕走萬縣久之始出降送京師是年五月磔死之茂與屏藩合軍援輔臣攻秦州力戰敗走松潘還與屏藩守漢中城下就擒送京師誅之來嘉初以鄭錦將降授總兵三桂反與副將洪福同叛三桂授以將軍來嘉屢攻南漳福屢攻均州勒爾錦師渡江福先降來嘉敗走巫山復走重慶城下出降送京師未至死澤淸大壽子以高州叛降三桂尙之信降澤淸亦降俄復叛命之信討之克高州獲澤淸及其子良楩送京師磔死輔臣初爲盜號馬鷂子從姜瓖爲亂降於英親王阿濟格壽以侍衞從洪承疇南征事承疇謹除總兵三桂留授援勦右鎭從入緬甸破桂王遷提督三桂反招使叛輔臣以聞授三等精奇尼哈番官其子繼貞經略大學士莫洛自陝西入四川以輔臣從次甯羌脅衆擊殺莫洛反三桂授以大將軍固原定邊臨洮蘭州同州諸將吏悉附大將軍貝勒董額討爲輔臣保平涼久不下大學士圖海代將督兵力攻乃出降詔復官爵加太子太保授靖寇將軍從圖海駐漢中輔臣內不自安與其妻妾縊獨不死圖海師還偕至西安一夕死上不深罪但命停世襲能繼貞官耿精忠靖南王繼茂子順治中繼茂遣入侍世祖授以一等精奇尼哈番尙肅親王豪格女封和碩額駙康熙十年繼茂卒襲爵十二年疏請撤藩許之遣侍郞陳一炳如福建料理三桂反命仍留鎭召一炳還三桂以書招精忠精忠與藩下都統馬九玉總兵曾養性江元勳參領白顯忠徐文耀王世瑜王振邦蔣得鋐等謀應三桂獨九玉以爲不可養性等皆贊之十三年三月發兵反脅總督范承謨不屈執而幽之並及其賓從眷屬巡撫劉秉政降精忠自稱總統兵馬大將軍蓄髮易衣冠鑄錢曰裕民通寶以養性顯忠元勳爲將軍分陷延平邵武福甯建甯汀州諸府約三桂合兵入江西嗾潮州總兵劉進忠擾廣東又招鄭錦發兵取沿海郡縣爲聲援浙江總督李之芳聞亂出駐衢州遣副將王廷梅等四出禦戰上命將軍賚塔出浙江將軍希爾根出江西削精忠爵聲討仍遣郞中周襄緒偕精忠護衞陳嘉猷齎敕招撫精忠留之軍中養性與林沖徐尙朝馮公輔沙有祥等將萬餘人出仙霞關陷江山平陽游擊司定猷縛總兵蔡朝佐以城降渡飛雲江攻瑞安不下移師攻溫州總兵祖宏勳以城降巡道陳丹赤永嘉知縣馬琠死之精忠授宏勳將軍衆至十萬陷樂淸天台仙居嵊縣而甯海象山新昌餘姚諸縣土寇競起養性請於精忠官其渠使屯大嵐山擾紹興甯波破黃巖總兵阿爾泰降分兵犯金華精忠與其將周列王飛石桑明等陷廣信建昌饒州復合玉山永豐土寇東犯常山陷開化壽昌淳安遂安諸縣別遣兵攻徽州婺源祁門上令康親王傑書爲奉命大將軍貝子傅喇塔爲甯海將軍率師下浙江又以岳樂喇布兩軍爲聲援將軍賚塔師次衢州養性自常山來犯賚塔同之芳遣兵擊卻之副將牟大寅戰常山斬精忠將張宏洪起元戰紹興復嵊縣鮑虎戰淳安擒飛石明復壽昌遂安養性尙朝等以五萬人攻金華副都統瑪哈達總兵陳世凱等與戰於木道山斬二萬餘級養性走天台十四年養性復以步騎數萬攻金華遣其將朱飛熊率舟師水陸並進傅喇塔擊斬飛熊養性退屯茂平嶺巡道許宏勳擊破大嵐山土寇斬其渠傅喇塔督兵自閑道出茂平嶺背養性兵潰復黃巖樂淸養性走保溫州傅喇塔督兵合圍瑪哈達擊敗尙朝公輔有祥等復處州穆赫林擊敗林沖復仙居喇布以兵助將軍額楚定徽州婺源祁門將軍希爾根亦復建昌饒州岳樂師次南昌諭精忠精忠以謾書答之上復遣其弟聚忠齎敕諭降至衢州精忠拒不納精忠母周氏阻精忠毋叛精忠不聽周氏憤死精忠攻衢州屢敗以馬九玉爲將軍率兵屯江山而鄭錦兵至據泉漳諸地與精忠攜貳尙可喜請援上令喇布自江西下廣東精忠遣其將邵連登等擾建昌進攻撫州贛州三桂兵陷袁州吉安相犄角阻師行尙之信亦叛十五年春傅喇塔自黃巖進攻溫州力戰屢破敵壘養性憑江拒戰累月未能薄城上趣傑書自金華至衢州下福建八月傑書與賚塔之芳督兵擊九玉戰於大溪灘九玉敗走克江山招仙霞關守將金應虎降遂入關拔浦城鄭錦兵侵興化將及福州精忠勢漸蹙謀出降先使人戕承謨及其客嵇永仁等傑書師進次建陽書諭降精忠答書請宣詔赦罪師復進克建甯次延平精忠遣其子顯祚及襄緒嘉猷出迎師傑書使齎敕宣示精忠乃出降請從軍討錦自效傑書以聞詔復爵以其弟昭忠爲鎭平將軍駐福州命精忠從軍討錦錦敗還臺灣乃移師趣潮州進忠出降令精忠駐焉養性在溫州屢出戰傅喇塔督兵擊破之養性墮水復入城困守精忠降亦降仍爲藩下總兵十六年遣顯祚入侍授散秩大臣藩下參領徐鴻弼等使赴兵部具狀訐精忠降後尙蓄逆謀昭忠亦以鴻弼等狀聞上留中未發十七年上令精忠還福州以其祖及父之喪還葬是秋三桂死傑書疏請誅精忠上諭曰今廣西湖南四川俱定賊黨引領冀歸正者不止千百驟誅精忠或致寒心宜令自請來京庶事皆寧貼十九年精忠請入覲上以九玉爲總兵轄藩下兵昭忠聚忠又疏劾精忠上乃下鴻弼等狀令法司按治繫精忠於獄遣聚忠赴福州宣撫所部是歲之信以悖逆誅二十年雲南平二十一年法司具獄上上諭廷臣欲寬之大學士明珠奏精忠負恩謀反罪浮於之信乃與養性顯忠元勳進忠文耀世瑜振邦得鋐並磔於市顯祚宏勳等皆斬秉政逮詣京師道死尙之信平南王可喜子順治中可喜遣入侍世祖以可喜功多令之信秩視公爵康熙十年聖祖允可喜請令之信佐軍事之信酗酒嗜殺可喜老病營別宅以居號令自擅十二年可喜用其客

金光策上疏請以二佐領歸老海城而以之信襲爵留鎭光浙江義烏人佐可喜久以捕佛山亂民江鵬翥功授鴻臚寺卿銜屢以之信暴戾狀告可喜爲可喜謀冀得見上自陳上以可喜疏下部議令併移所部遣尚書梁清標如廣東料理三桂反命可喜仍留鎭召清標還總兵劉進忠以潮州叛可喜遣次子之孝率兵討之上授之孝平南大將軍而命之信以討寇將軍銜協謀征剿鄭錦遣兵助進忠總兵祖澤清復以高州叛孫延齡將馬雄引三桂將董重民李廷棟王宏勳等陷雷廉二郡之孝退保惠州十五年春可喜病益劇之信代治事三桂招可喜藩下水師副將趙天元總兵孫楷宗相繼叛之喜遂降三桂遣兵守可喜藩府戒毋自事殺光以徇罷之孝兵使侍可喜可喜以憂憤卒三桂授之信招討大將軍輔德公旋進號輔德親王而以重民爲兩廣總督駐肇慶謝厥扶者故蜒戶以縉船數百附馬雄天元之叛厥扶實誘之三桂亦授以將軍使與重民水陸相援應屢檄之信出兵之信賂以庫金十萬乃不復相促迫之信旋遣使詣喇布軍具疏請立功贖罪上敕慰諭之十六年之信復疏請敕趣喇布軍入廣東之信密嗾重民所部兵噪索饟乘閒擒重民擊敗厥扶走入海乃遣副都統尚之琰迎師疏言闔屬歸正並請敘藩下總兵王國棟長史李天植等襄贊功時方多故而可喜有大勳上優容之命之信襲平南親王國棟等復舊職之信使入貢上諭曰昔爾先人在時屢獻方物比年事變信使弗通每念爾先人忠貞不二爲國忘家朕甚愍焉王克承先志遣使遠來朕見物輒念爾先人王其安輯粵東以繼爾先人未盡之志貢獻細務勞人費事今當暫止是年秋三桂遣其從孫世琮據廣西巡撫傅宏烈率師討之復梧州潯州規取桂林之信令總兵尚從志以三千人從上令之信自韶州進取宜章柳州永州之信不赴將軍莽依圖攻韶州擊敗三桂將馬寶胡國柱等上命之信移師梧州又不赴十七年春上以莽依圖深入廣西命之信策應之信仍以高雷廉三郡初定疏請留鎭省城上乃命發兵應莽依圖之信遣國棟率兵赴宜章及三桂死之信乃請自進廣信命爲奮武大將軍從師並進十八年天元出降之信疏請誅之師進次橫州自言病作遽還上命以所部從莽依圖並進之信令藩下總兵時應運率以往及莽依圖將攻桂林留應運守南甯三桂兵據武宣之信又疏言海寇宜防將召應運還上復諭趣之十九年春之信乃自將攻武宣之信與之孝不相能以之孝嘗典兵不欲其居廣州疏請遣還京師之信殘暴猜忌醉輒怒執佩刀擊刺又屢以鳴鏑射人楷宗叛復降上貸其罪之信杖殺之護衛張永祥爲之信齎疏詣京師上召見授總兵之信故阻抑復屢辱以鞭箠怒護衛張士選語忤射之殘其足諸護衛皆不平國棟與副都統尚之璋總兵甯天祚密謀圖之信巡撫金儁疏言之信凶殘暴虐猶存異志臣察其左右俱義憤不平因密約都統王國棟等共酌機宜之信旦夕就擒乞敕議行誅以爲人臣懷二心者戒國棟亦上疏自述與儁之璋天祚合謀圖之信又代之信母舒氏胡氏疏言之信怙惡不悛有不臣之心恐禍延宗祀乞上行誅上諭趣之信出師之信既赴武宣承祥士選詣京師告變上遣侍郎宜昌阿以巡視海疆至潮州諭將軍賚塔移師並令總督金光祖提督哲爾肯副都統金榜選總兵班際盛傳詔逮之信之信與光祖榜選際盛等攻克武宣之信入城光祖等屯城外得國棟檄合兵圍城傳詔逮之信之信就逮還廣州上疏自辨上令創爵逮詣京師藩下兵駐廣西訛言師至雲南即分置城守衆情悔懼上命宜昌阿賚塔宣敕慰諭七月宜昌阿將以之信赴京師天植怒國棟發難白之信母與之信弟之節之璸之瑛召國棟議事伏兵殺之賚塔率兵捕治天植自服造謀之信不與聞護衛田世雄言之信實使天植殺國棟獄上上命賜之信死之節之璸之瑛天植皆斬舒氏胡氏貸其罪並毋籍沒世雄以不先發坐杖流上復諭宜昌阿曰之信雖有罪其妻子不可淩辱當護還京師又令察罷之信諸虐政所部十五佐領改隸漢軍駐防廣州之信初叛提督嚴自明附之自明明參將降從總督孟喬芳征撫陝甘又擊張獻忠破桂王有功授三等阿哈尼哈番之信遣攻南康敗走南安先之信降授鑾儀使病死孫延齡漢軍正紅旗人父龍從孔有德來歸授二等阿思哈尼哈番從有德廣西有德以女四貞字延齡及有德死事龍亦戰死加拖沙喇哈番以延齡襲四貞尚幼還京師孝莊皇后育之宮中賜白金萬歲俸視郡主長命仍適延齡有德所部諸將綫國安功最高國安與有德同起事偕來降從入關西破李自成南破桂王累擢廣西提督駐南甯李定國陷桂林盡殺其孥國安與總兵馬雄全節力戰復桂林走定國累加太子太保征蠻將軍封三等伯統有德舊部駐桂林康熙五年以老乞休上以延齡有德壻四貞生長軍中習騎射通武事乃授延齡鎭守廣西將軍代國安統有德舊部予四貞郡主儀仗偕赴鎭延齡漸驕縱十一年御史孟一士劾延齡擅除武職兵部既駮奏延齡復疏請恣肆不臣上命申禁十二年所部都統王永年副都統孟一茂參領胡同春李一第等列延齡縱兵殃民狀牒總督金光祖光祖以聞上遣侍郎勒德洪按治得實請逮延齡治罪特命寬之三桂反上授延齡撫蠻將軍起國安都統時節已前卒雄代國安爲提督命與巡撫馬雄鎭合謀勦禦十三年二月延齡舉兵反殺永年一茂同春一第幽雄鎭及其眷屬詔奪官爵聲討延齡乃上疏言光祖雄誘永年等謀害上審其誣諭尚可喜與光祖籌策進攻延齡自稱安遠大將軍移牒平樂梧州諸郡雄與總兵江義亦以柳州叛應三桂國安病死延齡招致萬羊山土寇與所部合設五鎭鎭兵二千俄又自稱安遠王慶陽知府傅宏烈當三桂未反疏發諸不軌事謫戍蒼梧延齡既叛授以將軍宏烈說延齡迎師四貞尤力勸之十六年延齡遣宏烈迎師江西三桂詗知之使從孫世琮率兵逼桂林執殺延齡四貞督兵禦戰世琮乃留其將李廷棟戍桂林出掠平樂潯州橫州南甯宏烈還至平樂延齡將劉彥明徐洪鎭徐上遠等擒斬廷棟與國安子成仁並出降四貞還京師雄亦從定國南征有功授二等阿思哈尼哈番既與義叛義偕嚴自明攻南康敗走雄旋病死雄容子承蔭出降進伯爵授左江總兵十九年二月復叛給宏烈登舟襲破其營殺之六月復降逮詣京師論死義奪官放還原籍

論曰聖祖初親政舉大事書殿柱即首三藩可喜乞歸老曷嘗言撤藩撤藩自廷議實上指也三桂反精忠等響應東南六七行省皆陷寇上先發兵守荆州阻寇毋使遽北分遣禁旅屯太原兗州江甯南昌首尾相顧次第漸進千里赴門而師不勞三桂白首舉事意上方少諸王諸將帥佐開國者皆物故變起且恇擾及聞上從容指揮軍報迅速閫外用命始歎非所料制勝於廟堂豈不然歟上不欲歸咎建議撤藩諸臣三桂等奉詔罷鎭亦必曲意保全之惜乎三桂等未能喻也

清史稿　列傳二百六十二

洪秀全

洪秀全廣東花縣人少飲博無賴以演卜游粵湘間有朱九疇者倡上帝會亦名三點會秀全及同邑馮雲山師事之九疇死衆以秀全爲教主官捕之急乃往香港入耶蘇教藉抗官旋偕雲山傳教至廣西居桂平時秀全妹壻蕭朝貴及楊秀清韋昌輝皆家桂平與相結納貴縣石達開亦來入教秀全嘗患病詭云病死七日而蘇能知未來事謂上帝召我有大劫惟拜上帝可免凡會中人男稱兄弟女稱姊妹欲人皆平等託名西洋教自言通天語謂天父名耶和華耶蘇其長子己爲次子嗣是輒臥一室禁人窺伺不進飲食歷數日而後出出則謂與上帝議事衆皆駭服復造實誥眞言諸僞書密爲傳布潛蓄髮藏山菁間嗾人分赴武宣象州藤縣陸川博白各邑誘衆入會初粵西歲饑多盜湖南雷再浩新甯李沅發復竄入爲亂粵盜張家福等各率黨數千四出俘劫秀全乘之與楊秀清創立保良攻匪會練兵籌餉歸附者益衆桂平知縣誘而執之搜獲入教名冊十七本巡撫鄭祖琛不能決遂釋之秀全既出獄秀清率衆迎歸招集亡命貴縣秦日綱林鳳詳揭揚海盜羅大綱衡山洪大全皆來附有衆萬人馮雲山讀書多智計爲部署隊伍攻守方略以歲值丁未應紅羊之讖遂乘勢倡亂於金田褫鄭祖琛職起前雲貴總督林則徐爲欽差大臣往督師則徐薨於途以兩廣總督李星沅代之赴廣西剿寇竄平南恩旺墟副將李殿元擊却之復回撲巡檢張鏞不屈死仍遁金田星沅檄清江協副將伊克坦布往攻被圍陣亡星沅檄鎭遠總兵周鳳岐往援戰一晝夜斃寇數百圍始解上以寇勢日熾命前漕運總督周天爵署廣西巡撫乃請提督向榮專勦金田咸豐元年秀全僭號僞天王縱火焚其墟盡驅衆分擾桂平貴武宣平南等縣入象州上命廣州副都統烏蘭泰會討以大學士賽尚阿爲欽差大臣率都統巴清德副都統達洪阿馳防烏蘭泰至象州三戰皆捷疏言粵西寇衆皆烏合惟東鄉僭號設官易服蓄髮有大志兇悍過羣盜實腹心大患周天爵主淒營進偪驅諸羅淥洞盡殲之向榮不謂然檄貴州鎭總兵秦定三移營大林堵北竄

象州道定三亦不奉命四月秀全自大林逸出走象州犯桂平新墟賽尙阿增調川兵募鄉勇合三萬人分兵要隘一日戰七勝斬捕二千寇仍遁新墟七月竄紫金山山前以新墟爲門戶後以雙髻山猪仔峽爲要隘巴清德與川楚鄉勇出其後上下奪雙髻山寇大潰屯風門坳向榮率諸軍三路攻之陣斃韋昌輝弟韋亞孫韋十一等始遁走我軍追之會大雨軍仗盡失閏八月寇分二路東走藤北犯永安陷之遂僭號太平天國秀全自爲天王妻賴氏爲后建元天德以秀清爲東王軍事皆取決蕭朝貴西王馮雲山南王韋昌輝北王石達開翼王洪大全天德王秦日綱羅亞旺范連德胡以晃等四十八人任丞相軍師僞職時官軍勢勝寇知不可敵有散志秀清獨建策封王以羈縻之勢燼而復熾九月大軍移陽朔會攻永安賊分屯莫家村烏蘭泰建中軍旗於秀才嶺上植一紅蓋下埋地雷誘敵燔殺四千大軍乘之遂克莫家村二年正月大兵圍永安燬東西礮臺二月石達開分兵爲四敗我軍於壽春營進破古東沖小路關僞丞相秦日綱由水竇屯仙回嶺烏蘭泰分兵夾擊斃寇數千擒僞天德王洪大全檻送京師磔之市時大雨如注烏蘭泰提精卒入山山路濘滑寇乘我軍陣未定短兵衝突遂大敗秀全從楊秀清謀由猺山馬嶺間道徑撲桂林烏蘭泰率敗卒追之城南將軍橋受重創卒於軍三月賊徑趨廣西省城向榮先一時繞道至省寇踵至已有備相持不能拔解圍而北馮雲山羅大綱先驅陷興安全州將順流趨長沙浙江知縣江忠源禦之蓑衣渡馮雲山中礮死寇退走道州道州俗悍多會匪所至爭爲效死勢復張六月陷江華寧遠嘉禾七月陷桂陽州江忠源躡至一戰走之趨郴州蕭朝貴以膽智自豪謂羣寇遲懦又詷長沙守兵單可襲而取也乃率李開芳林鳳詳由永興茶陵醴陵趨長沙設幕城南八月蕭朝貴攻南門官兵擊之殪尸埋老龍潭後起出梟其首秀全聞朝貴死自郴州至督攻益急九月掘隧道攻城屢不獲逞十月秀全於南門外得僞玉璽稱爲天賜脅衆呼萬歲遂夜渡湘水由回龍塘竄寧鄉抵益陽擄民船數千出臨資口渡洞庭陷岳州城中蓄儲吳三桂軍械至是盡以資寇寇入長江旬日間奪五千艘婦孺貨財盡驅之滿載秀全駕龍舟樹黃旗列巨礮夜則張三十六燈他船稱是數十里火光不絕如晝遂東下十一月陷漢陽十二月攻武昌時楊秀清司軍令李開芳林鳳詳羅大綱掌兵事值武漢二江屆冬水涸乃擄船作浮橋環以鐵索直達省城分門攻之向榮馳至約城內夾攻巡撫常大淳慮城啓有失不許地雷發城遂陷秀全出令民人蓄髮束冠巾建高臺小別山下演說弔民伐罪之意三月上以賽尙阿久無功授兩廣總督徐廣縉爲欽差大臣時石達開攻武昌廣縉逗留岳州不敢進上責其罪更以向榮爲欽差大臣日夜攻之急寇棄武昌駕船東下衆號五十萬資糧軍械子女財帛盡置舟中分兩岸步騎夾行進向九江下黃州武昌蘄水等十四州縣抵廣濟縣下武穴鎭兩廣總督陸建瀛率兵二萬餘船千五百艘上溯遇寇不戰而走前軍盡覆建瀛狼狽還金陵寇薄九江而下收官軍委棄礮仗破安慶巡撫蔣文慶死之寇奪銀米無算水陸並進抵金陵沿城築壘二十四具戰船起新州大勝關迤邐至七洲里止晝夜環攻掘地道壞城守兵潰亂建瀛易服走爲寇所戕將軍祥厚偕副都統霍隆武等守滿城二日城陷皆死之城中男女死者四萬餘閹童子三千餘人洩守城之忿秀全既破金陵遂建僞都擁精兵六十餘萬羣上頌稱明代後嗣首謁明太祖陵舉行祀典其祝詞曰不肖子孫洪秀全得光復我大明先帝南部疆土登極南京一遵洪武元年祖制軍士夾道呼漢天子者三頒登極制誥大封將卒王分四等侯爲五等設天地春夏秋冬六官丞相爲六等殿前三十六檢點爲七等殿前七十二指揮爲八等炎水木金土正副一百將軍爲九等炎水木金土九十五總制爲十等炎水木金土正副一百監軍爲十一等前後左右中九十五軍帥爲十二等前後左右中四百四十五師帥爲十三等前後左右中二千三百七十五旅帥爲十四等前後左右中一萬一千八百七十五卒長爲十五等前後左右中四萬七千五百兩司馬爲十六等又自檢點以下至兩司馬皆有職同名目其制大抵分朝內軍中守土三途朝內官如掌朝門左右史之類名目繁多日新月異軍中官爲總制監軍軍帥師帥旅帥卒長兩司馬凡攻城略地嘗以國宗或丞相領軍而練士卒分隊伍屯營結壘接陣進師皆責成軍帥由監軍總制上達於領兵大帥以取決焉其大小相制臂使指應統系分明甚得馭衆之道守土官爲郡總制州縣監軍鄉軍帥鄉師帥鄉旅帥鄉卒長鄉兩司馬凡地方獄訟錢糧由軍帥監軍區畫而取成於總制民事之重皆得決之自都金陵分兵攻克府廳州縣遂即其地分軍立軍帥以下各官而統於監軍鎭以總制監軍總制受命於僞朝自軍帥至兩司馬爲鄉官鄉官者以其鄉人爲之也軍帥兼理軍民之政師帥旅帥卒長兩司馬以次相承皆如軍制此外又有女官曰女軍師女丞相女檢點女指揮女將軍女總制女監軍女軍帥女卒長女管長即兩司馬也共女官六千五百八十四人女軍四十女兵十萬人而職同官名目亦同總計男女官三十餘萬而臨時增設及恩賞各僞職尙不在此數也其軍制每一軍領一萬二千五百人以軍帥統之總制監軍監之其下則各轄五師帥各分領二千五百人每師帥轄五旅帥各分領五百人每旅帥轄五卒長各分領百人每卒長轄四兩司馬每兩司馬領伍長五人伍卒二十人共二十五人其陣法有四曰牽陣法凡由此至彼必下令作牽陣行走法每兩司馬執一旗後隨二十五人百人則間卒長一旗五百人則間旅帥一旗二千五百人則間師帥一旗一萬二千五百人則間軍帥一旗軍帥監軍總制乘輿馬隨行一軍盡一軍續進寬路則令變行狹路單行魚貫以進凡行軍亂其行列者斬其牽線行走時一遇敵軍首尾蟠屈鉤連頃刻岔集敂則鬭敲金方退仍牽線以行不得斜奔旁逸曰螃蟹陣乃三隊平列陣也中一隊人數少兩翼人數多其法視敵軍分幾隊即變陣以應之如敵軍僅左右隊即以中隊分益左右亦爲兩隊如敵軍前後各一隊則分左右翼之前鋒爲一隊以後半與中一隊合而平列爲前隊接應如敵軍左右何隊兵多則變偏左右翼以與之敵如敵軍分四五隊亦分爲四五隊次第迎拒其大陣包小陣法或先以小隊嘗敵後出大陣包之或詐敗誘敵追伏兵四起以包敵軍窮極變化至於損左益右移後置前臨時指揮操之司令兵士悉視大旗所往而奔赴之無敢或後曰百鳥陣此陣用之平原曠野以二十五人爲一小隊分百數十隊散布如星使敵軍驚疑不知其數之多寡敵軍氣餒即合而攻之曰伏地陣敵兵追北至山窮水阻之地忽一旗偃千旗齊偃瞬息千里皆伏地不見敵軍見前寂無一卒詫異徊徘賊伏半時忽一旗立千旗齊立急趨撲敵往往轉敗爲勝其營壘或夾江夾河浮筏阻山據村市及包敵營爲營動合古法每數營必立一望樓瞭敵守城無布帳每五堞架木爲板屋木牆土牆亦環庋板屋地當敵衝則浚重濠築重牆濠務寬深密插竹簽重牆用雙層板片約以橫木虛其中如複壁中塡沙石塼土築二重牆築物無定或密排樹株或積鹽包糖包及水浸棉花包異常堅固其攻城專恃地道謂之鼇翻土營而外又有木營金營組織諸匠各營以指揮統之其總制至兩司馬皆如土營之制立水營九軍每軍以軍帥統之但未經訓練不能作戰專以船多威敵而已其旗幟亦有差等僞東王黃綢旗紅字綠緣方一丈以下皆黃綢旗紅字而以緣別如僞西王白緣僞南王紫緣僞北王黑緣僞翼王藍緣其尺丈長闊則以五寸遞減豫王燕王皆黃綢尖旗紅字水紅緣國宗黃綢尖旗紅字其緣視何王國宗即從何色皆長闊八尺侯黃綢尖旗長闊七尺八寸丞相黃綢尖旗長闊七尺五寸檢點黃綢尖旗長闊七尺以上皆紅字水紅緣指揮黃綢尖旗黑字水紅緣長闊六尺五寸將軍至兩司馬皆黃旗無緣形尖黑字自長闊六尺以下遞減至二尺五寸每一軍大小黃旗至六百五十六面之多軍中號令惟擊鼓敲金吹螺搖旗凡起行出隊俱擂鼓吹螺搖旗以集衆打仗則擊鼓吶喊收隊則鳴鉦有老軍新軍童子軍尤善用間諜混入敵營又能取遠勢聲東擊西就虛避實其以進爲退以退爲進往往令人不測瞭其術中此其行軍之大略也其服色尙黃僞天王金冠雕鏤龍鳳如圓規沙帽式上綉滿天星斗下綉一統山河中留空格鏨金爲天王二字東王北王翼王冠如古兜鍪式冠額綉雙龍單鳳中立金字職銜國宗略同諸王式自檢點至兩司馬皆獸頭兜鍪式帽上龍以節數分等差如諸王九節侯相七節檢點指揮將軍五節總制監軍軍帥三節是也袍服則黃龍袍紅袍黃紅馬褂僞天王黃緞袍綉九龍自諸王以下至侯相遞減至四龍檢點素黃袍指揮至兩司馬皆素紅袍自僞王至兩司馬皆綉職銜於馬褂前團內儀衛輿馬諸王皆黃緞轎綉雲龍侯相檢點指揮皆紅緞轎將軍總制監軍綠轎軍帥師帥旅帥藍轎卒長兩司馬黑轎至金陵始建宮室毀總督署復擴民居以廣其址役夫萬餘窮極奢麗雕鏤螭龍鳥獸花木多以金爲之僞王皆建僞府馮雲山蕭朝貴早授首其子亦襲封建府其宗教制度半效西洋日登高殿集衆演說與人民以自由權解婦人拘束定僞律六十二條最爲慘酷然行軍嚴搶奪之令官軍在三十里外始準擄刼若官軍在前有取民間尺布百錢者殺無赦於安慶大星橋設榷關撥礮船十艘環以鐵索木筏橫截江濱以防偷漏九江蕪湖及沿江州縣岔河小港地當衝要者一律設立僞卡徵收雜稅此其建國大略也既都金陵欲圖河北羅大綱曰欲圖北必先定河南大駕駐河南軍乃渡河至皖豫一出否則先定南九省無內顧憂然後三路出師一出湘楚一出漢中疾趨咸陽以徐揚席捲山左再出山右會獵燕都若懸軍深入犯險無後援必敗之道也且既都金陵宜多備戰艦精練水師然後可戰可守若待粵之拖罟咸集長江則運道梗塞今宜先備木筏堵截江面以待戰艦之成猶可及也秀清方專政不納乃遣僞丞相林鳳詳李開芳羅大綱曾立昌率衆東下秀全詔之曰師行間

道疾趨燕都無貪攻城奪地糜時日大綱語人曰天下未定乃欲安居此都其能久乎吾屬無類矣二月林鳳詳等陷鎭州揚州令吳如孝等留守分據浦口瓜州諸隘向榮旣復武昌躡寇而東抵金陵軍孝陵衞是謂江南大營都統琦善亦以欽差大臣率直隸陝西黑龍江馬步諸軍軍揚州城外是謂江北大營三月向榮破通濟門寇壘襲占七橋甕奪獲鍾山園殲寇無算遂移大營逼城而軍四月漕運總督楊殿邦進攻揚州毀城外木城土壘東路寇悉避入城琦善勝保先後督攻五戰皆捷鳳詳留立昌踞揚城驅婦女及所刼貨財運回金陵率三十六軍北竄分擾滁州踞臨淮關陷鳳陽府其酋朱錫琨黃益芸等別率悍黨犯浦口攻六合知縣溫紹原率鄕團拒之夜火其營寇遁回金陵五月大兵圍揚州殺敵逾萬勝保自揚州躡其後力攻鳳陽寇遁河南楊秀清遣僞丞相古文元由浦口竄亳州偕林鳳詳陷永城犯開封省官兵擊破之又敗之汜水寇奔黃河渡口溺死無算楊秀清遣僞豫王胡以晃陷安慶又遣僞丞相賴漢英石祥貞攻九江湖口進圍南昌湖北按察使江忠源馳援江西入城固守鳳詳等自汜水敗退犯鄭州滎陽六月圍懷慶以地道攻城不克鎭江寇出城撲我軍戰北固山下伏寇縱火七營皆被焚鄧紹良退守丹陽都司劉廷鉠等督潮勇馳援寇退入城復擾丹徒鎭劉廷鉠復擊退之向榮檄總兵和春與劉廷鉠緊徒陽運河之新豐鎭寇始不敢南竄常州獲安寇之圍懷慶也立木柵爲城深溝高壘我兵相持幾至六旬訥爾經額親督諸將分五路攻壘毀其木柵斃敵酋古文元鳳詳受重創解圍而遁河北肅清八月鳳詳竄山西陷平陽直抵洪洞竄直隸踞臨洺關擾至深州賴漢英等解南昌圍入湖北踞田家鎭之半壁山九月踞入楚要隘水陸並進陷黃州其竄深州者旁擾欒城十月竄天津踞靜海屯獨流楊柳青諸鎭漢陽之寇分股北竄一陷孝感黃坡諸縣一由應城犯德安府爲防兵所遏合衆退黃州秦日綱等陷安徽桐城舒城侍郎呂賢基死之舒城旣失賊遂徑撲廬州陷之廬州者安徽文武大吏之所僑寓以爲省治者也十一月秀全以揚州鎭江攻圍急遣賴漢英等領江西衆糾合儀徵黨援揚州又令安徽寧國灣沚進薄高淳湖窺伺東壩圖解鎭江之圍我軍均擊退之寇復由三汊河進撲死戰不退揚州寇曾立昌突出與賴漢英同竄瓜洲上以寇擾長江非立水師不能制其死命乃命在籍侍郎曾國藩練鄕勇創水師討寇初寇圍南昌城外寇壘僅文孝廟數座官軍屢攻不能克郭嵩燾偶獲諜訊之則寇皆舟居其壘則環三面築牆而虛其後專蔽舟楫而已嵩燾因與江忠源議曰東南州縣多阻水江湖遇風一日可數百里官軍率由陸路躡寇其勢常不及長江數千里之險獨爲敵有且寇上犯以舟楫而官軍以營壘禦之求與一戰而不可得宜寇勢之日昌也忠源即具疏請飭湖南北四川仿廣東拖罟船式各造戰艦數千飭廣東製備礮位以供戰艦之用並交曾國藩督帶部署奉旨允行國藩遂治戰船於衡湘至是始成共募水勇四千分爲十營募陸勇五千亦分十營以塔齊布爲軍鋒國藩親統大軍發衡州水陸夾江而下初鎭江揚州儀徵瓜州四處寇互相應援不得破十二月琦善以揚州寇退瓜州勢孤督軍攻復儀徵乘勝追抵瓜州楊秀清遣胡以晃率黨十餘萬攻廬州巡撫江忠源晝夜抵禦以衆寡不敵城陷死之四年正月黃州寇張燈高會總督吳文鎔出其不意襲之會大雪罷戰越數日秀清分兵設伏山崗命其黨率城軍撲營文鎔拒戰伏起火發十三營皆潰文鎔死之賊乘勝遂陷漢陽二月揚州軍進剿瓜州總兵瞿騰龍陣亡寇遣僞將孫寅山陷太平府踞爲巢自瓜州結壘屬於江以達金陵往來不絕秀清復遣石祥貞會漢黃寇黨溯江直上陷岳州溯流至銅官渚逼近長沙曾國藩邀之靖港而寇已由間道襲湘潭副將塔齊布率兵千三百同水師血戰五晝夜斃寇數萬論者謂微此戰寇溯湘源以達粵直下金陵首尾一江相貫注大局不可支矣是月參贊大臣僧格林沁攻克獨流寇巢靜海寇復竄踞阜城僧格林沁攻毀堆村連村林家場三處寇壘禽殺僞指揮監軍以下一百餘人悉遁入城秀全念河北不能支遣皖黨由豐豆工偷渡黃河竄山東金鄉進撲臨淸州冀抒阜城之困三月寇以地雷陷城尋爲我軍攻復竄冠縣鄆城復據曹縣築木城拒守四月勝保破其巢追至漫口支河逼溺水僞丞相曾立昌許宗揚皆溺死僞副丞相陳世保已先於冠縣燒斃悉數殲除踞阜城者即於是日全股南竄入連鎭僧格林沁及勝保會軍合勦破之誅林鳳詳復破之高唐州馮官屯生禽李開芳磔之京市河北肅淸是後不復北犯我軍遂無後顧憂初長江爲寇往來道荆州當四路之衝至省道梗特召荆州將軍官文統軍討寇時沔陽安陸荆門監利京山天門均陷進窺荆州雲南普洱營游擊王國才奉調至一戰敗之重鎭始安並克復監利宜昌寇遁洞庭湖合股犯常德府先是李侍賢常與陳玉成李秀成謀解金陵圍犯江西福建僞啟王梁成先犯陝西後與捻合欲犯湖南河南而陳玉成志在武昌漢陽乃領一隊入梁子湖達武昌渡江分犯以全力圖武昌六月陷之並踞漢陽巡撫靑麟自縊不死棄城走尋正法秀全以秦日綱留守武昌授玉成僞殿右十八指揮還陷田家鎭破廣濟黃梅連陷九江升僞殿右三十檢點楊秀淸雖在軍而金陵之事一決於己驛騎絡繹多稽時日向榮軍孝陵衞稱江南勁旅秀清憂之既克武昌遂馳還金陵命石達開代守武漢官文自荆州下勦克沔陽初寇欲先取長沙踞上游爲破竹之勢而韋志俊略湘潭不得志退踞岳州築壘毀橋意圖久抗我軍水師設伏誘敵之七月復岳州寇由城陵磯來犯我軍分五路迎擊斃僞丞相汪得勝等二人獲船七十六殲賊千餘人塔齊布陣斬悍酋僞丞相曾天養閏七月寇奔城陵磯塔齊布策馬率湘勇直入毀營十三斃二千人陸軍既勝曾國藩飭李孟羣率水師追剿荆河東西兩岸寇壘悉夷自此由荆入川由岳州入湘門戶始固初武昌失陷上以楊霈代總督台勇克京山安陸復天門生禽孔昭文等正法餘皆下竄踞沔陽州仙桃鎭是月破其巢並收復下游孝感黃州麻城諸縣寇悉竄黃州時金陵寇分股嘯聚於太平府與鎭江遙爲應援向榮分兵四隊擊之斃其僞國宗韋得玲僞檢點陳贊見僞將軍李長有僞總制吳春和遂復府城楊秀清自率戰圍軍不利三路皆潰退入城謂韋昌輝等曰江南大營不走吾輩無安枕日矣現其勢方銳不可敵也當乘其罷徐圖之金陵寇以乏糧驅婦女之老而無色者出城聽其自散盡取年十五以上五十以下之婦女指配給衆不從則殺之守志者多自盡死者萬計八月總督楊霈收復黃州府屬蘄水廣濟羅田諸縣曾國藩自克岳州後議乘勝東下先與塔齊布會攻崇陽克之生禽僞丞相金之亨等十一人惟廖二逃竄復句結餘黨重失縣城國藩親督水陸諸軍攻武昌漢陽寇守城之法不守陴而守險洪山花園兩路皆精銳所在大軍自蜈山下勦楊載福等率水師羅澤南率陸師三路同進連克寇壘焚毀敵船數千李孟羣塔齊布進薄武昌寇宵遁楊昌泗亦攻漢陽克之黃州府城武昌縣均收復九月提督和春敗寇廬江禽僞監軍任大綱等十七名下游知官軍分路進勦乃由田家鎭糾黨六千餘一由興國分抄大冶以拒武昌軍一踞興國以拒金牛軍羅澤南馳至興國敗之克州城塔齊布赴大冶擊斃千餘彭玉麟楊載福抵蘄州燒寇船九十餘艘十月楚軍攻半壁山寇置橫江鐵鎖四道攔以木牌偏列槍礮楊載福等率水師至田家鎭會陸師進攻乘風縱火破其壘燔舟一萬有奇陳玉成棄蘄州竄陷廣濟聯合秦日綱羅大綱等分扼要隘塔齊布渡江追之收復廣濟寇退踞黃梅黃梅爲湖北江西安徽三省總匯之區寇死拒以萬餘守小池口抗水師以數萬拒大河埔以萬餘紮北城外又以數千游弋聯絡之塔齊布與羅澤南登山下擊兜殺陳玉成縋城而逸遂克黃梅玉成自請罪而秀成反加僞勳號曰成天裕時捻匪蠭起粵寇與之聯合或令分擾或令前驅以牽制我軍秀成由廬州踞舒城並扼桐城大小二關阻我南路之師二關爲安慶通衢屢復屢失京堂袁甲三檄參將劉玉豹舉人臧紆青等戰奪兩關斬其目吳鳳珠等十二名進抵桐城廬江寇糾安慶黨來援我軍兜戮殆盡而潛山援寇復至臧紆青歿於陣十一月國藩進軍九江玉成自黃梅敗後復糾安慶新到之衆踞孔壠驛小池口與對岸九江相句連李孟羣七戰七捷塔齊布與羅澤南等由北岸進至濯港進攻孔壠驛破土城縱火焚街市寇無得脫者小池口寇聞之亦遁乃調陸軍攻九江水師乘勝攻湖口大綱趨救大戰梅家洲燬小河篺船沙洲橋壘十二月蕭捷三率水師馳入鄱陽湖內追至大姑塘石達開聯船爲卡斷其後捷三不能返遂與外江水師隔絕達開潛以小舟馳襲國藩坐船國藩跳入羅澤南營以免大軍之攻九江也敗寇收合潰散分三道東陷黃梅値歲除潛至廣濟火楊霈大營霈突圍出不敢入武昌走保德安五年正月江蘇巡撫吉爾杭阿克上海縣縣自三年秋陷於賊至是始復秀全令皖寇大舉犯湖北中道自小池口沿江陷黃蘄復分黨從富池渡江西陷興國通城崇陽咸甯通山且掠江西武甯所至脅衆以行湖北巡撫陶恩培甫涖任數日時總督在外未及議守備城中兵僅二千徵兵半途聞警皆潰去湖北江西方千里旬日騷然矣始寇之起所行無留難其踞省府脅取民財米行道掠人夫不用則遣還未嘗增衆及屢敗乃結土寇屯城鎭頗收拔悍鷙者而任用石達開陳玉成等極稱得人之盛自漢口進襄河上犯漢川擾沔陽進犯武昌踞漢陽府城沿江築壘並於漢陽下南岸觜高築礮臺以阻下游之師時江西寇入腹地陷饒州國藩親至南昌修整內湖水師與羅澤南陸軍相依二月韋國宗等攻陷武昌巡撫陶恩培等死之寇溯漢江而上以岳家口仙桃鎭爲老巢上以胡林翼巡撫湖北國藩進吳城鎭屢書與議東南大勢以武昌據金陵上游宜厚集兵力爲恢復計四月陷德安府楊霈退走襄陽上褫其職以官文爲湖廣總督國藩屯南康思整軍出江謀進取然寇已由都昌陷饒州別由東流建德竄樂平屯景德鎭東犯祁門休甯諸處而湘軍僅

萬餘人水陸分爲四李孟羣等水師回援武昌塔齊布留攻九江羅澤南入江西攻饒州國藩收蕭捷三水師三營屯南康羅澤南奔走往來克廣信府收景德寇之踞徽州者與土匪相結據險以抗我軍浙軍出境擊寇復徽州乘勝克休甯婺縣婺源生禽僞將軍兩司馬等八名秀全命北固山鎭江瓜州金山四路約期進犯揚州托明阿伏兵九洑洲迎擊破之斷鐵鎖船纜焚船三百諸路寇被創而遁饒州之寇分據樂平德興弋陽江西軍率水陸師往剿寇出五隊來撲不克而奔郡城立復秀全以金陵山三山爲濱江要區以精卒守之水師不能上駛托明阿督水師總兵吳全美沿江掃蕩焚船二百餘艘獲拖罟快蟹等船二十五艘大小礮八十餘尊生禽僞先鋒陳長順等六十一名吳全美乘勢上山踞平營卡江西肅淸水師始棹行無阻五月秀全謀襲金口斷楚軍糧道林翼督軍屢戰斬其僞丞相陳大爲等進屯紙坊逼省城小東門寇潛自他門出掠林翼建議先攻漢陽扼涓口蔡店要隘絕竄湘之路開滚江隄以水師腹背攻之則漢陽可破而鄂省咽喉已通不難併力於武昌矣初寇由府河入湘所過州邑悉殘破無完土復爲官文伏軍所狙擊分途潰退六月收復雲夢應城二城者府河出入要道也寇失之大恐我軍進攻德安斷其出入寇始不敢窺伺荊襄七月塔齊布卒於軍寇陷義甯國藩遣羅澤南出奇兵復之寇嚴守襄河蔡店上通德安下達漢鎭互爲應援十二月彭玉麟克蔡店水陸並進毀襄河鐵索浮橋踞平南岸敵巢而下游塘角漢陽大別山營壘焚毀殆盡德安之寇益蹙林翼既克蔡店而漢川爲蔡店後路寇據此游行衝突德安亦資以通聲氣林翼與官文會軍克復漢川武漢首尾始聯絡一氣蕪湖之陷幾二載矣江皖往來道梗寇以爲上下關鍵水則聯艦陸則砌壘我軍屢攻不能拔是月向榮督軍分道擊之縣城始復楚南軍亦攻復湖口都昌八月按察使李孟羣守金口崇甯寇句結武昌城黨分道來撲陸營失守林翼亦敗於奓山退保大軍山寇勢復熾分擾漢陽並繞道襲陷漢川九月官文林翼檄調羅澤南援武漢澤南上書請率所部以行謂得武昌乃可控制江皖屏蔽江西而後內湖外江聲息可通攻九江始操勝勢國藩從之乃部署援師五千人自義甯趨通城寇鬨我軍至桂口分衆來援設木城重濠自固澤南會軍克之進攻崇陽桂口寇退入崇陽密約通山來援桂口與湖南江西湖北交界形勢奧衍米糧充足纍僞丞相鍾會義甯敗後踞此修土木城跨山引澗袤斜六里欲踞一隅以掣三省之師伺隙而動澤南移得勝之兵先奪是隘進克崇陽焚寇壘馳赴羊樓司扼敵上竄十月克復廬州廬州陷已三年矣守之者爲僞豫王胡以晃與我軍大小數百戰死傷萬餘皆受創而去是月始克之其據德安者衆不過數千恃武漢爲下游與主襄府二河羣蟻聚我軍勝東挫西疲於奔命至是官文督兵力戰守城寇黨陸長年馬超羣潛赴大營投誠約爲內應值大風雨放火開門納師遂復其城時寇之牽制我軍者三路自隨棗至襄陽爲北路武昌上下爲南路漢川中路尾潛沔首德安爲尤要屢收屢陷官文督軍分四道齊集漢川克之遂率兵東下與林翼合謀武漢石達開自安慶率三萬人上援武昌澤南會林翼夾攻連克蒲圻咸甯至金口會攻武昌破城外敵壘駐軍洪山寇之踞武昌者城外大壘八小壘二林翼與戰澤南襲之破大壘一小壘二李孟羣亦薄攻漢南與官文軍相聲援水師往來南北燒敵船都興阿以馬隊護之羣帥輯和寇益不得逞漢陽城外自龜山沿河而下敵船林立上游入江之梁子湖下游金牛鎭羣寇赴援水陸各軍督團勇犁巢掃穴武漢外患至此盡除秀全以瓜鎭屢挫敗圖往援十一月出龍脖子等處向榮飭張國樑敗之仙鶴門甘家巷又戰七覆街斃僞丞相周少魁等四十名追至石埠橋馘二千餘逃入城不敢復出秀全於對江九洑洲築石壘浚深濠悉銳守之爲金陵屏蔽寇竄江北以此爲出路屢攻之未下也六合知縣溫紹原克其壘後復爲寇據同治二年始復之瓜州鎭江一水相望兩城往來無阻並時有合竄揚州圖北犯意揚州軍與瓜州相持已二年餘托明阿以日戰無效諭士民築長圍於瓜州之北以扼之至是圍成寇水路分撲大敗去奪其篷船生禽僞參護鄭金柱等十名吉爾杭阿既克上海移軍鎭江是月營小九華山又於黃鶴山京峴嶺築城置礮臺以逼之並爲地道轟城寇死拒不得入十二月無爲寇糾合安慶蕪湖諸黨東下圖解鎭江之圍蕪湖下至揚州沿江汊河套港皆寇通藪向榮檄水師泝江會攻敗之神塘河又敗裕溪口援寇於陶陽浦生禽僞檢點趙元發僞將軍王化興等數十名十二日秀全遣李秀成等援鎭江我軍禦之石埠橋壽由江州下竄下蜀街先是楊秀淸調上游蕪湖江北和含及廬州衆還江甯統以李秀成及僞丞相陳玉成僞春官丞相涂鎭興僞夏官副丞相陳仕章僞夏官正丞相周勝坤取道棲霞石埠而豫遣城寇四出紲我軍向榮大營存兵不敷分布檄蕪湖鄧紹良分軍爲張國樑奏如虎應援令吳全美以師船攻大勝關以分敵勢明安泰嚴堵秣陵關咨吉爾杭阿等守丹陽以固蘇常要隘初澤南既去江西石達開乘虛復入義甯敗江西官軍陷新昌瑞州臨江袁州安福分宜萬載江西湖北隔絕軍勢不能復振曾國藩飛調副將周鳳山統九江全軍往援遇寇樟樹鎭以鉤連槍敗其籐牌手並會水師燬敵船新淦寇聞風竄走遂復其城六年正月石達開陷吉安乃由湖北入通城達開悍而多詐肆擾江西不急犯省城不直指南康先旁收郡縣徧置僞官迫其土民刼以助逆因糧因兵愈蔓愈廣其陷瑞州者爲僞檢點賴裕新先陷袁州者爲僞裕王胡以晃先攻臨江後攻吉安者爲僞春官丞相張遂謀廣東土匪入江西者以周培春黨爲衆又匪目葛耀明鄧象等均於瑞州入達開大股之中匪目王義潮劉夢熊分屯吉安泰和亦與達開合併爲一達開久居臨江爲上下適中之地凶悍之衆皆萃於此南則窺伺贛州南安以通粵匪北則踞守武甯新昌以通九江達開進攻南昌周鳳山以九江全軍守樟樹鎭時達開衆才數千餘乃張燈火山谷間爲疑兵率敢死士乘夜來襲我軍不戰而潰鳳山走南昌國藩亦移軍省城秀全益以皖贛諸事付達開尋陷進賢東鄉安仁破撫州未幾建康南昌相繼失澤南念國藩艱危日夜憂憤督戰益急秦日綱嬰城待援士卒多傷亡陰穴城爲突門會達開率九江援黨至開城迎之澤南要之突門寇出直衝澤南軍澤南三退三進軍幾潰槍丸中左額收軍還創發而歿以李續賓領其衆續賓初建議分屯竇彎絕寇糧既代澤南仍屯洪山以游兵巡竇彎塘角間古隆阿率萬人來援武昌約城寇舉燧爲識林翼諜知佯舉火城寇出陷伏大敗達開援衆號十萬林翼分水陸力戰焚敵船七十平八十壘武昌寇大竄城守益固而江西請師日數至義甯寇復犯崇通九江寇合興國大冶土寇自武昌縣進至葛店謀襲巡撫大營林翼以江西待援分軍四千一百人以國藩弟國華統之率劉騰鴻劉連捷等道義甯收咸甯蒲圻崇陽通城上高湖南所遣援軍將劉長祐收萍鄉蕭啟江收萬載國藩命李元度收東鄉周鳳山等收進賢劉子淳收豐城五月畢金科將千人防饒州陷旋收復黃虎臣將三千五百人攻建昌遇寇死六月彭玉麟收復南康七月劉騰鴻至瑞州戰寇走之是時江西列縣陷者四十餘城廣東和平土寇犯定安定遠信豐長甯上猶崇義雩都省城不能救軍報數月不相聞瑞州居江湘之衝有南北城中隔一河劉騰鴻援南城韋昌輝自臨江來援至北城遽挑戰騰鴻乘其弊攻之從北岸渡河抄其後南城兵角其前寇大敗至是江湖路通自長沙以至南昌無道梗夏寇自陷吉袁瑞臨諸府大修戰船議秋間圍攻省城瑞臨寇船出而下湖口寇船入而上困我水師復於生米口築立堅壘七月由松湖帶戰船三十餘艘陸寇千餘將抵瑞河口我水師偵知豫釘排樁寇甫至我軍衝入縱火焚之復堵城寇於臨江口焚其船壘生米口之寇聞之亦遁八月劉騰鴻等敗臨川僞指揮黃某收復靖安安義甯都土寇襲陷建昌鉛山貴溪閩廣信浙將饒廷選赴援寇遁走時江西寇勢浩大黨類衆多欲以全力困江西自去年十一月至本年二月以石達開爲主三四五月以黃玉崑爲主六七月以韋昌輝爲主九江則林啟容瑞州則賴裕新湖口則黃文金撫州則三檢點建昌則張三和袁州則李能通皆劇寇也統計江西境內近十萬人九月國藩視師瑞州李元度以撫州不克餽益絀乃分軍略旁縣募糧且分寇勢遂收宜黃復崇仁是日城寇出攻江軍林原恩敗死元度突圍免撫州軍俱潰元度移屯貴溪十月復陷宜黃崇仁分陷金溪福建援軍將張從龍援建昌軍潰特詔起黃冕知吉安府率軍往以國藩弟國荃爲軍主當是時江西軍分爲四湘軍最强國藩居水軍中劉長祐屯袁州派隊攻克分宜援寇路絕十一月僞將李能通啟西門納官軍袁州復國荃收安福江西諸軍稍振初武昌久不下林翼謂戰易攻難以分兵牽寇斷其援路爲要是月唐訓方等敗石達開於葛店寇增召戰艦復犯葛店蔣益澧總六營往逆戰克之追奔至樊口合水師燔其船入武昌縣城石達開憤樊口之敗大集黨萬餘由廣濟蘄水黃岡至漢鎭密約僞丞相鍾某堅守以待官文獲其僞諜令都興阿多隆阿馬步兜擊寇大潰我軍乘勝攻黃州不能克舒興阿舒保等將馬隊四百人渡江寇於青山魯港間增十三壘相持水陸合擊破之追奔至葛店寇懾於騎軍乃大奔自是水陸馬步相輔軍勢日盛益募陸軍五千水軍十營增長圍困之武昌漢陽同克復擊斃僞丞相鍾某僞指揮劉滿生禽僞將軍師帥旅帥兩司馬五百餘名武昌寇分七隊突門出生禽僞檢點古文新等四人斃先鋒悍黨八百餘死兩萬有奇蓋武漢自五年三月失守至是已二十餘月矣尋復武昌縣黃州興國大冶蘄州民兵復蘄水廣濟黃梅陳師九江城下十二月國藩至九江勞軍議統水師決取九江以聯絡內外乃派千總張金璧等復建昌李續賓追寇東下復瑞昌進攻九江派軍復德安劉長祐由袁州赴分宜寇退踞新喻湮遇之寶山降將李能通匹馬衝陣寇退入城我軍隨之入寇出東門遁湖南援軍將劉拔元等收永甯永新蓮花

應崇義上猶寇陷鎮江至是四年矣是年京口爲張國樑所迫秀清命四僞丞相李秀成陳玉成陳仕章涂鎮興往援秀成欲一人渡江潛往京口約兵夾擊無敢應者玉成乃夜乘小舟潛越水寨縱兵擊國樑軍秀成登高見城中兵出遣鎮興仕章當敵而自率奇兵繞國樑軍後擊之乘勝擊丹徒和春敗走遂渡瓜州攻揚州陷之托明阿軍潰退北路詔德興阿代領其軍僞順王吳如孝守鎮江分兵踞高資吉爾杭阿檄知府劉存厚扼之金陵寇大恐秀清遣悍黨數萬出句容來援吉爾杭阿中礮死存厚翼其屍不得出亦戰死向榮急遣張國樑會救克之秀成以揚州孤懸江北留守不便遂棄去竄回金陵當是時向榮張國樑負衆望稱江南勁旅然頻年征戰餽餉乖時士卒常忍饑赴敵頗觖望又分兵四出所部兵力過單楊秀清知可乘請於秀全定夾攻大營之策五月密約李如孝率鎮江寇自東而西附大軍之背金陵寇自西而東與相應更命溧水金柱關諸寇旁出橫截秀清自率勁旅出廣濟門先遣賴漢英率紫荊山諸黨攻七橋甕以挑之向榮張國樑狃常勝併力截殺漢英忽少卻向榮益策大軍赴敵吳如孝以鎮江黨突薄之大營空虛守兵驚散向榮見大營火起退無所據軍立潰寇數路乘之大軍死傷偏地國樑獨以身翼榮出稍收敗卒退保丹陽寇築壘圍之向榮以病不能進乃以軍事付國樑一慟而絕向榮既死寇舉酒相慶頌秀清功秀全益深居不出軍事皆決於秀清文報先白其府刑賞黜陟皆出之諸僞王上如韋昌輝石達開雖同起草澤比於裨將大營既潰南京無圍師秀清自以爲功莫與京陰謀自立脅秀全過其宅令其下呼萬歲秀全不能堪因召韋昌輝密圖之昌輝自江西敗歸秀清責其無功不許入城再請始許之先詣秀全秀全詭責之趣赴僞東王府請命而陰授之計昌輝戒備以往既見秀清語以人呼萬歲事昌輝佯喜拜賀秀清留宴酒半昌輝出不意拔佩刀刺之洞胸而死乃令於衆曰東王謀反吾陰受天王命誅之因出僞詔縻其屍啗羣賊令閉城搜僞東王黨殲東黨恂懼日與北黨相鬭殺東黨多死亡逃匿秀全妻賴氏曰除惡不盡必留後禍因說秀全詭罪昌輝酷殺予杖慰謝東黨召之來觀可聚殲焉秀全用其策而突以甲圍殺觀者東黨殆盡前後死者近三萬人時石達開在湖北洪山黃玉崑在江西臨江聞亂趨歸達開頗誚讓昌輝昌輝怒將併圖之達開縋城走寧國昌輝悉殺其母妻子女秀全責以太過昌輝負誅秀清功大不服率其黨圍攻僞天王府秀全兵拒敗之昌輝遁渡江爲邏者所獲縛送金陵磔之夷其族傳首寧國甘言召達開回既至或謂達開兵衆功高請留之京師解其兵柄否則又一楊秀清也秀全心動乃命如秀清故事輔朝政達開危懼不自安其黨張遂謀曰王得軍心何鬱鬱受人制中原不易圖曷入川作玄德成鼎足之業達開從之乃還走安徽約陳玉成李秀成偕行二人不從益不能還金陵於是始起事諸悍黨略盡乃以僞春官正丞相蒙得恩爲正掌率調度軍事僞成天豫陳玉成爲右正掌率僞合天侯李秀成爲副掌率兵事專屬秀成玉成均聽蒙得恩節制而內政則秀全兄弟僞安王洪仁發僞福王洪仁達操之時我軍自克復廬州寇黨竄踞三河分營金牛一路壁壘相望屢抗我師八月和春督軍乘夜踰濠火其藥局梯城而入寇倉皇奪門出追斃之巢湖生禽僞指揮張大有僞將軍秦標盛等十一名殲賊五千餘江南軍克復高淳九月擊敗句容溧水二城近金陵爲犄角金陵聞其敗氣阻大營始安巢縣者寇之老巢也其水陸連營無數所掠糧餉悉輸金陵巡撫福濟與編修李鴻章督軍攻復之廬州所屬州邑以次肅清

七年正月湖南援軍吳坤修克安義靖安與民團會攻奉新寇棄城遁武昌之陷也曾國藩遣彭玉麟援鄂及石達開蹦江西連陷瑞臨袁吉建撫諸郡又檄玉麟赴援尋國藩以父喪歸上命彭玉麟協同載福調度軍事九江爲江西重鎮皖楚咽喉寇力爭天險踞九江而以對岸黃梅之小池口爲外蔽進以犯湖北退以擾章皖游行掉臂防不勝防大軍自達九江宿松諸酋聚衆數十萬城於小池口以遏官軍圖上竄是月寇分三路入犯距黃梅縣城數十里知縣單瀚元請空城誘入都興阿從其計伏軍四起殲之寇棄城走截斬其僞擣天侯陳某僞天王壻鍾某曾某三名小池口寇聞之喪膽乃築堅城爲固守計復於段窯楓樹坳獨山鎮諸處依山砌石爲壘數十引水浚濠阻我軍東下都興阿遣鮑超多隆阿王國才等分攻悉平其壘四月玉成犯湖北衆號十萬李續賓壁小池鮑超移屯黃梅遏其衝分途迎擊大破之軍威始振五月李續賓攻九江掘長濠困寇設伏敗之馬宿嶺茶嶺諸處越句餘安慶寇來援合城寇三萬蜿蜒數里我軍水陸會剿連戰皆捷閏五月玉成復犯湖北大小二十五戰亡七千有餘時蘄黃一路寇猖甚蘄州諸軍並挫賴舒保力戰水師左光培扼巴河得免上竄官文令唐訓方增軍守要約都興阿力扼黃梅嚴防後路以是黃州上下烽火不絕而武漢帖然無恙六月續賓浚長濠合水師力攻九江宿松太湖羣寇糾合皖省饑民十餘萬乘虛圖武漢且解九江之圍寇據黃梅廣濟蘄州蘄水分四路進大小五十餘戰死萬餘而勢不稍衰初小池口之捷也潯陽湖口立望廓清及皖寇上援九江陸軍梗阻而上游水師又難驟撤楚軍馬隊不及萬寇所竄伏崎嶇泥淖馬隊幾無可施惟將士一心屹然不爲所撼楊載福李續賓督水陸上援多隆阿鮑超攻賊童司牌敗之十里鋪寇造浮橋河中東通北湖西達武穴續賓渡江平南岸寇屯水師復焚寇艇燬浮橋寇不得逞七月黃梅寇以弱兵守壘而以強悍驍勇者偪伏村落多隆阿偵知約鮑超直衝村落斃五千餘而其在蘄黃者仍不下數萬官文督軍五路進攻杜其上竄禽渠掃穴蘄黃路通尋又大破皖寇於黃岡蘄水界克復瑞州我軍直抵小池口小池口與潯城隔江對峙爲江皖入楚衝途寇壘石爲城深溝高壘胡林翼以寇燄正衰約諸軍先拔小池口親督唐訓方李續宜等由蘄水達黃梅城下建礮以塞宿松上竄之路偵知城內爨具已毀於礮炊煙斷熄乃令水陸環攻射火入城我軍乘亂而登寇盡殄滅全楚始一律肅清江西軍隨復東鄉東鄉隸撫州寇踞之以爲撫州保障復陷萬年諸縣八月將軍福興冒雨進攻縱火平塘絕寇竄路平塘者附城往撫州之衝也寇果棄城而遁初寇踞石鐘山守湖口兩岸致水師隔絕九月克湖口連破梅家洲燔石鐘山寇巢殪萬餘內湖外江至今三載始合載福以取九江當先援彭澤彭澤南有小孤山寇築城其上以守彭澤爲九江聲援載福會軍攻克縣城盡掃小孤山寇巢下游巨險悉夷大軍回向九江十二月長祐會攻臨江府拔之寇竄湖北興國州復爲續賓所殲餘衆僅二百皆鼂水而逸寇之自楚北敗竄回皖也糾合河南捻匪撲廬州及巢縣柘臯我軍進平柘臯寇壘火巢湖派河兩子鋪寇船寇蹤遂絕先是江南水師提督李德麟率紅單船入皖寇遏之繁昌縣峽口不得上七閱月矣載福督師東下焚奪陳玉成所派戰船略盡連日焚華陽鎮復望江東流疾趨安慶破樅陽大通鎮進克銅陵馳入峽內與紅單船合寇望風瓦解逼泥汊僞城李成謀擲火焚之斬戮過當時江西寇糾黨二萬餘由浮梁建德都昌鄱陽竄湖口而宿松太湖寇憤九江之敗糾黨五六萬屯集於楓香驛仙田鋪等處聲勢相依官文檄唐訓方壁陳園固蘄州門戶多隆阿鮑超等迎勦太湖李續宜會水師分三路直擣斃寇二萬餘寇勢大挫江南大營之退駐丹陽也秀成踞句容屢出窺伺正月國樑獨率精卒間道抵城下毀其外壘斃寇千數百名寇不敢復出二月金陵安慶寇偵溧水勢蹙糾衆至郎山築壘爲援和春乘寇營未定遂而敗之寇渡河復結四壘江南軍三路敗其衆合兵攻溧水城前後平寇壘二十六座殲三千斃僞靠天侯以下十餘名移營已及一年戰功此爲最烈四月瓜州以我軍圍攻久勢頻危乃出背城計水陸並撲戰土橋西里鋪不勝復以戰艦分兩路進一沿港助勢一渡江他擾均爲我水師所殲寇之聚溧水者屢招援黨攻大營死萬餘復於郎山築壘數十以抗我軍五月總兵傅振邦破其外壘繼以火攻城副將虎坤元乘內亂斬守城悍酋而入遂復其城溧水既克和春進規句容與溧水相犄角寇結外援聲勢尚壯國樑會軍圍攻而自帥親兵衝入剌黃衣悍目數名寇奔潰和春進衝內濠國樑首先登城寇尸山積閏五月二十五日收復縣城九月鎮江寇出城至甘露寺逕撲大營和春迎勦敗之寇欲西竄接應金陵國樑密於高資增營扼塞寇亦築壘運糧河北國樑遣參將余兆青等毀其礮臺而自率親兵渡河會水陸諸軍鏖戰六晝夜沈巨船十餘艘剷壁壘二生禽魏長仁等六名斬俘無數寇之踞瓜州者遙聯金陵近接鎮江阻官軍進勦之路歷五年矣適南岸寇援剏於和春德興阿乘其隙檄大軍踰城而入遂下瓜州十二月國樑大捷於瓜州南岸陣斬僞王奪壘十七遂圍鎮江秀全四遣衆援均爲虎坤元所破國樑督軍攻四門壞垣奪復其城逸出者沿江搜殺近萬人惟李如孝潰圍遁入金陵復竄衆安慶而潛山太湖之寇又陷霍山旋退出欲從羅田麻城上竄踞獨山西河口爲營官文調馬步軍兼程馳防豫皖交界之處以固楚疆八月皖寇糾豫捻謀援金陵犯商固擾光州六安窺伺隨棗一路而太湖渡石牌等處寇黨連營三十里衆六七萬乘我軍度歲竄近蘄州尋又竄荊橋好漢坡諸處多隆阿迎勦敗之仙田鋪風火山追抵太湖連營宿太以扼寇衝而秦日綱遣其黨北趨避實擊虛謀犯蘄州蘄水六安之寇亦併力上竄陷英山縣分七路竄羅田羅田知縣崔蘭馨連日鏖戰收復英山守備梁洪勝等督楚軍禽僞丞相韋朝綱寇出黃花嶺竄楚境楓樹坳等處都興阿遣將往南陽河迎擊寇築壘北岸我軍潛伏北岸山谷中而列陣南岸寇渡河而南我軍邀擊之乘勝北渡寇陣山腰潰寇踵至伏兵起斃寇無數楚軍勢大振宿太諸營始紓後顧憂時秀全大會諸黨飭陳玉成爲前軍主將以潛太黃宿爲根據敵我上游楚師楊輔清爲中軍主將以殷家滙東流爲根據敵我中路曾軍李侍賢爲左軍主將李秀成爲五軍主將二月和春攻破秣陵關關爲金陵南面外蔽寇所嚴守者也三月和春

率張國樑等圍攻金陵會秀全張筵飲羣黨酒流丸墜秀全膝下羣駭愕秀全曰予已受天命縱敵兵百萬彈丸雨下又將如予何況和春非吾敵也諸將弄彼如小兒特供一時笑樂耳奚恐爲初寇屢伺我軍懈悉銳出犯冀解其圍而雨花臺爭之尤力和春嚴爲防儆寇果由雨花臺攻大營大敗之和春張國樑作長圍困寇度地勢險夷溝而垣之鑿山越水周城百餘里諸營大小相維絡寇應援秀全大懼誡各門嚴備潛結壘於壽德州屢突長圍不克死者枕藉當是時石達開在蜀楊輔清竄閩林紹璋敗於湘林啓榮圍於九江黃文玉坐困於湖口張朝爵陳得才孤守皖省陳玉成坐守小孤山華陽鎭一帶穆陵又陷金陵老巢聲援殆絕而糧食尚充足上游諸州縣皆爲寇據呼吸可通故寇雖危蹙而未遽顚覆我軍屢圍金陵玉成多方抗拒而秀成出陷杭州以掣圍師之肘我軍不動玉成乃自潛山太湖下江浦伺官軍之虛悉衆攻大營以冀解圍蘇常相繼而陷四月李續賓楊載福會攻九江九江爲金陵犄角南岸肅清專力攻九江城寇被圍久以數千人攖城植蔬種麥供軍食其守愈暇頻傷攻城軍士鬭地道成城破而復完楊載福督水陸十六營攻四門地雷再發城崩百餘丈諸軍躍登斃寇萬六七人出城者水師扼之俘斬無遺林啓榮李興隆均敗死礫其屍九江既克寇黨無固志楚南軍先後收復新淦崇仁下撫州克安樂宜黃安豐新城諸縣收復建昌國荃攻吉安旁克吉水萬安二縣於是江西陷城收復八九矣寇黨畏懾金陵寇亦窮蹙秀全力圖外擾乃命寇將竄皖南北及閩浙諸省冀大軍分援以牽我師玉成句結捻首張洛行龔瞎子衆號十萬人踞麻城四門築五十八壘溝塹重疊據險自固而安慶暨英霍諸寇又陷黃安冀窺漢陽德安取道北竄官文檄續賓上援以紓麻城之患先是秀全命賴漢英掠江西皖寇入福建陷政和縣邵武府遂陷浦城分擾建寧五月我軍克復黃安麻城斬僞丞相指揮數十人追至商城並進剿太湖潛山英山霍山諸寇其黨竄踞東安者圖爲江南北聲勢和春督軍立復縣城金陵寇愈形危蹙急思潰竄和春派水師分剿繁昌毀其堅壘土橋進破峨橋魯港等處城寇憤恚出太平神策門分犯大營張玉良馮子材等陷陣敗之寇退遂攻金川門悉毀東北城外壘柵石達開乃自廣豐陷江山縣金華衢州處州三府屬邑焚掠殆徧浙軍敗之壽昌七里亭六月寇竄全椒踞滁州九洑洲等處浙軍大敗之進克武義永康常山江山開化縉雲宣平衢圍亦解寇悉竄處州陷之周天受督軍克復會閩寇蜿延猖獗所復各城旋失又陷松溪崇安建陽等縣建寧府亦被圍浙江巡撫晏端書檄將馳援閩省又出師江山界剿浦城寇巢是時上以浙閩寇並起乃起曾國藩率江西湘軍援浙旋命改援閩國藩自鉛山進軍寇大懼圖牽制之計分萬餘人犯江西閩廣豐玉山入踞安仁閩軍遂克光澤收建陽解順昌圍連復松溪政和宣化崇和破浦城老巢復邵武府閩省肅清國藩移軍弋陽親督水陸各軍克復安仁縣城八月克吉安禽僞先鋒李雅鳳僞丞相翟明海正法江西列城皆復進攻太湖前月寇陷廬州巡撫翁同書告急於續賓官文以太湖方血戰有功疏留之時寇於東岸及楓香舖小池驛東山頭各築營壘續賓等分段攻城焚其火藥庫寇衆駭散遂克太湖乘勝抵潛山潛山石牌爲南北要衝寇屢集黨與援應抗我東征之師都興阿等營北門彰法山馬步並進寇敗潰斃七八千遂復縣城我軍分二路平上下石牌老巢九月玉成自潛太會九洑洲羣寇下江浦伺官軍之虛疾攻浦口以冀解金陵之圍我軍進退爭一橋遂大挫和春派兵來援寇分軍綴之仍力撲浦口江北大營遂失陷迭陷江浦天長儀徵並分攻六合德興阿遁揚州賊破南門入揚州陷進犯邵伯縣國樑率軍渡江會北軍克復府城移攻儀徵亦克之亟引兵救六合阻於寇不得驟進寇穿地道陷城補用道溫紹原赴水死寇渡江陷溧水築壘江藍埠諸處爲扼要持久計十月和春遣總兵張玉良攻復溧水寇夾攻高古山大營國樑怒馬陷陣斃寇五六千合兵追抵江寧鎭燬卡壁數十座小丹陽以至朱石磯老巢悉平初勝保率皖軍攻天長捻首李昭壽以部衆二千降勝保奏請賞給花翎三品銜賜名世忠使爲內應遂克縣城大軍之入皖也克復桐城舒城二縣寇悉遁三河都興阿會水師盡掃安慶城外寇壘續賓追至三河玉成秀成侍賢連江浦六合廬江衆又乞援捻匪招穎壽光州羣盜合十餘萬圍官軍三重衆寡不能敵續賓死之潰軍至桐城前留防四城軍潰不旬日桐舒潛太復陷都興阿收潰卒由石牌馳軍宿松進剿黃泥營寇衆敗之復督鮑超多隆阿大戰荊橋陳家大屋平三十餘壘軍勢復振玉成退還太湖以爲舒桐已得而宿松不破則安慶之守不固與秀成謀再舉秀成知不可敵不欲從而玉成屢言有妙策始與分道來犯卒受大創而退玉成留軍太湖而自還安慶秀成率黨還巢縣黃山是時江西寇復闌入閩界蹂將樂縣並陷浦城永吉建陽順昌寧化長汀等城國藩入閩軍建昌諸陷城以次復寇復竄回江西惟連城尚聚萬餘復陷景德東流謀竄湖口九江等處國藩檄調道員張運蘭倍道馳赴景德鎭屢戰皆捷初寇踞景德鎭勢燄熾江右要衝之區恣行無阻國藩添派其弟國荃率湘軍五千八百赴鎭助運蘭攻剿寇夜襲縱師劉于湻然火彈拋燒篺卡無數寇棄鎭竄浮梁國荃等水陸進攻復浮梁寇走建德北去江西稍定十一月江南大營援軍直隸通永鎭總兵戴文英戰死甯國灣沚次日幫辦皖南軍務浙江提督鄧紹良大營陷死之甯郡設防三百餘里皆鄰寇巢近則蕪湖青陽繁昌銅陵遠則無爲和州滁州渡江即至而祿口秣陵溧水敗寇句合太平金柱關東西梁山黨衆潛山太湖舒桐及樅陽土橋敗黨皆以甯國爲通藪防軍僅七千有奇又多調援他處寇衆兵單故及於敗國藩疏陳目前緩急宜先攻景德鎭保全湖口上是其議胡林翼先以丁母憂回籍會三河變起朝旨迫起督師十二月渡江駐黃州時寇之踞南安者有五支一爲僞翼府宰制陳亨容傅忠信何名標一爲僞渠帥蕭壽璜蔡次賢一爲僞尚書周竹坡一爲僞軍略賴裕發一爲僞承宣劉逸才張遂謀衆七八萬將由南康犯贛州築僞城於新墟設卡壘踞郇莊綿亙二十餘里九年正月國藩檄蕭啓江設伏赤石塘敗寇克新墟進破南康池江小溪鳳凰城長江墟寇壘並克崇義南安進解信豐之圍二月江浦薛三元獻城降進克浦口陣斬僞天福洪方僞立天豫莫興寇覘李世忠擊高旺乘虛再陷浦口世忠回軍再克之浦口肅清李秀成急率悍賊七八萬來犯踞烏衣鎭汊河秀成復要陳玉成自廬州來援烏衣鎭屬滁州江浦交界鎭鑰寇意在斷絕浦營餉道爲張國樑擊敗寇與閩浙餘寇皆趨郴桂所謂石達開三十萬衆後圍寶慶者也玉成由六合犯廬州布政使李孟羣被執不屈死之三月糾安慶黨圍撲定遠護城營築堅壘數十以困我師勝保襲破其壘秀成東走而黨衆日增國樑於定遠縣西築十里長牆禦之其北路自九里山至浦口三四十里寇壘殆徧我軍日戰副將鄭朝棟張占魁皆沒於陣時浦口後路滁州來安皆困於寇世忠自浦口繞道回援勝保撤烏衣汊口防軍還定遠其地復爲寇踞和春慮江北軍單遣馮子材渡江援應玉成度江浦浦口未可力爭分黨援六合又謀趨天長揚州渡江攻南營後路並襲北營於是寇衆四五萬東趨六合蔓延來安盱眙諸境四月玉成圍揚州提督德安擊寇天長失利歿於陣勝保率軍進戰石梁互有死傷還屯舊舖扼盱眙前路捍北犯駐汊澗軍爲寇困先後突圍出和春遣張玉良安勇分六合軍赴防揚州以固清淮門戶時池州青陽寇逼石硊窺灣沚當塗蕪湖寇分擊青山亭頭逼黃池我軍敗盱眙汊澗及天長寇天長寇分竄六合並踞儀徵江干東溝圖撲紅山窯其地距六合二十里旁通瓜埠爲大營餉道咽喉五月鞠殿華督軍破平六合東路王子廟太平集寇壘初六合儀徵連界二十里寇壘四十餘阻糧道至是六合廓清時六合以北天長以南寇牆集數萬餉道危急由烏家集繞犯各軍之背世忠退保滁來寇趨舊舖直犯盱眙圍勝保於桑樹都興阿力戰解之壽舊舖寇犯紅子橋勝保及穆騰阿馳援而寇已分犯盱眙盱眙故無城倉猝遂失六月勝保攻克盱眙追剿之磨臍天台諸山揚州諸軍安勇等閧天長寇回竄六合赴儀徵截擊大破於沙河大小銅山玉成憤甚圖報復率死黨攻來安世忠守城伏壯勇於兩門外自督軍衝入寇營寇乘虛襲城伏起攔擊世忠返隊夾攻寇大敗夜走滁州世忠由水口焚燒寇壘寇大潰糾合捻匪圍定遠再敗再進我軍衆寡不敵遂失陷七月玉成率死黨攻來安犯滁州世忠擊之稍却尋復糾衆圍來安並分屯城西北卓家巢等處寇壘幾徧世忠偵寇志已驕潛伏兵挑戰僞敗寇笑官軍怯而世忠又環諜之寇不爲意惟槍聲絕續作備而已世忠驟起鳴角而前火其營破二十八壘會勝保解其圍世忠還滁州八月敗寇西竄陷霍山江長貴等擊敗太平郭郇宏潭踞寇尋竄石埭陷烏石壠防營游擊黃金祥退屯楊谿河自去歲三河失陷寇造僞城高二丈餘礮眼星列環以深濠椿籤密布與太湖互相援應兼通糧道石牌鎭隸安徽懷甯當宿望潛太之交爲由皖入楚要衝官文以僞城不拔終礙東征乃令多隆阿統馬步軍會攻拔僞城擊斬霍天燕石廷玉等四十七名並拒敗潛山安慶援寇僞顧王吳如孝者寇之最悍者也自鎭江逸出至皖北糾捻沿淮肆擾尋撲盱眙之清墕爲格蘭額等槍斃斷其首衆南潰九月擾霍山下符橋六安防軍盧又熊等擊敗之破毛坦廠寇壘而廬州安慶寇同犯六安乃引軍還盱眙天長寇犯楊州參將艾得勝雙喜等敗死司徒廟玉成率大股自甘泉山西竄儀徵陳板橋進援六合圍李若珠壘馮子材禦之失利退屯段要口寇踞紅山窯斷李若珠營後路餉運不通十月若珠自八埠牆陳家集潰圍出中數創退屯揚州死傷馬步軍二千八百餘人石埭夏郵寇分股糾青陽寇萬餘竄踞涇縣查郵防軍副將石玉龍敗死南山嶺適周天受至自甯國督天孚等力擊之寇退還查郵王浚破平陶美鎭寇壘陣斬僞丞相孫瑞亨鎭距秣陵關二十餘里盧又熊克霍山寇自太平蕪湖犯甯國

路黃池高州鎭總兵蕭知音敗退新豐鎭玉成及秀成自天長六合糾大股竄侗江浦分屯南北兩岸張國樑渡江遣水師破壽德州寇壘水師曹秉忠破六合紅山窯瓜埠寇七壘彭常宣敗寇於儀徵泗源溝時寇衆悉踞揚州西北尋陷江浦防軍壘周天培死之大軍退保江浦寇乘勢東伺揚儀西逼江浦南竄溧水勢復熾寇自洪楊內亂鎭江克復秀全兇燄久衰徒以陳玉成往來江北句結捻匪擾廬州浦口三河等處迭挫我師曾國藩以爲廓清諸路必先攻破江甯欲破江甯必先駐重兵於滁和而後可去江甯之外屏斷蕪湖之糧道欲駐滁和必先圖安慶以破陳玉成之老巢兼擣廬州以攻陳所必救誠能攻圍兩處略取旁縣備多力分不特不敢悉力北竄齊梁並不敢一意東顧江浦六合蓋寇未有不悉力以護其根本者也於是定四路進兵之策國藩任第一路由宿松石牌以窺安慶多隆阿鮑超任第二路由太湖潛山以取桐城胡林翼任第三路由英山霍山取舒城調回李續宜任第四路由商固以規廬州以後平寇之策皆不出此十一月涇縣查村寇犯吳正熙壘不利而章家渡亦爲我軍所挫揚州寇踞甘泉山馬德昭破其壘國樑督軍攻江浦寇壘不下寇掘地道攻城玉良遣將縋城出焚其壘塡塞地道寇築壘磨盤洲我軍四路蹙之寇衆大敗狂奔北門寇營亦同時攻破其陳家集等處之寇竄回天長南路之寇潛竄溧水皆爲防軍擊退江長貴克太平郭邨查邨敗寇竄涇縣北路副將榮陞連破石柱坑盤臺寇卡寇竄踞董家村白茅塘犯萬級黃柏兩嶺榮陞會徽軍破之覆其巢寇又竄擾河西爲參將朱景山等所敗副將吳再升遂乘勝進剿黃池南岸牛頭山寇壘北岸寇糾衆來援分兵拒之寇多死傷北岸寇潰走渡河我軍遂收南岸池州守城寇韋志俊獻城於楊載福其部下古隆賢等不從回撲府城城復陷桐潛寇援太湖將襲天堂後路余繼昌會軍圍分路敗之樅水畈陣斬僞溪天侯拱天豫二名寇奔潰十二月侍賢由蕪湖金柱關率大股犯甯國與黃池北岸寇合勢連日分擾黃岡橋牛頭山等處再犯西河蕭知音熊廷芳退走寒亭寇圍游擊冉正祥壘都司李培基馳援始解玉成以定遠舒城廬州寇衆北犯壽州翁同書令副將尹善廷率精銳馳援挫寇於東南兩路時玉成以楚師甚盛欲圖西竄六合拒楚師因北犯壽州以牽掣我軍尋自江浦回援安慶太平糾合捻首龔得樹張洛行等分道上犯衆號十餘萬多隆阿鮑超將凝學禦之潛山連破靈港寇壘蕪湖寇進犯宣城灣沚周天受禦之不得逞乃分衆四竄我軍亦分拒於海南渡浮橋口清水潭鹽官渡寇退踞許邨埠進犯西河朱景山等創之增軍守東西岸寇迭窺灣沚我軍渡河擊之甯國西北寇鋒稍斂先是銅陵青陽寇常犯南陵涇縣之交我軍扼守雲嶺蘇嶺而設伏朝山要三里甸參將方國淮出奇擊之寇屢犯三里甸陷國淮壘復竄越雲嶺陷觀嶺防營天受調金友堵清弋江寇北走南陵陳大富擊之寇復退入涇境自玉成回援安慶後秀成獨屯浦口寇勢已孤時金陵困急援兵皆不至秀成以玉成兵最強請加封王號寄閫外秀全乃封玉成英王賜八方黃金印便宜行事然玉成雖專閫寄而威信遠不如秀成無遊調者李世忠因致書秀成曰君智謀勇功何事不如玉成今玉成已王而君尙爲將秀全之憒憒可知矣吾始反正清帝優禮有加以君雄才胡爲鬱鬱久居人下盍從我遊乎時

僞兵部尙書莫仕葵以勦軍在秀成營書落其手閱之大驚以示秀成秀成曰臣不事二君猶女不更二夫昭壽自爲不義乃欲陷人耶仕葵曰吾知公久矣乃代奏之秀全命封江阻秀成兵並遣其母妻出居北岸止其南渡仕葵曰如此則大事去矣乃偕蒙得恩林紹璋李春發入僞宮切諫曰昭壽爲敵行間王奈何墮其計自壞長城京師一綫之路賴秀成障之玉成總軍數月不能調一軍其效可覩矣今宜優詔褒勉以安其心臣等願以百口保之秀全悟召秀成入慰之曰如卿忠義而誤信謠傳朕之過也卿宜釋懷戮力王室即進封僞爵爲忠王榮千歲寇自楊韋搆殺秀全以其兄弟仁發等主持僞政僞幼西王蕭有和蕭朝貴子也秀全尤倚任之而以一僞將畜秀成不與聞大計至是晉僞爵爲王乃大悅以爲秀全任己漸專不料其疑已也浦口當金陵咽喉要地迫於大軍而糧援無措南渡時見秀全問計秀全語以事皆天父排定奚煩計慮又與仁發等謀留其助守金陵秀成不可曰官軍既以長圍困我當謀救困法俱死於此無益也渡還以黃子隆陳贊明屯浦口親赴上游糾合皖南蕪湖甯國死黨謀間道犯浙江分江南大營兵力還解長圍之困其志固不在浙也連日援太湖寇捻攻鮑超潛山小池驛營壘不克楊輔清古隆賢用內應陷池州韋志俊突圍屯泥灣收合散亡移屯香口迭敗寇於八都坂栗樹街俘斬僞將軍陳松尅等三十餘人是年秀全大封諸王初秀全定都金陵一切文武之制悉由僞東王楊秀清手定是時爲秀全建國極盛時代其宮室制度第一爲龍鳳殿即朝堂也王議政議戰諸大事每有大事鳴鐘擊鼓會議秀全即升座張紅幔諸王丞相兩旁分坐依官職順列賊將則侍立於後議畢鳴鐘伐鼓退朝第二說敎臺每日午秀全御此衣黃龍袍冠紫金冕垂三十六旒後有二侍者持長旂上書天父天兄天王太平天國臺式圓高五丈階百步說教時官民皆入聽其有意見者亦可登座陳說文左上武右上士民由前後路直上立有一定之位第三軍政議事局軍事調遣糧餉器械總登所秀全自爲元帥當日僞東王爲副元帥北王翼王爲左右前軍副元帥六官左右副丞相爲局中管理各科員中分軍馬軍糧軍械軍衣軍帳軍船軍圖軍俘軍事諸科又有糧餉轉運局文書管理局前鋒告急局接濟局皆屬軍政議事局內以六官左右副丞相領之其最尊者爲軍機會商局長初以僞東王領之遇有戰事籌畫一切則僞東王中坐諸王丞相天將左右坐立各手地圖論形勢然後出師秀清死僞翼王領之石達開去後李秀成領之秀成東入蘇杭則有名無實虛懸其位矣其時寇之武備頗詳盡自諸僞王內訌人心解體秀全以爲非不次拔擢無以安諸將之心然自此大封之後幾至無人不王而丞相天將之職多攝行於是各持一軍勢不相下而調遣諸王者僅陳玉成一人故八年以前寇之用兵攻守並用八年以後不過用攻以救守戰局遂至日危以底於亡十年正月僞匡王僞奉王僞襄王糾合僞攝王自南陵犯涇縣灣灘游擊王熊飛退走寇遂蔓延黃邨焦石埠進攻副將李嘉萬援師爲楊名聲所敗斬僞岡天燕賴文禾寇竄踞黃柏嶺其黨尋大至陷涇縣楊名聲等退走旌德寇踵至明日亦陷我軍還守甯國是時秀成自率悍黨數千已由甯國縣間道犯廣德張國樑督水陸諸軍渡江期大舉克浦口八壘黃子隆陳贊明遁攻九洑洲克其老巢焚之寇

自咸豐四年築壘九洑洲內蔽江甯外通大江踞爲南北水陸要區江甯長圍成後浦口九洑洲皆克勢大困秀成由皖犯浙分我兵勢而諸將又以寇在陷阱無能爲役習爲驕佚戰志漸消故有閏三月大營失敗之禍太湖寇捻分四股來犯我軍知府金國琛會集諸軍敗之仰天庵高橫嶺生禽悍目藍承宣向擾害蘄黃者寸磔之金國琛等復敗寇捻於潛山廣福寨玉成率龔得樹張洛行來援乘霧移營於羅山衝白沙畈冀與城寇相通以圖牽綴我軍諸軍會擊寇大敗禽斬僞庶天侯麥烏宿僞軍師汪逐林等明日鮑超等進攻小池驛當東路將凝學等攻羅山衝當西路多隆阿居中路策應羅山衝寇蠭擁來撲凝學連破衝口攻入內山馬隊繼之寇大敗值東南風作以火焚之燬壘百有數十寇奪路狂奔斃僞丞相葉榮發僞將軍舒春華等城寇謀宵遁伏軍四起擊之是役也殲寇二萬餘益惶懼竄入潛山多隆阿督軍尾擊克其城秀成侍賢等至廣德詐爲清軍陷之杭湖蘇常並震巡撫羅遵殿調徽甯防軍援剿廣德以保兩浙門戶張芾遣周天孚馳防長興四安鎭距廣德四十里當蘇浙之衝交和春遣水陸軍來會秀成留陳坤書陳炳文守廣德自率譚紹光陳順德吳定彩等馳攻四安鎭陷之和春遣水師會攻江甯上下兩關七里洲寇謝茂廷壽德州寇秦禮國遣使詣大營乞降江甯西北各門皆瀕大江洲堵錯互寇踞上中下三關築壘於壽德七里各洲與北岸九洑洲遙相倚犄九洑洲既克茂廷禮國約舉火爲號於是上下關同日而克國樑增八壘於江東門增四壘於安德門毛公渡南北岸關隘悉爲我奪寇益大困秀全檄諸寇解金陵圍時秀成在皖與其部下謀曰清軍精銳悉萃金陵城下其餉源在蘇杭今金陵城外長濠已成清軍內圍外禦張國樑又嘍嗜善戰攻之難得志不如輕兵從間道急擣杭州杭州危蘇州亦必震動清軍虛我絕其餉源必分師奔命以救我瞯大營虛還軍以破圍師則蘇杭皆我有也乃自率數千精卒以行連陷安吉孝豐長興諸縣以其弟侍賢犯湖州自率悍黨陷武康間道踰嶺犯杭州預結捻首張洛行龔瞎子等使內擾清淮以分江皖兵力上命和春兼辦浙江軍務而以張玉良總統援浙諸軍玉良分大營兵勇五分之二禦之秀成攻杭州以地雷崩清波門陷之巡撫羅遵殿等均死難秀成之破杭州也祇一千二百五十先鋒諸處援兵不知虛實聞城破皆潰走迨張玉良援軍至屯武林門秀成曰中吾計矣自以兵少乃多製旗幟作疑兵潛退出城委之而去玉良與將軍瑞昌會擊立復省城三月秀成回竄餘杭陷臨安旋爲李定泰克[illegible]廣德寇亦退走時秀成及侍賢回廣德楊輔清亦自池州來會李定泰[illegible]已分走建平陷之連陷東壩高淳復詐爲官軍陷溧陽自是江南大營後路驛急蘇常俱大震和春馳檄張玉良等還救常州熊天喜等克廣德而楊輔清陷溧水詐爲官軍襲金壇爲周天孚等所敗棄壘西竄句容亦陷句容當大營後路餉道所必經且與丹陽鎭江接壤爲常州門戶和春遣副將梁克勤赴援不及續遣副將張威邦由淳化進剿何桂清遣將分防丹陽鎭江瓜州寶通大營至蘇常水陸道路馬德昭等出屯郡城三十餘里下弋橋堵溧陽宜興各路寇內犯米興朝自廣德進軍克建平閏三月寇自昌化出於潛分犯分水陷而旋復進陷淳安秀成約會諸酋同議救金陵之策秀成與侍賢由淳化[illegible]由溧

水退秣陵關玉成亦自江浦渡江來會江寗寇爭出築壘接應斯時大營四面受敵而良將勁兵調援浙西者一萬三千人淳壩宜興防軍又調去一千有奇大營空虛糧路又截斷乃改月餉積四十五日始一發兵勇皆怨心漸攜貳時羣寇麕集和春急調張玉良回援何桂清留之不遣寇至雄黃鎭我軍禦之不克輔淸由秣陵關至南門玉成由江寗鎭至頭關板橋善橋諸寇皆集南岸秀成由姚巧門進紫荊山尾陳坤書劉官芳由高橋門而來侍賢由北門紅山而至輔淸由雨花臺玉成由板橋善橋連日攻撲長圍國樑與王浚分督諸將力禦十五日夜雷雨雹雪大寒總兵黃靖副將馬登富守備吳天爵戰死大營火起全軍潰陷和春許乃釗退走鎭江再退丹陽旋馳書趣國樑亦至留馮子材守鎭江國樑語和春曰六年向帥大營失陷退扼丹陽彼時京口未復今東門之限在於鎭江舍此不守是導寇而東也和春卒不能用而宜興同時亦失陷寇勢大張而秀全於戰士不及獎敘終日亦不問政事只敎人認實天情自有昇平之局仁達仁發忌秀成功嗾秀全下嚴詔飭秀成率所部限一月取蘇常寇掠金壇四鄉大書於壁曰攻野不攻城野荒城自破我軍屯六門日與賊戰互有勝負秀成自句容攻丹陽國樑開南門酣戰秀成命力士泅入我軍潰卒中猝擊國樑被創大呼入尹公橋下而死秀成入丹陽命收國樑屍曰兩國交兵各忠其事生雖爲敵死尙可爲仇乎以禮葬之下寶塔和春奔常州寇躡其後何桂淸聞變跳走是月楚軍援皖南會克太平建德石埭三縣涇縣張芾會同周天受等進毀白華宴公堂一路寇壘直抵城下斬關直入遂復縣城四月天長六合寇乘金陵大營退守分三路進犯一由陳家集圖揚城一由東溝窺瓜州一由僧道橋編筏偸渡襲邵伯皆爲我軍所截擊不敢逞乃築壘僧道橋圖久踞我軍分左右中三路疾趨會攻毀二壘焚木城積屍枕藉寇合股退踞陳家集揚州與鎭江相爲脣齒李若珠咨艇師陳泰國等分扼各口寇大逼常州張玉良由杭郡率軍先至築營寨大小四十餘悉爲所破常州陷玉良敗走無錫秀成率所部精卒潛出九龍山附高橋之背玉良軍大敗無錫陷敗走蘇州和春創胸至蘇州滸墅關而卒玉良連敗之師不能復戰寇薄蘇州玉良退走杭州長洲元和兩縣廣勇李文炳何信義開門迎秀成入踞之巡撫徐有壬等同殉難秀成踞蘇後改北街吳氏復園爲僞府秀成踞蘇十有一日出僞示安民城廂內外凡收屍八萬三千餘具而從者猶盛稱秀成愛人不嗜殺也寇踞蘇城復恣意擄掠民競團練爲自保計江皖援浙諸軍以次克復諸城遂會剿淳安寇敗遁入徽州境蘇寇陷吳江犯平望浙江防軍潰江長貴負傷逃走仁和塘棲鎭副將張守元亦潰於淸杉牐嘉興危急杭省大震侍賢燒嘉興南門入踞之玉良攻嘉興西南兩門陳坤書陳炳文求救於蘇適靑浦周文嘉與洋軍戰來告急秀成乃先援靑浦擊退洋軍直攻上海不克遂應嘉興之援由松江浦邑而回戰取嘉興平湖順至嘉興連戰五日分一股上石門斷玉良來路兵多降者玉良回杭州五月貴池靑陽寇犯涇縣總兵李嘉萬等敗死楊名聲退至太平黃花嶺寇陷廣德米興朝軍潰奔孝豐再退歙北翬嶺外初涇縣廣德同時告警周天受遣援皆不及而參將丁文尙守涇又退走寇遂由三谿竄旌德孫郇廣德寇窺伺甯國天受擊却之寇由寗國縣東岸至旌德與涇縣合勢嘉定薛煥尋克之收太倉寇攻鎭江陷靑浦陷松江寇之守江寗也以安慶廬州爲犄角以太平蕪湖爲衞護蕪湖之南有固城南漪丹陽白臼諸湖上可通寗國之水陽江淸弋江下則止於東壩掘東壩而放之則可經太湖歷蘇州以達於婁江蕪湖孤懸水中寇守之則易官軍攻之則難是以踞五年血戰不退而黃池灣沚屢次失利皆以我無水師寇堅忍善守官軍圍攻屢年往往因水路無兵不能斷其接濟今蘇州既失四面皆水寇若阻河爲守陸軍幾無進攻之路城外幾無立營之所則欲攻蘇州須立太湖水師使太湖盡爲我有而後西可通寗國之氣東可附蘇州之背因建淮陽寗國太湖速立水師之策寇陷江陰玉良連以礮艇破嘉興三塔普濟二寺平新塍寇壘移營逼西門南門破壘七平望鎭者浙江之嘉興湖州江蘇之吳江總匯處也寇踞沿河六里橋梅堰諸處徧築堅壘密釘排樁扼險以阻江浙之路湖州趙景賢毀沿河寇壘分軍進克平望會軍於米市湖盡燬礮臺巢穴進圍嘉興寇既陷松江遣其黨窺上海薛煥乘其不備直搗南門而入殺黃衣目十三名奪船七十餘艘立復府城自松江至上海沿途團練截殺殆盡六月楊輔淸糾旌德太平大股犯寗國寇自長興竄陷安吉王有齡遣彭斯舉赴援遇於孝豐失利退走昌化寇直犯於潛陷之杭省大恐寇復由黃渡再陷嘉定糾土匪進踞南翔鎭逼上海四十餘里再陷平望蘇州嘉興寇勢復合於潛寇連陷臨安餘杭分擾富陽吳雲會洋將華爾攻靑浦急僞寗王周文嘉乞援於蘇州秀成率大股親援我軍敗績寇收槍礮乘船再犯松江陷之江陰寇分黨築壘申港掠船謀北渡李若珠飭艇師破燬之僞丞相方得勝遁玉良以地雷崩嘉興南門城垣寇嚴拒不得進劉季三等連克餘杭臨安浙西寇回竄孝豐突犯建德七月秀成毀松江城堞率僞會王蔡元隆僞納王郜永寬北犯上海號十萬焚掠泗涇七寶民團禦之多死傷寇屯徐家匯薛煥督文武登陴固守寇詐爲官軍賺城城上詗知創却之洋輪之泊黃浦江者升開花礮於桅發之寇始敗退孝豐寇陷廣德游擊黃占起江國霖戰死江長貴突圍退至安吉米興朝奔四安未幾趙景賢復廣德寇再陷踞之寇復陷江陰楊庫汛城逼常熟二十餘里黃浦輪船洋兵以開花礮測擊上海寇壘六發創及秀成是夜秀成解圍還靑浦時嘉興寇告急遂趨浙江初副將陳汝霖率民團救松江迨上海解圍洋將華爾會守松江賜號常勝軍秀成陷嘉善陷平湖錫齡阿兵勇皆潰寇旋去收之寇陷金壇知縣李淮守百四十餘日糧盡援絕川兵通寇殺參將周天孚陷之李淮等皆戰死丹陽寇糾黨六七千由新豐等處分道撲水師謀掠舟北渡並沿河築壘架礮轟射周希濂督艇師乘煙霧對擊寇不支遁回丹陽玉良攻嘉興兩月不下先後集兵三萬有奇而蘇常以北無牽掣之師松江靑浦之寇可直入嘉興常州宜興之寇可直入長興建平廣德之寇可直入安吉寗國涇縣之寇可直入於潛寇前自長興逕逼省垣雖經擊退並立復數城而廣德遂至不守迨收復廣德而嘉善平湖又復失陷寇處處牽制我軍近復添築營壘礮臺又偸刼五龍橋頭卡多方悞我軍實有罷乏不堪之勢秀成以嘉興圍急率大股來援玉良督戰五日勝負未決秀成分股上趨石門謀斷大營後路地形多支河塘路絕無可歸我軍懼奔玉良負創疾馳還杭省賊既解嘉興之困復陷石門分兩路直逼杭省一趨塘棲民團禦之退掠新市一趨臨平吳再升敗之轉走海甯彭斯舉等擊斬頗衆寇悉退還石門未幾石門寇亦退再升進駐石門馬德昭由臨平長安相繼前進八月寇陷昭常再攻平湖嘉善陷之是時秀成自嘉興還蘇州奉秀全僞詔趨還江寗令經營北路初咸豐三年林鳳詳李開芳北犯不返秀成未敢輕舉適江西湖北匪目四十餘人具降書投秀成邀其上竄自稱有衆數十萬備調遣秀成覆書允之留陳坤書駐守蘇州自返江甯請先赴上游招集各股再籌進止秀全大怒責其違令秀成反復爭辯堅執不從秀全卒不能强於是取道皖南上竄江鄂秀成之在僞京與諸黨會議也曰曾國藩善用兵將士聽命非向張可比將來七困天京必屬此人若皖省無他故尙不足慮一旦有失則保固京城必須多購糧食爲持久之計秀全聞之責秀成曰爾怕死我天生眞主不待用兵而天下一統何過慮也秀成歎息而出因與蒙得恩林紹璋等再三計議僉以秀成之策爲然因議定自僞王侯以下凡有一命於朝者各量其力出家財廣購米穀儲公倉設官督理之俟闕乏時平價出糶如均輸故事以爲思患預防之計洪仁發等相謂曰此亦一權利也因說秀全用鹽引牙帖之法分上中下三等上帖取米若干石中下以次遞減此帖即充僞樞府諸僞王祿秩收入後無須撥解而稍提其稅入公大半皆入私囊商販非執有帖者粒米不得入城犯者以私販論罪如是則法可行而利可獲矣洪氏諸僞王乃分售帖利上帖售價有貴至數千金者及商販至下關驗帖官皆仁發黨噟犬百端挑剔任意勒索商販呼籲無門漸皆裹足而諸僞王侯又因成本加重售價過昂不願多出資金米糧反絕秀成言之秀全請廢洪氏帖秀全以詰仁發仁發以奸商每借販米爲名私代淸營傳遞消息設非洪氏誰能別其眞僞此實我兄弟輩之苦心所以防奸非以罔利也秀全信其言置之不問秀成憤然而去寇陷寗國提督周天受等死之甯國之陷也玉成與賴裕新古隆賢楊輔淸四面圍擊周天受戰守七十餘日軍中食乏餉阻不能遂寇破竹塘廟埠諸壘副將朱景山等皆戰死旌德太平兩軍力單不能救寇乘勢盡掃城外諸壘城陷天受遂遇害寗國既失南陵孤懸總兵陳大富苦守閱半載國藩檄令自拔出城遣水師迎之難民從者十餘萬寇再陷太倉玉成糾合江甯丹陽句容寇十餘萬自九洑洲新江頭掠船二百餘日夜更番意圖乘虛下竄爲軍團所敗竄六合鎭江寇船駛入丹徒諫壁兩鎭港口爲水師李新明擊退馮子材尋進解鎭江城圍侍賢率寇四萬出廣德攻陷徽州署皖南道李元度潰走開化寇趨祁門甚急國藩檄張運蘭屯霍縣趣鮑超自太平還屯漁亭以捍大營徽州既失杭嚴兩府防務益急寇之踞蘇城也同時城邑陷者數十江陰居大江尾閭狼山對岸再陷於寇寇踞之以窺江北人心皇然九月通州知州張富年等會水師攻復其城上月玉成率悍寇二十餘萬進陷白鱣橋尹善廷壘旋至馬廠集犯東津渡黃鳴鐸擊却之至是圖取壽州內東肥河跨山越谷盤行抵淮河岸聯營櫛比餘黨竄入姚家灣擄船欲水陸會攻巡撫翁同書派礮艇沿河截擊寇乘霧梟水入小港爲黃慶仁圍殺復以步騎撲北關城上彈丸雨下夜縱火焚寇壘皆燼城圍立解寇竄南路一還定遠山一走廬江一赴六安徽州寇自淳安竄陷嚴州進踞烏龍嶺江甯寇糾九洑洲寇船二

百餘艘下竄儀徵我軍大敗之東溝副將格洪額會破盱眙竹鎭集寇屯禽斬僞檢點汪王發等曾秉忠破青浦寇於米家角攻城三日不下秉忠中創參將李廷舉攻寶山羅店寇敗併嘉定旋再竄羅店踞之寇攔入壽昌金華兵團復之旋再陷再復十月寇自淳安擾及威坪兵團禦之回竄蜀口徽州北路寇竄至杞梓里逼昌化昱嶺二十里先是江西瑞金廣昌新城瀘溪大股寇窺伺福建汀州邵武防軍力禦之遂折竄建昌而瑞金一股竄踞福建之武平壽路汀州兇焰甚張句容寇至鎭江湯岡築壘馮子材擊之不下寧國寇直趨四安破長興長橋卡防分竄廣坤梅谿嚴州寇連陷桐廬新城蘇州寇分股撲金山我軍擊敗之遂克楓涇鎭寇復糾蘇常大股襲廣富林圖犯松江守將向奎軍單敗退曾秉忠回援寇竄寶山羅店都司姜德設伏敗之還青浦玉良克嚴州新城寇竄陷臨安初壽昌被陷金華知府程兆綸督民團復之桐廬亦同時收復於是寇衆悉趨富陽副將劉貴芳總兵劉季三敗死城遂陷旋收復燬江口浮橋侍賢復糾集臨安寇陷餘杭逼杭州省城侍賢由嚴州還竄徽州瑞昌等敗寇秦山亭古蕩觀音橋追至留下寇棄壘走省城解圍遂復餘杭侍賢不得志於杭州自餘杭直犯湖州建昌寇問道犯鉛山河口鎭踞之福建浦城崇安浙江衢州常山開化邊防皆急時徽州寇自深渡街口下竄天長防軍會水師大破於三河衡陽等處是股爲天長葵天玉陳天福會合秀成黨三萬餘衆將謀渡河分擾淮陽秀成竄皖南踰羊棧嶺陷黟縣鮑超大創之城立復再破之廬郵陣斬僞丞相吳桂先秀成受傷遁徽州國藩飭將屯守盧郵郵距黟縣二十五里是時侍賢自嚴還徽輔清盤踞旌德環二百里皆寇秀成復由江蘇上犯越嶺肆擾我軍疾馳百餘里力戰兩日驅出嶺祁門大營始安趙景賢大破賊解湖州城圍湖州自三月以來迭被賊困此趙景賢第三次解圍也先是寇踞楊家莊爲老巢以礪山仁黃山爲犄角焚掠雙林諸鄔鎭蔓延長興四安太湖景賢會軍先攻礪山仁黃以孤老巢之勢我軍踞仁黃燬楊家莊敗寇西竄天長寇掠下五莊舟船數百艘欲犯湖路我軍克河口鎭復創之石谿竄廣豐道員段起禦之寇間道走玉山多隆阿李續宜會軍大破桐城寇陳玉成襲得樹於挂車河鶴墩香鋪街等處平寇壘四十餘寇退奔舒城安慶者江表之咽喉實平吳之根本也寇援安慶水陸阻梗不能直抵江寧玉成眷屬悉在安慶城中邀合髮捻十餘萬人圖解城圍多隆阿李續宜雖力挫之仍分屯廬江桐城復糾集下游江寧蘇常援寇並力上犯逼近樅陽桐城鄉郵耽耽以伺我軍之隙將挾江南寇勢全力謀楚軍時屆冬令安徽城河水涸道路紛歧我軍四路告急之書應接不暇皖南浙江之寇分三大枝竄入江西祁門各營圍裹於中勢頗危急湖南道州寇亦竄江西寇既陷吳勢必全力犯楚此其深謀詭計故安慶一城寇以死力爭之左宗棠之入景德也聞南贛寇分黨由貴溪過安仁直撲饒景遣軍迎敗之周坊寇竄陷德興踞之十一月宗棠進克德興寇奔婺源又克之十日內轉戰三百餘里寇竄爲神速彭斯舉解玉山城圍寇竄衢境犯常山與兵團戰敗走開化埠楊輔清自池州率黨竄陷東流進陷建德水師收東流而建德防軍潰退國藩遣唐義訓馳擊至利涉口寇築壘河洲列隊以待並以馬隊拖拒各卡我軍分東西兩路緣山上立破其卡前軍夾擊河洲寇後軍抄其背寇敗走我軍復分爲三進攻寇出東門逸遂復其城寇復陷彭澤闌入浮梁越一日復之寇趨馬影橋逼湖口玉麟督水陸軍力擊之遂收彭澤寇宵遁陷都昌鄱陽我師馳至都昌擊退踞寇復之休寧寇犯上谿口陷副將王夢麟壘屯谿寇犯江灣陷副將楊名聲壘古隆賢賴裕新糾大股犯羊棧桐林二嶺張運蘭會軍擊之寇由新嶺退去犯婺源國藩督飭鮑超大破於黟縣盧郵別軍繞出羊棧斷寇歸路寇沿崖逃走追軍反出其前迫之墜崖死無算而休寧城寇以鮑超回剿景德由藍田擾及小溪一帶張運蘭擊敗之別股屯鄭家橋者進逼漁亭我軍兩路抄擊寇狂奔斃黃世瑚等復敗上溪口寇追至馬全街而還自是嶺外寇不敢輕入玉成率衆萬餘犯桐城樅陽我軍鎭靜固守寇踞七里亭韋志俊扼樅陽街口李成謀舁三版入蓮花池護衞營卡寇不得逞寇再犯景德鎭宗棠敗之鮑超進扼洋塘宗棠進扼梅源橋寇自下游糾大股屯洋塘對岸我軍大破之僞定南主將黃文金負創西奔時祁門三面皆寇僅留景德鎭一路以通接濟寇盡銳攻撲欲得甘心爲時國荃圍安慶寇勢漸窮十二月玉成糾約秀成輔清及捻匪併力西犯其大股寇捻俱從南岸渡江而北會於無爲廬江以圖急援懷寧桐城勢甚猖披多隆阿等會於樅陽一帶布署戰守皖南寇大股竄孝豐又別股由昌化竄分水嘉興踞寇備具礮船意圖南下寇勢蔓延浙東西同時告警十一年正月傳忠信譚體元汪海洋洪容海各挾衆數萬棄石達開歸秀成秀成驟增衆二十萬勢大熾由石埭分兩路趨祁門防軍皆敗江長貴援大洪唐義訓迎戰歷口斬僞麟天豫古得金寇潰走常山富陽新城臨安皆爲我軍所克解廣信之圍寇竄鉛山弋陽貴溪金谿漸逼建昌秀成自去冬犯皖南黟縣羊棧嶺不得志竄浙江常山江山等處今春以全力攻玉山轉圍廣豐犯廣信志在踞守要地以通徽浙之路犯建昌作浮橋渡河以大股屯水東環城築二十餘壘以浮橋通往來江西寇黃文金犯景德鎭左宗棠鮑超敗之石門洋塘斃許茂材林世發文金踉蹌宵遁銅陵援寇與敗匪合復入建德分踞黃麥鋪諸處鮑超督諸軍乘勝壓之斃寇萬計追至建德會師水收復縣城誅林天福秀成梯攻建昌參將富安等縱火具創退之復潛爲地道修子城備之寇船犯太湖陷東西山全湖失陷湖州北路七十二漊港橫被竄擾太湖巨浸也襟帶蘇常湖三郡港口紛歧多至百餘自蘇常陷後沿湖要隘多爲寇有去冬間寇船自湖州出湖迭犯西山角頭等處爲副將王之敬礮船所敗然所部不滿十艘募民船佐之卒以衆寡不敵敗死二月玉成圖援安慶糾合捻首龔瞎子率五萬人攻松子關成大吉兵僅二千五百寇多二十倍分兩路抄官軍後大吉令參將王名滔從左側山橫截而出陣斬龔瞎子寇驚潰復選悍黨分五路進再戰再敗捻散亡三萬人初玉成賺龔瞎子犯松子關而自率悍黨十餘萬從霍山之黑石渡襲余際昌營於樂兒嶺相持四晝夜力竭而潰遂抵英山入蘄水襲陷黃州分黨取蘄州擾麻城闌入黃安黃坡孝感雲夢諸縣並陷德安府隨州勢益猖獗武昌戒嚴秀成聞玉成攻國荃久不下分攻蘄黃廣濟欲國藩赴援以分兵力秀成歎曰英王誤矣正使國藩得全力以攻皖彼豈暇救此間城哉彼有長江之利而我無戰艦安能絕其糧道不能以我攻浙救京師爲例也玉成屯孝感而以德安雲夢隨州三處爲長蛇陣窺伺荆襄官文飛調李續宜舒保彭玉麟率水陸諸軍回救侍賢竄踞休寧城築壘上溪口河鄔石田小當等處與休寧屯溪之寇互爲犄角國藩以休城不克徽郡雖圍祁門終屬危地檄朱品隆等進攻焚諸壘寇夜遁收復黟縣城左宗棠進剿婺源寇破侍賢於淸華街而城寇忽分黨由中雲竄入樂平界宗棠親率數營屯柳家灣扼其衝寇敗退而援寇漫野至返旆截殺復大潰而去侍賢糾徽州悍黨圍王開林於婺源甲路越三日潰圍出還景德秀成率黨竄撫州爲知府鍾峻等擊敗竄宜黃復糾土匪陷遂安國藩遣大富防景德宗棠進軍鄱陽次鮎魚山聞寇偷渡昌江圖合圍景德旋移駐金橋寇竄平湖分由西路櫸根嶺北路禾黍嶺進犯副將沈寶成當西面江長貴出北路拒之國藩復檄朱品隆由祁門馳援殲寇越嶺而逃宗棠擊破於樂平范家鄔陣斬僞謝天義黃勝才僞撓天福李佳普等侍賢率數萬衆潛匿於牛嶺柳家灣回龍嶺翌日齊進景德鎭陳大富戰死陷之金魚橋坐營後路已絕遂移屯樂平初國藩至皖南設糧臺於江西以景德鎭爲轉運寇之窺祁門者屢遭挫敗遂悉銳再犯景德冀絕大軍餉道至是陷之國藩度糧路已斷惟急復徽州可通浙米親至休寧攻徽寇不克仍屯祁門而寇環攻不已誓以身殉宗棠大破寇於樂平斬馘數萬侍賢遁圍建昌撫州攻之不下遂陷吉安大軍旋復之乃進陷瑞州於是祁門之路始通三月我軍克新淦解麻城圍繁昌荻港蕪湖魯港寇皆敗走民團克雲夢收應城黃安黃坡金國琛會水師克孝感進攻德安逼城爲壘嘉興寇竄陷海鹽平湖宗棠敗寇於龍珠桃嶺寇渡吉水海灘陷吉安復爲知府曾詠等攻復寇由吉安東犯分股竄峽江與新喩賊合併屯陰岡嶺臨江告警玉成分股守德安隨州牽綴我軍率悍黨由蘄州黃廣回宿松進太湖大營後路繞趨宿松桃花鋪逕竄石牌逼安慶集賢關築壘未幾桐城廬江僞章王林紹璋僞干王洪仁玕等率二萬自新安渡至橫山鋪練潭一帶連營三十餘里至馬踏石竄安慶與玉成會解城圍多隆阿分擊敗之玉成闌入集賢關攻圍師各壘復於菱湖兩岸築壘阻水師進攻楊載福遣軍舁礮船入湖毀寇船筏復立壘湖濱使寇不敢逼水陸大營多隆阿自桐城挂車河進攻安慶援寇林紹璋等於練潭橫山逼溺菜子湖無數黃文金糾蕪湖寇及捻二萬築壘天林莊二十餘座謀入安慶城多隆阿誘斃二千國荃圍師不少動水師焚奪寇船斷其接濟以困城寇侍賢自廣信竄常山陷之入踞江山旋由常山分股犯衢州先是福建援師自衢防回援汀州軍勢驟孤故寇乘虛回竄又別股由開化白沙關竄玉山童家坊僞爲難民呼城礮創之常山寇復至會攻城詐爲援兵奮力擊之退屯三里街七里街潛掘地道道員王德榜縋城出大破之寇還常山遂安寇直抵淳安港口副將余永春中創敗退茶園寇踵至再退桐關嚴州大震四月國藩自祁門移駐東流多隆阿擊敗玉成棄壘遁屯集賢關國藩復撥鮑超一軍胡林翼撥成大吉一軍同赴安慶初玉成卽菱湖北岸築壘十三城寇葉芸來出城接應亦築五壘於南岸以隔國荃與其弟貞幹之師國荃掘長濠包寇壘於長濠之內玉成前阻圍師後受鮑成兩軍夾攻計窮遁去猶死守關內外寇壘又於隨州德安各留悍寇牽制我兵官文派軍攻德安築長圍困之秀成踞義寧州武寧縣逼近湖南北邊境官文派軍分守與

國及崇通山冶四縣寇裹脅七八萬人一由苦竹南樓二嶺犯通城一由蛇箭嶺犯通山我軍衆寡不敵均被圍入直抵崇陽之白霓橋其窺伺興國之寇撲余際昌營官軍戰失利退大冶寇隨至大冶並擾武昌官文咨調李續宜等屯東湖跕紙坊一帶相機進剿秀成自孝豐竄四路陷長興壽昌分犯三里亭千家鄖復自瑞州分竄西路連陷上高新昌北路陷奉新擾義安以阻援師連日曾秉忠等水陸諸軍破走乍浦平湖寇於金山各隘金山與浙之平湖水陸交錯薛煥與秉忠商籌平湖一日不復松江屬一日不安謀越境會攻平湖再圖乍浦當陳玉成之退走也多隆阿已進軍磨盤山遣溫德勒克西曹克忠金順等分途尾追玉成復糾合林紹璋洪仁玕黃文金及格天義陳時永捻首孫葵心共三萬餘併力上犯築八壘於挂車河嶗嶗尖邏西菾盤嶺率黨破山內黃山舖圍卡仍出山外調黃文金四千餘人伏山內自率悍黨分道進犯我壘多隆阿分軍設伏於菾盤嶺老梅樹街而自率馬步各軍分道拒戰寇後隊忽自亂老梅樹街伏騎乘之勢不支玉成督敗黨抵敵而項家河寇壘爲舒亮伏兵毀焚烟焰突起寇大驚敗奔桐城八壘悉平燒山內寇館數十處斃八千餘上命左宗棠幫辦軍務寇越衢州陷龍游連陷湯谿金華紹興甯波皆大震甯紹爲浙東完善之區寇垂涎已久金華既陷勢將內犯寇犯丹徒水軍敗之毀寇浮橋曾秉忠自金山攻青浦寇堅壁不出敗嘉善援寇於章練塘寶山防軍姜德攻嘉定以分寇勢都興阿敗天長六合竄寇於揚州西北鄉盡毀甘泉山寇壘秉忠自金山洙涇率艇船進破白虎頭金澤鎭寇巢直抵浙境敗西塘援寇進毀俞滙卡寇退入嘉善金華寇分股陷蘭谿武義五月鮑超成大吉破集賢關外赤岡嶺寇壘三殲寇三千餘僞屈天豫賈仁富僞傅天安李仕福僞垂天義朱孔棠等皆伏誅大吉回援武昌餘一壘超獨破之禽斬劉瑲林瑲林陷蘇常爲前鋒自恃其勇欲以孤壘遏官軍既伏誅國荃軍勢自倍國藩之移東流也皖南寇度嶺內空盧糾衆由方千嶺樟樹街防軍而入潛陷黟縣築壘西武嶺等處窺伺祁門張運蘭等克黟縣寇併入盧郵十都增壘抗拒我軍克其七壘寇悉駢誅徽州寇聞之竄走宗棠追剿侍賢至廣信以建德再陷竄入鄱陽祝田街急回景德寇宵遁宗棠截之大戰桐樹嶺寇走建德後河遂復縣城運蘭進攻徽州復之汀州寇由江西瑞金回竄時江西寇竄江山進陷遂昌秀成以一股踞瑞州義甯武甯分三路犯湖北連陷南岸興國崇陽通城大冶通山武昌咸甯蒲圻寇鋒逼武昌省城官文李續宜會遣水陸軍分道進剿胡林翼亦自太湖移軍還省先援南岸再圖黃蘄寇之竄擾江西者自去冬以來前後凡五大股其由皖境竄入自北而南者三股一曰黃文金連陷建德鄱陽六縣一曰李侍賢連陷浮梁景德等處此二股均經左宗棠擊退未能深入江西腹地一曰李秀成連圍玉山廣信廣豐三城又深入內地圍建昌撲撫州均未破又竄入湖北之興國大冶蒲圻崇通等處此北三股也其由兩廣竄入自南而北者二股一曰廣東股其渠有周姓許姓上年由仁化樂昌闖入江西與李秀成聯合圍攻廣信南豐建昌各城連陷湖口興安婺源經左宗棠攻克德婺兩城遂歸併徽州一曰廣西股其渠爲朱衣點彭大暉本石達開之餘黨也由江西竄出湖南經過南贛陷福建之汀州回竄江西踞瑞甯都建昌河口等處其前隊已由婺源竄浙後隊尚留撫州此南二股也五大股中又分爲三支四支忽分忽合時南時北國藩令鮑超回援江西由九江直搗建昌先保江西省城瑞州及各縣踞寇逼近南昌毓科留張運桂等扼屯城外劉于潯屯安義保後營屯生米丁峻屯臨江皆爲省垣西路屏蔽李續宜克武昌寇陷松陽處州永康縉雲縉雲既復寇竄永康宗棠遣軍克建德國藩移屯婺源婺源者界江皖浙三省之衝也賴裕新合汀州寇犯德興分黨踞九都之新建遣軍敗之寇渡江竄浙江開化華埠德興婺源肅清游擊黃載清克遂昌松陽踞寇亦聞風遁載清進攻宣平克之寇竄武義處屬肅清金華知府王桐等克永康寇併趨金華江陰常熟寇由海塲竄壽星沙大肆焚掠六月曾國荃會水師破菱湖北岸十三壘南岸五壘斬馘九千餘寇之踞湖北咸甯蒲圻通城者我軍均克復寇由武甯犯建昌金華寇出擾曹宅等處李元度克義甯張玉良等率水陸軍圍攻蘭谿不下寇偵嚴州軍單築壘女埠下竄嚴州陷之尋爲張玉良所復寇陷上高擾萬載知縣翁延緒等克復武甯水師李德麟等擊毀黃山黃田石牌三港寇船壽星沙寇退回江陰蘇州寇擾靑浦李恒嵩自北簳山移屯塘橋以固松江門戶嘉定寇糾蘇州寇犯上海我軍禦於眞如寇渡河竄華漕奪踞參將王占魁壘薛煥遣軍奪還寇走南翔再敗退嘉定時江水盛漲國藩檄楊載福圖池州率舸南岸載福攻十日不能下乃率李成謀三營至舊縣偵北岸無爲瀕江壘寇避水移神塘裏河駛擊破之進攻州城陳玉成楊輔清死力抗拒還軍次大通敗靑陽寇還屯黃石磯七月玉成糾輔清衆十餘萬自無爲州犯英山繞宿松徑攻太湖爲救援安慶計寇排隊山岡作長蛇勢復有寇數萬自龍山宮對岸至塔下袤延二十餘里分路誘我軍我軍堅守不動夜大雨賊洶湧潮進城中飛丸隨雨落至晨圍始解玉成乃自小池驛進至清河高樓嶺欲結桐城寇包裹我軍以解安慶之圍攻撲六晝夜玉成輔清援桴鼓督軍揮刀砍不前者我軍奮擊大挫其鋒玉成輔清率大隊竄至高河鋪馬鞍山桐城圍復合安慶圍師悉平城外諸壘秀成自竄踞瑞州分陷上高新昌奉新等縣以瑞州爲老巢官文檄元度會軍攻克新昌奉新上高敗寇均趨瑞州乃遣游擊賀接華等會軍直搗郡城攻復之官文以德安寇謀窺荆襄派水陸諸軍節次嚴剿寇堅守有冒死突出者諸軍擊潰寇不得入城寇復出抄我軍後以援前寇乃斷其歸路寇奔河西伏兵四合架梯入立復府城程學啟克安慶北門外三石壘北門寇路已絕德安寇竄河南信陽轉犯羅山光山商城兵團截擊退奔皖境鮑超督諸軍大破豐城西北岸寇壘東岸屯寇驚潰劉于潯乘之收樟樹鎭初超自九江進軍秀成聞風遠遁率瑞州奉新靖安安義之寇先分萬人擾撫州令玉成率悍黨二萬攻豐城而自領大隊由臨江踞樟樹沙湖豐城一帶綿亘百餘里先一日超至豐城對河値寇在樟樹爲浮橋障山岡超分中後左右四隊齊進寇搖旗迎拒戰一時許大敗馘八千餘人八月克安慶城城外四僞王竄集賢關安慶既復東南之勢益促水軍進克池州乘勝下剿復銅陵縣時僞右軍劉官才方盤踞池州與安慶相犄角內則堅守石埭太平阻徽師進兵之路外則上犯德建鄱陽爲江省北邊之患今與安慶相繼而下皖南軍勢益張國荃與多隆阿會議以桐城爲七省要道安慶咽喉寇死守待援玉成尚擁衆數萬徘徊於集賢關內外謀與桐城合併乃會軍進擊玉成輔清皆大敗越山而逸遂復其城宿松黃梅蘄州廣濟相繼下多隆阿進屯蘄州曹家渡扼下游敗寇以絕黃州寇援李續燾等會同水師進攻黃州寇築壘浚濠以抗我軍將凝學令投誠劉維楨服寇衣僞爲援衆復造玉成僞文誘寇出而設伏以待寇果出爲我軍所殲立復黃州時秀成竄出豐城踞白馬寨遣黨攻撫州鮑超馳至撫圍立解寇走貴谿得廣東新寇合大衆據湖防河口勢甚洶湧超分五路應之蹋毀七十餘壘進復鉛山國藩移駐安慶省城初侍賢攻嚴州兩月不能下乃於烏石方門二灘連環築壘逼近外濠城內糧盡援絕副將羅大春受重傷率將士突北門出城遂陷秀成自桐廬新城進陷餘杭寇之竄貴谿者聞鮑超自撫州至豫遁走初閩寇三起與花旗廣匪先後由建昌竄至廣信與秀成併爲一路鮑超會屈蟠大破廣信寇壘立解城圍秀成敗走鉛山築七壘與城寇相守禦超踵至悉覆其壘渡河攻城克之秀成竄閩廣豐不克分竄玉山築壘十餘復爲道員王德榜所破秀成全股悉自江西竄犯浙境一由玉山陷常山一由廣豐犯江山龍游踞寇同時出擾衢州危迫是月知府張詩華克復瀘谿興安各城福建援軍張啟煊擊寇浦江失利陷之寇直犯五指山金華大股踵至米興朝等迎擊失利義烏東陽相繼不守啟煊退守諸暨辟水嶺寇至再潰九月寇陷處州大軍之破安慶也無爲州寇馬玉棠妻子居安慶曾國荃生致之密諭玉棠獻無爲城無爲居皖北形勢控金陵引蕪湖爲寇必爭之路附近泥汊口神塘河諸處石壘星列以阻我軍曾國荃會同水師抵泥汊口壘高難仰攻乃令築卡安營而自率勁旅迅赴楊家橋鳳凰頸決隄斷寇歸路寇大恐遁入城越日攻神塘河寇亦遁歸乘勝直抵城下至是玉棠事洩僞頂王朱王陰幽之玉棠黨舉兵攻王陰我軍乘之寇大潰斃僞豫侯丞相等城立復秀成由臨浦陷蕭山再由蕭山塘路竄杭州陷諸暨紹興府城分竄新昌嵊縣上虞餘姚均先後失守國荃連破運漕鎭及東關鎭在無爲含山之界外瀕大江內連巢湖寇糧皆屯於此上濟安慶廬州下輸金陵爲南北鎭鑰僞巨王洪某率衆五六千並礮船數十守之寇失此益膽落十月楚軍克復隨州湖北自黃州德安復後惟隨州以孫捻援應擾及襄陽悉堅死抗官文擊退豫捻復用降將劉維楨取黃州計誘寇出城敗之克復州城多隆阿收舒城廬江李續宜部將蔣凝學屯六安霍山宗棠屯婺源張運蘭等屯徽州李元度新軍出廣信寇悉赴浙江而皖南寇衆保廬州宗棠議大舉援浙浙寇猖獗全省糜爛逼近省垣上命曾國藩管轄江蘇安徽江西浙江軍務秀全見各省攻討嚴剿迭克名城金陵唾手可下乃大懼令秀成侍賢分途竄擾分我兵力秀成竄浙江疊陷各郡邑直至餘杭浙省戒嚴寇從塘路抵杭州撲武林門外寶魚橋踞我營卡寇隊續大至運糧道阻提督張玉良來援與城軍夾守寇乃自海潮寺至鳳凰山環木柵實土其中爲堅壁使城外隔絕日以槍礮轟城玉良攻木柵中礮死內外兵益懼而城中久乏糧人多餓死自蕭山諸暨等城陷後援兵路絕寇尋陷奉化台州十一月由慈谿犯陷鎭海台州寇分股陷黃嚴甯波會同輔清由浙江嚴州遂安踰嶺回竄徽州復蔓延衢屬開化其謀在深入江皖腹

地阻我援浙之師宗棠於廣德奉督辦浙江軍務之命以寇圍徽郡當入浙後路遣軍至婺原會防軍援剿輔清大舉分犯徽州休甯兩敗於屯谿篁墩遂趨南路巡遏嚴郡而秀成已陷杭州滿城亦相繼失守輔清率甯國寇圍攻徽州休甯兩城僞成天安竄休甯之屯谿尋又竄篁墩十二月總兵張運桂堅守徽城待援乘間出擊破寇壘寇復踞屯谿市街潛口一帶以絕徽軍粮道國藩調總兵朱品隆馳赴休甯與唐義訓先破屯谿街口寇卡毀河邊四壘進平石橋潛口寇巢尋派軍護糧赴徽寇由萬安街分股包抄我軍奮擊之寇不敢遏張運桂以嚴市街爲寇踞糧道梗阻與休甯軍會商兜剿燬寇十餘壘輔清受傷値除夕大雪寇掠無所得悉遁去圍立解是月提督李世忠克復天長六合寇自八年踞六合屢攻不下黃雅冬思反正潛約世忠先翦其外壘而已爲內應世忠自滁州至六合遂大破寇壘斬馮懇林直造城下黃雅冬倒戈縱火拔關我軍擁入城禽斬衞天福林國安頂天燕江玉城擊天福魏正福五十餘人皆悍黨也詔黃雅冬更名朝棟世忠以黃朝棟密約天長寇陳世明爲內應朝棟所部未薙髮詐爲援寇進城下世明拔關納軍遂克之是歲汀州寇竄陷連城分竄上杭江西寇復闌入武平境時寇謀分股一圖竄龍巖一由清流甯化擾延平邵武總督慶端以延平爲全省關鍵馳往駐紮克連城進攻汀州創洪容海克之而江西竄武平之寇亦爲副將林文察等擊敗國藩疏請飭慶端嚴守浦城俾寇不得由閩境竄江西同治元年正月是時浙蘇兩省膏腴盡爲寇有全浙所存僅有湖州海甯兩城又孤懸賊中獨衢州一府尚可圖存國藩疏薦福建延邵建甯道李鴻章署理江蘇巡撫別立一軍由滬圖蘇以圖攻金陵屬曾國荃以浙事屬左宗棠於是東南寇勢日就衰熄世忠攻江浦約劉元成單玉功爲內應殺僞報王僞王宗操天福等七十餘名立復江浦至浦口復克其城自江浙兩省寇糾衆數十萬併力東犯連陷奉賢南匯川沙等廳縣烽火徧浦東逼上海各隘防軍遇寇輒潰走寇既爲法船所擊退踞天馬山陳防橋復爲李恒嵩所破敗入青浦城中其浦東大股踞高橋欲斷我要隘美人華爾自齊文撲寇巢毀其壁進攻浦東浦南大破之尋嘉定青浦寇進逼七寶以窺上海國防軍郭太平營薛煥督軍解其圍甫還軍寇復大至李鴻章率湘淮軍援江蘇營上海城南黃翼升統水師相繼至宗棠出嶺攻開化楊輔清糾衆踞張邨銀坑石佛嶺窺伺衢州連戰走之陣斬藍以道開化肅清九洑洲寇竄江浦浦口和州分黨犯橋林二月嘉善平湖寇水陸犯金山涞涇七日陷之松江上海俱震東粱山僞愛王黃崇發西粱山僞親王某裕谿口僞善王陳觀意糾合雍家鎭寇分股上竄五顯廟水家邨湯家溝水師李成謀登岸破之斬黃崇發初宗棠既克開化進軍常山璞石偵李侍賢睺壽昌蘭谿寇糾遂安恭天義賴連緇犯開化馬金謀長圍困我宗棠回攻遂安乘援寇未集先剿克之三月李元度敗寇於江山碗窯再敗小青湖援寇江山賊進陷峽口閩軍曾元福壘踞之連營數十里宗棠自常山遣軍進剿林文察之克遂昌也寇併聚松陽蔓延雲和景甯壽以次擊退進規處州破寇松陽平港頭寇壘寇奔處州碧湖上年國藩檄鮑超平青陽城外寇壘作長圍困之僞王奉古隆賢潛糾浙江死黨三萬餘人進撲銅陵分我軍勢超率援軍盡掃橫塘等處百餘卡三十六壘

古隆賢偵知大軍北出陰統涇太悍寇築九壘於青陽猪婆店阻我師以通糧道適超凱旋進逼青陽克之國荃既募湘勇回安慶國藩飭令攻取巢縣含山和州西梁山等處以爲欲制寇死命先自巢始遂進屯縣城東北劉連捷等赴望山岡以扼南路寇乘我壘未定來犯拒敗之初寇踞江岸以北上援廬州下衞江甯分布堅城拒守要塞通上下之氣杜我進兵要路至是攻破巢縣銅城閘雍家鎭旋收巢縣復含山再會水師大破裕溪口寇屯寇之踞金陵也以全力扼東西梁山兩山對峙大江至此一束水急流洄覵小孤山尤爲形勝國荃以此關爲金陵鎖鑰循江上逼西梁山而陣寇走江州水陸爭起搏擊遂克之自是金陵重鎭已失其半僞匡王賴文鴻竄繁昌縣糾約踞寇撲我三山峽營曾貞幹乘寇未逼督軍分道馳剿寇大亂殪其渠吳大甯遂克繁昌蕪湖援寇潛屯魯港以圖抗拒貞幹會同水師奪其船百餘艘夷三壘十餘卡悉遁蕪湖貞幹督各軍馳抵南陵立復其城鮑超既克青陽議先取石埭太平以固徽州之防繼取涇縣以達甯國之路乃分軍五路由龍口直抵石埭寇矢石交下總兵婁雲慶從西北二門攻入立復縣城寇大懼糾集南陵援寇大至屯甘棠鎭阻我師我軍分三路進擊破十七壘遂復太平禽斬僞主將徐國華等三十七人先是超攻青陽時有僞佐將張遇春率衆萬餘乞降超納之令暫屯景德三谿至是太平賊寇將北走張遇春躡超殲之超回軍挾之進攻涇縣復其城遂東渡清弋江進規甯國李侍賢自陷常山與龍游寇同撲衢州總兵李定泰等敗之復常山解衢州之圍宗棠馳至常山攻克招賢關以通衢州糧道其撲江山之寇檄李元度會攻石門花園港寇巢毀十四壘寇勢不支乘夜向台州潛遁是時楊輔清由淳化犯遂安宗棠自常山進屯開化圖之尋遣劉典進攻遂安輔清退走淳安昌化竄皖南犯甯國四月儀徵寇敗後竄擾沙漫洲等處水師擊走之揚境肅清浙軍會民團克復州台仙居黃巖太平甯海縉雲樂清慈谿等縣禽斬延天義李元徠僞王李洪藻李遇茂僞主將李尙揚尋進克甯波府鎭海青田二縣台處寇上竄溫州踞太平嶺及任橋瞿谿尋分竄瑞安張啟煊營陷退守縣城楚皖軍會克廬州秀成竄擾蘇常玉成則盤踞皖楚之交自大軍克復安慶玉成率黨自石牌而上調宿松黃梅之寇同至野雞河欲赴湖北德安襄陽招集其黨羣酋不從乘夜由六安走廬州衆漸攜貳秀全復督責甚切玉成懼乃守廬州不敢走皖楚諸軍困之日盼外援而潁郡解圍後僞扶王陳得才西竄僞天將馬融和隨張洛行遠遁外援遂絕多隆阿與皖軍張得勝設伏誘賊出戰兩軍合擊寇大敗遂克府城誅僞官二百十三名玉成奔壽州尙有死黨二千以苗沛霖陰受僞封往乞援沛霖縛之獻潁州勝保大營並禽僞導王陳士才僞從王陳德僞統天義陳衆成僞天軍主將向士才僞虔天義陳安成僞禱天義梁顯新及親隨僞官二十餘並正法秀成聞玉成死頓足歎曰吾無助矣玉成兇很亞楊秀清而戰略尤過之軍中號四眼狗自玉成伏誅楚皖稍得息肩而金陵勢益孤矣民團克甯海象山奉化李世忠大破寇於六合八步橋寇竄滁州來安又大敗寇勢大餒華爾等克柘林謀搗金山衞知府李慶琛攻太倉秀成率僞聽王陳炳文僞納王郜雲官來援逼青浦李恒嵩失利退走塘橋嘉定寶山皆震寇別隊由婁塘攻陷嘉定英法二提督及我

軍突圍走上海鴻章飭軍駐法華鎭扼滬西寇遂踰青浦逕逼松江秀全自竄踞金陵以東西梁山爲鎖鑰以蕪湖爲屏蔽而尤以金柱關爲關鍵自國荃破太平府彭玉麟破金柱關黃翼升往襲東梁山一戰而下貞幹循江進克蕪湖提督王明山等復攻破烈山石壘未逾三日上下要隘悉爲我有從此上而甯國下而江甯寇均失所恃矣國荃進軍江甯鎭屯板橋潛襲秣陵關進破大勝關三汊河直抵雨花臺軍焉江北浦口六合敗寇悉衆江邊李世忠遏之渡還九洑洲江北肅清五月僞什天安吳建瀛統衆來南匯與淋天福劉二林屢爲秀成養子所凌至是來降我軍整隊入城秀成養子方踞金山衞來犯復糾川沙寇回撲復爲我軍所敗直逼沙川寇由海塘竄出遂復川沙進攻松江寇逼泗涇防軍游擊林叢文敗退北門華爾由青浦回援鴻章令程學啟扼虹橋分青浦松江後路寇陷湖州福建糧儲道趙景賢拔刀自刎賊奪之囚一年餘秀成禮待之極厚終日罵不絕口譚紹光舉槍一擊而殞初寇圍逼松江鴻章以松江扼青浦東西之中爲最要地自赴新橋令程學啟時出兵綴寇寇初營西門妙嚴寺土城華爾以礮毀之寇復攫據之增築礮臺環合四門常勝軍戰寇寶福濱城軍乘夜分門出擊寇竄遁乃簡精卒破天馬山寇營突入青浦盡焚輜重寇死戰併力守松江其分屯廣福林及泗涇之寇鴻章進擊敗之寇遁入營斷橋以拒劉銘傳等克奉賢陳炳文郜雲官等率衆數萬圍新橋程學啟營塡濠拔鹿角學啟不及以槍礮禦礮石擊之寇藉屍登濠學啟開壁突擊寇始卻而分股踰新橋逼上海鴻章將七營往援大破之追至新橋學啟大呼夾擊寇解圍遁陳炳文郜雲官皆負傷竄走進軍泗涇寇大潰盡燒其壘廣福林塘橋寇亦退上海松江俱解嚴初李世忠遣軍自六合通江集南渡連破石埠橋龍潭東陽寇壘寇悉遁句容自是九洑洲寇外援盡絕秀全遣江甯寇大攻石埠橋曾玉梁壘世忠遣義子李顯發往援入壘會守陳坤書自句容進攻龍潭東陽諸壘守軍黃國棟等退併石埠而寇攻益急顯發會水師力戰盡平其壘解石埠圍時李秀成自松滬敗還謀連合杭湖寇衆救援江甯秀全遣悍黨二萬攻大營國荃設伏敗之連日宗棠督軍攻衢州東南北三路寇壘皆盡初秀全以大軍驟逼城下日出撲犯輒被創趣浙酋李侍賢蘇酋李秀成還救江甯而宗棠攻衢州與李侍賢相拒遂安龍游間鴻章新克松江廳縣秀成奔命未遑乃與諸黨議曰曾國荃兵力厚集於金陵爲久困之計我勢日蹙不如先圍甯國太平斷其後路我軍勢既振敵乃可圖也秀全以久困慮糧不繼仍促其入援秀成不得已乃先遣悍黨數萬自蘇西援時甯國餘寇竄併江甯屯於淳化鎭者亦不下二萬餘六月宗棠自衢州進軍龍潭侍賢自遂安敗後復糾合金華及溫處悍黨分屯南岸湖鎭羅埠北岸蘭谿之永昌太平祝家堰諸葛邨孟塘油埠裘家堰宗棠駐潭石望距城十五里遣畦金城會劉培元駐城西圭塘山屈蟠王德榜駐紫金旺崔大光駐城北對河茶圩劉典駐高橋先是李侍賢偵我軍平衢州寇壘將進軍龍游糾黨潛趨蘭谿嚴淳乘虛襲遂安爲就糧江浙斷我餉道計宗棠遣軍大破之寇由壽昌退還金華七月我軍進敗龍游寇毀蘭谿油埠寇屯陣斬僞駿天義鄧積士等宣平處州餘姚壽昌均以次收復是時楊輔清糾衆十餘萬竄踞甯國府城復分黨屯衆豳山寒亭等處阻

我進兵之路鮑超飭將卒撲寒亭寇出巢猛拒總兵宋國永橫躍入陣伏起扼歸路寇驚潰平寒亭管家橋楠家句獅子山寇館數十處寇壘三十五座僞衛王楊雄清糾合餘衆遁回甯郡輔清聞寒亭戰敗即糾黨繞城結壘延三十餘里鮑超進壁烏紗舖飭婁雲慶設伏望城岡以輕兵誘寇寇以我兵寡直壓山岡而下我軍張兩翼卻之寇見旌幟遍山谷誤爲援寇反鬬中伏我軍復斷其後殲無算望城岡及抱龍岡十數郵皆平寇復陰結別股築壘堅拒鮑超率各軍逼壘而營各僞王出大隊於南北兩門夾攻鮑超分軍進搏寇敗走浮橋我軍焚橋截殺無得脫者寇復收餘燼再戰再敗輔清單騎脫走立收甯國府縣二城初輔清聞超軍至數遣使乞援於江甯秀全遣僞堡王洪容海率悍寇赴之容海者石達開死黨也既至懾超威乞降超許之而郡城已克容海奔廣德襲獻州城率衆六萬就撫復本姓童江甯援寇大舉犯壘分二十餘隊牽制各軍而以銳卒突雨花臺國荃拔卡縱擊大破之解圍去潘鼎新等會克金山衛城地界江浙爲浦東門戶至是一律肅清是月鴻章督諸軍會攻青浦克其城譚紹光方踞湖州聞青浦已失恐官軍躡其後乃合嘉湖蘇崑寇犯松滬西北進窺青浦學啓會水師擊卻之寇攻北簳山壘不獲逞遂東趨攻北新涇北新涇爲上海西路之蔽防軍大戰卻之寇分竄法華逼上海鴻章調諸軍自金山衛青浦松陵回援悍寇二萬圍官軍學啓戰逾時寇大潰北新涇之寇邀河據壘伏左右以待我軍鴻章親督陣與學啓軍合盡毀寇營紹光遁嘉定上海危而復安八月寇陷慈谿華爾復之受創尋卒嵊縣新昌寇陷奉化閏八月奉化寇窺甯波宗棠飭蔣益澧等進平蘭谿裘家堰寇壘斃僞元天福萬興仁僞逵天福劉茂林等羅埠踞寇僞戎天義李世祥乞降益澧攻羅埠世祥應之破五壘湖鎮寇聞之遁我軍渡河破五星街此皆龍游湯谿要衝也益澧屢攻湯谿不下軍多死傷宗棠進營新涼亭逼龍游城五里飭益澧由羅埠進攻湯谿劉典屯拖油埠湖鎮以堵蘭谿金華援寇九月鴻章會常勝軍攻嘉定克之紹光及僞聽王陳炳文復糾援寇十餘萬分道自太倉崑山來犯北由蟠龍鎮至四江口圖據黃渡以當青浦南由安亭至方泰鎮圖入南翔尋我軍郤寇南翔寇乃於三江口四江口立左右大寨設浮橋潛渡困我水師而青浦西北洋新涇趙屯橋白鶴江寇益蔓延擾及重固鎮張堰距青浦十餘里黃翼升率水師自青浦出衝敵舟寇扼白鶴江不得進別隊犯黃渡李鶴章會擊敗之時四江口久被圍紹光屯吳淞江口炳文踞南岸鴻章督諸軍至黃渡分三路進擊自辰至未屢衝不動鴻章督戰益急諸軍遂濠直逼寇營學啓礮傷胸復裹創疾戰寇由南岸潰而北四江營守將皆衝圍而出寇退崑山我軍毀其浮橋石卡殆盡斃數萬夷壘二百座寇自是不復窺松滬悉力堅守崑山太倉尤爲蘇州門戶寇所必爭者也甯國再陷寇復由句容進薄鎮江壁湯岡馮子材督軍破湯岡九壘寇歸青山老巢乘勝拔之竄還句容初僞護王陳坤書糾衆四五萬圖犯金柱關彭玉麟禦之花津五戰皆捷尋寇以戰艦數百從東壩拖出我軍毀其浮橋寇乃不敢渡河至是悍寇結筏偷渡屢逼金柱關我軍水陸大舉敗之花山寇遁上駟城而水師已先毀浮橋寇回戈轉鬬諸軍合擊殲萬餘其竄頭等處尚延袤百餘里我軍環攻焚其壘花津濤山象山采石磯諸寇巢悉數平毀自是蕪湖金柱關六十里之間寇蹤以絕時大營軍士患疫方稍止秀成親率十三僞王號稱六十萬牖集金陵東自方山西至板橋鎮旗幟林立直逼我軍營壘尤趨重於東西兩隅曾貞幹等擊敗之小河邊城寇援寇尋由東西兩路進攻分黨趨洲上抄出猛字等營後我軍分路擊退之寇之圍逼西路者歷六晝夜爲我軍擊敗寇悉向東路逼營而陣潛通地道百計環攻各軍將士負牆露立擲火球擊寇寇負板蛇行而進塡濠欲上我軍叢矛擊刺寇拽尸復進抵死不退飛彈傷國荃頰血流交頤仍裹創上濠守禦侍賢自浙東來援急攻吉後營礮臺國荃引軍馳救寇來益衆用箱盛實土排砌濠間暗鑿地道我軍以火箭攢射隨出銳卒擊之賊鋒稍挫遂毀西路寇壘東路之寇環逼不已嘉字吉後兩營地道轟發寇擁入塌口我軍分路衝出決戰塌口以內之寇誅戮無遺濠外寇復舉旗督戰各營同出抄殺寇精銳悉挫折復於東路別開地道西路決江水淹絕運糧之路貞幹在高坡增築小營令水師駐雙牐護餉道我軍凡破寇地道五處寇計益窮國荃乘勢進拔十餘卡破東路四壘西南諸壘望風驚潰追至南路牛首山一帶平壘數十座搜剿至方山之西兩花臺守衆句結城寇絕我軍歸路我軍左右邀決寇分路而遁重圍始解是役也秀成自蘇侍賢自浙先後圍攻大營四十六晝夜國荃率諸將居圍中設奇破之弟貞幹力顧餉道將士猝目鬆面皮肉幾盡大營解圍後秀成仍屯秣稜關六郎橋一帶侍賢謂秀成曰今江北方空虛出其不料馳攻揚州六合括其糧以濟軍復分兵攻國藩於安慶彼必分軍馳救我今屯秣稜漂水之師乘虛擊之鮮不濟矣秀成納之別遣僞納王郜永寬僞對王洪元春等自九洑洲渡江竄越江浦浦口者五六萬洪元春陷巢縣含山和州遂踞運漕鎮銅城牐東關各隘知無爲州米足兵單徑撲州城提督蕭慶衍攻運漕銅城會彭玉麟水師焚毀三石卡進破運漕鎮運覆陶家甯崑山岡寇壘繞出銅城牐後牐口寇衝圍而出岡東牐西寇皆遁走國荃遣軍守東西梁山顧江隘令李昭慶帶五營自蕪湖北渡援無爲以保皖南各軍運道國藩調李續宜毛有銘移防廬州賴文鴻古隆賢等自廣德甯國竄入旌德總兵朱品隆敗之解圍去其攻涇縣之寇亦被援軍擊退先是昌化寇率衆數萬竄入績溪冀絕旌德防軍糧路唐義訓會浙軍克之十月我軍連復上虞嵊縣新昌宗棠屢攻龍游湯谿蘭谿嚴州諸處破壘卡三十餘惟附城諸壘不可破寇以死守城穴牆開礮軍士多傷亡龍游湯谿兩城爲金華要道必兩城下後路清而後可攻金華蘭谿一水直達嚴州必蘭谿下餉道通而後可收嚴郡此三城者所謂如骨之硬在喉也十一月寇竄太平黟縣進陷祁門將窺伺江西饒州景德宗棠恐阻糧路檄軍助剿未至而祁門已克魏喻義攻嚴州嚴州形勢外通懷甯內達杭州宗棠援浙謀首下嚴州而寇在三衢圖犯江西斷我餉道乃先淸衢郡飭劉典攻蘭谿以分寇勢踞寇僞朝將譚富與蘭谿譚星爲兄弟互相首尾喻義屯銅關據險設卡譚富糾桐廬浦江諸寇屢來犯喻義伏兵鐐嶺脚殲寇前鋒寇驚還閉城固守是夜我軍梯城而入殲寇萬餘立克府城焚船三百餘艘獲僞印二百九十三顆餘衆械投誠是時紹興僞首王范汝增僞戴王黃呈忠僞梯王練業紳率大股由諸暨東陽義烏永康西竄金華號稱十萬以援湯谿龍游分黨竄武義林文察敗之丹陽句容寇竄鎮江馮子材督軍大破於丁郵薛郵諸處寇踞常熟昭文二縣以窺江北距城十八里有福山者爲江南重鎮與江北狼山鎮對峙由江入海之鎖鑰也二縣守寇錢桂仁駱國忠董正勤與太倉會錢壽仁密通款我軍李鶴年攻城寇約內應國忠夜飲桂仁酒就座斫殺僞馮天安錢嘉仁僞逮天福姚得時以城降明日會水師周興隆破平福山滸白徐六涇諸海口寇壘進規太倉而蘇州內應事泄譚永光悉衆爭常熟招江陰無錫寇六七萬來會又令楊舍寇乘隙陷福山官軍固守常昭十二月寇圍而攻之團勇潰周興隆告急鴻章遣援而江陰楊庫寇已竄福山各口阻援師遣常勝軍及水師攻福山口河西寇壘不下寇攻常熟急西北門營壘已失常勝軍阻寇福山不得達李鶴年攻太倉寇援甚衆亦難驟進鴻章增調浦東軍由海道繞赴福山會師援剿鶴年等自望仙橋進攻太倉敗之時蔣益澧攻湯谿不下劉璈會攻蘭谿寇壘亦失利劉典合水陸進攻寇堅伏不出龍游湯谿援寇適大至乘間西趨擾江皖益澧等迎擊湯谿援寇於金華白龍橋大創之僞扶王陳得才僞端王藍成春僞增王賴文光僞顧王梁成富僞主將馬融初皆陳玉成悍黨也玉成命北犯牽掣官軍而得才見廬州被圍急欲南援爲防軍所扼奔竄於河南湖北山陝之間與諸捻合遂成流寇二年正月秀成調集常州丹陽諸寇屯江甯下關中關號二十萬自九洑洲陸續渡江意欲假道皖北竄擾鄂疆截斷江皖各軍運道圖解江甯之困蓋近攻不如取遠勢也既渡江陷浦口李世忠退入江浦僞匡王賴文鴻僞奉王古隆賢僞襄王劉官方糾合花旗廣寇數萬圍涇縣鮑超自甯國馳援誘之入伏寇敗還壘而壘已爲我軍所焚寇大奔立解城圍及還軍而西河寇乘虛犯壘見超幟倉皇遁去蔣益澧康國器克湯谿金華寇恃湯谿龍游蘭谿三城爲犄角我軍攻湯谿寇勢漸蹙僞朝將彭禹蘭詣營乞降益澧令內應誘誅僞天將李尙揚等八名是夜彭禹蘭啟西門納軍殺九千餘城寇遂盡僞戴王黃呈忠僞首王范汝增僞梯王練業紳自白龍橋退奔金華龍游寇聞風而遁左宗棠收之劉典收蘭谿高連陞等收金華而武義永康東陽義烏浦江皆相繼收復浙東敗寇從於潛昌化越叢山關竄皖南績溪復踰箬嶺歸旌得并句容太平大股牖集石埭謀西上建德大震江西饒州九江邊亦急劉典等克諸暨譚星自浦江敗後竄踞桐廬宗棠飭劉培元會水軍合擊之過其西趨蔣益澧乘勢進攻紹興提督葉炳忠會英法軍克之敗寇萬餘與桐廬踞寇沿江築壘抗拒我軍水陸合攻遂復桐廬甯山寇亦竄走浙東肅清左宗棠遣益澧進攻杭州先是楊輔清糾合羣黨嘯聚西河紅楊樹麒麟山一帶十餘萬人以一大股抄出高祖山先以一小隊繞過山背揚言上犯涇縣實欲圖鮑超老營二月寇分三四萬衆圍高祖山八營鮑超分軍三路伏兵茯苓山傍以斷其後戰逾時寇譁亂奔近茯苓山伏起寇駭懼遂平高嶺周家橋馬家園小淮窯諸壘寇之由河西遁入灣沚者爲水師擊敗併入梅嶺麒麟山鮑超遣將分攻之積屍若阜並收復仰賢圩各處餘分道竄逸僞懷王周逆等糾衆竄至句容城外會合丹陽僞效天義陳酉圖由九洑洲北渡馮子材扼橋據險分隊進攻直趨牧馬口沿郵十餘里卡林立官軍直突屹不稍動守備李耀光陣斬執旗寇搗中堅官軍無不以一當百立燬牧馬口敵卡東湖寇亦敗

潰進毀南路柏林邨老巢斬陳曾馬下卽四眼狗玉成之叔也寇駭奔向西南竄走皖西寇犯休寧分掠建德西侵江西鄱陽彭澤東擾池州圍青陽續由江浦縣新河口迤邐西竄巢含全椒之間南岸則金柱關時踞皖南寇約有三起一爲胡黃古賴諸寇卽踞寧國太平石埭旌德者也一爲花旗此廣東匪前由廣東湖南江西入浙皖者也一爲譚星卽蘭谿抗官軍者也徽防諸軍紛紛告警當曾國藩之視師東下也寇攻常熟益急譚紹光又益以礮船二百艘突地攻城降將駱國忠悉力扼守鴻章遣軍攻太倉崑山分寇勢別遣英將戈登助剿福山會潘鼎新等水陸軍奪石城夜毀城壘翌日寇入西山而福山火起乃開門悉銳出擊寇盡潰禽斬悍酋孝天義朱衣點常熟昭文城圍立解太平踞寇圖祁門江西軍王沐敗寇於徽州屯谿草市寇再敗於巖寺街長林潛口等處死近萬人退奔休甯藍田一帶西通漁亭未幾寇復進踞潛口祁門防軍禦之黟縣漁亭大破之陣斬僞天將劉官福寇之初起也禁令嚴明聽民耕種故取江南數郡之糧出金柱關江北數郡之糧出裕谿口並輸江甯今耕者廢業煙火斷絕寇行無人之境而安慶蕪湖廬州甯國東西梁山金柱關裕谿口暨浙之金華紹興山川筋絡必爭之地寇悉喪失我軍足制其死命昔年寇之所至築壘如城掘濠如川近乃日近草率羣酋受封至九十餘王之多各爭雄長敗不相救識者知其亡無日矣寇復由甯國繞出青陽分擾建德東流三月由東流犯江西彭澤進逼祁門由建德竄饒州犯梅林營壘劉典督軍敗之遂大破潛口寇屯徽州休寧解嚴乃赴漁亭會克黟縣斬僞約天義古文佑追寇出嶺外平寇壘二十餘嶺內一律肅清太倉踞寇僞會王蔡元隆詐降郊迎我軍至城下伏起槍傷李鶴章程學啟殿軍而退鴻章檄戈登會攻太倉克之黃文金合許家山各處寇十餘萬由祁門進逼與參將韓進春血戰四時陣斬僞孝王胡鼎文羣寇奪氣寇攻廬州犯舒城李秀成將由舒城六安上竄一出黃州一出漢口擾犯湖北掣我南岸之師以援北岸掣我下游之師以援上游皆爲解金陵圍計也湖北爲數省樞紐曾國藩調成大吉回屯滬口檄永師赴武漢嚴防秀成來犯石澗埠進逼我軍晝夜猛攻相持不下寇復於前營增百壘層層合圍彭玉麟派隊來援會軍夾擊盡平羣壘秀成遁走其犯廬江舒城者悉敗走悍寇馬融和自豫間道犯桐城我軍敗之三里街遁往孔城與秀成合而爲一秀成遣僞富天豫張承得等圍六安敗死六安者淮南要衝也餘寇走廬州鮑超追擊會攻巢縣先破東關銅城牐二隘遂克其城金山和州相繼皆下李侍賢自金陵敗遁糾悍黨數萬屢犯金柱關花津上駟渡萬頃湖涂家渡及燕子磯伏龍橋護駕墩灣沚黃池諸處寇壘皆爲我軍所覆自是寇不敢輕渡西岸遁溧水丹陽一帶四月水師楊政謨襲破杭州閘口寇船登岸進毀望江門寇壘寇大震急招新城寇還救蔣益澧進攻富陽富陽一城爲杭州上游關鍵賊嚴防禦船壘相輔杭州援寇屯新橋與城寇相爲犄角秀成令陳炳文等舍蘇州常昭急援富陽並糾蘇常嘉興悍黨由餘杭趨臨安竄新城擾富陽軍後路魏喻義等督兵進擊寇復乘霧分道攻撲新城大敗向臨安遁走僞慕王譚紹光僞來王陸順德等率大股犯太倉雙鳳鎭攻崑山後路圖解城圍我軍鏖戰三晝夜破之僞天將夏天義率悍黨數萬久踞崑山新陽縣城鴻章率督程學啟戈登會水師大破崑山寇壘二十四斃萬餘有正義鎭者爲蘇城援崑山必由之路學啟攻之破石壘二寇見歸路已斷奪路狂奔遂進克同城崑山新陽王沐自黟縣回援景德寇敗於陳家畈包家堨竄安甯嶺外時江甯攻圍久百計欲解城圍既分股由徽甯窺伺江西由含和一帶圖犯湖北而由湖北下竄之捻自蘄水分爲四枝一回竄黃州一撲宿松趨潛太以撲廬桐寇捻句合兇燄甚張此皆李秀成所規畫也我軍克復福山後江陰縣屬揚庫汛爲江邊險要寇糾衆死守以蔽江陰我軍水陸會攻斬趙尙林等立復汛城而澂北澂西塘市屯寇均棄壘遁還無錫常州我軍克復建德連復巢含和三城於是皖北寇全遁皖南寇勢亦衰初秀成自六安敗後率衆東竄聲言回救蘇州國荃急爭江甯老巢攻其必救使城下之寇不暇遠趨蘇郡而北岸之寇亦不敢專注揚州乃率軍分六路併進潛襲雨花臺及聚寶南門石壘內薄登城遂奪雨花臺乘勝猛攻東西南各卡九壘皆克之羣寇潰奔我軍追擊於長干橋壁入水者無數未幾城寇出又敗退斃六千餘寇勢從此衰滅秀成在江北聞雨花臺失益愰懼又以崑山新克蘇州亦受逼乃與諸僞王改圖南渡於是天長六合來安次第解圍而寇之分踞喬林小店者冒雨掠舟喧鬨不絕五月浦口寇棄城遁走而江浦寇忽獻書乞降鮑超等察其詐引軍急進水師次江浦寇聞風亦宵遁九洑洲僞城踞寇閉門不納寇駭竄蘆葦中溺死者無算江浦浦口兩城寇盡殲之入江江北肅清曾國荃連日破平下關草鞋夾燕子磯收寶金圩距蕪湖金柱關百里內已無寇蹤進攻克九洑洲寇之在中關者附城爲壘卒不稍動其堅踞九洑洲者下有列船上有僞城羣礮轟發不息復於東西南三面分伏洋槍隊伺間出擊我軍多損傷彭楚漢等負創角戰乘風縱火夜二鼓撲牆而入聚殲無一脫者九洑洲既克謀者謂浙軍攻富陽滬軍攻蘇州江甯亦宜速合圍使備多力分國藩亦主合圍制敵爲上策秀成南渡後連營於江陰無錫數十里聲言援江陰攻常熟鴻章督諸軍攻破七十五壘顧山以西寇皆盡寇自失九洑洲下關江上接濟已斷糧食漸乏謀赴蘇州嘉興力圖接濟秀全以城圍日逼留秀成共守老巢綏援蘇州六月秀全遣黨出儀鳳門犯鮑超營出太平門犯劉連捷營不克而退七月犯下關亦爲我軍擊卻八月國荃攻印子山破其石壘陣斬僞佩王馮眞林明日破七橋甕石壘一土壘三僞梯王練茶發伏誅國荃調江浦口防軍別募萬人爲大舉圍城之計是日程學啟會水師過婁葑規取蘇州初建德南竄寇敗於汪郇僞匡王賴文鴻創而墮馬羣寇衛之遁越二日復敗於分流木塔曹家渡自是浮梁北路稍靖先是黃文金糾合諸酋由皖入江分擾鄱陽浮梁祁門都昌境內每爲我軍所扼不得深入乃折而西趨湖口分三路上路由文橋中路由梧桐嶺下路由太平關而文橋寇勢最盛文金親踞其中尋自文橋撲犯堅山大營江忠義會諸軍直前迎擊破其七壘文金竄皖南江西肅清文金繞越池州圍靑陽八月富陽寇與新橋寇互相犄角抗我圍師蔣益澧督諸軍日夜轟擊先破寇援毀倚城大壘及大小諸卡城寇不支逃入新橋城立復我軍復由雞籠山繞出新橋併力追殺寇壘悉數芟夷江陰踞寇日久負嵎我軍攻之勢漸蹙是月陳坤書及潮武齊匾五大股衆十餘萬分道來援亘數十里西自江邊東至山口沿途紮木城十餘其中營壘大小百餘守禦堅固我軍水陸分攻郭松林潛自山後噪而入縱橫衝突銘傳直擣中堅寇大潰有內應者夜三鼓梯城而入僞廣王李愷順墜水死遂克其城秀成自江甯返蘇謀解城圍與程學啟戈登戰蘇州寶帶橋敗北奔至盤門我軍毀沿途諸卡秀成率大股來爭我軍力擊敗之初寇於婁門外附城築十九壘學啟屯外路塘礮力不能及寇壘乃移壁永安橋城中出夷人百餘發炸礮助之未幾寇分門大出水陸軍力禦寇敗退學啟以寇壘既多且固不得前而城東南寶帶橋爲太湖鎖鑰寇立石營一土營三悉力拒守遂謀先破之以挫其勢乃分水陸軍爲三路先破土營寇棄壘走石營亦旋潰秀成親率援師抵禦學啟督軍卻之我軍攻無錫賊敗之芙蓉山僞潮王黃子澄出拒再敗走刃及其肩幾成禽郭松林追及城下破平西北兩城壘燒寇船百餘艘蔣益澧既克富陽移師杭州康國器趨餘杭僞歸王鄧光明僞聽王陳炳文僞享王劉酋及僞朝將汪海洋於附城要隘築壘樹柵自前倉橋女兒橋老人畈東塘西谿埠觀音橋三墩直至武林門北新關橫亘古蕩連營四十餘里以拒我軍海洋自杭州上援餘杭爲我軍擊敗寇旋由前倉渡河結壘西葛村我軍再擊走之我軍攻杭州江干十里街破街口寇壘我水陸軍大舉攻靑陽初黃文金在都昌湖口等處戰敗而東遂略地池州直薄靑陽城外近城半里環築六十六壘又數里築七十餘壘曾國藩調水陸軍進攻江忠義督所部渡河從山後緣巖而上躡攻寇壘寇糾衆抄我軍後路忠義揮衆蕩決寇敗若潮湧平一百三十餘壘殄萬餘寇遁歸石埭一帶城圍立解李侍賢林紹璋等合股內犯由無錫南門至坊前梅邨三十里高橋大股亦分衆七八千人擾至西高山出芙蓉山後城寇出北門犯塘頭東亭官軍分路迎剿設伏誘擊寇大亂敗走陸寇殲誅迨盡奪寇船六十餘民船五百餘秀成自蘇州率僞納王郜雲官僞來王陸順德僞趨王黃章桂僞祥王黃隆芸僞紀王黃金愛來援進逼大橋角營夷酋白齊文以輪船大礮爲寇前驅李鶴章以連珠噴筒破之寇水陸皆敗斃萬餘別股犯緱山亦敗走秀成子及宿祥王黃隆芸皆溺死秀成頓足大哭程學啟再敗寇於齊婁葑三門追至護城河邊始斂軍九月杭州城寇大出由蠻頭山鳳凰山九耀山雷峯塔犯我軍新壘蔣益澧督諸軍迎擊大破之我軍進壁天馬山南屏山翁家山時杭寇凶狡者以鄧光明汪海洋爲最陳炳文次之其計以杭州爲老巢以餘杭爲犄角均賴嘉興湖州之援便資其接濟嘉興入杭之路則在餘杭故我軍議先克餘杭扼截嘉湖之路以並合圍蔣益澧一軍逼紫鳳山清波各門扼其西面餘杭一城已圍其東南而北路無重兵兩城之寇往來如故寇自大橋角戰敗勢漸蹙秀成糾無錫溧陽宜興賊八九萬船千餘艘泊運河口而自率悍黨踞金匱縣后宅連營互進李鶴章謂寇以河爲固不宜浪戰宜結營制之我軍疊敗坊前梅村安鎭鴻山之寇而寇之大股全集西路志在保無錫以援蘇州郎中潘增瑋進攻蠡口黃埭之策者在寶帶橋西五里由澹臺湖鮎魚口達太湖以通浙之要隘也學啟率戈登會水師先後破寇六營於是我軍紮永安橋而婁門路斷紮寶帶橋而葑門路斷克五龍橋而盤門太湖之路又斷寇乃句結浙黨圖撲吳江以擾我後學啟

率水陸軍擊破嘉湖援寇禽斬僞貴王陳得勝及悍黨四十餘追至平望斷其橋從此攻蘇之軍無牽掣之患僞平東王何明亮等以劉典屯績溪不克上犯徽歙遂由甯國千秋關竄浙江陷昌化擾於潛其前竄廣德者復折踞孝豐劉典遣軍出績溪昱嶺關援剿江甯軍自攻克江東橋上方橋而城東數隘未下近城者曰中和橋曰雙橋曰七橋甕稍遠者曰方山土山曰上方門高橋門迤南則爲秣陵以至博望鎭皆金陵外輔也國荃以東路未平不能制寇死命令諸軍東渡提督蕭衍慶過河破五壘城寇出爭擊退之遂克上方門高橋門雙橋門右路方山土山之寇亦棄壘而奔七橋甕踞寇倉皇欲遁而城中忽出大股來援兩軍相搏總兵蕭孚泗乘夜縱火寇冒火突出遂克七橋甕其博望鎭總兵朱南桂已先五日襲取之博望鎭既失則秣陵關之勢孤七橋甕既失則中和橋之勢孤總兵伍維壽等南略秣陵關寇棄壘奔潰自是鍾山西南無一寇巢僞奉王古隆賢詣朱品隆降收復石埭太平景德三城徽州肅淸餘寇竄踞甯國廣德孝豐之間勢甚渙散宗棠飭劉典由昌化於潛趨臨安進剿孝豐爲規取湖州之地十月易開俊克甯國縣城自是東壩黎立新上書請爲內應建平張勝祿上書請獻城池鮑超等遂合趨東壩繞壘環攻楊輔淸從亂軍中逸出寇立獻僞城東壩既克建平張勝祿等即於是日斬僞跟王藍得仁舉城降而溧水寇楊英淸亦繳械降遂收二城國荃克淳化鎭解谿龍都湖墅三岔鎭等隘殲寇壘二十餘江甯城東南百里內寇巢略盡蘇州軍自黃埭攻滸墅關破王瓜涇觀音廟寇壘直抵滸墅擊走僞來王陸順德進毀十里亭虎邱楓橋寇皆遁躡至閶門寇大恐李鴻章敗寇無錫鴨城橋破西倉寇壘直抵茅塘橋李侍賢調常州陳坤書來援城寇黃子澄出迎我軍縱擊敗之秀成聞滸關已失退屯北望亭謀返蘇州老巢坤書還走常州侍賢遁宜興溧陽我軍乘之下寇壘百餘鴻章督軍攻婁門寇蘇州四年自我軍連克要隘乃於胥葑婁等門憑河築壘數十婁門外石壘尤堅至是我軍由南北岸而進秀成等突出婁門拒戰程學啟與常勝軍分隊以應援寇遁入城水師會攻婁葑門外寇壘二十餘皆下我軍連克齊盤門各壘三面薄城寇衆恟懼而秀成及譚紹光猶圖固守他酋郜雲官等皆有貳心密請於鴻章乞反正許之學啟戈登單舸見雲官等命斬秀成紹光以獻而雲官不忍殺秀成許圖紹光秀成覺之涕泗握紹光手爲別乘夜率萬人自胥門出走嘉善郜雲官殺譚紹光率僞比王伍貴文僞康王汪安均僞甯王周文佳僞天將范起發張大洲汪環武汪有爲開齊化門迎降鴻章受之雲官等未薙髮要總兵副將等官並請自領其衆屯守盤齊胥閶四門程學啟慮其不可制密請於鴻章誅之立復蘇省秀成以輪船炸礮越無錫水師北竄十一月李鶴章克同城無錫金匱追禽黃子隆與子德懋並誅之劉秉章等攻浙西平湖寇陳殿選獻城乞降連日乍浦賊熊建勛海鹽殺浦賊皆反正十二月秀成留蘇州敗黨分布丹陽句容間自率數百騎潛入江寧太平門苦勸秀全棄城同走秀全侈然高座曰我奉天父天兄命令爲天下萬國獨立眞主天兵衆多何懼之有秀成又曰糧道已絕餓死可立待也秀全曰食天生甜露自能救饑甜露雜草也秀成以秀全戀老巢不肯去非口舌所能爭乃貽書溧陽約李侍賢銳意走江西初寇自咸豐十年破江寧長圍迭陷蘇常嘉湖上竄江西湖北擄脅潰兵游匪以百萬計蓋得東南財賦之區日以強大自去歲屢戰屢敗各城精銳散亡不下十萬今年春夏間竄皖北我軍截殺解散又十數萬其自九洑洲過江僅存四五萬人秀全驚惶失措賴秀成回江寧主持守局而秀成以蘇州爲分地事急回援今巢穴已失黨羽又孤踉蹌而走隨行僅兩萬餘人欲赴金陵解圍無術力勸秀全突圍上竄回粵以圖再舉常州陳坤書溧陽李侍賢皆聽秀成爲進止而杭州陳炳文係安徽人鄧光明湖南人聞秀成有回粵之謀皆不願從秀全亦屢勸不聽國荃自四月間掘地道至是始成而寇附城築牆號月圍下穿橫洞以防隧道故城崩而猶阻月圍橫洞不能克劉銘傳進攻常州西路奔牛踞寇邵志倫羅墅灣踞寇夏登山萬錫階石橋灣踞寇張邦振皆詣我軍乞降收衆萬六千人惟孟河賊尚踞汛城輒出犯降人壘銘傳一鼓下之潘鼎新克嶼城李鴻章等破常州東門南門石壘明日張樹聲傍城東北築壘破小門土門連日嘉興桐鄉石門寇犯嶼城海甯寇犯澉浦海鹽僞璋王林紹章自句容援常州均爲我軍擊走程學啟克平望鎭平望東連嘉興西接湖州南通杭郡爲蘇浙樞紐浙寇精銳多衆守此今被我軍攻克嘉興藩籬已失踞寇奪氣寇犯鎭江甘棠橋張文德壘馮子材等助擊破之斬李秀成養子僞岡天義黃酋十二月僞會王蔡元降獻城降左宗棠受之改名元吉海甯瀕海爲杭州東北屏蔽元吉擁衆致攻杭之師未能合圍今幡然附款杭州之勢益孤東北兩面圍漸合嘉興賊僞榮王廖發受呈降書程學啟慮有狡謀誡軍嚴備杭州踞寇僞聽王陳炳文遣人詣降而無降書宗棠趣蔣益澧攻城益急秀成會李侍賢犯江西既以溧陽至饒州浮梁數百里處處乏食慮裹糧疾趨爲難因趣侍賢持二十日糧道長興廣德甯國入江西先踞腴區侍已於是侍賢遣黨西竄行甚疾曾國藩遣軍屯休寧沈寶楨遣軍屯婺源玉山拒之四月川督駱秉璋破賊天全生禽僞翼王石達開磔於市自洪秀全倡亂封五僞王馮雲山蕭朝貴皆敗死楊秀淸韋昌輝自相賊殺石達開避禍出奔自樹一幟歷犯浙江福建兩湖兩廣諸省並擾及滇黔蓄意入川以圖竊據至是爲川軍禽戮凡僞五王前後皆誅滅矣三年正月蔣益澧飭降人蔡元吉襲桐鄉不下桐鄉爲杭嘉要道益澧遣將分屯東北門僞朝將何培章來降遂收桐鄉令培章率降衆屯烏鎭雙橋阻杭嘉道絕寇糧湖杭寇皆來爭擊走之我軍進屯嘉興聯絡蘇師規復郡城廣德甯國寇竄犯浙江昌化副將劉明珍不知寇衆寡進擊創矛退抵河橋寇尋分黨一竄徽州績溪一竄淳安謀渡威坪河進窺遂安時侍賢上犯冀衢過徽州就食江西其大勢趨重遂安擾及開化馬金街其地與休寧婺源常山玉山接壤王開琳自徽州進遂安連破寇於中州昏口黃少春馳入縣城敗寇遂安城北蹙入郭郵殲之寇後隊仍由章郵竄昏口少春擊破之新橋開琳復繞出昏口敗之其竄往開化華埠僅千餘侍賢句合黃文金及廣德餘黨由甯國上竄陷績溪退踞雄路孔靈等處圖撲徽州唐義訓自徽州出紫吳山鋪敗之毀雄路寇館援寇至我軍奮擊再破之縣城立復鴻章派郭松林戈登等攻宜興荊溪寇開城出拒槍子傷松林右肘我軍屯三里橋與常勝軍會擊僞代王黃精忠由溧陽來援拚死相撲我軍屹立不動以洋槍排擊之寇死傷相繼無退志我軍三路包抄寇始奪路狂奔城寇勢益不支開西門而逸遂復兩縣城是城瀕太湖西岸當江浙衝道爲常郡後路自是常郡寇益蹙蘇州無錫之防益固戈登進圍溧陽溧陽爲李侍賢老巢又江寧後路要隘常州金壇在其北句容丹陽値其西長興廣德當其南面寇巢前與鮑超東壩溧水之師相隔絕後距李鴻章常州軍亦稍遠孤軍深入李鴻章戒戈登愼進止尋溧陽酋吳人杰降戈登復其城郭松林等進攻金壇敗僞列王古宗成僞襄王劉官方於楊巷是時常州陳坤書合丹陽句容之寇十餘萬由西路繞出常州之北日犯我軍李鶴章督軍擊敗之寇以我軍城圍日緊分犯江陰常熟無錫以圖分我兵勢李鶴章撤圍師堅守勿戰別調軍援三縣李鶴章等尋解無錫城圍江陰守將駱秉忠與楊鼎勳等內外夾攻寇亦敗走乃並趨常熟北自楊舍福山南自顏山王莊數十里皆寇黃翼升會同城軍夾擊克王莊顏山陳市寇壘追殺二十餘里寇由由大河回撲常熟水師截之首尾不能相顧掩殺無算常熟之圍立解初秀成入江寧說秀全出走不聽秀成憂糧食不繼遣黨百計偷運國荃約楊岳斌水陸巡邏遇奸民運米入城輒奪之秀成遣養子李士貴率黨數千出太平門赴句容接糧入城伏兵要之寇棄糧走國荃銳意合圍江寧城延亙百餘里自我軍駐師雨花臺奪取附近諸隘東西南三面爲官軍所據惟鍾山石壘未克城北兩門尚未合圍秀成自將出鍾山南攻朱洪章營敗退登山沈鴻賓等挾火毬箭攀壘中寇突火跳遂克鍾山石壘寇所署僞天保城者也國荃分檄諸將屯太平門洪山北固山塞神策門餘元武湖阻水爲圍於是江寧四面成包舉之勢寇援及糧路皆絕二月寇以運糧路絕日驅婦孺出城以謀節食城西北多園圃豫種麥濟饑初程學啟進攻嘉興破小西門北門寇營殲除淨盡禽僞天將劉得祿慕天義賈慕仁而湖州寇屢竄南木壇邱四亭子新塍思犯盛澤平望以圖嘉興不得逞又犯盛澤闌王江涇後路營亦爲我軍所敗而城守甚固我軍多傷亡又遇雨不能進攻學啟急思復嘉興分門攻擊增築月牆寇拚死抗拒又以地雷巨礮轟踢城垣百餘丈擊毀礮臺賊爭負土塡城闕湖州賊又自新塍來援學啟會軍猛攻肉薄登城丸創其首部將大憤縱橫刺射寇衆潰遂克嘉興僞榮王廖發受僞挺王劉得功皆伏誅援寇黃文金還湖州寇之分竄江西者疊經我軍截殺闌入金溪道員席寶田由安仁馳擊復其縣城寇由瀘溪趨建昌寶田會軍敗之寇蔓延於新城南豐提督黃仁翼進攻新城克之餘竄入福建建寧縣境南豐之寇亦經寶田擊敗斬僞天侯張在朋寇棄壘狂奔退至城下合圍攻之蔣益澧克杭州康國器等同日收餘杭寇分竄德淸武康等處宗棠飭軍分路進取三月羅大春等各率所部撲壘環攻降人楊芸桂開門迎納官軍援賊回闞徽擊之敗走德淸寇鏖戰四時亦大敗武康德淸皆復我軍進逼石門踞寇鄧光明降其圖竄孝義之寇亦截殺無算鮑超等會克句容僞漢王項大英僞列王方成宗皆伏誅僞守王方海宗遁金壇寶堰寶堰南距金壇城四十五里北達丹陽方海宗與壘僞顯王袁得厚合謀阻進兵之路鮑超攻之閉壘不出乃負草塡濠一躍而入寇向金壇丹陽遁去鮑超進攻金壇設伏茅山大敗追寇城寇喪膽啟南門遁走遂復其城敗寇二三千屯踞南渡僞植王林得英約會常州西路孟河呂城諸寇欲由金壇歸併廣德同踞南渡鴻

章檄道員吳毓芬等會水陸軍分三路夜襲其巢陣斬林得英及秫天安黃有才等殄寇殆盡其攻丹陽者爲鎮江揚州防軍援寇一由常州運河一由江陰孟河大至詹啟綸張文德會擊敗之援寇退屯丹陽東北一帶丹陽一城多衆巨酋僞然王陳時永爲陳玉成叔父僞來王賴桂芳爲洪秀全妻弟因其內閧我軍乘之陳時永創仆斬之其黨自縛賴桂芳及僞廣王李愷瞬僞列王金友順僞梁王淩郭鈞僞鄒王周林保並僞義安福燕豫諸目獻軍前乞降皆駢誅遂克其城至是常州鎮江各屬俱告肅清寇自德淸武康石門克後李侍賢及僞聽王陳炳文僞康王汪海洋等仍堅踞湖州是時浙江惟湖州長興安吉三城未下湖州寇於附城二三十里修築堅壘復於長興安吉各隘連營數十里相爲犄角高連陞擊之於湖州境寇分竄昌化分水防軍劉明珍截斬數百李侍賢繞越老竺嶺竄皖南績溪復間道走歙西竄屯溪陳文炳汪海由歙北竄浙境分犯淳化遂安遂安防軍截擊歙南小川竄寇敗還楊郎唐義訓等進剿失利於是嶺內徧地皆寇徽休祁黟岌岌難保寇前隊由龍灣婺源竄江西後之續至者絡繹不絕國藩調石埭青楊防軍入嶺援徽檄鮑超率全軍援江西

陳坤書之踞常州四年矣自蘇軍力攻以炸礮毀城寇死守取舊棺敗船堵城闕以槍礮拒我軍時城西寇壘二十里夾河環列劉銘傳等攻破十四壘餘壘皆不戰而潰而河干寇壘二十餘又爲張樹聲等所破於是寇西道皆絕惟小南門西門附城十餘壘我軍復擊平之陳坤書塞門不納敗黨恐官軍奪入悍賊皆死城下城圍既合築長牆伏奇兵備大舉水陸軍發礮轟城風煙迷漫寇如墜霧中俄城壞數十丈寇以人塞缺口炸丸迸裂人與磚石齊起天際然旋散旋集蓋蘇省各路敗寇積年嚚衆於此猶圖萬死一生計也鴻章益揮軍迫登我軍借籐牌噴筒直前寇傾火藥以長矛格刺軍士十墜六七龔生陽突入禽陳坤書周盛波禽僞列王費天將戰城上良久寇大潰縋城出者復爲我軍所殲我軍亦死亡千數百人常州之失以咸豐十年四月初六日越四年而復日月皆不爽亦一奇也陳坤書淩遲處死梟示東門時常州敗寇竄徽州我軍擊破之餘竄江西圍玉山副將劉明珍等陣斬珊天安等斃寇二千李侍賢越金谿犯撫州河東滸猛攻東門爲我軍擊退忽突起攻橋環呼城中內應冀亂我軍劉于淳礮斃多名餘遁金溪城圍立解僞列王林彩新竄江西弋陽我軍追抵湖西揮軍抄擊寇敗竄黃沙港對岸楊家坡寇黨從上游渡寇千餘來援諸軍沿河截擊鏖戰逾時寇始蹩多落水死侍賢等先後由浙犯徽由徽入江西江陰陽舍及常州城外之寇由丹陽湖州上竄徽南其酋爲林彩新及僞麟王朱某僞爵潘忠義等從昌化進老竹嶺闌入歙境唐義訓伏兵鍾塘嶺後以五營進遏寇大戰伏起殲其前鋒時金國琛等行抵富陽隔河而屯寇衆列山岡上下我軍俟寇涉水將半突出奮擊唐義訓尾而至夾擊之寇不支遁向黃山小路我軍馳抵五弓橋再敗寇因循河埋伏兵寇正渡時伏突起寇大驚亂生禽林彩新等十名陣斬潘忠義等十四酋死亡者二萬餘人是月洪秀全以金陵危急服毒死羣酋用上帝教殮法綉緞裹屍無棺槨瘞僞宮內祕不發喪其子年十六襲僞位秀全生時即號其子爲幼主或曰本名天貴福其刻印稱洪福旁列眞王二文誤合爲瑱其稱洪福瑱以此然諦觀印文實眞主二小字非眞王也時湖州寇方竄湖濱楊漊大錢口潘鼎新分軍屯南潯而寇恃長興爲聲援長興在湖州西毗連宜興溧陽及廣德州宗棠貽書鴻章移嘉興之師助攻長興鴻章遣諸軍分道往取水師入夾浦口五月鼎新進紮吳漊水師破平夾浦石壘鼎新連破吳漊殷瀆郞毀其卡壘郭松林毀長興城東上莘橋跨塘橋寇壘湖州廣德四安寇率數萬分路來援依山築壘綿亘林谷松林等擊湖州援寇劉士奇擊廣德四安援寇寇壘悉平毀殲溺萬餘人而湖北廣德寇復添撥大股折回我軍乘賊衆喘息未定合力痛剿追殺二十餘里寇乃遠遁我軍乘夜攻城以炸礮轟蹋城垣十餘丈松林等首先衝入遂復長興縣城江西貴溪盛源洞等處寇分踞小巷一帶築壘修卡我軍飭礮船馳赴黃土墩以槍礮擊之寇倉皇敗竄水陸諸軍撲卡而入禽斬多名寇大潰貴溪寇壘一律肅清浙軍進規湖州攻復孝豐縣城生禽僞感王陳榮斃千餘是月僞扶王陳得才等合捻竄擾孝感雲夢等縣上以江寧垂克而河南捻犯麻城皖城深入江西恐掣全局趣國荃迅取金陵國荃進攻鍾山龍脖子寇所稱地保城也我軍自得僞天保城後城寇防守益嚴是城扼建要害尋爲李祥和所破國荃築礮臺其上日發巨礮轟擊居高臨下全城形勢皆在掌中六月十六日國荃飭諸軍發太平門地雷蹋城垣二十餘丈前敵總兵李臣典朱洪章等九人先登諸將分門合力攻克江寧省城獲僞玉璽二方金印一方是夜寇自焚僞天王府秀成攜秀全幼子從城垣倒口遁去並以己馬與之乘以行國荃令閉門封缺口搜殺三日斃寇十餘萬凡僞王以下大小酋目約三千餘最後城西北隅清涼山伏寇數千出與官軍死戰卒殲之其僞天王府婦女多自縊及溺城河而死國荃派馬隊追至純化鎮生禽僞烈王李萬才其自城破後逸出者洪秀全之兄僞巨王僞幼西王僞幼南王僞定王僞崇王僞璋王悉爲馬隊殺斃蕭孚泗搜獲李秀成及洪仁發洪仁達於江寧天印山搜掘洪秀全屍於僞宮戮而焚之國藩親訊秀成等供讞成駢誅於市七月鮑超連克東鄉金谿楊岳斌等連克崇仁宜黃潘鼎新會克湖州楊昌濬等克安吉斬僞駙馬列王王徐朗寇併竄廣德長興守軍吳毓芬克四安鎮劉銘傳克廣德初秀全幼子自江寧出亡悍黨衛至州城至是城克僞昭王黃文英等挾之走寧國八月唐義訓等敗湖州餘寇於歙縣殲酋目僞幼孝王等九人連日劉光明等大破寇於昌化淳安僞堵王黃文金僞偕王譚體文伏誅李遠繼挾秀全幼子奔江西廣信於是浙江平初秀全幼子及黃李諸酋由寧國趨昌化之白牛橋譚酋及僞樂王之子莫桂先僞首王范汝增等由寧國趨淳安威坪約同竄徽境衆尚十數萬劉光明擊白牛橋寇黃酋中礮死弟文英代領其衆踉蹌西奔黃少春斬譚體元於洪橋併誅莫桂先等酋百五十餘人劉明珍率所部由淳化上趨值黃文英李遠繼來犯明珍偕魏喻義等分兵禦之創黃文英於陣李遠繼挾秀全幼子遁至徽歙之交寇由建口渡河我軍乘其半濟擊之大潰斬僞列王邱國文等收降卒六千餘餘黨向績溪而逸其已渡建口者竄至遂安黃少春等復擊走之僞列王劉得義蕭雅泗等率二萬人投誠洪氏勢益孤乃由遂安昏口遁走開化竄入江西九月鮑超擊僞康王汪海洋於寧郡大破之禽斬僞朝將王金瑞等百二十餘人席寶田追剿湖州逃寇大殲於廣昌白水嶺禽僞干王洪仁玕僞郵王洪仁政及僞昭王黃文英皆伏誅沈葆楨克雩都會昌練勇克瑞金寶田追寇於石城游擊周家良搜獲秀全幼子於黃谷檻致南昌省城誅之各路官軍截剿餘寇殆盡於是洪氏遂滅

論曰秀全以匹夫倡革命改元易服建號定都立國逾十餘年用兵至十餘省南北交爭隱然敵國當時竭天下之力始克平之而元氣遂已傷矣中國危亡實兆於此成則王敗則寇故不必以一時之是非論定焉唯初起必託言上帝設會傳教假天父之號應紅羊之讖名不正則言不順世多疑之而攻城略地殺戮太過又嚴種族之見人心不屬此其所以敗歟

清史稿　　　　列傳

循吏

清初以武功定天下日不暇給世祖親政始課吏治詔嚴舉劾樹之風聲聖祖平定三藩之後與民休息拔擢廉吏如于成龍彭鵬陳瑸郭琇趙申喬陳鵬年等皆由縣令洊歷部院封疆治理蒸蒸於斯爲盛世宗綜覈名實人知奉法乾隆初政循而勿失國家豐亨豫大之休蓋數十年吏治修明之效也及後權相用事政以賄成蠹國病民亂萌以作仁宗矯之冀滌瑕穢道咸以來軍事興而吏治疏同治中興疆吏賢者猶能激揚清濁以彌縫其間然保舉冒濫捐例大開猥雜不易爬梳末造財政紊亂新令繁興簿書期會救過之不遑又遷調不時雖有潔己愛民者亦不易自舉其職論者謂有清一代治民寬而治吏嚴其敝也奉行故事實政不修吏道媮而民生益蹙迨紀綱漸隳康雍澄清之治邈焉不可見觀此誠得失之林也明史所載以官至監司爲限今從之尤以親民爲重其非由守令起家者不與焉

循吏一

白登明（湯家相 于宗堯 任辰旦）　宋必達（陸在新）
張沐（張塤）　陳汝咸
繆燧（陳時臨）　姚文燮（黃貞麟）
駱鍾麟（崔宗泰 祖進朝）　趙吉士
張瑾　江皋（張克嶷 賈樸）
邵嗣堯（衛立鼎 高蔭爵 靳讓）　崔華（周中鋐）
劉棨　陶元淳
廖冀亨　佟國瓏
陸師（饒遴）

白登明字林九奉天蓋平人隸漢軍鑲白旗順治二年拔貢五年授河南柘城知縣時大兵之後所在萑苻嘯聚登明治尚嚴肅禽諸盜魁按以法境內晏然憫遺黎荒殘多方招撫停止增派河夫設條以勸耕讀十年考最擢江南太倉

知州釐賦稅除耗羨雪諸冤獄訪察利弊所摘發輒中隣境有冤抑赴愬上官輒願下州爲理海濱居民因亂蕩析登明召民開墾復成聚落是年九月海寇犯劉河堡登明盡力守禦寇不得逞遂退十六年海寇破鎮江由江寧敗走急攻崇明巡撫蔣國柱治兵策應欲遣吿師期莫敢前登明獨駕一艘夜半往報城入衆知援至守益力寇乃遁劉河北支有朱涇者宋范仲淹新塘遺跡也久淤塞登明請於上官疏鑿五十里巡按李森先知其能復令大開劉河六十里於是震澤在北諸水悉導入海旱潦有備爲一郡利先是寇急時需餉無出以雲南協餉應之卒爲大吏所劾落職州民列治狀請留弗得坐廢二十餘年康熙十八年會臺灣用兵福建總督姚啓聖巡撫吳興祚素知登明代爲入貲疏薦起授高郵知州値歲旱蝗繼而大水湖漲決淸水潭築隄禦之嚴禁胥吏尅減役者踴躍從事次年復災再請蠲賑勸富民分食全活無算時三藩初平軍檄猶繁登明與民約凡供億驛夫聞吹笳而至免奪民時上官有所徵調不輕給然皆諒其淸廉亦無相督過者以積勞卒官貧無餘貲州人醵金以殮入祀名宦祠鄉民多肖像立祠私祀焉時江南以良吏稱者湯家相任辰旦于宗堯皆與登明相先後云家相字泰瞻山西趙城人順治六年進士八年授常熟知縣潔己愛民釐剔耗蠹撫恤凋殘善政具舉前令被劾逮問家相左右之力白其誣以是忤巡按御史時江南逋賦數百萬嚴旨奪各官職家相坐免士民爭先輸納不踰宿而額足且以治狀訴大吏請留勿獲既而給事中周之桂疏上其事十三年起授湖北南漳縣縣居萬山中寇盜窟穴時出肆掠戕官人咸危之家相下車即令堅壁清野寇大至家相謂同城守備曰寇衆我寡當效羅士信破盧明月法可勝密授方略寇果墮伏中遂擒其魁黨馬成孫信輩斬首數百級寇大創遠遁於是招流亡修學校教養兼施墾田六百餘頃築永泉八觀諸堰民賴其力邑以大治疆吏交章薦之以病乞歸辰旦字千之浙江蕭山人順治十三年進士康熙初授上海知縣淸苦自勵敏於聽斷數決疑獄豪猾歛迹催科以時不大用鞭朴百姓感其仁輸納恐後瀕海防軍將撤密請行期故邀軍主歡飮宣言期須少緩次日令下促急行乃厚其牛酒道上勞軍軍無敢遷延他顧居民帖然黃龍浦爲吳淞江入海要口建閘壓圮故事修閘必築壩費不貲辰旦仿浙人爲梁法度基廣狹約丈尺伐石識其甲乙下之水使善泅者層之悉中程復廣左右護隄約水就道十閱月而工成不病役不縻帑邑人頌之縣田沒水者六千畝賦額未除輸者率破家前令屢勘虛實貿亂至是巡撫慕天顏疏請復勘辰旦喜曰是吾志也日往來泥沙中按舊冊履丈釐其荒者閱二月費皆自辦俸不足出銀釧棉布償之籍上得減除額征有差十八年舉博學鴻儒放還故官復以良吏薦入爲給事中論事切直改大理寺丞母憂歸旋以前廷推事詿誤落職卒於家宗堯字二巍漢軍正白旗人廣西總督時曜子以廕入監讀書康熙七年授常熟知縣年甫十九興利除弊勇於爲治老於吏事者勿逮也時漕政積弊糧皆民運往往破家宗堯議定官收官兌之法重困得甦其徵糧則戒期令各自輸胥吏莫由上下其手民便之興文教戢豪強救荒療疫皆以誠懇施擎出之四年如一日以勞致疾卒於官年二十有三耳民爲罷市醵金發喪遂葬之虞山南麓題其阡曰萬民留葬

宋必達字其在湖北黃州人順治八年進士授江西寧都知縣土瘠民貧淸泰懷德二鄉久罹寇民多遷徙地不治請蠲逋賦以來之二歲田盡闢縣治瀕河夏雨暴漲城且沒禱於神水落按故道疏治之自是無水患康熙十三年耿精忠叛自福建出攻掠旁近地江西大震羣賊響應寧都故有南北二城南民北兵必達曰古有保甲義勇弓弩社民皆可兵也王守仁破宸濠嘗用之奚如其法訓練得義勇二千及賊前鋒薄城下營將邀必達議事曰衆寡食乏奈何必達曰人臣之義有死無二賊本烏合掩其始至可一鼓破也營將遂率所部進賊少却必達以義勇橫擊之賊奔已而復率衆來攻巨礮墮雉堞輒壘補其缺隨方備禦益堅會援至賊解去或言於巡撫縣堡砦多從賊巡撫將發兵必達刺血上書爭之乃止官軍有自汀州還者婦女在軍中悲號聲相屬自傾橐計口贖之詢其姓氏里居護之歸縣初食淮鹽自明王守仁治贛改食粵鹽其後苦銷引之累必達請以粵額增淮額商民皆便卒以粵引不中額被論罷職寧都人哭而送之餽貽皆不受間道赴南昌中途爲賊所得脅降不屈縶旬有七日忽夜半有數十人持兵踰垣入曰宋爺安在吾等皆寧都民擁而出乃得脫既歸里江西總督董衞國移鎮湖廣見之歎曰是死守孤城者耶吾爲若咨部還故職且以軍功敘必達遜謝之既而語人曰故吏如棄婦忍自媒乎褐衣疏食老於田間寧都人歲時祀之越數年濵寇韓大任由吉安竄入寧都境後令萬璐生踵必達鄉勇之制禦之卒保其城云陸在新字文蔚江南長洲人康熙五年以策論取士在新凡講經濟遂得舉除松江府教授教諸生以質行爲先其以金贄者卻之用不足知府魯某分俸助之巡撫湯斌察其廉勤以卓異薦是歲江南七府一州諸長吏被薦者獨在新一人時以此服斌之知人二十五年擢江西廬陵知縣嚴重有威境內貼然誓不以一錢自汚錢穀耗羨革除都盡傍水設五倉便民輸納建問苦亭於衙西訪求民隱時裹糧歷山谷問勞苦百姓軫其災患而導之於善召諸生考德論藝如爲校官時設四門義學刻孝經小學頒行之二十六年江溢民多溺在新急出錢募民船往救躬自倡率出入洪濤中全活無算以受前官虧帑盈萬無所抵憂卒初赴官時子孔奐在京師蹙然曰吾父此行必殉是官矣亟從之卒之日鬻書數篋以斂廬陵人爲罷市三日請祀名宦祠長洲人亦以鄉賢祀之

張沐字仲誠河南上蔡人順治十五年進士康熙元年授直隸內黃知縣縣苦賦役不均沐令田主自首不丈而清嚴行十家牌法奸宄斂迹大旱自八月不雨至明年九月民飢甚沐力籌賑捐貲爲倡勸富民貸粟官爲書其數俟秋穫取償人爭應之民免轉徙沐爲政務德化令民各書爲善最樂四字於門以自警著六論敷言俾人各誦習反覆譬喻雖婦孺聞之莫不欣欣嚮善五年坐事免十八年以左都御史魏象樞薦起授四川資陽縣途出內黃民遮道慰問日行僅數里旣抵任値吳三桂據瀘州相去數百里羽檄如織城中人戶不滿二百沐入山招撫量爲調發供夫驛不缺濵事平以老乞休沐自幼勵志爲聖賢初官內黃講學明倫堂請業恒數百人湯斌過境與語大悅遺書孫奇逢稱其任道甚勇求道甚切沐因以禮幣迎奇逢至內黃講學俾多士有所宗仰及在資陽供億軍興之暇猶進諸生誨導不倦退休後主講汴中兩河之士翕然歸之多所成就年八十三卒沐之自內黃罷歸也値登封令張塤興書院偕耿介同講學爲文紀其事一時稱盛塤字牖如江蘇長洲人以官學教習議敘知縣康熙十七年授登封縣單騎之任途中與登封吏同宿逆旅吏不知也至縣三日拜嶽誓不取一錢不枉一人衙前樹巨石鐫曰永除私派設櫃民自封投無羨折招集流亡督之耕種相其土宜課植木棉及諸果實大修學宮復嵩陽書院宋四大書院之一也延耿介爲之師導諸生以程朱之學自縣治達郊鄙立學舍二十一所課童子以時巡閱正句讀導之以揖讓進退之禮間策蹇驢歷諸郊問所苦有小爭訟輒於阡陌間決之西境有呂店者俗好訟塤察里長張文約賢舉爲鄉約俾行化導澆風一變里長申爾瑞負課且受杖路拾人輸稅金反之寧受責不利人財塤義之旌其門鄉民高鵬舉死妻孟年少舅欲強嫁之孟哭夫墓將自縊塤適微行問其故給以銀米勸還家而免其徭歲時存問俾終其節縣故多胥役時獄訟日尠姦僞無所容諸胥多自引去其更番執事者退則操耒耜爲農以在官無所得錢也開蕁嶺二百里復古轘轅路建古賢令祠修鄭公墓崇禎末爲令守城抗賊死者也在官五年民知向方生聚日盛大書官淸民樂於門耿介嘗歎曰年來嵩洛間別一世界矣二十二年以卓異荐擢廣西南寧通判去之日民遮道哭立祠於四鄉肖像祀焉榜曰天下淸官第一至南寧未幾乞歸母喪服除赴京師卒

陳汝咸字華學浙江鄞縣人少隨父錫嘏講學證人社黃宗羲曰此程門之楊迪朱門之蔡沈也康熙三十年會試第一成進士選庶吉士散館授福建漳浦知縣民好訟嚴懲訟師無敢欺者縣中賦役故責戶長主辦版籍混淆吏緣爲奸汝咸躬自編審人丁各歸現籍糧戶自封投納用滾單法輪催以三百戶爲一保第其人口多寡供役五年一編丁而役法平吏胥以不便撓之大吏搖惑汝咸毅然不回奸人無所施技民樂輸將賦無逋負俗輕生多因細故服斷腸草死挾以圖財力懲其弊令當刑者掘草根贖罪禁巫神療病曉示方證自製藥以濟貧者毀學宮伽藍祠葺故儒陳眞晟周瑛高登諸人所著書表章之歸誠書院乃黃道周講學地爲僧據逐而新之無爲教者男女羣聚茹蔬禮佛籍其居爲育嬰堂西洋天主教要大吏將於漳浦開堂卻止之修文廟造祭器時會邑中士紳於明倫堂講經史性理諸書設義學延諸生有學行者爲之師修朱子祠敎養兼施風俗爲之一變會大水驟漲幾及城堞輿錢登城多爲木筏渡一人與錢三十人皆以錢助拯活者數千多方撫卹雖災不害士寇伏七里洞將入海發兵擊之走山中密招賊黨誘禽其渠曾睦等餘黨悉散又禽海盜徐容薔得賊中委曲赦其罪責以招撫諸盜歸誠海氛遂淸汝咸任漳浦凡十有八年大吏因南靖多盜調使治之縣民請留不得搆生祠日月湖書院歲時祀之汝咸至南靖諸盜自首就撫開示威信頌聲大作四十八年內遷刑部主事擢御史疏言商船出海掛號無益徒以滋累又言海賊入內地必返其家下海劫掠責之巡哨官未下海之蹤迹責之本籍縣令當力行各澳保甲會海盜陳尚義乞降汝咸自請往撫聖祖命郎中雅奇偕汝咸所薦阮蔡生往尚義率其黨百餘人果就撫擢通政使參議五十二年奉使祭炎帝神農帝舜陵並頒賚駐防兵徧歷苗疆審度形勢撫馭之策歷鴻臚寺少卿大理寺少卿五十三

年命赴甘肅賑荒徒步窮鄉感疫卒於固原漳浦士民聞之奔哭於月湖書院醵金置田歲祀不絕著有兼山堂遺稿漳浦政略諸書

繆燧字雯曜江蘇江陰人貢生入貲為知縣康熙十七年授山東沂水縣時山左饑朝使發賑將購米濟南燧以路遠往返需日且運費多不便請以銀給民自買當事以違旨勿聽燧力爭以因地制宜之義代草疏奏請得允既而帑金不足傾囊以濟之洊饑之後民多流亡出私錢為償逋欠購牛種招徠復業因捕劇盜已獲復逸被議歸尋復官三十四年授浙江定海縣故舟山也設治未久百度草創海水不宜穀築塘岸以禦鹹蓄淡修復塘碶百餘所田日增闢繕城濬濠葺學宮建祠廟役繁而不擾地瘠民貧完賦不能以時踰限者先為墊解秋後輸還舊有塗稅出自漁戶網捕之地後漁塗被占苦賠累為請罷之地故產鹽無竈戶鹽運使屢檄設廠砌盤官為收賣燧持不可請仿江南崇明縣計丁銷引歲完鹽稅銀四十二兩有奇著為例學額多為外籍冒援宜平縣例半為土著半令他縣人認墾入籍以充賦又以土著不能副額擴建義學增廩額以鼓舞之文教興焉民間日用所需多航海市諸郡城關胥苛索請永禁立石海關海嶼為盜藪隨監司歷勘凡羊衖下八畚山花腦玉環半邊牛韭諸島權度要害措置之盜風頓戢同歸域者海上死事諸人瘞骨處捐貲修葺建成仁祠以勸忠義歷權慈谿鎮海鄞縣及寧波府事皆有惠政擢杭州府同知未任五十六年卒於定海士民援唐王漁宋趙師旦故事留葬衣冠奉祀於義學名之曰蓉浦書院蓉浦燧自號也遺愛久而不湮光緒中復請祀名宦祠燧任定海前後二十二年賜四品頂戴賜御書後雖擢官迄未離任時朝廷重守令循良多久於其職陳汝咸治漳浦十有八年陳時臨治汝陽亦二十年一邑利病無所不知視如家事故吏治蒸蒸日上云時臨字二咸浙江鄞縣人少從陳錫嘏學得聞證人書院之教家貧游京師三藩之變從軍敘功授湖南城步知縣父憂歸廬墓三年康熙三十年起授河南汝陽縣兵亂之後風俗大壞民不知喪禮時臨為斟酌古今所可通行者衰絰漿飲之風以息楊埠有支河久淤濬復其舊民獲灌溉之利河南諸縣多食蘆鹽獨汝寧一郡食淮鹽蘆商欲并之時臨謂蘆鹽計口而授不問其所需之多寡以成額給之是厲民也吾不能謂河南盡革其害反徇商人意以害境內乎力爭得止巡撫徐潮亟稱之於是前後諸大吏皆以為循吏當令久任數報最數留之時臨亦與民相安於無事後擢兵部主事官槖蕭寥臨行百姓扶老載弱相送數十里逾年以病乞歸卒

姚文燮字經三安徽桐城人順治十六年進士授福建建寧府推官建寧俗號獷悍以睚眦讎殺者案山積文燮片言立剖未數月囹圄為空有方秘者殺方飛熊前令已讞定大辟文燮鞫得飛熊初為盜嘗殺秘一家既就撫秘乃乘間復讎不可與殺平人等秘得活大吏謂文燮明允凡疑獄輒委決之有武弁被殺株連衆文燮僅坐數人罪大吏駭曰此叛案何遽輕率文燮曰某所據初報文及盜供也蓋鄉民逐盜弁適遇之從騎未至為盜所殺而盜逸營中執為民叛殺弁文燮檢得初報文而盜亦獲自供殺弁故得其情時耿氏建藩其下多怙勢虐民貸民錢而奪其妻女文燮悉使訐發為捐募代償贖歸百數奉檄主丈田事建寧環郡皆山民依山鑿田每陡峻不能施弓繩文燮授吏勾股法計田廣狹增減為畝區畫悉當值邊海修戰船或擬按戶口出錢文燮上陳疾苦籌款以代民乃安秩滿報最康熙六年詔裁各府推官去職八年改直隸雄縣知縣渾河泛溢浸城文燮修城築隄造橋利涉者邑貢狐皮為民累條上其弊獲免地近京畿膏腴多圈佔為旗產文燮為民爭之旗人請於戶部遣司官至牽繩量地繩所及民不得有文燮拔刀斷繩司官見其剛直詞稍遜未幾有旨退地還民團練屯丁以資守望盜賊屏迹報墾地蠲耗羨減鹽引恤驛政埒循瘡痏民慶更生擢雲南開化府同知攝曲靖府阿迷州事吳三桂叛文燮陷賊中密與建興將軍林興珠有約為賊所覺被繫乘隙遁謁安親王岳樂軍中王以聞召至京賜對詢軍事甚悉滇寇平乃乞養歸黃貞麟字振侯山東即墨人順治十二年進士十八年授安徽鳳陽推官嚴懲訟師閭郡懍然大旱禱雨未應貞麟曰得無有沈冤未雪上干天和乎於禱雨壇下立判諸大獄三日果雨江南逋賦案興蒙城懷遠天長盱眙各逮紳民百餘人繫獄候勘獄不能容人皆立貞麟曰彼逋賦皆未驗實忍令僵死於獄乎悉還其家及訊則或舞文吏妄為注名或誤報或續完悉原而釋之保全者五百家河南優人朱虎山游食太和髮長數寸士猾范之謙與昝姓有隙誣以藏匿故明宗室謀不軌事發江寧推官不敢問以委貞麟貞麟力白其誣逮至京師復勘刑鞫無異乃釋昝姓而治之謙罪潁州民吳月以邪教惑衆株連千餘人貞麟勘多愚民無知止坐月及為首者捕人索財於水姓不得指為月黨追至新蔡殺之鄉人來救並誣為月黨撫鎮發兵圍之繫其衆至鳳陽貞麟廉得實懲捕而盡釋新蔡鄉人其理枉活人類如此旋以他事解官得白康熙九年改授直隸鹽山知縣地瘠而多盜立法牌甲互相救護有警一村中半守半援盜日以息清里役逃亡者悉與豁除不期年流民復業數百家十二年旱謂父老曰大吏使勘災者至供給惟官是責不費民一錢及秋徵吏仍以舊額進貞麟曰下輸上易上反下難待淮蠲而還之反覆閒民必受損立令除之又永革雜派陋例民皆感惠內擢戶部山西司主事山西聞喜丁徭重力請減之監督京左右翼倉因失察侵盜罷職卒於家

駱鍾麟字挺生浙江臨安人順治四年進士副榜授安吉學正十六年遷陝西盩厔知縣為政先教化春秋大會明倫堂進諸生迪以仁義忠信之道增刪呂氏士約頒學舍朔望詣里社講演訪耆年有德孝弟著聞者見與鈞禮歲時勞以粟肉立學社擇民間子弟授以小學孝經飭保伍修社倉蒞獄明決所案治即勢豪居間莫能奪人畏而愛之縣城去渭不十里鍾麟行河畔知水勢將南侵議自覽家寨迤東開復故道衆難之康熙元年夏大雨渭南溢且及城齋沐臨禱自跪水中幸雨止水頓減徙而北流者數里兼攝興平鄠兩縣興平豪右分為部黨前令不能治廉得其狀收案以法奏最內遷北城兵馬司指揮復出為西安府同知八年擢江南常州知府常州縣賦重科條繁多吏緣為奸鍾麟立法鉤稽淸逋吏受成事而已屬邑歲例餽漕羨三千金鍾麟曰利若金如吾民何峻卻之諸漕卒咸斂手奉法初鍾麟在盩厔以師禮敬造李顒廬至是創延陵書院迎顒講學率僚屬及薦紳學士北面聽問為學之要顒曰天下之治亂在人心人心之邪正在學術人心正風俗移治道畢矣鍾麟書其言終身誦之已而江陰靖江無錫諸有司爭禮致顒顒為發明性善之旨格物致知之說士林蒸蒸向風吏治亦和九年大水發倉廩勸富人出粟賑民無荒亡十年夏大旱葛衣草履步禱不應責躬籲天言知府不德累民涕泣並下尋丁母憂士民乞留不可既歸連遭父喪以毀卒郡人論賢有司知治體必首推鍾麟先鍾麟守常州者祖重光崔宗泰皆有名其後有祖進朝政聲尤著重光官至天津巡撫宗泰奉天人順治初授松江府同知以敏幹稱擢常州知府政尚嚴厲善鉤距吏民驚為神明十三年大兵征閩過郡久駐人情恇擾宗泰先期儲待纖悉備具有游騎入村落逐婦女溺水死宗泰夜叩營門白將軍縛置之法時時單騎巡行遇小有剽奪隸傳呼崔太守來皆引避去民得安堵令甲府漕以推官監兌推官懦而衛弁橫宗泰自請於漕督檄之監兌盛騶從帶刀韃臨倉弁卒悚懼竟事無譁尋以事左遷福建延平府同知後乞免歸進朝亦奉天人以廕監起家康熙二十三年由部郎擢授常州知府有惠政以失察鐫級去士民呼籲於巡撫湯斌請留進朝斌上疏言進朝履任未一載操守廉治事勤臣私心重之頃緣失察法寶事降調常州五縣士民輒號泣罷市赴臣請留日不下數千人臣諭以保留例已久停士民謂常州四十年未有愛民如進朝者其減繇輕耗興學正俗戢奸除暴息訟安民窮鄉僻壤盡沾惠澤朝廷軫念東南如江寧府知府于成龍特恩超擢吏治不變進賢操守才幹可與成龍頡頏而獨以一眚被謫士民攀留言之泣下臣不知進朝何以感人之深如此臣受事四日始獲法寶是受事之日已為失察之日且當候處分何敢代人瀆奏惟臣蒙恩簡畀封疆大任屬吏之敗檢者得糾劾之廉能者不能為之一言非公也民情皇皇如是而不為之解慰安輯非仁也畏罪緘默而使輿情不上聞非忠也敢據情陳奏章下部議格不行聖祖諭曰設官原以養民湯斌保奏祖進朝清廉百姓同聲懇留可從所請以勸廉吏進朝復任未幾以老疾乞免民悃思之不置云

趙吉士字天羽安徽休寧人寄籍杭州順治八年舉人康熙七年授山西交城知縣縣居萬山中地產馬饒灌木時禁民間牧馬停南堡村木廠民困往往去為盜武弁路時運貪而擾民民殺時運作亂與大同叛將姜瓖合連破諸邑及瓖誅餘盜匿山中吉士到官定先撫後剿之策有投撫者給示令招其黨詗知羣盜陰事選鄉兵得技優者百人令紳戶家出一丁與民均役分夕巡城行保甲法匿賊者連坐鄰盜相戒不入境時交城多抗賦河北都者賦倍他都吉士往諭朝廷德意勗以力耕勿為盜衆悚息日暮寢陶穴中聽訟左右多賊黨吉士陽若勿知詰朝深入察其形勢最險者曰三坐崖東西兩葫蘆川繞其下塞葫蘆口則官軍不得登吉士默識之而還交山賊楊芳林芳清等時出肆掠九年春吉士入山勸農撫姜瓖舊卒惠崇德詢得二楊所在命二卒立擒至杖斃之賊渠任國鉉鍾斗等糾衆尾之不敢發會有陝西叛弁黃某入葫蘆川與國鉉合吉士謀間之遣山民持書付國鉉等偽誤投黃所黃得書疑國鉉等率衆去國鉉等既失黃弁無所恃有投誠意靜樂盜李宗盛踞周洪山遣其黨趙應龍劫清源吉士遣惠崇德入山說國鉉等令獻趙應龍可免罪國鉉與宗盛紿

應龍縛付崇德應龍恨爲所賣盡發諸盜陰謀吉士會兵勦宗盛復遣崇德往說國鉉等使無動遂擒宗盛賊黨益渙十年廷旨下總督治羣盜期盡勦絕吉士曰交山劇賊不過十餘人其它率烏合一聞盡勦恐山中向化之民畏罪自疑反爲賊用令靖安堡初復請協兵三百以駐防爲名剋期入山可一戰禽也靖安堡者近葫蘆口三十里昔以屯兵吉士就廢壘新築之守備姚順率兵至縣吉士約期進屯先期七日置酒大享客夜半席未散吉士上馬會師疾驅四十里至水泉灘分三隊一襲東葫蘆一襲西葫蘆自偕姚順進駐東坡底爲兩葫蘆要道東西賊援並絕國鉉等爲內應呼曰官兵入山矣兩葫蘆賊皆走上三坐厓吉士遣人至厓下語之曰汝等良民毋爲賊脅官且按戶稽丁不在即以賊論衆乃稍稍去僅存二百餘人分兵要賊去路賊四竄被獲頗衆分搜巢穴縱降賊質其妻子俾捕他賊以自贖入山旬有六日盜悉平乃召山中民始終不附賊者三十七家賚以羊酒立爲約正其素不與徭役者千四百三十家編其籍入都圖自後交山無賊患吉士初患山路險阻命每都具一圖鱗比爲大圖召父老詢徑途曲折注之以次及永甯靜樂隣縣諸山每獲賊善遇之因得諸賊蹤迹上官知其能不拘以文法用卒成功治交城五年百廢具舉內遷戶部主事監揚州鈔關擢戶科給事中忌者劾其父子異籍被黜尋補國子監學正四十五年卒祀交城名宦祠

張瑾字去瑕江南江都人康熙二年舉人十九年授雲南昆明知縣時吳三桂初平故軍衞田隸藩府者徵租畢豐歉收之事平沿爲額民不能供又軍興後官司府署器用皆里下供應而取給於縣故昆明之徭尤重於賦瑾請於大吏奏減其賦不可乃闢荒地招流亡給牛種薄其徵以濟軍衞之賦一年墾田千三百餘畝三年得萬餘畝又均其徭里蠹無科派奸民無包收諸侵漁弊皆絕民舊供縣公費日十金瑾曰吾食祿於君不食傭於民革之總督曰陳仲子之廉能理劇乎又問今家幾何人對曰子一客與僕各二闕之信皆驚異自公費除而上之取給者亦減昆明池受四山之水夏秋暴漲怒流入闇河沙石壅塞水乃溢浸瀕池田歲勞民力濬之晉甯州境毘於昆明受東南諸箐之水舊迹有河道入江上官議鑿之以通闇河瑾按地勢爲圖白之曰闇河獨受昆明之水已不能吐納沙石旁溢爲害豈可更受晉甯水乎且其地高若建瓴沙石舉硧尤甚殆不可治臺司持之堅則指圖爭曰高下在目何忍陷民於死總督范承勳曰令言是也議遂寢縣有止善春登利城諸里田均埂錯出不旱則潦瑾廉得旁近有白沙馬梟淸水三河可資蓄洩年久湮塞率民濬治三月河復田以常稔大小東門外舊皆市兵後爲墟盜賊竄其中爲創造室廬以居流亡移城中騾馬羊諸市貿之貨廛牧場相比盜遂絕迹安阜園者故藩囿也請耕墾田牧馬求之期年不與久亦稱其直將軍僕殺人按察使置酒爲請陽諾之退而正其罪巡撫僕子謀奪士人聘妻即縣庭令士人行合巹禮判曰法不得娶有夫之婦婦乘我輿壻乘我馬役送之歸有奪者治其罪時人作歌詩以傳之初至滯獄以百數斷訖皆當後一省疑獄輒付瑾治屢有平反居三年病卒士民圖其像祀之請祀名宦祠

江皋字在湄安徽桐城人順治十八年進士觀政刑部父病乞養歸喪除授江西瑞昌知縣故事歲一巡鄉堡校戶籍斂輿馬費皋罷之縣城近河壖岸善崩屢決改道環城無隍民病汲皋出俸金率先衆力築堅堤濬壅塞水復其故形勢益壯民居遂蕃三藩叛縣界連湖南土寇乘間起皋曰吾民緣飢寒出此迫之則走藉寇飭鄉保長開諭撫安而密督丁壯巡察屢擒其魁盜遂息居七歲考最遷九江府同知尋擢甘肅鞏昌知府大軍入蜀治辦軍需值歲除檄徵騾馬千匹芻茭器具取具倉猝皋策畫便宜供應無缺士卒驕悍所過漁奪百姓皋遇輒縛送軍主斬以徇縣是肅然越四歲調廣西柳州時新收嶺西兵猶留鎮軍中多掠婦女皋白大吏檄營帥籍所掠送郡資遣凡數百人軍餉不繼士譁噪將變皋馳諭緩期趣臺司發餉應期至軍乃戢郡民王纘緒故官家子經亂産爲四奴所據隻身寄食僧舍皋詰得之悉逮捕諸奴奴懼納二千金乞免佯受之訊伏罪乃出金授纘緒命奴從歸盡還其産柳人歌誦之太和殿大工興使者采木民大恐長老言故明采木於此僵仆谿谷橫藉不可數皋曰上命也何敢匿諱使者至令民前導自控騎偕使者往視巨木森挺絕巘下臨深谷下騎撥使者攀援以登厓益峻無側足所使者咋舌曰是不可取還奏免役民讙呼戴上恩德尋被薦提學四川以母喪解官服闋補陝西平慶道副使遷福建興泉道參政以事左遷旋以恩復職卒於家皋於廣西聲績最著其後稱張克疑賈樸克疑字偉公山西聞喜人康熙十八年進士選庶吉士改刑部主事累遷郎中有獄連執政族人諸司莫敢任克疑請獨任之內務府以其人出使爲辭克疑鉤提益急牒問奉使何地歸何期力請部長入告事雖格聞者肅然出爲廣西平樂知府猺獞雜居盜不可詰克疑至浹月以信義服苗酋獲巨盜二人斃其一宥其一責以偵緝終其任盜不敢窺調廣東潮州屬縣賊蠭起或稱明裔聚衆千餘人克疑疾馳至其地命吏士速據白葉祁山設疑兵賊不敢逼會夜半大風起簡健卒二百斫其營呼曰大兵至矣城中鼓噪出兵以助之賊奔祁山要擊之斬其渠魁三人衆散乞降巡撫將上其功克疑曰此盜耳而稱明裔與大獄株連多恐轉生變乃以盜案結郡有大豪戕親迎者於路而奪其妻克疑微行迹而得之獄成當大辟監司以督撫命爲之請曰稍遲緩之當有以報克疑曰吾官可罷獄不可鬻也卒寘諸法或假親王命以關礦縛執之其人出龍牌克疑命繫之獄以牌申大府情既得立杖殺之丁父憂歸遂不出年七十六卒樸字素庵直隸故城人貢生康熙二十三年授廣西柳州同知有政聲思明土屬負固抗官大吏知其能調任思明治之夜遣健卒潛入山焚賊寨遂出降署思明知府土田州岑氏母子相爭土目陸師等搆之以爲利殺人千餘樸至切諭母子俱感泣師等聚衆謀不軌先懾以兵單騎往曉以禍福乃聽命建明倫堂設義學代完寨士逋糧民立生祠奉之擢貴州平越知府罣誤去官樸在廣西嘗條上邊事巡撫彭鵬奇其才四十年詔舉廉吏鵬特疏薦授江南蘇州知府與吏民相見以誠屏絕請託政聲大起四十六年聖祖南巡幸蘇州嘉其清廉爲吳中最擢江常鎭道吳民數千人遮道請留賢守御書宜民匾額賜之調蘇松常鎭太糧儲道布政使參政仍兼管蘇州府事從民願也革四府徵糧例規積弊一清忤總督噶禮摭事劾之四十九年去官留吳門三年歸里卒

邵嗣堯字子昆山西猗氏人康熙九年進士授山東臨淄知縣有惠政以憂去十九年服闋補直隸柏鄉興水利減火耗禁差擾民安之縣人大學士魏裔介爲嗣堯會試座主家人犯法嚴治之不少貸又有旗丁毒毆子錢家入縣庭勢洶洶嗣堯不稍屈繫之獄移文邵統訊主者主者不敢承具論如法值歲饑或言勸積粟家出粟嗣堯曰人惟不積粟故歲饑則束手吾方蘄令積粟家獲厚利何勸爲已而躅粟者衆歲不爲災有言開滏陽河通舟楫者巡撫于成龍使嗣堯往相度嗣堯力持不可謂此河旱潦不常未可通舟楫即或能通恐舟楫之利歸商賈挑濬之害歸窮民矣事遂寢盜殺人於縣界立捕至置之法或毀於上官以酷刑奪職尚書魏象樞奉命巡視畿輔民爲申訴事得白于成龍復薦之補清苑嗣堯益感奮自勵屢斷疑獄人以包孝肅比之二十九年尚書王騭薦嗣堯清廉慈惠行取擢御史三十年出爲直隸守道持躬清介苞苴杜絕遇事霆發機激勢要憚之所屬州縣肅然奉法三十三年江南學政缺聖祖諭曰學政關繫人材朕觀陸隴其邵嗣堯操守學問俱優若以補授必能秉公校士革除積弊時隴其已卒遂命嗣堯以參議督學江南旣蒞事虛衷衡校論文宗尚簡質著四書講義傳示學者甫試三郡以積勞遘疾卒身無長物同官斂貲致賻乃得歸葬士民思之爲立祠肖像以祀焉聖祖澄清吏治拔擢廉明近畿尤多賢吏如彭鵬陸隴其及嗣堯當時皆循名上達聞於天下鵬及隴其自有傳又有衞立鼎高蔭爵靳讓治績亦足媲美立鼎字慎之山西陽城人康熙二年舉人授直隸盧龍知縣地當兩京孔道驛使旁午供張糗糒悉自營辦不以擾民先是縣中徵糧勺杪以下皆用升合量納草以銀代仍抑價買諸民間立鼎令輸戶合納奇零統歸斛斗徵草則以本色輸民甚便之興行教化獎拔士類不變其俗尤以清廉著稱尚書魏象樞及侍郎科爾坤奉命巡畿內至盧龍已治具不肯食僅啜一甌曰令飲盧龍一杯水耳吾亦飲令一杯水諸大獄悉以咨之立鼎引經準律象樞大稱善于成龍之巡撫直隸也嘗迎駕於霸州奏舉循吏以立鼎陸隴其並稱嗣巡撫格爾古德以事至盧龍謂立鼎曰令之苦無異秀才時秀才徒自苦今令苦而百姓樂非苦中之樂乎疏薦立鼎治行第一靈壽令陸隴其次之內遷戶部郎中秩滿授福建福州知府以年老致仕歸教授鄉里以倡論道學爲事年七十有六卒蔭爵字子和奉天鐵嶺人隸漢軍康熙初調選授直隸蠡縣知縣縣多旗屯居民田之半佃者倚勳貴爲奸利持吏長短河數決孟嘗村歲比不登民大饑蔭爵至曰吾未暇理他政且活民倉有粟二萬石請發以賑牘再上不許請解官乃許之五千石蔭爵曰若令歲又惡民不能償二萬石五千石等死耳吾且活吾民乃盡發之吏出帑五百金貸民種麥夏旱蝗起捕蝗盡秋又大霖雨河暴溢率吏民冒風雨捍禦堤完而歲大熟民乃安某甲以財雄諸佃多爲不法誣諸生爲奴而籍其田按治得實寘之法豪猾懾服莫敢犯令於是設義倉置鄉學尊禮賢士民大和悅調三河一以簡易爲治或問之曰前令已治矣何紛更爲前令彭鵬也聖祖校獵至三河問父老高令與彭令孰賢對曰彭廉而毅高廉而和上稱善擢順天府南路同知于成龍問以捕盜方略條上三事略言盜旗屯爲逋逃藪請嚴保甲首實

之令使無所匿而平日能使之衣食粗足則可不至爲盜成龍韙之會丁父艱歸成龍總督南河築界首隄以屬蔭爵隄成上南巡閱工召見賜克食起復補湖北德安府同知累擢四川松茂道直隸口北道皆有惠政卒於官子其倬官至大學士自有傳讓字益庵河南尉氏人康熙十八年進士授浙江宣平知縣旱災請蠲甚力巡撫張鵬翮以爲賢父憂去服闋授山西汾西會親征漠北供張杜絕擾累民力不足請以正賦辦治行取擢御史數上疏言察吏安民實行教養聖祖諭曰朕御極四十年惟冀天下黎庶盡獲安全邊疆無事如靳讓所言必令家給人足無一人凍餒此非朕所可必者恐其不過徒爲大言曩者錢珏衛既齊亦曾爲此言及後用爲大吏皆不能自踐其語靳讓曾爲縣令其所爲能如是乎通州驛馬事繁著調爲通州知州果能如所言朕即超用上意欲試之也許其便宜敢奏讓布衣羸馬之官皇莊旗莊恣肆病民繩以法不少貸私錢私鑄悉禁止時禁河捕魚誣累平民讓分別治之奸商藉權貴勢謀專賣麥豆及設當肆牟利並拒絕上聞皆韙之會學政更替命九卿舉所知上曰朕亦舉一人命以僉事督學廣西逾年調浙江除弊務盡教士先德行而後文藝値南巡召對褒獎曰汝不負朕舉朕將用汝爲巡撫讓以母老乞終養賜御書天麻堂額以榮其母壽母喪以毀卒

崔華字蓮生直隸平山人順治十六年進士康熙六年授浙江開化知縣政務寬平建塾校藝士爭嚮學縣舊有里總主賦稅橫派滋擾除之又以虛糧爲累請豁於上官未竟其事十三年耿藩亂作縣南犂戶多閩人豎旗以應城守千總吳正通賊陷城露刃相逼華從間道出檄石十六都義勇鄭大來夏祚等涕泣開諭立聚萬人躬冒矢石閱五日城遂復總督李之芳上其事詔嘉之時閩寇方熾分三路犯浙衢州當中路之衝縣城再陷慘掠尤甚民無叛志華率兵退保遂安圖恢復時出有所擒斬大兵抵衢州久與賊持十五年春始遣將由遂安復開化至秋大破賊軍浙境漸清流亡初集積逋尤多華圖上遺黎困苦狀乞爲請命盡蠲十三年至十六年額賦贖民之流徙者俾得完聚疫癘盛行廣施藥餌全活無算先後論功十九年擢江南揚州知府值湖河並漲屬縣被災者衆華加意撫恤二十三年命九卿舉中外清廉之吏廷推七人外吏居其三華爲首焉擢署兩淮鹽運使軍興商困乃權宜變通令先行鹽後納課務與休息商力甦而賦亦無缺先是湖南諸府因兵蠲引三十九萬有奇至是有請補行蠲引者華以兩淮浮課重又帶加斤若補蠲引必致額售者滯銷誤課力言不便事得寢三十一年遷甘肅莊涼道未行卒淮商祠祀之周中鋐字子振浙江山陰人康熙中爲江南崇明縣丞崇明故重鎭兵籍千人欲預取軍食於官不獲鼓刃譁噪官吏咸避匿中鋐獨挺身前宣布順逆利害感切聳動衆皆投械散擢華亭知縣民有被誣殺人久繫獄中鋐立出之而坐其實殺人者提標兵庇盜前令莫敢問中鋐捕治置諸法境內又安四十三年秋大霪雨以風海水驟溢漂數縣迺具衣糗棺櫝救卹之又爲請賑蠲租活民甚衆雍正四年以催科不及格罷縣民萬數遮言上官聞於朝得復職時左都御史朱軾被命修海塘知中鋐賢悉以事付之塘成丁母憂民復籲留中鋐先已擢松江知府至是予假治喪還視府事五年議濬淞婁諸水以中鋐署太倉知州董其役六年二月築壩於陳家渡一再潰與千總陸某晝夜冒險指揮倉卒覆其舟旣歿而築合事聞贈太僕寺少卿當中鋐令華亭時奉賢猶隸境內後析爲縣中鋐適爲知府至是民懷其澤奉以爲奉賢城隍之神歲時祈報著靈異長洲王苣孫爲廟碑紀其事道光七年巡撫陶澍復濬吳淞江疏請立廟江干

劉棨字弢子山東諸城人康熙二十四年進士三十四年授湖南長沙知縣以廉明稱時訛言裁兵撫標千人環轅門大譟棨爲開陳大義預給三月餉示無裁意衆乃定總督吳琠以循良薦之三十七年擢陝西甯羌知州關中大饑漢南尤甚州無宿儲介萬山中艱於輓運棨請貸鄰邑倉粟約民能負一斗至者予三升不十日輓三千石大吏下其法賑他邑咸稱便又奉檄賑洋縣移粟沿漢而下棨先偏歷審勘剋期給發數日而畢謂洋令曰此粟貸之官倘民不能償吾兩人當代任比秋大熟洋縣民相勉還粟不煩催督始甯羌地苦凋瘵棨爲均田額完逋賦補棧道修旅舍安輯招徠期年而廬舍萃集山多槲葉民未知蠶遣人旋鄉里齎蠶種募善蠶者教之人習其利名所織曰劉公綢士苦無書爲召賈列肆分購經籍建義塾親爲講解四十一年擢甘肅甯夏中路同知未赴母憂去以代民完賦負累不能行屬弟代售遺產不足勇並以己產易金償負民聞之爭輸金爲助卻不受服闋補長沙府同知入覲奉溫旨試文藝於乾清門即日擢山西平陽知府裁汰陋例蠲除煩苛訟牘皆立剖決之四十八年九卿應詔舉廉能吏以知府被舉者惟棨與陳鵬年二人四十九年擢直隸天津道副使迎駕淀津詔許從官恭瞻親灑宸翰棨因奏兄果昔官河間知縣奉清廉愛民之褒乞賜御書清愛堂額上允之歷江西按察使四川布政使五十五年上詢九卿本朝清介大臣數人求可與倫比者九卿舉四人棨與焉駕幸湯泉又以棨治狀語諸從臣會廷推巡撫共薦棨上嘉納之以四川用兵未輕調五十七年卒於官兄果官山西太原府推官有聲改河間知縣康熙八年駕幸河間問民疾苦父老陳果治狀召見褒之卒祀名宦棨子統勳孫墉曾孫鐶之並爲時名臣自有傳

陶元淳字子師江蘇常熟人康熙中舉博學鴻詞以疾不與試二十七年成進士廷對論西北賦輕而役重東南役均而賦重願減浮額之糧罷無益之費閱者以其言戇置二甲三十三年授廣東昌化知縣到官首定賦役均糧於米均役於糧裁革雜徵自坊里供帳始相率以力耕爲業縣隸瓊州與黎爲界舊設土舍制其出入吏得因緣爲奸元淳立撤去一權量定法度黎人便之城中居人舊不滿百家至此戶口漸蕃元淳時步行閭里間周咨疾苦煦嫗如家人瓊郡處海外軍將多驕橫崖州尤甚元淳嘗署州事守備黃鎭中以非刑殺人游擊余虎縱不問且貪索黎人獻納元淳廉得其狀列欵以上虎私以金賄之不得造蜚語揭之總督石琳下瓊州總兵會訊元淳申牘曰私揭不應發審鎭臣不應侵官必挫執法之氣灰任事之心元淳當棄官以全政體不能蒲伏武臣貽州縣羞也初鞫是獄鎭中令甲士百人佩刀入署元淳據案怒叱曰吾奉命治事守備敢令甲士刦持是藐國法也鎭中氣懾疾揮去卒定讞論罪如律生人爲語曰雖有余虎不敵陶公一怒而總督卒因元淳倔彊坐不檢驗失實會赦免復欲於計典黜之巡撫蕭永藻初授事曰吾初下車便劾廉吏何以率屬爲言於總督乃已元淳自奉儉約在官惟日供韭一束喜接諸生講論至夜分不倦屢乞病未果竟以勞卒於官昌化額田四百餘頃半淪於海賦不及二千浮糧居三之一民重困元淳爲浮糧考屢請於上官乞豁除無應者乾隆三年元淳子正靖官御史疏以入告竟獲俞旨免焉

廖冀亨字瀛海福建永定人康熙二十九年舉人四十七年授江蘇吳縣知縣値歲旱留漕賑饑不足自貸金易米以濟士人感其誠相率捐助賑以無乏吳中賦額甲天下縣尤重冀亨減火耗用滾單民皆稱便知收漕弊多拘不法者重治之凡留難勒索踢斛淋尖高颺重篩諸害掃除一清太湖中有蘆洲或犂成田或種蓮養魚官吏輒假淸丈增糧名以自利冀亨曰湖蕩偶爾成田未可久持今增其賦朝廷所得幾何而民累無盡期一無所問初冀亨佐任時有吳人語之曰吳俗健訟然其人兩粥一飯肢體薄弱凡訟宜少準速決吏加二字曰從寬冀亨悚然受之收詞不立定期民隱悉達嘗自謂訟貴聽聽之明乃能速決而無寃抑在吳三年非奸盜巨猾行杖無過二十蓋守此六字箴也有庠生授徒鹽商家自刎死勘得實或有誘其受賄者冀亨無所避卒釋鹽商勿罪東山巡檢報鄉人弒父母嫂未遂自盡冀亨方秉二燭閱其詞燭無風齊滅知有寃翌日渡湖往驗大風舟幾覆從者色變冀亨曰縣官伸寃理枉而來神必佑之何懼須臾抵岸訊得父故殺狀巡檢得賄誣報俱論如律冀亨既有聲於吳他縣疑獄往往令推治會有宜興知縣誣竊與典史故勘平民爲盜刑夾致死冀亨奉檄按驗知縣者總督噶禮之私人也或告宜少假借冀亨不爲動檢踝骨無傷原揭皆誣獄上噶禮屢駁詰再三審卒如冀亨議以是忤總督時巡撫張伯行以清廉著深契冀亨布政使陳鵬年尤重之而噶禮不懌於伯行尤惡鵬年四十九年鵬年被劾並及冀亨以虧帑奪職逾年噶禮敗冀亨始復原官以病不赴選及卒吳人祀之百花書院冀亨歿後家留於吳入籍嘉定曾孫文錦嘉慶十六年進士由翰林出爲河南衛輝知府有惠政祀名宦文錦子惟勳道光十三年進士亦由翰林爲貴州鎭遠知府撫苗有法終貴陽府

佟國瓏字信侯奉天人隸漢軍籍康熙三十年由筆帖式授山東文登知縣縣俗悍有勸治宜嚴峻者國瓏曰爲政在誠心愛民興利除害化導之而已嚴峻非民之福也副將某以暱妓蝕餉軍大噪夜半斬關出屯東郊國瓏聞變單騎往諭曰吾與軍民同疾苦有寃當訴我何妄動爲衆猶洶洶國瓏當砲立曰吾不忍見爾曹族誅請先試若砲衆動色曰公廉明軍何敢犯然事已至此奈何國瓏力任保全究其故得實縛妓挾之衆泣拜而散副將尋被劾去歲饑奸民騷動國瓏歷村墟給賑撫諭捕治凶渠民賴以安邑豪宋某以鄰婦貸錢不償息殺之吏役得賂皆爲豪掩又以千金賄國瓏國瓏怒覆驗婦有重傷鞫得其情置豪於法邑故瀕海副將林某縛商船之泊島嶼者數千人指爲寇國瓏訊釋之別捕誅眞盜四十餘人五十年擢山西澤州知州歲祲發常平倉以貸民剋期輸還無爽又減耗羨革陋規省徭役平物價民情大悅國瓏嘗以論事忤太原知府某某嗾人誣揭之坐罷任州民鳴鑼鼓罷市欲詣闕旣而得白留原任時平陽民變巡撫檄國瓏以兵往國瓏曰是速之亂也單騎馳赴民皆額手曰佟公至吾屬無慮矣乃安堵受撫五十九年以疾乞免後以所屬高平令

鬻産被逮責償萬金民感其惠捐金投州庫代償其半云

陸師字麟度浙江歸安人少負文名康熙四十年進士授河南新安知縣修學校集諸生治經童子能應試者免其徭民興於學響馬賊李國玉爲患久捕誅之巡鹽使者下縣取鹽犯四十人師曰律以人鹽並獲始爲犯今勘犯止二人何濫爲父憂歸在途有六七騎挾弓矢驅牛車載婦女三十餘人言歸德饑民某將軍買以歸者也師叱止之令官還婦女於其家白將軍收其騎卒或謂已去官胡怍將軍師曰知縣一日未出境忍以饑民婦女媚將軍耶服闋補江蘇儀徵有盜引良民爲黨師親馳往捕見壞器滿地言有暴客食此不償值因而鬭毀詰其人狀與盜肖事得白春徵勸富戶先輸秋則減其耗令自封投櫃故事驛夫臨時取給鋪戶倉猝滋擾一切禁革但令戶日賦一錢歸驛商買以安揚州五縣饑大吏令縣各以五千金糴穀備賑具舟車往則虛而歸師察知府意欲縣官借補所虧也力爭於是五縣皆得穀以賑卻鹽商例餽固請乃籍其入以修學宮具祭器樂舞浚泮池植桃李其上修宋文天祥祠又以其餘建倉廒潔治囹圄質庫書票故有月無日勿論久近皆取一月息師辭其歲餽令視他縣月讓五日舊有豬稅下令蠲除之課最行取擢吏部主事升員外郎掌選有要人求官力持不可督山東礦務條上開採無益罷其役還擢御史巡河獄獄皆稱職康熙六十一年河督陳鵬年疏請以師爲山東兗沂曹道未到官卒祀名宦祠

龔鑑字明水浙江錢塘人早與同郡杭世駿齊名雍正初以拔貢就選籍授江蘇甘泉知縣縣新以江都析置故脂膏之地鑑恥爲俗吏一以子惠黎元振興文教爲己任故某侍郎子與有舊入謁有所屬拒之有同城官爲大吏所昵令伺察屬吏者有挾而請又拒之巨室延飲又拒之於是大江南北盛傳甘泉令不近人情鑑益自刻苦無一長物縣境邵伯埭受高寶諸湖之水地卑下鑑謂當於農隙運土築高埂沿隄爲防以徐議溝洫隄上即植桑興蠶事其西境地高泱旬不雨即龜坼宜每一里爲水塘以蓄之如是則高下之田俱無患大吏韙之然不能行邵伯埭下有芒稻河設閘洩水尤要值大水泛溢鑑冒雨至呼閘官洩之閘官以鹽漕爲言不可會總河嵇曾筠視河至鑑直陳厲聲訶閘官曾筠即令啟閘又用鑑言定鹽漕船過湖需水不過六尺過即啟閘無得藉口蓄水爲民田患每歲旱江都之鰥寡孤獨多入甘泉部中西湖聖因寺僧明慧者侍前在內廷法會恩寵干求徧於江浙一日以書幣關白鑑杖其使而遣之事流傳上聞世宗召明慧還京錮不許出當是時甘泉令聲聞天下在任六年以父憂去官貧至無以葬河南巡撫尹會一故爲揚州守雅與鑑善招之欲使主大梁書院以修脯助葬遂卒於河南鑑湛深經術能摘先儒之誤顧書多未成所成者毛詩疏說闡明李光地之說爲多

清史稿　列傳

循吏二

陳悳榮　芮復傳 蔣林

閻堯熙 王時翔　藍鼎元

葉新 施昭庭　陳慶門

周人龍　童華 黃世發

李渭　謝仲坃 李大本

牛運震 張甄陶　邵大業

周克開 鄒臺 周際華 唐基潤 言如泗　汪輝祖 茹敦和 朱休度

劉大紳 吳煥彩 邵希曾 紀大奎

陳悳榮字廷彥直隸安州人康熙五十一年進士授湖北枝江知縣修百里洲隄除轉餉雜派雍正三年遷貴州黔西知州父憂歸服闋署威甯府未幾威甯改州補大定知府烏蒙土司叛東川鎮雄附之悳榮赴威甯防守城陴頹圮倉猝聚米桶實土石比次甃築墉堞屹然賊焚牛衛鎮去城三十里悳榮日夜備戰賊不敢逼總兵哈元生援至賊敗走尋以母憂去官服闋授江西上饒九南道九江大孤兩關錮弊盡革之乾隆元年經略張廣泗疏薦擢貴州按察使時羣苗交煽軍事方殷古州姑盧朱洪文諸叛案悳榮治鞫詳慎重輕咸稱其情衆心始安及苗疆漸定駐師與屯將吏多以刻急見能二年貴陽大火悳榮謁經略曰天意如此當竭誠修省苗亦人類曷可盡殺廣泗感動戒將吏如悳榮言四年署布政使疏言黔地山多水足可以疏土成田小民難於工本不能變瘠爲腴山荒尤多流民思墾輒見撓阻桑條肥沃亦不知蠶繅之法自非牧民者經營而勸率之利不可得而興也今就鄰省雇募種棉織布飼蠶紡績之人擇地試種設局教習轉相仿效可以有成應責各道因地制宜隨時設教一年必有規模三年漸期成效詔允行乃給工本築壩堰引山泉治水田導以蓄洩之法官署自育蠶於省城大興寺繅絲織作使民知其利六年疏陳課民樹杉得六萬株七年貴筑貴陽開州咸甯餘慶施秉諸州縣報墾田至三萬六千畝開野蠶山場百餘所比戶機杼相聞悳榮據以入告數被溫旨嘉獎又大修城郭壇廟學舍廣置栖流所收行旅之病者益四糧冬寒恤老疾煢孤之無衣者親課諸生勗以爲己之學設義學二十四於苗疆風氣不變十一年遷安徽布政使振鳳潁水災流移獲安十二年卒於官悳榮在貴州興蠶桑爲百世之利時遵義知府陳玉壂山東歷城人到郡見多槲樹土人取爲薪炭玉壂曰此青萊樹也吾得以富吾民矣乃購歷城山蠶種兼以蠶師來試育五年而蠶大熟獲繭八百萬自是遵綢之名大著正安州吏目徐階平亦自浙江購繭種仿玉壂行之正安亦大食其利遵義鄭珍著樗繭譜以傳玉壂遺法

芮復傳字衣亭順天寶坻人原籍江蘇溧陽康熙四十八年進士授浙江錢塘知縣悉除諸無名錢曰官足給饔飧而已有金三者交通上官署爲姦利立逮杖斃之一時大快五十八年大旱復傳勘實上狀上官欲寢之固爭曰律有揑災匿災並當劾某今日請受揑災罪時同城仁和民千人跣走闔署曰錢塘爲民父母仁和獨不父母我耶上官感動竟以災聞開倉行賑復傳設粥廠二十有七徵行覘視治胥吏之侵擾者帑不費而賑溥駐防營卒馳躪民田便宜懲治輒縛而鞭之治績上聞世宗特召引見擢溫州知府故事貢柑歲期至織造封園民以爲累復傳第取足供貢不使擾民府境私鹽充斥設三關集竈戶平其直私販息官鹽不督自行天台山東南有山曰玉環在海中總督李衞欲開田設治檄復傳往勘以徒費無益陳請罷之衞怒檄他吏往意必行時山中田僅二萬畝乃割天台樂淸兩縣民田隸玉環經費不足則捐通省官俸又加關津一切雜稅以給之弛山禁漁者往來並稅曰塗稅既而漁者不入山者度關納稅亦徵其塗稅復傳爭曰是重稅也具牘凡七上衞益怒以爲阻撓玉環墾田事蜚語頗聞劉統勳奉使視海塘過溫州語之曰君與李宮保兩雄不相下不移不屈君之謂乎尋擢溫處道會銅商積弊敗露復傳持法又揭劾知府尹士份不職士份反誣以阻商誤銅大吏故嫉之遂幷劾復傳解任總督趙宏恩質訊坐失察關吏舞弊奪職會高宗登極詔仍留浙江辦銅●竣例得復官以親喪歸遂不出家居三十餘年卒年九十有四

蔣林字元楚廣西全州人康熙五十四年進士選庶吉士授檢討直南書房十年不遷大將軍年羹堯欲辟爲幕僚林急告歸尋調戶部郎中出爲福建邵武知府以事解職詔發浙江歷杭州嚴金華三府在杭州值織造隆昇建議改海門尖山海口別開河以固海塘林極言不可曰能使海不潮則役可興否則勞民傷財萬無成理上書督撫俱不省雍正十二年三月夜牒下索杭夫萬五千人合旁郡無慮數萬人期三日集海上林又爭曰田蠶方亟期會迫萬一勿戢奈何必不得已俟蠶功畢隆昇怒督益急以抗旨脅之四月送役往面詰以工不可成狀隆昇益怒留林督役以困之冒雨撫循泥深沒脛役人感其誠咸盡力隆昇復虐使勸以捶撻衆屢譁譟微林事幾殆役迄無成隆昇得罪去乾隆初召至京入對即日擢長蘆鹽運使曩時院司歲各費數萬緡林率以儉歲費百緡而已羨餘悉歸公居四年以親老乞養高宗曰世乃有不願久爲長蘆運使者耶久之卒於家

閻堯熙字涑陽河南夏邑人原籍山西太原康熙四十五年進士五十二年授直隸藁城知縣滹沱常以秋溢築隄樹木樁以捍其衝夾岸種柳隄固水不爲患雍正元年調南宮擢晉州知州州瀕滹沱河河決徙道蕩析民居堯熙爲籌安集民免於患扶攜老稚來謝堯熙曰此朝廷恩我何與令望闕拜人給百錢以資裹糧散錢十萬咸感泣曰眞父母也怡賢親王奉使過境聞其名奏循良第一擢山東青州知府未之官改授浙江嘉興俗健訟良懦不得直訟府下縣或不理奸猾益無忌堯熙始至日受狀三百比對簿自請息者二百餘庭折數十各得其情豪民張某稔惡訊實杖殺之民皆稱快屬縣賦重名目糾紛里胥因緣爲姦民完如額官不知民亦不自知官累以缺賦課殿去堯熙巡行淸理民始知額歲無逋賦海鹽縣塘工不就總督李衞聽浮言欲開引河洩潮堯熙言潮水入內河田皆傷非特壞廬舍糜帑金已也議遂罷營弁緝私鹽縱其梟持他人抵罪堯熙言其誣總督不聽庭爭再三總督乃自勘釋之愈以賢堯熙累擢湖北按察使四川布政使皆持大體有惠政乾隆七年卒於官堯熙質直好面折人過雖上官不少避然勇於從善在川藩多得成都知府王時翔之助人兩賢之時翔字皋謨江蘇鎮洋人爲諸生積學未遇雍正六年世宗重選守

令命中外官各舉一人同州人沈起元官興化知府以時翔應詔即授福建晉江知縣時福建吏治頽廢遣使按視多更諸守令有司頗尙操切晉江民好訟時翔至曰此吾赤子忍以盜賊視乎一以寬和爲治坐堂皇呴呴作家人語曲直既判令兩造釋忿相對揖由是訟者日衰觀風整俗使劉師恕按泉州委時翔鞫疑獄二十餘事語人曰晉江長者決獄又何精敏也尋調政和又調甌甯攝漳州府同知駐南勝南勝民族居峒中多械鬬有賴唱者糾衆奪犯匿險自固時翔親入山諭之曰汝諸賴萬人奈何庇一人而以死殉耶爲我縛唱來即無事唱不得已自縛出治如律瀨子坑民葉揚煽亂時翔謂緩之可一紙定或張其事大吏檄入山勦之事平意不自得乞病歸乾隆元年以薦起山西蒲州府同知攝成都知府以廉率屬善審機要錢價騰布政使榜平其直市大譁時翔方在假召成都華陽二令曰市直當順民情抑之錢閉不出奈何言於布政撤其榜錢價尋平議徙涼州兵於成都拓駐防城當奪民居二千家時翔檢故牘請曰城故容兵三千見兵一千五百尙虛其半第出見所侵地足矣奚拓爲已而涼州兵亦不果徙成都當康熙時人希穀賤旗兵利得銀至雍正以後生聚多穀貴又願得穀或徇其意令民受銀購穀給兵未幾漢兵亦欲仿行時翔曰旗兵例不出城語言與土人殊故代購漢兵皆土著奚代爲二事亦賴布政力主其議得止至七年江南湖廣災巡撫奏運蜀米四十萬石濟之湖廣急米來販運江南則否巡撫乃檄下縣餽運舳艫蔽江商賈不通成都薪炭俱絕時翔謂江南運可緩徙病蜀請獨運楚而聽商人自運江南時堯熙既歿竟無用其言者時翔在成都屢雪疑獄時稱神明九年卒

藍鼎元字玉霖福建漳浦人少孤力學通達治體嘗泛海攷求閩浙形勢巡撫張伯行器之曰藍生經世之良材吾道之羽翼也康熙六十年臺灣朱一貴倡亂鼎元從兄南澳鎭總兵廷珍率師進討多出贊畫七日臺灣平復從廷珍招降人殄遺孽撫流民綏番社歲餘始返著論言治臺之策大意謂土地有日闢無日蹙經營疆理則爲戶口貢賦之區廢置空虛則爲盜賊倡亂之所山高地肥最利墾闢利之所在人所必趨不歸之民則歸之番與賊即使內亂不生寇自外來將有日本荷蘭之患不可不早爲措置時議者謂臺灣鎭當移澎湖鼎元力言不可大吏採其說見諸施行鼎元復爲臺灣道條十九事曰信賞罰懲訟師除草竊治客民禁惡俗儆吏胥革規例崇節儉正婚嫁興學校修武備嚴守禦教樹畜寬租賦行墾田復官莊恤澎民撫士番招生番後之治臺者多以爲法雍正元年以選拔入京師分修一統志六年大學士朱軾薦之引見奏陳時務六事世宗善之尋授廣東普甯知縣在官有惠政聽斷如神集邑士秀異者講明正學風俗一變調權潮陽縣事歲荐飢多逋賦減耗糧除苛累民爭趨納妖女林妙貴惑衆寘之法籍其居建棉陽書院以忤監司罷職總督鄂彌達疏白其誣徵詣闕逾年命署廣州知府抵官一月卒鼎元尤善治盜及訟師多置耳目勍捕不稍貸而斷獄多所平反論者以爲嚴而不殘志在經世而不竟其用著鹿洲集東征集平臺紀略棉陽學準鹿洲公案傳於世

葉新字惟一浙江金華人康熙五十一年順天舉人從蠡縣李塨受業立日譜自檢尤嚴義利之辨雍正五年以知縣揀發四川授仁壽縣有與鄰縣爭地界者當會勘鄉保因鬮人以賄請新怒悉下之獄勘畢各按其罪由是吏民斂手奉法署嘉定州故有沒水田多逋賦新親曠土可耕者召民墾闢以新科抵賦額舊逋悉免時仁壽採木部匠倚官爲暴民勿堪糾衆相抗縣以變告檄新往治之抵匠頭及首糾衆者於法餘釋不問遷卭州知州再遷夔州府同知署龍安及成都知府又署瀘州知州訟者至立剖決滯獄一空治瀘兩載俗一變焉新自授夔州同知閱五載始一蒞任尋又署保甯順慶兩府攝雅州知府母憂歸乾隆十年服闋補江西建昌修盱江書院招引文士與講論學術復南城黃孝子祠以勵民俗十三年南豐令報縣民饒令德謀反令德好拳勇令以風聞遣役往偵誤探其讎謂謀反有據遂逮令德適他往乃逮其弟繫獄令德歸自詣縣受刑誣服雜引親故及鄰境知識爲同謀追捕蔓及旁郡新得報集諸囚親鞫株連者已七十餘人言人人殊新詰縣役捕令德弟狀役言初至其家獲一篋疑有金寶匿之及發視無所有棄之野令聞意篋有反迹訊以刑妄稱發篋得簿劄納賄毀之矣令謂實然遂逼令德誣服新於是盡釋七十餘人縲絏命隨往南昌戒之曰有一逋者吾代汝死矣及至七十餘人則皆在謁巡撫具道所以巡撫愕不信集才能之吏會勘益雜逮諸所牽引卒無據而巡撫已於得報時遽上奏朝命兩江總督委官鞫讞新爲一一剖解得白所全活二百餘人十七年調贛州有贛縣搶奪拒捕之獄値改例新舊輕重懸殊新謂事在例前當依舊比爭之不得復以寗都民獄事與同官持異同不得直謝事閉門候代上官慰諭不從遂以任性被劾免歸欣然曰今而後可無疚於心矣家居十餘年卒

施昭庭字鶚瞻江蘇吳縣人康熙五十四年進士授江西萬載知縣地僻多山客民自閩粵來居之累年積三萬餘人號曰棚民溫尙貴者臺灣逸盜也亦處山中雍正元年福建移捕盜黨急尙貴謀爲變始昭庭之至也以棚民爲慮厚禮縣人易廉野使偵之廉野積粟貸棚民不取息或免償得棚民心其才者嚴林生羅老滿從廉野游盡得山中要領尙貴將舉事廉野以聞昭庭林生老滿率勇敢三百人待之尙貴有衆二千肆掠昭庭曰賊易破也然慮其擾傍縣撫賊諜使誑尙貴趨萬載乃張疑兵於山徑賊不敢入由官道來預設伏叢棘中伺賊過突出擊殺賊數中伏疑駭逆擊之一戰獲尙貴尙貴起二日而敗又二日而撫標兵至初棚民與市人積嫌事起道路洶洶指目棚民昭庭以免死帖與諸降者取棚民不從賊者結狀兵至搜山不戮一人巡撫初到官張其事入奏既見縣申狀不合欲改之昭庭不可又謂棚民匿盜從亂今雖赦之必驅歸本籍昭庭曰棚民種植自給非刀手老瓜賊之比歷年多生齒衆聞與居民爭訐細故不必深懲今亂由臺灣逸盜而平盜悉資棚民力請嚴戶口編保甲泯其主客之形寬其衣食之路長治久安於計便總督查弼納許之巡撫尋亦悟如昭庭策棚民乃安事聞世宗諭九卿曰知縣以數年心力辦賊巡撫到官幾日豈得有其功耶獨下總督疏議敍以主事知州用尋引疾歸卒於家

陳慶門字容駉陝西盩厔人雍正元年進士從鄂王心敬講學養親不仕母王趣之乃謁選七年授安徽廬江知縣修建文廟規制悉備大濬城濠置義田二百畝有奇贍養煢獨立社倉四所積穀以貸平民縣民舊習止知平疇種稻高阜皆爲棄壤因市牛具仿北方種植法躬督墾闢遂享其利尋署無爲州事州瀕江上下二百里率當水衝前人築埽四常沒於水慶門於鮑魚橋鮀魚口二處樹樁編竹實土爲垻坡又取亂石塡擲水中水停沙淤久而成洲民免墊溺之患又署六安州舊有水塘議者欲墾塘以爲田將絕灌溉之利慶門力言於上官事乃寢十一年擢亳州知州俗悍好羣鬬倚蠹役表裏爲奸慶門廉得其魁黨先後杖遣數百人又好訟仿古鄉約法使之宣導排解勤於聽斷日決數十事不數月澆風一變州瀕湖地窪下用秦中收淀之犂法督民挑濬地下者漸高水歸其窒農田賴焉母憂歸乾隆元年服闋以大臣薦補四川達州知州境環萬山歲常苦旱教民種旱稻始無艱食之憂隣郡巴州桑柘素饒乃買桑徧植教以分繭繅絲之法獲利與巴州等時川東多流民官廩不給遂釐別田之被隱占者爲義產以贍之全活甚衆建宣漢書院聘名流教授文風漸振未幾乞病歸著仕學一貫錄世以儒吏稱之

周人龍字雲上直隸天津人康熙四十八年進士授山西屯留知縣興學賑荒有聲調淸源境內洞渦嶫峪諸河入汾常有水患濬渠築堰民賴之歷忻州直隸州知州蒲州知府蒲郡瀕黃河河水遷徙無常山陝兩省民隔河爭地訟數十年不結人龍請於大吏曰臨河灘地當以河爲界河東遷則山西無地之糧歸陝西河西遷則陝西無地之糧歸山西糧隨地起不缺正賦因地納糧無累民生山陝沿河二千餘里凡兩省湮沒之地令地方官照糧查地按地過糧除鹵城者照例題請免徵其餘水退之地招令沿河民認糧承種庶事無偏枯爭訟可息大吏從其議至今便之雍正初有言丁糧歸地便於無力之丁不便於有田之家人龍駁之略曰有田者尙以輸納爲艱豈無田者反易君子平其政焉得人人而悅之今不悅者不過紳衿富戶而大悅者乃在煢煢無告之小民若因其控告而不行則豪強得志而窮民終於無告此議在當日未行則已今行之數年勢難中止窮民狃於數年樂利必不安於一旦變更且富民少而窮民多不當以彼易此議上事乃定以憂去官服闋補湖北安陸數月擢江西督糧道未行江水決鍾祥三官廟隄及天門沙溝垸招集鄰縣民諭以利害曰築禦踴躍荷畚鍤至者數萬人親冒風雨率以施工或勸其已遷官何自苦人龍曰助夫由我招至我去即散矣伏汛一至民何以堪閱兩月工成安陸人尸祝之江西漕糧徵運素多弊嚴立規條宿蠹一淸乾隆十年乞病歸卒

童華字心樸浙江山陰人年未冠爲諸生長習名法家言出佐郡邑治雍正初入貲爲知縣時方修律例大學士朱軾薦其才世宗召見命察賑直隸樂亭盧龍兩縣報饑口不實華倍增其數怡賢親王與朱軾治營田水利至永平問灤河形勢華對甚晰王器之尋授平山知縣邑災不待報遽出倉粟七千石貸民擢眞定知府權按察使以前在平山發粟事部議免官特詔原之怡賢親王奏以華理京南局水利華度眞定城外得泉十八疏爲渠漑田六百畝先後營田三百餘頃滏陽河發源磁州州民欲獨擅其利自春徂秋閉閘蓄水下游永年曲周滴涓不得時改州歸直隸以便控制華建議仿唐李泌明湯紹恩西湖三江兩閘遺規計板放水數縣爭水之端永息華又以北人不食稻請發錢買水田穀運通倉省漕費民得市稷黍以爲食從之調江蘇蘇州會淸查康熙五十一年以來江蘇負課千二百餘萬巡撫督責急逮捕追比無虛日華固請寬之

巡撫怒曰：汝敢逆旨耶？對曰：華非逆旨，乃遵旨也。上知有積欠，不命嚴追而命淸查，正欲晰其來歷，查其委曲，或在官，或在役，或在民，或應徵，或應免，了然分曉，奏請上裁，乃稱詔書意。今奉行者不顧名思義，徒以十五年積欠立求完納，是暴征，非淸查也。今請寬三月限，當部居別白，分牒以報。巡撫從其請，乃盡釋獄繫千餘人，次第造册請奏。時朝廷亦聞江南淸查不善，下詔切責，如華言。浙江總督李衞嘗捕人於蘇，華以無牒不與，衞怒，蜚語上聞。世宗召見，責以沽名干譽。對曰：臣竭力爲國近沽名，實心爲民近干譽。上意解，命往陝西以知府用。署肅州，佐經略鄂爾泰屯田事，鑿通九家窰五山，引水穿渠，溉田萬頃。以忤巡撫被劾罷官。乾隆元年，起福州知府，調漳州。頗好長生術，招集方士，習丹家言。復劾罷歸，數年卒。華剛而忤時，屢起屢蹶。在蘇州，民德之尤深，以比明知府況鍾。當世宗治畿輔營田時，所用者多一時賢守令，有黃世發，名與華相埒云。世發字成憲，貴州印江人。康熙三十五年舉人，授直隸肅寧知縣。舊例錢糧加一二作耗銀，世發亦收之而不自用，雜派畝銀三四錢悉除之。縣有役事，若修學校、繕城垣及上官別有攤派，即以耗銀應。河間府檄修府城，親齎餱糧，出錢雇役，不以擾社甲。視民如家人，教以生計，坑塹荒地，令穿井耕種，緣城植桑柳樹萬株，凡水車、蠶箔、糞灌、紡績，悉爲經畫。復鬭護城廢地，穿池種稻以導之。建社學，教以孝親敬長，贖官田九十餘畝，以其租爲學者膏火，旬三日集諸生講學會文，士有自鄰縣來學者。雍正三年，水災，大吏遣官履勘，世發不能得其意，被劾罷。士民呼籲挽留，特詔復官，加四品銜，已，晉授按察使兼直隸營田觀察使。巡行勸民農桑，察水利可興者，所至剴切宣諭，民多興起，修隄墾田，變汙下爲沃壤。最後開易州水峪田，經營年餘，以勞卒。

李渭，字菶涯，直隸高邑人。父兆齡，康熙中官福建閩清知縣，以廉能稱。渭，康熙六十年進士，授內閣中書，遷刑部主事。雍正二年，出爲湖南岳州知府。詔許密摺奏事，忤大吏，左遷武昌府同知，未之任，丁母憂。服闋，授四川嘉定知府，復以爭冤獄忤上官。渭曰：吾官可棄，殺人媚人不爲也。奉檄賑重慶水災，多所全活。父憂歸，後補河南彰德。萬金渠源出善應山，環府城入洹河，灌田千數百頃，山水暴發易淤，渭履勘濬治，增開支河，建閘啓閉，定各村分日用水，歲以有秋。漳河嘗孔道，舊設草橋於臨漳，道回遠，移於豐樂鎭，行旅便之。雩武安民班某誣殺族兄獄，林縣富室毆人死，賂屍屬以病死報，渭驗屍，發骨盡碎，治如律。舉卓異。乾隆九年，擢山東鹽運使。時議增鹽引，渭以增引則商不能賠，必增鹽價，商民且兩病，持不可。十二年，山東大水，大吏檄渭勘災，至益都、博興、樂安諸縣，餓莩載途，而有司先以未成災報，已入告，難之。乃請以借作賑，異日免追，民乃蘇。十三年，就遷按察使，折獄平。嘗曰：古人言求其生而不得，今俗吏移易獄詞，何求生不得之有？然如死者何？此婦寺之仁，非持法之正。尋遷安徽布政使，禁革徵糧長單差催法，以杜詭寄。調山東，墾荒令客民帶完舊欠，免鄰保代賠逃戶之累，民便之。爲政持大體，不吝出納，不輕揭一官，馭吏嚴而不念舊過。十九年，卒於官。子經芳，乾隆中官至湖南施南知府，亦廉謹，守其家風。

謝仲坃，字孔六，廣東陽春人。雍正元年舉人，登明通榜，初官長寧教諭。乾隆初，擢授湖南常甯知縣。峻却餽遺，履鄉自裹行糧，嚼生萊菔供饌。月兩課士，以節行相勸勉。調平江，再調衡陽。前令李澎徵漕米浮收斛面，糧儲道謝濟世發其奸。時巡撫許容方以浮收誣劾濟世，總督孫嘉淦亦徇巡撫意，故濟世與澎並免。言官論奏，朝命侍郎阿里袞往按。署糧道倉德又因布政使函屬改換衡陽浮收詳文，據以上揭，詔責切究。事急，澎則盡出賄賂簿以脅上官。阿里袞重興大獄，欲出澎浮收罪，與濟世俱復官。仲坃乃重治澎丁役，以決罰過當被劾罷官。逾年，特起爲衡山知縣。以讞巴陵獄，巡撫與按察使互奏，奉旨引見，擢荆州府通判。又以歸州縱盜冤良之獄，自巡撫、按察以下皆被重譴，仲坃承審時堅不會印，特旨召對，擢常德府同知。歷署襄陽、寶慶、宜昌、武昌、永順、岳州、永州七府知府，護永郴桂道。正躬率屬，屏絕請託，暇輒延耆士論學不倦。仲坃官湖南先後三十年，長於折獄，大吏倚重，歷奉檄鞫獄二百餘，多所平反，以直戇名。乾隆三十七年，在永州議改淮引食粵鹽，格於例不行，遂以目疾請告。解組日，貧如故。卒於家。李大本，字立齋，山東安邱人。雍正十三年舉人。乾隆九年，銓授湖北棗陽知縣，改湖南益陽。居官自奉儉約，勤於吏事。益陽人不知蠶，大本教之樹桑，後賴其利。調長沙，遷寶慶府理猺同知。所隸通通水峒有苗僧行賈，臨桂知縣田志隆見之，意爲賊黨吳方疇者，從馬朝桂謀叛時方繪圖懸購者也。僧畏刑誣服，又訊朝桂所在，妄言在峒中。廣西巡撫定長立上奏，率兵出，命大本從行。大本曰：僧言眞僞不可知，大兵猝至，苗必駭且生變，請潛訪之。旣而白僧言實妄，巡撫疑未釋，復欲以兵往，大本力諫乃止。後廷訊，苗僧果誣，如大本言。橫嶺峒苗乏食，籲官求粟，大本多方賑之，復爲苗民籌生計，請於上官曰：橫嶺峒自逆渠授首，安插餘苗，因惡其人，故薄其產，每口授田才三十礱至四十礱，每礱上田獲米六升，中田五升，下田四升，得米無多。又峒田稍腴者盡與堡卒，極惡者方畀苗民，歲入不足，男則斫柴易米，女則劚蕨爲粉，給口食。年來生齒日繁，材木竭，米價益昂，飢餓愁嘆，深可憐憫，恐不可坐視而不爲之所。見有入官苗田一千三百四十八畝，舊募漢民佃種，出租供餉，好良不一，屢經陶汰。請視苗民家貧丁衆者書諸簿，有漢佃應除者，即書簿之苗丁次第受種，出租如故，則苗民得食而餉亦無虧，乃補救之一端。議上，不許。後巡撫陳宏謀見之，曰：此識時務之言也。將陳其事，會他遷，未果。二十一年，題請升授知府，因病足歸，卒於家。

牛運震，字階平，山東滋陽人。雍正十一年進士。乾隆元年，召試博學鴻詞，不遇。尋授甘肅秦安知縣，開九渠，溉田萬畝。縣北玉鍾峽山崩，塞河，水溢爲災，運震率丁夫開濬，凡四日夜水退。緣山步行，以錢米給災戶。縣衆曰西固，去治二百餘里，輸糧苦遠，艱多積逋，運震許以銀代納，民便之。先是巡檢某誣馬得才兄弟五人爲盜，前令弗察，得才自刎死，其兄馬都上控，令又誘而斃之，獄其三人者將解府。運震鞫得其情，昭雪之。又淸水縣某令冤武生杜其陶父子謀殺罪，上官檄運震覆治，驗死者得自刎狀，以移屍罪其陶而釋其子。他訟獄多所平反。官秦安八年，惠農通商，暇則行視郊野，鑄農具，教民耕耨，稱貸販糴戶不求其息。設隴川書院，日與諸生講習，民始向學。兼攝徽縣，又攝兩當縣，茇舍於三縣之中曰大門鎭，以聽訟。徽縣多虎，募壯士殺虎二十六，道始通。調平番，值縣境五道峴告饑，捐粟二百石以賑，民感之，人輸一錢製衣銘德，運震受衣返幣。固原兵變，四掠，督撫皆至涼州，檄召運震問方略。運震請勿以兵往，但屯城外爲聲援，令城內將出亂者。游擊某執三百餘人，衆洶懼，運震請釋無辜，入城慰諭，斬三人，監候四人，餘予杖徒有差，反側遂安。有忌者摭前受萬民衣事劾免官。貧不能歸，留主臯蘭書院，教學得士心。及歸，有走千里送至灞橋者。運震居官不假手幕下，事輒自治。所至嚴行保甲，鬥爭訟獄，日即於少。遇人干訟必嚴懲，治盜尤嚴，曰：邊鄙風俗獷悍，不如此則法不立，令不行，民不可得而治。且與其輕刑十人，不如重處一人，而九人畏，是懲一而恕九也。罷官歸後，閉門治經，搜考金石，所著經義、史論、文集及金石圖皆行於世。嘗主晉陽、河東兩書院，所造多名儁士，世稱空山先生。張甄陶，字希周，福建福淸人。舉鴻博，補試，未合格罷。大學士朱軾、侍郎方苞薦修三禮，辭，而請受業於苞。乾隆十年，成進士。時方許極言直諫，甄陶對策，因極陳時務。選庶吉士，授編修，尋改授廣東鶴山知縣，歷香山、新會、高要、揭陽，皆劇邑，所至有聲。磡田時修隄圩，弛蛋戶蠔蜆之禁，增建書院、社倉，平反冤獄，詰捕盜賊，爲政務無拂逆於民。以憂去官，服除，起授雲南昆明，弗獲於上官，坐事免。主講五華書院，尹壯圖、錢灃皆其弟子。復移掌貴州貴山書院，課士有法。總督劉藻疏薦，詔加國子監司業銜。晚以病歸閩，主鼇峯書院，以經義教閩士，於是咸通漢唐注疏之學。在滇時，著經解百餘卷。方甄陶之補外，人咸惜之，大學士陳世倌贈以明呂坤呻吟語，甄陶讀其實政錄而慕之，在粵作學實政錄，見其書者咸曰循吏之言也。

邵大業，字在中，順天大興人，舊籍浙江餘姚。雍正十一年進士。乾隆元年，授湖北黃陂知縣。初到官，投訟牒者坌至，不移晷決遣立盡。吏人一見問姓名，後無不識，衆莫敢弄以事。有兄弟爭產訟，皆頒白，貌相類，令以鏡鏡面，問曰：類乎？曰：類。則進與爲家人語曰：吾新喪弟，獨不得如爾兩人白首相保也。二人感動，罷去。蛟水壞城，當壞處立誓以殉，水驟止。振溺餔飢，完隄岸，民得免患。總督以其名上聞。會父憂去，服闋，授河南禹州知州，調睢州。頻澇，請糶請賑，民以免患。濬惠濟河，以俸錢更直。擢江南蘇州知府。松江盜獄久不決，株連瘐斃者衆，奉檄鞫治，見羣犯皆斷脛折踝，蹙然曰：爾等亦人子，迫飢寒至此，尤茹刑顚倒首從，誣連非罪人，何益於爾？有盜幡然曰：官以人類待我，我不忍欺。獄辭立具。兼署蘇松太道，尋攝布政使事，大吏交章薦。十六年，高宗南巡，御舟左右挽行，名蝦鬚縴。大業語從臣：除道增縴，必病民，非所以宣上德意。遂改單縴。會積雨，治吳江帳殿未就，總督劾大業觀望，及乘輿至，則供備已具。然大業卒因左遷。尋授河南開封知府。屬縣封邱民被控侵占田畝，及勘丈，非侵占，而畝浮於額。大業考志乘，河南賦則自明萬歷改併，中地十畝作上地七畝，下地十畝作上地三畝。上官以昔爲下則，今則膏腴，議加賦。大業曰：此河衝淤積，百姓以墳墓田廬所易之微利也。今日爲退灘淤地，異日即可爲沙壓水衝，冬春播種，夏秋之收穫不可知。上年河決，屋宇未盡葺，流亡未盡復，遽增歲額，何以堪？旋從部議，試種三年，次年果沒入水，乃止。未幾，以河溢降江南六安州知州，又以盜案鐫級。引見，再還江南，署江甯府。二十八年，授徐州知府。府城三面瀕黃河，西北隅尤當衝，雖有重隄，恃韓家山埽爲固。大業按視，得蘇公舊隄，起城西雲龍山，迄城北月隄，長三里，湮爲民居，復其舊。越歲，韓家山埽幾潰，民恃此隄以無恐。復濬荊山橋河於水利宣洩規畫盡善治徐七年間有水患不病民三十四年坐妖匪劄辦事罷職謫戍軍臺數年卒大業所至以勸學爲務因黃陂二程子祠建義學并睢州洛學書院集諸生親爲之師焉

周克開字乾三湖南長沙人乾隆十二年舉人十九年以明通榜授甘肅隴西知縣調寧朔縣屬寧夏府並河有三渠曰漢來唐延大清皆引河入渠灌田唐延渠所經地多沙易漫克開治之使深狹又頗改其水道渠行得安渠有石竇洩水於河以備旱潦民謂之暗洞時暗洞崩塞渠水不行上官欲塡暗洞而竭唐延入漢來以便寧夏縣之引河寧夏利而寧朔必病克開恐夏秋水盛無所宣洩時新水將至不可待克開請五日爲期取故渠及廢閘之石晝夜督工五日而暗洞復兩縣皆利大清渠長三十餘里鑿自康熙間久而石門首尾壞民失其利克開亦修之皆費省而工速再以卓異薦擢固原知州父憂去服闋補洮州尋擢貴州都勻知府從總督吳達善侍郎錢維城治貴州逆苗獄用法有失當者力爭無少遜調貴陽亦以强直忤巡撫宮兆麟因公累解職引見復授山西蒲州知府調太原清釐積獄修復風峪口堤堰障山潦導之入汾民德之擢江西吉南贛寧道署布政使以王錫侯書案被議高宗知其賢發江南以同知用會南巡克開署江甯府迎駕授江西九江知府尋擢浙江糧儲道時巡撫王亶望貪黷屬吏多重徵以奉上官克開至誓不取一錢請於巡撫約與之同心亶望姑應之心厭克開乃奏克開才優請移治海塘於是調杭嘉湖道會改建海岸石塘總督欲徙柴塘近數百丈以避潮克開曰海與河異讓之則潮必益侵無益也乃止年餘以督工勞瘁卒克開在甯朔治水績最著生平治獄多平反禮儒士嘗以私錢興書院沒無餘貲天下稱清吏當時守令以興水利著者又有鄭基康基淵言如泗後有周際華基字築平廣東香山人以諸生入貲爲知縣乾隆間銓授安徽鳳臺縣東鄉有通川三曰黑濠曰逕泥曰裔溝匯潁上蒙城諸縣水以達淮歲久盡淤秋潦輒成巨浸侍郎裘日修奉使治淮潁諸水獨不及鳳臺基具牘陳利害及工事甚悉日修允其請基察土宜穿故渠三河交暢釀上游諸水以通匯流不逾時工成爲松澥地遠淮而卑頻患潦捐俸倡築隄障遂成膏腴調定遠舉卓異擢壽州知州安豐塘古芍陂也塘圯基審覈舊制繕復之爲水門三十六爲閘六爲橋一其旁則爲堨爲堰爲圩啟閉以時汙萊盡闢嘗循行阡陌見沙地磽确多不治教民種薯蕷佐菽麥俾無曠土壽州不知蠶織而地多椿樗可飼蠶購蠶種教民飼之農桑並興其後遇旱獨鳳臺壽州秋成稔於他縣以水利修也遷泗州直隸州知州振水災飢而不害擢江蘇淮安知府淮安爲衆水所聚於城東濬澗市河於北開漁濱山字河於西開護城河壅滯悉通民便之基博覽前史於河渠水利圖經丹鉛殆徧施行輒有成效乾隆四十一年擢江南守巡道命甫下而卒基淵字靜溪山西興縣人乾隆十七年進士歸班銓授河南嵩縣知縣舊傍伊水有渠十一久湮絕基淵按行舊址勸民修復山澗諸流可引溉者皆爲開渠渠身高下不一者分段設閘以蓄洩之田高渠下者則教爲水車引溉凡開新舊渠十八灌田六萬二千餘畝巡撫上其事優詔議敍尋以憂去服闋授甘肅鎮原調臯蘭擢肅州直隸州知州洪水渠岸竣易崩基淵度勢於南石岡引鑿渠口以避沖陷之害野豬溝有荒田無水久廢基淵詢訪耆舊加寬柳樹閘龍口別開子渠界荒田爲七區招民佃種區取租十二石給各社學名曰新文渠州東南九家窰鑿山後渠開屯田舊駐州判主之久之田益薄瘠民租入不足支官役基淵請汰州判改屯升科爲籌歲修費民於是有恆產基淵治官事如家事博求利病在嵩縣植桑教蠶出絲甲於他邑以無業之地建社學三十二所在肅州開郊州廢灘種楊十餘萬株徧諭鄉堡種樹薪槱取給建社學二十一所又於金佛淸水兩鄉建倉以免徵糧借囤民房之累革番民採買需索皆有實惠四十四年擢江西廣信知府卒於官如泗字素園江蘇昭文人言子七十五世孫乾隆三年高宗臨雍如泗以賢裔陪祀賜恩貢生充正黃旗官學教習十四年銓授山西垣曲知縣城濱黃河修石隄以捍水亳河故有數渠復於上游濬之分以溉田民稱言公渠調聞喜涑水湍急舊渠多圮別濬新渠食其利者五村舉卓異擢保德直隸州知州新疆軍興徵調過境値歉歲如泗經畫曲當民無所累陝西巡撫明德聞其能而薦之乞養歸父喪除補解州白沙河在城南地如建瓴南決則害鹽池北決則壞城如泗請於大吏用鹽節修築兩岸石堰長五里又姚暹渠本以護鹽池民田不能灌溉故事商民分修商盡諉之於民力爭乃仍舊貫二十九年擢湖北襄陽知府如泗愛士恤民而治盜嚴在解州民間夜不閉戶襄陽素爲盜藪聞其至盜皆遠遁三十四年因失察屬員罷職尋以皇太后萬壽祝嘏復原官遂不出嘉慶十一年卒於家年九十一光緒中祀名宦際華字石藩貴州貴筑人嘉慶六年進士內閣中書親老乞改教職歷遵義都勻兩府教授以薦擢知縣道光六年授河南輝縣百泉出縣北蘇門山衞河之源也其西諸山水經縣南入衞曰峪河其北諸澗水歷縣東入新河曰東石河新河者自縣北鑿渠引衞河至縣南復入衞又稱玉帶河皆貫疏洩利灌溉時並淤塞遇水輒苦漂溺際華履視溝渠出俸錢率民醵貲濬峪河修紅石堰疏新河鑿東石河六十餘丈堅築其岸諸渠綺交脈注潦患以息課民種桑四萬株教之育蠶他樹亦十五萬株於是邑有絲絮材木之利蘇門故多名賢祠宇咸新之修明祀事以厲風教爲署陝州直隸州知州自澠池入陝道硤石五十餘里險惡爲行旅所苦際華別開平道往來者便之迴避改授江蘇興化縣當裏下河之下游水患尤急際華議開攔江壩以洩湖河之水鹽官及商皆力爭以爲壩開則水南下溜急於鹽舟牽挽不便際華曰彼所爭者十四里牽挽之勞以較揚州東七縣田廬場竈之漂溺蠲免賑恤之煩費輕重何如總督林則徐韙其議調江都兼署泰州毀淫祠百餘區改爲義學則徐疏薦之尋告歸卒於家先是輝縣及興化民皆不習織際華輒自出貲置織器教之轉相授於是二縣有衣被販貿之利至今賴之輝縣請祀名宦祠

汪輝祖字龍莊浙江蕭山人少孤繼母王生母徐教之成立習法家言佐州縣幕持正不阿爲時所稱乾隆二十一年成進士授湖南寧遠知縣縣雜猺俗積逋而多訟前令被計去黠桀益肆挾持又流丐多强橫輝祖下車即捕其尤驅餘黨出境民納賦不及期手書諭之曰官民一體聽訟責在官完賦責在民官不勤職咎有難辭民不奉公法所不恕今約每旬以七日聽訟二日較賦一日手辦詳稟較賦之日亦兼聽訟若民皆遵期完課則少費較賦之精力即多聽訟之功夫民感其誠不逾月而賦額足治事廉平尤善色聽援據比附律窮者通以經術證以古事據漢書趙廣漢傳鉤距法斷縣民匡學義獄據唐書劉蕡傳斷李蕭兩氏爭先隴獄判決皆曲當而心每欿然遇匪人當予杖輒呼之前曰律不可逭然若父母膚體奈何行不肖虧辱之再三語罪人泣亦泣或對簿者反代請得免卒改行爲善良每決獄縱民觀聽又延紳耆問民疾苦四鄉廣狹肥瘠人情良莠皆籍記之寧遠例食淮鹽直數倍於粵鹽民食粵私大吏遣營弁偵捕輝祖白上官以鹽愈禁則値愈增私不可縱而食淡可虞請改淮引爲粵引未及報輝祖即張示鹽不及十斤者聽偵弁謂其縱私輝祖揭辨總督畢沅嘉之立弛零鹽禁時偉其議兩署道州又兼署新田縣皆有惠政以足疾請告時大吏已疏調輝祖善化又檄訊鄰邑獄因足疾久不赴疑其規避奪職歸里閉戶讀書不問外事値紹興西江塘圮巡撫吉慶强輝祖任其事撙節工堅時稱之舉孝廉方正固辭免輝祖少尚氣節及爲令持論挺特不屈而從善如轉圜所著學治臆說佐治藥言皆閱歷有得之言爲言治者所宗初通籍在京師待銓主同郡茹敦和論治最契同時朱休度並以慈惠稱敦和字三樵浙江會稽人初嗣婦翁李爲子占籍廣東乾隆十九年成進士歸本宗授直隸南樂知縣愼於折獄以片紙召兩造立剖曲直當笞者薄責之民輒感悔自新擢淸白謹愿者充社長里正令密陳利弊以次行之縣當豬龍河之衝察河源委於開州淸豐之間審地形高下因勢利導水不爲患地多茅沙鹽鹼教以土化之法廣植雜樹鄉民以麥稭編笠爲生敦和勸種桑調大名漳水患劇旁有渠河敦和謀開渠以殺其勢適內遷大理寺評事不及上請乃手書揭城門勸民刻期集河干親爲指示民具畚鍤來者以萬計經旬而渠成後利賴之尋復出爲湖北德安府同知署宜昌知府緣事降秩卒祀直隸名宦祠子棻以一甲一名進士官至兵部尚書休度字介裴浙江秀水人乾隆十八年舉人官嵊縣訓導以薦授山西廣靈知縣値大荒疫流亡過半休度安撫招徠糧籍舊未淸履勘勸耕一年而荒者墾三年而無曠土糧淸賦辦獲優敍尤善決獄劉杷子妻張以夫出飢欲死易姓改嫁郭添保疑郭爲略賣詰朝手刃所生子女二而自剄休度詣驗婦猶未絕目郭作聲曰販販察其無他情讞定杷子乃歸衆曰汝欲知婦所由死問朱爺休度語之狀並及其家某事某事杷子泣曰我歸愆期至此勿怨他人矣稽首去薛石頭偕妹觀劇其友目送之薛怒刃傷其左乳死自承曰早欲殺之死無恨越日復詰之曰一刃何即死也薛曰刃時不料即死曰何不再刃薛曰見其血出不止心惕息何忍再刃遂以誤殺論減戍休度嘗曰南方獄多法輕情重北方獄多法重情輕稍忽之失其情矣待人以誠人亦不忍欺周知民情訴曲直者數語處分民皆悅服數年囹圄一空舉卓異嘉慶元年引疾歸縣人懇留不得乞其壺山垂釣小像勒諸石歿後祀名宦休度博聞通識尤深於詩以其鄉朱彝尊錢載爲法任校官時採訪遺書得四千五百餘種撰總目上諸四庫大學士王杰爲學政任其一人以集事時盛稱焉

劉大紳字寄庵雲南寧州人乾隆三十七年進士四十八年授山東新城知縣連三歲旱大紳力拯之調曹縣代者至民數千遮道乞留大吏爲留大紳三月及至曹縣旱災更重於新城大紳方務與休息河督檄修趙王河決隄集夫萬

餘人以工代賑兩月竣事無疾病逃亡者既又檄辦河工稽料三百萬大紳以時方收斂請緩之大吏督責益急將按以罪請限十日民聞爭先輸納未即期而數足一日巡行鄉間有於馬後議穀賤銀貴開徵期迫者大紳顧語之曰俟穀得價再輸未遲也語聞於大吏怒其擅自緩徵遣能吏代之民慮失大紳爭輸賦代者至已畢完大吏因責徵累年逋久倘不足終以代者受事民益恐晝夜輸將不數日得三萬餘兩初大紳以忤上官意自劾求去民環署泣留相率走訴大吏適大吏有事泰山路見而諭止之不得去至是密自申請民知之已無及乃得引疾歸五十八年病起仍發山東補文登值新城修城大吏徇士民請檄大紳督工逾年始竣尋以曹縣舊獄被議能職遣戍新城曹縣民爲捐金請贖得免歸嘉慶五年有密薦者詔以大紳操守廉潔兼有才能辦理城工渡船二事民情愛戴引見復發山東攝福山補朝城大水大紳以災報大吏駁減其分數民感大紳雖未獲減徵亦無怨謗者大紳又力以病求去移攝青州府同知尋擢武定府同知捕蝗査賑並著勞勩以母老終養歸遂不出卒祀名宦祠大紳素講學能文章在官公暇輒詣書院課士嘗訓諸生曰朱子小學爲作聖階梯入德塗軌必讀此書身體力行庶幾明體達用有益於天下國家之大於是士知實學風氣一變吳煥彩字蘊之福建安定人乾隆二十五年進士授山東范縣知縣民苦充牌頭吏列多名進以次需索煥彩革其弊濬河水溢爲災其岸左高右卑因闢五頃窪以瀉其東南築福金堤以防其西北歲得麥田四萬畝墝地民苦納租欲請免而格於例代輸租之半教之種番薯民困乃紓三十九年壽張逆匪王倫作亂距范縣四十里煥彩修城籌守禦力淸保甲凡村落大小人民賢愚可指數有孟興璧者與黃昌吉等有隙上變列三十餘人朝命侍郎高樸與巡撫往察治使者出牒示煥彩曰某已死某爲某之父某之子皆良民呼之即至使者欲以兵往煥彩曰兵至愚民非死即走無可訊荅將誰執煥彩夜抵村中呼告之皆呼冤煥彩曰惟無其事必出就訊亟從我去不然禍立至民皆裹糧從使者按籍少二人煥彩曰一已死一外出已命其兄招之言未畢有跪門外者則已來矣訊之皆誣遂坐告變者巡撫曰知縣者知一縣事君可謂之知縣矣知縣者民之父母君可謂之民之父母矣以卓異薦擢湖北鶴峯知州地本苗疆改流未久奸宄雜居煥彩勤於聽訟積弊一淸土司族裔每借祖墳詐人財懲治之澆風自息民樸陋不知書設義塾資以膏火至五十三年始有舉於鄉者後以病歸鶴峯請祀名宦范縣亦爲建生祠年逾八十卒紀大奎字愼齋江西臨川人乾隆四十四年舉人充四庫館謄錄五十年議敘知縣發山東署商河會李文功等倡邪教誘民爲亂訛言四起大奎集縣民諭以禍福皆驚悟鄰郡惑者聞之亦相率解散補邱縣歷署昌樂棲霞福山博平民皆敬而親之父憂歸嘉慶中復出授四川什邡縣或謂什邡俗强梗宜示以威荅曰無德可懷徒以威示何益奸民吳中友據山中聚衆積粟講淸涼教大奎躬率健役夜半擣其巢獲忠友餘衆驚散下令受邪書者三日繳予自新民遂安擢合州知州道光二年引疾歸年八十卒祀合州名宦邵希曾字魯齋浙江錢塘人乾隆五十四年舉人嘉慶中官河南知縣歷權通許盧氏鄢陵西華沈邱太康扶溝淮寗新鄉皆有聲滑縣教匪之役司糧臺及匪平訊鞫俘虜治餘匪凡良民被脅者皆得釋保全甚衆晚授桐柏民苦盜令村集建棚巡更鄉數家出一人爲門夫有警環集無事歸業訪捕强暴者繩以法積匪率遠徙愼於折獄皆速結訟日以稀朔望莅學集諸生講論增書院膏火親課之如師道光六年邑人王四杰始登進士第自明初以來所未有募錢萬緡建義學凡經塾三蒙塾十五擇其秀者入書院肄業文教興而悍俗漸化在任十年民安之老病大吏不令去卒於官

清史稿　列傳

循吏三

張吉安 李毓昌　龔景瀚

蓋方泌 史紹登　李賡芸

伊秉綬　狄尙絅 張敦仁 鄭敦允

李文耕　劉體重 子煦

張琦 石家紹　劉衡 徐棟

姚東之 吳均　王肇謙 曹瑾

桂超萬 楊作楫 雲茂琦

張吉安字迪民江蘇吳縣人乾隆四十二年舉人六十年大挑知縣發浙江時淸治各縣虧空責彌補富陽令惲敬獨不奉上官意旨檄吉安往攝印署事至則士民羣集乞留敬吉安見之默然徒手返白臺司曰惲敬賢吏乞保全之且州縣賦入有常經前官不謹致虧責彌補於後來者恐開掊克之漸方今楚豫奸民蠭起皆以有司貪殘爲口實宜用讀書人加意拊循乃無形之彌補耳聞者迂其言委攝縣丞及杭州府通判吉安自以不諧於時乞改教職上官留之嘉慶二年署淳安尋調象山海盜由閩擾浙沿海窮民業魚鹽者多以米及淡水火藥濟盜且爲嚮導吉安革船埠商漁之稅嚴禁水米出洋盜漸窮蹙値颶風覆盜艇泅至岸悉爲舟師所獲提督李長庚歎曰牧令盡如張象山盜不足平也又建議縣境南田爲海中大島宜如明湯和策封禁以斷盜翼韭山當海盜之衝石浦昌國兵力皆薄請增兵以資鎭懾事雖見格後卒如所議四年署新城漕倉設省城民輸折色縣官浮收運丁需索習以爲常吉安平其折價不及舊時十之六七民感之五年署永康蛟水猝發田廬蕩析爲棚廠以棲災民阻水者具舟餽之溺者具棺厝之不待申詳報可所以振䘏者甚至上官或斥其有違成例巡撫阮元素重之悉如所請六年調署麗水竭誠禱雨旱不爲災縣多山民處險遠者艱於赴愬吉安輒巡行就山寺讞獄咸樂其便八年署浦江値水災奸民糾衆掠富室伐墓樹鄰邑咸煽動吉安曰非法無以止奸民非米無以安良民良民安則奸民氣散請運兵米所餘以振之民心漸定乃擒首惡治如律補餘杭九年春雨傷禾糶倉穀以平米價又運川米千石濟之十年復被水分鄉設廠煮粥以振規畫詳密竟事無攙擠之擾邑多名區次第修復之懲訟師勤聽斷修志書學文教不振在餘杭七年引疾歸遂不出歿後永康士民請祀名宦建立專祠當時吏治積弊有南漕北賑之說南利在漕相率諱災督撫藉詞酌劑置災民於不問苟有切求民瘼者輒不得安於位吉安官浙前後幾二十年所莅多災區皆能舉職在新城減漕之三四時論尤以爲難北賑之弊亦然同時江蘇知縣李毓昌以不扶同侵賑致禍仁宗優䘏之重懲諸貪吏蓋欲以力挽頹風云毓昌字皐言山東即墨人嘉慶十三年進士以知縣發江蘇十四年總督鐵保使勘山陽縣賑事親行鄉曲鉤稽戶口廉得山陽知縣王仲漢冒賑狀具淸册將上揭仲漢患之賂以重金不爲動則謀竊其册使僕包祥與毓昌僕李祥顧祥馬連升謀不可得遂設計死之毓昌飮於仲漢所夜歸而渴李祥以藥置湯中進毓昌寢苦腹痛而起包祥從後持其頭叱曰若何爲李祥曰僕等不能事君矣馬連升解己所繫帶縊之仲漢以毓昌自縊聞淮安知府王轂遣驗視之報曰尸口有血轂怒杖驗者遂以自縊狀上其族叔李太淸與沈某至山陽迎喪檢視其籍有殘稿半紙曰山陽知縣冒賑以利啗毓昌毓昌不敢受恐負天子蓋上總督書稿諸僕所未及毀去者喪歸毓昌妻有疆夢啓棺視面如生以銀鍼刺之鍼黑李太淸走京師訴都察院命逮王轂王仲漢及諸僕至刑部會訊山東按察使朱錫爵驗毓昌尸惟胸前骨如故餘盡黑蓋受毒未至死乃以縊死也仁宗震怒斬包祥寘顧祥馬連升極刑剖李祥心祭毓昌墓轂仲漢各論如律總督以下貶謫有差贈毓昌知府銜封其墓御製愍忠詩命勒於墓上毓昌無子詔爲立後嗣子希佐賜舉人太淸亦賜武舉

龔景瀚字海峯福建閩縣人先世累葉爲名宦曾祖其裕康熙初以諸生從軍授江西瑞州府通判滇閩變起率鄉勇爲大軍嚮導擢吉安知府時府城爲逆將所據大軍駐螺子山其裕供餉無乏城復撫瘡痍多惠政後官河南懷慶知府濬順利渠引濟水入城便民終於兩淮鹽運使歿祀瑞州吉安懷慶名宦祠祖嶸初仕浙江餘杭知縣治縣民殺僕疑獄爲時所稱擢直隸趙州直隸州知州濬河興水利再擢江蘇松江知府渡海賑崇明災黎全活甚衆官至江西廣饒九南道單騎定萬年縣匪亂歿祀饒州名宦祠父一發乾隆十五年舉人官河南知縣歷宜陽密縣林縣虞城四縣治獄明敏能以德化在虞城値水災勤於賑䘏朝使疏治積水釃爲惠民永便諸渠一發與災民共勞苦治稱最以病去復起補直隸高陽擢雲南鎭南知州歿祀虞城名宦祠景瀚承家學幼即知名大學士朱珪督閩學激賞之乾隆三十六年成進士歸班銓選四十九年授甘肅靖遠知縣未到官總督福康安知其能檄署中衛縣判牘如流見者不知爲初仕也七星渠久淤常苦旱景瀚築石壩遏水入渠始通流又濬常樂鎭靜諸渠重修紅柳溝環洞及減水各牐溉田共三十萬畝民享其利五十二年調平涼地磽瘠缺米粟景瀚請隣邑無遏糶又當西域孔道車馬取給商賈鹽引勅派於民官吏强買煤炭皆爲民病一切罷之由是商賈輻輳食貨流通修栁

湖書院與諸生講學文風漸振五十五年署固原州漢回雜處時搆釁景瀚密偵諸堡誅積匪境內以安五十九年遷陝西邠州知州嘉慶元年總督宜綿巡邊調景瀚入軍幕遂從勦教匪以功擢慶陽知府宜綿總轄三省從入蜀幕府文書皆屬景瀚尋調蘭州仍在軍充翼長景瀚從軍久見勞師糜餉流賊仍熾因上議備陳調兵增兵募勇三害勦賊四難謂先安民然後能殺賊民志固則賊勢衰使之無所裹脅多一民即少一賊民居奠則賊食絕使之無所擄掠民有一日之糧即賊少一日之食用堅壁淸野之法令百姓自相保聚賊未至則力農貿易各安其生賊既至則閉柵登陴相與爲守民有恃無恐自不至於逃亡其要先愼簡良吏次相度形勢次選擇頭人次淸查保甲次訓練壯丁次積貯糧穀次籌畫經費如是行之有十利反復數千言切中事理嗣是被兵各省舉仿其法民獲自保賊無所逞成效大著論者謂三省教匪之平以此爲要領五年始到蘭州任七年送部引見卒於京師其後續編皇淸文穎仁宗特出其堅壁淸野議付館臣載入祀蘭州名宦祠自其裕至景瀚四世皆祀名宦海內稱之景瀚子豐穀官湖北天門知縣亦有治績不隕家聲焉

蓋方泌字季源山東蒲臺人嘉慶初以拔貢就職州判發陝西署漢陰廳通判石泉知縣三年署商州州同治州東百里曰龍駒寨寨之東爲河南南出武關爲湖北路四通多林莽山徑易憑匿時川楚教匪屢由武關入陝西方泌始至民吏掃地赤立賊酋張漢潮擁衆至乃置藥麪中誘賊刦食多死遂西走大軍乘之漢潮由是不振方泌集衆謀曰賊雖去必復來若等逃亦死守不得耕種亦死我文官無兵若能爲吾兵當全活爾衆曰惟命乃築堡聚糧戶三丁抽一得三千人無丁者以財佐糧糗兵械親教之戰辰集午散無廢農事四年賊屯山陽鎭安將東走河南迎擊敗之又擊賊於鐵峪鋪賊據山上而伏其半於溝乃分兵翦伏奪據東山上數乘懈擊之賊宵遁後賊由雒南東逸方泌馳至分水嶺間道走鐵洞溝出賊前伏待之賊錯愕迎戰遂敗斬首數百鄉兵名由是大振自武關至竹林關鄉兵皆請隸龍駒寨五年知州困於賊方泌馳百九十里至北灣賊驚曰龍駒寨兵至矣時賊屯州西及雒南山陽各萬餘人欲東出方泌勒鄉兵二萬列三大營以待會官軍至夾攻賊大敗幾盡殲是役枕戈而寢者五十日游擊某誣以事解職大吏直之得留任賊遂相戒無過商州八年授盩厔知縣猶時時入山搜賊又獲寧陝倡亂者四十餘人境內甫定捐俸賑饑旌死節婦河灘馬廠鹽法皆區畫久遠擢寧陝廳同知仁宗召見問商州事甚悉擢四川順慶知府渠縣民變大吏屬以兵方泌曰此賽會人衆至各相驚疑訛言橫興非叛也捕十二人而變息調成都母憂歸服闋授福建延平尋調臺灣兩署臺灣道屢讞大獄皆衆洶洶稍激則變方泌一以理諭蔽罪如法道光十八年卒

史紹登字倬雲江蘇溧陽人大學士貽直之孫以謄錄敍布政司經歷發雲南乾隆六十年署文水知縣時滇鹽歸官辦民苦抑配紹登弛其禁釋逋課者數百人閱三載配鹽之五十七州縣悉改商辦以文山爲法貴州苗亂距文山尙數郡紹登策其必至集胥役健者親教技擊以備之嘉慶元年苗竄鄰境之邱北潛與文山獨猓通紹登謂不救邱北文山獨猓必不靖親率三百人往人授刀一鐵鑣三十既至當者輒仆邱北廓清而總督勒保劾苗失利被圍於貴州黃草坪巡撫江蘭檄紹登往援至則賊圍數重內外不相聞七戰皆捷乃達黃草坪會貴州援兵亦至比紹登上謁總督曰若文官亦遠來問我耶紹登陳解圍狀不信紹登請視戰所賊尸鑣傷者文山民壯所擊若刃傷請伏冒功罪總督初欲劾之勘實乃已巡撫聞紹登忤總督大懼令所用軍費不得入報銷以是虧帑二萬尋兼署蒙自縣事兩城相距三百里交阯賊儳福結粵匪犯文山紹登馳一晝夜入城率民壯出剿禽其渠峒卡悉復擢雲州知州仍留文山任四年初彭齡來爲巡撫性好察開化總兵因蒙自變時怯懦爲民所輕銜紹登譖之遂以虧空劾士民刊章臚紹登政績設甌醵金至三萬彭齡聞之悔以完虧奏留任餘金無可返建開陽書院爲七年署維西廳通判廳民恒乍綳爲亂巢險不可攻紹登廉得巢後巖壁陡絕阻大溪乃以箴爲絙募善泅者繫絙巖樹對岸急引如笮橋攀援以登壯士三百人從之賊大驚亂擒馘淨盡九年卒

李賡芸字鄦齋江蘇嘉定人少受學於同縣錢大昕通六書蒼雅三禮乾隆五十五年進士授浙江孝豐知縣調德淸再調平湖下車謁陸隴其祠以隴其曾宰嘉定而己以嘉定人宰平湖奉隴其爲法盡心撫字訓士除姦邑中稱神明嘉慶三年九卿中有密薦之者詔詢巡撫阮元元奏賡芸守潔才優久協輿論爲浙中第一良吏引見以同知升用五年金華處州兩郡水災金華苦無錢處州苦無米賡芸奉檄於恩賑外領銀二萬便宜爲之以銀之半易錢運金華加賑人百錢而錢價平又以銀之半運米至處州減價糶轆轤轉運而米亦賤升處州府同知調嘉興海防同知署台州府尋擢嘉興知府正己率屬無敢以苞苴進者治漕持官民軍三者之平上官每用其言十年水災減糶有實惠賑民以粥全活者衆以繼母憂去官服闋補福建汀州調漳州俗悍多械鬬號難治賡芸召鄉約里正問之曰何不告官而私鬬爲皆曰告官或一二年獄不竟竟亦是非不可知先爲身累賡芸曰今吾在獄至立剖有不當更言之無所徇護爲我告鄉民後更有鬬者必禽其渠焚其居毋恃賄脫衆皆唯唯退已而有鬬者賡芸立調兵捕治悉如所言民大懼賡芸日坐堂皇重門洞開愬者直入命役與俱召所當治者限時日不至則杖役至則立平之釋去即案前書獄詞無一錢費民皆懽呼曰李公活我漳屬九龍嶺多盜下所屬嚴捕擒其魁十數商旅坦行故事獲盜當甄敍悉以歸屬吏尋擢汀漳龍道二十年擢福建按察使署布政使逾年實授賡芸守漳州時龍溪縣有械鬬令儒不治署和平令朱履中內狡而外樸賡芸誤信之請以移龍溪久之事不辦始稔其詐洎署布政使改履中教職履中虧鹽課恐獲罪具揭於總督汪志伊巡撫王紹蘭謂虧帑由道府婪索督撫密以聞解賡芸職質訊賡芸之去漳監造戰船工未竣留僕督率之僕假履中洋銀三百圓詭以墊用告賡芸如數給之僕匿不以償福州知府涂以輈鞫之阿總督意增其數爲一千六百逼令自承辭色俱厲賡芸終不肯誣服慮爲獄吏所辱遂自經事聞命侍郎熙昌副都御史王引之往按其獄得白上以賡芸操守淸廉衆所共知其死由汪志伊固執苛求而成於涂以輈勒供淩逼褫志伊職永不敍用以輈履中俱讞成黑龍江紹蘭亦以附和革職賡芸家不名一錢歿無以殮鹽法道孫爾準與之善爲經紀其喪初志伊亦重賡芸嘗薦舉之及擢布政乘新輿上謁志伊諷以戒奢賡芸曰不肖爲大員不欲效布被脫粟之欺罔志伊素矯廉銜其語又以遇事抗執嫌益深及獄起履中忽自承妄訐誘原揭爲其僕竊印志伊怒必窮詰之論者謂漳廠修船例由龍溪縣墊欵藩司發欵至道乃償之非贓私也賡芸狷急負淸名慮涉嫌不承而志伊岐待紳士不理於衆與賡芸善者或以飛語中之方治獄使者至閩士民上書爲賡芸訟冤感泣祭奠踵接於門爲建遺愛祠熙昌等據情奏請賜額表揚仁宗以大員緣事逮問當靜俟國法若此心皦然橫遭冤枉亦應據實控告朝廷必爲昭雪乃效匹夫溝瀆之諒殊爲褊急不應特予旌揚士民追思惠政捐貲立祠斯則斯民直道之公聽之

伊秉綬字墨卿福建寧化人乾隆五十四年進士授刑部主事遷員外郎嘉慶三年出爲廣東惠州知府問民疾苦裁汰陋規行法不避豪右故練刑名大吏屢以重獄委之多所矜恤陸豐巨猾肆刼勒贖秉綬設方略縛其渠七人戮之六年歸善陳亞本將爲亂提督孫全謀不發兵秉綬乃遣役七十餘人夜擣其巢禽亞本餘黨竄入羊矢坑未幾博羅陳爛屐起事請兵提督復沮之秉綬爭曰發兵愈遲民之傷殘愈甚提督不得已予三百人秉綬復曰偵虛實則三四人足矣如用兵以寡敵衆徒僨事耳提督不聽令游擊鄭文照率三百人往子身跳歸亂遂成秉綬適以他事罣議去官士民籲留軍營時提督既擁兵不前其標兵卓亞五朱得貴均通賊縱掠爲僞渠帥秉綬憤懣請兵益力逢總督吉慶之怒復以失察教匪論戍會新總督倭什布至惠州士民數千人訴秉綬冤上聞特免其罪捐復原官發南河授揚州知府時秉綬方奉檄勘高郵寶慶水災刺一小舟棲戶枉渚必親閱手記及莅任劬躬率屬賑貸之事錙銖必覈吏無所容其奸倡富商巨室捐設粥廠費以萬計誅北湖劇盜鐵庫子輩杖詭道誑愚之聶道和它奸猾擾民者悉嚴治之民雖饑困安堵無惶惑歷署河庫道鹽運使胥稱職尋以父憂去家居八年嘉慶二十年入都道經揚州卒秉綬承其父朝棟學以宋儒爲宗在惠州建豐湖書院以小學近思錄課諸生在揚州宏奬文學歿後士民懷思不衰以之配食宋歐陽修蘇軾及淸王士禎稱四賢祠

狄尙絅字文伯江蘇溧陽人寄籍順天乾隆四十六年進士五十七年授安徽黟縣知縣父憂去嘉慶四年起復發廣東署化州知州瀕海獷悍尙絅解除煩苛治以簡易補花縣以鄉兵助勦博羅亂匪有功旋攝香山十年銓授江西南康知府有武舉調族姪婦羞忿自盡以無告發事寢有年矣尙絅甫下車武舉以他事涉訟反覆詰問忽露前情窮究得實置諸法羣驚爲神不期年理滯獄百餘盡得情實饒州有兩姓爭田世相仇殺尙絅爲判斷調和爭端永息南安會匪李詳誥傳徒聚衆事發大吏檄尙絅案之戴奉飛實罪首詳誥爲從當減死承審同官以詳誥巨富欲引嫌尙絅曰無媿於中何嫌可避大吏亦慮與原奏不符尙絅曰不護前非乃見至公聖明在上何慮焉卒從其議株連者亦多省釋嘗言獄不難於無枉縱惟干證之牽累吏胥之需求受害者不可窮詰生平思此時用疚心又曰人知命盜巨案之當愼不知婚姻財產細務尤不可忽蓋必原情度勢使可相安於異日不釀成別故斯爲善耳南康治濱湖風濤險

惡宋郡守孫喬年築石隄百餘丈內浚二澳可泊千艘朱子知南康增築之名紫陽隄迤東水齧侵及城址明知府田琯增築石隄百餘丈以衛之久俱圮尙綱增修兩隄一準舊制堅固經久蓼花池周五十里受廬山九十九灣之水北入湖水門淺隘尙綱疏濬之積潦消洩歲增收穀萬石在任先後二十四年所設施多規久遠歷署饒州吉安廣信三府攝糧道敝衣疏食不問生產引疾去官不能歸卒於南康

張敦仁字古愚山西陽城人乾隆四十年進士授江西高安知縣調廬陵精於吏事有循聲遷銅鼓營同知署九江撫州南安饒州諸府事嘉慶初改官江蘇歷松江蘇州江寧知府六年調授江西吉安沿贛江多盜遴健吏專司巡緝責盜族禽首惡毋匿逋逃萑苻以靖民德之再署南昌尋實授所屬武寧民婦與二人私殺其夫前守以夫死途中非由婦姦報敦仁覆鞫詞無異而其幼子但哭不言疑之請留前守同讞遂得謀殺移尸狀獄乃定龍泉天地會匪滋事巡撫檄敦仁往按未至鎭道已發兵禽二百餘人民惶懼敦仁廉知匪黨與溫氏子有隙非叛逆法當末減坐爲首二人又會匪索肆掠富室爲保家計多佯附實未身與事發株連囹圄爲滿訊察其冤盡得釋道光二年擢雲南鹽法道尋以病乞致仕敦仁博學精考訂公暇即事著述所刻書多稱善本寄廩江寧卒年八十有二著書遺亂多佚

鄭敦允字芝泉湖南長沙人嘉慶十九年進士選庶吉士散館授刑部主事遷員外郎道光八年出爲湖北襄陽知府襄陽俗樸訟事多出教唆敦允長於聽斷積牘爲空訪所屬衙蠹莠民最爲民患苦者十餘人論如律地號盜藪請給籌充緝捕費多設方略獲盜百餘巨盜梅杈者勇悍多徒黨捕者人少莫能近衆至則逸偵知所在夜往擒之其徒追者數百人令曰欲奪犯者殺而以屍與之衆不敢逼訴者臚集曰久不敢言輒火其居敦允曰苦吾民矣遂寘之法襄陽地瘠民貧客商以重利稱貸田產折入客籍者多敦允許貸戶自陳子浮於母則除之積困頓蘇漢水齧樊城壞民居議甃石隄四百餘丈二年而成明年漢水大漲樊城賴以全襄陽岸高水下遇旱艱於引溉頒筒車式使民仿製民便之調署武昌會大水樊城石工擊損敦允固請回任修守襄人走迎三百里日夜牽挽而至議增築子埝護隄根災民就食者數萬爲草舍居老疾稚弱令壯者赴工自食敦允昕夕巡視工未竟致疾未幾卒祀名宦

李文耕字心田雲南昆陽人家貧事親孝服膺宋儒之學嘉慶七年進士以知縣發山東假歸養母母喪服闋補鄒平到官四閱月不得行其志引疾去以官累不得歸十九年教匪起壽張令以文耕嫻武事招助城守訓練防禦皆有法賊不敢窺境大吏聞其幹略起復補原官在鄒平五年治尙教化民婦陳訴其子忤逆文耕引咎自責其子叩頭流血母感動請釋卒改行聽訟無株累久之訟者日稀善捕盜養捕役使足自贍無豢賊數親巡窮詰窩頓嘗曰治盜必貰心衞民身雖不能及者精神及之聲名及之終任盜風屏息課諸生親爲指授勉以爲己之學民呼李教官又呼爲李靑天調冠縣遷膠州濬雲壘二河道光二年擢濟寧直隸州未之任巡撫琦善特薦之宣宗夙知其名即擢泰安知府調沂州立屬吏程課謂官不勤則事廢民受其害教化本於身能對百姓然後可以教百姓屬吏皆化之沂郡產檞樹勸民興蠶建義倉備荒捕盜如爲令時尋擢兗沂曹道司河事修防必躬親屬廳請濬淤沙需銀五萬往視之曰無庸春漲即刷去矣果如其言五年遷浙江鹽運使未幾調山東時鹺業疲累充商者多無籍遊民文耕知其弊請分別徵緩以紓商力責富商領運不得因引滯賤價私賣課漸裕七年擢湖北按察使復調山東嚴治胥役詐贓犯輒寘重典斷獄寬平責屬吏淸滯獄數月積牘一空謂山東民氣粗而性直易犯法亦易爲善故教化不可不先居三歲調貴州州縣瘠苦希更調不事事適權布政使請以殿最爲調劑俾久任專責成鑿桐梓葫蘆口以息水患黔產紬無綿布設局教之紡織貧民艱生計重利而薄倫常撰文勸導曰家喩戶曉篇十三年休致歸文耕平生以崇正學挽澆風爲己任在山東久民感之尤深歿祀名宦

劉體重山西趙城人乾隆五十四年舉人嘉慶初以知縣發湖南歷署石門新化衡陽寧武衡山湘陰晉秩同知改江西道光中補袁州同知擢廣信知府調吉安又調撫州所至有聲在撫州治績最著巡歷屬縣問民疾苦集父老子弟勉以孝弟力田屬吏不職參劾無徇胥吏攬訟痛懲之厚書院廩餼課士以經訓繩以禮法遇大水盡心賑䘏災不爲害建義倉積穀五萬石十四年擢河南彰衞懷道兼河事修防有法終任黃流安瀾沁水隄由民築多單薄擇其要區加築子埝籌歲修費垂永久漳河無隄防勤疏濬水患並息創建河朔書院仿朱子白鹿洞規條以課三郡之士十九年擢江西按察使遷湖北布政使二十二年乞病歸卒於家體重廉平不苛尤長治獄所居吏畏民懷訟獄日簡河北士民尤感之歿祀名宦祠子煦由拔貢授直隸知縣歷權繁劇咸豐初遷開州知州河決賑災全活數萬治團練有功署大名知府十一年春直隸山東匪迭起守城四十日乘間出奇擊賊城獲安既而東匪西竄勢甚張畿輔震動煦督師破淸豐賊壘乘勝進攻濮州老巢遇大雨賊決河自衞煦激勵兵團堅持不懈賊窮蹙乞降遂復濮州開濮之間積水多沮洳土人謂之水套匪輒憑匿至冬復豎旗起事煦率鄉團八千人追賊於冰天泥淖之中三戰皆捷水套底定同治元年擢大順廣道命偕副都統撫克敦布辦理直東交界防勦事宜以勞卒於官優詔賜䘏大名及原籍並建專祠

張琦初名翊字翰風江蘇陽湖人嘉慶十八年舉人以謄錄議敍知縣道光三年發山東署鄒平縣抵任歲且盡閱四百七十村麥無種者即申牒報災親謁上官陳狀破成例請緩徵因鄒平得緩者十六州縣民失物誤訟鄰邑長山歸獄於琦琦曰汝失物地大樹北抑大樹南曰樹北琦曰若是則我界也民愕然曰誠鄒平耶即不欲以數匹布煩父母官持牒去後權章邱鄒平民時赴訴琦曰此於法不當受慰遣之章邱民好訟院司道府五府吏皆籍章邱走書請託掎摭短長琦任歲餘無一私書至結案二千有奇無翻控者五年補館陶會久旱風霾麥苗皆死饑民聚掠琦禱雨旣應嚴捕倡掠者廉得富家閉糴居奇狀按治之民大悅乃請普賑兩月館陶地褊小賑數多鄰邑數倍大吏訶之尋有詔責問歲饑狀甚切乃按臨災區民迎訴賑弊惟館陶得實始劾罷他邑令厚慰琦士有訟者閱其辭不直則曰課汝文不至訟乃至耶先試以文不中程責後乃決事士訟遂稀館陶地斥鹵不宜穀又衞水數敗田琦精求古溝防及區田法試行之未竟病卒在館陶八年民愛戴之理訟不待兩造集即決遣之以其辭質後至者莫敢狡飾有疑獄亦不過再訊胥吏擾民必嚴論如法然籌其生計必周故無怨者琦少工文學與兄編修惠言齊名輿地醫學詩詞皆深造五十後始爲吏治績尤著時江西同知石家紹亦儒者爲治有古風殆相亞云

家紹字瑤辰山西翼城人以拔貢爲壺關縣教諭道光二年成進士授江西龍門知縣發奸擿伏以神明稱調上饒再調南昌首邑繁劇而盡心民事理訟嘗至夜不輟連年水患饑民聞省會散賑麕聚郭外家紹與新建令同主賑始散米令饑民自爨來者益衆賑所瀕河幾莫能容乃改散錢令各返鄉里候截留漕米濟之時水災益棘家紹請開倉平糶復分廠煮粥以賑主者循例備三千人食而就食者五萬洶洶不可止家紹至諭之曰食少人衆咄嗟不能辦汝等姑退詰朝來不使一饑民無粥啖也衆皆迎拜曰石爹爹不欺人願聽處置爹爹者江西民呼父也歷署大庾新城新建三縣擢銅鼓營同知署饒州贛州二府所至皆得民心家紹口呐呐若不得辭自大吏僚友縉紳士民卒隸無不稱爲循吏顧自視欿然嘗曰吏而良民父母也不良則民賊也父母吾不能民賊也則吾不敢吾其爲民備乎十九年卒五縣皆祀名宦南昌民尤德之建祠於百花洲

劉衡字廉舫江西南豐人嘉慶五年副榜貢生充官學教習十八年以知縣發廣東奉檄巡河日夜坐臥舟中與兵役同勞苦俾不得通盜河道歛戢署四會縣地瘠盜熾衡團練壯丁連村自保詗捕會匪焚其籍以安反側祗治渠魁衆乃定調署博羅城中故設徵糧店數家鄉又設十站民以爲累衡至即除之俗多自戕里豪蠹役維持之害滋甚衡釋誣濫嚴懲主使錮習一淸補新興父憂去服闋道光三年授四川墊江俗輕生亦如博羅衡先事勸諭民化之獲嘓匪初犯者曰饑寒迫爾給資使自謀生再犯不宥匪輒感泣改行調署梁山處萬山中去水道遠歲苦旱衡相地修塘堰以時蓄洩爲永久之計捐田建屋養孤貧歲得穀數百石上官下其法通省仿行尋調巴縣爲重慶府附郭號難治白役七千餘人倚食衙前衡至役皆無所得食散爲民存百餘人備使令而已歲歉衡謂濟荒之法聚不如散命各歸各保以便賑恤是年雖饑不害衡嘗謂律意忠厚本之爲治求達愛民之心然愛民必先去其病民者故恆寓寬於嚴官民之阻隔皆緣丁胥表裏爲奸所至設長几於堂左右分六曹爲六槅吏呈案則各就所几槅庋之擊磬以聞衡自取立與核辦置之右几吏以次承領壅蔽悉除有訴訟坐堂皇受牘親書牒令原告交里正轉攝所訟之人到即訊結非重獄不遣隸勾攝即遣必注隸之姓名齒貌於籤又令互相保結設連坐法蠹役無所施技性素嚴臨訟輒霽顏俾得通其情抶不過十惟於豪猾則痛懲不稍貸嘗訪延士紳周知地方利害次第舉革待丞尉營弁必和衷時周其乏緩急可相倚城鄉立義學公餘親課之爲治大要以恤貧保富正人心端士習爲主總督戴三錫巡川東其旁邑民訴冤者皆乞付劉靑天決之語上聞七年擢緜州直隸州知州宣宗召對嘉其公勤八年擢保寧知府九年調成都每語人曰牧令親民隨事可盡吾心太守漸遠民安靜率屬而已不如州縣之得一意民事也然所在屬吏化之無厲民者後擢河南開歸陳許道未幾病巡撫爲陳情及治蜀狀請優待之以風有位特詔給假調理久之病不愈遂乞歸數年始

卒博羅整江梁山巴縣皆請祀名宦祠同治初四川學政楊秉璋疏陳衡循績並上遺書穆宗諭曰劉衡歷任廣東四川守令所至循聲卓著去官四十餘年至今民間稱道弗衰所著庸吏庸言蜀僚問答讀律心得等書尤爲洞悉閭閻休戚於興利除弊之道籌畫詳備洵無媿循良之吏將歷任政績宣付史館編入循吏傳以資觀感衡所著書皆閱歷有得之言當世論治者與汪輝祖學治臆說諸書同奉爲圭臬其後有徐棟著牧令諸書亦並稱焉棟字致初直隸安肅人道光二年進士授工部主事累遷郎中究心吏治以爲天下事莫不起於州縣州縣理則天下無不理稱州縣之職不外於吏事久讀書多然吏事在既事之後讀書在未事之先乃滙諸家之說爲牧令書三十卷又以保甲爲庶政之綱天下非一人所能理於是有鄉有保有甲自明王守仁立十家牌之法後世踵行爲弭盜設此未知其本也亦集諸說成保甲書四卷二十一年出爲陝西興安知府調漢中又調西安所至行保甲皆有成效興安臨漢江棟補修惠春石泉兩隄加於舊五尺民頗苦其役十數年後大水冒舊隄二尺乃感念之肖像以祀舊禁運糧下游棟以興安卑濕積穀易罨變既不能久儲又不能出境圖利者改種菸葉藍靛歉年每至乏食乃弛運糧之禁民便之舉卓異二十九年以病歸咸同之間在籍治團練修省城有詔錄用以老病辭尋卒祀與安名宦祠

姚柬之字伯山安徽桐城人七世祖文燮見本傳柬之少負異才從族祖鼐學道光二年成進士授河南臨漳知縣屢決疑獄縣民張鳴武控賊殺妻稱賊攀二窗櫺入室柬之勘窗櫺窄且夫未遠出詰之果夫因逐賊誤斫殺妻又常姚氏被殺罪人不得柬之察其時爲縣試招覆之前夜所取第一名楊某不赴試疑之召至神色惶惑詢其居與常鄰乃夜至城隍廟命婦人以血汚面與楊語遂得圖姦不從强殺狀每巡行鄉曲勸民息訟有訴曲直者即平之漳水淤齧糧赴災區且勸且賑全活者衆兼攝內黃民服其治閭潰之風頓革境與直隸大名毘連多賊巢掘地爲窟窖匪衆賭排槍手爲拒捕計柬之約大名會捕賭窟險而盜風息母憂去十二年服闋補廣東揭陽瀕海民悍械鬭擄掠抗賦戕官習以爲常柬之訓練壯勇集紳耆於西郊諭以保護善良與民更化最頑梗之區曰下灘盜賊土豪相勾結柬之會營往捕拒者或死或擒一盜積犯十八案召被害者環觀僇之境內稱快有凶盜居錢坑其地四面皆山不可攻潮州故事凡捕匪不得則爇其廬空其積聚柬之戒勿焚燒召耆老諭交犯不敢出乃乘輿張蓋入村從僅數人見耆老一一慰勞皆感泣願更始民在四山高望者咸呼好官次日遂交犯自下灘示威錢坑示德恩信大著收穫時巡鄉爲之保護樹催科旂値械鬭則樹止鬭旂一日塗遇持火槍者結隊行望見官至悉沒水中命以漁網取之訊爲助鬭者按以法自此械鬭寖止興復書院厚待諸生回鄉以新政告鄉人有變則密以聞官民無隔閡逋賦者相率輸將强梗漸化縣大治遷連州綏猺廳同知民猺搆訟判決時必使相安遂無事署甯縣匪徒戕官肆刦奉檄從鎭道往捕治匪以涂祥爲巢穴磨盤山爲聲援地皆險乃設方略正軍攻涂祥調揭陽壯勇自磨盤嶺突進破賊巢獲六百餘人事定言官誣論劾朝使查勘其誣得白十七年署肇慶府端溪大漲城不沒數版柬之日夜立城下守禦預放兵糧以平米價民不知災十九年擢貴州大定知府俗好訟吏之速訊速結不能售其欺期年而訟稀白蠟洞地僻產煤鐵有汪擺片者據其地聚衆結會爲一方害捕滅解散地連川滇得弭鉅患焉大定民苗雜居宜治以安靜大吏下令吏之必酌地方之宜不使累民見多不合遂引疾歸數年始卒

吳均字雲帆浙江錢塘人嘉慶二十四年舉人道光十五年大挑知縣發廣東授乳源調潮陽歷署揭陽惠來嘉應海陽在海陽捕雙刀會匪黃悟空寶之法舉卓異署鹽運司運同擢佛岡廳同知署潮州知府咸豐二年惠州土匪肆刦均奉檄往獲匪千餘分輕重懲治遂肅清三年實授時東南各行省軍事亟福建湖南大吏聞均名先後奏調往襄勦匪廣東方倚爲保障堅留之四年江南大營散兵回粵結匪爲亂賊首陳娘康擁衆圍潮陽分黨陷惠來攻普寧援軍失利均親督戰敗賊甫解潮圍海陽彩陽鄉匪首吳中庶乘間糾黨陳阿拾煽衆旬日至萬餘人大掠海陽偪攻郡城澄海匪首王興順亦與合均檄潮陽令汪政分兵援郡城戰城下殲賊數千圍解自移軍澄海冒雨破賊巢分路搜捕清餘孽旋克惠來斬陳娘康等於陣未幾以積勞卒於官均性清介治潮最久誅盜尤嚴每巡鄉輒以二旂開導大書曰但願百姓回心免試一番辣手化莠爲良保全彌衆從役有取民間絲粟者立斬馬前民益畏服在潮陽以濱海地鹹鹵開渠以通溪水築隄六千餘丈淡水溉田瘠土悉沃在海陽濬三利溪加築北堤爲郡城保障及守潮州修復州東廣濟大橋附郭西湖山高出城上登瞰全城如指掌舊有高墉爲犄角久圮均築展新城跨濠而過圍山於城內至是匪亂圍攻竟不能破民咸頌之歿後追贈太僕寺卿光緒間潮州建專祠

王肇謙字琴航直隸深澤人道光十四年舉人授福建海澄知縣馬口鄉民搆釁互掠親諭利害積嫌頓解捕巨盜許蟳寅諸法寡盜歛迹富紳爭產累訟男婦數十人環跪堂下援引古義喻之吏反自責衆赧然謂今日始知禮義訟以是止邑民李順發負楊茄杜金爲楊所留乃以刦財訴諸教堂教士移牒請嚴究衆洶洶肇謙白上官茄杜無罪不必治教士驕心不可長總督劉韻珂嘉其抗直閩縣上算村故盜藪檄肇謙往捕至則召其父老開陳大義曰我來活若一鄉若列銃拒官大府欲屠之尙不知耶衆大恐肇謙曰某某皆大盜速縛來三日繕齊保甲册吾保若無事遂立以盜獻廈門洋人因賃屋與民齟齬奉檄往治據理剖決兩無所徇洋人帖服咸豐二年署上杭時粵匪據江寧福建賊林俊遙應之陷漳州永春大田諸邑縣肇謙建碉儲粟製器械簡丁壯爲堅壁清野計賴以無虞三年淫雨爲災且賑且治軍率團勇越境勦松源縣賊四千擢永春直隸州知州募鄉兵二萬破林俊於城南山擒土匪邱師辜八等署漳州知府漳浦古竹社蔡全等爲亂肇謙設方略約內應生擒全詔嘉之晉秩知府漳俗獷悍難治肇謙謂民不奉法由吏不稱職課所屬清案牘勤催科懲械鬭嚴緝捕表義行振文教以能否爲殿最漳人以爲保障署延建邵道調署興泉永道未行粵匪竄入境肇謙誓以死守督軍隨按察使趙印川十三戰皆捷以勞卒詔贈光祿寺卿祀上杭名宦祠

曹瑾字懷樸河南河內人嘉慶十二年舉人初官直隸知縣歷署平山饒陽甯津皆得民心賑饑懲盜多惠政補威縣調豐潤以事落職尋復官發福建署將樂又以失察邪教被劾引見仍以原官用道光十三年署閩縣旗兵與民械鬭持平曉諭利害帖伏値旱迎胡神於鼓山禱雨官吏奔走跪拜衢間瑾斥其不載祀典獨屹立不拜大吏奇之以爲可任艱鉅時臺灣歲歉多盜遂補鳳山問疾苦詰盜賊剔除弊蠹順民之欲淡水溪在縣東南由九曲塘穿池以引溪水築埤導圳凡掘圳四萬餘丈灌田三萬畝定啟閉蓄洩之法設圳長經理之二十年擢淡水廳同知海盜劉封商賈漳泉二郡人居其間常相仇殺又當海防告警瑾至行保甲練鄉勇清內匪而備外侮英吉利兵艦犯鷄籠口瑾禁漁船勿出絕其鄉導懸賞購敵首民爭赴之敵船觸石禽百二十四人屢至屢却之明年又犯淡水南口設伏誘擊俘漢奸五敵兵四十九人事聞被優賚未幾和議成英人有責言總督怡良知瑾剛直謂曰事將若何瑾曰但論國家事若何某官無足重罪所應任者甘心當之但百姓出死力殺賊不宜有負怡良歎曰眞丈夫也卒以是奪級後以捕盜功晉秩以海疆知府用瑾遂乞病歸數年始卒

桂超萬字丹盟安徽貴池人道光十二年進士以知縣發江蘇署陽湖四十日巡撫林則徐賢之補荆溪未任父憂去十六年服闋授直隸欒城捕盜不分畛域每於鄰邑交界處破賊巢盜風息滹沱河及城河通溝洫平道路水潦無患限紳戶免役不得過三十畝免累民勸樹畜修井糞田種薯芋以備荒復書院設義塾化導鄉民習異教者多改行調萬全署豐潤値英吉利犯天津沿海戒嚴超萬訓練鄉勇募打鴨善槍法者以備戰後粵匪犯畿輔天津練勇效超萬法頗收鴨槍狙擊之效詔舉賢吏總督訥爾經額薦超萬持躬廉謹盡心民事遷北運河務關同知二十三年擢授江蘇揚州知府揚俗浮靡超萬勵勤儉嚴禁令凡衙蠹營兵地棍訟師諸害民者悉繩以法訟於府者一訊即結逾兩年調蘇州時漕弊積重大戶短欠且得包納運丁需索日增官民交困超萬爲減幫費均賦戶之議乃訪懲豪猾示均收章程依限完納即歉既往請大吏奏定通行積困稍甦屯佃求減租聚衆毆業主糧艘水手因行海運失業勾結滋事勢皆洶洶超萬處以鎭靜先事戒備得弭亂南署糧儲道二十九年擢福建汀龍漳道乞病歸咸豐中粵匪擾安徽超萬在籍治鄉團同治初福建巡撫徐宗幹薦之署福建糧儲道尋擢按察使年八十卒於官

張作楠字丹邨浙江金華人嘉慶十三年進士銓授處州府教授擢江蘇桃源知縣調陽湖治事廉平人稱儒吏道光元年擢太倉直隸州知州三年大水作楠冒雨履勘災鄉問民疾苦停徵請賑借帑平糶疏濬境內河道以工代賑水得速洩涸出田畝不誤春耕人刊要東荒政編紀其事尋奉檄赴松江讞獄鄉民訛傳去官虛仍收漕紛紛奔訴會瀕海奸徒乘間蠢動作楠聞變馳回中途檄主簿蕭翶赴茜涇捕首惡脅從罔治事遂定作楠勤於治事案無滯牘暇則籌燈課讀妻女紡織常至夜分人笑其爲校官久未改故態五年擢徐州知府受代以平糶虧帑二萬金彌補未完作楠自危巡撫陶澍曰救災民如哺兒失乳即死吾方咎汝請糶時顧慮折耗不免稍稽遺大投艱者胡亦泥此且紳民已代致萬金不汝責也徐州亦被災籌賑甚力民賴以甦在任兩載乞養歸鄉居二十餘年足迹不入城市三子皆令務農工或問何不仍業儒曰世俗讀書爲科名及入仕

則心術壞吾不欲其墮落也作楄精算學貫通中西在官以工匠自隨製儀器
刊算書所著書匯刻曰翠微山房叢書行於世學者奉爲圭臬焉卒祀鄉賢祠
雲茂琦廣東文昌人道光六年進士授江蘇沛縣知縣詢民疾苦懇懇如家人
勸以務本分忍忿爭訟頗稀縣地卑多積潦開濬溝洫歲獲屢豐龤緝捕經費
獲盜多給重賞盜賊屏迹課諸生先德行後文藝語以身心性命之學隣邑聞
風而來書院齋舍至不能容總督蔣攸銛稱其有儒者氣象調六合連年大水
災民得賑無流亡邑多淫祀毀其像改書院衞田多典質爲清理復業運戶得
所津貼漕累以紓考最入覲改官兵部郎中又改吏部未幾告養歸家居十數
年設田贍族鄉邑興革無不盡力主講課士有法卒祀名宦祠

清史稿　列傳

循吏四

徐台英　牛樹梅 何曰愈 吳應連

劉秉琳 陳崇砥 夏子齡　李炳濤 俞澍 朱根仁 鄒鍾俊 王懋勳

蒯德模 林泉達　方大湜 陳豪

楊榮緒 林啓　王仁福 朱光第

冷鼎亨　孫葆田 柯劭憼

涂官俊 陳文騄 李淦　張楷

王仁堪

徐台英字佩章廣東南海人道光二十一年進士授湖南華容知縣俗好訟台
英謂訟獄糾纏由於上下不通與民約傳到即審結胥役需索者痛懲之一日
閱呈詞不類訟師胥吏筆鞫之果諸生也拘至試以詩文文工而詩劣諭曰詩
本性情汝性情卑鄙宜其劣念初犯姑宥其改行其人感泣去規復沱江書院
月自課之曰陸清獻作令日與諸生講學吾不曉講學若教人作文因而誘之
讀書立品是吾志也縣田有圻田垸田山田之分瀕湖地旱少潦多垸圻例有
蠲緩田無底冊影射多書役勢徵官給空票花戶糧數任其自注役指爲欠者
拘而索之官不知所徵之數保戶包納漕米相沿以爲便挾制浮收無過問者
積欠數萬官民交病台英知其弊乃清田冊注花戶糧數姓名住址立碑垸上
使冊不能改應緩應徵者可覩勘而影射之弊絕申糧隨業轉之例即時過割
而飛灑之弊絕收漕分設四局俾升合小戶就近輸民免保戶之加收而包納
之弊絕垸田舊有堤修費出田主有挪垸田作圻田冀免隄費者有賣田留稅
派費賠累者有實稅留田派費不至者隄費不充一垸隄潰他垸同希豁免凡
借帑修隄者久無償相率亡匿台英丈田均費低窪者許減派不許匿畝其人
戶俱絕歸宗祠管業承費巨族有抗者罪之行之期年隄工皆固逋賦盡輸調
耒陽耒陽徵糧由櫃書里差收解取入倍於官刁健之戶輕良善之戶重民積
忿有楊大鵬者以除害爲名欲揭竿爲亂事平台英遂盡革里差時上官欲命
舉甲長以代里差仍主包收包解台英以甲長之害與里差同因集鄉紳問之
曰巡撫命汝等舉甲長何如曰無人願充台英曰甲長所慮在不知花戶住址
汝等所慮在甲長包收吾今併戶於村分村立冊以各村糧數合一鄉以四鄉
糧數合一縣各村納糧就近投櫃糧入串出胥吏不得預甲長祗任催科無昔
日包收之害此可行否衆皆拜曰諾台英曰隱匿何由核衆曰取清冊磨對有
漏補入可耳曰虛糧何由勢曰虛糧無幾有則按畝勻攤可耳數月而清冊成
糧法大定大鵬之亂誘脅者多台英禁告訐一縣獲安以憂去官同治元年詔
起用發浙江署台州知府未任卒

牛樹梅字雪橋甘肅通渭人道光二十一年進士授四川彰明知縣以不擾爲
治決獄明愼民隱無不達咸愛戴之隣縣江油匪徒何遠富糾衆刦中壩場地
與彰明之太平場相近樹梅率民團禦之匪言我不踐彰明一草一木也迨官
軍擊散匪衆遠富匿下莊白鶴洞恃險負隅遙呼曰須牛青天來吾即出樹梅
至果自縛出擢茂州直隸州知州尋署寧遠知府地大震全城陷沒死傷甚衆
樹梅壓於土獲生蜀人謂天留牛青天以勸善樹梅自咎德薄不能庇民益修
省所以賑卹災黎甚厚民愈戴之父憂去官咸豐三年尚書徐澤醇薦其樸誠
廉幹詔參陝甘總督舒興阿軍事八年湖廣總督官文薦循良第一發湖北病
未往同治元年四川總督駱秉章復薦之擢授四川按察使百姓喜相告曰牛
青天再至矣三年內召以老病不出主成都錦江書院時甘肅回匪尙熾樹梅
眷念鄉里遺書當事論勦回宜用土勇略云軍興以來劇寇皆南勇所掃盪今
金積堡既平河州水土尤惡若參用本省黑頭勇其利有六飽粗糲耐冰霜一
也有父母兄弟妻子之仇有田園廬墓之戀二也給南勇半餉即樂爲用三也
無歸之民收之不致散爲賊四也久戰狄河一帶不費操練五也地勢熟習設
伏用奇無意外虞六也後總督左宗棠採其說主用甘軍卒收其效光緒初歸
里卒年八十四何曰愈字雲畡廣東香山人父文明河南淅川知縣有惠政曰
愈少隨父官讀書勵志有幹材道光初授四川會理州吏目土司某桀驁所部
夷人殺漢民知州檄曰愈往驗以賄乞免却之乃率衆來刦不爲動卒成驗而
還獄上大吏廉得直曰愈由是知名捐升知縣以習邊事辦西藏糧臺三載還
補岳池縣不畏強禦豪右歛戢練鄉團繕城郭庀器械逾數年滇匪犯岳池後
令賴所遺械以拒賊時比張孟談之治晉陽云調署平山以母憂去咸豐六年
服闋寧遠府野夷出巢焚掠大吏檄曰愈參建昌鎭軍事川西猓夷凡數十支
自雷波峩邊滇南二十四寨頻年肆擾値西昌縣告變曰愈馳至衆大譁曰夷
傷吾人曰愈曰若等平日欺夷如鹿豕使無所控告故釀禍今且少息吾爲若
治之乃集兵練出不意搗夷巢夷皆匍匐聽約束漢民屋毀粟罄夷請以山木
供屋材並貸穀爲食曰愈諭民曰此見夷人具有天良若等毋再生釁漢民遂
相安曰愈旣益悉夷番之情僞山川之險隘擬綏邊十二策格不得上未幾滇
匪韓登鸞糾衆入會理州境聲言與回民尋讐回民疑漢民召匪因焚民居曰
愈率一旅往聞流言奸細伏城內乃下令毋閉城三日後按戶搜查容奸細者
從軍法越三日城內外賊黨悉遁曰愈曰吾不閉門不遽搜者正開其逃路耳
衆皆服遣人持榜文諭登鸞遵示釋怨退去復持諭回民回民曰昔日被水災
田廬盡沒何公一騎渡水賑我又爲我濬河至今無水患戴德未忘今敢不遵
諭違者誅之自是回民亦不擾州境事定鎭府上其功會有擠之者遂不敘比
粵匪犯蜀曰愈數陳機宜當事不能用退居灌縣後歸卒於家子璟官至浙閩
總督吳應連江西南城人道光元年舉人以知縣揀發四川歷署天全涪州永
川安岳蒲江新津綿竹仁壽諸州縣補石泉調彭縣宦蜀先後二十年所至修
塘堰濬河渠平治水陸道塗捕盜賊土豪撫災民皆有實政咸豐初蜀匪漸熾
應連在彭縣編團儲械以備不虞四年卒於官未幾悍匪迭來犯賴鄉勇保全
危城民思遺績留殯於城內三忠祠旁歲時祀之涪州安岳永川石泉仁壽先
後請祀名宦祠

劉秉琳字崑圃湖北黃安人咸豐二年進士授順天寶坻知縣持躬清苦恤孤
寡懲豪猾悉去雜派及榷酤贏餘者索倫兵伐民墓樹縱馬躪田禾反誣村民
縶其馬秉琳力爭得直蝗起督民自捕集貲購之被蝗者得錢以代賑且免踐
田苗遷宛平京縣十年英法聯軍犯京師秉琳奉檄赴營議犒納刀轡中慮以
非禮相加義不受辱抗論無少屈犒具皆如議尋引疾歸穆宗登極有密薦者
復至直隸署任邱民以驛車爲累籌貲招雇永除其害擢深州直隸州知州七
年捻匪張總愚竄畿輔且至人勸其眷屬可避秉琳曰吾家人皆食祿者義不
可去授兵登陴鄉民及隣境聞之咸挈入保至十餘萬人嬰城四十餘日賊圍
之不破秉琳上書統帥言賊入滹沱河套勢益蹙宜兜圍急擊緩將偷渡東竄
卒如其言寇平優敘州地多斥鹵民以鹽爲恆產課與常賦埒水旱不得報災
非濾鹽無以應正供秉琳議官銷法以杜私販民悅服九年擢正定知府滹沱
溢發所儲兵米以賑築曹馬口迴水斜角三堤水不齧城民用安集郡與山西
接壤固關守弁苛稅煤鐵商販委物於路衆上訴秉琳往解散除其重征鎭
將獲盜三已誣服秉琳鞫之乃兵挾負博嫌栽贓刑逼以成其獄釋三人者而
重懲其兵光緒元年擢天津河間道兼轄南運河工請復歲修銀額河兵口食
足乃無偷減工料之弊築中亭河北隄涸出腴田千餘頃時方旱流民集天津
設粥廠躬親其事所活甚衆嘗太息曰哺飢衣寒救荒末策也本計當於河渠
書農桑譜中求之四年乞病歸數年卒同治初年軍事漸定始課吏治大學士
曾國藩爲直隸總督下車即舉賢員如李文敏任道鎔李秉衡後並至巡撫秉
琳及陳崇砥夏子齡蕭世本諸人治行皆卓著當時風氣爲之一振云崇砥字
亦香福建侯官人道光二十五年舉人咸豐三年大挑知縣發直隸授獻縣盜
賊充斥嚴緝捕渠魁多就擒治鄉團十六區合千五百人分班輪値邑以有備
捻匪張錫珠擾畿輔崇砥開城納逃亡誓衆效死縣境臧家橋爲通衢河間守
欲毀橋阻賊崇砥謂方宜安集難民遙爲聲援豈可夷險示弱且委東鄉於賊
非計也竟不毀橋賊旋引去大學士祁寯藻疏薦之擢保定府同知筦水利崇
砥以府河港汊紛岐苦易淤設水誌增夫役器具以時汰淤商船打壩阻水爲
設壩船給板橀過淺搆橋咸稱便同治八年署大名知府兵亂時民多築寨堡
自衛後事定寖至藏奸抗官崇砥親履勘收繳軍械易正紳司之澆風漸息畿
南久苦旱賑難普及崇砥議有田十畝以上者不賑極貧大口錢千小口半之
壯者不給先編保甲造細冊不日賑而曰貸事畢奏請蠲貸民安之南樂縣民

抗徭聚衆令告變崇砥輕騎往平其輕重衆歡然輸納副將駐兵獻縣兵不戢鄉團疑其匪也戕副將既而知誤畏罪衆聚不散檄崇砥往治令縛首禍者會從皆免之調署順德府尋擢河間知府河間素多訟崇砥剋期審結數決疑獄期年而清滹沱下游爲災崇砥請築古洋河隄自獻縣至肅甯六十里於蔡家橋作隄防支流開溝六千丈以資宣洩自馮家村至高日口造橋建牐防子牙河暴漲於是古洋通流近地皆大稔光緒元年卒於官祀名宦夏子齡字百初江蘇江陰人道光十六年會試第一成進士初官禮部主事任事果決尙氣節庫丁賄當事請準捐考力持駁議時稱之改授河南汲縣知縣勤聽訟嚴治盜遇事持大體咸豐初詔求人才巡撫潘鐸特薦之會母憂去官服闋授直隸深澤調饒陽比歲旱蝗盜劫肆擾選健役百人教以技擊更番直有事雖午夜立率以出捕劇盜幾盡分境內團練爲八區輪期會操久之皆可用十年英法聯軍入京師畿南土匪蜂起冀州王洛悅河間劉四賈濺等各嘯集千人連擾郡邑子齡率團勇迎擊境上斬獲數百劉四受創遁王洛悅聞風驚潰劉四等尋於他縣被擒伏法王洛悅亦就撫事平優敍縣舊爲滹沱所經北徙已久十一年上游決溢水驟至近郊爲澤國訪尋故道濬老澗溝上接安平境下入獻縣之廉頗洼以資宣洩次年水復至暢流不爲患城西官道沖刷成河建長橋五十丈民便之遷宛平京縣擢易州直隸州知州西陵在州境故事護陵俸餉及祭品牛羊芻豆州領給之陵員與州吏因緣爲侵蝕數煩朝使察治子齡與守陵大臣議訂章程弊去泰甚始相安爲歲旱奸民聚衆擾大戶立杖斃煽衆者勸捐賑卹灾不爲害同治六年河北馬賊起擾及鄰境募勇治團如饒陽時匪懾其名不敢犯次年捻匪竄擾畿輔守要隘清內匪防軍久駐有淫掠者立斬以徇闔境肅然論功晉秩知府美利堅教會私購民居爲耶蘇堂執條約與爭以其無游歷執照購屋未先告州境附近陵寢有關風水皆與約背竟退價撤契且杜其後至尋請離任以知府候補未幾卒易州饒陽並祀名宦祠子詒鈺官永年知縣亦以廉平稱有治績世本字廉甫四川富順人同治二年進士選庶吉士散館授刑部主事改直隸知縣先在籍治團練有聲曾國藩莅直隸辟爲幕僚九年天津民教相鬨斃法國領事幾肇大釁遂以世本署天津縣尋實授天津民悍好鬥鍋夥匪動爲地方害世本嚴懲之地爲通商大埠訟獄殷繁世本手批口鞫斷決如神逾年父憂去服闋仍補天津歲旱災黎就食萬數給粥施醫無失所調清苑擢遵化直隸州知州復以母憂去服闋以知府候補筦天津守望局捕誅大盜王洛八謝昆海道肅清倡修運河隄以免水患疏濬龍河故道開范家隄及石碑河宣惠河金沙嶺下水道四十餘里皆藉賑興工民利賴之署天津正定兩府十三年卒附祀曾國藩祠

李炳濤字秋槎河南河內人咸豐中就職州判謁曾國藩於軍中尋佐皖軍營務能調和將士積功晉同知留安徽同治四年國藩北征捻匪炳濤上書言四事一專責防堵以嚴分竄一聯絡民團以孤賊勢一設局開荒以資解散一多備火器以奪賊長國藩頗採其言檄查亳州圩炳濤微服出入盡得諸匪徒姓名及蠹役胡采林通匪虐民狀誘采林誅之竿其首一州驚懼自是訟獄者咸取決於炳濤按圩查閱立條教別良莠戮悍賊二百予自新者三千期年而俗變無盜竊者五年捻匪竄州境曉諸圩以大義雖與寇有親故者無敢出應捻匪引去六年署蒙城縣蒙亳接壤瘠苦尤甚炳濤勸强梗撫良懦振興書院絃誦聲作捻匪餘黨解散及各軍凱撤還鄉者數千人彈壓安輯民用晏然巡撫英翰疏陳炳濤治行爲安徽第一被詔嘉獎十年調署亳州尋擢廬州知府廬州故劇郡中興以來元勛宿將相望豪猾藉倚聲勢爲不法官吏莫敢誰何炳濤嚴治之稍戢無爲州江隄官督民修炳濤禁胥吏索規費工必覈實府東施河口爲衝途冬涸商船以數牛牽挽始行時値旱災以工代賑濬河深通運賑者皆至商民便之西洋人欲於城內立教堂成有日矣炳濤諭地主曰爾不聞甯國之變耶他日民教有爭端爾家首禍其人懼事得寢光緒二年大江南北訛言有妖術剪人髮者民情洶洶奸民藉以倡團立卡多苦行旅炳濤徧示城邑無妄動誅一眞匪其疑似者悉不問人心旋定三年母憂去官皖南興辦保甲墾荒大吏奏調炳濤主其事五年卒於甯國炳濤機警善斷獄在蒙城營馬爲賊所劫乃傳諭詰旦城但啟一門見有馬奔出有鞍而無轡命羈之俄一人手持一封將出城回顧者再縛之發其封則轡與劫物皆在其人伏罪在亳州田父報子夜投井死驗無傷井旁有汲水器炳濤念夜非取水時旣願死何暇持器詢其婦無戚容偵其平日與鄰婦往來拘鄰婦鞫之果得狀蓋鄰婦弟與婦通欲害其夫適其夫以事忤父鄰婦邀醉以酒而投之井置汲器者欲人信其取水投井也於是皆伏法時皖北被兵久撫輯遺黎多賴良吏炳濤爲最又有兪澍朱根仁鄒鍾俊王懋勳並爲時所稱澍直隸天津人以縣丞發安徽襄壽春鎭軍事咸豐六年署蒙城知縣時縣城初復人烟寥落招集流亡以大義激紳民築城籌守禦趨工者踴躍不費公家一錢捻渠苗沛霖反側叵測窺縣城十餘次不能破城有內應賊者捕斬三人而賊退七年攻賊於鄲墟擒其酋徒成德等八年攻克龍元賊壘捻酋孫葵心來犯出奇計擊走之附近捻墟懾於聲威往往反正受約束九年實授先後敍功晉同知直隸州在官數年潔己愛民及歿民皆痛哭送其柩二千里歸葬詔贈道銜建專祠根仁字禮齋江蘇常熟人以州判從軍晉秩知縣留安徽同治三年署定遠兵燹初定徵調尙繁前令試辦開徵根仁以民不堪命請緩之籌備供億民無所擾捕巨猾雍秀春未獲得黨羽名册根仁曰我何忍興大獄以博能名喪亂未平民氣未固激之生變可勝誅乎遂火其册聞者爲之改行跕雞岡周姓聚族居有從逆者已死里人利其田廬致周族人於獄根仁一訊釋之後再署定遠捻匪擾境根仁修城濬隍聚糧固守暇輒輕騎巡鄉勸民修復陂堰十家治一井田二頃闢一塘旱不爲災歷署阜陽懷甯捕阜陽積匪程黑置之法補全椒興水利有實政光緒四年卒鍾俊字雋之江蘇吳縣人同治中以州判官安徽積勞晉秩知縣補太平平反冤獄慈祥而人不欺墾荒勸農蒿萊盡闢不追呼而賦辦邑行淮鹽與浙引後界屢以緝私釀大獄乃請以官牒領鹽試辦分銷民始安修復水利興書院儲書七萬卷輯儒先格言曰人生必讀書訓士敦本行旌節孝修祠祀舉行賓興鄉飲酒禮在任五年以興養立教爲務調太和歷署懷甯六安阜陽蕪湖渦陽所至有聲光緒中乞休卒於家淸貧如故子嘉來官至外務部尙書守其家法焉懋勳字朔丞湖北松滋人咸豐中以議敍縣丞發安徽從軍有功晉知縣歷署潁上合肥亳州泗州補六安直隸州知州因事去職尋因籌賑捐獎以知府候補懋勳先後官安徽近五十年任亳州泗州皆三次初至亳捻匪苗沛霖初平淸查戶口收繳軍械平毀寨堡數百民始復業懲械鬥淸積案釐學產復書院士民戴之以父憂去會巡撫過境州人萬衆乞留懋勳巡撫許以俟服闋重任後如其言夾道歡迎光緒初洊饑煮粥以賑河南山西陝西饑民流轉入境留養資遣全活無算泗州瀕洪澤湖爲匪藪捕誅劇盜數十閭閻得安治獄無株連禁差保擾民勸農事勵風化親歷鄉曲民隱悉達最後至泗距前已二十餘年盜賊聞風遠竄奸胥皆避歸田野宣統元年卒

蒯德模字子範安徽合肥人咸豐末以諸生治團練積功洊保知縣留江蘇同治三年署長洲時蘇州新復盜日數發德模偵之輒獲有匿鎭將營者親往擒以歸寘之法車渡民衆抗租或欲懾以兵德模曰是激之變也扁舟往治首惡散脅從事立平治有天主堂雍正間鄂爾泰撫蘇改祠孔子泰西人伊宗伊以故址請德模曰某官可罷此祠非若有也卒不行奸人誘買良家女倚勢豪爲庇德模挈女親屬往出之豪亦屈服其不畏强禦類此常周行鄉陌田夫走卒相酬答周知民隱取下嚴而恤其私胥役奉法不敢爲蠹附郭訟獄故繁日坐堂皇判決間用俳語鉤距發擿豪猾屛息然執法平不爲緻刻上官遇疑獄輒移鞫治多所平反治長洲四年判八百餘牘盡愜民意或播謌謠焉江北大水災民麕集德模請於大吏分各縣留養三萬餘人無失所民有爲飢寒偷竊者設化莠室給衣食使習藝藝成遣歸爲濬墅關營籌芻秣費永免比閭供役修望亭塘爲橋二十八以利行旅兵燹之後百廢待舉壇廟倉庾書院善堂祠宇及先賢祠墓率先修復不足則斥俸助之徵漕舊有淋尖踢斛花邊樣米捉猪諸色目又有截串差追諸弊一皆革除不追呼而賦辦惟大小戶均一便於民而不便於紳御史朱鎭以浮收劾奏事下按治總督曾國藩巡撫郭柏蔭奏雪之詔以是非倒置切責原奏官旋署太倉直隸州知州蘇州知府九年調署鎭江時天津民擊斃法蘭西領事豐大業沿江戒嚴德模至則葺外城浚甘露港召還居民之聞警遠徙者人心始定調署江甯未幾擢四川夔州知府府城濱江屢圮於水修築輒不就德模自出方略築保坎十三道甃以方丈大石層累而上捐萬金以倡其役不二年遂成附郭有臭鹽磧盛漲則沒水水落貧民相聚煎鹽爲雲陽竈戶所持請封禁然冬令私煎如故聚衆抗捕無如何德模請弛禁官買其鹽運銷宜昌不奪奉節貧民之業不侵雲陽銷引之岸遂著爲令勸民種桑奉節一縣二十二萬株他邑稱是在夔四年卒於官長洲太倉夔州皆祠祀之林達泉字海巖廣東大埔人咸豐十一年舉人江蘇巡撫丁日昌辟佐幕府留心經濟每論古今輿圖武備及海外各國形勢歷歷如指掌日昌雅重之同治三年粵匪餘孽竄廣東達泉歸里練鄉勇籌防禦大埔得無患敘績以知縣選用七年隨勦山東捻匪有功晉直隸州知州發江蘇八年署崇明知縣亂後彫敝達泉革陋規淸積獄修城垣浚河渠建橋梁置義塚增書院膏火設同仁育嬰堂利民之政知無不爲及去任父老遮道攀留其後兵部侍郎彭玉麐巡閱過境見老者飢踣於道與之食曰若林公久任於此吾邑豈有飢人哉十一年署江陰城河通江潮又縣境東橫河關農田十餘萬畝灌溉之

利亂後皆淤塞大浚之建義倉勸捐積穀所定章程歷久遵守光緒元年授海州達泉先奉檄勘海沭鹽河請以工代賑下車次第舉辦浚甲子河及玉帶河復橋路增隄防民咸稱便州地瘠民貧素爲盜藪達泉時出巡擒巨憝貸之法土宜棉設局敎民紡績廣植桐柏雜樹於郭外錦屛山所規畫多及久遠時方經營臺灣船政大臣沈葆楨疏薦達泉器識宏遠潔己愛民請調署新設之臺北府格於部議特詔從之達泉至陳治臺諸策議建置減徵收整飭防軍招民墾荒皆因地制宜事事草創積勞致疾四年丁父憂以毀卒

方大湜字菊人湖南巴陵人咸豐五年以諸生從巡撫胡林翼軍中游保知縣授廣濟縣清保甲治團練盜賊屛息築盤塘石堤下游數縣皆免水患十年土匪何致祥等謀結皖賊襲攻官軍大湜偕員外郞閻敬銘馳往擒之十一年皖賊竄湖北黃州德安諸屬縣先後陷廣濟亦被擾大湜被吏議革職留任調署襄陽飛蝗徧野大湜躡屩持竿躬率農民撲捕三日而盡濬城南襄水故道渠成涸復田數萬畝同治初巡撫嚴樹森疏陳大湜政績優異復原職八年擢宜昌知府九年大水難民避高阜絕食兩日大湜捐貲煮粥糜又爲餺飥數萬賑之諭米商招民負米日致數十石計口散給災戶無失所擢荊宜施道十年調武昌樊口有港蜿蜒九十餘里外通江內則重湖環列周五百里江水盛漲由港倒灌近湖居者苦之僉請築壩樊口以禦江水大湜謂閉樊口則湖水無所洩環湖數縣受其害上下江堤亦危力持不可光緒五年再署荊宜施道尋擢安襄鄖荊道歷直隸按察使山西布政使八年開缺另候簡用遂乞病爲言者所劾鐫級歸大湜生平政績多在爲守令時所至興學校課蠶桑事必親理胥吏無所容奸民親而信之時周歷民間一吏一擔夫自隨即田隴問判訟守武昌時勘隄過屬縣暮宿民家已去而縣官猶不知嚴義利之辨嘗曰以利誘者初皆在可取不可取之間偶一爲之自謂無損久則顧忌漸忘自愛者當視爲酖毒飢渴至死不可入口又曰居官廉如婦人貞節不過婦道一端若恃貞節而不孝不敬不勤不愼豈得謂賢乎公暇輒讀書所著平平言及蠶桑捕蝗修堤區田諸書皆自道所得歸田後謂所親曰官至兩司不如守令之與民親措置自如也遂不出卒於家陳豪字藍洲浙江仁和人同治九年優貢以知縣發湖北光緒三年署房縣勤於聽訟每履鄉恆提榼張幕憩息荒祠與隸卒同甘苦會匪柯三江謀亂立禽寘之法置匭縣門諭脅從自首杖而釋之徵米斗斛必平不留難不挑剔民大悅刁紳憾而戢訟禁種罌粟募崇陽人敎之植茶咸賴其利歷署應城蘄水授漢川頻年襄河溢修築香花垸彭公垸天興垸諸堤疏濬茶壺溝縣河口以工代賑新溝者毘漢陽冬涸舟溜江口奸民輒恃衆索詐捕治諭禁之因病乞休沐將去任有淹訟久未決慮貽後累舁胡床至廳事判定兩造感泣聽命值年飢發賑大吏知豪得民心強起力疾往民夾道懽呼賑未半復以疾去尋署隨州素多盜豪如治房縣時置匭令自首選賢紳行保甲盜風頓戢俗多自戕圖詐豪遇訟實究虛坐不稍徇澆風革焉立輔文社選才雋者親敎之多所成就治隨二年瀕行聞代者好殺竭數晝夜之力凡獄情可原者悉與判決免死後因養母乞免歸浙中大吏輒諮要政多所匡益家居十餘年卒豪在隨州重修季梁祠及卒隨人思其德於西偏爲建遺愛祠祀之

楊榮緒字黼香廣東番禺人咸豐三年進士選庶吉士授編修擢御史英法聯軍犯京師駕幸熱河榮緒與同官抗疏請回鑾又劾參贊國瑞骫法營私風裁頗著同治二年出爲浙江湖州知府粵匪據湖州四年時甫克復荒墟白骨闐無人煙榮緒置善後局規畫庶政安集流亡閭閻漸復屬縣糧冊無存榮緒招來墾闢試辦開徵歲有起色湖蠶利甲天下經亂桑盡伐課民復種貧者給以桑苗絲業復興郡稱澤國滙天目諸山之水入太湖烏程長興境內舊有漊港各三十六以爲宣洩亂後多淤塞五年榮緒奉檄開濬至八年蕆事烏程漊港尤易淤賴設閘以禦湖水之倒灌九年重修諸閘因經費不充頻年經營猶未盡也十年內閣侍讀學士鍾佩賢疏陳其事朝命大加濬治時榮緒舉卓異入覲宗源瀚代攝郡源瀚亦能事規畫舉工及榮緒回任集絲捐得鉅款以資興作屛去傔從輕舟巡驗常駐湖濱踰年工始竣以漊港旋開旋淤議定分年疏濬之法及鐽蘆撈淺閘版啟閉章程數十年遵守不輟又開碧浪湖疏北塘河及城河葺學校建考舍修書院建倉庫造橋梁復育嬰堂百廢具舉鞫獄詳審牒尾輒數百言剖析曲直人咸服之訟以日稀刑具朽敝隸役坐府門賣瓜果自活客坐無供張儉素如布衣時遠近頌爲賢守在任十年爲人所譖遂求去捐升道員離任尋卒郡人思之請祀名宦祠林啟字迪臣福建侯官人光緒二年進士選庶吉士授編修督陝西學政取士嚴正任滿遷御史直言敢諫稽察祿米倉不受陋規爲時所稱十九年出爲浙江衢州知府多惠政二十二年調杭州除衙蠹通民隱禁無名苛稅餘杭巨猾楊乃武因姦通民婦葛畢氏興大獄刑部訊治倖免重罪歸則益橫攬訟事挾制官吏莫敢誰何啟捕治之乃武控京師不爲動卒論如法尤以興學爲急務時各行省學堂猶未普立杭郡甫建求是書院啟復養正書塾並課新學舊有東城講舍益振興之兼經義治事陰主程朱之說而變其面目誘諸生研尋義理以成有用一時優秀之士皆歸之又以浙中蠶業甲天下設蠶學館於西湖講求新法成效頗著遐國外交涉事持正無遷就遠人亦心服治杭四年剛直不阿喜接布衣士民翕然頌之卒官葬於孤山林處士墓側杭人歲設祭焉號曰林社久而勿輟啟之治杭得友高鳳岐爲之助後官廣西梧州知府亦有聲歿而杭人附祀於林社云

王仁福字竹林江蘇吳縣人少誠慤勇於任事祖官河南歿後仁福扶柩歸葬道經徐州遇捻匪徒步率廝役出入烽火肩行四十里竟免尋入貲爲東河同知粵匪犯開封城壕沙淤如平地仁福奉檄督工濬治剋期蕆事而賊至城守賴之同治五年署祥河廳同知黃河自北徙中原多故工帑大減頻年軍事亟發帑復不以時歲修不敷隄埽殘缺料無宿儲祥河汛地當衝險工迭出人皆視爲畏途仁福盡力修守不避艱危六年秋汛水驟漲掣埽去如削木柹仁福奔走風雨泥淖中搶護歷七晝夜款料俱竭隄岌岌將破居民蟻附隄上仁福對之流涕曰我爲河官擠汝等於死我之罪也當身先之躍立埽巔風浪捲埽走入大溜沈沒河聲如吼隄前水陡落風止浪定大溜改趨殘隄得保衆咸驚爲精誠所格令善泅者覓其尸不得乃以衣冠斂事聞詔依陣亡例賜卹附祀河神祠朱光第字杏簪浙江歸安人少孤貧幕游江南奉汪輝祖佐治藥言爲圭臬咸豐末捻匪方熾佐蕭縣令籌防禦屢破賊都統伊興額上其功累晉秩知州分發河南佐讞局治獄平光緒中補鄧州在任三年大祲之後壹意休養善治盜民戴之王樹汶者鄧人爲鎭平盜魁胡體安執爨鎭平令捕體安急乃賄役以樹汶僞冒致之獄既定讞臨刑呼冤重鞫則檄光第逮其父季福爲驗開歸陳許道任愷先守南陽嘗讞是獄馳書阻毋逮季福且誘怵之光第曰吾安能惜此官以陷無辜竟以季福上則樹汶果其子巡撫李鶴年袒愷持初讞益堅河南官科道者交章論其事命東河總督梅啟照覆訊樹汶猶不得直衆論大譁刑部提鞫乃得實釋樹汶自鶴年啟照以次譴黜有差而光第已先爲鶴年摭他事劾去官貧不能歸卒於河南後鄧州士民請祀名宦以子祖謀官禮部侍郎格於例不行

冷鼎亨字鎭雄山東招遠人同治四年進士即用知縣發江西署瑞昌地瘠而健訟鄉愚輒因之破家捕訟師及猾吏數人繩以法因事詣鄉使胥役盡隨輿後反則令居前而已殿之未嘗以杯勺累民調署德化懲防軍之陵民者境內肅然修瀕江堤塘費省工速德化瑞昌黃梅三邑民爭廬州累歲相鬥殺鼎亨諭解之建臺於門所官吏誓不私民皆悅服白鶴鄉人叔與姪爭田即樹下諭解遂悔悟如初旱蝗起徒步烈日中掩捕經月露宿禱祠得雨蝗皆死歷署新昌彭澤皆有實政上官以爲賢調補新建附省首邑官斯者多昕夕伺上官不遑治民事鼎亨先與上官約屛酬應親聽斷民歌頌之尋調鄱陽值大水發賑親勘給印票盡除侵蝕舊習次年復災跣足立沮洳中溼疾徧體十閱月常小舟行駭浪中屢瀕於危深夜返署理訟牘侍郎彭玉麐巡江過境寄書巡撫曰某所至三江五湖數千里未見堅剛耐苦如冷知縣者也歷官十年食無兼味妻子衣履皆自製以廉率下胥吏幾無以爲生俸入輒捐爲地方興利訓士以氣節爲先鄱陽俗好鬥鼎亨曰化民有本未教而殺之非義也以孝經證聖祖聖諭廣訓爲淺說婦孺聞之皆感動治教案必持平屢遇民教齟齬事桀黠者欲借以鼓衆毀教堂慮遺禍好官而止蓋有以感之光緒十年擢南昌府同知巡撫潘霨疏薦入覲遂乞歸卒於家

孫葆田字佩南山東榮成人同治十三年進士授刑部主事改知縣銓授安徽宿松勤政愛民日坐堂皇妻紡績室中蕭然如寒士調合肥大學士李鴻章弟子之傭人橫於鄉以逼債毆人死葆田檢驗屍傷觀者數萬人恐縣令爲豪强迫脅驗不實葆田命仵作曰敢欺罔者論如律得致命狀人皆讙譟謂包龍圖復出讞遂定有御史劾葆田誤入人死罪詔巡撫陳彝按之卒直原讞葆田遂自免歸名聞天下逾數年安徽將清丈民田巡撫福潤疏調葆田主其事辭不赴貽書當事言清丈病民陳清賦之要熟地報荒者當寬其既往限年墾復平歲報災者當警其將來分年帶徵弊自可除無事紛擾時以爲名言葆田故從武昌張裕釗受古文法治經實事求是不薄宋儒歷主山東河南書院學者奉爲大師巡撫張曜疏陳其學行賜五品卿銜中外大臣迭薦之詔徵不出宣統元年卒年七十柯劭慤字敬儒山東膠州人光緒十五年進士即用知縣亦官安徽署貴池補太湖貴池自粵匪亂後地丁册爲吏所匿託言已燬徵賦由吏包納十不及四五而浮收日甚民苦之劭慤知其弊令花戶自封投櫃吏百計

撓之不爲動民輸將恐後增收銀二萬餘兩民所節省數且倍巡撫鄧華熙初聽浮言將奏劾總督劉坤一曰柯令皖中循吏奈何登於彈章華熙悟遂疏薦送覲晉秩直隸州劭懿爲治清簡斷獄明決所至民愛戴亦績學善爲古今體詩時與葆田並稱儒吏

涂官俊字劭卿江西東鄉人光緒二年進士截取知縣發陝西署富平涇陽長安諸縣補宜君山邑地瘠民樸官此者多不事事官俊勸農桑興水利成稻田數百畝躬巡阡陌與民絮語如家人調涇陽歷官皆有聲凡兩任涇陽政績尤著初至值回亂後清積訟千餘庶政以次規復期年而改觀龍洞渠故白渠也官俊倡言開濬衆議以工鉅爲難獨毅然爲之由梯子關而下水量增三分之一復於清治河畔修復廢渠二水所不至者勸民鑿井以濟之先後增井五百有餘無旱憂涇民多逐末不重蓋藏義倉無實儲官俊謂積穀備荒莫善於年出年收躬詣各鄉勸諭捐穀嚴定收放之法民感其誠輸納恐後倉皆充實十九年旱荒全活凡數萬人編保甲捕盜賊地方靖謐官俊故績學立寶興堂置性理經濟有用之書日與諸生講習增義塾定課程親考校之凡有利於民者爲之無不力二十年卒疾篤時猶強起治事捐俸千金以恤孤貧民爲祠歲時祀之陳文黻湖南長沙人以諸生入貲爲通判同治間從軍積功晉同知留陝西光緒七年署鄠縣知縣以教化爲先政平訟理九年授留壩廳同知廳獄舊有衆役經費歲徵之民文黻革之境內無質庫貧民稱貸盤剝者要重息文黻設裕民公所貸民錢息以十一取其贏以備公用民便之廳境山多於田無物產以資生乃周歷山谷辨其土宜作種橡說及山蠶四要編諭鄉民頒給樹秧蠶種募工導之絲成製機教織設局收買重其值以招之又購紫陽茶種課之樹藝於是地無棄利俗素樸陋歲科試附鳳縣額每試或不得一人建書院義塾置書籍延高才者爲之師數年之後橫舍彬彬遂請奏設廳學建官置額谿河多灘閼橫溢爲患陳開河策未果行值水猝發已逾報災例限便宜開倉賑之跋涉沮洳勞疾不輟煮粥賑近郊多所全活久之流民至集復申開河議以工代賑不得請則因其衆治道路濬溝渠出私錢給值負累至數千緡民感其德廳介萬山中林谷深阻奸民狙伏行劫或掠婦孺賣境外文黻密圖其處示捕役時復微服迹之多就禽治實行保甲於民戶職業田產丁口年歲婚嫁載冊不厭煩瑣及賑飢稽之冊如家至戶覿訴訟亦莫敢欺事益簡焉民有殺子婦匿其屍者母家以無左驗不得直文黻偶行山徑羣鴉噪於前索而得之一訊具服人以爲神十八年調署潼關廳未任卒李素字少白雲南保山人同治六年舉人光緒初授陝西商州直隸州知州值州境歉收飢民聚掠時山西大祲商州爲轉運要衝素招民運賑糧使飢者得食集貲數萬緡購籽糧散給設粥廠十餘所災後倉儲一空捐穀萬石六年大水加意撫卹災不爲害州城濱丹河遇盛漲則負郭田廬漂沒城中亦半爲澤國素創築石隄二百餘丈城門月隄十餘丈遂無水患開州東棣花河山路三十餘里州西麻墹嶺山路二十餘里行旅便之擴充商山書院延碩儒課士設義塾三十餘區絃誦聞於比戶陋規病民者悉除之每歲寒冬出私錢給孤寡緝捕籌經常之費綠營餉薄歲資助之凡賑飢積穀築堤修城興學莫不以鉅貲倡一署同州知府先後在官十八年兩舉卓異以病免歸卒士民感之多私祠祀焉

張楷字仲模湖北蘄水人同治十年進士選庶吉士授編修累遷至侍講光緒初疏論伊犂事又請撤銷總兵周全有郵典爲時所稱八年出爲浙江金華知府永康山中七堡八堡地險僻盜藪也楷設方略捕誅匪首將元地移縣丞駐山麓獷俗一變父憂去服闋補山西汾州汾陽平遙兩縣瀕河鄉民冬令攔河築堰引水灌田水不得暢流夏秋漲溢各築護隄以鄰爲壑輒械鬥蔓訟楷禁築攔河堰濬引渠以洩水患紓而訟息以南方戽水法導民使開稻田植桑課蠶有山曰黑烟與交山葫蘆峪相連匪徒竄穴其間偵其姓名掩捕盡獲之治汾州七年考績爲山西最調太原未任母憂去服闋補河南府鞏洛之間素多盜捕治巨魁椎理歛迹治獄多平反調開封二十五年畿輔拳匪亂起大河南北羣情洶洶大吏持重不敢決楷力陳邪教不可信外釁不可開揭示義和團既號義民謂能避槍礮令詣城外空營候試以槍擊果不入編伍充兵奸民不得逞聯軍入都潰兵南下楷創議守河自汜水迄蘭儀嚴稽渡口凡持械之士悉阻之不令入城屬境安堵論者謂微楷之堅定中原禍未艾也事定開缺以道員候補三十年卒

王仁堪字可莊福建閩縣人尚書慶雲之孫光緒三年一甲一名進士授修撰督山西學政歷典貴州江南廣東鄉試入直上書房時俄羅斯索伊犂使臣崇厚擅定條約仁堪與修撰曹鴻勛等合疏劾之太和門災復與鴻勛應詔陳言極論時政其請罷頤和園工程謂工費指明不動正欵夫出之帑庫何非小民膏血計臣可執未動正款之說以告朝廷朝廷何能執未動正款之說以謝天下言尤切直十七年出爲江蘇鎮江知府甫下車丹陽教案起由於教堂發見孩尸仁堪親驗孩尸七十餘具陳於總督劉坤一曰名爲天主教堂不應有死孩骨即兼育嬰局不應無活嬰兒傳教約本無准外國人育嬰之條教士於約外兼辦育嬰不遵奏行章程使地方官得司稽察禍由自召請曲貸愚民之罪以安衆心別給撫卹之費以贍彼族坤一迂之卒定犯罪軍流有差時外使屢責保護教堂仁堪請奏定專律謂條約無若何懲辦明文每出一事任意要挾宜明定焚毀教堂作何賠償殺傷教士作何論抵以及口角鬥毆等事有定律可遵人心既平訛言自息英人梅生爲匪首李鴻購軍火事覺領事坐梅生罪僅監禁仁堪上書總理各國事務衙門論之又洋人忻愛珩偏謁守令募捐義學無游歷護照仁堪請關道送領事查辦復議無照私入內地應按中國律法科罪雖皆未果行時論韙之郡地多岡隴旱易成災仁堪以設渠塘爲急務不欲擾民捐廉爲倡馳書乞諸親舊商富感而輸助得錢三萬緡開塘二千三百有奇濬渠閘壩以百計十八年秋丹陽大祲恩賑之外勸紳商捐貲全活甚衆又假官錢於民使勿賣牛名曰牛賑濬太平港沙腰河練湖越瀆蕭河香草簡瀆之屬凡二十餘所支溝別渠二百三十有奇又鑿塘四千六百以蓄高原之水皆以工代賑東西百餘里間水利畢舉次年春賑畢餘四萬金生息備積穀牛賑餘錢仿社倉法創社錢按區分儲爲修溝洫廣義塾之用郡西鄉僻陋不知學立榛思文社以教之出私錢於府治前建南濡學舍在任兩年於教養諸端盡力爲之調蘇州已積勞致疾日坐讞局清積案風采動一時甫三閱月猝病卒時論惜之鎮江士民列政績籲請大吏上聞謂其視民事如家事一以扶植善類培養元氣爲任卓然有古循吏風詔允宣付史館立傳以表循良自光緒初定制官吏歿後三十年始得請祀名宦於是疆臣率徇衆意輒請宣付立傳表章曠典日致猥濫仁堪爲不愧云

清史稿

儒林傳一

昔周公制禮太宰九兩繫邦國三曰師四曰儒復於司徒本俗聯以師儒師以德行教民儒以六藝教民分合同異周初已然矣數百年後周禮在魯儒術爲盛孔子以王法作述道與藝合兼備師儒顏曾所傳以道兼藝游夏之徒以藝兼道定哀之間儒術極醇無少差繆者此也荀卿著論儒術已乖然六經傳說各有師授秦棄儒籍入漢復興雖黃老刑名猶復淆雜迨孝武盡黜百家公卿大夫士吏彬彬多文學矣東漢以後學徒數萬章句漸疏高名善士半入黨流迄乎魏晉儒風蓋已衰矣司馬班范皆以儒林立傳敘述經師家法授受秩然雖於周禮師教未盡克兼然名儒大臣匡時植教祖述經說文飾章疏皆與儒林傳相出入是以朝秉綱常士敦名節拯衰銷逆多歷年所則周魯儒學之效也兩晉玄學盛興儒道衰弱南北割據傳授漸殊北魏蕭梁義疏甚密北學守舊而疑新南學喜新而得僞至隋唐五經正義成而儒者鮮以專家古學相授受焉宋初名臣皆敦道誼濂洛以後遂啟紫陽闡發心性分析道理孔孟學行不明著於天下哉宋史以道學儒林分爲二傳不知此即周禮師儒之異後人創分而闇合周道也元明之間守先啟後在於金華洎乎河東姚江門戶分歧遞興遞滅然終不出朱陸而已終明之世學案百出而經訓家法寂然無聞揆之周禮有師無儒空疏甚矣然其間臺閣風厲持正扶危學士名流知能激發雖多私議或傷國體然其正道實拯世心是故兩漢名教得儒經之功宋明講學得師道之益皆於周孔之道得其分合未可偏譏而互誚也清興崇宋學之性道而以漢儒經義實之御纂諸經兼收歷代之說四庫館開風氣益精博矣國初講學如孫奇逢李容等沿前明王薛之派陸隴其王懋竑等始專守朱子辨僞得眞高愈應撝謙等堅苦自持不愧實踐閻若璩胡渭等卓然不惑求是辨誣惠棟戴震等精發古義詁釋聖言後如孔廣森之於公羊春秋張惠言之於孟虞易說淩廷堪胡培翬之於儀禮孫詒讓之於周禮陳奐之於毛詩皆專家孤學也且諸儒好古敏求各造其域不立門戶不相黨伐束身踐行闇然自

倚周爲師儒之道可謂兼古昔所不能兼者矣綜而論之聖人之道譬若宮牆文字訓詁其門逕也門逕苟誤跬步皆歧安能升堂入室學人求道太高卑視章句譬猶天際之翔出於豐屋之上高則高矣戶奧之間未實窺也或者但求名物不論聖道又若終年寢饋於門廡之間無復知有堂室矣是故但立宗旨即居大名此一蔽也經義確然雖不踰閑德便出入此又一蔽也今爲儒林傳未敢區分門逕惟期記述學行若有事可見已列於正傳者茲不復載焉

孫奇逢 耿介　黃宗羲 弟宗炎 宗會 子百家
王夫之 兄介之　李顒 李因篤 李柏 王心敬
沈國模 史孝咸 韓當 邵曾可 曾可孫廷采 王朝式
謝文洊 甘京 黃熙 曾曰都 危龍光 湯其仁 宋之盛 鄧元昌
高愈 顧培 彭定求　湯之錡 施璜 張夏 吳曰慎
陸世儀 陳瑚 盛敬 江士韶　張履祥 錢寅 何汝霖 凌克貞 屠安世 鄭宏 戚涍
沈昀 姚宏任 葉敦艮 劉汋　應撝謙
朱鶴齡 陳啓源　范鎬鼎 党成 李生光
白奐彩 党湛 王化泰 孫然　曹本榮 張貞生
劉原淥 姜國霖 劉以貴 韓夢周 梁鴻翥 法坤宏 閻循觀 任瑗
顏元 王源 程廷祚 惲鶴生　李塨
刁包 王餘佑　李來章 冉覲祖 竇克勤
李光坡 從子鍾倫　莊亨陽 官獻瑤
王懋竑 朱澤澐 喬億　李夢箕 子圖南 張鵬翼 童能靈
胡方 馮成修 勞潼　勞史 桑調元 汪鑒
顧棟高 陳祖范 吳鼎 梁錫璵　孟超然
汪紱 余元遴　姚學塽 潘諮
唐鑑　吳嘉賓 劉傳瑩
劉熙載　朱次琦
成孺　邵懿辰

孫奇逢字啓泰又字鍾元容城人少倜儻好奇節而內行篤修負經世之學欲以功業自著年十七舉明萬歷二十八年順天鄉試連丁父母憂廬墓六年旌表孝行與定興鹿善繼講學一室默對以聖賢相期天啓時逆閹魏忠賢竊朝柄左光斗魏大中周順昌以黨禍被逮奇逢善繼故與三人友善是時善繼以主事贊大學士孫承宗軍事奇逢上書承宗責以大義請急疏救承宗欲假入覲面陳謀未就而光斗等已死廠獄逆閹誣坐光斗等贓鉅萬嚴追家屬奇逢與善繼之父鹿正新城張果中集士民醵金代輸光斗等卒賴以歸骨世所傳范陽三烈士也臺垣及巡撫交章論薦不起孫承宗欲疏請以職方起贊軍事其後尚書范景文聘爲贊畫俱辭不就時畿內賊盜縱橫奇逢攜家入易州五峰山門生親故從而相保者數百家奇逢爲部署守禦絃歌不輟順治二年祭酒薛所蘊以奇逢學行可比元許衡吳澄薦長成均奇逢以病辭七年南徙輝縣之蘇門九年工部郎馬光裕奉以夏峰田廬遂率子弟躬耕四方來學者亦授田使耕所居成聚居夏峰二十有五年屢徵不起奇逢之學原本象山陽明以慎獨爲宗以體認天理爲要以日用倫常爲實際其治身務自刻厲人無賢愚苟問學必開以性之所近使自力於庸行其與人無町畦雖武夫悍卒野夫牧豎必以誠意接之用此名在天下而人無忌嫉著讀易大旨五卷奇逢學易於雄縣李對至年老乃撮其體要以示門人發明義理切近人事以象傳通一卦之旨由一卦通六十四卦之義其生平之學主於實用故所言皆關法戒又著理學傳心纂要八卷錄周子二程子張子邵子朱子陸九淵薛瑄王守仁羅洪先顧憲成十一人以爲直接道統之傳康熙十四年卒年九十二河南北學者祀之百泉書院道光八年從祀文廟奇逢弟子甚衆而新安魏一鼇清苑高鐈范陽耿極等從遊最早及門問答一鼇爲多睢州湯斌登封耿介皆仕至監司後往受業斌自有傳介字介石登封人順治九年進士翰林院檢討出爲福建巡海道築石城以防盜康熙元年轉江西湖東道因改官制除直隸大名道丁母憂服除不出篤志躬行興復嵩陽書院二十五年尚書湯斌疏薦介踐履篤實冰蘖自矢召爲少詹事會斌被劾介引疾乞休詹事尹泰等劾介詐疾並劾斌不當薦介尋予假歸卒所著有中州道學編性學要旨孝經易知理學正宗大旨以朱子爲宗中州講學者有儀封張伯行柘城竇克勤上蔡張沐等皆與斌介同時伯行自有傳沐見循吏傳克勤附李來章傳

黃宗羲字太沖餘姚人明御史黃尊素長子尊素爲楊左同志以劾魏閹死詔獄事具明史思宗即位宗羲入都訟冤至則逆閹已磔即具疏請誅曹欽程李實會廷鞫許顯純崔應元宗羲對簿出所袖錐錐顯純流血被體又毆應元拔其鬚歸祭尊素神主前又追殺牢卒葉咨顏文仲蓋尊素絕命於二卒手也時欽程已入逆案實疏辨原疏非己出陰致金三千求宗羲弗質宗羲立奏之謂實今日猶能賄賂公行其所辨豈足信於對簿時復以錐錐之獄竟借諸家子弟設祭獄門哭聲達禁中思宗聞之歎曰忠臣孤子甚惻朕懷歸益肆力於學憤科舉之學錮人思所以變之既盡發家藏書讀之不足則鈔之同里世學樓鈕氏澹生堂祁氏南中則千頃堂黃氏絳雲樓錢氏且建續鈔堂於南雷以承東發之緒山陰劉宗周倡道蕺山以忠端遺命從之游而越中承海門周氏之緒援儒入釋姚江之緒幾壞宗羲獨約同學六十餘人力排其說故蕺山弟子如祁章諸子皆以名德重而禦侮之功莫如宗羲弟宗炎宗會並負異才自教之有東浙三黃之目戊寅南都作防亂揭攻阮大鋮東林子弟推無錫顧杲居首天啓被難諸家推宗羲居首大鋮恨之剃骨驟起遂按揭中一百四十人姓氏欲盡殺之時宗羲方上書闕下而禍作遂與杲並逮母氏姚歎曰章妻滂母乃萃吾一身耶駕帖未行南都已破宗羲踉蹌歸會孫嘉績熊汝霖奉魯王監國畫江而守宗羲糾里中子弟數百人從之號世忠營授職方郎尋改御史作監國魯元年大統厤頒之浙東馬士英奔方國安營衆言其當誅熊汝霖恐其挾國安爲患也好言慰之宗羲曰諸臣力不能殺耳春秋之孔子豈能加於陳恆但不謂其不當誅也汝霖謝焉又遺書王之仁曰諸公不沈舟決戰蓋意在自守也蕞爾三府以供十萬之衆必不久支何守之能爲聞者皆韙其言而不能用至是孫嘉績以營卒付宗羲與王正中合軍得三千人正中者之仁從子也以忠義自奮宗羲深結之使之仁不得撓軍事遂渡海屯潭山由海道入太湖招吳中豪傑直抵乍浦約崇德義士孫奭等內應會清師纂嚴不得前而江上已潰宗羲入四明山結寨自固餘兵尚五百人駐兵杖錫寺微服出訪監國戒部下善與山民結部下不盡遵節制山民畏禍潛爇其寨部將茅翰汪涵死之宗羲無所歸捕檄累下攜子弟入剡中聞魯王在海上仍赴之授左副都御史日與吳鍾巒坐舟中正襟講學暇則注授時泰西回回三厤而已宗羲之從亡也母氏尚居故里清廷以勝國遺臣不順命者錄其家口以聞宗羲聞之亟陳情監國得請遂變姓名間行歸家是年監國由健跳至滃洲復召之副馮京第乞師日本抵長崎不得請爲賦式微之章以感將士自是東西遷徙無寧居弟宗炎坐與馮京第交通刑有日矣宗羲以計脫之甲午張名振間使至被執又名捕宗羲丙申慈水寨主沈爾緒禍作亦以宗羲爲首其得不死皆有天幸而宗羲不慴也其後海上傾覆宗羲無復望乃奉母返里門畢力著述而四方請業之士漸至矣戊午詔徵博學鴻儒掌院學士葉方藹寓以詩敦促就道再辭以免未幾方藹奉詔同掌院學士徐元文監修明史將徵之備顧問督撫以禮來聘又辭之朝論必不可致請敕下浙撫鈔其所著書關史事者送入京其子百家得預參史局事徐乾學侍直上訪及遺獻復以宗羲對且言曾經臣弟元文疏薦惜老不能來上曰可召至京朕不授以事即欲歸當遣官送之乾學對以篤老無來意上歎息不置以爲人材之難宗羲雖不赴徵車而史局大議必咨之厤志出吳任臣之手總裁千里遺書乞審正而後定嘗論宋史別立道學傳爲元儒之陋明史不當仍其例朱彝尊適有此議得宗羲書示衆遂去之卒年八十六宗羲之學出於蕺山聞誠意慎獨之說縝密平實嘗謂明人講學襲語錄之糟粕不以六經爲根柢束書而從事於游談故問學者必先窮經經術所以經世不爲迂儒必兼讀史讀史不多無以證理之變化多而不求於心則爲俗學故上下古今穿穴羣言自天官地志九流百家之教無不精研所著易學象數論六卷授書隨筆一卷律品新義二卷孟子師說二卷文集則有南雷文案詩案今共存南雷文定十一卷文約四卷又著明儒學案六十二卷敘述明代講學諸儒流派分合得失頗詳明文海四百八十二卷閱明人文集二千餘家自言與十朝國史相首尾又深衣考一卷今水經一卷四明山志九卷歷代甲子考一卷二程學案二卷輯明史案二百四十四卷又明夷待訪錄一卷皆經世大政顧炎武見而歎曰三代之治可復也天文則有大統法辨四卷時憲書法解新推交食法一卷圜解一卷割圜八綫解一卷授時法假如一卷西洋法假如一卷回回法假如一卷其後梅文鼎本周髀言天文世驚爲不傳之祕而不知宗羲實開之晚年又輯宋元學案合之明儒學案以志七百年儒苑門戶宣統元年從祀文廟宗炎字晦木與兄宗羲弟宗會俱從宗周遊其學術大略與宗羲等著有周易象辭三十一卷尋門餘論二卷圖書辨惑一卷力闢陳摶之學謂周易未經秦火不應獨禁其圖至爲道家藏匿二千年始出又著六書會通以正小學謂揚雄但知識奇字不知識常字不知常字乃奇字所自出也又有二晦山棲諸集以故居被火俱亡康熙二十五年卒年七十一宗會字澤望明拔貢生讀書一再過不忘有縮齋文集十卷百家字主一國子監生傳宗羲學又從梅文鼎問推步法著句股矩測解原二卷康熙中明史館開

宗義以老病不能行徐乾學延百家入史館成史志數種

王夫之字而農衡陽人與兄介之同舉明崇禎壬午鄉試張獻忠陷衡州夫之匿南岳賊執其父以爲質夫之自引刀徧刺肢體舁往易父賊見其重創免之與父俱歸明王駐桂林大學士瞿式耜薦之授行人時國勢阽危諸臣仍日相水火夫之說嚴起恆救金堡等又三劾王化澄化澄欲殺之聞母病間道歸明亡益自韜晦歸衡陽之石船山築土室曰觀生居晨夕杜門學者稱船山先生所著書三百二十卷其著錄於四庫者曰周易稗疏攷異尙書稗疏詩稗疏考異春秋稗疏存目者曰尙書引義春秋家說夫之論學以漢儒爲門戶以宋五子爲堂奧其所作大學衍中庸衍皆力闢致良知之說以羽翼朱子於張子正蒙一書尤有神契謂張子之學上承孔孟而以布衣貞隱無鉅公資其羽翼其道之行曾不逮邵康節是以不百年而異說興夫之乃究觀天人之故推本陰陽法象之原就正蒙精繹而暢衍之與自著思問錄二篇皆本隱之顯原始要終炳然如揭日月至其扶樹道教辨上蔡象山姚江之誤或疑其言稍過然議論精嚴粹然皆軌於正也康熙十八年吳三桂僭號於衡州有以勸進表相屬者夫之曰亡國遺臣所欠一死耳今安用此不祥之人哉遂逃入深山作祓禊賦以示意三桂平大吏聞而嘉之屬郡守餽粟帛請見夫之以疾辭未幾卒葬大樂山之高節里自題墓碣曰明遺臣王某之墓當是時海內碩儒推容城盩厔餘姚崑山夫之刻苦似二曲貞晦過夏峰多聞博學志節皎然不愧黃顧兩君子然諸人肥遯自甘聲望益炳雖薦辟皆以死拒而公卿交口天子動容其著述易行於世惟夫之竄身猺峒聲影不出林莽遂得完髮以歿身後四十年其子敔抱遺書上之督學宜興潘宗洛因緣得入四庫上史館立傳儒林而其書仍不傳同治二年曾國荃刻於江南海內學者始得見其全書焉兄介之字石子國變隱不出先夫之卒

李顒字中孚盩厔人又字二曲二曲者水曲曰盩山曲曰厔也布衣安貧以理學倡導關中關中士子多宗之父可從爲明材官崇禎十五年張獻忠寇鄖西巡撫汪喬年總督軍務可從隨征討賊臨行抉一齒與顒母曰如不捷吾當委骨沙場子善教吾兒矣遂行兵敗死之顒母葬其齒曰齒塚時顒年十六母彭氏日言忠孝節義以督之顒亦事母孝飢寒清苦無所憑藉而自拔流俗以昌明關學爲己任有餽遺者雖十反不受或曰交道接禮孟子不卻顒曰我輩百不能學孟子即此一事不守孟子家法正自無害先是顒聞父喪欲之襄城求遺骸以母老不可一日離乃止既丁母憂廬墓三年乃徒步之襄城覓遺骸不得服斬衰晝夜哭知縣張允中爲其父立祠且造塚於戰場名之曰義林常州知府駱鍾麟嘗師事顒謂祠未能旦夕竣請南下謁道南書院且講學以慰學者之望顒赴之凡講於無錫於江陰於靖江宜興所至學者雲集既而幡悔曰不孝汝此行何事而喋喋於此即戒行赴襄城常州人士思慕之爲肖像於延陵書院顒既至襄城適祠成乃哭祭招魂取塚土西歸附諸墓持服如初喪康熙十八年薦舉博學鴻儒稱疾篤舁牀至省水漿不入口乃得予假自是閉關宴息土室惟崑山顧炎武至則款之四十二年聖祖西巡召顒見時顒已衰老遣子愼言詣行在陳情以所著四書反身錄二曲集奏進上特賜御書操志高潔以獎之顒謂孔曾思孟立言垂訓以成四書蓋欲學者體諸身見諸行充之爲天德達之爲王道有體有用有補於世否則假途干進於世無補夫豈聖賢立言之初心國家期望之本意耶居恆教人一以反身實踐爲事門人錄之爲七卷是時容城孫奇逢之學盛於北餘姚黃宗羲之學盛於南與顒鼎足稱三大儒晚年寓富平關中儒者咸稱三李三李者顒及富平李因篤郿李柏也李因篤字天生富平人明庠生博學强記貫串注疏舉博學鴻儒試授檢討未逾月以母老乞養詔許之母歿仍不出因篤深於經學著詩說顧炎武稱之曰毛鄭有嗣音矣又著春秋說汪琬亦折服焉李柏字雪木郿縣人九歲失怙事母至孝稍長讀小學曰道在是矣遂盡焚帖括而日誦古書避荒居洋縣入山屛迹讀書者數十年嘗一日兩粥或半月食無鹽時時忍飢默坐閒臨水把釣夷然不屑也昕夕謳吟拾山中樹葉書之門人都其集曰槲葉集年六十六卒心敬字爾緝鄠縣人乾隆元年舉孝廉方正心敬論學以明新止至善爲歸謹嚴不逮其師注經好爲異論而易說爲篤實其言曰學易可以無大過矣是孔子論易切於人身即可知四聖之本旨著有豐川集關學編豐川易說

沈國模字求如餘姚人明諸生餘姚自王守仁講致良知之學弟子徧天下同邑傳其學者推徐愛錢德洪胡瀚聞人詮再傳而得國模少以明道爲己任嘗預劉宗周證人講會歸而闢姚江書院與同里管宗聖史孝咸輩講明良知之說其所學或以爲近禪而言行敦潔較然不欺其志故推純儒山陰祁彪佳以御史按江東一日杖殺大憝數人適國模至欣然述之國模瞠目字祁曰世培爾亦曾聞曾子曰如得其情則哀矜而勿喜乎後彪佳嘗語人曰吾每慮囚必念求如言恐倉卒喜怒過差負此良友也明亡聞宗周死節爲位哭之痛已而講學益勤順治十三年卒年八十有二孝咸字子虛繼國模主姚江書院嘗曰良知非致不眞又曰空談易對境難於居處恭執事敬與人忠三語精察而力行之其庶幾乎家貧日食一粥泊如也順治十六年卒年七十有八韓當字仁父國模弟子自沈史歿後書院輟講垂十年而當繼之其學兼綜諸儒以名教經世嚴於儒佛之辨家貧未嘗向人稱貸每言立身須自節用始人有過於講學時以危言動之而不明言其過聞者內愧沾汗退而相語曰比從韓先生來不覺自失疾極謂弟子曰吾於文成宗旨覺有新得然檢點於心終無受用小子識之味其言則知其學守仁之外亦近朱子矣邵曾可字子唯與韓當同時性孝友愷悌少愛書晝一日讀孟子伯夷聖之淸者也句忽有悟悉棄去壹志於學姚江書院初立時人頗迂笑之曾可厲色曰不如是便虛度此生遂往學其初以主敬爲宗自師孝咸之後專守良知嘗曰於今乃知知之不可以已日月有明容光必照不爾日用跬步鮮不貿貿者矣孝咸病晨走十餘里叩牀下問疾不食而反如是月餘亦病同儕共推爲篤行之士焉卒年五十有一曾可子貞顯貞顯子廷采世其學廷采字允斯又字念魯諸生從韓當受業又問學於黃宗羲初讀傳習錄無所得既讀劉宗周人譜曰吾知王氏學所始事矣蠡縣李塨貽廷采書論明儒異同兼問所學廷采曰致良知者主誠意陽明而後願學蕺山又私念師友淵源思託著述以自見以爲陽明扶世翼教作王子傳蕺山功主愼獨作劉子傳王學盛行務使合乎準則作王門弟子傳金鉉祁彪佳等能守師說作劉門弟子傳康熙五十年卒年六十四王朝式字金如山陰人亦國模弟子嘗入證人社宗周主誠意朝式守致知曰學不從良知入必有誠非所誠之蔽亦篤論也順治初卒年三十有八

謝文洊字秋水南豐人明諸生年二十餘入廣昌之香山閱佛書學禪既讀龍溪王氏書遂與友講陽明之學年四十會講於新城之神童峰有王聖瑞者力攻陽明文洊與爭辯累日爲所動取羅欽順困知記讀之始一意程朱闢程山學舍於城西名其堂曰尊雒著大學中庸切己錄發明張子主敬之旨以爲爲學之本畏天命一言盡之學者當以此爲心法注目傾耳一念之私醒悔刻責無犯帝天之怒其程山十則亦以躬行實踐爲主時甯都易堂九子節行文章爲海內所重髻山七子亦以節概名而文洊獨反己闇修務求自得髻山宋之盛過訪文洊遂邀易堂魏禧彭任會程山講學旬餘於是皆推程山謂其篤躬行識道本甘京與文洊爲友後遂師之康熙二十年卒年六十有七京字健齋南豐人負氣慷慨期有濟於世慕陳同甫之爲人講求有用之學與同邑封濬曾曰都危龍光湯其仁黃熙師事文洊粹然有儒者氣象時號程山六君子著軸園稿十卷熙字維緝順治十五年進士文洊長熙僅六歲熙服弟子之事常與及門之最幼者旅進退朔望四拜侍食起饋唯諾步趨進退維謹不以爲勞彭士望比之朱子之事延平母喪未葬鄰不戒於火延燎將及熙撫棺大慟願以身同燼俄而風返人以爲純孝所感曰都字姜公諸生其學務實體諸己因自號體齋以學行爲鄉里所矜式龍光字二爲善事繼母繼母遇之非理委曲承順久而愛之若親子爲其仁字長人著四書切問省克堂集與文洊同時者有宋之盛鄧元昌之盛字未有星子人明崇禎己卯舉人結廬髻山足不入城市以講學爲己任其學以明道爲宗識仁爲要於二氏微言奧旨皆能抉摘異同與文洊交最篤晚讀胡敬齋居易錄持敬之功益密與甘京論祭立尸喪復之禮不可廢魏禧亟稱之元昌字慕濂贛縣人諸生年十七得宋五子書遂棄舉子業致力於學雩都宋昌圖以通家子謁之元昌喜之曰吾小友也館之於家昕夕論學爲日程言動必記之互相考覈一日昌圖讀朱子大學或問首章元昌過窗外駐聽之謂昌圖曰子勉之毋蹈吾所悔永爲朱子罪人偷息天地也其互相切劘如此

高愈字紫超無錫人明高攀龍之兄孫也十歲讀攀龍遺書即有向學之志既壯補諸生日誦遺經及先儒語錄謹言行嚴取舍之辨不尙議論嘗曰士求自立須自不忘溝壑始事親孝居喪不飲酒食肉不內寢晚年窮困餒粥七日矣方挈其子登城眺望充然樂也儀封張伯行巡撫江蘇延愈主東林書院講會愈以疾辭平居體安氣和有忿爭者至愈前輒愧悔鄉人素好以道學相詆諆獨於愈僉曰君子也顧棟高嘗從愈游說經娓娓忘倦年七十八卒嘗撰朱子小學注又所著有讀易偶存春秋經傳日鈔春秋類春秋疑義周禮疏義儀禮喪服或問東林顧高子弟顧樞高世泰等鼎革後尙傳其學初世泰爲攀龍從子少侍講席晚年以東林先緒爲己任葺道南祠麗澤堂於梁谿一時同志恪遵遺規祁州刁包等相與論學學者有南梁北祁之稱大學士熊賜履講學出世泰門下儀封張伯行平湖陸隴其亦嘗至東林講學賜履隴其自有傳顧培

字畇滋無錫人少從宜興湯之錡學皤然悔曰道在人倫庶物而已之錡歿有弟子金敞培築共學山居以延敞晨夕講會遵攀龍靜坐法以整齊嚴肅爲入德之方默識未發之中篤守性善之旨晚歲四方來學日衆張伯行頗疑靜坐之說培往復千言暢高氏之旨彭定求字勤止又字南畇長洲人父瓏授以梁谿高氏之學又嘗師事湯斌康熙二十五年一甲一名進士授翰林院修撰歷官國子監司業翰林院侍講充日講起居注官前後在翰林才四年即歸里不復出作高望吟七章以慕七賢七賢者白沙陽明東廓念菴梁谿念臺漳浦也又著陽明釋毀錄儒門法語南畇文集嘗與門人林雲翥書云有願進於足下者有二一日無遽求高遠而略庸近子臣弟友君子之道至聖以有餘不足爲斤斤孟子以堯舜之道孝弟而已然則舍倫常日用事親從兄之事不爲而鉤深索隱以爲聖人之道有出於人心同然之外者必且流於異端堅僻之行矣一日無妄生門戶異同之見滕口說而遺踐履朱子之會於鵝湖也傾倒於陸子義利之說此陽明拔本塞源之論致良知之指一脈相承其因時救弊乃不得已之苦衷非角人我之見僕詠遺經蕩滌瑕滓因有儒門法語足下有志聖賢當以念臺劉子人譜證人會二書入門且無曉曉於紫陽姚江之辨也定求卒年七十有八其孫啟豐官兵部尚書自有傳啟豐子紹升頗傳家學述儒行有二林居集然彭氏學兼朱陸識兼頓漸啟豐紹升頗入於禪休寗戴震移書紹升辨之紹升又與吳縣汪縉共講儒學縉著三錄二錄尊孔子而游乎二氏此後江南理學微矣

湯之錡字世調宜興人安貧力學於書無所不讀尤篤信周子主靜之說或議其近於禪之錡曰程子見學者靜坐即歎其善學易言齋戒以神明其德靜坐即古人之齋戒非禪也居親喪一循古禮就地寢苫事諸父如父昆弟無間言既而得高攀龍復七規喟然曰此其入學之門乎仿其說爲春秋兩會聞風者不憚數千里來就學焉明亡之錡年二十四即棄舉子業嘗論出處之道曰潛龍勿用潛要確若不確則遯世不見知而悔矣古來多少高明只爲此一悔所誤常州知府駱鍾麟請關西李顒講學毘陵特遣使聘之之錡堅辭不赴後延主東林延陵諸講席又不就之錡爲學專務切近絕無緣飾或詢陽明致良知之說及朱陸異同者之錡曰顧吾力行何如耳多辨論何益一日抱微疾整襟危坐而逝年六十二及門金敞顧培輩建書院於惠山之麓奉其主祀之著偶然云集施璜字虹玉休甯人少應試見鄉先生講學紫陽瞿然曰學者當如是矣遂棄舉業發憤躬行日以存何念接何人行何事讀何書吐何語五者自勘教學者九容以養其外九思以養其內九德以要其成學者稱誠齋先生已而游梁谿事高世泰將歸與世泰期某年月日當赴講及期世泰設榻以待或曰千里之期能必信乎世泰曰施生篤行君子也如不信吾不復交天下士矣言未既璜果挈弟子至著有思誠錄小學近思錄發明張夏字秋韶亦無錫人隱居孤川之上孝友力學初從馬世奇受經後入東林書院從高世泰學積十餘年遂入世泰之室世泰卒其子弟相與立夏爲師事之如世泰湯斌撫江蘇至東林與夏講學韙其言延至蘇州學宮爲諸生講孝經小學退而注孝經解義小學瀹注吳曰慎字徽仲歙縣人諸生盡心於宋五子書論學主乎敬故自號曰靜菴初游梁谿講學東林書院已而歸歙會講紫陽還古兩書院興起者衆陸世儀字道威太倉州人少從劉宗周講學歸而鑿池十畝築亭其中不通賓客自號桴亭與同里陳瑚盛敬江士韶相約爲遷善改過之學或橫經論難或即事窮理反覆以求一是甚有商搉未定徹夜忘寢質明而後斷或未斷而復辨者著思辨錄分小學大學立志居敬格致誠正修齊治平天道人道諸儒異學經子史籍十四門世儀之學主於敦守禮法不虛談誠敬之旨施行實政不空爲心性之功於近代講學諸家最爲篤實其言曰天下無講學之人此世道之衰天下皆講學之人亦世道之衰嘉乾之間書院徧天下呼朋引類動輒千人附影逐聲廢時失事甚有借以行其私者此所謂處士橫議也又曰今所當學者止六藝如天文地理河渠兵法之類皆切於世用不可不講所言深切著明足砭虛憍之弊其於明儒薛胡陳王皆平心論之又嘗謂學者曰世有大儒決不別立宗旨故仝祖望謂國初儒者孫奇逢黃宗羲李顒最有名而世儀少知者同治十一年從祀文廟瑚字言夏號確菴明崇禎十六年舉人世儀格致篇首提敬天二字瑚由此用力頗得要領因定爲日紀考德法而揭敬勝怠勝於每日之首格致誠正修齊治平於每月之終益信人皆可以爲堯舜非虛語也復取小學分爲六日入孝曰出悌曰謹行曰信言曰親愛曰學文大學分爲六日格致曰誠意曰正心曰修身曰齊家曰治平謂小學先行後知大學先知後行小學之終即大學之始瑚之爲學博大精深以經世自任値婁江涇塞江南大饑瑚上當事救荒書皆精切可施行而時不能用明亡絕意仕進避地崑山之蔚村田沮洳瑚導鄉人築岸禦水用兵家束伍法不日而成父病刺血籲天願以身代父卒遺產悉讓之弟康熙十四年卒年六十有二門人稱曰安道先生巡撫湯斌即其故居爲之立安道書院敬字宗傳號寒溪諸生長世儀一歲矢志存誠主敬之學篤於孝友居喪三年不飲酒食肉有弟遇之無禮敬終始怡怡士韶字虞九號藥園諸生其學以世儀爲歸同時理學諸儒多著述士韶以爲聖賢之旨盡於昔儒之論說惟在躬行而已晚年取所作焚之故不傳於後云

張履祥字考夫桐鄉人明諸生世居楊園村學者稱爲楊園先生七歲喪父家貧母沈教之曰孔孟亦兩家無父兒也只因有志便做到聖賢長受業山陰劉宗周之門時東南文社各立門戶履祥退然如不勝惟與同里顏統錢寅海鹽吳蕃昌輩以文行相砥剡統寅蕃昌相繼歿爲之經紀其家自是與海鹽何汝霖烏程凌克貞歸安沈磊切劘講習益務躬行嘗以爲聖人之於天道庸德之行庸言之謹盡之矣來學之士一以友道處之謂門人當務經濟之學著補農書歲耕田十餘畝草履箬笠提筐佐饁嘗曰人須有恆業無恆業之人始於喪其本心終於喪其身許魯齋有言學者以治生爲急愚謂治生以稼穡爲先能稼穡則可以無求於人無求於人則能立廉恥知稼穡之艱難則不妄求於人不妄求於人則能興禮讓廉恥立禮讓興而人心可正世道可隆矣初講宗周愼獨之學晚乃專意程朱踐履篤實學術純正大要以爲仁爲本以修己爲務而以中庸爲歸康熙十三年卒年六十四著有願學記讀易筆記讀史偶記言行見聞錄經正錄初學備忘近古錄訓子語補農書喪葬雜錄訓門人語及文集四十五卷同治十年從祀文廟履祥初兄事顏統周鍾之厲桐鄉也至其門者踵接統曰鍾爲人浮僞不宜爲所惑履祥嘗曰自得士鳳而始聞過余不失足於周鍾張溥之門者皆其力也寅字子虎與履祥爲硯席交崇禎癸未冬海甯祝淵以抗疏論救劉宗周被逮履祥與寅送之吳門次年遂偕詣宗周門受業焉自是寅造履益謹寇盜充斥不廢學卒年三十四汝霖字商隱海鹽人嘗與友人曰周程張朱一脈吾輩不可令斷絕居喪三年未嘗飲酒食肉隱居澉浦紫雲村學者稱紫雲先生履祥子維恭嘗受業於汝霖克貞之門又有吳璜安道邱雲皆履祥友並命維恭師事焉曰數人皆深造自得君子人也璜秀水人剛直好義勢利不動心安道嘉興人雲桐鄉人安道嘗言君子之異於小人中國之異於夷狄人類之異於禽獸有禮無禮而已士何可不學禮又曰東林諸公大柢是重名節然止數君子餘皆有名而無節也克貞字渝安烏程人履祥交最篤嘗謂父子兄弟安得人人大中明道伊川夫婦安得人人伯鸞德曜在處之得其道耳與履祥游蕺山之門者有屠安世鄭宏安世秀水人聞宗周講學喜曰苟不聞道虛生何爲遂執贄內拜焉宗周既歿從父兄偕隱於海鹽之鄉病作不粒食者十有七年得宗周書力疾鈔錄反躬責已無時或怠嘗曰朝聞夕死何敢不勉卒年四十六宏海鹽人與弟景元俱從劉宗周受業篤於友愛景元短世乙酉後絕意進取躬灌園蔬養母屢空晏如也敝衣草履不以屑意嘗徒跣行雨中人不能識也卒年五十六淦字人齋海甯人乾隆丙辰舉人私淑履祥爲梓其遺書所纂有淑艾錄吳蕃昌沈磊在孝友傳

沈昀字朗思本名蘭先字甸華仁和人劉宗周講學蕺山昀渡江往聽與應撝謙友其學以誠敬爲宗以適用爲主而力排二氏家貧絕炊掘階前馬蘭草食之鄰有遺之米者昀宛轉推辭忽仆於地其人驚駭潛去良久方甦因笑曰其意可感然適以困我撝謙歎曰我於交接之際自謂不苟以視沈先生猶覺愧之宗周身後傳其學者頗滋諍訟昀曰尼父言躬行君子若騰其口說以求勝非所望於吾也以喪禮久廢紹士喪禮說以授同郡陸寅疾革門人問曰夫子今日何如曰心中無一物惟誠敬而已卒年六十三窮無以爲殮撝謙涕泣不知所出曰我不敢輕授賻襚以汗先生其門人姚宏任趨進曰如宏任者可以殮先生乎撝謙曰子篤行殆可也姚遂殮之葬於湖上宏任字敬恆錢塘人少孤母賢婦也宏任隱市廛其母偶見貿絲銀色下劣慍甚曰汝亦爲此乎宏任長跪謝願得改行乃受業於撝謙日誦大學一過一言一行服膺師說遇事必歸於忠厚撝謙不輕受人物惟宏任之餽不辭曰吾知其非不義也宏任每時其乏而致之終身不倦撝謙執喪如古師弟子之禮姚江黃宗炎許之曰是篤行傳中人也晚年以非罪陷縲絏憲使閔囚入獄宏任方朗誦大學憲使異之入其室皆程朱書與之語大驚即日釋之然宏任卒以貧死葉敦艮字靜遠西安人劉宗周弟子嘗貽書陸世儀討論學術世儀喜曰證人尙有緒言吾得慰未見之憾矣劉汋字伯繩宗周子宗周家居講學諸弟子聞教未達輒私於汋汋應機開譬具有條理宗周殉國難明唐魯二王皆遣使祭廕汋官汋辭既葬居蕺山一小樓二十年杜門絕人事考訂遺經以竟父業有司或請見雖通家故舊亦峻拒之所與接者惟史孝咸惲日初數人或勸之舉講會不應臨卒

戒其子曰若等安貧讀書守人譜以終身足矣人譜宗周所著書所臥之榻假之祁氏疾極疆起易之曰吾豈可終於祁氏之榻

應撝謙字潛齋錢塘人明諸生性至孝殫心理學以躬行實踐爲主不喜陸王家言足跡不出百里陋屋短垣貧甚恬如也杭州知府稽宗孟數式廬欲有所贈噬嚅未出及讀撝謙所作无悶先生傳乃不敢言康熙十七年詔徵博學鴻儒大臣項景襄張天馥交章薦之撝謙輿牀以告有司曰撝謙非敢卻薦實病不能行耳客有勸者曰昔太山孫明復嘗因石介等請以成丞相之賢何果於卻薦哉撝謙曰我不能以我之不可學明復之可乃免徵二十二年卒年六十九撝謙於易書詩禮樂春秋孝經四書各有著說又撰教養全書四十一卷分選舉學校治官田賦水利國計漕運治河師役鹽法十考略倣文獻通考而於明代事實尤詳其不載律算者以徐光啟已有成書不載輿地者以顧炎武顧祖禹方事纂輯也又有性理大中二十八卷門人錢塘淩嘉邵沈士則傳其學

朱鶴齡字長孺吳江人明諸生穎敏嗜學嘗箋注杜甫李商隱詩盛行於世鼎革後屏居著述晨夕一編行不識途路坐不知寒暑人或謂之愚遂自號愚菴嘗自謂疾惡如仇嗜古若渴不妄受人一錢不虛誑人一語云著愚庵詩文集初爲文章之學及與顧炎武友炎武以本原相勗乃湛思覃力於經注疏及儒先理學以易理至宋儒已明然左傳國語所載占法皆言象也本易精矣而多未備撰易廣義略四卷以蔡氏釋書未精斟酌於漢學宋學之間撰尚書埤傳十七卷以朱子掊擊詩小序太過與同縣陳啟源參考諸家說兼用啟源說疏通序義撰詩經通義二十卷以胡氏傳春秋多偏見鑿說乃合唐宋以來諸儒之解撰春秋集說二十二卷又以杜氏注左傳未盡合俗儒又以林氏注紊之詳證參考撰讀左日鈔十四卷又有禹貢長箋十二卷作於胡渭禹貢錐指之前雖不及渭書而備論古今利害旁引曲證亦多創獲年七十餘卒啟源字長發著有毛詩稽古編其詮釋經旨一準毛傳而鄭箋佐之訓詁聲音以爾雅爲主草木蟲魚以陸疏爲則於漢學可謂專門又有尚書辨略二卷讀書偶筆二卷存耕堂稾四卷

范鎬鼎字彪西洪洞人性孝友聞明絳州辛全之學康熙六年進士以母老不仕河汾間人士多從之受經十八年以博學鴻儒薦未起立希賢書院置田贍學者輯理學備考三十卷廣理學備考四十八卷國朝理學備考二十六家宋辛全孫奇逢熊賜履張夏黃宗羲諸家緒論附以己說議論醇正又著五經堂文集五卷語錄一卷又以其父芸茂有垂棘編作續垂棘編十九卷三晉詩選四十卷同時爲辛全之學者有絳州党成李生光成字憲公其學以明理去私爲本生平不求人知鎬鼎嘗揚之於人意甚不懌時目爲狷者其辨朱陸異同論者多以陸爲尊德性朱爲道問學此言殊未然蓋朱子之道問學實以尊德性也陸氏則自錮其德性矣何尊之可云陸子嘗曰不求本根馳心外物理豈在於外物乎此告子義外之學也朱子曰本心物理原無內外以外物爲外者是告子義外之學也即此數語可以見二家之異同矣若粗論其同二家皆欲扶世教崇天理去私欲其秉心似無大異者而實究其學則博文約禮者孔顏之家法屢見於論語朱子得其正矣陸氏乃言六經皆我注脚又言不識一字管取堂堂作大丈夫豈不偏哉其辨論如此生光字闇章未冠爲諸生辛全倡學河汾遂往受業篤於內行事親至孝全深重之明亡絕意仕進自號汾曲逸民構一草堂日夕讀書其中以二南大義程朱微言訓門弟子著有儒教辨正崇正黜邪彙編凡萬餘言

白奐彩字含貞華州人私淑於長安馮從吾玩易洗心詩禮春秋多所自得著書之富陝以西罕儷校讐精詳淹貫廉遺而沖遜自將若一無所知與同州黨湛蒲城王化泰諸人相切磋率同志結社不入城市不謁官府終日晏坐一室手不釋卷同知郝斌式廬聆奐彩論議退而歎曰關中文獻也湛字子澄嘗言人生須作天地間第一等事爲天地間第一等人故自號兩一究宋明以來諸儒論學語揭其會心者於壁默坐土室澄心反觀久之恍然有契自是動靜云爲卓有柄持聞李顒倡道盩厔冒雪履冰不憚數百里訪質所學相與盤桓數日每至夜半未嘗見惰容其志篤養邃如此化泰字省庵性方嚴峭直面斥人過辭色不少貸人有一長即欣然推遜自以爲不及關學初以馬嗣煜嗣馮從吾而奐彩湛化泰皆有名於時武功馮雲程康賜呂張承烈同州李士濱張珥朝邑王建常關獨可咸甯羅魁韓城程良受蒲城甯維垣邠州王吉相淳化宋振麟皆篤志勵學得知行合一之旨至乾隆間武功孫景烈亦能接關中學者之傳景烈字酉峯乾隆三年進士授檢討以言事放歸教生徒以克己復禮居平雖盛暑必肅衣冠韓城王杰爲入室弟子嘗語人曰先生冬不爐夏不扇如邵康節學行如薛文清又曰先生歸籍三十年雖不廢講學獨絕聲氣之交爲關中學者宗有自來矣

胡承諾字君信天門人明崇禎舉人國變後隱居不仕臥天門巾柘間順治十二年部銓縣職康熙五年檄徵入都六年至京師以詩呈侍郎嚴正矩云垂老只思還舊業暮年所急匪輕肥既而告歸得請構石莊於西村自號石莊老人窮年誦讀於書無所不窺而深自韜晦晚著繹志繹志者繹己所志也凡聖賢帝王名臣賢士與凡民之志業莫不兼綜條貫原本道德切近人情酌古而宜今爲有體有用之學凡二十餘萬言皆根柢於諸經博稽於諸史旁羅百家而折衷於周程張朱之說承諾自擬其書於徐幹中論顏之推家訓然其精粹奧衍非二書所及也二十六年六月卒年七十五所著有讀書說六卷文體類淮南抱朴繁雜細碎隨事觀理而體察之殆繹志取材之餘與是書相表裏

曹本榮字欣木黃岡人順治六年進士改翰林院庶吉士布袍蔬食以清節自勵八年授秘書院編修應詔上聖學疏千言其略云皇上得二帝三王之統則當以二帝三王之學爲學誠宜開張聖聽修德勤學舉四書五經及通鑑中有裨身心要務治平大道者內則深宮燕閒朝夕討論外則經筵進講敷對周詳君德既修祈天永命必基於此有詔嘉納十年擢右春坊右贊善兼國子監司業刊白鹿洞學規以教士十一年轉中允十二年世祖甄拔詞臣品端學裕者充日講官本榮與焉十三年升秘書院侍講左春坊左庶子兼侍讀日侍講幄辨論經義敕本榮同傅以漸撰易經通注九卷鎔鑄衆說詞理簡明爲說經之圭臬本榮又著五大儒語周張精義王羅擇編諸書十四年八月充順天鄉試正考官九月充經筵講官十一月以失察同考官作弊部議革職上以其侍從講幄日久宥之十八年還翰林院侍讀學士改國史院侍讀學士康熙四年以病請回籍卒於揚州本榮之學從陽明致知之說故論次五大儒以程朱薛與陸王並行既告歸宦橐蕭然晏如也疾革門生計東在側猶教以窮理盡性之學卒之日容城孫奇逢痛惜之子宜溥由廕生薦舉博學鴻儒試授檢討張貞生字賓山廬陵人順治十五年進士官翰林院侍講學士時議遣大臣巡察直生上書諫召對所言又過戇下考功議革職爲民蒙恩鐫二級去官初聞陽明良知之說其後乃一宗考亭居京師寓吉安館中蓬蒿滿徑突無炊煙瀕行不能具裝故人餽贐一無所受其狷介如此壽奉特旨起補原官至京卒著庸書二十卷玉山遺響集

劉原淥字崑石安邱人明末盜賊蜂起原淥與仲兄某率鄉人壘土爲堡以禦賊賊至守堡者多死仲兄出鬭身中九矢力戰原淥從之發數十矢矢盡仲兄竄之去原淥大呼曰離兄一步非死所乃斬二渠帥獲馬六匹賊遁去亂定以力耕致富既而推膏腴與兄以其餘爲長兄立後兼贍亡姊家謝人事求長生之術得咯血疾遂棄去後讀宋儒書乃篤信朱子之學集朱子書作續近思錄嘗曰學者居敬窮理二者皆法先王而已小心翼翼昭事上帝居敬之功也不識不知順帝之則窮理之功也每五更起謁祠後與弟子講論常至夜分仲兄疾籲天祈以身代兄死三日內水漿不入口又爲鄉人置義倉儉歲煮粥以食餓人嘗曰人與我一天而已何畛域之有焉卒年八十二著讀書日記四書近思續錄四卷後數十年昌樂有閻循觀周士宏濰縣有姜國霖劉以貴韓夢周德州有孫于籛梁鴻翥膠州有法坤宏同縣有張貞猶能守原淥之學國霖字雲一濰縣人父客燕中感病國霖往省跣走千里至則父已歿無錢市棺以衣裹尸負之行乞食歸里泣告族黨曰父死不能斂又不能葬欲以身殉又有老母在長者何以教我人憐其孝爲捐金以葬母易怒一日怒甚國霖作小兒嬉戲狀長跪膝前執母手摑其面母大笑怒遂已時年五十矣師事昌樂周士宏嘗與國霖至莒樂其山川死即葬於莒國霖築室墓側安貧守素不求於人值歉歲莒人恐其餓死聞於官而周之粟亦弗卻也昌樂閻循觀問國霖喜讀何書曰論語終身味之不盡以貴字滄嵐康熙二十七年進士任蒼梧令地瘠猺雜處營茶山書院以詩書爲教歸里後杜門著書有藜乘集夢周字公復乾隆二十二年進士其學以存養省察致知三者爲入德之資每跬步必以禮以恥求聞達爲尚後爲來安知縣有政聲長洲彭紹升稱其治來如元魯山有理堂文集表方名獎忠節皆有關於世道鴻翥字志南德州人每治一經案上不列他書有疑義思之累日夜必得而後已益都李文藻一見奇之爲之延譽遂知名於世以優行貢成均卒年五十九有周易觀運等書坤宏字鏡野膠州人得傳習錄大喜以爲如己意所出其學以陽明爲宗以不自欺爲本乾隆六年舉人官大理評事卒年八十有奇循觀字懷庭昌樂人專志洛閩之學省身克己刻苦自立治經不立一家言而要歸于自得乾隆三十四年進士吏部考功司主事著困勉齋私記西澗文集及尚書春秋說任瑗字恕菴淮安山陽人年十八棄舉子業講學靜坐三年歎曰聖人之道歸於中庸極於精義入神以致用也利用安身以崇德也豈是之謂哉乾隆元年大吏舉瑗應博學鴻詞廷試能

歸韓夢周語人曰任君體用具備有明以來無此鉅儒及韓將北歸瑗語之曰山左人多質直君當接引後進以續正學因作反經說以示之年八十二卒著有纂注朱子文類一百卷論語困知錄二卷反經說一卷陽明傳習錄辨二卷知言劄記二卷朱子年譜一卷

顏元字易直博野人明末父戍遼東歿於關外元貧無立錐百計覓骨歸葬世稱孝子居喪守朱氏家禮惟謹古禮初喪朝一溢米夕一溢米食之無算家禮删去無算句元遵之過朝夕不敢食當朝夕遇哀至又不能食病幾殆又喪服傳既練舍外寢始食菜果飯素食哭無時家禮改爲練後止朝夕哭惟朔望未除者會哭凡哀至皆制不哭元亦遵之既覺其過抑情校以古喪禮非是因歎先生制禮盡人之性後儒無德無位不可作也於是著存學存性存治存人四編以立教名其居曰習齋肥鄉漳南書院邑人郝文燦請元往教有文事武備經史藝能等科從游者數十人會天大雨漳水溢牆垣堂舍悉沒人跡殆絕元歎曰天不欲行吾道也乃辭歸後八年而卒年七十門人李塨王源編元年譜二卷鍾錂輯言行錄二卷闢異錄二卷王源字崑繩大興人兄潔少從梁以樟游以樟談宋儒學源方髫齔鬥之不首肯唯喜習知前代典要及關塞險隘攻守方略年四十游京師或病其不爲時文源笑曰是尚需學而能乎因就試中康熙三十二年舉人或勸更應禮部試謝曰吾寄焉爲謀生計使無詬厲已耳崑山徐乾學開書局於洞庭山招致天下名士源與焉於儕輩中獨與劉獻廷善日討論天地陰陽之變伯王大略兵法文章典制古今興亡之故方域要害近代人才邪正其意見皆相同獻廷歿言之輒流涕未幾遇李塨大悅之曰自獻廷歿豈意復見君乎塨微言聖學源聞之沛然因持大學辨業去是之塨乃爲極言顏元明親之道源曰吾知所歸矣遂介塨往博野執贄元門時年五十有六矣後客死淮上所著平書十卷文集二十卷程廷祚字啟生上元人初識武進惲鶴生始聞顏李之學康熙庚子歲塨南游金陵廷祚屢過問學讀顏氏存學編題其後云古之害道出於儒之外今之害道出於儒之中顏氏起於燕趙當四海倡和翕然同氣之日乃能折衷至當而有以斥其非蓋五百年間一人而已故嘗謂爲顏氏其勢難於孟子其功倍於孟子於是力屏異說以顏氏爲主而參以顧炎武黃宗羲故其讀書極博而皆歸於實用乾隆元年舉博學鴻詞至京師有要人慕其名屬密友達其意曰主我翰林可得也廷祚拒之卒報罷十六年上特詔舉經明行修之士廷祚又以江蘇巡撫薦復罷歸卒年七十有七著易通六卷大易擇言三十卷尚書通議三十卷青溪詩說三十卷春秋識小錄三卷禮說二卷魯說二卷惲鶴生字皋聞武進人因交李塨得睹顏氏遺書自稱私淑弟子于經長毛詩著詩說以毛鄭爲宗

李塨字剛主蠡縣人弱冠與王源同師顏元躬耕善稼穡雖儉歲必有收而食必粢糲妻妾子婦執苦身之役舉康熙二十九年舉人晚歲授通州學正浹月以母老告歸塨博學工文辭與慈溪姜宸英齊名又嘗爲其友治劇邑逾年政教大行用此名動公卿間明珠索額圖當國皆嘗延教其子不就安溪李光地撫直隸薦其學行於朝固辭而不謝諸王交聘輒避而之他既而從毛奇齡學著周易傳注七卷筮考一卷郊社考辨一卷論語傳注二卷大學傳注一卷中庸傳注一卷傳注問一卷李氏學樂錄二卷大學辨業四卷聖經學規纂二卷論學二卷小學稽業五卷恕谷後集十三卷塨學務以實用爲主解釋經義多與宋儒不合又其自命太高於程朱之講學陸王之證悟皆謂之空談蓋明季心學盛行儒禪淆雜其曲謹者又闊於事情沿及順康朝猶存餘說顏元及塨力以務實相爭存其說可補諸儒枵腹之弊然不可獨以立訓盡廢諸家其論易以觀象爲主兼用互體謂聖教罕言性天乾坤四德必歸人事屯蒙以下亦皆以人事立言陳摶龍圖劉牧鉤隱以及探無極推先天皆使易道入於無用排擊未免過激然明人以心學竄入易學率持禪偈以詁經言數者反置象占於不問誣飾聖訓弊不可窮塨引而歸之人事深得垂教之旨又以大學格物爲周禮三物謂孔子時古大學教法所謂六德六行六藝者規矩尚存故格物之學人人所習不必再言惟以明德親民標其目以誠意指其入手而已格物一傳可不必補其說本之顏元毛奇齡惡其異己作逸講箋以攻之而當時學者多韙塨說焉

刁包字蒙吉晚號用六居士祁州人明天啟舉人再上春官不第遂棄舉子業有志聖賢之學初聞孫奇逢講良知心向之既讀高攀龍書大喜曰不讀此書幾虛過一生爲主奉之或有過差即跪主前自訟流賊犯祁州包與家倡衆誓固守城不得破時有二璫主兵事探卒報賊勢張甚二璫怒其惑衆將斬之包厲聲曰必殺彼請先殺包乃止二璫相謂曰使若居官者其不爲楊左乎賊既去流民載道設屋聚養之病者給醫藥全活尤多有山左難婦七十餘人擇老成家人護以歸臨行八拜以重託家人皆感泣竭力衛送歷六府盡歸其家甲申國變設莊烈愍皇帝主於所居之順積樓服斬衰朝夕哭臨如禮僞命敦趣包以死拒幾及於難遂隱居不出於城隅闢地爲齋曰潛室亭曰肥遯日閉戶讀書其中無間寒暑學者宗焉執經之履滿戶外居父喪哀毀鬢髮盡白三年不飲酒食肉不內寢及母卒號慟嘔血病數月卒所著有易酌四書翊注潛室劄記用六集皆本義理明白正大又選斯文正統九十六卷專以品行爲主若言是人非雖絕技無取包初與新城王餘佑爲石交餘佑字介祺父延善邑諸生倘氣誼當明末散萬金產結客有子三長餘恪季餘嚴餘佑其仲也明亡延善率三子與雄縣馬魯建義旗傳檄討賊時容城孫奇逢亦起兵共恢復雄新容三縣斬其僞官順治初延善爲仇家所陷執赴京餘恪揮兩弟出爲復仇計獨身赴難父子死燕市餘嚴夜率壯士入仇家殲其老弱三十口名捕甚急上官有知其枉者力解乃免餘佑隱易州之五公山自號五公山人嘗受業於孫奇逢學兵法後更從奇逢講性命之學隱居教授不求聞達教人以忠孝務實學卒年七十

李來章字禮山襄城人生有神識嘗觀石工集庭中斷石輒轉弗合語之曰去宿土當自合是即吾學人心道心之謂聞者異之工詩古文辭康熙十四年舉人嘗學於魏象樞魏戒之曰欲除妄念莫如立志來章因作書紳語略其持論以不背先儒有益世用爲主再學於孫奇逢李顒時奇逢講學百泉來章與冉覲祖諸人講學嵩陽兩河相望一時稱極盛焉再主南陽書院作南陽學規達天錄以教學者士習日上尋以母老謝歸重葺紫雲書院讀書其中學者多自遠而至毋病目來章每夙興舌舐之目復明謁選廣東連山縣連山民僅七村丁只二千外猺戶大排居五小排一十有七數且盈萬人重山複嶺瘦石巉削田居十分之一猺或負險跳梁來章慨然曰猺異類亦有人性當推誠以待之乃仿明王守仁遺意日延耆老問民疾苦招流亡勸之開墾薄其賦復深入猺穴爲之置約延師以至誠相感創連山書院著學規日進縣人申教之而猺民之秀者亦知嚮學誦讀聲徹巖谷學使者交獎曰忠信篤敬蠻貊可行矣行取授兵部主事監北新倉革運官餽遺旅引疾歸大學士田從典侍郎李先復交章以實學可大用薦得旨徵召不出年六十八卒所著有禮山園文集洛學編連陽八排猺風土記袞影錄冉覲祖字永光先賢鄆國公裔元末有爲中牟丞者因家焉康熙二年鄉試第一杜門潛居爰取四書集注研精覃思二十年章求其旨句求其解字求其訓身體心驗訂正羣言歸於一是名曰玩注詳說逮及羣經各有專書兼采漢儒宋儒之說十八年開博學鴻儒科巡撫將薦之欲一見覲祖覲祖曰往見是求見也堅不往少詹事耿介延主嵩陽書院與諸生講孟子一章剖析天人分別理欲衆皆悚聽三十年成進士選庶吉士三十三年授檢討是歲聖祖偏試翰林御西暖閣詢家世籍貫獨詳有氣度老成之褒越日賜筵瀛臺上獨識之曰爾是河南解元耶蓋以示優異也尋告歸卒年八十有二竇克勤字敏修柘城人聞耿介傳百泉之學從游嵩陽六年鄉舉至京師謁睢州湯斌一夕請業斌謂師道不立由教官之失職勸克勤就教職選泌陽教諭泌陽地小而僻人鮮知學克勤立五社學月朔稽善過而勸懲之暇則齋居讀書雖饘粥不繼晏如也康熙十七年進士選庶吉士丁母憂歸服除授檢討一日聖祖命諸翰林作楷書克勤書學宗孔孟法在堯舜而其要在慎獨十四字以進聖祖覽而器之尋以父老乞歸嘗於柘城東郊立朱陽書院倡導正學中州自夏峰嵩陽外朱陽學者稱盛卒年六十四著有孝經闡義

李光坡字耜卿安谿人大學士光地之弟也生五歲與伯叔兄弟俱陷賊壘既脫難後受學家庭宗尚宋儒及鄉先正蒙引存疑諸書次第講治十三經濂洛關閩書旁及子史質不甚敏以勤苦致熟論學主程朱論易主邵子兼取揚雄太元發明性理以闡大義壯歲專意三禮以三禮之學至宋而微至明幾絕儀禮尤世所罕習積四十年成三禮述注六十九卷以鄭康成爲主疏解簡明不蹈支離亦不侈奧博自成一家言其兄光地嘗著周官筆記一篇光地子鍾倫亦著周禮訓纂二十一卷皆標舉要旨弗以考證辨論爲長與光坡相近其家學如是也光坡家居不仕康熙四十五年入都與其兄光地講貫著性論三篇辨論理氣先後動靜以訂近儒之差及歸光地貽以詩曰後生茂起須家法我老棲遲望子傳其惓惓於光坡如此光地嘗論東吳顧炎武與光坡皆數十年用心經學精勤不輟卓然可以傳於後云光坡天性至孝父病篤炷香焚掌叩天以祈延壽病果愈及舉孝廉方正有司將以光坡應選而光坡寢疾矣卒年七十有三又有臯軒文編鍾倫字世得康熙三十二年舉人初受三禮於光坡又與宣城梅文鼎長洲何焯宿遷徐用錫河間王之銳同縣陳萬策等互相討論其學具有本原未仕而卒

莊亨陽字復齋靖南人康熙五十七年進士知山東濰縣母就養卒於途歸而

盧墓三年自是未嘗一日離其父乾隆初元禮部尚書楊名時薦士七人亨陽與焉授國子監助教當是時上方嚮用儒術尚書楊名時孫嘉淦大學士趙國麟咸以耆壽名德領太學事相與倡明正學六堂之長則亨陽與安溪官獻瑤無錫蔡德晉等皆一時之儁每朔望謁夫子釋菜禮畢六堂師登講座率國子生以次執經質疑句日則六堂師分占一經各於其書齋會講南北學紘誦之聲夜分不絕都下號爲四賢五君子遷吏部主事外補德安府同知擢徐州府徐仍歲水災亨陽相川澤諮耆民具方略請廣開上游水道以洩異漲且告石林可危未及施工而石林決沛縣城將潰民竄逃亨陽駕輕舠行告父老曰太守來爾民何往親率衆堵築七日夜城完在徐三年兩遇大荒勤振事幾不暇眠食九年遷按察司副使分巡淮徐海道亨陽通算術及董河防推究高深測量之宜上書當路大略謂淮徐水患在壅毛城鋪而徐州壅天然減水壩而鳳潁泗壞壅車邏昭關等壩而淮揚之上下河皆壞宜開毛城鋪以注洪澤湖則徐州之患息開天然壩以注高寶諸湖則上江之患息開三壩以注興鹽之澤則高寶之患息開范公隄以注之海則興鹽泰諸州縣之患息當路者頗韙其言而未能用京察大臣當自陳高宗命自陳者各舉一人自代內閣學士李清植舉亨陽時論以爲允勘淮海災過勞以羸疾卒卒之日淮海諸氓罷市奔走樹幟哭而投賻納親巡江南監司皆韡袴跪迎亨陽獨長揖訥責問曰非敢惜此膝於公其如會典所無何訥默然亨陽出巡屬吏循故事餽殽然一切勿拒曰物以烹飪卻之是暴天物而違人情也所從僕皆自飲其馬或犒之踞而辭曰公視奴輩爲兒子不告而受於心不安告公公必命辭是仍虛君惠也強之皆伏地誓指其心其感人如此官獻瑤字瑜卿安溪人執業於漳浦蔡世遠桐城方苞稱高足弟子亦以楊名時薦補助教甫入學上事宜六條於其長乾隆四年進士選庶吉士充三禮館纂修授編修九年典試浙江尋提督廣西陝甘學政遷洗馬在關中求得宋張載二十餘代孫屬其邑學官教之識韓城王杰於諸生以爲大器果如其言獻瑤少孤事母孝自陝甘任滿歸乞侍養奉母二十餘載母年九十乃終撫愛諸子弟修大小宗祠增祭器考禮經遵時制以定儀式立鄉規以教宗人置義租以恤親族之貧者卒年八十著讀易偶記三卷尚書偶記三卷尚書講藁思問錄一卷讀詩偶記二卷周官偶記二卷儀禮讀三卷喪服私鈔並雜記一卷春秋傳習錄五卷孝經刊誤一卷文集十六卷詩集二卷

王懋竑字予中寶應人少從叔父式丹學刻勵篤志精研朱子之學身體力行康熙五十七年成進士年已五十一乞就教職補安慶府學教授雍正元年以薦被召引見授翰林院編修在上書房行走二年以母憂去官特賜內府白金爲喪葬費懋竑素善病居喪毀瘠服闋就職旋以老病乞歸越十六年卒懋竑性恬淡少嘗謂友人曰老屋三間破書萬卷平生志願足矣歸里後杜門著書校定朱子年譜大旨在辨爲學次序以攻姚江之說又所著白田雜著八卷於朱子文集語類考訂尤詳謂易本義前九圖筮儀皆後人依記非朱子所作其略云朱子於易有本義有啟蒙與門人講論甚詳而此九圖曾無一語及之九圖之不合本義啟蒙者多矣門人何以絕不致疑也本義之敘畫卦云自下而上再倍而三以成八卦八卦之上各加八卦以成六十四卦初不參邵子說至啟蒙則一本邵子而邵子所傳止有先天方圓圖其伏羲八卦圖文王八卦圖則以經世演易圖推而得之同州王氏漢上朱氏易皆有此二圖啟蒙因之至朱子所自作橫圖六則注大傳及邵子語於下而不敢題曰伏羲六十四卦圖其慎如此今直云伏羲八卦次序圖伏羲八卦方位圖伏羲六十四卦次序圖伏羲六十四卦方位圖是孰受而孰傳之耶乃云伏羲四圖其說皆出邵氏邵氏止有先天一圖其八卦圖後來所推六橫圖朱子所作以爲皆出邵氏是誣邵氏也又云邵氏得之李之才李之才得之穆修穆修得之希夷先生此明道敘康節學問源流如此漢上朱氏以先天圖屬之已無所據乃今移之四圖若希夷已有此四圖也是並誣希夷也文王八卦說卦明言之本義以爲未詳啟蒙別爲之說而不以入於本義至於乾天也故稱乎父一節本義以爲揲蓍以求爻啟蒙以爲乾求於坤坤求於乾與乾爲首兩節皆文王觀於已成之卦而推其未明之象與本義不同今乃以爲文王八卦次序圖又孰受而孰傳之耶卦變圖啟蒙詳之蓋一卦可變爲六十四卦彖傳卦變偶舉十九卦以說爾今圖卦皆不合其非朱子之書明矣其說爲宋元儒者所未發又考證諸史謂孟子七篇所言齊王皆湣王非宣王孟子去齊當在湣王十三四年下距湣王之歿更廿五六年孟子必不及見公孫丑兩篇稱王不稱謚乃其元本而梁惠王兩篇稱宣王爲後人所增通鑑上增威王十年下減湣王十年蓋遷就伐燕之歲也可謂實事求是矣同邑與懋竑學朱子學者有朱澤澐喬僅澤澐字湘陶少勤學得程氏讀書分年日程尋序誦習更學天文於泰州陳厚耀能得其意久之有志於聖人之道念朱子之學實繼周程紹顏孟以上溯孔子有謂朱子爲道問學陸王爲尊德性者復取朱子文集語類讀之一字一句無不精心研窮反身體認質之懋竑懋竑屢答之深信朱子居敬窮理之學爲孔子以來相傳的緒窮即窮其所存之心存即存其所窮之理止是一事喟然歎曰尊德性者莫如朱子道問學者亦如朱子矣雍正六年詔大臣各舉所知直隸總督劉師恕欲薦於朝使其弟造廬請弗應晚年得痺疾然猶五更起盥沐觀書至夜分不倦誡其子光進曰聖賢工夫正於困苦時驗之疾甚謂門人喬僅曰死生平常事時至則行無所戀也吟邵雍詩怡然而逝年六十有七所著止泉文集八卷朱子聖賢考略十卷僅字星渚少有氣節水決子嬰隄衆走避僅倡議捍塞十日隄成從澤澐受學恪遵朱子教人讀書次第取朱子書切己體察有疑輒質澤澐時年五十矣澤澐稱之曰從吾遊者衆矣惟喬君剛甚因舉或問過時後學語類訓石洪慶語告之僅益奮乾隆元年舉孝廉方正辭不就與懋竑書論學問之道凡再三自謂向道晚須用己百之功聞弟卒江陵任即日冒雪行數千里扶櫬歸有潘某貸金不能償以券與之疾革曰吾自頂至踵無一處不痛惟此心凝然不亂耳命沐浴正衣冠而逝年六十五著日省錄訓子要言因學堂遺稿湯金釗序而行之謂其學術剛健篤實發爲輝光粹然有德之言

李夢箕字季豹連城人年十五而孤精進學業崇向朱子以孝友著稱其教人輒言爲善最樂人易而忽之夢箕曰爲之難汝爲之否乎人問之曰其樂何如曰不愧不怍孰與孔顏之樂曰熟之而已矣事兄如嚴父撫猶子如子每語諸子以氣質之偏使知變化疾亟謂所親曰吾生平竭力檢身將毋有不及省者第言之得聞過而終亦云幸矣卒年八十一子圖南字開士康熙六十一年舉人能世其學初工詩古文既而歎曰吾學自有身心性命所宜急者可以虛名騖乎於是究心濂洛關閩書以反躬切己爲務居連峯點石諸山中者久之嘗曰學者爲利名之念爲害最大越此庶可與共學與蔡世遠講明修身窮理之要世遠重之雍正九年吏部檄天下舉人需次縣令者先赴京學習政事圖南至觀政戶部以母病亟歸歸先母卒年五十七雷鋐謂學聖人必自狷者始圖南庶足當之時邑人張鵬翼童能靈皆以學行稱鵬翼字蜚子歲貢生八歲嗜學十餘歲通諸經塾師教以作文取科第心疑之熟讀四書大全忽悟曰心當在身內身當在心內遂不仕連城處萬山中無師鵬翼年已四十始見近思錄及朱子全書更十年始見薛文清讀書錄嘗曰考亭易簀之時乃我下帷之始蓋僥爲日有孳孳不知其老且耄也所居鄉曰新泉男女往來二橋道不拾遺市中交易先讓外客皆服鵬翼教也著有讀經說略理學入門孝子傳歷代將相諫臣三譜二十二史案芝壇日讀小記能靈字龍儔貢生好學守程朱家法不失尺寸乾隆元年舉博學鴻詞累舉優行皆以母老辭年九十兄弟白首同居居喪以禮化及鄉人能靈嘗與雷鋐論易主河圖以明象數之學其樂律古義謂洛書爲五音之本河圖爲洛書之源河圖圓而爲氣洛書方而爲體五音者氣也氣凝爲體體以聚氣然後聲音出焉蔡氏律呂新書沿淮南子漢書之說誤以亥爲黃鍾之實惟所約寸分釐絲忽之法其數合於史記律書因取其說爲之推究源委以成書他著中天河洛五倫說朱子爲學考理學疑問連城理學始自宋之邱起潛明之童東皋而能靈鵬翼繼之力敦倫紀嚴辨朱陸異同張伯行撫閩時建文溪書院祀起潛東皋後增建五賢書院中祀宋五子而以能靈鵬翼配焉

胡方字大靈新會人歲貢生方敦崇實行處道學風氣之末獨守堅確總督吳興祚聞其名使招之方走匿不能得也事父母色養靡不周而心常如不及遇有病憂形於色藥必嘗而後進夜必衣冠侍未嘗就寢及居喪藉草宿柩旁三年不入內先人田廬悉以與弟授徒自給族孋不能自存者竭力賫之有達官齎重金乞其文爲壽不應吏懾之不應家人告以絕糧不應鄉曲子弟偶蹈不韙有願就鞭扑不願聞其事於方者里中語曰可被他人笞勿使胡君知他人笞猶可胡君愧煞我其從學者仕與未仕白首猶懍懍奉其教雖困甚終不入公庭聞聲向慕以得見爲喜曰教我矣有以蔭得官則大慙曰吾未能信得無辱我夫子方告之曰爲官能不愛錢致力於官守有何不可其人卒不負其言四十後杜門著述所居日蹤步元和惠士奇督學粵東聞方名艤舟村外遣吳生至其家求一見急揮手曰學政未蒞事不可見不可見出吳而扃其門士奇乃索所著書而去試事畢仍介吳生以請則假一冠投刺至長揖曰今日齋沐謝知己方年邁無受教地不能執弟子禮數語遂起惠握其手曰縱不欲多語敢問先生鄉人誰能爲文者答曰並世中無人必求之惟明季梁朝鍾耳士奇遂求梁文並各家文刻之名曰嶺南文選既而疏薦於朝士奇嘗語吳生曰胡君貌似顧炎武豐厚端偉必享大名蓋嘗時知方者士奇一人而已卒年七十

四著有周易本義注六卷、四子書注十卷、莊子注四卷、鴻桷堂詩文集六卷、集中謁白沙祠諸作及白沙子論，具見淵源所自。學中勵志篤行者，方後有馮成修、勞潼。成修字達夫，南海人。父遠出不歸，成修生有至性，語及其父，輒涕泗交頤。乾隆四年進士，選庶吉士，散館改吏部主事，晉禮部祠祭司郎中。典試福建、四川，督學貴州，揭條約十四則以訓士。成修初計偕，即徧訪其父蹤跡。得官後兩次乞假尋親，卒無所遇，不復出。授經里中，粹然師範。年八十，計其父已百有一齡，乃持服三年，終身衣布。乙卯重宴鹿鳴，逾年卒，年九十有五。潼字潤芝，亦南海人。乾隆二十年舉人。髫齡時，母常於榻上授毛詩，長遂習焉。盧文弨視學湖南，召之往，至冬乃歸。母思念殊切，抵家時漏三下，跪母榻前，母且泣且撫之曰：「其夢也耶？」潼悲不自勝，自是絕意進取。侍養十有六年而母卒，潼哀毀骨立，杖而後起。家人或失潼所在，即於殯所覓之，則已慟哭失聲矣。又痛早孤，故以我野爲號。嘗言：「讀孔子書得一言，曰務民之義；讀孟子書得一言，曰强爲善而已矣；讀朱子書得一言，曰切己體察。」著有四書擇粹十二卷、孝經考異選註二卷、救荒備覽四卷、荷經堂古文詩稿四卷。

勞史，字麟書，餘姚人。世爲農。少就傅讀書，長躬耕養父母，夜則披卷莊誦。讀朱子小學、中庸序，慨然發憤，以道自任，舉動必依於禮。繼讀朱子近思錄，立起設香案，北面稽首曰：「吾師在是矣。」常自刻責，謂：「天之命我者，若君之詔臣、父之詔子，一廢職即䐈嚴譴，一墜家業即窮無所歸，可不慎哉！」其論學以爲始於不妄語、不妄動，即極諸至誠無息。接後學委曲進誠，雖傭工下隸，皆引之嚮道，曰：「盡爾職分，務實做去，終身不懈，即聖賢矣。勿過自薄也。」聞者莫不爽然。里中負販者近史居，不敢貨僞物；芻兒牧童或折棄矰繳，毀機穽；有鬭爭，就史質，往往置酒求解。門人桑調元自錢塘來謁，論學數日，將別，送之曰：「吾壽不過三年，恐不復相見，行矣勉之。」後三年九月，謂門人汪鑒曰：「不過今月，吾將去矣。」遂徧詣親友家，與老者言所以教，少者言所以學。令家人治木飭後事。晦前一夕，沐浴更衣，移榻正寢，炳燭宴坐如平時，旋就寢，明晨撫之，冰矣。調元爲刻其遺書十卷。其書謂易之爲道，細無不該，遠無不屆，故多本易理以推人物之性。調元字弢甫，錢塘人。爲孝子天顯之子。天顯親病革，合羊脂和粥以進；親死，抱鑪而哭，人爲繪抱鑪圖。調元受業於史，得聞性理之學。雍正十一年，召試通知性理，欽賜進士，授工部主事。引疾歸。調元主九江濂溪書院，構須友堂，祠餘山先生，以著淵源有自。餘山，史自號也。調元東皋別業，又闢餘山書屋，以友教四方之士。爲人清癯絕俗，足跡遍五嶽。晚主濼源書院，益暢師說。鑒，餘姚人。父死於雲南，鑒護喪歸，至漢川，遇大風，舟且覆，抱棺大哭，誓以身殉，忽風回得泊沙渚，衆呼爲孝子。爲人尙氣節，史戒之曰：「英氣，客氣也。其以問學融化之。」史之歿也，鑒實左右焉。

顧棟高，字震滄，無錫人。康熙六十年進士，授內閣中書。雍正引見，以奏對越次罷職。乾隆十五年，特詔內外大臣薦舉經明行修之士，所舉四十餘人。惟大學士張廷玉、尙書王安國、侍郎歸宣光舉江南舉人陳祖范，尙書汪由敦舉江南舉人吳鼎，侍郎錢陳羣舉山西舉人梁錫璵，大理寺卿鄒一桂舉棟高，此四人論者謂名實允孚焉。尋皆授國子監司業。棟高以年老不任職，賜司業銜。皇太后萬壽，棟高入京祝嘏，召見，拜起，令內侍扶掖。棟高奏對，首及吳𢿝俗，請以節儉風示海內，上嘉之。陛辭，賜七言律詩二章。二十二年，南巡，召見行在，加祭酒銜，賜御書「傳經耆碩」四字。二十四年，卒於家，年八十一。所學合宋、元、明諸儒門徑而一之，援新安以合金谿，爲調停之說。著大儒粹語二十八卷。又著春秋大事表百三十一篇，條理詳明，議論精覈，多發前人所未發。毛詩類釋二十一卷、續編三卷，采錄舊說，發明經義，頗爲謹嚴。其尙書質疑二卷，多據臆斷，不足以言心得。大抵棟高窮經之功，春秋爲最，而書則用力少也。陳祖范，字亦韓，常熟人。雍正元年舉人，其秋禮部中式，以病不與殿試。歸，僦屋華滙之濱，楗戶讀書。居數年，詔天下設書院以教士，大吏爭延爲師，訓課有法。或一二年輒辭去，曰：「士習難醇，師道難立，且此席假宋時祠祿，仕而不遂者處焉。吾不求仕而久與其列，爲汗顏耳。」薦舉經學，祖范巋然居首，以年老不任職，賜司業銜。十八年，卒於家，年七十有九。所撰述有經咫一卷，䐈薦時錄呈御覽；文集四卷、詩集四卷、掌錄二卷。祖范於學務求心得，論易不取先天之學，論書不取梅賾，論詩不廢小序，論春秋不取義例，論禮不以古制違人情，皆通達之論。同縣顧主事鎮傳其學。吳鼎，字尊彝，金匱人。乾隆九年舉人，授司業，洊擢翰林院侍講學士，轉侍讀學士。大考，降左春坊左贊善，遷翰林院侍講，旋休致。所撰有易例舉要二卷、十家易象集說九十卷，裒宋俞琰、元龍仁夫、明來知德等十家易說，以繼李鼎祚、董楷之後。其東莞學案則專攻陳建學蔀通辨作也。兄鼐，亦通經，深於易、三禮。梁錫璵，字確軒，介休人。雍正二年舉人。亦授司業，與吳鼎同食俸辦事，不爲定員。十七年，命直上書房，累遷詹事府少詹事。大考，降左庶子，擢祭酒，坐遺失書籍鐫級。䐈薦時以所撰易經揆一呈御覽。鼎、錫璵並蒙召對，面諭曰：「汝等以是大學士九卿公保經學，朕所以用汝等去教人，是汝等積學所致，不是他途倖進。」又曰：「窮經爲讀書根本，但窮經不徒在口耳，須要躬行實踐。汝等自己躬行實踐，方能教人躬行實踐。」鼎、錫璵頓首祇謝。又奉諭：「吳鼎、梁錫璵所著經學，著派翰林二十員、中書二十員，在武英殿各謄寫一部進呈，原書給還本人。所有紙札飯食，皆給於官，著梁詩正、劉統勳董理其事。」稽古之榮，海內所未有也。孟超然，字朝舉，閩縣人。乾隆二十五年進士，選庶吉士，改兵部主事，累遷吏部郎中。三十年，典廣西試，尋督學四川，廉正不阿，遇士有禮。以蜀民父子兄弟異居者衆，作厚俗論以箴其失。旋以親老請急歸，年甫四十二，遂不出。性至孝，侍父疾，躬執廁牏。戚族喪娶，雖空乏必應。嘗歎服徐陵「我輩猶有車可賣」之言。其學以懲忿窒欲、改過遷善爲主。嘗曰：「變化氣質，當學呂成公；刻意自責，當學吳聘君。」又曰：「談性命，則先儒之書已詳，不如歸諸實踐；博見聞，則將衰之年無及，不如返諸身心。」其讀商子云：「論至德者不和於俗，成大功者不謀於衆。聖人苟可以强國，不法其故；苟可以利民，不循其禮。」以爲此王介甫之先驅也。然鞅猶明於帝王霸之說，介甫乃以言利爲堯、舜、周公之道，又鞅之不如矣。其論楊時云：「龜山得伊洛之正傳，開道南之先聲，然爲人身後文，如溫州陳君、李子約、許德占、張進、孫龍圖諸墓誌，往往述及釋氏之學而贊之，曰安曰定曰靜，毋惑乎後之學者援儒入墨紛紛不已也。」超然性靜，家居杜門卻掃。久之，巡撫徐嗣曾請主鼇峯書院，倡明正學。閩之學者，以侯官李光地、寧化雷鋐爲最，超然輩行稍後，而讀書有識，不爲俗學所牽，則後先一揆也。居喪時，考士喪禮、荀子及宋司馬光、程子、朱子說，並宋近代諸儒言論，以正閩俗喪葬之失，著喪禮輯略二卷。傷不葬其親者惑形家言以速禍，取孟子「掩之誠是」之語，作誠是錄一卷。他著有焚香錄、覲復錄、晚聞錄。

汪紱，初名烜，字燦人，婺源人。諸生。少稟母教，八歲，四子書、五經悉成誦。家貧，父淹滯江寧，侍母疾累年，十日未嘗一飽。母歿，紱走詣父，勸之歸。父曰：「昔人言家徒四壁，吾壁亦屬人，若持吾安歸？」叱之去。紱乃之江西景德鎮，畫椀傭其間，然稱母喪，不御酒肉。後飄泊至閩中，爲童子師，及授學浦城，從者日進。聞父歿，一慟幾殆，即日奔喪，迎櫬歸。紱自二十後，務博覽，著書十餘萬言；三十後盡燒之。自是凡有述作，凝神直書。自六經下逮樂律、天文、地輿、陣法、術數，無不究暢，而一以宋五子之學爲歸。著有易經詮義十五卷、尙書詮義十二卷、詩經詮義十五卷、四書詮義十五卷、詩韻析六卷、春秋集傳十六卷、禮記章句十卷、或問四卷、參讀禮志疑二卷、樂經律呂通解五卷、樂經或問三卷、孝經章句一卷。其參讀禮志疑，多得經意，可與陸隴其書並存。紱之論學，謂：「學不可不知要，然所以得要，正須從學得多後，乃能揀擇出緊要處。」謂：「易理全在象數上乘載而來。」謂：「書厤象、禹貢、洪範，須著力去考，都是經濟。」謂：「詩只依字句吟詠，意謂自出。」謂：「看周禮須得周公之心，乃於宏大處見治體之大，於瑣屑處見法度之詳。」謂：「春秋非理明義精，殆未可學。」謂：「格物之格訓至，如書言格于上下、格于皇天，皆至到之義。上文致知字爲推致，則格物爲窮至物理甚明。」謂：「性與天道不可得聞，直是不可得聞。陸、王家因早聞性天而未嘗了悟，又果於自信，遺害後人也。」謂：「周子言一，言無欲；程子言主一，言無適，微有不同。周子所謂一者天也，所謂欲者人也，純乎天下不參以人，一者即無欲也。程子所謂一者事也，所謂適者心也，一其心於所事，而不强事以成心，無識之謂一也。」當時大興朱筠讀其書，稱其信乎以人任巳而頡頏古人。其後善化唐鑒亦稱其功夫體勘精密，由不欺以至誠明。紱初聘於江，比歸娶，江年二十八矣。江嘗語諸弟子曰：「吾歸汝師三十年，未嘗見一怒言、一怒色也。」乾隆二十四年，卒，年六十八。子思謙，增生，毀卒。同縣余元遴傳其學。元遴字秀書，諸生。著有庸言、詩經蒙說、畫脂集。

姚學塽，字晉堂，歸安人。性靜介，孩稚時見物不取。父兄坐庭上，久侍立，足不動。既長，讀書毅然以身學。父喪，骨毀，感動鄉里。嘉慶元年進士，以中書用。時和珅爲大學士，中書於大學士例執弟子禮，學塽恥之，遂歸。後四年，和珅伏誅，始入都任職。十三年，主貴州鄉試，歸途聞母憂，痛父母不得躬侍祿養，遂終身不以妻子自隨。服闋，至京，轉兵部主事，遷職方司郎中。妻張有婦德，畜一妾，請遺侍京寓，不許，乃歸妾父。妾方氏，十七，曰：「婦人從一者也，吾事有主矣。」竟不嫁。學塽居京師四十年，若旅人之阨者，僦僧寺中，霜華盈席，危坐不動。居喪時有氈帽一、布羔裘一，終身服之，藍褸不改，蓋所謂終身之喪者。初彭齡掌兵部，請學塽至堂上，躬起肅揖之，學塽亦不往謝。大學士百齡兼管兵部，屢詢司員姚某何在，欲學塽詣其宅一見之，終不往也。學塽六十生辰，同里姚文田貽酒二罌爲壽，固辭。文田曰：「他日以此相報，可乎？」乃受之。學塽之學，由狷入中行，以敬存誠，從嚴毅清苦中發爲光風霽月，闇然不求人知，未嘗向人講學。病篤，掔其友潘諸手曰君勉矣人生獨知之地鮮無愧者我生平竭蹶竟如此止君亦就衰盡所得爲俟年而已遂逝年六十有六諧字少白會稽人少卓犖好獨遊天下奇山水足迹踰數萬里與學塽友善日求寡過以無玷古人與長民者言言愛人與里老言耕鑿樹畜與士人言言孝弟忠信遇名下士則告以實行爲首務尤競競於義利之辨居惟一襆被日兩疏食食有餘則以給人之困者有數人賚金爲其母壽不可返乃各取少許其母知之怒曰汝見僧以如來像丐市者乎吾其爲像也乃謝而盡散之著有古文八卷詩五卷常語二卷

唐鑑字鏡海善化人父仲冕陝西布政使自有傳鑑嘉慶十四年進士改庶吉士十六年授檢討二十三年授浙江道監察御史坐論淮鹽引地一疏吏議鐫級以六部員外郎降補會宣宗登極詔中外大臣各舉所知諸城劉鐶之薦鑑出知廣西平樂府擢安徽寧池太廣道調江安糧道擢山西按察使遷貴州擢浙江布政使調江寧內召爲太常寺卿海疆事起嚴劾琦善耆英等直聲震天下鑑潛研性道宗尚洛閩諸賢著學案小識推陸隴其爲傳道之首以示宗旨時蒙古倭仁湘鄉曾國藩六安吳廷棟昆明竇垿何桂珍皆從鑑考問學業陋室危坐精思力踐年七十斯須必敬致仕南歸主講金陵書院文宗踐阼有詔召鑑赴闕入對十五次中外利弊無所不罄上以其力陳衰老不復强之服官令還江南矜式多士咸豐二年還湘卜居於寧鄉之善嶺山深衣疏食泊然自怡晚歲著讀易小識編次朱子全集別爲義例以發紫陽之蘊十一年卒年八十有四曾國藩爲上遺疏賜諡確愼著有朱子年譜考異省身日課畿輔水利備覽易反身錄讀禮小事記等書

吳嘉賓字子序南豐人道光十八年進士改庶吉士授編修既通籍尤究心當世利弊嘗條陳海疆事宜上嘉納焉二十七年緣事謫戍軍臺尋釋回咸豐初以督團兵援郡城功賞內閣中書同治三年於本邑三都墟口擊賊遇害奉旨賜䘏並建專祠嘉賓學宗陽明而治經字疏句釋以求據依非專言心學者其要歸在潛心獨悟力求自得尤長於禮成禮說二卷自序云小戴記四十九篇列於學宮其高者蓋七十子之微言下者乃諸博士所摭拾耳宋以來取大學中庸與論孟列爲四書世無異議則多聞擇善固有不必盡同者余獨以禮運內則樂記孔子閒居表記諸篇爲古之遺言備錄其文以資講肄其餘論說多者亦全錄之否則著吾說所以與鄭君別者以備異同焉易曰知崇禮卑又曰謙以制禮夫禮者自卑而尊人古之制禮者上也上之人能自卑天下誰敢不爲禮者先王之禮行於父子兄弟夫婦養生送死之間而謹於東西出入升降辭讓哭泣辟踊之節使人明乎吾之喜怒哀樂莫敢踰夫親疏貴賤長幼男女之分而其至約者則在於安定其志氣而已故曰禮樂不可斯須去身樂者動於內者也禮者動於外者也夫禮樂不外乎吾身之自動而奚以求諸千載而上不可究詰之名物象數也乎其大旨蓋如此他著有喪服會通說四卷周易說十四卷書說四卷詩文集十二卷與嘉賓同時而專力於學者有劉傳瑩傳瑩字椒雲漢陽人道光十九年舉人國子監學正始學考據雜載於書册之眉旁求秘本鉤校朱墨並下達旦不休其治輿地以尺紙圖一行省所隸之地壘圍界畫瞭若牛毛晨起指誦曰此某縣也於漢爲某縣此某府某州也於漢爲某郡國凡三四日而熟一紙易他行省亦如之久之疾作不良食飲自以所業者繁雜無當於心乃發憤歎曰凡吾之所爲學者何爲也哉舍孝弟取與之不講而旁騖瑣瑣不亦傎乎於是取濂洛以下切己之說以意時其離合而反復之嘗語曾國藩曰君子之學務本專而已吾於子敝精神於讐校費日力於文辭僥倖於身後不知誰何者之譽自今以往可一切能棄各敦內行沒齒無聞誓不復悔卒年三十一病中爲日記一編痛自繩檢遺令處分無憾國藩嘗稱其湛深而敦厚非其視不視非其聽不聽內志外體一準於法而所以擴充官骸之用又將推極知識博綜百氏以求竟乎其量世以爲知言朱子所編孟子要略自來志藝文者皆不著於錄傳瑩始於金仁山孟子集注考證內搜出之復還其舊

劉熙載字融齋興化人十歲喪父哭踊如禮道光二十四年進士改庶吉士授編修咸豐二年命直上書房與大學士倭仁以操尚相友重論學則有異同倭仁宗程朱熙載則兼取陸王以愼獨主敬爲宗而不喜學蔀通辨以下掊擊已甚之談文宗嘗問所養對以閉戶讀書御書性靜情逸四大字賜之以病乞假巡撫胡林翼特疏薦同治三年徵爲國子監司業遷詹事府左春坊左中允督學廣東作懲忿窒欲遷善改過四箴訓士謂士學聖賢當先從事於此所至蕭然如寒素未滿任乞歸襆被篋書而已熙載治經無漢宋門戶之見其論格物兼取鄭義論毛詩古韻不廢吳棫叶音讀爾雅釋詁至卬吾台予以爲四字能攝一切之音以推開齊合撮無不如矢貫的又論六書中較難知者莫如諧聲疊韻雙聲皆諧聲也許叔重時雖未有疊韻雙聲之名然河可疊韻也江工雙聲也孫炎以下切音下一字爲韻取疊韻上一字爲母取雙聲蓋開自許氏又作天元正負歌以明加減乘除相消開方諸法生平於六經子史及仙釋家言靡不通曉而一以躬行爲重嘗戒學者曰眞博必約眞約必博又曰才出於學器出於養又曰學必盡人道而已士人所處無論窮達當以正人心維世道爲己任不可自待菲薄平居嘗以志士不忘在溝壑遯世不見知而不悔二語自勵自少至老未嘗作一妄語表裏渾然夷險一節主講上海龍門書院十四年以正學教弟子有胡安定風著持志塾言二卷篤近切實足爲學者法程光緒七年卒年六十九又有藝概六卷四音定切四卷說文雙聲二卷說文疊韻二卷昨非集四卷

朱次琦字九江南海人道光二十七年進士分發山西攝襄陵縣事引疾歸次琦生平論學平實敦大嘗論漢之學鄭康成集之宋之學朱子集之朱子又即漢學而精之者也宋末以來殺身成仁之士遠軼前古皆朱子力也然而攻之者互起有明姚江之學以致良知爲宗則攻朱子以格物乾隆中葉至於今日天下之學以攷據爲宗則攻朱子以空疏一朱子也攻之者及矛盾烏乎古之言異學也畔之於道外而孔子之道隱今之言漢學宋學者咻之於道中而孔子之道歧果其修行讀書蘄之於古之實學無漢學無宋學也凡示生徒修行之實四曰敦行孝弟曰崇尚氣節曰變化氣質曰檢攝威儀讀書之實五曰經學曰史學曰掌故之學曰性理之學曰詞章之學一時咸推爲人倫師表云官襄陵時縣有平水與臨汾縣分溉田畝居民爭利搆獄數年不決次琦至博詢訟端則豪强壟斷居奇有有水無地者有有地無水者有地無水者向無買水劵予之地弗予之水有水無地者向有買水劵雖無地得以市利於是定以地隨糧以水隨地之制又會臨汾縣知縣躬親履畝兩邑田相若稅相直也迺定平水爲四十分縣各取其半復於境內設四綱維持之曰水則曰用人曰行水曰陡門實行水田三萬四百畝有奇邑人立碑頌之繫囚趙三不稜劇盜也越獄逃次琦未抵任先出重貲購知其所適亟假郡捕前半夕疾馳百二十里至曲沃郭南以俟盜聚方飲酒家役前持之忽樓上下百炬齊明則赫然襄陵縣鐙也乃伏地就縛比縣人迎新尹尹已尺組繫原賊入矣遠近以爲神每行縣所至拊循婣姁老稚迎笑有遮訴者索木椅在道與決能引服則已恒終日不笞一人其他頒讀書日程創保甲追社倉二萬石禁火葬罪同姓婚除狼患卓卓多異政在任百九十日民俗大化先是南方盜起北至揚州次琦猶在襄陵謂宜綢繆全晉聯絡關隴爲三難五易十可守八可征之策大吏不能用居家時稱說浦江鄭氏江州陳氏諸義門及朝廷捐產準旌之例由是宗人捐產贍族合金數萬次琦呈請立案爲變通范氏義莊章程設完課祀先養老勸學矜恤孤寡諸條刊石世守之同治元年與同邑徐台英奉旨起用次琦竟不出光緒七年賞五品卿銜逾數月卒著有國朝名臣言行錄五史實徵錄晉乘國朝逸民傳性學源流蒙古聞見等書疾革盡焚之僅存手輯朱氏傳芳集五卷撰定南海九江朱氏家譜十二卷大雅堂詩集一卷燔餘集一卷爨中集一卷

成孺原名蓉鏡字芙卿寶應人附生性至孝父歿三日哭氣絕而復屬者再授經養母歲歉饘䊩或弗繼母所御必精鑿事母垂六十年起居飲食之節有禮經所未嘗言而以積誠通之者早邃經學旁及象緯輿地聲韻字詁靡不貫徹於金石審定尤精確久之疑饋儒先諸書益有所得取紫陽日用自警詩以味眞腴顏其居自號曰心巢儒於漢宋兩家實事求是不爲門戶之見嘗曰爲己則治宋學眞儒也治漢學亦眞儒爲人則治漢學僞儒也治宋學亦僞儒又曰義理論語所謂識大是也考證識小是也莫不有聖人之道焉事父事君識大也多識鳥獸草木之名識小也皆詩教所不廢然不可無本末輕重之差湖南學政朱逌然延主校經堂釐立學程設博文約禮兩齋湘中士大夫爭自興於學著有禹貢班義述三卷据地志解禹貢於今古文之同異及鄭注與班偶殊者一一辨證即有不合亦不曲護其非尚書厤譜二卷以殷厤校殷周厤校周從違以經爲斷又攷太初厤卽三統爲太初厤譜一卷春秋日南至譜一卷又有切韻表五卷二百有六表分二呼而經以四等緯以三十六母審辨音聲不容出入晚年著述一以朱子爲宗所編我師錄困勉記必自錄庸德錄東山政教錄又有國朝學案備忘錄一卷國朝師儒論略一卷經義駢枝四卷五經算術二卷步算釋例六卷文錄九卷

邵懿辰字位西仁和人性峭直能文章以名節自厲於近儒尤慕方苞李光地之學道光十一年舉人授內閣中書久官京師因究悉朝章國故與曾國藩梅曾亮朱琦數輩遊處文益茂美折節造請高才秀士有不可面折之不爲朋黨志量恢在天下洊升刑部員外郎入直軍機處大學士琦善以妄殺熟番下獄發十九事爍之粵亂作賽尚阿出視師復上書次輔祁寯藻力言不可者七端

時承平久，京朝官率雍容養望，懿辰獨無媕阿之習，一切持古義相繩責，由是諸貴人憚之，思屛於外。會粵賊陷江甯，京師震動，乃命視山東河工，未行，復命偕少詹事王履謙巡防河口。咸豐四年，坐無効鐫職。既罷歸，則大潭思經籍，著尙書通義、禮經通論、孝經通論，頗採漢學考據家言，而要以大義爲歸。十年，賊陷杭州，以奉母先去，獲免。母卒，既葬，返杭州。賊再至，則麾妻子出，獨留與巡撫王有齡登陴固守。十一年，城陷，死之。時國藩督師江南，聞而歎曰：「嗟乎！賢者之處患難，親在則出避，親歿則死之，義之至衷者也。」乃迎致其妻子安慶。先是懿辰以協防杭州復原官，死事聞，贈道銜，祀本省昭忠祠。其所著書遭亂亡佚，長孫章輯錄之，爲半巖廬所著書，共三十餘卷。懿辰之友同里伊樂堯、秀水高均儒皆知名。均儒字伯平，廩貢生。性狷介，嚴取與之節。治三禮，主鄭氏，尤服膺宋儒。見文士蕩行檢者，則絕之如讐，人苦其難近。著續東軒集。樂堯字遇羲，咸豐元年舉人。學術宗尙與懿辰同。值寇亂，猶商證經義危城中。城破，同殉節死。

清史稿

儒林傳二

顧炎武　張爾岐 馬驌
萬斯大 兄斯選 子經 經兄言　胡渭 子彥昇 黃儀 顧祖禹
毛奇齡 陸邦烈　閻若璩 李鎧 吳玉搢
惠周惕 子士奇 孫棟 余蕭客　陳厚耀
臧琳 玄孫庸 禮堂　任啟運
全祖望 蔣學鏞 董秉純　沈彤 蔡德晉 盛世佐
江永 程瑤田　褚寅亮
盧文弨 顧廣圻　錢大昕 族子塘 坫
王鳴盛 金曰追 吳凌雲　戴震 金榜
段玉裁 鈕樹玉 徐承慶　孫志祖 翟灝 梁玉繩 履繩 汪家禧
劉台拱 朱彬　孔廣森
邵晉涵 周永年　王念孫 子引之 李惇 賈田祖 宋綿初
汪中 江德量 徐復 汪光爔　武億
莊述祖 莊綬甲 莊有可　戚學標 江有誥 陳熙晉 李誠
丁杰 周春　孫星衍 畢亨 李貽德
王聘珍　凌廷堪 洪榜 汪龍
桂馥 許瀚　江聲 孫沅
錢大昭 子東垣 繹 侗 朱駿聲

顧炎武，字甯人，原名絳，崑山人。明諸生。生而雙瞳，中白邊黑。讀書目十行下。見明季多故，講求經世之學。明南都亡，奉嗣母王氏避兵常熟。崑山令楊永言起義師，炎武及歸莊從之。魯王授爲兵部司務，事不克，幸而得脫。母遂不食卒，誡炎武弗事二姓。唐王以兵部職方郎召，母喪未赴，遂去家不返。炎武自負用世之略，不得一遂，所至輒小試之。墾田於山東長白山下，畜牧於山西雁門之北、五台之東，累致千金。徧歷關塞，四謁孝陵，六謁思陵，始卜居陝之華陰。謂「秦人慕經學，重處士，持淸議，實他邦所少；而華陰綰轂關河之口，雖足不出戶，亦能見天下之人，聞天下之事。一旦有警，入山守險，不過十里之遙；若有志四方，則一出關門，亦有建瓴之便」。乃定居焉。生平精力絕人，自少至老，無一刻離書。所至之地，以二騾二馬載書。過邊塞亭障，呼老兵卒詢曲折，有與平日所聞不合，即發書對勘；或平原大野，則於鞍上默誦諸經注疏。嘗與友人論學云：「百餘年來之爲學者，往往言心言性，而茫然不得其解也。命與仁，夫子所罕言；性與天道，子貢所未得聞。性命之理，著之易傳，未嘗數以語人。其答問士，則曰『行己有恥』；其爲學，則曰『好古敏求』；其告哀公，明善之功，先之以博學。顏子幾於聖人，猶曰『博我以文』。自曾子而下，篤實無如子夏，言仁則曰『博學而篤志，切問而近思』。今之君子則不然，聚賓客門人數十百人，與之言心言性，舍多學而識以求一貫之方，置四海之困窮不言，而講危微精一，是必其道高於夫子，而其弟子之賢於子貢也。孟子一書，言心言性亦諄諄矣，乃至萬章、公孫丑、陳代、陳臻、周霄、彭更之所問，與孟子之所答，常在乎出處去就辭受取與之間。是故性也，命也，天也，夫子之所罕言，而今之君子之所恆言也；出處去就辭受取與之辨，孔子、孟子之所恆言，而今之君子之所罕言也。愚所謂聖人之道者如之何？曰『博學於文』，曰『行己有恥』。自一身以至於天下國家，皆學之事也；自子臣弟友以至出入往來辭受取與之間，皆有恥之事也。士而不先言恥，則爲無本之人；非好古多聞，則爲空虛之學。以無本之人而講空虛之學，吾見其日從事於聖人而去之彌遠也。」炎武之學，大抵主於斂華就實。凡國家典制、郡邑掌故、天文儀象、河漕兵農之屬，莫不窮原究委，考正得失，撰天下郡國利病書百二十卷；別有肇域志一編，則考索之餘，合圖經而成者。精韻學，撰音論三卷。言古韻者，自明陳第，雖創闢榛蕪，猶未邃密。炎武乃推尋經傳，探討本原。又詩本音十卷，其書主陳第詩無協韻之說，不與吳棫本音爭，亦不用棫之例，但即本經之韻互考，且證以他書，明古音原作是讀，非由遷就，故曰本音。又易音三卷，卽周易以求古音，考證精確。又唐韻正二十卷，古音表二卷，韻補正一卷，皆能追復三代以來之音，分部正帙而知其變。又撰金石文字記、求古錄，與經史相證。而日知錄三十卷，尤爲精詣之書，蓋積三十餘年而後成。其論治綜覈名實，於禮教尤兢兢，謂風俗衰，廉恥之防潰，由無禮以權之，常欲以古制率天下。炎武又以杜預左傳集解時有闕失，作杜解補正三卷。其他著作，有二十一史年表、歷代帝王宅京記、亭林文集、詩集、營平二州地名記、昌平山水記、山東考古錄、京東考古錄、譎觚、菰中隨筆等書，並有補於學術世道。淸初稱學有根柢者，以炎武爲最，學者稱爲亭林先生。又廣交賢豪長者，虛懷商榷，不自滿假。作廣師篇云：「學究天人，確乎不拔，吾不如王寅旭；讀書爲己，探賾洞微，吾不如楊雪臣；獨精三禮，卓然經師，吾不如張稷若；蕭然物外，自得天機，吾不如傅靑主；堅力苦學，無師而成，吾不如李中孚；險阻備嘗，與時屈伸，吾不如路安卿；博聞強記，羣書之府，吾不如吳志伊；文章爾雅，宅心和厚，吾不如朱錫鬯；好學不倦，篤於朋友，吾不如王山史；精心六書，信而好古，吾不如張力臣。至於達而在位，其可稱述者亦多有之，然非布衣之所得議也。」康熙十七年，詔舉博學鴻儒科，又修明史，大臣爭薦之，以死自誓。二十一年，卒，年七十。無子。吳江潘耒敍其遺書行世。宣統元年，從祀文廟。

張爾岐，字稷若，濟陽人。明諸生。父行素，官石首縣丞，罹兵難，爾岐欲身殉，以母老止。順治七年，貢成均，亦不出。遯志好學，篤守程、朱之說。著天道論、中庸論，爲時所稱。又著學辨五篇：曰辨志，曰辨術，曰辨業，曰辨成，曰辨微。又著立命說，辨斥袁氏功過格立命說之非。年三十，覃思儀禮，以鄭康成注文古質，賈公彥釋義曼衍，學者不能尋其端緒，乃取經與注章分之，定其句讀；疏則節錄其要，取其明注而止；有疑義，則以意斷之，亦附於末；成儀禮鄭注句讀十七卷，附以監本正誤、石經正誤二卷。顧炎武游山東，讀而善之，曰：「炎武年過五十，乃知不學禮無以立。若儀禮鄭注句讀一書，根本先儒，立言簡當。以其人不求聞達，故無當世名，然書實可傳。使朱子見之，必不僅謝監獄之稱許矣。」爾岐又著周易說略八卷，詩說略五卷，蒿菴集三卷，蒿菴閒話二卷。所居敗屋不修，藝蔬果養母。集其弟四人講說三代古文，於母前愉愉如也。妻朱，婉娩執婦道，勸爾岐勿出，取蓼莪詩意，題其室曰蒿庵。遂教授鄉里，終其身。康熙十六年，卒，年六十六。乾隆中，按察使吳江陸燿建蒿菴書院以祀之，而顏其堂曰辨志。山東善治經者，爾岐同時有馬驌。

驌字宛斯，鄒平人。順治十六年進士，除淮安府推官。尋推官議裁，補靈壁縣知縣，蠲荒除弊，流亡復業。康熙十二年，卒於官，年五十四。士民奉祀名宦祠。驌於左氏融會貫通，著左傳事緯十二卷，附錄八卷，所論有條理，圖表亦考證精詳。驌又撰繹史一百六十卷，纂錄開闢至秦末之事，博引古籍，疏通辨證，非路史、皇王大紀所可及也，時人稱爲「馬三代」。四十四年，聖祖命大學士張玉書物色驌所著書，令人至鄒平購板入內府。

萬斯大，字充宗，鄞縣人。父泰，明崇禎丙子舉人，與陸符齊名，甯波文學風氣，泰實開之。以經史分授諸子，使從黃宗羲遊，各名一家。斯大治經，以爲非通諸經不能通一經，非悟傳注之失則不能通經，非以經釋經則亦無由悟傳注之失。其爲學尤精春秋、三禮。於春秋則有專傳論世、屬辭比事、原情定罪諸義例；於三禮則有論社、論禘、論祖宗、論明堂泰壇、論喪服諸義。其辨正商周改月改時、周詩周正及兄弟同昭穆，皆極確實。宗法十餘篇，亦頗見推衍。答應撝謙書，辨治朝無堂，尤爲精覈。根柢三禮以釋三傳，較宋元以後空談書法者殊。然其說經以新見長，亦以鑿見短，置其非，存其是，未始非一家之學。斯大性剛毅，慕義若渴。明臣張煌言死後，棄骨荒郊，斯大葬之南屛。父執陸符死無後，斯大爲葬其兩世六棺。所著有學春秋隨筆十卷，學禮質疑二卷，儀禮商三卷，禮記偶箋三卷，周官辨非二卷。康熙二十二年，卒，年六十。兄斯選，字公擇，學於黃宗羲。嘗謂學者須驗之躬行，方爲實學。於是切實體認，知意爲心之存主，非心之所發；理即在氣中，非理先氣後。涵養純粹。年六十，卒。宗羲哭之慟，曰：「甬上從遊能續蕺山之傳者，惟斯選一人，而今已矣！」斯大子經，字授一。黃宗羲移證人書院於鄞中，明劉宗周之學，經侍席末，與聞其教。及長，傳父叔及兄言之學，又學於應撝謙、閻若璩。康熙四十二年，成進士，選庶吉士，散館授編修。五十年，充山西鄉試副考官。五十三年，提督貴州學政。及還，以派修通州城工，罄其家。素工分隸，經乃賣所作字，得錢給朝夕。晚增補斯大禮記集解數萬言；春秋定、哀二公未畢，又續纂數萬言；又重修斯同列代紀年；又續纂兄言尙書說、明史舉要，皆先代末成之書乾隆初舉博學鴻詞科不就年八十二家遭大火遺書悉焚經終日涕洟自以爲負罪先人踰年卒著有分隸偶存二卷言字貞一斯選兄斯年子副榜貢生少隨諸父講社中號精博著有尙書說明史舉要嘗與修明史獨成崇禎長編故國輔相子弟多以賄求滅先人罪言悉拒之尤工古文同縣李鄴嗣嘗曰事古而信篤志不分吾不如充宗粹然有得造次儒者吾不如公擇學通古今無所不辨吾不如季野文章名世居然大家吾不如貞一吾邑有萬氏誠天下之望有管邨文集晚出爲五河知縣忤大吏論死子承勳狂走數千里哀金五千贖之歸時稱孝子承勳字開遠諸生以薦用爲磁州知州工詩有冰雪集

胡渭初名渭生字朏明德淸人渭年十二而孤母沈攜之避亂山谷間十五爲縣學生入太學篤志經義尤精輿地之學嘗館大學士馮溥邸尙書徐乾學奉詔修一統志開局洞庭山延常熟黃儀顧祖禹太原閻若璩及渭分纂渭著禹貢錐指二十卷圖四十七篇謂漢唐二孔氏宋蔡氏於地理多疏舛如三江當主鄭康成說禹貢達於河河當從說文作菏滎波旣豬當從鄭康成作播梁州黑水與導川之黑水不可溷爲一乃博稽載籍考其同異而折衷之山川形勢郡國分合道里遠近夷險一一討論詳明又漢唐以來河道遷徙爲民生國計所繫故於導河一章備考決溢改流之跡留心經濟異於迂儒不通時務間有千慮一失則不屑闕疑之過又撰易圖明辨十卷專爲辨定圖書而作初陳摶推闡易理衍爲諸圖其圖本準易而生故以卦爻反覆研求無不符合傳者務神其說遂歸其圖於伏羲謂易反由圖而作又因繫辭河圖洛書之文取大衍算數作五十五點之圖以當河圖取乾鑿度太乙行九宮法造四十五點之圖以當洛書其陰陽奇偶亦一一與易相應傳者益神其說又眞以爲龍馬神龜之所負謂伏羲由此而有先天之圖實則唐以前書絕無一字符驗而突出於北宋之初由邵子以及朱子亦但取其數之巧合而未究暇其太古以來從誰授受故易學啟蒙易本義前九圖皆沿其說同時袁樞薛季宣皆有異論然宋史儒林傳易學啟蒙朱子本屬蔡元定創藁非朱子自撰晦菴大全集載答劉君房書曰啟蒙本欲學者且就大傳所言卦畫蓍數推尋不須過爲浮說而自今觀之如河圖洛書亦不免尙有賸語至於本義卷首九圖爲門人所依附朱子當日未嘗堅立其說元陳應潤作爻變義緼始指諸圖爲道家假借吳澄歸有光諸人亦相繼排擊毛奇齡黃宗羲爭之尤力然皆各據所見抵其罅隙尙未能窮溯本末一一抉所自來渭則於河圖洛書五行九宮參同先天太極龍圖易數鉤隱圖啓蒙圖書先天後天卦變象數流弊皆引據舊文互相參證以箝依托之口使學者知圖書之說乃修鍊術數二家旁分易學之支流非作易之根柢視禹貢錐指尤爲有功經學又撰洪範正論五卷謂漢人專取災祥推衍五行穿鑿附會事同讖緯亂彝倫攸敘之經其害一洛書本文具在洪範非龜文宋儒創爲黑白之點方員之體九十之位變書爲圖以至九數十數劉牧蔡季通紛紜更定其害二洪範元無錯簡王柏胡一中等任意改竄其害三渭又撰大學翼眞七卷大旨以朱子爲主僅謂格致一章不必補傳力闢王學改本之誤所見切實視泛爲性命理氣之談者勝之遠矣渭經術湛深學有根柢故所論一軌於正漢儒傳會之談宋儒變亂之論掃而除焉康熙四十三年聖祖南巡渭以禹貢錐指獻行在聖祖嘉獎御書耆年篤學四大字賜之儒者咸以爲榮五十三年卒年八十有二渭子彥昇字國賢雍正八年進士刑部主事改山東定陶縣知縣著春秋說四書近是叢書要錄又於樂律尤有心得著樂律表微八卷渭同郡葉佩蓀字丹穎歸安人亦治古易不言圖書著易守四十卷於易中三聖人所未言者不加一字故曰守

毛奇齡字大可又名甡蕭山人四歲母口授大學即成誦總角陳子龍爲推官奇愛之遂補諸生明亡哭於學宮三日山賊起竄身城南山築土室讀書其中順治三年明保定伯毛有倫以寧波兵至西陵奇齡入其軍中是時馬士英方國安與有倫犄角奇齡曰方馬國賊也明公爲東南建義旗何可與二賊共事國安聞之大恨欲殺之奇齡遂脫去後怨家屢陷之乃變姓名爲王士方亡命浪游及事解以原名入國學康熙十八年薦舉博學鴻儒科試列二等授翰林院檢討充明史纂修官二十四年充會試同考官尋假歸得痺疾遂不復出初著毛詩續傳三十八卷旣以避讎流寓江淮間失其藁乃就所記憶著國風省篇詩札毛詩寫官記復在江西參議道施閏章所與湖廣楊洪才說詩作白鷺洲主客說詩一卷明嘉靖中鄞人豐坊僞造子貢詩傳申培詩說行世奇齡作詩傳詩說駁議五卷引證諸書多所糾正洎通籍進所著古今通韻十二卷聖祖善之詔付史館歸田後僦居杭州著仲氏易一日著一卦凡六十四日而書成託於其兄錫齡之緒言故曰仲氏又著推易始末四卷春秋占筮書三卷易小帖五卷易韻四卷河圖洛書原舛編一卷太極圖說遺議一卷其言易發明荀虞干侯諸家旁及卦變卦綜之法奇齡分校會闈時閱春秋房卷心非胡倫之偏有意撰述至是乃就經文起義著春秋毛氏傳三十六卷春秋簡書刊誤二卷春秋屬辭比事記四卷條例明晰考據精核又欲全著禮經以衰病不能乃次第著昏喪祭禮宗法廟制及郊社禘祫明堂學校諸問答多發先儒所未及至於論語大學中庸孟子各有考證而大學證文及孝經問授據古今辨後儒改經之非持論甚正奇齡淹貫羣書所自負者在經學然好爲駁辨他人所已言者必力反其詞古文尙書自宋吳棫後多疑其僞及閻若璩作疏證奇齡力辨爲眞遂作古文尙書冤詞又刪舊所作尙書廣聽錄爲五卷以求勝於若璩而周禮儀禮奇齡又以爲戰國之書所作經問指名攻駁者惟顧炎武閻若璩胡渭三人以三人博學重望足以攻擊而餘子以下不足齒錄其傲睨如此素曉音律家有明代宗藩所傳唐樂笛色譜直史館據以作竟山樂錄四卷及在籍聞聖祖論樂諭羣臣以徑一圍三隔八相生之法因推闡考證撰聖諭樂本解說二卷皇言定聲錄八卷三十八年聖祖南巡奇齡迎駕於嘉興以樂本解說二卷進溫諭獎勞聖祖三巡至浙奇齡復詣行在賜御書一幅五十二年卒於家年九十一門人蔣樞編輯遺集分經集文集二部經集自仲氏易以下凡五十種文集合詩賦序記及他雜著凡二百三十四卷四庫全書收奇齡所著書目多至四十餘部奇齡辨正圖書排擊異學尤有功於經義弟子李塨陸邦烈盛唐王錫章大來邵廷寀等著錄者甚衆李塨廷寀自有傳邦烈字又超平湖人嘗取奇齡經說所載裒爲聖門釋非錄五卷謂聖問口語未可盡非云

閻若璩字百詩太原人世業鹽筴僑寓淮安父修齡以詩名家若璩幼多病讀書闇記不出聲年十五以商籍補山陽縣學生員研究經史深造自得嘗集陶宏景皇甫謐語題其柱云一物不知以爲深恥遭人而問少有暇日其立志如此海內名流過淮必主其家年二十讀尙書至古文二十五篇即疑其僞沈潛三十餘年乃盡得其癥結所在作古文尙書疏證八卷引經據古一一陳其矛盾之故古文之僞大明所列一百二十八條毛奇齡尙書古文冤詞百計相軋終不能以强辭奪正理則有據之言先立於不可敗也康熙元年遊京師旋改歸太原故籍補廩膳生十八年應博學鴻儒科試報罷崑山顧炎武以所撰日知錄相質即爲改定數條炎武虛心從之編修汪琬著五服考異若璩糾其謬尙書徐乾學歎服及乾學奉敕修一統志開局洞庭山若璩與其事若璩於地理尤精審山川形勢州郡沿革瞭如指掌撰四書釋地五卷及於人名物類訓詁典制事必求其根柢言必求其依據旁叅互證多所貫通又據孟子七篇叅以史記諸書作孟子生卒年月考一卷又著潛邱劄記六卷毛朱詩說一卷手校困學紀聞二十卷因浚儀之舊而駁正箋說推廣之又有日知錄補正喪服異注宋劉攽李燾馬端臨王應麟四家逸事博湖掌錄諸書世宗在潛邸聞其名延入邸中索觀所著書每進一篇必稱善疾革請移就城外以大牀爲輿上施靑紗帳二十人舁之出安穩如牀簀康熙四十三年卒年六十九世宗遣使經紀其喪親製詩四章復爲文祭之有云讀書等身一字無假孔思周情旨深言大僉謂非若璩不能當也子詠康熙四十八年進士官中書舍人亦能文同時山陽學者有李鎧吳玉搢鎧字公凱順治十八年進士補奉天蓋平縣知縣康熙十八年薦應博學鴻儒科試授翰林院編修與修明史洊官內閣學士所著有讀書雜述史斷王士禎稱爲有本之學玉搢字藉五官鳳陽府訓導著山陽志遺金石存說文引經考六書述部敘考又著別雅五卷辨六書之假借深爲有功非俗儒剽竊所能彷彿也

惠周惕字元龍原名恕吳縣人父有聲以九經教授鄉里與徐枋善周惕少從枋遊又嘗受業于汪琬康熙十八年舉博學鴻儒科丁憂不與試三十年成進士選翰林院庶吉士散館改密雲縣知縣有善政卒於官周惕邃於經學爲文章有槼度著有易傳春秋三禮問及硯谿詩文集其詩說二卷謂大小雅以音別不以政別謂正雅變雅美刺錯陳不必分六月以上爲正六月以下爲變文王以下爲正民勞以下爲變謂二南二十六篇皆房中之樂不必泥其所指何人謂天子諸侯均得有頌魯頌非僭其言並有依據淸二百餘年談漢儒之學者必以東吳惠氏爲首惠氏三世傳經周惕其創始者也子士奇字天牧康熙五十年進士選翰林院庶吉士授編修兩充會試同考官聖祖嘗問廷臣誰工作賦內閣學士蔣廷錫以王頊齡湯右曾及士奇三人對五十七年孝惠章皇后升祔禮成特命祭告炎帝陵舜陵故事祭告使臣學士以上乃得開列士奇以編修與異數也五十九年充湖廣鄉試正考官尋提督廣東學政以經學倡多士三年之後通經者多又謂校官古博士也校官無博士之才弟子何所效法訪得海陽進士翁廷資即具疏題補韶州府教授部議格不行聖祖曰惠士奇所舉諒非徇私著如所請後不爲例雍正初復命留任召還入對不稱旨罰

修鎭江城以產盡停工削籍乾隆元年復起爲侍讀免欠修城銀令纂修三禮越四年告歸卒於家士奇盛年兼治經史晚尤邃於經學撰易說六卷禮說十四卷春秋說十五卷於易雜釋卦爻以象爲主力矯王弼以來空疏說經之弊於禮疏通古音古字俱使無疑似復援引諸子百家之文或以證明周制或以叅考鄭氏所引之漢制以遞觀周制而各闡其制作之深意於春秋事實據左氏論斷多采公穀大致出於宋張大亨春秋五禮例宗沈棐春秋比事而典核過之大學說一卷晚出親民不讀新民論格物不外本末終始先後即絜矩之不外上下前後左右亦能根極理要又著交食舉隅三卷琴笛理數考四卷子七人棟最知名棟字定宇元和學生員自幼篤志向學家多藏書日夜講誦於經史諸子稗官野乘及七經毖緯之學靡不津逮小學本爾雅六書本說文餘及急就章經典釋文漢魏碑碣自玉篇廣韻而下勿論也乾隆十五年詔舉經明行修之士陝甘總督尹繼善兩江總督黃廷桂交章論薦會大學士九卿索所著書未及呈進罷歸棟於諸經熟洽貫串謂詁訓古字古音非經師不能辨作九經古義二十二卷尤邃於易其撰易漢學八卷掇拾孟喜虞翻荀爽緒論以見大凡其末篇附以己意發明漢易之理以辨正河圖洛書先天太極之學易例二卷乃鎔鑄舊說以發明易之本例實爲棟論易諸家發凡其撰周易述二十三卷以荀爽虞翻爲主而叅以鄭康成宋咸干寶之說約其旨爲注演其說爲疏書垂成而疾革遂闕革至未濟十五卦及序卦雜卦兩傳雖爲未善之書然漢學之絕者千有五百餘年至是而粲然復明撰明堂大道錄八卷禘說二卷謂禘行於明堂明堂法本於易古文尚書考二卷辨鄭康成所傳之二十四篇爲孔壁眞古文東晉晚出之二十五篇爲僞又撰後漢書補注二十四卷王士禎精華錄訓纂二十四卷九曜齋筆記松崖文鈔諸書嘉定錢大昕嘗論宋元以來說經之書盈屋充棟高者蔑古訓以誇心得下者勦人言以爲己有獨惠氏世守古學而棟所得尤精擬諸前儒當在何休服虔之間馬融趙岐輩不及也卒年六十二其弟子知名者余蕭客江聲最爲純實蕭客字古農長洲人撰古經解鉤沈三十卷凡唐以前舊說自諸家經解所引旁及史傳類書片語單詞悉著於錄清代經學昌明著述之家爭及於古蕭客是書其一也蕭客又撰文選紀聞三十卷文選音義八卷聲自有傳

陳厚耀字泗源泰州人康熙四十五年進士官蘇州府教授大學士李光地薦其通天文算法引見改內閣中書上命試以算法繪三角形令求中綫及弧背尺寸厚耀具劄以進旨如式授翰林院編修入直內廷厚耀學問淵博直內廷後兼通幾何算法於是其學益進遷國子監司業轉左春坊左諭德以老乞致仕卒於家厚耀以天算之法治春秋嘗補杜預長厤爲春秋長厤十卷其凡有四一曰厤證備引漢書續漢書晉書隋書唐書宋史元史左傳注疏春秋屬辭天元厤理諸說以證推步之異其引春秋屬辭載杜預論日月差謬一條爲注疏所無又引大衍厤義春秋厤考一條亦唐志所未錄二曰古厤以古法十九年爲一章一章之首推合周厤正月朔日冬至前列算法後以春秋十二公紀年橫列爲四章縱列十二公積而成表以求厤元三曰厤編舉春秋二百四十二年推其朔閏及月之大小而以經傳干支爲證佐述杜預之說而考辨之四曰厤存古厤推隱公元年正月庚戌朔杜氏長厤則爲辛巳朔乃古厤所推上年十二月朔謂元年以前失一閏蓋以經傳干支排次知之厚耀則謂如預之說元年至七年中書日者雖多不失而與二年八月之庚辰四年二月之戊申又不能合且隱公三年二月己巳朔日食桓公三年七月壬辰朔日食亦皆失之蓋隱公元年以前非失一閏乃多一閏因定隱公元年正月爲庚辰朔較長厤退兩月推至僖公五年止以下朔閏一一與杜厤相符故不復續推焉又撰春秋戰國異辭五十四卷通表二卷摭遺一卷春秋世族譜一卷鄒平馬驌爲繹史兼采三傳國語國策厚耀則皆摭於五書之外獨爲其難氏族一書與顧棟高大事表互證春秋氏族之學幾乎備矣厚耀又著禮記分類十七史正譌諸書今不傳

臧琳字玉林武進人諸生治經以漢注唐疏爲主教人先以爾雅說文曰不解字何以讀書不通訓詁何以明經鍵戶著述世無知者有尚書集解百二十卷經義雜記三十卷閻若璩稱其深明兩漢之學錢大昕校定其書云實事求是別白精審而未嘗輕詆前哲斯眞務實而不近名者元孫庸本名鏞堂字在東與弟禮堂俱事錢塘盧文弨沈默樸厚學術精審續其高祖將絕之學僎經義雜記爲拜經日記八卷高郵王念孫亟稱之其敍孟子年譜辨齊宣王湣王之譌閩縣陳壽祺歎爲絕識又著拜經文集四卷月令雜說一卷樂記二十三篇注一卷孝經考異一卷子夏易傳一卷詩考異四卷韓詩遺說二卷訂譌一卷校鄭康成易注二卷其輯子夏易傳辨此傳爲漢韓嬰作非卜子夏其詩考異大旨如王伯厚但逐條必自考輯不依循王本庸初因寶應劉台拱獲交儀徵阮元其後館元署中爲多元寫其書爲副本以原本還其家嘉慶十六年卒年四十五禮堂字和貴事親孝父繼宏久瘺冬月畏火禮堂潛以身溫被居喪如禮笑不見齒母遘危疾刲股合藥私禱於神減齒以延親壽娶婦胡初婚夕教以孝弟長言令熟聽乃合巹一家感而化之尤精小學善讐校爲四方賢士所貴師事錢大昕業益進好許氏說文解字爲說文經考十三卷慕古孝子孝女孝婦事作孝傳百數十卷尚書集解案六卷三禮注校字六卷春秋注疏校正六卷卒年三十

任啓運字翼聖宜興人少讀孟子至卒章輒哽咽大懼道統無傳家貧無藏書從人借閱夜乏膏火持書就月至移牆不輟事父母以孝聞年五十四舉於鄉雍正十一年計偕至都會世宗問有精通性理之學者尚書張照以啓運名上特詔廷試以太極圖何物對進呈御覽得旨嘉獎會成進士遂於臚唱前一日引見特授翰林院檢討在阿哥房行走上嘗問以朝聞夕死之旨啓運對以生死一理未知生焉知死上曰此是賢人分上事未到聖人地位從此作去久自知之逾年抱疾賜藥賜醫越月謝恩特諭繞廊而進面稱知汝非堯舜不敢以陳於王前務令自愛令侍臣扶掖以出且遙望之高宗登基仍命在書房行走署日講起居注官尋擢中允四年遷侍講晉侍講學士七年擢都察院左僉都御史八年充三禮館副總裁官尋升宗人府府丞九年卒於賜第年七十五賜帑金治喪具賜祭葬啓運學宗朱子嘗謂諸經已有子朱子傳獨未及禮經乃著肆獻祼饋食禮三卷以儀禮特牲少牢饋食禮皆士禮因據三禮及他傳記之有關王禮者推之不得於經則求諸注疏以補之凡五篇一曰祭統二曰吉蠲三曰朝踐四曰正祭五曰繹祭其名則取周禮以肆獻祼享先王以饋食享先王之文較之黃榦所續祭禮更爲精密又宮室考十三卷於李如圭釋宮之外別爲類次曰門曰觀曰朝曰廟曰寢曰塾曰宁曰等威曰名物曰門大小廣狹曰明堂曰方明曰辟雍考據頗爲精核儀禮一經久成絕學啓運研究鑽貫使條理秩然不愧窮經之目又禮記章句十卷以大學中庸朱子既成章句則曲禮以下四十七篇皆可釐爲章句但所傳篇次序列紛錯爰倣鄭康成序儀禮例更其前後併爲四十二篇其有關倫紀之大而爲秦漢元明輕變易者則衆著其說以俟後之論禮者酌取外有周易洗心九卷四書約指十九卷孝經章句十卷夏小正注竹書紀年考逸書補孟子時事考清芬樓文集等書其周易洗心則年六十時作觀象玩辭時闡精理啓運研窮刻苦既受特達之知感恩報稱年七十二猶書自責語曰孔曾思孟實惟汝師日面命汝汝頑不知痛自懲責泝泗漣洏嗚呼老矣瞑目爲期及總裁三禮館喜甚因盡發中秘所儲平心參訂目營手寫漏常二十刻不輟論必本天道酌人情務求合朱子遺意而心神煎耗竟以是終十四年詔舉經學上諭有任啓運研窮經術敦樸可嘉之語三十七年命中外蒐集古今羣書高宗諭曰歷代名臣洎本朝士林夙望向有詩文專集及近時沈潛經史原本風雅如顧棟高陳祖范任啓運沈德潛輩亦各著成編並非勦說卮言可比均應概行查明在坊肆者或量爲給價家藏者或官爲裝印至有未經鐫刊祇係鈔本存留者不妨鈔錄副本仍將原本給還庶幾副在石渠用儲乙覽於是上啓運所著書四種入四庫中

全祖望字紹衣鄞縣人十六歲能爲古文討論經史證明掌故補諸生雍正七年督學王蘭生選以充貢入京師旋舉順天鄉試戶部侍郎李紱見其文曰此深甯東發後一人也乾隆元年薦舉博學鴻詞是春會試先成進士選翰林院庶吉士不再與試時張廷玉當國與李紱不相能並惡祖望祖望又不往見二年散館寘之最下等歸班以知縣用遂不復出方詞科諸人未集紱以問祖望祖望爲記四十餘人各列所長性伉直既歸貧且病饔飧不給人有所餽弗受主蕺山端谿書院講席爲士林仰重二十年卒於家年五十有一祖望爲學淵博無涯涘於書無不貫串在翰林與紱共借永樂大典讀之每日各盡二十卷時開明史館復爲書六通移之先論藝文次論表次論忠義隱逸兩列傳皆以其言爲例生平服膺黃宗羲宗羲表章明季忠節諸人祖望益廣修枌社掌故桑海遺聞以益之詳盡而核實可當續史宗羲宋元學案甫創草藁祖望博采諸書爲之補輯編成百卷又七校水經注三箋困學紀聞皆足見其汲古之深又答弟子董秉純張炳蔣學鏞盧鎬等所問經史疑義錄爲經史問答十卷儀徵阮元嘗謂經學史才詞科三者得一足傳而祖望兼之其經史問答實足以繼古賢啓後學與顧炎武日知錄相埒晚年定文藁刪其十七爲鮚埼亭文集五十卷弟子同縣蔣學鏞字聲始乾隆三十六年舉人從祖望得聞黃萬學派學鏞尤得史學之傳董秉純字小鈍乾隆十八年拔貢補廣西那地州州判升秦安縣知縣全祖望文內外集均秉純一手編定

沈彤字果堂吳江人自少力學以窮經爲事貫串前人之異同折衷至當乾隆

元年薦舉博學鴻詞報罷與修三禮及一統志書成授九品官以親老歸彤淹通三禮以歐陽修有周禮官多田少祿且不給之疑後人多沿其說即有辨者不過以攝官爲詞乃詳究周制撰周官祿田考以辨正歐說分官爵數公田數祿田數三篇積算至爲精密其說自鄭注賈疏以後可云特出又撰儀禮小疏一卷取士冠禮士昏禮公食大夫禮喪服士喪禮爲之疏箋足訂舊義之譌其果堂集十二卷多訂正經學之文若周官頒田異同說五溝異同說井田軍賦說釋周官地征等篇皆援據典核又撰春秋左氏傳小疏尚書小疏氣穴考略內經本論形性至孝親歿三年中不茹葷不內寢居恒每講求經世之務所著保甲論其後吳德旋見之稱爲最善云卒年六十五蔡德晉字仁錫無錫人雍正四年舉人乾隆二年禮部尚書楊名時薦德晉經明行修授國子監學正遷工部司務德晉嘗謂橫渠以禮教人最得孔門博約之旨故其律身甚嚴其論三禮多前人所未發著禮經本義十七卷禮傳本義二十卷通禮五十卷盛世佐字庸三秀水人官貴州龍里知縣撰儀禮集編四十卷集衆解而研辨之持論謹嚴又楊復儀禮圖久行於世然其說本注疏而時有並注疏之意失之者一一是正至於諸家謬誤辨之尤詳焉

江永字愼修婺源人爲諸生數十年博通古今專心十三經注疏而於三禮功尤深以朱子晚年治禮爲儀禮經傳通解書未就黃氏楊氏相繼纂續亦非完書乃廣摭博討大綱細目一從吉凶軍嘉賓五禮舊次題曰禮經綱目凡八十八卷引據諸書釐正發明實足終朱子未竟之緒嘗一至京師桐城方苞荊谿吳紱質以禮經疑義皆大折服讀書好深思長於比勘明推步鍾律聲韻歲實消長前人多論之者梅文鼎略舉授時而亦疑之永爲之說當以恒氣爲率隨其時之高衝以算定氣而歲實消長勿論其說至爲精當其論黃鍾之宮據管子呂氏春秋以正淮南子其論古韻平上去三聲皆當爲十三部入聲當爲八部而三代以上之音始有條不紊晚年讀書有得隨筆撰記謂周易以反對爲次序卦變當於反對取之否反爲泰泰反爲否故小往大來大往小來是其例也凡曰來曰下曰反自反卦之外卦來居內卦也曰往曰上曰進曰升自反卦之內卦往居外卦也又謂兵農之分春秋時已然不起於秦漢證以管子左傳兵常近國都野處之農固不隸於師旅也其於經傳稽考精審多類此所著有周禮疑義舉要七卷禮記訓義擇言六卷深衣考誤一卷律呂闡微十卷律呂新論二卷春秋地理考實四卷鄉黨圖考十一卷讀書隨筆十二卷古韻標準四卷四聲切韻表四卷音學辨微一卷河洛精蘊九卷推步法解五卷七政衍金水二星發微冬至權度恒氣注厤辨歲實消長辨厤學補論中西合法擬草各一卷近思錄集注十四卷考訂朱子世家一卷乾隆二十七年卒年八十二弟子甚衆而戴震程瑤田金榜尤得其傳震榜自有傳瑤田字易疇歙人讀書好深沈之思學於江氏乾隆三十五年舉人選授太倉州學正以身率教廉潔自持告歸之日錢大昕王鳴盛皆贈詩推重至與平湖陸隴其並稱嘉慶元年舉孝廉方正同時舉者推錢大昭江聲陳鱣三人阮元獨謂瑤田足以冠之平生著述長於旁搜曲證不屑依傍傳注所著曰喪服足徵記宗法小記溝洫疆里小記禹貢三江考九穀考磬折古義水地小記解字小記聲律小記考工創物小記釋草釋蟲小記年老目盲猶口授孫輩成琴音記東原戴氏自謂尙遜其精密

褚寅亮字搢升長洲人乾隆十六年召試舉人內閣中書官至刑部員外郎寅亮少以博雅名心思精銳於史書魯魚一見便能訂其誤謬中年覃精經術一以注疏爲歸從事禮經幾三十年墨守家法專主鄭學鄭氏周禮禮記注妄庸人羣起嗤點之獨儀禮爲孤學能發揮者固絕無而謬加指摘者亦尙少惟敖繼公集說多巧竄經文陰就己說後儒苦經注難讀喜其平易無疵之者萬斯大沈彤於鄭注亦多所糾駁至張爾岐馬驌但粗爲演繹其於敖氏之似是而非均未能正其失也寅亮著儀禮管見三卷於敖氏洞見其癥結驅豁其霿霧時公羊何氏學久無循習者所謂五始三科九旨七等六輔二類之義不傳於世惟武進莊存與默會其解而寅亮能闡發之撰公羊釋例三十篇謂三傳惟公羊爲漢學孔子作春秋本爲後王制作嘗議公羊者實違經旨又因何邵公言禮有殷制有時王之制與周禮不同作周禮公羊異義二卷世稱爲絕業又長於算術著句股廣問三卷校正三統術衍刊本誤字甚多其中月相求六扐之數句六扐當作七扐推閏餘所在加十得一句加十當作加七皆寅亮說也著有十三經筆記十卷諸史筆記八卷諸子筆記二卷名家文集筆記七卷藏於家四十六年以病告歸主常州龍城書院八年五十五年卒年七十六

盧文弨字召弓餘姚人父存心乾隆初舉博學鴻詞科文弨乾隆十七年一甲進士授翰林院編修上書房行走歷官左春坊左中允翰林院侍讀學士三十年充廣東鄉試正考官三十一年提督湖南學政以條陳學政事宜部議降三級用三十三年乞養歸文弨孝謹篤厚潛心漢學與戴震段玉裁友善好校書所校逸周書孟子音義荀子呂氏春秋賈誼新書韓詩外傳春秋繁露方言白虎通獨斷經典釋文諸善本鏤板惠學者又苦鏤板難多則合經史子集三十八種而名之曰羣書拾補所自著書有抱經堂集三十四卷儀禮注疏詳校十七卷鍾山劄記四卷龍城劄記三卷廣雅釋天以下注二卷皆使學者諟正積非蓄疑渙釋其言曰唐人之爲義疏也本單行不與經注合單行經注唐以後尙多善本自宋後附疏於經注而所附之經注非必孔賈諸人所據之本也則兩相齟齬矣南宋後又附經典釋文於注疏間而陸氏所據之經注又非孔賈諸人所據也則齟齬更多矣淺人必比而同之則彼此互改多失其眞幸有改之不盡以滋其齟齬啟人考核者故注疏釋文合刻似便而非古法也其特識多類此文弨歷主江浙各書院講席以經術導士江浙士子多信從之學術爲之一變六十年卒年七十九文弨校書參合各本擇善而從頗引他書改本書而不專主一說故嚴元照詆其儀禮詳校顧廣圻譏其釋文考證後黃丕烈影宋刻書各本同異另編於後兩家各有宗旨亦互相補苴云顧廣圻字千里元和人諸生吳中自惠氏父子後江聲繼之後進翕然多好古窮經之士廣圻讀惠氏書盡通其義論經學云漢人治經最重師法古文今文其說各異若混而一之則轇轕不勝矣論小學云說文一書不過爲六書發凡原非字義盡於此廣圻天質過人經史訓詁天算輿地靡不貫通至於目錄之學尤爲專門時人方之王仲寶阮孝緒兼工校讎同時孫星衍張敦仁黃丕烈胡克家延校宋本說文禮記儀禮國語國策文選諸書皆爲之札記考定文字有益後學乾嘉間以校讎名家文弨及廣圻爲最著云又時爲漢學者多譏宋儒廣圻獨取先儒語錄擷其切近者爲遜翁苦口一卷以教學者著有思適齋文集十八卷道光十九年卒年七十

錢大昕字曉徵嘉定人乾隆十六年召試舉人授內閣中書十九年進士選翰林院庶吉士散館授編修大考二等一名擢右春坊右贊善累充山東鄉試湖南鄉試正考官浙江鄉試副考官大考一等三名擢翰林院侍講學士三十二年乞假歸三十四年補原官入直上書房遷詹事府少詹事充河南鄉試正考官尋提督廣東學政四十年丁父艱服闋又丁母艱病不復出嘉慶九年卒年七十七大昕幼慧善讀書時元和惠棟吳江沈彤以經術稱其學求之十三經注疏又求之唐以前子史小學大昕推而廣之錯綜貫串發古人所未發任中書時與吳烺褚寅亮同習梅氏算術及入翰林禮部尚書何國宗世業天文年已老聞其善算先往見之曰今同館諸公談此道者鮮矣大昕於中西兩法剖析無遺用以觀史自太初三統四分中至大衍下迄授時朔望薄蝕淩犯進退抉摘無遺漢三統術爲七十餘家之權輿訛文奧義無能正之者大昕衍之據班志以闡劉歆之說裁志文之訛二千年已絕之學昭然若發蒙大昕又謂古法歲陰與太歲不同淮南天文訓攝提以下十二名皆謂歲陰所在史記太初元年年名焉逢攝提格者歲陰非太歲也東漢後不用歲陰紀年又不知太歲超辰之法乃以太初元年爲丁丑歲則與史漢之文皆悖矣又謂尙書緯四遊升降之說即西法日躔最高卑之說宋楊忠輔統天術以距差乘躔差減氣汎積爲定積梅文鼎謂郭守敬加減歲餘法出於此但統天求汎積必先減氣差十九日有奇與郭又異文鼎不能言大昕推之同凡步氣朔必以甲子日起算今統天上元冬至乃戊子日不值甲子依授時法當加氣應二十四日有奇乃得從甲子起今減去氣差是以上元冬至後甲子日起算也既如此當減氣應三十五日有奇今減十九日有奇者去躔差之數不算也求天正經朔又減閏差者經朔當從合朔起算今推得統天上元冬至後第一朔乃乙丑戌初二刻弱故必減閏差而後以朔實除之即授時之朔應也大昕始以辭章名沈德潛吳中七子詩選大昕居一既乃研精經史於經義之聚訟難決者皆能剖析源流文字音韻訓詁天算地理氏族金石以及古人爵里事實年齒瞭如指掌古人賢姦是非疑似難明者典章制度昔人不能明斷者皆有確見惟不喜二氏書嘗曰立德立功立言吾儒之不朽也先儒言釋氏近於墨予以爲釋氏亦終於楊氏爲己而已彼棄父母而學道是視己重於父母也大昕在館時常與修音韻述微續文獻通考續通志一統志天球圖諸書所著有唐石經考異一卷經典文字考異一卷聲類四卷廿二史考異一百卷唐書史臣表一卷唐五代學士年表二卷宋學士年表一卷元史氏族表三卷元史藝文志四卷三史拾遺五卷諸史拾遺五卷通鑑注辨證三卷四史朔閏考四卷吳興舊德錄四卷先德錄四卷洪文惠洪文敏王伯厚王弇州四家年譜各一卷疑年錄三卷潛揅堂文集五十卷詩集二十卷潛揅堂金石文跋尾二十五卷養新錄二十三卷恒言錄六卷竹汀日記鈔三卷族子塘坫能傳其學塘字學淵乾隆四十五

年進士改教職選江寧府學教授塽少大昕七歲相與共學又與大昕弟大昭及弟坫相切磋爲實事求是之學於聲音文字律呂推步尤有神解著律呂古義六卷據所得漢慮俿銅尺正荀勖以劉歆銅斛尺爲周尺之非謂周本八寸尺不古律可以制律律必用十寸尺即昔人所云夏尺周因夏商夏商因唐虞古律當無異度又史記三書釋疑三卷於律厤天官家言皆究其原本而以他書疏通證明之律書上九商八羽七角六宮五徵九數語注家皆不能曉小司馬疑其數錯塽據淮南子太元經證之始信其確又著泮宮雅樂釋律四卷說文聲類二十卷淮南天文訓補注三卷其所作古文曰述古編凡四卷卒年五十六坫字獻之副榜貢生游京師朱筠引爲上客以直隸州州判官於陝與洪亮吉孫星衍討論訓詁輿地之學論者謂坫沈博不及大昕而精當過之嘉慶二年教匪擾陝西坫時署華州率衆乘城力遏其衝城無弓矢仿古爲合竹强弓厚背紙爲甲二人共發之達百五十步又以意爲發石之法石重十斤達三百步前後斃賊無算城獲全以積勞得末疾引歸著史記補注百三十卷詳於音訓及郡縣沿革山川所在陝甘總督松筠重其品學親至臥榻問疾索未刊著述坫取付之曰三十年精力盡於此書矣十一年卒年六十六又有詩音表一卷車制考一卷論語後錄五卷爾雅釋義十卷釋地以下四篇注四卷十經文字通正書十四卷說文斠詮十四卷新斠注地理志十六卷漢書十表注十卷聖賢冢墓志十二卷

王鳴盛字鳳喈嘉定人幼從長洲沈德潛受詩後又從惠棟問經義遂通漢學乾隆十九年以一甲進士授編修大考翰詹第一擢侍讀學士充福建鄉試正考官尋擢內閣學士兼禮部侍郎坐濫支驛馬左遷光祿寺卿丁內艱遂不復出鳴盛性儉素無聲色玩好之娛晏坐一室咿唔如寒士嘗言漢人說經必守家法自唐貞觀撰諸經義疏而家法亡宋元豐以新經學取士而漢學殆絕今好古之儒皆知崇注疏矣然注疏惟詩三禮及公羊傳猶是漢人家法他經注則出魏晉人未爲醇備著尚書後案三十卷專述鄭康成之學若鄭注亡逸采馬王注補之孔傳雖出東晉其訓詁猶有傳授間一取焉又謂東晉所獻之太誓僞而唐人所斥之太誓非僞故附書今文太誓一篇存古之功自謂不減惠氏周易述也又著周禮軍賦說四卷發明鄭氏之旨又十七史商榷一百卷於一史中紀志表傳互相稽考因而得其異同又取稗史叢說以證其舛誤於輿地職官典章名物每致詳焉別撰蛾術編一百卷其爲目十說錄說字說地說制說人說物說集說刻說通說系蓋仿王應麟顧炎武之意而援引尤博詩以才輔學以韻達情古文用歐曾之法闡許鄭之義有詩文集四十卷嘉慶二年卒年七十六弟子同縣金曰追字對揚諸生深於九經正義每有疑譌隨條輒錄先成儀禮注疏正僞十七卷阮元奉詔校勘儀禮石經多采其說時同縣通經學者有吳凌雲字得青嘉慶五年歲貢讀書深造經師遺說靡不通貫嘗假館錢大昕孱守齋盡讀所藏書學益邃所著十三經攷異援據精核多前人所未發又經說三卷小學說廣韻說各一卷海鹽陳其幹爲合刊之題曰吳氏遺著

戴震字東原休甯人讀書好深湛之思少時塾師授以說文三年盡得其節目年十六七研精注疏實事求是不主一家與郡人鄭牧汪肇龍方矩程瑤田金榜從婺源江永游震出所學質之永永爲之駭歎永精禮經及推步鍾律音聲文字之學惟震能得其全性特介年二十八補諸生家屢空而學日進與吳縣惠棟吳江沈彤爲忘年友以避讎入都北方學者如獻縣紀昀大興朱筠南方學者如嘉定錢大昕王鳴盛餘姚盧文弨青浦王昶皆折節與交尚書秦蕙田纂五禮通考震任其事焉乾隆二十七年舉鄉試三十八年詔開四庫館徵海內淹貫之士司編校之職總裁薦震充纂修四十年特命與會試中式者同赴殿試賜同進士出身改翰林院庶吉士震以文學受知出入著作之庭館中有奇文疑義輒就咨訪震亦思勤修其職晨夕披檢無間寒暑經進圖籍論次精審所校大戴禮記水經注尤精核又於永樂大典內得九章五曹算經七種皆王錫闡梅文鼎所未見震正譌補脫以進得旨刊行四十二年卒於官年五十有五震之學由聲音文字以求訓詁由訓詁以尋義理謂義理不可空憑胸臆必求之於古經求之古經而遺文垂絕今古懸隔必求之古訓古訓明則古經明古經明則賢人聖人之義理明而我心之同然者乃因之而明義理非他存乎典章制度者也彼歧古訓義理而二之是古訓非以明義理而義理不寓乎典章制度勢必流入於異學曲說而不自知也震爲學精誠解辨每立一義初若創獲及參考之果不可易大約有三曰小學曰測算曰典章制度其小學書有六書論三卷聲韻考四卷聲類表九卷方言疏證十卷漢以後轉注之學失傳好古如顧炎武亦不深省震謂指事象形諧聲會意四者爲書之體假借轉注二者爲書之用一字具數用者爲假借數字共一用者爲轉注初哉首基之皆爲始卬吾台予之皆爲我其義轉相注也又自漢以來古音寖微學者於六書之故靡所從入顧氏古音表入聲與廣韻相反震謂有入無入之韻當兩兩相配以入聲爲之樞紐眞至仙十四韻與脂微齊皆灰五韻同入聲東至江四韻及陽至登八韻與支之佳咍蕭宵肴豪尤侯幽十一韻同入聲侵至凡九韻之入聲則從廣韻無與之配魚虞模歌戈麻六韻廣韻無入聲今同以鐸爲入聲不與唐相配而古音遞轉及六書諧聲之故胥可由此得之皆古人所未發其測算書原象一卷迎日推策記一卷句股割圜記三卷厤問一卷古厤考二卷續天文略三卷策算一卷自漢以來疇人不知有黃極西人入中國始云赤道極之外又有黃道極是爲七政恆星右旋之樞詫爲六經所未有震謂西人所云赤極即周髀之正北極也黃極即周髀之北極璿璣也虞書在璿璣玉衡以齊七政蓋設璿璣以擬黃道極也黃極在柱史星東南上弼少弼之間終古不隨歲差而改赤極居中黃極環繞其外周髀固已言之不始於西人也震所著典章制度之書未成有詩經二南補注二卷毛鄭詩考四卷尚書義考一卷儀經考正一卷考工記圖二卷春秋即位改元考一卷大學補注一卷中庸補注一卷孟子字義疏證三卷爾雅文字考十卷經說四卷水地記一卷水經注四十卷九章補圖一卷屈原賦注七卷通釋三卷原善三卷緒言三卷直隸河渠書一百有二卷氣穴記一卷藏府算經論四卷葬法贅言四卷文集十卷震卒後其小學則高郵王念孫金壇段玉裁傳之測算之學則曲阜孔廣森傳之典章制度之學則興化任大椿傳之皆其弟子也後十餘年高宗以震所校水經注問南書房諸臣曰戴震尚在否對曰已死上惋惜久之王念孫段玉裁孔廣森任大椿自有傳金榜字輔之歙縣人乾隆二十九年召試舉人授內閣中書軍機處行走三十七年一甲一名進士授翰林院修撰散館後養痾讀書不復出卒於家師事江永友戴震著禮箋十卷刺取其大者數十事爲三卷寄朱珪珪序之以爲詞精義核榜治禮最尊康成然博稽而精思愼求而能斷嘗援鄭志荅趙商云不信亦非悉信亦非斯言也敢以爲治經之大法故鄭義所未衷者必糾正之於鄭氏家法不敢誣也

段玉裁字若膺金壇人生而穎異讀書有兼人之資乾隆二十五年舉人至京師見休甯戴震好其學遂師事之以教習得貴州玉屏縣知縣旋調四川署富順及南溪縣事又辦理化林坪站務時大兵征金川輓輸絡繹玉裁處分畢輒篝鐙著述不輟著六書音均表五卷古韻自顧炎武析爲十部後江永復析爲十三部玉裁謂支佳一部也脂微齊皆灰一部也之咍一部也漢人猶未嘗淆借通用晉宋而後乃少有出入迄乎唐之功令支注脂之同用佳注皆同用灰注咍同用於是古之截然爲三者罕有知之又謂眞臻先與諄文殷魂痕爲二尤幽與侯爲二得十七部其書始名詩經韻譜羣經韻譜嘉定錢大昕見之以爲鑿破混沌後易其體例增以新加十七部蓋如舊也震偉其所學之精云自唐以來講韻學者所未發尋任巫山縣年四十六以父老引疾歸鍵戶不問世事者三十餘年玉裁於周秦兩漢書無所不讀諸家小學皆別擇其是非於是積數十年精力專說說文著說文解字注三十卷謂爾雅以下義書也聲類以下音書也說文形書也凡篆一字先訓其義次釋其形次釋其音合三者以完一篆故曰形書又謂許以形爲主因形以說音說義其所說義與他書絕不同者他書多假借則字多非本義許惟就字說其本義知何者爲本義乃知何者爲假借則本義乃假借之權衡也說文爾雅相爲表裏治說文而後爾雅及傳注明又謂自倉頡造字時至唐虞三代秦漢以及許叔重造說文曰某聲曰讀若某者皆條理合一不紊故既用徐鉉切音又某字志之曰古音第幾部後附六書音均表俾形聲相爲表裏始爲長編名說文解字讀凡五百四十卷既乃隱括之成此注玉裁又以說文者說字之書故有讀如無讀爲說經傳之書必兼是二者漢人作注於字發疑正讀其例有三讀如讀若者擬其音也比方之詞讀爲讀曰者易其字也變化之詞當爲者定爲字之誤聲之誤而改其字也救正之詞三者分而漢注可讀而經可讀述漢讀考先成周禮六卷又撰禮經漢讀考一卷其他十六卷未成儀徵阮元謂玉裁書有功於天下後世者三言古音一也言說文二也漢讀考三也其他說經之書以漢志毛詩經毛詩古訓傳本各自爲書因釐次傳文還其舊著重訂毛詩古訓傳三十卷以諸經惟尙書離厄最甚古文幾亡賈逵分別古今劉陶是正文字其書皆不存乃廣蒐補闕正晉唐之妄改存周漢之駁文著古文尙書撰異三十二卷又錄左氏經文取鄭注禮周禮存古文今文故書之例附見公羊穀梁經文之異著春秋左氏古經十二卷而以左氏傳五十凡附後外有毛詩小學三十卷汲古閣說文訂六卷經韻樓集十二卷二十年卒年八十一初玉裁與念孫俱師震故戴氏有段王兩家之學玉裁少震四歲謙專執弟子禮雖耄或稱震必垂手拱立朔望

必莊誦震手札一通卒後王念孫謂其弟子長洲陳奐曰若膺死天下遂無讀書人矣玉裁弟子長洲徐頲嘉興沈濤及女夫仁和龔麗正俱知名而奐尤得其傳奐自有傳鈕樹玉字匪石吳縣人篤志好古不爲科舉之業精研文字聲音訓詁謂說文懸諸日月而不刋者也後人以新附淆之誣許君矣因博稽載籍著說文新附考六卷續考一卷又著說文解字校錄三十卷樹玉後見玉裁書著段氏說文注訂八卷所駁正之處皆有依據徐承慶字夢祥元和人乾隆五十一年舉人官至山西汾州府知府著段注匡謬十五卷其攻瑕索瘢尤勝鈕氏之書皆力求其是非故爲吹求者

孫志祖字詒穀仁和人乾隆三十一年進士改刑部主事洊升郎中擢江南道監察御史乞養歸志祖淸修自好讀經史必釋其疑而後已著讀書脞錄七卷考論經子雜家折衷精詳不爲武斷之論又家語疏證六卷謂王肅作聖證論以攻康成又僞撰家語飾其說以欺世因博集羣書凡肅所勦竊者皆疏通證明之又謂孔叢子亦王肅僞託其小爾雅亦肅借古書以自文並作疏證以辨其妄幼熟經文選後乃仿韓文考異之例參稽衆說正俗本之誤爲文選考異四卷又輯前人及朋輩論說爲文選注補正四卷又有文選理學權輿補一卷輯風俗通逸文一卷補正姚之駰輯謝承後漢書五卷嘉慶六年卒年六十五翟灝字大川亦仁和人乾隆十九年進士官金華衢州府學教授灝見聞淹博又能搜奇引僻嘗與錢塘梁玉繩論王肅撰家語難鄭氏欲搜考以證其譌因握筆互疏所出頃刻數十事時方被酒旋能去未竟橥其精力殊絕人也著有爾雅補郭二卷以爾雅郭注未詳未聞者百四十二科刑疏補言其十餘仍闕如乃參稽衆家一一備說又云古爾雅當有釋禮篇與釋樂篇相隨祭名與講武旌旂三章乃釋禮之殘缺失次者又著四書考異七十二卷皆貫串精審爲世所推他著又有家語發覆通俗篇湖山便覽無不宜齋詩文藁五十三年卒梁玉繩字曜北錢塘人增貢生家世貴顯玉繩不志富貴自號淸白士嘗語弟履繩曰後漢襄陽樊氏顯重當時子孫雖無名德盛位世世作書生門戶願與弟共勉之故玉繩年未四十棄舉子業專心撰著其瞥記七卷多釋經之文有裨古義玉繩尤精乙部書著史記志疑三十六卷據經傳以糾乖違參班荀以究同異大昕稱其書爲龍門功臣著人表考九卷謂班氏借用禹貢田賦九等之目造端自馬遷史記李將軍傳云李蔡爲人在下中其說頗是履繩字處素乾隆五十三年舉人與兄玉繩相鬻錯有元方季方之目其於衆經中尤精左氏傳謂隋志載賈逵解詁服虔解義各數十卷今俱亡佚杜氏參用賈服仲達作疏間有稱引未覩其全亦如馬融諸儒之說僅存單文隻義唐以後注左氏者惟張治趙汸最爲明晳大抵詳書法而略紀載履繩綜覽諸家旁采衆籍以廣杜之所未備作左通補釋三十二卷又有未成者五門曰廣傳攷異駁證古音臆說錢大昕見其書歎爲絕恉通說文下筆鮮俗字年四十六卒汪家禧字漢郊仁和人諸生穎敏特異通漢易作易消息解所著書數十卷燬於火其友秀水莊仲方門人仁和許乃穀輯其遺文爲東里生燼餘集三卷文多說經粹然有家法

劉台拱字端臨寶應人性至孝六歲母朱氏歿哀如成人事繼母鍾氏與親母同九歲作頴子頌斐然成章觀者稱爲神童中乾隆三十五年舉人屢試禮部不第是時朝廷開四庫館海內方聞綴學之士雲集台拱在都與學士朱筠編修程晉芳庶吉士戴震學士邵晉涵及其同郡御史任大椿給事中王念孫等交遊稽經攷古旦夕討論自天文律呂至於聲音文字靡不該貫其於漢宋諸儒之說不專一家而惟是之求精思所到如與古作者晤言一室而知其意指之所在比之閻若璩蓋相伯仲也段玉裁每謂潛心三禮吾所不如選丹徒縣訓導取儀禮十七篇除喪服外各繪爲圖與諸生習禮容爲發明先王制作之精意迎兩親學署雍雍色養年雖五十有孺子之慕嘗客他所忽心痛驟歸母病危甚乃悉心奉湯藥衣不解帶者數旬母病遂愈逮丁內外艱水漿不入口既斂枕苫啜粥哭泣之哀震動鄰里居喪蔬食五年出就外寢以哀毀過情卒年五十有五與同郡汪中爲文章道義交中歿撫其孤喜孫賴以成立武進臧庸常以說經之文請益台拱善之恤其窮賙其困飲食教誨十七年如一日庸心感焉台拱慕黃叔度之爲人王昶稱其有曾閔之孝著有論語駢枝經傳小記國語補校荀子補注方言補校淮南子補校漢學拾遺文集都爲端臨遺書凡八卷同邑朱彬字武曹乾隆六十年舉人彬幼有至行年十一喪母哀戚如成人長丁父憂歛葬盡禮三年蔬食居外自少至老好學不厭承其鄉王懋竑經法與外兄劉台拱互相切磋每有所得輒以書札往來辨難必求其是而後已於訓詁聲音文字之學用力尤深著有經傳考證八卷禮記訓纂四十九卷虎觀諸儒所論議鄭志弟子之問答以及魏晉以降諸儒之訓釋書鈔通典御覽之涉是書者一以注疏爲主擷其精要緯以古今諸說其附以已意者皆援據精確發前人所未發他著有游道堂詩文集四卷道光十四年卒年八十有二子士彥吏部尚書自有傳

孔廣森字衆仲曲阜人孔子六十八代孫襲封衍聖公傳鐸之孫戶部主事繼汾之子乾隆三十六年進士選翰林院庶吉士散館授檢討年少入官性淡泊躭著述不與要人通謁告養歸不復出及居大母與父喪竟以哀卒時乾隆五十一年年三十五廣森聰穎特達嘗受經戴震姚鼐之門經史小學沈覽妙解所學在公羊春秋嘗以左氏舊學湮於征南穀梁本義汨於武子王祖游謂何休志通公羊往往爲公羊疾其餘啖助趙匡之徒又橫生義例無當於經唯趙汸最爲近正何氏體大思精然不無承訛率臆於是旁通諸家兼采左穀擇善而從著春秋公羊通義十一卷序一卷凡諸經籍義有可通於公羊者多著錄之其不同於解詁者大端有數事謂古者諸侯分土而守分民而治有不純臣之義故各得紀年於其境內而何邵公謂唯王者然後改元立號經書元年爲託王於魯則自蹈所云反傳違戾之失其不同一也謂春秋分十二公而爲三世舊說所傳聞之世隱桓莊閔僖也所聞之世文宣成襄也所見之世昭定哀也顏安樂以爲襄公二十三年邾婁鼻我來奔云邾婁無大夫此何以書以近書也又昭公二十七年邾婁快來奔傳云邾婁無大夫此何以書以近書也二文不異同宜一世故斷自孔子生後卽爲所見之世從之其不同二也謂桓十七年經無夏二家經皆有夏獨公羊脫耳何氏謂夏者陽也月者陰也去夏者明夫人不繫於公也所不敢言其不同三也謂春秋上本天道中用王法而下理人情天道者一曰時二曰月三曰日王法者一曰譏二曰貶三曰絕人情者一曰尊二曰親三曰賢此三科九旨而何氏文謚例云三科九旨者新周故宋以春秋當新王此一科三旨也又云所見異辭所聞異辭所傳聞又異辭二科六旨也又內其國而外諸夏內諸夏而外夷狄是三科九旨也其不同四也他如何氏所據間有失者多所裨損以成一家之言又謂左氏之事詳公羊之義長春秋重義不重事皆好學深思心知其意其爲說能融會貫通使是非之旨不謬於聖人大旨見自序中儀徵阮元謂讀其書始知聖志之所在又著有大戴禮記補注十四卷詩聲類十三卷禮學卮言六卷經學卮言六卷少廣正負術內外篇六卷駢體兼有漢魏六朝初唐之勝江都汪中讀之歎爲絕手然廣森不自足作堂於其居名曰儀鄭自庶幾於康成桐城姚鼐謂其將以孔子之裔傳孔子之學雖康成猶不足以限之惜奔走家難勞思夭年不充其志藝林有遺憾焉

邵晉涵字二雲餘姚人乾隆三十六年進士歸班銓選會開四庫館特詔徵晉涵及歷城周永年休寧戴震仁和余集等入館編纂改翰林院庶吉士授編修四十五年充廣西鄉試正考官五十六年大考遷左中允擢侍講學士充文淵閣直閣事日講起居注官晉涵左目眚淸羸善讀書四部七錄靡不研究嘗謂爾雅者六藝之津梁而邢疏淺陋不稱乃別爲正義二十卷以郭璞爲宗而兼采舍人樊劉李孫諸家郭有未詳者摭他書附之自是承學之士多舍邢而從邵尤長於史以生在浙東習聞劉宗周黃宗羲諸緒論說明季事往往出於正史之外在史館時見永樂大典采薛居正五代史乃薈萃編次得十之八九復采册府元龜太平御覽諸書以補其缺並參考通鑑長編諸史及宋人說部碑碣辨證條繫悉符原書一百五十卷之數書成呈御覽館臣請仿劉昫舊唐書之例列於廿三史刋布學宮詔從之由是薛史與歐陽史並傳矣嘗謂宋史自南渡後多謬慶元之間褒貶失實不如東都有王偁事略也欲先輯南都事略使條貫粗具詞簡事增又欲爲趙宋一代之志俱未卒業其後鎭洋畢沅爲續宋元通鑑屬晉涵刪補考定故其續餘稍見於審正續通鑑中晉涵性狷介不爲要人屈嘗與會稽章學誠論修宋史宗旨晉涵曰宋人門戶之習語錄庸陋之風誠可鄙也然其立身制行出於倫常日用何可廢耶士大夫博學工文雄出當世而於辭受取與出處進退之間不能無簞豆萬鍾之擇本心既失其他又何議焉此著宋史之宗旨也學誠聞而聳然他著有孟子述義穀梁正義韓詩內傳考並足正趙岐范甯及王應麟之失而補其所遺又有皇朝大臣謚迹錄方輿金石編目輶軒日記南江詩文藁嘉慶元年卒年五十有四周永年字書昌歷城人博學貫通爲時推許乾隆三十六年進士與晉涵同徵修四庫書改翰林院庶吉士授編修四十四年充貴州鄉試副考官永年在書館好深沈之思四部兵農天算術數諸家鉤稽精義褒譏悉當爲同館所推重見宋元遺書湮沒者多見采於永樂大典中於是抉摘編摩自永新劉氏兄弟公是公非集以下凡得十餘家皆前人所未見者咸著於錄又以爲釋道有藏儒者獨乃闕借書園聚古今書籍十萬卷供人閱覽傳鈔以廣流傳惜永年歿後漸就散佚則未定經久之法也

王念孫，字懷祖，高郵州人。父安國，官吏部尚書，諡文肅，自有傳。八歲讀十三經畢，旁涉史鑑。高宗南巡，以大臣子迎鑾獻文冊，賜舉人。乾隆四十年進士，選翰林院庶吉士，散館改工部主事，升郎中，擢陝西道御史，轉吏科給事中。嘉慶四年，仁宗親政，時川楚教匪猖獗，念孫陳勦賊六事，首劾大學士和珅，疏語援據經義，大契聖心。是年授直隸永定河道。六年，以河隄漫口罷，特旨留督辦河工。工竣，賞主事銜。河南衡家樓河決，命往查勘。又命馳赴臺莊治河務。尋授山東運河道，在任六年，調永定河道。會東河總督與山東巡撫以引黃利運異議，召入都決其是非。念孫奏引黃入湖，不能不少淤，然暫行無害，詔許之。已而永定河水復異漲，如六年之隘，念孫自引罪，得旨休致。道光五年，重宴鹿鳴。卒，年八十有九。念孫故精熟水利書，官工部，著導河議上下篇，及奉旨纂河源紀略，議者或誤指河源所出，念孫力辨其譌，議乃定。紀略中辨譌一門，念孫所撰也。既罷官，日以著述自娛，著讀書雜志，分逸周書、戰國策、管子、荀子、晏子春秋、墨子、淮南子、史記、漢書、漢隸拾遺，都八十二卷。於古義之晦，於鈔之誤寫，校之妄改，皆一一正之。一字之證，博及萬卷，其精於校讎如此。初從休寗戴震受聲音文字訓詁，其於經，熟於漢學之門戶。手編詩三百篇、九經、楚詞之韻，分古音爲二十一部。於支脂之三部之分，段玉裁六書音均表亦見及此；其分至祭盍緝爲四部，則段書所未及也。念孫以段書先出，遂輟作。又以邵晉涵先爲爾雅正義，乃撰廣雅疏證。日三字爲程，閱十年而書成，凡三十二卷。其書就古音以求古義，引伸觸類，擴充於爾雅、說文，無所不達。然聲音文字部分之嚴，一絲不亂。蓋藉張揖之書以納諸說，而實多揩所未知，及同時惠棟、戴震所未及。嘗語子引之曰：「詁訓之旨，存乎聲音。字之聲同聲近者，經傳往往假借。學者以聲求義，破其假借之字而讀以本字，則渙然冰釋；如因假借之字強爲之解，則結鞫不通矣。毛公詩傳多易假借之字而訓以本字，已開改讀之先。至康成箋詩注禮，屢云『某讀爲某』，假借之例大明。後人或病康成破字者，不知古字之多假借也。」又曰：「說經者，期得經意而已，不必墨守一家。」引之因推廣庭訓，成經義述聞十五卷、經傳釋辭十卷、周秦名字解詁、字典考證。論者謂有清經術獨絕千古，高郵王氏一家之學，三世相承，與長洲惠氏相埒云。引之，字伯申。嘉慶四年一甲進士，授編修。大考一等，擢侍講。歷官至工部尚書。福建署龍溪令朱履中誣布政使李賡芸受賕，總督汪志伊、巡撫王紹蘭劾之，對簿無佐證，而持之愈急，賡芸不堪，遂自經。命引之讞之，平反其獄，罷督撫官。爲禮部侍郎時，有議爲生祖母承重丁憂三年者，引之力持不可。會奉使去，持議者擬奏行之。引之還，疏陳庶祖母非祖敵體，不得以承重論。緣情即終身持服，不足以報罔極；制禮則承重之義，不能加於支庶。請復治喪一年舊例，遂更正。道光十四年卒，諡文簡。同州李惇，字成裕。乾隆四十五年進士。惇與同縣王念孫、賈田祖同力於學。始爲諸生，爲學使謝墉所賞，將選拔貢，會田祖卒於旅舍，惇經營殯事，不與試，墉歎爲古人。江藩好詆訶前人，惇謂之曰：「王子雍若不作聖證論以攻康成，豈非醇儒？」其而規人過如此。著有羣經識小八卷，考諸經古義二百二十餘事，多前人所未發。四十九年卒，年五十一。田祖，字稻孫，諸生，通左氏春秋，有春秋左氏通解。宋緜初，字守端，亦高郵人。乾隆四十二年拔貢生，官五河、清河訓導。邃深經術，長於說詩，著韓詩內傳徵四卷，又有釋服二卷。

汪中，字容甫，江都人。生七歲而孤，家貧，不能就外傅，母鄒授以四子書。稍長，助書賈鬻書於市，因徧讀經史百家，過目成誦，遂爲通人。年二十，補諸生。乾隆四十二年，拔貢生。提學使者謝墉每試，別置一榜，署名諸生前，嘗曰：「余之先容甫，爵也；若以學，當北面事之。」其敬中如此。以母老，竟不朝考。五十一年，侍郎朱珪主江南試，謂人曰：「吾此行必得汪中爲選首。」不知其不與試也。中顓意經術，與高郵王念孫、寶應劉台拱爲友，共討論之。其治尚書，有尚書考異；治禮，有儀禮校本、大戴禮記校本；治春秋，有春秋述義；治小學，有爾雅校本及小學說文求端。中嘗謂國朝古學之興，顧炎武開其端；河洛矯誣，至胡渭而絀；中西推步，至梅文鼎而精；力攻古文者，閻若璩也；專治漢易者，惠棟也。凡此皆千餘年不傳之絕學，及戴震出而集其大成。擬作六儒頌，未成。又嘗博考先秦古籍三代以上學制廢興，使知古人所以爲學者，凡虞夏第一，周禮之制第二，周衰列國第三，孔門第四，七十子後學者第五。又列通論、釋經、舊聞、典籍、數典、世官、目錄凡六，而自題其端曰：「觀周禮太史云云，當時行一事，則有一書；其後執書以行事；又其後則事廢而書存；至宋儒以後，則並其書之事而去之矣。」又曰：「有官府之典籍，有學士大夫之典籍。故老之傳聞，行一事有一書，傳之後世，奉以爲成憲，此官府之典籍也。先王之禮樂政事，遭世之衰，廢而不失，有司徒守其文，故老能言其事，好古之君子，閔其浸久而遂亡也，而書之簡畢，此學士大夫之典籍也。」又曰：「古之爲學士者，官師之長，但教之以其事，其所誦者詩書而已。其他典籍，則皆官府藏而世守之，民間無有也。苟非其官，官亦無有也。其所謂士者，非王侯公卿大夫之子，則一命之士，外此則鄉學、小學而已。自辟雍之制無聞，太史之官失守，於是布衣有授業之徒，草野多載筆之士，教學之官、記載之職，不在上而在下。及其衰也，諸子各以其學鳴，而先王之道荒矣。然當諸侯去籍，秦政焚書，有司所掌，蕩然無存，猶賴學士相傳，存其一二，斯不幸中之幸也。」又曰：「孔子所言，則學士所能爲者，留爲世教；若其政教之大者，聖人無位，不復以教子弟。」又曰：「古人學在官府，人世其官，故官世其業。官既失守，故專門之學廢。」其書棄草略具，亦未成。後乃即其考三代典禮及文字訓詁、名物象數，益以論撰之文，爲述學內外篇，凡六卷。其有功經義者，則有若釋三九、婦人無主荅問、女子許嫁而壻死從死及守志議、居喪釋服解義；其表章經傳及先儒者，則有若周官徵文、左氏春秋釋疑、荀卿子通論、賈誼新書序；其他考證之文，亦有依據。中又熟於諸史地理山川阨要，講畫瞭然，著有廣陵通典十卷、秦蠶食六國表、金陵地圖攷。生平於詩文書翰無所不工，所作廣陵對、黃鶴樓銘、漢上琴臺銘，皆見稱於時。他著有經義知新記一卷、大戴禮正誤一卷、遺詩一卷。五十九年卒，年五十一。中事母以孝聞，左右服勞，不辭煩辱。居喪哀戚過人。其於知友故舊沒後衰落，相存問過於從前。道光十一年，旌孝子。中子喜孫，自有傳。同郡人爲漢學者，又有江德量、徐復、汪光爔。德量，字量殊，江都人。父恂，好金石文字；伯父昱，通聲音訓詁之學。德量少承家學，及長，與汪中友，勵志肆經，學益進。乾隆四十四年一甲進士，授翰林院編修，改江西道御史。居朝多識舊聞，博通掌故。公餘鍵戶，以文籍自娛。著有古泉志三十卷。五十八年卒，年四十二。復，字心仲，亦江都人，通九章算術。光爔，字晉蕃，儀徵人。廩生。博通經史，嘗辨惠氏易爻辰圖之謬，又作夷稗釋，時人服其精核。

武億，字虛谷，偃師人。父紹周，進士，官吏部郎中。億居父母喪，哀痛毀瘠，以讀書自勵。時伊洛溢，屋圮，架涔以居，斧朽木燎寒，誦讀不輟。已，復從大興朱筠遊，益爲博通之學。乾隆四十五年進士。五十六年，授山東博山縣知縣。縣山多土瘠，民不務農，地產石炭、石礬，燒作玻璃器皿，商賈輻輳。億問土俗利病，免玻璃入貢，革煤炭供饋，里馬草豆不以累民。創范泉書院，進其秀者與之講，敦倫理，務實學。而決辭無留獄，禱雨即沛。有以賄干者，未敢進，億廉知之，値迅雷，曰：「汝不聞雷聲乎？吾矢禱久矣。」賄者惶悚而止，輿情大洽。五十七年，大學士和珅領步軍統領事，聞妄人言山東逆匪王倫未定死，密遣番役四出蹤跡之。於是番役頭目杜成德等十一人橫行州縣，入博山境，手鐵尺飲博，莫敢誰何。億悉執之，成德尤倔強，按法痛杖之。喧傳其事者曰：「億鹵莽，刑無罪，將累上官。」巡撫吉慶遂以濫責平民劾罷之，而不直書其事。億蒞任僅七月，及去，民擕老弱千餘人走大府，乞留我好官，不可得，則日爲運致薪米，門如市焉。吉慶亦感動，因入覲，偕億行，爲籌捐復。大學士公阿桂謂吉慶曰：「例禁番役出京畿，奈何責縣令按法之非，且隱其實而劾強項吏，何也？」吉慶深自悔，而格於部議，遂歸。嘉慶四年十月，仁宗諭朝臣密舉京外各員內操守端潔、才猷幹濟、於平日居官事蹟可據者，得赴部候旨召用，億在所舉中。十一月，縣令捧檄至門，而億先以十月卒矣，年五十有五。億學問醇粹，於七經注疏、三史、涑水通鑑，皆能闇誦。既罷官，貧不能歸，所至以經史訓詁教授生徒，勇於著錄。有羣經義證七卷、經讀考異九卷、金石三跋十卷、金石文字續跋十四卷、偃師金石記四卷、安陽金石錄十三卷，又有三禮義證、授堂劄記、詩文集等書，皆旁引遠徵，遇微縛輒剖抉精蘊，比辭達意，以成一例。大興朱珪稱億不愧好古遺直云。

莊述祖，字葆琛，武進人。世父存與，官禮部侍郎，自有傳。述祖，乾隆四十五年進士，官山東濰縣知縣，明暢吏治，刑獄得中，豪猾斂跡。嘗勘灘地，衆以爲斥鹵也。述祖指路旁草問何名，曰馬帚。述祖笑曰：「此於經石莽，夏正莽秀記時，凡沙土草莽者宜禾，何謂灘？」衆皆服。甲寅，以卓異引見，還，檄授桃源同知，不一月，乞養歸。著書色養者十六年，未嘗一日離左右。二十一年卒。述祖傳存與之學，研求精密，於世儒所忽不經意者，覃思獨闢，洞見本末，著述皆義理宏達，爲前賢未有。以爲連山亡而尚存夏小正，歸藏亡而尚有倉頡古文，略可稽求義類。故著夏小正經傳考釋，以斗柄、南門、織女記天行之不變，以參中、大中紀日度之差，以二月丁卯知夏時，以正月甲寅啟蟄爲厤元，歲祭爲郊，萬用入學爲禘。著古文甲乙篇，謂許叔重始一終亥，偏旁條例所由出；日辰幹支，黃帝世大撓所作，沮誦、蒼頡名之，以易結繩，伏羲畫八卦，作十言之教之後，以此三十二類爲正名百物之本，故歸藏爲黃帝易。就許氏偏旁條例，以幹支別爲序次，凡許書所存及見於金石文字者，分別部居，書未竟而條理粗具。其餘五經悉有撰著，旁及逸周書、尚書大傳、史記、白虎通，於其舛句訛字、佚文脫簡、易次換弟、草薙腋補，咸有證據，無不疏通。曠然思慮之表，若面稽古人而整比之也。所著夏小正經傳攷釋十卷、尚書今古文攷證七卷、毛詩考證四卷、毛詩周頌口義三卷、五經小學述二卷歷代藏籍足徵錄一卷弟子職集解一卷漢鐃歌句解一卷石鼓然疑一卷文鈔七卷詩鈔二卷存與孫綬甲字卿珊家盡通家學尤爲述祖所愛重著尙書考異三卷釋書名一卷同族莊有可字大久勤學力行老而彌篤取諸注傳精研義理句櫛字比合諸儒之書以正其是非而自爲之說於易書詩禮春秋皆有撰述凡四十二種四百三十餘卷

戚學標字鶴泉太平人幼從天台齊召南遊稱高第高宗巡江浙學標獻南巡頌乾隆四十五年成進士官河南涉縣知縣縣苦闔布征學標請於大府得減額權林縣有兄弟爭產者集李白句爲斗粟謠以諷皆感悔性强項多與上官齟齬卒以是罷後改甯波教授未幾歸從事撰述精考證著漢學諧聲二十三卷總論一卷用說文以明古音謂六書之學三曰形聲聲不離形形者聲之本也而聲又隨乎氣氣有陰有陽故一字之音或從陰或從陽或陽而陰或陰而陽或陰陽各造其偏昔人知其然故但以某聲者明字音所出以耑其本以讀若某設爲譬況之詞使人依類而求即離絕遠去而因此聲之本以究此聲之變無患其不合說文從某某聲從某某亦聲從某某省聲從某讀若某從某讀與某某同竝二端兼舉聲音之學莫備於此後人惑於徐氏所附孫愐音切不究本讀而一二宿儒言古音如吳棫陳第顧炎武江永之流亦第就韻書辨析不知說文形聲相繫韻書就聲言聲說文聲氣相求韻書祇論同聲之應其部居錯雜分合類出肊見學者苟趣其便衷於一韻且狃於平上去入之界之不可移易諧聲之法廢而說文之學晦矣其書論聲一本許氏由本聲以推變聲既列本注旁搜古讀以爲之證末附說文補考二卷多辨正二徐謬誤又有毛詩證讀若干卷詩聲辨定陰陽譜四卷四書偶談四卷內外篇二卷字易二卷鶴泉文鈔二卷

江有誥字晉三歙縣人通音韻之學得顧炎武江永兩家書嗜之忘寢食謂江書能補顧所未及而分部仍多罅漏乃析江氏十三部爲二十一與戴震孔廣森多暗合書成寄示段玉裁玉裁深重之曰余與顧氏孔氏皆一於考古江氏戴氏則兼以審音晉三於前人之說擇善而從無所偏徇又精於呼等字母不惟古音大明亦使今韻分爲二百六部者得其剖析之故韻學於是大備矣著有詩經韻讀羣經韻讀楚辭韻讀先秦韻讀漢魏韻讀唐韻四聲正諧聲表入聲表二十一部韻譜唐韻再正唐韻更定部分總名江氏音學十書王念孫父子胥服其精晚歲著說文六書錄說文分韻譜道光末室災焚其稿有誥老而目盲鬱鬱遂卒

陳熙晉原名津字析木義烏人優貢生以教習官貴州開泰龍里普定知縣仁懷同知擢湖北宜昌府知府權開泰時教匪蔣昌華擾黎平將興大獄熙晉縛其渠而貸諸脅從全活無算龍里民以釘鞖殺人已誣服而究驗不合心疑焉一日方慮囚見叢人中有曳釘鞖履者命執而鞫之痕宛合遂款服普定俗糾衆相雄長號其魁曰牛叢其猾盜不謁之官輒積薪焚殺之先是有挾讎焚三戶者吏不敢捕熙晉期必得重繩以法風頓革其守宜昌也楚大水流庸聚宜昌畢力撫綏繕城垣以工代賑會秩滿將行爲留六閱月蕆其事送者數千人皆泣下乞養歸未幾卒熙晉邃於學積書數萬卷訂疑糾謬務窮竟原委取裁精審嘗謂杜預解左氏有三蔽劉光伯規之而書久佚惟正義引一百七十三事孔穎達皆以爲非乃剌取經史百家及近儒著述以明劉義其杜非而劉是者申之杜是而劉非者釋之杜劉兩說義俱未安則證諸羣言斷以己意成春秋規過考信九卷又謂隋經籍志載光伯左氏述義四十卷不及規過據孔穎達序稱習杜義而攻杜氏疑規過即在述義中舊唐書經籍志載述義三十七卷較隋志少三卷而多規過三卷此其證也正義於規杜一百七十三事外又得一百四十三事蓋皆述義之文其異杜者三十事駮正甚少殆唐初奉敕刪定著爲令典黨同伐異勢會使然乃參稽得失援據羣言成春秋述義拾遺八卷他著有古文孝經述義疏證五卷帝王世紀二卷貴州風土記三十二卷黔中水道記四卷宋大夫集箋注三卷駱臨海集箋注十卷日損齋筆記考證一卷文集八卷征帆集四卷李誠字靜軒黃巖人嘉慶十八年拔貢生官雲南姚州州判終順甯知縣撰十三經集解二百六十卷首臚漢魏諸家之說次采近人精確之語而唐宋諸儒之徵實者亦不廢焉嘗謂記水之書自酈道元下代不乏人而言山者無成編乃作萬山綱目六十卷又水道提綱補訂二十八卷宦游日記一卷微言管窺三十六卷醫家指迷一卷

丁杰原名錦鴻字升衢歸安人乾隆四十六年進士甯波府學教授杰純孝誠篤嘗奔走滇南迎父柩歸葬少家貧就書肆中讀肆力經史旁及說文音韻算數初至都適四庫館開任事者延之佐校遂與朱筠戴震盧文弨金榜程瑤田等相講習杰爲學長於校讐與盧文弨最相似得一書必審定句讀博稽他本同異於大戴禮用功尤深著有大戴禮記繹又易鄭注久佚宋王應麟裒輯成書惠棟復有增入杰審視兩本以爲多羼入鄭氏易乾鑿度注又漢書注所云鄭氏乃即注漢書之人非康成乃刊其譌定其是復摘補其未備著周易鄭注後定凡十二卷胡渭禹貢錐指號爲絕學杰摘其誤甚多嘗謂緯書移河爲界在齊呂填閼八流以自廣河患之棘由九河堙廢而害始於齊管仲能臣必不自貽伊戚班固敘溝洫志云商竭周移秦決南涯自茲距漢北亡八支則九河之塞當在秦楚之際矣惠棟尙書大傳輯本杰以爲疏舛如鮮度作荆以詰四方誤讀困學紀聞此謬之甚者五行傳文不類讀後漢書注始知誤連皇覽也杰嘗與翁方綱補正朱彝尊經義考序年月博采見聞以相證合又與許宗彥闡繹墨子上下經大有端緒方言善本始於戴震杰采獲裨益最多盧文弨以爲不在戴下漢隸字原考正錢塘謂得隸之義例杰又言字母三十六字不可增併不可顚倒見端知邦非精照爲孤清不可增濁聲也疑泥孃明微來日爲孤濁不可增清聲也非即邦之輕脣不可併於敷微即明之輕脣不可併於奉影爲曉之深喉喻爲匣之深喉曉匣影喻不可顚倒爲影曉喻匣也所著書有小西山房文集嘉慶十二年卒年七十子授經嘉慶三年優貢傳經六年優貢皆能世其家學有雙丁之目授經佐其友嚴可均造甲乙丙丁長編以校定說文

周春字松靄海甯人乾隆十九年進士官廣西岑溪縣知縣革陋規幾微不以擾民有古循吏風以憂去官岑溪人構祠祀焉嘉慶十五年重赴鹿鳴二十年卒年八十七春博學好古兩親服闋年未五十不謁選著十三經音略十三卷專考經音以陸氏釋文爲權輿參以玉篇廣均五經文字諸書音字必審音音必歸母謹嚴細密絲毫不假他著又有中文孝經一卷爾雅補注四卷小學餘論二卷代北姓譜二卷遼金元姓譜一卷遼詩話一卷選材錄一卷杜詩雙聲疊韻譜括略八卷

孫星衍字淵如陽湖人少與同里楊芳燦洪亮吉黃景仁文學相齊袁枚品其詩曰天下奇才與訂忘年交星衍雅不欲以詩名深究經史文字音訓之學旁及諸子百家皆必通其義乾隆五十二年以一甲進士授翰林院編修充三通館校理五十四年散館試厲志賦用史記鶌鶋如畏大學士和珅疑爲別字置三等改部故事一甲進士改部或奏請留館又編修改官可得員外前此吳文煥有成案珅示意欲使往見星衍不肯屈節曰主事終擢員外何汲汲求人爲自是編修改主事遂爲成例官刑部爲法寬恕大學士阿桂尙書胡季堂悉器重之有疑獄輒令依古義平議所平反全活甚衆退直之暇輒理舊業洊升郎中六十年授山東兗沂曹濟道嘉慶元年七月曹南水漫灘潰決單縣地星衍與按察使康基田鳩工集夫五日夜從上游築隄遏禦之不果決基田謂此役省國家數百萬帑金也尋權按察使凡七閱月平反數十百條活死罪誣服者十餘獄濰縣有武人犯法賄和珅門屬託大吏星衍訪捕鞫之械和門來者於衞及回本任値曹工漫溢星衍以無工處所得疏防咎特旨予留任曹工分治引河三道星衍治中段畢工校濟東道登萊道上下段省三十餘萬先是河工分賠之員或得羨餘謂之扣費星衍不取悉以給引河工費時曹工尙未合河督巡撫亟奏合龍移星衍任尋又奏稱合而復開開則分賠兩次壩工銀九萬兩當半屬後任而司事者並以歸星衍星衍亦任之曰吾既兼河務不能不爲人受過也四年丁母憂歸浙撫阮元聘主詁經精舍星衍課諸生以經史疑義及小學天部地理算學詞章不十年舍中士皆以撰述名家服闋入都仍發山東十年補督糧道十二年權布政使値侍郎廣興在省按章供張煩擾星衍不肯妄支後廣以賄敗豫東兩省多以支庫獲罪星衍不與焉十六年引疾歸星衍博極羣書勤於著述又好聚書聞人家藏有善本借鈔無虛日金石文字靡不考其源委嘗病古文尙書爲東晉梅賾所亂官刑部時即集古文尙書馬鄭注十卷逸文二卷歸田後又爲尙書今古文注疏三十九卷其序例云尙書古注散佚今剌取書傳升爲注者五家三科之說一司馬遷從孔氏安國問故是古文說一書大傳伏生所傳歐陽高大夏侯勝小夏侯建是今文說一馬氏融鄭氏康成雖有異同多本衞氏宏賈氏逵是孔壁古文說皆疏明出典其先秦諸子所引古書說及緯書白虎通等漢魏諸儒今文說許氏說文所載孔壁古文注中存其異文異字其說則附疏中其意在網羅放失舊聞故錄漢魏人佚說爲多又兼采近代王鳴盛江聲段玉裁諸人書說惟不取趙宋以來諸人注以其時文籍散亡較今代無異聞又無師傳恐滋臆說也凡積二十二年而後成其他撰輯有周易集解十卷夏小正傳校正三卷明堂考三卷考注春秋別典十五卷爾雅廣雅詁訓韻編五卷魏三體石經殘字考一卷孔子集語十七卷晏子春秋音義二卷史記天官書考證十卷建立伏博士始末二卷寰宇訪碑錄十二卷金石萃編二十卷續古文苑二十卷詩文集二十五卷二十三年卒年六十六星衍晚年所著書多付文登畢亨嘉興李貽德爲卒其業亨原名

以田字恬谿初從休甯戴震游精漢人古訓之學尤長於書星衍撰尚書今古文注疏多采亨說每稱以爲經學無雙中嘉慶十二年舉人道光六年以大挑知縣分發江西署安義縣有兄殺胞弟案亨執不念鞠子哀泯亂倫彝刑茲無赦義不准援赦大府怒將劾之會歙程恩澤重亨事乃解後補崇義以積勞卒官年且八十矣著有九水山房文存二卷貽德字次白嘉慶二十三年舉人館星衍所相得甚歡著春秋左氏解賈服注輯述二十卷其書援引甚博字比句櫛於義有未安者亦加駁難雖使沖遠復生終未敢專樹征南之幟而盡棄舊義也又有詩攷異詩經名物攷周禮儀義十七史考異攬青閣詩鈔夢春廬詞

王聘珍字貞吾南城人自幼以力學聞乾隆五十四年學使翁方綱拔貢成均爲謝啟昆阮元參訂古籍嘗客浙西與歙凌廷堪論學廷堪深許之爲人厚重誠篤廉介自守治經確守後鄭之學著大戴禮記解詁十三卷目錄一卷其言曰大戴與小戴同受業于后倉各取孔壁古文說非小戴刪大戴馬融足小戴也禮察保傅語及秦亡乃孔襄等所合藏是賈誼有取於古記非古記采及新書也三朝記曾子乃劉氏分屬九流非大戴所裒集也又曰近代校讐不知家法王肅本點竄此經私定孔子家語反據肅本改易經文又或據唐宋類書如藝文類聚太平御覽之流增刪字句或云據永樂大典改某字作某凡茲數端率以今義繩古義以今音證古音以今文易古文遂使孔壁古奧之經變而文從字順經義由茲而亡故其發凡大旨禮典器數墨守鄭義解詁文字一依爾雅說文及兩漢經師訓詁有不知而闕無杜撰之言如五義義字據周禮注讀若儀五犛五字釋若忤青史子引漢書君子養之讀若中心養養之養皆能根據經史發蒙解惑江都焦循稱其不爲增刪一仍其舊列爲三十二讀書贊之一他著經義考補九經學

淩廷堪字次仲歙縣人六歲而孤冠後始讀書慕其鄉江永戴震之學乾隆五十五年進士改教職選寧國府教授奉母之官畢力著述者十餘年嘉慶十四年卒年五十三廷堪之學無所不窺於六書厤算以迄古今疆域之沿革職官之異同靡不條貫尤專禮學謂古聖使人復性者學也所學者即禮也顏淵問仁孔子告之者惟禮焉爾顏子歎道之高堅前後迨博文約禮然後如有所立即立於禮之立也禮有節文度數非空言理者可託著禮經釋例十三卷謂禮儀委曲繁重必須會通其例如鄉飲酒鄉射燕禮大射不同而其爲獻酢酬旅酬無算爵之例則同聘禮覲禮不同而其爲郊勞執玉行享庭實之例則同特牲饋食少牢饋食不同而其爲尸飯主人初獻主婦亞獻賓長三獻祭畢飲酒之例則同乃區爲八例以明同中之異異中之同曰通例曰飲食例曰賓客例曰射例曰變例曰祭例曰器服例曰雜例禮經第十一篇自漢以來說者雖多由不明尊尊之旨故罕得經意乃爲封建尊尊服制考一篇附於變例之後大興朱珪讀其書喻詩推重之廷堪禮經而外復潛心於樂謂今世俗樂與古雅樂中隔唐人燕樂一關蔡季通鄭世子堉俱未之知因以隋沛公鄭譯五旦七調之說爲燕樂之本又參考段安節琵琶錄張叔夏詞源遼史樂志諸書著燕樂考原六卷江都江藩歎以爲思通鬼神他著有元遺山年譜二卷校禮堂文集三十六卷詩集十四卷儀徵阮元常命子常生從廷堪授士禮又稱其鄉射五物考九拜解九祭解釋牲詩楚茨考諸說經之文多發古人所未發其尤卓然者則復禮三篇云同邑洪榜字汝登乾隆二十三年舉人四十一年應天津召試第一授內閣中書卒年三十有五榜於經學著明象未成終於益卦因鄭康成易贊作述贊二卷又明聲均撰四聲均和表五卷示兒切語一卷江氏永切字六百十有六是書增補百三十九字又以字母見溪等字注於廣韻之目每字之上以定喉吻舌齒脣五音蓋其書宗江戴二家之說而加詳焉爲人律身以正待人以誠生平服膺戴震戴震所著孟子字義疏證當時讀者不能通其義惟榜以爲功不在禹下撰震行狀載與彭紹升書朱筠見之曰可不必載戴氏可傳者不在此榜乃上書辨論江藩在吳下見其書歎曰洪君可謂衛道之儒矣汪龍字辰叔亦廷堪同邑人乾隆五十一年舉人嗜古博學尤精於詩嘗讀詩生民元鳥二篇疑鄭箋迹乳卵生之說不若毛詩謂姜嫄簡狄從帝嚳祀郊禖之正遂稽傳箋同異用力於是經者數十年成毛詩異義四卷毛詩申成十卷卒年八十二

桂馥字冬卉曲阜人乾隆五十五年進士選雲南永平縣知縣卒於官馥博涉羣書尤潛心小學精通聲義嘗謂士不通經不足致用而訓詁不明不足以通經故自諸生以至通籍四十年間日取許氏說文與諸經之義相疏證爲說文義證五十卷力窮根柢爲一生精力所在馥與段玉裁生同時同治說文學者以桂段並稱而兩人兩不相見書亦未見亦異事也蓋段氏之書聲義兼明而尤邃於聲桂氏之書聲亦並及而尤博於義段氏鉤索比傳自以爲能冥合許君之旨勇於自信自成一家之言故破字剏義爲多桂氏敷佐許說發揮旁通令學者引申貫注自得其義之所歸故段書約而猝難通闢桂書繁而尋省易了夫語其得於心則段勝矣語其便於人則段或未之先也其專臚古籍不下己意則以意在博證求通展轉孳乳觸長無方亦如王氏廣雅疏證阮氏經籍籑詁之類非以己意爲獨斷者及馥就官滇南追念舊聞隨筆疏記十卷以其細碎比之匠門木材題曰札樸然馥嘗引徐幹中論鄙儒博學務於物名詳於器械考於訓詁摘其章句而不能統其大義之所極以獲先王之心故使學者勞思慮而不知道費日月而無功成謂近日學者風尚六書動成習氣偶涉名物自負倉雅略講點畫妄議斯冰叩以經典大義茫乎未之聞也此尤爲同時小學家所不能言足以鍼盲起廢他著有晚學集十二卷許瀚字印林日照人道光十五年舉人官嶧縣教諭博綜經史及金石文字訓詁尤深至校勘宋元明本書籍精審不減黃丕烈顧廣圻晚年爲靈石楊氏校刊桂馥說文義證於清河甫成而板燬於捻寇並所藏經籍金石俱盡遂抱鬱而沒年七十他著有韓詩外傳勘誤攀古小廬文

江聲字叔澐元和人七歲就傅讀書問讀書何爲師以取科第爲言聲求所以進於是者年二十九遭父疾晨夕侍牀褥不解衣帶至自滌械窬視穢以驗疾進退及居憂哀毀骨立逾三年容戚然如新喪者侍母疾居喪亦如父歿時族黨哀其至行既孤因不復事科舉業讀尚書怪古文與今文不類又怪孔傳非安國所爲年三十五師事同郡通儒惠棟得讀所著古文尚書考及閻若璩古文疏證乃知古文及孔傳皆晉時人僞作於是集漢儒之說以注二十九篇漢注不備則旁考他書精研古訓成尚書集注音疏十二卷附補誼九條識僞字一條尚書集注音疏前後述外編一卷尚書經師系表也經文注疏皆以古篆書之疑僞古文者始於宋之吳才老朱子以後吳草廬郝京山梅鷟皆不能得其要領至本朝閻惠兩徵君所著之書乃能發其作僞之跡勦竊之原若刊正經文疏明古注則皆未之及也及聲出而集大成焉聲又病後世深求考老轉注之義至以篆迹求之因爲六書說謂建類一首即始一終亥五百四十部之首同意相受即凡某之屬皆從某也陽湖孫星衍亦推其說以爲爾雅肇祖元胎之屬始也始亦建類一首肇祖元胎皆爲始亦同意相受說文此類亦甚多推考老之訓如口部之咽嗌也嗌咽也走部之走趨也趨走也猶之考注老老轉注考矣其同在口部走部即建類一首也聲亦以爲然而戴震以爲貫全部則義太廣聲折之曰若止考老爲轉注不已泛乎且諸聲一義不貫全部乎聲與震以學問相推重其不相附和如此生平不作楷書即與人往來筆札皆作古篆俗儒往往非笑之而聲不顧也其寫尚書瀍水字瀍字不在說文瀍据淮南作廛攗爾雅玄作孟人始或怪之後服其非臆說顧其書終以時俗不便識讀不甚行於時聲性耿介不慕榮利交游如王鳴盛王昶畢沅皆重其品藻而聲未嘗以私事干之當事益重其人嘉慶元年舉孝廉方正四年卒年七十有九晚年因不諳俗勤與時違取周易艮背之義自號艮庭學者稱爲艮庭先生云子鏐吳縣學生孫沅優貢生世傳其學沅字子蘭金壇段玉裁僑居蘇州沅出入其門者數十年沅先著說文釋例後承玉裁屬以段書十七部諧聲表之列某聲某聲者爲綱而件系之聲復生聲則依其次第爲說文解字音均表凡十七卷沅於段紕謬處略箋其失其言曰支脂之之爲三真臻先與諄文欣魂痕之爲二皆陸氏之舊而段氏矜爲獨得之秘嚴分其界以自殊異凡許氏所合韻處皆多方改使離之而一部之與十二部亦不使相通故韻之讀若秘改爲逼肊之乙聲刪去聲字必之弋亦聲改爲八亦聲而於開章一篆說解極一物三字即是一部十二部十五部合韻之理於是絕不敢言其韻直至亥字下重文說之也十二十三兩部之相通者惟民昏二字爲梗故力去昬字以就其說昇字由聲十五部也絣从昇得聲而絣即古綦字在一部遂改昇字爲由聲以避十五部與一部之合音凡此皆段氏之癥結處也又曰段氏論音謂古無去故譜諸書平而上入沅意古音有去無入平輕去重平引成上去促成入上入之字少於平去職是故耳北人語言入皆成去古音所沿至今猶舊非敢苟異參之或然沅當時面質玉裁親許駁勘故有不同云卒年七十二

錢大昭字晦之嘉定人大昕弟大昕深於經史一門羣從皆治古學能文章爲東南之望大昭少於大昕者二十年事兄如嚴師得其指授時有兩蘇之比壯歲遊京師嘗校錄四庫全書人間未見之秘皆得縱觀由是學問益浩博又善於決擇其說經及小學之書能直入漢儒閫奧嘗欲從事爾雅大昕與書謂六經皆以明道未有不通訓詁而能知道者欲窮六經之旨必自爾雅始大昭乃著爾雅釋文補三卷及廣雅疏義二十卷又著說文統釋六十卷其例十一曰疏證以佐古義凡經典古義與許合者在所必收二曰音切以復古音以徐鉉徐鍇等不知古音往往誤讀又許君言讀若某者即有某音今並補正又說文

本有舊音隋書經籍志有說文音隱顏氏家訓引之唐以前傳注家多稱說文音某今並采附本字之下三曰考異以復古本凡古本暨古書所引有異同者悉取以折中四曰辨俗以正譌字凡經典相承俗字及徐氏新補新附字皆辨證詳明別爲一卷附後五曰通義以明互借凡經典之同物同音於古本是通用書皆引經證之六曰從母以明孳乳如完冠髡軏等字皆於元下注云从此七曰別體以廣異義凡重文中之籀篆古文奇字皆有所從其許君未言者亦略釋之經典兩用者則引而證爲八曰正譌以訂刊誤凡許君不收之字注中不應有又字畫脫誤者並校正之九曰崇古以知古字如鷗鳿鷖鵰之類經典有不从鳥者此古今字今注曰古用某十曰補字以免漏略如由希免䀆等三十九字从此得聲者甚多而書中脫落有子無母非許例今酌補之亦別爲一卷附後大昭於正史尤精兩漢嘗謂注史與注經不同注經以明理爲宗理寓於訓詁訓詁明而理自見注史以達事爲主事不明訓詁雖精無益也每怪服虔應劭之於漢書裴駰徐廣之於史記其時去古未遠稗官載記碑刻尙多不能會而通之考異質疑徒戔戔於訓詁乃著兩漢書辨疑四十卷於地理官制皆有所得又仿其例著三國志辨疑三卷又以宋熊方所補後漢書年表祇取材范書陳志乃於正史外兼取山經地志金石子集其體例依班氏之舊而略變道之著後漢書補表八卷計所補王侯多於熊書百三十人論者謂視萬斯同歷代史表有過之無不及他著有詩古訓十二卷經說十卷補續漢書藝文志二卷後漢郡國令長攷一卷邇言二卷生平不嗜榮利名其讀書之所曰可廬欲蘄至於古之隨遇自足者嘉慶元年舉孝廉方正子東垣字既勤嘉慶三年舉人官浙江松陽縣知縣以艱歸服闋補上虞縣東垣與弟繹侗皆潛研經史金石時稱三鳳嘗與繹侗及同縣秦鑒勘訂鄭志又與繹侗鑒及桐鄉金錫鬯輯釋崇文總目世稱精本東垣爲學沈博而知要以世傳孟子注疏繆舛特甚乃輯劉熙綦毋邃陸善經諸儒古注及顧炎武閻若璩同時師友之論附以己見並正其音讀考其異同爲孟子解誼十四卷他著有小爾雅校證二卷補經義考四十卷列代建元表勤有堂文集侗字同人於歷算之學亦能究其原本大昕撰宋遼金元四史朔閏考未竟而卒侗證以羣書金石文字增輯一千三百餘條日夕檢閱推算幾忘寢食卒因是感疾而歿朱駿聲字豐芑吳縣人年十三受許氏說一讀即通曉從錢大昕游錢一見奇之曰衣鉢之傳將在子矣嘉慶二十三年舉人官黟縣訓導咸豐元年以截取知縣入都進呈所著說文通訓定聲及古今韻準東韻說雅共四十卷文宗披覽嘉其治賞國子監博士銜旋遷揚州府學教授引疾未之官八年卒年七十一駿聲著述甚博不求知於世兼長推步明通象數嘗論爾雅太歲在寅推大昕說謂其時自以實測之歲星在亥定太歲在寅命之曰攝提格以紀年歲星所合之辰即爲太歲然歲星閱百四十四年而超一辰至秦漢而甲寅之年歲星在丑太歲應在子漢詔書以太初元年爲攝提格者因六十紀年之名歷年以次排敍不能頓超一辰故仍命以攝提格也於是後人以寅卯等爲太歲强以攝提格等爲歲陰其實爾雅所云歲陽歲陰非如後人說也他著有左傳旁通十卷左傳識小錄三卷夏小正補傳一卷離騷補注一卷子孔彰字仲我能傳父業著有說文粹三編十三經漢注中興將帥別傳

清史稿

儒林傳三

馬宗槤 子瑞辰 孫三俊　張惠言 子成孫 江承之

郝懿行　陳壽祺 子喬樅 謝震 孫經世 柯蘅 何治運

許宗彥　呂飛鵬 沈夢蘭 宋世犖

嚴可均 嚴元照　焦循 子廷琥 李鍾泗 顧鳳毛 鍾懷

李富孫 兄超孫 弟遇孫　胡承珙 胡秉虔 朱珔

凌曙 薛傳均　劉逢祿 宋翔鳳 戴望

雷學淇 崔述 王萱齡　胡培翬 楊大堉

劉文淇 子毓崧 孫壽曾 方申　丁晏

王筠　曾釗 林伯桐 李黼平

柳興恩 弟榮宗 許桂林 鍾文烝 梅毓　陳澧 侯康 侯度 桂文燦

鄭珍 鄒漢勛 王[illegible]　劉寶楠 子恭冕

龍啓瑞 苗夔 龐大堃　陳立

陳奐 金鶚　黃式三 子以周

俞樾 張文虎　王闓運

王先謙　孫詒讓

鄭杲 宋書升 法偉堂

馬宗槤字器之桐城人由舉人官東流縣教諭嘉慶六年成進士又一年卒少從舅氏姚鼐學詩古文詞所作多沈博絕麗既而精通古訓及地理之學鄉舉時以解論語過位升堂合於古制大興朱珪亟拔之後從邵晉涵任大椿王念孫遊其學益進嘗以解經必先通訓詁而載籍極博未有彙成一編者乃偕同志孫星衍阮元朱錫庚分韻編錄適南旋中輟其後元視學江浙萃諸名宿爲經籍纂詁其凡例猶宗槤所手訂也生平敦實寡嗜好惟以著述爲樂嘗撰左氏補注三卷博徵漢魏諸儒之說不苟同立異所著別有毛鄭詩詁訓考證周禮鄭注疏證穀梁傳疏證說文字義廣證戰國策地理考南海鬱林合浦蒼梧四郡沿革考嶺南詩鈔共數十卷校經堂詩鈔二卷子瑞辰字元伯嘉慶十五年進士選翰林院庶吉士散館改工部營繕司主事擢郎中因事罣誤發盛京效力旋賞主事奏留工部補員外郎復坐事發往黑龍江未幾釋歸歷主江西白鹿洞山東嶧山安徽廬陽書院講席髮逆陷桐城衆驚走賊脅之降瑞辰大言曰吾前翰林院庶吉士工部都水司員外郎馬瑞辰也吾命二子團練鄉兵今仲子死少子從軍吾豈降賊者耶賊執其髮爇其背而擁之行行數里罵愈厲遂死年七十九事聞郵蔭如例敕建專祠瑞辰勤學著書耄而不倦嘗謂詩自齊魯韓三家既亡說詩者以毛詩爲最古據鄭志答張逸云注詩宗毛爲主毛義隱略則更表明是鄭君大旨本以述毛其箋詩改讀非盡易傳而正義或誤以爲毛鄭異義鄭君先從張恭祖受韓凡箋訓異毛者多本韓說其答張逸亦云如有不同即下己意而正義又或誤合傳箋爲一毛詩用古文其經字多假借類皆本於雙聲疊韻而正義或有未達於是乃撰毛詩傳箋通釋三十二卷以三家辨其異同以全經明其義例以古音古義證其譌互以雙聲疊韻別其通借篤守家法義据通深同時長洲陳奐著毛詩傳疏亦爲專門之學由是治毛詩者多推此兩家之書子三俊字命之優貢生舉孝廉方正學宗程朱以國難家仇憤欲殺賊四年六月率練勇追賊至周瑜城力戰死年三十五著有馬徵君遺集

張惠言字皋聞武進人少受易經即通大義年十四爲童子師修學立行敦禮自守人皆稱敬嘉慶四年進士時大學士朱珪爲吏部尙書以惠言學行特奏改庶吉士充實錄館纂修官六年散館改部屬珪復特奏授翰林院編修七年卒年四十有二惠言鄉會兩試皆出朱珪門未嘗以所能自異默然隨羣弟子進退而已珪潛察得之則大喜故屢進達之而惠言亦斷斷相諍不敢隱珪言天子當以寬大得民惠言言國家承平百年餘至仁涵育遠出漢唐宋之上吏民習於寬大故姦孽萌芽其間宜大伸罰以肅內外之政珪言天子當優有過大臣惠言言庸猥之輩倖致通顯復壞朝廷法度惜全之當何所用珪喜進淹雅之士惠言言當進內治官府外治疆埸者與同縣洪亮吉於廣坐諍之惠言少爲詞賦擬司馬相如揚雄之文及壯又學韓愈歐陽修篆書初學李陽冰後學漢碑額及石鼓文嘗奉命詣盛京篆列聖加尊號玉寶惠言言於當事謂舊藏寶不得磨治又謂翰林奉命篆列聖寶宜奏請馳驛以格於例不果行生平精思絕人嘗從歙金榜問故其學要歸六經而尤深易禮著有周易虞氏義虞氏消息序曰自漢武帝時劉向校書考易說以爲諸易家皆祖田何楊叔丁將軍大義略同惟京氏爲異而孟喜受易家陰陽其說易本於氣而後以人事明之八卦六十四象四正七十二候變通消息諸儒祖述之莫能具當漢之季年扶風馬融作易傳授鄭康成作易注而荊州牧劉表會稽太守王朗潁川荀爽南陽宋忠皆以易名家各有所述唯翻傳孟氏學既作易注奏上之獻帝翻之言易以陰陽消息六爻發揮旁通升降上下歸於乾元用九而天下治依物取類貫穿比附始若瑣碎及其沈深解剝離根散葉暢茂條理遂於大道後儒罕能通之自魏王弼以虛空之言解易唐立之學官而漢世諸儒之說微獨資州李鼎祚作周易集解頗采古易家言而翻注爲多其後古書盡亡而宋道士陳

摶以意造爲龍圖其徒劉牧以爲易之河圖洛書也河南邵雍又爲先天後天之圖宋之說易者翕然宗之以至於今牢不可拔而易陰陽之大義蓋盡晦矣大清有天下元和徵士惠棟始考古義孟京荀鄭虞氏作易漢學又自爲辭釋曰周易述然掇拾於亡廢之後左右采獲十无二三其所述大氐宗禰虞氏而未能盡通則旁徵他說以合之蓋從唐五代宋元明朽壞散亂千有餘年區區修補收拾欲一旦而其道復明斯固難也翻之學既邃又具見馬鄭荀宋氏書考其是否故其義爲精又古書亡而漢魏師說可見者十餘家然唯鄭荀虞三家略有梗概可指說而虞尤較備然則求七十子之微言田何楊叔丁將軍之所傳者舍虞氏之注其何所自焉故求其條貫明其統例釋其疑滯信其亡闕爲虞氏義九卷又表其大旨爲消息二卷又著有虞氏易禮二卷虞氏易侯一卷虞氏易言二卷初惠棟作周易述大旨遵虞翻補以鄭荀諸儒學者以未能專一少之儀徵阮元謂漢人之易孟費諸家各有師承勢不能合惠傳虞氏易即傳漢孟氏易矣孤經絕學也惠言又著周易鄭氏義三卷周易荀氏九家義一卷周易鄭荀義三卷易義別錄十四卷易緯略義三卷易圖條辨二卷其易義別錄序謂不盡見其辭而欲論其是非猶以也故其所著皆羽儀虞氏易者於禮有儀禮詞一卷讀儀禮記二卷皆特精審又有茗柯文五卷詞一卷子成孫字彥惟少時惠言課以說文令分六書譜之成象形二卷惠言著說文諧聲譜未竟而卒成孫後從莊述祖遊得其大要乃續成之卷第篇例多所增易凡五十卷其書分中僮蕘林巖筐榮奏詵千蓑肆揖支皮絲鳩芼萋卹二十部此乃於毛詩中拈其最先出之字爲建首加以易韻屈韻而又以說文之聲分從之秩然不紊有各家所未及者嘗以示儀徵阮元元歎其超卓精細成孫兼精天學同里董祐誠歿爲校刊其遺書又著有端虛勉一居文集江承之字安甫歙縣人學於惠言時弟子從惠言受易禮者十數其甥董士錫受易通陰陽五行家言承之兼受易禮著有周易爻義虞氏易變表儀禮名物鄭氏詩譜年僅十有八

郝懿行字恂九棲霞人嘉慶四年進士授戶部主事二十五年補江南司主事道光三年卒年六十九懿行爲人謙退吶若不出口然自守廉介不輕與人晉接遇非素知者相對竟日無一語迨談論經義則喋喋忘倦所居四壁蕭然庭院蓬蒿常滿僮僕不備懿行處之晏如浮沈郎署視官之榮悴若無與於己者而一肆力於著述漏下四鼓者四十年所著有爾雅義疏十九卷春秋說略十二卷春秋比一卷山海經箋疏十八卷易說十二卷書說二卷懿行嘗曰邵晉涵爾雅正義蒐輯較廣然聲音訓詁之原尚多壅閡故鮮發明今余作義疏於字借聲轉處詞繁不殺殆欲明其所以然又曰余田居多載遇草木蟲魚有弗知者必詢其名詳察其形考之古書以徵其然否今茲疏中其異於舊說者皆經目驗非憑胸肊此余書所以別乎邵氏也懿行之於爾雅用力最久稾凡數易垂歿而後成於古訓同異名物疑似必詳加辨論疏通證明故所造較晉涵爲深高郵王念孫爲之點閱寄儀徵阮元刊行元總裁會試時從經義中識拔懿行者也其箋疏山海經援引各籍正名辨物事刊疏謬辭取雅馴阮元謂吳氏廣注徵引雖博失之蕪雜畢沅校本訂正文字尙多疏略惟懿行精而不鑿博而不濫懿行妻王照圓字瑞玉博涉經史當時著書家有高郵王父子棲霞郝夫婦之目著有詩說一卷列女傳補注八卷附女錄一卷女校一卷又與懿行以詩答問懿行錄之爲詩問七卷其爾雅義疏亦閒取照圓說他著有詩經拾遺一卷汲冢周書輯要一卷竹書紀年校正十四卷荀子補注一卷晉宋書故一卷補晉書刑法志一卷食貨志一卷文集十二卷照圓又有列仙傳校正二卷

陳壽祺字恭甫閩縣人少能文年十八臺灣平撰上福康安百韻詩并序沈博絕麗傳誦一時嘉慶四年成進士選翰林院庶吉士散館授編修尋告歸性至孝不忍言仕家貧無食父命之入都九年充廣東鄉試副考官十二年充河南鄉試副考官十四年充會試同考官京察一等記名御史壽祺以不得迎養二親常愀然不樂將告歸矣俄聞父歿慟幾絕奔歸服除乞養母母歿終喪年五十三有密薦於朝者卒不出壽祺會試出朱珪阮元門乃專爲漢儒之學又及見錢大昕段玉裁王念孫程瑤田諸人故學益精博解經得兩漢大義每舉一義輒有折衷兩漢經師莫先於伏生莫備於許氏鄭氏壽祺闡明遺書著尙書大傳箋三卷序錄一卷訂誤一卷附漢書五行志綴以他書所引劉氏五行傳論三卷序曰伏生大傳條撰大義因經屬恉其文辭爾雅深厚最近大小戴記七十子之徒所說非漢諸儒傳訓之所能及也康成百世儒宗獨注大傳其釋三禮每援引之及注古文尙書洪範五事康誥孟侯文王伐崇戡耆之歲周公克殷踐奄之年咸據大傳以明事豈非閎識博通信舊聞者哉且夫伏生之學尤善於禮其言巡狩朝覲郊尸迎日廟祭族燕門塾學校養老擇射貢士考績郊遂采地房堂路寢之制后夫人入御太子迎問諸侯之法三正之統五服之色七始之素八伯之樂皆唐虞三代遺文往往六經所不備諸子百家所不詳今其書散逸十無四五尤可寶重宋朱子與勉齋黃氏纂儀禮經傳通解攈摭大傳獨詳蓋有裨禮學不虛也五行傳者自夏侯始昌至劉氏父子傳之皆善推敭禍著天人之應漢儒治經莫不明象數陰陽以窮極性命故易有孟京卦氣之候詩有翼奉五際之要春秋有公羊災異之條書有夏侯劉氏許商李尋洪範之論班固本大傳攬仲舒別向歆以傳春秋告往知來王事之表不可廢也是以錄漢書五行志附於後以備一家之學云又著五經異義疏證三卷左海經辨二卷左海文集十卷左海駢體文二卷絳跗堂詩集六卷東越儒林文苑後傳二卷東觀存稾一卷壽祺歸後阮元延課詁經精舍生徒元纂羣經古義爲經郛壽祺爲撰條例明所以原本訓辭會通典禮存家法而析異同之意後主泉州清源書院十年主鼇峰書院十一年與諸生言修身勵學教以經術作義利辨知恥說科舉論以示學者規約整肅士初苦之久乃悅服家居與諸當事書於桑梓利弊蒿目痗心雖觸忌諱無所隱明儒黃道周孤忠絕學壽祺搜輯遺文爲之刊行又具呈大吏乞疏請從祀孔廟議上如所請道光十四年卒年六十四子喬樅字樸園道光五年舉人二十四年以大挑知縣分發江西歷官分宜弋陽德化南城諸縣署袁州臨江撫州知府以經術飾吏治居官有聲同治七年卒於官年六十一初壽祺以鄭注禮記多改讀又嘗鉤考齊魯韓三家詩佚文佚義與毛氏異同者輯而未就病革謂喬樅曰爾好漢學治經知師法他日能成吾志九原無憾矣喬樅乃紬繹舊聞勒爲定本成禮記鄭讀考六卷三家詩遺說考十五卷又著齊詩翼氏學疏證二卷詩緯集證四卷謂齊詩之學宗旨有三曰四始曰五際曰六情皆以明天地陰陽終始之理考人事盛衰得失之原言王道治亂安危之故齊先亡最爲寡證獨翼奉存其百一且其說多出詩緯察躔象推厤數徵休咎蓋齊學所本也詩緯亡而齊詩遂爲絕學矣又著今文尙書經說考三十四卷歐陽夏侯經說考一卷謂二十九篇今文具存十六篇既無今文可考遂莫能盡通其義凡古文易書詩禮論語孝經所以傳悉由今文爲之先驅今文所無輒廢向微伏生則萬古長夜矣歐陽大小夏侯各守師法苟能得其單辭片義以尋千百年不傳之緒則今文之維持聖經於不墜者豈淺尠哉又有詩經四家異文考五卷毛詩鄭箋改字說四卷禮堂經說二卷最後爲尙書說時宿學漸蕪考據家爲世訾謷獨湘鄉曾國藩見其書以爲可傳自元和惠氏高郵王氏外惟喬樅能修世業張大其家法壽祺同里治古學者有謝震何治運震原名在震字甸男侯官人乾隆五十四年舉人順昌學教諭震嘗與閩縣林一桂甌寧萬世美俱精三禮震尤篤學嗜古然斷斷持漢學好排擊宋儒鑿空逃虛之說壽祺與震同舉鄉試少震六歲視爲畏友震重氣誼有志用世而不遇於時年四十卒弟子緝其遺著有禮案二卷精覈勝敖氏又有四書小箋一卷四聖年譜一卷工詩有櫻桃軒詩集二卷治運字郊海閩縣人嘉慶十二年舉人治閩彊識篤志漢學粵督阮元嘗聘纂廣東通志後遊浙中巡撫陳若霖爲鋟其經解及論辨文字四卷名何氏學道光元年卒年四十七治運與壽祺友及卒壽祺以謂無與爲質不獲以輔成其學也孫經世字濟侯惠安人壽祺弟子壽祺課士不一格游其門者若仙遊王捷南之詩禮春秋諸史晉江杜彥士之小學惠安陳金城之漢易將樂梁文之性理建安丁汝恭德化賴其煐建陽張際亮之詩古文辭皆足名家而經世學成蚤世世以儒林推之經世少喜讀近思錄後沈研經義謂不通經學無以爲理學不明訓詁無以通經不知聲音文字之原無以明訓詁著說文會通十六卷爾雅音疏六卷釋文辨證十四卷韻學溯源四卷十三經正讀定本八十卷經傳釋詞續編八卷又著春秋例辨八卷考經說二卷夏小正說一卷詩韻訂二卷惕齋經說六卷讀經校語四卷柯衡膠州人從壽祺受許鄭之學嘗以史漢諸表爲紀傳之綱領而譌誤舛奪最爲難治乃條而理之著漢書七表校補二十卷爲例十一曰辨事誤二曰辨文字誤三曰辨注誤四曰辨諸家攷證之誤五曰以本書證本書之誤六曰史漢互證而知其誤七曰漢書荀紀互證而知其誤八曰漢書水經注互證而知其誤九曰據紀傳以補表之闕十曰據今地以證表之誤鉤稽隱賾凡前人之說皆取而辨其是非至前人未及者又得二三十事亦專門之學也尤長於詩著有聲詩闡微二卷舊雨草堂詩集四卷其說經說史之作門人集爲舊雨草堂札記

許宗彥字積卿德清人九歲能讀經史善屬文侍郎王昶愛其才作積卿字說以貽嘉慶四年進士授兵部主事就官兩月以親老遽引疾歸親歿卒不出居杭州杜門以讀書爲事其學無所不通探賾索隱識力卓然發千年儒者所未發考周五廟二祧以爲周制五廟之外別有二祧爲遷廟之殺以厚親之仁宗

廟之外別立祖宗與禘郊同爲重祭以大尊尊之義諸經無文武二廟不毀之說誤始於韋元成而劉歆因之鄭康成亦因之祧者遷廟乃謂爲不遷之廟名實乖矣又考文武二世室以爲周文武皆配於明堂太室故有文武世室之號孔穎達誤謂伯禽稱文世室武公稱武世室以公羊傳周公稱太廟魯公稱世室羣公稱宮證之舛甚又考禹貢三江以爲漢志言分江水首受江東至餘姚入海夫曰分江水曰首受江則非南江之正流可知曰東至餘姚入海則非在吳入海可知與禹貢三江無與又考太歲太陰以爲太歲者歲星與日同次斗杓所建之辰也太陰始寅終丑太歲始子終亥漢律志曰太初元年歲前十一月朔旦冬至歲在星紀婺女六度歲名困敦此太歲始子之碻證武帝詔曰年名焉逢攝提格此太陰始寅之碻證漢書天文志始誤以甘石之言太陰者係之太歲而與太初之太歲遂差兩辰乃以爲星有贏縮非矣又說六書轉注以爲從偏旁轉相注說文曰轉注者建類一首同意相受考老是也後序曰其建首也立一爲耑即建類一首之謂也如示爲部首从示之偏旁注爲神祇等字从神祇注爲祠祀祭祝等字展轉相注皆同意爲一類戴震指爾雅詁訓爲轉注而不知詁訓出於後來非制字時所豫有也段玉裁引戴說又言爾雅字多假借而不知假借者本無其字今如初哉首基之訓非本無首字而假初哉諸字以當之也其他所著學說能持漢宋儒者之平禮論治論諸篇皆稽古證今通達政體尤精天文得泰西推步秘法自製渾金球別具神解嘗援緯書四游以疏本天高卑而知不同心非渾圓之理考周髀北極璿璣以推古人測驗之法七政皆統於天而知東漢以前用赤道不用黃道爲得諸行之本論曰左右旋一理以王錫闡解黃道右旋赤道平行戴震分黃極爲二行其說頗不分明爲剖析之洞徹微妙皆言天家所未及性孝友愼於交游體羸而神理澂淡見者皆肅然敬之儀徵阮元會試舉主也重其學術行誼以子女爲姻家

呂飛鵬字雲里旌德人從甯國凌廷堪治禮廷堪器之以爲能傳其學山陽汪廷珍視學安徽喜士通古經義補飛鵬縣學附生飛鵬少讀周禮長而癖嗜廷堪嘗著周官九拜九祭解鄉射五物攷援據禮經疏通證明足發前人所未發飛鵬師其意而變通之成周禮補注六卷其大旨以鄭氏爲宗自序曰漢魏之治周禮者如賈逵張衡孫炎薛綜陳劭崔靈恩之注遺文軼事散見羣籍或與鄭義符合或與鄭義乖違同者可得其會通異者可博其旨趣是用廣搜衆說補所未備條系於經文之下或旁采他經舊注或兼取近儒經說要於申明古義而已又著周禮古今文義證六卷嘗攷康成本治小戴禮後以古經校之取其於義長且順者爲鄭氏學又注小戴所傳禮記四十九篇又嘗作毛詩箋今取鄭氏之學證鄭氏之注則辭易瞭然即彼此互歧前後錯出亦不煩辭費而得失已明故於三者剌取爲多至許氏說文解字徵引周禮彼此互異取以推廣鄭義不嫌牴牾其他史册流傳事系本朝禮遵周典亦備采擇用俟辯章猶是鄭氏況以漢法之意也平居書齋閣自銘誠粹然出於儒先道學鄉饑籌粟倡振人多德之有爭辯一言立釋嘗戒其子賢基曰成名易成人難又曰言官不易爲毋陳利而昧大體毋挾私而務高名其本行如此賢基卒以忠節著道光二十九年卒年七十三子賢基工部右侍郎諡文節自有傳有清爲周禮之學者有惠士奇沈彤莊存與沈夢蘭段玉裁徐養原宋世犖夢蘭字古春烏程人乾隆四十八年舉人官湖北宜都縣知縣夢蘭博通諸經實事求是尤邃於周官成周禮學一書分溝洫畿封邦國都鄙城郭宮室職官祿田貢賦軍旅車乘禮射律度量衡十三門取司馬法逸周書管子呂覽伏傳戴記諸古書參互攷證合之書詩禮記三傳孟子先儒所病其牴牾者無不得其會通爲圖若干並取經傳文之與周官相發明者釋於篇他著有易書詩孟子學五省溝洫圖說其易學自序云自輯周禮學於易象得井比師訟同人大有若干卦錯綜參伍知易之爲道先王一切之治法於是乎在而孟子學則又以疏證周官之故彙其餘說以成帙者其溝洫圖說卷不盈寸凡南北形勢河道原委歷代沿革衆說異同與夫溝遂經畛之體廣深尋尺之數以及畜水止水蕩水均水舍水瀉水之事皆備復證之周官考究詳覈官湖北時奉檄襄築荊州隄工上江隄埽工議及荊江論沔陽水災復奉檄會勘作水利說以諭沔民原本經術有裨實用皆此類也世犖字卣勛臨海人乾隆五十三年舉人以教習官陝西扶風知縣地當川藏孔道夫馬悉斂之民計畝率錢名曰公局世犖多所裁革無妄取時教匪初定州縣多以州縣遷擺扶風民有持齋爲怨家所訐者大府飛檄至捕而鞫之皆良民釋弗顧罷歸肇求經訓熟於諸聲假借之例著周禮故書疏證六卷儀禮古今文疏證二卷

嚴可均字景文烏程人嘉慶五年舉人官建德縣教諭引疾歸可均博聞強識精考據之學與姚文田同治說文爲說文長編亦謂之類考有天文算術地理類草木鳥獸蟲魚類聲類說文引羣書羣書引說文類積四十五册又輯鐘鼎拓本爲說文翼十五篇將校定說文撰爲疏義孫星衍促其成乃撮舉大略就毛氏汲古閣初印本別爲校議三十篇專正徐鉉之失又與丁溶同治唐石經著校文十卷自序云余弱冠治經稍見宋槧本既又念若漢若魏若唐若孟蜀若宋嘉祐紹興各立石經今僅嘉祐四石紹興八十七石皆殘本而唐大和石壁二百二十八石巋然獨存此天地間經本之最完最舊者也夫唐代四部之富埒於梁隋而鄭覃唐元度輩皆通儒頗見古本苟能榮正積非歸於眞是即方駕熹平不難而僅止於是今也古本皆亡欲復舊觀已難爲力可嘅也然而後唐彫版實依石經句度鈔寫歷宋元明轉刻轉誤而石本幸存縱不足與復古以匡今繆有餘也獨怪數百年來學士大夫尠或過問者間有一二好古之士亦與冢碣寺碑同類而並道之康熙初顧炎武始略校爲觀其所作九經誤字金石文字記刺取臁臁是非寡當又誤信王堯惠之補字以誣石經顧氏且然況其他乎烏乎石經者古本之終今本之祖治經不及見古本而並荒石經匪直荒之又交口誣之豈經之幸哉余不自揆欲爲今版本正其誤爲唐石經釋其非爲顧氏等袪其惑隨讀隨校凡石經之磨改者旁增者與今本互異者皆錄出輒據注疏釋文旁稽史傳及漢唐人所徵引者爲之左證而石臺孝經附其後焉嘉慶十三年詔開全唐文館可均以越在草茅無能爲役慨然曰唐之文盛矣哉唐以前要當有總集斯事體大是余之責也乃輯上古三代秦漢三國六朝文使與全唐文相接多至三千餘家人各系以小傳足以攷證史文皆從蒐羅殘賸得之覆檢羣書一字一句稍有異同無不校訂一手寫定不假衆力唐以前文咸萃於此焉又校輯諸經逸注及佚子書等數十種合經史子集爲四錄堂類集千二百餘卷嚴元照字九能歸安人十歲能爲四體書補諸生儀徵阮元大興朱珪深賞之熟於爾雅作匡名八卷旁羅異文軼訓鉤稽而疏證之著有悔菴文鈔詩鈔詞鈔娛親雅言等書

焦循字里堂甘泉人嘉慶六年舉人曾祖源祖鏡父蔥世傳易學循少穎異八歲在阮賡堯家與賓客辨壁上馮夷字曰此當如楚詞讀皮冰切不當讀如縫阮奇之妻以女既壯雅尙經術與阮元齊名元督學山東浙江俱招循往游性至孝丁父及嫡母謝艱哀毀如禮一應禮部試後以生母殷病愈而神未健不復北行殷歿循毀如初服除遂託足疾不入城市者十餘年葺其老屋曰半九書塾復構一樓曰雕菰樓有湖光山色之勝讀書著述其中嘗歎曰家雖貧幸蔬菜不乏天之疾我福我也吾老於此矣嘉慶二十五年卒年五十八循博聞強記識力精卓每遇一書無論隱奧平衍必究其源以故經史厤算聲音訓詁無所不精幼好易父問小畜密雲二語何以復見於小過循反復其故不可得既學洞淵九容之術乃以數之比例求易之比例漸能理解著易通釋二十卷自謂所悟得者一曰旁通二曰相錯三曰時行又以古之精通易理深得義文周孔之恉者莫如孟子生孟子後能深知其學者莫如趙氏僞疏踳駮未能發明著孟子正義三十卷謂爲孟子作疏其難有十然近代通儒已得八九因博采諸家之說而下以己意合孔孟相傳之正恉又著六經補疏二十卷以說漢易者每屛王弼然弼解箕子用趙賓說讀彭爲旁借雍爲甕通孚爲浮解斯爲厮蓋以六書通借其解經之法未遠於馬鄭諸儒爲周易王注補疏二卷以尙書僞孔傳說之善者如金縢我之不辟訓辟爲法居東即東征罪人即管蔡大誥周公不自稱王而稱成王之命皆非馬鄭所能及爲尙書孔氏傳補疏二卷以詩毛鄭義有異同正義往往雜鄭於毛比毛於鄭爲毛詩鄭氏箋補疏五卷以左氏傳稱君君無道稱臣臣之罪杜預揚其詞而暢衍之預爲司馬懿女壻目見成濟之事將以爲司馬飾即用以爲己飾萬斯大惠士奇顧棟高等未能摘姦而發覆爲春秋傳杜氏集解補疏五卷以禮以時爲大訓詁名物亦所宜究爲禮記鄭氏注補疏三卷以論語一書發明義文周公之恉參伍錯綜引申觸類亦與易例同爲論語何氏集解補疏三卷合之爲二十卷又錄當世通儒說尙書者四十一家書五十七部仿衞湜禮記之例以時之先後爲序得四十卷曰書義叢鈔又著禹貢鄭注釋一卷毛詩地理釋四卷毛詩鳥獸草木蟲魚釋十一卷陸璣疏考證一卷羣經宮室圖二卷論語通釋一卷又著有雕菰樓文集二十四卷詞三卷詩話一卷循壯年即名重海內錢大昕王鳴盛程瑤田等皆推敬之始入都謁座主英和和曰吾知子之字曰里堂江南老名士屈久矣歿後阮元作傳稱其學精深博大名曰通儒世謂不愧云子廷琥字虎玉優廩生性醇篤善承家學阮元稱爲端士循嘗與廷琥纂孟子長編三十卷後撰正義其廷琥有所見亦本苑氏穀梁之例爲之錄存循又以測圓海鏡益古演段二書不詳開方之法以常法推之不合既得秦道古數學九章有正圓開方法爲開方通釋乃謂廷琥曰汝可列益古演段六十四問用正員開方法推之廷琥布策下算一一符合著益古演段開方補一卷陽湖孫星衍不信西人地

圓之說以楊光先之斥地圓比孟子之距楊墨廷琥謂古之言天者三家曰宣夜曰周髀曰渾天宣夜無師承渾蓋之說皆謂地圓泰州陳氏宣城梅氏悉以東西測景有時差南北測星有地差與圓形合爲說且大戴有曾子之言內經有岐伯之言宋有邵子程子之言其說非西人所自剏因博搜古籍著地圓說二卷他著有密梅花館詩文鈔顧鳳毛字超宗江蘇興化人乾隆四十九年南巡召試列二等五十三年副榜貢生父九苞字文子長於詩禮九苞母任氏大椿祖姑通經達史九苞之學母所教也乾隆四十六年進士歸時卒於路著述不傳鳳毛亦受經於祖母年十一通五經及長與焦循同學循就鳳毛問難始用力於經鳳毛又學音韻律呂於嘉定錢塘撰楚辭韻攷入聲韻攷毛詩韻攷皆得塘旨又撰毛詩集解董子求雨攷三代田制攷未成而卒年二十七卒後循理其喪作招亡友賦哭之鍾懷李鍾泗皆有名均甘泉人鍾懷字保岐優貢生與阮元焦循相善共爲經學旦夕討論務求於是居恆禮法自守不與世爭名交游中稱爲君子嘉慶十年卒年四十五著有莚厓考古錄四卷其漢儒考較陸德明所載增多十餘人鍾泗字濱石嘉慶六年舉人治經精左氏春秋撰規規過一書抑劉伸杜焦循服其精博

李富孫字旣汸嘉興人嘉慶六年拔貢生良年來孫良年自有傳從祖集字敬堂乾隆二十八年進士官鄖縣知縣精研經學以漢唐爲宗嘗爲學規論以課窮經課經濟著有願學齋文鈔富孫學有原本與伯兄超孫從弟遇孫有後三李之目長游四方就正於盧文弨錢大昕王昶孫星衍飫聞緒論阮元撫浙肄業詁經精舍遂湛深經術尤好讀易著易解賸義蓋易學三派有漢儒之學鄭虞荀陸諸家精矣有晉唐之學王弼孔穎達諸家即北宋胡瑗石介東坡伊川猶是支流餘裔至宋陳邵之學出本道學之術創爲圖說舉羲文周孔之所未及漢以後諸儒之所未言者以自神其附會之說理其理而非易之所謂理數其數而非易之所謂數而前聖之易道晦矣唐李鼎祚所輯易解精微廣大聖賢遺旨略見於此然其於三十六家之說尙多未采其遺文賸義間見他書猶可蒐輯爰綴而錄之成書三卷又成校異二卷又著七經異文釋就經史傳注諸子百氏所引以及漢唐宋石經宋元槧本校其異同或字有古今或音近通假或沿襲乖舛悉據古誼而疏證之而前儒之論說並爲蒐輯使正其譌謬辨其得失折衷以求一是凡易六卷尙書八卷毛詩十六卷春秋三傳十二卷禮記八卷同里馮登府稱其詳核奧博爲詁異誼者集其大成又謂說文一書保氏六書之旨賴以僅存自篆變爲隸隸變爲眞文字日繁譌僞錯出或有形聲意義大相區別亦有近似而其實異後人多混而同之或有一篆之形從某爲古籀或體後人竟析而二之經典文字往往昧於音訓擅爲改易甚與本義並爲俗誤者援據經典以相證契俾世之踵謬沿譌焯然可辨爲說文辨字正俗八卷同里錢泰吉謂其書大旨折衷段注而亦有段所未及者讀說文之津梁也他著有漢魏六朝墓銘纂例四卷鶴徵錄八卷後錄十二卷曝書亭詞注七卷梅里志十六卷校經廎文藁十八卷超孫字引樹嘉慶六年舉人會稽縣教諭剖析經義尤深於詩嘗以毛詩草木蟲魚則有疏名物則有解地理則有攷而詩中所稱之人則未有纂輯成書者因取詩人之氏族名字博考經史諸子及近儒所著述並列國之世次洎其人之行事搜羅薈集爲詩氏族考六卷宦會稽時課諸生依甯化雷鋐學規條約士習日上又著拙守齋集遇孫字金瀾集孫優貢生處州府訓導幼傳祖訓淹貫經史著有尙書隸古定釋文八卷漢孔安國以科斗文難知取伏生今文次第之爲隸古定宋薛宣因之成古文訓遇孫又以隸古文難知引說文諸書疏通之譌者是正疑者則闕性嗜金石有芝省齋碑錄八卷金石學錄四卷官處州時以處州地僻山遠阮元兩浙金石志未免脫漏乃搜輯數百餘種爲括蒼金石志八卷他著有日知錄補正一卷校正一卷古文苑拾遺十卷天香錄八卷隨筆六卷詩文集十八卷

胡承珙字墨莊涇縣人嘉慶十年進士翰林院庶吉士散館授編修十五年充廣東鄉試副考官尋遷御史轉給事中自以身居言路當周知天下利弊陳之於上方不負職數年中陳奏甚多多見施行而其最切中時病者則有條陳虧空弊端各條一曰冒濫宜禁司庫支發錢糧向有扣除二三成之弊故藩司書吏將不應借支之款冒支濫借此在領者便於急需不敢望其足數而在放者利於多扣不復問其合宜則雖應放而仍與浮冒無異一曰抑勒宜禁州縣交代例限綦嚴均不准充抵近日仍多以議單欠票虛開實抵者總由上司多方抑勒逼令新任擔承一曰靡費宜省各省攤捐津貼名目豈盡必不可省聞州縣所解各上司衙門飯食季規等銀逐歲增加如邸報一事安徽省每年通派各屬萬金一省如此他省可知一事如此他事可知一曰升調宜愼部選人員多係初任或尙能不敢輕易接受惟佐雜題升及調補繁缺二者每多久歷仕途習成狡猾在題升者急於得缺明知此地之多累不復顧後而瞻前在調補者遷就一時轉因原任之有虧希圖挪彼以掩此究之擔承彌補皆屬空名不過剜肉補瘡甚且變本加厲其言深切著明二十四年授福建分巡延建邵道編查保甲設立緝捕章程八條匪徒斂跡調署臺灣兵備道緝獲洋盜張充等置於法旋乞假回籍臺灣素稱難治承珙力行清莊弭盜之法民番安肅自承珙去後彰化淡水卽以械鬭起釁矣道光十二年卒年五十七承珙究心經學尤專意於毛詩傳歸里後鍵戶著書與長洲陳奐往復討論不絕著毛詩後箋三十卷其書主於申述毛義自注疏而外於唐宋元諸儒之說及近人爲詩學者無不廣徵博引而於名物訓詁及毛與三家詩文有異同類皆剖析精微折衷至當而其最精者能於毛傳本文前後會出指歸又能於西漢以前古書中反覆尋考貫通詩義證明毛旨凡三四易藳手自寫定至魯頌泮水章而疾作遺言屬陳奐校補奐乃爲續成之又以鄭君注儀禮參用古今文二本撮其大例有必用其正字者有即用其借字者有務以存古者有兼以通今者有因彼以決此者有互見而並存者閎意妙旨有關於經實夥遂取注中疊出之字並讀如讀爲當爲各條排比梳櫛考其訓詁明其假借參稽旁采疏通而證明之作儀禮古今文疏義十七卷又謂惠氏棟九經古義未及爾雅遂補撰數十條成二卷小爾雅原本不傳今存孔叢子中世多謂爲僞書作小爾雅義證十三卷斷以爲眞復著有求是堂詩文集三十四卷胡秉虔字伯敬績溪人嘉慶四年進士官刑部主事改甘肅靈臺縣知縣升丹噶爾同知卒於官秉虔自幼嗜學博通經史嘗入都肄業成均夜讀必盡燭二條尤精於聲音訓詁著古韻論三卷辨江戴段孔諸家之說細入毫芒確不可易說文管見三卷發明古音古義多獨得之見末論二徐書有灼見語蓋其所致力也他著有周易尙書論語小識各八卷卦本圖考一卷尙書序錄一卷漢西京博士考二卷甘州明季成仁錄四卷河州景忠錄三卷朱珔字蘭坡涇縣人珔生三年而孤祖命爲季父後嗣母汪未婚守志珔孝事之與生母同昆弟均相友愛嘉慶七年成進士選翰林院庶吉士與幸翰林院栢梁體聯句宴散館授編修擢至侍讀與修明鑑坐承纂官累降編修道光元年直上書房屢蒙嘉獎有品學兼優之褒升右春坊右贊善告養歸植品敎俗奬誘後進歷主鍾山正誼紫陽書院卒年八十有二珔愛書如命學有本原主講席幾三十年教士以通經學古爲先與桐城姚鼐陽湖李兆洛並負儒林宿望蓋鼎足而三云著有說文假借義證二十八卷經文廣異十二卷文選集釋二十四卷小萬卷齋詩文集七十卷輯有國朝古文彙鈔二百七十二卷又有詁經文鈔六十二卷匯有清諸名家說經之文依次標題篇幅完善尤足爲後學津逮云

淩曙字曉樓江都人國子監生曙好學根性家貧讀四子書未畢即去鄉雜作傭保而績學不倦年二十爲童子師問所當治業於涇包世臣世臣曰治經必守家法專法一家以立其基則諸家漸通乃示以武進張惠言所輯四子書漢說數十事曙乃稽典禮考古訓爲四書典故覈六卷歙洪梧甚稱之旣治鄭氏學得要領又從吳沈欽韓問疑義益貫穿精審後聞武進劉逢祿論何氏公羊春秋而好之及入都爲儀徵阮元校輯經郛盡見魏晉以來諸家春秋說深念春秋之義存於公羊而公羊之學傳自董子董子春秋繁露識禮義之宗達經權之用行仁爲本正名爲先測陰陽五行之變明制禮作樂之原體大思精推見至隱可謂善發微言大義者然旨奧詞賾未易得其會通淺嘗之夫橫生訾議經心聖符不絕如綫乃博稽旁討承意儀志梳其章櫛其句爲注十七卷又病宋元以來學者空言無補惟實事求是庶幾近之而事之切實無過於禮著公羊禮疏十一卷公羊禮說一卷公羊問答二卷家居讀禮以喪服爲人倫大經後儒舛議是非頗謬作禮論百篇引申鄭義阮元延曙入粵課諸子曙書與元商榷乃刪合爲三十九篇爲一卷道光九年卒年五十五曙有甥儀徵劉文淇貧而穎悟愛而課之遂知名其學實自曙出云薛傳均字子韻甘泉人諸生博覽羣籍強記精識就福建學政陳用光聘用光見所著書恨相見晚旋以疾卒於汀州試院年四十一傳均於十三經注疏功力最深大端尤在小學於許君原書鉤稽貫串洞其義而熟其辭嘉定錢大昕文集內有說文答問一卷深明通轉假借之義傳均博引經史以證之成說文答問疏證六卷又以文選中多古字條舉件繫疏證證明爲文選古字通十二卷

劉逢祿字申受武進人祖綸大學士謚文定自有傳外王父莊存與舅莊述祖並以經術名世逢祿盡傳其學嘉慶十九年進士選翰林院庶吉士散館改禮部主事二十五年仁宗大事逢祿搜集大禮創爲長編自始事至奉安山陵典章具備道光三年通政司參議盧浙請以尙書湯斌從祀文廟議者以斌康熙中在上書房獲譴乾隆中嘗奉駁難之逢祿攬筆書曰后夔典樂猶有朱均呂

望陳書雛匡管蔡尙書汪廷珍善而用之遂奉兪旨四年補儀制司主事越南貢使陳請爲其國王母乞人葠得旨賞給而諭中有外夷貢道之語其使臣欲請改爲外藩部中以詔書難更易逢祿草牒復之曰周官職方王畿之外分九服夷服去王國七千里藩服九千里是藩遠而夷近說文羌狄蠻貊字皆從物旁惟夷從大從弓考東方大人之國夷俗仁仁者壽有東方不死之國故孔子欲居之且乾隆間奉上諭申飭四庫館不得改書籍中夷字作彝舜東夷之人文王西夷之人我朝六合一家盡去漢唐以來拘忌嫌疑之陋使者無得以此爲疑越南使者遂無辭而退逢祿在禮部十二年恒以經義決疑事爲衆所欽服類如此其爲學務通大義不專章句由董生春秋闚六藝家法由六藝求觀聖人之志嘗謂世之言經者於先漢則古詩毛氏後漢則今易虞氏文詞稍爲完具然毛公詳古訓而略微言虞翻精象變而罕大義求其知類通達微顯闡幽者則公羊在先漢有董生後漢有何劭公氏子夏喪服傳有鄭康成氏而已先漢之學務乎大體故董生所傳非章句訓詁之學也後漢條理精密要以何劭公鄭康成氏爲宗然喪服於五禮特其一端春秋文成數萬其旨數千天道浹人事備以之貫羣經無往不得其原以之斷史可以決天下之疑以之持身治世則先王之道可復也於是尋其餘貫正其統紀爲公羊春秋何氏釋例三十篇又析其疑滯強其守衞爲箋一卷答難二卷又推原穀梁氏左氏之得失爲申何難鄭四卷又博徵諸史刑禮之不中者爲儀禮決獄四卷又推其意爲論語述何夏時經傳箋中庸崇禮論漢紀述例各一卷別有緯略二卷春秋賞罰格一卷愍時學者說春秋皆襲宋儒直書其事不煩褒貶之辭獨孔廣森爲公羊通義能抉其蔽然尙不能信三科九旨爲微言大義所在乃著春秋論上下篇以張聖權又成左氏春秋考證二卷知者謂與閻惠之辯古文尙書等逢祿於易主虞氏於書匡馬鄭於詩初尙毛學後好三家有易虞氏變動表六爻發揮旁通表卦象陰陽大義虞氏易言補各一卷又爲易象賦卦氣頌提其指要尙書今古文集解三十卷書序述聞一卷詩聲衍二十七卷所爲詩賦連珠論序碑記之文約五十篇道光九年卒年五十有六弟子潘準莊繽樹趙振祈皆從學公羊及禮有名宋翔鳳字于庭長洲人嘉慶五年舉人湖南新寧縣知縣亦莊述祖之甥述祖有劉甥可師宋甥可友之語劉謂逢祿宋謂翔鳳也翔鳳通訓詁名物志在西漢家法微言大義得莊氏之眞傳著論語說義十卷序曰論語說曰子夏六十四人共撰仲尼微言以當素王微言者性與天道之言也此二十篇尋其條理求其指趣而太平之治素王之業備焉自漢以來諸家之說時合時離不能畫一當綜覈古今有纂言之作其文繁多因別錄私說題爲說義又有論語鄭注十卷大學古義說二卷孟子趙注補正六卷孟子劉熙注一卷四書釋地辨證二卷卦氣解一卷尙書說一卷尙書譜一卷爾雅釋服一卷小爾雅訓纂六卷五經要義一卷五經通義一卷過庭錄十六卷咸豐九年重賦鹿鳴踰年卒年八十二戴望字子高德淸人諸生始好詞章繼讀博野顏元書爲顏氏學最後謁長洲陳奐通聲音訓詁復從翔鳳授公羊春秋遂通公羊之學著論語注二十卷用公羊家法演逢祿論語述何之微言他著有管子校注二十四卷顏氏學記十卷謫麐堂遺集四卷

雷學淇字瞻叔順天通州人父鐏字宗彝乾隆二十七年舉人江西崇仁縣知縣道光初元詔天下臣民嚴冠服之辨鐏著古今服緯以申古義抑奢侈至九年書成年九十矣學淇嘉慶十九年進士任山西和順縣知縣改貴州永從縣知縣生平好討論之學每得一解必求其會通務於諸經之文無所抵忤以父鐏著古今服緯爲之注釋附以釋問一篇異同表二篇又以夏小正一書備三統之義究心參攷二十餘年以堯典中星諸經厤數宋虞史伯夷之說據周公垂統之文檢校異同訂其譌誤網羅放失尋厥指歸著夏小正經傳考二卷又考定經傳之文爲之疏證成夏小正本義四卷每慨竹書紀年自五代以來頗多殘闕爰博考李唐以前諸書所稱引者積以九年之蒐輯頗復舊觀嘗謂孟子先至梁後至齊此經之明文即無他左驗亦當從之爲說況竹書紀年曰梁惠成王後元十五年齊威王薨十七年惠成王卒然則惠王後元十六年齊宣王始即位孟子至梁當即在後元十六年王卒之前一歲也史記誤謂惠王立三十六年卽卒故云三十五年孟子至梁而以惠王改元之後十六年爲襄王之世今據竹書稱梁惠會諸侯於徐州改元稱王故孟子呼之曰王史謂孟子至梁之二年惠王卒襄王立以本經考之其言可信但卒於改元後之十七年非三十六年也襄王既立孟子見其不似人君乃東至齊據竹書即齊宣卽位之二年也梁至齊千數百里故曰千里而見王若孟子先見齊宣王由鄒之齊六百餘里不得云千里矣齊人取燕孟子明謂宣王時事史記於齊失載悼子侯剡二代將威宣之立皆移前二十二年於齊人伐燕事不知折衷孟子而年表謂在湣王十年司馬溫公終求其說而不得乃將宣之卽位下移十年以遷就孟子自後說者疑信各半實皆未有定論今據紀年則伐燕在宣王七年實周赧王之元年凡孟子書所記古人年歲以史記漢書之說推之皆不合者以紀年推之無不合且以竹書長厤推驗列宿之歲差歷代之日蝕自唐虞以來無有差貸嘗自云傳箋注疏取舍多殊非敢訾議前賢期於事理之合云爾他著有校輯世本二卷古今天象考十二卷附圖說二卷亦囂囂齋經義考及文集三十二卷王萱齡字北堂昌平人道光元年副貢旋舉孝廉方正官新安柏鄉兩縣教諭嗜漢學精訓詁受業於高郵王引之經義述聞中時引其說著有周秦名字解詁補一卷卽補引之所闕疑者崔述字武承大名人乾隆二十七年舉人選福建羅源縣知縣武弁多藉海盜邀功誣商船爲盜述平反之未幾投劾歸著書三十餘種而考信錄一書尤生平心力所專注凡考古提要二卷上古考信錄二卷唐虞考信錄四卷夏商考信錄四卷豐鎬考信錄八卷豐鎬別錄三卷洙泗考信錄四卷洙泗餘錄三卷孟子事實錄二卷考古續說二卷附錄二卷又有王政三大典考三卷讀風偶識四卷尙書辨僞二卷論語餘說一卷讀經餘論二卷名考古異錄其著書大旨謂不以傳注雜於經不以諸子百家雜於傳注以經爲主傳注之合於經者著之不合者辨之異說不經之言則闢其謬而削之如謂易傳僅溯至伏羲春秋傳僅溯至黃帝不應後人所知反多於古人凡緯書所言十紀史所云天皇地皇人皇皆妄也謂戰國楊墨橫議常非堯舜薄湯武以快其私毀堯則託諸許由毀禹則託諸子高毀孔子則託諸老聃毀武王則託諸伯夷太史公尊黃老故好采異端雜說學者但當信論孟不當信史記謂夏商周未有號爲某公者公亶父相連成文猶所謂公劉也古公亶父猶言昔公亶父也謂匡爲宋邑以畏匡過宋本一事匡人其如予何桓魋其如予何似一時一事之言記者小異耳其說皆爲有見述之爲學攷據詳明如漢儒而未嘗墨守舊說而不求其心之安辨析精微如宋儒而未嘗空談虛理而不核乎事之實然勇於自信任意軒輊者亦多他著有易卦圖說一卷五服異同彙考三卷大名水道考一卷闡見雜記四卷知味錄二卷知非集三卷無聞集五卷小草集五卷嘉慶二十一年卒年七十七

胡培翬字載平績溪人祖匡衷字樸齋歲貢生於經義多所發明不苟與先儒同異著有三禮劄記周禮井田圖考井田出賦考儀禮釋官等書其於井田多申鄭義而授田一事以遂人所言是鄉遂制大司徒所言是都鄙制鄭注自相違戾作畿內授田考實一篇積算特精密其釋官則以周禮禮記左傳國語與儀禮相參證論據精確足補注疏所未及又著有周易傳義疑參十二卷左傳翼服論語古本證異論語補箋莊子集詁離騷集注樸齋文集年七十四卒培翬嘉慶二十四年進士官內閣中書戶部廣東司主事居官勤而處事密時人稱其治官如治經一字不肯放過絕不受財賄而抉隱指弊胥吏咸憚之假照案發司員失察者數十人惟培翬及蔡紹江無所汚然猶以隨同畫諾鐫級歸里後主講鍾山雲間於涇川一再至並引翼後進爲己任去涇川日門人設飲餞者相望於道篤友誼郝懿行胡承珙遺書皆賴培翬次第付梓道光二十九年卒年六十八績溪胡氏自明諸生東峰以來世傳經學培翬涵濡先澤又學於歙淩廷堪遂精三禮初著燕寢考三卷王引之見而喜之既爲儀禮正義上推周公孔子子夏垂教之旨發明鄭君賈氏得失旁逮鴻儒經生之所議張皇幽渺闡揚聖緒二千餘歲絕學也其旨見與順德羅惇衍書曰培翬撰正義約有四例一曰疏經以補注二曰通疏以申注三曰彙各家之說以附注四曰采他說以訂注書凡四十卷至賈氏公彥之疏或解經而違經旨或申注而失注意不可無辨別爲儀禮賈疏訂疑一書宮室制度今以朝制廟制寢制爲綱以天子諸侯大夫士爲目學制則分別庠序館制則分別公私皆先將宮室考定而已十七篇所行之禮條系於後名宮室提綱陸氏經典釋文於儀禮頗略擬取各經音義及集釋文以後各家音切挨次補錄名曰儀禮釋文校補培翬覃精是書凡四十餘年晚歲患風痺猶力疾從事尙有士昏禮鄉飲酒禮鄉射禮燕禮大射儀五篇未卒業而歿門人江寧楊大堉從學禮爲補成之他著有禘祫問答研六室文鈔大堉字雅輪諸生篤學寡交研窮經訓初從元和顧廣圻吳縣鈕樹玉遊備聞蒼雅閫奧著說文重文考六卷純以聲音求叚借以偏旁繁省求古籀異同之變又作五廟考專駁王肅之失江督陶澍以防海議試諸生大堉洋洋千言大略謂中國官恃客氣居上臨下視洋人若小負販顧彼雖好利而越數萬里海洋至此此必非無所挾持者鹵莽行之必生邊釁時承平久人習附和之談獨大堉卓識正論侃然無忌諱若豫卜有義律僕鼎查之事讀者色變他著論語正義毛詩補注三禮義疏辨正皆佚

劉文淇字孟瞻儀徵人嘉慶二十四年優貢生父錫瑜以醫名世文淇稍長卽研精古籍貫串羣經於毛鄭賈孔之書及宋元以來通經解誼博覽冥搜折衷

一是尤肆力春秋左氏傳嘗謂左氏之義爲杜注剝蝕已久其稍可觀覽者皆係襲取舊說爰輯左傳舊注疏證一書先取賈服鄭三君之注疏通證明凡杜氏所排擊者糾正之所勦襲者表明之其沿用韋氏國語注者亦一一疏記他如五經異義所載左氏說皆本左氏先師說文所引左傳亦是古文家說漢書五行志所載劉子駿說實左氏一家之學經疏史注御覽等書所引左傳注不載姓名而與杜注異者皆賈服舊說凡若此者皆稱爲舊注而加以疏證其顧惠補注及近人專釋左氏之書說有可采咸與登列末始下以己意定其從違上稽先秦諸子下考唐以前史書旁及雜家筆記文集皆取爲證佐期於實事求是俾左氏之大義炳然著明草創四十年長編已具然後依次排比成書爲左氏舊注疏證又謂左傳義疏多襲劉光伯述議隋經籍志及孝經疏云述議者述其義疏議之然則光伯本載舊疏議其得失其引舊疏必當錄其姓名孔穎達左傳疏序祇云据以爲本初非故襲其說至永徽中諸臣詳定乃將舊注姓氏刪去襲爲己語因細加剖析成左傳舊疏考正八卷又據史記秦楚之際月表知項羽曾都江都核其時勢推見割據之迹成楚漢諸侯疆域志三卷據左傳吳越春秋水經注等書謂唐宋以前揚州地勢南高北下且東西兩岸未設隄防與今運河形勢迥不相同成揚州水道記四卷又讀書隨筆二十卷文集十卷詩一卷文淇事親純孝父年篤老目眚侍起居朝夕扶掖寒夜足涷侍親以溫其足舅氏淩曙極貧遺孤毓瑞文淇收育之延同里方申爲其師並補諸生申通虞氏易皆其教也卒年六十有六子毓崧字伯山道光二十年舉優貢生從父受經長益致力於學以文淇故治左氏續述先業成春秋左氏傳大義二卷以文淇考證左傳舊疏因承其義例著周易尚書毛詩禮記舊疏考正各一卷又謂六藝未興之先學各有官惟史官之立爲最古不獨史家各體各類并支裔之小說家出於史官即經子集三部及後世之幕客書吏淵源所仿亦出於史官班氏之志藝文論述史官尙未發斯旨其敘九流以明諸子所出之官必有所授而其中仍有分省失當者既析九流中小說家流歸入史官又辨道家非專出於史官改爲出於醫官又增益者凡三家曰名家出於司士之官兵家出於司馬之官藝術家出於考工之官統爲十一家博稽載籍窮極根要成史乘諸子通義各四卷又經傳通義十卷王船山年譜二卷彭城獻徵錄十卷舊德錄一卷通義堂筆記十六卷文集十六卷詩集一卷卒年五十孫壽曾字恭甫同治三年光緒二年兩中副榜毓崧主金陵書局爲曾國藩所重毓崧卒後招壽曾入局中所刊羣籍多爲校定初文淇治左氏春秋長編晚年編輯成疏甫得一卷而文淇沒毓崧思卒其業未果壽曾乃發憤以繼志述事爲任嚴立課程至襄公四年而卒年四十五又讀左劄記春秋五十凡例表皆治左疏時旁推交通發明古誼者他著昏禮重別論對駁義南史校義集評傳雅堂集芝雲雜記各若干卷方申字端齋少孤受學於文淇通易著諸家易象別錄虞氏易象彙編周易卦象集證周易互體詳述周易卦變舉要

丁晏字柘堂江蘇山陽人阮元爲漕督以漢易十五家發策晏條對萬餘言精奧爲當世冠道光元年舉人晏以顧炎武云梅賾僞古文雅密非賾所能爲考之家語後序及釋文正義而斷爲王肅僞作蓋肅雅才博學好作僞以難鄭君鄭君之學昌明於漢肅爲古文孔傳以駕其上後儒誤信之近世惠棟王鳴盛頗疑肅作而未能暢其旨特著論申辨之撰尙書餘論二卷又以胡渭禹貢錐指能知僞古文而不能信好古學踵謬沿譌自逞意見後之學者何所取正既爲正誤以匡其失復采獲古文甄錄舊說砭俗訂譌斷以己意期於發揮經文無取泥古引用前人說各繫姓氏於下輯禹貢集釋三卷生平篤好鄭學於詩箋禮注研討尤深以毛公之學得聖賢之正傳其所稱道與周秦諸子相出入康成申暢毛義修敬作箋孔疏不能尋繹誤謂破字改毛援引疏漏多失鄭旨因博稽互考證之故書雅記義若合符撰毛鄭詩釋四卷康成詩譜宋歐陽氏補亡今通志堂刊本譌脫踳駁爰據正義排比重編撰鄭氏詩譜攷正一卷以康成兼采三家詩王應麟有三家詩攷附刊玉海之後舛謬錯出世無善本乃蒐采原書校讐是正撰詩攷補注二卷補遺一卷鄭氏注禮至精去古未遠不爲憑虛臆說迄今可考見者如儀禮喪服注多依馬融師說士虞記中月而禫注二十七月依戴禮喪服變除周禮大司樂鼓鼖注依許叔重說與先鄭不同小胥縣鐘磬注二八十六枚在一虡依劉向五經要義小宗伯注五精帝依劉向五經通義射人注稱今儒家依賈侍中注考工記山以章注作獐依馬季長注禮記檀弓瓦不成味注當作沫依班固白虎通王制大綏小綏注當作緌依劉子政說苑玉藻元端朝日鄭讀爲冕依大戴禮朝事義祭法幽宗雩祭鄭讀爲禜依許氏說文鄭君信而好古原本先儒確有依據凡此釋義補孔之遺闕皆前人未發之祕疏通證明焯若爟火撰三禮釋注共八卷又輯鄭康成年譜署其堂曰六藝取康成六藝論以深仰止之思然晏治經學不掊擊宋儒嘗謂漢學宋學之分門戶之見也漢儒正其詁詁正而義以顯宋儒析其理理明而詁以精二者不可偏廢其於易述程子之傳撰周易述傳二卷於孝經集唐元宗宋司馬光范祖禹之注撰孝經述注一卷尤熟於通鑑故經世優裕嘗與人論鈔幣謂輕錢行鈔必有利而無害論禁洋煙謂不禁則民日以弱中國必疲禁則利在所爭外夷必畔且禁煙當以民命爲重不當計利立法當以中國爲先不當擾夷後悉如其言在籍時辦隄工司振務修府城浚市河開通文渠中支均有功於鄉里咸豐三年粵匪蔓延大江南北督撫檄行府縣練勇積穀爲守禦計淮安以晏主其事旋以事爲人所劾奉旨遣戍黑龍江繳費免行十年捻匪擾淮安北關晏號召團練分布要隘城以獲全十一年以團練大臣晏端書薦敘前守城績由侍讀銜內閣中書加三品銜晏少多疾病迨長讀書養氣日益強固治一書畢方治他書手校書籍極多必徹終始光緒元年卒年八十有二所著書四十七種凡一百三十六卷其已刊者爲頤志齋叢書

王筠字貫山安邱人道光元年舉人後官山西鄉甯縣知縣鄉甯在萬山中民樸事簡訟至立判暇則抱一編不去手權徐溝再權曲沃地號繁劇二縣皆治然亦未嘗廢學筠少喜篆籀及長博涉經史尤長於說文說文之學世推桂段兩家嘗謂桂氏專臚古籍取足達許說而止不下己意惟是引據失於限斷且泛及藻績之詞段氏體大思精所謂通例又前人所未知惟是武斷支離時或不免又謂文字之奧無過形音義三端古人之造字也正名百物以義爲本而音從之於是乎有形後人之識字也由形以求其音由音以考其義而文字之說備六書以指事象形爲首而文字之樞機即在乎此其字之爲事而作者即據事以審字勿由字以生事其字之爲物而作者即據物以察字勿泥字以造物且勿假他事以成此事之意勿假他物以爲此物之形而後可與倉頡籀斯相質於一堂也今說文之詞足從口木從中鳥鹿足相似從匕苟非後人所竄亂則許君之意荒矣乃標舉分別疏通證明著說文釋例二十卷釋例云者即許書而釋其條例猶杜元凱之於春秋也又以二徐書多涉草略加以李燾亂其次第致分別部居之脈絡不可推尋段玉裁既創爲通例而體裁所拘未能詳備乃采桂段諸家之說著說文句讀三十卷句讀云者用張爾岐儀禮鄭注句讀之名謂漢人經說率名章句此書疏解許說無章可言故曰句讀也筠治說文之學垂三十年其書獨闢門徑折衷一是不依傍於人論者以爲許氏之功臣桂段之勁敵又有說文繫傳校錄三十卷文字蒙求四卷他著有毛詩重言一卷附毛詩雙聲疊韻說一卷夏小正正義四卷弟子職正音一卷正字略二卷蛾術編禹貢正字讀儀禮鄭注句讀刊誤四書說略咸豐四年卒年七十一

曾釗字敏修南海人道光五年拔貢生官合浦縣教諭調欽州學正釗篤學好古讀一書必校勘譌字脫文遇秘本或雇人影寫或懷餅就鈔積七八年得數萬卷自是研求經義文字則考之說文玉篇訓詁則稽之方言爾雅雖奧晦難通而因文得義因義得音類能以經解經確有依據入都時見武進劉逢祿逢祿曰篤學若冕士吾道東矣冕士釗號也儀徵阮元督粵震澤任兆麟見釗所校字林以告元元驚異延請課子後開學海堂以古學造士特命釗爲學長獎勸後進嘗因元說日月爲易爲合朔之辨在朔易更發明孟喜卦氣引繫辭懸象莫大乎日月死魄會於壬癸日上月下象未濟爲晦時元以爲足發古義宜再暢言之以明孟氏之學因著周易虞氏義箋七卷他著有周禮注疏小箋四卷又詩說二卷又詩毛鄭異同辨一卷毛詩經文定本小序一卷考異一卷音讀一卷虞書命義和章解一卷論語述解一卷讀書雜志五卷面城樓集十卷釗好講經濟之學二十一年英人焚掠海疆以祁墳還督兩粵番禺舉人陸殿邦獻議塡大石獵德瀝滘河道以阻火船墳舉以問釗釗言易稱設險者不恃天塹不藉地利在人相時設之而已入省河道三獵德瀝滘皆淺由大石至大黃滘水深數丈三四月夷船從此入當先事防之以固省城城固然後由內達外墳甚韙之委釗相度堵塞形勢釗以大石爲第一要區糾南海番禺二縣團勇三萬六千晝夜演練防務遂密二十三年墳謀修復虎門礮臺釗進礮臺形勢議十條已而廉洋賊起墳以釗習知廉州情形委釗與軍事海賊投首咸豐四年卒於家林伯桐字桐君番禺人嘉慶六年舉人生平好爲考據之學宗主漢儒而踐履則服膺朱子無門戶之見事親孝道光六年試禮部歸父已卒悲慟不欲生居喪悉遵古禮蔬食不入內者三年自是不復上公車一意奉母與兩弟友愛教授生徒百餘人咸敦內行勉實學粵督阮元鄧廷楨皆敬禮之元延爲學海堂學長廷楨聘課其二子二十四年以選授德慶州學正閱三年卒於官年七十伯桐於諸經無不通尤深於毛詩謂傳箋不同者大抵毛義爲長孔疏多以王肅語爲毛意又往往混鄭於毛爲毛詩學者當分別觀之庶幾不

失家法因考鄭箋異義爲毛詩通考三十卷又著毛詩傳例二卷又綴其碎義瑣辭著毛詩識小三十卷皆極精覈他著有易象釋例十二卷易象雅訓十二卷三禮注疏考異二十卷冠昏喪祭儀考十二卷左傳風俗二十卷古音勸學三十卷史學蠡測三十卷供冀小言二卷古諺箋十一卷兩粵水經注四卷粵風四卷修本堂稿四卷詩文集二十四卷李黼平字繡子嘉應州人幼穎異年十四精通樂譜及長治漢學工考證嘉慶十年進士選翰林院庶吉士散館改昭文縣知縣涖事一以寬和慈惠爲宗不忍用鞭扑獄隨至隨結公餘即手一編民間因有李十五書生之目以虧挪落職繫獄數年乃得歸會粵督阮元開學海堂聘閱課藝遂留授諸子經所著毛詩紬義二十四卷道光十二年卒年六十三他著有易刊誤二卷文選異義二卷讀杜韓筆記二卷

柳興恩原名興宗字賓叔丹徒人道光十二年舉人受業於儀徵阮元初治毛詩以毛公師荀卿荀卿師穀梁穀梁春秋千古絕學元刻皇清經解公羊左氏俱有專家而穀梁缺焉乃發憤沈思成穀梁春秋大義述三十卷以鄭六藝論云穀梁子善於經遂專從善經入手而善經則以屬辭比事爲據事與辭則以春秋日月等名例定之其書凡例謂聖經既以春秋定名而無事猶必舉四時之首月後儒謂日月非經之大例未爲通論穀梁日月之例泥則難通比則易見與其議傳而轉謂經誤不若信經而併存傳說述日月例弟一謂春秋治亂於以然禮乃防亂於未然穀梁親受子夏其中典禮猶與論語夏時周冕相表裏述禮例弟二謂穀梁之經與左氏公羊異者以百數漢書儒林傳云穀梁魯學公羊乃齊學也此或由齊魯異讀音轉而字亦分述異文弟三謂穀梁親受子夏故傳中用孔子孟子說其他暗合者更多述古訓弟四謂自漢以來穀梁師授鮮有專家要不得擯諸師說之外述師說弟五謂漢儒師說之可見者惟尹更始劉向二家然搜獲寥寥其說已亡而名僅存者自漢以後併治三傳者亦收錄焉述經師弟六謂穀梁久屬孤經茲於所見載籍之涉穀梁者循次摘錄附以論斷並著本經廢興源流述長編弟七番禺陳澧嘗爲穀梁箋及條例未成後見興恩書歎其精博遂出其說備采不復作他著有周易卦氣補四卷虞氏逸象考二卷尙書篇目考二卷毛詩注疏糾補三十卷續王應麟詩地考二卷羣經異義四卷劉向年譜二卷儀禮釋宮考辨二卷史記漢書南齊書校勘記說文解字校勘記宿壹齋詩文集光緒六年卒年八十有六弟榮宗字翼南著有說文引經考異十六卷同時爲穀梁之學者有南海侯康海州許桂林嘉善鍾文烝江都梅毓侯康自有傳許桂林字同叔海州人嘉慶二十一年舉人少孤孝於母及生母無間言家貧不以厚幣易遠遊日以詁經爲事道光元年丁內艱以毀卒年四十三桂林於諸經皆有發明猶篤信穀梁之學著春秋穀梁傳時日月書法釋例四卷其書有引公羊而互證者有駁公羊而專主者陽湖孫星衍嘗以條理精密論辨明允許之又著易確二十卷大旨以乾爲主謂全易皆乾所生博觀約取於易義實有發明別有毛詩後箋八卷春秋三傳地名考證六卷漢世別本禮記長義四卷大學中庸講義二卷四書因論二卷嘗以其餘力治六書九數著許氏說音十二卷以配說文又著說文後解十卷又以岐伯言地大氣舉之氣外無殼其氣將散氣外有殼此殼何依思得一說以補所未及葢天實一氣而其根在北北極是也北極不當爲天樞而當爲氣母因采集宣夜遺文以西法通之著宣西通三卷又以算家以簡爲貴乃取欽定數理精蘊撮其切於日用者著算牖四卷生平所著書四十餘種凡百數十卷甘泉羅士琳從之遊後以西算名世鍾文烝字子勤嘉善人道光二十六年舉人候選知縣於學無所不通而其全力尤在春秋因沈潛反覆三十餘年成穀梁經傳補注二十四卷其書網羅衆家折衷一是其未經人道者自比於梅鷟之辨僞書陳第之談古韻略引其緒以待後賢文烝兼究宋元諸儒書書中若釋禘祫祖禰諡法以及心志不通仁不勝道以道受命等皆能提要挈綱實事求是又著論語序詳正一卷卒年六十梅毓字延祖江都人同治九年舉人候選教諭著有穀梁正義長編一卷

陳澧字蘭甫番禺人道光十二年舉人河源縣訓導澧九歲能文復問詩學於張維屏問經學於侯康凡天文地理樂律算術篆隸無不研究中年讀諸經注疏子史及朱子書日有課程初著聲律通考十卷謂周禮六律六同皆文之以五聲禮記五聲六律十二管還相爲宮今之俗樂有七聲而無十二律有七調而無十二宮有工尺字譜而不知宮商角徵羽懼古樂之遂絕乃考古今聲律爲一書又切韻考六卷外篇三卷謂孫叔然陸法言之學存於廣韻宜明其法而不惑於沙門之說又漢志水道圖說七卷謂地理之學當自水道始知漢水道則可考漢郡縣其於漢學宋學能會其通謂漢儒言義理無異於宋儒宋儒輕蔑漢儒者非也近儒尊漢儒而不講義理亦非也著漢儒通義七卷晚年尋求大義及經學源流正變得失所在而論贊之外及九流諸子兩漢以後學術爲東塾讀書記二十一卷其教人不自立說嘗取顧炎武論學之語而申之謂博學於文當先習一藝韓詩外傳曰好一則博多好則雜也非博也讀經史子集四部書皆學也而當以經爲主尤當以行己有恥爲主爲學海堂學長數十年至老主講菊坡精舍與諸生講論文藝勉以篤行立品成就甚衆光緒七年粵督張樹聲巡撫裕寬以南海朱次琦與澧皆耆年碩德奏請褒異給五品卿銜八年卒年七十三他著有說文聲表十七卷水經注提綱四十卷水經注西南諸水考三卷三統術詳說三卷弧三角平視法一卷琴律譜一卷申范一卷摹印述一卷東塾集六卷侯康字君謨亦番禺人道光十五年舉人少孤事母孝家貧欲買書母稱貸得錢買十七史讀之卷帙皆敝遂通史學及長精研注疏滋深經術與同里陳澧交最久嘗謂漢志載春秋古經十二篇者左經也經十一卷者公穀經也今以三傳參校之大要古經爲優穀梁出最先其誤尙寡公羊出最晚其誤滋甚乃取其義意可尋者疏通證明之著春秋古經說二卷又治穀梁以證三禮以公羊雜出衆師時多偏駁排詆獨多著穀梁禮證未完帙僅成二卷又仿裴松之注三國志例注史嘗曰注古史與近史異注近史者羣書大備注古史者遺籍罕存當日爲唾棄之餘今日皆見聞之助宜過而存之因爲後漢書補注續一卷三國志補注一卷後漢稱續者以有惠棟注三國志杭世駿注未完善故不稱續也又補後漢三國藝文志各成經史子四卷餘未成又考漢魏六朝禮儀貫串三禮著書數十篇澧嘗歎以爲精深浩博十七年卒年四十弟度字子琴與康同榜舉人以大挑知縣分發廣西署河池州知州廣西賊起度伐木爲柵因山勢聯絡堅固可守賊退以病告歸至家遂卒年五十七度治熟經傳尤長禮學時稱二侯嘉興錢儀吉嘗稱其研覈傳注剖析異同如辨懿伯惠伯之爲父子三老五更之爲一人證明鄭義皆有据依所著書爲夷寇所焚其說經文刻學海堂集中桂文燦字子白文燿之弟道光二十九年舉人同治二年正月應詔陳言曰嚴甄別以清仕途曰設幕職以重考成曰分三途以勵科甲曰裁孱弱以節糜費曰鑄銀錢以資利用若津貼京員製造輪船海運滇銅先後允行光緒九年選湖北鄖縣知縣善治獄以積勞卒於任文燦守阮元遺言謂周公尙文範之以禮尼山論道教之以孝苟博文而不能約禮明辨而不能篤行非聖人之學也鄭君朱子皆大儒其行同其學亦同因著朱子述鄭錄二卷他著四書集注箋四卷毛詩釋地六卷周禮通釋六卷經學博采錄十二卷

鄭珍字子尹遵義人道光五年拔貢生十七年舉人以大挑二等選荔波縣訓導咸豐五年叛苗犯荔波知縣蔣嘉穀病珍率兵拒戰卒完其城苗退告歸同治二年大學士祁寯藻薦於朝特旨以知縣分發江蘇補用卒不出三年卒年五十九珍初受知於歙縣程恩澤乃益進求諸聲音文字之原與古宮室冠服之制方是時海內之士崇尙攷據珍師承其說實事求是不立異不苟同復從莫與儔游益得與聞國朝六七鉅儒宗旨於經最深三禮謂小學有三曰形曰聲曰義形則三代文體之正具在說文若歷代鐘鼎欵識及汗簡古文四聲韻所收奇字既不盡可識亦多僞造不合六書不可以爲常也聲則崑山顧氏音學五書推證古音信而有徵昭若發蒙誠百世不祧之祖義則凡字書韻書訓詁之書浩如煙海而欲通經訓莫詳於段玉裁說文注邵晉涵郝懿行爾雅疏及王念孫廣雅疏證貫串博衍超越前古是皆小學全體大用其讀禮經恪若乾嘉以還積漸生弊號宗高密又多出新義未見有勝說愈繁而事愈蕪故言三禮墨守司農不敢苟有出入至於諸經率依古注爲多又以餘力旁通子史類能提要鉤玄儀禮十七篇皆有發明半未脫稿所成儀禮私箋僅有士昏公食大夫喪服士喪四篇凡八卷而喪服一篇反覆尋繹用力尤深又以周禮攷工記輪輿鄭注精微自賈疏以來不得正解說者日益支蔓成輪輿私箋三卷尤長說文之學所著說文逸字二卷附錄一卷說文新附考六卷皆見稱於時他著有鳧氏圖說深衣考汗簡箋正說隸等書又有巢經巢經說詩鈔文鈔明鹿忠節公無欲齋詩注鄒漢勛字叔績新化人父文蘇歲貢生以古學敎授鄉里闢學舍曰古經堂與諸生肄士禮其中其考據典物力尊漢學而談心性則宗朱子漢勛通左氏義佐伯兄漢紀撰左氏地圖說又佐仲兄漢潢撰羣經百物譜年十八九撰六國春秋於天文推步方輿沿革六書九數靡不研究同縣鄧顯鶴深異之與修寶慶府志又至黔中修貴陽大定興義安順諸郡志咸豐元年舉於鄉訪魏源於高郵同撰堯典釋天一卷會粵賊陷江甯漢勛以援堵守三策上書曾國藩謂不援江西堵廣西湖南亦不能守國藩用其言命偕江忠淑率楚勇千人援南昌圍解敘勞以知縣用既從江忠源於廬州守大西門賊爲隧道三攻之城坍數丈賊將登陴漢勛擊卻之堅守三十七日地雷復發城陷漢勛坐城樓上命酒自酌持劍大呼殺賊賊至與格鬭手刃數人力竭死

之年四十九盼道衡所著讀書偶識三十六卷自言破前人之訓故必求唐前之訓故方敢用違箋傳之事證必求漢前之事證方敢從以漢人去古未遠諸經注皆有師承故推闡漢學不遺餘力尤深音均之學初著廣韻表十卷晚為五均論說尤精粹時以江戴目之生平於易詩禮春秋論語說文水經皆有撰述凡二十餘種合二百餘卷同治二年土匪焚其居燬焉今存者讀書偶識僅八卷五均論二卷顓頊秝考二卷斆藝齋文三卷詩一卷紅崖石刻釋文一卷南高平物產記二卷王崧字樂山浪穹人嘉慶四年進士山西武鄉縣知縣崧學問淹通儀徵阮元總督雲貴延崧主修通志著有說緯六卷

劉寶楠字楚楨寶應人父履恂字迪九乾隆五十一年舉人國子監典簿著有秋槎札記寶楠生五歲而孤母氏喬教育以成始寶楠從父台拱漢學精深寶楠請業於台拱以學行聞鄉里為諸生時與儀徵劉文淇齊名人稱揚州二劉道光二十年成進士授直隸文安縣知縣文安地稱窪下隄堰不修過伏秋水盛漲輒為民害寶楠周履隄防詢知疾苦爰檢舊冊依例督旗屯及民同修而旗屯恆估勢相觀望寶楠執法不阿功遂濟再補元氏會歲旱縣西北境蝗袤延二十餘里寶楠禱東郊蜡祠蝗爭投阬井或抱禾死歲則大熟咸豐元年調三河值東省兵過境故事兵車皆出里下寶楠謂兵多差重非民所堪顧車應差給以民價民得不擾寶楠在官十六年衣冠樸素如諸生時勤於聽訟官文安日審結積案千四百餘事雞初鳴坐堂皇兩造具備當時研鞫事無鉅細均如其意結案悖者照例治罪凡涉親故族屬訟者諭以睦婣概令解釋訟獄既簡吏多去籍歸耕遠近翕然著循良稱咸豐五年卒年六十五寶楠於經初治毛氏詩鄭氏禮後與劉文淇及江都梅植之涇包慎言丹徒柳興恩句容陳立約各治一經寶楠發策得論語病皇邢疏蕪陋乃蒐輯漢儒舊說益以宋人長義及近世諸家仿焦循孟子正義例先為長編次乃薈萃而折衷之著論語正義二十四卷因官事繁未卒業命子恭冕續成之他著有釋穀四卷於豆麥麻三種多補正程氏九穀考之說漢石例六卷於碑志體例考證詳博寶應圖經六卷勝朝殉揚錄三卷文安隄工錄六卷恭冕字叔俛光緒五年舉人守家學通經訓入安徽學政朱蘭幕為校李貽德春秋賈服注輯述移補百數十事後主講湖北經心書院敦品飭行崇尚樸學幼習毛詩晚年治公羊春秋發明新周之義闢何劭公之謬說同時通儒皆韙之卒年六十著有論語正義補何休論語注訓述廣經室文鈔

龍啟瑞字翰臣臨桂人道光二十一年一甲一名進士授翰林院修撰二十四年充廣東鄉試副考官二十七年大考翰詹二等七名以侍講升用七月簡湖北學政著經籍舉要一書以示學者又以學政之職有三要一曰防弊二曰厲實學三曰正人心風俗三十年丁父憂回籍咸豐元年六月廣西巡撫鄒鳴鶴奏辦廣西團練以啟瑞總其事二年七月省城圍解以守城出力以侍講學士升用六年四月授通政司副使十一月簡江西學政七年三月遷江西布政使八年九月卒於官啟瑞切劘經義尤講求音韻之學貫穿於顧江段王孔張劉江諸家之書而著古韻通說二十卷以為論古韻者自顧氏以前失之疏自段氏以後過於密江氏酌中亦未為盡善陽湖張氏分二十一部言凡言古韻者分之不嫌密合之不嫌廣惟分之密其合之也脈絡分明不至因一字而疑各韻可通亦不至因各韻而疑一字之不可通啟瑞服膺是言故其集古韻也意主於嚴而其為通說也則較之顧氏而倘覺其寬不拘成說不執私見參之古書以求其是而已其論本音論通韻論轉音皆確有據依而以論通說總之故以名其全書焉他著有爾雅經注集證三卷經德堂集十二卷苗夔字仙簏肅寧人幼即嗜六書形聲之學讀許氏說文若有夙悟已又得顧炎武音學五書慕之彌篤曰吾守此終身矣舉道光十一年優貢生高郵王念孫父子禮先於夔由是譽望日隆夔以為許叔重遺書多有為後人妄刪或附益者乃訂正說文八百餘字為說文聲訂二卷顧氏音學所立古音表十部宏綱已具然猶病其太密而戈麻既雜西音不應別立一部於是併耕清青蒸登於東冬併戈麻於支齊定以七部隱括羣經之韻字以聲從韻以部分為說文聲讀表七卷詩自毛傳鄭箋而後主義理者多主聲均者少雖有陸元朗詩經音義亦不能專主古音然古音時有未盡改者夔治毛詩尤精於諧聲之學嘗以齊魯韓三家證毛而又以許洨長之聲讀參錯其間采太平戚氏之漢學諧聲詩經正讀無錫安氏之均徵為毛詩均訂十卷咸豐丁巳五月卒年七十有五龐大堃字子方常熟人嘉慶二十四年舉人究心音韻之學嘗謂顧江戴段孔王諸家分部互有出入者以入聲配隸無準耳入聲有正紐反紐今韻多從正紐古韻多從反紐陽奇陰偶兩兩相配一從陸氏法言所定為正紐一從顧江戴王所定為反紐其轉音之法有五一正轉同部者是也一遞轉同音者是也一旁轉相比及相生者是也一雙聲同母者是也又謂欲明古音必先究唐韻乃可定其分合為唐韻輯略五卷備考一卷形聲輯略一卷備考一卷古音輯略二卷備考一卷等韻輯略三卷他著有易例輯略五卷

陳立字卓人句容人道光二十一年進士二十四年補應殿試選翰林院庶吉士散館改刑部主事升郎中授雲南曲靖府知府請訓時文宗有為人清慎之褒時以道梗不克之任少客揚州師江都梅植之受詩古文辭師江都凌曙儀徵劉文淇受公羊春秋許氏說文鄭氏禮而於公羊致力尤深文淇嘗謂漢儒之學經唐人作疏其義益晦徐彥之疏公羊空言無當近人如曲阜孔氏武進劉氏謹守何氏之說詳義例而略典禮訓詁立乃博稽載籍凡唐以前公羊古義及國朝諸儒說公羊者左右采獲擇精語詳草創三十年長編甫具南歸後乃整齊排比融會貫通成公羊義疏七十六卷初治公羊也因及漢儒說經師法謂莫備於白虎通先為疏證以條舉舊聞暢隱扶微為主而不事辨駁成白虎通疏證十二卷幼受爾雅因取唐人五經正義中所引犍為舍人樊光劉歆孫炎五家悉甄錄之謂郭注中精言妙諦大率胎此附以郭音義及顧沈施謝諸家切釋成爾雅舊注二卷又以古韻之學敝蝕已久而聲音之原起於文字說文諧聲即韻母也因推廣歸安姚氏說文聲系之例剌取許書中諧聲之文部分而縱敍之以象形指事會意為母以諧聲為子其子之所諧又即各繫於子下其分部則兼取顧江戴孔王段劉許諸家精研而審核之訂為二十部成說文諧聲孳生述三卷其文淵雅典碩大抵考訂服制典禮及聲音訓詁為多成句溪雜著六卷卒年六十一

陳奐字碩甫長洲人諸生咸豐元年舉孝廉方正奐始從吳江沅治古學金壇段玉裁寓吳與沅祖孫善嘗曰我作六書音韻表惟江氏祖孫知之餘皆有知者奐盡一晝夜探其梗概沅嘗假玉裁經韻樓集奐竊視之加朱墨後玉裁見之稱其學識出孔賈上由是奐受學玉裁高郵王念孫暨子引之棲霞郝懿行績溪胡培翬涇胡承珙臨海金鶚咸與締交奐嘗言大毛公詁訓傳言簡意該遂殫精竭慮專攻毛傳以毛傳一切禮數名物自漢以來無人稱引韜晦不彰乃博徵古書發明其義大抵用西漢以前舊說而與東漢人說詩者不苟同又以毛氏之學源出荀子而善承毛氏者惟鄭仲師許叔重兩家故於周禮注說文解字多所取說著詩毛氏傳疏三十卷又以疏中稱引博廣難明更舉條例立表示圖為毛詩說一卷準以古音依四始為毛詩音四卷放爾雅例編毛傳為義類十九篇一卷以鄭多本三家詩與毛異為鄭氏箋考徵一卷又有詩語助義三十卷公羊逸禮考徵一卷師友淵源記一卷禘郊或問宋本集韻校勘記各若干卷其論尚書大傳與毛傳同條共貫論春秋之學從公羊以知例治穀梁以明禮穀梁文句極簡必得治禮數十年而後可明其要義論釋名與毛傳說文多不合然可以討漢宋說經家之沿流其論丁度集韻云集韻總字具見類篇先以類篇校集韻再參之釋文說文玉篇廣韻博雅則校讐之功過半矣又云陸氏釋文宋本當於集韻求之今尚書釋文經開寶中陳鄂等刪改之本集韻則未經刪改者也於子書中尤好管子嘗令其弟子元和丁士涵為管子案四卷家居授徒從游者數十人同郡管慶祺丁士涵馬釗費鍔德清戴望其尤著也同治二年卒年七十有八金鶚字誠齋臨海人優貢生博聞強識遂精三禮之學受知於山陽汪廷珍與析難辨論成禮說二卷嘉慶二十四年卒於京邸所著求古錄一書取宮室衣服郊祀井田之類貫串漢唐諸儒之說條考而詳辨之鶚又嘗輯論語鄉黨注釐正舊說頗得意解卒後稿全佚陳奐求得之釐為求古錄禮說十五卷鄉黨正義一卷

黃式三字薇香定海人歲貢生事親孝嘗赴鄉試母喪暴疾卒於家驟歸慟絕父老且病臥牀第數年衣食嚬洗必躬親之比歿持喪以禮誓不再應鄉試於學不立門戶博綜群經治易治春秋而尤長三禮論禘郊宗廟謹守鄭學論封域井田兵賦學校明堂宗法諸制有大疑義必釐正之其復禮說崇禮說約禮說嘗著論語後案二十卷自為之序他著有書啟幪四卷詩叢說一卷詩序說通二卷詩傳箋考二卷春秋釋二卷周季編略九卷儆居集經說四卷史說四卷同治元年卒年七十四子以周從子以恭俱能傳其學以周本名元同後改今名以元同為字同治九年優貢旋舉於鄉大挑以教職用補分水縣訓導以學臣奏加中書銜以教授升用旋選處州府教授而年已七十遂不就以周篤守家學以為三代下之經學漢鄭君宋朱子為最而漢學宋學之流弊乖離聖經尚不合於鄭朱何論孔孟有清講學之風倡自顧亭林顧氏嘗云經學即是理學乃體顧氏之訓上追孔孟之遺言於易詩春秋皆有著述而三禮尤為宗主所著禮書通故百卷列五十目古先王禮制備焉又以孟子學孔子由博反約而未嘗親炙孔聖其間有子思子綜七十子之前聞承孔聖以啟孟子乃著子思子輯解七卷而舉子思所述夫子之教必始於詩書而終於禮樂及所明

仁義爲利之說謂其傳授之大恉是深信博文約禮之經學爲行義之正軌而求孟子學孔聖之師承以子思爲樞軸春年多疾因曰加我數年子思子輯解成斯無憾既書成而疾瘥更號哉生江蘇學政黃體芳建南菁講舍於江陰延之主講以周教以博文約禮實事求是道高而不立門戶宗源瀚建辨志精舍於甯波請以周定其名義規制而專課經學著錄弟子千餘人卒年七十有二

以恭字質庭光緒元年舉人著有尚書啟幪疏二十八卷讀詩管見十二卷

俞樾字蔭甫德清人道光三十年進士改庶吉士咸豐二年散館授編修五年簡放河南學政奏請以鄭公孫僑從祀文廟聖兄孟皮配享崇聖祠並邀俞允七年以御史曹登庸劾試題割裂罷職樾歸後僑居蘇州主講蘇州紫陽上海求志各書院而主杭州詁經精舍三十餘年最久課士一依阮元成法游其門者若戴望黃以周朱一新施補華王詒壽馮一梅吳慶坻吳承志袁昶等咸有聲於時東南遭赭寇之亂典籍蕩然樾總辦浙江書局建議江浙揚鄂四書局分刻二十四史又於浙局精刻子書二十二種海內稱爲善本生平專意著述先後著書卷帙繁富而羣經平議諸子平議古書疑義舉例三書尤能確守家法有功經籍其治經以高郵王念孫引之父子爲宗謂治經之道大要在正句讀審字義通古文假借三者之中通假借爲尤要王氏父子所著經義述聞用漢儒讀謂讀曰之例者居半發明故訓是正文字至爲精審因著羣經平議以附述聞之後其諸子平議則仿王氏讀書雜志而作校誤文明古義所得視羣經爲多又取九經諸子舉例八十有八每一條各舉數事以見例使讀者習知其例有所據依爲讀古書之一助樾於諸經皆有纂述而易學爲深所著易貫專發明聖人觀象繫辭之義玩易五篇則自出新意不拘泥先儒之說復作艮宧易說卦氣值日考續考邵易補原易窮通變化論互體方位說皆足證一家之學晚年所著茶香室經說義多精確古文不拘宗派淵然有經籍之光所作詩溫和典雅近白居易工篆隸同時如大學士曾國藩李鴻章尚書彭玉麟徐樹銘潘祖蔭咸傾心納交日本文士有來執業門下者樾湛深經學律己尤嚴篤天性尚廉直布衣蔬食海內翕然稱曲園先生光緒二十八年以鄉舉重逢詔復原官重赴鹿鳴筵宴三十二年卒年八十有六著有羣經平議三十五卷諸子平議三十五卷及第一樓叢書曲園雜纂俞樓雜纂賓萌集春在堂雜文詩編詞錄隨筆右台仙館筆記茶香室叢鈔經說其餘雜著稱春在堂全書同時以耆年篤學主講席者則有南匯張文虎文虎字嘯山諸生嘗讀元和惠氏歙江氏休甯戴氏嘉定錢氏諸家書慨然歎爲學自有本則取漢唐宋注疏經說由形聲以通其字由訓詁以會其義由度數名物以辨其制作由語言事蹟以窺古聖賢精義旁及子史莫不攷其源流同異精天算尤長校勘同治五年兩江書局開文虎爲校史記三注成札記五卷最稱精善卒年七十有一著有舒藝室遺書

王闓運字壬秋湘潭人咸豐三年舉人幼好學質魯日誦不能及百言發憤自責勉強而行之昕所習者不成誦不食夕所誦者不得解不寢於是年十有五明訓詁二十而通章句二十四而言禮攷三代之制度詳品物之所用二十八而達春秋微言張公羊申何學遂通諸經潛心著述尤肆力於文溯莊列探賈董其駢儷則揖顏庾詩歌則抗阮左記事之體一取裁於龍門闓運刻苦勵學寒暑無間經史百家靡不誦習箋注抄校日有定課遇有心得隨筆記述闡明奧義中多前賢未發之覆嘗曰治經於易必先知易字有數義不當虛衍卦名於書必先斷句讀於詩必先知男女贈答之辭不足以頒學官傳後世一洗三陋乃可言禮禮明然後治春秋又曰說經以識字爲貴而非識說文解字之字爲貴又曰文不取裁於古則亡法文而畢摹乎古則亡意又嘗慨然自歎曰我非文人乃學人也學成出遊初館山東巡撫崇恩入都就尚書肅順聘肅順奉之若師保軍事多諮而後行左宗棠之獄闓運實解之已而參曾國藩幕胡林翼彭玉麐等皆加敬禮闓運自負奇才所如多不合乃退息無復用世之志唯出所學以教後進四川總督丁寶楨聘主尊經書院待以賓師之禮成材甚衆歸爲長沙思賢講舍衡州船山書院山長江西巡撫夏時延爲高等學堂總教光緒三十四年湖南巡撫岑春蓂上其學行特授檢討鄉試重逢加侍讀闓運晚睹世變與人無忤以唯阿自容入民國嘗一領史館遂歸丙辰年卒年八十有五所著書以經學爲多其已刊者有周易說十一卷尚書義三十卷尚書大傳七卷詩經補箋二十卷禮記箋四十六卷春秋公羊傳箋十一卷穀梁傳箋十卷周官箋六卷論語注二卷爾雅集解十六卷又墨子莊子鶡冠子義解十一卷湘軍志十六卷湘綺樓詩文集及日記等子女並能通經傳其家學次子代豐早世著有公羊例表

王先謙字益吾長沙人同治四年進士選庶吉士授編修光緒元年大考二等擢中允充日講起居注官歷上疏言言路防弊請籌東三省防務並劾雲南巡撫徐之銘六年晉國子監祭酒八年丁憂歸服闋仍故官疏請三海停工出爲江蘇學政十四年以太監李蓮英招搖疏請懲戒略言宦寺之患自古爲昭本朝法制森嚴從無太監攬權害事皇太后垂簾聽政一稟前謨毫不寬假此天下臣民所共知共見者乃有總管太監李蓮英秉性奸回肆無忌憚其平日穢聲劣迹不敢形諸奏牘惟思太監等給使宮禁得以日近天顏或因奔走微長偶邀宸顧度亦事理所有何獨該太監誇張恩遇大肆招搖致太監篦小李之名傾動中外驚駭物聽此即其不安本分之明證易曰履霜堅冰漸也皇太后皇上於制治保邦之道靡不勤求夙夜遇事防維今宵小橫行已有端兆若不嚴加懲辦無以振綱紀而肅羣情疏上不報先謙歷典雲南江西浙江鄉試搜羅人才不遺餘力既涖江蘇先奏設書局仿阮元皇清經解例刊刻續經解一千四百三十卷南菁書院創於黃體芳先謙廣籌經費每邑拔取才士入院而督教之誘掖獎勸成就人材甚多開缺還家歷主思賢講舍嶽麓城南兩書院其培植人才與前無異三十三年總督陳夔龍巡撫岑春蓂奏以所著書進呈賞內閣學士銜宣統二年長沙饑民鬨閙撫署衙兵開槍擊斃數人民情愈憤匪徒乘之放火燒署省城紳士電請易巡撫以先謙名首列先謙不知也總督瑞澂奏參部議降五級同鄉京官胡祖蔭等以冤抑呈遞都察院亦不報國變後改名遯遷居鄉間越六年卒著有尚書孔傳參正三十六卷三家詩集義疏二十八卷漢書補注一百卷荀子集解二十卷日本源流考二十二卷外國通鑑三十卷虛受堂詩文集三十六卷等

孫詒讓字仲容瑞安人父衣言自有傳詒讓同治六年舉人官刑部主事初讀漢學師承記及皇清經解漸窺通儒治經史小學家法謂古子羣經有三代文字之通假有秦漢篆隸之變遷有魏晉正草之混淆有六朝唐人俗書之流失有宋元明校讎之羼改匡違捃佚必有誼據先成札迻十二卷又著周禮正義八十六卷以爲有清經術昌明於諸經均有新疏周禮以周公致太平之書而秦漢以來諸儒不能融會貫通蓋通經皆實事實字天地山川之大城郭宮室衣服制度之精酒漿醯醢之細鄭注簡奧賈疏疏略讀者難於深究而通之於治尤多謬盩劉歆蘇綽之於新周王安石之於宋膠柱鍥舟一潰不振遂爲此經詬病詒讓乃於爾雅說文正其訓詁以禮經大小戴記證其制度研撢廿載槀草屢易遂博采漢唐以來迄乾嘉諸經儒舊說參互譯證以發鄭注之淵奧裨賈疏之遺闕其於古制疏通證明較之舊疏實爲淹貫而注有牾違輒爲匡糾凡所發正數十百事匪敢壞疏不破注家法於康成不曲從杜鄭之意實亦無詐而以國家之富強從政教入則無論新舊學均可折衷於是書識者韙之光緒癸卯以經濟特科徵不應宣統元年禮制館徵亦不就未幾卒年六十二所著又有墨子閒詁十五卷目錄附錄二卷後語二卷精深閎博一時推爲絕詣古籀拾遺三卷逸周書斠補四卷九旗古義述一卷

鄭杲字東甫遷安人父鳴岡爲即墨令卒於官貧不能歸因家焉杲事母孝光緒五年舉山東鄉試第一明年成進士授刑部主事肆力於學以讀經爲正課旁及朝章國故矻矻終日視仕進泊如也嘗謂治經在信古傳經者淵海傳其航也漢氏諸儒主乎此者不能通乎彼唐宋而降能觀其通矣乃舉古說而悉排之惟斷以己意若是者皆非善治經者也杲以母憂歸主講濼源書院服闋遷員外時朝政維新兩宮已積疑釁杲獨惓惓言天子當竭誠以盡孝道具疏草莫敢爲言者二十六年夏熒惑入南斗復上書請修省不報未幾卒杲之學深於春秋其言曰左氏明魯史舊章二傳則孔孟推廣新意口授傳指公羊明魯道者也穀梁明王道者也左氏則備載當時行用之道當時行用之道霸道也所以必明魯道者爲人子孫道在法其祖也穀梁則損益四代之趣咸在焉惟聖人蹶起在帝位者乃能用之也其爲說兼綜三傳而尤致嚴於事天事君事親之辨謂春秋首致謹於元年正月正月者正即位也正月謹始也必能爲父之子然後能爲天之子矣春秋之有三正由其有天君父之三命也春者天也王者君也正月者父也將以備責三正而單舉正月何也事天事君皆以事親爲始也凡杲所論著如此與杲同時者有宋書升字晉之濰縣人光緒十八年進士改庶吉士里居十年殫心經術易書詩均有撰述尤精推步之學法偉堂字小山膠州人光緒十五年進士官青州府教授精研音韻之學考訂陸德明經典釋文多前人所未發

清史稿

儒林傳四

孔蔭植

孔蔭植字對寰孔子六十五代孫世居曲阜明天啟初襲封衍聖公清順治元年世祖定鼎京師山東巡撫方大猷疏言開國之初首宜尊崇先聖下禮部議衍聖公爵及其官屬悉循明舊制蔭植朝京師遣官迎勞入朝班列大學士上賜宴恩禮有加四年卒遣山東布政使致祭子興燮襲興燮字起呂時年十三生母陶撫以成立稍長事母甚孝凝重有器識飭廟庭修禮樂諸廢悉舉累加少保兼太子太保康熙六年卒子毓圻襲毓圻字鐘在方幼年十一朝京師聖祖召見瀛臺禮度如成人奏對稱旨越二年上幸學召毓圻陪祀太皇太后召入見賜坐問家世具以對賜茶及克食辭出命內臣送至宮門外傳諭從官善輔翼之上御殿毓圻從諸大臣朝參及退命自御道行逡巡辭上敦諭之乃趨出加太子少師二十三年上東巡釋奠孔子廟留曲柄黃蓋謁林周覽遺跡每事問毓圻謹以對因請擴林地置守衛除租賦設百戶官秩視衛守備皆許之毓圻輯幸魯盛典以進復奏請重修孔子廟白巡撫及河道總督免縣人河工應役雍正元年世宗命追封先聖五代王爵十月毓圻詣闕謝疾作上命醫診視賜參餌十一月卒於京師上遣內大臣奠茶酒喪歸命皇三子及莊親王允祿臨奠行人護行賜葬諡恭慤毓圻工書愛蘭自號曰蘭堂子傳鐸襲傳鐸字振路康熙間賜二品冠服襲爵後一年世宗幸學召傳鐸陪祀傳鐸老病足命其子繼濩代行禮六月孔子廟災傳鐸用明弘治間故事率族人素服三日哭疏引咎上遣侍郎王景曾祭告並傳旨慰問尋發帑重建命侍郎留保會巡撫岳濬前巡撫陳世倌庀工役而以傳鐸董其事詔詢傳鐸有當增設者言無隱因請增設樂器庫直房上許之八年廟成九年上命修孔林仍與世倌監理疾作乞休上允之子繼濩前卒命以孫廣棨襲十年孔林工竟復開館輯闕里盛典十三年卒賜祭葬傳鐸工詩詞有集廣棨字京立雍正初授二品冠服襲爵以孔林工竟率族人詣闕謝上御圓明園正大光明殿召入對命坐賜茶諭曰汝為先聖後當存聖賢心行聖賢事秉禮守義以驕奢為戒汝年方少尤宜勤學讀書敦品勵行與汝族人相勸戒相砥礪為端人正士廣棨頓首謝賜松花江石硯及錦幣賜宴遣歸十三年世宗崩入臨高宗復召入對以覃恩贈父繼濩如其爵三年上幸學召廣棨陪祀獻親耕耤田頒學大禮慶成賦四年朝京師祝上萬壽會舉經筵令侍班因奏請著為令六年疏劾曲阜知縣毓琚不職毓琚亦訐廣棨居鄉不法下巡撫按治上原廣棨而譴毓琚八年卒子昭煥襲昭煥字顯明十三年正月上東巡釋奠孔子廟御詩禮堂昭煥方幼命其族人舉人繼汾等進講是日並謁林還復留曲柄黃蓋賜昭煥宴賚書籍文綺貂幣官繼汾中書族人有官者皆進秩親製孔子廟碑勒石大成門外二十一年昭煥疏言皇莊戶丁蒙恩免役歷來地方官額外雜派每事調劑非易請酌留五十戶餘改歸民籍交地方官編審應役上諭曰昭煥疏言皇莊此必沿前代舊習然亦止應稱官莊不云乎甚矣由之行詐無臣而為有臣昭煥可謂不能讀其祖書矣此時丁銀已停徵地方官安得更令百姓應役且取役何事若為朕東巡修道則皆發帑雇役初未累百姓朕展謁先師衍聖公督令廟戶除道清產理所應爾豈當轉庇廟戶並發帑雇役亦不肯應耶下吏議當奪爵上命寬之以昭煥年少歸咎繼汾及其兄繼涑皆譴黜三月上東巡釋奠孔子廟謁林二十二年上奉皇太后東巡釋奠三十六年復東巡釋奠既還京師出內府所藏周銅器木鼎亞尊犧尊伯彝冊卣蟠夔敦寶簠夔鳳豆饕餮甗四足鬲凡十事置廟庭四十一年兩金川平三月復奉皇太后東巡釋奠告成功次日謁林四十八年昭煥卒子憲培襲憲培字養元乾隆五十九年卒子慶鎔襲慶鎔字陶甫道光二十一年卒子繁灝襲繁灝字文淵同治二年卒諡端恪子祥珂襲祥珂字覲堂光緒三年卒諡莊慤子令貽襲令貽字穀孫國變後襲爵奉祀如故當唐末五季以文宣公兼曲阜令宋用孔氏支子明至清初因之自毓琚與廣棨互訐坐罷官廷議以衍聖公咨送易涉私孔氏子領鄉縣所隸皆親屬審斷亦未能悉公擬更前例御史衛廷璞疏言宜仍舊貫鴻臚寺卿林令旭又請以衢州孔氏子孫為曲阜知縣下廷臣議用廷璞言仍令衍聖公咨送巡撫考試題補後十餘年巡撫白鍾山奏請改題缺上諭曰闕里毓聖之鄉唐宋以來率以聖裔領縣事大宗主鬯爵列上公而知縣以民事為職奉法令則以裁制傷恩厚族黨則以偏私廢事非古易地而官之道當如鍾山議仍別設世襲六品官選孔氏子充補明制五經博士孔氏南宗一人奉衢州孔子廟祀北宗一人奉述聖祀顏氏復聖後曾氏宗聖後孟氏亞聖後仲氏子政後各一人道州周氏元公後江甯嵩縣程氏皆正公後洛陽邵氏康節後建安婺源朱氏皆文公後各一人清因之又增設咸陽姬氏文公後曲阜東野氏周公後濟甯閔氏子騫後濬縣端木氏子貢後常熟言氏子游後鉅野卜氏子夏後蕭縣顓孫氏子張後菏澤肥城兩冉氏伯牛仲弓後肥城有氏有子後鄒平伏氏伏生後孟縣韓氏文公後郿縣張氏明公後各一人而程氏改純公後一人又崇關侯祀事亦錄其後洛陽解州江陵各一人明史衍聖公附儒林傳後今仿其例並五經博士有增設者亦附焉

清史稿　列傳

文苑

清代學術超漢越宋論者至欲特立清學之名而文學並重亦足於漢唐宋明以外別樹一宗嗚呼盛已明末文衰甚矣清運既興文氣亦隨之而一振謙益歸命以詩文雄於時足負起衰之責而魏侯申吳山林遺逸隱與推移亦開風氣之先康乾盛治文教大昌聖主賢臣莫不以提倡文化為己任師儒崛起尤盛一時自王朱以及方惲各擅其勝文運盛衰實通世運此當舉其全體若必執一人一地言之轉失之隘豈定論哉道咸多故文體日變龔魏之徒乘時立說同治中興文風又起曾國藩立言有體濟以德功實集其大成光宣以後支離龐雜不足言文久矣茲為文苑傳但取詩文有名能自成家者彙為一編以著有清一代文學之盛派別異同皆置勿論其已見大臣及儒林各傳者則不復著焉

文苑一

魏禧 兄際瑞 邱維屏 弟禮 曾燦 彭任 子世傚 世儼 林時益 梁份 李騰蛟
侯方域 王猷定 徐士溥 陳宏緒 歐陽斌元
申涵光 張蓋 殷岳
吳嘉紀 徐波
錢謙益 龔鼎孳
吳偉業 曹溶
宋琬 嚴沆
施閏章 高詠 鄭溱
王士祿 弟士祜 田雯 徐夜 曹貞吉 顏光敏
陳恭尹 屈大均 方殿元 梁佩蘭 吳文煒 程可則 王隼
馮班 宗元鼎 吳殳 劉體仁
胡承諾 賀貽孫 唐甄
阿什坦 劉淇 傅澤洪 令德純
汪琬
計東 吳兆騫 顧我錡
彭孫遹
朱彝尊 李良年 譚吉璁
尤侗
陳維崧 吳綺 徐釚
潘耒 嚴繩孫 倪燦
徐嘉炎 方象瑛
萬斯同 錢名世
劉獻廷
邵遠平 吳任臣
喬萊 汪懋麟 汪楫
陸棻 兄子奎勳
龐塏 邊連寶
陸圻 丁澎 張丹 吳百朋 柴紹炳 沈謙 毛先舒 虞黃昊 孫治
孫枝蔚 李念慈
丁煒 林佶 黃任 鄭方坤
黃與堅 王揆 顧湄
吳雯 陶季
梅清 梅庚
馮景 邵長蘅
姜宸英 嚴虞惇 黃虞稷
性德 顧貞觀 顧春 項鴻祚
文昭 蘊端 書誠 博爾都 永恩 塞爾赫 永忠
趙執信 馮廷櫆
黃儀 鄭元慶
查慎行 弟嗣瑮
史申義 周起渭 潘淳 張元臣
顧陳垿
何焯 陳景雲 子黃中
戴名世

魏禧字冰叔甯都人父兆鳳諸生明亡號哭不食剃髮為頭陀隱居翠微峯是冬筑離之乾遂名其堂為易堂旋卒禧兒時嗜古論史斬斬見識議年十一補縣學生與兄際瑞弟禮及南昌彭士望林時益同邑李騰蛟邱維屏彭任曾燦等九人為易堂學皆躬耕自食切劘讀書三魏之名徧海內禧束身砥行才學尤高門前有池顏其居曰勺庭學者稱勺庭先生為人形幹修頎目光射人少善病參朮不去口性仁厚寬以接物不記人過與人以誠雖見欺如也然多奇氣論事每縱橫排奡倒注不窮事會盤錯指畫灼有經緯思患豫防見幾於蚤懸策而後驗者十嘗八九流賊起承平久人不知兵且謂寇遠猝難及禧獨憂之移家山中山距城四十里四面削起百餘丈中徑坼自山根至頂若斧劈然緣坼鑿磴道梯而登因置闢為守望士友稍稍依之後數年甯都被寇翠微峯獨完喜讀史尤好左氏傳及蘇洵文其為文淩厲雄傑遇忠孝節烈事則益感激摹畫淋漓年四十乃出遊於蘇州交徐枋金俊明杭州交汪渢乍浦交李天植常熟交顧祖禹常州交惲日初楊瑀方外交藥地槁木皆遺民也當是時南豐謝文洊講學程山星子宋之盛講學髻山弟子著錄者皆數十百人與易堂相應和易堂獨以古人實學為歸而風氣之振由禧為之領袖僧無可嘗至山中歎曰易堂真氣天下無兩矣無可明檢討方以智也友人亡其孤不能自

存禧撫教安業之凡戚友有難進之言或處人骨肉間禧批郤導窾一言輒解其紛或訐之禧曰吾每遇難言事必積誠累時待其精神與相貫注夫然後言康熙十七年詔舉博學鴻儒禧以疾辭有司催就道不得已舁疾至南昌就醫巡撫舁驗之禧蒙被臥稱疾篤乃放歸後二年卒年五十七妻謝氏絕食殉著有文集二十二卷日錄三卷詩八卷左傳經世十卷際瑞原名祥字善伯禧兄明亡後禧禮並謝諸生際瑞歎曰吾爲長子祖宗祠墓父母尸饔將誰責乎遂出就試順治十七年歲貢生甯都民亂贛軍進討索饟於山砦際瑞身冒險阻往來任其事屢瀕於死際瑞重信義翠微峯諸隱者暨族戚倚際瑞爲安危者三十餘年康熙十六年滇將韓大任踞贛當事議撫之大任曰非魏際瑞至吾不信也時際瑞館總鎮哲爾肯所遂遣之家人泣勸毋往際瑞曰此鄉邦宗族所關也吾不行恐禍及行而無成吾自當之遂往甫入營官兵遽從東路急攻大任疑賣己因拘留之大任變計走降閩際瑞遂遇害年五十八子世傑殉焉際瑞篤治古文喜漆園太史公書著有文集十卷五雜俎五卷禮字和公禧弟少魯鈍受業於禧禧嘗笞詈之禮弗憾曰兄固愛弟也禧喜過望方九歲父將析產持一田劵躊躇曰與祥則禮損矣奈何禮適在旁應聲曰任損我毋損伯兄父笑曰是固魯鈍者耶禮寡言急然諾喜任難事以鬱鬱不得志乃益事遠遊所至必交其賢豪物色窮巖遺佚之士年五十倦遊返於翠微左幹之巔搆屋五楹是時伯叔踵逝石閣勺庭久虛無人諸子各散處不復居易堂禮獨身率妻子居十七年未他徙卒年六十六著有詩文集十六卷子世傚世儼世傚字昭士生二十餘月母口授九歌輒能成誦稍長從仲父禧讀性狷急勇於任事禧嘗謂其文一如其人鋒鋭所及往往有沒羽之力以多病不應試徧遊燕楚吳越一至嶺南適王士禎使粵見所作頤折節與交著有耕廡文稿十卷世儼字敬士善病如其兄然不廢翰墨與世傑世傚時稱小三魏著有爲谷文稿八卷李騰蛟字咸齋亦甯都人諸生於易堂中年最長諸子皆兄事之嚴敬無敢斁後居三巘峰以經學教授著周易臆言年六十卒邱維屏字邦士甯都人三魏姊壻也明諸生爲人高簡率穆讀書多元悟禧嘗從之學晚爲秝數易學及泰西算法僧無可與布算退語人曰此神人也彭士望與維屏交三十餘年未嘗見其毀一人然維屏獨推服禧嘗貽禧書曰拒諫飾非者大惡也不拒諫而嘗自拒諫不飾非而嘗自飾非尤惡之惡也足下敢於自信自處有故而持之以堅拒諫飾非蓋有如此者禧得之痛服維屏教授弟子手批口講日夜不輟業康熙十八年卒年六十六垂歿示子曰食有菜飯穿可補衣無謠戾行堪句讀師士望服其言著有周易勦說十二卷松下集十二卷邦士文集十八卷曾燦字青藜亦甯都人給事中應遴仲子歲乙酉楊廷麟竭力保南贛應遴以閩嶠山澤間有衆十萬命燦往撫之既行而應遴病卒贛亦破乃解散尋祝髮爲僧游閩浙兩廣間大母及母念燦成疾乃歸甯都以大母命受室築六松草堂躬耕不出者數年後僑居吳下二十餘年客游燕市以卒著有六松草堂文集西崦草堂詩集林時益本明宗室名議霶字確齋南昌人與彭士望同里兩人謀居士望與魏禧一見定交極言金精諸山可爲嶺北耕種處乃攜家偕士望往僑居十餘年與魏氏昆弟相講習康熙七年詔明故宗室子孫衆多竄伏山林者還田廬復姓氏時益久客甯都弗樂歸卜居冠石結廬傭田非其力不食冠石宜茶時益以意製之香味擬陽羨所謂林茶者也晚好禪悅著有冠石詩集五卷確齋文集梁份字質人南豐人少從彭士望魏禧遊講經世之學工古文辭嘗隻身遊萬里西盡武威張掖南極黔滇徧歷燕趙秦晉齊魏之墟覽山川形勢訪古今成敗得失遐荒軼事一發之於文方苞王源皆重之其論山海關謂關自明洪武間始設隋置臨榆於西唐爲榆關東北古長城燕秦所築距關遠皆不足輕重金之伐遼自取遷民始李自成席卷神京敗石河而失之天之廢興人之成敗而決於山海一隅荒榛千百年之上偏重於三百年間天下定則山海安山海困則天下舉困其安危之重如此生平以未遊山海爲憾爲人樸摯强毅守窮約至老不少挫卒年八十九著有懷葛堂文集十五卷西陲今略八卷

侯方域字朝宗商邱人父恂明戶部尚書季父恪官祭酒皆以東林忤閹黨方域師倪元璐性豪邁不羈爲文有奇氣時太倉張溥主盟復社青浦陳子龍主盟幾社咸推重方域海內名士爭與之交方恂之督師援汴也方域進曰大人受詔討賊廟堂議論多牽制今宜破文法取賜劍誅一甲科守令之不應徵辦者而晉帥許定國師噪亟斬以徇如此則威立軍事辦然後渡河收中原土寇團結之衆以合左良玉於襄陽約陝督孫傳庭犄角並進則汴圍不救自解恂叱其跋扈不用趣遣之歸方域既負才無所試一放意聲伎流連秦淮間閹黨阮大鋮時亦屏居金陵謀復用諸名士共檄大鋮罪作留都防亂揭宜興陳貞慧貴池吳應箕二人主之大鋮知方域與二人善私念因侯生以交於二人事當已乃屬其客來結驩方域覺之卒謝客大鋮恨次骨已而驟柄用將盡殺黨人捕貞慧下獄方域夜走依鎭帥高傑得免順治八年出應鄉試中式副榜十一年卒年三十七方域健於文與魏禧汪琬齊名號國初三家有壯悔堂集同時江西以文名者南昌王猷定新建陳宏緒徐士溥歐陽斌元猷定字于一選拔貢生父時熙進士官太僕卿名在東林猷定好奇有辯口文亦如之著四照堂集宏緒字士業父道亨進士官兵部尚書疏救楊漣罷歸藏書萬卷宏緒不仕輯宋遺民錄以見志有石莊集士溥字巨源父良彥進士忤璫魏削籍成清浪溧陽陳名夏聞士溥善古文手書招之拒不納有楡溪集斌元字憲萬嘗爲南司馬呂大器草奏劾馬士英二十四大罪又佐史可法幕府有文集十二卷

申涵光字和孟號鳧盟永年人明太僕寺丞佳允子年十五補諸生文名籍籍顧不屑爲舉子業日與諸同志論文立社載酒豪遊爲樂萬歷六年亂起議城守出家貲四百金錢二十萬犒士甲申奉母避亂西山誅茅廣羊絕頂與鉅鹿楊思聖雞澤殷岳殷淵定患難交京師破佳允殉國難涵光痛絕復蘇因渡江而南謁陳子龍夏允彝徐石麟諸名宿爲父志傳歸里事親課弟足跡絕城市日與殷岳及同里張蓋相往來酬和人號爲廣平三君清初詔訪明死難諸臣柏鄉魏裔介上襃忠疏列佳允名格於部議涵光徒跣赴京師踔泥水中幾瀕於死麻衣絰帶號哭東華道上觀者皆飲泣裔介再疏爭之卒與祀卹如例一時士大夫高其行皆傾心納交宴遊贈答無虛日涵光爲詩吞吐衆流納之鑪冶一以少陵爲宗而出入於高岑王孟諸家嘗謂詩以道性情性情之眞者可以格帝天泣神鬼若專事附會寸寸而效之則啼笑皆僞不能動一人矣尙書王士禎稱涵光開河朔詩派學士熊伯龍謂今世詩人吾甘爲之下者鳧盟一人而已嘗謁奇逢執弟子禮奇逢恨得之晚以聖賢相敦勉自是始聞天人性命之旨究心理學不復爲詩順治十七年詔郡縣舉孝行有司以涵光應力辭之再舉隱逸之士堅辭不就嘗自悔爲名累謝絕交遊晚年取諸儒語錄昕夕研究作性習圖義利說及荆園小語進語諸書嘗曰主靜不如主敬敬自靜也朱陸同適於道朱由大路雖遲而穩陸由便徑似捷而危在人自擇耳奇逢謂其苦心積慮閱歷深而勤忍熟裔介則讚之曰年少文壇老來理路聖賢之所謂博文而約禮也其推重如此康熙十六年卒年五十九涵光又解琴理書法顏魯公尤工漢隸間作山水木石落落有雅致著有聰山詩集八卷文集四卷說杜一卷蓋字覆輿明亡後謝諸生悲吟侘傺遂成狂疾嘗遊齊晉楚豫間歸自閉土室中雖妻子不得見唯涵光岳至則延入談甚洽其詩哀憤過情恆自毀其稿卒後涵光爲刋遺詩曰柿葉集岳字宗山雞澤舉人京師陷入西山與其弟淵謀舉義事洩淵被害岳匿涵光家得免其爲詩自魏晉以下屏不觀尤不喜律詩所作唯古體莽莽然肖其爲人有留耕堂集

吳嘉紀字賓賢泰州人布衣家安豐鹽場之東淘地濱海無交遊自名所居曰陋軒貧甚雖豐歲常乏食獨喜吟詩晨夕嘯詠自適不交當世郡人汪楫孫枝蔚與友善時稱道之遂爲王士禎所知尤賞其五言清冷古淡雪夜酌酒爲之序馳使三百里致之嘉紀因買舟至揚州謁謝定交由是四方知名士爭與之倡和嘉紀工爲危苦嚴冷之詞嘗撰今樂府淒急幽奥能變通陳迹自爲一家所著陋軒集多散佚友人復裒集之爲四卷其詩風骨頗遒運思亦復劖刻由所遭不偶每多怨咽之音而篤行潛修特爲一時推重云徐波字元歎吳縣人少任俠明亡後居天池搆落木菴以祜禪終詩多感喟虞山錢謙益與之善贈以詩頗推重之有謚簫堂染香菴等集

錢謙益字受之常熟人明萬歷中進士授編修博學工詞章名隸東林黨天啓中御史陳以瑞劾罷之崇禎元年起官不數月至禮部侍郎會推閣臣謙益慮尙書溫體仁侍郎周延儒並推則名出己上謀沮之體仁追論謙益典試浙江取錢千秋關節事予杖論贖體仁復賄常熟人張漢儒訐謙益貪肆不法謙益求救於司禮太監曹化淳刑斃漢儒體仁引疾去謙益亦削籍歸流賊陷京師明臣議立君江寧謙益陰推戴潞王與馬士英議不合已而福王立懼得罪上書誦士英功士英引爲禮部尙書復力薦閹黨阮大鋮等大鋮遂爲兵部侍郎順治三年豫親王多鐸定江南謙益迎降命以禮部侍郎管秘書院事馮銓充修明史館正總裁而謙益副之俄乞歸五年鳳陽巡撫陳之龍獲黃毓祺謙益坐與交通詔總督馬國柱逮訊謙益訴辨國柱遂以謙益毓祺素非相識定讞得放還以著述自娛越十年卒謙益爲文博贍諳悉朝典詩尤擅其勝明季王李號稱復古文體日下謙益起而力振之家富藏書晚歲絳雲樓火惟一佛像不燼遂歸心釋教著楞嚴經蒙鈔其自爲詩文曰牧齋集曰初學集有學集乾隆三十四年詔燬板然傳本至今不絕龔鼎孳字孝升合肥人明崇禎七年進士授兵科給事中李自成陷都城以鼎孳爲直指使巡視北城及睿親王至遂

迎降，授吏科給事中，改禮科，遷太常寺少卿。順治三年，丁父憂，請賜䘏典。給事中孫垍齡疏言鼎孳辱身流賊，蒙朝廷擢用，曾不聞夙夜在公，惟飲酒醉歌，俳優角逐，聞訃仍復歌飲留連，寘遂非分之典，虧行滅倫，莫此爲甚。部議降二級，尋遇恩詔獲免。累遷左都御史。先是大學士馮銓被劾，睿親王集科道質訊，鼎孳斥銓閹黨，爲忠賢義兒。銓曰：「何如逆賊御史？」鼎孳以魏徵歸順太宗自解。王笑曰：「惟無瑕者可以戮人，奈何以闖賊擬太宗？」遂罷不問。坐事降八級調用，補上林苑丞。旋罷。康熙初，起左都御史，遷刑部尚書。卒，謚端毅。乾隆三十四年，詔削其謚。鼎孳天才宏肆，千言立就。世祖在禁中見其文，歎曰：「眞才子也！」嘗兩典會試，汲引英雋如不及。朱彝尊、陳維崧遊京師，貧甚，資給之。傅山、閻爾梅陷獄，皆賴其力得免。臨歿，以徐釚屬梁清標曰：「負才如虹亭，可使之不成名耶？」釚後以清標薦試鴻博，入史館。自謙益卒後，在朝有文藻負士林之望者，推鼎孳云。著有定山堂集。

吳偉業，字駿公，太倉人。明崇禎四年進士，授編修，充東宮講讀官，再遷左庶子。弘光時，授少詹事，乞假歸。順治九年，用兩江總督馬國柱薦，詔至京。侍郎孫承澤、大學士馮銓相繼論薦，授秘書院侍講，充修太祖太宗聖訓纂修官。十三年，遷祭酒。丁母憂歸。康熙十年，卒。偉業學問博贍，或從質經史疑義及朝章國故，無不洞悉原委。詩文工麗，蔚爲一時之冠，不自標榜。性至孝，生際鼎革，有親在，不能不依違顧戀，俯仰身世，每自傷也。臨歿，顧言：「吾一生遭際，萬事憂危，無一時一境不歷艱苦。死後斂以僧裝，葬我鄧尉靈巖之側，墳前立一圓石，題曰詩人吳梅村之墓。勿起祠堂，勿乞銘。」聞其言者皆悲之。著有春秋地理志、氏族志、綏寇紀略及梅村集。曹溶，字鑒躬，嘉興人。明崇禎十年進士，官御史。清定京師，仍原職，尋授順天學政。疏薦明進士王崇簡等五人，又請旌殉節明大學士范景文、尚書倪元璐等二十八人，孝子徐基、義士王良翰等及節婦十餘人。試竣，擢太僕寺少卿。坐前學政任內失察，降二級。久之，稍遷左通政。上言：「通政之官，職在納言，請嗣後凡遇挾私違例章疏，卽予駁還，仍許隨事建議。」又言：「王師入閩，各處駐兵，乃一時權宜，今當歸併於盜賊出沒險阻之地，則兵不患少。其閒散無事之兵，遇缺勿補，遇調卽遣，則餉不虛糜。且當裁提鎭，增副將，以專責成。」又言：「諸司職掌無成書，請以近年奉旨通行者，參之前朝會典，編爲簡明則例，以重官守。」擢左副都御史。疏請時御便殿，召大臣入對，賜筆札以辨其才識，有切中利弊者，卽飭力行，勿概下部議。帝並嘉納。擢戶部侍郎，出爲廣東布政使，降山西陽和道。康熙初，裁缺歸里。十八年，舉鴻博，丁憂未赴。學士徐元文薦修明史，又數年卒。有倦圃詩集。

宋琬，字玉叔，萊陽人。父應亨，明天啓中進士，令清豐，有惠政，民爲立祠。崇禎末殉節，贈太僕卿。琬少能詩，有才名。順治四年進士，授戶部主事，累遷吏部郎中。出爲隴西道，過清豐，民遮至應亨祠，款留竟日，述往事，至泣下。琬益自刻厲，期不墜先緒。調永平道，又調寧紹台道，皆有績。十八年，擢按察使。時登州于七爲亂，琬同族子懷宿憾，因告變，誣琬與于七通，立逮下獄，幷繫妻子，踰三載，下督撫外訊，巡撫蔣國柱白其誣。康熙三年，放歸。十一年，有詔起用，授四川按察使。明年入覲，家屬留官所，値吳三桂叛，成都陷，聞變驚悸卒。始琬官京師，與嚴沆、施閏章、丁澍輩酬倡，有燕臺七子之目。其詩格合聲諧，明靚溫潤，旣搆難，時作淒清激宕之調，而亦不戾於和。王士禛點定其集爲三十卷，嘗舉閏章相況，目爲南施北宋。歿後，詩散佚，族孫邦憲綴輯之，爲六卷。沆，字子餐，餘杭人。順治十二年進士，官至戶部侍郎。性退讓，或譏彈其詩，輒應時改定。有皋園集。

施閏章，字尚白，號愚山，宣城人。祖宏猷，以儒學著，子姓傳業，江南言家法者推施氏。閏章少孤，事叔父如父。從沈壽民遊，博綜羣籍，善詩古文辭。順治六年進士，授刑部主事。以員外郎試高等，擢山東學政，崇雅黜浮，有冰鑒之譽。秩滿，遷江西參議，分守湖西道。屬郡殘破多盜，徧歷山谷撫循之，人呼爲施佛子。嘗作彈子嶺、大阬歎等篇，告長吏，讀者皆曰今之元道州也。尤崇獎風教，所至輒葺書院，會講常數百人。新淦民兄弟忿戾不睦，一日聞講禮讓孝弟之言，遂相持哭，詣堦下服罪。峽江患虎，製文祝之，俄有虎墮深塹，患遂絕。歲旱，禱雨輒應。康熙初，裁缺歸，民留之不得，乃醵金創龍岡書院祀之。初，閏章駐臨江，有清江環城下，民過者咸曰「是江似使君」，因改名使君江。及是，傾城送江上，又送至湖，以官舫輕，民爭買石膏載之，乃得渡。十八年，召試鴻博，授翰林院侍講，纂修明史。典試河南。二十二年，轉侍讀，尋病卒。閏章之學，以體仁爲本。置義田贍族，好扶掖後進。爲文意樸而氣靜。詩與宋琬齊名。王士禛愛其五言詩，爲作摘句圖。士禛門人問詩法於閏章，閏章曰：「阮亭如華嚴樓閣，彈指卽見；予則不然，如作室者，瓴甓木石，一一就平地築起。」論者皆謂其允。著有學餘堂集、矩齋雜記、蠖齋詩話，都八十餘卷。閏章與同邑高詠友善，皆工詩，主東南壇坫數十年，時號宣城體。詠，字阮懷，幼稱聖童。祖維岳，知興國州，清介無長物。詠食貧厲學，屢躓名場，年近六十，始貢入太學。詞科之舉，詠與焉，授檢討。閏章稱其詩優入古人，兼工書畫。有遺山堂、若巖堂集。時同舉鴻博，又有泰州鄧漢儀，字孝威，以年老授中書舍人，亦工詩，遊跡所至，輒以名集，逐年編紀，凡七集，詩家咸推重之。

王士祿，字子底，濟南新城人。少工文章，清介有守。弟士祜、士禛從之學詩，士禛遂爲詩家大宗，官尚書，自有傳。士祿，順治九年進士，投牒改官，選萊州府教授，遷國子監助教，擢吏部主事。康熙二年，以員外郎典試河南，磨勘罣吏議，下獄，久之得雪，免歸。居數年，起原官。學士張貞生、御史李棠先後建言獲咎，力直之，人以爲難。尋又免歸。母喪，以毀卒，年四十有八。其文去雕飾，詩尤閑澹幽肆，有西樵十笏山房諸集。士祜，字子側。十歲時，客或疑焦竑字弱侯何耶，坐客未對，卽應聲曰：「此出考工記，竑其幅廣以爲之弱也。」咸驚其夙慧。康熙初，第進士，未仕卒。士禛輯其詩，爲古鉢山人遺集。當是時，山左詩人王氏兄弟外，有田雯、顏光敏、曹貞吉、王苹、張篤慶、徐夜，皆知名。雯，字紫綸，號山薑，德州人。康熙三年進士，授中書。先是，中書以貲郎充，是年始改用進士，遂爲例。累遷工部郎中，督江南學政，所取士多異才。每按試，從兩騶二僕隨之，戒有司勿供張。授湖廣督糧道，遷光祿卿，巡撫江寧，調貴州。時苗仲猖獗，粵督議會勦，雯謂制苗之法，犯則治之，否則防之而已，無庸勦衆勞民也，議遂寢。丁憂，起補刑部侍郎，調戶部，以疾歸。康熙中，士禛負海內重名，其論詩主風調；雯負其縱橫排奡之氣，欲以奇麗抗之。有古懽堂集。貞吉，字升六，安邱人。與雯同年進士，禮部郎中。詩格遒鍊，有實庵詩略。衆工倚聲，吳綺選名家詞，推爲壓卷。光敏，字遜甫，曲阜人，顏子六十七世孫也。康熙六年進士，除國史院中書舍人。帝幸太學，加恩四氏子孫，授禮部主事，歷吏部郎中。其爲詩秀逸深厚，出入錢、劉，吳江計東謂足以鼓吹休明。雅善鼓琴，精騎射蹴鞠。嘗西登太華，循伊闕，南浮江淮，觀濤錢塘，泝三衢，所至輒命工爲圖，得金石文，恆懸之屋壁。有樂圃集、舊雨堂集。苹，字秋史，歷城人。少落拓不偶，人目爲狂。雯見其詩，爲延譽。嘗賦黃葉句絕工，人稱爲王黃葉。康熙四十五年進士，當爲令，以母老改成山衞教授，閉門耽吟，介節彌著。有二十四泉草堂集。篤慶，字歷友，淄川人。拔貢生，早受知施閏章。會徵鴻博，有欲薦之者，辭不應。詩以盛唐爲宗，有崑崙山房集。夜，字東癡，新城人，本名元善。舉鴻博，不赴。有詩集。

陳恭尹，字元孝，順德人。父邦彥，明末殉國難，贈尚書。恭尹少孤，能爲詩，習聞忠孝大節。棄家出游，賦姑蘇懷古諸篇，傾動一時。留閩浙者七年。一日，父友遇諸塗，責之曰：「子不歸葬，奈何徒欲一死塞責耶？」恭尹泣謝之，乃歸。旣葬父增城，遂渡銅鼓洋，訪故人於海外，久之歸。主何衡家，與陶窳、梁無技及衡弟絳相砥礪，世稱北田五子。已，復游贛州，轉泛洞庭，再游金陵，至汴梁，北渡黃河，徘徊大行之下。於是南歸，築室羊城之南，以詩文自娛，自稱羅浮布衣。恭尹修髯偉貌，氣幹沈深。其爲詩激昂頓挫，足以發其哀怨之思。自言平生文辭多取諸胸臆，僕僕道塗，稽古未逞也。卒，年七十一。著獨漉堂集。王隼取恭尹詩合屈大均、梁佩蘭共刻之，爲嶺南三家集。大均，字介子，番禺人。初名紹隆，遇變爲僧，中年返初服。工詩，高渾兀奡，有翁山詩文集。佩蘭，字芝五，南海人。童時日記數千言。順治十四年鄉試第一，又三十一年始成進士，年六十矣。佩蘭夙負詩名，旣選庶吉士，館中推爲祭酒。不一年，假歸，里居十五載。會詔飭詞臣就職，復入都，逾月散館，以不習國書罷歸。結蘭湖社，與同邑程可則、番禺王邦畿、方殿元及恭尹等稱嶺南七子。有六瑩堂集。可則，字周量。順治九年會試第一，以磨勘停殿試，歸益恣探經史。十七年，始應闈試，授內閣中書，累遷兵部郎中，出知桂林府，以敏幹稱。其官都下，與宋琬、施閏章、王士祿、士禛、陳廷敬、沈荃、曹爾堪輩爲文酒之會，吳之振合刻八家詩選。可則詩曰海日堂集。殿元，字蒙章。康熙三年進士，歷知郯城、江寧等縣。置祭田以贍兄弟，而自攜長子還、次子朝僑寓蘇州，父子皆有詩名，所稱嶺南七子，幷其二子數之也。殿元著九谷集，還靈州集，朝勺園集。佩蘭之友，又有南海吳文煒，字山帶。十歲工詩，兼善繪事。詩初效長吉體，務爲險語取快。康熙三十二年舉人，計偕卒於旅舍。有金茅山堂集，恭尹爲之序。王隼，字蒲衣，番禺人。父邦畿，明副貢生，隱居羅浮，嶺南七子之一也，有耳鳴集。隼七歲能詩，慕道術，早歲棄家入丹霞，尋入匡廬，居太乙峯六七年始歸。性喜琵琶，終日理書卷，生事窘不顧，惟取琵琶彈之，琵琶聲急，卽其窘益甚。著大樗堂集。妻潘、女瑤湘竝工詩。

馮班，字定遠，常熟人。淹雅善持論，顧性不諧俗。說詩力詆嚴羽，尤不取江西宗派，出入義山、牧之、飛卿之間。書四體皆精。著鈍吟集。趙執信於近代文家少許可者，見班所著，獨折服，至具衣冠拜之。嘗謁其墓，爲私淑門人刺焚冢前。其爲名流所傾仰類此。宗元鼎，字定九，江都人。七歲詠梅，遠近傳誦其句。堂有古梅一株，人謂之宗郎梅。性狷而孝，釜甑屢空，未嘗以貧告人。康熙初，貢太學，銓注州同知未仕卒元鼎與從弟元豫覯從子之璉之瑜皆工詩有廣陵五宗之目劉體仁字公㦷潁州人順治中進士有家難棄官從孫奇逢講學後官考功郎中體仁喜作畫鑒識甚精又工鼓琴與汪琬王士禎友善著七頌堂集士禎稱其詩似孟東野又言今日善學才調集者無如元鼎學西崑體者無如吳殳殳字修齡原名喬亦常熟人也著圍鑪詩話云意喻則米炊而爲飯者文釀而爲酒者詩乎又曰詩之中須有人在執信歎爲知言

胡承諾字君信天門人崇禎時舉人明亡後隱居不仕臥天門巾柘間順治十二年部銓縣職康熙五年檄徵入都六年至京師未幾告歸搆石莊於西村窮年誦讀著繹志二十餘萬言繹志者繹己所志也原本道德切近人事爲有體有用之學其吏治篇曰古之人不敢輕言變法也必有明哲之德於精粗之理無所不昭不獨精者爲之地即粗者亦爲之地有和悅之氣於異同之見無所不容不獨同者樂其然即異者亦樂其然然後可奪其久安之法授以更新之制而民不驚顧不譁也秕庸篇曰欲富國者當使君民之力皆常有餘民之餘力生於君之約取君之餘力生於民之各足他篇準此承諾自擬其書於徐幹中論顏氏家訓或頗譏其掇拾羣言未能如古人自成一家之說然大體必軌於正又有讀書錄則鱗雜細碎殆繹志取材之餘矣二十六年卒年七十五同時篤志撰述其學與承諾相上下者又有賀貽孫字子翼永新人唐甄字鑄萬達州人貽孫九歲能屬文明季社事盛行貽孫與萬茂先陳士業徐巨源曾堯臣輩結社豫章及明亡遂不出順治初學使者慕其名特列貢榜避不就巡按御史笪重光欲舉應鴻博書至貽孫愀然曰吾逃世而不逃名名之累人實甚吾將從此逝矣乃翦髮衣緇結茅深山無復能蹤跡之者晚年窮益甚著有易觸詩觸詩筏騷筏又著水田居激書激書者備名物以寄興紀逸事以垂勸援古鑒今錯綜比類言之不足故長言之長言之不足故危悚慯厲必暢所欲言而後已激濁揚淸始自貴因終於空明凡四十一篇甄性至孝父喪獨棲殯室三年以世亂不克還葬遂葬父虎邱順治十四年舉人選長子令下車即導民樹桑凡八十萬本民利賴焉未幾坐逃人詿誤去官就居吳市炊烟屢絕至采枸杞葉爲食衣敗絮著述不輟始志在權衡天下作衡書後以連蹇不遇更名潛書分上下篇上篇論學始辨儒終博觀凡五十篇下篇論政始尙治終潛存凡四十七篇上觀天道下察人事遠正古跡近度今宜根於心而致之行非虛言也甯都魏禧見而歎之曰是周秦之書也今猶有此人乎卒年七十五

阿什坦字金龍完顏氏滿洲正白旗人順治九年進士授刑科給事中初繙譯大學中庸孝經諸書詔刊行阿什坦上言學者宜以聖賢爲期經史爲導此外無益雜書當屏絕又請嚴旗人男女之別定部院九品之制俱報可康熙初罷職家居鰲拜專政欲令一見終不往嗣以薦起聖祖召問節用愛人對曰節用莫要於寡欲愛人莫先於用賢聖祖顧左右曰此我朝大儒也著有大學中庸講義及奏稿孫留保以掌院學士充明史總裁附王蘭生傳劉淇字武仲漢軍鑲白旗人弟汶舉人受知世宗時有二難之目著周易通說禹貢說助字辨略堂邑志衛園集金德純字素公漢軍正紅旗人著旗軍志傳澤洪字育甫漢軍旗人累官江南淮揚道著行水金鑑百七十五卷

汪琬字苕文長洲人少孤自奮於學銳意爲古文辭於易詩書春秋三禮喪服咸有發明性狷介深歎古今文家好名寡實鮮自重特立故務爲經世有用之學其於當世人物褒譏不少寬假順治十二年進士授主事再遷刑部郎中坐累降兵馬司指揮能舉其職不以秩卑自沮任滿稍遷戶部主事民送之溢衢巷榷江寧西新關以疾假歸結廬堯峰山閉戶撰述不交世事學者稱堯峰先生以宋德宜陳廷敬薦博學鴻儒科試列一等授編修纂修明史輒輒爭議不阿在館六十日再乞病歸歸十年而卒年六十七初聖祖嘗問廷敬今世誰能爲古文者廷敬舉琬以對及琬病歸聖祖南巡駐無錫諭巡撫湯斌曰汪琬久在翰林有文譽今聞其居鄉甚淸正特賜御書一軸當時榮之琬爲文原本六經疎暢類南宋諸家敍事有法公卿誌狀皆爭得琬文爲重嘗自輯詩文爲類稿續稿各數十卷又簡其尤精者屬門人林佶繕刻之

計東字甫草吳江人少負經世才自比馬周王猛遭世變著籌南五論持謁史可法可法奇之弗能用也順治十四年舉順天鄉試旋以江南奏銷案被黜嘗從湯斌講學又從汪琬受歐曾古文義法故其爲文具有本原而一出以和平溫雅既廢不用貧無以養縱遊四方所至交其豪傑過鄢城尋明詩人謝榛葬處得之南門外二十里爲修墓立石請有司禁樵牧又憩順德逆旅念歸有光昔嘗佐郡集中有廳壁記求其遺址不得乃卽署旁廢圃中設瓣香再拜流涕而去觀者駭其狂東外若不羈內行謹事母至孝同邑友人吳兆騫流徙出關爲邮其家且以女許配其弱子大學士王熙素重東屢欲薦之未果會詔舉鴻博而東已前一年卒深悼惜焉初遊河南見商邱宋犖輒引重其後東歿二十餘年犖至江蘇巡撫爲序其遺文曰改亭集刊行之兆騫字漢槎亦十四年舉人以科場蜚語逮繫遣戍甯古塔兆騫與弟兆宜皆善屬文居塞上二十年侘傺不自聊一發之於詩已而友人顧貞觀言於納蘭成德徐乾學爲納鍰遂於康熙二十年赦還著秋笳集兆宜嘗注徐庾二集韓偓詩集又注玉臺新詠才調集並行於世同邑顧我錡廩生鄂爾泰任江蘇布政試古學得士五十三人刻南邦黎獻集推我錡爲冠乾隆丙辰開辭科鄂爾泰惜我錡前卒不獲舉人謂其遇與東同有湘南詩集

彭孫遹字駿孫海鹽人父期生明唐王時官太僕卿死贛州長子孫貽以毀卒孫遹其少子也順治十六年進士授中書素工詞章與王士禎齊名號曰彭王康熙十八年開博學宏儒科詔中外諸臣廣搜幽隱備禮敦勸無論已仕未仕徵詣闕下月餼太倉米明年三月朔召試太和殿發賦詩題各一學士院給官紙光祿布席賜宴體仁閣下於是天子親擢孫遹一等一名授編修自孫遹外其籍隸浙江者又有錢塘汪霦秀水徐嘉炎朱彝尊平湖陸棻海甯沈珩仁和沈筠吳任臣邵遠平遂安方象瑛毛升芳蕭山毛奇齡鄞陳鴻績凡十三人江蘇二十三人曰上元倪燦寶應喬萊華亭王頊齡吳元龍無錫秦松齡嚴繩孫武進周淸原宜興陳維崧長洲馮勖汪琬尤侗范必英吳錢中諧儀眞汪楫淮安邱象隨吳江潘耒徐釚太倉黃與堅常熟周慶曾山陽李鎧張鴻烈上海錢金甫江陰曹禾直隸五人曰大興張烈東明袁佑宛平米漢雯獲鹿崔如岳任邱龐塏安徽三人曰宣城施閏章高詠望江龍燮江西二人曰臨川李來泰淸江黎騫陝西一人曰富平李因篤河南一人曰睢州湯斌山東一人曰諸城李澄中湖北一人曰黃岡曹宜溥凡五十人皆以翰林入史館其列二等者亦多知名之士稱極盛焉孫遹歷官吏部侍郎充經筵講官明史久未成特命爲總裁賜專敕異數也年七十致仕歸御書松桂堂額賜之遂以名其集

朱彝尊字錫鬯秀水人明大學士國祚曾孫生有異秉書經目不遺家貧客遊南踰嶺北出雲朔東泛滄海登之罘經甌越所至叢祠荒塚破爐殘碣之文莫不搜剔考證與史傳參校同異歸里約李良年周篔繆泳輩爲詩課文名益噪康熙十八年試鴻博除檢討時富平李因篤吳江潘耒無錫嚴繩孫及彝尊皆以布衣入選同修明史建議訪遺書寬期限毋效元史之迫時日辨方孝孺之友宋仲珩王孟縕鄭叔度林公輔諸人咸不及於難則知從亡致身錄謂誅九族幷戮其弟子朋友爲一族不足據所謂九族者本宗一族也又言東林不皆君子異乎東林者亦不皆小人作史者未可存門戶之見以同異分邪正二十年充日講起居注官典試江南稱得士入値南書房賜紫禁城騎馬數與內廷宴被文綺時果之賚皆紀以詩旋坐私挾小胥入內寫書被劾降一級後復原官三十一年假歸聖祖南巡迎駕無錫御書研經博物額賜之當時王士禎工詩汪琬工文毛奇齡工考據獨彝尊兼有衆長著經義考日下舊聞曝書亭集又嘗選明詩綜或因人錄詩或因詩存人銓次爲最當卒年八十一子昆田亦工詩文早卒孫稻孫舉乾隆丙辰鴻博能世其家彝尊所與爲詩課者李良年字武曹同邑人與兄繩遠弟符幷著詩名試鴻博能歸有秋錦山房集譚吉璁字舟石嘉興人彝尊姑之子也少遇寇以身蔽父寇舍之去後以諸生試國子監第一授宏文院撰文中書舍人出爲延安同知吳三桂叛守榆城獨完論功加一級舉應鴻博報罷遷知登州府卒有嘉樹堂集

尤侗字悔菴長洲人少補諸生以貢謁選除永平推官守法不撓坐撻旗丁鐫級歸侗天才富贍詩文多新警之思雜以諧謔每一篇出傳誦徧人口康熙十八年試鴻博列二等授檢討與修明史居三年告歸聖祖南巡至蘇州侗獻詩頌上嘉焉賜御書鶴棲堂額遷侍講初世祖於禁中覽侗詩篇以才子目之後入翰林聖祖稱之曰老名士天下羨其榮遇侗喜汲引才雋性寬和與物無忤兄弟七人甚友愛白首如垂髫卒年八十七著西堂集鶴棲堂集凡百餘卷秦松齡字留仙無錫人順治十二年進士官檢討罷歸後舉鴻博復授檢討典江西鄉試歷左贊善以論德終松齡爲庶常召試詠鶴詩有句云高鳴常向月善舞不迎人世祖拔置第一示閣臣曰是人必有品及告歸里居二十餘年專治毛詩仿黃氏日鈔之例著毛詩日箋六卷自爲詩文曰蒼峴山人集曹禾字頌嘉江陰人康熙三年進士選鴻博授檢討官至祭酒與田雯宋犖汪懋麟顏光敏王又旦謝重輝曹貞吉丁澎葉封齊名稱詩中十子同時江西選鴻博一等者李泰來字石臺臨川人順治九年進士嘗督江南學政除蘇松常道以疾歸試詞科授侍講古文博奧詩以和雅稱有石臺集

陳維崧字其年宜興人祖于廷明左都御史父貞慧見遺逸傳維崧天才絕豔十歲代大父撰楊忠烈象贊比長侍父側每名流讌集援筆作序記千言立就瑰瑋無比皆折行輩與交補諸生久之不遇因出遊所在爭客之嘗由汴入都

與朱彝尊合刻一稿名朱陳村詞流傳至禁中蒙賜問時以爲榮逾五十始舉鴻博授檢討修明史在館四年病卒維崧清臞多鬚海內稱陳髯平生無疾言遽色友愛諸弟甚遊公卿間愼密隨事匡正故人樂近之而卒莫之狎著湖海樓詩集迦陵文集時汪琬於同輩少許可者獨推維崧駢體謂自唐開寶後無與抗矣詩雄麗沈鬱詞至千八百首之多尤前此未有也順康間以駢文稱者又有吳綺字園次江都人維崧導源庾信泛濫於初唐四傑故氣脈雄厚綺則追步李商隱才地視維崧爲弱而秀逸特甚順治十一年拔貢生薦授中書舍人奉詔譜楊繼盛樂府遷兵部主事即以繼盛官官之也出知湖州府有吏能人謂其多風力尙風節饒風趣稱爲三風太守未幾罷歸貧無田宅購廢圃以居有句詩文者以花木潤筆因顏其圃曰種字林著林蕙堂集詞最有名婦孺皆能習之以有把酒祝東風種出雙紅豆之句又稱紅豆詞人徐釚字電發吳江人應鴻博授檢討會當外轉遂乞歸後起原官不就卒年七十三著南州草堂集本事詩又嘗刻菊莊樂府崑山葉方靄稱其綿麗幽深耐人尋繹朝鮮貢使以兼金購之釚既工倚聲因輯詞苑叢談具有裁鑒

潘耒字次耕吳江人生而奇慧讀書十行並下自經史音韻算數及宗乘之學無不通貫康熙時以布衣試鴻博授檢討纂修明史上書總裁言要義八端宜搜采博而考證精職任分而義例一秉筆直而持論平歲月寬而卷帙簡總裁善其說令撰食貨志兼他紀傳尋充日講起居注官修實錄聖訓嘗應詔陳言謂建言古無專責梅福以南昌尉言外戚柳伉以太常博士言程元振陳東以太學生攻六賊楊繼盛以部曹劾嚴嵩本朝舊制京官並許條陳自康熙十年臺臣奏請停止凡非言官而言事爲越職夫人主明目達聰宜導之使言今乃禁之豈盛世事臣請弛其禁俾大小臣工各得獻替庶罔上行私之徒有所忌而不敢肆於此輩甚不便於國家甚便也其在外監司守令遇地方大利弊許其條奏水旱災荒州縣官得上聞如此則民間疾苦無不周知矣吏請許臺諫官得風聞言事有能摘擊姦回者不次超擢以作敢言之氣二十三年甄別議起坐浮躁降調遂歸耒有至性初被徵辭以母老不獲命乃行既除官三牒吏部以獨子請終養卒格於議不果歸遂居喪哀毀骨立少受學同郡徐枋顧炎武枋歿周卹其孤孫而刻炎武所著書師門之誼甚篤焉四十二年聖祖南巡復原官大學士陳廷敬欲薦起之力辭而止平生嗜山水登高賦詠名流折服有遂初堂集又因炎武音學五書爲類音八卷炎武復古耒則務窮後世之變云當時詞科以史才稱者朱彝尊汪琬吳任臣及耒爲最著又有倪燦字闇公上元人以舉人授檢討撰藝文志序與姜宸英刑法志序並推傑構書法詩格秀出一時有雁園集嚴繩孫字蓀友無錫人明尙書一鵬孫六歲能作擘窠大書試日目疾作第賦一詩亦授檢討撰明史隱逸傳典試江西尋遷中允假歸有秋水集子泓曾亦善畫工詩

徐嘉炎字勝力秀水人明兵部尙書必達曾孫幼警敏强記絕人既試鴻博授檢討康熙二十年王師收滇黔嘉炎仿鐃歌鼓吹曲撰聖人出至文德舞二十四章以獻又四年元夕聖祖於南海大放燈火縱臣民使觀嘉炎復應制撰記皆稱旨嘗侍直命背誦成有一德終篇不失一字至厥德靡常數語則斂容讀之帝爲悚異又嘗問宋元祐黨人是非嘉炎舉諸人姓名始末及先儒評騭語甚悉特賜御臨蘇軾詩一卷廷臣拜賜御書自此始也累擢內閣學士兼禮部侍郎充三朝國史及會典一統志副總裁有抱經齋集方象瑛字渭仁遂安人康熙六年進士試鴻博授編修典試蜀中尋告歸象瑛性簡靜早慧十歲作遠山淨賦驚其長老致仕家居望益重邑有大利弊則獄獄爭言歲省脂膏萬計邑人建思賢祠祀之著健松齋集封長白山記松窗筆乘

萬斯同字季野鄞縣人父泰生八子斯同其季也兄斯大儒林有傳性彊記八歲客坐中能背誦楊子法言後從黃宗羲遊得聞蕺山劉氏學說以愼獨爲宗以讀書勵名節與同志相劘切月有會講博通諸史尤熟明代掌故康熙十七年薦鴻博辭不就初順治二年詔修明史未幾罷康熙四年又詔修之亦止十八年命徐元文爲監修取彭孫遹等五十人官翰林與右庶子盧君琦等十六人同爲纂修斯同嘗病唐以後史設局分修之失以謂專家之書才雖不逮猶未至如官修者之雜亂故辭不膺選至三十二年再召王鴻緒於家命偕陳廷敬張玉書爲總裁陳任本紀張任志而鴻緒獨任列傳乃延斯同於家委以史事而武進錢名世佐之每覆審一傳曰某書某事當參校顧小史取其書第幾卷至無或爽者士大夫到門諮詢了辯如嚮嘗書抵友人自言少館某所其家有列朝實錄吾默識暗誦未敢有一言一事之遺也長遊四方輒就故家耆老求遺書考問往事旁及郡志邑乘私家撰述靡不搜討而要以實錄爲指歸蓋實錄者直載其事與言而無可增飾者也因其世以考其事覈其言而平心察之則其人本末可八九得矣然言之發或有所由事之端或有所起而其流或有所激則非他書不能具也凡實錄之難詳者吾以他書證之他書之誣且濫者吾以所得於實錄者裁之雖不敢具謂可信而是非之枉於人者蓋鮮矣昔人於宋史已病其繁蕪而吾所述將倍焉非不知簡之爲貴也吾恐後之人務博而不知所裁故先爲之極使知吾所取者有所捐而所不取必非其事與言之眞而不可溢也又以馬班史皆有表而後漢三國以下無之劉知幾謂得之不爲益失之不爲損不知史之有表所以通紀傳之窮者有其人已入紀傳而表之者有未入紀傳而牽連以表之者表立而後紀傳之文可省故表不可廢讀史而不讀表非深於史者也嘗作明開國訖唐桂功臣將相年表以備采擇其後明史至乾隆初大學士張廷玉等奉詔刊定即取鴻緒史藁爲本而增損之鴻緒藁大半出斯同手也平生淡於榮利脩脯所入輒以賙宗黨故人馮京第死義其子沒入不得歸爲醵錢贖之尤喜獎掖後進自王公以至下士無不呼曰萬先生李光地品藻人倫以謂顧寧人閻百詩及萬季野此數子者眞足備石渠顧問之選而斯同與人往還其自署則曰布衣萬某未嘗有他稱也卒年六十著歷代史表剏爲宦者侯表大事年表二例又著儒林宗派名世字亮工康熙四十二年一甲進士授編修夙負文譽王士禎見其詩激賞之鴻緒聘修明史斯同任考核付名世屬辭潤色之官至侍讀坐投詩諂年羹堯奪職劉獻廷字繼莊大興人先世本吳人也其學主經世自象緯律歷音韻險塞財賦軍政以逮岐黃釋老之書無所不究習與梁谿顧培衡山王夫之南昌彭士望爲師友而復往來崑山徐乾學之門議論不隨人後萬斯同引參明史館事顧祖禹黃儀亦引參一統志事獻廷謂諸公考古有餘實用則未也其論方輿書當於各疆域前測北極出地定簡平儀制度爲正切綫表而節氣之後先日食之分秒五星之陵犯占驗皆可推矣諸方七十二候不同世所傳者本之月令乃七國時中原之氣候與今不合則歷差爲之今宜細考南北諸方氣候取其核者詳載之然後天地相應可以察其遷變之微矣燕京吳下水皆南流故必東南風而後雨衡湘水北流故必北風而後雨諸方山水向背分合皆紀述之而風土之剛柔暨陰陽燥溼之徵可次第而求矣其論水利謂西北乃先王舊都二千餘年未聞仰給東南何則溝洫通水利修也自劉石雲擾以訖金元千餘年未知水利爲何事不爲民利乃爲民害故欲經理天下必自西北水利始矣西北水利莫詳於水經酈注雖時移勢易十猶可得六七酈氏略於東南人以此少之不知水道之當詳正在西北於是欲取二十一史關於水利農田戰守者考其所以附以諸家之說爲之疏證凡獻廷所撰著類非一人一時所能成故卒不就又嘗自謂於華嚴字母悟得聲音之道作新韻譜足窮造化之奧證以遂人林益長之說益自信其法先立鼻音二各轉陰陽上去入之五音共十聲而不歷喉腭舌齒脣之七位故有橫轉無直送則等韻重疊之失去次定喉音四爲諸韻之宗從此得半音轉音伏音送音變喉音又以二鼻音分配之一爲東北韻宗一爲西南韻宗八韻立而四海之音可齊於是以喉音互相合得音十七喉音鼻音互相合得音十又以有餘不盡者三合之得音五共三十二音爲韻父而韻歷二十二位爲韻母橫轉各有五子而萬有不齊之聲攝於此矣同時吳殳盛稱其書他所著多佚歿後弟子黃宗夏輯錄之爲廣陽雜記全祖望稱爲薛季宣王道父一流云

邵遠平字戒三仁和人康熙三年進士選庶吉士歷戶部郎中出爲江西學政擢光祿寺少卿試鴻博授侍讀至少詹事致仕歸以書史自娛於世務泊如也聖祖南巡賜御書蓬觀額因自號蓬觀子遠平高祖經邦明正德中進士刑部員外郎以建言獲罪著宏簡錄起唐迄宋附以遼金未逮及元也遠平循其例續之刊除舊史複重不雅馴者入制誥於帝紀采著作於儒林而文苑分經學文學藝學三科十三志則分載於紀傳名曰元史類編朱彝尊稱其書非官局所能逮也別著史學辨誤京邸學行等集同邑吳任臣字志伊志行端愨强記博聞爲顧炎武所推以精天官樂律試鴻博入翰林承修明史歷志著周禮大義禮通春秋正朔考辨山海經廣注託園詩文集而十國春秋百餘卷尤稱淹貫其後如謝啟昆之西魏書周春之西夏書陳鱣之續唐書義例皆精審非徒矜書法類史鈔也謝啟昆字蘊山南康人乾隆二十五年進士由編修簡鎭江知府後至廣西巡撫卒官嘗築湘灕二江之堤詳見本傳又修廣西通志阮元言可爲省志法啟昆以魏書專主東魏不載西魏四主北史亦無糾正乃作西魏書十二篇周春字芚兮海寧人乾隆十九年進士選岑溪令父憂去民懷其澤合前令山陽劉信嘉金壇于烜共祀之曰岑溪三賢祠重宴鹿鳴加六品銜卒年八十七撰述甚多而西夏書爲最著春同州陳鱣字仲魚强於記誦喜聚書州人吳騫拜經樓書亦富得善本互相鈔藏嘉慶改元舉孝廉方正又明年中式舉人計偕入都從錢大昕翁方綱段玉裁遊後客吳門與黃丕烈定交精

校勘之學嘗以朱梁無道李氏既系賜姓復奉天祐年號至十年立廟太原合高祖太宗懿宗昭宗爲七廟唐亡而實存爲南唐爲憲宗五代孫建王之元孫祀唐配天不失舊物尤宜大書年號以臨諸國於是撰續唐書七十卷又有論語古訓石經說經籍跋文恆言廣證諸書卒年六十五

喬萊字石林寶應人父可聘明末爲御史有聲萊康熙六年進士授內閣中書乞養歸十八年試鴻博授編修與修明史典廣西鄉試充實錄館纂修官遷侍讀時御史奏濬海口瀉積水而河道總督靳輔言其不便請於邵伯高郵間置閘洩水復築長堤抵海口束之使水勢高則趨海易廷議多主河臣言適萊入直詔問萊疏陳四不可行略謂開河築堤勢必壞隴畝毀村落不可行一淮揚地卑多積潦今取溼土投深淵工安得成不可行二築丈六之堤束水高一丈秋雨驟至勢必潰即當未潰瀦水屋廬之上豈能安枕不可行三至於七州縣之田向沒於水今更束河使高則田水豈復能涸不可行四帝是之議乃寢二十六年罷歸久之召來京旋卒萊著易俟雜采宋元諸家易說推求人事參以古今治亂得失蓋誠齋易傳之支流詩文有應制直廬使粵歸田諸集孫億亦工詩汪楫字舟次江都人原籍休寧性伉直意氣偉然始以歲貢生署贛榆訓導應鴻博授檢討入史館言於總裁先仿宋李燾長編彙集詔諭奏議邸報之屬由是史材皆備二十一年充册封琉球正使宣布威德瀕行不受例餽國人建卻金亭志之歸撰使琉球錄載禮儀暨山川景物又因諭祭故王入其廟默識所立主兼得琉球世纘圖參之明代事實詮次爲中山沿革志出知河南府置學田嵩陽書院聘詹事耿介主講席治行爲中州最擢福建按察使遷布政使楫少工詩與三原孫枝蔚泰州吳嘉紀齊名有悔齋集觀海集同里汪懋麟字季角並有詩名時稱二汪康熙六年進士授內閣中書舉鴻博持服不與試服闋復用徐乾學薦以刑部主事入史館爲纂修官懋麟績學有幹才爲中書時楚人朱方旦挾邪說動公卿懋麟作辨道論詆之熊賜履見其文與定交及居刑曹勤於職事有武某乘車宿董之貴家之貴利其貲殺之車載而棄於道鞭馬使馳武父得車馬劉氏之門訟劉殺其子懋麟曰殺人而置其車馬於門非理也乃微行縱其馬馬至之貴門躑躅悲鳴因收之貴一訊得實寘於法其發姦擿伏多類此懋麟從王士禎學詩而才氣橫逸視士禎爲別格有百尺梧桐閣集

陸棻字次友平湖人幼時值大軍收平湖父被執棻詣軍前乞代父軍將手詩箋示之曰兒能讀是耶吾赦汝父棻朗誦收兵四解降王縛數子三升上將臺曰此宋人睹曹武惠王詩也將軍不嗜殺即今之武惠王矣將軍喜挾與北行善育之爲議婚以先問名於楊爵歸補諸生入國學試授中書康熙六年進士管內秘院典籍再試鴻博授編修分纂明史命直南書房三十三年召試翰詹諸臣豐澤園聖祖親置第一謂曰連試詩文無出汝右者一歲七遷至內閣學士長至奏句決本請出矜疑二十餘人後一年告歸棻性孝友兄南雄知府世楷前卒棻教養遺孤俾成立有名於時年七十卒著雅坪詩文稿奎勳字聚侯世楷子也少隨棻京師以學行爲公卿所推重顧久困諸生中康熙末年幾六十始成進士授檢討充明史纂修官旬疾歸主廣西秀峯書院奎勳篤於經學忘飢渴寒暑著陸堂易學謂說卦一篇足該全易其詩學與明何楷詩世本古義相近尚書說惟解伏生今文二十八篇戴禮緒言糾正漢人穿鑿附會之失春秋義存錄則凡經傳子緯所載孔子語盡援爲據力主春秋非以一字褒貶奎勳說經務新奇使聽者忘倦最後撰古樂發微未成而卒

龐塏字霽公任邱人生有至性七歲時父緣事被逮母每夕禱天塏即隨母泣拜無或間也稍長工爲文康熙十四年舉人試鴻博授檢討分修明史明都御史某諂附魏忠賢其裔孫私餽金匃閹黨傳諱其事勿書力拒之大考降補中書洊擢戶部郎中出知建寧府浦城民以令嚴苛激變夜焚册局殺吏胥罷市令懼而逃塏聞變即馳至浦城集士民明倫堂曉諭禍福戮一人而事定民感其德立書院祀之九仙山多盜至掠人索贖掩捕數十人境內帖然未幾告歸塏嗜吟詠與同里邊汝元以詩學相劘切其所作醇雅以自然爲宗有叢碧山房集汝元子連寶字趙珍世其家學以諸生貢成均廷試第一應乾隆元年博學鴻詞科不中選十四年復薦經學辭不赴或勸之行曰吾自審不能如漢伏勝董仲舒安敢倖取哉著有隨園集

陸圻字麗京錢塘人少與弟堦培以文學志行見重於時稱曰三陸所爲詩號西陵體性穎異善思誤書嘗讀韓非子一從而咸危曰是一徙而成邑也戲令他人射覆不得惟弟堦中之平生不喜言人過有語及者輒曰吾與汝姑自淑莊鑨史禍作圻坐逮以先嘗具狀自陳事得白歎曰今幸得不死奈何不以餘年學道耶親歿遂棄家遠遊不知所終子寅成進士往來萬里尋父不得竟悒悒以死時稱其孝培死甲申之難丁澎字飛濤仁和人有雋才嗜飲一石不亂弟景鴻濚並能文時有三丁之目澎順治十二年進士官禮部郎中嘗典河南鄉試得一卷奇之同考請置之乙澎曰此名士也榜發乃廬陽李天馥出語人曰吾以世目衡文幾失此士坐事謫居塞上五載躬自飯牛吟嘯自若所作詩多忠愛無怨誹之思有扶荔堂集先是陳子龍爲登樓社圻澎及同里柴紹炳毛先舒孫治張丹吳百朋沈謙虞黃昊等竝起世號西泠十子紹炳字虎臣在十子中文名最著持躬尤端謹有省軒集先舒字稚黃嘗從劉宗周講學其詩音節瀏亮有七子餘風著思古堂集治字宇台篤友誼陸培死以孤女託爲擇婿得吳任臣及立嗣又以甥女嫁焉有鑑莪集丹字綱孫美鬚髯淡靜不樂交遊而嗜山水其詩悲涼沈遠曰秦亭集百朋字錦雯以舉人令南和有異政百姓祠祀之有穫庵集謙字去矜工詩初喜溫李後乃循漢魏以窺盛唐有東江草堂集謙與紹炳先舒皆精韻學紹炳作古韻通先舒作韻學通指南曲正韻謙作東江詞韻陸圻歎曰恨孫愐周德清曾無先覺黃昊字景明十歲即善屬文薄柳州乞巧更作辭巧文識者知其遠到康熙中舉人終教諭

孫枝蔚字豹人三原人少遭闖賊亂結邑里少年擊賊墮坎埳幸不死乃走江都習賈屢致千金輒散之既乃折節讀書僦居董相祠高不見之節王士禎官揚州以詩先遂定交稱莫逆焉時左贊善徐乾學方激揚士類才俊滿門枝蔚弗屑也以布衣舉鴻博自陳衰老乞還山遂不應試授內閣中書著溉堂集詩詞多激壯之音稱其高節李念慈字屺瞻涇陽人順治十五年進士以河間府推官改知新縣坐逋賦罷會有荊襄之役敘運餉勞再起補天門與枝蔚同舉鴻博試不中選喜遊好吟詠有谷口山房集施閏章稱其雄爽之氣勃勃眉宇蓋秦風而兼吳楚者

丁煒字瞻汝晉江人諸生工詩有吏才順治十二年定遠大將軍濟度統師取漳州詔便宜置郡縣吏得試士幕下拔煒第一授漳平教諭遷知直隸獻縣內擢戶部主事時議稅閩鹽煒力陳不可事得寢由郎中出爲贛南分巡道閩人佃贛者乘亂劫略號田賊捕治之民情大治遷湖北按察使脫重囚爲盜誣者二十餘人於獄尋坐事謫官居武昌未發武昌卒夏包子作亂脅使署巡撫以死拒束走安慶乞師巡撫楊素蘊事平降補知府雲南會素蘊移撫湖廣以煒事聞復按察職俄以疾歸煒論詩以爲詩貴合法然法勝則離貴近情然情勝則俚故其爲詩力追三唐漢魏無詭薄之失有問山集林侗字同人閩人也縣貢生喜金石卒年八十八弟佶字吉人康熙五十二年進士官中書工楷法文師汪琬詩師陳廷敬王士禎此三人集皆佶手繕付雕精雅爲世所重家多藏書徐乾學輯經解朱彝尊選明詩皆就傳鈔有樸學齋集黃任字莘田永福人工書口辯若懸河有硯癖以舉人令四會罷官歸惟硯石壓裝詩清新刻露有香草齋集乾隆二十七年重宴鹿鳴卒年八十餘鄭方坤字則厚建安人雍正元年進士爲令邯鄲屢擢至山東兗州知府時禁人口出海抵奉天而未入籍者悉勒還本土方坤適知登州以爲司牧者但當嚴姦宄之防不得閉其謀生之路爲白大吏弛其禁調武定能盡心賑務兗州饑復移治之方坤記誦博詩才淩厲與兄方城齊名有蔗尾集又著經稗五代詩話全閩詩話國朝詩人小傳

黃與堅字庭表太倉人幼有奇慧八歲酷好唐人詩錄小本懷袖中諷誦之已而究心經術徧讀周秦古書性落落與人交有終始順治十六年進士後舉鴻博授編修遷贊善分修明史及一統志寓居委巷寂寞著書如窮愁專一之士有忍菴集吳偉業選婁東十子詩以與堅爲冠十子者周肇許旭王撰王攄王昊王揆王忭王曜昇顧湄也肇詩曰東岡集旭曰秋水集撰曰三餘集攄曰蘆中集昊爲世貞後有文藻下筆如宿搆康熙十八年召試授官正字所著曰碩園集揆順治中進士所著曰芝廛集忭曰健菴集曜昇曰東皋集湄字伊人亦太倉人事母以孝聞父夢麟長於毛鄭之學湄傳其業尤工詩清麗婉約陳瑚以爲過元人其詩曰水鄉集

吳雯字天章蒲州人原籍遼陽父允升任蒲州學政卒官遂家焉雯少朗悟記覽甚博尤長於詩遊京師父執劉體仁汪琬皆激賞之王士禎目爲仙才嘗與葉方靄同直誦其警句方靄下直即趨訪名大學士馮溥出扇索詩雯大書二絕句答之其坦率類是卒以不遇不悔也試鴻博不中選後居母憂以毀卒雯著蓮洋集詩體峻潔有其鄉人元好問之風據名山記蓮洋村在華岳下取以名集陶季寶應人初名激字季深以字行復去其一稱曰陶季負異才鋒穎踔厲遊燕趙齊魯之郊踰太行浮湘沅所至皆有詩士禎刪定其客滇南閩中諸詩以高岑龍標相況先是詔舉鴻博公卿爭欲薦季辭不就以布衣終有湖邊草堂集及舟車集

梅清字淵山宣城人宋梅堯臣後也淸英偉豁達自力於學以淹雅稱順治十

一年舉人試禮部不第朝士爭與之交王士禎徐元文尤傾倒焉詩凡數變自訂天延閣前後集年七十餘復合編罷山詩略書法仿顏眞卿楊凝式畫尤盤礴多奇氣嘗作黃山圖極烟雲變幻之勝爲當時所重同族有梅庚者生後於清善八分書亦工詩畫與清齊名庚字耦長少孤承其祖鼎祚父朗中之傳益昌大之施閏章見其詩引爲忘年交康熙二十年舉人爲朱彝尊所得士性狷介客遊京師不忘投一刺士禎主禮闈庚復被黜士禎贈詩引爲恨也後知泰順縣有惠政民德之

馮景字山公錢塘人國子監生善屬文千言立就康熙時遊京師侍郎項景襄金鼐皆遣子弟從受學會營宮室求柟木梁不得有請以他木易國子監彝倫堂梁者景上書尚書魏象樞極陳不可事得寢由是馮太學生之名盛傳京師大學士索額圖召欲見之謝不往歸館淮安邱象隨家垂十年宋犖撫江蘇禮致幕府或納金求爲緩頰峻卻之人益欽其品景篤師友風義與仁和汪煜湯右曾交最篤二人爲給事中多所論列亦由景數責善有以激厲之也王士禎轉左都御史景以受知士禎冀其大有匡濟爲書諷之景雖布衣不求仕進而未嘗忘當世之務在淮安時有水患湯斌奉詔北上作書陳災狀及所以致患之由斌見書嗟賞又嘗稱其文爲不朽其著述多佚今存者解舂集邵長蘅字子湘武進人十歲補諸生因事除名旋入太學工詩尤致力古文辭淘鍊雅正與景同客犖幕長蘅亦觥觥持古義無所貶損時論賢之著有青門稿

姜宸英字西溟慈谿人明太常卿應麟曾孫父曾珪諸生以孝聞宸英績學工文辭閎博雅健屢躓於有司而名達禁中聖祖目宸英及朱彝尊嚴繩孫爲海內三布衣侍讀學士葉方靄薦應鴻博後期而罷方藹總裁明史又薦充纂修食七品俸分撰刑法志極言明詔獄廷杖立枷東西廠之害辭甚愷至尚書徐乾學領一統志事設局洞廷東山疏請宸英偕行久之舉順天鄉試三十六年成進士廷對李蟠第一嚴虞惇第二帝識宸英手書親拔置第三人及第授編修年七十矣明年副蟠典試順天蟠被劾遣戍宸英亦連坐事未白卒獄中宸英性孝友與人交坦夷而不阿祭酒翁叔元劾湯斌僞學遽移書責之著湛園集葦間集書法得鍾王遺意世頗重之虞惇字寶成常熟人幼能背誦九經三史既官翰林館閣文字多出其手科場獄興虞惇諸子是科獲售考官蟠宸英皆其同年友用是罣吏議鐫級閒居數年起大理寺寺副平反內務府殺人移獄被誣者累遷太僕寺少卿卒官著有讀詩質疑江南人刻其文曰嚴太僕集以繼明歸太僕云黃虞稷字俞邰上元人本籍晉江七歲能詩以諸生舉鴻博遭母喪不與試左都御史徐元文薦修明史又修一統志皆與宸英同家富藏書著千頃堂書目爲明史藝文志所本

性德納喇氏初名成德以避皇太子允礽嫌名改字容若滿洲正黃旗人明珠子也性德事親孝侍疾衣不解帶顏色黧黑疾愈乃復數歲即習騎射稍長工文翰康熙十四年成進士年十六聖祖以其世家子授三等侍衛再遷至一等令賦乾清門應制詩譯御製松賦皆稱旨俄疾作上將出塞避暑遣中官將御醫視疾命以疾增減告遽卒年止三十一嘗奉使塞外有所宣撫卒後受撫諸部款塞上自行在遣中官祭告其眷睞如是性德鄉試出徐乾學門與從孥討學術嘗裒刻宋元人說經諸書書爲之序以自撰禮記陳氏集說補正附焉合爲通志堂經解性德善詩尤長倚聲徧涉南唐北宋諸家窮極要眇所著飲水側帽二集清新秀雋自然超逸嘗讀趙松雪自寫照詩有感即繪小象仿其衣冠坐客期許過當弗應也乾學謂之曰爾何似王逸少則大喜好賓禮士大夫與嚴繩孫顧貞觀陳維崧姜宸英諸人游貞觀友吳江吳兆騫坐科場獄戍甯古塔賦金縷曲二篇寄焉性德讀之歎曰山陽思舊都尉河梁並此而三矣貞觀因力請爲兆騫謀得釋還士尤稱之貞觀字梁汾無錫人康熙十一年舉人官內閣中書工詩自定集僅五言三十餘篇清微婉篤上睎韋柳而世特傳其詞與維崧及朱彝尊稱詞家三絕清世工詞者往往以詩文兼擅獨性德爲專長仁和譚獻嘗謂爲詞人之詞性德後又得項鴻祚蔣春霖三家鼎立鴻祚字蓮生錢塘人道光十二年舉人善詞上溯溫韋下逮周密吳文英擷精棄滓以自名其家屢應禮部試不第卒年三十八自序憶雲詞爲之序有曰不爲無益之事何以遣有涯之生學者誦而悲之春霖字鹿潭江陰人寄籍大興咸豐中官東臺場鹽大使工詞時方亂離傍徨沈鬱高者直逼姜夔困於卑官孤介忤時益侘傺舟經吳江一夕暴卒春霖慕性德飲水鴻祚憶雲自署水雲樓即以名其詞

宗室文昭字子晉饒餘親王阿巴泰曾孫鎮國公百綬子辭爵讀書從王士禎遊工詩才名藉甚王式丹稱其詩以鮑謝爲胚胎而又兼綜衆有擷百家之精華其味在酸鹹之外著有薌嬰居士集紫幢詩鈔又宗室以詩名者蘊端初名岳端字正子號紅蘭主人多羅安郡王岳樂子封貝子有玉池生稿博爾都字問亭號東皋漁父恪僖公拔都海子蘊端從弟封輔國將軍有問亭詩集永忠字良輔又字臞仙多羅貝勒弘明子輔國將軍有延芬室集詩體秀逸書法遒勁頗有晉人風味常不衫不履散步市衢遇奇書異籍必買之歸雖典衣絕食不顧也書誠字實之號樗仙鄭獻親王濟爾哈朗六世孫輔國將軍長恒子奉國將軍有靜虛堂集性慷慨不欲嬰世俗情年四十即託疾去官邸有餘隙地盡種蔬果手執畚鍤從事習勞以爲樂永㥣字嵩山康修親王崇安子鎮國將軍詩宗盛唐書法趙文敏晚年獨居一室不與人接詩多散佚裕瑞字思元豫通親王多鐸裔封輔國公工詩善畫通西番語常畫鸚鵡地圖即西洋地球圖又以佛經自唐時流入西藏近日佛藏皆出一本無可校讐乃取唐古特字譯校以復佛經唐本之舊凡數百卷著有思元齋集

趙執信字伸符益都人從祖進美官福建按察使詩名甚著執信承其家學自少即工吟詠年十九登康熙十八年進士授編修時方開鴻博科四方雄文績學者皆集輦下執信過從談讌一座盡傾朱彝尊陳維崧毛奇齡尤相引重訂爲忘年交出典山西鄉試遷右贊善二十八年坐國恤中讌飲觀劇爲言者所劾削籍歸卒年八十餘執信爲人峭峻褊衷獨服膺常熟馮班自稱私淑弟子娶王士禎甥女初頗相引重後求士禎序其詩士禎不時作遂相詬厲嘗問詩聲調於士禎士禎靳之乃歸取唐人集排比鉤稽竟得其法爲聲調譜一卷又以士禎論詩比之神龍不見首尾雲中所露一鱗一爪而已遂著談龍錄云詩以言志詩之中須有人在詩之外尙有事在意蓋詆士禎也說者謂士禎詩尙神韻其弊也膚執信以思路劖刻爲主其失也纖兩家才性不同實足相資濟云執信所著詩文曰飴山堂集當是時海內以詩名者推士禎以文名者推汪琬而嘉興葉燮字星期其論文亦與琬不合往復論難互譏嘲焉及琬歿慨然曰吾失一諍友矣今誰復彈吾文者取向所短汪者悉焚之燮父紹袁明進士官工部主事國亡後爲僧燮生四歲授以楚辭即成誦康熙九年進士選授寶應令值三藩亂又歲饑民不苦累以伉直失上官意坐累落職時嘉定知縣陸隴其亦被劾燮以與隴其同罷爲幸性喜山水縱游宇內名勝幾徧年七十六猶以會稽五洩近在數百里獨未游爲憾復裹糧往歸遂疾逾年卒寓吳時以吳中論詩多獵范陸皮毛而遺其實著原詩內外篇力破其非吳士始而訾謷久乃更從其說著已畦詩文集士禎謂其鎔鑄往昔獨立起衰馮廷櫆字大木德州人康熙二十一年進士授中書幼有奇童之目讀書一覽輒記尤長於詩嘗充湖廣副考官試畢登黃鶴樓俯江漢之流南望瀟湘洞庭慨然遠想賦詩百餘篇識者以爲騷之遺也平生深契者惟執信其詩孤峭亦相類歿後散佚其孫德培搜輯得五百篇名馮舍人遺詩

黃儀字子鴻常熟人精輿地之學嘗以班固地志所載諸川第詳水出入其中間經歷之地備著於水經然讀者非繪圖不能了乃反覆尋究每水各爲一圖凡都邑建置沿革山川險易皆具焉條纏分析各得其理閻若璩見之歎曰酈道元千古後一知己也若璩嘗問儀後漢志溫縣濟水出王莽時大旱遂枯絕是河南無濟矣何酈氏言之詳也儀曰新莽時雖枯後復見酈氏所謂其後水流逕通津渠勢改尋梁脈水不與昔同是也杜君卿乃不信水經專憑彪志竊以彪特紀一時災變耳非謂永不截河南過也徐乾學修一統志儀與若璩胡渭顧祖禹任分纂皆地學專家儀又訂正晉書地理志兼工詩詞著有級蘭集

鄭元慶字芷畦歸安人通史傳旁及金石文字李紱張伯行雅重其學欲薦於朝未得也顏魯公書湖州石柱記元慶爲之箋釋甚博贍又著湖錄百二十卷七易槀而後成自謂平生精力殫於是書平生慕鄭子眞之爲人自號鄭谷口晚更治經其著書處名魚計亭著有周易集說詩序傳異同禮記集說參同官禮經典參同家禮經典參同喪服古今異同考春王正月攷海運議

查愼行字悔餘海寧人少受學黃宗羲於經邃於易性喜作詩游覽所至輒有吟詠名聞禁中康熙三十二年舉鄉試其後聖祖東巡以大學士陳廷敬薦詔詣行在賦詩又詔隨入都直南書房尋賜進士出身選庶吉士授編修時族子昇以諭德直內廷宮監呼愼行爲老查以別之帝幸南苑捕魚賜近臣命賦詩愼行有句云笠簷蓑袂平生夢臣本烟波一釣徒俄宮監傳呼烟波釣徒查翰林時以比春城寒食之韓翃云充武英殿書局校勘乞病還坐弟嗣庭得罪闔門就逮世宗識其端謹特許放歸田里而弟嗣瑮謫遣關西卒於戍所嗣瑮字德尹康熙三十九年進士官至侍講性警敏數歲即解切韻諧聲詩名與愼行相埒愼行著敬業堂集周易玩辭集解又補注蘇詩行於世嗣瑮著查浦詩鈔音類通考昇字仲韋康熙二十七年進士官少詹事詩筆清麗尤工書似董其昌有澹遠堂集

史申義字叔時江都人少工詩與同里顧圖河齊名稱維揚二妙康熙二十七

年進士授編修充雲南鄉試考官改御史禮科給事中乞病歸王士禎以風雅詔後進嘗謂中義及湯右曾足傳己衣鉢人稱王門二弟子在翰林時聖祖以後進詩人詢大學士陳廷敬廷敬舉中義周起渭對故又有翰苑兩詩人之目起渭字漁璜貴陽人康熙三十三年進士由檢討累遷詹事府詹事詩才雋逸尤肆力於蘇軾元好問高啟諸家貴州自明始隸版圖清詩人以起渭為冠而銅仁張元臣平遠潘淳亦竝有詩名元臣字志伊康熙三十六年進士由檢討累遷左諭德有豆村詩鈔淳字元亮康熙五十四年進士官檢討文安陳儀與同榜一時咸推潘詩陳筆有橡林詩集

顧陳垿字玉停鎮洋人少有文名嘗得徐光啟歷書精求一月通其術康熙五十四年舉人以薦入湛凝齋修書書成議敘行人司行人時外廷送算學三百餘員候試聖祖親策之得七十二人陳垿為冠又充樂館纂修雍正元年出使山東浙江還督通州倉三年以目疾乞歸閉門撰述四方走書幣乞文者踵至性耿介敦於內行居喪不飲酒食肉不處內沈起元官河南延主大梁書院引范文正憂中掌學睢陽以勸陳垿執象山責東萊故事謝不往也乾隆元年詔起官又舉鴻博及六年設樂部復以洞曉音律宣召皆辭不赴時論高之年七十卒陳垿精字學算學樂律時稱三絕嘗造八矢注守圖說謂字學居六藝之末聲音樂也形體書也而口出耳入手運目存則皆有數為學士惠士奇通政孫勷得其書置酒延陳垿請其說陳垿為言經聲緯音開發收閉之旨及每矢實義一矢未發則聲不能出字有所避八矢盡而音定字死矣二人歎為天授少與同里王時翔為性命交並工詩婁東詩人大率宗吳偉業陳垿晚出乃自闢町畦著洗桐集抱桐集

何焯字屺瞻長洲人通經史百家之學藏書數萬卷得宋元舊槧必手加讎校粲然盈帙學者稱義門先生傳錄其說為義門讀書記康熙四十一年直隸巡撫李光地以草澤遺才薦召入南書房明年賜舉人試禮部下第復賜進士改庶吉士仍直南書房授皇八子讀兼武英殿纂修連丁內外艱久之復以光地薦召授編修尚書徐乾學翁叔元爭延致焯壽遜譏與乾學失歡而叔元劾湯斌焯上書請削門下籍天下快之聖祖幸熱河或以蜚語上聞還京即命收繫盡籍其卷冊文字帝親覽之曰是固讀書種子也無失職觖望語又見其草藁有手簡吳縣令卻金事益異之命還所籍書解官仍參書局六十一年卒年六十一帝深悼惜特贈侍讀學士贈金給符傳歸喪命有司存恤其孤焯工楷法手所校書人爭傳寶門人著錄者四百人吳江沈彤吳縣陳景雲為尤著景雲字少章博聞彊識能背誦通鑑年十七湯斌撫吳試士拔第一應京兆試不遇館藩邸三年以母老辭歸遂不出以諸生終少從焯游焯歿獨繫吳中文獻幾二十年著有讀書紀聞及綱目通鑑兩漢書三國志文選韓柳集皆有訂誤共三十餘卷文集四卷亦簡嚴有法子黃中字和叔諸生父子皆長史學而黃中尤以才略自負舉乾隆元年博學鴻詞入都上書論用人理財治兵三端大學士陳世倌韙其言頃之詔求骨鯁之士如古馬周陽城者世倌欲薦之謝不應胡天游傲睨羣士獨推服黃中示以文每發其瑕釁未嘗有忤也嘗病宋史蕪雜別撰紀傳表百七十卷又著國朝謚法考閣部督撫年表其卒也貧不能葬或賻以金妻張氏固卻之曰奈何以貧故傷夫子義遂賣所居宅以營葬

戴名世字田有桐城人生而才辨雋逸課徒自給以制舉業發名廩生考得貢補正藍旗教習授知縣棄去自是往來燕趙齊魯河洛吳越之間賣文為活喜讀太史公書考求前代奇節瑋行時時著文以自抒湮鬱氣逸發不可控御諸公貴人畏其口尤忌嫉之嘗過方苞京師言曰吾非役役求有得於時也吾胸中有書數百卷其出也自忖將有異於人人然非屏居深山足衣食使身無所累未能誘而出之也因太息別去康熙四十八年年五十七始中式會試第一殿試一甲二名及第授編修又二年而南山集禍作先是門人尤雲鶚刻名世所著南山集集中有與余生書稱明季三王年號又引及方孝標滇黔紀聞當是時文字禁網嚴都御史趙申喬奏劾南山集語悖逆遂逮下獄孝標已前卒而苞與之同宗又序南山集坐是方氏族人及凡挂名集中者皆獲罪繫獄兩載九卿覆奏名世雲鶚俱論死親族當連坐聖祖矜全之又以大學士李光地言宥苞及其全宗申喬有清節惟興此獄獲世譏云名世為文善敘事又著有孑遺錄紀明末桐城兵變事皆燬禁後乃始傳云

文苑二

諸錦字襄七秀水人少時家貧陋輒就讀書肆主人敬其勤學恣所觀覽顧嗣立為之延譽名大起雍正二年進士乾隆初試鴻博授編修閉門撰述不詣權要至左贊善遂告歸著有毛詩說饗禮補亡夏小正注及絳跗閣集先是康熙己未徵博學鴻儒得人稱盛高宗御極復舉行焉內外薦達二百六十七人試列一等者五人錦第三二等十人明年補試續取四人錢塘陳兆崙仁和沈廷芳高郵夏之蓉皆試列二等者也兆崙自有傳廷芳字畹叔由監生舉鴻博授編修遷御史奏毀都城智化寺內明閹王振造像及李賢所撰頌德碑報可出為登萊青道遷河南按察使廷芳少從方苞遊為文無纖佻之習詩學本查慎行著隱拙齋集及十三經注疏正字續經義考等書之蓉字芙裳雍正十一年進士舉鴻博以檢討典試福建又督廣東湖南學政其校士也必以通經學古為先當時試一等者劉綸居首次則南城潘安禮金壇于振錢塘杭世駿二等自兆崙等三人外為無錫楊度汪菏澤劉玉麟休寧汪士湟程恂錢塘陳士璠天台齊召南會稽周長發其續取者一等宜興萬松齡二等桐鄉朱荃南安洪世澤石屏張漢凡十九人惟綸玉麟官最顯而世駿召南及兆崙尤知名於世云

厲鶚字太鴻錢塘人家貧性孤峭不苟合始為詩即得佳句於學無所不窺一發之於詩康熙五十九年李紱典試浙江得鶚卷閱其謝表曰此必詩人也亟錄之計偕入都尤以詩見賞湯右曾再試禮部不第乾隆元年舉鴻博誤寫論置詩前又報罷其後赴都銓行次天津留友人查為仁水西莊觴詠數月不就選歸卒年六十一鶚搜奇嗜博楊州馬曰琯小玲瓏山館富藏書鶚久客其所多見宋人集為宋詩紀事一百卷又南宋畫院錄遼史拾遺東城雜記諸書皆博洽詳贍詩刻鍊尤工五言有自得之趣詩餘亦擅南宋諸家之長先世本慈谿徙居錢塘故仍以四明山樊榭名其集云鶚嘗與趙信符曾等人各為南宋雜事詩一百首自采諸書為之注徵引浩博攷史事者重之汪沆字師李少從鶚受詩亦試鴻博報罷其後大學士史貽直將以經學薦以母老辭同時浙江舉鴻博未錄用者符曾字幼魯官戶部郎中鄞縣陳撰最推服其詩撰字楞山毛奇齡弟子以布衣薦未就試仁和趙昱字功千貢生弟信字辰垣國學生兄弟同舉家有池館之勝喜購書連江陳氏世善堂書散出皆歸之

王峻字艮齋常熟人少與同里宋君玉師事陳祖范一時並稱王宋雍正二年進士授編修歷典浙江貴州雲南鄉試乾隆初改御史拜官甫三日劾左都御史彭維新矯詐苛鄙直聲震都下以母憂去官遂不出主講安定雲龍紫陽書院其學長於史尤精地理嘗以水經正文及注混淆欲一一釐定之而補唐以後水道之遷變及地名之同異為水經廣注手自屬稿未暇成也惟成漢書正誤四卷錢大昕謂駕三劉氏吳氏刊誤上也書法橅李北海所書碑碣盛行於時王延年字介眉錢塘人雍正四年舉人乾隆初舉鴻博後官國子監學政十七年會試以耆年晉司業賜翰林院侍講銜延年史學洽熟嘗補袁樞通鑑紀事本末以原書不言田制則度地居民之法亡不言漕運則鑿渠引河之利塞

不言府兵則耕牧戰守之功嬲至於耶律鴟張遼海而陳邦瞻書不究其終党項虎視河湟薛應旂書不詳其始紹建安者又如此不可不亟正之也杭世駿序之比延年於唐杜君卿宋劉仲原父云晚年大學士蔣溥劉統勳皆以經學薦又自進呈所著書上嘉許焉

何夢瑤字報之南海人惠士奇視學廣東一以通經學古爲教夢瑤與同里勞孝輿吳世忠順德羅天尺蘇珥陳世和陳海六番禺吳秋一時並起有惠門八子之目雍正八年成進士出宰粵西治獄明慎終奉天遼陽知州性長於詩兼通音律算術謂蔡元定律呂新書本原九章爲之訓釋更取御製律呂正義研究八音協律和聲之用述其大要參以曹廷棟琴學爲書一編時稱其決擇精當又著算迪述梅氏之學兼闡數理精蘊象考成之旨江藩謂近世爲此學者知有法不知法之所以然知之者惟夢瑤也孝輿字阮齋乾隆元年召試鴻博未用以拔貢生廷試第五出爲黔中令治古州屯務足繭萬山中將去民攀轅曰公勞苦以衣食我皆泣下歷錦屏龍泉鎭遠諸邑皆有績卒於官天尺字履先年十七應學使試士奇手錄其賦詩示諸生名大起徵鴻博念親老不就以舉人終雍正時修一統志與孝輿同纂粵乘孝輿忤俗被口語天尺力白之所居里曰石湖世以前有范石湖因稱後石湖以別之云珥字瑞一爲文長於序記詩有別趣書法亦工惠士奇稱之曰南海明珠舉鴻博以母老辭不試乾隆初鄉舉一試禮部遂不出時粵東舉鴻博者又有番禺車騰芳字圖南康熙末與里人許遂同徵至京後期即乞終養歸後爲海豐學官學使吳鴻雅重之嘗從容問其諸子頗有應試者乎騰芳以皆失學對吳益歎異焉遂字揚雲康熙中舉人爲清河令獨通賦民德之坐事去職巡撫薦應鴻博格於部議未試歸韓海字偉五亦番禺人也雍正十一年進士官封川教諭大府欲薦應鴻博海賦詩以見志大府覽詩愕然遂不復强海亦旋卒

劉大櫆字才甫一字耕南桐城人曾祖日燿明末官歙縣訓導鄉里仰其高節其後累世皆爲諸生至大櫆益有名始年二十餘入京師時方苞負海內重望後生以文謁者不輕許與獨奇賞大櫆雍正中兩登副榜竟不獲舉乾隆元年苞薦應詞科大學士張廷玉黜落之已而悔十五年特以經學薦復不錄久之選黟縣教諭數年告歸居樅陽江上不復出年八十三卒大櫆修幹美髯能引拳入口縱聲讀古詩文聆其音節皆神會理解桐城自方苞爲古文之學同時有戴名世胡宗緒名世被禍宗緒博學名不甚顯大櫆雖游苞門傳其義法而才調獨出著海峰詩文集姚鼐繼起其學說盛行於時尤推服大櫆世遂稱曰方劉姚宗緒字襲參康熙末以舉人薦充明史館纂修雍正八年進士授編修遷國子監司業少孤貧母潘苦節課之嚴而有法感憤厲學自經史以逮律厤兵刑六書九章禮儀音律之類莫不研窮著易管洪範皇極疑義古今樂通律衍數度衍參注晝夜儀象說歲差新論測量大意梅胡問答九九淺說正字通芟誤正蒙解大學講義方輿考南河北河論膠萊河考臺灣攷兩戒辨苗疆紀事等書自爲詩文曰環隅集古藻過大櫆大櫆同邑門人自姚鼐外推王灼灼字濱麓乾隆五十一年舉人選東流教諭嘗館於歙與金榜程瑤田及武進張惠言諸人相友善一日見惠言黃山賦曰子之才可追古作者何必託齊梁以下自域乎惠言遂棄儷體爲古文灼所著悔生詩文鈔鮑桂星爲刊行焉

李鍇字鐵君漢軍正黃旗人祖恆忠副都統湖廣總督輝祖子鍇婁大學士索額圖女家世貴盛其於榮利泊如也性友愛兄伊山祈山仕不遂鍇省伊山戍所累月乃歸祈山罷官還無宅以己屋授之並鬻產爲清宿逋嘗一充官庫筆帖式旋棄去乾隆元年舉鴻博未中選十五年詔舉經學大臣交章論薦以老疾辭少好山水游蹤所至務窮其奇苦嗜茗爲鐵鐺瓦缶一奴負以從客江南嘗月夜挾琴客泛舟采石彈大雅之章和舵和之水宿者皆驚起人莫測其致也鍇既以屋讓兄乃築室盤山廌青峰下閉戶躭吟罕接人事歲一至城中一二日卽去居盤山二十載而歿詩古奧峭削著睫巢集又著原易及春秋通義尙史陳景元字石閭漢軍鑲紅旗人詩擬孟郊賈島有石閭集與戴亨長海爲遼東三老亨字通乾號遂堂瀋陽人原籍錢唐父梓以事戍遼見藝術傳亨康熙六十年進士官山東齊河縣知縣以抗直忤上官解組去寄居京師家益貧晏如也爲人篤於至性不輕然諾夙敦風義其詩宗杜少陵上溯漢魏卓然名家有慶芝堂詩集長海字灕川納喇氏滿洲鑲白旗人鎭安將軍瑪奇子例予廕長海不就檄補戶部庫使又逃曰庫使司筦藏歲豐入懼焉逃死非逃富貴也其母賢聽之遂布衣終其身沖遠任眞趣無容心博古多識嗜金石書畫嘗意則傾囊購之嘗襲裘行弔解裘以濟貺喪歸塗見未見書買之復解其衣由是中寒疾乃夷然曰獲多矣中歲愛易水雷溪之勝築大盆菴因以爲號晚入京居委巷又顏其閣曰玉衡縣畫四壁對之吟諷其詩矩矱古人而不膠於固斷句尤冠絕一時論詩以性情爲主舉靡麗之習而空之有雷溪草堂詩乾隆九年卒年六十有七遼東以詩文名者又有吳麟字子瑞號晚亭滿洲鑲黃旗人康熙四十九年舉人授內閣中書與鍇同舉鴻博與修明史纂本紀充明史綱目纂修官善詩文兼工山水著有黍谷山房集曹寅字楝亭漢軍正白旗人世居瀋陽工部尙書璽子累官通政使江寧織造有楝亭詩文詞鈔鮑鉁字冠亭秘書院大學士鮑承先裔乾隆初官嘉興海防同知有道腴堂全集高鶚字蘭墅亦漢軍旗人乾隆六十年進士有蘭墅詩鈔至道光年則有劉文麟字仙樵遼陽人九歲能詩以進士用廣東知縣總督林則徐器之權平遠兼長樂俗悍喜械鬭文麟甫涖任單輿遽入解之衆羅拜皆釋兵俗爲之易補文昌丁憂再選河南沈邱時患匪設方略擒其渠盜賊息迹以忤上官劾降遂歸主瀋陽書院論詩以婉至爲宗語必有寄託英光偉氣一發之於詩論者謂足繼遼東三老有仙樵詩鈔其門人王乃新字雪樵承德人亦能詩有雪樵詩賸

沈炳震字東父歸安人少喜博覽讀史於年月世系人所忽者必默識之嘗著新舊唐書合鈔紀傳以舊書爲綱分注新書爲目舊志多舛略則以新書爲綱分注舊書爲目又補列方鎭表拜罷承襲諸節目積數十寒暑乃成又著二十四史四譜一紀元二封爵三宰執四謚法其體出於表歷而變其旁行斜上爲標目乾隆元年與弟炳謙皆以貢生試鴻博報罷逾年卒年五十九卒後六年侍郞錢陳羣奏進其唐書合鈔召付書局宋錄唐書考證中炳謙字幼孜炳震季弟也次弟炳巽字繹旃著水經注集釋訂譌據明黃省曾刊本以己意校定之徧檢古籍錄其文字異同者間附諸家考訂之說州縣沿革則悉以今名釋焉初未見朱謀㙔本後求得多與之合同時治水經者有全祖望趙一清一清字誠夫仁和人國子監生父昱季父信見厲鶚傳一清禀其家學博極羣書水經注傳寫訛奪歐陽玄王禕稱其經注混淆祖望又謂道元注中有注一清因從其說辨驗文義離析之使文屬而語不雜又唐六典注稱桑欽所引天下之水百三十七江河在焉今少二十一水考崇文總目水經注三十六卷蓋宋代已佚其五卷此二十一水卽在所佚中於是雜采他書證以本注得滏洺等十八水又分瀔水灤餘水清濁漳大小遼水增多二十一與六典注合爲水經注釋又成水經箋刊誤以正朱謀㙔之失方觀承督直隸撰直隸河渠志一清所草創而戴震要刪之其自著有東潛文集

曹仁虎字來殷嘉定人少稱奇才乾隆二十二年南巡獻賦召試列一等賜舉人授內閣中書二十六年成進士選庶吉士授編修每遇大禮高文典册多出其手擢右中允充日講起居注官累遷侍講學士五十一年視學粵東方按試連州聞母訃酷暑奔喪晝夜號泣竟以毀卒於途仁虎以文字受主知聲華冠都下屢典文衡詩宗三唐而神明變化一洗粗率佻巧之習格律醇雅醞釀深厚爲一時所推著有宛委山房詩集蓉鏡堂文稿與王鳴盛王昶錢大昕趙文哲及吳泰來黃文蓮稱吳中七子鳴盛等四人皆自有傳泰來字企晉長洲人乾隆二十五年進士用內閣中書乞病歸築遂初園於木瀆藏書多宋元善本畢沅延主關中及大梁書院與洪亮吉輩往還唱和其詩一本漁洋著有淨名軒硯山堂等集文蓮字芳亭上海人官知縣有聽雨集

胡天游字稚威山陰人初姓方名遊副榜貢生乾隆元年尙書任蘭枝薦舉鴻博次年補試鼻衄大作投卷出時四方文士雲集京師每置酒高會分題命賦天游輒出數千言沈博絕麗見者咸驚服性耿介公卿欲招致一見不可得後舉經學再報罷客山西卒著有石笥山房集自言古文學韓愈然往往澀險似劉蛻非其至也儷體文自三唐而下日趨頹靡清初陳維崧毛奇齡稍振起之至天游奧衍入古遂臻極盛而邵齊燾孔廣森洪亮吉輩繼起才力所至皆足名家後數十年而有鎭洋彭兆蓀以選聲鍊色勝名重一時兆蓀字湘涵少有才名久困無所遇舉道光元年孝廉方正胡克家爲江蘇布政使客其所時總督以國用不足議加賦兆蓀爲克家力陳其不可事得寢又偕顧廣圻同校元本通鑑及文選世稱其精槧晚依曾燠兩淮鹽運使署著小謨觴館集燠爲點定之

袁枚字子才錢塘人幼有異稟年十二補縣學生弱冠省叔父廣西撫幕巡撫金鉷見而異之試以銅鼓賦立就甚瑰麗會開博學鴻詞科遂疏薦之時海內舉者二百餘人枚年最少試報罷乾隆四年成進士選庶吉士改知縣江南歷溧水江浦沭陽調劇江寧時尹繼善爲總督知枚才枚亦遇事盡其能市人至以所判事作歌曲刻行四方枚不以吏能自喜既而引疾家居再起發陝西丁父憂歸遂牒請養母卜築江甯小倉山號隨園崇飾池館自是優游其中者五十年時出游佳山水終不復仕盡其才以爲文辭詩歌名流造請無虛日詼諧詄蕩人人意滿後生少年一言之美稱之不容口篤於友誼編修程晉芳死舉借劵五千金焚之且恤其孤爲天才穎異論詩主抒寫性靈他人意所欲出不

達者悉爲達之士多効其體著隨園集凡三十餘種上自公卿下至市井負販皆知其名海外琉球有來求其書者然枚喜聲色其所作亦頗以滑易獲世譏云卒年八十二晉芳字魚門江都人家世業鹺乾隆初兩淮殷富程氏尤豪侈晉芳獨好儒購書五萬卷不問生產罄其貲少問經義於從父廷祚學古文於劉大櫆而與袁枚商盤諸人往復唱和甚相得也乾隆七年召試授中書十七年成進士以吏部員外郎爲四庫館纂修書成改編修晚歲益窮官京師至不能舉火就畢沅謀歸計抵關中一月卒年六十七晉芳於易書詩禮皆有撰述又有諸經答問羣書題跋蕺園詩文集張問陶字仲冶遂甯人大學士鵬翮玄孫以詩名書畫亦俱勝乾隆五十五年進士由檢討改御史復改吏部郎中出知萊州府忤上官意遂乞病游吳越未幾卒於蘇州始見袁枚枚曰所以老而不死者以未讀君詩耳其欽挹之如此著有船山集兄問安字亥白舉人家居奉母淡於榮利其詩才超逸與問陶有二難之目

王又曾字受銘秀水人乾隆十六年南巡召試賜舉人授內閣中書十九年成進士授刑部主事同縣錢載論詩宗黃庭堅務縋深鑿險不墮臼科又曾與朱沛然陳向中祝維誥和之號南郭五子又有萬光泰汪孟鋗仲鈖皆與同時相鏃厲力求捐棄塵壒毋一語相襲取爲詩不異指趣亦不同體格時目爲秀水派而又曾與維誥光泰尤工又曾卒其子復乞載定其詩號丁辛老屋集畢沅爲之序謂於漢魏六朝及唐宋諸家外能融會變化自成一家取材於衆所不經見用意於前人所未發尤又曾所獨到云維誥字宣臣乾隆三年舉人官內閣中書有綠谿詩鈔光泰字循初乾隆元年舉人有柘坡居士集維誥詩全祖望稱其俊雅李鍇稱其醇靜光泰詩杭世駿稱其秀朗載亦稱其綺麗蓋雖宗庭堅而鍛鍊精到絕無西江槎枒詰屈之習沛然舉人知高安縣卒官向中客死涼州詩傳者差少孟鋗進士吏部主事仲鈖舉人皆有集而復與載子世錫維誥子喆相與稱詩守家法世錫已見載傳有甂山老屋集復字敦初官河南鄢陵知縣有樹萱堂晚晴軒二集沅採入吳會英才集喆字明甫乾隆二十五年舉人有西澗詩鈔孟鋗子如洋乾隆四十五年會試廷試皆第一亦與復等唱和

邵齊燾字叔宀昭文人幼異敏甫受書即能了大義乾隆七年進士以編修居詞館十年嘗獻東巡頌時稱班揚之亞羣公爭欲致門下齊燾意度夷曠殊落落也年三十六即罷歸日顏其室曰道山緣隱主常州龍城書院洪亮吉黃景仁皆從受學善爲儷體文氣格排奡意欲矯陳維崧吳綺章藻功三家之失卒年五十有二著玉芝堂集王太岳字基平定興人齊燾同年進士授檢討由侍讀出補甘肅平慶道調西安遷湖南按察使調雲南擢布政使坐事落職命充四庫館總纂官四十三年仍授檢討後遷司業卒太岳涖官有惠政尤留心水利與齊燾最善駢文清勁簡直亦相近有清虛山房集吳錫麒字穀人錢塘人性至孝乾隆四十年進士授編修累遷祭酒以親老乞養歸主講揚州安定樂儀書院錫麒工應制詩文兼善倚聲浙中詩派前有朱彝尊查慎行繼之者杭世駿厲鶚二人歿後推錫麒藝林奉爲圭臬焉著有正山房集全椒吳鼒嘗輯錄齊燾亮吉錫麒及劉星煒袁枚孫星衍孔廣森曾燠之文爲八家四六云此八家外有金匱楊芳燦與弟揆並負時名芳燦字蓉裳母夢五色雀集庭樹而生詩文華贍學使彭元瑞大異之乾隆四十二年拔貢生廷試得知縣補甘肅之伏羌回民田五反縣民馬稱驤應之未發芳燦從稱驤甥馬映龍偵得立捕斬之因城守賊奄至以無應解圍去憾映龍洩其謀揚言映龍故與通約五日後獻城也阿桂逮映龍將殺之卒以芳燦言得免敘功擢知靈州顧不樂外吏入貲爲戶部員外郎與修會典益務記覽爲詞章嘗曰色不欲麗氣不欲縱沈博奧衍斯駢體之能事矣丁母憂貧甚鬻書以歸著芙蓉山館詩文鈔揆字荔裳乾隆中召試舉人授中書從福康安征衛藏官至四川布政使有藤花館稿鼒字山尊嘉慶四年進士終侍講學士以母老告歸主講揚州亦長駢體有夕葵書屋集

徐文靖字位山當塗人父章達以孝義稱鄉里文靖務古學無所不窺著述甚富皆援據經史雍正改元年五十七始舉江南鄉試侍郎黃叔琳典試還朝以得三不朽士自矜蓋指文靖及任啟運陳祖范也乾隆改元試鴻博不遇詹事張鵬翀以所著山河兩戒考管城碩記進呈賜國子監學正十七年徵經學入都會開萬壽恩科遂與試年八十六以老壽賜檢討給假歸卒年九十餘其所著又有周易拾遺禹貢會箋竹書統箋諸書趙青藜字然一涇縣人九歲能文乾隆元年舉會試第一選庶吉士授編修充浙江鄉試考官遷御史再充浙江考官母憂歸服闋還臺又充湖南考官在臺前後五年有直聲如請淸屯田歸運丁弛米禁濟民食提耗羨歸公興西北水利又劾總督高斌侍郎周學健奏開捐例啟言利之端爲害甚大所言能持大體不爲激切之論尋以耳疾乞休年八十餘卒青藜外和內嚴以不欺爲主受古文義法於方苞苞稱及門中如青藜者可信其操行之終不迷著有漱芳居集讀左管窺於春秋二百四十二年穿穴甚深先是青藜同郡以史學稱者推南陵汪越字師退康熙四十四年舉人食貧厲節守令咸折節致敬不妄干謁著綠影草堂集沖淡典博其讀史記十表排比舊文鈎稽微義所得尤多

朱仕琇字斐瞻建甯人資性朗悟而記誦拙日可數十言援筆爲文輒立就從南豐汪世麟學古文臨別請益世麟曰子但通習諸經則世無與抗矣仕琇驚詫其言遂以己意求之經傳旁及百家諸子書一以昌黎爲宗副都御史雷鋐見其文歎爲醇古沖澹近古大家自是名大著乾隆九年舉鄉試第一踰四年成進士選庶吉士散館出知夏津縣民爲之謠曰夏淸我公能在任七年以河決改福甯府教授歸主鼇峯講席者十年卒年六十六仕琇以古文辭自力其意欲追古之立言者以爲淸穆者惟天澹泊者惟水含之咀之得其妙以爲文者惟人嘗與友人書曰爲文在先高其志其心有以自得則吾心猶古人之心也以觀古人之言猶吾言也然後辨其是非爲究其誠僞焉定其高下焉如黑白之判於前矣於是順其節次焉還其訓詁焉沈潛其義蘊焉調和其心氣焉久則自然合之又久則變化生之於是文之高也如纍土之成臺如鴻漸之在天有莫知其所以然者仕琇與大興朱筠及弟珪友善筠推服其文甚至著梅崖文集福建古文之學自仕琇其後再傳有高澍然字雨農光澤人嘉慶七年舉人授內閣中書未幾移病歸研說經傳尤篤嗜昌黎集其文陳義正言不過物高視塵壒之表名不如仕琇要其自得之趣有不求人知能自樹立者著春秋釋經論語私記韓文故及抑快軒文集

蔣士銓字心餘鉛山人家故貧四歲母鍾氏授書斷竹篾爲點畫攢簇成字教之既長工爲文喜吟詠由舉人官中書乾隆二十二年成進士授編修文名藉甚裘曰修彭元瑞並薦其才旋乞病歸帝屢從元瑞詢之元瑞以士銓母老對帝賜詩元瑞有江西兩名士之句士銓感恩眷力疾起補官記名以御史用未幾仍以病乞休遂卒年六十一士銓賦性悱惻以古賢者自厲急人之難如不及詩詞雄傑至敍述節烈能使讀者感泣著忠雅堂集少時與武甯汪軔南昌楊垕爲昆弟交出入必偕財物與共軔字魚亭優貢生垕字子載舉人本天全六番招討宣慰使孫雍正初改土歸流安置江西遂爲南昌人詩名與軔相埒士銓甚推服之同時有南豐趙由儀字山南與士銓等並稱四子其後繼起者曰東鄉吳嵩梁臨川樂鈞嵩梁字蘭雪以舉人官中書選知黔西州著香蘇山館集聲播外夷朝鮮吏曹判書金魯敬以梅花一龕供奉之稱爲詩佛日本賈人斥四金購其詩扇其名重如此鈞初名宮譜字元淑嘉慶六年舉人與嵩梁同爲翁方綱弟子著靑芝山館集

趙翼字耘松陽湖人生三歲能識字年十二爲文一日成七篇人奇其才乾隆十九年由舉人中明通榜用內閣中書入直軍機大學士傅恆尤重之二十六年復成進士殿試擬一甲第一王杰第三高宗謂陝西自國朝以來未有以一甲一名及第者遂拔杰而移翼第三授編修後出知鎭安府粵民輸穀常社倉用竹筐以權代槪有司因購馬濟滇軍別置大筐斂穀後遂不革民苦之翼聽民用舊筐自權持羨去民由是感激每出行爭肩輿過其村先是鎭民付奉入雲南土富州爲姦捕獲百餘人付奉顧逸去前守以是罷官已而付奉死驗其尸良是總督李侍堯疑其爲前守道地翼申辨總督怒劾之適朝廷用兵緬甸命翼赴軍贊畫乃追劾疏還傳恆既至滇經略兵事議以大兵渡戛鳩江別遣偏師從普洱進翼謂普洱距戛鳩江四千餘里不如由江東岸近地取猛密如其策入告其後戛鳩兵遭瘴多疾病而阿桂所統江東岸一軍獨完卒以蕆事尋調守廣州擢貴西兵備道以廣州讞獄舊案降級遂乞歸不復出五十二年林爽文反臺灣侍堯赴閩治軍邀翼與俱時總兵柴大紀城守半載以易子析骸入告帝意動諭大紀以兵護民內渡侍堯以詢翼翼曰總兵欲內渡久矣憚國法故不敢今一棄城則鹿耳門爲賊有全臺休矣即大兵至無路可入宜封還此旨侍堯悟從之明日接追還前旨之諭侍堯膺殊賞而大將軍福康安續至遂得由鹿耳門進兵破賊皆翼計也事平辭歸以著述自娛尤邃史學著廿二史劄記皇朝武功紀盛陔餘叢考簷曝雜記甌北詩集嘉慶十五年重宴鹿鳴賜三品銜卒年八十六同時袁枚蔣士銓與翼齊名而翼有經世之略未盡其用所爲詩無不如人意所欲爲亦其才優也其同里學人後於翼而知名者有洪亮吉孫星衍趙懷玉黃景仁楊倫呂星垣徐書受號爲毘陵七子亮吉星衍懷玉自有傳景仁字仲則武進人九歲應學使者試臨試猶蒙被索句後以母老客遊四方覓升斗爲養朱筠督學安徽招入幕上巳脩禊賦詩太白樓景仁年最少著白袷立日影中頃刻成數百言坐客咸輟筆時士子試當塗聞使

者高會畢集樓下咸從奚童乞白袷少年詩競寫名大噪嘗自恨其詩無幽并豪士氣遂遊京師高宗四十一年東巡召試二等武英殿書簽例得主簿陝西巡撫畢沅奇其才厚貲之援例爲縣丞銓有日矣爲債家所迫抱病踰太行道卒亮吉持其喪歸年三十五著兩當軒集子乙生通鄭氏禮善書早卒倫字敦五乾隆中進士蒼梧縣知縣著有杜詩鏡詮星垣字叔諸大學士宮五世孫乾隆五十年辟雍禮成進頌册欽取一等一名選訓導後官河間縣知縣有白雲草堂集書受副貢生葉縣知縣有教經堂集

嚴長明字道甫江寧人幼奇慧年十一爲李紱所賞告方苞曰國器也遂從苞受業尋假館揚州馬氏盡讀其藏書高宗二十七年南巡以諸生獻賦賜舉人用內閣中書入軍機長明通古今多智數工於奏牘大學士劉統勳最奇其才戶部奏天下錢糧雜項名目繁多請併入地丁徵收長明曰今之雜項折徵銀皆古正供也若去其名他日吏忘之謂其物官所需必且再徵是使民重困也統勳曰善乃奏已之大學士溫福征大金川欲長明從行長明固辭退有咎之者答曰是將敗沒吾奈何從之旣而溫福果軍潰以死隨往者皆盡長明在軍機七年幹敏異衆然亦以是見嫉其救羅浩源事人尤喜稱之浩源雲南糧道也分償屬吏汪應繳所虧帑金有詔逾期即誅浩源繳不如數逾期十日牒請弛限上下其議時統勳主試禮部秋曹無敢任其事者長明因撾鼓入闈見統勳爲言汪已捐復將曳組綬出都獨坐浩源義未協宜仍責汪自繳統勳曰具疏稿乎曰具卽振袖出之辭義明晰疏入報可獄遂解其他事多類此人有圖其像祀之者三十六年擢侍讀嘗扈蹕木蘭大雪中失槖駝並所裝物越日故吏以駝至問何以知爲吾物曰軍機官披羊裘者獨君耳長明勞而遣之後以憂歸遂不復出客畢沅所爲定奏詞又主講廬陽書院博學强記所讀書或舉問無不能對爲詩文用思周密和易而當於情著毛詩地理疏證五經算術補正三經三史答問石經考異漢金石例獻徵餘錄等書子觀字子進嗜學好金石文字父乞歸後築歸求草堂藏書二萬卷觀丹黃幾滿著江甯金石記錢大昕甚高其品節

朱筠字竹君大興人乾隆甲戌進士選庶吉士授編修由贊善大考擢侍讀學士屢分校鄉會試庚寅典福建鄉試辛卯督安徽學政詔求遺書奏言翰林院藏永樂大典內多古書請開局校輯旋奉上諭軍機大臣議復朱筠條奏校核永樂大典一節已派軍機大臣爲總裁又朱筠所奏將永樂大典擇取繕寫各自爲書及每書校其得失撮舉大旨叙於本書卷首之處即令承辦各員將各原書詳細檢閱並書中要旨總叙厓略呈候裁定又將來書成著名四庫全書四庫全書自此始筠又請仿漢熹平唐開成故事校正十三經文字勒石太學未幾坐事降編修充四庫全書纂修官兼修日下舊聞考高宗嘗稱筠學問文章殊過人尋復督學福建歸卒年五十有三筠博聞宏覽以經學六經訓士謂經學本於文字訓詁周公作爾雅釋詁居首保氏教六書說文僅存於是叙說文解字刊布之視學所至尤以人才經術名義爲急務汲引後進常若不及因材施教士多因以得名時有朱門弟子之目好金石文字謂可佐證經史諸史百家皆考訂其是非同異爲文以鄭孔經義還固史書爲質而參以韓蘇詩出入唐宋不名一家並爲世重筠銳然以興起斯文爲己任搜羅文獻表章風化一切破崖岸而爲之好客善飮談笑窮日夜酒酣論天下事自比李元禮范孟博激揚清濁分別邪正聞者悚然著有笥河集等

翁方綱號覃溪大興人乾隆壬申進士選庶吉士授編修擢司業累至內閣學士先後典江西湖北順天鄉試督廣東江西山東學政嘉慶元年預千叟宴四年左遷鴻臚寺卿十二年重宴鹿鳴賜三品銜十九年再宴恩榮加二品卿年八十二矣又四年卒方綱精研經術嘗謂考訂之學以衷於義理爲主論語曰多聞闕疑曰愼言三者備而考訂之道盡時錢載斥戴震爲破碎大道方綱謂詁訓名物豈可目爲破碎考訂訓詁然後能講義理也然震謂聖人之道必由典制名物得之則不盡然方綱讀羣經有書禮論語孟子附記並爲經義考補正尤精金石之學所著兩漢金石記剖析毫芒參以說文正義考證至精所爲詩自諸經注疏以及史傳之考訂金石文字之爬梳皆貫徹洋溢其中論者謂能以學爲詩他著有復初齋全集及禮經目次蘇詩補注等

姚鼐字姬傳桐城人刑部尚書文然元孫乾隆二十八年進士選庶吉士改禮部主事歷充山東湖南鄉試考官會試同考官所得多知名士四庫館開充纂修官書成以御史記名乞養歸鼐工爲古文康熙間侍郎方苞名重一時同邑劉大櫆繼之鼐世父範與大櫆善鼐本所聞於家庭師友間者益以自得所爲文高簡深古尤近歐陽修曾鞏其論文根極於道德而探原於經訓至其淺深之際有古人所未嘗言鼐獨抉其微發其蘊論者以爲辭邁於方理深於劉三人皆籍桐城世傳以爲桐城派鼐淸約寡欲接人極和藹無貴賤皆樂與盡懽而義所不可則確乎不易其所守世言學品兼備推鼐無異詞嘗仿王士禎五七言古體詩選爲今體詩選論者以爲精當云自告歸後主講江南紫陽鍾山書院四十餘年以誨迪後進爲務嘉慶十五年重赴鹿鳴加四品銜二十年卒年八十有五所著有九經說十七卷老子莊子章義惜抱軒文集二十卷詩集二十卷三傳補注三卷法帖題跋二卷筆記四卷子景衡舉人知縣有雋才鼐故工書景衡學其筆法能亂眞吳定字殿麟歙縣人舉孝廉方正與姚鼐相友善論文嚴於法鼐每爲文示定定所不可必盡言得當乃止定嘗語陳用光曰先生虛懷善取爲文尙如是其爲學可知矣著有周易集注十卷紫石泉山房文集十二卷詩集六卷魯九皋原名仕驥字絜非新城人嘗從鼐問古文法又使其甥陳用光及鼐門乾隆三十六年進士選山西夏縣以積勞致疾卒所著曰山木居士集用光字碩士嘉慶六年進士由編修累官禮部侍郎篤於師友誼嘗爲姚魯兩師置祭田以學行重一時著有太乙舟文集當嘉道間傳古文法者有宜興吳德旋上元梅曾亮諸人曾亮自有傳德旋字仲倫諸生以古文鳴與陽湖惲敬永福呂璜以文相砥鏃詩亦高澹絕俗有初月樓集

宋大樽字左彝仁和人弱歲刲股愈母疾讓產其弟乾隆三十九年舉人爲國子監助教以母老引疾歸豪於飮酒善鼓琴時時出游佳山水助其詩興其詩由唐人而上溯之極於古歌謠而止才力足以相儷有茗香論詩學古集牧牛村舍詩鈔同縣錢林字金粟嘉慶十三年進士由編修至侍讀學士左遷庶子林熟於本朝名臣言行及河漕鹽榷錢法諸大政詩亦醞釀於漢魏六朝阮元督學浙江稱爲華實兼茂之士著文獻徵存錄玉山草堂詩集端木國瑚靑田人靑田故產鶴國瑚生而淸傲似鶴其大父字之曰鶴田阮元督學得之恆誇示人曰此靑田一鶴也命賦使署定香亭賦成一時傳誦國瑚好學深思通天文之奧嘗被召相山陵叙勞官中書道光十三年進士選用知縣性不耐劇投牒就原官著周易指屬稿二十六年而後成詩才淸麗有太鶴山人集又著周易葬說地理元文後頗悔之不輕爲人營葬吳文溥字澹川嘉興貢生亦以詩名其爲人有韜略超然不羣能作蘇門長嘯著南野堂集

章學誠字實齋會稽人乾隆四十三年進士官國子監典籍自少讀書不甘爲章句之學從山陰劉文蔚童鈺游習聞蕺山南雷之說熟於明季朝政始末往往出於正史外秀水鄭炳文稱其有良史才繼游朱筠門筠藏書甚富因得縱覽羣籍與名流相討論學益宏富著文史通義校讎通義推原官禮而有得於向歆父子之傳其於古今學術輒能條別而得其宗旨立論多前人所未發嘗與戴震汪中同客馮廷丞甯紹台道署廷丞甚敬禮之學誠好辯論勇於自信有實齋文集視唐宋文體夷然不屑所修和州亳州永淸縣諸志皆得體要爲世所推章宗源字逢之乾隆五十一年大興籍舉人其祖籍亦浙江也嘗輯錄唐宋以來亡佚古書欲撰隋書經籍志考證積十餘年始成稿爲仇家所焚僅存史部五卷後百有餘年有姚振宗字海槎山陰人著漢藝文志隋經籍志考證能訂宗源之失又補後漢三國兩藝文志目錄之學卓然大宗論者謂足紹二章之傳而學誠同時有歸安吳蘭庭字胥石乾隆三十九年舉人稽古博聞多所纂述嘗以宋吳縝著有五代史記纂誤因更取薛居正舊史參校爲纂誤補四卷同邑丁杰邃於經蘭庭熟於史一時有丁經吳史之目嘉慶元年與千叟宴他所著又有五代史考異讀通鑑筆記南霅草堂集

祁韻士字鶴皋壽陽人乾隆四十三年進士官編修擢中允大考改戶部主事嘉慶初以郎中監督寶泉局局庫虧銅案發戍伊犁未幾赦還卒於保定書院年六十五韻士幼喜治史於疆域山川形勝古人爵里名氏靡不記覽弱冠館靜樂李氏李藏書十餘楹多善本韻士寢饋其中五年益賅洽旣入翰林充國史館纂修時創立蒙古王公表傳計內札薩克四十九旗外札薩克喀爾喀等二百餘旗以至西藏及回部糾紛雜亂皆無文獻可徵據乃悉發庫貯紅本尋其端緒每於灰塵坌積中忽有所得如獲異聞各按部落立傳要以見諸實錄紅本者爲準又取皇輿全圖以定地界方向其王公支派源流則核以理藩院所存世譜八年而後成書又別撰藩部要略以年月編次蓋傳仿史記而要略仿通鑑李兆洛序之謂如讀邃皇之書覩鴻濛開闢之規模矣及戍伊犁有所纂述大興徐松續修之成新疆事略韻士又著西域釋地西陲要略皆考證古今簡而能核外有萬里行程記己庚編書史輯要詩文集張穆字石洲平定州人道光中優貢生善屬文歙縣程恩澤見之驚曰東京崔蔡之匹也通訓詁天算輿地之學著蒙古游牧記用史志體韻士要略用編年體論者謂二書足相埒又以魏書地形志分併建革一以天平元象興和武定爲限純乎東魏之志其雍秦諸州地入西魏者遂挩失踳駮不可讀乃更事排纂書未成其友何秋濤爲補輯之又著顧炎武閻若璩年譜月齋詩文集秋濤字願船光澤人道光

二十四年進士授刑部主事留心經世之務以俄羅斯與中國壤地連接宜有專書資考鏡始著北徼彙編六卷後復詳訂圖說起漢晉訖道光增爲八十卷文宗乘覽其書賜名朔方備乘召見擢員外郎懋勤殿行走旋以憂去同治改元年三十九卒又著王會篇箋釋一鐙精舍甲部藁刑部奉敕撰律例根源亦秋濤在官時創稾云

馮敏昌字伯求欽州人童年補諸生翁方綱按試廉州以拔貢選入國學乾隆四十三年進士授編修大考改戶部主事調補刑部性至孝友聞父喪一痛嘔血大雪徒跣竟日方綱憂日敏昌萬無生理則持其母夫人書促令歸省及丁內艱廬墓久遂不復出平生足跡半天下嘗登岱題名絕壁游廬阜觀瀑布抵華嶽攀鐵縪躋嶂峽在河陽時親歷王屋大行諸山又以北嶽去孟縣不千里騎騾馬直造曲陽飛石之巓窮鴈門長城而返最後宿南嶽廟升祝融峯觀雲海其悱惻之情曠逸之抱一寓於詩著有小羅浮草堂詩集孟縣志華山小志河陽金石錄學者稱魚山先生其後嶺南以詩名家者有嘉應宋湘字煥襄嘉慶四年進士以編修典試四川貴州出知曲靖府教屬地種木棉人稱宋公布署廣南永昌皆有績永昌瀕甸土州知州死遠族景在東謀襲其職據境專殺自恣如是者五六年當事怯莫敢發民夷赴愬湘請諸鎮帥不允乃率僚屬游謠棲賢山從容賦詩密約鄉兵乘夜兼行出不意禽在東斬之費銀八千兩不取償公家邊隅以靖終湖北督糧道詩學少陵有不易居集敏昌同時又有趙希璜字渭川長甯人少讀書羅浮山與順德黎簡友善乾隆四十四年舉人知安陽縣邑志久未修希璜聘武億共成之紀昀推其體例合古法末附金石錄十二卷尤精確希璜工詩著有四百三十二峯草堂詩鈔

法式善字開文蒙古烏爾濟氏隸內務府正黃旗乾隆四十五年進士授檢討遷司業五十年高宗臨雍率諸生七十餘人聽講禮成賞賚有差本名運昌命改今名國語言竭力有爲也由庶子遷侍讀學士大考降員外郎阿桂薦補左庶子性好文以宏獎風流爲己任顧數奇官至四品即左遷其後兩爲侍講學士一以大考改贊善一坐修書不謹貶庶子遂乞病歸所居後載門北明李東陽西涯舊址也搆詩龕及梧門書屋法書名畫盈棟几得海內名流詠贈即投詩龕中主盟壇坫三十年論者謂接迹西涯無愧色著清秘述聞槐廳載筆存素堂詩集平生於詩所激賞者舒位王曇孫原湘作三君子詠以張之然位豔曇狂惟原湘以才氣寫性靈能以韻勝著天眞閣集原湘字子瀟昭文人嘉慶十年進士選庶吉士未仕同時江蘇與原湘負才名者有吳江郭麐字祥伯附監生一眉瑩白如雪風采超俊家貧客遊人爭倒屣詩學李長吉沈下賢詞尤清婉著靈芬館集嘗病潘昂霄金石例之隘因據洪氏隸釋爲金石例補又撰詞品十二則以繼司空表聖之詩品

惲敬字子居陽湖人幼從舅氏鄭環學持論能獨出己見乾隆四十八年舉人以教習官京師時同縣莊述祖獻可張惠言海鹽陳石麟桐城王灼集輦下敬與爲友商榷經義以古文鳴於時既而選令富陽銳欲圖治不隨羣輩俯仰大吏怒其强項務裁抑之令督解黔餉敬曰王事也怡然就道後遭父喪服闋選新喻吏民素橫暴繩以法人疑其過猛已乃進秀異士與論文藝俗習大變調知瑞金有富民進千金求脫罪峻拒之關說者以萬金相啗敬曰節士苞苴不逮門吾豈有遺行耶卒論如法由是廉聲大著卓異擢南昌同知敬爲人負氣所至輒忤上官以其才高優容之然忌者遂銜之次骨最後署吳城同知坐姦民誣訴緣詐財失察被劾忌者聞而喜曰惲子居大賢乃以贓敗耶敬既罷官益肆其力於文深求前史興壞治亂之故旁及縱橫名法兵農陰陽家言會其友惠言歿於是敬慨然曰古文自元明以來漸失其傳吾向所以不多爲者有惠言在也今惠言死吾安敢不併力治之其文蓋出於韓非李斯與蘇洵爲近卒年六十一著大雲山房稿其治獄曰子居決事附集後趙懷玉字億孫武進人尙書申喬四世孫乾隆中召試舉人授中書久之出爲青州府同知以憂歸終於家性坦易工古文辭嘗自言不敢好名爲欺人之事不敢好奇爲欺世之學惲敬稱其文無有雜言詖義離眞反正者著有生齋文集

黎簡字簡民順德人十歲能詩益都李文藻令朝陽見簡詩曰必傳之作也勸令就試學使李調元得其擬昌黎石鼎聯句奇賞之補弟子員人號之曰黎石鼎久之膺選拔尋丁外艱遂終於家足不踰嶺海內名流欽其高節袁枚負盛名游羅浮邀與相見謝不往也著五百四峰草堂詩文鈔所與交同邑張錦芳黃丹書番禺呂堅皆以詩名錦芳字粲夫乾隆中進士官編修通說文喜金石文字弟錦麟字瑞夫舉人兄弟並爲翁方綱所器異錦麟以賦碧天如水鴈初飛句得名時呼張碧天早卒錦芳著逃虛閣詩鈔與欽州馮敏昌同邑胡亦常稱嶺南三子丹書字廷授亦以詩受知調元貢優行事親孝居喪能盡哀後舉於鄉至都朝貴爭延之辭不就嘗曰貧與富交則損名賤與貴交則損節晚官教諭兼工書畫著鴻雪齋詩鈔堅字介卿歲貢生窮老不遇著遲删集亦常字同謙舉人落第南歸與戴震同舟至富春江乃別舟中手寫震所著書謀刊之多噉瓜果解渴得胃寒疾抵家卒有賜書樓集

張士元字翰宣震澤人工古文辭師法歸有光歲正陳其集几上北面拜之又用歸氏評點史記法上推之左氏下逮韓歐無不合者乾隆五十三年舉人久不第留京師館董誥第八年誥主會試欲令士元出門下不能得也姚文田督學江南士元與有舊戒諸子勿應試年老銓教諭以耳聵謝不就曰國家設學校使師弟子相從講學豈漫以廩祿振寒生哉乃歸老爛谿之上撰述自娛學者稱鱸江先生性澹泊寡交獨與王芑孫秦瀛陳用光以學問相切劘姚鼐見其文亦擬之震川卒年七十著嘉樹山房集同邑張海珊字越來張履字淵甫皆舉人海珊道光元年鄉試解首榜發已前卒其論學以宋賢爲歸又恥迂儒寡效自農田河渠兵制天下形勢所在及漕糧利弊悉心究討三吳亢旱港涸一日北風大作水入糾衆築堤儲之歲以有秋著小安樂窩集喪禮問答火攻秘錄履海珊門人也傳海珊之學尤精三禮其議禮之文皆犂然有當非徒習訓詁名物者官句容訓導著積石山房集

清史稿　列傳

文苑三

張澍 邢澍
莫與儔 子友芝
陸繼輅 從子耀遹 彭績
洪頤煊 兄坤煊 弟震煊
鄧顯鶴 [illegible]
周濟 陳鶴
徐松 [illegible]
李兆洛 承培元 繆尚誥 宋景昌 六承如
錢儀吉 弟泰吉
包世臣 齊彥槐
姚椿 顧廣譽
張鑑 楊鳳苞 施國祁
黃易 瞿中溶 張廷濟 沈濤 陸增祥
董祐誠 方履籛 周儀暐
兪正燮 [illegible]
潘德輿 吳昆田
張維屛 譚敬昭 彭泰來
梅曾亮 管同 劉開 毛嶽生
湯鵬 張際亮
龔鞏祚
魏源
方東樹 從弟宗誠 蘇惇元 戴鈞衡
魯一同 子蕡
譚瑩 [illegible]
吳敏樹 楊彝珍
周壽昌 李希聖
斌良 [illegible]
何紹基 孫維樸 李瑞清
馮桂芬 王頌蔚 葉昌熾 管禮耕 袁寶璜
李慈銘 陶方琦 譚廷獻 [illegible]
張裕釗 范當世 朱銘盤 楊守敬
吳汝綸 蕭穆 賀濤 劉孚京
林紓 嚴復 辜湯生

張澍字介侯武威人父應舉有孝行嘉慶四年澍年十八成進士是科得人最盛澍選庶吉士文詞博麗散館改知縣初令玉屛以病歸叙防河勞選屛山攝興文丁父艱再起知永新署臨江通判坐征解緩罷官開復補瀘溪復以憂去澍性亢直所至輒有聲在黔時巡撫初彭齡過縣澍杖其僕之索金者座主蔣攸銛督四川甫下車舉劾屬吏風采嚴峻澍上書論其循情市恩黜陟不當以此官不遂務博覽經史皆有纂著遊跡半天下詩文益富留心關隴文獻蒐輯刊刻之纂五涼舊聞三古人苑續黔書秦音蜀典而姓氏五書尤爲絕學自著詩文外又有詩小序翼說文引經考證同時甘肅有與之同名者曰邢澍字雨民階州人也兩人學派亦略相近乾隆五十五年進士官至南安知府好古博聞孫星衍輯寰宇訪碑錄多資於澍著有關右經籍考兩漢希姓錄金石文字辨異守雅堂集

莫與儔字猶人獨山州人少有志操兄歿持期服不與試嘉慶四年朱珪阮元總裁會試所拔取多樸學知名士與儔亦以是年成進士選庶吉士散館改令鹽源縣俗富民買田好擇取無稅者貧民往往粥產存賦久輒逃亡與儔責賦富人而貰其隱占罪又上言河西甯遠子稅所府隸橫征病民得裁去木裏喇嘛左所有山產銀銅布政使符縣開礦與儔持不可以爲礦山實土官經堂所據奸民所呈地圖距經堂遠實無礦開廠聚衆滋擾夷境貪小利賈大釁事誠不便大吏檄與儔覆勘至則礦山果在經堂右其衆嚴兵以待既瞻與儔貌聆其溫語皆解甲羅拜縣令至土司例有供餽盡卻之又懸諸禁比還老幼遮道獻酒塡咽不得前舉治行卓異以父憂去母老遂請終養久之被吏部檄復起

自請改教授選遵義士人聞其至爭請受業學舍如鱗房猶不足僦居半城市且暮進諸生而詔之學以盡其下焉者而已上焉者聽其自至可也程朱氏之論窮神達化不越灑埽應對日用之常至六藝故訓則國朝專經大師實邁近古其稱江閩惠陳段王父子未嘗隔三宿不言聽者如旱苗之得膏雨其後門人鄭珍及子友芝遂通許鄭之學爲西南大師與儔著二南近說詩文散佚友芝記其言行爲過庭碎錄友芝字子偲家世傳業通會漢宋工詩眞行篆隸書不類唐以後人世爭寶貴友芝亦樂易近人癯貌玉立而介特內含道光十一年舉人在京師遠迹權貴胡林翼曾國藩皆其舊好留居幕府評騭書史外榮利泊如也咸豐時嘗選取縣令棄去至是中外大臣密疏薦其學行有詔徵至復謝不就卒年六十一著黔詩紀略遵義府志聲韻考略郘亭詩抄宋元舊本經眼錄樗繭譜注唐本說文木部箋異

陸繼輅字祁孫陽湖人幼孤生母林嚴督之非其人禁勿與遊甫成童出應試得識丁履恒歸告母母察其賢始令與結其後益交莊曾詒張琦惲敬洪飴孫輩學日進嘉慶五年舉人選合肥訓導以修安徽省志敘勞遷貴溪令三年引疾歸繼輅儀幹秀削聲淸如唳鶴不以塵務經心惟肆力於詩淸溫多風如其人也常州自張惠言惲敬以古文名繼輅與董士錫同時並起世遂推爲陽湖派與桐城相抗然繼輅選七家古文以爲惠言敬受文法於錢伯坰伯坰親業劉大櫆之門蓋其淵源同出唐宋大家以上窺史漢桐城陽湖皆未嘗自標異也繼輅著崇百藥齋集合肥學舍札記從子耀遹字劭文縣學生工爲詩喜金石文字與繼輅齊名其爲人韜斂精采而遇事侃侃無所撓遊公卿間尤長尺牘嘗客陝西巡撫幕敎匪反滑縣那彥成過長安聞耀遹名即請見爲陳機宜數十事因屬具草以聞多施行道光初舉孝廉方正選阜甯教諭卒有雙白燕堂集金石續編繼輅所鈔七家文者大櫆惠言敬外則方苞姚鼐朱仕琇彭績也績字秋士長洲人品詣孤峻乾隆末窮而客死無子年四十四族子紹升曰人之弔先生者悲其窮吾獨謂先生竹柏之性有節有文宋其英亦元結孟郊之匹未見其窮也有秋士遺集餘六人皆自有傳

洪頤煊字旌賢臨海人少時自力於學與兄坤煊弟震煊讀書僧寮夜就佛鐙講誦不輟學使阮元招頤煊震煊就學行省名日起嘉慶六年充選拔貢生入貲爲州判權知新興縣事適阮元督粵知頤煊學優非吏才延致幕府相與諮諏經史後卒於家性喜聚書廣購嶺南舊本至三萬餘卷碑版彝器多世所罕覯著禮經宮室答問孔子三朝記管子義證漢志水道疏證讀書叢錄台州札記筠軒詩文集坤煊字載厚乾隆末以拔貢生舉鄉試題名後十餘日卒震煊字百里精選學詩才敏贍阮元修經籍籑詁十三經校勘記皆任其役後頤煊十二年充選拔生既廷試貧不克歸遂以客死著夏小正疏義

鄧顯鶴字子立新化人少與同里歐陽紹洛以詩相厲遊客四方所至傾動嘉慶九年舉人厭薄仕進一以纂著爲事繫楚南文獻者三十年學者稱之曰湘皋先生內行修事兄白首無間撫其子勤於己子尤篤於師友風義嘗以爲洞庭以南服嶺以北屈原賈誼傷心之地也歷代通人志士相望而文字湮鬱不宣乃從事搜討每得貞烈遺行於殘簡斷冊中爲之驚喜狂拜汲汲彰顯若大譔隨其後凡所著有資江耆舊集沅湘耆舊集楚寶增輯考異武岡志寶慶志朱子五忠祠傳略及續傳明季湖南殉節傳略又易述毛詩表南村草堂詩文集共數百卷晚授寧鄉訓導卒年七十五同時萬希槐字蔚亭黃岡人以廩膳生官南漳訓導通經史百家言着十三經證異困學紀聞集證陳嵩慶推爲王氏功臣

周濟字保緒荊溪人好讀史喜觀古將帥兵略騎射擊刺藝絕精嘉慶十年進士或謂之曰對策語幸無過激濟曰始進敢欺君乎及廷對縱言天下事字逾恒格以三甲歸班選知縣改就淮安府教授上丁釋奠禮畢知府王轂就殿門外升輿濟趨前阻之知府不懌去濟遂引疾歸是秋冒賑事發自轂以下吏皆得罪濟以先去免淮南北鹽梟充斥總督孫玉庭知濟能以防撫事屬之濟集營弁勒以兵法姦民皆斂迹已而歎曰鹺務不理其本徒緝私私不可勝緝也因謝去濟與李兆洛張琦包世臣訂交當是時數吳中士有禆世用者必首及世臣濟兩人濟雖以才自喜一日盡屏豪習閉門撰述成晉略八十卷例精辭潔於攻取防守地勢多發明論贊中非徒考訂已也晚復任淮安教授遴秀童教以樂舞禮成觀者盈千周天爵移督湖廣邀濟偕行道卒年五十九陳鶴字鶴齡元和人操行修潔亦精史學嘉慶元年進士以主事分工部出無車馬與棲霞牟昌裕陽山鄭士超有工部三君子之目熟於明代事輯明紀六十卷未成卒後八卷其孫克家續成之克家道光末舉人官中書後參張國樑軍事殉難贈知府銜

徐松字星伯大興人嘉慶十年進士授編修簡湖南學政坐事戍伊犁松留心文獻既出關置開方小冊隨所至圖其山川曲折成西域水道記擬水經復自爲釋以比道元之注又以新疆入版圖數十年視同畿甸而未有專書乃纂述成編於建置控扼錢糧兵籍言之尤詳將軍松筠奏進其書賜名新疆事略特旨赦還御製序付武英殿刊行道光改元起內閣中書洊擢郎中補御史出知榆林府未幾卒他所著有新斠注地理志集釋漢書西域傳補注唐兩京城坊考唐登科記考新疆賦共數十卷松喜延譽後進其客有沈垚者字子惇烏程人優貢生性沈默足不越關塞好指畫絕域山川初爲何凌漢陳用光所賞拔入京師館於松松稱其地學之精歆程恩澤嘗讀西游記擬爲文疏通其說及見垚所撰西游記金山以東釋歎曰遐荒萬里在目前矣遂閣筆垚客死張穆裒其遺著爲落颿樓藁陳潮字東之泰興人通經工小篆又擅周髀之學嘗夜登高臺窺星象不寐遊京師亦卒於松寓李圖字少伯掖縣人以拔貢生官直隸無極縣知縣謝病歸圖讀書十行俱下天才卓越工詩古文詞力屏近世浮靡之習嘗曰文非司馬子長詩非蘇李不足爲師法也徐松爲濟南濼源書院山長見圖詩歎曰三百年來無此作矣著有鴻桷齋詩文集山左稱詩者王士禎趙執信以後以圖爲巨擘云

李兆洛字申耆陽湖人嘉慶十年進士選庶吉士改令鳳臺俗獷悍多盜地接蒙城阜陽遠者至百八十里官或終任不一至兆洛親行縣辨其里落繁耗地畝廣袤饒瘠次第經理之焦岡湖漢芍陂也瀕淮易爲災乃增隄防設溝閘歲以屢豐擇耆老勸民孝謹優奬之於僻遠設義學爲求良師其捕盜尤爲人所喜稱嘗騎率健勇出不意得其魁因察而撫用之兆洛嘗曰鳳潁泗民氣可用揀集五千人方行天下有餘矣然唯其豪能使之官師至千里外必客兵勢勝足相鈐制乃可兆洛在縣七年以父憂去遂不出主講江陰書院幾二十年以實學課士其治經學音韻訓詁訂輿圖攷天官厤術及習古文辭者輩出如江陰承培元宋景昌繆尚誥六承如等皆其選也兆洛短身碩腹豹顱剛目望之若不可近而接人和易未嘗疾言遽色貧恤故舊窮乏無不至藏書逾五萬卷皆手加丹鉛尤嗜輿地學其論文欲合駢散爲一病當世治古文者知宗唐宋不知宗兩漢因輯駢體文鈔其序略云自秦迄隋其體遞變而文無異名自唐以來始有古文之目而目六朝之文爲駢體爲其學者亦自以爲與古文殊路夫氣有厚薄天爲之也學有純駁人爲之也體格有遷變人與天參焉者也義理無殊途天人合焉者也得其厚薄純雜之故則於其體格之變可以知世焉於其義理之無殊可以知文焉文之體至六代而其變盡矣沿其流極而泝之以至乎其源則其所出者一也卒年七十一其自著曰養一齋集所輯有皇朝文典大淸一統輿地全圖鳳臺縣志地理韻編培元字守丹優貢生著說文引經證例箾雅經滯揭櫫景昌字冕之縣學生著星緯測量諸篇尚誥字芷卿舉人著古韻譜雙聲譜經星攷承如及族人嚴皆貢生兆洛訂輿地圖六氏兩生所手繪也

錢儀吉字衎石嘉興人尚書陳羣曾孫父福胙侍讀學士儀吉生有五色文禽翔其室故初名遶吉後易焉嘉慶十三年進士選庶吉士改戶部主事累遷至工科給事中皆能舉其職因公罷歸儀吉治經先求古訓博考衆說一折衷本文大義不持漢宋門戶嘗著經典證文雅厭者以十九篇之次寫九百四部之文而以經籍傳注推廣之其讀史補晉兵志朔閏諸表撰三國晉南北朝會要體例視徐天麟有所出入不限斷以本書又仿宋大珪名臣琬琰碑傳集得淸臣工文儒等八百餘人輯錄之爲碑傳集後卒於大梁書院年六十八從弟泰吉字警石少孤執喪盡哀禮與儀吉以學行相磨遠近盛稱嘉興二石爲詩文原本情性讀其辭知其於孝友最深也以廩貢生得海寧州學訓導居閒務讀書自經史百氏下逮唐宋以來詩文集靡不博校以其學語諸生諸生之賢且文者大附嘗修學宮以費所羨修海昌備志既又得民間節孝行者千餘事爲旌之曰吾職也再三請必得乃已爲訓導幾三十年不以枝官自放曠粵寇陷浙往依曾國藩卒於安慶著曝書雜志甘泉鄉人稿儀吉子寶惠泰吉子炳森皆能世其學

包世臣字愼伯涇縣人少工詞章有經濟大略喜言兵嘉慶十三年舉人大挑以知縣發江西一權新喻被劾去復隨明亮征川楚發奇謀不見用遂歸卜居金陵世臣精悍有口辯以布衣遨遊公卿間東南大吏每遇兵荒河漕鹽諸鉅政無不屈節諮詢世臣亦慷慨言之初海盜蔡牽犯上海鎭道迎世臣閱沿海島嶼見黃浦停泊商船千艘遂建海運可救漕弊之議游袁浦值河事亟箸策河四略是時鹽法以兩淮爲大私梟充斥議者爭言緝私世臣擬多裁鹽官惟留運司主錢糧場大使督竈戶不分畛域仿現行鐵硝之例聽商販領本地官印照赴場繳課買鹽州縣具詳運司存核則場官不能乾沒正課而轉輸迅速

則鹽價必銳減私鹽皆輸官課課入必倍以之津貼辦公幷增翰詹科道廉俸爲計甚便其論西北水利曰今國家南漕四百萬石中歲腴田二百萬畝所產也有田四百萬畝歲入與佃半之遂當全漕先減運十之一糶其穀及運費留官屯遞減至十年則漕可罷賦可寬以其盈餘量加賦餉而官可廉兵可練不然漕東南以贍西北浮收勒折日增一日竭民力積衆怒東南大患終必在此世臣能爲大言其論書法尤精行草隸書皆爲世所珍貴著有小倦遊閣文集別編爲安吳四種齊彥槐字梅麓婺源人嘉慶十三年召試舉人明年成進士選庶吉士散館授金匱令毀淫祠歲旱勸振務攤蘇州府同知陳海運策巡撫召詰之條舉以對巡撫不能難終以更張寢其事後十餘年改行海運仍仿其法爲嘗製渾天儀中星儀幷各爲之說及龍尾恒升二車便民運水又著北極星緯度分表海運南漕叢議梅麓詩文集

姚椿字春木婁縣人父令儀四川布政使又屢參戎幕椿高才博學幼隨父游歷諸行省洞知閭閻疾苦慨然欲効用於世以國子監生試京兆日與洪亮吉楊芳燦張問陶輩文酒高會才名大起顧試輒不遇旣又受學於姚鼐退而發宋賢書讀之屏棄夙習壹意求道泊如也嘗得寶應朱澤澐遺著歎曰此眞爲程朱之學者親詣其墓拜之申私淑之禮道光元年舉孝廉方正不就主書院講席以實學勵諸生其論文必舉桐城所稱曰好學深思心知其意又曰文之用有四曰明道曰記事曰考古有得曰言詞深美其錄淸代人文八十餘卷一本此旨著有通藝閣錄晚學齋文錄顧廣譽字維康平湖人優貢生舉咸豐元年孝廉方正寇亂未廷試廣譽慕其鄉張履祥陸隴其之爲人刻意厲行其治經一依程端禮讀書分年日程遺法著學詩詳說用力至勤又憫晚近喪祭禮廢恩紀衰薄昏娶僭侈逾度乃變通古禮酌時俗之宜成四禮榷疑八卷姚椿推爲一時宗匠有悔過齋文稿卒於上海龍門書院

張鑑字春治歸安人巡撫阮元築詁經精舍西湖鑑及同里楊鳳苞施國祁肄業其中皆知名嘉慶初副榜貢生元勦海寇振兩浙水災一資鑑贊畫時方議海運鑑力主之以爲河運雖安費鉅海運費省得其人熟習海道未嘗不安乃著海運芻言凡料淺占風之法定盤望星之規放洋泊舟之處攷之甚悉侍郎英和亟稱其書道光四年河決高家堰漕運阻英和遂奏行海運多採用鑑說卒年八十三著十五經叢說西夏紀事本末眉山詩案廣證鳳苞字傳九元編經籍纂詁鳳苞與分纂熟明季事嘗爲南疆逸史跋十二篇傳於時晚館郡城陳氏其書室爲鄭元慶魚計亭人以爲元慶復生云國祁字非熊與鳳苞皆廩膳生國祁病金史蕪雜積二十餘年成金史詳校以其帙繁乃列舉條目爲金源劄記又作元遺山集箋金源雜事詩國祁工詩文善塡詞家貧爲人主計市肆中有一樓顏曰吉貝居著書其中燬於火著述多燼

黃易字小松錢塘人父樹穀以孝聞工隸書博通金石易承先業於吉金樂石寢食依之遂以名家官山東運河同知勤於職事嘗得武班碑及武梁祠堂石室畫像於嘉祥乃即其地起武氏祠堂砌石祠內又出家藏精拓雙鉤鋟木凡四方好古之士得奇文古刻皆就易是正以是所蓄甲於一時自乾嘉以來漢學盛行羣經古訓無可蒐輯則旁及金石嗜之成癖亦一時風尙然也翟中溶字木夫嘉定人爲錢大昕女夫尤邃金石之學官湖南布政司理問搜奇訪僻於人跡罕至之境所獲益多著有孔廟從祀弟子辨證漢魏蜀石經考異辨正說文地名考異古泉山館彝器圖錄錢志補正集古官印考證古鏡圖錄續漢金石文編凡二十餘種張廷濟字叔未嘉興人嘉慶三年舉鄉試第一應禮部試輒躓遂歸隱以圖書金石自娛建淸儀閣藏庋古器名被大江南北沈濤字西雝與廷濟同邑嘉慶十五年舉人咸豐初署江西鹽法道粵賊攻南昌隨巡撫張芾城守圍解授興泉永道未到官卒濤尙考訂之學喜金石著常山貞石志說文古本考陸增祥字星農太倉人道光三十年一甲一名進士授修撰至辰永沅靖道踵王昶金石萃編成金石補正百二十卷凡三千五百餘通又著甑錄一卷其訂正金石款識名物何紹基服其精

董祐誠字方立陽湖人生五歲曉九九數稍長善屬文游陝西成華山神廟賦一時傳誦其學於典章禮儀輿地名物皆肆力探索而尤精歷算盡通諸家法特善深沈之思書之鉤棘難讀者一覽輒通曉復能出新意闡曲隱補罅漏嘉慶二十三年舉人越五年卒年三十三祐誠讀諸史歷志因著三統術衍補復取三統以次迄明大統萬年回回各術擬撰五十三家歷術屬稿未成其兄基誠取已成五種附水經注圖說刊之其所著算學有割圜連比例術圖解斜弧三邊求角補術堆垜求積術若干種基誠字子詵進士由刑部郎中出知開封府工詞章與祐誠文合刊曰移華館駢體文方履籛字彥聞大興人與祐誠同年舉人爲令閩中初試吏署永定里豪胡鳳兆掘族人父棺並殺其子名捕不得履籛至爲書諭之鳳兆自首遂論如法調閩縣會旱禱雨烈日中體豐碩中暑卒履籛亦以駢文著稱尤嗜金石文字所積幾萬種有伊闕石刻錄富衡齋碑目河內縣志萬善花室集周儀暐字伯恬陽湖人嘉慶初舉人官城訓導擢知山陽縣調鳳翔能詩有夫椒山館集其後又有吳頡鴻字嘉之道光中進士官代州知州莊縉度字眉叔進士戶部主事趙申嘉字芸西陸容字睿卿徐廷華字子楞汪士進字逸雲周儀顥字叔程舉人卽儀暐弟也號毘陵後七子其名位亞於前七子

俞正燮字理初黟縣人性彊記經目不忘年二十餘北走兗州謁孫星衍時星衍爲伏生建立博士復訪求左氏後裔正燮因作邸明子孫姓氏論左山考星衍多據以折衷羣議由是名大起道光元年舉人明年阮元主會試士相謂曰理初入彀矣後竟落第其經策淹博爲他考官所乙元未之見也房考王藻嘗引爲恨正燮讀書置巨册數十分題疏記積歲月乃排比爲文斷以己意藻爲刻十五卷名曰癸巳類稿又有存稿十五卷山西楊氏刻之弟正禧亦舉人多義行文學與正燮齊名趙紹祖字琴士涇縣人年十二受知學使朱筠補諸生筠授以說文曰讀此日無過十字讀注疏亦無過十葉必精造乃已紹祖熟於史事嘗應布政使陶澍聘修安徽省志詳贍有法道光初年七十舉孝廉方正又十二年卒著有通鑑注商新舊唐書互證金石跋安徽金石記涇川金石記金石文正續鈔汪文臺字士南與正燮同縣相善宗漢儒以論語邢疏疏略因取證古義博采子史箋傳依韓嬰詩傳例作論語外傳見阮元十三經注疏校勘記謂有益於後學然成於衆手時有駁文別爲表識作校勘記識語寄示阮元元服其精博禮聘之又嘗纂輯七家後漢書淮南子校勘記及賸稿皆行於世道光二十四年卒年四十九湯球字伯玕亦黟人少耽經史從正燮文臺游傳其考據之學通歷算星緯恥以藝名嘗輯鄭康成逸書九種劉熙孟子注劉珍等東觀漢記皇甫謐帝王世記譙周古史攷傳子伏侯古今注球讀史用力於晉書尤深廣蒐載籍補晉史之闕成書數種同治六年舉孝廉方正光緒七年卒年七十八

潘德輿字四農山陽人年五六歲母病不食亦不食父咯血刲臂肉和藥進父察其色動泣曰固知兒有是也既孤大母猶在堂孝敬彌至居喪一遵禮制柴瘠傫然著喪禮正俗文祭儀爲家法撫寡妹嗣子教養盡二十年其他行多類此嘗以挽迴世運莫切於文章文章之根本在忠孝源在經術其說經不袒漢宋力求古人微言大義其論治術謂天下大病不外三言曰吏曰例曰利世儒負匡濟大略非雜縱橫卽陷功利未有能破利字而成百年休養之治者道光八年舉江南鄉試第一入都座主侍郎鍾昌館德輿於家語人曰四農乃吾師也大挑以知縣分安徽未到官卒年五十五初阮元總督漕運招之謝不往後朱桂楨周天爵皆號爲名臣折節願納交德輿遠引避之以爲義無所居也天爵喟然有望塵之歎其所與遊若永豐郭儀霄建寧張際亮震澤張履益陽湯鵬歙徐寶善皆一時之選德輿詩文精深博奧有養一齋集門人淸河吳昆田字雲圃舉人刑部員外郎晚年家居賊犯淸河團練防守邑賴以安著漱六軒集

張維屏字子樹番禺人工詩計偕入都翁方綱賞異之與黃培芳譚敬昭稱粵東三子道光二年進士改官知縣署黃梅江水潰隄乘小舟勘災水急舟衝溜挂樹免民爲謠曰犯急湍官救民神救官調補廣濟公費一資漕折民苦之勢不可革引疾去汪廷珍語人曰縣官不願收漕世罕見也丁艱服闋願就閒授例改郡丞權南康建太白東坡祠廬山暇則集諸生談藝以風雅寓規勸焉未一載復隱歸築聽松園頹然不與世事癖愛松又號松心子見松形奇古輒下拜精書法朝鮮小呂宋得其書咸寶愛之卒年八十有松心草堂集國朝詩人徵略培芳香山人敬昭字子晉陽春人順德黎簡者以詩名海內敬昭賦鸚鵡篇投之簡歎爲異才嘉慶二十二年進士官戶部主事著聽雲樓集同時廣東以學行名者又有高要李泰來字子大生二十月能即事誦古經語無不切嘉慶十八年拔貢生絕意進取學使李棠階高其品屏騶從徒走就見詢以挽回風俗之道泰來爲書數千言復之棠階表其廬下敎高要令歲時存問自惠士奇禮下胡方後此爲再見焉著端州金石略昨夢齋詩義堂各集

梅曾亮字伯言上元人少時工駢文姚鼐主講鍾山書院曾亮與邑人管同俱出其門兩人交最篤同肆力古文鼐稱之不容口名大起閒以規曾亮曾亮自喜不爲動也久之讀周秦太史公書乃頗寤一變舊習義法本桐城稍參以異己者之長選聲練色務窮極筆勢道光二年進士用知縣援例改戶部郎中居京師二十餘年與宗稷辰朱琦龍啓瑞王拯邵懿辰輩游處曾國藩亦起而應之京師治古文者皆從梅氏問法當是時管同已前逝曾亮最爲大師而國藩又從唐鑑倭仁吳廷棟講身心克治之學其於文推挹姚氏尤至於是士大夫

多喜言文術政治乾嘉考據之風稍稍衰矣未幾曾亮依河督楊以增卒年七十一以增爲刊其詩文曰柏梘山房集同字異之少孤母鄒以節孝聞同善屬文有經世之志稱姚門高足弟子嘗擬言風俗書籌積貯書爲一時傳誦道光五年陳用光典試江南同中式用光語人曰吾校兩江士獨以得一異之自慰耳用光亦鼐弟子也同卒年四十七著因寄軒集子嗣復字小異能世其業兼通算術鼐門下著籍者衆惟同傳法最早其於同里則亟稱劉開之才開字明東以孤童牧牛聞塾師誦書竊聽之盡記其語塾師留之學而妻以女年十四以文謁鼐有國士之譽盡授以文法游客公卿才名動一時年四十卒著孟塗集子繼字少塗有信義徧走貴勢求刻其父書以此孟塗集益顯寶山毛嶽生字申甫用雖廕改文學生孤貧以孝聞自力於學未弱冠賦白雁詩得名亦從鼐學古文以鉤棘字句爲工有休復居集

湯鵬字海秋益陽人道光二年進士初喜爲詩自上古歌謠至三百篇漢魏六朝唐無不形規而神絜之有詩三千首既官禮部主事兼軍機章京旋補戶部主事轉員外郎改御史意氣蹈厲其議論所許可惟李德裕張居正輩徒爲詞章士無當也於是勇言事未踰月三上章最後以言宗室尙書叱辱滿司官非國體在已奉旨處分後能御史回戶部轉郎中是時英吉利擾海疆求通市鵬已黜不得言事猶條上三十事於尙書轉奏報聞鵬負才氣鬱不得施乃著之言爲浮邱子一書立一意爲幹一幹而分數支支之中又有支焉支幹相演以遞於無窮大抵言軍國利病吏治要最人事情僞開張形勢尋蹠要眇一篇數千言者九十餘篇最四十餘萬言每遇人輒曰能過我一閱浮邱子乎其自喜如此二十四年卒同時有張際亮者亦以才氣磊落聞際亮字亨甫建寧人少孤伯兄業賈以其才資之讀書補諸生肄業福州鼇峯書院長陳壽祺器之尋試拔貢入京師朝考報罷而時皆嘖嘖稱其詩鹺使曾燠以事至召之飲燠以名輩自處縱意言論同坐贊服際亮心薄之燠食瓜子粘鬚一人起爲拈去際亮大笑衆愕既罷復投書責燠不能教後進徒以財利奔走寒士門下燠怒毀於諸貴人由是得狂名試輒不利乃偏游天下山川窮探奇勝以其窮愁憤慨牢落古今之意發爲詩歌益沈雄悲壯十八年鄉試者約張際亮狂士不可中而際亮已易名亨輔中式拆卷疑欲去之副考官申解而止及來謁果際亮也主試者愕然會試復報罷際亮故與桐城姚瑩善二十三年聞瑩以守土事被誣下獄入都急難及事白而際亮疾篤以所著思伯子堂詩集屬瑩遂卒其後瑩子濬昌輯而刊之都三十二卷

龔鞏祚原名自珍字璱人仁和人父麗正進士官蘇松兵備道爲段玉裁婿能傳其學鞏祚十二歲玉裁授以說文部目鞏祚才氣橫越其舉動不依恆格時近俶詭而說經必原本字訓由始教也初由舉人援例爲中書道光時成進士歸本班洊擢宗人府主事改禮部謁告歸遂不出官中書時上書總裁論西北塞外部落源流山川形勢訂一統志之疏漏凡五千言後復上書論禮部四司政體宜沿革者亦三千言其文字驁桀出入諸子百家自成學派所至必驚衆名聲籍籍顧仕宦不達年五十卒於丹陽書院著有尙書序大義大誓答問尙書馬氏家法左氏春秋服杜補義左氏決疣春秋決事比定盦詩文集

魏源字默深邵陽人道光二年舉順天鄉試宣宗閱其試卷揮翰褒賞名藉甚會試落第房考劉逢祿賦兩生行惜之兩生者謂源及龔鞏祚兩人皆負才自喜名亦相埒源入貲爲中書至二十四年成進士以知州發江蘇權興化二十八年大水河帥將啟閘源力爭不能得則親擊鼓制府總督陸建瀛馳勘得免士民德之稱高郵坐遲誤驛遞免副都御史袁甲三奏復其官咸豐六年卒源兀傲有大略熟於朝章國故論古今成敗利病學術流別馳騁往復四座皆屈嘗謂河宜改復北行故道至咸豐五年銅瓦廂決口河果北流又作籌鹺篇上總督陶澍謂自古有緝場私之法無緝鄰私之法鄰私惟有減價敵之而已非裁費曷以輕本減價非變法曷以裁費顧承平久撓之者衆迨漢口火災後陸建瀛始力主行之源以我朝幅員廣武功實邁前古因借觀史館官書參以士大夫私著排比經緯成聖武記四十餘萬言晚遭夷變謂籌夷事必知夷情復據史志及林則徐所譯西夷四州志等成海國圖志一百卷他所著有書古微詩古微元史新編古微堂詩文集

方東樹字植之桐城人宗誠字存之從兄弟也皆諸生東樹曾祖澤拔貢生爲姚鼐師東樹既承先業更師事鼐當乾嘉時漢學熾盛鼐獨守宋賢說至東樹排斥漢學益力阮元督粵闢學海堂名流輻湊東樹亦客其所不苟同於衆以謂近世尙考據與宋賢爲水火而其人類皆鴻名博學貫穿百氏遂使數十年承學之士耳目心思爲之大障乃發憤著漢學商兌一書正其違謬又著書林揚觶戒學者勿輕事著述東樹始好文事專精治之有獨到之識中歲爲義理學晚耽禪悅凡三變皆有論撰務盡言惟恐詞不達年八十卒於祁門東山書院他所著有大意尊聞向果微言昭昧詹言儀衛軒集凡數十卷東樹博極羣書窮老不遇傳其學宗誠既歿宗誠刊布其書名乃大著宗誠能古文熟於儒家性理之言欲合文與道爲一咸豐時寇亂轉徙不廢學益留心兵事吏治著俟命錄以究天時人事致亂之原大要歸於植綱常明正學志量恢如也山東布政使吳廷棟見之聘爲子師倭仁曾國藩皆因廷棟以知宗誠倭仁爲師傅寫其書數十則進御經筵國藩督直隸奏以自隨令棗强十餘年設鄉塾創敬義書院刻邑先正遺著舉孝子悌弟節婦建義倉積穀萬石皆前此未有也國藩去李鴻章繼任亦不以屬吏待之有請輒施行嘗歲旱已逾報災期手書爲民請并及鄰郡邑不以侵官自嫌卒得請普免焉舉治行卓異不赴部曰免歸以學行詔後進人有一善獎譽之不容口勤於纂述逾時越月輒成帙著柏堂經說筆記文集百五十餘卷詔加五品卿銜從安徽學政請也其同縣友人又有蘇惇元字厚子戴鈞衡字存莊皆東樹弟子惇元咸豐元年孝廉方正其學近張楊園文似方望溪編有楊園望溪年譜所著曰四禮從宜遜敏錄詩文集鈞衡道光二十九年舉人自謂生方姚之鄉不敢不以古文自任與惇元重訂望溪集增集外文十之四其後榮成孫葆田更得遺稿若干篇刻之方氏一家之言備矣鈞衡有經濟才與國藩爲友著書傳補商國藩亟稱之避寇臨淮妻李妾劉皆殉難鈞衡嘔血卒年未四十有蓉州集味經山館詩文鈔

魯一同字通甫清河人善屬文師事潘德輿道光十五年舉人時承平久一同獨深憂謂今天下多不激之氣積而不化之習在位者貪不去之身陳說者務不驗之論風烈不紀一旦有緩急莫可倚仗既再試不第益研精於學凡田賦兵戎諸大政及河道遷變地形險要悉得其機牙爲文務切世情古茂峻厲有杜牧尹洙之風漕督周天爵見之曰天下大材也豈直文字哉曾國藩尤歎異之試禮部入都國藩數屏騶從就問天下事粵逆踞金陵也同年生吳棠方宰清河一同爲草檄傳示列縣辭氣奮發江北人心大定江忠源師抵廬州友人戴鈞衡爲書通國藩之指欲其起佐忠源一同謝不出復書極論用兵機宜謂當緩金陵專攻旁郡其後大兵築長圍期旦夕破金陵一同獨決其必敗未幾果潰裂蘇浙淪陷已而國藩克安慶復金陵一如所論同治二年卒年五十九著邳州志清河志通甫類稿子蕡字仲實諸生文有家法善綜核知府章儀林議減清河賦苦繁重叩蕡蕡爲剖析條目退草三千言明旦獻之儀林驚喜因請主辦三年而成又佐修安東水道役竣費無毫髮溢

譚瑩字玉生南海人弱冠應縣試總督阮元遊山寺見瑩題壁詩驚賞告縣令曰邑有才人勿失之令問姓名不答已而得所爲賦以告元元曰是矣逾年元開學海堂課士以瑩及侯康儀克中熊景星黃子高爲學長瑩性强記述往事雖久遠時日不失博考粵中文獻友人伍崇曜富於貲爲彙刻之曰嶺南遺書五十九種曰粵十三家集曰楚南耆舊遺詩益擴之爲粵雅堂叢書瑩爲學長三十年英彥多出其門道光二十四年舉於鄉官化州訓導久之遷瓊州教授加中書銜少與侯康等交莫逆晚歲陳澧與之齊名著樂志堂集景星字伯晴亦南海人也以詩見賞於元顧其意恨文士綿弱學騎射技擊以舉人終學官無所試一假書畫自娛子高字叔立番禺人優貢生精小篆喜考證金石藏書多異本瑩子宗浚字叔裕工駢文同治十三年一甲二名進士授編修初舉於鄉齒尙少瑩課令讀書十年乃許出仕授以馬氏通考略能記誦既入翰林督學四川又充江南副考官以伉直爲掌院所惡出爲雲南糧儲道宗浚不樂外任辭不允再權按察使引疾歸鬱鬱道卒

吳敏樹字本深巴陵人父達德歲歉貸貧民穀逾萬石不償有名湖湘間敏樹生而好學爲文章力求岸異刮去世俗之見道光十二年舉於鄉時梅曾亮倡古文義法京師傳其師姚氏學說敏樹起湖湘不與當世士接手錄明崑山歸氏文成册既入都與曾亮語合於是京師藉傳敏樹能古文曾國藩官京師與敏樹交最篤既出治軍欲使參幕事辭不赴敏樹貌溫而氣夷意趣超曠視人世忻戚得喪無累於其心以大挑選瀏陽訓導旋自免去時登君山江樓倘佯吟嘯學者稱南屏先生著柈湖文錄卒年六十九敏樹之友以文名者曰楊彝珍字性農武陵人父丕復舉人官石門訓導著歷代輿地沿革彝珍道光末進士選庶吉士改兵部主事與曾國藩左宗棠往還好奔走聲氣重宴鹿鳴賞四品卿年九十餘卒有移芝室集

周壽昌字應甫長沙人道光二十五年進士選庶吉士授編修咸豐初洊擢至侍讀時粵寇犯湖南督師賽尙阿逗遛不戰上疏劾之一時推爲敢言迨寇踞金陵分黨北犯命隨辦京畿防務鄉民十七人闌入城當事者偵獲以賊諜論壽昌廉得實趣令釋之或疑失要人旨且得罪壽昌曰我豈以人命阿權貴哉卒釋之穆宗親政疏請躬行典禮戒逸豫報聞壽昌精核强記雖官達勤學過

諸生篤嗜班固書塗染無隙紙成漢書注校補五十卷易稾十有七又有後漢注補正三國志注證遺思益堂集官終內閣學士李希聖字亦園湘鄉人以進士官刑部主事嗜學初治訓詁通周官春秋穀梁史習新舊唐書文法騷選詩多淒艷似玉谿好讀書通古今治法慨然有經世之志嘗纂光緒會計錄以總綜財賦又草律例損益議張百熙等皆極重之光緒末卒

斌良字笠畊號梅舫瓜爾佳氏滿洲正紅旗人閩浙總督玉德子由蔭生歷官刑部侍郎爲駐藏大臣善爲詩以一官爲一集得八千首其弟法良彙刊爲抱沖齋全集稱其早年詩風華典贍雅近竹垞樊榭追服官農部從軍滅滑詩格堅老古豔胎息漢魏韓杜蘇李律詩則純法盛唐秉臬陝豫奉召還都時與陳荔峰李春湖葉筠潭吳蘭雪唱酬詩境益高奉使蒙藩跋馬古塞索隱探奇多詩人未歷之境風格又一變以薩天錫元遺山自況阮元爲序亦頗稱之法良字可盦梅曾亮稱其詩學東坡得淸曠之氣而運以唐賢優遊平夷之情有漚羅盦詩集錫縝原名錫淳字厚安博爾濟吉特氏滿洲正藍旗人咸豐六年進士由戶部郎中授江西督糧道爲駐藏大臣乞病歸工書善詩文著有退復軒詩文集李雲麟字雨蒼漢軍正白旗人以諸生從曾國藩督師勦粵匪累功至副都統時新疆設布倫托海辦事大臣以雲麟任之署伊犂將軍治邊皆著績爲言官劾罷雲麟性剛使氣少好遊徧歷五嶽歸著曠遊偶筆一卷紀遊詩有奇氣初謁國藩適遇其子不爲禮雲麟怒批之國藩延入謝過使獨領一軍左宗棠奏調亦稱其有將才雲麟時被酒狂言與世多忤罷歸後卒貧困死有詩集西陲西行道咸以來滿洲如觀成字葦杭瓜爾佳氏有瓜亭雜錄語花館詩集鄂恒字松亭伊爾根覺羅氏有求是山房集震鈞字在廷改名唐宴瓜爾佳氏有渤海國志天咫偶聞英華字斂之赫佳氏正紅旗人博學善詩文工書法著書立說中外知名有安蹇齋集萬松野人言善錄等蒙古盛元字愷廷巴魯特氏有南昌府志杭營小志怡園詩草漢軍宗山字嘯梧魯氏有窺生鐵齋詩集希晦堂遺文皆以詩文名

何紹基字子貞道州人尙書淩漢子道光十六年進士選庶吉士授編修紹基承家學少有名阮元程恩澤頗器賞之歷典福建貴州廣東鄉試均稱得人咸豐二年簡四川學政召對詢家世學業兼及時務紹基感激思立言報知遇時直陳地方情形終以條陳時務降歸歷主山東濼源長沙城南書院教授生徒勗以實學同治十三年卒年七十又五紹基通經史精律算嘗據大戴記攷證禮經貫通制度頗精切又爲水經注刊誤於說文攷訂尤深詩類黃庭堅嗜金石精書法初學顏眞卿遍臨漢魏各碑至百十過運肘斂指心摹手追遂自成一家世皆重之所著有東洲詩文集四十卷弟紹京字子愚亦工書筆法頗似其兄孫維樸字詩孫以副貢爲中書累至道員工書畫字摹其祖久寓滬國變後卒年八十餘與維樸同時以書名海上者李瑞淸字梅盦臨川人光緒二十年進士選庶吉士改道員分江蘇攝江甯提學使兼兩江師範學堂監督宣統三年武昌亂起江甯新軍亦變合浙軍攻城官吏潛遁瑞淸獨留不去仍日率諸生上課如常布政使樊增祥棄職走以瑞淸代之急購米三十萬斛餉官軍助城守設平糶局賑難民城陷瑞淸衣冠坐堂皇矢死不少屈民軍不忍加害縱之行乃封藩庫以鑰與籍屬之士紳積金尙數十萬也自是爲道士裝隱滬上匿姓名自署曰淸道人鬻書畫以自活瑞淸詩宗漢魏下陟陶謝書各體皆備尤好篆隸嘗謂作篆必目無二李神遊三代乃佳丁巳復辟授學部侍郎又三年卒諡文潔

馮桂芬字林一號景亭吳縣人道光二十年一甲二名進士授編修充廣西鄉試正考官丁母憂服闋文宗御極用大臣薦召見旋丁父憂服甫闋而金陵陷詔募貲團練於鄉以克復松江府諸城功晉五品銜擢右中允赴京期年告歸同治元年以治團功加四品銜亂定復以耆宿著書裨治加三品銜桂芬少工駢體文中年後乃肆力古文辭於書無所不窺尤留意天文地輿兵刑鹽鐵河漕諸政初佐某邑令治錢穀以事不合拂衣去入兩江總督陶澍幕自未仕時已名重大江南北及粵賊陷蘇州避居上海時大學士曾國藩治軍皖疆蘇州士大夫推錢鼎銘持書乞援陳滬城危狀及用兵機宜累數千言其稿桂芬所手創也國藩讀之感動乃遣李鴻章率師東下旣解滬上圍進克蘇州皆辟以爲助桂芬立會防局調和中外雜處者設廣方言館求博通西學之才儲以濟變嘗從容爲鴻章言吳人糧重之苦往往因催科破家會松江知府方傳書亦上書謂江蘇自南宋籍沒諸王大臣田官徵其租延及元代官田民田淆亂租額浸淫入賦額民旣苦之其後張士誠又盡攘諸豪田爲官產明太祖平吳怒吳人附士誠依田租私籍數定稅乃重困雍正乾隆間嘗再議減然但及地丁今儻乘民亂後嚴減浮糧疲民大悅賊勢且益衰鴻章以聞有詔減蘇松太米賦三之一常鎮十一著爲令桂芬性恬澹服官僅十年然家居遇事奮發不避勞怨凡濬河建學積穀諸舉條議皆出其手先後主講金陵上海蘇州諸書院與後進論學昕夕忘倦精研書數嘗以意造定向尺及反羅經以步田繪圖又以江南淸丈用部頒五尺步弓田多溢額乃考會典定用舊行六尺步弓量舊田新頒者量新漲沙田著說文解字段註考證弧矢算術細草圖解西算新法直解校邠廬抗議顯志堂詩文集都數十卷同治十三年卒王頌蔚字芾卿長洲人光緒五年進士選庶吉士吳縣潘祖蔭常熟翁同龢皆稱頌蔚才散館改官戶部補軍機章京暇輒從事著述嘗於方略館故紙堆中見殿板初印明史殘本眉上黏有黃籤審爲乾隆朝擬撰考證未竟之本因多方搜求遂條釐訂芟其繁冗采其精要成明史考證攟逸四十餘卷光緒十八年試御史第一軍機處奏留頌蔚思立言抒忠讜轉鬱鬱不樂嘗派充工程監督差例有分饋頌蔚獨卻之曰我輩取與之間豈自審愼不可隨俗浮沉昔陳稽亭先生官部曹時印結公項且猶不取矧此實爲廠商之賄賂乎二十一年中日釁起戰事多北洋大臣主之會翁同龢復入軍機乃進言曰讀聖祖高宗聖訓凡事關軍務者皆由中朝謀定後動今日戰局旣成非直隸一省事豈能悉諉之北洋乎及議和頌蔚益爲悲憤嘗曰今之敗績徒歸咎於師之不練器之不利猶非探本之論頻年以來盈廷習泄沓之風宮中務游觀之樂直臣擯棄賄賂公行安有戰勝之望此後償金旣巨民力益疲恐大亂之不在外患而在內憂矣明年卒著有寫禮廎文集詩集讀碑記古書經眼錄各一卷明史考證攟逸四十二卷葉昌熾字鞠裳元和人光緒十六年進士選庶吉士授編修累至侍講督甘肅政邊地樸陋昌熾校閱盡職以裁缺歸著書終老國變後五年卒著有藏書紀事詩六卷語石十卷邠州大佛寺題刻考二卷均考訂精確管禮耕字申季歲貢生父慶祺從陳奐遊禮耕篤守家學尤長訓詁嘗言唐以正義立學官漢魏六朝遺說積久泰半闕不完凡所攷見獨存釋文而今本踳駁非其舊思綜稽羣籍爲校證未及半而卒袁寶璜字瓌禹元和人光緒二十一年進士官刑部主事通經小學兼及算術著書亦未成而卒

李慈銘字愛伯會稽人諸生入貲爲戶部郎中至都即以詩文名於時大學士周祖培尙書潘祖蔭引爲上客光緒六年成進士歸本班改御史時朝政日非慈銘遇事建言請臨雍請整頓臺綱大臣則糾孫毓汶孫楫疆臣則糾德馨沈秉成裕寬數上疏均不報慈銘鬱鬱而卒年六十六慈銘爲文沈博絕麗詩尤工自成一家性狷介又口多雌黃服其學者好之憎其口者惡之日有課記每讀一書必求其所蓄之深淺致力之先後而評騭之務得其當後進翕然大服著有越縵堂文十卷白華絳趺閣詩十卷詞二卷又日記數十冊弟子著錄數百人同邑陶方琦爲最方琦字子珍光緒二年進士選庶吉士授編修督學湖南年四十卒於京邸方琦學有本末汲汲於古述造無間歲時治易鄭注詩魯故爾雅漢注又習大戴禮記其治淮南王書方以推究經訓蒐采許注拾補高誘再三屬草矻矻十年實事求是有淮南許注異同詁許君年表漢孳室文鈔駢文詩詞譚廷獻字仲脩仁和人同治六年舉人少負志節通知時事國家政制典禮能講求其義治經必求西漢諸儒微言大義不屑屑章句讀書日有程課凡所論箸隱栝於所爲日記文導源漢魏詩優柔善入惻然動人又工詞與慈銘友善相唱和官安徽知歙全椒合肥宿松諸縣晚告歸貧甚張之洞延主經心書院年餘謝歸卒於家李稷勳字姚琴秀山人光緒二十四年二甲一名進士改庶吉士授編修充會試同考官精衡鑒重實學頗得知名士累官郵傳部參議總川漢路事博學善古文嘗受詩法於王闓運而不囿師說專步趨唐賢意致深婉得風人之遺慈銘嘗稱賞之有甓盦詩錄四卷

張裕釗字廉卿武昌人少時塾師授以制舉業意不樂家獨有南豐集時時竊讀之咸豐元年舉人考授內閣中書曾國藩閱卷賞其文旣來見曰子豈嘗習子固文耶裕釗私自喜已而國藩益告以文事利病及唐宋以來家法學乃大進竊前此所爲猶凡近馬遷班固相如楊雄之書無一日不誦習又精八法由魏晉六朝以上窺漢隸臨池之勤亦未嘗一日輟國藩旣成大功出其門者多通顯裕釗相從數十年獨以治文爲事國藩爲文義法取桐城益閎以漢賦之氣體尤善裕釗之文嘗言吾門人可期有成者惟張吳兩生謂裕釗及吳汝綸也裕釗文字淵懿歷主江甯湖北直隸陝西各書院成就後學甚衆嘗言文以意爲主而辭欲能副其意氣欲能舉其辭譬之車然意爲之御辭爲之載而氣則所以行也欲學古人之文其始在因聲以求氣得其氣則意與辭往往因之而益顯而法不外是矣世以爲知言著濂亭文集裕釗門下最知名者有范當世朱銘盤當世字肯堂江蘇通州諸生能詩汝綸嘗歎其奇橫不可敵著范伯子詩文集銘盤字曼君泰興舉人叙知州其學長於史兼工詩古文著晉會要一百卷朝鮮長編四十卷及桂之華軒詩文集與裕釗同時者有楊守敬字惺

吾宜都人爲文不足躋裕釗而其學通博精輿地用力於水經尤勤通訓詁考證金石文字能書摹鐘鼎至精工儷體爲箴銘之屬古奧聱拔文如其人以舉人官黃岡教諭加中書銜嘗遊日本搜古籍多得唐宋善本辛苦積貲藏書數十萬卷爲鄂學靈光者垂二十年卒年七十有七著有水經注圖水經注要刪隋書地理志考證日本訪書志晦明軒稿鄰蘇老人題跋望堂金石集等

吳汝綸字摯父桐城人少貧力學嘗得雞卵一易松脂以照讀好文出天性早著文名同治四年進士用內閣中書曾國藩奇其文留佐幕府久乃益奇之嘗以漢禰衡相儗旋調直隸參李鴻章幕時中外大政常決於國藩鴻章二人其奏疏多出汝綸手尋出補深州丁外內艱服除補冀州其治以教育爲先不憚貴勢籍深州諸村已廢學田爲豪民侵奪者千四百餘畝入書院資膏火聚一州三縣高材生親教課之民忘其吏推爲大師會以憂去豪民至交通御史以壞村學劾奏還其田及蒞冀州仍銳意興學深冀二州文教斐然冠畿輔又開冀衡六十里之渠洩積水於滏以溉田畝便商旅時時求其士之賢有文者禮先之得十許人月一會書院議所施爲興革於民便不便率不依常格稱疾乞休鴻章素重其人延主蓮池講席其爲教一主乎文以爲文者天地之至精至粹吾國所獨優語其實用則歐美新學尚焉博物格致機械之用必取資於彼得其長乃能共競舊法完且好吾猶將革新之況其窳敗不可復用其勤勤導誘後生常以是爲說嘗樂與西士遊而日本之慕文章者亦踔海來請業會朝旨開大學堂於京師管學大臣張百熙奏薦汝綸加五品卿銜總教務辭不獲則請赴日本考學制既至其國上自君相及教育名家婦孺學子皆備禮接款求講題詠更番踵至旋返國先乞假省墓興辦本邑小學堂規制粗立遽以疾卒年六十四汝綸爲學由訓詁以通文辭無古今無中外唯是之求自群經子史周秦故籍以下逮近世方姚諸文集無不博求慎取窮其原而竟其委於經則易書詩禮左氏穀梁四子書旁及小學音韻各有詮釋於史則史記漢書三國志新五代史資治通鑑國語國策皆有點校尤邃於史記盡發太史公立言微旨於子則老莊荀韓管墨呂覽淮南法言太玄各有評隲而最取其精者於集則楚辭文選漢魏以來各大家詩文皆有點勘之本凡所啟發皆能得其深微整齊百代別白高下而一以貫之盡取古人不傳之蘊昭然揭示俾學者易於研求且以識夫作文之軌範雖萬變不窮而千載如出一轍其論文嘗謂千秋蓋世之勳業皆尋常耳獨文章之事緯地經天代不數人人不數篇唯此爲難又謂中國之文非徒習其字形而已綴字爲文而氣行乎其間寄聲音神采於文外雖古之聖賢豪傑去吾世邈矣一涉其書而其人之精神意氣若儼立乎吾目中務欲因聲求氣凡所爲抗隊詘折斷續斂侈緩急長短申縮抑揚頓挫之節一循乎機勢之自然以漸於精微奧窔之域乃有以化裁而致於用悉舉學問與事業合而爲一而尤以瀹民智自強亟時病爲兢兢云著有易說二卷寫定尚書一卷尚書故三卷夏小正私箋一卷文集四卷詩集一卷深州風土記二十二卷及點勘諸書皆行於世汝綸門下最著者爲賀濤而同時有蕭穆亦以通考據名穆字敬孚縣學生其學博綜群籍喜談掌故於顧炎武全祖望諸家之書尤熟復多見舊槧考其異同朱墨雜下遇孤本多方勸刻所校印凡百餘種有敬孚類稾十六卷濤字松坡武強人光緒十二年進士官刑部主事以目疾去官初汝綸牧深州見濤所爲反離騷大奇之遂盡授以所學復使受學於張裕釗濤謹守兩家師說於姚鼐義理考據詞章三者不可偏廢之說尤必以詞章爲貫澈始終日與學者討論義法不厭與同年生劉孚京俱治古文濤言宜先以八家立門戶而上窺秦漢孚京言宜先以秦漢爲根柢而下攬八家其門徑大略相同濤有文集四卷孚京字鎬仲南昌人有文集六卷

林紓字琴南號畏廬閩縣人光緒八年舉人少孤事母至孝幼嗜讀家貧不能藏書嘗得史漢殘本窮日夕讀之因悟文法後遂以文名壯渡海遊臺灣歸客杭州主東城講舍入京就五城學堂聘復主國學禮部侍郎郭曾炘以經濟特科薦辭不應生平任俠尚氣節嫉惡嚴見聞有不平輒憤起忠懇之誠發於至性念德宗以英主被扼每述及常不勝哀痛十謁崇陵匍伏流涕逢歲祭雖風雪勿爲阻嘗蒙賜御書貞不絕俗額感幸無極誓死必表於墓曰清處士憂時傷事一發之於詩文爲文宗韓柳少時務博覽中年後案頭唯有詩禮二疏左史南華及韓歐之文此外則說文廣雅無他書矣其由博反約也如此其論文主意境識度氣勢神韻而忌率襲庸怪文必已出嘗曰古文唯其理之獲與道無悖者則味之彌臻於無窮若分畫秦漢唐宋加以統系派別爲此爲彼使讀者炫惑莫知所從則已格其途而左其趣經生之文樸往往流入於枯淡史家之文則又胸突恣肆無復規檢二者均不足以明道唯積理養氣偶成一篇類若不得已者必意在言先修其辭而峻其防外質而中膏聲希而趣永則庶乎其近矣紓所作務抑遏掩蔽能伏其光氣而其眞終不可自閟尤善敘悲音吐悽梗令人不忍卒讀論者謂以血性爲文章不關學問也所傳譯歐西說部至百數十種然紓故不習歐文皆待人口達而筆述之任氣好辨自新文學興有倡非孝之說者奮筆與爭雖脅以威絫歲不爲屈尤善畫山水渾厚冶南北於一爐時皆寶之紓講學不分門戶嘗謂清代學術之盛超越今古義理考據合而爲一而精博過之實於漢學宋學以外別樹清學一派時有請立清學會者紓撫掌稱善力贊其成甲子秋卒年七十有三門人私諡貞文先生有畏廬文集詩集論文論畫等

嚴復初名宗光字又陵一字幾道侯官人早慧嗜爲文閩督沈保楨初創船政招試英俊儲海軍將才得復文奇之用冠其曹則年十四也既卒業從軍艦練習周歷南洋黃海日本窺臺灣保楨奉命籌防挈之東渡詗敵勘測各海口光緒二年派赴英國海軍學校肄戰術及礮臺建築諸學每試輒最侍郎郭嵩燾使英賞其才時引與論析中西學術同異學成歸北洋大臣李鴻章方大治海軍以復總學堂二十四年詔求人才復被薦召對稱旨諭繕所擬萬言書以進未及用而政局猝變越二年避拳亂南歸是時人士漸傾向西人學說復以爲自由平等權利諸說由之未嘗無利脫靡所折衷則流蕩放佚害且不可勝言常於廣眾中陳之復久以海軍積勞敘副將盡棄去入貲爲同知累保道員宣統三年海軍部立特授協都統尋賜文科進士充學部名詞館總纂以碩學通儒徵爲資政院議員三年授海軍一等參謀官復殫心著述於學無所不窺舉中外治術學理靡不究極原委抉其失得證明而會通之精歐西文字所譯書以瓌辭達奧旨其天演論自序有曰仲尼之於六藝也易春秋最嚴司馬遷曰易本隱而之顯春秋推見至隱此天下至精之言也始吾以爲本隱之顯者觀象繫辭以定吉凶而已推見至隱者誅意褒貶而已及觀西人名學則見其格物致知之事有內籀之術焉有外籀之術焉內籀云者察其曲而知其全者也執其微以會其通者也外籀云者援公理以斷眾事者也設定數以逆未然者也是固吾易春秋之學也遷所謂本隱之顯者外籀也所謂推見至隱者內籀也二者即物窮理之要術也夫西學之最爲切實而執其例可以御蕃變者名數質力四者之學而已而吾易則名數以爲經質力以爲律而合而名之曰易大宇之內質力相推非質無以見力非力無以呈質凡力皆乾也凡質皆坤也奈端動之例三其一曰靜者不自動動者不自止動路必直速率必均而易則曰乾其靜也專其動也直有斯賓塞爾者以天演自然言化其爲天演界說曰翕以合質闢以出力始簡易而終雜糅而易則曰坤其靜也翕其動也闢至於全力不增減之說則有自強不息爲之先凡動必復之說則有消息之義居其始而易不可見乾坤或幾乎息之旨尤與熱力平均天地乃毀之言相發明也大抵古書難讀中國爲尤二千年來士徇利祿守闕殘無獨闢之慮是以生今日者乃轉於西學得識古之用焉凡復所譯著獨得精微皆類此世謂紓以中文溝通西文復以西文溝通中文並稱林嚴辛酉秋卒年六十有九著有文集及譯天演論原富群學肄言穆勒名學法意群己權界論社會通詮等同時有辜湯生字鴻銘同安人幼學於英國爲博士遍遊德法意奧諸邦通其政藝年三十始返而求中國學術窮四子五經之奧兼涉群籍爽然曰道在是矣乃譯四子書述春秋大義及禮制諸書西人見之始歎中國學理之精爭起傳譯庚子拳亂聯軍北犯湯生以英文草尊王篇申大義列強知中華以禮教立國終不可侮和議乃就張之洞周馥皆奇其才歷委辦議約濬浦等事旋爲外務部員外郎晉郎中擢左丞湯生論學以正誼明道爲歸嘗謂歐美主強權務其外者也中國主禮教修其內者也又謂近人欲以歐美政學變中國是亂中國也異日世界之爭必烈微中國禮教不能弭此禍也湯生好辨善罵世國變後悲憤尤甚窮無所之日人聘講東方文化留東數年歸卒年七十有二

忠義

清天命天聰年間明御史張銓監軍道張春均以被禽不屈聽其自盡載諸實錄風厲天下厥後以明臣來歸者有功亦入貳臣傳死事之尤烈者於京師祀昭忠祠褒貶嚴矣文武一二品以上既入大臣傳以下則另編忠義傳列翰林院職掌凡自一二品以下或死守土或死臨陣備載出身官階殉難時地及予謚建祠贈官廕後二百數十年綜八千餘人略以類別入關之先如降服烏喇哈達索倫葉赫諸部落爲特音珠等二十人是征朝鮮則勞漢等十人是其伐明也自天命三年至崇德八年始克撫順屢偪近畿分下山西山東諸郡縣尤以瀋陽大陵河皮島松山數役爲大爲西佛萊百六十二人是順治元年定鼎燕京後追擊流賊奠定各省者爲恩克伊等一千二百四十五人康熙朝討平逆藩及殲滅附逆諸鎭將爲索諾穆等九百四十七人親征噶爾丹之役爲富成額等百人厄魯特之役爲諸里爾達等五十五人羅刹西藏諸役爲紐默滔等七人平各省土賊及海寇苗猺諸役先後爲郝爾德等二百八十五人雍正朝承康熙征厄魯特之役用兵準噶爾爲和溥等三百六十二人其先靑海之役爲姬登第等十四人外則滇黔蜀桂土司苗亂與夫臺灣土番等役爲劉洪度等二百十三人乾隆朝始蕩平準部旋戡定回疆則爲傅澤布等五百十二人初年湖南苗亂爲李如松等十五人廣西土賊爲倪國正等十人瞻對土司之亂爲陳文華等十三人隨傅淸拉布敦同死西藏爲策塔爾等六人金川用兵其初定也爲楊先春等百又四人其再定也爲占關納等八百五人緬甸用兵爲馬成龍等百六十七人安南用兵爲英林等百六十人廓爾喀用兵爲索多爾凱等七十六人逆回蘇十三田五之亂爲新柱等百又十人山東王倫之亂有音濟圖等十八人臺灣林爽文及陳周全之亂有耿世文等百五十九人黔楚等省苗亂及川楚陝三省教匪均始乾隆末年而定於嘉慶苗亂有六達色等二百七十八人教匪之亂爲楊治甯等七百四十二人狆苗滋事爲胡慶遠等百十三人閩粵洋面蔡牽之亂爲陳名魁等六十七人先後以巡洋遇風死者爲黃勇等十七人滑縣李文成之亂爲强克捷等六十三人追勦陝匪及瞻對永北廳夷匪等役爲馬魁等十四人馬營壩搶險者盧順道光重定回疆一役爲劉發恒等二百六人江華猺滋事爲馬韜等五人陝甘番滋事爲胡文秀等十三人雲南永昌回匪滋事爲朱日恭等九人臺灣嘉義土匪爲方振聲等七人山西曹順之亂爲楊延亮等英吉利開釁爲朱貴等八十八人髮匪之亂熾於咸豐而殄於同治其先爲廣西會匪始道光季年爲王叔元等五十一人已而竄陷各省爲褚汝航等五百七十九人捻匪之亂爲龍汝元等七十八人咸豐同治之交滇匪滋事爲林廷禧等四十二人同治朝甘肅回匪滋事爲訥勒和春等三十七人其自嘉慶迄光緒先後勦辦各省匪徒等役爲和致等三十八人咸豐換約起釁殉淀園者爲覺羅貴倫玉潤等辦匪而以勞卒者爲李文安等十三人蓋原傳可數者如此中以不從僞之信叛而死之金光私家傳逆心跡殊異則出以存疑將帥之死事者既有專傳凡上列諸人之義烈尤著者與夫官書既漏而不能無紀載者則別編爲傳俾見本末若夫道光以後死於外釁及光緒庚子拳亂宣統辛亥革命於義宜詳並備列之用資後鑑云

忠義一

特音珠 阿巴泰　固山 僧錫等
納密達 炳圖等　書甯阿 威濟泰等
穆護薩 覺羅蘭泰等　索爾和諾 齊薩達等
席爾泰 滿達理　卓納 納海
覺羅鄂博惠 覺羅阿賓等　同阿爾
董廷元 廷儒 廷柏　常鼎 白忠順等
格布庫 阿爾津等　濟三 瑚密色等
敦達里 安達里　許友信 成陞等

特音珠滿洲鑲藍旗人姓完顏淸初偕阿巴泰來歸阿巴泰姓覺爾察屬滿洲正白旗太祖始編佐領以特音珠兼管六佐領事設札爾固齊十人阿巴泰預焉乙未年特音珠從額駙揚古利征輝發部奪塔思哈橋掌纛者中礮仆佐領五岱代舉之薄城爲飛石所中與額駙托柏佐領和羅俱歿於陣特音珠先登克其多璧城己亥年從征哈達城上矢石如雨佐領耶陳奮勇登被戕特音珠在事有功庚戌年阿巴泰從內大臣額亦都招撫東海窩集部之那木都祿綏芬甯古塔巴瑪察四路降其長康古哩等復取雅蘭路阿巴泰力戰陣亡辛亥年特音珠從揚古利攻呼爾哈路札庫塔城三等侍衞貝和佐領貴三松阿里戰歿特音珠負創戰益力三等侍衞阿達海先登克其城阿達海額亦都第五子也癸丑年烏拉貝勒布占泰負恩叛大兵討之布占泰率兵三萬由富哈城而東特音珠阿達海率護衞業中額等邀擊之阿達海業中額及閒散米拉渾均歿於陣大兵敗布占泰遂平烏拉特音珠尋以創發卒征烏拉之役死事者有阿蘭珠納蘭察均自有傳

固山滿洲正黃旗人姓哲爾德世居界凡初任佐領天聰三年征明固山偕驍騎校僧錫閒散達蘭從揚古利爲前哨攻永平遵化達蘭先登圍明都固山步戰大紅門上下高坡騰躍如飛明兵奪氣涿州援兵至敗之崇德元年復隨揚古利征明攻順義僧錫先登十二月太宗親征朝鮮豫親王多鐸等先驅圍其國都固山等從屢斬馘朝鮮國王李倧遁南漢追圍之太宗至臨津江冬煖冰泮多鐸令僧錫等潛測江水欲浮馬以濟僧錫等夜至大風冰復堅還報大軍安驅而渡抵南漢山城西二年正月全羅忠淸兩道巡撫總兵來援多鐸與揚古利迎戰揚古利率僧錫冒霧馳擊援兵敗走復依山列陣矢石如雨僧錫與雲騎尉鄂海參領特穆爾佐領弼雅達阿紐都敏俱力戰歿於陣進偪山頂敵營敵兵乘馬逍達蘭率二十人乘夜用雲梯襲南漢山城先登中槍卒又命分兵攻江華島將渡江敵船百餘分兩翼以拒舟師從中衝入固山手發紅衣礮皆敗竄既登岸鳥槍手千人復列岸以拒固山力戰陣亡大兵繼進盡殲其岸兵遂克江華島李倧降朝鮮以定

納密達滿洲鑲白旗人姓索綽羅世居吉林天聰八年從大兵征明攻雄縣梯城首登崇德元年親征朝鮮明總兵沈世魁副總兵金日觀駐皮島爲朝鮮援納密達偕閒散扈習從攻南漢城有功二年正月朝鮮降世魁等不能救先是明帥毛文龍據皮島欲牽制我師既而文龍爲巡撫袁崇煥所殺世魁代領其衆失士卒心勢益弱猶乘間擾邊三月命武英郡王阿濟格貝子碩託率恭順王孔有德智順王尚可喜等攻皮島以納密達及護軍參領炳圖爲前隊佐領巴雅爾圖武爾格以大臣子弟從征巴雅爾圖額駙揚古利之從子武爾格宏毅公額亦都之孫內大臣圖爾格之子也師攻鐵山頭等侍衞拜音台柱佐領珠三先登克之世魁遁入石城四月阿濟格令納密達等乘小舟攻皮島西北隅日觀列兵堡上衝入將及岸巴雅爾圖武爾格躍登明人辟易納密達炳圖並登而後隊金玉和等不進日觀見師少復進戰武爾格陣亡納密達等往來衝突拜音台柱珠三及護軍校彰吉泰急棹小舟登岸援之明人空城出戰納密達巴雅爾圖炳圖拜音台柱珠三彰吉泰並戰歿有德等乘巨艦攻東北隅日觀殊死鬥有德等部將洪文魁等多戰死阿濟格麾八旗騎兵蹴之護軍參領瑚什雲騎尉果科暨扈習奮勇先入歿於陣大兵繼之陣斬日觀追擊世魁戮之是役也敗明兵一萬七千有奇俘三千餘自是明不復守皮島

書甯阿滿洲正黃旗人姓札庫塔崇德三年八月命睿親王多爾袞統左翼貝勒岳託統右翼分道征明書甯阿以佐領偕驍騎都尉威濟泰參領扈敏屬右翼九月攻牆子嶺威濟泰力戰歿於陣師入靑山口攻豐順護軍校扈護巴雅拉攻靈壽閒散噶普碩攻南皮騎都尉阿延圖攻深州閒散巴林均戰歿岳託攻欒城明督師盧象昇來援書甯阿乘其未至麾衆薄其城護衞袞布躍登城樓火藥發焚死書甯阿復衝入克其城轉戰下慶都奮勇陷陣被戕十二月兩翼連營大戰鉅鹿之賈莊象昇戰死於是分徇山東四年正月左翼克濟南右翼分兵略地破茌平護軍三晉破臨淸佐領花應春破館陶佐領佟桂破濟甯佐領祖大春破鄒縣佐領尙安福破滕縣騎都尉傅察俱歿於陣二月大軍還扈敏復攻破首陽及順德負重傷戰益力還至永平與佐領巴海烏納海俱遇伏死之騎都尉阿爾休隨大軍同徇山東克濟南復從承政索海征索倫陣亡

護穆薩滿洲正黃旗人姓賴布世居佛阿拉崇德五年以武備院卿從大兵征明距錦州城五里列陣以礮攻城北晾馬臺克之七月睿親王多爾袞遣卒刈城西北禾稼明兵突出槍礮並施護穆薩與護軍參領覺羅蘭泰署護軍參領溫察力戰明兵大潰追至濠掩殺之克臺九及小淩河西岸臺二錦州外城蒙古貝勒諾木齊等見大兵困城志必得謀來降遂持書縋城下約內應信洩大兵至明總兵祖大壽出拒戰城內蒙古縋繩前隊援之以登吹角夾攻護穆薩躍上被創卒覺羅蘭泰參領宏科俱陣歿鏖戰久明師退守內城大兵遂入外城明年五月明總督洪承疇率六總兵兵六萬來援屯松山北岡擊斬其二千敵勢猶勁騎都尉旦岱參領彰庫善三等侍衞博朔岱陷陣死八月大軍駐松山杏山閒立營截大路承疇率馬步兵十三萬營松山城北亂峰岡旋犯汛地閒散輝蘭同參領囊古擊郤之參領阿福尼越衆衝突負重傷猶斬將奪幟諸軍繼之敵奔塔山遂進兵松山城外十二月承疇以兵六千夜至輝蘭奮殺既出復進擊與溫察敵心郎邁圖皆歿復沿濠射擊殺四百餘人敵退入松山城圍既合明總兵曹變蛟欲突圍出至正黃旗汛地佐領彰古力戰死變蛟亦中

創奔還七年二月克松山擒承疇及明巡撫邱民仰總兵王廷臣變蛟等時明總兵吳三桂猶駐塔山鄭親王濟爾哈朗率兵至城下列紅衣礮攻之佐領崔應泰被創死參領邁色力戰陣亡城壞二十餘丈諸軍悉登遂克塔山先是蒙古兵有降於明者特穆德格執而戮之及兩師酣戰復有訥木奇突出躪陣乘馬衝入多爾袞營將行刺特穆德格隻身奮救相抱持急卒遇害

索爾和諾滿洲鑲紅旗人姓科奇理世居瓦爾喀少孤兄瑚禮納撫之瑚禮納爲讐所害讐手刃讐二人祭兄墓宗黨義之崇德三年來歸授佐領從征錦州松山皆有功七年十月命饒餘貝勒阿巴泰爲奉命大將軍征明索爾和諾率驍騎校佟噶爾爲前隊次黃崖口阿巴泰使三等輕車都尉齊薩穆佐領綽克托護軍多羅岱圖爾噶圖伏隘口舉火明兵驚潰遂入薊州敗明總兵白廣恩軍齊薩穆綽克托及佐領額貝參領五達納護軍校渾達善皆歿於陣分攻霸州多羅岱先登攻定州圖爾噶圖先登俱克之並以傷重卒閏十月次河間明分守參議趙珽知府顏允紹城守既進攻允紹發礮拒擊參領署都統陳維道陣亡礮裂毀城堞護軍薩爾納冒火躍上明兵死門被戕允紹完堞拒守馳檄四出請援阿巴泰連營圍之時明於山海關內外分設總督復設昌平保定二總督又有寧遠永平順天密雲天津保定六巡撫寧遠山海中協西協昌平通州天津保定八總兵皆擁兵壁旁縣懾不敢近索爾和諾曰河間不下者恃外援也破其一營皆瓦解矣阿巴泰從之遣將襲明總兵薛敵忠營敵忠遁諸援師悉潰使人諭速降允紹等守益力急攻之索爾和諾梯登師繼進破其城珽允紹並死索爾和諾亦戰歿十二月大兵徇山東諸州縣各設城守攻臨淸閒散瑚通格攻泗水護軍校務珠克圖攻新泰閒散特庫殷攻冠縣閒散特穆愼攻館陶閒散東阿攻滕縣閒散赫圖富義攻鄒縣閒散貴穆臣攻費縣閒散索羅岱攻兗州佟噶爾及驍騎尉屯岱皆戰死諸州縣皆下乘勝至海州八年五月旋師

席爾泰姓棟鄂父綸布清初率四百人來歸賜名普克素編佐領使席爾泰統之有功授世職在十六大臣之列時明總兵毛文龍籠絡遼陽沿海居民踞皮島爲重鎭時窺邊界鎭江城中軍陳良策潛通文龍令別堡之民詐稱文龍兵至大譟城中驚擾良策乘亂城守席爾泰偕同族佐領格朗擊卻之後復偕格朗從攻瀋陽陣亡於渾河其妻誓違禁殉馬祭夫例當死削世職原之時戰渾河者爲滿達理滿達理正黃旗人姓納蘭世居布顏舒護魯任佐領隨揚古利軍瀋陽明兵二萬渡渾河來援長矛大刀鎧冒重棉氣甚銳參領西佛先歿於陣滿達理繼進敗之明總兵李秉誠率三千人守奉集堡效死者無算卒大創之遂克瀋陽滿達理以先登功最隨攻遼陽明經略袁應泰急注太子河於隍閉西關環城列守大兵軍其城東南秉誠暨總兵侯世祿以兵五萬背城五里而陣擊走世祿奪橋從小西門緣梯登城遂拔之旋歿於陣

卓納姓納喇氏滿州鑲藍旗人哈達貝勒萬之孫太祖時來歸授佐領賜姓覺羅天聰五年征明圍大淩河城明監軍道張春總兵吳襄宋緯等率馬步兵四萬自錦州來援副都統綽和諾冒礮矢力戰隕於陣備禦多貝先戰歿卓納繼之時襄兵先敗逐北三十餘里張春復收潰衆立營風起黑雲見春大縱火風順火熾卓納益銳進與管武備院事達穆布二等輕車都尉朱三佐領拜桑武騎都尉尼馬禪護軍校愛賽雲騎尉瓦爾喀均戰死天忽雨反風大軍乘之綽敗走生擒春信勇公費英東子納海亦於是役被創齒落其三復從舟師攻旅順明總兵黃龍禦甚力納海與參領岳樂順護軍校額德千總程國輔驍騎都尉塔納喀等奮勇登城冒矢石而殞遂克旅順口

覺羅鄂博惠興祖元孫隸鑲紅旗阿賚景祖曾孫隸鑲黃旗並爲佐領隨征有功天聰三年大兵征明並從貝勒岳託克大安口抵遵化明巡撫王元雅嬰城守命分旗環攻之鑲紅旗西之東鑲黃旗西之南各分領前隊與正藍正黃正白各旗兵並進城上矢石如雨乘護軍校阿海躍登急攻之克其城大貝勒代善率護軍及火器營至薊衞明山海關援兵阿賚死之趨永平沙庫山鄂博惠中創歿雍貴隸正白旗崇德三年從睿親王多爾袞征明下山東四年師旋敗通州河岸兵五年從圍錦州敗松山兵破杏山援兵皆有功七年復圍錦州同覺羅薩哈連等直前衝陣大敗其衆明總督洪承疇以十三萬衆來援薩哈連戰歿雍貴同護軍統領伊爾德連敗之乘雨偪松山擊走其馬軍復率本旗兵攻塔山明總兵曹變蛟夜犯鑲黃旗汛地復隨伊爾德擊走之八年九月隨鄭親王濟爾哈朗征甯遠抵中後所偕護軍參領額爾碧衝入敵陣拔其城十月進攻前屯衞以第五人登中礮歿大兵繼進遂克之登西克隸鑲黃旗官散秩大臣順治二年隨揚威大將軍豫親王多鐸追流賊李自成至西安激戰於天沙山中槍陣亡阿克善景祖兄索長阿三世孫隸正黃旗隨大兵征明於錦州甯遠及入關擊李自成皆有功歷官至兵部侍郎順治九年同都統噶達渾征勦鄂爾多斯部叛逃蒙古多爾濟等殲之賀蘭山以失究興安總兵任珍家屬淫亂擅殺多人事解兵部管副都統事十一年隨征湖廣敗賊兵於湘潭常德龍陽等處十三年鄭親王世子濟度征海賊鄭成功阿克善率兵從大軍至烏龍江以水險難渡乃潛取道山間徑趨福州未至聞成功在高齊即分兵令佐領褚庫等先往迎戰擊走之又分遣署護軍統領伊色克圖往侯官征勦水路賊遂抵福州又偵知賊船三百餘尚泊烏龍江親督水路約營總星鼐等在陸路合擊追至三江口斬僞都督總兵等俘獲甚衆以賊犯羅源駐防兵被圍率兵赴援力戰陣亡薩克素隸鑲藍旗康熙十三年以佐領從平南大將軍賚塔征耿精忠賚塔駐衢州遣防台州黃巖縣賊將曾養性率衆六萬來犯堅守攻不能下參將武灝通賊獻城薩克素力戰死之星德隸鑲紅旗亦以耿精忠叛從江甯將軍額楚討之於江西建昌敗賊帥邵連登八萬餘衆在事有功後於十六年攻吉安與賊將馬寶戰於陳岡山陣歿果和里隸鑲黃旗以委署參領隨平遠定寇大將軍安親王岳樂征吳三桂戰於湖廣瀏陽陣歿努赫勒隸鑲黃旗以一等侍衞從征三桂十七年六月三桂遣其黨江義巴養元杜輝等率二萬餘賊駕巨艦二百餘乘風犯柳林嘴努赫勒隨討逆將軍鄂訥率水師棹輕舟飛越賊艦發礮擊之溺死無算賊退犯君山又以舟師進擊追至湘陰十九年隨固山貝子彰泰復遵義安順石阡思南等府追勦至鐵索橋僞總統高起隆夏國相等擁衆二萬餘屯平遠與江西坡賊相犄角大兵分道進勦努赫勒從擊平遠西南山賊力戰陣歿海蘭隸正白旗由侍衞擢副都統雍正七年授參贊大臣從靖邊大將軍公傅爾丹征準噶爾九年六月分三隊渡科卜多河與蒙古副都統常祿皆列後隊初戰庫列圖嶺旋移營和通呼爾哈諾爾海蘭與常祿據山梁之東殺賊千餘適大風雨雹師被圍常祿陣亡海蘭突圍出殺賊五百餘卒以察哈爾兵潰海蘭死之

同阿爾蒙古鑲紅旗人世居巴林以地爲氏授驍騎尉崇德三年多羅貝勒岳託征明同阿爾與爲當師之出邊也副都統席喇命率護軍防守七晝夜敗敵者再六年五月隨睿親王多爾袞圍錦州明總督洪承疇率重兵來援以步兵三營犯左翼三旗護軍不能勝奔濠塹同阿爾偕同旗同族僧格及蒙古鑲紅旗人阿桑布嚴守汛地奮勇戰死蒙古正紅旗拜渾岱正黃旗阿布喇庫鑲黃旗布齊均先後歿於陣

董廷元正白旗漢軍與弟廷儒廷柏並以閒散從征天命六年兵攻瀋陽廷元先登陷陣授寬甸守備從攻大淩河察哈爾旅順口江華島皆有功崇德二年從恭順王孔有德征皮島明總兵沈世魁陣海口廷元以小舟從北衝入明兵礮碎之與家丁六人歿於海廷儒積功爲大同守備順治五年大同總兵姜瓖謀叛以廷儒勇略過人爲士卒愛憚佯以宴射誘至署諷以同叛廷儒以嚴詞斥之不聽即拔佩刀與鬥賊羣執之罵不絕口剖其腹支解之併其子開國男婦二十七人俱被害廷柏初任驍騎尉崇德五年從征明同參領孫有光敗松山步兵杏山騎兵閭洪山守兵明兵夜犯塹手發紅衣礮擊卻隨攻塔山及前屯衞中後所等城均以紅衣礮克之績稱最順治二年從豫親王多鐸南征破流賊定河南克揚州嘉興等處俱在事有功時明魯王朱以海據紹興大兵營錢塘江上明督師大學士張國維以兵九千人乘夜刦營廷柏從都統吳守進敗之後從鄭親王濟爾哈朗征湖廣明總督何騰蛟招流賊連營拒敵從副都統金維城率兵至馬河力戰歿於陣

常鼎鑲紅旗漢軍順治元年以副將隨懷慶總兵金玉和討流冦李自成之西竄也英親王阿濟格出邊外趨延綏斷其歸路至孝都佐領劉圖被創卒入陝至延安府盧衙章京哈爾漢率甲士守南山力戰死侍衞察瑪海驍騎都尉嘉龍阿參領折爾特護軍校朔瑪俱以陣亡餘黨二萬餘散在河南圍濟源攻孟縣蔓延鄧州內鄉縣及淸化鎭鼎隨玉和援濟源至則城已陷戕典史李應選鼎夜半遇賊力戰與玉和俱陣歿玉和自有傳時懷慶鎭標同死者守備則白忠順余國諫陳應傑石斗耀康虎千總則宋國俊趙國相李中王國臣楊虎劉奉相高友才把總則張進仁張光裕陳廷機張景泰許養和党中直廖得仁薛貴等賊旋圍孟縣知縣王曰愈參將陳國才嬰城守賊攻七晝夜不能下將引去會大雨城壞賊入曰愈國才率兵巷戰國才被戕執曰愈脅降不屈死賊又圍鄧州道標中軍鄭國泰戰死大兵救鄧州賊解圍去轉攻內鄉縣執知縣胡養素索金帛不應死之賊分兵犯淸化鎭署同知史燦麟莅任甫兩月執法嚴奸民憾之引賊入執燦麟怒罵不屈賊忿磔其屍妻高氏及婢僕同殉嗣後土賊猖亂者二年有輝縣寇據北山大伍谷諸險列三十一寨官兵仰攻賊以死據不克登久之乞降官兵防其他逸也把總田貴羅思明守寨口賊乘夜斫寨門遁貴與思明倉卒出門皆遇害五年寇起武陟之甯郭驛驛接太行山爲盜藪

舊設捕盜通判駐其地賊僞稱獵者馳入驛西郭門騎百餘披甲持刀仗焚劫入通判張可舉署可舉力鬭遇害十四年睢州賊婁三嘯聚沙窩乘夜登郾城縣城開北門引衆入知縣荆其惇督家丁衆役守庫印力禦之受刃傷會與史樊世亨率牌甲奔救賊乃遁其惇創重死庫印卒無失

格布庫滿洲正白旗人姓伊爾根覺羅世居雅爾虎順治元年以參領從睿親王多爾袞勦流賊李自成追至慶都復隨英親王阿濟格貝勒尼堪敗之三年肅親王豪格征流賊張獻忠於蜀格布庫及參領西特庫隊長古朗阿巴揚阿烏巴什隨焉獻忠遣賊黨環營抵抗格布庫破賊第一營步兵賊分兩翼豪格復遣偕佐領蘇拜攻右翼都統準塔巴圖魯攻左翼賊自右翼下山來犯格布庫率本旗兵衝擊之旋從準塔殲其左翼賊圍正藍旗兵格布庫偕佐領阿爾津噶達渾西特庫烏巴什往援格布庫中箭殞西特庫烏巴什俱歿於陣賊退時僞將高汝勵據三寨山豪格遣古朗阿擊之大破其衆獻忠發大隊迎敵古朗阿直衝其陣賊奔潰未幾復合古朗阿偕瑚里布破之賊率馬步兵分三路來犯古朗阿奮勇進擊與巴揚阿均陣亡

濟三滿洲正黃旗人姓扎庫塔自崇德六年以佐領從大兵有功順治元年與騎都尉色勒布雲騎尉祖應元參領金應得驍騎尉西來閒敵達魯哈薩門岱納並從定國大將軍豫親王多鐸南征二年四月大兵渡淮薄揚州城應元應得岱納以紅衣礮攻城城頹岱納先登與應元應得同陣亡克揚州大兵渡江令左翼舟師留泊北岸備敵敵駕舟來犯色勒布迎擊中礮死分兵江陰縣薩門以雲梯先登被戕達魯哈繼進亦陣歿六月多鐸定南京分大兵之半令多羅貝勒博洛等進徇蘇州下之擢濟三副都統駐守明福王總兵黃蜚潛納蘇州叛卒來襲濟三聞變率兵擒勦敵合圍濟三戰死大兵至浙攻嘉興礮毀其城西來率所部先登克之旋回兵取崑山縣城被礮死瑚密色滿洲鑲黃旗人姓佟加世居加哈崇德元年以佐領銜從征明屢有功順治元年從入關敗流賊唐通於一片石追至安肅望都殲賊無算嗣隨多鐸軍渡江屢破明兵句容時明魯王朱以海踞紹興博洛遣參領王先爵徇湖州土兵蜂至元爵戰歿博洛次杭州魯王遣其督師侍郎孫嘉績熊汝霖渡錢塘江來犯瑚密色偕騎都尉色赫等擊敗嘉績兵擒其隊帥追至江中汝霖兵殊死戰瑚密色中槍戰死色赫從定浙江旋下福建還過平湖遇土寇亦以中槍陣亡

敦達里滿洲人幼事太宗後分隸肅親王豪格崇德八年八月庚午太宗崩敦達里以幼蒙恩養不忍永離遂以身殉諸王貝勒等義之以敦達里志不忘君忠忱足尙賻甲喇章京子孫永免徭役安達里葉赫人來歸時太宗憐而養之洊授官職亦請殉諸王貝勒等亦甚義之予衣一襲豫議卹典加贈牛彔章京爲梅勒章京子孫世襲如敦達里例既定議召安達里諭之臨殉時謂諸王貝勒等曰若先帝在天之靈問及後事將何以應諸王貝勒等對曰先帝肇興鴻業我等翊戴幼主嗣位承基當實心輔理儻遂呵護是所願也

許友信以軍弁隨明將左夢庚投誠隸鑲白旗漢軍隨大兵征閩粵有功定南大將軍貝勒博洛委署潮州副總兵順治四年明桂王由榔遣兵略境友信單騎出戰遇伏死是年桂王兵部尙書張家玉陷東莞署總兵成陞副將李義均陣亡桂王兵科給事中陳邦彥同時犯廣州游擊閻行龍王士選熊師文俱死之桂王既由監國僭號志在興復其始略有兩廣雲貴湖南江西四川各地且鄭成功出沒閩浙奉其僞號遙相應和聲勢頗張經大軍先後戡定桂王已窮竄土司肅清在邇而孫可望李定國等復羣相擁戴作螳臂之拒者有年[illegible]定國與可望內訌順治十四年十月可望走湖南乞降於是洪承疇吳三桂[illegible]奏請乘時大舉遂漸進勦軍行有利十八年三桂兵及緬甸緬人執獻由榔軍前事乃大定十餘年中死事或被執不屈者如四年勦廣東假明封號土賊有廣東巡按劉顯名等六年勦靈山土賊有廣東都司僉書李昌等七年征廣州有輕車都尉尙可福等八年李定國分兵竄全州有廣西巡按王荃可等九年犯辰州有分巡辰常道劉昇祚等犯平樂有府江道周永緒等犯柳州有分守右江道金漢蕙等陷桂林有右翼總兵曹成祖提標游擊馬騰龍等十年犯羅定有兵備道郎象鼎等犯靖州有湖南副總兵楊國勳等犯連州有廣東運署都司僉書資明運等犯化州有防守參將應太極等十一年犯電白有從征八品官費揚古等十四年海賊乘亂竄雷州有徐聞營游擊傳進忠等孫可望之從亂也六年賊黨一隻虎犯永州有新擢陝西布政使右參議李懋祖等九年犯衡州有隨定遠大將軍敬謹親王尼堪部下副都統武京等犯成都有敘州府知府周基昌等十三年犯臨藍有委署參將殷壯猷等至爲鄭成功而死者三年成功族人鄭彩據廈門掠連江有知縣宋人望等六年成功犯長泰有知縣傅永吉等犯漳浦有總兵楊佐等八年犯海澄有知縣甘體垣等十二年犯仙游有知縣陳有虞等十三年犯海澄有一等輕車都尉哈勒巴等犯福州有二等輕車都尉巴都等十五年犯台州有海門營水師游擊李宏德等犯溫州有盤石衞水師游擊熊應鳳等十七年犯江甯有一等輕車都尉瑚伸布祿二等輕車都尉猛格圖等犯崇明有知縣陳愼等犯台州之太平有左營都司李杜國等犯廈門有護軍統領伊勒圖前鋒參將佟濟前鋒校鄂勒布等蓋明藩自立以兵力削除者桂王爲最棘同時附唐王朱聿鍵而陸梁於江西郡邑者則爲金聲桓參領布達理布政使遲變龍分守湖東道成大業宜黃知縣馮穆等皆死之魯王以監國踞浙偪福建興化則知府黎樹聲等據舟山內擾則紹興府推官劉方至死之其無所附麗而以叛聞者爲姜瓖五年踞大同催餉騎都尉鍾固山西兵備道宋子玉等死之六年從英親王阿濟格等軍進討者騎都尉索甯雲騎尉洛多理等皆陣亡分援河東井坪蒲州神木等處則鄭宏國佟國仕武紹鄭世英等亦先後陣亡時天下初定人心反側各省土賊蠭起或勦或守在順治一朝死者尤夥獨著其關係大局者見有清開國艱難之大概焉

清史稿　列傳

忠義二

朱國治漢軍正黃旗人順治四年由貢生授固安知縣屢擢至大理寺卿十六年外簡江甯巡撫時鄭成功盤踞外洋出沒江南濱海州縣國治疏言欲破狡謀先度形勢賊衆負險我師遠涉風濤其勞逸不同賊衆熟識海道我師弓馬便捷其素習不同水師舟楫較之賊船大小懸殊其攻取不同臣謂宜以守寓戰凡海邊江口多設墩臺待賊勢困援絕乘間攻之自能禽渠獻馘下所司議行又以蘇松常鎭四府錢糧抗欠者多分別造册紳士一萬三千五百餘人衙役二百四十人請敕部察議部議見任官降二級調用衿士褫革衙役照贓治罪有差以是頗有刻覈名康熙十年補雲南巡撫時吳三桂謀叛久矣十二年詭請移藩錦州幷期以十一月二十四日啓行國治方請增設驛堡協撥夫馬待之三桂遽踞關隘起事先期三日逮國治及按察使李興元雲南知府高顯辰同知劉崑脅之從逆皆不屈國治罵賊尤烈即時遇害先後殉難者雲貴總督甘文焜先後廣西巡撫馬雄鎭傅宏烈及李興元均自有傳

楊應鵾鑲黃旗漢軍任貴州貴陽府同知三桂初叛執應鵾送雲南錮之順甯應鵾密謀舉義僞將軍趙永甯縊死之時有馬宏儒者順治十八年武進士三桂素重之迫共叛不聽以鐵椎椎其齒齒盡落囚昆明不屈死先後在滇殉節者爲鄭相等相江甯人以中書隨軍至雲南大兵入滇檄權石屏州事有惠政僞總兵高應鳳作亂相死之昆明人楊樹烈以四川南川縣知縣告休家居寇至北面再拜自縊死士僉龍韜等分道剽掠甯州知州曹誠嬰城守城陷死之原任曲靖府教授周起元則以被執不屈死生員有唐方齡張鵾羽三桂既叛所在蠭應死貴州者陳上年直隸清苑人順治六年進士時官分巡右江參議道三桂既執巡撫傅宏烈乃脅上年降幽縶死都勻縣防兵謀應賊譁譟焚掠知縣薛佩玉諭以順逆衆不聽偪受僞職佩玉北面再拜自縊死死湖廣者祝昌河南固始人順治六年進士由中書累擢至辰沅道三桂叛聞即流涕諭衆大義皆感泣賊大至城潰北面再拜自縊死生員有李廷塤張一元徐翹楚死江西者爲饒州府知府郭萬國萬年縣知縣王萬鎰萬國河南許州人由諸生從經略洪承疇官貴州撫苗蠻有功萬鎰浙江錢塘人由貢生官福建平土賊有功賊黨闌廣信急覘饒州備虛由間道薄城萬國令萬鎰赴省請援甫出北門賊猝至與家僮六人中礮歿饒州營參將趙登舉聞警馳救衝賊營禽前隊數人伏起陣亡賊黨環城招降萬國集其屬同知范之英鄱陽縣知縣陸之蕃

石門巡檢翁鳳翥饒州稅課大使李崇道謂之曰文臣不習戰然守土吏當死不可徒手就戮皆應之賊偪靈芝門攀堞登萬國率家丁巷戰身先之中十六創與之譁鳳翥崇道俱戰歿文英亦被執不屈死萍鄉民人彭程淑亦以三桂餘黨擾其鄉裂眥怒罵被亂刃死死廣東者金世爵鑲藍旗漢軍由舉人任合浦縣知縣高州總兵祖澤清叛附三桂世爵圖城守僞將王宏勛率賊數萬犯廉州世爵登陴力禦城陷與守備杜嶠同死之又侯進學者隸平南王尚可喜藩下先爲三桂所脅爲遞逆書至廣州自首可喜以聞嘉之授世職至是爲賊所得囚木籠送常德三桂磔之於市逆黨馬雄攻新會藩下諸將多附逆誘左翼游擊文天壽同降天壽叱之曰背主不忠吾錚錚丈夫豈鼠輩可脅遂被害沈屍海中死川陝者波羅營副將張國彥聞提督王輔臣叛城守兵變逼獻印自刎死漢中城陷同知汪化鯤不受僞職賊縶之復給僞劄令攝縣事化鯤痛哭望闕遙拜自縊死漢鳳參將蘇興亦叛附三桂將變殺詗賊筆帖布格爾以滅口千總魯仁圻憤甚度無以制之朝衣拜父像告訣叩營力爭觸興怒殺之仁圻畜一犬護屍不去故吏梁玉收而葬之又廣安州知州徐登劍州知州向榮商南縣知縣盧英渠縣知縣王質綦江縣知縣王無荒營山縣知縣廖世正及典史劉廷臣西安府知事張文選司獄周勝驪白水縣典史趙煥文並以被脅不屈死其以招諭死者三桂未叛時主事辛柱筆帖式薩爾圖隨侍郎哲爾肯賫詔至滇既叛辛柱薩爾圖將詣闕告變賊殺之後則漢川巡檢章啓周浙江會稽人從順承郡王額爾錦軍以劄委通判往招諭三桂被戕及吳世璠時又遣四品銜董重民往諭以順逆至鎮遠逆黨以弓絃縊殺之又揚威大將軍簡親王喇布檄益陽縣知縣徐碭往衡州招撫三桂餘黨至泉溪渡爲僞將軍吳國貴所殺郎陽降調通判許文耀阿迷州吏目郭維賢亦均以招撫三桂餘黨遇害郎中祝表正隨經略大學士莫洛討叛鎮王輔臣莫洛戰歿輔臣幽表正於營尋復具疏附表正還奏聖祖卽遣表正諭輔臣至則百方曉譬留弗遣卒爲僞總兵巴三綱所殺甘肅靜甯州知州王札亦以單騎諭輔臣禍福被脅不屈死又撫叛鎮王屛藩死者爲四川鎮標副將徐升耀劄付通判王官表沈日章劄付參將吳子騄等

周岱生字靑嶽江西德化人由拔貢生除貴州餘慶縣知縣改廣西平南縣知縣康熙十三年吳三桂叛六月其黨破梧州攻平南岱生練鄉團狼兵拒之大峽口鏖戰三日斬其魁七月復大至岱生奮身拒戰攻益急鄉團皆戰死退保城圍固援絕自寅戰至午城陷賊縶岱生往潯州脅降罵不絕口妻楊氏於路先自剄死旋又甘言誘岱生降卒遇害長子儒且哭且罵死尤慘岱生令餘慶時有老賊陳四者盤踞大同山垂三十年勦捕不能得出奇計招之親至其巢曉譬利害曰王師且至吾生汝賊感泣誓終其身無反岱生曰盍隨我至縣城乎賊諾之於是至縣署賜之食厚爲之裝而遣之其後吳逆之變他縣賊皆響應惟陳四不受僞職平南市荒民少岱生捐俸招集始至城內草屋九間未幾商民大集俗窳不產蔬菜岱生教以播種灌漑之方畦畝鱗次相屬田皆老荒弗闢又招粵東流民後先千餘家報墾升科其他善政尤多

楊三知字知斯直隸良鄉人順治三年進士授山西榆次縣知縣榆次經流賊殘破後井里蕭條三知以恩義安輯戶口日增康熙五年大同鎮總兵姜瓖叛連陷州縣攻榆次三知厲吏民募鄉勇守城夜遣人斫賊營間有斬獲賊不退三知令偃旗鼓示弱賊徑薄城攀堞欲登三知急起麾衆發矢石斃甚衆賊憤益兵圍之相持踰六月敬謹親王尼堪分兵來援賊始敗走三知設保甲練屯聚復捐俸立社學置膳田以資膏火士民感之擢兵部主事累遷郎中外擢四川松龍道上東道上東道屬經張獻忠慘戮存者在絕峒密箐中招徠千數百家築堡渝東民名之曰楊公堡十一年補陝西神木道十三年入覲還至保德聞提督王輔臣叛附吳三桂從者勸遲行勿渡河不聽疾馳還署圖城守蠡三桂勛闖賊殘孽過神木市恩民謬德之立生祠三知卽毀之察知縣孫世譽忠實可倚時輔臣播僞劄將弁多爲所誘分據城堡惟韓城知縣翟世琪與神木通聲援世譽隸鑲紅旗世琪山東益都人順治十六年進士關中幷稱賢令者也叛黨朱龍犯神木民洶懼三知適受檄赴京師代賀有諷可携眷行者謝之赴闕事竣抵署三日延安吳堡相繼陷賊至乘城死守親挽強弩發無不中柳溝營游擊李師膺受僞劄鼓衆譟餉世琪出諭賊先被戕及其二子神木守將孫崇雅亦通賊城遂陷崇雅合賊將環說三知以延綏開府啗之不應脅交敕印不與賊迭以甘言誘三知且擁回署三知過井厲聲諭家人勿作兒女態躍而入賊遽縋出之臂已折力以三知在官廉平初未相迫毋自苦爲詞三知大罵不絕口乃舁置別室環守之載脅載誘一夕忽合扉不知何以賊之其妻妾及二女俱赴井以殉城復後家人始於淺土中獲三知遺骸經長夏面色如生世譽亦抗節不屈賊羈之深室輔臣後降卒害世譽以滅口

劉嘉猷字憲明江西金溪人由明舉人順治初署興國新建教諭以正誼明道爲敎士多化之秩滿改福建侯官縣知縣爲閩浙總督范承謨所賞撤藩命下嘉猷度平南王耿精忠必應吳三桂叛謂家人以旣宰茲土義不汙賊康熙十三年三月精忠紿文武赴藩府計事嘉猷從承謨後見鋒刃交戟脅承謨降不屈縛以去嘉猷歷階而上厲聲叱精忠福州府知府王之儀建甯府同知喻三畏同發憤罵賊精忠喝武士殺三人衆股慄嘉猷戟手作搏擊勢芒刃亟下與之儀三畏同時被害城守千總廖有功見逆殺三人發憤大呼亦死之

高天爵字君寵漢軍鑲白旗人後改隸鑲黃旗由廕生於順治四年任山東高苑縣知縣累官至江西建昌府知府先是廣昌山賊踞羊石滴水二砦爲巢穴官軍仰攻輒爲滾木礧石所傷罷攻招降賊佯就撫仍伺隙煽亂官軍斃之獄餘賊益負固適風雨交作漂流樹木衝斷橋梁賊保巢不出天爵會巡道參將出不意直擣之禽斬盡毀其巢耿精忠據閩叛縱黨入江西犯建昌時天爵已擢兩淮鹽運使或勸之速行天爵以守此土十六年雖受代不可遽離答之率家丁數十人禦賊萬年橋城守副將趙印已降賊乘天爵力戰從後縛之獻賊載送入閩再四誘降不屈囚之越歲餘與副將王進武舉胡守謙把總楊起鵬姜山等同謀遣千總徐得功出仙霞嶺迎大軍入關陰結死士爲內應賊黨偵而訐之十五年九月四日遇害後以福建巡撫卞永譽請以天爵與原任福甯總兵吳萬福福州府知府王之儀邵武府知府張瑞午建甯府同知喻三畏邵武府同知高擧侯官縣知縣劉嘉猷尤溪縣知縣李垍福州城守千總廖有功等合建一祠於省城西門外復以子其佩請扁書藎忱義烈四字以額其家祠長子其位自有傳

李成功奉天鐵嶺人順治六年武進士歷官至廣東潮州參將康熙十三年總兵劉進忠應耿精忠叛成功潛與游擊張善繼等謀誅進忠事覺進忠以兵脅同叛曰汝爲我中軍我視汝猶子何無義至此成功曰祿山叛國死於豬兒李泚叛國死於韓旻汝今叛國不知死之將至我何爲從汝進忠命斬之罵不絕口而死善繼直隸彭城衞人習儒通孫吳兵法康熙六年第二名武進士授潮州城守營游擊進忠陰遣腹弁赴精忠獻欵弁歸與進忠謀曰善繼剛方固執深得衆心宜亟散其卒進忠遂令所部分隸私黨善繼麾下虛無人謁進忠曰公不聞晉王敦乎威勢未嘗不赫也兵敗身死發瘞斬屍未有叛國而克全終者進忠怒羈之馬王廟貢生林應璧同被羈日談古忠孝事進忠屢遣人諭降終不屈令斬之白虎陝西秦州人康熙十一年官澄海協右營都司有虎將名進忠將叛調虎與其子崇質入郡至則知進忠有異志潛爲涕下進忠令虎易幘虎曰頭可斷幘不可易令翦辮虎曰頸可截辮不可翦且責進忠詞甚厲左右以搖惑軍心慫進忠斃之進忠愛其勇不忍曰此愚人不識時務耳遂羈之募取虎妻張虎孫士俊爲質虎與同志密遣人赴省請兵約內應謀泄將就刃謂崇質曰死吾分也委身存祀則在汝崇質對曰父爲忠臣子從叛賊烏乎可縛至西市虎望北叩首大言曰君臣大義盡於此父子至情亦盡於此矣觀者皆泣下何亮潮州人官澄海協千總虎以心腹待之亮隨虎赴郡進忠羈虎旋以內應事泄幷將斬亮進忠叱之亮謂當訴於天同時遇害其兄弟妻子被殺者尤衆于國璉奉天人爲續順公沈瑞旗員進忠亂作瑞命偕郡統宋文科鄧光明攻之戰太平街三日國璉身先士卒射傷進忠左臂賊披靡以衆寡不敵終爲所敗瑞縛光明及國璉以降國璉獨不屈斬於市屍僵立不仆數日面如生衆咸異之

嵇永仁字留山江南無錫人用長洲籍入學爲諸生入閩浙總督范承謨幕耿精忠應吳三桂叛執承謨脅永仁與同幕王龍光沈天成及承謨族弟承譜降不從被執永仁少好從士大夫游討論國家典故六曹章奏條分件繫著有集政備攷一書以范嵇世交故相從至閩時精忠蓄謀未發屢陳弭變策如請撥協餉補綠旗兵安揷逃弁條議屯田諸端冀固民心殺賊勢又請借巡視沿海爲名提輕兵駐上游制賊以文武吏皆預中賊餌號令格不行在獄凡三年賊害承謨乃痛哭自經死永仁知醫著有東田醫補工詩詞有竹林集葭林堂詩獄中又著詩二卷文一卷與龍光相倡和者又有百苦吟龍光字幼譽浙江會稽人諸生屢躓鄉闈年五十餘已倦游承謨撫浙延課其子擢閩督龍光以父老不欲行父以承謨有德於浙義不可辭遂往旣被執脅草安民檄誘以官爵皆不從與永仁誼最合嘗語龍光曰死之日魂魄願無相離在獄著養花說及雜詩五十餘首以見志天成字上章江南華亭人變作時與永仁約同死偶外出俄傳同難諸子死訊遂出踐宿諾爲逆黨縛獄時鞫者方窮究章奏將歸罪永仁天成厲聲辨曰承謨心事靑天白日承謨無他志書生更何與焉乃同繫獄著詩一卷曰聽鸝又纂花譜一卷以自遺三人在獄有書名和淚譜者龍光

爲永仁撰一首永仁爲龍光天成撰各一首詩詞皆燒桴煤畫墻上賴義士林可棟者或云泰甯人許鼎時往獄中探視默識之得以傳世承謨初被難部曲有張福建者手雙刀大呼奪門衛承謨羣攢刃死之精忠令三十二人監守承謨中有蒙古人嘛尼欲免承謨事泄被磔

葉有挺字貞夫福建壽甯人康熙九年進士甫釋褐即徒步南歸耿精忠以閩叛檄郡邑凡在籍搢紳悉坐名勒限起送有挺恥之潛入江西界佯言已死逾年以念母潛返僞縣令偵知之持檄促赴召有挺告母曰兒得進士思有以報君父今以進士被僞檄是得一進士反爲從逆之資兒死不赴如母何母以大義勉之乃抱母大號遁匿山寺僧知其爲葉進士也微拒之有挺仰天歎曰有挺豈以儒者七尺軀苟延旦夕爲釋氏恐怖又豈以身死蕭寺貽主僧禍夜起北向九叩南望母再叩出走山下自經古木死亂平無以上聞者故襃賜皆不及同時閩中殉難者蕭震侯官人順治九年進士任山西道監察御史丁父艱回籍精忠叛謀討之事泄遇害張松齡莆田人順治十二年進士由庶吉士屢遷四川參議時川省彫敝松齡加意撫綏流亡漸復裁缺歸里耿逆迫以爲僞職羈數月終不屈死施大晁福清人康熙十二年進士聞變匿金芝山募壯士助大兵進討賊執之嚙舌罵賊嘔血數升死莆田舉人劉渭龍建甯舉人謝邦協南平舉人原任丹徒令鄒儀周皆不受僞職渭龍匿深山絕粒死邦協舉家避村落中逆黨以火攻之不出闔門遇害儀周爲所執不屈死光澤縣民毛錦生素有膽力賊蹂其村邑當事飭爲練總導大兵進勦遇伏死雲際關清流縣諸生李亭隨邑令守城幷集鄉勇拒戰旋被執詈賊死又有張存者順昌人精忠亂作存糾義旅保元坑鄉脅授總兵劄令率衆出江西分大軍兵勢存不從時和碩安親王岳樂駐師南昌存潛使赴軍前乞援並條上攻賊機宜岳樂授存總兵劄令捍禦建昌邵武汀州等地且爲內應賊偵知之急攻元坑地平無險可扼存以忠義激衆屢敗賊賊恚甚分三路夾攻卒以不支存被執死之

戴璣字利衡福建長泰人順治六年進士授主事例轉湖廣按察司僉事時滇黔未入版圖上江防道尤要璣徧歷所部自岳州至嘉魚立七汛造哨船巡邏往苻無警又於洞庭湖接立三汛行者尤便之洪承疇正經略五省以韓范儔稱之尋遷陝西西甯道未行丁父艱服除補廣西右江道駐柳州東蘭土酋構禍日久璣以恩意調解之大酋黃應元煽亂則斬渠魁以徇諸蠻用是懷德畏威頑梗盡化柳堡屯田寄佃於民既輸軍租復應民役爲申請督撫具奏獲免復修葺文廟及羅池司戶二賢祠會朝命裁倂監司解任歸里督課諸子教以忠孝大義耿精忠亂作臺灣賊陷漳州時璣次子鏻爲海澄公將守東門賊劫至城下使招鏻降璣大聲呼鏻堅守勿以老人爲念賊怒牽去城破鏻巷戰死闔門爲俘大兵復漳州賊遁璣與子鐦等乘間入山而妻葉倂諸幼子爲賊執赴臺灣璣詈不爲意賊復犯海澄及長泰璣再被執脅之降不從幽之密室歷年餘終不爲屈朝夕誦文信公正氣歌以自壯一日顧謂子銑曰吾久辱不死何爲遂絕粒數日病甚衣冠命銑扶掖北向再拜曰臣死命也當爲厲鬼殺賊索紙筆大書惟忠惟孝可以服人數字嘔血數升死年七十有四

劉欽鄰江南儀徵人順治十八年進士康熙八年授廣西富川縣知縣十三年廣西將軍孫延齡叛應吳三桂遣僞將陷平樂府旋圍富川欽鄰募鄉勇城守與賊相拒五十餘日同城把總楊虎受延齡僞劄句土賊千餘助攻虎夜引賊入欽鄰率家丁力戰殺賊三十餘家丁死者七欽鄰被執賊加以毒刑縛送桂林延齡誘降不屈羈之欽鄰賦絕命詞死追謚忠節崔成嵐鑲藍旗漢軍由官學生任鬱林州州判署藤縣知縣十四年孫延齡黨吳鳳等率賊數千犯藤縣水陸夾攻成嵐與守備劉志高汪雲龍典史黃新德守禦賊暫退已而復合延齡軍數千攻城西南抵禦益力巡撫洪陳明復遣援兵協力勦殺賊不退僞將軍綫成德復率賊萬餘由賀縣來勢益熾成嵐等相持七晝夜城陷成嵐手刃二賊歿於陣志高等均死之新德廣東海陽人讀書不多好遺文人皆笑之事亟時命其子日禱扶母歸養既被執賊欲授以僞官新德曰王彥章且不肯降唐況天朝臣子從賊乎賊欲屠城新德曰倡守城者官也殺尉足矣於百姓何與賊怒斮之新德罵不絕口刀斧交下碎其屍家人四婢一皆死焉微官死事世尤重之

柯永昇漢軍鑲紅旗人由員外郎出任湖南糧道累擢至湖廣巡撫康熙二十七年飭裁湖廣總督令標兵分別存撤五月裁兵夏逢龍同夥呼爲夏包子者結衆作亂二十二日突入巡撫署拒者輒刃之傷永昇臂奪其印復傷永昇足仆地悉驅其親屬家人出走搜掠財物永昇乘間自縊死賊四出剽略永州錦田衛守備隨光啟嬰城守力竭死之武昌永定營中軍守備孟泰鏖戰金口亦中礟歿守備李國俊陽附逢龍從圍應城夜半賊潛梯登城國俊遽鳴鉦大呼城中驚起擊敗之脫還武昌卒死樊口時署布政使者爲葉映榴自有傳

道禪滿洲鑲黃旗人姓戴佳初爲王府長史康熙中厄魯特噶勒丹犯喀爾喀朝命中外備兵三十五年大兵三路進勦道禪奉敕往諭噶勒丹先是三十一年員外郎瑪第奉使策妄阿喇布坦爲噶勒丹掠執不屈死至是賊復誘降道禪抗聲罵賊死之

李茂吉福建漳浦人臺灣水師營把總平日不以官小自卑康熙六十年土賊朱一貴亂作自請於副將許雲戰敗被禽賊渠怪其不跪叱之茂吉舉足踢其案案翻奮力斷縛直前奪刀殺賊賊共斫之頭腦破裂尙罵不絕口賊碎其屍

劉崐字玉巖四川保甯人由武舉從軍有功雍正八年擢權雲南東烏營游擊佐總兵劉起元守城烏蒙夷祿萬福者僞土知府萬鍾族弟也先是府隸四川萬鍾數擾雲南邊界雲貴總督鄂爾泰擒鞫伏法使萬福父鼎坤襲職移隸雲南時改土歸流既設東川府次及烏蒙改授鼎坤守備趣赴闕鼎坤怏怏行密使萬福煽諸蠻爲亂未發崐密告起元爲備起元蔑視之檄萬福來見萬福懼遂嗾衆反圍府城崐聞變解所佩刀與妻張氏訣出與起元商禦賊策皆不應而游擊汪仁獨以撫賊說起元起元從之登城被賊辱崐遂開城率數十騎大呼赴賊游擊馬乘倫與之俱斬數百級賊稍卻野夷數萬蠭至崐遂與乘倫相失勢益孤轉戰至次日弩穿左脅創甚北向再拜割襟蘸血大書石壁曰淋漓鮮血透征衣報國丹心總不移十四字拔刀自刎死賊歎其忠以土覆之而去崐妻聞變則以崐佩刀手斫二女及妾乃引刀椓喉一門同殉焉語見列女傳乘倫既失崐亦轉山菁間鏢貫其頤猶手刺數賊力竭跳厓死時官烏蒙通判者爲劉鎭寶鎭寶字楚善江西彭澤人由舉人考授中書舍人發雲南用知縣鄂爾泰器其材奏擢通判鎭寶既蒞任駐大關鎭鎭距府三百里爲苗疆新闢地苗警既急以鎭寶熟諳苗情檄往招諭至則開陳禍福詞甚備苗逆抗之反執鎭寶鎭寶罵賊烈爭斫之支體糜碎事平滇人以鎭寶與崐受害尤酷爲立廟祀稱二劉公祠

羅鳴序湖北漢陽人康熙五十年舉人任貴州麻哈知州兼署黃平州事雍正十三年春古州苗叛脅清平黃平施秉鎭遠四州縣生熟苗皆應四月陷清平縣之凱里汛去黃平新州三十里鳴序時在黃平聞變趨新州謀守禦環州苗皆起馳報府縣急援不應苗大焚掠鳴序以城亡與亡自誓客陳憲者請與俱鳴序卻之憲以君能爲忠臣我獨不能爲義士爲對相與尋後山有樹可援繫者各默識之鳴序乃解兩州印付健僕送省出公帑千付書吏藏某處曰可以死矣或曰此署事也有本州在何不去此而保麻哈或曰此新州也何不去此而保舊州皆置不聽或告曰城陷矣即趨向所識處將自經俄又告賊猶未入則又徐與憲還登城守迨矢石器械盡城中火起無可再守乃卒與憲至後山絓樹以死從死者數人諸生初震周大任兩家皆死之憲浙江山陰人

清史稿　列傳

忠義三

強克捷 諸綸等 宗室奕湄
景興 康孝寬等 王鼎銘
呂志恒 鄧用之等 楊延亮
師長治 王允字

宗室恒斌字絅文太宗第十子輔國公韜塞後授三等侍衛父薩喇善官吉林將軍緣事命戍伊犁方臥病恒斌陳請代奏以身從父往詔許之而以沽名褫其職恒斌在途侍疾至廢寢食父每怒其愚無幾微怨既抵伊犁父疾以瘳將軍阿桂大賢之會哈薩克新附遣使入貢有旨擇賢員伴送阿桂即命恒斌充伴送官途間馭陪臣忠信得大體召見慰藉復其官令留京供職恒斌請畢伴送事仍往伊犁侍父允之擢二等侍衛會烏什回叛恒斌隨將軍明瑞由伊犁倍道進勦戰屢捷領左翼兵陣城南山下賊鏖至恒斌奮勇擊之所向披靡賊懼隱城壕誘敵怒馬而前萬鏃齊發不及禦陣亡事聞褒恤而宥其父罪還京

倪國正字懋功四川成都人康熙舉人雍正十年揀發廣西授義甯縣知縣義甯東北曰雙江苗民雜處與湖南城步綏甯二邑紅苗接壤計千餘里隘口十堡七十二大小寨凡數百不通教化僅設雙江巡檢羈縻之乾隆六年楚匪黃順等煽粵苗僞稱名號國正計禽黃順中道被刼還合楚苗爲奸國正牒文武諸大府請兵撥駐四百名苗稍靖時大府意在招撫知府張永熹巡檢蔡多奇迎合其意遂撤駐兵而檄國正與多奇及縣丞吳嗣昌同往國正將行歎曰此所謂投虎以肉徒肆其噬耳行數日抵苗巢苗挾兵出迓氣囂甚多奇易衣遁衆失色或告國正不去禍將及國正曰吾固知犬羊之性不先以威不可以德化也今日之事有死而已付健役縣印令間道馳還正襟坐待之苗突至取官弁及隨行隸三十餘人盡掊殺之禁國正土窟絕粒六日縛至烈日中去其衣掘土埋足至膝脅之降不屈授以紙筆令省中以萬金爲贖可不死國正擲筆裂紙大罵苗怒擊其齒血流被衣聲益厲齒盡截其舌國正猶噴血作罵狀遂擊死沈屍深潭事聞帝爲之輟食國正爲諸生時書押則云爲國盡忠案頭玉尺亦刻丹心捧日蓋報國之志本素定云

趙文哲字升之江蘇上海人生有異稟讀書數行下同時青浦王昶嘉定王鳴盛曹仁虎皆以能詩名獨心折文哲爲人瘦不勝衣而意氣高邁由廩生應乾隆二十七年南巡召試賜舉人授內閣中書在軍機章京上行走以原任兩淮鹽運使盧見曾查抄案通信寄頓褫職時大軍征緬甸署雲南總督阿桂奏請隨軍阿桂由緬至蜀將軍溫福方督師征金川見文哲與語大悅之時溫福與阿桂分兵文哲遂入溫福幕溫福重文哲片時不見輒令人覘文哲何作已而連克金川地三十七年十月遂勦平美諾以功復中書又授戶部主事仍隨營治事三十八年兵至木果木六月小金川降者叛與金川合抄後路師將潰在軍者逆知賊大至相率逃竄文哲毅然以爲身爲幕府贊畫且叠荷國恩詎可捨帥臣而去卒與溫福同死同時遇害者刑部主事王日杏新繁縣知縣徐瓚酆都縣知縣楊夢槎合州吏目羅藏堂其在各臺站遇害者潼川府通判汪時漢州知州徐諗內江縣知縣許椿大竹縣知縣程蔭桂秀山縣巡檢郭良相納溪縣典史許濟其沿途被害者候補從四品王如玉候補知縣孫維龍張世永布政司照磨倪鵬候補縣丞倪霖秀山縣典史周國衡先後殉難者又有重慶府知府吳一嵩原任貴州大定府知府鍾邦任刑部主事特音布原任湖南澧州知州吳璜原任浙江雲和縣知縣彭元瑋四川崇慶州知州常紀原任廣西越嶲廳通判吳景納溪縣知縣章世珍營山縣典史吳鉞幕客同與難者朱南仲楊紹沂熊應飛田舒祿顧佐岳廷栻周煒鄭文許國長炳王鳴鏞十一人事定四川成都府金川崇化屯先後建祠祀之均建慰忠祠碑日杏字丹宸江蘇無錫人善書於魏晉以降書蹟臨摹畢肖官中書行走軍機處每扈從行闈遇公事旁午坐馬上盤一膝置紙膝上信筆作小楷疾如飛有官中書者見機要大臣踞一足請事日杏怒詈之謂爲非人知銅仁府民以王青天稱之汪時浙江錢塘人時駐岱多喇嘛寺寺破罵賊死官軍收復小金川見血影濺涅壁間尙瀧瀧如塗焉程蔭桂浙江仁和人與其子烈同遇害孫維龍字普田寄籍宛平先官安徽黟縣知縣創立書院延劉大櫆教士又建石橋於漁亭鎮通浙楚往來行旅稱之吳璜字鑑南浙江會稽人父綸文舉博學鴻詞科璜爲商盤甥早以詩名常紀字銘勳奉天承德人以進士選授西充縣有治行嘗興建關神武祠殉難後縣民即關祠肖紀象祀之吳鉞字炳臣河南固始人賊犯木果木時鉞守澤多耳糧站去大營六十里大營以東澤耳多以西松林溝赤里角溝俱爲賊奪事急有勸鉞走者鉞奮然曰吾奉命守此與站存亡分也與我共殺賊者吾骨肉也因拔佩刀立木城旁曰敢言走者斬衆心稍定賊至鉞率兵役禦之衆寡不敵火器環擊木城猶徒手抵賊卒被戕

曹永閶字文甫浙江金華人雍正七年武舉人補江南大河衛千總洊擢四川海甯營參將御士卒嚴而有恩多樂爲用乾隆三十六年隨溫福征小金川提督董天弼檄守牛廠石卡旋爲賊據天弼自劾並請治永閶罪上念小金川事棘置未問永閶迺與阜和游擊宋元俊獻三策一自斑斕山探小金川擊其首一自美諾趨甲金達擊其中一自約咱進取僧格宗擊其尾用其言頗效永閶善謀謀定而戰元俊諳地利進退有度軍中曹宋齊名不數月悉復明正侵地前後十餘捷三十七年隨攻克布朗郭宗底木達執僧格桑父澤旺以獻明年師以賊扼險不得進別取道攻昔嶺移營木果木木殿偏山後要隘而賊突薄大營刼糧臺奪礮局會運糧士卒數千爭避入營溫福堅壁不納轟而潰賊蹂入溫福遂遇害是時永閶軍距稍遠聞礮聲遽嚴甲起飛騎至曰大營失矣問大將軍安往曰不知傍一騎至曰宜速退叱曰大將軍不知所往吾將焉往即蹀血進殞於陣同時殉難者參將惠世溥以下四十七人

何道深字會源山西靈石人由武進士乾清門侍衛出爲貴州提標游擊乾隆三十二年兵部尙書明瑞總督雲貴進討緬甸集諸道兵明瑞聞道深訓練營卒可用檄至永昌果整練冠他軍三路出師以道深所統自隨從取木邦破錫箔踰天生橋大戰蠻結賊立十六寨暨木柵列象陣力拒道深冒矢石攀柵先登火槍中右額紀功第一又從入窮午去賊巢阿瓦城益近賊斷木壘石守隘官軍糧少火藥鉛丸垂盡將旋賊抄其後道深爲之殿遇山谷險阨必奮戰俾全師得度至猛育未至猛育前二日道深中鳥槍夜息部下枝進曰傷重矣賊至日衆道險難與敵盍稱病且逸歸乎道深曰賊衆乃將卒致力時也叱之退明日戰益力初明瑞將中軍趨錫箔別將分左右軍異路約會師及至猛育兩軍渝約前阻大山賊盡塞蹊隘環圍數重軍殺馬以食三十三年二月明瑞令夜拔營以次衝出平明賊來邀截道深立高岡指揮拒之他軍士得從旁脫出道深自晨戰至日中被數創始仆道深撫士嚴而有恩其始聞檄調也令二日即行凡無子無兄弟者皆弗從歿後軍皆悲涕以其帶髮還詔賜葬本邑

沈齊義字立人浙江烏程人乾隆九年舉人大挑用知縣發山東歷權冠汶上費齊東等縣題補泗水齊義有吏能初往鉅野辦振盧吏胥作奸親自登記歷數十里皆然冠有剪辮訛言謂妖人翦人辮髮能以呪語攝其魂令移他處錢物入已被翦者數日即死訊無實悉縱去他縣獄上皆獲讞人服其識汶上爲入都孔道東門外石橋久圮撤而新之南旺蜀山馬踏三湖爲漕渠水櫃隄壞出貲修築工固而民不擾泗水多閒田而民間畜蠶者少悉令栽桑飼蠶自此隙地皆桑繭絲之饒甲他邑費有寃獄特緩其事或以吏議懼之齊義謂與其令民以寃死毋寧被劾以去官三十七年改授壽張縣境趙王河淤三十餘年大雨至水無所洩禾麥皆淹死民多逃去請募夫開濬凡三十餘里上引范濮諸水悉達諸五空橋自是南鄙無水患民皆復業故明藩府私田賦極輕入清謂之更名地部議加賦壽張更名地二千四百餘頃先於雍正間歸入籽粒地加賦而舊名猶存乃檢尋故牘以原委達大府剷除之故事歲辦河工稭料及解京黃蠟分里購買吏用爲奸爲往他所買解民得免累所至求民利病若其身事三十九年八月二十八日夕陽穀縣黨家店奸民王倫糾衆突起爲亂入壽張齊義聞變即衣冠出涖宅外斥曰吾非贓吏爾等刦我何爲賊伏拜曰知公廉民等亦素沐公恩但須及早從順則生逆則死齊義駭曰爾等不顧赤族誅耶大罵之賊謂齊義不知生死麾衆退令自爲計齊義即入解其印令掘坎埋之復出家人及賓友挽其臂揮去趨宅外僕又牽馬至請上省告急齊義曰若將使我蒙面見上官耶批其頰斥之須臾賊復至有泣拜求請者齊義大怒拳足交下賊擬以兵齊義毒罵不絕口遂攢殺之先數日齊義聞陽穀有妖人聚衆遣人四出偵刺賊懼禍及首刼壽張故齊義罹於難賊既破壽張遂掠陽穀堂邑縣奸民王聖如亦刼殺村落應倫權縣事陳枚死之枚字元幹廣西全州人由舉人揀發山東用知縣聞聖如亂作即馳往搜捕盜逮賊黨妻子繫獄而聖如以倫衆數千至邑無城守具人情洶懼枚本攝任將受代或勸枚引去枚指天日自誓與城存亡城陷被執怒目視賊賊曰攝令爲令清敕勿殺枚愈怒髮豎眦裂罵曰汝輩罪不赦乃敢云赦吾耶脅以刃不屈其弟元樑奔救手刃數賊賊縛枚及元樑至王倫屯偪令跪仍不屈賊先斷枚兩足又斷兩手旋支解元樑弟兄同時死堂邑訓導吳璟福山人年七十餘矣攜姪文秀及僕王忠到官賊刼學署見其老置不問璟叱之詞甚厲賊怒殺璟及文秀與忠陽穀縣丞劉希燾典史方光祀壽張營游擊幹福調守陽穀莘縣汛把總楊兆立堂邑汛把總楊兆相等亦先後被害

溫模字孫朗福建長樂人入貲爲吏目發甘肅借補通渭縣典史乾隆四十九年鹽茶廳逆回田五倡新教作亂聚石峰堡遂犯通渭模以回民馬世雄預告知賊計爲之備知縣王慺恇怯不任事模乃與縣署幕客邵如椿縣紳李南暉

同時城守模率兵民登陴禦賊凡七晝夜士皆用命糧盡請開倉給守者僕持不可城將陷馳返官廨正衣冠北向拜鍵戶自經死世雄戰死如椿浙江紹興人父以申韓術遊陝西因占咸甯籍補諸生如椿就僕聘事急乃立城闉袒而大呼曰好男子當從我守城殺賊應者數千人令壯者執刀矛老弱運甓石並集城上而身率猶子曾燮登西墉以當賊衝城庳薄賊蟻附上手短刀格鬥良久力不支被執賊方肆戮猶大言曰首議守城者我也何多殺他人爲凡被十三創曾燮被十一創均罵不絕口死南暉由舉人於乾隆三十年任四川威遠縣知縣以疾告歸先於逆回蘇十三肆擾通渭有守禦功至是又率子思沆猶子師沆召募壯夫百五十人助城守累擲大石殺賊城陷巷戰與子思沆同罵賊死師沆自經死安定縣典史費元燈亦以奉檄偵賊被害

湯大奎字緯堂江蘇武進人乾隆二十八年進士授福建鳳山縣知縣五十一年冬臺灣賊民林爽文作亂起彰化其黨曾伯達等應之南竄鳳山縣故無城僅土垣三尺許時大奎已秩滿候代屬賊勢蔓延乃率僚佐募鄉勇日夜守禦四賊斬以徇方獎厲兵役賊突進北門入縣治典史史謙死之大奎朝服坐聽事手劍擊賊賊刃交下猶瞋目詈不止長子荀業從之官先以父詩文稿畀其戚令遠避身佩刀蔽父不去同遇害大奎初喪其元城復後有僕識大奎繫髮綫形容亦約略可辨因併入棺孫二貽汾自有傳謙字昭和順天宛平人先遣子善戰奉大母出避乃與大奎同城守死後亦喪其元爲百姓竊埋之賊退始改殮周大綸字理甫直隸天津人乾隆二十年由貢生捐職州同發福建補臺灣府彰化縣丞數年知民頑憂形於色屢言於上官斥不信任滿將引見假公事滯諸羅亂作大綸奮入縣治縣令儒甘以身殉大綸曰國家建官命能守不命能死坐致民逆死以塞責小丈夫也激之弗應爲謀所以禦賊計夜賊入據縣治有見大綸者縛去不殺而勸之降大綸大罵之賊摑其頰撫頰大哭曰此顱乃爲賊汚首觸柱額裂囚數日卒遇害大綸僕陳德以護主不去大綸死以頭椿賊支解死壽同春名星以字行浙江諸暨人習文法客臺灣淡水廳同知程俊署年七十餘矣竹塹城陷俊先以出捕賊遇害俊子攜印走同春爲賊執佯爲所用賊留其黨三十六人守城而自出掠同春客淡水久胥徒皆熟習士民皆信服潛爲糾合甚衆出不意就同知聽事駢斬留賊即日閉城門爲朝廷守賊聞大駭悉衆返攻同春部勒其衆日夜登陴樵蘇既斷發屋掘鼠爲食得間輒出選鋒擊賊相持數日賊稍引卻道通署同知徐夢麟始以印至次第招撫附近脅從者夢麟一切倚同春辦治是時首逆負嵎據大里杙自固官軍環營其外疑莫敢入同春草書與夢麟令上軍門速攻之久乃得報合六路進勦同春率官軍從西路入而鹿港之兵遷延失期既入無援馬蹶被獲賊恨同春久至是喜得報攢刃支解之又廣東嘉應州人李喬基者名安善以字行善少林拳術客臺灣見土豪嘯聚相讎殺歎曰亂將作矣乃簡僮厲南北莊人團練之亂作郡城大震召諸健兒曰賊衆一鬨而出遂破彰化淡水諸羅三城所不即取郡城者懼粵人躡其後耳吾出兵牽制之賊至則守去則擊相持久則援師且至賊不足平矣集萬餘人莊爲柵里爲壘計畝以爲糧一莊有賊諸壘應之賊數至皆不得逞十二月率三千人從知縣張貞生復彰化已而糧盡士卒多散去城復陷明年正月復從總兵柴大紀復諸羅自起義兵與賊二十餘戰斬馘萬計賊銜之以萬金購喬基首二月喬基與從子舉柏率健兒數百人赴鹿港請火藥爲賊所偵還至青埔伏發禦之殺數百人賊大至矢石交下突圍出失舉柏喬基三入賊中傷左股被獲諸健兒皆戰死賊誘喬基降罵賊賊斷其舌縛而射之猶不屈乃磔焉至是白衣冠哭者萬餘人皆誓不與爽賊俱生也是役也死事之烈以喬基爲最

熊恩紱字隆輔廣西永康州人乾隆十七年進士父疾意不在試以詭脫列下等歸本班選用選授直隸永安縣知縣累遷永平府知府四十三年高宗東巡召對稱旨擢霸昌道改大順廣兵備道爲政務持大體尤慎刑罰時語人曰慮囚但久跪索供感寒濕即病足或發他疾皆足致死豈獨三木能斃人也始單縣有劉某者習八卦教煽惑鄉里官捕而殺之械其子於獄人復就獄中傳其術從者益衆自山東河北直隸境無慮數萬人而段文經故胥吏以事斥革家居性險詐屢挾數以役人羣服其黠奉以爲師立期刼單縣獄圖攻奪州郡恩紱聞之下元城令密捕所在匪黨而郡縣吏皆通賊多爲耳目者走白賊云將屠滅汝等賊駭且恚突於五十一年閏七月十四日夜半毀道署入殺恩紱恩紱聞讙聲疑失火旋知有變亟還令人守庫舉印授妻繆氏挺身出大罵賊攢刃斫之賊固與其黨有成約以先期起事不及應戕恩紱即散刼郡縣署皆以有備不獲逞故鄰境得以次禽獲恩紱被害尸面如生兩手猶作搏賊狀家人以守庫被殺者六人印以繆氏匿之得無失恩紱逆折賊謀不至如三省教匪蔓延不已躬犯大難論者多之

宋如椿漢軍鑲紅旗人以寶慶通判權乾州廳同知乾隆六十年正月黔楚苗石柳鄧石三保等叛廳苗響應居民爭避竄如椿召諭之曰若屬先人邱壟皆在不可棄同知地方官當爲若效死守皆許諾已而賊勢張甚棄去者大半如椿被髮徒跣周走號呼勸之守自旦至夕不絕聲訖不聽賊旋攻西門如椿仗劍出禦傷左骸歸北向再拜自刎從人張忠在側固遣之弗去亦被創死方賊攻急如椿度不能支呼巡檢江瑤佩廳印令赴辰州求援瑤出城遽遇賊死其子朝棟挈印送辰歸覓父屍與家屬俱遇害趙福湖南零陵人由行伍隨征金川有功累擢至鎭筸中營守備逆苗滋事駐守淥溪口淥溪爲鎭筸糧道約士卒嚴民安之五月官軍從狗腦巖潰歸賊衆近萬人謀絕糧道攻之急時守兵先抽調其半民請福避去福曰兵衞民將統兵爾輩可去吾奉命守淥溪去一步即失職苗至福怒馬奮槊當先拒之殺數十人苗分番更戰民以福不得食爲納橐饘福揮去之且曰賊之不遽追戮者以我在也我死合力追汝無噍類矣民泣涕去麾下五十人感福義無一逃者戰一晝夜溪橋被撤卒死且盡手過山槍三發斃苗數十人指掌焦爛不能持身被數創投溪死民隔溪望者咸痛哭苗旋散去難民數千賴之全活後架數椽祀之曰趙將軍廟劉昇邵陽人寶慶協把總從副將某征苗副將逗留不前昇於衆中出謾語某銜之師至狗爬崖令率百人爲前鋒約舉白旗爲後援昇策馬轢陣賊不能支偵無後繼復悉銳搏戰昇連舉白旗旗失復解所服白袷招之某故按兵不發昇戰死百人殉焉死極慘首體糜粉無可收瘞者後祀昭忠祠主入時旋風暴起吹氣作血腥襲衆幾仆時以鄉團死最烈者有滕家瓚家瓚湖南麻陽人諸生有膂力能負鐵礮擊賊捐布政司理問職銜居高村與乾州苗接壤乾隆六十年逆苗掠麻陽家瓚同兄監生家瑞弟武生家瑤悉出家財鉅萬設卡堵禦有功自正月至四月共打仗十八次殺賊八十餘名賊恨之總督福康安寵異家瓚家瓚爲畫破賊策甚備一日家瓚率衆守溪口賊驟圍其居曰出家瓚禍可已族弟武生家泰挺身出語其村人曰豈可惜一身而害一村遂大罵賊自承爲家瓚賊剝家泰皮至死不更一辭又執其家口始知非家瓚也全家被害家瓚聞而馳救無及請官兵援助官軍忌其能不助一卒且檄調鄉兵他去家瓚復往溪口與衆共守賊急攻之力鬥死

蕭水清字廣銓廣東平遠人以監生納捐發湖北補保康縣典史嘉慶元年二月白蓮教謀反姚之富齊王氏起襄陽曹海揚祁中耀起房竹王蘭曾世興起保康衆各數萬齊王氏掠州郡與王蘭會保康之白溪溝賊黨楊昭爲內應水清給印札曉諭四鄉激以忠義賊遽至縣城故庳薄水清拒守殺賊過當歷五日夜不懈遣勇健詣郡乞援爲賊得圍益急水清知不可爲旋署語其妻曰吾義不屈爾其自爲計妻誓先殉子其馨等及家人皆願從死遂出城已陷遇賊縣治前罵賊死焉教官黃義峰吳珍義子其馨其芳族子祚超妻弟林鳳良同殉之妻林氏子婦韓及孫女與僕婦婢女等皆闔戶自刎水清死後鄉勇始集皆頭插小青箬爲識以別賊從援軍禽賊首王蘭曾世興小青箬者即水清印札之號令也賊旋犯竹山竹山縣知縣劉大成江西新昌人乾隆四十六年進士選授蒞任縣界萬山中故有專營駐防亦以勦苗他調留者僅百名大成先捕得賊黨有約期搶據竹山語即飛牘告急且與僚屬謀曰吾守具未完爲賊乘必困不如出據險要相機堵禦方派撥間賊已據保康乃以典史吳國華守備孫掄魁分守縣治及隘口而自守武陽堡當其衝納縣印於懷據險設伏遣健足偵探終夜無少休賊突越後嶺入縣焚掠國華掄魁俱不支先後至武陽大成復率以赴勦槍斃十數賊來益衆遂退往武陽國華掄魁方出點兵大成乃遣親信出探隘口比反大成已肅衣冠佩印北向自縊矣國華掄魁踵至愕然亦殉焉別股賊犯襄陽呂堰驛巡檢王翼孫亦以拒戰死翼孫江蘇長洲人呂堰當驛道之衝無城可守翼孫聞變募鄉勇戒備而賊已大至翼孫率衆迎擊殲先鋒三人遂登大橋禦之賊來益衆鄉兵潰又手刃數賊賊矛環刺受傷重跳而投於水賊以鈎起之攢刃毀其尸翼孫初至任預立禦賊章程一鄉勇十設頭目一頭目十設總頭目一各相鈐制統於巡檢司附近村落單丁獨戶皆遷於鎭選壯者充鄉勇設哨探定功過儲糧秣練刀仗禁飲博其區畫爲甚備云

王行儉江蘇溧陽人由舉人大挑知縣發陝西補南鄭縣以承審命案不實褫職嘉慶元年投効軍營二年教匪竄汝河以平利縣防守嚴向東南偪白土路營時行儉帶兵六百名偕都司趙禧禦之賊分股前後夾攻禧中刀傷歿行儉罵賊不撓身被矛傷十餘處陣亡以離任文員帶兵協勦罵賊捐軀詔深恤之

王銑字旋可江蘇武進人以四庫館謄錄勞授華陰縣丞性介不合上官先調守山陽豐陽砦糾義勇八百餘人皆鋒銳可用銑被豐陽知縣檄入城共守禦義勇以所將非人被殲銑爲建祠山陽南關勒石誌名姓哭之三年調至洵陽佐理撫卹事縣令圖與銑分吞振款嚴斥之縣令恚圖中傷銑以行臺省需餉急薦銑行至雒南廟溝坡坡高二里銑已北下坡家人甫抑後隊踰坡脊賊高均德大隊至坡南探騎二縱轡馳上家人大呼速銑下馬避賊銑不應探騎至坡脊馳下夾銑去幾一里復馳回一騎以矛剔銑面一騎就刺胸及脇皆洞穿而死同以運餉死者四川省有汪兆鼎兆鼎字子元武進人亦以四庫館勞授直隸蠡陽縣丞以事褫職赴四川軍營投效未用四年同郡朱向隆爲達州巡檢有解餉之役邀兆鼎偕至東鄉縣太平石岸遇賊向隆跳衆謂兆鼎非蜀官盍亟避兆鼎弗應乃各奔兆鼎獨守餉罵賊被害

左觀瀾字繡川江西永新人由舉人大挑知縣發陝西權五郎廳通判五郎扼要川陝無城觀瀾莅任既募鄉勇訓練即牒大府捐廉雇役築土城躬自督之半月工竣三日而教匪至悉精銳啓城追勦斬獲甚衆數日賊突出別道薄城衆寡不敵請援又不至觀瀾乃召子承蔭等勵之皆泣對曰願從死即分兵乘城夜多燃炬束老弱大呼譟賊不知虛實引去將軍德楞泰明亮至詢狀驚歎遣守備率兵駐城中聽觀瀾節制城守益堅民樂爲用以勞補安定縣西安府啟巡撫留之巡撫悟立止毋去任而賊果悉衆至見觀瀾立城堞咸錯愕觀瀾諭賊降次日二百餘人至觀瀾納之守備欲殲以要功觀瀾不聽乃庭集降者曰汝等欲終從賊即聽去降者稽首謝不敢以後至六人不可信令降者自別之果於裏衣得賊黨所以爲識者即斬之投六首城外賊駭遁去三年賊復大至觀瀾舁大礮城上爲禦手發礮斃賊無算觀瀾亦以礮裂傷顱負痛解佩刀付承蔭屬亟遣人間道請代乃卒後二日援兵至承蔭泣叩軍門願復讐總督那彥成哀而壯之俾隨官軍勦賊四年十月躡賊沙溝口力戰陣亡猶手父佩刀不可拔父子俱歿王事賜卹尤厚觀瀾事繼母以孝稱兄觀海官上思州知州時有兄弟爭財者適得思州書念弟甚引蘇軾世世爲兄弟句觀瀾讀而泣下付訟者兄弟令閱訟者感悔泣謝去

董甯川直隸永甯人由武舉選授貴州鎮遠鎮標守備隨勦苗匪嘉慶元年累擢至湖北興國營參將三年隨總兵諸神保等軍勦教匪賞健勇巴圖魯名號復隨副都統額勒登保進勦終報山偕都司張廷楷等自西入奮勇奪山隘官軍魚貫上併力攻擊禽首逆覃加耀等股匪劉成棟張漢潮張添倫分擾巫山荊門及樸闔楊坪淺隘先後擊敗之四年五月股匪高均德竄雲路溝淺隘偕游擊姚國棟合攻賊奔梓桐埡復偕都司劉應世由莪坪迎截殲二百餘名餘匪潰甯川見有騎馬二賊目追益力至樹林中賊棄馬遁甯川令弁兵圍山腰自率弁兵數十下馬追入深林賊併隊轉鬥甯川中矛傷仍手刃十餘人斃騎馬賊一人力竭歿於陣事聞詔曰董甯川下馬擊賊至被戕害似此忠勇之臣不能承受國恩爲之墮淚命直隸總督胡季堂贍甯川母命湖廣總督倭什布送甯川子及家屬歸原籍皆出異數云

韓嘉業字健庵甘肅武威人父增壽官涼標千總隨征金川戰死嘉業誓報父仇入伍有功累擢至陝甘督標游擊嘉慶元年四川教匪滋事陝西興安府屬地相接奸民乘機蠢應踞安嶺爲巢穴憑高恃險立木城又於高廟山設立大卡形勢陡峻嘉業奉檄率兵由羊毛子堰進克之復會他將進偪安嶺遣健卒潛燒木城賊驚潰乘勝取大卡禽戮無遺擢參將四年復敗李樹之股匪追出班鳩嶺賊竄六道河嘉業循河右追賊至廟子壩賊遁入川境未幾賊又由川界老林入南鄭時嘉業循江防守聞之亟率兵前駐法慈院堵其北竄賊將就淺涉嘉陵江而沔縣賊三四千人由阜川偪近官莊陝甘總督松筠令嘉業偕直隸守備麻允光擇要迎擊賊全數出甎峒子嘉業馳馬首先衝入賊分兩翼繞馬家嶺自上壓下四面合圍嘉業力戰突擊馬蹶復箭殺[illegible]旗賊賊以矛直刺甘肅鎮標把總高騰蛟從旁格之遂殺持矛賊而羣賊競進嘉業中矛仆遂死騰蛟以身蔽其上亦死允光亦戰歿事聞優恤謚武烈後嘉業兄莊浪協副將自昌亦陣亡盩厔命共建一祠賜名雙烈

葉槐字蔭階浙江錢塘人父文麟官陝西權孝義廳同知教匪躪秦中槐聞警省父即具牒軍門自効嘉慶二年正月奉檄率鄉勇勦賊於光頭山賊旋由河南盧氏竄商州與孝義接壤隨父乘障堵拄賊不敢入別股賊復由漢中東竄將由鎮安五郎逼孝義復佐父堵禦凡團練首領可用者必傾身交接以是豪健依附者甚衆西鄉急請援槐選其鋒赴之比至賊即北竄城固洋縣有警又率以往賊遁入山部分其衆守通棧要路而自逐賊入虢川等處陣斬賊獲騾馬器械均無算賊東奔大峪口孝義在重山中無城郭槐慮不能當請援孝義大府不許槐不自安拔營東追果遇賊會別部兵至謂遇賊得捷賊未必再犯孝義阻其返槐終慮孝義被困復言於大府謂不發兵即單騎行矣詞氣激昂聞者色變大府乃許撥鄉勇一千六百人隨槐行抵孝義賊果至乃據險結營令四山放號火以張聲勢西南賊尤勁鄉勇人人思鬥遂破賊前隊斬其酋三人賊稍卻大隊來攻復併力衝殺賊無可乘乃解去大府調其父權富平槐亦入貲爲縣丞當就選戀父不行留大營司偵候事會賊渡漢江偪洋縣醴泉縣知縣陸維基請行舉槐爲助慨然偕往維基帶勇練登手扳崖至巔遇賊罵賊死槐數突圍不得進左旋至山粱力竭賊矛刺腰大創死僕四人皆從死槐以衞父至而卒死於兵時皆壯之維基順天大興人

毛大瀛字海客江蘇寶山人少以能詩名爲練川十二才子之一由附監生充四庫館謄錄用州同發陝西累爲河南巡撫畢沅山東巡撫惠齡調用大兵征廓爾喀惠齡督四川辦理濟嚨糧務檄大瀛赴西藏差遣事竣留川補用借補潼川府經歷以軍功擢授中江縣知縣嘉慶元年檄赴湖北軍營隨勦教匪復以軍功擢授四川簡州知州時惠齡由湖北入川沿路勦賊大瀛從之四年回簡州任五年股匪張子聰竄潼河擾三臺中江地官軍分路截勦賊復分擾遂甯樂至等處由金堂之廣元寺肆行焚掠及簡州境大瀛率鄉勇前往堵禦行抵土橋溝馬步賊蜂至力戰遇害大瀛屢入督撫幕府工牋奏業此者二十年山東巡撫國泰爲在京舊交國泰性暴戾獨敬事大瀛國泰被嚴譴大瀛盡始終之誼爲時所稱卹世職孫嶽生嶽生亦以詩文名一時

張大鵬陝西紫陽人子楚常希賢紹堂孫應朝應邦應選皆諸生餘皆布衣家世以忠義爲教嘉慶元年賊犯紫陽洞汝二河官軍未集大鵬率子孫出家財募鄉勇八百餘人助有司守禦賊掠龍形響水二溝楚常率衆進擊之殺三人遂前攻賊寨山峻霧作中傷歸後三日賊至大水溝觀音堂地紹堂殺賊魁六十餘人又三日希賢與賊戰桃園復殺三十一人當賊之起勢猛銳官軍亦避其鋒至是連見殺傷大憤遂率黨數千人至希賢首出逆戰中槍死紹堂據險隘復爲賊殺大鵬氣益奮更率其孫應達應祿應愷應試等持械深入衝突躍呼所殺傷甚衆卒以衆寡不敵皆戰死初張氏父子及孫凡十二人自賊之興戰死者七人溺死者一人傷者二人陝西以鄉團死者又有興平人白廷英廷英縣舉鄉飲賓嘉慶二年教匪由蜀渡漢江而北衆十餘萬終南近山無完村廷英督鄉人築村後張家寨避之三年二月賊自城東窺寨寨人不二三百賊急攻槍矢雨下丁壯悉潰賊蟻附而登廷英罵賊死弟廷才廷揚從死賊俱焚之次子篋廷英頭去賊逐之篋倒頭落山下後得於谷底屍則焦爛不可辨矣廷英年七十五凡以守寨死者八十餘人是年四川各鄉團之死難者爲廣元人楊繼曉世居高城堡繼曉姙十三月而生既壯以氣力伏一鄉捐職州同知隨父璽蘇州督糧同知任所聞教匪擾蜀歸省母時巴州已破繼曉與同縣貢生楊焯等倡議團練督家財得千餘人請縣令給劄爲守禦縣官不省散去賊破南江距縣境長池數十里縣令始速繼曉出禦以烏合一散不易集議先虛聲撓賊作高城堡人自相要約語列名至多書投賊營賊果遲疑不遽進會陝賊姚之富等數萬人穿老林出將至德山木門賊亦以數千人將至通坪通坪居高城後德山亙其脇長池枕其前繼曉謀於衆攻長池者縣官自禦之而自任後路夕漏三下與族人楊冕率衆出木門之橫江梁遇賊先鋒鬥之賊大隊至不可敵乃據險趣焯濟師賊登山瞭知兵少無繼合圍擊之繼曉手刃數十人力竭被執至九曲坡欲誘降之大罵不屈賊刳其腹而焚之從戰者皆被戕焯以三百人來援至則皆歿楊氏一門亦盡殲

楊堂梁崇李培秀皆廣東嘉應州人堂官四川蒼溪縣典史崇官陝西咸陽縣典史培秀官陝西試用典史嘉慶三年王三槐擾蜀大軍追勦急亡命四竄堂守永興場士卒譁曰賊至矣皆欲走堂手劍叱曰賊未至而棄糧法當死孰若守糧而死也賊至死之三年大軍駐鎮安勦張漢潮梁率鄉勇勦鳳皇嘴賊散解囚回省至孝義廳遇賊崇釋囚七人曰若曹於法當死然死於賊則枉吾不忍也可速去毋從賊余義不可逃死其所矣賊至被執不屈死五年培秀從大軍挽粟至四川大甯縣與賊遇盡委輜重於河遣其僕曰速報大營賊不得糧必掠東郊截而擊之可盡獲也吾死不及見矣大軍果破賊訊俘言培秀死時賊不得糧被二十一創云初崇所釋囚七人皆歸獄報崇死事狀曰吾不負梁典史也至是七人皆赦

曾艾字虎卿湖南新化人嘗割左臂療父疾以例貢考授州同發江西署安福等縣艾夙爲嘉勇貝子福康安所知辰州苗變隨福康安軍令守麥地汛從克諸砦有功嘉慶元年補貴州永豐州分防州同州隸南籠故苗地州同駐冊亨在萬山中尤險遠難治艾督各砦守本業民夷悉安二年遣人迎眷口甫至而南籠狆苗七柳鬚等遽叛艾聞警約駐防把總外委堅守並諭四鄉亭目招集

良苗繕城治械令出𪈇然賊至部分守禦自出城奮擊往來策應城中婦女亦改裝登埤相持半月援兵卒不至賊衆數萬圍益急手發矢斃執旗賊魁北門火起率隊趨救遇賊城西隅巷戰中槍死僕九人從死兩妾聞訊皆自刎次子爲其戚携出號泣曰吾父母皆死何以生爲賊尾及之亦中槍而殞事聞皆予卹改南籠爲興義府永豐爲貞豐州艾同族彭泗字孔林以拔貢生朝考用知縣發陝西授延川縣嘉慶十年權洋縣時教匪被勦勢衰以終南山爲窟穴搜捕不易朝議改五通通判爲同知添設甯陝鎭總兵募兵六千改十大營鎭之而以積年立功無業可歸之鄉勇充伍爲善後計名曰新兵新兵桀驁難御司儲者又誤扣米折於是陳先倫陳達順等於十一年二月作亂戕官連破營城十九處偪洋縣彭泗拒守七晝夜援兵阻河不能至城陷彭泗死之民保其眷屬潛出故不及於難

羅江泰字靜波浙江黃巖人家貧習賈去賈投營由外委歷擢游擊皆在浙由參將至副將在閩總兵又在浙前後與提督李長庚相左右而在閩功特顯長庚銳意勦海寇蔡牽專意外洋凡閩內事均以屬江泰賊船高大官軍仰攻失利檄江泰造霆船船成陵賊船賊大困南走福建江泰於白犬洋四礵嶼頭東碇各役俱有功護海壇總兵遂赴南洋合金門總兵何定江截牽去路橫擊於銅山追至浮鷹洋賊衝礁走匿山上江泰搜山禽賊目王朱又焚賊船於仰月橫山賊皆墮水死在閩逾年凡十擊賊號敢死軍賊見江泰軍輒引去擢總兵鎭金門九年移鎭定海是時牽南竄臺灣長庚正總閩浙水軍同心戮力誓殺牽十年九月牽船泊道頭忽遁去江泰從甌洋會八總兵追之至盡山失牽所在黑雲起海上亟令移港風驟至白波山立舉舟相擊觸頃刻破碎江泰大船帆重不可下下及尺船遽不知所終朝命沿海各省探訪久之無得者葬衣冠黃巖

霍永淸字肇元廣東南海人居瀾石鄉膂力絕人嘉慶十四年海氛未靖大吏行封港策海賊無所得食相率蹂躪旁海各鄉漸入內地所過焚掠怯懦者遂以欵賊爲得計八月賊驟數十艘由陳村平洲小圃直抵瀾石衆議欵之永淸曰彼恃舟楫爲利今深入重地自取死耳好男子從我殺賊何爲低首求免乎主欵者陽受約賊至從壁上觀永淸獨率鄉勇堵禦相持一日夜賊稍卻明日督勇再戰而欵賊者導賊從村後掩入腹背受敵力不支中礮仆地左右五人並死之鄉人以永淸以死勤事建祠祀之名祠曰懋義

强克捷陝西韓城人嘉慶十三年進士即用知縣發河南補滑縣十八年九月教匪李文成謀亂期十五日與伏京城賊林淸中外同起事克捷初莅滑有退吏某方訟繫爲白其誣出之吏詷文成等逆謀告克捷恐申於守不應初六日突執文成嚴詰謀叛狀笞斷其脛及黨二十四人錮之獄夜半其黨牛亮臣突劫文成出攻某吏居其家踞城以叛克捷及家屬俱死之後文成焚死輝縣林淸伏誅京城詔克捷首先訪獲逆黨俾二逆失約敗謀後先授首實屬功在社稷優卹諡忠烈祀京師昭忠祠於韓城滑縣皆建耑祠與難者均予附祀並以前大學士王杰同隸韓城士風淳茂永廣文武學額各五名在城者老岸鎭巡檢劉斌教諭呂秉鈞典史陳寶勳同時殉難把總戚明彰以拒賊陣亡均闔門殉節逆黨赴朱村說降諸生朱繼連不屈率村人戰歿滑縣變作黨徐安國起長垣知縣趙綸又黨朱成貴起曹縣知縣姚國旂陷定陶知縣賀德瀚均死之綸浙江錢塘人國旂安徽歙縣人林淸將爲亂金鄉縣令龐知其謀即羽檄各縣皆不之信國旂以幕友吳星萃力陳利害乃爲緝捕計以吏役多通賊故賊攻縣治急求星萃甘心先國旂攢刺數十創死德瀚長沙甯鄉人事急令家丁賫印赴府告變幕友朱樹堂等皆死於難在籍洙泗學院學錄孔毓俊等則率鄉勇助官勦賊戰死奮義村林淸果於九月十五日率逆黨持械闌入禁城頭等侍衛那倫應値太和門聞警趨入有勸其緩行者不聽曰國家世臣當此等事敢不急趨所守耶至熙和門門閉賊蜂至被戕那倫者前太傅明珠後也

宗室奕湄鑲藍旗人由筆帖式累擢至內閣侍讀學士四年命以頭等侍衛爲和闐辦事大臣六年七月回部逆裔張格爾入卡滋事勾結喀什噶爾回衆爲內應帝以和闐附近命加意嚴防八月賊分擾葉爾羌命揚威將軍大學士長齡帶兵往勦取道和闐奕湄派綠營弁兵前往策應諭奕湄隨時查探彼處實在情形如葉爾羌見在被圍當令迅速相機前進仍嚴防後路毋墮賊計否則即留兵和闐防堵以壯聲威旋以葉爾羌失守賊四出滋擾奕湄仍回和闐駐守賊偪城下援兵未至城兵僅八十餘名奕湄晝夜嚴防力竭城陷死之幫辦大臣桂斌同與於難

景興李佳氏滿洲鑲紅旗人駐防伊犁官佐領嘉慶二十五年喀什噶爾卡倫外布魯特滋事伊犁將軍慶祥以景興熟悉回情奏派馳往查看經參贊大臣永芹奏留署協領事道光六年六月張格爾復率布魯特滋事慶祥又令馳往偵訪設法進勦旋與七品伯克帕塔爾生擒奇比勒迪之子姪縛解來城伏誅又探得張格爾與從前滋事汰劣克一處居住即乘其未備勦殺逆回百餘名生禽楚滿一名奏入帝嘉之是年八月喀什噶爾城陷與防禦佟善等皆力戰陣亡喀什噶爾城圍攻兩月有餘以城中回匪響應穴地道而進遂致不守文員則七品小京官銜陳孝寬以戍員派辦文案在城與巡檢陳天錫未入流陳德隆均死之

王鼎銘字新之山東嶧縣人由廩貢官中書除湖南新田知縣道光九年蒞任先投城隍廟誓於神治事甚勤夏旱跣禱烈日中有應以是得民心十二年正月江華猺匪趙金龍亂作湖南提督海陵阿進勦鼎銘慮煽邑猺即冒雪步歷猺棚戒諭復召猺長曉以國法與教官率紳士練鄉勇以守突聞海陵阿等被戕池塘墟即督衆禦賊城外賊偪甚將往諭賊居民泣阻之或報曰賊至城民驚竄鼎銘朝服坐堂皇待之書於几曰仇我當殺我勿傷我百姓指三尺練曰城亡吾以此死以賊蹤尙遠徐之近縣甯陽桂陽民感鼎銘之能死守集萬人請帶勦於是四路同進賊分隊出斃之無算越日桂陽之臨泰大富等鄉復集二萬人鼎銘身先策馬出城南誓大創之賊突以槍礮抵拒死甚衆先是賊密約邑猺供送藥丸猺未肯負鼎銘不與賊乘夜脅取故火器復烈衆潰鼎銘殿後賊追至大肆殺戮鼎銘四顧慟曰奈何殺我百姓中礮落馬剜兩目身首異地邑人得而攢之越九十二日始改斂面如生鼎銘殿後時馬蹶邑武生鄭奇光以所乘馬授之鼎銘不可强扶而上鞭馬使疾馳回身舞刀捍賊受重創死之

呂志恆江蘇陽湖人由監生捐縣丞發福建累擢至臺灣府知府道光十二年嘉義縣賊匪張丙等糾衆滋事焚掠各莊志恆率署知縣邵用之分路勦捕用之行至店仔口被戕志恆復帶兵擊賊於大排竹以衆寡不敵遇害先是逆匪輒以貪官汙吏妄殺無辜爲詞帝疑有激變事下福州將軍瑚松額等查奏無據如例予卹方振聲順天大興人由供事選授福建巡檢升嘉義縣斗六門縣丞賊逼斗六門振聲樹柵濬渠率兵勇防堵賊首黃城率匪黨攻撲與署守備馬步衢等協力守禦賊晝夜縱火蠭擁入柵振聲持刀巷戰戮數賊力竭遇害幕友沈志勇等同死之妻女皆被戕甚慘步衢與把總陳玉威亦同時陣歿

楊延亮字菊泉湖南長沙人嘉慶十六年舉鄉試第一成進士用知縣發山西道光元年補趙城縣十五年推升雲南南安州知州時趙城有奸民曹順以治病爲名傳習先天教與其黨謀爲不軌斂錢造械約八月分往平陽府霍州洪洞縣同時起事三月延亮尙未謝趙城任偵得其狀即飭兵役緝之賊知謀泄即糾黨潛入城夤夜放獄囚焚縣治延亮死之母妻子女及幕友楊成鼎同時遇害事聞詔用强克捷例予卹特諡昭節

師長治字理齋韓城人由舉人捐內閣中書改知縣選浙江上虞道光二十一年再選湖北崇陽蒞任甫百日而及於難先是縣胥役催徵錢漕久爲鄉民害生員鍾人杰金太和等起而包輸納不數年皆驟富與縣胥分黨角立前令折錦元憤不治事一惟胥役所爲致兩次鬨漕援巡撫伍長華批牘漕石加徵一斗語製扁送縣毀差房武昌知府明俊務調停姑息於是姦民日肆錦元旋劾罷以金雲門權縣事禽太和置武昌獄勢少戢其年九月長治至人杰聞上游檄捕急疑其仇生員蔡紹勳所譖糾黨數百人篡取之至則紹勳遁入城躡追抵城門閉內外鼎沸長治登城諭不退持竟夜質明人益衆踰缺入大索紹勳不得迫長治申狀言紹勳作亂人杰倡義捕反者並請釋太和時明俊以事至蒲圻距崇陽一日程長治先期遣長子懷印潛出請明俊莅縣鎭撫而明俊急返武昌衆益張長治罵不屈遂遇害妾吳氏及姪女皆自經家丁曹彬被殺時十二月十二日也人杰以長治始至無可歸罪乃棺斂而哭祭之言已以報仇倉卒誤戕良吏事不獲已遂據城叛脅衆逾萬陷旁近數縣明年正月人杰等伏誅卹世職弟長鏕官參將於咸豐七年援勦安徽與賊戰婺源之橫槎陣亡王光宇字溥泉興甯人以未入流分湖北歷權典史巡檢事治盜有聲補崇陽典史變作衣冠自經死

清史稿　列傳

忠義四

張錫嶸，字敬堂，安徽靈璧人。咸豐三年進士，選庶吉士。四年，安徽巡撫袁甲三奏請總辦靈璧團練。授編修，記名御史。十年，命視學滇南。時回匪作亂，府縣多爲賊踞，或勸乞疾，錫嶸毅然曰：「吾奉命之官，寧避賊耶？」叱馭不顧，竟到滇。省城被圍，幫辦防務。以丁母憂回籍。曾國藩之征捻也，駐軍臨淮，所部湘勇遣撤殆盡，僅存劉松山老湘營萬人，餘悉倚淮軍辦賊。淮軍新建平吳功，將領多自矜。國藩欲於淮北別募新營，使異軍蒼頭特起，備西北之用，而選將久難其選。值錫嶸服闋來謁，國藩大喜，密疏奏保治軍濠上，謂其誦法儒先，堅忍耐苦，足勝將帥之任。檄募敬字三營，隨湘軍戰守。時湖團有通捻者，國藩下令遷徙，錫嶸分別良莠，聯絡義圩。又以災賑，日行泥淖中，圩民得蘇。捻寇張總愚竄陝西，國藩調劉松山軍赴援，令錫嶸統三營與俱。至則解西安圍，復與賊戰于城西兩花寨，獨率百餘人衝擊，陷入賊陣，被十餘創而殞，時同治六年正月初六日。贈侍講學士，賞世職。初，錫嶸居京時，日鈔書數十紙，雖盛暑不輟。祿薄，日常一餐，無一介乞助於人。著有孝經章句讀、朱子就正錄、孝經問答行于世。陝西巡撫劉蓉奏錫嶸死事，言：「自到營以來，嘗著草履，與士卒同甘苦，文學之臣能堅苦自奮如此，臣實惜之。」家極寒，國藩賻三千金養其孤，漕運總督吳棠刻其遺書。

王東槐，字蔭之，山東滕縣人。生穎異。父病危，命：「飢寒毋廢學。」居喪哀毀，母以遺言勉之，乃忍痛致力羣經。屢空，日與昆弟食一餅。道光十八年，聯捷進士，改翰林。散館，授檢討。二十四年，轉江西道監察御史，奏劾山東玩盜官吏，得實。升戶科給事中。時議開礦益帑藏，已允行，東槐敬陳列聖封禁成訓，謂開採者上非良吏，下非良民，請綴其令，事竟寢。巡視北城，王府役車橫行中途，懲治不貸。廉獲巨猾曹七，治如律。三十年，應文宗登極求言詔，奏言：「捐例一開，鹽商輒請捐數十萬，運庫撥發，分年扣還，覈其虧短，都不堪問。即如道光二十年兩淮清查案內，欠至四千三百餘萬，是鹽商捐輸者，掩耳盜鈴之術也。又官員捐輸，見任居多，所捐之項，即庫款所虧之項，即捐款。上年山東虧至一百四十餘萬，江浙更甚，是見任官之捐輸，剜肉補瘡之術也。是事例不停，庫虧不止。若開礦之舉，臣曾疏陳不便，順天已停，而湘、贛等省試辦，驚擾百姓，利害莫測，則尤愈趨愈下也。查戶部歲入之數四千四百餘萬，歲出之數三千九百餘萬，經費本自餘裕。督撫整理有方，寇盜不作，則耗財者去一；邊防慎守，無生事以挑外患，則耗財者又去一；河防得要，長流順軌，不使更添別款，則耗財者又去一；州縣之官斥貪墨，重清廉，陋規力裁，流攤永禁，則耗財者又去一。去此四害，而又罷不急之工，減無益之費，量入爲出，而財患不足者，未之有也。」奉諭：貴州仍令開採，餘省著督撫確查，果不便民，即奏停止。左都御史王廣蔭舉東槐忠鯁，升內閣侍讀學士。旋授湖南衡州知府，陛辭，帝面諭云：「汝樸誠，故任外事。」未至，升福建興泉永道。廈門濱海，俗又敝，東槐刊朱子試吏泉漳勸俗文，揭於衢，傳誦多感發。鳳縣蠹役訟師，嚴鋤治。惟與學舍生徒講析道義，則溫然以和。海上番估好違約放恣，東槐戒毋踰尺寸，爲國全大體，尤人所難。咸豐元年，調湖北鹽法道，未赴，署福建按察使。舉行保甲法，竭八晝夜剖汀州互訐之訟。親歷南台、閩安各海口，相度形勢，於夷船往來之處設卡樓，築礮臺，資防守，並令澳嶼漁戶盡編保甲，以清盜源。二年，抵鹽法道任。捐備軍需，優敘。粵匪犯湖南省城，調防岳州，躬勵將帥，夜不解衣。臥勸臨湘縣土匪，獲首逆楊兆勝等。復奉調防蒲通。丁母憂，奪情留武昌。提督博勒恭武棄岳州，東槐請於巡撫常大淳，全調城外兵勇，亟發庫藏勵士氣，倘可嬰城固守。巡撫吝賞，不能用。城陷，東槐偕妻蕭氏對縊死之，其女投井死。卹世職，諡文直。子四，均賜舉人。同與此難者：湖北按察使曹楙堅，江蘇吳縣人，豪於詩，道光十二年進士，改庶吉士，散館授主事，官科道時，禽治妖道薛執中，江蘇巡撫創議南漕改折，上疏力言其不便，事遂寢；漢黃德道延志，武昌縣知縣何開泰。延志，瓜爾佳氏，滿洲正紅旗人。何開泰，字梅生，安徽鳳陽人，道光三十年進士。

周玉衡，字器之，湖北荊門州人。本鍾祥王氏，依外祖周，遂從姓焉。嘉慶十二年舉人。道光四年，大挑知縣，發江西，署會昌、龍泉、大庾，除龍南，調贛縣，又署寧都、新建，遷義寧知州。湖北崇陽土匪滋事，以協防功擢知府。二十五年，授南康，調贛州。咸豐元年，粵匪起，又以防守毗連粵境地方功進道員。二年，授吉南贛寧道。時廣東土匪竄始興，玉衡飭守備任士魁等協勦，殲擒甚夥。三年，勦泰和竄匪，失利，坐褫職留任。以克復萬安、泰和，搜捕龍泉等處餘匪，援勦廣東南雄、韶州，勞復職。五年，擢按察使，總理吉安軍務。時粵匪由湘入贛，連陷郡邑。玉衡子江寧布政司理問恩慶適奉差至，遂捐貲募勇，率恩慶領兵三千餘，分路進勦，先後復安福、分宜。攻萬載，賊衆二萬拒官軍，玉衡身先士卒，奮勇鏖戰，恩慶繼之，斬馘無數，克萬載，軍威大振。賊由間道竄吉安，急率兵馳救，歷數十戰，斬馘數千。賊圍城月餘，糧盡死守，援不至，地雷發，城陷，猶巷戰，手刃數賊，死之。恩慶亦遇害。玉衡起家牧令，長聽斷，勤緝捕，有循聲。及身在戎行，與士卒同甘苦，故人思效命。卒年六十有六。詔視布政使例賜卹，諡貞恪，賞世職，祠祀吉、南、贛三府。子恩慶，贈知州銜，賞世職，詔祀荊門。穆宗御極，追念殉難諸臣，各賜祭一壇，玉衡與焉。玉衡第四子炎，知府，勦匪泰和，陣亡，贈太僕寺卿，亦賞世職。

王本梧，字鳳棲，浙江鄞縣人。道光六年，由拔貢朝考用七品小京官，分兵部，進主事，遷員外郎，充軍機章京，擢河南道監察御史。奏言：「各省州縣設常平倉，出陳易新，備民間水旱之用。近年州縣乘出借名色，任意侵蝕，新舊交代，捏造册籍，非以無爲有，即折銀代穀。設遇荒歉，倉無顆粒。本年江西、湖北被水，皇上恩賚立沛，共撥銀百數十萬，兩省州縣未聞有碾動倉穀賑濟之處。若非州縣朦蔽，轉報掩飾虧空，何至臨事束手？請敕督撫將所屬倉儲若干盤查足額，有缺，照數買補。直隸、山東、河南等省本年秋收豐稔，常平倉穀正可及時採買。民間村鄉有願立義倉者，地方官爲倡捐曉諭，紳士踴躍樂輸，不必官爲辦理，致胥吏之擾。」允行。尋掌京畿道，疏陳水師營務廢弛，請飭海疆督撫留意人材，力加整頓。條列六事，曰：戰船宜堅固，戰具宜精良，將弁宜激勸，兵丁宜振作，海岸宜防守，商船宜護送。帝納其言。俸滿，截取知府。咸豐元年，授江西吉安府。時吉安戒嚴，飭屬團練爲備。郴州陷，賊氛逼，籌防益力。三年，賊竄撲南昌，本梧率兵馳援。七月，泰和匪起，聞警折回，偕贛南道周玉衡先後赴勦。行抵倉背嶺，賊直撲吉安，本梧退保郡城，坐褫職留任。賊攻城急，本梧激厲兵勇登陴固守，相持五晝夜。賊麕集城外，肆焚掠，本梧憤甚，身先士卒，出城迎擊，斃賊百餘，俘十餘人。守備岳殿卿擁兵城內不援，中賊計，兵潰勢孤，力竭，猶手刃數賊，死之。贈道銜，賞世職，祠祀吉安。

陳宗元，字保之，江蘇吳江人。道光十三年進士，吏部主事，歷郎中。咸豐二年，俸滿，用知府。三年，記名以道府用，授江西吉安府。吉安當往來之衝，先嘗被陷，宗元至，疆吏以西南保障委之。五年九月，粵匪陷永新、安福，圖犯吉安，宗元力籌堵勦。會按察使周玉衡率兵至，遂同克復二縣，賊竄逸。十一月，賊自袁州、臨江回竄，別隊更自泰和來犯，號稱五六萬，城中練勇及玉衡所部僅千人，紳民大懼。宗元慰勉之，分兵守要隘。越六日，賊至撲城，宗元然礮轟之，賊少卻。知無外援，築長圍，日夜攻撲。宗元語玉衡及諸僚佐曰：「事急矣，非戰無以爲守。」會夜風雨大作，開城出擊，毀賊營數座，殺千人，奪旗幟無算。賊恨之，攻益力，屢用梯衝地道，俱不得逞。相持半月，城中糧且盡，宗元周巡慰勞，勉以大義，婦孺感憤有泣者。十二月，宗元出與賊戰，身被數創，血至足，屹不爲動。城有闕口，宗元督勇塡堞，行少疾，失足自雉堞顚，折左股，蹩躠復上，若無所苦。遣使間道赴省告急，先後十八次，並繪援兵繞道地圖，卒不應。六年正月，逆首石達開遣糾內應之賊，宗元屛左右，面與約，縱之。翌日，賊果偪東門，而宗元命發空槍，賊遂放膽蟻附城下，宗元突鳴鼓角，槍彈矢石併下，賊不及退，死四五千人。越兩日，賊復大至，宗元偕玉衡及僚佐分門禦之。方馳至東門指揮城守，而西城地雷發，裂數丈，賊蜂擁入，玉衡被戕，城陷。宗元率子世濟揮刀巷戰，與吉安通判王保庸、廬陵知縣楊曉昀等同時遇害。賊銜宗元深，割宗元父子首懸東門城樓。計與賊相持者六十五日。其族父陳鈺，姻親周以衡，幕友李鴻鈞、朱芬、朱華、楊福曾、葉廷樑、蔣志澐，及家丁王杞、王慶，並兵勇等四十餘人，俱殉焉。宗元照道員例賜卹，予諡武烈。世濟，監生。城陷之前，宗元遣赴省，屬曰：「此間旦晚不保，汝得我問，即奉母挈弟妹歸奉大母，俱死無益。」世濟既受命，已而復返，城閉不得入，繞城號哭，乃縋而登之，自此寸步不離父側。遇難時年二十一。

明善，字韞田，富察氏，滿洲鑲藍旗人。父昌宜泰，河南開封知府，以濬賈魯河有功於民祀名宦祠明善由筆帖式歷步軍統領郎中道光中出爲湖北荆州知府輸金修萬城隄繼水災沿江郡縣皆患潦荆州獨以隄固得安衆皆德之尋調武昌咸豐二年粵寇至登陴助防守勢不支城陷率衆巷戰死卹如制妾葉聞訃自經死覺羅豫立字粒民隸滿洲鑲藍旗由戶部筆帖式歷員外郎道光二十九年出爲江蘇鎭江知府寬惠有恩尤重甄拔人才每遇府試及課書院日坐堂皇手自甲乙至夜不輟所取多知名士咸豐三年以失守府城褫職仍留治軍需七年克鎭江復原官十年浙江巡撫王有齡調總糧臺十一年賊攻省城豫立偕府縣官籌戰守城垂陷豫立督親軍開城決戰刃及其膚屹立不動悍賊以礮擊之中額死閩浙總督左宗棠奏請優卹並祀昭忠祠豫立工書善行草嘗集顏眞卿多寶塔字作詩數十首勒石論者謂其人其字皆無愧眞卿云世焜字顯侯佚其氏滿洲正白旗人初任江蘇常州知府以愛民稱咸豐四年調揚州當賊亂後市井蕭然世顯至辟草萊招流亡還定安集之民氣少蘇官廨已毀借蔣氏園顏其廳事曰三十六桂軒而爲之記曰百物凋殘此桂獨盛願吾民復蘇欣欣向榮亦如此也明年賊復渡江至世焜知城不能守誓死不去率鄉兵二百人登城城破巷戰被執勸之降世焜紿以先釋難民然後可俟民去遠遽自刎死

徐榮字鐵生漢軍正黃旗人廣州駐防道光十六年進士以知縣發浙江歷權遂昌嘉興等縣杭州理事同知授臨安升玉環廳同知保知府權溫州府事招降洋盜莊通等二百餘人授紹興府咸豐三年調杭州並護杭嘉湖道創議海運章程時臨安昌化於潛土匪趙四喜等謀不軌榮督兵勦滅之四年粵匪竄徽州浙撫黃宗漢以皖南新隸浙江中旨亦有保徽即以保浙爲言奏派榮督辦徽防榮扶疾至防親至箬嶺開濠遏賊增設天心洞防勇七月勦賊櫸根嶺斃賊二百餘名隨諸將克建德東流兩縣復敗賊堯渡十一月移駐祁門徧諭居民團練設防共相保衛以糧運艱繼撤兵回浙安徽學政沈祖懋以徽防緊要奏請留辦五年正月升福建汀漳龍道先是粵匪沿江上竄由石埭之流離霧露兩嶺分竄羊棧嶺入黟縣時榮尚未赴任即率師往漁亭防勦二月連敗賊殲二百餘嗣賊衆紛至援兵未集榮率其子盧善與署嚴州同知裕英等出戰身受刀矛重傷歿於陣年六十有四用正三品例賜卹於漁亭建專祠以同時殉難之都司許上達歙縣知縣廉驥元候補按察司知事張穎濱及陣亡各員弁附祀妾伍迎喪回寓殉難亦予旌表榮律己甚嚴恒以行無悔事讀有用書二語自勗守杭時以時局多警命鑿井署中語家人曰此即古人止水亭也有變吾即死此卒踐其言以勵賊而亡

郭沛霖字仲霽湖北蘄水人少年即以經濟自負道光十六年進士改翰林授編修累遷左贊善記名道府用官翰詹時講求河務時各衙門保送河工人員沛霖與焉既抵工咨詢詳盡謂治河宜識土性宜合者合宜分者分因勢利導則不爲害而爲利撥管豐工兼引河工程昕夕在工與弁卒雜作凡占數之增減鬆纜之尺寸極微極瑣之事無不斟酌至當力主引河寬深俾掣大溜滾下游安東二塘雲梯關老鸛河等處先修決口上下之險工全啟各閘洞以分水勢緩進占緩合龍以期步步追壓到底爲一勞永逸之計議不盡用咸豐三年以道員留南河尋署兩淮鹽運使授江蘇淮揚道仍兼署鹽運使時淮南引鹽道梗鹽塲尚完善詔兩江總督怡良飭沛霖移駐通泰適中之地悉心經畫沛霖遂駐泰州督銷引鹽六年賊再陷揚州泰州戒嚴沛霖募勇五百集城鄉團勇二萬督屬籌防建議請江蘇布政使雷以諴移駐灣頭防賊北竄幫辦軍務詹事府少詹事翁同書移駐瓦窰鋪爲自守有餘進攻亦便之策揚城旋復淮南旱沛霖請留淮北折價泊畫提甲寅綱協貼撫恤各塲招徠殷戶殷竈赴盱眙等處買米麥平糶七年奏派督辦裏下河七州縣及通海二州團練時江陰靖江水勇經費無出有議設卡江北各港令自行抽釐者沛霖力陳其弊事遂寢有以淮南稅課造報不實聞者詔毋庸署理運司令總督何桂清等查參以新任未即至暫緩交卸先是淮南之旱也言者請堵八壩資灌溉命桂清等詳查酌辦沛霖力言下河七州縣衆水所歸潦者其常旱者其偶上年東南數省大旱下河盡涸此數十年一見不可以常理論也然如高寶兩邑近居運河隄下並未成災而田產稻米猶能以其餘接濟鄰境咸豐三年前大臣琦善統兵至揚盡啟八壩餘悉緩堵以爲設險禦防之計是年十一月揚州東路兵潰六年三月逆賊復陷揚州終不敢越灣頭萬福橋一步是未堵各壩足以扼賊之明效大驗今日賊氛未熄民力已殫與其糜無益之費以病民曷若留可守之險以防寇見在大兵環攻瓜鎭奔竄可虞正宜留八壩以扼逆賊北竄之路桂清據以覆奏詔從之桂清等旋以查明淮南稅課無以多報少情事上聞九月偕江寧布政使楊能格辦揚州東路團防自募勇千二百人駐仙女鎭與毛三元三岔河營策應十一月隨大軍克瓜洲鎭江桂清飭沛霖移駐揚州籌善後八年八月僞英王陳玉成攻陷浦口天長儀徵相繼陷賊大股徑趨揚州沛霖督衆迎勦力不足遂渡河至仙女鎭招集潰卒促援兵爲復城計適提督張國樑渡江來援沛霖率兵助之揚州尋復大臣德興阿劾沛霖先期逃避詔褫職查辦又以沛霖專辦揚州善後與壽常兼轄不同仍敕刑部擬罪嗣允大臣勝保巡撫翁同書疏調淮發安徽充定遠大營總文案捻逆數萬來攻偕知縣周佩濂嬰城固守賊圍數帀適已革副將盧又熊援兵至夾擊大捷九年六月捻匪張隆又糾陳玉成衆數十萬再攻定遠沛霖分守小東門又熊以賊衆兵單拔營去總兵惠成出戰不利沛霖督衆嚴守八晝夜十八日力憊回廨齧指血書正大光明自盡六字於壁復乘馬出提刀巷戰賊四面縱火悍賊從後刺之傷足墜馬陣亡事聞復原官卹世職尋命定遠士民請建專祠沛霖服膺崑山顧炎武之學兼通術數嘗言歲在甲子金陵當復并自知死難年月著有日知堂集等書時同守定遠者爲候補知縣王培榮培榮湖北羅田人嘗在籍與舉人熊五緯練團勦蘄水土匪五緯戰死培榮中二十七創不退卒復蘄水縣城與沛霖同時殉難屍失家人即以從前所遺中創血衣葬之

朱鈞字筱漚浙江海寧州人由廩貢生捐同知發江蘇歷辦海運出力獎擢知府咸豐七年奏補蘇州府十年護理按察使時粵匪犯浙江吳中大震鈞募勇團練嚴詰奸宄人心少定四月賊由常州猝逼蘇省鈞晝夜登陴誓以身殉而外無援兵知事已去乃先令居民遷避城陷率衆巷戰身受數十創力竭投井自盡卹贈太常寺卿給世職後以鈞在官多善政建祠蘇州把總錢貴陞元和人故業織入貲竄名尺籍中檄守婁門賊破閶門入貴陞未知也遇二賊城濠尙衣冠詰之賊訶之降拔佩刀斫一賊賊羣至亂斫死從者什長張義同與於難時江蘇巡撫徐有壬既殉節其族弟名曾庚字裕齋道光舉人官工部來廣巡撫署建議請兵居城外民守城內有壬不能用城垂陷有壬促曾庚出避慨然曰兄能死忠弟獨不能死義耶況弟亦曾忝一官者耶自經死

蕭翰慶字黼臣湖南清泉人咸豐元年從都司徐大醇討賊廣西大醇死綏翰慶冒險扶櫬返三年侍郎曾國藩治水師翰慶投效營中屢敘至千總四年夏爭紅旂報岳州捷國藩奇其文雅詢爲讀書士改敘從九品以隨勦粵匪功屢擢至直州判七年武昌克復超晉知府隨提督楊載福等克九江鄂督官文疏留鄂省統帶龍坪以上至漢口水師九年正月會陸師援湖南時賊首石達開自江西道郴桂圍永州水師抵祁陽沿江皆賊壘翰慶躬入小河乘舢板督戰平之總兵周寬世與賊戰長葉嶺水師夾擊之賊大敗詔以道員記名簡放十年浙撫羅遵殿奏調楚軍援浙翰慶與遵殿子忠祜有舊遂請行倉猝無現兵得唐訓方舊部訓字營四千人益以降卒二千馳赴之抵皖而杭州已陷時左都御史張芾方治徽寧防務留翰慶辦賊攻石埭太平克之方進攻池州而常州促援乃分降卒圍池自帥訓字六營親兵三營行途次聞湖州被圍乃改援湖以湖州爲皖浙咽喉棄之則兩浙潰爛行抵禮義橋悍賊突出截橋戰勝之日暮大雨所部持仗立風雨中平旦啟行距湖州四十里甫半賊大至且戰且進抵同心橋賊來愈衆圍數重參將吳修攽鄧茂先戰死翰慶血戰良久力竭死之年三十有四諡壯節

黃輔相字斗南貴州貴筑人道光二十五年進士用知縣分廣西權陸川博白縣事以捕盜著能聲江南提督張國樑者原名嘉祥本盜魁也糾黨寇博白勢張甚輔相率練敗之獲其酋三十年權橫州知州時南甯各州縣盜賊蠭起輔相招降數股以賊攻賊計走之巨盜王斌號九江三者與其弟九江四大舉入橫之陶圩輔相調團勇會提督向榮合力兜擊擒九江三兄弟斃賊三千有奇博合圩附近十餘鄉賊蟻聚民多從逆者輔相聲言閱團召諸生閔麟書等語之曰官不能除害是尸位也紳不能衞鄉是虛生也爾等豈無意乎因泣諸生皆泣誓殲賊咸豐元年二月輔相從十餘騎至邢陽麟書等以團勇八千一夕至圍陳山賊遁獨竹背倚高山率死士攀藤下火其巢擒斬甚衆餘黨竄上石地險不利仰攻堅守困之賊糧盡突圍出追擊之先後殪賊數千初賊酋之降也輔相察其詐陽與羈縻至是陰遣諸生殺之橫境以安以出奇制勝擢直隸州知州旋授鎭安府知府五月賊糾衆撲州城鴈集南岸輔相密令諸團分扼水陸要隘遣子韶年率練伏郡東夜半以火具自大道攻入別遣勁卒五百由小路抄襲賊奔潰斃無算餘匪躍入舟守者截而焚之悍賊數千無漏網者橫州肅清賞花翎並賞韶年六品翎頂十二月改權南甯兼權左江道二年春艇匪自梧州連陷桂平貴縣圖犯左江輔相率四百人馳抵橫州斬其先鋒賊震懾不敢入境勇目潘其泰與土賊有隙賊假殺其泰名攻南甯輔相堅守百九十日城中糧垂盡毀銅錫器爲礮子力戰圍解四年秋權右江道以巡撫勞崇光薦進道員五年廣東賊李文茂圍潯州犯武宣署知縣朱爾輔以潙灘爲北

河要隘自督兵屯守乞濟師崇光檄輔相統水師駐武宣之碧灘與潯灘犄角賊分水陸來撲迎戰屢勝艇賊何松亭率黨就撫八月文茂陷潯州屢攻潯灘擊退之六年二月以餉絀撤潯灘防兵賊匯至糧盡援絕勢岌岌輔相連牒布政使乞餉不報復遺書桂林守李承恩瀝陳四難四易使聞於巡撫有力竭心殫惟以一死報國之語未幾兵士果以饑譁賊黨潛結土匪內應開城納賊輔相督外委吳錦蘭等巷戰格殺數十人賊乘夜冒雨大至署潯州營副將福格暨錦蘭皆死之輔相受創被執絕粒罵賊仰藥死賊棄屍於江輔相才略足辦賊時有旨調引見而殉難事聞賜卹如例

孔昭慈字雲鶴山東曲阜人至聖七十一代裔孫道光十五年進士改庶吉士散館授廣東饒平縣知縣憂歸服闋發福建署莆田沙縣攝興化通判授古田縣二十八年調閩縣進邵武同知移臺灣鹿港時南北匪徒洪恭等陷鳳山知縣王廷幹高鴻飛相繼死郡城岌岌不保昭慈聞警航海赴援協力守禦殲擒甚衆四年擢臺灣府知府督捕餘孽次第蕩平進道員備兵臺澎加按察使銜兼督學政以助餉加二品銜在臺五年威信大著外裔內番悉畏服同治元年彰化亂民戴萬生等糾衆結會謀亂昭慈偵知督兵馳抵彰化部署未定變起倉卒城陷巷戰力竭不支殉節文廟先聖前昭慈爲政興利剔弊不遺餘力莆田俗好鬬推誠諭禁勸以懲忿保身治正兇不少貸民憚法罷鬬邑多孔氏寄籍爲祠立義學沙縣土利藝茶少耕植遊民競逐末暇則事攘奪爲拔茶禁之而農桑始興至今利賴所至停采買革津貼捐粟平糶多損己益民尤愛才重林文察材略白其復父讎可宥而薦之殺賊立功官至提督治盜嚴明誅止其魁盜之良者或重其賢而避之歿後匪爲斂殯歸喪愧歎曰吾輩負孔使君矣卒年六十八卹世職諡剛介於立功地方建祠

徐曉峯江蘇東臺人初由供事隨工部侍郎呂賢基勦辦安徽捻匪獎六品頂帶旋署蒙城縣知縣有惠政時潁州府捻氛不靖給事中袁甲三檄曉峯勦辦先後獲其酋馬文俊鄧大俊馬在隴馬九陳建中等餘匪膺衆阜亳交界復擒捻首李致文於陣勦匪渦河匪衆鼂水來撲曉峯領隊堵截賊礮從馬腹過馬驚蹶頸背皆傷復上馬截擊賊渡河者殲焉粵匪撲潁州府城甲三復檄曉峯赴援禦之南岸河上殲匪燬船匪於滁州駐馬河紮營爲久踞計曉峯改裝潛探隨按察使恩錫分三路進勦燬賊營三座竄林毋圩復偕都司劉鶴翔等勦敗之又隨廬鳳道張光第追勦粵匪於高旺街賊潰追敗之烏江賊分隊襲後路於大雨中麾衆痛擊擒僞司馬等五人匪由江寧鎭下竄陣斬僞佑天侯富姓僞右四丞尉張盛林等七年亳州捻匪劉老淵等竄擾李八莊等處曉峯督兵攻勦斃賊百餘生擒三十餘人攻破宗圩匪巢鄧圩賊內訌被脅男婦閉門乞命縛匪首李寅悍賊劉破頭等三十五人姚圩賊二百餘人亦降遂平兩圩著名巨賊悉數就誅王圩捻匪復踞河抗拒曉峯乘夜進攻難民內應遂擒匪首王紹堂乘勝收復東面七圩宿州以南一律肅淸五六年間曉峯於勦辦捻粵各匪戰功獨著由知縣歷保知府至是擢道員記名簡放旋授福建汀漳龍道同治元年赴任三年二月檄署按察使督全省軍務守延平粵匪餘孽竄粵閩防嚴七月還漳州道任賊復由粵竄閩守漳者僅練勇二百五十人賊遂勾結土匪攻城無備無援九月十四日城陷曉峯被執死之妻王氏聞城破知曉峯必死先縊其女亦自經卹贈內閣學士銜給騎都尉世職復以曉峯從弟豫皖由軍功洊升監司自軍營回任甫及旬餘倉猝被害最爲慘烈妻女皆以身殉忠孝節烈萃於一門褒之於死所建專祠曉峯初從甲三軍與馬新貽同幕新貽謂曉峯殺氣滿面目光灼灼射人終當以義烈見及被賊執備受淩虐叱跪不跪勸降不降書其禁錮壁間有云壯志未酬君恩莫報取義成仁臣心千古又絕命辭二章尋予諡剛毅

袁績懋字厚安順天宛平人原籍江蘇陽湖父俊道光九年進士官河南知縣績懋道光二十七年進士以一甲二名授編修散館改主事分刑部旋丁父艱服闋援例以道員赴閩時漳泉初下好事者欲多殺以邀功而淸查叛產尤多誣陷人心洶洶將復叛總督慶端檄績懋往治其事至則集衆於庭取叛冊焚之脅從者皆獲免人情大安皆曰使君活我事竣委赴延平府會辦軍事即令署延建邵道粵匪時竄邵武勢張甚績懋親督軍士夜撲賊營賊驚潰追斬悍酋數名賊大憤鳩衆出僊道陡截之我軍既寡又軍實未備戰不支乃退守順昌防軍僅數百名相持月餘有勸之棄順昌守延平者績懋以順昌爲省垣屏蔽順昌不守則賊長驅直逼省城大勢去矣且數萬生靈視我進退爲存亡敢輕去耶於是守益堅賊不得逞乃潛隧城實火藥地道發城陷賊蠭擁進績懋知事去躬率死士戰西門連刃數賊賊以騎突之仆地引刀自殺刺不及賊執而去刃亂下詬而死時咸豐八年九月十二日也事聞優卹贈按察使入祀京師及陣亡地方昭忠祠世襲騎都尉常州順昌奉特旨建專祠追諡文節子學昌官至湖南提法使績懋性通敏書過目輒成誦號稱淹雅著有諸經質疑十二卷通鑑正誤十卷漢碑篆額考異二卷味梅齋詩草四卷

楊夢巖湖南鳳凰廳人諸生入田興恕幕咸豐六年興恕率虎威軍援江西勇果名天下夢巖實贊助之累功由縣丞擢同知興恕奉命援黔以夢巖綜理營務時苗曾楊龍喜煽惑諸苗出沒不時以思南石阡爲尤甚夢巖與田興奇沈宏富等焚勦之會夢巖晉保道員遂自領一軍扼守思南同治元年正月石阡賊來攻與副將吳通才犄角扼守會援至賊敗走二月夢巖帥師次浮橋賊分道來攻通才戰死夢巖極力鏖戰賊卒敗走三月六日賊復數倍來攻更番迭進累日夜不休營忽陷夢巖奮臂大呼持矛入賊陣刺殺數人身受十九傷力竭死之照布政使例賜卹於思南及原籍建專祠

鄧子垣字星階湖南新寧人咸豐初以諸生從同邑劉長佑勦賊江西臨江撫州新城與湖南永州寶慶皆有功累保知縣石達開走貴州竄廣西還窺義寧子垣與參將江忠朝自武岡趨扼全州爲東安零陵等屬屏蔽賊由靈川渡河竄楊梅坪又偕忠朝壁界首賊掠道州永明江華而東自藍山趨桂陽宜章又從江忠義轉戰數百里殺賊殆逾萬忠義病歸子垣與忠朝代領其衆十一年貴州銅仁石阡思州松桃天柱卭水賊窺湖南檄子垣赴黔會勦同治元年慶破之晉知府復檄援廣西攻桂嶺賊巢環擊三時毀其礮臺禽斬甚衆賊黨廖永賢懼願輸誠爲內應官軍分薄內濠擲火焚燒永賢開西門納軍遂克桂嶺要隘進擣蓮塘賊壘逆首張高友陳士養恃險抗拒懸重賞募死士潛由內貫村僻徑捫蘿攀葛出賊背破其西柵翼日復進攻悍賊由山洞奪路奔督軍截擊斬張陳兩賊禽殲及墜巖死者無算餘衆乞降蓮塘平以道員儘先選用三年粵賊竄江西陷新城子垣會諸軍破走之新城復巡撫沈葆楨以捷聞命以道員留江西時賊分踞金谿東鄉宜黃崇仁南豐各城而崇仁之賊尤悍垳壘城外爲負嵎計子垣張兩翼橫衝之城外賊潰竄潘橋秀才埠賊出犯再擊敗之直逼崇仁城下賊衆悍黨許灣遙爲聲援提督鮑超破之子垣乘勢復崇仁賜勇號五年冬率精捷營助勦貴州苗匪尅軍卭水會攻顛洞老巢婁頭苗巢縱火自督軍登山猛攻斃苗數千山谷皆平遂克顛洞斃破甘林杉木等屯由記名嚴直趨茂林坡盡毀碉卡追擊至傳水寨搗其巢黎平靖州蕭清以糧運不繼壁清溪時按察使黃潤昌率軍來會分饟哺之約進攻八年正月破文德關兩路口各隘師益進合攻鎮遠府衛兩城克之連破牙溪田壩黃飄坡等三十餘屯潤昌欲乘勝由東路疾攻命營務處羅萱偕子垣馳謁布政使席寶田請濟師寶田遣提督榮維善助之三月進規施秉逆倉包大肚據果死守力戰斃苗千餘拔施秉復破白洗等寨進圖黃平黃平州瀕黔孔道也蜀兵援黔輒爲所阻潤昌議通此道時維善軍戰久疲請休息萱亦以苗衆道險勸留屯潤昌不可師遂進道出黃飄山中伏子垣盪決數十次地險不能出中礮死之諸軍皆敗語具榮維善黃潤昌傳優詔賜卹原籍及死事地方建專祠諡壯毅

羅萱字伯宜湖南湘潭人父汝懷芷江學訓導著有湖南褒忠錄萱少警悟工詩善書弱冠爲諸生總督賀長齡教諭鄧顯鶴咸器之咸豐元年粵賊犯湖南萱倡鄉團習技擊四年曾國藩帥水師東下辟掌書記贊助甚多及敗於靖港田家鎮敘訓導國藩進圖九江水師失利萱僅以身免因陳江西各路兵事兼皆策馬相從調護諸將各當其意六年石達開陷瑞臨袁吉撫建諸郡省垣孤懸萱從國藩單舸赴南昌達開稍引去國藩檄萱領江軍三千人攻建昌復檄助攻撫州合攻瑞州破沿途賊卡擊走靖安奉新守隘賊當是時城賊數萬扼伺隙九江賊復率二萬來援萱與劉騰鴻等堅壘嚴陣以待八戰皆捷江西軍始振論功擢知縣騰鴻喜攻堅萱引孫子書戒之不聽騰鴻竟以攻瑞州創死假歸湘撫駱秉章檄治團練粵撫郭嵩燾屬創水師皆不肯久留自以文士不欲棄科舉應省試卒不遇益肆力於學詩與知府劉德謙領威信軍防郴會逆軍叛勇掠茶攸間萱與德謙收之遁入粵進屯樂昌當事命增募一營號威震軍賊平累功晉同知按察使黃潤昌奉檄統萬人援黔潤昌與萱同邑遂與俱萱綜文案兼營務處每晝出領隊夜歸削牘以克鎮遠府衛二城功遷知府進規施秉連戰皆捷黃平之敗與文武將領十八人同死之卹贈太常寺卿附祀黃潤昌祠萱性澹泊從軍十數年不圖仕進而耽學弗倦著有儀鄭堂文箋注二卷粵游日記一卷蓼花齋詩詞四卷

侯雲登河南商邱人道光二十一年進士由內閣中書洊升刑部郎中咸豐六年補江南道監察御史奏言皖豫接壤向有捻匪自粵匪北竄蒙亳捻匪乘之蠭起捻首張落刑更句結蘇添福等合爲一股所過荼毒蒙亳迤北歸德以東數百里幾無人煙一誤於張維翰而永夏受困馬牧被焚再誤於武隆額而賊

擾掠歸陳武隆額雖撤歸巡撫英桂調遣並張維翰迄今未聞撤參且其營勇多雜匪類今邱聯恩軍亦潰敗歸德決河未堵防備綦難儻捻匪踰河而北句結東省災民其患甚大查匪逾十萬擾及四省惟賴兵力兜勦而調集需時莫若以勇濟兵請於皖汴蘇魯接壤之區設立勇營簡員督辦本年二月間命已革左副都御史袁甲三隨同英桂剿辦捻匪請即加以卿銜責令募勇其於勸約鄉團捐辦勇糧必能悉心籌畫次第舉行擬辦法四條一酌保文武勸懲悉照軍營之法一審度地勢擇要安營與官兵互相策應遏賊北竄一急籌糧餉請先由糧臺撥給並四省就近州縣勸項奏撥仍勸捐以資接濟一明定賞罰認眞訓練以嚴紀律等語疏入朝廷頗韙其議九年掌京畿道事務授給事中又言捻匪蹂躪豫境二十餘州縣仍分股四出焚掠擾及直東邊境雖有關保博崇武等軍兵力過單馬隊未能精壯儻賊再蔓延非獨豫省全局不保直東亦防不及防救急之法惟有直東兩省防兵併力進剿並請催副都統巴揚阿將所帶馬隊赴豫與關保合軍剿辦並請令副都統德楞額統軍由歸德探賊剿擊必可制勝再東明長垣已無匪蹤請令直督將所派東明長垣之兵出境協勦以壯聲威豫省肅清直東南路不待設防均可無虞矣十年授甘肅甯夏道同治元年陝回倡亂靈州被圍佐領富隆阿援軍戰失利雲登督兵勇進勦斬馘無算圍立解護督恩麟上其功加按察使銜賞花翎時甯夏令彭慶章屢請散團雲登以回性險詐止之恩麟檄雲登開城納降慶章暗爲回匪內應變猝起雲登率兵巷戰被執不屈死之子錫田同遇害

黃鼎字彝封四川崇慶州人以諸生倡辦團練同治元年粵匪犯敘永廳鼎率所部佐官軍擊破之敘功授教諭二年復新寧松潘番亂總督駱秉章檄鼎募蜀中驍勇士得五百人爲蜀軍彝字營會四川布政使劉蓉巡撫陝西檄鼎以所部從時粵寇擾漢中僞啟王梁成富據南鄭分兵陷諸州縣且東侵興安境鼎會陝軍分道討擊盡復諸城邑三年二月漢中土寇曹燦章召滇賊藍朝杜自川北進犯陝南前鋒至松花坪將越秦嶺而北檄鼎率所部邀擊遇賊七里溝大破之轉戰八十餘里擒斬殆盡是役也鼎所將才千人破悍賊數萬號奇捷朝杜黨悉平四月破燦章於八里坪獲之梁成富南寇襄樊不利引而北入興安境山南三郡悉戒嚴鼎聞警自漢中東援而賊已出山焚掠鄠縣遂度渭而北鼎率師沿渭追擊賊不得逞是時蜀寇西北犯階秦謀出山竄隴督秉章急召鼎屯畢口四年正月大會諸軍進師階州力戰抵城下督軍以地雷轟城諸軍塡壕樹梯而上斬僞昭武王蔡昌榮於陳賊乞降遂復階州十二月蓉合諸軍三十餘營與捻首張總愚戰於灞橋鼎以所部橫貫賊陣殲斃甚衆會天大雪藥繩皆濕軍士殭凍賊突以萬騎穿湘軍陣統將蕭德揚兄弟三人皆戰死軍大潰鼎以千人憑原爲異軍湘軍既熸賊悉萃於鼎圍之數十重夜三鼓賊少疲鼎乃結圜陳騎兵居中步卒環外以矛護槍力戰突出黎晨賊傅城東闕意鼎已沒忽睹彝字旗大驚鼎麾軍迎戰敗之賊始退是役也微鼎西安城幾危六年四月敗賊於大荔朝邑捻寇稍衰而叛回復熾犯鳳翔遊騎及省城西郊鼎移師進擊累破之斬僞元帥一賊東走據富平張家堡鼎追擊夜襲其壘斬馘無算賊由臨津南度渭覘入南山鼎悉力拒之賊不得西十月會諸軍追賊至三原旋移援汧陽率步將章占雄徐占彪等先登陷陣大破賊黃里鋪追擊至五里坡又敗之七年賊竄甘肅之靈臺犯涇州西安迤西汧隴乾邠間無慮皆爲賊據鼎率所部爲遊擊軍隨賊上下相持數月大小數十戰累克堅巢甘賊與陝回合悉衆來犯鼎復大破之鼎以戰功由教諭累擢至陝西道員賞二品頂戴兩賞巴圖魯勇號至是授陝西陝安道未之任八年回酋陳林等糾大衆來犯鼎率所部嚴陳以待賊不得進譟而走鼎追擊十數里涇慶賊悉平初鼎督涇州賑撫屯田廣爲招徠至是涇州得民屯十三萬畝有奇營屯五千有奇鎭原得民屯十三萬有奇平涼崇信各有差軍益饒富甘肅土寇張貴爲亂鼎一鼓平之左宗棠會諸軍進攻金積堡堡回酋馬化隆僞都也化隆遣將據固原抗大軍鼎大破之復其城賊走狄道河州復擊敗之捷聞賞內府珍物九年金積堡未下湘軍大將劉松山新戰歿軍事方棘宗棠檄召鼎會固原提督雷正綰赴援軍抵牛頭山山峽狹隘爲金積堡第一門戶賊恃爲天險鼎力攻拔之連下數十壘復攻馬家堡環圍三面缺其一設伏以待賊果由缺處遁伏發賊大敗進傅金積堡盡毀附近小壘師集堡下晝夜環攻逐克之化隆父子伏誅餘黨悉平以功賞黃馬褂十三年移防陝北旋丁父憂詔奪情留軍中光緒二年六月部將湯秉勳以不給四川咨文之嫌突起刺之遂卒於軍鼎治軍綦嚴在防所招集流亡開墾荒蕪脩濬堡渠興學課士得軍民心其屯軍漢中也曲阜孔廣銘落拓廢寺中鼎軍行經其寺覩廣銘題壁詩異之召與語叩所學大悅遂延入幕鼎軍所嚮有功半廣銘策也

陳源兗字岱雲湖南茶陵州人道光十八年進士改翰林授編修旋授江西吉安府先是源兗妻易氏以源兗遘疾幾殆籲天願以身代刲臂和藥飲源兗源兗以愈易氏旋病卒同鄉公舉孝婦請旌於朝源兗適召對宣宗垂詢及之遂有是命以迴避原籍調廣信母故去任服闋簡放安徽遺缺知府補池州咸豐三年粵匪自桐城竄撲廬州巡撫江忠源檄源兗赴廬協守賊架雲梯薄城而登源兗守大東門屢卻之賊復穴威武門爲隧道伏地雷官軍迎掘之尋水西門地雷發轟塌城垣數丈急搶築城卒完時陝甘總督舒興阿奉命統兵萬五千人來援屢戰不利賊連日攻益急城中餉乏兵疲十二月賊復穴水西門隧道攻入源兗自東城馳救至則江忠源已戰歿遂赴文廟自經死先嘗與所親謁文廟徘徊庭樹謂事亟吾且死此以無負先師殺身成仁之訓蓋死志素定云

瑞春字慰農姓鄂濟氏蒙古正藍旗人由筆帖式洊升理藩院郎中軍機章京擢湖州府知府治尚寬平有瑞佛之稱湖城危急與副將鄂爾霍巴郡紳趙景賢激勵軍民嬰城固守景賢主湖郡鄉團多專擅瑞春無所忤嘗曰趙兵睢陽之儔我其爲許遠乎城陷西門火起朝服升堂賊至脅降大罵不屈被害母章佳氏及妻妾二子子婦皆死於難鄂爾霍巴字斐堂滿洲正白旗人起家侍衞出爲湖州協副將湖州初次解圍上守城功鄂爾霍巴以屬邑失守自劾時論偉之餉糧久匱困甚以衣物質錢自給每圍急身出巡城而閉妻子於後堂外環火藥戒家人曰有不測即舉火無汚賊如是者屢矣及城陷在北城督戰策馬回署則賊已入廳事手燃火繩藥發闔家轟死時署烏程縣事者爲許承岳承岳字杜山湖南甯鄉人由縣丞擢署縣事誓與瑞春死守千總熊得勝以搜米擾民涕泣阻之得勝開東門降賊承岳即騎馬歸署手刃二女自縊於官所妾錢氏從死潘錦芳湖州人城圍久趙景賢以江蘇巡撫駐軍上海作血書乞援募能犯圍出者錦芳時老病家亦賣酒小康獨激於義憤請行輾轉得達議以松江提督曾秉忠率水師絕太湖而西爲外內合攻計湖賈之在上海者且聚貲鉅萬餉之行有日矣有尼之者中變錦芳流涕曰老夫出城時糧將罄矣兵一日兩粥民食草根樹皮空巷斃廬死亡枕藉其幸存者數老夫之行且暮待援懼不相及城外賊如麻登高叫呼兵則遝堞應答岌岌將爲變鄉人之賈於此者念在圍親屬其愁迫何如獨恨水師無翼而飛耳彼尼之者何不仁乎嗚呼吾不復見趙公矣抵案大呼嘔血以死

廖宗元字梓臣湖南甯鄉人道光二十年進士以知縣分浙江任仙居德清等縣有能名權歸安粵逆自廣德進竄湖州宗元建議湖州四面阻山有險足恃且城多富室粟芻無虞今甯廣雖潰營將田宗升楊國正皆宗元鄉人若給以糗糧可使爲我固守知府從其言悉以防務屬之賊至出擊賊知有備引去會蘇常杭嘉諸府相繼陷賊復擾湖道員蕭翰慶陣亡宗元收其潰卒入城餉之明日出戰大捷賊敗走有以蜚語上聞者解任聽勘事得白會僞忠王李秀成陷金華處嚴諸府浙撫王有齡因檄宗元署紹興府時浦江義烏東陽皆不守紹興戒嚴既受篆議調外江礮船入內港勿爲賊有議設水柵以斷賊道請徵團防勇丁入城均爲在籍團練大臣王履謙所阻九月宗元令營將何炳謙率水師出擊戰歿敗卒歸伍富紳張存浩等挾捐輸之嫌誣其通賊毆傷宗元履謙置不問賊果由浦江入諸暨奪外江礮船渡臨浦陷蕭山以撲紹興履謙率姚勇走上虞有開門迎賊者城遂陷宗元朝服坐公堂罵賊不屈死之詔以宗元力籌防守嚴催富戶捐輸致被富紳張存浩等誣毆旋復禦賊捐軀城亡與亡實屬大節凜然深堪嘉憫照知府例優議給卹並於死所祠祀以彰忠藎給世職

劉體舒字雲巖雲南景東廳人道光十三年進士用知縣分直隸授廣宗二十一年揀發廣西署養利知州除融縣進直隸州知州授鬱林咸豐四年權潯州府事時艇賊梁培友大口昌縱橫水面聞體舒至就撫已而叛去糾貴縣賊趙洪李七等衆數千犯郡城體舒督兵登陴守禦更番出擊分兵截歸路戰西關擒斬千七百餘級賊遁追至河邊燬賊船數十餘匪仍退據貴縣巡撫勞崇光奏薦堪勝道府任進知府尋授思恩權潯州如故五年廣東賊李文茂等溯江西上犯潯州培友等與之合賊萬餘晝夜環攻絕城中餉道七月穴地攻小南門陷其郛賊蟻附上官軍奮擊矢石雨下斃賊數百體舒血書乞援八月按察使張敬修參將尹達章自平南督水師至石嘴戰失利賊詗知糧盡援絕攻益急官軍饑疲不能拒城陷體舒詈桂平知縣李慶福卸縣事舒樺均被執不屈死經歷宣元烜自縊典史沈廉赴水死體舒贈太僕寺卿銜賞世職慶福等賜卹有差

李保衡浙江會稽人由訓導捐同知分貴州同治元年署普定縣知縣時貞豐回匪陷歸化延及縣屬白巖沙子溝擊敗之粵賊偪安順保衡籌防獲間諜得

賊情豫爲備賊不得逞賊何二竄擾又督團兵兜擊殲賊數百境賴以安三年調署鎭寧州知州明年署興義府知府時回酋金阿渾據新城陽反正陰蓄髮懷異志保衡率敢死士數十徑抵城下呼之出示以威信阿渾感服薙髮就撫降酋馬忠署安義遊擊擁兵驕恣侵知府權縱部卒虐民保衡規之曰既反正當圖晚蓋奈何若此忠爲斂迹流亡歸集數百戶總督勞崇光疏薦保衡政聲卓著擢知府丁父憂奏請奪情留任五年以貞豐回匪馬沖負嵎檄都司熊忠守備劉萬勝等進勦賊分股來拒進踞距城三十里八達地方與普坪黑夷王罰備句結保衡督忠等設伏截擊斬馘無算萬勝亦擊退頂廟賊合師攻八達罰備勢蹙詐降於忠忠將至新城受降保衡力阻不聽竟遇害聞變亟調興義普安團練禦之未至賊偪城下保衡登陴固守或勸以勢急徒守無益盍逆師境上爲兩全計保衡曰臣子之義城亡與亡吾知効死勿去他非所知也三月忠部降卒與賊通城陷保衡巷戰手刃多賊力竭被執罵賊不屈受鱗傷死屬紳劉官禮等以重金募人覓其骸越二年始獲葬署經歷徐海州同李善斗同過難詔贈道員祠祀與義海善斗附祀

淡樹琪四川廣安州人咸豐六年以知府候補雲南先是雲南各郡縣漢回相殺回人據大理諸州縣樹琪至滇境聞變遣家屬還間道至省城次日城門晝閉得奸人托福托壽搜其家旗幟刀矛咸具事既洩諸回不自安漢人聞回人之欲相殘也爲先發計一呼而衆合城內外火光殺聲兩日不絕初樹琪以部曹出守貴州苗匪亂辦賊有聲大吏就問計樹琪因乘間說曰漢回相仇久矣直漢者曰回曲直回者曰漢曲兩直不相下是助之攻也今日之事誠宜兩曲之以蓄謀曲回而以擅殺曲漢然後宣布天子威德示禍福利害使各愛其身家亂庶幾止又請設勸捐籌餉局不十日軍民輸錢米者十餘萬省城事稍定各郡縣告急警報迭至大吏卒遣樹琪及副將謝周綺防堵碧雞關屬以練勇三千人樹琪視所屬練勇不習戰餉又不能持久不得已至關關去城三十里地狹不能布衆乃去關八里朱家祠屯駐時亂回據彩鳳山下左曰三家村曰二里坡皆賊窟其右則昆陽安陵地大吏責樹琪辦賊樹琪使練目熊載攻三家村從九品周廷軫攻二里坡周文舉具船五十號攻賊前其右則委之安陵州牧尅日逼賊巢至日樹琪與周綺整隊據彩鳳山頂辰巳交大霧滿山谷數武外不可辨左右或勸且收隊樹琪歎曰督戰方急而諸路兵又分遣軍令不得失期今日但有戰耳揮隊下山俄報左路敗截與廷軫死樹琪軍遽潰周綺先走樹琪據嶺畔一大松立僕何彬李秉劉喜楊紳皆有力能戰無何三僕戰死紳持矛擁樹琪樹琪據地呼殺不絕聲賊從後砍紳墜嶺下樹琪旋遇害時六月二十六日距至雲南僅七十餘日事聞贈太僕寺卿

褚汝航字一帆江蘇吳縣人或曰廣東人道光二十八年捐職布政司經歷發廣西粵匪倡亂汝航於金田及新墟等處勦擊出力累功擢知府應曾國藩招至湖南與夏鑾督造戰艦練水軍咸豐四年率所部復岳州復湘潭賊犯城陵磯汝航偕鑾分路進擊奪賊前船殪僞丞相汪得勝等追殲殆盡捷聞以道員選用尋賊由擂鼓臺上竄汝航督兵迎擊敗之賊復以船伏城陵磯夾洲爲誘敵計汝航偕鑾暨都司楊載福等督兵直偪城陵磯賊衆未及抄截被水陸官軍分途擊潰夾洲泊船亦被燬以汝航膽力俱壯奏獎鹽運使銜嗣統師船於下游一帶與總兵陳輝龍等水師排陣合攻多所殲斃並火其舟其時羣賊下竄風逆船膠賊艘復集官軍陷入重圍輝龍及游擊沙鎭邦等俱陣歿汝航等督軍馳救均被鉅創死之汝航條理精密爲國藩所重及死尤痛惜焉輝龍廣東吳川人國藩定水師勦賊策輝龍實先以廣東兵船從城陵磯之役自乘柂苦船先發而汝航繼之死事上聞賜卹壯勇夏鑾字鳴之江蘇上元人以附生從九品發廣西盜匪陳亞潰滋事鑾捐貲募勇在荔浦修仁防勦保府經歷與汝航治水軍凡器械之屬及營制多鑾手定同復岳州同復湘潭歷保府同知城陵磯之役汝航統師船進擊鑾於陸路設伏互應進勦至白螺磯蘆葦中賊衆復集鑾手刃數賊躍入水中死之諸生何南青同戰歿事聞均賜卹如例

儲玫躬字石友湖南靖州人廩生少有大志讀書喜講求營陣攻擊之法嘗於本籍禽治傳習左道倡亂者道光二十九年土匪李沅發作亂踞新寧縣城玫躬督鄉勇從間道馳截要隘助官軍討平之敍功以訓導即選咸豐三年選授武陵縣訓導江西泰和縣土匪闌入茶陵州巡撫駱秉章檄令募勇討賊八月賊竄安仁縣玫躬偕把總張大楷往援遇賊於安仁酃縣交界地與酃縣團勇合力兜勦大敗之常寧土匪圍攻藍山縣城六晝夜玫躬復偕縣丞王鑫等會勦陣斬六百餘名賊潰藍山以全移勦股匪於道州四眼橋玫躬繼各營至逼賊而陣奮擊敗之追殲殆盡玫躬爲偏將兵不滿五百未嘗出境與大寇戰馳逐衡永郴桂間者先後凡三年旋粵匪竄擾湖南逼省城曾國藩在籍督辦團練檄玫躬等各統所部遏之四年正月賊攻寧鄉縣玫躬偕候選同知趙煥聯往援遂冒雪夜發身先馳之抵縣南門城已破賊正縱火焚掠玫躬率勇目喻西林文生楊英華等奮力奪西門入轉戰城南北賊屍塡街市悍賊橫截之復挺矛入賊隊圍數帀身被十餘槍力竭與西林英華等同歿於陣國藩疏以玫躬寧鄉一戰以五百勇敵賊三千斬馘數百我兵喪亡止十八名賊氣奪夜竄寧鄉卒得保全合邑感激欲爲建祠藍山道州戰績擬保同知直隸州撫臣未及彙奏不料遽爾捐軀請照進秩議卹詔進贈道員諡忠壯湖南巡撫駱秉章立忠義專祠祀安徽巡撫江忠源等復請以玫躬附祀從之

李杏春字石仙湖南湘鄉人少工制藝神清體弱而膽識過人由廩生投効軍營以功用訓導咸豐四年隨甯紹台道羅澤南軍義甯州之戰與縣丞蔣益澧率兵數百當賊黨七八千杏春直馳中路賊潰走諸軍追殺十餘里斃賊六百人復戰雒嶺賊多墜崖死乘勝偪西門與各軍環攻克之至是累功進同知直隸州進勦湖北通城督兵攻西北澤南自將中軍繼之斃悍賊數十賊狂奔入城諸軍疾躡之奪門入立復縣城賊竄蒲圻杏春敗之道口賊踞梯木山率衆攀藤上焚其巢逆首石達開率大股來援官軍分三路應之杏春當右路松林之賊躡馬登山整隊以待賊洶涌麕至官軍突前擊之斬執旗悍賊酋十餘人餘衆驚走明日賊衆二萬來犯衆議退師杏春不可曰大軍在後退則全軍奪氣與參將彭三元扼要堵禦鏖戰五時斬馘數百咸甯賊悉衆來援崇陽土匪響應衆數萬圍營三帀杏春與三元分路馳突相持兩時許礮下如雨三元戰死杏春勸馬回救麾下勸之走弗從曰彭參將死我何忍獨生馳入賊陣手刃悍賊一人而死贈知府銜附祀塔齊布專祠

朱善寶字子玉浙江平湖人由監生入貲爲州判勸海州徐州匪保同知署江寧府督糧同知咸豐十年隨總督何桂清駐常州江南大營陷常州大震桂清以守禦事悉任善寶既賊陷丹陽桂清遁欽差大臣和春亦走無錫提督張玉良收潰卒營城外亦戰敗賊從奔牛鎭來犯城兵千餘旦夕垂破善寶以常州爲蘇浙門戶常州不守則蘇浙瓦解卒不去賦絕命詩以見志與通判岳昌勵衆登陴殺賊千計賊麕至攻益力城陷戰靑果巷被十餘創死之卹世職

莊裕崧陽湖人以監生輸餉獎通判銓四川佐駐藏幫辦大臣恩慶治裏塘夷務晉直隸州知州初裕崧幕遊蜀至是例迴避恩慶疏留辦善後藏事畢改省甘肅同治元年補鹽茶廳同知廉慎自持諳練政治廳屬回目王大桂等以平遠回揚言漢民傳帖約期滅教轉相扇惑於是羣回驚疑謀起事裕崧與涼州鎭總兵萬年新馳赴秦家灣敵營曉以禍福責以大義回衆跪道左咸聽命裕崧等領赴固原遣員分赴各莊回戶皆就撫獨巨賊馬彪馬新成等抗拒不服大桂立殺之繇是無一敢抗者事遂定其年秋循化巴燕戎格撒拉回族時出攻剽分擾西寧碾伯隆德河州居民苦之裕崧奉檄與諸軍分道進擊戰屢捷撒回勢蹙相率歸命二年護理總督恩麟狀其績晉知府俄而固原回楊大娃子等犯鹽茶廳年新戰失利直逼廳城裕崧率文武登陴固守踰月賊力攻內奸啟西門遂長驅入裕崧率幽丁巷戰矢盡糧絕被執擁至禮拜寺百計威脅詈賊不屈遂及於難前都司高如岡照磨胡枚皆戰死賊入署執幕友四川舉人易舉索印拒不與並家丁李暢等十一人同時被殺年新湖南人固原失陷馳往查辦賊僞乞降率衆潛至襲擊爲所執不屈死之

清史稿　　列傳

忠義五

鄧玲筠　承順
托克清阿　馮元吉
平源 張寶華 王洄 周來豫　余寶琨
王汝揆

王淑元字秋查浙江鄞縣人以舉人知縣分發廣西歷權柳城雒容平南馬平等縣事授博平調天保會臨桂縣民以糧價重不輸稅大吏欲懾以兵淑元在省進議曰民固有所苦得平自服遂調臨桂既莅任爲汰浮收民便之無逋賦者道光季年粤匪洪秀全始謀逆其黨李嘉耀潛入省垣煽土匪內應發覺淑元鞫得餘匪匿所悉數掩擒敘功升龍州同知以肅清會匪獎知府銜三十年擢太平府知府旋任龍州時廣西巡撫鄭祖琛懦而黯羣盜蠭起輒務諱匿三十年賊潘寶源等來犯淑元率練丁禦諸距州十里之灣道以次子光頡自隨戰不利雨甚藥濕礮不及發因退回城及門賊已由間道入擁衆逼官解淑元立堂上罵不絕口呼家衆殺賊賊斫淑元仆地擄之去光頡奔奪賊殺光頡而投淑元於勤村河盜去三日始出之身首皆裂獨面色如生高延祉字筠坡浙江蕭山人由舉人充官學教習期滿用知縣道光二十一年英夷犯浙江沿海舉行團練延祉率義勇爲前驅擊燬夷船咸豐元年揀發廣西與都下親友別即以致身奉國自誓尋署隆安縣事土賊陸鵬理與其黨乃利中淩阿東等屢爲邑害延祉集團練遣間諜以計誘殺鵬理捕獲其家屬黨與二十餘人並毀利中巢窟及塚阿東亡命謀復仇糾衆千餘據白山之感墟與歸德接壤延祉借歸德土知州黃爲錦率練勇四百進攻沿途摎戮賊探多名行抵袍墟距感墟十餘里遇伏軍潰復激勵練勇奮擊殪匪二百餘賊衆遂至延祉挺刃督戰被賊矛中腹遇害爲錦亦戰死僕隸多殉之者延祉任隆安七十餘日無日不在外治戰事居縣廨僅數日耳民感其保衛之恩爭賻其孤孤辭乃以其貲建祠祀之以從死之僕隸壯勇祔同治十一年追謚壯節爲錦山東人

瑞麟白氏漢軍鑲白旗人由謄錄議敘巡檢道光五年選廣西鎮峽寨巡檢調主簿擢州判知州咸豐元年授西隆州知州二年二月洪秀全自永安犯桂林敗竄全州瑞麟已卸州事繼任知州曹燮培知瑞麟才深相結納約共守禦時都司武昌顯以楚兵四百援桂林道經全州燮培留助守四月賊薄城下發礮轟擊斃賊甚夥越日攻益急歷十一晝夜提督余萬清劉長清來援分駐城北太平堡城西魯班橋距十五里外牽制弗能進守者憊甚子藥不繼賊穴城地雷發城崩賊乘入千總葉永林把總張元福死之瑞麟素驍勇遇賊中衞手刃數人力竭身死燮培亦巷戰死賊攻城時多死傷恨甚城陷屠之焚屋舍幾盡文武官紳同時死者署全州營參將楊映河把總卜有祥解餉官四川知縣盧金第安徽府經歷陳垚湖南遊擊余遇陞都司武昌顯千總田慶華馬瑞龍把總盧先振黃志林韓大興外委孫紹全楊清麒田宏義楊大寶龔心仁田宗南武舉唐殿試生員蔣成龍金建勳武生張以敬幕友黃柏彬祝永文朱福坪周希齡孫培駒楊菱舟金家駒朱澤凡三十餘人學正農賢託年七十甫歿棺燬妻殉之瑞麟謚壯節與燮培並贈道銜詔祀京師昭忠祠建專祠全州曰愍忠祀燮培及諸死事者燮培字理村浙江仁和人選柳州通判攝西隆州事除東蘭州知州權全州性倜儻有吏才不拘節目聲伎滿前然無廢事或規之引文信國公少年時事自解曰他日能學文山足矣人謂燮培無負素志云時死廣西者又有署永安州吳江龍門司巡檢馮元等

劉繼祖江西玉山人增貢生道光十一年以同知分福建十九年除淡水同知以憂去服闋借揀知州發廣西二十七年授永康尋署藤縣時灌陽平樂陽朔等處匪徒肆擾借知府張熙宇督勦殲擒殆盡進知府咸豐元年金田賊敗竄大黃江繼祖率水陸壯勇乘夜攻擊焚其巢以所部練勇失鈐束奪職四年巡撫勞崇光奏請留藤協辦團練尋艇賊梁培友糾衆攻藤繼祖借知縣翟登峨等嬰城固守設間出奇擊卻之旋以土賊馮六戴九等接踵至據河干盡焚沿岸舟鄉團來援者不得渡賊衆兵單城陷繼祖受重創與登峨子襄采團長梁文軾等巷戰力竭死之登峨被擄罵賊不屈被害棄屍於河典史冉正棠鬭死獄門詔復繼祖原官賞世職登峨以次死者卹有差登峨字眉峰山東章邱人進士截取選藤縣

劉作肅字敬亭奉天承德縣人道光元年舉人選知縣授天河縣歷甯明知州兼明江同知咸豐三年賊衆萬餘攻城相持五月餘解圍去以城守功加知府賞花翎六年署太平知府賊屢來犯禦卻之十年復來城中無儲粟賊圍亟守陴者皆走城陷作肅投池水淺不能死爲賊擁去以其居官清廉不忍害之作肅乃吟絕命辭絕粒死其弟與僕姚雲吳貴同殉妻趙及子家祥女等皆先自盡以子家鳳被執不屈死恤如制賞世職建祠府城二僕並賜卹

沈衍慶字槐卿安徽石埭人道光十五年進士以知縣發江西署興國補泰和二十五年調鄱陽縣濱湖盜賊所出沒衍慶編漁戶仿保甲法行之屢獲劇盜俗悍好鬭輒輕騎馳往竭誠開導事寖息兩遇水災盡力賑撫存活無算舉卓異咸豐二年粤匪陷湖北武昌衍慶請兵守康山控鄱陽門戶三年九江陷謠言四起居民逃亡不可禁止衍慶率練勇巡東門見糧船中數百人譟而前衍慶手刃二人餘黨慴服人心始定賊圍南昌巡撫張芾檄衍慶赴援會合省防諸軍與賊戰大破之賊將東竄衍慶慮賊犯鄱陽請於巡撫馳歸時樂平令李仁元攝鄱陽事同商守禦賊至與仁元同力戰城陷死之贈道銜立祠鄱陽仁元字資齋河南濟源人道光二十七年進士內閣中書改知縣咸豐元年授樂平民俗剽悍以禮讓教之多感悟有素習械鬭者仁元曰民不畏死然後可以致死今天下多事正此輩效順之時也簡驍健得六百人日加訓練土匪畏之斂迹樂平與鄱陽爲鄰境仁元政聲亦與衍慶相埒至是南昌戒嚴衍慶助勦仁元移攝鄱陽以代之未幾衍慶以防賊擾馳歸縣因仁元父母妻子在樂平亟趣仁元去仁元曰賊旦夕且至臨敵易令是謂我不丈夫也遂議併力戰守值久雨湖漲城圮無險可攖於是審度地勢衍慶軍南門仁元軍北門爲犄角部署甫定賊揚帆大至麾軍燃礮碎賊艦賊繞東門登岸入城衍慶迎擊賊稍卻又繞而北仁元率樂平勇巷戰矛刺仁元踣樹割之所部猶力戰死者過半卒得仁元屍以出初樂平土匪度仁元去必復來伏不敢動及聞殉難乃倡議迎賊仁元母顧其婦及女曰禍將及矣曷早計皆死之城陷仁元父及弟並不屈死事聞詔贈知府銜與衍慶合祠於鄱陽別於樂平建仁元專祠父子婦母陳氏妻金氏弟誠元妹三人妾楊氏及僕婦等均祔祀

李福培字仲謙江蘇無錫人道光二年舉人會試十三次不遇考教習補左翼宗學教習期滿用知縣咸豐元年選授廣東從化縣時廣西賊起廣州爲賊出沒所從化界連七邑距府城百七十里四年賊偪廣州福培以花縣之石角及縣境之太平場爲從化及諸邑屏障請大府屯兵二千兼可斷賊糧道不報乃自募壯丁數百人與典史趙應端及從弟性培分將之七月賊數千直薄城下福培登陴固守率兵民力戰凡七捷斬八百餘級九月援賊大至急解縣印授其子送省會而誓以死守賊舁礮攻城裂數丈賊蠭擁入與應端性培等巷戰身受數傷退至學宮尊經閣猶投石殪賊賊焚閣三人同死之僕周鏞勇丁蘇兆英等皆殉難卹福培贈知府銜建專祠特謚剛烈福培就義處有血影漬地如人形濯之愈顯後任建石欄護之榜曰忠蹟昭然王恩綬字樂山亦無錫人與福培爲中表昆弟少以諸生受知巡撫林則徐招入節署讀書稱爲篤行君子道光二十九年順天鄉試舉人考充宗學教習勤其職惠親王稽察宗學語人曰不視此職爲具文孜孜不倦者王教習一人而已期滿以知縣候選恩綬幼與福培同學長以氣節相砥礪同居京師夜分論時事慷慨罵諸將吏棄城與軍輒面發赤戟手搏案聲震鄰舍童僕爲驚起福培仕廣東恩綬與之書曰大丈夫當此時與老死牖下孰若埋骨疆場耶及福培殉益躍躍欲得一當咸豐四年秋武昌克復大吏以湖北闕員請吏部揀發選人方是時武漢再陷再復寇尙蠢蠢至選人皆畏沮不欲行多稱疾謁假恩綬慨然曰若仕必擇地則夷艱揣危杖節之士不復見於今世矣寇何由平冠帶往聽旨果發湖北或言寇深入道且梗盍徐徐行恩綬不可攜一子一僕間道疾驅五年二月始至則武昌已被圍巡撫陶恩培嬰城守兵弱餉絀勢岌岌不保官吏藉口出請援師乞大吏檄引去者相屬布政使胡林翼駐師城外恩綬往謁林翼惜其才留贊畫軍事恩綬辭竟縋城入恩培詫曰此旦夕死地人患不得出君獨患不得入今何時乃有此義烈男子耶溫語慰遣之曰君無守土責尙可出就胡營留此身以待用恩綬固不可遂奉檄登陴守禦翼日城陷恩培殉黃鶴樓恩綬與武昌府知府多山督兵巷戰同時死之仲子燮及二僕皆殉明年冬武漢克復當事以恩綬死事狀上聞得旨賜祭葬予謚武愍既而御史汪朝棨疏言恩綬無守土責而視死如歸不特與草間偷活判若天淵即較之城亡與亡亦分難易且忠孝一門僕從皆知赴戰尤足扶植綱常請於本籍建專祠會巡撫郭柏蔭亦疏請建祠武昌詔並許之

李右文字伯蘭順天通州人道光十一年舉人咸豐三年選授湖南東安知縣粤匪犯天津留辦本籍團練以功賞知州銜五年赴官值湘南道梗諸弟馳書尼其行不聽至楚權新甯邑屢被寇戶口流亡右文招集撫循凋敝以振七年以最調祁陽時從弟載文殉難廣西弟復馳書勸歸慨然曰死生命也脫捐頂踵報國是得死所也何慮爲尋回東安任八年湖南境賊退右文謂衆曰賊敗他竄不可恃亟訓練民團置倉穀數千石備不虞九年春石達開由江西回竄湖南逼近東安新甯紳衆數百人來迎請避賊新甯右文曰吾去誰爲守此土者已復請護家口出境又曰是爲民望也卻其請衆泣誓死不忍去三月賊麕

至城卑四面皆山賊環瞰之右文集城中官民登陴固守親冒矢石歷七晝夜轟斃城下賊甚夥城陷與賊巷戰署東身被重創猶手刃數賊力竭遇害賊燔其屍僅得脊骨歸葬子傑妻郝子婦王及僕婢皆從死新甯紳衆數百亦先後戰死詔視道員例賜䘏建祠本籍隨殉親丁紳勇附祀子傑字小蘭縣丞有幹略侍父湖南襄督練勇進知縣方賊之回竄也右文知不免作書與諸弟訣命傑齎往意欲生之也傑不忍去又重逆父命潛避署左右覩賊變賊至率練勇守南門城陷聞警馳父所未至遇害屍同被焚視同知例賜䘏載文字瀞帆右文從弟道光二十四年舉人三十年以知縣發廣西咸豐元年權馬平縣時洪秀全犯桂林馬平賊李志信響應載文率兵勦捕殲之尋調平南五年艇匪梁培友由梧州上竄陷潯州攖平南載文禦之渡口轟沈其船追擊斃匪無數賊屢分撲南北岸悉卻之累以功擢同知直隸州六年五月至七月賊屢至水陸環攻載文偕參將曾廷相張遇清都司唐文燦等嬰城固守困重圍七十餘日乞援乞餉告急文數十上大吏但空言慰藉載文知事不可爲遣親僕間道以縣印檄送桂林獨激厲兵勇與賊相持教諭傳揚清把總呂耀文生員傅揚芬吳國霖先後戰死賊攻益急載文中礮傷骸痛哭北面頓首曰臣力盡惟以一死報國然不忍百姓屠戮也縱之去千總方源開城私遁賊乘隙入載文廷相率勇巷戰手刃數十賊力竭自剄不殊賊擁至船中抗罵不屈並臠割之是役也遇清守北門持大刀斫賊三十餘被賊攢刺無完膚死文燦守南城率外委張珽巷戰死守備張彪守火藥局然火轟斃賊百餘亦戰死載文廷相死尤慘先是巡撫勞崇光奏薦載文堪勝道府兵部侍郎王茂蔭亦奏保循聲卓著擢桂林遺缺知府命下載文已遇害贈太僕寺卿銜賞世職建祠本籍同治十年追謚壯烈

李㯳字棠藩安徽宣城人以監生入貲爲知縣道光二十六年選授湖北公安賑災有惠政調孝感再調鍾祥咸豐二年粵匪自長沙竄岳州犯武昌所在奸民競起鍾祥馬驟子襄陽郭大安天門蓋天王皆盜魁黨衆大者萬餘小乃數千㯳教練壯士千餘人捕馬驟子及其黨數十人斬之偵知郭大安方謀以衆投粵賊設伏間道禽之乘大霧掩擊蓋天王悉俘其衆時武昌漢陽相繼陷上游諸郡帖然無恐者㯳平諸盜力也既而武昌復大吏上㯳功擢荆門州知州調署江夏縣鍾祥民萬衆攀留不得會粵匪林鳳祥等北犯其後隊自河南折入湖北陷黃梅趨麻城㯳率提標兵千人往援擊賊黃岡之鵝公頸江口大破之窮追至安慶與安慶兵夾擊殲賊殆盡還値宿松警復破賊下倉埠詔以知府升用踰月賊復自江西大至寇廣濟之田家鎭大吏檄㯳往連戰皆捷最後戰他將懦不進㯳率所部渡江擊賊賊敗走孤軍追賊至興國州富池口賊知㯳軍無繼者分舟中賊登岸襲其後㯳引就水軍水軍走左陷淖中與所部二百人皆鬥死咸豐三年九月十日也事聞贈道銜予世職公安鍾祥之民家祭巷哭奉木主祀之始㯳爲縣所至必於其地夷險豐耗民俗醇訛奸蠹根株人所疾苦盡知之爲治行之出於至誠人樂爲用願效死力及其殉難久而思之同治二年湖北大吏復奏㯳死事甚烈在官政績尤著請宣城及死事所建專祠詔可予謚剛介

陳肖儀字幼泉江西弋陽人嘗遭母喪扶柩舟行江中夜火發四面皆烈燄肖儀以身伏柩上隨江流飄蕩不死柩亦無恙一時稱奇孝年十九官湖北縣丞擢廣濟知縣咸豐三年粵匪破田家鎭去縣七十里縣故無城垣召募鄉兵皆望風走肖儀知事不可爲持刃坐堂皇賊入數其罪即抽刃自剄未殊賊縛之曳於市子恩藻奮臂擊賊賊立殺之肖儀罵益烈賊鑿齒刳頰膚盡見骨三日乃死賊解其體爲五縣民悲憤賊去始斂焉萬成滿洲鑲白旗人道光二十四年舉人揀發湖北知縣署漢川調安陸咸豐四年匪由武昌北竄陷雲夢時總督台湧駐兵德安萬成陳戰守二策湧不能用欲退守三關徐圖克復且諷與俱去萬成垂涕曰棄而不守如百姓何與城存亡守土之義也其僕復勸之並以主人無嗣爲辭萬成厲聲曰我家世受國恩若臨難偷生無以對國家即無以對祖父遂致書邑紳曰禍在旦夕誰之責歟一死塞責不可爲臣有辱於親不可爲子願不歸櫬於先人之墓留葬於此以誌吾恨是夜警報沓至萬成召團練諸紳告以在城兵勇俱隨總督北發已嘗以死守城又知事必不濟復作絕命書與士民訣略曰賊已至雲夢勢必來德安我惟撄城固守不能則以死繼之諸君不我遐棄能葬我遺骸於碧霞臺下常此北望神京則九原之下感不忘矣踰日賊距城二十餘里台湧擁兵徑去萬成謁知府議救急策甫出署紅巾賊數十突至知城陷抽佩刀與戰手刃數人力竭死之賊焚裂其屍德安復縣民卒收葬殘骨於碧霞臺下以遂其志

袁祖悳字又村浙江錢塘人祖枚以詩文名官江甯因家焉祖悳早慧入貲爲江蘇寶山縣丞兵備道某稔其才以上海縣令姚某漕事詿誤去檄祖悳攝縣事且代姚辦漕未五月難作先是縣中團練多閩廣無賴本地游民和之漫無紀律粵匪據江甯爲僞都人心益搖於是小刀會起事小刀會者即無賴游民所結合黨羽散布官役皆爲耳目道故粵產謂中多粵人置不爲備先發難嘉定䍧縣官道仍不爲備咸豐三年八月初五日爲上丁祀事日黎明祖悳肅衣冠出賊蟻擁入署一賊號小禁子者祖悳嘗因案懲之首犯祖悳刃交於胸被十餘創罵不絕口死守備李大均得訊躍馬呼殺賊手無械不能戰自經死

于松漢軍正黃旗人以廕授藍翎侍衛出爲江蘇松江糧廳咸豐元年春南漕改海運漕船水手將譁變大吏檄松資遣變遂定明年大吏復以資遣事檄松時粵賊已踞江甯爲僞都水手環而噭呼勢倍前松爲上息內閧計籍其精壯而訓練之不旬日得勁卒二千人會向榮躡賊圍江甯江蘇境內稍安六年率所緝卒從巡撫吉爾杭阿勦鎭江既成營搏賊銀山下戰屢捷鎭江賊仰息江甯既屢創閉壘潛略高資鎭松以千人馳擊渡夾江平賊營改攻鎭江城以衆夜薄城下梯垣縱火潮勇噪而驚賊賊起燃巨礮登者紛墜松督隊在前鉛丸中額仆牙旗下旋卒潮勇故剽椎名盜居營啗賊金故爲賊用敗官軍松死麾下士千餘人悲憤痛哭不忍聞

尙那布國羅落氏滿洲鑲黃旗人咸豐三年由舉人揀發江蘇知縣八年署溧陽僕從蕭然日集士紳議戰守不退食兵勇踐境親立城卡彈壓出境乃已創義學築舍數十楹集諸生講肄贍田百餘畝供膏火修葺文廟庀材鳩胥捐廉爲之倡疏濬城河懋遷稱便迭以軍需籌防催徵力最賞知府銜十年賊陷廣德溧陽界其北尙那布誓死守賊屢逼城下急切無援督練勇擊賊退未幾賊復大集攻城愈迫越日城陷尙那布厲聲叱曰我溧陽知縣練勇殺賊我作主速殺我勿傷百姓遂遇害䘏贈太僕寺卿銜賞世職時署金壇縣知縣李淮同以城陷殉難淮字小石浙江鄞縣人固守至百餘日賊乘霧登城淮朝服坐堂皇罵賊死之

唐治字魯泉江蘇句容人道光五年舉人大挑知縣分安徽補桐城縣歲大水請帑勸分按口振施不假手胥吏一月鬚髮爲白調祁門舊有東山書院生童膏火取給鹽釐治別籌捐項充經費士商兩便之又立義廒積穀至數萬石時粵賊據江甯安徽改省治廬州賊船上下無所忌上書陳利害不報祁門無兵依山爲城徽州以富名賊欲圖徽必道祁請以兵守又不報而祁之姦民前苦治嚴緝者遂爲賊嚮道四年正月賊入縣屬櫸根嶺治招集團丁激以大義誓共城存亡時大洪巡檢鍾普塘亦帶勇入城協守賊偪西門治督衆登陴迎戰礮轟斃匪數十人大股猝至城遂陷猶奮勇巷戰力竭馬蹶與普塘同時被執誘降不可淩辱之不屈以禮遇之終不食飮卒罵賊死普塘同時遇害沈屍於河普塘紹興人賊欲說降之日吾年逾六十矣即不知羞恥事能再活六十餘耶傳其罵賊尤烈云同治二年曾國藩請於祁門建專祠以鍾普塘附祀賊躪安徽守土吏殉節死者又有泗州知州鄭沅六安州知州金寶樹蒙城縣知縣宋維屏望江縣知縣衛君選盱眙縣知縣許垣沅順天大興人寶樹江蘇元和人君選河南趙城人垣江蘇上元人維屏籍未詳

林源恩字秀三四川達州人拔貢生舉道光二十三年順天鄉試咸豐元年選湖南平江縣知縣二年秋粵賊犯長沙瀏陽通城匪徒皆爲亂三縣皆與平江接壤源恩詰姦守隘如防禦水藏然不得盤江忠源以爲才保奏知州銜又以書播告士友道林某瑊軍旅也時國藩治兵長沙檄源恩募平江勇五百人以從旋有他賊自崇陽通城犯平江檄源恩回援壁北鄉之上塔市三月四日賊大至環源恩壘源恩逆戰大捷追奔數十里既而塔齊布胡林翼師克通城平江解嚴師別勦則賊仍屢至源恩屢戰卻之會有忌源恩者功不得敘又別撫他事中之源恩憤甚詣大府自陳而謇於辭卒莫能自達遂從國藩九江軍命治羅澤南糧臺乙卯春從克廣信賞花翎又治塔齊布糧臺旋任水師營務十一月又攝理陸軍於廬山之麓姑塘之南而江西巡撫聞源恩賢飛檄至南昌付以所新募之平江營者源恩在廬山又與共事武夫不相能憤彌甚嘗獨歎曰丈夫一死强寇耳終不返顧矣明年石達開犯江西連陷八府五十餘州縣六年三月李元度率師自湖口南來源恩與鄧輔綸自南昌而東兩軍會於撫州克進賢東鄉進破文昌橋堅壘五擣其巢既薄城源恩壁南門元度壁西南隅相去四里賊嬰城拒守堅不可拔當是時江楚道梗瑞臨袁吉四郡無一官軍援賊不時至至則合城賊來犯所部迎擊三十里外輒重創之破賊壘者九大小戰五十有六皆告捷然部下血戰久疲不得休裹創者十之三病者十四五會輔綸中蜚語去在事者多告退源恩勢益孤餉日絀宜黃崇仁兩縣來乞師謂克宜崇則能拊撫賊之背且勸士民輸餉可得十數萬源恩與元度遂分江楚軍共五千徇西路九月三日克宜黃九日克崇仁俘斬各數百忽皖賊數

千自景德鎭來援急撤宜崇軍官民苦留不遣將士亦以久飢甫得一飽不能行賊趨撫州十六日拖河而戰水涸賊騎馬飛渡追而敗諸城下先是源恩所部之右護軍遣赴崇仁留三百人守壘賊詗知之詰旦出犯先陷右軍遂圍源恩壁源恩慷慨諭將士曰好男子努力殺賊無走也衆皆應曰惟公命都司唐德陞馳入壁掖源恩上馬源恩曰此吾死所也子受事日淺其行乎德陞曰君能死吾獨不能死耶從容解金條脫畀其從子某曰若馳去吾與林公死此矣壘破源恩手劍鏖賊力竭死之德陞素驍健格殺十餘賊始被害從死者三百餘人源恩年僅四十追贈道員賜卹如例德陞字彥遠甯遠人舊隸副將周鳳山部下以十五日奉檄來軍十七日及難贈遊擊

畢大鉦湖南長沙人咸豐二年以附生守長沙南關粵賊轟城塌大鉦斂空棺實土爲墻傾刻成三十餘丈隨提督鄧紹良堅拒八十餘日殲賊數千賊自湖北回竄湘潭靖港均陷大鉦復以防省功選用府經歷縣丞湖北崇陽通城陷大鉦復領兵赴勦諜知賊由平江犇長沙絕饋道厲兵爲備賊不得逞行軍禁騷擾一蔬一木無妄取通城亂久無官爲立團防勦土匪通人安業因其歸報金巨萬大鉦却不受四年保用知縣授浙江仙居知縣案無留牘地瘠民貧逋賦多大鉦在官民爭輸納尋捐知府浙江巡撫何桂清留莞糧臺檄赴於潛防堵又以開化叠警調防婺源初戰屢捷尋賊以三千人圍南關大鉦偕胞姪候選通判榮清合勦賊大至力竭均死之卹贈太僕寺卿賞世職湯世銓字彥聲順天大興籍江蘇武進人道光二十六年舉人咸豐三年以知縣發浙江七年署開化縣時粵匪闌入浙境由常山竄開化委署者多不肯往世銓獨毅然請行至則募勇防守八年三月賊首石達開擾浙衢州鎭總兵饒廷選戰敗遂偪開化世銓聞警登陴賊突至城陷世銓拔佩刀自刎爲紳民奪刀擁出不得死陰約各都結團且飛書請兵會鶴麗鎭總兵周天受督軍追擊賊奔處州世銓率團沿途截殺六月縣城復仍因失守褫職代未至仍帶勇守禦七月賊由常山復攻開化江蘇候補縣劉福林帥鄉勇方檄赴甯國世銓請於大府留籍防禦而以城守屬縣丞某且出印印其衣畀遺人賫印至府授代者遂出禦賊於華埠賊至叠擊敗之會貴州定遠協副將朱貴統兵三千來援戰失利世銓急整隊出倉猝不能成陣力鬬與福林同歿於戰所以印衣覓得屍胸腹腰脅創十數勇目方忠同死於其側事聞復原官卹如例給世職

謝子澄字雲航四川新都人道光十二年舉人大挑知縣分直隸咸豐元年署無極縣二年補天津天津地濱海獷悍難治市有所謂混混者健武善鬬子澄至見前令縶諸混混歎曰是奚不可化者籍其名縱之未幾縱者鬨於市子澄按名捕殛其魁地面遂靖時粵匪出擾湘漢順流而東遣酋林鳳翔李開方分兵渡河莫測所向人方謂南北道隔賊不敢犯子澄深以爲憂捐金倡團練召所縱諸混混以周處故事喻之衆皆爲用回民劉繼德復集回民千餘人應之遂率赴教場授器械教戰陣之法其妻亦撤簪珥以助長蘆鹽政文謙歸財與糧隨時協濟子澄得一意練兵未幾賊圍懷慶踰月渡臨洺關總督訥爾經額帥師逍遙經順河柏鄉欒城入深州主閫者務持重雖數奉詔夾勦而習於潰逃數避賊其奮勇者尾追數千里氣亦餒賊勢益橫又經獻縣交河以薄滄州滄州號有備亦爲所扱津地大震九月賊至稍直口大吏不知所爲議嬰城守子澄以負郭居民數十萬不應棄之力爭遂用沿河棹小舟以火器取野鶩者又火會會衆萬人合水陸拒賊而別向火會首事張錦文籌資先是錦文輸家財濬濠濠成運河水大至環城窪下成巨浸而葡萄窪尤甚子澄阻濠守渡濠擊賊賊酋開山王小禿子手黃旗指揮迅奮剽疾能一躍丈餘避槍擊子澄先伏打野鴨船於岸外賊以爲民船也呼渡船槍發殪小禿子羣賊奪氣伏舟進擊餘賊血流染波日晡軍餕錦文又齎糗糧至戰益奮勇目余鵬龍等相繼陷陣復斬級無算賊遁是役也子澄功最旨以知府用留本任時賊退踞靜海及獨流鎭子澄奉調赴勝保營列營河西賊由獨流出撲屢擊退之嗣靜海賊傾巢出援子澄追勦賊竄正窘會都統佟鑑思絕賊歸路進擊濠板以路滑失足踣地賊刃交下子澄單騎馳救礮洞馬腹身受七傷鵬龍負之趨子澄曰憊矣爾亟行毋顧我賊酋高剛頭薄之急子澄恐爲所辱沈於河鵬龍率從子棟梁等皆戰死事聞加布政使銜謚忠愍建專祠喪車還津無貴賤皆往弔哭如私親天津祠落成鹽縣人李某生致高剛頭剖心以祭子澄好爲小詩工駢體文爲政有聲卒以殺賊致殞人謂賊自河北經山西所至席捲無堅城獨受挫於子澄使京師得以爲備其關係尤重云先是賊過臨洺關同知周憲曾公服坐堂上罵賊死後子澄以知縣死直隸者江安瀾廣西臨桂人舉人挑教職保知縣發直隸補柏鄉咸豐元年調靜海賊北犯靜海爲畿南衝要大軍援勦供應無乏賊入境偕署都司潘宗得等禽斬僞司馬陳得旺大隊踵至官軍衆寡不敵遂潰城陷赴水死破沙河王衡身中七刃死破欒城唐壂朝服罵賊賊縛之柱上死典史陳虎臣從死又馬雲嵐慶雲人州判賊犯縣城率鄉團出禦被執不屈死子龍文從死卹如例予世職

文穎字犖齋趙氏漢軍正藍旗人道光二十五年進士用知縣發山東補蒙陰邑患蝗兩以文禱神皆應調陽信弭抗漕獄又調商河濬徒駭河境免積潦時粵匪已竄直隸之延通鎭去商河百里募練鄉勇民恃無恐調省主糧臺事適股匪入東境金鄉鄆城皆陷而陽穀當其衝大吏以文穎有幹才檄令往署至則城備久弛急號召鄉團爲守禦計是時將軍善祿擁重兵駐東昌飛牒請援置不應憤極抵案曰死耳復何言或諷以出城待援者怒斥曰與城俱存亡豈有臨難苟免之文某哉未幾賊大至割半袖付僕馳報父母即懷印上城與典史徐鳳喈從容出印相視賊入城怒馬馳入賊隊被七創罵不絕口死鳳喈及教官李文綬同遇害文穎抵任才五日時咸豐四年二月二十九日事聞優卹立專祠予世職文穎嘗過泰山題句有云此行不了封侯業願把頭顱繫比君蓋以泰山自矢見危授命其志素定云子四三爾豐自有傳

張積功江蘇儀徵人嘉慶二十三年舉人道光十年大挑知縣發山東歷城縣吏二十年初權臨淄前政不善多流亡以誠招徠之皆歸故業即墨飢民滋擾檄往辦理而定朝城民變民聞積功治臨淄事即首行館請死諭以理懲以法皆歡呼去咸豐四年三月賊攻臨清州積功適知州事守禦十四晝夜十四日城陷闔門死難初賊過冠縣知縣傅士珍自經死典史瞿濬字菊坪江蘇武進人帥鄉勇出敵遇賊城闉中鳥槍洞其脅墜馬欲退保於司獄賊追及刃倖其胸罵不絕口剖腹死之妻呂氏罵賊被寸磔亦全家遇害時三月朔也

冒芬江蘇如皐人巡檢發廣東補北寨司巡檢調五斗口緝獲盜匪傅敏南烏石姊等有能名擢廣州府經歷調海豐縣丞英吉利擾廣州以守城功進知縣授開平縣縣介新會鶴山間盜賊出沒芬嚴爲條約捕甚多歷權高要曲江乳源等縣咸豐二年洪秀全陷仁化樂昌兩縣分股攻乳源芬募勇三百約都司車定海拖河爲守使鄉勇繞出河岸設伏凌晨賊至官軍隔河礮斃騎馬賊一伏軍薄其後夾擊之賊大潰渡河追擊斬甚衆餘匪吳煥中黃老滿等潛聚曲江龍歸墟結連羅鏡墟凌十八圖復逞煥中潛至乳源爲邏者獲芬訊得實偕千總張鷹揚馳往捕獲黃老滿等頭目十三名解經曲江寺前村猝與羅鏡賊遇鷹揚所部潰散芬率親軍百餘人與賊戰軍火盡芬被創賊奪黃老滿去芬裹創爲書上總督葉名琛極言兩粵賊勢急宜聯絡官民早籌備具越數日傷劇卒卹如例後建專祠

施作霖浙江蕭山人道光二十九年拔貢用知縣發陝西咸豐三年粵賊竄河南奉檄督練勇防陝境署城固縣知縣七年河南角子山捻匪擾南陽府將竄陝巡撫曾望顏以作霖練勇有紀律令防商南馳抵清油河距武關三十里賊已潛由天橋河陷武關作霖偕候補同知曾兆蓉夜冒風雪抵頭條嶺擊卻賊前敵越四道嶺賊蠭至作霖奮下擊義勇厲進作霖手殲悍賊王黨餘賊卻拒守關作霖直過關前賊復三面撲殪賊二十餘騎賊攻愈猛作霖分隊擊身受重創力竭死家丁王建義勇馬永剛等十三人皆死之賜卹謚剛毅賞世職建專祠

韓體震字省齋河南夏邑人道光二十五年捐州吏目補直隸祁州吏目因父作謀任文安主簿迴避補山東德州吏目捐升知縣以防堵功獎開缺即選選湖北通城縣防堵鄰境要隘出力保同知同治元年鄂督官文調赴軍營差委嗣權孝感縣事孝感屢經殘破城缺不完體震修葺之招鄉勇城守閏八月捻匪大股分擾京山應城一帶闌入縣境遂撲縣城體震與護軍統領舒保善因請入城同守始解鞍而賊由缺口入城體震率勇巷戰衆寡不敵身受十傷刀矛槍子無不備大呼殺賊而死詔照知府例賜卹給世職德克登額字靜庵滿洲某旗人由筆帖式從將軍都興阿軍累保至副都統記名嘗從攻廣濟守營壘不眠者七晝夜爲人沈靜溥畧不去長衣每曰賊平即回家授徒暇則垂釣黑龍江又曰世受國恩得一日授命疆場則吾事畢矣與體震同守城城陷死之

蔣嘉穀順天大興籍浙江山陰人以府經歷發貴州旋保知縣咸豐三年署荔波縣縣毗連粵西粵氛近偪土匪乘之嘉穀內守外禦境內安堵始之任獄多繫囚半逆黨脅從復有挾私誣告人從匪者嘉穀訊得實俱決釋之時芻糧告匱或以勸捐進嘉穀曰民被蹂躪久矣忍朘其生而激變乎事遂寢五年六月狆匪復叛與廣匪合約五六千人薄城下嘉穀募勇五百人擊退之時土匪徧地餉需匱乏嘉穀毀家募勇妻陸氏亦出釵釧佐軍衆感奮守愈堅以故附近州縣皆不保獨荔波得存十月賊復至嘉穀部署城防誓師出營於水堡與賊遇戰捷賊小却後見師乏援始無忌麾衆並進嘉穀鏖戰終日傷亡略盡猶裹

創刃賊俄被執賊乘勝攻城城以有備卒不破嘉穀既陷賊怒罵不屈賊束薪漬油徧體灼之死而復甦甦則罵罵則復灼如是數次乃絕貴州巡撫將爵遠以嘉穀善政得民力捍疆圉被害尤慘奏入卹世職紳士請捐建專祠允之

鄧玲筠字治薌湖南寧鄉人道光二十三年舉人咸豐六年以知縣發貴州七年攝知印江縣時黔中苗教匪充斥匪酋以邪教蠱亂民有黃號白號等目鄉團多叛應之玲筠銳意圖治周巡轄境與田更畬叟握手詢利病手疏小册用是能摘發民隱訟者神之思南賊熾地連印江亟行保甲法單騎詣各鄉手自敎率給門牌如式署紙尾十則曰忤逆曰習邪教曰私結盟黨曰劫掠曰藏匪類曰竊盜曰容留娼妓曰賭博曰鬥毆生事曰唆訟各擇士紳董之犯者同甲勿與齒改悔者許具狀於各條下加小印曰自新其頑抗及無人敢具保者治之且計月以驗紳董之能否加勸懲焉又加意課士捌俸給書院餐錢與講求正學並及軍政士皆畏愛之勸民修水利立法詳盡易曉或親履指示不以勺水擾民邪教惑衆爲文告抉摘其謬婦孺能解簡壯丁數百親教之擊刺法是年十二月賊陷思南將犯印江印江故無城出營於雲泮禦賊賊以書請假道焚書斬其人賊從間道襲治所玲筠袖銅椎斃三賊賊環攻復出銅鐗格鬥賊莫敢近忽四山火起乃突圍抵銅仁乞師得練總王士秀領五百人一日夜行三百里民見玲筠歸奮躍復得壯士千餘仍從至雲泮是日大霧人馬對立不相見譟而進賊奔自相蹴蹋墜崖死者無算復追百餘里戰中壩戰螺生溪戰袁家灣皆捷八年春知府令玲筠越境勦賊知府先聞賊畏玲筠立鄧字旗懾賊故嚴檄三至縣民苦留玲筠慨然曰郡守檄縣令安敢違且殺賊固無分畛域也以千三百人往師次分水埡賊混運糧者入營門變作衆驚潰玲筠親搏戰飛石中首手格殺一賊足後被創遂及於難喪其元後軍聞失事憤極殊死鬬殺聲與哭聲併卒奪玲筠屍還乃樹忠憤幟誓復讐賊懼退屯八十里喪歸士民大慟爭致賻賵有負販備挈錢四緡將運鹽悉以充賻或曰如爾家何備哭曰公死吾屬無葬所矣何家爲民懷其德立祠祀之並刻遺集曰鉅業堂稿

承順佟佳氏漢軍正藍旗人由文生於咸豐四年隨其父甘肅甯夏鎭總兵定安出征湖北累功擢至通判發甘肅歷權甯夏鹽捕通判平番縣事授甘州撫彝通判所至有聲同治元年西甯撤回就撫大吏以貴德廳孤懸大河以外漢民與番回雜處治理不易檄承順往署適番回械鬥承順爲之平怨息爭番回悅服値河州回匪倡亂甘涼甯肅一帶響應貴德回民洶洶欲動承順勸導解散以被難婦孺置署中別院撫養數年有主者認還無主者擇配由是漢番感戴回民亦懾其威時西甯所屬各廳相繼淪陷貴德一廳孤立賊中者六年城中回民暗結陝回謀亂承順密調兵勇入城嚴爲之備回首馬朵三等率衆千餘人攻城承順登陴抵禦礮石雨下斃賊頗多城內回民開門應賊城遂陷承順率勇巷戰身受重創厲聲罵賊賊怒斷其左臂罵愈厲復斷其右足罵如故遂斷其首而支解之其弟議敘知縣崇順監生吉順扶其母薩克達氏至屍所哭詈皆遇害家丁李文忠等七名同時死之事聞卹贈道銜給世職貴德士民復以死事狀赴都申訴御史吳可讀疏言青海辦事大臣玉通疏報祗及承順被害情形猶惑於當時回衆拘集漢民勒寫官偪民反漢回同謀戕官之說彼經查覆於精忠大節仍未述及在承順爲國捐軀光明俊偉於願遂矣遺愛在民漢番男婦老幼呼爲活佛誤觸其名即童子皆呵禁之在朝廷爲有臣定安爲有子甘肅爲有官闔門全節尤爲一代完人再懇優卹光緒初元陝甘總督左宗棠覆奏謂承順死節奇偉一時僅見綱常名義不因品秩等差而別則表揚較名位尊顯爲尤亟請官爲建祠幷予諡法以勵人心疏上允之諡勤愍

托克清阿字凝如滿洲正藍旗人道光十四年舉人大挑知縣發甘肅署環縣安化知縣及土魯番同知以清查事鐫級咸豐元年捐復原官補皋蘭時回捻擾陝甘土匪聞風響應侍郎梁瀚治團練疏薦之總督樂斌亦以其任事果敢檄署秦州直隸州知州尋實授同治二年逆回竄甘南州境戒嚴托克清阿募壯勇繕器械力籌守禦賊竄秦安率軍迎勦賡挫賊賊糾大股至衆寡不敵力戰死之事聞詔以道員從優議卹秦州及本旗立專祠後秦州承其規畫防禦嚴密境獲安全四年秦州士民以托克清阿忠貞孝友慈惠嚴明潔己愛民禦災捍患在任時民皆安業賊不犯境遺愛餘威實足固民心而寒賊膽籲請加恩賜諡總督恩麟據以入告特詔允之予諡剛烈

馮元吉字景梅浙江山陰人由供事議叙從九品分廣西歷署貴縣五山汎凌雲平樂司巡檢道光二十八年授宜山龍門巡檢咸豐元年金田賊由武宣東鄉逃竄都統烏蘭泰提督向榮總兵秦定三等節節追勦賊竄象州兵勇不能禦直至大樂墟轉掠龍門元吉率鄉兵禦之戰敗馳回署衣冠坐皇堂二子澍溥侍立家人請暫避元吉厲聲曰身爲命官不能殺賊安民走避偷生吾不爲也麾二子出皆痛哭不去賊至父子抗罵同遇害家丁嚴祿夏玉俱死詔以元吉微員從容盡節澍溥從父殉難忠孝堪嘉贈鹽運使司知事銜賞世職建專祠澍溥附祀

平源字沛霖順天大興籍浙江山陰人由吏員叙典史發安徽咸豐二年署懷甯縣典史恤獄囚嘗曰囚死於法可也死於非法不可也眠食皆躬察之粵匪犯安慶事急囚譁欲脫械去源至囚曰此何時也公胡弗自便源曰此若輩所以犯刑也死可苟免耶囚曰公不去囚何忍去俄而城陷巡撫蔣文慶遇害餘官皆走源獨冠服坐獄門外賊至脅之曰若降官若不然飲吾刃源曰刃則刃耳吾豈受汝脅者賊曳至懷甯縣署外殺之逮死罵不絕口安慶人思之爲立石於殉節處時又有張寶華者爲望江縣典史聞城陷視其妻賈氏自經畢冠服坐堂上罵賊死華陽鎭巡檢王泗同時殉難盱眙縣典史周來豫後於九年助守縣城力戰墜馬死

余寶銀江西德化人附貢生捐知縣道光十六年選授浙江景甯縣以才力不及降調復捐縣丞發貴州咸豐五年三月署麻哈州吏目四月仁懷縣教匪楊漋喜竄麻哈隨知州何鋋擊卻之尋盜魁陳大陸糾苗匪來犯復隨鋋出戰賊退遂率衆攻拔下司巖下雞場等處扼茅坪山悉力堵禦未幾賊衆益衆勢不能敵退州城賊旋陷都勻府提督孝順兵至茅坪被圍寶銀率團兵隨總兵佟攀梅援勦圍解自是無日不戰互有勝負巡撫蔣霨遠檄雲南降將陳得功隨孝順攻克都勻進援麻哈官軍勢復振得功旋叛去孝順軍潰賊大股圍州城三日寶銀率鄉兵登陴固守賊不得逞七年城中糧匱兵益單寶銀自誓與城存亡八年正月賊悉衆來攻寶銀出北門迎敵不利入城賊已自他門入寶銀持矛巷戰賊不忍害揮令去寶銀怒罵擊矛刺之賊奪矛還刺死之

王汝揆甘肅伏羌人道光二十年舉人揀選知縣親老改教職咸豐間授平涼縣教諭同治元年陝西回匪竄乾鳳偪甘肅境汝揆上書平慶涇道萬金鏞曰賊西偪鳳翔必分黨由汧隴間道趨秦安東北搆煽醜類宜及其未至扼險嚴防不然內應且四起平涼擾則靈固狄河等州縣亦危矣言未及用賊尋由固關踰隴張家川蓮花城土回應之陷鹽茶及固原金鏞死之平涼戒嚴汝揆議盡毀城外民舍無令賊倚爲障蔽議不行未幾賊圍平涼汝揆協同守令督率生徒登陴固守衣不解帶者六閱月一日偵西北二路賊少可擊謁知府田增壽請率壯士縋城出勦又不許二年賊匿民舍掘地道納火藥轟之城遂陷人皆泣曰早從教諭言事豈至此乎汝揆還署易朝服北向叩首訖妻汪氏暨女一孫女一皆死乃從容就縊於孔廟鐘簴以殉汝揆性質實敦孝友居親喪不入內不御酒肉弟印揆客西甯久音信乏絕汝揆往尋之風雪中徒步千餘里卒挈其弟以歸平生肆力於經籍家居課徒以窮經爲急輒點勘善本授之勖以立品敦行其官平涼亦以是爲教期年訟庭無士子迹當城未陷之先兩月有門人馳書勸引疾歸謂可免難汝揆曰無疾而稱疾是欺也食祿而苟免非義也乃爲書與戚友訣略曰我生不辰逢天癉怒向者耳聞之今則目覩之平郡自二月以來圍困日迫飛書告急援兵無一至者汝揆妻女行當自盡決不受辱於賊手死者士之終今誠獲死所矣惟官卑不得展一籌以報國死有餘憾耳三年官軍克平涼總督楊岳斌請優卹六年總督穆圖善疏陳汝揆死事狀請照陣亡例議卹贈國子監助教銜給世職又命於本籍建祠以從死之妻女等附祀

清史稿　列傳

忠義六

齊清阿字竹睦納喇氏滿洲鑲黃旗人早喪父母氏撫之家貧月夕至撤去鐙

火脅力過人取巨礮置平地拳擊之立碎以善射得名嘗隨扈盛京命射中靶賜克食道光六年發閩浙以都司用補浙江杭州營都司為總督孫爾準所賞英吉利船入犯獻燒船退敵策不用遞擢至廣東肇慶協副將三十年廣西金田亂起檄令率兵至兩粵交界開建縣堵禦匪二千餘船四十餘從縣北金莊倫越督兵進擊斬其酋二人餘敗竄自是不敢犯境咸豐元年廣寧屬江谷屯積匪滋擾廣東兵會剿竄廣西懷集一帶至賀縣屯聚廣西大吏以廣東各官惟知驅賊了事移文廣東詰之總督徐廣縉檄肇慶府知府蔡振武參將左炘赴廣西剿賊道出開建齊清阿以越境追賊須重兵制其死命願統駐劄開建之師同赴廣西守備薩國亮以無越境剿賊之責諫齊清阿奮然曰賊勢蔓延若遣分畛域何以紓民困而報國恩吾雖逾七旬精力未衰正臣子戮力時也遂與振武等督兵入廣西境至賀縣鋪門圩復進至蛋家坪距賊巢里許賊突出數百人撲營官軍迎擊之斃賊數十人賊退回松圩在圩內施放大礮官軍避入田中火藥槍繩盡濕賊復分隊挑戰抄官兵後爇火燒山齊清阿督兵以槍擊斃賊七十餘人値日暮孤軍無援深入被困事急掣佩刀連刃數賊肩中火箭猶拔箭作戰手刃執旗賊曰一人刀折沒於陣手握斷刀牢不可開怒目上視懍然如生時咸豐元年四月也卹贈總兵賞世職予謚威烈

童添雲字鎭銘湖南平江人以貧傭弟必發走長沙為戰兵饒膂力能開五石弓射必命中道光二十二年從提督楊芳出師廣東一日夷撲城有營在城外芳欲調入火攻甚熾募敢死者持令縋城出添雲應募少選兵皆入城芳奇之咸豐二年粵賊圍長沙與必發從守城圍解添雲語人曰吾觀諸將中能稱將才者惟塔都司與彭千總耳塔即塔齊布彭即三元也會塔齊布練標兵添雲隸麾下三元時別將一營深相結納茶陵土寇起塔齊布命解火藥期三日添雲逾宿至叱曰何速也添雲曰遲恐有阻則貽誤大矣四年三月賊陷湘潭塔齊布帥標兵等拒戰添雲與必發從時賊踞城外民廛塔齊布好輕騎覘賊策馬入黃龍巷必發先驅巷狹而長甫入賊突出刺塔齊布必發急以背承之中肩塔齊布跳而免必發死之越二日師大捷湘潭平擢守備或賀之添雲憤然曰賊戕吾弟雖官至一品弗願也願生啖賊肉耳何賀為遂由湘潭轉戰至岳州從克岳州擢都司克武昌擢游擊克興國大冶黃梅廣濟破田家鎭擢參將添雲身長面赤額以下痘瘢如錢橫矛陷陣槍丸如雨不少却賊見其旗輒相語曰童麻子至矣則皆走五年十二月攻九江城礮傷胸舁歸營卒發其笥衣數領而已同營皆痛哭之詔贈副將謚壯節附祀塔齊布祠彭三元字春浦湖南善化人道光二十五年武進士用衛守備借補千總咸豐二年粵匪竄湖南道州勾結會匪犯東安三元偕署守備周祿兩次迎剿殲賊多名三年敍省城防堵功用守備侍郎曾國藩檄寶慶知府魁聯募寶勇千名分屬三元五百人進攻岳州是時湘潭潰賊由靖港竄岳州增壘設卡為久抗計巡撫駱秉章暨國藩會督戰船塔齊布亦統陸路官軍約期並進先以疑兵誘賊賊擁至觸伏盡殪擊沉賊船百餘隻遂復岳州七月賊水陸大至官軍迎擊悉焚其船其由陸路來犯者三元沿岸截擊殲賊目一餘匪百餘生擒四十餘名斬賊由高橋撲鳳凰山大營塔齊布督率將弁進勦三元出奇抄截分路迎擊斃賊六百餘名八月匪於崇陽交界設卡抗拒九月三元偕候選知府羅澤南分路進攻抵其壘痛殲之尋隨塔齊布由嘉魚轉戰而前所向披靡直抵武漢塔齊布分軍三路一攻武昌一攻漢陽一由水路進勦時風勢順利官軍縱火焚賊船數十隻乘勢奮擊斃賊無數漢陽賊大懼棄城遁武昌賊亦遁遂復之三元並截於洪山要隘斬馘甚多十月偕澤南進屯馬嶺坳直偪半壁山賊悉衆至官軍徑擣賊壘賊狂竄三元等分途截殺斬偽丞相林紹璋及偽將軍指揮等越數日賊復由田家鎭渡江來犯塔齊布擊卻之列隊江干賊偵官軍盡赴下游徑從上游登岸將掩襲澤南老營三元馳至率衆奮擊追至牛礄磯毀其船斃賊百餘餘衆潰遁時三元累功擢至游擊捷入進參將旋隨塔齊布進攻黃梅時湖北踞匪招安慶援賊併入廣濟塔齊布擊走之賊敗竄黃梅官軍追剿至大河埔十一月軍至黃梅塔齊布偕澤南攻北門三元列陣橋西以遏賊衝塔齊布澤南自城北溝港中取道入三元等亦由城西越二橋從柵門躍入賊驚竄官軍四面兜圍其由營壘突出者殲滅殆盡克黃梅移剿九瓏驛擒偽丞相余福勝大軍復渡南岸攻九江城三元戰績最多五年二月武昌復陷八月塔齊布病歿三元副澤南回援武昌九月復通城進師崇陽賊夜遁遂克之國藩疏保堪勝總兵人員三元得記名以總兵用會湖南防兵戰蒲圻羊樓峒失利澤南飭諸營移住羊樓峒遏賊上犯獨率三元及湘副中營官李杏春駐崇陽於是乘勝攻蒲圻斃賊數百賊首石達開率賊大至三元等分路抵禦鏖戰多時斃賊百餘翌日賊悉衆來攻繞營三帀衆寡不敵遂歿於陣贈副將銜附祀塔齊布專祠謚勤勇三元忠勇識大體嘗戰濠頭堡忽訛言子瑋光陣亡左右以告三元急止之曰速擊賊無以吾子阻士氣督戰益急陣歿之日將出隊馬忽踶齧三上三墜衆以為不祥杏春亦同時歿於陣

蕭捷三字敏南湖南武陵人由武舉投營效力擢千總咸豐二年以守省城功遷守備署湘陰千總四年賊陷湘陰坐免曾國藩奇其才檄領水師既克岳州沿江進剿閏七月敗賊高橋城陵磯進攻擂鼓臺捷三偕李孟羣楊載福等搜捕兩岸伏賊俘馘甚衆乘勝追至六溪口平賊壘殲賊艘殆盡水陸各軍遂進抵嘉魚以功復職授永綏協守備八月進規武漢水師分兩隊捷三率戰艦為前隊冒礮駛至鸚鵡洲擲火球焚沿江賊柵賊不支揚帆下遁急駛出賊前燬其輜重渡江攻漢陽朝宗門外土城偕載福等殊死戰焚漢口以內賊船皆盡會陸軍破花園賊壘武昌漢陽同日復進都司時餘賊尚據襄河乃扼新灘口泝流進剿賊艘千餘連檣下駛迎擊敗之追至上游突有悍賊數舟用火彈撲營灼捷三頭面手足幾死仍裹創力戰追剿二十餘里襄河肅清尋偕彭玉麟敗賊蘄州釣魚臺骨牌磯遂大破田家鎭逾九江直趨湖口先是江西吳城戰艦數百淪於賊賊實沙石沉湖口截江路於對岸梅家洲築城環列巨礮拒官軍十二月捷三駕火舟徑衝賊柵燔賊舟百數乘勝駛入內湖泊大孤塘游擊孫昌國黃翼升等出賊不意焚內湖賊舟二百餘賊益囊土塞湖口水涸師弗克歸賊以小艇雜外江巨艦中潛縱火水師驚潰國藩大營泊九江北岸亦被焚襲捷三陷入內湖內外隔絕以忠義激勵將士軍心彌固五年國藩入江西益大治水師疏薦捷三忠勇晉游擊四月敗賊雞公湖復都昌五月賊由大孤塘上犯捷三逆擊屢敗之靑山奪回舊所失帥船及賊魁艨艟巨艦秋七月國藩檄平江營陸軍渡湖約水師夾攻湖口克之賊退保石鍾山堅壘捷三率十七舟銳進遙見陸軍圍石鍾氣益奮方衝越賊艘上下夾擊而下石鍾山梅家洲賊壘礮齊發捷三中礮死詔贈副將謚節愍賞世職九年建石鍾山水師昭忠祠祀死事將士三千餘人捷三為之冠周清元字玉泉湘陰人世業農時與羣兒角戲於牧塲立表數十步外飛石命中掘溝數丈跳越之能往復十次羣兒皆出其下同里左明志以拳勇鳴於鄉招致門下傳以技言天下幸無事有事則清元暨子光培皆驍將也咸豐二年冬賊自益陽竄臨資口清元混迹市中默識其軍卒舟艦糧械之數聞提督向榮尾追至八字哨相距三十里遮道見榮曰廣西能戰賊不過三千餘人餘皆裹脅也臨資口四面阻水湘包其東南資繞其西北數十里平原渺無障蔽賊所擄民船笨重不易行一炬可盡也請以兵扼要路使不得偷渡賊糧盡旬日當餓死何怯而不為榮不省固請榮叱之退賊遂從容駛去及東南糜爛清元嘆曰賊自走絕地向公縱之去能辭咎耶三年國藩大治水軍清元與光培同應募隸千總楊載福部下載福嘗為湘陰汛外委夙才清元捷三官湘陰時亦知清元驍勇故戰必與俱四年賊踞湘潭載福等帥水師進剿時賊掠民船數千旗幟蔽兩岸水軍本新募又經岳州新挫望之奪氣清元言於介衆曰民船不能戰一炬可盡也遂隨載福猛擊遏賊巨艦賊倉卒以瓮盎來擲清元手接而回擲之中賊渠載福躍登賊舟清元隨登身入用火球分擲左右舟風烈火大熾賊爭赴水死從軍見火起急禁爭進分途縱火燔賊船皆盡以功拔充哨官隨攻克岳州嘉魚八月攻克武漢受重創力疾進剿蘄黃田家鎭皆有功五年武昌再陷隨彭玉麟回援駐金口扼上游每戰必身先不受創不止六年胡林翼攻武昌經歲不下議先斷糧路困賊乃檄水師清江面賊船清元時典水師副後營率先下駛越武漢二城直駐沙口屢敗賊駐沙口八閱月賊糧斷城賊乃困十一月二十二日清元由沙口帥師上擊先破賊浮橋斷其鐵練大戰黃鶴樓下被礮傷力戰不退各營繼之遂克武昌未幾以創重卒於軍年二十有六清元時已洊保參將詔視副將例議卹謚貞愍賞世職石鍾山昭忠祠捷三冠而清元次之

蔡應龍江西樂平人由行伍洊升千總道光三十年升廣西永甯營守備咸豐元年七月提督向榮擊賊於東鄉馬中礮斃應龍以所乘馬授榮步行接戰立斃賊三人榮乃得免欽差大臣賽尚阿以聞授梧州都司二年晉游擊三年五月江甯賊掠商船泊觀音門外時榮官欽差大臣飭應龍偕知府陳景曾馳往諭以大義船戶各憬悟聽命自焚其船押船賊無一得脫者計焚燬及逃竄千餘艘遣散水手萬餘人時賊踞城外街與雨花臺相犄角應龍潛師過雨花臺至街尾縱火燒賊壘賊驚遁官軍截擊之斬馘無算四年升全州營參將五月大兵圍偪江甯賊拒守不出應龍登鍾山望太平門外賊勢賊見官軍少包抄而上應龍且戰且退以伏兵擊賊大敗之時賊船麕集於江北七里洲應龍駕小船入潛薄北岸射火箭燬其船二十而大隊賊船適至應龍舍舟陸戰然礮擊沉賊船數隻閏七月擊賊洪武門斬首數百級復連敗賊高橋門等處三日

斃賊數千賊猝於雨花臺洪武門突出撲七星橋營壘應龍擊卻之旋升楚雄副將十月賊造木簰上施木城列巨礮沿南岸下駛至八卦洲閒淺應龍乘夜發火燒之賊爭赴水死官軍突煙上簰擒斬餘黨淨盡時浦口九洑洲久爲賊踞以梗官軍陸軍攻之賊船來援應龍統帶紅單拖罟各船截擊賊敗遁官軍遂奪九洑洲十一月赴秣陵關查勘地勢還言於榮請乘虛襲板橋賊營既可援應水師更可抄出雨花臺上坊橋諸賊營之後遂率千人間道襲擊街外賊敗走餘賊憑壘死守復急攻之焚其壘五年九月官軍爲蕪湖援賊牽制應龍攻奪米家嶺賊壘二處福磯賊壘四賊旋於丁橋一帶蔓延築壘其地則外圍塘港中間小路應龍率師攻擊時許遽麾軍退誘賊過而擊之殲溺無算六年江甯賊分股至楊家壩陳莊築壘欲窺倉頭應龍與總兵張國樑分路衝擊斷賊爲二賊敗竄歸巢三月督兵攻拔炭渚下蜀街太平橋一帶賊壘七燬沿江賊卡十餘處殲斃四千餘人五月赴援甯國戰歿榮以聞詔以應龍在窰灣力戰身亡命優恤諡勇介給世職

蕭意文字章甫湖南湘鄉人初隸羅澤南麾下從征江西湖北累以功至參將咸豐八年李續賓征皖北從克潛山太湖舒城桐城進攻三河鎭三河鎭者舒廬適中地賊屯糧械以濟廬州金陵者也築大城環以九壘備嚴甚續賓銳意攻取十月分三路進勦意文攻河南老鼠夾賊壘冒礮石先進各營繼之縱火焚其壘賊大亂意文受礮創殊死戰奪柵入九壘皆下賊盡殲無脫者官軍傷亡千餘意文以創重歸營卒詔贈副將諡剛勇續賓部將以敢戰著同死三河之難者彭友勝劉神山均見續賓傳周福高字子祥亦先從澤南援勦江鄂續賓接統湘軍福高無役不從以小池口梅家洲諸戰尤用命累官至參將軍抵三河援賊陷至諸將知戰必敗無鬭志福高憤然曰男兒效力疆場甯可逆計禍福敗則死耳吾輩畏死不來矣既至此敢惜死耶壯志遂慷慨赴敵力戰而歿詔贈副將諡敏烈彭志德字道一隸湘軍每戰必爲前驅恥居人後累官至參將三河之役諸營皆潰志德率所部貫賊陣突出死者過半身受重創走入中右營與副將李存漢等竭力死守越三日營陷死之詔贈副將諡武烈李存漢以鄉勇隨勦廣西江西湖北等省累官至副將未抵三河鎭之先進攻舒城者凡五營並西北而賊壘獨存漢一軍攻東南城門壘既破城賊以存漢故弗能救旋棄城遁追斬無遺續賓被圍三河調桐城戍兵未至事迫誓必死存漢等皆跪泣願從死以報國續賓陷陣卒存漢與道員孫守信等堅守待援力持三晝夜營陷存漢率壯士衝賊陣越濠走保桐城賊大至城破存漢巷戰歿詔贈總兵諡果愍福高志德存漢均湘鄉人並祔祀續賓祠同時游擊杜廷光王懷與均湘鄉人均以苦戰陣亡

賴高翔福建和平人少入行伍累功至千總咸豐三年潮州小刀會匪糾土匪陷漳州高翔從總兵饒廷選討平之擢漳州城守營都司四年漳浦古竹社匪戕官擾亂築石堡自固官軍久攻未拔高翔偕龍巖游擊馬至元漳州鎭左營游擊惠壽等冒雨直搗賊巢賊固守不下高翔夜偕勇首畢定邦潛師梯登克石堡斬獲無算餘匪乘夜奔竄窮追至海汊皆赴水死漳州平六年江西邊錢會匪糾粵賊陷新城貴溪謀攻廣信知府沈葆楨以血書告急于廷選高翔時從廷選駐防玉山倍道赴之廷選軍素無部伍唯高翔與定邦以敢戰名行不齎糧止不爲屯故赴急易軍至廣信寇旋至背城擊賊屢破之賊來益衆幕府文員皆懼慫廷選還軍高翔定邦怒曰諸君怯何如勿來今我在城中賊不知我虛實以我能援廣信後路必有大軍若棄城遁賊知吾兵寡氣益壯追殲立盡尙何浙境之可歸耶當爲諸君決死戰翼日觀吾破賊乃偕定邦開城縱擊自晨至日昃盡毀城外賊壘斃賊三千餘斬渠帥數人賊駭遁論功以游擊用廣信圍既解廷選還浙高翔留駐廣信明年七月樂平賊踞縣城將軍福興檄高翔往勦賊衆五六千分道抗拒高翔督都司馮日坤勇目刁士樞等迎擊賊殊死鬭高翔突陳負創戰益力擊斃黃衣賊目橫衝賊營賊大潰乘勝躡之生禽僞指揮遊天侯等餘賊竄景德鎭遂克樂平移防弋陽八年二月補游擊臨江餘寇合撫州賊趨廣豐福興退駐廣信高翔自弋陽聞警赴援轉戰至鉛山之石塘賊勢益盛兵寡援絕力戰死贈副將給世職畢定邦字康侯山東淄川人以武童投効漳州軍營小刀會匪陷漳州紳民輸欵游擊饒廷選約內應定邦率建勇助勦戰最力從復府城以次討平雲霄漳浦賊匪斬獲尤衆復討平仙遊會匪總督王懿德檄定邦率仙遊得勝之師間道馳勦冬夜四鼓蛇行進將賊堡附近釘桶竹籤拔除翌日奮勇梯登與高翔同有功復與高翔同解廣信圍累擢至參將七年粵賊竄閩建甯分黨陷邵武浦城定邦奉檄援閩率部衆疾趨抵甌甯直前搏賊賊由建陽逃竄復糾鄉團夾擊賊斷七星橋抗拒令鄉團伏山腰張幟以疑之躬率勁旅迫橋以輕兵由淺處渡河前後合攻賊殊鬬黃衣悍黨數十屢出還決盡殪之賊大奔毀賊壘十一焚逆舟六十直逼建甯臨江門大股賊復來犯縱擊敗之斬悍目六斃賊數千踏平城外賊壘遂解建甯之圍進擣邵武克之遷參將復督鄉團勦平浦城之賊閩邊肅淸以副將升用進勦白水墩賊匪中彈卒于軍年二十六給世職諡愍烈與高翔同祔祀廷選祠

劉德亮湖南長沙人咸豐四年投効水師營隨道員褚汝航等破岳州踞賊又隨知府彭玉麟克漢口鎭五年勦賊武漢蘄黃間大小數十戰德亮皆衝鋒陷陣又隨軍斫斷橫江鐵鎖擊沙洲爭渡之賊嗣偕都司胡友亮堵賊童司牌焚內湖賊艇並燒浮橋尋與游擊孫昌凱會勦黃梅踞賊破其要衝八年福建陸路提督楊載福等攻九江發地雷轟塌城垣賊由龍口河傾壁出竄德亮率所部登岸截擊殲數百人復府城又隨載福軍進規安慶先破大通賊壘趨銅陵德亮麾隊攻其北直偪城下身受七傷猶裹創仰攻不退池州賊黨萬餘來救安慶擄民船渡至樅陽載福令隨總兵陳金鼇等馳往截勦師至羅塘洲胥樅陽港內木樁鐵鍊層層攔截泊賊船百餘副將王明山等登洲轟擊督勇鳧水過港賊驚潰官軍盡焚其船遂率隊攻樅陽街尾金鼇攻樅陽街頭賊排礮抗拒德亮鼓衆飛槳進截新河鐵鍊麾隊登岸直攻中路副將李朝斌抄賊壘後官軍三路進偪賊濠平其五壘逐北二十餘里賊屍枕藉累功擢至參將十年再攻樅陽破鮑家村賊壘斬晏家塘賊魁時池州賊以殷家匯爲犄角載福率步隊往攻而令德亮等以舢板夾擊斃匪甚多獲槍械馬匹稱是殷家匯賊壘既平乘勝攻池州德亮由東門外卡緣牆斬關入破其石壘盡燬東門外房屋復分攻南門獲逆艇八德亮奮不顧身執旗先登中礮歿於陣載福上聞詔令議卹諡威毅給世職

陳大富字餘庵湖南武陵人起行伍道光末以外委從提督向榮勦賊廣西回援長沙追賊武昌屢著戰績洊擢常德協都司進勦江甯轉戰蕪湖鎭江間以功賞花翎咸豐七年隨提督鄧紹良復甯國風之灣沚黃池進游擊尋援浙江敗賊金華處州除參將賊竄婺源石埭太平先後擊走之以從復涇縣拔南陵擢副將八年十一月灣沚師潰紹良死大富左次南陵明年四月賊犯南陵百計環攻不得逞十年三月圍始解帝嘉其功除皖南鎭總兵五月僞侍王李侍賢圍甯國分黨攻金壇南陵時提督周天受守甯國總兵蕭知音參將周天孚等守金壇大富仍守南陵賊衆數十萬官軍勢不敵各血戰死守待援七月金壇陷賊居其城天受知甯城不守則盡出城中兵民數萬令各逃生自誓以身殉甯民扶老攜幼走南陵大富開門納之八月甯國陷賊圍南陵益急城中食且盡大富以忠義激厲軍民皆誓死弗去夜遣壯士縋城出乞援於水師前後數輩爲邏賊邀獲最後乃得達時提督楊岳斌統水師奮袂起九月揚帆進泊魯港聲言攻蕪湖密飭各營扼要隘十月水師驟登陸出賊不意悉燔港左右賊屯圍賊爭馳奔魯港囂且亂大富乘城遙望見拊髀曰援師至矣遂出城夾擊賊披靡追殺十餘里與援師會殲賊萬餘撲水死者無算圍立解城中兵不食月餘僅存皮骨民餓殍相屬岳斌船粟往哺歡聲雷動大富方繕城垣固守岳斌力言形勢不便乃飭師屯上游市民從者十餘萬大富前後守南陵始被圍經年繼六閱月以蕞爾城抗巨寇忍死待援卒熸凶燄由是以善守名於時十一年正月會水師復建德二月李世賢率黨數萬竄景德鎭大富率兵四千自建德往援賊銜恨以計陷之盡伏悍賊牛角嶺柳家灣回龍嶺等處率隊由鎭南雙鳳橋竄李村誘官軍佯敗遁大富率衆前進躍馬爭先參將田應科等繼之賊突從鎭東抄出伏賊盡起大富挺矛力禦礮洞左乳血淋漓仍裹創鏖戰賊從間道襲焚我營應科及游擊龐傳科胡占鰲都司胡鳳雛熊定邦吳定魁千總羅廷材皆戰死大富見營中火起下馬北嚮叩首曰臣力竭矣投李村河死贈提督諡威肅建專祠南陵應科等並祔祀

陳萬勝湘潭人官軍規復江甯圍攻將四年用地雷法穴城三十餘處皆不就同治三年六月提督李臣典請從賊礮最密處重闢隧道統帥曾國荃韙之命各軍於城下築礮臺護地道別遣軍士刈濕葦蒿艸積城下覆以沙土陽爲肉薄登城狀賊用全力扞爭礮彈雨下是月十五日賊出死黨燒礮臺官軍血戰竟夕十六日地雷發遂克僞都萬勝與郭鵬程王紹義則於先一日死之萬勝初隸吉字營從大軍規江甯皆爲軍鋒累功擢副將地道既成國荃入隧親勘之悍賊出太平門直犯地道別從朝陽門出數百人燒各礮臺及所積蘆蒿萬勝督隊血戰殲百餘人力竭死之賊裂屍竿其首於城鵬程湘鄉人先後隸羅澤南李續賓營累以克九江援寶慶諸役擢副將又以皖北肅淸以總兵記名簡放紹義同邑人少入湘軍累功亦以總兵記名簡放是役也賊以礮火轟擊密如飛蝗皆奮前督攻同時歿於陣城復以三人死綏事上聞有詔惋惜各賞三等輕車都尉世職諡萬勝武烈鵬程勇烈紹義剛毅

王之敬，浙江奉化人。道光二十九年由水勇散目隨捕江蘇洋盜出力拔補水師千總咸豐三年粵匪陷江寧之敬管帶艇師接戰甚勇升守備五年四月由浦口會各營運糧勦賊燬賊船獲勝擢游擊尋升太湖協副將十年遷江南福山鎮總兵適值蘇常淪陷太湖三面皆賊之敬孤軍設守屢挫賊鋒東西兩山賴以安堵十一年正月賊忽率衆圍撲東山之敬迎戰失利東山遂陷之敬失所在嗣之敬之子祖培尋父屍至教場之西見所畜犬臥土堆上向之哀號知有異掘之得之敬屍卷以席傷痕徧體而面目如生詢居民係於賊船退後撈獲掩埋者不知其爲總兵也之敬性忠勇號能戰至此以寡不敵衆被害人爭惜之贈提督銜諡果愍建祠於太湖東西兩山

陳忠德字仁山湖南清泉人操舟爲業咸豐二年粵賊圍長沙掠舟北渡遂陷賊中忠德饒勇有智略僞盡力于賊久之大見信任十一年道員曾國荃圍安慶忠德自拔來歸由是官軍始盡得賊中虛實五月從攻菱湖兩岸賊壘平之從克安慶及平江岸各城隘擢千總李鴻章援上海選將得程學啟郭松林于曾軍忠德亦屬焉從學啟破柘林南匯川沙金山青浦各城隘擊退虹橋大股賊衆會克嘉定並解北新涇四江口之圍二年四月崑山新陽既復從規蘇州六月攻破花涇港同里鎮蘇州賊水陸萬餘來援忠德力戰負重創卒敗之遂收吳江震澤學啟軍益進逼婁門外石壘十月十九日僞忠王李秀成僞慕王譚紹洸率萬人出婁門拒戰學啟令忠德等擊敗之李譚二逆走入城石壘遂下賊計窮其黨郜雲官等殺譚逆以城降蘇州復賞勇號累以功擢副將加總兵銜後以克嘉興擢總兵隨攻湖州中礮沒于陳照提督例賜卹復吳之役死於戰者攻青浦爲都司劉玉林守備熊得春攻太倉爲參將王國安攻長洲望亭爲把總沈玉德攻無錫爲游擊汪龍淦皆奮身陷陣優卹給世職

黃金友字益亭湖南人初從軍廣西轉戰湖北江西安徽積功至副將賜勇號金友躬犯矢石創徧體咸豐十年江蘇巡撫薛煥奏調駐金山衛十一年賊犯浙江平湖陷乍浦東略姚廊寬金山金友迎戰大破之遂平新倉賊壘晉總兵平湖知縣汪元祥乞師規復金友壯之檄金山華亭奉賢各營同赴援躬督師進駐平湖之廣陳元祥率民兵迎勞請爲鄉導賊連營三十里一鼓破之賊會嘉興援賊分道來襲金友迎禦於十字街賊大集相持久金友右脇被鎗猶誓死力戰士皆奮呼無不一當百賊始卻而金友創發不能騎舁至明珠巷卒贈提督卹如例麟瑞字靄人滿洲瓜爾佳氏乍浦駐防父觀成官南川知縣有德政蜀人爲立生祠稱小關廟以關瓜音通也麟瑞以筆帖式歷印務章京咸豐十一年賊犯乍城從副都統錫齡阿出督戰偕弟鳳瑞雲瑞手爇巨礮縱擊賊驚卻拔出難民無算城陷麟瑞率衆巷戰力刃數賊賊環攻被鎗歿於陣贈副都統予世職祀昭忠祠諡忠節雲瑞陷賊不屈死鳳瑞出從李鴻章軍轉戰江浙攻和州含山以百騎計破賊萬餘鴻章嘗稱爲非常人克太倉等處皆有功陞將軍麟瑞督戰時本爲副都統護印至死不釋後其子柏梁官乍浦副都統涖任拜印啟視斑斑猶見血痕云柏梁自有傳

蔡東祥湖南湘陰人充湖北水師水勇咸豐四年粵匪再陷武昌與漢陽爲犄角東祥隨攻武漢兩岸賊多有斬獲隨攻鮎魚套焚賊船通糧道湖北提督楊載福追賊田家鎮賊聯木簰置礮石於半壁山拒敵東祥奉令以火具鎔鐵鎖斷之水師驟下燔賊艘無算遂拔田家鎮於湖口望江九江東流建德樅陽蕪湖銅陵諸戰皆有功累擢至副將同治初布政使曾國荃親率十二營與道員劉連捷分道擊江岸分踞賊東祥分攻桐城克雍家鎮又會攻巢縣含山和州與裕溪口江心洲梁山各隘復太平蕪湖二縣陸軍進過金柱關兵部侍郎彭玉麟率東祥等分水師爲三隊連環轟擊躍上隄埂短兵擊刺積骸滿渠關破並剗三汊河上駟渡賊壘江岸肅清先後賞雄勇巴圖魯等勇號加總兵銜東祥勇決有謀七年湖口之戰大風舟入口爲賊所抄不得出所領長龍艦一偃旗與賊艦混須臾風止急槳貫賊陣出賊覺追之不及是役失長龍艦五舢板十三將弁死者二十一人而東祥舟獨完十一年安慶之戰水師屢挫賊易視之見輒爭擊東祥請易戰艦白旗爲紅旗賊疑爲援兵駭愕間急率所部乘之賊以敗軍威復振旋調江蘇勦賊偕副將歐陽利見率淮陽水師巡防三江口戰嘉善奮勇馳進西塘援賊猝至兩岸夾攻被槍子傷落水死東祥轉戰克敵素稱勇敢照總兵例議卹贈提督銜給世職

鄒上元字蘭亭湖南湘鄉人咸豐初投羅澤南營澤南自江西援湖北取道崇陽通城進攻佛嶺賊卡上元隨隊由佛嶺北攀巖先進與諸軍夾擊破之賊自崇陽三路來攻上元從破右路克崇陽咸甯諸役均有功擢千總五年賊犯湖南巡撫駱秉章檄蕭啟江募勇助勦號湘果營上元隸焉從援江西克萬載復袁州累擢都司秉章督蜀檄黃純熙率果毅營從上元方假歸純熙招偕行充營官賊酋何國樑彭紹福率黨攻定遠急定遠東北瀕江賊屯東南造浮橋江上遏外援上元從純熙疾赴師至與學場賊分黨逆戰上元從右路襲擊賊大奔乘勝追至祖師殿毀沿途二十餘壘蹙賊江干何國樑竟水遁上元追斬之彭紹福聞敗糾黨來援踞燕子窩二郎場等處二郎場者絕地也四山壁立鳥道一線西北阻涪江純熙恐失寇不待軍集率千人追之上元慮有伏進至距二郎場二十里遣諜偵之不見賊土人皆言賊去遠夜半至燕子窩突遇賊騎進逼之賊繞山竄入塢純熙知中伏分道搜之伏盡發官軍偪處泥淖間不能成列上元馳救突圍入手刃數賊賊環刺之死純熙亦歿定遠之捷上元擢參將死事聞命視副將例賞世職附祀純熙祠

郝上庠直隸沙河人由武進士授侍衛道光二十六年出爲山東曹州鎮標守備累遷至武定游擊咸豐四年韓莊盜起山東巡撫張亮基慮徐州道梗知上庠饒將略薦署兗州鎮總兵賊帥朱廣田寇鄒嶧沂莒諸屬上庠率所部會鄒兵擊走之賊南竄嶧檢上庠追及殲其衆斬廣田於陳擢參將五年山東金鄉賊陶三相爲亂上庠疾馳誅其渠餘衆驚潰事得解時海上多盜運舟窺諸口將北犯天津洋山東巡撫崇恩疏請以上庠攝登州鎮總兵專司防務往來策應先後禽斬賊首李希夢等以功敘沂州協副將上庠每戰輒身先士卒不避艱險以勇武受上知賊平手詔褒美命以總兵記名十年署曹州鎮總兵以疏防捻寇入境奪記名留鎮如故十一年官軍取濮州河北肅清上庠以屢勝功復官賜提督銜九月賊潛渡濮范上庠不能禦與賊遇陽穀又戰不利爲山東巡撫譚廷襄所劾落職十月克張秋鎮移兵會營總烏爾棍扎布游擊緒倫攻堂邑賊戰於丁家廟敗之賊益衆來援上庠奮擊不退馬蹶墮地拔刀殺賊數十人力竭戰死命優卹諡勤勇聊城士民念上庠捍賊功請立祠東昌從之

張遇祥字瑞麟直隸新樂人年十五能開兩石弓道光十五年成武進士授乾清門侍衛二十一年選浙江衢州城守營都司公廉能得士卒心咸豐二年在壽張游擊任匪林鳳翔李開方率粵匪圍懷慶山東巡撫李僡檄遇祥從征當一路爲士卒先所向披靡經略勝保嘉其勇益感奮嘗貪夜渡河戰自寅至申始奉令而返三年秋曹縣捻匪亂起攜親兵百人入城捦首陳九千歲張四大王擁衆擾城市無敢攖者遇祥密令伏兵於外變服入賊巢詐言他事賊優禮之夜分酒酣遇祥躍起蹴賊首腦迸裂死賊羣起且戰且走出巢伏起賊皆駭散又偵知張四大王所在託病不出密令親信軍士夜馳百餘里入賊室禽之粵匪攻臨清率部卒二百人夜砍賊營而入殺無算所部五十餘人被圍復匹馬盪決者三攜之出無一失者右髁受矛傷裹傷屢戰賊不敢當創劇不能起巡撫親驗之諭令歸養新撫崇恩疑規避奏褫職令解赴山東既到標崇恩始知其誣慰勞備至時金鄉魚臺嘉祥鉅野鄆城城武七縣被捻匪所陷遇祥招舊部六百人自爲一隊復七城餘孽悉平復原官以創發回籍調養十一年山東教匪糾回捻北犯直隸勝保久無功乃肅書聘遇祥且令募勇自隨書至即招募鄉中子弟五百人星馳而往一戰敗之勝保南移館陶進攻尖莊賊猖集尖莊南遇祥復馳救賊奔民爭奉糗餌漿粥軍得一飽督隊回尖莊勝保又退守館陶遇祥趨謁之賊又欲渡河勝保令往堵河口遇祥曰士卒昨日一飯後枵腹至今烏能戰耶勝保曰汝速往吾即遣人執釜甑從汝也遂率隊趨大河士卒覓食不得賊已先渡遇祥匹馬陷賊陣戰至日暮下馬而搏天明回顧所部餘數十人急揮之去曰同死無益吾身經數百戰未嘗一挫今勢至此不斬賊渠不生還也縱馬示不返士卒益感奮誓同死遇祥左右射當者皆殪賊以長戟鉤斷其弦乃舍弓提刀戰至下堡寺日近山從者餘六人忽見大纛下賊渠至將犇身刃之時已戰兩晝夜飢甚舊傷皆發復中矛數十處力既竭遂歿於陣時咸豐十一年十一月七日館陶臨清諸村堡爭建祠以祀兄遇清字芳辰武舉人官廣東游擊至督標參將檄援廣西平南縣提刀巷戰賊槍刺其腹腸出益奮賊折其刀手執木棍抵拒賊攢擊死之平南士民亦立祠以祀

曹仁美字擇庵湘潭人初隸曾國荃軍援江西戰吉安天華山克之復景德鎮浮梁與有功咸豐十年賊據黟縣建德勢張甚時仁美改隸曾國藩麾下官軍屢戰不利堅壘與持仁美曰兩軍相持日久當乘其懈而擊之否則援至難圖也會夜大霧仁美率所部摩其壘更籌寂然迺梯而入手刃司柝者縱火焚之衆軍爲承斬數千級賊大潰遂克之獲器械無數遷都司賜號勵勇巴圖魯十一年國荃攻安慶久不下國藩遣仁美往助僞英王陳玉成合江淮賊來援國荃督戰中流矢仁美負之登高揮諸軍奮擊城遂下以次從克大江兩岸城隘同治元年從圍金陵仁美屯雨花臺西國荃以城賊糧將匱爲坐困計令諸軍毋與戰凡四十有六日仁美恚曰當賊不擊將何待迺以其軍出毀石壘賊頹死國荃以其勇薄責之遂引疾歸投入李鴻章軍圍攻常州鴻章檄劉銘傳等

偏師直搗仁美率衆繼進大破之三年克金陵餘賊突出鏖戰湘淮諸軍屢挫於奔牛銘傳軍被圍急議者欲退保丹陽仁美曰賊雖銳猶困獸之鬭也出奇兵勝之次日與諸軍略其東南賊衆轟擊以拒仁美膝行至礮旁連擲火彈賊駭走官軍鼓譟而登夷東路各壘賊自隔河來犯仁美夜乘輕舸率健卒數人躍艦殺賊十餘以火攻之船盡裂奔牛賊平軍無錫執游兵擾民者斬以徇至是詔以總兵記名四年僞侍王李世賢陷漳浦鴻章遣仁美與郭松林俱航海赴援既至甫築壘賊大至仁美令諸軍無動獨率所部三百人迎敵賊疑有伏不敢前仁美伺懈擊之賊奔南靖乘勝薄城下率衆先登世賢巷戰逾時啟西門而遁遂復漳州下南靖擢提督進規漳浦賊分門堅守仁美與副將張遵道分路迎戰賊稍卻麾軍競進攻克之進復雲霄廳旋歸以兄仁賢領其衆五年國荃巡撫湖北檄仁美與松林募軍進至唐縣會東捻自信陽竄入遇於德安薄而擊之追至鍾祥臼口師分三路入仁美攻其左抵羅家集遇伏與戰力竭死之賞世職予鍾祥及原籍建祠

毛克寬湖南溆浦人咸豐初兄弟五人同入田興恕虎威營皆以善戰著克寬尤驍勇六年隨興恕援江西克萍鄉萬載復袁州後從圍臨江吉安賊來援城賊塡濠伺夾擊克寬從拒援寇大破之太平墟燒賊屯四十七遂克臨江湖南巡撫駱秉章以克寬久經戰陳勞績甚多聞於朝時貴州苗教各匪麇聚復隨興恕赴援連克錦屏等處克寬功最僞翼王石達開犯湖南寶慶克寬從興恕回援破賊寶慶城南黃塘復敗賊七架坡賊合圍攻興恕壘克寬日夜搏戰援軍既集內外夾攻賊敗遁追及九峯橋白揚鋪復大破之賊走廣西遂以參將留湖南黔亂復熾朝命興恕爲貴州提督督辦軍務克寬再入黔逆酋安太然及僞元帥韓成龍僞招討覃國英等圍攻印江石阡克寬率虎後營分道進擊平陽等處賊屯百餘斬韓成龍覃國英拔出難民三千餘人遂解城圍乘勝復甕安兩旬之間蕩平數百里興恕疏薦克寬膽識俱優屢獲奇捷隨征六載戰必身先實屬英勇冠羣命以副將留黔賞號銳勇巴圖魯石達開從廣西犯黔陷歸化定番等城克寬迎勦破籠溪猴坪賊巢進駐赤土督軍攻定番長寨克之復解安順安平城圍十一年補大定協副將移駐大水橋通鋪道賊乘營壘未成遣悍黨分股來犯克寬分隊逆戰敗其左右翼中路賊死抗不退克寬策馬躍陣往來盪決刃悍賊數十賊衆披靡會飛砲中馬徒步奮擊身受數創歿于陣年三十三詔贈總兵銜建專祠賞世職弟克佳官把總戰歿臨江先死黔苗之亂者有邢連科原名正堉貴州貴陽人台拱廳黃施衛千總咸豐三年苗叛攻城連科迭乞援累月兵始至連科蒐殘卒夾擊出陷陣而援兵先潰連科轉戰十家寨陣亡子士義舉人主講平越先聞警馳赴守城守至是召家人環坐縱火藥自焚僕諶年有婢玉蘭從死千總署堂皇之下列尸二十有二巡撫蔣霨遠田興恕先後以闔門殉難聞賜祀予世職孫以誠曾孫端翰林院編修

田興奇湖南鳳凰廳人隸田興恕虎威營咸豐六年從平郴桂茶陵以功敘外委興恕援江西進攻袁州興恕躍馬突賊陣興奇隨入各軍繼之遂獲大勝賊潰奔數十里分宜袁州復擢千總加守備銜賞藍翎七年師次高安陰岡嶺興奇斬僞監軍姜萬祥總制艾得勝攻復臨江擢游擊換花翎八年夏貴州寇起隨興恕往援敗賊黎平夷其營轉攻漢砦斬馘二千餘級夷賊營十餘處追北十八江斬僞侯黃必升等二十一人擒僞將軍伍雲童黎平復以參將留湖南補用加副將銜九年春石達開率衆十餘萬犯寶慶興恕軍適自黔還道其境駐軍九峯橋賊乘其甫安營悉衆來犯隨興恕擊卻之是夜三鼓興奇率壯士八百人襲賊營賊驚潰死亡相屬餘衆奔逃寶慶平擢副將十年從興恕勦貴州苗匪興奇領虎勇二千人至石阡戰龍潭斬賊僞元帥韓成龍覃國英盡平其營越二日再攻賊走馬坪斬馘甚衆並拔出被擄老穉男女三千餘口捷聞賜衝勇巴圖魯名號加總兵銜仍駐石阡六月擊賊雙溪中伏死之時年三十二詔贈提督銜諡剛介田興勝亦隸興恕部下平郴桂援寶慶及援江西同有功累擢至守備又隨勦貴州各匪破籠溪解餘慶圍偕都司沈宏富等進屯雄黃坉小崖等處賊於老巢立堅壘十八悍黨萬餘分布左右山梁興勝約遊擊楊嚴寶兩路夾攻自與沈宏富攻左路各寨都司田興考由右路繞山後出擊並設伏後路計定率兵直衝首山梁賊數千迎擊興勝督隊衝突鏖戰逾時賊沿山潰遁營內賊開卡狂竄興勝親入賊陣手刃悍目二宏富督後隊合圍先毀其右寨移攻左寨破之乘勝追襲有黃衣賊目率黨死拒興勝射之斃擒而梟示餘賊大潰追十餘里墜崖死者無數是役共破堅寨十餘座陣斬僞元帥韓進楊正閭等二十餘人馘千五百餘級乘勝平賊營十餘座復隨總兵劉吉三等夜攻三角莊賊猝不及防驚而潰毀其連營三座適松坪賊首石復明糾玉華山匪黨數萬分六股來撲興勝偕遊擊劉祖得合兵迎勦都司徐祥太與興考各率所部設伏山麓及民舍中賊遇伏大敗死亡枕藉追至木影頂地險岐賊寨負隅難拔因收隊明日同知唐繩武等由間道出松坪之後先取老巢興勝奉令偕嚴寶等攻木影頂攀藤而上賊礌石交下軍少卻興勝橫刀躍馬奮身進飛登寨牆賊矛攢刺捉其矛而上揮刀連斬悍賊十餘諸軍繼進賊散走官軍四面兜勦殲除殆盡擒其渠秦官寶劉老移等誅之松坪黃號賊衆五萬連營三十餘興勝等即時裹糧疾進悉銳攻之賊傾巢出拒官軍奮擊敗之有僞扶明王者悍酋也手斫敗退賊挺身來抗興勝自與搏戰殪之餘賊猶相持宏富等已從後破其巢賊乃潰竄官軍夾擊斬馘四千餘級松坪賊壘皆平乘勝攻猴嶺拔之旋偕宏富移勦甕安先破小山寺營馬安營賊壘百餘冒雨分三路進攻紅岡堡興勝策馬陷陣連刃數賊諸軍繼之立破其巢躡追數里會甕安賊來援敗賊亦返鬭興勝偕宏富等縱擊射斃賊酋數名賊亂返奔官軍急躡之賊不敢入城奔至玉華山老巢甕安遂復自是入省之路始通興恕疏稱興勝每戰單槍陷陣不計生死實屬忠勇可嘉詔以遊擊拔補給果勇巴圖魯勇號十一年粵匪大股竄貴州境踞定番州長寨等處偪近省垣嚴寶等攻之未下興勝隨興恕往勦屢戰皆捷克定番又偕副將周學桂進兵拔長寨其別股踞土地關者分黨撲安平以牽制官軍興勝馳救立解城圍匪首張遇恩勾結狆匪圍安順並撲定南汛城又隨總兵趙德昌擊退之省會解嚴三月偕嚴寶等進攻土地關與賊戰於赤土賊敗走賊首仰天燕斷後興勝追之將及以乘騎飢疲馳驟過猛一蹶而斃賊回隊圍之徒步格鬭殺悍賊十餘人身受多創血流如注猶抵死相持力竭歿於陣照總兵例優卹諡武烈

馬定國四川萬縣人咸豐六年投鮑超霆營從攻九江小池口回援黃梅疊破賊孔壠大河鋪億生寺黃蠟山等處定國功多委帶霆字左營親兵復隨勦太湖之楓香驛破賊壘十餘座八年上援麻城遇賊黃土岡拔主將出圍從克麻城太湖毀雷公埠石牌逆壘進攻安徽省城賊於北門外及東西山灣連柵周亘堅不能拔定國負楯直入重柵破其數壘會巡撫李續賓軍覆三河賊由舒城潛山上竄遂從超退扼宿松之二郎河賊來犯擊破之復破賊於花涼亭進圍太湖悍酋陳玉成以大股來援超移壁小池驛賊衆圍之十年正月大戰破賊壘數十座斃賊萬餘乘勝克太湖潛山累擢至游擊晉參將從規皖南收黟縣大破賊盧村羊棧嶺命以副將用乞假回籍同治元年滇匪擾四川萬縣之紅谷田定國率鄉兵禦賊戰歿詔贈總兵銜建專祠賞世職

清史稿　　列傳

忠義七

張繼庚（張繼辛　李翼棠等）　趙振祚（趙起）
馬善　陳克家（馬釗）
臧紆青（寶元灝）　馬三俊（張勳　吳文錦）
吳廷香　孫家泰
江圖悃（程葆）　彭壽頤
陳介眉（齊新年）　唐守忠
吳山　俞焜（戴煦）
張洵（顧世耀　張儀）　汪士驤（鐵桂　金鼎燮　毛禮　巴達臨布　錢遵升等）
包立身　王玉文
孫文德（李貴元等）　羅正仁（陳起書）
陳景滄　何霖
蹇諤　趙國澍
宋華嵩　伯錫爾

張繼庚字炳垣江蘇江甯人父介福道光六年進士湖南保靖縣知縣繼庚少有志節補諸生幕遊湖南咸豐三年從布政使潘鐸守長沙圍既解料賊必東竄辭歸省母江甯布政使祁宿藻方籌守禦稔其才招與謀繼庚慮兵不足增募壯勇舉諸生李翼棠等統之明年賊至請仿古火城法於城內開濠積薪城上築兩牆爲孔以出火器城下兩旁設牛皮柵伏精兵以堵賊時宿藻已卒總督不能用二月城陷繼庚率衆巷戰從弟繼辛及李翼棠侯敦詩等皆死繼庚赴水不沉旋陷賊中爲書算自念死志已決欲將有所爲乃以母託戚友變姓名爲葉芝發陽與賊暱盡得其虛實會欽差大臣向榮軍至因與諸生周葆濂夏家銑及錢塘人金樹本謀結賊爲內應而使金和李鈞祥何師孟出報大營有張沛澤者悍賊也同謀而中悔首其事家銑死之繼庚以僞名免九月復遣人上書向榮言水西門賊所不備有船可用太平門近紫金山越城亦易爲力

綠城賊壘皆受約束既得報益結死士張士義劉隆舒呂萬興朱碩齡等以待大軍書七上屢約屢爽城中人情洶洶事垂洩繼庚泣謂其友曰事急矣夜縋入營痛哭自請師期諸將皆感動張國樑欲留之繼庚不可歸而大軍復以雨雪不果至他日繼庚出遇沛澤於途嘻曰此葉芝發也執赴賊所施嚴刑不爲動徐曰我張炳垣書生耳焉預他事沛澤食鴉片懼我發之乃誣我耳賊搜之信遂殺沛澤繼庚被繫不得出明年二月金和等引官兵易賈人服入城與諸生賈鍾麟等伏神策門殺巡更賊以斧斷木柵毀其半賊驚走亟舉礮六品軍功田玉梅及敢死士張鴉頭先衆上城斬守賊十餘人援賊驟至玉梅跳免大索城中鴉頭被獲窮詰不得主名乃益搒掠繼庚楚毒備至時廬州知府胡元煒降賊在坐繼庚躍起謂曰若官江南甯不知江南人孱弱非老兄弟合謀誰敢爲內應者老兄弟賊中呼楚粵人之悍勇者也賊信其言繼庚索賊官冊一一指賊輒殺之橫尸東門者三十四人賊旋悟曰中汝計矣令速殺之繼庚臨死色不變呼天者三成絕命詞有云拔不去眼中鐵嘔不盡心頭血吁嗟窮途窮空抱烈士烈殺賊苦無權罵賊猶有舌遂車裂以死事聞贈國子監典籍建專祠予世職張士義乳名鴉頭江甯人故無賴而有肝膽能急人之急在賊中與所素狎者醉歌若無事然繼庚遣劉隆舒招之袖短刀二授之曰汝能殺賊當以功名顯士義慨然曰我何人張先生士義乃下交誓必殺賊富貴非所望也繼庚獄急趣士義速圖衆請於大營遣田玉梅等八人入城助之咸豐四年二月二十二日夜士義與劉隆舒呂長興朱碩齡等凡五十七人乘晦登城遇一賊手紅燈騰身斫之擲首城外以爲信復殺賊十餘人而官軍終不進乃下斬關柵堅不可啟擲火燒之不燃柵內賊起抽矛刺之環城賊皆起角鳴嗚然衆知事不濟遂遁明日賊閉門大索有沈獸醫者首之士義等被執窮其主使士義叱曰欲殺則殺主使不可得也天下人皆欲殺汝獨我哉遂與隆舒長興碩齡俱死是時繼庚以諸生舉義鄉里士慷慨相從者夏家銑字季貿江寧人工詩文城陷賊挾充書記作詩罵賊賊搜得之時繼庚內應事洩賊疑家銑知其謀搒掠無所承不知家銑實與聞也賊誘之曰汝有父母妻子以爲質則釋汝家銑時昏懣遽以母妻對賊至家其妻蔡匿母罵家銑曰汝母死且十年何處得汝母耶遂與妻俱被戮死同預翻城之舉而未死者金和字亞匏上元人性兀傲工詩賦好聲色縱酒飲輒數斗江寧失守陷於賊衣短後衣與賊兵轟飲相爾汝因廉得賊情繼庚爲其妻弟與和通謀和與賊稔出入無所問子身叩向榮軍門請以身質家在賊中不顧也事敗和以質得脫有秋蟪吟館集孫文川字澂之上元人敏悟工詩賦洪秀全據金陵以計奉母間道出復入與繼庚謀翻城應外兵終日芒鞋手一筐如丐奔走近賊地不避風雪得賊中曲折具以報官軍因是屢捷而翻城事卒無成嗣習互市案牘知外人情僞英人李泰國購輪船助李鴻章戰既乃要挾索費不受中國進止鴻章聞文川才薦入都盡發泰國陰謀朝廷褫泰國總稅務司職遣船回國事得解以功洊擢知府著讀雪齋集周葆濂字還之江寧人詩才清麗陷城中與內應事謀洩脫歸選寶應訓導著且巢詩存汪汝桂字燕山上元人幼負奇力或勸入伍及應武童試皆不可初陷賊中追者至手批殺一賊擲過濠而免田玉梅入城汝桂與俱往還習繪事畫仕女尤工吳復成字蔚堂上元人性慷慨賈於粵久咸豐初始歸賊陷金陵與人語多不辯惟復成解之以是爲賊所信因說賊設機杼織緞用匠十萬人文弱陷賊者得以免又說賊造船運柴薪賊稱其能婦嬰緣是遁者又六七千人既與繼庚謀內應事洩奔向榮軍不知重也及曾國藩欲謀賊虛實或以復成薦因蓄髮入賊中得曲折以告曾國荃圍金陵李秀全自蘇州來援賊掘地道出攻復成偵得之報國荃爲備遂大破賊以功敘縣丞不就卒以賈終胡恩燮字煦齋江寧人與繼庚謀內應出入賊中者三十六次破衣草履溷跡如丐往往伏濠內或潛立橋下堅冰中屢瀕於危母陷賊中以奇計脫之後以功敘知府田玉梅字鼎臣四川酉陽州人入應事起求敢內成者吳復成以書抵玉梅玉梅裹紅巾挺身從復成行數日出言賊情如繪向榮乃信任之奪門既無成明日賊殺張士義等百餘人不得主名則令領石達開憑帖無者逮訊復成領數百紙貽諸同志玉梅手一紙立通衢髮短言異見賊往來反詰之賊竟無知者乃偕八人者俱出後以功敘河南同知直隸州補太康縣知縣十年英法國聯軍犯天津京師戒嚴請濟師勸王大府不許自帥所部至汝陽沙官橋爲捻匪所阻憤極死戰被戕䘏贈太僕寺卿諸人於是役皆冒死爲之例得附書以竟事之本末

趙振祚字伯厚江蘇武進人順天宛平籍道光十五年進士改庶吉士授編修兩遇大考皆前列二十二年遷詹事府贊善咸豐三年寇陷金陵蘇常震動振祚上書當事願歸本籍辦團練奏請報可遂歸集貲置保衛局募兵購械仿行保甲人心以安常州北門瀕江焦湖船屢出剽掠積爲民患振祚乃擇要隘口岸立稽查卡房并設水師戰艦嚴備以待境獲寧輯六年賊艘蔽江下鎮江幾不守避難者絡繹振祚固結人心訓練士卒率衆詣丹陽會督師者赴援圍乃解賞花翎加翰林院侍讀銜時總督何桂清駐常州郡人編修趙曾向出其門振祚素輕之以是常訐其短於桂清遇事齮齕嗣曾向被命佐常州團練益掣其肘不得已請解事保衛局遂廢十年和春軍潰丹陽常州大警桂清遁曾向亦舉室渡江而北於是紳民復請振祚出督團勇是時兵單糧絕寇氛日迫事已不可爲復毅然誓衆固守並率所練五十人出城招集潰勇會北鄉石堰土盜蠭起遂領衆往捕以衆寡不敵戰失利力竭死之常州亦旋陷事聞贈太僕寺卿予世職同治三年李鴻章疏稱其六世祖尚書趙申喬爲康熙時名臣子姓分居蘇常江浙淪陷男女死者四十三人其弟浙江經歷振醇亦死於難得旨予振祚常州建祠餘附祀振祚抗爽重節介口素吃遇不平事憤懣謾罵期期不避人故多遭怨然好奬借人才人亦以此多之善詩古文詞精漢學著有明堂考一卷文詩集若干卷同族起道光舉人同時城守城陷命合室婦女自沈園池遂整衣冠坐廳事賊至有識起者勸令自全大聲叱賊引刀自剄子諸生曾寅以身衛父刃賊數人被害兄子浙江候補知縣祿保罵賊死尤烈

馬善字遇臯長洲人世居蘇垣北鄉有智略膂力過人咸豐十年閏三月金陵大營潰總督遁賊席捲而南夏四月丁丑蘇州陷善先受檄主黃土橋團練集七圖義勇三千人朝夕訓練庀水陸戰守具聞變嚴陣以待明日賊果至迎擊金巷橋又明日賊大掠八字橋又趨援之越四日賊分兩路至一出齊門至宜橋一出閶門至禪定橋善率勇千人自當宜橋遣子安瀾率勇數百當禪定橋先後均有斬獲賊將竄常熟夜遣安瀾率千人潛至八字橋盡括岸側灰窯遺棄甎瓦塞遠近橋下居民已空無知者越數日賊船至不得過城賊約滸關賊至青黛湖合宜橋禪定橋三路並進善分兵拒之而自擊青黛湖失利賊旋退已而賊大至善設伏青黛湖畔遣弟增及安瀾誘賊入湖伏發勝之獲賊船十俘賊首攀大福梟其首賊爲奪氣僞忠王李秀成憤不得逞大舉來攻善盡銳禦之自辰至午殺傷相當賊退團勇歸局午食賊遽掩至善率親兵迎戰手刃騎馬賊三人傷於胸猶疾呼殺賊飛鏃中頭角而踣安瀾方赴常熟請軍火馳歸斂之面色如生當是時詔舉團練吳人脆弱賊至則靡獨善以能殺賊聞䘏贈知州銜給世職安瀾後從巡撫李鴻章軍嚮導得力卒復蘇州

陳克家字子剛元和人道光二十四年舉人少英異爲桐城姚瑩所器重抗心希古落落寡合文章自許北宋儷體宗六朝詩學黃庭堅咸豐三年挑教職時金陵爲賊據欽差大臣向榮駐師城外翼長福興阿聘克家入幕福遷去江南提督張國樑復聘之十年閏三月國樑檄克家主健勇營事十五日賊大至督弁勇迎戰兵敗死之克家之死也營中大亂求屍不得克家祖鶴熟精明代事爲明紀一書用通鑑義法崇禎三年後猶闕克家續成之合爲十六卷馬釗字遠林長洲人與克家同歲舉人治經學有名咸豐三年前江蘇巡撫許乃釗副向榮統兵金陵釗入許營時有川楚兵所帶餘丁率驍勇而蘇垣空虛釗建議募爲一軍得千餘人號曰撫勇粵匪劉麗川反嘉定土匪周立春繼之連陷青浦等六縣向榮檄釗率撫勇捲甲赴之至青浦夜半銜枚薄城克之奬內閣中書銜事定重赴金陵十年春浙江告急偕總兵熊天喜赴援復四安鎮廣德州奉調馳回遇賊丹陽戰白塔灣中鎗死二人以文士從軍卒死於陣吳人稱之

臧紓青字牧菴江蘇宿遷人道光十一年舉人自少倜儻好談兵所交多不羈之士當英吉利入寇紓青見武備廢弛人不知兵寇至多被殘害因團練鄉兵凡萬人鬭入靖逆將軍幕府將軍主和紓青獨主戰後以和議成奏奬同知銜不受曰以和受賞不亦恥乎嘗以邳州知州勸捐案被牽涉查辦大臣周天爵雪之時粵逆陷安慶據江寧淮南北捻匪乘釁爲亂聚黨多者至數千人與粵逆互爲聲勢天爵因疏請紓青練勇勦匪且聽自成一隊匪素慴紓青威名稱之曰老虎兵所至撲滅解散多願歸附效死者天爵卒副都御史袁甲三繼任亦深倚之累擢通判賞四品銜先是桐城以三年十月失陷士民先後乞援於圍廬州提督和春圍舒城提督秦定三幾一年皆不應甲三時駐兵臨淮念桐人請救之殷又欲取安慶以截江路自請進勦文宗以臨淮扼南北之要不許甲三於是疏請檄紓青勦辦允之時侍郎曾國藩已克復武昌破田家鎮順流東下使提督塔齊布道員羅澤南進攻廣濟黃梅朝廷既允甲三請復以國藩兵屢捷於是命紓青速進兵潛太接應時和春秦定三軍皆久無功詔旨切責令速破賊以圖會勦紓青又得國藩書相期會於是疾馳至桐兩敗賊於大關呂亭驛追至城下時四年十一月六日也紓青以舒廬圍師率離城十餘里不斷賊出入餉道以故久無功桐之南門通安慶賊來援則當其衝遂自率兵勇圍之而令參將劉玉豹同知李安中圍東門時攻城之器未具城堅不可猝拔

賊既敗於湖北又懼桐城或破則與湘軍成夾擊勢悉力來援紓青先後迎擊於王林畈挂車河皆勝之追至陶冲驛擒斬既多獲械無算卒以舒廬軍不予援應又不急攻城以分賊勢賊用是得專事援桐玉豹安中又性懦無能當賊紓青至以諸君不能戰不能攻又不能守事事須我一人諸之弗恤也十七日賊援大至玉豹安中卻走城賊復突出西門焚營紓青與諸生張勳殊死戰殺三百餘賊以後無繼者賊伏遽起紓青胸面間中二十餘創死焉紓青既死賊復得志武昌再陷紓青治兵有紀律初賊以土匪目官兵以惑民聽至是一洗此耻桐城破後凡先以助餉團練賊皆甘心焉民以紓青來秋毫無犯雖被禍無不感泣思之事聞賜三品卿銜予騎都尉世職後有竇元灝元灝邳州人咸豐元年舉人援例爲員外郎分刑部八年捻賊大熾竄徐州邳當其衝元灝集鄉團先後偕知州畢培貞周力城都司濮楓等堵剿擊斬甚多十年州城被圍守禦四晝夜城賴以全賊結幅匪大舉由閻鄭渡河元灝與參將于殿甲合剿被圍力竭死贈太僕寺卿銜賞世職

馬三俊字命之桐城人祖宗璉父瑞辰皆進士以經學顯名三俊能世其家顧屢困鄉舉咸豐元年以優行第一貢太學又舉孝廉方正制科三年安慶失守桐人恟懼知縣遁去姦民蜂起官兵往來境上亦乘亂爲患獨縣學生張勳誓死不避三俊亦急起而坐鎮之擒斬爲首者十數人又偕勳立法勸富家給散貧者亂稍定賊既陷安慶盡趨江寧諸統帥皆遠避置安慶蕪湖不堵截三俊知賊之必回竄也日夜在明倫堂訓練鄉兵又時與勳往四鄉聯合團衆於是桐城練勇名聞江南北賊犯太湖與勳揚兵堵境上賊莫測虛實莫敢逼已而賊攻江西不克回據安慶修守備桐人大恐巡撫李嘉瑞駐廬州前按察使張熙宇駐集賢關皆畏安慶不敢至三俊上書巡撫其略謂制寇之道必能攻而後可守守禦之策必先據要害而後可保城池全州不守禍及湖南岳州不守禍及武昌小孤不守禍及安慶安慶不守禍及江寧鎮江揚州大江南北此明驗也自粵西起事以來賊之所破多不守而破非因守而破也賊之所敗多不戰而敗非力戰而敗也觀桂林長沙南昌開封四省城苟能死守賊未有陷之者六合小邑殺賊數千而賊不敢至江浦含山許州皆以守而得全不大可見乎今江北全勢完固虛實未爲賊覺而安慶之賊又皆江西殘敗之餘且未齊集望於此時迅速進攻而分兵守桐以爲接應如安慶不利當可退守桐城以爲舒廬之障此機一失賊或竄桐舒以入廬州則與北匪搆結河南北東西畿輔之地危矣巡撫韙其言遣總兵恆興與熙宇合軍堵勦實不前進十月賊大至熙宇恆興兵皆卻走三俊獨與勳率鄉團數百人拒之不利賊遂道桐城以入舒城陷廬州渡河而北蔓延千里皆如三俊所料城陷時三俊父被執不屈死三俊以不孝不忠自責誓復讎報國四年夏與前任桐城知縣成福六安參將慶麟招集義勇於霍山請助官軍殺賊且言事成不邀功賞事敗則以身死之於是上三路進兵策而自任桐城一路先頓兵中梅河以俟而提督秦定三軍之圖舒城者延期不進三俊既孤軍深入耻不肯退至周瑜城援絕餉匱姦民搆賊夜襲營力戰死之勳字小嵩與三俊同縣人家貧好倡舉義行嘗搜羅桐城節孝貞烈婦女二千餘人無力上聞者彙請旌表著總旌錄四卷桐城既破三俊起義兵霍山與之定計即往見秦定三以急擊舒城與皖桐之師相應說之定三不應事遂敗嗣聞紓青統兵至桐往六安迎之謂紓青曰桐近日賊勢與前不類兵單援寡雖操勝算不如先助攻舒舒破與秦軍合事乃有濟又數以書勸定三卒不應紓青亦不肯往十一月十七日遂隨紓青督戰死之隨死者有吳文謨文謨字翼甫亦同縣人年少負氣與三俊子復震爲友三俊死文謨不告其子獨冒險往獲其屍勳重其人遂隨勳奔走請兵不倦殉節時年二十有一

吳廷香字奉璋廬江人敏博沈毅與桐城戴鈞衡馬三俊友以文章風節相砥礪以優貢生舉咸豐初元孝廉方正上書論時事有國士之目三年粵賊東下陷安慶廬江土寇應之駸駸迫城下邑團練鄉兵推廷香爲督擊寇禽其渠斬之盡破其黨尋粵賊棄安慶去長驅薄金陵踞其城是年夏復遣悍酋沿江西犯再陷安慶皖北震動廷香復倡義募鄉勇六百人自率之守梅山黃姑閘遏江路時賊張甚官吏兵民所在迸散賊自桐城北擾舒巢無爲相繼淪沒獨廬江賴廷香固扼得全十一月廬州陷巡撫江忠源死之官軍團練望風逃潰十二月廬江亦不守廷香時在防次扼腕慷慨誓必得當以報國四年二月提督和春敗賊於廬州七月提督秦定三大捷於舒城舟師復自海道入扼東西梁山斷賊歸路賊悉衆北趨諸州縣守賊少曾國藩復率大軍下武昌廷香聞則奮然起言於衆謂誠以此時出賊不意復邑城益與江上下諸路軍相應合謀以圖皖中賊可殲也乃召募三千人與外委熊允昇將之趨縣門兼密約舊時勇目居城中者爲內應八月大破守賊賊渠任大剛走追斬之遂復廬江大江東西以鄉兵敗賊克城蓋自廷香始既賊知廬江無援合安慶桐城諸路來攻廷香出擊屢有斬獲而賊衆益衆江中賊亦逼城下廷香豫乞救廬舒大營久未報及賊大至何桂珍檄蔡蕁沈承貽以六百人自六安赴援至邑則賊兵大掠過賊反走賊益焚四野火光燭天廷香夜登陴望救不至搏膺泣曰吾志清逆亂不克而重禍鄉里勢窮援絕來者非人吾死此分耳亂將若之何數日糧竭藥承貽引遁城遂再陷廷香率死士巷戰自午夜至黎明從者僅三人力盡死之允昇同及於難初廷香將倡義或危其事尼之廷香從容曰如若言亂將誰弭耶其人悚然退及事急將自裁或奪刀拔之行廷香抗聲曰復城守城雖非吾責吾義也城危而走義何居焉出郭一步非死所也比戰沒邑人求得其屍甃葬之詔建專祠廬江予世職子長慶繼其志累官至提督以功顯

孫家泰字引恬壽州人大父有善行仁宗嘗書盛世醇良四字顏其門家泰生有殊禀嬉戲異羣兒每出語長老驚若成人未冠補諸生道光二十九年入貲爲員外郎分刑部廣西司治牘明決爲上官所器咸豐三年粵寇竄擾江皖工部侍郎呂賢基奉命回籍督辦團練請以家泰從時皖南北郡邑相繼不守官吏望風避走羣盜蜂起定遠陸遐齡倡亂據城道路梗塞朝命再起周天爵爲安徽巡撫天爵就詢策略家泰密爲畫數句之間遐齡父子就禽脅從解散餘盜斂跡壽春兵以驍勇聞軍興徵調四出留鎮者少又乏食巡撫檄家泰勸捐募兵爲固圉計壽故繁庶富家大賈務厚藏鮮遠識無應者家泰則盡貲其貲產以濟用所募皆敢死士明賞罰嚴簡練一軍肅然廬鳳潁六安諸寇憚其強不敢窺尋天爵卒於潁州舒城再陷呂賢基死之家泰失所隸勢遂孤壽爲人所構吏議落職家泰語人曰時事糜爛守土之吏畏賊如虎狼而視民如魚肉是驅良入於暴也吾無死所矣自是杜門家居口不言兵事既毀家佐軍貧甚菽水養親晏如也既賊氛益熾諸州縣團練多陰附賊而鳳臺苗沛霖所部尤橫桀不可制初沛霖爲諸生請於知州金光筯欲練鄉團而自爲練總光筯不之許沛霖遂聚羣不逞爲亂鄉邑豪猾多歸之官軍畏其衆遣人招撫授以官爲羈縻計數年累薦至川北道加布政使銜沛霖不奉命南據正陽關北扼下蔡繼襲懷遠陷之號稱苗練駸駸逼壽州壽人洶懼謀衆保衆議非家泰莫屬辭不獲強起號召部曲上書軍帥力主勦未報沛霖遣諜入壽州家泰殺之沛霖益怒盡發其黨來攻守者恐不敵忌家泰者乃倡言獻家泰與其副蒙時中於賊以紓壽禍有司迫行衆大譁將以力抗家泰夷然曰吾昔募健兒剿苗逆悍將今又戮其諜欲甘心者我也守土非其人順逆不明至此事之不濟天也吾身許國矣吾死而城安其又奚恤遂仰藥死既歿按察使張學醇復縛時中付賊寨并遇害是年九月沛霖卒陷壽州家泰家屬被執不屈皆死之同治二年科爾沁親王僧格林沁督師至沛霖敗死壽州平聞家泰一門死事狀於朝詔贈四品卿照陣亡例賜卹建祠壽州父贈祖弟家彥家德子傳洙咸卹贈有差

江國㦖字汝華旌德人富膽略經商寓舒城侍郎呂賢基辦團剿賊過舒城與國㦖一見相契特命帶鄉團扼守舒城衝要賊不敢過三年十月桐城被陷乘勝至舒城賢基戰不利死之國㦖猶力戰狂呼殺賊久之賊至益衆援兵不至沒於陣國㦖前以助餉贈知府至是歿舒人義之相與私謚曰仁惠宣統初補謚莊潔程葆歙縣人道光十三年進士以主事分工部咸豐二年六月外授廣東肇慶府知府時粵匪麕集皖境謀犯浙江葆赴任道經杭州巡撫何桂清奏令回籍治鄉團助剿五年賊陷休寧葆率民團出境援與官軍會擊於東南二門斃賊目賊驚退入城諸軍連夜進攻賊由西門遁遂拔休寧乘勝克復石埭自是葆益激勵鄉團屢助官軍剿賊徽郡肅清旋檄赴抗助守城陷死之

彭壽頤字子文江西萬載人道光二十九年舉人咸豐四年粵匪連破江西郡縣知縣李皓棄城遁壽頤率團練禦賊追勦上高新昌皆捷以籌餉牾李皓皓袒奸民壽頤揭前棄城事巡撫陳啟邁夙諱賊恐上聞以蜚語誣捕壽頤欲致死滅口欽差大臣曾國藩奏言數年以來諭旨諄諄飭行團練多無實效惟湖南平江縣江西義寧州以本地捐款練本地壯丁屢殲悍黨爲賊深畏四年義甯之捷巡撫陳啟邁冒功濫保偏私親暱人心解體團練遂散賊再攻州抵拒經月省兵竟無援救城陷屠民數萬向使練丁尚存何致慘禍如此五年饒州廣信之失鄱陽與安之失陳啟邁通融入奏寬減處分萬載之失知縣李皓有避賊重咎舉人彭壽頤有剿賊殊功奸民彭三才有餽賊實據陳啟邁竟袒庇劣僚架誣團練義士餽賊不斥避賊不劾獨於剿賊者目爲豺狼指爲逆黨臬司惲光宸逢迎喜怒褫革逮拘酷暑重刑百端凌虐臣以壽頤才識卓越深沈疊商留營効用陳啟邁堅僻不悟釀成寃獄義甯之團以保舉不公毀於前萬載之團又以訟獄顛倒毀於繼人心何由固結大局恐致貽誤奉諭陳啟邁革

職憚光宸交新任巡撫文俊查辦壽頤早以刑斃矣南昌梅啟照嘗云國藩雅度無怒容惟於壽頤逮獄深爲憤痛七年劉長佑敗新喻袁州三縣民率丁壯助軍軍復振世益以此思壽頤

陳介眉山東濰縣人道光十八年拔貢生朝考用知縣發江蘇署宿遷邳城等縣擢通州知州歷獲海洋巨盜擢知府授河南歸德府知府咸豐三年捻匪竄虞城之楊家集介眉督兵追殲三百餘生擒二百餘粵賊陷歸德褫職回籍十一年捻匪竄山東抵濰縣介眉迎剿與候選訓導陳威鳳武舉譚占元等均力竭陣亡復原官邺贈太僕寺卿銜賞世職建專祠幷祀威鳳占元及同日陣亡之武生千總銜陳執蒲等同縣人亓祈年道光五年舉人截取知縣捻匪熾祈年治西鄉團練匪竄縣境祈年登圩固守圩破率衆巷戰力竭被縛罵賊不屈死姪文豐等同時陣亡邺贈道銜賞世職建專祠文豐等附

唐守忠鉅野人咸豐初爲平陽屯屯官四年粵城陷鉅野土匪竊發守忠聞警馳歸遭匪劫僅以身免與鄉人生員張桂梯職員姚鴻杰等議舉團練爲守衛計旬日集義勇五千餘人分三隊捕斬土匪數十名賊遂遁嘉祥鉅野間悉平土匪懼以所劫物輾轉還守忠並乞隨團勦賊誓不爲亂守忠察其誠納之時年饑人乏食守忠使子錫齡偕張桂梯各村勸捐助賑富出資貧出丁括計餘糧計月分給謂之均糧而團練之勢愈固曹州濟甯兩屬鄉團來附賊不得逞去五年河決銅瓦廂鄆城鉅野嘉祥等縣當其衝守忠聞豐工黃水下游淤涸成灘官出示招墾因率災民數萬人南下認種仿屯田法以教諭王孚千總唐振海等分領之名曰湖團亘二百餘里濬溝築圩編保甲嚴守望徐州蕭碭豐沛等縣人聞賊警則相率投避得免於難者數年八年捻匪來犯守忠率團遮擊擒賊樊三丁豹等斬之敘功給五品頂戴十年欽差大臣僧格林沁令守忠隨官軍助勦敗賊大劉莊同治元年捐助軍餉又捐已墾熟田爲魚臺書院經費二年白蓮池教匪由滕縣偷渡湖西守忠截擊生擒賊目陳周等多名餘匪悉遁四年九月捻匪張總愚任柱等悉衆來攻守忠集丁堵禦一再請援兵不至力戰六日衆寡不敵死之方守忠被圍賊數使招降守忠誓死拒之及戰敗與族叔千總振海子生員錫彤同被執賊舁至銅山袁家廟多方脅之降守忠罵不絕口遂併見害江督曾國藩疏請優邺建祠立傳從之贈道銜子錫彤照四品以下陣亡例議邺給世職尋在沛縣捐建專祠

吳山字嚴青河南光山人生三日喪父母周守節撫孤家極貧紡績供山讀書道光二十五年舉於鄉會試不第留京三載與袁保恆裴季芳相切磋聲譽日起時光山有匪患山以寡母在堂二子尚幼又無期功強近之親就揀選知縣職倉卒歸先是邑民郭三凶黠兄弟七人郭五郭六尤悍郭三充縣皂役滿布黨與知縣水安瀾恇懦爲郭三等挾制無所不至彼時有郭滿城之謠郭三充臥龍台鄉保倡首爲匪向四楞子曾傳佐等皆領杆頭目肆行劫掠並至各鄉按畝加糧供食並句通亳壽各州各匪謀殺官起事山有鄉望衆舉爲團首倡辦團練地方恃以安而郭三忌之咸豐四年四月郭三糾衆突至小向店派糧山拒而不納尋集鄉團與之抗匪巢臥龍台距小向家集僅十二里郭三揚言非殺山不可或有勸山走避者山曰我所以觸匪怒者原以抗匪派糧若臨難而逃任匪所爲則初志謂何今日之事有死而已遂挺身督鄉團與戰衆寡不敵被擒山罵不絕口匪怒戕之後兪御史劉毓楠奏建專祠

兪焜字昆上浙江錢塘人嘉慶二十五年進士改庶吉士授編修道光十三年遷御史奏請申明律義以正倫紀略言律載弟妹毆同胞兄姊死者皆斬注云毆死期親尊長若分首從則倫常斁矣此古今定律所以維名教也其聽從尊長毆死以次期親尊長之犯向律擬斬定案時夾簽聲請疊經改爲斬監候歸入服制情實自道光三年御史萬方雍奏將聽從尊長毆死以次期親尊長下手傷輕之卑幼均科傷罪刑部定爲條例至今沿之因思例從律出例因時變通律一成不易致死尊長豈得仍論傷之重輕今以勉從尊長下手傷輕止科傷罪則與死者皆斬之律未符此例既百無一抵何以肅典刑而正人心請仍遵不分首從本律夾簽聲請以昭平允下部議行十七年授河南彰德府知府以東河大工勞最用道員擢永定河道調衡永郴桂道緣事降調咸豐九年督辦團練操防勤奮復道銜十年粵賊亂熾焜商遣駐防軍守獨松關李秀成犯杭焜與侍郎戴熙登陴拒守二十餘日城陷巡撫羅遵殿殉之焜憑柵堵禦與滿城犄角復相持五日彈盡柵毀賊衆焜猶手刃數賊矛洞胸歿于陣明日張玉良援師入將軍瑞昌會擊賊卻而焜已死論者謂滿城之存焜有力焉賜謚文節建專祠同殉之繼室陳氏女蘊祺蘊璿附祀同縣戴煦字鄂士增貢生候選訓導精算術西人艾約瑟見煦所著求表捷術心折之又工畫神似倪迂訴者謂出乃兄熙上熙既投水殉節聞之歎曰吾兄得死所矣亦投井死著有莊子順文陶靖節集註四元玉鑑細草對數簡法諸書熙自有傳

張洵字肖眉錢塘人咸豐二年進士改庶吉士授編修命在上書房行走文淵閣校理十年粵匪由安徽竄浙江杭州省城被圍巡撫羅遵殿奏入洵請假省親上召見垂詢浙省軍情洵抵浙江杭州失而旋復先是洵母談氏因賊逼杭城率洵妻施氏洵子惇典從典叙典念典女喜姑闔門赴水被救得不死施氏即命惇典念典等護其姑出城賊至施氏遣喜姑先投井死自率叙典躍池中殉焉杭州將軍瑞昌以聞上嘉施氏孝義飨全下部旌邺尋洵母自以老需人侍奉爲洵繼娶勞氏未幾丁母憂洵省城無房產僦居於仁和縣之永泰鎮十一年賊大股復犯浙江餘杭蕭山相繼失陷省城被圍洵念受恩至重不忍坐視乃自永泰鎮挈眷赴省與官紳籌守禦並謀諸巡撫王有齡會合駐防兵力通江路顧賊勢張甚圍城兩月餘城陷洵與勞氏惇典從典念典皆死之洵兄濂之妻李氏及女九姑亦先後殉焉方城之垂陷也洵聞警即索衣冠北向叩頭畢賦詩三絕有白雲堆裏吾將去前輩風流有戴公之句書竟授僕張升遂投井死同治元年太常寺卿許彭壽以聞以一門六口同時殉難實屬深明大義忠烈可嘉褒之八年國子監司業孫詒經復請加恩予謚建祠允之謚文節

鍾世耀字嘯溪仁和人道光二十一年進士改庶吉士散館授兵部主事移疾歸負鄉望城再陷賊將授以僞官絕粒殉節孫義字樸堂錢塘人道光九年進士官福建仙游縣知縣有循聲告歸後課徒自給同時殉難

汪士驤字鐵樵錢塘人襲世職授杭州營千總擅詩名工篆隸晚年作小楷尤精咸豐十一年賊再至先以年老休致居危城中神色自若日以忠義訓家人賦詩有我死家人生辱家即辱我等語城破全家皆躍水死錢松字叔蓋錢塘人嗜金石篆刻有文譽賊初陷杭垣先期具藥汁誓死家傍清波門賊從此入遂與家人同仰藥麾侍者還其室曰今日得死所而男女顚仆一室可乎語定而絕毛雝字西堂錢塘人諸生事親孝年十三能作大字工書得潤筆盡給貧乏督辦東北隅團練城再陷自縊死魏謙升字滋伯仁和人九歲能文弱冠後雄長壇坫尤工書以廩貢生選仙居縣訓導不就家居西馬塍以著述自娛垂五十年有書三昧齋稿賊自湖州逼省城家當其衝或諷宜移居避之不應賊火其廬乃挈妻子走靈隱山中賊退僑寓城中噓欷不輟自號無無居士城再陷謙升方老病躧至萬安橋下死妻周氏同時殉節周能書世以鷗波夫婦擬之金鼎燮字承高秀水人諸生咸豐季署臨安訓導兼教諭以事詣省城寇至圍久糧絕至煮皷上革以食城破雜難民中出至臨安率鄉團禦寇死之庚辛之役省城再陷杭人殉難者至衆而旗營死事尤烈其著者協領巴達蘭布等守花市營門佐領德克登額佛爾國納德勒蘇等守錢塘門呼松額格勒蘇印福等督隊出湧金門皆迎戰奮力殺賊先後陣亡又協領賽沙春連生等佐領薩音納伊勒哈春等防禦貴祥明阿納等驍騎校志善佛爾奇納等文職如知府伊麗亨等武職千總安忻保等皆陣亡合營縱火自焚男婦死者八千餘人

包立身諸暨人家五十八都之包村世業農性樸魯里黨莫之重咸豐十年忽能言休咎多奇中節食茹素夜則結跏趺坐時賊氛漸偪人懷憂懼爭奔詢立身惟以行善爲勗人疑信參半不知其姻武駱也十一年九月賊陷紹興府他賊復自金華來諸暨亦陷於是首倡義旗從者響應村踞山三面皆水田惟一路由睦堣達村賊焚掠至其地立身以靜待動入者輒爲所斃避賊者爭投之棲止無隙地乃益選壯勇成勁旅賊來攻數不勝立身不出村勦賊賊至則戰戰則身先當其鋒立踣衆見賊易擊雖文弱者亦揮戈從事間諜入村者罔弗獲無事則焚香默坐有所指揮從之必勝遠近驚以爲神賊憚甚使素稔立身者招降立斬之乃悉糾數郡悍黨更番進攻而往者輒斵羣賊聞調攻包村如就死地相持八九月大小數十戰斃賊十餘萬精銳强半盡賊目有周姓者盻而通形家言乃周覽村外悉其川源山脈會旱溪流弱賊壅其上流遂無涓滴村外井水賊舉腐屍塡之出汲則先以火器越井而陣後人出尸乃得汲腥穢不可飲然且難得人衆食寡賊又四面斷糧道不得達賊逐索戰無已時每合陣所損相當勢不能久持終無一人言降者賊遂陰穿隧道而以金鼓聲亂之立身不之省七月朔日賊穴隧道自村社廟出即縱火焚廟衆出不意大亂賊遇人即殺未遇賊者亦倉皇圖盡立身見事敗與其妹鳳英率親軍數千人死戰潰圍出至馬面山賊躡之圍數匝鏖戰不得脫中礮死鳳英亦力竭自刎死全家皆遇害從者亦什一得脫合村死者蓋六十餘萬人

王玉文字緯堂金華人性强毅好談經濟道光二年舉人咸豐四年授於潛教諭會粵寇據金陵數上書當道論兵事指陳兩浙形勢甚悉既而浙壞告警奉檄領兵守天目山又令蒞於潛臨安山谷防賊闌入既至躬自履視得某關廢阯實爲要隘因建言修之初偕昌化教諭高文祿行團練於潛令素與玉文忤多方撓之及是議築關益譁然以爲多事而玉文銳於自任不之顧十年賊陷

杭州玉文將百人扼關，欲乘賊歸擊其惰，文祿力贊之，於是昌化臨安新城及本境山氓咸持梃願受節度，官紳交阻之，事遂寢。玉文恚甚，乞病歸。甫束裝，聞寇至，歎曰臨難而去，非夫也。迺輟行。適援軍至，玉文戒以守關毋出，不聽，戰五晝夜，衆寡不敵，棄關走。賊入城，官皆遁。有門下士偕二輿夫一擔者來迎，玉文堅不去，迎者旋散。迺朝服挾刃坐，一賊當先入，格殺之，即舉火自焚。遺書付其子曰：天熱，吾清白之體不可俾霉蒸，有鹽硝舉以自化，汝曹毋過悲痛也。寇退，得其屍池水中，朝服爇去，趾一足。衆哭殮之。以其先有告病牒，大吏不以殉難聞，士民咸以爲冤。

孫文德，嘉善人。咸豐十年，年八歲。賊陷嘉善，家人攜出城，遇賊相失，獨至村舍。薄暮，十餘賊入舍就炊，將休矣，文德潛乞砒毒於賣藥人何桂生，密啟釜置之。飯熟，賊方飢，食之，斃九人；二人未食，大駭，考掠文德，奮身大罵，賊殺之。李貴元，字祥枝，永康人。事母孝，以强有力聞。賊至，年已八十，乃出其大鐵鐧擊賊，賊懼不敢動。貴元從容登樓，及羣賊擁至，貴元遂遇害。越日，其子求遺骸以出，賊亦不之罪也。時錢塘汪玉璋、義烏金士玉、長興副貢生王泰東，均年踰八十，先後預於難。富陽瞽者陳小福，避山中，從賊者識其神卜也，囚之。官兵攻急，賊勢蹙，乃命之卜。小福曰：若輩必盡死無遺類，何卜爲？賊怒，剜其目，磔之。皮匠某，逸其姓名。十一年，圍急，閩兵絕糧不欲戰，巡撫王有齡登陴泣。匠忽手百金至，叩首曰：小人勤苦蓄得百五十金，今留五十金自贍，餘請助餉。有齡爲榜示轅門，示勸。城陷，匠自經死。

羅正仁，湖南郴州人。諸生。咸豐三年，土匪蜂起，三月十四日夜半，突有賊數百人攻入城，戕知州胡禮箴。正仁急起倡辦團練，獲賊二十餘人殺之，由是各處效法，不數日諸匪咸撲滅。餘郎恨正仁刺骨，會粵匪陷州城，土寇與合，正仁復率團要擊之。賊懸賞購正仁，正仁走避。久之，聞母病歸，賊偵知，一日昧爽，突有賊三人至其家，正仁猝無所備，乃率二子春官等禦之。俄賊衆奔至，衆寡莫敵，遇害。二子亦受重創，佯死得免。後春官痛父，更集團，日以勦匪爲事。五年，城再陷，率團復攻之，每戰奮不顧身，多斬馘，爲鄉里所倚庇。同州人陳起書，字通甫，幼從兄起詩講求經世學，由附貢生候選訓導。道光十三年，逆猺趙金龍叛，起書條陳禦猺策，知州姚華佐多採用之，州城得無患。金田賊起，起書謂西粵一隅地，賊不能久居，必竄楚，竄楚則大軍必扼衡州，郴桂將首受禍，遂晝守禦之計。州牧不能用，乃糾同志自集團丁於觀音寨大頭隴，並築保修牆爲堅壁計。無何，賊果至，聞州境有備，遂引去。時土寇邱倡道煽亂，擾及閭里，上官檄官軍勦之不獲，起書命次子善墀、戚張樹榮依計誘擒之，並獲賊渠黃中鳳。事平。咸豐五年四月，廣東賊何祿寇陷宜章，五月，州城陷，起書率團練扼北鄉，賊不敢犯。有東鄉戚鄒招起書爲晝守禦策，適湘鄉王鑫率師由衡州來援，乃命善墀迎師，自往東鄉，行抵塘溪，擬聯絡猺嶺鄉民以拒之，而土匪咸通賊，偵其往，中道要劫之，遂被執。羣賊久耳起書名，擁於坐，宛轉誘降，起書罵不絕口，抵死不降。賊遂計議俟何祿至乃縛其手，日夜環守之。起書於八月七日絕粒死之。

陳景滄，字少海，龍陽人。父永皓，直隸長垣知縣，有聲於時。景滄幼凝重，守道義，留心經世之務。以咸豐元年舉人官內閣中書。粵亂作，湖北巡撫胡林翼治楚軍備賊，徵辟賢俊，以景滄佐軍事，積功保知府，命籌餉岳澧。景滄剔除宿弊，事集而民不擾。嘗曰：籌餉病民，已非善政，若更貪其利，是官民交病，吾不爲也。不數年，以親老辭歸里，閉戶山中，侍養之餘，以讀書爲樂。同治六年，閩浙總督左宗棠調往福建，湖南巡撫劉琨亦强起景滄，景滄咸謝不赴。八年，丁父憂，哀毀廬墓，益遠人事。初，軍興，募民爲勇，越境擊賊，湖南尤盛。賊平，勇散歸，不事生業，相率入哥老會。哥老會者，起四川，異姓相約爲昆弟，同禍福，結盟立會，千里相應。其盟長之大者，輒擁衆數千人，橫行郡邑，吏莫敢詰，良懦憚之，則入會求庇。入者既衆，勢乃益厚，流行湘楚間。初但爲奸盜均其財，繼焚掠郵市，抗官兵，窺城邑，長沙衡州諸屬屢撲屢熾。十年，益陽何春台、龍陽劉鳳儀劉繼漢等率會衆爲亂，聚縣西安化山中，距景滄家十餘里。景滄聞變，急密告巡撫，巡撫檄益陽龍陽兩縣往捕。會衆方傳檄諸州縣黨人約同時發難，未至期，捕者適至，遂先舉事，犯益陽，途中值景滄，執之。景滄責以大義，數其罪，被數刃，罵不絕口，賊羣斫之。長子克櫄、次子克權從行，以身障景滄，並及於難。景滄長身玉立，恂恂孝友，與人交吶然若不出口，至論古今忠孝及國政得失，輒慨慷流涕，義形於色。事聞，贈道員，給世職。

何霖，字雨人，廣西興安人。少讀書，以諸生食廩餼，抗志高尚，不屑屑治章句。性沈毅有膽略。咸豐三年，興安盜王苟滿、趙廷蘭等作亂，陷縣城，囚官吏。霖聞變，匿老弱，自與族弟進賢急詣省求援，中道遇賊，爲所劫。霖詭辭脫進賢，入見賊酋。賊素重霖，以上賓禮之。霖謬爲甘言，飲啖自若。酒酣，因說賊酋曰：君等舉大事，宜先收人望。蔣方第諸人，邑之豪俊，願假良馬利劍，爲君輩致之，非常之業可圖也。賊喜，如約。霖遂以方第等六人至，留賊中，賊信不疑。霖陰謀方第間賊黨，將乘間舉事。會官軍擊賊靈川，屢勝，賊分兵攻全州，亦敗，衆稍稍引散。霖遁歸，偕方第一夜集鄉兵，盡縛北鄉諸賊，分守要害，號召鄉團，衆分三路攻城。賊不爲備，遂復興安，禽苟滿等。官軍至，獻捷，主兵者攘其功，賞不及霖。霖益與方第倡言興團練，立規約，厚佽給，人樂爲用。賊黨謀再舉，憚霖不敢發。四年，恭城陷，賊灌陽，霖率興安團屯邊隘，賊不得逞，相持數月。樂平賊自別道來援，霖與方第議增丁壯，移營前進，遏其鋒。十一月，次茗田，賊以大隊從大風坳出，犯霖壘。所部祇五百人，續調者未至，霖麾衆迎擊，奮鬭竟日，力竭戰死。方第暨其兄子二人並歿於陣。賊再入興安，焚霖廬舍，盡殺其家人，霖父挈孫走臨桂得免。事平，興安民思其功，建祠祀之。

蹇諤，字一士，貴州遵義人。道光二十六年舉人。咸豐三年，大挑得教職。明年，諤還自京，適桐梓教匪楊龍喜作亂，長驅出婁山關，逼遵義。知府朱右曾要擊，敗還。賊遂以八月十六日圍城，營郭外雷台山。是時黔中治平久，民老死不見兵革，初遭寇亂，衆洶洶欲潰，獨諤力言賊可擊，於是人心稍定。久之，官兵漸集，而賊亦日附。諤謁提督趙萬春、布政使炳綱於螺螄堰，陳利害，請由石盤扼賊糧，拊其背。自領兵練四百人營馬家河，復募二百人益之，屢戰皆捷。賊酋李七王者尤獷悍，以千餘人入貴陽大道，踞龍坪水口寺，諤率所部圍攻，盡殲之，七王自焚死，賊氣奪。十二月，官兵破東路櫻桃丫，賊憑險拒戰，不即克，諤以兵從中坪繚其後，大破之，乘勝進克羊耳丫。賊退屯金錢山，引渠灌田，計死守。諤令健卒負草涉凍薄而焚之，於是官兵攻雷臺益急，蜀兵亦進復桐梓，龍喜竄，遂焚巢夜遁。五年冬，龍喜餘黨鄒長保再叛，圍桐梓七晝夜，並據婁山關以遏援。諤復集兵練千餘名，攻奪婁山，解其圍，期必滅賊，屢深入，至寺岡。寺岡，賊巢所在，危峰攢刺，往往雲霧不見天日。諤勸兵直上，以身先之，猝遇伏，前鋒爲所敗。諤親率卒二十人搏戰，賊衆麕至，矢石交下，諤力竭死之。隨行之王世洪、曾名標亦奮鬭死。時咸豐四年十一月十日也。卹道銜，給世職，立專祠。

趙國澍，貴州貴陽人。豐咸三年，黔中土匪起，國澍方爲諸生，居青巖。其地扼定番廣順之衝，爲貴陽屏蔽，乃散家財，倡團練，城青巖自守，隨官軍四出勦賊。十年，粵酋石達開竄貴州，陷廣順，圍定番，衆號二十萬，貴州大震。國澍倡勇敢救定番，民壯從者數百人，力戰城下竟日，賊斷其歸路，死亡略盡，國澍匹馬突圍還青巖，登陴堅守，賊亦卻退。會賊以廣順之衆益定番之圍，道出青巖，脅降不可，圍三日引去。七月，定番陷，並力攻青巖，國澍隨機應禦，賊攻六月，終不能下。伺賊稍懈，乞援提督田興恕，興恕遣姪麒麟來，大爲民擾，國澍斬麒麟以徇。興恕親赴之，前鋒失利，責戰益急。國澍策賊食將盡，請斂軍堅壘，障省城，檄清鎭安平大定清野以待。貸土匪陳文禮等死，密遣入賊縱火，內外夾擊，毀賊營二，賊每夜自驚。國澍以計間其悍酋，使相屠，遂大鬨，因與興恕合兵乘之，賊崩潰，追奔至安平，復大破之，定廣諸城皆復。先是國澍剿平定廣土匪葛老巖楊隆喜及平代擺金平越甕安諸賊，收復修文等城，累擢至候選同知直隸州知州，戴花翎。至是興恕上其功，言國澍毀家築城練團，當巨寇，受攻半載，卒創賊全省會，非優獎不足以勸士民。命以道員即選，並總辦貴州團練事務。十一年九月，安順狆苗匪警，國澍率黔勇七百會總兵羅孝連剿之。十月，至安順。狆苗蔓延鎭永二州，負險累年，其老巢曰養馬寨、烏東隴、蜜蜂屯、猛董山。孝連直擣烏東隴，國澍調團練分塞要隘，斷賊援。養馬寨賊懼，縛酋獻地降。國澍乘勝攻蜂蜜屯。十一月，破水西莊阿打洞屯，賊詐乞撫，國澍佯納之，使兵冒賊衣裝夜入蜜蜂屯，遂克其巢，羣賊竄居猛董，復會諸軍圍而殲之。同治元年正月，石頭寨等隘以次蕩平，安順肅清，加按察使銜。會楊巖保兵潰上大坪，苗夷槓匪踵敗兵渡清水江，國澍聞警，馳赴郎岱擊苗匪，破之，連戰皆捷，進剿水城。賊散踞洞寨，地皆險，與國澍分兵雕剿，自夏經冬，破洞寨百餘，賊走渡江，遂沿江設守。乃還省，請增兵協餉，以備深入苗疆。而御史華祝三、湖南巡撫毛鴻賓劾田興恕苛斂，並及國澍殘刻狀，貴撫韓超爲覆奏辨甚晰，事乃寢。會開州知州戴鹿芝殺天主教士，法使愬於朝，復連國澍。蓋興恕嘗欲逐教民，而國澍左右遂胥國澍有毀教堂殺教民事，兩廣總督勞崇光與法使議，令國澍償金厚葬，事已平矣。開州案起，并發前事，法使愬不已，朝廷命將軍崇實等覈其獄。二年三月，褫國澍職，遂撤團練局。苗事益急，四月，大吏檄國澍督練勇渡泡江河。時沿江諸軍飢潰，賊再內犯，竄光沙，勢張甚。國澍兼程進，次百宜，賊衆兵寡，遂被圍，食盡援絕，力戰，死傷過半，親軍數十人擁國澍潰圍出，走至徐家堰，賊大至，奮鬭死之。巡撫張亮基以聞，贈太常寺卿，賞騎都尉世職。子四，次以炯，光緒十二年進士第一，翰林院修撰。

宋華嵩，四川邛州人。咸豐九年，滇匪竄四川，華嵩自備軍糈，以武監生倡辦團練保衛鄉里十年川匪藍大順圍華州城嵩率團勇大破於五道碑圍解嗣防堵夾門關青草坡大進埠等處凡自賊營逃出難民資遣無算藍逆撲蒲江華嵩督團迎擊屢勝之賊竄去十一年藍逆由新津回竄華嵩禦之文華山南河岸賊不得還折入眉州既而藍逆別股復竄蒲江踞青水溪華嵩率團進剿多斬獲卒因衆寡不敵歿於陣華嵩團練數年捐銀米數甚鉅輕財好義能得人心故所部練勇如王德明王富舉王富義楊鎮川等咸效死不顧同治元年總督駱秉章上華嵩死狀卹如例於本籍建專祠

伯錫爾哈密回王也其受封始祖曰額貝都拉畏兀兒種人康熙中獻玉門瓜州地立爲一等札薩克再傳曰額敏晉封貝子傳玉素卜晉封貝勒加郡王銜三傳至伯錫爾於道光十二年進封郡王同治三年以助開渠功加親王銜署理哈密幫辦大臣會南北路各城叛回煽變八月二十九日哈密漢裝回匪馬兆强馬環等焚掠附城村莊伯錫爾及辦事大臣文祺率回丁出戰斬兆强環餘黨潰敘功賞用黃韁九月初二日圖古里克回匪馬添才戕稅局吏役及漢民七十餘家南攻沁城伯錫爾令章京巴海守備趙英傑追捕至北山板房溝斬添才四年二月患隴右道梗奏稱由肅州東歷蒙古漢南地至山西歸化城往還可百日請由此轉餉然台站舊在漢北蒙古力疲不能增設時哈密協標兵僅五百餘人安西協援兵二百人不足分守纏回及漢民雖衆未習戰陣吐魯番叛回頻來誘人情煽動五月回匪黑老哇纏匪蘇布格等反辦事大臣札克當阿中彈死賊毀漢城入回城幽伯錫爾五年六月巴里坤總兵何琯令遊擊凌祥趨救攻拔回城賊遁吐魯番伯錫爾奏留凌祥爲副將旋以叛黨蔓延奏由烏里雅蘇台將軍檄召明安郡王蒙兵合巴里坤哈密諸兵共攻吐魯番又數遣使至肅州請提督成祿出塞皆不果十一月蘇布格率南北各城叛回五千人復來侵凌祥以民勇三千伯克夏斯勒以纏回五千人出禦覆沒於柳樹泉凌祥遁或謂伯錫爾盍行乎伯錫爾歎曰吾世受天子恩備藩於此臨難何可苟免收殘卒二千復戰於頭堡又大敗被執明年正月罵賊死詔贈親王

清史稿　列傳

忠義八

姚懷祥 全福 舒恭受等　韋逢甲 長喜等
麥廷章 劉大忠等　韋印福 錢金玉等
龍汝元 樂善 魁霖等　文豐
殷明恆 高騰雲等　高善繼 駱佩德等
林永升 陳金揆等　黃祖蓮
李大本 于光炘等

姚懷祥福建侯官人嘉慶二十三年舉人道光十五年挑知縣發浙江權象山龍游等縣二十年英吉利以欽差大臣林則徐在兩廣堅持鴉片之禁燿兵寗波洋面破定海旋退出二十一年二月攻虎門廣東水師提督關天培湖南提督祥福七月攻廈門總兵江繼芸游擊淩志八月復攻定海總兵王錫朋鄭國鴻葛雲飛九月攻鎮海兩江總督裕謙狼山鎮總兵謝朝恩二十二年三月攻慈溪副將朱貴與子昭南五月攻吳淞江南提督陳化成均先後殉難自有傳懷祥於二十年適署定海篆分募鄉勇爲死守計總兵張朝發撤之城陷南門懷祥負傷立城上呼兵無應者憤甚投成仁塘死典史全福使酒仗氣敵至衣冠坐獄門囚跳歎曰失城當死況失囚耶敵入署大呼殺賊髡黑酋者一叢刺死翌年再犯甯波定海則石浦同知舒恭受游擊張玉衡外委武英太同死難都司李躍淵則隨總兵鄭國鴻戰曉峯嶺六晝夜與把總胡大純洪武琮外委金釗同沒於陣是役也慈溪大寶山死者爲即用知縣顏履敬參將黃泰守備田錫陳芝蘭徐宦哈克里千總阿本穠魏啟明把總林懷玉盧炳邸法德外委張化鵬馬龍圖何海毛玉貴王保元楊福增死鎮海城者爲縣丞李向陽戰金雞山死者爲都司孫汝鵬守備李雲龍王萬龍千總陳慶三陳守澍周萬治把總馬金龍汪宗斌解天培金巃外委林賡吳定江死招寶山者爲外委蔡步高而山陰練勇袁樂忠以從間道導朱貴軍至長谿迎戰爲礮火所逼從煙焰中躍起投海死

韋逢甲山東齊河人道光十六年進士用知縣發浙江累權宣平餘杭浦江等縣英吉利既再擾寧波洋面將寇吳淞先以戈船三十艘進攻乍浦時逢甲以督餉大礮由鎮海赴乍浦設防就權同知四月敵遽由東光山上陸屯兵皆潰逢甲帶鄉團禦於西行汎死之同死者爲駐防副都統長喜前鋒協領英登佈佐領隆福防禦貴順額特赫前鋒校佛印驍騎校伊勒哈春根順該杭阿及調浙助防之守備張淮泗千總李廷貴把總王榮馬致榮孫登霄外委馬成功朱朝貴而伊勒哈春尤慘伏觀山射夷殪甚衆被執磔死子仁厚襲職殉粵寇

麥廷章廣東鶴山人道光十二年以外委隨勦連州猺匪功屢遷至游擊林則徐查辦英吉利躉船鴉片檄廷章率舟師駐九龍山巡防英酋遞書辯論開導不服遽開礮廷章以大礮應之毀雙桅敵船又潛約土密兵船助攻復擊卻之英人既陷浙定海遂闖大洋至天津乞和朝命直隸總督琦善馳粵與議海防遽懈二十年十二月敵乘不備突進占大角沙角廷章時佐提督關天培防守靖遠礮台明年二月敵船擁入三門口斷防禦椿練南風作復以大隊闖橫檔永安截我軍援道進犯虎門廷章奮勇禦之力竭死時同死者爲香山協副將劉大忠游擊沈占鼇守備洪達科等參將周枋則以拒敵烏涌戰歿三月英人復由粵擾閩攻廈門犯內港守備王世俊蔣錫恩千總張然迎擊之均以力戰陣亡

韋印福江蘇上元人由行伍隨勦滑縣匪有膽略嘗曰武官臨陣死生度外事畏死不作武官矣累擢千總爲兩江總督陶澍所賞擢署金山營游擊英吉利之窺吳淞也提督陳化成守西礮台誓死戰以印福忠勇隸左右二十二年五月敵艦蟻擊之化成被傷印福救護不及歿於陣化成之歿從殉者八十人其尤烈者千總錢金玉臨危或勸避去答曰金玉年十六即食國餼今焉避遂及難外委徐太華善用礮轉移如志擊皆命中被擊死把總許攀桂擁護化成謂主將與某等同甘苦公報國在今日某等報公亦在今日衆心益固卒飲劍死把總龔增齡迎戰刃數人敵人圍而禽之釘手足於板擲諸海外委周林率帳下巷戰中鎗先化成死時督師兩江總督牛鑑以礮燬演武廳亟退去之蘇州又之江寗敵遂由寶山徇上海道以下官皆遁典史劉慶恩投浦江死內河不能深入艦隊乃由福山口犯鎮江京口副都統海齡戰不勝自縊死壽詮昭節赴援游擊羅必魁把總趙連璧均死之駐防員弁同與難者爲馬甲長松與子驍騎校祥雲佐領景星愛星布恆明防禦恒山尚德恒福吉成驍騎校伊克濟訥文舉人噶喇武舉人哈達海筆帖式哈豐阿恩喜前鋒校松寶文魁阿勒金圖喜興等迫江寗欽差大臣耆英等奏定款局而五口通商之約成

龍汝元順天宛平人由行伍隨勦廣西會匪以功累擢游擊隸河南巡撫英桂軍營咸豐八年英吉利糾合法郎西米利堅兩國藉口換約俄羅斯復陰助之堅請在京師開議議未定艦隊集天津海口朝命科爾沁親王僧格林沁辦理海防汝元奉檄至擢大沽協副將九年五月英法兵船駛入內河汝元手然巨礮沈其船旋中礮歿於陣諡武愍提督史榮椿同死自有傳是役也諸國受創甚十年夏艦隊復集天津古北口提督樂善奉命駐兵大沽至則以關防交僧格林沁令所部願留者聽得千餘人誓死守六月敵兵自北塘登岸七月一日自石縫礮臺擊敗之相持一日無後援火藥局火起兵多傷死樂善知不可守遂投河死從死者副將守備各一失其名樂善諡威毅時副將魁霖在通州巡防檄至天津助戰亡於陣諡威肅委翼長阿克東阿侍衛扎精阿同死之八月敵遂北犯通州圖佔西倉監督覺羅貴倫與同官玉潤衣冠對縊殉節焚淀園文豐外員外郎泰清苑丞泰衷全家自焚死時文宗駐蹕熱河命恭親王奕訢再議款局而難始定

文豐董氏內務府漢軍正黃旗人內務府筆帖式歷堂主事員外郎造辦處郎中充杭州織造授驍騎參領道光二十一年充粵海監督二十三年偕兩廣總督耆英等遵議英吉利五口通商章程十五條下部議行二十六年三月授熱河副總管充蘇州織造差還授堂郎中咸豐四年賞總管內務府大臣銜歷正藍旗漢軍副都統正藍旗護軍統領七年二月授總管內務府大臣尋署正黃旗護軍統領八年五月管理圓明園事務調正紅旗滿洲副都統充崇文門副監督又調正白旗滿洲副都統署御藥房太醫院事務十年八月命在圓明園照料一切事宜是月英人闖入圓明園文豐投水殉難賜卹如例贈太子少保銜入祀京師昭忠祠同治元年追念忠節諸臣以文豐從容赴難不愧完人褒之加恩予諡忠毅

殷明恆江西南昌人由武童投効水師營擢把總光緒四年赴閩隸平海中營師船司礮時佛郎西既併越南將窺滇省其酋領軍艦十四艘先犯福州圖覆船政局十年七月在馬江發難明恆陣亡時燬兵船七商船二及艇哨各船俱燼死者不可計見奏報者以參將高騰雲死最慘五品軍功陳英戰最烈船廠學生帶揚武艦葉琛帶建勝艦林森林均登瞭臺發礮受彈猶屹立指揮充福星輪三副王漣受礮傷猶槍斃敵兵多名均以傷重陣亡是役也戰鎮南關外隸記名提督劉永福部下者爲武監生楊萁恩哨弁何承文等隸署提督蘇元春部下者爲總兵孫得勝副將黃政德邱福初陳義新劉德勝張大壽劉玉貴參將胡延慶王紹斌蕭有明黃世昌石啟官張興寬游擊蕭寶臣李純五吳少懷都司黃均任有錫李逢楨吳述元周同芳守備黃劾忠楊承祿千總蘇全璧

蔣全昌、李得勝，把總王有興、李明德、楊春林、徐國慶、葉亞吉、梁玉輝，外委曹正亮，六品軍功勞國豐，從九品黃汝霖等，隸廣西巡撫潘鼎新部下，紙作社之役。爲副將蘇玉標，都司陳福隆，把總張元鴻、顧玉芳，諒山之役。爲提督劉思河，都司劉映谷、黃正寅、鄧晏林、杜光瀚，守備羅雲高，千總僉諫臣、蔡得勝、孫其易，把總謝世和，六品軍功萬國發等，隸福建布政使王德榜部下，戰豐谷等處。爲總兵黃喜光，副將胡陽春、武鴻來，參將左廷秀、譚家璐、王得永、蔡玉堂、黃祖富，左占元，游擊陶得玉、聶章壽、王得才、柳臣玖，都司王天喜、陳永發、趙步雲、譚運勝，胡克勝、田玉貴，守備邱正亮、鄧青雲，千總謝廷蘭、張玉魁、楊大德、胡士英，把總蕭恩清、王成吉，外委劉雲漢、謝薛昌，六品軍功黎占元、唐復興、譚以明等，隸福建巡撫劉銘傳部下者。爲總兵曾照禮，副將劉義高，千總殷有升，把總尤運農，祁文等，均分別上聞，贈卹有差。高州鎮總兵楊玉科則以宿將有功，戰歿諒山，自有傳。

高善繼，字次浦，江西彭澤人。由附生舉同治元年孝廉方正，朝考用教職，署弋陽縣訓導，舉優行，皆寒畯士積弊爲清。尋調贛州府學教授，又調南安。光緒十四年，舉鄉薦，會試不第，謁李鴻章於天津。鴻章其父執也，語不合，投通永鎮總兵吳育仁幕下。二十年，日本侵朝鮮，廷議主戰。六月，善繼佐營官駱佩德乘英國高陞輪船運送軍實，駛至牙山口外，日本舉旗招撫，善繼不肯屈，管駕英人先逸去。善繼忿極，令懸紅旗示戰備，且進薄之，方與佩德指揮禦敵，忽船中魚雷，逾時水勢注射，益洶湧。衆强善繼及佩德亟下，善繼奮然曰：「吾輩自請殺敵而臨難即避，縱歸，何面目見人？且吾世受國恩，今日之事，一死而已。」佩德曰：「如此，吾豈忍獨生？」高陞船遂沈，善繼溺死。佩德從之。時護行者爲濟遠艦，亦爲敵船在豐島襲擊。大副都司沈壽昌堅守礮位，竭力還攻，及中礮陣亡，則守備柯建章繼之，復陣亡，則黃承勳繼之，與軍功王錫三、管旗劉昭同與於難，爭趨死地，奮不顧身，尤爲當時所稱。廣乙快船管輪把總何汝賓亦於是役中彈陣亡。林永升，福建侯官人。入船政學堂肄業，駕駛派兵輪練習，周歷南北洋險要，以千總留閩充船政學堂教習，復出洋留學，歸晉守備，調直隸，從平朝鮮之亂，擢都司，赴德國接收代造經遠快船，保升游擊。光緒十五年，北洋海軍新設左翼左營副將，以永升署理，辦海軍出力，升用總兵。二十年八月，朝命海軍護送陸軍赴大東溝登岸援朝鮮，日本海軍來襲，我鐵艦十，當敵艦十有二，副將鄧世昌管帶致遠，都司陳金揆副之，參將黃建勳管帶超勇，參將林履中管帶揚威，經遠則永升主之。永升夙與世昌等以忠義相激厲，既合，諸艦衝鋒轟擊，沈日艦三。卒以敵軍船快礮快，爲所勝，世昌戰歿，提督丁汝昌坐定遠督船，畏葸不知所爲，又被傷，總兵劉步蟾代之，船陣失列，有跳而免者。永升仍指揮艦勇冒死與戰，驟中敵彈，腦裂死。是役也，血戰踰三時，爲各國海戰所僅見。永升而外，金揆、建勳、履中及守備楊建洛、徐希顏，千總池兆濱、蔡馥，把總孫景仁、史壽箴、王宗墀、張炳福、易文經、王蘭芬，外委郭耀忠，五品軍功張金盛，六品軍功王錫山，均死之。世昌自有傳。

李大本，安徽六安州人。咸豐間，投効江西軍營，以功累擢游擊，復投効直隸，充唃長，晉副將。光緒二十年，日本犯朝鮮，葉志超統軍往援，扼守公州，聶士成率五營駐成歡驛。敵軍來襲，大本與游擊王天培、王國祐同亡於陣。時武備學生于光炘、周憲章、李國華、辛得林、韮趨健士伏要隘，狙擊敵前鋒，以接應不至，皆死焉。士成旋繞渡大同江至平壤，與諸軍合，軍無鬬志，潰退相繼，獨左寶貴扼險惡戰死，最烈，自有傳。自是朝鮮無我駐軍，敵遂內犯。

黃祖蓮，安徽懷遠人。少有志節，嘗思立功異域。光緒初，入上海廣方言館，列優等，送美國游學，調天津水師駕駛學堂，旋派赴威遠兵輪練習，敍千總，署海軍中軍左營守備，充濟遠駕駛二副。海軍出力，以都司升用。中日釁啟，說丁汝昌以嚴兵扼守海口，而以兵艦往擣之，攻其不備，否則截勁旅，抵朝鮮東偏釜山鎮等處深溝高壘，絕其歸路，分兵徇朝鮮諸郡邑，彼進則迎擊，彼退則尾追，又出偏師撓之，彼糧盡援竭，人無鬬志，必土崩瓦解，此俄羅斯破法蘭西之計也。汝昌不從。及大東溝將戰，又說以海戰宜乘上風，兵法貴爭先著，今西北風利，宜乘其兵輪未集，急擊，不可失。汝昌復不決，遂失利。十二月，日人棄西路南援山東，祖蓮佐總兵劉步蟾等守威海。時官軍集關外東路，兵單，日軍由落風港登陸，攻陷榮成，全力萃威海。祖蓮揮將士開礮擊敵，敵少卻，既復大集，諸軍皆潰。二十一年正月，道員戴宗騫以力盡援絕，投海越數日，祖蓮與劉步蟾及總兵張文宣、楊用霖等俱死之。時汝昌書降於敵，且要敵軍不得殘餘軍，仰藥死。後以死綏上聞，旨不予卹，或謂汝昌實爲所部脅降，憤而自盡，降書則死後出洋弁手也。時旅順先陷，海軍掃地，黃海諸要隘皆失守，將士多死事，以奏報有缺，不得書。其見奏報者，三等侍衞永山在鳳凰城戰歿，游擊李世鴻、副將李仁黨與提督楊壽山分守蓋平，禦敵大將乃木軍，戰最烈，同時以力盡陣亡。步蟾、宗騫自有傳。

清史稿　　　　列傳

忠義九

宗室奕功（札隆阿等　康等　覺羅清）　松林（文炘等）

崇壽（韓紹徽　莊禮本　韓培森　馮福疇　馬鍾祺　宮玉森　壽富　景善等　郭昌祺）

宋春華　馬福祿

楊福同　吳德潚（子仲韜）

成肇麐

宗室奕功，歷官奉宸苑卿，至御前侍衞。光緒二十六年，拳匪肇禍，各國聯軍破京都，德宗奉孝欽顯皇后西狩。奕功以世受國恩，未能隨扈，引火自焚，妻祥佳氏，子載撻等闔家投井殉節。先後被難者：宗室有奉恩將軍札隆阿，子樸誠等；奉恩將軍緝御，子培善、孫存德、存厚等；文舉人恩煦，子繼勳、懋勳，從子啟勳、世勳等；掌江西道監察御史德瀚，戶部員外郎恩舉，戶部主事謹善，宗人府經歷訥欽，頭等侍衞德潤，帶隊官鈺璋，及奕鑫、載袍、恕誠、聯德、恩溥、松達、善章、國文、松根、景璋、承惠、和桂、鳳喜、吉辰、海明。覺羅有清廉、年瑞、德潤、榮綿、松林、巴雅爾氏，滿洲鑲黃旗人。由筆帖式累擢給事中，出知臨安府，升雲南糧儲道，晉山東按察使、布政使，內擢順天府府尹，病解任，起爲內閣侍讀學士。聯軍犯京師，分守東直門，親指揮礮火中，抵禦甚力，俄中礮死，屍不可辨。時陣亡者，前敵有世管佐領文炘，騎都尉玉蔭、奎齡，筆帖式寶善，前鋒校榮春，護軍校玉連，驍騎校鍾安、德昌，前鋒舒元、明順，護軍秀亮、雙祿、瑞陞、文福、成福、恩啟、常貴、成秀，把總文通，隊官全成，隊長全興，領催崇寬、貴斌、崇歡、慶祥、廣陞、奎秀、永順、暇安、恩慶、廣立、馬甲成恆、瑞喜、慶山、倭克金布、世昌、玉興、恩隆、德勝、祥瑞、賡音布、董連元、保麟、裕安、長泉、保玲、王永立、保祥、李景瑞、田應時、張桂祥、李永福、清華、吉順、全立、德玉、崇喜、保林、長玉、布克坦、全保、喜壽、海寬、延祿、玉山、成昌、長福、松齡、柯永、文斌、徐培田、文達、慶連、興瑞、李燁、保慶、清海、長春、恩常、保順、廣禧、廣海、崇福、鳳齡、成棨、雙全、玉岑、汪恆、吉養、育兵、明祿、玉海、玉存、景立、闕喜、慶祿、色勒、連貴、雙壽、文奎、奎茂、齊德、森明、保永、順泳、全常、來吉、祿萬、善立、得長、桂松、樑德、成長、安閒、散全、興松、澤德、祿連、陞保、盛阿、玉慶、德祿、廣成、連山、倭克金泰、立海、德緒、富森、廣海、崇福、榮義、國安、祥桂、富順、延茂、德全、恩隆、楊德福、槍甲吉慶、連魁、李長昇、景英、文海、槍兵崇昆、礮甲吉安、文弼、景瑞、張啟茂、劉龍、富琪、全奎、全保、德鳳、增銳、增輝、周奎斌、練兵桂普、隊兵光輝、林慶、東直門有護軍參領賢普、世管佐領德績、公中佐領松鶴、錫昌、連秀、筆帖式榮山、驍騎校惠斌、倭什洪額、瀛緒、連桂、常浩、銘綸、鳳啟、護軍瑞斌、常福、春安、普惠、德謙、恒有、兆芳、隨善同、廣崇、敬恆、斌桂、祿三、多、隊官英璞、惠斌、領催德緒、常慶、成山、富順、常全、雙印、文森、松嶍、雙奎、廣義、馬甲喬齡、錫瑞、田德貴、奎秀、廣喜、寶庚、廣祿、富通、明喜、廣林、文印、德林、永山、錫連、榮和、永霈、長安、李忠春、元得、林興、順福、貞文、芳文、普玉芳、烏雲、珠達、崇阿、德貴、明安、世達、黃培、長貴、普英、王錫祿、文華、德本、春倫、成祜、崇慶、雙奎、雙海、立福、德保、潤秀、奎秀、順立、志亨、志隆、銘榮、崇喜、恩順、連敬、養育兵慶林、雙祿、隆福、宜緒、濟堃、長奎、德文、長清、得隆、景立、得保、明增、成林、福祥、寶瑞、恩佑、閒散榮喜、崇儀、順福、吉昆、長山、英振、阿炳、阿均、廣成、連山、世瑞、承英、錫保、雙興、德玉、治得、和森、廣立、李斌、世山、永利、長齡、鐵壽、定坤、龍泰、鳳林、鳳祥、景珍、崇錫、存德、延齡、錫光、寶忠、得虎、奎福、礮兵恆安、國安、承萬、吉恒、玉森、善溥、盛濂、隊兵淩貴、伊立布、崇文門有護軍校富亮、驍騎校德瑞、筆帖式潤普、七品官薩斌圖、監生福壽、隊官彤勳、護軍慶陞、定昆、世喜、富山、領催玉山、連英、國棟、文通、馬甲志福、鐵升、桂安、清海、巨泰、烏林興、海衆、泰玉、保成、喜恩、沾全、順恩、保輔廷、達英、張仲蘭、養育兵永祿、文斌、隆興、德存、富寬、常壽、全祿、海玉、英璐、松山、連陞、存德、閒散文成、文亮、崇林、松山、常林、秀斌、松玉、忠福、巴克坦布、奎榮、崇海、緒順、德清、槍兵文海、隊兵恩保、德祿、隆興、幼丁劉長立、朝陽門有雲騎尉富珠、倫恩、騎尉連福、護軍校富亮、驍騎校績魁、烏槍藍翎長松春、護軍海秀、常福、烏林泰、萬玉斌、前鋒吉昌、領催常興、保昌、馬甲永安、福山、雙喜、保勳、德福、鐵陞、興海、長瑞、玉安、巴揚阿、烏林保、養育兵貴全、淩山、恩啟、保春、湧激、德順、裕泰、玉厚、成玉、趙文忠、閆福、文瑞、榮德、閒散長緒、文立、多太、誠堃、恒立、常興、伊三布、文祿、常林、瑞申、恩錫、連陞、松山、厚寬、張勳、松山、忠福、東便門有游擊韓萬鍾、弟韓萬祿千總慶餘把總金鈺戰兵王壽李永福馬兵梁坤張德輿德勝門有副參領祥存世管佐領承瑞驍騎校崇桂領催柏銘容剛文惠馬甲錫連桂啓養育兵常海隊兵榮喜安定門有筆帖式增俊馬甲立貴長慶德閏盧檢貴恩壽德平長存松祿趙俊雙恆山莊立玉明劉殿臣長壽榮桂合海袁明林楊有春文愈文茂文毓連順施彬文福王玉鳳線長海仝英煜祥鍾銘傅合連陞馬玉和養育兵恩緒奎元二立文浩閒散滿聯德謙武生長緒齊化門有護軍校連瑞西直門有養育兵烏什哈閒散全桂阜成門有敖爾布鍾珊永定門有閒散長泰玉泰春祥正陽門有閒散滿林奎連德勝宣武門有礮甲林廣明藍翎長祥瑞領催常連景緒馬甲榮福崇善德斌仝順定保榮慶維明礮手慶煥養育兵松長閒散英緒續順崇海大清門有前鋒玉興天安門有護軍參領玉山副護軍參領雙福護軍校花連布侍衞潤志前鋒歧俊護軍永壽文瑞瑞陞承通林安玉慶春喜祥林松桂永壽文祿常陞常海松惠海全桂陞雙壽午門有副護軍參領鳳齡前鋒崇祥桂豐護軍玉壽德凱東安門有公中佐領松壽步軍校文通領催延壽東華門有副護軍參領長年副令官英寬藍翎長富陞隊官玉昌護軍恩秀奎英成光忠明貴慶崑連松羣玉山阿杭阿玉壽恩秀奎俊成英文廣托克托虎常山廣慶希拉布他克布連德馬甲長山養育兵存山閒散德元技勇兵全貴西安門有養育兵永順德福西華門有馬甲春明地安門有神虎營營總崑明副護軍參領恒謙護軍營管理祥瑞護軍隊官淩魁隊長彥祿護軍常瑞薩圖布永安常山雙壽興斌馬甲文海福山養育兵崇恩全苓順喜閒散德祥紫禁城內有護軍參領海忠親軍校文玉守陴者有世管佐領德潤馬甲錫秀巷戰者有驍騎校多倫布藍翎長德英額雙貴前鋒鳳玉希拉奔崇安文英榮昆護軍德玉崇貴崇福崇興領催鶴鳴馬甲雙福長海慶裕桂保長陞恩立興俗存桂常泰養育兵英厚文志德成俊成幼丁元成全祥世增烏淩阿廣林廣俊松蔭松祺松立延尉成明廣瑞閒散全順頤霈多山慶祿外委王文志聞廷標王灝高玉常存百總郭立奎管隊張海金松林把總王洪銘馬兵彭玉恩金祥戰兵李逢春戴永福彭玉堂孟祿守兵王政樞劉永安季茂軒礮甲祥通礮手白萬泰死事者甯壽宮員外郎誠年筆帖式福臻在內值宿七月二十一日巳刻聞兩宮西狩即赴各殿封鎖至欽禧門外值房投井死太廟五品官富亮值班上香洋兵突進拒之槍死織工張繼福在綺華館被戕左營參將王長蔭守署不去以獨力難持投井死護軍運陞值班端門護軍崇連神機營呈遞公事步軍校廣音布常福勝喜領催雙喜馬甲存林恩明外委孫國瑞技勇兵常有隆祥萬昭均在颺值瑞領催榮鈐養育兵定成隊兵布興泰均看守軍庫南城正指揮項同壽在署辦公戶部書吏高世祥總理衙門供事沈鵬儀徐伯興洪瑞汝均在署值班與於難在先陣亡者把總李鍾山外委李鍾林七月十七日在張家灣禦敵不克死先後被難者游擊王變五月二十五日在東便門彈壓拳匪被戕並燬其屍朵育營部司楊光第於閏八月二十九日聞洋兵至衣冠坐營中被槍死把總張進志擁護同死均經留京辦事大臣崑岡上聞賜卹有差

崇壽溫徹亨氏滿洲鑲黃旗人光緒十六年進士入翰林累擢翰林院侍讀變作時不勝憂憤仰藥死詔以見危授命褒之諡文貞韓紹徽字筱珊貴州貴陽人光緒二十年進士授主事分刑部勤於所職拳亂初起嘗走同官涕泣誓身殉七月二十一日自經於陝西司司堂掌江西道御史韓培森巡城積勞城破絕食死內閣中書楚厚手書見危授命四字與妻同縊死馬鍾祺字維春隸漢軍鑲黃旗少爲諸生以襲一等子例不得與試授三等侍衞擢二等有文武才初服膺陸王之學繼參以程朱張呂不主一家爲人伉爽有奇氣慕孫白谷之爲人好與朝野賢士游與語或不合輒哦詩亂之以此得狂名光緒二十年日本爭朝鮮廷議出師鍾祺上書請自效遂從戎奉天盛京將軍依克唐阿器之使統鎮邊馬隊會和議定遂歸二十五年李秉衡奉旨巡視長江覩訪於家疏請從行拳匪禍作冒鋒火而北秉衡殉難鍾祺護其喪歸歸三日京師破鍾祺自縊死著五倫大義馬氏日記若干卷候選縣丞董瀚於城破日與弟候補巡檢徵曰我等職雖微末既讀聖賢書惟有以身殉國而已同時自縊涿州附生譚昌祺聞城陷懷藥哭諸聖廟仰藥死舉人莊禮本留京讀書拳匪初起即以爲憂洋兵入城痛哭不食後以一慟而絕州同銜馮福疇在通州署辦刑名事七月十六日敵入署守護案牘不屈被戕東城司吏目練勇局委員宮玉森洋兵攻局其女請避怒投其女於井拔刀出戰傷數處自知不免亦投井死時同被難者爲原品休致禮部侍郎景善前奉天府尹福裕蒙古副都統壽齡前察哈爾副都統明秀冠軍使文璐工科給事中恩順刑部郎中汪以莊兵部員外郎薩德賀趙寶書吏部主事鍾傑戶部主事陶見曾李嘉鐵山刑部主事毛煥樞王者馨工部主事白慶恒昌理藩院主事英順光祿寺署丞多文國子監助教柏山候選道鄭錫畝前紹興府知府繼恩分省知縣王朝鑽等見册報者千餘人全家焚溺服毒自經以盡節者衆騎都尉候選員外郎陳鑾住東便門二閘於七月十九日洋人攻城勢急與諸弟率眷屬僕婢三十二名一時自盡尤爲慘烈云

宋春華字實卷陝西三原人光緒十二年武進士授藍翎侍衞出爲天津鎮標右營守備與士卒共甘苦所部爲天津綠營冠聯軍內犯總督裕祿檄春華守城南門城東南製造軍械所不守春華集其衆曰軍械所存亡天津生死繫之不奪歸不可膽勇者盍隨吾出城皆應曰諾率百餘人夜半潛出及庫垣春華先登衆隨之鎗中春華左股衆欲退春華負創大呼曰今夕之事有進無退衆爭奮敵死傷甚衆卒以守堅退歸城已而敵兵日集守士官多棄城走春華慨語其妻陳曰城孤兵單終恐不守汝當以吾子出求生吾誓與城存亡矣語畢登陴督戰不少息城既陷身被數傷猶死守不退或勸少避春華曰城不守死自吾分汝曹各有父母妻子歸可也俱死無益衆感其義無退者敵舉登城乃仰天歎曰吾志不遂負國恩矣然自接戰以來殺敵過當今日之死亦無所恨以首觸陴牆出死年三十五

馬福祿字壽三甘肅河州人光緒六年武進士用衞守備歸河南鎮標以終養告歸二十年循化撒拉回族以爭教叛固原提督雷正綰檄福祿往崔家峽樊家峽協防戰輒勝河湟回匪繼起復助官兵獲大捷累功至記名總兵二十一年河州諸回變福祿本回教回以福祿助官軍欲加害福祿在城人亦以回教爲疑獨正綰信之時河州鎮總兵湯彥和遠駐起乍堡命福祿率騎兵迎入河州城鎮之彥和猶豫不果行叛回周七十乃糾衆據山巔下擊福祿戰二日以失地利無功彥和復潛走軍無統帥賊益熾之福祿乃突圍出南番境至蘭州乞師沿路拔出難民數千難民德之狀總督楊昌濬以福祿字衆望乃檄與蘭州道黃雲由北路援河州時喀什噶爾提督董福祥奉旨赴甘肅協勦由狄道進兵福祿率師至蓮花渡與賊隔岸相持爲福祥軍犄角卒解河州圍時韓文秀亦作亂河湟提督李培榮總兵牛師韓軍失利陝西巡撫魏光燾與福祥會白塔寺議進兵福祿入謁陳亂事顛末及前後戰狀福祥奇之檄勦叛回冶主麻於米拉溝勦未盡馬營土豪馬朵哥應之福祥部將石堯臣等告敗福祿復分道往援首先陷陣斬朵哥衆而殲之冶主麻收餘燼由黑山趨米拉復還兵破之斬無算用是有驍將名拳匪倡亂福祥奉旨入都檄福祿統馬步七營旗防山海關尋移永平府福祥入衞京師檄隨行五月各國聯軍躪楊村而西偕漢中鎮總兵姚旺等赴黃村禦之抵郎坊兩軍相接乃令騎兵下設七覆步兵張兩翼敵近始發槍倒者如仆牆敵彈落如雨騎兵以散處少傷兩翼左右復包抄其後短兵相接敵不支遽卻爲庚子之役第一惡戰六月福祥檄令攻使館中彈歿於陣猶子耀圖兆圖亦死同殉者百餘人

楊福同直隸清苑人同治七年投軍累擢游擊從討朝陽教匪嗣以副將駐營大名專力緝捕以功記名總兵分統練軍左翼馬隊兼統天津馬步隊各營近畿拳匪蠢起淶水尤甚總督裕祿檄福同率隊往至史家莊伏匪邀擊力禦之擒數人次日又敗匪於石亭鎮擒首要梁修福同不忍多誅令限日解散留馬隊三十人鎮之無何匪以千餘衆攻留隊福同率步兵數十馳援將及石亭羣匪自溝中突出白刃交下創甚猶格殺數人力盡死之從弁孫裕清盧璵瑨俱力戰死賜卹如例

吳德瀟字筱村四川達縣人性至孝博極羣書以進士用知縣庚子年任浙江西安北京拳亂起江山縣土匪以仇教爲名連陷江山常山縣人咸欲應之德瀟謂北事未定洋人必不宜殲有羅楠者素健訟德瀟嘗嚴懲之久含恨結都司周之德挾衆指德瀟袒洋教刼德瀟縛道署轅門盡鑷鬚髮以利刃攢刺洞腹死德瀟罵不絕口子仲韜號哭尸下又殺之並入縣署殺全家四十餘口事定卹如例

成肇麐江蘇華亭人父孺諸生列儒林傳肇麐由舉人官直隸知縣遷直隸州知州署滄州鄚海補靈壽所至有績光緒二十七年京師和議梗聯軍西上覃及邑境責供牲畜糗糧甚厲肇麐壹弗應俄而布政使廷雍檄至令迎犒肇麐自念不迎犒無以全民命迎犒則以中國臣子助攻君父事處兩難守土之義無可避惟有一死耳迺繕遺牒遣人間道達府滕之以詩曰屈體全民命捐軀表素懷李鴻章狀死事以上詔其能伸大義降敕褒嘉贈太僕寺卿諡恭恪予世職明年允直督請建直隸省城專祠

清史稿

忠義十

劉錫祺，字佩之，直隸天津人。畢業將弁學堂。第八鎭成立，爲正參謀官。光緒三十二年，南北陸軍於河間會操，籌度有勞，加正參領銜。宣統三年夏秋間，革命黨人之在武漢者數被破獲，總督瑞澂恣意捕殺，人人危懼。八月十九日，武昌變作，始僅工程營數十人，他軍無應者。瑞澂遽逃兵艦，省垣無主，於是各營皆起，擁立都督黎元洪，稱軍政府獨立。錫祺時方赴沙市，以二十六日回武昌，各營爭往迎謁，趣入見元洪。錫祺正色曰：「國家歲糜巨帑練兵，原期君等爲國干城，以禦外侮，奈何一旦爲人煽惑，遽爾發難乎？禍機一動，將無已時，吾不能爲君等所爲。」衆聞之譁怒，即於坐中擊殺之。事聞，照協都統例從優賜卹。發難時，督隊官阮榮發出阻衆，遽擊斃之。榮發邑里未詳。程彬，字筱竹，江西樂安人。時署鮎魚司巡檢，署在省城南。十九夜，見城外火起，彬馳往救護，至望山門外正街，突遇陸軍礮隊入城，皆袖纏白布。彬大駭，厲聲問曰：「汝等反耶？此何爲者？」衆舉槍擬之，彬益前致詰，遂遇害。以一巡檢犯難而死，人皆哀而壯之。

桂蔭，字輯五，姓嵩佳氏，滿洲鑲藍旗文生。由刑部郎中、軍機章京外擢施南府知府，調安陸，以治隄盡力名。安陸爲襄樊門戶，府城故無兵。武昌變聞，圖守計，并牒道請兵。已而旁郡德安、荆州皆陷。十月初五日，鄖陽兵譟變，圍府署，劫印信。桂蔭攜妻富察氏趨入文廟，夫婦同縊崇聖殿中死。衣帶中書有「虛生一世，不能報國安民」數語。臨殉難時，顧爲僕曰：「葬我必北面。」官紳流涕斂之，葬城內陽春臺側。存厚，字寬甫，正白旗監生。由內務府郎中選宜昌府，調辦襄陽榷局。三年十月，郡中黨人應武昌，存厚揮家人出避，曰：「吾嗣不絕，死無憾。」局丁旋縶存厚擁至北門校場戕之，幼子被搜獲，驚死。榮濬，字心川，荆州駐防蒙古鑲藍旗人。光緒三十年進士，用知縣，發湖北，補天門縣，操行不苟。變作後，荆防旗人有自武昌脫歸者，道天門，語狀，且爲榮濬危。榮濬以死自誓，集紳耆練民團爲保衞計。無何，黨衆來攻，遂被害。記名驍騎校炳安同死，僕成松亦殉。爲同時殉國難者，爲候補縣丞錫楨，姓汪氏，漢軍人，充沙市警察官，盡室被殲。簰洲司巡檢方祖楨，安徽桐城人。鄂軍頭目將入湘，道簰洲，土豪某夙銜祖楨，嗾人殺之。江岸石花街巡檢王萃奎，江西豐城人，佐穀城縣治盜有聲。襄陽既變，屬邑響應，盜渠縶萃奎及一子一孫殺之。蘄州吏目駱兆綸，字文卿，湖南江華人。亂作，知州亡去，州人以綸習吏事，遮留之。綸請送母至漢口，乃還至治所，以全省皆陷，事無可爲，憤絕，投河死。又襄陽府某縣典史，當變作時，晨起踞廨門外，過者叩頭要入，得負販者十八人，出銀幣二百枚分遺之，曰：「平生所積止此。城破，義不得活，請助我殺敵。」衆感其義，各攜肩輿長木及負擔之具，譟而出。變軍方踞府署，出不意，擊死者數人。俄而排槍起，某與十八人者皆死。候補知府張曾疇，字望杞，江蘇無錫人。以書蹟似總督張之洞，爲之洞所賞，充文案有年，權漢陽車站貨捐。戰事起，避上海，謷者誣爲挾貲遁，曾還漢口會計出入，悉符合。得還，黨人適同舟，面辱之，捽其冠，遽投江死。候補知縣聯森，字植三，蒙古鑲紅旗人，隸荆州駐防。光緒八年舉人，挑知縣，發廣東，改湖北，屢權釐捐，能恤商。九月，道出漢陽，變兵爭索金，慷慨大罵，遇害。子寶焯、兄子寶明從死。

張景良，湖北人。將弁學堂畢業生，游學日本，歸充湖北新軍標統。武昌既擁立都督，景良慷慨說之曰：「朝廷已宣布立憲，不宜更言革命。公受知遇久，諸將惟公命是聽，盍三思之。」變軍怒，拘景良署中。時清兵攻漢陽，景良請赴前敵，以妻子爲質，乃委充司令官。九月初六日之戰，清兵卻，景良率礮隊出臨發，礮予彈一枚，槍予彈一排，甫戰彈罄，景良遽大聲促軍退，衆不知所爲，遂大潰，死者枕藉，清兵得進屯大智門。後廉其故，殺景良。臨刑，夷然仰天大言曰：「某今日乃不負大清矣！」倭和布，字清泉，滿洲正白旗人。家世以武功顯，獨兼肆文學。起家護軍藍翎長，歷二等侍衞。拳匪之變，歐人僑京者多被戕，倭和布護之甚至。或詰之，曰：「外人僑吾國，勝之不武，無故與八國搆衅，敗將不國，吾敢重召亂乎？」旋扈駕西行，家人初以爲戰死。出爲湖北均光營參將，擢施南協副將。川寇陷黔江，率所部赴援，獲其渠，斬以徇。武昌變作，鄂將屯宜昌者應之。倭和布時以裁缺寓宜城，被執，勸降不應，以得死爲幸，遂槍殺之。周飛鵬，字翔千，江西新建人。由武舉人累官都司，充湖北襄防馬隊管帶，駐老河口。鄂軍變，縣無賴出獄囚，糾水師營謀變。飛鵬持不可，出佩刀與鬭，槍及馬腹，墜馬，槍繼至，洞胸死。裁缺荆州城守營參將玉蕚亦遇難死之。

松興，蒙古正白旗人，荆州駐防。以諸生改武職，累官協領、記名副都統，充常備軍統領。變兵入城，被縶入鄂，叱使跪，曰：「吾朝廷大吏，城不保，義當死，頭可斷，膝不可屈。」士紳三十餘人馳救之，已及於難。其戚善吉、庖人福全皆從死。駐防之同時殉難者，在武昌有兵備處提調松俊，守楚望臺火藥庫，變兵攻庫，力戰死。三十標隊官重光守藩庫，變兵掠取庫儲，重光大呼保全名譽，被槍死，妻趙子春年長年實年同日殉。四十一標排長色德本、三十標副軍需官寶善、二十九標排長德齡、隊官東良、排長德培均戰死。前泰甯鎮右營都司榮錦就養子書記官朗察所，拔所佩劍自裁，姪迎吉及朗察舉室自焚。驍騎校哲森以領軍械至省，自刺其腹死。陸軍小學教習舉人迎禧，平時於古人之當死不死者，輒痛詆之，變作時，衣冠坐講堂及難。副軍需官榮勳仰藥死，子額勒登勒穆貞額殉之。第八鎮執事官錦章謀召同志抵禦，中途遇害，父榮喜即自盡。司書生恩特亨、雲騎尉榮濤、排長倉生光均大罵不屈死。文生楚俊在督署，金培、榮森、司書生鈺壽、訥爾赫圖均在省與難。在荆州者，聯長澤麟憤全省盡陷，發槍斃數人被害。協領志寬、排長額哲蘇、依成額、關斌、魁恩、騎尉扎勒杭阿、隊官王榮耀均亡於陣。生員秋培城陷自盡。防禦多瑞仰藥死。記名驍騎校金霖嘗作萬言書，以旗制不良，力主變更，人多笑之，及變作，發槍自擊死。又知縣用模範講習所所員根壽於羊樓峒，文生陸營司書生定海於施南府，均死之。其後死於江甯者，爲生員占先、文志恩昌、武生林福；死鎭江者，爲生員榮有。副將赫成額則隨端方在資州兵變遇害。軍諮府軍諮使良弼自有傳。

宗室德祜，字受之，隸正藍旗，不詳其支派。宣統二年，由禮部儀制司郎中選授鳳翔府知府。三年九月，西安兵變，德祜聞警，即與知縣彭毓嵩籌備。有湘人劉瑞麟以武職留陝，委令募團勇，與參將王某分任防守。初七夜，匪徒假民軍名號，驟集千餘人攻府城。德祜與毓嵩登陴激厲士卒拒守，至天明，匪氣奪，將引去，以有內應者，城遽陷。左右擁德祜走避，德祜曰：「此吾死所，尙何避爲！」匪蠭至，呼曰：「知府滿人，且宗室，宜速殺之。」遂遇害，又殺其幼子二人。王參將，同州人，城破，與匪相搏，憤而自戕，舁至署乃死，名未詳。毓嵩，字鐵孫，四川宜賓人。由舉人官教諭，學政疏薦，用知縣，選陝西鳳翔，勤聽斷。時方興小學，必令讀經。城陷後，毓嵩解束帶自經，遇救未絕，乃從容出堂皇，北向跪，起語衆曰：「吾有死耳，任爾等爲之。」匪擁至署西北神祠，以白布纏其頸，毓嵩怒詈，遂被戕，梟其首去，年六十有二。子龢年奔赴死所，爲匪衆所逐，投井死。

楊調元，字龢甫，貴州貴筑人。光緒二年進士，授戶部主事。丁父憂歸，服除，以母老不赴官。終母喪，乃入都，改知縣，選陝西紫陽縣。紫陽於秦境爲極南，居萬山中，爲楚蜀會匪出沒地，以緝捕有名。遷長安，權華陰，疏濬河渠，復民田五萬畝。調華州，以獄事忤上官，解任。已，復補咸陽，擢華州，署富平、渭南等縣。其署渭南，以宣統三年正月。先是南方革命軍數起，皆不得志，始改計結學生之隸新軍籍者，潛伏待應。陝軍勢弱，則又結會匪以厚其力。八月十九日，鄂變起。九月朔，陝變繼作，諸守令多委印去。調元獨謂守土吏當與城存亡，亟召紳民議守禦。渭南北有號刀客者，殺人尋讐，數犯法，至是感調元義，爭效命，集者萬餘人，檄邑紳武進士韓有書統之。時鄰匪蠭起，渭南以守嚴不能入。臨潼武生張士原揚言受軍政府命，驟率衆徇城下。調元登陴語之曰：「吏所職保民耳，無如所犯，則釋兵入見；必怙威圖一逞，則視力所極，當與決生死。」士原知不可侮，遂屏騎入廨，以議貸餉事語侵調元。調元至是躑躅廨後園中，仰天歎曰：「吾誼應死，所以委曲遷就，欲脫吾民兵禍，而後歸死耳。詬辱至此，尙可一息偷生乎！」遂投井死。民聞調元殉難，執士原磔之，並殺陝都督所派副統領及同黨數十人以徇。有書時出擊他盜馳歸葬調元畢家原調元通古學工詩文有訓纂堂集說文解字均譜等書所作篆書人尤寶之楊宜瀚字吟海四川成都人兄宜治官太常寺卿宜瀚好學嘗入烏魯木齊都統金順幕中治軍書知名保知縣中順天鄉試舉人以知縣發陝西補興平調寶雞以經術飾吏事與調元齊名署華州知州民軍鬨署索餉以威劫入甘露寺中有以事繫獄賴宜瀚手反得出者約護宜瀚出入夜宜瀚獨至神殿自經死遺書親友意思安閒謂已得死所無可哀者陳問紳字子仲湖北安陸人入貲爲縣令發陝西權甘泉以能緝捕稱調白水邑刀匪素難治武昌變起乘間應之糾衆攻城時問紳初受任一切無備乃集紳民告之以不忍以一人故致全境糜爛遂出城大罵不屈死妻吳以護印不與同被戕幷斃傭婦某德銳滿洲人官秦中久歷長安三原諸縣有循聲西安變作八旗人多被禍德銳時居會城變兵突入語德銳公得民心我曹不忍死公請速出城答曰威汝等意然予滿人也不忍獨生刃加予頸可也遂起奪刀自刺死妻子均自裁皮潤璞湖北大冶人官榆林縣典史有強項稱變作匪徒縛榆林鎭總兵張某中營游擊瑞某送獄潤璞斥之羣怒以利刃相擬不爲動紛加以刃分肢體爲數段妻聞訊即以身殉榆林守備穆克精額同時死闔門自盡時殉難者候補道榮麟字仲文滿洲人變作方權白河釐金全家投井死候補知州張存善字次章權鳳翔鹽釐死事所候補直隸州知州寶坪字子鈞西安駐防一門殉難者七人候補同知廣啓字少漁候補通判嚴濟字寬甫均滿洲人與於難

張毅字仁府直隸天津人父夢元官福建布政使護台灣巡撫以清廉著稱卒贈太子少保毅由廕生官部曹改道員分山西奏調陝西授甘涼道宣統三年六月擢安徽提法使八月自隴入秦將入覲九月抵乾州變作道梗變軍偵知之請爲參謀官斥之攖衆怒羈留不得脫會疾作州人知毅賢言於變軍乃出就醫毅念惟一死可自完十一月初十日夜加丑乘間投井死毅無官守中道遘變卒完大節世尤多之

喜明字哲臣西安駐防舉人宣統三年九月民軍猝起攻旗營將軍文瑞督戰喜明領兵百餘人獨樹一幟誓以書生效死戰不利歸告母曰吾屬死不免毋曰婦女以潔身爲重可受辱乎帥子婦二幼孫一投井死喜明有三女匿鄰廟中走入手刃之蘸血書壁曰喜哲臣三女死於此還至家縱火自焚死附生春祥素端謹聞變後語兄若弟曰城破家必亡自古全家盡節有光史册吾願死矣則皆應曰諾城陷聞敵聲近曰可矣遂偕兄弟妻子輩十餘口焚死無一免者直隸州判阿爾精額權釐金於方計堡受代還道咸陽變軍將劫之爲之語曰吾當未亂時志欲以忠報國敢偷活耶義之不加害乃入邸舍肅衣冠北向自刎死妻張氏即吞金以殉城破時陣亡者爲協領斌恒恩瑞存福培基佐領貴陞特克什肯慶喜巴克三圖恆秀瑞明額哲本達朗阿興智恩壽玉祥西拉本奇徹亭恩撤亭防禦存喜存陞恩成林福色淸額平陞胡圖靈額惠文鶴齡奇巽蘇克敦訥拉春惠源呢克通阿哲爾精額惠祥驍騎校奎亮林啟啟弟正目林璋都倫太景文太薩立善文昭伊吉斯琿智厚惠慶惠啟副官惠璋鼂大使文煥舉人惠斌生員金常武舉人德森布騎都尉昌廣益光雲騎尉俊亮和瑞松善特伸布富海勝春海亮多鑾太達林和順忠雲玉恒培文存祿倭什琿鳳玉惠撤亭恩騎尉培緒鳳山恩瑞奎德貴成錫齡崇喜倭仁額殉難者爲佐領圖切琿候補直隸州知州寶坪直隸州州同俊興候補知縣德銳自刺死妻子同殉防禦多英與長子舉人奎成率妻女等投井死次子生員奎章伏井慟哭從死族弟奎斌奎莊皆死之巡官惠祥率警生守城城陷投井死家屬從死者六人從子廣興既殉母趙氏年六十餘執短刀鬭入民軍欲殺敵尋自刎死生員音德本走多公祠自經死弟領催額哲亭城陷死傷亡者佐領圖們布善印全瑞旗兵之死於此役有名册可稽者凡千餘人官弁兵丁之家屬遇害及自盡者尤衆論者謂各省駐防於辛亥國變以西安死難爲最烈且最多云

譚振德字子明直隸天津人始入武備學堂調新建陸軍派充山西四十三協協統時山西僅陸軍一協振德寬而有制兵士親之巡撫陸鍾琦履任之三月武昌變作陝西響應召軍官議省防振德與參議官姚鴻法建議接濟河南軍火而以重兵助守潼關鍾琦從之遂於九月初七日發新軍一二營子彈令於翌日出蒲州屯潼關又令熊國斌帶第三營繼之有搆於一二營者謂熊營將於中途襲擊適第二營管帶姚維藩以請棉衣未得爲慽聞之憤激謀變明日擁衆入省城振德聞警不及集兵衛馳出遮道對衆有所宣喩維藩恐其撓衆心舉槍斃之遂趨撫署鍾琦父子殉難國斌以不肯附和亦被戕鍾琦自有傳

陳政詩字詠笙浙江仁和人年十九從湘軍西征將軍穆圖善器之從至奉天充防營統領光緒初以知縣發山西歷署州縣以廉惠稱以勦套匪功擢知府以道員用調浙統嘉湖水陸防軍中讒罷宣統元年浙撫增韞奏言政詩軍紀嚴有廉將風詔復原官再發山西三年統帶南路巡防隊駐澤州兼署澤州府武昌變作陝西響應晉新軍亦變戕巡撫時政詩駐聞喜隘口鎭遏變兵南趨敵千人脅土匪亦千人以三百人屢敗之方乘勝進擊淸廷詔命停戰乃駐師絳州敵句結旁近土匪勢復張政詩以去絳則南路即與秦軍接全晉將不保誓死守十一月二十日敵攻城城紳迎以入政詩巷戰力不支被執罵不絕口剖心臠割死弟敷詩山西候補同知隊官陳順與劉占魁均同時被難陸叙釗字磐芝順天大興人原籍蕭山少厲志節從軍甘肅保知縣曾國荃撫山西招入幕擢直隸州發山西歷官州縣凡十二皆有聲宰靈邱十年尤得民拏匪逼晉邊大治鄉團縣境晏然宣統初薦卓異補河東監掣同知太原變作河東戒嚴叙釗先以盛暑督濬鹽池致疾至是疾甚強起治防守事秦軍來襲晉軍應之城陷預服阿夫容膏衣冠出堂皇厲聲訶之刃交下無完膚殞於座子文治聞變以毀卒幼子亦爲變兵所戕時論謂與巡撫陸鍾琦父死忠子死孝鄉里同氏族同死難情事略同推爲奇烈時署陶林廳同知齊世名天津人岢嵐州知州奎彰天鎭縣知縣世泰均京旂人先後均以兵變被戕

羅長裿字申田湖南湘鄉人光緒二十一年進士改庶吉士授編修捐升道員發江蘇改四川趙爾豐督川邊軍事長裿在幕府多贊畫宣統二年簡駐藏左參贊駐藏大臣聯豫以兵備任之會閱新調川軍以譁譟故與協統鍾穎有隙且覈鍾穎入藏軍費用浮冒汰二十餘萬鍾穎銜之三年五月鍾穎率師征波密戰屢挫長裿馳往奪其軍得鍾穎失機狀方激厲軍士規進取而軍多會黨氣囂甚長裿馭將又嚴及秋內地變作軍在藏者遽變掠長裿私宅波密軍繼之縶長裿屈辱之偶得脫自投匡下未死復曳之起卒被戕長裿之死鍾穎實陰嗾之後家人愬得實寘鍾穎於法曹銘浙江上虞人由諸生參四川總督劉秉章幕保知縣歷治西藏夷務著績擢道員巴塘邊亂番衆族十餘陰爲犄角銘往解散趙爾豐軍得深入勘定功尤偉署嘉定府旋委石堤釐局局介黔楚間往者皆中飽銘絲毫不染成都變作匪衆入局露刃逼索釐款拒不應中十餘創垂絕乃委去縣紳來視以先事寄藏金指視之點驗畢遽卒章慶字勤生浙江會稽人以通法家言游蜀就幕職爲總督錫良等所器保知縣所至有聲署劍州倡捐萬金修文廟禽巨逆王文朗殲其黨九十餘人調南部河徙齧城築長隄禦之城以完調冕甯縣有橋縮轂川南毀於水渡者以水駛多溺慶製鐵梁數十丈行旅稱便普支夷擾境慶廉威所被濟以兵力夷歸誠出被掠者多人補射洪擢道員在任候補其任西昌也値川省爭路事起哥匪張國怔與裁缺千總黃義庫偵知甯遠軍隊出防城中無備聯內匪襲城慶督團衆禦之力竭死之妻顏猶子鏞及胥役僕從同死者二十餘人徐昭益字謙侯浙江烏程人咸豐季年殉難江蘇巡撫有壬從孫隨父游蜀以通法家言佐治有聲官知縣宣統三年四月攝威遠同志會起土匪附會名義乘機報怨四出剽掠匪過境昭益率團丁數百人出城解散不從匪以全力進偪昭益念母老居危城命親丁護送還省母臨行勉以大義昭義泣涕受命謂必不負母訓以辱先人聞者皆爲感動九月十三日匪薄城下奸民爲內應團丁未訓練猝戰遽潰昭益乘騎亦受創退而守城其酋七八人入廳事昭益厲聲問何不殺我其一酋突出利刃剸昭益腹死之曹彬孫字藹臣順天武淸人以舉人勞績知縣發四川權奉節補開縣未赴七月省城之爭路搆衅匪徒欲附同志軍起事彬孫隨方禁阻未敢逞武昌發難夔府響應十月初十日彬孫率團勇出巡行至協臺壩衆暴起團勇先受煽不戰而散彬孫被執剸其首寘縣公案警察長徐某失其名安慶人同時被戕汪承第字棣圃江蘇太倉州人由州學生佐學幕以知縣發四川甯遠夷亂檄運兵械至則知府黃承麟留辦剿撫事充營務處攝大足川漢鐵路擬派租股請歲減萬餘金民困以紓攝永川解散公口秘密會編練保甲羣盜屏跡既受代大吏仍以營務屬之同志軍起變流境尤囂張檄攝縣事捕誅其尤者人心少定未幾省城變作土寇四起以事至簇橋被困中槍死十月二十日也吳以剛字克潛江蘇陽湖人以知縣發四川嘗權彭縣縣銅廠通松潘茂州夷地素爲盜藪胥吏與通十餘年不獲一犯以剛乘冬至朝賀禮畢馳馬自率隊禽之未午獲著名巨盜數人歸宣統三年以父憂充重慶厘水路巡警提調武昌變作黨人謂以剛藏軍器執而戕之時候補縣丞陶家琦在重慶誣與以剛通謀並遇害候補知縣湖南文某字晉巖省城兵變亦與於難

奎榮字聚五滿洲正紅旗人成都駐防同治十三年繙譯進士用知縣發四川奎榮篤嗜程朱書務躬行性溫厚與人語惟恐傷之始權南充偶誤決一獄屈者恚而得狂疾聞之大戚曰是予之罪也亟集兩曹自引咎平反之自是聽斷益平尤留意風化在峨眉任捐俸購儒先書集書院諸生定課程親爲講授歷

犍爲彭水慶符諸縣所至勸學一如在峨眉時庚子前以老告休捐居宅爲學校用鐵路爭事起總督趙爾豐持之急奎榮太息謂損下益上失民心蜀禍將自此始遂避地郊居同志軍起復還入城十月初四日紳民迫總督交政權又訛傳北京失守遂託疾不食或謂年已篤老毋過自苦奎榮慨然曰國事如此吾輩尙偷生耶至十四日餓死年八十奎榮德望爲蜀士推重皆稱衆五先生既殉節益崇敬之

王毓江字襟山安徽宿州人父心忠官江南總兵毓江將家子有材略以知縣官江蘇復以道員改發陝西充兵備處總辦余誠格撫湘檄調湖南仍管兵備處事長沙變被執罵絕不口被亂兵所戕到湘纔九日同時死難者候補游擊劉駿堂湖南益陽人光緒庚子自立軍謀起漢上事敗駿堂時管帶院署衛隊捕黨人最力黨中尤恨之至是自益陽拘至省城徇於市駿堂罵不絕聲衆憤怒叢擊斃之幷籍其家鍾麟字書春蒙古正白旗人光緒二十九年進士用知縣發湖南補瀏陽攝永順宣統二年調嘉禾省城難作衡永郴桂道通令輸欵麟聞大慟即集士紳謂曰麟涖縣經歲無德於民今國亡城危請諸君先殺麟以謝百姓幸縣城不罹兵禍死無所恨皆相顧錯愕爲好語慰之九月二十一日民軍圍縣署鍾麟坐堂皇屑金自盡預伏火內室妻邱氏燬焉兩子及次子婦均遇難典史何永淸字澤溥四川新津人捐典史發湖南歷權州同州吏目屏絕規費胥役畏之嘗於除夕有富商以金爲壽請繫一負債者永淸曰除夕人皆歡聚我拘之非人情我受金而使人一家皇皇尤非此心所安峻拒之其廉介類此變作誓與鍾麟死守或有諗永淸者謂邑侯旗籍民軍恐不相容公幸自愛有變當奉公主縣事永淸謝之不爲動道令至永淸痛哭懸印於肘自經死沈瀛字士登江蘇吳縣人嘗刲股療母疾以勞保知縣嘗從湘撫吳大澂出關事轉運絲毫不自潤累署武陵長沙奏擢知府宣統二年春長沙以米貴肇事焚撫署以瀛前任長沙得民心復令攝任緝匪振貧省城復安三年八月充營務處提調新軍既變黃忠浩被戕瀛方出巡新軍遮入諮議局請爲長沙守不可請仍宰長沙又不可錮諸室令所親勸之至泣下瀛曰官大淸州縣二十年一朝背之異日將何面目見人乎言已大哭與前湘鄉知縣城固申錫綬同忍飢以死節相勉黨人知不可屈擁二人出罵不絕口同死之時長沙協都司傖得壽爲人狙擊死忠浩自有傳

世增字益之爲祖大壽後隸正白旗漢軍由生員入同文館通法文隨使英俄諸國歷保道員加布政使銜嘗譯西藏全圖西伯利亞鐵路圖進呈光緒三十二年授甯紹台道外務部調丞參上行走三十三年授兗沂曹道擢雲南按察使調交涉使宣統二年擢布政使三年七月調甘肅未行而革命難作時新簡滇藩未至或諷世增速交替可脫險以義不當苟免辭之事亟法領事韋禮敦勸入領事館又謝之有勸世增者則曰人孰無恥安有一省大吏求庇外人者得死命也揮眷屬出獨抱印不去九月十三日兵變世增夕懷印步謁總督李經羲僕紀祥從總督拒不見乃歸出手槍自擊紀祥遽奪之恚曰汝誤我軍隊突入擁至講武堂索金助餉斥之韋禮敦聞訊來視且允代任餉銀二萬變兵略無圖害意夜半槍聲作楊某給守兵謂電請大兵且至衆遂叩寢門迫世增爲都督且以槍擬之卒不應排槍起中五彈死紀祥圖殉衆義之獲免乃市薄槥斂事上聞贈巡撫諡忠愍石家銘字訂西湖南湘潭人治刑名游滇佐大府幕凡邊防阨塞及通商各國科條章約靡不諳究雲南自界連英法領土交涉尤繁文書往復惟家銘隨方應付動中竅要歷任總督皆倚重之以縣丞累擢知府宣統元年補昭通三年調澂江尋改開化視事數月審結滯獄數百起多所平反九月十五日巡道所募新兵譟變署中僅哨弁李世淸率衛兵二十人守禦相持竟夜子彈盡仰藥不死和金屑服之又不死乃令世淸然火油以身投入世淸哭隨之遂共焚死世淸雲南人琦璘滿洲鑲紅旗人由部曹選授雲南澂江府知府調補順甯嚴正廉潔對屬吏不少假借省城兵變正籌議集兵往剿先是順甯縣令蕭貴祥疏脫要犯援例上劾貴祥銜之至是結巡防營乘不備入城貴祥假他事詣琦璘至文昌廟會議突起圍之琦璘理論不退遂大罵衆怒遂開槍擊殺之城中大亂貴祥遁去毛汝霖字澤卿四川成都人雲南候補知州宣統三年權永昌府釐金代行知府事九月初六日騰越兵變永昌民大震集民團守禦十二日電傳省城變作知事不可爲仰藥死營官羅某民軍入城不屈被害碎其尸胡國瑞字瓊笙湖南攸縣人舉人光緒二十九年挑知縣發雲南始攝霑益知州淸積訟逾百三十三年署彌勒縣多盜易八令不能治告戍將我行君繼之出不意可禽也如其策破賊巢禽其渠斬之明年大潦蠲振並舉以循績上聞被旨嘉獎旋補江川擢大關廳同知皆未之任時請修墓歸里既受代矣變作遣家屬行寓子書曰省垣不守布政使被戕餘無殉節者臣子之義萬古爲昭予雖無守土責然實官也候北信當死即死旬日後訛傳京師破明日有汲於署東井者井上有雙履往視之則屹立井中死矣背有遺書曰自經不死又復投井又書曰京師淪陷用以身殉達人不取愚者終不失爲愚於是縣吏棺斂之邑人請封其井題曰胡公井張舜琴字竹軒雲南石屏州人舉人選昆明縣訓導講正學尙名節士皆敬之擢順甯府教授事繼母孝迎養學舍顏其堂曰不冷監師範學校人疑舜琴改平時宗旨及觀其學規嚴肅壹準禮法皆翕服外國教習亦僉曰張先生正人學使葉爾愷調充學務議紳變作有令剪髮即夕闔戶仰藥死

鍾麟同字延堂山東濟甯州人威海武備學堂畢業治軍嚴整累保道員以晉從軍龍州調入滇充陸軍第十九鎭統制官宣統三年九月初九日七十三標兵變夜半自北校場入城麟同率衛隊扼五華山手發機關礮斃者數百而七十四標駐巫家壩者應之更迭戰山下軍械局員陰與之合移巨礮城上攻五華蟻附上衛隊傷亡多子彈亦盡突圍轉戰慨然曰身爲統將乃破壞至此何面目生存耶以手槍自擊而仆變軍碎其尸剖心啖之上聞有忠骸支解慘不忍聞之諭諡忠壯同時死難者輜重營管帶范鍾岳字靜甫直隸鹽山人力戰死七十三標標統羅鴻奎直隸天津人被執不屈死七十四標副官張之淬直隸河間人遇毒死七十三標第三營管帶張恩福直隸靜海人大罵被害孔繁琴字韻笙安徽合肥人以文童投武衛軍入武備學堂畢業充哨官庚子拳亂扈兩宮西狩與兄繁錦殿後奪回龍泉關名以起嘗調廣西幫辦紹字營駐柳州營本降匪改編將調入城疑而譁變戕統軍繁琴奮擊之殲其衆又調廣東管帶巡防隊惠州匪聲言欲投誠脅紳求一見繁琴盛服單騎往覺有異出匕首剸之立斃匪黨將致死援者至乃免地方亦以匪首死始不復擾歷保知縣宣統元年調雲南充蒙箇防軍分統以勞補靖邊同知又以賑獎知府民軍之變獨率一營扼普雄軍至急與戰死甚衆已而左膝中彈傷幷兵請退怒以槍擊之所部遂潰僅七人死守不去民軍中有素重繁琴者說之又以槍斃數人乃大憤發一槍問降否曰不降累問之答如故至十三槍乃中要害死管帶張榮魁與繁琴本同學是日亦戰死榮魁亦安徽人王振畿字化東山東滕縣人天津武備學堂畢業充哨長累擢至統領改道員入滇總辦兵備處治軍有節制變作欲嬰城死僅傷左股遂被執勸降不從見害張嘉鈺字武平湖南鳳皇廳人起世職累官至總兵宣統三年署騰越鎭武昌變起有自省遺嘉鈺書諷其達時變者嘉鈺謂我所知者與城存亡而已其他非我所能行亦非所忍聞也未幾騰越防軍起應民軍九月初六日圍鎭署出堂皇彈壓兵猝入被戕

陳兆棠字樹甘湖南桂陽州人父士杰山東巡撫自有傳宣統三年兆棠官惠州府知府九月粤中黨人起應武昌總督張鳴岐遁香港民軍遂踞省城設軍政府潮州鎭趙國賢自盡死所統防軍擾亂守道知縣皆逃士民懽堅留兆棠收撫防軍部署未定二十八日民黨糾衆攻府署火及宅門左右挾兆棠出民軍懸賞購執令輸餉十萬貸死兆棠曰死則死耳安有鉅金助爾謀反衆怒縛之柱中十三槍乃絕國賢自有傳馮汝楨字棻雲浙江桐鄉人以諸生捐知縣發廣東権商讞獄咸舉其職宣統三年七月攝西甯廣州變起黨軍圍縣署脅汝楨懸白旗示歸順持不可俄而槍聲作乃朝衣冠出大堂衆爭前槍刃交集洞胸穿脇斷右臂死之何承鑫字性存湖南湘潭人少治說文學光緒六年學政陶方琦按臨長沙以溧字爲題承鑫徵引詳贍文譽以起光緒季年廣東陸路提調秦炳直招入幕於軍事多所贊畫時提督駐惠州以總稽查任之宣統三年八月革命軍起惠及鄰境匪皆蠢動聞營官有通敵者密告炳直而營務處劉殿元以全力護主帥自任否則借死承鑫感其意以首觸地謝之亡何餉匱薪米竭援師不至承鑫以死自誓城陷夕歸私室自書絕命時日置衣帶中並遺書誡子自經死炳直上聞以忠義可嘉褒之

白如鏡字顯齋隸鑲黃旗漢軍由筆帖式補鑾儀衛官出爲興甯營都司宣統元年署潮州左營游擊兵變不屈死何培淸字鏡亭廣東歸善人入提標補千總光緒三十四年領連和防營提督秦炳直才之調博羅剿羅桂幫匪盡殲之會鄂變粤應之民軍猝集攻博羅培淸以三百人登陴守兩晝夜敵不得逞奸民開門迎民軍執培淸不欲死之甫出猝遇羅桂餘黨出不意狙擊死之時又有黃兆熊者名家玟以字行湖南湘潭人久從秦炳直爲惠安水師營哨官博羅既失民軍薄惠州兆熊被調入城守三日目不交睫城陷傳提督被害悲憤不欲生時全城搶攘獨攜槍至城堞間以足趾觸槍機洞貫胸腹死張德潤南雄人以千總充香山巡防營管帶官革軍入縣城守南門力戰援絕被執殺之投尸江中嘉應州游擊柏某時亦以兵變遇難

張振德幷失其籍廣西候補知府充巡防隊統領十月潯州亂率師至黃茅規進剿衆寡不敵中槍死時南甯府知府攝思恩府舒志亦以兵變死之

來秀字樂三姓聶格里氏滿洲鑲藍旗人由繙譯生考取筆帖式歷官刑部屢決疑獄充軍機章京三十三年出知汀州府大吏議加汀鹽價力爭罷武昌事起福建響應總督松壽殉難全省無主來秀在官多惠政士紳憂來秀滿洲爲人指目謁請護避汕頭來秀以大義自矢不之允九月三十日郡城縣懸白旗來秀知事不可回朝服坐大堂北向叩頭仰藥死松壽自有傳劉念慈字晉芝湖北鍾祥人由廩生選教諭俸滿以知縣發福建補永安福州既亂土匪倚山險聚衆數百人念慈募勇督剿匪負嵎抵抗勇被槍死念慈亦重傷爲匪擁去索銀幣取贖念慈即間遣人持絕命書歸且曰慎毋來贖以增羞貽累卒絕粒不食死李秉鈞漢軍正白旗人由謄錄敘知縣選泰甯有治聲革命變作慨然曰國亡與亡義也第縣治無官民將失所召紳士議保衞法既定仰藥死繼妻烏蘇氏亦仰藥殉之王榮綬字笛青湖南善化人以軍功起家官甘肅光緒二十八年改選連江縣知縣嚴於捕緝黨人莫敢留縣境受代寓省城被拘至軍政府責以前事抗辭不屈被害

定煊福州駐防諸生有幹略官佐領武昌變起將軍樸壽日料軍實簡卒伍旗民能勝兵者皆授以兵而任定煊爲捷勝營管帶日夕操練防軍圖變於九月十八日揚言旗營將開礮洗城以懼衆四鼓礮聲隆起分撲軍督兩署樸壽親督所部血戰兩晝夜防禦長瑞驍騎校巴揚額主軍書發憤從戰相繼殞於陣前者僵後者繼變軍不支漸引卻偵利槍巨礮皆在于山定煊從樸壽於二十日夕短衣草屨督死士襲山壘深入中礮死長瑞巴揚額均繙譯舉人同隸駐防之前鋒森俊蘇都里達哈使尚阿里領催桂斌慶銘舉人松音均陣亡教員麟瑞舉人裕彤與兄筆帖式裕豐族兄哨官鑠欽額均殉難樸壽自有傳

王有宏字金波直隸天津人同治五年投効銘軍充兵目自平定髮捻餘孽與勦臺灣番社法人攻臺灣諸役均隨軍有功擢至游擊日本渝盟奏調山海關辦防務和議成入江南防營以緝梟匪勞記名總兵江蘇巡撫鹿傳霖器之從入秦扈從兩宮回鑾尋爲河南巡撫張人駿奏留倚以練軍人駿督兩廣移督兩江皆從管江南緝捕營兼統總督衞隊宣統三年八月湖北告變檄統選鋒十營會提督張勳江防軍守江甯嘗請率三千人赴滬守製造局斷蘇杭鐵道未果無何江蘇巡撫程德全宣布獨立率兵攻江甯提督張勳與戰頗勝而變軍別出一支攻督署有宏以機關礮擊却之十月初旬德全以江浙聯軍至麕集薄城有宏馳出通濟門以三百人戰民軍以遠鏡測知有宏所在發槍子中左腹猶植立督軍士進擊左右舁至醫院乃絕電聞贈太子少保諡壯武何師程字雲門由襲騎都尉擢副將保總兵補江南督標中軍十月十二日甯垣陷自戕黃凱臣本名彩以字行江蘇江都人入徐寶山虎字營爲哨官敘功至游擊以事去職至賣茶自給武昌變起江甯將軍鐵良添募十營助城守凱臣領其一省城既陷各營相約懸白旗凱臣語所親曰城不守而相率降附吾實恥之聯軍至橫刀大呼殺敵馳入陣被戕戚從雲徐州人由行伍官千總隸江蘇巡防營以能緝捕名蘇滬獨立時從雲率巡防一營駐黃渡抵抗不從遂爲民軍所戕

盛成字挹軒本荊州駐防同治初金陵克復調江甯由驍騎尉累擢鑲黃旗佐領民軍攻江甯知城不可守約知交城破各挈孥就火藥庫謀同死十月十一日城破有言繳械免死者衆要盛成往不應率子婦趙孫國瑞女三赴藥庫擲酒痛飲炷香以待炸發哈郞阿字叔芬素與盛成善聞之亦挈妻張子成仁成義女一往同時熸焉旁近旗民無老幼男婦巨響一震死不知數南山字壽民充貼寫累擢防禦初從將軍鐵良駐軍北極閣城破知同僚集都統署馳入言曰吾輩受國厚恩今宜發天良背城一戰不濟則以死繼之無應者出召軍士語如前亦無應者恚甚發槍自擊死妻某聞南山殉節抱其子縱火自焚死培秀字希賢先以襁褓子授其戚以阿芙蓉膏飲一女一姪女夫婦自焚死防禦松柏與妻子女八人驍騎尉恩鈞夫婦副前鋒寶林全家防禦長年均自焚死隸某旗洪某聞變先以妻女投官井與同居劉永祥闔室舉火自焚洪失其名永祥微者也中學教習興發約同營前鋒錦秀同投塘水死小學校長富勒渾布嘗以世濁獨淸誓與屈靈均爲伍有欲縛獻民軍者躍入水猶抗聲語曰吾今日遂吾志矣不受援死防禦嚴德海驍騎校愛仁阿榮生均率妻女子婦千總色勒善夫婦佐領廣照世職關秀崑相率投水死防禦果仁布城破自盡世職鹿鳴自經死隊官汝霖彭與教練官恩錫執事官魁禩均以不屈被害陣亡者爲驍騎尉趙金泉教練官鵬興排長海祥礮隊官趙壽昌被戕者千總富有世職金鑫祥泰韓萬興鴻錫侯恩俊卜金海永潮韓萬富文生衣吉斯渾凡旗兵戰死及眷屬與難見姓名者數百人事定掩埋叢冢凡十三處其數不可稽生員長明以在杭州武備學堂肄業爲同學斫之死

桂城字仲藩姓伊布杼克氏蒙古鑲紅旗人世京口駐防由生員入將備學堂考送日本振武士官諸學校入聯隊實習調江甯爲憲兵協軍校管陸軍警察營宣統三年九月變作遺妻子槍令自裁族人在軍者咸勗以大義時第九鎭統制徐紹楨駐秣陵關往謁知桂城不與同志也拘荒祠中新軍敗兩花臺遷怒桂城擁之出中數槍死後二年補謚剛愍延浩字子餘蒙古鄂依羅特氏漢姓文既老赤面白鬚善騎射如少年官協領以原品食俸載穆殉節默不語具衣冠北面再拜僵臥不食卒文蔚字子貞蒙古人同治初從將軍都興阿軍累擢佐領變作家人勸出避誓死不應一夕痛飲哭不止家人謂其醉也中夜遽卒蓋陰以毒物自戕矣年八十協領余世寬驍騎尉恩厚同源佐領春濤延熙防禦貴慶延福前鋒錦章炳炎領催東皋德慶延昌松廷三元錫昌雲騎尉良弼師範學校校長崇樸生員崇椿同以絕食死防禦吉瑞嘔血死領催德霈自經死前鋒鍾祥達邦領催慶耀陞奎國能殿倫發昆五品頂戴發元生員穆都哩同自經死前鋒德尙領催淸泰投江死舉人恩沛呑玻璃死佐領榮康德與普亮前鋒國棟和庸及弟啟瑞領催文光延熙及弟延本海春恩騎尉延章西登佈武舉人炳南生員喜德師範畢業生錫蕃均受傷死安徽縣丞壽餘及二子德興德祚同日遇害其被調江甯者排長國權海靖文馨啟貞與桂城同日死排長炳陞守北城戰死馬兵那康元遇敵軍南門搜軍械不服縛於樹支解死

高謙字敬亭湖南沅江人同治季年從左宗棠度隴司書記以勞保縣丞發安徽光緒八年宗棠督兩江委謙淮北督銷分局連任十有七年鹽商饋遺皆不受受代典衣裘而行商民頌之三十三年補安徽阜陽縣丞淸嚴不妄入民間一錢知縣有過舉輒陰爲規正民尤愛戴之宣統三年九月二十五日安慶變作變兵旋入阜陽左右勸謙引避厲聲斥曰名位雖卑大節不易吾豈苟活者耶即夕飲鴆自盡凌晨家人入視則衣冠端坐氣絕面如生年七十有四民聞之皆走哭議立祠祀之因亂未果

黃爲熊字子祥江西德化人由舉人挑知縣發浙江署於潛再署東陽民好訟積案千百排日決事民畏而感之署蘭溪除盜匪殆盡益興學重農治行上聞被獎省城變作聞之欲自裁翌日聞訛言謂京師陷大慟曰主憂臣辱主辱臣死何顏見地方人民耶亂民來奪縣印正色諭之不許抱印自經僚友趨救氣已絕面如生文海字雲舫漢軍鑲藍旗人由拔貢生用知縣發浙江一攝長興充勸業道科長新軍變入寓搜軍械得洋槍將繫之文海發槍斃一人傷二人出報其黨被收慷慨不屈引頸受刃死趙翰階字春亭山西祁縣人父受璧奉天昌圖知府有惠政翰階隨侍邊塞習騎射以任俠重鄉里拏匪之變嘗乘垣斃其魁增韞素與習官浙江巡撫令充衞隊管帶杭垣變作撫署被圍率猶子趙錦標等突圍入護巡撫家屬穴牆匿民舍明日聞巡撫爲新軍所拘往救之挈錦標持手槍出爲變兵所執曰我北方男子豈畏死者遂與錦標同被害

貴林字翰香滿洲正紅旗人杭州駐防官協領與浙人士游有賢名浙兵變駐防營猶抗拒相持二日浙人勸罷戰招貴林出營議事垂定有陷之者謂旗營反覆不可信且誣貴林置毒各坊巷井中變軍誘之出槍斃之同出者子量海舉人存炳佐領哈楚顯同被戕

額特精額字蔚如杭營正紅旗防禦駐守武林門辛亥九月十四夜變兵強令開城額特精額喝問何人以革命黨對遂斥曰汝等狗也我不死城不能開獨持槍擊衆衆環攻慘剹死暴尸數日居近商民始殮之文榮字如山蒙古巴岳特氏世襲雲騎尉變兵攻旗營三日堅不下使來議和合營官兵願効死力爭將軍德濟遽遣貴林出許之官兵皆擲槍軍署痛哭散去文榮憤不欲生手書十六字曰杭營失守忠義掃地淸流北向是吾死所遂投河死迎喜號壽芝滿洲鑲白旗人年八十餘矣當議和時詣軍署以死爭大呼曰八旗受國恩三百年今事至此若輩猶欲覥顏偷生乎遂歸閉戶自經死金海正藍旗前鋒校變兵架巨礮吳山遙轟旗營衆議啟城馳奪之金海願從戰聞議和遂棄械于河亦自經死希曾正藍旗監生前南昌知府盛元孫變兵入營多刼殺希曾斥之曰既議和矣奈何猶爲盜賊行衆怒擊竟剁尸如泥時旗人皆自危頗有無故被殺者其姓名不能盡詳矣

玉潤漢軍鑲紅旗人光緒季年以鑾儀衞治儀正出補秦州營游擊武昌事起甘肅僻遠總督長庚素持鎭靜聞陝西擾亂乃戒嚴時有道員黃鉞者宿與南方黨人通充軍事參議欲通陝中民軍謀獨立以陝中民軍屢敗乃陰引川軍入甘爲援玉潤偵知日與守備習斌籌守禦以限於兵額末由增募是時南北欵議成甘陝電斷不相聞鉞於秦州各官獨憚玉潤忠鯁壬子正月二十三日遂率衆入城據各署局而以兵圍游擊署玉潤列隊出拒身自督戰終以兵少不敵玉潤中槍殞於陣

勞謙光字佩蘭山東陽信人少讀書有用世志入北洋武備學堂畢業山西設武備學堂聘為教習管帶馬隊管捐知縣遂官於晉新政剏始若督練處警察學堂並充提調官數歲移充北洋常備軍第三鎮參謀官兼軍需官擢第六鎮工程營帶官武漢變起率工程營赴前敵築橋漢上將以濟師敵爭之力礮子雨下躬督視不卻猝中礮死時十月初六日死而橋卒成清師得渡復漢陽清廷主兵者遂有停戰之議吉陞字允中滿洲鑲黃旗人以學生官本旗前鋒入海軍學習積資充海籌兵艦幫帶官湖北告警海軍奉調赴援至者兵艦十五艘魚雷艇二艘清軍攻漢陽海軍助勢而礮發多不命中未幾言煤罄相率下駛九月二十一日海籌與海容海琛三巡洋艦奉令離漢口二十三日抵九江時江西九江已響應武昌海容海琛遂相約懸白旗停泊海籌管帶吉昌不欲邀吉陞同遁吉陞潸然涕下曰國家經營海軍四十年結果乃如是耶發憤投長江死

張程九字子澐奉天台安人由歲貢考充盛京宗室學教習任滿以知縣用宣統元年選為奉天諮議局議員三年九月鄂變起地方不逞之徒假改革名義狡然思逞台安齊某糾眾將起事憚程九持正不敢發程九聞警至省謁總督趙爾巽請派隊勦辦免塗炭地方爾巽允其請並令回縣辦鄉團以資捍衛程九歸經縣西佛牛彔為羣賊所伺設伏遇害卹贈知府賞世職

王文域字伯若四川人知山東樂安縣辛亥冬為變兵所戕黑龍江海倫府巡防馬隊管帶官譚鳳亭於十月陣亡有旨優卹伊犁將軍志銳被戕僕呂順以樸誠著臨難護主同死之從死者武巡捕官劉從德四川人教練官春勛京旗人志銳自有傳

張傳楷字睿斌直隸青縣諸生充宗人府供事敘勞得知州革命事起舉朝震恐自親貴達官而下惟日以從家入外人居留地為事傳楷憤甚詣都察院上說帖請代奏院官無在者止院門哭三日無一官至遜位詔下拔所佩刀自戕死自銘十六字曰成仁取義孔孟所垂讀書明理舍此何為孫文楷字模卿山東益都人同治癸酉舉人潛心著述尤精金石之學以收藏貧其家力耕自養恆屢歲不入城市有適野集一笑集皆詠田事詩也遜位詔下家人秘不以聞經月忽入城訪友歸即仰藥自盡將死屬其子曰吾行吾所安耳毋謂我死節也著有老學齋文集二卷今吾吟草四卷稽庵古印箋四卷古錢譜等書王乘龍字少枚福建龍溪人安貧好學以歲貢生授經里中聞軍應武昌乘龍感愴彌日不食翦髮令下長至謁宗祠宗人勸之乘龍不一語入夕乃潛設香案自經死案上遺詩曰膚髮千鈞重綱常萬古新毀形圖苟活何以見君親年六十有一趙彝鼎字煥文江蘇江陰縣諸生好程朱之學武昌變起蘇撫程德全應之憤痛絕食十月初九日出而不返明日家人跡至三賢祠樓則衣冠北面懸梁間氣絕矣檢篋得遺筆千餘言有曰我死合君臣之義冀斯人不以我君為滿洲而漠視之願國家大兵早至反正者免脅從者赦又曰我為國故不死於家會文講學地正欲以明人倫也施偉字卓齋江蘇高淳縣諸生傲岸絕俗以兄喜譚新學心非之遜位詔下大慟壬子元日具衣冠拜家祠自書輓句祠壁投塘水死李澤霖字郇雨廣東香山縣諸生教授生徒以小學近思錄為日課聞變絕粒五日死先手書清處士李郇雨墓七字授其子俾刊墓道且命二子毋入學校毋出仕胡穆林失其名湖北江陵縣諸生變作上書荊州將軍議戰守事將軍壯之時電報被燬具乞援牘令賫以北行至資福寺為通敵之警察所偵縶沙市敵營訶之曰汝漢人奚助滿人為穆林叱之遇害杭州望江門有更夫某者夜鳴鉦巡於市變軍自城外入方昧爽猝見之急鳴鉦大呼兵反狂走向官署冀警備軍訶之不止追及槍擊之立斃

梁濟字巨川廣西臨桂人父承光卒官山西貧不能歸寓京師喜讀戚繼光論兵書暨名臣奏議光緒十一年舉順天鄉試時父執吳潘祖蔭濟甯孫毓汶皆貴濟不求通追毓汶罷政始一謁之大挑二等得教諭改內閣中書十餘年不遷舉經濟特科亦未赴三十三年京師巡警廳招理教養局濟以總局處罪人而收貧民於分局更立小學課幼兒俾分科習藝設專所售之費省而事集由內閣侍讀署民政部主事陞員外郎在部五年未補缺遜位詔下辭職家居明年內務部總長一再邀之卒不出歲戊午年六十諸子謀為壽止之不可避居城北隅彭氏宅先期三日昧爽投淨業湖死時十月初七日也遺書萬餘言惓惓者五事曰民曰官曰兵曰財曰皇室區畫甚備予謚貞端有吳寶訓者字梓箴蒙古人嘗為理藩院員外郎素與濟游聞濟死痛哭越日亦投淨業湖死

簡純澤字廉靜湖南長沙人父桂馥純澤生七歲即出嗣伯父敬臨敬臨以總兵從左宗棠軍攻金積堡叛回戰死謚勇節賜騎都尉世職純澤自幼吐棄俗學嘗入粵從西人習軍械製造法桂馥客游新疆久不歸迄二十餘年無耗純澤乃以襲職從度隴軍欲遂出嘉峪關覓之隴督以荒遠堅阻而行文地方官搜訪卒不能得則大痛謂他日不求死鄉里也入陝西為布政使升允所重庚子升允率師勤王純澤與營官歐丙森從遇夷兵正定斬數百人疾作聞丙森戰死力疾請戰升允尼之上書責升允詞甚直正定令將迎夷師入下令軍中嚴陣待夷懾之解去升允擢巡撫檄管武備學堂兼領新軍後復檄充新軍教練官會後撫以貪黷聞非門金不得通積二歲不往又與道員王毓江議軍事不協謝歸里國變後居數年悲咤不解丙辰夏北行之京師旋客天津後一年至煙臺游煙霞洞去之威海投海死獲其屍有自書絕命詞以樹墓碣鐫大清遺民四大字為獲屍者告感其義斂而葬諸海濱且立碣焉

王國維字靜安浙江海甯州諸生少以文名年弱冠適時論謀變法自強卽習東文兼歐洲英德各國文並至日本求學通農學及哲學心理論理等學調學部充圖書館編譯名詞館協修辛亥後攜家東渡乃專研國學謂尼山之學在信古今人則信今而疑古變本加厲橫流不返遂專以反經信古為己任著述甚多擷其精粹為觀堂集林二十卷返國十年以教授自給壬戌冬前陝甘總督升允薦入南書房食五品俸屢言事皆褒許甲子冬遇變國維誓死殉駕移天津丁卯春夏間時局益危國維悲憤不自制於五月初三日自沈於頤和園之昆明湖家人於衣帶中得遺墨自明死志曰五十之年祇欠一死經此世變義無再辱云云謚忠慤海內外人士知與不知莫不重之

清史稿

孝義一

列傳

清興關外俗純樸愛親敬長內懲而外嚴既定鼎禮教益備定旌格循明舊親存奉侍竭其力親沒善居喪或廬於墓親遠行萬里行求或生還或以喪歸友于兄弟同居三五世以上號義門及諸義行皆禮旌親病刲股刳肝親喪以身殉皆以傷生有禁有司以事聞輒破格報可所以教民者若是其周其密也國史承前例撰次孝友傳亦頗及諸義行合之方志甄錄文家傳述無慮千百人采其尤著用沈約宋書例為孝義傳事親存沒能盡禮或遘家庭之變能不失其正或遇寇難值水火能全其親若殉親而死或為親復讎友于兄弟同居三五世以上及凡有義行者各以類聚事同以時次孝為二卷友與義合一卷

朱用純　吳蕃昌 從弟謙牧 揚品
周靖　耿燿 弟炳 兄子紱彝 耿輔
李景濂　汪灝 弟昊 日昇 日升
黃農　曹亨 黃嘉章
鄭明允　劉宗洙 弟思廣 思廣子青藜
何復漢　許季覺
吳氏四孝子　雷顯宗
趙清　榮漣
薛文 弟化禮　曹孝童
丁履豫　鍾保
覺覺色爾岱 嘉杜 佛保 克什布　王麟瑞
李盛山　李悃
奚緝營　周士晉
黃有則　王尚毅
胡鍈　李三
張夢維　樂太希
董盛祖　徐守仁
李鳳翔　卯觀成
葛大賓　呂斅孚
王子明 弟晨明　張元翰
俞鴻慶　姜瑢
湯淵　魏興
戴兆苯　潘周岱
張淮 張延瑞　胡其愛 方其明 郭咸珠
張三愛　楊夢益 關天會
夏士友　白長久
郭味兒 孫宏　董阿虎
張乞人　席慕孔 張長杜
崔長生　榮孝子

無錫二孝子 啞孝子

朱用純字致一江南崑山人父集璜明季以諸生死難用純慕王裒攀柏之義自號曰柏廬棄諸生奉母其學確守程朱知行並進而程於至敬來學者授以小學近思錄仿白鹿洞規設講約從者皆興起居喪哀毀嘗曰宰我欲短喪吾黨皆以爲怪然可見古人喪禮之盡必蔬水饘粥哭泣哀毀無苟弛若今人飲酒食肉不改其常雖更三年豈謂久哉晚作輟講語又爲治家格言語平易而切至病將革設先人位拜於堂告無罪顧弟子曰學問在性命事業在忠孝乃卒用純與徐枋楊旡咎稱吳中三高士皆明季死事之孤也

吳蕃昌字仲木浙江海鹽人父麟徵明季死難蕃昌事所後母查孝居喪水漿不入口既殯啜粥不茹蔬果寢苫不脫衰絰比葬嘔血數升逾小祥遂卒從弟謙牧字裒仲爲程朱之學事母朱孝居喪杖不能起疾稍間手輯父遺集復困治喪哀動行路謙牧體素羸益不自勝遂卒蕃昌謙牧皆交于張履祥履祥稱之時以孝著者復有歸安沈磊亦履祥友也磊事母嚴母不御酒肉磊力請終不聽有疾醫爲言乃御酒肉磊客授于外弟子具時食不忍食以爲母未嘗也弟子乃先以饋母曰太君食矣乃食率以爲常

周靖江南吳縣人父茂蘭刺血上書明父順昌冤事具明史靖少補諸生事親能盡力茂蘭卒擗踊哭泣喪葬悉如禮三年不脫衰絰不飲酒食肉小祥有疾作或謂在禮得飲酒食肉靖不可靖素善作篆或請題牓亦以喪辭

耿爔河南太康人世農父應科好施與七世同居顏其堂曰敦藝兄光明諸生孝後母而教諸弟嚴爔從之學事必諮而後行明末流寇屠太康爔與弟炳舁母避河北貿布以養母病朝出暮歸不解帶累月母卒挽車歸母喪炳亦純謹定興耿權與弟極以孝友聞炳墓其爲人分田舍處之孫奇逢爲作三耿傳爲方寇至光前卒未葬子於彝號泣守其柩不去寇執之推隕城下傷腰脅幾死寇退歸掬土掩柩乃去縣饑知縣餽以粟散贍貧乏督僮蔬任饑者刈以食同時有耿輔虞城人奉母避寇開封寇決河灌城倚浮木負母以渡母卒哀毀縮衣粗食終其世

李景濂字亦周浙江鄞縣人幼喪母父再娶于何而卒何年少謀氏欲奪之景濂聞伺於道出椎擊之歸告何何相與慟哭誓相依終身何教景濂嚴景濂事何甚謹何嗜酪景濂日入市求之端捧急趨如鳥張翼市人怪而求其故則皆歎其孝爲讓道何老病景濂侍疾七年不怠何卒景濂亦六十廬墓三年作孺子泣景濂明諸生明亡棄諸生去爲醫

汪灝江南休甯人晨日昂日昇其弟也父病咯血灝年十六割股和醫進良愈後數年病足晨割股煉爲末敷治亦愈又數年復咯血晨復割臂以療更數年疾大作灝復割臂勿瘳晨病日昂泣曰吾兄割臂愈父吾不能割以愈吾兄乎衆尼之帽且仆匠治棺日昇持匠斧斷指血淋漓調藥以飲晨有司表其門曰一門四孝友錢塘吳瑗及弟琦璠琰相友愛年皆逾九十江蘇華亭美應龍應龍子世璜世璜子文樞子超萃超萃子懷權懷權子栻六世皆以孝行旌人尤以爲難

黃農江南元和人父袞諸生農年十餘母吳病六年農侍疾不懈母卒慟屢絕坐臥母柩側袞客授于外携農俱久之察其枕漬淚若膏貌瞿然如初喪袞客授稍遠家農歸五日一往省袞止之則私伺門外問安否衣服器用時其寒暑具以往一夕心悸走省袞得暴疾舁以歸會除夕禱神願減算益父袞愈農三十餘而卒妻金亦賢孝

曹亨陝西鎭安人年十一喪母不能具棺號泣於路乞自鬻爲斂或與之金葬母畢卽詣其家執役終身黃嘉章湖南桂陽人吳三桂之亂從父避兵連珠崖父沒兄嘉林年十六嘉章亦年十一自鬻以葬父嘉林稍長力爲傭得錢贖嘉章還兄弟相友愛

鄭明允江南歙縣人康熙間耿精忠兵至明允侍母抱譜牒及先世遺筆入山賊大索山中明允夜負母匿僻塢還挈二子未至霧溢山虎聲震林木納二子石穴中疾趨侍母賊退二子亦無恙兄病親湯藥不去側及亡每慟輒絕與其戚同買失其資明允發橐金盡與之族子綰客舍明允爲坐守達曙白于官出私財以斂有友蕩其資困甚明允醫所有依之無難色明允世業醫精而不試曰十得九猶有一誤業賈終其身

劉宗洙字長源弟恩廣字錫三湖北襄城人父漢臣明季從軍襄城破被數創幾殆恩廣兩耳斷號泣負以歸宗洙方走避寇聞父難往赴賊截其耳鼻居數年父病嘗糞時稱襄城嘗糞孝子父歿與季弟宗泗同居俄與恩廣皆得官以母老不出母歿恩廣嘔血至篤疾或慰解曰勿復言五內裂矣遂卒宗洙積哀兼痛弟亦嘔血卒恩廣子青藜康熙四十五年進士選庶吉士遭父喪哀毀嘔血事母不復出

何復漢江西廣昌人十五而喪父哭淚皆血長事母孝母疾作嘗糞苦甘以測病深淺不解帶者數月母歿寢苫三月淚漬苦左右盡血痕葬乃廬墓側日夜悲號喪終猶廬居耿精忠兵至復漢守墓不去親知毀其廬乃哭而行著古今粹言示子孫子人龍康熙五十二年進士入翰林

許季覺浙江海寧人少尚俠既折節讀書居親喪水漿不入口者七日杖而後起含斂殯葬虞祔卒哭祥禫皆用古禮葬躬負土廬于側朝夕哭不輟季覺故與同縣查氏交密查氏貴營葬侵許氏墓地季覺曰吾不能以友賣親訟連年不決親朋居間季覺終不讓查氏誣季覺通海逮獄有爲辨者獄稍解避地山陰查氏復誣以他事再逮獄季覺度不免獄中碎瓷盎吞之死

吳氏四孝子江南崇明人失其名父壯年家貧鬻子爲富家奴及長皆能自贖娶婦列肆居養父母兄弟議奉父母膳月而易諸婦曰翁姑老矣月而易必三月後方爲翁姑具膳太疏復議日而易諸婦又曰翁姑老矣日而易必三日後方爲翁姑具膳仍太疏乃議伯具早餐仲午叔晡次日季具早餐周而復始越五日諸子合具饌奉父母子孫皆侍諸婦以次上酒食以爲常室置廚兄弟各具錢五十父食畢取錢入市嬉易果餌歸畀諸孫錢將盡復具父或從博徒戲兄弟潛以錢畀博徒令陽負與其父以爲歡行之數十年父母皆將百歲奉事不衰陸隴其爲之傳

雷顯宗河南陳州人諸生父病痪顯宗摩掌熱柎父四支二十七晝夜不倦父良愈居數年復病劇侍湯藥兩月餘竟卒哀毀柴立居母喪亦如之康熙中歲饑出米粟濟貧乏代償其逋賦有鬻其孥者贖以歸佽婚葬者三百餘家顯宗年九十朔望集家人講孝經曲禮內則諸篇里閈稱其家範

趙清山東諸城人生有至性嗜酒與同縣李澄中劉翼明輩徧陟縣中山縱飲輒沈頓喪父廬墓側百日母往携以歸喪母復廬墓側麻衣躬畚鍤負土爲墳毀幾殆客有勸者清曰清所以爲此者蓋下愚居喪法耳清狂蕩如湍水不居墓側將食旨久而甘聞樂久而樂居處且久而安不一期沈湎不可問矣不孝孰甚居廬久或傳有狼與犬爲守廬狎不相齧也

榮漣江南無錫人少孤多病母令爲道士善詩畫事母孝出游得珍玩良藥必以奉母游倦歸晨昏侍母側母卒廬墓不復出漣與縣人杜詔及僧妙復號三逸

薛文江南和州人弟化禮貧有母兄弟一出爲傭一留侍母迭相代留者在母側絮絮與母語不使孤坐日旰傭者還挾酒米魚肉治食奉母兄弟舞躍歌謳以侑寒負母曝戶外兄弟前後爲侏儒作態博母笑母篤老病且死治殯葬畢毀不能出戶傭主跡至家文與化禮骨立不能起哭益哀數日皆死時康熙四十二年也知州何偉表其閭偉勤于民卒民祠焉乾隆間學政朱筠令以文化禮祔偉祠

曹孝童江南無錫人居南郭父爲圬者童五歲父或扃戶出則竟日不食鄰或哺之泣不食俟父歸同食父死童嗚咽匍匐死父側鄰市棺爲斂

丁履豫江南婁縣人少孤事母孝兄二弟一皆出游以歲所入畀履豫使嘗甘旨母卒將斂畫師貌母像絕肖履豫諦視久之大慟仆地遽絕

鍾保滿洲鑲黃旗人父希晉以步軍校從討吳三桂積功當遷鍾保以父老力勸請休奉養康熙間自刑部筆帖式累遷刑部郎中居父喪哀慟水漿不入口事母尤謹歸必侍母側兄蕩產撫其孤祖遺田宅悉推與之弟貧周之甚力雍正二年舉孝子賜金旌其門官至工部侍郎

覺羅色爾岱滿洲鑲紅旗人德世庫七世孫也性篤孝年十七父病醫不効乃割左臂爲糜以進病稍間旋歿事母益謹母病飲食減亦減飲食飲食不能進憂之亦輟飲食母能飲食乃復常雍正元年命舉忠孝節義以色爾岱應詔賜白金旌其門授銀庫主事勤其官遷郎中康熙間以割臂療親旌者有翁杜佟良與色爾岱同時有克什布翁杜滿洲鑲白旗人佟良蒙古鑲黃旗人官防禦克什布滿洲鑲紅旗人官三等侍衛

王麟瑞福建南靖人諸生八歲喪母事後母如所生母病渴非時思食梅麟瑞繞樹呼號不食三日梅夜華結實奉母母良愈父喪廬墓三年遇虎虎爲卻避雍正初詔舉孝廉方正縣以麟瑞上四年授陝西道監察御史出爲直隸永平知府

李盛山福建羅源人母病割肝以救傷重卒巡撫常賚疏請旌下禮部禮部議輕生愚孝無旌表之例雍正六年三月壬子世宗諭曰朕惟世祖聖祖臨御萬方立教明倫與人爲善而於例愼予旌表者誠天地好生之盛心聖人覺世之至道視人命爲至重不可以愚昧誤戕念孝道爲至弘不可以毀傷爲正但有司未嘗以聖賢經常之道與國家愛養之心明白宣示是以愚夫愚婦救親而

捐軀殉夫而殞命往往有之既有其事若不予以旌表無以彰其苦志故數十年來雖未定例仍許奏聞且有邀恩於常格之外者聖祖哀矜下民之盛心如是其周詳而委曲也父母愛子無所不至若因己病而致其子割肝封股以充飲饌和湯藥縱其子無恙父母未有不驚憂惻怛慘傷而不安者況因此而傷生豈父母所忍聞乎父母有疾固人子盡心竭力之時儻能至誠純孝必且感天地動鬼神不必以驚世駭俗之為著奇于日用倫常之外婦人從一之義醮而不改乃天下之正道然烈婦難節婦尤難夫亡之後婦職之當盡者更多上有翁姑則當代為奉養他如修治蘋蘩經理家業其事難以悉數安得以一死畢其責乎朕今特頒訓諭有司廣為宣示俾知孝子節婦自有常經倫常之地皆合中庸以毋負國家教養矜全之德倘訓諭之後仍有不愛軀命蹈於危亡者朕亦不概加旌表以成激烈輕生之習也盛山仍予旌表

李悃河南開封府人失其縣貧為木工父病痺奉侍惟謹歲歉不能養乃行乞於市歸啖父後得賑穀一石慮不能繼日舂升許供父而以糠秕自咽父病劇夜中鄰人時聞悃撫摩嗟泣聲遲明則悃抱父足死矣父亦一慟而絕鄰人愍其孝收而葬之

奚紺嘗字聖輝江蘇寶山人父士本以孝旌紺嘗幼讀論語至父母之年不可不知輒隕涕錢毅帥奇之謂眞孝子子也母病封臂以療士本老惡寒紺嘗夜抱父足眠以為常兩弟早卒撫其孤如所生女兄嫁而貧從妹寡皆依以居為營婚嫁

周士晉江蘇嘉定人母病久醫言惟飲人乳可生士晉子生方九月謀於妻李棄道旁以乳乳母母病已問兒以殤對後李不復姙亦無恐越十二年有僧為殷氏子推命年月日與士晉兒同詰之則得諸道旁者也父子得復合

黃有則湖南邵陽人四歲喪父母孫劬苦育以長遣就傳或迂之孫曰吾忍死不欲兒廢學也有則大感慟奮學客授養母夏無帳主人以進命撤之曰吾母無此也寒為製棉衣又卻之曰家貧無以煖母不忍享奇溫一夕風雪既寐復起行三十里歸省母母喜曰吾正思兒是時母逾九十有則亦六十矣母喪以毀卒

王尙毅陝西郃陽人為人傭母佞佛欲鑿山造佛象力不逮將死以命尙毅尙毅傭齋衣食積錢買山闢洞琢石為佛像洞六象十二皆手造或愍而助之謝曰力不己出非敬母命也錢盡乃輟復出傭得錢更為之如是三十餘年山植柏圍以紫荊洞上下蒔迎春洞成方冬花盡開山人怪之名曰九華洞山無水鑿池而雨至遂不涸名曰青龍池

胡鉷浙江上虞人鉷九歲從母汲母墮井鉷呼救未至亦躍入井救至引以出俱不死中歲遊陝西一夕忽心痛曰殆吾父病耶馳還父正病旋卒哀慟盡禮方冬母病求醫途遇盜衣盡褫冒寒行數十里與醫俱歸

李三江蘇宜興人一目眇一足跛父死二兄皆娶析產有田六畝屋四椽舟一二兄分田屋而畀三以舟迭養母三奉母食必有肉母至二兄所三輒私致甘旨二兄死嫂一前死一嫁三獨奉母晨爨畢乃以舟應客或當出五十里外度盡日不能返雖重雇不之許事母三十年鄰里稱其孝撫兄子慈而教之嚴母將死呼孫執手泣曰兒學好毋累汝叔怒自是不復怒其兄子

張夢維直隸元城人縣諸生父晚病風痺夢維日侍左右臥起飲食溲溺皆躬自扶持父慈其勞呵之去少退復前數年不少懈事母如事父居喪哀毀準家禮屛俗習弟病疽為剪髮灼艾日數省視及卒慟甚幾喪明弟妻或詬誶待之有加撫孤女逾己出弟妻卒悟且悔少師郡人衞鶴鳴治程朱之學鶴鳴卒心喪三年授弟子孝經小學以力行為本

樂太希湖北通山縣人幼慧三歲母負以嬉墮地傷額祖母問詭對恐祖母見憐而怒母也父疾抑搔滌濯晝夜不去側居喪盡哀既葬恒繞墓悲痛母疾及喪亦如之廬墓側居五年早為諸生以事親不應試或延使授經輒辭慮違親也親既終益篤學

董盛祖雲南黑鹽井人盛祖不知書早失父事母謹起居飲食侍視不少懈一妹嫁里中盛祖出負販呼妹還侍母妹亦善事母如盛祖盛祖行遇蛇當道驚曰母得無病乎歸則母方病呼盛祖人皆怪之母喪哭甚哀或慟絕鄰里驚救之乃甦盛祖有妻早亡不更娶或勸之曰娶婦以事親願賢者實難脫不賢將戾吾母吾能安乎卒不娶未終喪遂卒

徐守仁安徽青陽人世為農未嘗讀書四歲而孤事母孝得傭直市酒肉奉母母呼共食輒以持齋謝實不忍分甘也母沒哀慟既葬露處墓側蛇虺不避里人哀之為廬舍飲食焉守仁幷奉其父木主以居四年乃還其室鬢髮皆白

李鳳翔直隸武強人善事父母鳳翔以父老自請佐家事而督諸弟讀書習射應文武試父將終遺命析產心憐幼子而未有言鳳翔察父意益以所分三之一父歿事母益謹道光初滹沱連歲氾溢閭里蕩析負鳳翔債者二千餘緡悉焚其券復散錢濟貧者又遇旱所藝蔬果任饑者采食族子早孤他縣人以迎喪遇盜皆厚周之或將屠馬鳳翔贖以歸馬馴異常畜鄉人感之遂無屠馬者

卯觀成雲南恩安人父漢而母夷烏蒙亂父死母被掠鬻為婢亂定觀成無所依為昭通禁卒父母嘗為聘婦舅促觀成娶娶而不與婚三年舅詰之曰吾非不欲婚也行將嫁吾未婚之妻取所直歸吾母與之婚情不能割義亦不可出也語且泣有義之者募得六十金以半贖其母半為營廬舍成婚仍為禁卒以養母

葛大賓字興森湖南湘鄉人諸生四歲喪父哀慟如成人喪終值忌日出主祭主仆粉落葛字脫露周姓蓋木工飾周氏廢主為之大賓痛哭引咎告墓易主事母鉅細必躬疾嘗藥生徒有餽則獻嘗出客授獨坐心動亟還呼母母出屋後山遂頹壓母坐處母沒飲不入口者五日既葬不脫衰腰以下縷皆盡喪終祭必哀兄弟既分居財盡大賓復與同居通財無所私沒則庀其喪無子為立後

呂斅孚湖南永定人父孟卿貧以客授自給母病將殆思肉食斅孚方七歲貸諸屠屠不可泣而歸聞母呻吟益痛內念股肉可啗母取廚刀礪使利割右股四寸許授其女弟方五歲令就爐火炙以進母疾良已孟卿歸察斅孚足微跛得其狀與母持以哭斅孚曰母然兒固無所苦也鄉人皆嗟異稱孝童長為諸生學政溫忠翰疏聞尋除華容訓導孟卿亦嘗封股愈父病然斅孚割股時初知父有是事也

王子明甘肅通渭人諸生事母孝出為客蔬果新出必遙獻乃食嘗赴試母聞桃香久不散女曰此必吾兄所獻記其日歸驗之果然馮星明甘肅秦安人為營卒戍龍山食新韭置諸案叩首同伍問之曰以獻母咸以為迂或歸候其母母曰他日吾假寐夢兒以韭食我覺猶有餘香叩其日星明獻韭時也

張元翰直隸南皮人光緒五年舉人除獲鹿教諭遷知縣方謁京師父嗣陶時為萬全教諭卒官元翰奔赴慟哭幾不能勝居喪三年悉用古禮喪終以知縣待闕河南奉母赴官攝澠池甯陵諸縣方有事于考城而母遽卒元翰以父母卒皆不克視終事大痛將歸葬自為文祭告憑棺一慟而絕

俞鴻慶湖南善化人光緒十八年進士改庶吉士授編修事父母篤孝官京師歲必乞假歸省二十七年母歿鴻慶方自西安還京師聞喪奔還哀慟若不欲生父年已八十衰病鴻慶跬步不去側婉容愉色依戀如少時冬夜必數起省視或竟夕不眠二十九年父歿鴻慶慟甚以毀卒距父歿方匝月

姜瑢雲南嶍峨人父文柄嘗遠游瑢裹糧行求得以歸貧析薪治圃以養父嗜飲日必具酒家益貧父為罷飲命子跪而請翌日偕樵於山買酒歸共勸酣飲日以為常父歿輒提父嘗飲壺沽酒哭於墓人稱其圃為孝子圃

湯淵江蘇常熟人八歲喪父母茅紡織不稍休淵見輒淚下少長為負販勸母暫休母曰休不且餒死耶淵大慟客至母擘茗椀呼淵持以出淵跪而受自責貧不能具僕婢也娶生子而婦亡或勸再娶曰吾已有子何忍分養母力以養婦竟以鰥終母卒哀號動行路其後家稍裕方冬有被而無褥曰吾母昔無此也將卒命市棺視殯母之費

魏興直隸新城人早喪父興與弟繼宗皆入伍繼宗戰死興以母老出伍為樵以養歲饑米貴興以米奉母而自食糟糠恆不飽興亦老樵不足毀屋伐屋後樹以鬻安康諸生張鵬翼聞其事過興見興侍母左右扶持如童子因問其隣魏叟與其母日何食隣曰興啜包穀母食麥鵬翼大嗟異以其事白知府月予以粟興母子始得飽

戴兆笨安徽旌德人少從父業縫紉十三喪母盡禮事後母如母父病噎亦減飲食百方療父不得則封肱糜以進終不愈慟甚廬墓側朝夕稽顙時歸省後母呼妻出戒以善侍養不入其室

潘周岱安徽涇縣人為竹工與父同傭必躬其勞而遺父易且逸者父創足負以往返老廢周岱獨應傭得酒肉時蔬懷歸燀以進家食必父母食乃食歲饑奉父母必豐次以食弟躬與妻子餉糠覈父母疾左右侍養無須臾去側母家山下泉洌母病篤夜半思得泉以飲周岱挈瓶往行四十餘里嚮晨以泉至居喪旦暮悲號先後廬墓三年喪既終夕必詣墓爇香然燈如是終其身妻吳亦孝無違命

張淮浙江秀水人貧粗識字為人收田租父有心疾思食羊非特殺則不食淮買羊殺以食父思出游則負肩輿侍以出窮日乃還父疾數年凡所思百方致之不稍怠疾篤封肱進卒不治同時張廷標為衣工奉母常效市中兒嬉戲以娛母一日鄰家火負母出遷祀先之具而不及他器用節所入為弟娶婦而終

身不自娶縣人與淮稱二孝子道光初年事也

胡其愛江南桐城人爲人傭而養母母病癃其愛日夕在左右視臥起飲食出就傭具晨餐度午不得歸出勺米付隣嫗屬代爨必拜隣嫗止之行數里外復遙拜夜必歸爲母滌中裙廁牏在傭家得肉食卽請歸遺母母出觀優負以往夜則負以還欲往賊黨家亦如之母沒負土爲墳居恒悒悒而卒方其明亦桐城人亦爲傭而養母母亦病罷癃其明盧出傭母飢渴乃棄傭爲丐負母以出得食必先母母卒乃爲圖時荷鋤而泣曰昔爲乞若飢寒不離母側今稍足衣食思母不可得矣鄧成珠福建泰寧人亦爲傭而養母傭所距家遠日乞米一合昧旦送母所還執傭母盲不能炊乃負母依主家傍舍朝夕爲具食主或以爲言成珠曰成珠自減餐奉母不敢重累主人也居五年母卒葬畢辭主人不知所之

張三愛江南歙縣人爲人役事母孝母病不能具藥物或謂之曰汝欲愈母病盍刲肝三愛禱於叢祠破腹肝墮出以右手劙肝得指許左手納於腹束以白麻歸以肝和羹飲母母良愈三愛創亦合三愛所事主故嘗爲知縣貧逋賦三愛輒代承被笞不少懟主病且死命三愛去三愛勿聽事主之子如事主

楊夢益陝西郃陽人賣菜傭也事母孝妻賈力紡織以佐養乾隆中歲飢夢益與妻食糠粃盛米於囊置其中熟以奉母米盡將鬻子族人感而周之乃止閻天倫甘肅隴西人貧父居僧寺天倫與妻楊鷄鳴起磨麫及明入市求父所嗜往饋午若晡皆然夜則從父寢父失明天倫爲茹素年餘目復明天倫先父卒楊賣漿爲養如天倫在時翁卒力營葬忌日必祭終其身

夏士友湖北江夏人事母孝傭力以養不足則減已食食母鄰或邀食必先爲母具食然後往寒語母勿早起自執炊置食牀前又丁甯屬母善自護乃出如是以爲常年四十未娶或慫之助其娶婦居半載士友自外歸婦與姑詬于室流涕責婦卽日出之或曰婦如無後何士友曰有婦欲其孝有子孫亦欲其孝苟不孝安用婦安用子孫年餘士友疾卒母哭之慟隣有張某感士友孝而不得終事母月供薪米終其身

白長久甘肅平番人幼孤貧負販奉母具甘旨母或不怡以首抵母引手披其頸俟解乃止里社演劇負母往觀侍側說劇中事母年八十長久亦六十未嘗稍懈光緒中青海辦事大臣豫師餽以金不受母卒朝夕詣墓饋食三年

郭味兒甘肅禮縣人賣漿出必拜母歸亦然母嚴稍不當意卽恚味兒爲孺子狀悅母母苦腿痛或言瘞枯骨母當愈黎明輒攜長鑱徘徊邱隴間寒暑不間母卒飲不入口五日毀卒聶宏陝西鄠縣人賣酒事親孝得錢易甘脆奉親母卒臥父榻側時省視畜犬得餅銜飼母人以爲孝感

董阿虎江南山陽人少父喪爲人擔水得值養母稍有餘必具旨甘積十餘年構茅屋奉母一日鄰被火阿虎負母避還跪戶外乞神佑俄左右盡爇獨阿虎茅屋存

張乞人順天永清人失其名父死行乞以養母穴土爲居天大雪知縣魏繼齊過其處聞歌聲出地中怪而呼問之曰今日母生日歌以勸餐耳繼齊命車載其母子至縣繼齊母畀其母粟及布繼齊與銀十緡乞人叩頭曰官母賜我母不敢不受官賜我我不敢受繼齊問其故不曰民愚不知此十緡官何所受之我母年八十我年六十一爲清白百姓足矣繼齊不復強將爲營室乞人負其母去不知所終

席慕孔廣東三水人善養母嘗娶妻生子歲飢田數畝盡鬻妻怨其貧求去遂遣之夏秋助人耕穫爲傭冬則乞食以養得餅餌歸食母得餘羹啜淸以肉歸

張長松山東棲霞人母瞽長松出爲傭主人與之食輒不盡歸遺母無所事則乞諸隣里母食已乃食其餘冬大雪長松病不能出呼母涕泣言曰兒不肖不能養吾母乃乞食母賴以活今疾憊母老可若何遂死

崔長生江南邳州人生而瘖手又攣爲傭養父母出入必面歲大祲乞食于市得糟糠上父母自食草根木實以活拾字紙得遺金待失者逾月不得乃易母彘飼之萬壯蕃息爲父母治送死之具喪父母舁葬於中野遂去不知所終

榮孝子河南遂平人幼癡聾無名家本饒後中落貧甚父卒無所居奉母居棲流鋪出乞食擇所得供母自食其餘得少則但供母而自忍飢歸見母必叩頭食必跪進母食則起而舞食減則泣母或故減食以食子則泣不受母七十餘卒縣人爲具斂朝暮泣終其身吏以孝子旌其楣亦不知孝爲何名也卒亦七十餘

無錫二孝子皆失其姓氏其一瞽磨粉爲業事母至孝竭力供甘旨年至四十餘復明人皆異之其一啞行乞得錢以養母必具酒脯母卒食必祭祭必伏地號痛既葬哭于墓見者皆感

啞孝子無姓氏或曰雲南昆明人家有母老矣行乞以養得食必奉母母食然後食母或怒嬉戲拜且舞必母樂乃已得錢密投諸井母卒鄉人有欲醵錢以助斂者與如井數數指水中鄉人爲出錢營殯且葬事畢遠游不知所終

清史稿　列傳

孝義二

盧必陞字宷臣浙江山陰人九歲父芳病思得蟹蜞炙必陞挾筐求之沙上潮至幾死不釋筐明季遇寇芳獨行入山必陞行求得之歸必陞爲叔父茂後順治初寇縶茂舟中必陞繞岸哭三晝夜不絕聲寇引使見茂脅茂降拔刃屬欲下必陞叩頭流血乞貸死久之寇中有義其行者脫茂使共還茂有女忌必陞嗾母遣必陞往松江使盜擊諸途盜察必陞且死曰爾死勿我讎誰某實使我必陞陽死盜擲之水復以救免必陞書告所後母但自謝不譴被盜所後母爲感悟爲母子如初

李應麒雲南昆明人遘亂與其父相失被略至遼東乞食歸喪母勸父再娶後母至遇應麒虐應麒賣卜以養失後母意輒笞楚跪而受杖後乃被逐事父母愈謹父生日賣卜得糴米持歸爲壽佃人田方耕聞後母病輟耕走三十里求醫藥後母生三子友愛無間後母久乃悟卒善視焉

李中德漢軍旗人康熙初父從征福建中德亦出參陝西軍事奉母以行事畢還京師父先福建還已娶妾生子矣中德母至父嬖妾而出嫡拒不相見中德爲請叩頭流血父終不聽請得居別室亦不聽乃營室東直門外奉母早晚待父側無幾微憾善視諸庶弟越六年父病棘乃告父迎母還父深悔焉旋卒妾亦死中德母撫妾生四子如己出中德亦友愛如父在時

張文齡字可庭，河南西華人。父曙妾而憎其母，文齡事父撫庶弟甚篤，庶弟亦感之，而父終不悟，逐文齡。文齡號泣呼天，自懲艾，謂不復比于人，未嘗一言揚親過。遠近慕其行，遣子弟從游，得束脩，因庶弟以獻其父，或不得通，循牆走泣，且望見者皆泣下。雍正五年，成進士，父榮之，意稍改。八年，就吏部選，京師地震，死者衆，文齡亦與焉。鄒一桂與爲友，歸其喪，父始悟其孝，爲之慟。

黎安理，貴州遵義人。祖母卒，復娶而悍，父不容於後母，客授四川灌縣，遂卒。娶爲母還母家。安理方十歲，留祖父母所，祖母遇之虐，晝則令刈薪，夜督舂，舂重不舉，繩絡碓以足挽之，恒不使得飽，嘗取毒蕈納其口，誘之溪側推墮水，皆瀕死，遇救蘇。既長，習舉子業，出客授佐家。祖父卒，爲治喪葬。祖母病，侍疾不倦；卒，又爲治喪葬，無闕禮。其事祖父母凡三十有四年。痛父客死，恒詣灌縣謁墓。母復歸，事之孝。兩弟不勝祖母虐，出走，安理往來黔蜀，求得仲弟還；季弟客死，撫其孤。安理晚舉乾隆四十四年鄉試，授永清教諭，遷山東長山知縣，有治績。告歸，卒於家。

易良德，湖南黔陽人。出爲世父志宰後。志宰性急，屢撫兄弟子皆不相能，遣還本支，最後得良德。良德能先意承志，得其歡心。有疾，晝夜侍，寢食俱廢。里人無子者，恆舉良德相慰藉。

方立禮，江蘇江都人。母殁，後母遇之虐，怒輒與大杖，立禮謹受無懟。一日杖幾絕，及蘇，無變容。父殁，遂逐立禮，時時候門外問起居，疾則憂懼不食，愈乃已。妻洪亦孝謹，日受鞭撻，後母稍自悔，爲少戢。後母殁，爲之哀毀。後母二子皆早死，立禮育其子女如己出。

丁世忠，湖南黔陽人。母初未有子，父娶妾。母生世忠，妾亦有子女，而悍，惡世忠，嘗酖之不死。父懦，令別室居。世忠事兩母無懟。庶弟無禮于世忠，嫡母喪，不欲持服，世忠皆不與校。庶弟坐事破家，世忠亦中落，仍割田畀之。

汪良緒，江蘇吳江人。父嗜博，母諫忤父，爲父逐。良緒日夜號泣，求返其母，父怒，併逐之，乃奉母依其妻父居。父以博破家，亦來與共居。母出奩資易田，盡爲父所鬻。良緒客授以養。方暑，父撤牀上幃償博進，屢易屢鬻，良緒亦不具幃，晨起蟲跡徧其體。母多病，良緒必親視湯藥。出客授，母疾病，方冬水凍舟阻，履冰而還。母既殁，哭泣無常，寢不解絰，稍寐輒呼阿母，寤則大慟，未終喪而卒。卒後視其枕，麻布包土凷也。

賈錫成，江蘇宜興人。父暎乾性嚴，錫成生而生母吳以小過逢暎乾怒，遂去不返。錫成稍長，鄰兒嘲無母，問得其故，悲不勝。甫成童，屢出訪母，過無錫，夢至尼菴，嫗予食，甚慈愛，因徧訪諸尼庵。方雪，老尼問里居，曰宜興，因曰：「吾徒亦宜興人。」見之，卽其母也，相持哭。母終不肯歸，錫成數省視饋食。及母卒，以喪還葬，上冢哭必慟。暎乾遘疫卒，錫成痛甚，伏柩側，喃喃若共父語，夢中或歡笑，寤則大慟，疾作遂卒，距暎乾卒纔五日。

王長祚，字爾昌，湖南衡陽人。父喬年，以富名。明季張獻忠破衡陽，喬年出避，游騎縶長祚與次子璠，求喬年所在，榜掠終不言。寇挽長祚髮，加刃於頸，璠號泣求代。寇中有騎者言：「此父子皆孝，奈何殺之？」遂得釋。劉國賓，芷江人。國初流寇入縣境，國賓負母出避，道遇寇，刦母衣，刃創國賓，血流至足。國賓忍痛跪乞還母衣，語迫至，寇愍其孝而還之。康熙中，吳三桂兵至，掠族弟國宥，其母嫠也，哭之喪明。國賓行求國宥，踰年以歸，其母目復明。貧不能自存，國賓分田百畝與之。曹超，安徽和州人。順治中，鄭成功兵至，超奉父母出避，遇寇欲殺之，超號泣求代，並得免。居喪，負土爲墳。冢有紫薇，父手植也，久枯，每對之哀慟，非時復發花。

黎興岎，湖南湘陰人。張獻忠破長沙，略湘陰，興岎父嘉品爲賊縶，將殺之。興岎八歲，請代父死，賊幼之，舉刃令申頸，泣曰：「此恐欺我，既殺我，復殺父，乞但殺我一人。」引頸就刃，賊兩釋之，里人稱之曰孺孝。夏汝英，湖南安化人。順治初，遊兵掠其家，汝英九歲，衞母不去，左右游兵掠汝英去，道中告以母孤苦，乞釋還，賊憐而許之。金國選，湖南黔陽人。吳三桂之亂，賊掠其父母去，國選七歲，牽衣痛哭求釋，不得，罵賊，賊嚇以白刃不舍，擊以杖終不舍，乃釋其父母。張愫，湖南湘陰人。年十歲，寇至，從其祖走避，寇執其祖將殺之，愫哀號求代，身蔽祖，被數創不顧，寇嗟歎捨之去。

李志善、志勃，湖南安化人。父步武，諸生。流寇破縣，縛步武，志善十六，志勃十四，號泣求免。賊詰步武里中孰爲富，步武罵賊，賊殺之。志善、志勃奪賊刀殺賊，皆爲賊所殺。彭大士，湖南湘陰人。順治初，李自成餘黨破縣，執大士母求金，大士紿賊金在井側，請偕往，因赴井，母走免。大士年十八，妻仇歸大士僅二十日，亦入井死。

錢孝則，江南桐城人。方明福王時，父以黨人被急逮，變姓名，挈家人亡命至震澤。兵起，母及弟妹皆赴水死，孝則與父匿稻田中得脫。兵過，收葬母及弟妹，走福建。未幾，福建亂作，父子奔避相失。孝則走廣東，數年還福建求父，十三年始得與父俱歸。父續娶于徐，徐有富名。父他往，盜夜至，毀牖縛孝則，迫令導入徐室，孝則不可，盜斫以斧，顱裂死。

任遇亨，江南崑山人。生有膂力。國初盜大起，遇亨負父逃，盜刦其父去，遇亨持刀突入，負父出，身被數創，腸出，遇醫得不死。扶父徙居嘉定以老。族子裕德有土豪積怨於其父，伺隙持刀欲殺之，裕德年十一，身蔽父，兩手奪刀，正言曉以禍福，土豪擲刀去。父病痢三年，裕德晝夜扶持，躬滌灌汙穢。父卒，居喪哀毀。友于兄，幼卽請代兄杖；兄老而無藉，養生送死皆任之甚具。

陸國安，浙江山陰人。父華宇，順治初縣境寇作，縛華宇入砦求金以贖。國安歸自海上，奮入寇砦，諴寇，救華宇歸，被重創，卒無恙。

徐守質，江南常熟人。順治初，守質與兄基奉母避亂，母老病，兵至，度不能去。守質謂基曰：「母徒死，絕徐氏後。兄速行，守質當奉母。」基不可，兵迫，守質慍，促基行。守質有妹適袁氏，早寡，攜子與母俱。基乃棄妻子，挾孤甥而遁。事定，基還，母與袁氏妹俱自沈井，守質被二創仆死。

黃簡，字敬之，湖南祁陽人。父用忠，諸生。簡事親孝。順治十年二月，李定國兵略湖南，其將郝永忠屠祁陽，簡奉父母避兵竹山，母渴，命簡取飲，兵遽至，簡父竄山陽，簡妻張奉姑竄山陰。簡取飲至，不見父母，升高望之，見亂兵縛一人置釜上將烹，則其父也。簡大呼往乞代，亂兵釋簡父，執簡求賂，不得，遂烹之。村民哀簡，名其山湯鑊嶺。

程願學，字與若，江南儀眞人。順治十六年，鄭成功兵退，縣人坐連染死者二十餘，願學祖故睢州知州紹儒與焉，父免死，徙塞外。願學以幼留，稍長，將出塞求父，慮死且無後，乃娶妻生子。妻死，挾子行，道中子病，還，計待子長。居恒喪服，食但啜粥，不飯，不食果蔬，衣不帛不棉，僦居學舍旁，授經不出戶。訓導顧藹慕其賢，屢過，皆不見。偕其弟子出不意往，語願學：「何自苦？」願學對曰：「願學有隱痛，不可以爲人，非以自苦也。」明日報謁，贄硯與書，藹謝曰：「子無所受於人，今吾受子遺，亦願以報子。」願學乃持硯與書去。他日復過之，已他徙矣。俄卒，藹求得其硯，銘曰「廉士硯」。

郁褒，字子弁，浙江嘉善人。父之章，順治六年進士，以大理寺丞坐罪徙尙陽堡。京師修治官廨，許罪人出家財佐工贖罪，褒請任刑部官廨，之章得贖還。工未如程，例當復徙，褒叩閽請棄官代行；褒弟諸生廣叩閽言身當代父徙，留褒侍父疾。部議代子父徙非舊例，仍用衝突儀仗例治罪。聖祖愍其孝友，並宥之。之章還鄉里，褒以貢生授江西永豐知縣。

姚易修，字象亭，江南元和人。父宗甲，康熙初客閩浙總督范承謨幕。耿精忠爲亂，執承謨，盡縶其幕客，宗甲與焉。易修聞，詣精忠，齧指作血書，願代父死。賊乃釋宗甲而縶易修，獄脅使降，易修不爲屈。康熙十五年，師至，乃得脫歸。易修母聞變悲泣，兩目盲，易修晨起舐母目，母目復明。鄰家火，易修突火入負父出，又入負母出，髮爇燎，兩足焦爛，而父母俱無恙。

胡夢豸，江南江都人。康熙中，從父至紹興省墓，道遇盜刦民財，斥其不義，盜怒將刃之。夢豸從後至，奔赴擊盜，扑民羣起毆殺盜。盜大至，欲屠其里，夢豸曰：「不可以我故危一鄉也。」入盜寨，獨承殺盜，遂被殺。

賀上林，江蘇丹陽人。父天敘以事忤知縣，繫獄將殺之。上林年十八，謀脫父，聞巡撫將上官，涉江溯淮迎舟呼籲，從呵之不得前，乃發憤投水，髮沒數寸，復躍起大呼。巡撫見，令救，已死，檢其衣，得白父冤狀。巡撫按部，黜知縣，釋天敘出獄。鄉人爲立賀孝子祠。何士閎，安徽南陵人。族人破其祖母冢以葬，士閎訟不得直。巡撫檄知縣詣勘，族人持之力，事未定，士閎慟觸墓碑，腦裂死。知縣乃責族人他葬，治其罪，葬士閎，碑曰義士。

陳嘉謨，江蘇興化人。順治初，諸生。父宏道爲怨家所誣，繫揚州府獄，獄卒絕其橐饘。嘉謨求見父不得，知怨家計必殺之，乃痛哭禱于神，自沉於水。明日，鹽運使得嘉謨訟冤血書，而嘉謨僕又訴失嘉謨，求其尸，七日得于鈔關水次，植立風濤中，髮上指。遂出宏道獄，葬嘉謨，而抵誣告者罪。

林長貴、長廣，福建福清人。父宗正業曬鹽，入城至星橋，海潮暴至，溺死。長貴聞之奔救，不及，仰天長號，投橋下殉。長廣繼至，繞崖痛哭，亦自沉。時雍正九年七月，里人憫其孝，收三尸斂焉。

戚弢言，字魏亭，浙江德清人。父麟祥，官翰林院侍講學士，坐事戍甯古塔，弢言從備艱苦。麟祥遣令歸就試，成雍正八年進士，除福建連江知縣，勤其官。乾隆初，赦流人，麟祥不得與，弢言深痛之。總督郝玉麟將入覲，弢言剌指血爲書，求赦父，詣玉麟乞代上，玉麟難之。弢言叩首持玉麟裾號泣，引佩刀欲自裁，玉麟乃許之。詣京師，以弢言書上，高宗憫之，赦麟祥。麟祥就弢言養連江，明年卒。弢言持喪還，哀甚，亦卒。

李敬躋字翼茲雲南馬龍州人父盛唐雍正八年進士官四川松茂道以所部有罪坐監臨官戍卜魁卜魁距雲南萬四千里敬躋三往省嘗遇暴水喪其僕馬徒步行路人哀之與之食導使詣盛唐盛唐輒令還侍祖母迫使歸敬躋成乾隆二十二年進士授福建將樂知縣計贖盛唐還盛唐死戍所敬躋遂發病日嗚嗚而啼未幾亦死卜魁有范杰者與盛唐善盛唐倚以居二十年至是歸其喪閩人吳阿玉嘗欲從敬躋之官盛唐喪過京師吳爲送還雲南

張大觀河南偃師人乾隆二十六年秋伊洛水溢灌偃師民避水奎星樓上大觀奉母亦登焉水撼樓樓傾柱壓大觀手臂折奮入水求母望母髻露水中得之負出水攀樹以上泳而求食以食母水退負母歸其室即夕創重死同時有楊璞與其弟奉母居水至弟以筏載其妻逃山上母呼不應璞棄妻子背襁母浮水至神隄灘或援之得登頃之有婦抱子從水下母遙望呼曰吾婦與孫也拯之皆不死而弟乘筏即至山下樹折壓筏沈夫婦俱死又有蔡應泰居母喪柩在堂水至以繩繫母柩跪而負之入水中疾馳亦至神隄灘村民以長鉤引至岸舁以上日昃其妻子亦得救

張士仁江南崑山人六歲母有疾泣禱請代母良愈十三從父寢仇伏櫥下露刃出士仁呼父未應手捍之指欲墮涕泣語仇請代仇爲感動呼其父醒曰爾有此子吾不忍殺爾父惶遽良久始定與矢天日釋怨母喪盡禮後母虐士仁士仁孝敬無稍漸後母亦感悟火作負父出復入火負後母後母抱幼子幾不勝風反得無恙居父及後母喪如喪母里或忤父母必泣勸之悔乃已

潘瑂浙江錢塘人父出近游家遇火母出倏令瑂負以行及門回視不見母委倏復入家人自火出止瑂母入瑂不可入與母俱死瑂女兄珠姑嫁范氏歸甯亦在火中家人欲掖以出珠姑揮之曰汝男子何可掖我我從我母死耳火熄瑂與母姊三尸相環結時乾隆四十四年十二月瑂聘妻王家江干聞喪來歸事舅以孝聞

劉希向江南山陽人火其父入火中求先人木主遺象希向自外歸突火入求其父不得號而出復入火方盛救者以爲劉氏父子死矣俄而牆圮顧見庭樹下人影往來乃爭入負其父出左奉象右握木主希向牽父衣額半焦矣後數年父病希向爲割股良愈希向年六十病噎其子亦割股刀鈍肉不決剪之乃下然希向竟不瘳

沈嗣綬字森甫江陰人父爔絜湖北通判咸豐二年死於寇嗣綬奉母還寇至徙避江船高不可攀展襆被以其母登至通州轉徙山東河南結繩牀舁母步從之千數百里不去左右未至蘭山道遇寇嗣綬涕泣乞免寇感其孝遣四騎護行至蘭山方閉城拒寇嗣綬求入城守者疑諜也趣縛之涕泣言其故乃得釋既亦得官湖北以母病不赴侍養十六年進湯藥夜起慮履聲驚母雖嚴寒必跣凡事婉曲稱母意見者感歎謝君澤江蘇武進人父祜嘗事母以孝聞寇亂爲賊虜君澤冒死依護父齒豁不能食恒嚼以哺賊欲戕之則號泣乞代父死賊首感動並釋之

馮福基代州人父焯爲安徽潛山天堂巡檢咸豐七年寇至福基年十四匿母他所藏利刃計伺隙殺賊不可得日夜涕泣從至黃梅市毒藥置飯中斃賊十七亦吞藥死巡撫李續宜奏言福基以童稚之年護母陷賊計殺凶黨多人從容就義奇節至性深可嘉憫被旨旌卹

黃向堅字端木江南吳縣人父孔昭崇禎間官雲南大姚知縣挈孥之官向堅獨留鼎革後孔昭阻兵不得歸向堅日夜哭將入雲南親朋妻子頗危之向堅決行至白鹽井得父母並弟向嚴皆無恙留一年乃歸時爲順治十年行二萬五千里有奇向堅次山川道途所經自爲圖十二記之吳人作樂府紀其事顧廷琦江南長洲人父繩詒崇禎間官四川仁壽知縣死張獻忠之難事定廷琦徒步入四川閱四年乃至成都轉輾求得繩詒墓龍腦橋側持喪歸自撰入蜀記述其事

李澄字仲瀾雲南昆陽人明季充選拔貢生父兆旂官廬江訓導死寇難幼子涓從死澄奔赴收父骨返葬請于當事得立祠晨必詣祠拜且泣寇至奉母洪避山谷洪病亟言不願以山谷終負母投佛寺遽卒負遺骸攢祖墓順治初山猓入州城劫官舍發藏粟省吏以兵至執澄將殺之兵中有識澄者乃免澄因言山猓迫饑寒無與百姓事今固不宜累百姓即山猓亦不宜輕言勦否則且反戈乃坐其渠州民以安兄弟凡八與仲弟俱老相友愛

劉獻煜字台凝陝西華陰人父灌翼明崇禎間官武昌母與偕遘亂絕消息順治初獻煜徒步求父母亂初定道阻屢瀕險乃達哭山徑中遇叟識灌翼殯所發得甎朱書姓名里貫皆具猶灌翼所自記也乃負骨歸葬錢美恭浙江山陰人父士驌明官雲南陽宗知縣與妾之官美恭留侍母康熙元年美恭得請于母求父至雲南乃知士驌遷嵩明知州卒葬通海美恭至通海得故僕導詣士驌墓得庶母及幼弟貧無貲留五年乃負骨歸葬

趙萬全浙江會稽人父應麟明季客授北游萬全始二歲既長問母父安在母告以故年十九出求父應麟初客京師遇亂轉徙死馬邑萬全徧訪江淮間亦至京師心疑應麟死見道有遺骸刺血滲之不得入則號於路又自京師西亦至馬邑馬邑人張文義嘗招應麟主書者死爲之殯一日遇萬全問得其事導至殯所慟絕良久乃裹應麟骨負以歸既卒吏爲之祠琢石表異孝

劉龍光字蓼蕭江南長沙人父廷諤仕明爲益王長史師下江西克建昌益王遁廷諤逃山中龍光以應試家居聞亂疾作居五年乃行詣建昌不得父母所在禱於神夢聞人語在石際諮石際所在有女僧示以路行小徑萬山中緣峽至白石嶺徑絕險攀援顛頓蒲伏上下嶺盡至石際於村民姚氏家遇其母廷諤已前一年卒居數月輿櫬奉母歸所居村曰見娘堡相傳宋王龍山於此遇母故得名云

李芳燦小字癸生湖南湘鄉人明季流寇至湘鄉當孔道三復三陷芳燦父母皆被掠兄弟死於兵者三芳燦收葬之棄家求父母所在行數年至貴陽遇鄉人必爲言父狀或謂軍中某所頗有狀似所言者詣求之果得父父脫軍中籍與歸再出又數年至寶慶暮投山家宿見一媼操作其一方理炊乃似母芳燦自陳尋母狀媼聞遽呼曰汝癸生耶吾即汝母也蓋母避兵轉徙方從此媼爲傭遂奉母還

唐肇虞江南人失其縣父卒肇虞尚幼晝夜哭母止之曰母哭能止兒勿哭耶順治初江南寇大起母被掠肇虞徧求諸村落及旁郡縣渡江北復南行數千里屢與寇遇僅乃免卒不得母至江甯衆問所自來泣以情告一媼前問曰若母非戴姓耶曰然媼引至家則其母在焉相見大慟遂侍母歸

繆士毅江南天長人父廊賓富順治十七年寇掠其家牛馬恐家誣以助寇廊賓見法妻子徙奉天士毅以後世父得免依從母以長既聞父死母徙狀從母語之曰而母將行抱汝乳且言兒僅此一乳乳當飽生死與兒訣矣士毅聞號泣欲行求母恐去不得還先娶妻生子康熙二十二年乃決行至瀋陽遇族人同徙者知母在烏喇爲流人薛氏妻乃行求得母母不相識士毅具言姓名及兩女兄適誰某皆信相抱哭觀者多流涕母於法不得還乃辭歸居數年復往母又徙愛琿行未至聞母死求得母葬所遂居其側僧廬不復歸子秉文長躬至愛琿泣請歸士毅終不可又數年卒母葬所秉文乃發祖母瘞並持父骨還葬

陸承祺字又祉浙江仁和人父夢蘭客死鬱林方軍興逾年乃得問承祺與弟承祚號慟走萬里歷險阻僅得達覯叢篝中敗棺刺血濡骨皆不入兄弟哭愈哀途中有知夢蘭者告其棺在佛寺兄弟從以往撫棺慟皆隕絕觀者嗟歎呼孝子持水飲之承祚徐甦承祺氣結不屬竟死承祚匱兩骸担以歸母王得承祚報知得夢蘭骨及承祺死狀悲慟不食七日未見承祚歸遽卒

汪龍江南歙縣人祖客死蘇州父往迎喪溺采石龍時六歲稍長聞祖喪未歸如蘇州求祖柩無知者久之遇灌園叟與從其祖柩引詣殯舍諸柩縱橫匍匐諦審柩有祖名乃奉以歸龍侍母孝一夕疽發背委頓甚自力勿使母聞越數旬始瘥母竟未知也方如珽休甯人國初其曾祖避兵客死潛山祖前卒父不在側道梗喪未歸如珽既長問老婢言有族姑嫁程氏年七十餘訪之則嘗會其曾祖喪偕往蹤跡至黃石坂於洞中得敗棺得白金簪族姑驗之其曾祖斂時物也乃負骨歸葬距其曾祖卒時已五十有六年矣

張灝福建連江人父震公家縣東岱堡海寇破岱堡張氏殲焉震公適他往獨免灝方七歲爲所掠轉徙傭于清漳康熙十年灝年二十餘矣時時念父母顧被掠時幼不審鄉縣以人謂其語音似連江而追憶父似名天貞乃走還連江數日無所嚮或問何爲以張天貞問震公聞之曰天貞吾亡弟彼爲識之走視問其詳喜挾以歸使見母灝追憶母容貌曰非吾母也震公曰汝母已死於賊此汝後母耳灝大慟爲母補行喪服三年而事後母如母

朱壽命江西餘干人康熙十三年遇寇與母李相失壽命日夜泣既聞母爲禁旅所俘屬正藍旗壽命徒步走京師乞於市忍饑積錢將贖母久之得母所在而主者邀重購拒壽命壽命日跽其門外膝爲痺侍讀學士邵遠平高其行爲捐金以贖暫留遠平家母卞小不當意輒詬罵或捽而批其頰壽命益嬉笑居數月附舟還壽命不知書語質每言在母腹日噉母血三合那忍不報

潘天成字錫疇江南溧陽人年十三遇寇難父母挈子女出避仇天成行後幾爲仇所斃既得免乃行求父母經青陽白沙廟宿廢廟聞虎聲爲詩述悲往來徽州甯國所屬州縣跡父母所在至則又他徙天成行經村聚輒播鼗作鄉語

大呼至江西界母金自巷出就問之始相識乃得父及其弟妹皆無恙時天成年十五欲歸苦無資出行貸又六年使其弟從父歸天成奉母挈妹以行遇風雪負母行數里還抱妹往復跣行足流血入雪盡殷既歸出行販以養暇則讀書荆溪湯之錡出高攀龍門治性理之學賢天成天成從受業爲同縣許國昌遇天成尤厚使爲童子師鄭家兒詈母天成召其鄉老人呼兒共懲之兒悔謝乃已及父母卒游學桐城遂隸籍爲安慶府學生居二十餘年移家江寧天成學益進捐潔不以干當道終窮餓年七十四卒葬惠應寺側國昌子重炎師天成編刻其遺書爲鐵爐集

翁運槐字樹山運標字晉公浙江餘姚人父瀛往廣西道湖南一夕泊舟祁陽新塘失所在舟人求不得還報歸其行篋鎖在而鑰亡時運槐運標皆幼運槐年十三行求父不得以病歸運標雍正元年成進士與運槐復求父徧湖南境更二年不得一夕復泊新塘遇土人鄭海還言距今三十年弟海生墮水格敗葦不死視葦閒有尸因瘞之白沙洲身有鑰在囊藏爲識乃遣力以囊鑰還鑰與行篋鎖牝牡合囊則運槐女兄昔年製以奉父者也乃痛哭啟攢以父喪還葬而于瘞處留封樹焉時雍正五年八月也運標謁選得湖南武陵知縣嘗有兄弟爭田訟運標方詣勸忽掩涕訟者請其故曰吾兄弟日相依及官此與吾兄別今見汝兄弟思吾兄故悲耳訟者爲感泣罷訟縣東隄圮水虐民縣又無書院運標爲修築民以運標姓名其隄與書院擢道州知州縣通郴桂盤山八十餘里爲坦道疫親持方藥巡視曰我民父母子弟病奈何不一顧耶年六十卒官運標知武陵建祠白沙洲起鑰亭買田俾鄭氏世董之知道州拜祠下哀感行路

楊士選字有貞江南吳縣人方六歲入塾塾師爲說古人孝行輒竊其本末歸告父母兒他日亦當如是父商于河南喪資而病士選年十六往省渡河風雨士選泣禱得不覆人稱孝子舟奉其父還里歲饑士選與妻唐食糠粃共營甘旨奉父母居喪營葬身穿壙負土唐爲姑吮疽

徐大中湖北潛山人潛山俗重風水大中喪母厝棺居室傍未葬乾隆四十七年縣大水溺前和失其尸大中大慟水初退求尸于沙中得一足襪敗猶未盡色餘黃其母歛時裝也大中抱足泣路人見者語曰去此二里許樹上懸尸脛縣裹缺一足奔視良是但脫頤下骨負歸改歛忽有人若丐入其家曰吾拾得頤下骨取與合人傳爲異學官欲上其事大中曰我久不葬母乃遘此禍我天地間一罪人耳舉我孝於及時葬親者謂何也堅卻之

沈仁業字振先江蘇吳縣人父賈于安南娶婦生子女仁業八歲從父歸而母爲外國女例不得入中國不能從仁業長而思母父卒乃圖父象渡海省母安南有兵事母挾幼子女竄山谷中仁業行求得之不食七日矣居二年有義其行者爲具舟舟入海颶作觸海中山仁業抱母泣風轉挾母過山至瓊州吏執例拒仁業母不得入仁業涕泗請莫應久之有老吏謂康熙間有故事檢文書得之仁業乃奉母及弟妹以歸

魏樹德陝西蒲城人父季龍出佐幕客游樹德猶在娠幼劬學母力針黹以活季龍久不歸樹德以嘉慶十五舉年於鄉乃行求父初聞季龍自福建轉客廣東先詣福建求不得乃詣廣東遇知季龍者爲約略言葬處徧求之得志石荒冢中乃持喪還踰年母卒廬墓三年除高陵訓導求呂柟遺書授諸生久之以老乞歸卒

李汝恢江西廬陵人父仲鴻業醫游無方汝恢年十三出求父初至四川又至廣東皆未遇乃節日用得百金復出徧涉江湖遇仲鴻貴筑仲鴻有弟亦出游既歸日念弟汝恢乃更出求其從父得諸柳州仲鴻乃樂甚遽無疾而卒汝恢喪葬盡禮母痺奉事尤謹

鄭立本江蘇蕭縣人父相德坐罪戍新疆立本方四歲年十八辭母以求父母哭而戒之曰汝父左手小指缺一節中有橫紋幸相值以此爲驗立本貧無資乞且行至庫車聞父戍綏來綏來至庫車三千餘里張格爾亂未定官道塞乃裹糧求路獨行迷失道還庫車待亂定乃行至綏來則父歿已數年相德在戍授同戍子弟讀歿弟子爲治葬立本哭墓而病居二十年相德弟子力護視故得不死病起啓父瘞體久化左手獨存小指缺一節有橫紋如母言立本駭慟聞其事者皆嘆異乃負骨歸葬往還凡八年同治中大學士曾國藩駐軍徐州聞立本事招往見立本舉孟子召役往召見不往語謝不往見國藩高其義檄知縣以時存問

李學侗山西介休人諸生父廷儀道光中客死貴州荔波縣有同行者歛而葬爲學侗志欲歸父喪貧客授十餘年積數百金始克行詣荔波時方亂貴州境亦騷動屢遇險乃達廷儀葬社稷壇山下或以爲先農壇語廷儀同行者音轉又以爲西龍塘學侗至求西龍塘無其地慟哭周行諸叢冢乃於社稷壇得焉學侗持喪還葬族人有客死而旅殯者並載以歸既葬日必往視持盂飯以祭晚治易有所撰述

董士元直隸臨榆人父行健嘉慶中出關去三月而士元生行健遂不歸士元幼思父六歲嘗失所在翼日得之關外二里店母問其故涕泣言曰欲尋父也年十五戚商于奉天士元請于母從之往求父消息不能得越十餘年至阿什河有言十年前在三姓南洵淇嘗遇臨榆人董姓今不知在亡士元乃往洵淇地僻行失道久之始得達舉父姓名里居問居人有知者曰是嘗漁於此死數年矣士元大慟得藁葬地發冢審視齧指血滴入骨函以歸至奉天乃具棺還葬居二十餘年母歿喪葬如禮至光緒初卒

李復新湖北襄城人崇禎末歲饑復新出糴於鄖土寇賈成倫刼殺其父際春復新歸痛甚誓復讐時方亂法不行而成倫悍甚復新乃謬懾示無復讐意成倫易之順治初復新始告官獄成會赦成倫得減死吏監詣徒所復新伏道旁俟其至舉大石擊之死詣縣請就刑縣慼其孝上府請勿竟獄且旌表其門府駮議謂成倫已遇赦減死復新擅殺當用殺人律坐罪縣有老掾復具牘上府曰禮言父母之仇不共戴天又言報仇者書于士殺之無罪赦罪者一時之仁復讐者千古之義成倫之罪可赦於朝廷復新之仇難寬於人子成倫且欲原貸復新不免極刑平允之論似不如是復新父子何辜並遭大戮凡有人心誰不哀矜宜貰以無罪仍旌其孝府乃用縣議表其門曰孝烈

黨國虎陝西富平人明末父兄爲族子所殺國虎方幼順治初國虎稍長誘族子於野搥殺之並其子詣縣自首入獄知縣郭傳芳將貸之國虎念父兄仇已雪遂自經獄中唐時縣人梁悅復親仇傳芳立孝義祠首悅而配以國虎

嚴廷瓚浙江烏程人父時敏族子賜以姑爲明大學士溫體仁妻怙餘勢時敏嘗斥其非賜陽與出游擠墮水死廷瓚稍長聞父死狀訟賜論斬賜賄上官反其獄得脫益肆廷瓚奉母避長興買斧誓復仇歲還里省墓遇賜陽啗就之賜以爲畏已也母卒以喪歸方村演劇賜高坐以觀廷瓚直前斧裂其首斷項詣縣自首縣嘉其孝欲生之獄上按察使將援韓愈復讐議爲請廷瓚遽死獄中或曰賜家賄獄吏殺之

陸起鵾起鵬貴州安順人父希武明末水西安邦彥叛破安順陸氏舉室自焚希武與起鵬幸得脫起鵾自火中跳而出遇賊爲所掠居數月賊攻貴陽自閒道出求父及弟未得順治初師下安順起鵾乃歸詗知起鵬所在鬻產贖以歸起鵬具言父爲邦彥黨羅戎所殺被掠鬻入土司中時戎已就撫起鵾兄弟訴父前爲戎殺事下巡道巡道判戎罰鍰起鵾始不肯受既而曰不受金是使戎知吾必報也乃受金戎謂訟已決不爲備起鵬故善騎射結壯士七日夜伺戎隙一日戎以事入安順其徒皆從起鵾起鵬與七人者盟挾弓弩伏城外令所親醉戎戎既醉而出起鵬射戎中肩仰前所之七人者皆起盡縛其徒得與戎同殺父者四人剖心以祭父起鵾令起鵬走避戎黨訴巡道起鵾赴質抗辨不稍屈巡道釋不問

虞爾忘爾雪江南無錫人國初江南多盜爾忘爾雪父罕卿董鄉團捕盜盜恚爲一日自縣還聞門外呼罕卿出爲盜縛去爾忘爾雪方田作聞馳救罕卿死橋下矣爾忘爾雪既葬父仍董鄉團乃更其初名忘讐忘仇雪冀雪恨也每獲盜必詰執殺罕卿者久之知爲盜杜息息方謀入海與所左右二人夜治行爾忘爾雪詗知之將壯士奄至息家縶息及二人者至罕卿死所比明爾忘抱罕卿木主至爾雪于其旁爇釜爾忘取息舌爾雪探心肝且祭且啖爾忘乃斷息頭將刃二人者一讐死一乞哀沈諸河爾忘爾雪持息頭懸罕卿墓時距罕卿死方踰月

黃洪元江南丹陽人父國相與同里虞庠不相能方社國相被酒夜行庠遣惡少紡而沈諸河洪元與弟福元皆幼稍長微聞父死狀庠欲塌洪元以自解洪元巽言謝之母喪既葬洪元福元同詗庠所在又值社洪元見庠在社所還呼福元各持斧往洪元入迫庠字庠曰逸羣我死汝庠起猶曰孺子醉耶洪元曰將醉汝血兩斧並舉遂殺庠詣縣自陳狀有司義之免福元下洪元獄明年亦赦出爲浮屠以終顏中和吳縣人父宏仁順治初怨家周昌乘亂誘而殺之棄其首中和礪斧束藁如人形書昌姓名以試斧昌聞之輕中和幼不爲備中和懷斧出跡昌直市中尾之行稍前遽揮斧中昌昌左右顧又斧之母遣其兄孟和走視弟昌已死乃相與詣縣兄弟爭自承殺人市人言殺昌者實中和乃下中和獄明年巡按御史錄囚釋中和中和明義士佩韋從孫也同時又有顏鼇父仲常國初爲其仇金瑞甫所殺鼇淬刃挾以出入一日遇諸胥口鼇刺瑞甫入水鼇從之瑞甫脫去誣鼇以盜兵備道王紀同知劉瑙訊得實爲誅瑞甫中和復仇時年十六鼇年十八

王恩榮字仁庵山東蓬萊人縣有小吏寵于官恩榮父永泰與有隙被歐死恩榮方九歲祖母母皆劉氏祖母以告官不得直畀埋葬銀十兩內自傷遂縊母泣血三年病垂死以官所畀銀授恩榮曰汝家以三喪易此汝志之不可忘恩榮依其舅以居稍長補諸生志復仇以斧自隨其舅戒之曰汝志固宜爾然殺人者死汝父母其餒矣乃娶妻生子辭於舅挾斧行遇小吏揮斧不中投以石仆得救免又遇於門直前斫其首帽厚傷未殊訴官時去永泰死十九年事無證恩榮出母所授銀其上有硃批旁鈐以血書知縣歎曰孝子也吾欲聽爾違國家赦令吾欲撓爾傷人子至情周官有調人其各相避已耳於是恩榮哭堂上下皆哭小吏避之棲霞居八年一日方入城過小巷恩榮與遇小吏無所逃乞貸死恩榮曰吾父遲爾久矣斧裂其腦以足蹴其心死乃詣縣小吏家言永泰故自縊非歐死當發棺以驗恩榮曰民願抵罪死不願暴父骸叩頭流血知縣諸於衆皆曰恩榮言是具狀上按察使按察使議曰律不言復仇然擅殺行凶人罪止杖六十卽時殺死者不論是未嘗不許人復仇也恩榮父時死未成童其後屢復仇不遂非卽時猶卽時矣况其視死無畏剛烈有足嘉者當特予開釋復其諸生有司將請旌其舅爲辭罷

楊獻恒山東益都人父加官與濟南楊開泰有隙詈其門開泰訟焉加官卒獻恒走求援開泰遣其徒紿使出小徑要而歐之加官死焉獻恒死復蘇開泰以他事誣之下濟南獄山東初設總督獻恒訟焉下青州府勘問直獻恒開泰以賄免獻恒走京師叩閽下山東巡撫會鞫罰開泰納埋葬銀四十兩迫獻恒具領獻恒藏銀與肆再走京師叩閽下山東巡撫以獄已定罪獻恒妄訴笞四十開泰計必欲殺獻恒遣其子承恩至青州謀諸吏獻恒潛知之持鐵骨朵挾刃至所居承恩方與吏耳語伺其出以鐵骨朵擊之仆急拔刀斷其喉又抉其睛啖之詣縣自陳出所藏銀爲證縣具獄得末減遣戍

任騎馬直隸新城人父爲仇所戕死以四月八日方賽神被二十八創騎馬時方幼至七歲問母得父死狀慟憤以爪刺胸血出悲至輒如是以爲常其仇姓馬因自名騎馬長慮仇且疑乃字伯超詭自况馬超也母欲與議婚力拒母死治葬且營祭田年十九四月八月復賽神騎馬度仇必至懷刃待於路仇至與漫語指其笠問值騎馬左手脫笠授仇蔽其目右手出刃急刺洞仇胸亦二十八創乃止仇妻子至怖甚騎馬曰吾殺父仇於汝母子何與乃詣縣自首知縣欲生之曰彼殺汝汝奪刃殺之耶騎馬對曰民痛父十餘年乃今得報之若幸脫死謂彼非吾仇民不願也因袒出爪痕殷然見者皆流涕獄具得緩決在獄十餘年知縣嘗使出祭墓辭怪而問之曰仇亦有子假使效我而新我我死分也奈何以累公新城人皆賢之請于縣築室獄傍爲娶妻生子久之赦出知縣後至者欲見之輒辭聞其習形家言以相宅召又謝不往曰官宅不同於民若言不利且興役是以吾言擾民也既卒總督曾國藩旌其廬曰孝義剛烈

李巨勳甘肅禮縣人回亂土豪繩五殺其父巨勳欲赴死母以弟幼沮之命之娶不可乃訟五五繫獄始娶生子五以賄出獄巨勳與弟恆挾刃伺五光緒初竟擊殺五巨勳自首繫獄瘐死母不食亦卒妻張撫孤子成立

任四甘肅渭源人農也徙家狄道父死於虎四乃習鳥槍誓殺百虎報父仇遇虎槍一發立踣隣縣有虎輒迎四往捕必得四已老計所殺虎九十有九復入山伺虎虎驟至槍不及發幾爲所噬俄雲起晝晦虎自去四歸祭父戒子孫毋更讐虎遂以無疾卒卒時猶寢虎皮也

王國林湖南長沙人有膂力虎啀其父國林奮擊折虎左牙虎怒爪其腹腹破腸出尺許而父卒死國林死復甦家人納其腸爲縫腹得愈乃制火器獵虎最後獲一虎左牙折知爲啀父者烹之告父墓

藍忠福建漳浦人家萬山中父元章與叔裕比屋居有虎夜出中伏弩跳踉入所居村裕夢中聞虎至呼虎撲門不得入登屋毀宋桷直下齧殺裕元章聞裕爲虎殺復呼虎循聲至破屋撲元章仆忠持長刀直前刺虎中喉刃入腹三尺許虎舍元章撲忠忠拔刀柄脫妻卓擡虎頸連呼曰斧忠自門後取斧力斫之天明力且盡視虎已殪元章尚臥地忠爲妻扶就寢越日創甚竟死

清史稿　　列傳

孝義三

岳薦　張厥

黃學朱　吳伯宗

錢天潤　蕭良昌

李九　張某

程含光　陳福 沈祥 李長茂 黃成富

任天篤　趙一桂 黃調鼎

楊藝 成默　李普福 胡端友

朱永慶　王某

張瑛　郭氏僕

胡穆孟　苑亮

楊越 子賓　吳鴻錫

韓瑜　程增

李應卜　勒塞

王聯　黎侗 李家達

趙瓏　蔣堅

李林孫　高大鎬

許所望　邢清源 王元

鳳瑞　方元衡

葉成忠　楊斯盛

武訓　呂聯珠

岳薦江南山陽人明末爲諸生事父母謹居喪哭踊氣息僅屬乃病羸終其身庶弟甫生而其母暴疾死薦亦生女乃令妻棄女而乳其弟弟病瘍日夜啼夫婦迭拊之遂俱生瘍血淋漓被體不以爲苦

張厥陝西盩厔人順治初山賊破其堡殺厥兄廠並掠廠子去厥慜廠死且無後負其子入山易廠子歸方謀贖子山賊引去其子幼不能從遂殺之厥復生子與廠子並成立

黃學朱福建甌寧人諸生順治間縣有土寇執學朱及其弟度不能兩全乃紿賊曰家有薄產釋弟歸鬻產以其直贖我何如賊疑欲遣學朱學朱曰我秀才質重于弟賊遂釋弟歸實無產贖不至學朱遂被戕

吳伯宗山西稷山人早喪父母二弟幼與相依居數年先後皆失之伯宗求弟偏遠近久之得季弟京師爲高氏僕高氏遇之厚曰吾爲子善撫子求得仲弟與之俱歸又久之伯宗得仲弟消息在甯古塔乃躬往蹤跡之仲弟屬將軍部投牒訟焉庭質辭未畢伯宗忽躍起主者怒扑之血被面伯宗徐曰民非敢與抗適見略吾弟者奴吾弟者皆法所不宥顧美衣帽平立官側民兄弟良家子爲奸人誘掠萬里投命官不明其寃乃視若罪囚使跪而聽命民是以不服主者悟白將軍歸其仲弟時正冬兄弟相扶行冰雪中至京師與季弟同歸

錢天潤江蘇宜興人少孤爲人傭耕得錢必奉母母死以奉其兄有女弟嫁而寡甥二方幼天潤往視之女弟泣言夫死子幼不知所以爲計天潤問其意女弟言願守節第苦貧天潤曰妹無憂吾助汝遂爲女弟耕以給食三年女弟死撫二甥畢姻娶

蕭良昌湖南邵陽人家貧貿漆事父孝兄弟四良昌其少季析居伯仲叔皆有一子伯仲早卒叔攜其子出游良昌召伯仲子與同居率之貿荊襄間家漸起始娶婦歲除具酒奉父父語良昌曰兒能撫存孤姪甚善顧安得汝叔兄父子復還耶良昌跪白父曰兒欲行求久矣明歲遂行時傳叔兄在雲南良昌行六閱月資且盡途窮哭泣目盡腫晨行至一村遇曉汲者則叔兄子也乃與見叔兄偕歸父乃大慰年八十餘乃爲諸子析居厚兄子而薄其子其子亦受之無間言

李九江蘇贛榆人家青口兄七與其隣爭地而訟知縣吳藎元納隣賕逮七下典史賀長春加楚毒焉七自經死九誓雪兄枉訴州不得直訴監司獄下州仍不得直走京師訴都察院命下江蘇巡撫藎元長春賂承審官責九健訟加非刑而令九所親關說賂以重利九不應九憤且楚發病藎元等賄隣將毒九會按察使陳繼昌至親鞫九得直獄成黜藎元戍長春誅縣役二九歎曰兄枉雪死無憾歸未至卒青口士民具鼓樂迎其喪

張某甘肅通渭人兄弟皆貧爲木工相友愛將析產兄曰均之弟曰弟子一而之子五如兄言弟子則富矣諸姪獨非父母孫乎當視人爲分兄曰不可父母先有子未嘗有孫議不決乃析爲三兄二而弟一兄弟皆逾八十常言誰先死必呼與俱去兄卒弟慟幾絕不食七日亦卒

程含光安徽休甯人出游得貲以養親嘗偕弟自六安歸策蹇經翳嶺日暮風起虎突出攫弟去含光驚墜地持短鞭力追左手據虎頸右以鞭捶虎大呼震山谷虎舍弟嗥吼含光負弟疾趨投嶺下旅舍弟息僅屬灌以湯徐甦肩創十餘血淋漓人言虎牙毒血不盡且死含光吮之血盡出乃瘥其後含光卒弟每言遇虎事解衣示人輒流涕不已

陳福福建永春人居西溪同居十二世家範簡肅世以一人督家事子孫率教

醇樸，未有訟者。讞矜，湖南沅江人，同居七世，有家訓二十條，喪祭無失禮。黃成富，福建連江人，同居六世，子弟各執其業。方田作，諸婦饁，以一婦守家，視臥兒於筐，飢則哺，不問何人子。懸衣於桁，共衣之，垢則澣，不問何人衣。雍睦無間言。李長茂，福建海澄人，同居四世，建祠，置祭田，立義學，著家規法戒各十條示子孫。子五福，順治六年進士，官刑部侍郎。兄弟八人，皆友愛。

任天篤，河南偃師人。乾隆中，巡撫何裕成言天篤九世同居，高宗賜以詩，賚鏹帛，表宅里。初，天篤祖開昌生五子，欲定議不析產，覦諸子意，納金麥囷中。子士堯、士舜得以告，開昌曰：「此天賜汝二人，取之。」以子無私蓄對，開昌悅，乃定議不析產。宗經傳爲家訓，教子弟毋侈，毋急利，毋入城市，毋傳述時事，務耕田讀書，惟許學醫，亦毋取酬，不則執百工業以佐家。婦初至，長者以家訓教之，不率，令暫還母家，悟乃迎歸。平居布衣椎髻，操作，毋私饋，毋飾容覿，毋適私室。年五十不執役，寡毋入廚，稍厚其衣食。女適人，寡毋再嫁。至天篤，上溯開昌祖光玉，下見玄孫瑞豐，通九世，男婦百六十餘人，共爨。吏問天篤何術能不析產，天篤曰：「不忍也。」人傳其語，謂視張公藝書忍字義尤大而遠。其後傳麟瑞、張璘，皆以七世同居賜詩旌獎。麟瑞，魯山諸生；璘，涇陽諸生。

趙一桂，不知其邑里。崇禎末，以省祭官署昌平州吏目，被檄爲莊烈帝后營葬。師入關，定京師，列狀申州，略曰：「三月二十五日，奉順天府檄，穿田妃壙，葬崇禎帝后。四月初三日發引，初四日下窆。州庫如洗，葬日促，監葬官禮部主事許作梅無策。職與義士孫繁祉等十人斂錢三百四十千，僦夫穿壙，至初四日羨道開通。啓壙宮門，入享殿三間，陳祭品，中設石案，一懸鐙二，旁列錦綺繒幣，五色具。生存所用器物，殮具皆貯以硃紅木箱。左傍石牀一，牀上羅氈衾枕。又啓中羨門，內大殿九間，中爲石牀，置田妃棺槨。帝后梓宮至，停席棚，陳羊豕金銀紙錁祭品，率衆伏謁，哭盡哀。職躬督夫役，移田妃柩於右，奉周皇后梓宮於左，乃安先帝梓宮居中。先帝有棺無槨，移田妃槨用之。梓宮前各設香案祭器，職手然萬年鐙，度不滅。久之，事畢，掩中羨，閉外羨門，復土與地平。初六日，又率諸人祭奠號哭，呼集居民百餘人，畚土起冢，又築冢墻高五尺有奇。」幸本朝定鼎，爲先帝建陵殿三間，繚以周垣，使故主陵寢不侵樵牧，雖三代開國無以加之。一時斂錢者：繁祉，諸生；劉汝樸、白紳、徐魁、李某、鄧科、趙永健、劉應元、楊道、王政行，皆州民。康熙中，嘉興譚吉璁至昌平，得故吏牘，採入所爲肅松錄。邵長蘅又爲之文，謂是時李自成據京師，禮部主事改禮政府屬，蓋一桂不知自成所改官制而政行。有子乞韓菼表墓，亦書其事。黃調鼎，字鹽梅，河南洛陽人，諸生。其女兄，明福王由崧妃也，早卒，葬洛陽。福王稱帝南京，追爵妃父奇瑞洛中伯，以其長子九鼎襲，亦官調鼎。福王選立后妃，巡撫山陰祁彪佳之女與焉，命以彪佳少女妻調鼎。南都破，九鼎降，馬士英挾福王母鄒太后至浙江，兵敗，太后匿山陰民家。調鼎走依祁氏，與相聞。福王死京師，求得其柩，載歸洛陽，塟故妃園。迎鄒太后奉養，至卒，葬福恭王園。調鼎棄諸生不出。

楊藝，字碩父，廣西臨桂人，大學士瞿式耜客也。闊略無所忌諱，同幕者稱爲癡，藝因以自號。已，終不合，去。孔有德徇廣西，破桂林，執式耜及總督張同敞，不屈死。藝衰絰，懸紙錢滿衣，號哭詣市門，請斂式耜。有德聞而義焉，遂許之，令並斂同敞。有姚端者，式耜門人，藝與謀斂式耜及同敞，淺葬風洞山麓，築室於旁，守墓不去。時明給事中金堡去爲僧，將上書有德乞斂式耜等，知藝先之，乃罷，以書稿寄式耜子顛，流傳人間，而罕知藝者。堡紀其事甚詳，且曰：「以吾書掩藝，吾爲竊名，瞿氏子爲負德。」咸默，字大咸，江南山陽人，明諸生，侍郎左懋第客也。福王遣懋第等詣京師，默與司務陳用極、劉將艾大選、游擊王一斌、都司張良佐、王廷佐、守備劉統從。使事畢，留勿遣，大選從令薙髮，懋第怒，笞之，自殺。南京破，懋第與用極、一斌、良佐、廷佐、統皆以不屈死。默送懋第喪歸葬萊陽，又送用極喪歸葬崑山，一斌等爲淺葬京師郊外。默託堪輿術游四方，嘗作哭萊陽詩以弔懋第，淒楚，人不忍讀。

李晉福，直隸景州人，事諸生趙遵譜爲僮。師入塞略地，至州，遵譜方出游，騎而行，晉福從。倉卒被掠去，家人不知也。越數日，晉福潛還告家人，即復從遵譜出塞。遵譜馬爲人奪，與晉福徒跣行。久之，有騎過，則遵譜馬也。遵譜直前欲奪之，騎者抽刀斫遵譜，仆幾死。晉福負歸，爲裹創，僅乃得愈。遵譜悉直，晉福力戒毋負氣取禍。在兵中稍久，相習，晉福弟遵譜，有勞役必代之。後三年，得間，遣遵譜亡歸。歸一年，晉福亦逃入塞。胡端友，湖南甯鄉人，劉光初僕也。順治初，光初妻胡遇寇，以幼子付端友，端友負而逃，寇逐之，力奔得脫。至其家，釋負仆，久之乃蘇。胡死於寇，其子得成立，至乾隆中，丁近二千，劉氏祀端友於祏。

朱永慶，字長源，順天大興人，故明宣府巡撫之瑀子也。師入關，永慶見俘，隸漢軍正黃旗，僦屋居。永慶修幹美髯，負氣節，好佛。主者賢之，將賜以婦，命視諸俘悉所擇。武進楊兆升仕明，官給事中，起兵死，妾姚見俘，薙髮矢守節。永慶夙聞之，乃自名故殉難宣府巡撫子，擇姚以請，引歸所居室。向夕，姚拜永慶乞哀，永慶曰：「吾將全夫人節，非特哀之而已。」乃誦佛至旦，凡三夕。居停覘知之，問曰：「君不近婦人，安用此贅疣？」永慶曰：「此縉紳婦，吾非欲妻之，欲完其節耳。恐機洩，故且同室，然非誦佛不可。乃爲君偵得，幸終爲吾諱。」居停感焉，乃治別室以居姚。久之，事聞於主者，主者益賢之，令姚寄書其家，以其母若弟來，予貲遣之還。

王某，江南如皋人，隸也。順治初，縣人許德溥坐不薙髮死，妻當流。王欲脫之，思不得其策，夜不寐。其妻怪問之，語以故。其妻曰：「此義舉也，然非得一人代不可。」王曰：「安所得代者？」其妻曰：「吾當成子義舉，願代行。」王伏地叩頭謝，乃匿德溥妻，而以其妻行，行數千里至流所。縣人義之，斂金贖歸，夫婦終老於家。

張瑛，字玉采，山西汾陽人，居西官村。順治六年，姜瓖亂，衆刦東官村趙氏，盡殺其人，獨一子亡歸瑛，瑛納之。衆索焉，瑛不與。瓖亂定，瑛助趙氏子訟於官，誅刦者。當亂急，村人將走避，瑛曰：「賊未至先走，能保必全乎？孰若爲守計。」衆曰：「如無砦堡何？」瑛曰：「砦堡誠不可猝爲，環村而溝焉，其可。」遂爲溝，務深廣。瑛家有樓，貯村人財物其中。既而賊大至，踰溝，村人退保樓。瑛見賊渠據胡牀坐而指揮，發石中之，立斃。餘賊怒，攻樓，取薪將焚，衆汲井以救。持數日，乃稍稍去。瑛率衆出擊之，賊奔潰，村以得全。瑛家饒，歲終必出粟周鄰里。康熙三十六年，饑，縣民鬻田貶其直，瑛輒收之，得田且千畝。明年大穰，瑛榜諸村曰：「願贖者聽。」不十日盡贖去。瑛卒，年九十有一。

郭氏僕，失姓名，山西聞喜郭景汾家僕也。姜瓖反，縣人章惇爲亂，殺景汾祖及父。景汾方三歲，僕負之走，得免。瓖敗，惇降，得官。景汾讀書成進士，上僕義，被旌。景汾闕復仇，顧惇已遇赦，知縣邵伯麟爲之解，令惇謁景汾祖父墓，且詣景汾謝。居無何，景汾擊殺惇，斷其首祭祖父，而身詣獄。伯麟義景汾，具獄辭言惇謀反，景汾率衆擊殺之。大吏覆讞，惇謀反事無有，乃坐景汾擅殺，伯麟意出入人罪，皆論死。踰年，遇赦，減死戍福建。耿精忠反，官景汾，事定，逮京師，以從逆見法。僕自聞喜走京師，爲具斂。惇子訐僕不當收罪人尸，下刑部。僕言：「某負三歲主，艱難萬死中，辱以義被旌。景汾雖被罪死，固某主也。主死，僕不爲之收，是爲無義。某願死，不敢負前旌。」獄上，聖祖哀而宥之。當精忠官景汾，亦欲官伯麟，景汾言是不辦一縣令，何能爲，遂不用，以是免。

胡穆孟，福建人，失其縣。順治間武舉，與連江沈廷棟同歲，相善。耿精忠反，徵穆孟，避匿廷棟家。廷棟寓書於其友，詆精忠，穆孟竊見之，慮書發且得禍，易書爲隱語。邏者得書，猶以詆精忠見收。穆孟以語其妻王，王謂當自承以脫廷棟。穆孟乃詣吏，吏使與廷棟各具書辨其蹟，釋廷棟而殺穆孟。穆孟死，王詣市縊穆孟首，具衣冠爲斂，屬子於其叔，且及廷棟，遂縊於尸側，市人皆感泣。師克福建，卹穆孟，廕其子焉。

苑亮，江南亳州人，事州人韓斌爲僕。斌舉武科，授福建興化守備。耿精忠反，脅授副將。浙江總督李之芳討焉，移江南錄斌子世晉，亮從之行。之芳授以札，使招斌。亮度精忠兵所置燉，爲邏者所執，問誰何，亮自陳言斌家被籍，南來投斌。主者監亮見斌，而不許交語。亮僞遺屐，斌發視，得之芳札，乃單騎詣之芳降。亮陷賊中，被刑訊，終不言齎札，率遂死。之芳作傳表之。

楊越，初名春華，字友聲，浙江山陰人。所居曰安城，因以爲號。爲諸生，慷慨尙俠。康熙初，越友有與張煌言交通者，事發，辭連越，減死流甯古塔。例僉妻，與其妻范偕行，留老母及二子家居。甯古塔地初闢，嚴寒，民樸魯。越至，伐木構室，壘土石爲炕，出餘物易菽粟，民與習，乃教之讀書，明禮教，崇遜讓，躬養老，撫孤，贖入官爲奴者。蕭山李兼汝，蘇州書賈朱方初，及黔沐氏之裔忠顯、忠禎，皆廪焉。又贖明大學士朱大典孫婦、河南李天然希聲夫婦。凡貧不能舉火及昏喪，倡出貲以䘏，民相助恐後，吝則嗤之曰：「何以見楊馬法？」馬法猶言長老，以敬越也。母終於家，年餘始聞喪，哀慟，杜門居三年。子賓出塞省越。越初戍，年二十四，至是已六十八。賓還，叩闕乞赦越，事未行。子賓復出塞省越。又二年，越卒於戍所，例不得歸葬，賓請不已，又二年乃得請，迎范奉越喪以歸，民送者哭塡路。賓撰柳邊紀略，述塞外事甚詳。

吳鴻錫，字尤康，福建晉江人。父德佑，康熙初客浙江。兵部郎中噶尼布奉命督造戰艦，延德佑入幕，數月，德佑卒。鴻錫方七歲，噶尼布攜至京，將子之，鴻錫請呼以伯，曰：「父一而已。」噶尼布奇之，曰：「七歲兒能辨此耶？」噶尼布故廉，家漸困，鴻錫爲督芻牧，私市書冊弓矢習之，通滿、漢文，精騎射。噶尼布從兄雲麟以平臺灣功授溫州參將，至京師，欲以鴻錫行，噶尼布諾之。鴻錫流涕曰：「我七歲育於公，今我壯而公老，公子幼，必俟其成立，我乃歸。」鎭國公海淸，噶尼布壻也，義鴻錫，俾入旗。噶尼布卒，妻哀甚，得狂疾。子和順、和卿、和麟，和順纔七歲。鴻錫爲治喪，持家政，延師教和順兄弟。稍長，爲娶婦。和順年十六，有忌之者，授以護軍將困苦之每直宿鴻錫佩刀以從寢坐終夜大學士阿蘭泰爲噶尼布故交鴻錫率和順兄弟候其門和順試除中書師征噶爾丹和順從軍以功擢禮部主事有召和順飲者佐以博鴻錫持刀還入坐以和順歸他日或問鴻錫人可殺乎鴻錫曰殺人罪不過死吾受撫孤託而坐視其溺於燕朋誠生不如死死而諸孤知勉則死賢於生矣和順自是不復與人飲山東饑遣官治賑和順與爲鴻錫從之武城廩未發出私錢散米又慮飢者驟飽且致斃瀹萊菔飲之全活無算和順壽榷密雲關鴻錫曰負販小民不得取其稅額不足可以家財補焉民懽趨之額亦足和順習舉業鴻錫督之慮其怠穴几貫鐵索自繫守之和順驚謝讀益力以副榜貢生得官和順年十六鴻錫偕詣永定河效力水大至巡撫于成龍夜行隄上見有向河拜且泣者問之鴻錫也解衣旌之工竟和順議叙筆帖式擢刑部郎中鴻錫不得歸募工寫父母遺象檢父遺衣冠招魂葬之年五十八卒和順兄弟去縗席地如父母喪

韓瑜字玉采山東濰縣人少孤事母孝母沒哭泣三年既除喪祭墓未嘗不哀年八十如故冠時母有衣一襲弆篋中實祭則服之衣敝不棄將卒命以斂猶舉孟郊詩曰此慈母手中線也事兄謹兄弟皆八十無改常度產不過中人好施予多蓄書遇寒士則遺之族黨長不能昏娶喪不能葬必佽以資族子貧贈以秫十石使居買得贏倍以償不受康熙四十三年饑民鬻子女罄所蓄得九人不立劵歲豐悉遣還之卒時八十有六

程增字維高江南歙縣人父朝聘自歙移家安東歸省墓病作增冒風渡江六日夜行千五百里至則朝聘已沒母唐病復作急還又已沒乃絕意仕進安東地卑母厝在堂水大至增與一僕力升厝木案上既葬復移家山陽爲賈而使二弟就學父母之黨死而無歸者畢葬爲餘皆定其居使有恒業析田立塾以養以教友有急雖以千金脫之後更相背窮復來自解待之如初康熙初河淮溢增出家財修邗溝兩岸隄十里河道總督張鵬翮以聞四十四年聖祖巡視芒稻河召增入見書旌勞二字以賜兩江總督于成龍好微行奸人因造言傾怨家獄或失入增謁成龍力言其弊指事爲徵成龍曰微子言吾安知人心抗敝至此久之卒

李應卜河南郟縣人早失父母叔丕基遺側室事如母壽百歲終姪緯孤飲食教誨之病作必數視之曰我夜不能起然終宵未成寢也弟應會亡病甚一夕鬢髮皆白姪紺幼食必呼共案出必視而行返必問在何所施及於鄉人有典其田而遠游者以子託爲久之爲娶婦且復其田有喪其妻者爲之復娶予田俾資以生有貧欲遠從者予之粟留勿從有傭於其肆負金病且死者爲之蠲其逋厚給其妻子有持金入其肆市粟者視金有官封與粟遺之去持金詣縣庭知縣方以庫失金笞吏應卜以金上具言始末事乃白乾隆二年縣舉應卜行事上大吏請旌表其門曰義士

塞勒滿洲人官苑副與惠色友塞勒老無子時引以爲戚惠色曰我已有二子今婦又有身男也爲君子已而得男命曰奇豐額既免乳以畀塞勒塞勒與其妻撫以爲子年十六將應童子試當具三代塞勒曰吾甯無子不可改祖宗欺君父乃攜奇豐額還惠色奇豐額初不自知惠色子塞勒語以故疏馬去奇豐額遂還爲惠色子乾隆三十四年成進士授刑部主事累遷江蘇布政使塞勒及其妻相繼卒五十七年奇豐額擢江蘇巡撫入覲辭泣陳本末請以本身封典貤封塞勒並以第三子廣麟爲塞勒後上命具疏下部議皆不許上特允之奇豐額黃氏先世朝鮮人隸內務府滿洲正白旗坐事罷官終內務府主事

王聯字鶯亭江蘇泰州人諸生應乾隆四十五年江南鄉試聯與友沈某偕沈病於喉欲歸聯不入試送之還至龍潭沈病益劇聯伴之寢病者口腐穢觸鼻不問輿行慮其顚徒步翼以行沈遽死輿者欲散聯以義感之乃得至丹徒殯於僧寺以其匶歸論者謂新唐書以張道源送友尸歸里列諸忠義傳聯亦其亞也

黎侗安南人故安南國王黎維祁之族也乾隆間廣南阮光平破安南侗護維祁叩關乞援上遣孫士毅率師送歸國既復爲光平襲破維祁出走侗齎上所賜國王印走間道入關與段旺等二十九人俱上命薙髮分置江浙諸地獨侗與李秉道等四人不肯從其一爲黎駒亦維祁族其一失姓名四人者堅請得出關爲維祁復仇上已受光平降不欲更爲黎氏出兵謂侗等忠於黎氏不以盛衰爲去就諭福康安平心詢問士毅奏侗假託忠義意圖構釁上命侗等從維祁至京師令軍機大臣傳詢侗等力請還黎氏故土誓以死殉上曰侗等仍還安南或爲光平所戮朕心所不忍命暫繫刑部獄維祁卒葬京師郊外仁宗即位命釋四人者使居外火器營嘉慶八年農耐阮福映併安南使上表乞封侗子光倬在行侗與秉道至涿州迓焉仁宗責其私出下刑部侗等初自承出謁維祁墓既乃具言願得歸國並以維祁喪還葬上許之賚以銀並諸黎氏舊臣入漢軍置內地者悉遣還

趙璣字雨亭安徽桐城人倜儻重然諾有葉暘者與有連官大名同知璣往客爲甫踰月暘坐事戍伊犂童僕皆散走暘父母老且病日夜泣璣請與俱行既至將軍愛暘才置幕中璣乃辭歸暘泣璣曰勿爾吾且再來歸一年暘母卒璣復往比出關聞暘從將軍移駐塔爾巴哈臺改途赴之將軍聞賢璣稱曰義士以此趙義士名著關外有葉椿者暘同族也亦戍伊犂璣再出關椿母附寄子書致金璣既改赴塔爾巴哈臺未至伊犂歸道呼圖壁遇巡檢陳栻亦皖人也因迹椿則死久矣璣曰椿母日夜望子歸乃今死當奈何且以金附我者爲我能致之也義不忍空返其金令椿骨不還願金少盡吾橐中貲猶不足又當奈何貸於栻迂道八千里載椿柩以歸

蔣堅字非磷江西鉛山人幼卽有智數七歲從叔入寺廡坐縣役值輿語謂某寺僧被殺不得其主名堅語其叔曰殺人者堂上老僧也方誦經屢顧意乃不在經役牽去一訊而服十七附舟經瑞洪有少年同舟當食必出避堅疑而問之少年自言貧不能償舟值舟人將不余食焉故出避堅邀與共食貲以金其人後客死又策返其骨及餘金長習法家言佐幕山西屢雪疑獄康熙五十二年主澤州知州佟國瓏臨汾民迫奸胥爲變巡撫檄國瓏往按堅從國瓏以七騎往至則衆保山洶洶堅以巡撫令箭先諭衆國瓏入縣執胥擾民者五六笞之流血衆就觀歡譟悉散國瓏乞休堅歸數年聞國瓏以屬吏虧帑逮下太原獄責償數千金堅往省爲國瓏徵債欒城又至澤州貸於州民爲國瓏輸償獄乃解堅嘗曰法所以救世心求人之生斯善用法矣著求生集子士銓文苑有傳

李林孫河南襄城人乾隆末教匪起將攻河南會城是時布政使馬慧裕主城守顧無兵度無以禦有陳伯瑜者郟縣人嘗爲河南巡撫客先事言教匪且起以妖言下獄川楚亂作諸大吏禮爲上客友林孫言於慧裕使率鄉兵五百人助守教匪至伯瑜以二百五十人面水肆戰匪易其少就觀之林孫以二百五十人出其背夾擊大破之知縣林嵐乞其兵守盧氏教匪渠張潮兒來攻號十萬嵐兵不及二千莫敢進嵐謝其衆曰公等皆林孫人徒死無益指大樹曰我官也死是間耳衆怒曰誰無面目者致公爲此言今日戰有不勝賊而生者撞大石破腦死嵐拜衆亦拜遂戰賊殲人或以兵家言問林孫林孫謝不省曰豪傑無他得人心耳

高大鎬湖南桃源人父陛臨淄知縣嘉慶初大鎬將僕王明省父歸道荊門遇教匪大鎬從容語使引見其渠渠疑爲官軍諜欲殺之大鎬自言我盜也奈何殺我渠使與其徒角殺三人乃錄與其徒伍渠令攻宜城大鎬從行度溪匿橋下得脫遇餘寇又殺三人乃走宜城白吏言寇且至爲畫城守策大鎬在賊中久知賊畏飛石令盡發市衢街道民家階甎碎之置城上寇至見有備乃走吏欲敘大鎬功大鎬辭歸桃源王明在賊中不與大鎬相聞既爲官兵所俘讞非盜釋之亦得歸

許所望字叔翹安徽懷遠人諸生工爲詩嘉慶七年冬宿州民王朝明李勝才爲亂州破所望與其戚王冠英出粟三千石佐軍且率其徒邱惠齡張國綱謝崇訓等破賊陳家集十八年秋林清亂起師圍滑縣兩江總督百齡駐徐州安徽巡撫胡克家駐亳州爲備歸德盜楊七郎據引河集其黨洪廣漢據保安山與潁州亂民沙占魁等遙相結覬變克家知所望以書招之所望率八百人至亳州以惠齡等十人爲隊長所望謀曰楊七郎猛且狡宜以計誘之令國綱崇訓率健兒八人僞爲逃卒詣七郎越五日誘之出以百餘人至邱家集七郎忽疑曰若爲許所望來耶崇訓出不意斷七郎臂衆大驚國綱疾呼曰我張國綱也立擊殺數人國綱與惠齡同破宿州賊以勇聞賊素憚之遂大潰所望率兵至七郎走死廣漢亦潰占魁等走永城會師克滑縣餘賊走與合焚會亭所望與戰公基湖列十火槍土埠上令衆伏地曰賊至二百步槍發乘煙疾進擊之賊潰奔逐之數十里亳州師乃罷百齡在徐州亦得河南張永祥者以鄉兵三百助守事定所望辭叙功以諸生應試如故永祥從巡撫阮元自河南移浙江亦罷去人呼爲張鐵槍云

邢清源曹州人入鎭標爲兵數十年老而退伍咸豐十一年長槍會爲亂圍曹州時親王僧格林沁駐軍濟甯欲乞援無敢齎書往者清源請行乃裂帛爲牘置清源衣帶清源破衣持竹杖爲丐者狀出圍達王所王卽札示發兵狀仍置衣帶還報兵至城得全王元杭州旗營牧馬人也粵寇陷省城將軍瑞昌守旗營令元持書突圍出乞援張玉良大哭不食玉良義之立進兵瑞昌夾擊遂復省城明年城再陷元已保營官戰歿長安祔祀瑞昌祠

鳳瑞字桐山瓜爾佳氏滿洲正白旗人乍浦駐防粵寇來犯與兄麟瑞戰禦城

陷麟瑞陣歿見忠義傳鳳瑞改隸李鴻章軍轉戰江浙屢有功而太倉一役尤著初李軍以乏餉不用命鳳瑞力保盜魁賀國賢國賢本鹽商官誣殺其兄乃爲盜鳳瑞與其兄善責以大義立出十萬金助餉並率所部奮攻城遂克太倉州國賢後官至總兵鳳瑞以筆帖式積功累保副都統賞花翎江南平調歸杭州遂隱居不仕時難民遍地鳳瑞先於上海青浦設廠施衣食爲謀棲宿分遣歸里復奉詔招集旗人歸防安插恢復營制建昭忠祠立忠義墳凡杭乍兩營死者逾萬人尸骨狼藉躬督檢埋分建兩大塚於兩地勒碑致祭列入祀典又采訪姓名彙刻浙江八旗殉難錄乍浦副都統錫齡阿全家同殉其僕石某獨負其幼子出乞食養之鳳瑞見而言於巡撫薛煥奏請撫恤爲賦義僕行給資送歸鳳瑞義俠好行善歲收租穀數百石必盡散之窮乏數十年如一日衆稱善人卒年八十有二贈將軍鳳瑞博學工書畫遊跡遍天下嘗自刊玉章曰讀萬卷書行萬里路著有老子解如如老人詩草及殉難錄等子四文樑年十三母病危剖心以救母愈文樑竟卒

方元衡字莘田安徽桐城人以貢生官光祿寺署正父病失明晨夕調護廁牏必躬親之終親之身不稍怠推產給弟惟筆耕以奉甘旨年五十依母懷如嬰兒居喪不宴笑不居內日所行必告於主葬則廬墓側歲時祭必哀戚盡禮俗惑於風水常停柩久不葬請設勸葬局限期督葬無後者則購地代葬之先後逾五萬具復設採訪局採訪全省節孝貞烈歷二十年彙請得旌者凡十餘萬人建總祠總坊於省會有司春秋致祭著有續心學宗孝經淺註卒後皖人上其孝義行特贈五品卿

葉成忠字澄衷浙江鎭海人世爲農六歲而孤母洪撫以長爲農家傭苦主婦苛去之上海棹扁舟江上就來舶鬻雜具西人有遺革囊路側者成忠守伺而還之酬以金不授乃爲之延譽多購其物因漸有所蓄西人製物以機器凡雜具以銅鐵及他金類造者設肆以鬻謂之五金成忠肆虹口數年業大盛乃分肆徧通商諸埠就上海洪口設廠繅絲造火柴資益豐乃置祠田興義塾設醫局會朝議重學校成忠出貲四十萬建澄衷學堂規制宏備生徒景從製字課圖說修身輿地諸書諸校用之以爲善本又建懷德堂備於所設肆者死育其孤恤其嫠困乏者歲時存問毋俾凍餒鄉人爲之諺曰依澄衷不憂窮凡傭於葉氏皆爲盡力成忠屢以出貲助賑敍勞至候選道加二品頂戴卒命諸子人擇一業行義竟其志勿邀賞

楊斯盛字錦春江蘇川沙人爲圬者至上海上海既通市商於此者咸受廛焉斯盛誠信爲儕輩所重三十後稍稍有所蓄乃以廉值市荒土營室不數年地貴利倍徙善居積擇人而任各從所長設肆以取贏迭以助賑敍官光緒二十八年詔廢科舉設學校出資建廣明小學師範傳習所越三年又建浦東中小學靑墩小學凡糜金十八萬有奇上海業土木者以萬計衆議立公所設義學斯盛已病力贊其成事立舉海濱潮溢居民多死者斯盛出三千金以賑又集資數萬全活甚衆浦東路政局科渡掮急民大譁官至辇毀其輿斯盛力疾往揮衆散掮亦罷又出資規築洋徑陸家渡六里橋南諸路改建殿家橋創設上海南市醫院諸事畢舉建宗祠置義田佽故友族人咸有恩紀及卒遺命散所蓄助諸不給遺子孫者僅十一

武訓山東堂邑人乞者也初無名以其第曰武七七孤貧從母乞於市得錢必市甘旨奉母母既喪稍長且傭且乞自恨不識字誓積資設義學以所得錢寄富家權子母積三十年得田二百三十畝有奇乞如故藍縷蔽骭晝乞而夜織或勸其娶七謝之又數年設義塾柳林莊築塾費錢四千餘緡盡出所積田以資塾塾爲二級曰蒙學曰經學開塾日七先拜塾師次徧拜諸生具盛饌饗師七屏立門外俟讌罷啜其餘曰我乞者不敢與師抗禮也常往來塾中值師晝寢默跪榻前師覺驚起遇學生遊戲亦如之師生相戒勉於學有不謹者七聞之泣且勸有司旌其勤名之曰訓嘗至館陶僧了證設塾鴉莊貲不足出錢數百緡助其成復積金千餘建義塾臨淸皆以其姓名名焉縣有嫠張陳氏家貧封肉以奉姑訓予田十畝助其養遇孤寒輒假以錢終身不取亦不以告人光緒二十二年歿臨淸義塾廡下年五十九病革聞諸生誦讀聲猶張目而笑縣人感其義鑄象於石歸田四十畝以其從子奉祀山東巡撫張曜袁樹勛先後疏請旌祀孝義祠

呂聯珠字星五漢軍正黃旗人隸盛京內務府所居村曰瓦子峪貧授徒爲大父及父母養一介不妄取應鄉試徒步千餘里有富家子招與同乘堅卻之光緒十四年舉於鄉授筆帖式補催長不改其狷聯珠有從叔其一貧無子請兼祧侍養叔嚴急事之盡禮其一出遠游以廢疾歸奉於家喪葬昏嫁力任之有田招佃以耕隣田鬻於人占聯珠田五尺聯珠言於官讓與之田中有他氏墓爲之掃除歲祭焉同學坐事繫獄死爲之葬姻家有以疑獄死京師者赴會試爲携其骨還塟聯珠篤行式於鄉人治程朱之學鄉人奉其教久之卒

清史稿　　　列傳

遺逸

太史公伯夷列傳憂憤悲嘆百世下猶想見其人伯夷叔齊扣馬而諫既不能行其志不得已乃遁西山歌采薇痛心疾首豈果自甘餓死哉淸初代明平賊順天應人得天下之正古未有也天命既定遺臣逸士猶不惜九死一生以圖再造及事不成雖浮海入山而回天之志終不少衰迄於國亡已數十年呼號奔走逐墜日以終其身至老死不變何其壯歟今爲遺逸傳凡明末遺臣如李淸等逸士如李孔昭等分著於篇雖寥寥數十人皆大節凜然足風後世者也至黃宗羲等已見儒林傳魏禧等已見文苑傳餘或分見于孝友及藝術諸傳則當比而觀之以見其全焉

遺逸一

李淸（李楨）　梁以樟（王餘佑）

閻爾梅（萬壽祺）　鄭與僑

曹元方　莊元辰（王玉藻）

李長祥（王正中　董守諭）　陸宇燝（弟宇燦　江漢）

方以智（子中德等）　錢澄之

惲日初　郭金臺

朱之瑜　沈光文（陳士京）

吳祖錫

李淸字心水號映碧興化人天啟辛酉舉人崇禎辛未進士授甯波推官考最擢刑科給事中同日上兩疏一言禦外敵當戰守兼治不當輕言款禦內寇當勦撫並用不當專言撫一言治獄不宜置失入而獨罪失出因論尚書劉之鳳不職狀尋以天旱復疏言此用刑鍛鍊刻深所致語侵尚書甄淑淑遂劾淸把持詔鐫級調浙江布政司照磨無何淑敗即家起吏科給事中疾朝臣日競門戶疏言國家門戶有二北門之鎖鑰以三協爲門戶陪京之扃鐍以兩淮爲門戶置此不問而鬨堂鬭穴長此安底疏入不報京師陷福王建號南京遷工科都給事中見朝政日壞官方大亂乃疏言大讎未雪凡乘國難以拜官者義將慚慟入地宜急更前轍以圖光復又憤時議以偏安自足抗疏曰昔宋高之南渡也說者謂其病於意足若陛下於今日其何足之有以河洛爲豐沛則恭皇之舊封也爲恭皇所已有而不有則不足以金陵爲長安則高帝之始基也爲高帝所全有而不有則不足臣深望陛下無忘痛恥以此志爲中外倡也儻陛下弛於上則諸臣必逸於下先帝之深讎將安得而復哉且宋之南渡猶走李成擒楊么以靖內制外今則獻孽交熾兩川危於累卵汀潮南贛並以警聞北有既毀之室南無可怡之堂臣竊爲陛下危之疏上報聞而已有司始諡莊烈帝爲思宗淸言廟號同於漢後主禪請易之又請補諡太子二王及開國靖難並累朝死諫諸臣或以爲迂歎曰士大夫廉恥喪盡矣不於此時顯微闡幽激發忠義之氣更復何望耶淸事兩朝凡三居諫職章奏後先數十上並寢閣不行尋遷大理寺左寺丞遣祀南鎭行甫及杭而南都失守矣乃由間道趨隱松江又渡江寓高郵久乃歸故園杜門不與人事當道屢薦不起凡三十有八年而歿淸忠義蓋出天性莊烈帝之變適在揚州聞之號慟幾絕自是每遇三月十九日必設位以哭嘗曰吾家世受國恩吾以外吏蒙先帝簡擢涓埃未報國亡後守其硜硜有死無二蓋以此也晚著書自娛尤潛心史學爲史論若干卷又删注南北二史編次南渡錄等書藏於家李楨字子木吳縣人天啟乙丑進士授東莞知縣考最入爲御史因劾論中官謫南京國子監典籍福王立封四鎭爲侯伯楨上言擁立時陛下不以得位爲利諸臣何敢以定策爲功甚至侯伯之封輕加鎭將夫諸將事先帝未收桑榆之効事陛下未彰汗馬之績方應戴罪何有勳勞使諸將果忠義者必先慰先帝殉國之靈而後可膺陛下延世之賞報聞尋改爲河南道御史馬阮亂政歎曰事無可爲矣即請告不復出杜門里居三十年如一日幼與徐汧爲總角交汧死國事爲恤其家而存其孤不渝舊好年八十卒於家

梁以樟字公狄淸苑人與兄以枏弟以桂並知名時號三梁以樟負異才八歲讀書家塾中值壁裂作壁裂歌云壁猛裂龍驚出見者大奇之十六歲補弟子

員受知左光斗。崇禎己卯舉鄉試第一。明年成進士。命試騎射，進士皆書生，夙不習，以樟獨躍馬彎弓，矢三發的，皆應弦破，觀者歎異。即授河南太康知縣。中原盜起十餘年，所在荼毒，督撫莫能辦，率倡撫議，苟且幸無事，盜且服且叛。而河南比年大旱蝗，人相食，民益蠭起爲盜。人爲以樟危，僉都御史史可法以其有經世略，獨勸之行。抵任，探知境內賊凡三十六窟，於是練鄉勇，修城堡，嚴保甲，募死士入賊巢伺賊出入。嘗夜半馳風雪中，帥健兒密擣賊壘，賊驚佚，食其渠，燬巢而歸。居半載，境內賊悉平。調商邱。時李自成犯開封，不能破，乃東攻歸德。以樟嬰城血戰三日夜，城陷，妻張率家人三十口自焚死，事具明史。以樟被重創仆亂屍中，死復甦，商民救之出，奔淮上，被逮讞請室。賊入潼關，復渡河東犯，京師震動。以樟乃從獄中上疏，請皇太子撫軍南京，輔以重臣，假便宜從事，係人心，倡召豪傑，義旅大起勤王兵，擇宗室賢才分建要地，而重督撫權，行方鎭遺意，合力拒。疏上，執政尼之。迨出獄而都城陷。福王立，以樟自德州臨清南下，與各郡邑建義文武吏及諸豪士歃血盟，人皆感憤流涕，受約束，待命渡淮。見可法，因建議：「山東河北爲江南藩蔽，若無山東河北，是無中原；江北無中原，江北區區，江南豈能自守耶？今宜於河南北山東設三大鎭，倣唐節度使、宋經制招討使之制，以大臣文武兼資者爲之，寬其文法，使自爲戰守，而閣部大治兵居中馭之。」又言：「北方人心向順，宜及時撫爲我用，否則忠者不能支，黠者反戈相向矣。」前後奏記百數十，而馬士英專政，貨鬻官爵，用逆黨阮大鋮爲兵部尚書，競立門戶，斥忠讜之士，君臣日夜酣樂，左良玉、高傑、劉澤清等各擁兵跋扈，莫能制。以樟知事不可爲，憤鬱成疾，辭去。可法仍舉以樟爲兵部職方司主事，經理開歸。未幾，揚州破，可法死，南都相繼潰。以樟遂與以相遯跡賓應之葭湖，買田數十畝，躬耕自給。清初召用勝國諸臣，以樟年幾三十七，朝貴致書勸駕，不應。自築忍冬軒，日與張珽、孫爾靜講學其中。四方之士若閻爾梅、王猷定、劉純學、崔干城、僧松隱暨其鄉人王世德父子時時過，以樟劇飲，慷慨激昂，繼以涕泣。晚年偕喬出塵、陳鈺、朱克生、劉中柱結文字社。康熙四年七月十五日，端坐作論學數百言，擲筆而卒，年五十八。世德之子潔源集其理學經濟諸書及詩古文合爲一編，曰梁鷗林先生全書。今傳世者惟卬否詩集而已。世德字克承，自號霜皋，北平人。少襲錦衣衛指揮僉事。北都陷，拔刀將引決，爲僕所奪，妻魏已率諸婦女赴井死，遂易僧服，與以樟偕隱。嘗憤野史誣罔，不可傳信後世，欷歔扼腕，作崇禎遺錄一卷自序之。康熙間修明史，有司錄其副本上史館。三十二年卒，年八十有一。子源以手藥殉葬。

閻爾梅，字用卿，號古古，沛縣人。崇禎庚午舉人。李自成陷北京，爾梅上書請兵北伐，並盡散家財結死士爲前驅。自成黨武愫至沛，屢使招爾梅，以碎牒大罵下獄。愫敗，乃免。赴史可法之聘，參軍事，首勸渡河復山東，不聽。時高傑爲許定國所殺，河南大亂，爾梅又說可法西行鎭撫之，傑部將約束待命，可法爲設提督統其衆，而自退保揚州。爾梅力阻之，請開幕府徐州，號召河南北義勇，得以一成一旅規畫中原；又請空名告身數百紙，乘時布發，視忠義爲鼓勵，俾逋寇叛帥不得以踰時渙散，少有睥睨。策皆不行，遂貽以書而去。及可法殉節，爾梅走淮安，就劉澤清、田仰畫戰守策，復不聽。師入淮，爾梅率河北壯士伏城外，衆懼阻，羽士陶萬明特庇之。巡撫趙福星以書招爾梅，痛哭謝之，乃散其衆，遁海上，祝髮稱蹈東和尚。復走山東，聯絡四方魁傑，謀再舉。又至河南，至京師。以山東事發被捕，下濟南獄，脫走還沛。名捕急，弟爾羹、姪御九皆就逮，妻妾同自縊。爾梅乃託死夜遁，變名翁深，字藏若，歷遊楚、蜀、秦、晉九省，過關中，與王宏撰等往還。北至榆林，從甯夏入蘭州，凡十年。獄解，始還。未幾，爲仇家所攀，復出亡，龔鼎孳救之，得免。北謁思陵，又東出榆關，還京，會顧亭林，復遊塞外，至太原訪傅山，結歲寒之盟。爾梅久奔走，歷艱險，不少阻。後見大勢已去，知不可爲，乃還沛，寄於酒，醉則罵座，常慨然曰：「吾先世未有仕者，國亡破家，爲報仇天下震動，事雖終不成，疾風勁草，布衣之雄足矣！」遂高歌起舞，泣數行下。居數歲，卒，年七十有七。爾梅博學善詩，有白耷山人集。萬壽祺，字介若，世稱年少先生，徐州人。與爾梅同郡，又同歲生，同舉鄉試，志節皆同，既同舉事。南都破，江以南義師雲起，沈自炳、戴之儁、錢邦芑起陳湖，黃家瑞、陳子龍起泖，吳易起笠澤，皆與會師謀恢復。兵潰，壽祺被執，不屈，將及難，有陰救之者，囚繫月餘得脫，乃渡江歸隱，築室浦西，妻徐子睿灌園以自給。髡首被僧衣，自稱明志道人，沙門慧壽，而飲酒食肉如故。時渡江而南，訪知舊，弔故壘。遺民故老過淮陰者，亦輒造草堂，流連歌哭，或淹留旬月。雖隱居，固未嘗一日忘世也。順治九年卒。壽祺善詩文書畫，旁及琴劍棋曲、雕刻刺繡，亦靡弗工妙。爾梅論有明一代書，推爲第一。著有隰西草堂集。初，爾梅、壽祺同謀舉事，一起江北，一起江南，先後相呼應。及事敗，爾梅出走，思得一當；壽祺留江淮，觀世變，不幸先死；爾梅獨奔走三十餘年，亦終無所就。後世稱徐州二遺民，常爲之太息云。

鄭與僑，字惠人，號確菴，濟甯人。五歲父歿，母張以祖遺田讓之仲，獨取遺書一篋授僑曰：「兒讀此可飽也。」與僑發奮力學。崇禎丙子舉於鄉。時流寇充斥山左，與僑以濟甯爲漕艘咽喉地，倡義與城守張世臣、舉人孟瑄併力殺賊，城賴以完。有賊郭陞者將至濟甯，州吏議迎款，屬與僑草表，力拒乃止。及賊至，與僑率鄉人殲之，遂徙家淮陽。史可法方開府淮上，聞與僑名，奏爲儀眞令，而吏部以其前守濟甯功，改除揚州府推官。揚州爲興平伯高傑列藩地，其將卒多驕橫，稍不當意，抽刀刺人，與僑悉裁之以法。巡按御史何綸薦以推官監江海軍，駐通州。江南失守，與僑奉母之武林，總督張存仁、經略洪承疇奇其才，欲官之，皆謝不起。後歸濟上，立社教授生徒，絕口不談時事。嘗偏遊秦、晉、川、蜀、荆、楚、吳、越諸勝。著有確菴稿、丹照集、爭光集、濟甯遺事、秦邊記要等書。卒，年八十有四。自爲壙誌。

曹元方，字介皇，海鹽人。父履泰，明兵部侍郎，以忠直著。元方，崇禎癸未進士。南京建號，授常熟知縣。時大學士馬士英擅國政，有薦元方署職方司事者，士英亦藉元方名，冀往謁附己，元方訖不往，上疏言願遵定制補外吏，語侵士英。士英怒，卒與令常熟。常熟爲吳中煩劇邑，最當金陵草瓶所在，兵與民交狃無甯晷。元方措兵餉，惜民力，俱帖然，邑稱治。金陵敗，棄官歸。履泰先獲譴謫戍，亦適歸，父子相謂於義不可宴然以居。元方先變姓名，間道入閩，至建甯謁唐王，即授吏部文選司主事，進驗封司郎中。頃之，履泰亦由海道至，即授太常卿，晉兵部右侍郎。父子俱以忠義激發，間關來，一時咸偉之。當是時，鄭芝龍久以桀寇內附，崇其秩號，姑息爲養驕，至是益甚，志叵測。元方抗疏，自請出視江上師閩封守，欲從外爲重內計。得召對，加御史銜，賜白金，揮涕以行。至浦城，則江上潰兵接踵，狼狽下。元方倉卒走，計後圖。履泰從唐王趨贛州，遇兵，投身崖石下，絕復甦，舁至僧舍，輾轉至浦城，父子得相見。履泰疾甚，先歸，旋卒於家。元方聞，乃亟歸，微服挈母及妻子行，寄食旅舍中。久之，事稍定，卜居硤石鄣，築草堂，自號耘庵。以老卒，年八十有二。

莊元辰，字起貞，晚字頑菴，鄞人，學者稱漢曉先生。賦性嚴凝，不隨人唯阿。崇禎丁丑進士，授南京太常博士。甲申之變，一日七至中樞史可法之門，促以勤王。福王立，議推科臣，總憲劉宗周、掌科章正宸皆舉元辰爲首，而馬士英密遣私人致意曰：「博士曷不持門下刺上謁相公，掌科必無他屬。」峻拒之。中旨僅授刑部主事。已而阮大鋮欲興同文之獄，元辰曰：「禍將烈矣。」遽行。未幾而留都亡。錢肅樂之起事也，元辰破家輸餉。時降臣謝三賓爲王之仁所脅，以餉自贖。及肅樂與之仁赴江上，三賓潛招兵，衆疑之。明經王家勤謂肅樂曰：「浙東沿海皆可以舟師達蠡，官倘彼乘風而渡，列城且立潰矣，非分兵留守不可。」肅樂曰：「是無以易吾莊公者。」於是共推元辰任城守事，分兵千人屬之，以四明驛爲幕府，家勤及林時躍參其事。元辰日耀兵巡諸堞，里人呼爲城門軍，三賓不敢動。乃迎魯王於天台，鄞始解嚴。晉吏科都給事中，遷太常卿。上疏言：「殿下大讐未雪，舉兵以來，將士宣勞於外，編氓殫藏於內，臥薪嘗胆之不遑，而數月來頗安逸樂，釜魚幕燕，撫事增憂，則晏安何可懷也。敵在門庭，朝不及夕，有深宮養優之心，安得有前席借箸之事，則蒙蔽何可滋也。天下安危，託命將相，今左右之人頗能內承色笑，則事權何可移也。五等崇封，有如探囊，有爲昔時佐命元臣所不能得者，則恩賚何可濫也。陛下試念兩都黍離麥秀之悲，則居處必不安；試念孝陵長陵銅駝荆棘之慘，則對越必不安；試念青宮二王之辱，則撫王子何以爲情；試念江干將士、列邦生民之困，則衣食可以俱廢。」疏入，報聞。已，又言中旨用人之非，累有封駁，王不能用。時三賓貪緣居要，而馬士英又至，元辰言士英不斬，國事必不可爲。貽書同官黃宗羲、林時對云：「蕞爾氣象，似惟恐其不速盡者，區區憂憤，無事不痛心疾首，以致咳嗽纏綿，形容骨立，願得以微罪成其山野。」遂乞休。未幾，大兵東下，乃狂走深山中，朝夕野哭。元辰故美鬚眉，顧盼落落，至是失其面目，巾服似頭陀，一日數徙，莫知所止，山中人亦不復識。忽有老婦呼其小字曰：「子非念四郎邪？」因歎曰：「吾晦迹未深。」奈何順治四年，疽發背，戒勿藥，曰：「吾死已晚，然及今死猶可。」遂卒。王玉藻，字質夫，江都人。崇禎癸未進士，授慈溪知縣。少詹項煜以從逆亡命，玉藻及慈民馮元颺均出其門，遂匿於馮氏。慈人襲煜於水，玉藻置不問。有明士習重闈誼，或以爲過，玉藻曰：「吾豈能爲向雄之待鍾會哉？夫君臣之與師友果孰重？」聞者悚然。金陵破，魯王監國，玉藻乃與沈宸荃起兵，晉御史，仍行縣，復募義勇，請赴江上自効，略謂：「今恃以自保者惟錢唐一江，待北兵渡江而後禦，曷若禦之於未渡之先，臣願以身先之。」乃解縣事，以兵科都給事往軍前。時駐兵江上者有方國安、王之仁、孫嘉績、熊汝霖、章正宸、鄭道謙、錢肅樂、沈光文、陳潛夫、黃宗羲，咸各自爲軍，兵餉交訌，莫敢先進。既不予玉藻以餉，復陳劃地分餉，又不聽。玉藻乃力請還朝。既入諫垣，上封事十餘略謂北兵之可畏者在勇而我軍之可慮者在怯怯由於驕兵驕由於將驕今統兵之將無汗馬之勞輒博五等之封安得不啟以驕心驕則畏戰非稍加裁抑恐無以戢其囂陵之氣又謂宜用海師窺吳淞以分杭州北兵之勢又劉宗周祁彪佳諸臣宜加褒忠之典以是不爲諸臣所喜乃力求罷職時元辰爲太常固乞留之謂古人折檻旌直今令直臣去國豈國家之福玉藻感其言供職如初浙東再破玉藻追魯王蹕弗及自投於池水涸不得死乃以黃冠遯於剡溪資糧俱盡采野葛爲食妻李遂東巡撫植女知書明大義在浙右時屢脫簪珥佐軍興偕入剡溪命二子方岐方疑拾墮樵不以窮阨易操適四明山寨競起義軍以書致玉藻玉藻思乘間入舟山爲偵騎所遏不果往每臨流讀所作詩輒激厲慷慨仰天起舞或朝夕悲歌與門人熊亦方相和答繼亦方以癲死玉藻歸隱北湖誓不易衣去髮作絕詞以逝遺命不冠而斂

李長祥字研齋達州人崇禎癸未進士初以諸生練鄉勇助城守後選庶吉士吏部薦備將帥之選或曰天子果用公計安出歎曰不見孫白谷往事乎今惟有請便宜行事雖有金牌亦不受進止平賊後囚首闕下受斧鉞耳聞者咋舌賊日逼上疏請急令大臣輔太子出鎮津門以提調勤王兵不果行而京師潰爲賊所掠乘間南奔福王立改監察御史巡浙鹽魯王監國加右僉都御史督師西行而江上師又潰魯王航海去長祥以餘衆結寨上虞之東山時浙江諸寨林立四出募餉居民苦之獨長祥與張煌言王翊三營且屯且耕井邑不擾監軍鄞人華夏者爲之聯絡布置請引舟山之兵連大蘭諸寨以定鄞慈五縣因下姚江會師曹娥合偁山諸寨以下西陵僉議奉長祥爲盟主刻期將集而爲降紳謝三賓所發引兵來攻前軍張有功被執死中軍與百夫長十二人期以次日縛長祥爲獻晨起十二人忽自相詰奈何殺忠臣折矢扣刃借誓而遯長祥匿丐人舟中入紹興城居數日事益急復遯至奉化依平西伯朝先朝先亦竊入得其助復合衆於夏蓋山晉兵部左侍郎請合朝先之衆聯絡沿海以爲舟山衞張名振忌之襲殺朝先長祥僅免舟山破亡命江淮間總督陳錦捕得之安置江寧未幾乘守者之怠逸去由吳門渡秦郵奔河北遍歷宣府大同復南下百粵晚歲始還居毘陵築讀易堂以老

王正中字仲撝保定人崇禎丁丑進士魯王監國以兵部職方司主事攝餘姚縣事時義軍猝起市魁里正得一劄付輒入民舍括金帛郡縣不敢誰何正中既視事令各營取餉必經縣否則以盜論總兵陳梧渡海掠餘姚正中遣民兵擊殺之諸營大譁責正中擅殺大將黃宗羲言於監國曰梧借喪亂以濟其私致犯衆怒是賊也正中守土當爲國保民何罪之有議乃息張國柱田仰荊本徹各率所部過姚江舳艫蔽空而下以正中嚴備不敢犯皆帖帖趣行國柱後從定海入縱兵焚掠正中單騎入其軍呵止之國柱迄不得逞尋擢監察御史諸軍從浙西來會一聽約束衆倚之若嚴城焉尋以株連繫獄論死獄中有閩人柯仲炯者精星象正中欲從受業援黃霸從夏侯勝授經事爲說數年講習不怠洞悉天官律呂度數諸書復從黃宗羲學壬遁孤虛之術宗羲歎曰傳吾絕學者仲撝一人耳遂造監國魯元年丙戌大統歷以進浙東亡避竄山中貧不能自存傍鑑湖佃田五畝佐以醫卜自給康熙六年卒年六十九著有周易註律書詳註

董守諭字次公鄞縣人舉人魯王監國召爲戶部貴州司主事時熊汝霖孫嘉績首事起兵然皆書生不知調度乃迎方國安王之仁授之軍政凡原設營兵衞軍俱隸之孫熊所統惟召募數百人方王兵既盛反惡當國者有所參決因而分餉分地之議起分餉者正兵食正餉田賦之出也方王主之義兵食義餉勸捐無名之徵也熊孫諸軍主之分地者某正兵支某邑正餉某義兵支某邑義餉也魯王令廷臣集議方王司餉者皆至殿陛譁爭守諭曰諸君起義旅咫尺天威不守朝廷法乎乃稍退守諭又進曰義餉有名無實以之餽義兵必不繼即使能繼誰爲管庫今請以一切稅供悉歸戶部計兵而後授餉嚴地之遠近酌給之後先則兵不絀於食而餉可以時給也方王雖不從然所議正無以難也之仁請收漁船稅守諭曰今日所恃者人心耳漁戶已辦漁丁稅矣若再苛求民不堪命人心一搖國何以立久之又請行稅人法請塞金錢湖爲田官賣大戶祀田贍軍三疏皆下部議兵士露刃以待覆守諭力持不可之仁大怒謂行朝大臣不敢裁量幕府戶曹小臣敢爾阻大事邪檄召守諭將殺之魯王不能禁令且避守諭慷慨對曰司餉守正臣分也生殺出主上武寧雖悍將何爲者臣任死王前聽武寧以臣血濺丹墀可耳於是舉朝忿怒曰之仁反邪何敢無王命而害餉臣之仁乃止明年莊烈帝大祥守諭請謁朝堂哭三軍縞素一日遷經筵日講官兼理餉事魯王航海守諭不及從遂遯跡荒郊旋卒著有擘蘭集

陸宇燝字周明鄞縣人諸生慷慨尚氣節時有弟子訟其師師不得直宇燝詣文廟慟哭伐鼓卒直其師而後止明亡嘗與黃宗羲謀舉事其所與計畫者皆四方知名士其城西田舍夜壁柳車雜賓死友計敗喜事乃益甚江湖間多傳其姓名以爲異人南都破甬東師起宇燝毀家紓餉翁洲又破宇燝捐金與諜者令訪死事消息張肯堂之孫以俘至亟治槀饘入獄視之語其弟宇爆使爲脫繫董志寧之喪在海上宇燝致而葬之旋爲降卒所誣捕入省獄獄具宇燝無所詿誤脫械出門未至館而卒宇燝以好事盡其家產室中所有惟草薦敗絮及故書數百卷計聞家人整理其室得布囊於亂書之下發而視之則赫然人頭也宇爆識其面目捧之而泣曰此故少司馬馮庵王公頭也初司馬兵敗梟城闕宇燝思收葬之每徘徊其下一日見暗中有叩首而去者跡之走入破室宇燝曰子何人其人曰余毛明山曾以卒伍事司馬今不勝故主之感耳宇燝相與流涕而詣江子雲計所以收其頭者子雲名漢錢肅樂部將也失勢家居會端陽競渡游人雜沓子雲紅笠握刀從十餘人登城遨戲至梟頭所問守卒曰孰戴此頭也者卒以司馬對子雲佯怒曰嘻吾怨家也亦有是日乎拔刀擊之繩斷墮地宇燝明山已豫立城下方是時龍舟噪甚人無回面易視者宇燝以身蔽明山拾頭雜儔人而去宇燝祀之書室蓋十二年矣而家人無知者至是宇爆始瘞之宇爆字燝第五弟字春明負才自喜俯視一切宇燝風格棱棱不可犯而宇爆稍濟之以和故世人親之如夏日冬日之分然其刻意厲行雖嚬笑皆歸名節則一也丙戌後棄諸生與諸遺民游荒亭木末時聞野哭同里秀才杜懋俊仗義死難藏其遺孤桐城方授避地來鄞宇爆館之湖樓中授卒宇爆經紀其喪收拾遺文以致其家性嗜異書晚年家既貧不能具寫官乃手鈔之瀕病不倦從子宦山左令其訪東萊趙士喆遺書垂歿尚以其書未至爲恨自棄諸生即練衣蔬食叢林以爲佞佛爭勸之披緇宇爆笑不答及遺命不作佛事衆始瞿然卒年六十六著覲日堂集八卷漢錢唐人爲肅樂所倚恃授以都督僉事總兵官師至閩幾下福州漢功爲多侍郎馮景第之乞師日本也請與偕行及歸漢曰東師必不出也已而果然肅樂既卒漢侍母居鄞種蔬自給四壁無長物惟餘肅樂所贈寶刀一而已每語及肅樂則涙淋淋下抑鬱終

方以智字密之桐城人父孔炤明湖廣巡撫爲楊嗣昌劾下獄以智懷血疏訟冤得釋事具明史以智崇禎庚辰進士授檢討會李自成破潼關范景文疏薦以智召對德政殿語中機要上撫几稱善以忤執政意不果用京師陷以智哭臨殯宮至東華門被執加刑毒兩髁骨見不屈賊敗南奔值馬阮亂政修怨欲殺之遂流離嶺表自作序篇上述祖德下表隱志變姓名賣藥市中桂王稱號肇慶以與推戴功擢右中允扈王幸梧州擢侍講學士拜禮部侍郎東閣大學士旋罷相固稱疾屢詔不起嘗曰吾歸則負君出則負親吾其緇乎行至平樂被縶其帥欲降之左置官服右白刃惟所擇以智趨右帥更加禮敬始聽爲僧更名宏智字無可別號藥地康熙十年赴吉安拜文信國墓道卒其閉關高坐時也友人錢澄之亦客金陵遇故中官爲僧者問以智澄之曰君豈曾識耶曰非也昔侍先皇一日朝罷上忽歎曰求忠臣必於孝子如是者再某跪請故上曰早御經筵有講官父巡撫河南坐失機問大辟某薰衣飾容止如常時不孝若此能爲忠乎聞新進士方以智父亦繫獄日號泣持疏求救此亦人子也言訖復歎俄釋孔炤而辟河南巡撫外廷亦知其故乎澄之述其語告以智以智伏地哭失聲以智生有異稟年十五羣經子史略能背誦博涉多通自天文輿地禮樂律數聲音文字書畫醫藥技勇之屬皆能考其源流析其旨趣著書數十萬言惟通雅物理小識二書盛行於世子中德字田伯著古事比以智構馬阮之難中德年十三撾登聞鼓訟父冤父出亡偕諸弟徒步追從中通字位白精算術著數度衍見疇人傳中履字素伯幼隨父於方外備嘗險阻著古今釋疑

錢澄之字飲光原名秉鐙桐城人少以名節自勵有御史巡按至皖盛儀從謁孔子廟諸生迎迓門外澄之忽前扳車御史大駭止車因抗聲數其穢行御史故閹黨方自幸脫逆案內懼不敢究其事澄之以此名聞是時復社幾社始興比郡中主壇坫者宣城沈壽民池陽吳應箕桐城則澄之及方以智而澄之又與陳子龍夏允彝輩聯雲龍社以接武東林澄之體貌偉然好飲酒縱談經世之略嘗思冒危難立功名阮大鋮既柄用刊章捕治黨人澄之先避吳中妻方赴水死事具明史於是亡命走浙閩入粵崎嶇險絕猶數從鋒鏑間支持名義不少屈黃道周薦諸唐王授吉安府推官改延平府桂王時擢禮部主事特試授翰林院庶吉士兼誥敕撰文指陳皆切時弊忌者衆乃乞假間道歸里結廬先人墓旁環廬皆田也自號曰田間著田間詩學易學澄之嘗問易道周依京房邵雍說究極數學後乃兼求義理其治詩遵用小序首句於名物訓詁山川地理尤詳自謂著易詩成思所以翊二經者而得莊周屈原乃復著莊屈合詁蓋澄之生値末季離憂抑鬱無所洩一寓之於言故以莊繼易以屈繼詩也又

有臧山閣詩文集卒年八十二

惲日初字仲升號遜菴武進人崇禎癸酉副榜久留京師應詔上備邊五策不報知時事不可爲乃歸隱天台山兩京亡唐王立福州魯王亦監國紹興吏部侍郎姜垓薦日初知兵魯王遣使聘之固辭不起大兵下浙避走福州福州破走廣州廣州復破乃祝髮爲浮圖復至建陽是時唐王被執死魯王亦敗走海外湖廣何騰蛟江西楊廷麟等皆前後覆滅而明遺臣尚擁殘旅遙奉永歷金壇人王祈聚衆入建甯屬縣多響應日初曰建甯入閩門戶能守則諸郡安然不扼仙霞關建甯終不守也欲取仙霞宜先取蒲城乃遣長子禎隨副將謝南雲先趨蒲城失利皆死而御史徐雲兵連入數州縣銳甚日初說令夜入蒲城自督兵繼進會大雷雨人馬衝泥淖行不能速軍遂潰建甯被圍王使兵部尚書揭重熙赴援日初上書請逕取蒲城斷仙霞嶺餉道徐與閩中諸將夾擊之重熙巡至邵武不能進建甯遂破王祈力戰死日初收殘卒走廣信尋入封禁山中數日糧盡喟然曰天下事壞散已數十年不可救正然莊烈帝殉社稷薄海茹痛小臣愚妄謂即此可延天命今乃至此徒毒百姓何益遂散衆獨行歸常州久之張煌言與鄭成功軍薄江甯敗走訛傳張弟鳳翼乃日初門人從師匿縣官將收捕日初色如常曰吾當死久矣既而事解卒年七十有八少與楊廷樞等交於百氏無所不窺尤喜宋儒書及從劉宗周游學益進常上書中救義聲震天下丙戌後累至山陰哭祭爲之行狀近十萬言晚服浮圖服而言學者多宗之無錫高世泰重葺東林書院日初與同志習禮其間知常州府駱鍾泰屢求見不納去官後與一見言中庸要領喜而去曰不圖今日得聆大儒緒論也次子格字壽平見藝術傳

郭金臺字幼隗湘潭人本姓陳氏名湜年十五遭家難賴中表郭氏卵翼得脫遂爲繼弱冠有聲黌序間萬歷間兩中副車崇禎朝屢以名薦不起例授官亦不拜既南渡隆武鄉試登賢書督師何騰蛟論薦授職方郎中再起監軍僉事有司敦迫皆以母老病辭不就避跡山中然於時事多所論列一二枕戈泣血之士崎嶇嶺海經營措置不遺餘力當是時潰卒猖獗積屍盈野百里無人煙金臺請於督師命偏裨王國練力率鄉勇鍛矛戟峙芻糗鄉人全活者以數萬計清初當局特疏薦於朝力請得免晚授徒衡山深衣幅巾足不履戶外絕口不談世事惟論列當時殉難諸人輒欷歔流涕康熙十五年以疾卒於家年六十有七自題其墓曰遺民郭某之墓著有石村詩文集五經駢語博物彙編

朱之瑜字魯璵號舜水餘姚人寄籍松江少有志概九歲喪父哀毀踰禮及長精研六經特通毛詩崇禎末以諸生兩奉徵辟不就福王建號江南召授江西按察司副使兼兵部職方司郎中監方國安軍之瑜力辭臺省劾偃蹇不奉詔將逮捕乃走避舟山與經略王翊相締結密謀恢復渡海至日本思乞師魯王監國累徵辟皆不就又赴安南見國王强令拜不爲屈轉敬禮之復至日本時舟山既失之瑜師友擁兵者如朱永祐吳鍾巒等皆已死節乃決蹈海全節之志遂留寓長崎日人安東守約等師事之束脩敬養始終不衰日本水戶侯源光國厚禮延聘待以賓師之瑜慨然赴焉每引見談論依經守義曲盡忠告善道之意教授學者循循不倦日人重之瑜禮養備至特于壽日設養老之禮奉几杖以祝又爲製明室衣冠使服之並欲爲起居第之瑜再辭曰吾藉上公眷顧孤蹤海外得養志守節而保明室衣冠感莫大焉吾祖宗墳墓久爲發掘每念及此五內慘烈若豐屋而安居豈我志乎乃止之瑜爲日人作學宮圖說商榷古今剖微索隱使梓人依其圖而以木模焉棟梁枅椽莫不悉備而殿堂結構之法梓人所不能通曉者親指授之度量分寸湊離機巧教喻縝密經歲而畢文廟啟聖宮明倫堂尊經閣學舍進賢樓廊廡射圃門戶墻垣皆極精巧又造古祭器先作古升古尺揣其稱勝作簠簋籩豆登鉶之屬如周廟欹器唐宋以來圖雖存而制莫傳乃依圖攷古研覈其法巧思默契指畫精到授之工師或未洞達復爲揣輕重定尺寸關機運動教之經年不厭煩數卒成之於是率儒學生習釋奠禮改定儀注詳明禮節學者皆通其梗概日人文教爲之彬彬焉之瑜居日本二十餘年年八十三卒葬於日本長崎瑞龍山麓日人謚曰文恭先生立祠祀之並護其墓至今不衰之瑜嚴毅剛直動必以禮平居不苟言笑唯言及國難常切齒流涕魯王敕書奉持隨身未嘗示人歿後始出人皆服其深密謹厚云著有文集二十五卷釋奠儀注一卷陽九述略一卷安南供役紀事一卷

沈光文字文開一字斯菴鄞人少以明經貢太學福王授太常博士浮海至長垣晉工部郎閩師潰而北扈從不及聞粵中建號乃走肇慶累遷太僕卿由潮陽航海至金門閩督李率泰方招徠故國遺臣密遣使以書幣招之光文焚書返幣知粵事不可支卜居於泉州海口浮家泛宅忽颶風大作舟人失維飄泊至臺灣時鄭成功尚未至而臺灣爲荷蘭所據光文受一廛以居與中土音耗隔絕成功克臺灣知光文在大喜以賓禮見時海上諸遺老多依成功入臺光文與握手相勞苦成功致廩餼且以田宅贍之成功卒子錦嗣改父之臣與政軍亦日削光文作賦諷之幾不測乃變服爲浮屠逃入臺北鄙結茅羅漢門山中以居山旁有伽溜灣者番社也光文教授生徒自給不足則濟以醫歎曰吾二十載飄零絕島棄墳墓不顧者不過欲完髮以見先皇帝於地下耳而卒不克命也夫已而錦卒諸鄭復禮之如故康熙癸丑年王師下臺灣閩督姚啟聖招之光文辭啟聖貽書問訊曰管甯無恙且許遣人送歸鄞會啟聖卒不果而諸羅令李麟光賢者也爲粟肉之繼旬日一候門下時耆宿已盡而寓公漸集乃與宛陵韓文琦關中趙行可無錫華袞鄭廷桂榕城林奕丹山陽宗城螺陽王際慧等結詩社所稱福臺新咏者也尋卒於諸羅陳士京字佛莊先世本奉化朱氏遷鄞改姓陳熊汝霖薦授職方司郎中監三衢總兵陳謙軍謙使閩偕行而唐魯方爭頒詔事謙死遂遯之海上鄭芝龍聞名令與其子成功遊芝龍以閩降成功不肯從異軍特起士京實贊之已而汝霖奉魯王至復以公義說成功始致寓公之敬會魯王上表粵中成功亦欲啟事於粵使士京往加都御史歸魯王入浙特留閩與成功相結以爲後圖成功盛以恢復自任賓禮遺臣其最致敬者尚書盧若騰侍郎王忠孝都御史章朝薦及徐孚遠沈光文與士京數人而已久之見海師無功粵事亦日壞乃築鹿石山房於鼓浪嶼中感物賦詩以自遣尋卒

吳祖錫字佩遠吳江人崇禎壬午副貢時中原大亂料京師必危預謀勤王欲身任浙西以浙東屬之許都約未定而變作故鎮臣陳洪範隨王師下江南與有舊自言其降出於不得已而以奇策告祖錫立出遺產四萬金畀之已而薙髮令下遽委之去改名鉏字稽田從陳子龍徐孚遠謀恢復偵事杭州爲仇家縛送江甯羈係獄中復髡而縱之魯王授職方郎中桂王亦官之如魯仍往來吳越間副將馮源淮駐軍嘉興乃與結納冀有所爲其部屬董某司詗察馮耳目也亦故與厚善比孚遠歸自海外有所謀密館之事稍聞於馮馮遣董詣問祖錫遽前握其手曰徐公在此若欲見之乎董驚曰徐公果在此願肯令我見耶即引見董叩頭泣下道其嚮慕矢不相負因以謬言報馮而陰遣戈船衞孚遠浮海去海師入江祖錫實導之且連歲在金陵隱爲之助乃復遣刋章事解志不稍挫將詣滇南而先之鄖陽時鄖陽十三營尚保殘寨乃勸出師撓楚以救滇顧十三營已疲敝不能用其策也桂王既入緬旬思追從道阻不得達復返吳游中州更由秦入楚卒無所遇康熙己未客膠州大竹山鬱鬱靡所騁會懷宗忌日慟哭嘔血死遺命藁葬山中年六十有二距明亡已三十有五年矣

凡明末三王遺臣逸士其初或起義或言事各有所謀其後或蹈海或居夷志不少沮皆先後云亡及祖錫死徐枋爲之傳曰自吳子歿而天下絕援溺之望亦可悲矣故以附於明末遺臣之末

清史稿　列傳

遺逸二

李孔昭字光四薊州人性孤介平居教授生徒倡明理學崇禎十五年進士見世事日非不赴廷對以所給牌坊銀留助軍餉奉母隱盤山中躬執樵採自給母病刲股療之北都陷素服哭於野者三載薊州城破妻王殉難死終身不再

娶形蹟數易人無識者清初詔求遺老撫按交章薦不出一日當道遣吏持書幣往遇負薪者呼而問之曰若識李進士耶負薪者詰得其故以手遙指而去吏至其室虛矣鄰叟曰汝而失之向所負薪者李進士也後屢物色之卒不得時有某孝廉當上公車輒止不行曰吾出郭門一步何面目見李光四乎會值邑中方興役按戶簽夫驅孔昭孔昭曰吾力不能任願出貲以代吏持去閱數日大學士杜立德聞孔昭在邑急往候之吏聞趨謝罪孔昭曰此間不知有李進士若勿誤也由是蹤跡愈密或黃冠或儒服見者甚稀惟寶坻單者昌崔周田劉繼甯皆高士與之友善往來無虛歲者昌字蔚起才名埒孔昭早餼於庠入清不復應試杜立德招之不能致獨與孔昭徜徉田野間悲歌慨憤有所作輒焚之不以示人竟以憂死周田字錫齡順治中充歲貢不與試建一樓貯古本書及金石刻萬卷日吟嘯其中嘗過盤山與孔昭坐林石間相笑語孔昭亦時下榻於其家周田命其子執弟子禮且迎孔昭母事之如所生繼甯字兌菴少負義氣有古俠士風嘗出重金贖難女二爲之擇配歲饑煮粥食餓者視周田如手足有緩急恆賫之周田亦弗謝也晚年爲子擇師遊盤山蹤跡孔昭得之邀至其家令其三子從受業暇則與周田聚讌歌呼以爲樂然每一念母雖深夜必馳歸弗能禁也晚好陶詩因又自號潛翁一日爲門人講孟子盡心章曰此傳心法也言訖而卒其弟子私諡曰安節先生

劉永錫字欽爾號賸菴魏縣人崇禎乙亥舉人官長洲教諭南都敗率妻栗隱居相城大吏造其室欲强之出永錫袒裼疾視曰我中原男子年二十渡漳河登大伾躍馬鳴鞘兩河豪傑誰不知我者欲見辱耶取壁上劍自刎門下士抱持之得解謂其妻曰彼再至我與若立決矣皆裂尺帛握之尋移居陽城湖濱與妻及子臨女貞織席以食市中見永錫携席至皆呼席先生食不繼時不舉火有遺之粟者非其人不受益困憊其女已許字未嫁亂後恐遭辱絕粒死其妻哭之成疾亦死其童僕遇水災乏食相繼餓死或散走有老奴從魏縣來勸之歸曰室廬故在也永錫曰我非不欲歸然昔奉君命來義不可離此一步命其子與婦攜老奴還里曰祖宗邱墓責在汝靡之去時歲荒得食愈艱每雜糠籺作飯臨既歸思父不置假貸得百金馳獻中途馬驚墮地死永錫容貌甚偉至是毀形骨立既自悼無家買一破船往來江湖間嘗泛舟中流鼓枻而歌曰遡彼中流兮采其荇矣呼君與父兮莫之應矣身爲餓夫兮天所命矣中心殷殷兮涕斯迸矣又歌曰白日隤兮野荒荒逐鳧雁兮侶牛羊壯士何心兮歸故鄉歌聲悲烈聞者哀之尙書錢謙益念其窮招之往永錫曰尙書爲黨魁受主眷枚卜時天子期以伊傅彼豈忘之邪卻不往卒窮餓至不能起一夕大呼烈皇帝者三遂卒時順治十一年秋也弟子長洲徐晟陳三島友人常熟陸泓經紀其喪葬之於虎邱山塘以妻女祔之彭之燦字了凡蠡縣諸生甲申後攜妻寓饒陽作村塾師未幾妻子相繼死至蘇門與孫奇逢遊然性不諧俗愛靜坐有人延於家以市囂輒避去嘗渡河南遊韓鼎業爲館之僧舍年餘又棄去獨擔瓢笠圖書徧遊嵩少王屋諸名勝在九山絕粒數日奇逢挽之夏峯勸歸老先人墓旁之燦曰某出門時已誓告先壠不再返不能蹈東海入西山而死即溝壑道路無恨也順治十五年六月竟死嘯臺東北石柱下奇逢爲鐫石記其事立墓上曰餓夫之墓之燦與容城張果中西華理邕和並稱蘇門三賢

徐枋字昭法長洲人父汧明少詹事殉國難事具明史枋崇禎壬午舉人汧殉國時枋欲從死汧曰吾不可以不死若長爲農夫以沒世可也自是遁跡山中布衣草屨終身不入城市及游靈巖山愛其曠遠下澗上居之老焉枋與宣城沈壽民嘉興巢鳴盛稱海內三遺民枋書法孫過庭畫宗巨然間法倪黃自署秦餘山人嘗寄靈芝一幀於王士禛士禛與金孝章書梅王玠草書作齋中三詠以記之然性峻介鍵戶勿與人接睢州湯斌巡撫江南屛騶從往訪之枋避不見斌登其堂坐移晷爲誦白駒之詩周覽太息而去川湖總督蔡毓榮自荊州致書求其畫枋答書而反幣竟不爲作曰明府是殷荊州吾薄顧長康不爲耳所往來惟沈壽民與萊陽姜垓同里楊無咎門人吳江潘耒及南嶽僧洪儲而已家貧絕糧耐饑寒不受人一絲一粟洪儲時其急而周之枋曰此世外清淨食也無不受畜一驢通人意日用間有所需則以所作書畫卷置簏於驢背驅之驢獨行及城闉而止不闌入一步見者爭趣之曰高士驢至矣亟取卷以日用所需物如其指備而納諸簏驢即負以返以爲常卒年七十三時商邱宋犖撫吳枋預戒曰宋中丞甚知我若我死勿受其賻也犖果使人賻棺槥賫如枋命終不受卒以貧不能葬一日有高士從武林來弔請任窀穸其人亦貧而特工篆隸乃賃居郡中鬻字以庀葬具紙得百錢積二年乃克葬枋於青芝山下而以羨歸其家語之曰吾欲稱貸富家懼先生吐之故勞吾腕知先生所心許也葬畢即去不言名氏或有識之者曰此山陰戴易也易字南枝少從劉宗周學游吳門年七十餘矣有六子不受其養獨攜一子及殘書百卷自隨其售字也銖積寸累不妄費一錢一蒼頭饑不能忍輒逃去已寄食僧舍中語及枋必流涕嘗浮七里瀨登嚴子陵釣臺賦詩且歌且泣或竟日不得食采野蕨充膳操瓢挹水坐長松古石間飲之李天植字因仲平湖人崇禎癸酉舉人改名確字潛夫甲申後餘田四十畝宅一區乃並家具分與所後子震及女而與妻別隱陳山絕迹不入城市訓山中童子自給居十年以僧開堂始避喧返蜃園賣文自食不足則與其妻爲樓緵竹筥以佐之好事者約月供薪米力辭不受有司慕其高往訪之輒踰垣避所著詩文皆甲申以來殉節者蜃園者乍浦勝地可望見海市者也又十年家益困鬻其園寄身僧舍戚友贖而歸之始復與妻居時年七十矣子震亦棄諸生非義一介不取老夫婦白頭相對時絕食則歎曰吾生本贅耳待盡而已有餽食者非其人終不受或問身後曰楊王孫之葬何必棺也又十年蜃園僅存二楹兩耳聾又苦腹疾終日仰臥客至以粉版書相問會魏禧來自江西造其廬天植與之粉版書竟天植視姓字則强起張目視之泣禧亦泣時方絕糧禧探囊得銀半兩贈之五反不受固以請曰此非盜跖物也始納之買米爲炊共食而別禧屬布衣周篔侍郎曹溶糾同志爲繼粟且謀身後事徐枋聞之曰李先生不食人食聽其以餓死可也已而篔齎粟往天植果堅拒禧聞之曰吾淺之乎爲丈夫已乍浦有鄭嬰垣者孤介絕俗與天植稱金石交先二年凍死雪中至是天植亦饑死臨殞曰吾無愧於老友矣時康熙十一年也年八十有二葬牛橋所著有蜃園集乍浦九山志理洪儲字繼起興化人本姓李父嘉兆與中州理邕和恥與賊同姓皆改理氏天下稱二理洪儲早歲出家南都覆明之遺臣多舉兵洪儲左右之被逮獲免好事如故人戒之則曰吾苟自反無媿即有意外風波久當自定又曰憂患得其宜湯火亦樂國也枋聞之嘆曰是眞能以忠孝作佛事者也洪儲在沙門宏暢宗風篤好人物海內皆能道之枋曰此其跡也但觀其每年三月十九日素服焚香北面揮涕二十八年如一日是何爲者

顧柔謙字剛中無錫人遷常熟幼遭家難貲產皆盡嘗同兄出門遊有數人擁之行行乃擠大澤中母忽心動急呼老僕往跡之得不死補弟子員甲申之變柔謙哀憤往往形諸詩歌讀者悲之不妄交遊以父執師事馬士奇而江陰黃毓祺嘉定黃淳耀皆一見定交諸人殉國難柔謙皆設位以哭盡哀子祖禹見父嘗閉門嘿坐或竟日不食祖禹叩頭寬譬柔謙乃曰汝能終身窮餓不思富貴乎祖禹跪應曰能柔謙曰汝能以身爲人機上肉不思報復乎祖禹復應曰能柔謙喜曰吾與汝偕隱耳遂更名隱署其室曰伐檀常夜蹴祖禹曰汝他日得志如讐怨何祖禹曰每憶幼時祖母抱兒置膝上爲言家難及墮大澤中事祖禹不敢忘柔謙曰嘻汝何見之隘吾家數傳以來頗盛以祖父之才而竟中折天也於彼何尤同室之中甯彼以非禮來吾不可以非禮報汝謹識之著有補韻略六書攷定山居贅論祖禹字復初柔謙精於史學嘗謂明一統志於戰守攻取之要類皆不詳山川條列又復割裂失倫源流不備祖禹承其志撰讀史方輿紀要一百三十卷凡職方廣輿諸書承譌襲謬皆爲駮正詳於山川險易及古今戰守成敗之蹟而景物名勝皆在所略創稿時年二十九及成書年五十矣甯都魏禧見之歎曰此數千百年絕無僅有之書也以其書與梅文鼎秝算全書李清南北史合鈔稱三大奇書祖禹與禧爲金石交禧客死祖禹經紀其喪徐乾學奉敕修一統志延致祖禹將荐起之力辭罷後終於家

冒襄字辟疆別號巢民如皋人父起宗明副使襄十歲能詩董其昌爲作序崇禎壬午副榜貢生當授推官會亂作遂不出與桐城方以智宜興陳貞慧商邱侯方域並稱四公子襄少年負盛氣才特高尤能傾動人嘗置酒桃葉渡會六君子諸孤一時名士咸集酒酣輒發狂悲歌訾詈懷甯阮大鋮大鋮故奄黨也時金陵歌舞諸部以懷甯爲冠歌詞皆出大鋮大鋮欲自結諸社人令歌者來襄與客且罵且稱善大鋮聞之益恨甲申黨獄興襄賴救僅免家故有園池亭館之勝歸益喜客招致無虛日家自此中落怡然不悔也襄既隱居不出名益盛督撫以監軍薦御史以人才薦皆以親老辭康熙中復以山林隱逸及博學鴻詞薦亦不就著述甚富行世者有先世前徽錄六十年師友詩文同人集樸巢詩文集水繪園詩文集書法絕妙喜作擘窠大字人皆藏弆珍之康熙三十二年卒年八十有三私諡潛孝先生陳貞慧字定生宜興人明都御史陳于廷子于廷東林黨魁貞慧與吳應箕草留都防亂檄擯阮大鋮黨禍起逮貞慧至鎭撫司事雖解已濱十死國亡埋身土室不入城市者十餘年遺民故老時時向陽羨山中一問生死流連痛飲驚離弔往聞者悲之順治十三年卒年五十三著有皇明語林山陽錄雪岑集交游錄秋園雜佩諸書子維崧見文苑傳

祁班孫字奕喜山陰人父彪佳明蘇松巡撫班孫次六人稱六公子彪佳嘗受業於劉宗周宗周將兵江上班孫與其兄理孫罄家餉之祁氏藏書甲江左班

孫兄弟以故國喬木自任，豪宕喜結客。家居山陰之梅墅，園林深茂，登其堂複壁大隧莫能詰也。慈谿布衣魏耕者狂走四方，思得一當，班孫兄弟與之誓天稱莫逆。或告變於浙大吏，四道捕耕，並縛班孫兄弟去。既讞，兄弟爭承。祁氏客乃納賂而宥其兄，班孫遣戍遼左。理孫竟以痛弟鬱鬱死，而祁氏家亦破。旋班孫遁歸，祝髮於吳之堯峯，壽主毘陵馬鞍山寺，所稱呪林明大師者也。班孫好議論古今，不談佛法，每語及先朝則掩面哭，然終莫有知之者。康熙十二年卒。發其篋，有東行風俗記、紫芝軒集，且得其遺教命歸祔，乃知爲山陰祁六公子，遂得返葬云。班孫娶少師朱燮元女孫，朱工詩，其來歸也，與其姑商媺、張小姑湘君時相唱和。商氏字彖婦曰楚纕，字介婦曰趙璧，以志閨門之盛。班孫既被難，朱盛年孤燈緇帳數十年，未嘗一出廳屏。自班孫兄弟殁，淡生堂書星散，論者謂江東文獻一大厄運也。

汪渢，字魏美，錢塘人。少孤貧，力學，與人落落寡諧，人號曰汪冷。舉崇禎己卯鄉試，與同縣陸培齊名。甲申後，培自經死，渢爲文祭之，一慟幾絕，遂棄科舉。媚黨欲强之試禮部，出千金賙其妻，俾勸駕。妻曰：「吾夫子不可勸，吾亦不屑此金也。」嘗獨身提藥裹往來山谷間，宿食無定處。渢故城居，母老，欲時時見渢，其兄澄、弟澐亦棄諸生服奉母徙城外，渢時來定省，然渢能自來，家人欲往跡之不可得。嗣因兵亂，奉母入天台，海上師起，羣盜滿山谷，復反錢塘。當是時，湖上有三孝廉，皆高士，渢其一也，當事皆重之。監司盧高尤下士，一日遇渢於僧舍，問汪孝廉何在，渢應曰：「適在此，今已去矣。」高悵然，不知應者即渢也。高嘗艤舟載酒西湖上，約三高士以世外禮相見，惟渢不至。已知其在孤山，以船就之，排牆遁去。渢不入城市，有司或以俸金爲壽，不得卻，坎而埋之。里貴人請墓銘，饋百金，拒弗納。徙居孤山，匡牀布被外，殘書數卷，鍵戶出，或返或不返，莫可蹤跡。遇好友飲酒一斗不醉。晚好道，夜觀天象，晝習壬遁，能數日不食，了不問世事。黃宗羲過之於孤山，講龍溪調息法，嘗坐月至三更，夜寒甚，止布被一，渢與宗羲背相摩得少煖氣。魏禧自江西來訪，謝弗見。禧留書曰：「吾甯都魏禧也，欲與子握手一痛哭耳。」渢省書大驚，一見若平生歡，臨別執手涕下。渢嘗從愚菴和尚究出世法，禧曰：「君事愚菴謹，豈有意爲其弟子耶？」渢曰：「吾甚敬愚菴，然今之志士多爲釋氏牽去，此吾所以不屑也。」康熙四年秋，終於寶石山僧舍，年四十有八。臨殁，舉書卷焚之，詩文無一存者。起視日影曰：「可矣。」書五言詩一章，投筆就寢而逝。渢與陳廷會、柴紹炳、沈昀、孫治，人稱西陵五君子。

余增遠，字謙貞，世稱若水先生，會稽人。明崇禎十六年進士，除寶應知縣。南都授禮部主事，遷郎中。事敗，逃之山中，郡縣逼之出，見乃輿疾城南，以死拒，久之事得解。草屋三間，不蔽風雨，以繫甲承漏，聚村童五六人，授以三字經。臥榻之下，牛宮雞塒，無下足處。晨則秉耒出，與老農雜作。同年生王天錫爲海防道，欲與話舊，以疾辭。天錫披帷直入，增遠擁衾不起，曰：「不幸有狗馬疾，不得與故人爲禮。」天錫執手勞苦，出門未數武，則已與一婢子擔糞灌園矣。天錫遙望見之，歎息去。冬夏一皂帽，雖至昵者不見其科頭。增遠慨世路偪仄，遂疑荀卿性惡之說爲確，至欲著論以非孟。康熙八年卒，年六十有五，蓋二十有四年不出城南一步也。疾革，黃宗羲造其榻前，欲爲切脈，增遠笑曰：「某祈死二十年前，反祈生二十年後乎？」宗羲泫然而別。同時有周齊曾者，字思沂，號唯一，鄞人，增遠同年進士也。知廣東順德縣事，變社倉爲義田，而以社倉之法行之。國變後，棄官遯入剡源，盡去其髮，爲髮冢，架險立飄榜曰囊雲，自稱無髮居士。剡源饒水石，與山僧樵子出沒瀑聲虹影間。天錫訪之，拒曰：「咫尺清輝，舉目有山河之異，不願見也。」爲詩文機鋒電激，汪洋自恣，寓言十九，然清苦自立，胸中兀然有所不可，與增遠無二也。黃宗羲嘗爲兩人合誌其墓云。

傅山，字青主，陽曲人。六歲啖黃精，不穀食，强之乃飯。讀書過目成誦。明季天下將亂，諸號爲搢紳先生者多迂腐不足道，憤之，乃堅苦持氣節，不少媕婀。提學袁繼咸爲巡按張孫振所誣，孫振，閹黨也，山約同學曹良直等詣通政使，三上書訟之，巡撫吳甡亦直袁，遂得雪，山以此名聞天下。甲申後，山改黃冠裝，衣朱衣，居土穴以養母。繼咸自九江執歸燕邸，以難中詩遺山，且曰：「不敢媿友生也。」山省書慟哭曰：「嗚呼！吾亦安敢負公哉！」順治十一年，以河南獄牽連被逮，抗詞不屈，絕粒九日，幾死。門人中有以奇計救之，得免。然山深自咤恨，謂不若速死爲安，而其仰視天、俯視地者，未嘗一日止。比天下大定，始出與人接。康熙十七年，詔舉鴻博，給事中李宗孔薦，固辭。有司强迫，至令役夫舁其牀以行。至京師二十里，誓死不入。大學士馮溥首過之，公卿畢至，山臥牀不具迎送禮。魏象樞以老病上聞，詔免試，加內閣中書以寵之。馮溥强其入謝，使人舁以入，望見大清門，淚涔涔下，仆於地。魏象樞進曰：「止，止，是即謝矣。」翼日歸，溥以下皆出城送之。山歎曰：「今而後其脫然無累哉！」既而曰：「使後世或妄以許衡、劉因輩賢我，且死不瞑目矣！」聞者咋舌。至家，大吏咸造廬請謁。山冬夏著一布衣，自稱曰民。或曰：「君非舍人乎？」不應也。卒以朱衣、黃冠斂。山工書畫，謂：「書甯拙毋巧，甯醜毋媚，甯支離毋輕滑，甯眞率毋安排。」人謂此言非止言書也。詩文初學韓昌黎，崛强自喜，後信筆抒寫，俳調俗語，皆入筆端，不願以此名家矣。著有霜紅龕集十二卷。子眉，先卒，詩亦附焉。眉字壽髦，每日出樵，置書擔上，休則把讀。山常齎葯四方，與眉共挽一車，暮抵逆旅，篝燈課經，力學繼父志。與客談中州文獻，滔滔不盡。山喜苦酒，自稱老糵禪，眉乃稱曰小糵禪。

費密，字此度，新繁人。父經虞，明雲南昆明縣知縣。密年十四，父病，醫言嘗糞甘苦可知生死，密嘗而苦，父病果起。未幾，流賊張獻忠犯蜀，密上書巡按御史劉之勃，陳戰守策，不省。已而全蜀皆陷，密展轉窮山中。會有人傳其父滇中消息，聞之痛哭，遂去家入滇，經歷蠻峒中，奉父自滇歸蜀。至建昌衞，爲凹者蠻所得，父賂蠻人始脫歸。明將楊展聞密名，遣使致聘，密乃說展曰：「賊亂數年，民且無食，今非屯田無以救蜀民，且兵不能自立。」展納其言，命子總兵官璟偕密屯田於榮經瓦屋山之楊村，以次舉其法行諸州縣。後展爲袁韜、武大定所殺，密與璟整師爲復仇計。嘗與賊戰，躬自擐甲，左手爲刃所傷。時璟營於峨眉，將有與花溪民毆爭者，言花溪居民下石擊吾營，勢且反，以怒璟，璟欲引兵誅之。密力爭曰：「花溪，吾民也，方與賊戰而殺吾民，彼變從賊，是益賊也。」璟乃止，全活數百家。後密還成都省墓，至新津，爲武大定兵所掠，知密嘗參展軍事，欲殺之，以計得免。密歎曰：「既不能報國，又不能庇親及身，不如舍而他去。」遂奉父由成都北行入秦，溯漢江，下吳越，流寓泰州，老焉。經虞邃於經學，嘗著毛詩廣義、雅論諸書，以漢儒注說爲宗，密盡傳父業，又博證學士大夫，與王復禮、毛甡、閻若璩交。密一足跛，後往蘇門謁孫奇逢，稱弟子。工詩古文，俯仰取給於授徒賣文，人咸重其品，悲其遇，州守爲之除徭役。杜門三十年，著書甚多。密謂宋人以周、程接孔、孟，盡黜二千餘年儒者爲未聞道，乃上稽古經，正史旁及羣書，作中傳正紀百二十卷，序儒者授受原流，自子夏始。又作宏道書十卷、古今篤論四卷、中旨定錄四卷、中旨辨錄四卷、中旨申感四卷，皆申明宏道書之旨。又有尙書說、周官注論、二南偶說、中庸大學駁議、四禮補篇、史記箋、古史正、歷代貢舉合議、費氏家訓及詩文集。卒年七十七。子錫琮、錫璜，世其學。

王宏撰，字無異，號山史，華陰人。明諸生。博雅能古文，嗜金石，藏古書畫金石最富。又通濂洛關閩之學，好易，精圖象，學者翕然宗之，關中人士領袖也。與李顒、李柏、李因篤齊名，時以得一言爲榮，凡碑版銘誌，非三李則宏撰，而宏撰工書法，故求者多於三李。宏撰交遊遍天下，甲申後，奔走結納，尤著志節。顧炎武徧觀四方，至華陰，謂：「秦人慕經學，重處士，持清議，他邦所少。華陰綰轂之口，雖足不出戶，而能見天下之人，聞天下之事。」欲定居，宏撰爲營齋舍居之。炎武嘗曰：「好學不倦，篤於朋友，吾不如王山史。」當時儒碩遺逸，皆與宏撰往還，頗推重之。宏撰嘗集炎武及孫枝蔚、閻爾梅等數十人所與書札，合爲一册，手題曰友聲集，各注姓氏，中有爲謀炎武卜居華下事，言此舉大有關係世道人心，實皆攸賴，唯速圖之，蓋當日華下集議實有所爲也。康熙間，以鴻博徵，不赴。初與因篤同學甚密，及因篤就徵，遂與之絕。宏撰所居華山下，有讀易廬，與華峰相向，稱絕勝。卒年七十有五。著有易象圖說、山志、砥齋集。

杜濬，字于皇，號茶村，黃岡人。明季爲諸生，避亂居金陵。少倜儻，嘗欲著奇節，既不得試，遂刻意爲詩，然不欲以詩人自名也。於並世人獨重宣城沈壽民、吳中徐枋，自媿不如。其在金陵，與方仲舒善，仲舒，苞父也。金陵冠蓋輻輳，諸公貴人求詩者踵至，多謝絕。錢謙益嘗造訪，至閉門不與通。惟故舊徒步到門，則偶接焉。門內爲竹關，關外設坐，約客至視鍵閉，則坐而待，不得叩關，雖大府至亦然。及功令有挑門之役，有司案籍欲優免，濬曰：「是吾所服也。」躬雜廝輿夜巡綽，衆莫能止。嗜茗飲，嘗言：「吾有絕糧，無絕茶。」既有花冢，因拾殘茗聚封之，謂之茶邱。年七十七，卒於揚州。喪歸，故人謀卜兆，子世濟曰：「吾有親而以葬事辱二三君乎？是謂我非人也。」亡何，世濟卒。又數年，陳鵬年來守金陵，始葬諸蔣山北梅花村。濬詩最富，世所傳不及十一，手定者四十七册。吳偉業嘗云：「吾五言律得茶村焦山詩而始進。」閻若璩於時賢多所訾謷，獨許濬五律，稱爲詩聖。已刻者曰變雅堂集。弟岕，字蒼略，號些山，諸生。與兄同避亂金陵，昆弟行身略同而趣各異。濬峻廉隅，孤特自遂，遇名貴人，必以氣折之，於衆人未嘗接語言，用此叢忌嫉，然名在天下，詩每出，遠近爭傳誦之。岕則退然自同於衆，所著詩歌古文，雖子弟弗示也。方壯喪偶，不復娶，所居室漏且穿，木榻敝帷，數十年未嘗易。室中終歲不掃除，每日中不得食，兒女啼號，客至無酒漿，意色間無幾微不自適者。行於途，嘗避人不中道，與人言，雖兒童厮輿，惟恐或傷之也。後兒七年卒，年七十七。有些山集。

郭都賢，字天門，益陽人。天啓壬戌進士，授行人，分校順天鄉試，得史可法等六人歷官員外郎出爲四川參議督江西學政分守嶺北道巡撫江西時張獻忠已逼境賊騎充斥都賢晝夜繕守禦兵餉無措乃大會屬僚凡官司一應供給皆捐以助餉左良玉屯兵九江驕蹇觀望都賢惡其淫掠檄歸之而募士兵爲戍會有尼之者遂乞病棄官入廬山逾年北京陷悲憤不食南都建號史可法開閫揚州薦授以官辭不赴桂王立肇慶以兵部尚書召而都賢已祝髮爲僧矣先是洪承疇坐事落職都賢奏請起用至是承疇經略西南以故舊謁都賢於山中餽以金不受奏擢其子監軍亦堅辭都賢見承疇時故作目眯狀承疇驚問何時得目疾都賢曰始吾識公時目故有疾承疇默然都賢篤至性哀樂過人嚴而介風骨嶄然博學強識工詩文書法瘦硬兼善繪事寫竹尤入妙僧號頑石又號些菴茹苦無定居初依熊開元尹民興於嘉魚住梅熟菴已流寓海陽築補山堂前後十九年歸結草廬桃花江客死江寧承天寺有女名純貞許字黔國公沐氏變後音問梗絕遂終於家純貞能詩自署曰郭貞女都賢所著有衡嶽集止菴集秋聲吟西山片石集破草鞵集補山堂集些菴雜著等書

陶汝鼐字仲調一字密菴寧鄉人與都賢交最篤崇禎初充拔貢生會帝幸太學羣臣請復高皇積分法祭酒顧錫疇奏薦汝鼐才特賜第一詔題名勒石太學除五品官不拜乞留監肄業癸酉舉於鄉兩中會試副榜南渡後薙髮溈山號忍頭陀生平內行篤父歿哀慕終身事母曲盡孝養處族黨多厚德嘗爲人雪奇冤冒險難活千餘人然不自言也詩古文有奇氣著有廣西涯樂府嘯古集寄雲樓集褐玉堂集嘉樹堂集都賢爲序而行之有生同里長同學出處患難同時同志之語

李世熊字元仲寧化人明諸生少負奇氣植大節更危險死生弗渝篤交遊敢任難事生平喜讀異書博聞強記年八十讀書恒至夜分始休六經諸子百家靡不貫究然獨好韓非屈原韓愈之書其爲文沈深峭刻奧博離奇悲憤之音稱其所遇縱論古今興亡儒生出處及江南北利害備兵屯田水利諸大政輒慷慨欷歔涔涔泣下不止年十六補弟子員旋中天啟元年副榜以興化司李余昌祚得其文爭元於主司弗得袖其卷去曰須後作元也典閩試者爭欲物色之爲重甲申後自號寒支道人屏居不見客徵書累下固謝卻之凡守令監司鎭將至其門者罕能一識面閩中擁唐王監國用大學士黃道周禮部侍郎曹學佺都察院何楷薦徵拜翰林博士辭不赴嘗上書道周感憤時事及道周殉節走福州請發卹時恤問其孤嫠順治初帥入閩有齮齕於郡帥者帥遣某生移書過入都且言不出山禍不測世熊復之曰死生有命豈遂懸於要津之手且某年四十八矣諸葛瘁躬之日僅少一年文山盡節之辰已多一歲何能抑情違性重取羞辱哉時蜚語騰沸世熊矢死不爲動疑謗旋亦釋世熊既以文章氣節著一時名大震辛卯壬辰間建昌潰誠黃希孕剽掠過寧化有卒擋其園中二橘希孕立鞭之馳馬園側視卒盡過乃行學寇至燔民屋火及其園賊魁劉大勝遣卒撲救之曰奈何壞李公居當時雖匹夫匹婦無不知有寒支子者世熊積壘塊胷中每放浪山水以寫其牢騷不平之概嘗詣西江交魏禧魏禮彭士望諸子相與泛彭蠡登廬山絕頂追維閩賊橫行時事痛悼如絕淚下如泉湧不能禁也耿精忠反遣僞使敦聘世熊嚴拒之自春徂冬堅臥不起乃得免世熊山居四十餘年鄉人宗之爭趨決事有爲無善者曰不使李公知也晚自號媿菴顏其齋曰但月所著有寒支集寧化縣志本行錄經正錄狗馬史記等年八十五卒於家世熊有三弟早世遺子女撫育裝遣之餽遺其親戚終身又獨建祖祠修祖墓編述九世以來宗譜凡祭祀必親必謹父母忌日則減餐絕宴會元旦展先人遺像則泣下沾襟拜伏不能起蓋其孝友出於天性云

談遷字孺木原名以訓海寧人初爲諸生南都立以中書薦召入史館皆辭曰余豈以國家之不幸博一官耶未幾歸里遷肆力經史百家言尤注心於明朝典故嘗謂史之所憑者實錄耳實錄見其表其在裏者已不可見況革除之事楊文貞未免失實泰陵之盛焦泌陽又多醜正神熹之載筆者皆逆奄之舍人至於思陵十七年之憂勤惕厲而太史遯荒皇宬烈燄國滅而史亦隨滅普天心痛莫甚於此乃汰十五朝實錄正其是非訪崇禎十七年邸報補其缺文成書名曰國榷當是時人士身經喪亂多欲追敍緣因以顯來世而見聞窄狹無所憑藉聞遷有是書思欲竊之爲己有遷家貧不見可欲者夜有盜入其室盡發藏橐以去遷喟然曰吾手尚在甯遂已乎從嘉善錢氏借書復成之陽城張愼言目爲奇士折節下之愼言卒遷方北走昌平哭思陵復欲赴陽城哭愼言未至而卒順治十二年冬十一月也黃宗羲爲表其墓明末遺逸守志不屈身雖隱而心不死至事不可爲發憤著書欲託空文以見志如遷者其憂憤豈有已耶故以附於各省遺逸之末

清史稿　列傳

藝術傳一

自司馬遷傳扁鵲倉公及日者龜策史家因之或曰方技或曰藝術大抵所收多醫卜陰陽術數之流間及工巧夫藝之所賅博矣衆矣古以禮樂射御書數爲六藝士所常肄而百工所執皆藝事也近代方志於書畫技擊工巧並入此類實有合於古義聖祖天縱神明多能藝事貫通中西歷算之學一時鴻碩蔚成專家國史躋之儒林之列測繪地圖鑄造槍礮始倣西法凡有一技之能者往往召直蒙養齋其文學侍從之臣每以書畫供奉內廷又設如意館制倣前代畫院兼及百工之事故其時供御器物雕組陶埴靡不精美傳播寰瀛稱爲極盛沿及高宗之世風不替焉欽定醫宗金鑑薈萃古今學說宗旨純正於陰陽術數家言亦有協紀辨方一書頒行沿用從俗從宜隱示崇實黜虛之意斯徵微尙矣中葉後海禁大開泰西藝學諸書灌輸中國議者以工業爲強國根本於是研格致營製造者乘時而起或出舊學以擴新知或抒心得以濟實用世乃愈以藝事爲重採其可傳者著於篇各以類爲先後卓然成家者具述授受源流兼有政績文學列入他傳者附存梗概凡涉荒誕俳諧之說屏勿載後之覽者庶爲論世之資云

藝術一

吳有性 戴天章 余霖 劉奎　　喻昌 徐彬

張璐 高斗魁 周學海　　張志聰 高世栻 張錫駒 陳念祖 黃元御

柯琴 尤怡　　葉桂 薛雪 吳瑭 章楠 王士雄

徐大椿 王維德　　吳謙

綽爾濟 伊桑阿 張朝魁　　陸懋修 王丙 呂震 鄒澍 費伯雄

蔣平階　　章攀桂

劉祿 張永祚 鮑甸文

吳有性字又可江南吳縣人生於明季居太湖中洞庭山當崇禎辛巳歲南北直隸山東浙江大疫醫以傷寒法治之不效有性推究病源就所歷驗著瘟疫論謂傷寒自毫竅入中於脈絡從表入裏故其傳經有六自陽至陰以次而深瘟疫自口鼻入伏於膜原其邪在不表不裏之間其傳變有九或表或裏各自爲病有但表而不裏者有但裏而不表者有表而再表者有裏而再裏者有表裏分傳者有表裏分傳而再分傳者有表勝於裏者有先表後裏者有先裏後表者其間有與傷寒相反十一事又有變證兼證種種不同並著論製方一一辨別古無瘟疫專書自有性書出始有發明其後有戴天章余霖劉奎皆以治瘟疫名天章字麐郊江蘇上元人諸生好學強記尤精於醫所著傷寒雜病諸書及咳論注瘧論注廣瘟疫論凡十餘種其論瘟疫一宗有性之說謂瘟疫之異於傷寒尤慎辨於見證之始辨氣辨色辨舌辨神辨脈益加詳焉爲人療病不受謝子瀚成雍正元年一甲第二名進士霖字師愚安徽桐城人乾隆中桐城疫霖謂病由熱淫投以石膏輒愈後數年至京師大暑疫作醫以張介賓法者多死以有性法亦不盡驗鴻臚卿馮應榴姬人呼吸將絕霖與大劑石膏應手而痊踵其法者活人無算霖所著曰疫疹一得其論與有性有異同取其辨證而以用達原飲及三消承氣諸方猶有附會表裏之意云奎字文甫山東諸城人乾隆末著瘟疫論類編及松峯說疫二書松峯者奎以自號也多爲窮鄉僻壤艱覓醫藥者說法有性論瘟疫已有大頭瘟疙瘩瘟絞腸瘟軟腳瘟之稱奎復舉北方俗諺所謂諸疫證名狀一一剖析之又以貧寒病家無力購藥取鄉僻恆有之物可療病者發明其功用補本草所未備多有心得同時昌邑黃元御治疫以浮萍代麻黃即本奎說所著書流傳日本醫家著述亦有取焉

喻昌字嘉言江西新建人幼能文不羈與陳際泰游明崇禎中以副榜貢生入都上書言事尋詔徵不就往來靖安間披鬀爲僧復蓄髮游江南順治中僑居常熟以醫名治療多奇中才辯縱橫不可一世著傷寒尚論篇謂林億成無己過於尊信王叔和惟方有執作條辨削去叔和序例得尊經之旨而猶有未達者重爲編訂其淵源雖出方氏要多自抒所見惟溫證論中以溫藥治溫病後尤怡陸懋修並著論非之又著醫門法律取風寒暑溼燥火六氣及諸雜證分門著論次法次律法者治療之術運用之機律者明著醫之所以失而判定其

罪如折獄然昌此書專爲庸醫誤人而作分別疑似使臨診者不敢輕嘗有功醫術後附寓意草皆其所治醫案凡診病先議病後用藥又與門人定議病之式至詳審所載治驗反覆推論務闡審證用藥之所以然異於諸家醫案但泛言某病用某藥愈者並爲世所取法昌通禪理其醫往往出於妙悟尙論後篇及醫門法律年七十後始成昌旣久居江南從學者甚多徐彬字忠可浙江嘉興人昌之弟子著傷寒一百十三方發明及金匱要略論注其說皆本於昌四庫著錄金匱要略即用彬論注本凡疏釋正義見於注或牘義及總括諸證不可專屬者見於論彬謂他方書出於湊集就採一條時亦獲驗若金匱之妙統觀一卷全體方具不獨察其所用並須察其所不用世以爲篤論

張璐字路玉自號石頑老人江南長洲人少穎悟博貫儒業專心醫藥之書自軒岐迄近代方法無不搜覽遭明季之亂隱於洞庭山中十餘年著書自娛至老不倦倣明王肯堂證治準繩彙集古人方論近代名言薈萃折衷之每門附以治驗醫案爲醫歸一書後易名醫通璐謂仲景書衍釋日多仲景之意轉晦後見尙論條辨諸編又廣搜祕本反覆詳玩始覺向之所謂多歧者漸歸一貫著傷寒纘論緒論纘者祖仲景之文緒者理諸家之紛紜而清出之以翼仲景之法其注本草疏本經之大義並系諸家治法曰本經逢原論脈法大義曰診宗三昧皆有心得又謂唐孫思邈治病多有奇異逐方研求藥性詳爲疏證曰千金方釋義並行於世璐著書主博通持論平實不立新異其治病則取法薛已張介賓爲多年八十餘卒聖祖南巡璐子以柔進呈遺書溫旨留覽焉子登倬皆世其業登字誕先著傷寒舌鑑倬字飛疇著傷寒兼證析義並著錄四庫高斗魁字旦中又號鼓峯浙江鄞縣人諸生兄斗樞明季死國難斗魁任俠於遺民羅難者破產營救妻因事連及勒自裁素精醫遊杭見舁棺者血瀝地曰是未死啟棺與藥而甦江湖間傳其事求治病者無寧晷著醫學心法又吹毛編則自記醫案也其論醫宗旨亦近於張介賓周學海字澂之安徽建德人總督馥子光緒十八年進士內閣中書官至浙江候補道潛心醫學論脈尤詳著脈義簡摩脈簡補義診家直訣辨脈平脈章句引申舊說參以實驗多心得之言博覽羣籍實事求是不取依託附會慕宋人之善悟故於史堪張元素劉完素滑壽及近世葉桂諸家書皆有評注自言於淸一代名醫服膺張璐葉桂兩家證治每取璐說蓋其學頗與相近宦游江淮間時爲人療治常病不異人遇疑難輒有奇效刻古醫書十二種所據多宋元舊槧藏家祕笈校勘精審世稱善本云

張志聰字隱庵浙江錢塘人明末杭州盧之頤繇父子著書講明醫學志聰繼之構侶山堂招同志講論其中參考經論辨其是非自順治中至康熙之初四十年間談軒岐之學者咸歸之注素問靈樞二經集諸家之說隨文衍義勝明馬元臺本又注傷寒論金匱要略於傷寒論致力尤深歷二十年再易稿始成用王叔和原本略改其編次首列六經病次列霍亂易復並痓濕暍汗吐下後列辨脈平脈而刪叔和序例以其與本論矛盾故去之以息辨駁辨成無己舊注謂風傷衛寒傷營脈緩爲中風脈緊爲傷寒惡寒無汗宜麻黃湯中風惡風有汗宜桂枝湯諸說未盡當而風寒兩感營衛俱傷宜大青龍湯爲尤謬其注分章以明大旨節解句釋兼晰陰陽血氣之生始出入經脈藏府之貫通循行使讀論者取之有本用之無窮不徒求之糟粕庶免終身由之而不知其道也又注本草詮釋本經闡明藥性本五運六氣之理後人不經臆說概置勿錄其自著曰侶山堂類辨鍼灸祕傳志聰之學以素靈金匱爲歸生平著書必守經法遺書並行於世惟鍼灸祕傳佚高世栻字士宗與志聰同里少家貧讀時醫通俗諸書年二十三即出療病頗有稱後自病時醫治之益劇久之不藥幸愈翻然悔曰我治人殆亦如是是草菅人命也乃從志聰講論軒岐仲景之學歷十年悉窺精奥遇病必究其本末處方不同流俗志聰注本草崇原未竟世栻繼成之又注傷寒論晚著醫學眞傳示門弟子自述曰醫理如剝蕉剝至無可剝方爲至理以之論病大中至正一定不移世行分門別類之方書皆醫門糟粕如薛已趙獻可輩雖有穎悟變通非軒岐仲景一脈相傳之大道古人云不知十二經絡開口舉手便錯不明五運六氣讀盡方書無濟病有標有本求其標只取本治千人無一損故示正道以斥旁門使學者知所愼後有張錫駒字令韶亦錢塘人著傷寒論直解胃氣論其學本於志聰陳念祖字修園福建長樂人乾隆五十七年舉人著傷寒金匱淺注本志聰錫駒之說多有發明世稱善本嘉慶中官直隸威縣知縣有賢聲值水災大疫親施方藥活人無算晚歸田以醫學教授門弟子甚衆著書凡十餘種並行世黃元御字坤載山東昌邑人諸生因庸醫誤藥損目發憤學醫於素問靈樞難經傷寒論金匱玉函經皆有注釋凡數十萬言自命甚高喜更改古書以伸己說其論治病主於扶陽以抑陰

柯琴字韻伯浙江慈谿人博學多聞能詩古文辭棄舉子業矢志醫學家貧游吳棲息於虞山不以醫自鳴當世亦鮮知者著內經合璧多所校正書佚不傳注傷寒論名曰來蘇集以方有執喻昌等各以己意更定有背仲景之旨乃據論中有太陽證桂枝證柴胡證諸辭以證名篇彙集六經諸論各以類從自序略曰傷寒論經王叔和編次已非仲景之舊讀者必細勘何者爲仲景言何者爲叔和筆其間脫落倒句訛字衍文一一指破頓見眞面且筆法詳略不同或互文見意或比類相形因此悟彼見微知著得於語言文字之外始可羽翼仲景自來注家不將全書始終理會先後合參隨文敷衍彼此矛盾黑白不分三百九十七法不見於仲景序文又不見於叔和序例林氏倡於前成氏和於後其不足取信王安道已辨之矣繼起者猶瑣瑣於數目亦何補於古人何功於後學哉大青龍湯仲景爲傷寒中風無汗而兼煩燥者設即加味麻黃湯耳而謂其傷寒見風傷風見寒因以麻黃湯主寒傷營桂枝湯主風傷衛大青龍湯主風寒兩傷營衛曲成三綱鼎立之說此鄭聲之亂雅樂也且以十存二三之文而謂之全篇手足厥冷之厥或混於兩陰交盡之厥其間差謬何可殫舉此愚所以執卷長吁不能已也又著傷寒論翼自序略曰仲景著傷寒雜病論合十六卷法大備其常中之變變中之常靡不曲盡使全書俱在盡可見論知源自叔和編次傷寒雜病分爲兩書然本論中雜病留而未去者尙多雖有傷寒論之專名終不失雜病合論之根蒂也名不副實並相淆混而旁門歧路莫知所從豈非叔和之謬以禍之歟夫仲景之言六經爲百病之法不專爲傷寒一科傷寒雜病治無二理咸歸六經之節制治傷寒者但拘傷寒不究其中有雜病之理治雜病者復以傷寒論無關於雜病而置之不問將參贊化育之書悉歸狐疑之域愚甚爲斯道憂之論者謂琴二書大有功於仲景尤怡字在涇江蘇吳縣人父有田千畝至怡中落貧甚鬻字於佛寺業醫人未之異也好爲詩與同里顧嗣立沈德潛游晚年學益深造治病多奇中名始著性淡榮利隱於花溪自號飼鶴山人著書自得其注傷寒論名曰貫珠集謂後人因王叔和編次錯亂辨駁改訂各成一家言言愈多而理愈晦乃就六經各提其綱於正治法之外太陽有權變法斡旋法救逆法類病法陽明有明辨法雜治法少陽有權變法太陰有藏病經病法經藏俱病法少陰厥陰有溫法淸法凡病機進退微權各有法以爲辨使讀者先得其法乃能用其方分證甚晰於少陰厥陰溫清兩法尤足破世人之惑注金匱要略名曰心典別撰集諸家方書雜病治要足以羽翼仲景者論其精蘊曰金匱翼又著醫學讀書記於軒岐以下諸家多有折衷徐大椿稱爲得古人意怡著述並篤雅世以貫珠集與柯琴來蘇集並重焉

葉桂字天士江蘇吳縣人先世自歙遷吳祖時父朝采皆精醫桂年十四喪父從學於父之門人聞言即解見出師上遂有聞於時切脈望色如見五藏治方不出成見嘗曰劑之寒溫視乎病前人或偏寒涼或偏溫養習者莽無定識假兼備以倖中借和平以藏拙朝用一方晚易一劑詎有當哉病有見證有變證必胸有成竹乃可施之以方其治病多奇中於疑難證或就其平日嗜好而得救法或他醫之方略與變通服法或竟不與藥而使居處飲食消息之或於無病時預知其病或預斷數十年後皆驗當時名滿天下傳聞附會往往涉於荒誕不具錄卒年八十臨歿戒其子曰醫可爲而不可爲必天資敏悟讀萬卷書而後可以濟世不然鮮有不殺人者是以藥餌爲刀刃也吾死子孫愼勿輕言醫桂神悟絕人貫徹古今醫術而尠著述世傳所注本草多心得又許叔微本事方釋義景岳發揮歿後門人集醫案爲臨證指南非其自著附幼科心法一卷傳爲桂手定徐大椿謂獨精卓後章楠改題曰三時伏氣外感篇又附溫證證治一卷傳爲口授門人顧景文者楠改題曰外感溫證篇二書最爲學者所奉習同里薛雪名亞於桂而大江南北言醫輒以桂爲宗百餘年來私淑者衆最著者吳瑭章楠王士雄雪字生白自號一瓢少學詩於同郡葉燮乾隆初舉鴻博未遇工畫蘭善拳勇博學多通於醫時有獨見斷人生死不爽療治多異迹生平與桂不相能自名所居曰掃葉莊然每見桂處方而善未嘗不擊節也著醫經原旨於靈素奧旨具有發揮世傳溼溫篇爲學者所宗或曰非雪作其醫案與桂及繆遵義合刻遵義亦吳人乾隆二年進士官知縣因母病通方書棄官爲醫用藥每出創意吳中稱三家焉瑭字鞠通江蘇淮陰人乾嘉之間游京師有名學本於桂以桂立論甚簡但有醫案散見於雜證之中人多忽之著溫病條辨以暢其義其書盛行同時歸安吳貞著傷寒指掌亦發明桂醫案之旨與瑭相同楠字虛谷浙江會稽人著醫門棒喝謂桂雪最得仲景遺意而他家不與士雄字孟英浙江海寧人居於杭世爲醫士雄讀書礪行家貧仍以醫自給咸豐中杭州陷轉徙上海時吳越避寇者麕集疫癘大作士雄療治多全

活舊著霍亂論致愼於溫補至是重訂刊行醫者奉爲圭臬又著溫熱經緯以軒岐仲景之文爲經葉薛諸家之辨爲緯大意同章楠注釋兼採昔賢諸說擇善而從勝楠書所著凡數種以二者爲精詳同時浙西論醫者平湖陸以湉嘉善汪震烏程汪曰楨宗旨略同陽湖張琦曜孫父子皆通儒以醫鳴取黃元御扶陽之說偏於溫曜孫至上海或勸士雄往就正士雄謝之號葉氏學者要以士雄爲巨擘惟喜用辛涼論者謂亦稍偏云

徐大椿原名大業字靈胎晚號洄溪江蘇吳江人翰林檢討釚孫生有異稟長身廣顙聰强過人爲諸生勿屑去而窮經探研易理好讀黃老與陰符家言凡星經地志九宮音律技擊句卒嬴越之法靡不通究尤邃於醫世多傳其異迹然大椿自編醫案惟剖析虛實寒溫發明治療之法歸於平實於神異者僅載一二其書世多有不具錄乾隆二十四年大學士蔣溥病高宗命徵海內名醫以薦召入都大椿奏溥病不可治上嘉其樸誠命入太醫院供奉尋乞歸後二十年復詔徵年已七十九遂卒於京師賜金治喪大椿學博而通注神農本草經百種以舊注但言其當然不言其所以然採掇常用之品備列經文推闡主治之義於諸家中最有啓發之功注難經曰經釋辨其與靈樞素問說有異同注傷寒曰類方謂醫家刊定傷寒論如治尙書者之爭洪範武成注大學者之爭古本今本終無定論不知仲景本論乃救誤之書當時隨證立方本無定序於是削除陰陽六經門目但使方以類從證隨方定使人可案證以求方而不必循經以求證一切葛藤盡芟去之所著蘭臺軌範凡錄病論惟取靈樞素問難經金匱要略傷寒論隋巢元方病源唐孫思邈千金方王燾外臺祕要而止錄方亦多取諸書宋以後方則採其義可推尋試多獲效者去取最爲謹嚴於疑似出入之間辨別尤悉其論醫之書曰醫學源流論分目九十有三謂病之名有萬而脈之象不過數十是必以望聞問三者參之如病同人異之辨兼證兼病之別亡陰亡陽之分病有不愈不死有雖愈必死又有藥誤不即死藥性有古今變遷內經司天運氣之說不可泥鍼灸之法失傳諸說並可取又愼疾芻言爲溺於邪說俗見者痛下鍼砭多驚心動魄之語醫貫砭專斥趙獻可溫補之弊諸書並行世大椿與葉桂同以醫名吳中而宗旨異評桂醫案多所糾正兼精瘍科而未著專書謂世傳外科正宗一書輕用刀鍼及毒藥往往害人詳爲批評世並奉爲善本同郡吳縣王維德字洪緒自號林屋山人曾祖字若谷精瘍醫維德傳其學著外科全生集謂癰疽無死證癰乃陽實氣血熱而毒滯疽乃陰虛氣血寒而毒凝皆以開腠理爲要治者但當論陰陽虛實初起色紅爲癰色白爲疽截然兩途世人以癰疽連呼並治誤矣其論爲前人所未發凡治初起以消爲貴以托爲畏尤戒刀鍼毒藥與大椿說略同醫者宗之維德兼通陰陽家言著永甯通書卜筮正宗

吳謙字六吉安徽歙縣人官太醫院判供奉內廷屢被恩賚乾隆中敕編醫書太醫院使錢斗保請發內府藏書並徵集天下家藏祕籍及世傳經驗良方分門聚類刪其駁雜採其精粹發其餘蘊補其未備爲書二部小而約者以爲初學誦讀大而博者以爲學成參考既而徵書之令中止議專編一書期速成命謙及同官劉裕鐸爲總修官謙以古醫書有法無方惟傷寒論金匱要略雜病論始有法有方靈素而後二書實一脈相承義理淵深方法微奧領會不易遂多譌錯舊注隨文附會難以傳信謙自爲刪定書成八九及是請就謙未成之書更加增減於二書譌錯者悉爲訂正逐條注釋復集諸家舊注實足闡發微義者以資參考爲全書之首標示正軌次刪補名醫方論次四診要訣次諸病心法要訣次正骨心法要旨書成賜名醫宗金鑑雖出衆手編輯而訂正傷寒金匱本於謙所自撰其採引清代乾隆以前醫說凡二十餘家張璐喻昌徐彬張志聰高世栻張錫駒柯琴尤怡事具本傳其次者林瀾著傷寒折衷靈素合鈔兼通星象堪輿之學汪琥著傷寒論辨注魏荔彤著傷寒金匱本義沈明宗著傷寒金匱編注程應旄著傷寒後條辨鄭重光著傷寒論條辨續注周揚俊著傷寒三注金匱二注程林著金匱直解聖濟總錄纂要閔芝慶著傷寒闡要編而遺書湮沒無考者尙六七家云

綽爾濟墨爾根氏蒙古人天命中率先歸附善醫傷時白旗先鋒鄂碩與敵戰中矢垂斃綽爾濟爲拔鏃傅良藥傷尋愈都統武拜身被三十餘矢昏絕綽爾濟令剖白駝腹置武拜其中遂甦有患臂屈不伸者令先以熱鑊熏蒸然後斧椎其骨揉之有聲即愈覺羅伊桑阿乾隆中以正骨起家至鉅富其授徒法削筆管爲數段包以紙摩挲之使其節節皆接合如未斷者然乃如法接骨皆奏效故事選上三旗士卒之明骨法者每旗十人隸上駟院名蒙古醫士凡禁庭執事人有跌損者命醫治限日報痊逾期則懲治之侍郎齊召南墜馬傷首腦出蒙古醫士以牛脬蒙其首其創立愈時有祕方能立奏效伊桑阿名最著當時湖南有張朝魁者亦以治傷科聞朝魁辰谿人又名毛矮子年二十餘遇遠來乞者朝魁厚待之乞者授以異術治癰疽瘰癧及跌打損傷危急之證能以刀剖皮肉去淤血於藏府又能續筋正骨時有劉某患腹痛仆地瀕死朝魁往視曰病在大小腸剖其腹二寸許伸指入腹理之數日愈辰州知府某乘輿越銀壺山忽墮巖下折髃骨朝魁以刀刺之撥正傅以藥運動如常

陸懋修字九芝江蘇元和人先世以儒顯皆通醫懋修爲諸生世其學咸豐中粵匪擾江南轉徙上海遂以醫名研精素問著內經運氣病釋後益博通漢以後書恪守仲景家法於有清一代醫家悉舉其得失所取法在柯琴尤怡兩家謂得仲景意較多吳中葉桂名最盛傳最廣懋修謂桂醫案出門弟子不盡可信所傳溫病證治亦門人筆述開卷揭溫邪上受首先犯肺逆傳心包一語不應經法誤以胃熱爲肺熱由於不識陽明病故著陽明病釋一篇以闡明之又據難經傷寒有五之文仲景撰用難經溫病即在傷寒中治溫病法不出傷寒論外又謂瘟疫有溫有寒與溫病不同醫者多混稱吳有性戴天章爲治疫專家且不免此誤著論辨之並精確有功學者懋修既棄舉業不求仕進及子潤庠登第就養京邸著述至老不倦光緒中卒潤庠亦通醫官至大學士自有傳王丙字樸莊吳縣人懋修之外曾祖也著傷寒論注以唐孫思邈千金方僅採王叔和傷寒論序例全書載翼方中序次最古據爲定本謂方中行喻昌等刪駁序例乃欲申己見非定論著迴瀾說爭之甚力又著古今權量考古一兩準今六分七釐一升準今七勺七秒承學者奉以爲法呂震字槎村浙江錢塘人道光五年舉人官湖北荊門州判晚寓吳酷嗜醫診療輒有奇效其言曰傷寒論使學者有切實下手工夫不止爲傷寒立法能從六經辨證雖繁劇如傷寒不爲多歧所誤雜證一以貫之著內經要論傷寒尋源懋修持論多本內震云

鄒澍字潤安江蘇武進人有孝行家貧績學隱於醫道光初詔舉山林隱逸鄉人議以澍名上固辭澍通知天文推步地理形勢沿革詩古文亦卓然成家不自表襮所著書醫家言爲多傷寒通解傷寒金匱方解醫理摘要醫經書目並不傳所刊行者本經疏證續疏證本經序疏要謂明潛江劉氏本草述貫串金元諸家說反多牽掣故所注悉本傷寒金匱疏通證明而以千金外臺副之深究仲景製方精意成一家之言費伯雄字晉卿與澍同邑居孟河濱江咸同間以醫名遠近詣診者踵相接所居遂成繁盛之區持脈知病不待問論醫戒偏戒雜謂古醫以和緩命名可通其意著書曰醫醇燬於寇撮其要成醫醇賸義附方論大旨謂常病多奇病少醫者執簡始能馭繁不可尙異享盛名數十年家以致富子孫皆世其業伯雄所著詳於雜病略於傷寒與懋修澍宗旨並不同清末江南諸醫以伯雄爲最著用附載焉清代醫學多重攷古當道光中始譯泰西醫書王清任著醫林改錯以中國無解剖之學宋元後相傳臟腑諸圖疑不盡合於刑人時考驗有得參證獸畜未見西書而其說與合光緒中唐宗海推廣其義證以內經異同經脈奇經各穴及營衛經氣爲西醫所未及著中西滙通醫經精義欲通其郵而補其缺兩人之開悟皆足以啓後者

蔣平階字大鴻江南華亭人少孤其祖命習形家之學十年始得其傳偏證之大江南北古今名墓又十年始得其旨又十年始窮其變自謂視天下山川土壤雖大荒內外如一也遂著地理辨正取當世相傳之書訂其紕繆析其是非惟尊唐楊筠松一人曾文辿僅因筠松以傳其於廖瑀賴文俊何溥以下視之蔑如以世所惑溺者莫甚於平砂玉尺一書斥其僞尤力自言事貫心授非可言罄古書充棟半屬僞造其昌言救世惟在地理辨正一書後復自抒所得作天元五歌謂此皆糟粕其精微亦不在此他無祕本三吳兩浙有自稱得平階眞傳及僞撰成書指爲平階祕本者皆假託也從之學者丹陽張仲馨丹徒駱士鵬山陰呂相烈會稽姜堯武陵胡泰徵淄川畢世持他無所傳授姜堯注靑囊奧語及平砂玉尺辨僞總括歌訣附地理辨正中平階生於明末兼以詩鳴清初諸老多與唱和地學爲一代大宗所造羅經後人多用之稱爲蔣盤云

章攀桂字淮樹安徽桐城人乾隆中官甘肅知縣累擢江蘇松太兵備道有吏才多術藝尤精形家言謂近世形家諸書理當辭顯者莫如明張宗道地理全書爲之作注稍辨正其誤失大旨本元人山陽指迷之說專主形勢攀桂既仕顯不以方技爲業自喜其術每爲親族交友擇地貧者助之財以葬妻吳故農家自恨門第微攀桂爲購佳壤葬其親擇子弟秀異者撫教之遂登進士第爲望族高宗數南巡自鎭江至江甯江行險每由陸詔改通水道議鑿句容故破岡瀆攀桂相其地勢謂茅山石巨勢高縱成瀆非設閘不可成儲水多勞費請從上元東北攝山下鑿金烏珠刀鎗河故道以達丹徒工省修易遂監其役瀆成謂之新河百年來賴其利便攀桂亦因獲優擢大學士于敏中於金壇里第築園攀桂爲之相度營建敏中歿後事覺高宗惡之褫職居江甯晚耽禪理歿時預知期日兼通日者術括協紀辨方精要爲一書曰選擇正宗行於世

劉祿河南人善風角聖祖召直蒙養齋欲授以官屢辭從上北征會糧餉乏濟命卜之曰不出三日必至果如其言後從幸熱河一日踉蹌至宮門請上速徙高阜以避水厄時方晴霽夜山水漲發果衝沒行宮又善相人謂張廷玉史貽直皆異日太平宰相六十一年冬乞假歸至十一月望日忽命家人制縗服北向哭未幾哀詔至正聖祖崩之後二日也後卒於家張永祚字景韶浙江錢塘人幼即喜仰觀五緯長通曉星學究悉天象年近三十督學王蘭生稔其學錄爲諸生閩浙總督嵇曾筠求通知星象者試永祚策立成數千言薦於朝授欽天監博士屢引見占候悉驗詔刋二十二史永祚校勘天文律歷兩志及書成告歸晚著書曰天象源委卒後有女傳其學壻沈度亦善推步守其書戴尙文湖南溆浦人諸生從鴻臚卿羅典學凡天官星卜諸書無不究覽嘗曰吾治經師羅先生吾術數未知孰可吾師者聞江南某僧精六壬奇門往師焉盡得其祕歸應鄉試長沙同舍生失金尙文爲占曰君金若干盜者靑衣手魚肉前行後一白衣隨之肩荷重物以某時候驛步門外可獲也如其言往果驗嘗侍母夜坐心動知偸兒入宅取井泥塗竈門書符封之偸不得去嘉慶初福康安征苗招致才異羅典薦溆浦兩生一嚴如熤一即尙文謂曰嚴生負經濟才應祿仕汝疏散爲幕客愼勿官職自囑也尙文見福康安長揖不拜福康安欲試其術提絲帶問曰君神算知吾握中何物乃請一字析其數以五行推之曰絲纏耳大驚異禮遇之凡事必諮時苗猖獗恒夜撲營尙文輒預卜知之當五月進攻旗鼓寨占有大雹賊伏林莽師出不利勿聽日午將抵寨忽大風雷雨雹交下如卵如拳擊傷士卒伏苗乘之果敗軍中呼曰神仙又大軍在乾州營龍頭爲苗所圍斷水軍不得食尙文設壇鑿池以法禳之劚地淸泉湧出四年駐天心寨尙文夜觀天象知有咎作書置幕府辭歸數日福康安遽卒尙文歸未幾亦病自知死日卒後其母傷之焚所傳書

清史稿　列傳

藝術二

王澍（蔣衡　徐用錫）　王文治

梁巘　梁同書

鄧石如（錢伯坰　吳育　楊沂孫）　吳熙載（梅植之　楊亮）

王澍字若林號虛舟江南金壇人績學工文尤以書名康熙五十一年進士入翰林累遷戶科給事中雍正初詔以六科隸都察院澍謂科臣掌封駁品卑任重儻隸臺臣將廢科參偕同官崔致遠康五端抗疏力爭世宗怒立召詰之從容奏對上意稍解遂改吏部員外郞越二年告歸益耽書名播海內摹古名搨殆徧四體並工於唐賢歐褚兩家致力尤深輙跋尾自道所得後內閣學士翁方綱持論與異謂其篆書得古法行書次之正書又次之所著題跋及淳化閣帖考正並行於世自明淸之際工書者河北以王鐸傅山爲冠繼則江左王鴻緖姜宸英何焯汪士鋐張照等接踵而起多見他傳大抵淵源出於明文徵明董其昌兩家鴻緖照爲董氏嫡派焯及澍則於文氏爲近澍論書尤詳一時所宗蔣衡改名振生字湘帆晚號拙老人與澍同里鍵戶十二年寫十三經乾隆中進上高宗命刻石國學授衡國子監學正終不出衡早歲好游足迹半海內觀碑關中獲晉唐以來名蹟臨摹三百餘種曰拙存堂臨古帖晚與澍相期勵勝每臨一書相從質證子驥孫和並以書世其家驥尤精分隸著漢隸謬體集古帖字體續書法論各一卷兼工畫其言曰漢魏字體不同性情各異書須懸臂中鋒而用力以和平爲主作畫之提頓逆折參差映帶其理一爾皆闡明其先說徐用錫字壇長宿遷人占籍大興登鄉舉康熙四十八年進士官翰林院編修從李光地游究心樂律音韻歷數書法五十四年分校會試嚴絕請託銜之者反嗾言官劾其把持闈事聖祖原之終以浮議罷歸乾隆初起授翰林院侍讀年已八十尋告歸卒於家用錫鄉舉出姜宸英之門與何焯同爲光地客論書多與二家相出入精於鑒別古人言筆法亦多心得著字學劄記二卷載圭美堂集中

王文治字禹卿江蘇丹徒人生有夙慧十二歲能詩即工書長游京師從翰林院侍讀全魁使琉球文字播於海外乾隆三十五年成一甲三名進士授翰林院編修逾三年大考第一擢侍讀出爲雲南臨安知府因事鐫級乞病歸後當復官厭吏事遂不出往來吳越間主講杭州鎭江書院高宗南巡至錢塘僧寺見文治書碑大賞愛之內廷有以告招之出者亦不應喜聲伎行輙以歌伶一部自隨辨論音律窮極幽渺客至張樂窮朝暮不倦海內求書者多有餽遺率費於聲伎然客散默然禪定夜坐脅未嘗至席持佛戒自言吾詩與書皆禪理也卒年七十三所著詩集外有賞雨軒題跋略見論書之旨文治書名並時與劉墉相埒人稱之曰濃墨宰相淡墨探花與姚鼐交最深論最契當時書名鼐不及文治之遠播後包世臣極推鼐書與劉墉並列上品名轉出文治上

梁巘字聞山安徽亳州人乾隆二十七年舉人官四川巴縣知縣晚辭官主講壽春書院以工李北海書名於世初爲咸安宮教習至京師聞欽天監正何國宗曾以事繫刑部時尙書張照亦以他事在繫得其筆法因詣家就問國宗年已八十餘病不能對客遣一孫傳語巘質以所聞國宗答曰君已得之矣贈以所臨米黃二帖後巘以語金壇段玉裁曰執筆之法指以運臂臂以運身凡捉筆以大指尖與食指尖相對筆正直在兩指尖之間兩指尖相接如環兩指本以上平可安酒杯平其肘腕不附几肘圓而兩指與筆正當胸令全身之力行於臂而湊於兩指尖兩指尖不圓如環或如環而不平則捉之也不緊臂之力尙不能出而況於身緊則身之力全湊於指尖而何有於臂古人知指之不能運臂也故使指頂相接以固筆筆管可斷指鍥痛不可勝而後字中有力其以大指與食指也謂之單勾其以大指與食指中指也謂之雙勾中指者所以輔食指之力也總謂之撥鐙法王獻之七八歲時學書右軍從旁掣其筆不得卽謂此法舍此法皆旁門外道二王以後至唐宋元明諸大家口口相傳如是董宗伯以授王司農鴻緖司農以授張文敏吾聞而知之本朝但有一張文敏耳他未爲善王虛舟用筆祇得一半蔣湘帆知握筆而少作字樂趣世人但言無火氣不知火氣使盡而後可言無火氣也如此捉筆則筆心不偏中心透紙紙上颯颯有聲直畫粗者濃墨兩分中如有絲界筆心爲之主也如此捉筆則必堅紙作字輕薄紙當之易破其橫直撇捺皆與今人殊筆鋒所指方向逈異筆心總在每筆之中無少偏也古人所謂屋漏痕折釵股錐畫沙印印泥者於此可悟入巘少著述所傳緖論僅此當時與梁同書並稱巘曰北梁同書曰南梁

梁同書字元頴晚號山舟浙江錢塘人大學士詩正子乾隆十七年會試未第高宗特賜與殿試入翰林大考擢侍講淡於榮利未老因疾不出晚年重宴鹿鳴加侍講學士銜卒年九十三好書出天性十二歲能爲擘窠大字初法顏柳中年用米法七十後乃變化名滿天下求書者紙日數束日本琉球皆重之嘗與張燕昌論書略曰古人云筆力直透紙背當與天馬行空參看今人誤認透紙便如藥山所云看穿牛皮終無是處蓋透紙者狀其精氣結撰墨光浮溢耳彼用筆如游絲者何嘗不透紙背耶用腕力使極輭之筆自見臂如人持一彊者使之直則無所用力持一弱者欲不使之偃則全腕之力自然集於兩指端其實書者只知指運而不知有腕力也藏鋒之說非筆如鈍錐之謂自來書家從無不出鋒者只是處處留得筆住不使直走筆要輭輭則遒筆要長長則靈筆要飽飽則腴落筆要快快則意出書家燥鋒曰渴筆畫家亦有枯筆二字判然不同渴則不潤枯則死矣今人喜用硬筆故枯帖教人看不教人摹今人只是刻舟求劍將古人書摹畫如小兒寫倣本就便形似豈復有我字要有氣氣須從熟得來有氣則有勢大小長短高下欹整隨筆所至自然貫注成一片段却著不得絲毫擺布熟後自知中鋒之法筆提得起自然中亦未嘗無兼用側鋒處總爲我一縷筆尖所使雖不中亦中亂頭粗服非字也求逸則野求舊則拙此處不可有半點名心在同書平生書旨與梁巘之異同具見於此

鄧石如初名琰避仁宗諱遂以字行改字頑伯安徽懷甯人居皖公山下又號完白山人少產僻鄉尠聞見獨好刻石仿漢人印篆甚工弱冠孤貧游壽州梁巘見其篆書篤爲筆勢渾鷙而未盡得古法介謁江甯梅鏐鏐御史轂成子也家多弆藏金石善本盡出示之爲具衣食楮墨使專肄習好石鼓文李斯嶧山碑泰山刻石漢開母石闕燉煌太守碑吳蘇建國山碑皇象天發神讖碑唐李陽冰城隍廟碑三墳記每種臨摹各百本又苦篆體不備寫說文解字二十本旁搜三代鐘鼎秦漢瓦當碑額五年篆書成乃學漢分臨史晨前後碑華山碑白石神君張遷潘校官孔羡受禪大饗諸碑各五十本三年分書成石如篆法以二李爲宗縱橫闔闢得之史籀稍參隸意殺鋒以取勁折字體微方與秦漢當額爲近分書結體嚴重約嶧山國山之法而爲之自謂吾篆未及陽冰而分不減梁鵠客梅氏八年學既成徧游名山水以書刻自給游黃山至歙鬻篆於賈肆編修張惠言故深究秦篆時館修撰金榜家偶見石如書語榜曰今日得見上蔡眞迹乃冐雨同訪於荒寺榜備禮客之於家薦於尙書曹文埴偕至京師大學士劉墉副都御史陸錫熊皆驚異曰千數百年無此作矣時京師論篆分者多宗內閣學士翁方綱以石如不至其門力詆之石如乃去客兩湖總督畢沅沅故好客吳中名士多集節署裘馬都麗石如獨布衣徒步居三年辭歸沅爲置田宅俾終老瀕行觴之曰山人吾幕府一服淸涼散也石如年四十六始娶常往來江淮間卒年六十三子傳密初名廷璽字守之從李兆洛學晚

客曾國藩幕能以篆書世其家當乾嘉之間嘉定錢坫陽湖錢伯坰皆以書名坫自負其篆直接陽冰嘗游焦山見壁間篆書心經歎爲陽冰之亞既而知爲石如所作撫其不合六書者以爲詆伯坰故服石如篆分爲絕業及見其行草嘆曰此楊少師神境也復與論筆法不合遂助坫詆之尤力坫見儒林傳伯坰字魯斯自號僕射山人尚書維城從子少孤力學工詩嗜酒廣交游以國子監生終書學顏平原李北海嘗曰古人用兎毫故書有中線今用羊毫其精者乃成雙鉤吾躭此五十年才十得三四論者謂自劉墉歿正行書以伯坰爲第一其執筆虛小指以三指包管外與大指相拒側毫入紙助怒張之勢指腕皆不動以肘來去斥古今相承撥鐙之說石如作書則懸腕雙鉤管隨指轉兩家法大殊吳育字山子江蘇吳江人與包世臣李兆洛游能文工書謂下筆須使筆毫平鋪紙上乃四面圓足此陽冰篆法書家眞秘密語世臣取其說育篆書尤工法與石如差近楊沂孫字詠春江蘇常熟人道光二十三年舉人官安徽鳳陽知府父憂歸遂不出自號濠叟少學於李兆洛治周秦諸子耽書法尤致力於篆籀著文字解說問譌欲補苴段玉裁王筠所未備又考上古逮史籀李斯折衷於許愼作在昔篇篆隸宗石如而多自得嘗曰吾書篆籀頡頏鄧氏得意處或過之分隸則不能及也光緒七年卒年六十九沂孫同時工篆籀者又推吳大澂自有傳

吳熙載初名廷颺以字行後又字讓之江蘇儀徵人先世居江甯父明煌始游揚州善相人術熙載爲諸生博學多能從包世臣學書世臣創明北朝書派溯源窮流爲一家之學其筆法兼採同時黃乙生王良士吳育朱昂之鄧石如諸人之說執筆食指高鉤大指加食指中指之間中指內鉤小指貼名指外拒管向左迤後稍偃若指鼻準運鋒使筆毫平鋪紙上筆筆斷而後起結字計白當黑使左右牝牡相得自謂合古人八法九宮之旨熙載恪守師法世臣眞行藁草無不工嗜篆分而未致力熙載篆分功力尤深復縱筆作畫亦有士氣咸豐中卒與熙載同受包氏法者江都梅植之蘊生甘泉楊亮季子高涼黃洵修存餘姚毛長齡仰蘇旌德姚配中仲虞松桃楊承汪挹之配中詳儒林傳植之道光十九年舉人通經以詩鳴世臣尤稱其書謂其跌宕遒麗煆煉舊搨血脈精氣奔赴腕下熙載未之敢先又得琴法於吳思伯之女弟子顏夫人獨具神解糾正思伯傳譜於古操製曲之故輒能知之自署所居曰嵇庵配中與有同嗜著琴學二卷植之五十而卒琴法未有傳書亮世爲將家襲騎都尉世職篤學敦行江淮間士大夫多稱之書亞於熙載合肥沈用熙最後出至光緒末始卒年近八十畢生守師法最爲包門老弟子世臣敍次淸一代書人爲五品分九等平和簡靜遒麗天成曰神品醞釀無迹橫直相安曰妙品逐迹尋源思力交至曰能品楚調自歌不謬風雅曰逸品墨守迹象雅有門庭曰佳品神品一人鄧石如隸及篆書妙品上一人鄧石如分及眞書妙品下二人劉墉小眞書姚鼐行草書能品上七人釋邱山眞及行書宋玨分牓書傅山草書姜宸英行書鄧石如草書劉墉牓書黃乙生行牓書能品下二十三人王鐸草書周亮工草書笪重光行書吳大來草書趙潤草牓書張照行書劉紹庭草牓書吳襄行書翟賜履草書王澍行書周於禮行書梁巘眞及行書翁方綱行書于令淓行書巴慰祖分書顧光旭行書張惠言篆書王文治方寸眞書劉墉行書汪庭桂分書錢伯坰行及牓書陳希祖行書黃乙生小眞行書逸品上十五人顧炎武正書蕭雲從行書釋雪浪行書鄭簠分及行書高其佩行書陳洪綬行書程邃行書紀映鍾行書金農分書張鵬翀行書袁枚行書朱筠藁書朱珪眞書鄧石如行書宋鎔行書逸品下十六人王時敏行及分書朱彝尊分及行書程京萼行書釋道濟行書趙靑藜眞及行書錢載行書程瑤田小眞書巴慰祖行書汪中行書畢涵行書陳淮行書姚鼐小眞書程世淳行書李天激行書伊秉綬行書張桂巖行書佳品上二十二人沈荃眞書王鴻緒行書先著行書查士標行書汪士鋐眞書何焯小眞書陳奕禧行書陳鵬年行書徐良行書蔣衡眞書于振行書趙知希草書孔繼涑行書嵇璜眞書錢澧行書桂馥分書翁方綱小眞書張燕昌小眞書康基田行書錢坫篆書谷際岐行書洪梧小眞書佳品下十八人鄭來行書林佶小眞書方觀承行書董邦達行書華嵓行書秦大士行書高方書小眞金榜眞書吳俊行書陳崇本小眞書九品共九十七人重見者六人實九十一人復增能品上一人張琦眞行及分書能品下三人于書佃行書段玉立小眞及草書吳德旋行書佳品上六人吳育篆及行書方履籛分書梅植之行書朱昂之行書李兆洛行書徐準宜眞書其後包氏之學盛行咸同以來以書名者何紹基張裕釗翁同龢三家最著並見他傳紹基宗顏平原法晚復出入漢分裕釗源出於包氏同龢規模閎變不爲諸家所囿爲一代後勁云

清史稿 列傳

藝術傳三

王時敏 族姪鑑 子撰 孫原祁 原祁曾孫宸　陳洪綬 崔子忠 禹之鼎 余集 改琦 費丹旭

釋道濟 髡殘 朱耷 宏仁　王翬 吳歷 楊晉 黃鼎 方士庶

惲格 馬元馭 王武 沈銓　龔賢 趙左 項聖謨 查士標

高其佩 李世倬 朱倫瀚　張鵬翀

唐岱 焦秉貞 郎世寧 張宗蒼 余省 金廷標 丁觀鵬 繆炳泰　華嵒 高鳳翰 鄭燮 金農 羅聘 奚岡 錢杜 方薰

王學浩 黃均

王時敏字遜之號烟客江南太倉人明大學士錫爵孫以蔭官至太常寺少卿時敏系出高門文采早著鼎革後家居不出獎掖後進名德爲時所重明季畫學董其昌有開繼之功時敏少時親炙得其眞傳錫爵晚而抱孫彌鍾愛居之別業廣收名蹟悉窮秘奧於黃公望墨法尤有深契暮年益臻神化愛才若渴四方工畫者踵接於門得其指授無不知名於時爲一代畫苑領袖康熙十九年卒年八十有九鑑字圓照明尚書世貞曾孫與時敏同族爲子姪行而年相若崇禎中官廉州知府甫强仕謝職歸就弇園故址營搆居之蕭然世外與時敏砥勵畫學以董源巨然爲宗沈雄古逸雖靑綠重色書味盎然後學尊之與時敏匹康熙十六年卒年八十時敏子撰字異公畫守家法得其具體孫原祁字茂京號麓臺幼作山水張齋壁時敏見之訝曰吾何時爲此耶問知乃大奇曰此子業且出我右康熙九年成進士授任縣知縣行取給事中尋改中允直南書房累擢戶部侍郎歷官有聲時海內淸晏聖祖右文幾餘怡情翰墨常召入便殿從容奏對或於御前染翰上憑几觀之不覺移晷命鑒定內府名蹟充書畫總裁萬壽盛典總裁恩禮特異五十四年卒於官年七十四原祁畫爲時敏親授於黃公望淺絳法獨有心得晚復好用吳鎭墨法時敏嘗曰元季四家首推子久得其神者惟董宗伯得其形者予不敢讓若形神俱得吾孫其庶幾乎王翬名傾一時原祁高曠之致突過之每畫必以宣德紙重毫筆頂煙墨曰三者一不備不足以發古雋渾逸之趣或問王翬曰太熟復問查士標曰太生蓋以不生不熟自居中年後供奉內廷乞畫者多出代筆而自署名每歲晏與門下賓客畫人一幅爲製裘之需好事者鐍金以待弟子最著者黃鼎唐岱並別有傳原祁曾孫宸字子凝號蓬心乾隆二十五年舉人官湖南永州知府原祁諸孫多以畫世其家惟宸最工枯毫重墨氣味荒古愛永州山水自號瀟湘子有終焉之志罷官後貧不能歸畢沅爲總督遂往依之武昌以詩畫易酒湖湘間尤重其畫著繪林伐材十卷王昶稱爲畫史總龜云

陳洪綬字章侯浙江諸暨人幼適婦翁家登案畫關壯繆像於素壁長八九尺婦翁見之驚異扃室奉之洪綬畫人物衣紋淸勁力量氣局在仇唐之上嘗至杭州摹府學石刻李公麟七十二賢像又摹周昉美人圖數四不已人謂其勝原本曰此所以不及也吾畫易見好則能事猶未盡嘗爲諸生崇禎間游京師召爲舍人摹歷代帝王像縱觀御府圖畫藝益進尋辭歸鼎革後混迹浮屠間初號老蓮至是自號悔遲縱酒不羈語及亂離輒慟哭後數年卒子字號小蓮畫亦有名洪綬在京師與崔子忠齊名號南陳北崔云子忠一名丹字道母別號靑蚓山東萊陽人寄籍順天爲諸生負異才作畫意趣在晉唐之間不屑與宋元窠臼人物士女尤勝董其昌稱之謂非近代所有以金帛請者不應家居常絕食史可法贈以馬售得金呼友痛飮一日而金盡爲詩古文奧博奇崛遭亂走居土室中遂窮餓以死其後畫人物士女最著者曰禹之鼎余集改琦費丹旭之鼎字尚吉號愼齋江蘇江都人幼師藍瑛後出入宋元諸家尤擅人物繪王會圖傳世其寫眞多白描不襲李公麟之舊而用吳道子蘭葉法兩顴微用脂赭染之彌復古雅康熙中授鴻臚寺序班愛洞庭山水欲居之遂歸朝貴名流多屬繪圖像世每傳之集字秋室浙江錢塘人乾隆三十一年進士工畫士女時稱曰余美人廷試當得大魁因此抑之尋充四庫全書纂修薦授翰林院編修累擢侍讀所作風神靜朗無畫史氣爲世所重比諸仇唐遺迹琦字伯蘊號七薌先世爲西域人壽春鎭總兵光宗孫因家江南居華亭琦通敏多能工詩詞嘉道後畫人物琦號最工出入李公麟趙孟頫唐寅及近代陳洪綬諸家花草蘭竹小品迴出塵表有惲格遺意丹旭字子苕號曉樓浙江烏程人工

寫眞如鏡取影無不曲肖所作士女娟秀有神景物布置皆瀟洒近世無出其右者

釋道濟字石濤明楚藩裔自號淸湘老人題畫自署或曰大滌子或曰苦瓜和尙或曰瞎尊者無定稱國變後爲僧畫筆縱恣脫盡窠臼而實與古人相合晚游江淮人爭重之著論畫一卷詞議元妙與髠殘齊名號二石髠殘字石溪湖南武陵人幼孤自翦髮投龍三三家菴徧游名山後至江寧住牛首爲堂頭和尙畫山水奧境奇闢緬邈幽深引人入勝道濟排奡縱橫以奔放勝髠殘沈著痛快以謹嚴勝皆獨絕朱耷字雪個江西人亦明宗室崇禎甲申後號八大山人嘗爲僧其書畫題款八大二字每聯綴山人二字亦然類哭類笑意蓋有在畫簡略蒼勁生動盡致山水精密者尤妙絕不概見慷慨嘯歌世以狂目之宏仁字漸江安徽休寧人姓江字亦奇明諸生亦甲申後爲僧工詩古文畫師倪瓚新安畫家皆宗之然宏仁所作層厓陡壑偉俊沈厚非若世之以疏竹枯株摹擬高士者比歿後墓上種梅數百本因稱梅花古衲云自道濟以下皆明之遺民隱於僧而以畫著其後畫僧上睿明中達受最有名上睿字目存吳人嘗從王翬游得其指授明中字大恒浙江桐鄉人晚主杭州南屏淨慈高宗南巡賜紫衣山水得元人法達受字六舟浙江海甯人故名家子耽翰墨書得徐渭陳道復縱逸之致善別古器精摹搨或點綴折枝於其間多古趣阮元呼曰金石僧

王翬字石谷號耕煙江南常熟人太倉王鑑遊虞山見其畫大驚異索見時年甫冠載歸謁王時敏館之西田盡出唐以後名蹟俾坐臥其中時敏復挈之遊江南北盡得觀收藏家祕本如是垂二十年學遂成康熙中詔徵以布衣供奉內廷繪南巡圖集海內能手逡巡莫敢下筆翬口講指授咫尺千里令衆分繪而總其成圖成聖祖稱善欲授官固辭厚賜歸公卿祖餞賦詩贈行翬天性孝友篤於風義時敏鑑既歿歲時猶省其墓康熙五十六年卒年八十六翬論畫曰以元人筆墨運宋人邱壑而澤以唐人氣韻乃爲大成稱之者曰古今筆墨之齟齬不相入者翬能羅而置之筆端融洽以出畫有南北宗至翬而合吳歷又名子歷字漁山號墨井道人亦常熟人學畫於王時敏心思獨運氣韻厚重沈鬱迥不猶人晚年棄家從天主教曾再遊歐羅巴作畫每用西洋法雲氣緜渺淩虛迥異乎時康熙五十七年卒年八十七當時或言其浮海不歸後於上海南郭得其墓碣題曰天學修士云翬初與友善後絕交王原祁論畫右歷而左翬曰邇時畫手惟吳漁山而已世以時敏鑑翬原祁歷及惲格並稱爲六大家同縣又有楊晉黃鼎晉字子鶴翬弟子山水淸秀尤以畫牛名翬作圖凡有人物與橐駝馬牛羊皆命晉寫之從翬繪南巡圖因摹內府名蹟進御鼎字尊古學於王原祁而私淑翬得其意臨摹古人輒逼眞尤擅元王蒙法徧遊名山號獨往客論者謂翬看盡古今名畫下筆具有淵源鼎看盡九州山水下筆具有生氣常客宋犖家梁宋間其蹟獨多方士庶字循遠號小師道人安徽歙縣人家於揚州鼎弟子早有出藍之目年甫逾四十卒論者惜之翬畫派爲一代所宗世比之王士禎之詩當時門弟子甚盛傳衍其法者益衆附著其尤者

惲格字壽平後以字行改字正叔號南田江南武進人父日初見隱逸傳格年十三從父至閩時王祈起兵建寧日初依之總督陳錦兵克建寧格被略錦妻撫以爲子從遊杭州靈隱寺日初偵遇之紿使出家爲僧乃得歸格以父忠於明不應舉擅詩名鬻畫養父畫出天性山水學元王蒙既與王翬交曰君獨步矣吾不爲第二手遂兼用徐熙黃筌法作花鳥天機物趣畢集豪端比之天仙化人畫成輒自題詠書之世號南田三絕雖自專意寫生間作山水皆超逸得元人冷淡幽雋之致王時敏聞其名招之不時至至則時敏已病榻前一握手而已家酷貧風雨常閉門餓以金幣乞畫者非其人不與康熙二十九年卒年五十四子不能具喪王翬葬之從父向字道生自明季以畫著山水得董源法格少即師之及格負重名羣從子弟多工畫其著者源濬字哲長官天津縣丞能傳徐熙法筆有生氣族曾孫鍾蔭之女曰冰尤有名詳列女傳其弟子尤著者馬元馭字扶曦常熟人家貧好讀書幼即工畫王翬稱之後學於格得其逸筆頗稱入室孫女荃傳其學名與惲冰相匹元馭嘗以畫法授同縣蔣廷錫後廷錫官禁近以書招之謝不往格人品絕高寫生爲一代之冠私淑者衆然不能得其機趣神韻惟乾隆中華喦號爲繼迹後改琦亦差得其意云王武字勤中吳縣人畫花草流麗多風王時敏亦稱爲妙品學者宗之及格出遂掩其上沈銓字南蘋浙江德淸人工寫花鳥專精設色妍麗絕人雍正中日本國王聘往授畫三年乃歸故其國尤重銓畫於格爲別派

龔賢字半千江南崑山人寓江甯結廬淸涼山下葺半畝園隱居自得性孤僻詩文不苟作畫得董源法埽除蹊徑獨出幽異自謂前無古人後無來者同時與樊圻高岑鄒喆吳宏葉欣胡造謝蓀號金陵八家圻字會公造字石公與蓀皆江甯人岑字蔚生杭州人喆字方魯吳人宏字遠度金谿人欣字榮木華亭人諸家皆擅雅筆負時譽要以賢爲稱首淸初畫學蔚盛大江以南作者尤多各成派別以婁東王時敏爲大宗若金陵雲間嘉禾新安皆聞人迭起趙左字文度華亭人畫出於宋旭爲雲間派之首吳松間多宗之項聖謨字孔彰嘉興人元汴之孫初學文徵明後益進於古董其昌稱其與宋人血戰又得元人氣韻子奎字東井世其學同縣李琪枝字雲連曰華之孫山水淡逸傳世者梅竹爲多項李皆名族濡染有緒羣從多以畫名其後雍乾中錢綸光妻陳書花鳥人物並工詳列女傳錢氏子孫及閨秀傳其法者衆更盛於項李二家張庚字浦山亦嘉興人學於書深通畫理著畫徵錄及續錄自明末至乾嘉中所載四百餘人查士標字二瞻號梅壑安徽歙縣人明諸生後棄舉子業專精書畫家饒於貲多藏鼎彝古器及宋元名蹟初學倪瓚後參以吳鎭董其昌法稱逸品晚益以幽淡爲宗疏嬾罕接賓客蓋託以逃世與同縣孫逸休甯汪之瑞釋宏仁號新安四家久寓揚州康熙三十七年卒年八十四逸字無逸流寓蕪湖曾繪歙山二十四圖之瑞字無瑞豪邁自喜渴筆焦墨酒酣揮洒如風雨時當塗蕭雲從字尺木與逸齊名山水不專宗法兼長人物於采石太白樓下四壁畫五嶽圖又畫太平山水及離騷圖好事者並鐫刻以傳

高其佩字韋之號且園奉天遼陽人隸籍漢軍父殉耿藩之難其佩以廕官至戶部侍郎畫有奇致人物山水並蒼渾沈厚衣紋如草篆一袖數折尤善指畫嘗畫黃初平叱石成羊或已成羊而起立或將成而未起或半成而未離爲石風趣橫生畫龍虎皆極其態世既重其指墨晚年以便於揮洒遂不復用筆其筆畫之佳幾無人知之雍正十二年卒甥李世倬朱倫瀚皆學於其佩世倬字漢章總督如龍子官至右通政少至江南從王翬游得其傳後官山西觀吳道子水陸道場圖悟人物之法花鳥寫生得其佩指墨之趣易以筆運各名一家倫瀚字涵齋明裔也隸籍漢軍官至都統直內廷指畫師其佩邱壑奇而正色淡味厚喜作巨障元氣淋漓指上生有肉錐故作人物鬚眉尤有神出於天授其後傳其佩法者有傅雯瑛寶雯字凱亭奉天布衣爲諸王邸客京師多其遺迹瑛寶字夢禪滿洲人大學士永貴子以疾辭廕不仕詩畫自娛指墨以簡貴勝深自矜許

張鵬翀字天飛自號南華山人江蘇嘉定人雍正五年進士入翰林官至詹事府詹事天才超邁詩畫皆援筆立就瀟洒自適類其爲人高宗愛其才不次拔擢進奉詩文多寓規於頌畫無師承自然入古雖應制之作蕭散若不經意愈見神韻繪春林澹靄圖題詩進上上賜和鵬翀即於宮門疊韻陳謝嘗從駕西苑液池一渡之頃得詩八首屢敕御舟作畫賜御筆枇杷折枝及松竹雙淸圖又賜雙淸閣書額迭拜筆硯文綺之賜無算乾隆十年乞假歸卒於途次上眷之久不忘對羣臣輒曰張鵬翀可惜自康熙至乾隆朝當國家全盛文學侍從諸臣每以藝事上邀宸眷大學士蔣廷錫及子溥董邦達及子誥尚書錢維城侍郎鄒一桂與鵬翀爲尤著廷錫以逸筆寫生奇正工率濃淡一幅間恆間出無不超脫源出於惲格而不爲所囿邦達山水源於董源巨然黃公望墨法得力於董其昌自王原祁後推爲大家久直內廷進御之作大幅尋丈小冊寸許不下數百溥誥各承其家法維城山水蒼秀花卉傳色尤有神采一桂以百花卷被宸賞世謂惲格後罕匹者諸人所繪並入石渠寶笈御題褒美傳爲盛事嘉慶中尙書黃鉞由主事改官翰林入直畫爲仁宗所賞道咸以後侍郎戴熙大學士張之萬並官禁近以畫名然國家寖以多故視承平故事稍異焉

唐岱字毓東滿洲人康熙中以廕官參領從王原祁學畫邱壑似原祁供奉內廷聖祖品題當時以爲第一手稱畫狀元歷事世宗高宗高宗在潛邸即喜其畫數有題詠後益被寵遇唐岱專工山水以宋人爲宗少時名動公卿直內廷久筆法益進人間傳播者轉稀著繪事發微行世淸制畫史供御者無官秩設如意館於啓祥宮南凡繪工文史及雕琢玉器裝潢帖軸皆在焉初類工匠後漸用士流由大臣引薦或獻畫稱旨召入與詞臣供奉體制不同間賜出身官秩皆出特賞高宗萬幾之暇嘗幸館中每親指授時以爲榮其畫之精美者一體編入石渠寶笈祕殿珠林二書嘉慶中編修胡敬撰國朝院畫錄凡載八十餘人其尤卓著可傳者十餘人焦秉貞山東濟甯人康熙中官欽天監五官正工人物樓觀通測算參用西洋畫法剖析分刌量度陰陽向背分別明暗遠視之人畜花木屋宇皆植立而形圜聖祖嘉之命繪耕織圖四十六幅鐫版印賜臣工自秉貞創法畫院多相沿襲其弟子冷枚膠州人爲最肖與繪萬壽盛典圖陳枚江蘇婁縣人官內務府郎中初法宋人折衷唐寅後亦參西洋法寸紙尺縑圖羣山萬壑人物皆備郎世甯西洋人康熙中入直高宗尤賞異凡名馬珍禽琪花異草輒命圖之無不奕奕如生設色奇麗非秉貞等所及艾啓蒙亦

西洋人其藝亞於郎世甯張宗蒼字默存江蘇吳縣人學畫於黃鼎初官河工主簿乾隆十六年南巡獻册受特知召入直數年授戶部主事以老乞歸宗蒼山水氣體深厚多以皴擦取韻一洗畫院甜熟之習被恩遇特厚所畫著錄石渠者百十有六多荷御題弟子徐揚方琮最得其法亦邀宸賞賜揚舉人授內閣中書余省字曾三江蘇常熟人善寫生能得花外之趣同時楊大章亦賦色修潔可與鄒一桂頡頏花鳥以二人爲最工金廷標字士揆浙江桐鄉人南巡進白描羅漢稱旨召入祇候廷標畫不尙工緻以機趣傳神高宗題所作琵琶行圖曰唐寅舊圖有琵琶伎在別船廷標祇繪白居易一人側耳而聽別有會心古人畫意爲先非畫院中人所及會愛烏罕進四駿郎世甯繪之復命廷標別作仿李公麟法增寫執靮人古趣出彼上及廷標卒上命舊黏殿壁者悉付裝池收入石渠寶笈丁觀鵬工人物效明丁雲鵬以宋人爲法不尙奇詭畫仙佛神像最擅長著錄獨多時有嚴宏滋者南巡兩次獻畫所作三官神像秀發飛揚稱爲絕作屢命畫院諸人摹之姚文瀚亦以人物仙佛名亞於觀鵬繆炳泰字象賓江蘇江陰人初以國子監生召繪御容南巡應召試賜舉人授中書官至兵部郎中乾隆五十年以後御容皆出所繪又命繪紫光閣功臣像人人逼肖寫眞之最工者畫院盛於康乾兩朝以唐岱郎世甯張宗蒼金廷標丁觀鵬爲最宗蒼所作尤有士氣道光以後無聞焉至光緒中孝欽皇后喜藝事稍復如意館舊規畫史皆凡材無可紀者

華喦字秋岳號新羅山人福建臨汀人寓杭州西湖之勝家焉畫山水人物花鳥草蟲無不工脫去時蹊力追古法有時過求超脫然其率略處愈不可及工詩有離垢集古質淸峭畫法脫俗世稱三絕可繼惲格僑居揚州最久晚歸杭州卒年近八十乾嘉之間浙西畫學稱盛而揚州游士所聚一時名流競逐其尤著者爲高鳳翰鄭燮金農羅聘奚岡黃易錢杜方薰等鳳翰字西園山東膠州人雍正初以薦得官署安徽績溪知縣被劾罷久寓江淮間病偏痺遂以左手作書畫縱逸有奇氣嘗登焦山觀瘞鶴銘尋宋陸游題名親帚積蘚燃燭捫圖以敗筆淸墨爲圖傳爲傑作性豪邁不羈藏硯千手自鐫銘著硯史又藏司馬相如玉印秘爲至寶盧見曾爲兩淮運使欲觀之長跪謝不可其癖類此燮字板橋江蘇興化人乾隆元年進士官山東濰縣知縣有惠政辭官鬻畫作蘭竹以草書中豎長撇法爲蘭葉書雜分隸法自號六分書詩詞皆別調而有摯語慷慨嘯傲慕明徐渭之爲人燮同縣李鱓字復堂舉人官山東滕縣知縣花鳥學林良多得天趣陳撰字楞山浙江鄞縣人亦居揚州舉鴻博不就試與鱓齊名寫梅尤雋逸農字壽門號冬心浙江仁和人布衣薦鴻博好學癖古儲金石千卷中歲游迹半海內寄居揚州遂不歸分隸小變漢法又師禪國山及天發讖兩碑截毫端作擘窠大字年五十始從事於畫初寫竹師石室老人號稽留山民繼畫梅師白玉蟾號昔耶居士又畫馬自謂得曹韓法復畫佛號心出家盦粥飯僧其點綴花木奇柯異葉皆意爲之問之則曰貝多龍窠之類也性逋峭世以迂怪目之詩亦鑱削苦硬無子晚手錄以付其女歿後羅聘搜輯雜文編爲集聘字兩峯江都人淹雅工詩從農游稱高足弟子畫無不工就禪悅夢入招提曰花之寺學佛前身自號花之寺僧多摹佛像又畫鬼趣圖不一本游京師跌宕詩酒老而益貧曾燠爲兩淮運使資之歸未幾卒妻方婉儀亦工詩畫好禪號白蓮居士岡字鐵生號蒙泉舊爲歙縣人居錢塘遂隸籍負奇不得志寄於詩畫山水取法婁東自成逸韻竹石花木超雋得元人意四十後名益噪曾游日本海外估舶懸金購其畫徵孝廉方正辭不就岡與同縣黃易齊名易父樹穀亦工書畫易詳文學傳篤嗜金石每以訪碑紀游作圖爲世所重畫境簡淡山左多宗之杜字叔美號松壺仁和人屈於下僚曾官雲南經歷足迹踰萬里深擘畫學摹趙伯駒孟頫王蒙皆神似間爲金碧雲山妍雅絕俗畫梅疎冷出趙孟堅兼擅詩名著松壺畫贅畫憶多名論從兄東字袖海畫近惲格名亞於杜薰字蘭坻浙江石門人父梁故善畫薰幼從父游吳越間多見名蹟接耆宿遂兼衆長論畫曰寫生以意勝形似又曰不拘難易須雅馴著山靜居論畫以布衣終

王學浩字椒畦江蘇崑山人乾隆五十一年舉人幼學畫於同縣李豫德豫德爲王原祁外孫得南宗之傳學浩溯源倪黃筆力蒼勁論畫曰六法一寫字盡之寫者意在筆先直追所見雖亂頭麤服而意趣自足或極工麗而氣味古雅所謂士大夫畫也否則與俗工何異又曰畫以簡爲上雖烟客麓臺猶未免繁碎如大癡眞未易到大癡法固在荒率蒼古中求之尤須得其不甚著力處時論學浩用墨能入絹素之骨比人深一色晚好用破筆脫盡窠臼畫格一變著山南屋畫論卒年七十九學浩享大年道光之季畫苑推爲尊宿館吳中寒碧山莊劉氏壇坫甚盛其時吳越作者雖衆足繼前哲名一家者蓋寥寥焉黃均字穀原元和人守婁東之法盡其能事游京師法式善秦瀛爲之延譽得官補湖北潛江主簿未之任於武昌臙脂山麓築小園居之二十年以吏爲隱畫晚而益工於吳中稱後勁淸畫家闘人多在乾隆以前自道光後卓然名家者惟湯貽汾戴熙二人並自有傳昭文蔣寶齡著墨林今話繼張庚畫徵錄之後子莅生爲續編至咸豐初視庚錄數幾倍之其後光緒中無錫秦祖詠著桐陰論畫論次一代作者分三編許臚較嚴稱略備焉今特著其尤工者寶齡祖詠畫亦並有法

清史稿 列傳

藝術傳四

王來咸 褚士寶
馮行貞 甘鳳池
曹竹齋 潘佩言 江之桐
梁九 張漣 葉陶
劉源 唐英
戴梓 丁守存
徐壽 子建寅 華封

王來咸字征南浙江鄞縣人先世居奉化自祖父居鄞至來咸從同嚳從同里單思南受內家拳法內家者起於宋武當道士張三峯其法以靜制動應手即仆與少林之主於搏人者異故別少林爲外家其後流傳於秦晉間至明中葉王宗爲最著溫州陳州同受之遂流傳於溫州嘉靖間張松溪最著松溪之徒三四人甯波葉繼美爲魁遂流傳於甯波得繼美之傳者曰吳崑山周雲泉陳貞石孫繼槎及思南各有授受思南從征關白歸老於家以術教頗惜其精微來咸從樓上穴板窺之得其梗概以銀巵易美檟奉思南始盡以不傳者傳之來咸爲人機警不露圭角非遇甚困不發凡搏人皆以其穴死穴暈穴啞穴一切如銅人圖法有惡少侮之爲所擊數日不溺謝過乃得如故牧童竊學其法擊伴侶立死視之曰此暈穴不久果甦任俠嘗爲人報讎有致金以讎其弟者絕之曰此以禽獸待我也明末嘗入伍爲把總從錢肅樂起兵浙東事敗隱居於家慕其藝者多通殷勤皆不顧鋤地擔糞安於食貧未嘗讀書與士大夫談論蘊籍不知爲麤人黃宗羲與之游同入天童僧少燄有膂力四五人不能掣其手稍近來咸蹶然負痛來咸嘗曰今人以內家無可眩曜於是以外家鼻之此學行衰矣因爲宗羲論述其學源流康熙八年卒年五十三宗羲子百家從之學演其說爲內家拳法一卷百家後無所傳焉淸中葉河北有太極拳云其法出於山西王宗岳其法式論解與百家之言相出入至淸末傳習者頗衆云

褚士寶字復生江南上海人家素封膂力過人好技擊游學四方與畢昆陽武君卿爲友遂精槍法名曰四平槍旋轉如風人莫能近同邑有張擎者虎頸板肋力舉百鈞橫行爲閭里患衆請士寶除之同飲酒擎自誇其勇酒酣攘臂作勢士寶徐以箸點其胸曰子盍坐而言乎擎遂默然少頃辭去越日死於橋亭明季福王南渡兵部員外郎何剛薦士寶爲伏波營游擊未之官南都陷終老於家所傳弟子有王聖蕃池天榮天榮又傳浙江提督喬照其槍譜二種及治傷藥酒方世猶有藏之者

馮行貞字服之江南常熟人父班以文學著兄行賢傳其學行貞少亦喜讀書工小詞性倜儻不羈善射能以後矢落前矢投石子於百步外無不中實鷄卵殼以鐵灰遇劇盜輒先發鷄卵中其目山東響馬老瓜賊爲行旅患聞馮氏名莫敢攖從休甯程打虎及張老受槍法馳突無敵山行遇虎以短槍斃之嘗爲客報讎康熙中從康親王傑書軍南征有功當得官尋棄歸僑居吳中婁門外村落以經書教授詩畫自娛年七十餘卒以槍法授同縣陶元淳元淳後無傳者

甘鳳池江南江寧人少以勇聞康熙中客京師貴邸力士張大義者慕其名自濟南來見酒酣命與鳳池角鳳池辭固强之大義身長八尺餘膂力强大以鐵裹拇騰躍若風雨之驟至鳳池卻立倚柱俟其來承以手大義大呼仆血滿鞾解視拇盡嵌鐵中即墨馬玉麟長軀大腹以帛約身緣墻升木捷於猱客揚州巨賈家鳳池後至居其上玉麟不平與角技終日無勝負鳳池曰此勁敵非張大義比明日又角數蹈其瑕玉麟直前擒鳳池以駢指卻之玉麟仆地慚遁鳳池嘗語人曰吾力不逾中人所以能勝人者善借其力以制之耳手能破堅握鉛錫化爲水又善導引術同里譚氏子病瘵醫不效鳳池於靜室窒牖戶夜與合背坐四十九日而痊喜任俠接人和易見者不知爲賁育雍正中浙江總督李衞捕治江甯顧雲如邪術不軌獄株連百數十人鳳池亦被逮讞擬大辟世宗於此獄從寬未盡駢誅或云鳳池年八十餘終於家江湖間流傳其佚事多荒誕著其可信者

曹竹齋以字行佚其名福建人老而貧賣卜揚州市江淮間健者莫能當其一拳故稱曹一拳少年以重幣請其術不可或怪之則曰此皆無賴子豈當授藝以助虐哉拳棒古先舞蹈之遺也君子習之所以調血脈養壽命其粗乃以禦侮必彼侮而我禦之若以之侮人則反爲人所禦而自敗矣無賴子以血氣事侵淩其氣浮於上而立脚虛故因其奔赴之勢略藉手而仆耳一身止兩拳拳之大幾數寸焉足衞五尺之軀且以接四面乎惟養吾正氣使周於吾身彼之手足近吾身而吾之拳即在其所近之處以彼虛囂之氣與吾靜定之氣接則自無幸矣故至精是術者其徵有二一則精神貫注而腹背皆乾滑如腊肉一則氣體健舉而頷顱皆肥澤如粉粢是皆血脈流行應乎自然內充實而外和平犯而不校者也嘉慶末歿於揚州年八十餘潘佩言亦以字行安徽歙縣人以槍法著稱稱潘五先生其言槍長九尺而桿圍四五寸然槍入手則全身悉委於桿故必以小腹貼桿使主運後手必盡錞以虎口實摭之前手必直令盡勢以其掌根與後手虎口反正綷絞而虛指使主導兩足亦左虛右實進退相任以趨勢使槍尖前手尖前足尖鼻尖五尖相對而五尺之身自託蔭於數寸之桿遮閉周匝敵仗無從入犯矣其用有戳有打其法曰二曰叉二以取人叉以拒人此叉則彼二此二則彼叉叉二循環兩槍尖交如繞指分寸間出入百合不得令相附桿一附則有仆者故曰千金難買一聲響手同則爭目目同則爭氣氣之運也久暫稍殊而勝敗分焉故其術爲至靜吾授徒百數而莫能傳吾術吾之術受於師者才十之三其十之七則授徒時被其非法相取之勢迫而得之於無意者也是故名師易求佳徒難訪佳徒意在得師以天下之大求之無不如意者至名師求徒雖遇高貲妙質足以授道而非其志之所存不能耐勞苦以要之永久則百貢而百見卻矣佩言與竹齋同時處揚州後歸歙不知所終

江之桐字蘭崖安徽和州人年十餘歲傭於江甯賣餅家嗜讀書其主人異之招至家居之樓上數年讀左傳國語戰國策史記漢書三國志畢乃謝主人去自設小肆於市更習武藝手冑刀矛皆務實用變通成法且讀書且習藝讀稍倦則蹻舉翕張以作其氣已而默坐以凝其神晝夜無間至百日乃睡睡十餘日復如之讀史善疑質之儒生往往無以答其藝通絛長僉刀程棓義嵋十八棍多取洪門敵硬鬭强以急疾爲用復及陣圖形勢器械皆有理解年六十餘始遇荊溪周濟濟故績學自負經世之略通武藝好談兵與語大悅延教其孫三年而之桐卒濟之言曰兵事至危非得練士能臨敵苦鬭歷三十刻及選鋒一可當三者雖上有致果之志下有死長之心遇强敵不能必克以力爲本以技濟之謂之練士作其勇者謂之選鋒世之便騎射習火器以爲士卒程事取捷速恆不能持久洎乎接刃則霍然而去故曰巧不勝拙若之桐庶爲知務

梁九順天人自明末至清初大內興造匠作皆九董其役初明時京師有工師馮巧者董造宮殿至崇禎間老矣九往執業門下數載終不得其傳而服事左右不懈益恭一日九獨侍巧顧曰子可教矣於是盡授其奧巧死九遂隸籍工部代執營造之事康熙三十四年重建太和殿九手製木殿一區以寸準尺以尺準丈大不逾數尺許四阿重室規模悉具工作以之爲準無爽

張漣字南垣浙江秀水人本籍江南華亭少學畫謁董其昌通其法用以疊石堆土爲假山謂世之聚危石作洞壑者氣象蹙促由於不通畫理故漣所作平岡小阪陵阜陂陁錯之以石就其奔注起伏之勢多得畫意而石取易致隨地材足點綴飛動變化無窮爲之既久土石草樹咸識其性情各得其用創手之始亂石林立躊蹰四顧默識在心高坐與客談笑但呼役夫某樹下某石置某處不假斧鑿而合及成結構天然奇正罔不入妙以其術游江以南數十年大家名園多出其手東至越北至燕多慕其名來請者四子皆衣食其業晚歲大學士馮銓聘赴京師以老辭遣其仲子往康熙中卒後京師亦傳其法有稱山石張者世業百餘年未替吳偉業黃宗羲並爲漣作傳宗羲謂其移山水畫法爲石工比元劉元之塑人物像同爲絕技云葉陶字金城江南青浦人本籍新安善畫山水康熙中祗候內廷奉敕作暢春園圖本稱旨即命佐監造園成賜金馳驛歸尋復召卒於途

劉源字伴阮河南祥符人隸漢軍旗籍康熙中官刑部主事供奉內廷監督蕪湖九江兩關技巧絕倫少工畫嘗繪唐淩烟閣功臣像鐫刻行世吳偉業贈詩紀之及在內廷於殿壁畫竹風枝兩葉極生動之致爲時所稱手製清烟墨在奩天一青麟髓之上於一笏上刻滕王閣序心經字畫嶄然奉敕製太皇太后及皇貴妃寶冊撥蠟精絕時江西景德鎭開御窰源呈瓷樣數百種參古今之式運以新意備諸巧妙於彩繪人物山水花鳥尤各極其勝及成其精美過於明代諸窰其他御用木漆器物亦多出監作聖主甚眷遇之及卒無子命官奠茶酒侍衞護柩馳驛歸葬恩禮特異焉

唐英字俊公漢軍旗人官內務府員外郎直養心殿雍正六年命監江西景德鎭窰務歷監粵海關淮安關乾隆初調九江關復監督窰務先後在事十餘年明以中官督造後改巡道督府佐司其事清初因之順治中巡撫郎廷佐所督造精美有名世稱郎窰其後御窰興工每命工部或內務府司官往專任其事年希堯曾奉使造器甚夥世稱年窰英繼其後任事最久講求陶法於泥土釉料坯胎火候具有心得躬自指揮又能卹工慎絡撰陶成紀事碑備裁經費工匠解額臚列諸色甆釉仿古采今凡五十七種自宋大觀明永樂宣德成化嘉靖萬歷諸官窰及哥窰定窰均窰龍泉窰宜興窰西洋東洋諸器皆有仿製其釉色有白粉青大綠米色玫瑰紫海棠紅茄花紫梅子青騾肝馬肺天藍霽紅霽青鱔魚黃蛇皮綠油綠歐紅歐藍月白翡翠烏金紫金諸種又有澆黃澆紫澆綠填白描金青花水墨五彩錐花拱花抹金抹銀諸名奉敕編陶冶圖爲圖二十曰採石製泥曰淘煉泥土曰煉灰配釉曰製造匣鉢曰圓器修模曰圓器拉坯曰琢器做坯曰採取青料曰煉選青料曰印坯乳料曰圓器青花曰製畫琢器曰蘸釉吹釉曰鏇坯挖足曰成坯入窰曰燒坯開窰曰圓琢洋采曰明爐暗爐曰束草裝桶曰祀神酬願各附詳說備著工作次第後之治陶政者取法焉英所造者世稱唐窰

戴梓字文開浙江錢塘人少有機悟自製火器能擊百步外康熙初耿精忠叛犯浙江康親王傑書南征梓以布衣從軍獻連珠火銃法下江山有功授道員劄付師還聖祖召見知其能文試春日早朝詩稱旨授翰林院侍講偕高士奇入直南書房尋改直養心殿梓通天文算法預纂修律呂正義與南懷仁及諸西洋人論不合咸忌之陳宏勳者張獻忠養子投誠得官向梓索詐互毆搆訟忌者中以蜚語褫職徙關東後赦還家留於鐵嶺遂隸籍所造連珠銃形如琵琶火藥鉛丸皆貯於銃脊以機輪開閉其機有二相銜如牝牡扳一機則火藥鉛丸自落筒中第二機隨之並動石激火出而銃發凡二十八發乃重貯法與西洋機關槍合當時未通用器藏於家乾隆中猶存西洋人貢蟠腸鳥槍梓奉命仿造以十槍賚其使臣又奉命造子母礮母送子出墜而碎裂如西洋炸礮聖祖率諸臣親臨視之錫名爲威遠將軍鐫製者職名於礮後親征噶爾丹用以破敵

丁守存字心齋山東日照人道光十五年進士授戶部主事充軍機章京守存通天文歷算風角壬遁之術善製器時英吉利兵犯沿海數省船礮之利爲中國所未有守存慨然講求製造西學猶未通行凡所謂力學化學光學重學皆無專書覃思每與闇合大學士卓秉恬薦之命繕進圖說偕郎中文康徐有壬赴天津監造地雷火機等器試之皆驗咸豐初從大學士賽尙阿赴廣西參軍事會獲賊黨胡以晄使招降其兄以晄守存製一匣曰手捧雷僞若緘書其中俾以晄致之賊酋酋啓匣炸首死尋檻送賊渠洪大全還京遷員外郎從尙書孫瑞珍赴山東治沂州團防造石雷石礮以禦賊尋調直隸襄辦團練上戰守十六策十年回山東創議築堡日照要塞曰濤雒賊大舉來犯發石礮聲震山谷賊辟易相戒無犯丁家堡附近之民歸之數年遂成都聚同治初復至直隸留治廣平防務築堡二百餘所軍事竣授湖北督糧道署按察使充鄉試監試創法以竹筒引江水注闈中時以爲便瀕江諸省率倣行之尋罷歸所著書曰丙丁祕籥進御不傳於外所傳者曰造化究原曰新火器說

徐壽字雪村江蘇無錫人生於僻鄉幼孤事母以孝聞性質直無華道咸間東南兵事起遂棄舉業專研博物格致之學時泰西學術流傳中國者尙未昌明試驗諸器絕尠壽與金匱華蘅芳討論搜求始得十一苦心研索每以意求之而得其眞嘗購三稜玻璃不可得磨水晶印章成三角形驗得光分七色知槍彈之行拋物線疑其仰攻俯擊有異設遠近多靶以測之其成學之艱類此久之於西學具窺見源委尤精製器咸豐十一年從大學士曾國藩軍先後於安慶江甯設機器局皆預其事壽與蘅芳及吳嘉廉龔芸棠試造木質輪船推求動理測算汽機蘅芳之力爲多造器置機皆出壽手製不假西人數年而成長五十餘尺每一時能行四十餘里名之曰黃鵠國藩激賞之招入幕府以奇才異能薦既而設製造局於上海百事草創壽於船礮槍彈多所發明自製强水棉花藥汞爆藥創議繙譯西書以求製造根本於是聘西士偉力亞利傅蘭雅林樂知金楷理等壽與同志華蘅芳李鳳苞王德均趙元益孳孳研究先後成書數百種壽所譯述者曰西藝知新及續編化學鑑原及續編補編化學考質化學求數物體遇熱改易說汽機發軔營陣揭要測地繪圖寶藏興焉法律醫學刊行者凡十三種西藝知新化學鑑原二書尤稱善本同治末與傅蘭雅設格致書院於上海風氣漸開成就甚衆壽名益播山東四川倣設機器局爭延聘壽主其事以譯書事尤急皆謝不往而使其子建寅華封代行大冶煤鐵鑛

開平煤鑛漠河金鑛經始之際壽皆爲擘畫規制購器選匠賚其力焉無錫產桑宜蠶西商賤繭奪民利壽攷求烘繭法倡設烘竈及機器繅絲法育蠶者利賴增壽狷介不求仕進以布衣終光緒中卒年六十七子建寅華封皆世其學建寅字仲虎從父於江甯上海助任製造尋充山東機器局總辦福建船政提調出使德國二等參贊洊擢直隸候補道光緒末張之洞調至湖北監造無烟火藥已成藥炸裂殞焉賜優卹華封字祝三性敏爲父所愛祕說精器多授之以製造爲治生建寅華封並從父譯書行於世

清史稿　列傳

疇人一

推步之學由疏漸密泰西新法晚明始入中國至清而中西薈萃遂集大成聖祖聰明天亶研究歷算妙契精微一時承學之士蒸蒸嚮化肩背相望二百年來推步之學日臻邃密匪特闡古學之榛蕪抑且補西人之罅漏嘉慶初阮元撰疇人傳後學一再續之唐宋以來於斯爲盛今甄其卓然名家者著於篇其政事文學登於列傳及儒林文苑者西人官欽天監厠於卿貳各自有傳者不具列焉

薛鳳祚 杜知耕　龔士燕
王錫闡 潘檉章　方中通 揭暄
梅文鼎 子以燕 孫𣊬成 曾孫鈖 弟文鼐 文鼏　明安圖 子新 陳際新 張肱
劉湘煃　王元啟
朱鴻　博啟
許如蘭

薛鳳祚字儀甫淄川人少習算從魏文魁游主持舊法順治中與法人穆尼閣談算始改從西學盡傳其術因著算學會通正集十二卷考驗二十八卷致用十六卷其曰對數比例者乃西算以假數求眞數之便法也曰中法四線以西法六十分爲度不便以十進位改從古法以百分爲度所列止正弦餘弦正切餘切故曰四線其推步諸書曰太陽太陰諸行法原曰木火土三星經行法原曰交食法原曰歷年甲子曰求歲實曰五星高行曰交食表曰經星中星曰西域回回術曰西域表曰今西法選要曰今法表皆會中西以立法以順治十二年乙未天正冬至爲元諸應皆從以起算以三百六十五日二十三刻三分五十七秒五微爲歲實黃赤道交度有加減恒星歲行五十二秒與天步眞元法同梅文鼎謂其書詳於法而無快論以發其趣蓋其時新法初行中西文字輾轉相通故詞旨未能盡暢然貫通其中西要不愧爲一代疇人之功首云鳳祚定歲實秒數爲五十七與奈端合與穆尼閣以爲四十五秒者不同則其學非墨守穆氏可知或譏其謹守穆尼閣成法依數推衍非篤論也杜知耕字端甫號伯瞿柘城舉人精研幾何以利瑪竇徐光啓所譯幾何原本復加刪削作幾何論約七卷後附十條則知耕所作也言其法似爲本書所無其理實涵各題之內非能于本書之外別生新義也稱後附者以別于丁氏利氏之增題也又雜取諸家算學參以西人之說依古九章爲目作數學鑰六卷言數非圖不明圖非指不明圖中用甲乙等字作誌者代指也故其書于圖解尤詳梅文鼎稱其圖註九章頗中肯綮云

龔士燕字武任武進人少穎異能文講求性理旁通算術發明蔡氏律呂新書推演黃鍾圍徑開方密率諸法而於元太史郭守敬授時數尤得其秘如求冬至時刻上推百年加一算以爲歲周三百六十五日二十四刻二十五分之內滿百年消長一分核之春秋日食三十七事多與符合又如推晦朔弦望以太陽之盈與太陰之遲以太陰之疾與太陽之縮皆相併爲同名相從以太陽之盈與太陰之疾以太陰之遲縮太陽之縮皆相減爲異名相消乃得盈縮遲疾化爲加減時刻之差以此加減朔望之大小餘分得定朔弦望諸時刻至盈縮遲疾郭守敬創平立定三差理隱數繁能審其機括繪圖以明之又如赤道變黃道之法謂在二至後者以度率一零八六五除赤道積度變爲黃道宿度在二分後者以度率一零八六五乘赤道積度變爲黃道宿度凡此授時之術引伸益明其餘月離五星等法與回回西洋諸算遇有疑難無不洞悉至日月體徑有大小交食限數有淺深具見其奧且悟唐順之弧容直闊之法以推求太陰出入黃道在內在外不離乎六度自是一應七政氣朔交食諸端按法而推百不失一康熙六年詔募天下知算之士於是入都其時欽天監用大統算七政多不合天奉旨在觀象臺每日測驗而金星比算差至十度因修改古法乃據七年所測表景推測太盈縮又據日測五星行度考其遲疾彼此推求加減氣閏轉交諸應測驗皆與天合蓋其法亦本郭守敬太陽爲氣應推冬至日躔用之太陰周天爲轉應朔望田之日月地球之運同在一直線視點上爲交應推日月食用之合氣盈朔虛之奇零爲閏應推閏月用之此外又有金木水火土同聚一宿爲合應推五星用之修改諸應取順治元年甲申爲元以應世祖章皇帝撫有中夏之祥欽天監名爲改應法既改气閏轉交諸應復改遲疾限及求差諸法又改冬至黃道日出分依步中星內法又盈縮遲疾無積度日食無時差皆與天合臺官交章保薦八年秝書告成奏對武英殿授秝科博士時有薦西人南懷仁等於朝及其實測諸術驗且捷遂定用西法而古秝卒不行十年以疾歸著有象緯考一卷秝言大略一卷其天體論一卷及閏虛中星交食定朔五星諸論俱佚

王錫闡字曉菴吳江人兼通中西之學自立新法用以測日月食不爽秒忽每遇天晴霽輒登屋臥鴟吻察星象竟夕不寐著曉菴新法六卷序曰炎帝八節秝之始也而其書不傳黃帝虞夏殷周魯七秝先儒謂係僞作今七秝俱存大指與漢秝相似而章蔀气朔未覩其眞爲漢人所託無疑太初三統法雖疏遠而創始之功不可泯也劉洪姜岌次第闡明何祖專力表圭益稱精切自此南北秝象率能好學深思多所推論皆非淺近所及唐秝大衍稍密然開元甲子當食不食一行乃爲諛詞以自解何如因差以求合乎又曰明初元統造大統秝因郭守敬遺法增損不及百一豈以守敬之術果能度越前人乎守敬治秝首重測日余嘗取其表景反覆布算前後牴牾餘所創改多非密率在當日已有失食失推之咎況乎遺籍散亡法意無徵兼之年遠數盈違天漸遠安可因循不變耶元氏藝不逮郭在廷諸臣又不逮元卒使昭代大典踵陋襲僞雖有李德芳苦爭之然德芳不能推理而株守陳言無以相勝誠可歎也又曰萬歷季年西人利氏來華頗工秝算崇禎初命禮臣徐光啓譯其書有秝指爲法原秝表爲法數書百餘卷數年而成遂盛行于世言秝者莫不奉爲俎豆吾謂西秝善矣然以爲測候精詳可也以爲深知法意未可也循其理而求通可也安其誤而不辨不可也姑舉其概二分者春秋平气之中二至者日道南北之中也大統以平气授人時以盈縮定日躔西人既用定气則分正爲一因譏中秝節气差至二日夫中秝歲差數強盈縮過多惡得無差然二日之異乃分正殊科非不知日行之朓朒而致誤也秝指直以怫己而譏之不知法意一也諸家造秝必有積年日法多寡任意牽合由人守敬去積年而起自辛巳屛日法而斷以萬分識誠卓也西秝命日之時以二十四命時之分以六十通計一日爲分一千四百四十是復用日法矣至於刻法彼所無也近始每時四分之爲一日之刻九十六彼先求度而後日尚未覺其繁施之中秝則窒矣乃執西法反謂中秝百刻不適于用何也且日食時差法之九有六與日刻之九十六何與乎而援以爲据不知法意二也天體渾淪初無度分可指昔人因一日日躔命爲一度日有疾徐斷以平行數本順天不可損益西人去周天五度有奇斂爲三百六十不過取便割圜豈眞天道固然而黨同伐異必曰日度爲非詎知三百六十尙非天眞有此度數乎不知法意三也上古置閏恒于歲終蓋秝術疏闊計歲以置閏也中古法日趨密始計月以置閏而閏于積終故舉中气以定月而月無中气者卽爲閏大統專用平气置閏必得其月新法改用定气致一月有兩中气之時一歲有兩可閏之月若辛丑西秝者不亦謬乎夫月無平中气者乃爲積餘之終無定中气者非其月也不能處衷深考而以鹵莽之習侈支離之學是以歸餘之後气尙在晦季冬中气已入仲冬首春中气將歸臘杪不得已而退朔一日以塞人望亦見其技之窮矣不知法意四也天正日躔本起子半後因歲差自丑及寅若夫合神之說乃星命家猥言明理者所不道西人自命秝宗何至反爲所惑謂天正日躔定起丑初乎況十二次命名悉依星象如隨節气遞遷子午不妨異地豈元枵鳥味亦無定位耶不知法意五也歲實消長昉于統天郭氏用之而未知所以當用元氏去之而未知所以當去西人知以日行最高求之而未知以二道遠近求之得其一而遺其一當辨者一也歲差不齊必緣天運緩疾今欲歸之偶差豈前此諸家皆妄作乎黃白異距生交行之進退黃赤異距生歲差之屈伸其理一也秝指已明於月何蔽于日當辨者二也日躔盈縮最高幹運古今不同揆之臆見必有定數不惟日月星應同但行遲差微非畢生歲月所可測度耳西人每詡數千年傳人不乏何以亦無定論當辨者三也日月去人時分遠近眂徑因分大小則遠近大小宜爲相似之比例西法日則遠近差多而眂徑差少月則遠近差少而眂徑差多因

數求理遂會其通當辨者四也日食變差機在交分日軌交分與月高交分不同月高交分本道與交于黃道者又不同秝指不詳其理秝表不著其數豈黃道一術足窮月食之變乎當辨者五也中限左右日月賑差時或一東一西交廣以南日月賑差時或一南一北此爲賑差異向與賑差同向者加減迥別秝指豈以非所常遇故置不講耶萬一遇之則學者何以立算當辨者六也日光射物必有虛景虛景者光徑與實徑之所生也闇虛恒縮理不出此西人不知日有光徑僅以實徑求闇虛及至推步不符復酌損徑分以希偶合當辨者七也月食定望惟食甚爲然虧復四限望有差日食稍離中限卽食甚已非定朔至于虧復相去尤遠西秝乃言交食必在朔望不用朓朒次差當辨者八也又曰語云步秝甚難辨秝甚易蓋言象緯森羅得失無所遁也據彼所說亦未嘗自信無差五星經度或失二十餘分躔離表驗或失數分交食值此所失當以刻計凌犯値此所食當以日計矣故立法不久違錯頗多余於秝說已辨一二乃癸卯七月望食當既不既與夫失食失推者何異乎且譯書之初本言取西秝之材質歸大統之型範不謂盡墮成憲而專用西法如今日者也余故兼采中西去其疵纇參以己意著秝法六篇會通若干事改正若干事表明若干事增葺若干事立法若干事舊法雖舛而未遽廢者兩存之理雖可知而上下千年不得其數者缺之雖得其數而遠引古測未經目信者別見補遺而正文仍襲其故爲日一百幾十有幾爲文萬有千言非敢妄云窺其堂奧庶幾初學之津梁也其法度法百分日法百刻周天三百六十五度二十五分六十五秒五十九微三十二纖內外準分三十九分九十一秒四十九微次準九十一分六十八秒八十六微黃道歲差一分四十三秒七十三微二十六纖列宿經緯角一十度七十三分七十九秒南二度一分二十三秒亢一十度八十二分二十四秒北三度一分一秒氐一十八度一十六分一十四秒北四十三分九十六秒房四度八十三分六十三秒南五度四十六分一十九分心七度六十六分二秒南三度九十七分三十八秒尾一十五度八十二分七十八秒南一十五度二十一分九十秒箕九度四十六分九十六秒南六度五十九分四十九秒南斗二十四度一十九分八十二秒南三度八十八分九十三秒牽牛七度七十九分五十五秒北四度七十五分一十七秒婺女一十一度八十二分二秒北八度二十分五十九秒虛一十度一十二分九十一秒北八度八十二分七十秒危二十度四十一分四秒北一十度八十五分六十二秒營室一十五度九十二分二十秒北一十度七十一分七十一秒是曉菴新法未成作秝說六篇秝策一篇其說精核與新法互有詳略又隱括中西步術作大統西秝啓蒙丁未歲因推步大統法作丁未秝稿辛酉八月朔日食以中西法及己法豫定時刻分秒至期與徐發等以五家法同測己法獨合作推步交朔測小記又以治秝首重割圜作圜解測天當据儀晷造三晷兼測日月星因作三辰晷志俱能究術數之微與補西人所不逮與同時靑州薛鳳祚齊名稱南王北薛云秝策有云每遇交會必以所步所測課較疏密疾病寒暑無間變周改應增損經緯遲疾諸率于茲三十年所亦可以想見作者實測之詣力矣潘檉章字力田與王錫闡同邑友善錫闡嘗館其家講論算法常窮日夜檉章著辛丑秝辨曰昔堯命羲和曰以閏月定四時成歲蓋秝法首重置閏而春秋傳曰先王之正時也履端于始舉正于中歸餘于終所謂始者取氣朔分齊爲秝元也所謂中者月以中氣爲定無中氣者則爲閏也所謂終者積氣盈朔虛之數而閏生焉也自漢以降秝術雖屢變未有能易此者唯西域諸秝則不然其法有閏年有閏日而無閏月蓋中秝主日而西秝主度不可強同也今之爲西秝者乃以日躔求定氣求閏月不惟盡廢中國之成憲而亦自悖西域之本法矣故十餘年來宮度既紊氣序亦訛如戊子之閏三月也而置在四月庚寅之閏十一月也而置在明年之二月癸巳之閏七月也而置在六月己亥之閏正月也而置在三月其爲舛誤何可勝言然非深于秝者未易指摘至于辛丑之閏月則其失顯然無以自解矣何也閏法論平氣而不當論定氣若以平氣則是年小雪在十月晦冬至在十一月朔而閏在兩月之間所謂閏前之月氣在晦閏後之月中氣在朔者也今以定氣則秋分居九月朔故預于七月朔置閏然後秋分仍在八月而霜降小雪各歸其月無如大寒定氣乃在十一月朔而十二月又無中氣旣不可再置一閏則是同一無中氣之月而或閏或否彼所云太陽不及交宮卽置爲閏者何獨於此而自背其法乎蓋孟非歸餘之終故天正不能履端於始地正不能舉正於中也如此則四時不定歲功不成而閏法又安用之且壬寅正月定朔舊法在丙子丑初卽彼法亦在丙子子則則辛丑之季冬當爲大盡而明年正月中氣復移於今歲之杪彼亦自覺其未安故進歲朔於乙亥而季冬爲小盡之月皆所謂欲蓋彌彰者耳卽辛丑歲朔以彼法推當會於亥正而今在戌正至六刻其他牴牾更難枚舉噫作法如是而猶自以爲盡善可乎蓋其說以日行盈縮爲節氣短長每遇日行最盈則一月可置一氣是古有氣盈朔虛而今更有氣虛朔盈矣然或晦兩節氣而中氣介其間如丙戌仲冬去閏稍遠猶可不論獨辛丑仲冬冬至大寒俱在晦朔去閏最近進退無據苟且遷就有不勝其弊者夫閏法之主平氣行之已數千年矣今一變其術未久而輒窮至於無可如何則又安取紛更爲也檉章後坐法死弟耒亦學秝算見文苑傳

方中通字位伯桐城人集諸家之說著數度衍二十四卷附錄一卷言九章皆出於句股環短以爲圓合矩以爲方方數爲典以方出圓句股之所生也少廣方圓所出也方田商功皆少廣所出一方一圓其間不齊始出差分而均輸對差分之數盈朒借差求均又差分均輸所出而以方程濟其窮度量衡原出黃鍾粟布出爲黃鍾出於方圓者也又言古法用竹徑一寸長六分二百七十一而成六觚爲一握後世有珠算而古法亡矣泰西之筆算籌算皆出九九尺算卽比例規出三角乘莫善於籌除莫善於筆加減莫善於珠比例莫善於尺其珠算歸法三一三十一四一二十二之類十字俱作餘字其尺算以三尺交加取數祇用平分一線時廣昌揭暄亦明算術與中通論難日輪大小得光肥影瘦之故及古今歲差之不同須測算消長以齊之一晝夜人一萬三千五百息每息宗動天行十萬里有奇別錄爲一書曰揭方問答揭暄字子宜廣昌人著璇璣遺書七卷一名寫天新語論日月東行如槽之滾丸而月質不變又謂七政之小輪皆出自然如盤水之運旋而周遭以行疾而成旋渦遂成留逆於五星西行日月盈縮皆設譬多方言之近理康熙己巳以草稿寄梅文鼎抄其精語爲一卷稱其深明西術而又別有悟入其言多古今所未發卒年逾八十

梅文鼎字定九號勿庵宣城人兒時侍父士昌及塾師羅王賓仰觀星象輒了然於次舍運轉大意年二十七師事竹冠道士倪觀湖受麻孟旋所藏臺官交食法與弟文鼐文鼏共習之稍稍發明其立法之故補其遺缺著秝學駢枝二卷後增爲四卷倪爲首肯值書之難讀者必欲求得其說往往廢寢忘食殘編散帖手自抄集一字異不敢忽過疇人子弟及西域官生皆折節造訪有問者亦詳告之無隱期與斯世共明之所著秝算之書凡八十餘種讀元史授時秝經歎其法之美作元史秝經補註二卷又以授時集古法大成因參校古術七十餘家著古今秝法通考七十餘卷授時以六術攷古今冬至取魯獻公冬至證統天術之疏然依其本法步算與授時所得正同作春秋以來冬至考一卷元史西征庚午元術西征者謂太祖庚辰庚午元者上元起算之端也秝志訛太祖庚辰爲太宗不知太宗無庚辰也又訛上元爲庚子則於積年不合考而正之作庚午元算考一卷授時非諸古術所能方郭守敬所著秝草乃秝經立法之根柢其義之精微者爲郭太史算草補註二卷立成傳寫魯魚不得其說不敢妄用作大統立成註二卷授時術於日躔盈縮月離遲疾並以垜積招差立算而九章諸書無此術從未有能言其故者作平立定三差詳說一卷此發明古法者也唐九執術爲西法之權輿其後有婆羅門十一曜經及都聿利斯經皆九執之屬在元則有札馬魯丁西域萬年術在明則馬沙亦黑馬哈麻之回回術西域天文書天順時具琳所刻天文實用卽本此書作回回秝補註三卷西域天文書補註二卷三十雜星考一卷表景生於日軌之高下日軌又因里差變移作四省表景立成一卷周髀所言里差之法卽西人之說所自出作周髀算經補註一卷渾蓋之器最便行測作渾蓋通憲圖說訂補一卷西國以太陽行黃道三十度爲一月作西國日月攷一卷西術中有細草猶授時之有通軌也以秝指大意檃括而注之作七政細草補註三卷新法有交食蒙求七政蒙引二書並逸作交食蒙求訂補二卷附說二卷監正楊光先不得已日食圖以金環食與食甚分爲二圖而各有時刻其誤非小作交食作圖法訂誤一卷新法以黃道求赤道交食細草用儀象志表不如弧三角之親切作求赤道宿度法一卷謂中西兩家之法求交食起復方位皆以東西南北爲言然東西南北惟日月行至午規而又近天頂則四方各正其位非然則黃道有斜正之殊而自虧至復經歷時刻輾轉遷移弧度之勢頃刻易向且北極有高下而隨處所見必皆不同勢難施諸測驗今別立新法不用東西南北之號惟人所見日月員體分爲八向以正對天頂處爲上對地平處爲下上下聯爲直線作十字橫線命之曰左曰右此四正向也曰上左上右曰下左下右則四隅向也乃以定其受蝕之所在則舉目可見作交食管見一卷太陽之有日差猶月離交食之有加減時因表說含糊有誤作日差原理一卷火星最爲難算至地谷而始密解其立法之根作火緯圖法一卷訂火緯表記因及七政作七政前均簡法一卷天問略取緯不眞而列表從之誤作黃赤距緯圖辨一卷新法帝星句陳經緯刊本互異作帝星句陳經緯考異一卷測帝星句陳二星爲定夜時

之簡法作星軌眞度一卷以上皆以發明新法算書或正其誤或補其缺也已未明史開局厤志爲錢塘吳任臣分修經嘉禾徐善北平劉獻廷毘陵楊文言各有增定最後以屬黃宗羲又以屬文鼎摘其訛誤五十餘處以算草通軌補之作明史厤志擬稿一卷雖爲大統而作實以闡明授時之奧補元史之缺略也其總目凡三曰法原曰立成曰推布而法原之目七曰句股測望曰弧天割員曰黃赤道差曰黃赤道內外度曰白道交周曰日月五星平立定三差曰里差刻漏立成之目凡四曰太陽盈縮曰太陰遲疾曰晝夜刻曰五星盈縮推步之目凡六曰氣朔曰日躔曰日離曰中星曰交食曰五星又作厤志贅言一卷大意言明用大統實卽授時宜詳元史缺載之事以補其未備又回回算承用三百年法宜備書又鄭世子厤學已經進呈宜詳述他如袁黃之厤法新書唐順之周學述之會通回算以庚午元歷之例例之皆得附錄其西洋厤方今現行然崇禎朝徐李諸公測驗改憲之功不可沒也亦宜備載緣起己巳至京師謁李光地于邸第謂曰厤法至本朝大備矣而經生家猶若望洋者無快論以發其趣也宜略仿元趙友欽革象新書體例作簡要之書俾人人得其門戶則從事者多此學庶將大顯因作厤學疑問三卷光地扈駕南巡駐蹕德州有旨取所刻書籍回奏光地匆遽未及攜帶遂以所訂刻厤學疑問謹呈求旨朕留心厤算多年此事朕能決其是非將書留覽再發二日後召見光地上云昨所呈書甚細心且議論亦公平此人用力深矣朕帶回宮中仔細看閱光地因求皇上親加御筆批駁改定上肯之明年癸未春駕復南巡於行在發回原書面諭光地朕已細細看過中間圈點塗抹及籤貼批語皆上手筆也光地復請此書疵繆所在上云無疵病謬但算法未備蓋其書本未完成故聖諭及之未幾聖祖西巡問隱淪之士光地以關中李永河南張沐及文鼎三人對上亦夙知永及文鼎乙酉二月南巡狩光地以撫臣扈從上問宣城處士梅文鼎焉在光地以尚在臣署對上曰朕歸時汝與偕來朕將面見四月十九日光地與文鼎伏迎河干越晨俱召對御舟中從容垂問至于移時如是者三日上謂光地曰厤象算法朕最留心此學今鮮知者如文鼎眞僅見也其人亦雅士惜乎老矣連日賜御書扇幅頒賜珍饌臨辭特賜績學參微四大字越明年又命其孫瑴成內廷學習五十三年瑴成奉上諭汝祖留心律厤多年可將律呂正義寄一部去令看或有錯處指出甚好夫古帝有都俞吁咈四字後來遂止有都俞卽朋友之間亦不喜人規觀此皆是私意汝等須竭力克去則學問長進可併將此意寫與汝祖知之恩寵爲古所未有文鼎圖注各省直及蒙古各地南北東西之差爲書一卷名分天度里地既渾員則所云二百五十里緯度則然若經度離赤道遠則里數漸狹故惟路正東西行自有一定算法路或斜行則其法不可用爲立法若兩地各有北極高度又有相距之經度而無相距里數是有兩邊一角而求餘一角卽可以知斜距之里若先有斜距之里數而求經度是爲三邊求角亦可以知相距之經度其法並用斜弧三角形立算可與月食求經度之法相參而且簡易的確文鼎於測算之圖與器一見卽得要領古六合三辰四遊之儀以意約爲小製皆合又自製爲月道儀揆日測高諸器皆自出新意嘗登觀象臺流覽新製六儀及元郭守敬簡儀明初渾球指數其中利病皆如素習其書有測器考二卷又自鳴鐘說一卷壺漏考一卷日晷備考一卷赤道提晷一卷勿菴揆日器一卷加時日軌高度表一卷揆日測說一卷璇璣尺解一卷測量定時簡法一卷勿庵測望儀式一卷勿庵仰觀儀式一卷月道儀式一卷其說曰月道出入于黃道猶黃道之出入于赤道也自古及今未有爲之儀器者今依渾蓋北密南疏之度以黃極爲樞而月道半在其內半出其外則月緯大小之理及正交中交交前交後之法可以衆著儀以銅爲之略如渾蓋其上盤爲月道亦如渾蓋天盤之黃道圈其下盤黃道經緯分宮分度並以黃極爲心而儀邊以黃緯九十五度少半爲限出黃道南五度少半月道所到也禮部郎中李煥斗嘗從文鼎問厤法作答李祠部問厤一卷滄州老儒劉介錫同客天津問厤法作答劉文學問天象一卷又言生平於雜讀之書每手疏而攜諸篋以待明者問之於厤學尤多作思問編一卷緯度以測日高因知北極爲用甚博古用二至二分今則逐日可測承友人之問作七十二候太陽緯度一卷潘天成從文鼎學厤而苦于布算作寫厤步厤法一卷授之又授時步交食式一卷文鼎季弟文鼐之稿也步五星式六卷文鼎與其仲弟文鼏共成之者也文鼎每得一書皆爲正其訛闕指其得失又古厤列星距度考一卷從殘壞之本尋其普天星宿入宿去極度分中缺二星又從閩中林侗寫本補完之而斷以爲授時之法萬歷中利瑪竇入中國始倡幾何之學以點線面體爲測量之資制器作圖頗爲精密學者張皇過甚未暇深考輒薄古法爲不足觀而株守舊法者又斥西人爲異學兩家之說遂成隔礙文鼎集其書而爲之說用籌用尺用筆稍稍變從我法若三角比例等原非中法可該特爲表出古法方程亦非西法所有則專著論以明古人之精意不可湮沒又爲九數存古以著其概總爲中西算學通例一卷餘分九種一勿庵籌算七卷二筆算五卷皆易橫爲直以便中文三度算一卷原無算例其弟文鼐補之而參以嘉禾陳藎謨尺算用法又有矩算用一尺一方板則文鼎所創四比例數解四卷釋穆尼閣所譯之對數五三角法舉要五卷其目有五曰測量名義曰算例曰內容外切曰或問曰測量六方程論六卷安溪李鼎徵爲刻于泉州七幾何摘要三卷就原本删繁補遺八句股測量二卷就周髀海島諸術錄要以存古意成九九數存古十卷九數卽九章隸首之法僅存者九章之目耳後有作者莫能出其範圍外有書一十七種爲續編一少廣拾遺一卷古有一乘方至九乘方相生之圖而莫詳所用後或增之至十乘惟四乘方與十乘方不可借用他物因爲推演至十二乘方有條不紊二方田通法一卷算家有捷田二十三法廣之爲百二十有四三幾何補編四卷幾何原本六卷止於測面七卷以後未經譯出取測量全義量體諸率實攷其作法根源以補原書之未備而原書二十等面體之說向固疑其有誤者今乃得其實數又原本理分中末線但有求作之法而莫知所用今依法求得十二等面及二十等面之體積因得其各體中棱線及輳心對角諸線之比例又兩體互相容及兩體與立方立員諸體相容各比例並以理分中末線爲法乃知此線不爲徒設四西鏡錄訂註一卷五權度通幾一卷重學爲西術一種載於比例規解者多譌誤今以南勳卿儀象志互相訂補其數始眞六奇器補註二卷關中王公徵奇器圖說所述引重轉木諸製並有裨於民生日用而又本於西人重學以明其意嘗以書史所傳如漢杜詩作水鞴以便民及王氏農書諸水器之類睹記所及如劉繼杜詩集載筒車灌田法稍爲輯錄以補其所遺而圖與說不相應者正之以西字爲識者易之七正弦簡法補一卷大測諸書言作八線表之法詳矣薛鳳祚書有用矢線求度法爲之作圖以明其意因得兩法在六宗三要之外而爲用加捷兩法者一曰正弦方冪倍而退位得倍弧之矢一曰正矢進位折半得半弧正弦上方冪八弧三角舉要五卷厤書皆三角法也內分二支一曰平三角一曰弧三角凡厤法所測皆弧角也弧線與直線不能爲比例則剖析渾員之體而各於弧線中得其相當直線卽於無句股中尋出句股此法之最奇而確者弧三角之用法雖多而其最著明者爲黃赤交變一圖反覆推論瞭如列眉熟此一端則其餘不難推及矣測量全義第七第八第九卷專明此理而舉例不全且多錯謬其散見諸厤指者僅存用數無從得其端倪天學會通圜線三角法作圖草率往往不與法相應一以上弧三角爲綱仍用渾儀解之正弧三角之理盡歸句股參伍其變斜弧三角之理亦藉句股矣其目曰弧三角體式曰正弧句股曰求餘角法曰弧角比例曰垂線曰次形曰垂弧捷法曰八線相當九環中黍尺五卷舉要中弧度之法已詳然更有簡妙之用宜知測量全義原有斜弧兩矢較之例所立圖姑爲斜望之形而無實度可言今一以平形正儀爲主凡可以算得者卽可以器量渾儀眞象呈諸片楮而經緯歷然無絲毫隱伏假借至於加減代乘除之用厤書舉其名不詳其說疑之數十年而後得其條貫卽初數次數甲數乙數諸法其目曰總論曰先數後數曰平儀論曰三極通幾曰初數次數曰加減法曰甲數乙數曰加減捷法曰加減又法曰加減通法十塹堵測量二卷古法斜剖立方成兩塹堵形塹堵又剖爲二成立三角立三角爲量體所必需然此義皆未發今以渾儀黃赤道之割切二線成立三角形立三角本實形今諸線相遇成虛形與實形等而四面皆句股西法通於古法矣又于餘弧取赤道及大距弧之割切線成句股方錐形亦四面皆句股卽弧度可相求亦不言角古法通于西法矣二者並可以堅楮爲儀象之則八線相爲比例之理瞭如掌故而郭守敬員容方直矢接句股之法不煩言說而解其目曰總論曰立三角摘要曰渾員內容立三角曰句股錐曰句股方錐曰方塹堵容員塹堵曰員容方直儀簡法曰郭太史本法曰角卽弧解十一用句股解幾何原本之根一卷幾何不言句股而其理莫能外故其最難通者以句股釋之則明惟理分中末線似與句股異源今爲游心於立法之初仍不外乎句股益信古句股義包舉無遺徐光啓譯大測表名之曰割圜句股八線表其知之矣十二幾何增解數則其目有四曰以方斜較求斜方曰切線角與員內角交互相應曰量無法四邊形捷法曰取平行線簡法並就幾何各題而增不入補編附前條共卷十三仰觀覆矩二卷一查地平經度爲日出入方位一查赤道經度爲日出入時刻並依理差用弧三角立算與厤書法微別十四方員冪積二卷厤書周徑率至二十位然其入算仍用古率十一與十四之比例豈非以乘除之際難用多位歟今以表列之取數殊易乃爲之約法則徑與周之比例卽方員二冪之比例亦卽爲立方立員之比例殊爲簡易直捷十五麗澤珠璣一卷友朋

之詮取其有關算學者十六算器考一卷十七數學星槎一卷文鼎厤學疑問曾呈御覽後又引申其說作厤學疑問補二卷皆平正通達可爲步算家準則文鼎爲學甚勤劉輝祖同舍館告桐城方苞曰吾每寐覺漏鼓四五下梅君猶摶燈夜誦乃今知吾之玩日而愒時也居京師時裕親王以禮延致朱邸稱梅先生而不名李文貞公命子鍾倫從學介弟鼎徵及羣從皆執弟子之禮宿遷徐用錫晉江陳萬策景州魏廷珍河間王蘭生皆以得與參校爲榮家多藏書頻年遊歷手抄雜帙不下數萬卷歲在辛丑卒年八十有九上聞特命有地治者經紀其喪士論榮之子以燕字正謀康熙癸酉舉人於算學頗有悟入有法與加減同理而取徑特殊能於恒星厤指中摘出致問文鼎所謂能助余之思也早卒㲄成字玉汝以燕子文鼎疑日差既有二根卽宜列二表㲄成以爲定朔時既有高卑盈縮之加減矣復用于此豈非複乎文鼎因其說然後悟交食之非缺比之童烏九歲能與太元康熙乙未進士改編修與修國史㲄成肄業蒙養齋以故數學日進御製數理精蘊厤象考成諸書皆與分纂所著增刪算法統宗十一卷赤水遺珍一卷操縵卮言一卷明代算家不解立天元術㲄成謂立天元一卽西法之借根方其說曰嘗讀授時厤草求弦矢之法先立天元一爲矢而元學士李冶所著測圜海鏡亦用天元一立算傳寫魯魚算式訛舛殊不易讀明唐荆川顧箬溪兩公互相推重自謂得此中三昧荆川之說曰藝士著書往往以秘其機爲奇所謂天元一云爾如積求之云爾漫不省其爲何語而箬溪則言細考測圜海鏡如求城徑卽以二百四十爲天元半徑卽以一百二十爲天元卽知其數何用算爲似不必立可也二公之言如此余于顧說頗不謂然而無以解也後供奉內廷蒙聖祖仁皇帝授以借根之法且諭曰西人名此書爲阿爾熱八達譯言東來法也敬受而讀之其法神妙誠算法之指南而竊疑天元一術之頗與相似復取授時厤草觀之乃煥然冰釋殆名異而實同非徒似之而已夫元時學士著書臺官治厤莫非此物乃厤久失傳猶幸遠人慕化復得故物東來之名彼尙不忘所自而明人視若贅疣而欲棄之噫好學深思如唐顧二公尙不能知其意而淺見寡聞者又何足道哉明史非開史館㲄成與修天文厤志呈總裁書曰一厤志半係先祖之藁但屢經改竄非復原本其中訛舛甚多凡有增刪改正之處皆逐條簽出一天文志不宜入厤志擬仍另編蓋厤以欽若授時置閏成歲其術委曲繁重其理精微爲說深長且有明二百七十餘年沿革非一事造厤者非一家皆須入志雖盡力刪削卷帙猶繁若加入天文志之說則恐冗雜不合史法自司馬氏分厤與天官爲二書歷代因之似不可易一天文志例載天體星座次舍儀器分野等事遼史謂天象千古不變歷代之志天文者近于衍其說似是而非蓋天象雖無古今之異而古今之言天者則有疏密之殊況恆星去極交宮中星晨昏隱現歲歲有差安得謂千古不易今擬取天文家精妙信也擬刪之又時憲志用圖論曰客問于梅子曰史以紀事因而不創聞子之志時憲也用圖此固廿一史所無而子創爲之宜執事以爲非體而欲去之也而子固執已見復呶呶上言獨不記昌黎之自訟乎吾竊爲子危之梅子曰吾聞史之道貴信而直余本不願爲史官總裁謂時憲天文兩志非專家不能辦不以爲固陋而委任之余既不獲辭不得不盡其職今客謂舊史無圖而疑余之創竊謂史之記事亦視其信否耳因創非所計也夫後史之增于前者多矣漢書十志已不侔于八書而後漢皇后本紀與魏書之志釋老唐書之傳公主宋史之傳道學皆前史所無又何疑于國史用圖之爲創哉且客未讀明史耶明史於割員弧矢月道距差諸圖備載厤志何明史不疑爲創而顧疑余乎客曰後史增于前者必非無因若明史之用圖亦有說歟梅子曰疑以傳疑信以傳信春秋法也作史者誰能易之古之治厤者數十家大率不過增損日法益天周減歲餘以求合一時而已卽太初之起數鍾律大衍之造端蓍策亦皆牽合並未能深探天行之故而發明其所以然之理本未嘗有圖史臣何从取而載之至元郭太史修授時不用積年日法全憑實測用句股割員以求弦矢于是有割員諸圖載于厤草作元史時不知採摭則宋王諸公之疏也明之大統實卽授時本朝纂修明史諸公以義非圖不明遂採厤草入志其識極超復經聖君賢相鑒定不以爲非體而去之俾精義傳于無窮洵足開萬古作史者之心胸矣至于時憲立法之妙義蘊之奧悉具于圖更不可去如必以去圖爲合體豈以明史爲非體而本朝之制不足法歟且客亦知時憲之圖所自來乎我聖祖仁皇帝憫絕學之失傳留心探索四十餘年見透底蘊始親授儒臣作圖立說以闡明千古不傳之秘卽御製厤象考成是也余親承聖訓實與彙編之列彼前輩纂修明史尙不忍沒古人之善創例以傳之而余以承學之臣恭紀御製顧恐失執事之意而遷就迎合以致聖學不彰貽誤後學尙得謂之信史乎不信之史人可塞責而何用余越俎而代之余之呶呶非沽直不得已也然則韓子之自訟亦謂其言之可以已者耳使韓子果務爲容悅以求倖免則諍臣之論佛骨之表又何爲若是其侃侃哉客唯唯而退又儀象論曰齊政授時儀象與算術並重蓋非算術無以預推節候以前民用非儀象無以測現在之行度以驗推步之疏密而爲修改之端也虞書璇璣玉衡爲儀象之權輿其制不傳漢人創造渾天儀卽璣衡遺製唐宋皆倣爲之至元始有簡儀仰儀闚几景符等器視古加詳矣明于齊化門南倚城築觀象臺倣元制作渾儀簡儀天體三儀置于臺上臺下有晷影堂圭表壺漏國初因之康熙八年命造新儀十一年告成安置臺上其舊儀移藏他室五十四年西人紀理安欲炫其能而滅棄古法復奏製象限儀遂將所遺舊器用作廢銅僅存明仿元渾儀簡儀天體三儀而已所製象限儀成亦置臺上按明史云嘉靖間修相風杆及簡渾二儀立四大表以測晷影而立運儀正方案懸晷偏晷具備于觀象臺一以元法爲斷余于康熙五十二三年間充蒙養齋彙編官屢赴觀象臺測驗見臺下所遺舊器甚多而元製簡儀仰儀諸器俱有王珣郭守敬監造姓名雖不無殘缺然規其遺制想見創造苦心不覺肅然起敬也乾隆年間監臣受西人之愚屢欲廢臺下餘器作銅送製造局賴廷臣奏請存留禮部奉旨查檢始知僅存三儀殆紀理安之爐餘也夫西人欲藉技術以行其教故將盡滅古法使後世無所攷彼益得以居奇其心叵測乃監臣無識不思存什一於千百而反助其爲虐何哉乾隆九年冬有旨移置三儀於紫微殿前古人法物庶幾可以永存矣又論句股曰句股和較相求言算學者莫不留心其法可謂詳且備矣未有以句股積與句弦和較爲問者元學士李冶著測圜海鏡用餘句餘股立算神明變化幾如五花八門亦未及此豈俱未計及耶抑有其法而遺之耶統宗少廣章內雖有句股積及句弦較兩題乃偶合于句三股四之數非通法昔待罪蒙養齋彙編數理精蘊意欲立法以補其缺先用平方輾轉推求皆不能御思之累日而後得用帶縱方立求句股二法卒年八十有三論文穆鈁字導和㲄成第四子也㲄成纂叢書輯要六十餘卷圖皆所繪刪訂統宗圖十之七八皆出其手年二十六卒文鼐字和仲文鼎從弟也初學厤時未有五星通軌無从入算與兄鼎取元史厤經以三差法布爲五星盈縮立成然算之共成步五星式六卷早卒文鼏字爾素文鼎季弟也著中西經星同異考一卷以三垣二十八宿星名依步天歌次第臚列其目而以中西有無多寡分注其下載古歌西歌于後古歌卽步天歌西歌則利瑪竇所撰經天該也其南極諸星則據湯若望算書及南懷仁儀象志爲考證補歌附之于末其發凡略言齊七政非先定恒星則無从著手故曰七政如乘傳恆星其地志也七政如行棋恒星其楸局也曰恒者謂其終古不易曰經者謂其不同緯星南北行經亦有恒之義焉是編專以中西兩家所傳之星歌星名攷其多寡同異故曰經星同異考星官之書自黃帝始重黎羲和志天文者紛糅不一漢張衡云中外之官常明者百有二十四可名者三百二十爲星二千五百微星之數蓋萬一千五百二十至三國時太史令陳卓始列甘石巫咸三家所著星總二百八十三官一千四百八十四星自唐以來以儀考測迨宋兩朝志始能言某星去極若干度入某星若干度爲說較詳此中國之言星學者西儒星學遠有端緒據其書所譯周赧王丙寅古地末一測漢永和戊寅多祿某一測明嘉靖乙酉尼谷老一測萬厤乙酉第谷一測崇禎戊辰湯若望一測國朝康熙壬子南懷仁著儀象志又依歲差改定黃經及赤經今依南公志表稽其大小分爲六等一等大星一十有六二等星六十有八三等星二百有八四等星五百一十有二五等星三百四十有二六等星七百三十有二總計一千八百七十八其微茫小星則不能以數計此泰西之學也文鼏又有累年算稿文鼎爲錄存名曰授時步交食式一卷又有幾何類求新法算書中比例規解本無算例文鼎作度算用文鼏所補而參之以陳藎謨尺算用法

明安圖字靜庵蒙古正白旗人官欽天監監正受數學於聖祖預修考成後編御定儀象考成因西士杜德美用連比例演周徑密率及求正弦正矢之法知其理深奧索解未易因積思三十餘年著割圜密率捷法四卷一曰步法於杜氏三法外補創弧背求通弦求矢法仍杜氏但通加一四除耳又弦矢求弧背並通弦矢求弧背凡六法合杜氏共成九法其弦求弧背法以弦爲連比例二率半徑爲一率求得三四六七八十諸率以一三五七九之五數各自乘爲累次乘數二三四五六七八九相挨兩兩相乘爲累次除數卽用二率爲第一得數復置四率以第一乘數乘之第一除數除之爲第二得數又置六率以第一第二乘數乘之第一第二除數除之爲第三得數又置八率以第一第二第三乘數乘之以第一第二第三除數除之爲第四得數如是累求至所得數祇一位止乃併之卽所求之弧背也矢求弧背法倍正矢爲連比例三率亦以半徑爲一率求得五七九十一諸率以一二三四五之五數各自乘爲屢次乘數三

四五六七八九十相挨兩兩相乘爲屢次除數卽用三率爲第一得數復置五率以第一乘數乘之第一除數除之爲第二得數又置七率以第一第二乘數乘之第一第二除數除之爲第三得數又置九率以第一第二第三乘數乘之第一第二第三除數除之爲第四得數如是累求至所得數祇一位而止開平方卽所求之弧背也通弦求弧背亦各加一四除矢求弧背則三率又多加一四因更創餘弧求弦矢餘弦矢求本弧及借弧與正餘弦互求四術二曰用法以角度求八線及直線弧線三角形邊角相求共設七題謂今法所以密於古者以用三角形也然三角形非用八線表不能相求惟用此法以之立表則甚易以之推三角形則不用表而得數同三四兩卷曰法解皆闡明弦矢與弧背相求之根其法先以一分弧通弦求二分弧通弧弦之數次以一分二分弧通弦求三分四分全弧通弦之數又因二分五分相乘得十分十分自乘得百分十分千分相乘得萬分遂以半徑爲一率一分弧通弦爲二率各如相乘之率數求得十萬千萬諸分弧率數比例得弧背求通弦應減四率二十四分之一六率八十分之一減八率一百六十八分之一加十率二百八十八分之一減十二率四百四十分之一加十四率六百二十四分之一減十六率八百四十分之一各四歸之則二十四得六爲二三相乘數八十得二十爲四五相乘數一百六十八得四十二爲六七相乘數二百八十八得七十二爲八九相乘數四百四十得一百一十爲十與十一相乘數六百二十四得一百五十六爲十二與十三相乘數八百四十得二百一十爲十四與十五相乘數故以二三四五六七八九等數兩數兩相乘爲屢次除數又以通弦求得二率一分多四率一分六率九分八率二百二十五分十率一萬一千二十五分十二率八十九萬三千二十五分十四率一億八百五萬六千二十五分得後率分數爲實各遞降二等使二率降爲四率四率降爲六率得前率分數爲法以法除實得四率一分爲一自乘數六率九分爲三自乘數八率二十五分爲五自乘數十率四十九分爲七自乘數十二率八十一分爲九自乘數十四率一百二十一分爲十一自乘數十六率一百六十九分爲十三自乘數故以一三五七九等數各自乘爲屢次乘數次求通弦法求得十百千萬諸分弧正矢率數比例得弧背求正矢應減五率十二分之一加七率三十分之一減九率五十六分之一加十一率九十分之一減十三率一百三十二分之一加十五率一百八十二分之一減十七率二百四十分之一而十二爲三四相乘數三十爲五六相乘數五十六爲七八相乘數九十爲九與十相乘數一百三十二爲十一與十二相乘數一百八十二爲十三與十四相乘數二百四十爲十五與十六相乘數故以三四五六七八九等數兩兩相乘爲屢次除數又以正矢求得五率一分多七率四分九率三十六分十一率五百七十六分十三率一萬四千四百分十五率五十一萬八千四百分十七率五千五百四十萬一千六百分爲後率分數各遞降二等爲前率分數如前通弦法除得五率一分爲一自乘數七率四分爲二自乘數九率九分爲三自乘數十一率十六分爲四自乘數十三率二十五分爲五自乘數十五率三十六分爲六自乘數十七率四十九爲七自乘數故以一二三四五等數各自乘爲屢次乘數書未成而卒子新續之新字景臻安圖季子充食俸生安圖病且革以所著捷法授之新遵父命與門下士陳際新張肱共續成之陳際新字舜五宛平諸生官靈臺郎爲監正續明安圖割圜密率捷法尋緒推究質以生前面授之言至乾隆甲午始克成書

劉湘煃字允恭江夏人聞梅文鼎以厤算名當世齎產走千餘里受業其門湛思積悟多所創獲文鼎得之甚喜曰劉生好學精思進啓予不逮其與人書曰金水二星厤指所說未徹得劉生說而後二星之有歲輪其理確不可易因以所著厤學疑問屬之討論湘煃爲著訂補三卷又謂厤法自漢唐以來五星最疏故其遲留伏逆皆入于占至元郭守敬出而五星始有推步經度之法而緯則猶未備西法舊亦未有緯度至地谷而後有五星緯度已在守敬後矣厤書有法原法數並爲厤法統宗法原者七政與交食之厤指也法數者七政與交食經緯之表也故厤指實爲造表之根本今厤所載金水厤指如其法以造表則與所步之表不合如其表以推算測天則又密合是厤雖有表數而猶未知立表之根也乃作五星法象五卷文鼎深契其說摘其要目爲五星紀要湘煃又欲爲渾蓋通憲天盤安星之用以戊辰厤元加歲差用弧三角法作恆星紀緯表根一卷及月離交均表根黃白距度表根各一卷皆補新法所未及也所著又有論日月食算稿各一卷各省北極出地圖說一卷荅全椒吳荀淑厤算十問書一卷

王元啓字宋賢號惺齋嘉興人乾隆辛未進士將樂縣知縣究心律厤句股之學著書已刻者爲惺齋雜著內有史記漢書正譌兩種其正史記之譌者爲律書厤書天官書各一卷正漢書之譌者爲律厤志上下二卷未刻者爲厤法記疑句股衍角度衍九章雜論而句股衍一書因繁求簡最爲精晰分甲乙丙三集甲書術原三卷乙集綱要二卷丙集晰義四卷甲集首卷通論術原爲句股因積求邊張本二卷專論立方因及平方法三卷專論和數開立方所以盡天方諸數之變乙集兩卷爲相求法百二十三則之綱要丙集四卷卽相求法逐則分晰其義專取發明立法之意其總序曰句股弦相求法參以和較凡得七十八則求句股中函數又有冪積求員容方容縱方及依弦作底求容方與句股求外方外員之數又有積數與句股和較相求容方與句股餘數相求之法綜而計之凡得二十九則立表測量得求高求遠求深三則重表亦然舊算書多簡略詳者又苦錯出無緒間嘗力爲區別使各以類從先定相求法百十三則甲申仲秋復理前緒逐一布算捷於舊法而舊法仍附見以資參攷至以中函積與弦之所和所較相求而得句股弦之正數舊法罕見今亦竊擬一法以附於後又別創截弦分兩及補句求股補股求句之法分爲六則使不成句股之形亦化爲句股幷截不成句股求中函積二則容方容員四則外切員徑一則員內累求句股六則凡又一十九則以該西術三角之算兼備割員之用使學者知周髀一經於術無所不該後人不能觸類旁通以盡其變故使西術得出而爭勝其實西術亦出周髀不能出折句爲股之外也又略例引言曰算家句股一門爲術最繁非槩指一數以爲布算之準雖以虛領其義然如廣三修四見於經者特其正例正例外變例尤多必欲正變兼呈則一卷中彼此錯出使閱者耳目數易轉增煩憒茲特標舉略例併不成句股之形亦附見焉以盡句股之變而該三角之法又荅友問句股書曰欲求句股先學開方方有正方縱方之異縱方則以修廣之和較數開之其次則求四率比例有三率求四率之法有二率求三率之法又有一率求三率之法知此卽可以知求句股各無零數法以三率之中率爲主倍中率爲股首末二率相減爲句相加爲弦依此衍之得句股略例十數則然後以句股弦爲正數兩數相加爲和相減爲較又有句股三數相加減之和較數弦與和弦與較和三數相加之和數也弦與較較弦與和較三數相減之較數也三數相加減今名之爲兼三和較凡正數和較之數各三兼三和較各二共十三數十三數中隨舉兩數卽可求句股弦全數凡得相求法九十四則而容方容員截股分兩立表測量單表重表之法猶不與焉其次則求截股弦分兩之法是爲一句股分兩句股卽可以知不成句股亦可以分兩句股不成句股卽西法三角算之所由名今則總以句股概之其法取大小兩句股形小股與大句同類者合爲一形卽爲不成句股之形分之爲兩則所謂中垂線者卽小矩之股大矩之句以此衍之又得不成句股略例二十餘則依類推之又得合形分兩又創形求全二法合形分兩則有正合形截偶分兩反合形截中分兩偏合形截邊分兩之法創形求全則有創去正矩偏矩之殊偏矩中又有淺創深創之分知此則句股之學盡矣元啓嘗曰我無他長惟好學深思心知其意而已然其句股術一書幾欲駕梅文鼎而上之爲算術中不可少之書云

朱鴻字雲陸秀水人嘉慶七年進士改翰林院庶吉士散館授編修擢御史歷給事中出官督理湖南糧儲道研精算學同郡錢儀吉譔三國會要集乾象景初二術成嘗爲作注烏程陳杰時爲靈臺官博士陽湖董祐誠亦客京邸皆日從講數各出所得相質問舊無橢圓求周術爲祐誠言圜柱斜剖則成橢員可以句股形求之祐誠旣發明其說係以圖釋初得杜德美割圜九術寫本以示祐誠創圖解三卷旣成復得密率捷法於李潢家則蒙古監正明安圖師弟續繹之書也與傳寫本互異鴻嘗依杜法步算徑一者周三一四一五九二六五三五八九七九三二三八四六二六四三三八三二七九五一四周十者徑三一八三零九八八六一八三七九零六七一五三三七七六七五四六六九六三八九零五六六六一徐有玉采入務民義齋算學中道光十年後辭官仍居京師譔攷工記車制參解又評程氏易疇攷工創物小記多所糾正云

博啓字綸亭滿洲正白旗人乾隆中官欽天監監副嘗因句股和較之術前人論之極詳獨句股形中所容之方邊員徑垂線三事尚闕而未備爰以三事分配和較創法六十惜其書未刊法不傳今所傳者惟有方邊及垂線求句股弦一題法用平行線剖容方冪爲四小句股形借垂線爲小句股和借方邊爲小弦求小句小股以小股與垂線比若方邊與句比以小句與垂線比若方邊與弦比道光初方履亨官監正每舉此題課士其後得甘泉羅士力爲表章博術乃復明于世羅論云曩者聞方愼菴監正言綸亭監副有是法失傳因仿監副遺法用平行線剖半員冪爲四小句股形以半圓徑減垂線餘借爲小句股和借半員爲小弦求得小句小股以小股比垂線若半員徑比股以小股比股若

半員徑比弦又以半員徑減方邊得較用平行線剖較冪爲四小句股形借半員徑爲小句股和較爲小弦求得小句小股以小股比半員徑若方邊比句以小句比半員徑若方邊比股以小股比股若較比弦用補副監之遺復用元天術演得三事和較六十題更立天地兩元爲廣例二十五術撰句股容三事拾遺四卷更試變通其術御以八線取方邊用方斜率得容方中之斜線以垂線爲一率半徑爲二率斜線爲三率求得四率爲正割撿八線表得度用與四十五度相加減得垂線所分之大小兩弧副以半徑爲一率垂線爲二率小弧正割爲三率求得四率爲句如以大弧正割爲三率求得四率爲股又如以大小兩弧之兩正切爲三率求得四率爲大小兩弧之兩弦分相併得弦餘二題倣此其得數同而尾數有奇零以八線表所列之數至單位止單位以下棄其餘分故不能如句股與天元所得之密合或有妄詆天元術不能馭三角和較者抑知元天創於宋明之間安能逆知西法之有三角而豫爲立法要在學者善爲會通耳試設平三角形有一角而角在兩邊之中有大邊與對邊和有小邊與對邊和求三邊及垂線此西人常法所不能御者若立天元一術則任求何邊或和數或較數皆一平方卽得然則天元之與西法其優劣可見矣

許如蘭字芳谷全椒人乾隆三十年舉人大挑知縣分發福建因親老改江西歷任浮梁新建等縣事丁憂服闋赴福建題補侯官未履任會瘴氣發病卒如蘭性敏所讀書皆究心精妙於秝算始習西法通薛鳳祚所譯天步眞原天學會通時同縣山西甯武同知吳烺受梅文鼎學於劉湘煃如蘭因並習梅氏秝算又于乾隆四十年夏謁戴震于京都受句股割圜記四十四年謁董化星于常州戴傳緝古算經十書而董則專業薛氏者也由是兼通中西之學嘗謂其弟子胡早春曰古人以句股方程列于小學童而習之人人能曉今則老宿不能通其義一則時尙帖括視句股爲不急之務再則習爲風雅不屑持籌握算効疇人子弟所爲噫過矣又謂士大夫不精弧矢之術雖識天文無益也疇人算工不明象數之理雖能步算無益也著有乾象拾遺春暉樓集諸書今多散佚其存者有書梅氏月建非專言斗柄論後略曰天氣渾淪無可識認古人不得已卽以恒星爲天以識日躔恒星積久而差冬至日躔不作原宿始立歲差之法古謂恒星不動而黃道西移今則普天星座皆動其經緯之度不隨赤道運轉而順黃道東移故謂黃道不動而恒星東行與七政同一法又謂古人以中數爲歲朔數爲年上古气朔同日故月建起於節气而不起於中气日躔過宮起於中气而不起於節气起於節气故曰冬至子之半起於中气故曰冬至日躔星紀之次也然則一歲十二建乃天道經歷十二辰故謂之月建此萬古不易者也斗柄所指分位不眞且恒星東移積久有差辨之誠是也但古人云斗爲帝車斟酌元气而布之四方又曰招搖東指不過言天道無跡可見順時布化斗柄有象可徵耳拘泥其詞則惑矣其歲差說略曰恒星一年東行五十餘秒又黃赤二道斜交並非平行於左旋至速之中微斜牽向右日之於天猶經緯之於日也日行至黃道分至節气之限則春秋寒暑皆隨之而應七政躔于過各宮遇各宮燥濕寒溫風雨則隨恒星之性而應然則冬夏二至乃黃道上子午之位也春秋而分乃黃道上卯酉之位也惟唐虞時冬至日躔虛中恒星之子中正逢黃道之子中嗣是漸差而東周在女漢在斗今在箕黃道之子非恒星之子也以丑宮初度爲冬至者因周時冬至恒星已差至丑周人卽以恒星爲黃道之十二次故命丑爲星紀言諸星以此紀也其實丑乃周時恒星之宿度並非恒星之子中今並不在丑又移至寅十餘度矣由今箕以上溯古虛五歷年四千有餘已差至五十八度此恒星東行之明驗也其他著論無關秝算者不錄

清史稿　列傳

疇人二

李潢　汪萊

陳杰 丁兆慶 張豸冠　時曰湻

李銳 黎應南　駱騰鳳 吳玉楫

項名達 王大有　丁取忠 李錫蕃

謝家禾　吳嘉善

羅士琳 易之瀚　顧觀光 韓應陛

左潛 曾紀鴻　夏鸞翔

鄒伯奇　李善蘭

華衡芳 弟世芳

李潢字雲門鍾祥人乾隆三十六年進士由翰林官至工部左侍郎博綜羣書尤精算學推步律呂俱臻微妙著九章算術細草圖說九卷附海島算經一卷共十卷其自序重差圖云圖九望海島舊有圖解餘八圖今所補也同式形兩兩相比所作四率二三率相乘與一四率相乘同積如欲作圖明之第取一三率聯爲一邊又取二四率聯爲一邊作相乘長方圖之自然分爲四冪又以斜弦界爲同式勾股形各二則形勢驗矣舊圖於形外別作同積二方至兩形相去遼遠者又必宛轉通之皆可不必也圖中以四邊形五邊形立說似與勾股不類然於本形外補作勾股形則亦勾股也四率比例法在九章粟米謂之今有一爲所有率二爲所求率三爲所有數四爲所求數在勾股則統目之爲率劉氏注云勾率股率見勾見股者是也今祇云同式相比者取省易耳異乘同除則一也書甫寫定潢卽病歿吳門沈欽裴算校方可付梓越八年其甥程矞采家爲之校刋以成其志九章初經東原戴氏從永樂大典中錄出一刻於曲阜孔氏再刻於常熟屈氏悉依戴氏原校本刋刻其時古籍甫顯校訂較難不無閒有扞格自是天下之習九章者莫不家弆一編奉爲圭臬而劉徽九章亦從此有善本矣潢又嘗因古算經十書中九章之外最著者莫如王孝通之輯古唐制開科取士獨輯古四條限以三年誠以是書隱奧難通世所傳之長塘鮑氏曲阜孔氏羅江李氏各刻本又悉依汲古閣毛影宋本祇有原術文而未詳其法且復傳寫脫誤雖經陽城張氏以天元一術推演細草但天元一術創自宋元時人究在王氏後似非此書本旨爰本九章古義爲之校正凡其誤者糾之闕者補之著考注二卷以明斜袤廣狹虧截附帶分并虛實之原務如其術乃止稿未成潢歿後爲南豐劉衡授其鄉人以西士開方法增補算草并附圖解刻於江西省中喧賓奪主殊亂其眞裔采取江西刻本刪去圖草仍以原考注刊布武進李兆洛爲之序曰輯古何爲而作也蓋闡少廣商功之蘊而加精焉者也商功之法廣袤相乘又以高若深乘之爲立積今轉以積與差求廣袤高深所求之數最小數也曷爲以最小數爲所求數曰求大數則實方廉隅正負雜糅求小數則實常爲負方廉隅常爲正也觀臺羨道築隄穿河方倉圓囤芻甍輸粟其形不一概以從開立方除之何也曰一以貫之之理也物生而後有象象而後有滋滋而後有數斜解立方得兩壍堵一爲陽馬一爲鼈臑陽馬居二鼈臑居一不易之率也今於平地之餘續狹斜之法無論爲壍堵爲陽馬爲鼈臑皆作玄積觀其立積內不以所求數乘者爲減積以所求數一乘者爲方法再乘者爲廉法所求數再自乘爲立方卽隅法也從開立方除之得所求數若繪圖於紙令廣袤相乘以所求數從橫截之剖平冪爲若干段又以截高與所求數乘之分立積爲若干段若者爲減積若者爲方若者爲廉若者爲隅條段分明歷歷可指作者之意不煩言而解矣其云廉母自乘爲方母廉母乘方母爲實母者之分開方之要術也先生於是書立法之根如鋸解木如錐劃地又復補正脫誤條理秩然信王氏之功臣矣爰述大旨以告世之習是書者無復苦其難讀云

汪萊字孝嬰號衡齋歙縣人年十五補博士弟子弱冠後讀書於吳葑門外嘉其鄉江文學永戴庶常震金殿撰榜程徵君易疇學力通經史百家及推步秝算之術嘉慶十二年以優貢生入都考取八旗官學教習會御史徐國楠奏請續修天文時憲二志經大學士首舉萊與徐準宜許澐入館纂修十四年書成議叙以本班教職用選授石埭縣訓導十八年應省試得疾歸卒於官年四十有六先是十一年夏黃河啓放王營減壩正溜直注張家河會六塘河歸海兩江督臣奉上命查量雲梯關外舊海口與六塘河新海口地勢高下延萊測算蓋其精算之名久爲官卿所知嘗製渾天簡平一方各儀器觀測與郡人巴樹穀最友善客江淮間又與焦孝廉循江上舍藩李秀才銳辯論宋秦九韶元李冶立天元一及正負開方諸法天性敏絕極能攻堅不肯苟於著述凡所言皆人所未言與夫人所不能言嘗以古書八線之制終於三分取一用益實歸除法求之其一表之眞數僅得十之二因悟得五分之一通弦與五分之三通弦交錯爲三角形比例立法以取五分之一之通弦而弦切之數益密梅氏環中黍尺有以量代算之術惟求倚平儀外周之兩角而縮於內半周之角未詳其法較易因立新術量取不倚外周之角度而三角之量法乃全堆垛有求平三角立三角尖堆積法不及三乘方以上又復推而廣之自三乘四乘以上之尖堆皆可由根知積并及諸物遞兼之法以補古九章所未備又糾正梅文穆公

句股知積術及指識天元一正負開方之可知不可知其糾正句股知積術也文穆赤水遺珍稱有句股積及股弦和較求句股向無其術苦思力索立法四條其門人丁維烈又造減縱翻積開三乘方法文穆許之萊謂句股形等積等弦和帶縱立方形等基等高闊和皆有兩形互易如句二十股二十一弦二十九句弦和四十九句股積二百一十若句十二股三十五弦三十七句弦積亦四十九句股積亦二百一十設問者昭執一形則對者交盲兩數梅丁諸公法成而不可用蓋兩句弦較與一句弦和恆爲連比例之三率其兩句弦較卽首末二率兩較減一和之餘卽中率而句弦和必爲三率併遂瓶立有兩積相等兩句弦和相等求兩句股形之法以四倍句股積自乘句弦和除之爲帶縱長立方積以句弦和爲縱開得數爲兩句弦較之中率自乘爲帶縱平方積又以中率與句弦和相減爲長闊和求得長闊兩根爲兩句股較用求兩句股形各數又同積之邊彼此可互三次之乘先後可通故四倍句股積自乘卽兩形之倍句相乘爲底兩形之股相乘爲高卽猶以中末乘首中化爲中率再乘爲立方三率併爲帶縱由是推得立方形兩高數恆爲首末二率高闊和恆爲三率併數與等積等弦和之兩弦較及弦和絲毫無異如高九闊十高闊和十九立方積九百若高四闊十五高闊和亦十九立方積亦九百其數莫不由兩形相引而出故其法卽命積爲帶縱長立方積以高闊和爲所帶之縱用帶縱長立方法開得本方根爲兩形高數之中率與高闊和相減餘爲帶縱之平方長闊和中率自乘爲帶縱平方積用帶縱平方長闊和法開之得長闊一根爲兩形之兩高數兩高與和相減爲兩闊數其指識正負開方也元李冶傳洞淵九容術撰測圓海鏡益古演段以明天元如積相消其究必用正負開方互詳於宋秦九韶數學九章梅文穆公雖指天元一爲西人借根方所由來而正負開方則未有闡明者元和李秀才銳特爲讐校謂少廣一章得此始貫於一好古之士翕然相從萊獨推其有可知有不可知如測圓海鏡邊股第五問圓田求徑二百四十步與五百七十六步共數而李仁卿專以二百四十爲答數學九章田域第二題尖田求積二百四十步與八百四十步共數而秦道古專以八百四十爲答乃自二乘方以下縷析推之得九十五條凡幾根數爲帶縱長闊較則可知爲帶縱長闊和則不可知又推得幾眞數少幾根數又多幾平方與一立方積等多少雜糅和較莫定立法以審之以幾平方數用幾立方數除之得數乘幾根數以較幾眞數若少於眞數則以幾平方爲高闊較是爲可知若多於眞數則或幾平方爲通分法三母總數幾眞數爲三母維乘之共數幾根數爲通分之共子如二如六如十二設眞數一百四十四少二百八根數多二十平方積與一立方積相等則三數皆同是爲不可知蓋以一答爲可知不止一答爲不可知故李秀才銳跋其書括爲三例以證明之謂隅實同名者不可知隅實異名而從廉正負不雜者可知隅實異名而從廉正負相雜其從翻而與隅同名者可知否則不可知隅實同名卽帶縱之長闊較也較僅一答隅實同名卽帶縱之長闊和也和則不止一答銳以隅實同名異名明一答與不止一答萊以長闊和較明可知不可知其義一也著有衡齋算學七册考定通藝錄磬氏倨句解一册

陳杰字靜弇烏程諸生考取天文生任欽天監博士供職時憲科兼天文科司測量累官國子監算學助教道光十九年謝病歸卒于家生平邃于算學尤神明于比例之用初著輯古算經細草一卷後十餘年又爲之指畫形象成圖解三卷又博采訓詁考正其傳寫之舛譌稽合各本之同異別成音義一卷其自述比例言有曰比例之法仿自九章傳由西域在古法曰異乘同除在西法曰比例等假如甲有錢四百易米二斗問乙有錢六百易米幾何答曰三斗法以乙錢爲實甲米乘之得數甲錢除之卽得錢與米異名相乘與錢同名相除故謂之異乘同除此古法也以甲錢比甲米若乙錢與乙米凡言以者一率言比者二率言若者三率言與者四率二三相乘一率除之得四率此西法也古法元明時中土幾以失傳不知何時流入西域明神宗時西人利瑪竇來中國出其所著算書中人矜爲創獲其實所用皆古法但異其名色耳茲以西人名色解王氏固取其平近亦以名中西之合轍也又有論曰二十一史律志無不用比例者他如九章緝古十種算書多用比例無如古人總不言比例如緝古第二問求均給積尺欲以本體求又一形之體忽取兩面冪之數一用以乘一用以除而得數又第九問求員闉第十問求員窖忽以周徑乘除卽如方亭法求之諸數悉得走作圖解審諦久之而始知爲比例乃明言比例以揭之嗣是而閱古算書者罔弗比例矣又自道光以來嘗親在觀象臺督率值班天文生頻年實測黃赤大距爲二十三度二十七分未經奏明故當時未敢用迨甲辰歲修議象考成續編監臣卽取此數上之而欽定頒行爲晚年所譔爲算法大成上編十卷首加減乘除次開方句股次比例八綫次對數次平三角弧三角門分類別皆先列舊法而以新法附之圖說理解不憚反覆詳明專爲引誘初學設也下編十卷則有目無書其言曰算法之用多端第一至要爲治歷故下編言在官之事先治秝次出師次工程錢糧次戶口鹽司次堆積丈量儒者則考据經傳下及商賈庶民則貲本營運市廛交易持家日用凡事無鉅細各設題爲問答以明算法之用蓋如此之廣云下編似未其門人丁兆慶張福僖均以算名兆慶字寶書歸安人沈潛好學爲項學正兩邊夾角遷求對角新法圖說謂其講解明晰戛戛獨造福僖字南坪烏程諸生精究小輪之理著有慧星考略

時曰淯字淯甫嘉定人精算術發明古人術意無不入微咸豐末與長沙丁取忠同客胡林翼幕府每與商榷數理見丁氏數學拾遺之百鷄術謂與二色方程暗合因爲廣衍立二十八題以舊學商量加邃密新知培養轉深沈十四字識其上下爲十四耦諸題皆借方程爲本術並述大衍求一術以博百其趣作百鷄術衍二卷自序略曰張邱建算經鷄翁鷄母題問甄李兩註及劉孝孫草皆未達術意不可通近蕉理堂所釋尤誤讀吾友丁君果臣算學拾遺設術與二色方程暗合乃通法也駱氏藝游錄用大衍求一術以大小較求中數取徑頗殄巧然遇較除共較實適盡者則不可求方程術則遇法除實得中數不盡者以分母與減率相求而齊同之無不可得駱氏殆未知有方程本術耳夫題祇本經一術算理之微妙不如孫子不知數一問而術文各隱秘彼則但舉用數此亦僅著加減三率於前半段取數之法皆闕如豈古人不傳之秘必待學者深思而自得乎孫子求一術至宋秦道古發之獨是題襲謬傳訛無借方程以問途者曰淯蓄疑既久今年春與果臣連椾鄂城復一商榷別後數月乃通之怡然渙然了無滯凝亦窮愁中一快事也因衍方程術爲數學拾遺補求負數法及加減率求答數法增述求一術爲藝游錄補以中小較求大數法及大中較大小較互求得中數小數法引伸鉤索溫故知新庶足以大暢厥旨乎易翁母雛爲大中小設數不必以百而統以百雜命之者識斯術所自昉也

李銳字尚之元和諸生幼開敏有過人之資從書塾中檢得算法統宗心通其義遂爲九章八線之學因受經於錢大昕得中西異同之奧於古秝尤深自三統以迄授時悉能洞澈本原嘗謂三統世經稱殷術以元帝初元二年爲紀首是年歲在甲戌推而上之一千五百二十歲而歲值甲寅爲元首又上四千五百六十年而歲復甲寅爲上元以此積年用四分上推太初元年得至朔同日而中餘四分日之三朔餘九百四十分之七百五故太初術虧四分日之三去小餘七百五分也漢書載三統而不著太初其實一月之日二十九日八十一分日之四十三是日法月法與三統同賈逵稱太初術斗二十六度三百八十五分是統法周天又與三統同蓋四分無異於太初而太初亦得謂之三統鄭注召誥周公居攝五年二月三月當爲一月二月不云正月者蓋待治定制禮乃正言正月故也江徵君聲王光祿鳴盛以爲據洛誥十二月戊辰逆推之其說未核今案鄭君精於步算此破二月三月爲一月二月以緯候入蔀數推知上推下驗一一符合不僅檢勘一二年間事也因據詩大明疏鄭注尚書文王受命武王伐紂時日皆用殷秝甲寅元遂從文王得赤雀受命年起以乾鑿度所載之積年推算是年入戊午蔀二十九年歲在戊午與劉歆所說殷秝周公六年始入戊午蔀不同歆謂文王受命九年而崩崩後四年武王克殷後七年而崩明年周公攝政元年校鄭少一年又載召誥洛誥俱攝政七年事其年二月乙亥朔三月甲辰朔十二月戊辰朔並與鄭不合乃以推算各年及一月二月排比干支分次上下著召誥日名考此融會古秝以發明經術者也當是時大昕爲當代通儒第一生平未嘗親許人獨於銳則以爲勝己大昕嘗以太乙統宗寶鑑求積年術日法一萬五百歲實三百八十三萬五千四百四十八分二十五秒爲疑銳據宋同州王湜易學謂每年於三百六十五日二千四百四十分之外有終於五分者有終於六分者有終於五六分之間者終於五分者五代王朴欽天秝是也以七千二百爲日法終於六分者近年萬分秝是也以一萬分爲日法終於五六分之間者景祐秝法載於太乙遁甲中是也以一萬五百分爲日法此暗用授時法也試以日法爲一率歲實爲二率授時日法一萬爲三率推四率得三百六十五萬二千四百二十五分卽授時之歲實也探本窮源一言破的近世秝算之學首推吳江王氏錫闡宣城梅氏文鼎嗣則休甯戴氏震亦號名家王氏謂土盤秝元在唐武德年間非開皇己未梅氏謂回回秝實用洪武甲子爲元而托之於開皇己未其算宮分雖以開皇己未爲元其查立成之根則在己未元後二十四年二說幷同戴氏謂回回秝百二十八年閏三十一日是每歲三百六十五日之外又餘百二十八分日之三十一也以萬萬乘三十一滿百二十八而一得二千四百二十一萬八千七百五十地谷所

定歲實三百六十五日二十三刻三分四十五秒通分內子以萬萬乘之滿日法而一亦得二千四百二十一萬八千七百五十與梅氏疑問所云合是三家所論未嘗不確知灼見然均未得其詳銳據明史厤志回回本術參以近年瞻禮單精加考核謂回回厤有太陽年彼中謂爲宮分有太陰年彼中謂爲月分宮分有宮分之元則開皇己未是也月分有月分之元則唐武德壬午是也自開皇己未至洪武甲子積宮分年七百八十六自武德壬午至洪武甲子積月分年亦七百八十六其惑人者卽此兩積年相等耳因著回回厤元考有求宮分白羊一日入月分截元後積年月日法以爲不明乎此雖有立成不能入算也稿佚未刊梅氏未見古九章其所著方程論率皆以臆糺補然又囿於西學致悖直除之旨銳尋究古義探索本根變通簡捷以舊術列於前別立新術附於後著方程新術草以期古法共明於世古無天元一術其始見於元李冶測圓海鏡益古演段二書元郭守敬用之以造授時厤草而明學士顧應祥不解其旨妄刪細草遂致是法失傳自梅文穆悟其卽西法之借根方於是李書乃得鄭重於世其有原術不通別設新術數則更於梅說外辨得天元之相消有減無加與借根方之兩邊加減法少有不同且不滿顧氏所著之句股弧矢兩算術謂弧矢肇於九章方田北宋沈括以兩矢冪求弧背元李冶用三乘方取矢度引伸觸類厥法綦詳顧氏如積未明開方徒衍不亦偵乎爰取弧矢十三術入以天元著弧矢算術細草幷倣演段例括句股和較六十餘術著句股算術細草以導習天元者之先路又從同里顧千里處得秦九韶數學九章見其亦有天元一之名而其術則置奇於右上定於右下立天元一於左上先以右上除右下所得商數與左上相生入於左下依次上下相生至右上末後奇一而止乃驗左上所得以爲乘率與李書立天元一於太極上如積求之得寄左數與同數相消之法不同因知秦書乃大衍求一中之又一天元秦與李雖同時而宋與元則南北隔絕兩家之術無緣流通蓋各有所授也銳嘗謂四時成歲首載虞書五紀明厤見於洪範疇學誠致治之要爲政之本乃通典通考置而不錄邢雲路雖撰古今律厤考然徒援經史以侈卷帙之多梅氏祇有欲撰厤法通考之議卒未成書因更網羅諸史由黃帝顓頊夏殷周魯六厤下逮元明數十餘家一一闡明義蘊存者表而章之缺者考而訂之著爲司天通志俾讀史者啓其扃治厤者益其智惜僅成四分三統乾象奉天占天五術注而已餘與開方說皆屬稿未全開方說三卷銳讀秦氏書見其於超步退商正負加減借一爲隅諸法頗得古九章少廣之遺較梅氏少廣拾遺之無方廉者不可以道里計蓋梅氏本於同文算指西鏡錄二書究出自西法初不知立方以上無不帶從之方銳因秦法推廣詳明以著其說甫及上中二卷而卒年四十有五其下卷則弟子黎應南續成之應南字見山號斗一廣東順德人嘉慶戊寅順天經魁以書館議敘選浙江麗水縣知縣調平陽縣海疆俸滿加六品銜卒於官

駱騰鳳字鳴岡山陽人嘉慶六年舉人道光六年大挑一等用知縣以母老不願仕改授舒城縣訓導未一年告養歸教授里中學徒甚衆二十二年八月卒於家年七十有二性敏銳好讀書尤精疇人術在都中從鍾祥李學研精覃思寒暑靡間著開方釋例四卷自序略謂天元一術見宋秦九韶大衍數中不言創於何人元李冶測圓海鏡益古演段二書亦用此例治稱其術出於洞淵九容今不可詳所自矣是書自平方以至多乘悉用一術卽笏童羨餘諸形亦可挹朒而得洵算術之秘鑰也西法借根方實原於此乃以多少代正負徒欲掩其襲取之迹不知正負以別異同多少以分盈朒毫釐千里必有能辨之者又著游藝錄二卷自識云余於正負開方之例既爲釋例以明其法矣至於衰分方程句股等法以及九章所未載與夫古今算術之未能該洽者輒爲溯其源正其誤不敢掠前哲之美以爲名亦不爲黠䵢之詞以欺世也隨所見而識之彙爲一編遺稿凡十餘萬言卽今傳本也南匯張文虎嘗與靑浦熊戶部其光書論之曰承示駱司訓算書二種讀竟奉繳李四香開方說詳於超步商除翻積益積諸例而不言立法之根令出學者茫不解其所謂駱氏於諸乘方方廉和較加減之理皆質言之而推求各元進退定商諸術尤足補李書所未備誠學開方者之金鑰匙汪孝嬰創設兩句股同積同句股和一問以兩句弦較中率轉求兩句弦較立術迂回駱氏以正負開方徑求得兩句頗爲簡易衡齋亦當首肯也其爲人所推服如此

項名達字梅侶仁和人嘉慶二十一年舉人考授國子監學正道光六年成進士改官知縣不就退而專攻算學三十年卒于家年六十有二著述甚富今傳世者但有下學菴勾股六術及圖解復附勾股形邊角相求法三十二題合爲一卷以勾股和較相求諸題術稍繁雜爰取舊術稍爲變通分術爲六使題之相同者通爲一術豁然悉有以御之第一二三術及第四術之前二題悉本舊解餘爲更定新術皆別注捷法各爲圖解以明其意第四五六術其原皆出於第三術可釋之以比例第三術以勾股較比股若股與勾弦和以股弦較比勾若勾與股弦和是爲三率連比例凡有比例加減之其和較亦可互相比例故第四五六術諸題皆可由第三術之題加減而得卽可因第三術之比例而另生比例因比例以成同積而諸術開方之所以然遂明名達又創有弧三角總較術求橢圓弧綫術術定未有詮釋以義與趣幽難猝竟事故六術獨先成云名達與烏程陳杰錢塘戴煦契最深晚年詣益精進謂古法無用不甚涉獵而專意于平弧三角與人意不謀而合與杰論平三角名達曰平三角二邊夾一角逕求斜角對邊向無其法竊嘗擬而得之君聞之乎杰曰未也錄其法以歸蓋以甲乙邊自乘與甲丙邊自乘相加得數寄左乃以半徑爲一率甲角餘弦爲二率甲乙甲丙兩邊相乘倍之爲三率求得四率與寄左數相減鈍角則相加平方開之得數卽乙丙邊又嘗謂泰西杜德美之割圜九術理精法妙其原本于三角堆蕭方立定四術以明之洵爲卓見惟求倍分弧有奇無偶徐有補之庶幾詳備名達嘗玩三角堆數其數祇一遞加而理法象數包蘊無窮天方圜之率不相通通方圜者必以尖勾股尖象也三角堆尖數也去法用半徑屢求勾股得圜周不勝其繁杜氏則以三角堆御連比例諸率而弧弦可以互通割圜術蔑以加矣然以此製八綫全表每求一數必乘除兩次所用弦綫位多而乘不便董徐二氏大小弧相求法亦然向思別立簡易法因從三角堆整數中推出零數但用半徑卽可任求幾度分秒之正餘弦不煩取資于弧綫及他弧弦矢且每一乘除便得一數似可爲製表之一助又著象數原始一書未竟疾革時囑戴煦後煦索稿於名達子錦標校算增訂六閱月而稿始定都爲七卷原書之四僅六紙並第七卷皆煦所補也卷一曰整分起度弦矢率論卷二曰半分起度弦矢率論卷三卷四曰零分起度弦矢率論皆以兩等邊三角形明其象遞加法定其數末乃申論其算法卷五曰諸術通詮取新立弧弦矢求他弧弦矢二術半徑求弦矢二術及杜董諸術按術詮釋之卷六曰諸術明變雜列所定弦矢求八綫術開諸乘方捷術算律管新術橢圓求周術以明皆從遞加數轉變而得卷七曰橢圓求周圖解原術以長爲徑求大圓周及周較相減而得周補術則以廣爲徑求小圓周周較相加而得周末係以圖解徐有壬巡撫江蘇郵書索煦寫定本梓行刻甫就而有壬殉難書與板皆燬焉有王大有者字吉甫仁和諸生翰林院待詔窮究天算問業於處士戴煦凡煦所著述皆錄副本去名達見之因與煦訂交大有嘗校割圜捷術合編後殉於杭州

丁取忠字果臣長沙人研究象數不求聞達刻算書二十有一種爲白芙堂叢書光緒初卒于家年逾七十所自譔者爲數學拾遺一卷以所演算草較詳可便初學又意在拾遺故未暇詳其義之出自何人又譔粟布演草二卷自序曰道光壬辰余始習算友人羅寅交學博演實以雜題見詢久無以應同治初元始獲交南豐吳君子登太史取以開廣乘方法余始通其術然未悉其立法之根也後吳君遊嶺表余推之他題及轉轉相求仍多窒礙又函詢李君壬叔蒙示以廉法表及求總率二術而其理始顯後吳君又示以指數表及開方式表李君復爲之圖解以闡其義由是三事互求理歸一貫余因取數題詳爲演草幷捷法圖解都爲一卷質之南海鄒君特夫君復爲增訂開屢乘方法幷另設題演草補所未備卽算家至精之理如圜內容各等邊形皆可借發商生息以明之誠快事也後又譔演草補一篇序云余前年與左君壬叟共輯粟布演草原爲商賈之習算者設或一例而演數題或一題而更數式或用眞數或用代數其式或橫列或直下雜然並陳無非欲學者比類參觀易於領悟也乃初學習之猶謂茫無入門處蓋商賈所習算書大都詳於文而略于式況代數又古算術所無宜其卒然覽之而不解也茲更擬一題附後特仿數理精蘊借根方體例專詳於文庶初學讀之可因文知義算理既明則全書各式可渙然冰釋或兼可爲習代數者之先導乎其鄉人李錫蕃亦以演算名錫蕃字晉夫道光三十年早卒著有借根方句股細草一卷衍爲二十有五術取忠刊入叢書

謝家禾字和甫錢塘舉人與同學戴氏兄弟熙煦相友善少嗜西學點線面體四部靡不淹貫已復取元初諸家算書幽探冥索悉其秘奧乃輯平時所得析通分加減定方程正負以標舉立元大要撰演元要義一卷其自序云元學至精且邃而求其要領無過通分加減凡四元之分正負及相消法互隱通分法大致原於方程方程者卽通分之義方程不明由於正負無定例加減無定行以譌傳譌如梅宣城精研數理未暇深究他書可知矣九章算經正負術甚明而釋者反以意度古誼之不明可勝道哉唯以衍元之法正方程之義由是方程明而元學亦明著演元要義綜通分方程而論列之附以連枝同體之分等法通乎此則四元庶可窺其涯涘耳又以劉徽祖沖之之率求弧田求其密於

古率者撰弧田問率一卷同里戴煦爲之序曰古率徑一周三徽率劉徽所定徑五十周一百五十七也密率乃祖沖之簡率徑七周二十二也諸書弧田術皆用古率郭太史以二至相距四十八度求矢亦用古法顧徽密二率之周既盈於古則積亦盈於古試設同徑之圓旁割四弧其中兩弦相得之方三率皆同知三率圓積之盈縮正三率弧積之盈縮也徽密二率弧田古無其術惟四元玉鑑一覩其名而設問隱晦莫可端倪穀堂得其旨因依李尙之弧矢算術細草設問立術亦足發前人所未發也又以直積與句股弦和較轉輾相求撰直積回求一卷其自序云始戴謬士著句股和較集成予亦著直積與和較求句股弦之書然二書爲義尙淺且直積與句弦和求三事用立方三乘方等得數不易而又不足以爲率其書遂不存近見四元玉鑑直積與和較回求之法多立二元嘗與謬士思其義蘊有不必用二元者蓋以句弦較與句弦和相乘爲股冪股弦和與股弦較相乘爲句冪而直積自乘即句冪股冪相乘也如以句乘較乘股弦較冪除直積冪卽爲句弦和乘股弦和冪矣句弦和乘股弦和冪卽弦冪和冪共內少半個黃方冪也蓋相乘冪內去一弦冪所餘爲句股相乘者一句弦相乘者一股弦相乘者一此三冪合成和冪則少一半黃方冪半黃方冪卽句弦較股弦較相乘冪也加一半黃方冪卽爲弦冪和冪共矣加二直積卽二和冪也減六直積卽二較冪也又句弦和乘股弦較冪爲句冪內少個句股較乘股弦較冪也股弦和乘句弦較冪爲股冪內多個句股較乘句弦較冪也減一句股較乘股弦較冪尙餘一句股較冪矣術中精意皆出於此其他之參用常法者可不解而自明耳草中既未暇論恐習者不知其理因揭其大旨於簡端見演段之不可不精也家禾歿後戴煦搜遺稿囑其弟煦校讐而授諸梓煦精算見忠義傳著有補重差圖說句股和較集成消法簡易圖解對數簡法外切密率假數測圓及船機圖說等

吳嘉善字子登南豐人咸豐十一年進士改翰林院庶吉士散館授編修與徐有壬同治算學同治改元避粵匪亂游長沙識丁取忠逾年客廣州因鄒伯奇又識錢塘夏鸞翔三人志同道合相得益彰光緒五年奉使法蘭西駐巴黎後受代還旋卒所譔算書首述筆算次九章翼曰今有術曰分遞曰開方曰平方平員各術推演方田者曰立方立員術推演商功者曰句股曰衰分術曰盈不足術曰方程術於句股術後次付平三角弧三角測量高遠之術又次則專述天元四元之書爲天元一術釋例爲名式釋例爲天元一草爲天元問答爲方程天元合釋爲四元名式釋例並草爲四元淺釋自序曰算學至今日可謂盛矣古義既彰新法日出前此所未有也余與丁君果臣皆癖此既忘其癖更欲以癖導人嘗苦近世津逮初學之書無善本梅文穆公所刪之算法統宗今亦不傳因商權述此取其淺近易曉以爲升高行遠之助云

羅士琳字茗香甘泉人以監生循例貢太學嘗考取天文生咸豐元年恩詔徵舉孝廉方正之士郡縣交薦以老病辭三年春粵匪陷揚州死之年垂七十矣少治經從其舅江都秦太史恩復受舉業已乃棄去專力步算博覽疇人書日夕研求數年初精西法自譔言林法書曰憲法一隅又思句股少廣相表裏而方田與商功無異差分與均輸不殊按類相從摘九章中之切于日用者悉以比例敷之匯爲十二種以各定率冠首以借根方繼後以諸乘方開法坿末凡四卷曰比例匯通雖悔其少作實便初學問途後見四元玉鑑服膺欬絕遂壹意專精四元之術士琳博文強識兼綜百家於古今算法尤具神解以朱氏此書實集算學大成思通行發明乃殫精一紀步爲全草併有原書於率不通及步算傳寫之譌悉爲標出補漏正誤反覆設例申明疑義推演訂證就原書三卷二十有四門廣爲二十四卷門各補草嘗爲提要鉤元之論謂是書通體弗出九章範圍不獨商功修築句股測望方程正負已也如端匹互隱廩粟廻求寓粟布如意混和寓借衰菱草形段果垛疊藏如像招數寓商功中之差分直段直源混積問元明積演段撥換截田鎖套吞容寓方田少廣諸法他若分索應之爲約分命分方員交錯三率究員箭積參之爲定率兼交互至於或問歌彖雜範類會以其各自爲法不能比類故一則寄諸歌詞一則編成雜法均似補遺大旨皆以加減乘除開方帶分六例爲問每門必備此例略簡易而詳繁難尤於自來算書所無者必設二問以明之如混積問元中既設種金田及句三股四八角田爲問撥換截田中復設半種金田鎖套容中復設方五斜七八角田爲問又果垛疊藏兩設員錐垛雜範類會既設徽率割員又設密率割員是矣更有一門專明一義者如和分索隱之之分開方三率究員兩儀合轍之反覆互求是矣是書但云如積求之如積有用定率爲同數相消者有如問加減乘除得積爲同數相消者祖序謂平水劉汝諧撰如積釋鎖惜今不傳意者其釋此例歟道光中得朱氏算學啓蒙於京師廠肆士琳復加斠詮刊布之此書總二十門凡二百五十九問其名術義例多與玉鑑相表裏士琳爲之互斠始于天元終于四元義主精邃所得甚深考大德四年莫若序計後此書四年此書首列乘除布算諸例始于超徑等接之術終于天元如積開方由淺近以至通變循序漸進其理易知名曰啓蒙實則爲玉鑑立術之根此一證也玉鑑原本十行行十九字今有低一格術曰又低二格與此書同此二證也玉鑒斗斛之斗別作斞此假借字本漢書平帝紀及管子乘馬篇尙雜見于唐以前之孫子五曹張邱建諸算經鈞石之石說文本作柘玉鑒作碩碩石古雖互通然假碩爲石則僅見于毛詩甫田疏引漢書食貨志而算書罕見又玉鑒畹田之畹雖見李籍九章音義爲字書所無此書幷同此三證也玉鑒雖亦三卷而門則爲二十四問則爲二百八十八較多此書四門二十九問然以四字分類其體裁同且如商功修築方程正負之屬則又二書互見此四證也玉鑒如意混和第一問據數知一秤爲十五斤適與此書之斤秤起率合此五證也玉鑒鎖套吞容第九問方五斜七八角田左右逢元第六第十三第二十諸問有小平小長皆向無其術此書卷首明乘除段卽截平除長爲小長除平爲小平之例其田畝形段第十五問復截方五斜七八角田求積通術此六証也他如玉鑒或問歌彖第四問與此書盈不足術第七問又玉鑒果垛疊第十四問與此書堆積還原第十四問又玉鑒方程正負第四問與此書方程正負第五問題皆約略相同此七証也知係朱氏原書佚而復出幷其算法一則亦爲坿列間有魚豕悉仍其舊但各標識于誤字旁別記刊誤於卷又嘗以乾隆間明氏捷法校得八綫對數表一度十三分二十秒正切第五字誤一又六度四十一分十秒正切第五字誤六又十二度五十分正弦第六字七誤五又十六度三十二分十秒正切第七字九誤又四十二度三十二分四秒正切第九字五誤四可見西人所能中人亦能之又因會通四元玉鑒如像招數一門更取明氏捷法御以天元知密率亦可招差其弧與弦矢互求之法與授時秝之垛積招差一一符合且以祖氏綴術失傳其法厪見於秦書卽大衍之連環求等遞減遞加亦與明氏捷法相近爰融會諸家法意撰綴術輯補二卷又甄錄古今疇人仍阮氏體例爲列傳宋前傳所未收者得補遺十二人附見五人續補二十人附見七人合共四十有四人次於前傳四十六卷之後集所校著都爲觀我生室彙稾十二種如四元玉鑒細草二十四卷釋例二卷校正算學啓蒙三卷校正割圜密率捷法四卷續疇人傳六卷皆別有單行本外巳刻者尙得七種曰句股容三事拾遺三卷附例一卷本繪亭監副博啓法補其遺取內容方邊員股垂線交互相求一以天元馭之曰三角和較算例一卷取斜平三角形中兩邊夾一角術鎔入天元法用和較推演成式曰演元九式一卷括玉鑒中進退消長諸例借無數之數以正負開方式入之曰臺錐積演一卷以玉鑒茭草果垛二門可補少廣之闕爰取臺錐形段引而伸之曰周無專鼎銘考一卷以四分周術佐以三統漢術推得宣王十有六年九月既望申戌與銘辭正合曰弧矢算術補一卷以元和李四香原術未備爲增補二十七術合成四十術曰推算日食增廣新術一卷推廣正升斜升橫升之算法以求太陰隨地隨時之明魄方向分秒復推其術以求交食限內之方向及所經歷之諸邊分餘若春秋朔閏異同考綴數輯補交食圖說舉隅句股截積和較算例淮南天文訓存疑博能叢話凡若干卷未有刻本其同縣友有易之瀚者亦以算名易之瀚字浩川知士琳有四元玉鑒補草因從問難爲撰四元釋例一卷凡開方例二十九則天元例十一則四元例十三則

顧觀光字尙之金山人太學生三試不售遂無志科舉承世業爲醫鄉錢氏多藏書恆假讀之博通經傳史子百家尤究極天文歷算因端竟委能抉其所以然而摘其不盡然時復蹈瑕抵隙蒐補其未備如據周髀笠以寫天靑黃丹黑之文及後文凡爲此圖云云而悟篇中周徑里數皆爲繪圖而設天本渾員以視法變爲平員則不得不以北極爲心而內外衡以次環之皆爲借象而非眞以平員測天也開元占經魯歷積年之算不合因用演積術推其上元庚子至開元二年歲積知占經少三十六千年又以占經顓頊歷歲積攷之史記秦始皇本紀知其術雖起立春而以小雪距朔之日爲斷蓋秦以十月爲歲首閏在歲終故小雪必在十月昔人未及言也李尙之用何承天調日法攷古歷日法朔餘強弱不合者十六家以爲未能推算入微爰別立術以日法朔餘輾轉相減以得強弱之數但使日法在百萬以上皆可求惟朔餘過於強率者不可算耳授時術以平定立三差求太陽盈縮梅氏詳說未明其故讀明志乃知卽三色方程之法謂凡兩數升降有差彼此遞減必得一齊同之數引而伸之卽諸乘差則八線對數小輪橢員諸術皆可共貫讀占經所載瞿曇悉達九執術知回回太西歷法皆源於此其所謂高月者卽月孛月藏者卽月引數日藏者卽日引數特稱名不同亦猶回歷稱歲實爲宮日數朔策爲月分日數也其論婺

源江氏冬至權度推劉宋大明五年十一月乙酉冬至前以壬戌丁未二日景求太陽實經度而後求兩心差乃專用壬戌今用丁未求得兩心差適與江氏古大今小之說相反蓋偏取一端其根誤在高衡行太疾也西法用實朔距緯求食甚兩心實相距術繇而得數未確改以前後兩設時求食甚實引徑得兩心實相距不必更資實朔較本法爲簡而密矣西人割圜止知內容各等邊之半爲正弦而不知外切各等邊之半爲正切乃依六宗三要二簡諸術別立求外切各等邊之正切法以補其缺杜德美求員周術員內容六邊形起算巧而降位稍遲謂內容十等邊之一邊卽理分中末線之大分距周較近且十邊形之邊與周同數不過遞進一位而大分與全分相減卽得小分則連比例各率可以較數取之入算尤簡易可用弧度入算不用弧背眞數然猶慮其難記仍不能無藉於表因又合兩法用之則術愈簡而弧線直線相求之理始盡錢塘項氏割員捷術止有弦矢求餘線術以爲可通之割切二線因補其術西人求對數以正數屢次開方對數屢次折半立術繇重李氏深源以尖錐發其覆捷矣而布算術猶繇且所得者皆前後兩數之較可以造表而不可徑求戴氏簡法及西人數學啓蒙並有新術而未窮其理乃變通以求二至九之八對數因任意設數立六術以御之得數皆合復立還原四術又推衍爲和較相求八術爲自來言對數者所未有也又謂對數之用莫便于八線而西人未言其立表之根因冥思力索仍用諸乘方差迎刃而解尤晚歲造微之詣也其它凡近時新譯西術如代數微分諸重學皆有所糾正類此所著曰算賸初續編凡二卷曰九數存古依九章分爲九卷而以堆垛大衍四元旁要重差夕桀割員弧矢諸術附焉皆采古書而分門隸之曰九數外錄則隱括四術爲對數割員八線平三角弧三角各等面體圜錐三曲線靜重學動重學天重學凡記十篇曰六秝通考則據古經所紀黃帝顓頊夏殷周魯積年而加以考證曰九執秝解曰囘囘秝解皆就原法疏通證明之曰推步簡法曰新秝推步簡法曰五星簡法則就原術改度爲百分省迂迴而歸簡易蓋於學實事求是無門戶異同之見故析理甚精而談算爲最云其友人韓應陛亦以表章算書顯應陛字對虞婁縣人道光二十四年舉人官內閣中書舍人少好讀周秦諸子爲文古質簡奧非時俗所尙既而從同里姚椿遊得望溪惜抱相傳西人所創點線面體之學爲幾何原本凡十五卷明萬歷閒利譯止前六卷咸豐初英人偉烈亞力續譯後九卷海甯李壬叔寫而傳之應陛反覆審訂授之剞劂亞力以爲泰西舊本弗及也外若新譯電气聲光諸學應陛推極其致往往爲西人所未及云

左潛字壬叔大學士宗棠從子補縣學生於詩古文辭無不深造尤明算理長沙丁取忠引爲忘年交早卒士林惜之所學自大衍天元及借根方比例諸新法無不貫通且能自出己意變其式勘其誤作爲圖解往往突過先民嘗增訂徐有壬割圜綴術旣成忽悟通分捷法析分母分子爲極小數根同者去之凡多項通分頃刻立就因演數草爲通分捷法一帙所譔綴術補草四卷自序曰自泰西杜德美創立割圜九術以屢乘屢除通方圜之率我朝明氏董氏各爲之說而杜書之義推闡靡遺顧八綫互求尚無通術未足以盡一圜之變非明氏董氏之智力不能因法立以盡其變也其能窮杜氏之義也資於借根方其不能廣杜氏之法也亦限於借根方蓋借根方卽天元一之變術究不如元術之巧變莫測也是書祖杜宗明又旁參以董氏之法八綫相求各立一式因式立法因法入算髃之不可立算者今皆能馭之以法卽有不能立法布算者而其式存則能濟法之窮而度圜諸綫一以貫之矣推其立式之由所謂比例術卽明氏定半徑爲一率所有爲二率或三率之法也所謂還原術卽明氏弧背求正矢又以正矢求弧背之法也所謂借徑術卽明氏借十分全弧通弦率數求百分全弧通弦率數求千分全弧通弦率數諸法也所謂商除法又卽還原術之變法是故綴術胎于明氏而又足以盡明氏之變明氏之未立式者以借根方取兩等數其分母分子雜糅繁重既不可通其多號少號輾轉互變又不可約試取明氏書馭之以綴術其遞降各率頃刻可求則是書也其眞能因法立法別樹幟於明董之後者歟書爲徐君靑先生所作吳君子登成之顧詳於式而略於草散考其立法之原不可遽得學者難焉潛因於暇日爲補草四卷因綴數語於簡端云又綴譔術釋明二湘鄉曾紀鴻爲之序略曰易繫云極其數遂定天下之象則綜天下難定之象以歸有定莫數若矣在昔聖神制器尙象利物前民於數理必有究極精微範圍後世者代久年湮漸至失傳近三百年泰西猶能推闡古法而中國才智之士或反率其成轍孔子曰天子失官學在四夷正今日數學之謂也中國舊有弧矢算術而未標角度八綫鈐表則雖有用其理以入算者而無表可檢則每求一數必百倍其功而所得數仍非密率明代譯出泰西八線表及八線對數表嚴其立法得數之原甚屬繁難而成表之後一勞永逸大至無外細及極微莫不以此表測之則其用之廣大可想然得表之後雖無事於再求而任舉一數無從較其訛誤若仍用舊術則非帀月經旬不能得一數此明靜菴董方立推演杜德美弧矢捷術之所以可貴也向來求八線者例用六宗三要二簡各法若任言一弧必不能考其弦矢諸數至杜氏創立屢乘屢除之法則但有弧徑而八線均可求董方立解杜術先取其線之極微者令與弧線合而後用連比例以推至極大又考諸率數與尖錐理相合故用尖錐以釋弧矢而弧矢之數理以顯明靜菴解杜術先取四分弧與十分弧之通弦直線之極大者用連比例以推至千分萬分弧通弦之極微者考其乘除之率數與杜術乘除之原理合故用綴術以釋弧矢而弧矢之數理亦出董明二氏均爲弧矢不祧之宗無庸軒輊邇百年中繼起者如戴徐李三氏所著書雖自出心裁要皆奉董明爲師資也吾友左君壬叟於數學尤孜孜不倦遇有疑難必窮力追索務洞澈其奧嘗謂方員之理乃天地自然之數吾之宗中宗西不必分畛域直以爲自得新法也可嘗釋君靑徐氏綴術又釋戴鄂士求表捷術茲又釋明靜菴弧矢捷術而一貫以天元寄分之式於員率一道三致意焉可謂勤矣孰意天厄良才壬叟竟於甲戌秋不永年而逝凡在同人無不歎惜況余與之爲兩世神交安能無愴切耶

曾紀鴻字栗誠大學士國藩少子恩賞舉人早卒紀鴻少年好學與兄紀澤並精算術尤神明於西人代數術銳思勇進創立新法同輩多心折焉謂大衍求一術亦可以代數推求依題演之理正相通撰對數詳解五卷始明代數之理爲不知代數者開其先路中言對數之理末言對數之用明作書之本意其於常對訥對辨析分明先求得各眞數之訥對復以對數根乘之卽爲常對數級數朗然有條不紊雖初學循序漸進無不可相說以解焉

夏鸞翔字紫笙錢塘人以輸餉議敍得詹事府主簿爲項梅侶入室弟子講究曲線諸術洞悉員出于方之理匯通各法推演以盡其變譔洞方術圖解二卷自序略曰自杜氏術出而求弦矢得捷徑焉顧猶煩乘除演算終不易思一可省乘除之法而迄未得丁巳夏客都門細思連比例術者尖堆底也尖堆底之比例與諸乘方之比例等以之求連比例術必合諸乘方積而幷求之設不得諸乘方積遞差之故方積何能幷求且幷求方積而欲以加減代乘除又必得諸較自然之數而後可誠極難矣旣而悟曰方積之遞加加以較也較之遞生生於三角堆也較加較而成積亦較加較而成較且諸乘方積之數與諸乘尖堆之數數異而理同三角堆起于三角形故屢次增乘皆增以三角方積起于正方形故累次增乘皆增以正方三角之較數增一根則增一較方積之較數增一乘則增一較理正同也累次相較較必有盡惟其有盡乃可入算相連諸弦矢所以愈相較而較愈均者正此理矣諸較之理皆起于天元一而生于根差遞加根一諸乘方根差皆一一乘之數不變故可省乘若增其根差非復單一則乘不能省弦矢弧背之差或一秒或十秒卽以一秒十秒弧線當根差按根遞求卽可盡得諸乘方之較以較加較卽盡得所求弦矢各數矣豈不捷哉爰演爲求弦矢術俾求表者得以加減代乘除併細繹立術之義以俟精于術數者采擇又譔致曲術一卷曰平員曰橢員曰拋物線曰雙曲線曰擺線曰對數曲線曰螺線凡七類類皆自定新術參差幷列法密理精復著致曲圖解一卷謂天爲大員天之賦物莫不以員顧員雖一名形乃萬類循序員一帀而曲線生焉西人以線所生之次數分爲諸類一次式爲直線二次式有平員橢員拋物線雙曲線四式三次式有八十種四次式有五千餘種五次以上殆難以數計矣今但就二次式四種溯其本源幷附解諸乘方拋物線形雖萬殊理實一貫諸曲線式備具於員錐體員錐者二次曲線之母也橢員利用聚拋物線利用遠雙曲線利用散其理皆出於平員苟會其通則制器尙象仰觀俯察爲用無窮矣今爲一一解之其目爲諸曲線始於一點終於一點第一諸式之心第二準線第三規線第四橫直二徑第五兌徑亦名相屬二徑第六兩心差第七法線切線第八斜規線又名曲率徑第九縱橫線式第十諸式互爲比例第十一八線第十二又嘗立捷術以開各乘方不論益積翻積通爲一術俱爲坦途可徑求平方根數十位成少廣縋鑿一卷鸞翔同治三年卒因方積之較而悟求弦矢之術駸駸乎駕西人而上之然微分所棄之常數猶方積之方與隅也所求之變數猶兩廉遞加之較也其術施之曲線無所不通鸞翔猶待逐類立術是則不能不讓西人以獨步然西法開方自三次式以上皆枝枝節節爲之不及中法之一貫鸞翔又於中法外獨創捷術非西人所能望其項背云

鄒伯奇字特夫南海諸生聰敏絕世覃思聲音文字度數之源猶精天文歷算能薈萃中西之說而貫通之靜極生明多具神解嘗作春秋經傳日月考謂昔人考春秋者多矣類以經傳日月求之未能精確今以時憲術上推二百四十二年之朔閏及食限然後以經傳所書質其合否乃知有經誤傳誤及術誤之

分又謂尙書克殷年月以鄭元據乾鑿度以入戊午蔀四十二年克殷下至春秋凡三百四十八年劉歆三統術以爲積四百年近人錢塘李銳皆主其說今以時憲術上推且以歲星驗之始知鄭是劉非其解孟子由周而來七百有餘歲句謂閻百詩孟子生卒年月考據大事記及通鑑綱目以孟子致爲臣而歸在周赧王元年丁未逆數至武王有天下歲在己卯當得八百有九年然周共和以上年數史遷已不能紀可考者魯世家耳此爲劉歆歷譜所據然將歆譜與史紀比對歆與楊公獻公等年分多所加共計五十二若減其所加則歆所謂八百有九年者實七百五十七年耳又謂向來注經者於算學不盡精通故解三禮制度多疏失因作深衣考以訂江永之謬作戈戟考以指程瑤田之疏以文選景福殿賦陽馬承阿證古宮室阿棟之制以體積論梟氏爲量以重心論懸磬之形皆繪圖立說援引詳明又嘗謂羣經注疏引算術未能簡要甄鸞五經算術既多疏略王伯厚六經天文篇博引傳注亦無辨證因卽經義中有關於天文算術爲先儒所未發或發而未闡明者隨時錄出成學計一得二卷於天象著甲寅恆星表赤道星圖黃道星圖各一卷自序略曰甲寅春製渾球以考證經星恆星出沒歷代歲差之故然製器必先繪圖繪圖必先立表此恆星表之所由作也史漢晉隋諸志於恆星但言部位至唐宋始略有去極度數蓋舊傳新圖大抵據步天歌意想爲之與天象不符國朝康熙初南懷仁作靈臺儀象志然後黃赤經緯各列爲表乾隆九年增修儀象考成補正訛誤道光甲辰再加考測爲儀象考成續編入表正座一千四百四十九星外增一千七百九十一星洵爲明備今踰十歲歲漸有差故復據現時推測立表庶繪圖製器密合天行也又謂繪地難于算天天文可坐而推地理必須親歷近人不知古法故疏舛失實因考求地理沿革爲歷代地圖以補史書地志之缺又手摹皇輿全圖自序略曰地圖以天度畫方至當不易地球經緯相交皆正角而世傳輿圖至邊地竟成斜方形殊失繪圖原理其敝在以緯度爲直線也昔嘗爲小總圖依渾蓋儀用半度切線以顯迹象然州縣不備且內密外疏容與實數不符故復爲此圖其格緯度無盈縮而經度漸狹相視皆爲半徑與餘弦之比例橫九格縱十一幅合成地球滂沱四類之形欲使所繪之圖與地相肖也又變西人之舊作地球正變兩面全圖其序略曰地形渾員上應天度經緯皆爲員線作圖者繪渾於平須用法調劑方不失其形似然視法有三其一在圓外視法員法用正弦則經圈爲橢員緯圈爲直線其形中廣旁狹作簡平儀用之其一在員心視員法用正切則經圈爲直線緯圈爲弧線其形中曲旁狹內密外疏作日晷用之斯二者線無定式量算繁難且經緯相交不成正角其邊際或太促褊或太展長以畫地球既昧方斜本形復失修廣實數所不取也其一在員周視員法用半切線經緯圈皆爲平員雖亦內密外疏而各能自相比例西人以此作渾蓋儀最爲理精法密今本之爲地球圖分正背兩面正面以京師爲中線其背面之中卽爲京師對衝之處竦首都也旁分二十四向審中土與各國彼此之勢定準望也經緯俱以十度爲一格設分率也因推演其法著測量備要四卷分備物致用按度考數二題備物致用其目四一丈量器曰插標曰線架曰指南尺曰曲尺曰丈竹曰竹籌曰皮活尺曰蕃紙簿曰鉛筆二測望儀曰指南分率尺曰立望表曰三脚架曰矩尺曰地平經儀曰平水準曰紀限儀曰迴光環曰折照玻璃屋曰千里鏡曰象限儀曰秒分時辰標曰行海時辰樣曰折分大日晷曰風雨針曰寒暑針三檢竅書曰志書曰地圖曰星表曰星圖曰度算版曰對數尺曰八線表曰八線對數表曰十進對數表曰現年行海通書曰淸蒙氣差表曰太陽緯度表曰日晷時差表曰句陳四游表曰大星經緯表曰對數較表曰對數較差表四畫圖具曰大小幅紙曰硯曰墨曰硃曰顏色料曰筆曰五色鉛筆曰筆殼曰指南分率矩尺曰長短界尺曰平行尺曰分微尺曰機翦曰交連比例規曰玻璃片曰橡皮按度考數其目四一明數曰尺度考曰畝法曰里法曰方向法曰經緯里數二步量曰量田計積曰步地遠近曰記方向曲折曰認山形曰準望所見三測算曰測量方向遠近法曰測地緯度法曰論平歸大海地平界角曰測地經度法曰經緯方向里數互求法四布圖曰正紙幅曰定分率曰縮展曰識別設色又因修改對數表之根求析小術是開極多乘方法可徑求自然對數卽納對數以十進對數根乘之卽得十進對數著乘方捷術三卷又創對數尺蓋因西人對數表而變通其用書數於兩尺相併而伸縮之使原有兩數相對而今有數卽對所求數一曰形製二曰界畫三曰致用四曰諸善五曰圖式爲記一卷又嘗撰格術補一卷同郡陳澧序之略曰格術補者古算家有格術久亡而吾友鄒徵君特夫補之也格術之名見夢溪筆談其說云陽燧照物迫之則正漸遠則無所見過此則倒中間有礙故爲如人搖艣臬爲之礙本末相格算家謂之格術又云陽燧面窪向日照之則光聚向內離鏡一二寸聚爲一點著物火發筆談之說皆格術之根源也宋以前蓋有推演爲算書者後世失傳遂無有知此術者徵君得筆談之說覘日光之景推求數理窮極微眇知西人製鏡之法皆出於此乃爲書一卷以補古算家之術蓋古所謂陽燧者鑄金以爲鏡也西洋鐵鏡卽陽燧玻璃爲鏡亦同此理故推陽燧之理可以貫而通之有此書而古算家失傳之法復明可知西人製器之法實古算家所有此今世之奇書也至若古算失傳如此者當復不少吾又因此而感慨係之矣同治三年嵩燾特疏薦之堅以疾辭曾國藩督兩江日欲以上海機器局旁設書院延伯奇以數學教授生徒亦未就八年五月卒年五十有一

李善蘭字壬叔海寧人諸生從陳奐受經於算術好之獨深十歲卽通九章後得測圓海鏡勾股割圜記學益進疑割圜法非自然精思得其理嘗謂道有一貫藝亦然測圓海鏡每題皆有法有草法者本題之法也草者用立天元一曲折以求本題之法乃造法之法法之源也算術大至躔離交食細至米鹽瑣碎其法至繁以立天元一演之莫不能得其法故立天元一者算學中之一貫也並時明算如錢塘戴煦南匯張文虎烏程徐有壬汪曰楨歸安張福僖皆相友善咸豐初客上海識英吉利偉烈亞力艾約瑟韋廉臣三人偉烈亞力精天算通華言善蘭以歐九里幾何原本十三卷續二卷明時譯得六卷因與偉烈亞力同譯後九卷西士精通幾何者尟其第十卷猶玄奧未易解譌奪甚多善蘭筆受時輒以意匡補譯成偉烈亞力歎曰西士他日欲得善本當求諸中國也偉烈亞力又言美國天算名家羅密士嘗取代數微分積分合爲一書分款設題較若列眉復與善蘭同譯之名曰代微積拾級十八卷代數變天元四元別爲新法微分積分二術又借徑於代數實中土未有之奇秘善蘭隨體剖析自然得力於海鏡爲多粵匪陷吳越依曾國藩軍中同治七年用巡撫郭嵩燾薦徵入同文館充算學總教習總理衙門章京授戶部郎中三品卿銜課同文館生以海鏡而以代數演之合中西爲一法成就甚衆光緒十年卒於官年垂七十善蘭聰彊絕人其於算能執理之至簡馭數至繁故衍之無不可通之數抉之卽無不可窮之理所著則古昔齋算學詳藝文志世謂梅文鼎悟借根之出天元善蘭能變四元而爲代數蓋梅氏後一人云

華衡芳字若汀金匱人能文善算著有行素軒算學行世其筆談一書猶爲生平精力所聚凡十二卷第一卷論加減乘除之理第二卷論通分之理第三卷論十分數第四卷論開方之理第五卷論看題馭題之法以明加減乘除通分開分之用第六卷論天元及天元開方第七卷論方程之術已寓四元之意末乃專論四元第八卷論代數釋號及等式第九卷論代數中助變之數及虛代之法第十卷論微分第十一卷論積分分十六款以明之第十二卷論各種算學不外乎加減乘除二論一切算稿宜筆之於書三論算學中可以著書之事四論學算與著書並非兩事五論繙算學之書六論疇人傳當再續綜計自加減乘除通分以至微分積分由淺入深術本繁難而括之以簡易之旨理本賾深而寫之以淺顯之詞又於同治十三年與英士傅蘭雅共譯代數術二十五卷衡芳序之曰代數之術其已知未知之數皆代之以字而乘除加減各有記號以爲區別可如題之曲折以相赴迨夫層累已明階級已見乃以所代之數入之而所求之數出焉故可以省算學之工而心亦較逸以其可不假思索而得也雖然代數之術誠簡便矣試問工此術者遂能不病其繁乎則又不能也夫人之用心日進而不已苟不至昏眊迷亂必不肯終輟故始則因繁而求簡及其既簡也必更進焉而復遇其繁雖迭代數十次其能免哉自是知代數之意乃爲數學中鉤深索隱之用非爲淺近之算法設也若米鹽零雜之事而概欲以代數施之未有不爲市儈所笑者也至於代數天元之異同優劣讀此書者自能知之無待余言也又與傅蘭雅共譯微積溯源八卷序之曰吾以爲古時之算法惟有加減而已其乘與除乃因加減之不勝其繁故更立二術以使之簡易也開方之法又所以濟除法之窮者也蓋學算者自有加減乘除開方五法而一切簡易淺近之數無不可通矣惟人之心思智慮日出不窮往往以能人之所不能者爲快遇有窒礙難通之處輒思立法以濟其窮故有減其所不可減而正負之名不得不立矣除其所不受除而寄母通分之法又不得不立矣代數中種種記號之法皆出於不得已而立者也惟每立一法必能使繁者簡難者易遲者速而算學之境界藉此得更進一層如是屢進不易而所立之法於是乎日多矣微分積分者蓋又因乘除開方之不勝其繁且有窒礙難通之處故更立此二術以濟其窮又使簡易而速者也試觀圜徑求周員數求對數之事雖無微分積分之時亦未嘗不可求惟須乘除開方數十百次其難有不可言喻者不如用微積之法理明而數捷也然則謂加減乘除代數之外更有二術焉一曰微分一曰積分可也其積分猶微分之還原猶之開方

爲自乘之還原除法爲乘法之還原減法爲加法之還原也然加與乘其原無不可還而微分之原有可還有不可還者是猶算式中有不可還原之方耳又何怪焉如必曰加減乘除開方已定供吾之用何必更求其精是舍舟車之便利而必欲負重遠行也其用力多而成功少蓋不待智者而辨矣又代數式中末卷之中載求平員周率簡捷法式爲猶拉所設未有此法之時曾有算學士固靈用平員內容外切之多等邊形費極大工夫算得三十六位之數設徑爲一周爲三一四一五九二六五三五八九七九三二三八四六二六四三三八三二七九五零二八八其臨死之時囑其家以此數刻于墓碑蓋平時得意之作恐其磨滅欲傳之永久亦猶亞基默得之墓刻一球形與員柱形也又與傅氏共譯三角數理此書爲英士海麻士所譔海麻士專精三角八線之學著書十有二卷皆言三角數理卽用爲名首明三角用比例之理次論兩角或多角諸比例數次論造八線比例表之法次解平三角諸形次論諸角比例乘約變化之理紀彼國算士棣弗美創例也附以專論對數術及諸三角形設題一百則爲書三卷以引學者次總說球上各圈及弧三角形之界次解正弧斜弧三角形之法次雜論求弧三角數種特設之表終以弧三角形設題二十七則焉然書中說解過于煩費仍不能變外角和較與垂弧次形總較諸舊法故自海氏書出益覺徐有壬拾遺三術雖能可貴超越西人又與傅氏共譯代數難題解法十六卷其弟世芳字若溪亦通算術著有近代疇人著述記

清史稿　列傳

列女一

積家而成國家恒男婦半女順父母婦敬舅姑妻助夫母長子女姊妹娣姒各盡其分人如是家和家如是國治是故匹婦黽勉帷闥之內議酒食操井臼勤織紝組紃乃與公卿大夫士謀政事農勞稼穡工業勞曲商賈通貨財同有職於國而不可闕晚近好異議以謂女參於父妻參於夫戚戚求自食或謂女制於父母婦制於舅姑妻制於夫將一切排決舍家而蹴國務爲閎大其過不及若殊要爲自棄其所職而害中於家國則均嗚呼何其誣也古昔聖王經國中而爲之軌億萬士女毋或逾焉是故矜其變所以誨其正愍其異所以勵其庸範而趨於一使凡爲女若婦者循循各盡其職則且廣之爲風俗永之爲名教有國者之事以權始以化終權故行化故成國以治平清制禮部掌旌格孝婦孝女烈婦烈女守節殉節未婚守節歲會而上都數千人軍興死寇難役輒十百萬則別牘上請捍強暴而死爰書定亦別牘上請皆題書於實錄其微之也廣其祿之也顯流風餘韻綿綿延延風雨如晦雞鳴不已故知權所以能行化所以能成尤必有當於人人之心固不可強而致也列女入史始後漢書用其例擇尤炳著如干人賢母孝女孝婦賢婦節婦貞婦貞女烈婦義行邊徼諸婦以類相從其處變事相亞者厥而比焉纂昔懿儀來淑敬我彤管宜有助於興觀

田緒宗妻張德州人緒宗順治九年進士官浙江麗水知縣有聲卒官張預戒管庫謹視賦徭所入發牘覈其數代者至請知府臨察無稍舛漏乃持喪歸教三子雯霈霖皆有文行張通詩春秋傳能文年七十里黨將爲壽誡諸子曰禮婦人無夫者稱未亡人凡吉凶交際之事不與亦不爲主名故春秋書紀履綸來逆女公羊傳曰紀有母何以不稱母母不通也何休云婦人無外事所以遠別也後世禮意失始有登堂拜母之事戰國時嚴仲子自觴聶政母前且進百金爲壽蓋任俠好交之流有所求而然耳豈禮意當如是耶吾自汝父之沒於官攜扶小弱千里歸櫬含艱履戚三十年餘闔戶辟績以禮自守幸汝曹皆得成立養我餘年然此中長有隱痛每歲時臘腏兒女滿前牽衣嬉笑輒怦怦心動念汝父之不及見故或中坐歎息或輟箸掩淚今一旦賓客塡門爲未亡人稱慶未亡人尚可以言慶乎三十年吉凶交際之事不與知而今日更強我爲主名其可謂之禮乎處我以非禮不足爲我慶而適足增我悲耳汝曹官於朝宜曉大體其詳思禮意以安老人之心張年七十七而卒有茹茶集雯官至戶部侍郎

稽永仁妻楊永仁無錫人楊長洲人永仁死浙閩總督范承謨之難楊時年二十七子曾筠生七年舅姑皆篤老黽勉奉事喪葬謹如禮福建定永仁僕程治乃克以其喪還楊質衣營葬葬竟撫曾筠而泣曰我前所以不死以有舅姑在舅姑既沒而葬今又葬汝父我可以死則又有汝在汝父以諸生死國事汝未成人當如何則又嗚咽曰我其如何曾筠長而力學楊日織布易米以爲食指謂曾筠曰汝能讀書乃得啖此未亡人則歠粥及曾筠官漸顯恆誡以廉慎雍正十一年卒年八十有四永仁曾筠皆有傳永仁妾蘇字瑤青從永仁福州臨難取帶而永仁而縊年十七

張英妻姚桐城人英初官翰林貧甚或餽之千金英勿受也故以語姚姚曰貧家或餽十金五金童僕皆喜相告今無故得千金人問所從來能勿慚乎居恒質衣貰米英祿稍豐姚不改其儉一青衫數年不易英既相彌自謙下戚黨或使婢起居姚方補故衣不識也問夫人安在姚逡巡起應婢大慚沮英年六十姚製棉衣貸寒者子廷玉繼入翰林直南書房聖祖嘗顧左右曰張廷玉兄弟母教之有素不獨父訓也卒年六十九有含章閣詩女令儀爲同縣姚士封妻好學有蠹窗集英廷玉皆有傳

蔡璧妻黃，漳浦人，世遠母也。璧喪妻，以爲妾。耿精忠爲變，璧方客京師，黃奉璧父母避山中。璧母老不能粒食，輟女子子乳乳之。璧父母命璧以爲妻。世遠妻劉，事舅姑孝。世遠既貴，家人謀買婢，勿許；謀傭乳母，劉曰：「吾六子四女皆自乳，吾不以貴易其素。」世遠有傳。

尹公弼李妻，博野人。公弼早卒，家貧，舅姑老，父母衰病無子，養生送死，拮据黽勉。教子會一有法度。通籍，出爲襄陽府知府，李就養。兩暘不時，必躬自焬禱禳。疫癘蝗亦如之。冬寒，民六十以上量予布帛。襄陽民德之，爲建賢母堂，李賦詩辭之，不能止。會一移揚州府知府，揚州俗奢，李爲作女訓十二章，教以儉。累遷河南巡撫，所至節俸錢畀高年，布帛周貧民，佐軍餉，皆以母命爲之。民間輒爲立生祠，如在襄陽時。會一內擢左副都御史，李以疾不能入京師，陳情歸養。復以母命，里塾社倉次第設置。居數年，高宗賜詩嘉許，榜所居堂曰荻訓松齡。卒，年七十八。公弼曾孫瀾醇妻徐，亦早寡，與其族公亮妻高、公聘妻楊、德一妻韓、成一妻李、多福妻劉、林妻王、二喜妻朱，合稱尹氏九節。會一有傳。

錢綸光妻陳，名書。綸光，嘉興人；陳，秀水人。幼端靜，讀書通大義。初昏，綸光侍其父瑞徵出上冢，陳從樓上望見少年毆佃客幾死，咯血，方大雪，血沾衣盡赤。佃客家以其族黨至，洶洶。陳遣蒼頭問，少年，從子也。乃舁佃客入室，召醫予藥，畀其母錢米；呼從子使受杖，衆乃散。瑞徵還，亟賢之。陳善事舅姑，助綸光欵賓客，周鄰里，曲盡恩意。綸光卒，教子尤有法度。子陳羣，自有傳。界官陝西醴泉知縣，有賢聲。陳晚爲詩，號復庵，署畫號南樓老人，詩三卷，戒陳羣毋付刻。畫尤工山水人物花草，皆清迥高秀，力追古作者。曾孫女與齡，字九英，爲廣西太平府同知吳江蒯嘉珍妻，亦能畫，題所居曰仰南樓。

胡彌禪妻潘，桐城人。彌禪卒，遺三子，長子宗緒方十歲。貧，遣就學村塾，且倚閭泣而送之，踰嶺不見乃返，暮復迎之而泣。三年，貧益甚，能學。潘不知書，使兒誦，以意爲解說。一日，聞程朱語，歎且起立曰：「我固謂世間當有此。」聞誦司馬相如美人賦，則怒，禁毋更讀。諸子出必告，襟濡露則詰之，問奈何不由正路。歲饑，潘日茹瓜蔓，而爲麥粥飯兒，有餘以周里之餓者。嘗命僕治室，發地得千金，獻宗緒，宗緒不受，母聞乃喜。宗緒成雍正八年進士，官至國子監司業，篤學行，有所述作。

張棠妻金，秀水人。棠卒，金作苦奉姑。晨炊偶有餘，日午復以進。姑呼金共食，金虛姑不足，輒以腹痛辭。姑病，侍食嘗藥，搔癢滌腧，櫛髮拭垢，靡不躬爲。夜坐牀下，聞呻吟即起。姑沒，哭之痛，曰：「吾將何怙以冀孤兒長乎？」則愈益作苦。方冬掘履雨，手龜且裂皴，以醬及蠟淚，痛如割，必畢事乃寢。子庚稍長，有文行，客游以爲養。一日，金晨起理髮竟，登案扳裳西南望，曰：「我安得望見江西？」時庚方客南昌，南昌於浙爲西南，故云。既得旌，泣而言曰：「我姑亦早寡，徒以年已逾三十，不中令甲，而我得被旌，我於是有私痛也。」年七十九而卒。

洪翹妻蔣，武進人。翹尚義而貧，僦居臨大池，隘且溼，蔣擇處其尤陋者。暴雨，水浸淫牀下。翹既不第，客游養父母，俄書報病，且歸，將挾二子舟迎，聞來舟哭聲，審其僕也，號而自擲於水，女傭持之免。自是率諸女鍼黹組織，力以自食。授其子禮吉讀，至禮經「夫者婦之天」，哭絕良久，呼曰：「吾何戴矣！」遂廢其句讀。禮吉稍長，出就里中師，里中師不辨音訓，母爲正其誤，日數十字。母織子誦，往往至夜分。翹大父嶸，嘗守大同，父公宗獨償大同官逋十有餘萬，不以累弟昆；受託趙氏孤，坐累家破，卒全之，以此名孝義。將恒舉以勗禮吉。喪舅姑，毀甚；既復喪母，疾作，遂卒。禮吉更名亮吉，有傳。

張蟾賓妻姜，武進人。蟾賓父金第，客死京師，妻白食貧撫諸孤。蟾賓復早卒，姜撫二子惠言、翊，貧甚。惠言就其世父讀，歸省，姜無食，明日惠言餓不能起。姜撫之曰：「兒不慣餓憊耶？吾與而姊而弟時時如此也。」惠言稍長，使授翊書。姜與女課女紅，常數線爲節，晨起盡三十線乃炊，夜然燈視二子讀，恒至漏四下。里黨稱姜苦節如其姑。惠言有傳。

施曾錫妻金，名鏡淑。曾錫，桐鄉人；金，震澤人。曾錫故有文行，以副榜貢生終。孤福元生七年矣，教之嚴，夜篝燈讀書，福元稍怠，欲朴之，朴未下，涕泗交於頤，輒罷。初，曾錫喪父母及所生父，金撤簪珥以佐葬。及葬，曾錫家益貧，紡績，冬寒皸瘃，十指皆流血。所生姑亦卒，乃還依母。歲大無，具飯飯母，韮及福元，而自食豆粥雜糠覈。母病，侍尤謹。福元以舉人知西江安福縣，而金已前卒。

廷璐妻惲。廷璐，完顏氏，滿洲鑲黃旗人。惲，陽湖人，名珠，字珍浦。惲自壽平以畫名，其族多能畫。毛鴻調妻惲冰，字清於，畫尤工，粉墨映日有光，於珠爲諸姑。珠亦能畫，善爲詩。廷璐爲泰安知府，卒官。珠撫諸子麟慶、麟昌、麟書，教之嚴，持家政肅而恕。嘗擬列女傳爲蘭閨寶錄，撰定清女子詩爲國朝女士正始集，校刻壽平父日初遺書及李容集，皆傳世。麟慶有傳。

汪楷妻王、妾徐。蕭山人。楷爲河南淇縣典史，嘗廉民寃，白令爲平反。既去官，客死廣東。母七十，徐有子輝祖，幼，喪歸，索債者至，王鬻田，出嫁時衣裝以償。楷弟不肖，恒求錢以博，甚或篡輝祖去，得錢乃歸之。已，將以母遷，王與徐力請留奉侍，甚謹。母垂沒，歎其賢孝。教輝祖讀，或不中程，徐奉箠呼輝祖跪受教，王涕泣戒督，往往棄箠罷。貧益甚，互稱疾減食食輝祖。輝祖長，出游佐州縣治刑名，王戒之曰：「汝父嘗言，生人慘怛，無過囹圄中。偶朴一人，輒數日不怡，曰：『彼得無恚恨戕其生乎？』汝佐人，當知此意。」輝祖自外歸，必問：「不入人死罪否？破人家否？」曰無，則喜；即言法不免，王與徐輒相視爲流涕。王尤不喜言人過，輝祖或偶及之，必曰：「汝能不爾即佳，此何與汝事？」徐居常布衣操作，歲饑，日織布一疋，易三斗粟，雖擴不爲止。一絮被，餘二十年，輝祖請易，曰：「此汝父所予，不可易也。」徐病，輝祖進蔘，郤之曰：「汝父客死，吾不獲以此進，吾何忍飲？」王強之，微啜而罷。徐卒十餘年，輝祖成進士，而王卒。輝祖有傳。

馮智懋妻謝。智懋，長洲人；謝，嘉興人。智懋家中落，再遇火，謝處貧黽勉無所恨。子桂芬入學爲諸生，謝喜曰：「汝家久無秀才，汝繼之，甚善。願世世爲秀才，毋覬科第也。」及得第，訓之曰：「人必有職，女紅中饋，婦職也，易盡耳，汝當思盡其職。」又曰：「好官不過多得錢，然則商賈耳，何名官也？汝謹當不至是。勉旃！」蘇州、嘉興皆困重賦，謝氏以催科破家，謝每謂桂芬：「汝他日爲言官，此第一事也。」同治初，江浙初定，桂芬佐江蘇巡撫李鴻章幕，成減賦之議，蘇州、松江、太倉三府州減三之一，常州、鎮江減十之一。浙江巡撫左宗棠繼請，嘉興亦得量減。時謝已前卒。桂芬有傳。

鄭文清妻黎，遵義人。事祖姑及姑，能得其歡心。貧，令長子珍就傅，諸子力田，教督之甚肅。珍錄平生所訓誡爲母教錄，嘗曰：「婦人舍言容工，無所謂德。言只柔聲下氣，容只衣飾整潔，工則鍼黹紡績、酒漿菹醢，終身不能盡。」又曰：「人雖貧，禮不可不富。禮不富，是謂眞貧。」珍，儒林有傳。

程世雄妻萬，衡陽人。世雄兄世英早卒，妻何無子。世雄旋亦卒，子學伊弱。族有爭嗣者，萬以學伊兼承世英後。姑喪未殯，火發，何、萬與諸婢號泣奉柩出，火爲之止。萬善治家，學伊長，家漸起。咸豐間軍興，諸將唐訓方、陳士杰、彭玉麟皆倚學伊籌兵食，萬日具百人饌，爲規畫周至，賢母名益聞。力施與，贍諸戚族，教孫曾皆成立。年八十九卒。

高學山妻王，瀘州人。王歸學山，視前室子四，皆羸弱，鞠育甚至。長子病且死，泣語中母恩，願再來爲母子。第三子病亦如之。逾年，學山夢二子者至，即夕王孿生二子。王教諸子讀書擇友有法度，多取科目，孿生子同舉於鄉。

王氏女娥，九江屠者女也。順治十四年，火，屠者方醉臥，娥奔火中呼不起，遂並焚死。張天相女巧姑，儀徵人。乾隆十年正月庚寅，火，天相方病，巧姑年十四，負父欲出，同死。明日得其尸，猶負父也。周氏女，六安人。父瞽，女八歲，火作，母抱女出，問：「父胡不出？」母曰：「父瞽不能行，奈何？」女入火中導父行，火烈迷路，俱死。王孜女，慈谿人。康熙十六年七月乙未夜，慈谿火，女方居母喪，停棺於堂，火至，女呼舁棺，無應者，伏棺上泣。父從火光中遙見之，抱之出，則已死，灌以礬水，稍甦，聲出喉間僅屬，問母棺出否，家人不答，遂哽咽而絕，女年十五。薩玉瑞妻許，閩人。夫亡，姑初喪，火發，護姑柩不去，同燼。

繆湑妻蔡，名蕙，泰州人。父孕琦生五女，而蕙爲長，字湑，未行。孕琦坐法論死，繫獄待決。蕙絕嗜好，屏服飾，寢不解衣，嚴寒不設爐火。居四年，湑請昏，蕙謝不行。康熙二十八年，聖祖巡江南，蕙伏道旁上疏，略云：「妾聞在昔淳于緹縈爲父鳴寃贖罪，漢文帝憐而釋之，載之前史，傳爲盛典。今妾父孕琦被仇害，自逮獄以來，妾日夜悲號，籲天無路，每夕遙望宸闕，禮拜數千，於今三年，寒暑靡輟。今幸駕臨淮海，是誠千載奇逢，妾願效緹縈之故事，冒死鳴哀，伏維天鑒。」上下其疏江南江西總督覆讞。二十九年，讞上，孕琦得減死。蕙歸湑，未一年卒。

濮氏女，桐鄉人。其父無子，而母妬，不使置媵侍。家萬金，悉畀女，嫁吳生，予田宅奴婢什物皆具。女獨慼父未有子，嘗從容諫母，母怒罵曰：「吾萬金餉汝，犬豕猶知人意，況人乎？」女不敢復言，乃爲父置婢其家，時父至，使侍父，歲餘果生男。載而之母家，會濮氏長老，見男於廟，具白母，賀母有子。母憾女，盡收田宅奴婢什物，驅就他舍，屏勿復相見。吳生既以婦富，乃驟貧，憤恚欲殺女。女度無所容，自經死。

李氏女，鹿邑人，次三。父麒生，與族人礎、挺九有隙。挺九語礎：「若與麒生有殺姊讐，不先之，終爲害。」礎與其子兆龍行求麒生，共毆之垂死，乃棄去。三時年十九。麒生將死，喟曰：「讐殺我，我無子，能報者倘何言？」呼天天，遂絕。三請於母，訟縣及府，皆不省；訟巡撫，下開封府同知治。挺九好語三，願養母，請得息訟，三扼其吭，齧而盡壞。卒脫去。獄上，當礎死，礎自殺；兆龍杖創甚，亦死。三以禍始挺九，願無罪，走京師，擊登聞院鼓自列，下巡撫覆按。會挺九亦死，三泣告父墓曰：「讎雖盡

然不棄於市恨未雪也乃不嫁養母居十五年康熙三十七年八月母卒三治喪葬竟自經死乾隆中知縣海甯許炎表其墓環墓爲之田曰李孝女墓田

來氏二女蕭山人姊曰鳳筠年十四父客福建從渡古田翁洋父墮水鳳筠方臥病聞遽起躍入水呼救魚舟集援出水鳳筠猝慄無人色猶爲父易衣夜半遂死鳳蓀其女弟也父病露禱百餘夕不勝寒亦死

曾尚增女衍綸長清人尚增以庶吉士改官遂知郴州衍綸從母病瘓不能起衍綸日夜侍居四年一夕母命衍綸少休女傭就牀下爇衣遺火灼帷衍綸突火入抱母號救者以衍綸出復入哭且呼曰速救夫人夫人出我乃出火爇牀救者不得入尚增厲聲呼衍綸出不應火益熾遂殉既滅火見衍綸身覆母兩體膠結不可解時乾隆二十三年十二月乙亥衍綸年十五又有王氏女懷遠人母亦病瘓火作女哭火入負母俱燼劉魁妻徐霍邱人旣嫁而歸省火作負父出復入負母病瘓不能起俱焚火熄見徐跪牀下猶執母手薛中奇女宿州人侍祖母火作扶祖母出梁折承以肩焚死祖母得免

呂氏女平陸人父卒母且嫁女生七年痛哭諫其母母不聽則日長跽母前且哭且言母意終不迴一日晨潛出家人求之勿得暮途人或言墦間有幼女死爲家人就視則女哭父瘞所死矣淚血溢兩眶遍地盡碧及斂視其寢處枕上血深漬數重

佘長安女名西州四川重慶人長安訟人聚博宰耕牛坐誣戍湖北嘉慶十六年西州走京師詣都察院自陳祖父母年皆逾八十乞赦其父得侍養事聞仁宗以長安罪非常赦所不原至配所已九年其女年甫十一不遠數千里匍匐奔訴情可憫命赦長安

王法夔女名淑春揚州人法夔老而貧淑春誓不嫁力鍼黹爲養方冬手龜身寒顫工不輟法夔至七十餘卒淑春以首觸壁額裂死武仁女名端錢塘人能讀書願不嫁事父母父母不可少長母偶疾夜求藥墜樓折脊則喜曰吾今形殘不可匹人吾自是得終事父母矣仁客死貴州端從母迎喪至則資已盡力鍼黹奉母而蓄其餘居十有七年始克以喪歸唐氏女名素無錫人貧無昆弟亦不嫁鬻畫以贍父母

張桐女名富蔚州人道光九年山水暴發家人皆走避桐方病臥富將負父出弱不勝水大至父揮之去號泣俱溺水退家人至見富兩手猶握父臂不釋汪儼聘妻周劉氏女名密吳某聘妻周皆六安人儼卒周歸汪氏事舅姑水至周從姑乘屋攀樹姑墮水周躍下拯之與俱死密與母同墮得板扉緣以上扉欹壓墮母呼密速上密曰扉狹不足全我母女冀活母兒不上矣遂死周既入水或援之登舟問父母存否皆曰不知復躍入水死李薦一聘妻曾南豐人未行遇水室盡圮母投水死女援不及入水殉

袁斯鳳女璣字儀貞江蘇華亭人斯鳳官河南懷慶府黃沁同知璣事父母孝視疾尤謹母陳有寒疾璣榻母側視起居母命之臥頃輒起八年陳疾少瘥璣乃曰世無不可治之疾人力未至而委之天命則以爲不可治爾斯鳳疾作乍劇乍瘥夜靜或大雪璣嚴立窗外伺聲息往往不眠道光十四年斯鳳疾大作醫謝不治璣聞涕泣已而怒曰誰謂不可愈吾必欲愈之而斯鳳竟卒後四日璣闔扉欲自經嫂過而勸之璣泣誓死嫂喻以殺身非孝璣作色曰吾自欲死此時雖孔子朱子以吾爲不孝吾亦惟死爾嫂曰獨不念病母乎璣曰有汝在乃告其母共諭慰之又二日璣竟死死後母察歛具得斷釧

丁氏女鶴慶人父貧煆石爲灰以自給女助之年十六父卒女力作養母嘗負重而躓遂痀僂爲傭食於傭家每飯思母輒哽咽人憐之許其分食以遺否必爲母炊竟乃出傭居四十餘年母卒女亦卒

朱棫之女武清人字縣諸生曹文甲早喪父母病奉事良謹將昏女堅請留侍母母卒治喪葬請旌母節奉母主入祠見祠有孝女爲低徊甚久歸遂自裁遺書告文甲曰君家孝娥以身殉父兒愚祗知有母深負舅姑慈願更得賢婦奉蘋蘩也

杜仲梅女末姑安徽太平人賊至刃其母抱持乞代刃及終不釋賊去母創死女抱母尸泣達旦尋毀卒同時二方氏女一年十四一方九歲皆代母死又有劉可求女亦太平人弟被掠女請於父易弟歸即夕自殺

楊泰初女徽德孫承沂女錦宜皆休甯人徽德年十二母死寇抱尸不食死錦宜七歲寇殺其祖母守尸側五日賊與食卻之餓死

趙承穀聘妻丁名晼芬武進人父士衍官蠡縣知縣母趙及晼芬從咸豐十年洪秀全兵破常州承穀大父起殉焉或傳承穀亦見執母感傷發病卒明年二月壬子夕晼芬自經死將死書所爲思親賦及詞六篇字畫端靜如平時彭爵麒女名詠春懷甯人陳寶廉二女慧莊慧敬侯官人皆殉母詠春哭母殯僧寺登浮屠自投死慧敬請以身代母慧莊居母喪皆仰藥死

吳士仁女獻縣人幼喪父無兄弟誓不嫁養母會寇至女求利刃置袖中扶母出避遇二寇擠母仆母怒詈寇持刃欲斫女急呼曰毋殺我母我從若不則死寇乃止扶母還其家藏母於室出問寇飢否具食使食食畢一方飲一出臥他室中女躡飲者後挾刃刺其頸貫喉斷而仆女陽爲嬉笑拔所佩刀至他室臥者方起立遽前刺其胸亦死乃負母出走

王濟源女棗強人幼即能事父母寡兄弟遂矢不嫁嘗有盜夜破門入女持火鎗立暗陬擊一盜斃盜乃去喪父母葬祭皆如禮爲立後同治間寇至負父母木主行避寇逾六十父母忌日歲時祭墓猶號泣哽咽

董桂林女樂亭人桂林卒女十二矢不嫁耕織以養母昌黎富家子聞其賢請昏願代之養女堅拒不許母卒女五十餘矣鬻田以爲斂存屋數椽田一畝杏五樹女即牖外置母棺手畚土以封獨處晝夜懸刀自衞又十餘年鄰里高其義醵金爲營塋

耿恂女名一圭望都人恂舉人無子客授保定母劉病痺一圭按摩抑搔嘗六七晝夜不少休母少閒因臥牀下恂自外至誤踐其手指甲脫血流至肘倦不自知也嘗議婚某氏子未聘而某氏子夭女聞泣曰我得終事父母矣遂矢不字劉病垂二十年哽噎不能食食必女口哺恂卒持喪奉病母歸里逾年劉亦卒一圭營喪塋自爲文以表於阡一圭嘗以生日上冢掬土以益墓憊仆墓側家人掖以歸數日卒

吳芬女開縣人女次第二芬光緒二十三年拔貢生以知縣發山東女留侍母芬病女聞夜輒焚香露禱三十一年芬卒女聞大悲且恚曰人謂天有眼我夜焚香露禱叩頭至數百乃漠然不一顧耶越日飲藥死時年十三

邵氏二女黟人長名媚十五次名揚十三從父入山樵虎出噬其父媚持父擔樵斧斫虎虎負創去父女皆不死蔣遂良女城步人虎挾其母去女奪以還

徐氏二女淑雲淑英溫江人父譬兄登雲早卒嫂浚疾革撫子成龍而泣淑雲淑英在側曰我二人在當扶持以長嫂何慮時成龍方二歲淑雲淑英皆不嫁以女紅事畜卒扶持以長

李鴻普妻郭禹州人鴻普母王明季流賊破州自經死失其尸鴻普將斲櫝爲之象未成而卒郭力紡織奉其舅及後姑子以達稍長喻以父意求檀輒不中象材郭乃刺左腕出血盈盂和香屑爲象復剪髮飾其首以達驚叩首泣郭曰我姑以節死我何愛髮若血不以奉姑吾無恙汝又何悲象成藏潔室日上飲膳事如生其後又有牛輔世妻張太原人姑卒刻木祀之飲食必祭

高位妻段宛平人位卒段年十七二子幼依其兄以居兄勸改嫁段不可攜二子徙居小市板屋中長子早死次子爲吏以罪徙遼左乃復撫諸孫段年九十孫裔成進士贖其父以歸裔母谷事姑孝始處賤躬灑掃晨侍盥櫛食時就竈下作羹親上之食畢然後退日以爲常旣貴終不改或以爲言谷曰若毋言吾與姑故寒苦姑習我非我供事姑終不適吾老矣灑掃盥饋以事我姑此日可多得耶康熙二十七年段卒年九十六

鄭光春妻葉莆田人光春游湖南久不歸葉以紡績養姑子文炳幼或不率教輒撟心號天文炳懼向學姑老病痺葉負以出入七年姑乃卒文炳長娶於吳念父不歸婚夕惘惘無歡吳逡巡得其故勸文炳行求父曰事姑我任之文炳行求得父以歸吳已卒猶處子文炳子任仁婦張能繩其孝

屈崇山妻劉鄠縣人崇山卒劉奉姑以居康熙三十年歲凶姑勸之嫁不從饑益甚姑泣劉語曰我旦暮且死盍自鬻尙可活我劉泣不應姑大慟曰死耳夫何言劉哽咽久之乃曰如姑命自鬻於豪家得金畀姑號泣登車去豪家方具酒食爲賀劉入廁自經死豪家大恨以敝蓆裹尸棄野外

謝以炳妻路仲秀妻鄭季純妻吳瀏口人以炳兄弟並早卒三婦勵節事姑姑病癰迭吮之良愈

王鉅妻施鉅蕭山人施富陽人姑嚴小不當意輒呵斥施屏息不敢聲姑病反胃甚醫以爲不治施刲股和藥進病良已姑遇施如故鉅疾作施視疾憊病瘵卒姑猶不善施鉅以刲股事告視其尸信乃大慟曰吾負孝婦及疾篤出珠花付鉅曰汝婦孝以此志吾痛使汝子孫勿忘蕭山人因稱鉅後爲珠花王氏

陳文世妻劉郿人陳劉皆農家劉待年於陳旣昏姑年七十二病噎劉割臂和藥以進疾少閒旣而復作不食已十日垂盡矣劉夜屏人殺雞誓於神持小刀自剺其胸二寸許出肝刲半取布束創以肝與雞同瀹湯奉姑姑久不言忽曰湯香甚飮之竟病良愈劉亦旋平爲乾隆四十四年夏六月事知縣嘉興李集出俸爲買田宅宅北有大陂幾三頃因命曰孝婦陂

張守仁妻梁獻縣人守仁卒祖姑穆耄而瞽且痿日偃仰牀蓐梁傭力以養或諷梁嫁梁曰我今日嫁明日祖姑飢且死義不忍祖姑善恚小不當意則怒詈

或攖其面血出染事之自若祖姑卒依其女以終縣又有韓守立妻俞祖姑及姑皆瞽或妄言割肉以燃燈可愈守立願試之俞請代刲右股然之盡十餘日祖姑目復明

路和生妻吳靖遠人善事姑姑喪明吳侍左右非盥衣不入或言姑無見也吳曰吾心自不可欺耳諸君祿妻唐零陵人姑胡老無齒兼病痺唐日操作舉輒跪而乳之或曰坐可也唐曰是乳小兒也乳姑不可

牛允度妻張通渭人三十而寡奉姑謹嘉慶六年大祲求野菜以食姑老病久之不能復食張貸錢得市餔進姑又久之貸不繼姑病欲絕張慰之曰姑稍待婦製草笠可得錢數十猶足爲數日供也笠成賣得錢姑已死乃求市脯祭朝夕哭以餕餘活夫弟

游應標妻蕭新都人應縹出耘蕭居績火發翁室翁老病不能行蕭冒火入負翁將及門門焚俱死蔣廣居妻伍桐城人寡奉姑徐嘉慶二十四年火作徐年九十六矣臥不能起伍自火中奔赴負徐至竈前火逼俱死伍尸傴僂背負徐俱僵立不仆而如生又有扶溝蔣有廣妻陳救翁洧川閻惠妻李救姑皆火死周學臣妻柳湖口人早寡夜虎突門翁出視噬仆柳徒手擊虎虎自去王德駿妻盛益陽人事祖姑孝病噎哺以乳寇掠縣負姑夜遁墮虎穴禱於虎虎不咥張茂信妻方茂信河津人方儀徵人方嘗割股愈舅疾舅與茂信皆卒奉姑劉姑嚴方事之謹當夏姑病暴下方躬滌茵席不以爲穢夜與姑共枕寢微呻輒起撫摩抑搔五十餘日姑愈亟稱其孝林經妻陳連江人姑盲性卞常臆婦藐己陳斷三指自明姑爲之悔經病刲股經卒以節終

張德隣妻李遂安人寡從弟欲奪其志力拒歲饑驢蹠礐石灰易米以養姑一日遇盜泣曰驢可將去丐留甕中物俾我姑不即餓死盜舍之去

武烈妻趙烈永年人趙宣化人趙事姑孝姑病夜露禱得寒嗽疾烈病疫或謂口吮胸汗出則愈而吮者當病趙曰果爾死不恤卒吮之烈竟卒趙病幾殆貧操作紡績諸子成進士自奉恆儉親族有緩急往往傾其貲出千金置義學卒遂祠焉

孫朗人妻吳連江人姑陳早寡遺腹生朗人性嚴急有不當意輒堅臥朗人偕吳跪牀下俟意解命之起乃起朗人卒吳以節終李天挺妻申日照人天挺早卒姑嚴中年六十猶終日跪庭中居姑喪以毀卒劉與齊妻魏秦州人既寡事姑曰被笞罵歡顏受之躬爨十餘年不怠周志桂妻馮湘鄉人姑暴忍饑以養猶時時加箠楚姑病痺不能舉杖叱馮跪自撾流血不敢怨歷三十餘年人名其里曰孝婦村

歐陽玉光妻蔡湘鄉人玉光母劉治家有法度玉光居父喪以毀卒蔡承姑教董家事率妯娌與子姪傭奴各有專職家漸起子惟本亦娶於蔡婦家貧將嫁宗族周焉得錢三千有奇陰置稈薦中而緊綸其端父送女還入室引綸則錢在焉曰孝哉我女留此以活我惟本亦早卒從姑敬事祖姑祖姑與姑執笄侍左婦自右爲約髮盥姑奉水婦奉槃及食婦具饌姑侑之寢三世連牀一夕姑起墮牀折脇婦號泣就援姑戒勿聲毋令祖姑驚也祖姑晩喪明手足痿痺挽簁輿日游庭中姑肩前婦肩後祖姑劉年至九十姑蔡九十六婦蔡八十三皆國瀋爲之傳謂歐陽姑婦雖似庸行無殊絕者而純孝兢兢事姑至六十年五十年之久而不渝天下之至難無以踰此

蕭學華妻賀湖南安化人賀父徙陝西學華贅其家年餘學華歸省母賀欲與俱父不許賀割股肉付夫以奉姑姑適病學華烹肉進病良已後學華攜賀歸事姑以孝稱

張友儀妻陳福建永定人事姑孝姑嘗稱曰諸婦汝最樸訥然洒漿筐篋瑣碎無不治得吾意者汝也友儀早卒陳未三十勉痛事姑撫孤子同治初寇至負姑入山避徒行數十里踵裂血流屢踣屢起匿深林中然枯枝採野蔌以活卒得免子日焜妻李嘗刲股愈母病事祖姑及姑孝姑病割臂進病目舐以舌良已嘗赴族人飯心動歸正姑病又嘗宿姻家夜半乘輿還姑曰吾正念汝知汝必念我速歸也

馮氏武進人嫁吉龍大事舅姑謹姑病偏廢飲食臥起皆需馮而龍大游蕩欲衒馮以媒估客馮不可龍大引外婦入室舅怒而逐之馮曰姑病婦終日侍苦爲他事間得一人分其勞甚善因持臥具從姑寢龍大時時毆辱馮馮未嘗有怨色舅病龍大市毒藥授馮令飲其父馮擲藥跪諫數日龍大別市藥毆而逼之馮歎曰我所以不死爲舅姑耳今無冀矣入視姑寢至龍大所舉藥盡飲之謂龍大曰我代舅矣後毋萌此念須臾毒發死

王鉞妻隋諸城人敏而有定識明季奉姑避兵航海行數千里寇至負姑夜踰垣匿谷中以免鉞成進士爲廣東西寧知縣康熙十三年吳三桂反鉞城守賊至鉞謂隋當奈何隋出匕首曰有此何懼賊去鉞行取主事隋請以諸子先行是時賊方盛行人道絕隋得敝舟挾幼子經肇慶度大庾入鄱陽湖水陸行數千里率僕婢佩刀晝夜警備家居地震自樓墮血淋漓持子泣地搖搖未已子請避隋曰諸婢壓其下吾去死矣督家僮發甎石出之皆復活火發於樓烟蔽梯不可登命以水濡被予諸婢身持溼衣障火先登諸婢汲水次第上火遂得熸子沛恩沛憕沛恂皆成進士官於朝隋益勸儉自歛抑鄉人稱老實王家

林雲銘妻蔡雲銘閩人蔡名捷字步僊侯官人雲銘順治十五年進士授江南徽州推官鄭成功兵入江徽州兵叛蔡矢死不去官省還居建寧耿精忠反下雲銘獄蔡憂之嘔血股紫女瑛佩刲臂肉入藥旋蘇師至雲銘乃出獄雲銘無子蔡爲買妾七乃生子蔡御諸妾有恩所親有婦妒而五十無子者蔡延至家與處三日歸爲夫買妾生子里婦忤其夫共指蔡以勸曰毋令林孺人知瑛佩爲閩淸鄭郯妻

陳龍妻胡龍溪人龍少恃勇爲暴於鄉里父老羣謀去害時胡未嫁使密勸乘時立功名龍亡命爲盜海島父母將別字胡堅拒聞龍娶不貳龍降官金門總兵知胡猶未字乃成昏海澄許貞嘗以逋餉繫獄胡告龍代償其負釋使去貞卒爲名將

王勳妻岳曲周人岳奉舅姑篤謹若不能言勳移家臨淸而商於天津王倫爲亂將攻臨淸臨淸民爭走避岳請於舅姑曰賊將以臨淸爲窟必不剪居民以自弱從衆以行不死於奔竄必死於蹂藉宜若可緩然舅姑用其言出者爭道多擠入水死岳曰乃今宜可徙官軍且至賊方謀出禦不暇捕逃人且徙者已十八九今行無慮蹂藉今不行免於賊或不免於官軍遂相將潛出城還曲周勳亦歸人稱其能量事岳篤謹如故

魯宗鎬妻朱名如玉字又寒仁和人事舅姑孝或以賄干宗鎬有所關說朱勸毋受宗鎬曰我度是無利害朱曰諸爲不義事皆以爲無利害耳奈何以貧隳素行宗鎬悟謝之

馬叔顓妻丁揚州舊城人事舅姑甚謹叔顓兄弟三既分而伯兄以訟破家丁義不己食雖壺酒豆肉必以分一日語叔顓請致家於伯氏叔顓許之丁事伯如舅姒如姑米鹽織悉一關姒嫁時衣裝飾首約臂皆不私家故買也叔顓兄善賈遂以其家富叔顓有所請於姒姒不時給叔顓怒曰乃我家所有嫂何與丁曰始讓而終怒人其謂我何勸叔顓毋校

許光淸妻陳海寧人善持家戚有鬻婦者婦誓死不從陳偕姒婦朱醵金畀其夫要之署券曰彼人游蕩金盡終且鬻婦不如是婦不免乃招婦至善視之其夫死復醵金贖所居遣婦還並前券焚之鄰童入其室竊壺去陳戒家人勿言曰彼何以爲人御婢寬罰有虐婢者必以陶潛語勸曰彼亦人子也

黃開箴妻廖開箴高安人廖沔陽人開箴善爲鍼設肆衡州廖佐以紡績開箴病痪廖習爲鍼鍼成置諸版摩以掌鍼乃澤數以是創不懈開箴卒子長發幼婦劉監利人待年於姑氏稍長夫婦共爲鍼長發截鐵圓本而銳末持就煆晥火察純窳劉削竹綴以鋼懸變縆環竹曳縆則竹轉以穿鍼鼻鍼良市者多家漸裕洪秀全之徒蹦湖南家破長發治鍼益力當冬得敝羊裘奉廖與劉皆敝褐短褌手足龜不敢怠長發旋卒子才三歲被火家再破於是廖語劉曰天乎此誠不可再活盍同死劉對曰火亦常也姑婦惟當復食苦耳鬻簪珥爲貿遷居賤鬻貴廖持算劉主議値又數年家復裕廖老而卞易怒劉進淡巴菰徐言他事輒解不解即跪謝相持泣乃已廖七十六而卒劉既善貿遷隣家就求術劉爲謀至詳貧者貸以貲同巷居五十餘家多以貿遷富開箴初設肆才錢六千四百劉晚年積白金至十萬督子孫就學取科目家益大年七十九而卒

黃茂梧妻顧名若璞字和知仁和人顧好言經世之學爲詩古文辭自爲集序曰若璞不才少不若於母訓笄事東生十有三年閒事咏歌大抵與東生相對憂苦之所爲作也東生溘逝雌殘而哭不如死之久矣徒以藐諸孤在發篋書日夜披覽二子從外傳入輒令隅坐爲陳說吾所明日月漸多聞見與積聖賢經傳旁及騷雅詞賦冀以自發其哀思題曰臥月軒稿軒爲東生所嘗憇志思也東生茂梧字顧至康熙中乃卒年九十子燦妻丁從顧學亦好言經世先顧卒

高其倬妻蔡名琬字季玉漢軍正白旗人綏遠將軍毓榮女也毓榮其倬皆有傳琬諳政事其倬章疏文檄每與商榷能詩有蘊眞軒詩鈔集中辰龍關鐵鎖嶺江西坡九峯寺諸篇追懷其父戰績尤悲壯爲世傳誦嘉慶間鐵保錄滿洲蒙古漢軍旗人詩爲熙朝雅頌集以琬爲餘集首同入選者珠亮妻嵩山妻皆宗室女張宗仁妻高名景芳詩最多珠亮妻有養易齋詩嵩山妻有閬軒詩景芳有紅雪軒詩

陳之遴妻徐名燦字明霞吳縣人之遴自有傳徐通書史之遴得罪再遣戍徐

從出塞之遴死戍所諸子亦皆沒康熙十年聖祖東巡徐跪道旁自陳上問寗有冤乎徐曰先臣惟知思過豈敢言冤伏惟聖上覆載之仁許先臣歸骨上即命還葬徐晚學佛更號紫箏有拙政園詩詞集詞尤工陳維崧推爲南宋後閨秀第一畫得北宋法

詹枚妻王名貞儀字德卿枚無爲人貞儀泗州人而家江寗祖者輔官宣化知府坐事戍吉林貞儀年十一者輔卒戍所從父錫琛奔喪因僑居吉林侍祖母董讀書學騎射十六還江南又從錫琛客京師轉徙陝西湖北廣東二十五歸於枚後五年嘉慶二年卒貞儀通天算之學能測星象旁及壬遁且知醫爲詩文皆質實說事理不爲藻采撰星象圖釋二卷歷算簡存五卷籌算易知重訂策算證訛西洋籌算增刪皆一卷象數窺餘四卷女蒙拾誦沉疴囈語皆一卷繡袟餘箋文選詩賦參評皆十卷德風亭集二十卷貞儀病且死謂枚曰君門祚薄無可爲者我先君死不爲不幸平生手稿爲我盡致蒯夫人蒯夫人能彰我蒯夫人者吳江蒯嘉珍妻錢附見曾祖母錢綸光妻陳傳中時僑居江寗貞儀與相習枚以貞儀書歸焉其姪儀吉爲歷算簡存序言貞儀有實學不可沒班惠姬後一人而已女子治歷算蓋至鮮咸豐間膠州柯蘅妻李名長霞遂於選學著文選詳校八卷工詩有錡齋詩集光緒間濟陽艾紫東妻徐名桂馨治音韻之學有切韻指南四卷

郝懿行妻王名照圓字瑞玉一字婉佺福山人懿行見儒林傳照圓文辭高曠得六朝人遺意懿行有所述作照圓每爲寫定題識其後自爲書有列女傳補註八卷序曰列女傳補註者補曹大家註也照圓六歲而孤母林夫人恩勤鞠育教以讀書嘗從燕間顧照圓而命之曰昔班氏註列女傳十五卷今其書亡如能補爲之註是余所望於汝也照圓謹志之不敢忘分陰遄邁奄忽四七寸草盟心遂成銜恤追省前言隕越滋懼不揣愚蒙略依先師之詁用達作者之意凡所詮釋將以通其隱滯取供吟諷至於義所常行或傳記成文舊人已注則皆闕而弗論誠知疏陋無能纂續前修庶幾念昔先人少酬明發之懷補註成請夫子辨析疑義時加訂正無隱乎爾竊所慕焉又校正列仙傳二卷舊有讚考以隋書經籍志知爲晉郭元祖撰復別出爲一卷又集傳記言占夢者爲夢書一卷皆自爲序附懿行書以行尤喜言詩著葩經小記書未成懿行撰詩問謂與照圓相問答條其餘義別爲詩說皆采照圓說爲多光緒間其孫聯薇以書進因誤爲照圓著云自照圓爲列女傳補注其後又有汪遠孫妻梁校注梁名端字無非錢塘人幼爲祖玉繩所愛元和顧之逵校刻列女傳玉繩爲審定端輒臚其同異退而筆之玉繩爲之折衷既歸遠孫與參酌增損端既卒遠孫爲刻行

陳裴之妻汪名端字允莊七歲賦春雪詩擬以謝道韞因又字小韞錢塘人長爲詩旨遠而辭文嘗撰定明詩初二集上始開國下逮遺民都三十家附錄又七十人自定凡例以爲初集猶士盟之晉楚二集猶列國之宋鄭魯衛附錄猶附庸之邾莒杞薛梁德繩稱其宗尙淸蒼雅正能掃前後七子門徑吳振棫稱其論一代升降正變元元本本縱橫莫當端所自爲詩有自然好學齋集裴之卒子又有疾舅文述素奉道端詩亦多爲道家語既卒諸姪重定其集盡刪晚作二本並行於世

汪延澤妻趙名棻字儀姞延澤烏程人趙上海人戶部侍郎秉沖女也幼讀書能詩文有濾月軒詩集四卷文集二卷詞一卷自爲序略曰宋後儒者多言文章吟咏非女子所當爲故今世女子能詩者輒自諱匿以爲吾謹守內言不出於閫之禮反是則迂欺炫鬻於世以射利焉耳是二者胥失之也禮昏義女師之教婦言居德之次鄭君注云婦言辭令也夫言之不文行而不遠文章吟咏非言辭之遠鄙倍者歟何屑屑諱匿爲子曰楨撰二十四史日月考趙爲之序曰劉義叟撰劉氏輯術迄於五季書久佚僅存通鑑目錄自宋迄明六百餘年未有續爲之者曰楨好史學習算考當時行用本術如法推步得其朔閏自史記至新舊唐書屬草已一百餘卷余亟欲覩其成預爲此序俾寫定冠諸簡端

吳廷鈐妻張廷鈐常熟人道光六年進士官至刑部員外郎張名縕英字孟緹陽湖人世父惠言父琦皆博通能文章縕英與諸女弟承其教咸有述作皆能詩縕英兼爲詞秀逸有王沂中張炎遺意妹紃英亦能詩詞綸英尤工書傳琦筆法眞書出入歐陽顏楊諸家分書自北碑上溯晉漢遒麗沈厚紈英兼治古文縕英嘗編次國朝列女詩錄紈英爲作傳簡雅合法度紃英江陰章政平妻綸英同縣孫劼妻紈英太倉王曦妻

程鼎調妻汪名嫈字雅安歙人好學通儒家言詩文皆雅正病將卒爲詩曰秋風一葉落余亦歸荒墟遺書戒其子葆言家事至詳復謂武侯著書內有八務七戒六恐五懼武侯第一流人務一而戒恐懼居其三可不識所致力耶葆編其所作爲雅安書屋詩文集

陳瑞妻繆名嘉蕙字素筠昆明人工書善畫光緒中召入宮供奉爲皇太后嘉賞特賜三品服時同被召者馬某妻阮字蘋香儀徵人賜名玉芬富樂賀妻王名韶字齊雲杭州駐防滿洲人著有冬青館詩仁興妻瓜爾佳氏名畫梁亦杭州駐防滿洲人著有超範室畫範

耀州三婦一靑嘉努妻一納岱妻一邁圖妻所居寨曰壽麥衙在耀州城南天命十年六月癸卯明將毛文龍遣兵三百夜薄寨方踰牆入寨兵未即出三婦者見之倚車轅於牆以爲梯靑嘉努妻持利刃先偕登城奮擊三百人皆驚墜牆走耀州守將揚古利以兵至追擊盡殲之太祖召三婦賚金帛牛馬賜靑嘉努納岱妻備禦邁圖妻千總

杉松郵卒婦祿勸人失其姓康熙五十七年正月有常應運者爲亂逼杉松諸郵卒方耕於山無禦者婦曰此可計走也挾鉦鳴山巔若且集衆賊引去婦乃走告夫州始爲備事定知州李廷宰聚父老賚婦酒食具鼓吹簪勝披錦以矜於市民

楊芳妻龍芳松桃廳人龍華陽人芳有傳龍善鼓琴工書蘭嘉慶十一年芳自寗陜鎭總兵署固原提督龍留寗陜是歲秋鎭兵以饟不給將叛龍使告署總兵楊之震之震不之省或請龍行避亂龍曰不可若我出而兵叛是知其叛也人其謂我何七月辛亥夕亂作芳素得兵心兵有以匪降者尤感芳不殺皆入署爲龍衞民婦就避兵廊廡盈焉龍嚴戒奴婢毋號泣嚮明叛兵叩閤請謁諸避兵者恟懼請毋納龍曰愚哉彼輩且自入孰能禦之乃啟門納其渠數十人咸泣謝且請龍行龍謂之曰若曹雖叛狀官其渠罪不逭於多人何尤主將旦夕歸白若曹於朝非盡殲也可各罷歸伍叛兵不欲罷堅請龍行龍命以輿來盡出諸避難者而殿其後叛兵送至淸澗哭而返龍兄爲興安知府乃之興安芳自固原至撫叛兵復定蒲大芳者叛兵渠也請於芳迎龍歸芳遣大芳等二十輩以往龍初舉子即冒雪就道道中大芳與其曹詬爭舉刀傷其曹行至漢陰龍使假刑具於有司召大芳責曰汝叛幸不死更弄刀杖又待叛耶杖之四十械而行三日將至寗陜其曹十九人者爲之請乃令脫械龍至語芳曰事雖定然君且有遠行芳曰何至是龍曰朝廷自有法度兵叛事大不容無任其咎者果有命戍伊犂龍歸侍姑姑風緩不能言惟龍達其意左右在視居姑喪盡禮芳復起遷湖南提督道光五年龍卒

崔龍見妻錢名孟鈿字冠之一字浣靑龍見永濟人錢武進人侍郎維城女九歲刲臂療父疾歸龍見事姑謹龍見以進士官州縣爲四川順慶知府川東嘓匪爲亂龍見帥師出禦賊自間道來襲吏民驚擾錢詗賊自府西至遣人挈渡舟泊東岸賊至不得渡遂引去及爲湖北荆宜施道値白蓮教匪爲亂龍見出督饟錢居危城中烽火四偪以龍見指發書戒所屬州縣令收附郭積聚謹守備毋與賊浪戰賊偵有備亦引去龍見在官廉錢每出餘財周戚黨自四川還泊燕子磯見渡舟覆溺出錢募救者活十餘人皆應試士也羅拜岸上龍見卒教諸子成立錢工詩詞即以浣靑名其集

沈葆楨妻林名普晴字敬紉侯官人雲貴總督則徐女也則徐葆楨皆有傳葆楨故則徐甥林六七歲時嘗侍諸姑坐臧否戚黨諸子弟戲以詻林輒曰無踰沈氏兄賢及歸葆楨葆楨貧董中廚斥奩具佐饍能得姑歡咸豐六年葆楨知廣信府八月出行縣洪秀全將楊輔淸自吉安潛師越山谷入戊子破貴溪己丑破弋陽吏具舟促林避寇林勿行庚寅葆楨還時遵義鎭總兵饒廷選駐軍玉山乃爲書乞援而輔淸兵益進去廣信八十里辛卯廷選報書言水涸師不得下僕役散走林懷印倚井坐誓死乙夜城南火達曙大雨火滅林謂葆楨曰城中炊烟斷火何由起此賊諜所爲以空城告也今日賊當至吾殉君固其所解劍授葆楨曰雨甚吾不可露坐賊至君以劍當之使吾倉卒得入井也賊得諜知城無人易之待霽乃發癸巳輔淸兵復進四十里而廷選師至葆楨徒步迎以入甲午輔淸兵薄城廷選軍出禦其裨將畢定邦賴高翔戰甚力林煮粥啖士卒士卒益奮丁酉賊大至圍合文吏竄伏餽餌犒勞皆林會計而出納之乙亥望大戰解圍輔淸乃引去自是葆楨治軍日有聲擢江西巡撫治船政林佐治官書一一中條理治家尤有節度斷線殘紙必儲以待用方葆楨試禮部鬻金條脫治行代以蜀籐雖貴弗易也光緒三年卒

王某妻陳皋蘭人同治六年河州回攻蘭州師自平番來援阻黃河不得渡陳家河北令其子化鳳集族黨以舟濟師蘭州以全

李某妻趙營山人縣多虎李子赴市暮未還李立村外待虎躍至李驚呼趙聞持梃出與虎鬭虎弭尾去羅傑妻陳安徽太平人傑與陳共入山采薪虎攫傑陳與爭不得脫急觸虎口虎舍傑咥陳陳死傑得脫楊某妻唐衡陽人夫婦偕耘虎攫其夫去唐曳虎尾不捨三逾嶺傷左臂卒負夫歸數日夫死以節終姚

旺妻潘旌德人旺遇虎潘奔救同死
蓋氏吉林涼水泉金廣年妻也廣年貧眇一目有友與狎一日戲語廣年汝何修得美婦廣年心動即曰若豔我婦予我百金以婦與若遂與友偕還語蓋蓋曰貧死命也以貧而鬻其婦生何心矣噭然哭廣年出以語友聞哭止入視則自嚙死矣呼友共解之友因摩其足蓋蘇以足抵友仆走廚下取刀自斫其足立斷昏臥血中鄰里趨視唾廣年其友懼請以百金療廣年亦悔力負販育子姓甚繁

清史稿　列傳

列女二

張廷祚妻蔡　陳時夏妻田
傅光賓妻吳　鄭哲飛妻朱（李若金女）
王師課妻朱　秦甲祐妻劉
艾懷元妻姜　周子寬妻黃
李有成妻王　楊方勛妻劉（鄒近泗妻鄢）
胡源渤妻董　林國奎妻鄭
陳仁道妻龎　張某妻秦（李氏女）
何某妻韓（張榮妻吳張萬寶妻李）　沈學顏妻尤
王賜紱妻時　王某妻張（子曰琦妻魏學祈妻高李學詩妻趙）
高明妻劉　鄧汝明妻劉
魏國棟妻龎　呂才智妻王（許爾臣妻駱原某妻馬）
張揚名妻彭　沈萬裕妻王
盧廷華妻沈　李谿然妻楊
曾經佑妻林　梁蟲妻李
姜吉生妻木　曹某妻王
潘思周妻傅　倪存謨妾方朱
楊震甲妻楊（楊三德妻馬張奎裝妻牛）　陳大成妻林
溫得珠妻李　賈國林妻韓
孫雲獬妻白　圖幹恰納妻王依氏（吳先榜妻鄒）
王元龍妻李　蔡庚妻吳
韓某妻馬　李鳴鑾妻黃（金先炳妻倪）
徐嘉賢妻劉　冒樹楷妻周
曾廣垕妻劉　馮丙熿妻俞
袁積懋妻左（子學昌妻曾余振寰妻傅）　周懷伯妻邊
吉山妻瓜爾佳氏　湯某妻錢
戚成勳妻廖　曾惟庸妻譚
謝萬程妻李　李殿機妻王
長清婦　程允元妻劉
楊某妻樊（劉柱光妻魯）　李國耶妻蘇
趙惟石妻張　鍾某聘妻吳
岳氏（姚氏）　張氏
袁氏　楊某妻張
周士英聘妻吳　閻壯聘妻宋
沈煜聘妻陳　王國隆聘妻余
于天祥聘妻王　方禮秘聘妻范
姚世治聘妻陳　何秉儀聘妻劉
沈之螽聘妻唐　貝勒弘曒聘妻富察氏
灘上女子　吳某聘妻林
雷廷外聘妻侯　程樹聘妻朱（張某聘妻姜侯某聘妻王王志曾聘妻張）
李家勳聘妻楊　李家駒聘妻朱（賈汝愈聘妻盧）
袁進舉聘妻某　李應宗聘妻李
何其仁聘妻李（王鶴洛聘妻李）　節義縣主
李承宗聘妻何　吳某聘妻朱
徐文經聘妻姚　李煜聘妻蕭
劉戊兒聘妻王　朱某聘妻李
武稌聘妻李　陳僨兒聘妻錢
汪榮泰聘妻唐　季斌敏聘妻藺
董福慶聘妻馮　喬湧濤聘妻方
張氏女　粉姐
闞氏女　趙氏婢

張廷祚妻蔡漳浦人國初師既下福建濱海數百里猶羣起負固有方祐者謀舉兵延祚與語不合被殺子才十餘歲蔡哀慟謀復讐一日聞祐將其徒至方夕易男子服挾刃詣祐壘未至顧見其子踉蹌來念母子併命斬張氏祀乃與俱歸既祐降爲民娶於蔡其婦蔡大母行也因得常見祐祐甘語謝蔡蔡益憤夜輒握刃刺壁壁穿刃猶擊順治五年春蔡伺祐有所過度道所必經將其子止松林中挾刃俟日午祐雄服怒馬來蔡自林中出叱祐祐驚呼從者從者駭走蔡持刀斫祐祐墜馬負創走蔡疾追之行人聚而譁蔡且奔且言曰吾夫爲此賊害有助者吾與俱死追及祐祐攀松枝與門中蔡額血被面門益力遂迫祐左手捽祐右手奮刃斷其首擲道旁觀者皆大驚蔡持祐首告於延祚墓將其子詣巡按御史臺門請死巡按御史霍達異其事問有主者乎蔡哭對曰夫死所以不即死者以有子耳今子且不顧安肯受他人指耶然殺人當死公毋撓國法達乃釋不問

陳時夏妻田長樂人時夏父超鵬早卒母高守節田讀書知大義時夏貧事王姑及姑高朝夕扶持不去左右病不能食輒以口哺時夏卒督諸子讀嘗自述與夫論學語爲敬和堂筆訓以授諸子粹然儒家言其自序略曰余苟延性命祇以三子一女冀其能自立不至辱泉下耳大兒今十一猶有童心況諸幼孤未亡人心力垂盡恐旦暮死而夫子之學行與余之出肝膽忍艱苦以冀其有成者將誰爲余告之耶爰述先訓書之於册嗟乎小子異日讀此其能自省使余生不負於子女死不媿於夫子否耶居十餘年卒

傅光賓妻吳宣城人吳歸於傅光賓已病矣踰年卒吳父母欲嫁之吳歸留吳而訟傅氏衣食吳吳還傳氏以訟故勿納吳復歸請自食無累父母力紡聞有媒至輒求死乃別居明季饑恒餓鄰饋之勿受族姊歸於魏亦嫠也遺之米乃半易糠覈或怪問之曰雜糜之可一月不死也久之紡有餘錢得婢曰春蘭拾瀋供爨事里媪或呼春蘭食吳必審所自戒勿輕受食春蘭自是即不受里媪食

鄭哲飛妻朱哲飛南安人朱明魯王以海女也嫁哲飛生丈夫子一女子三而哲飛卒會以海亦殂渡海至臺灣依明宗室甯靖王術桂以居康熙二十二年師克臺灣術桂自殺朱奉姑育諸孤以女紅自給居五十餘年乃卒年八十餘初師下舟山以海妃陳入井死以海諡之曰貞而以海女又以節終李若金女名閨餘千人明季字淮王世子由桂入國初由桂出亡聞誓不更字嘗咏金環曰紅爐經百鍊不失本來眞事父母孝年五十九卒

王師課妻朱蕭山人師課明天啟中官太醫院院判卒明亡兵亂朱率二子避九里坳嘗遇賊脅以刃朱奪刃辦面哭且詈賊欲殺之二子號慟求代得不死事平歸老於家嘗爲勗子歌五章其三章曰我生之後逢世亂白頭兵起蒼黃竄膚血染點叢麻紅母子支離宵不旦飛鼯雷聚驚鼓鼙秋雨淋漓斷薪爨嗚呼九里坳邊員瓦全爾曹性命天所憐五章曰庭闈肅潔辭親族薄田聊許資饘粥震盪扁舟波復風兒才卻聘家回祿此身直緣正氣生機杼猶能活枵腹嗚呼但願長作太平民何嘗俯仰愧天人

秦甲祐妻劉三原人甲祐病痪劉侍疾甚謹莞家政甚飭越十年甲祐卒時歲饑兵未定劉撫二子四符四採嘗訓之曰年荒衆人之荒學荒則吾兒之荒也兵亂衆人之亂心亂則吾一家之亂也聞者以爲名言四符甲祐前婦子也劉愛之均於所生

艾懷元妻姜米脂人懷元父穆兄懷英在明皆官參將穆卒國初懷英降入鑲藍旗授牛彔章京居京師順治八年懷元往省其兄既歸仇家誣爲逃人遂亡命官收其孥穆妻馬老矣姜金請代姜方娠皆就逮明年事雪西還姜襁稚子金與相扶持行數千里又明年馬與金皆卒懷元遺信至言毋死不得奔喪誓畢生不歸姜食貧撫子居四十餘年乃卒

周子寬妻黃順德倫教村人子寬刺船與其侶戲侶溺坐減死戍貴定黃求從夫行譁縣門吏爲注官書乃盡鬻嫁時物畀舅姑製竹擔荷具從夫行夫道病黃行經村市操土音歌求錢得藥物酒食奉夫夫瘳達戍所居十七年舉一子二女而夫死黃求以夫骨歸跪縣門搏顙二十餘日吏許之畀以牒黃懷牒裹夫骨筥負小兒女獨身以行其長女已嫁農家子牽衣泣黃斥不顧黔多虎而

黃負夫骨逆旅禁不納日汲於澗拾樹枝以爨夜宿道旁廢廟恒見虎殘人餘骼狼籍無所怖及至村黃齒既長黧黑醜惡又雜羅施語有叟獨識之指道旁冢曰此而翁也而姑僵牆陰不食已一日黃求得姑姑兩目眊黃引其手拊裹中骨及篋中兒女姑抱而噎黃大號篋中兒女亦號鄉里皆走視義之畀以金僦屋奉姑居黃行逮歸十九年順德人號曰女蘇武

李有成妻王常寧人寡悉散奩飾於族隣貧者將卒呼諸婦曰吾寡居四十餘年耳目如聾瞶未嘗妄視聽汝曹其識之

楊芳肋妻劉宣城人嫁五日而寡剪髮自誓隣婦或微諷劉出刀以示曰吾晝以是爲鏡夜以是爲枕隣婦慴不敢復言鄒近泗妻邢昆明人寡而貧或諷之嫁邢曰吾能忍饑寒不能忍恥卒以節終

胡源渤妻董臨清人源渤卒胡年十五爲嫠八十年年九十五乃卒里婦或問守節易乎曰易如無夫何曰如未嫁如無子何曰如有子而死若不孝曰何以制此心曰饑而食倦而寢不饑不倦必有事焉毋坐而嬉吾嘗爲人傭治女紅必求其工求工則心專心專則力勤力勤則勞而易倦倦即寢寤即興毋使一息閒久之則習慣矣

林國奎妻鄭閩人國奎卒有子二鄭將殉姑誡以存孤乃已一子殤遂自沈於江漁者拯以還姑疾刲肝雜糜進疾良已族有亡賴子嘗中夜至告族人杖於宗祠亡賴子爲嫚書汙鄭鄭恚取刀斷左耳訟於縣縣笞亡賴子亡賴子出益妄語鄭復割右耳巡撫下永譽聞其事坐轅門讞其獄令隸以兩耳示觀者械亡賴子至閱嫚書一行輒撻其面復重榜荷校論戍邊居數月鄭兩耳復生永譽復坐轅門召而察之左耳完且皙右耳赤如血下廓乃微頳而短於左文武吏及諸觀者皆驚歎一時稱異事云

陳仁道妻龎博白人康熙十九年吳三桂將程可任掠博白仁道將與鄰人拒之爲所殺龎自經家人救之甦乃斥產購得殺仁道者殺諸仁道墓前

張某妻秦三原人康熙三十一年仍歲大祲縣民多流亡秦內外無所依至龍橋河北河岸坼有隙自匿其中有老人閔之遺以食明日復往則昨所遺故在勸之食且問故秦曰謝翁厚然不可爲常先後等死耳我坐岸隙令死不至暴露足矣遂餓而死年二十餘老人爲封焉同時李氏女從父母逐食至漢口父母皆疫死女年十六美儈聘焉將鬻使爲妓女得其情力求死三原人賈漢口者羣詬儈儈陰殺之

何某妻韓張榮妻吳張萬寶妻李皆濰縣人韓早寡求疏屬子爲後康熙四十三年濰大饑韓晝抱子拾薪夜則紡績日一食久之有所蓄非甚飢則不食卒買宅娶婦生孫年七十三卒吳嫁三日夫死貧甚轉役自活夜必歸其室得米雜糠粃樹葉爲食贏一日食則一日閉戶年九十二病將死呼其姪謂曰我有銀紱衣帶猶昔吾夫物我死以此市棺埋我夫墓側李嫁生子方晬而喪夫舅姑謂曰汝不幸我曹老子幼汝當如何李泣曰婦非爲舅姑老子幼夫死何所不得猶忍活至此婦自審已決願舅姑無疑舅賣漿暮出戶聞鐸聲必趨往代其擔抱子力作人未嘗見其啟齒既喪舅姑娶婦生孫乃卒疾革謂其子曰我死得見汝父我甚喜汝勿悲也韓居縣東南草廟村吳居縣西張家村李居縣北長疃村

沈學顏妻尤仁和人學顏卒無子以從子時吉爲後時吉生子大震又卒尤撫孤孫其兄侮之秋將穫以衆刈其禾尤置鉞於髻末外向踊而號兄提其髮鉞創手乃去常恨其孫弱曰我安得見曾孫見曾孫死不恨大震娶婦舉子王乃卒既卒大震復舉子近思自有傳

王賜紱妻時黃平人賜紱出行宿於翁丙爲苗所殺棄尸箐中時行求得之告官得苗五俱伏罪時年二十一母欲令更嫁剪髮烙左頰毀容矢不行

王某妻張灤州人早寡無子以族子曰琦後亦早卒妻魏亦州人所居村曰柳河地卑濕食不足掇草根木葉拾蘋藻雜糠粃以食其孤復殤復以族子後張卒族人諷魏嫁魏不可居十餘年爲所後子娶婦乃語所親曰吾乃今志始遂使嫁不過溫飽死耳人恒苦貧吾獨不自覺苦皆自樂生吾生不知爲樂又焉知有苦州又有李學詩妻趙學書妻高娣姒以節著學詩學書生友愛行涉水學書誤就深學詩拯之相抱持俱死趙生二女高無出食貧堅守年皆逾八十

高明妻劉秦安人早寡子步雲幼貧甚嘗伺鄰家炊乞餘熱爲兒煨餅步雲稍長就學歸則然燈讀劉縫紉夜必盡數線一夕線未盡步雲倦臥撫之有淚迹問曰兒病耶曰無之但饑耳劉泣然曰兒不慣餓我則常耳步雲爲賈家漸起

鄧汝明妻劉崇善人康熙四十一年歲大無官煮粥食饑民劉不食五日鄰家招偕赴劉恥之三出三反終不行因投水漁人拯之坐岸側漁人去復入水死

魏國棟妻龎蠡縣龎家莊人祖姑徐姑董皆節婦國棟卒無子龎力女紅以養織日一疋或授以纑織成必增重曰縕所滋也或與值多一錢不受祖姑八十餘目昏向曝如廁躬負以出入姑亦至八十負出入如之再居喪有周之者魏曰吾貧幸相貸然必償如不使我償是視我非人也日夜織不期月皆償當葬衰而前柩或請代魏曰我祖姑我姑無子孫我在即其子孫也可代乎姑葬以夏方雨魏涉潦號踊見者皆流涕雍正三年縣大水歲無有縣治賑役自戶外呼告之魏曰婦固饑然食朝廷米償否曰賑也何償魏曰償則食不償則我孱婦何功報朝廷而徒食乎不可遂鍵戶復呼之不應縣使役具剌歸之米一石魏復辭役曰此喬令君所以旌節義母辭乃拜而受縣上其事得旌族人爲立後

呂才智妻王博興人才智病傴僂杖而行鬻餅於市歲祲才智將鬻王王曰汝病廢我去汝不得生且我身值幾何汝不過得數日飽食盡終當死等死不如相依死也乃令才智守舍而出行乞生一子才智死終不嫁許爾臣妻駱蕭甯人家奇貧爾臣及其父母相繼卒駱號於市得柳棺瘞焉或勸盍嫁駱曰乞食雖辱猶勝於再嫁卒以窮餓死原某妻馬河津人康熙六十年饑行乞食泣語人曰乞食至辱不如死顧安得死所無累人耶或漫應曰去此十餘里有紅石崖死此可無累馬明日徑至其所脫耳環易餅遲隣人過者屬以畀其母曰爲我語母無復望我我今死此矣即投崖下死

張揚名妻彭臨江人早寡貧或謂行乞可得食彭唾之曰我亦書生婦有餓死張氏舍耳安能爲丐日夜操作立後娶婦持門戶

沈萬裕妻王浙江山陰人萬裕早失母王事後姑謹萬裕卒子幼後姑虐使之舅予田數畝使別居後姑使嫁王不可後姑陰取犬子胞擲王室陽出之曰寡婦室何乃有此迫嫁益厲或語王當以死自明王曰吾當死吾死孤不得生夫且無祀事終當白吾死又誰吾明也藏其胞事後姑愈謹後姑有少子訟於縣知縣姚仁昌察胞非人杖少子而表王節其後少子死王收其孤爲娶婦

盧廷華妻沈永定人廷華好狹邪游擯沈異居姑溺愛亦惡沈沈晨必謁姑爲理井臼或私具甘旨姑不善也施鞭撻無懟廷華得惡疾沈乃歸侍廷華死以節終

李豁然妻楊永年人康熙十五年豁然卒楊年二十一事舅姑孝撫子尊賢娶婦王生子而尊賢卒姑婦共撫孤孫至成立楊以乾隆四十二年卒壽百二十守節百有一年王前一年卒年亦九十八

曾經佑妻林惠安人早寡所居濱海爲漁家補網夜無燈隨月升落爲作輟積數十年目因以盲而手甚習操作如故舅姑貧以老復爲夫立後

梁曇妻李臨汾人曇卒時子生方兩月貧啖野菜以活曇嘗蒔槐於庭李曰紡其下護之甚謹曰此吾夫手植見之如見吾夫矣鄉人因稱節婦槐

姜吉生妻木東川人雍正八年東川屬夷叛從吉生逃山中賊至殺吉生及其子木忍哭伏林間師至賊降木躡賊至城西手搏殺吉生賊以告官請得手刃之提督張耀懲而許焉遂磔賊以祭吉生

曹某妻王興縣人早寡子喑鄰婦亦早寡相與約不嫁居十五年王詰其戚或自外至曰鄰婦嫁矣王曰信有之乎曰信我所目見也王乃大慟曰不意此婦乃有此事遂絕

潘思周妻傅名五芳會稽人思周父爲田州吏目傅氏亦僑居廣西嫁年餘生一女思周卒或欲聘焉傅截髮矢曰所不終於潘者如此髮未幾母與兄死兄公及娣又死舅亦死傅持六喪還出郭門身衰絰徒步號泣以從獞民皆感歎稱孝婦歸營葬撫叔及其女畢婚嫁

倪存讓二妾方朱富順人存讓爲英山知縣坐事戍伊犂方朱皆從存讓死方朱慟不食伊犂將軍爲徵賻俾持喪歸至富順嫡子出郭迎方朱相謂曰我二人不死者懼主人骨不歸今歸矣請死相攜躍入江救不死嫡子及孫死撫曾孫二成立

楊震甲妻楊楊三德妻馬張壺裝妻牛皆秦州人夫皆出客游久不歸皆善事孀姑馬姑尤嚴日被箠楚奉之愈謹楊撫子女成立馬牛皆撫子立後州人爲之語曰馬牛羊立人綱夫遠客姑在堂胸中冰頭上霜蓋借羊目楊也

陳大成妻林漣江人大成坐事戍黑龍江將行遣林別嫁林不可從大成戍所居二十八年大成死林裹其骨襁兒女乞食跣行萬餘里還故鄉灌園自給葬大成祖墓側

溫得珠妻李永清人得珠早喪母父娶後妻生二子遂惡得珠並憎李得珠病狂易一日逃其叔杖投井死父母聞不哭李力請乃得斂遺腹生子經元舅姑迫李嫁謂李嫁則田廬皆二少子產也因虐之百端李度終不可留抱經元辭舅姑還母家賃地以耕勞苦自食力經元娶婦生孫而舅及二少子皆死遺田亦殆盡姑衰病無所依李乃率子婦還起居牀下姑執手流涕道其悔也而待

珠叔故助虐者亦前死其嫠仰食於經元經元有四子皆力田能孝養

賈國林妻韓國林扶溝人韓淮寧人乾隆五十一年大饑民爲盜國林有族子二行無賴執國林及韓紡於庭之槐而盡取其室所有已乃斫紡釋之國林將指傷越三日死韓欲告官無人爲爲之佐有子二皆幼其弟日負薪米贍姊夜執梃伺門戶居數年無賴又至徹其屋茅激大甎中韓手遂奪田伐樹一不與梃二人者死乃稍稍得安嘉慶二十三年又大饑無賴有子鬻其嫂夜出走韓爲召其夫歸之因泣告其子曰害爾父者某也今其子又鬻嫂不仁哉此父子也願爲賈氏婦即餓死豈可失淸白汝曹當死守之此婦竟得免

孫雲獄妻白興縣人生十四年而嫁嫁十三年而雲獄卒又二十年子長娶婦白挈以拜雲獄墓指而言曰此君子也此君婦也吾事畢可以從君矣慟而仆遂絕

圖斡恰納妻王依氏滿洲人乍浦駐防圖斡恰納瓜爾佳氏早喪毋疇亦卒無子嗣絕矣父查郞阿謀爲立後王依氏曰子他人子終非骨肉不足奉大宗願翁娶繼室查郞阿感其意娶於邵生子觀成觀成生七月而查郞阿卒王依氏哀姑少寡奉養甚謹躬操作助姑撫孤旣遘疾猶不自逸事輒代其姑卒時觀成已舉鄉試以子鳳瑞爲兄嗣未百年而子孫繁衍至百餘人吳先榜妻鄭陝西山陽人先榜卒鄭誓殉家人慰喩之曰兩兄公皆無子若方有身男也吳氏幸有後逾數月生男撫以成立吳氏得有後

王元龍妻李嘉興人元龍悍嗜酒稍拂意輒呵斥旣傷於酒而病李斥嫁時所賸田供藥餌元龍病益悍稍間則日夜博怒李故以非禮虐使或加以鞭楚李安之無幾微忤也元龍病三年而死李朝夕上食輒號慟服除會兄公之官福建姑老不能赴李往奉姑七年而姑卒李泣謂諸從子曰我當從汝叔於地下矣會火發李整衣坐樓上有梯而援者李戒毋上樓燼死焉

蔡庚妻吳合肥人早寡立從子爲後以事姑嘗爲辭自序曰父母生我時惟願得其所十六歸君子同心祀先祖歸時舅已沒姑老誰爲主嗟嗟夫質弱終朝抱疾處十八幸生男朝夕姑欣覩無端因痘殤姑泣淚如雨堂上節姑哀入幔痛肝腑二十再生男視若擎天柱兒生甫一載忽然夫命殂姑婦幷時啼眷屬羣相撫死者不復生弱息堪承父那知天奪兒骨肉又歸土姑祇有哭時我豈無死所還念朽姑存我死誰爲哺隱痛歛深閨衰顏願長護奇災偏遇火焦爛姑肌膚和血以丸藥年餘乃如故災退宜多壽云何復病殂送姑歸黃泉夫闕我今補我今補夫闕一死何所顧哀哀我父母悖悖將泣訴卒年八十有八

韓某妻馬萊蕪人貧夫商於遼陽馬出爲傭聞夫死其父欲嫁之馬曰歸夫骨其可乃乞食行五千里得夫骨負以歸日行一二十里夜或露宿犯風雪行歲餘乃至家旣葬其父終欲嫁之馬執白刃自誓乃已

李鳴鑾妻黃騰越人咸豐間雲南回亂鳴鑾以千總戰負傷卒黃截髮撫二子同治初寇至轉徙爲人縫紉浣濯日率一粥仍督子讀不輟嘗曰人不讀書與禽獸何異金光炳妻倪金華人光炳卒倪殉救免洪秀全兵至携二子竄山谷亂定力作自給貧甚督子讀不少假

徐嘉賢妻劉嘉賢天津人劉桐城人嘉賢少從軍河南嘗單騎入賊壘拔陷賊婦女數百人出旋卒劉貧輒數日不舉火嚴督其子讀族有爲令者招使往劉曰今不自立而託於人懼吾子之不振也謝不往

冒樹楷妻周樹楷如皋人周祥符人樹楷以知縣待闕福建早卒周挈子女從舅廣州舅亦卒僑居日食率百錢翼子女以長子得官將請旌周拒之曰婦節常耳人子於其母奈何欲假以爲名哉父星詒諸父星譽星誼有文行周刻其遺著爲父營葬置墓田焉

曾廣垕妻劉衡陽人歸廣垕舅老姑前卒兄公初喪舅痛子幾失明出入需人劉侍舅謹日執炊一飯三起視舅起居衣食雖貧必具酒肉舅病奉侍七晝夜不就枕舅卒棄田廬治喪劉方產徙陋巷艱苦冰雪中廣垕又卒乃與姒李同居以子爲之後李亦苦節劉事之如姑晝治鍼黹夜則紡績節衣食命子就學卒以成立方極困老稚或乞食必分食與之晚少豐年饑必出穀以振貧者

馮丙熯妻俞丙熯大興人俞欒城人丙熯爲世父後俞事兩姑維護調和迭遘諸喪丙熯亦卒喪葬皆盡禮光緒二十六年京師被兵俞市米數十石與貧者戚友相依者六十餘家衣食之亂定始去亂後多暴骨募資爲收斂死難者求其姓名爲請旌䘏獄囚衣糧主者不能給斥銀米畀之其後直隸安徽災輒募貲至鉅萬京師恤嫠會八旗工廠皆輸金以助其成

袁績懋妻左績懋見忠義傳左名錫璇字芙江陽湖人事親孝父病刲臂和藥進工詩善畫書法尤精著有卷葹閣詩集績懋子學昌妻曾名懿字伯淵華陽人通書史善課子著有古歡室詩集醫學篇女學篇中饋錄俞振鷺妻傅振鷺餘杭人傅名宛號青泉大興人以禮女能承父學工詩著有山青雲白軒詩集教子嚴建宗祠立條教示子孫光宣間江浙遇災屢蠲金振之

周懷伯妻邊懷伯餘杭人邊諸暨人邊事姑孝懷伯卒有女子子三邊恃女紅養姑營喪葬嫁三女貸於人以舉節衣縮食數十年乃畢償年六十九知將死辭親族斂夫墓右生壙坐臥其中遂死堅屬毋具棺重以累人親族哀其志櫝埋而掩之

吉山妻瓜爾佳氏名惠興滿洲人杭州駐防早寡事姑謹嘗刲肱療姑疾光緒季年創立女學逾年資不足校將散乃飲毒具牘上將軍自陳以身殉校且言曰雁過留聲人過留名我非樂死不得已耳旣死將軍瑞興與巡撫張曾敭奏聞賜貞心毅力額衆爲集資擴校以惠興名焉

張某妻錢嘉興人生一女而嫠還依父母居姑貧計鬻之度錢剛言無益陽攜以省戚先期告鬻婦家待郭外舟出郭別有舟來並艤則鬻婦家人也姑乃告錢錢卽起躍入水鬻婦家人大驚而姑已得錢强婦往趣舟行錢屢躍入水持之不能止至三衆皆懼乃送還父母家而錢爲救者搤胸傷咯血數月卒

戚成勳妻廖江津人成勳家萬山中張獻忠之亂成勳出避寇廖弱不能從閉重門獨居家故有餘粟粟將盡就池畔種稻以食衣敝綴草自蔽居四十餘年山徑塞與世隔絕成勳竄黔中聞亂定乃還行求故山斧竹木得道見其宅盡圮隱隱起炊烟呼且入廖自樓上問誰何成勳道姓名廖乃泣曰我夫今得還耶我無衣君以餘衣畀我乃得下相見成勳解衣擲樓上廖衣以下面目黧黑髮如蓬相持大慟共居又十餘年年各至九十餘

曾惟庸妻譚衡陽人順治五年譚歸惟庸方四閱月惟庸爲游騎掠去亂定有言惟庸死者譚召族人分授以田宅康熙二年惟庸還詐稱行賈過譚音容已盡變譚不能識求食與之求借宿不可越日再至乃自名惟庸譚未敢信問臨別時事嘗授三鑰鐵奇銅偶語皆驗譚乃泣而言曰君別十六年謂物故久今幸生還當告諸宗族惟庸召族人置酒具白其事爲夫婦如初

謝萬程妻李唐縣人萬程父儀順治間諸生貧卒無棺萬程將鬻妻以爲斂不忍言李知萬程意哭請行南陽民王全以二十四金鬻李歸將以爲妾李至全家日涕泣但願供織紝不肯侍全全亦聽不强居一年所全兄大有與全隙詣南汝道告全匿逃人事下南陽府同知張三異三異漢陽人嘗爲陝西延長知縣有惠政詰大有辭遁召全並以李至問何爲匿逃人全目李妾因言妾至日涕泣但願供織紝居一年所不我從也問得自何所乃復召萬程具得賣妻葬父狀三異驚歎問萬程欲復合否萬程言妻故無失德聞其至王氏日涕泣但願供織紝居一年所艱難以守身我豈不欲全而無其資則奈何三異出俸二十四金償全而使吏以金幣送萬程夫婦還

李殿機妻王名素貞亳州人幼喪母父以字殿機殿機父範同順治初坐法妻張及殿機沒入象房殿機方三歲稍長自鬻於鑲紅旗護軍厄爾庫爲奴厄爾庫妻以婢蕭王從其父居二十餘年其父病且死以簪珥授女泣曰此李氏物也又數年或傳殿機死王氏諸父兄迫女別嫁女願爲殿機死久之詗殿機猶在欲走京師求殿機隣有范一魁者其父友也王乞爲導諸父兄不欲令處於樓去其梯王以夜縋而下從一魁至京師求諸象房有知者導至厄爾庫家殿機荷畚拾馬通自廐出一魁前與語王出父故所授簪珥相向哭行路聚觀皆流涕厄爾庫義之許放殿機及蕭不督自鬻値巡視南城御史阿爾賽疏聞下禮部禮部議八旗家奴不得復爲民惟王氏守節求夫裨風化應如所題康熙二十八年四月乙未疏上聖祖可其議王年已三十有四猶處女也

長淸婦王氏父王三農也未行歲祲父母舅姑議鬻之而均其直販挾以去至饒陽入妓家矢死不肯汙轉至孔店村村諸生孔繼禹繼淳兄弟好義愍其志以五十金贖焉問所居地曰焦家臺問戚屬以父王三對當春村民祠泰山具榜書女始末畀行者誡使入長淸界則揭牓焦家臺農有見者以告王三詣孔氏以女歸復歸所字壻

程允元妻劉名秀石允元江南山陽人秀石平谷人也秀石父登庸康熙間爲山西蒲州知府初謁選允元父舉人光奎亦在京師相與友申之以昏姻時允元二歲秀石生未朞也光奎歸尋卒乾隆初登庸罷官居天津北倉亦卒秀石年二十二母前卒諸兄奔走衣食弟崇善爲童子師徙廢宅姊妹姑姪猶五六人食不得飽寒無衣相倚坐取暖崇善死益貧恒數日不得食屋破羣僵坐雨中乃徙依比邱尼照震無何家人相繼死惟秀石存力鍼黹自活照震徙天津秀石從嘗有求昏者介照震道意秀石恚不食照震力謝乃已允元旣喪父亦中落聞登庸卒家且散顧不知女存亡或傳女死勸別娶允元不可且曰女即死必酹其墓乃別娶乾隆四十二年附運漕舟至北倉求劉氏有舟人爲言劉氏家已散其孥殆盡死惟第四女存是嘗字淮安程氏傳程氏子已死而女矢

不他適昔居準提菴今徙天津不知菴何名也允元因言已即程氏子舟人又言劉氏有故僕瘠而義歲時必問女起居允元求得僕偕詣照震言始末照震疑且憚秀石未敢以通允元言於監漕吏牒天津縣知縣金之忠之忠召允元問之信使告女且勉之嫁女猶辭復使謂曰女不字五十七年豈非爲程耶程耶至天也復何辭乃成昏大學士兩江總督高晉以其事上聞下禮部禮部議義夫貞婦例得旌表至幼年聘定彼此隔絕數十年之久守義懷貞各矢前盟卒償所願實從來所未有應旌表以獎節義上從之

楊某妻樊字正撫寧人既字而楊氏子病且廢使辭於樊樊母乃爲正改字行有日正請於母曰兒奚嫁母曰嫁某氏正曰兒幼非受楊氏聘乎母曰然楊氏子病且廢使辭於我我憐兒故爲兒改字也正不語夜潛出度山林數十里晨至楊氏翁姑未即許父母亦至相與慰勉正曰夫病天也我爲病夫婦亦天也違天不祥欲別嫁我請死乃卒歸於楊楊氏子病良已同縣又有劉杜兒妻魯字春杜兒先爲李氏義子聘於魯既復還劉氏李富而劉貧於是李氏之人嗾魯使能婚劉不敢爭也春聞亡之劉氏魯氏刦春歸訟於縣縣判歸劉氏時乾隆十九年先樊氏女事一歲

李國郎妻蘇南安人未行父以國郎貧爲女別字富家子焚李氏書幣蘇縊未絕父招富家子贅於家以死拒撻之不悔富家子自去國郎聞訟於官乃歸於李昏夕泣曰吾父以吾故在繫何得遽言昏國郎爲請於有司出其父同縣蔡登龍妻林其父母亦以壻貧欲別字不從令別居積女紅得十五金使以遺登龍佐聘錢父母少之乃日減餐治女紅益勤逾年又得十餘金卒歸登龍父母既喪孤弟貧無依乃收撫之又有黃元河妻戴吳恒妻陳壻皆有廢疾父母議毀盟力請行戴勤儉起其家吳以節終

趙維石妻張小字瑤娃寧羌人年十七未行嘉慶初教匪掠州賊渠得之以畀其妻其妻以瑤娃慧畜爲女渠累欲汙之賴其妻以免尋竄徽縣一夕渠醉召瑤娃瑤娃拒之力渠使其下將出殺之其妻知不可救戒勿過創棄諸野而以死告次日賊引去村婦舁之歸藥其創良愈將以爲子婦會縣吏過門瑤娃拔銀釵賄吏使告縣瑤娃至縣庭陳始末乃召維石爲合昏與俱歸

鍾某聘妻吳武岡人待年於鍾氏鍾氏子從父賈四川久不歸或傳已死鍾母卒吳紡績奉其祖母祖母卒爲營喪葬年四十餘鍾氏子始歸欲與昏吳曰君出游久安用就木老處子爲出貲爲買妾而自居別室鍾氏子以不婦訟於官吳曰若祖母吾奉之若妾吾畜之吾齒長不能育子女請以貞終官判從之

岳氏安平人嫁可仁言病瘋仁言以禮去惡疾遂大歸居數年病已而仁言已別娶或諷其嫁岳不應以鍼綫遍綴衣履投井死仁言聞乞李塨銘其墓姚氏通州人嫁同州張維垣維垣移家湖北歸既娶復去逾年遺書絕姚令改嫁姚持書泣告鄉黨曰我無故見絕死無以自白願終守以明志居五十餘年乃卒張氏之族高其義持喪葬張氏兆爲立後

張氏江南華亭人字金景山年十二喪父母待年於姑氏張莊而無容景山憎焉稍長當昏景山故遲之既而病作張奉湯藥斥不使近輒泣而退景山將死指而語母曰彼非吾偶兒死必嫁之景山死張矢不嫁或以夫不見答勸曰我知夫死婦節而已不知其他且祖姑及姑誰爲養者若必強我我請死是歲姑卒越八年祖姑卒張爲營葬日夕紡績足不踰閾又三十餘年乃卒

袁氏名機字素文仁和人兄枚見文苑傳機幼字如皋高氏子高氏子長而有惡疾其父請離昏機曰女從一者也疾我侍之死我守之卒歸於高高氏子躁戾佻蕩游狹邪傾其奩具不足挾之且灼以火姑救則毆母折齒既欲鬻機以償博負乃大歸齋素奉母高氏子死哭之慟越一年卒

楊某妻張名荷甯國人某貧無行令張以非義不應樓居潛去牀前板給使嚌折足匍匐歸母家某鬻子張積金贖之將卒命子以喪歸楊氏

周士英聘妻張泰州人士英喪父母叔狡利其有篚殺之時順治九年張年十九未行聞其事哭不食遂自髡爲尼具牘丐母舅偕訴有司巡按爲上其事誅殺人賊張乃理士英家財葬士英及其祖若父爲廬奉佛祀周氏三世張既爲尼名曰明貞表其志也

藺壯聘妻宋名典蔚州人典家西崖頭壯居千字村皆農家也以羅帕爲聘壯死典方從母舂穀聞輟舂慟不食父母喻之意若稍解者數日以羅帕自經死時康熙四年正月庚辰

沈煜聘妻陳名三淑錢塘人幼能詩康熙間訛言官中閱選民間女子倉卒嫁娶殆盡三淑父以許煜煜故貧客松江久不歸三淑父從軍雲南戰死其母欲改字富人子揚言煜已他娶以絕三淑意三淑聞慟哭自髡其髮矢不字遂病時時哭極悲鄰生有聞而哀之者求煜告以故煜請婚母持不可二十二年春二月三淑病篤其母以媒言召煜煜至使入省三淑三淑方寐告以沈郎至遽寤手下帷自蔽煜問可有言乎三淑徐曰既有成言何爲又他娶煜辨其誣三淑都無言惟以袂掩淚煜辭出三淑泣不已已而歎曰彼不負我我死可遂不飲藥越日卒

王國隆聘妻余懷遠人國隆游不歸或言在含山余父母挈余行求不遇遂僑居焉余母死從父灌園紡績自活恒以巾幂首隣女罕見其面康熙二十八年父死斂畢女自經韋思誠聘妻宣廣德人思誠遠行母以貧欲令改字宣不可遂歸夫家慮有強暴竊伺夜懸柝於牀微風柝有聲以警一夕語諸姑姊夢夫告以死遂哀泣不食死

于天祥聘妻王名秀女祥符人天祥嘗育於陽武王氏王氏爲娶妻生子妻死還于氏繼室以王王未行而天祥死王父母祕不使知久之始聞力請奔喪天祥喪已小祥矣王請於陽武王氏願得子天祥前室子王氏靳不許及大祥具奠即夕自經于氏故有刈麥刀二俄失其一至是得諸王枕下

方禮祕聘妻范名二妹建水人幼事父可望孝字禮祕未行禮祕父良佐死妻改嫁蕭仲居方氏禮祕及其兄妹皆死范聞哭之慟請於父母歸方氏居久之聞姑詬仲始知禮祕非良死以質姑姑內慚不復言范度事無證禮祕冤不得白恒時時號痛仲憚范欲以妻其從子百方強之范不許仲怒揮范仆手點額范怒曰奴汙我額刀剜仲手所點處血淋漓被面其弟訟諸吏吏笞仲以其室屬范使奉方氏祀

姚世治聘妻陳會稽人兩家皆居京師既定約世治歸陳父欲別嫁陳易服行求世治遇諸濟寧曰女違父非孝得見君子事畢矣遂入水死

何秉儀聘妻劉昆明人農家女也秉儀卒女請於父母欲奔喪不許乃竊出兄追及之度金汁河將赴水兄力持曳以歸秉儀父使迎女女哀慟泣血日夕力作父母畀田四畝女爲夫弟昏鬻半喪舅又鬻半父母怒使告姑誣女有所私當遣之嫁姑以責女女不能自白心疾作縊死

沈之螽聘妻唐之螽普安人唐武進人之螽父文郁唐父元聲康熙季年同游高州相友善約爲婚姻於是唐生三年矣元聲卒喪歸文郁亦還普安普安去武進且萬里而文郁貧虛不能爲之螽娶詭言之螽殤使謝唐唐矢死久之文郁將如京師求官迂道至常州唐出拜涕泣慷慨陳所志文郁心悔則請爲養女期得官迓以歸既文郁以病還唐聞大慟遂不食七日竟死後三十餘年之螽以事過常州始聞唐死狀感痛求其墓已火葬矣唐死時年十六

貝勒弘暾聘妻富察氏弘暾怡親王允祥第三子上命指配富察氏雍正六年未昏卒富察氏聞大慟截髮詣王邸請持服王不許跪門外哭至夕王終不許乃還其家持服越二年王薨復詣王邸請持服王邸長史奏聞上命許之諭王福晉收爲子婦令弘暾祭葬視貝勒例以從子永喜襲貝勒諭謂俾富察氏無子而有子以彰節女之厚報焉

濰上女子不知其氏雍正間濰田家女也未行而夫死其母往弔女請從母止之不可衣紅而襲以素濰俗婦弔喪不至殯女陽爲如廁因問得殯室潛入去襲縊柩側

吳某聘妻林漳浦人未行夫坐罪當死林欲入獄與訣夫丐獄卒勿納林晝夜哭不食夫使畀以錢三百且曰速擇佳壻毋自苦越日聞夫已決以所畀錢易絙縊

雷廷外聘妻侯南安人廷外母黃早寡貧虛不能娶乞貧家女撫之期長以爲婦故侯四歲而育於黃十一黃卒十六廷外卒死而不瞑侯慟屢絕廷外有從兄以其子震爲後侯乃斧抱以拜祖侯母欲令別嫁拒以死身自耕跪而耨十指皆胼嘗誡震曰婦人不可受人憐況孀乎震亦早卒其妻傅從姑織席以育子

程樹聘妻宋名景衞長洲人樹十三補諸生喪母復喪大父旋亦卒景衞年二十請於父歸程以素服拜舅見於廟謁其大父喪成孫婦服謁其母喪成婦服乃哭其夫持服三年終復補行姑服三年同縣陳氏女淑睿未行而壻殤有請昏者遂自經景衞爲作詩於詩共姜用劉向說於春秋伯姬用何休說旁採朱彝尊汪琬彭定求諸家言申女子子未嫁守貞之義貫穿賅洽八百餘言以破俗說白已志景衞通經義好讀先儒論學書娣姪皆從講說病女教不明乃會通古訓括聖賢修身盡倫之要復作詩九百餘言授娣姪令歌習之張氏子聘妻姜名桂元和人年十九壻與舅姑先後卒依其母以居不嫁錢氏子聘妻王吳人亦年十九而壻卒女絕食大父母強起之居三年有請昏者復絕食死復蘇母哭之女曰先年兒私吞金環不死食銀硃又不死頃復吞金環兒死願得葬錢氏之兆遂卒王志曾聘妻張亦吳人年二十志曾卒居六年聞姑喪因歸於王奉佛以終三女皆與景衞同時而桂能詩善畫嘗爲柏舟圖賦詩贈景衞

景衛有二婢曰衛喜字於張張死不更字曰陳壽嫁朱氏寡無子皆依景衛以老

李家勤聘妻楊海甯人楊富而李貧家勤父爲楊氏佃楊父行田見家勤慧問之九歲使入所立塾資令讀年十五入學爲諸生家勤父來謝楊年十四呼令出拜楊母及兄皆恚曰是老顚豈患女無家而棄諸佃人子乎父旋卒楊氏之人薄家勤一夕呼燈無應者楊自帷言曰丈夫不自處高明何依人受慢爲家勤遂辭楊氏去乾隆十五年舉浙江鄉試楊氏請昏家勤以試禮部辭留京師數年病卒楊知母將爲議婚他氏請於母願得迎家勤喪臨窆然後聽母毋許之楊迎喪於郊窆竟要母遂歸李氏家勤父老而瞽楊請於姑爲買妾生子家勤父八十目復明德楊甚命其子呼嫂母也楊或曰徐氏

李家駒聘妻朱高安人大學士軾女家駒乾隆三十六年舉人早卒朱事父母孝性和以肅自諸弟妹及內外臧獲咸敬憚之生惡華綵寸金尺帛不以加身及聞家駒訃欲奔喪飲泣不食時軾督學陝西大母喻其意誡當待父命始復食軾還越半載乃以請遂歸於李事祖姑及姑如事父母軾有父喪聖祖命奪情視事疏請終喪戚友或尼之朱泣曰吾父不得歸雖官相國年上壽猶無與也彼姑息之愛何爲者聖主當鑒吾父之誠矣卒得請鄰火且及朱坐室中不肯出曰死吾分也宋共姬何人哉姑破扃挾以避病不肯藥兩弟來省曰吾死無恨但恨不得終事吾父及吾舅姑又曰我生惡華綵寸金尺帛不以加身死毋負我遂卒買汝愈聘妻盧汝愈故城人盧德州人協辦大學士蔭溥女汝愈卒盧矢不嫁買氏迎以歸爲立後

袁進舉聘妻某天津梁進忠養女也進忠負薪行水次有大舟泊焉或抱女嬰出授進忠曰此女生八月矣父之官卒於舟母繼殞其善視之進忠撫以爲女而進忠有長女悍甚女稍長貌端好長女將鬻以爲人妾女不可長女益恚進舉故無藉長女咻父母使字焉進舉行不歸又使告其母謀罷婚女復不可進忠病瘍生於脛女刲股以療家人皆不知而長女虐愈甚進舉母憐之迎以歸進忠及其長女皆死女爲營葬迎義母進忠妻同居長女有子失所召爲鞠之爲進舉弟娶婦生子爲進舉後終姑及其義母喪女遂自經死有司葬之天津西郭外五烈墓傍五烈墓者先爲三婦墓葬譚應宸妻陳阮某妻諸趙某妻裴陳諸皆以捍強暴死裴以節終乾隆元年金振妻丁殉夫附塟稱節烈四婦墓七年又有殷氏女誤嫁倡家爲所迫箠楚炮烙沃以沸湯死塟墓側稱五烈墓五十六年復塟女更爲六烈墓云

李應宗聘妻李昆明人所居曰廟前鋪大河埂父春榮未行應宗卒其明年應宗大母語春榮將改字女女聞遂縊縊之夕裂綾二尺許刺血書九十四字民家女未嘗讀書字多訛易嘉興錢儀吉爲之句讀曰呈天子前曰忠孝節烈曰二月初九日二月初九日蓋女死日事在乾隆末

何其仁聘妻李路南人嘉慶十一年年十六未行其仁及其父皆病篤李刲股畀叔母使送壻家至則其仁及其父皆已卒其仁母燖以窆李欲奔喪母尼之遂縊王前洛聘妻林潛山人前洛病林父餽藥林潛刲股入藥前洛卒固請奔喪引刀誓不嫁

節義縣主成郡王綿懃第七女選文綽爲壻文綽費莫氏內閣學士英綬子未昏嘉慶十八年文綽卒主時年十六詔文綽家守節仁宗詔封節義縣主二十二年卒

李承宗聘妻何巢縣漁家女也兩家居濱溪相違半里餘而李氏廬當上流承宗卒女年二十請奔喪父母不許不食四日不死自經或拯之越日自沈於溪求其尸不得後三日尸見溪上流正直李氏門江亭昭妻楊侯官人二氏皆漁家楊未嫁與亭昭舟相値必引避或遇水次則自匿蘆葦中其母非之女曰漁家獨不當有恥乎既嫁强暴窺其有色潛逼之楊擠使墮水亭昭死殉焉

吳某聘妻朱海鹽人吳某年十八喪父母遂出游不歸朱貧父老辟纑織屨其兄悍屢辱之朱曰兄貧不能食我父我父衰無所營不得不就兄食我留乃助兄耳及父死朱年五十八吳不知其在亡吳之族憫朱節迎以歸爲立後

徐文經聘妻姚名淑金侯官人文經卒淑金屢求死乃歸於徐貧舅沒姑疾作刲股以療徐撥芹供姑自食其棄莖無何姑亦沒嗣子以貧去淑金目昏不能治女紅以缾爲釜以草爲衾僦屋不償直見逐泣路隅有負擔者憐而周之里人醵金助衣食僅得不死猶朝夕拜徐氏祏祝其嗣子歸也居十餘年乃卒

李煜聘妻蕭秀水人煜酒家子居郭南萬螺濱蕭未行煜死蕭無母請於父願歸李翁姑遣媒止之勿聽遂歸李視煜斂即奉侍姑執爨濯衣甚謹姑悍既不欲李來又見其貧也晝夜詈李唯唯無一言鄰勿善也或勸姑姑亦詈焉士大夫衆至誠翁母虐貞女貞女光爾門宜善視之姑終不欲李同居衆乃於室後闢小樓居貞女醵金以佽之

劉戊兒聘妻王名孝武陟人未嫁歲大無戊兒行六年不歸父母欲別嫁孝問出如劉氏値老嫗問劉戊兒母嫗曰我即戊兒母也孝拜且泣曰我王氏女姑之子婦也嫗驚未信孝探懷出物示嫗曰此非姑家聘物耶吾竊持以來爲信嫗視之亦泣復以貧無食辭曰吾夙知姑貧翁沒兩叔幼安得所食我能女紅茲固爲養姑來也生未嘗一時離吾母計無所出而後來因復泣曰如不見容我無歸理惟赴水死耳嫗告孝父母許焉孝勤紡績夜磨作蒸餅使叔鬻之姑病日夜侍居數年鄉里感其義率錢周其姑葺舊屋爲叔娶婦生子姑卒合葬於舅墓乃授家事於叔夜入室扃戶寂無聲翌晨叩戶不應毀牖入則自經死衣履皆易新製者時嘉慶九年二月乙酉孝年二十四至劉氏事姑十二年姑死乃死

朱某聘妻李字容東安人父大純幼字朱氏朱氏子遠游十餘年不歸或傳已死女旣喪父母無昆弟獨與其婢春華居誓不嫁春華稍長其父謀嫁之春華義不去容亦誓不嫁其父不聽春華乃告容俱赴水死

武稌聘妻李伊陽人年十一喪母育於武從姊婦事舅姑謹姑羸臥調醫藥治家事日勤姑卒撫叔弟及二女妹年十七猶未婚稌墮井死誓從井舅止之幼弟妹環而哭李大慟遂總髮爲紒曰吾當終婦事請於舅立後紡織以佐家舅娶後姑又有疾調醫藥治家事如前時久之叔弟補縣學生兩女妹皆嫁又數年爲所後子娶婦則語其兄曰妹曩不即死誠不敢死也今吾家奉舅姑宗祏幸有人井中人待我久我將從之晨起從容問姑安出行汲自投稌所墮井死道光二十一年八月壬寅稌生日也後稌死二十有一年

陳霞池聘妻錢桐城人居東鄉未行而霞池卒錢請奔喪東鄉俗以爲子死婦奔喪於家凶辭之錢毀容矢不嫁久之陳氏之族迎以歸爲立後居數十年縣有士人往存問爲言朝廷旌貞女與節烈並重當請於有司錢聞大驚蓋初不知其行應旌也

汪榮泰聘妻唐名鳳鸞榮泰歙人唐淳安人父以許榮泰未聘而父卒母更許他姓他姓來聘唐自所居樓裂所製衣履擲於庭俄砉然躍而出遂墮地死榮泰請迎喪母不許母卒乃迎喪以歸

季斌敏聘妻藺斌敏正藍旗漢軍藺滄州人斌敏未昏卒藺年十八矢不嫁居二年聞有媒妁至截右耳逾三日又截左耳其父春以告季氏迎以歸女事姑甚孝爲夫補行喪服喪終歸訣父母謂當死從夫父母力勸喻之女復還見姑言笑如平時即夕飲毒死啓篋封所割兩耳識曰全歸

董福慶聘妻馮福慶固安駐防漢軍馮霸州人也福慶貧餓猶耕死於田女年二十請奔喪福慶父往沮之曰子餓至死復忍餓汝家女耶女出拜伏地哭不起福慶父乃諾之遂奔喪執婦禮以終寒餒皆無懟

喬湧濤聘妻方桐城人湧濤卒湧濤母丁亦病方請於父母歸於喬以姑病寒疾亦薄其衣當風雪刲股以進姑病良已乃營葬湧濤以衣負土三日不食爲湧濤立後淡食布衣深自刻苦病將革戒子婦毋以寸絲斂

張氏女名有鄒平人歲饑鬻爲高唐朱氏婢及長主母爲議昏有泣言幼已字人不敢負主母使求得所許字者則已別娶有子女矣以語有有曰雖別娶身不願更事他人主母憐而聽之有終不別字以死

粉姐失其姓高郵人父爲漣氏蒼頭字某氏子歲饑某氏子行乞轉徙十餘年女父遇之江都市上某氏子曰我終不能娶還我聘錢聽別嫁女父喜還聘錢與析券歸告女女嗚咽不語夜自經

闞氏女名玉浙江仁和人玉端麗能詩文父亡與母及兄嫂居年十三福王由崧帝南京選民間女子玉母匿諸寶棻傭家玉父亡時留百金畀玉兄傭玉嫁玉兄蕩其貲遂與傭謀字傭子玉在傭家倘待年號泣求還不可得疾作始遣歸玉垂絕語其母曰兒今且死願埋父棺側不作傭家鬼也復嚙齒曰兄陷我遂卒玉嘗作怨歌好事者以琴譜其聲曰闞玉操辭曰父生我兮中道逝母煢煢兮門衰瘁兄嫂離與居抉我如目中之塵沙伊又遘此佻巧兮胡迋我之實多彼六禮之已愆兮曾貞女之旣從紉要予以桑中兮夫豈其爲予之匹雙我有母兮癯思泣血我父而有知兮怒衝髮我兄摩挲傭之金兮骨肉相蔑嫂旁睨兮笑言啞啞我忽憤氣兮如雲指漆室女以爲正兮又告夫司命與湘君予不愛一死兮弗忍速阿母之下世願死而有濕兮爲凶之厲嗚呼哀哉我終死兮魂獨歸去明告我母兮幽告我父匪我夙夜兮胡然遭此行露也縱謂多行露兮寧能我之汙也重曰嘉名爲玉父之命兮幽辱糞壤終保貞兮憂思悄悄淚淫淫兮蒙恥忍詬日當心兮

趙氏婢失其名爲杭州趙氏婢趙氏嘗有客言路琭子之學使爲婢算曰是當七易其夫婢恚曰吾嫁則有夫有夫則有死吾今且不嫁誰爲之夫者自是蓬

首垢面矢不嫁趙氏有婚嫁輒避匿媒氏至詬誶不可近壬壽之槍首乞終役年至七十餘死於趙氏

清史稿 列傳

列女三

韋守官妻梁長淸人明季饑女未行從父流轉河南婢於富室及笄主爲擇婿梁泣言幼嘗受韋氏聘死不敢別嫁主使求得守官守官迎以歸已而守官卒家人欲使別嫁梁自沉大淸河救不死乃自治棺曰有欲娶我以此畀之家人不復言寇亂匿棺以免順治二年師南行過其村梁懼積薪於戶下舉火乃入棺自焚死

歸昭妻陸弟繼登妻張昭崑山人陸張皆太倉人昭仕明爲監紀順治二年死揚州繼登爲敎諭長興民亂戕焉二婦未得問崑山兵起舅姑避于鄉舟迎二婦二婦不果行師至城閉城西礮如雷二婦夜登樓環坐諸兒女酌酒戒積薪樓下城破則縱火一老僕進謂城破當兵衝慮不及死城北比邱尼故與主母善菴後有池倉卒可得死從之城破兵掠菴張入池陸視其女一卒前犯陸力拒被二矛仆又亂箠之乃絕張以水淺不卽死兵去潛視陸陸亦蘇乃與尼共掖起之兵復至張輒避諸池一卒索得張欲執以去張力拒見殺陸創重卒

羅仁美妻李仁美揚州人失其縣李龍游人家揚州廣儲門師下揚州李方娠積薪所居樓下呼諸婦曰願死者共死毋辱於是姒劉仁美妾梅李前室女宦姑及諸婦從李登樓凡十二人呼婢菊花舉火前室子哭從李俱上李顧見啓牖呼仁美擲兒下仁美負母手挈兒哭出巷回首見黑烟出瓦隙火合樓摧聞屧聲沸火中仁美行遇兵僅得脫兵去發樓燼拾殘骼惟菊花遺肢衣可辨乃叢葬十三人西華門外同時錢應式女淑賢丹徒人聞城破數自殺未絕雨甚門外萬馬聲比屋殺人火四起淑賢以紙漬水塞口鼻持父手瘞其氣父手悸不能舉又解衣帶强母使縊母哭走出聞足擊牀閣入視已絕

王氏三女金壇人其二爲同產其一爲從姊妹年皆十六七以往師下江南諸州縣盜群起王氏避長蕩湖葦延綠葦間夜復其居一日盜至刦三女子縛置筏上三女子號泣跌蕩筏覆三女子死焉賊十數輩亦溺明日尸浮水上縛盡弛三女子攜手髮相縻亂中無棺得故篋三重以斂葬于湖濱墓木枝皆三相樛

沈華區妻潘海寧人居硤石順治二年六月舉人周宗彝起兵硤石八月望師宵乘北關破之華區與潘皆被俘過南市橋潘睨水欲自沉華區密止之曰汝死兵且殺我潘乃語兵我從汝去願得釋我夫兵釋華區驅潘入舟舟行十八里至王店水次觀者方集潘忽躍起曰我硤石沈華區妻義不任受辱奮入水兵驚捽其髮出水潘力自沉髮斷緊以纏益力自沉纏絕如是三兵以刃舂其喉遂死師中有裨將歎其烈出千錢爲斂

陳某妻伍華亭人師下松江陳家璜溪兵至斧陳首伍奔救兵舍其夫而縶之伍曰毋縛我我從汝去將登舟躍入溪死當時死于溪者諸生孫諤妻顧徽州商孫氏之媼

洪志達妻葉歙人順治二年徽州初定盜賊所在多有志達偕葉避兵淳安鄭家村明年二月村人譁言兵至志達與葉倉皇走匿草中游騎過自草中曳葉出志達習拳勇有力踴自草中奮擊一騎仆衆騎拔刀赴志達志達徒手與鬥衆騎且仆且起環射之矢中志達目貫腦死葉抱尸慟衆騎挾之行葉轂哭罵行漸緩度懸崖葉曰勿持我急我自能乘賊信之遂縱馬向崖衆騎自後從之葉自馬上擲崖下死淳安人言其死且爲神爲之祠焉

羅章袞妻杜章袞從子也皆早卒順治三年寇至城破杜指牆間井語養女淑明淑儀曰此吾曹死所也遂入井淑明淑儀相向哭從之下田與杜連牆居聞哭呼其女優姐亦趨井死先一年縣兵譟變章袞姪女寶芳墮樓死寶芳有從姊雁珠明崇禎間死寇寶芳方在娠其母夢雁珠偕一女至謂唐奉天寶烈女也故命曰寶芳既長嫁三原房大猷其死後雁珠十七年俱以正月十五日死死時年俱十八鄉人合前後稱七烈

一六一七

王磐千妻顏江西安福人順治三年遇寇紾其臂索賄顏詬曰此手乃爲賊執耶投水死何大封妻阮無爲人早寡有授物誤觸其手者引刀斷指血濺尺許方希文妻項名淑美淳安人順治三年明潰師掠縣希文攜家避兵西坑以妾子病謁醫兵驟至縱火火將及婢請項出避項曰出死于兵不出死于火死同死火不辱若能死則從不能亟出希文故有藏書項積書左右坐其中火及書燼項殉焉

廖愈達妻李妾汪張泰寧人李讀書通大義教二妾章句愈達從外歸聞李疏仁字教二妾語諄諄愈達入而笑李正色曰志士仁人有殺身以成仁毋求生以害仁順治三年愈達將妻妾避兵或傳崇禎十七年京師破時簡討汪偉與其妻耿殉國事李以告二妾相持而哭師漸逼愈達與妻妾夜走南石砦師至攻砦愈達率妻妾避砦口或呼師自砦後入李即從砦口展手投崖下愈達挈二妾匿巖石中搜山兵至張亦投崖死愈達出金遺兵去汪堅持愈達衣伏其後頃之遙見師中出裨將朱緌窄袖指揮從卒巡山汪大哭曰君善自保亦投崖激于石身裂若支解師退愈達及諸同避砦中者皆得脫葉芊妻謝寧都人六年冬十月明將揭重熙等以師赴南昌駐寧都兵掠得謝部曲將悅其色問家世謝從容具以對因乞得沐浴部曲將許之遂入室以髮鬢刀自撦其喉死姚文璠妻劉名滿福清人文璠鬻香于市順治三年海寇至索錢無所得截文璠首去滿舁尸還舐血縛布綴於頸歛畢乃言曰我恨不能手刃賊獨以死報君首觸棺仆久之甦請以兄公子爲後盡鬻衣珥營塋越三年清明上冢歸屑金咽之死毛翼順妻陳亦福清人順治四年翼順死于寇舁尸還血溢于鼻陳舐血歛畢不食七日自經

王三接妻黃曹縣人三接官汾西知縣黃侍姑田家居順治五年李化鯨亂破城姑婦皆被執黃語賊曰釋我姑我與金帛惟爾欲賊釋其姑黃度姑行遠乃罵曰吾家清白吏安有厚藏吾名家女命婦豈肯從賊有死而已賊磔之當時爲賊殺者劉琰妻邢等九人投水死者王躋聖妻韓等七人

程顯妻朱新建人明宗女也以其姪爲子婦順治五年金聲桓爲亂顯自南昌將家人入山道遇兵相失或傳顯已死朱謂子婦翁死吾不獨生汝奈何婦曰死耳朱縊樹上已絕兵救之甦復觸樹死婦亦起觸樹兵前持婦婦齧其指奪刀自剄死劉元鏜妻吳妾朱南昌人元鏜亦將家人避兵兵及棄抱中兒道旁厠而走吳伏溝草朱爲兵得縶以行經溪躍縶絕兵斫其頰死吳出草行數十步遇鄰嫗脫簪求扶持兵復至吳握髮仰天號曰夫邪子邪吾其死邪兵挾刃逐之行赴陂死是役諸女婦死者至衆靖安舒調熙妻朱救夫豐城熊嗣藩妻胡及從子有恆妻沈從夫救舅皆死而新建徐文璠妻朱剸乳斷首進賢胡永登妻胡刃出背死尤烈

應氏婦鄞人貧行乞順治六年海寇至匿郭東廟寇欲汙之堅不從既仍僞諾出廟將入井寇復牽以入終號泣不就死亂刃

平陽婦不知其姓氏順治七年姜瓖亂爲其徒所掠過定州唐城村剌血題詩于壁並爲序自述略言明月在天清水在旁得自盡于此上不媿父母次不慚婿庶幾與水同清與月同明遂自經死

殷壯猷妻李豐潤人順治中壯猷爲臨藍參將十一年孫可望攻臨藍壯猷築城以守圍久不解出戰死李以印畀次子質揮使出避而與長子文自剄死楊昌文妻袁安義人或曰建昌人順治間兵亂父母迎袁歸袁不可曰棄姑避兵不義兵至伏地請死斫數刃去家人歸努目問姑無恙乎曰無恙乃瞑譙日昇妻陳高安人順治間金聲桓亂爲兵掠挾上馬力拒中八刃剖心斷脰刳孕死陳某妻萬萬縣人康熙間譚宏亂被執殺其懷中子萬詭言家有藏鏹賊使其徒從以往過懸崖奮起擠賊墮亦自投死

林應維妻莫梁學謙女吳師讓妻某黃某妻李皆新會人應維學謙師讓皆諸生順治十一年明將李定國攻新會城守閱八月食盡殺人馬爲食莫代姑梁女年十一代父黃李代夫皆死李之死兵持首還其夫使瘞焉文秉世妻梁鬱林人李定國掠州梁爲兵掠迫上馬梁哭據地罵兵殺之越二日秉世得其尸目未瞑也文氏女兆祥文樞妻陸灌陽人定國兵至姑嫂避火星山箐中兵入自殺何氏女昭平人是歲師逐定國避兵思庇沖或迫之死王氏三女長亥娘次竹姑次酉娘博白農家女康熙十九年避寇宴石巖寇攻巖姊妹皆投崖死

陳心俊妻馬伏羌人年十九寡順治初流寇據城其渠聞馬有色遣人强致之馬居樓上揮雜器物擲樓下厲聲叱其人曰白若渠欲强汚我惟有頭可斷耳渠聞亦愕曰烈婦烈婦卒得免郭俊清女蓮姑巴州人嘉慶二年九月教匪破城掠以去女罵不絕賊褫其衣罵愈厲殺之書其背曰烈女尸張問行妻楊秦州人同治間回亂破其堡楊遣三子行持廚刀倚扉罵賊賊礮其口至耳際罵猶不已遂死賊舉扉掩其尸書其上曰此張監生妻楊烈婦毋損其尸

張聯標妾傅泰順人聯標爲羅陽知縣傅從年方笄山寇破縣被執賊渠令其徒百方誘之不從一夕擁至渠所諸賊執刀夾左右怵以死終不屈乃縊殺之林乾妻程漳浦人有殊色康熙元年縣有劉暢者爲盜馬婆山掠程至將汚之不從使佗婦甚之曰我曹已至此即完節誰復能信程曰吾自行吾志非求人信豈能效汝曹無恥耶暢殺之

楊應鶚妾佟奉天人應鶚官貴陽同知吳三桂叛檄署官應鶚力拒乃置諸順寧師將入滇郭壯圖使殺之應鶚罵使者佟曰大丈夫當毅然引決無戀戀如兒女子我請爲公先不使公遺憾遂縊應鶚亦縊

黃居中妻吳居中失其里貫吳豐順人廣東饒平鎭總兵六奇女也康熙中居中爲蒼梧教諭十三年孫延齡叛梧州戍兵應之入其室吳曰封疆之事固知非若曹所能若曹其俘我乎我將待之奮擊殺二人自伏劍死

胡守謙妻黃閩人守謙武舉當耿精忠叛守謙投書城外言賊必敗狀爲守者所收送郊外殺之黃請代不許乃求得守謙首綴於尸葬畢自具棺衾飲藥死沈棠妻俞莆田人年十八美耿精忠兵至執俞並及棠俞計脫棠乃抗賊賊威以刃就刃迫以火赴火幽之遂自縊賊磔其尸同時福清陳得棟妻蔣陳雲元妻周皆爲賊磔莆田林振先妻鄭支解永安黃尾四妻鄭刳孕貴溪傅護妻薛剖腹臟腑盡出

汪二蛟母徐妻戴開化人康熙十三年耿精忠兵入浙江境開化陷二蛟及母妻行避賊賊至縛二蛟脅其母妻以行行過大澤戴厲聲曰得死所矣徐應曰待我賊持戴袖戴絕袖抱子自投澤中徐與俱下二蛟大呼縛盡絕亦赴水死後二年開化復陷劉章壽妻徐爲賊渠所得置樓上令兩卒爲守婦陽謂守者事已至此幸語若主欲婚我當具禮卒告渠渠盛服佩刀上婦迎坐解刀置案上復陽言奈何不爲我具衣飾渠諾而下婦取刀弄之拔出鞘忽引自刺守者前奪刀婦揮刀斷其臂遂自剄渠裂其尸

黃嘉文妻蔡名慧奴黃巖人康熙十三年耿精忠之徒陷黃巖明年師復黃巖以黃巖民嘗麗賊俘焉蔡及其子女屬杭州駐防將將𥫃蔡欲以爲子婦九月壬申將召蔡喩指蔡取壁間刀自剄死將投其尸於江時軍中得俘輒責金贖嘉文方求金杭州至則蔡已死乃贖子女還蔡父行求蔡尸十二月丙子風作江潮涌蔡尸乃出距蔡死九十有九日嘉文還言子女得贖正同日

徐明英妻吳名宗愛字絳雪永康人宗愛幼慧九歲通音律十餘歲即能詩善寫生間作設色山水明英卒康熙十三年耿精忠將徐尚朝攻處州略金華六月游兵至永康尙朝嘗官浙東聞宗愛才色乃使脅宗愛族人求宗愛勢洶洶宗愛乃曰未亡人終一死耳行矣復何言賊遣迎宗愛以兩騎翼宗愛行至三十里坑宗愛紿騎取飲投崖死宗愛二女兄皆能詩而宗愛尤工所著詩二卷長清嶺烈婦不知其氏諸暨人康熙十三年盜朱德甫占縣紫閬山爲亂吏發兵討之婦見掠與其子併縶婦好謂兵吾既被獲復何言吾夫祇此子請俟其追至以子歸之吾從汝去耳行至長清嶺其夫奔而至婦復請以子授其夫度父子行已遠自擲崖下死

韓昌有妻李秦州人康熙十四年六月遇寇李負幼子行遲爲賊及李批賊頰罵賊刃之七創項未殊昌有舁之歸夜而蘇謂昌有曰必葬我松下又七日乃絕昌有葬之松下

馬雄鎭妻李雄鎭自有傳李不知其里貫雄鎭爲廣西巡撫孫延齡反遣子世濟如京師告變旋見執幽四歲康熙十六年吳世琮攻殺延齡遂戕雄鎭及其二子李及妾顧劉女子子二世濟妻董妾苗同日死雄鎭初見執置其孥別室妾趙及世濟子一女三皆以飢寒死於是雄鎭二女相要同死妾顧亦願從及雄鎭見執守者梯垣以告二女謂顧今日當踐約爲繯于梁語顧曰夫人諸母行宜位於中雖顚沛不可失序顧曰我妾也又無出何敢與諸母齒再讓乃先縊幼女年十五弱手不勝繯久之環不就呼曰姊助我長女年十八應曰妹怖死耶吾助妹已皆縊董先二女縊繯再絕再仆地傷額及足三縊乃絕苗與劉後二女縊李視諸人皆死曰姑婦子女皆幸不辱身我無憾矣乃亦縊雄鎭自有傳顧名荃字芬若豐潤人能詩畫

沈瑞妻鄭瑞附見其從祖志祥傳鄭父斌事鄭錦私署禮官蓋亦錦族瑞嗣封續順公駐潮州錦兵破潮州送瑞臺灣時瑞年十五斌蓋以此時婿瑞居數年錦部有傳爲霖者謀爲反間事洩辭連瑞錦繫瑞及其孥而以鄭歸斌鄭泣謂斌曰兒既歸沈氏生死與共請遣兒同繫斌使處于別室及瑞將死問夫人安在或以告解帶使訣鄭遂自經傳璇妻黃名棄娘臺灣人璇爲霖子也爲霖事敗錦俘其孥棄娘有兄銓爲營救得免爲霖璇皆被殺棄娘矢殉銓寬譬之

棄娘曰今日之事子爲父死妻爲夫死復何言卒自經

劉岷妻張保寗人岷死烏蒙之難語在忠義傳岷旣死賊遂破城張冠帔坐中堂呼女易璋可璋及妾吳戒毋辱出岷佩刀示易璋易璋泣而跪張斫其肩死可璋亦跪張摽刀墮可璋曰母怖耶拾刀自斃亦死張語吳汝將三歲兒好自匿存張氏後吳號抱張膝張且歎且迴刀自殊頸且斷危坐几上吳揮乳母抱兒速去拜張前引刀銜喉死几下雍正八年八月事也乳母逃山中卒全張氏後師定烏蒙錄岷死事張吳易璋可璋旌卹如例楊天階妻關開化人天階爲烏蒙守備城破時戰死亦有女子子二長曰鳳次無名關聞天階死謂二女曰我當死汝姊妹宜求自脫二女泣曰父已死兄不知存亡何以爲生遂對縊關自剄死

烏蒙女不知姓氏里居烏蒙猓亂掠子女財物女子年少者頭人自取之女與其曹二十餘輩立棚下日暮頭人持刀入叱諸女去衣不從擊以刀脅次及女女年十五六有容色堅不從頭人欲擊輒復止小猓告有以酒食賀者頭人擲刀出猓營中爲坑爇薪炭禦寒女挾頭人所棄刀立坑後頭人醉復入就女張兩手將抱持女迎刺洞其胸仆地死衆猓驚就視女已自剄羣碎其尸

劉亨基女字滿湘潭人亨基官臺灣府同知權知彰化縣林爽文之難亨基殉爲滿年十六自沉廳後池池淺不得死展轉泥中賊大至曳之上滿罵曰我名家女豈懼死乎汝曹生太平乃爲逆亂官軍至汝曹當萬段賊劖其口劓其鼻罵愈厲乃殺之臺灣平得旌臺灣之民私謚曰貞烈

滕士學妻滿向宗榜妻滕滕作賢妻楊滕家萬妻黃皆麻陽高村人乾隆六十年苗亂掠高村入士學家縶滿以梃滿怒罵苗抉其目罵愈厲遂斷舌剖腹寸磔死滕繃其兒走水次求舟將渡苗逐之執其手滕怒罵苗殺其子滕躍入水死作賢家萬皆爲苗殺楊自剄殉黃爲苗掠至八斗山紿苗入深林解刀揕其胸殺之走求家萬尸毆下亦自經殉高村又有婦以舅方病不忍去苗至將殺其舅婦奪刀刺苗殪遂自剄

陳世章妻朱義寗人世章爲湖北保康知縣嘉慶元年曾世興爲亂保康故無城賊驟至朱懷印坐賊挾刃索印朱曰我命婦印在此汝曹何敢奪賊以矛貫其胸死

薛中傑女洋縣人嘉慶二年教匪掠縣境女年十六七從家人行避賊爲賊得置馬上女罵躍仆地賊捽之起行經益水濱自擲入水方冬水落不即死賊岸上立好語招使上女益徊徊求深處賊攢矛刺之死傅瑛妻周寶慶人道光間教匪起周方在母家從母匿叢菜中賊擁入鄰婦先匿者羣叩頭乞哀周語母曰死生命也奈何降志於此曹乎乃舉袂蒙其首伏母懷賊迫視之美挾上馬二賊挾以行周罵賊賊撫其背爲好語周以指剺面罵益急賊刺其脅推墜馬死亂刃下

任寨郎二十烈女任寨郎寶豐縣村也嘉慶五年教匪至距村不十里村民出禦此二十人者與同村諸婦避於樓教匪入村攻樓不能克乃收禾黍積樓下環而焚焉火熾樓中諸婦有穴牆而跳者或欲與二十人俱二十人同聲曰教匪盜野理難自拔萬一求死不能得何顏食息于人世死于刃死于水死于火死同也惟畢命於此吾儕志決矣俄而風起火益怒樓燼二十人燼二十人中已適人者何李氏任張王氏劉王氏馮劉氏傅李氏任趙氏任周氏任宋氏任邱氏任張氏任趙氏趙葉氏李張氏張趙氏崔郝氏未字者何氏馮氏傅氏熊氏崔氏

王自正妻馬秦安人嘉慶五年教匪破縣馬被掠罵不已刀脅之益厲眥裂血賊積薪焚殺之

强逢泰妻徐韓城人逢泰父克捷嘉慶間官滑縣知縣十八年九月庚午李文成之徒爲亂克捷及其妻殉焉前一月逢泰將其弟望泰歸取婦亂作徐罵賊不爲屈賊縶徐釘著廳事柱上臠割之棄其骨事聞仁宗以徐死事烈命諡節烈贈恭人附祀克捷祠方振聲妻張大興人陳玉威妻唐臺灣人振聲官嘉義縣斗六門縣丞玉威官臺灣北路協把總道光十二年十一月盜張炳爲亂遣其徒黃城攻斗六門振聲玉威與千總唐步衢拒戰皆死之張唐殉焉張罵賊劓鼻剜舌死尤慘其幼女亦從死宣宗命張唐並諡節烈附祀振聲玉威祠終清世婦人得諡者凡三人克捷振聲玉威語在忠義傳

寶豐二婦不知其氏縣察河寨人道光中教匪爲亂官軍逐捕以車載火藥留置寨中爲教匪所詗將攘而有之攻寨急墮其一隅爲陂陁肉薄以登二婦見賊入大呼曰寨破矣火藥且資賊奈何衆中人皆潛避無應者二婦從風而火藥盡焚煙涌塵起蓬勃霿晦如夜賊自相鬬殺二婦燔焉

戴鈞衡妻李妾劉桐城人鈞衡文苑有傳咸豐初洪秀全之徒攻縣鈞衡避舒城李劉及二女居寇至仲女年十六抗刃死李劉皆被掠寇使他所掠婦與李處李陽與諸婦語納手入袖忽口噴血仆地視之刃剸喉死寇欲褫其衣其侶呼曰此烈婦汝褫其衣吾斬汝諸婦防劉益嚴劉受李誡以間脫其幼女因兩月餘不言不櫛髮一日寇欲汚之乃大罵寇怒殺諸東郊外罵不絕曰吾今可以報女君矣遂死

陳吉麟妻周臨川人咸豐間洪秀全之徒破縣周與女仙英走銅嶺賊及之加劍于項逼之不肯從殺仙英愈怒批賊頰賊殺之尸提其首而立賊爲之驚走同時凌傳經妻楊彭澤人與姑匿山中賊搜得姑楊持刀奔赴賊舍姑與鬬力盡爲賊支解楊同縣又有賈蓮品妻韓摑賊爲所磔

秦耀曾妻畢耀曾江寗人畢鎭洋人湖廣總督沅女也耀曾以舉人官郎中咸豐三年二月洪秀全攻江寗畢年將八十城破集家人告曰吾家人受朝廷恩於義當死爾曹皆朝廷百姓平日受承平之福今寇亂可愛死乎且爲賊得必有求死不得者悔何及乃服命服扶杖赴水死從者數十人曹士鶴妻管名懷珠字藏眞亦江寗人士鶴官陝西淸澗知縣城將破與士鶴兄妻李縊朱氏祠樹上自書衣襟曰陝西淸澗縣知縣曹士鶴妻管氏爲國死於此

謝石全妻廖曾石泰妻黃葉金題母胡繆勝雲妻黃皆定南人咸豐六年粵賊攻城廖黃皆助城守廖執刃登陴歷數十晝夜一夕依堞視賊爲飛礮所中遂卒黃佐石泰殺賊賊攻城東南隅黃赴救中火鎗猶大呼殺賊死城上八年賊復至攻胡所居村金題從鄉兵禦賊胡握析薪斧踣賊十餘力鬬被重創與金題俱死勝雲所居曰繆家莊土寇作黃與妯娌發火箭殪賊賊踰屋入勝雲與其父皆死黃揮刀巷戰久之賊大至自剄死

石時稔聘妻劉名敏和吳縣人家洞庭山時稔卒劉得請於父母奔喪奉姑居咸豐十年夏洪秀全之徒破蘇州洞庭山民拒守閱歲餘力盡賊自山前入劉盛服待水次誓死居三日賊不至姑挽令入室劉問何以得免則曰率錢餽賊兵劉躍起哭曰是乃降也降則此賊土吾賊人矣吾以爲三日中若輩與賊決死戰耳今若此何用生爲姑與家人輩力勸毋死劉好謂曰我三日不入戶懲矣且少休入室即夜自經死留一紙自書生死年月日

章瑤圃女亥姑餘杭人咸豐十年年十五六月庚午賊至亥姑抱柱堅不釋賊擘之十指皆創抱柱如故賊斫其肩背亥姑罵曰恨不爲男子殺爾輩盡賊劖其頸死

戴可恆妻朱可恆仁和人朱長興人可恆父熙自有傳咸豐十年杭州破熙殉朱具衣衾視斂如禮從可恆轉徙明年復還賊復至圍急朱方爲詩詞自若曰我自爲計久矣何懼城破朱語可恆速將子出避賦詩矢死不食兩日未絕自經繩斷又未絕夜入池死即熙死節處熙死時少子穗孫妻孫方歸省聞即仰藥殉其祖母姚母閔及諸弟妹皆死凡七人

金福曾妻李福曾秀水人有傳李餘杭人福曾父鼎燮官臨安訓導寄孥杭州洪秀全之徒再攻杭州圍久食盡雜啖草木甚至爍雨屐緣革爲食城將破李與福曾矢必死尙餘銀餅一爲福曾縫置夾絮中謂窮途得此猶可旦夕活也俄賊大至投姻家洪氏屋後池死同時鼎燮殉臨安鼎燮弟鴻僖妻胡避臨安村閭爲賊所迫矛舂其喉死十年賊破嘉興福曾之族諸婦女死者衍芹妻倪衍科妻鍾鴻鑑妻徐鴻墀妻許鴻勛妻潘鴻勤妻胡鴻綬妻顧鴻紱妻屈徐許皆有女從死振聲妻張賊將至時先自經殉張福海妻姚錢塘人福海官廣東曲江知縣姚家居寇至城圍合米盡食麥麥盡食糠粃糠粃盡食馬料豆城破賊脅姚行姚奮起擊賊被殺同死者姒娣孫王女杏珠姪女滿文月

邵順年妻伊仁和人順年懿辰子懿辰自有傳杭州被圍伊炊粥奉舅姑輒忍飢不食城破俟其姑旣出入井死巡撫馬新貽上懿辰死事狀附陳伊生則以孝事親臨難不求苟活深明大義得旌順年弟順國妻劉亦仁和人順國爲六合知縣卒劉父堃方爲淡中知府令以二子往劉謂異鄉非可久居以順國喪還葬蒐光世藏書授二子督就學甚嚴二子皆成立

陳某聘妻鄧海寗長安鎭人未行而夫死誓不家奉父父卒爲立後年四十餘賊至焚其村鄧自沉水甕中賊去戚族往視之其廬燼甕水沸尸爲糜矣

胡金題妻俞金題烏程人俞歸安人家雙林賊以有色驅使行不從持刃嚇之張目以頸就刃賊笑曰癡女子乃縶以行行數十步有橋橫水俞好語賊曰兩後泥滑縶不可以行乞捨我我自從汝去復請以兩矛夾持以上示無死意至橋半奮躍入水賊怒其紿矛刺之死王氏女婉容亦家雙林賊掠其父母婉容請于賊釋父母我從汝去賊釋其父母已入舟婉容出戶呼曰我猶有語請少待且呼且行近水疾躍自沉賊操矛拯之不上遂死

鄭德高妻與方其蓮妻皆阮氏兄弟也閩谿人賊破縣德高其蓮將其孥避北山久之德高其蓮偕入縣爲賊殺二婦慟誓死一日賊奄至二婦堅坐不爲動

一賊持矛入倚矛於壁呼二婦具茗二婦不應賊解佩刀擲地曰不應且死二婦厲聲荅曰我曹畏死尙坐待汝耶吾夫死于賊今當殺汝遂躍起卽取刀矛擊賊賊徒手被數創大呼羣賊皆至二婦力鬭死

周小梅妻湯名碩人常熟人咸豐十年洪秀全之徒陷常熟小梅方赴鄉湯率子漣香女淑貞及幼子女入井死將入井屬長子於隣翁脫戒指付老僕屬持書報小梅書曰昨君出門飯後卽失常熟一夜未眠今水窮山盡當死義恨不能一言爲別願君平安勿以妾母子爲念寄戒指一枚見此如見妾

楊某妻沈名彩霞金華人生農家有力能舞大刀重百斤俗鬭牛牛奔彩霞手挽之牛不得動咸豐十一年賊將至鄉人集團練得數百人推彩霞主之時蘭溪諸葛蔆團練過萬人與相犄角賊至則互救洪秀全將李世賢自龍游至彩霞乘其未定擊之敗走總督張玉良兵至蘭溪暴於民蔆惎之兵有自賊降者僞爲諸葛氏之幟過金華索犒彩霞察其詐擊殺數百人玉良告巡撫謂團練殺官軍互訐不已賊又至僞爲官軍裝吏不復察金華破彩霞自剄死楊某亦死亂軍中

周世棣妻胡鎭海人咸豐十一年賊掠世棣去使市馬以三賊監之行世棣曰吾鄉故多馬四人乃不足賊令募壯夫偕世棣得鄉人同陷賊者六導之至鄞東鄉地僻遂手刃三賊其一實陽死世棣未察也遣鄉人自歸竊賊令入甯波出被掠男婦數十輩夜半陽死賊歸告其渠將羣賊捕世棣世棣逃走賊執世棣母及胡胡語賊曰吾家有藏鏹請以吾質遣吾姑發藏鏹償諸公姑已去胡仰藥死世棣母子皆得免

蔡以瑩妻曹妾馬蕭山人咸豐十一年賊自嚴州循江薄蕭山以瑩將妻妾子女避兵王家橋遇賊刦曹將犯之且罵且入水死子景軾女景良奔赴與俱死女景李爲賊掠語賊勿相强我固願從汝賊稍寬之行近水亦疾躍自沈馬抱三歲子匿莽間以瑩還求得馬賊復至馬視道旁舍有采菱者所遺木罌祈枯木授以瑩使乘以渡以瑩要馬偕馬曰此非舟不能勝二人出懷中兒投以瑩曰以此子隨君去以瑩渡未半廻望賊垂及馬呼君勿念我今與君永別赴水死以瑩得免

王永喜妻盧永喜開州人盧淸豐人咸豐十一年四月乙巳盜李古考圍州城永喜將出助守語盧曰若聞礮卽城破吾家世淸白愼勿爲賊汙盧曰諾賊至纍礮相擊城得全永喜歸則盧率二女自經死矣二女長曰印次曰改又有張氏婦村居賊執以去見井紿曰我渴甚乞解縛飲我賊解縛入井死

劉崇鼎母張都昌人咸豐間洪秀全之徒攻縣縣人治鄉兵推崇鼎主其事崇鼎謝母在張曰人誰無母皆以母謝誰當殺賊者崇鼎受命主鄉兵張出家財佐饟賊至崇鼎請母避賊張泣然曰未戰而先策敗人心散矣有進尺無退寸此外復何顧崇鼎雪涕出戰敗死張聞敗曰崇鼎死矣遂自經未絕賊已入張出坐堂上罵賊死之

武昌女子不知其姓氏在賊中號爲朱九妹咸豐間洪秀全破武昌驅以東至江甯楊秀淸欲納之女侍飲醼甚潛置毒酒食中進秀淸持之急秀淸察有異磔死滄州女子亦不知其姓氏同治七年張總愚北攻滄州其黨得此女獻總愚總愚使執役女袖出剪刺總愚傷其臂羣賊集立醢之

費某妻吳費某德淸人吳處州人失其縣父景藩爲湖州運糧千總因以女歸費早寡事祖姑甚謹洪秀全之徒陷德淸景藩他徙吳屬以子而留事祖姑賊大至追吳將汙之不從賊抽刃出祖姑與相向哭吳慷慨求死賊縶之樹上曰我出汝心觀汝心堅否刃剚胸出心堅如石賊大驚就德淸人求其姓氏曰此婦殆有神

冷煜瀛妻盧義甯人煜瀛官都昌訓導洪秀全之徒破縣死之盧伏哭煜瀛側爲煜瀛理鬢厲聲罵賊賊斷其舌死手猶握鬢弗釋也陳兆吉妻余亦義甯人義甯破賊殺兆吉余方娠罵賊賊刳其腹兒墮刃呱呱泣賊驚走其渠聞爲之少戢

蔡法度妻簡新淦人簡早寡美洪秀全之徒攻縣名索簡言不得屠蔡氏蔡氏大惱簡曰是無難艷服乘輿出方度谿橋驟自輿躍出入溪水溪水急求其尸勿能得

張守一女春英山西人寓海城同治二年回亂守一已卒弟妹幼母悲泣春英陽語回能脫我母及弟妹願相從回遣兩騎使守一舊僕護之行春英度去遠入井死王占元妻楊皋蘭人同治四年回亂楊從家人匿山穴中爲回所得楊曰如愛我幸毋傷我姑回驅楊去至一村回入掠楊語途人曰我王占元妻將死於此乞寄語吾夫速負母遠遁遂入井死王秉堃女翠環固原人亦爲回得欲挾之去翠環曰釋我父兄可回釋其父兄曰我弱不任騎願以輿行回喜俾以輿行女輿中飲毒未至回所死輿中魏克明女秀蓮涇州人同治七年二月從兩兄行避兵回至次兄中矛死秀蓮跪請活長兄回許之長兄脫走至山麓遙望回迫秀蓮乘馬渡水至中流墜水死

劉慶耀妻廖龍南人慶耀貰酒自給同治三年賊至廖持刃衛姑出賊執姑廖揮刃斷賊腕姑得脫賊鬭廖廖殺二賊力盡刳腹斷舌死歐陽維元妻曹崇仁人姑早寡年九十九矣賊急曹奉姑走太浮山遇賊姑見殺曹與維元擊賊皆死李盤龍妻鄧永新人賊攻縣鄧與族娣姒走遇賊仕坪三婦共鬭賊皆死娣姒失其氏

黃氏女名婉梨江甯人咸豐三年洪秀全破江甯婉梨方五歲有母與兄弟居同治四年師克江甯有兵入其室殺其母及其兄弟縛婉梨置舟中謂將歸湖南婉梨好語兵至汝家當妻汝舟中毋相逼時有金眉姑者亦被掠自沈於江婉梨舉以怵兵兵不敢犯月餘將至其家賺就陸兵遇其侶與俱投逆旅二人方共飲婉梨見牖上有毒鼠藥潛置食中夜分一人毒發死一人毒淺未卽死婉梨掣所佩刀剚其腹題詩壁間述始末自經死程氏女名季玉歸安人從父居蘇州蘇州陷其父以醫卜自活師克蘇州季玉與其父相失就鄰媼匿桃花塢其女兄爲部曲將所得脅季玉去季玉自經不死作絕命詩畀媼使他日告其父入井死

韓眘朱妻郗趙州人姑瞽張總愚自柏鄉向趙州郗奉姑走欒城賊驟至姑曰我瞽不能行汝可疾逃無以我累汝郗侍姑終不去賊見其少將縶以去郗請訣于姑賊稍緩郗急趨赴井賊持矛逐之郗張兩手以拒迴身墮井死賊去出其尸矛創七

張醴仁妻王武强人張總愚之徒入縣境王避亂深州賊至王與婦女數百自沉于滹沱水淺不卽死賊據河濱村二日饑凍顚踣一婦哭曰此不卽死不如死賊刃王曰見殺于賊辱甚不如水死三日僵立死同縣許氏女從其父避賊行遇賊女促父速去父陟岡望之賊授女鞭令上馬女持鞭鞭賊罵曰豎子安敢爾賊縶女挾刃迫之女罵如故刺其腕刺其肩罵如故遂見殺李氏女名蒲饒陽人亦從父避賊賊至將刦之去女抱持父坐于地不起父令從賊行道側有井父顧曰蒲井也蒲疾入井賊並擠其父入井同死

楊某妻吳武進人子傳第以舉人官知府客河道總督幕迎吳居黑堈黑堈在開封北濱河同治三年八月捻匪攻開封未下掠黑堈吳罵賊死傳第從河道總督在開封聞母死大慼以爲不能豫戒陷母死爲母撰行述成仰藥死

康創業妻與李鴻業妻皆邸氏兄弟也深澤人同治七年張總愚黨掠縣境方歸甯從其父牛千登屋避賊登刺牛千死姊持梃擊賊妹奪賊刀殪之賊踵登揮刀墮梯下斃賊發鎗妹仆姊被數十創亦死王書雲妻谷亦縣人書雲精針炙谷傳其術活婦女無算賊至矛刺其子鳳衛仆谷操杖擊賊賊縱火與其子鳳德鳳桐女然文皆死

王有周妻楊玉門人早寡撫三子漢連漢元漢科皆長同治三年正月回攻所居堡急楊使漢元間道詣肅州請兵漢連以其人出禦楊聞砲聲急意堡破將二女孫入井死漢連妻張挈次女自經漢元妻李率次女飲酖漢科妻李及子三從女一女甥一皆自剄踰時回敗去漢連歸則家人皆狼籍死矣

張金鑄妻段平凉人同治間回亂金鑄跳而逸段未得從回至脅以刃不爲屈砍項折未殊猶怒罵復斷其左臂乃仆回委之去金鑄歸段尙能語曰我家長物盡爲寇掠去惟敝書數帙我取置懷中君可將去又曰我且死君當速行勿以我故留寇復至君將不免金鑄取懷中書欲去返顧段已絕

王氏二女香蘭纏娃秦州人同治八年回亂掠香蘭悅其色以好言誘不從刃脅不屈欲走投崖爲賊及支解死纏娃年十六尤麗賊縶以行纏娃唾賊而罵不少怯亦見殺

馬安娃妻趙秦州人莊而有容回亂見執罵賊劙口被數十創而死安娃母田兄妻趙皆死王之綱妻李亦秦州人扶姑避賊賊及之李捍賊刃乞代姑姑得間走李乃罵賊賊剜其左目被十餘刃而死

穆氏女名芝東鹿人幼慧同治七年年十八捻匪至欲縶以去女哀之不聽乃呼其父曰速去勿相顧兒自有以處之父行稍遠芝厲聲詬賊賊鞭之仆賊曰汝陽死豈捨汝耶就曳之芝驟擧足創賊目賊連刃刺之死

張某妻蔡秦安人同治中回亂蔡有色回使執爨不可與語兼噉譃蔡奪他賊刀刺之傷賊手見殺同縣程丁兒妻黃執廚刀擊賊不中賊刳其腹引腸懸樹上張氏女小字純秀年十七有色爲回得堅縶之女止哭求弛縛度峭巖聳身自擲巖下死

趙貫賜妻任甘肅安化人同治間回亂貫賜爲團勇戰死回入其家任執廚刀伏戶側回先入者出不意斫之踣餘賊挺矛入任反刃自殺楊貫陞妻劉伏羌

人回執其姑將捶楚劉請代不聽取廚刀殲一賊因自殺

多寶聘妻宗室氏多寶赫舍里氏失其所隸旗宗室氏正藍旗人大學士靈桂兄女未行多寶卒易衰絰赴弔立從子英綸爲後靈桂以聞穆宗書未吉完貞四字以賜英綸亦早卒妻鄂卓爾氏蒙古正白旗人大學士榮慶女弟昏甫逾月姑婦食貧守節光緒二十六年義和拳爲亂各國合軍入京師城破多寶弟和寶妻率傭婦入井多寶妻起引藥飲其婦視既絕乃自飲同殉

公額布妻西安駐防失其所隸旗善事姑三十而寡教二子奎亮奎喜有禮法宣統三年九月亂作戒二子曰此我完節時汝曹當努力報朝廷毋念我城破率二子婦及孫定炎成惠孫女三入井死清中葉後八旗多從漢姓公額布妻姓關桑氏奎亮妻關鄂氏奎喜妻關白氏音德布女雪雁西安駐防正紅旗人幼慧粗解文字亂作從家人出避行遇兵有誘之者雪雁引刀斷其指血沾衣誘者驚卻又遇兵強脅之女大詬曰吾頭可斷志不可奪兵羣起抶之無完膚女罵不絕刃洞胸死之

良奎妻從漢姓曰石甘氏荆州駐防滿洲鑲黃旗人爲駐藏大臣鳳全女兄鳳全自有傳貧躬織紉供朝夕諸子佐軍迎母居武昌宣統三年八月武昌兵起諸子將奉母出避力拒曰吾七十老婦死何憾諸子哭麾之出遽闔戶翌日兵大掠與子婦二女子一孫及女孫三皆死之

連惠妻從漢姓曰趙那氏京口駐防失其所隸旗連惠咸豐間以前鋒從攻鎭江戰死連惠妻以節旌宣統三年年已逾八十九月兵起出走兵抽刃擊之未殊罵不絕被斲刃乃絕血肉狼籍白髮爲之赤根瑞妻從漢姓曰王劉氏京口駐防鑲白旗人父德永有文譽客授學子根瑞妻服父訓早寡以節旌無子有女已嫁依以居聞兵起語女及女夫曰吾年六十二被旌當殉變爾曹將子女村居得田十畝耕且食毋更求仕俄聞副都統載穆死官即求死輒救免號泣不食女及女夫跪進食終不食七日乃絕

松文母吳松文荆州駐防鑲藍旗人同治初徙江寗從漢姓爲馮氏吳荆州士人女也事姑孝早寡無子松文其族子也立爲後松文子富倫渾才而早卒松文哭子慟亦卒松文妻康富倫渾妻石仍世守節宣統三年兵起江甯駐防軍潰松文母年九十三矣慟哭以仍世守節義不辱首觸牆死康與婦石將諸孫自沈于水康死石與子女遇救免康與石不詳其族系

姚叶敏妻耿襄城人叶敏早卒事舅姑盡禮立兄子爲後武漢兵起耿方病襄城土豪爲暴掠婦子爲質耿懼辱飲藥死

陳某妻殷秀水人宣統三年殷從夫在郴州九月長沙兵起湘南諸府州應之郴屬縣宜章永興皆變殷告夫誓相守以死夫趣殷將子女徙湘鄉依戚屬避兵殷不可強之乃行瀕行部署瑣雜事井井入舟抑鬱語子女若曹免矣若父奈何湘鄉距郴千餘里俄傳郴破殷憂悸不食面深墨戚屬相慰藉陽爲酬答十月壬子夕戚屬同居者聞啟戶聲旋聞其季女驚呼阿母起燭之就堂後門衡自縊死矣

黃晞妻周江陰人晞父毓祺明諸生能文明亡發狂亡命有司得晞繫諸獄周聞自經婢救之不死乃日餽獄饘粥夏不施帷恣蚊嚙曰我遙與獄中共辛苦也晞入獄十閱月事小解得出居無何怨家告毓祺所在死江甯按察使獄中有司籍其家捕晞兄弟兼收周周夜投水不死茹金屑亦不死乃詣府藏刃刺喉血衝溢仆地知府驚其烈問晞有女兄爲女僧命舁置所居庵上按察使請釋周按察使不許下縣令再收周周創漸合乃自歸語縣役曰我不累若輩第徐之俟我死持片紙去公家事易了也手檢晞單衣一付老僕曰主人行久無衷衣備澣濯汝以此寄之徐入室闔戶自經乃死時順治七年十月丁巳年二十八晞尙繫按察使獄聞周死爲文述其事略言古成仁取義之士所以趨死之道不一由其一皆可得死婦獨多途徧歷靡苦不嘗而顚跌頓撼卒死于家一以顯百折不回之苦節一以遂正命內寢之初心天不可謂無意云晞輸八旗爲官奴鄉人贖出之得歸爲童子師至七十餘乃卒

鄒延玠妻吳武進人延玠明諸生順治八年逮繫江甯獄十年見法吳自經救不死十二年延玠喪還葬十三年有司復議收延玠家北徙周乃迎母至夜將半起請母所曰兒今固必死安能俯首求旦夕活作長安纍囚婦耶願母稍忍成兒死母泣不能言周更衣拜佛復向母曰兒欲爲母拜恐傷母心兒不敢母老矣勿以兒故過哀因出一扇曰此夫子南京寄我者出一囊曰有髮方夫子所手梳有書夫子生平所習有髮夫子獄中所留也仍乞以殉復呼婢戒毋號乃自燃燭持囊及扇還入室時鷄甫鳴母及婢徬徨哭不敢出聲少頃視周自經已絕死前一日苦熱周祝曰安所得甘雨乎遂雨竟日人謂節婦雨

陳生輝妻侯單縣人順治初盜掠生輝使牧馬縣北郭秦氏有馬爲盜掠生輝乘以歸秦氏見馬訟生輝生輝坐通寇死侯事姑喪葬畢並葬生輝設祭自剄田一朋妻劉通江人國初一朋不從薙髮令坐當死吏並縶劉去劉挾毒自隨聞一朋將就刑先服毒死

蔣世珍妻劉揚州人失其縣世珍順治中爲廣東連平知州有惠於民嶺海初定土寇數發諜報旁縣賊數千人嚮連平行至世珍曰賊至驚吾民吾且往椎順逆強弱而爲之所單騎入賊中諭其渠降其渠爲引退世珍宿賊營翌日乃還守備吳章者故與世珍有隙誣世珍通寇告總兵黃應傑應傑啟平南王尙可喜捕世珍赴惠州獄劉繫置守備廨旁舍章將無禮於劉劉怒叱去又遣婢說劉劉曰死不可緩矣遂縊而死世珍入獄病亦死連平民葬劉州南烏石岃爲之碣曰正烈劉宜人之墓嘉慶二十三年知州陳鵬來上其事乃得旌

王有章妻羅益陽人順治七年盜殺有章父廣及家人男婦二十餘輩越三年又殺有章惟餘羅及有章妹頭貞皆斷髮剺面號於有司歷八年乃論殺盜渠羅謂頭貞曰我當報汝兄地下因不食死頭貞初字曹氏子曹氏子以其毀容也遂罷婚頭貞徙長沙仇家有子赴試誘至家殪之

樓文貴妻盧東陽人文貴農也有鵝啄其麥文貴驅鵝傷鄰兒鄰兒呼遂毆之投水死里豪喝文貴使鬻妻以爲解盧曰吾不忍生離文貴怵得罪因求死盧曰吾與汝同死遂入林偕縊

沙木哈妻哈里克滿洲鑲白旗人沙木哈兵也爲弟三太所擊垂斃沙木哈妻誓身殉沙木哈言曰我止一弟我死弟抵罪守先墓撫諸孤復何人汝當言於官曲貰三太死沙木哈遂死沙木哈妻叩閽述沙木哈遺言乞貰三太聖祖命許之沙木哈妻得請即自裁康熙三年正月壬午禮部疏請旌表聖祖令立石冢上書其事始末

鄭榮組妻徐西安人榮組有族叔無狀毆其父赴救爲所殺其子五元七元遇仇於途嚙其鼻仇愬於縣縣吏逮五元七元徐以冤白吏吏不省撞縣門碑死時康熙二十七年六月事也典史某爲具櫬露置城西鐵塔越七年知縣陳鵬年爲營葬立祠於墓側

張翼妻戴名禮烏程人翼父韶嘗知休甯縣託翼於其友王毅毅以女妻焉韶卒毅女亦死繼室於戴毅子覬翼產康熙六十年五月誘至其家迫作券毆之垂斃擠墮水舁歸不能語瞠視戴戴泣曰我一弱女子不能爲君復仇當以死從君翼指以誓越七日翼死又十七日戴自經衣帶間得絕命詩三章

詹允迪妻吳東陽人允迪不嗛於族人爲所中坐危法下獄吳期與俱死至其日盡出金珠畀所識貧乏者散諸婢僕詣獄與允迪訣瞠視不語者久之歸自剄

蔡以位妻孫侯官人以位佐鹺商與私販者鬭而死孫迎喪河干自擲入水以救免其娣卽其姊也責以撫孤乃不復言死官捕得私販者法當檢驗讞乃定孫曰是重僇吾夫也乃大戚官悲其意爲杖殺私販者喪再期從容語其姊曰兒稍長履韈可取諸市不煩手自製矣兒昔病殤今愈矣不累我姊矣或曰姑在旣祥當更淺色履孫曰然姑徐之至大祥竟入戶自經死

楊春芳妻王銅梁人乾隆十七年其家火春芳臥病王入戶負以行火逼不能出子女奔赴皆死王尊德妾唐臨桂人尊德年八十病劇鄰家火唐欲負以避力不勝火迫尊德揮使出唐身翼蔽尊德皆死

竇鴻妾郝字湘娥保定人十六爲鴻妾能詩善弈畫兼工花草士女有繩其才者豪家謀奪之不能嗾盜誣鴻死湘娥因自經將死爲絕命詞矢爲厲以報

章學閔妻董名合珠連江人故爲婢嫁學閔學閔貧不自聊走死深山中董號泣求之不知其在亡逾年有樵入山若有聲譟譟行見遺骼委於地雙履在側出以語人董聞曰得非吾夫乎亟往視履其手製也拾餘骨瘞焉即夕自經死

杜聶齊妻何聶齊泰寗人何將樂人聶齊死於虎何求得尸解衣拭其血斂畢斥家財以葬悉以其餘分戚族遂自經張氏婦宿州人夫樵於野遇狼爲所噬婦求得夫尸以鐮絕脰死

寧化二婦不知其氏其一夫嗜博母閉諸室中不與飲食婦導使出亡既夫死於途婦聞自殺其一夫行竊父將殺之婦泣爲請免生二子婦攜就母家父卒殺其夫婦聞亦自殺

清史稿

列女四　　列傳

長山鋪烈婦無姓氏，不知何許人。李自成南奔，驅荆襄之民以從，婦與其夫俱被掠，行至江夏長山鋪，其夫道殍。婦僅餘一珥，出以乞人，求瘞其夫。有少年應焉，瘞既竟，欲强其婦從去。婦入穴，枕其夫慟哭，觸額流血，以土自掩，曰：「乞併瘞我！」衆挽之不起。日暮風雨至，乃委去。平明往視，則血被面死矣。衆因併瘞之。

胡二妻，失其氏，吳洞庭人。婦父，舟人；胡二，農也。有母，兄若弟皆別居。婦與二曰：「吾夫婦各減數口食，猶足以飽母。有如母但一子，不獨養，又誰養乎？」夫婦忍飢養母，時時具甘脆。母喪，求地以葬。夫婦勤，歲倍收，始有居室。而二病瘵。鄉好鬼，婦獨不信，奔走醫藥。二病甚，婦曰：「我聞葬苦者生，甘者死。」嘗之而甘，二竟死。無子，婦計兄公一子，叔二子，詣叔乞其次爲後，姒不可。居數月，兄公舉次子，又詣兄公曰：「吾女三歲，乳未盡。今兄公舉次子，天其欲使吾夫得有後乎？」兄公頷之。婦歸語父，貸百錢，將祀其夫，告立後。其父欲嫁婦，不許，且詈之；兄公亦中悔。婦乃自經夫靈側。時康熙五年十二月。明年，縣人黃中堅等爲斂錢，與其夫合葬。

唐之坦妻曹，海寧人。康熙十五年秋，之坦卒，曹矢死，治衣衾必有副。食砒不死，屑錢吞之又不死。既斂，復飲滷，吐下而解。乃不食，二十二日夜，投舍傍池，家人出之，死矣，頃復蘇。曹謂其舅姑及母曰：「大人愛我，乃苦我也。」於是復飲食操作如常。織，自製衣一稱。婢乞餘布，不與。家人竊議曰：「數尺布尚惜之，宜不死矣。」及冬，黃梅方花，曹視而歎，爲賦詩，美其不落。復不食，至歲除，出餘布，縊之坦柩旁，乃死。李岸妻焦，睢州人。姑嚴，織紉炊舂皆焦任之。岸卒，方斂，焦縊，遇救；比葬，再縊，再遇救。乃操作如平時。卒哭，拜墓歸，復縊，乃死。

方引礦妻毛，遂安人。父際可，爲祥符知縣；而引礦父象瑛，官編修。引礦病瘵，自京師詣河南，既昏未三日，卒。家人聞毛許引礦死也，閑之密。一日登樓自擲，墜地嘔血絕，復蘇。遂歸于方氏，促爲引礦營葬。久之，地始定，葬有日。于是謂其人曰：「吾葬當同是日也。」遂不食。家人喻之百端，起辭祖姑及舅及母，皆四拜，終不食。十九日乃卒。時康熙二十九年二月癸亥朔，距引礦喪十年。

林其標妻韓，福清人。其標貧，依姊居，鬻餈自給。鄰嫗乞之粟，韓曰：「是必償。」其標病，韓代鬻餈，垂簾自蔽。少間，析麻苧爲布，以易米若藥。其標語韓曰：「吾以貧累汝，終且以死累汝。吾死，汝自爲計。」韓痛絕不能語。其標死，韓告其姊曰：「乞辦兩棺，並覓一抔土，俾夫婦相依。」盡散器物，償隣嫗，遂自經。

馮雲勳妻李，武定人，大學士之芳女。李年十五，適雲勳，事舅姑謹，立待竟日，訢訢無怠。命坐則坐，命退則退。之芳督浙江，當耿精忠叛，戕軍衢州，傳語洶洶，李獨謂賊不足平，坦然無懼。雲勳卒，無子，李方舉次女，矢死，遂不飲食。其兄延醫，手爲調藥，拒不納。越數日，令侍者扶行傍柩側，遽絕。

曹邦傑妻張，鎮寧州人。邦傑早卒，張爲文以祭曰：「嗚呼痛妾命之不辰也！幼失嚴慈，撫育無人，形影伶仃，莫可言狀。幸得于歸夫子，庶幾夙夜事之，百年守之。憶吾父擇壻時，亦曰吾女幸矣。終身之仰望者，非壻耶？如賓如友，同心而同德者，非壻耶？私心自慶，在妾尤深。孰意甫歸故里，遽嬰疾疾，妾向之喜者，化而爲憂。忘餐廢寢，祈以身代，而天不假年，黃粱一覺，羽化昇矣。傷心哉！夫子之人，如金如玉；夫子之文，如海如潮。而今已矣，不可復見矣！天耶？人耶？孰爲之耶？禮稱未亡人，妾不忍未亡也。詩云之死靡佗，妾惟知之死也。九原匪遠，妾必從之。嗚呼！淒淒惻惻，踽踽涼涼，拊膺呼號，瞻望無將。臨風灑涕，對景悲傷，剖骨代筆，曷罄衷腸。夫子乎，其知之乎？何不飆輪少待，使妾欲追而難跡乎？靈其不寐，庶鑒妾心。」邦傑死三日，張遂殉。康熙三十七年事也。

林守仁妻王，侯官人。守仁以優貢生客死京師。無子，女汀哥，前室出也。王矢死。逾年，守仁喪還，王治喪竟，一日爲汀哥製履成，嘆曰：「生一日，當作一日事。」因語汀哥曰：「母去，兒無恐。但歲時具杯酒一脡肉，母當歸，不相嚇也。」頃之，午食竟，入室自經。藏香屑袖中，解尸氣也。

張四維妻劉。四維，錢塘人。劉，漢軍，失其所隸旗。四維父商於廣東，挈四維以行。劉父官潮州知府，見四維幼慧，因與論婚。四維父喪其資斧，而四維長，多病，遂跛。劉父母欲別擇婿，劉矢死，父母莫能奪，乃召四維就婚。劉既失父母歡，姊婿達官子相侮，劉勸四維挈以歸。劉辭父母奩具一不取，勤苦作晝，刺繡易薪米。四維亦力學，舉于鄉。康熙五十九年，四維試禮部，不第，卒於京師。劉聞，遂殉焉。

李長華妾吳。長華，鄆城人。吳，封邱人，幼孤，爲人賣入倡家，矢死不從，其兄贖以歸，爲長華妾。長華以選人客京師，居八年，貧病死。其友檢討孫勷爲具斂。吳飲鴆，勷往救，誡毋死，待長華子迎喪。後十餘日，長華子迎喪至，知其事，亦勸毋死。

且將以其子爲之孫吳即夕自經死勸葬長華廣寧門外眞空寺側以吳祔

周兆農妻王長沙人兆農樵于山大風拔木被創死遺腹生子母家閔其貧勸改適王拜姑泣而言曰兒不孝敢以呱呱者累老人語未竟大慟姑知其且死夜與俱寢稍寐聞有異呼家人踢戶入火之見王頭繫于牀右手握拳爪陷掌左手指牀上兒死時年十九

陳國材妻周江寧人居揚州歸國材逾月遽卒周日夕居喪次誓從死籍遺財授其族子曰明年寒食以一卮酹我夫婦其父往慰喩之周曰兒無舅姑無子客居無所依義當死父勿誤兒然兒死不忍傷肢體遂吞金環二不死時周羸甚餌大黃冀暴下死反下所吞金環乃不飮食七日猶坐語又數日眸陷欲枯目光注國材棺不轉兩手據席爬搔席草寸寸碎裂不飮食二十日雍正九年三月癸未卒距國材死五十有一日縣人爲葬孫大成妻裔墓側其先又有烈女池翟四家比立如鱗次吳廷望聘妻池江都人廷望從軍戰死廷望父欲以妻其幼子使其從母喩意池不可自經李正榮聘妻翟甘泉人生十九年事父母孝許字正榮才十日而正榮卒翟號慟自殺二女之葬提督學政右中允楊中訥爲之銘曰蜀岡之巔平山之側欝乎蒼蒼憑高西望而歎息曰有同縣二烈女此其幽宅裔自有傳葬在池翟後又有項起鵠妻程亦揚州人程嫁三月起鵠行賈死廣西訃聞程自經州人葬其側合爲祠號五烈

于某妻蔡名貞仙金壇人年十九將嫁而婿病卜者言迎婦吉貞仙母難之貞仙請于母曰彼欲已病而違之非義乃行而婿病不起及斂納釵一釧一於棺自經棺旁救不死諷姑爲翁置媵姑從之且使主家事忌者譖之因辭于姑忌者遂言是且有他志乃矢死取所讀書所爲詩詞盡焚之釵于髻釧于腕且起襲故衣問安于姑所辭色如常時午侍食既撤入室縊時乾隆二年六月壬戌年二十五貞仙有從父嘗過視貞仙問曰聞舅姑以譖常挫汝有之乎對曰否古賢婦未有訟其舅姑者即死毋有他言

張義妻李交城人義坐罪當斬免死遣廣西義寧李與偕義死遣所李具棺以斂以遺金上縣至夕呼鄰嫗共宿俟其熟寐赴水死時乾隆五年九月辛未縣具其事上巡撫巡撫以聞下禮部禮部議殉夫者令甲有明禁惟李以從夫罪遣孤蹤殉節非激烈輕生比請旌表得旨依議

黃敬升妻王崑山人敬升貧客授王佐以績食不足鬻辟蠹藥囂諸市敬升病疫一日門不啟鄰人壞垣入視敬升死于牀王死牀下兒臥地號胸繫王書略言貧不能斂其夫食製藥紅砒以殉冀有惻隱者斂夫育兒身塡溝壑不恨有士人爲斂其夫婦將兒去育以長

伊嵩阿拜都氏滿洲鑲黃旗人妻希光鈕祜祿氏正白旗人總督愛必達女也伊嵩阿爲大學士永貴從子早卒方病時希光割股進終不起許以死愛必達永貴共諭之誓畢婚嫁乃殉爲伊嵩阿弟娶嫁女妹及二女次女行之明日自縊死張遺詩於壁略謂十載要盟此日當報命乾隆四十六年三月事也永貴疏聞高宗爲賦詩旌其節

張廷桂妻章名孔榮廷桂常熟人章秦安人廷桂父爲吏陝西初娶魏其父宰秦安廷桂從焉既歸避事復遊秦安因贅于章居八年事解乃以孥還廷桂貧恒出客游卒於撫寧喪歸章營葬既窆將自投穴中爲家人所持章一女字偘鳳廷桂從弟廷梅許生子爲立後乃依廷梅居廷桂嘗入貲牒授主簿或購其牒章曰吾以貧鬻牒罔國家罪也況夫名其可二耶遂焚其牒既終喪復自經家人覺解之次日既夕赴水死死時爲絕命辭數章詞旨哀惻其卒章曰憶往事兮雙淚沾巾想當年兮妾病沉昏感君愛兮信誓殷勤云妾歿兮君必亡身嗟今日兮命不由人君先亡兮妾豈偷存痛萬里兮生會無因輕一命兮地下從君求神明兮引我孤魂覓天涯兮不惜艱辛得伴君兮死亦歡欣十七年兮夫婦深恩食糟糠兮敢怨君貧中路訣兮命蹇時屯喪葬畢兮不死何云傷幼女兮失母誰親死爲君兮此外奚論又留書與廷梅曰初聞訃即欲死念無後無人主喪葬今服除死更無餘事前議叔生子爲立後母誑我家貧止田十四畝當以十畝與所後子四畝與偘鳳遺十金爲我埋先夫塋次偘鳳旋殤廷梅亦不爲立後後二十年縣諸生柏渭吳慶長等始爲合葬

郝某妻單永寧人郝奇醜眇小傴且跛一目口不能言御小車遂呼曰小車而單美鄰婦恒姍笑單曰夫可憎乎吾命也請勿再言單躬紡績養舅姑育子舅姑死鬻所居破屋以葬嘗數日不舉火族人憫之予蕎麥數斗製餅以鬻分其餘以飽乾隆五十年歲饑單爲鄰婦佐女紅貸餘食食夫及子逾年夫疫死子亦殤單裂席裹尸以木杴掘坎瘞焉杴折手捧土瘞畢血殷地乃號曰天乎單氏事畢矣而猶生乎坐破窯中餓數日死年二十六族人瘞之夫側里稱賢婦墓云

陳廣美妻李河內農家女也生二十四年而歸廣美廣美已病李與異室居侍疾甚謹事舅日具饍甚恭閱三月廣美死母往視之且語之曰兒雖嫁猶處子也何患無佳婿李誓不更適葬之明日出廚刀屬舅礪焉曰爲翁作麪虞其鈍也其舅竟礪以授李李闔戶其舅知李且死排戶入見李猶立右手握刀首墮負于背幾不屬血從斷間溢殷地其舅疾呼族鄰畢至其母亦至乃仆李死嘉慶五年四月丁未賀邦達妻陸震澤人待年於賀氏邦達病舅姑用卜人言使成婚逾月而邦達死或語其舅姑婦雖婚猶處子也盍爲擇婿陸聞集族姻出拜誓毋貳居三年語姑曰我夜數夢吾夫豈魂魄常從我耶遂入室自縊死時嘉慶十六年四月辛酉陸年十九

鄭宗墩妻陳名淑定長樂人宗墩客他縣舁病歸卒無子陳求死父諭止之陳力織葬姑及宗墩舅以居隘命歸依父嘉慶二十五年父卒還省舅退告叔弟曰兄沒十二年矣未亡人懼傷吾父心久而不死今已矣舅老有叔在叔能以子爲兄後兄其瞑乎遂縊任有成妻陳蕭山人有成無昆弟賈諸暨卒亦無子舅姑命歸母家將徐奪其志陳矢死不可力積貲爲舅卜妾吳逾年而有子舅姑卒陳與吳居育夫弟錢儀吉爲作二陳傳謂當死生危苦之際進退合度得禮意云

丁三郎妻失其氏宜興人嫁逾年夫死不哭亦不拜家人莫測也後四十九日既窆婦出就案前立視其主久之拜拜時若呼三郎遂伏地不能起掖之則已死

丁釆芹妻孫震澤人嫁半年釆芹病瘵舅姑謂婦命凶詬罵之孫飮泣脫簪珥具湯藥釆芹病日篤謂孫曰我且死所不能瞑目者爲汝耳汝無子家貧母家亦無可依當奈何孫泣曰我念之熟恐戚君故不敢言人孰不死死貴得所當先待君地下耳釆芹垂泣不答孫乘間自縊道光六年四月也釆芹乃扶病而拜曰從我于既死不若殉我於將死烈哉三日釆芹亦死

王如義妻向涪州人幼能爲詩文如義農家子向恆勸之讀道光十六年如義暴卒姑喩之嫁矢以死舅病爲刲股家益貧將强遣之二十三年三月戊申自沉荷花灘死將死爲絕命詩十首其序曰妾涪陵向氏女適王氏未一年而夫即世昨歲翁又不幸孤苦煢獨人勸以非禮衣食事小名節事大惟一死以明志夜題詩十首藏笥中他日閱妾詩毋累阿姑也及入水粘一紙橋柱書五字曰名節江中見死時年二十五

狄聽妻王名姻桐聽溧陽人道光九年進士官至廣西道監察御史王江陰人十九年七月聽卒官八月子聰殤九月丁巳王縊王幼承父蘇教通經史大義能詩將殉作書告聽諸同歲略言夫亡當即死諸君俱言撫孤重故未敢爾孤又夭復何言念兩世單傳不可無後今已立後可報舅姑夫子地下王嘗撫從女年十七已許字留金屬遣嫁又諭所後子期明年以喪還葬與前母三棺同穴以殤祔並令斥賣攸祖祠成父志書末題曰我自歸家去人休作烈看康熙間錢塘林邦基妻曾所爲絕命詩也曾名如蘭邦基卒曾立其兄子爲後葬舅姑畢具牒上縣請死知縣慰止之後十日題辭吞金殉

錢濟甫妻汪武進人善女工所入足自給而濟甫博傾其貲其姑嚴雖寒餓不敢告也夜風雪家人皆臥薄絮衣篝燈守後戶待濟甫嘗以除夕跪而諫無更博濟甫爲少止後客死餘干汪請立後所當立者不可汪意乃勿復言葬畢自經死未死前一日以十盌致某醫曰我爲人無所受恩惟是人嘗診我以是償也

謝作棟妻王孟津人王家白鶴鎭作棟家南朱村作棟卒王將殉祖姑及舅姑勉以撫孤王朝夕奠必抱其孤拜哭涕如雨祖姑聞之爲輟食王乃飮泣不敢聲喪終其孤殤祖姑亦沒王歸訣父母父母慰諭之道光二十二年四月辛巳作棟死三期先日王哭于墓誓死晡盡以衣物與二女妹夜中縊晨衆踢戶入一鐙置高處照屋梁板障其外王內衣皆密紉貌如生

繆文郁妻邱吳江同里人同里有敝俗歲二三月祠劉猛將輿以出少年傅粉墨爲婦人參錯儀衛間文郁故磨豆家傭與其役曰昳過門女伴呼邱出觀邱以爲恥恚闔戶文郁歸戒毋更出越宿文郁病或恫以神怒且死邱曰聰明正直爲神豈以茁昧致人死者吾夫未即死即死吾與俱死耳數日文郁竟死邱迎母與居三日語母入市市楮邱自縊柩側

黃壽椿妻管壽椿江蘇華亭人管陽湖人父光烈母林皆死寇壽椿官江西德安典史光緒二年卒時壽椿父如琳官浙江上虞梁湖巡檢管將壽椿喪挈子女以歸至曹娥江距梁湖一日程遣子女先行謁祖父母管飮藥死

馮桂增妾李桂增臨朐人李肅州農家女桂增從左宗棠討叛回馬四軍其地納爲桂增會師新疆李留肅州與部曲諸婦居李御諸婦有法度諸婦憚之若部曲之事其帥光緒二年正月桂增克瑪納斯城軍寡爲賊所乘戰死李方有

身日夜哭既生子逾年殤桂增喪還李迎奠喪甚慟須臾仆不語視之死蓋先時已仰藥也黃燾先妾彭燾先鍾祥人彭貴筑人先爲田興恕婢興恕戍新疆寄家秦州燾先方知秦州得彭以爲妾光緒二年宗棠駐軍秦州燾先爲主計四年卒彭悉發篋以衣物屬燾先子吞金死

方悋妻趙陽湖人祖母方節婦父烈文嘗知易州有文行歸悋食貧持門戶光緒四年悋客遊遼卒趙方有身烈文迎以歸徐告之慟絕首觸牖將死家人共寬喻之既免身生女趙曰生女亦善使我無繫戀也後八日自經死

姚森桂妻宋秦安人森桂卒宋入廚下自剄血自咽出汩汩姑入視右手握刀猶力作刲割狀母至宋以吊乃能語曰死已決母緩我引母手掩口鼻又解帶使縊母手顫不可任覩宋狀至慘怛乃飲以毒毒自創溢但聞宋咽中若曰斫我斫我久之乃無聲遂死

惲毓華妻莊陽湖人毓華死莊飲藥殉毓華弟毓德妻許毓德死許絕食殉毓華姪寶元妻袁寶元死袁先服毒急救之復絕食三日以殉世稱惲氏三烈婦

曲承麟妻袁承麟瀋陽人袁名桂瑆遼陽人嫁未百日承麟卒袁仰藥殉

尹春妻張猷人初爲黃氏婢名桂喜主婦程知書嘗與諸娣姒說古列女事桂喜竊聽輒稱羡既嫁而婿遂矢死詣肆求毒藥肆以佗藥予之飲不死市櫬臥其中主婦泣喻之對曰桂喜聞主母講列女時意已決不可回也卒不食死

李氏高密人夫嘉猷失其氏嘉猷惑于譏娶不與同室及病李奉事甚謹禱于神請代嘉猷聞而悔遂死李自經以殉

陳三義妻王掖縣人王未行病而瞽其父辭于三義三義曰吾聘時未瞽也聘而瞽猶娶而瞽其可棄乎娶三年王目良愈三義尋卒王曰夫不負吾吾豈負夫遂縊

游開科妻趙馬邊廳人開科貧贅於趙趙有母及兄皆厭之趙脫簪珥別賃屋以居食盡不貸於母家一日趙還省母方食開科至趙推食與之母及兄逐開科禁趙母歸且言此餓莩死何患無家趙縊死

孫崇業妻金赤城人崇業嗜酒不治生金勸之不聽順治中歲祲崇業計鬻金陽語當偕詣戚屬金察其詐曰汝乃忍嫁我我嫁必且死然至汝家二十餘年詎忍恝然行盍沽酒爲別崇業出沽酒金抽刃斷喉死張某妻田萬全人夫游蕩田屢諫一日歎曰我生不能勸死或憶我言因仰藥死死時猶呼其夫勸改過

張氏女婁縣人農家女嫁魯氏子姑與夫迫使爲汙行不從箠楚凍餒凡三四年志不變康熙二十六年三月其夫將刦以佗往夜入萬安橋下水中死又有湯氏女奉天人有娼家爲客娶之使爲娼箠楚困辱卒自殺滄州女不知其姓名黛城年十五鬻入娼家使應客不從撻辱之大罵娼家支解之棄尸于河

張氏都昌人康熙十三年耿精忠爲亂張之夫熊應鼎將從賊張諫勿聽質裙沽酒以飲且勸終不可乃告于其族矢死應鼎入于賊張自殺

孫大成妻喬江都人大成母姣二女嫁而歸皆與縣吏通迫欲汙喬喬告大成俱縊救不死喬歸省母告母狀持母袂哭臨去檢母奩得靑白線各一束因曰兒必不辱母俄縣吏宿姑室復呼喬不應姑詈亦不應縣吏醉裸而譟窗下喬以靑白線綴上下衣復合爲絙縊姑覺不救遂死鄰知其事感泣拜喬尸或語侵姑姑反辱衆讙以告官官庇吏旌喬葬平山堂右岡而不竟其獄後數十年縣隸以事辱喬兄子死于水喬兄痛子亦死楊某聘妻章字原姑秀水人年十九縣隸請婚父不許許楊氏縣隸與其徒譟于門誣原姑與有私原姑夜縊死縣吏欲寬隸獄上巡撫持不可乃絞隸旌原姑喬死康熙六十年四月戊申原姑死嘉慶六年九月甲午

孟黑子妻苑黑子大城人苑東安人其姑素無行會永定河決工役大集賣酒隄上强苑與偕苑不從窘辱之姑與惡少入婦室飲婦終不可犯姑益怒婦度終不免自沉死夫行求其尸四日得之武淸境又四日乃斂方盛暑尸未朽也北塘女子業磨豆爲腐母迫爲娼新河藍某妻失其姓姑迫爲娼皆自殺武淸芮氏女秉貞寗河樂某妻左韭以姑迫與惡少暱自殺

蕭氏靈州人爲張文彩妻文彩有友悅蕭美欲汙之蕭力拒友懟蕭譖諸文彩謂蕭不潔文彩信之紿蕭歸寗與其友共殺諸途後事雪雍正十二年旌

黃氏女昭文人嫁張氏子爲縣小吏其母有所私迫女從之日箠楚或謂女盍歸女曰女既嫁安歸待死而已乾隆十六年夏方暑姑與所私裸而飲女避所私起持之女大號曰奴敢汙我持案上酒器提之姑怒批其頰復榜掠之夜半女入井死吳氏女震澤人喪父母方六歲字李氏而待年焉稍長美李氏子行賈久未歸姑悍私于里豪里豪啗姑金欲得女女勿從姑撻之極楚鄰媼問其故女不肯言當暑浴姑納里豪于室鍵其戶女呼不應挾剪拒創里豪里豪持女褻衣去女求死姑操巨箠撻之女引剪自剸未殊鄰人戒其姑毋急女女與鄰女款曲如平時餔啜粥盡一甌鄰女謂不死矣夜漏二刻自溺門外溪水死時乾隆三十七年七月丁未

顧氏泰州人夫張世英日誨顧淫顧不可或貸世英錢世英陰欲顧與私沽酒飲貸錢者嗾其母呼顧出不應與之酒覆杯慟貸錢者亟去其母搤顧吭幾絕鄰里咸憤訴于州世英乞悔過以顧歸與其母益日夜迫之顧飲鹵不得死乾隆十六年十月戊戌世英語顧冬無衣盍如吾言即得錢衣汝顧曰我甯死不辱世英恚夜扼殺之年十七張氏丹陽人夫陳彭年嫁十年矣彭年貧欲嫁張張涕泣不應紿使出而密使媒從張覺之號慟求死邏卒以告官官笞彭年令張還母家張曰我適陳矣死生以之彭年益迫張張度終不免從容言曰我無如何今當聽爾起隨彭年走出村塘水方盛張躍入水死死之日爲乾隆十九年六月戊辰

許會妻張潁州人姑姣而虐惡張端謹不類曰詬且撻張事姑益恭姑病刲股以療姑虐如故姑與鄰寺僧通欲亂張姑匿僧室召張入而出鍵其戶張大號僧遁去翌日自沉于井有司捕得僧論如律鄉人裂僧尸以祭張趙海玉妻任名環汝州人姑故與鄉人通夜半挾刃入任室詬而免亦井死年十九

殷氏天津人爲同縣邢文貴妻文貴故無行其母趙姣文貴初娶于以貞愼不相入出之復娶殷殷貞愼尤逾于趙惡之與文貴日捶楚沃以沸湯施燔灼焉體盡潰有司聞使吏就視殷拒不可旋卒有司收趙及文貴論如法

嘉興女失其氏嫁賣酒家王氏子姑當壚習與酒人姣甚女不應乃裁抑不使餉縣中李氏母故大家女聞賣花媼言女事慫女有志輒令媼市胡餅畀女一日見女餓憊甚而几上置飧果媼怪女何棄不食女曰李夫人餉我哀我志也此物西家以餌我我有餓死耳豈可食乎李母病且死遺錢十餘緡周女女感泣語媼我終不負李夫人望惡少艷女久嗾姑將脅以威女漸聞之乃請于姑代當壚姑喜授女戶鑰數日女夜啟後戶投水死乾隆二十年六月事也

王某妻李字黑姑天津人姑不貞與鹽運使隸有私計欲幷汙李隸與姑飲役李李恥之恒不如姑指姑以他故詈且撻待隸爲之解復示意李終不可而隸意未已李枕側置刀以自衞姑逐其子出夜持被就李共寢夜半啟戶納隸隸迫李李呼姑掩其口取刀自剄未殊母來視之復避語其故並言方自剄血溢不知人漸聞隸語姑當言夫婦相爭詬自戕宜無知者越三日乃死其兄告官笞隸不竟其獄道光六年七月事也

何先佑妻孫桂陽人先佑父在時爲先佑求塾師授之讀未幾喪父其母以家政屬塾師因私焉孫既歸嘗晨謁姑塾師在其室孫趨而避塾師與姑謀倂亂之塾師出孫入諫姑曰家雖貧粗有門閥翁勤苦終身不得意所屬望者先佑姑念翁與先佑勿復近塾師姑慙戒毋泄孫曰婦所言爲門戶耳雖先佑不敢告第願姑終念婦言塾師既與姑謀遂屢挑孫孫以告姑又諫姑終毋納塾師入孫室孫大詬塾師陽避孫欲還告其祖忍未發姑陽出塾師復入孫室潛抱持之孫號奮擊先佑入塾師乃走孫傷於脇遂自經死時乾隆二十九年三月明年獄上斬塾師徒其姑新疆

邢氏字福濬縣人農家女也而有容色嫁袁顯旺姑姣羣姦聚其室艷邢美挑之不從其姑誘且詆邢若爲勿喻也者謀益急夜出將赴水風失道遇同村人送還父家父愿與復至袁氏羣姦迫其父使具狀曰女再逃杖死夜二鼓羣姦縛邢裸撻數百邢有娠不勝楚求滅燈死不恨羣姦縋邢於梁而撻之益毒五鼓燈盡邢死使與旺剄其頸若自戕官捕羣姦論如法

遷安婦不知其姓夫行賈翁耄姑私於傭傭計並汙婦婦稍近婦婦色甚厲乃與其姑謀嗾翁汙婦婦不可遂嗾翁殺婦絮塞口杙椓下體死白鎔妻尹亦遷安人鎔出爲優姑有外遇迫婦絕飲食日啜米瀋逾月姑縛尹以熾鐵烙下體尹號擊其首髮皆然一目裂遂死

林氏平湖人嫁顧大家乍浦湯山麓顧大母故娼也惡少往來其室强林具茗不可母恚林與諸惡少謀必欲幷汙之林竊出赴海未至值鄰女送之還母益仇林與大日共笞之靳其食不令飽居年餘爲嘉慶九年正月方改歲惡少至羣飲林復竊出赴海既日受笞且久饑行不前大追至執以歸母遂欲殺林撞以重器腰脇俱折復砲烙其下體是月丙戌晦林死事發論大如律

洪某妻徐金谿農家女也姑與兄公有盜行徐至未逾月察得之大戚脫簪珥畀洪屬遠行賈以避屢諫姑姑不納乃自經

敖氏涼州人嫁駐防涼州旗人四十九四十九有友相狎丐與敖通四十九許之假以衣夜入室敖聞語辨非夫也奪戶出友遁敖詈四十九俟其出自溺水甕中死

涂氏梁山人嫁甘克桂克桂游蕩破其家涂以女紅供日食克桂負鹺賈錢將

以涂償一日克桂從涂取故衣易錢以飲醉歸涂泣克桂搤其頰曰行且鬻爾涂曰吾矢死不往克桂撻之兩晝夜不已涂自經死

吳氏彰化人嫁康氏子姑不貞欲併亂之吳不從乃效治囚法榜掠之無算卒不爲屈剚刀其腹死道光七年事也楊氏江都木工女嫁曹氏子姑迫使爲汙行楊不從乃絕其食鞭之至累千造諸酷刑榜掠無完膚創重死鄰以告縣吏笞其舅及夫葬諸梅花嶺下

趙氏桐城人夫同縣孫某洪秀全兵將至其夫降受署置咸豐十一年秀全兵破桐城其夫戴黃巾被黃袍乘馬迎趙趙望見大慟曰汝非我夫也父母遣我嫁乃諸生孫某非作賊孫某也且汝旣讀書爲士人豈不知孫氏望族文武仕宦不絕而失身降賊意氣揚揚自得我不忍見也起投塘死子數歲從之下同時又有王氏合肥人夫繆錫疇將降秀全王力諫不聽自經死許氏名領姑歙人夫亦縣諸生咸豐十年賊至其舅將降許泣諫勿納亦自經死其舅後忤賊舉家皆爲戮

梅氏名蘭如不知何縣人嫁夫不肖欲攜以爲豪家奴梅不可又使出乳人子爲傭亦不可夫引僧入其室梅力拒鄰以告官官笞僧及其夫夫怒梅甚窘辱捶楚無不至又徙居木工家夜諸惡少入室將強汙之鄰復以告官官未卽聽其獄梅自經死

張氏武進人字沈盤德父母卒大母老待年于沈盤德父故無賴屢挑女女謹避之又不令歸省張之戚有與沈鄰者女大母偶過之女聞得間問安否因密訴其事嗚咽曰兒命苦惟有死耳又嗚咽久之屬大母曰勿揚于人也未幾里中爲優舉家往觀女獨在盤德父驟逼之力拒得脫度終不免自經死

秦某妻崔陽高人夫惡崔諫勿聽撻辱之踰年坐罪流徙懼見侮先殺其子而自殺李某妻管南平人夫不肖管數諫累被撻辱逼之嫁奔還母氏卒鬻于富家乃自殺王某妻徐東鄉人姑夏早寡而子無籍夏戒勿聽徐規之輒鞭撻死夏謂徐夫無恩可嫁徐不去

陳潛聘妻崔名秋宣德人秋大父與潛父希孔同官于肇慶秋大父卒官因迎秋至官廨而潛在里阻亂未昏順治十年希孔罷官還道高明遇仇家熸焉繫秋及希孔二妾將汙之秋罵甚厲仇生瘞秋以蜜傅其面引蟻嘬之秋至死罵不絕二妾亦生瘞死

朱承宇妻曹承宇無錫人曹武進人皆農家也生二子一女而承宇死承宇弟迫之嫁曹以死拒徧告鄰里戚族乞言于叔得毋嫁承宇弟不許請終喪不許請及大祥不許乃請得見其姊許之曹夜挈兒女詣姊家曰我初不欲嫁今已矣特不能縈縈然抱兒女作新婦暫累姊三日後當相取愼勿告吾叔姊謾許之兒啼索乳曹泣曰癡兒母豈能長乳爾耶辭姊出復還視兒女再三屬姊姊曰三日耳何言之數乃去哭于承宇墓還遂縊姊往哭之目猶視許育其兒女以長乃瞑及斂左臂創未合蓋承宇病時嘗刲臂也父爲訟于縣罪迫嫁者

陳有量妻海銅山人有量儒家子貧無食轉徙常州居逆旅資盡惡少矙海年少與有量游且周之時其亡挑海海詈之走是時漕粟至京師其舟謂之糧船主者皆豪猾惡少緪海于主者亦引與有量游招使佐會計且謂舟行當經徐州盍以孥歸有量以告海海問孰爲引致則惡少嘗爲所挑詈而走者也謝毋往惡少使其曹訟有量逃人有量懼乃以海入其舟海入舟日獨處主者使有量有事于近縣而夜就海強抱持之海號搥其面猶不釋大呼殺人舟人盡驚起始得免卽夕自經主者藏其尸積粟中賄舟人有篙師藍九廷者愍海死卻主者賄告官乃按誅主者及惡少常州人葬海于南郊會者殆千人

樊廷柱妻張襄城人廷柱早卒張奉姑撫二子縣中有無賴子二倚兵籍爲暴艷張欲汙之康熙五十五年四月戊申日方午姑與其幼子出郭獲麥二子就塾二無賴詗張獨居共入室張走避一直前持之一扼其吭嚇以死張不爲屈取菜刀揕其面爲所奪入室就牀側解佩刀刀長操其室方出又爲無賴奪遂共曳張使伏張輒躍而起屢仆屢立捽其髮纏繼脫呼益急二無賴度終不可犯一拾所解刀斫張額張仆一取菜刀斷其喉遂死鄰見二無賴出自張室衣漬血告官縣吏憚兵家子欲坐廷柱弟宣民大譁乃以疑獄上後四年河道周銓元署按察使察獄辭詰曰此何名疑獄城中殺人非荒野日午非昏夜且殺人者有主名此何名疑獄下縣逮二無賴一前數月發狂死將死自承殺張一戮于市

李有恆聘妻楊偃師人少喪母十七未嫁父爲隸歲暮猶行役一夕大雪同村有屠者持刀入女室女堅拒被殺質明其父歸見女死咽斷左右手數創右手持衣帶不釋出戶外逐雪上血跡至屠者家得刀於牀下屠者死獄中陳某妻不知其姓吳人夫圬者出就傭鄰有酒人過調婦婦語夫夫漫授以刃曰彼來汝殺之復出就傭酒人夜排戶入婦擲刃酒人拾刃刃婦洞胸死兒號鄰婦入視一村皆集獨酒人者不至求之方避入鄰村告於官誅之里有老塾師曹叔素盡出所蓄金爲建祠圖像以祭劉埜妻李太康人姑令朵菽鄰村子持鎌過調婦婦力拒舉鎌刲胸死越數日鄰村子疾作持鎌趨朵菽所自言殺婦狀乃執以告官兩家故有連賄罷訟逾年疾復作持鎌趨朵菽所抉胸斷喉死曲氏女字登永甯人年十三父守瓜母呼女餽之父令女代守鄰園叟五十餘望見女獨坐柿樹下前調之女怒罵叟執其臂女躍上樹叟攀樹曳以下女號益厲乃走女歸訴父母曰兒臂爲人執不爲急湔洗何能立天地間乎明日持刀奔至鄰園叟門外自剄死目瞪視立不仆血湧出不止叟出戶見之反走提廚刀至女門外踞亦自剄死

宋氏五烈女肅甯農家女也父佃于勢家爲莊頭其主視若奴僕生女四女孫一長並有容色其主將迫使爲媵五女一夕自經死以白縣縣憚勢家不敢上聞葬而爲之碣曰宋氏五烈女之墓康熙三十四年事也東安陶子明妻張解萬有妻劉清苑戴國妻鄭爲營兵所挑不從見殺通州邢德重妻王爲營兵所挑入井死

龔行妻謝興化人縣被水行挈妻女至鎭江屑豆爲腐以活鎭江故屯軍有江甯無賴子入軍籍窺謝及女有容一日行出挾羣少過之遂挑謝謝倉皇號呼無賴擊謝仆女奔救又犯女急走避無賴僞爲行劵索償因毆行行愬縣官官笞行且逮謝謝持女泣曰以吾故陷汝父吾死不足恤獨憐汝耳女亦泣曰母死女何能生卽生且蒙不潔願相從得仍爲母子相持而慟雞初鳴投水死女名巧

楊文龍聘妻孫字秀錢塘人秀年十五待年于夫氏文龍從父行販秀依姑共處鄰家子無賴入室牽其衣秀齧其指乃去方暑秀晚浴鄰家子穴壁持其足秀驚起白姑姑告諸鄰或引無賴謝秀提以茶盌中他人其人亦無賴相與譟于門言終當致之秀慮不免密紉上下衣出視姑膳膳畢復瀹茗進乃入室飲滷死巡撫聞按誅無賴爲文以祭

梁至良妻鄭至良海陽人鄭澄海人至良卒其兄爲諸生迫鄭嫁鄭遺腹生子家有田八畝鄭悉推與至良兄自分圃畝許力種溉傭于羣從娣姒間縫紉舂磨得米奉姑食子女歲大無至良兄憾其不嫁夫婦衆撻辱之鄭念不可留夜檢故衣付其女曰明晨母當去若善視幼弟明晨跪姑前泣告當還母家徧辭羣從諸娣姒遂行至廣濟橋仰天呼夫名三投韓江死雍正六年六月庚辰朔也郭進昌妻李永甯人進昌卒矢不嫁與女若婿居進昌弟貪而狡計嫂年三十許尙艾嫁可得錢乃詣李微諷之李怒叱使去進昌弟與族子謀鬻女爲富家妾約以騎迎至日進昌弟入李室將強扶李出婿與女訴鬭李忽改容戒勿譁入室作妝以小刀薙鬢遂上馬去至王范鎭李大呼袖中出薙鬢小刀剌喉喉斷血噴十餘丈墜馬死鎭人大驚共執進昌弟問狀呼婿與女訴官論如律龔良翰妻陳葉縣人良翰卒孤女才三歲後母欲嫁之陳依叔父居叔母有弟窺陳美夜持刀入自牖陳與隣女宿盜至推鄰女牀下徒手捍盜指斷目傷身數創卒不得亂叔父聞擣扉盜牖出陳息僅屬隣女出牀下血淋灕被體叔父心知盜其婦弟也告官置諸獄陳遂不食叔母勸以育女乃復食旣女殤而縣吏鞫盜獄未定若有疑于陳召庭質雍正七年五月辛亥陳自經死後五年縣吏坐罪去事乃白

王均妻湯均吳人湯寶山人湯故富均贅於湯湯父母遇之薄均客授湯治鍼黹以養父母稍久有田十二畝雍正十年秋七月海潮大至均夫婦倉卒緣樹均攀枯枝折溺焉湯父母懟不問湯使僮午求均尸三日始得之被髮徒跣赴尸所哭幾絕旣斂湯父母欲火之湯不許瘞均田中湯遺腹生女名之曰潮音湯父母迫使嫁輿至湯麻衣腰絰抱潮音繞塲號衆劫納輿中湯父母奪潮音將抵諸石午自旁篡得之歸諸王氏衆卒舁湯去湯哭數夕不絕聲守者稍怠自經死湯父母以疫死訃于王弃湯柩所死家居數年慮事泄惎其人焚柩午自詭湯氏使往視旣焚骨入罌午易以空罌得湯骨瘞均側潮音亦前殤祔焉

李氏女名蘭香長安李氏婢也李氏有僕私欲妻蘭香未敢言會有客至治具主母命蘭香取具樓上僕從登扃門就擁之蘭香號持之堅卒不從僕慮事敗以麻稭剚其腹深數寸遂死翠金不知其氏平湖施氏婢也主客授于外翠金侍主婦不苟言笑鄰有無賴夜持刃踰垣入翠金呼無賴懾以刀翠金曰我不畏死罵愈厲遂見殺

張元尹妻李永甯人生女而元尹卒李以己有色自晦不踰閾居十餘年其家僕夜持刀踰牆拔戶樞入其室李聞其聲僕也罵萬逆僕出刀曰不從截汝脰李奮頸呼曰截截聲未斷已殊手足擊牀震女驚呼家人縛僕送官自言殺李狀論如律所居村曰太原村張檢妻顏其同縣人幼聞人言太原村張烈婦輒

嗚咽流涕長有色歸檢出應試客作伺顏夜省姑懷刀潛入室匿桁下人定出登牀顏驚脅以刀罵起奪刀劙掌罵益急迭刺胸臂脅腋十餘創死客作夜走還其家捕得坐誅

萬某妻曾南城人萬愚甚有父不能養曾力女紅食其舅且自食萬嘗忤其父告官縣隸至見婦美乃爲計出萬且引使爲隸假以錢招共居曾謂夫曰汝與彼不相識何以能得此此其意蓋在我也辭毋往隸怒索錢曾有女幾四五歲隸曰汝無錢當鬻此女以償萬乃鬻女曾至所鬻家抱以歸且罵隸隸益怒告官謂曾忤其姑官令逮至撻其面數十是夜曾抱其女赴水死曾嫁時姑死久矣李繼先妻侯忻州人奸民謀汙之不遂誣以不潔訟之官官不能白侯自裁訟庭

田氏女巴縣人幼喪父母依兄嫂以居年十五美有無行生欲挑之鄰有優人妻與謀要女過其家强以酒欲汙之怒詈脫歸告兄兄訟于縣生丐縣中有力者語縣吏誣女有汙行縣吏撻其兄而釋生女忿自殺

馮某聘妻苗甯廟人早喪母將嫁謁外祖母止宿鄰僕瞷其美夜持刃排闥入女驚呼傭婦起沮僕殺之外祖母奔救又殺之客作聞聲持械入與鬥刃頓取堊刀支解之因持女女呼益急堊刀斲之創徧體死時乾隆三年六月己亥

高日勇妻楊鎮番人日勇傭于馮氏與楊俱馮挑焉楊不從因辭去馮從子尤艷楊乾隆十六年七月甲申馮氏子詗楊獨處踰垣入楊方炊力拒馮氏子擲塊中楊楊仆遽死馮氏子懸其尸若自縊然扃戶走日勇訴縣窮治馮氏子伏法羅季兒妻秋蟬不知其氏武昌人爲攸人傭欲逼汙之不勝辱季兒秋蟬皆自殺

劉氏女小字惠舞陽人年十六美而端父母出力田女獨居治臬鄰子入其室女訴鄰子出復還掩其口女怒嚙鄰子傷手稍解女搏膺號鄰媼入視鄰子乃去歸父母還女言其事大慟謂爲無賴辱當死父母慰諭之百端卒自縊告官鄰子詭言故與女有私按女尸處子乃論殺鄰子

鍾某妻蔡嘉定人生農家年二十一而嫁嫁三月夫死力作日斷布三疋易粟養姑姑憐之勸使更嫁蔡泣誓以死有女妹嫁無賴子欲得蔡語姑僞爲其弟娶者姑察蔡志堅弗許因搆蜚語衊蔡姑審其誣將率蔡愬諸縣無賴子陽使其妻歸謝而陰告母將結惡少夜劫之姑惶遽無所出縊焉蔡覺趨救得甦姑哽咽語曰吾女遇不淑重爲新婦累吾不忍見新婦之受其累也蔡曰母無慮婦留母不得安婦去母不得食雖然叔幼非母焉依請得卒哭焉以往乃奠夫慟入戶解經自經死

段舉妻盧延津人盧有色一夕與其子女爲賊縊殺室中知縣詣視盧帛繫頸爪殷血子女縊牀上知縣求賊村人集視一人手屈匿袖中令出手絮裹指端發視有齧迹視胸及股皆爪傷問之乃自言艷盧色夜穴牆入盧驚呼掩其口齧我指捽而過之屢仆屢起爪傷我身乃出腰間帛縊殺之子女號因並縊焉獄上盧得旌乾隆十八年事也

王某妻劉懷仁人歲大無衆族結奸儈貨沒饑人子女劉度不免從容語其夫曰姑老子幼不耐饑且暮俱死無益計不若鬻我誠得多金姑與子可無死汝第送我于郊我得以身完夫忍而許之儈至遂鬻婦夫送之行四日儈屏其夫夫未去劉語儈曰我夫不能庇我以至此戀戀何爲者是非痛詈之弗肯去也儈以爲誠然縱飲且醉劉出呼其夫拔簪刺喉死儈皆驚散去

張良善妻王鞏縣雙槐村人事舅姑孝父爲傭母呼王還家故貧穴土爲室母出與幼弟二禮居有族子故無賴夜以刀劙戶側土土落王驚問族子已入室王怒叱曰我而姑也而禽獸速出族子出刀曰刀何爲者任爾殺不懼族子刺王中左脅血溢自襦濺數步益怒詈復刺左右肋及乳王奪刀刃裂掌仆二禮亦呼族子斫其臂亦仆王復自地上躍起疾出戶呼殺人族子從之王創甚躓于石顚樹下族子劙其口王口齧刀齒有聲族子抽刀破其頤王不能言聲猶厲身霍霍不已斷其喉乃死乾隆三十五年十月事也質明里見王死呼其父歸二禮言姊死狀衆聞王死烈弔者日千餘上于官誅族子

李青照妻張與國人鄉人赴官雲南青照將妻子以從鄉人艷張屢挑之張以語青照過長沙青照與妻子夜脫走青照復還取行橐張抱子以待長沙縣役與相值詰得其情引以行稍遠乃逆青照脅以逃人詐得金並解所佩象齒蝦蟆去至張所示之詭言青照招使往張從登舟役迫之抱子入江死青照聞告官論役如律乃自經死

姚際春女浮梁人際春方遠行女侍母居有母之族爲傭者佻而獷女惡之告母母謂彼于汝尊行也宜無他居稍久傭益恣女復告母不逐傭且殺兒母遣傭傭不行挾刃入女室女躍且呼傭鞫其腹腸出母入視傭自剄女目未瞑移時甦猶語其母曰兒惜此身以報父母獨憾父出不一訣也語竟血飛濺承塵盡赤乃絕

王敦義妻張新陽人敦義早卒而家富其弟覬得之有無賴爲之計夜使年少僕匿張牀下而僞爲捕賊者僕自承與張私因呼里長縛僕並及張天初明僞爲縣役持牒逮張又僞爲居間者使張予金緩其事張歸心知爲叔賣有女字俞氏遂出橐中裝爲一襲携女之俞氏以女託翁媼歸自經死

陳維章妻陸名趙鳳諸暨人父敦忠初有黠者聞陸美欲娶之以齒非偶僞爲其弟聘而陰爲弟別娶于李敦忠聞絕黠者歸女于維章黠者易婚書賄媒妁以訟于縣縣判歸黠者黠者以輿俟得判則劫持陸舁輿中疾舁去陸方持祖姑服黠者迫更衣不可手裂其衰陸詣縣袖剪以往計不直則自殊倉卒被劫持行不得出及拒黠者裂衰剡觸手乃不敢迫使弟婦李守之李憐陸又自念處亂家時時與陸屏語或相持泣數日乃共縊繩不足續以帶時道光四年二月陸與李皆十七

何氏女山陰人居通州鄰有黠者聘爲其弄兒婦冀幷亂之女截髮自誓鄰里以告官官判歸父母家別嫁女減食六閱月垂死告父母曰兒失身于匪人垂見逼迫不幸告官又不幸判別嫁此子誠不肖兒則夫也兒欲爲之死又不敢傷父母意乃減食以求死初減十五逾二月減七又二月減九今不食已三日兒死非病願父母勿悲遂卒劉宏芳聘妻周霍州人未行而宏芳卒周亦減食數月乃死

謝亞煥妻王名杏芳東莞寶潭村人年二十一歸亞煥未期而寡從姑居有諸生姦暴爲縣豪瞷李美使告其姑欲爲從子娶姑辭焉則宣言將毀其居一日將數十人至大譟升屋撤椽發瓦姑走匿王出語衆曰若曹欲何爲我在也勿驚我姑豪呼衆簒之歸王故慧豪宋毒草自備輿中食之盡至豪家登堂毒發死豪夜還其尸瘗于亞煥側姑與其母家愬縣獄成豪瘐死道光十一年事也

張樹功妻吳常熟人樹功卒吳遺腹生男矢不嫁事姑撫孤子樹功有弟共居姒賢與吳相得死而再娶得悍婦奴婢視吳母子吳安之歲饑悍婦凌吳樹功弟用婦言欲嫁之吳痛哭告其子曰汝今九歲饑寒可自知我將舍汝從汝父去矣其子魯不知母將死也吳遂自經

郭某妻李仁和人早寡杭州初定防軍守諸門勢張甚車過男子下婦人必卷幔李從家人避兵郊外歸入錢塘門方小病門卒遮見之爲媟語李坐車中微聞之至家慟曰我不幸爲門卒語所辱我不可以生晨夕涕泣不食二十餘日卒

趙諒妻王威縣人當暑諒出王獨寢風入屧簾開若有窺者王忿不欲生舅姑及諒曲喩之終不釋曰與其疑而生不若疑而死遂自經

郭氏女鳳陽人順治十一年女年十四樓居鄰火女披衣下樓見救火者衆不欲前躍入火中死何氏女汜水人侍祖母同寢夜火其兄援祖母出復入救女女以衣履不具終不出與妹二表妹一同死沈鼎猷妻嚴浙江山陰人寡遇火倉卒不得衣救者至出其子門外復閉門焚死鐵山婦德化人火至傍舍鐵山塹高迫不得上或援以手婦不肯上及於火死

汪氏女與賀氏女皆歙人家縣之東門相鄰也父母俱沒各居小樓中汪長賀一歲賀時從剌繡相親若姊妹縣大火初發汪未寢驚走出呼家人救賀往叩門賀自樓上問曰姊出乎曰已出故使來相迎少頃賀復曰吾求外襦不得不可以出幸謝姊旣而火及汪氏之人欲排戶入救之賀怒詈乃不敢前竟焚死還報汪汪曰妹死吾何忍獨生趨賀死所躍入火亦死馮光琦女郭君甫妻吳皆盱眙人光琦恒爲客女母死殯吳爲侶遇火女扶母棺號火益烈救不至吳引女出女堅不肯起俱焚死

黃聲諧妻王婺源人寇至扶姑行避寇道失姑迹之至渡口水方盛行度橋橋欲圮有男子援以手卻之橋圮墮水據木浮中流男子以兩篙援復卻之遂溺徐惟原妻許南陵人康熙間盜起許行當涉水從者請負以行許曰僕焉可負我寇大至入水死柯叔明妻鞏貴池人大水叔明及其子已出使僕負鞏鞏以僕裸不肯出死于水胡某妻裘新城人大水比戶皆乘屋鄰有裸而登者裘恥之不上溺死陳儒先妻李不知何許人夜半水至鄰人呼升屋避李衣遂水去死不出白洋女不知何許人康熙四十七年大水從流至白洋有拯之者女以無衣不就拯死高氏婦六安人避水鄰樓惡男女雜處挈幼女下立曠地水大至其夫垂綆使援以上終不上竟死段吳考女稷山人雍正七年六月山水夜發壞廬舍女從水浮沈葦間鄰人赴援女以無衣不肯出入水死年十五

曹氏女無爲人州有寺僧與婦人私鄰童入寺見之僧殺而埋焉童父訟于州僧辭服僧念罪當死不如多所連染得稽刑乃妄言良家子女與通者三十餘人女家故近寺亦在誣中州吏發逮諸婦女白父當詣庭自列父不可且入城

謀諸吏忽女自至意色自如詣庭州吏出僧質僧曰汝非曹氏女耶女曰然僧曰吾所交惟汝最久且密女曰果爾吾身有異人處汝當知僧辭遁女固請入室使婦驗則下體有疵贅州吏始知僧言妄慰遣女歸女既歸歎曰吾所以蒙恥詣庭者非爲自表暴蓋欲全此三十餘人而救其死耳今事既白吾廢人也安用生爲且可使昏暴之吏有所愧懼也遂自經死

劉廷斌女四川溫江人廷斌道光七年官臺灣鎭總兵八年卒官喪還渡海遇盜盜殺其家十七人盡女以美獨不殺有客附舟哀盜擲岸上盜以女還居十餘年生四子一日女入寺禮佛見僧似若相識既歸省僧即附舟客也乃爲牒具遇盜始末復入寺密以畀僧僧告官官取盜及其徒悉誅之縶四子以問女女曰我所以受汙不即死者仇未報耳仇報矣此曹豈我子哉手刃四子自縊死

張氏女山東人貧爲婢其主明魯王近屬也明亡張挈朱氏子流離旁郡行傭不給得巨室子朱氏子稍長爲諸生聖祖即位詔先朝諸宗人得以本姓歸田廬張乃爲朱氏子泣言其故朱氏子復姓召諸長老願爲張加冠事之如母張辭曰吾朱氏不成妾也今主君主婦何在吾何敢竊位吾以姐始亦以姐終願勿復言俗謂婢曰姐故張言如是崇德五年師伐明下河間河間知府曲阜顏胤明自焚有孫婦者傭于顏挾其幼孫光敏從師出關間道徒步還曲阜歸顏氏孫與張同以義行稱

陳氏婢金蓮梁縣人縣諸生陳其珍家婢也流賊破縣金蓮負其珍幼子以逃賊追及令棄陳氏子與俱去金蓮不可賊斫陳氏子金蓮身覆翼之被數創終不捨賊去金蓮死陳氏子得全邱氏婢新喜瀘江人邱氏富寇至舉室走匿執新喜問其主安在榜之垂斃終不言寇退創重死邱氏世祠焉

董氏江都人傭于韓氏順治二年師下揚州韓氏夫婦及其長子皆死難主婦蕭將死以其幼子魏託于董方三歲即夕董懷幼子匍匐亂軍中出自竇匿江濱拾麥穗啖之得不死亂定魏育于故人家將婚迎董董疾甚輿以來語新婦曰媼病且死不復見爾夫婦爾夫昔抱持從萬死中活有今日其人賢雖貧勿憂後且大毋效世俗兒女子易爾夫也

任氏西充人夫曰楊汝學傭縣中李可還家爲其子懋乳母流寇亂四川可還且死以懋屬任任負懋走間道得脫歲大饑從汝學流轉陝西嘗棄兄弟之子而全麗氏子四川定任曰麗故儒也子今且九歲弗使就學吾何以對麗君攜以歸使就學夫婦力耕以給懋中康熙二年舉人任曰吾乃今無媿于麗君尋卒同時又有袁氏明侍郎李兆家婢李氏兆子映庚乳母也流寇亂兆兄完謀舉義兵不克其族熸焉袁以計脫映庚李行求映庚得之僧寺藏其家複壁范士龍者兆僕也自兆所至因送映庚還兆士龍歸西充歲饑妻子五人皆餓死蓋亦義者云

盧尙義妻梁文安人織席以養姑得遺金告于姑求主者還之主者餽以布告于姑堅辭不受世宗時命御史鄂昌等巡察直隸以其事聞特敕嘉奬賜米十石布十疋並命有司扁其門以旌良淑

白氏泰安人爲張翠侍女翠妻先卒而病且死目其子女泣白曰君逝矣此呱呱者婢責也翠頷之而泣不止白挽髻拜牀下曰婢今爲君婦豈以死生異其志也翠乃瞑白撫其子女至老

王氏名秋波爲晉江蔡氏婢主將以爲妾而卒無子秋波長家人遣之秋波泣曰郎君將以爲妾郎君死不可以貳有爲郎君後者婢請得撫之不然當殉族人義焉以從子六韶爲其主後娶于吳生子而六韶又卒秋波與吳同處撫孤

泰士楚妻洪晉江人早寡事姑撫子不憚艱苦父家覆於仇中危法當收孥姪走匿秦氏收者至秦氏之人皆走避洪獨不走收者詰之對曰無也斫以刃被數創終不言洪氏孤匿處

張氏婢海寗人主母寡而貧其兄割屋與其婢居紡績以食婢事主母謹主母病將殆無收邺之者婢度事亟招媒氏願自鬻以其値治喪曰無多求得七十緡以爲主母斂事畢吾來爲之婦以告主母主母感其義主母死婢以七十緡爲之斂事畢要夫家以輿迎婢撫棺痛幾絕既蘇再拜乘輿去

楊氏婢不知何許人亦不詳其氏與名主江西清江楊氏楊氏之妾寡將嫁前一夕呼婢不應怒曰汝我婢也何敢爾婢曰我楊氏婢耳汝今誰家婦者曰我婢我婢妾方持剪墜起環走至曙呼其婢曰我復爲爾主汝當何如婢叩頭泣妾亦泣遂謝媒妁不行後將嫁其婢婢曰人以我一言故忍死至今我亦終不去楊氏門

江貴壽妻王名保姑歙人貴壽樵也年倍王王事之無怨語既嫠入縣曹氏爲其女保母曹氏女嫁從之往咸豐十一年出避賊曹氏女方娠不能行乃匿諸深草中而立以護之賊至創喉猶求糠麩和水食曹氏女凍餒數日死曹氏女卒得免

張祿妻徐深州人同治七年張總愚之徒破州賊掠二女至其家叱祿使飼馬而令徐監二女炊徐詰二女皆世族炊竟賊皆據案食徐導二女潛出巷指歸路二女請徐偕徐曰我去賊且殺我夫歸就祿謀偕走賊見問二女徐怒罵賊賊殺之

任氏婢祥不知何許人亦不知其氏任氏子僕也故家京師東郭門外徙保定屬其母于祥曰余將之廣平余妻不足恃而善事余母祥與其母居三年母病促任氏子歸歸則母已死任氏子慟絕而甦夜半猶哽咽翌晨視之則亦死既斂其妻將挾幼女嫁祥爭之乃留女女方四歲乞食以爲養鄉里義焉共周之持二棺還葬祥終不嫁又有通州鄭氏女婢于馬氏馬氏中落他奴僕皆去而鄭獨留侍疾育幼主以浣衣得直贍其主歷七十餘年終不去以處子終

王氏婢不知其氏石屏人王氏夫婦皆死其子元勳生七月婢已嫁生子乃撫而乳之稍長賣瓷餌供饘粥令入塾使其子事之甚謹元勳卒舉於鄉徐氏女平湖人爲曹氏婢名曰春梅其主死遺子女各一春梅年二十餘不嫁撫其子女其子女有過溺泣勸導勤苦畢婚嫁其主有兄迫欲嫁之終不行

丁香不知其氏雲南南甯人爲程氏婢程氏女嫁于吳丁香從吳中落程氏女以女紅自給丁香執役不稍怠程氏女謂曰有富家以數十金聘汝我受金汝亦得所盍行乎丁香跪誓死相從程氏女知其意堅乃不復言後益貧丁香出爲傭得貲以養數十年卒不嫁江金姑金谿人爲朱氏婢朱氏女歸江滕爲江夫婦皆卒金姑矢不嫁育其孤娶婦未有子其孤又夭金姑告于江氏之族爲立後佐婦撫所後子至成立

羅氏荔浦獞婦也夫死不更嫁獞俗善歌或以歌誘婦必正色不爲動以節顯于獞

隴聯嵩妻祿氏鎭雄人也鎭雄故土司聯嵩世領其地爲土知府卒子慶侯嗣雍正五年坐事奪職收其地設流官所部欲爲變祿喩之曰我家以忠著今日宜安義命毋妄動所部乃解八年烏蒙土民叛祿親至舊所部各寨申喩利害至欲自殺所部僉讋服祿躬率衆衞官解佐軍食城恃以全總督鄂爾泰建坊表其忠請于朝封安人予田二十畝使供隴氏祀

者架聘妻直額貴州大定狆民既許嫁者架貧不能娶直額父母欲女別嫁不可強之自殺羅廷勝妻馬名阿透甯各司羊海寨狆民女也廷勝死阿透年二十六父欲爲別嫁阿透哭于廷勝墓自經死羅朝彥妻劉名阿全朝彥狆民劉甕安人朝彥死其弟欲妻嫂引強暴迫劉自殺

安于磐妻朱後妻田于磐貴州蠻夷司長官初娶朱事姑孝姑病刲股卒復娶田于磐病刲股于磐卒撫諸子成立田養民妻楊養民朗溪司長官楊邑梅司人也年十二母病刲股

李任妻矣督彝人夷羅厄女也羅厄爲李氏佃李氏欲汙之不從縛置積薪上曰不從將焚矣大罵遂焚死事聞罪李氏

鄂對妻熱依木鄂對庫車回頭人與其脅霍集占有隙霍集占以葉爾羌叛鄂對與其子鄂斯滿棄家走迎師于伊犂霍集占破庫車憾鄂對不附執熱依木欲納之不可殺其子女三而囚之熱依木脫走師克霍集占授鄂對貝勒葉爾羌阿奇木伯克鄂斯滿二等台吉庫車阿奇木伯克居數年烏什回叛熱依木在庫車請于辦事大臣曰回性喜效尤今烏什叛葉爾羌戶衆伯克阿渾輩不知順逆鄂對懦無斷請得往助之熱依木行五日至葉爾羌伯克阿渾輩入見言烏什熱依木漫應之期明日會飲明日衆集熱依木曰汝等皆無籍蒙大皇帝恩爲太平民今烏什叛即日夷滅乃欲效尤爲不忠不義鬼耶吾力尙能殺爾曹爾曹今日毋思出此門衆愕顧門守甚嚴皆跪白無反狀熱依木乃具筵曉以利害衆皆泣則出歌姬勸飲盡醉陰使人徧收諸家戰具驅其馬令遠牧鄂對日率諸伯克集辦事大臣庭夜分散衆大定及烏什破多所誅戮葉爾羌獨全

瓦寺土司索諾木榮宗母麥麥吉早寡撫索諾木榮宗成立綏輯番落有功於邊被詔旌表明正土司堅參達結妻喇章無子次妻夭夭生二子堅參達結死喇章夭夭同護土司印撫二子成立乾隆間從征金川有功亦被詔旌表

沙氏女會理州人父爲土千戶所屬土百戶自氏富妻以女嫁弟送之往將入自氏所轄境女語其弟曰自氏奴也汝主也我受父命不敢違汝不當入涕泣而別女至自氏自氏子求合女堅拒之不食七日死

嘉義番婦加溜灣社番大治妻也大治死願變故俗不更嫁引刀誓曰婦髮可封婦臂可斷婦節不可移力耕育其子居三十七年乃卒施世燿妻苗世燿龍溪人苗偶辰港夷女世燿死苗自經殉焉

清史稿

土司傳一

西南諸省水複山重草木蒙昧雲霧晦冥人生其間叢叢蠢蠢言語飲食迥殊華風曰苗曰蠻史冊屢紀顧略有區別無君長不相統屬之謂苗各長其部割據一方之謂蠻若粵之獞之黎黔楚之猺四川之猓玀之生番雲南之野人皆苗之類若漢書南夷君長以十數夜郎最大其西靡莫之屬以十數滇最大自滇以北君長以十數邛都最大在宋爲羈縻州在元爲宣慰宣撫招討安撫長官等土司湖廣之田彭四川之謝向冉廣西之岑韋貴州之安楊雲南之刀思遠者自漢唐近亦自宋元各君其君各子其子根柢深固族姻互結假我爵祿寵之名號乃易爲統攝故奔走惟命皆蠻之類明代播州藺州水西麓川皆勤大軍數十萬殫天下力而後剷平之故雲貴川廣恆視土司爲治亂清初因明制屬平西定南諸藩鎭撫之康熙三年吳三桂督雲貴兵兩路討水西宣慰安坤之叛平其地設黔西平遠大定威甯四府三藩之亂重啗土司兵爲助及叛藩戡定餘威震于殊俗至雍正初而有改土歸流之議四年春以鄂爾泰巡撫雲南兼總督事奏言雲貴大患無如苗蠻欲安民必先制夷欲制夷必改土歸流而苗疆多與鄰省犬牙相錯又必歸并事權始可一勞永逸即如東川烏蒙鎭雄皆四川土府東川與滇一嶺之隔至滇省城四百餘里而距四川成都千有八百里去冬烏蒙土府攻掠東川滇兵擊退而川省令箭方至烏蒙至滇省城亦僅六百餘里自康熙五十三年土官祿鼎乾不法欽差督撫會審畢節以流官交質始出益無忌憚其錢糧不過三百餘兩而取於下者百倍一年四小派三年一大派小派計錢大派計兩土司一取子婦則土民三載不敢昏土民有罪被殺其親族尙出墊刀數十金終身無見天日之期東川已改流三十載仍爲土目盤踞文武長廑省城膄四百里無人敢墾若東川烏蒙鎭雄改隸雲南俾臣得相機改流可設三府一鎭永靖邊氛此事連四川者也廣西土府州縣峒寨等司五十餘員分隸南甯太平思恩慶遠四府多狄青征儂智高王守仁征田州時所留設其邊患除泗城土府外餘皆土目橫于土司且黔粵向以牂牁江爲界而粵之西隆州與黔之普安州逾江互相斗入苗寨寥闊文武動輒推諉應以江北歸黔江南歸粵增州設營形格勢禁此事連廣西者也滇邊西南界以瀾滄江江外爲車里緬甸老撾諸土司其江內之滇沅威遠元江新平普洱茶山諸夷巢穴深邃出沒魯魁哀牢間無事近患腹心有事遠通外國自元迄明代爲邊害論者謂江外宜土不宜流江內宜流不宜土此雲南宜治之邊夷也貴州土司向無鉗束羣苗之患甚于土司而苗疆四周幾三千餘里千有三百餘寨古州踞其中羣砦環其外左有清江可北達楚右有都江可南通粵皆爲頑苗蟠據梗隔三省遂成化外如欲開江路以通黔粵非勒兵深入徧加勦撫不可此貴州宜治之邊夷也臣思前明流土之分原因煙瘴新疆未習風土故因地制宜使之鄉導彈壓今歷數百載相沿以夷治夷遂至以盜治盜苗倮無追贓抵命之憂土司無革職削地之罰直至事大上聞行賄詳結上司亦不深求以爲鎭靜邊民無所控訴若不剷蔓塞源縱兵刑財賦事事整飭皆治標而非治本其改流之法計擒爲上兵勦次之令其自首爲上勒獻次之惟制夷必先練兵練兵必先選將誠能賞罰嚴明將士用命先治內後攘外必能所向奏效實雲貴邊防百世之利世宗知鄂爾泰才必能辦寇即詔以東川烏蒙鎭雄三土府改隸雲南六年復鑄三省總督印令鄂爾泰兼制廣西於是自四年至九年蠻悉改流苗亦歸化間有叛逆旋即平定其間如雍正朝古州苗疆之盪平乾隆朝四川大小金川之誅勦光緒朝西藏瞻對之征伐皆事之鉅者分見於篇其土官銜號曰宣慰司曰宣撫司曰招討司曰安撫司曰長官司以勞績之多寡分尊卑之等差而府州縣之名亦往往有之今土司之未改流者四川宣撫使二曰卭部曰沙馬宣慰司五曰木坪曰明正曰巴底曰巴旺曰德爾格忒安撫使二十有一曰長甯曰沃日曰瓦寺曰梭磨曰瓜別曰木裏曰革什札曰巴底曰綽斯甲布曰喇袞曰瓦述餘科曰霍耳竹窩曰霍耳章谷曰霍耳孔撒曰霍耳咱曰林蔥曰霍耳甘孜麻書曰霍耳東科曰春科曰下瞻對曰上納奪長官司二十有九曰靜州曰隴木曰岳希曰松岡曰卓克基曰威龍州曰陽地隘口曰黨壩曰河東曰阿都正曰普濟州曰昌州曰沈邊曰冷邊曰瓦述嗰囄曰瓦述毛了曰瓦述曲登曰瓦述色他曰瓦述更平曰霍耳納林沖曰霍耳白利曰春科高日曰上瞻對曰蒙葛結曰泥溪曰平夷曰蠻夷曰沐川曰九姓雲南宣慰使一曰車里宣撫使五曰耿馬曰隴川曰干厓曰南甸曰孟連副宣撫使二曰遮放曰盞達安撫使三曰路江曰芒市曰猛卯副長官司三曰納樓曰虧容甸曰十二關土府四曰蒙化曰景東曰孟定曰永甯土州四曰富州曰灣甸曰鎭康曰北勝貴州長官司六十有二曰中曹曰白納曰養龍曰虎墜曰程番曰上馬曰小程曰盧番曰方番曰韋番曰羅番曰臥龍曰小龍曰大龍曰金石曰大平曰小平曰大谷龍曰小谷龍曰木瓜曰麻嚮曰新添曰平伐曰羊場曰慕役曰頂營曰沙營曰楊義曰都勻曰邦水曰思南曰豐甯上曰豐甯下曰爛土曰平定曰樂平曰卭水曰偏橋曰蠻夷曰沿河曰郎溪曰都坪曰黃道曰都素曰施溪曰潭溪曰新化曰歐陽曰亮寨曰湖耳曰中林曰八舟曰龍里曰古州曰洪州曰省溪曰提溪曰烏羅曰平頭曰垂西曰抵寨曰岩門副長官司三曰西堡曰康莊曰石門廣西土州二十有六曰忠州曰歸德曰果化曰下雷曰下石西曰思陵曰憑祥曰江州曰思州曰萬承曰太平曰安平曰龍英曰都結曰結安曰上下凍曰佶倫曰茗州曰茗盈曰鎭遠曰那地曰南舟曰田州曰向武曰都康曰上映土縣四曰羅陽曰上林曰羅白曰忻城長官司三曰遷隆峒曰永定曰永順凡宣慰宣撫安撫長官等司之承襲隸兵部土府土州之承襲隸吏部凡土司貢賦或比年一貢或三年一貢各因其土產穀米牛馬皮布皆折以銀而會計於戶部　雍正七年川陝總督岳鍾琪奏四川巴塘裏塘等處請授宣撫司三員安撫司九員長官司十二員給與印結號紙副土官四員千戶三員百戶二十四員給以職銜以分職守內巴塘裏塘正副土官原無世代頭目承襲請照流官例如有事故開缺題補與他土司不同

湖廣

湖廣之西南隅戰國時巫郡黔中地湖北之施南容美湖南之永順保靖桑植境地毘連介於岳辰常德宜昌之間與川東巴夔相接壤南通黔西通蜀元時所置宣慰安撫長官司之屬明時因之向推永保諸宣慰世席富强兵亦果敢每遇征伐荷戈前驅國家倚之爲重清有天下僅施南散毛容美三宣撫使永順保靖兩宣慰使而已雍正年間施南容美永順保靖先後納土特設施南一府隸北布政使永順一府隸南布政使兩府既設合境無土司名目後有苗寇分見各傳不入此篇

施南古巴地秦漢南郡蠻唐施州元置施南宣撫司忠孝安撫司明玉珍時復置忠路宣撫司明宣德三年復置劒南長官司立施州衛領所一宣撫司四安撫司九長官司十三蠻夷官司五清康熙三年施州始歸順四年改沙溪宣慰司爲宣撫司改劒南長官司爲建南長官司而施南宣撫司忠孝安撫司忠路安撫司如故雍正六年從湖廣總督邁柱之請裁施州衛設恩施縣改歸州直隸州原管之十五土司并隸恩施縣十二年忠孝安撫司田璋納土其地入於恩施縣十三年施南宣撫司覃禹鼎以罪改流於是忠峒土司田光祖等并請歸流乃以十五土司并原設恩施縣特設施南府領六縣容美改鶴峯州別隸宜昌府領於巡荊道

明制施州衛轄三里五所三十一土司市郭里都亭里崇甯里附郭左右中三所大田軍民千戶所支羅鎭守百戶所　大田所元爲散毛峒明洪武五年定其地二十三年屬千戶所仍名散毛尋改爲大田軍民千戶所領百戶所一土官百戶所十剌惹等三峒　支羅所舊隸龍潭司明嘉靖四十四年因峒長黃中叛討平之遂割半置所立屯以百戶二員世鎭之而今峒司屬焉　施南宣撫司元施南道宣慰使明洪武四年覃大富入朝七年升宣撫司清因之雍正時覃禹鼎襲禹鼎容美土司田明如壻也有罪輒匿容美當事以明如之先從征紅苗有功置勿問十三年明如被逮自經死禹鼎以淫惡抗提擬罪改流以其地置利川縣　東鄉安撫司明玉珍置東鄉五路宣撫司明洪武六年改安撫司命覃起喇爲之清初歸附雍正十年覃壽椿以長子得罪正法改流以其地入恩施縣　忠建宣撫司明洪武四年以田恩俊爲之六年改宣撫司清初歸附雍正十一年田興爵以橫暴不法擬流以其地爲恩施縣　金峒安撫司明洪武四年以覃耳毛爲之清初歸附康熙四十三年覃世英襲子邦舜呈請改流以其地爲咸豐縣　忠峒安撫司元置湖南鎭邊宣慰司明洪武四年命田墅玉爲宣撫司永樂四年改安撫司清初田楚珍歸附調征播州有功仍准襲職雍正十二年田光祖糾十五土司呈請納土歸流以其地入宣恩縣　散毛宣撫司元爲散毛府至正六年改宣撫司明洪武四年命覃野旺爲宣撫司割其半爲大田所清初覃勳麟歸附仍准襲職雍正十三年覃烜納土以其地入來鳳縣　忠路安撫司明洪武四年命覃英爲安撫司清康熙元年覃承國歸附以征譚逆功襲前職雍正十三年覃楚梓納土以其地改利川縣　忠孝安撫司元至正十一年改軍民府明洪武四年以田墨施爲安撫司清因之康熙八年田京襲累授總兵十九年告休雍正十三年田璋納土以其地爲恩施縣　高羅安撫司元高羅寨長官司明洪武六年改安撫司以田大名爲之清順治初田飛龍歸附仍准世襲雍正十三年田昭納土以其地入宣恩縣　木冊長官司元置安撫司明永樂六年改長官司以田谷佐爲長官司清初田經

國歸附仍與世襲雍正十三年田應鼎納土以其地入宣恩縣　大旺安撫司元至正置明洪武四年以田驢蹄爲安撫司清康熙初田永封歸附仍准襲職雍正十三年田正元納土以其地入來鳳縣　臨壁長官司原附大旺清康熙元年頒給田琦印信仍與世襲雍正十三年田封疆納土以其地入來鳳縣　東流安撫司原附大旺　唐崖長官司元置千戶所明洪武七年改長官司清初覃宗禹歸附仍與世襲雍正十三年覃梓桂納土以其地入咸豐縣　龍潭安撫司明洪武四年以田應虎爲安撫司清初歸附仍准世襲雍正十三年田貴龍納土以其地入咸豐縣　沙溪安撫司明置清初歸附康熙四年黃天奇襲安撫司天奇子楚昌初楚昌入施州衞學爲諸生時諸司爭併民鮮知禮楚昌折節力學有時名及襲職設官學公餘與多士講肄多所成就楚昌死子正爵襲雍正十三年改流其地入於利川縣　卯峒長官司清雍正十三年長官司向舜納土以其地入來鳳縣　漫水宣撫司清初宣撫司向國泰歸附仍准世襲雍正十三年向庭官納土其地入於來鳳縣　西萍長官司雍正十三年裁其地入於咸豐縣　建南長官司明宣德五年置清雍正十三年裁其地入於利川縣　容美土司唐元和元年田行皋從高崇文討平劉闢授施溱溶萬招討把截使仍知四州事宋有田思政元有田乾亨明洪武三年田光寶以元所授誥敕詣行在請換乃命光寶仍爲宣慰使傳至田既霖清順治間歸附仍授宣慰使子甘霖襲甘霖字特雲著合浦集甘霖子舜年字九峰受吳逆僞承恩伯敕後繳奉檄從征有勞績頗招名流習文史刻有廿一史纂日自課某日讀某經閱某史至某處刻於書之空處用小印志之有白鹿堂集容陽世述錄子明如襲職以放肆爲趙申喬劾奏奉旨原宥雍正十一年再爲邁柱嚴參明如移駐平山寨倔抗拒爲石梁長官司張彤砫催迫明如自盡改土歸流改司爲鶴峰州隸宜昌府

永順漢武陵隋辰州唐溪州地宋時爲永順州元時彭萬潛自改爲永順等處軍民安撫司明洪武五年改宣慰使清順治四年恭順王孔有德至辰州宣慰使彭宏澍率三知州六長官三百八十峒苗蠻歸附十四年頒給宣慰使印並設流官經歷一員康熙十年吳三桂叛踞辰龍關授永順宣慰使彭廷椿僞印廷椿繳之奉旨賞其子宏海總兵銜令率土兵協勦有功授宣慰司印雍正六年宣慰使彭肇槐納土請歸江西祖籍有旨嘉獎授參將並世襲拖沙喇哈之職賜銀一萬兩聽其在江西祖籍立產安插改永順司爲府附郭爲永順縣分永順白崖峒地爲龍山縣　南渭州土知州屬永順司元至元中置安撫司明洪武二年以彭萬金爲土知州傳至彭應麟清順治四年歸附雍正五年彭宗國納土以其地入永順縣　施溶州土知州在永順司東南元會溪施溶等處長官司明洪武二年改州以田建霸爲土知州傳至田茂年清順治四年歸附雍正五年田永豐納土　上溪州土知州屬永順司明洪武二年以張義保爲土知州傳至張漢卿清順治四年歸附雍正五年張漢儒納土　臘惹峒長官司元屬思州以向孛爍爲總管明洪武五年改屬永順司以田世貴爲長官司傳至田仕朝清順治四年歸附雍正五年田中和納土　麥著黃峒長官司元曰麥著土郁屬思州明洪武五年改屬永順司以黃谷踵爲長官司傳至黃甲清順治四年歸附雍正五年黃正乾納土　驢遲峒長官司元屬思州明洪武五年改屬永順司以向迪踵爲長官司傳至向光胄清順治四年歸附雍正五年向錫爵納土　施溶溪長官司元屬思州明初改屬永順司以汪良爲長官司傳至汪世忠清順治四年歸附雍正五年汪文珂納土　白巖峒長官司元屬葛蠻安撫司明初改屬永順司以張那律爲長官司傳至張四教清順治四年歸附雍正五年張宗略納土　田家峒長官司明洪武三年以田勝祖爲長官司傳至田興祿清順治四年歸附雍正五年田藎臣納土　保靖宣慰司亦唐溪州地宋曰保靜州元爲保靖州安撫司明仍爲安撫使清順治四年明宣慰司彭象乾之子彭朝柱歸附象乾曾孫澤虹病廢其妻彭氏用事漢奸高倫張爲任二人結連其舍把長官彭澤蛟彭祖裕等相與樹黨以劫殺爲事雍正元年澤虹死子御彬幼澤蛟欲奪其職爲御彬所遏迫御彬襲職肆爲淫凶澤蛟與其弟澤虬合謀互相劫殺二年御彬以追緝澤蛟爲名潛結容美土司田旻如桑植土司向國棟率土兵搶虜保靖民財七年御彬安置遼陽以其地爲保靖縣　大喇司在龍山縣屬保靖司明正德十五年以土舍彭惠協理巡檢事傳至彭御佶雍正十三年納土　桑植宣慰司本慈利縣地元有上桑植下桑植宣慰司明置安撫司清順治四年宣慰司向鼎歸附授原職鼎子長庚調鎭古州八萬長庚子向國棟殘虐與容美永順茅岡各土司相仇殺民不堪命雍正四年土經歷唐宗聖與國棟弟國柄等相率赴愬總督傳敏入奏乃繳追印篆國棟安置河南以其地爲桑植縣　上下峒長官司明置宣撫司復改爲長官司而分其地爲二清康熙二年向九鸞向日葵歸附二十一年給九鸞上峒長官司印日葵下峒長官司印雍正十三年上峒司向玉衡下峒司向良佐納土以其地屬桑植縣　茅岡長官司明改天平千戶所清順治四年石門天平所千戶覃祚昌茅岡長官覃蔭祚等相繼歸附給與印信雍正十二年茅岡土司覃純一納土石門天平所慈利麻寮所相繼請設流官分其地屬石門慈利安福三縣

清史稿

土司傳二

四川

四川邊境寥廓歷代多設土司以相控制明末張獻忠屠蜀石砫酉陽松潘建昌等土司距險禦賊其地獨全清初戡定川境各土司次第効順川之南有金川者本明金川寺演化禪師哈伊拉木之後分爲大小金川順治七年小金川卜兒吉細歸誠授原職吳三桂亂後康熙五年其酋嘉納巴復來歸給演化禪師印其庶孫莎羅奔以土舍將兵從將軍岳鍾琪征西藏羊峒番雍正元年奏授安撫司居大金川而舊土司澤旺居小金川莎羅奔以女阿扣妻澤旺澤旺懦爲妻所制乾隆十一年莎羅奔劫澤旺去奪其印十二年又攻革布什札及明正兩土司朝廷調張廣泗總督四川進駐澤旺所居美諾官寨而以其弟良爾吉從征時莎羅奔居勒烏圍其兄子郎卡居噶爾厓地在大金川河東而河西亦有地數百里廣泗調兵三萬一路出川西攻河東一路出川南攻河西而河東一路又分爲四以兩路攻勒烏圍以兩路攻噶爾厓河西亦分兩路攻庚特額諸山剋期臧事阻險不前上命大學士公訥親往視師起岳鍾琪於廢籍鍾琪與廣泗議定自任由黨壩取勒烏圍而廣泗由昔嶺取噶爾厓會訥親至下令限三日克噶爾厓總兵任舉參將賈國良戰死廣泗輕訥親不知兵而惡其淩己故飾推讓實以困之軍中解體良爾吉夙與阿扣通莎羅奔因使成配倚作間諜官軍動息輒爲所備師久無功上怒甚會訥親劾廣泗於是逮廣泗入京而命大學士傅恒爲經略代訥親冬殺廣泗賜訥親死十二月傅恒至軍斬良爾吉王秋阿扣以斷內應十四年春正月奏言金川之事臣到軍以來始知本末當紀山進討之始惟馬良柱轉戰直前踰沃日收小金川直抵丹噶其鋒甚銳其時張廣泗若速濟師策應乘賊守備未周殄滅尙易乃坐失機會宋宗璋逗留於雜谷許應虎失機於的郊致賊得盡據險要增碉備禦七路十路之兵無一路得進及訥親至軍嚴切催戰任舉敗歿銳挫氣索晏起偷安一以軍務委張廣泗又聽奸人所愚惟恃以卡逼卡以碉逼碉之法檢礮惟及堅壁於賊無傷而賊不過數人從暗擊明槍不虛發是我惟攻石而賊實攻人且於碉外開濠兵不能越而賊得伏其中自下擊上又戰碉銳立高於中土之塔建造甚巧數日可成隨缺隨補頃刻立就且人心堅固至死不移碉盡碎而不去礮方過而人起主客勞佚形勢迥殊攻一碉難於克一城即臣所駐卡撤山頂已有三百餘碉計半月旬日得一碉非數年不能盡且得一碉輒傷數十百人較唐人之攻石峰堡尤爲得不償失惟有使賊失其所恃而我兵乃得展其所長臣擬俟大兵齊集別選銳師旁探間道裹糧直入踰碉勿攻繞出其後即以圍碉之兵作爲護餉之兵番衆無多外備既密內守必虛我兵即從捷徑搗入則守碉之番各懷內顧人無固志均可不攻自潰至於奮勇固仗滿兵而鄉導必用土兵土兵中小金川尤驍勇今良爾吉之奸諜已誅澤旺與賊讎甚切驅策用之自可得力至沃日瓦寺兵強而少雜綽斯甲等兵衆而懦明正木坪忠順有餘強悍不足革什乍兵銳可當一路是各土司環攻分地之說雖不可恃而未嘗不可資其兵力臣決計深入不與爭碉惟俟四面布置出其不意直搗巢穴取其渠魁定於四月間報捷上屢奉皇太后息武甯邊之諭命傅恒班師時傅恒及鍾琪兩路連克碉卡軍聲大振莎羅奔乞降於鍾琪鍾琪輕騎徑赴其巢賊大感動頂佛經立誓聽約束次日鍾琪率莎羅奔父子坐皮船出洞詣大軍莎羅奔等叩顙誓遵六事歸各土司侵地獻凶酋納軍械歸兵民供徭役乃宣詔赦其死諸番焚香作樂獻金佛謝二月捷聞詔賞傅恆鍾琪等既而莎羅奔兄子郎卡主土司事漸桀驁二十三年逐澤旺及革布什札土司三十一年詔四川總督阿爾泰檄九土司環攻之九土司者巴旺丹壩沃日瓦寺綽斯甲明正木坪革什乍及小金川也巴旺丹壩皆彈丸非金川敵明正瓦寺形勢阻隔其力足制金川而地相逼者莫如綽斯甲與小金川阿爾泰不知離其黨與反聽兩金川釋仇締約自是狼狽爲奸諸小土司咸不敢抗時澤旺老病不問事郎卡亦旋死其子索木諾與僧格桑侵鄂克什土司地三十六年索諾木誘殺革布什札土官而僧格桑再攻鄂克什及明正土司與官軍戰上以前此出師本以救小金川今小金川反悖逆罪不赦賜阿爾泰死命大學士溫

福自雲南赴四川以尙書桂林爲四川總督共討賊溫福由汶川出西路桂林由打箭鑪出南路僧格桑求援於索諾木索諾木潛兵助之三十七年春桂林克復革布什札土司故地溫福克資里及阿喀朝廷以阿桂爲參贊大臣代桂林赴南路十一月阿桂以皮船宵濟連奪險隘直搗賊巢十二月軍抵美諾進至底木達俘澤旺檄索諾木縛獻僧格桑不應上命溫福爲定邊將軍阿桂豐伸額爲副將軍溫福阿桂奏六路進兵之策溫福由功噶入阿桂由當噶入豐伸額由綽斯甲入三十八年春溫福以賊扼險不得進別取道攻昔嶺駐營木果木令提督董天弼分屯底木達守小金川之地溫福爲人剛愎不廣諮方略惟襲廣泗故智以碉卡逼碉卡建築千計初索諾木欲併小金川地故留僧格桑挾以號召六月陰遣小金川頭目等由美諾溝出煽故降番使復叛諸番見大軍久頓蠢起應之攻陷天弼營遂刼糧臺潛兵襲木果木奪礮局斷汲道賊四面蹂入大營溫福死之將士隨員死者數十人各卡兵望風潰海蘭察聞警赴援殿衆由間道退出收集潰卒尙萬數千人其戰歿者三千餘小金川地復陷惟阿桂一軍屹然不動乃整隊出屯翁古爾壟上在熱河聞報召大學士劉統勳詣行在咨之統勳前言金川不必勞師至是亦主用兵乃授阿桂定西將軍豐伸額明亮爲副將軍十月阿桂改赴西路明亮赴南路豐伸額仍由綽斯甲進取宜喜阿桂入自額克什轉戰五晝夜直抵美諾克之明亮入自瑪爾里所向皆捷遂盡復小金川地惟大金川自十二三年以來全力抗守增壘設險嚴密十倍小金川七月令諸軍分攻各碉寨數十道並進海蘭察率死士六百削壁猱引而上趾頂相接比明及其碉一湧入盡殲守賊數十里賊寨聞之皆奪氣悉破之乘勝臨遜克宗壘索諾木酖殺僧格桑而獻其尸及其妻妾頭目至軍乞赦已罪阿桂檻送京師四十年四月阿桂先使福康安海蘭察赴河西助明亮攻宜喜遂分兵六路盡滅河西二十里內之賊五月阿桂河東之軍破朗噶寨距勒烏圍僅數里環營逼其巢七月抵勒烏圍八月十五夜進搗賊巢四面礮轟官寨破之黎明克轉經樓逸賊皆溺水死莎羅奔兄弟及各頭目已先期遁往噶爾厓十一月官軍攻克科布曲山十二月遂據瑪爾古山噶爾厓即在其下索諾木之母姑姊妹亦降官軍三路合圍噶爾厓斷其水道索諾木使其兄詣營乞哀不允圍攻益急索諾木從莎羅奔及其妻子挈番衆二千餘出寨奉印獻軍門降金川平四十一年正月獻俘廟社封賞阿桂等勒碑太學並及兩金川旋於大金川設阿爾古廳小金川設美諾廳四十四年併阿爾古入美諾改爲懋功廳同治二年粵匪石達開竄寧遠假道邛部土司土司先受官軍約束引賊至紫打地四面阻絕達開糧罄路窮射書千戶王承元買路復使人說土司嶺承恩求緩兵皆不應日殺馬煮桑葉爲食四月承恩承元等偵賊力竭率夷衆襲攻擒達開並賊官五人付官軍檻送成都四川總督駱秉章誅之奏加承恩承元二品銜賊軍錙重悉爲兩土司所得初瞻對土司恃強不法雍正八年四川提督黃廷桂勦降之乾隆十年四川提督李質粹等率兵五千取道東俄落至裏塘進兵連破番寨獲賊首噶籠丹坪十一年質粹會欽差大臣班第統兵進克泥日寨燒斃番酋姜錯太撫定了魯下密等處番夷嘉慶十九年中瞻對土司洛布七力刼掠鄰番抗捕傷兵二十年四川總督常明提督多隆武領兵勦之恃險死拒重慶鎭總兵羅思舉力戰破其巢洛布七力焚死分其地入上下瞻對洎咸豐中土司工布朗結爲人沈鷙兼并上下瞻對之地欲擁康部全境以抗川拒藏鄰近各土司割地求免貢賦唯命至是藏人怒求四川出兵秉章派道員史致康率師會藏進討致康怯頓打箭鑪久藏番需茶急馳兵克之殺工布朗結父子致康始逡巡至藏人索兵費銀十六萬兩秉章未允藏人因據其地設官兵駐守光緒初丁寶楨爲四川總督以瞻對藏官虐民往往激變每歲派員帶兵出關彈壓劉秉璋繼之稍寬縱藏官益驕橫各土司多被威脅唯明正土司地大不之服頻年爭鬬十五年瞻對內訌逐藏官乞內附秉璋不許唯治番官及亂民數人罪由藏易官且添駐堪布一人兵八百名助守二十年朱窩章谷土司爭襲滋事瞻對番官率兵越境干與開槍傷我官兵四川總督鹿傳霖奏瞻對爲蜀門戶宜設法收回內屬派提督周萬順知縣張繼率兵出關擊敗番兵不三月克瞻對並德爾格忒卽曡蓋舊名保蓋全境禽德格土司夫婦解至成都議并改設流官成都將軍恭壽憤傳霖不先會商結駐藏大臣文海密奏劾傳霖翻原案復德格土司職仍以瞻對屬藏三十一年春駐藏大臣鳳全被戕於巴塘四川總督錫良奏請以四川提督馬維騏建昌道趙爾豐進討維騏率師先發先是泰凝寺產沙金錫良准商人採辦幷派兵彈壓寺中喇嘛反抗殺都司盧鳴颺瞻對潛助其亂維騏出關討平之六月攻克巴塘擒正土司羅進寶副土司郭宗隆保誅之移其妻子於成都安置八月爾豐至殺堪布喇嘛及首惡數人祭鳳全維騏班師回爾豐接辦善後派兵剿倡亂之七村溝並搜捕餘匪因移師討鄉城次年閏四月克之並攻克稻壩貢噶嶺一律肅淸於是爾豐建籌邊議錫良以聞朝廷特設督辦川滇邊務大臣授爾豐邊地在川滇甘藏青海間縱橫各四五千里土司居十之五餘地歸呼圖克圖者十之一淸代賞藏者十之一流爲野番者十之三爾豐改巴塘裏塘地設治以所部防軍五營分駐之回川會商錫良派道員趙淵出關坐鎭三十三年爾豐護理四川總督奏准部撥開邊費銀一百萬兩三十四年授爾豐駐藏辦事大臣仍兼邊務大臣募西軍三營率之出關時德格土司爭襲搆亂久爾豐奏請往辦經泰凝道塢章谷倬倭麻書孔撒白利絨壩擦玉龍灌拉擴洛垜以至更慶十二月攻逆酋昂翁降白仁靑等於贈科匪竄雜渠卡宣統元年四月攻雜渠卡五月戰於麻木六月追匪十日程至卡納一戰肅淸改流其地並改春科高日兩土司地及靈葱土司之郎吉嶺村歸流十月四川兵入藏藏番扼察木多以西地阻之封糧擄官爾豐率邊軍渡金沙江踰雪山抵察木多送川兵行於是三十九族波密八宿均請附邊轄三十九族者曰彩爾曰圖嘛魯曰吉帘塔克曰尼牙木查曰松嘛巴曰勒達克曰多嘛巴曰達爾羊巴曰他瑪曰彩兒曰拉寒他瑪彩兒拉寒三族共一土司曰彩耳曰瓊布噶曰瓊布色爾查曰瓊布納克魯曰扎瑪爾曰上阿扎曰下阿扎曰上奪爾樹曰下奪爾樹曰上剛噶爾曰下剛噶爾曰他瑪爾曰提瑪爾曰枳多曰哇拉枳多哇拉二族共一土司曰麻弄曰布川目桑曰書達格魯克曰奔盆曰策令畢魯曰色爾查曰納布貢巴曰結拉克汁曰拉巴曰三渣曰樸樸皆自爲部落設土總百戶或土百戶土百長等以治之歸駐藏大臣管轄爾豐以其族素恭順悉加慰遣因派兵剿類伍齊碩搬多洛隆宗邊壩等阻路之番人又分兵取江卡貢覺桑昂雜瑜咸收服之二年邊軍直抵江達爾豐奏請以江達爲邊藏分界五月邊軍返察木多六月爾豐率兵略乍丫地八月巡阿足返設乍丫委員開定鄉兵變派統領鳳山追勦九月三巖野番投書索戰爾豐率兵赴貢覺十月派傅嵩炑攻三巖一旬而克十一月設三巖委員十二月設貢覺委員爾豐旋返巴塘三年二月爾豐以巴塘所屬之得榮浪藏寺數年不服派兵攻克之設得榮委員並收服冷卡石三月爾豐調任四川總督四川布政使王人文繼之爲邊務大臣爾豐奏請人文未到任前以嵩炑代理四月同發巴塘至孔撒麻書設甘孜委員檄靈葱白利倬倭東科單東魚科明正魚通各土司繳印改土歸流色達及上羅科野番來歸適駐藏大臣聯豫電請邊軍攻波密因奏派副都統鳳山率兵二千往應六月爾豐至瞻對藏官逃收其地設瞻對委員旋經道塢打箭鑪檄魚通卓斯各土司繳印改流爾豐入川沿途收咱里冷邊沈邊三土司印嵩炑復出關改流泰凝而魚科土司結下羅科抗命嵩炑令上羅科扼其險擊平之斃魚科土司於是嵩炑奏請設西康省而沃日崇喜納奪革伯咱巴底巴旺靈葱上納奪各土司繳乍丫察木多兩呼圖克圖相繼繳印惟毛丫曲乞綏許之凉山夷猓玀者居寧遠越巂峨邊雷波馬邊間淺山部落頭目屬於土司深入則凉山數百里皆夷地生夷黑骨頭爲貴種白骨頭者曰熟夷執賤役夷族分數百支不相統屬叛則出掠擄漢民作奴遇兵散匿淸興雍正五年七年嘉慶十三年十六年迭經川吏勦撫加以部勒同治末越巂夷叛成都將軍崇實兼攝四川總督奏調貴州提督周達武率軍由陝回勦前鋒羅應旒出滑溪撫大樹堡左右王嶺各土司進駐保安攻降治馬里阿波落跑馬坪燕麥廠遂克普雄石城夷地四百里間咸受約束官軍至靖遠刷茲林加布約尼錢交脚等支亦降更設靖遠新老兩營土千百戶出漢奴數萬迨爾豐經營關外朝廷以其兄爾巽督川爾巽欲悉平凉山夷以利邊務光緒三十四年八月派建昌鎭總兵鳳山建昌道馬汝驥等率兵暨民團勦寧遠吉狄馬加拉斯等支猓夷進至裏足山梁旋値國喪罷兵宣統元年正月令建昌鎭總兵田鎭邦寧遠府知府陳廷緒再舉征服淺山白母子嗎噠拉施三合等支並收撫哱咱雞租五支別牛租租等支於是加拉及吉狄馬加等支先後降官軍進駐交脚收撫八切阿什並阿落馬家上三支下三支野夷悉請內附不隸土司先是馬邊夷阿侯蘇噶支戕英教士拒捕與馬邊協副將楊景昌軍相持爾巽調總兵董南斌往勦與寧遠軍夾擊阿侯蘇噶降兩軍於十月二十五日貫通凉山夷巢會於吽吽壩於是爾巽議禁黑夷蓄奴先就交脚設縣治餘地擇要屯守而西南由美姑河至雷波鬬雷寧通道四百餘里駐兵守護以通商旅是役也得地幾及千里夷衆凡十餘萬人二年振邦廷緒等師還討會理土司披砂會理村苦竹者保通安舟等悉改流至是川境土司多非舊觀矣今采傳世較永者著於篇其國初歸附未久旋卽絕滅者尙不勝記云

成綿龍茂道松潘鎭轄

拈佐阿革寨土百戶係西番種類其先個栢康熙四十二年歸附授職　熱霧寨土百戶係西番種類其先甲檳他康熙四十二年歸附授職　峩眉喜寨

土千戶係猓夷種類其先官布笑雍正四年歸附授職　毛革阿按寨土千戶係猓夷種類其先王乍雍正四年歸附授職　包子寺寨土千戶係西番種類其先噶竹康熙四十二年歸附授職（以上松潘廳中營屬）　阿思峒寨土千戶係西番種類其先立架順治十五年歸附授職　羊峒寨土百戶係西番種類其先甲利雍正二年歸附授職由四川總督給以土百戶委牌一張（以上松潘廳左營屬）　下泥巴寨土百戶係西番種類其先林青康熙四十二年歸附授職由四川總督給以土百戶委牌一張（松潘廳右營屬）　寒盼寨土千戶係西番種類其先占巴笑康熙四十二年歸附授職　商巴寨土千戶係西番種類其先剛讓笑康熙四十二年歸附授職　祈命寨土千戶係西番種類其先龍盼架康熙四十二年歸附授職　羊峒踏藏寨土目係西番種類其先甲六笑康熙四十二年歸附授土目　阿按寨土目係西番種類其先六笑他康熙四十二年歸附授土目　挖藥寨土目係西番種類其先旦折笑康熙四十二年歸附授土目　押頓寨土目係西番種類其先拈爭笑康熙四十二年歸附授土目　中岔寨土目係西番種類其先揑盼目康熙四十二年歸附授土目　郎寨土目係西番種類其先郎那亞康熙四十二年歸附授土目　竹自寨土目係西番種類其先札布吉康熙四十二年歸附授土目　臧咱寨土目係西番種類其先出亞康熙四十二年歸附授土目　東拜王亞寨土目係西番種類其先點進笑康熙四十二年歸附授土目　逢弄惡壩寨土目係西番種類其先達喇笑康熙四十二年歸附授土目　香咱寨土目係西番種類其先轄六康熙四十二年歸附授土目　杏馬寨土目係西番種類其先由仲笑康熙四十二年歸附授土目　八頓寨土目係西番種類其先革甲康熙四十二年歸附授土目　上包坐余灣寨土千戶係西番種類其先札卜盼康熙四十二年歸附授職　下包坐竹當寨土千戶係西番種類其先本布笑康熙四十二年歸附授職　川柘寨土千戶係西番種類其先桑仲康熙四十二年歸附授職　谷爾壩那浪寨土千戶係西番種類其先郎借康熙四十二年歸附授職　雙則紅凹寨土千戶係西番種類其先郎那笑康熙四十二年歸附授職以上各土司皆頒有號紙　上撒路木路惡寨土百戶係西番種類其先學賴雍正二年歸附授職　中撒路木路惡寨土百戶係西番種類其先隆笑雍正二年歸附授職　下撒路竹弄寨土百戶係西番種類其先迫帶雍正二年歸附授職　崇路谷謨寨土百戶係西番種類其先札務革柱雍正二年歸附授職　作路生納寨土百戶係西番種類其先郎刀雍正二年歸附授職　上勒凹貢按寨土百戶係西番種類其先借勒雍正二年歸附授職　下勒凹卜頓寨土百戶係西番種類其先林革秀雍正二年歸附授職　以上各土司皆頒有印信號紙　班佑寨土千戶係西番種類其先獨足笑雍正元年歸附授職　巴細蛇住壩寨土百戶係西番種類其先連柱笑雍正元年歸附授職　阿細柘弄寨土百戶係西番種類其先哈悄雍正元年歸附授職　上作爾革寨土百戶係西番種類其先轄頓雍正元年歸附授職　合壩奪雜寨土百戶係西番種類其先谷六笑雍正元年歸附授職　轄漫寨土百戶係西番種類其先顙旺雍正元年歸附授職　下作革寨土百戶係西番種類其先耶納他雍正元年歸附授職　物藏寨土百戶係西番種類其先郎加蚌雍正元年歸附授職　熱當寨土百戶係西番種類其先拆戎架雍正元年歸附授職　磨下寨土百戶係西番種類其先的那雍正元年歸附授職　甲凹寨土百戶係西番種類其先革柯雍正元年歸附授職　阿革寨土百戶係西番種類其先甲亞雍正元年歸附授職　鵲個寨土百戶係西番種類其先羅六雍正元年歸附授職　郎惰寨土百戶係西番種類其先阿出雍正元年歸附授職　上阿壩甲多寨土千戶係西番種類其先拆達架雍正元年歸附授職　中阿壩墨倉寨土千戶係西番種類其先革杜亞雍正元年歸附授職　下阿壩阿強寨土千戶係西番種類其先顫壩雍正元年歸附授職　上郭羅克車木塘寨土百戶係西番種類其先噶頓康熙六十年歸附授職　中郭羅克插落寨土千戶係西番種類其先丹增康熙六十年歸附授職　下郭羅克納卡寨土百戶係西番種類其先彭錯康熙六十年歸附授職　上阿樹銀達寨土百戶係西番種類其先卜架亞康熙六十年歸附授職　中阿樹宗個寨土千戶係西番種類其先卜他康熙六十年歸附授職　下阿樹郎達寨土百戶係西番種類其先郎加劄舍康熙六十年歸附授職　小阿樹寨土百戶係西番種類其先達爾吉康熙六十年歸附授職（以上松潘廳漳臘營屬）　丟骨寨土千戶係西番種類其先沙乍謨康熙四十二年歸附授職　雲昌寺寨土千戶係西番種類其先革都判康熙四十二年歸附授職　呷竹寺土千戶係猓夷種類其先七谷康熙四十二年歸附授職（以上松潘廳平番營屬）　以上各土司皆頒有號紙　中羊峒隆康寨首係西番種類其先林柱雍正二年歸附委以寨首咸豐十一年歐利娃作亂陷南坪營同治四年周達武率武字果毅各軍討平之　下羊峒黑角郎寨首係西番種類其先六孝雍正二年歸附委以寨首以上各土司皆無印信號紙（以上松潘廳南坪營屬）　大姓寨土百戶其先郁氏於唐時頒給左都督職銜印信管束番衆順治六年郁孟賢將唐時印信呈繳　小姓寨土百戶其先郁從文於明末歸附授長官司職銜印信管束番衆順治年間將明時印信號紙呈繳　大定沙壩土千戶其先蘇忠於明萬歷年間歸附授土千戶職銜印信管束番衆順治年間將明時印信號紙呈繳以上各土司皆頒號紙　大黑水寨土百戶其先郁孟賢於明末歸附授土百戶職銜管束各番順治年間將明時號紙呈繳　小黑水寨土百戶其先於唐時歸附授土百戶職銜印信管束各番順治年間郁從學將唐時印信呈繳以上各土司皆給委牌　松坪寨土百戶其先韓滕於明末歸附授土百戶職銜印信管束番衆順治年間將明末印信號紙呈繳仍頒給號紙（以上茂州疊溪營屬）

靜州長官司其先董正伯自唐時歸附授職順治年間賊屠茂州土司董懷德率土兵捍禦地方寧謐九年董應詔歸附　隴木長官司其先何文貴於宋時勦羅打鼓生番有功授職與印順治九年歸附　岳希長官司其先坤蒲自唐時有功授職康熙九年歸附　沙壩安撫司其先嶗答兒自明時勦黑水三溪生番有功授職順治九年歸附　水草坪巡檢土司其先嶗答兒次子住水草坪授巡檢職順治九年歸附　竹木坎副巡檢土司其先坤兒布自明時授職順治九年歸附　牟托巡檢土司其先燦沙自唐時授職順治九年歸附以上各土司皆頒印信號紙　實大關副長官司其先官之保自明時授職康熙十年歸附頒給號紙（以上茂州茂州營屬）

陽地隘口土長官司始祖王行儉由宋寧宗朝授龍州判官世襲傳三世改守禦千戶元至正間授宣禦副使明洪武七年開龍州改長官司順治六年王熺歸附仍授原職頒給印信號紙　土通判明洪武七年授王思恭為長官司以王氏襲判官旋授宣撫僉事嘉靖間改土通判順治六年王啟睿歸附仍授原職頒給號紙無印信　龍溪堡土知事宋景定間授薛嚴龍州知州世襲明隆慶間改土知事順治六年薛兆選歸附仍授原職頒給號紙（以上龍安府龍安營屬）

瓦寺宣慰司先世雍中羅洛思與兄桑郎納思壩前明納貢土物正統六年威茂孟董九子黑虎等寨諸番跳梁雍中羅洛思桑郎納思壩奉調出藏帶兵出力即留住汶川縣塗禹山給宣慰司印信號紙順治九年土司曲翊伸歸附授安撫司康熙五十九年征西藏土司桑郎溫愷隨征有功加宣慰司銜乾隆二年加指揮使職銜乾隆十七年及三十六年征勦雜谷土司蒼旺並金川等處土司桑郎雍中隨征出力賞戴花翎嘉慶元年隨征達州教匪經四川總督勒保奏升宣慰司換給印信號紙（以上理番廳雜州協左營屬）　梭磨宣慰使司始祖囊素沙甲布原係雜谷土目自唐時歸附雍正元年征勦郭克賊番有功頒給副長官司印信號紙乾隆十五年換給安撫司印三十六年進勦大小金川土司隨征經將軍阿桂奏賞宣慰司職銜並花翎換給印信號紙　卓克基長官司其祖良爾吉係雜谷土舍乾隆十三年隨征大金川有功十五年頒給長官司印信號紙尋以通匪伏誅　松岡長官司其祖係雜谷土目自唐時安設康熙二十二年頒給安撫司印信號紙乾隆十七年土司蒼旺不法伏誅　黨壩長官司其曾祖阿丕係雜谷土舍乾隆十三年土舍澤旺隨征大金川有功頒給長官司印信號紙嘉慶元年土司更噶斯丹增姜初隨征苗匪賞花翎（以上理番廳雜州協右營屬）

成綿龍茂道提標轄

沃日安撫司始祖巴碧太順治十五年歸附頒發沃日貫頂淨慈妙智國師印信號紙乾隆二十年頒給土司色達拉安撫司印信號紙隨將舊印呈繳二十九年隨征金川有功賞二品頂戴花翎沃日地名更為鄂克什原係雜州協所轄乾隆五十年改隸懋功協管轄宣統三年改流　綽斯甲布宣撫司（綽斯甲布印文曰卑斯甲布卑斯地名甲者家之誤番人稱謂如德格則曰德格家孔撒則曰孔撒家布者番人男子之稱印以綽斯甲布為名誤矣）始祖資立康熙三十九年歸附四十一年頒給安撫司印信號紙乾隆三十七年出師金川賞二品頂戴花翎四十一年頒給宣撫司印信號紙隨將舊印呈繳原係阜和協所轄乾隆五十一年改隸懋功協管轄宣統三年改流（以上懋功廳懋功協屬）

建昌道建昌鎮轄

河東長官司其先自元迄明世襲建昌宣慰司順治十六年安泰寧歸附呈繳明印雍正六年改授長官司管有　大石頭　長村　繼事田三土百戶　利扡　上芍菓　阿史　紐姑　上沈渣　下芍菓　上熱水　小涼山　慕西　叉利呃　阿史　者加十二土目　阿都正長官司其先結固順治六年歸附授職康熙四十九年土司慕枝為招撫案內授阿都宣撫司頒給印信號紙雍正六年改土歸流是年凉山野夷不法土司衆姑擒獻兇首復授阿都正長

官司管有　歪歪溪　咱古　喬山南　大河西四土目　副長官司雍正六年勒撫涼山夷衆歸附有功授阿都副長官司管有　小涼山馬希　大梁山拖覺　阿乃　又阿史　結呃　派乃　者膩　那科　那俄　哈乃過　又阿雖十一土目　沙罵宣撫司其先安韋威康熙四十九年歸附授職管有那多　扼烏　咱烈山　撒凹溝　結覺五土目（以上西昌縣中營屬）　昌州長官司其先盧尼古明洪武九年調守德昌州康熙四十九年歸附承襲　普濟州長官司其先吉三嘉明洪武七年授普濟州土知州康熙四十九年歸附承襲改長官司　威龍州長官司其先張起朝明洪武七年授職順治十六年歸附世襲（以上西昌縣左營屬）　河西宣慰司其先安吉茂康熙五十一年歸附五十七年吉茂歿無子嶺氏撫伊兄越嶲土司嶺安泰之子爲子更名安祥茂雍正六年改土歸流換給土千總職銜世襲管有　囉囔　芍菓　咱堡　沙瀆四土目（以上西昌縣右營屬）以上各土司皆頒印信號紙

印部宣撫司其先嶺安盤康熙四十三年歸附授職同治二年土司嶺承恩助官軍擒石達開有功賞二品銜管有　膩乃　阿谷　蘇呷　咱戶　慕盧　阿蘇　濫田壩　普雄　黑保　大疏山十土目（以上越嶲廳越嶲營屬）　煖帶密土千戶其先嶺安泰康熙四十九年歸附授職管有　上官　六革　瓜僳　糾米　布布　阿多六磨　磨卡爲呷　西糾七鄉總　煖帶田壩土千戶其先部則康熙四十四年歸附授職　松林地土千戶其先王德治康熙四十九年歸附授職管有　老鴉漩　白石村　六翁　野猪塘　前後山　料林坪六土百戶（以上越嶲廳寧越營屬）以上各土司皆頒印信號紙

木裏安撫司其先六藏塗都雍正七年歸附　瓜別安撫司係麼些夷人其先玉珠迫康熙四十九年歸附　馬喇副長官司係玀夷人其先阿世忠康熙四十九年歸附頒給號紙　古柏樹土千戶係麼些夷人其先郎俊位康熙四十九年歸附管有　阿撒　祿馬六槽兩土目　中所土千戶係麼些夷人其先喇瑞麟康熙四十九年歸附　左所土千戶係麼些夷人其先喇世英康熙四十九年歸附管有　萆苴籚土目　右所土千戶係麼些夷人其先八璽康熙四十九年歸附　前所土百戶係麼些夷人其先阿成福康熙四十九年歸附　後所土百戶係麼些夷人其先白馬塔康熙四十九年歸附（以上鹽源縣會鹽營屬）以上各土司皆頒印信號紙

酥州土千戶其先姜喳康熙四十九年歸附授職　架州土百戶其先里五康熙四十九年歸附授職　苗出土百戶其先熱即巴康熙四十九年歸附授職

大村土百戶其先也四噶康熙四十九年歸附授職　糯白瓦土百戶其先紐咔康熙四十九年歸附授職　大鹽井土百戶其先萷布汪喳康熙四十九年歸附授職　熱即哇土百戶其先牙卓撇康熙四十九年歸附授職　中村土百戶其先歪即噶康熙四十九年歸附授職　三大枝土百戶其先甲噶康熙四十九年歸附授職　河西土百戶其先那姑康熙四十九年歸附授職（以上冕寧縣冕山營屬）　窩卜土百戶其先藍布甲噶康熙四十九年歸附授職　虛郎土百戶其先濟布康熙四十九年歸附授職　白路土百戶其先倪姑康熙四十九年歸附授職　阿得橋土百戶其先募庚康熙四十九年歸附授職　瓦都土目其先安承裔康熙四十九年歸附授職　木朮凹土目其先那咱康熙四十九年歸附授職　瓦都木朮凹瓦尾三土司皆於雍正五年因征三渡水獏狻違誤運糧參革其部落戶口仍設土目管束（以上冕寧縣靖遠營屬）　七兒堡土目原設土司康熙四十九年歸附授職雍正五年降土目管有　耳挖溝土目（冕寧縣瀘寧營屬）　以上各土司皆頒印信號紙

黎溪舟土千戶其先自必仁康熙四十九年歸附授職　迷易土千戶其先安文康熙四十九年歸附授職以上各土司皆頒有印信號紙　會理村土千戶其先祿沙克康熙三十二年歸附授職頒給號紙　者保土百戶其先祿阿格康熙四年歸附無印信號紙　普隆土百戶其先汪玉康熙四十九年歸附承襲　紅卜苴土百戶其先刁氏康熙四十九年歸附承襲以上各土司皆頒有印信號紙　苦竹壩土百戶其先祿姐康熙三十七年歸附承襲頒給印信號紙其通安舟土百戶另給鈐記（以上會理州會川營屬）　披砂土千戶其先祿應麟康熙四十九年歸附頒給號紙（會理州永定營屬）　祿氏五土司傳二百餘年宣統初祿紹武死無後妻自氏據其遺產祿自兩姓羣起爭襲作亂二年趙爾巽派兵勦捕先後擒逆首祿頑祥嚴如松等因移師討爐鐵梁子侯夷悉平之披砂會理村苦竹者保通安舟五土司地一律收回改流設治

建昌道提標轄

天全六番招討司高躋泰順治九年歸附副司楊先柱同均於雍正六年追繳印信號紙以其地爲天全州　穆坪董卜韓瑚宣慰使司其先於明世襲土職至康熙元年堅參喃喀歸附仍授原職請領宣慰司印信乾隆十年頒給號紙（天全州黎雅營屬）

黎州土百戶漢馬岱後其先馬芍德於明洪武八年世襲安撫司萬曆十九年馬祥無子妻瞿氏掌司事與祥姪搆釁降千戶順治九年馬高歸附仍授原職乾隆十七年改百戶大田副土百戶乾隆十七年因防曲曲烏奏請添設副土百戶一員世襲　松坪土千戶其先馬比必康熙四十三年歸附授職（以上清溪縣黎雅營屬）以上各土司皆頒有印信號紙

沈邊長官司原籍江西吉水縣其先余錫伯前明從征來川授土千戶順治九年余期拔歸附改名永忠宣統三年改流　冷邊長官司西番瓦布人其先阿撒乩順治元年歸附傳至周至德於康熙六十年授職宣統三年改流（以上打箭爐泰寧營屬）　明正宣慰使司其先係木坪分支明洪武初始祖阿克旺嘉爾參隨征明玉珍有功永樂五年授四川長河西甯魚通宣慰使康熙五年丹怎札克巴歸附乾隆三十六年甲木參德侵隨征金川有功賞賜佳穆伯屯巴名號並二品頂戴花翎五十六年甲木參諾爾布隨征廓爾喀賞花翎嘉慶十四年甲木參沙加領班進京恭祝萬壽賞花翎世襲住牧打箭鑪城光緒三十四年七月趙爾豐奏改打箭鑪爲康定府設河口縣宣統三年土司甲木參瓊珀繳印其地悉歸流原管有　咱哩木千戶　木噶　瓦七　俄洛　白桑　惡熱　下八義　少悞石　作蘇策　八哩籠　上渡噶喇住索　中渡啞出卡　他咳索窩籠　惡拉　樂壤　扒桑　木轤　格窪卡　呷那工弄　吉增卡桑　阿籠　沙卡　上八義　拉里　八烏籠　姆朱　上渣壩惡壘　上渣壩卓泥　中渣壩熱錯　中渣壩沱　下渣壩業窪石　下渣壩莫藏石　魯密東谷　魯密普工碟　魯密郭宗　魯密結藏　魯密祖卜柏哈　魯密初把　魯密昌拉　魯密堅正　魯密達媽　魯密格桑　魯密本滾　長結杵尖　長結松歸　魯密白隅　魯密棱布　魯密達則　魯密卓籠四十八土百戶

革伯咱安撫司其先魏珠布策淩康熙三十九年歸附授職頒給印信號紙宣統三年改流　巴底宣慰司其先綽布木淩康熙四十一年歸附授巴底安撫司宣統三年改流　巴旺宣慰司與巴底土司同世系分駐巴旺共管地方土民宣統三年改流　喇嗄安撫司其先阿倭塔爾康熙四十年歸附授職　霍耳竹窩安撫司即倬倭其先柒諾木袞卜雍正六年歸附授職宣統三年改流原管有　瓦述寫達　瓦述更平東撒兩土百戶　霍耳章谷安撫司其先羅卜策旺雍正六年歸附授職光緒二十年瞻對欲奪其地庶傳霖派兵滅瞻對同倬倭一并改流後發還而章谷無人承領改爲鑪霍屯宣統三年改流　納林沖長官司其先諾爾布雍正六年歸附授職與章谷土司一家　瓦述色他長官司雍正六年歸附授職　瓦述更平長官司雍正六年歸附授職　瓦述餘科長官司其先沙克嘉諾爾布雍正六年歸附授職　霍耳孔撒安撫司其先麻蘇爾特親雍正六年歸附授職宣統三年改流管有　科則　圖根滿碟兩土百戶　霍耳甘孜麻書安撫司其先那木卡索諾木雍正六年歸附授職宣統三年改流原管有　革賞　束暑　又束暑三土百戶　德爾格忒宣慰司其先丹巴策淩雍正六年歸附授德爾格忒安撫司十一年改宣慰司諸土司部落以德格爲最大東連瞻對西連察木多南連巴塘北連西甯番人以其地大有天德格地德格之稱庶傳霖派兵攻瞻對時訪得德格土司羅追彭錯妻玉米者登仁甲生子名多吉僧格又與頭人通生子名降白仁青以是與夫反目玉米者登仁甲本藏女於瞻對藏官有姻誼藏官助之抗其夫故各攜其子分居焉光緒二十年官軍計誘羅追彭錯言爲之逐其婦及降白仁青因入德格洎傳霖被劾罷改流議土司夫婦旋病故傳霖奏遣其二子回籍多吉僧格暫管地方降白仁青已爲僧繼而招致多人爭職多吉僧格奔藏德格頭人百姓以降白仁青非土司子且殘暴迎多吉僧格歸降白仁青避位數年頭人正巴阿登等嗾其再起爭職幷誘佔多吉僧格之妾多吉僧格夫婦復奔藏控於駐藏大臣有泰張蔭棠既而德格百姓復迎之歸錮降白仁青降白仁青脫出聚黨作亂人民多被殺戮多吉僧格遣人至打箭鑪告急宣統元年四月趙爾豐率兵討之降白仁青敗逃入藏多吉僧格夫婦請改流爾豐不欲利其危亂許以復職多吉僧格泣曰德格地廣人稀窺伺者衆終恐不自保願招漢人開墾使地闢民衆乃可圖存意極堅決爾豐奏分其地爲五區中區德化州南區白玉州北區登科府極北一區即石渠縣西區則同普縣而邊北道駐登科爲多吉僧格納其財產於官徙家巴塘復以奏給養贍銀及其妻媳郎錯莫首飾捐助巴塘學費爾豐奏賞頭品頂戴幷予其妻建坊原管有　四上革賞

雜竹嗎竹卡　籠壩六土百戶　霍耳白利長官司其先隆溥特查什雍正六年歸附授職宣統三年改流　霍耳咱安撫司其先阿克旺錯爾恥木雍正

六年歸附授職管有 兩下革賚土百戶 霍耳東科長官司其先達罕格努雍正六年歸附授職宣統三年改流 春科安撫司其先袞卜旺札爾雍正六年歸附授職副土司與安撫司一家同時歸附授職宣統元年改流 高日長官司其先自印布雍正六年歸附授職宣統元年改流 蒙葛結長官司其先達木袞布雍正六年歸附授職 林蔥安撫司其先袞卜林親雍正六年歸附授職宣統三年改流 上納奪安撫司其先索諾木旺札爾雍正六年歸附授職宣統三年改流原管有 上納奪土千戶 上納奪黎窩 上納奪 納奪黎窩三土百戶 瞻對有上中下三名上瞻對茹長官司下瞻對安撫司均雍正六年歸附授職中瞻對長官司乾隆十年授職距打箭鑪七日程東連明正南接裏塘西北與德格土司毘連縱橫數百里爲鴉龍江之上游同治初川藏會攻瞻對川軍未至藏兵先克瞻對派民官一僧官一率兵駐守由達賴喇嘛及商上選任咨請駐藏大臣奏明每三年替換藏官恣行暴政誅求無厭瞻對民不堪命屢起抗官疆吏率加壓服仍令屬藏光緒二十年鹿傳霖討平瞻對議改流卒爲恭壽文海劾罷三十四年趙爾豐由川赴德格關外土司百姓沿途控告瞻對藏官侵奪土地四出虐民幷歷訴中朝兩次將瞻對歸藏時藏官追究內附者一一拏戮之慘藏官不自安陰欲添兵攻爾豐爾豐令傅嵩炑率兵赴昌泰扼之宣統元年春爾豐建議收瞻對樞府令駐藏大臣聯豫溫宗堯與藏人議贖未成樞臣恐牽動外交持不斷於是爾豐與嵩炑議決以計取之三年夏爾豐調任入川偕嵩炑整兵經瞻對藏官憚軍勢之盛潛遁去瞻人歡舞出迎因收回設治壽爾豐至川奏聞以上打箭鑪廳阜和協屬以上各土司均頒有印信號紙

裏塘宣撫司其先番目江擺康熙五十七年歸附授職傳至索諾木根登因不能約束帳下頭人雲旬等致滋事端革去土職以土都司希洛工布拔補裏塘巴塘兩土司例於頭人內揀補與他土司不同嘉慶十二年希洛工布爲竹馬策登等所害以頭人阿策拔補頒給印信號紙副土司其先番目康邵江錯與正土司同時歸附雍正七年授職嘉慶八年土司羅藏策登爲正土司頭人雲旬等戕害以頭人阿彩登舟拔補頒給印信號紙向設守備一把總一光緒三十一年川軍討巴塘亂裏塘頭人不支烏拉糧餉不能轉運趙爾豐誅頭人正土司逃往稻壩貢噶嶺嘯聚土人爲亂爾豐移師攻鄉城分兵先勦稻壩正土司敗逃入藏稻壩平先是鄉城喇嘛普中札娃強悍知兵誘殺裏塘守備李朝富父子鹿傳霖派游擊施文明討之爲所擒剝皮實草懸以爲號三十二年正月爾豐率兵督攻大小數十戰匪退喇嘛寺死守爾豐圍之數月斷其水道普中札娃自縊諸番皆降改裏塘爲順化縣三十四年秋復改裏化同知以鄉城爲定鄉縣稻壩爲稻城縣貢噶嶺設縣丞 瓦述毛丫長官司其先番目索郞羅布康熙六十一年歸附雍正七年授職 崇喜長官司其先番目杜納台吉康熙六十一年歸附雍正七年授職 瓦述曲登長官司其先番目康珠康熙六十一年歸附雍正七年授職 瓦述嘓隴長官司嘉慶十二年歸附授職以上各土司皆頒有印信號紙 瓦述茂了土百戶其先番目側冷工康熙六十一年歸附雍正七年授職 瓦述麻里土百戶嘉慶十二年歸附授職以上各土司皆頒有號紙以上裏塘糧務屬

巴塘宣撫司其先羅布阿旺康熙五十八年歸附授職頒給印信號紙副土司同由四川設糧員一都司一千總一三年更替其喇嘛寺設堪布一鐵棒一爲僧官亦三年另換堪布掌管教務經典鐵棒管理僧人條規番人犯罪土司治之番人之喇嘛犯罪鐵棒治之土餉以賦相抵不足由官補給年約銀千餘兩光緒三十年駐藏幫辦大臣鳳全赴任道經巴塘見地土膏腴即招漢人往墾築墾場於茨梨隴委巴塘糧員吳錫珍都司吳以忠兼理番人驚沮土司堪布勸鳳全速入藏不聽三十一年春七村溝番民聚衆劫殺墾夫吳以忠陣亡鳳全避入正土司寨與亂民議和亂民迫鳳全回川許息事鳳全信之東行數里至鸚哥嘴被殺夏馬維騏趙爾豐往討六月十八日克巴塘誅兩土司幷堪布喇嘛及首惡數人爾豐搜勦餘匪因移師定鄉城三十二年秋爾豐會錫良暨雲貴總督丁振鐸具奏改流設巴安縣三十四年改巴安府分設鹽井縣三壩通判並設康安道駐巴塘原管有 上臨卡石 下臨卡石 岡裡 桑隆 上阿蘇 下阿蘇 郭布等七土百戶巴塘糧務屬

嶺夷十二地夷人頭目嘉慶十三年歸附給有頭目牌十六年改流更姓住牧 豹嶺岡姓高 趕山坪姓澤 阿葉坪姓惠 牛跌甏姓周 芭蕉溝姓華 龍竹山姓夏 雪都都姓萬 小板屋姓年 牛心山姓海 月落山姓字 鹽井溪姓成 桃子溝姓平 赤夷十三支嘉慶十三年歸附選拔土弁給有委牌住牧 瞻巴家土千總一土把總一管有 夵雞疎 卑溪疎 夵哈疎 白魁四家 哈納家土千總一土把總一管有 胃扭 雅札 哈什三三家 蛩瓜家土千總一土把總二管有 嫣 呆得二家 魁西家土千總一土把總一凡各地支所部猓夷稱曰娃子以上峩邊廳峩邊營冷磧汛屬

川東道重慶鎭轄

石砫宣慰使其先馬定虎漢馬援後南宋時封安撫使其後克用明洪武初加封宣撫使崇禎時土司千乘及婦秦良玉以功加太子太保封忠貞侯子祥麟亦加封宣慰使順治十六年祥麟子萬年歸附仍授宣慰使職乾隆二十一年以夔州府分駐雲安廠同知移駐石砫二十五年設石砫直隸廳改土宣慰使爲土通判世職不理民事夔州府夔州協屬 酉陽宣慰使司其先受明封傳至奇鑣於順治十五年歸附仍授原職頒給印信號紙雍正十二年土司元齡因事革職以其地改設酉陽直隸州原管有 邑梅峒 平茶峒 石耶峒 地壩四長官司均於乾隆元年改流重慶府綏寧營屬

永寧道提標轄

九姓土長官司其先任福江南溧陽人明洪武初從傅友德入蜀招撫拗羿蠻受封傳至孟麒以功擢安撫使天啓元年土司任世藩夫婦死難子祈祿復以功授瀘衛守備傳至長春順治四年歸附更給知府劄副吳三桂叛長春來奔十六年復永甯長春子功臣率土民歸附頒發劄副康熙二年江安縣賊吳天成等作亂功臣以擒賊功議敘子宗項襲職隨頒土長官司印信號紙以武職屬瀘州州判及瀘州營管轄嘉慶元年移駐瀘衛光緒三十四年趙爾豐奏改瀘衛爲古宋縣存土司名瀘州瀘州營屬

千萬貫土千總其先自元時受封明洪武四年賜姓楊康熙四十三年土司楊喇咔歸附頒給印信號紙其後楊明義於雍正六年因雲南米貼夷滋事案參革子明忠立功贖罪賞土千總職衙未經請頒印信號紙管有頭目六十五名

千萬貫土千戶其先楊繼武爲土千總楊成胞叔嘉慶七年夷人滋事繼武同成出力賞給土千戶執照 千萬貫土巡檢其先安濟明時授馬湖土知府其後失職復授土巡檢雍正六年土舍安保歸附無印信號紙管有頭目二十四名以上雷波廳普安營屬 黃螂土舍其先爲明時酋長雍正五年土舍國保歸附無印信號紙凡千萬貫黃螂四土司所管黑白骨頭二種猓夷椎髻衣氈耕種打牲爲業以上雷波廳安阜營屬 平彝長官司其先王元壽原籍江南人於明時受封順治九年土司王長才歸附 蠻彝司長官司其先文的保原籍湖廣人於明時受封順治九年土司文鳳鳴歸附 泥溪長官司其先王麒自明時世襲順治九年土司王嗣傳歸附 沐川長官司其先於明時受封賜姓悅順治九年土司悅曉瞻歸附以上各土司皆頒有印信號紙以上屏山縣屏山汛屬 明州樂土百戶其先盌甲涼山生夷其後駱哥康熙四十二年歸附授職 油石洞土百戶其先普祚涼山生夷子咀姑康熙四十二年歸附授職 旁阿姑土百戶其先脚謨伯涼山生夷子駱東康熙四十二年歸附授職 大羊腸土百戶其先六盌涼山生夷子紐車康熙四十二年歸附授職 膩乃巢土百戶其先必祚涼山生夷子脚骨康熙四十二年歸附授職以上馬邊廳馬邊營煙峯汛屬 挖黑土百戶其先亦赤涼山生夷子三兒康熙四十二年歸附授職 阿招土百戶其先阿直涼山生夷子秧哥康熙四十二年歸附授職 斡田壩土百戶其先蹤的涼山生夷子路引康熙四十二年歸附授職 蘇柳壩土百戶其先鄂車涼山生夷子六貴康熙四十二年歸附授職以上各土司皆領有號紙 槲栗坪土千戶其先卜佐涼山生夷其後阿二嘉慶十三年歸附賞給職銜領有委牌 冷紀土外委其先普祚涼山生夷子未鐵雍正元年歸附授職以上馬邊廳馬邊營三河口汛屬 以上各土司外有理番廳之雜谷腦屯乾堡寨屯上孟董屯下董孟屯九子寨屯懋功廳之懋功屯崇化屯撫邊屯章谷屯綏靖屯等土弁各設屯守備暨所屬屯千總屯把總屯外委均世及接頂與地志兵志互見

清史稿

土司傳三

雲南

雲南古滇國自越巂蠻夷任貴自領太守光武即授以印綬不以內地官守例之若爨若蒙皆以本土大姓就官累世爲一方長元封梁王於滇與大理之段分治明破梁王滅大理就土官而統馭之分宣慰使宣撫使安撫使正副長官司土府土州以治之淸順治十七年平西王吳三桂定雲南明永明王走緬甸以沐府舊地封三桂永鎭雲南康熙十四年撤藩三桂遂叛三桂死其孫世璠襲二十一年克之世璠自殺雲南大定雍正初改土歸流之議起四年夏先革東川土目即進圖烏蒙時烏蒙土府祿萬鍾鎭雄土府隴慶侯皆年少兵權皆握于其叔祿鼎坤隴聯星鄂爾泰令總兵劉起元屯東川招降祿鼎坤惟祿萬鍾制于漢奸約鎭雄兵三千攻鼎坤于魯甸鄂爾泰遣游擊哈元生敗之又檄其相仇之阿底土兵共擒烏蒙連破關隘賊遂敗走鎭雄鄂爾泰復招降隴聯

星而鼎坤亦以兵三千攻鎭雄之彝兩酋皆遁四川于是兩土府旬日平以烏蒙設府鎭雄設州又設鎭于烏蒙控制三屬由四川改隸雲南以一事權其東川法戛土目祿天祐烏蒙米貼土目祿永孝尙各據巢患邊六年春遣兵破禽法戛又遣副將郭壽域以兵三百捕米貼賊逃渡小金沙江糾四川沙馬司及建昌涼山各夷猓數千潛回襲陷官兵鄂爾泰遣總兵張耀祖參將哈元生三路搜討詔四川建昌永甯官兵聽鄂爾泰節制于是自小金沙江外沙馬雷波呑都黃螂諸土司地直抵建昌袤千餘里皆置營汛形勢控扼禽雷波土司楊明義而哈元生回軍復敗阿盧土司之衆數千屯田東川歲收二萬餘石課礦歲萬金資兵餉事甫定祿鼎坤以功擢河南參將怏怏失望其子祿萬福乞回魯甸治產見總兵劉起元軍律不肅陰會其舊部謀變時烏蒙商民萬計有險可扼且賊止標弩無大礮而劉起元惟婾餤賄和賊遂陷鎭城盡戕兵民徧煽東川鎭雄及四川涼山蠻數萬叛鄂爾泰奏言臣用人僨事請別簡大臣總督兩省暫假臣提督將兵討賊雪憤世宗慰留之鄂爾泰調官兵萬餘土兵半之三路進攻先令總兵魏翥國率兵二千七日馳抵東川得不陷而魏翥國旋爲祿鼎明刺傷乃以官祿代翥國烏蒙委總兵哈元生副將徐成貴鎭雄委參將韓勳勳以兵四百扼奎鄉收賊四千連破四寨哈元生以千餘兵討烏蒙先至得勝坡遇賊二萬其黑寡暮末二渠皆萬人敵黑寡持長槍直犯元生元生左格槍右拔矢應手殪之又射殪暮末卽竿揭二首以進賊奪氣再戰再捷進至倚那岡賊數萬連營十餘里我兵三千土兵千夜設伏賊營左右而嚴陣以待黎明賊數路來犯不動將偪陣礮起大呼奮擊山後伏兵左右夾攻賊大潰盡破其八十餘營獲甲械輜重山積卽日抵烏蒙賊見元生旗卽反走克三關祿萬福兄弟祿鼎坤均伏誅六年鄂爾泰總督三省其土州安于蕃鎭沅土府刁澣及豬樂長官土司威遠州廣南府各土目先後勦黜惟刁氏之族舍土目煽糾威遠黑猓復反戕知府劉洪度于是盡徙已革土司土目他省安置幷搜勦篾逆之威遠新平諸猓冒瘴突入禽斬千計而我將士亦患瘴死二百餘又進勦瀾滄江內孟養茶山土夷卽明王驥兵十二萬大舉再征諸蠻驚謂自古漢兵所未至者也鄂爾泰先檄車里土兵截諸江外官兵各持斧鍬開路焚柵壍溝連破險隘直抵孟養據蠻坡通偪道其六茶山巢穴四十餘寨乃用降夷鄉導以賊攻賊于是深入數千里無險不搜惟江外歸車里土司江內地全改流升普洱爲府移沅江協副將駐之于思茅橄欖壩各設官戍兵以扼蒙緬老撾門戶于是廣南府土同知富州土知州各願增歲糧二三千石並捐建府州城垣孟連土司獻銀廠怒江野夷輸皮幣而老撾景邁二國皆來貢象緬甸震爲乾隆三十四年遷孟拱土司於關外緬甸事詳見緬甸傳

雲南府　羅次縣　煉象關土巡檢居煉象關大街清順治十六年土巡檢李文秀歸附仍授舊職傳至李東祚乾隆五十年改爲從九品土官世襲　祿豐縣　南平關土巡檢居土官村清順治十六年土巡檢李楚南歸附仍授舊職傳至李東來乾隆五十年改爲從九品土官世襲　大理府　趙州　定西嶺土巡檢居定西嶺清順治十六年土巡檢李齊斗歸附仍授舊職　雲南縣土縣丞在縣城清順治十六年土知縣楊玉蘊子岳歸附仍授土知縣世職康熙六年雲南縣改設流官知縣其知縣改縣丞世襲　雲南縣土主簿居土官村離城十里清順治十六年土主簿張維歸附仍授世職　鄧川州　靑索鼻土巡檢在靑索鼻清順治十六年土巡檢楊應鵬歸附仍授舊職傳至楊榮昌乾隆五十年改爲從九品土官世襲　浪穹縣浪穹縣土典史在縣城清順治十六年土典史王鳳州歸附仍授世職　蒲陀崆土巡檢在蒲陀崆距縣城十五里清順治十六年土巡檢楊爭先歸附仍授世職　鳳羽鄉土巡檢在鳳羽鄉距縣城三十里清順治十六年土巡檢尹德明歸附仍授世職　上江觜土巡檢在上江觜距縣一百二十里清順治十六年土巡檢楊康國歸附仍授世職　下江觜土巡檢在下江觜距縣九十里清順治十六年土巡檢何應福歸附仍授世職　雲龍州　箭杆場土巡檢居箭杆場清順治十六年土巡檢字題鳳歸附仍授世職舊屬鄧川州康熙二年改隸雲龍州　十二關長官司在府東三百里清順治十六年長官司李恬森歸附仍授世職　老窩土千總居老窩清順治十六年土知州段德壽歸附後裁乾隆十二年德壽孫維精勦秤戛夷賊有功十七年授土千總世職道光元年永北軍務段克勳帶練擒賊給五品頂戴　六庫土千總居六庫其先段復健明土知州段保十七世孫清乾隆十二年征秤戛夷賊有功十七年授土千總世職道光元年永北軍務段履仁帶練擒賊給五品頂戴　漕澗土把總居漕澗清順治十八年左文燦以堵禦功授土官長官司子停襲乾隆十二年文燦曾孫左世英隨征秤戛夷賊有功授土把總世襲　鄧川州土知州清順治十六年土知州阿尙夔歸附仍授世職曾孫兗遠因縱賊殃民雍正四年改流安插江西

臨安府　納樓茶甸長官司在府西南一百八十里清順治十六年長官司普率歸附仍授世職康熙四年率附王祿叛官兵討之乞降赦之以子向化襲　納更山土巡檢　距府東南二百八十里清順治十六年土巡檢龍天正歸附仍授世職　虧容甸長官司在府西南一百四十里清順治十六年長官司孫大昌歸附仍授副長官世職　思陀鄉土舍在府西南二百五十里清順治十六年長官司李秉忠歸附仍授長官司副長官世職後絕改土舍康熙二十年以李世元繼襲　溪處長官司副長官在府西南三百一十五里清順治十六年長官司恩忠歸附仍授副長官世職康熙四年附祿昌賢叛伏誅改土舍　瓦渣鄉長官司在府西南二百四十里清順治十六年錢覺耀歸附仍授副長官世職康熙四年通王祿叛官兵擒斬之職除改土舍　左能寨長官司在府西南二百三十里清順治十六年吳應科歸附以非滇志所載下臨安府查核稽其譜系蓋應科爲明蚌顏十一世孫因改土舍准襲　落恐甸長官司在府西南二百里清順治十六年明授副長官司陳玉歸附因號紙無存給便委土舍仍准世襲　阿邦鄉土舍在府東南二百一十里明授土守備清順治十六年土守備陶順祖歸附守職如故旋議土司不宜加武職改土舍　慢車鄉土舍在府西南一百四十里清順治間元江土夷亂漫車土目刀岡隨官軍協勦授土舍世職　稿吾卡土把總在府東南二百八十里清雍正間納更土目龍在渭隨征元普逆夷有功給土把總職銜嘉慶二十二年江外夷匪滋事龍定國父子陣亡奏准世襲土把總　十五猛縱橫四百餘里明初爲沐氏勳莊清順治十七年吳三桂請並雲南荒田給與藩下壯丁耕種康熙七年奉旨圈撥叛後變價歸建水徵收猛各設一掌寨督辦錢糧管有　猛喇　猛丁　猛梭　猛賴　猛蚌　茨桶壩　五畝　五邦　者米　猛弄　馬龍　瓦遮　斗巖　阿土　水塘十五寨　教化三部長官司副長官清順治十六年副長官龍昇歸附仍以張長壽爲名許之授世職康熙四年附王祿叛誅之以其地爲開化府設流官　王弄山長官司副長官清順治十六年副長官王朔歸附授世職康熙四年朔與祿昌賢叛官兵討之朔自焚死以其地屬開化府　阿迷州土知州舊有土目李阿側清康熙四年從討王朔有功授土知州世職傳至李純濫派橫征爲羣夷所控雍正四年籍其產安置江西改流　甯州土知州清順治十六年祿昌賢歸附仍授世職十七年降州同明年以舉首梅道人等謀逆復原職康熙四年以叛伏誅　甯州土州判清康熙十九年滇有李者祿歸附准世襲州判後絕停襲　嶍峨縣土知縣清順治十六年祿益歸附仍授世職康熙四年與祿昌賢等叛改流　嶍峨縣土主簿清順治十六年王揚祖歸附仍授世職康熙四年與祿昌賢等叛伏誅職除　蒙自縣土縣丞土知縣陸氏被黜其土舍甯州祿重據土官村溺於酒色不能馭下其目把李輔舜等叛歸沙源源以兵乘之遂破有土官村沙定洲踞會城令李輔舜子日芳竊據蒙自定洲敗日芳遂家於蒙清康熙四年日芳弟日森子世藩世屏附甯州祿昌賢叛總兵閻鎭破之世藩遁追斬之世屏出降免死充大理軍後吳三桂反給世屏僞總兵劄大師復滇世屏持劄歸附授蒙自縣土縣丞職不准世襲

楚雄府　楚雄縣土縣丞清順治十六年土縣丞楊春盛歸附仍授舊職乾隆五十年改爲正八品土官世襲　鎭南州土州同居本城清順治十六年土州同段光贊歸附仍授世職　鎭南州土州判居鎭南州城東北清順治十六年土州判陳昌虞歸附仍授世職　阿雄關土巡檢居鎭南州屬清順治十六年土巡檢者光祖歸附仍授世職　鎭南關土巡檢清順治十六年土巡檢楊繼祖歸附仍授舊職傳至楊文輝乾隆五十年改爲從九品土官世襲　姚州土州同居姚州西界彌興官莊清順治十六年土州同高顯錫歸附仍授舊職傳至高配忝乾隆五十年改爲從六品土官世襲　廣通縣　回磴關土巡檢居回磴關清順治十六年土巡檢楊忠蓋歸附仍授舊職傳至楊怡乾隆五十年改爲從九品土官世襲　沙矣舊土巡檢清順治十六年土巡檢蘇鑑歸附仍授舊職傳至蘇敬乾隆五十年改爲從九品土官世襲　定遠縣土主簿居本城清順治十六年土主簿李世卿歸附仍授舊職傳至李毓英乾隆五十年改爲正九品土官世襲　姚安府土同知清順治十六年土同知高奣映歸附仍授世職傳至李厚德雍正三年以不法革職安置江南

澂江府　新興州土州判居州南研和邑清康熙十九年復滇土人王鳳授僞遊擊迎至廣西路投誠隨征石門坎馬別河黃草壩皆有功授土州判世職河陽縣安插土官清順治初土官刀韶歸附止給劄仍准世襲沿至刀廷俊裁革　新興州　鐵鑪關土巡檢清順治十六年土巡檢王先榮歸附授世職康熙四年同王耀祖叛削除

廣南府　廣南府土同知清順治十六年儂鵬歸附授同知世職傳至儂毓榮

乾隆三十一年從征普洱緬甸三十七年頒給土同知關防子世昌嘉慶二年從征貴州狆苗加銜一等賞戴花翎世襲　富州土知州在府東二百六十五里清順治十六年土知州沈崑瑤歸附仍授世職康熙九年頒給州印後以罪黜傳至沈肇乾雍正八年肇乾復以罪黜

順甯府　雲州　大猛麻土巡檢清順治十六年土巡檢俸新命歸附仍授世職　緬甯廳　猛猛土巡檢明末奔竄失其印信號紙未能請襲傳子紫芝清康熙五十四年歸附貢象仍授世職頒給鈐記乾隆二十九年改屬順甯府直隸耿馬宣撫司在永昌府南七百二十里隸孟定府清平滇罕悶括歸附仍授宣撫司承襲乾隆二十九年改隸順甯府世襲　孟連宣撫司在順甯府邊外南境舊隸於永昌府清康熙四十八年刁派鼎貢象歸附授宣撫司世職派鼎死子刁派春年幼叔祖刁派烈撫孤有刁派猷謀殺派烈奪印爭職安插省城另給宣撫司鈐記便委傳至刁派新因地處極邊界連外域定爲經制宣撫司頒給印信號紙乾隆二十九年改隸順甯府　猛緬長官司清乾隆十一年歸流改其地爲緬甯設流官通判駐其地

曲靖府　平彝縣土縣丞居平彝縣竹園村清順治初土縣丞龍闊歸附仍舊世襲

清史稿

土司傳四

貴州

貴州古羅施鬼國漢夜郎國並牂牁武陵郡地唐亦置播州思州元置八番順元諸軍民宣慰使司以羈縻之明靄翠奢香最爲効忠後則播州之楊永甯之奢水西之安爲西南鉅患楊氏滅爲遵義平越二府奢氏滅爲永甯縣清初黔省安氏猶強經孫可望之亂未頒正朔苗蠻蠢動諸擅兵相攻者蹂躪地方無有甯日順治十五年經略洪承疇定貴州十七年四月馬乃營土目龍吉兆等反雲貴既平各土司俱奉貢賦遵約束龍吉兆收養亡命私造軍器奸民文元胡世昌況榮還等俱黨附之遙結李定國爲聲援糾合鼠場營龍吉佐樓下營龍吉祥歃血盟掠廣西泗城州之土寨安南衛之阿計屯水橋麻衣沖下三阿白屯等處所過劫戮總督趙廷臣巡撫卞三元招諭不服乃合疏請討十一月十九日廷臣破果母寨殺賊數千擒吉兆子吉佐妻殲逆黨文元胡世昌於陣遂乘勝破咔呷寨吉兆閉寨拒守官兵圍之十八年二月廷臣令官兵人持一炬縱火焚其寨破之吉兆及逆黨況榮還等皆伏誅馬乃平九月劉鼎叛康熙二年正月丹平土官莫之廉以隱匿劉鼎伏誅金筑土官王應兆與鼎通總督楊茂勳討平之鼎敗逃水西七月被獲伏誅三年正月逆賊常金印等謀反伏誅金印上元人自稱常遇春之後從粵走黔與水西安坤皮熊等同謀反金印稱蕩虜大將軍湘平伯僞造印敕旗纛聚黨陳鳳麟高岑吉士英米應貴等煽誘諸土司爲亂爲同黨陳大出首俱就擒二月水西宣慰司安坤叛初經略洪承疇至沅師不能進承疇招安坤許以如元阿畫明靄翠故事坤大喜繳印歸誠引大兵由小路進入貴陽滇黔底定敘坤功許世襲兼賜袍帽靴服采幣明總兵皮熊合謀蠢蠢思動蹤迹頗露總督楊茂勳曰水西地方沃野千里地廣兵强在滇爲咽喉在蜀爲門戶若於黔則腹心之蠱毒也失今不討養癰必大乃請勦命總管吳三桂督雲貴各鎭兵分東西兩路討之三月三桂統十鎭兵由畢節七星關入令總兵劉之復駐兵大方遏其衝逸令提督李本深統貴州四鎭兵由大方之六歸河會勦屯糧於三岔河而檄黔省兵書誤書六歸爲陸廣於是本深兵及黔蜀二省所運之糧盡屯陸廣三路氣息隔絕不相通三桂受困兩月食將絕外援不至永順總兵劉安邦戰死受圍益迫適水西土目安如鼎遣人偵黔營虛實爲本深所獲始知三桂被圍已久乃使爲引導整兵入援副將白世彥手斬驍賊以徇於陣賊遂敗走總兵李如碧亦率精兵入重圍運糧接濟兵合爲一敗賊阿作峒復敗之得初峒九月又敗之紅崖峒坤率其妻祿氏逃於木弄箐復逃至烏蒙烏蒙不納坤遣漢把曾經賫印投降不許生擒坤於大方之杓箐並擒皮熊安重聖等熊不食十五日而死坤與重聖俱伏誅四年十二月郎岱土司隴安藩反命吳三桂發兵討之藩乃安坤親黨坤滅後招納坤餘孽隴勝等及安重聖妻隴氏殺安順府經歷袁績攻破關嶺直犯永甯隴勝等亦攻犯大定威甯殺畢節經歷秦文五年六月隴安藩伏誅郎岱平二十四年七月黎平賊何新瑞反新瑞本李姓初在靖州爲僧後至平茶所犯罪逃至新化乃冒姓何稱故明總督何騰蛟子煽惑苗民作亂黎平官兵擊敗之二十五年二月新瑞伏誅徙土司韋有能等以其地入永從縣　廣順州之長寨寨據各苗之腹前總督高其倬誘擒阿近議設營汛以控前後左右各寨雍正四年夏官兵焚其七寨未獲首逆副將劉業浚即退營宗角且言三不可勦鄂爾泰駁以三不可不勦令總兵石禮哈搜討盡殲首從勒繳軍器建參將營分扼險要易服薙髮立保甲稽田戶于是乘威招服黔邊東西南三面廣順定番鎭甯生苗六百八十寨鎭甯永甯永豐安順生苗千三百九十八寨地方千餘里直抵粵界鎭遠清水江者沅水上游也下通湖廣上達黔粵而生苗據其上游曰九股河曰大小丹江沿岸數百里皆其巢窟古州者有裏有外裏古州距黎平府百八十里即元置古州八萬洞軍民長官司所也地周八十餘里戶四五千口二萬餘都江溶江界其左右合爲古州江由此東西南北各二三百里爲外古州約周千二三百里戶數千口十餘萬可敵兩三州縣環黔粵萬山間而諸葛營踞其中倚山面川尤據形勢張廣泗守黎平輕騎深入周勘倡議置鎭諸葛營扼吭控制而其外戶爲都勻八寨內戶爲丹江清江乃于六年夏先創八寨以通運道分兵進攻大小丹江出奇設伏盡焚負固之雞講五寨苗赴軍乞降飲血刻木埋石爲誓九年乘勝沿九股河下抵清水江時九股苗爲漢奸曾文登所煽言改流升科額將歲倍且江深崖險兵不能入及官軍至以農忙佯乞撫廣泗亦佯許之而潛舟宵濟扼其援竄蘇大有張禹謨突擣其巢又敗其夜劫營之賊塡濠拔欃冒險深入苗四山號泣縛曾文登以獻于是清水江丹江皆奏設重營以控江路令兵役雇苗船百餘赴湖南市鹽布糧貨往返不絕民夷大忭估客雲集古州自昔輿樸自清初吳三桂僞將馬寶兵由楚竄滇取道古州諸苗遮獲其大礮重甲火藥由是日强而上下江尤甚上江爲來牛定旦下江爲溶峒當廣泗初至苗皆謂官兵不能久依違從撫及聞諸葛營建城堡遂羣起拒命八年秋廣泗督官兵夜半集苗船爲浮橋攻其不備進攻上江之來牛定旦禽斬四千獲礮械無算其下江溶洞之深遠大箐危峯障日皆伐山通道窮搜窟宅乃徧勘上下江溶灘險置斥堠通餉運其都江清水江之間有丹江橫貫惟隔陸路五十餘里爲之闢通于是楚粵商艘直抵鎭城外古州大定初世宗以廣泗招撫古州不煩兵力由知府逾年擢至巡撫遣侍讀春山牧可登至軍察之並頒犒師銀十萬兩鄂爾泰約廣西巡撫金鉷赴貴陽會籌邊事乃議黎平府設古州鎭而都勻府之八寨丹江鎭遠府之清水江設協營增兵數千爲古州外衛後復改清江協爲鎭與古州分轄世宗嘉鄂爾泰之勞錫封襄勤伯世襲罔替九年冬入爲武英殿大學士以高其倬代之以元展成巡撫貴州十二年哈元生進新闢苗疆圖志以尹繼善督雲貴而復有黔苗之變初苗疆闢地二三千里幾當貴州全省之半增營設汛凡腹內郡縣防兵大半移戍新疆又鄂爾泰用兵招撫止及古州清江未及台拱之九股苗有司輒稱台拱願內屬巡撫元展成易視苗疆遽于十年設營駐兵時秋稼未穫苗佯聽版築而刈穫甫畢即傳集上下九股數百寨叛圍大營並扼排略大關之險以阻餉道營中樵汲皆斷死守彌月援至始解提督哈元生入覲回黔十一年春進軍台拱攻賊于番招之蓮花坐破之設戍其上十三年春苗疆吏以徵糧不善遠近各寨蠭起徧傳木刻總兵韓勳破賊古州之王家嶺賊復衆集清江台拱間番招屯復圍於賊巡撫元展成與哈元生不合倉卒調兵五千盡付副將宋朝相領之赴援半途亦困于賊賊探知內地防兵半戍苗疆各城守備空虛于是乘間大入陷凱里陷重安江驛陷黃平州陷岩門司陷清平縣餘慶縣焚掠及鎭遠思州而鎭遠府治無城人心洶懼台拱清江各營汛亦多爲賊誘陷逆氛四起省城戒嚴四月哈元生乃以親兵三百自出督師扼清平之楊老驛六月詔發滇蜀楚粵六省兵會勦特授哈元生揚威將軍湖廣提督董芳副之七月又命刑部尙書張照爲撫定苗疆大臣副都御史德希壽副之時尹繼善已遣雲南兵二千星夜赴援湖粵兵亦繼至生苗見各路援兵漸集各擄掠回巢棄城弗守元生進軍凱里檄各鎭克復諸城又合攻重安江賊以開滇師之路生苗既回巢穴則糾衆攻圍新疆各營汛于是台拱清江丹江八寨諸營復同時告急時廣西兵八千已至古州廣東兵餉亦晝夜泝流而上湖廣兵先後集鎭遠界元生遣古州鎭韓勛攻燬首逆各巢又分兵三路一由藁貢以通台拱一由八弓援柳羅以通清江一走都勻援八寨而八寨協副

將馮茂復誘殺降苗六百餘及頭目三十餘冒功，于是苗逃歸者播告徒黨，詛盟益堅，多手刃妻女而後出抗官兵，陷靑溪縣城，而淸江之柳羅、都勻之丹江自春夏被圍半載，糧盡援絕，九閱月圍始解。張照奉命赴苗疆，且令察其利害。照至沅州、鎭遠，則密奏改流非策，致書諸將，首倡棄地之議，且袒董芳，專主招撫，與哈元生齟齬。楚、粵官兵皆隸芳麾下，旋議分地分兵，施秉以上用滇、黔兵隸元生，施秉以下用楚、粵兵隸董芳。于是已進之兵紛紜改調，互換而哈元生乘間復出焚掠淸平、黃平、施秉間，紛紛告警。當是時，中外畏事者爭咎前此苗疆之不當闢，目前苗疆之不可守，全局幾大變。八月，召張照、德希壽還。十月，授張廣泗七省經略，哈元生以下咸受節制，旋逮張照、董芳、哈元生及元展成治罪。廣泗奏言：「張照等所以無功者，由分戰兵守兵爲二，而合生苗熟苗爲一也。兵本少而復分之，使單賊本衆而復毆之，使合且各路首逆自古州敗退，咸聚於上下九股、淸江、丹江高坡諸處，皆以一大寨領數十百寨，雄長號召，聲勢犄角。我兵攻一方，則各方援應，彼衆我寡，故賊日張，兵日挫。爲今日計，若不直擣巢穴，殲渠魁，潰心腹，斷不能渙其黨羽。惟有暫撫熟苗，責令繳凶獻械，以分生苗之勢，而大兵三路同擣生苗逆巢，使彼此不能相救，則我力專而彼力分，以整擊散，一舉可滅，而後再懲從逆各熟苗，以期一勞永逸。」廣泗乃調全黔兵集鎭遠，以通雲貴往來大路；以精兵四千餘攻上九股，四千餘攻下九股，而自統五千餘攻淸江下流各寨。是冬，刻期並舉。乾隆元年春，復增兵分八路，排勦抗拒逆寨，遺孽盡竄牛皮大箐。箐圍苗巢之中，盤亙數百里，北丹江，南古州，西都勻、八寨，東淸江、台拱，危巖切雲，老樾蔽天，霧雨冥冥，蛇虺所國，雖近地苗蠻亦無能悉其幽遂，故首逆諸苗咸數伏其中，恃官兵所萬不能至，俟軍退復圖出沒。廣泗檄諸軍分扼箐口，以坐困之，又芻布奇兵，箐外以截逋逸，如陸獸網魚，重重合圍，以漸進偪。自四月至五月，將士犯瘴癘，冒榛莽，靡奧不搜，靡險不剔，並許其黨自相斬捕除罪。由是懲魁罔漏，俘馘萬計，其飢餓顚隕死厓谷間者不可計數。六月，復乘兵威搜勦附逆熟苗，分首惡、次惡、脅從三等，涉秋徂暑，先後埽蕩，共燬除千有二百二十四寨，赦免三百八十有八寨，陣斬萬有七千六百有奇，俘二萬五千有奇，獲銃礮四萬六千五百有奇，刀矛弓弩標甲十有四萬八千有奇，宥其半俘，收其叛產，設九衞屯田養兵戍之，詔盡豁新疆錢糧，永不徵收，以杜官胥之擾；其苗訟仍從苗俗處分，不拘律例，以廣泗總督貴州兼管巡撫事，世襲輕車都尉。自是南夷遂不反。乾隆五年夏，湖南靖州武岡猺、城步橫嶺苗與廣西猺同叛，總督班第使鎭筸總兵劉策名以兵五千進勦，以五千應援，詔廣泗復以欽差大臣節制軍務，先後斬馘五千餘，俘五千餘。于十二月班師，鄂爾泰卒于乾隆十年，以開闢西南夷功配享太廟。後乾隆六十年，松桃苗變，及咸豐二年教匪變熾，及苗疆同治十二年方定，然非土司肇事，故不錄。

貴陽府　中曹長官司，在府南十五里。明洪武三年，以謝石寶爲長官，司傳至謝正倫，清順治十五年歸附，仍准世襲。　副司劉氏，清雍正七年於土權疊害案內改流官。　養龍長官司，在府北二百二十里。明洪武五年，以蔡普爲長官，司傳至蔡瑛，清康熙八年歸附，准世襲。　白納長官司，在府南七十里。元爲白納縣，尋改。明初以周可敬爲長官，司傳至周爾齡，清順治十五年歸附，仍准世襲。　副官趙啟賢同。　虎墜長官司，在府東六十里。明洪武三年，以宋瑠爲長官，司傳至宋繼榮，清順治十六年歸附，仍准世襲。　定番州　程番長官司，唐末程元龍平定溪洞，世守程番。元改給安撫司印。明洪武四年，改授程番長官，司傳至程民新，清順治十五年歸附，仍准世襲。　上馬橋長官司，在州北二十里。自唐末方定遠開疆。明洪武四年，改授長官，司傳至方維新，清順治十五年歸附，仍准世襲。　盧番長官司，在州北五里。始自唐末程鸞。明洪武四年，改授小程番長官，司傳至程登雲，清順治十五年歸附，仍准世襲。　小程番長官司，在州北五里。始自唐末盧君聘。元置羅番靜海軍安撫司。明洪武四年，改授盧番長官，司傳至盧大用，清順治十五年歸附，仍准世襲。　方番長官司，在州南十里。始唐末方德。明洪武四年，改授方番長官，司傳至方正綱，清順治十五年歸附，仍准世襲。　韋番長官司，在州南五里。唐韋四海守此土。明洪武四年，改授韋番長官，司傳至韋璋，清順治十五年歸附，仍准世襲。　臥龍番長官司，在州南十五里。唐時龍德壽據此。明洪武四年，改授臥龍番長官，司傳至龍國瑞，清順治十五年歸附，仍准世襲。　小龍番長官司，在州東南二十里。唐時龍方靈據此。明洪武四年，改授小龍番長官，司傳至龍象賢，清順治十五年歸附，仍准世襲。　金石番長官司，在州東二十五里。唐時石寶據此。明洪武四年，改授金石番長官，司傳至龍如玉，清順治十五年歸附，仍准世襲。　羅番長官司，在州南三十里。始自唐時龍應召。明洪武四年，改授羅番長官，司傳至龍從雲，清順治十五年歸附，仍准世襲。　大龍番長官司，在州東三十里。始於唐時龍昌宗。明洪武四年，改授大龍番長官，司傳至龍登雲，清順治十五年歸附，仍准世襲。　木瓜長官司，在州西七十里。始於元時石期璽。明洪武八年，改授木瓜長官，司傳至石玉林，清順治十五年歸附，仍准世襲。　副官始於元時顧德，明洪武八年改授木瓜副長官，傳至顧大維，清順治十五年歸附，仍准世襲。　麻嚮長官司，在州西七十五里。明洪武十年，以得玉思爲麻嚮長官，司傳至得志，清順治十五年歸附，仍准世襲。　開州　乖西長官司，在州東六十里。始於唐時楊立信。明洪武四年，改授乖西長官，司傳至楊瑜，清順治十五年歸附，仍准世襲。　副官始於唐時劉起昌，傳至劉國柱，清順治十五年歸附，仍准世襲。　龍里縣　大谷龍長官司，在縣西北。始於元時宋國。明洪武十三年，授大谷龍長官，司傳至宋之尹，清順治十五年歸附，仍准世襲。　小谷龍長官司，在縣東北。元時宋幕授小谷龍安撫司。明嘉靖十一年，改授長官，司傳至宋景運，清順治十五年歸附，仍准世襲。　貴定縣　平伐長官司，在縣南。唐時李保郎以征南功授安撫司。明洪武十五年，改授平伐長官，司傳至李世廕，清順治十五年歸附，仍准世襲。　大平伐長官司，在縣南三十里。後漢昭烈時，宋隆豆征南有功，世守茲土。明洪武四年，改授宋臣爲大平伐長官，司傳至宋世昌，清順治十五年歸附，仍准世襲。　小平伐長官司，在縣南三十里。唐時宋忠宣以功授招討司。明洪武四年，改授小平伐長官，司傳至宋天培，清順治十五年歸附，仍准世襲。　新添長官司，在縣東北。唐時宋景陽據此。明洪武四年，改授新添長官司，屬新添衞，傳至宋鴻基，清順治十五年歸附，仍准世襲。康熙十年，改隸貴定縣。

羊場長官司，在縣東北。明洪武三十二年，以郭九齡爲羊場長官，司傳至郭天章，清順治十五年歸附，仍准世襲。　修文縣　底寨長官司，唐時蔡興隆調征黑羊，授護國將軍，留守茲土。明洪武四年，改授底寨長官，司傳至蔡啟珵，清順治十五年歸附，仍准世襲。　副長官始自唐時梅天祿，明洪武四年准世襲，傳至梅朝聘，清順治十五年歸附，仍襲舊職。

安順府　普定縣　西堡副長官，明洪武十二年，溫伯壽以平苗功授西堡副長官，傳至溫捷桂，清順治十五年歸附，仍准襲職。　鎭甯州　康佐副長官，明永樂六年，于成以功授康佐副長官，傳至于應鵬，清順治十五年歸附，仍准襲職。　永甯州　頂營長官司，在州南一百里。明洪武十六年，羅錄以功授頂營長官，司傳至羅洪勳，清順治十五年歸附，仍准襲職。　募役長官司，在州西一百七十里。明洪武十九年，阿辭以功授募役長官，司傳至阿更。永樂元年，賜姓禮，更名山，傳至阿廷試，清順治十五年歸附，仍准襲職。　沙營長官司，明洪武十四年，沙先以功授沙營長官，司傳至沙裕先，清順治十五年歸附，仍准襲職。

盤江土巡檢，明洪武八年，李當以功授盤江巡檢，傳至李桂芳，清順治十五年歸附，仍准襲職。　平越州　楊義長官司，在州東八十里。始於唐時金密定。明洪武二十一年，改授楊義長官，司傳至金榜，清順治十五年歸附，仍准襲職。

黃平州　岩門長官司，在州東北。明成化六年，何清以征苗有功授凱里安撫司左副長官。萬歷四十二年，改屬黃平州，傳至何仕洪，清順治十五年歸附，改授巖門長官司世襲。　重安司土吏目，在州西三十里。明洪武八年，以張佛寶、馮鐸爲正副長官司。萬歷二十七年，改土吏目，傳至張威鎭，清順治十五年歸附，仍准襲職。　甕安縣　草塘司土縣丞，明洪武二十五年，以宋邦佐爲草塘安撫司，傳至世甯。萬歷二十九年，改授土縣丞，宋運鴻，清順治十五年歸附，仍准襲職。　甕水司土縣丞，在縣西北。明洪武十七年，以猶恭爲安撫司。萬歷中改授土縣丞，傳至猶登第，清順治十五年歸附，仍准襲職。　餘慶縣　土縣丞，唐毛巴有功，授餘慶土知府。明洪武二年，改長官司。萬歷二十九年，改爲土縣丞，傳至毛鵬程，清順治十五年歸附，准襲前職。　土主簿，元楊正寶有功，授白泥司副長官。明萬歷二十四年，改爲土主簿，傳至楊璟，清順治十五年歸附，仍襲前職。

都勻府　都勻長官司，在府南七里。明洪武十六年，以吳賴爲都勻長官，司傳至吳玉，清順治十五年歸附，准襲前職。　副長官王應祖同。　邦水長官司，在府西二十里。明永樂六年，以吳珊爲邦水長官，司傳至吳昌祚，清順治十五年歸附，仍准襲職。　麻哈州　樂平長官司，在州北四十里。明洪武年間，授宋仁德爲樂平司正長官，傳至宋治政，清順治十五年歸附，仍襲前職。　平定長官司，在州北一百里。明洪武十年，授吳忠平定長官，司傳至吳士爵，清順治十五年歸附，仍襲前職。　獨山州　土同知，明洪武十六年，以蒙聞爲九姓獨山長官司，以境有九姓蠻爲名。弘治八年，改土同知，傳至蒙一龍，清順治十五年歸附，仍襲前職。　豐甯上長官司，在州南一百二十里。明洪武二十三年，以楊萬八爲豐甯上長官，司傳至楊懋功，清順治十五年歸附，仍准世襲。　豐甯下長官司在州東南二百四十里明洪武二十三年以楊萬全爲豐甯下長官司傳至楊威遠清順治十五年歸附仍准世襲　爛土長官司在州東一百十里明洪武二十四年以張鈞爲爛土長官司傳至張威遠清順治十五年歸附仍准世襲　凱里司楊氏清康熙四十五年以土酋大惡案內改土歸流入清平縣

鎮遠府　土同知宋時何永壽以功授高丹峒正長官司明洪武三年授何濟承爲鎮遠州土同知傳至何大昆清順治十五年歸附仍准世襲　土通判宋時楊從禮明正統四年改授楊瑄鎮遠州土通判傳至楊龍圖清順治十五年歸附仍准世襲　土推官宋時楊載華明正統十一年改授楊忠鎮遠州土推官傳至楊秀瑋清順治十五年歸附仍准世襲　偏橋長官司在府城西六十里宋時安崇誠明洪武三年改授安德可爲偏橋長官司傳至安顯祖清順治十五年歸附仍准世襲　左副長官楊通聖　右副長官楊毓秀均同　鎮遠縣　邛水長官司在縣東八十里明洪武元年授楊昌盛爲邛水長官司傳至楊勝梅清順治十六年歸附仍准世襲　副官袁洪遠同

思南府　隨府辦事長官司宋時田二鳳明洪武五年改思南宣慰司永樂十一年改授隨府辦事長官司傳至田仁溥清順治十七年歸附仍准世襲　蠻夷長官司在府城西宋時安仲用明洪武二十九年改授蠻夷長官司傳至安于磐清順治十七年歸附仍准世襲　副長官李際明清順治十七年歸附仍准世襲雍正八年李慧緣事革職　沿河祐溪長官司在府北二百十里元時張仲武以功授長官司傳至張承祿清順治十五年歸附仍准世襲　副長官冉鼎臣同　朗溪長官司在府東八十里元時田穀明洪武元年授朗溪長官司傳至田養民清順治十五年歸附仍准世襲　副長官任進道同　安化縣

土縣丞元時張坤元明萬歷三十三年改授土縣丞傳至張試清順治十八年歸附仍准世襲　土巡檢明洪武七年以陸公閔爲土巡檢傳至陸陽春清順治十五年歸附仍准世襲土百戶久改流　印江縣　土縣丞元時張悏留此明嘉靖七年改授土縣丞傳至張應璧清順治十五年歸附仍准世襲　婺川縣土百戶改流

石阡府　石阡正長官司清雍正八年改土歸流　副長官在府城西北元時楊九龍以功授石阡副長官明洪武五年仍之傳至楊敬勝清順治十五年歸附亦准世襲　苗民長官司在府城西北明洪武十年立清康熙四十三年改土歸流

思州府　都坪長官司在府城內元何清授定雲路總管明洪武七年改授都坪長官司傳至何學政清順治十五年歸附仍准世襲　副長官周如同　都素長官司在府西九十里明永樂十一年置長官司於馬口寨傳至何起圖清順治十五年歸附仍准世襲　副長官周之龍同　黃道長官司在府東北一百二十里明洪武五年以黃文聰爲長官司傳至黃金印清順治十五年歸附仍准世襲　副長官黃士元同　施溪長官司在府北一百四十里明洪武五年以劉貫爲施溪長官司傳至劉師光清順治十五年歸附仍准世襲

銅仁府　省溪長官司在府西一百里明洪武五年以楊政爲省溪長官司傳至楊秀銘清順治十五年歸附仍准世襲　副長官戴子美同　提溪長官司在府西一百四十里明洪武五年以楊秀纂爲提溪長官司傳至楊通正清順治十五年歸附仍准世襲　副長官張體泰同　烏羅長官司在府西二百里始自唐時楊通孫明洪武五年改授烏羅長官司傳至楊洪基清順治十五年歸附仍准世襲　副長官冉天奇同　平頭長官司在府北一百二十里明洪武二十九年改授楊正德爲平頭長官司傳至楊昌續清順治十五年歸附仍准世襲　副長官田茂功同

黎平府　潭溪長官司在府西南三十里明洪武四年以石平禾爲潭溪長官司傳至石玉柱清順治十五年歸附仍准世襲　副長官石巖同　八舟長官司在府北八十里漢吳昌祚以功授八舟長官司明洪武四年仍令吳氏世襲傳至吳遇主清順治十五年歸附亦准襲職　龍里長官司在府西北九十里明洪武四年以楊光福爲龍里長官司傳至楊勝梯清順治十五年歸附仍准襲職　中林長官司在府西北一百里明洪武五年以楊盛賢爲中林長官司傳至楊應詔清順治十五年歸附仍准襲職　古州長官司在府西北八十里元置古州八萬洞長官司屬思州宣撫司明洪武五年以楊秀茂爲古州長官司永樂十年屬府傳至楊雲龍清順治十五年歸附仍准襲職　新化長官司在府北六十里元時歐陽明萬以功授軍民長官司明洪武五年仍襲前職傳至歐陽瑾清順治十五年歸附仍准世襲　歐陽長官司在府北九十里明洪武四年以陽都統爲歐陽長官司傳至陽運洪清順治十五年歸附仍准世襲

副長官吳登科同　亮寨長官司在府北一百里元置明洪武四年以龍政忠爲本司長官司傳至龍文炳清順治十五年歸附仍准襲職　湖耳長官司在府東北一百二十里明洪武四年以楊再祿爲本司長官司傳至楊通乾清順治十五年歸附仍准襲職　副長官楊大勳同　洪州長官司在府東一百五十里元置洪州泊里等洞軍民長官司明洪武五年以李氏爲洪州長官司傳至李煦清順治十五年歸附仍准襲職　副長官林起鵬同　分管三郎司在府南三十里楊世勳襲清康熙二十三年改土歸流　赤谿湳洞司在府東北二百六十里楊鳴鸞襲清康熙二十三年改土歸流

水西宣慰司康熙三年吳三桂滅安坤改設四府二十一年十二月諭大學士曰吳三桂未叛時征討水西曾滅土司安坤其妻祿氏奔於烏蒙後生子安世宗朕覩平越黔西威甯大定四府原屬苗蠻以土司專轄方爲至便大兵進取雲南祿氏曾前接濟著有勤勞仍復設宣慰使令世宗承襲四十年總督王繼文以土司安世宗爲吏民之害仍請停襲地方歸流官管轄

土司傳五

廣西

廣西爲西南邊地秦桂林郡漢始安唐桂管宋靜江府元靜江路明建廣西省猺獞多于漢人十倍盤萬山之中踞三江之險明時因元之舊多設土司以資鎮壓叛服不常韓雍之定藤峽王守仁之撫田州沈希儀俞大猷之戰功殷正茂翁萬達之成績僅得勘定清朝廣西苗民四起土司獨安靖無事鄂爾泰經略三省革泗城土府岑映宸職割江北地隸貴州雍正六年八月首討思陵州之八達寨拒其餉道屯兵二三里外量大礮所能及漸轟進偪賊窘急斬土目顏光色兄弟以獻尚閉寨不出遂爲官兵所燬八年復檄討思明土府所屬之鄧橫寨三路進攻一鼓而克於是遠近土目爭繳軍器二萬餘巡邊所至迎扈千里三省邊防皆定

慶遠府秦象郡漢交阯日南二郡界唐置粵州天寶初改龍水部乾元中更宜州宋升慶遠軍節度咸淳初改慶遠府元爲慶遠路明仍改慶遠府清因之

東蘭土州在府西南宋置蘭州以韋氏世襲元改東蘭州明因之傳至韋光祚清順治初歸附予舊職雍正七年改設流官知州　忻城土縣在府南宋慶歷間隸宜州元以莫保爲八仙屯千戶明洪武初設流官後仍任土官以莫氏世襲傳至莫猛清順治九年歸附仍准襲職　南丹土州在府西北宋開寶初土官莫洪皛內附元豐三年置州管轄諸蠻明洪武初莫金納土金叛被誅以金子祿襲傳至莫自乾清順治九年歸附仍准襲職　那地土州在府西宋熙甯初土人羅世念來降崇甯間遂置地那二州以羅氏世知地州元仍之明洪武元年土官羅黃貌附詔幷那地爲一州予印授黃貌世襲以流官吏目佐之傳至羅德壽清順治九年歸附仍准世襲　永順正土司在府西南明設土司弘治間以鄧文茂爲之傳至鄧世廣清順治九年歸附仍准世襲　副土司彭希聖同　永定土司在府西南明成化十二年設土司以韋萬秀爲之傳至韋盛春清順治九年歸附仍准世襲

思恩府古百粵漢屬交阯唐天寶元年改爲橫山郡元置田州路軍民總管府明正統五年升爲思恩府弘治末改流官清因之　上林土縣在府西南二百七里宋置隸橫山寨元屬田州明洪武二年以黃嵩爲土知縣仍屬田州嘉靖初改隸思恩軍民府佐以流官典史傳至黃國安清初歸附仍襲舊職　白山土司在府東北宋皇祐間隨狄青有功世襲土舍明嘉靖七年以王受明爲白山土巡檢傳至王如綸清初歸附仍襲舊職　興隆土司在府東北八十里明嘉靖七年以韋貴爲土巡檢傳至韋萬安清順治十七年歸附仍准世襲　那馬土司在府西北九十里明嘉靖七年以黃理爲土巡檢傳至黃天倫清初歸附仍准世襲　定羅土司在府西一百四十里明嘉靖七年以徐伍爲土巡檢傳至徐朝佐清初歸附仍准世襲　舊城土司在府西北一百二十里明嘉靖七年以黃集爲土巡檢傳至黃世勳清初歸附仍准世襲　下旺土司在府西二百十里明嘉靖七年以韋良保爲土巡檢傳至韋際紘清初歸附仍准世襲

安定土司在府北明嘉靖七年以潘良爲土巡檢傳至潘應璧清初歸附仍

准世襲　都陽土司在府西北六百里明嘉靖七年以黃留爲土巡檢傳至黃宏會清初歸附仍准世襲　古零土司在府東明嘉靖七年以覃益爲土巡檢子文顯征大藤峽有功加千總傳至覃恩錫清初歸附仍准世襲　田州土州在府西四百五十里唐天寶元年橫山郡乾元元年改爲田州宋屬橫山寨元置田州路軍民總管府明改田州府尋復爲州嘉靖九年以岑芝主田州傳至岑漢貴清順治初歸附仍准世襲近改百色直隸廳置流官　歸順州舊爲峒元隸鎭安路明因之弘治年間升爲州以岑瑛爲知州世襲改隸思恩府傳至岑繼綱清順治初歸附仍予舊職雍正七年改隸鎭安府八年巡撫金鉷以土司岑佐不法狀題參革職改流

泗城府古百粤地宋置泗城州元屬田州路明隸思恩府洪武初以岑善忠爲知府世襲傳至岑繼祿清順治十五年歸附隨征滇黔有功改爲泗城軍民府繼祿死子齊岱襲齊岱傳子映宸雍正五年映宸以罪參革改設流官　下雷州元屬鎭安路明初降爲峒萬歷三十二年許應珪以軍功復職傳至許文明清順治初歸附仍襲舊職　向武州宋置隸橫山寨元隸田州路明初以黃世威爲知州傳至黃嘉正清順治初歸附仍襲舊職　都康州宋置隸橫山寨元屬田州路明隸思恩府以馮斌爲知州傳至馮太乙清順治九年歸附仍襲舊職

南甯府唐邕州也元邕州路泰定中改南甯路明置南甯衞後改府清因之　果化土州宋置元屬田州路明洪武二年授土官趙榮爲知州弘治中改隸南甯傳至趙國鼎清初李棻歸附仍襲舊職　歸德土州在府西其先黃氏宋征交阯有功建歸德州明洪武二年以黃隍城爲知州傳至黃道清初歸附仍襲世職　忠州土州在府西南一百九十里宋置明洪武二年以黃威慶爲土知州傳至黃光聖清順治初歸附仍予世職　遷隆峒在府西南二百四十里明洪武元年以黃威罄爲土官以失印廢爲峒降巡檢傳至黃元吉清初歸附仍予世職

太平府漢屬交阯唐爲羈縻州宋平嶺南置五寨一曰太平領州縣元置太平路明洪武二年改爲太平府清因之　太平州在府西北明洪武二年以李以忠爲知州傳至李開錦清順治十六年歸附仍予世職　鎭遠州在府東北舊名古隴宋置州元隸太平路明亦屬太平路明初以趙昂升爲知州傳至趙秉義清順治十六年歸附仍予世職　茗盈州在府北宋置元屬太平路明初以李鐵釘爲知州傳至李應芳清順治十六年歸附仍予世職　安平州舊名安山在府西北唐置波州宋設安平州元隸太平路明洪武初以李郭祐爲知州使守交阯各隘傳至李長亨清順治十六年歸附仍准世襲　萬承州在府東北舊名萬陽唐置萬承萬形二州宋省萬形隸太平寨元屬太平路明洪武初以許郭安爲知州傳至許嘉鎭清順治十六年歸附仍予世職　全茗州在府北舊名連岡宋置隸邕州元屬太平路明洪武初以許添慶爲知州給印傳至許家麟清順治十六年歸附仍予世職　結安州在府東北舊名營周宋置結安峒元改州屬太平路明洪武元年以張仕榮爲知州傳至張邦興清順治十六年歸附仍予世職　龍英州在府北舊名英山宋爲峒元改州屬太平路明洪武二十二年以趙世賢爲知州給印傳至趙蔭昌爲族人繼祖所殺清順治十六年歸附誅繼祖蔭昌無子以邦顯子廷耀襲　佶倫州在府東北舊名邦兜宋置安峒隸太平寨元改州屬太平路明洪武二年以馮萬傑爲知州傳至馮嘉猷清順治十六年歸附仍予世襲　都結州在府東北元屬太平路明洪武三年以農武高爲知州傳至農廷封清順治十六年歸附仍予世襲　上下凍州在府西宋置凍州元分凍州爲上凍下凍二州明隸太平府洪武元年以趙帖從爲知州傳至趙長亨清順治十六年歸附仍予世襲　恩城州在府西北唐置宋分上下恩城二州元屬太平路至正間幷爲一明洪武元年以趙雄傑爲知州傳至趙貴炫清順治十六年歸附仍予世襲　羅陽土縣在府東舊名福利宋置隸遷隆寨元屬太平路明隸太平府明初以黃宣爲知縣傳至黃啟祥清順治十六年歸附仍予世襲　思陵州宋置州隸永平寨元屬思明路明初省入思明府後復建仍隸太平府洪武二十一年以韋延壽爲知州傳至韋懋選清順治十六年歸附仍予世襲　思明州唐置屬邕州宋隸太平寨元改思明路明爲府洪武元年以黃忽都爲知府傳至黃戴乾清順治十六年歸附仍予舊職黃觀珠襲以安馬洞那等五十村改流隸甯明降府爲州移治伯江哨雍正十年五十村目怨觀珠殺觀珠變人欲因以謀不靖太平知府屠嘉正新太協副將崔善元安定之觀珠以罪參革改流又思明州與思明府本兩地土官亦黃姓於康熙五十八年改流　下石西州在府西二百十里宋閉鴻爲知州明初仍給世襲傳至閉承恩清初歸附仍襲舊職　上石西州明崇禎間併入本府清雍正十二年改隸明江同知　上龍司漢屬交阯唐置龍州宋隸邕州元大德中改爲萬戶府明初屬太平洪武八年改直隸州尋改隸太平以土官趙帖堅襲知州以流官吏目佐之其後事具明史傳至趙有涇爲庶兄有濤所殺涇子國樑懟父冤有濤逃入交阯清平廣西更名趙祿奇自交阯逃回歸附仍予舊職死傳子廷楠時國樑父冤既白應襲而廷楠拒之國樑復出奔適雲南煽動遂率賊兵破州城殺廷楠未幾撲滅而廷楠無子乃以庶支趙元基孫國桓襲傳子殿灴雍正三年以貪殘參革析其地爲上龍司下龍司改設兩巡檢以趙陞爲上龍司巡檢趙墉爲下龍司巡檢七年趙墉以貪劣爲巡撫金鉷題參以地歸太平通判兼攝後改龍州廳　憑祥州宋爲憑祥峒屬永平寨元隸思明路明洪武初李昇內附置憑祥鎭永樂二年置縣成化八年升州以昇孫李廣甯爲知州時又屬安南仍歸明屬太平府傳至李維藩清順治十六年歸附仍予世襲　江州宋置屬古萬寨元隸思明路明因之洪武初以黃威慶爲知州傳至黃廷傑清順治十六年歸附仍襲舊職

鎭安府在省西宋時於鎭安峒建右江軍民宣撫司元改鎭安路明洪武元年改府授土官岑天保爲知府清順治間土官故絕沈文崇叛據其地十八年發兵撲滅之康熙二年改置流官通判雍正十年改知府　都康州宋置隸橫山寨元屬田州路明洪武三十二年復置州永樂初以馮斌爲知州隸思恩府傳至馮太一清順治九年歸附襲舊職雍正七年鎭安設府改隸鎭安　上映峒宋置州明初廢爲峒以許佾爵襲傳至許國泰清順治初歸附仍予舊職　湖潤寨宋時置州明初廢州爲寨降巡檢司傳至宗熙清順治九年歸附仍給巡檢司印世襲

清史稿

土司傳六

甘肅

甘肅明時屬於陝西西番諸衞河州洮州岷州番族土官明史歸西域傳不入土司傳實則指揮同知宣慰司土千戶土百戶皆予世襲均土司也清改甘肅爲省各土司仍其舊有捍衞之勞無悖叛之事揚應琚曰按西甯土司計十六家皆自明洪武時授以世職安置於西碾二屬是時地廣人稀城池左近水地給民樹藝邊遠旱地賜各土司各領所部耕牧內惟土司陳子明係南人元淮南右丞歸附餘俱係蒙古及西域纏頭或以元時舊職投誠或率領所部歸命李氏祁氏冶氏皆膺顯爵而建忠勳追至我朝俱就招撫孟總督喬芳請仍錫以原職世襲今以百年輸糧供役與民無異惟是生息蕃庶所分田土多鬻民間與民錯雜而居聯姻而社並有不習土語者故土官易制絕不類蜀黔諸土司桀驁難馴也今甯郡外亦有土弁合紀其始末爲一卷

狄道州　脫鐵木兒蒙古人明初授陝西平章宣慰使司都元帥隨大將軍徐達招撫十八族鐵城岷山等處賜姓趙更名安授臨洮衞土官指揮同知正統十年卒子英襲傳至趙師范清順治二年底定隴右師范率子樞勷歸附仍令管理臨洮衞指揮使土司事務同治元年河回猖亂趙壇領土兵防守州城二年壇赴洮州卓泥調撥鐵布番兵適州城失守敕書號紙均燬四年回匪圍鞏昌壇赴陝甘大營請援行至董家堡遇害以兄子元銘爲繼光緒二十年襲職領兵部號紙二十一年河回復叛渡河攻城元銘率土兵五百由抹邦河進剿至城南川適統領威定軍何建威拔狄道亦至遂會軍抵河州何以元銘勇委帶威定前營駐城南黃家灘於邊家灣三家集羅神廟等處屢捷解河州圍加二品銜勇號趙氏世居檜柏莊

河州　何貞南河州人元授陝西平章宣慰使司都元帥明初投誠賜姓何授河州衞土官指揮傳至何永吉清順治二年歸附五年回變其子揚威帶兵有功請給號紙世襲至乾隆年趙武襲撤回叛亂武同子大臣在老鴉南岔等關

防禦四十九年石峰堡之變父子防禦盡職嘉慶四年教匪由川入甘時武患病委子大臣在南界景古城瞎歌灘防堵同治二年武元孫何柄繼兵火倏起守城有勞復獲渠魁李法正賞戴花翎光緒四年襲職　韓哈麻元明時授河州衛土司清初歸附乾隆十四年河州發給土千戶委牌子霆襲四十六年撒回猖獗統兵固守旋因修蓋佛寺違禁斥革繼鹽茶回變防禦有功總督福康安給土司外委劄付霆曾孫鈞同治初與賊接仗陣亡子廷俊同治十年禦賊八峴山口身先士卒刀石弗避左宗棠賞給養傷銀兩又有韓完卜者世襲指揮使清初歸附其後韓千貫以劄印遺失授爲外委土司雍正間韓世公因逆夷跳梁把隘無失仍授指揮使雯卒子成璘襲乾隆四十六年陣亡咸豐十一年韓廷佐襲韓氏世居韓家集

岷州　馬紀自云伏波將軍後裔元至正間因防守哈達川九族授指揮使職家岷州衛子珍明洪武間以功授世襲土官百戶清順治二年馬國棟歸附授原職馬氏世居宕昌城　后成明鎮守指揮能之季子景泰間守禦洮州成子璋成化間征烏斯藏有功授世襲土官百戶清初后承慶內附爲外委百戶康熙三十年劄委任事乾隆九年永慶孫發葵始實授土百戶后氏世居攢都溝　趙黨只管卜岷州衛人明洪武間授世襲土官百戶清初趙應臣內附爲外委土官康熙二十一年授其子之鼎原職趙氏世居麻竜里　以上三土司所轄雖號土民與漢民無殊錢糧命盜重案俱歸州治土司不過理尋常詞訟而已　后祥古子岷州衛人明洪武二十八年以功授世襲土官百戶清順治間后希魁歸附授外委百戶希魁曾孫榮昌實授土百戶光緒初后振興改襲土把總后氏世居閭井東　綽思覺革那族生番也明宣德間授土官副千戶傳至宏基順治十六年歸附因事革配康熙十四年其堂弟宏元於吳逆之變恢復洮岷有功靖逆侯張勇題敘仍授世襲副千戶二十九年宏元子廷賢雍正初與黃番煽亂改土歸流

洮州廳　昝的洮州衛卓泥族番人明永樂二年率疊番達拉等族投誠十六年授土官指揮僉事正德間玄孫旺秀調京引見賜姓名楊洪傳至楊朝樑於順治十八年歸附仍給劄管理土務爲外委土司康熙十四年吳三桂亂助饟授拜他喇布勒哈番准襲二次二十年朝樑子威襲四十五年威子汝松襲汝松子冲霄仍襲指揮僉事五十一年黑番爲亂助剿有功前山十八族後山十九族黑番俱給令管轄曾孫宗業襲職撒拉回變以功賞三品頂戴花翎四十九年鹽茶回變兩剿石峰堡賞大緞二疋嘉慶十九年宗業弟宗基襲兼攝禪定寺僧綱宗基子元道光二十四年襲同治中奉總督左宗棠檄剿循屬撒匪收復洮州新舊二城歷獎至頭品頂戴志勇巴圖魯光緒六年子作霖襲職亦以軍功得頭品頂戴領兵部號紙兼攝護國禪師日益誇大小弱者割地以贄遂并有衆土司地作霖曾孫積慶光緒二十八年襲楊氏世居卓泥堡地最大南至階文西至四川松潘界土司中最強者自以爲楊業之裔明正德賜姓之事則已茫如矣　昝南秀節洮州衛底古族西番頭目明洪武十一年率部落投誠十二年督修洮州邊濠城池十九年隨指揮馬煜征疊州以功授本衛世襲中千戶所百戶子卜爾結於洪武二十年襲二十五年同指揮李凱等招撫番夷等認納茶馬永樂三年賜姓昝宣德五年以護送侯顯功陞本衛實授百戶傳至昝承福清順治十年歸附奉洮州衛軍民指揮使司劄付昝天錫於光緒二十年承襲昝氏居資卜族　永魯劄刺肖洮州衛著遜族番人明永樂間以功授土官百戶傳至永子新清順治間歸附襲職永隆於光緒二十五年承襲永氏居著遜隘口

西甯縣　祁貢哥星吉元裔初封金紫萬戶侯世守西土洪武元年歸附五年招撫西番授副千戶以追剿西番亦林眞卉陣亡子鎖南襲永樂十年從西甯侯宋琥追捕番酋老的罕等於討來川予正千戶傳至祁廷諫襲職崇禎十六年闖寇賀錦擾西甯廷諫率子興周與戰斬錦已而賊黨愈熾並被俘送西安清順治二年英親王阿濟格至西安破走逆闖得廷諫賞衣帽鞍馬綵緞銀兩令回西甯安撫番族仍授本衛指揮使世襲十年病休興周先以戰功授大靖營參將至是襲職會吳逆叛與周子荆璞隨總兵王進寶克復蘭州臨鞏諸城同治元年撒回復亂祁敘古防堵有功十一年爲土番拉莫丹所控革職毋李氏代理指揮使印光緒十五年以巡防功復職祁氏世居寄彥才溝　陳義江蘇山陽人父子明元淮安右丞至正二十三年明常遇春兵至淮南率衆投誠洪武七年隨李文忠北伐有功授隨征指揮僉事十六年從征陣亡義襲父職調任燕山右護衛靖難兵起從燕王轉戰陞山西潞州衛指揮同知永樂元年隨新城侯張輔征甘涼旋扈成祖征木雅失里逐北至紅山口遷指揮使又從耿炳文駐防甘肅授西甯衛世襲指揮使崇禎初陳師堯隨洪承疇守松山陣亡清順治二年陝西總督孟喬芳收甘肅師堯弟師文歸附五年甘州回米刺印丁國棟反隨鎮羌參將魯典戰賊烏稍嶺仍襲西甯衛指揮使同治元年撒回作亂總督沈兆霖率師進剿檄陳興恩守乩思觀光緒四年子迎春襲陳氏世居陳家臺　李文西番人父賞哥元都督指揮同知明洪武初投誠傳至李洪遠襲指揮同知職崇禎十六年李自成黨陷甘州獨西甯不下賊將辛恩貴攻破之洪遠與其妻祁氏暨家丁一百二十人死於難清順治七年洪遠子珍品歸附仍與原官咸豐八年李爾昌襲同治元年撒拉回作亂隨大軍進剿賞藍翎李氏世居乞塔城　納沙密西番人明洪武四年投誠授總旗清順治二年納元標歸附仍襲指揮僉事同治元年總督沈兆霖督軍進討撒回納朝珍奉檄守南川什張加光緒四年朝珍子延年襲納氏世居納家莊　南木哥姓汪氏西甯州土人明洪武四年投誠累除金吾左衛中衛所副千戶加指揮僉事傳至汪陞龍清順治二年歸附仍襲指揮僉事同治元年撒回反南進善隨大軍前赴巴燕戎格所屬曲林莊防剿二年西甯逆回悉叛奉檄守府城十一年回亂平招集流亡土民復業光緒十九年子祖述襲汪氏世居海子溝　吉保西番人洪武四年投誠授百戶二十三年調錦衣衛前所鎮撫子朶爾只襲清順治二年吉天錫歸附十二年仍襲指揮僉事吉氏世居乩迭溝

循化廳　韓寶元撒拉爾回人明洪武三年投誠授世襲昭信校尉管軍百戶職銜傳至韓愈昌清康熙間歸附蒙靖甯將軍張劄委都司職銜子炳撫番有功於雍正間奉兵部號紙襲土千戶管西鄉上四工韓姓撒拉　韓沙班明時撫番有功授世襲撒拉族土百戶清順治間歸附管東鄉下四工馬姓撒拉乩藏土百戶王國柱清順治二年歸附授原職管番民明時防戍小土司也

大通縣　曹通溫布大通川人乾隆元年以功補大通川土千戶世襲每年應納貢馬二十四匹共折銀一百七十三兩後因回亂番民逃亡總督左宗棠咨部暫以半價交納由大通縣管理

碾伯縣　朶爾只失結蒙古人元甘肅行省右丞洪武四年投誠六年授西甯衛指揮僉事子端竹襲旋調守西甯衛建文元年從南軍征北平陣亡子祁震襲始以祁爲氏祁秉忠明史有傳秉忠姪國屏襲都指揮同知崇禎十六年流寇蹂西甯力抗之清順治二年歸附五年甘州回陷甘涼肅諸州國屏隨總督孟喬芳進剿復甘州九年授西甯衛世襲指揮同知子伯豸襲吳三桂反平涼提督王輔臣叛應之逆黨陷鞏昌臨洮蘭州伯豸統各土司隨西甯鎭總兵王進寶東征平蘭州累官至鑾輿使聖祖親征噶爾丹仲豸扈從擢署溫州鎭總兵回籍以原官署理指揮同知印務雍正元年青海羅卜藏丹津叛大將軍年羹堯檄祁在璿守大峽口撒拉陷河州璿姪調元率土兵守碾伯城鹽茶回田五作亂調元守魯班峽同治元年撒回作亂調元曾孫承誥協同防禦以勞疾卒承誥妻劉氏護理印務光緒十一年子貴玉襲祁氏世居勝番溝　李南哥西番人自云李克用裔元西甯州同知明洪武初投誠授指揮僉事世襲招撫流散收捕黑章咂等處番賊永樂五年卒子英襲獲番酋老的罕進都指揮僉事二十二年中官鄧成等使西域道安定曲先遇賊見殺掠所齎金幣仁宗初立諭赤斤罕東及安定曲先詰賊主名而敕英與指揮康壽等進討英言知安定指揮哈三孫散哥曲先指揮散即思實殺使者遂率兵西入賊驚走追擊踰崑崙山深入數百里至雅令闊與安定賊遇大敗之俘斬千一百餘人獲馬牛雜畜十四萬曲先賊聞風遠遁安定王桑爾加失夾等懼詣闕謝罪宣宗嘉英功遣使褒諭宴勞之令馳驛入朝既至擢右府左都督宣德二年封會甯伯祿千一百石並贈南哥子爵英恃功驕所爲多不法甯夏總兵史昭奏英有異志英上章辯賜敕慰諭之英家西甯招逋逃七百餘戶置莊墾田豪奪人產復爲兵部及言官所劾追逃者入官傳至李天俞闖寇餘黨蹂湟中天俞被執送西安其家殉難者三百餘人清順治二年英親王阿濟格至關中流寇潰散天俞謁王王賜衣冠鞍馬銀兩彩緞令回西甯招撫番族五年甘州回米刺印反十年授西甯衛指揮同知世襲吳三桂黨陷蘭州總兵王進寶檄其子澍從征澍與弟治預調水夫五百餘名各造木筏五十餘隻由新城河口齊濟官軍並率土兵千餘騎繼進遂復蘭州臨鞏諸城擢遊擊傳至李長年光緒四年襲職李氏世居上川口　趙朶爾岷州人元招藏萬戶明洪武三年投誠傳至趙瑜清順治二年歸附十八年仍襲指揮同知同治初撒回不靖總督沈兆霖進剿檄趙永齡率土兵隨官軍搜剿山後巴燕戎格等處逆黨光緒七年永齡襲職趙氏世居趙家灣　失剌蒙古人元甘肅省郎中明洪武初投誠選充小旗子阿吉襲小旗始以阿爲氏扈成祖北征阿魯臺戰魁列兒河有功遷總旗傳至阿鎭清順治二年歸附依舊世襲同治四年逆回陷老鴉堡阿文選率土兵禦賊於隘衆寡不敵死之部下殲焉光緒九年文選子保衡襲二十年保衡子成棟襲阿氏世居老鴉白崖子　帖木錄西甯衛土人元百戶洪武四年投誠授

原職子大都從都督宋晟討西番叛賊獲捷遷千戶永樂七年卒子甘肅襲職始以甘爲氏崇禎十六年流寇擾西甯甘繼祖家被掠失承襲號紙清順治二年歸附吳三桂逆黨延及隴右繼祖子廷建率土兵三百守黃河渡口復隨王進寶征討隴右以安敍功襲指揮僉事原職甘鍾英光緒四年襲甘氏世居美都川　乩鐵木西甯州土人明洪武四年投誠充小旗子金剛保從成祖北征追木雅失里不及移征阿魯台連戰於元冥河於靜虜鎭於廣漢戎皆有功復從指揮李英討番酋老的罕於沙金城大破之二十年再扈成祖北征敗賊於魁列兒河擢千戶子朱榮襲職始以朱爲氏從都指揮李英追安定賊與戰深入沒於陣數傳至朱秉權值明末流寇賀錦之亂失官誥號紙順治二年秉權偕子廷璋歸附康熙四十年仍授指揮僉事世襲數傳至朱協同治四年湟中擎回肆逆協殉難光緒十一年協子廷佐襲朱氏世居朱家堡　薛都爾丁西域纏頭回人元甘肅省僉事明洪武四年投誠授小旗子也里只補役洪熙元年從征安定賊有功擢所鎭撫子也陝捨襲陝捨孫祥更姓冶氏順治二年冶鼎歸附仍予世襲冶氏世居米拉溝　李化鰲明世襲西甯衞指揮同知化龍之弟錦衣衞指揮使光先之次子清順治二年歸附授職百戶光緒十五年李長庚襲李氏世居九家巷　朶力乩西甯州土人明洪武四年投充小旗子七十狗補役孫辛莊奴始以辛爲氏清順治二年辛偉鼎歸附仍授試百戶職同治四年回亂湟中堡寨俱燬辛德成挈其子裕後避賊居藏地光緒十二年歸里裕後襲辛氏世居王家堡　哈喇反西甯州土人明洪武四年投充小旗子薛帖里加替役以功授百戶子喇苦襲以功陞副千戶遂以喇爲氏清順治二年喇光耀歸附給與指揮僉事劄付喇氏世居喇家莊

平番縣　鞏卜失加元裔父脫歡封武定王兼平章政事明洪武四年率諸子部落投誠太祖授鞏卜失加爲百夫長俾統所部居莊浪以功陞百戶永樂初殉阿魯台之難傳子失加累著莊浪衞指揮同知賜姓魯氏子鑑鑑子麟麟子經三世名將明史有傳崇禎十年以經曾孫印昌任西甯副總兵及闖寇犯河西印昌散家財享士卒提兵至西大通遇賊黨賀錦揮兵奮戰部卒殆盡遂沒於陣清順治十六年印昌子宏歸附襲指揮使錫之勅印宏卒嫡子帝臣幼以族人魯大誥代理土務會吳逆叛宏妻汪氏捐軍糧四百石宏曾孫璠乾隆四十六年撒拉回攻圍蘭州率土番兵三百人赴援戰於亂古堆坪賊悍甚兵無後繼璠負重傷裹創力戰竟突圍歸營事聞加一等職銜花翎鹽茶回復反璠領土番兵防守蘭州城道光六年逆回張格爾犯邊揚威將軍長齡進討璠子紀勳奉檄購辦駝隻運軍糧九年官兵進剿安集延仍承辦駝隻紀勳娶額駙阿拉善親王女緣此習尙奢豪盛極而衰嫡孫如皋襲咸豐初如皋助軍餉七年省城修建錢局捐本管山場木植數萬株加二品頂戴花翎同治初回亂以功加副將銜十三年西甯肅清加提督銜譽勇巴圖魯光緒十九年如皋卒子燾幼母和碩特氏護土務二十一年四月燾嗣職魯氏自燾以上世襲掌印土司指揮使駐紮莊浪分守連城　把只罕元武定王平章政事長男明洪武四年隨父來降授指揮僉事後賜姓魯氏數傳至魯典清順治二年歸附陝西總督孟喬芳嘉其功委署鎭海營參將隨大軍征剿數傳至魯緒周同治三年回燮緒周率所部禦賊陣亡子熹襲職光緒十一年子服西襲職自服西以上世襲掌印土司指揮僉事　魯鏞元裔與魯鑑同族明時以官舍隨征授總旗清順治二年魯大誥隨魯希聖等歸附仍授前職光緒十九年魯贍泰襲自泰以上世居古城襲土指揮使　魯之鼎與魯典同族明時世襲土指揮副使清順治二年隨典歸附光緒十八年魯維禮襲職自維禮以上世居大營灣襲土指揮副使　魯福魯鑑次子從鑑征討屢立戰功清順治二年魯培祚隨魯典歸附光緒十七年魯應選襲職世居西大通峽口襲土指揮同知　魯國英元裔明正千戶清順治二年魯大誠投誠隨魯典剿甘涼回逆力戰陣亡子景成仍襲正千戶世職光緒五年魯福山襲世居古城　魯三奇元裔明世襲副千戶清順治二年三奇隨同族魯典歸附光緒十六年魯政襲職世居馬軍堡　西坪土官楊茂才明正百戶清順治二年隨魯典投誠數傳至楊得榮同治中逆回叛得榮避難不知所終　西六渠土官何倫明時充小旗清順治二年何進功隨魯典歸附數傳至何萬全同治四年捍禦逆回創重而卒子臣福襲　楊國棟明指揮同知清順治二年歸附九年復襲指揮同知後無考　魯察伯明實授百戶清初歸附康熙十六年子魯襄仍襲實授百戶後無考　海世臣明指揮僉事世臣子龍襲前職清順治二年海洪舟歸附九年仍襲指揮僉事後無考

清史稿　列傳

藩部

清起東夏始定內盟康熙乾隆兩戡準部自松花黑龍諸江迤邐而西絕大漠亘金山疆丁零鮮卑之域南盡崑崙析支渠搜三危既宅至於黑水皆爲藩部撫馭賓貢夐越漢唐屏翰之重所以寵之甥舅之聯所以戚之銳劉之衞所以懷之教政之修所以宣之世更十二載越廿紀虔奉約束聿共盟會奐矣昌矣若夫元之戚垣自爲風氣明之蕃衞虛有名字蓋未可以同年而語帶礪之盛具見世表茲綜事實列之爲傳揆文奮武悅近來遠疏附禦侮可得大凡末造顚頹迺彰畔渙盛衰得失斯可鑒已

藩部一

科爾沁　扎賚特

杜爾伯特　郭爾羅斯

喀喇沁　土默特

科爾沁部在喜峯口外至京師千二百八十里東西距八百七十里南北距二千有百里東扎賚特西扎嚕特南盛京邊墻北黑龍江元太祖削平西北諸國建王駙馬等世守之爲今內外扎薩克蒙古所自出科爾沁始祖曰哈布圖哈薩爾元太祖弟今科爾沁六扎薩克及扎賚特杜爾伯特郭爾羅斯阿嚕科爾沁四子部落茂明安烏喇特阿拉善青海和碩特皆其裔哈布圖哈薩爾十四傳至奎蒙克塔斯哈喇有子二長博第達喇號卓爾郭勒諾顏次諾捫達喇號噶勒濟庫諾顏博第達喇子九長齊齊克號巴圖爾諾顏爲土謝圖汗奧巴扎薩克圖郡王布達齊二旗祖次納穆賽號都喇勒諾顏爲達爾漢親王滿珠習禮氷圖郡王洪果爾貝勒棟果爾三旗祖次烏巴什號鄂特歡諾顏見郭爾羅斯傳次烏延岱科托果爾次托多巴圖爾喀喇次拜新次額勒濟格卓哩克圖裔不著次愛納噶號車臣諾顏見杜爾伯特傳次阿敏號巴噶諾顏見扎賚特傳諾捫達喇子一曰哲格爾德爲扎薩克鎭國公喇嘛什希一旗祖蒙古強部有三曰察哈爾曰喀爾喀曰衞拉特卽厄魯特明洪熙間科爾沁爲衞拉特所破避居嫩江以同族有阿嚕科爾沁號嫩江科爾沁以自別扎賚特杜爾伯特郭爾羅斯三部與同牧服屬于察哈爾太祖癸巳年科爾沁台吉齊齊克子翁果岱納穆賽子莽古斯明安等隨葉赫部台吉布齊糾哈達烏拉輝發錫伯卦爾察珠舍里納殷諸部來侵攻赫濟格城不下陳兵古哷山上親禦之至扎喀路諭諸將曰彼雖衆皆烏合我以逸待勞傷其一二台吉衆自潰命巴圖魯額亦都率百騎挑戰葉赫諸部兵罷攻城來禦逆擊之明安馬蹶裸而遁追至哈達部柴河寨南俘獲甚衆戊申征烏拉部圍宜罕阿林城翁果岱復助烏拉台吉布占泰我師擊敗之於是莽古斯明安翁果岱先後遣使乞好天命九年翁果岱子奧巴率族來歸尋爲察哈爾所侵我援之解圍去天聰二年會大軍征察哈爾三年從征明克遵化州圍北京五年圍大凌河降其將祖大壽六年從略大同宣府邊八年復從征明十年春大軍平察哈爾獲元傳國玉璽奧巴子土謝圖濟農巴達禮偕台吉烏克善滿珠習禮布達齊洪果爾喇嘛什希棟果爾及扎賚特杜爾伯特郭爾羅斯喀喇沁土默特敖漢柰曼巴林扎嚕特阿嚕科爾沁翁牛特諸部長來賀捷以上功德隆宜正位號遺朝鮮國王書示推戴意四月合疏上尊號改元崇德禮成敍功詔科爾沁部設札薩克五曰巴達禮曰滿珠習禮曰布達齊曰洪果爾曰喇嘛什希分領其衆賜親王郡王鎭國公爵有差十月命大學士希福等赴其部鞫罪犯頒法律禁姦盜編佐領二年從征喀木尼堪部及朝鮮三年征喀爾喀四年春征索倫秋圍明杏山高橋八年隨饒餘貝勒阿巴泰護軍統領阿爾津征明及黑龍江諸部順治元年偕札賚特杜爾伯特郭爾羅斯兵隨睿親王多爾袞入山海關走流賊李自成追至望都二年隨豫親王多鐸定江南三年復隨勦蘇尼特叛人騰機思敗喀爾喀土謝圖汗車臣汗援兵七年科爾沁復設札薩克一以棟果爾子彰古倫領之由貝勒晉郡王爵十三年上以科爾沁及札賚特杜爾伯特郭爾羅斯喀喇沁土默特敖漢柰曼巴林札嚕特阿嚕科爾沁翁牛特烏珠穆沁浩齊特蘇尼特阿巴噶四子部落烏喇特喀爾喀左翼鄂爾多斯諸札薩克歸誠久賜敕曰爾等秉資忠直當太祖太宗開創之初誠心歸附職効屏藩太祖太宗嘉爾勳勞崇

封爵號賞賚有加朝覲貢獻時令陛見飲食教誨爲數甚多凡有懷欲吐俱得陳奏心意和諧如同父子朕荷祖宗鴻庥統一寰宇恐于懿行有違成憲未洽恆用憂惕親政以來六年於茲未得與爾等一見雖因萬幾少暇而懷爾之忱時切朕念每思爾等効力有年功績卓著雖在寤寐未之有斁誠以爾等相見既疎恐有壅蔽不能上通故特遣官齎敕賜幣以諭朕意嗣後有所欲請隨時奏聞朕無不體卹而行朕方思致天下於太平爾等心懷忠藎毋忘兩朝恩寵朕世世爲天子爾等亦世世爲王享富貴於無窮垂芳名於不朽不亦休乎康熙十三年徵所部兵討逆藩吳三桂十四年勦察哈爾叛人布爾尼先是科爾沁內附莽古斯以女歸太宗文皇帝是爲孝端文皇后孫烏克善等復以女弟來歸是爲孝莊文皇后曾孫綽爾濟復以女歸世祖章皇帝是爲孝惠章皇后科爾沁以列朝外戚荷國恩獨厚列內札薩克二十四部首有大征伐必以兵從如親征噶爾丹及勦策妄阿喇布坦羅卜藏丹津噶爾丹策凌達瓦齊諸役札薩克等効力戎行莫不懋著勤勞土謝圖親王達爾漢親王卓哩克圖親王扎薩克圖郡王四爵俸幣視他部獨增非惟禮崇姻戚抑以其功冠焉所部六旗分左右翼土謝圖親王掌右翼附扎賚特部一旗杜爾伯特部一旗達爾漢親王掌左翼附郭爾羅斯部二旗統盟於哲里木右翼中旗駐巴顏和翔左翼中旗駐伊克唐噶哩克坡右翼前旗駐席喇布爾哈蘇右翼後旗駐額木圖坡左翼前旗駐伊岳克里泊左翼後旗駐雙和爾山爵十有七扎薩克和碩土謝圖親王一附多羅貝勒一扎薩克和碩達爾漢親王一附卓哩克圖親王一多羅郡王二一由親王降襲多羅貝勒一固山貝子一輔國公四一由貝子降襲扎薩克多羅扎薩克圖郡王一扎薩克多羅冰圖郡王一扎薩克多羅郡王一由貝勒晉襲附輔國公一由貝子降襲扎薩克鎭國公一左翼中旗扎薩克達爾漢親王滿珠習禮之玄孫色布騰巴勒珠爾乾隆十一年三月尚固倫和敬公主二十年準噶爾之平以功加雙俸尋以阿睦爾撒納叛事奪爵二十三年復封和碩親王三十七年與征金川又以附富德劾阿桂奪爵四十年復之四傳至棍楚克林沁襲鎭國公官至御前大臣卒其後左翼中旗輔國公二左翼後旗輔國公一均停襲左翼後旗扎薩克多羅郡王僧格林沁以軍功晉博多勒噶台和碩親王同治二年予世襲罔替四年以勦捻匪陣亡自有傳其旗增多羅貝勒一輔國公二皆以僧格林沁功僧格林沁子伯彥訥謨祜初封輔國公同治三年晉貝勒四年七月襲博多勒噶台親王爲御前大臣十一月命與左翼中旗扎薩克達爾漢親王索特那木朋蘇克等選馬隊勦奉天馬賊五年二月大破馬賊于鄭家屯三月命捕吉林餘匪六月條陳奉天善後事宜詔如所請行匪平回京光緒初德宗典學命在毓慶宮行走授兼鑲黃旗領侍衛內大臣十七年卒自道光季年海防事起洎咸豐三年粵逆北犯八年海防又急皆調東三盟兵協同防勦科爾沁部爲之冠予爵職給廕襲者皆甲諸部僧格林沁之亡始撤哲里木盟兵旋所部初科爾沁諸旗以距奉天近皆招佃內地民人開墾乾隆四十九年盛京將軍永瑋等奏賓圖王旗界內所留民人近鐵嶺者達爾漢王旗所留民人近開原者卽交鐵嶺縣開原縣治之嘉慶十一年十月盛京將軍富俊等以左翼後旗昌圖額勒克地方招墾閑荒經歷四載人民四萬有奇請增置理事通判治之達爾漢王旗界內所留人民亦交通判就近並治時諸旗扎薩克王公等多招民人墾荒積欠抗租則又請驅逐廷議非之嚴定招墾之禁已佃者不得逐未墾者不得招道光元年左翼中旗扎薩克達爾漢親王布彥溫都爾瑚竟以墾事延不就鞫奪扎薩克然私放私墾者仍日有所增流民游匪于焉麕集同治中以昌圖匪亂通判秩輕升爲理事同知光緒二年署盛京將軍崇厚奏設官撫治以清盜源遂升昌圖同知爲府以原墾達爾漢王旗之梨樹城八面城地置奉化懷德二縣隸之七年又設康平縣于康家屯隸之二十八年盛京將軍增祺奏設遼源州于蘇家屯隸之皆治左翼三旗墾民是年右翼前旗札薩克圖郡王烏泰以放荒事屢被劾命禮部尚書裕德會增祺勘治四月覆奏言烏泰已放荒界南北長三百餘里東西寬一百餘里外來客民有一千二百六十餘戶烏泰不諳放荒章程以致嗜利之徒任意墾佔轉相私售實已暗增數千餘戶新開荒地又增長三百餘里寬一百餘里梅楞齊莫特色楞等復袒護荒戶阻台吉壯丁在新放荒地游牧協理台吉巴圖濟爾噶勒遂以斂財聚衆不恤旗艱控之理藩院經傳集烏泰等親自宣導均各悔悟願湔洗前愆驅除讒慝和同辦理旗務請將烏泰巴爾圖濟爾噶勒暫革仍准留任勒限三年限滿經理得宜由闔旗呈請開復否則永遠革任齊莫特色楞等均分別屛黜不准干預旗務並爲定領荒招墾章程荒價則一半報効國家一半歸之蒙旗升科則每晌以中錢二百四十爲籌餉設官等經費以四百二十作蒙古生計自王府至台吉壯丁喇嘛各有得數仍酌留餘荒講求牧養均報可十月增祺又奏勘明是旗洮爾河南北已墾未墾之地約有一千餘萬畝派員設局丈放三十年以其地置洮南府並置靖安開通二縣隸之三十一年盛京將軍趙爾巽以右翼後鎭國公旗墾地置安廣縣而法庫門舊爲左翼中達爾漢王諸旗招墾地亦置同知治之三十四年東三省總督徐世昌以右翼中旗和碩土謝圖親王墾地置醴泉等縣于是科爾沁六旗墾地幾遍郡縣亦最多諸札薩克王公等得租豐溢而化沙礫爲膏沃地方亦日臻富庶諸札薩克王公等世次皆見表惟右翼和碩土謝圖親王色旺諾爾布桑寶以庚子之變中外多故殞于非命裕德等勘奏謂爲屬員逼勒而死因請治偪勒者如律尋增祺奏以族子業喜海順承襲傳爵如故凡蒙旗札薩克爲一旗之長制如一品與都統等其輔曰協理台吉屬曰管旗章京副章京參領佐領蒙語管旗章京曰梅楞參領曰札蘭佐領曰蘇木蘇木實分治土地人民其佐領之額右翼中旗二十二左翼中旗四十六右翼前旗後旗均十六左翼前旗後旗均三凡哲里木盟重大事件科爾沁六旗以近奉天故由盛京將軍專奏郭爾羅斯前旗一旗以近吉林郭爾羅斯後旗札賚特杜爾伯特三旗以近黑龍江故各由其省將軍專奏

扎賚特部元太祖弟哈布圖哈薩爾十五傳至博第達喇有子九阿敏其季也與兄齊齊克納穆賽等隣牧號所部曰扎賚特天命九年阿敏子蒙袞偕科爾沁台吉奥巴遣使乞好優詔答之遂率屬來歸順治五年授蒙袞子色稜扎薩克以與科爾沁同祖附之隸哲里木盟旗一駐圖卜紳察罕坡其爵爲扎薩克多羅貝勒由固山貝子晉襲光緒二十五年黑龍江將軍恩澤等奏以戶部咨黑龍江副都統壽山條奏請放蒙古各旗荒地派員赴扎賚特旗剴切勸商願將屬界南接郭爾羅斯前旗東濱嫩江之四家子二龍梭口等處指出開放南北約長三百餘里東西寬百餘里或三四十里設局勘辦並謂若大東以至大西使沿邊各蒙旗均能招民墾荒則強富可期卽可無北鄙之驚下所司議行先是哲里木盟諸旗皆以禁墾甲令過嚴無敢明言招墾者至是始接踵開放云三十一年以墾地置大賚廳治之是部有佐領十六

杜爾伯特部在喜峰口外至京師二千五十里東西距百七十里南北距二百四十里東及北皆黑龍江西扎賚特南郭爾羅斯北界索倫藩部蒙古稱杜爾伯特部者二同名異族一姓綽羅斯爲衛拉特台吉孛罕裔旗十有四駐牧烏蘭石木稱外扎薩克別有傳一姓博爾濟吉特爲元太祖弟哈布圖哈薩克裔卽今駐牧喜峯口外之內札薩克也哈布圖哈薩爾十六傳至愛納噶始以名其部天命九年愛納噶子阿都齊偕科爾沁台吉奥巴遣使乞好優詔答之遂率屬來歸順治五年授阿都齊子色稜扎薩克以與科爾沁同祖附之隸哲里木盟旗一駐多克多爾坡其爵爲扎薩克固山貝子同治二年杜爾伯特貝子貢噶綽克坦咨黑龍江將軍請將交界重立封堆尋勘明巴勒該岡以北黑龍江界內有杜爾伯特蒙人等居屯四處牌莫多以南杜爾伯特界內有黑龍省屬人等居屯八處舊界所佔均係曠地應准各就其所以安生計蒙古越佔巴勒該岡地應將南檢樹改爲新界有屬人等越佔牌莫多地應將四六山改爲新界共立界堆十七奏入詔如議四年貢克綽克坦復咨以所立界堆將蒙古田地草廠歸入省界有礙蒙古生計詔派副都統克蒙額與哲里木盟長及杜爾伯特會勘劃還塔爾歡屯以東第十第十一封堆之西蒙古墳塋房基平毀二十顆樹封堆之南蒙界旗屯房屋又增立界堆十有九並以牌莫多以南官屯舊佔蒙屯岐巴勒該岡以北蒙屯舊佔省屯多地十三里撥二十顆樹封堆之南省屬空閑地如數補之七年六月奏結請飭貝子貢噶綽克坦嚴約屬人照界永遠遵守報可十年以是旗私招民人墾荒嚴申禁令革其協理台吉光緒二十五年將軍恩澤以招墾蒙地關邊圉富強大計復奏派員商勸放墾時東三省鐵路之約既成是部當鐵路之衝交涉煩多商民萃集三十二年因以所部墾地置安達廳治之隸黑龍江是部一旗有佐領二十五

郭爾羅斯部在喜峯口外至京師千八百九十七里東西距四百五十里南北距六百六十里南盛京邊墻東吉林府西及北科爾沁元太祖遣弟哈布圖哈薩爾征郭爾羅斯部十六傳至烏巴什卽以爲所部號子莽果仍之天命九年莽果子布木巴偕科爾沁台吉奥巴遣使乞好優詔答之遂率屬來歸會察哈爾林丹汗掠科爾沁遺軍由郭爾羅斯境往援至農安塔林丹汗遁不敢復犯科爾沁及郭爾羅斯諸部嗣設札薩克二曰布木巴爵鎭國公曰固穆爲布木巴從弟爵輔國公以與科爾沁同祖附之隸哲里木盟旗二前旗駐固爾班察罕後旗駐榛子嶺爵三扎薩克輔國公一札薩克台吉一附鎭國公一是部布木巴一旗爲前旗近吉林嘉慶五年吉林將軍秀林奏以郭爾羅斯墾地置長春理事通判並請分征其租上以非體斥之十傳至喀爾瑪什迪於光緒九年創札薩克公爵如故以其族等台吉巴雅斯呼朗代爲札薩克光緒十三年復

升長春廳爲府於是旗界內遂黃龍府舊地置農安縣隸之光緒三十四年又以墾地增廣分置長嶺縣宣統二年分長春府地置德惠縣旋又定國家與蒙古分收民租例是旗置郡縣凡四皆隸吉林固穆一旗爲後旗近黑龍江亦當東三省鐵路之衝光緒三年以墾地置肇州廳隸黑龍江後又分置肇東經歷是部二旗墾地分隸吉林黑龍江二省前旗有佐領二十三後旗有佐領三十四

喀喇沁部在喜峯口外至京師七百六十里東西距五百里南北距四百五十里東土默特及敖漢西察哈爾正藍旗牧廠南盛京邊墻北翁牛特元時有札爾楚泰者生濟拉瑪佐元太祖有功七傳至和通有衆六千戶游牧額沁河號所部曰喀喇沁子格哷博囉特繼之生子二長格哷勒泰宰桑爲札薩克杜稜貝勒固嚕思奇布及札薩克一等塔布囊格哷爾二旗祖次圖嚕巴圖爾爲札薩克鎮國公色稜一旗祖格哷勒泰宰桑子四長恩克次準圖次鄂穆克圖均居喀喇沁天聰二年二月恩克曾孫蘇布地以察哈爾林丹汗虐其部偕弟萬丹偉徵等乞內附表奏察哈爾汗不道喀喇沁被虐因偕土默特鄂爾多斯阿巴噶喀爾喀諸部兵赴土默特之趙城擊察哈爾兵四萬還值赴明請賞兵三千復殪之察哈爾根本動搖事機可乘皇帝儻興師進勦喀喇沁當先諸部至論遣使面議七月遣喇嘛偕五百三十八人來朝命貝勒阿濟格碩託迎宴刑白馬烏牛誓九月上親征察哈爾蘇布地等迎會於綽洛郭勒賜賚甚厚三年正月敕所部遵國憲六月蘇布地及圖嚕巴圖爾孫色稜等率屬來歸詔還舊牧十月上征明以塔布囊布爾哈圖爲導入遵化駐兵羅文峪四年布爾哈圖爲明兵所圍擊敗之擒副將丁啓明及遊擊一都司二詔嘉其功賜莊田僕從及金幣六月由都爾弼從征察哈爾林丹汗遁以所收察哈爾糧貯遼河守之復分兵隨貝勒阿濟格略明大同宣府邊八年正月偕巴林阿嚕科爾沁阿巴噶諸部兵收撫察哈爾流民五月從征明大同至朔州九年正月詔編所部佐領以蘇布地子固嚕思奇布掌右翼色稜掌左翼五月選兵從征明敗之於遼河源崇德元年詔授布爾哈圖一等子賜號岱達爾漢塔布囊二年遣大臣阿什達爾漢等赴其部理庶獄三年九月隨大軍自密雲入明邊敗其兵六千十月從征前屯衛及寧遠七年從圍薊州過北京下山東順治元年從入山海關擊流賊李自成六年從征喀爾喀康熙十三年大軍勦逆藩耿精忠等所部塔布囊霍濟格爾偕土默特塔布囊善達等以兵赴兗州十七年上諭曰塔布囊霍濟格爾等前自兗州赴浙江聽康親王傑書調度各統所屬官兵征勦逆賊深入閩省同大兵平定逆藩耿精忠行間効力身先士卒衝鋒陷陣奮勇用命深爲可嘉宜降恩綸即行議叙以勵後効二十年上駐蹕和爾和諭曰塔布囊霍濟格爾出征時最著勤勞今已溘逝朕至此地遣散秩大臣鄂齊等攜茶酒往奠二十五年叙平浙江福建功賜叅領巴雅爾等十人世職二十九年從征噶爾丹敗之於烏蘭布通四十四年詔增設一旗以塔布囊格哷爾領之五十四年徵所部兵千赴推河防禦策妄阿喇布坦尋命侍郎覺和托等攜帑萬兩賜之雍正九年從征噶爾丹策凌所部初設二旗右翼駐錫伯河北左翼駐巴顏珠爾克後增一旗駐左右翼界內爵六親王品級札薩克多羅杜稜郡王一由貝勒晉襲附鎮國公一由貝子降襲輔國公一札薩克多羅貝勒一由貝子晉襲札薩克固山貝子一由鎮國公晉襲札薩克公品級一等塔布囊一乾隆四十一年以所部墾地設平泉州嘉慶八年降爵貝子丹巴多爾濟以獲逆犯陳德功予貝勒官至領侍衞內大臣御前大臣卒光緒二十三年扎薩克一等台吉塔布囊巴特瑪鄂特薩爾以事革復以貝勒熙淩阿襲存爵五是部招民墾地最在先乾隆十四年始定不許容留民人多墾地畝之禁道光十九年復定喀喇沁土默特種地民人不得以所種地畝折算蒙古賒貸銀錢例光緒十七年敖漢部金丹道匪之變是部同時被擾事平特頒帑賑恤之二十九年熱河都統錫良以左旗招華商承辦全旗五金各鑛中旗同道勝銀行立有合同開八里罕等地金鑛與定章應聲明華洋股本若干及只准指定一處不准兼指數處者不符請飭外務部妥議辦法下所司議申定章約束之是部右翼旗有佐領四十四中旗有佐領三十八左翼旗有佐領四十與土默特二旗統盟於卓索圖嘉慶中設熱河都統後是盟與昭烏達盟重大事件皆由都統專奏道光末籌直隸海防咸豐初勦粵匪皆徵是盟之兵與哲里木昭烏達號東三盟兵頗著功績云

土默特部在喜峯口外至京師千里東西距四百六十里南北距三百有十里東養息牧廠西喀喇沁南盛京邊墻北喀爾喀左翼及敖漢土默特分左右翼異姓同牧左翼者爲元臣濟拉瑪裔自濟拉瑪十三傳至善巴與喀喇沁爲近族主右翼者爲元太祖裔自元太祖十九傳至鄂木布楚琥爾生子固穆與歸化城土默特爲近族天聰三年善巴鄂木布楚琥爾各率屬來歸八年六月選兵從征明頒示軍律七月由獨石口入明邊會大軍于保安州分兵隸都統武訥格略察哈爾邊九年詔編所部佐領設扎薩克三曰善巴曰賡格爾曰鄂木布楚琥爾賡格爾者善巴族也崇德二年以罪削扎薩克善巴領其衆自是土默特分左右翼命善巴及鄂木楚琥爾掌之是年遣大臣阿什達爾漢等赴其部理庶獄六年從圍明錦州敗總督洪承疇援兵八年隨饒餘貝勒阿巴泰征明順治元年從入山海關擊流賊李自成三年隨勦蘇尼特部叛人騰機思康熙元年喀爾喀台吉巴爾布冰圖來歸詔附土默特牧十三年大軍勦逆藩耿精忠等詔所部塔布囊善達偕喀喇沁塔布囊霍濟格爾以兵赴兗州聽調十七年調赴浙江隨康親王傑書進勦閩地悉定諭優叙五十五年詔選兵千隨公傅爾丹屯鄂爾坤五十九年以旱歉收賜帑賑之雍正三年塔布囊沙津達賚隨大軍防禦準噶爾七年封鎮國公九年大將軍傅爾丹擊準噶爾于和通呼爾哈諾爾沙津達賚陣逃削爵而土默特部將之隨參贊內大臣馬蘭泰者敗賊西爾哈昭斬獲甚衆稍雪恥焉所部二旗左翼駐海他哈山右翼駐巴顏和朔隸卓索圖盟爵三扎薩克多羅達爾漢貝勒一由鎮國公晉襲附喀爾喀貝勒一扎薩克固山貝子一乾隆四十一年以所部墾地置朝陽縣同治九年以右翼旗箭丁等屢控扎薩克貝子索特那木色登科派太重於是管旗章京阿阿尚等以因公派錢不能體恤均革熱河都統庫克吉泰因奏變通土默特比丁章程申明交納丁錢舊章箭丁子女不許妄行役使及隨侍陪嫁八枝箭丁仍歸土默特管束光緒十七年敖漢部金丹道匪之變是部同時被擾事平賑恤之左翼有佐領八十右翼有佐領九十於諸旗爲特多焉

清史稿　列傳

藩部二

敖漢　奈曼
巴林　扎魯特
阿嚕科爾沁　翁牛特
克什克騰　喀爾喀左翼
烏珠穆沁　浩齊特
蘇尼特　阿巴噶
阿巴哈納爾

敖漢部在喜峯口外至京師千有十里東西距百六十里南北距二百八十里東奈曼西喀喇沁南土默特北翁牛特內扎薩克二十四部自科爾沁扎賚特杜爾伯特郭爾羅斯喀喇沁土默特左翼阿嚕科爾沁翁牛特阿巴噶阿巴哈納爾四子部落茂明安烏喇特外皆元太祖十五世孫達延車臣汗之裔達延車臣汗子十一長圖嚕博羅特其嗣爲敖漢奈曼烏珠穆沁浩齊特蘇尼特五部第三子巴爾蘇博羅特其嗣爲土默特右翼一旗及鄂爾多斯部第五子阿爾楚博羅特其嗣爲巴林扎嚕特二部第六子鄂齊爾博羅特其嗣爲克什克騰部第十一子格哷森扎扎賚爾琿台吉其嗣爲喀爾喀左翼喀爾喀右翼二部餘皆不著圖嚕博羅特子二長博第阿喇克詳烏珠穆沁傳次納密克生貝瑪土謝圖子二長岱青杜楞號所部曰敖漢次額森偉徵諾顏詳奈曼傳岱青杜楞子索諾木杜稜及塞臣卓哩克圖初皆服屬于察哈爾以林丹汗不道天聰元年偕奈曼部長袞楚克率屬來歸詔索諾木杜稜居開原塞臣卓哩克圖汗舊牧二年偕奈曼巴林扎嚕特諸台吉勦察哈爾諭勿妄殺降嚴汛哨後索諾木杜稜以私獵哈達葉赫山罪議奪開原地塞臣卓哩克圖卒子旺第繼爲部長八年冬遣大臣赴碩翁科爾定諸藩牧以扎哈蘇台囊嘉台爲敖漢界崇德元年詔編所部佐領設扎薩克以旺第領之爵多羅郡王順治元年從入山海關擊流賊李自成康熙十三年請選兵隨勦逆藩吳三桂詔還牧聽調十四

年隨大軍勦察哈爾叛人布爾尼十五年徵兵赴河南尋調荆州越三年凱旋二十八年秋詔發喜峯口倉粟賑所屬貧戶三十七年冬遣官往教之耕諭曰朕巡幸所經見敖漢及柰曼諸部田土甚嘉百穀可種如種穀多穫則興安嶺左右無地可耕之人就近貿糴不須入邊市米矣其向因種穀之地不可牧馬未曾墾耕者今酌留草茂之處爲牧地自兩不相妨且敖漢柰曼蒙古以捕魚爲業者衆教之以引水灌田彼亦易從凡有利益於蒙古者與王台吉等相商而行雍正五年以所部災賜帑賑之九年隨大軍勦噶爾丹策凌所部一旗駐固爾班圖爾噶山與柰曼翁牛特巴林扎嚕特喀爾喀左翼阿嚕科爾沁諸部統盟于昭烏達爵五扎薩克多羅郡王一附多羅郡王一附固山貝子二一由貝勒降襲鎭國公一由貝子降襲是旗墾事最在先嘉慶以後屢申嚴禁光緒十七年金丹道匪楊悅春等糾衆爲亂十月攻貝子德克沁府踞之戕德克沁四出紛擾喀喇沁土默特翁牛特奈曼諸部皆被兵脅漢人爲匪遇蒙人則殺佔官署燬教堂蹂躪甚慘命直隸提督葉志超等勦之至十二月始平詔賑恤之凡敖漢等五部八旗爲銀十七萬兩有奇全濟民蒙三十萬口有奇李鴻章會都統奎斌奏蒙古客民結怨已深一在佃種之交租一在商賈之積欠應更定新章佃種蒙地者由地方官征收蒙古王公派員領取商民領取蒙古資本貿易或彼此賒欠致有虧折亦應送地方官持平論斷毋稍偏倚此敖漢諸部蒙古客民結隙根本所在故鴻章等欲更張救之二十四年札薩克郡王達木林達爾達克以充昭烏達盟長擾累屬下違例科派奪盟長及札薩克三十一年札薩克郡王勒恩扎勒諾爾贊復被護衞刺死三十三年都統廷杰以置嗣未定請理藩院愼擇親賢速爲承襲宣統元年以族人棍布札布襲二年分置左右二旗以原有札薩克者爲左旗別授郡王色凌端嚕布爲右旗札薩克左旗有佐領三十五右旗有佐領二十

柰曼部在喜峯口外至京師千有百一十里東西距九十五里南北距二百二十里東喀爾喀左翼西敖漢南土默特北翁牛特元太祖嘗借弟哈布圖哈薩爾平柰曼部三傳至額森偉徵諸顏卽以爲所部號子袞楚克嗣稱巴圖魯台吉服屬於察哈爾以林丹汗不道天聰元年偕從子鄂齊爾等率屬來歸詔還舊牧鄂齊爾以卒巡徼斬察哈爾兵百獲牲畜百餘獻賜號和碩齊賚甲一八年遣大臣赴碩翁科爾定諸藩牧以巴克阿爾和碩巴噶什魯蘇台爲柰曼界崇德元年授扎薩克爵多羅達爾漢郡王先是所部阿邦和碩齊從大軍勦茂明安部逃賊有功至是以宣諭朝鮮袞楚克遣屬岱都齊齎書從遇明皮島兵阻擊之斬賊二被創還悉蒙獎賚五年遣屬扎丹隨大軍征索倫凱旋得優賜七年復遣屬善丹薩爾圖隨征明由黃崖口入邊下薊州趨山東攻克兗州八年善丹來獻俘賜宴順治元年從入山海關擊流賊李自成康熙十四年察哈爾布爾尼叛扎薩克郡王扎木三應之徙察罕郭勒與布爾尼賊壘聯聲援且遣黨煽諸扎薩克詔撫遠大將軍信郡王鄂扎率師討至達祿布爾尼敗遁爲科爾沁額駙沙津陣斬扎木三繫縛乞罪特旨貸死更優獎不阿逆諸台吉鄂齊爾由一等台吉襲扎薩克郡王爵烏勒木濟由二等台吉晉貝子格呼爾由二等台吉晉輔國公烏爾圖納素圖由三等台吉晉一等台吉鄂齊爾長子額爾德尼授三等台吉二十年詔發喜峯口倉粟賑所屬貧戶雍正五年所部歉收賜帑賑之九年隨大軍勦噶爾丹策凌初柰曼與敖漢逢國家典禮及征伐事先後偕來位秩如一獨扎木三懷貳遂不齒於敖漢迨鄂齊爾重膺錫封奉職惟謹而荷恩亦如故焉所部一旗駐彰武臺其爵爲扎薩克多羅達爾漢郡王道光二十七年以壽安固倫公主指配柰曼扎薩克郡王阿完都䇹第扎布之子德木楚克扎布授固倫額駙旋襲爵職同治四年卒追賜親王銜光緒十七年金丹道匪之變是部亦被擾事平賑恤之有佐領五十

巴林部在古北口外至京師九百六十里東西距二百五十一里南北距二百三十三里東阿嚕科爾沁西克什克騰南翁牛特北烏珠穆沁元太祖十六世孫阿爾楚博羅特生和爾朔齊哈薩爾子蘇巴海稱達爾漢諾顏號所部曰巴林子巴噶巴圖爾嗣有子三長額布格岱洪巴圖魯次和托果爾昂哈次色特爾初皆服屬於喀爾喀天命四年額布格岱洪巴圖魯偕喀爾喀部長遣使乞盟允之十一年春以背盟私與明和大軍往討陣斬台吉囊努克冬討扎嚕特詔分軍入部境以張兵勢焚原驅哨而還會察哈爾林丹汗掠其諸部台吉皆奔依科爾沁天聰二年色特爾率子色布騰及額布格岱洪巴圖魯子色稜和託果爾昂哈子滿珠習禮等自科爾沁來歸優賚撫輯之三年從征明由養息穆河入大安口克遵化四年攻昌黎與扎嚕特兵圍城北六年從略大同宣府邊八年五月會兵扎木哈克征察哈爾賜宰桑布兌山津雕鞍良馬遂由獨石口征明朔州克堡八十月遣大臣赴碩翁科爾定諸藩牧以扈拉琥瑚呼布里都克哩葉哈達瑚濟爾阿達克爲巴林界崇德元年選兵從征明三年自牆子嶺入明邊樹雲梯攻城台吉阿玉什屬索爾古先登克之四年圍錦州六年圍松山七年獻俘賚將弁幣順治元年從入山海關擊流賊李自成五年詔編所部佐領以滿珠習禮掌左翼爵固山貝子色布騰掌右翼爵多羅郡王各授扎薩克康熙二十三年上幸塞外駐蹕烏拉岱兩翼扎薩克率諸台吉來朝賜冠服弓矢銀幣有差二十八年詔發古北口倉粟賑所屬貧戶二十九年命額駙阿喇布坦率兩翼兵四百赴葫蘆郭勒偵噶勒丹是役也色布騰子格呼爾圖納木扎孫納木達克桑哩達烏爾袞暨族台吉沙克塔爾等皆從格呼爾圖尤衝鋒奮擊師旋得優賚三十四年以噶勒丹掠喀爾喀至巴顏烏蘭詔檄敖漢柰曼兵赴阿喇布坦軍弁命納木達克烏爾袞等防烏珠穆沁汛是年所部歉收詔發坡賴屯米賑之三十八年命護軍統領鄂克濟哈學士蘇赫納往會扎薩克等將現貯巴林米千石散賑若人衆米寡再運坡賴米賑給雍正九年隨大軍勦噶勒丹策凌二等台吉璘瞻追賊察巴罕河護駝馬又擊之於塔爾勒圖固爾班什勒諸處敍功晉授一等台吉所部二旗右翼駐托鉢山左翼駐阿察圖拖羅海爵四親王品級札薩克多羅郡王一札薩克固山貝子一附固山貝子二光緒十七年金丹道匪之變賊渠李國珍擾至是部那林溝地葉志超遣軍擊平之三十三年以是部墾地置林西縣隸赤峯直隸州左翼有佐領十六右翼有佐領二十六

札嚕特部在喜峯口外至京師千五百一十里東西距百二十五里南北距四百六十里東科爾沁西界阿嚕科爾沁南喀爾喀左翼北烏珠穆沁元太祖十八世孫烏巴什稱偉徵諾顏號所部曰札嚕特二子長巴顏達爾伊勒登次都喇勒諾顏巴顏達爾伊勒登子五長忠圖傳子內齊相繼稱汗次厤根次忠嫩次果弼爾圖次昂安都喇勒諾顏子二長色本次瑪尼初皆服屬於喀爾喀太祖高皇帝甲寅年內齊以其妹歸我貝勒莽古爾泰忠嫩及從弟額爾濟格亦來締姻天命四年秋大軍征明鐵嶺從色本偕從兄巴克等隨喀爾喀台吉宰賽以兵萬餘助明爲我軍陣擒冬內齊額爾濟格額騰鄂爾齋圖多爾濟桑阿爾齋弼登圖偕喀爾卓哩克圖洪巴圖魯等遣使乞盟許之遣大臣往莅盟其宰桑扣肯屬有來奔者上以盟不可渝拒弗納旋釋色本巴克歸八年巴克來朝命釋其質子鄂齊爾桑與俱歸而忠喇昂安等屢以兵掠我使齎往科爾沁之服物及馬牛上遣軍征之斬昂安俘其衆忠嫩子桑圖以拏被擒來朝乞哀詔歸令完聚未幾所部諸台吉復背盟襲我使固什於漢察喇及遼河畔掠財物十一年命大貝勒代善率師往討斬鄂爾齋圖擒巴克等凡十四台吉師還仍詔釋歸尋爲察哈爾林丹汗所掠往依科爾沁天聰二年內齊色本等先後率屬來歸台吉喀巴海殺察哈爾台吉噶爾圖以俘七百獻賜號偉徵三年奉敕定隨征軍令以擅越界駐牧自議罪內齊色本瑪尼及果弼爾圖巴雅爾圖岱青請各罰駝十馬百詔寬之各罰馬一是年冬隨征明入龍井關克遵化圍其都明兵屯城東蒙古諸部不俟整隊驟進失利惟色本及瑪尼敗敵得優賚五年春詔議台吉岱青罪先是大貝勒代善陣擒岱青子善都往奔科爾沁越二年歸詔留贍養嗣從大軍征明貝勒莽古爾泰與明兵戰都城東岱青善都遁走又誣訐貝勒阿濟格縱屬殺人至是論罪應斬上特宥之奪所屬人戶分給莽古爾泰阿濟格六年內齊色本瑪尼喀巴海等從征察哈爾諭獎其實心效力尋隨貝勒阿濟格略明大同宣府邊八年由獨石口進攻朔州是年冬遣大臣赴碩翁科爾定諸藩牧以諸綽多爾多布圖烏魯木爲札嚕特界崇德二年由朝鮮進征瓦爾喀三年隨征喀爾喀札薩克圖汗五年春從征索倫賜台吉桑古爾及阿玉什琥賴阿爾蘇瑚岳博果等蟒服貂裘甲冑弓矢冬以台吉肯哲赫追擒茂明安逃人功賜號達爾漢順治元年從入山海關擊流賊李自成五年詔編所部佐領時內齊色本卒以內齊子尙嘉布掌左翼色本子桑噶爾掌右翼各授扎薩克貝勒康熙十四年察哈爾布爾尼叛且陰煽諸部二等台吉根翼什希布以不附逆封鎭國公後停襲二十九年隨大軍征噶爾丹二等台吉科克晉四等台吉袞楚克色爾濟額爾德尼陣沒俱贈一等台吉賜號達爾漢雍正元年所部歉收詔發帑賑之十一年選兵隨勦噶爾丹策凌隸敖漢台吉羅卜藏軍所部二旗左翼駐齊齊靈花拖羅海山北右翼駐圖爾山南爵四扎薩克多羅貝勒一扎薩克多羅達爾漢貝勒一附鎭國公一輔國公一是部產鹻初禁開取光緒二十一年都統松壽以部議主開奏定納課章程由各旗選派公正蒙員試辦三十三年都統廷杰奏以是部及阿嚕科爾沁墾地置開魯縣隸赤峯直隸州是部左右翼旗各有佐領十六

阿嚕科爾沁部在古北口外至京師千三百四十里東西距百三十里南北距四百二十里東扎嚕特西巴林南喀爾喀左翼北烏珠穆沁元太祖弟哈巴圖哈薩爾十三傳至圖美尼雅哈齊子三長奎蒙克塔斯哈喇遊牧嫩江號嫩科

爾沁次巴袞諸顏次布爾海遊牧呼倫貝爾巴袞諸顏子三長昆都倫岱青號所部曰阿嚕科爾沁以別於嫩科爾沁子達賚稱楚琥爾嗣爲部長次哈貝子圖爾裔不著次諸顏泰子四號四子部落布爾海裔號烏喇特詳各部傳阿嚕科爾沁與四子部落烏喇特茂明安翁牛特阿巴噶阿巴哈納爾及喀爾喀內外扎薩克統號阿嚕蒙古初皆服屬於察哈爾以林丹汗不道天聰四年達賚暨子穆彰率屬來歸命諸貝勒郊迎五里賜宴八年遣大臣赴碩翁科爾定諸藩牧以兩白旗外塔拉布拉克遜烏爲其部界崇德元年宣諭朝鮮其部德赫拜達爾齋書從遇明皮島兵阻擊敗之還得優賚先是阿嚕科爾沁設兩旗達賚穆彰各領一至是始併兩旗爲一以穆彰領之嗣從征朝鮮瓦爾喀索倫喀爾喀及明濟南錦州松山薊州順治元年從入山海關擊流賊李自成敍功授扎薩克爵固山貝子康熙二十七年噶爾丹侵喀爾喀諭所部兵防蘇尼特汛二十八年部衆乏食賜粟賑之二十九年二等台吉棟紐特從征噶爾丹見賊勢熾慷慨謂衆曰我等受恩深若稍退何面目見聖顏乎率兵三百趨前戰皆沒三十年贈一等台吉世襲達爾漢號是冬理藩院議給所部貧戶米穀諭曰賞給米穀應調蒙古駝馬運送時值隆冬輸輓殊艱恐領米之人不能運到必致沿邊私糶不如量米給銀到彼甚易貧人得霑實惠三十五年上親征噶爾丹偵賊沿克嚕倫河至額哲特圖哈布齊爾地諭嚴防汛界四十三年遣大臣往訊盜案宣諭扎薩克戢所部務令無盜四十八年固山額駙巴特瑪妻縣君以屬人不遵令請獻戶口諭暫遣官理後不爲例雍正五年賜所部貧戶銀九年從大軍勦噶爾丹策凌十三年遣官齎銀賑饑所部一旗駐牧琿圖山東隸昭烏達盟其爵爲扎薩克多羅貝勒由固山貝子晉襲是部亦產鹻光緒三十一年定棠員自辦納課章程是部一旗有佐領五十

翁牛特部在古北口外至京師七百六十里東西距三百里南北距百六十里東阿嚕科爾沁西承德府南喀喇沁及敖漢北巴林及克什克騰元太祖弟諤楚因稱烏眞諸顏其裔蒙克察罕諸顏有子二長巴延岱洪果爾諸顏號所部曰翁牛特次巴泰車臣諸顏別號喀喇齊理克部皆稱阿嚕蒙古巴顏岱洪果爾諸顏再傳至圖蘭號杜稜汗子七長遜杜稜次阿巴噶圖琿台吉次棟岱青次班第偉徵次達拉海諸木齊次薩揚墨爾根次木巴楚琥爾巴泰車臣諸顏三傳至努綏子二長噶爾瑪次諸密泰岱青皆初服屬於察哈爾以林丹汗不道天聰六年遜杜稜棟岱青暨喀喇齊哩克台吉噶爾瑪率屬來歸是年上親征察哈爾各選兵從林丹汗遁復從貝勒阿濟格赴大同宣府收察哈爾部衆之竄入明邊者師旋優賚遣歸自是其部稱翁牛特以喀喇齊哩克附之不復冠阿嚕舊稱七年春棟岱青噶爾瑪來朝班第偉徵等相繼獻駝馬冬遜杜稜復率衆來朝八年遣大臣赴碩翁科爾定諸藩牧以扈拉瑚琥呼布哩都爲翁牛特部界是冬班第偉徵達拉海諸木齊以越界游牧罪議罰駝百馬千詔從寬罰十之一復以罰柰曼部駝馬命分給遜杜稜棟岱青崇德元年詔編新部佐領以遜杜稜掌右翼爵多羅杜稜郡王棟岱青掌左翼子多羅達爾漢岱青各授扎薩克三年喀爾喀扎薩克圖汗擁衆偪歸化城上親征之棟岱青班第偉徵達拉海諸木齊等以兵會偵扎薩克圖汗遁乃還四年棟岱青率宰桑烏巴什和尼齊等從大軍征明六年圍錦州松山設伏高橋大路及桑阿爾齊堡遇杏山逃卒追擊之斬獲甚衆七年敘功賜棟岱青噶爾瑪和尼齊等布幣有差復追議松山掘壕時宰桑烏巴什以誦經故不親督兵及暮又失守塹罪論死詔宥之達拉海諸木齊及綽克圖巴木布等復從貝勒阿巴泰征明八年來獻俘賜宴順治元年從入山海關擊流賊李自成復追敍部將噶勒嘛從征明功賜號達爾漢康熙十五年以勦逆藩吳三桂詔選兵赴河南駐防十六年調荊州十八年撤還二十二年以其部多盜諭撫衆及弭盜法二十六年上閱兵蘆溝橋命其部來朝人從觀二十七年選兵赴蘇尼特汛防禦噶爾丹三十四年所部乏食遣官往賑三十五年上親征噶爾丹詔徵兵五百運中路軍糈給器糒三十六年朔漠平賚運糧兵銀五十六年理藩院奏翁牛特及克什克騰諸扎薩克請令公勘地址有越界伐木者論罪從之雍正五年賜銀賑所屬貧戶九年隨大軍勦噶爾丹策凌乾隆二十年從征達瓦齊所部二旗右翼駐英什爾哈齊特呼朗左翼駐扎喇峯西爵四扎薩克多羅杜稜郡王一附固山貝子鎭國公一扎薩克多羅達爾漢岱青貝勒一光緒十七年金丹道匪之變賊渠李國珍等擾是部焚王府踞烏丹城卽元全甯路治實熱河北路門戶葉志超遣副將潘萬才等率軍先克之餘逐迎刃而解是部二旗蹂躪均重事平賑恤之左翼有佐領二十右翼有佐領三十八

克什克騰部在古北口外至京師八百有十里東西距三百三十四里南北距三百五十七里東翁牛特及巴林西浩齊特及察哈爾正藍旗牧廠南翁牛特北烏珠穆沁元太祖十六世孫鄂齊爾博羅特再傳至沙喇勒達稱墨爾根諾顏號所部曰克什克騰子達爾瑪有子三長索諾木次巴本次圖壘服屬於察哈爾天聰八年索諾木率屬來歸崇德六年台吉沙哩博羅和雲敦等奉命赴董家喜峯諸口偵明兵俘斬甚衆順治九年詔編所部佐領以索諾木領之授札薩克康熙二十六年上閱兵盧溝橋命其部來朝人從觀二十七年噶爾丹侵喀爾喀詔選兵防蘇尼特汛二十九年四等台吉穆倫噶爾弼以偵擊噶爾丹功晉一等台吉三十五年上親征噶爾丹凱旋以其部設站兵無誤驛務賚銀幣雍正五年賜銀賑其屬貧戶所部一旗駐牧吉拉巴斯峯隸昭烏達盟其爵爲扎薩克一等台吉是部舉事最早嘉慶中設白岔巡檢治之同治中回匪東竄熱河設戍其地又經棚當直隸多倫諾爾廳東北商民萃處號稱蕃盛光緒十七年金丹道匪之變是部嘗以兵協勦烏丹城等處之匪得捷有佐領十

喀爾喀左翼部在喜峯口外至京師千二百有十里東西距百二十五里南北距二百三十里東科爾沁西柰曼南土默特北扎嚕特及翁牛特元太祖十六世孫格哷森札賚爾琿台吉居杭愛山始號喀爾喀有子七部族繁衍分東西中三路以三汗掌之其長子阿什海達爾漢諾顏生子二長巴顏達喇爲西路扎薩克圖汗祖次圖捫達喇岱青子碩壘烏巴什琿台吉生子三長俄木布額爾德尼次杭圖岱次袞布伊勒登皆爲喀爾喀西路台吉隸扎薩克圖汗康熙三年袞布伊勒登以其汗旺舒克爲同族羅卜藏台吉額璘沁所戕部衆潰竄無依乃越瀚海來歸先是喀爾喀中路土謝圖汗下台吉本塔爾攜衆內附封扎薩克親王爵駐牧張家口外至是詔袞布伊勒登扎薩克多羅貝勒賜牧喜峯口外察罕和碩圖以所居地分東西故本塔爾稱喀爾喀右翼袞布伊勒登稱喀爾喀左翼蓋自國初以來喀爾喀相繼歸誠名凡三曰舊喀爾喀歸誠最早後編入蒙古八旗曰內喀爾喀卽今隸內札薩克之喀爾喀左右翼二部曰外喀爾喀其歸誠較後卽今隸外扎薩克之喀爾喀土謝圖汗車臣汗扎薩克圖汗賽因諾顏四部二十九年以額魯特台吉噶爾丹侵喀爾喀土謝圖汗車臣圖汗扎薩克圖汗所居皆被掠先後乞降詔袞布伊勒登備兵要汛偵禦噶爾丹三十五年上由克嚕倫河親征諭其部選兵赴烏勒輝聽調噶爾丹敗遁撤兵還雍正元年所屬歉收賜粢賑之九年大軍勦噶爾丹策凌選兵赴歸化城駐防尋以護外扎薩克游牧移駐克嚕倫河乾隆初撤之所部一旗駐察罕和碩圖其爵爲扎薩克多羅貝勒有佐領一是部與敖漢柰曼巴林翁牛特扎魯特喀爾喀左翼阿嚕阿爾沁七部十一旗統盟於卓索圖道光末籌海防咸豐中勦粵匪皆徵其兵至同治初科爾沁親王僧格林沁陣亡乃撤歸清代蒙古留京王公以是盟與哲里木卓索圖爲多大都額駙子孫錫林郭勒烏察布伊克昭三盟則鮮見焉

烏珠穆沁部在古北口外至京師千一百六十三里東西距三百六十里南北距四百二十五里東索倫西浩齊特南巴林北瀚海元太祖十六世孫圖嚕博羅特由杭愛山徙牧瀚海南子博第阿喇克繼之有子三分牧而處長庫登汗詳浩齊特部傳次庫克齊圖墨爾根台吉詳蘇尼特部傳次翁袞都喇爾號其部曰烏珠穆沁子五長綽克圖號巴圖爾諾顏次巴雅號賽音冰圖諾顏次納延泰號伊勒登諾顏次彰錦號達爾漢諾顏皆早卒次多爾濟號車臣濟農與察哈爾同族爲所屬以林丹汗不道多爾濟偕綽克圖子色稜徙牧瀚海北依喀爾喀天聰九年大軍收服察哈爾多爾濟偕喀爾喀部車臣汗碩壘浩齊特部策稜伊勒登土謝圖蘇尼特部叟塞巴圖魯濟農阿巴噶部都思噶爾扎薩克圖巴圖爾濟農等表貢方物崇德元年命舊自察哈爾來歸之偉宰桑等齎敕往諭遂偕其使納木渾津等至自是貢物不絕二年八月台吉伊什喀布烏喇垓增格阿津鏗特克等來貢賚冠服甲冑弓矢布幣十一月多爾濟色稜各率屬由克嚕倫來歸三年喀爾喀扎薩克圖汗擁衆偪歸化城上統師征多爾濟色稜以兵會偵扎薩克圖汗遁乃還賜貢馬台吉巴甘冠服鞓帶五年賜來朝台吉固穆塔布囊阿哈圖等蟒服綵幣六年詔授多爾濟扎薩克和碩車臣親王順治三年詔授色稜扎薩克多羅額爾德尼貝勒以多爾濟掌左翼色稜掌右翼是年大軍勦蘇尼特部騰機思至喀爾喀以多爾濟屬達喇海嚮導功賜號達爾漢康熙二十年以所部牧鄰喀爾喀因互竊駝馬王大臣等遵旨議邊汛形勝處各屯兵百許按旗設哨嗣後扎薩克能撫衆戢盜者予敍否則論罪二十七年噶爾丹侵喀爾喀遣大臣赴烏珠穆沁宣諭扎薩克等防汛三十年阿巴噶台吉奔塔爾首烏珠穆沁台吉車根等叛附噶爾丹語涉扎薩克王素達尼妻命大臣往勘得車根等私給噶爾丹駝馬又令部校阿爾塔等往通信狀罪應死素達尼妻預知應削封號奪所屬人戶素達尼已故應除爵議上詔治車根等罪免奪人戶素達尼未預謀免除爵襲如初三十一年素達尼弟協理台吉烏達喇希妻以烏達喇希證車根等從逆狀乞予敍理藩院議烏達

喇希故應贈輔國公令子袞布扎卜襲從之後停襲三十四年噶爾丹復侵喀爾喀詔所部選兵駐汛三十五年偵噶爾丹至額哲特圖哈卜濟爾赴烏爾輝聽調是年上親征噶爾丹還賜坐塘諸弁兵銀五十五年選兵隨大軍防禦策妄阿喇布坦雍正九年諭勦噶爾丹策凌詔徵烏珠穆沁西各扎薩克兵三千駐烏喇特汛防四十九旗游牧復諭烏珠穆沁別以兵駐克嚕倫河十年移駐達哩剛愛十三年撤還乾隆十二年詔嘉兩翼扎薩克值所屬災贍貧戶二萬餘王貝勒以下各賜俸半年無俸台吉俱賜幣有差所部二旗右翼駐巴克蘇爾哈臺山左翼駐魁蘇陀羅海與浩齊特蘇尼特阿巴噶阿巴哈納爾諸部統盟於錫林郭勒爵四扎薩克和碩車臣親王一附鎮國公一輔國公一扎薩克多羅額爾德尼貝勒一左旗扎薩克貝勒色楞傳至達克丹都克雅扎布咸豐十年以報效軍需駝馬予郡王銜是部左翼有固爾班泊產鹽由巴林橋烏丹城運售內地西出閻場分銷承德豐寧各屬東出建平分銷建昌朝陽各屬遠者更可銷至奉天突泉諸縣西南可由多倫至山西豐鎮甯遠諸廳光緒三十二年都統廷杰奏定試辦蒙鹽章程宣統二年度支部尚書載澤奏定山西蒙鹽辦法謂東路以烏珠穆沁蒙鹽爲主以蘇尼特部鹽埒之左翼有佐領二十一右翼有佐領九

浩齊特部在獨石口外至京師千八百一十五里東西距百七十里南北距三百七十五里東及北烏珠穆沁西阿巴噶南克什克騰元太祖十六世孫圖嚕博羅特再傳至庫登汗號其部曰浩齊特庫登汗孫德格類號額爾德尼琿台吉子五長奇塔特扎幹杜稜土謝圖次巴斯琫土謝圖次策凌伊勒登土謝圖次奇塔特昆杜稜額爾德尼車臣楚琥爾次茂海墨爾根與察哈爾同族爲所屬以林丹汗不道徙牧瀚海北依喀爾喀天聰八年所部台吉額琳臣及塔布囊巴特瑪班第圖嚕齊宰桑偕格布延徹臣烏巴什等攜戶口駝馬自喀爾喀內附遣使迎宴賚甲冑雕鞍蟒服銀幣額琳臣屬有先附者五十三戶仍命轄之九年大軍收服察哈爾策凌伊勒登土謝圖偕烏珠穆沁諸部長表貢方物崇德元年巴斯琫土謝圖偕蘇尼特部來貢二年奇塔特昆杜稜額爾德尼車臣楚琥爾子博羅特率屬來歸順治三年詔授扎薩克多羅額爾德尼貝勒後晉封郡王八年奇塔特扎幹杜稜土謝圖子噶爾瑪色旺攜衆至十年詔授扎薩克多羅郡王以博羅特掌左翼噶爾瑪色旺掌右翼康熙二十七年詔發拜察儲粟賑其部貧戶復命給銀三十四年噶爾丹侵喀爾喀詔兩翼扎薩克選兵駐界偵禦之三十五年上親征噶爾丹牧馬郭和蘇台諭偕蘇尼特阿巴哈納爾部長董牧務凱旋兩翼扎薩克率台吉等歡迎道左諭獎飼秣得宜並優賚監牧及修道鑿井諸弁兵五十四所部歉收以唐三營儲粟賑之並遣官往教之漁雍正九年大軍勦噶爾丹策凌詔選兵分駐克嚕倫河十年移駐達哩剛愛十三年撤還所部二旗左翼駐特古哩克呼都克瑚欽右翼駐烏默赫塞哩隸錫林郭勒盟爵二扎薩克多羅額爾德尼郡王一扎薩克多羅郡王一是部左右翼有佐領各五

蘇尼特部在張家口外至京師九百六十里東西距四百六十里南北距五百八十里東阿巴噶西四子部落南察哈爾正藍旗牧廠北瀚海元太祖十六世孫圖嚕博羅特再傳至庫克齊圖墨爾根台吉號其部曰蘇尼特庫克齊圖墨爾根台吉子四長布延琿台吉子綽爾袞尼蘇尼特西路次布爾海楚琥爾子塔巴海達爾漢和碩齊居蘇尼特東路初皆服屬於察哈爾以林丹汗不道徙牧齊海北依喀爾喀天聰九年綽爾袞子叟塞偕喀爾喀車臣汗碩壘遣使貢方物崇德二年塔巴海達爾漢和碩齊子騰機思騰機特莽古岱哈爾呼喇偕台吉偉徵等各遣使來朝賜朝鮮貢物三年台吉務善伊勒登多爾濟喀喇巴圖魯色稜達爾瑪等從征喀爾喀扎薩克圖汗偵遁仍還四年春台吉超察海噶爾楚琥古特卓特巴什達喇莽古思鄂爾齊巴圖賴額思赫爾僧格等來朝賚冠服甲冑弓矢冬騰機思叟塞各率屬自喀爾喀來歸入覲獻駝馬五年正月賜叟塞騰機思騰機特莽古岱哈爾呼喇及台吉佈達什希布阿玉什噶爾瑪色稜額爾克辰賓茂海伊勒畢斯等甲冑銀幣十月台吉烏班岱棟果爾鄂爾齊博希沙律等來貢馬賚冠服鞍轡六年授騰機思扎薩克多羅郡王七年授叟塞扎薩克多羅杜稜郡王以騰機思掌左翼叟塞掌右翼順治三年騰機思以車臣汗碩壘誘叛率弟騰機特及台吉烏班岱多爾濟斯喀等逃喀爾喀上遣師偕外藩軍由克嚕倫追勦至謂特克山及圖拉河騰機思騰機特遁獲其孥烏班岱多爾濟斯喀爲四子部落軍陣斬師旋以烏班岱從子託濟弗從叛且隨勦賜所俘五年騰機思及騰機特悔罪乞降詔宥死仍襲爵如初康熙十年所部歉收詔發宣化府及歸化城賑粟儲之復酌給馬牛羊二十年遣官察給兩翼災戶銀米二十七年噶爾丹侵喀爾喀詔選兵二千防汛二十九年噶爾丹襲喀爾喀昆都倫博碩克圖袞布詔新部王以下願効力者赴軍聽用尋噶爾丹入烏珠穆沁界諭還駐本旗要汛三十五年上親征噶爾丹詔選兵赴烏勒輝聽調以牧馬郭和蘇臺偕浩齊特阿巴噶阿巴哈納爾部長董牧務凱旋諭獎飼牧得宜並優賚監牧及修道鑿井諸弁兵以右翼扎薩克屬旺舒克左翼扎薩克屬博羅扎布紹導功賜號達爾漢復詔郡王薩穆扎之第三子多爾濟思喀布貝勒博木布之長子素岱會師圖拉河紹噶爾丹尋分右翼兵赴珠勒輝克爾阿濟爾罕左翼兵赴伊察扎罕以不見賊蹤撤還五十四年災詔發張家口儲粟並帑十萬自台吉下六萬四千九百餘丁徧贍之雍正元年右翼二等台吉進達克以追捕叛賊遇害晉贈一等台吉命視公爵致祭予三長噶爾瑪遜多布封輔國公次噶爾瑪策布騰次恭格垂穆不勒以隨捕賊功各晉台吉秩有差噶爾瑪遜多布爵後停襲二年所部災賜銀賑之九年調兵屯克嚕倫河防禦噶爾丹策凌十年有奏商都達布遜諾爾牧廠應移蘇尼特汛者上飭止之令各居其牧十二年所部兵駐防達哩剛愛十三年撤還乾隆十二年以災告飢遣官往賑所部二旗左翼駐和林圖察伯台岡右翼駐薩敏西勒山隸錫林郭勒盟爵四札薩克多羅郡王一附多羅貝勒一札薩克多羅杜稜郡王一附輔國公一由貝勒降襲洎五十六年以是部連年被旱叉特賑之道光十三年右翼郡王與喀爾喀親王爭界詔察哈爾都統凱音布往勘尋以喀爾喀災緩之其地當漢南北之衝歷代由漢南用兵漠北者多出其途光緒末于蘇尼特右翼王府東北七十里置電報局曰滂江以通烏得叨林之電是部亦產鹽西南行銷山西豐甯諸廳左翼有佐領二十右翼有佐領十三

阿巴噶部在張家口外至京師千里東西距二百里南北距二百有十里東阿巴哈納爾西蘇尼特南察哈爾正藍旗牧廠北瀚海元太祖弟布格博勒格圖十七傳至巴雅思瑚布爾古特子二長塔爾尼庫同號所部曰阿巴噶塔爾尼庫同子二長素僧克偉徵子額爾德尼圖們號扎薩克圖諾顏次揚古岱卓哩克圖子多爾濟號額齊格諾顏初稱阿嚕蒙古服屬於察哈爾以林丹汗不道徙牧瀚海北克嚕倫河界依喀爾喀車臣汗碩壘天聰二年偕喀喇沁土默特鄂爾多斯諸部長擊察哈爾衆四萬於土默特之趙城復約喀爾喀偕喀喇沁乞師問察哈爾罪六年台吉奇塔特楚琥爾攜衆五百內附九年大軍收服察哈爾額爾德尼圖們孫都思噶爾等附車臣汗碩壘表貢方物崇德四年額齊格諾顏多爾濟自喀爾喀來歸時有同名多爾濟者號達爾漢諾顏率衆皆至六年詔授額齊格諾顏多爾濟爲扎薩克多羅卓哩克圖郡王順治八年都思噶爾自喀爾喀來歸詔授扎薩克多羅郡王以多爾濟掌左翼都思噶爾掌右翼遣官定牧地康熙六年阿巴哈納爾部乞降以阿巴噶牧地賜之遣官視浩齊特蘇尼特界外水草豐美地指給阿巴噶移牧二十九年噶爾丹侵喀爾喀爾喀掠諸內扎薩克牧產三十一年以台吉班第額爾德尼岱青根敦巴雅爾詔所部王以下願效力者赴軍聽用復諭偕阿巴哈納爾供軍糈兼防新降喀納木塔爾扎木素齊達什等導烏梁海衆內附均授二等台吉三十五年上親征噶爾丹牧馬郭和蘇台諭偕浩齊特蘇尼特阿巴哈納爾諸部長董牧務凱旋諭獎飼牧得宜並優賚監牧及修道鑿井諸弁兵復以所部達濟桑阿嚮導功賜號達爾漢三十六年王貝子台吉等朝正請備馬從軍慰令各歸所部時有二等台吉圖把扎布色臣楚琥爾者年八十八諭嘉其奮志報效優賚之五十四年以災歉收詔發唐三營儲粟賑之復賜無產台吉牧牲雍正二年遣官齎銀賑所部貧戶九年大軍勦噶爾丹策凌徵兵駐達哩剛愛十三年撤還乾隆十一年旱災賑之五十四年札薩克卓里克圖郡王喇特納什第以事奪札薩克予其弟巴勒丹僧格一等台吉札薩克所部二旗左翼駐科布爾泊哩右翼駐巴顏額倫爵五扎薩克多羅郡王一扎薩克一等台吉一附多羅卓里克圖郡王一固山達爾漢貝子一輔國達爾漢公一由貝子降襲右翼扎薩克巴勒丹僧格三傳至杜噶爾布木咸豐七年以報効軍需予鎮國公銜是部左右翼有佐領各十一

阿巴哈納爾部在張家口外至京師千五十里東西距百八十里南北距四百三十六里東浩齊特西阿巴噶南察哈爾正藍旗牧廠北瀚海元太祖弟布格博勒格圖十八傳至諾密特默克圖號所部曰阿巴哈納爾再傳至多爾濟伊勒登子二長色稜墨爾根次棟伊思喇布初稱阿嚕蒙古依喀爾喀車臣汗碩壘駐牧克嚕倫河界其地在瀚海北崇德七年有和碩秦者台吉達喇務巴三察罕也攜孥內附嗣托克托伊達嚕噶達賴等至皆優養之康熙元年台吉阿喇納噶爾瑪宰桑固英等越瀚海南牧綽諾陀羅海近內汛三年色稜墨爾根復如之守臣以聞上知爲喀爾喀所脅宥罪遣歸因諭喀爾喀以噶爾拜瀚海爲牧界繼此有越者留勿遣四年喀爾喀復違諭令阿巴哈納爾諸台吉牧瀚海南棟伊思喇布弗之從尋偕台吉阿喇納噶爾瑪等率衆來歸詔授札薩克

固山貝子阿喇納噶爾瑪以各攜丁七百餘均授一等台吉五色稜墨爾根亦來歸六年詔授扎薩克多羅貝勒遣官指示阿巴噶部移牧他所以舊牧地給阿巴哈納爾色稜墨爾根掌左翼棟伊思喇布掌右翼二十七年噶爾丹侵喀爾喀哲卜尊丹巴呼圖克圖奔赴內汛所部班第岱青車凌岱青奉詔督兵二百往護復選兵千三百由瀚海偵噶爾丹先是色稜墨爾根棟伊思喇布來歸阿巴哈納爾諸台吉有留居喀爾喀者至是隨哲卜尊丹巴呼圖克圖額爾德尼台吉納木扎勒等至曰根敦額爾克曰阿海烏巴什曰伊克岱青曰額爾克烏巴什挈屬戶千餘詔納之二十九年噶爾丹復侵喀爾喀至烏勒札河所部選兵四千從大軍迎擊復以所部索諾木伊嚕爾圖嚮導功賜號達爾漢五十四年以災歉收詔發唐三營儲粟賑之復賜無產台吉牲牧雍正二年遣官齎銀賑所部貧戶九年大軍勦噶爾丹策凌檄兵駐達哩剛愛十三年撤還所部二旗右翼駐昌圖山左翼駐烏勒屈陀羅海爵二扎薩克多羅貝勒一扎薩克固山貝子一扎薩克貝子棟伊思喇布十傳至車林多爾濟宣統元年以報效軍需賜郡王銜世襲貝勒左翼有佐領九右翼有佐領七是部與烏珠穆沁浩齊特蘇尼特阿巴噶四部合爲十旗統盟於錫林郭勒於內札薩克東四盟中距京稍遠風氣獨守舊迄清季無招墾之事察哈爾都統行文令辦新政其盟覆文頗不遜咸豐中嘗徵其兵備防旋以不得力撤之同治中以回匪東竄徵其盟駝隻濟軍

清史稿　列傳

藩部三

四子部落　茂明安

喀爾喀右翼　烏拉特

鄂爾多斯　阿拉善

額濟納

四子部落在張家口外至京師九百六十里東西距二百三十五里南北距二百四十里東及北蘇尼特西歸化城土默特南察哈爾鑲紅旗牧廠元太祖弟哈巴圖哈薩爾十五世孫諾延泰與其兄昆都倫岱青遊牧呼倫貝爾均稱阿嚕蒙古昆都倫岱青裔詳阿嚕科爾沁部傳諾延泰子四長僧格號墨爾根和碩齊次索諾木號達爾漢台吉次鄂木佈號布庫台吉次伊爾扎木號墨爾根台吉四子分牧而處後遂爲其部稱天聰四年阿嚕諸部長內附伊爾扎木來獻駝馬貂皮賜宴命坐大貝勒代善右以優異之五年僧格從征明大凌河敗錦州援兵獻俘百餘賜酒勞飲給陣獲甲仗六年偕格從征察哈爾七年索諾木鄂木佈伊爾扎木相繼獻駝馬賚甲冑雕鞍鞓帶及幣八年鄂木佈伊爾扎木復獻駝馬命諸貝勒以次宴之壽遣大臣赴碩翁科爾定諸藩牧以都木達都臘格里克鄂多爾台爲其部牧界九年夏伊爾扎木隨大軍收察哈爾汗子額哲盡降其衆冬獻駝馬貂皮崇德元年宣諭朝鮮其部伊爾遜德齋書從遇明皮島兵擊斬二人還得優賚是年授鄂木佈扎薩克俾統四子部落三年伊爾扎木從征明山東四年從征松山師旋以前遣兵不及額又弗朝正議奪所屬人戶詔從寬罰牲畜五年來朝賚甲冑弓矢綵幣六年上親征明圍松山其部將都爾拜隨大軍設伏高橋及桑阿爾齋堡追杏山逃卒獲之順治元年從入山海關擊流賊李自成六年四月追叙所屬昂安導鄂木佈等來歸功予世職康熙十年所部歉收詔以宣府及歸化城儲粟賑之十三年調兵協勦陝西叛賊王輔臣論嘉其聞命即赴十四年由甯夏進勦壽分防太原大同十五年調赴河南聽江西大軍檄勦逆藩吳三桂十七年以厄魯特額爾德尼和碩齊等掠烏喇特牧諭嚴防汛二十一年詔發大同宣府儲粟賑所屬貧戶復以察哈爾牧產贍之二十九年還兵赴圖拉河偵噶爾丹會噶爾丹由喀爾喀河追襲昆都倫博碩克圖袞布詔移兵駐歸化城尋撤還二十四年諭備兵聽西路軍調三十五年隨大將軍費揚古敗噶爾丹於昭莫多復簡兵百與茂明安兵百防喀爾喀親王善巴汛三十六年朔漠平賜從征及坐塘監牧諸弁兵銀雍正九年從勦噶爾丹策凌乾隆十一年賑是部災十八年議勦達瓦齊詔購駝馬送軍所部一旗駐烏蘭額爾濟坡其爵爲扎薩克多羅達爾漢卓哩克圖郡王同治中以回匪東竄命副都統杜嘎爾軍擇駐其地以當漢南北之衝徵駝馬備防戍襄臺差皆較他部爲亟光緒十一年察哈爾都統紹祺以勘土默特達拉特爭界事經其部奏四子王旗齎台駝馬自同治年間藉詞西北軍興差役繁重潛自回旗至今十餘年之久屢催罔應所屬部落聞私墾者十已七八請下理藩院嚴催詔從之二十六年拳教相仇是部釀禍頗鉅事定議給教堂賠欵銀十一萬兩二十九年置山西武川廳同知以是部及茂明安喀爾喀右翼寄居人民村落隸之自回匪平山西大同鎭練軍駐其地設防卡其後綏遠城將軍督辦墾務貽穀屢奏請飭認墾三十一年是部呈因債作抵之忽濟爾圖地一段請由官局放墾三十二年呈所部之察罕依嚕格勒圖地段認墾有佐領二十是部與茂明安喀爾喀右翼烏拉特同盟于烏蘭察布綏遠城將軍節制烏蘭察布伊克昭二盟故重大事件皆由將軍專奏焉

茂明安部在張家口外至京師千二百四十里東西距百里南北距百九十里東喀爾喀右翼西烏喇特南歸化城土默特北瀚海元太祖弟哈巴圖哈薩爾十三世孫鄂爾圖鼐布延圖子錫喇奇塔特號土謝圖汗有子三長多爾濟次固穆巴圖魯次桑阿爾濟洪果爾游牧呼倫貝爾均稱阿魯蒙古多爾濟號布顏圖汗子車根嗣爲茂明安部長天聰七年偕固倫巴圖魯暨台吉達爾瑪岱袞烏巴什等攜戶千餘來歸獻駝馬八年台吉揚固海杜凌烏巴海達爾漢巴圖魯瑚稜都喇勒巴瑪額爾忻岱青阿布奈繼至均賜宴賚甲冑雕鞍銀幣九年烏巴海達爾漢巴圖魯都喇勒叛逃喀爾喀遣兵由鄂諾河往勦至阿古庫克特勒斬叛屬千餘追至喀木尼哈盡俘以還崇德三年巴特瑪瑚稜等從征喀爾喀扎薩克圖汗偵遁乃還嗣征明山東及蘇尼特喀爾喀皆以兵從康熙三年授車根長子僧格扎薩克俾統其衆十三年調兵勦陝西叛鎭王輔臣十四年駐防大同十五年調赴河南聽江西大軍檄勦逆藩吳三桂十九年以厄魯特羅卜藏丹台吉等掠其部牧產遣官諭厄魯特察歸所掠二十七年噶爾丹侵喀爾喀諭嚴防汛二十九年噶爾丹襲喀爾喀昆都倫博碩克圖袞布踰烏勒扎河詔選兵駐歸化城三十五年從西路大軍擊噶爾丹三十六年朔漠平賜從征弁兵銀五十四年所部歉收以呼坦和儲粟賑之雍正九年從勦噶爾丹策凌分兵赴固爾班賽堪駐防十年移駐伯格爾十三年撤還所部一旗駐牧徹特塞哩隸烏蘭察木盟爵二扎薩克一等台吉一附多羅貝勒一道光十二年與土默特爭界命松筠往勘八月覆奏茂明安及達爾漢貝勒等所爭土默特游牧有乾隆年間原案原圖並所設封堆鄂博向該台吉等逐加指示心俱輸服令按舊定界址各守游牧毋相侵越同治中回匪東竄是部被擾九年十二月綏遠城將軍定安奏獲茂明安等旗肆掠馬賊巴噶安爾等誅之十年茂明安扎薩克綽克巴達爾琥等以違悞台站議處是年肅州回匪東竄烏拉特境定安遣侍衞成山統吉林馬隊駐是部光緒末綏遠城將軍貽穀督墾勸諭報地三十三年呈交水壕帳房塔兩處地段認墾實則是部租給商民墾地頗多境內漢民村落亦衆有佐領四

喀爾喀右翼部在張家口外至京師千一百三十里東西距百二十里南北距百三十里東四子部落西茂明安南歸化城土默特北瀚海元太祖十六世孫格哷森扎扎賚爾琿台吉有子七號喀爾喀七旗分東西中三路以三汗掌之其第三子諾諾和偉徵諾顏有子二長阿巴泰號鄂齊賴賽因汗爲中路土謝圖汗祖次阿布瑚號墨爾根諾顏子三長昂噶海襲父墨爾根號次喇瑚里號達賴諾顏生本塔爾本巴什希色爾濟扎木素額璘沁次圖蒙肯號昆都倫諾楞子車顏都朗生袞布皆爲喀爾喀中路台吉隸土謝圖汗順治十年二月本塔爾以與土謝圖汗袞布隙偕弟本巴什希扎木素額璘沁及袞布率戶千餘來歸色爾濟獨留喀爾喀其孫禮塔爾後來歸授扎薩克台吉見土謝圖汗部傳三月詔封本塔爾爲扎薩克和碩達爾漢親王統其衆賜牧塔嚕渾河與內扎薩克諸部列是爲喀爾喀右翼其稱左翼者爲貝勒袞布伊勒登亦自喀爾喀來歸受封在本塔爾後互見其傳康熙二十五年喀爾喀扎薩克圖汗沙喇與土謝圖汗察琿多爾濟搆釁遣大臣莅盟於庫倫伯勒齊爾由歸化城齎糧往詔所部扎薩克選駝助運二十七年還兵駐邊偵噶爾丹二十九年調赴圖拉河酌留兵之半駐歸化城三十一年詔發殺虎口倉粟賑其屬貧戶三十五年五月從大將軍費揚古由西路敗噶爾丹於昭莫多凱旋詔留軍營餘米給部衆十月發軍前馬瘠者留其地飼牧三十六年費揚古檄所部兵會大軍於喀爾喀郡王善巴界師旋賚從征兵銀五十四年三月因久雪傷牧產詔發呼坦和朔儲粟賑之雍正九年大軍勦噶爾丹策凌詔簡兵駐歸化城十年復隨鄂爾多斯郡王扎木揚駐烏喇特西界十三年撤還乾隆四年遣大臣察閱備調兵頒賞有差所部一旗駐牧塔嚕渾河爵四扎薩克多羅達爾漢貝貝一由

親王降襲附固山貝子一由郡王降襲固山貝子一鎭國公一道光十二年與土默特爭界松筠往勘仍如舊界定之同治十一年肅州回匪東竄烏拉特杜嘎爾遣侍衞永德率兵進駐是部之和林果爾一帶堵截之四月杜嘎爾進軍勦竄賽盟阿爾必特公等旗之匪飭是部與四子部落委員雇覓民駝趣應軍需光緒末議與西盟墾務是部報卓克蘇拉塔一帶地段認墾有佐領四

烏喇特部在歸化城西至京師千五百二十里東西距二百十五里南北距三百里東茂明安及歸化城土默特西及南鄂爾多斯北喀爾喀右翼元太祖弟哈巴圖哈薩爾十五世孫布爾海游牧呼倫貝爾號所部曰烏喇特子五長賴噶次布揚武次阿爾薩瑚次布嚕圖次巴爾賽後分烏喇特爲三賴噶孫鄂木布巴爾賽次子哈尼斯青台吉之孫色稜及第五子哈尼泰氷圖台吉之子圖巴分領其衆統號阿嚕蒙古天聰七年率屬來歸貢駝馬八年從大軍征明由喀喇鄂博入得勝堡略大同克堡三臺一師旋以奈曼翁牛特部違令罪各罰駝馬詔分給所部嗣征朝鮮喀爾喀及明錦州松山薊州皆以兵從順治五年叙功時鄂木布色稜已卒以圖巴掌中旗鄂木布子諤班掌前旗色稜子巴克巴海掌後旗各授扎薩克封鎭國公輔國公爵有差康熙二十六年上閱兵盧溝橋命其部來朝人從觀二十七年噶爾丹侵喀爾喀諭嚴防汛二十九年噶爾丹襲喀爾喀昆都倫博碩克圖袞布諭烏勒扎河命選兵駐歸化城三十年以自厄魯特來歸之巴圖爾額爾克濟農和囉理叛逃詔備兵五百偵勦三十一年和囉理降撤所備兵歸十五年從西路大軍敗噶爾丹於昭莫多三十六年朔漠平上由甯夏凱旋四等台吉南春迎覲賀捷稱旨晉授一等台吉並優賚從征及坐塘監牧鑿井諸弁兵三十八年以其屬有貧爲盜者諭諸扎薩克教養之五十四年所部歉收以呼坦和朔儲粟賑之雍正九年大軍勦噶爾丹策凌諭選兵防游牧乾隆十九年議勦達瓦齊詔購駝馬送軍所部三旗駐牧哈達瑪爾爵三扎薩克鎭國公二輔國公一是部墾事最先乾隆三十年卽將沿河牧地私租民人耕種五十七年以積欠商人二萬兩允佃種五年之限道光十二年扎薩克鎭國公巴圖鄂齊爾充烏蘭察布盟盟長以茂明安等旗爭地不報歸化城副都統輒向理藩院越訴奪盟長咸豐三年綏遠城將軍盛壎奏烏拉特三公旗生齒日繁漸形窮苦賒欠民人債物及備辦軍台差使借貸銀錢無力償還陸續私租地畝數十處每處寬長百十里或數十里酌擬變通分別應禁應開下所司議行同治七年回匪東竄擾後套山西大同鎭總兵馬陞督兵往昆都崙溝台梁一帶防勦九年將軍定安奏烏拉特河北後套夙稱產糧之區而糧所由產皆出於內地民人私種蒙古游牧之地現金順張曜老湘卓勝各營軍糧無不購買於此擬請將三公旗游牧墾出地畝無論應開應禁均暫准種耕責令按畝收租留備各項差使之用所產糧石供各路軍糈時回匪陷磴口擾及是部後套一帶二月諭宜安遣宋慶一軍赴舍太一帶勦除北路竄匪尋鄂爾多斯貝子烏爾那遜督隊擊退六月諭定安等勸烏拉特居民赶興耕作以裕足食之源十二月諭金順防範烏拉特三旗地方游戈回匪十年三月回匪復自賽音諾顏之阿米爾畢特公旗擾是部中公旗洪庫勒塔拉地方六月匪又擾中公旗之什巴克台杜嘎爾奏吉額洪額等軍大敗之于布特地方金運昌遣提督王鳳鳴剿前竄洪庫勒塔拉之匪于奔巴廟察洪噶爾廟皆殄之其後肅州回匪平烏拉特始息警自征回軍興西路文報及軍需駝馬皆由是部設台分段接替至阿拉善而止西陲肅清始復舊制二十三年山西巡撫胡聘之請開烏拉特三湖灣地方屯墾既得俞旨理藩院以蒙盟呈有礙游牧格其議二十九年護山西巡撫趙爾巽與廷斌先後奏置五原廳同知以是暨鄂爾多斯之達拉特杭錦兩旗寄居民人村落隸之時兵部侍郎貽穀督墾派員勸報地三十三年奏烏拉特前旗以達拉特旗東之什拉胡魯素紅門兎等地段後旗以黃河西岸之紅洞灣地段中旗以黃河西岸熟地莫多噶魯泰兩段報墾並修壩工擴渠道防衝突暢引灌仍以民多官少防範難周蒙人時有爭渠阻墾情事入告是部中旗有佐領十六前旗十二後旗六

鄂爾多斯部在河套內至京師千一百里東歸化城土默特西阿拉善南陝西長城北烏喇特東西北三面皆距河袤延二千餘里元太祖十六世孫巴爾蘇博羅特始居河套爲鄂爾多斯濟農子袞弼哩克圖墨爾根繼之有子九分牧而處今鄂爾多斯七札薩克皆其裔長諾顏達喇襲濟農號爲扎薩克郡王額璘臣一旗祖次巴雅斯呼朗諾顏爲扎薩克貝勒善丹一旗祖次偉達爾瑪諾顏爲扎薩克貝子沙克扎鎭國公小扎木素二旗祖次諾捫塔喇尼華台吉爲扎薩克貝子額琳沁一旗祖次玻揚呼哩都噶爾岱青爲扎薩克台吉定咱喇什一旗祖次巴雅喇偉徵諾顏爲扎薩克貝子色稜一旗祖次巴特瑪薩木巴斡次納穆達喇達爾漢諾顏次翁拉罕伊勒登台吉皆爲濟農屬察哈爾林丹汗虐其部濟農額琳臣與喀喇沁阿巴噶諸部長敗察哈爾兵四萬於土默特之趙城天聰九年大軍收林丹汗子額哲於黃河西托里圖地未至額璘臣私要額哲盟分其衆以行我軍追及之索所獲額璘臣懼獻察哈爾戶千餘自是所部內附頒授條約順治元年選兵隨英親王阿濟格赴陝西勦流賊李自成二年師旋得優賚六年台吉大扎木素及多爾濟叛刼我使圖嚕錫敕曰聞爾等背叛卽欲加兵但念受朕恩有年且生靈堪惜故不忍遽用干戈爾能悔過來朝卽宥罪恩養儻恃險不卽歸順當發兵窮爾蹤跡必不容爾偷生時額璘臣偕同族固嚕岱靑善丹小扎木素沙克扎額琳沁色稜等擒自額濟內阿喇克鄂拉徙牧博羅陀海上嘉其不助逆詔封郡王貝勒貝子鎭國公有差各授扎薩克凡六旗七年大扎木素降詔宥其罪諭多爾濟降不從九年遣兵擒斬多爾濟於阿拉善康熙十三年冬調所部兵三千五百會勦陝西叛鎭王輔臣十四年復神木定邊花馬池各城堡叙功晉扎薩克等爵台吉各加一級二十七年噶爾丹侵喀爾喀奉詔簡兵二千防汛三十五年上親征噶爾丹至所部界扎薩克等率屬渡河朝御營獻馬上手諭皇太子曰朕至鄂爾多斯地方見其人皆有禮貌不失舊時蒙古規模各旗俱和睦如一體無盜賊駝馬牛羊不必防守生計周全牲畜蕃盛較他蒙古殷富闌獵嫻熟雉兎復多所獻馬皆極馴取馬不用套竿隨手執之水土食物皆甚相宜三十六年允扎薩克等請設站阿都海軍奏及糧運俱由其地行時扎薩克等率兵扈蹕頒賚白金是年冬理藩院劾運米遲誤罪詔寬免五十一年諭曰鄂爾多斯饑饉洊臻戶口流散可速遣官察覈務令各遂生業五十二年詔定其部牧界先是郡王松喇布請暫牧察罕托輝尙書穆和倫等往勘議於柳墪剛柳墪房墪西墪四臺外暫令駐牧至是甯夏總兵范時捷奏察罕托輝係版圖內地蒙古遊牧與民樵採混雜不便請令仍以黃河爲界遣官勘議從時捷所請五十四年詔簡兵二千從大軍防禦策妄阿喇布坦五十五年所部歉收遣官往賑凡七千九百餘戶三萬一千餘丁雍正元年復命賑恤十年以調赴固爾班賽堪兵三千不堪用者五百又中途逃歸四百餘爲將軍達爾所濟劾論王貝勒貝子等罪各降爵尋以次子復乾隆元年詔增設一旗以一等台吉定咱喇什領之授扎薩克是年允陝西楡林神木等處邊民種鄂爾多斯餘閒套地完租四十九年陝甘總督福康安奏黃河改向西流原在河西民人反在河東鄂爾多斯蒙古貪利濫以現行黃河爲界謂民人占據所部游牧地方命侍郎賽音博爾克圖往勘仍如前黃河舊流之地爲界釘樁立碑所部七旗自爲一盟曰伊克昭與哲哩木卓索圖昭烏達錫林郭勒烏蘭察布五盟同列內札薩克左翼前旗一名準噶爾旗駐札勒谷左翼中旗一名郡王旗駐敖西喜峯左翼後旗一名達拉特旗駐巴爾哈遜湖右翼前旗一名烏審旗駐巴哈池右翼中旗一名鄂拓克旗駐西喇布哩都池右翼後旗一名杭錦旗駐鄂爾吉虎泊後增一旗曰左翼前末旗一名札薩克旗爵八扎薩克多羅郡王一附輔國公一扎薩克多羅貝勒一扎薩克固山貝子四一由鎭國公晉襲扎薩克一等台吉一是部墾事最早乾隆以後是部招墾民人近陝西者分隸陝西神木定邊兩理事同知及神木府谷懷遠靖邊定邊等縣近山西者分隸薩拉齊托克托城清水河三廳偏關河曲等縣而因地滋爭之案亦時有道光八年達拉特旗之才吉波羅塔拉地方以抵還債項奏准租給商種五年十四年綏遠城將軍彥德奏達拉特旗台吉人等招民私墾驛站草地致越界侵種其旗游牧地方貝子親往驅逐民人恃衆砍傷二等台吉薩音吉雅等詔山西巡撫鄂順安派員捕治之其後相沿奉部文而承種者有之由台吉私放者有之由各廟喇嘛公放者有之開墾頗多產糧亦盛同治初元回匪役興辦團練購糧儲皆取濟於此是年調鄂爾多斯兵赴甘協勦六年回匪屢入境皆爲貝子扎那格爾第兵所敗七年正月陝西甯條梁之陷匪遂大入游牧南自依克沙巴爾北至固爾根柴達木焚掠殆遍要地如古城答拉寨十里長灘諸處皆不守蒙兵不能戰屢請撤退四月綏遠城將軍德勒克多爾濟奏飭扎那格爾第簡精壯蒙兵五百合準噶爾旗壯丁及察哈爾馬隊各五百均歸統帶擇駐神木要隘相機迎勦別以達拉特旗兵五百駐適中草地朝旨飭甯夏副都統金順一軍援之六月金順深入蒙地遇匪于野狐井門家梁王家溝皆捷嵩武軍統領提督張曜一軍亦赴援屢挫之古城十里長灘之匪皆遁張曜又敗匪于達拉特旗進駐古城而竄杭錦烏審郡王等旗之匪亦爲綏遠城將軍所遣達爾濟一軍所敗是爲鄂部七旗初次肅淸綏遠城將軍定安遂奏撤伊克昭盟兵一千九百回本游牧防守仍留前挑兵五百令那格爾第統帶探賊進勦十二月阿拉善之磴口不守回匪又大入鹽海子纏金一帶皆被擾時匪自磴口水路進撲副都統社嘎爾派參領成山等合烏爾圖那遜兵分往纏金及阿拉善旗烏蘭木頭地方勦之匪皆敗遁六

月張曜自古城進勦屢敗匪于察罕諾爾沙金托海追至賀蘭山達爾濟扎那格爾弟兩軍擊殄杭錦達爾特郡王諸旗之匪朝旨又增遣宋慶一軍西援八月敗擾郡王旗之匪于東嶺擊退擾烏審鄂拓克等旗之匪進至哈拉衆金順軍礮口張曜軍寗夏沿途自舍太至三道河石嘴山皆駐官軍宋慶是冬追勦逆于準噶爾昭鹽海子諸處悉殄之九年金積回匪以官軍攻急自石嘴北犯冀梗我運道於是沙金托海以西匪騎出沒而準噶爾杭錦鄂托克諸旗復擾宋慶達爾濟諸軍復進勦迭捷七月烏審旗管帶官赤樓多爾濟以勦匪陣亡于霍里木廟然各旗亦屢挫來擾之匪梅楞章京扎棟巴等以勦捍陝西懷遠邊外之匪予優獎是部再告奠至金積蕩平而警報始息歷次陣亡蒙旗官兵及出力者均時予卹獎其纏金諸地則山西仍置防戍光緒二年邊外馬賊肆擾是部達拉特杭錦等旗地戶商人蹂躪特重渠廢田蕪迄不可復十五伊克昭盟長貝子扎那濟爾迪呈準噶爾旗以頻年荒歉請開墾空閑牧場一段東西八十里南北十五里收租散賑接濟窮蒙下理藩院議行以招種民人分隸山西河曲陝西府谷時歸化城土默特與達拉特旗以黃河改道爭界咨山西巡撫奎斌大理寺少卿郭勒敏布以綏遠城將軍斷分之案偏袒土默特奏劾命察哈爾都統紹祺往勘援乾隆五十一年黃河舊漕爲斷之諭以南之地四成歸達拉特以北之地六成歸土默特尋經勘定北自烏拉特界南至準噶爾界達拉特應分地周六百四十八里十二年伊犂領隊大臣長庚奏纏金等處宜開屯田山西巡撫剛毅覆奏纏金卽才吉地在河北外套伊克昭盟之達拉特杭錦兩旗牧界河自改行南道蒙古始招商租種分佃修成渠道西則纏金計共五渠東則後套計共三渠紆迴約二百里中間支渠曲折蜿蜒不可枚數後遭馬賊之擾不特纏金牛壩商號不過數家卽後套左右亦只二百餘家達拉特旗昔歲收租銀十萬近所收租錢不及三千串閱伍至薩齊之包頭而與伊克昭盟長貝子扎那吉爾迪籌商謂當明示各旗斷不使該旗牧界日久歸於民人因上議屯三端曰分段曰修渠曰設官下所司議格二十六年拳匪之案鄂爾多斯七旗如達拉特鄂拓克烏審準噶爾各旗釀禍均重事定議有賠欵達拉特一旗至三十七萬兩教堂欲得銀蒙旗欲抵地久未結十八年命兵部侍郎貽穀辦晉邊墾務咨調烏伊兩盟長詣歸化商訂迄未至而呈理藩院請免開辦廷旨下院嚴飭盟長迅與貽穀等會商不得推諉於是貽穀等先以賠還達拉特旗教案熟地二千頃給銀十七萬兩者爲墾務入手之策二十九年達拉特杭錦兩旗始派員就議報墾郡王鄂克烏審準噶爾扎薩克五旗亦相繼報地而杭錦旗貝子阿爾賓巴雅爾時充盟長仍請緩辦堅拒出具交地印文三十年貽穀以抗不遵辦掣動全局劾之以副盟長烏審旗貝子察克都爾色楞代署三月套匪滋事山西綏軍平之九月察克都爾色楞等以烏審扎薩克兩旗公中之地北起阿拜素南至巴蓋補拉克一段歸官報墾祝皇太后七旬萬壽予察克都爾色楞郡王銜沙克都爾扎布鎭國公銜三十一年二月阿爾賓巴雅爾復呈悔過情形報出杭錦旗中巴噶地一段貽穀奏烏伊兩盟地皆封建與察哈爾之比於郡縣者不同定押荒歲租皆一半歸官一半歸蒙別提修渠費旨下所司知之七月貽穀奏杭錦達拉特兩旗地戶將原有各渠報効歸公因改長勝渠名長濟纏金渠名永濟挑濬深通老郭等渠以次及之計可溉田萬頃後套地必坿渠渠日加多卽地日廣就現在應收之欵悉歸工作回環挹注務竟其功請各旗押荒地租各欵應歸公者均暫緩提撥備渠工大修之費九月準噶爾旗協理台吉丹丕爾不悅於墾糾衆抗阻攻刦局所貽穀遣兵捕治之三十二年貽穀奏定郡王等五旗旱地押荒歲租陝西巡撫恩壽會奏以郡王扎薩克兩旗墾地置東勝廳隸山西歸綏道三十三年貽穀蒙譴復阿爾賓巴雅爾盟長信勤瑞良等相繼爲墾務大臣是部墾事進行未廢佐領卽左翼中旗十七右翼中旗八十四左右翼前旗各四十二左翼後旗四十右翼後旗三十六右翼前末旗十三

阿拉善厄魯特部至京師五千里東鄂爾多斯西濟納南寗夏涼州甘州北踰瀚海接賽音諾顏扎薩克爾盟袤延七百餘里卽賀蘭山地駐牧蒙古系出元太祖弟哈巴圖哈薩爾與和碩特同族和碩特舊爲四額特魯之一故稱額魯特部哈巴圖哈薩爾十九傳至圖魯拜琥號顧實汗有子巴延阿布該阿玉什兄拜巴噶斯初育以爲子後自生子二長鄂齊爾圖次阿巴賴游牧河西套稱西套厄魯特巴延阿布該阿玉什號達賴烏巴什子十六居西套者曰和囉理曰墨爾根曰額爾克曰都喇勒曰哈什哈曰陀音曰土謝圖羅卜臧曰博第曰多爾濟扎布曰諾爾布扎木素曰愛博果特曰鄂木布和囉理號巴圖爾額爾克濟農以來歸授扎薩克賜牧阿拉善諸昆弟子姓隸之其居青海者曰扎布曰阿南達曰伊特格勒曰巴特巴扎布授扎薩克領其族見青海厄魯特部傳鄂齊爾圖號車臣汗子三長額爾德尼子噶勒丹多爾濟次噶爾第巴子羅卜藏袞布阿拉喇布坦次伊拉古克三班第達呼圖克圖後皆絕嗣阿巴賴裔爲準噶爾所掠故不著順治四年鄂齊爾圖遣使貢駝馬六年阿巴賴繼至七年鄂齊爾圖使至以喀爾喀婚媾蘇尼特部長騰機思叛奏稱力能勦逆當相機爲之否則亦必修貢如初不敢稍萌異志諭絕喀爾喀勿私通好嗣因額爾德尼噶爾第巴伊拉古克三班第達呼圖克圖及所部台吉宰桑等朝貢至者相接準噶爾台吉噶爾丹游牧阿爾台號博碩克圖汗覬爲厄魯特長鄂齊爾圖妻以孫女阿努壽與隙康熙十六年噶爾丹以兵襲西套戕鄂齊爾圖破其部鄂齊爾圖妻曰多爾濟喇布坦與喀爾喀墨爾根汗額列克妻皆土爾扈特汗阿玉奇女兄也額列克孫察琿多爾濟號土謝圖汗偵噶爾丹侵鄂齊爾圖兵援之不及多爾濟喇布坦奔土爾扈特噶爾丹遣使獻俘諭曰鄂齊爾圖汗與噶爾丹向俱納貢今噶爾丹侵殺鄂齊爾圖獻所獲弓矢等物朕不忍納也其部之西套厄魯特旣潰或奔依達賴喇嘛或被噶爾丹掠去和囉理率族屬避居大草灘阨嵎萬餘守汛者遣之去仍逐水草徙戀處邊外有楚琥爾烏巴什者噶爾丹叔父也子五長巴哈班第次阿南達次羅卜藏呼圖克圖次舉章次羅卜藏額琳沁噶爾丹以私憾襲殺巴哈班第執楚琥爾烏巴什及羅卜藏額琳沁等禁之巴哈班第子罕都爲和囉理甥時年十有三其屬額爾德尼和碩齊攜之逃以兵四百掠烏拉喇特戶畜竄就和囉理居額濟內河喀爾喀台吉畢瑪里吉哩諦偵以告會青海墨爾根台吉等察獻額爾德尼和碩齊所掠遣使詰知爲準噶爾屬諭噶爾丹捕額爾德尼和碩齊治罪幷收和囉理歸牧或非所屬當以告二十二年噶爾丹奏和囉理等歸達賴喇嘛已遣使召請以丑年四月爲限是年蓋歲在亥二十三年罕都偕額爾德尼和碩齊遣使貢請宥掠烏喇特罪而和囉理戚屬嘗掠茂明安諸部牧產前以服罪故宥之至是諭曰和囉理旣免罪額爾德尼和碩齊等著一體赦所貢准上納先是羅卜藏袞布阿喇布坦避噶爾丹走唐古特以達賴喇嘛言表請賜居龍頭山轄西套遺衆命兵部督捕理事官拉都琥往勘奏言龍頭山蒙古謂之阿拉克鄂拉乃甘州城北東大山山脈緜延邊境山口卽邊關建夏口城距澁川堡五里山盡爲寗遠堡距龍頭山里許有昌寗湖界之內地兵民耕牧已久不宜令新附蒙古居上可其奏羅卜藏袞布阿喇布坦徙牧布隆吉爾土謝圖汗琿多爾濟以女妻之事聞諭廷臣曰前齊爾圖汗爲噶爾丹所戕其孫羅卜藏袞布阿喇布坦往求達賴喇嘛指授所居之地達賴喇嘛令駐牧阿拉克鄂拉因以爲請鄂齊爾圖汗從子和囉理前沿邊駐牧嘗曾檄噶爾丹收取之令羅卜藏袞布阿喇布坦與喀爾喀互爲犄角噶爾丹欲以兵向和囉理等則恐喀爾喀躡之欲以兵向喀爾喀則恐和囉理等襲之此必非噶爾丹所能收取也二十四年和囉理請賜敕印鈐部衆廷臣以游牧未定議不允諭曰和囉理等以避亂故離其舊牧來至邊境劫掠茂明安烏喇特諸部本應卽行殄滅朕俯念鄂齊爾圖汗世奉職貢恪恭奔走雖之彼亦迫於飢困是以宥其罪戾又羅布藏袞布阿喇布坦係鄂爾齊圖汗孫爲和囉理從子應令衆合一處其遣官往諭朕旨度可居地歸併安置封授名號給賜金印敕書以示朕興滅繼絕至意理藩院尙書阿喇尼遵旨往諭和囉理奏皇上令臣等衆處乃殊恩達賴喇嘛亦謂羅卜藏袞布阿喇布坦居布隆吉爾地隘草惡不若與臣同處臣等欲環居阿喇克山陰遏寇盜靖邊疆令部衆從此地而北當喀爾喀台吉畢瑪里吉哩諦牧地由噶爾拜瀚海額濟內河姑喇柰河雅布賴山巴顏努魯喀爾占布爾古特洪果爾鄂隆以內東倚喀爾喀丹津喇嘛牧西極高河居之奏至遣使諭達賴喇嘛曰噶爾丹滅鄂齊爾圖汗時和囉理及羅卜藏袞布阿喇布坦等紛紜離散來至邊境又以生計窘迫妄行劫掠朕宥其罪不卽發兵勦滅和囉理等亦戴朕恩屢請敕印依朕爲命朕前諭噶爾丹收取彼約以丑年四月爲期今踰期已數月矣伊等骨肉分離散處失所朕心殊爲惻然鄂齊爾圖汗於爾喇嘛爲護法久矣何忍漠視其子孫宗族至於窮困今朕欲將伊等歸併安置爾喇嘛其遣使與朕使偕往定議二十五年達賴喇嘛奏已遣使上遣拉都琥往會勘拉都琥偕達賴喇嘛使約和囉理至東大山北語之曰爾所謂噶爾拜瀚海地聽爾游牧外自甯夏所屬玉泉營西羅薩喀喇山嘴後至賀蘭山陰一帶布爾哈蘇台口又自寗夏所屬倭波嶺塞口北努渾努魯山後甘州所屬鎭番塞口北沿陶蘭泰薩喇椿濟雷琿希理等地西向至額濟內河俱以距邊六十里爲界畫地識之定議蒙古殺邊民論死盜牲畜奪食物者鞭之私人邊游牧者台吉宰桑各罰牲畜有差所屬犯科一次罰濟農牲畜以五九時罕都及額爾德尼和碩齊請與和囉理同牧羅卜藏袞布阿喇布坦偵其女兄阿努擕兵千赴藏道嘉峪關外懼襲己備之以故未卽徙拉都琥奏至詔以所定地域及罰例檄甘肅守臣知之蓋自是和囉理屬始定牧阿拉善二十七年噶爾丹侵喀爾喀

和囉理欲往援察琿多爾濟乞師於朝時諭噶爾丹罷兵使已就道詔不允和囉理請而羅卜藏袞布阿喇布坦自率兵援喀爾喀遇我使於道宣諭之亦撤歸布隆吉爾察琿多爾濟尋爲噶爾丹所敗上復遣使諭噶爾丹將行命之曰噶爾丹若問和囉理事爾等宜述丑年之約并言達賴喇嘛向雖遣使定議令和囉理與羅卜藏袞布阿喇布坦歸併安置迄今尙未同居和囉理雖居游牧邊地亦未編設旗隊前喀爾喀與額魯特交惡和囉理曾請兵討爾朕仍諭遣之曰朕欲使爾等安處游牧而已豈肯給爾兵耶其以是告之令罷兵噶爾丹不從二十八年以羅卜藏袞布阿喇布坦卒賜祭其妻及宰桑等請召噶爾丹多爾濟轄部衆允之時噶爾丹多爾濟游牧準噶爾界諭曰羅卜藏袞布阿喇布坦屬內附所遺部衆恐致流亡噶爾丹多爾濟尙幼召之恐未卽至著和囉理前往布隆吉爾暫爲約束人民俟噶爾丹多爾濟至仍歸本地務期共相扶掖勿侵據所部噶爾丹多爾濟以所部饑告不克卽徙詔授諸顏號遣侍讀學士達琥諭恤所部貧民其母扎木蘇擕噶爾丹多爾濟至詔轄羅卜藏袞布阿喇布坦衆附阿拉善牧有拜達者罕都屬也借額爾德尼和碩齊誘其主棄和囉理私以厄魯特兵千掠邊番守汛者責之爲所戕且抗官軍甘肅提督孫思克以兵屯邊將勦之罕都懼乃降詔宥罪仍駐牧阿拉善其叔父羅卜藏額琳沁尋自準噶爾至奏爲噶爾丹所禁十餘年以準噶爾與喀爾喀戰乘間脫挈孥屬千餘至乞與兄子罕都同居允之三十年和囉理以不遵旨徙牧歸化城懼大兵討叛遁噶爾丹多爾濟羅卜藏額琳沁罕都等從之分道竄將軍尼雅漢等招降噶勒丹多爾濟屬納木喀班爾等五十餘戶和囉理女弟之夫克奇及從者二十一人以聞詔安置歸化城時和囉理弟博第游牧中衞邊外距阿拉善三百餘里聞其兄叛遁欲往會偵副將軍陳祚昌等屯昌寧湖遣子索諾木至軍詭稱假道詣南山否則請牧馬昌寧湖祚昌知爲緩軍計令挈屬至歸化城不從擊之斬五百餘級博第僅以身免走伊巴顙遇和囉理屬台吉齊奇克假糧馬竄額濟內河三十一年和囉理悔罪降命仍牧阿拉善羅卜藏額琳沁罕都齊奇克等從和囉理降尋復叛走提督孫思克以兵追至庫勒圖斬四十餘級齊奇克就擒詔宥死附和囉理牧羅卜藏額琳沁罕都逃遇自青海來歸之喀爾喀台吉阿海岱青班第掠其貲復竄哈密羅卜藏袞布阿喇布坦有女弟曰阿海始與策妄阿喇布坦議婚噶爾丹奪之策妄阿喇布坦怒噶爾丹徙額琳哈畢爾噶上聞之遣員外郎馬迪齎敕諭令絕噶爾丹道哈密羅卜藏額琳沁罕都等借噶爾丹屬圖克齊哈什哈哈爾海達顏額爾克以兵劫之由大草灘毀邊垣遁爲青海台吉額爾德尼納木扎勒所擊走死三十三年和囉理弟博第率屬百餘降乞仍與兄同牧許之命輯所屬潰散者未幾齊奇克復叛遁和囉理遣所部莽奈哈什哈等以兵追諸擣爾格山諭之降不從擊斬之三十五年所部兵隨西路大軍敗噶爾丹於昭莫多副都統阿南達奏命設哨以和囉理屬布爾噶齊達爾漢宰桑瑪頗額爾克哈什哈齊勞墨爾根薩里呼納沁齊倫琿塔漢占哈什哈布達哩杜喇勒和碩齊等分屯額布格特阿木格特昆都倫額濟內及布隆吉爾之博羅椿濟敖齊喀喇莽奈諸地時噶爾丹多爾濟竄徙嘉峪關外有哨卒拜格者其屬也阿南達召至遣歸說噶爾丹多爾濟曰上待汝恩甚厚將撫育之顧叛逃可乎和囉理棄牧時汝不能輯屬故從往上灼知汝情念汝祖鄂齊爾圖汗將玉成汝汝其恩之噶爾丹多爾濟遣告曰上念臣祖兄令臣與和囉理接壤居臣無知從和囉理叛遁今悔罪欲死臣幼臣母一婦人未能違乞以情代奏阿南達欲堅內附志遣使歸約如期會肅州諭設哨援哈密復檄哈密伯克額貝都拉曰噶爾丹至汝地汝卽召噶爾丹多爾濟援勿復疑噶爾丹多爾濟遣宰桑阿約等齎降表表至肅州會上視師寧夏阿南達馳疏至詔優恤所部衆未幾唐古特部第巴煽青海諸台吉盟察罕托羅海繕軍械助之檄噶爾丹多爾濟以兵往辭不赴遣使俄濟通問策妄阿喇布坦自擕兵百會阿南達於布隆台吉爾阿南達偵噶爾丹死其從子丹濟拉竄瀚海遣噶爾丹多爾濟屬輝特台吉羅卜藏等馳赴噶斯而自借噶爾丹多爾濟以兵繼之至色爾滕值俄濟歸以丹濟拉將自郭鑾喇嘛所往附策妄阿喇布坦告因撤噶斯兵遣噶爾丹多爾濟仍赴布隆設哨其屬阿勒達爾哈什哈恭格等煽之叛至西欣驛劫駝馬奉母扎木蘇由吉爾喀喇烏蘇遁阿南達遣兵四百追之不及招降其屬茂海烏納恩巴圖爾阿喇木札木巴阿喇木把及輝特台吉羅卜藏等遣歸阿拉善羅卜藏後徙牧喀爾喀卽附札薩克圖汗部之厄魯特札薩克也是年和囉理以所部數叛請視四十九旗例編佐領廷臣議徙烏喇特界諭曰若將和囉理移牧近地則沿邊別部蒙古甚多豈可盡徙且治蒙古貴得其道不係地之遠近著停徙仍游牧阿拉善地詔和囉理爲多羅貝勒給扎薩克印復以噶爾丹多爾濟竄赴準噶爾敕策妄阿喇布坦曰噶爾丹多爾濟率屬來降安置耕種今忽留其屬人棄衆私遁其中必有不得已之情務卽察明具奏朕於噶爾丹多爾濟略無責備之意且降旨收集其遺衆儻往汝地汝可善爲撫恤如欲內徙卽行遣歸時噶爾丹多爾濟陽附策妄阿喇布坦陰貳之策妄阿喇布坦將侵哈薩克噶爾丹多爾濟詭以兵從中道遁庫車爲回衆所殺母扎木蘇擕屬九百餘奔青海部青海諸台吉以獻詔安置什巴爾臺隸察哈爾康熙四十三年和囉理子阿寶尙郡主授和碩額駙賜第京師四十八年襲貝勒五十四年以參贊往會西安將軍席柱等駐巴理坤襲擊準噶爾於伊勒布爾和碩阿克塔斯烏魯木齊諸地皆捷五十九年參贊平逆將軍延信軍敗準噶爾有克河齊諾郭勒綽瑪喇諸捷護達賴喇嘛入藏年羹堯奏遣歸游牧未幾來朝上憫其勞詔封多羅郡王雍正二年大軍定青海王大臣等議阿拉善爲甯夏邊外要地青海顧實汗諸子裔皆游牧山後今或徙山前請勅阿喇善扎薩克郡王阿寶飭青海衆歸牧山後允之阿寶奏臣祖顧實汗歸誠內附百年於茲受天朝恩甚厚前青海昆弟阻兵攜亂上干天討臣當束身受誅重荷恩宥令安游牧感激莫報乞賜青海曠地令臣鈐諸部不復萌異志詔以青海貝子丹忠所遺博囉充克克牧地給之并諭撫遠大將軍年羹堯遣員齎餉助徙牧博囉充克克者卽漢書地理志所稱潢水也七年阿寶以博囉充克克牧地隘擅請徙烏蘭穆倫及額濟內河界議罪削爵尋命復之詔仍歸阿拉善牧不復居青海阿寶子袞布八年以所部兵赴巴里坤防準噶爾授樊廷賊遁九年錄其勞封輔國公十年晉貝子乾隆六年降襲爵之索諾木多爾濟爲鎭國公二十一年二等台吉達瓦車凌從大軍勦厄魯特竄黨遇伏於博囉齊嶺擊之陣歿詔議䘏入祀昭忠祠先是阿寶屬達瑪琳從靖邊大將軍傅爾丹擊準噶爾於和通呼爾哈諾爾爲所掠至是擄孥及屬布庫勒等四十戶詣都統雅爾哈善軍請歸阿拉善舊牧詔如所請徙衆仍置伊犂所部旗一爵三曰扎薩克和碩親王由貝勒晉襲附鎭國公二一由貝子降襲一由輔國公晉襲阿寶次子羅卜藏多爾濟初襲貝勒乾隆二十一年詔以兵赴北路二十二年以俘逆賊巴雅爾功晉郡王授參贊大臣二十三年以勦俘已叛宰桑恩克圖功予雙眼花翎二十四年以台吉達瓦佐領布岱等勦瑪哈沁及逆回布拉呢敦功優賚之三十年晉羅卜藏多爾濟親王三十七年十一月以甘肅民人私控阿拉善旗哈布塔哈拉山會沙命勒爾謹捕治之四十六年大軍勦薩拉爾逆回於華林寺四十九年又勦逆回於石峰堡邸店是部皆以兵從均有功五十一年允阿拉善鹽由水路運至山西臨縣磧口五十六年是部鹽入銀八千兩羅卜藏多爾濟子旺沁班巴爾襲親王後嘗一爲甯夏將軍以祖庇屬人爭勘地界罷之嘉慶四年陝甘總督長麟奏徵是部征教匪兵歸其部五年甘肅按察使姜開陽疏言中衞邊外有大小鹽池今爲阿拉善王所轄其鹽潔白堅好內地之民皆喜食之大約甘肅金省食阿拉善鹽者十分之六陝西一省亦居其三聞阿拉善王但於兩池置官收稅不論蒙古漢人聽其轉運故於民其便私販甚多駱駝牛騾什佰成羣特梃格鬭吏役不敢呵止今擬令沿邊各州縣於各隘口鹽所從入之處設局收稅亦計所馱多少爲稅之輕重彼所收者池稅我所收者過稅既無碍於阿拉善王又易私販爲官販兩便之道十一年阿拉善王因回民私販麗法獻其池歸官辦詔派判於磴口每年予阿拉善王銀八千兩池屬甯夏道專管十七年改歸商辦酌定口岸示以限制改磴口大使爲皇甫川大使專司稽察吉鹽水販止准運至皇甫川以鹽池救還阿拉善王停其償歲而以吉鹽八萬七千餘引配於潞引由潞商包納吉課咸豐四年七月親王呈捐輸開采哈勒津庫察地方銀鑛定甘肅收阿拉善鹽商稅濟軍餉同治初年回匪滋事屢征是部兵協勦三年阿拉善親王貢桑珠爾默特以匪擾甯夏呈理藩院乞援時西路多警是部設臺遞送南自甘涼西自額濟訥土爾扈特軍報至烏拉特以達歸化四年四月都興阿軍大破回匪於平羅寶豐是旗協理台吉阿布哩亦敗撲入磨石口之匪諭嘉獎貢桑珠爾默特仍飭嚴防各口兼辦駝運七年貢桑珠爾默特採買米麥濟穆圖善中鋪之軍解耕牛一百餘隻酌借貧民俾時耕種四月奏入上復嘉獎之十二月回匪由平羅竄是部大肆劫掠至磴口踞之攻圍王府殺傷官兵貢爾桑珠默特復咨穆圖善乞援八年定安派蒙員烏爾圖那遜往是部烏蘭木頭地方勦陸路回匪四月屢敗回匪於下永和姜上永和姜磴口踞匪還竄陝境是月董馬原回匪竄是部境圍定遠營城燬家塋府第寺廟鄂爾多斯與額濟訥土爾扈特文報路斷貢桑珠爾默特督蒙古官兵嬰城固守七月九日提督張曜遣部將楊春祥等率兵解定遠城之圍匪退廣宗寺又敗之越山遁次日楊春祥等進軍賀蘭山八月金順進軍磴口遂次平羅九月張曜抵甯夏沿途之沙金托海三道河磴口石嘴凶等處皆駐官軍九年十一月回匪復竄阿拉善南界之紅井一帶貢桑珠爾默特派副佐領鄂肯會官軍剿將都

永剛等敗之匪竄永磴口掠阿拉善復設臺站十一處十年五月金順奏甯夏山後阿拉善旗有西來竄賊封掠現籌於南北要衝磴口橫城等處派隊扼紮十一年賽盟阿爾米畢特旗竄來回匪至沙爾雜一帶張曜以阿拉善王請兵勦辦令孫金彪分紮柳林湖一帶兼顧蒙地是年八月陝甘總督左宗棠奏准蒙鹽仍祇從一條山五卡寺至皋蘭靖遠條城經安定會甯隴西秦州轉運漢南一帶銷售每百斤收稅銀釐銀各八分十三年四月袁保恒奏甯夏採運須取道阿拉善額濟訥蒙古草地以達巴里坤而額濟訥牧地近年被匪蹂躪最深無可藉資必以阿拉善駝隻爲主當飭阿拉善協理台吉派員來甯商辦臣與管旗章京瑪呢阿爾得那籌擬按程設立三十四台專司帶領道路另僱蒙駝一千五百民駝五百各以五百任運一段班轉遞運每次可運官斛八百石限四十月運至巴里坤間二十日由甯夏發運一次諭左宗棠酌度情形派員赴甯夏接辦光緒四年七月以關內外肅清裁阿拉善所設臺站二十六年拳匪滋事阿拉善亦出教案二十七年三月予各省官員上年保教不力懲處阿拉善親王貢桑珠爾默特傳旨申飭其後是部三道河一帶教堂租種地畝益多引河爲渠開田萬頃日以富饒宣統二年督辦鹽政大臣載澤奏山西行銷蒙鹽西路以阿拉善爲主以鄂爾多斯輔之有鑛有林木幅員廣闊其北毗連賽盟南境各旗南鄰甘肅鎮番等九縣爲漠南蒙古大部落自爲一部不設盟受甯夏將軍節制有佐領八

額濟訥舊土爾扈特部在阿拉善旗之西東古爾鼐南甘肅毛目縣丞地北阿濟山東南合黎山南與東北西北皆大戈壁當甘肅省甘州府及肅州邊外系出翁罕六世孫曰瑪哈齊蒙古有子二長曰貝果鄂爾勒克有曾孫曰書庫爾岱青第四子曰納木第凌生納扎爾瑪穆特爲土爾扈特阿玉奇汗族弟阿玉奇汗游牧額勒濟河康熙四年詔封納扎爾瑪木特之子阿喇布珠爾爲固山貝子賜牧色爾騰先是阿喇布珠爾嘗假道準噶爾謁達賴喇嘛旣而阿玉奇與準噶爾丹策妄阿喇修怨阿喇布珠爾自唐古特還以準噶爾道梗留嘉峪關外遣使至京師上憫其無歸故有是命五十五年阿喇布珠爾奏請從軍効力詔率兵五百駐噶斯旋卒子丹衷襲雍正七年來朝晉貝勒九年以色爾騰牧通噶斯之察罕齊老圖懼準噶爾掠乞內徙陝甘總督查郎阿令攜眾屬游牧阿拉克山阿勒坦特卜什等處尋定牧額濟納河乾隆四十八年予世襲罔替同治中回匪滋事陷肅州是部與連境蹂躪特重時西路文報梗是部設台站遞至阿拉善以達歸化九年以後肅州回匪累出擾是部境以北竄賽扎兩盟犯烏里雅蘇台科布多福濟定安張廷岳先後奏賊匪皆來自土爾扈特貝勒游牧請飭左宗棠撥軍防勦十二年是部貝勒達什車凌以防堵回匪陣亡光緒五年大學士陝甘總督左宗棠爲請卹十二月贈郡王銜予卹銀一千一百兩三十年延祉等迎護達賴喇嘛往西甯經是部地雜戈壁較諸部爲瘠苦北接扎盟南境各旗有佐領一不設盟長受陝甘總督節制

藩部四

喀爾喀土謝圖汗部　喀爾喀車臣汗部
喀爾喀賽因諾顏部　喀爾喀札薩克圖汗部

土謝圖汗部稱喀爾喀後路至京師二千八百餘里東界肯特山西界翁吉河南界瀚海北界楚庫河元太祖十一世孫達延車臣汗游牧瀚海北杭愛山界子十一格哷森扎扎賚爾琿台吉其季也兄圖嚕博羅特巴爾蘇博羅特阿爾楚博羅特鄂齊爾博羅特等由瀚海南徙近邊爲內扎薩克敖漢奈曼巴林扎嚕特克什克騰烏珠穆沁浩齊特蘇尼特鄂爾多斯九部祖詳各傳獨所部號喀爾喀留故土析衆萬餘爲七旗授子七人領之分左右翼其掌左翼者爲第三子諾諾和及第五子阿敏都喇勒諾諾和號偉徵諾顏子五長阿巴岱號斡齊賴賽因汗次阿布瑚號墨爾根諾顏徙牧圖拉河界今土謝圖汗部二十扎薩克皆其裔阿巴岱子二長錫布固泰號鄂爾齋圖琿台吉爲扎薩克貝子錫布推哈坦巴圖魯輔國公巴海台吉車凌扎布青多爾濟四旗祖次額列克號墨爾根汗爲土謝圖汗察琿多爾濟扎薩克郡王噶勒丹多爾濟貝勒西第什哩車木楚克納木扎勒輔國公車凌巴勒三達克多爾濟台吉巴朗班珠爾多爾濟辰丕勒多爾濟朋素克喇布坦十旗祖阿布瑚子三長昂噶海繼墨爾根諾顏號爲扎薩克郡王固嚕什喜台吉車凌開木楚克成袞扎布遜篤布五旗祖次喇瑚里號達賴諾顏爲扎薩克台吉禮塔爾一旗祖次圖蒙肯號昆都倫諾顏裔初喀爾喀無汗號自阿巴岱赴唐古特謁達賴喇嘛迎經典歸爲衆所服以汗稱子額列克繼之號墨爾根汗額列克子三長袞布始號土謝圖汗與其族車臣汗碩壘扎薩克圖汗素巴第同時稱三汗崇德二年袞布偕碩壘上書通好二年遣使貢駝馬貂皮雕翎及俄羅斯鳥槍命喀爾喀三汗歲獻白駝一白馬八謂之九白之貢以爲常順治三年蘇尼特部長騰機思叛逃豫親王多鐸率師追勦至扎濟布喇克袞布遣喇瑚里等以兵二萬援騰機思爲大軍所敗棄駝馬千餘竄額爾克楚琥爾者袞布族也復私掠巴林部人畜詔使責之會所部額爾德尼陀音貢馬至敕歸諭其汗等擒獻騰機思并以所掠歸巴林五年騰機思降袞布等表乞罪詔各遣子弟來朝不從八年以其部不歸巴林人畜僅獻駝十馬百入謝嚴諭詰責十年命侍郎畢哩克圖往察巴林被掠人畜袞布等匿不盡給會喇瑚里之子台吉木塔爾攜衆來歸封扎薩克親王駐牧張家口外塔嚕渾河因詭言巴林人畜木塔爾盡攜往應就彼取並乞遣木塔爾等還諭曰爾等不遵旨遣子弟來朝不進本年九白常貢不盡償巴林人畜冒此三罪反請遣還來歸之人是何理耶今卽各遣子弟來朝盡償巴林人畜朕亦弗使木塔爾等還爾自擇之是年秋遣使補貢九白至張家口詔勿納十二年夏土謝圖汗察琿多爾濟繼其父袞布爲左翼長約同族墨爾根諾顏達爾漢諾顏丹津喇嘛等表遣子弟來朝諭曰爾等遵旨服罪朕不咎既往其應歸巴林人畜缺少之數悉從寬免嗣後逃人至此當卽遣還冬復遣使乞盟許之賜盟於宗人府是年設喀爾喀八扎薩克仍分左右翼命土謝圖汗及墨爾根諾顏各領左翼扎薩克之一十五年遣大臣齎服物賚之康熙二十三年以其部與右翼扎薩克圖汗成袞構釁命阿齊圖格隆偕達賴喇嘛使諭解之二十六年察琿多爾濟偕車臣汗諾爾布等疏上尊號諭曰爾等恪恭敬順具見悃忱但宜仰體朕一視同仁無分中外至意自今以後親睦雍和毋相侵擾永享安樂庶慰朕懷勝於受尊號也二十七年厄魯特噶勒丹掠喀爾喀察琿多爾濟拒弗勝偕族弟固嚕什喜等攜屬來歸詔附牧蘇尼特諸部界發歸化城倉米贍之二十八年復遣內大臣費揚古往賑諭廷臣曰朕聞土謝圖汗屬衆有乏食致斃者深爲軫念費揚古採買牲畜尙須時日著速發張家口倉米運往散給計支一月牲畜繼之則衆命可活矣二十九年詔察所屬貧戶遣就食張家口三十年春上以察琿多爾濟來歸後車臣汗烏默客扎薩克圖汗成袞子策旺扎布踵至喀爾喀全部內附封爵官制宜更且降衆數十萬錯處應示法制俾遵守將幸多倫諾爾行會閱禮詔理藩院檄察琿多爾濟等隨四十九旗扎薩克先集以俟尙書馬齊奉命往議禮定賞格九等坐次七行以察琿多爾濟爲之首夏四月駕至喀爾喀汗濟農諾顏台吉等三十五人以次朝見諭曰爾等以兄弟之親自相侵奪啓釁召侮至全部潰散其時若令四十九旗扎薩克將爾人衆收取爾部早已散亡朕好生之心出於天性不忍視爾滅亡給地安置復屢予牲畜糗糧以資贍養用是親臨教誨普加賞賚會同之時見爾等傾心感戴特沛恩施俾與四十九旗同列以示一體撫育罔分中外爾等其知朕意尋命改所部濟農諾顏舊號封王貝勒台吉有差各授扎薩克編佐領仍留察琿多爾濟汗號統其衆自是始稱土謝圖汗部三十一年改喀爾喀左右翼爲三路土謝圖汗稱北路三十五年四月上親征噶爾丹所部諸扎薩克奏臣等被噶爾丹掠全部潰賴聖主天威正其罪請從征効力諭毋庸盡行隨往五月大軍既破噶爾丹於昭莫多凱旋大賚之明年噶爾丹竄死朔漠平詔所部歸圖拉河游牧四十年賜牧產贍給五十四年以準噶爾策妄阿喇布坦煽衆喀爾喀命散秩大臣祁德里率大軍赴推河偵禦廷議屯田鄂爾坤圖拉裕軍食詔詢土謝圖汗旺扎勒多爾濟勘奏所部可耕地因言附近鄂爾坤圖拉之蘇呼圖喀喇烏蘇明愛察罕格爾庫爾奇呼打布堪河察罕廋爾布拉罕口烏蘭固木及額爾德尼昭十餘處俱可耕命公傅爾丹選善耕人往屯種是年詔簡所部兵駐防阿爾泰六十年命土謝圖汗旺扎勒多爾濟督理俄羅斯邊境事雍正二年北路軍營移駐察罕廋爾及扎克拜達哩克三年以增設賽因諾顏部定所部爲喀爾喀後路四年旺扎勒多爾濟等因額爾德尼昭乏相宜穀種遣人購之俄羅斯並請助屯田兵糧諭廷臣曰前議屯田時曾有奏言喀爾喀未必踴躍從事者朕思此舉正爲伊等計及久遠豈有反不樂從之理今果感恩抒誠與朕意相符殊可嘉尙交理藩院議敘尋各予紀錄并賚幣有差詔如議五年以庫倫及恰克圖爲所部與俄羅斯互市地詔非市朝毋許俄羅斯踰楚庫倫河界是年賽音諾顏親王額駙與俄羅斯定界九年選兵隨大軍勦勒丹策凌十三年撤大軍還詔所部兵留駐鄂爾坤及烏里雅蘇臺乾隆元年復還兵赴鄂爾坤防秋六年命參贊大臣都統塔爾瑪善察閱防秋兵於烏克圖爾額爾哈朗以哲布尊丹巴呼圖克圖移居庫倫命土謝圖汗敦丹多爾濟駐守其地護視之十三年選駝五百運歸化城米赴塔密爾軍營

命土謝圖汗延不勒多爾濟督理俄羅斯邊境事十七年增防鄂爾坤兵十九年移駐鄂爾海喀喇烏蘇是部扎薩克親王額琳沁多爾濟授西路參贊大臣二十年進勦達瓦齊於伊犂時降酋阿睦爾撒納謀據伊犂上燭其奸詔入覲定北將軍班第由尼楚袞軍營遣額琳沁多爾濟護之行至烏隆古河阿睦爾撒納以北路定邊左副將軍印授之詭稱歸治裝由額爾齊斯河馳遁翌日額琳沁多爾濟追之弗及論罪削爵擬斬諭賜自盡多羅貝勒車布登亦以駐防庫克嶺不力追叛遁之巴朗降貝子而扎薩克輔國公車登三丕勒以佇青袞雜卜功扎薩克一等台吉達什旺勒以擒叛遁之和碩特訥默庫功扎薩克一等台吉班珠爾多爾濟以獲阿睦爾撒納旗纛甲冑功扎薩克一等台吉三都布多爾濟以赴扎布堪獲阿睦納撒納之孥及班珠爾等並誅叛賊固爾班和卓賚功均進爵賚賞有差先是土謝圖汗部編佐領積三十七旗以分置賽因諾顏部析二十一旗留十六旗仍隸土謝圖汗部尋增四旗扎薩克凡二十盟於汗阿林設正副盟長及副將軍參贊各一爵二十有一土謝圖汗一扎薩克和碩親王一由貝勒晉襲附公品級一等台吉一扎薩克多羅郡王二一由貝勒晉襲扎薩克固山貝子二一由郡王降襲一由扎薩克台吉晉襲扎薩克輔國公六三由扎薩克台吉晉襲扎薩克一等台吉八一由貝子降襲是部本爲喀爾喀四部之首內則哲布尊丹巴住錫庫倫外則隣接俄羅斯有恰克圖互市形勢特重號稱雄劇乾隆二十七年於是部中旗汗山北之庫倫置辦事大臣以滿洲大員任之別選蒙古汗王公扎薩克一人爲辦事大臣同釐其務和碩親王多羅額駙桑齋多爾濟以乾隆二十三年赴庫倫協理俄羅斯邊境事二十七年停互市二十九年桑齋多爾濟請增庫倫卡坐派兵屯田依琫布爾噶勒台等處不許三十年六月命阿里袞索琳查辦恰克圖潛通貿易一案以桑齋多爾濟私聽蒙人仍與俄商貿易論罪削爵辦事大臣丑達以私市得賄正法十月以是盟扎薩克貝子伊達木什布管俄羅斯卡坐三十三年庫倫辦事大臣慶桂等奏俄羅斯遣使乞開關交易允之仍申內地商人圖增價値之禁尋命桑齋多爾濟復任四十二年定庫倫辦事大臣兼轄辦事章京民蒙交涉事件均具報辦理例四十三年桑齋多爾濟奏俄羅斯人私越邊口賣馬俄員瑪玉爾不肯前來暫停貿易即咨示俄固畢納托爾上是之七月諭桑齋多爾濟會同辦事大臣博清額商辦內地商人給還俄羅斯欠貨十一月桑齋多爾濟卒命土謝圖汗車登多爾濟往庫倫協同博清額辦事四十五年復開市四十八年以車登多爾濟私給乘騎烏拉黃緞照票罷庫倫辦事大臣命賽因諾顏親王拉旺多爾濟代之仍命桑齋多爾濟之子郡王蘊端多爾濟隨同辦事定喀爾喀四部烏拉章程十二月命蘊端多爾濟列名在辦事大臣勒保之前四十九年以俄羅斯屬布里雅特人劫內地往烏梁海貿商民賠貨而不交犯屢檄其國五十年春以俄羅斯覆文支吾推宕復停恰克圖互市辦事大臣松筠因定沿邊蒙古需用烟茶布疋章程五十一年九月定土車兩部及賽扎兩部每年各帶一部人入圍場土車兩盟部落人交庫倫辦事王大臣勞頭習圍賽扎兩盟部落人仍交烏里雅蘇台將軍大臣帶頭習圍並令部落每年自汗王至公各揀派一人台吉內各揀派四人領職銜較大者二名微末台吉二名仍作十名善射赴木蘭圍場例五十四年俄屬布里雅特人傷我出卡巡兵松筠檄俄固畢納托爾捕送置之法適有自俄歸之土爾扈特喇嘛薩麻林言俄將興兵搆衅廷旨命松筠檄詢五十五年是部戈壁數旗災扎薩克台吉烏爾湛扎布報以應收賦及自畜牛羊賑給並令有力台吉官兵賙恤貧者事聞上嘉之五十六年松筠奏俄守邊目力辨其誣詔誅薩馬林許俄復市松筠與接任辦事大臣普福協辦貝子遜都布多爾濟恰克圖曉諭俄固畢納托爾嗣後如遇會辦事件應如例迅速完結命盜案犯應送恰克圖鞫實正法彼此約束商販毋有積欠因與立約永爲遵守嘉慶七年三月土謝圖汗車登多爾濟等備行圍進哨馬匹上嘉之八月定土謝圖汗車臣汗二部事務在庫倫會集與辦事大臣一同辦理例自是土車二部重大事件皆由庫倫辦事大臣專奏允蘊端多爾濟請每逾十年巡察俄羅斯交界卡論一次八年八月允蘊端多爾濟請土謝圖汗部扎薩克齊旺多爾濟齊巴克扎布等旗及哲布尊丹巴呼圖克圖徒衆所屬地方免驅逐種地民人禁嗣後另墾地畝添建房屋侵占游牧並令從前租種者按地納租娶蒙女爲妻者身故之後妻子給該處扎薩克爲奴隸呼圖克圖徒衆地方卽爲其所屬並定該處居民按人給照每年由蘊端多爾濟派員檢查造册報院及再有無照之民任意棲止盟長扎薩克等治罪例二十三年庫倫遣蒙員同俄員勘明疆界道光四年三月以庫倫章京尚安奏查驗伊琫等處種地民人不能核事致民人等盤踞游牧署車凌多爾濟扎薩克印務之台吉貢蘇倫呈報驅逐又誤燬領照人民房屋命奪職蘊端多爾濟等議處仍申各旗容留無票民人之禁七年蘊端多爾濟卒以綸布多爾濟代爲庫倫辦事大臣十二年多爾濟拉布坦代之十五年多爾濟拉布坦奏喀爾喀招民墾復拋荒地畝章程諭不許十二月命德勒克多爾濟爲庫倫學習幫辦大臣十八年多爾濟拉布坦奏管卞倫扎薩克那木濟勒多爾濟擅以奇爾渾卡倫兵丁與明濟卡倫兵丁互相移駐撤差仍議處十九年允哲布尊丹巴往庫倫之北伊魯格河溫泉坐湯命辦事大臣福英護視四月多爾濟拉布坦卒以德勒克多爾濟代爲庫倫辦事大臣二十一年六月俄羅斯薩特納衙門咨理藩院聞中國嚴禁鴉片入界已諄飭所屬不得在交界之處互相販帶倫運諭庫倫辦事大臣嚴禁內地貿易人等在交界處所私行販運烟土以綏外藩除積弊二十二年九月德勒克多爾濟以庫倫地方商民盤踞一案下部議處咸豐四年土謝圖汗車臣汗兩部汗王公台吉等請捐助軍需溫旨郤之八年允俄羅斯使人由庫倫至張家口入京十一年德勒克多爾濟遷以多爾濟那木凱代爲庫倫辦事大臣尋令車臣汗阿爾塔什達代之以辦事大臣色克通額帶操演鳥槍兵丁赴恰克圖命多爾濟那木凱妥辦庫倫事件四月色克通額奏俄商欲於庫倫貿易行文阻止六月總理各國事務王大臣奏准俄人在庫倫修理公館十一月色克通額奏俄商擅往蒙古各旗貿易諭守約開導並交總理各國事務衙門照會俄使禁阻十二月撤恰克圖習槍官兵同治元年定俄國陸路通商章程條欵三年以新疆回亂調土謝圖汗車臣汗兩部蒙兵赴烏魯木齊等處助勦四年三月以土車兩盟蒙兵潰散回旗諭文盛等不必再令赴營以圖盟援古城蒙兵逗留扎薩克達爾瑪僧格嚴議五年命辦喀爾喀四盟捐輸六年調土車兩盟兵一千五百名駐防卡倫八年改訂中俄陸路通商章程兩國邊界貿易在百里內均不納稅俄商許往中國所屬設官之蒙古各處亦不納稅其不設官之蒙古地方該商欲前往貿易亦不攔阻惟該商應有邊界官執照九年二月回匪東竄自三音諾顏左翼右旗扎薩克阿巴爾米特游牧擾是部左翼後旗鎭國公巴勒達爾多爾濟游牧辦事大臣張廷岳等奏蒙古地方幅員遼闊蒙衆皆擇水草旺處游牧相距數十里始有氈廬且百餘年安享太平久不知兵賊知蒙古易欺是以百數成羣縱橫肆擾擬調駐卡倫蒙兵檄兩部落盟長等帶往西南一帶與各旗官兵協勦庫倫地方塔廟甲于各旗商賈輻輳人烟稠密現派桑卓特巴等調集喇嘛鄂拓克防護廟宇又令商民辦理保甲以資守禦六月張廷岳等奏以土盟兵九百名交扎薩克公奈當等防守額爾德尼昭七月俄調馬隊在庫倫操演諭張廷岳等查察尋以烏里雅蘇台危急張廷岳等奏調土車兩盟兵會勦十二月請以賽扎兩盟協防庫倫官兵二百名歸併賽札兩盟派兵分防要隘十年二月回匪復竄額哲呢河一帶圖犯庫倫張廷岳等奏迅檄達爾濟等軍赴哈爾尼敦西北地方防勦十年張廷岳奏前調土車兩盟官兵餉糈上年由兩盟捐輸支給烏城被陷復奏調內地官兵來庫防勦檄土車兩盟及沙畢捐備馬三千匹資漢兵騎乘又借僱駝馬數千隻分赴各台兩盟官兵自上年遣散改征作仿應需駝馬三千餘隻亦係各旗攤派四月回匪竄是部左翼中旗郡王拉蘇倫巴咱爾游牧焚掠府廟東犯莫霍爾嘎順等台張廷岳遣蒙員札齊魯克齊伯克瓦齊爾等追敗之於烏拉特中旗沙巴克烏蘇地方六月副都統杜嘎爾奏回匪於四月由圖盟公巴勒達爾多爾濟游牧竄出順新地方五月竄郡王拉蘇倫巴咱爾游牧之巴爾圖叟吉地方派吉爾洪額帶隊改道蹤賊時回匪復西竄左翼中左旗扎薩克達爾瑪僧格游牧至烏拉特中公旗之布特拉地方吉爾洪額會伯克瓦齊爾進擊大勝之八月回匪復竄是部左翼後旗公巴勒達爾多爾濟游牧直趨翁吉河一帶別股竄哲林等台賽爾烏蘇西北台路斷張廷岳等奏察哈爾所派達爾濟一軍抵翁吉河之烏勒幹呼秀地方與是部左翼中左旗公齊莫特多爾濟及伯克瓦齊爾二營相犄角是月二十一日伯克瓦齊爾敗賊於察布察爾台之察罕吉哩瑪地方二十六日卯刻伯克瓦齊爾星夜間道窮追繞出東犯庫倫匪前敗之于阿達哈楚克山額里音華地方午中刻連再捷獲駝千餘馬四百圍賊于畢留廟相持六晝夜九月二日達爾濟軍至畢留廟西北駐營匪以投誠誑之達爾濟遽阻伯克瓦齊爾軍巡邏匪于是夜輕騎西遁十二月張廷岳等奏前竄烏庫兩城回匪現均返肅州老巢宣化古北口二軍於本年到庫擇要設防足資捍衞土車兩盟官兵擬裁半留半每屆半年輪換防護官署昭廟撤沙畢兵十一年二月回匪復擾左翼後旗公巴勒達爾多爾濟游牧尋遁三月張廷岳等奏庫倫事務較繁請土車兩盟之協理將軍飭令每年輪班在庫聽候差委勿赴烏城下金順等會商覆奏諭催山東於五月前解淸庫倫餉銀十萬兩資庫倫商民團勇定變通辦理庫倫軍需章程十三年九月庫倫辦事大臣阿爾塔什達卒以那木濟勒端多布代之光緒元年以庫倫解嚴撤回直隸古北口練軍四年十一月以庫倫哈拉河等

處游匪尙多仍撥直隸宣化練軍二百五十名駐之五年二月以穆圖善奏諭飭土謝圖汗迅將撤回托里布拉克固固里克二臺幫臺官兵駝馬催令仍回本臺五月予捐輸銀兩之土謝圖汗那遜綽克圖等獎六年正月以改議俄國歸還伊犂條約籌備邊防派土車二盟兵二千蒙兵駐庫倫撥軍火及備蒙古包銀十二月給庫倫防兵月餉七年二月撤駐庫倫蒙兵四月以庫倫爲俄人來往衝途調喜昌爲庫倫辦事大臣統新軍千人赴之是年中俄訂續改陸路通商章程俄國商民往蒙古貿易者祇能由章程附淸單內卡倫過界應有本國官所發中俄兩國文字並譯出蒙文執照註明姓名貨色包件牲畜數目於入中國邊界時在卡倫呈驗其無執照商民過界任憑中國官扣留八年四月喜昌奏考察庫倫時勢邊防情形量議變通一庫倫與恰克圖屯軍分駐一恰克圖改設道員鎭守邊塞一庫倫選練土著學試屯墾一庫倫屬境毗接連鄰省地方酌量屯兵下所司議格尋以喜昌奏劾土盟盟長車林多爾濟罷之並下理藩院議注銷土車兩盟王公等駐班烏里雅蘇台會盟之案八月喜昌等奏庫倫近與俄鄰爲漠北第一咽喉現駐兵設防餽運轉輸舊站繞遠亟宜變通改設捷徑諭飭烏里雅蘇台將軍察哈爾都統迅速妥籌覆奏九年二月喜昌奏臺站遲滯擬飭運草養駝以資供應併陳報災不實等情諭綏遠城將軍豐紳等按照原奏酌妥辦三月察哈爾都統吉和等奏崔穆爾噶順等九臺之官兵潛逃詔喜昌等飭各旗竭力供差不准推卸仍嚴禁兵丁騷擾臺站八月察哈爾都統吉和等奏撫恤荒災安設臺站喜昌又劾車林多爾濟權勢大重把持公事串通各旗虛報災荒遣撤官兵需用駝隻復爲掣肘各旗派撥幫臺延不到差諭新任辦事大臣桂祥密查具覆時俄勢日盛諸部王公漸生攜貳喜昌所議遣官駐軍屯田改臺諸大端皆以消患未萌中朝重更張致所請無一行者卒以病去併撤其軍辛亥之變實釀於此識者惜之九月喜昌奏飭圖什業圖汗部未被災各旗暫行幫臺壽庫倫辦事大臣那木濟勒端多布免以土謝圖汗那遜綽克圖代之十年正月以土謝圖汗部左翼中郡王阿木噶巴扎爾等四旗被災特重諭桂祥等妥籌減緩差徭予勸捐賑災之哲布尊丹巴呼圖克圖扁額十二年桂祥劾哲布尊巴之商卓特巴索訥木多爾濟居心巧詐意搆邊畔革之十六年八月庫倫辦事大臣安德等奏庫倫所屬恰克圖等處開辦金礦華商既無可招洋商則斷不可招集陳窒礙難行情形下所司知之十二月御史聯陞奏庫倫商卓特巴喇嘛達什多爾濟欺矇把持擅權科斂下理藩院十八年七月定聯接中俄陸路電綫哲布尊丹巴所住之廟被火佛像經卷皆燬土盟等四盟王公捐助重建而商卓特巴以此假貸商人攤派沙畢者遂重二十年九月安德奏日本變動民情惶惑請仍調官兵駐庫倫諭李鴻章酌度二十二年六月庫倫辦事大臣桂斌奏哲布尊丹巴呼圖克圖屬沙畢一項困苦特甚流亡過多呼圖克圖忠厚存心用人失當一任喇嘛等勾通內地商民以及在官人等百方詐取若罔聞知迨用度過窘不得不加倍苛派所由欠負纍纍上下交困體訪其屬堪布喇嘛諸們汗巴勒黨吹木巴勒爲僧俗所仰慕應責成清理已撤署商卓特巴巴特多爾濟等凡一切商上應辦事宜悉心諸商妥爲籌畫先將沙畢等應派光緒二十二年分攤款查照十年以前各按牲畜多寡秉公勻攤不准加派核實酌裁近年增添浮費務量所攤撙節動用俾紓民力並請將東營台市甲首各商每遇兩大臣節壽酬欵項不減不增按年代哲布尊丹巴歸商欠下所司知之尋又奏定恰克圖規費化私爲公提滿蒙大臣經費七月奏請定庫倫大臣與哲布尊丹巴呼圖克圖往還體制是否平行有曰公事之間備極融洽相見之際多似參商實則哲布尊丹巴已驕蹇跋扈與辦事大臣積不相能十一月桂斌奏土盟所屬西北旗界哈喇河一帶向有開墾地畝播種雜糧曾經奏明不准續墾每屆台市章京更換實任由庫倫大臣扎委會同扎薩克等前往淸查有無續墾茲屆應查之期照章派委台市章京理藩院員外郎奎顯往查將所得陋規呈請核辦約計二千數百兩當將兩大臣此次欵費全發商人收還其餘各項暫照成案分資各員俾資津貼二十三年六月辦事大臣連順奏哲布尊丹巴呼圖克圖與蒙古辦事大臣圖什業圖汗那遜綽克圖兩不相能請革辦事大臣之任諭從之以飭嗣後遇有此等事件務妥爲斟酌勿聽呼圖克圖一面之詞以土盟中旗貝子朋楚克車林爲庫倫辦事大臣連順以桂斌所奏歸還哲布尊丹巴商欠辦法四成實銀分年帶銷雖恤蒙情未恤商情致該商等虧累太多不敢與沙畢內外兩倉及鄂拓克交易而兩倉鄂拓克雖有牲畜無處易換市井蕭條諸貨不能暢銷現呼圖克圖之廟工久竣應照桂斌所奏不得苛派休息蒙衆兩倉所用貨物銀茶及鄂拓克息借之欵應循舊日章程設法算撥又奏據土盟盟長密什克多爾濟轉據各旗呈報現查各旗呈報並無未領限票民人種地之事其由庫倫台市章京衙門請領限票來旗貿易者均隨來隨往或搭蓋土房存貨收賑牛羊並不孳生墾荒民人建房養畜每年交地租茶數十箱或百箱不等復據商民元順明等七家呈認種荒地每年有地租茶牲畜存廠每年有草廠茶請將認交前大臣桂斌罰欵原茶交還旨均如所請並將查地陋規化私爲公裁台市章京查地之差二十四年勸辦昭信股票連順奏圖什業圖汗車臣汗兩部落王公及哲布尊丹巴呼圖克圖等情願報効市平銀共二十萬兩五月土車兩盟王公及哲布尊丹巴沙畢喇嘛等陳請不願領昭信股票溫諭嘉之仍飭一併給獎以設庫倫恰克圖電綫理藩院奏採伐土盟各旗官山木植先是庫倫西北各旗至恰克圖一帶內地人民率以租地墾荒爲名偷挖金砂俄人亦多越界潛採查禁驅逐具文而已至是連順奏土車兩盟各旗界內庫倫東北六台地約合三百四十餘里西自鄂爾河哈拉河至額能河共有金鑛三處又西北九台地約合五百三十餘里北自色埒河至伊魯河共有金鑛二處周圍二百餘里金苗甚旺以伊魯河所產爲最佳惟產自河內水勢頗深人力掏取所得有限必用西法以機器汲水傭工開挖其利方厚擬招集鉅欵延聘礦師購運機器相地開採宜同時舉辦於居中扼要之處設一總廠綜計成本約需銀三百萬兩復據天津稅務司俄人柯樂德利庫西稱蒙古金鑛中國集欵興辦時俄人亦願附股仍可代爲招集嚴遵中國章程如用俄人應聽中國官員約束通盤籌畫鄂爾河等五處金鑛擬請招商集款合力開採由中國自行舉辦並准附招俄股請簡大員專司督率下總理各國事務衙門會同鑛務大臣議行尋命連順督辦蒙古鄂爾河等鑛是年李鴻章等奏中俄會訂條約俄國准在中國蒙古地方貿易其蒙古各處及各盟設官與未設官之處均准貿易照舊不納稅其買賣貨物或用現錢或以貨易貨均可並准俄民以各種貨物抵賬在庫倫設領事科布多烏里雅蘇台俟商務興旺添設二十五年十月奏集股開採以土車兩盟同時共舉爲宜即集土車兩盟長切實勸諭俾知開礦之舉不特保衞邊疆且開蒙古生計報聞土盟盟長密什克多爾濟以連順等劾阻撓開鑛罷之十一月洛布桑達什面謾哲布尊丹巴以玩褻黃教議處理藩院奏蒙古王公等請停辦鑛務命崑岡裕德往查辦並諭連順綏辦庫倫鑛務十二月庫倫恰克圖電綫工竣二十六年崑岡等奏停辦鑛務連順下部議處拳匪事起命辦事大臣豐陞阿等備邊二十七年三月豐陞阿劾楚克東林奏圖什業圖汗部落盟長貝子棟多布等呈駕幸西安請捐本年應得俸銀緞疋並量力捐馬備用哲布尊丹巴呼圖克圖等亦呈捐馬千匹均允納之六月豐陞阿等奏上年內地拳匪肇禍猝啓兵端庫倫恰克圖等處中外各商紛紛遷徙互相疑懼當與駐庫俄領事官施什瑪勒福等再三晤商均能奉約惟謹力顧邦交彼時雖有俄兵防守尤能實力保護中外商民蒙衆等性命貲財兩不相擾請予寶星允之二十九年二月以防守邊疆異常出力予土盟盟長扎薩克敦都布多爾濟雙眼花翎土盟參贊郡王阿蘇達瓦齊爾紫韁土副盟長扎薩克鎭國公察克都爾扎布土盟副將軍親王杭達多爾濟總管西卡倫額魯特扎薩克貝子達克丹多爾濟乾淸門行走餘給獎有差閏五月土盟王公及哲布尊丹巴等報効修正陽門工程銀允核給獎敘豐陞阿等奏覆改設行省以外蒙地方與內地邊疆情形不同一例辦理多有窒礙得旨是下所司知之九月烏里雅蘇台將軍連順等奏土車二盟金鑛續議開辦參酌外蒙等情形詳訂章程妥籌布置請准派稅務司洋員柯樂德爲總辦並簡派大員專司督率下部議十一月以蒙古辦事大臣朋楚克車林自庚子以來愼固邊圉輯睦外人恤商撫蒙勤勞足錄予紫韁三十年辦事大臣德麟奏庫倫後地蒙民租佃擬設淸墾局以杜與外人私墾下戶部議三月德麟等奏辦庫倫統捐達賴喇嘛以印藏啓畔避之庫倫詔延祉迎令赴西甯九月予駐庫倫直隸練軍官弁獎以保衞蒙商防護外人十月德麟奏結圖盟左翼中旗扎薩克郡王阿蘇塔瓦齊爾債案三十一年辦事大臣樸壽奏創辦蠶金委差官買得勝等分往頭台暨恰克圖等處帶兵稽查偷漏分段彈壓七月以理藩院奏予哲布尊丹巴呼圖克圖女徒袞汗達拉額爾德尼車臣名號十二月設庫倫巡警兵丁由蒙人揀選三十二年六月以土盟王公等承購練兵戰馬依限還齊予盟長公銜扎薩克一等台吉敦都布多爾濟等獎有差三十三年四月允開庫倫金鑛定權限章程以庫倫蒙古辦事大臣朋楚克車林會同延祉督辦鑛務三十四年二月辦事大臣延祉以派員勘丈各旗墾地親王杭達多爾濟旗台吉巴圖巴魯抗不備台請嚴加議處允之五月增開依拉裕格倫南之克勒司八月試辦庫倫土藥統稅設蒙養學堂就選土車兩盟及沙畢幼童專習滿蒙漢語言文字以興辦新政蒙古通曉漢文漢語少易致隔閡宣統元年閏二月延祉等奏准設庫倫理刑司員時哲布尊丹巴呼圖克圖之商卓特巴巴特瑪多爾濟捐學堂經費八千兩延祉爲請賞帶膆貂褂得旨下理藩院核給獎

敘十一月以庫倫各廠所出金砂較往年暢旺給監辦官等花紅二年五月辦事大臣三多以土車兩盟沙畢等三處屢報災祲供億過繁歷年息借華俄債欵迭經報官索欠者約計不下百餘萬兩竟有估一旗之牲畜不足抵償者而自供哲布尊丹巴外光緒二十九年至宣統元年庫倫大臣等修理衙署及器具鋪墊等項已合銀十八萬餘兩支應馬匹食羊柴炭等項尙不在內因奏核定土車兩盟沙畢供庫倫大小衙門柴炭羊數目及限制各官調任修署添物章程其餘差使統由各員自爲籌備並以物價昂貴費用竭蹶請加各員公費銀一萬二千兩先儘庫倫外銷公欵項下開支倘有不敷由庫倫金鑛稅欵暫撥仍言金鑛逐年漸有起色蒙困一蘇商務亦可興旺稅額自必加增解部之欵不至較往年爲絀下度支部議行淸中葉後諸邊將軍大臣以下俸給過薄皆倚蒙部供應爲生計三多此疏可以例之十月三多奏喇嘛登會奪犯拒捕一案商卓特巴巴特瑪多爾濟迄不交出首要歷次呈文無理取鬧要挾具奏恐國家法令官長政權將難行於蒙地請予斥革哲布尊丹巴自二月奉嚴加約束電旨後庫屬喇嘛安分守法爲近年所未有請傳旨嘉奬均允之二年四月是部親王朋楚克車林爲資政院欽選議員三年設庫倫審判各廳軍諮府亦於庫倫設陸軍兵備處派員統兵駐之是年正月三多請宣統二年金鑛應繳官稅計金砂易銀十九萬三千兩有奇全數作爲庫倫辦軍事的款是月開圖盟扎薩克那木薩賴旗奎騰河金鑛四月開雅勒𤠣克金鑛閏六月已革商卓特巴巴特瑪多爾濟報効辦理新政銀二萬兩三多請賞還原銜飭回庫倫署商卓特巴篆務以是欵作爲修汽車路之需八月奏近來邊事日急今沿途台站於來庫倫官員則多方留難於遞庫要件則任意玩忽請飭該管台站認眞整頓允之九月三多等以額爾德尼車臣報効銀一萬兩奏准用杏黃圍車時哲布尊丹巴與三多不協是部親王杭達多爾濟等以債務素密結俄人不悅新政於是俄照會外務部有不駐兵不派官不殖民之要求洎武昌事起各省鼎沸杭達多爾濟等遂於十月初九日擁哲布尊丹巴稱尊號建元立國置內閣以喀爾喀八十六扎薩克名義通牒中外指斥清廷與復元業驅逐在外蒙之滿淸官兵三多被迫去職賽爾烏蘇管站站員亦于十二月去職於是喀爾喀四部舉非淸有是部地兼耕牧鑛產林木均稱饒富佐領共有四十九

車臣汗部稱喀爾喀東路至京師三千五百里東界額爾德尼陀羅海西界察罕齊老圖南界塔爾袞柴達木北界溫都爾罕元太祖十七世孫阿敏都喇勒有子謨囉貝瑪駐牧克魯倫河生子碩壘始號車臣汗與其族土謝圖汗袞布扎薩克圖汗素巴第同時稱三汗子十一今車臣汗部二十三扎薩克皆其裔長嘛察哩號伊勒登土謝圖爲扎薩克貝子達哩台吉旺扎勒扎布二旗祖次察布哩號額爾德尼台吉爲扎薩克台吉吹音珠爾一旗祖次拉布哩號額爾克台吉爲扎薩克台吉色稜達什一旗祖次本巴號巴圖爾達爾漢琿台吉爲扎薩克鎭國公車布登一旗祖次巴布襲父汗號爲車臣汗烏默克扎薩克郡納木扎勒朋素克台吉韜賚羅卜藏垂扎木素額爾德尼根敦八旗祖次綽斯嘉布號額爾德尼琿台吉爲扎薩克輔國公車凌達什台吉多爾濟達什固嚕扎布三旗祖次巴特瑪達什號達賚琿台吉爲扎薩克貝勒車布登輔國公車凌旺布台吉車凌多岳特三旗祖次車布登號車臣濟農次阿南達號達賚濟農次布達扎布號額爾德尼濟農均封扎薩克貝子阿南達子貢楚克授扎薩克台吉又自爲一旗初喀爾喀服屬於察哈爾天聰九年大軍平察哈爾車臣汗碩壘偕烏珠穆沁蘇尼特諸部長上書通好貢駝馬崇德元年春以其部私與明市馬諭責之曰明朕讐也前者察哈爾林丹汗貪明歲幣沮朕伐明且欲助之朕故移師往征天以察哈爾爲非故以其國予朕今爾與明市馬是助明也爾當以察哈爾爲戒其改之碩壘遣偉徵喇嘛等來朝請與明絕市上嘉之命察罕喇嘛往賚貂服朝珠弓刀金幣二年獻所產獸曰獺喜三年獻馬及甲冑貂皮雕翎俄羅斯鳥槍回部弓箙鞍轡阿爾瑪斯斧白鼠裘唐古特元狐皮詔歲貢九白他物毋入獻順治三年碩壘誘蘇尼特部長騰機思叛遣子本巴等以兵三萬援大軍敗之師旋詔責碩壘曰蘇尼特本察哈爾屬部向化來歸爾誘之使叛朕遣兵追勦時猶諭勿加兵於爾詎意爾反稱兵抗拒以致上蒼降譴立見敗衂儻非朕飭令班師大兵旣壓爾境何難長驅直入耶今爾若知自悔欲贖前愆其速擒騰機思來獻五年騰機思乞降碩壘遣使獻駝百馬千入謝詔遣子弟來朝九年以妄爭歲貢賞諭責勿貢十二年巴布繼其父碩壘爲車臣汗遣子穆彰墨爾根楚琥爾來朝詔宥前罪貢九白如初是年喀爾喀左右翼設八扎薩克命車臣汗領左翼扎薩克之一十五年遣大臣齎服物諭賚之康熙二十一年以所屬巴爾呼人私掠烏珠穆沁部界議增汛兵嚴防禦會貢使至諭曰朕聞爾屬衆與界內蒙古互相竊奪彼此效尤恐乖生計朕已飭界內人毋許出境滋擾爾亦當約束所屬守分安居違者卽拘治之毋稍姑息二十二年詔毋越噶爾拜瀚海游牧巴布卒子諾爾布嗣車臣汗二十六年偕土謝圖汗察琿多爾濟表上尊號諭郤之二十七年噶爾丹掠喀爾喀至克嚕倫河時諾爾布及長子伊勒登阿喇布坦相繼卒孫烏默客幼台吉納木扎勒等攜之來歸從衆凡十萬餘戶詔附牧烏珠穆沁諸部界烏默客襲汗號如故尋理藩院奏降衆日多請授納木扎勒等爲扎薩克轄之報可命科爾沁親王沙津等往示內地法度諭曰朕因爾等爲厄魯特所掠憐而納之今覩爾等並無法制約束部曲恐封奪不已離析愈多爰命增置扎薩克分掌旗隊禁止盜賊各謀生業爾等果能遵而行之寇盜不興禍亂不作庶副朕撫育歸降愛養羣生之至意二十九年選所部兵赴圖拉河隨尙書阿喇尼偵禦噶爾丹三十年駕幸多倫諾爾會閱詔封王貝勒貝子台吉有差各授扎薩克編所部佐領而以車臣汗烏默客統其衆自是始稱車臣汗部三十一年定所部爲喀爾喀東路三十四年遣官往購駝馬三十五年上親征噶爾丹師次克嚕倫河烏默客等以兵從凱旋所部沿途慶獻日億萬計明年詔歸克嚕倫河游牧五十五年諭所部選駝六千以兵五千領之由郭多里巴勒噶遜運軍糧赴推河六十年調兵防護烏梁海降衆於巴顏珠爾克雍正九年選兵三千赴察罕廋爾軍營從勦噶爾丹策凌十一年復詔以所部兵千屯游牧西界訓練防守並追緝巴爾呼逃衆十三年撤還乾隆元年選兵赴鄂爾坤防秋六年命參贊大臣都統塔爾瑪善察閱防秋兵於塞勒壁口十三年選駝五百運歸化城米赴塔密爾軍營十七年選兵四千駐防巴顏烏蘭二十年隨大軍勦達瓦齊於伊犂二十一年以所屬齊木齊格特人肆竊命參贊大臣納穆扎爾等往緝寘之法諭扎薩克等曰朕因爾等不善經理游牧以致盜賊肆行特命大臣前往督緝念皆起於飢寒復令發帑賑給貧戶以贍生業爾等游牧始皆甯謐爾等習於玩愒徒知盜賊已除不復爲貧者籌畫生計又或目前尙知約束日久漸至廢弛當各統率所屬詳察貧困之由俾謀生有策不至爲非卽有頑悍不悛之徒亦當嚴加約束有犯必懲務令上下安全共享昇平之福蕩平準部之役是部扎薩克郡王巴雅爾什第扎薩克輔國公達爾濟雅均以俘叛賊包沁副總管阿克珠勒等功巴雅爾什第晉親王達爾濟雅晉貝子扎薩克一等台吉成袞扎布多爾濟以察逆賊靑袞咱卜僞符撤汛兵之詐督兵嚴守各汛予公品級而貝勒旺沁扎布以死事伊犂予優卹先是車臣汗部編佐領置十一旗後增十二旗扎薩克二十有三盟於克嚕倫巴爾河屯設正副盟長各一副將軍參贊各一爵二十有六車臣汗一附輔國公一扎薩克和碩親王一由郡王晉襲扎薩克多羅郡王一附多羅貝勒一扎薩克多羅貝勒一札薩克固山貝子二一由貝勒降襲扎薩克鎭國公一扎薩克輔國公二一由貝子降襲公品級扎薩克一等台吉一扎薩克一等台吉十三一由貝子降襲二一由輔國公降襲附鎭國公一由貝子降襲二十五年八月命車臣汗部落一體與土謝圖汗等三部落允派兵諸差三十年以是部扎薩克貝子旺沁扎布能約束屬下捕獲私貿俄羅斯民人蒙古等上嘉之四十七年是部郡王桑齋多爾濟旗與黑龍江屬之呼倫貝爾巴爾虎爭界謂呼倫貝爾總管將晉陳阿魯布拉克等卡倫私自挪移四十八年呼倫貝爾總管三保會桑齋多爾濟及貝勒車凌多爾濟帶同耆老斟酌地圖由界內挖出舊設卡倫所埋記木貝勒車凌多爾濟將所屬人等全行收回桑齋多爾濟仍稱阿魯布拉克一卡往外展佔五十里五十年黑龍江將軍恒秀等查辦是部人等報稱阿魯布拉克卡並未展佔越桑齋多爾濟坐罰俸咸豐四年正月是部車臣汗阿爾罕什達捐銀助軍受之却王公等捐軍需之請同治三年是部郡王等旗又與黑龍江巴爾虎爭界尋命吉林將軍皁保勘之三年調是部兵援古城潰歸四年札薩克車林敦多布以逗留嚴議六年調車盟兵戍卡倫九年回匪東擾圖盟是部供軍需增戍役應捐輸勞費與圖盟等九年十月庫倫辦事大臣張廷岳以回匪東擾烏里雅蘇台境奏派是部貝勒幹丹淮車林赴額爾德尼昭會勦尋撤回十年六月以回匪踞圖盟左翼中旗郡王拉蘇倫巴咱爾游牧圖犯庫倫又派幹丹淮車林統駐庫蒙兵赴噶爾沁圖里克托里布拉克二臺協勦十二月以竄烏庫兩城回匪均回肅州老巢撤車盟官兵一半二月張廷岳以烏里雅蘇台將軍全順西征庫倫籌備駝隻張廷岳派員赴圖車二盟勸諭各王公等竭力捐助光緒七年以改議俄約調車盟兵駐庫倫尋以約定撤之二十二年將軍崇歡以烏里雅蘇台參贊大臣攤車盟規費特重請禁之庫倫辦事大臣桂斌以車臣汗阿爾塔什達任參贊大臣作俑請追欵諭免之是年桂斌奏車盟報應襲台吉已報未襲者有六百餘員積壓未題者有三次之久論理藩院迅速核辦不准積壓二十五年九月烏里雅蘇台將軍連順奏車臣汗德木楚克多爾濟阻撓鑛務與俄人交密形狀可疑諭撤去差使十一月是部王公等又呈理藩院請停辦鑛

務命崑岡等往勘綏之二十六年拳匪事起庫倫辦事大臣豐陞阿等調是部各旗官兵自備餉項巡防邊卡洎呼倫貝爾爲俄兵所據巴爾虎諸處避難官民均至是部界內盟長等防守撫輯均協所宜二十八年豐陞阿以是部王公異常出力請予獎勵於是車盟盟長郡王多爾濟帕拉木加親王銜副盟長扎薩克鎮國公車林尼瑪挑御前行走參贊扎薩克輔國公那爾莽達琥賞雙眼花翎餘給獎有差宣統二年二月內盟蒙匪托克托等竄擾是部貝子桑薩賴多爾濟旗三多遣駐庫宣化練軍營官鄭春田等迎擊失利電諭周樹模飭呼倫道汎派兵往援應而蒙匪竄俄境是年是部郡王多爾濟帕拉穆爲資政院欽選議員三年閏六月是部扎薩克貝子多爾濟車林等報効辦理新政銀兩獎之十一月哲布尊丹巴稱尊號于庫倫脅是部王公扎薩克等附之是部車臣汗阿爾塔什達車林多爾濟父子皆爲烏里雅蘇台參贊大臣有鑛有鹽池有成吉思汗陵佐領共有四十

賽因諾顏部稱喀爾喀中路至京師三千餘里東界博囉布爾哈蘇多歡西界庫勒薩雅索郭圖額金嶺南界齊齊爾里克北界齊老圖河元太祖十七世孫偉徵諾顏諾和有子五長阿巴和爲土謝圖汗部祖次塔爾呢無嗣次圖蒙肯次巴賚今賽因諾顏部二十四扎薩克自厄魯特二旗外皆其裔圖蒙肯子十三長卓特巴號車臣諾顏爲扎薩克輔國公托多額爾德尼諾爾布扎布台吉岡巴三旗祖次丹津喇嘛號諾們汗爲扎薩克親王善巴輔國公旺舒克車凌達什台吉齊旺多爾濟素達尼多爾濟六旗祖次車凌次羅雅克皆無嗣次濟雅克號偉徵諾顏爲扎薩克輔國公阿玉什一旗祖次扎木本其番不列扎薩克次察斯喜布號昆都稜爲扎薩克台吉伊達木納木扎勒二旗祖次丹津號班珠爾爲扎薩克超勇親王策稜子親王成袞扎布郡王車布登扎布二旗祖次畢瑪里吉哩諦號巴圖爾額爾德尼諾顏爲扎薩克台吉丹津額爾德尼一旗祖次錫納喇克薩特號琿台吉爲扎薩克台吉阿哩雅薩木濟特二旗祖次桑噶爾扎號伊勒登和碩齊爲扎薩克台吉沙嚕伊爾都齊一旗祖次扣肯號巴扎爾爲扎薩克台吉濟納彌達一旗祖次袞布號昆都倫博碩克圖授扎薩克郡王今襲貝勒其曾孫額墨根授扎薩克台吉又自爲一旗巴賚子一曰噶彌瑪爲扎薩克鎮國公素泰伊勒登一旗祖初喀爾喀有所謂紅教者與黃教爭圖蒙肯尊黃教爲之護持唐古特達賴喇嘛賢之授賽因諾顏號令所部奉之視三汗圖蒙肯卒次子丹津喇嘛復受諾們汗號於達賴喇嘛崇德三年遣使通貢優賚遣歸五年賜敕獎諭順治四年以偕其族土謝圖汗袞布等合兵援蘇尼特部叛人騰機思詰責之七年遣子額爾德尼諾木齊上書乞好詔偕袞布約誓定議十一年額德爾尼諾木齊復奉表諭曰爾奏言喀爾喀左翼四旗皆爾統攝凡有敕諭罔弗遵行今即如所請可速敕爾部長遣子來歸有不遵者即行奏聞十二年偕袞布等各遣子弟來朝詔宥前罪尋設八扎薩克命丹津喇嘛領左翼扎薩克之一歲貢九白如三汗例十八年賜遵文順義號給之印康熙三年詔所屬毋越界游牧丹津喇嘛卒子塔斯希布襲塔斯希布卒子善巴襲賜信順額爾克岱青號二十七年噶爾丹掠喀爾喀善巴率屬來歸詔附牧烏喇特諸部界三十年駕幸多倫諾爾會閱詔封善巴等王台吉有差各授扎薩克編所屬佐領隸土謝圖汗部三十一年善巴從弟策稜來歸策稜者圖蒙肯第八子丹津之孫台吉納木扎勒之子後授固倫額駙和碩超勇親王定邊左副將軍兼稱喀爾喀大扎薩克者也三十六年詔善巴等各歸舊牧五十六年選兵赴阿爾台軍偵禦策妄阿喇布坦雍正三年上所部系出賽因諾顏較三汗裔繁衍而額駙策稜自簡任副將軍勞績懋著命率近族親王達什敦多布貝勒納木扎勒齊素嚨貝子策旺諾爾布輔國公阿努哩敦多布額琳沁扎木禪旺扎勒台吉格木丕勒齊旺錫喇札布達爾濟雅根敦車布登巴朗延達博第呢瑪特克什諾爾布扎凡十九扎薩克別爲一部以其祖賽因諾顏號冠之稱喀爾喀中路不復隸土謝圖汗部喀爾喀有四部自此始九年所部兵隨大軍勦噶爾丹策稜擊其衆克爾森齊老及額爾德尼昭大敗之十三年撤還乾隆元年選兵赴鄂爾坤防秋六年參贊大臣副都統慶泰察閱防秋兵於桑錦托羅海十三年選駝五百運歸化城米赴塔密爾軍營尋調所部兵二千駐防錫喇烏蘇十九年移塔密爾軍營于是部中前旗之烏里雅蘇台以是部兵分駐扎布堪二十五年隨大軍勦達瓦齊平之二十六年設烏里雅蘇台至烏魯木齊台站留侍衛四員餘撤之先是喀爾喀分設中路時但以賽因諾顏名其部以示別於三汗未議襲號三十一年親王成袞扎布奏所部來歸初親王善巴爲同族長又世掌丹津喇嘛所遺印請視三汗例以善巴曾孫親王諾爾布扎布襲賽因諾顏號詔允其請俾與土謝圖汗車臣汗扎薩克圖汗均世襲罔替蕩平準部之役成袞扎布長子額爾克沙喇以勦叛賊巴雅爾功封輔國公策凌次子輔國公車布登扎布積俘準部宰桑庫克辛等平達瓦齊誅賊固爾班和卓征哈薩克功歷晉貝子貝勒郡王至親王品級貝子車木楚克扎布稜捕獲烏梁海宰桑復設臺站及招降阿爾泰淖爾烏梁海功歷晉封至郡王扎薩克等台吉三都克扎布以協濟軍需復予襲輔國公扎薩克一等台吉達什額以得叛賊布庫察罕功予公品級而貝子羅布藏車隣以死事烏魯木齊晉其子貝勒初所部十九旗後增三旗附額魯特二旗扎薩克二十有四盟於齊齊爾里克設正副盟長各一副將軍參贊各一爵三十有三扎薩克和碩親王二附固山貝子一由貝勒降襲鎮國公一由貝子降襲輔國公二公品級一等台吉一公品級三等台吉一扎薩克多羅郡王二一由鎮國公晉封扎薩克多羅貝勒二一由郡王降襲一由鎮國公晉襲扎薩克鎮國公一由扎薩克台吉晉襲附輔國公一扎薩克輔國公五一由扎薩克台吉晉襲公品級扎薩克一等台吉一扎薩克一等台吉九附輔國公一公品級三等台吉一厄魯特扎薩克固山貝子二一由郡王降襲一由輔國公晉襲三十八年九月以賽盟郡王車登扎布爲烏里雅蘇台贊參大臣四十二年十月賽盟郡王車布登扎布率本部王公扎薩克台吉等進大行皇帝醮馬駝溫諭却之四十五年六月以賽音諾顏部落占據土謝圖汗游牧諭博清額查明毋使侵占十月定賽音諾額土謝圖汗兩部界址嘉慶四年是部親王御前大臣拉旺多爾濟等請調集本盟兵馬助勦教匪溫旨止之並命理藩院傳知蒙古各盟停其預備七年八月定喀爾喀賽因諾顏扎薩克圖汗二部事務在烏里雅蘇臺會集與定邊左副將軍一同辦理八年以是部齊巴克扎布旗容留種地民人命交烏里雅蘇台參贊大臣永保辦理十二年五月烏里雅蘇臺參贊大臣薩木丕爾部爾濟卒以綸布多爾濟代之道光三年七月以賽音諾顏盟長德木楚克扎布等于大路搶刼官人財物不能捕緝詔嚴議十月烏里雅蘇台將軍果勒豐阿奏烏里雅蘇台地方請准令商民等每年馱運茶七千餘箱赴古城兌換米麪如不敷令湊買雜貨仍照例給發印票不准另往他處六年十一月回疆軍興賽音諾顏扎薩克圖汗兩盟王公扎薩克等輸駝隻助軍七年十月綸布多爾濟調庫倫辦事大臣十二月以車林多爾濟爲烏里雅蘇台參贊大臣十八年以哈薩克闌入卡倫命車輪多爾濟統賽扎兩盟杜爾伯特等蒙兵逐之十九年正月給驅逐哈薩克之賽扎兩盟蒙古官兵俸賞行裝銀四月命車輪多爾濟調兵驅逐復入烏梁海之哈薩克八月以驅逐哈薩克妥速賚車林多爾濟親王俸一年二十五年二月賽盟郡王圖克濟扎布以不赴軍營革副將軍阿爾薩什達代之咸豐三年賽扎兩盟王公扎薩克等請捐助軍需溫旨郤之十一年阿爾塔什達調庫倫以車林敦多布代之同治三年回匪陷烏魯木齊各城調是部兵援古城竟無功五年七月李雲麟奏與明誼等會商擬將扎薩克圖汗部賽諾顏兩部額兵全行派出共一千八百名其本愛曼操防之兵徐爲布置旋因察漢烏蘇卡倫聞警當與麟與等熟商北路既有警報擬每愛曼仍留五百兵備防本境復商之車林敦多布轉傳各盟長將西兩盟額兵以外之壯丁每盟再挑五百名於八月派齊隨後繼發並謂北路寇至不能禦差務不暇給保貝勒晉丕勒多爾濟遇事勇敢其才爲喀爾喀四部王公之冠適車林敦多布乞病詔即以晉丕勒多爾濟代之李雲麟尋率賽扎兩盟兵西進十一月至呼圖古蘭臺扎盟兵變賽盟兵亦潰李雲麟自奏回烏城詔嚴責之七年晉丕勒多爾濟倡捐布倫托海新城經費借郡王桑噶西哩等捐銀二萬五千兩有奇予晉丕勒多爾濟王銜餘給獎有差九年二月肅州回匪東竄擾是部推河以西額爾德尼班第達呼圖克圖游牧蒙兵潰于哈爾呢敦閏十月己巳庫倫辦事大臣張廷岳等奏回匪竄偪烏城福濟榮全督蒙兵二百在城防守參贊大臣晉丕勒多爾濟督索倫滿漢兵五百迎擊駐頭台竄匪三千現已抵二台辛未烏里雅蘇台將軍福濟等奏回匪踞博克多山推河口額爾德呢等處十月九日竄至第十一烏特台文報不通南臺蒙兵聞警先遁十一月戊申福濟及參贊大臣榮全奏十月九日賊千餘人由東南至西南山溝來撲東西南三門東溝又來賊數千初更賊四面放火燬柵而登城池失陷二十三日賊由西南竄去福濟遇救尚存榮全奔向西北於閏十月四日折回定邊將軍印信遺失榮全親兵護出伊犁將軍印信暫時借用命福濟榮全革職留任諭杜嘎爾統察哈爾馬隊及已調吉林黑龍江官兵赴烏城進勦尋回匪西竄金山卡倫晉丕勒多爾濟回烏里雅蘇台諭整飭台站疏通道路十二月諭晉丕勒多爾濟將張廷岳撤回官兵分布防守推河等處福濟妥設霍呢齊及推河粮台癸酉晉丕勒多爾濟奏勒賽扎兩部落揀兵分紮烏城台站幷防各旗游牧乙酉允福濟等請設烏城駐班台站扎薩克二員管台二員諭福濟迅將哈爾呢敦等台趕緊預備催綏遠城所遣達爾濟一軍前進是月喇嘛棍噶扎拉參一軍自科布多援烏城十年正月諭嚴催晉丕勒多爾濟設復烏城以

南台站晉不勒多爾濟劾福濟謬妄貽誤自顧身命將倉庫存項酬謝賊匪眷屬皆係自盡非爲賊所害福濟亦劾蒙古官員規避差使請捏病告假規避或飭傳故意遲行及始終不到者均革職任無職任者銷爵仍令來營從之設霍呢齊台轉運總局福濟飭貢果爾帶察哈爾馬隊駐守之榮全奏親往催辦烏城以南二十台行抵推河見水台氈房駝馬漸集推河至哈爾呢敦五台照舊布置略有規模請給自備駝馬幫台之蒙古台吉丁戶一半錢糧從之以回匪復圖再擾烏城諭福濟等整頓台站杜嘎爾軍毋得逗留二月諭福濟等妥爲布置哈爾呢敦額爾德尼昭推河三處防守並以達爾濟一軍行抵哈爾呢敦阻滯飭督令各台站妥爲供支毋誤戎機三月以烏屬各臺尙未備齊致滯師行諭切責福濟並令傳知蒙古王公等率屬守禦予烏城殉難蒙兵卹杜嘎爾奏派蘇彰阿帶黑龍江兵五百赴烏城並調貢果爾一軍赴前敵各路諭杜嘎爾赴察爾呢敦等處防勦四月予賽盟台吉車登不勒吉雅捐銀敍獎杜嘎爾進駐貢鄂博地方諭福濟等飭蒙古台站應付駝馬等項晉不勒多爾濟以請歸游牧能烏里雅蘇台參贊大臣下院嚴議以扎盟中左翼左旗貝勒多木沁扎木楚代之福濟亦革任以金順爲烏里雅蘇台將軍奎昌署之回匪復擾是部阿米爾畢特游牧焚掠固爾班賽汗等處諭杜嘎爾會奎昌等迅速追勦五部回匪竄薩哈爾呢敦附近之薩巴爾圖河推河一帶杜嘎爾遣納魯肯一軍駐翁吉驛防之六月回匪竄擾霍爾哈順霍呢齊二台諭慶春飭達爾濟於推河等處防守杜嘎爾撥隊扼要駐紮保護糧路福濟等奏烏城調到吉林黑龍江察哈爾馬隊三千二百五十名發圖車賽扎四盟採買駝馬等銀各一萬兩八月回匪復竄入阿畢爾密特旗至巴彥罕山逼近翁吉河福濟等飭賽盟速派蒙兵五百名赴南扎哈爾呢敦塔藏九月達爾濟一軍勦竄翁吉河之匪殄之杜嘎爾遣福珠哩率兵勦匪于阿米爾密特旗之那林渾第等處殄之是旗附近肅清達爾濟亦敗賊於喀雅喀拉烏蘇地方十一年正月肅州回匪復竄擾是部阿米爾密特旗游牧西南之濟爾哈朗圖地方諭金順奎昌等各設法保護所屬台站杜嘎爾奏派富珠哩一軍扼紮哈爾呢敦一帶四月回匪竄擾自託羅蓋及金山卡倫游牧奎昌等遣馬隊追勦九月連敗之於沙爾魯爾頓及庫爾庫嚕地方匪自阿育爾公旗竄扎哈沁十二年二月烏里雅蘇台將軍長順等以回匪屢擾三扎兩盟牧暫令扎盟公車德恩敦多布多爾濟旗移於邊界相當之三音諾顏部落右翼右後旗副將軍王格里克扎木楚扎薩克瑪尼巴拉等旗游牧賽盟扎薩克阿畢爾密特旗移於本部賽音諾顏旗親王車林端多布等旗游牧兩盟南界金山卡倫亦令暫撤俾作淸野之計奏入得旨下所司知之十三年正月烏城解嚴長順等撥察哈爾新兵五百令佐領依楞額統赴科布多裁烏城賽扎兩盟防兵五百侍衞豐陞阿統察哈爾馬隊仍駐扎巴罕河六年以改議俄約調賽扎兩盟蒙兵二千名駐烏里雅蘇台七月以將軍春福等奏克輔國公額爾奇博爾豁地方作爲官屯九月予賽盟扎薩木濟爾哈朗報効屯地獎七年六月以俄約成撤駐烏城之賽盟蒙兵將軍杜嘎爾奏暫停辦博爾豁屯田十一年九月復設金山卡倫十三年署烏里雅蘇台將軍祥麟等奏管理推河扎克等台吉巴扎爾等報所屬都特庫圖勒等三台鼠災請將都特庫圖勒台暫移在諸們汗沙畢游牧內拜達里克河邊之敖爾楚克哈克圖地方扎克和博勒庫根兩台向前移在賽盟右翼右後旗郡王吹蘇倫扎布旗屬之扎綏額奇叟吉哈拉佈拉克等地方體察鼠災定息靑草暢茂再飭各歸原台當差允之十九年烏里雅蘇台參贊大臣車林多爾濟病免以那木濟勒端多布代之二十一年十二月修烏里雅蘇臺二十三年修烏里雅蘇台河橋及河隄二十二年九月將軍崇歡奏查閱邊卡供給每台有加至百五十兩之事此次免去查閱南二十台駝馬兩廠專查五十五座台卡供給應付概從刪減二十六年崇歡奏以古城一帶蝗災改採購戍守官兵日需米麪於歸化城是年以拳匪肇釁邊防戒嚴將軍連順等調賽扎兩盟及烏梁海兵擇要防守各王公扎薩克等挑選壯丁籌幫軍食均能嚴約屬下勿欺凌俄商保全大局二十八年請將奏入予賽盟盟長扎薩克郡王沙蘇倫多布親王那木囊蘇倫副將軍扎薩克鎭國公剛珠爾扎布副盟長扎薩克郡王固嚕固木扎布等獎有差特予參贊大臣那木濟勒端多布黃馬褂二十九年設烏城中俄通商事務局三十年八月連順等以賽扎兩盟呈報去冬今春雪災牲畜倒斃三十一年是部中左末旗親王那彥圖請裁佐領所遺差戶護將軍奎煥飭由本盟各旗分派按旗接充入夏亢旱駝馬疲瘦請緩查閱台站允之三十二年賽盟盟長吹蘇倫扎布卒將軍奎煥等請于參贊大臣貝勒車登索諾木親王那木囊蘇倫二員內簡一人爲盟長得旨授那木囊蘇倫盟長定例盟長由理藩院請簡此出將軍保奏非恒格也那木濟勒端多布之後是部中左旗貝勒車登索諾木中右旗郡王庫魯固木扎布相繼爲烏里雅蘇台參贊大臣三十四年六月御史常徽劾車登索諾木揑報災情本盟應派差使不遵奏章赴邊防守之差以賄爲定蒙情不服咸有戒心如牧廠未報地界任令開荒駝馬揑報倒斃孳生以多報少弊混不可枚舉宣統元年將軍堃岫查覆多爲寬解惟謂車登索諾木於本旗充當各差或有互調他旗以遠易近避重就輕管理旗務之扎齊克齊阿莫朦混自專請革之而爲車登索諾木請免議二年是部親王那木囊蘇倫那彥圖爲資政院欽選議員三年庫倫獨立是部王公附之將軍奎芳被迫去職是部額駙策凌之後親王拉旺多爾濟車登巴咱爾達爾瑪那彥圖多至御前大臣領侍衞內大臣爲外扎薩克諸部所莫及是部地兼耕牧有鑛有鹽池向稱饒富共有佐領三十一

扎薩克圖汗部稱喀爾喀西路至京師四千餘里東界翁錦西爾哈勒珠勒西界喀喇烏蘇額埒克諾爾南界阿爾察喀喇托輝北界推河元太祖十六世孫格呼森扎扎賚爾琿台吉有子七分掌喀爾喀左右翼左翼牧圖拉河界右翼仍留居杭愛山其長子阿什海達爾汗琿台吉次子諾顏泰哈坦巴圖爾第四子德勒登昆都倫第七子鄂特歡諾顏同掌之今扎薩克圖汗部十九扎薩克自厄魯特一旗外皆其裔阿什海達爾漢琿台吉子二長巴延達喇子賚瑚爾汗爲原封扎薩克圖汗策旺扎布及扎薩克貝勒卓特巴台吉喇布坦額爾德尼袞布三旗祖次圖們達喇岱靑子碩壘烏巴什號琿台吉爲扎薩克貝勒根敦輔國公沙克扎齊巴克扎布台吉納瑪琳藏布達什朋素克五旗祖諾顏泰哈坦巴圖爾生土伯特哈坦巴圖爾子二長崆奎號車臣濟農爲扎薩克郡王朋素克喇布坦貝子博貝輔國公索諾木伊斯札布台吉烏爾占哈瑪爾岱靑五旗祖次賽因巴特瑪號哈坦巴圖爾爲扎薩克輔國公袞占台吉伊達木扎布二旗祖德勒登昆都倫生鍾圖岱號巴圖爾爲扎薩克台吉諾爾布一旗祖鄂特歡諾顏生靑達瑪尼默濟克號車臣諾顏爲扎薩克輔國公通謨克台吉普爾普車凌二旗祖初賚瑚爾爲喀爾喀右翼長所部以汗稱傳子素巴第始號扎薩克圖汗與其族土謝圖汗袞布車臣汗碩壘同時稱三汗碩壘通好最先袞布次之素巴第最後崇德三年以其部謀掠歸化城上統師征所部遁素巴第遣使謝罪並貢馬及獨峯駝無尾羊諭曰朕以兵討有罪以德撫無罪惟行正義故上天垂佑蒙古察哈爾諸部皆以畀朕爾等皆其所屬當卽相率歸誠不則亦惟謹守爾界乃反興兵搆怨謀肆侵掠豈以遠處西北卽爲征討不及之區耶今與爾約嗣後愼勿復入歸化城界重貽犯戾五年復賜敕誡諭順治四年素巴第聞詔責碩壘袞布等納蘇尼特叛人騰機思及掠巴林罪欲代爲解偕同族俄木布額爾德尼上書乞好上因其書不稱名詞近悖慢切責之七年俄木布額爾德尼等詭稱行獵私入歸化城界掠牧產遣官飭歸所掠會素巴第卒子諾爾布嗣稱畢錫呀勒圖汗遣使入貢諭曰朕本欲許爾等和好故命察歸所掠以贖前罪今爾等反以朕留爾逃人爲詞是何心耶朕統一四海爾等彈丸小國勿恃荒遠勿聽奸詞致隕爾緒十二年諾爾布偕木布額爾德尼各遣子來朝謝罪十四年復偕同族車臣濟農昆都倫陀音奉表乞好詔宥前罪十六年遣大臣齎服物諭賚之先是喀爾喀左右翼設八扎薩克諾爾布及俄木布額爾德尼車臣濟農昆都倫陀音各領右翼扎薩克之一諾爾布卒子旺舒克襲仍號扎薩克圖汗俄木布額爾德尼卒子額璘沁襲號羅卜藏台吉康熙元年額璘沁以私憾襲殺旺舒克莽就厄魯特其叔父袞布伊勒登避難來歸封扎薩克貝勒駐牧喜峯口外察罕和朔圖詳喀爾喀左翼部總傳九年命旺舒克第成袞襲扎薩克圖汗號輯其衆二十三年成袞以額璘沁之亂屬衆潰多往依左翼土謝圖汗察琿多爾濟屢索不獲與搆釁命阿齊圖格隆等諭解之會成袞卒厄魯特噶爾丹謀掠喀爾喀誘成袞子沙喇攻察琿多爾濟沙喇因會噶爾丹於固爾班赫格爾台吉德克德赫等從往察琿多爾濟惡之追殺沙喇及德克德赫二十七年噶爾丹以兵三萬掠喀爾喀至杭愛山所部大潰沙喇弟策旺札布偕同族色凌阿海等相繼來歸詔附牧烏喇特諸部三十年駕幸多倫諾爾會閱以所部屢經變亂被芟夷詔封色凌阿海等王貝子台吉有差各授扎薩克令集所屬編佐領撫輯之而以成袞子策旺扎布爲扎薩克圖汗特封和碩親王統其衆自是始稱扎薩克圖汗部三十一年定所部爲喀爾喀西路三十六年詔歸杭愛山游牧四十年賜牧產贍之尋命策旺扎布仍襲扎薩克圖汗號雍正四年遣額駙策凌等赴阿爾台勘所部與準噶爾界九年大軍勦噶爾丹策凌詔所部扎薩克等內徙游牧十年以準噶爾敗遁諭曰去歲朕降旨令爾等徙居內地並不慼悅遷行屢次催促始勉強遷移今幸大軍於蘇克阿勒達呼及額爾德尼昭兩敗賊衆爾等始得安居否則豈能保護牲畜乎朕思爾等本屬一體豈有甘居庸懦受人庇蔭之理嗣後各宜激烈奮發不惟永享昇平亦且垂先史册矣是扎薩克圖汗策旺扎布以從

征退縮罪削爵詔郡王朋素克喇布坦子格呼克延不勒襲汗號十二年調兵駐防察罕庾爾乾隆元年選兵赴鄂爾坤防秋二年定邊大將軍平郡王福彭奏喀爾喀四部防秋兵皆駐鄂爾坤扎克圖汗部駐牧扎克拜達哩克西南距鄂爾坤尤遠請即令在彼駐防徵調無難即至詔如所請五年諭曰前以軍務方興恐爾部游牧被賊侵擾悉令內徙今噶爾丹策凌謹遵朕旨奏稱不敢越河爾台游牧甚屬恭順朕亦降旨令爾部游牧毋踰扎布堪齊克愼哈薩克圖庫克嶺等處爾等當徧諭所屬永遠遵行儻有違令生事者嚴行治罪況今雖許準噶爾和好罷息干戈而平日不可不訓習武備爾等其留意毋忽六年命參贊大臣副都統慶泰察閱防秋兵於哈里勒邁十三年選駝五百運歸化城米赴塔密爾軍營十六年敕禁所部越境與準噶爾及回衆私市十七年選兵千駐防錫喇烏蘇二十年隨大軍進勦達瓦齊二十二年以其部和托輝特郡王青袞咱卜叛誅之尋諭扎薩克圖汗部曰前因青袞咱卜負恩背叛散布流言衆喀爾喀間有煽動經朕訓諭爾等旋知悔悟各奉職守今逆賊就誅黨附人等應分別治罪以彰國憲但爾等爲國家臣僕百餘年誤聽浮言致干罪戾並非有心附賊免其查究嗣後益宜仰體朕恩滌瀹前愆約束所屬各安本業綏靜邊隅長享太平之福先是扎薩克圖汗部編佐領蕩平準回之役是部扎薩克郡王品級貝勒青袞咱卜貝勒連登扎布皆以叛誅而輔國公旺布多爾濟積俘青袞咱卜及準部叛賊呢瑪功晉襲貝勒子郡王品級一等台吉扎薩克朗袞扎布積取庫車擾賊及克庫車功晉至鎭國公二等台吉諾爾布以不從叛賊策登扎布授扎薩克一等台吉死事於阿里固特之二等台吉齊巴克扎布追封輔國公并授其子巴圖濟爾噶勒扎薩克其扎薩克一等台吉噶爾丹達爾扎以率其屬戶口自準部特穆爾圖諾爾游牧復歸授一等台吉其後授其子拉克沁噶喇扎薩克編佐領隸是部先是扎薩克圖汗部編佐領分十旗後增八旗附厄魯特一旗扎薩克十有九盟於扎克畢賴色欽畢都哩雅諾爾設正副盟長各一副將軍參贊各一爵二十有二扎薩克圖汗兼多羅郡王一附公品級三等台吉一由輔國公降襲郡王品級扎薩克多羅貝勒一扎薩克鎭國公二一由貝勒降襲一由扎薩克台吉晉襲扎薩克輔國公六一由貝子降襲附輔國公一扎薩克一等台吉八附輔國公一厄魯特扎薩克一等台吉一乾隆四十五年以是部扎薩克巴哈圖爾侵佔杜爾伯特游牧嚴飭查辦促令交還嘉慶七年十月收扎薩克圖汗布尼喇特納等進馬五百匹道光六年回疆軍興是部捐駝馬助軍需二十五年定扎薩克圖汗盟支差章程王公台吉等將所屬喀木齊罕阿拉巴圖等牲畜分作二分一分牲畜津貼佐領等出差扎薩克台吉喀木齊罕阿拉巴圖等所有牲畜依佐領等一律按戶扣除大牲畜一雙餘次牲畜均與應派佐領下人等正項差務一律出派其貧苦台吉佐領下喀木齊罕阿拉巴圖等各均相監之咸豐三年是部汗王公扎薩克等以軍興捐助軍需溫旨部之同治三年回匪陷烏魯木齊等城古城諸城被圍調是部蒙兵援之五年十一月李雲麟奏扎盟蒙兵抵呼圖古闌臺劫掠變亂尋潰歸九年六月肅州回匪擾是部境十月竄聚博提哈拉烏蘇庫努克等處殺掠十一月匪于陷烏城後竄金山卡倫察罕博克多地方十一年十月奎昌等奏移翰克巴雅爾所部察哈爾馬隊駐扎盟察罕淖爾地方防回匪犯烏城九月回匪竄是部輔國公車德恩敦多布多爾濟游牧車德恩敦多布多爾濟自備軍裝軍火糧餉督台吉官兵于十六十七日再挫匪于景色圖及巴彥察汗地方匪向西遁事聞予貝子銜十二月擾科城之回匪竄聚於扎部南境奎昌派達爾濟帶隊攻勦十二年正月奎昌等奏回匪于十一月竄札盟所屬之那瑪勒吉斡昭地方官軍于是月十一日進攻敗之匪即北竄追勦至十二日匪又向察罕布爾噶奔竄山勢險隘負固相持達爾濟赶帶馬隊前進匪又越山遁聚巴里坤扎盟交界地方二月烏里雅蘇台將軍長順等以扎盟牧南各旗毗連肅州屢被回匪擾害奏暫移公棍楚克扎布右翼前扎薩克桑青齊蘇隆右翼後末瑪呢達拉等旗於本部扎薩克圖汗及右翼中參贊公密帕散布中右翼末旗達什拉布坦扎薩克車德恩多爾濟等旗游牧扎薩克圖汗旗移本部落右翼左公銜扎薩克班扎班咱爾扎布右翼末次扎薩克達散巴拉等旗游牧俟賊匪肅清即令各歸舊牧下所司知之十月回匪竄擾圖謝公游牧旋擾察斡河及莫爾根地方長順等遣卓凌阿勦匪于圖謝公游牧之庫布奇爾果羅地方勝之救出蒙古男婦子女一百九十餘名科布多所遣防禦喜莫得等率兵敗匪于阿育公旗庫倫喇嘛地方救出被脅蒙民男婦三四百名會棟呢特多爾濟軍敗之於烏闌堝匪向翰克扎薩克旗以南踰山逃遁十三年三月予扎薩克圖汗等捐助烏里雅蘇台城獎光緒初烏魯木齊諸城克復是部始解嚴七年徵是盟兵戍科布多俄約成撤去二十一年是部以甘肅回匪滋擾文報改由台路撤回邊界游牧牲畜爲堅壁清野之計二十三年烏里雅蘇台將軍崇歡等劾盟長扎薩克鎭國公阿育爾色德丹占扎木楚假公攤派請革職允之二十四年是部與賽音諾顏部王公扎薩克等輸昭信股票銀並請報効仍予獎二十五年是部扎薩克蘊多爾濟旗與科布多之扎哈沁爭界志銳等奏所爭一爲巴爾嚕克鄂博一爲翰吉爾圖鄂博一爲田德克庫與喀拉占和碩界線請飭理藩院秉公剖斷允之二十六年拳匪肇釁邊防戒嚴是盟王公扎薩克等于徵兵籌餉均得出力二十八年予扎薩克圖汗索特那木拉布坦副將軍扎薩克輔國公洛布桑端多布獎有差宣統二年索特木拉布坦爲資政院欽選議員三年庫倫獨立脅是部汗王等附之是部有鑲有鹽佐領有二十一

藩部五

青海額魯特

青海額魯特部在西甯邊外至京師五千七十里東及北界甘肅西界西藏南界四川袤延二千餘里卽古西海郡地分左右二境左境東自棟科爾廟西至洮賚河界八百餘里南自博囉充克克河北岸北至西喇塔拉界四百餘里東南自喇拉山西北至額濟內河界四百餘里東北自永昌縣界西南至布隆吉爾河界三千餘里右境東自棟科爾廟西至噶斯池界二千五百餘里南自漳臘嶺北至博囉充克克河南岸千五百餘里東南自達爾濟嶺西北至塞爾騰西爾噶拉金界二千餘里東北自克騰庫特爾西南至穆嚕烏蘇河界千五百餘里厄魯特舊分四部曰和碩特姓博爾濟吉特曰準噶爾曰杜爾伯特姓綽囉斯曰土爾扈特姓不著部自爲長號四衞拉特金稱厄魯特卽明時所謂阿魯台也有輝特者最微初隸杜爾伯特後土爾扈特徙俄羅斯境輝特遂爲四衞拉特之一云青海蒙古分牧而處有和碩特有土爾扈特有準噶爾有輝特統以厄魯特稱之和碩特設扎薩克二十有一其始祖爲元太祖弟哈布圖哈薩爾七傳至阿克薩噶勒泰子二長阿魯克特穆爾今內扎薩克科爾沁扎賚特杜爾伯特郭爾羅斯阿嚕科爾沁四部落茂明安烏喇特八部其裔也次烏嚕克特穆爾九傳至博貝密爾咱稱衞拉特汗子哈尼諾顏洪果爾繼之有子六長哈納克土謝圖次拜布噶斯次昆都倫烏巴什次圖魯拜琥次色稜哈坦巴圖爾次布雅鄂特歡哈納克土謝圖爲公中扎薩克台吉車凌納木扎勒一旗祖拜布噶斯子鄂齊爾圖汗及阿巴賴諾顏牧西套後準噶爾滅其部昆都倫烏巴什號都爾格齊諾顏今駐牧珠都斯之和碩特部四旗其裔也圖魯拜琥號顧實汗分青海部衆爲二翼子十人領之居左翼者曰達延曰鄂木布曰達蘭泰曰巴延阿布該阿玉什居右翼者曰伊勒都齊曰多爾濟曰瑚嚕木什曰桑噶爾扎曰袞布察琿曰達什巴圖爾達延號鄂齊爾汗爲扎薩克鎭國公噶勒丹達什輔國公諾爾布朋素克車凌三旗祖別有附察哈爾之和碩特亦其裔也鄂木布號車臣岱青爲扎薩克台吉羅卜藏察罕濟克濟扎布達瑪璘色布騰阿喇布坦四旗祖達蘭泰爲扎薩克郡王額爾德尼額爾克托克托鼐台吉車凌多爾濟二旂祖巴延阿布該阿玉什號達賴烏巴什爲扎薩克台吉扎布一旗祖別有阿拉善厄魯特一旗亦其裔也伊勒都齊爲扎薩克親王察罕丹津輔國公阿喇布坦扎木素台吉察罕喇布坦三旗祖多爾濟號達賴巴圖爾爲扎薩克貝勒朋素克旺扎勒達什車凌合吉伊什多勒扎布三旗祖瑚嚕木什號額爾德尼岱青爲扎薩克貝子丹巴台吉色布騰博碩克圖二旗祖桑噶爾扎號伊勒登爲扎薩克貝子索諾布達什一旗祖袞布察琿無嗣達什巴圖爾子羅卜藏丹津叛逃準噶爾後就擒宥之隸內蒙古正黃旗顧實汗弟色稜哈坦巴圖爾號扎薩克陀音爲扎薩克台吉哈爾噶斯一旗祖布延鄂特歡三傳至阿布子二長達瓦次鄂爾奇達遜隸準噶爾號扈魯瑪台吉後來歸達瓦封公品級尋卒鄂爾奇達遜授伯爵隸內蒙古正黃旗土爾扈特設扎薩克四其始祖曰翁罕七傳至貝果鄂爾勒克爲扎薩克台吉索諾布喇布坦多

爾濟色特爾布木二旗祖別有土爾扈特部十二旗亦其裔也貝果鄂爾勒克弟翁貴爲扎薩克台吉達爾扎丹忠二旗祖準噶爾設扎薩克二旗始祖曰孛罕六傳至額森子二長博羅納哈勒爲杜爾伯特所自始今駐牧烏蘭固木之杜爾伯特部十六旗自輝特二旗外年皆杜裔也次額斯墨特達爾漢諾顏爲準噶爾所自始七傳至和多和沁號巴圖爾琿台吉駐牧阿爾台子十一曰車臣爲其弟噶勒丹所殺曰卓特巴巴圖爾徙牧青海爲扎薩克郡王色布騰扎勒一旗祖色布騰扎勒再傳嗣絕曰班達哩孫車木伯勒襲色布騰扎勒所遺扎薩克曰卓哩克圖和碩齊爲扎薩克輔國公阿喇布坦一旗祖曰溫春子丹濟拉以來歸封扎薩克輔國公附喀爾喀賽因諾顏部曰僧格子策妄喇布坦號琿台吉再傳爲其本族達瓦齊所篡嗣絕曰噶勒丹以掠喀爾喀爲大軍所敗竄死曰布木號額爾德尼台吉其曾孫卽達瓦齊大軍平其部俘至京尋釋之封親王不列藩部曰多爾濟札布爲喀爾喀土謝圖汗察琿多爾濟所戕曰朋素克達什孫噶勒藏多爾濟以來歸對綽囉斯汗尋叛爲從子札納噶爾布所殺曰噶爾瑪三傳至三濟札布以來歸授侍衞隸內蒙古正黃旗和多和沁弟曰墨爾根岱青子二長丹津號噶爾瑪岱青和碩齊孫阿喇布坦以來歸封札薩克郡王附喀爾喀賽因諾顏部次阿海三傳至達什達瓦嗣絕妻車臣哈屯攜衆來歸編佐領置直隸承德府境不設札薩克輝特設札薩克一其始祖曰納木占再傳至卓哩克圖和碩齊爲札薩克輔國公貢格一旗祖厄魯特諸扎薩克外設喀爾喀公中札薩克一別有察罕諾捫汗授札薩克喇嘛轄四佐領自爲一旗不列諸扎薩克盟天聰初蒙古諸部內附厄魯特猶私與明市上以遠弗之禁崇德二年顧實汗遣使通貢閱歲乃至七年偕達賴喇嘛等奉表貢八年遣使存問達賴喇嘛以顧實汗擊敗唐古特藏巴汗敕曰有敗道違法而行者聞爾已懲治之自古帝王致治法教未嘗斷絕今遣使敦禮高賢爾其知之并賜甲胄使未至顧實汗請發幣使延達賴喇嘛允之順治二年顧實汗子達賴巴圖爾貢馬至奏聞天使召聖僧臣等自當遵奉三年以厄魯特台吉等入甘肅境要糧賞詔所司議勸撫會顧實汗奉表貢賜甲胄弓矢命轄諸厄魯特嗣間歲輒遣使至厄魯特台吉等附名以達和碩特族曰都爾格齊諾顏曰色稜哈坦巴圖爾汗曰鄂齊爾汗曰鄂齊爾圖汗曰阿巴賴諾顏曰達賴烏巴什諾顏曰伊拉古克三班第達呼圖克圖曰額爾德尼琿台吉曰阿哩祿克三陀音曰噶爾第巴台吉曰瑪賴台吉曰諾木齊台吉曰綽克圖台吉土爾扈特族曰羅卜藏諾顏曰楚琥爾岱青曰博第蘇克準噶爾族曰巴圖爾琿台吉曰墨爾根岱青曰杜喇勒和碩齊曰楚琥爾烏巴什曰羅卜藏呼圖克圖以顧實汗爲之首五年甘肅巡撫王世功奏青海蒙古駐西甯需索供應請定貢使入關額餘駐關外給口糧許之九年顧實汗導達賴喇嘛入覲先奉表聞并貢駝馬方物十年詔封遵行文義敏慧顧實汗賜金册印十三年顧實汗卒上念其忠勤修貢遣官致祭會青海屬復爲邊患諭顧實汗子車臣岱青及達賴巴圖爾等曰分疆別界向有定例邇來爾等率番衆掠內地抗官兵守臣奏報二十餘次屢諭不悛今特遣官赴甘肅西甯等處勘狀或爾等親至或遣宰桑來質誣妄之罪各有攸歸番衆等舊納貢蒙古者聽爾轄儻係前明所屬應仍歸中國至漢人蒙古交界與市易隘口務宜詳加察覈分定耕牧毋得越境妄行十五年復諭車臣岱青曰前因爾等頻犯內地遣官往勘據奏爾等入邊向番取貢輒肆攘奪咎自難辭朕悉宥爾前愆但中外本無異視疆圉自有大防爾等向屬番取貢酌定人數路由正口道頭目稟告守臣方准入邊至市易定所應從西甯鎭海堡川北洪水等口出入毋得任意取道如或不悛國憲具在朕不爾貸也康熙四年甘肅提督張勇奏蒙古番衆游牧莊浪諸境情形叵測請增甘肅西甯駐防兵先是青海蒙古戀西喇塔拉水草饒乞駐牧張勇以其地爲甘肅要隘不容偪處往責之謝罪去因設永固營聯築八寨至是蒙古等復相繼徙近邊上以漸不可啓詔如張勇請五年勇復奏青海雖通西藏不過荒徼絕塞朝廷曲示招徠准開市自應鈐束部落各安邊境乃邇來蜂屯祁連山縱牧內地大草灘曾遣諭徙復抗拒定羌廟官軍敗之猶不悛聲言糾衆分入河州臨洮鞏昌西甯涼州諸地請設兵備詔嚴防禦仍善撫以柔其心勇等乃自扁都口西水關至嘉峪關固築邊牆六年川陝總督盧崇峻奏青海諸頭目偵於八月將入寇因赴莊浪所備之遣總兵孫思克屯南山隘相形勢固守達賴喇嘛尋檄巴魯特諸台吉毋擾內地駐牧黃城兒火草灘蒙古悉徙去獻駝馬羊等服罪請撤駐防兵允之十四年西甯諸鎭兵屯河東勦叛賊王輔臣青海蒙古乘隙犯河西永固營副將陳達禦之陣歿孫思克屯涼州宣示朝廷恩威各引罪出塞會達賴喇嘛使至命傳諭達賴巴圖爾等戢部衆勿爲邊患十六年準噶爾台吉噶爾丹襲殺駐牧西套之鄂齊爾圖汗青海和碩特諸台吉懼挈廬幕數千避居火草灘撫遠大將軍圖海等飭歸故巢十七年西套諸台吉偵噶爾丹將侵青海遣使告和碩特台吉達賴巴圖爾等爲防禦計上聞之諭張勇曰噶爾丹侵青海如遠從達布素圖瀚海而往則聽之若欲經火草灘則令堅立信約勿擾內地尋噶爾丹以從者異志且距青海遠行十一日撤兵歸遺書張勇詭稱其祖多克辛諾顏借顧實汗聚青海和碩特族獨據之欲往索以將軍所轄地故不果既而懼和碩特諸台吉襲巴密遣使議婚以女布木妻博碩克圖濟農子根特爾張勇諜得狀奏噶爾丹讐青海蒙古議婚後恐復往侵甘肅當往來衝請增防上報可有巴圖爾額爾克濟農和囉理者巴延阿布該阿玉什子也駐牧西套以避噶爾丹侵乞假內地赴青海許之會噶爾丹屬額爾德尼和碩齊潛掠烏喇特戶畜青海墨爾根台吉聞之遣使詰歸所掠喀爾喀台吉畢瑪里吉哩諦亦以厄魯特掠所部陰偵之告額爾德尼和碩齊和囉理及青海台吉茂濟喇克等游牧額濟內河則未知其爲何厄魯特也十八年遣使諭達賴巴圖爾等曰爾墨爾根台吉將被盜劫掠人察護解送朕甚嘉之夫勸善懲惡者國之法也邇聞厄魯特衆棲處額濟內河爾達賴巴圖爾及墨爾根台吉其照汝例嚴加治罪使至稱茂濟喇克和囉理皆無掠烏喇特事額爾德尼和碩齊爲準噶爾屬已徙牧去詔檄噶爾丹收補之不從二十九年大軍敗噶爾丹於烏蘭布通青海諸台吉附達賴喇嘛表上尊號詔不允三十年甘肅提督孫思克奏噶爾丹巢距邊月餘從子策妄阿喇布坦雖交惡恐復合有侵青海舉道必經嘉峪關外肅州密邇青海請設兵三千爲備上報可三十二年昭武將軍郎坦奏稱青海諸台吉私與噶爾丹通問請屯兵哈密絕往來蹤上以噶爾丹自烏蘭布通敗遁後乞邊警且青海諸台吉素恭順寢議噶爾丹尋屯牧巴顏烏蘭偪內汛詔西甯設戍兵唐古特部第巴陰比噶爾丹詭爲達賴喇嘛奏稱青海諸台吉無異志請撤戍論曰此爲征勦噶爾丹計非防青海諸台吉也會議勦噶爾丹詔檄青海衆勿驚懼三十五年上親征噶爾丹敗之獲青海通噶爾丹使以博碩克圖濟農及薩楚墨爾根台吉爲所部長遣使齎敕諭曰爾青海厄魯特尊崇達賴喇嘛法教敬事本朝聘問貢獻恭順有年朕亦頻加恩賚乃噶爾丹違達賴喇嘛法教不遵朕旨朕統軍至圖拉勦而滅之博碩克圖濟農等遣往噶爾丹使爲朕所擒俱言達賴喇嘛脫緇已久第巴匿之且噶爾丹詭言青海諸台吉謀與彼同犯中國今噶爾丹亡命西走青海諸台吉如欲仍前修睦其各防守邊界遇噶爾丹卽行擒解若知而故縱此後永讐絕之我使至察罕托羅海宣諭善巴陵堪布蓋達賴喇嘛遣理青海蒙古務者也善巴陵堪布召青海諸台吉集盟壇言曰噶爾丹殺鄂齊爾圖汗我等與仇但素奉達賴喇嘛言應遣議時達賴喇嘛示寂久唐古特達賴汗尋約和碩特八台吉遣使慶捷達賴汗卽鄂齊爾汗子也世長唐古特鄂齊爾汗弟自袞布察琿無嗣外餘八人皆居青海故其裔稱和碩特八台吉三十六年二月上視師甯夏詔額駙阿喇布坦都統都思噶爾巴林台吉德木楚克西甯喇嘛商南多爾濟等攜青海諸台吉使及賞物往招撫之復以哈密達爾漢伯克額貝都拉內附詔青海厄魯特勿侵哈密境三月阿喇布坦等至察罕托羅海察罕諾捫汗迎告曰皇上令青海衆得享安樂永受恩澤何幸如之時顧實汗子惟達什巴圖爾存阿喇布坦等宣諭之達什巴圖爾議遣博碩克圖濟農及額爾德尼台吉代入覲阿喇布坦等語曰皇上駕臨甯夏爾當率衆往朝毋自誤達什巴圖爾偕察罕諾捫汗善巴陵堪布及唐古特達賴汗子拉藏等檄諸台吉議欲四月起行達爾寺垂臧呼圖克圖淵都遜寺達賴綽爾濟勒嘛及囊素通事等咸請從私向使問獅象狀且相謂曰我等往朝殆必以所未見文物相示閏三月阿喇布坦德木楚克自青海歸議諸台吉至若露處未協朝典應令秋後入覲京師詔如議命都思噶爾商南多爾濟留駐鎭海堡俟之扈蹕諸臣奏青海厄魯特與準噶爾同部聞噶爾丹敗竄咸驚懼皇上定策安集所部身至如歸誠非常舉請行慶賀禮諭曰青海職貢有年來朝亦常事耳可勿賀諸臣固請因奉表賀曰青海向雖修貢未隸臣屬今舉部歸誠噶爾丹益無竄路皇上安內攘外之心自此充愜矣四月諭留糧騎及羊九千餘於達希圖海俟青海衆至給之十一月達什巴圖爾偕諸台吉入覲諭曰朕非威懾爾等前來不過欲令天下生靈各得其所朕何物不備朕之尊不在爾等來否所望爾等各遂安全副朕好生至意耳詔所從諸宰桑咸列坐預宴以御用冠服朝珠賜達什巴圖爾賞諸台吉鞍馬銀幣有差復傳諭曰爾等自祖父來歲修職貢故特優錫以寵爾歸十二月上大閱玉泉山達什巴圖爾等扈駕往觀戰慄失色奏天朝兵威若此何敵不克三十七年正月詔封達什巴圖爾爲和碩親王諸台吉授貝勒貝子公等爵有差先是噶爾丹詭與青海媾實謀往侵懼大軍討乃寢第巴以策妄阿喇布坦不附噶爾丹陰間之僞爲達賴喇嘛疏奏策妄阿喇布坦將侵青海及唐古特上斥其妄會噶爾丹使至論曰青海諸台吉奉

貢久缺噶爾丹屢犯青海朕必往討之至是噶爾丹就滅策妄阿勒布坦憾達什巴圖爾等內附詭請大軍征青海討前助噶爾丹罪諭曰青海諸台吉聞朕出師甯夏遠徙游牧嗣噶爾丹平定親來稱慶伊等並無過端豈肯據爲加兵朕統馭天下惟願宇內羣生咸獲安堵豈有使爾等搆釁之理二月上幸五臺山詔達什巴圖爾等從將旋蹕召覲行幄溫諭遣歸給駝馬三十九年策妄阿喇布坦聲言兵擊第巴遣使赴青海陰覘強弱上以策妄阿喇布坦將不靖詔廷臣留意漢趙充國所議五事爲防禦計四十二年上幸西安府達什巴圖爾等來朝扈駕閱駐防兵奏禁卒精練天下無敵外省軍容復如是億萬年可永享昇平賜宴遣歸五十四年策妄阿喇布坦遣兵掠哈密上以鄰青海左翼牧詔兵備之準噶爾敗遁初達賴汗子拉藏偕青海諸台吉定議內附尋襲唐古特汗以第巴私立僞達賴喇嘛襲殺之而自立博克達之伊什扎穆蘇爲達賴喇嘛瑚畢勒罕青海貝勒察罕丹津等訐其僞奏裏塘之羅卜藏噶勒藏嘉穆錯爲眞達賴喇嘛瑚畢勒罕詔內閣學士拉都琥往驗尋遣侍衞阿齊圖召青海兩翼議徙裏塘達賴喇嘛瑚畢勒罕以弭爭端貝勒色布騰扎勒阿喇布坦鄂木布朋素克旺扎勒台吉達顏蘇爾扎等僉請徙察罕丹津不從將偕達什巴圖爾子羅卜藏丹津盟率兵攻異己者阿齊圖疏至王大臣等奏察罕丹津若先攻諸部色布騰扎勒等來奔應置邊內察罕丹津牧距松潘僅四五日程請備兵待詔西甯四川松潘諸路設兵備之五十五年察罕丹津畏罪徙裏塘達賴喇嘛瑚畢勒罕至西甯宗喀巴寺阿齊圖奏請集諸台吉定盟以羅布藏丹津察罕丹津達顏等領右翼額爾德尼額爾克托克托鼐阿喇布坦鄂木布等領左翼令永睦允之會噶爾丹由沙拉襲青海掠台吉羅布藏丹濟卜等牧畜復謀盜噶斯口官軍駝馬諭曰準噶爾偵噶斯口兵勢稍弱潛來侵擾青海不可不嚴籌之著西安口會青海左翼四川督標兵會青海右翼協力防禦五十六年遣使赴青海測分野未幾靖逆將軍富甯安諜策妄阿喇布坦遣兵赴唐古特馳疏聞上以裏塘達賴喇嘛瑚畢勒罕事初定拉藏汗或陰導準噶爾侵青海詔理藩院尚書赫壽諭拉藏汗勿得與察汗丹津羅布藏丹津等搆兵復諭遣侍衞色楞等赴青海曰準噶爾若侵拉藏汗爾卽與青海諸台吉等定議協勦務令絕無猜忌不至滋變方善或拉藏汗導準噶爾侵青海爾卽諭察罕丹津等曰策妄阿喇布坦屢抗大軍今拉藏汗與同謀是顯爲讎敵也家國始終仁愛保護顧實汗子孫爾等正當奮志報效而行尋察罕丹津等以準噶爾侵拉藏汗告諭內大臣策旺諾爾布西安將軍額倫特等分屯青海要地五十七年拉藏汗乞援疏至詔色楞等會青海王台吉議進兵察罕丹津諜拉藏汗被戕誘準噶爾至青海迎擊之準噶爾懼不至先是哈密伯克額貝都拉獻西吉木達里圖西喇郭勒地詔設赤金靖逆二衞及柳溝所聽兵民耕牧五十八年以其地錯青海左翼牧遣官偕貝子阿喇布坦台吉阿爾薩蘭等勘定界阿喇布坦等曰青海衆荷恩厚何惜隙地可耕者聽給兵民留我等牧地足矣因集所屬宰桑等畫地標識議勿私越時撫遠大將軍固山貝子允禵統兵駐西甯請自索諾木至柴達木路設站五站置青海兵十別令左右翼兵各三百屯近軍地防準噶爾賊從之允禵復遵旨集兩翼王台吉以上意宣諭曰唐古特部達賴喇嘛班禪喇嘛法教原係爾祖顧實汗所設今準噶爾戕拉藏汗離散番衆爾等前稱裏塘羅卜藏噶勒藏嘉穆錯爲眞達賴喇嘛瑚畢勒罕願置禪榻廣施法教今唐古特民人及阿木島喇嘛如爾言皇上爲安藏計遣大兵送往唐古特爾等宜率所屬兵或萬或五六千從往其定議具奏兩翼王台吉等僉稱願聽命五十九年所部兵從大軍敗準噶爾於卜克河齊諾郭勒綽瑪喇等處因護達賴喇嘛入藏捷聞詔留兵二千屯青海偵防準噶爾雍正元年諭曰自西陲用兵青海王以下台吉以上各著勞績皇考曾降旨俟凱旋日計功今青海王台吉等歷年效績應各酌加封賞其率兵進藏至駐防噶斯柴達木等衆應令各將將軍分別加賞是年羅卜藏丹津叛命大軍往討越歲而定羅卜藏丹津初襲其父達什巴圖爾親王爵從大軍入藏歸覬爲唐古特長陰約策旺阿喇布坦援已復誘青海台吉等盟察罕托羅海令如所部故號不得復稱王貝勒貝子公等爵而自號達賴琿台吉以統之郡王額爾德尼額爾克托克托鼐不從偕鎮國公噶爾丹達什來奔上以和碩特族自相殘不忍遽如兵詔撫遠大將軍貝子延信善慰額爾德尼額爾克托克托鼐時兵部左侍郎常壽駐西甯理青海務命傳諭羅卜藏丹津罷兵不從則懲治之羅卜藏詭言親王察罕丹津郡王額爾德尼額爾克托克托鼐謀據唐古特諸台吉不服將率兵與決勝負蓋以察罕丹津額爾德尼額爾克托克托鼐首不附己欲誣罪因脅諸台吉奉己如鄂齊爾汗駐唐古特以遙制青海也察罕丹津爲羅卜藏丹津所偪繼額爾德尼額爾克托克托鼐挈衆至救川陝總督年羹堯曰羅卜藏丹津自其祖顧實汗敬謹恭順達什巴圖爾慕化來歸晉封親王復令其子羅卜藏丹津襲封自宜仰體寵眷敬奉法紀乃妄逞強梁骨肉相仇欺陵親王察汗丹津郡王額爾德尼額爾克托克托鼐等恣行倡亂朕甫聞其事遣使往諭令伊講和修睦式好無尤乃肆意稱兵侵襲察罕丹津額爾德尼額爾克托克托鼐以致投入內境是其深負朕恩悖逆天常擾害生靈誅戮不可少緩朕欲大張天威特命爾爲撫遠大將軍統領大兵往聲羅卜藏丹津罪如敢抗拒卽行勦滅其黨有懼羅卜藏丹津勢暫爲脅從者果悔罪來歸卽行寬宥有能擒斬羅布藏丹津者分別具奏有情急來歸者加意撫恤其不抗拒者毋加殺戮羅卜藏丹津詭罷兵誘常壽至察罕托羅海留之遣叛黨分掠西甯諸路煽賊番等爲應副將軍阿喇納自吐魯番馳赴噶斯斷由穆魯烏蘇往藏路副將王嵩參將孫繼宗等擊賊黨於布隆吉爾及鎮海堡申中堡北川新城等處四川提督岳鍾琪以雜谷土司等兵勦歸德堡外上寺東策卜下寺東策卜及南川口外郭密諸番復檄前鋒統領蘇丹等協勦所至告捷羅卜藏丹津懼遣常壽歸請罪諭年羹堯曰伊乃深負國恩與大軍對敵之叛賊國法斷不可宥不得因伊曾封王爵稍存疑慮其與羅卜藏丹津同謀之王貝勒貝子公等既經背叛卽宜削爵伊等或來歸順或被擒獲不必更論封爵但視行事輕重可寬宥者從寬應治罪者治罪二年詔以岳鍾琪爲奮威將軍參贊軍務鍾琪奉命進勦偵從賊之巴爾珠爾阿喇布坦自烏蘭博爾克遁尾擊之至伊克喀爾吉擒其黨阿喇布坦鄂木布遣西甯總兵黃喜林由西爾哈羅色赴柴達木斷噶斯路偵羅卜藏丹津走烏蘭木和爾鍾琪復分兵馳擊擒其母阿爾泰俘戶畜無算羅卜藏丹津偕賊黨分道竄侍衞達鼐等擒丹津琿克吉於華海子阿布濟車臣台吉於布哈色布蘇吹喇克諾木齊扎什敦多卜等於烏拉克羅布藏丹津走準噶爾逆黨悉檻送京師詔行獻俘禮是役也以兵拒羅卜藏丹津者親王察汗丹津郡王額爾德尼額爾克托克托鼐也不從羅卜藏丹津逆者郡王色布騰扎勒台吉阿喇布坦噶勒丹岱青諾爾布巴勒珠爾察罕喇布坦旺舒克喇布坦也爲羅卜藏丹津脅從者貝勒朋素克旺扎勒輔國公車淩台吉諾爾布也始附羅卜藏丹津尋以悔罪宥者貝勒羅卜藏察罕車淩敦多布貝子濟克濟扎布拉扎布台吉袞布色布騰納罕伊什也其附羅卜藏丹津者首惡曰吹喇克諾木齊阿喇布坦鄂木布藏巴扎木從黨曰巴勒珠爾阿喇布坦扎什敦多布格勒克阿喇布坦巴蘇泰及察罕丹津從子塔爾寺喇嘛堪布諾捫汗也有中甸者隸雲南麗江府羅卜藏丹津給僞劄令附己大軍至率戶三千餘請降洮岷界外諸番舊爲青海屬悉就撫其不順者勦誅之阿岡多卜藏瑪嘉鐵布納珠公寺朝天堂卓子山碁子山先密寺興馬寺阿羅西脫巴上篤爾素華藏上扎爾的諸番衆以次底定青海患始靖御製平定青海文立石太學王大臣等遵旨議善後事宜奏青海王台吉等應論功罪定賞罰游牧地令各分界如內地扎薩克例百戶置佐領一不及百戶者爲半佐領以扎薩克領之設協理台吉及協領副協領參領各一每參領設佐領驍騎校各一歲會盟令奏選盟長勿私推貢期自明年始分三班九年一周自備馬駝由邊入京市易以四仲月集西甯四川邊外納喇薩喇地官兵督視有擅入邊墻者治罪又羅卜藏丹津之吹宰桑及察罕丹津從子丹衷之宰桑色布騰達什率衆降請各授千百戶等官又喀爾喀青海者勿復隸和碩特族令別設扎薩克土爾扈特及準噶爾輝特如之至西番部衆凡陝西所屬甘州涼州莊浪西甯河州四川所屬松潘打箭鑪裏塘雲南所屬中甸等處或爲喇嘛耕地或納租青海但知有蒙古不知有廳衞營伍諸官今番衆悉歸化應擇給土司千百戶巡檢等職令附近道廳及衞所轄又青海及巴爾喀木藏衞舊稱唐古特四大部顧實汗侵據之以青海地廣可牧畜巴爾喀木糧富令子孫游牧青海而巴爾喀木納其賦藏衞二地舊給達賴喇嘛班禪喇嘛今以青海叛取其地應令四川雲南諸官管理又達賴喇嘛遣人赴市打箭鑪駝裝經察木多乍雅裏塘巴塘向喇嘛等索銀有差名曰鞍租至打箭鑪納稅請飭達賴喇嘛勿收鞍租打箭鑪免取稅歲給達賴喇嘛茶五千斤班禪喇嘛半之又西甯各寺喇嘛多者數千少者以五六百易藏奸前羅卜藏丹津叛喇嘛率番衆抗大兵請於塔爾寺喇嘛選老成者三百給印照嗣後歲察二次廟舍不得過二百喇嘛多者百餘少者十餘番民糧賦令地方官管理度各寺歲用給之又陝西邊外河州西甯蘭州中衞甯夏榆林莊浪甘州等處水草豐美林麓茂密蒙古諸部戀牧大草灘及昌甯湖請於西甯北川邊外上下白塔等處自巴爾托海至扁都口築城堡令蒙古等勿妄據又肅州西洮賚河常瑪爾鄂敦塔拉等處應募民墾膏腴地庶漸致富饒至甯夏險要無過阿拉善顧實汗裔游牧山後令或徙至山前請令阿拉善扎薩克郡王額駙阿寶飭所屬歸阿拉善後其山前營盤水長流水等處悉爲內地又甘州西甯界各設營汛令蒙古等不敢覬覦又巴爾

喀木等部衆自魯隆宗東察木多乍雅外諸番目悉給印照視內地土司例又青海屬左格諸番請徙內地阿巴土司頭目墨丹桂等從勦有功請給安撫司銜不隸青海轄又西寗邊內可耕地請發直隸山西山東河南陝西五省遣犯能種地者官給牛具籽種三年後起科如例又甘州喀黃番應招撫爲青海藩籬青海諸部令各守牧地不得強據妄掠商買察汗諾捫汗喇嘛廟毋得私聚議事遣官齎敕往不論秩崇卑王公以下跪迎有背貳者必懲上從其議三年詔以博羅充克克地給阿拉善郡王阿寶居之鈐青海族屬越七載始撤歸是年青海和碩特土爾扈特準噶爾輝特喀爾喀及察罕諾捫汗各授扎薩克鑄總理青海蒙古番子事務關防遣大臣齎鎭其地轄所部扎薩克岳鍾琪復奏親王察罕丹津鎭國公拉扎布等游牧河東地近河州松潘各路前議市納喇薩喇地地狹恐不給蒙古需請改市河州及松潘河州定於土門關附近雙城堡松潘定於黃勝關之西河口二地幷有城屋水草美互市可久又郡王額爾德尼額爾克托克托鼐色布騰扎勒等游牧河西地近西甯請改市西甯口外丹噶爾寺至蒙古歲貧牲畜請每年六月後聽不時當易庶蒙古商衆獲利益允之六年唐古特部噶卜倫阿爾布巴隆布鼐扎爾鼐等叛擾唐古特謀通準噶爾大軍誅之七年上以準噶爾不靖必擾青海及唐古特因決策遣討王大臣等議噶斯爲準噶爾通青海及唐古特要隘請選青海扎薩克兵千五百分屯噶斯及柴達木得卜特爾察罕烏蘇諸路允之會噶勒丹策凌遣使告將獻羅卜藏丹津聞大軍就道懼仍攜歸八年詔暫緩進兵諭噶勒丹策凌速獻羅卜藏丹津當宥罪復命青海扎薩克備兵游牧聽調準噶爾尋襲科舍圖汛諭青海兵速赴噶斯準噶爾遁九年遣二等侍衞殷扎納傳諭左右翼扎薩克選兵萬屯青海適中地官兵皆賞裝復命所部採買牲畜勿滋擾扎薩克公諾爾布拉扎布等尋徙牧叛詔曰朕因準噶爾賊乘西路軍不備盜駝馬因念青海各扎薩克人衆恐招逆賊侵害論令派兵防護其採買馬羊者原欲使伊等所有牧畜得變價値可獲利益並非需此區區助也朕曾諭殷扎納一切派兵採買聽蒙古便不可絲毫勉強並慮王台吉等科派所屬諭令嚴行禁約豈肯令遣往人逼迫蒙古從事乎今拉扎布等無故他徙或殷扎納不能宣揚朕諭使衆心共曉而採買馬羊又不聽從其便以致拉扎布等心懷疑畏漸避差徭特頒旨諭拉扎布等令其速歸本處準噶爾賊或由喀喇沙爾前赴噶斯潛行騷擾或增人衆窺伺青海所部蒙古兵丁尙未齊集器械亦未周備難望捍禦賊鋒亦令官兵善爲保護會拉扎布等不奉命諸扎薩克擒獻復集兵七千爲備軍械及馬不給上憫之諭廷臣曰朕所以聚此兵者特爲保全伊等家口及游牧計非爲征伐調遣用也今聞其生計情形朕心深爲惻然俟從容料理必有加恩之處所聚七千著選派三千照前所降恩旨官員賞給本年俸銀兵丁賞銀五兩戍卒駐防日久貧乏維艱著給茶幣等項及每月所食青稞遣歸兵四千名官員等著給三月俸銀兵丁等著賞銀三兩令各回游牧準噶爾賊或潛擾青海朕意欲將伊等預行從容遷徙令賊由遠路來一無所得不待戰而力盡我官兵與賊交戰時青海三千兵但追襲賊後量力驅賊馬匹所得卽賞之仍計馬匹多寡加恩議敍十年以喀爾喀敗準噶爾於克爾森齊老及額爾德尼昭諭青海扎薩克等曰喀爾喀奮勇勦賊爾等何獨不能各宜鼓舞振興踊躍效命賊衆侵擾青海止有噶斯一路爾等須防守隘口儻準噶爾前來務期協力追殺悉行勦除十三年詔撤駐防大軍所部仍選兵二千屯得卜特爾伊克柴達木等汛以台吉達瑪璘色布騰色特爾布木領之乾隆十一年辦理青海事務副都統衆佛保遵旨宣諭諸扎薩克歲防汛議以郡王額爾德尼額爾克托克托鼐之長子索諾木丹津及扎薩克台吉袞布喇布坦色特爾布木多爾濟色布騰薩喇等防得卜特爾汛以郡王袞楚克達什車凌喇布坦貝子丹巴輔國公納木扎勒車凌扎薩克台吉達瑪璘色布騰等防伊克柴達木汛十人分爲五班三年一察軍械十二年以準噶爾使赴藏煎茶道噶斯復議自伊克柴達木得卜特爾外設汛哈濟爾察汗烏蘇二十年大軍征達瓦齊抵伊犂羅布藏丹津就擒諭曰羅卜藏丹津負恩背叛逃往準噶爾偷生三十餘載今兩路大軍至伊無路奔竄仍就擒獲實足以彰國憲而快人心羅卜藏丹津俘至告祭太廟社稷行獻俘禮上御午門樓受之以世宗憲皇后有羅卜藏丹津至仍宥罪之旨詔免死子巴朗及察罕額布根授藍翎侍衞其戚屬處伊犂者詔勿內徙二十三年大軍勦瑪哈沁偵沙拉斯瑪呼斯賊竄呼爾塔克羅卜諾爾以地近噶斯通青海詔副都統濟福赴西甯宣諭所部集兵千爲備復遣識噶斯道者偵賊蹤既而所部兵集扎噶蘇臺詔歸牧聽調勿遠就道濟福遵旨諭之請遣近牧者歸仍量留遠道兵屯烏圖備不虞上鑒其誠詔酌賞遣歸兵久之噶斯無賊蹤乃撤烏圖兵還二十四年陝甘總督楊應琚奏青海得卜特爾伊克柴達木等處設汛屯兵爲防準噶爾計今準噶爾及回部悉底定請撤青海駐防兵從之先是阿睦爾撒納叛大軍分道進勦所部購馬二千駝四百送巴里坤軍詔予値甇者半至是復輸馬七百餘駝三百二十餘請償甇數詔仍如値給二十七年以所部翁扎薩克請給羅卜藏丹津舊牧地楊應琚遵旨往勘奏洮賚河等處係西甯肅州鎭標馬廠及番族牧地不便撥給西喇郭勒及西爾噶拉金東西五百餘里南北三十餘里地曠且距扎薩克等游牧近請給其西爾噶拉金踰河卽產礦山場久封禁請飭扎薩克等就近守視詔以西喇郭勒給之西爾噶拉金河東聽駐牧河西鉛礦勿得越界私採是年復設西甯辦事大臣轄蒙古番子事務所部扎薩克自察罕諾們汗外旗二十有九爵三十扎薩克多羅郡王三一由親王降襲一由貝勒晉襲扎薩克多羅貝勒二一由郡王降襲扎薩克固山貝子二一由輔國公晉襲扎薩克輔國公四一由鎭國公降襲扎薩克一等台吉十六一由貝勒降襲二由貝子降襲一由輔國公降襲附固山貝子一公中扎薩克一等台吉二十九年十一月命青海各扎薩克每年輪派兵丁設卡防果洛克三十年九月以果洛克肆行刦殺諭青海各扎薩克協力勦之三十一年六月青海王貝子扎薩克等請留辦事大臣七十五不許七月諭四川禁果洛克土司番人越境掠竊青海蒙古牲畜九月移青海附近果洛克之各扎薩克駐牧地方添設卡兵十月以青海扎薩克羅布藏巴布騰等游牧爲果洛克番賊刦掠革之四十年九月青海扎薩克公禮塔爾以出獵被番賊戕害諭青海辦事大臣福德查辦五十一年九月禁青海喇嘛不領路引私自赴藏分青海納罕達爾濟等三旗兵羅布藏丹津袞楚克二旗兵駐奎屯西哩克等處設果洛克防卡五十六年九月以青海郡王納漢達爾濟屬人勾引番子戕札薩克沙喇布提嚴飭之並諭各於境內游牧勿容匿番族十二月以大軍進藏征廓爾喀予親往巡查青海新設台站之貝子羅布藏色布騰貝勒銜鎭國公達瑪林貝子銜仍賚預備駝馬之王公扎薩克等有差五十八年循化等處番族佔居蒙古地界命辦事大臣特克愼以兵驅逐之嘉慶四年九月青海郡王那罕多爾濟等呈番子搶擄六千餘戶傷害男女二千餘人詔責辦事大臣奎舒諱匿革逮以台斐蔭代之命廣厚赴西甯查辦十月以松筠奏命青海蒙古王公撫綏所屬毋致勾引番子搶刦五年六月青海貝勒克莫特伊什等番子交出牲畜較少論台斐音下部嚴議九月台斐音以不准青海蒙古報被番子搶刦免以台布爲西甯辦事大臣六年十月以勘定青海卡倫禁蒙古擅出番子擅入十二月台布奏循化番子渡河搶刦諭飭撥兵防護七年二月台布令西甯鎭總兵保青署河州鎭總兵福甯阿撥兵駐守黃河氷橋防護蒙旗果爾的等番族均歛迹諭台布責成蒙古設法自衞八月台布奏番子格爾吉族縛獻犯事賊番撤坐卡官兵四月以循化貴德番子擾青海蒙古各旗刦執貝子齊默特丹巴諭辦事大臣都爾嘉嚴行查治五月諭都爾嘉撫恤青海被擾蒙古命貢楚克扎布會同都爾嘉查辦番案六月都爾嘉奏捕獲刦殺青海貝子夫人兇番齊克他勒誅之命陝甘總督惠齡赴西甯查辦野番撫恤青海被擾蒙古每口加給官茶一分七月命惠甯等妥酌防番卡倫章程貢楚克扎布等渡河驅逐野番八月貢楚克扎布奏野番退出占住蒙古地方移回番境命曉諭番目尖木贊交還贓畜縛獻賊目並飭定善後章程九年九月辦事大臣玉甯復以青海蒙古被番子搶刦之案甚多入告十年六月以青海郡王納幹多爾濟呈蒙古窮困諭玉甯遇水旱之災酌量賑濟七月諭玉甯飭郡王納罕多爾濟等勿令商人私挖木植大黃九月玉甯奏青海番子尖木贊等占據諾們汗等旗命貢楚克扎布赴西甯會同驅逐之十一年二月辦事大臣貢楚克扎布奏貴德循化番子頭目帶至閤門內與甯西鎭總兵九十西甯道慶炆傳見曉諭番目尖木贊策合洛等請每年各出羊隻租住蒙古空閑地力今年三四月間劃定界限設立鄂博每年春季再添會哨一次六月貢楚克扎布奏番帳驅逐淨盡請以青海尙那克空地安插野番允之二十二年十月以青海扎薩克台吉恩凱巴雅爾捕獲刦奪蒙古果洛克番賊予花翎二十四年十二月護陝甘總督朱勳奏邊外番目縛獻番賊交出原搶蒙古人口牲畜予番目尖木贊四品頂戴道光二年正月以朱勳奏河北插帳之循化等處九族野番及鹽池一帶挖鹽番戶抗不回巢又藴依雙勿兩族勾結循化貴德及四川野番盤踞原爲貝勒特里巴勒珠爾六旗游牧之助勒蓋克克烏蘇地方搶掠蒙旗請增卡防官兵允之命長齡回陝甘總督會松廷相機辦理設法驅逐三月長齡奏調官兵八千餘名分途併進迫令遷移五月長齡以勦捕藴依等二十三族野番全數肅清奏聞諭飭妥籌善後事宜並曉諭蒙古王公等勉思振勵自相保衞六月長齡以貝勒特里巴勒等移居青海已久憚回原牧請以克勒蓋一帶令察罕諾們汗移居克克烏蘇一帶令阿里克阿百戶住牧停向年會哨之兵免究治諾們汗失察屬下勾結野番搶掠之咎允

之尋野番復出刦掠貝子喇特納希第游牧八月長齡以野番一千數百人過河殺掠聞命那彥成馳往查辦詈陝甘總督責長齡辦理不善撤雙眼花翎十月那彥成奏酌設卡隘嚴捕漢奸並謂野番冥頑成性蒙古虐其屬下反投野番謀生導引搶掠其主內地歇家奸販潛往貿易無事則教引野番漸擾邊境有兵則潛過報信近年番勢日張弊實在此十一月增設西寧鎮海協副將都司守備各一大通營游擊一哈拉庫圖爾營都司一哈瑪爾托亥營都司一雙俄卜營守備一千把以下弁兵有差以那彥成請以保衛蒙旗防禦番賊十二月那彥成奏察罕諾們汗所部夥同野番勾結漢奸作賊已久此次將糧茶斷絕立見窮蹙願歸河南游牧現押令過河上以不勞力不延歲月辦理認眞嘉之定清厘河南循化貴德番族安插河北番族及易換糧茶章程設千戶百戶百總十總管束之封閉野牛溝八寶山等處偷挖金砂窯洞三年賚青海被擾郡王車凌敦多布等二十四旗青稞三萬石十月允理藩院議覆那彥成奏分青海河北二十四旗爲左右翼每翼設正副盟長各一每六旗設扎薩克齊一每三旗設梅楞一每旗設扎蘭一承辦巡防事件每旗出二十五人以五人爲一班每季更換隨同官兵巡防十八年玉樹熟番內雍希葉布蒙古爾津尼牙木錯卡愛爾四族以避果洛克番刼掠奔赴青海右翼盟長郡王恭木楚克集克默特願讓游牧內空閒地段住牧西寧辦事大臣蘇勒芳阿派員勘明其地東至和達素溝西至奎田口北至烏蘭麥爾河沿南至哈利崙邊界于西至高阜處設立鄂博分定界址雍希葉布等四族計人戶二百有九男婦大小一千一百有八十名口議立交納馬貢易換粮茶各章程盟長等領百戶番目謁見蘇勒芳阿議定應行事宜額外苛派九月奏入得旨依議十二月青海兩翼正副盟長郡王車凌端多布等呈蘇勒芳阿河南察罕諾們汗一旗被各番賊刼掠人戶失散現僅存三百餘戶日不聊生不及原來人戶四分之一請將該旗照舊移過河北與察罕洛亥駐防官兵協同把守渡口實與蒙古有益蘇勒芳阿奏即飭貴德文武將該旗安分守法之人移過河北交車凌敦多布代爲管理仍飭留心稽査如有滋事作賊之人不準混淆移過以昭愼重從之二十二年果洛克番賊竄青海掠蒙古及番族盟長郡王恭木楚克集克默特率兵勦捕俘番賊多名得所掠牲畜賚緞疋獎之二十三年七月以陝甘總督富呢揚阿等奏河北近邊及河南番族畏法酌撤各路官兵予出力左翼盟長郡王貝子索諾木雅爾吉獎分給在事蒙番牛羊一萬四千六百有奇二十四年三月錄斬擒偷渡河北番賊功予左翼副盟長貝勒羅布藏濟木巴雙眼花翎五月番族咯布藏與蒙古挾仇報復蒙兵敗之六月富呢揚阿奏派防兵並蒙古番兵按季于出巡前赴青海南適中之貢額爾蓋地方會哨是年僑居郡王恭木楚克集克默特旗之雍希葉布等四番族仍回原牧六平番賊復出刦掠命甘肅提督胡超赴永固勦之飭西寧辦事大臣德興駐丹噶爾六月陝甘總督布彥泰等奏勦黑錯寺番族竄逃酌量撤兵咸豐二年以陝甘總督舒興阿奏飭暫駐永安城之蒙古郡王等回牧裁察罕洛亥等處蒙古兵一半四年陝甘總督易棠奏于野牛溝三處招募獵戶各一千名開採金砂堵禦番匪同治三年飭山西籌解青海蒙古王公等歲俸以青海勦賊出力予扎薩克王烏爾琿扎布等奬敘光緒元年九月西寧辦事大臣豫師奏捕獲柴達木搶殺番目之蒙古人犯論免扎薩克達什多布吉議處仍飭認眞約束四年十一月予青海歷年勦匪出力之副盟長貝勒拉旺多布吉等奬二十三年二月甘肅回匪劉四伏等率潰賊數萬人由南山水峽口竄青海格德地方貝子納木希哩率蒙兵右翼副盟長貝勒拉旺多布吉貝子吹木丕勒爾布察罕諾們汗旗及剛咱族總千戶均派兵會合堵勦納木希哩等陣亡尋贈納木希哩郡王銜卹之是月十四十五等日匪竄左翼郡王輸克濟爾噶勒游牧都盖果立地方輸克濟爾噶勒派兵進擊匪遂竄柴達木勢張甚陝西巡撫魏光燾派道員嚴金清率馬隊由水峽口尾追甘肅提督董福祥派馬隊從丹噶爾日月山出口會兵海南一帶齊至都蘭果力地方前進劉四伏等竄踞遏力哈滓並腮什唐等地負嵎死拒柴達木住牧之左翼盟長貝子恭布車布坦貝勒車琳端多布台吉索木端多布等親率蒙兵迎擊時口外盛雪嚴寒回匪無所得食飢凍斃者大半劉四伏等見勢不支遂向西分竄安西敦煌各境陝甘總督陶模派道員潘效蘇分兵由扁都口進戰西寧辦事大臣奎順飭大通住牧之右翼正盟長郡王棍布拉布坦公齊克什扎布台吉丹把台吉齊莫特林增阿里克族百戶格拉哈官布等親督蒙番兵丁會合官軍分途兜勦公齊克什扎布手帶鎗傷裹創力戰劉四伏率匪西遁餘賊降於貝子恭布車布坦旗安插管束青海肅清陶模請奬奏入于郡王輸克濟爾噶勒等奬有差陶模等於丹噶爾廳設局以銀布糧茶賑被難各旗宣統二年四月郡王巴勒珠爾拉布坦爲資政院欽選議員三年四月青海左翼正盟長扎薩克貝勒車林端多布率廣恕奏以本翼郡王輸克濟爾噶勒暫代之其地有鑛有鹽林木亦富佐領共一百有三

清史稿　列傳

藩部六

杜爾伯特　舊土爾扈特
新土爾扈特　和碩特

杜爾伯特部游牧金山之東烏蘭固木地東薩拉陀羅海納林蘇穆河接唐努烏梁海南哈喇諾爾齊爾噶圖山接科布多牧場及明阿特西索果克河接阿爾泰烏梁海北阿斯哈圖河接烏里雅蘇台卡倫本額魯特綽羅斯種與內扎薩克之隸科爾沁右翼一旗同名異族厄魯特舊設四衛拉特杜爾伯特其一也輝特隸之後並稱衛拉特詳青海厄魯特部傳準噶爾台吉噶爾丹虐諸昆弟子姓兄子策妄阿喇布坦棄之徙博囉塔拉杜爾伯特諸台吉從往分牧額爾齊斯迄準噶爾族亂杜爾伯特內附設扎薩克十有四附輝特扎薩克二統稱賽因濟雅哈圖杜爾伯特部杜爾伯特祖曰博羅納哈勒與準噶爾祖額斯墨特達爾漢諾顏爲昆弟博羅納哈勒子額什格泰什三傳至達賴泰什子七長敏珠裔不著次垂因次陀音其裔皆隸察哈爾次鄂木布岱青和碩齊爲扎薩克汗車凌親王車凌烏巴什貝勒剛多爾濟三旗祖次袞布次達延泰什次塔爾琿泰什其裔隸各扎薩克達賴泰什弟曰保伊爾登子四長鄂爾羅斯爲扎薩克台吉恭錫拉達什敦多克二旗祖次巴特瑪多爾濟爲扎薩克貝勒色布騰貝子班珠爾輔國公剛巴圖蒙克台吉額布根五旗祖次額璘沁巴圖爾爲扎薩克貝子根敦瑪什巴圖台吉巴爾三旗祖次伯布什爲扎薩克郡王車凌蒙克一旗祖和碩特台吉鄂齊爾圖爲衛拉特首汗綽羅斯諸台吉隸之順治十四年杜爾伯特台吉陀音遣使哈什哈等自鄂齊爾圖所以貢馬至十五年鄂木布岱青和碩齊子伊斯扎布復遣使額爾克貢馬康熙十四年台吉額勒敦噶木布從齊爾圖使入貢自稱爲阿勒達爾泰什族阿勒達爾泰什者垂因子也時蓋爲所部長十六年噶爾丹戕鄂齊爾圖遣使告自稱博碩克圖汗因脅諸衛拉特奉己令論給諸貢使符驗不從詭稱杜爾伯特及和碩特土爾扈特雖隸準噶爾以牧地遠不及給二十四年定四衛拉特貢例噶爾丹使入關額二百人餘市張口及歸化城其綽羅斯自貢之噶爾瑪岱青和碩齊杜爾伯特台吉阿勒達爾泰什及和碩特土爾扈特長如之三十三年台吉巴拜來歸巴拜者陀音子也噶爾丹以附牧強取其戚屬巴拜索之不獲畏弗敢爭歸從噶爾丹侵喀爾喀至烏蘭布通欲棄之降爲伊拉古克三呼圖克圖所陰阻至是偕從子齊克宗至上以其習邊外不便駐內地詔隸喀喇沁牧三十六年台吉車凌復來歸車凌爲阿勒達爾泰什孫其父烏爾袞從噶爾丹侵喀爾喀爲大軍所敗擕屬三百餘竄圖拉河境上聞之諭遣護軍統領瑪喇曰爾等馳赴圖拉遣人問故伊等或欲內附懼爲喀爾喀阻或力不能至而在彼可收之至如欲往阿勒台則聽之既不內附又不前往則當相機行事瑪喇至偵不獲躡噶爾丹再侵喀爾喀烏爾袞復從至和扎輝特台吉根敦陳斬之車凌從噶爾丹竄牧巴顏烏蘭根敦以告詔使諭車凌降不至噶爾丹尋敗遁車凌將乞降我師不知而擊之乃逃其屬綽克圖巴圖爾宰桑恭奈哈什哈都喇圖巴圖爾班丹哈什哈宰桑扎爾瑚齊什賚達爾漢宰桑蘇穆齊扎爾瑚齊阿哈雅扎爾瑚齊畢哩克扎爾瑚齊等率衆百餘內附時巴拜屬從至詔置張家口外巴拜遣宰桑博克請賜所屬遣官察給之巴拜尋來朝請效力禁廷諭曰爾先衆來降朕自有加恩之處其仍率所屬駐喀喇沁牧車凌敗知噶爾丹不足恃遣使奏杜爾伯特部自始貢中國至阿勒達爾泰什往來朝請已五世前蒙恩遣巴扎爾傳諭臣屬功格額爾克今臣歸誠許恩待臣遵旨降反爲將軍所擊臣復懼而逃乞賜恩綸諭曰車凌來歸時我綠營蒙古兵不知而擊之今復遣使奏請理藩院其檄令速降朕將優恤之會遣使招噶爾丹詔以其使從至則車凌他徙其使齎檄往諭車凌遣功格額爾克奉表降自詣大將軍費揚古所告曰烏蘭布通戰後臣父烏爾袞降志誠不獲達臣前爲大軍擊心甚懼率殘卒十餘奔達瑪爾遇噶爾丹偕赴薩克薩克圖固哩克未浹旬棄之走額克阿喇勒臣知噶爾丹罪與彼伍徒就死聞上撫厄魯特降人咸得所集臣屬二百五十餘戶內徙道踰汗阿林翁吉閥四月始至乞以此情代奏費揚古馳疏聞留其挈屬於張家口外遣車凌覲行營詔授散秩大臣巴拜如之明年詔以巴拜

車凌屬隸察哈爾正白旗編佐領二車凌屬六品官班丹畢哩克及壯丁百餘以功格額爾克爲驍騎校領之巴拜屬五品官戴和碩齊納木喀琳沁額爾德尼達木巴六品官達爾扎巴圖蒙克色稜奈墨爾根伊什德克及壯丁百餘以達木巴領之後巴拜卒無嗣車凌卒子策旺達爾濟嗣五十四年詔招降台吉丹津於阿勒台丹津者鄂木布岱靑和碩齊孫也與車凌爲昆弟游牧阿勒台戶千餘和托輝特台吉博貝請赴阿勒台招丹津降抗即以兵取之諭車凌遣使齎書從比至丹津徙策旺阿喇布坦牧五十九年靖逆將軍富寧安擒台吉乘木伯爾於伊勒布爾和碩蓋是時策旺阿喇布坦假兵力據四衞拉特令諸台吉環牧烏嚕木齊額爾齊斯爲負嵎計我大兵因屯巴里坤阿勒台兩路逼之偵準噶爾襲唐古特詔大軍往討罪復以兵分擊準噶爾境垂木伯爾者丹津族台吉也率屬駐烏嚕木齊設哨伊勒布爾和碩阿克塔斯路富寧安以兵至阿克塔斯設哨賊遁尾至伊勒布爾和碩擊之擒垂木伯爾歸烏嚕木齊衆聞之咸竄乾隆十八年冬台吉三車凌來歸三車凌者曰車凌曰車凌烏巴什曰車凌蒙克統稱杜爾伯特台吉巴約特其屬部也杜爾伯特以車凌爲長車凌烏巴什次之巴約特以車凌蒙克爲長衆族額爾齊斯準噶爾台吉舊有策凌敦多布二大策凌敦多卜善謀小策凌敦多卜以勇聞策妄阿喇布坦及子噶勒丹策凌倚任之大策凌敦多卜孫達瓦齊襲殺噶勒丹策凌嗣而自立小策凌敦多卜孫訥默庫濟爾噶勒與搆兵各令杜爾伯特族助車凌等欲拒之不敵欲事之莫知所從集族言曰依準噶爾非計也不如歸天朝爲永衆計有喀爾喀卒額璘沁達什者爲準噶爾所掠聞其謀脫歸以告詔定邊左副將軍喀爾喀親王成袞扎布俟車凌等至察其誠可納之既而三車凌棄額爾齊斯牧由準噶爾東烏蘭嶺烏英齊而行越旬有九日至博東齊遣使巴顏克什克都圖爾噶等馳赴巴顏珠爾克以降故告而留其衆於額克阿喇勒以待成袞扎布遣守汛者視慮詐檄喀爾喀兵備之以聞諭曰車凌等降非叵測也達瓦齊與訥默庫濟爾噶勒搆兵車凌等助之勝負難預定幸而從者勝卒爲人役不若歸降之爲得計也既遣使以情告若仍令處汛外恐遣兵至或有失可即徙入內汛暫給牧畜徐議安置事宜先以車凌車凌烏巴什及從至者酌遣數人令其瞻仰朕躬朕自優加恩賚遣侍郎玉保齎賞物往諭甫就道上念所部習邊外以未出痘者生身若即令至內地雖傷一僕從不忍詔俟明歲受朝塞外勿遽來京師以負矜恤意而三車凌懼準噶爾兵襲請急徙入汛且獻馬爲贄成袞扎布納之令暫駐烏里雅蘇臺達瓦齊遣宰桑桑瑪木特以兵襲不及乃逸玉保至三車凌忭迎十里外宣諭之詭奏噶勒丹策凌時思內附以衆志未變且法嚴故不獲間今避亂歸思覲天顏蒙恩軫念避痘令緩入覲期請先以宰桑等朝京師車凌使曰和通巴顏克什克車凌烏巴什使曰哈錫塔車凌蒙克使曰巴圖明年正月使至詔與朝正諸藩臣宴上以所部間道至駝馬疲甚且乏畜產不忍遽遠徙詔視推河扎克拜達里克庫爾奇勒可耕地置之穀種取諸歸化城復賜車凌車凌烏巴什羊各五千車凌蒙克羊三千贍之尋定牧扎克拜達里克車凌烏巴什屬巴啓齊倫等叛逸喀爾喀卒盜車凌屬伊爾都齊馬索不給且射殺之詔喀爾喀扎薩克以鄂爾坤防秋兵百視牧復檄諸扎薩克鄰汛者弋叛賊務獲後巴啓等就擒論罪四月諭曰內扎薩克及喀爾喀咸設正副盟長董理牧務今新降台吉車凌等攜至戶口悉編旗分佐領其設正副盟長如內扎薩克及喀爾喀例賜賚因濟雅哈圖盟名五月駕幸熱河駐蹕避暑山莊三車凌率諸台吉至賜宴萬樹園命觀火戲諭曰杜爾伯特台吉等皆準噶爾渠酋向慕仁化率萬餘衆傾心來歸宜敷渥澤錫予封爵以示懷柔至意其各鈐所屬令安分謀業勿負朕恩時所部設扎薩克十有三自三車凌外曰色布騰曰蒙克特穆爾曰根敦曰班珠爾曰剛巴圖蒙克曰瑪什巴圖曰達什敦多克曰恭錫喇曰巴爾封親郡王貝勒貝子公一等台吉有差後蒙克特穆爾以從車凌蒙克子巴朗叛逃別授其弟額布根爲扎薩克餘仍爵詳列傳秋七月將軍策楞請徙三車凌牧於歸化城靑東山時議備兵征達瓦齊諭曰巴朗等甫叛竄若徙之將滋新降疑懼且非辦理準噶爾本意其令安處舊牧勿他徙三車凌之至也告族台吉訥默庫留準噶爾戶千餘剛多爾濟額爾德尼巴圖博羅特如之將乘間內徙至是果偕輝特台吉阿睦爾撒納和碩特台吉班珠爾至詔賜牧畜置塔楚鄰三車凌牧十月駕由盛京旋駐蹕避暑山莊訥默庫等入覲復賜宴錫之爵曰訥默庫封郡王曰剛多爾濟曰巴圖博羅特封貝勒曰布圖克森曰額爾德尼曰羅壘雲端封貝子曰布顏特古斯曰蒙克博羅特封輔國公曰烏巴什曰伯勒克封一等台吉凡設扎薩克十詔編旗分佐領如三車凌例分左右翼設正副盟長各一訥默庫者車凌烏巴什兄子剛多爾濟布圖克森額爾德尼羅壘雲端烏巴什伯勒克皆車凌烏巴什曾祖察袞裔布顏特古斯巴圖博羅特蒙克博羅特亦戚族也後訥默庫晉親王子喇嘛扎卜授貝勒以叛除爵布圖克森羅壘雲端烏巴什皆無嗣停襲伯勒克卒子多第巴襲多第巴卒子尼爾瓦齊襲尼爾瓦齊卒無嗣以多第巴弟布顏德勒格爾襲布顏德勒格爾卒無嗣停襲布顏特古斯卒子舍稜襲以叛除爵剛多爾濟無嗣以從子達瓦不勒襲額爾德尼卒無嗣停襲巴圖博羅特蒙克博羅特皆以叛除爵故自剛多爾濟外皆不立傳二十年烏梁海降臣察達克招服包沁察獲杜爾伯特屬以獻詔給所部尋從大軍征達瓦齊三車凌既入覲歸詔選兵二千以車凌領其一隸北路車凌蒙克色布騰從之以車凌烏巴什領其一隸西路各授參贊大臣訥默庫等繼至請從軍詔隸西路以車凌烏巴什訥默庫皆幼不更事詔調車凌蒙克赴西路軍從車凌烏巴什訥默庫等行而是時阿睦爾撒納爲北路副將軍訥默庫其妻弟也固請隸北路軍允之以故偕三車凌至者隸西路副將軍薩拉勒隊偕訥默庫至者隸北路副將軍阿睦爾撒納隊賜車凌整裝銀二千車凌烏巴什訥默庫各減十分之二給從軍者羊及餱有差復詔使車凌及車凌蒙克遣宰桑以善耕卒百赴額爾齊斯蓋杜爾伯特衆兼耕牧業視喀爾喀專以牧爲業者異將遣綠旗及喀爾喀兵屯耕額爾齊斯以所部識水泉道且善耕命簡卒往導俟大功成遣牧衆歸額爾齊斯會北路軍奏至以訥默庫參贊列名詔西路軍奏如之列三車凌及色布騰名次參贊大臣鄂容安後復諭定北將軍班第俟伊犂定遣車凌車凌烏巴什等率新降諸台吉入覲初議征達瓦齊上以衞拉特諸台吉後先附凡數萬衆錯處內牧非得地衆建之不可詔俟準噶爾定將復設四衞拉特以車凌爲杜爾伯特汗別以班珠爾爲和碩特汗以阿睦爾撒納爲輝特汗以噶爾丹策凌子姓爲綽羅斯汗車凌等赴軍時輒聞命大兵抵伊犂達瓦齊就擒班第以車凌烏巴什訥默庫及新降之綽羅斯台吉噶勒藏多爾濟和碩特台吉沙克都爾曼濟輝特台吉巴雅爾等列入覲初班駕幸木蘭車凌等至召覲行幄慰諭之旋蹕避暑山莊御淡泊敬誠殿受朝詔以車凌爲杜爾伯特汗諸扎薩克隸之札薩克而下設管旗章京副管旗章京參領佐領驍騎校等職時阿睦爾撒納覬轄四衞拉特知不可得叛竄班珠爾以附逆械至噶勒藏多爾濟沙克都爾曼濟巴雅爾仍各賜汗爵統所部衆諭曰準噶爾互相殘殺羣遭塗炭不獲安生朕統一寰區不忍坐視特發兩路大兵進討諸台吉宰桑等畏威懷德率屬來歸從軍自效今已平定伊犂擒獲達瓦齊是用廣沛仁恩酬庸效績準噶爾舊有四衞拉特汗令即仍其部落樹之君長其各董率所屬務勤養教共圖生聚受朕無疆之福其後綽羅斯汗噶勒藏多爾濟叛從子扎納噶爾布戮之所部就滅輝特汗巴雅爾以叛爲大軍所擒誅和碩特汗沙克都爾曼濟懷貳志副都統雅爾哈善殲其衆於巴里坤惟杜爾伯特部恪守臣節世受封爵罔替是年十二月車凌等以乏牧產請徙額克阿喇勒諭曰前議平定伊犂後遣歸舊牧額爾齊斯若額克阿喇勒距額爾齊斯較扎克拜達里克路更邇且附內汛外調所部兵亦易俟擒獲阿逆後仍當遣歸舊牧所部生計既艱其給耔種六百石務令及時耕種毋誤農期至從軍所給駝馬自應交納但念往返道遠牲畜不無疲瘠可姑緩期二載訥默庫之將從征達瓦齊也請徙牧拜達里克北扎布堪河源博囉喀博齊爾至鄂爾海喀喇烏蘇界允之諭努力成功勿念游牧衆至是以車凌等將徙牧詔往會而訥庫默隱有叛志謀竄就阿睦爾撒納剛多爾濟巴圖博羅特布顏特古斯等阻之卒不戢率衆復乘間刼驛騎戕守汛弁奪運糧商民駝物及貲二十一年春駐防烏里雅蘇臺辦事大臣阿蘭泰偕車凌車凌烏巴什等以兵擒訥默庫及其孥械至論如律詔不附逆諸扎薩克各安游牧勿疑懼復諭曰剛多爾濟等屬妄行刼掠應交部議扎薩克罪但念伊等新降未諳內地禁例姑從寬免夏以所部鄰扎哈沁盜不戢諭曰伊等生計全賴牧畜若復盜竊相仍不獲蕃孳生計焉能充裕其各鈐束部衆務期守分安生副朕休養羣生至意有伯什阿噶什者伊什扎布之曾孫也祖扎勒父車凌多爾濟伯什阿噶什兄曰布達扎卜曰達瓦克什克弟曰達瓦濟特曰格咱巴克衆牧伊犂河西沙拉伯勒境鄰哈薩克牧達瓦齊虐其衆伯什阿噶什將棄之懼襲而寢大軍征達瓦齊抵伊犂班第遣使招因獻籍三千餘戶降將遣從車凌等入覲告哈薩克數掠所部請歸視比抵牧偵哈薩克集兵遣告且請大軍援諭嘉其恭順會阿睦爾撒納叛逆黨擾伊犂遣和碩特輔國公納噶察齎敕往諭曰準噶爾內亂頻仍各部人衆咸失生業朕爲一統天下之君懷保羣生無分中外特發大軍往定伊犂方欲施恩立制永安反側乃逆賊潛懷叛志妄思幷吞諸部肆其荼虐罪狀已著畏誅潛遁朕已命將窮追務期弋獲逆賊一日不獲諸部一日不安爾台吉輸誠歸命果能仰體朕旨去逆效順或以兵協勦阿逆或俟至爾牧擒獻之朕必大沛殊恩爾其奮勉自效達瓦齊復奏伯什阿噶什及庫木諾顏台吉諾爾布必無異志命遣之

書未達而伯什阿噶什徙牧初傳偕諸爾布內附久之不至或以居博囉塔拉告詔將軍策楞等偵之無其蹤時阿睦爾撒納敗竄論參贊大臣侍郎玉保等偵阿逆赴伯什阿噶什牧即論擒獻或故縱以兵勦之伯什阿噶什養子博東齊尋偕宰桑諾斯海挈衆至以哈薩克侵牧告宰桑賽音伯勒克得木齊恩克濟爾哈爾等踵至告哈薩克追掠聞走乃免詔博東齊以兵迎其父暫置從衆於額爾齊斯諸斯海護視之賽音伯勒克或從博東齊往或留牧額爾齊斯惟其便博東齊將行伯什阿噶什攜戶八百餘抵額爾齊斯請內附烏巴什其族台吉也從至詔封伯什阿噶什爲扎薩克和碩親王烏巴什爲扎薩克固山貝子賜論曰爾誠心感戴率衆投誠前大軍抵伊犂即謁將軍大臣甫欲加恩封賞旋遇阿逆背叛未獲舉行爾爲哈薩克所掠輾轉遷徙始克內附爾衆甫至不必簡兵往從大軍亦無須徙內地即游牧額爾齊斯所爾族台吉車凌等將歸舊牧爾等聚族而處實爲允協不必遠離故土徒勞往返也命甫下伯什阿噶什等攜衆抵哈達青吉勒詔暫留俟明歲歸額爾齊斯牧七月車凌車凌烏巴什剛多爾濟等以徙牧額爾齊斯請定入覲年班諭嘉其誠悃詔自來年始定三班前給從軍駝馬姑緩期納示恤九月伯什阿噶什來朝弟達瓦濟特及兄子丹巴都噶爾布魯特扣肯以視牧故各遣宰桑代至賜宴賚馬七百牛百五十羊三千詔編旗分佐領如三車凌及剛多爾濟等來歸例別爲一盟以伯什阿噶什爲盟長烏巴什副之丹巴都噶爾授協理台吉伯什阿噶什甫歸牧其妻卒遣侍衛佛保往餟伯什阿噶什尋卒無子詔副都統唐喀祿賻祭宣諭以丹巴都噶爾爲扎薩克固山貝子以達瓦濟特爲扎薩克公轄伯什阿噶什衆聽歸車凌牧及內徙而丹巴都噶爾與佐領色布騰互攘畜產佛保將至牧駝馬爲所掠詔撤恩命還復論烏巴什勿驚懼俟事定歸車凌牧後烏巴什卒停襲二十二年車凌以哈薩克不擒獻阿逆諸厄魯特叛擾邊請由額爾齊斯徙牧烏蘭固木避之時喀爾喀貝子車布登扎布遵旨遣兵勦掠佛保賊牧伯什阿噶什屬戶給喀爾喀將遣博東齊歸車凌牧族台吉布圖庫班珠爾布林等挈屬至稱與車凌等析處久請異牧允之布圖庫等抵汎聞佛保自哈達青吉勒歸和碩特台吉桑濟復掠諸道遣從卒馳馬迎上聞之論曰車凌等自歸誠以來感激朕恩約束屬衆甚爲甯謐邇因叛賊紛起亟請內徙游牧其歸附之心益堅可允所請并給穀種令爲謀生賚博東齊雖與杜爾伯特同族若往歸之反仰賴車凌等養贍著遣往烏里雅蘇臺交車布登扎布酌徙呼倫貝爾通肯呼裕爾等處布圖庫班珠爾等迎接侍衛佛保俟至烏里雅蘇臺軍所各給幣賞之後博東齊及布圖庫等咸置呼倫貝爾布圖車班珠爾以內附誠各授二等台吉而貝勒巴圖博羅特輔國公舍稜不從車凌等徙牧叛應阿睦爾撒納副都統瑚爾起以兵擒諸輝巴朗山妻孥悉論誅先是杜爾伯特及烏梁海未內屬錯牧額爾齊斯後杜爾伯特諸台吉至游牧扎克拜達里初徙牧額克阿喇勒再徙額爾齊斯烏梁海就撫以烏蘭固木地給之車凌等復請由額爾齊斯往徙遣都統納穆扎爾勘杜爾伯特及烏梁海牧界車凌復請以烏蘭固木爲屯耕地而游牧於科布多額克阿喇勒允之詔嚴禁所屬勿攘竊尋以錯牧不便定烏蘭固木爲杜爾伯特牧別以科布多爲烏梁海牧二十四年烏梁海以科布多產貂不給捕請徙就阿勒台陽額爾齊斯諭車凌烏巴什等曰額爾齊斯爲爾舊牧今爾移處烏蘭固木烏梁海察達克請游牧額爾齊斯地向曾降旨爾等若願歸舊牧聽爾便今哈薩克已全部內附伊犂厄魯特賊衆復殲無孑遺若爾果願歸舊牧可即徙往額爾齊斯所遺烏蘭固木自可給烏梁海處之但哈薩克新附非爾等久爲內屬者比務宜嚴飭所屬安靜無事若爾部衆既遵約束而哈薩克反來肆擾可即擒誅之爾等或安土重遷則額爾齊斯地與其爲哈薩克俄羅斯所竊據不若令烏梁海往徙之也車凌烏巴什等奏察達克所請地係烏梁海舊牧距臣等牧遠且烏蘭固木地肥不磽臣等游牧久請勿徙以額爾齊斯地給烏梁海詔如所請是年十月以大軍定回部蒇功論車凌烏巴什等知之十二月偵哈薩克襲烏梁海以兵三百餘擊走得旨獎賚二十五年四月以所部有溫圖呼爾者貧不給聞其弟居察哈爾牧告請扎薩克往就之論曰杜爾伯特自歸誠以來編設旗分佐領原欲伊等各安生業若不善恤之漸至析處殊爲可憫其各加意撫綏令守分謀生勿至流離失所副朕痌瘝一體之懷七月車凌烏巴什等扈蹕行圍奏所部蒙恩安置牧產漸饒嗣請自備駝上嘉其誠悃不忍驟勞之詔仍官給駝馬二十七年詔左右翼各設副將軍一右翼用正黃旗纛左翼用正白旗纛以敕印軍符給之所部旗十有六爵如之扎薩克特古斯庫魯克達賴汗一扎薩克和碩親王一扎薩克多羅郡王一扎薩克多羅貝勒二扎薩克固山貝子二扎薩克鎭國公一由貝子降襲扎薩克輔國國公二扎薩克一等台吉四輝特扎薩克一等台吉二乾隆四十五年命烏里雅蘇台將軍巴圖查辦喀爾喀侵佔杜爾伯特扎哈沁等部界址道光二年修科布多衆安廟三月科布多參贊大臣那彥寶奏定蒙民商民貿易章程杜爾伯特扎哈沁明阿特額魯特均准給票與商民貿易六年回疆軍興杜爾伯特汗王公扎薩克等獻駝馬助軍十二月以杜爾伯特汗齊旺巴勒楚克等復輸駝助軍上嘉賚之九年杜爾伯特貝子奇默特多爾濟呈控科布多參贊大臣額勒錦需索馬匹擾累各部鞫實褫之十八年是部以兵從烏里雅蘇台參贊大臣車林多爾濟驅逐闌入烏梁海之哈薩克十八年十二月以烏里雅蘇台參贊大臣車林多爾濟奏科布多參贊大臣管理烏梁海八部落地方遼闊多興訟端允增置幫辦大臣十九年給是部官兵俸賞行裝銀咸豐三年二月是部汗王公等捐助軍需溫旨卹之同治三年烏魯木齊等城回匪滋事調是部兵援之尋以不得力撤歸八年以杜爾伯特汗嗣絕將軍麟興等奏左翼汗旗下舊管十佐領戶一千五百有奇右翼親王旗下舊管十一佐領戶一千二百上下右翼貝勒旗下舊管二佐領僅一百六十餘戶以爵而論貝勒較輕以戶口而論不過抵汗三十分之一擬親王棍布扎布令折回承襲汗爵以貝勒巴雜爾扎那承襲親王貝勒一缺如無可承襲之人俟汗王襲爵定後即將貝勒暫行停襲下所司九年命以故汗密什多爾濟族弟噶章那木濟勒襲汗棍布扎布等襲親王貝勒如故回匪東竄陷烏里雅蘇台十一月科布多參贊大臣奎昌等奏匪擾烏里雅蘇台地方各台潰散科城街市商民惶惑調附近之杜爾伯特扎哈沁明阿特額魯特盟長總管等即發兵來城聽候調遣尋奏杜爾伯特左翼兵四百名右翼及明阿特額魯特兵各二百名扎哈沁公兵及總管兵各五十名均到科城收伍命撥科布多餉銀十萬兩十一年十一月予辦差無誤之杜爾伯特右翼盟長棍布扎布等獎是月科布多參贊大臣長順等奏十月十七十八等日匪徑撲本城參將英華督弁兵登壁迎擊匪始敗退守備賀遐齡等陣亡十九日匪復攻撲南關不得逞二十日由東南山路仍向扎哈沁部落奔竄自後回匪出沒於扎哈沁土爾扈特諸部之地是部警備益嚴至西路肅清始息警撤戍光緒七年以改議俄約增城科布多之戍事定撤之光緒二十六年拳匪事起北路戒嚴科布多參贊大臣瑞洵議舉辦蒙古團練令杜爾伯特每旗挑選兵丁二百名一半馬隊一半步隊駐防本旗十月事定裁撤二十八年四月瑞洵以杜爾伯特正副盟長等保全俄商遺棄貨物毫無損失請准獎敘允之七月賑杜爾伯特右翼公多諾魯布旗災並給籽種大小麥一百石引渠溉舊墾波什圖那米拉察罕哈克三處之地二十九年閏五月予杜爾伯特左翼正盟長副將軍特固斯庫魯克達賚汗噶勒章那木濟勒紫韁副盟長貝勒納遜布彥左翼扎薩克郡王圖柯莫勒右翼長盟長副將軍扎薩克親王索特納木扎木柴三眼花翎左翼扎薩克貝勒納遜布彥等雙眼花翎餘給獎有差是年辦布倫托海屯田渠工以杜爾納特左右翼助借駝隻均給幫價銀其後參贊大臣連魁等議開烏蘭固木等屯田宣統二年四月索特納木納木柴爲資政院欽選議員三年庫倫獨立喀爾喀四部無梗抗者是部汗噶勒章那木濟勒獨不附聽參贊大臣溥鋁節制如故其地雜耕牧有鑛有鹽共有佐領三十五杜爾伯特附近之部同隸科布多參贊大臣者曰扎哈沁東扎薩克圖汗部南新疆鎭西西阿爾泰烏梁海北科布多屯田官廠初禡木特額魯特人號庫克辛爲準噶爾之扎哈沁宰桑扎哈沁者譯言汛卒以宰桑領之禡木特守阿爾泰汛游牧布拉罕察罕扎輝其東爲喀爾喀有烏梁海界之其西爲準噶爾有包沁爾雜準及噶雜特塔本集賽界之包沁爲回族準噶爾呼噉曰包以回人司噉故名噶拉雜特塔本集賽皆準噶爾鄂拓克鄂拓克如各旗佐領乾隆十一年準噶爾台吉策妄多爾濟遣禡木特請赴藏熬茶十八年杜爾伯特台吉車凌棄準噶爾來降台吉達瓦遣禡木特追之由博爾濟河入喀爾喀汛復逸出論責駐防烏里雅蘇台達青阿罪明年春達青阿誘擒之詔宥罪遣歸有準噶爾宰桑別號通禡木特游牧誥海克卜特爾近索勒畢嶺爲布拉軍罕察輝托罕下游禡木特將掠通禡木特爲請降計通禡木特覺誘執之內大臣薩拉喇勒特得狀由烏蘭山陰以兵縣至通禡木特就擒索得禡木特責負恩罪禡木特請徙牧內屬遣扎哈沁得木齊招所百餘戶降薩喇勒檻禡木特至軍詔仍釋之入覲京師上鑒歸附志誠授內大臣賜冠服二十年詔與朝正會宴以通禡木特卒論禡木特善視其戚屬時議征達瓦齊詔阿睦爾撒納爲定邊左副將軍以禡木特參贊遣赴軍禡木特密奏阿睦爾撒納豺狠也雖降不可往往必爲殃上以不逆詐論之詔授禡木特總管號準噶爾定扎哈沁包沁納賦例比年獻牖間年供牲贍喇嘛遇軍事令助詔如舊例恤免期年賦禡木特與阿睦爾撒納會軍于額德里克尋抵伊犂詔晉禡木特三等公爵賜信勇號賞雙眼孔雀翎四團龍服命常服之先是論班第俟伊犂定偕禡木特議準噶爾善後事至是班第以禡木特兼

管扎哈沁包沁牧請仍至阿爾泰增喀爾喀滿雞允之尋撤大軍還扎哈沁兵三百遣歸牧瑪木特以疾留伊犂聞阿睦爾撒納叛將脫歸牧之兵衞爲逆黨哈丹等所遮脅之降不從擒赴阿睦爾撒納所阿睦爾撒納慰之瑪木特唾而詈之爲阿睦爾撒納縊殺明年二月定西將軍策楞諜阿睦爾撒納戕瑪木特以聞諭曰瑪木特年就邁効力行閒甚爲奮勉今逆賊戕之深爲憫惻其孫扎木禪令仍襲公爵大軍定伊犂械逆黨至訊得瑪木特就死狀上製詩憫之扎木禪乾隆二十一年襲三等信勇公三月以阿睦爾撒納煽烏梁海梗赴哈薩克詔從北路將軍哈達哈勦烏梁海叛賊九月賜牧哲爾格西喇呼烏蘇諭曰札薩哈沁既與喀爾喀鄰牧卽設哨附近卡倫視喀爾喀例支領錢糧以資養贍二十四年從參贊大臣齊努渾追勦瑪哈沁至阿爾齊圖以兵先遇賊哈喇呼山奮擊之屢就擒獎賚幣二十五年扎木禪子門圖什扈蹕行圍乞喀爾喀親王成袞札布代請駝馬勿官給上以札哈沁甫定牧畜之生計論仍官給二十六年理藩院議瑪木特歸誠後扎哈沁屬相繼附置佐領九得二千餘口雖補總管未給印請以總管扎哈沁一旗總管印給扎木禪轄其衆允之四十年札木禪卒以札哈沁原非瑪木特之阿爾巴圖撒出佐領設一旗屬科布多參贊大臣其札木禪族丁及其阿爾巴圖三十餘戶亦附近科布多之烏裕克齊博多克齊游牧至四十五年五月諭將軍巴圖等不可令扎薩圖汗部侵占扎哈沁之烏英濟等處隙地嘉慶五年以扎木禪之孫托克托巴圖之屬已足百五十丁復編一佐領卽以托克托巴圖爲總管十一年以前科布多參贊大臣恒博招民人開採是部煤窰議處道光二年定是部准給票與商民貿易六年回疆軍興是部捐助駝馬同治三年以烏魯木齊失陷調杜爾伯特諸部兵援古城旋仍令撤歸四年以古城陷撤是部南境察罕通古等通古城三台歸沙扎蓋以北五台支應西路各差九年十月回匪陷烏里雅蘇台而復竄去科布多告警參贊大臣奎昌等調是部二旗兵各五十名赴城收伍是部東南通扎薩克圖部南接新疆爲用兵要衝十一年十月回匪由是部犯科布多不得逞仍竄是部衆扎盟南境十二年九月匪擾察罕通古台站掠景廉軍營軍裝餉銀竄新土爾扈特貝子游牧布拉噶河一帶科城西南兩路台站紛紛逃散匪又由巴里坤紅柳峽一帶竄踞札哈沁之博東齊十月科布多幫辦大臣保英率兵敗之於博東齊以西匪竄札盟阿育爾公旗光緒二年四月回匪由布倫托海竄沙扎蓋地方額勒和布等派官兵勦之金順以索倫各隊扼禁烏魯木湖堵截分竄其後烏魯木齊諸城克復是部始息警十二年甘肅新疆巡撫劉錦棠以古城屬漢三塘驛來往商賈時有刧案咨科布多大臣飭屬緝匪沙克都林扎布因奏漢三塘驛與科城所屬土爾扈特扎哈沁等旗地界毗連萬里沙漠四通八達更兼白塔山商賈由此經過屢被刧掠又北八站一帶台搶刧站之案亦層見迭出請將扎哈沁旗內揀派駐察罕淖爾官兵移駐鄂隆布拉克台保安商民搜捕盜匪允之二十六年拳匪事起邊戍戒嚴參贊大臣瑞洵檄是部信勇公策林多爾濟總管三保額魯特總管喇嘛札布明阿特總管達什哲克博舉辦團防保護俄商貨物弭邊衅二十九年閏五月一再請獎奏入予策林多爾濟貝子銜三保等均二品頂戴三十一年五月瑞洵奏科布多所轄札哈沁應用之五台尤爲大雪封塌復赴阿爾泰必由之路若使絡繹地當其衝札哈沁共二旗最爲瘠苦公一旗戶口甚稀幫辦大臣英秀由哈巴河回科布多臣赴新疆督辦收撫信勇公策林多爾濟調集烏拉奔走恐後保其子台吉棍布瓦齊爾請賞二品頂戴允之宣統三年參贊大臣溥鋼奏賑札哈沁災公旗貧民三百五十六丁口總管旗貧民一千有一十一丁口將賞銀五千兩分別重輕散放下所司額魯特明阿特亦與是部同隸科布多額魯特本台吉達木拜屬達拜有罪削爵以其衆屬科布多游牧在新和碩特之西明阿特本出烏梁海復爲扎薩克圖漢部中左翼左旗之屬乾隆三十年撤出設一旗屬科布多游牧在阿爾泰烏梁海之西乾隆五十七年設額魯特明阿特總管各一參領以下有差同治十年以防守科城及供大兵西進勞額魯特明阿特總管與扎哈沁信勇公及總管均予獎兩旗皆無扎薩克論者謂此蒙部之同於郡縣者也

土爾扈特始祖元臣翁罕姓不著七傳至貝果鄂爾勒克子四長珠勒扎幹鄂爾勒克生子一曰和鄂爾勒克居於雅爾之額什爾努拉地初衞拉特諸酋以伊犂爲會宗地各統所部不相屬準噶爾部酋巴圖爾琿台吉者游牧阿爾台恃其強欲役屬諸衞拉特和鄂爾勒克惡之挈族走俄羅斯牧額濟勒河俄羅斯因稱爲巴屬順治十二三四年和鄂爾勒克子書庫爾岱青伊勒登諸顏羅卜藏諾顏相繼遣使奉表貢書庫爾岱青子朋蘇克朋蘇克子阿玉奇世爲土爾扈特部長至阿玉奇始自稱汗康熙中表貢不絕五十一年復遣使假道俄羅斯貢方物上嘉其誠且欲悉所部疆域遣內閣侍讀圖理琛等賚敕往歷三載乃還附表奏謝自是時因俄羅斯請於中朝遣所部人赴藏熬茶乾隆二十一年所部使吹扎布等入覲稱奉其汗惇羅布喇什令假道俄羅斯三載方至請赴唐古忒謁達賴喇嘛遣官護往二十二年自唐古忒還頒惇羅布喇什幣物二十三年伊犂平有附牧伊犂之土爾扈特族台吉舍稜等奔額濟勒河既而惇羅布喇什卒子渥巴錫嗣爲汗三十五年舍稜誘渥巴錫攜所部之土爾扈特和碩特輝特杜爾伯特等人衆於十月越俄羅斯之坑格圖喇納卡倫而南俄羅斯遣兵追之不及渥巴錫既入國境由巴爾噶什淖爾而進至克齊克玉子地方與哈薩克台吉額勒里納拉里之衆相持伊犂將軍令哈薩克毋許土爾扈特越游牧而行渥巴錫遂向沙喇伯可而進布魯特羣起刧之渥巴錫走沙喇伯可之北戈壁無水草人皆取馬牛之血而飲瘟疫大作死者三十萬牲畜十存三四三十六年至他木哈地方近內地卡倫布魯特始歛兵退將軍伊勒因遣侍衞普濟問來意渥巴錫與其台吉喇嘛計議數日始定以投誠爲詞獻其祖所受明永樂八年漢篆敕封玉印及玉器宣窰磁器等物先是上聞渥巴錫之來命烏什參贊大臣舒赫德往伊犂經紀其事至是因受其降存七萬餘衆賑以米麥牛羊茶布棉裘之屬用帑二十萬兩三十六年九月渥巴錫等入覲熱河封渥巴錫舊土爾扈特卓里克圖汗渥巴錫從子額墨根烏巴什固山巴雅爾圖貝子拜濟瑚輔國公從弟伯爾哈什哈一等台吉均授扎薩克各編一旗四十七年均予世襲罔替初分所部爲四路南路凡四旗曰扎薩克卓理克圖汗旗曰中旗曰右旗曰左旗三十七年賜牧齋爾三十八年徙牧珠勒都斯隸喀喇沙爾辦事大臣與北路三旗東路二旗西路一旗統受節制於伊犂將軍嘉慶四年高宗大行舊土爾扈特汗霍紹齊之母請納俸諷經不許道光六年回匪張格爾擾喀什噶爾等城徵是路土爾扈特及和碩特蒙兵赴阿克蘇一帶助勦十月擊退犯渾巴什河之賊賚貝子巴爾達拉什台吉烏圖那遜等及兵丁等緞疋翎頂銀兩有差自是回疆有事皆徵其兵十年十一月以貝子巴爾丹拉什率兵援喀英等城卒于軍命其子蒙庫那遜晉襲貝勒十八年六月以是部南路盟長福晉喇什不勒指修喀喇沙爾城垣予獎二十一年六月又獻伊拉里克水源却之二十七年布魯特擾喀什噶爾等城亦徵是路蒙兵防勦事定撤回同治三年回匪變亂庫車失陷徵是路兵勦之不利退守游牧是年喀喇沙爾等城均失陷是路部落屢與回匪接戰被蹂躪離散六年十二月盟長布雅庫勒哲圖依請赴京允之命烏里雅蘇台將軍麟興等設法安插其部落游牧七年三月布雅庫哲勒依圖請率屬勦回逆上嘉之命赴布倫托海候李雲麟酌辦並飭戶部籌撥歷年俸銀俸緞李雲麟接濟所屬游牧人衆六月以舊土爾扈特蒙兵接仗失利移至大小珠勒都斯催布雅庫勒哲依圖赴布倫托海命明瑤等接濟照料十一月麟興奏布雅庫勒哲依圖困苦形情下所司議八年三月賚舊土爾扈特汗布雅庫勒哲依圖貝勒固嚕扎布輔國公曼吉多爾濟等旗銀二萬兩六月命烏里雅蘇台將軍福濟安插舊土爾扈特汗布雅哲庫勒依圖及隨帶官兵光緒元年布雅庫勒哲依圖卒以福晉恩克巴圖署盟長二年八月撥部庫銀予恩克巴圖撫綏人衆擇地安插三年劉錦棠等軍復喀喇沙爾四年十二月伊犂將軍金順奏土爾扈特南部落人衆自逆回搆亂以來逃散伊犂空吉斯及西湖等處署盟長派員前往收集約計一萬餘人現已移回珠爾都斯游牧諭以其部人衆困苦賞銀四萬恤之由左宗棠給發光緒八年是部難民由伊犂續歸三百三十餘丁口舊有府第兵燹之後尚未修復大小水渠年久墊淤欽差大臣劉錦棠奏恩克巴圖請賑恤並籌借銀兩權爲籌撥銀一萬兩作爲渠工宅第經費喀喇沙爾善後局員照章給賑通融接濟牛種待賑丁口種俾資耕作請分別核銷及作正開銷允之九年設新疆喀喇沙爾直隸廳撫民同知兼理事銜兼管土爾扈特游牧事宜十三年新疆巡撫劉錦棠奏土爾扈特等蒙衆向隸辦事領隊管轄者應改歸地方官管轄恐各蒙民未能戶曉請飭理藩院申明新設定制轉行各蒙部下所司知之二十二年三月甘肅回匪西竄出關伊犂將軍長庚電奏賊竄珠勒都斯檄南部落署盟長福晉色里特博勒噶丹等揀選有槍馬之蒙兵五百名由貝勒恭噶那木扎勒統之分派參領奔津等各帶官兵駐哈布齊沿山口及哈爾巴達罕達蘭達巴罕等處扼珠勒都斯之東逼喀喇沙爾庫爾勒要隘八月事定撤歸新疆置省後舊土爾扈特諸部仍隸伊犂將軍俸銀俸緞均由伊犂發給蒙古惟舊土爾扈特等部之在新疆者汗王公扎薩克等卒襲子不及歲以前皆由已歿汗王公等之妻或母署印有鹽有鑛地兼耕牧佐領共五十四北路凡三旗盟曰烏訥恩素珠克圖在塔爾巴哈台城東當金山之西南霍博克薩里東噶扎爾巴什諾爾南戈壁西察漢鄂博北額爾齊斯河渥巴錫族子策伯克多爾濟等乾隆三十六年從渥巴錫來歸獻金刱刀及色爾

克斯馬三十七年入覲封策伯克多爾濟扎薩克和碩布延圖親王授其弟依奇哩扎薩克一等台吉轄右翼賜牧霍博克薩里爲舊土爾扈特北路以策伯克多爾濟領之授盟長四十年授奇哩布弟阿克薩哈勒扎薩克一等台吉轄左翼四十三年策伯克多爾濟卒奇哩布襲爵右翼印五十年授策伯克多爾濟之子公品級一等台吉恭格車稜扎薩克詔轄其父屬衆別鑄右翼扎薩克印賜之五十七年封輔國公道光二年卒子多爾濟那木扎勒降襲公品級扎薩克一等台吉同治四年塔城回變親王策林拉布坦以調兵遲延爲參贊大臣錫霖劾革其爵以捐輸復之九年奎昌等立塔爾巴哈台新界鄂博奏飭親王策林拉布坦圖普仲克什克扎薩克喇扎爾巴達爾隨時留意偵察舊界亦有劃棄十二年十月回匪竄擾是部薩巴爾山地方刦掠牲畜衣物烏素圖等三台逃散十二月參贊大臣英廉奏匪已遠竄飭策林拉布坦等妥爲安插被難蒙民一面將原設七台照舊安設尋論設台站之勞予黃繮宣統元年以阿爾泰烏梁海復在是部薩里山陰度冬提每年租馬十成之一給是部三旗作水草之租是部金鑛頗著名地雜耕牧有佐領十四東路凡二旗跨濟爾哈朗河東奎屯河接甘肅綏來南南山西庫爾喀喇烏蘇北戈壁渥巴錫族弟巴木巴爾等從渥巴錫來歸乾隆三十七年入覲熱河封扎薩克多羅畢錫埒勒圖郡王弟奇布騰固山依特勒貝子盟名亦曰烏訥恩素珠克圖初隸庫爾喀喇烏蘇大臣統受伊犁將軍節制同治末俄人以北路舊土爾扈特取所屬哈薩克馬駝執是部貝子普爾普噶丹爲質尋釋之光緒初給撫恤銀一萬兩十一年設庫爾喀喇烏蘇同知兼理事衙署是部民蒙交涉事件清末襲郡王者帕勒塔嘗請出洋又入貴胄學堂以本旗事爲伊犁將軍廣福劾議處是部共有左領七西路一旗當天山之北精河東岸東精河屯田南哈什山陰西托霍木圖台北喀喇塔拉額西柯淖爾渥巴錫族叔父默們圖從渥巴錫來歸乾隆三十七年入覲熱河封扎薩克濟爾噶朗貝勒賜牧精河受伊犁將軍節制咸豐十年貝勒鄂齊爾以捐餉予雙眼花翎光緒初以被擾予撫恤銀一萬兩十三年設精河同知兼理事衙署是部民蒙交涉事有佐領四

新土爾扈特在科布多西南當金山南烏隆古河之東東新和碩特南胡圖斯山西與北均阿爾泰烏梁海東南扎哈沁土爾扈特翁罕十四世孫舍稜率諸昆弟附牧伊犁爲準噶爾屬台吉大軍征準噶爾獲達瓦齊阿睦爾撒納等以叛相次誅滅舍稜獨抗不降竄匿庫庫烏蘇喀喇塔拉境乾隆二十三年詔定邊將軍成衮扎布等剿之舍稜奔俄羅斯我軍追及之於勒布什河源舍稜乃詭約降計戕我副都統唐喀祿馳踰喀喇瑪嶺歸額濟勒土爾扈特游牧三十六年復誘其汗渥巴錫來踞伊犁抵他木哈知內備固計無所出不得已隨渥巴錫歸順詔宥舍稜罪三十七年與從子沙喇扣肯入覲熱河封舍稜多羅弼里克圖郡王沙喇扣肯烏察喇勒圖貝子均授扎薩克舍稜所部曰左翼旗沙喇扣肯曰右翼旗定盟名曰青色特啓勒圖舍稜充盟長沙喇扣肯副之四十八年詔世襲罔替隸科布多參贊大臣道光六年回疆軍興是部輸馬駝助軍咸豐三年是部王貝子等請捐助軍需溫旨卻之同治三年徵是部兵援古城等城以散潰撤之六年於是部之布倫托海地方設辦事大臣以李雲麟爲之七年五月布倫托海兵民潰變李雲麟走青格里河諭福濟錫綸前往查辦明瑺棍噶扎拉參曉諭解散七月布倫托海變民竄烏龍古河九月以棍噶扎拉參挑噶爾爲喇嘛成軍論福濟等督率進勦布倫托海變民撥部庫銀十萬兩解科布多爲布倫托海勦匪及賑濟難民之用調福濟爲布倫托海辦事大臣十月以守科布多城出力予是部郡王凌扎棟魯布親王銜十二月以是部仍屬科布多管轄八年二月以哈薩克圍殺布倫托海變民命是部郡王凌扎棟魯布進勦四月福濟遷烏里雅蘇台將軍文碩代之七月布倫扎海變民傷俄國卡兵棍噶扎拉參于克林河諭福濟等疾籌進勦飭知遵行是月棍噶扎拉參勦變民于和博克托里勝之八月棍噶扎拉參復布倫托海變民降收撫之賊首張懇等伏誅諭福濟等籌給布倫托海難民口食九月命塔城額魯特暫安舊居阿爾泰山俗衆居青格里河十月徙布倫托海人衆于阿爾泰山予布倫托海在防之索倫及綠營官兵銀兩十一月裁新設布倫托海辦事大臣撤回旗綠官兵命索倫額魯特領隊大臣及棍噶扎拉參應辦事宜統歸科布多參贊大臣經理改派奎昌辦布倫托海與俄分界事宜十二年九月肅州回匪竄是部貝子旗布拉噶河一帶科布多參贊大臣托倫布等調回駐察罕淖爾之黑龍江馬隊暨蒙古馬隊分赴布拉噶河防勦十一月烏魯木齊領隊大臣錫綸奏七月十六日率所募民勇自阿爾泰山南移營烏龍古河南岸聞東路布爾根河一帶有警科布多屬之扎哈沁及和碩特土爾扈特邊界皆被擾阿爾泰附近之烏梁海台站逃散匪由和碩特土爾扈特等喇嘛營子西竄至青格里河十二月錫綸奏回匪擾及烏梁海部落臣帶民勇民團追匪至噶扎爾巴爾淖爾匪已由薩勒布爾山南竄沙山子即由山北取道布凌河疾馳至霍博克河上游之庫克辛倉探得匪在河下游之科科墨頓林木中紮營五座於夜分潛師進薄賊壘擊潰賊三營又取後一營匪衆敗遁尋由阿雅爾淖爾竄綏來縣之大小拐回瑪那斯科布多幫辦大臣保英奏十月十九親率馬隊由吉慶淖爾西行二十七抵土爾扈特之青格里河賊竄布倫托海經錫綸進勦斬獲甚多匪已西竄臣將官兵駐青格里河檄飭烏梁海土爾扈特和碩特扎哈沁速將軍台移回原處安設其後烏魯木齊瑪納斯諸城克復是部始息警光緒九年劃科城中俄界幫辦大臣額爾慶額安插歸中國之哈薩克以奎峒山左右暨哈巴河源諸山爲夏季游牧以阿拉別克河東暨果里子克河哈巴河阿拉克台爲冬季游牧實皆是部地二十九年瑞洵奏創修托倫布海渠工開辦屯田給土爾扈王旗貝子旗借川駝隻幫價銀飭扎哈沁土爾扈特烏梁海左右翼擇水草較好地從扎哈沁沙紮蓋台起至布倫托海止安設十三台二十九年閏五月錄科布多所屬各旗保護俄商遺棄貨物有裨大局之勞予土爾扈特正盟長扎薩克郡王密錫克棟古魯布紫韁副盟長扎薩克貝子瑪克蘇爾扎布雙眼花翎三十二年十二月劃科布多阿爾泰分轄之界以部是二旗及新和碩特一旗阿爾泰烏梁海七旗均隸阿爾泰是部地兼耕牧有金鑛布爾津河通輪船共有佐領三近是部者有哈弼察克新和碩特乾隆三十六年和碩特台吉巴雅爾拉瑚之族蒙衮卒率屬來歸願附新土爾扈特貝子沙喇扣肯之旗詔予一等台吉給半佐領令其附居五十七年移杜爾伯特近處哈密察克游牧嘉慶元年科布多參贊大臣奏蒙衮妻察彥率子布彥克什克詣言生齒日繁求給扎薩克印不食俸道光六年回疆軍興後至咸豐初是部皆偕杜爾伯特諸部捐馬駝捐餉助軍同治末回匪北竄是部與新土爾扈特同被擾著伊犁將軍榮全以商論伊犁事自科布多西行是部設台供支光緒二十九年錄庚子舉辦防團保護俄貨之勞予扎薩克台克什克布彥鎭國公銜三十三年正月卒以子達木鼎第得恩襲初有出缺請旨之例實亦世襲牧地東扎哈沁南與西皆新土爾扈特北阿爾泰烏梁海有佐領一

和碩特部在新疆焉耆府北東烏沙克塔爾南開都河西小珠勒都斯北察罕通格山舊爲四衛拉特之一系出元太祖弟哈巴圖哈薩爾有博貝密爾咱者始稱汗子哈尼諾顏洪果爾嗣之有子六牧青海西套伊犁諸境詳青海厄魯特部傳其第三子昆都倫烏巴什第四子圖魯拜琥裔蕃衍圖魯拜琥號顧實汗其裔或稱青海厄魯特設扎薩克二十有一或稱阿拉善厄魯特設扎薩克一或隸察哈爾旗設爵三皆不著和碩特部昆都倫烏巴什號都爾格齊諾顏子十六長邁瑪達賴烏巴什次烏巴什琿台吉次多爾濟次額爾克岱青鄂克綽特布次第巴卓哩克圖次噶布楚諾顏次蒙固次青巴圖爾次伊納克巴圖爾次伊勒察克次賽巴克次哈喇庫濟次羅卜藏達什次塔爾巴次色稜次朋素克今和碩特設扎薩克四皆多爾濟及額爾克岱青鄂克綽特布裔崇德七年昆都倫烏巴什遣索諾木從達賴喇嘛使貢駝馬賜布幣及朝鮮貢物順治八年貢所產馬及黑狐皮九年復貢駝馬嗣數遣使至康熙十六年邁瑪達賴烏巴什子丹津琿台吉遣達爾漢宰桑入貢二十一年復遣杭勒岱等至諸昆弟遣使從凡百餘人二十四年定四衛拉特貢例使入關以二百人爲額諭所部知之詳杜爾伯特部傳時準噶爾稍強和碩特族懼其威咸奉令後噶爾丹亂定顧實汗諸子姓游牧青海者咸內附噶爾丹從子策妄阿喇布坦偪和碩特族與同處表請青海復舊業如噶爾丹時將陰謀爲己屬上燭其奸諭責之令遣和碩特歸舊牧勿私據不從有羅卜藏車凌者多爾濟曾孫也策妄阿喇布坦以女妻之雍正八年靖邊大將軍傅爾丹屯科布多將擊準噶爾或告曰噶爾丹策凌以兵萬授羅卜藏車凌遣襲哈薩克設汛阿里馬圖沙拉伯勒境羅卜藏車凌棄之率戶三千餘由噶斯走青海將內附噶爾丹策凌遣宰桑烏喇特巴哈曼集等追之爲所敗復遣喀喇沁宰桑都噶爾往襲不之及也傅爾丹以聞詔副都統達鼐偵防噶斯路俟羅卜藏車凌降遣入覲以兵監從衆置內汛勿墮詭降計久之羅卜藏車凌不至乾隆二十年大軍征達瓦齊抵伊犁有善披嶺集賽之得木齊蘇克都爾格齊霍什哈及古里特鄂拓克之得木齊和通喀喇博羅莽鼐伊什克特咱瑪博勒等告舊爲羅卜藏車凌屬獻籍六百餘戶羅卜藏車凌子曰諾爾布敦多克游牧額琳哈畢爾噶遣長子鄂齊爾馳降定北將軍班第遣招其族台吉三濟特闥之獻籍三百戶丹津琿台吉子曰阿喇布坦有子二長噶爾丹敦多布生沙克都爾曼濟次敦多布車凌生明噶特達瓦齊善沙克都爾曼濟倚任之小策凌敦多卜孫訥默庫濟爾噶爾與達瓦齊構兵沙克都爾曼濟擊之殲其拏班第等至達瓦齊竄格登沙克都曼爾濟乃降有班珠爾者顧實汗裔也與輝特阿睦爾撒納異父同母陰比之前避

達瓦齊亂來歸授多羅郡王詔俟厄魯特定將以爲和碩特汗時從大軍抵伊犂私奪諾爾布敦多克沙克都爾曼濟諸台吉屬產班第禁之乃稍戢尋定入覲次以沙克都爾曼濟及班珠爾列初班三濟特鄂齊爾次之阿睦爾撒納阻其行詭稱沙克都爾曼濟將叛迎達瓦齊請以班珠爾屯特穆爾圖諾爾護降衆班第斥詞妄班珠爾詭入覲赴塔密爾牧取阿睦爾撒納挐謀偕遁參贊大臣阿蘭泰擒之沙克都爾曼濟入覲避暑山莊上御澹泊敬誠殿受朝詔封和碩特汗授盟長諭董所屬勤養教圖生聚三濟特鄂齊爾繼至詔授三濟特扎薩克一等台吉鄂齊爾閒散一等台吉遣歸牧定西將軍策楞將以大兵勦阿睦爾撒納詔沙克都爾曼濟往會甫就道諜者以阿睦爾撒納據伊犂告諭遣親信宰桑馳諭所部備兵勿爲逆煽而以身從大軍擊賊班珠爾械至禁獄所請遣三濟特鄂齊爾書令和碩特衆分勦阿逆三濟特旣得書言諾爾布敦多克沙克都爾曼濟皆鄰牧且族台吉瑪尼巴圖巴蘇泰瑪賚烏巴什弩庫特圖魯孟克阿穆爾弩斯海薩孛等皆無異志當以書遣之鄂齊爾稱願歸告父共勦逆而我副將軍薩拉爾集伊犂宰桑等定議約諾爾布敦多克及沙克都爾曼濟子圖捫以兵至博囉塔拉布爾哈蘇臺闥勒奇嶺勦阿睦爾撒納諾爾布敦多克圖捫各遣使至巴里坤告故諾爾布敦多克表曰臣父羅卜藏車凌前噶爾丹策凌時謀內附不獲間大軍征達瓦齊臣族班珠爾倚阿睦爾撒納奪臣屬臣願奮志勦賊上嘉其誠詔封公爵以班珠爾所奪給之班珠爾尋伏誅二十一年諾爾布敦多克來歸薩拉爾等旣定謀阿睦爾撒納偵知之先備諾爾布敦多克以兵擊諸伊犂之諾羅斯哈濟拜甡不勝偕薩拉爾間道行由珠勒都斯至巴里坤時沙克都爾曼濟抵策楞軍詔令遣書其子圖捫以兵護牧書未達明噶特附阿睦爾撒納叛脅所部衆圖捫不之從挈戚屬抵珠勒都斯請內徙上憫之詔封多羅貝勒賜銀千兩賞雙眼孔雀翎諭由額琳哈畢爾噶往會沙克都爾曼濟有圖什墨勒厄爾哲者從大軍勦阿睦爾撒納中道強取諾爾布敦多克屬詔責之察所取以歸諾爾布敦多克及子鄂齊爾尋相繼卒詔以鄂齊爾弟博爾和津襲公爵諭曰諾爾布敦多克舊牧哈薩克接壤恐或掠之若欲徙歸額琳哈畢爾噶惟其便沙克都爾曼濟攜子圖捫及博爾和津等由珠勒都斯至巴里坤乞屯牧近地副都統雅爾哈善以聞諭曰沙克都爾曼濟以舊牧乏之生計跋涉遠至殊堪憫惻準噶爾頻年不靖諸部生計維艱然使台吉等各收其屬安處游牧以耕畜爲業善自謀生不數年間可復舊業今沙克都爾曼濟等雖暫處巴里坤究非故土難以久處又喀爾喀附近之和碩特杜爾伯特輝特等俱將遣歸舊牧且諭令各安生業嚴戢盜賊沙克都爾曼濟等自宜仍歸舊牧但甫從遠道至遽令之歸不免困頓可令暫處巴里坤附近地賞給糧米如戶口數復遣使諭沙克都爾曼濟及綽囉斯汗噶爾藏多爾濟輝特汗巴雅爾曰爾等自入覲歸牧後遵朕諭旨約束所屬守分安居已踰一載甚勞遠念今特遣官存問并令齎賜食物佩飾以示優眷逆賊阿睦爾撒納見竄匿哈薩克苟延殘喘朕遣官兵征勦經年時屆寒冬暫行撤還第逆賊狡詐百出儻遣人赴爾等游牧詭計煽惑爾等即行擒獻至沙克都爾曼濟奏請游牧巴里坤附近地已諭酌賜口糧俟明春復賞給籽種耕耨庾集額卜齊布拉克地秋收後遣歸舊牧爾等其善自謀生永享昇平之福沙克都爾曼濟尋獻所部盜馬者請論罪諭曰厄魯特刼奪成風不可不嚴加懲創爾等擒獲竊賊解送內地甚屬恭順嗣後可自治之復以博爾和津幼不更事諭沙克都爾曼濟留心護視并令其族摩羅及宰桑新登等暫理牧務旣而諸衛拉特復不靖巴雅爾詭稱沙克都爾曼濟掠所部牧將以兵襲巴里坤噶爾藏多爾濟及兄子扎納噶爾布叛擾邊境有普爾普者以其主沙克都爾曼濟私通扎納噶爾布告詔雅爾哈善察之時沙克都爾曼濟設汛哨內防禦遣諜赴巴里坤偵大軍狀子圖捫死不以告雅爾哈善召之稱病不至疑果叛脅抵其營殲之斬衆四千餘察獲博爾和津奏請安置地詔徙京師停襲公爵沙克都爾曼濟弟桑濟竄徙額爾濟斯境掠奉使杜爾伯特之侍衛佛保駝馬佛保奮擊之乃逸杜爾伯特汗車凌造覲王車凌烏巴什等追勦桑濟走死和碩特叛黨始靖而其族多爾濟之裔恭格等有偕土爾扈特部游牧俄羅斯之額濟勒河境者三十六年從土爾扈特汗渥巴錫自俄羅斯來歸尋入覲詔封恭格爲土謝圖貝勒族叔父雅蘭阿穆爾玲貴爲貝子授族弟諾海及巴雅爾拉瑚一等台吉均爲扎薩克各編一旗賜盟名曰巴圖色特啓勒圖餘悉如土爾扈特例三十七年賜牧珠勒都斯四十年設正副盟長各一嘉慶二年恭格從子博臘特克卒無嗣十一月以所管佐領分給貝子鄂齊爾二扎薩克台吉齊業齊三烏爾圖那遜一除其爵道光六年回疆軍興徵是部兵協勦敗回匪于阿克蘇之渾巴什什河予緞疋銀兩及翎頂各有差自是回疆有事皆借土爾扈特兵應徵調統隸於伊犂將軍同治三年回亂是部被蹂躪戶口散失大半中路左旗扎薩克台吉喇什德勒克率餘衆避居博爾圖山中竭力保守光緒三年劉錦棠收復托克遜喇什德勒克謁劉錦棠八月進兵以後隨同官軍馳驅於地勢險夷賊情虛實水道深淺具陳實狀師逾開都河遂遷其部於河東欽差大臣左宗棠請獎疏入予花翎先是中旗貝子多爾那齊那木札勒右旗扎薩克洞魯布旺扎勒皆避出至是始歸所牧是部佐領尙呈左宗棠請以其兩旗人衆隸喇什德勒克事尋寢光緒八年設喀喇沙爾直隸同知兼理事銜釐是部蒙民交涉事二十二年甘肅回匪竄出關伊犂將軍長庚檄是部貝子棍布扎普派扎薩克台吉貢噶那木扎勒統兵駐都木達塔什哈地方扼博斯騰淖爾通羅布淖爾之徑事定撤歸其地出產同舊土爾扈特南部落佐領共十一

清史稿　列傳

藩部七

唐努烏梁海　阿爾泰烏梁海

阿爾泰淖爾烏梁海

唐努烏梁海在烏里雅蘇台之北東南土謝圖汗部南賽音諾顏部西阿爾泰烏梁海西南扎薩克圖汗部北俄羅斯有總管五曰唐努曰薩拉吉克曰托錦曰庫布蘇庫勒諾爾曰奇木奇克河康熙五十四年扎薩克圖汗部和托輝特輔國公博貝隨大軍赴推河防準噶爾策妄阿拉布坦言準噶爾不靖恃烏梁海障之乞往招若抗卽以兵取扎薩克台吉濟納彌達阿里雅及根敦羅卜藏克兵俱習戰請與同往上韙其議從之九月烏梁海頭目和羅爾邁率屬降先是和羅爾邁居吹河嘗以越界射獵爲博貝縛獻上宥其罪諭還巢至是將遣子瑚洛處納請降博貝至因遷其游牧赴特斯冬和羅爾邁遁博貝追至呼爾罕什巴爾執之五十九年博貝擒烏梁海逃衆晉貝勒時從征西將軍祁里德軍六十年六月議政王大臣議覆祁里德新收烏梁海二千五百三十名應送至巴顏諾爾克地方居住令車臣汗等旗分派兵三百名並派台吉協同駐紮防守雍正二年諭曰朕詢貝勒博貝管轄烏梁海何以資生據奏在將軍祁里德處借餉一萬八千餘兩買牲分給各得產業今勝於昔所有借項自以貝勒俸逐年扣抵朕思烏梁海俱朕之百姓豈有朕之百姓而借餉於朕之理所借銀兩不必扣還諭祁德里知之三年烏梁海和羅爾邁復遁由阿哩克竄準噶爾界博貝遣子額璘沁由托濟邀擒而自赴克木克木齊克緝叛黨誅之初額魯特與喀爾喀搆兵時錯處科布多烏蘭固木噶爾丹旣滅喀爾喀西境直抵阿爾泰自唐努山陰之克木克木齊克至博木等處皆博貝及來歸之額魯特貝凌旺布所屬烏梁海游牧雍正四年策旺阿拉布坦言克木克木齊克舊隸準噶爾乞還上不許慮伺間略烏梁海詔博貝率所部兵千隨前鋒統領定壽駐唐努山陽特斯地方防護之尋諭理藩院曰朕詳思克木克木齊克烏梁海皆博貝所屬和羅爾邁旣已就擒交博貝撫恤居之公所但念此等人向在喀爾喀邊外林木中射獵爲生與準噶爾所屬烏梁海接壤又與俄羅斯連界宜令博貝等同大臣前往曉諭令自爲預備以防不虞三月命大臣一員帶布帛茶葉賞克木克木齊克地方烏梁海並令揀老成服衆之人作爲首領雍正五年額駙策凌等與俄羅斯訂約自恰克圖鄂爾輝圖兩間爲界所立之鄂博迤西至肯哲瑪達霍呢音嶺克木克木齊克之博木沙弼納嶺循此山梁由正中分中劃界其兩邊各取五貂之烏梁海仍令照舊各歸其主彼此各征一貂之烏梁海自定界之日將各取一貂之處停止乾隆十六年以和托輝特扎薩克貝勒青衮咱卜縱所屬人私出汎界與準噶爾回衆貿易致潛居烏梁海奪貝勒詔額璘沁襲其爵定烏梁海出入汎界例二十一年青衮咱卜脅烏梁海叛大兵至是棄去二十五年鑄唐努烏梁海總管印給之嘉慶二年烏里雅蘇臺參贊大臣額樂春以需索烏梁海奪職治罪道光三年定禁烏梁海與商民貿易例以山西民人私向烏梁海買取羊隻涉訟二十四年六月烏里雅蘇臺將軍桂輪劾總管垂敦扎布需索無厭奪職咸豐年奏唐努烏梁海界址十年與

俄國定界約是部之沙賓達巴哈實爲西疆劃界之第一地段同治三年十一月烏里雅蘇臺將軍明誼等奏唐努烏梁海游牧內俄使前開議單載唐努鄂拉達巴哈卽係唐努山嶺自沙賓達巴哈界牌起先往西後往南亦據該使呈繪圖誌有順薩彥山嶺至奎屯鄂博所有界限地名我國舊存圖內雖無其地名然據該使所指方向續經庫倫辦事大臣文盛送雍正五年已定交界圖誌名目雖殊界限大致相似唐努烏梁海游牧雖有被俄人包去之嫌與西二盟游牧無礙明年立界時俟與麟興車林敦多布等妥商辦理四年八月麟興等奏據委員岳嵩武稟報與唐努烏梁海總管凡齊爾馳赴博果素克大壩屢勘起沿站按圖詳查行至唐努鄂拉達巴哈核與俄國所畫唐努鄂拉達巴哈邊界相符除薩彥山因無路徑不能履勘其唐努鄂拉達巴哈及邊境應分之珠嚕淖爾塔斯啓勒山哈喇塔蘇爾山德布色克哈山數處擇擬立界處所繪會勘圖誌呈閱時俄立界使臣以事不能至九月明誼等以軍務緊急請緩約俄使立界六年俄人遂越界至總管遞達爾游牧內烏克果勒地方建屋種地總理各國事務衙門照會俄使始由庫倫俄官行文令送之回國是年廷旨促麟興等建立西疆毗連俄界境牌鄂博六月專命榮全迅與俄官會立烏里雅蘇台邊卡界牌鄂博八年五月榮全與俄使穆魯木策夫至是部西南之賽留格木山嶺會立牌博於是月二十六日起行順賽留格木嶺至是部西南邊境盡處之博果蘇克壩立第一界牌鄂博科城立牌博於南俄國立牌博於西由此向東北約十里名塔斯啓勒山於山頂立第二牌博又向東北約九十里至珠嚕淖爾俄使言只就珠嚕淖爾迤北數十里唐努山之察布濟壩止建立鄂博由此直向西北統至沙賓達巴哈路既便捷尤易行走榮全以俄使所指之路俱係是部游牧內地若照俄使所議不惟與原圖大不相符且將是部游牧包去大半向俄使反復開導仍如原圖於珠嚕淖爾東南之哈爾根山立第三牌博順淖爾北岸約二十餘里至唐努山南察布齊雅壩立第四牌博沿唐努山南向西過莫多圖河扎勒都倫河烏爾圖河察罕扎克蘇圖河順哈喇塔蘇爾海山至沙克魯河轉向東北約二百五十餘里至庫色爾壩係是部西方邊界立第五牌博向西北九十餘里至唐努鄂拉達巴哈末處過哈喇河偏西山下楚拉察水流之處立第六牌博向北又東順薩彥山過瑪納瑚河蒙納克河浩拉什河由喀喇淖爾至蘇爾大壩約一百五十里立第七牌博向北又東約三百六十餘里山脉連貫直至沙賓達巴哈於舊牌博之東山頂上立第八牌博照原圖至賽留格木山博果蘇克壩上紅線以左爲中國地紅線以右爲俄國地至六月二十二日竣事而是部阿爾泰河阿穆哈河區域皆入于俄光緒五年烏里雅蘇台將軍以奇木齊克河總管報俄商在唐努烏梁海屬建蓋行棧數處及春季以來有俄人或三五十人或八九十人不等在奇木齊克河北一帶中唐努山內刨挖金砂例應禁止咨總理各國事務衙門照會俄署使凱陽德轉飭邊官查禁七年五月烏里雅蘇台將軍以俄人在薩爾魯克地方居住築立木棚十處附近挖過金砂大小凡一百餘處照會俄駐庫領事迅飭邊界官嚴禁十四年四月烏里雅蘇台將軍杜嘎爾奏稱所轄唐努烏梁海屬地邊外自柏郭蘇克西北至沙賓達巴罕中國設立界牌每年夏季派員會同查閱其嶺一東一南至烏里雅蘇台卽嶺之左歸中國屬載在條約乃俄人竟於沙賓達巴罕以東霍呢章達巴罕以西唐努所屬爾里甕薩布塔爾都不達果勒畢爾里克荊格等河岸地方前經查驗過俄人挖金共四十五處至今仍在薩布塔爾車爾里克兩處附近河岸開挖甚多烏克多倫兩河地方俄人明固賴等任意開墾地畝長一千三百餘廣尺寬八百二十餘廣尺俄人雅固爾等於薩拉塔木博木額奇布拉克多倫烏克車爾里克托勒博薩斯多克密崗嚕勒扎庫勒哈達努額奇依斯克木阿瑪阿克河口吉爾噶琥河口吉爾扎拉克等十五處建蓋堅屋南入我境至數百之多本年派佐領榮昌等往烏梁海吉爾拉里克地方會俄官辨論挖金蓋房種地各案俄官一味支吾執意不辦應由總理各國事務衙門逐件查復旋由總理事務衙門覆奏請飭將軍等詳勘界限研究根由援據約章與俄會竭力辨論倘彼堅執或應知照駐俄使臣嚴請外部妥籌辦法或卽估給蓋房之費令從速遷徙由將軍等就近相機籌定奏明辦理十月祥麟等奏覆派吉玉等由烏梁海印務處於六月自蔭木噶拉泰起程履勘車爾里克等處往返兩月有餘已將俄人在境內挖金蓋房種地三事詳細查明繕單入告命總理各國事務衙門照會俄使將越界在唐努烏梁海挖金蓋房種地之背約俄人遷回本國二十五年八月烏里雅蘇台參贊大臣志銳以奇木齊克河總管請給印奏入命連順察看情形奏明辦理尋覆奏以奇木奇克河與唐努總管相隔實在千里之外中間橫亙賽音諾顏部之額魯特扎薩克貝子達克丹多爾濟所屬烏梁海遇有齟齬文報不通凡事轉報總管未能直達烏城奇木奇克河實有二千一十三戶丁口已幾萬人唐努總管每年勒派各情亦所恆有其他毗連俄界交涉事多旣十蘇木連結懇求是與唐努總管其心已離兩不相下倘有事故亦難收拾若將數十年仰希朝廷之恩一旦下頒必能自固藩籬爲我屏蔽況有東烏梁海請印在前似難以不符體制爲解請仍賞給印信得旨如所請二十六年詔連順等備邊時拳匪事起中外人心惶惑連順檄唐努烏梁海總管棍布多爾濟薩拉吉克烏梁海總管巴勒錫呢瑪托錫烏梁海總管凌魁庫布蘇庫勒諾爾烏梁海總管克什克濟爾噶勒奇木奇克河烏梁海總管海都布調兵練團嚴密舉辦棍布多爾濟等均能刻日成軍復籌犒軍食擇要加兵防守善待俄商毋生邊衅二十八年十二月連順等再請獎敘疏入予克什克濟爾噶勒二品頂戴海都布二品花翎是年連順以烏梁海向風沐化幾二百年直與喀爾喀蒙古無異我國商民仍守舊規不敢違禁潛往貿易至俄商之在烏梁海貿易者不計其數建蓋房屋常年居住每年收買鹿茸狐狼水獺猞利猻貂皮灰鼠爲欵甚鉅致烏梁海來烏城呈交貢皮時竟至無貨可以貿易惟有變通辦理如在烏城貿易商民願赴烏梁海貿易者准卽報官前往仍由將軍衙門照章酌給六個月限票並嚴飭守卡官兵認眞稽查不准挾帶違禁之物允之宣統元年烏里雅蘇台將軍堃岫等以奇木奇克河總管海都布率奏本旗十蘇木公揀海都布長子達魯噶布音巴達爾琥辦事勤能衆心傾服請補總管允之是部天和土腴有灌溉之利宜麥有金銅石棉諸礦林木亦富達布遜山產石鹽是部全境及移布多北部皆資之唐努薩拉吉克托錫三總管各有佐領四庫布蘇庫諾淖爾總管佐領二奇木奇克河總管佐領十薩拉吉克別名薩爾吉格托錫別名陶吉總管皆無印庫布蘇庫勒諾爾別名庫蘇古淖爾奇木奇克河別名肯木次克有印此外扎薩克圖汗部右翼右旗有五佐領一在庫蘇古爾泊北一在華克穆河東北一在格德勒爾河西一在謨什克河西一在扎庫爾河源賽音諾顏部額魯特貝子旗佐領十三皆南依鄂爾噶汗山西接阿爾泰淖爾烏梁海哲布尊丹巴呼圖克圖徒衆所屬佐領三西臨華克穆河

阿爾泰烏梁海在科布多之西東額魯特東南扎哈沁及布勒罕河新土爾扈特哈弼察克新和碩特南和博克薩里舊土爾扈特東北杜爾伯特北阿爾泰淖爾烏梁海分左右翼左翼旗四右翼旗三初屬準噶爾乾隆十八年喀爾喀扎薩克圖汗等台吉達什朋素克隨北路軍營參贊大臣薩喇爾擒私入科布多汛之烏梁海人扎木圖等十九年正月命薩喇爾等統兵征入卡之準噶爾屬烏梁海釋北路軍營誘捕之烏梁海瑪木特等令回部落二月準噶爾烏梁海庫木來降三月命舒赫德赴卓克索地方會薩喇勒招撫烏梁海尋以烏梁海徙牧額爾齊斯等地令暫撤兵是月以牧撫烏梁海移北路軍營於烏里雅蘇台七月賽音諾顏貝子車木楚克扎布暨班第薩喇勒等擊烏梁海宰桑於察罕烏蘇降之十月班第薩喇勒進兵降阿爾泰居住之準噶爾烏梁海宰桑禡木特及通禡木特收戶口千餘復由阿爾泰赴索爾畢嶺進至布爾漢之察漢托輝額貝和碩地方獲宰桑庫克新等十一月以收撫烏梁海加和碩輝特貝勒青袞咱卜郡王銜編設烏梁海人戶旗分佐領授宰桑車根赤倫察克達總管命庫克新於額爾齊斯屯田二十年正月察克達等兵至華額爾齊斯河收獲包沁宰桑等授察達克副都統予烏梁海總管赤倫副都統銜命招撫汗哈屯之烏梁海人衆免烏梁海等貢賦一年二月編察克達赤倫所屬烏梁海爲佐領七三月烏梁海宰桑都塔齊以指示投順之人逃竄正法命扎薩克圖汗部扎薩克台吉根敦等駐防海喇圖科布多等處管烏梁海游牧接收降人四月汗哈屯地方烏梁海歸順五月授歸順之烏梁海宰桑圖布新爲總管十月以烏梁海出牲畜接濟哈達哈西進之軍嘉賚之二十一年三月以阿逆煽動烏梁海哈薩克道梗詔哈達哈勦烏梁海叛賊有固爾班和卓者奇爾吉斯宰桑携千餘戶潛赴烏梁海賽音諾顏郡王車布登扎布及車登三不勒邀擒之六月青袞咱卜敍誘新舊烏梁海附己大兵至皆來効順十月以新舊烏梁海等備兵請討青袞咱卜嘉賚之授察克達內大臣二十二年二月命察克達等防範準部叛賊達什車凌等逃入烏梁海四月以額魯特叛賊車布登多爾濟屬人分給察克達等論察克達等俘輝特賊人功予其子侍衞賚圖布愼赤倫洪郭爾等緞茶各有差九月命車布登扎布等防範阿逆等擾烏梁海十月以阿爾泰淖爾烏梁海內附諭授官加賞定察達克所屬烏梁海每戶歲納二貂給俸如內地官吏之半十一月克烏梁海扎哈沁人等歸還馬駝烏梁海博和勒復降仍授總管二十三年二月歸併烏梁海管轄人戶編入之允新舊烏梁海均于烏蘭固木種地於吹河勒和碩等處游牧尋命移科布多烏梁海徙就阿爾泰山陽二十四年三月仍命郡王車布登扎布總理烏梁海事八月烏梁海副都統莫尼扎布等招降鄂爾楚克人戶附入烏梁海大臣管轄授官

有差。是年，定阿爾泰山之南額爾齊斯爲是部牧地。十二月，以哈薩克人掠烏梁海，諭察達克等防勦。二十五年四月，以收撫烏梁海原任總管阿喇遜散屬人交察克達等兼管。烏梁海總管扎布罕疏脫賊犯，上以年幼宥之，命察達克派員協同辦事。二十六年七月，禁烏梁海私向哈薩克貿易。二十七年三月，允展烏梁海卡坐。九月，嚴禁阿爾泰烏梁海竊取哈薩克馬匹。十月，以前經內附續逃入俄羅斯之烏梁海庫克新假我烏梁海名刼掠哈薩克，命察克達等領兵捕治之。十二月，鑄烏梁海左右翼總管印，分給察達克圖克，愼銷原領阿爾泰烏梁海總管印。二十八年正月，庫克新就擒，戮之，以招撫人戶給察克達等分轄。三十八年十二月，以新土爾扈郡王舍楞與是部散秩大臣烏爾圖那遜爲婚，諭烏梁海緊接俄羅斯，瑚圖靈阿等嗣後詳爲留意。四十九年六月，給阿爾泰台站內大臣察達克轄烏梁海官兵協濟銀兩。道光十八年，以哈薩克潛闌入阿爾泰烏梁海，命烏里雅蘇台參贊大臣車林多爾濟領蒙兵逐之。科布多參贊大臣毓書遣科布多主事職銜哈楚巴進領兵逐入烏梁海之哈薩克依滿等于烏里雅蘇圖，八月，追敗之于沙拉布拉克。九月，又逐再入烏梁海之哈薩克使過于庫克伸阿林子獎。十一月，車林多爾濟奏前入烏梁海土爾扈特之哈薩克驅逐已淨，獲十餘人釋之。十二月，予烏梁海副都統車伯克達什等花翎，以論驅逐潛入游牧哈薩克勞。十九年四月，哈薩克復入烏梁海，命車林多爾濟復調兵逐之。八月，以阿爾泰烏梁海右翼散秩大臣達什濟克巴調營未到嚴議，予驅逐哈薩克妥速之阿爾泰左翼散秩大臣達爾瑪阿扎拉頭品頂戴，仍下部優敘。二十二年，科布多參贊大臣固慶奏達爾瑪阿扎喇時常稱疾偷安，不善撫馭，所任散秩大臣管烏梁海四旗事務煩，游牧遼闊，且與俄羅斯接壤，責任綦重，請令離任，以參領唐噶祿署之。咸豐十五年，與俄羅斯定西疆界約。同治三年八月，科布多參贊大臣廣鳳等奏：「卡倫以內阿爾泰烏梁海境內奇林河等地方十七處，有哈薩克公阿吉屬下之哈濟克居住，當分界未終之際，未便一旦驅逐。倘分界後萬不得已，必須內遷，宜由塔爾巴哈臺參贊大臣酌擇地方安置。」十一月，俄人闌入是部庫什業莫多及塔布圖地方滋擾，明誼照會俄悉畢爾總督先爲查辦。來我邊卡滋事官兵，俟明年兩國立界大臣會同建立牌博後，再派兵駐守。四年，以伊塔諸城回變，命設烏梁海台站，遞送科城至塔城文報軍餉。十二月，塔爾巴哈台參贊大臣錫霖劾廣鳳裁撤烏梁海台站，致文報軍餉阻滯，諭廣鳳等議處，仍令復設。五年五月，塔爾巴哈台失守，領隊大臣圖庫爾領額魯特兵移至是部。七年三月，命奎昌會同俄官建立科布多毗連俄境界牌鄂博。九月，奎昌等以俄使未到，奏俟明年會辦立界。八年，奎昌與俄立界使臣巴布闊福勘明，自科布多東北邊界賽留格木山適中之布果素克達巴哈起，向西南順賽留格木山至奎屯鄂拉，往西沿大阿爾泰山至海留圖兩河之山，轉往南順是山直至察奇勒莫斯鄂拉，轉往東南沿辛桑淖爾之邊，循喀喇額爾齊斯河岸至瑪尼圖噶圖勒幹卡勒倫，分爲兩國交建牌博凡二十：首曰布果素克達巴哈，次曰杜爾伯特達巴哈，曰塔布圖達巴哈，曰博勒齊爾，曰察幹布爾哈蘇，曰烏蘭達巴哈，曰巴哈郡斯達巴哈，曰薩爾那開，曰巴爾哈斯達巴哈，曰拜巴爾塔達巴哈，曰庫爾楚木，曰特勒克梯日固洛木拜，曰薩拉陶，曰薩勒欽車庫，曰特斯愛哩克，曰鄂里雅布拉克，曰奇晉克里什，曰察奇勒莫斯末，曰瑪呢圖噶圖勒幹。自五月二十五至七月三日竣事。十月，命棍噶扎拉參赴阿爾泰山收集徒衆，妥辦安插事宜，並免是部本年例貢貂皮。其後伊犂索倫營兵移至阿爾泰山，與塔城額魯特兵皆由棍噶扎拉參暫統之。十年，署伊犂將軍榮全奏以由科布多屬扎哈沁五台以西至霍博克薩里一二千里，非就地設台，後路必斷，令烏梁海章蓋等於西翼設察罕通格、托克鄂博、德格圖阿滿三台，於東翼設多魯圖阿滿、額爾奇賽罕、烏里雅斯三台，自是爲科塔兩城孔道。十一年，調棍噶扎拉參所部索倫額魯特兵赴塔城。十二年十一月，回匪竄新土爾扈特之布爾根河，擾是部境，台站官兵紛紛逃散。烏魯木齊領隊大臣錫綸率所部民勇自阿爾泰山南移營烏龍古河南岸，追至霍博克河下游，擊破之，匪竄綏來縣北境。科布多參贊大臣保英等飭烏梁海遊將軍台移回原處安設。光緒七年七月，以棍噶扎拉參在烏梁海達彥地方收撫哈薩克，擅殺頭目柯伯史之子，諭錫綸飭棍噶扎拉參即回籍。八年，俄人議重劃科塔中俄之界，欲占哈巴河一帶。科布多參贊大臣清泰等奏：「俄人數百名突至哈巴河，查新條約內奎峒山即阿爾泰山，任其勘改，實有關礙。」八月，阿爾泰左翼散秩大臣等復呈清泰等，以前次界劃烏梁海西北境侵占已多，此次若再佔哈巴河，蒙民無地自容，誓死不能退讓。諭清安、額爾慶額會商金順、升泰妥籌。九年，額爾慶額偕參贊大臣升泰先期馳赴塞上，察邊塞衝要，辨山川主名，以棄哈巴河、奎峒山二要地，烏梁海、哈薩克之衆均無所依，與俄官抗爭，相持兼旬，改以哈巴河以西阿拉喀別河爲界，得展地百三十餘里，分道安設新界牌博。既峻事，額爾慶額又繞北山道大彥淖爾安插烏梁海兩翼部落，以和里木圖河、雅瑪圖、喲洛圖、西里布拉克爲夏季游牧，以罕達蓋圖河、塔里雅圖、青格里河、烏龍古河爲冬季游牧，而哈巴河仍由塔城置戍。以金順奏，諭阿爾泰山烏梁海屬一帶游牧地方，請飭棍噶扎拉參交回安插蒙民。十二年七月，以沙克都爾扎布等奏，復催棍噶扎拉參將徒衆仍回塔城。十三年，諭劉錦棠等於新疆擇安插棍噶扎拉參之地。十五年二月，劉錦棠奏移棍噶扎拉參徒衆于庫爾喀喇烏蘇屬之八英溝，讓還科布多借地承化寺，就近所招徒衆聽留居其寺。哈巴河一帶，塔城自借地以來，即已派兵駐守，未便委去，俾俄人得乘便南下，從之。十八年六月，沙克都林扎布、額爾慶額、魁福會勘，奏哈巴河借地暫難歸還，以塔城兩次分界後蒙哈不敷分住，請將借地展緩三年交割。烏梁海困苦，擬令塔城哈薩克酌給牲畜，並籌安插逃戶，派兵駐守，允之。其後科城屢請收回哈巴河，塔城爭之，迄未決。二十六年，邊防戒嚴，參贊大臣瑞洵檄烏梁海每旗挑兵二百名，半馬半步，駐防本旗，事定撤之。以烏梁海各旗保護俄商貨物安全，游牧一再請獎。二十九年閏五月，予烏梁海左右翼散秩大臣額爾克舒諾、三音博勒克均頭品頂戴，左翼總管倭齊爾扎布、桑敦扎布，右翼總管棍布扎布、瓦齊爾扎布均二品頂戴，左翼副都統察罕博勒克亦予獎。二十九年，塔城以哈巴城地交還科城。三十年五月，改設科布多辦事大臣駐阿爾泰山，以錫恒爲之，仍駐承化寺。三十二年七月，定阿爾泰練陸軍馬隊一標，炮隊一營，設哈巴河防營委員，及沙綮蓋台至承化寺馬撥十六處，每處設蒙古馬兵五名，馬十匹。開辦承化寺、庫克呼布克、木哈巴河四處屯牧，建城署房屋，撥常經年費十三萬兩，開辦經費三十一萬兩有奇。十二月，是部七旗劃隸阿爾泰。三十四年四月，錫恆奏停辦布倫托海，上渠下渠距水較近，擬再試種一年，奇克官、木官屯暫撥民辦。宣統三年二月，署辦事大臣延年奏開距承化寺七十里之紅墩渠，安插農民，下部知之。地兼耕牧，有鑛有鹽。是部有佐領七，副都統暨左右翼散秩大臣均兼一旗總管。卡倫自再劃界後，南起右翼散秩大臣旗之阿拉克別克，而北曰阿克塔斯，又東北曰克維那阿斯，曰薩斯，曰呼吉爾圖布拉克，曰烏松呼吉爾圖，轉東曰胡布蘇訖羅蓋布，東北至左翼散秩大臣旗之霍洞淖爾止，凡八卡倫。山之著者：西吉克圖山、荄拉圖山、霍穆達山、哈喇溫爾常山。水之著者：察罕西魯河、薩格賽河、薩克布多河、青格里河、額爾齊斯河。

阿爾泰淖爾烏梁海在科布多之西北，東唐努烏梁海，南阿爾泰烏梁海，西與北均俄羅斯。初屬準噶爾。乾隆二十二年九月，賽音諾顏扎薩克貝勒車布楚克札布招撫阿爾泰山烏梁海，有持勒伯克、扎爾扎爾納克者，阿爾泰淖爾之烏梁海宰桑，携屬至。詔車木楚克扎布定貢賞例，寧宣德意。十二月，授阿爾泰淖爾烏梁海宰桑特勒伯克等爲總管。二十三年秋，烏梁海總管阿拉善、思克等叛，車木楚克扎布勦之，阿拉善等就擒，思克竄哈屯河，冬擒之。尋定是部爲二旗，各設總管一，歲貢貂皮如例，隸科布多參贊大臣。道光中，查邊之政漸弛，俄人始築城於是部之吹河，我查邊界鄂博者往往不至其地。咸豐十年，定西疆界約，俄國畫界清單遂將是部包去。同治六年七月，科布多參贊大臣廣鳳等奏：「俄雅什達喇城衙門給阿爾泰淖爾兩旗總管文，言阿爾泰淖爾綽羅什拜、巴什庫斯、吹河均係俄羅斯游牧，如有人言係中國游牧，拿送俄城。又俄人來綽羅什拜地方伐木，已飭總管察罕等善言開導，靜候兩國分界大臣將疆界議定，換約立界後，再按照所分界限遵行，此時不可伐木蓋房，致滋事端。」時俄國官兵執去我查閱哈屯河扎薩克扎那扎布及台吉差官蒙古員兵等，阻我查邊道路，稱是部游牧爲俄國地面，不許中國人往來。十月，阿爾泰淖爾總管莽泰等報俄官取莽泰旗下一百四十餘人及總管察罕旗下二百四十餘人手印。九月，明誼、錫霖、博勒果索與俄分界大臣照議單勘分西界，是部地遂非清有。初議遷是部誠心內附者於卡內，而總管莽泰等言兩旗人丁祈全入卡內住牧。廣鳳等諭以所被俄國分去地面，舊住人丁隨地歸爲俄國，務令安居故土，各守舊業，立界後斷不致仍前擾害，隨令莽岱等出卡回牧，并內徙之議亦輟。是部有佐領四。

西藏

西藏禹貢雍州之域漢爲益州沈黎郡徼外白狼槃木諸羌地魏隋爲附國女國及左封昔衛葛延春桑迷桑北利模徒那鄂諸羌地唐爲吐蕃始崇佛法旣而滅吐谷渾盡臣羊同黨項諸羌西隣大食幅員萬餘里唐末衰弱諸部分散宋時朝貢不絕元世祖時置烏思藏納里速古魯孫等三路宣慰司都元帥府仍置管民萬戶諸官撫輯之以吐蕃僧帕克斯巴爲大寶法王帝師嗣者數世弟子號司空國公佩金玉印者甚衆明洪武年以攝帝師納木嘉勒藏博爲熾盛佛寶國師給玉印置烏斯藏指揮司及宣慰司招討司萬戶諸官多沿元舊以元國公納木喀斯丹拜嘉勒藏等領之尋改烏斯藏爲行都指揮司以班竹兒藏爲烏斯藏都指揮使自下皆令世襲未幾改烏斯藏俺不羅衛爲行都指揮司永樂中增置烏斯藏牛兒宋寨行都指揮司及必里上邛部二衛復分封番僧爲大寶法王大乘法王大慈法王闡教王闡化王輔教王贊善王護教王凡八王比歲或間歲朝貢宣德成化間又累加封號其地有僧號達賴喇嘛居拉薩之布達拉廟號前藏有班禪喇嘛居日喀則城之扎什倫布廟號後藏番俗崇奉又在諸番王之上西藏喇嘛舊皆紅教至宗喀巴始創黃教得道西藏噶勒丹寺時紅教本印度之習娶妻生子世襲法王專指密咒流極至以吞刀吐火炫俗盡失戒定慧宗旨黃教不得近女色遺囑二大弟子世以呼畢勒罕轉生演大乘教呼畢勒罕者華言化身達賴班禪卽所謂二大弟子達賴譯言無上班禪譯言光顯其俗謂死而不失其眞自知所往其弟子輒迎而立之常在輪迴本性不昧故達賴班禪易世互相爲師其教皆重見性度生斥聲聞小乘及幻術小乘當明中葉已遠出紅教上達賴第一輩曰羅倫嘉穆錯吐蕃贊普之裔世爲番王二十歲至前藏宗喀巴以爲大弟子年八十四第二輩曰根登嘉木錯在後藏札朗轉世登布達拉色拉扎什倫布講經之坐年六十七三輩曰鎖設嘉木堅錯爲達賴中最著名者置第巴代理兵刑賦稅弟子稱呼圖克圖分掌教化時黃教尙未行於蒙古元裔俺答兼併諸部侵掠中國用兵土伯特收阿木多喀木康等部落年老厭兵納其姪鄂爾多斯部碩克濟農諫往迎達賴勸之東還自甘州移書張居正求通貢饋萬歷年遂納鎖南堅錯之貢予封賚達賴應俺答之迎至青海爲言三生善緣諸台吉言願自今將湧血之火江變溢乳之靜海俺答許立廟一在歸化城一在西甯於是黃教普蒙古諸部而藏中紅教之大寶大乘諸法王皆俯首稱弟子改從黃教化行諸部東西數萬里爇茶膜拜視若天神諸番王徒擁虛位不復能施號令年四十七四輩曰榮丹嘉穆錯年二十八五輩曰阿旺布藏嘉木錯初西藏其俗稱國曰圖伯特亦曰唐古特自達賴班禪外有汗則蒙古部長爲之時藏之藏巴汗與達賴所用第巴不協額魯特部和碩汗者名圖魯拜琥元太祖弟哈布圖哈薩爾十九世孫也後兼併唐古特四部改號顧實汗以青海地廣令子孫游牧而喀木康輸其賦衛地則第巴奉達賴居之藏地則藏巴汗居之第巴桑結與藏巴汗不相能謂其虐部衆毀黃教乞師於顧實汗翦滅之顧實汗遂以藏地居班禪留長子鄂齊爾汗轄其衆次子達賚巴圖爾台吉佐之皆崇德年事也先是天聰年間大兵取明之東省天現明星祥瑞顧實汗曰此星係大力汗之威力星由是觀之非常人也於是遐邇蒙古共道太宗文皇帝爲和爾摩斯達額爾德穆圖博克達撤辰汗迨崇德二年奏請發幣使延達賴四年遣使貽土伯特汗及達賴書謂自古所制經典不欲其泯滅不傳故遣使敦請云嗣以喀爾喀有不果顧實汗復致書達賴班禪藏巴汗約共遣使朝貢達賴班禪及達言藏巴汗顧實汗遣伊喇固散胡圖克圖等貢方物獻丹書先稱太宗爲曼殊師利大皇帝曼殊者華言妙吉祥也使至盛京太宗躬率王大臣迓於懷遠門御座爲起迎於門閾立受書握手相見升榻設座於榻右命坐賜茶大燕於崇政殿閱五日一宴命王貝勒以次宴留八閱月乃還八年報幣於達賴曰大清國寬溫仁聖皇帝致書於金剛大士達賴喇嘛今承喇嘛有拯濟衆生之志欲興扶佛法遣使通書朕心甚悅茲恭候安吉凡所欲言令察罕格龍等口授復貽書於班禪及紅帽喇嘛濟東胡圖克圖等亦如之是爲西藏通好之始於是闡化王及河州弘化顯慶二寺僧天全六番烏斯藏董卜黎州長河西魚通甯遠泥溪蠻彝沈村甯戎等土司莊浪番僧先後入貢獻前明敕印請內附矣明年世祖定鼎燕京混一宇內顧實汗復奏達賴功德無量宜延至京令其諷誦經咒以資福佑乃遣使往迎順治四年達賴班禪各遣使獻金佛念珠表頌功德五年遣喇嘛席喇布格隆等齎書存問達賴並敦請之達賴覆書許於辰年朝覲九年十月達賴抵代噶命和碩承澤王碩塞等往迎十二月達賴至謁於南苑賓之於太和殿建西黃寺居之達賴尋以水土不宜告歸賜以金銀緞幣珠玉鞍馬慰留之十年二月歸復御殿賜宴命親王碩塞偕貝子顧爾瑪洪吳達海率八旗兵送至代噶命禮部尙書覺羅朗球理藩院侍郎達席禮齎金册印於代噶封達賴爲西天大善自在佛所領天下釋教普通瓦赤喇怛喇達賴喇嘛達賴歸與黃教重建布達拉及前蘇各寺院六十二處又創修喀木康等處廟計三千七十云是時顧實汗先卒達賴又年老大權旁落於第巴桑結桑結詭遣內安島人冒闡化王貢使實則闡化王久經殘破廢爲喇嘛而屢次進貢仍書王名并請換敕印廉得其實斥之吳三桂王雲南歲遣人至藏熬茶康熙十三年三桂反詔青海蒙古兵由松潘入川桑結使達賴上書尼之且代三桂乞降及大兵圍吳世璠於雲南世璠割中甸維西二地乞援於藏其書爲貝子章泰軍所獲朝廷但駐守中甸未深問也康熙二十一年在布達拉寺圓寂年六十二當五世達賴之卒也第巴桑結以議立新達賴故與拉藏汗交惡桑結旣以已意立羅布藏仁青策養嘉錯爲六世達賴乃秘不發喪僞言達賴入定居高閣不見人凡事傳達賴命行之自是益橫旣祖準噶爾以殘喀爾喀蒙古復唆準噶爾以鬥中國又外搆策妄阿拉布坦內鬨拉藏汗遂招準兵寇藏之禍凡西北擾攘數十年皆第巴一人所致噶爾丹者亦四額魯特之一曾入藏爲喇嘛與第巴暱歸纂其汗自言受達賴封爲準噶爾博碩克圖汗又喀爾喀蒙古以入藏隔於額魯特乃自奉宗喀巴第三弟子哲卜尊丹巴胡圖克圖之後身爲大胡圖克圖位與班禪亞凡數十年矣至喀爾喀車臣汗與土謝圖汗搆兵聖祖遣使約達賴和解之桑結奏使噶爾丹西勒圖往蒙語剌麻坐牀者爲西勒圖達賴大弟子也而哲卜尊丹巴胡圖克圖亦奉詔莅盟壇與噶爾丹西勒圖抗禮噶爾丹使其族弟隨之覘釁因責喀爾喀待達賴無加禮詬責之爲土謝圖汗所殺噶爾丹遂以報仇爲名襲侵其部落喀爾喀集衆議投俄羅斯與投中國孰利哲卜尊丹巴曰俄羅斯持教不同必以我爲異類宜投中國興黃教之地遂定計東走聖祖申命桑結遣使罷兵桑結使濟隆胡圖克圖往反陰嗾之二十九年遂入寇漠南我兵敗之烏闌布通噶爾丹託濟隆代乞和頂威靈佛立誓而遁桑結內慚乃託達賴意合青海蒙古及額魯特各台吉上尊號聖祖不受詔曰朕與達賴期于撫育衆生而所遣堪布等故違意旨以致噶爾喀額魯特兩傷如能令其修和朕方欲加達賴嘉號此皆任事行人不能仰副朕心及達賴意致喀爾喀殘破額魯特喪敗朕心實爲隱痛復何尊號之可受乎來使貢物其發還屢遣京師喇嘛入藏探之三十四年達賴入貢言已年邁國事決第巴乞錫封爵詔封第巴桑結爲土伯特國王三十五年聖祖親征噶爾丹至克魯倫河噶爾丹敗竄慰其部下曰此行非我意乃達賴使言南征大吉是以深入上謂達賴存必無是事乃遣使第巴桑結書曰朕詢之降番皆言達賴脫緇久矣爾至今匿不奏聞且達賴存日塞外無事者六十餘年爾乃屢唆噶爾丹興戎樂禍道法安在達賴班禪分主教化向來相代持世達賴如果厭世當告諸護法主以班禪主宗喀巴之教爾乃使衆不尊班禪而尊已又阻班禪進京朕欲和解準噶爾部爾乃使有虧行之濟隆以往烏闌布通之役爲賊軍卜日誦經張蓋山上觀戰勝則獻哈達不勝又代爲講欵以誤我追師緊爾袒庇噶爾丹之由今爲殄滅準夷告捷禮以噶爾丹佩刀一及其妻阿奴之佛像一佩符一遣使賚往可令與達賴相見令班禪來京執濟隆以畀我如其不然朕且檄雲南四川陝西之師見汝城下汝其糾合四額魯特人以待其毋悔桑結惶恐明年密奏言爲衆生不幸第四世達賴於壬戌年示寂轉生靜體今十五歲矣前恐唐古特民人生變故未發喪今當以丑年十月二十五日出定坐牀求大皇帝勿宣泄至班禪因未出痘不敢至京濟隆當竭力致之京師乞全其身命戒體并封達賴臨終尸鹽拌像聖祖許爲秘之待十月宣示內外而第巴使者歸途遇策妄阿拉布坦會禽噶爾丹之兵復宣言達賴已厭世爾部落兵毋得妄行策妄阿喇布坦哭而歸聖祖以第巴始終反覆持兩端乃追還其使傳集各蒙古宣示密封則像首已墮第巴使驚仆於地桑結忌策妄阿喇布坦盡收準部故地致噶爾丹無所歸奏防其猖獗而策妄阿喇布坦亦奏第巴奸謠及所立新達賴之僞欲藉詞侵藏聖祖以二人皆叵測不之許也四十四年桑結以拉藏汗終爲己害謀毒之未遂欲以兵逐之拉藏汗集衆討誅桑結詔封爲翊法恭順拉藏汗因奏廢桑結所立達賴詔送京師行至青海道死依其俗行事悖亂者拋棄屍骸卒年二十五時康熙四十六年也論者謂達摩創法震旦有一花五葉之讖至六世啓衣鉢之爭故六祖不復傳衣鉢與宗喀巴至第六世達賴之事若一轍天數所極佛法不能違而況第巴詐僞出之以尊己擅權卒釀拉藏汗準噶爾相尋之禍六輩羅布藏噶爾桑嘉穆錯於康熙四十七年在裏塘轉世生有異表右臂紋如法輪七歲與衆喇嘛談經均莫能難蓋有夙慧也五十三年蒙古諸台吉等遣兵取道德格迎至青海坐牀初

拉藏汗既奏廢羅布藏仁青策養嘉穆錯別立博克達山之呼畢勒罕阿旺伊什嘉穆錯爲達賴聞其名忌之將以兵戕之其父索諾木達爾扎襁負走乃免青海衆台吉以不辨眞僞爭詔遣官率青海使人往視拉藏汗奏前解僞達賴時曾奉旨尋眞達賴訪得博克達山胡畢勒罕以班禪言坐牀廷議以呼畢勒罕尙幼俟再閱數年給封又以拉藏汗與青海台吉不睦遣侍郎赫壽協理藏務是爲西藏設官辦事之始然猶不常置也四十九年班禪拉藏汗會同管理藏務赫壽奏阿旺伊什嘉穆錯熟諳經典青海台吉信之請給册印詔依其請而青海實不之信與藏中所奏互相是非聖祖恐其搆釁詔羅布藏噶爾桑嘉穆錯徙至京不果行復令送紅山寺繼請送西甯宗喀巴寺青海貝勒察罕丹津等復尼之且以兵務異己者詔大兵護送乃居宗喀巴寺聖祖以拉藏汗年近六旬一子青海駐禁一子策妄阿喇布坦就婚恐託詞愛壻羈留不歸勢頗孤危況自殺第巴彼處人難保不生猜忌額魯特秉性多疑又甚疏忽倘事出不測相隔萬里救之不及論令深謀防範五十六年策旺阿喇布坦遣台吉策零敦多布等率兵六千徒步繞戈壁踰和闐南大雪山涉險冒瘴晝伏夜行赴阿里克陽言送拉藏汗長子噶爾丹忠夫婦歸拉藏汗不知備賊至達木始覺借仲子索爾扎拒交戰兩月不敵奔守布達拉始來疏乞援賊誘噶卜倫沙克都爾扎卜將小招獻降唐古特台吉納木扎勒等開布達拉北城入戕拉藏汗拘其季子色布騰及宰桑等搜各廟重器送伊犂禁阿旺伊什嘉穆錯于扎克布里廟索爾扎率兵三十人潰走爲所擒其妻間道來奔詔優養之西安將軍額倫特率西甯松潘打箭爐噶斯丹會同青海諸台吉及土司屬下赴援至喀喇河遇伏敗歿賊復誘裏塘營官喇嘛歸藏於是巴塘察木多乍雅巴爾喀木皆爲所搖惑矣尋詔都統法喇移打箭爐兵屯裏塘護呼畢勒罕復令索諾木達爾扎傳諭營官喇嘛將抗不就撫者誅之傳檄巴塘察木多乍雅各籍其土及民數遂進屯巴塘策凌敦多卜懼返所掠而兵自巴爾喀木歸言唐古特有瘴癘浮腫難久處青海蒙古皆憚進藏慫恿達賴奏可隨地安禪興大兵恐擾衆王大臣懲前敗亦皆言藏地險遠不決進兵議聖祖以西藏屛蔽青海川滇若準夷盜據將邊無寧日且賊能衝雪縋險而至何況我軍策凌敦多卜聞我師至自必望風遠遁俟定立法教後或暫留守視或久鎭其地唐古特衆皆爲我兵準夷若再至以逸待勞何難勦滅安藏大兵決宜前進詔封羅卜藏噶爾桑嘉穆錯爲宏法覺衆第六輩達賴喇嘛命皇十四子允禵爲撫遠大將軍屯青海之木魯烏蘇治軍餉平逆將軍延信出青海定西將軍噶爾弼出四川兩路擣藏藏人亦知青海達賴之眞藏中舊立之贋合詞請於朝乞擁置禪榻詔許給金册印於是蒙古汗王貝勒台吉各自率所部兵或數百或數千隨大兵扈從達賴入藏策零敦多布由中路自拒青海軍分遣其宰桑以兵三千六百拒南路將軍噶爾弼招撫裏塘巴塘番衆進至察木多奪洛隆宗嘉玉橋之險旋奉大將軍檄俟期並進噶爾弼恐期久糧匱用副將岳鍾琪以番攻番計招土司爲前驅集皮船渡河直擣拉薩降番兵七千宣諭大小第巴及喇嘛封達賴倉庫分兵塞險扼賊饟道而青海亦三敗其中途劫營之賊斬俘千計額魯特進退受敵遂大潰不敢歸藏由克庇雅北竄崎嶇凍餒得還伊犂者不及半

五十九年九月十五日達賴至布達拉坐牀出阿旺伊什嘉穆錯於禁所發回京師廢之盡誅額魯特喇嘛之助逆者留蒙古川滇兵四千命公策旺諾爾布總統戍藏額駙阿寶都統武格參贊軍務以藏遣臣空布之第巴阿爾布巴首向效順同大兵取藏阿里之第巴康濟鼐截擊準噶爾回路俱封貝子隆布奈歸附授輔國公理前藏務頗羅鼐授扎薩克一等台吉理後藏務各授噶卜倫於是裏塘所屬之上下牙色巴塘所屬之桑阿壩林卡石等番次第歸順郭羅克之吉宜卡納務抑六等寨先後勦撫矣雍正元年召回允禵等撤駐藏防兵設戍於察木多二年青海喇嘛助羅卜藏丹津之叛青海諸寺喇嘛衆各數千羣起騷動章嘉胡圖克圖之呼畢勒罕拒戰於郭隆寺察汗諾們汗亦黨賊助戰石門寺喇嘛陽稱投順陰肆劫掠夾木燦堪布將竄藏年羹堯等討平之世宗謂玷辱宗門莫斯爲甚乃收各寺明國師禪師印幷定廟舍毋逾二百楹衆毋逾三百人五年七月阿爾布巴隆布奈扎爾鼐特與達賴姻爭貝子康濟鼐之權聚兵害之欲投準噶爾詔吏部尚書查朗阿率川陝滇兵萬有五千進討未至而台吉頗羅鼐率後藏及阿里兵九千自潘玉口至喀巴先遣兵千餘衝破喀木卡倫與隆布奈兵交綏夜西藏斥堠俱歸順頗羅鼐即率兵直抵拉薩駐藏大臣馬喇僧格往布達拉護達賴各寺喇嘛將阿爾布巴等擒獻送馬喇所查朗阿至誅首逆及其孥詔以頗羅鼐爲貝子總藏事賜犒兵銀三萬兩留大臣正副二人領川陝兵二千分駐前後藏鎭撫是爲大臣駐藏三年一代之始收巴塘裏塘隸四川設宣撫司治之中甸維西隸雲南設二廳治之是年策妄阿喇布坦死子噶爾丹策零立請赴藏熬茶又聲言欲送還所虜拉藏汗二子詔嚴兵備之移達賴於裏塘之惠遠廟八年遷於泰甯護以兵千每年夏初西藏官兵赴防北路騰格里海之隘以備準夷冬雪封山撤兵蓋通準夷之路有三其極西由葉爾羌至阿里山隔大山迂遠易備其東路之喀喇河又有青海蒙古隔之中路之騰格里海逼近衞地故防守猶要幷以頗羅鼐子珠爾默特策布登統阿里諸路兵保唐古特授爲扎薩克一等台吉追念康濟鼐前勁無嗣以其兄噶錫鼐色布登喇布陣亡阿里封其子噶錫巴納木札勒色布騰爲輔國公尋授噶布倫達賴之父索諾木達爾扎亦爲輔國公晉頗羅鼐貝勒十年拉達克汗德忠納木札納奏臣理國事尊釋教偵準噶爾情輒以告優詔答之準噶爾請和詔果親王偕章嘉胡圖克圖送達賴由泰甯歸藏減戍藏兵四之三章嘉胡圖克圖爲達賴請巴塘裏塘還前藏以其爲達賴所降生諸土司建寺安禪制最宏麗也詔以其地商稅年銀五千兩賜之地仍內屬十一年以頗羅鼐勤勞懋著預保子襲郡王爵頗羅鼐子二長珠爾默特策布登病足次珠爾默特納木扎勒兄弟互讓而頗羅鼐愛少子請以次子爲長子允之又嘉長子之讓詔封鎭國公仍鎭守阿里頗羅鼐善服衆爲諸噶卜倫所敬事有綏奔喇嘛扎克巴達顏者書其名瘞詛之事覺頗羅鼐欲弭變輕議其罪溫諭嘉獎謂鎭壓左道不足患其偕達賴協輯唐古特衆準噶爾使再入藏熬茶駐藏副都統傅清等遣員率喀拉烏蘇兵監視頗羅鼐以暴疾亡以珠爾默特納木扎勒襲爵兼理噶卜倫以班第達協理藏務世宗恐其少不更事未能服衆或以綏奔喇嘛扎克巴達顏故與達賴搆隙不肯衆起而間之不無滋事虞諭

傅清留意體察而卒有乾隆十五年珠爾默特納木札勒之變時準噶爾台吉策妄多爾濟納木扎納復遣使赴藏熬茶入寺詭避痘以已卒守門不令官兵從詔以準噶爾狡甚飭嚴防雖歸巢勿稍忽而珠爾默特納木扎勒以駐藏大臣不便於己乘機奏藏地靜謐請撤駐防兵廷議以不從撤兵請適足滋疑不如示之信詔可諭達賴勿令準噶爾入藏雖固請弗允珠爾默特納木扎勒又詭稱準噶爾襲唐古特至碩翁圖庫爾遣兵備喀拉烏蘇徙達木番衆不數旬揚言準噶爾至阿哈雅克自率兵往備駐藏提督索拜遣旺對赴喀拉烏蘇備之比至無蹤有詔撤喀拉烏蘇兵及達木番歸牧勿惑衆初郡王頗羅鼐以女妻班第達至是班第達察珠爾默特納木扎勒有逆志不之附珠爾默特納木扎勒惡之奪其孥駐藏副都統紀山劾珠爾默特納木扎勒妄戾請檄其兄協理藏務高宗不允諭紀山善導之勿露防範迹已而珠爾默特納木扎勒以珠爾默特策布登發阿里兵擾藏告蓋計陷之也因諭傅清曰珠爾默特納木扎勒年幼躁急性好滋事若果無他故兄欲進兵至藏是特兄弟互相侵犯耳若其兄並無此事而造言誣搆則宜相機辦理十五年珠爾默特納木扎勒以兵戕其兄珠爾默特策布登于阿里詭以兄暴疾聞請收葬幷育兄子時其兄子朋素克旺布及珠爾默特汪扎勒皆居後藏珠爾默特納木扎勒以兵往戕朋素克旺布陽稱逃亡珠爾默特旺扎勒依班禪爲喇嘛乃免傅清拉布敦以珠爾默特納木扎勒携兵離藏告蓋是時珠爾默特納木扎勒既襲殺其兄復通書餽物準噶爾請兵爲外應私携礮至後藏誣籍噶卜倫班第達及第巴布隆贊等旋達木距前藏三百餘里擁衆二千餘不歸奏至詔俟副都統班第自青海赴藏討罪復諭四川總督策楞提督岳鍾琪馳兵往會而賊勢猖獗驛道梗塞軍書不通者旬日傅清偕拉布敦計不急誅必據唐古特爲變召珠爾默特納木扎勒至待諸樓甫登起責其罪曰爾蔑天子令且忘爾父無君無父罪不可赦傅清趨前扼其臂拉布敦拔佩刀揕之諭脅從罔治有羅卜藏扎什者趣下呼賊千餘突至聚圍樓集薪焚達賴遣番僧往護不得入傅清拉布敦死之上嘉憫傅清等靖逆遇害均追贈一等伯特建雙忠祠以祀班第達奔守達賴集兵拒逆卽命班第達以輔國公攝噶卜倫分其權而總其成於達賴設噶布倫四戴琫五第巴三堪布三分理藏務隸駐藏大臣及達賴轄增駐防兵千有五百戍藏以達木番歸駐藏大臣轄視內地例設佐領驍騎校各職幷於準噶爾通藏隘設汛嚴防二十二年蕩平伊犂始永無準夷患是年達賴在布達拉圓寂時年五十七輩羅布藏降白嘉穆錯擺桑布於乾隆二十三年在後藏拖結熱拉岡出世二十七年迎至布達拉坐牀三十年由班禪班墊伊喜傳授小戒三十三年親至前藏攢招隨登色拉布賚綳噶勒丹三大寺講經之座四十二年由班禪傳授格隆大戒四十六年頒給敕書金册金印賞達賴之兄索諾木達什輔國公四十八年頒玉册玉印凡遇國家慶典准其鈐用其尋常奏書文移仍用原印五十三年廓爾喀侵犯藏境初第六輩班禪之歿及京歸舍利於藏也凡朝廷所賜賚在京各王公及內外各蒙邊地諸番所供養無慮數十萬金而寶冠瓔珞念珠晶玉之鉢鏤金之袈裟珍慶不可勝計其兄仲巴呼圖克圖悉踞爲己有既不布施各寺番兵喇嘛等亦一無所與其弟瑪爾巴垂

涎不遂憤唆廓爾喀籍商稅增額食鹽糅土爲詞興兵擾邊唐古特私和廓爾喀朝廷所遣之侍衞巴忠成都將軍鄂輝總兵成德等實陰主其議令堪布等許歲幣萬五千金於是廓爾喀飽颺而去巴忠等以賊降飾奏諷廓爾喀噶箕入貢受封國王五十四年七月廓爾喀遣人至藏表貢並致駐藏大臣書請如前約鄂輝恐發覺私許之欵屛不奏次年藏中幣復爽約五十六年七月廓爾喀復大入寇占據聶拉木誘執噶布倫丹津班珠爾以歸八月復占據濟嚨保泰等遷班禪于前藏廓匪進擾薩加溝遂至扎什倫布仲巴呼圖克圖遁九月都司徐南鵬堅守官寨廓匪大掠扎什倫布財物以歸巴忠扈從熱河聞變沈水死鄂輝成德奉命赴藏剿禦皆逗留不進十月保泰等請移達賴班禪於泰甯上嚴斥之而嘉達賴之拒其議命嘉勇公福康安爲將軍超勇公海蘭察爲參贊大臣率索倫達呼爾兵及屯練土兵進討其軍餉則藏以東四川總督孫士毅主之藏以西駐藏大臣和琳主之濟嚨邊外則前督惠齡主之五十七年正月鄂輝等始復聶拉木二月帕克哩營官率番兵收復哲孟雄宗本地方是月陷冠之第巴博爾東自陽布回藏唐古特私許歲幣事覺詔以保泰雅滿泰隱匿不奏革責枷號三月授福康安爲大將軍逮仲巴呼圖克圖于京四月添調川兵三千赴藏閏四月福康安自定日進兵趣宗喀五月克擦木復濟嚨是月十五克熱索橋遂入廓境二十四克脅布魯碉卡六月福康安海蘭察等進攻東覺並雅爾賽拉博爾東拉諸處皆克之成德等亦攻克扎木鐵索橋六月廓酋拉特納巴都爾迭遣大頭人乞降送出丹津班珠爾及前俘之兵七月福康安攻克噶勒拉堆補木奪橋渡河深入廓境七百餘里將迫其都陽布都統衙婁英阿等陣亡成德亦進克利底大山賊卡廓酋復呈繳唐廓前立合同獻所掠扎什倫布財物及沙瑪爾之屍八月廓爾喀遣使進貢福康安以廓爾喀屢請投誠奏入奉旨受降時以廓境益險八月後卽雪大封山因允所請於是福康安率大兵凱旋撤回藏議定善後章程駐藏大臣與達賴班禪平等噶布倫以下由駐藏大臣選授前後藏番歸我設之遊擊都司節制訓練自行設鑪鼓鑄銀幣設糧務一員監督之至是我國在藏始具完全之主權初達賴班禪及各大呼圖克圖之呼畢勒罕出世均由垂仲降神指示往往徇私不公爲世詬病甚至哲卜尊丹胡圖克圖示寂適土謝圖汗之福晉有妊衆卽指爲呼畢勒罕及彌月竟生一女尤貽口實而達賴班禪親族亦多營爲大呼圖克圖以專財利致有仲巴兄弟爭利唆廓夷入寇之禍而達賴兄弟孜仲綏綳等充商卓特巴肆行舞弊占人地畝轉奉不敬黃教之紅帽喇嘛令與第穆呼圖克圖濟嚨呼圖克圖同坐且與衆喇嘛斂取銀兩並將商上物件暗中虧缺來藏熬茶人應得路費皆減半發給有傷達賴體制因之特來參見者日減殊失人心高宗乘用兵後特運神斷創頒金奔巴瓶一供於藏之大招遇有呼畢勒罕出世互報差異者各書名於牙籤封固納諸瓶中誦經三日大臣會同達賴班禪於宗喀巴佛前啟封掣之至扎薩克蒙古所奉之呼圖克圖其呼畢勒罕亦報名理藩院與駐京之章嘉呼圖克圖或喇嘛印務處掌印掣定瓶供雍和宮而定東科爾入官之限嘉慶九年十月達賴有疾命成都副都統文弼帶醫馳往看視未抵藏達賴已於是月在布達拉圓寂年四十有七八輩阿旺隆安嘉穆錯攞桑布於嘉慶十年在康巴塾曲科轉世年二歲異常聰慧早悟前身奉特旨卽定爲呼畢勒罕毋庸入瓶簽掣十三年九月迎至布里拉坐牀賞達賴之叔洛桑捻扎朗結頭品頂戴十八年由班禪傳授小戒時達賴幼穉噶卜倫乘機舞弊將達賴莊屋侵占並將辦事人隨事更換參賊自肥公肆刦掠命成都副都統文弼西甯辦事大臣玉甯馳藏查辦幷究噶卜倫策拔克與成林互訐經訊噶卜倫策拔克率意更定章程四條以內地治理民人之法概行禁止致激衆怨成林挪移庫欵分別斥革發伊犂烏魯木齊効力贖罪此藏事之內潰也至外事之棼亂則廓爾喀噶箕乃爾興戕其王被誅逆黨熱納畢各嚨竄逃至唐古特又與披楞開戰求達賴班禪助欵布魯克部長曲扎曲勒請賞王爵文弼匿不奏聞帕克哩營官勒索其進關貨物逞兇肇釁哲孟雄部請賞唐古特莊田幷定邊界緬甸國男婦私與藏中胡圖克圖文件往來藏事已岌岌可危矣二十年二月在布達拉圓寂年十一歲九輩阿旺羅布藏降攞丹增楚稱嘉穆錯攞桑布於道光二年三月晦奏明在大招金奔巴瓶內掣定八月迎至布達拉坐牀遣章嘉胡圖克圖由京馳藏照料奏定噶勒丹錫埒圖薩瑪第巴克什爲正師傅噶勒丹舊池巴阿旺念扎及榮增班第達甲木巴勒伊喜丹貝嘉木磋爲副師傅等以傳授達賴經典三年有餘其未得諸們汗之榮增班第達亦賞給諸們汗賞達賴之父羅布藏捻扎頭品頂戴十四年由班禪傳授格隆大戒十五年博窩滋事生番降設曲木多寺四品番目營官一宿凹宗聶伊沃有茹寺三處六品番目各一宿木宗普龍寺湯堆批批三處七品番目各一藏西南徼外宥哲孟雄者唐古特之屏藩也自五輩達賴以來因其崇信黃教歸達賴管轄乾隆五十六年駐藏大臣奏哲卜雄作木耶二部落每與達賴班禪通書訊惟不聽藏中調遣被廓爾喀侵占已有十年經福康安檄令協勸奪回侵地藉稱天熱畏懦不前迨聞廓爾喀歸順復思藉天朝威勢斷還六輩達賴所定舊界經福康安等駁斥畫分邊界不能自由入藏而夏秋之間該部落因地方炎熱仍准其來卓木曲批避暑于七輩達賴時曾將唐古特界內卓木曲批迤西奪扎之莊田賞給作爲養贍歷年自行征收錢糧靑稞卓木之民常至哲孟雄往來貿易其部長之妻亦唐古特人常遣人赴廓部長住所距藏僅十一站至卓木曲批避暑處在帕克哩以外與藏僅隔一山不三站設有鄂博並無要隘相安無事者有年自不准赴藏而始有請求給地之奏及請賞卓木雅納綽之民不得已有請賞給帕克哩營官之缺前藏商上向與後藏商卓特巴齟齬時噶勒丹錫勒圖薩瑪第巴克什尤爲貪奸不公不法凡後藏代其陳請者輒責其貪鄙無知文幹等飭噶卜倫嚴斥謂無妄求管理藏地所屬職官民人之理並定八年來藏一次之限廷臣不知詳情允之文幹等僅行文藏內文武嚴查而不敢譯旨欽遵蓋恐一經宣布部長必有理申明也而其部長每歲瀆請赴藏熬茶及入藏避暑如故迨道光四年松廷等始將前奉諭旨專扎明示並隨時嚴行駁飭五年班禪據報詳情謂哲孟雄部長楚普耶結訴稱自不准赴界上年人民病斃者一千有餘再達賴坐牀已逾數年各部落俱得赴藏朝見而舊所屬之人獨抱向隅實無面目見其部民於是始准其暫居避暑仍令帕克哩營官防範稽查在當時文幹誤聽前藏一面之詞不查實情率行具奏文幹等既知困難有失字小之道而猶遷就其詞准其來藏熬茶一次蓋以準噶爾視哲孟雄而哲孟雄離心離德甘爲印度屬地至有捻都納之敗而西藏之門戶洞開矣十七年在布達拉圓寂年二十二第十輩阿旺改桑丹貝卓密凱珠嘉穆錯於道光十八年九月朔在噶達轉世二十一年五月奏明在金奔巴瓶內掣定由班禪披鬀授戒賞其父策旺頓柱公爵十月拉達克部落勾結生番佔踞藏境一千七百餘里奪據達壩噶爾及雜仁三處營寨經駐藏大臣派戴琫等率兵攻勦並將矛手番兵改挑槍兵收復補仁營寨又噶爾布倫等帶兵四面夾攻殄斃森巴及拉達克大小頭目四十餘賊匪二百餘拉達克頭人八底部長乞降公禀投歸唐古特商上願繳所占凡湯及達壩噶爾四處營寨並准堆噶爾本空金番民酌定五百名由前後藏番民內擇精壯派往充當金夫派戴琫一如琫二甲琫二定駐守教習技藝二十二年四月由前藏迤東日申寺迎至布達拉坐牀二十四年以濟嚨呼圖克圖阿旺羅布藏丹貞嘉木錯爲正師傅以降孜曲結喇嘛羅布藏冷竹布爲副師傅駐藏大臣琦善奏參噶勒丹錫埒圖薩瑪第巴克什諾們汗阿旺扎木巴勒楚勒齊木巴什擅作威福貪黷營私所有被控各款訊擬結奏聞經理藩院議得已革諾們汗阿旺扎木巴勒錯齊木洮州夷僧本係入册檔一微末喇嘛自其前輩歷受三朝重恩在雍和宮傳經旋命赴藏坐宗喀巴牀派充達賴師傅勅封諾們汗薩瑪第巴克什名號遞加衍宗翊教靖遠懋功禪師又加賞達爾汗屢頒御書匾額以榮之宜如何清潔潛修公正自矢乃竟不知守分膽敢需索番屬財物侵占百姓田廬私拆達賴所建房屋擅用未蒙恩賞幨幭更強據商產隱匿逃人鈐用印信不在公所進呈貢物不出已貲濫支濫取任性聽斷恣意侵凌甚至達賴起居不能加意照料房內服侍無人以致達賴頸上帶傷流血不止始則忽而不防繼且知而不問蓋當達賴受傷時隨侍只森琫一人此森琫卽爲該諾們汗之隨侍近兩輩之達賴每屆接辦印務以前輒卽圓寂不得安享遐齡其中情節殆有不可問者卽放一扎薩克喇嘛勒取財物盈千累萬猶屬駭人聽聞詔令將歷得職銜名號全行褫革追勅剝黃名下徒衆全行撤出廟內查封發往黑龍江安置所有財產查抄變價賠修藏屬各廟宇旋命釋回交地方嚴加管束復捐輸銀兩請回前藏又因廓爾喀軍事請求開復回藏均嚴旨不允迨同治初元病歿土爾扈特旗准其留葬不准轉世門徒二十三人留於該旗游牧至光緒初年土爾扈特王復請捐輸鉅欵代求轉世始曲允其已轉世之呼畢勒罕得令爲僧琦善尋奏改章程二十八條又奏罷稽查商上出入及訓練番兵成例故事商上出入所有一切布施金銀均按季奏報自琦善奏定後而中國御藏之財權失又駐藏大臣及兵丁俸餉向由福康安在廓爾喀經費內撥交商上生息以資公用及琦善議改章程將生息取銷一切由商務供給迨後中國駐藏一切開支藏人漸吝供給而不知當日實有資本發商生息幷非向商上分肥總之乾隆所定制度蕩然無存矣是年十二月敕諭第十一輩達賴喇嘛曰咨爾達賴喇嘛朕撫綏寰宇敷錫兆民期一道以同風冀九垓之偏德亦賴洪宣梵義普結善緣導引羣生同參勝果其有能通上乘繼闡正宗使諸部愚蒙悉資開悟者宜加多棅獎元沛寵封玆以爾慧性深沈經文諳習

既著靈蹤於韶歲益堅戒律以壯年承襲以來皈依者衆朕甚嘉之故特依前輩達賴喇嘛例封爾爲大善自在佛所領天下釋教普通瓦赤拉呾喇嘛達賴喇嘛改受金册爾尚振修黄教主持烏斯木利濟以佑民迓庥祥而護國所有圖伯特事務其悉依例董率噶布倫等妥協商辦報明駐藏大臣轉奏俾圖伯特闔境延釐衆生蒙福彌勤啓迪用副綏懷茲隨册齎往金銀綵幣玻磁器皿爾其敬承以光我國家億萬年無疆之休命欽哉二十六年十二月琦善以披楞即英人請定界通商聞詔耆英以守成約拒之二十七年七月耆英復以英德使請於西藏指明舊界派員前往聞諭駐藏大臣斌良密查如無流弊自應照舊奏准允行倘心懷詭譎即當據理駁飭並諭海善派員往查事尋中輟二十八年賞公爵策旺頓杜寶石頂雙眼花翎咸豐二年達賴親往布賚綳色拉噶勒丹及南海瓊科各寺院熬茶講經詔幫辦大臣穆騰額妥爲照料尋病歿由駐藏大臣穆騰額奏駐藏守備童星魁前往護送三年達賴以髮逆滋擾各省虔誠念經禱賊匪速滅奉旨嘉獎四年十月理藩院議覆諄齡奏達賴年已及歲應宜任事得旨達賴明年既已及歲一切事務交伊掌管所有賞給前輩之玉册玉印凡遇吉祥之事准其鈐用如常事仍用金印以示廣興黄教至意五年正月遵旨掌管政教事務十二月在布達拉圓寂年十八十二輩阿旺羅布羅丹貝甲木參稱嘉穆錯於咸豐六年在沃卡墈卓轉世八年正月奏明在金奔巴瓶內掣定九年七月迎至布達拉坐牀賞達賴之父彭錯策旺公爵先是三年四月廓爾喀商人與察木多番商索債起衅聚衆械鬥互有殺傷經駐藏大臣穆騰額照夷例分別罰款完案嗣因多收稅米阻攔商民藉端與藏邊失和唐古特屢戰不勝宗喀濟嚨聶拉木等處均陷於賊駐藏大臣赫特賀馳往後藏督辦防剿事宜命成都將軍樂斌統漢土官兵繼進廓番聞大兵將至懼遣其噶箕來藏上表乞和詔許罷兵唐古特與廓爾喀議定約十條唐古特每年給廓爾喀稅課銀二千兩廓爾喀將所占地方交還唐古特商上管理同治元年掌辦商上事務墫徵呼圖克圖因減放佈施連同色拉寺與布賚綳噶勒丹兩寺鬨不勝藏中僧俗公斥之攜印潛逃赴京詔黜其名號不准轉世命諸們汗汪曲結布協理商上事務汪曲結布者原係俗裝曾爲噶布倫即俗所謂沙扎噶隆是也因與墫徵忤辭官削髮爲僧至是復起用乃創修拉薩城垣自西而東工未竣而歿遂罷役初駐藏官兵自遊擊以下均聚居扎什敦布營房時駐藏大臣滿慶以藏中屢不靖命遷拉薩市從此僦屋而居扎什城之營房遂廢三年噶勒丹池巴羅布藏青饒汪曲爲達賴傳授小戒瞻對逆番久圍裏塘梗塞驛路其酋工布朗結復令期美工布大股逆賊至巴塘裏塘交界之三壩地方刦去糧員行李搶奪由藏發出摺報公文其格吉地方亦有告急夷信工布朗結曾於道光末經前任川督琦善帶兵往勦並未蕩平以瞻封歸各土司侵地奏予工布朗結職罷兵至是益無畏懼將附近土司任意蠶食川藏商賈不通兵餉轉運艱難漢番均困駐藏大臣滿慶派番員徵兵借餉並約三十九族調集各處土兵防勦瞻對西北川督駱秉章派員督飭打箭鑪及巴裏各文武同明正土司及大小金川等土司兵進攻其東南而藏中所派之兵甫至巴塘旋即搶掠詔令撤回至四年事平奉旨將上中下三瞻地方賞給達賴管理建廟焚修賞達賴之兄伊喜羅布汪曲承襲公爵七年親至前藏攢招八年捐修扎林噶舒金塔十年親往布賚綳色拉二寺熬茶講經十二年親至前藏攢招是年二月遵旨接管政教事務十三年及光緒元年均親至前藏攢招元年三月在布達拉圓寂年二十十三世阿旺羅布藏塔布克嘉穆錯於光緒二年五月在達布甲擦營官屬下朗賴家轉世至是呼畢勒罕訪獲班禪率同有職各僧俗人等出具圖記公稟懇請駐藏大臣松溎代奏奉旨毋庸入瓶簽掣即定爲達賴之呼畢勒罕四年正月在貢湯德娃夫由班禪披剃授戒取定法名六月迎至布達拉坐牀銷去呼畢勒罕名號賞達賴之父工噶仁青公爵寶石頂孔雀翎八年正月由正師傅濟嚨呼圖克圖傳經授戒十年因攢招各處喇嘛廟集與巴勒布商人購物起釁將巴商八十三家全行刦毀廓爾喀因索償損失銀三十餘萬兩並集兵挾制駐藏大臣色楞額奏派漢番委員前往開導曉以恩威始允減爲十八萬有奇除唐古特商上措籌及淸出貨物抵價外尚不敷銀六萬七千餘兩奉旨由四川撥給十一年親至前藏攢招十四年工噶仁青故賞達賴之兄頓柱奪吉公爵是年親往布賚綳色拉寺熬茶講經十五年親至前藏熬招當達賴降生之年哲孟雄與布魯克部長因英併印度與哲布接壤漸有窺藏心籲請籌備而廷旨不甚注重謂披楞頭人現向布魯克部長租地修路意欲來藏通商惟布魯克巴與哲孟雄毗連哲孟雄既已認租修路難保不暗中勾結引進詔松溎相機開導務令各守疆界勸諭阻回哲人知中朝不知邊情反疑其勾結滋事於是漸昵英人以捻納爲英租界英竟視爲保護地藏人漸覺英之逼已訟言哲人私結英約屢議伐之哲乃益親英人矣光緒十三年藏人於隆吐設卡遂與印度兵戰敗焉朝旨屢諭駐藏大臣文碩令藏人撤卡文碩奏實藏地卡無可撤嚴旨責焉以升泰代之總署與英使議邊界通商戒印兵毋進藏藏番据新圖以隆吐日納宗爲藏地堅勿讓文碩據以入告而中旨謂向來西藏圖說藏地與哲布分界處東西一線相齊藏境中並無隆吐日納宗之名今文碩寄來新圖隆吐日納宗在藏南突出一塊插入哲布兩界之內而布藏分界之處恰在捻納修路東西一線之北新圖以黄色爲藏界而日納宗官寨之地註明數十年前喇嘛給與哲孟雄現仍畫黄色正與隆吐山相近難保非藏人多畫此一段飾稱現界也並著升泰詳細確查究竟隆吐屬哲屬藏據實覆奏毋得稍有揑飾時樞廷以都察院劾文碩革之而升泰初到任時猶知藏人理直奏稱隆吐山南北本皆哲孟雄地方英人雖視爲保護境內其實哲孟雄布魯克巴皆西藏藩屬每届年終兩部長必與駐藏大臣呈遞賀稟駐藏大臣厚加賞賚以撫綏之在唐古忒則自達賴喇嘛以次均有額定禮物商上亦回賞緞疋銀茶與兩部回信底稿均呈送駐藏大臣查核批准照繕始行回覆哲布兩部遇有爭訟亦禀由藏酌派漢番辦理此哲布爲藏地屬藩實在情形也奏上置弗理藏人知文碩被議不直中朝所爲遂自動思復仇諭升泰嚴止之僉憤藏人誓衆曰凡我藏衆男女誓不與英人共天地有渝此誓衆共殛之乃大集兵於帕克哩將痛擊印軍升泰捜得乾隆五十三年舊哲孟雄受逼於廓爾喀達賴乃以日納宗給哲人今哲私通英人地應收回升泰屢諭不從印兵攻熱勒巴拉山藏兵傷亡數百印兵追入徵畢岔印度政府令勿窮追諭駐藏大臣赴邊界與印官會晤英外部告駐英使劉瑞芬商議和平了結藏人謂英若據有哲地則誓不共立十四年八月印兵大隊收哲孟雄全部攻藏兵於捻都納藏兵敗退咱利亞東朗熱諸隘並失藏兵萬餘盡潰印兵追噶布倫等於仁進岡與駐藏大臣所遣止戰武員蕭占先遇占先豎漢字阻印兵印兵止槍約相見占先約勿窮追印兵官欲擊仁進岡民居占先告以此爲中國土藏番違旨用兵中國當嚴爲處置請勿燒兵兵官諾之要約速辦乃退兵藏兵既大敗失地仍志在復仇升泰屢嚴止之不聽藏人目漢官爲洋黨屢欲暴動終爲所慴而止印官以天寒不能再綏升泰即至邊界議約而藏衆以噶布倫中一二人主和有壞黄教羣議投之藏江力要駐藏大臣代索回哲孟雄布魯克巴全境否則傾衆一戰藏兵復集大隊備四路升泰抵藏力阻之仍百計諭藏僧戒藏番毋妄動乃馳赴邊界議約時泫寒人馬多凍斃抵帕克哩隘外藏兵尚有萬人駐仁進岡升泰命撤退藏官言大臣尚未與印官晤未敢遽撤乃退紮數十里哲孟雄部長命其弟來謁言來見爲印兵所阻升泰與英官保爾會於納蕩英官言哲孟雄與印度互立約已二十七年應歸印度保護藏與印搆兵藏既屢敗我兵何難長驅捲藏全土以邦交故按兵靜候並索藏賠兵費升泰言哲爲藏屬從前印哲立約並未見印督照會藏番亦未赴印境滋擾藏費無名英人又在布魯克巴及後藏干壩修路藏人又大震英官要求甚奢升泰力折之藏人漸就範升泰屢要英撤兵英不可而藏衆已成軍之三大寺僧兵及駐仁進岡之兵萬餘皆撤退噶布倫及領袖僧官十餘其他番官數十員隨升泰至邊皆駐仁進岡不敢與英官晤升泰以哲事未能即竣大雪封山運糧無所亦退駐仁進岡總署派英人赫政赴藏充通譯哲孟雄部長之母率所屬親族連名上稟言英官當年立約不得過日喜曲河哲孟雄租地與英歲應納一萬二千圓英人倚其國勢歲久不給印藏搆釁後致殃及伊母子親族實不願歸英乞勿將哲境劃出版圖之外英人既掠哲地全境復抑哲部長安置噶倫綳以重兵駐哲境招印度及廓爾喀遊民闢地墾荒廷議以哲事無從挽救慮梗藏議諭升泰勿許布魯克巴地數倍哲孟雄西人呼爲布丹國光緒間尚入貢升泰至邊部長遣兵千七百人護衛升泰慮爲英口實謝去並乞印綬封號升泰允代請諸朝藏哲舊界本在雅納支木兩山其後商人往來之咱利爲新闢捷徑西人稱熱勒巴勒嶺升泰議於咱利山先分藏哲界以符前案其印哲之界在日喜曲河擬於約中注明印哲立約在咸豐十一年無案可稽置勿論哲部長土朶朗思印度稱爲西金玉既被幽於噶倫綳其母及子尚居春丕即英人所稱徵畢也印營假部長書取其兩子赴噶倫綳部長母堅不可挈其兩孫至升泰營哭訴丐中朝作主升泰無以援之也英人又欲易置其部長升泰婉止之赫政阻雪久不達十五年二月藏兵盡撤歸升泰請總署告英電印兵速撤三月赫政至邊藏兵盡撤藏人言藏哲本有舊界日納宗既賜哲孟雄其隆吐山之格壓傾倉地實有藏人遊牧場確爲藏哲舊界至咱里山本無鄂博不過上年實於此限止印人耳通商極非所願然不敢違朝命惟咱利以內洋人萬不可來赫政赴營與議英人謂咱利之界萬不可移至哲孟雄與商上及駐藏大臣舊有禮節均可仍之惟西金界

內藏番不得有此權允此方可開議升泰諸爲印兵旣撤退英人尙久不訂約升泰奏云聞藏人言與有仇之英議和孰若與無仇之俄通好俄人前次來藏我等備禮勸阻俄卽退去今英謀吾地偶爾戰勝遂恣欺凌實所不甘查去年俄人有由和闐至藏之請如英再延宕則藏更生心本年蒙古人由草地禮佛絡繹不絕隨來者頗類俄人設藏番私與通欵則稽查不易邊事久不定局俄或私行勾結藏番英俄互相猜忌則後患方長乞告使電催印督速定藏約十月升泰奏英人擬撤兵之後悉照向章不必辦理通商不必另立新約通商一事本英官初次會議卽行提出又屢言西人欲至藏貿易答以番情疑詐萬難辦理然後許至江孜力言再四又許退至帕隘仍復力拒英官意拂然彼時首重通商否則萬難了結臣力諭藏番通商萬不可免始據藏番出具遵結今英人忽不言通商亦自有故當日英人深知藏番於此事力拒數年意謂藏番必不遵行故借以爲難今知出結遵辦恐定約以後他國援以爲請則藏地不能入其範圍是以忽議中止然英人不議通商藏人實所深願但能不自啓釁端未嘗不可暫保無事俄人亦不能有所干求目前亦可免生枝節惟日後防範宜嚴未可再涉疏懈現藏印均已退兵前怨已釋自應彼此立約以昭信守彼族恐一經定約卽不能狡焉思逞故任意延緩惟自入夏至今曠日持久虛糜時日萬難再延請速商英使迅電印督速行議結哲孟雄部長言願棄地居春不升泰止之十六年二月以升泰爲全權大臣與印督定約八欵自布坦交界之支英摯山起至廓爾喀邊界止分藏哲界線承認哲孟雄歸英保護藏印通商交涉游牧三欵俟議簽約於印度孟加拉城鈐印後由大臣薛福成在倫敦互換五月給布魯克巴部長印十七年三月升泰奏移設納金要隘八月升泰奏稱改關游歷等部藏番不遵開導請仍在亞東立市下所司知之十九年十月派四川越巂營參將何長榮稅務司赫政與英國政務司保爾在大吉嶺議定藏印通商交涉游牧條約九欵開亞東爲商埠聽英商貿易添設靖西廳同知監督之印政府派員駐紮察看商務自交界至亞東任英商隨意來往藏界內英人與中藏人民訴訟由中國邊界官與英員商辦印度遞駐藏大臣文件由印度駐哲孟雄之員交中國邊務委員驛遞藏人至哲孟雄游牧遵英國定章與原約一律奉行此約旣訂藏人以通商事英人獨享權利而游牧事藏人反取限制於亞東開埠之事不肯實行二十一年正月榮增正師傅普爾覺沙布噶爲達賴傳授格隆大戒是年掌辦商上事務前榮增師傅第穆呼圖克圖因病辭退十一月遵旨接管政教事務二十四年瞻對與川屬明正土司搆辭四川總督鹿傳霖奏明派兵攻取瞻對成都將軍恭壽駐藏大臣文海先後奏陳而達賴亦密遣喇嘛羅桑稱勒等赴京呈訴於是朝廷俯順番情命將三瞻地方仍賞還達賴毋庸改歸四川管理是年親赴色拉布賚繃噶勒丹三大寺熬茶講經二十五年親往歸前攢招二十六年殺其前掌辦商上事務榮增正師傅第穆呼圖克圖阿旺羅布藏稱勒饒結及其弟洛策等第穆所居之闡宗寺財產全行查抄入己並咨請駐藏大臣裕鋼代奏將第穆呼圖克圖名號永遠革除是年親赴南海瓊科爾結等處熬茶講經二十九年藏英以爭界故英兵進藏初達賴誤以俄羅斯爲同教親俄而遠英雖兩次與英議定條約迄未實行俄員某僞作蒙古喇嘛裝束秘密入藏爲達賴畫策購置火器意圖抗英英雖偵知之而無如何也至俄方東困於日本不暇遠略英遂藉事稱兵詔裕鋼往解之達賴恃俄員爲謀主不欲和思與英人一戰乃止裕鋼行弗使番民支烏拉夫馬並調集各路番兵西藏番兵以乍了爲強然無紀律甫抵拉薩卽圍攻駐藏大臣衙署死者數十人後經藏官彈壓開往前敵未交綏均潰變由小路逃去時藏兵屢敗英兵日迫詔解裕鋼任尋革職駐藏大臣有泰至藏英軍猶駐堆部約赴帕克里議和照十六年條約辦理願卽休兵有泰初與達賴商願自往阻英兵達賴尼之然亦無他策惟日令箭頭寺護法誦經詛咒英兵速死而已旣而有泰藉口商上不肯支應烏拉不能啓程僅以李福林往怯不進英軍至江孜盼有泰赴議有泰仍不敢行藏人怨之未幾英人長驅直入達賴聞知大懼先一日以印授噶爾丹寺噶布倫倉皇北遁至靑海有泰以達賴平日跋扈妄爲臨時潛逃無蹤請褫革達賴喇嘛名號榮赫鵬旣得志因列條約十欵迫噶爾丹寺噶布倫羅生戛爾等簽約於拉薩一西藏允遵守光緒十六年中英條約並允認該第一欵哲藏邊界二江孜噶大克亞東三處開爲商埠三四從略五自印邊該江孜噶大克各通道不得阻礙六七從略八印邊至江孜拉薩之礮臺山寨一律削平九以下五端非得英國允許不能舉辦（一）西藏土地不准租讓與他國（二）他國不准干涉西藏一切事宜（三）他國不得派員入藏（四）路鑛電線及別項利權不許他國享受（五）西藏進欵貨物錢幣等不許給與各外國抵押撥兌有泰往見榮赫鵬自言無權受制商上不肯支應夫馬榮赫鵬笑頷之英人卽據爲中國在藏無主權之證其先有泰電外務部言番衆再大敗卽有轉機英軍進拉薩圖歷服藏衆及英軍至與藏定約誘有泰畫押朝旨切責之春丕暫住英兵俟應償兵費二百五十萬盧比繳清卽行撤退朝廷以藏約損失之權太甚命津海關道唐紹儀以三品卿加副都統銜赴藏全權議約時議以藏事危急宜經營四川土司及時將三瞻收回諭川督錫良等籌辦錫良擬改土歸流泰寧寺喇嘛以兵抗朝命駐藏幫辦大臣鳳全馳往勸辦至巴塘爲番衆所戕錫良奏派四川建昌道趙爾豐會同四川提督馬維騏往三十一年六月馬維騏克復巴塘趙爾豐繼至接辦善後事宜並搜捕餘匪全境肅清十一月以裏塘屬之鄉城桑披嶺寺嘗戕官弁稔惡不法派兵往討翌年閏五月克之擒其渠魁並克同惡之稻壩貢噶嶺詔以趙爾豐爲邊務大臣八月至裏塘將裏塘土司改流以防軍五營分駐裏巴改流之地十二月鹽井河西臘翁寺爲亂討平之三十三年正月草創學務農墾水利橋梁採鑛醫藥諸要政粗具規模設裏化定鄉巴安等縣並將應行興革諸大端次第陳奏得部撥開辦經費一百萬兩三十四年七月會同川督趙爾巽奏設康安道改打箭鑪爲康定府設河口縣裏化廳同知稻成縣貢噶嶺縣丞巴安府三霸廳通判定鄉縣鹽井縣幷招募西軍三營是秋因德格土司兄弟爭繼奏明往辦十二月至德格匪黨退保維渠卡趙軍進攻至翌年六月降之德格肅清土司請納土改流乃招集百姓議定賦稅九月春科高日兩土司及靈葱土司之郞吉嶺均改流又渡金沙口巡閱春科地方十月三十九族波密內附八宿請改官均撫循之並派兵駐勸類伍齊碩搬多洛隆宗邊壩阻路之番人遂分兵取江卡貢覺桑昂雜㺄咸收服之宣統二年正月邊軍越丹達山以西直抵江達是時川軍正擬入藏特爲聲援並奏請與藏人於江達畫界設邊北道登科府德化州白玉州同普縣石渠縣遂巡閱乍丫煙袋塘阿足設乍丫委員定鄉兵變派鳳山討平之三巖野番索戰派傅嵩秋討平之設三巖委員二月以巴塘屬之得榮浪藏梗命派兵攻克之設得榮委員幷收服浪藏寺北之冷石卡嗣趙爾豐督川以傅嵩秋代理邊務大臣五月趙爾豐傅嵩秋以兵至孔撒麻書收其地設甘孜委員並檄靈葱白利倬倭單東魚科明正各土司繳印改土歸流色達及上羅科野番來投六月至瞻對遂藏官收其地設瞻對委員旋返打箭鑪檄魚通卓斯各土司繳印改流又收復咱里冷邊沈邊三土司魚科土司抗不繳印擊破之魚科降於是傅嵩秋以邊地各土司先後改流已成行省規模乃建議以爲川邊故康地其他在西設行省曰西康建方鎭以爲川滇屏蔽設爲以邊務大臣爲西康巡撫改邊務支局爲度支司關外學務局爲提學司康安道爲提法司邊北道爲民政司自打箭鑪以西至丹達山三千餘里南抵維西中甸北至甘肅西甯四千餘里均爲西康轄境旣入奏於是年七月崇喜納奪土司先後繳印八月又傳檄察木多乍了兩呼圖克圖改流設理事官於是西康全局遂以底定嗣値鼎革川局又變建省之議卒不果行當唐紹儀之議約也於光緒三十一年正月至印度與英議約專使實利夏會議多次英使諱言廢約允商訂修改紹儀易其七八費謂無異廢約堅拒爲費雖名全權而約事多主於印度總督冠仁紹儀面揭之費乃允商第九欵又力辨主國上國之據狡展不讓乃借遼瀋議約事奉命回京留參贊張蔭棠在印接議英仍堅持初議卒無結果會英內閣更易宗旨稍變駐京英使薩道義接英政府訓將條約稿稍有更易命在京外務部商訂政府以西藏與英屬印度接壤歷年邊界交涉爭端屢起中國兩次與英訂約無非以睦鄰之計爲固圉之謀英新政府旣有意轉圜仍飭該使臣在京續商在我自當早圖結束以保主權因由唐紹儀與英使薩道義訂定藏印續欵六欵（一）光緒三十年七月英藏所立之約暨英文漢文約本附入現立之約作爲附約彼此允認切實遵守並將更訂批准之文據亦附入此約如遇有應行設法彼此隨時設法將該約內各節切實辦理（二）英國國家允不佔併藏境及不干涉西藏一切政治中國國家亦應允不認他外國干涉藏境及一切內治（三）光緒三十年七月英藏所立之約第九欵內之第四節所聲明各項權利除中國獨能享受外不許他國國家及他國人民享受惟經與中國商定在該約第二欵指明之各商埠英國應得設電綫通報印度境內之利益（四）所有光緒十六年十九年中國與英國所定兩次藏印條約其所載各欵如與本約及附約無違背者概應切實施行（五）（六）從略以挽救前約之失藏應償兵費一百二十餘萬兩朝廷允代籌還英人始無辭於北京簽押旋有泰被言官彈劾詔五品京堂張蔭棠前往查辦有泰及其隨員均獲罪褫革譴戍有差蔭棠入藏三十二年專辦開設商埠事時英軍尙駐春丕照約俟三埠開妥賠欵清交始撤兵故開埠尤亟亟也三十四年政府以光緒三十二年附約第三欵內載中英條約所有更改之處另行酌辦等語特派張蔭棠爲全權大臣與英專使韋禮敦議訂藏印

通商章程十五欵其要者(一)劃定江孜商埠界綫(四)英印人民與中藏人爭論由英商務委員與中藏官員會同查訊面議辦法(六)英軍撤退後印邊至江孜一路旅舍由中國贖回所有電線俟中國電綫接修至江孜後亦酌量售與中國(八)己開及將開各埠英商務委員因往來印邊界文件得用傳遞夫役又英國官商雇用中藏人民作合法事業不得稍加限制(九)凡往來各商埠之英官民貨物應確循印藏邊界之商路不得擅經他處(十)英國人民可在便以貨物或銀錢交易任便將貨物出售或購買土產不得限制抑勒此約除中英簽押外並有西藏噶布倫汪曲結布隨同畫押實開三方并列先例藏局又爲一變厥後英藏交涉日繁而政府撫馭藏番既有英藏拉薩之約在先其事益臻艱困至宣統季年遂有經略川邊及達賴二次出亡之事自光緒三十年達賴與英境啓衅戰敗出奔後卓錫於庫倫意在投俄而與哲布尊丹巴呼圖克圖不睦經庫倫辦事大臣德麟電奏乞援詔西甯辦事大臣延祉俟過冬後迎護至西甯而達賴又欲在代臣王旗小住廷旨以王旗部落甚小達賴隨帶人衆恐難供億翌年僑居塔爾寺又與阿嘉呼圖克圖同居一處積不相能陝甘總督升允奏達賴性情貪啬久駐思歸應否准其回藏得旨俟藏務大定再行回藏而調阿嘉來京以和解之旋由西甯往五台山折而至京覲見於仁壽殿如順治朝優禮有加三十四年十月以萬壽節率徒祝嘏特加封號以昭優異懿旨曰達賴喇嘛業經循照舊制封爲西天大善自在佛茲特加封爲誠順贊化西天大善自在佛並按年賞給廩餼銀一萬兩由四川藩庫分季支發達賴喇嘛受封後卽令仍回西藏經過地方派員妥爲照料到藏以後當確遵主國之典章揚中朝之信義並化導番衆謹守法度習爲善良所有事務依例報明駐藏大臣隨時轉奏恭候定奪期使疆宇永保治安僧俗悉除畛域以無負朝廷護持黃教綏靖邊陲至意旋以國有大喪受封未便舉行達賴以不服水土請詔令先行起程至塔爾寺受封又値停止筵宴之時未便設餞仍派大臣護送如來時禮節至西甯卽請將阿嘉斥革並以此事爲回藏之要挾達賴聘練兵教習十餘人影射蒙古實係俄人多購軍火回藏初張蔭棠以西藏地當衝要英俄環伺自非早籌整頓難以圖存建議以漢員指揮另派北洋新軍入藏分駐要塞以厚聲援駐藏大臣聯豫疏陳藏中情形亦有派遣軍隊之請會川邊藏番擾亂進攻三崖三崖者本巴塘屬地與德格多納兩土司接壤向歸川省管轄乃藏番察台三大寺無端派番官帶兵佔據上崖調渣鴉江卡各土司助兵逼勒崖夷投降并徧肆煽惑打箭鑪一帶均爲震動同時瞻對番官勾結德格土司之弟爲亂逐其兄鑪城文武據報派麻書土千總江文荃查辦均被圍困經川督入奏廷議以三崖德格均係多境番官竟敢糾衆侵逼再事優容恐番焰日張土司解體命川督會同趙爾豐相機籌辦爾豐電奏力主用兵並稱此次藏番與達賴有關係請飭達賴傳諭退兵乃飭達壽張蔭棠詰問達賴答詞閃爍意涉支吾政府以達賴縱肯戒飭番衆而萬里遺書需時甚久三崖等處被攻正急何能久待遂電爾豐進勦三十四年冬番兵調集益衆近逼鹽井並聲言索戰雖經川軍擊敗番衆仍未退卻揚言阻止趙爾豐入藏政府以藏番舉動顯係有恃不恐藏地介在強鄰之間意存首鼠自非設法經營無以保我邊圉因思光緒三十三四年間聯豫等條陳有善後辦法二十四條創財政督練路鑛鹽茶學務巡警農務工商交涉九局擬卽採擇試辦但無兵不敷彈壓多名又恐難相安擬先設兵三千其一千由川督就川兵挑選精銳厚給餉械派得力統領率之入藏歸駐藏大臣節制調遣餘二千由駐藏大臣就近選募另調川中哨弁官長俾任訓練統率之事以期持久聯豫趙爾巽覆奏贊其議遂派知府鍾穎統領川兵於宣統元年六月啓程入藏取道德格繞過江卡至察木多藏番在恩達類烏齊一帶擬聚兵堵截十一月川軍抵類烏齊藏番不戰自退川軍遂由三十九族間道前進十二月抵拉里江達番兵聞川軍且至焚其積聚刦殺漢兵扼守川軍進擊大破之達賴自光緒三十四年由西寧入覲出京回藏沿途逗留又繞道德格等處遷延不進其冬始回拉薩二年正月達賴聞川軍將至乘夜西奔潛赴印度川軍遂轉戰入藏朝廷得聯豫奏報降旨數達賴罪惡革去名號一面責成聯豫趙爾豐會籌防務安輯軍民一面降旨另訪呼畢勒罕以噶勒丹池巴羅布藏丹巴代理商上事宜其噶布倫以下各藏官供職如故藏中僧俗亦安堵無事是年三月聯豫請于曲水哈拉烏蘇江達碩般多及三十九族各設委員一三年二月聯豫奏裁駐藏幫辦大臣改設左右參贊以羅長裿錢錫寶爲之會波密事起聯豫遣鍾穎攻之不克旋遣羅裿會趙爾豐軍平之其秋川軍變逐聯豫推鍾穎代之達賴始乘機重回拉薩以此次出奔深賴英人保護態度一變於是逐鍾穎而獨立中英之交涉益紛紜矣班禪第一輩凱珠巴格勒克爲宗喀巴二弟子出世至第五輩羅布藏伊什仍號班禪呼圖克圖康熙三十四年命御史鍾申保等賫敕召來京前藏第巴桑結以未出痘辭五十二年詔以班禪爲人安靜精通經典勤修貢職封爲班禪額爾德尼頒發金印金册六輩羅布藏巴勒墊伊西乾隆四十三年請祝七旬萬壽許之迎護筵宴諸禮概從優異如順治九年達賴來覲例四十五年八月在熱河祝嘏至京居西黃寺是年頒賜玉印玉册以痘圓寂命理藩院尚書博淸額爲英藏辦事大臣護送舍利金龕回藏第七輩羅布藏巴勒墊丹貝宜瑪五十三年以廓爾喀擾邊命移泰寗俟平復歸後藏道光十五年給金册二十一年以接濟征森巴兵餉加宣化綏疆封號咸豐元年賫七旬壽如六旬所賜次年圓寂年七十三第八輩羅布藏班墊格曲吉札克丹巴貝汪曲年二十九至第九輩羅布藏吐巴丹曲吉宜瑪格勒克拉木結光緒十八年正月迎至扎什倫布坐牀賞其外祖父期差汪布本身輔國公三十一年英人入藏詔班禪留後藏鎮攝十一月班禪隨英皇子游歷印度有泰勸阻不從十二月由印回藏諭以情詞恭順原擅行出境之咎勿治諄令恪供職守張蔭棠奏班禪受英唆使屢與達賴抵牾而全藏實權仍歸達賴替身掌握電告外務部請以恩澤籠絡班禪並羈縻達賴勿急旋藏既而達賴將由西甯起程班禪請自迎之而實不行達賴抵拉薩班禪卽請覲諭訓聯豫等班禪來京於藏中情形是否相宜其後達賴獨立班禪亦不克安於藏矣統計達賴所轄寺廟三千五百五十餘所喇嘛三十萬二千五百有奇黑人十二萬一千四百三十八戶班禪所轄寺廟三百二十七喇嘛萬三千七百有奇黑人六千七百五十二戶西藏有爵五輔國公三一由貝子降襲一由鎮國公降襲一定世襲一等台吉扎薩克一一等台吉一而達賴班禪之親以恩封者不與凡前後藏官均由駐藏大臣分別會同達賴班禪選補前藏唐古特官喀布倫四人三品爲總辦藏務之官其俗稱之曰四相議事之所曰噶廈其次仔琫及商埠特巴各二人皆四品業爾倉巴二人朗仔轄二人協爾幫二人碩第巴二人皆五品達琫二人大中譯二人卓尼爾三人皆六品仔琫商特巴爲商上辦事之官凡喇嘛謂庫藏出納之所曰商上業爾倉巴爲管糧之官朗仔轄爲管街道之官協爾幫爲管刑名之官碩第巴爲管理布達拉一帶齊民之官達琫爲管馬廠之官大中譯卓尼爾等爲噶廈辦事之官管兵者曰戴琫六人四品如琫十二人五品甲琫二十四人六品定琫一百二十人七品多東科爾族任之其治理地方者曰營官前藏大營十曰乃東曰瓊結曰貢噶爾曰喬孜曰桑昂曲宗曰工布則岡曰江孜曰昔孜曰協噶爾曰納倉營官皆五品後藏大營三曰拉孜曰練營曰金龍營官皆五品前藏中營四十二曰洛隆宗曰角木宗曰打孜曰桑葉曰巴浪曰仁本曰仁孜曰朗嶺曰宗喀曰撒噶曰作岡曰達爾宗曰江達曰古浪曰沃卡曰冷竹宗曰曲水曰突宗曰僧宗曰雜仁曰茹拕曰鎖莊子錯朗曰羊八井曰麻爾江後藏中營十四曰昂忍曰仁侵孜曰結侵孜曰帕克扎卡曰轄魯曰策堆得曰達爾瑪曰聶母曰拉噶孜曰嶺曰納布曰嶺噶爾曰曰奪曰結登曰眞谷曰碩般多曰拉里曰朗曰沃隆曰墨竹宮曰卡爾孜曰丈堆曰脅曰干壩營官皆六品前官小營二十五曰雅爾堆曰金東曰拉歲曰撒拉曰浪蕩曰頗章曰札溪曰色曰堆冲曰汪墊曰田錯曰拉康曰瓊科爾結曰蔡里曰曲隆曰扎稱曰扎布嶺曰扎什曰洛美曰嘉爾布曰朗茹曰烏里曰降曰業黨曰工布塘曰達後藏小營十五曰彭錯嶺曰倫珠子曰拉耳塘曰達爾結曰甲冲曰哲宗曰擦耳曰晤欲曰絛洞曰科朗曰哲喜孜曰波多曰達木牛廠曰練噶爾曰札茹營官皆七品而前藏邊營十四曰江卡曰堆噶爾本曰噶喇烏蘇曰錯拉曰帕克里曰定結曰聶拉木曰濟隴曰官覺曰補仁曰博窩曰工布碩卡曰絨轄爾曰達巴克營官皆五品每營官一人或二人以喇嘛黑人參任之喇嘛之有游牧者東起乍了達呼圖克圖與四川打箭鑪所屬土司接其西爲察木多吧克巴拉呼圖克圖又西爲碩般多喇嘛又西爲類烏齊呼圖克圖碩般多類烏齊之北皆與西藏大臣所屬土司接碩般多之南爲八所喇嘛又南爲工布什卡喇嘛類烏齊之西爲墨竹宮喇嘛又西爲噶勒丹喇嘛類烏齊之西北爲贊墊喇嘛介居西藏大臣所屬各土司之間其西爲埒徵喇嘛噶勒丹又西爲色拉喇嘛西與布達拉接噶勒丹之南爲瓊科爾結喇嘛其西爲丈扎卡喇嘛又西爲松熱嶺喇嘛又西爲那仁曲第喇嘛又西南爲乃東喇嘛北與布達拉接乃東之西爲瓊結喇嘛布達拉之西北爲布勒綳喇嘛又西北爲羊八井喇嘛其西爲朗嶺喇嘛西與扎什倫布接朗嶺之南爲仁本喇嘛其西南爲江孜喇嘛又西南爲岡堅喇嘛岡堅之西爲協噶爾喇嘛協噶爾之西爲聶拉木喇嘛朗嶺之西爲撒噶喇嘛又西爲雜仁喇嘛其直屬於駐藏大臣者有達木額魯特八旗在喜湯者四旗在湯甯者二旗在佛山者一旗皆北倚布幹山南與前藏接在格拉者一旗東北濱喀喇烏蘇西與後藏接每旗

置佐領一有三十九族土司曰瓊布噶魯曰勒納夥爾曰色里瓊扎尼查爾曰色里瓊扎參嘛布瑪曰色里瓊扎嘛嚕曰本朱持羊巴曰布米特勒達克曰木朱特尼牙木查曰木朱特利松嘛吧曰木朱特多嘛巴曰勒遠夥爾曰依戎夥爾移他瑪曰查楚和爾孫提瑪爾曰巴爾達山木多川目桑曰嘛拉布什嘛弄曰窩柱特只多曰窩柱特娃拉曰彭楚克夥爾曰彭楚克彭他瑪爾曰彭楚克拉寨曰岔索納克書達格魯克曰沁體牙岡納克書畢魯曰岔沙尼牙固納克書色爾查曰巴爾達穆納克喜奔岔曰納格沙拉克書拉克什曰洛克納克書貢巴曰三渣曰三納拉巴曰撲旅曰上阿扎克曰下阿扎克曰白獵扎嘛爾曰上岡噶魯曰下岡噶魯曰上奪爾樹曰下奪爾樹皆土納馬賦總之以夷情章京山之大者曰岡底斯山卽崑侖爲東半球衆山衆水之祖曰偕格山曰耶千山曰瑪加布山曰達木楚克山曰朗布山曰巴薩通拉木山曰諾莫渾烏巴什山是三山卽三危川之大者曰鄂穆河下游爲瀾滄江曰喀喇烏蘇河卽黑水下游爲潞江曰薄藏布河曰雅魯藏布江亦曰大金沙江曰朋楚河曰岡噶江澤之大者曰瑪帕本達賴池曰耶噶池曰牙毋魯克池曰賸格里池曰牙爾佳池其物產自靖西東之堆朗至薩馬達一帶皆有五金煤鑛其金鑛最著者曰爾倉曰噶大克出鹽最著者曰勒牙曰雅幹凡十三其疆界西接印度之拉克達部西南接洛敏湯作木朗廓爾喀諸部南接哲孟雄布魯克巴各部及貉㺄茹巴之怒江東接四川巴塘之南墩寧靜山東南接雲南維西東北接西甯所管之邦木稱巴彥諸土司北至木魯烏蘇接西甯所屬玉樹諸土司西北至噶爾藏骨岔阿爾坦諾爾一帶接新疆和闐莎車

清史稿　列傳

屬國

有清龍興長白撫有蒙古列爲藩封當時用兵中原而朝鮮服屬有明近在肘腋屢抗王師崇德二年再入其都國王面縛納質永爲臣僕自此東顧無憂專力中夏順治沼明威震殊方三年琉球聞聲首先請封九年暹羅十七年安南相繼歸附雍正四年蘇祿七年南掌先後入貢蓋其時武義璜璜陸儲水慄殊國絕域交臂詘膝慕義歸化非以力征也高宗繼統國益富饒帝喜遠略蕩平回疆兵不血刃而浩罕布魯特哈薩克安集延瑪爾噶朗那木干塔什干巴達克山博羅爾阿富汗坎巨提相率款塞通譯四萬舉踵來王乾隆中葉再征緬甸三十四年緬恩乞貢五十七年復征服廓爾喀稽首稱藩於是環列中土諸邦悉爲屬國版圖式廓邊備積完芒芒聖德蓋秦漢以來未之有也咸同之際內亂頻仍撻伐十餘年巨憝雖平而國力凋劫未遑圖遠日夷琉球英滅緬甸中國雖抗辯詰問莫拯其亡而越南朝鮮政紛亂作國家素守羈縻屬國之策不干內政興衰治亂袖手膜視以至越南亡於法朝鮮併於日浩罕之屬蠶食於俄而屬國所僅存者坎巨提一隅而已越南朝鮮之役中國胥爲出兵而和戰無常國威掃地藩籬撤而堂室危外敵逼而內訌起藩屬之繫於國也如此傳曰天子守在四夷詎不信哉作屬國傳

清史稿

屬國傳一

朝鮮

琉球

朝鮮又稱韓國清初王朝鮮者李琿事明甚謹太祖天命四年琿遣其將姜宏立率師助明來侵軍富察之野戰而大敗姜宏立以兵五千降帝留宏立遣其部將張應京等十餘人還國遺琿書曰昔爾國遭倭難明以兵救爾故爾國亦以兵助明勢不得已非與我有怨也今所禽將吏以王之故悉釋還國去就之機王其審所擇焉先是明萬歷中日本豐臣秀吉大舉侵朝鮮覆其八道明爲用兵七年會秀吉死兵罷朝鮮乃復國故書中及之朝鮮不報謝又出境拒征瓦爾喀之師烏拉貝勒布占泰侵朝鮮帝與布占泰有連諭止其兵朝鮮亦不謝及帝崩復不遣使弔問而明總兵毛文龍招遼民數萬守皮島與朝鮮犄角屢出師襲沿海城寨會朝鮮叛人韓潤鄭梅來歸請爲鄉導搆兵端時太宗天聰元年朝鮮國王李倧嗣位之三年也正月命貝勒阿敏等率師征朝鮮渡鴨綠江敗文龍兵于鐵山遁還皮島遂克義州定州及漢山城居其軍民數萬焚糧百餘萬長驅而進渡靑泉江克安州進師平壤城中官民悉遁走乃渡大同江次中和倧惶遽甚遣使求成阿敏責數其罪二月師次黃州國中震恐求成之使絡繹於道遂逼王京倧勢蹙挈妻子遁江華島來告曰敝邑無所逃罪惟上國命是從乃許其和江華島在開州南海中遣使赴島諭倧而駐軍平山以待倧遣族弟原昌君李覺等獻馬百虎豹皮百綿綢苧布四百布萬有五千於是遣劉興祚巴克什庫爾禪往江華島涖盟三月庚午刑白馬烏牛誓告天地和議成約爲兄弟之國初朝鮮之求成也諸貝勒等議以明與蒙古兩敵環伺兵不可久在外且俘獲已多宜許其成而阿敏慕朝鮮國都城郭宮殿之壯不肯旋師貝勒濟爾哈朗及岳託碩託密議令阿敏軍平山而先與朝鮮盟事成始告阿敏阿敏謂已不預盟縱兵四掠乃復使李覺與阿敏盟於平壤城帝聞諭阿敏毋復秋毫擾分兵三千戍義州振旅而還以李覺歸九月從倧請召還義州之兵并許贖俘虜定議春秋輸歲幣互市二年二月開市中江是年明經略袁崇煥殺毛文龍於皮島諸島兵無主五年謀乘虛征諸島徵兵船於朝鮮使至其國三日乃見倧覽書曰明國猶吾父也助人攻吾父之國可乎船殆不可藉也自是漸渝盟六年巴都禮察哈喇等使朝鮮頒定貢額還言倧於所定貢額止供什一金銀牛角非國所出不肯從七年正月賜倧書責其減歲幣額并竊蓑畜匿逃人之罪欲罷遣使專互市二月遣備郎格等往會寧城互市倧拒之是夏文龍部將孔有德耿仲明等叛明以舟師二萬人渡海來降帝遣使徵糧朝鮮並索會寧城瓦爾喀逃人及布占泰之人倧屢書陳辯復加築京畿黃海平安三道白馬等十二城帝歷數倧負義州互市之約八年春帝欲价倧與明議和倧以書告皮島守將迄無成議冬倧使羅德憲來拒索逃人及互市詞甚厲且欲坐滿洲使臣於朝鮮大臣之下帝怒却其幣留德憲不遣仍以書諭倧九年察哈爾林丹汗得元傳國璽八和碩貝勒及外藩蒙古四十九貝勒表請上尊號帝曰朝鮮兄弟之國宜與共議之於是內外諸貝勒各修書遣使約朝鮮共推戴朝鮮諸臣爭言不可且以兵守使臣使臣英俄爾泰率衆奪馬突門倧遣人追付報書又以書諭其邊臣戒嚴有丁卯年誤與講和今當決絕之語英俄爾泰幷奪之以獻十年四月改元崇德國號清朝鮮使李廓等來朝賀不拜賜書令送質子復不報十一月帝以朝鮮敗盟將統大軍親征先遣其使臣李廓等歸國遺書國王並馳檄朝鮮官民十二月辛未朔命鄭親王濟爾哈朗居守武英郡王阿濟格多羅饒餘貝勒阿巴泰分屯遼河海口備明海師援襲之路睿親王多爾袞貝勒豪格分統左翼滿洲蒙古兵從寬甸入長山口遣戶部承政馬福塔等率兵三百人潛往圍朝鮮王京豫親王率護軍千人繼之貝勒岳託等以兵三千濟師帝親率禮親王代善諸軍進發庚辰渡鎭江壬午次郭山城降定州安州丁酉次臨津江江在國都北百餘里與都南漢江夾拱王城者也時江冰未合車駕至冰驟堅六師畢濟馬福塔等以是月甲申潛襲王京敗其精兵數千倧倉皇遣使迎勞城外款兵而徙其妻子江華島自率親兵遁江保南漢山城大軍入都城多鐸岳託亦定平壤抵王京合軍渡江圍南漢山城連敗其諸道援師帝至分兵搜剿都城而親率大軍渡江益軍圍南漢二年正月壬寅擊敗全羅道援兵遣使賫敕往諭朝鮮大臣甲辰大軍北渡漢江營王京東二十里江岸丁未擊敗全羅忠清兩道之師其多爾袞豪格左翼軍由長山口克昌州城敗安州黃州兵五百寧邊城兵千截殺援兵一萬五千至是來會師貝勒杜度送大礮至臨津江冰泮復合如前城圍益急癸丑倧請成不許己未再請成庚申降敕令出城親覲幷縛獻倡議敗盟諸臣是日倧始奏書稱臣乞免出城帝命多爾袞以輪挽小船由陸出海礮沉其大艦三十小船徑渡入島城獲王妃王子宗室七十六人羣臣家口百六十有六容諸別室甲子諭倧速遵前詔出城來見倧乃獻出倡議敗盟之宏文館校理尹集修撰吳達濟及臺諫官洪翼漢詣軍前帝敕令去明年號納明所賜誥命册印質二子奉大清國正朔萬壽節及中宮皇子千秋冬至元旦及諸慶弔事俱行貢獻禮遣大臣內官奉表與使臣相見及陪臣謁見并迎送饋使之禮毋違明國舊例有征伐調兵扈從幷獻犒師禮物毋擅築城垣毋擅收逃人每年進貢

一次其方物黃金百兩白金千兩水牛角二百對貂皮百張鹿皮百張茶千包水獺皮四百張青黍皮三百張胡椒十斗腰刀二十六口順刀二十口蘇木二百觔大紙千卷小紙千五百卷五爪龍蓆四領花蓆四十領白苧布二百疋綿綢二千疋細麻布四百疋細布萬疋布四千疋米萬包倧以孤城窮蹙妻子被俘八道兵皆崩潰離散宗社垂絕乃頓首受命庚午從數十騎朝服出降二月築壇漢江東岸三田渡設黃幄帝陳儀衞渡江登壇作樂將士擐甲肅列倧率其羣臣離南漢山五里許步行令英俄爾岱馬福塔迎於一里外引至儀仗下立帝降坐率倧及其諸子拜天禮畢帝還坐倧率其屬伏地請罪宣詔赦之令坐壇下左側西向位諸王上賜燕畢還其君臣家屬盡召回諸道兵振旅而西詔以朝鮮新被兵先免丁丑戊寅兩年貢物以己卯年秋爲始如力有不逮臨時定奪朝鮮臣民樹碑頌德於三田渡壇下四月倧送質子溰淏至五月以朝鮮兵船助攻皮島功賜倧銀幣馬匹十月遣英俄爾泰馬福塔達雲等齎勑印制詔往封倧爲朝鮮國王十一月倧遣陪臣表賀萬壽冬至貢方物十二月賀元旦歸凡萬壽聖節元旦冬至皆專遣陪臣表賀貢方物歲以爲常是年定貢道由鳳凰城其互市約凡鳳凰城諸處官員人等往義州市易者每年定限二次春季二月秋季八月甯古塔人往會甯市易者每年一次庫爾喀人往慶源市易者每二年一次由部差朝鮮通事官二人甯古塔官驍騎校筆帖式各一人前往監視定限二十日即回三年徵朝鮮兵從征明誤軍期降詔切責四年六月遣使往封倧繼室趙氏爲朝鮮王妃東方庫爾喀叛入東海中熊島命朝鮮討之倧遣將由慶興西水羅前浦進師七月執叛首加哈禪來獻賜倧銀二百兩五年十月諭倧以誕辰恩減歲貢內米九千包六年正月攻明錦州調朝鮮舟五千運糧萬石尋倧奏言軍船糧船三十二艘漂沒無存帝知其飾詞詔切責刻期督催復運糧萬石船百十有五艘由大小凌河口進至三山島途中遭風礁壞船五十餘又爲明水師截擊僅存五十二艘至蓋州不能前請從陸運詔以朝鮮三艘漂入明境通信及見明兵船不迎敵又不由水路進嚴斥之朝鮮臣林慶業大懼請冒險出水路帝仍許其改從陸止留精礮兵千斯卒五百餘兵悉遣還既而運糧士馬久不至遣使詰責三月始有朝鮮總兵柳琳副將刁何良等率兵至錦州軍六月倧遣陪臣李浣等獻新羅瑞金奏言咸陽郡新溪書院新羅古寺遺基也居民袁年掘地得瓦罇一蓋刻一千年三字中有黃金二十斤內一斤鐫宜春大吉四字優詔答之而原金付還七年錦州大捷明遣使議和帝勑詢倧令陳所見倧以止殺安民上符天意對已復偵有明兵船二至朝鮮界帝大怒並得其閣臣崔鳴吉兵使林慶業潛通明國書往來諸狀逮訊治罪八年九月朝鮮擒獲明天津偵探兵船一解至賜倧銀是月世祖卽位頒詔其國並賚敕往諭減歲貢內紅綠綿綢各五十疋白綿綢五百疋紵絲二百疋布二百疋腰刀六口龍蓆二領花蓆二十領十月倧遣其子湇奉表進香貢方物十二月倧遣陪臣表賀登極順治元年正月諭倧停解瓦爾喀人民五月以破流賊李自成底定燕京宣示朝鮮七月倧遣陪臣表賀貢方物十一月遣世子溰歸國敕減歲貢內蘇木二百斤茶十包綿綢千疋各色細布五千疋布四百疋蠲布二千疋順刀十把刀十把其元旦冬至萬壽慶賀貢物以道遠俱於朝正時附進著爲令二年三月遣倧次子淏歸國十一月世子溰卒封倧次子淏爲世子三年十月免貢米六年正月以朝鮮年覲原定閣臣尚書各一員書狀官一員代之此後或閣臣尚書一員代覲書狀官仍舊六月李倧薨八月遣禮臣啟心郎渥赫等往諭祭賜諡莊穆又遣戶部啟心郎布丹侍衞撤爾岱充正副使齎誥勑往封世子淏爲朝鮮國王妻張氏爲王妃七年正月淏奏言日本近以密書示通事情形可畏請築城訓練爲守禦計遣使往訊慶尚道觀察使李曇東萊府盧協並言朝鮮日本素和好前奏不實詔切責淏褫其用事臣李敬輿李景奭趙絅等職九年正月淏表賀昭聖慈壽皇太后加上徽號五月國人趙照元等謀逆伏誅遣使奏聞十年三月以朝鮮國王印有清文無漢篆命禮部改鑄兼清漢字印賜之十二月封淏子棩爲世子十五年二月以羅刹犯邊諭朝鮮簡發鳥槍手二百從征十六年五月李淏薨九月遣工部尚書郭科等往諭祭賜諡忠宣又遣大學士蔣赫德吏部侍郎覺羅博碩會充正副使往封世子棩爲朝鮮國王妻金氏爲王妃十八年聖祖卽位棩遣陪臣進香賀登極康熙元年命朝鮮表賀冬至萬壽節及進歲貢與朝正之使偕行屢年國有大典俱遣使朝賀十三年十二月李棩薨諭禮部李棩克盡藩職可從優給卹典於常例外加祭一次賜諡莊恪遣內大臣壽西特侍衞桑厄恩克往諭祭兼封嗣子李焞爲朝鮮國王妻金氏爲王妃十五年十一月焞奏言前明十六朝紀一書中載本國癸亥年廢光海君李琿立莊穆王李倧事誣以篡逆今聞纂修明史特陳奏始末乞刪改以昭信史禮部議不准行二十年正月王妃金氏故遣官致祭二十一年五月遣使封焞繼室閔氏爲王妃是年帝謁祖陵焞遣陪臣至盛京迎覲貢方物二十四年焞奏言國內牛多疫死民失耕種請暫停互市禮部議焞託言妄奏帝以外藩宥之仍令照常貿易二十五年朝鮮民韓得完等二十八人越江採蔘槍傷繪畫輿圖官役讞上斬韓得完等爲首六人餘免死減等發落焞奉表謝罪附貢方物帝以朝鮮王因謝罪進貢宜不收准作年貢嗣後謝罪貢物著停止三十年七月禮臣奏朝鮮國貢使違禁私買一統志書內通官張燦應革職發邊界充軍正使李沈副使徐文重等失於覺察應革職帝命從寬免革職三十二年正月免朝鮮歲貢內黃金百兩及藍青紅木棉三十六年七月封焞子昀爲世子十一月焞疏請於江中貿易米糧允之三十七年正月遣侍郎陶岱運米三萬石往朝鮮以一萬石賑濟二萬石平糶有御製海運賑濟朝鮮記三十九年焞表謝發回漂入琉球船隻恩附貢方物帝諭軫卹漂人卻貢物嗣後有若此例者停其貢四十年十二月王妃閔氏故遣官致祭先是漁採船並貿易人至朝鮮往往侵擾地方至是諭王令查驗船票人數姓名籍貫開明報部轉行原籍地方官從重治罪並諭各撫嚴飭沿海地方官有以海上漁採貿易爲名往來外國販買違禁貨物者嚴行禁止四十一年遣員外郎鄧德監收中江稅以四千兩爲額四十二年二月遣使封焞繼室金氏爲王妃四十三年十二月焞遣官賫送被風漂失商船降諭褒之四十五年十月諭大學士曰朝鮮國王奉事我朝小心敬愼其國聞有八道北道接瓦爾喀地方土門江東道接倭子國西道接我鳳凰城南道接海外尚有數小島太宗平定朝鮮國人樹碑於駐軍之地頌德至今當明之末年彼始終服事未嘗叛離實屬重禮義之邦猶爲可取四十九年五月朝鮮商人高道弼等被風壞船漂至海州獲救江蘇巡撫張伯行以聞諭令高道弼等由部給文馳驛歸國五十年五月帝諭大學士曰長白山之西中國與朝鮮既以鴨綠江爲界而土門江自長白山東邊流出東南入海土門江西南屬朝鮮東北屬中國亦以江爲界但鴨綠土門二江之間地方知之不悉乃派穆克登往查邊界十月帝諭免朝鮮國王例貢物內白金一千兩紅豹皮一百四十二張治朝鮮國使沿途館舍是年禮臣覆准朝鮮國與奉天府金州復州海州蓋州相近地方令盛京將軍奉天府尹嚴飭沿海居民不許往朝鮮近洋漁採或別地漁採人到朝鮮並皆捕送五十一年五月焞奏謝減例貢恩附貢方物帝命謝恩禮物准作冬至元旦禮物是年穆克登至長白會同朝鮮接伴使朴權觀察使李善溥立碑小白山上五十四年禮臣奏琿春之庫爾喀齊等住處與朝鮮止隔土門江恐往來生事將安都立他木努房屋窩鋪悉行折毀嗣後沿邊近處不得蓋屋種地軍民違者重罪之五十七年三月焞表謝賜空青恩附貢方物帝命留作下次正貢自是凡朝鮮奏謝附貢方物均留作正貢迄於光緒朝不改五十九年十月李焞薨遣散秩大臣查克亶禮部右侍郎羅瞻往弔祭賜諡僖順兼封世子昀爲朝鮮國王繼妻魚氏爲王妃六十一年二月昀疏言臣孱弱無嗣請以弟李昑爲世弟以續宗祧帝俞其請四月遣使往封昑爲朝鮮國王世弟十二月山東漁戶楊三等十四人遭風漂入朝鮮齎無信票送回內地帝命嗣後漂風船隻人口驗有票文未滋事者照舊送回如無票文復生事犯法者令王於審擬後咨部具題俟命下行文完結仍報部存案雍正元年七月諭禮部減朝鮮貢物內布八百疋獺皮百張青黍皮三百張紙二千卷朝鮮於九月內進萬壽表文仍照例於十二月與年貢並進昀遣陪臣進香賀登極二年五月昀遣陪臣上孝恭仁皇后尊謚十二月李昀薨遣散秩大臣覺羅舒魯翰林院學士阿克敦往諭祭賜諡莊恪兼封世弟昑爲朝鮮國王妻徐氏爲王妃三年七月昑疏請封副室所生子李緈爲世子部議與例不符帝特如所請行八月遣官封昑子緈爲世子五年正月昑疏請更正先世臣倧誣逆事部議昑四代祖倧故明天啟三年請封明十六朝紀以篡奪書實屬冤誣應予更正俟明史告成後以朝鮮列傳頒示其國從之商人胡嘉佩虧帑以朝鮮國民所負銀六萬兩呈抵令赴中江質明辦理部議昑咨文支飾請按數追償帝命從寬免追又諭昑追拏內地盜賊潛逃朝鮮者倘漏網不獲王將其國防汛之員參處王亦一併議處六年二月減朝鮮歲貢稻米江米各三十石每年止貢江米四十石以供祭祀著爲例十月昑請朝鮮盜賊潛入內地諭兵部檄盛京山東邊境官嚴拏究治七年正月世子緈卒遣官諭祭十月諭禮臣朝鮮國距京三千餘里貢使往來勞費嗣後凡謝恩章疏與聖壽冬至元旦三大節表同時齎奏不必特遣使臣著爲令八月昑爲嫂妃魚氏告哀遣使諭祭九年五月奉天將軍那蘇圖疏言鳳凰城邊外莽路防汛之虎耳山諸處有草河靉河二水發源邊內至邊外之莽牛哨滙流入中江中江之中有洲名江心沱沱西屬鳳凰城東爲朝鮮國界歲有匪徒乘船出入請於莽牛哨設水師防汛帝以詢朝鮮王昑請仍遵舊例從之十年三月昑以先臣李倧被誣事奏令史臣

改正乞早頒發諭先將明史朝鮮列傳抄錄頒示十三年九月高宗即位頒詔朝鮮諭禮臣曰大臣官員之差往朝鮮者向有餽食儀物之例其照舊例減半著爲令乾隆元年二月諭禮臣朝鮮國今年所進萬壽表貢例於十二月偕年貢同進由是歲以爲常二年四月昑奏請仍中江通市舊例每歲二八月間八旗臺站官兵賫貨赴中江與朝鮮互市帝以旗人有巡守責且不諳貿易改令內地商民往爲市及昑奏入從之十一月昑請封其副室子愃爲世子時愃甫三歲部議格於例特旨允行三年正月遣使往封愃爲世子四年五月昑表謝頒給朝鮮列傳四年十一月盛京侍郎德福等疏言朝鮮漁船被風飄至海寗界資送漁戶金鐵等由陸路歸國嗣後凡朝鮮民人被風漂入內地者俱給資護送歸國迄至光緒朝撫恤如例八年九月帝詣盛京昑遣使表貢特賜御書式表東藩扁額令使臣與諸王大臣宴十一年九月減中江稅額十三年五月盛京刑部侍郎達爾黨阿奏言十二年十二月朝鮮貢使過萬寶橋奴人士還以馬逸失銀詭稱迷路夜入人家誣執宋二等爲盜訊明照所誣罪加三等擬杖徒帝諭從寬免罪又朝鮮國人李云吉誘脅女口越疆轉賣照例擬絞監候仍照乾隆五年定例入於秋審册內覈擬具奏又朝鮮國王咨稱訓戎鎮越江東邊有烏喇民人造屋墾田禮臣議照康熙五十四年定例行令寗古塔將軍確察禁止毀其房屋其違禁民人及不行察禁之該管官照例辦理又奏朝鮮人入山海關所帶貨物如係彼國土產與鳳凰城總管印文相符及出關所帶貨物與本部劄付相符免其輸稅此外如別帶物件及不係彼國所產者即照數按則輸稅儻有違買禁物監督查出報部治罪是年朝鮮國王咨稱日本關白新立照例通使禮臣奏復允之十四年七月奉天將軍阿蘭泰奏言向例朝鮮貢使到邊鳳凰城城守尉帶領官兵偕主客迎送通事等官至關門稽其人馬車輿輜重各數沿途設館舍嗣兵部侍郎德沛出使其國奏言置館非適中之所貢使人多不敷居住聽來使隨時賃住民居臣以貢使人數衆多若聽其賃住村莊恐多滋擾應請嗣後貢使到關驗入後務令合隊行走照舊例每站設官一員兵役二十人護送令地方官先期代備旅舍以資棲息晝則護行夜則巡邏或貢使人役需置食物護行官檢其出入人數兵役隨往如內地人民與朝鮮人役生事兵役拿稟護行官付地方官究治至貢使人役惟迎送官與之相習應專責成倘地方官預備不周許護行迎送通事官揭報府尹照違令律議處迎送通事官沿途約束不嚴致貢使人役滋事許護行官揭報禮部照約束不嚴例議處護行官看守不嚴及兵役不足許迎送通事官揭報將軍照縱軍歛役律議處迎送通事官瞻徇容隱致擾居民或護行官縱容兵丁通同狥蔽許地方旗民官各揭報上司衙門照私結外藩例議處奏入報可十五年禮臣覆准朝鮮貢使入邊其行李及貿易貨物報明查驗車馬數目沿途按界委地方官催趲車輛與貢使同按程行走並於報單內註明經過日期如朝鮮員役有託故落後者責成迎送通事官如催趲車輛不力專責其管旗民地方官十九年九月帝謁盛京祖陵昑遣使表貢賞賜如例二十二年六月昑以其母金氏之喪來告王妃徐氏旋卒二十三年遣官諭祭四月大學士傅恆奏言朝鮮久爲屬國禮節語言均已嫻熟所設通事官請改爲八員從之二十五年

正月遣官封昑繼室金氏爲王妃二十八年朝鮮世子李愃卒遣官諭祭七月封故世子愃之子祘爲世孫二十九年三月朝鮮民人金鳳守金世柱等殺死內地披甲常德部議金鳳守造意應斬金世柱加功應絞至朝鮮奸民屢次越境生事皆王約束不嚴所致應交部議處帝諭金鳳守等從寬改爲監候王免議處昑以失於鈐束褫平安道觀察使鄭淳等職三十年五月昑以越江行竊人犯金順丁等俱入緩決案內疎防各官擬罪從寬遣使表謝三十六年八月昑奏朱璘明紀輯略陳建之皇明通紀載其先世之事因訛襲謬誣妄含冤請並行刊去禮臣議朱璘輯略浙江巡撫楊廷璋業經銷燬其陳建通紀京城書肆亦無售者若二書彼國或有流傳應令自行查禁焚銷四十一年李昑薨王妃金氏請以世孫祘爲國王妻金氏爲王妃並請追賜故世子緈爵諡及世子婦趙氏誥命諭如所請遣散秩大臣覺羅萬福內閣學士嵩貴往諭祭賜昑諡曰莊順緈諡曰恪愍封祘爲朝鮮國王妻金氏爲王妃四十三年帝謁祖陵以不舉筵宴敕止朝鮮朝賀祘仍遣官齎表迎駕御書東藩繩美扁額賜之四十五年祘遣正使吏曹判書徐有慶副使禮曹參判申大升奉表賀七旬萬壽貢方物四十八年帝謁祖陵祘遣陪臣至盛京迎覲所有朝貢宴賚一切典禮特加優渥並賜御製詩章及古稀說四十九年祘疏稱世子暐年三歲請封爲世子特旨遣使往封給與誥敕五十年正月舉行千叟宴祘遣正使安春君李烿副使吏曹判書李致中入貢預宴比於內臣帝聞祘好學能詩賞倣宋板五經全部並筆墨諸物因諭朝鮮歷年留抵貢物悉行收受以免輾轉積存嗣後隨表貢物概行停止五十一年七月世子暐病故遣官諭祭五十五年禮臣奏言朝鮮國王先因李暐病故今副室生男當即爲奏請册封不能拜跪行禮請待其稍長以永方來之福特旨允其國王所請七月祘遣正使黃仁點副使徐浩修奉表賀八旬萬壽貢方物五十六年有法蘭西教士由中國往朝鮮傳天主教五十八年祘請換買錢貨回國通用部議不許嘉慶元年祘遣使賀太上皇帝歸政貢方物使臣在寗壽宮入千叟宴賜聖製千叟宴詩四年正月遣副都統張承勳禮部侍郎恆傑赴朝鮮頒大行太上皇帝遺詔祘遣使表賀上高宗純皇帝尊諡貢方物留抵正貢五年遣使敕封李祘子玜爲世子適李祘薨即以册封世子之正副使往封李玜爲朝鮮國王六年玜以本國殄除金有山等潛傳洋教顚末臚章入告並稱餘孽未靖恐其潛入邊門請飭沿疆大吏嚴查究辦帝諭已飭沿邊大吏一體嚴查設經盤獲即發交國王自行辦理十年帝詣盛京遣官接駕特賜禮教綏藩扁額十二年十一月朝鮮義州商人白大賢李士楫潛運米至獐子島與邊民朱張兩姓私市王將白大賢等監禁地方官革究並繳進錢文銅鐵等物帝以王恭順可嘉頒賞大緞四疋玻璃器四件雕漆器四件茶葉四瓶以示恩奬諭飭盛京將軍督飭沿邊官弁嚴緝朱張二姓查明內地疏防官員嚴行懲處十七年三月朝鮮義州土賊起派祿成督兵討之遣使敕封李玜之子旲爲世子二十三年九月帝詣盛京玜遣使迎覲表賀賜御製詩及福字道光元年玜奏言伊曾祖李昀患痼疾經議政金昌集中樞李頤命左議政李健命判中樞趙泰采請以李昑爲世弟參決國政而相臣趙泰耈等誣金昌集四臣謀逆肆行誅戮幸蒙聖祖准李昑襲封趙泰耈等論罪

伏誅金昌集四臣咸獲昭雪而皇朝文獻通考載四臣謀逆事覺伏誅等語乞更正部議通考所載係據李昀奏報非纂修之譌今既籲懇爲祖雪冤應請删去此條以昭信史從之二年頒給文獻通考刊正一編玜遣使表賀仁宗睿皇帝升配升祔暨上皇太后尊號徽號貢方物又因賞賜緞疋頒詔謝恩進皇帝皇太后前各貢物前三分收受餘九分留抵正貢又例貢外並賀册諡孝穆皇后又爲賜祭謝恩進皇帝皇太后前各貢物前二分收受後三分留抵正貢八年玜遣使表賀平定回疆又爲頒給敕書暨加賞緞疋謝恩貢方物俱留抵正貢九年朝鮮國副使呂東植在榆關病故賜銀三百兩十一年玜奏請封嫡孫李奐爲世孫帝俞所請遣使齎敕封李奐爲朝鮮國王世孫十二年玜奏英吉利商船駛入朝鮮古代島要求通市嚴拒之相持旬餘英船始去帝奬其忠賜緞匹十五年李玜薨王妃金氏請以世孫李奐襲封因爲故世子具陳請追賜爵諡及世子婦誥命二月遣使諭祭賜玜諡宣恪贈故世子旲爲國王諡康穆妻爲王妃敕封世孫奐爲朝鮮國王奐表賀册立皇后暨上皇太后徽號貢方物十六年奐表賀皇太后六旬萬壽加上徽號貢方物禮部議准朝鮮使臣來京禁從人在館外貿易十七年遣使敕封奐正室爲王妃十九年奐表進大行皇后前貢物三分發還二十二年諭禁內地人民私越邊界搆舍墾田二十四年朝鮮國王妃薨遣使賜祭二十五年遣使敕封奐繼室爲王妃向例派往朝鮮使臣帶通官五六員至是減至一員永爲定例是年禮部奏據朝鮮國王咨稱英船屢泊其境量山測水並問答中有交易之詞帝命耆英詳詢英使遵照成約婉言開導不得復任兵船游弋致滋驚擾二十九年李奐薨諭祭如例十月命瑞常和色本齎敕往封奐子昪爲朝鮮國王咸豐元年昪以伊祖李䄄於嘉慶辛酉年間羅入其國邪黨案內爲其戚臣金龜柱等誣陷以死恐內府編載其事懇辨其誣禮部奏稱當日上諭暨會典所載並無李䄄之名昪以先世被誣備陳枉抑實屬爲人後者之至情應如所請許其昭雪從之昪表賀上孝和睿皇后暨宣宗成皇帝尊諡貢方物二年遣使敕封李昪妻爲王妃昪表賀孝德皇后册立禮成貢方物均留抵正貢帝飭盛京將軍並沿海督撫嚴禁內地民船至朝鮮漁採三年昪表賀宣宗成皇帝升祔升配並頒給詔書謝恩貢方物命留抵正貢而受其表賀册立皇后禮成貢物四年朝鮮國人張添吉私來京帝命送交其國查辦五年朝鮮國護送美國難民四名至京帝命遞至江南交兩江總督查訊令附該國商船回國六年昪表賀上孝靜康慈皇后尊諡貢方物收受七年禮臣奏准朝鮮帶來紅銅四千餘觔聽在會同四譯館交易帝論越界之朝鮮人金益壽解送盛京禮部轉解鳳凰城交其國查收訊辦十一年二月帝幸熱河昪遣使奉表詣行在恭申起居帝諭使臣到京後無庸前赴行在禮部仍照例筵宴並賜昪如意緞疋瓷器漆器同治元年昪遣使表賀登極呈進兩宮皇太后貢物二分均收受其賀登極貢物一分又頒詔賜緞謝恩進皇帝貢物二分兩宮皇太后貢物四分均留抵正貢二年昪表賀上文宗顯皇帝尊諡並上兩宮皇太后尊號徽號暨頒詔賞緞謝恩各貢物五分收受其十一分留抵正貢是年昪奏稱先世被誣懇將謬妄書籍刊正帝諭朝鮮國王先系源流與李仁任即李仁人者族姓迥別我朝纂修明史於其國歷次辨

事之言無不備載今昇因見康熙年間鄭元慶所撰廿一史約編記載其國世系多誣顧請刊正約編所稱康獻王爲李仁人之子實屬舛誤惟係在明史未修以前村塾綴緝之士見聞未確不免仍沿明初之訛今其國奉有特頒史傳自當欽遵刊布使其子孫臣庶知所信從約編一書在中國久已不行亦無所用其改削著各省學政通行各學查明曉諭凡朝鮮事實應以欽定明史爲正不得援前項書籍爲據以歸畫一而昭信守三年禮臣奏准朝鮮國慶源地方官議修兩國交易官房越圖們江擇偏僻地採取材木十月李昇薨遣使齎敕往封李熙爲朝鮮國王倧九世孫也五年俄羅斯兵艦抵朝鮮元山等處力請通商九月法蘭西水師提督魯月率兵艦入漢江抵漢城礮擊數船毀一礮臺而去十月法艦再抵江華島進陷其城掠銀十九萬佛郎朝鮮募獵虎手八百名禦之乃遁先是國王李熙年幼其生父大院君李昰應執國政惡西教下令嚴禁虐待天主教徒至是法國聲其罪無功而還熙表賀文宗顯皇帝升祔太廟貢方物留抵正貢遣使敕封熙正室閔氏爲王妃七年二月侍郎延煦等奏接見朝鮮委員並查勘鳳凰靉陽兩邊門外大概情形帝諭恭親王會同大學士等公同商議恭親王等奏稱查勘各處私墾地畝已無大段閒荒而朝鮮所慮全在民物溷雜欲除溷雜之弊在乎邊境之嚴復經親王等會同延煦奕榕酌商展邊一切事宜並請飭盛京將軍會同原勘之延煦等悉心查辦帝卽派延煦奕榕馳驛前往奉天會同都興阿出邊查辦諭曰事當刱始必綱舉而目始張且與外藩交涉尤應禁令修明方能垂諸久遠前次延煦接見之朝鮮使臣所設問答均極明晰足見國王深明大體卽著禮部傳知朝鮮國王俟報勘定議後務須嚴飭其國邊界官一體遵守九年九月朝鮮國王稱其國慶源府農圃社民李東吉逃往琿春蓋屋墾田嘯聚無賴籲懇查拿帝諭敏福密飭琿春協領等購綫跴緝盡數拿獲解交其國懲治是歲朝鮮大雨雹國內荒飢餓莩載道民人冒犯重禁渡圖們江至琿春諸處乞食求生是爲朝鮮流民越墾之始帝諭朝鮮國王將民人悉數領回約束並自行設法招徠嚴申禁令不可復蹈前轍尋有美國商船駛至朝鮮大同江附近擱淺朝鮮人見之誤爲法船大肆刼掠十一年熙遣使表賀大婚加上兩宮皇太后徽號貢方物是年美國水師提督勞直耳司率二鐵甲兵艦抵朝鮮江華島毀礮臺三座以報刼掠商船之役十二年熙遣使表賀親政加上兩宮皇太后徽號貢方物光緒元年朝鮮國撥舟濟渡凱撤官兵賜熙緞匹熙遣使進香賀登極貢方物俱留抵正貢發還朝鮮進穆宗毅皇帝萬壽聖節冬至元旦令節各貢物照例留抵正貢熙請封世子貢方物帝允所請其進獻禮物准留抵正貢尋遣使齎敕往封李坧爲朝鮮國王世子又諭奉省押解朝鮮進香貢物之佐領恩俸驍騎校塔隆阿於五月初三日接領至六月初五日始行起行擅改由水路行走兩月之久尙未到京難保無藉端需索情事恩俸塔隆阿均先行革職並著崇實等查明從重參辦二年熙遣使表賀上穆宗毅皇帝及孝哲毅皇后尊謚又表賀加上兩宮皇太后徽號貢方物俱留抵正貢是年朝鮮與日本立約通商先是同治十一年日本外務卿副島種臣來北京議約乘間詰問總理各國事務衙門朝鮮是否屬國當代主其通商事答以朝鮮雖藩屬而內政外交聽其自主我朝向不預聞元年日本廼以兵力脅朝鮮突遣軍艦入江華島燬礮臺燒永宗城殺朝鮮兵刼其軍械而去別以軍艦駐釜山要盟而遣開拓使長官黑田淸隆爲全權大臣議官井上馨副之赴朝鮮議約至是定約十二條大要認朝鮮爲獨立自主國禮儀交際皆與日本平等互派使臣并開元山仁川兩埠通商及日艦得測量朝鮮海岸諸事三年朝鮮以天主教事與法國有違言介駐釜山日本領事調停書稱中國爲上國有上國禮部並聽上國指揮等語日本大詰責以交際平等何獨尊中國如朝鮮爲中國屬則大損日本國體朝鮮上其事總理衙門致書日本辨論略曰朝鮮久隸中國而政令則歸其自理其爲中國所屬天下皆知卽其爲自主之國亦天下皆知日本豈得獨拒五年七月軍機大臣寄諭北洋大臣直隸總督李鴻章密勸朝鮮與泰西各國通商諭曰總理各國事務衙門奏泰西各國欲與朝鮮通商事關大局等語日本朝鮮積不相能將來日本恃其詐力逞志朝鮮西洋各國羣起而謀其後皆在意計之中各國曾欲與朝鮮通商儻藉此通好修約庶幾可以息事俾無意外之虞惟其國政教禁令亦難强以所不欲據總理衙門奏李鴻章與朝鮮使臣李裕元曾經通信略及交鄰之意自可乘機婉爲開導俾得未雨綢繆潛弭外患六年九月鴻章遵旨籌議朝鮮武備許朝鮮派人來天津學習製造操練命津海關道鄭藻如等與朝鮮齎奏官卞元圭擬具來學章程奏聞七年二月鴻章奏言朝鮮國王委員李容肅隨今屆貢使來京於正月二十日赴津稟謁據稱專爲武備學習事並齎呈其國請示節略一本內載有領議政李昰應奏章頗悔去年六月堅拒美國來使爲非計末則歸重於及今之務莫如懷遠人而安社稷等語又索中國與各國修好立約通商章程稅則帶回援照其國軍額極虛餉力極絀誠慮無以自立而所據形勢寔爲東三省屏蔽關係甚重現其君相雖幡然變計有聯絡外邦之意國人議論紛歧尙難遽決自應乘機開誠曉諭冀可破其成見固我藩籬惟其國於外交情事生疏卽如與日本通商五年尙未設關收稅並不知稅額重輕設再與西國結約勢必被欺無益有損臣因令前在西洋學習交涉之道員馬建忠與鄭藻如等參酌目今時勢及東西洋通例代擬朝鮮與各國通商章程底稿豫爲取益防損之計交李容肅齎回俾其國遇事有所據依至其節略所詢各例條內惟答覆日本國書稱謂一節儻稍涉含混卽於屬邦體例有礙臣查西洋各國稱帝稱王本非一律要皆平等相交朝鮮國王久受我册封其有報答日本及他國之書應令仍用封號國政雖由其自主庶不失中國屬邦之名也禮部議准朝鮮學習製器練兵等事發給空白憑票徑由海道赴津以期便捷至貢使來京仍遵定例辦理先是光緒初元吉林鄂多哩開放荒田朝鮮茂山對岸外六道溝諸處間有朝鮮人冒禁私墾者漸次蔓延至是吉林將軍銘安督辦邊防吳大澂奏言據琿春招墾委員李金鏞稟稱土門江北岸由下嘎牙河至高麗鎭約二百里有閒荒八處前臨江水後擁羣山向爲人跡不到之區與朝鮮一江之隔其國邊民屢被水災連年荒歉無地耕種陸續渡江開墾已熟之地不下二千晌其國窮民數千人賴以餬口有朝鮮咸鏡道刺史發給執照分段注册等語臣等查吉林與朝鮮毗連之處向以土門江爲界今朝鮮貧民所墾閒荒在江北岸其爲吉林轄境無疑邊界曠土豈容外藩任意侵佔惟朝鮮寄居之戶墾種有年並有數千餘衆若照例嚴行驅逐出界恐數千無告窮民同時失所殊堪憐憫擬請飭下禮部咨明朝鮮國王派員會同吉林委員查勘明確劃淸界址所有其國民人寄居戶口已墾荒地懇恩准其查照吉林向章每晌繳押荒錢二千一百文每年每晌完佃地租錢六百六十文由臣銘安飭司給領執照限令每年冬季應交租錢就近交至琿春由放荒委員照數收納或其國鑄錢不能出境議令以牛抵租亦可備吉省墾荒之用其咸鏡道刺史所給執照飭令收回銷毀從之十二月鴻章奏言本年正月總理衙門因屢接出使日本大臣何如璋函述朝鮮近日漸知變計商與美國立約請由中國代爲主持擬變通舊制嗣後遇有朝鮮關係洋務要件由北洋大臣及出使日本大臣與其國通遞文函相機開道奉旨知照臣維朝鮮久隸外藩實爲東三省屏蔽與琉球孤懸海外者形勢迥殊今日本既滅琉球法國又據越南沿海六省中國已有鞭長莫及之勢我藩屬之最親切者莫如朝鮮日本脅令通商復不允訂稅則非先與美國訂一妥善之約則朝鮮勢難孤立各國要求終無已時東方安危大局所繫中朝卽不必顯爲主張而休戚相關亦不可不隨時維持多方調護八年三月朝鮮始與美國議約請蒞盟鴻章奏派道員馬建忠水師統領提督丁汝昌率威遠揚威鎭海三艘會美國全權大臣薛裴爾東渡四月初六日約成美使薛裴爾朝鮮議約官申櫶金宏集盟於濟物浦汝昌建忠監之十四日陪臣李應浚齎美朝約文並致美國照會呈禮部及北洋大臣代表未幾英使水師提督韋力士法駐津領事狄隆德使巴蘭德先後東來建忠介之皆如美例成約是役也日本亦令兵輪來調約事其駐朝公使花房義質屢詰約文朝鮮不之告乃叩建忠建忠祕之日人滋不悅六月朝鮮大院君李昰應煽亂兵殺執政數人入王宮將殺王妃閔氏脅王及世子不得與朝士通並焚日本使館在朝鮮練兵教師堀本禮造以下七人死焉日使花房義質走回長崎時建忠汝昌俱回國鴻章以憂去張樹聲署北洋大臣電令建忠會汝昌率威遠超勇揚威三艘東渡觀變二十七日抵仁川泊月尾島而日本海軍少將仁禮景範已乘金剛艦先至朝鮮臣民惶懼望中國援兵亟建忠上書樹聲請濟師速入王京執逆首緩則亂深而日人得逞損國威而失藩封汝昌亦內渡請師七月初三日日兵艦先後來仁川陸兵亦登岸分駐仁川濟物浦花房義質且率師入王京初七日中國兵艦威遠日新泰西鎭東拱北至繼以南洋二兵輪凡七艘蓋樹聲得朝鮮亂耗卽以聞遂命提督吳長慶所部三千人東援便宜行事以兵輪濟師是日登岸十二日薄王京十三日長慶汝昌建忠入城往候李昰應減騶從示坦率昰應來報謁遂執之致之天津而亂黨尙踞肘腋十六日黎明營官張光前吳兆有何乘鰲掩至城東枉尋里擒百五十餘人長慶自至泰利里捕二十餘人亂黨平日使花房義質入王京以焚館逐使爲言要挾過當議不行義質惡聲去示決絕朝鮮懼介建忠留之仁川以李裕元爲全權大臣金宏集副之往仁川會議卒許償金五十萬元開楊華鎭市埠推廣元山釜山仁川埠行程地宿兵王京凡八條隱忍成約自是長慶所部遂留鎭朝鮮方李昰應之執歸天津也帝命俟李鴻章到津會同張樹聲向昰應訊明變亂之由及著名亂黨具奏至是究明李

是應乃國王本生父秉政十年及王年長親政王妃閔氏崇用親屬分是應權是應怨望六月初間閔謙鎬分給軍餉米不滿斛軍人與胥役詬鬥謙鎬囚軍卒五人將置諸法軍人奔訴於是應遂變初九日殺閔謙鎬金輔鉉李最應等是應入闕曉諭諸軍自稱國太公總攬國權亦不捕治亂黨鴻章奏言此次變亂雖由軍卒索餉然亂軍赴是應申訴如果正言開導何至遽興大難朝鮮臣庶皆謂是應激之使變卽謂此無左證而亂軍圍擊宮禁王妃與難大臣被害兇燄已不可嚮邇李是應既能定亂於事後獨不能遏亂於方萌況乘危竊柄一月有餘春秋之義入不討賊片言可折百喙難逃儻再釋回本國奸黨搆煽怨毒相尋重植亂萌必爲後患伏查朝鮮史略元代高麗王累世皆以父子搆釁延祐年間高麗王謜既爲上王傳位於其子燾交搆讒隙元年流謜於土蕃安置王父俱有前事又至元年間燾子忠惠王名禎亦經元帝流於揭陽縣其時高麗國內晏然徒以宵小浸潤遠竄窮荒今李是應無蒙產垂統之尊有幾危社稷之罪較謜禎等情節尤重惟處人家國父子之間不能不兼籌並顧儻蒙加恩勅下臣等將李是應安置近京之保定省城永遠不准復回本國優給廩餼譏其出入嚴其防閑仍准其國王派員省問以慰其私既以弭其國禍亂之端亦卽以維其國倫紀之變帝俞其言乃幽是應保定舊清河道署是年鴻章奏定朝鮮通商章程八條一由北洋大臣札派商務委員前往駐紮朝鮮亦派大員駐津照料商務二朝鮮商民在中國各口財產罪犯等案悉由地方官審斷遵會典舊例三朝鮮平安黃海道與山東奉天等省濱海地方聽兩國漁船往來捕魚不得私以貨物貿易違者船貨入官四准兩國商民入內地採辦土貨照納沿途釐稅五訂鴨綠江對岸柵門與義州二處又圖門江對岸琿春與會寗二處聽邊民往來交易設卡徵稅罷除館宇餼廩芻糧等費六申明嚴禁之物紅蔘一項照例准售酌定稅則七派招商局輪船每月定期往返一次由朝鮮政府協商船費若干八豫計增損之處隨時商辦禮部奏准停止會寗慶原地方監視交易惟本年輪届會寗交易之期恐彼處商民無官約束別滋事端應由盛京將軍奉天府尹吉林將軍就近派員會同朝鮮官妥爲經理熙表賀孝貞顯皇后升祔恭進慈禧皇太后貢物九年熙表賀崇上孝貞顯皇后尊謚恭進慈禧皇太后貢物其因亂黨滋事出兵東援並派兵衛護謝恩貢方物留抵正貢十年朝鮮維新黨亂作初朝鮮自立約通商後國中新進輕躁喜事號維新黨目政府爲守舊黨相水火維新黨首金玉均洪英植朴泳孝徐光範徐載弼謀殺執政代之五人者常游日本暱日人至是倚爲外援十月十七日延中國商務總辦及各國公使並朝鮮官飲於郵署蓋英植時總郵政也是日駐朝日兵運槍礮彈藥入日使館及暮賓皆集惟日使竹添進一郎不至酒數行火起亂黨入傷其國禁衛大將軍閔泳翊殺朝官數人於座外賓驚散夜半日本兵排門入景祐宮金玉均朴泳孝徐光範直入寢殿挾其王謬言中國兵至矯令速日本入衛十八日天明殺其輔國閔臺鎬趙寗夏總管海防閔泳穆左營使李祖淵前營使韓圭稷後營使尹泰駿而亂黨自署官英植右參政玉均戶曹參判泳孝前後營使光範左右營使載弼前營正領官遂議廢立議未決而勤王兵起十九日朝鮮臣民籲長慶平亂長慶責日使撤兵及暮不答其臣民固請長慶兵赴王宮及闕日兵集普通門發槍長慶疑國王在正宮恐傷王未還擊而日兵連發槍斃華兵甚夥乃進戰於宮門外王乘間避至後北關廟華軍偵知之遂以王歸於軍斬洪英植及其徒七人以徇泳孝光範載弼奔日本日使自焚使署走濟物浦朝民仇日人益甚長慶衞其官商妻孥出王京朝鮮具疏告變帝命吳大澂爲朝鮮辦事大臣續昌副之赴朝鮮籌善後日本亦派全權大臣井上馨至朝鮮有兵艦六艘並載陸軍登濟物浦以五事要朝鮮一修書謝罪一恤日本被害人十二萬圓三殺太尉林磯之凶手處以極刑四建日本新館朝鮮出二萬元充費五日本增置王京戍兵朝鮮任建兵房朝鮮皆聽命成約十一年正月日本遣其宮內大臣伊藤博文農商務大臣西鄉從道來天津議朝鮮約帝命李鴻章爲全權大臣副以吳大澂與議諭曰日本使臣到津李鴻章熟悉中外交涉情形必能妥籌因應此次朝鮮亂黨滋事提督吳兆有等所辦並無不合前據徐承祖電稱日人欲我懲在朝武弁斷不能徇曲其請其餘商議各節務當斟酌機宜與之辯論隨時請旨遵行三月約成鴻章奏言日使伊藤博文於二月十八日詣行館會議當邀同吳大澂續昌與之接晤其使臣要求三事一撤回華軍二議處統將三償恤難民臣惟三事之中惟撤兵一層尚可酌允我軍隔海遠役本非久計原擬俟朝亂略定奏請撤回而日兵駐紮漢城名爲護衞使館今乘其來請正可乘機令彼撤兵但日本久認朝鮮爲自主之國不欲中國干涉其所注意不在暫時之撤防而在永遠之輟戍若彼此永不派兵駐朝無事時固可相安萬一朝人或有內亂强鄰或有侵奪中國卽不復能過問此又不可不熟思審處者也伊藤於二十七日自擬五條給臣閱看第一條聲明嗣後兩國均不得在朝鮮國內派兵設營其所注重實在於此臣於其第二條內添註若他國與朝鮮或有戰爭或朝鮮有叛亂情事不在前條之列伊藤於叛亂一語堅持不允遂各不懌而散旋奉三月初一日電旨撤兵可允永不派兵不可允萬不得已或於第二條內添敘兩國遇有朝鮮重大事變可各派兵互相知照至教練兵事一節亦須言定兩國均不派員爲要臣復恪遵旨意與伊藤再四磋商始將前議五條改爲三條第一條議定兩國撤兵日期第二條中日均勿派員在朝教練第三條朝鮮變亂重大事件兩國或一國要派兵應先互行文知照及其事定仍卽撤回不再留防字斟句酌點易數四乃始定議夫朝廷睠念東藩日人潛師襲朝疾雷不及掩耳故不惜糜餉勞師越疆遠戍今既有互相知照之約若將來日本用兵我得隨時爲備卽西國侵奪朝鮮土地我亦可會商派兵互相援助此皆無礙中國字小之體而有益於朝鮮大局者也至議處統將償卹難民二節一非情理一無證據本可置之不理惟伊藤謂此二節不定辦法既無以復君命更無以息衆忿亦係實情然我軍保護屬藩名正言順誠如聖諭謂提督所辦並無不合斷不能曲徇其請因念駐朝慶軍係臣部曲姑由臣行文戒飭以明出自己意與國無干譬如子弟與人爭鬥其父兄出爲調停固是常情至伊所呈各口供謂有華兵殺掠日民情事雖保非彼藉詞但既經其國取有口供正可就此追查如查明實有某營某兵上街滋事確有見證定照軍法嚴辦以示無私絕無賠償可議也以上兩節卽由臣照會伊藤俾得轉圜完案遂於初四日申刻彼此齊集公所將訂立專條逐細校對公同畫押蓋印各執一本爲據謹將約本封送軍機處進呈御覽恭候批准臣等稟承朝謨反覆辯折幸免隕越以後彼此照約撤兵永息爭端俾朝鮮整軍經武徐爲自固之謀並無傷中日兩國和好之誼庶於全局有裨也由是中國戍朝鮮兵遂能歸是年吉林設通商局於和龍峪設分卡於光霽峪西步江專司吉林與朝鮮通商事又設越墾局劃圖們江北沿岸長約七百里寬約四十五里爲越墾專區當光緒己卯間俄人以伊犁故將失和遣兵艦駛遼海英人亦遣兵艦踞朝鮮之巨文島以尼俄人既而伊犁約成英人慮擾東方大局冀中國始終保護朝鮮屢爲總署言之十二年出使英法德俄大臣劉瑞芬致書鴻章言朝鮮毗連東三省關係甚重其國奸黨久懷二心欲鴆自甘已成難治之症中國能收其全土改行省此上策也其次則約同英美俄諸國共相保護不准他人侵佔寸土朝鮮亦可倖存鴻章韙之上之總署不可議遂寢是年釋李是應歸國熙奉表謝恩貢方物留抵正貢十三年鴻章遵旨籌議朝鮮通使各國體制奏言電飭駐紮朝鮮辦理交涉通商事宜升用道補用知府袁世凱轉商伊國應派駐紮公使不必用全權字樣旋於九月二十三日接據袁世凱電稟准朝鮮外署照稱奉國王傳教前派各使久已束裝如俟由咨文往返籌商恐須時日請先電達北洋大臣籌覆並據其國王咨稱近年泰西各國屢請派使修聘諸國幅員權力十倍朝鮮不可不派大公使惟派使之初未諳體制未先商請中朝派定後卽飭外署知照各國以備接待茲忽改派深恐見疑仍請准派全權公使前往待報聘事竣調回或以參贊等員代理庶可節省經費並飭使至西國後與中國大臣仍恪遵舊制等語辭意甚爲遜順臣復加籌度更將有關體制者先爲約定三端一韓使初至各國應請由中國大臣挈赴外部一遇有讌會交際應隨中國大臣之後一交涉大事關繫緊要者先密商中國大臣核示並聲明此皆屬邦分內之體制與各國無干各國不得過問當卽電飭袁世凱轉達國王照辦茲復准王咨稱於十月杪飭駐美公使朴定陽駐英德俄意法公使趙臣熙先後前往所定三端並飭遵行臣查朝鮮派使往駐泰西其國原約有遣使互駐之條遂未先商請中國遽以全權公使報聞各國此時慮以改派失信自是寔情既稱遣使後與中朝使臣往來恪遵舊制臣所定擬三端又經遵行於屬邦事例並無違礙是年吉林有朝鮮勘界之案十六年總理衙門疏言吉林將軍奏稱朝鮮流民佔墾吉林邊地光緒七年經將軍銘安督辦邊防吳大澂奏將流民查明戶籍分歸琿春及敦化縣管轄嗣因朝王懇請刷還流民咨由禮部轉奏經將軍覆准予限一年由伊國地方官設法收回復因限滿而流民仍未刷還反縱其過江侵佔經將軍希元咨由總理衙門奏准派員會勘乃其國始誤以豆滿圖門爲兩江繼誤指內地海蘭河爲分界之江終誤以松花江發源之黃花松溝子有土堆如門附會土門之義執意强辯續經希元派員覆勘石乙水爲圖們正源議於長水分界繪具圖說於十三年十一月奏奉諭旨咨照國王遵辦在案乃國王不加詳攷遽信勘界使李重夏偏執之詞堅請以紅土山水立界齟齬難合然未便以勘界之故遂置越墾爲緩圖現在朝鮮茂山府對岸迤東之光霽峪六道溝十八歲子等地方韓民越墾約有數千地約數萬晌此處既

有圖們江天然界限自可毋庸再勘其國遷延至今斷難將流民刷還應亟飭令領照納租歸我版籍先行派員清丈編甲升科以期邊民相安等語臣等查吉林朝鮮界務前經兩次會勘其未能即定者特茂山以上直接三汲泡二百餘里之圖們江源耳至茂山以下圖們江巨流乃天然界限江南岸爲朝鮮咸鏡道屬之茂山會寧鍾城慶源慶興六府地方江北岸爲吉林之敦化縣及琿春地方朝鮮勘界使亦無異說韓民越墾多年廬墓相望一旦盡刷還數千人失業無依其情實屬可矜若聽其以異籍之民日久佔住主客不分殊非久計且近年墾民叠以韓官邊界徵租種種苛擾赴吉林控訴經北洋大臣李鴻章咨臣衙門有案現在江源界址既難剋日劃清則無庸勘辦處所似宜及時撫綏擬請飭下將軍遴派賢員清丈升科領照納租歸地方官管轄一切章程奏明辦理於是將軍長順頒發執照韓民願去者聽其自便願留者薙髮易服與華人一律編籍爲氓墾地納租是年熙母妃趙氏薨遣使奉表來訃曰朝鮮國王臣李熙言臣母趙氏於光緒十六年四月十七日薨逝謹奉表訃告臣李熙誠惶誠恐頓首稽首伏以小邦無祿肆切哀惶之忱內艱是丁恭申訃告之禮臣無任望天仰聖激切屛營之至謹奉表告訃以聞告訃正使洪鍾永等爲懇恩事竊以小邦祇守藩服世沐皇恩壬午甲申之交綱常得以扶植土宇賴以廓清尤屬恩深再造自經喪亂洊遭饑饉民物流離六七年來艱難日甚近又不幸康穆王妃薨逝舉朝哀戚無計排擋主上念王妃遭兵搆憫八域困窮向例喪祭之需出自閭閻者不得不一概蠲免以舒民力故凡喪祭俱從儉約惟念大皇帝欽差頒敕自昔異數時恐星使賁臨禮節儀有未周負罪滋甚與其抱疚於將來孰若陳情於先事況天恩高厚有願必償久如赤子之仰慈父母矣爲特敬求部堂俯鑒實情擊奏天陛儻有溫諭頒發俾職敬謹齎回免煩星使之處出自逾格恩施不勝急切兢懼之至禮臣奏聞帝諭曰朝鮮告訃使臣具呈懇請免遣使賜奠一摺所陳困苦情形自非虛飾惟國王世守東藩備叨恩禮弔祭專使載在典常循行勿替此天朝撫恤屬藩之異數體制攸關豈容輕改特念朝鮮近年國用窘乏異常不得不於率循舊章之中曲加矜恤向來遣使其國皆由東邊陸路計入境後尙有十餘站沿途供億實繁此次派往大員著改由天津乘坐北洋輪船徑至仁川登岸禮成仍由此路回京如此變通則道途甚近支應無多所有向來陸路供張繁費悉行節省至欽使到國以後應行典禮凡無關冗費者均應恪遵舊章不得稍事簡略將此諭由禮部傳諭國王知之九月遣戶部左侍郎續昌戶部右侍郎崇禮往諭祭十九年朝鮮償日本米商金先是十五年秋朝鮮饑其咸鏡道觀察使趙秉式禁糶及次年夏弛禁日人謂其元山埠米商折本銀十四萬餘元責償朝鮮朝鮮爲能秉式官許償六萬日人至三易公使以爭至是卒償十一萬事乃解初中國駐朝道員袁世凱以吳長慶軍營務處留朝充商務總辦兼理交涉事宜時朝鮮倚中國其執政閔泳駿等共善世凱泳駿閔妃族也素嫉日本而國中新黨厚自結於日人甲申朝鮮之難金玉均朴泳孝等挾貲逃日本而李逸植洪鍾宇分往刺之鍾宇英植子痛其父死玉均手欲得而甘心佯交歡玉均二十年二月自日本偕乘西京丸商輪船游上海同寓日本東和旅館二十二日鍾宇以手槍擊殺玉均中國捕鍾宇繫之以詰朝鮮朝人謂玉均叛黨鍾宇其官也請歸其獄自讞許之朝鮮超賞鍾宇五品官戮玉均屍而以鹽瀆其首日本大譁乃爲玉均發喪假葬執紼者數百人會逸植亦刺泳孝於日本未中日人處逸植極刑日朝交惡且怒中國歸玉均屍四月朝鮮東學黨變作東學者創始崔福成刺取儒家佛老諸說傅相衍授起於慶尙道之慈仁縣蔓延忠淸全羅諸道當同治四年朝鮮禁天主教捕治教徒並擒東學黨首喬姓殺之其黨卒不衰洎上年徑赴王宮訟喬冤請湔雪不許旋擒治其渠數人乃急而思逞朝鮮賦重刑苛民多怨上黨人乘之遂倡亂於全羅道之古阜縣朝鮮王以其臣洪啟勳爲招討使假中國平遠兵艦蒼龍運船自仁川渡兵八百人至長山浦登岸赴全州初戰甚利黨人逃入白山朝兵躡之中伏大敗喪其軍大半賊由全羅犯忠淸兩道兵皆潰遂陷全州會城獲槍械藥彈無算榜全州城以匡君救民爲名揚言即日進公州洪州直擣王京朝鮮大震急電北洋乞援師鴻章奏派直隸提督葉志超太原鎭總兵聶士成率蘆楡防兵東援屯牙山縣牙山値朝鮮王京西南一百五十里仁川澳左腕沔江口也五月電諭駐日公使汪鳳藻按光緒十一年條約告日本外部以朝鮮請兵中國顧念藩服遣兵代平其亂日本外務卿陸奥宗光復鳳藻文謂貴國雖以朝鮮爲藩服而朝鮮從未自稱爲屬於貴國乃以兵北渡命其駐京公使小村壽太郞照約告於中國總署復文謂我朝撫綏藩服因其請兵故命將平其內亂貴國不必特派重兵且朝鮮並未向貴國請兵貴國之兵亦不必入其內地日使覆文謂本國向未認朝鮮爲中國藩屬今照日朝濟物浦條約及中日兩國天津條約派兵至朝鮮兵入朝鮮內地亦無定限朝鮮亂黨聞中國兵至氣已懾初九日爲朝兵所敗棄全州遁朝兵收會城亂平而日兵來不已其公使大鳥圭介率兵四百人先入王京後隊繼至從仁川登岸約八千餘人皆赴王京朝鮮驚愕止之不可中國以朝亂既平約日本撤兵而日人要改朝鮮內政其外部照會駐日使臣約兩國各簡大臣至朝代其更革鳳藻復文謂整頓內治任朝鮮自爲之即我中國不願干預且貴國既認朝鮮爲自主之國豈能預其內政至彼此撤兵中東和約早已訂有專條今可不必再議而日人持之甚堅時日兵皆據王京要害中國屯牙山兵甚單世凱屢電請兵鴻章始終欲據條約要日撤兵恐增兵益爲藉口英俄各國使臣居間調停皆無成議鴻章欲以賠款息兵而日索銀三百萬兩朝論大譁於是和戰無定計而日本已以兵刼朝鮮日使大鳥圭介首責朝鮮獨立六月圭介要以五事一舉能員二制國用三改法律四改兵制五興學校朝鮮爲設校正廳示聽命十四日朝鮮照會日使先撤兵徐議改政不許復責其謝絕爲中國藩屬朝鮮以久事中國不欲棄前盟駐京日使照會總署文略謂朝鮮之亂在內治不修若中日兩國合力同心代爲酌辦事莫有善於此者萬不料中國悉置不講但日請我國退兵兩國若啟爭端實惟中國執其咎遂徧布水雷漢江口以兵塞王京諸門十七日袁世凱赴仁川登輪回國二十一日大鳥圭介率兵入朝鮮王宮殺衛兵遂刼國王李熙令大院君李昰應主國事矯王令流閔泳駿等於惡島凡朝臣不親附者逐之事無鉅細皆決於日人二十二日鴻章電令牙山速備戰守乃奏請以大同鎭總兵衛汝貴率盛軍十三營發天津盛京副都統豐伸阿統盛京軍發奉天提督馬玉崑統毅軍發旅順高州鎭總兵左寶貴統奉軍發奉天四大軍奉朝命出師廬海道梗乃議盡由陸路自遼東行渡鴨綠江入朝鮮時牙山兵孤懸不得四大軍消息而距牙山東北五十里成歡驛爲自王京南來大道且南通公州士成請於志超往扼守遂率武毅副中營老前營及練軍右營於二十四日移駐成歡鴻章租英商高陞輪載北塘防軍兩營輔以操江運船載械援牙山兵輪三艘翼之而東而師期預洩遂爲所截三輪逃回威海操江懸白旂任掠去日艦吉野浪速以魚雷擊高陞沉之兩營殲焉是日牙山軍聞之知援絕而日人大隊已逼士成請援於志超二十六日志超馳至迎戰失利二十七日日兵踞成歡以礮擊我軍勢不支遂敗志超已棄公州遁士成追及之合軍北走繞王京之東循淸鎭州忠州槐山興塘涉漢江經堤川原州橫川狼川金化平康伊川遂安祥源渡大同江至平壤與大軍合匝月始達七月初一日諭曰朝鮮爲我大淸藩屛二百餘年歲修職貢爲中外共知近十年其國時多內亂朝廷字小爲懷疊次派兵前往勘定並派員駐紮其國都城隨時保護本年四月間朝鮮又有土匪變亂國王請兵援剿陳詞迫切當即諭令李鴻章撥兵赴援甫抵牙山匪徒星散乃日人無故添兵突入漢城嗣又增兵萬餘迫令朝鮮更改國政我朝撫綏藩服其國內政事向令自理日本與朝鮮立約係屬與國更無以重兵強令革政之理各國公論皆以日本師出無名不合情理勸令撤兵和平商辦乃竟悍然不顧迄無成說反更陸續添兵朝鮮百姓及中國商民日加驚擾是以添兵前往保護詎行至中途突有敵船多隻乘我不備在牙山口外海面開礮轟擊傷我運船殊非意料所及日本不遵條約不守公法釁開自彼公論昭然用特布告天下俾曉然於朝廷辦理此事實已仁至義盡勢難再與姑容著李鴻章嚴飭派出各軍迅速進剿厚集雄師陸續進發以拯韓民於塗炭蓋中國至是始宣戰也是時中國軍並屯平壤爲固守計八月初日兵既逼諸將分劃守界城北面左寶貴所部奉軍豐伸阿之盛軍江自康之仁字兩營守之城西面葉志超所部蘆防軍守之城南面迤西南隅衛汝貴之盛軍守之城東面大同江東岸馬玉崑之毅軍守之復以左寶貴部分統聶桂林策應東南兩面志超駐城中調度寶貴駐城北山頂守元武門諸將各以守界方位駐城外十六日日兵分道來撲巨礮迫攻各壘相繼潰城遂陷寶貴力戰中礮死志超率諸將北走軍儲器械公牘密電盡委之以去聶士成以安州山川險峻宜固守志超不聽奔五百餘里渡鴨綠江入邊止焉自是朝鮮境內無一華兵朝事不可問矣二十一年三月馬關條約成其第一款中國確認朝鮮爲完全無缺獨立自主之國凡前此貢獻等典禮皆廢之蓋自崇德二年李倧歸附朝鮮爲淸屬國者凡二百五十有八年至是遂爲獨立自主國云

琉球在福建泉州府東海中先是明季琉球國王尙賢遣使金應元請封會道阻留閩中淸順治三年福建平使者與通事謝必振等至江寧投經略洪承疇送至京禮官言前朝敕印未繳未便受封四年賜其使衣帽布帛遣歸是年尙賢卒弟尙質自稱世子遣使奉表歸誠十年遣使來貢明年再遣貢使兼繳前朝敕印請封允之詔曰帝王祇德應治協於上下靈承於天薄海通道罔不率

俾爲藩屏臣朕懋纘鴻緒奄有中夏聲教所綏無間遐邇雖炎方荒略不忍遺棄爾琉球國粤在南徼乃世子尙質達時識勢祗奉明綸旣令王舅馬宗毅等獻方物禀正朔抒誠進表繳上舊詔敕印朕甚嘉之故特遣正使兵科副理官張學禮副使行人司行人王垓齎捧詔印往封爲琉球國中山王爾國官僚及爾氓庶尙其輔乃王飭乃侯度協抒乃忠藎愼乂厥職以凝休綿祉於奕世故茲詔示咸使聞知賜王印一緞幣三十匹妃緞幣二十四並頒定貢期二年一貢進貢人數不得逾一百五十名許正副使二員從人十五名入京餘俱留閩待命旣而學禮等至閩因海氛未靖仍挈回康熙元年勅曰琉球國世子尙質慕恩向化遣使入貢世祖章皇帝嘉乃抒誠特頒恩賚命使兵科副禮官張學禮等齎捧勅印封爾爲琉球國王乃海道未通滯閩多年致爾使人率多物故朕念爾國傾心修貢宜加優恤乃使臣及地方官逗留遲悞均未將前情奏明殊失朕懷遠之意今已將正副使督撫等官分別處治特頒恩賚仍遣正使張學禮副使王垓令其自贖前非暫還原職速送使人歸國一應勅封事宜仍照世祖章皇帝前旨奉行朕恐爾國未悉朕意故再降勅諭俾爾聞知於是學禮等奉往至其國成禮而還三年質遣陪臣吳國用金正春奉表謝封貢方物四年再遣貢使並賀登極其貢物至梅花港口遭風漂失帝諭免其補進五年質仍遣貢使補進前失貢物帝諭曰尙質恭順可嘉補進貢物俱令齎回至所進瑪瑙烏木降香木香象牙錫速香丁香檀香黃熟香等皆非土產免其入貢其琉璜留福建督撫收貯餘所貢物令督撫差解來京即給賞遣歸六年貢使仍齎表入覲八年重建柔遠館驛於福建以待琉球使臣是年王尙質薨八年世子尙貞遣陪臣英常春來貢琉球國凡王嗣位先請朝命欽命正副使奉勅往封賜以駝紐鍍金銀印乃稱王未封以前稱世子權國事十年十三年世子貞均遣陪臣來貢十八年貞遣陪臣補進十七年正貢舊例貢物有金銀罐金銀粉匣金缸酒海泥金彩畫圍屏泥金扇泥銀扇畫扇蕉布苧布紅花胡椒蘇木腰刀火刀鎗盔甲馬鞍絲綿螺盤加貢之物無定額十九年陪臣來貢帝俱令免進嗣後常貢惟馬及熟硫磺海螺殼紅銅等物二十年貞遣陪臣毛見龍等來貢帝以貞當耿精忠叛亂之際屢獻方物恭順可嘉賜敕褒諭兼賜錦幣十五又常貢內免其貢馬著爲例貞疏言先臣尙質於康熙七年薨逝貞嫡嗣應襲爵具通國臣民結狀請封禮臣議航海道遠應令貢使領封見龍等固請禮臣執不可帝特允之二十一年命翰林院檢討汪楫內閣中書舍人林麟焻爲正副使齎詔敕銀印往封琉球國世子尙貞爲王賜御書中山世土額禮成還京奏言中山王尙貞願令陪臣子弟四人來京受學部議前明永樂洪武宣德成化間琉球官生入監讀書今尙貞傾心向學應如所請從之貞遣陪臣毛國珍王明佐等謝封奏言前代封使奉命後每遲至三四年甚有十餘年而後臨臣國者今使臣汪楫林麟焻朝拜命而夕就道且當海疆多故之時衝風冒險而臣國又僻在海東封舟開駕恃西南風以行中道無可倚泊常兼旬經月而後至甚水米俱盡事不可言今在五虎門開洋僅三晝夜而達小國臣遣官迎護親見舟行之次萬鳥繞蓬而飛兩魚夾舟而進經過之處浪靜波平倏抵琉球內地通國臣民以爲僅見仰惟皇上文德功烈格天感神且有御筆在船故徵應若此也乞宣付史館以彰嘉瑞又疏請飭令使官收受所辭宴金帝命收受二十五年貞遣官生梁成楫蔡文溥阮維新鄭秉鈞四人入太學附貢使船遭風桅折傷秉鈞飄至太平山修船二十七年二月始至京師十月貞遣陪臣來謝子弟入監讀書恩並貢方物帝令成楫等三人照都通事例日廩甚優四時給袍褂衫褲鞾帽被褥咸備從人皆有賜又月給紙筆銀一兩五錢特設教習一人令博士一員督課二十八年貞疏言舊例外國船定數三艘貨物得免收稅今琉球進貢船止二艘尙有接貢船一艘未蒙免稅請照例免收以足三船之數又人數例帶一百五十人萬里汪洋駕舟人少不能遠涉乞准加增禮臣議免入貢船稅人數不准加增帝特令加增至二百人三十二年貞遣陪臣來貢請入監讀書官生歸國賜宴及文綺乘傳厚給遣歸自是二年一貢如常例四十八年琉球國內多災宮殿焚颶風頻作人畜多死是年王尙貞薨世子尙純先卒四十九年尙純子尙益以嫡孫立五十一年卒未及請封五十二年尙益世子尙敬立比年遣使入貢稱世曾孫五十七年六月命翰林院檢討海寶編修徐葆光充正副使往封琉球國世曾孫尙敬爲王五十八年琉球國建明倫堂於文廟南謂之府學擇久米大夫通事一人爲講解師月吉讀聖諭衍義三六九日紫金大夫詣講堂理中國往來貢典察諸生勤惰籍其能者備保舉八歲入學者擇通事中一人爲訓詁師教之文廟在久米村泉崎橋北創始於康熙十二年廟中制度俎豆禮儀悉遵會典琉球自入清代以來受中國文化頗深故慕效華風如此五十九年琉球國王尙敬疏請續送官生入監讀書從之雍正二年敬遣陪臣王舅翁國柱及曾信等奉表賀登極貢方物兼送官生鄭秉哲鄭繩蔡宏訓等入監讀書帝召見國柱等御書輯瑞球陽額賜王並玉器緞幣等物交國柱齎回官生蔡宏訓病卒賜銀百兩交禮官擇近京地葬之並以二百兩賻卹其家三年敬遣使表謝方物帝命准作二年一次正貢四年敬遣使入貢並進謝表方物命存留作六年正貢其六年表文俟八年正貢時併進是年貢使歸附官生鄭秉哲等歸國六年敬仍遣使入貢帝命作八年正貢若八年貢使已經起程卽准作十年正貢八年敬遣使入貢疏言請遵舊制二年一貢不敢愆期帝諭仍遵前旨行若十年貢物已遣使起程卽准作十二年正貢十一年不必遣使乾隆二年六月琉球所屬之小琉球國有粟米棉花二船遭風飄至浙江象山浙閩總督嵇曾筠資給衣糧遣還事聞帝諭嗣後被風漂泊之船令督撫等加意撫恤動用存公銀兩資給衣糧修理舟楫查還貨物遣歸本國著爲令三年敬遣陪臣奉表賀登極並貢方物帝命貢使齎回御書永祚瀛壖額賜王並諭不必專使謝恩俟正貢之年一同奏謝五年敬遣使入貢並進謝恩方物六年禮臣議琉球謝恩禮物照雍正四年例准作二年一次正貢從之五月浙江提督裴鉽奏言江南商民徐淮華等五十三人遭風飄入琉球之葉壁山國王資遣都通事阮爲標護送歸國帝命禮臣傳旨奬之十五年敬遣通事阮超羣等送回十四年被風失舟之商民吳永盛等四船九十二人其林士興等六船一百三十人先已撥給桅木廩餼資送回閩事聞賜敬緞疋十六年福建巡撫潘思榘奏言琉球貢使毛如苞等貢船遇颶飄還本島今修葺補進又前有閩縣遭風船戶蔣長興等常熟縣商民瞿長順等三十九人留養兩年今亦隨船回閩奉旨嘉奬是年王尙敬薨十九年世子尙穆遣使入貢兼請襲封二十年命翰林院侍讀全魁編修周煌充正副使往封琉球國世子尙穆爲王二十四年穆遣使入貢並遣官生梁文治等入監讀書帝命所進方物准作二十五年正貢是年資送遭風商民金任之照屋等五十三人回國以後迄於光緒朝凡琉球遭風難民皆撫卹如例二十九年遣官生梁文治等歸國四十九年穆遣陪臣毛廷棟等入覲行慶賀禮御書海邦濟美額賜之並賜玉磁緞匹諸物五十五年穆遣使入貢並進謝恩方物懇恩免抵正貢帝命如所請行五十八年諭軍機大臣琉球貢船現距年節兩月有餘卽飭伴送員按程從容行走祗須封篆前到京便與年班各外藩同與宴賚五十九年穆遣使謝特賜福字如意恩貢方物是年王尙穆薨世子尙哲先卒世孫尙溫權署國事嘉慶三年世孫尙溫遣使入貢兼請襲封是年尙溫建國學於王府北又建鄉學三國中子弟由鄉學選入國學四年命翰林院修撰趙文楷編修李鼎元充正副使往封琉球國世孫尙溫爲王賜御書海表恭藩額五年尙溫遣陪臣子弟四人入監讀書七年琉球那霸官民集資請於王建鄉學四八年琉球二號貢船至大武崙洋遭風漂至臺灣衝礁擊碎其正貢船亦同時漂沒福州將軍玉德等以聞帝諭救獲官伴水稍人等照常例加倍給賞貢物無庸另備呈進十二年王尙溫薨世子尙成署國事未及受封病卒七月命翰林院編修齊鯤工科給事中費錫章往封世孫尙灝爲王是年琉球接貢船復遭風沈沒帝命給銀千兩作僱船資用另給銀五百兩卹淹斃六十三人家屬道光二年琉球貢船至閩頭外洋遭風擊碎溺死貢使十名帝命給銀千兩僱商船回國免另備貢物又琉球遭風難夷米喜阜等每名日給鹽菜口糧俟回國之日另給行糧一月七年琉球國王尙灝遣使入貢並謝賜御書恩貢方物呈懇免抵正貢允之十七年王尙灝薨遣使往封世子尙育爲王十九年尙育遣使謝册封及賞御書貢方物又疏請飭使臣受宴金帝不允令來使齎回初琉球舊例間歲一貢上年改爲四年朝貢一次二十年十一月其國王顲請照舊允之其陪臣子弟四人准隨同貢使北上入監讀書琉球國小而貧逼近日本惟恃中國爲聲援又貢舟許鬻販各貨免徵關稅舉國恃以爲生其資本多貸諸日本國中行使皆日本寬永錢所販各貨運日本者十常八九其數數貢中國非惟恭順亦其國勢然也二十六年琉球入監官生向克期回國途中病故卹銀三百兩咸豐元年琉球國王世子尙泰遣使賀登極貢方物懇免留抵允之帝諭軍機大臣曰琉球恪守藩封前以英人伯德令住居伊國久未撤回頻來呼籲當經飭令徐廣縉曉諭文安委婉開導令其撤回文安設詞推諉該督仍當隨時體察情形加意控馭三年賜琉球御書同文式化額四年琉球世子遣使慶賀册立大典貢方物時賊氛遍東南郵傳多阻諭令使臣無庸繞道來京卽由閩回國使臣仍懇入都帝命王懿德等俟來歲道路疏通派員護送八年琉球入監官生毛啟祥途中病故賜卹銀三百兩九年琉球貢使到閩帝以貢使遠涉輸誠命王懿德等察看情形如閩省上游及江浙諸省道路已通卽派員伴送來京十年琉球入監官生葛兆慶病故營葬張家灣賜卹金如例同治三年琉球國世子遣使賀登極貢方物是年英人與日本搆釁將襲取琉球駐

海軍事竣解五年遣使齎敕印往封琉球世子尙泰爲王六年尙泰遣陪臣子弟四人入監讀書十年有琉球船遭風漂至臺灣爲生番劫殺者五十四人十一年復劫殺日本小田縣難民四人日本大譁旣中日立約天津要求痛懲生番卹琉球日本死難諸人且言琉球爲日本版圖藉口稱兵臺灣語具外交志光緒元年琉球國貢使蔡呈祚回國病沒山東賜葬費銀五年日本入琉球滅之夷爲沖繩縣虜其王及世子而還總理衙門以滅我藩屬詰日本日人拒焉六年帝命北洋大臣李鴻章統籌全局鴻章奏言琉球原部三十六島北部九島中部十一島南部十六島而周迴不及三百里北部中有八部早屬日本僅存一島去年日本廢滅琉球中國疊次理論又有美前總統格蘭忒從中排解始有割島分隸之說此時尙未知南島之枯瘠也本年日本人竹添進一來津謁見稱其政府之意擬以北島中島歸日本南島歸中國又議改前約臣以琉球初廢之時中國體統攸關不能不極與理論今則俄事方殷勢難兼顧且日人要索多端允之則大受其損拒之則多樹一敵惟有暫從緩議因傳詢在京之琉球官尙德宏始知中島物產較多南島貧瘠僻隘不能自立而琉球王及其世子日本又不肯釋還適接出使大臣何如璋來書復稱詢訪琉球國王謂如宮古八重山小島另立三子不止吾家不願闔國臣民亦斷斷不服南島地瘠產微向隸中山政令由土人自主今欲舉以畀琉球琉球人反不敢受我之辦法亦窮等語臣思中國以存琉球宗社爲重本非利其土地今得南島以封琉球而琉球不願勢不能不派員管理旣蹈義始利終之嫌且以有用之兵餉守甌脫不毛之地勞費正自無窮而道里遼遠實有孤危之慮若憚其勞費而棄之不守適墜人狡謀且恐西人踞之經營墾闢扼我太平洋咽喉亦非中國之利是不議改約而僅分我以南島猶恐進退兩難致貽後悔今之議改前約儻能竟釋琉球國王畀以中南兩島復爲一國其利害尙足相抵或可勉强允許不然彼享其利我受其害且並失我內地之利竊所不取也臣愚以爲日本議結琉球之案暫宜緩允由是琉球遂亡

清史稿

屬國傳二

越南

越南先稱安南順治初安南都統使莫敬耀來歸未及授爵而卒尋授其子莫元清爲安南都統使十六年八月經略大學士洪承疇始奏言安南國遺目吏玉川伯鄧福綏朝陽伯阮光華齎啟赴信郡王軍前抒誠納款十七年九月黎維祺始自稱國王奉表貢方物帝嘉之賜文綺白金十八年敕曰朕惟修德來遠盛代之宏謨納款歸仁人臣之正誼旣輸誠而向化用錫命以宣恩褒忠勸良典至重也爾安南國王黎維祺僻處炎方保有厥衆乃能被服聲教特先遣使來歸循覽表文悃忱可見古稱識時俊傑王庶幾有之用錫敕獎諭仍賚爾差官欽仁根銀幣衣服等事遣通事序班一員伴送至廣西沿途撥發兵馬導之出疆爾受茲寵命其益勵忠節永作屏藩恪守職貢不承無歝欽哉未幾維祺卒子維禔嗣尋又卒子維禧嗣康熙二年十一月維禧遣黎敫等表謝附貢方物三年二月遣內院編修吳光禮部司務朱志遠諭祭故王維祺維禔五年五月維禧繳送故明王永曆敕印遣內國史館翰林學士程方朝禮部郎中張易賁册封維禧爲安南國王賜鍍金駝鈕銀印六年維禧奪都統使莫元清高平地元清奔雲南上疏陳訴帝命安置南甯維祺亦上疏言興兵復讐本末初明正德十一年社堂燒香官陳暠殺其王莫明自立明臣都力士莫登庸討殺暠立明兄子譓嘉靖元年登庸逐譓自立譓子黎平據清華自爲一國後莫氏漸衰但保高平一郡勢益弱至是帝遣內院侍讀李仙根兵部主事楊兆傑齎敕諭維禧將高平土地人民歸莫元淸各守其土盡爾藩職初安南定爲三年一貢七年維禧疏請六年兩貢並進帝如所請八年使臣李仙根等齎回維禧覆疏言遵旨將高平府石林廣原上琅下琅土地人民歸莫元淸因奏稱黎維禧所歸土地尙有保樂七源二州崑嵛金馬等十二總社未還請再敕諭全還帝不許是年黎維禧薨弟維禔權理國事十三年正月維禔以訃告遣陪臣胡士揚等進康熙八年十一年歲貢疏言先王世守安南爲逆臣莫登庸篡弒賴輔政鄭檢之祖剿除恢復莫逆遺孽篡據高平乍臣乍叛至莫元淸懼臣討罪潛入內地投誠康熙八年奉命令還高平臣維禧欽奉君命敢不懍遵但莫元淸爲臣不共之讐高平爲世守之土叛逆竊據禍在蕭牆叩懇天恩仍令高平屬歸本國且莫元淸尙有誓辭及祭伊父莫敬耀文內有圖逆天朝之語今謹敬呈並貢方物事下部議尋議前維禧退還莫元淸高平取有復相和好印結今維禔雖言收得誓書祭文但此文年久誓辭係莫敬耀名或得自敬耀存時或得自元淸今日殊難懸擬應飭維禔查明具題再議從之十四年黎維禔卒弟維正權理國事十六年帝諭維正曰逆賊吳三桂値明季闖賊之變委身從賊以父死賊手竊竄來歸念其投誠錫之王爵方且感恩圖報殫竭忠誠詎意以梟獍之資懷狙詐之計陰謀不軌自啟釁端藉請撤移輒行叛逆煽惑奸宄塗炭生靈朕連年遣兵征討秦隴底定閩粵盪平惟吳三桂竊據一隅苟延旦夕今大兵雲集恐其挺走潛竄嶺南茲以王累世屏藩効忠天國亂臣賊子諒切同仇今已遣諸軍大張撻伐平定粵西進取滇黔爾國壤地相屬素諳形勢王其遴選將士協力殲除懋賞榮褒朝有令典欽哉無負朕命十八年十一月維正慶賀大捷疏言逆賊吳三桂變亂數年阻臣貢路且再三脅誘迫令服從區區愚忠罔敢易節乃有逆臣莫元淸與三桂密相締結潛入高平圖爲掩襲今賴仗天威追禽逆黨明正其罪以固屏藩許之二十一年九月維正遣陪臣甲全等表賀閩粵蕩淸並進歲貢方物又爲故王維禔請卹議卹如例時所貢金銀器皿與本內不符詔免深求其餘貢物酌減白絹降眞香中黑線香等物二十二年四月遣翰林院侍讀明圖翰林院編修孫卓册封黎維正爲安南國王御書忠孝守邦四字賜之同時遣翰林院侍讀鄔黑禮部郎中周燦諭祭故王維禧維禔時莫元淸已故其弟敬光爲黎氏所敗率衆來奔帝命發回安南尋敬光病沒泗城土府莫氏遂絕二十五年增賜安南國王表裏五十著爲例三十六年維正奏言牛馬蝴蝶蒲園三處爲鄰界土司侵佔請給還帝問雲南巡撫石文晟知其地屬開化府已三十餘年並非安南故地移文責之五十七年十月黎維正薨嗣子維祹以訃告請襲封附貢方物五十八年二月遣內閣中書鄧廷喆翰林院編修成文諭祭故王黎維正兼册封維祹爲安南國王雍正二年維祹遣陪臣表賀登極附貢方物賜御書日南世祚四字三年雲南總督高其倬奏言雲南開化府與安南接界自開化府馬伯汛外四十里至鉛廠山下小河內有逢春里六寨册載秋糧十二石零康熙二十八年入於安南又雲南通志載自開化府文山縣南二百四十里至賭咒河與安南爲界今自開化府至現在之馬伯汛止一百二十里即至鉛廠山下小河亦止一百六十里是鉛廠山小河外尙有八十里內設都龍南丹兩廠爲雲南舊境雖失在前明但封疆所係均應一併淸查委勘立界帝諭都龍南丹等處明季已入安南是侵佔非始於我朝安南入我朝以來累世恭順不宜與爭尺寸之地維祹尋疏辯嗣總督鄂爾泰疏請於鉛廠山下小河離馬伯汛四十里立界維祹復激詞陳訴五年諭維祹曰朕統馭寰區凡茲臣庶之邦莫非吾土何必較論此區區四十里之地但分疆定界政所當先侯甸要荒事同一體今遠藩蒙古奉諭之下莫不欽承豈爾國素稱禮義之邦獨違越於德化之外哉王不必以侵佔內地爲嫌拏拏申辯此乃前人之誤非王之過也王惟祗遵諭旨朕不深求儻意或遲回失前恭順則自取咎戾懷遠之仁矣豈能倖邀王其祗哉無替朕命維祹感悔奏謝帝因以馬伯汛外四十里賜維祹仍以馬伯汛之小賭咒河爲界六年三月遣副都御史杭奕祿內閣學士任蘭枝往安南宣諭略云王今自悔執迷情詞恭謹朕特沛殊恩即將馬伯汛外四十里之地仍賜國王世守之尋諭鄂爾泰曰朕既加恩外藩亦當俯從民便此四十里內人民若有願遷內地者可給資安插滇省毋使失所其願居外藩屬安南管轄者亦聽其便十一年十一月黎維祹薨王嗣子維祜以訃告請襲封附貢方物十二年二月遣翰林院侍讀春山兵科給事中李學裕諭祭故王維祹册封維祜爲安南國王十三年黎維祜薨弟維禕權理國事乾隆二年維禕以訃告請襲封遣翰林院侍讀嵩壽修撰陳倓諭祭故王維祜册封維禕爲安南國王三年九月維禕遣使奉表賀登極並貢方物九年九月兩廣總督馬爾泰奏粵西奸民葉蓁私出外夷誘教爲匪安南饑民流入甯明諸處帝命滇粵界接安南關隘嚴行稽查毋釀事端嗣兩廣總督馬爾泰廣西署撫托庸提督豆斌奏言南甯府屬遷隆土峒之板蒙等隘太平府屬恩陵土州之呌荒等隘鎭南府屬下雷土州之下首等隘共三十餘口岸俱逼近安南宜壘石建柵添卡撥兵各土司帶領土勇扼險守巡并飭地方官每年冬月查修通報安南驅驢地方爲貨物聚集之所最與由隘相近從由隘出入向設閉禁開之實便商民應設客長稽商民往來並責地方官愼察查至平而水口兩關通太源牧馬等地宜設立鐵鍊橫江攔截逢五十日開一面以通商從之初廣西思陵州沿邊與安南接壤巡撫舒輅請栽竹以杜私越漲祥思陵土目有乘機侵安南地者交人不甘僉與爭鬨十六年總督蘇昌奏聞帝諭舒輅下部察議安南猺匪盤道鉗鄧成玉等謀亂造黃袍黃旂木印句結內地民夷何聖烈等散劄招匪謀攻都龍安北宜經等處爲安南兵目偵知獲何聖烈等盤道鉗等竄匿山箐間十九年安南八寶河沙目黃國珍誘獲盤道鉗鄧成玉雲貴總督碩色訊得實奏聞正法初廣東土匪李文光與順化土豪阮姓謀踞祿賴桐疕等處爲亂番官捕獲繫諸獄二十一年械

逆李文光十六人於福建閩浙總督喀爾吉善奏言安南僻處蠻陬不敢將李文光擅自加誅逆歸請示足徵懷服之忱應將李文光等照交結外國例分別處治從之二十二年六月安南番船失風飄泊永甯汛撥兵守護給資送歸並收貯其軍械歸時給還帝諭收械貯庫殊爲非體可頒諭沿海提鎭知之二十五年閩浙總督愛必達奏言安南邊境沙匪與交目蘇由爲離闌入漫卓馬鹿二寨搶掠滋事已咨其國王禽解矣帝以平日巡防不嚴臨時追捕不力切責之二十六年黎維禕薨王嗣子維磃以訃告請襲封遣翰林院侍讀德保大理寺少卿顧汝修諭祭故王維禕冊封維磃爲安南國王維磃欲以彼國五拜事天之禮受封德保等執不可隨如儀禮成顧汝修既出境以安南王送迎儀節未周遺書責之廣西巡撫熊學鵬以聞汝修坐革職二十七年三月帝諭禮臣曰安南世爲屬國凡遇朝使冊封至其國自應遵行三跪九叩頭禮乃國王狃於小邦陋見與冊使商論拜跪儀注德保顧汝修指示成例始終恪遵外藩不諳體制部臣應預行宣示嗣後遇安南冊封等事卽將應行典禮並前後遵行拜跪儀節告知正副使令其永遠遵循著爲令三十四年安南莫氏後黃公纘居南掌猛天寨黎氏逼之率屬內投維磃請索回處治移檄責之四十三年安南解竄匪入關賜維磃緞匹四十六年維磃遣使謝恩貢方物帝命收受下次正貢著減一半並命嗣後陳謝表奏毋庸備禮五月諭禮部本年安南國貢使到京命堂官一人帶往熱河瞻覲四十九年帝南巡安南陪臣黃仲政黎有容阮堂等迎覲南城外賜幣帛有差特賜國王南交屏翰扁額五十一年安南阮氏變作初明嘉靖中安南王黎維潭復國實其臣鄭氏阮氏之力自是世爲左右輔政後右輔政乘阮死幼孤兼攝左輔政以專國事而出阮氏於順化號廣南王阮鄭世仇搆兵及黎維磃權益下移僅同守府輔政鄭棟遂殺世子據金印謀篡國而忌廣南之强乃誘其土酋阮岳阮惠共攻廣南王滅之於富春阮惠自爲泰德王鄭棟自爲鄭靖王兩不相下維磃無如何也安南所都曰東京卽古交州唐安南都護治所而以廣南順化二道爲西京卽古日南九眞地黎維潭起兵之所與東京中隔海口世爲廣南阮氏所據兵强於安南至是鄭棟死阮惠以鄭姓專國人心不附乃藉除鄭氏爲名攻破黎城擊滅鄭棟之子鄭宗阮氏復專國維磃犒以兩郡且娶以女五十二年維磃卒嗣孫維祁立阮惠盡取象馘珍寶歸廣南使鄭氏之臣貢整留鎭都城貢整思扶黎拒阮乃以王命率兵奪回象五十而阮岳亦於廣南要奪其輜重阮惠歸治城池於富春使其將阮任以兵數萬攻貢整於國都整戰死維祁出亡阮任遂據東京四守險要有自王之志五十三年夏阮惠復以兵誅阮任於東京而請維祁復位維祁知其叵測不敢出惠知民心不附盡毀王宮挾子女玉帛舟回富春留兵三千守東京有高平府督阮輝宿者護維祁母妻宗族二百口由高平登舟遠遁至博淦溪河廣西太平府龍州邊也冒死涉水登北岸其不及渡河者盡爲追兵所殺兩廣總督孫士毅廣西巡撫孫永清先後以聞且言推固予奪惟上所命帝以黎氏守藩奉貢百有餘年宜出師問罪以興滅繼絕先置其家於南甯道其陪臣黎侗阮廷枚叵風密報嗣孫時安南疆域東距海西接老撾南與占城隔一海口北連廣西雲南有二十二府其二府爲土司所居實止二十府共十

分三道此時未陷者淸華道四府十五縣宣光道三州一縣興化道十州二縣又上路未陷下路已陷者安邦道四府十二縣山西道五府二十四縣京北道四府二十縣太源道三州八縣其上路已陷下路未陷者山南道九府三十六縣海陽道四府十九縣惟廣南順化二道本阮酋巢穴又據高平道一府四州諒山道一府七縣以捍遏內地帝命孫士毅移檄安南諸路示以順逆早反正時維祁弟維袖維祉皆外出避難維袖死宣光城維祉由京北波逢廠來投孫士毅以維祉有才氣欲令權攝國事帝慮其兄弟日後嫌疑不許乃令土田州岑宜棟護維祉出口號召義兵會阮廷枚等以嗣孫復書至乞轉奏於是安南國土司及未陷各州官兵爭縛僞黨獻地圖而關外各廠義勇亦皆乞餉團練請爲嚮導時阮惠兄弟亦叩關請貢以其國臣民表至言黎維祁不知存亡請立故王維磃之子翁皇司維襸主國事並迎其母妃回國帝知阮惠欺維襸愚懦易與狡計緩師命孫士毅駁斥之安南進兵路三一出廣西鎭南關爲正道一由廣東欽州泛海過烏雷山至安南海東府爲唐以前舟師之道一由雲南蒙自縣蓮花灘陸行至安南之洮江乃明沐成出師之道孫士毅及提督許世亨率兩廣兵一萬出關以八千直擣王京以二千駐諒山爲聲援其雲南提督烏大經以兵八千取道開化府之馬白關踰賭咒河入交趾界千有百里而至宣化鎭較沐晟舊路稍近雲貴總督富綱請行帝以一軍不可二帥命駐關外都龍督餉運十月末粤師出鎭南關詔以安南亂後勞瘠不堪供億運餉由內地滇粤兩路設臺站七十餘所所過秋毫無犯孫士毅許世亨由諒山分路進總兵尙維昇副將慶成率廣西兵總兵張朝龍李化龍率廣東兵時土兵義勇皆隨行聲言大兵數十萬各守隘賊望風奔遁惟扼三江之險以拒十一月十三日尙維昇慶成率兵千餘五鼓抵壽昌江賊退保南岸我兵乘之浮橋斷皆超筏直上時天大霧賊自相格殺我兵遂盡渡大破之張朝龍亦破賊柱石十五日進兵市球江江闊且南岸依山高於北岸賊據險列礮我兵不能結筏諸軍以江勢繚曲賊望不及遠乃陽運竹木造浮橋示必渡而潛兵二千於上游二十里溜緩處用小舟宵濟十七日乘筏薄岸相持適上游兵已繞出其背乘高大呼下擊聲震山谷賊不知王師何自降皆驚潰十九日薄富良江江在國門外賊盡伐沿江竹木斂舟對岸然遙望賊陣不整知其衆無固志乃覓遠岸小舟載兵百餘夜至江復奪小舟三十餘更番渡兵二千分擣賊營賊昏夜不辨多寡大潰焚其十餘艘獲總兵侯伯數十黎明大軍畢濟黎氏宗族百姓出迎伏道左孫士毅許世亨入城宣慰而出城環土壘高不數尺上植叢竹內有甎城二則國王所居宮室已蕩盡矣而黎維祁匿民村是夜二鼓始出詣營見孫士毅九頓首謝捷聞初王師之出也帝慮事成後冊封往返稽時致王師久暴露於外先命禮部鑄印內閣撰冊郵寄軍前孫士毅遂以二十二日宣詔冊封黎維祁爲安南國王並馳報孫永淸歸其家屬維祁表謝請於乾隆五十五年詣京祝八旬萬壽帝命俟安南全定維祁能自立許來朝是役也乘思黎舊民與各廠義勇先驅嚮導又許世亨張朝龍等新自臺灣立功皆善戰之將故得以兵萬餘長驅深入不匝月而復其都時雲南烏大經之兵尙未至也詔封孫士毅一等謀勇公許世亨一等子諸將士賞賚有差時阮惠已遁歸富春孫

士毅謀造船追討孫永淸奏言廣南距黎都又二千里用兵萬人設糧站需運夫十萬與鎭南關至黎城等帝以安南殘破空虛且黎氏累世孱弱其興廢未必非運數也既道遠餉艱無曠日老師代其搜捕之理詔卽班師入關而孫士毅貪俘阮爲功師不卽班又輕敵不設備散遣土軍義勇懸軍黎城月餘阮氏諜知虛實歲暮傾巢出襲國都僞爲來降者士毅等信其誑詞晏然不知也五十四年正月朔軍中置酒張樂夜忽報阮兵大至始倉皇禦敵賊以象載大礮衝我軍衆寡不敵黑夜中自相蹂躪黎維祁挈家先遁滇師聞礮聲亦退走孫士毅奪渡富良江卽斬浮橋斷後由是在岸之軍提督許世亨總兵張朝龍官兵夫役萬餘皆擠溺死時士毅走回鎭南盡焚棄關外糧械數十萬士馬還者不及半其雲南之師以黎臣黃文通嚮導得全返黎維祁母子復來投奏聞帝以士毅不早班師而又漫無籌備致挫國威損將士乃褫職來京待罪以福康安代之阮惠自知賈禍旣懼王師再討又方與暹羅搆兵恐暹羅之乘其後也於是叩關謝罪乞降改名阮光平遣其兄子光顯齎表入貢懇賜封號略言守廣南已九世與安南敵國非君臣且蠻觸自爭非敢抗中國請來年親覲京師並於國內爲死綏將士築壇建廟請頒官銜謚號立主奉祀又聞暹羅貢使將入京恐受其媒孽乞天朝勿聽其言福康安先後以聞帝以維祁再棄其國並冊印不能守是天厭黎氏不能自存而阮光平旣請親覲非前代莫黎僅貢代身金人之比且安南自五季以來曲矯吳丁李陳黎莫互相吞噬前代曾郡縣其地反側無常時憂南顧乃允其請卽封阮光平爲安南國王冊曰朕惟王化遐覃伐罪因而舍服侯封恪守事大所以畏天鑒誠悃於荒陬賚其旣往沛恩膏於屬國嘉與維新賁玆寵命之頒勗以訓行之率惟安南地居炎徼開十三道之封疆而黎民臣事天朝修百餘年之職貢每趨王會舊附方輿自遭難以流離遂式微而控愬方謂興師復國字小堪與圖存何期棄印委城積弱仍歸失守殆天心厭其薄德致世祚訖於終淪爾阮光平起自西山界斯南服向匪君臣之分寖成婚媾之仇釁啟交訌情殊負固抗顏行於倉卒雖無心而難掩前愆悔罪咎以湔除願革面而自深痛艾表箋籲請使先猶子以抒忱琛獻慴來躬與明年之祝嘏自非仰邀封爵榮藉龍光曷由下莅民泯妥玆鳩集況王者無分民詎在版章其土宇而生人有司牧是宜輯甯爾邦家爰布寵綏俾懲鎭撫今封爾爲安南國王錫之新印於戲有興有廢天子惟順天而行無貳無虞國王咸舉國以聽王其懋將丹欵肅矢冰兢固圉以長其子孫勿使逼滋他族悉心以勤於夙夜罔令逸欲有邦益敬奉夫明威庶永承夫渥典欽哉毋替朕命其黎維祁賞三品銜令同屬下人戶來京歸入漢軍旗下卽以維祁爲佐領又令阮光平訪問維祁親屬護送進關其前安插內地之西南夷人有繫懷故土者並令阮光平善爲撫綏以示矜全五十五年阮光平來朝祝釐途次封其長子阮光纘爲世子七月入覲熱河山莊班次親王下郡王上賜御製詩章受冠帶歸其實光平使其弟冒名來光平未敢親到也其譎詐如此五十六年擊收黎維祉及萬象國之師來獻捷帝優賞之五十七年議定安南貢期舊例三年一貢者定爲兩年六年遣使來朝一次者定爲四年九月阮光平在義安病故世子阮光纘權國事以訃告五十八年正月遣廣西按察使成林諭祭加

諡忠純並頒賜御製詩於墓道勒碑以表恭順封光纘爲安南國王帝以阮邦新造人心未定阮光纘尙幼且阮岳尙在廣南吳文楚久握兵柄主少國疑恐有變特調福康安總督雲貴備邊並令成林密偵其國成林旋以國事粗定聞乃止八月署兩廣總督郭世勳奏安南添立花山市先是安南通市平而水口兩關商人在其國之高憑鎭牧馬庯立市由隘商人在諒山鎭之驅驢庯立市分設太和豐盛二號並置廠長市長各一人保護監當各一員而從平而關出口之商必由水路先抵花山計程僅二百餘里且花山附近村莊稠密至是添設行鋪其市長監當各員即於驅驢額內派往客民中有由陸路前赴牧馬者仍聽其便嘉慶元年福州將軍魁倫兩廣總督吉慶先後奏言獲烏艚船海盜有安南總兵及封爵勅命印信等物初阮氏據廣南以順化港爲門戶與占城眞臘暹羅皆接壤西南瀕海有商船飄入海者阮氏輒沒入其貨即中國商船亦倍稅沒其半故紅毛占臘暹羅諸國商船皆以近廣南灣爲戒阮光平父子既以兵篡國國用虛耗商船不至乃遣烏艚船百餘總兵十二人假採辦軍餉多招中國沿海亡命啖以官爵資以器械船隻使嚮導入寇閩粵江浙各省時浙師禦海盜値大風雨雨中有火燄入賊舟悉破損參將李成隆率兵涉水取賊礮並搜獲安南勅文總兵銅印各四敕稱差艚隊大統兵進祿侯倫貴利而教諭王鳴珂獲三賊一詭爲瘖者一名王貴利訊云即倫貴利也同時閩中獲艇賊安南總兵范光喜供述阮光平既代黎氏光平死傳子光纘時與舊阮搆兵而軍費又苦不給其總督陳寶玉招集粵艇肆掠於洋繼而安南總兵黃文海與賊官伍存七有隙以二艇投誠於閩今閩中造船用其式也倫貴利者廣東澄海人投附安南與舊阮戰有功封侯以巡海私結閩盜來閩浙劫掠安南艇七十六艘分前中後支倫貴利統帶後支其銅印凡四貴利自佩其一餘三印三總兵曰耀日南日金者佩之耀已擒斬南金則均溺斃於海云巡撫阮元磔貴利而以供辭入奏帝命軍機大臣字寄兩廣總督照會安南國王冬十二月阮光纘呈覆略曰小番世蒙天朝恩庇曠格逾涯無能酬報思以愼守疆宇永作屛翰祇以本國極南沿海農耐地方有賊渠阮種竊據其地嘯聚齊桅盜夥數爲海患本國整飭海防間收船客以離賊黨且助海而帆柁之役倫貴利者前居本國隨同商伴巡防詎料伊包藏禍心私瞞小番竟敢潛約匪船越赴內洋肆行劫掠又擅造印劄轉相誑誘情罪重大實爲法律所不容小番不能先燭其奸疏於鈐束仰蒙聖慈普鑒洞悉肫誠訓誨有加天日垂照恭譯聖諭且感且悚謹當遵奉彝訓靖守藩封令本國巡海人員嚴加警飭密施鈐勒斷不容結同匪夥越境作非務期桂海永淸以上副聖天子懷柔之至德是所自勉也帝以國王不知赦之二年兩廣總督奏稱安南國王阮光纘差委官弁丁公雪等帶領兵船拿獲盜犯黃柱陳樂等六十餘名解送內地帝降敕褒賜並頒賜如意玉山蟒錦紗器以示優獎初阮光平既攻滅廣南王阮某阮某爲黎王婿妻黎氏有娠逃於農耐農耐爲水眞臘舊都即嘉定省今之西貢也黎氏生子曰阮福映本名種潛匿民間及長奔暹羅暹羅王故與阮光平夙仇乃以女弟婦福映助之兵攻克農耐據之勢漸强號舊阮而稱阮光平父子爲新阮亦曰西阮舊阮以復仇爲辭奪其富春舊都時嘉慶四年也六年十一月安南僞總兵陳天保攜眷內投始知安南與農耐兵爭事七年八月農耐攻昇隆城阮光纘敗走被擒八月阮福映縛送莫觀扶等三名來粵並獻其攻克富春時所獲阮光纘封冊金印奉表投誠莫觀扶等皆中國盜犯受安南招往投順封東海王及總兵僞職者帝以從前阮光平款關內附恩禮有加阮光纘嗣服南交復頒救命俾其世守勿替乃藪奸窩盜肆毒海洋負恩反噬莫此爲甚且印信名器至重輒行捨棄潛逃罪無可逭其命兩廣總督吉慶赴鎭南關備邊俟阮福映攻復安南全境以聞十二月阮福映滅安南遣使入貢備陳搆兵始末爲先世黎氏復仇幷言其國本古越裳之地今兼併安南不忘世守乞以南越名國帝諭以南越所包甚廣今兩廣地皆在其內阮福映全有安南亦不過交趾故地不得以南越名國八年改安南爲越南國六月命廣西按察使齊布森往封阮福映爲越南國王蓋自阮光平篡黎氏十九年復滅於阮福映嗣後修職貢者爲舊阮子孫矣九年遣編置佐領及安插江寗熱河張家口奉天黑龍江伊犁等處安南人回國資銀有差並許黎維祁歸葬十一年越南興化鎭目請以臨安府所屬六猛地方外附檄諭王自懲之阮光纘遺族阮如權避捕投內地兩廣總督吳熊光奏請發交阮福映帝嫌其爲屬藩禽送逋逃不許亦不許其逗留內地十四年阮福映遣員至諒關齎送乾隆六十年錫封南掌國王敕印帝嘉獎之阮福映之得國也藉嘉定永隆兵力居多乃取二省爲年號曰嘉隆在位十七年而薨子福晈嗣道光元年遣廣西按察使潘恭辰齎敕印往封阮福晈爲越南國王九年越南使臣請改貢道由廣東水路部議駮之十九年帝諭向來越南國二年一貢四年遣使來朝一次合兩貢並進嗣後改爲四年遣使來貢一次其貢物照兩貢並進之數減其半福晈改元明命在位二十一年嘗以兵奪高蠻國河仙一帶地分通境爲三十省曰富春國都也廣南廣義二省爲右圻廣治廣平二省爲左圻平順富安廣和邊和嘉定安江河仙永隆定祥九省爲南圻河靜海陽廣安淸化乂安南定廣平興安河內北寗諒山高平太原山西宣光興化十六省爲北圻後又以廣義廣治各省過小改爲道疆域較歷世爲大惟宣光省西北直廣西鎭安府之南有地曰保樂州其酋農姓係黎氏舊臣仍念故主不服新王越南僅羈縻之黎維祁子孫逃居老撾深山中時思聚衆復國所謂黎王後也其餘黎氏疏族好滋事俱安置平順以南各省又自鄙其國文教之陋奏請頒發康熙字典其取士則用元制以經義詩賦考試道光二十一年阮福晈薨遣使告哀詔停進貢方物命廣西按察使寶淸往封其子福暶爲越南國王福暶改元紹治在位七年道光二十八年薨子福時嗣凡朝使冊封歷世只在河內河內即東京其國建都處也及阮福映得國以東京屢燬於兵而其先人世居嶺南遂遷都於富春省改東京爲河內省封使至其國仍循例駐節於此阮福時嗣位年幼奏乞天使至其國都由是廣西按察使勞崇光至富春冊封焉三十年鄭祖琛奏越南國王阮福時因先後奉到孝和睿皇后宣宗成皇帝遺詔擬請遣使恭進香禮並進香品祭物又齎遞表文貢物慶賀登極帝諭孝和睿皇后宣宗成皇帝梓宮均已奉移陵寢止其遠來進香其慶賀登極方物亦無庸呈進咸豐二年諭越南國明年例貢著於咸豐三年五月內到京六年諭越南國王阮福時以丁巳年正貢屆期咨呈勞崇光奏請於何月進關現在用兵諸省分尙未肅淸越南國此次例貢著緩至下屆兩貢並進八年法蘭西奪取越南國西貢先是明季有法蘭西天主教徒布教來安南康熙五十九年法兵艦假羅地號泊交趾士官三人登陸至平順省土人縛而獻之王艦長與教師商以重金贖歸此爲法越交涉之始乾隆十四年法王路易十五命皮易甫亞孛爾者爲全權大臣至順化府謀通商國王不許乾隆十八年越人大戮天主教徒乾隆五十一年越內亂阮岳自稱王阮光平使其子景叡詣法國乞援翌年遂訂法越同盟之約割崑崙島之茶麟港於法未幾爽約嘉慶二十五年法艦來越南測量海口國人激王殺法人狄亞氏道光二十七年法人以兵艦至茶麟港大敗越軍至是年遂徑奪西貢越南第一都會也十年諭內閣劉長佑奏越南國入貢屆期現在廣西軍務未竣道路不寗其丁巳辛酉兩屆例貢暫行展緩同治元年法國拿破崙第三以海軍大舉伐越南奪茶麟港約割下交趾邊和嘉定定祥三省開通商三口賠償二千萬佛郎許其和嘉興省即西貢所在也二年越南國王阮福時因奉到文宗顯皇帝遺詔咨請遣使進香表賀登極貢方物卻之三年越南乙丑例貢及上二屆兩貢仍命展緩六年冬廣西太平鎭安兩府土匪蜂起官軍擊之敗遁越南七年國王咨乞廣西巡撫蘇鳳文代奏請兵援剿帝命提督馮子材率三十營討之八年七月二十一日華軍由鎭南關進發八月賊酋吳鯤戰北寗傷於銃飲孔雀血死諸賊大懼大兵至遂乞降冬賊酋梁天錫西奔宣光投歸河陽賊首黃崇英是年法人割取越南國安江河曲永隆三省自是下交趾六省悉隸法版九年興化省保勝賊首劉永福太原省蘇街賊首鄧志雄皆來降夏四月黃崇英遁入保樂州白苗界內提督馮子材班師七月師次龍州而黃崇英復踞河陽劉永福復踞興化之保勝鄧志雄復踞太原之蘇街十月降賊蘇國漢乘夜襲陷諒山省城北圻總統段壽死之時廣西候補道徐延旭因事至諒山城外驅驢庯調兵助越攻城不克十一月賊酋阮四陸之平張十一等復踞高平省越王復懇出師帝命馮子材再督軍出關廣西巡撫李福泰請以廣東候補道華廷傑襄辦軍事十年夏馮子材次龍州四月二十一日總兵劉玉成督諸將出關次北寗九月欽州知州陳某誘擒蘇國漢解送兩廣總督瑞麟誅之其子蘇亞鄧遁入海踞狗頭山道員華廷傑旋回廣東十一年廣西巡撫劉長佑檄道員覃遠璡率勇十營辦太平鎭安二府邊防馮子材亦調回防邊十二年華軍將撤法人突以兵船至河內省國王咨稱華總兵陳得貴派隊押令放入劉長佑據情奏聞朝命革職提訊法人遂招中國散勇及雲南邊境不逞之徒攻越南各省其守臣多降至太原省守臣招劉永福相助法兵至永福設伏敗之禽其帥安鄴法人敗退河內省與王和王遣其臣阮文祥與議法人遂建館河內並於白藤海口設關收稅初賊首黃崇英爲吳鯤中表劉永福亦吳鯤之黨吳鯤死其弟吳鯨合家自殺黃崇英劉永福素不相能永福降越南王授以三省提督之職黃崇英踞河陽爲盜自若十三年劉長佑遣劉玉成將左軍十營道員趙沃將右軍十營由鎭安府出關討黃崇英是年法人逼令越南王公布天主教及紅河通航二事紅河即富良江也旋又以保商爲名派兵駐守河內海防諸地且求開採紅河上流礦山光緒元年趙沃連克底定縣

襄安府各處保樂州土民及白苗皆約降崇英率衆來拒旋遁去趙沃督諸軍攻克河陽老巢賊黨陳亞水降七月禽黃崇英戮之二年春班師七年劉長佑移督雲貴知法人志在得越南以窺滇粵上疏略曰邊省者中國之門戶外藩者中國之籓籬籓籬陷則門戶危門戶危則堂室震越南爲滇粵之脣齒泰西諸國自印度及新加坡檳榔嶼設立埠頭以來法國之垂涎越南久矣開市西貢據其要害復通悍賊黃崇英規取東京衆兵謀渡洪江以侵諒山諸處又欲割越南廣西邊界地六百里爲駐兵之所臣時任廣西巡撫雖兵疲餉絀立遣將卒出關往援法人不悅訐告通商衙門謂臣包藏禍心有意敗盟賴毅皇帝察臣愚忠乃得出助剿之師內外夾擊越南招用劉永福以折法將沙酋之鋒廣西兩軍左路則提督劉玉成趨太原北寧右路則道員趙沃由興化宣光分擊賊黨直抵安邊河陽破崇英巢穴殲其渠魁故法人寢謀不敢遽肆吞併者將逮一紀然臣每詳詢邊將知法人之志在必得越南以窺滇粵之郊而通楚蜀之路狡焉思啟禍近切膚乃入秋以來法國增加越南水師經費其下議院議借二百五十萬佛郎經理東京海灣水師其海軍卿格羅愛逐日籌畫東京兵事俟突尼斯案一結即可進行竊歎法人果蓄志而潛謀嗜利而背約也竊聞造此謀者爲伯朗手般在越南西貢爲巡檢司開埠之後招入土夷客民衆至百萬民情漸洽物產日增東捕寨所招商民亦邀百萬運米出洋歲百萬石所徵賦稅入西貢庫藏者歲計佛郎二百五十萬東捕本荒藪開成通衢車路方軌溝渠修濬東捕人感法恩德至願以六百萬口獻地歸附故伯朗手般以越南情形告其總統富良江一帶法已駛船開市議上溯以達瀾滄江通中國之貨結楡方諸夷以窺滇粵邊境築西貢至東埔寨鐵路以避海道之迂繞越南西境皆有法人之迹政治不修兵賦不足勢已危如累卵今復興兵吞噬加以東埔之叛民勢必摧敗不可支拄同治十三年法提督僅鳴礮示威西三省已入於法人之手而紅海通舟地險復失所立條約惟不肯與以東京國勢岌岌恃此爲犄角若復失其東京即不窮極兵力圖滅富春已無能自立矣臣以爲法人此舉志吞全境既得之後必請立領事於蒙自等處以擴山礦金錫之利或取道川蜀以通江海據列邦通商口岸之上游況滇南自同治以後平定逆回其餘黨桀黠者或潛竄越南山谷或奔洋埠役於法人軍情虛實邊地情形盡行洩漏故時有夷人闌入滇以覘形勢儻法覆越南逆黨又必導之內寇逞其反噬之謀臣受任邊防密邇外寇不敢聞而不告奏入不報時駐英法使臣曾紀澤以越事迭與法廷辨詰福建巡撫丁日昌亦疏法越事以聞帝命與北洋大臣李鴻章籌商辦法並諭沿江沿海督撫密爲籌辦八年二月法人以兵艦由西貢駛至海陽謀取東京直督張樹聲以聞帝諭滇督相機因應三月移曾國荃督兩廣法攻東京破之張樹聲奏令滇粵防軍嚴守城外以剿辦土匪爲名藉圖進步並令廣東兵艦出洋巡爲聲援五月滇督劉長佑遣道員沈壽榕帶兵出境與廣西官軍連絡聲勢保護越南並奏言探聞法人破東京後退駐輪船日日添兵增招羣盜懸賞萬金購劉永福十萬金取保勝州又法領事破城後刼掠商政衙門傳示各商出入貨稅另有新章現仍調取陸軍赶造拖船爲西取保勝之計越王派其兵部侍郎陳廷肅接署河內總督遣吏部尙書阮正等抵山西與黃佐炎等籌商禦敵之策各省巡撫布按大半與黃佐炎劉永福同願決一死戰嗣後統領防軍提督黃桂蘭報稱劉永福馳赴山西道經諒山來見比曉以忠義感激奮發據稱分兵赴北寧助守保勝萬不使法人得逞但兵力不足望天朝爲援其河內探報云法人恐援兵猝至當釋所獲之河內巡撫交還城池倉庫巡撫不受稱法人違約弄兵以死自誓乃轉交按察使宗室阮霸復以火藥轟燬東京以免越人復聚且省兵力分守其輪船或東下海陽或分駛廣南西貢俟添兵既集從事上游伏查法人焚掠東京狡謀叵測越南諸臣決計主戰山西爲上通雲南要地越軍能悉力抵禦微特滇粵邊防可保即越南大局亦尙有振興之期而粵督與總署所議以滇粵三省兵力合規北圻一策更可乘勢早圖以杜窺伺然越國受制法人已久人心恇怯此次決戰山西期於必勝稍有撓敗則大局不堪設想蓋山西有失則法人西入三江口不獨保勝無復障蔽而滇省自河底江以下皆須步步設防益形勞費以事機而論中國有萬難坐視之處且不可待山西有失始爲事後之援旋召長佑入覲以岑毓英署滇督劉永福者廣西上恩州人咸豐間廣西亂永福率三百人出鎭南關時粵人何均昌據保勝永福逐而去之遂據保勝所部旗皆黑色號黑旗軍永福既立功越南授三省提督職時時自備餉械剿匪而黃佐炎皆匿不上聞越臣亦多忌之永福積怨於佐炎佐炎爲越南駙馬以大學士督師督撫均受節制馮子材爲廣西提督時佐炎以事來見子材坐將臺令以三跪九叩見佐炎銜之次骨越難已深國王阮福憤極決戰責令佐炎督永福出師六調不至法軍忌永福故越王始終倚任之先是劉長佑命藩司唐炯率舊部屯保勝曾國荃至粵命提督黃得勝統兵防欽州提督吳全美率兵輪八艘防北海廣西防軍提督黃桂蘭道員趙沃相繼出關所謂三省合規北圻也時法人要中國會議越事諭滇粵籌畫備議法使寶海至天津命北洋大臣會商越南通商分界事宜吏部主事唐景崧自請赴越南招撫劉永福帝命發雲南岑毓英差遣景崧乃假道越南入滇先至粵謁曾國荃韙其議資之入越見永福爲陳三策上策言越爲法逼亡在旦夕誠因保勝傳檄而定諸省請命中國假以名義事成則王此上策也次則提全師擊河內驅法人中國必助之餉此中策也如坐守保勝事敗而投中國此下策也永福曰微力不足當上策中策勉爲之三月法軍破南定帝諭廣西布政使徐延旭出關會商黃桂蘭趙沃籌防李鴻章丁憂奪情回北洋大臣任鴻章懇辭至是命鴻章赴廣東督辦越南事宜粵滇桂三省防軍均歸節制鴻章奏擬赴上海統籌全局法使寶海在天津議約久不協奉調回國以參贊謝滿祿代理劉永福與法人戰於河內之紙橋大破法軍陣斬法將李成利越王封永福一等男徐延旭奏留唐景崧防營效用並陳永福戰績帝促李鴻章回北洋大臣任並詢法使脫利古至滬狀令鴻章定期會議脫利古詢鴻章是否助越鴻章仍以邊界剿匪爲辭而法兵已轉攻順化國都迫其議約鴻章與法新使德理議不就法兵聲言犯粵廣東戒嚴總署致法使書言越南久列藩封歷經中國用兵剿匪力爲保護今法人侵陵無已豈能蔑視倘竟侵我軍駐紮之地惟有決戰不能坐視帝諭徐延旭飭劉永福相機規復河內法軍如犯北寧即令接戰命滇督增兵防邊唐炯迅赴前敵備戰並濟永福軍餉旋命岑毓英出關督師法兵破越之山西省粵勢愈急以彭玉麟爲欽差大臣督粵師彭玉麟奏法人逼越南立約欲中國不預紅河南界之地及許在雲南蒙自縣通商顯係圖我滇疆冀專五金之利不特滇粵邊境不能解嚴即廣東天津亦須嚴備時越南王阮福時薨無子以堂弟嗣法人乘越新喪以兵輪攻順化海口入據都城越南嗣君在位一月輔政阮說啟太妃廢之改立阮福昇至是乞降於法立約二十七條其第一條即言中國不得干預越南事此外政權利權均歸法人逼王諭諸將退兵重在逐劉永福也滇撫唐炯屢促永福退兵永福欲退駐保勝黑旗將士皆憤怒副將黃守忠言公可退保勝請以全軍相付守山西有功公居之罪歸末將永福遂不復言退徐延旭奏言越人倉卒議和有謂因故君未葬權顧目前者有謂因廢立之嫌廷臣植黨搆禍者迭接越臣黃佐炎等鈔寄和約越誠無以保社稷中國又何以固藩籬越臣輒以俟葬故君即行翻案爲詞請無撤兵劉永福仍駐守山西嗣王阮福昇嗣位具稟告哀並懇準其遣使詣闕乞封越國人心渙散能否自立尙未可知並將法越和約二十七款及越臣黃佐炎來稟錄送軍機處兩江總督左宗棠請飭前藩司王德榜募勇赴桂邊扼紮十一月法人破興安省拘巡撫布政按察至河內鎗斃之進攻山西破之劉團潰永福退守興化城十二月嗣王阮福昇暴卒或云畏法逼自裁國人立前王阮福時第三繼子爲王輔政阮說之子也徐延旭奏報山西失守北寧斷無他虞帝責其夸張十年唐景崧在保勝上樞府書言滇桂兩軍偶通文報爲日甚遲聲勢實不易連絡越南半載之內三易嗣君臣庶皇皇類於無主欲培其根本以靖亂源莫如遣師直入順化扶翼其君以定人心而淸匪黨敵餒庶幾稍戢軍事亦易於措手若不爲藩服計北圻沿邊各省我不妨直取以免坐失外人否則首鼠兩端未有不歸於敗者也劉永福謁岑毓英於家喩關毓英極優禮之編其軍爲十二營法軍將攻北寧毓英遣景崧率永福全軍赴援桂軍黃桂蘭趙沃方守北寧山西之圍桂蘭等坐視不救永福憾之深景崧力解之乃赴援景崧勸桂蘭離城擇隘而守桂蘭不從二月法兵攻扶良總兵陳得貴乞援北寧師至扶良已潰法兵進逼北寧黃桂蘭趙沃敗奔太原劉永福亦坐視不救徐延旭老病與趙沃有舊偏信之趙沃庸懦其將黨敏宣奸欺蔽延旭敵犯北寧敏宣先遁陳得貴爲馮子材舊部驍勇善戰子材曾劾延旭延旭怨之幷怨得貴及北寧陷乃奏戮之敏宣亦正法延旭調度失宜帝命革職留任三月命湖南巡撫潘鼎新辦廣西關外軍務接統徐延旭軍黃桂蘭懼罪仰藥死帝諭徐延旭株守諒山僅令提督黃桂蘭道員趙沃駐守北寧遇敵先潰殊堪痛恨徐延旭革職拿問黃桂蘭趙沃潰敗情形交潘鼎新查辦以王德榜署廣西提督德榜辭不拜唐炯革職拿問以張凱嵩爲雲南巡撫北寧敗後徐延旭以唐景崧護軍收集敗殘申明約束時唐仁廉署廣西提督法軍由北寧進據興化別以兵艦八艘駛入中國海窺廈門及上海吳淞口沿海戒嚴於是中法和議起四月李鴻章與法總兵福祿諾在天津商訂條款諭滇桂防軍俟旨進止鴻章旋以和約五款入告大略言中國南界毗連北圻法國任保護不虞侵佔中國應許於毗連北圻之邊界法越貨物聽其運銷將來法與越改約決不插入傷中國體面之

語朝旨報可予鴻章全權畫押既而法公使以簡明條約法文與漢文不符相詰帝責鴻章辦理含混輿論均集矢鴻章指爲通夷法使既藉端廢約帝令關外整軍嚴防若彼竟求犯即與交綏命岑毓英招劉永福率所部來歸潘鼎新奏法兵分路圖犯谷松屯梅二處桂軍械缺糧乏恐不可恃帝以其飾卸責之法兵欲巡視諒山抵觀音橋桂軍止之令勿入法將語無狀遂互擊勝之奏入諭進規北寧責法使先行開礮應認償令告法外部止法兵並諭我軍如彼不來犯不宜前進法使續請和議帝諭桂軍回諒山滇軍回保勝不得輕開釁法將孤拔欲以兵艦擾海疆法使巴德逗留上海不肯赴津乃改派曾國荃全權大臣陳寶琛會辦邵友濂劉麟祥隨同辦理諭言兵費卹款萬不能允越南須照舊封貢劉永福一軍如彼提及須由我措置分界應於關外空地作爲甌脫雲南通商應在保勝不得逾值百抽五六月法將孤拔以兵艦八艘窺閩海欲踞地爲質挾中國議約何璟張佩綸以聞法艦攻臺灣之基隆礮臺臺撫劉銘傳拒守曾國荃陳寶琛與法使議約於上海國荃許給撫卹費五十萬奉旨申斥約議久不就乃一意主戰諭岑毓英令劉永福先行進兵規復北圻岑毓英潘鼎新關內各軍陸續進發以法人失和不告各國七月法公使謝滿祿下旗出京帝乃宣諭曰越南爲我封貢之國二百餘年載在史册中外咸知法人先據南圻各省旋又進據河內戮其人民利其土地奪其賦稅越南闇懦私與立約並未奏聞挽回無及越亦有罪是以姑與包涵不加詰問光緒八年法使寶海在天津與李鴻章議約三條當與總理各國事務衙門會商妥籌法人又撤使翻覆越之山西北寧等省爲我軍駐紮之地淸查越匪保護屬藩與法國絕不相涉本年二月間法兵竟來撲犯當經降旨宣示正擬派員進取忽據伊國總兵福祿諾先向中國議和其時法國因埃及之事岌岌可危中國明知其勢處迫遏本可峻詞拒絕而仍示以大度許其行成特命李鴻章與議簡明條約五欵互相畫押諒山保勝等軍應照議於定約三月後調回迭經諭飭各防軍扼紮原處不準輕動開釁諸軍將士奉令維謹乃法國不遵定約忽於閏五月初一初二等日以巡邊爲名直撲諒山防營先行開礮轟擊我軍始與之接仗互有殺傷法人違背條約無端開釁傷我官兵本應以干戈從事因念訂約通好二十餘年亦不必因此盡棄前盟仍準各國總理事務衙門與在京法使往返照會情喩理曉至再至三閏五月二十四日復明降諭旨照約撤兵昭示大信所以保全和局者實屬仁至義盡法人乃竟始終怙飾橫索兵費恣意要挾輒於六月十五日佔據臺北基隆山礮臺經劉銘傳迎剿獲勝本月初三日何璟等甫接本領事照會開戰而法兵已自馬尾先期攻擊傷壞兵商各船雖經官軍焚燬法船擊壞雷艇並陣斃法國兵官尚未大加懲創若再曲予含容何以伸公論而順人心用特揭其無理情節布告天下八月諭岑毓英督飭劉永福及在防各營規復北圻並諭潘鼎新飭各軍聯絡聲勢分路並進提督蘇元春與法軍戰於陸岸縣敗之十月內閣學士周德潤奏官軍進取越南宜以正兵牽制河內之師別用奇兵由車里趨老撾走哀牢以暗襲順化募用濱邊土人必能得力得旨交滇督詳察籌辦是月蘇元春與法人戰於紙作社陣斬法兵官四人十一月王德榜軍大敗於豐谷蘇元春不往援唐景崧與劉永福丁槐軍攻宣光力戰大捷優詔褒之十二月十九日法兵攻谷松王德榜以豐谷之敗怨蘇軍不救至是亦不往援蘇軍敗退威坡諒山戒嚴帝命馮子材幫辦廣西關外軍務二十九日法軍攻諒山據之潘鼎新等退駐鎭南關龍州大震唐景崧劉永福丁槐攻宣光月餘不能下諒山失守岑毓英慮景崧等軍斷後援令勿拚孤注景崧不可馮子材與法軍戰於文淵互有殺傷十一年正月初九日法兵攻鎭南關轟毀關門而去提督楊玉科戰歿潘鼎新退駐海村帝命戴罪立功元春退駐幕府王德榜自負湘中宿將屢催援不至鼎新劾之落職所部歸元春轄法軍攻劉永福於宣光永福軍潰唐景崧退駐牧馬欽廉防急彭玉麟請調馮子材軍防粵朝旨令鼎新議鼎新素不協於子材乃命子材行子材以關外防緊不肯退玉麟乃令專顧桂防鼎新師久無功褫職以李秉衡護理廣西巡撫蘇元春督辦廣西軍務法兵既毀鎭南關逃軍難民蔽江而下廣西全省大震子材至乃力爲安輯子材久駐粵西素有威惠桂越民懷之人心始定乃於關內十里之關前隘跨東西兩嶺間築長牆三里餘外掘深塹爲扼守計自率所部駐之而令王孝祺勒軍屯其後爲犄角法兵揚言某日犯關子材逆料其必先期至乃議先發制敵鼎新止之子材力爭徑率王孝祺軍夜犯敵壘殺敵甚多法起諒山之衆撲鎭南關子材誓衆曰法再入關吾有何面目見粵人必死拒之士氣皆憤法攻長牆急礮猛烈子材勒諸統將屹立接戰遇退後者手刃之戰酣子材自開壁率兩子相榮相華直衝敵軍諸軍以子材年七十奮身陷敵皆感憤殊死戰王孝祺陳嘉率部將潘瀛張春發等隨其後王德榜軍旁至夾擊之斃法兵無算鏖戰兩日法軍子彈盡大敗潰遁子材率兵攻文淵法軍棄城走諸軍三路攻諒山孝祺德榜戰尤力連戰皆捷二月十三日遂克諒山法悉衆遁子材進軍克拉木逼攻郎甲王孝祺進軍貴門關盡復昔年所駐邊地越民立忠義五大團二萬餘人皆建馮軍旗幟西貢亦聞風通款自海通以來中國與外國戰惟是役大捷子材之功也法兵六千犯臨洮府復分兩隊一北趨珂嶺安平一南趨緬旺猛羅滇督岑毓英命岑毓寶李應珍等扼北路王文山扼南路而自率軍當中路皆有斬獲法軍遂合趨臨洮府滇軍拒戰南北路迴軍夾攻之陣斬法將五人法軍大潰時法兵艦據臺灣之澎湖諒山既大捷法人力介英人赫德向李鴻章議和言法人交還基隆澎湖彼此撤兵不索兵費鴻章奏言澎湖既失臺灣必不可保當藉諒山一勝之威與締和約則法不至再事要求朝廷納其議立命停戰臨洮之戰乃在停戰後電諭未達前也鴻章遽請簽約令諸將皆退還邊界將士扼腕痛憤不肯退彭玉麟張之洞屢電力爭帝以津約斷難失信嚴諭遵辦法人要求逐劉永福於越南張之洞乃擬令永福駐思欽永福堅不肯行唐景崧危詞脅之朝旨嚴切乃勉歸於粵授總兵馮子材奉督辦廉欽邊防之命約既成越南遂歸法國保護焉

清史稿

屬國傳三

緬甸　暹羅　南掌　蘇祿

緬甸在雲南永昌府騰越廳邊外而順寧普洱諸邊皆與緬甸界順治十八年李定國挾明桂王朱由榔入緬詔公愛星阿偕吳三桂以兵萬八千人臨之李定國走孟艮不食死緬酋莽應時縛由榔以獻遂班師緬自是不通中國者六七十年雍正九年緬與景邁交鬨景邁使至普洱求貢乞視南掌暹羅雲貴總督鄂爾泰疑而卻之緬密遣人至車里土司探知景邁貢被卻則大喜揚言緬來歲亦入貢旋興兵二萬攻景邁而貢竟不至緬地亙數千里其酋居阿瓦城城西瀕大金沙江江發源野人番地縱貫其國中南注於海沿海富魚鹽緬人載之泝江上行十餘日抵老官屯新街蠻暮粥市邊內外諸夷人皆賴之而江以東爲孟密有寶井產寶石又有波龍者產銀江西湖廣及雲南大理永昌人出邊商販者甚衆且屯聚波龍以開銀鑛爲生常不下數萬人自波龍迤東有茂隆廠亦產銀乾隆十年葫蘆酋長以廠獻遂爲內地屬然其地與緬犬牙相錯十八年廠長吳尚賢思挾緬自重說緬入貢緬酋麻哈祖乃以馴象塗金塔遣使叩關雲南布政司等議卻之而巡撫圖爾炳阿遽以聞帝下禮部議如他屬國入貢例其冬緬使還至順甯聞白古部酋撤翁起兵攻緬緬兵敗麻哈祖逃至約提朗爲白古所得沈之江撤翁據阿瓦五年而緬屬之木梳頭目甕藉牙復起兵攻走白古自據其地令頭目播定鮓等以兵脅諸部役屬之既而甕藉牙死子懵洛立未幾亦死弟懵駁立貴家者隨永明入緬之宮族也其子孫自相署曰貴家據波龍廠採銀其酋宮裏雁不附於甕藉牙約木邦酋攻之兵敗逃入孟連而孟連土司刀派春奪其孥賄爲宮酋妻囊占所襲殺雲貴總督吳達善誘宮裏雁至則坐以擾邊罪肆諸市而木邦酋罕莽底亦兵敗走死懵駁立其弟罕黑由是緬人益無忌明萬曆時巡撫陳用賓因永昌府近緬設八關控之八關者萬仞巨石神護銅壁鐵壁虎踞天馬漢龍也其塞八關皆無險阨可守山箐間小徑往往通人行自永昌迤邐而南爲順甯又南爲普洱其邊袤亙蓋二千餘里永昌之盞達隴川猛卯芒市遮放順甯之孟定孟連耿馬普洱之車里數土司外又有波龍養子野人根都拤猓濮夷雜錯而居非緬類然多役於緬土司亦稍致餽遺謂之花馬禮由來久矣暨緬人內訌禮遂廢甕藉牙父子欲復其舊諸土司弗應乃遣兵擾其地而普洱獨先有事二十八年劉藻爲雲南巡撫額爾格圖爲提督是年冬緬人先遣刀派先之兄刀派新自阿瓦還至孟連徵索幣貨又遣頭目卜布拉木邦罕黑至耿馬責其禮普洱之十三板納者本車里土司地雍正七年鄂爾泰總督雲南招降之始割其地置府至是緬人亦來索米永順鎭總兵田允中普洱鎭總兵劉德成知府達成阿檄土司各率兵禦之殺其頭目卜布拉召罕標等餘衆潰走孟艮本緬屬距普洱千餘里土司召孟容與弟召孟必不相能召孟必之子召散譖召孟容於緬緬

人執之其子召丙走南掌尋入居於十三板納之孟遮召散因令素領散聽素領散撰素領黨阿烏弄等犯打樂分侵九龍江橄欖壩車里土司遁去賊入據其城總督劉藻檄大理順甯營兵七千往勦遊擊司邦直先進爲賊人所圍會參將劉明智至夾攻破之乘勝復車里土司城進攻猛籠猛歇猛混猛遮諸壘連破之然賊往往竄伏屯聚未肯即退藻議益以曲尋楚姚兵二千未至而參將何瓊詔遊擊明浩等聞猛阿爲賊所攻遽率兵過滾弄江束器械以行不設備入山遇賊兵敗皆論斬時乾隆三十年也三十一年正月詔大學士楊應琚自陝甘移督雲南降劉藻湖北巡撫藻自刎死是月己亥應琚至雲南楚姚鎭總兵華封已平打樂猛臘參將哈國興已平大猛養合勦孟艮召散遁官軍得其城而劉得成與提督達啟及參將孫爾桂攻整欠亦克之普洱邊外悉平叭先捧者車里土司之所屬蓋微者也願與其妻咸以從軍自効斬素領散撰於小猛崙素領散聽亦爲其妻殺死應琚乃請以召丙居孟艮叭先捧居整欠均棲於猛犽四月召散之黨召猛烈召猛養以次被獲其弟僧召龍亦自投首惟召散遁逃未得應琚見夷人之易於摧殄也遂上奏云臣兩月以來訪問召散蹤跡逃往阿瓦已飭土司繕寫緬文索取不獻當即興師問罪臣查緬甸連年內亂篡奪相尋實有可乘之會臣謹選人潛往阿瓦將地方之廣狹道路之險夷詳悉繪圖探明奏報現已備可調之兵布置練習密修戎器以待進行疏入帝諭曰應琚久任邊疆必不至輕率喜事如確有把握自可乘時集事剋日奏功倘勞師耗餉稍致張皇轉非愼重籌邊之道務須熟計兼權期於妥善以定行止是時諸將希應琚意爭言內附李勳以猛勇猛散告劉德成以猛龍補哈告華封以整賣景線景海告率侈言夷地廣輪或二千里或二千餘里爲邊外大都應琚一一奏聞以其頭目爲千總守備緬甯通判富森言木邦人殺緬立土司罕黑奉綫甕團爲主願求內屬永昌知府陳大呂亦言蠻暮土司被緬殘虐久願歸誠請發兵爲助應琚乃往駐永昌而遣副將趙宏榜將永順騰越兵三百餘人出鐵壁關屯新街爲蠻暮捍蔽宏榜抵關遇大呂所遣使聽之而自受蠻暮土司瑞團降大呂恚訴應琚應琚曲解之是時騰越知州陳廷獻招猛育猛英猛密陳元震招戛鳩允帽結些富森招非猛而宏榜又招孟養乃壩竹孟岳十六寨諸夷先後遣人來約降應琚又爲文檄緬侈言天朝有陸路兵三十萬水路兵二十萬陳於境以待速降不然則進討緬聞乃大出兵緬人素不養兵有事則於所屬土司諸寨籍戶口多寡出夫名曰門戶兵自甕藉牙據阿瓦蓄勝兵萬人一人給以餉四十兩其餘派夫如故每戰則以所派土司濮夷居前勝兵督其後而以馬兵爲左右兩翼戰既合兩翼分繞而進往往以此取勝若自度不可勝則急樹柵自固而發連環槍礮蔽之比煙開則柵木已立入而拒守其兵法如此九月賊先以兵出落卓攻木邦綫甕團不能守入居遮放又以兵溯江而上抵新街宏榜相持兩日勢不支燒其器械輜重及傷病之兵退回鐵壁關駐守而蠻暮土司亦偕其母走入內地應琚憂甚痰疾遽作詔兩廣總督楊廷璋赴滇代治應琚軍並廉宏榜兵敗狀又遣侍衞傅靈安挾御醫診應琚病又命其子江蘇按察使重英湖南寶慶知府重穀赴滇省視之應琚所調兵一萬四千名將集令永順鎭總兵烏爾登額駐宛頂進勦木邦永北鎭總兵朱崙由鐵壁關進駐新街而令提督李時升在杉木籠山居中調度崙至楞木突遇賊戰四晝夜賊退走追擊之懵駁之弟卜坑及其舅莽聶渺箭速詭求和言願頂經嘆呪水頂經者以經加於首呪水者取水呪之分與其衆飲蓋夷人盟誓之禮也議未定賊已擁衆越神護萬仞關入掠盞達團遊擊馬拱垣於盞達江上分兵入戶撒遊擊邵應泌亦被圍劉德成在千崖有兵二千人坐視不救時升因檄崙還守鐵壁又聞賊欲從庫弄河出關後崙復引兵卻駐守隴川賊勢張甚應琚數以檄促德成始擊賊於銅壁關下破之賊自西而東趨隴川德成亦由戶撒擊其後時升又檄烏爾登額帥宛頂兵至邦中山以助聲勢於是軍威稍振賊人見大兵之集也復來乞降崙以報應琚命許之賊伺我軍懈遂走犯猛卯與木邦親木邦之降猛卯實左右焉賊怨故蹂躪之時三十二年正月丙寅朔也副將哈國興帥兵二千五百人趨猛卯比至見賊勢盛乃入城與土司堅守賊攻城緣梯而上城上矢礮交發賊不敢近圍八日癸酉副將陳廷蛟遊擊雅爾姜阿各以兵至城中出合擊之賊大潰而烏爾登額久不至故賊得浮猛卯江而遁朱崙乃造浮橋過宿養渡由景陽暮董偕烏爾登額進勦木邦是月丁丑楊廷璋至軍見賊未易遽平遂奏言應琚病已痊臣當歸粵帝召廷璋還京師時賊入關侵擾應琚皆不以聞僅言朱崙殺賊幾萬人賊震懼乞降欲以新街蠻暮與之而時升亦言猛卯之捷誅其大頭目搖定鮓皮魯布奏入帝視應琚所進地圖用藍筆分中外界而猛卯隴川均在藍線內疑之以爲如果殲賊萬餘及大頭目賊當遁走不暇何以朱崙輾轉退卻賊敢蔓延內地土司之境降旨嚴詰而傅靈安先奉詔廉訪軍事具言趙宏榜棄新街朱崙退守隴川及李時升未經臨敵情事與帝所嚴詰者悉合應琚復劾劉德成烏爾登額逗留貽誤於是逮李時升朱崙劉德成烏爾登額趙宏榜而晉楊甯爲提督且以應琚欺罔乖謬不能任事乃召明瑞於伊犂以將軍督軍雲南遣額爾景額爲參贊大臣徙巡撫湯聘於貴州以鄂甯代之上年冬緬人已據整賣景綫召散遂率以攻孟艮召丙懼出奔賊延入打樂思茅同知黑光以聞時湯聘未聞上命楊重英方至自江蘇乃偕赴普洱奏言總兵華封甯珠安坐普洱失勦禦請革職治罪奏入華封甯珠與遊擊權恕司邦直都司甘其卓皆被逮調開化鎭總兵書敏總統進勦頃之鄂甯亦至普洱奏言上年九龍江外兵馬以瘴死者不可勝數官弁夫役死亦大半此時正盛瘴發生湯聘乃稱嚴飭將卒剋日進勦懷詐塞責實無誠款奏入湯聘以革職逮治應琚見前所招撫土司復陰附緬其土司頭目夷人千百爲羣皆蕩析離居而緬賊時出沒爲患邊事日棘鄂甯復奏應琚貪功啟釁爲朱崙等諱飾又不令湯聘傅靈安與聞邊務及隱沒遊擊班第守備江紀陣亡各狀應琚懼乃奏請是秋大舉征緬調兵五萬五路並進兼約暹羅夾攻帝下其議廷臣皆斥之詔逮應琚至京賜死四月明瑞至永昌時楊甯壁軍木邦餉道爲賊所斷潰退滿河永北鎭總兵索柱及烏爾登額亡其印信明瑞以聞楊甯亦被逮調譚五格爲提督詔派八旗兵三千四川兵八千貴州兵一萬雲南兵四千赴邊進討綠營馬匹皆本營預備惟八旗兵三千人每兵例需馬三匹合官員所用計馬幾萬匹明瑞議撥廣西馬一千廣東馬八百四川馬五千八百貴州馬六千湖南馬二千每兵裹兩月糧計六斗䭾以一馬馬騾少購牛代之糧不足可殺牛以抵共用騾馬牛八百餘其粮於大理鶴慶蒙化三府撥六萬石又於永昌順甯買三萬石兵行之道自宛頂木邦進者爲正兵明瑞身統之烏爾登額譚五格則由猛密分進至新街水路時方暑雨難造舟宜削木栰沿江流下疑賊以牽其勢奏入帝嘉之悉從其議九月諸路兵皆至永昌馬牛亦集甲寅明瑞率軍啟行值大雨路江舟少以次待渡而溝路陰仄輜重壅塞於道軍士立雨中竟夕十月甲申抵帕兒帝復遣參贊大臣珠魯訥至軍而參贊大臣額爾景額楚姚鎭總兵國柱相繼病歿賊偵知毀津渡橋梁且伐大樹扑之又雨多道壞軍行遲滯明瑞乃選銳兵一半帥以先驅領隊大臣觀音保由孟谷出木邦之右十一月丙戌抵木邦城賊先挾夷民以去獲其粮貯留珠魯訥以兵四千守之進至錫箔江江寬架橋以渡行四日至天生橋橋南有賊砦相偪會商人馬子圖言橋之東三十里水淺可涉且岸頗平乃以兵繞出其後賊復棄砦去遂進至蠻結賊依山立十六柵以待明瑞抵柵下親冒槍礮督兵進攻觀音保麾衆先據山左哈國興等三路登山俯薄之呼而逼其壘貴州步兵王連晥柵左有積木躡之以登躍入柵內八十餘人繼之賊恇亂莫知所措多被殺遂破其一柵旋復攻破三柵而十二柵之賊悉乘夜潛遁捷聞晉封明瑞誠嘉毅勇公以恩澤侯與其弟奎林特擢王連爲遊擊餘俱交部敘功然夷境益峭險其草卒綠竹王翙之屬馬乏食多致斃而牛行遲滯箠之以登死者尤衆賊燒其村寨斂積貯而窖埋之掠食無所得軍粮垂竭進至象孔迷失道明瑞度不能至阿瓦約烏爾登額等軍由猛密入其地近孟籠有緬屯粮且可與猛密軍相合乃議向孟籠果大獲粮而烏爾登額等趨猛密出虎踞關聞老官屯有賊意輕之先率衆往攻賊固守弗能下軍士多傷亡陝西興漢鎭總兵王玉廷亦中槍卒珠魯訥守木邦有夷數十人來降疑其僞悉誅之而遣索柱等往錫箔江設臺站以通明瑞軍信息索柱等至蒲卡聞賊至以兵少退守錫箔賊躡之戰歿賊遂傅木邦城下絕營南水道粮運之從宛頂來者賊又截之軍士皆飢渴火藥亦盡賊審其困佯爲好語求和珠魯訥不得已遣楊重英及守備王呈瑞往報賊人留之且誘軍士出汲斷其後皆不得還三十三年正月益兵攻城丁未夜兵亂珠魯訥自剄死普洱鎭總兵胡大猷亦歿賊之圍木邦也珠魯訥屢促鄂甯救援而永昌兵盡行無可調發已而促之急始令遊擊袁夢麟等率駐宛頂兵三百人以往遇賊皆不知所之知府陳元震郭鵬翀持參贊印先三日逸出鄂甯捕得之磔死明瑞既就粮孟籠諜知烏爾登額未至猛密而諜者報大山土司瓦喇遣弟羅旺育來迎且率其子阿隴從軍而緬自去冬象孔改道後獲官軍病卒知糧盡不向阿瓦即悉衆躡官軍後官軍且戰且行每日先以一軍拒敵即以軍退至數里外成列待軍至則成列者復迎戰明瑞及觀音保哈國興更番殿後步步爲營每日行不三十里正月丙午至蠻化營於山巓賊即營山半明瑞曰賊輕我甚矣不一痛創之不可時賊識官軍軍號每晨吹波倫三而起行賊亦起次日五鼓復吹波倫三乃盡出營伏箐中以待賊聞波倫聲爭上山來追萬

槍突出四面兜擊賊潰墜者趾頂相藉坑谷皆滿殺四千餘人明瑞休軍蠻化數日取所得牛馬犒士又自蠻化至邦遮虎布蠻移小天生橋獞子壩大小數十戰永順鎭總兵李全歿於陣又稍稍聞木邦失守明瑞恥是役之無功也二月己未至猛育距宛頂粮臺二百里賊蜎集數萬明瑞乃令軍士乘夜出而自與領隊大臣及巴圖魯侍衞數十人率親兵數百斷其後及晨血戰萬賊中無不一當百俄明瑞鎗傷於脇呼從者取水至飲水少許而絕觀音保扎拉豐阿皆戰死死者凡千餘人是夕也星隕如雨餘軍先後潰歸宛頂明瑞自蠻結破賊後懸軍深入帝久不得報命戶部尚書果毅公阿里袞以參贊大臣赴邊援應又聞木邦被困命明瑞旋軍而勑烏爾登額撤老官屯之圍往援木邦賊覺扼馬膊子嶺烏爾登額幾不得出而自旱塔抵猛密木邦有爰徑頗近烏爾登額以馬盡粮乏紆道入虎踞關經猛卯至宛頂復駐軍明日而明瑞陣亡之信已至鄂寧劾其有心玩誤詔逮至京磔之并誅譚五格於市而厚䘏明瑞其後阿里袞募人至猛育求其屍歸於京師以葬是爲征緬前一役明瑞之死也緬人不知震其餘威懼再討五月縱所獲兵許爾功等八人自木邦持緬書來且使楊重英王呈瑞等言懵駮之母得罪天朝欲使懵駮內附重英恐緬書繙譯誤乃譯清漢字各一通益以木邦蠻戍頭目苗溫之書苗溫者緬人守土官之稱臘戍在木邦南木邦殘破而臘戍城在嶺下險可守故苗溫徙居於此緬書云暹羅國得撈國得懷國白古國一勘國罕紀國結髮國大耳國及金銀寶石廠飛刀飛馬飛人有福好善之王殿下掌事官拜書領兵元帥昔吳尚賢至阿瓦敬述大皇帝仁慈樂善我緬王用是具禮致貢蒙賜緞帛玉器諸物自是商旅相通初無仇隙近因木邦蠻暮土司播弄是非興兵兆釁致彼此人馬互有傷亡茲特投文敍明顚末請循古禮貢賜往來永息干戈照舊和好阿里袞以聞帝念明瑞軍入關者尙逾萬所喪亡不過十之一二然將帥親臣皆捐軀異域而緬夷求款未覩遣頭目非大舉無以雪忠憤命絕之勿報自後緬人數以書與隴正野人及遮放土司訪問許爾功狀皆置不答而以楊重英倫生阿瓦羈其家並置其子於理時大學士公傅恆自請督師乃命爲經略阿桂阿里袞皆爲副將軍明德爲總督哈國興爲提督八月阿桂詣熱河行在奏言緬賊慾不畏死臣至滇當相度時勢以正天誅不敢鹵莽滅裂誤軍國大事帝頷之旣陛辭至襄陽會守備程轍前從楊甯軍陷於賊至是密以書來告言緬人方與暹羅仇殺可約以夾攻帝遣人馳問阿桂奏言官軍會合暹羅必赴緬地若由廣東往則遠隔重洋相去萬餘里期會在數月之後恐不能如期帝以爲然蓋自明陳用賓有要暹羅攻緬之說楊應琚楊廷璋先後奏上廷議雖斥之不能釋然也因詔兩廣總督李侍堯詢察之侍堯奏言聞暹羅爲花肚番殘破國主詔氏竄迹他所餘地爲屬下甘恩勅莫士麟分據花肚番者緬人以滕股爲花故云由是約暹羅之議始寢是年冬帝念明瑞所統旗兵勞苦命回京復還旗兵五千人赴滇合荆州貴州四川兵一萬三千人阿里袞乃令副都統綿康曲尋鎭總兵常青帥二千人駐隴川侍衞海蘭察烏爾圖納遜帥二千人駐蠚達領隊大臣豐安鶴麗鎭總兵德福帥二千人駐遮放侍衞興兆巴朗帥一千人駐芒市侍衞王林普爾普帥五百人亦駐蠚達侍衞恒山保永順鎭總兵常保柱帥三千人駐永昌廣東右翼鎭總兵樊經文帥一千人駐緬甯荆州將軍永瑞四川副都統雅朗阿提督五福帥六千人駐普洱而騰越兵一千令綿康兼轄之防守嚴密邊以無事帝以緬人狡惡恐出偏師疑之使其疲於奔命欲出九龍江及舊小皆不果阿里袞乃議勦戞鳩十一月阿桂至永昌聞信馳往會師討之十二月出關焚數寨殲其衆數百人止丹山濮夷園五卒者率四十餘戶來降遷之蠚達三十四年二月經略傅恒發京師帝御太和殿授以敕印或告傅恒曰元伐緬由阿禾阿昔二江以進今其蹟不可考意其爲大金沙江無疑前鄂甯言騰越之銀江下通新街南甸之檳榔江流注蠻暮兩江皆從萬山中行石磡層布舟楫不可施若於近江地爲舟具使兵扛運至江濟合成之以入於江下阿瓦旣速且可免運粮而師期亦較早一二月緬人必不暇設備又以一隊渡江而西覆其木梳舊巢如此緬不足平也傅恒然其言四月丙辰至永昌條奏進兵事宜皆如所議遂遣護軍統領伍三泰左副都御史傅顯及哈國興率夷人賀丙往銅壁關外相視造舟地還報野牛壩山勢爽塏樹木茂密且距蠻暮河一百餘里於入江爲宜乃令常青等率兵三千人督湖廣工匠四百六十餘馳往造辦又使賀丙潛行招撫賀丙者戞鳩頭目賀洛子也是役也續遣滿洲索倫鄂倫璋春吉林西棘厄魯特察哈爾及自普洱調赴騰越之滿洲兵共萬餘人又福建貴州本省昭通鎭兵共五萬餘人河南陝西湖廣與在省曲靖各府飼養之馬凡六萬餘匹益以四川工呪衞之喇嘛京城之梅鍼箭沖天礮贊叭喇烏鎗河南之火箭四川之九節銅礮湖南之鐵鹿子廣東之阿魏雲南省城製造之鞍屜帳幙旗纛火繩鉛藥及鉛鐵灰油麻枲諸船料物悉運往以資軍實乃議分路進傳恒由江西戞鳩路阿桂由江東猛密路阿里袞以肩瘡未愈由水路都計新舊調兵二萬九千人其由戞鳩路者滿洲兵一千五百人護軍統領伍三泰侍衞玉麟納木札五福鄂甯烏爾袞保參領滿都虎德保領之吉林兵五百人護軍統領索諾木策淩侍衞占坡圖領之索倫兵二千人副都統呼爾起奎林莽克察侍衞塔尼布克車德受普薩參領占皮納領之鄂倫春兵三百人侍衞成果領之厄魯特兵三百人侍衞鄂尼積爾噶爾領之綠營兵四千人提督哈國興開化鎭總兵永平及德福領之其由猛密路者滿洲兵二千人副都統綿康豐安常保柱侍衞海蘭察瑪格喬蘇爾興兆普爾普領之索倫兵一千人散秩大臣葛布舒侍衞額森退領之厄魯特兵三百人侍衞巴朗領之綠營兵四千人曲尋鎭總兵常青永北鎭總兵馬彪楚姚鎭總兵于文煥領之其由水路者健銳營兵五百人侍衞烏爾圖納遜奈庫納領之吉林水師五百人副都統明亮侍衞豐盛額領之福建水師兵二千人福建提督葉相德福建建甯鎭總兵依昌阿領之又令副都統鐵保侍衞永瑞領成都滿洲兵一千二百人侍衞富興蒙古爾岱鄂蘭必拉爾海領西棘兵一千人提督本進忠臨元鎭總兵吳士勝領綠營兵二千二百人分守驛站又令侍衞諾爾奔領滿洲兵五百人永順鎭總兵孫爾桂領綠營兵一千人屯宛頂以牽制木邦之賊又令雅朗阿領荆州滿洲兵二千人普洱鎭總兵喀木齊布領綠營兵一千五百人駐守普洱分置略定而賀丙往戞鳩招撫孟拱挾其頭目脫烏猛以來其言曰上年懵駮遣頭目蠚拉機以千人守猛戞甯索煩重土司畏其偪避往戶工孟拱人苦緬人魚肉久矣聞大軍來皆呀呷忻喜請由戞鳩濟江出孟拱孟拱米穀多可以佐軍食頭目歸當集舟於江以待傅恒上言孟拱遣大頭目來稱歸備舟以候官兵過渡臣思野牛壩造舟之役賊早有見聞若於西岸設伏沿江拒我未易渡也今忽由戞鳩過江先從陸路據蠻暮西岸已出賊意計之外且自戞鳩渡後可將舟楫順流放至蠻暮添備東岸官軍過渡如造舟處有緩急我兵在西岸乘舟往來策應亦最便利臣傅恒謹先統兵進發阿里袞阿桂偕往野牛壩督辦船工癸卯次蠚達分道行阿里袞固請從傅恒庚申出萬仭關八月癸丑次允帽允帽江濟也賀丙脫烏猛以舟三十餘來迎丙子次孟拱土司渾覺竄往節東蹤跡之獲其小妻併頭目興堂札願往尋渾覺縱之即日偕以來獻象四傅恒令其人持大纛騎以先夷人望見皆驚駭而予渾覺銀萬兩市牛數千頭米數千石以給軍時阿桂以七月戊申次野牛壩舟工畢八月乙酉進次蠻暮初官兵之裹糧兩月也議以進勦爲始而督工時仍令內地饋運總督明德面諾之不爲具及是移檄往促始令騰越州發運泥深道遠經月不能至乃奏糧運遲誤狀降明德江蘇巡撫以阿思哈代之九月壬辰阿桂由蠻暮進至新街舟成將出江口賊人從猛戞來逆戰阿桂伏兵甘立寨賊至水陸奮擊發巨礮沉其舟譟而從之笳鼓競作賊大沮退走先是傅恒在江西文報越兩三日輒一至自孟拱而南信益稀阿桂聞蒼浦蠻岡間有伏戎乃募夷間道以書往訊及伊犂將軍伊勒圖總督阿思哈奉命皆至軍中乃以兵二千屬伊勒圖渡江迎傅恒併令玉麟哈青阿率兵據西岸以待伊勒圖渡江遇賊擊走之柵賊一夕皆遁去傅恒率十八騎以是月戊申抵哈坎是時緬人列船江岸且於沙洲及林莽間樹柵以守十月戊午傅恒及阿桂督水師擊之侍衞阿爾蘇納首先乘小舟衝入衆繼進奪其柵獲旗纛器械無算殲頭目賓啞得諾而阿里袞伊勒圖攻西岸諸柵賊皆棄而走丙寅傅恒阿桂循江東岸伍三泰常青循江西岸阿里袞伊勒圖率水師並進丁卯阿里袞以瘡甚卒於舟伊勒圖領其衆已抵老官屯賊柵徑圍三里許柵尾迤邐屬於江中豬水可泊船柵以巨木深入土中外周三壕壕外橫臥大樹銳其枝末外向蓋其大頭目布拉莽傑所居也西岸頭目得楞孝楞率船一百三十兵三千起兩柵及夕柵木杪皆懸火有頃鼓登登雜以管籥侏離之歌傳呼以達於江西遠近相和竟曉乃輟而老官屯南巴窪章薄賊皆築柵以爲應援庚午進攻其柵經略將軍親摩壘總兵德福中鎗逾日卒乃令舟師絕兩柵中下泊於柵南斷賊江中援救發威遠大礮礮重三千斤子三十餘斤聲如奔雷遇木輒洞以過柵不爲塌又改用火攻之法先以桿牌禦鎗礮衆挾膏薪隨之百牌齊進踰壕抵柵而江自四更大霧起迄平旦始息柵木沾潤不能爇兼値反風遂卻又取生革爲長絙鉤之力急絙輒斷乃伐箐中數百丈老籐夜往鉤其柵役數千指曳之輒爲賊斧斷總兵馬彪乃闢隧窮藥其中深數十丈藥發柵突高起丈餘賊號駭俄柵忽落平地又起又落者三遂不復動蓋柵坡迤下而地道平進故土厚不能迸裂也賊自巴窪章薄來鉛丸火藥糧米卒不得斷絕是以無逃志然懵駮聞新街之敗大懼而攻圍日久死傷者多十一月己丑布拉莽傑乃遣使求罷兵明日復以懵駮書至傅恒阿桂召諸將問可否諸將皆言懵駮從阿

瓦致書非震悚誠切不出此可借此息兵壬辰作檄答之言汝國欲貸天討必繕表入貢還所拘縶官兵永不犯邊境如撤兵背約明年復當深入不汝貸也癸巳緬十三頭目來議事乃遣明亮海蘭察哈青阿明仁哈國興常青馬彪依常阿于文煥雅爾姜阿等會議申諭所約三事頭目皆拱手聽命哈國興曰汝國僻在海裔不知藩臣典禮汝入貢當具表文首行書緬甸王臣某奉表大皇帝陛下與安南高麗各外藩等其管五營頭目得勒溫曰謹受敎目左右具書以歸丁酉陳錦布氈毯百餘端獻經略將軍而進魚鹽犒軍於是焚舟鎔巨礮奏聞以己亥班師甲辰進虎踞關緬人遣頭目率六十餘人送至關上是日奉旨以緬地瘴癘命貰其罪令渾覺還孟拱而以所進四象送京師伊勒圖傳恒先後還京木邦蠻暮兩土司走入內地後綫甕團居緬寧之海臘丁山瑞洞居盞達之塀筑其猛密頭人綫官猛亦率衆居緜川戶南山餘遷徙無常處及是移綫甕團於蒙化移瑞團綫官猛於大理各取官莊租贍之而賀丙則從其請居於萬仞關外之南底塀其後又以召丙叭先捧等分置於寗洱縣之厰箕塀而大山之姪阿隴允幃頭目之女老安皆屬縣官予以廩給猛勇頭目召工整欠頭目召教景海頭目召別咸顯輸誠進獻三十五年二月因緬人貢使不至帝令毋許奸商挾貨貿遷以利緬且漏內地消息時阿桂還至省城命核所用軍裝馬匹又命總督彰寶檄斥緬入貢使遲滯狀使都司蘇爾相持至老官屯布拉莽儻留之阿桂回至永昌察賊狀三十六年三月阿桂奏言蠻暮木邦猛密三土司外始有緬人村落距邊已二千餘里偏師不可深入若出近邊則所殲乃濮夷野人與緬無損不如休息數年外約暹羅同時大舉帝以大舉非計乃罷阿桂以溫福代之明年金川反溫福阿桂皆赴四川而緬亦方用兵暹羅於是暹羅滅於緬四十一年金川平時緬甸先遣孟遮等五人以書呈雲南總督圖思德總督縶之歸京師及是命赴市曹觀狀且告之故乃縱使歸緬而令阿桂以大學士赴永昌備邊緬懼請入貢願出楊重英蘇爾相求開關互市明年出蘇爾相而楊重英不至四十三年暹羅遺民起兵逐緬人復國五十一年詔封鄭華爲暹羅國王於是緬益懼五十二年耿馬土司罕朝瑷報言滚弄隔岸即緬甸木邦緬酋孟雲遣大頭目葉渺瑞洞細哈覺控委盧撤亞三名率小頭人從役百餘人齎金葉表文金塔及馴象八寶石金箔檀香大呢象牙漆盒諸物絨氈洋布四種懇求進貢譯其文稱孟雲乃甕藉牙第四子幼爲僧懵駮其長兄也懵駮死子贅角牙立孟雲次兄孟魯以甕藉牙有兄終弟及之諭懵駮死而子襲非約乃戕殺贅角牙欲自立國人不服亦殺孟魯迎孟雲立之孟雲深知父子行事錯謬感大皇帝恩德屢欲投誠進貢因與暹羅搆釁且移建城池未暇備辦今緬甸安寗特差頭目遵照古禮進表納貢總督富綱等以聞帝允所請賚其使而歸之且賚孟雲佛像文綺珍玩器皿五十四年孟雲遣使賀八旬萬壽乞賜封又請開關禁以通商旅帝皆從之封爲緬甸國王賜敕書印信及御製詩章珍珠手串遣道員參將齎往其新都蠻得列定十年一貢自是西南無緬患六十年緬王遣使覥齎進緬石長壽佛貝葉緬字經緬字錏金海螺銀海螺金鑲緬刀金柄麈尾黃緞織貼金象轎洋槍馬鞍象牙犀角孔雀木化石元猴皮各色呢各色花布都十有八種時有三緬盜逸入印度緬人以五千人追之突入印度之勢他加境英人領土也英守將爾斯根詰緬人以盜付之嘉慶元年緬王復遣使朝貢總督勒保以緬使甫經回國不宜數來檄雲南司道拒勿納事聞帝諭曰緬甸國王以本年國慶特遣使臣齎表備物申虔稱賀勒保不據實奏聞遽行拒絕致令使臣徒勞跋涉殊失柔遠綏懷之意勒保交部嚴議命軍機大臣擬旨曉諭緬王頒賜蟒錦四端五年緬甸入貢十年冬緬甸復遣使叩關求入貢以是年暹羅伐緬有勅諭暹羅罷兵故也帝以非貢期卻之時緬甸雖失暹羅國勢猶盛其疆域南盡南海北迄孟拱西包阿拉干東聯麻爾古又有擺人之地環其東境舊稱九十九國多爲領屬地廣兵强既東失暹羅乃西覬印度之富時思襲取緬西北有曼尼坡部又西有阿薩密部緬嘗以兵攻二部漸有從西黑特旁侵入英領之勢西黑特居阿薩密南爲印度孟加東北境過此即克車部英人所保護也緬人恃其習戰蔑視英人後果侵英邊殺英戍兵擄其人民又南侵入勢他加英人以少兵守內府河口之刷浦黎島道光三年緬人攻守島英兵英以衆寡不敵而潰亡數人英人來責言緬置不答益輕英明年英人伐緬水師副提督喀姆稗兒率師進厄勒瓦諦江即大金沙江也次仰光緬人禦諸海口而敗英軍遂登陸攻仰光克曼庭村寨緬兵懼每戰𨳍奔潰然去必燬其積貯堅壁清野以待英人野無所掠糧運又不繼遂大困緬王乘其敝自阿瓦遣大隊圍攻之英軍固守不動緬人不能勝英軍尋以巨礮反攻緬緬軍潰逾數月喀姆稗兒乘間攻克艾報墨爾階兩城與瀕海地那悉林之地然英軍傷病相屬其强壯能勝戰者僅三千人乃移病卒休養於艾報諸城勢復振進攻擺古河口之悉林工塲與葡萄牙所築舊堡悉取之又克馬爾達般省緬人懼徵鎭守阿拉干長勝軍回援其帥班都拉健將也班都拉既至急突英軍不得入乃退而集師十一月班都拉以衆六萬攻仰光及克曼廷村寨不克還至丹阿卜掘地營而守喀姆稗兒於是進攻普羅美其地西距厄勒瓦諦江約三里許明年英軍分水陸進將軍可敦將水師喀姆稗兒將陸軍會於丹阿卜合力奪地營緬將班都拉中礮死遂長驅入普羅美城時値大雨約各休兵一月以九月十七日爲期入夏以來英別將馬立生攻克阿拉干部並逐阿薩密北部緬人進駐克車十月緬軍三路攻普羅美英守將僅有歐人三千印人二千緬軍不能入十二月英人分擊緬軍緬軍沿厄勒瓦諦江敗退各以一萬二千人分入米投麥龍築壘堅守未幾米投破餘兵奔麥龍緬人力竭求成於英英將允之遣人議和款要以四事一割阿拉干艾報墨爾階與意愛各城歸英轄二阿薩密部與各小部緬人毋得干預其治權三賠軍費一千萬羅比四應準各國代理人駐紮緬京且得以兵五十名爲衛英艦之入緬港者毋得勒令繳槍彈船舵議員簽押呈緬王署押緬王不允飭整戰備英將偵知緬王無和意明年一月十九日攻克麥龍城緬人復遣使議和且徵湳甘兵衛京城英將知非王本意進攻不已緬廷乃使美士迫拉意斯持前署押約章並羅比二百五十萬至英軍乞止兵英乃撤兵去時道光六年也約成緬國遂失西偏沿海地數部然緬國上下均不服此約迨緬王弗極道爲其弟撒拉瓦第所篡撒拉瓦第素主排英尤蔑視前約先是英使臣軍佐白奈駐阿瓦與緬王齟齬而去兩國交遂破英政府撤回駐緬職事人是後緬人遇英人頗暴厲英艦至緬者緬人常與其水手鬩英廷遣使詰責緬廷且護以水師比英使至仰光謁其督臣語不合英使遂以兵艦封其港責償前英船所受損失費要緬廷禮接英使仰光督臣在英使前謝罪時緬王蒲甘曼嗣立執不允於是英緬再失和而修職貢於中國如故咸豐二年十一月羅繞典奏緬國貢使入京請變通辦理帝諭軍機大臣曰朕念緬甸國王久列藩封貢使遠道輸誠具徵忱悃惟其國貢使向取道貴州湖南湖北進京現在粵匪未平若令繞道而行殊非所以示體恤即傳旨其使臣此次無庸來京仍優予犒賞委員護送回國是年緬英再開戰南方嚴城要地盡入於英前所交還擺古部亦爲英屬英將道好西宣言以擺古隸英版圖適緬親王曼同下王於獄自立爲王遣使說印督道好西索還擺古英廷命軍佐雅賓勿里爲擺古行政長官且充使以報偕雅賓勿里行者爲參贊亨利幼兒地質學家倭爾罕挾緬王立永讓擺古之約緬王拒焉久之至同治元年始定約英乃於緬甸海岸設官分部稱英領緬甸即擺古厄勒瓦諦阿拉干地那悉林也以厄勒瓦諦江東支海口爲會城即所謂仰光鎭以溫個那職視巡撫初英人欲覓一自英領緬甸通中國商路苦爲緬隔後緬王許英人威廉遊歷緬境北抵八募又溯厄勒瓦諦江而上至江上流之山峽同治六年緬廷與英人結通航緬境之約又命英人代收八募與其他口岸商稅次年緬王曼同薨子錫袍嗣位復命旅於仰光之英工程師威廉生物理學學士愛迭生水師兵官暴厄爾與司忒華德白恩諸人探訪運路而以軍佐斯賴登率之行且諭八募守臣以兵五十人護行於是安抵八募東北之中國騰越廳境八年緬始開厄勒瓦諦江航路上通八募命水師兵官斯討拉爾駐八募理其事緬王頗注重商務凡克亨山一帶危險地皆設官防護英人交口譽之然緬王奢而多忌廢斥舊臣誅鋤兄弟親戚殆盡外官雖有四千六百餘土司皆祿無常俸專朘民膏百姓恆產任意抄沒緬英雖交好而猜忌尤深光緒九年法蘭西由下安南進踞北圻暹羅亦命官分駐老撾土酋各部英據南緬既久洞知上緬寶藏之區甲於南海且慮法人由北圻西趨蔓及緬甸十一年十月三日英首相侯爵沙力斯伯里値倫敦府尹大宴時宣布伐緬意假判斷木商歇業爲名由印度派兵進攻入蠻得勒擒其王流之於印度孟買海濱拉德乃奇黎島初緬與法蘭西意大利立私約損自主權利英弗善也至是欲存緬祀則私約不能廢遂決計滅之並取所屬撣人地南緬地區部爲四曰擺古部曰阿拉干部曰厄勒瓦諦部曰地那悉林部北緬地區部爲六曰北部曰中部曰拉歇山嶺部曰南部曰東部曰喀倫尼山嶺部各部皆設行政長官而隸於印度總督緬甸自是遂亡時出使大臣曾紀澤駐英帝以屬國故命與英外部會商緬事初議立君存祀俾守十年一貢之例不可得旋議由英駐緬大員按期遣使賚送儀物其界務商務兩事則擬先定分界再議通商英人自以驟闢緬甸全境所獲已多有稍讓中國展拓邊界之意英外部侍郎克蕾稱英廷願將潞江以東之地自雲南南界之外起南抵暹羅北界西濱潞江即洋圖所謂薩爾溫江東抵瀾滄江下游其中北有南掌國南有撣人各種或留爲屬國或收爲屬地聽中國自裁曾紀澤轉咨總理衙門言南掌本中華貢國英人果將潞江以東讓我宜即受之將撣人南掌均留爲

屬國責其按期朝貢並將上邦之權明告天下方可防後患而固邊圉紀澤又向英外部索還八募八募即蠻幕之新街昔時蠻幕土司地甚大後悉併於緬其商貨滙集之區謂之新街洋圖譯音則爲八募距騰越邊外百數十里在大金沙江上游之東龍川江下游之北檳榔江下游之南向爲滇緬通商巨鎭英人以其爲全緬菁華所萃不許爭論久之克蕾始云英廷已飭駐緬英官勘驗一地以便允中國立埠且可在彼設關收稅參贊官馬格里言八募雖不可得其東二三十里舊有八募城似肯讓與中國日後貿易亦可大興且允將大金沙江爲兩國公共之江如此則利益與彼分之其隱裨大局尤較得潞東之地爲勝議未定紀澤旋回國十二年六月總署與英使歐格訥議約五條第一申明十年呈進方物之例第三中緬邊界應由中英兩國派員會同勘定其邊界通商事宜另立專章約成遷延者五年十七年出使大臣薛福成始申前議奏言英人所稱願讓潞東之地南北將及千里東西亦五六百里果能將南掌與撣人收爲屬國或列爲甌脫之地誠係綏邊保小之良圖惟查南掌即老撾之轉音臣閱外洋最新圖說似老撾已歸屬暹羅若徒受英人之虛惠終不能實有其地非計之得者南掌撣人本各判爲數小國分附緬甸暹羅宜先查明南掌入暹羅之外是否尚有自立之國以定受與不受其向附緬甸之撣人地實大於南掌稍能自立且素服中國之化若收爲我屬則普洱順甯等府邊徼皆可鞏固矣至曾紀澤所索八募之地雖爲英人所不肯舍其曾經默許之舊八募者亦可爲通至大金沙江張本若將來竟不與爭或爭而不得竊有五慮焉夫天下事不進則退從前展拓邊界之論非謂足增中國之大也臣聞乾隆年間緬甸恃強不靖吞滅滇邊諸土司騰越八關之外形勢不全西南一隅本多不甚清晰之界若我不求展出彼或反將勘入一慮也我不於邊外稍留餘地彼必築鐵路直接滇邊一遇有事動受要挾二慮也長江上源爲小金沙江最上之源由藏入滇距邊甚近洋圖即謂之揚子江我若進分大金沙江之利尙可使彼離邊稍遠萬一能守故界則彼窺知江源伊邇或竟圖行船徑入長江以爭通商之利三慮也夫英人經營商埠是其長技我稍展界則通商在緬甸設關收稅亦可與之俱旺我不展界則通商在滇境將來彼且來擇租界設領事地方諸務不能不受其牽制四慮也我得大金沙江之利則迤西一路之銅可由輪船遵海北上運費當省倍徙否則彼獨擅運貨之利既入滇境窺知礦產之富或且漸生狡謀五慮也凡此五慮皆在意計之中又查中英所定緬約第一條內緬甸每屆十年向有派員呈進方物成例英國允由緬甸最大之大臣每屆十年派員循例舉行所派之人應選緬甸國人等語當時中外注意專在申明成例惟緬甸何年入貢並未計及所以但有此約而英之駐緬大員尙未舉行竊恐久不催問此約即成虛設臣查成案緬甸向係十年一貢自道光二十三年入貢後道路不通至光緒元年始復入貢一次計截至光緒十一年正應緬甸入貢之期若不按時理論彼亦斷不過問此與勘界各爲一事未便受其牽制臣擬再加查訪即行文交部請其知照駐緬大員補進光緒十一年應呈方物俟光緒二十一年再按定例辦理萬一彼謂必俟駐緬十年始呈方物則經此一番考覈彼於光緒二十一年之期斷難宕緩矣既而英人不認允曾紀澤三端之說謂普洱外邊南掌撣人諸地及大金沙江爲公用之江與八募設關也十九年七月福成奏言英人自翻前議雖以公法爲解實亦時勢使然前議三端既不可恃則展拓邊界之舉毫無把握前歲英兵游弋滇邊以查界爲名闌入界內常駐之地則有神護關外之昔董暨鐵壁關外之漢董雲貴督臣王文韶迭經電達總理衙門臣承總理衙門急電照會外部斥其違理責令退兵又屢赴外部爭論英兵稍自撤退滇邊至今靜謐臣又查野人山地綿亙數千里不在緬甸轄境之內曾紀澤曾照會外部請以大金沙江爲界江東之境均歸滇屬英人堅拒不納其印督至進兵蠻達邊外之昔馬攻擊野人以示不願分地之意臣相機理論稍就範圍於是有就滇境東南讓我稍展邊界之說據稱已與印督商定於孟定橄欖壩西南邊外讓我一地曰科干在南丁河與潞河中間蓋即孟艮土司舊壤計七百五十英方里又自孟卯土司邊外包括漢龍關在內作一直綫東抵潞江麻栗壩之對岸止悉劃歸中國約計八百英方里又有車里孟連土司轄境甚廣向隸雲南版圖近有新設鎭邊一廳係從孟連屬境分出英人以兩土司昔嘗入貢於緬并此一廳爭爲兩屬今亦願以全權讓我訂定約章永不過問至滇兩老界與野人山地毗連之處亦允我酌量展出其駐兵之昔董大寨雖未肯讓歸中國願以穆雷江北現駐英兵之昔馬歸我南起坪隴峰北抵薩伯坪峰西逾南墇至新陌計三百英方里又自穆雷江以南既陽江以東有一地約計七八十英方里是彼於野人山地亦稍讓矣其餘均依滇省原圖界綫劃分外部於三月二十三日行文照會前來臣先行文外部訂定大局惟騰越八關界趾未淸尙須理論外部請待印督所寄地圖又値外部諸員避暑在外稍有停頓前據督臣王文韶電稱漢龍關自前明已淪於緬天馬關亦久爲野人所占踞則八關僅存六關現經再三爭論此二關亦可歸中國又前年英兵所駐之漢董本在界線之外因其扼我形勢逼處堪虞向彼力索外部亦願退讓以表格外睦誼刻下界務已竣商務本不似界務之繁重且已先將大意議明無甚爭論現正商訂條款計可刻期蕆事尋福成議定商約續爭回鐵壁虎踞二關時二關皆英兵占據也二十年正月訂滇緬新約十九條劃定自尖高山起向西南行至江洪抵湄江之界綫大金沙江許中國任便行船刪去八募設關一條於是緬事粗結惟十年進呈方物之例英外部初許待至光緒二十三年照約舉行繼稱英廷已豫備光緒二十年第一次派員赴中國至是又聲請展緩迄未實行云

暹羅在雲南之南緬甸之東越南之西南瀕海灣順治九年十二月暹羅遣使請貢並換給印敕勘合允之自是奉貢不絕康熙二年暹羅正貢船行至七洲海面遇風飄失護貢船一至虎門仍令駛回三年七月平南王尙可喜奏暹羅來餽禮物卻不受其年議准暹羅進貢正貢船二艘員役二十名補貢船一艘員役六名來京並允貿易一次明年十一月國王遣陪臣等齎金葉表文文曰暹羅國王臣森列拍臘照古龍拍臘馬嘑陸坤司由提呀菩埃誠惶誠恐稽首謹奏大清皇帝陛下伏以新君御世普照中天四海隸帡幪萬方被教化卑國久荷天恩傾心葵藿今特竭誠朝貢敬差正貢使握坤司客喇耶邁低禮副貢使握坤心勿吞瓦替三貢使握坤司敕博瓦綈大通事揭帝典辦事等臣梯航渡海齎上金葉表文方物進獻用伸拜舞之誠恪盡遠臣之職伏冀俯垂天聽寬宥不恭微臣不勝瞻天仰聖戰慄屏營之至謹具表以聞御前方物龍涎香西洋閃金緞象牙胡椒膃黃荳蔻沉香烏木大楓子金銀香蘇木孔雀六足龜等皇后前半之帝錫國王緞紗羅各六金緞紗羅各四王妃各減二正副使等賞賚有差定暹羅貢期三年一次貢道由廣東常貢外加貢無定額貢船以三艘爲限每艘不許逾百人入京員役二十名永以爲例十二年貢使握坤司客喇耶邁低禮等至具表請封四月册封暹羅國王賜誥命及駝紐鍍金銀印令使臣齎回誥曰來王來享要荒昭事大之誠悉主悉臣國家著柔遠之義朕續承鴻緒期德教暨於遐陬誕撫多方使屏翰躋於康乂彝章具在渙號宜頒爾暹羅國森烈拍臘照古龍拍臘馬嘑陸坤司由提呀菩埃秉志忠誠服躬禮義既傾心以向化乃航海而請封礪山帶河克荷維藩之寄制節謹度無忘執玉之心念爾悃忱朕甚嘉尙今封爾爲暹羅國王錫之誥命爾其益矢忠貞廣宣聲教膺茲寵輯乃封圻於戲保民社而王纘休聲於舊服守共球之職懋嘉績於侯封欽哉無替朕命二十三年王遣正使王大統副使坤孛述列瓦提齎金葉表入貢帝諭暹羅進貢員役有不能乘馬者官給夫轎從人給舁夫先是貢船抵虎跳門守臣查驗後進泊河干封貯貨物俟禮部文到方准貿易至是疏請嗣後貢船到廣具報即准貿易並請本國採買器用乞諭地方官給照置辦允之頒賞暹羅之韡始折絹貢使回國禮部派司官筆帖式各一人伴送二十四年議定暹羅國王原賞緞三十四今加十六共表裏五十四十七年貢馴象二金絲猴二是年禮官議准暹羅貢船壓艙貨物在廣東貿易免其徵稅六十一年部議暹羅入貢照安南國例加賜國王緞八紗四羅八織金紗羅各二王妃緞織金緞紗織金紗羅織金羅各二是年國王奏稱彼國有紅皮船二前被留禁請令廣東督撫交貢使帶回帝可其請并諭禮部曰暹羅米甚豐足若運米赴福建廣東甯波三處各十萬石貿易有裨地方免其稅部臣與暹羅使臣議定年運三十萬石逾額米糧與貨物照例收稅雍正二年十月廣東巡撫年希堯陳暹羅運米併進方物詔曰暹羅不憚險遠進獻穀種果樹及洋鹿獵犬等物恭順可嘉壓船貨物概免徵稅用獎輸心向化之誠六年帝諭暹羅商船運來米穀永遠免稅七年常貢內有速香安息香袈裟布疋等帝以無必須之物免其入貢著爲例時貢使呈稱京師爲萬國景仰國王欲令觀光上國偏覽名勝歸國陳述以廣見聞帝命賢能司官帶領遊覽並賞銀一千兩遇所喜物購買使臣復稱本國王命購數匹帶歸允之命馬價向內庫支給復賜國王御書天南樂國扁額緞二十五玉器八琺瑯器一松花石硯二玻璃器二瓷器十四貢使赴廣採買京弓銅綫等物復詔賞給乾隆元年六月國王遣陪臣朗三立哇提等齎表及方物來貢增馴象一隻金緞二疋花幔一條並言昔賜蟒龍袍藏承恩亭上歷世久遠難保無虞懇再賜一二襲帝特賞蟒緞四疋禮部奏暹羅照不雅大庫呈稱伊國造福送寺需銅懇弛禁議弗許帝特賞八百斤八年詔暹羅商人運米來閩粵諸省貿易萬石以上免船貨稅銀十之五五千石以上免十之三其米照市價公平發糶若民間米多官爲收買以補常平社倉或散給沿海標營兵糧之用十三年入貢方物外附黑熊一隻

雞十二太和雞十六金絲白肚猿一十四年國王遣陪臣朗呵派提等入貢錫御書炎服屏藩四字十六年帝諭閩督喀爾吉善等籌辦官運暹羅米法疏陳非便並言不如獎勵商人赴暹羅運米至二千石以上者予議敍給頂戴從之十八年國王遣使入貢懇賜人葠纓牛良馬象牙及通徹規儀內監礮臣不可帝加賜人葠四斤特飭使臣歸國曉諭國王恪守規制益勵敬恭二十二年入貢特賜其王蟒緞錦緞各二閃緞片金緞各一綵緞四玉器瑪瑙各一松花石硯二琺瑯器十有三瓷器百有四三十一年暹羅入貢賜與前同頃之兩廣總督李侍堯奏暹羅爲花肚番所破繳還原頒賜物花肚番即緬甸也當其時緬甸攻暹羅進圍其國都阿由提亞三月陷之殺其王暹羅遂亡緬甸酋懵駁既破暹羅恃強侵雲南邊高宗聲遣將軍明瑞大學士傅恒將軍阿桂阿里袞等征之緬甸調征暹羅軍自救阿由提亞之陷也暹羅守長鄭昭方率軍有事東甫寨聞都城陷旋師赴援與緬甸戰搆兵數年既以緬甸困于中國鄭昭乘其疲敝擊破之國復昭中國廣東人也父賈于暹羅生昭長有才略仕暹羅既破緬軍國人推昭爲王遷都盤谷鎭撫綏輯國日殷富四十六年鄭昭遣使朗丕彩悉呢霞握撫突等入貢奏稱暹羅自遭緬亂復土報仇國人以詔裔無人推昭爲長遵例貢獻帝嘉之宴使臣於山高水長所貢方物收象一頭犀角一石餘物准在廣東出售與他貨皆免稅特賜國長蟒緞珍物如舊制四十七年昭卒子鄭華嗣立華亦材武屢破緬緬酋孟隕不能敵東徙居蠻得五十一年華遣使入貢御前方物龍涎香金鋼鑽沉香冰片犀角孔雀尾翠皮西洋氈西洋紅布象牙樟腦降眞香白膠香大楓子烏木白荳蔻檀甘密皮桂皮籐黃外馴象二中宮前無象物半之並請封十二月戊午封鄭華爲暹羅國王如康熙十二年之例制曰我國誕膺天命統御萬方聲教覃敷遐邇率服暹羅國地隔重洋向修職貢自遭緬亂人民土地悉就摧殘實堪憫惻前攝國事長鄭昭當舉國被兵之後收合餘燼保有一方不廢朝貢其嗣鄭華克承父志遣使遠來具見忱悃朕撫綏方夏罔有內外悉主悉臣設暹羅舊王後嗣尚存自當擇其嫡派俾守世封茲閱舊裔遭亂淪亡鄭氏攝國長事既閱再世用能保其土宇輯和人民闔國臣庶共所推戴用是特頒朝命封爾鄭華爲暹羅國王錫之誥印尚其恪修職事愼守藩封撫輯番民勿替前業以副朕懷柔海邦興廢繼絕之至意是年粵督穆騰額奏定暹羅正副貢船各一免稅餘船按貨征權以杜奸商取巧先是緬甸憚國威內附後屢爲暹羅所敗五十三年來貢乞諭暹羅罷兵五十四年正月帝賜鄭華敕曰朕惟自古帝王功隆不冒典重懷柔凡航海梯山重譯而至者無不悉歸涵育咸被恩賞爾暹羅國王鄭華遠處海隅因受封藩職遣使帕使滑里遜通亞排那赤突等恭齎方物入貢謝恩具徵忱悃朕念爾國與緬甸接壤往者懵駁贅角牙相繼爲暴侵陵爾國興師搆怨匪爾之由今緬甸孟雲新掌國事悔罪輸誠籲求內附已於其使臣回國時諭令孟雲與爾國重修和好毋尋干戈爾亦宜盡釋前嫌永弭兵釁同作藩封共承恩眷茲特賜國王絲幣等物尚其祇受嘉命倍篤忠忱仰副眷懷長膺天寵欽哉明年鄭華咨稱乾隆三十一年烏肚搆兵國破君亡其父鄭昭光復故物十僅五六舊有丹著氏麻叨塗懷三城仍被占據懇諭令烏肚歸還以復國土之舊粵督郭世勳以聞帝念暹羅所稱之烏肚番即緬甸前緬甸與暹羅詔氏搆兵係已故緬甸酋懵駁非今王孟雲之事丹著氏等三城亦係詔氏在國時被緬甸侵占非鄭氏國土相安年久自應各守疆界今暹羅已經易世暹羅又係異姓繼立爲王更不當爭論詔氏舊失疆土命軍機大臣代世勳擬檄諭止之是年入貢因慶祝萬壽加進壽燭沉香紫膠香冰片燕窩犀角象牙通大海哆囉呢九種帝亦加賜國王御筆福字六十年暹羅破東甫寨取阿可耳及破丁遙二地嘉慶元年暹羅遣使進太上皇帝皇帝漢番字金葉表文並方物正月命使臣與甯壽宮千叟宴賜正使聖制千叟宴詩一章二年遣使賀歸政及登極貢龍涎香冰片等二十四種帝奉太上皇帝命賜鄭華敕曰九服承風建極著會歸之義三加錫命樂天廣怙冒之仁舊典維昭新綸用沛爾暹羅國王鄭華屢供王會久列藩封茲於嘉慶二年復遣使臣奉表入貢鑒其忱悃允荷褒揚至以天朝疊慶重熙倍呈方物具見輸誠效順弗懈益虔國家厚往薄來字小柔遠自有定制第念爾國僻處海陬梯航遠涉其所備物若從擯卻勞費轉多特飭收受加賜文綺等物嗣後止宜照常進呈一分以示體恤王其祇承眷顧益懋忠純永膺蕃庶之恩長隸職方之長欽哉三年召暹羅使臣宴重華宮五年國王遣使齎祭文儀物詣高宗純皇帝前進香並獻方物廣東巡撫遵旨令使臣毋庸來京悉將方物齎回六年副貢使怕窩們孫吽哆呵叭病歿廣東諭地方官妥爲照料賞銀三百兩先行回國十年暹羅貢表言與緬甸戰獲捷有詔和解之十二年九月帝諭鄭華不許違例用中國人駕船代運貨物往來以免奸商隱匿致啓訟端倘有違背奸商治罪國王亦難辭其咎特申禁令以嚴踰越之防爾國王其凜遵毋忽十四年遣使祝嘏加賞正副使筵宴重華宮秋鄭華卒世子鄭佛繼立遣使入貢請封遭風沈失貢物九種帝諭不必補進十五年封鄭佛爲暹羅王給誥命駝紐鍍金銀印交使齎回十八年冬總督蔣攸銛奏暹羅正貢船在洋焚毀僅副貢船抵粵副使呷拔察哪不汝知突有疾聞正貢船遭焚驚悶益劇不能即赴都帝命副使留粵調治所存貢物十種派員送京失物毋庸補備且諭曰暹羅國王抒忱納賮沿海中虔即與到京齎呈無異例賞物件及敕書交兵部發交兩廣總督頒給明年暹羅王聞貢船焚毀補備方物入貢遇颶風船漂散二十年秋正副貢船先後抵粵蔣攸銛以聞仁宗嘉其恭順諭曰暹羅向係三年一貢明年又屆入貢之期此次方物可作二十一年例貢暹羅王復表請准用內地水手駕駛部議駁之道光元年暹羅遠征馬來半島開泰州懸軍深入破沙魯他軍南下服派拉克進與色蘭格耳國戰以軍疲由新格拉而還三年遣使入貢賀萬壽四年鄭佛在位十五年傳位其子鄭福明年遣使入貢請封舟毀貢物沈沒帝免補進仍封鄭福爲暹羅王福朝貢益恭十九年三月宣宗以暹羅服事之勤諭曰暹羅三年一貢其改爲四年咸豐元年鄭福卒弟蒙格克托繼立中國稱曰鄭明者是也明奉孝和睿皇后宣宗成皇帝遺詔遣使進香並齎遞表文方物慶賀登極又因例貢屆期請將貢物一併呈進文宗命兩廣總督徐廣縉傳知使臣毋庸來京儀物方物悉令齎回至應進例貢現當國制二十七月之內不受朝賀並停止筵宴俟嗣王請封時再行呈遞二年徐廣縉奏暹羅國王遣使補進例貢並請敕封現已行抵粵東帝命於封印前伴送來京應給嗣王誥命俟貢使抵都發給齎回適粵匪亂熾貢使竟不能至入貢中國亦於此止此後暹羅遂爲自主之國矣鄭明通佛學善英語用歐人改制度行新政國治日隆稱皇帝復與英法諸國訂約遣使分駐各國同治七年鄭明卒子抽拉郎公繼立廢奴隸行立憲北部亂賊蠭起討平之法既吞越南復迫暹羅割湄江東地光緒十九年國王派軍防守法藉口暹羅侵越南出兵占孔格沙丹格托倫格二地復進據老撾之加核蒙隆拍拉朋暹軍敗退湄河西岸法復以海軍攻盤谷海港暹人懼乞和既英人疾法日盛不利于己乃與法立約保證湄南屬暹羅暹羅賴以少安致力內政日蒸富强宣統二年卒子馬活提路特立暹羅版圖北緯六度至二十度東經九十七度至一百七度官制設外務內務財政陸軍海軍司法教育農務交通九部佐國王管理國政另設樞密院國王選親貴勳臣充之國之大事皆諮詢而行中央稱畿甸省全國分十七州置總督州下有縣郡村人口八百萬中國人占三分之一軍備仿德國徵兵制常備軍三萬人戰時可增十倍海軍有礮艦水雷艇數艘製造槍礮廠造船所皆備暹羅疊出英君政治修明故介於英法諸大國屬地而能自保其獨立也

南掌舊稱老撾雍正七年雲貴總督鄂爾泰疏言南掌國王島孫遣使奉銷金緬字緬蒲表文一道馴象二隻求入貢帝嘉獎其貢道命由普洱府入沿途護送從厚支給八年二月遣使表貢並請定貢期命五年一貢賜之勅諭並文綺等物令使臣齎捧回國九年六月表謝頒勅諭恩乾隆元年賜國王島孫彩緞文綺八年二月帝以南掌遠道致貢改爲十年一次十四年正月貢馴象二十六年二月國王准第駕公滿奏言臣毋喃瑪喇提拉同臣遣使奉表進馴象二隻慶賀皇上五旬萬壽皇太后七旬萬壽准第駕公滿又別備表文一貢象二宴賞如例六月十三日禮臣議嗣後各省巡撫値南掌琉球蘇祿安南等國貢使到境遴委同知通判中一員武弁守備一員伴行長送至京並知照經過各省添派妥員護送按省更替貢使回國亦一例辦理從之又奏南掌外藩入貢使臣俱於陳設鹵簿之日帶領道旁瞻仰天顏備覩儀典今國王准第駕公滿遣使叭哩細哩門遮昆來京擬於七月初八日聖駕起鑾之期帶領大東門道旁叩見四十七年國王召翁遣使臣叭整哄等四人入貢帝於山高水長連日賜茶果又賜宴於紫光閣三無私殿五十五年國王表貢馴象祝釐並附進例貢帝諭雲貴總督富綱派員護送南掌貢使定於七月二十日至熱河行在與蒙古王公各外藩貢使同預壽筵五十八年諭免例進貢象明年國王召溫猛遣使請封特頒誥敕並駝紐鍍金銀印交使臣齎回六十年國王奉表祝釐進長生經一卷阿魏二十斤象牙四十夷錦四十時召溫猛已播遷越南昭晉州地既受敕印仍未能返國嘉慶四年國王遣使齎表懇求赴京進香帝諭止之令雲貴督臣由驛進呈金葉表文所貢檀香三枝交太常寺十二年國王遣使進馴象四隻象牙四百斤犀角三十斤土絹一疋帝賞賚有加十四年越南國王阮福映遣使恭繳南掌敕印帝諭曰南掌國王召溫猛懊懦不振流徙越南遺棄敕印朕念其流離不加聲責豈能復掌國事聽其在越南居住可也其國事以其伯召蛇榮代辦二十四年召蛇榮子召蟒塔度臘疲修職貢籲懇再頒

敕印禮臣覆稱前繳印信字畫完好毋庸另鑄准於頒給敕印外再給誥命一道交召蟒塔度臘祇領道光二十二年遣使齎勅封召喇嘛呢呀宮滿爲南掌國王咸豐三年南掌國長召整塔提拉宮滿遣使叩關請入貢帝以南掌貢使向由貴州湖南湖北河南取道進京惟現在粵匪未盡殲除命雲貴督臣吳文鎔等即傳諭南掌使臣此次毋庸來京仍優與犒賞俾先行回國貢物象隻即由督臣派員送京然自是雲南回匪亂起貢道遂絕時南掌兼貢越南之順化暹羅之曼谷嗣越南衰南掌入暹羅號爲暹羅屬國光緒十一年法人得越南全境以南掌地居湄公江中間爲傳教通商孔道復設法保護之於是南掌又折入於法矣南掌國都曰隆勃剌邦據湄公江左岸江東折南流南岡江自東來會曲注如玦環城在山下當南岡江會流處水穿城而過王宮在城之北背山建屋規制壯麗佛墓寺塔森立城市中瀕江兩岸多花園居民大半老撾種或喀木種老撾種人俗同暹羅不文身雕題性愚而嬾奉佛教好生惡殺務耕種畜牧能鑄造紡織其狀貌短小鼻寬而脣厚膚色紅紫剪髮留頂不蓄鬚男子衣飾橫布一幅圍腰至膝富貴者以紬緞爲之婦人下裳似裙上服摺蓋於胸髮黝黑綰垂於後項耳手足皆帶環圈以金銀銅爲飾其房屋率用籐竹縛造富室官衙則用堅木極壯麗常食粳米雜以秔稻中國人教以製酒醴養蠶繅之法家畜象牛供耕田馱貨其物產有五金各礦稻則有秔有稉多包穀少粟麥有靛青漆籐竹麻棉椰葉桄榔甘蔗檳榔荳蔻煙葉芝麻花生而松木楡木尤多其貨幣或用暹羅之體格或印度之魯卑皆銀錢也此外或用銅錢用鐵錢或用銀錠用海貝然用錢頗少以貨易者爲多天氣溫和自二月至八月多東風多雨九月至正月多北風多晴云

蘇祿南洋島國也雍正四年蘇祿國王毋漢末毋拉律林遣使奉表貢方物五年六月貢使至京貢珍珠玳瑁花布金頭牙薩白幼洋布蘇山竹布燕窩龍頭花刀夾花標槍滿花番刀藤席猿十二種賜宴賚賞頒敕諭一道令使臣齎回定期五年一貢貢道由福建十一年六月國王奉表謝恩並奏伊祖東王於明永樂間入朝歸至德州病故帝命有司營葬勒碑墓道謚曰恭定留妻妾傔從十人守墓畢三年喪遣歸今事隔三百餘年所有墳墓及其子孫存留賜恤之處懇請修理給復禮臣議覆蘇祿國東王巴都噶叭哈答歿長子都馬含歸國襲封次子安都祿三子溫哈喇留居守塋其子孫以祖名分爲安溫二姓應如所請飭查王墓所有祠道享亭牌坊修理整飭於安溫二姓中各遴一人給頂帶奉祀著爲例帝允之乾隆五年八月蘇祿國王麻喊味呵稟朥甯遣番丁護送遭風商人回內地八年貢使馬明光奏請三年後復修朝貢帝命仍遵雍正五年所定五年一貢之例十九年蘇祿國王麻喊味安柔律嗾遣使貢方物並貢國土一包請以戶口人丁編入中國圖籍帝諭蘇祿國傾心向化其國之土地人民即在統御照臨之內毋庸復行齎送圖冊二十八年國王遣使貢方物自後遂不復至蘇祿本巫來由番族悍勇善鬬西班牙既據呂宋欲以蘇祿爲屬國蘇祿不從西人以兵攻之爲所敗獨慕義中國累世朝貢不絕其國小有巉巖之嶺其極南爲石崎山犀角嶼珠池因島環繞海內有珍珠土人與華商市易大者利數十倍此外土產則蘇木荳蔻降香籐條蓽茇鸚鵡之類戶口繁多地磽瘠食不足常糴於別島土人奉回教與婆羅洲芒佳蝨民結爲海盜云

清史稿

屬國傳四

廓爾喀

浩罕（布魯特　哈薩克　安集延　瑪爾噶朗　那木干　塔什干　巴達克山　博羅爾　阿富汗）

坎巨提

廓爾喀在衞藏西南與巴勒布各部相鄰巴勒布三汗曰陽布曰葉楞曰廓庫木後皆爲廓爾喀酋博納喇赤并吞及小部二十三其國境東西二千里南北約五百里東與哲孟雄宗木布魯克巴接壤西與木朗接壤南距南甲噶爾北連後藏邊境傳至孫拉特納巴都爾年幼嗣位其叔巴都爾薩野用事操國大權乾隆五十三年廓爾喀人至藏貿易以爭新鑄銀錢與唐古忒開釁構兵進侵藏界帝命四川總督鄂輝將軍成德往查以巴忠熟悉藏情令爲會辦巴忠遷就議和稱內附帝錫封廓爾喀王爵廓爾喀私責後藏班禪喇嘛賠償銀兩巴忠不以聞既而後藏不能償班禪復與弟紅帽喇嘛沙瑪爾巴不協沙瑪爾巴因導廓爾喀內侵五十六年廓爾喀遂以唐古忒兵欠欵班禪負約爲辭遣兵圍聶拉木唐古忒兵聞風潰進至達木番兵亦敗退八月廓爾喀圍札什倫布將軍成德赴藏援勦帝復命四川總督鄂輝督後隊赴援鄂輝復調金川兵二千雲南兵二千助討九月廓爾喀六七百人攻宗喀陳謨潘占魁等率唐古忒兵固守擊卻之斬首四十六賊退濟嚨帝始議大舉往征十月召兩廣總督福康安入京授以方略命爲將軍督參贊海蘭察等由青海赴藏總領大軍討廓爾喀十二月成德次聶拉木四十里戰拍甲嶺敗之明年正月攻克聶拉木東官寨斬其酋呢瑪叭噶嘶及踏巴等二月以地雷破西北碉寨獲咱瑪達阿爾曾薩野巨酋瑪木薩野之姪也聶拉木既平進軍濟嚨三月福康安抵後藏詔進爲大將軍各軍咸受節度廓爾喀築寨據險死守四月福康安偕海蘭察由絨轄聶拉木進決議先勦擦木濟嚨擦木地最險兩山夾峙中亙山梁五月六日乘夜雨分五隊海蘭察等居中哲森保等由東西山趨賊寨墨爾根保等繞出賊背黎明攻擦木山梁兩石碉克之禽斬二百餘人進至瑪噶爾轄爾甲濟嚨援賊三百據山力拒海蘭察趨進馬中鎗揮軍奮擊盡殲之濟嚨賊聞官軍將至建大寨山岡外扼險築三大碉相犄角福康安檄巴彥泰巴彥棠薩甯阿長春攻西北臨河大碉桑吉斯塔爾克色保籌保巴哈張占魁攻東北石上大碉哲森保墨爾根保攻東南山梁上大碉蒙興保綽爾渾等攻山下喇嘛寺阿滿泰額爾登保等攻大寨以惠齡爲策應之軍海蘭察率騎兵張兩翼截擊逸賊六月初六日哲森保等攻克山梁大碉蒙興保等克喇嘛寺復會攻臨河及石上兩大碉皆克之設礮石上戰一晝夜破其東北隅遂拔濟嚨斬級六百餘禽二百獲賊目七當福康安之攻濟嚨也先遣成德岱森保率兵三千出聶拉木南行牽綴賊勢壁上木薩橋賊築三卡於德親鼎山下建木柵於下木薩橋以拒官軍岱森保悉攻破之於是自擦木至濟嚨邊界盡復濟嚨西南皆高山峻嶺路險惡距濟嚨八十里有熱索橋其大河自東來注渡橋即廓爾喀界也賊屯北岸三四里外索喇拉山設石卡一南岸臨河設石卡二官軍進破喇拉山卡追至熱索橋逸賊甫上橋南岸守橋賊見追兵至倉卒撤橋逸賊皆落河死官軍隔河施槍河闊不能及乃退還密遣阿滿泰哲森保墨爾根保翁果爾海等率土兵東出戟綠大山繞至上流伐木編筏以濟時賊與官軍隔河相持不虞間道軍驟至倉皇抵抗不能敵潰而奔遂夷二石卡六月十七日福康安海蘭察惠齡等渡熱索橋進密里頂大山山重疊無路徑乃令烏什哈達張芝元開路以進明日抵旺噶爾山勢險峻瑪爾臧大河傍山南注我軍循河東路逼仄不能駐足士卒皆露宿巖下深入賊境百七十里不見一賊尋偵知旺噶爾西南協布魯克瑪賊樹木城外環石壁城西里許夾河築卡城東三十里環克堆築寨以相犄角二十日官軍由旺堆伐樹建橋城賊居高施彈橋不能成我軍以礮轟其城賊隨缺隨補終不得渡二十二日福康安海蘭察由間道越伯爾噶臧與三大山攻克堆賊阻河以拒日暮大雨我兵佯退伏叢林中夜深偷渡毀賊壘五斬級三百餘徑趨協布魯克瑪與惠齡等前後夾擊賊驚潰木城石卡俱下協布魯克瑪既克福康安分道而前一由噶多趨東覺爲正道一由噶多東越山趨雅爾賽拉博爾東拉爲間道海蘭察督桑吉斯塔爾阿滿泰珠爾杭阿等出間道福康安出正道命台斐英阿等與賊相持於作木古拉巴載山梁躬率額爾登保等潛趨噶多普七月初六日晨渡河破其碉卡進毀寨十一木城五殛賊目蘇必達桑新及巴撒喀爾斬級四百海蘭察亦破賊博爾東拉前山毀木城三石卡七追至瑪拉遇伏擊破之東覺餘賊俱盡兩軍復合進至雍鴉賊據噶勒拉山梁道路崎嶇士卒履皆穿跣足行石子上多刺傷又爲螞蝗嗜嚙兩足腫爛其地多陰雨惟辰巳二時稍見日屆午則雲霧四合大雨如注山顛氣寒凜夜則成冰雪於是頓兵休息當是時成德軍亦克札木過鐵索橋進至多洛卡破賊隴岡覆利底寨八月福康安分軍爲三過雍鴉趨噶勒拉廓爾喀境皆山東西對峙中貫大河自過雍鴉山勢皆南北向噶勒拉堆補木甲爾古拉集木集諸大山層層環抱橫河阻之我軍須渡河仰攻初二日破石卡逼噶勒拉山顛木城侍衞墨爾根保圖爾岱參將張占魁攀堞以登中槍而殞士益奮拋火彈入焚其帳房自辰至未克木城石卡各二殲賊三百餘斃其目五落崖死者無算乘勝追數十里抵堆補木山口之象巴宗賊蜂擁

出拒袁國璸等陷入陣斃賊百餘復檄珠爾杭阿等攻集木集阿滿泰額爾登保等渡河撲甲爾古拉賊扼險列木柵長數里阻官軍阿滿泰與賊爭橋中槍落水額爾登保等奮呼而進遂渡河斬賊目三斃賊百餘大軍競進集木集賊衆分三道來援殊死鬥福康安躬督戰英貴殞於陣台斐英阿張芝元德楞泰往來奮擊射死紅衣賊目二賊始敗走是役也連戰兩日一夜克大山二大木城四石卡十一斬賊目十三進抵帕朗古深入賊境七百餘里斃六百餘人廓爾喀酋震懼乞降初福康安破東覺賊酋乞降福康安不許檄令拉特納巴都爾薩野躬親至軍幷獻禍首及所掠財物賊不應至是拉特納巴都爾薩野遣大頭人稟請交送札什倫布什物繳出西藏所立條約並獻禍首沙瑪爾巴之骨福康安海蘭察惠齡合疏入告曰竊臣等秉承廟算統率勁兵自察木進勦以來連戰克捷邊界肅淸遂奪熱索橋深入賊境協布嚕東覺博爾東拉噶勒拉堆補木帕朗古諸處皆係峭壁懸崖大河急溜我兵繞山涉水間道出奇賊匪碉卡木城悉行攻克所向無前賊匪敗衂奔逃大兵進至雍鴉送出上年被裹兵丁王剛諸人具稟乞降旋遣賊目噶布黨普都爾帮哩等迎赴軍前悉將上年被褁之噶布倫丹津班珠爾及兵丁盧獻麟等全行送出稟陳沙瑪爾巴唆使情形悔罪哀祈臣等嚴加駁飭復進兵至帕朗古移營進逼賊匪益加震恐即將沙瑪爾巴眷屬徒弟什物等項及搶掠扎什倫布銀兩物件皆已遵檄呈交並繳出私立合同二張不敢復提西藏給銀之事再三稟求聖主逾格施恩赦其已往以全闔部番民之命茲於八月初八日遣辦事大頭目噶箕第烏達特塔巴蘇巴巴爾底曼喇納甲察布拉咱音達薩野喀爾達爾巴拉巴達爾四名恭齎表文進京並虔備樂工馴象番馬孔雀甲噶爾所製番轎珠佩珊瑚串金銀絲緞金花緞氆氌象牙犀角孔雀尾鎗刀藥材共二十九種隨表呈進另稟懇臣代奏當卽譯閱表文詞意極爲恭順懇至並據第烏達特塔巴等伏地哀懇叩頭乞命至於泣下跪稱廓爾喀部長拉特納巴都爾部長之叔巴都爾薩野本係邊外小番曾歸王化渥受大皇帝天恩特加封爵錫賚多珍高厚恩慈至今頂戴乃拉特納巴都爾年幼無知巴都爾薩野罔識天朝法度因沙瑪爾巴從中簸弄唆使廓爾喀與唐古忒藉端滋事拉特納巴都爾等輕聽其言侵犯後藏仰煩大皇帝天兵遠討誅戮頭目人衆三四千人攻據地方七八百里天威震疊廓爾喀膽落心驚拉特納巴都爾及巴都爾薩野自知罪在不赦惶懼尤甚從前侵犯藏界之事雖係被人煽惑而孽實自作萬不敢絲毫置辯諉咎於人惟有仰懇轉奏大皇帝大沛恩施開一線之路如蒙允准免其誅滅廓爾喀闔部地土人民皆出大皇帝所賜銜感宏施曷其有極前立合同混行開寫各條萬不敢復提一字廓爾喀永爲天朝屬下每屆五年朝貢之期卽差辦事噶箕一名仰覲天顏子子孫孫恪遵約束懇求大將軍據情轉奏等語臣等隨諭拉特納巴都爾巴都爾薩野自速誅勦侵擾藏地天兵至此本應滅爾部落噍類無遺今拉特納巴都爾等敬凜大皇帝天威萬分悔懼屢懇投降情詞恭順本大將軍不敢壅於上聞當卽據實具奏大皇帝如天好生或可仰蒙鑒察宥罪施恩倘荷聖慈允准從此爾部落惟當遵奉天朝法度不得復滋事端方可永受大皇帝天恩保守境土此次天兵威力爾巴深知若稍抗違卽是自取滅亡後悔無及其頭目跪聆之下戰慄叩頭感懼之誠形於辭色臣等伏思廓爾喀恃其險遠搆釁稱兵上年藏事遷就議和兵威未加罔所祇懼是以投誠甫及兩年復行反覆此次興師問罪仰承聖主指授機宜士卒爭先用命越險摧堅兵到之處屢戰屢勝大半殲擒廓爾喀在西番各部素稱強悍今見天朝兵力精強所向無敵全部震讋屢遣大頭人來營乞降察看情辭實出誠悃伏查前承明旨諭令臣等酌量情形倘軍臨賊境賊匪心懷慴伏悔罪乞哀或可申明約束俯允所請納款班師仰見我皇上廟算精詳幾先指示義正仁育威德覃敷臣等實深欽服今廓爾喀業已悔罪投誠遣大頭人恭進表文請於象馬方物之外虔備樂工使隸於太常附各國樂舞之末並懇定立貢期遣使五年朝貢一次詳察賊情實屬傾心向化不敢再滋事端衞藏全境似可永底敉甯相安無事矣疏入帝允受降諭福康安等籌善後撤兵仍以所獲熱索橋以西協布嚕雍鴉東覺堆補木帕朗古各地還廓爾喀熱索橋以內濟嚨聶拉木宗喀前屬藏地爲廓爾喀所據者仍歸後藏沿邊設立鄂博如有偷越卽行正法遇有遣使表貢先行稟明邊吏允許始准進口八月廓爾喀酋遣蘇必達巴依喇巴忻喀瓦斯並親信瑪泌達拉喀瓦斯至營呈水牛猪羊各百頭米二百石果品糖食百筐酒百甕犒師福康安諭留牛羊各十頭米十石以荅其誠敬之意餘皆發還復賞錦緞各四疋廓爾喀益感服受約束二十一日班師十月初三日福康安還後藏五十八年正月廓爾喀貢使噶箕第烏達特塔巴等賚貢物至京師帝賜宴命與朝鮮暹羅各使同預朝賀封拉特納巴都爾爲廓爾喀王自是五年一貢聽命惟謹其後英吉利據印度時時被侵略迫訂西古利條約廓爾喀始將西界克美恒山地及開利川河流域割於英廓爾喀旣爲英逼勤修國政力保自主之權英雖覬覦之無如何也光緒末猶入貢中國云

浩罕古大宛國地一名敖罕又曰霍罕葱嶺以西回國也東與東布魯特接南與西布魯特接西與布哈爾國接有四城俱當平陸一曰安集延東南至喀什噶爾五百里其人長於心計好賈遠游新疆南北各城處處有之故西域盛稱安集延遂爲浩罕種人之名從安集延西百有八十里爲瑪爾噶朗城又西八十里爲那木干城又西八十里爲浩罕城四城皆濱近納林河惟那木干在河北南北山泉支流會合襟帶諸城之間土膏沃饒人民殷庶其人奉回教習帕爾西語亦布魯特種也其頭目冠高頂皮帽衣錦衣民人戴白氈帽黃褐諸城皆有伯克而浩罕城伯克額爾德尼爲之長衆聽命焉乾隆二十四年將軍兆惠追捕霍集占兄弟遣侍衞達克塔納等撫布魯特諸部至其境額爾德尼迎之入城日饋羊酒瓜果詢中國疆域形勢畏慕奉表請內附並上將軍書稱爲至威至勇如達賚札木西特之將軍旋遣頭目托克托瑪哈穆等貢馬京師二十五年遣侍衞索諸穆策凌齎敕往諭額爾德尼率諸伯克郊迎成禮是爲浩罕屬中國之始浩罕風俗與天山南路諸回部略同而驚勇過之有百回兵不如一安集延之語初大軍追霍集占急霍集占遣使欲投浩罕不報尋霍集占兄弟爲巴達克山所殲波羅尼都次子薩木薩克逃入浩罕浩罕藉其和卓木之名居爲奇貨和卓木譯言聖裔也回教徒尊之所至景從嘉慶二十五年薩木薩克次子張格爾由浩罕糾布魯特寇邊道光六年張格爾復求助浩罕入寇約破西四城子女玉帛共之且割喀什噶爾酬其勞浩罕酋自將萬人至則張格爾已探喀城無援背前約浩酋怒自督所部攻喀城不下率兵宵遁張格爾使人追誘其衆歸投者二三千人張格爾置爲親兵及西四城破浩罕兵盡得府庫官私之財並搜括回戶殆遍楊芳追張格爾至阿賴嶺遇浩罕伏兵二千軍幾殆鏖戰一晝夜始出險八年張格爾旣伏誅其妻子留浩罕欽差那彥成檄令縛獻不從詔命絕其互市困之那彥成並奏驅留商內地之夷且沒入其貲產諸夷商憤怒乃奉張格爾之兄玉素普爲和卓木糾結布魯特安集延數千入寇圍喀什噶爾英吉沙爾犯葉爾羌璧昌哈豐阿等拒而破之賊悉掠喀英二城逼出邊十一年浩罕聞大軍且至由伊犂烏什喀城三路出師築邊牆拒守又乞俄援俄弗許浩罕念無外援遂遣頭目至喀城謁欽差長齡呈訴並請通商長齡遣還二使留其一使令縛獻賊目釋回被虜兵民浩罕報言被虜兵民可釋還惟縛獻夷目事回經所無且通商求免稅並給還鈔沒資產長齡疏言安邊之策振威爲上羈縻次之浩罕與布噶爾達爾瓦斯喀拉提錦諸部落犬牙相錯所屬塔什干安集延等七處均無城池其臨戰皆恃騎賊然在馬上不能施鎗礮倘以鳥鎗連環擊之則騎賊必先奔其卡外布魯特哈薩克向受其欺凌爭求內徙而卡內回衆亦恨其虜掠無人理果欲聲罪致討但選精銳三四萬人整軍而出並於伊犂烏什邊境聲稱三路並進先期檄諭布哈爾等部同時進攻則不待直擣巢穴而其附近諸仇部已乘釁並起可一舉而平之矣惟是大軍出塞主客殊形自喀浪圭卡倫至浩罕千六百餘里中有鐵列克嶺爲浩罕布魯特界山兩山夾河僅容單騎兩日方能出此路奇險勞師遠涉勝負未可盡知今擬遣還前所留來使一人令伯克霍爾敦寄信開導爲相機羈縻之計蓋浩罕四城外有三小城曰窩什在東南曰霍占在西南曰科拉普在西北塔什干別爲一部屬右哈薩克亦附浩罕稱浩罕八城故云所屬七處也奏入詔一切皆如所請浩罕大喜過望遣使來抱經盟誓通商納貢爲是時浩罕酋讓哈馬阿里勢頗張旣與中國和北結俄羅斯南通印度其人有才略而性淫暴徵民女納父妾布哈爾酋遣使責之讓哈馬阿里怒髡其使布哈爾遂率衆攻浩罕擒斬讓哈馬阿里及其父妾並俘獲姬妾四十車凱旋以伊布拉興留守遣使至中國卡倫告捷時道光二十二年也會伊布拉興虐浩罕民浩罕叛立西爾阿里布哈爾遣兵二萬來伐有讓蘇滿沽者浩罕人謂布酋曰此可說而下也請先行布酋許之至浩罕乃力勸拒守布哈爾兵至攻四十日不克解圍去於是讓蘇滿沽預國政西爾阿里死次子古德亞嗣立讓蘇滿沽妻以女防之甚嚴不使接賓客會塔什干人犯境讓蘇滿沽挾以出征兵交而古德亞逃入敵軍後塔什干平讓蘇滿沽獲之復載回國六月黨人沙特殺讓蘇滿沽及其黨萬餘人古德亞走布哈爾衆立古德亞之弟馬拉又二年黨人基布查怨望謀逆殺馬拉立古德亞從弟沙漠拉古德亞之在外也爲人傭工以塔什干之力得復國後阿林沽作亂又出奔商於外復以布哈爾之力復國時俄兵日南古德亞不能禦敵請和古德亞有子曰那西亞丁頗得民心種人謀立之誅其貪吝者於是國內亂古德亞奔俄那西亞丁立率黨人叛

俄以俄非回教國也光緒二十九年俄人滅其國置費爾干省　布魯特分東西二部東布魯特在伊犂西南一千四百里天山特穆爾圖淖爾左右古爲烏孫西鄙塞種地其部有五每部各一鄂拓克最著者三曰薩雅克鄂拓克曰薩拉巴噶什鄂拓克曰塔拉斯鄂拓克其酋長戴氈帽似僧家毘盧頂甚銳捲末爲檐衣錦衣長領曲袷紅絲縧紅革鞮民人冠無皮飾衣褐先是東布魯特爲準噶爾侵偪西遷安集延乾隆二十年準部平得復故地二十三年六月將軍兆惠等追捕準部餘黨哈薩克沙喇至東布魯特界遣侍衞烏爾金托倫泰往撫抵其游牧珠穆翰地薩雅克薩拉巴噶什兩鄂拓克不自主別推一年長者瑪木克呼里主之年九十餘體碩趺坐腹垂至地不能遠行遣使獻牛羊百頭將軍等燕而示之講武咸詫服天朝騎射之利乞內附於時兼撫定霍索楚啓台兩鄂拓克七月參贊大臣富德復遣侍衞伊達木札布往諭薩婁鄂拓克阿克拜亦率衆五千戶來歸同遣使入朝其貢道由回部以達京師西布魯特與東布魯特相接在回疆喀什噶爾城西北三百里西接布哈爾國道由鄂什山口踰葱嶺至其地蓋古之休循捐毒也凡十有五部最著者四曰額德格納鄂拓克曰蒙科爾多爾鄂拓克曰齊里克鄂拓克曰巴斯子鄂拓克衣冠風俗皆同東部乾隆二十四年將軍兆惠既定山南追捕逸回道其地其渠長遮道奉將軍書曰額德格納布魯特部小臣阿濟比恭呈如天普覆廣大無外如愛養衆生素賚滿佛之鴻仁如古伊斯干達里之神威如魯斯坦天下無敵之大勇富有四海乾隆大皇帝欽命將軍之前謹率所部自布哈爾以東二十萬人衆盡爲臣僕頭目等以未出痘不敢入中國謹遣使入朝京師兆惠以聞詔受之於是東西兩部皆內附凡布魯特大首領稱爲比猶回部阿奇木伯克也比以下有阿哈拉克齊大小頭目喀什噶爾參贊大臣奏給翎頂二品至七品有差歲遣人進馬酌賚綢緞羊隻商回以牲畜皮張貿易至者稅減內地商民三分之一二十七年阿濟比所屬鄂斯諸部地爲浩罕所據新疆大臣諭還之明年別部長阿瓦勒比願以其地供內地游牧帝嘉許之賜四品服然布魯特人貧而悍輕生重利喜擄掠乾隆以後邊吏率庸材撫馭失宜往往生變嘉慶十九年孜牙墩之案杜詠圖爾第邁莫特其子阿仔霍逃塞外憤煽種類圖報復二十九年叛回張格爾糾布魯特數百寇邊有頭目蘇蘭奇入報爲章京綏善叱逐蘇蘭奇憤走出塞遂從賊道光四年張格爾屢糾布魯特擾邊五年九月領隊大臣色彥圖以兵二百出塞四百里掩之不遇則縱殺遊牧之布魯特妻子百餘而還其酋汰列克恨甚率所部二千人追覆官兵於山谷賊遂猖獗於是有八年重定回疆之役迨同治三年布魯特叛酋田拉滿蘇拉滿與庫車土匪馬隆等句結爲亂逆回金相印等乘之新疆淪陷十有餘年光緒四年欽差大臣左宗棠遣劉錦棠收復南八城駐軍喀什噶爾有布魯特頭目來謁錦棠願仍歸中國自言部落十四蓋即向之西布魯特也而東布魯特接伊犂邊者又有五部曰蘇勒圖曰察哈爾曰薩雅克曰巴斯特斯曰薩爾巴噶什已投附俄羅斯矣光緒初俄人併吞浩罕後西部亦大半爲俄所脅收其附近中國卡倫啁啁內貉代爲守邊可紀者僅千餘家而已　哈薩克部有三曰東部曰中部曰西部東哈薩克在舊準噶爾部之西北東西千里南北六百里東界塔爾巴哈臺西界右哈薩克部南界伊犂北界俄羅斯漢康居國地也哈薩克汗阿布賚之告順德納曰我哈薩克之有三玉茲如準噶爾之有四衞拉特也東部者左部也曰鄂圖玉茲謂之伊克準中部者右部也曰烏拉克玉茲謂之多木達都準西部最遠曰奇齊克玉茲謂之巴罕準左部之汗曰阿布賚右部之汗曰脫卜柯依西部之頭人曰都爾遜初阿布賚乘準噶爾平遣使往諭阿布賚投誠適阿睦爾撒納叛走哈薩克阿布賚納之我兵進敗其衆阿布賚大悔密計禽阿逆以求臣於我會阿逆遁歸準噶爾二十二年阿布賚以其兵三萬助攻阿逆陳情謝罪奉表請內附後阿睦爾撒納奔俄而死阿布賚乃禽其黨額布濟齊巴罕以獻其別部和集博爾根及喀拉巴勒特並率其屬三萬戶來附二十四年以後屢遣使朝貢並賜冠服宴賚如例右哈薩克在左哈薩克之西二千里東界左部西界塔什干南界布魯特安集延諸部北界俄羅斯東南界伊犂亦漢康居五小王地也其汗曰阿布勒班畢特即阿比里斯其巴圖爾有三曰吐里拜曰輝格爾德曰薩薩克拜而吐里拜實專國政乾隆二十二年左部阿布賚既臣服請招右部會參贊大臣富德方以兵索逆賊哈薩克錫拉至右部時吐里拜方與塔什干交兵爲平之乃下於是吐里拜詣軍門納款奉馬進表請歸附二十三年以後屢遣使入朝恩賜宴賚如例其貢道均由伊犂以達京師今則自中俄定界後哈薩克已分屬兩國矣　安集延亦大宛國地喀什噶爾西北五百里西至浩罕三百八十里其貢道由回部以達京師乾隆二十四年將軍兆惠檄諭協擒逆回霍集占其伯克以逆回未至彼境卽專使籲請入覲二十五年伯克托克托瑪哈墨第等來朝貢賜宴賞賚如例　瑪爾噶朗在安集延西百八十里乾隆二十四年伯克伊拉斯呼里拜率屬投誠　那木干在瑪爾噶朗西北八十里其地東北與布魯特雜處東境踰河卽爲塔什干地乾隆二十四年與浩罕同時輸誠內附　塔什干在喀什噶爾西北一千三百里漢爲康居大宛地唐之石國也居平原有城郭人民奉回教與哈薩克同以三和卓分轄其衆曰莫爾多薩木什曰沙達曰吐爾占舊爲準噶爾屬莫爾多薩木什者哈薩克所置和卓也吐爾占逐之與哈薩克搆兵乾隆二十三年參贊大臣富德追捕哈薩克沙喇至其地遣使往撫軍於莽格特城外待之時吐爾占方與哈薩克戰河上因諭以睦鄰守土之義皆感悟釋兵和好如初乃遣其屬默尼雅斯奉表求內屬曰臣莫爾多薩木什恭奉諭音若開聾昧蠢茲邊末敢備外藩罔或有二心謹以準孽額什木札布獻之闕下外臣草莽冀瞻聖容躬服辨訓同歸怙冒永永無極額什木札布者阿睦爾撒納兄子也帝宥而遣之吐爾占亦貢馬稱臣遣子入覲塔什干至是自通於中國列藩臣焉嘉慶中塔什干附浩罕爲浩罕八城之一同治三年俄人以伐浩罕之師奪塔什干開錫爾達利亞省於是塔什干部遂亡塔什干居納林河流域之中樞扼中亞細亞通道納林河今又名錫爾河西北流入鹹海由塔什干西南行踰錫爾河至薩馬爾罕又踰阿母河分入印度波斯北出痾倫不爾厄越烏拉山脉達歐俄而東行可至伊犂河以通中國故俄人置土耳其斯坦總督駐之塔什干山泉暢流其乞爾乞河卡拉蘇河安噶連河皆發源雪山灌溉農田地宜五穀故人民常有餘糧樹木叢雜多果木宜蠶桑而棉花產額尤鉅云　巴達克山在葉爾羌西千餘里居葱嶺右偏由伊西洱庫爾西稍南行渡噴赤河至其國有城郭部落繁盛戶十萬餘其酋戴紅氈小帽束以錦帕衣錦氈衣腰繫白絲縧黑革鞮其民人帽頂側似葫蘆邊飾以皮衣黃褐束白絲縧黑革鞮亦有用黃牛皮者婦人不冠被髮雙垂衣紫氈餘與男子同其國負山險田地腴美築室以居耕而兼牧獵乾隆二十四年八月回酋博羅尼都霍集占兄弟收奔巴達克山富德率師至其地以博羅尼都霍集占逆狀諭示巴酋素爾坦沙令禽獻時二賊竄入巴達克山之錫克南村詭稱假道往墨克祖國大肆劫掠素爾坦沙縛博羅尼都而以兵攻霍集占於阿爾渾楚哈嶺霍集占退保齊那爾河不能支傷背及乳禽之囚於柴札布柴札布者繫囚處也素爾坦沙遣使詣軍門投款且報禽二賊富德令獻俘進軍瓦罕城以待是時溫都斯坦方以兵臨巴達克山謀刼霍集占兄弟霍集占陰通巴達克山讐國塔爾巴斯會謀洩素爾坦沙遷霍集占兄弟密室以二百人圍而殺之刃其馘以獻並率其部落十萬戶及鄰部博羅爾三萬戶以降二十五年遣額穆爾伯克朝京師貢刀斧及八駿馬二十七年再遣使來朝二十八年貢馬犬鳥槍腰刀後其國爲愛烏罕所併巴達克山酋所居地曰維薩巴特在喀克察河上噴赤河自瓦罕帕米爾流入境繞其東北喀克察河西流入之下流爲阿母河唐書言蝎盤陀國治葱嶺負徙多河卽巴達克山地也　博羅爾在巴達克山東有城郭戶三萬餘四面皆山西北則河水環之乾隆二十四年既與巴達克山同內附遣其陪臣沙伯克等朝京師二十七年十一月博羅爾伯克沙呼沙默特貢劍斧諸物二十九年貢匕首是時博羅爾與巴達克山屢搆釁沙呼沙默特乞援於葉爾羌都統新柱遣諭巴達克山遵約束還俘能兵至是沙呼沙默特以所寶匕首進貢謝恩三十四年又進玉欛雙匕首博羅爾人別一種築室而居有村落無文字與諸回部言語不通惟衣幘則與安集延相類人皆深目高鼻濃髭繞喙男多女少恆兄弟四五人共一妻生子女次第分認無兄弟者與戚里共之土瘠沙鹵故其人苦貧地多桑取甚曝乾爲糧飲山羊乳以馬湩爲酒稱其酋曰比以人口爲賦稅生子女納其半賣於各回城爲奴婢値頗昂每口値八九十金後亦爲阿富汗所併　阿富汗卽愛烏罕其國北界布哈爾南界俾路支東界印度西界波斯東西二千餘里由巴達克山西南行約七百里歷依色克米什班因察里克爾諸回部越因都庫什山至喀布爾其國都也因都庫什山者葱嶺山脉右旋之支迤邐而西名伊蘭高原其地波斯處其西而阿富汗處其東本罽賓故國分七大部首曰喀布爾部內屬部七曰岡大害部內屬部四曰射士當部曰愛拉部內屬部二曰歐潑部內屬部三曰愛乍爾部曰加非利士當部內屬部七西與波斯接壤有沙磧餘皆沃壤其氣候高地多寒近低地則熱物產果木棉花甘蔗烟草之屬人皆土著業農無遊牧工織毛布著名西域戶口約五百餘萬分二十四族每族聚居一地皆自治其長之升降則聽命於王焉其人勇猛樸誠出天性易拊循乾隆二十四年大軍追討霍集占兄弟二賊欲假道巴達克山赴阿巴酋中道邀而殺之其屬有奔阿者告以情阿酋愛哈摩特沙將興師巴酋素爾坦沙懼賂以御賜燈及中國文綺阿遂罷兵且遣使密爾漢偕巴使來納欵欲窺中國虛實也二十七年入貢良馬四馬高七尺長

八尺是爲回疆最西之屬國時阿富汗初離波斯獨立自稱算端勢張甚六侵印度北印度大半爲所略愛哈摩特沙死國人爭立紛擾者數十年道光六年德司脫謨哈美德起兵喀布爾統一阿富汗愛哈摩特沙元孫希耶速的逃印度求庇於英十九年英印度總督奥克蘭德攻阿富汗取乾陀羅哥疾甯遂陷喀布爾立速的爲阿富汗王阿人厭速的並起絕英軍歸路英軍敗德司脫謨哈美德仍復位二十九年始與英和英之有事於阿富汗也俄人滅布哈爾次第南侵英人以阿富汗爲印度藩籬抗之尤力光緒間帕米爾分疆之議起英人復以保護阿富汗爲名出而干涉帕事矣帕米爾者葱嶺山中寬平之地供回族遊牧者也帕地有八其中皆小回部錯居乾隆中大部隸屬中國羈縻之使弗絕厥後迤北迤西稍稍歸俄迤南小部附於阿富汗東路中路則服屬於中國於是帕米爾遂爲中俄阿富汗三國平分之地出帕米爾南踰因都庫什山即達印度故俄人盡力經營之而英人亦遂急起而隱爲之備英之爲阿爭即不啻爲印度爭也初乾隆二十四年高宗平定回疆窮追賊首至伊西洱庫爾三戰三捷遂蕆大功高宗御製碑文勒銘淖爾西域圖志所指爲喀什噶爾西境外地者也當日喀城邊卡西境之玉斯屯阿喇圖什卡僅八十里西南之鄂坡勒卡僅一百二十里道光間欽定邊卡西至烏帕喇特卡一百二十里西北至喀浪圭卡一百五十里迨光緒間克復新疆劉錦棠始增設七卡於舊界之外十五年又設蘇滿一卡於伊西洱庫爾淖爾北十里是卡距喀城千六百里最爲窵遠僅以布魯特回人守之未駐兵也英使之初議分帕也我國嚴拒之未允其請既而俄兵闌入帕地我國責其稱兵越界俄人即引咎退歸光緒十七年英兵入坎巨提逐其頭目其意在覬覦帕地也新疆巡撫檄馬隊巡歷邊境屯於蘇滿十八年春俄人來言帕地爲中俄兩屬未經勘界中國不應駐兵總理衙門遂電疆撫退兵而仍留蘇滿卡倫俄復請盡撤新設諸卡然後勘界正相持間而英人陰嗾阿兵突至蘇滿脅擄布回而去俄遂進兵與阿人戰於蘇滿其東隊則遊弋於郎庫里湖阿克塔什漸近喀邊總理衙門疏言我國先駐蘇滿之兵不早撤回則俄阿戰事將自我啟之轉難收束阿雖佔地而適致俄兵釁觸相爭原可不必過問但其東駸駸逼近邊境頗爲可慮耳蓋阿富汗自乾隆後朝貢不通久置之度外矣至是復一見焉二十一年帕米爾界議始定

坎巨提即乾竺特在葉爾羌西南約一千五百里自葉爾羌西行入葱嶺至塞勒庫勒之塔什庫爾干即蒲犁廳也由是西行踰尼若塔什山口又西南至塔克敦巴什帕米爾爲八帕之一由是南踰瓦呼羅特明塔戛兩山口西爲因都庫什山東爲穆斯塔格山出山口順棍雜河南行又順河折西抵棍雜即坎巨提都城城瀕棍雜河北岸西域水道記言塞勒庫勒在葉爾羌之西八百里爲外蕃總會之區自塞勒庫勒西五日程曰黑斯圖濟又西南三日程曰乾竺特即坎巨提譯文異耳乾隆二十六年其酋有黑斯婁者始內附即葉爾羌辦事大臣新柱奏稱乾竺特伯克黑斯婁遣子貢金者也其人皆奉瑪罕默德回教其部落東西寬二十里南北長六百里兩山夾立廣大峽俯中有大河爲入南疆要隘坎部民住河西河東則哪格爾所屬也棍雜城大約三里城北有大山曰溫吉爾河曰崇帶雅所轄村莊二十五城中居民二千餘其在各莊者約五千餘人城鄉大小頭目一百四十土產牛羊馬匹無布帛盡衣毛褐五穀諸果俱備敵國有犯境者民即爲兵選精壯者出禦之人皆業農不納糧不徵稅惟歲與其酋耕歛而已每歲貢中國砂金一兩五錢派之民農戶收麥十二斤畜牧家則戶收羊羔一以集此款無他徭也貢使至朝廷賞大緞兩端其貢至宣統間不絕道光間克什米爾國王熱吉苦羅普散令其將布甫山率兵犯境奪坎屬麻雲卡坎酋夏孜牌爾敗之追斬七千餘名克什米爾遣使構和年與坎酋洋銀一千五百元元重二錢五分坎酋以馬二匹細狗二隻報之人謂入貢克什米爾者妄也同治四年克什米爾國王令就貝爾薩再犯境坎王艾贊木復戰敗之蓋至是克什米爾已四犯坎屬矣光緒間俄兵入帕米爾英人聞之率兵至哪格爾並檄坎巨提修平道路備兵進帕地哪格爾首抗英坎酋助之十七年英人敗哪格爾直抵坎城賽必德哎里罕戰敗攜眷屬潛遁英人遂據其地先是賽酋私與俄通上降書押結約俄奪佔帕米爾修築堡壘於黑孜吉牙克阿克素睦爾瓦蘇滿三處並建營於包子滾拜子以扼要衝俄人復書報以金幣千元金絲呢布諸貨六駄快礮六桿賽酋悖逆無信不恤部衆且狡而好利屢挑釁英俄以求賄視其部爲市販其副目歪孜爾素執兵權同惡相濟部民皆深忌之至是率其衆五百餘人將奔俄塔墩巴什頭目窩思滿集衆邀之張鴻疇拘諸色勒庫爾廢謀突城出不得後解省羈禁十有七年嗣復安置庫車其子米則拜爾及家屬男女五十二人均編住沙車熱瓦奇莊賽酋之外產也脅從之衆悉送還部並諭飭賽酋之弟買賣提哎孜木代理坎巨提頭目以安民心出使英法義比大臣薛福成與英外部商定派員會立坎酋其疏略云中國回疆之外向有羈縻各回部惟自咸豐同治以來中國內寇不靖未遑遠略俄國既以兵力吞併浩罕布魯特哈薩克布哈爾諸回部而巴達克山魯善什克南瓦罕諸小部則皆服屬於阿富汗邇來阿富汗爲英屬國英之大勢駸駸由印度北嚮有與俄國爭雄之意而中國西邊之外遂日以多事坎巨提一部近喀什噶爾南界在葱嶺以南厥地縱橫數百里戶口約近萬人近年屬回之入貢中國者祇此一部蓋即新疆識略之乾竺特一統輿圖及時憲書之喀楚特同音而異譯也英之印度總督歲貼坎巨提經費以助彼整理防務爲名實隱收其內政之權去年夏秋間坎巨提已有赴喀什噶爾告急之舉則以英人築一礮臺俯臨坎境也本年正二月間疊承總署電信以英兵侵坎巨提其頭目連戰不勝率其衆逃詣卡外求援臣以起釁情節詰英外部詢知英兵修築一路直貫坎境北抵興都哥士大山意在扼此隘口以杜俄衆南侵而保印度門戶其頭目興師攔阻爲英兵擊敗踞其所居之棍雜城臣與英相兼外部尚書沙力斯伯里晤商據稱並無滅坎之意亦無阻坎入貢中國之意祇以坎酋罪惡甚多輕慢英官不得不示以懲儆也臣與總署電商因坎酋聲名素劣勢難必使復位其部既係兩屬之國與專屬中國者又稍不同祇可酌就外部之辭與之理論外部語言閃鑠其初次存坎之說既甚游移而必欲據坎之心則甚堅翻幸而窺彼隱情頗以俄燄方張亟思聯絡中國不欲歛怨樹敵臣得就此設法磋磨英廷近稱選得舊酋之弟買賣提哎孜木可爲坎巨提頭目擬請中國派員會同英員行封立之禮已由總署電告新疆巡撫選派妥員前往臣與外部商訂儀節華員英員共爲一班克什米爾係英屬國位次應稍居後行禮之期初訂在十八年閏六月二十三日現展至七月二十五日屆時彼此和衷妥辦即可蕆事新疆巡撫陶模即委阜康縣知縣田鼎銘都司張鴻疇前赴坎部會同英員熱布生更立買賣提哎孜木爲坎巨提頭目封立儀節華員居右英員次之英屬克什米爾委員居左稍下新酋又次之張鴻疇宣布皇上德意賞給大緞諭令貢金照舊呈進鎭撫部民毋任剽掠其酋悉俯首聽命云坎部國於山谷中崇峰疊巘道路險絕中有喀喇闊魯穆大冰山時至十一月積雪甚厚以長毛牛負囊橐而行明塔戛山口高萬四千四百尺路有巨石蓋古時流冰所經地也出山口里許有一流冰過此即易行再踰數澗兩崖壁立頂有積雪至米斯戛居人皆韃爾靼回教不幕有室廬村各爲堡壘石爲之性强悍以寇鈔爲俗然皆酋所使所劫貨物大半歸酋四出剽掠或遠至庫車雅爾山脈下垂如筵水流其間土較腴美近帕蘇又一流冰其融處高八千尺光緒十五年英人楊哈思班遊至其部坎酋言我受上帝命親斷父母死罪而殺之并殺其兄弟投於山下遂踐是位其悖逆如此或謂其地立國最古殆周時曹奴氏之所居穆天子傳庚辰濟于洋水辛巳入于曹奴曹奴之人獻天子于洋水之上洋水即棍雜河山海經言洋水西南流注于醜塗之水今棍雜河發源因都庫什山西南流至幾勒幾特城東南入印度河醜塗爲印度轉音醜塗水即印度河也